DUDEN

Das Große Fremdwörterbuch

DUDEN

Das Große Fremdwörterbuch

Herkunft und Bedeutung der Fremdwörter

Herausgegeben und
bearbeitet vom Wissenschaftlichen Rat
der Dudenredaktion

DUDENVERLAG
Mannheim · Leipzig · Wien · Zürich

Bearbeitung:
Prof. Dr. Günther Drosdowski
und die Dudenredaktion
unter Mitwirkung
zahlreicher Fachwissenschaftler

In Zusammenarbeit mit
Dieter Baer, Pia Fritzsche,
Michael Herfurth, Helga Karamischewa,
Werner Lange und Helga Röseler

Die Deutsche Bibliothek – CIP-Einheitsaufnahme
Duden, Das große Fremdwörterbuch:
Herkunft und Bedeutung der Fremdwörter /
hrsg. vom Wissenschaftlichen Rat der Dudenredaktion.
[Bearb.: Günther Drosdowski. In Zusammenarb. mit Dieter Baer...]. –
Mannheim; Leipzig; Wien; Zürich: Dudenverl., 1994
ISBN 3-411-04161-7
NE: Drosdowski, Günther [Hrsg.];
Das große Fremdwörterbuch

Das Wort DUDEN ist für
Bücher aller Art für den Verlag
Bibliographisches Institut & F. A. Brockhaus AG
als Warenzeichen geschützt.

Alle Rechte vorbehalten
Nachdruck, auch auszugsweise, verboten
Kein Teil dieses Werkes darf ohne schriftliche Einwilligung des Verlages
in irgendeiner Form (Fotokopie, Mikrofilm oder ein anderes Verfahren),
auch nicht für Zwecke der Unterrichtsgestaltung, reproduziert oder unter
Verwendung elektronischer Systeme verarbeitet, vervielfältigt
oder verbreitet werden.
© Bibliographisches Institut & F. A. Brockhaus AG, Mannheim 1994
Satz: SCS Schwarz Satz & Bild digital, L.-Echterdingen
Druck: C. H. Beck'sche Buchdruckerei, Nördlingen
Bindearbeit: Franz Spiegel Buch GmbH, Ulm
Printed in Germany
ISBN 3-411-04161-7

VORWORT

Mit dem »Großen Fremdwörterbuch« legt die Dudenredaktion ein Nachschlagewerk vor, das auch den Anforderungen anspruchsvoller Benutzer genügen soll. Dieses Wörterbuch erfaßt und erklärt nicht nur die in der Gegenwart gebräuchlichen Fremdwörter, sondern auch das Fremdwortgut des ausgehenden 18. und des 19. Jahrhunderts, soweit es im literarischen Erbe eine Rolle spielt oder für das Verständnis der kulturellen, wissenschaftlichen und technischen Entwicklungen in dieser Zeit wichtig ist.

Unter den Angaben zur Schreibung und Aussprache, zur Bedeutung und zum Gebrauch der Fremdwörter nehmen die ausführlichen Herkunftsangaben einen besonderen Rang ein. Sie zeigen den Ursprung und den Entlehnungsweg der Fremdwörter auf und geben dem »Großen Fremdwörterbuch« den Charakter eines etymologischen Wörterbuchs.

Im Anhang bietet dieses Werk ein »umgekehrtes« Fremdwörterbuch. Darin wird von den deutschen Wörtern auf Fremdwörter verwiesen, die in ihrer Bedeutung oder aber in einer Teilbedeutung Entsprechungen aufweisen. Der Benutzer kann hier ein Fremdwort finden, das er kennt, aber im Augenblick nicht parat hat; er kann aber auch nach einem fremdsprachlichen Ausdruck suchen, wenn er – aus stilistischen oder anderen Gründen – eine Formulierung variieren will.

Mannheim, im März 1994
Der Wissenschaftliche Rat der Dudenredaktion

INHALT

Anlage und Artikelaufbau 7

Verzeichnis der verwendeten Abkürzungen 12

Zeichen von besonderer Bedeutung 15

Einführung in Geschichte und Funktion des Fremdworts 15

Anhang: deutsches Wort – Fremdwort 1465

ANLAGE UND ARTIKELAUFBAU

Wortauswahl

Das „Große Fremdwörterbuch" enthält rund 80 000 Stichwörter. Es verzeichnet nicht nur den zentralen Fremdwortschatz der deutschen Sprache, sondern auch Fremdwörter, die nur regional verbreitet sind oder im Begriff stehen zu veralten, sowie fremdsprachliche Fachausdrücke. Aufgenommen wurden außerdem heute veraltete Fremdwörter des ausgehenden 18. und des 19. Jahrhunderts, die aber für das Verständnis der klassischen Literatur und der technischen, wissenschaftlichen, kulturellen und gesellschaftlichen Entwicklungen von Bedeutung sind. Abkürzungen, Kurzwörter, geographische Namen, Warenzeichen und Kunstwörter wurden nur dann verzeichnet, wenn sie als Appellativa (Gattungsbezeichnungen) oder wortartig gebraucht werden, z. B. **CAD, Raglan** oder **Perlon** Ⓦ.

Das „Große Fremdwörterbuch" verzeichnet auch produktive Wortbildungsmittel (**aero…, …anz, …ast, auto…, bio…, des…, …em, …fizieren, foto…, logo…** usw.). Diese Wortbildungsartikel vermitteln ein Bild vom Ausbau des Wortschatzes und helfen, mit fremdsprachlichen Bestandteilen neu gebildete Wörter zu erschließen.

Anordnung und Behandlung der Stichwörter

Das Wörterbuch ist streng alphabetisch angeordnet. Etymologisch nicht zusammengehörende Stichwörter beginnen stets mit einer neuen Zeile; etymologisch zusammengehörende dagegen werden nicht voneinander abgesetzt, sondern in einem „Nest" mit Punkt aneinandergereiht.

Das Grundschema für den Artikelaufbau ist folgendes: Stichwort mit Angaben zur Silbentrennung und Betonung – Angabe der Aussprache – grammatische Angaben – etymologische Angaben – stilistische Bewertung, zeitliche und räumliche Zuordnung, Zuordnung zu Fach- und Sondersprachen – Bedeutungsangabe – Zuordnung zu Fachgebieten bzw. Bereichen.

Zur Rechtschreibung der Fremdwörter

Viele Fremdwörter werden in der fremden Schreibweise geschrieben, z. B. **Milieu** [mi'liø], **Refrain** [rə'frɛ̃ː, auch re…], **Timing** ['taɪmɪŋ].

Häufig gebrauchte Fremdwörter, vor allem solche, die keine dem Deutschen fremden Laute enthalten, gleichen sich nach und nach der deutschen Schreibweise an. In der Übergangsstufe befinden sich z. B. **Friseur** neben **Frisör**, **Fotograf** neben **Photograph**, **Telefon** neben **Telephon**. Die Endstufe dieses Prozesses ist erreicht z. B. bei **Sekretär** für älter Secrétaire, **Fassade** für älter Façade, **Schal** für älter Shawl.

Gelegentlich werden in diesem Fremdwörterbuch alte Fremdwörter noch in fremder Schreibung aufgeführt, wobei aber auf die heutige Schreibung verwiesen wird, z. B. **Comptoir** … svw. Kontor; **Portrait** … svw. Porträt. Bei den heute gültigen Schreibungen werden die alten Formen nicht nochmals angeführt.

Bei dem stets in der Entwicklung begriffenen Vorgang der Eindeutschung ist die Wandlung in der Schreibung von **c** zu **k** bzw. **z** besonders zu beachten. Ob das c des Fremdworts im Zug der Eindeutschung k oder z wird, hängt von seiner ursprünglichen Aussprache ab. Es wird zu **k** vor a, o, u und vor Konsonanten, z. B. Cacao, Copie, Procura, Crematorium, Spectrum; eingedeutscht: Kakao,

Kopie, Prokura, Krematorium, Spektrum. Es wird zu z vor e, i und y, ä und ö, z. B. Penicillin, Cyclamen, Cäsur; eingedeutscht: Penizillin, Zyklamen, Zäsur.

Daß der Prozeß der Eindeutschung sich heute nicht in allen Fällen gleichmäßig vollzieht, zeigt sich an einem Beispiel wie **Computer**, das eine jüngere Entlehnung aus dem Englischen ist, gegenüber dem der gleichen Wurzel entstammenden Wort **Komputation**, das eine ältere direkte Entlehnung aus dem Lateinischen darstellt.

In einzelnen Fachsprachen, so besonders in der Chemie, besteht die Neigung, wegen einer internationalen Sprachangleichung c in Fachwörtern dann weitgehend zu erhalten, wenn diese im Rahmen eines festen Systems bestimmte terminologische Aufgaben haben. In solchen Fällen werden fachsprachlich nicht nur Eindeutschungen vermieden, sondern es kommen auch „Ausdeutschungen" vor, auch bei Fremdwörtern, die in der Gemeinsprache fest verankert sind. Beispiele dafür sind **zyklisch,** fachspr. cyclisch; **Nikotin,** fachspr. Nicotin; **Kampfer,** fachspr. Campher.

Die Buchstabenverbindung **th** bleibt in Fremdwörtern aus dem Griechischen grundsätzlich erhalten, z. B. Asthma, Äther, Bibliothek, katholisch, Mathematik, Pathos.

Ausspracheangaben

Die Angaben zur Aussprache beschränken sich auf Wörter oder Wortteile, deren Aussprache Schwierigkeiten bereitet. Bei den übrigen Stichwörtern werden Betonung und Kürze bzw. Länge des akzenttragenden Vokals bzw. Diphthongs angegeben. Ein unter den Vokal gesetzter Punkt gibt betonte Kürze, ein Strich betonte Länge an.

Zeichen der Lautschrift für die Aussprache im Deutschen

Die folgende Tabelle bringt Lautzeichen und Lautzeichenkombinationen, wie sie für die im Deutschen übliche Aussprache im Wörterverzeichnis verwendet werden. In der ersten Spalte steht das Lautzeichen oder die Lautzeichenkombination, in der zweiten Spalte als Beispiel dazu ein bekanntes Wort in Rechtschreibung, in der dritten Spalte das Beispiel in Lautschrift.

[a]	Butler	['bat...]		[ɪ]	Lingua franca	['lɪŋgua 'fraŋka]
[aː]	à la hâte	[a la 'aːt]		[j]	Junta	['xʊnta, auch 'jʊnta]
[ɐ]	Builder	['bɪldɐ]		[k]	Caddie	['kɛdi, engl. 'kædi]
[ɐ̯]	Friseur	[...'zøːɐ̯]		[l]	Lunch	[lanʃ, lantʃ, engl. lʌntʃ]
[ã]	Centime	[sãˈtiːm]		[l̩]	Bushel	['bʊʃl̩]
[ãː]	Franc	[frãː]		[m]	Madame	[maˈdam]
[ai]	timen	['tai...]		[m̩]	Adamsit	[ɛdm̩...]
[au]	Mouse	[maus, engl. maʊs]		[n]	North	[nɔːθ]
[b]	Football	[fʊtbɔːl]		[n̩]	Action	['ɛkʃn̩]
[ç]	Bronchie	[...çiə]		[ŋ]	Bon	[bɔŋ, bõː]
[d]	Deal	[diːl]		[o]	Logis	[loˈʒiː]
[dʒ]	Gin	[dʒɪn]		[oː]	Plateau	[plaˈtoː]
[e]	Regie	[reˈʒiː]		[o̯]	loyal	[lo̯aˈjaːl]
[eː]	AFC	[aːlɛfˈtseː, auch eːlɛf ˈsiː]		[õ]	Bonmot	[bõˈmoː]
[ɛ]	Handicap	['hɛndikɛp]		[õː]	Chanson	[ʃãˈsõː]
[ɛː]	fair	[fɛːɐ̯]		[ɔ]	Hobby	['hɔbi]
[ɛ̃]	Impromptu	[ɛ̃prõˈtyː]		[ø]	Pasteurisation	[...tø...]
[ɛ̃ː]	Timbre	['tɛ̃ːbrə]		[øː]	Friseuse	[...ˈzøːzə]
[ə]	Studie	[...diə]		[œ]	Feuilleton	[fœjəˈtõː]
[f]	Feedback	['fiːdbæk]		[œ̃]	chacun à son goût	[ʃakœ̃asõˈguː]
[g]	Ghostword	['goʊstwəːd]		[œ̃ː]	Parfum	[parˈfœ̃ː]
[h]	Hearing	['hɪərɪŋ]		[ɔy]	Barsoi	[barˈzɔy]
[i]	Citoyen	[sito̯aˈjɛ̃ː]		[p]	Pace	[peɪs]
[iː]	Creek	[kriːk]		[r]	Ragout	[raˈguː]
[i̯]	Linie	[...ni̯ə]		[s]	City	['sɪti]

[ʃ]	Charme	[ʃarm]		[v]	Verve	['vɛrvə]
[t]	Fast food	['fɑːst 'fuːd]		[x]	Achillesferse	[a'xɪlɛs...]
[ts]	Cervix	['tsɛrvɪks]		[y]	abrutieren	[abry...]
[tʃ]	Match	[mɛtʃ]		[yː]	Avenue	[avə'nyː]
[u]	Routine	[ru...]		[ỹ]	Habitué	[(h)abi'tỹeː]
[uː]	Route	['ruːtə]		[ʏ]	Budget	[bʏ'dʒeː]
[u̯]	Guerrigliero	[gu̯eril'jeːro]		[z]	Bulldozer	['bʊldoːzɐ]
[ʊ]	Foot	[fʊt]		[ʒ]	Genie	[ʒeː...]

Zeichen der Lautschrift für fremde Aussprache

Die folgende Tabelle bringt Lautzeichen, wie sie bei fremdsprachlicher Aussprache im Wörterverzeichnis erscheinen. In der ersten Spalte steht das Lautzeichen, in der zweiten Spalte ein Beispiel dazu in Rechtschreibung, in der dritten Spalte die sprachliche Zugehörigkeit und die Lautschrift des Beispiels.

[ɑː]	Hardware	['hɑːdwɛə]		[oʊ]	Choke	[tʃoːk, engl. tʃoʊk]
[æ]	Campus	[engl. 'kæmpəs]		[ð]	on the rocks	[ɔn ðə 'rɔks]
[ʌ]	Country-Blues	['kʌntrɪ'bluːz]		[θ]	Thriller	['θrɪlə]
[ə:]	Go-go-girl	[...gəːl]			Villancico	[biljan'θiko]
[ɔː]	Corned beef	['kɔːnd 'biːf]		[w]	wash and wear	[wɔʃ ənd 'wɛə]

Sonstige Zeichen der Lautschrift

| Stimmritzenverschlußlaut („Knacklaut") im Deutschen, z. B. Weekend ['viːk|ɛnt]; wird vor Vokal am Wortanfang weggelassen, z. B. Effet [ɛ'feː]; eigentlich [|ɛ'feː].
: Längezeichen, bezeichnet Länge des unmittelbar davor stehenden Vokals, z. B. adieu! [a'di̯øː].
~ Zeichen für nasale Vokale, z. B. Fond [fõː].
' Betonung, steht unmittelbar vor der betonten Silbe, z. B. Ballon [ba'lɔn].
, Zeichen für silbischen Konsonanten, steht unmittelbar unter dem Konsonanten, z. B. Bushel ['bʊʃl̩].
˘ Halbkreis, untergesetzt oder übergesetzt, bezeichnet unsilbischen Vokal, z. B. Milieu [mi'li̯øː]; Etui [ɛt'viː, ə'tỹiː].

Grammatische Angaben

Mit Ausnahme der nur verwiesenen Stichwörter hat jedes Substantiv grammatische Angaben, und zwar den Artikel, die Genitiv- und die Pluralform(en). Einschränkungen bzw. Hinweise zum Gebrauch in unterschiedlichen Sprachlandschaften (z. B. österr.) wurden durch Komma abgetrennt oder, wenn dadurch die Verständlichkeit besser gewährleistet wird, in Klammern eingeschlossen.

Etymologische Angaben

Alle Stichwörter sind mit Angaben zur Herkunft versehen, sofern es sich nicht um bloße Ableitungen mit deutschem Suffix oder um Zusammensetzungen handelt, deren zweiter Bestandteil an entsprechender alphabetischer Stelle mit etymologischer Angabe verzeichnet ist. Der Entlehnungsweg wird, soweit feststellbar, bis zur Ursprungssprache zurückverfolgt.

Entlehnungen der gleichen Wortart werden durch „aus" verbunden: **Baiser** ... 〈aus *fr.* baiser „Kuß", substantivierter Infinitiv von baiser „küssen", dies aus gleichbed. *lat.* basiare〉.

Gehen sie auf eine andere Wortart zurück, steht die Präposition „zu": **Devant** ... 〈zu *fr.* devant „vor, vorn"〉; **burlesk** 〈aus gleichbed. *fr.* burlesque, dies aus *it.* burlesco zu burla „Posse"〉.

Die Präposition „zu" steht auch beim Verweis auf Wörter, bei denen die weitere Herkunft erklärt ist, auf Wortbildungselemente und auf Wortteile, die unmittelbare Bestandteile des Stichwortes bilden: **Bakteriämie** ... ‹zu ↑Bakterie u. ↑...ämie›; **Bakteriologie** ... ‹zu ↑...logie›; **Biofeedback** ... ‹zu ↑bio... u. ↑Feedback›; **Bubble-gum** ... ‹aus *engl.-amerik.* bubble-gum „Ballonkaugummi" zu bubble „Blase" u. gum „Gummi"›.

Vermittelnde Sprachen od. Wortformen werden mit „über" angezeigt: **Bai** ... ‹aus gleichbed. *niederl.* baai, dies über *fr.* baie aus *span.* bahia (aus *spätlat.* baia)›; **Balsam** ... ‹über *lat.* balsamum aus *gr.* bálsamon „Balsamstrauch" ...›; **Kumpan** ... ‹über *altfr.* compain aus *spätlat.* companio „Gefährte", eigtl. „Brotgenosse", dies über das Vulgärlat. zu *lat.* con- (vgl. kon...) u. panis „Brot"›. Sind Formen von Mittlersprachen nicht feststellbar oder belegt, steht statt „aus" die Präposition „zu".

Bei Wörtern, die auf einen Namen zurückgehen, wird die etymologische Angabe mit „nach" eingeleitet: **Celsius** ... ‹nach dem schwed. Astronomen A. Celsius, 1701–1744›. Häufig wird dabei zusätzlich die Form der Herkunftssprache vorangestellt: **Fauna** ... ‹aus *lat.* Fauna; nach der altröm. Fruchtbarkeitsgöttin Fauna (Schwester od. Frau des Faunus), vgl. Faun›.

Mit „nach" werden auch etymologische Angaben von Wörtern oder Fügungen eingeleitet, die in der Herkunftssprache eine ähnliche Form aufweisen bzw. als Bestandteil mit ähnlicher Form einer Fügung vorkommen, im Deutschen aber eine deutsche bzw. eine dem deutschen Sprachsystem angepaßte Endung aufweisen: **kuvrieren** ... ‹nach gleichbed. *fr.* couvrir; vgl. Kuvert u. ...ieren›; **kurulisch**; in der Fügung -er S t u h l ‹nach *lat.* sella curulis „Amtsstuhl der höheren röm. Beamten" zu curulis, eigtl. „zum Wagen gehörig", dies zu currus „Wagen"›.

Gelegentlich wird das Benennungsmotiv angegeben; es wird meist mit „weil", „nach" oder „wegen" angezeigt: **Kroton** ... ‹aus gleichbed. *gr.* krótōn, eigtl. „Hundelaus", weil die Frucht des danach benannten Baumes ähnlich aussieht›; **Rhenium** ... ‹zu *lat.* Rhenus „Rhein" (nach der rheinischen Heimat der Mitentdeckerin I. Noddack-Tacke, 1896–1978) u. ↑...ium›; **Albiklas** ... ‹zu *lat.* albus „weiß" u. *gr.* klásis „Bruch" (wegen der schrägen Spaltungsebene der einzelnen Kristalle)›.

In der Darstellung der etymologischen Angaben herrscht das Prinzip der Verweisung auf das wichtigste Wort der etymologisch zusammengehörigen Wortgruppe, sofern dieses Wort nicht selbst am Beginn der Wortgruppe steht. Bei allen ihm folgenden Stichwörtern wird auf einen nochmaligen Verweis verzichtet. Beim Aufsuchen der Etymologie eines Wortes mit fremder Endung bzw. fremden Ableitungssilben, die als Wortbildungselement in der etymologischen Klammer angegeben sind, muß immer beim wichtigsten Wort der Wortgruppe mit nachgeschlagen werden. Wortbildungselemente sind immer dann angegeben, wenn eine entsprechende fremdsprachliche Form nicht feststellbar oder belegt ist.

Stilistische Bewertungen, räumliche und zeitliche Zuordnungen, Zuordnungen zu Fach- und Sondersprachen sowie zu Fachgebieten und Bereichen

Alle eigentlich sprachlichen Angaben, d. h. stilistische Bewertungen, räumliche und zeitliche Zuordnungen sowie Hinweise auf Fach- und Sondersprachen, stehen vor der Bedeutungsangabe, während sachliche Zuordnungen zu Fachgebieten und Bereichen nach den Bedeutungen zu finden sind.

a) Stilistische Bewertungen von Wörtern und Verwendungsweisen

Den überwiegenden Teil unseres Fremdwortschatzes bilden Wörter, die in ihrem Stilwert neutral sind. Diese normalsprachlichen Wörter, wie z. B. **Barriere, Exklave** und **Konjunktur**, werden nicht besonders gekennzeichnet. Das gilt auch für solche Wörter, die hauptsächlich in [leicht] gehobener Sprache verwendet werden, wie z. B. **Odium**.

Alle Wörter unterhalb der normalsprachlichen Stilschicht werden mit „ugs." (= umgangssprachlich) markiert, z. B. **blümerant, meschugge, Promi**. Gelegentlich sind solche Wörter, wenn sie durch starke Abweichung vom Normalsprachlichen nicht zum Allgemeinwortschatz gerechnet werden können, mit „Jargon" gekennzeichnet (z. B. **abgefuckt**). Gebrauchsangaben wie „scherzhaft, ironisch, abwertend, verhüllend" u. a. sagen etwas über die Haltung des Sprechers oder die Nuancierung einer Äußerung aus.

b) Räumliche und zeitliche Zuordnungen

Bei Wörtern und Verwendungsweisen, die nicht gemeinsprachlich sind, wird angegeben, daß sie nur in einem Teil des deutschen Sprachraumes üblich sind. Ist die Zuordnung zu einem bestimmten Sprachgebiet gesichert, so wird dieses genannt: „schweiz." (= schweizerisch, z. B. **Kantonnement**), „österr." (= österreichisch, z. B. **Palatschinke**) usw. Läßt sich das Sprachgebiet nicht genau abgrenzen, so steht der Hinweis „landsch." (= landschaftlich), z. B. **penibel** ... 2. (landsch.) unangenehm, peinlich.

Bei den zeitlichen Zuordnungen besagt „veraltend", daß ein Wort nur noch selten, meist von der älteren Generation verwendet wird (z. B. **chauffieren**). Mit „veraltet" wird angegeben, daß ein Wort nicht mehr Bestandteil des Wortschatzes der Gegenwartssprache ist, daß es aber noch im Zusammenhang mit alten technischen, wissenschaftlichen und gesellschaftlichen Entwicklungen bzw. mit Bezug auf kulturhistorische Gegebenheiten oder auch in altertümelnder, scherzhafter oder ironischer Ausdrucksweise gebraucht wird (z. B. **kurant, Chemikal, dekalkieren, Physikus**). Die Angabe „früher" besagt, daß die Sache, um die es geht, heute nicht mehr üblich oder aktuell ist (z. B. **Profos, Schogun**). Mit der Angabe „selten" wird darauf hingewiesen, daß ein Wort nur ganz vereinzelt gebraucht wird.

c) Zuordnungen zu Fach- und Sondersprachen sowie zu Fachgebieten und Bereichen

Das Wörterbuch grenzt das Allgemeinsprachliche vom Fach- und Sondersprachlichen ab und kennzeichnet genau die Bereiche, in denen die Wörter verwendet werden. Während Hinweise zu Fach- und Sondersprachen vor der Bedeutungsangabe stehen, sind Zuordnungen zu Bereichen danach zu finden.

Bedeutungsangaben

Die Angaben zur Bedeutung eines Stichwortes stehen hinter dem Doppelpunkt, der dem Stichwort und den Angaben zur Aussprache, Grammatik, Etymologie usw. folgt. Hat ein Stichwort mehrere Bedeutungen, die sich voneinander unterscheiden, dann werden die einzelnen Bedeutungen durch Ziffern oder Buchstaben voneinander getrennt. In den Bedeutungsangaben sind Verweispfeile angebracht, wenn nicht erwartet werden kann, daß der Benutzer alle darin enthaltenen Fremdwörter ohne spezielle Vorkenntnisse versteht. Pfeile stehen auch dann, wenn nur auf eine bestimmte Bedeutung des Wortes verwiesen werden soll; hinter dem betreffenden Wort wird dann die Ziffer bzw. der Buchstabe für die Bedeutungsvariante angegeben.

Im Wörterverzeichnis verwendete Abkürzungen

Die nachstehenden Abkürzungen sind nicht mit den sonst üblichen Abkürzungen (zum Beispiel a. m. = ante meridiem) zu verwechseln, die an den entsprechenden Stellen im Wörterverzeichnis stehen.

Abk.	Abkürzung	Biochem.	Biochemie
aengl.	altenglisch	Biol.	Biologie
afries.	altfriesisch	Börsenw.	Börsenwesen
afrik.	afrikanisch	Bot.	Botanik
ags.	angelsächsisch	bras.	brasilianisch
ägypt.	ägyptisch	bret.	bretonisch
ahd.	althochdeutsch	brit.	britisch
Akk.	Akkusativ	Buchw.	Buchwesen
aind.	altindisch	bulgar.	bulgarisch
aisl.	altisländisch	byzantin.	byzantinisch
alban.	albanisch	bzw.	beziehungs-
alemann.	alemannisch		weise
allg.	allgemein		
altd.	altdeutsch	chald.	chaldäisch
altfr.	altfranzösisch	chem.	chemisch
altgriech.	altgriechisch	Chem.	Chemie
altir.	altirisch	chilen.	chilenisch
altital.	altitalienisch	chin., chines.	chinesisch
altnord.	altnordisch		
altröm.	altrömisch	dän.	dänisch
altschott.	altschottisch	d. h.	das heißt
alttest.	alttestamentlich	d. i.	das ist
amerik.	amerikanisch	dichter.	dichterisch
amerik.-span.	amerikanisch-spanisch	Druckw.	Druckwesen
Amtsspr.	Amtssprache	dt.	deutsch
Anat.	Anatomie		
andalus.	andalusisch	EDV	elektronische
Anthropol.	Anthropologie		Datenverarbeitung
arab.	arabisch	Eigenn.	Eigenname
aram.	aramäisch	eigtl.	eigentlich
Archäol.	Archäologie	Eisenbahnw.	Eisenbahnwesen
Archit.	Architektur	elektr.	elektrisch
argent.	argentinisch	elektron.	elektronisch
armen.	armenisch	Elektrot.	Elektrotechnik
asiat.	asiatisch	engl.	englisch
assyr.	assyrisch	eskim.	eskimoisch
Astrol.	Astrologie	etrusk.	etruskisch
Astron.	Astronomie	europ.	europäisch
Atomphys.	Atomphysik	ev.	evangelisch
Ausspr.	Aussprache		
austr.	australisch	fachspr.	fachsprachlich
awest.	awestisch	Fachspr.	Fachsprache
aztek.	aztekisch	finn.	finnisch
		fläm.	flämisch
babylon.	babylonisch	Forstw.	Forstwirtschaft
Bankw.	Bankwesen	Fotogr.	Fotografie
Bantuspr.	Bantusprache	fr.	französisch
bask.	baskisch	fränk.	fränkisch
Bauw.	Bauwesen	franz.	französisch
bayr.	bayrisch	fries.	friesisch
Bed.	Bedeutung	Funkw.	Funkwesen
bengal.	bengalisch		
Berg-	Bergmanns-	gäl.	gälisch
mannsspr.	sprache	gall.	gallisch
Bergw.	Bergwesen	galloroman.	galloromanisch
bes.	besonders	gaskogn.	gaskognisch
Bibliotheksw.	Bibliothekswissenschaft	Gastr.	Gastronomie

Gaunerspr.	Gaunersprache	korean.	koreanisch
Geldw.	Geldwesen	kreol.	kreolisch
Gen.	Genitiv	kret.	kretisch
Geneal.	Genealogie	kroat.	kroatisch
Geochem.	Geochemie	kuban.	kubanisch
Geogr.	Geographie	Kunstw.	Kunstwort, Kunstwissenschaft
Geol.	Geologie	Kurzw.	Kurzwort
germ.	germanisch	Kybern.	Kybernetik
Gesch.	Geschichte		
Ggs.	Gegensatz	ladin.	ladinisch
gleichbed.	gleichbedeutend	landsch.	landschaftlich
got.	gotisch	Landw.	Landwirtschaft
gr., griech.	griechisch	lat.	lateinisch
		lett.	lettisch
hait.	haitisch	lit.	litauisch
hebr.	hebräisch	Literaturw.	Literaturwissenschaft
Heerw.	Heerwesen		
hethit.	hethitisch	malai.	malaiisch
hist.	historisch	masur.	masurisch
hochd.	hochdeutsch	math.	mathematisch
hottentott.	hottentottisch	Math.	Mathematik
Hüttenw.	Hüttenwesen	Mech.	Mechanik
		Med.	Medizin
iber.	iberisch	melanes.	melanesisch
idg.	indogermanisch	mengl.	mittelenglisch
illyr.	illyrisch	Meteor.	Meteorologie
Imp.	Imperativ	mex., mexik.	mexikanisch
ind.	indisch	mgr.	mittelgriechisch
Ind.	Indikativ	mhd.	mittelhochdeutsch
indian.	indianisch	Mil.	Militär
indones.	indonesisch	Mineral.	Mineralogie
ir.	irisch	mlat.	mittellateinisch
iran.	iranisch	mniederl.	mittelniederländisch
iron.	ironisch	mong.	mongolisch
islam.	islamisch	Mus.	Musik
isländ.	isländisch		
it., ital.	italienisch	neapolitan.	neapolitanisch
		neuseeländ.	neuseeländisch
Jägerspr.	Jägersprache	neutest.	neutestamentlich
jakut.	jakutisch	Neutr.	Neutrum
jap., japan.	japanisch	ngr.	neugriechisch
jav.	javanisch	nhd.	neuhochdeutsch
Jh.	Jahrhundert	niederd.	niederdeutsch
jidd.	jiddisch	niederl.	niederländisch
jmd.	jemand	nlat.	neulateinisch
jmdm.	jemandem	nord.	nordisch
jmdn.	jemanden	nordd.	norddeutsch
jmds.	jemandes	norw.	norwegisch
jüd.	jüdisch		
Jugendspr.	Jugendsprache	o. ä.	oder ähnliche(s)
		od.	oder
kanad.	kanadisch	ökumen.	ökumenisch
karib.	karibisch	ostasiat.	ostasiatisch
Kartogr.	Kartographie	österr.	österreichisch
kaschub.	kaschubisch	ostmitteld.	ostmitteldeutsch
katal.	katalanisch		
kath.	katholisch	Päd.	Pädagogik
Kaufmannsspr.	Kaufmannssprache	Parapsychol.	Parapsychologie
kaukas.	kaukasisch	Part.	Partizip
kelt.	keltisch	Pass.	Passiv
Kernphys.	Kernphysik	Perf.	Perfekt
Kinderspr.	Kindersprache	pers.	persisch
kirchenlat.	kirchenlateinisch	Pers.	Person
kirg.	kirgisisch	peruan.	peruanisch
Konj.	Konjunktiv		

Pharm.	Pharmazie
philos.	philosophisch
Philos.	Philosophie
Phon.	Phonetik
phöniz.	phönizisch
Phys.	Physik
physik.	physikalisch
Physiol.	Physiologie
Pol.	Politik
poln.	polnisch
pol. Ökon.	politische Ökonomie
polynes.	polynesisch
port.	portugiesisch
Postw.	Postwesen
Präs.	Präsens
Prät.	Präteritum
provenzal.	provenzalisch
Psychol.	Psychologie
Rechtsspr.	Rechtssprache
Rechtsw.	Rechtswissenschaft
Rel.	Religion, Religionswissenschaft
Rhet.	Rhetorik
röm.	römisch
roman.	romanisch
rumän.	rumänisch
russ.	russisch
s.	siehe
sanskr.	sanskritisch
scherzh.	scherzhaft
schott.	schottisch
Schülerspr.	Schülersprache
schwed.	schwedisch
schweiz.	schweizerisch
Seemannsspr.	Seemannssprache
Seew.	Seewesen
semit.	semitisch
serb.	serbisch
serbokroat.	serbokroatisch
sibir.	sibirisch
Sing.	Singular
singhal.	singhalesisch
sizilian.	sizilianisch
skand.	skandinavisch
slaw.	slawisch
slowak.	slowakisch
slowen.	slowenisch
sorb.	sorbisch

Sozialpsychol.	Sozialpsychologie
Soziol.	Soziologie
span.	spanisch
Sprachpsychol.	Sprachpsychologie
Sprachw.	Sprachwissenschaft
Stilk.	Stilkunde
Studentenspr.	Studentensprache
subst.	substantiviert
Subst.	Substantiv
südamerik.	südamerikanisch
südd.	süddeutsch
sumer.	sumerisch
svw.	soviel wie
syr.	syrisch
tahit.	tahitisch
tamil.	tamilisch
tatar.	tatarisch
Techn.	Technik
tessin.	tessinisch
Theat.	Theater
tib.	tibetisch
Tiermed.	Tiermedizin
tschech.	tschechisch
tungus.	tungusisch
türk.	türkisch
turkotat.	turkotatarisch
u.	und
u. a.	unter anderem, und andere(s)
u. ä.	und ähnliche(s)
ugs.	umgangssprachlich
ung.	ungarisch
urspr.	ursprünglich
usw.	und so weiter
venez.	venezianisch
Verlagsw.	Verlagswesen
Vermes.-sungsw.	Vermessungswesen
vgl.	vergleiche
viell.	vielleicht
Völkerk.	Völkerkunde
vulgärlat.	vulgärlateinisch
Wappenk.	Wappenkunde
Werbespr.	Werbesprache
Wirtsch.	Wirtschaft
Zahnmed.	Zahnmedizin
Zool.	Zoologie

Zeichen von besonderer Bedeutung

- . Untergesetzter Punkt bedeutet betonte Kürze, z. B. Abiturient.
- ‿ Untergesetzter Strich bedeutet betonte Länge, z. B. Abitur.
- | Der senkrechte Strich dient zur Angabe der Trennung, z. B. Ab|itur, Kom|mu|ni|ka|ti|on. Die Auflösung von ck bei der Trennung und das Wiederauftreten des dritten gleichen Konsonanten, der an der Wortfuge weggefallen ist, ist bei den jeweiligen Stichwörtern mit einer hochgestellten Zahl nach dem Stichwort angegeben, z. B. checken[1], Fotogrammetrie[1].
- Ⓦ︎ Als Warenzeichen geschützte Wörter sind durch das Zeichen Ⓦ︎ kenntlich gemacht. Etwaiges Fehlen dieses Zeichens bietet keine Gewähr dafür, daß es sich hier um ein Wort handelt, das von jedermann als Handelsname frei verwendet werden darf.
- - Ein kurzer waagerechter Strich vertritt das Stichwort, z. B. **Akku** *der*; -s, -s; **ad absurdum** ...; - - führen; **Terminus** ...; - technicus.
- – Ein langer waagerechter Strich vertritt das Stichwort in der Ausspracheangabe, z. B. **ab urbe condita** [– – 'kɔn...].
- ... Drei Punkte stehen bei Auslassung von Teilen eines Wortes, z. B. **Reagens** *das*; -, ...genzien.
- [ ] In eckigen Klammern stehen die Aussprachebezeichnungen, z. B. **timen** ['tai...]. Daneben werden sie verwendet, wenn Buchstaben, Silben oder Wörter weggelassen werden können, z. B. **ad hoc**... 1. [eigens] zu diesem Zweck [gebildet, gemacht]. 2. aus dem Augenblick heraus [entstanden].
- ⟨ ⟩ In Winkelklammern stehen Herkunftsangaben, z. B. **Flair** ... ⟨aus *fr.* flair „Witterung, Spürsinn" zu flairer „riechen, wittern", dies aus *lat.* flagrare „stark riechen, duften"⟩.
- * Das hochgestellte Sternchen vor einem Wort gibt an, daß das betreffende Wort nicht belegt, sondern erschlossen ist.
- ( ) In runden Klammern stehen erläuternde Zusätze, z. B. Stilschicht, Fachbereich: **scharwenzeln** ... (ugs.); **Angina** ...: Entzündung des Rachenraumes, bes. der Mandeln (Med.). Innerhalb der Winkelklammern für Herkunftsangaben stehen runde Klammern auch für Buchstaben, Silben oder Wörter, die weggelassen werden können.
- : Der Doppelpunkt trennt im allgemeinen den Stichwortkopf (Stichwort, Aussprache, grammatische und etymologische Angaben) von den Bedeutungsangaben.
- ↑ Der senkrechte Pfeil gibt an, daß das damit versehene Wort oder das Wortbildungselement (in den Herkunftsangaben) an entsprechender alphabetischer Stelle aufgeführt und erklärt ist, z. B. **Compact Cassette** ...: eine genormte Tondbandkassette für ↑miniaturisierte Aufnahme- u. Abspielgeräte; **akut** ...; Ggs. ↑chronisch.

Einführung in Geschichte und Funktion des Fremdworts

Wie in allen Kultursprachen, so gibt es auch in der deutschen Sprache eine große Zahl von Wörtern aus anderen, d. h. aus fremden Sprachen. Sie werden üblicherweise Fremdwörter genannt, obgleich sie zu einem großen Teil gar keine fremden, sondern durchaus altbekannte, gebräuchliche und nötige Wörter innerhalb der deutschen Sprache sind.

Was ist überhaupt ein Fremdwort? Woran erkennt man es? Es gibt zwar keine eindeutigen und zuverlässigen Kriterien, doch kann man vier Merkmale nennen, die oft – wenn auch nicht immer – ein Wort als nichtmuttersprachlich erkennen lassen:

1. die Bestandteile des Wortes. So werden z. B. Wörter mit bestimmten Vor- und Nachsilben als fremd angesehen (*ex*press*iv*, Kapital*ismus*, *Kon*front*ation*, *re*form*ieren*).

2. die Lautung, d. h. die vom Deutschen abweichende Aussprache (z. B. Team [ti:m] oder die nasale Aussprache von Engagement [ãgaʒə'mã:]) und die Betonung, d. h. der nicht auf der ersten oder Stammsilbe liegende Akzent (absolut, divergieren, Energie, interessant, Parität).

3. die Schreibung, d. h., das Schriftbild zeigt für das Deutsche unübliche Buchstabenfolgen, z. B. bibliographieren, Bodybuilder, Courage, Sphäre.

4. die Ungeläufigkeit oder der seltene Gebrauch eines Wortes in der Alltagssprache. So werden Wörter wie Diskont, exhaustiv, extrinsisch, internalisieren, Kondensator, luxurieren, Quisquilien, paginieren, Revenue, rigid auf Grund ihres nicht so häufigen Vorkommens als fremde Wörter empfunden.

Meistens haben die Fremdwörter mehr als eines der genannten Merkmale. Doch all diese Merkmale sind nur Identifizierungsmöglichkeiten, aber keine sicheren Maßstäbe, denn es gibt beispielsweise einerseits deutsche Wörter, die nicht auf der ersten oder Stammsilbe betont werden (z. B. Forelle, Jahrhundert, lebendig), und andererseits Fremdwörter, die wie deutsche Wörter anfangsbetont sind (Fazit, Genius, Kamera). Außerdem werden die üblicherweise endungsbetonten fremdsprachlichen Wörter oftmals auch auf der ersten Silbe betont, wenn sie im Affekt gesprochen werden oder wenn sie wegen ihrer sachlichen Wichtigkeit besonders hervorgehoben oder auch in Gegensatz zu anderen gestellt werden sollen, z. B. demonstrativ, exportieren, generell, importieren.

Die in die Dialekte und Stadtmundarten einbezogenen Fremdwörter des Alltags zeigen diese eindeutschende Betonung oft besonders deutlich, so z. B. in Büro und Depot ['de:po].

Auch sonst tragen die sogenannten Fremdwörter meist schon deutlich Spuren der Eindeutschung, so z. B. wenn eine nasale Aussprache teilweise aufgegeben (Pension, Balkon) ist, ein fremdsprachliches sp und st als [ʃt] (Station) bzw. [ʃp] (Spurt), ein in der fremden Sprache kurzer Vokal in offener Silbe im Neuhochdeutschen lang (Forum, Lokus, Logik) gesprochen, der Akzent den deutschen Betonungsgewohnheiten entsprechend verlagert (Discount [dɪs'kaʊnt] statt engl. discount ['dɪskaʊnt], Comeback [kam'bɛk] statt engl. comeback ['kʌmbæk]) wird oder wenn ein fremdes Wort im Schriftbild der deutschen Sprache angeglichen (Telefon, Fotografie, Nummer, Frisör) worden ist.

Die im Deutschen nicht üblichen Laute oder Lautverbindungen in fremden Wörtern werden bei häufigerem Gebrauch durch klangähnliche deutsche ersetzt, oder die in der fremden Sprache anders gesprochenen Schriftzeichen werden der deutschen Aussprache angeglichen (Portrait/Porträt; trampen: gesprochen mit [a] neben der englischen Aussprache mit [ɛ]). Der Angleichungsprozeß vollzieht sich sowohl in der Aussprache als in der Schrift.

Manche fremden Wörter werden vielfach für deutsche gehalten, weil sie häufig in der Alltagssprache vorkommen (Möbel, Bus, Doktor) oder weil sie in Klang und Gestalt nicht oder nicht mehr fremd wirken (Alt „tiefe Frauenstimme", Krem, Streik, boxen, parken). Es kann auch vorkommen, daß ein und dasselbe Wort auf Grund mehrerer Bedeutungen je nach Häufigkeit der Bedeutung als deutsches oder fremdes Wort eingruppiert wird, z. B. *Note* in der Bedeutung „Musikzeichen" als deutsches Wort, *Note* in der Bedeutung „förmliche schriftliche Mitteilung" als fremdes Wort. In manchen Fällen fallen auch fremdes und deutsches Wort in der Lautung zusammen, wie z. B. *Ball* (*fr.* bal) Tanzfest und *Ball* (*ahd.* bal) (zum Spielen). Andererseits aber werden wieder deutsche Wörter für Fremdwörter gehalten, weil sie selten (Flechse, Riege) oder weil sie eine Mischung aus deutschen und fremdsprachlichen Wortelementen sind (buchstabieren, Bummelant, Glasur, Schwulität). Gerade bei diesen Mischbildungen sind die Sprachteilhaber unsicher in der Einschätzung, ob es sich um deutsche oder fremde Wörter handelt, wobei sich in der Regel zeigt, daß fremde Suffixe die Zuordnung zum Fremdwort begünstigen, während Wörter mit fremdem Stamm und deutschen Ableitungssilben wie Direkt*heit,* temperament*voll,* risiko*reich* und Naiv*ling* eher als deutsche empfunden werden.

Wörter aus fremden Sprachen sind schon immer und nicht erst in der jüngsten Vergangenheit und in der Gegenwart in die deutsche Sprache aufgenommen worden. Im Laufe der Jahrhunderte sind sie jedoch meist in solch einem Maße angeglichen worden, daß man ihnen die fremde Herkunft heute gar nicht mehr ansieht. Das sind beispielsweise Wörter wie Mauer (*lat.* murus), Fenster (*lat.* fenestra), Ziegel (*lat.* tegula), Wein (*lat.* vinum), die man als Lehnwörter bezeichnet. Der Grad der Eindeutschung fremder Wörter hängt aber nicht oder nur zum Teil davon ab, wie lange ein fremdes Wort schon in der Muttersprache gebraucht wird. Das bereits um 1500 ins Deutsche aufgenommene Wort *Bibliothek* beispielsweise hat seinen fremden Charakter bis heute beibehalten, während Wörter wie Streik (*engl.* strike) und Keks (*engl.* cakes), die erst im 19. bzw. 20. Jahrhundert aus dem Englischen ins Deutsche gekommen sind, schon völlig eingedeutscht sind.

Der Kontakt mit anderen Völkern und der damit verbundene Austausch von Kenntnissen und Erfahrungen hat im Mittelalter genauso wie heute in der Sprache seinen Niederschlag gefunden, ohne daß jedoch im Mittelalter aus der Aufnahme solcher Wörter eine irgendwie geartete Problematik erwuchs. Viele Bezeichnungen und Begriffe kamen damals – vor allem auch in Verbindung mit dem Rittertum – aus dem Französischen ins Deutsche, wie Turnier, Visier, Harnisch.

Erst mit der Entstehung der deutschen Nationalsprache in der Neuzeit entwickelte sich eine Sprachbewußtheit, die den Ausgangspunkt für den Sprachpurismus bildete, woraus dann die kritische oder ablehnende Einstellung zum nichtdeutschen Wort, zum Fremdwort, resultierte.

In den Sprachgesellschaften des 17. Jahrhunderts begann man dem Fremdwort besondere Aufmerksamkeit zu widmen. Hand in Hand mit der Kritik am fremden oder ausländischen Wort – wie man es damals noch nannte – ging die Suche nach neuen deutschen Wörtern als Entsprechung. Bedeutende Männer wie Harsdörffer (1607–1658), Schottel (1612–1676), Zesen (1619–1689) und Campe (1746–1818) sowie deren geistige Mitstreiter und Nachfolger setzten an die Stelle vieler fremder Wörter und Begriffe deutsche Wörter, von denen sich manche durchsetzten, während andere wirkungslos blieben oder wegen ihrer Skurrilität der Lächerlichkeit preisgegeben waren. Nicht selten trat aber auch das deutsche Wort n e b e n das fremde und bereicherte auf diese Weise das entsprechende Wortfeld inhaltlich oder stilistisch. Fest zum deutschen Wortschatz gehören solche Bildungen wie *Anschrift* (Adresse), *Ausflug* (Exkursion), *Bücherei* (Bibliothek), *Emporkömmling* (Parvenu), *Fernsprecher* (Telefon), *fortschrittlich* (progressiv), *Leidenschaft* (Passion), *Rechtschreibung* (Orthographie), *Stelldichein* (Rendezvous), *Sterblichkeit* (Mortalität), *Weltall* (Universum), während andere wie *Meuchelpuffer* für *Pistole*, *Dörrleiche* für *Mumie*, *Lusthöhle* für *Grotte* oder *Lotterbett* für *Sofa* lediglich als sprachgeschichtliche Kuriositäten erhalten geblieben sind. In einigen Fällen sind aber auch ehemals nahezu ausschließlich verwendete Fremdwörter durch gelungene Verdeutschungen verdrängt worden. Das gilt beispielsweise für Neuprägungen wie *Bahnsteig* statt *Perron*, *Abteil* statt *Coupé* oder *postlagernd* für *poste restante*.

Das 19. Jahrhundert ist in zweierlei Hinsicht für das Fremdwort von Bedeutung. Einerseits ist es geprägt von Bemühungen um eine annähernd lautgetreue Angleichung der Schreibung an die deutsche Schreibweise, andererseits nehmen besonders gegen Ende des Jahrhunderts puristische Tendenzen zu, die das Fremdwort aus dem Sprachgebrauch zu verdrängen suchen. Selbst in amtlichen Veröffentlichungen wie den „Regeln für die deutsche Rechtschreibung" von 1902 finden sich dafür Hinweise. Dort heißt es: „Viele Fremdwörter können durch völlig gleichwertige gute deutsche Ausdrücke ersetzt werden; entbehrliche Fremdwörter soll man überhaupt vermeiden". Diese Einstellung hat zu Beginn des 20. Jahrhunderts entscheidend dazu beigetragen, daß unzählige Fremdwörter, vor allem aus dem Französischen, nicht mehr so häufig gebraucht wurden und dadurch relativ schnell veralteten.

Ohnehin sind Fremdwörter stärker vergänglich als die heimischen Wörter. Es kommen nämlich fast ebensoviel Fremdwörter aus dem Gebrauch wie neue in Gebrauch. Die alten Fremdwörterbücher machen bei einem Vergleich mit dem gegenwärtigen Fremdwortgut das Kommen und Gehen der Wörter oder ihren Bedeutungswandel genauso deutlich wie die Lektüre unserer Klassiker oder gar die Durchsicht alter Verordnungen und Verfügungen aus dem vorigen Jahrhundert. In einem Anhang zu Raabes Werken werden beispielsweise folgende Wörter, die heute weitgehend veraltet oder aber in anderer Bedeutung üblich sind, aufgeführt und erklärt: pragmatisch „geschäftskundig", peristaltisch „wurmförmig", prästieren „an den Tag legen", Idiotismus „mundartlicher Ausdruck", dyspeptisch „magenkrank", dysoptisch „schwachsichtig", Kollaborator „Hilfslehrer", subhastieren „zwangsversteigern", Subsellien „Schulbänke", felix culpa „heilsamer Fehler", Malefizbuch „Strafgesetzbuch", Molestierung „Belästigung", Molesten „Plagen", quiesziert „in den Ruhestand versetzt", Onus „Verbindlichkeit", Cockpit „Kampfplatz, [Zirkus]arena", Hôtel garni „Gasthaus mit Zimmervermietung oder eine Wohnung mit Hausgerät", heute „Hotel oder Pension, in der man Frühstück, aber kein warmes Essen bekommt".

Der Anteil der Fremdwörter am deutschen Wortschatz ist auch heute nicht gering, was man in Fernsehen, Rundfunk und Presse, den Hauptkommunikationsmitteln, beobachten kann. Der Fremdwortanteil beläuft sich in fortlaufenden Zeitungstexten beispielsweise auf 8–9%. Zählt man nur die Substantive, Adjektive und Verben, so steigt der prozentuale Anteil des Fremdworts sogar auf 16–17%. In Fachtexten liegt der prozentuale Anteil des Fremdworts wesentlich höher. Man schätzt, daß auf das gesamte deutsche Vokabular von etwa 400 000 Wörtern rund 100 000 fremde Wörter kommen, d. h., daß auf drei deutsche Wörter ein aus einer fremden Sprache übernommenes kommt. Der weniger als 3 000 Wörter umfassende deutsche Grundwortschatz enthält etwa 6% fremde Wörter. Den größten Anteil am Fremdwort hat das Substantiv, an zweiter Stelle steht das Adjektiv, dann folgen die Verben und schließlich die übrigen Wortarten, wobei die Adjektive auf Grund ihrer stilistischen Funktion inhaltlich am meisten dem Wandel ausgesetzt zu sein scheinen.

Heute, in einer Zeit, in der Entfernungen keine Rolle mehr spielen, in der die Kontinente einander nähergerückt sind, ist die gegenseitige kulturelle und somit sprachliche Beeinflussung der Völker besonders stark. So findet grundsätzlich ein Geben und Nehmen zwischen allen Kultursprachen statt, wenn auch gegenwärtig der Einfluß des Englisch-Amerikanischen dominiert. Das bezieht sich nicht nur auf das Deutsche, sondern ganz allgemein auf die nichtenglischen europäischen Sprachen. Gelegentlich werden Wörter auch nur nach englischem Muster gebildet, ohne daß es sie im englischsprachigen Raum überhaupt gibt. Man spricht dann von Scheinentlehnungen (Twen, Dressman, Showmaster) und Halbentlehnungen mit neuen Bedeutungen (Slip statt *engl.* briefs). Es gibt jedoch auch den umgekehrten Prozeß, daß deutsche Wörter in fremde Sprachen übernommen und dort allmählich angeglichen werden, wie z. B. im Englischen bratwurst, ersatz, gemütlichkeit, gneiss, kaffeeklatsch, kindergarten, kitsch, leberwurst, leitmotiv, ostpolitik, sauerkraut, schwarmerei, schweinehund, weltanschauung, weltschmerz, wunderkind, zeitgeist, zinc. Aber auch Mischbildungen oder Eigenschöpfungen wie apple strudel, beer stube, sitz bath, kitschy kommen vor. Die im Deutschen mit altsprachlichen Bestandteilen gebildeten Wörter *Ästhetik* und *Statistik* erscheinen im Französischen als *esthétique* bzw. *statistique*, das deutsche Wort *Rathaus* wird im Polnischen zu *ratusz*, *Busserl* im Ungarischen zu *puszi* usw.

Eine besondere Gattung der Fremdwörter bilden die sogenannten Bezeichnungsexotismen, Wörter, die auf Sachen, Personen und Begriffe der fremdsprachigen Umwelt beschränkt bleiben, wie *Geisha, Bagno, Iglu, College*.

Viele Fremdwörter sind international verbreitet. Man nennt sie Internationalismen. Das sind Wörter, die in gleicher Bedeutung und gleicher oder ähnlicher Form in mehreren europäischen Sprachen vorkommen, wie z. B. Medizin, Musik, Nation, Radio, System, Telefon, Theater. Hier allerdings liegen auch nicht selten die Gefahren für falschen Gebrauch und Mißverständnisse, nämlich dann, wenn Wörter in mehreren Sprachen in lautgestaltlich oder schriftbildlich zwar identischer oder nur leicht abgewandelter Form vorkommen, inhaltlich aber mehr oder weniger stark voneinander abweichen (*dt.* sensibel = *engl.* sensitive; *engl.* sensible = *dt.* vernünftig). In diesen Fällen spricht man auch von *Faux amis*, den „falschen Freunden", die die Illusion hervorrufen, daß sie das Verständnis eines Textes erleichtern können, die in Wirklichkeit aber das Verständnis erschweren bzw. Mißverständnisse hervorrufen. Weil die fremdsprachlichen Wörter so gut wie beziehungslos innerhalb des deutschstämmigen Wortschatzes erscheinen, weil sie nicht in einer Wortfamilie stehen, aus der heraus sie erklärt werden können, wie z. B. *Läufer* von *laufen*, aus diesem Grund ist mit der Verwendung von Fremdwörtern auch ganz allgemein die Gefahr des falschen Gebrauchs verbunden. Nicht umsonst heißt es daher im Volksmund: „Fremdwörter sind Glückssache." So sind Fehlgriffe leicht möglich: *Restaurator* kann mit *Restaurateur, konkav* mit *konvex* oder – wie bei Frau Stöhr in Th. Manns „Zauberberg" – *insolvent* mit *insolent* verwechselt werden. Daß falscher oder umgangssprachlicher Gebrauch zu Bedeutungswandel führen kann, der oft bis zur völligen Inhaltsumkehrung geht, macht beispielsweise die Geschichte der Wörter formidabel (von „furchtbar, grauenerregend" zu „großartig"), rasant (von „flach gestreckt" zu „sehr schnell, schneidig"), frugal (von „einfach, schlicht" zu „üppig, reichhaltig") deutlich.

Eine wichtige Frage in bezug auf das Fremdwort ist auch die nach seiner inhaltlichen, stilistischen und syntaktischen Leistung. Ein Fremdwort kann besondere stilistische (Portier/Pförtner, transpirieren/schwitzen, ventilieren/überlegen) und inhaltliche (Exkursion/Ausflug, fair/anständig, simpel/einfach) Nuancen enthalten, die ein deutsches Wort nicht hat. Es kann unerwünschte Assoziationen oder nicht zutreffende Vorstellungen ausschließen (Passiv statt Leideform, Substantiv statt Hauptwort, Verb statt Tätigkeitswort); es kann verhüllend (Fäkalien, koitieren), aber auch abwertend (Visage/Gesicht, denunzieren/anzeigen) gebraucht werden, so daß das Fremdwort in der deutschen Sprache eine wichtige Funktion zu erfüllen hat. Das, was man an Fremdwörtern manchmal bemängelt, z. B. daß sie unklar, unpräzise, nicht eindeutig seien, das sind Nachteile – unter Umständen aber auch Vorteile –, die bei vielen deutschen Wörtern ebenfalls festgestellt werden können. Wichtig für die Wahl eines Wortes ist immer seine Leistung, nicht seine Herkunft.

Man kann über Fremdwörter nicht pauschal urteilen. Ein Fremdwort ist immer dann gut und nützlich, wenn man sich damit kürzer und deutlicher ausdrücken kann. Solche Fremdwörter gibt es in unserer Alltagssprache in großer Zahl, und diese werden im allgemeinen auch ohne weiteres verstanden. Gerade das ist auch ausschlaggebend, nämlich daß ein fremdes Wort verständlich ist, daß es nicht das Verständnis unnötig erschwert oder gar unmöglich macht.

Fragwürdig wird der Gebrauch von Fremdwörtern jedoch immer da, wo diese zur Überredung oder Manipulation, z. B. in der Sprache der Politik oder der Werbung, mehr oder weniger bewußt verwendet werden oder wo sie ohne besondere stilistische, syntaktische oder inhaltliche Funktion, lediglich als intellektueller Schmuck, zur Imagepflege, aus Bildungsdünkel oder Prahlerei benutzt werden, wo also außersprachliche Gründe den Gebrauch bestimmen. Daß ein Teil der Fremdwörter vielen Sprachteilhabern Verständnisschwierigkeiten bereitet, liegt – wie bereits oben erwähnt – daran, daß sie nicht in eine Wortfamilie eingegliedert sind und folglich durch verwandte Wörter inhaltlich nicht ohne weiteres erklärt oder erschlossen werden können. Fremde Wörter bereiten aber nicht nur Schwierigkeiten beim Verstehen, sie bereiten nicht selten auch Schwierigkeiten beim Gebrauch, in bezug auf die grammatische Einfügung in das deutsche Sprachsystem. Es gibt verschiedentlich Unsicherheiten vor allem hinsichtlich des Genus (der oder das Curry; das oder die Malaise; die oder das Fondue) und des Plurals (die Poster oder die Posters, die Regime oder die Regimes). Neben vom Deutschen abweichende Flexionsformen (Atlas/Atlanten; Forum/Fora) treten im Laufe der Zeit nach deutschem Muster gebildete (Atlasse, Forums). Aus dieser Unsicherheit heraus ergeben sich in diesen Bereichen besonders häufig Doppelformen, bis das jeweilige fremde Wort endgültig seinen Platz im heimischen Sprachsystem gefunden hat. Das Genus der fremdsprachlichen Wörter richtet sich in der Regel entweder nach möglichen Synonymen oder nach formalen Kriterien. So sind z. B. die aus dem Französischen gekommenen Wörter *le garage, le cigare* im Deutschen Feminina, weil sich mit dem unbetonten Endungs-e – abgesehen von inhaltlichen Sondergruppen – das feminine Geschlecht verbindet, während das Wort Match zwischen Maskulinum (nach „der Wettkampf") und Neutrum (nach „das Wettspiel") schwankt.

Zusammenfassend läßt sich sagen: Ein Fremdwort ist ein aus einer Fremdsprache übernommenes Wort, das sich in Aussprache und/oder Schreibweise und/oder Flexion der übernehmenden Sprache nicht angepaßt hat. Im Gegensatz zum Lehnwort, das ohne besondere Fachkenntnis nicht mehr als fremdes Wort erkannt wird, trägt das Fremdwort noch deutlich sichtbare Spuren seiner fremdsprachlichen Herkunft. Historisch betrachtet, unterscheidet man zwischen Erbwörtern (heimischen Wörtern) einerseits und Lehn- und Fremdwörtern andererseits. Die Grenze zwischen Fremdwort und Lehnwort ist dabei nicht eindeutig zu ziehen. Als Kriterium für ein Fremdwort gilt nur die Angleichung in der Aussprache, Schreibung und Flexion, die Zeit der Übernahme spielt keine Rolle. Haben sich Wörter, auch wenn sie erst in neuerer Zeit entlehnt worden sind, angepaßt, gelten sie als Lehnwörter (z. B. Film und Sport).

Die wichtigste Ursache für die Übernahme eines Fremdwortes ist die Übernahme der bezeichneten Sache. Daher spiegeln sich in den Fremdwörtern und Lehnwörtern die Kulturströmungen, die auf den deutschsprachigen Raum gewirkt haben; z. B. aus dem Italienischen Wörter des Geldwesens (Giro, Konto, Porto) und der Musik (adagio, Sonate, Violine), aus dem Französischen Ausdrücke des Gesellschaftslebens (Kavalier, Renommee, Cousin) oder des Militärwesens (Offizier, Leutnant, Patrouille), aus dem Englischen Wörter des Sports (Favorit, Outsider, Derby) und aus der Wirtschaft (Manager, Floating, Joint-venture).

Wichtiger als die Frage der Herkunft ist die Frage, wie sich Fremdwörter im Systemzusammenhang des Wortschatzes zu den sinnverwandten Wörtern (Feldnachbarn) verhalten und welcher Art ihre Beziehungen zu anderen Wörtern im Kontext sind. Das Fremdwortproblem ist, wenn man es nicht historisch betrachtet, ein sprachsoziologisches und stilistisches Problem. Fremdwörter gehören in der überwiegenden Zahl dem Wortschatz der Gruppensprachen (Fach- und Sondersprachen) an. Ein Fremdwort kann dann nötig sein, wenn es mit deutschen Wörtern nur langatmig oder unvollkommen umschrieben werden kann. Sein Gebrauch ist auch dann gerechtfertigt, wenn man einen graduellen inhaltlichen Unterschied ausdrücken, die Aussage stilistisch variieren oder den Satzbau straffen will. Es sollte aber überall da vermieden werden, wo Gefahr besteht, daß es der Hörer oder Leser, an den es gerichtet ist, nicht oder nur unvollkommen versteht, wo also Verständigung und Verstehen erschwert werden. Abzulehnen ist der Fremdwortgebrauch da, wo er nur zur Erhöhung des eigenen sozialen bzw. intellektuellen Ansehens oder zur Manipulation anderer angewendet wird.

à [a] ⟨aus *fr.* à „nach; zu; für"⟩: für, je, zu, zu je

¹a..., A... ⟨aus *gr.* a- „un-, nicht-"⟩: verneinendes, den Inhalt des zugrundeliegenden Wortes ausschließendes Präfix von Fremdwörtern, die auf das Lateinische od. Griechische zurückgehen, z. B. asozial, Atrophie; vor Vokalen u. h erweitert zu an..., An..., z. B. anorganisch, vor rh (= *gr.* ῥ) angeglichen zu ar..., Ar..., z. B. Arrhythmie; vgl. Alpha privativum

²a..., A... vgl. ab..., Ab...

Aak *das;* -[e]s, -e, auch **Aa|ke** *die;* -, -n ⟨aus *niederl.* aak „Kahn"⟩: flaches Rheinfrachtschiff

Aam *die;* -, -e ⟨aus gleichbed. *niederl.* aam⟩: altes holländisches Flüssigkeitsmaß (155 l); vgl. Ohm

Aap *das;* -s, -e ⟨wohl zu *niederl.* aap „Affe"⟩: Besanstagsegel auf dreimastigen Schiffen

Ab vgl. Aw

ab..., Ab... ⟨aus gleichbed. *lat.* ab- usw.⟩: Präfix mit der Bedeutung „weg-, ab-, ent-, miß-", z. B. abnorm, Abusus; vor t u. z (= *lat.* c) abs..., Abs..., z. B. abstrakt, Abszeß; vor anderen Konsonanten außer h auch a..., A..., z. B. Aversion

Aba *die;* -, -s ⟨aus gleichbed. *arab.* 'abā⟩: a) sackartiger Mantelumhang der Araber; b) grober Wollstoff

Abad|don *der;* -[s] ⟨zu *hebr.* abaddōn „Verderben, Untergang" zu ābād „zugrunde richten"⟩: 1. Name des Todesengels in der Offenbarung des Johannes. 2. Totenreich, Unterwelt, Ort des Verderbens (im Alten Testament u. in der rabbinischen Literatur)

Aba|de *der;* -[s], -e ⟨nach dem Namen der iran. Stadt⟩: Teppich mit elfenbeinfarbigem Grund

Aba|des [...dɛs] *die* (Plur.) ⟨aus *span.* abad „Spanische Fliege, ein Ölkäfer"⟩: früher zu pharmazeutischen Präparaten verarbeitete Spanische Fliegen

Abaisse [aˈbɛːs] *die;* -, -n [...sn̩] ⟨aus gleichbed. *fr.* abaisse⟩: dünngerollter Teig, Bodenteig bei Pasteten (Gastr.).
abais|sie|ren [abɛ...] ⟨aus gleichbed. *fr.* abaisser⟩: senken, niederlassen. **abais|siert** ⟨zu ↑...iert⟩: nach unten zum Schildrand gesenkt, geschlossen (in der Wappenkunde von den Adlerflügeln)

Aba|ka [auch aˈbaka] *der;* -[s] ⟨aus gleichbed. *span.* abacá, dies aus dem Indones.⟩: svw. Manilahanf

abak|te|ri|ell ⟨aus *gr.* a- „un-, nicht-" u. ↑bakteriell, vgl. Bakterie⟩: nicht durch bakterielle Erreger verursacht (z. B. von Krankheiten)

Ab|ak|ti|on *die;* -, -en ⟨aus gleichbed. *nlat.* abactio zu *lat.* abigere „wegtreiben, verjagen; rauben"⟩: (veraltet) Viehdiebstahl. **Ab|ak|tor** *der;* -s, ...oren ⟨zu ↑...or⟩: (veraltet) Viehdieb. **Ab|ak|tus** *der;* -, -[...tuːs] ⟨aus gleichbed. *lat.* abactus, eigtl. Part. Perf. von abigere, vgl. Abaktion⟩: künstliche Frühgeburt (Med.)

Aba|kus [auch 'aba...] *der;* -, - ⟨aus gleichbed. *lat.* abacus, dies aus *gr.* ábax, Gen. ábakos⟩: 1. antikes Rechen- od. Spielbrett. 2. Säulendeckplatte beim ↑Kapitell

abäl|lar|di|sie|ren ⟨nach dem franz. Theologen u. Philosophen P. Abälard (1079–1142), der wegen seiner Liebe zu seiner Schülerin Heloise entmannt wurde, u. zu ↑...isieren⟩: (veraltet) entmannen

Ab|alie|na|ti|on [...li̯e...] *die;* -, -en ⟨aus *lat.* abalienatio „Ent-, Veräußerung" zu abalineare, vgl. abalienieren⟩: 1. Entfremdung. 2. Ent-, Veräußerung (Rechtsw.). **ab|alie|nie|ren** ⟨aus gleichbed. *lat.* abalineare⟩: 1. entfremden. 2. veräußern

Aba|lo|nen *die* (Plur.) ⟨aus gleichbed. *amerik.-span.* abulones⟩: Gattung der Meeresschnecken

Aban|don [abāˈdõː] *der;* -s, -s ⟨aus gleichbed. *fr.* abandon zu altfr. a bandon „zur freien Verfügung", dies zu bandon „Verfügung, Überlassung" aus *fränk.* ban „(Übergabe in eine fremde) Gerichtsbarkeit"⟩: Abtretung, Preisgabe von Rechten od. Sachen (bes. im Gesellschafts- u. Seefrachtrecht). **Aban|don|ne|ment** [...dɔnəˈmãː] *das;* -s, -s ⟨aus gleichbed. *fr.* abandonnement zu abandonner, vgl. abandonnieren⟩: svw. Abandon. **aban|don|nie|ren** ⟨aus gleichbed. *fr.* abandonner zu abandon, vgl. Abandon⟩: abtreten, verzichten, preisgeben, aufgeben (von Rechten bei Aktien u. Seefracht)

Ab|an|na|ti|on *die;* -, -en ⟨aus gleichbed. *lat.* abannatio zu ↑ab... u. annus „Jahr"⟩: Landesverweisung, Verbannung auf Jahresfrist; vgl. Ablegation

Ab|ar|ti|ku|la|ti|on *die;* -, -en ⟨aus gleichbed. *nlat.* abarticulatio zu ↑ab... u. *lat.* articulus „Gelenk", dies zu articulare „gliedern"⟩: Gelenk, bewegliche Knochenverbindung

à bas! [aˈbɑ] ⟨*fr.*⟩: nieder!, weg [damit]!

Aba|sie *die;* -, ...jen ⟨zu *gr.* a- „un-, nicht-", básis „Tritt, Gang" u. ↑²...ie⟩: Unfähigkeit zu gehen (Med.)

Aba|te *der;* -[n], Plur. ...ti od. ...ten ⟨aus *it.* abate „Abt", dies aus *kirchenlat.* abbatem, dem Akkusativ von abbas, dies aus *spätgr.* ábbas „Vater" (nach der bibl. Gebetsanrede *aram.* aba' „Vater!")⟩: Titel der Weltgeistlichen in Italien und Spanien

Aba|tis [...ˈtiː] *der* od. *das;* - ⟨aus gleichbed. *fr.* abat(t)is zu abattre „schlachten", dies aus *vulgärlat.* abatt(u)ere⟩: (veraltet) das Klein von Gans od. Truthahn

aba|tisch ⟨aus *gr.* ábatos „nicht gehfähig", eigtl. „unbetretbar"; vgl. Abaton⟩: 1. die Abasie betreffend (Med.). 2. unfähig zu gehen (Med.)

Abat|jour [abaˈʒuːɐ̯] *der;* -s, -s ⟨aus gleichbed. *fr.* abat-jour⟩: (veraltet) 1. Lampenschirm. 2. Fenster mit abgeschrägter Laibung

Aba|ton *das;* -s, ...ta ⟨aus *gr.* ábaton „das Unbetretbare" zu ábatos „unzugänglich"⟩: das [abgeschlossene] Allerheiligste, der Altarraum in den Kirchen des orthodoxen Ritus (Rel.)

Abat|ta|ge [...ʒə] *die;* -, -n ⟨aus gleichbed. *fr.* abattage zu abattre „niederschlagen, -reißen; fällen"⟩: (veraltet) Hauerlohn. **Abat|tant** *der;* -en, -en ⟨aus gleichbed. *fr.* abattant⟩: (veraltet) 1. Tür- od. Fensterladen. 2. an der Wand befestigter Klapptisch. **Abat|te|ment** [...tə'mã:] *das;* -s ⟨aus gleichbed. *fr.* abattement⟩: (veraltet) Ermattung, Niedergeschlagenheit. **Abat|teur** [...'tø:ɐ̯] *der;* -s, -e ⟨aus gleichbed. *fr.* abatteur⟩: (veraltet) Holzfäller. **abat|tiert** ⟨zu ↑...iert⟩: niedergeschlagen, entkräftet, mutlos

Abat|ti|men|to *das;* -[s] ⟨aus gleichbed *it.* abbattimento⟩: Niederschlag des Taktstocks beim Dirigieren (Mus.)

a bat|tu|ta vgl. Battuta

Aba|zi|na|ti|on *die;* -, -en ⟨aus gleichbed. *nlat.* abacinatio zu *lat.* abacinare, vgl. abazinieren⟩: (veraltet) Blendung der Augen mittels einer glühenden Metallplatte. **aba|zi|nie|ren** ⟨aus gleichbed. *lat.* abacinare⟩: (veraltet) die Augen blenden

Ab|ba ⟨über *spätlat.* abbas, *gr.* ábbas aus *aram.* abaʾ „Vater!"⟩: 1. neutest. Gebetsanrede an Gott. 2. alte Anrede an Geistliche der Ostkirche

Ab|ba|do|na ⟨zu ↑Abaddon⟩: Teufel in Klopstocks „Messias", der den Abfall von Gott bereut u. begnadigt wird

ab|bal|lo|tie|ren ⟨zu ↑Ballotage u. ↑...ieren⟩: nicht für jmdn. stimmen

ab|bas|sa|men|to di vo|ce [- - 'vo:tʃə] ⟨*it.*⟩: Absenken, Sinkenlassen der Stimme (Musizieranweisung)

Ab|ba|si|de *der;* -n, -n ⟨nach Abbas, dem Onkel Mohammeds, u. zu ↑...ide⟩: Angehöriger eines in Bagdad ansässigen Kalifengeschlechts (750–1258)

Ab|ba|te vgl. Abate

Ab|bat|ti|men|to vgl. Abattimento

Ab|bé [a'be:] *der;* -s, -s ⟨aus gleichbed. *fr.* abbé, dies aus *spätlat.* abbas, vgl. Abba⟩: in Frankreich Titel eines Geistlichen, der nicht dem Klosterstand angehört

Ab|be|vil|li|en [abəvı'liɛ̃:] *das;* -[s] ⟨*fr.;* nach dem Fundort Abbeville in Frankreich⟩: Kulturstufe der älteren Altsteinzeit

Ab|boz|zo *der;* -s, ...zzi ⟨aus gleichbed. *it.* abbozzo zu abbozzare „entwerfen"⟩: erster Entwurf eines Gemäldes od. einer wissenschaftlichen Arbeit

Ab|bre|via|ti|on [...v...] *die;* -, -en ⟨aus gleichbed. *mlat.* abbreviatio zu abbreviare, vgl. abbreviieren⟩: svw. Abbreviatur. **Ab|bre|via|tor** *der;* -s, ...oren ⟨aus *lat.* abbreviator „jmd., der abkürzt"⟩: hoher päpstlicher Beamter, der Schriftstücke (Bullen, Urkunden, Briefe; vgl. Breve) entwirft (bis 1908). **Ab|bre|via|tur** *die;* -, -en ⟨aus gleichbed. *mlat.* abbreviatura⟩: Abkürzung in Handschrift, Druck- u. Notenschrift (z. B. *PKW, z. Z.*). **ab|bre|vi|ie|ren** ⟨aus gleichbed. *mlat.* abbreviare „abkürzen" zu ↑ab-... u. *lat.* brevis „kurz"⟩: abkürzen (von Wörtern usw.)

ab|bron|zie|ren ⟨aus gleichbed. *it.* abbronzare⟩: ansengen, Bronzefarbe geben durch leichtes Brennen od. Erhitzen

ab|bro|stie|ren ⟨aus gleichbed. *it.* abbrostire⟩: (veraltet) rösten

ab|bru|nie|ren ⟨aus gleichbed. *it.* abbrunire⟩: (veraltet) bräunen, schwärzen

ab|bru|sto|lie|ren ⟨aus gleichbed. *it.* abbrustolire⟩: (veraltet) rösten, braun backen od. braten

Abc-Code [abe'tse:...] *der;* -s ⟨zu ↑Code⟩: bedeutendster englischer Telegrammschlüssel

Abc|da|ri|er [abetse...riɐ] usw. vgl. Abecedarier usw.

ab|cha|gri|nie|ren ⟨zu *fr.* chagriner „ärgern, betrüben", dies zu chagrin „Ärger, Kummer, Verdruß"⟩: (veraltet) sich abhärmen, abgrämen

ab|chan|gie|ren ⟨zu ↑changieren⟩: beim Reiten vom Rechts- zum Linksgalopp wechseln

ab|checken[1] ⟨nach gleichbed. *engl.* to check off⟩: a) nach einem bestimmten Verfahren prüfen o. ä. prüfen, überprüfen, kontrollieren; b) die auf einer Liste aufgeführten Personen usw. kontrollierend abhaken

ABC-Staa|ten [abe'tse:...] *die* (Plur.): Sammelbez. für *A*rgentinien, *B*rasilien u. *C*hile

ABC-Waf|fen [abe'tse:...] *die* (Plur.): Sammelbez. für *a*tomare, *b*iologische u. *c*hemische Waffen

Abd ⟨aus *arab.* ʿabd „Sklave, Knecht"⟩: oft erster Bestandteil arab. Personennamen, z. B. Abdallah „Knecht Gottes"

Ab|de|rit *der;* -en, -en ⟨nach den Bewohnern der altgriech. Stadt Abdera u. zu ↑³...it⟩: einfältiger Mensch, Schildbürger. **ab|de|ri|tisch** (veraltet) einfältig, schildbürgerhaft. **ab|de|ri|ti|sie|ren** ⟨zu ↑...isieren⟩: (veraltet) dummes Zeug reden, Albernheiten treiben. **Ab|de|ri|tis|mus** *der;* -, ...men ⟨zu ↑...ismus (5)⟩: (veraltet) Albernheit, Schildbürgerei

Ab|di|ka|ti|on *die;* -, -en ⟨aus *lat.* abdicatio „das Sich-Lossagen, Entsagen" zu abdicare, vgl. abdizieren⟩: (veraltet) Abdankung. **ab|di|ka|tiv** ⟨zu ↑...iv⟩: a) Abdankung, Verzicht bewirkend; b) Abdankung, Verzicht bedeutend; -er Führungsstil: freies Gewährenlassen der Untergebenen, wobei auf jeglichen Einfluß von oben verzichtet wird

ab|dis|pu|tie|ren ⟨zu ↑disputieren⟩: [rechthaberisch] abstreiten, streitig machen; durch Disputieren von jmdm. erlangen

Ab|di|to|ri|um *das;* -s, ...ien [...riən] ⟨aus *lat.* abditorium „Behälter zur Aufbewahrung" zu abditus, Part. Perf. von abdere „verbergen"⟩: Reliquienschrein

ab|di|zie|ren ⟨aus gleichbed. *lat.* abdicare⟩: (veraltet) abdanken, Verzicht leisten

Ab|do|men *das;* -s, Plur. - u. ...mina ⟨aus gleichbed. *lat.* abdomen, Gen. abdominis⟩: a) Bauch, Unterleib (Med.); b) Hinterleib der Gliederfüßer (Zool.). **ab|do|mi|nal** ⟨zu ↑¹...al(1)⟩: zum Abdomen gehörend; vgl. ...al/...ell. **Ab|do|mi|nal|gra|vi|di|tät** *die;* -, -en: Bauchhöhlenschwangerschaft (Med.). **Ab|do|mi|nal|tu|ber|ku|lo|se** *die;* -, -n: Tuberkulose der Organe des Bauchraumes (Med.). **Ab|do|mi|nal|ty|phus** *der;* -: Infektionskrankheit des Verdauungskanals (Med.). **ab|do|mi|nell** ⟨zu ↑...ell⟩: svw. abdominal; vgl. ...al/...ell. **Ab|do|mi|no|sko|pie** *die;* -, ...ien ⟨zu ↑Abdomen u. ↑...skopie⟩: svw. Laparoskopie

ab|dos|sie|ren ⟨zu ↑Dossier⟩: (veraltet) abschrägen

Ab|duk|ti|on *die;* -, -en ⟨aus *nlat.* abductio „das Wegführen" zu *lat.* abducere, vgl. abduzieren⟩: das Bewegen von Körperteilen von der Körperachse weg (z. B. Heben des Armes), das Spreizen der Finger u. Zehen (Med.); Ggs. ↑Adduktion. **Ab|duk|ti|ons|pris|ma** *das;* -s, ...men: ↑Prisma, das zur Korrektur des Auswärtsschielens auf Brillengläser aufgeschliffen ist. **Ab|duk|tor** *der;* -s, ...oren ⟨zu ↑...or⟩: Muskel, der eine ↑Abduktion bewirkt; Abziehmuskel (Anat.). **Ab|duk|to|ren|pa|ra|ly|se** *die;* -, -n: Lähmung der Abduktoren, die die Stimmritze öffnen (Med.). **Ab|du|zens** *der;* - ⟨aus *lat.* (nervus) abducens, Part. Präs. von abducere, vgl. abduzieren⟩: 6. Gehirnnerv (von insgesamt 12 im Gehirn entspringenden Hauptnervenpaaren), der die äußeren geraden Augenmuskeln versorgt (Anat.). **Ab|du|zens|läh|mung** *die;* -, -en: Lähmung des 6. Gehirnnervs (Med.). **ab|du|zie|ren** ⟨aus *lat.* abducere „wegführen"⟩: von der Mittellinie des Körpers nach außen bewegen (von Körperteilen); spreizen (Med.)

Abe|ce|da|ri|er [abetse...riɐ], **Abcdarier** *der;* -s, - ⟨zu ↑Abecedarius⟩: (veraltet) Abc-Schütze, Schulanfänger. **Abe|ce|da|ri|um**, **Abcdarium** *das;* -s, ...ien [...riən] ⟨aus *lat.* abecedarium „Alphabet"⟩: 1. alphabetisches Verzeichnis des Inhalts von alten deutschen Rechtsbüchern. 2. (veraltet)

Abc-Buch, Fibel. 3. svw. Abecedarius (2). **Abe|ce|da|ri|us,** Abcdarius *der;* -, ...rii ⟨aus *lat.* abecedarius „Schulanfänger"⟩: 1. svw. Abecedarier. 2. Gedicht od. Hymnus, dessen Vers- od. Strophenanfänge dem Abc folgen. **abe|cedie|ren** ⟨zu ↑...ieren⟩: Töne mit ihren Buchstabennamen singen (Mus.); Ggs. ↑ solmisieren

Abeil|la|ge [abɛ'jaːʒə] *die;* - ⟨aus *fr.* abeillage „Bienensteuer" zu abeille „Biene"⟩: (früher) Bienen-, Zeidelrecht

...abel ⟨teilweise über *fr.* -able bzw. *engl.* -able aus gleichbed. *lat.* -(a)bilis⟩: häufige Endung von Adjektiven, die die Möglichkeit eines Verhaltens od. die Zugänglichkeit für ein Tun od. Geschehen ausdrückt, z. B. diskutabel, operabel

Abe|le|spie|le *die* (Plur.) ⟨Lehnübersetzung von *niederl.* abele spelen „schöne Spiele" zu *mniederl.* abel „kunstvoll"⟩: Bez. der ältesten (spätmittelalterlichen) ernsten Dramen in niederländischer Sprache

Abe|lia|ner, Abe|li|ter *die* (Plur.) ⟨nach Abel, dem zweiten Sohn der ersten Menschen im A. T.; vgl. ...aner u. ³...it⟩: christliche Sekte in Afrika vor dem 4. Jh.

Abel|mo|schus [aːbl...., auch 'aːbl...] *der;* -, -se ⟨aus *nlat.* abelmoschus, dies zu *arab.* ḥabb-al-misk „Moschuskörner"⟩: Bisameibisch, zu den Malvengewächsen gehörende aromatische Tropenpflanze

Abe|lo|nier [...niɐ] vgl. Abelianer

a be|ne|pla|ci|to [a ...tʃito] ⟨aus gleichbed. *it.* a beneplacito⟩: nach Belieben, frei im Vortrag (Vortragsbezeichnung; Mus.)

Aber|deen|rind [ɛbɐˈdiːn..., auch 'ɛbɐdiːn...] *das;* -[e]s, -er ⟨nach der schottischen Stadt Aberdeen⟩: hornlose schottische Rinderrasse

ab|er|rant ⟨aus *lat.* aberrans, Gen. aberrantis, Part. Präs. von aberrare, vgl. aberrieren⟩: [von der normalen Form o. ä.] abweichend (z. B. in bezug auf Lichtstrahlen, Pflanzen, Tiere). **Ab|er|ra|ti|on** *die;* -, -en ⟨aus *lat.* aberratio „Entfernung; Ablenkung, Abweichung" zu aberrare, vgl. aberrieren⟩: 1. bei Linsen, Spiegeln u. den Augen auftretender optischer Abbildungsfehler (Unschärfe). 2. scheinbare Ortsveränderung eines Gestirns in Richtung des Beobachters, verursacht durch Erdbewegung u. Lichtgeschwindigkeit. 3. starke Abweichung eines Individuums von der betreffenden Tier- od. Pflanzenart (Biol.). 4. Lage od. Entwicklungsanomalie (von Organen od. von Gewebe; Med.). **Ab|er|ra|ti|ons|kon|stan|te** *die;* -: der stets gleichbleibende Wert der jährlichen Aberration (2) des Sternenlichtes. **ab|er|rie|ren** ⟨aus *lat.* aberrare „abirren, sich verirren, abweichen"⟩: [von der normalen Form o. ä.] abweichen (z. B. in bezug auf Lichtstrahlen, Pflanzen, Tiere)

Abes|si|ni|en [...niən] *das;* -s, - ⟨nach dem früheren Namen von Äthiopien (weil man glaubte, daß man dort unbekleidet gehe)⟩: (scherzh.) Nacktbadestrand. **Abes|si|ni|er** [...niɐ] *der;* -s, -: melierte Kurzhaarkatze. **Abes|si|ni|erbrun|nen** *der;* -s, -: einfachster Bohrbrunnen (zur Entnahme kleiner Wassermengen u. Beobachtung des Grundwasserstands)

Ab|es|siv [auch ...'siːf] *der;* -s, -e [...və] ⟨aus gleichbed. *nlat.* (casus) abessivus zu *lat.* abesse „abwesend sein, fehlen"⟩: Kasus in den finnisch-ugrischen Sprachen zum Ausdruck des Nichtvorhandenseins eines Gegenstands

Ab|eva|kua|ti|on [...vakua...] *die;* -, -en ⟨aus gleichbed. *nlat.* abevacuatio zu ↑ ab... u. *lat.* evacuare „leeren"⟩: teilweise Entleerung

ab exe|cu|tio|ne [– ...ku...] ⟨*lat.;* vgl. Exekution⟩: mit gerichtlicher Hilfe, gerichtlich (vorgehen, zu etwas nötigen)

ab ex|per|to ⟨*lat.;* eigtl. „von einem, der es erfahren hat", zu expertus „erfahren"⟩: aus Erfahrung

ab|fil|trie|ren vgl. filtrieren

ab|ge|fuckt [...fakt] ⟨zu *engl.* to fuck „koitieren"⟩: (Jargon) in üblem Zustand, scheußlich, heruntergekommen, z. B. ein -es Hotel

Ab|gre|ga|ti|on *die;* -, -en ⟨aus gleichbed. *nlat.* abgregatio zu ↑ ab... u. *lat.* grex, Gen. gregis „Herde"⟩: (veraltet) Absonderung von, Ausstoßung aus einer Gemeinschaft. **ab|gregie|ren** ⟨zu ↑...ieren⟩: (veraltet) von einer Herde od. Gemeinschaft absondern

ab|hor|rent ⟨aus gleichbed. *lat.* abhorrens, Gen. abhorrentis, Part. Präs. von abhorrere, vgl. abhorrieren⟩: abweichend, unpassend, zurückschreckend. **Ab|hor|res|zenz** *die;* - ⟨aus gleichbed. *spätlat.* abhorrescentia⟩: Abscheu, Verabscheuung. **ab|hor|res|zie|ren** ⟨aus *spätlat.* abhorrescere „sich entsetzen"⟩: svw. abhorrieren. **ab|hor|rie|ren** ⟨aus *lat.* abhorrere „zurückschaudern"⟩: verabscheuen, ablehnen; zurückschrecken

Ab|hor|ta|ti|on *die;* -, -en ⟨aus gleichbed. *nlat.* abhortatio zu *spätlat.* abhortari, vgl. abhortieren⟩: (veraltet) Ermahnung. **ab|hor|tie|ren** ⟨aus gleichbed. *spätlat.* abhortari zu ↑ ab... u. *lat.* hortari „ermahnen"⟩: (veraltet) ermahnen, abraten

Abie|ta|te [abiɛ...] *die* (Plur.) ⟨zu ↑ Abietin u. ↑...at (2)⟩: die Salze u. ↑ Ester der ↑ Abietinsäure (Chem.). **Abie|tin** *das;* -s ⟨aus *lat.* abietinu zu *lat.* abies, Gen. abietis „Tanne"⟩: Harzstoff aus Terpentin. **Abie|tin|säu|re** *die;* - ⟨aus den ↑ Terpenen gehörende organische Säure, Hauptbestandteil des ↑ Kolophoniums (Chem.)

Ab|ige|at *der;* -en, -en ⟨zu ↑ abigieren u. ↑...at (1)⟩: (veraltet) Viehdiebstahl; vgl. Abaktion. **Ab|igea|tor** *der;* -s, ...oren ⟨zu ↑...or⟩: (veraltet) Viehdieb; vgl. Abaktor. **ab|igie|ren** ⟨aus *lat.* abigere „wegtreiben, verjagen; rauben"⟩: (veraltet) Vieh stehlen

Abi|li|ty [ɛˈbɪlɪti] *die;* -, ...ties ⟨aus *engl.* ability „Fähigkeit, Geschicklichkeit", dies über *altfr.* ableté, (h)abilité aus gleichbed. *lat.* habilitas⟩: die durch Veranlagung od. Schulung bedingte Fähigkeit des Menschen, Leistung hervorzubringen (Psychol.)

abi|mie|ren ⟨aus gleichbed. *fr.* abîmer zu abîme „Abgrund", dies über *kirchenlat.* abyssus aus *kirchengr.* ábyssos „Hölle" zu *gr.* ábyssos „grundlos, unergründlich"⟩: (veraltet) in den Abgrund stürzen, zugrunde richten

ab in|cu|na|bi|lis [– ɪnkuˈnaːbiliːs] ⟨*lat.;* eigtl. „von den Windeln an"⟩: von Kindheit an

ab in|itio ⟨*lat.*⟩: von Anfang an

Ab|in|te|stat|er|be ⟨zu ↑ ab intestato⟩: svw. Intestaterbe. **ab in|te|sta|to** ⟨*lat.*⟩: ohne Testament

Abio|ge|ne|se, Abio|ge|ne|sis *die;* - ⟨zu gr. a- „un-, nicht-", bíos „Leben" u. génesis „Erzeugung, Ursprung", eigtl. „Entstehung aus Unbelebtem"⟩: Annahme, daß Lebewesen ursprünglich aus unbelebter Materie entstanden seien (Urzeugung). **Abio|lo|gie** *die;* - ⟨zu ↑...logie⟩: Lehre von der unbelebten Natur. **Abio|se, Abio|sis** *die;* - ⟨aus gleichbed. *nlat.* abiosis zu *gr.* a- „un-, nicht-" u. bíos „Leben"⟩: 1. Lebensunfähigkeit. 2. svw. Abiotrophie. **abio|tisch** [auch 'a...]: ohne Leben, leblos. **Abio|tro|phie** *die;* -, ...ien ⟨zu *gr.* trophḗ „Ernährung" u. ↑²...ie⟩: angeborene Minderwertigkeit od. vorzeitiges Absterben einzelner Gewebe u. Organe (z. B. bei Kahlheit; Med.)

ab ira|to ⟨*lat.;* eigtl. „von einem Erzürnten", dies zu iratus „zornig"⟩: im Zorn; testa|men|tum - -: im Zorn abgefaßte letztwillige Verfügung (Rechtsw.)

ab|ir|ri|tant ⟨zu ↑ab... u. *fr.* irritant „er-, aufregend", dies zu *lat.* irritare „reizen"⟩: reizmindernd

ab|iso|lie|ren ⟨zu ↑isolieren⟩: die Isolierung, z. B. von einem Kabelende, entfernen

Ab|iti|on *die;* -, -en ⟨aus gleichbed. *lat.* abitio zu abire „fort-, weggehen"⟩: (veraltet) das Weggehen. **Ab|itur** *das;* -s, -e (Plur. selten) ⟨aus gleichbed. *nlat.* abiturium zu *mlat.* abiturire „fortgehen werden", dies zu *lat.* abire, vgl. Abition⟩: Abschlußprüfung an der höheren Schule; Reifeprüfung, die zum Hochschulstudium berechtigt. **Ab|itu|ri|ent** *der;* -en, -en ⟨aus *nlat.* abituriens, Gen. abiturientis, eigtl. „wer (von der Schule) fort-, abgehen wird", zu *mlat.* abiturire, vgl. Abitur⟩: jmd., der das Abitur macht od. gemacht hat. **Ab|itu|ri|en|tin** *die;* -, -nen: weibliche Form zu ↑Abiturient. **ab|itu|rie|ren** ⟨zu ↑...ieren⟩: (veraltet) das Abitur machen. **Ab|itu|ri|um** *das;* -s, ...rien [...riən] ⟨aus gleichbed. *nlat.* abiturium⟩: (veraltet) Abitur

ab|jekt ⟨aus *lat.* abiectus „nachlässig hingeworfen, verworfen", eigtl. Part. Perf. von abicere, vgl. abjizieren⟩: verächtlich. **ab|ji|zie|ren** ⟨aus gleichbed. *lat.* abicere⟩: 1. verachten. 2. verwerfen

Ab|ju|di|ka|ti|on *die;* -, -en ⟨aus gleichbed. *spätlat.* abiudicatio zu *lat.* abiudicare, vgl. abjudizieren⟩: [gerichtliche] Aberkennung. **ab|ju|di|zie|ren** ⟨aus gleichbed. *lat.* abiudicare⟩: [gerichtlich] aberkennen, absprechen

ab|jun|gie|ren ⟨aus *lat.* abiungere „trennen"⟩: absondern. **Ab|junk|ti|on** *die;* -, -en ⟨zu *lat.* abiunctus, Part. Perf. von abiungere (vgl. abjungieren) u. ↑¹...ion⟩: 1. Absonderung. 2. logische Zusammensetzung zweier Aussagen, Verknüpfung durch „aber nicht" (Logik)

Ab|ju|ra|ti|on *die;* -, -en ⟨aus gleichbed. *lat.* abiuratio zu abiurare, vgl. abjurieren⟩: (veraltet) Abschwörung, durch Eid bekräftigter Verzicht (Rechtsw.). **ab|ju|rie|ren** ⟨aus gleichbed. *lat.* abiurare⟩: (veraltet) abschwören, unter Eid entsagen

ab|ju|stie|ren ⟨zu ↑justieren⟩: abgleichen; vgl. justieren

ab|ka|pi|teln ⟨zu *mlat.* capitulare „in der Kapitelsversammlung (vgl. Kapitel 2, b) tadeln"⟩: (veraltend) jmdn. schelten, abkanzeln, jmdm. einen [öffentlichen] Verweis erteilen

ab|klö|ren ⟨zu *fr.* couleur „Farbe"⟩: (veraltet) entfärben

ab|kom|man|die|ren ⟨zu ↑kommandieren⟩: jmdn. [vorübergehend] irgendwohin beordern, dienstlich an einer anderen Stelle einsetzen

ab|kom|pli|men|tie|ren ⟨zu ↑Kompliment u. ↑...ieren⟩: (veraltet) 1. höflich abweisen. 2. jmdm. etwas höflich abschwatzen

ab|kon|ter|fei|en ⟨zu ↑Konterfei⟩: (ugs.) abmalen, abzeichnen

ab|ko|pie|ren ⟨zu ↑kopieren⟩: [ängstlich genau] kopieren

Ab|lak|ta|ti|on *die;* -, -en ⟨aus *spätlat.* ablactatio „Entwöhnung" zu ablactare, vgl. ablaktieren⟩: 1. das Abstillen, Entwöhnen des Säuglings, die allmähliche Entziehung der Muttermilch (Med.). 2. Veredelungsmethode, bei der das Edelreis mit der Mutterpflanze verbunden bleibt, bis es mit dem Wildling verwachsen ist (Bot.). **ab|lak|tie|ren** ⟨aus *spätlat.* ablactare „den Säugling entwöhnen" zu ↑ab... u. *lat.* lac, Gen. lactis „Milch"⟩: 1. abstillen (Med.). 2. einen Wildling im Sinne von Ablaktation (2) veredeln (Bot.)

Ab|la|ta *die* (Plur.) ⟨aus gleichbed. *lat.* ablata, Neutrum Plur. von ablatus, Part. Perf. von auferre „wegnehmen"⟩: (veraltet) das Weggenommene, Gestohlene. **Ab|la|ti|on** *die;* -, -en ⟨aus *lat.* ablatio „Wegnahme"⟩: 1. a) Abschmelzung von Schnee u. Eis (Gletscher, Inlandeis) durch Sonnenstrahlung, Luftwärme u. Regen; b) Abtragung des Bodens durch Wasser u. Wind; vgl. Deflation (2) u. Denudation (1) (Geol.). 2. a) operative Entfernung eines Organs od. Körperteils; vgl. Amputation; b) [krankhafte] Loslösung eines Organs von einem anderen (Med.). **Ab|la|ti|ons|mo|rä|ne** *die;* -, -n: dünne Moränendecke, die beim Schmelzen des Eises entstanden ist; Flachmoräne (Geol.). **Ab|la|tiv** *der;* -s, -e [...və] ⟨aus gleichbed. *lat.* (casus) ablativus zu ablatus „fortgetragen, entfernt, getrennt"⟩: Kasus [in indogerm. Sprachen], der einen Ausgangspunkt, eine Entfernung od. Trennung zum Ausdruck bringt; Woherfall (Abk.: Abl.). **Ab|la|ti|vus ab|so|lu|tus** [auch ...'ti:vʊs –] *der;* - -, ...vi ...ti ⟨aus *lat.* ablativus absolutus „selbständig stehender Ablativ"⟩: im Lateinischen eine selbständig im Satz stehende satzwertige Gruppe in Form einer Ablativkonstruktion (Sprachw.); z. B. Troiade exibant *capitibus opertis* (*verhüllten Hauptes* verließen sie Troja)

Ab|le|gat *der;* -en, -en ⟨aus *lat.* ablegatus, Part. Perf. von ablegare, vgl. ablegieren⟩: a) [päpstlicher] Gesandter; b) (veraltet) Verbannter. **Ab|le|ga|ti|on** *die;* -, -en ⟨aus gleichbed. *lat.* ablegatio⟩: Verbannung auf ein Jahr. **ab|le|gie|ren** ⟨aus *lat.* ablegare „wegschicken, entfernen"⟩: 1. als Gesandten wegschicken. 2. auf ein Jahr verbannen (Rechtsspr.)

Able|pha|rie *die;* -, ...ien ⟨zu *gr.* a- „un-, nicht-", blépharon „Augenlid" u. ↑²...ie⟩: angeborenes Fehlen od. Verlust des Augenlides (Med.)

Ablep|sie *die;* - ⟨zu *gr.* a- „un-, nicht-", blépein „sehen" u. ↑²...ie⟩: (veraltet) svw. Amaurose (Med.)

Ablet|te *die;* -, -n ⟨aus gleichbed. *fr.* ablette, Verkleinerungsform von able „Weißfisch", dies zu *lat.* albus „weiß"⟩: kleiner Weißfisch

ab|li|gie|ren ⟨zu ↑ab... u. *lat.* ligare „(ver)binden"⟩: (veraltet) losbinden

ab|li|gu|rie|ren ⟨aus gleichbed. *lat.* abligurire⟩: (veraltet) vernaschen, verprassen, vergeuden

Ab|lo|ka|ti|on *die;* -, -en ⟨aus gleichbed. *lat.* ablocatio zu ablocare, vgl. ablozieren⟩: (veraltet) Vermietung, Verpachtung. **ab|lo|zie|ren** ⟨aus gleichbed. *lat.* ablocare⟩: (veraltet) vermieten, verpachten

Ab|lu|en|tia *die* (Plur.) ⟨aus *lat.* abluentia, Neutrum Plur. von abluens, Gen. abluentis, Part. Präs. von abluere, vgl. abluieren⟩: (veraltet) Abführmittel. **ab|lu|ie|ren** ⟨aus gleichbed. *lat.* abluere zu *gr.* apoloúein⟩: (veraltet) abwaschen, wegspülen. **Ab|lu|ti|on** *die;* -, -en ⟨aus *lat.* ablutio „Abspülen, Abwaschen"⟩: 1. das Abtragen von nicht verfestigten Meeresablagerungen (Geol.). 2. bei der ¹Messe Ausspülung der Gefäße u. Waschung der Fingerspitzen [u. des Mundes] des ↑Zelebranten nach dem Empfang von Brot u. Wein [u. der Austeilung der ↑Kommunion (1)] in der ↑Eucharistie (kath. Rel.)

ab|ma|jo|rie|ren ⟨zu ↑majorisieren⟩: (veraltet) svw. majorisieren

Ab|ne|ga|ti|on *die;* -, -en ⟨aus *lat.* abnegatio „Verleugnung, Absage" zu abnegare, vgl. abnegieren⟩: (veraltet) Teilnahmslosigkeit. **ab|ne|gie|ren** ⟨aus gleichbed. *lat.* abnegare zu ↑ab... u. negare „nein sagen"⟩: (veraltet) verneinen, absagen

ab|nok|tie|ren ⟨aus gleichbed. *lat.* abnoctare zu ↑ab... u. nox, Gen. noctis „Nacht"⟩: (veraltet) auswärts übernachten

ab|norm ⟨aus *lat.* abnormis „von der Regel abweichend" zu norma „Regel, Richtschnur", vgl. normal⟩: 1. im krankhaften Sinn vom Normalen abweichend. 2. ungewöhnlich, außergewöhnlich; z. B. ein - kalter Winter. **ab|nor|mal** ⟨zu

↑ab... u. *lat.* normalis, vgl. normal⟩: vom Üblichen, von der Norm abweichend; [geistig] nicht normal. **Ab|nor|mi|tät** *die;* -, -en ⟨aus *spätlat.* abnormitas, Gen. abnormitatis „Abweichung von der Regel" zu *lat.* abnormis, vgl. abnorm⟩: 1. das Abweichen von der Regel. 2. krankhaftes Verhalten. 3. a) stärkster Grad der Abweichung von der Norm ins Krankhafte, Mißbildung (Med.); b) abnorm entwickeltes od. mißgebildetes Wesen (Mensch od. Tier)

ab|nu|ie|ren ⟨aus gleichbed. *lat.* abnuere⟩: durch Winken od. Kopfschütteln ablehnen, verweigern

Abo *das;* -s, -s: (ugs.) Kurzform von ↑Abonnement

ab|olie|ren ⟨aus *lat.* abolere „vernichten, abschaffen"⟩: (veraltet) 1. abschaffen, aufheben. 2. begnadigen. **Ab|oli|ti|on** *die;* -, -en ⟨aus *lat.* abolitio „Abschaffung, Aufhebung"⟩: Niederschlagung eines Strafverfahrens vor Urteilserlaß; vgl. Amnestie. **Ab|oli|tio|nis|mus** *der;* - ⟨aus gleichbed. *engl.* abolitionism zu abolition „Abschaffung, Aufhebung", dies aus gleichbed. *lat.* abolitio zu abolere, vgl. abolieren; vgl. ...ismus⟩: 1. (früher) Bewegung zur Abschaffung der Sklaverei in England u. Nordamerika. 2. von England im 19. Jh. ausgehender Kampf gegen die ↑Prostitution. **Ab|oli|tio|nist** *der;* -en, -en ⟨aus gleichbed. *engl.* abolitionist; vgl. ...ist⟩: Anhänger des Abolitionismus

Abol|la *die;* -, ...len ⟨aus gleichbed. *lat.* abolla⟩: (veraltet) Umhang, dichter Mantel

A-Bom|be *die;* -, -n: Kurzform von Atombombe

ab|omi|na|bel ⟨aus gleichbed. *fr.* abominable zu *lat.* abominabilis, dies zu abominari, vgl. abominieren⟩: abscheulich, scheußlich, widerlich. **Ab|omi|na|ti|on** *die;* -, -en ⟨aus gleichbed. *lat.* abominatio⟩: Verfluchung, Verwünschung, Abscheu. **ab|omi|nie|ren** ⟨aus *lat.* abominari „wegwünschen, verabscheuen"⟩: eine böse Vorbedeutung abzuwenden suchen, verabscheuen

Abon|dance [abõ'dã:s] *die;* - ⟨aus gleichbed. *fr.* abondance, dies zu *lat.* abundantia, vgl. Abundanz⟩: Überfluß, Fülle, Menge. **abon|dant** [...'dã:] ⟨*fr.*⟩: reichlich, überflüssig. **abon|die|ren** ⟨aus gleichbed. *fr.* abonder⟩: im Überfluß, reichlich vorhanden sein

Abon|ne|ment [abɔnə'mã:, schweiz. auch ...'mɛnt] *das;* -s, Plur. -s, schweiz. auch -e ⟨aus gleichbed. *fr.* abonnement zu abonner, vgl. abonnieren⟩: a) fest vereinbarter Bezug von Zeitungen, Zeitschriften o. ä. auf längere, aber meist noch unbestimmte Zeit; b) für einen längeren Zeitraum geltende Abmachung, die den Besuch einer bestimmten Anzahl kultureller Veranstaltungen (Theater, Konzert) betrifft; Anrecht, Miete. **Abon|nent** *der;* -en, -en ⟨zu ↑abonnieren; ↑...ent⟩: a) jmd., der etwas (z. B. eine Zeitung) abonniert hat; b) Inhaber eines Abonnements (b). **abon|nie|ren** ⟨aus *fr.* abonner „ausbedingen, festsetzen; vorausbestellen", dies aus *altfrz.* abosner „abgrenzen" zu bosne „Grenzstein"⟩: etwas [im Abonnement] beziehen. **abon|niert** ⟨zu ↑...iert; - sein⟩: a) ein Abonnement (b) auf etwas besitzen; b) (scherzh.) etwas mit einer gewissen Regelmäßigkeit immer wieder bekommen

ab|oral [auch 'ap...] ⟨aus gleichbed. *nlat.* aboralis zu ↑ab... u. *lat.* os, Gen. oris „Mund"⟩: vom Mund entfernt liegend, zum After hin liegend (von einzelnen Teilen des Verdauungstraktes im Verhältnis zu anderen; Med.)

abor|da|bel ⟨aus gleichbed. *fr.* abordable zu à bord „an Bord"; vgl. ...abel⟩: (veraltet) 1. zugänglich, befahrbar (z. B. von Häfen). 2. zugänglich (von Menschen). **Abor|da|ge** [...ʒə] *die;* -, -n ⟨aus gleichbed. *fr.* abordage⟩: (veraltet) 1. das Anlegen, Landen, Entern, Zusammenstoßen (z. B. von Schiffen). 2. Anreden (von Menschen). **abor|die|ren** ⟨aus gleichbed. *fr.* aborder⟩: (veraltet) 1. anlegen, landen, entern. 2. anreden

ab|ori|gi|nal ⟨zu *lat.* Aborigines „das Stammvolk der Latiner" u. ↑¹...al(1)⟩: a) die Ureinwohner betreffend; b) zu den Ureinwohnern gehörend. **Ab|ori|gi|ner** *die* (Plur.) ⟨aus gleichbed. *lat.* Aborigines⟩: Ureinwohner eines Landes (bes. das Volk der Latiner). **Ab|ori|gi|nes** [ɛbəˈrɪdʒiniːs] *die* (Plur.) ⟨aus gleichbed. *engl.* aborigines; vgl. Aboriginer⟩: Ureinwohner eines Landes (bes. die von Australien)

Abor|ne|ment [...nəˈmãː] *das;* -s, -s ⟨aus gleichbed. *fr.* abornement⟩: (veraltet) das Setzen von Grenzsteinen, Vermarkung. **abor|nie|ren** ⟨aus gleichbed. *fr.* aborner, verwandt mit abonner, vgl. abonnieren⟩: (veraltet) Grenzsteine setzen, vermarken

¹Ab|ort *der;* -s, -e ⟨aus *lat.* abortus „Früh-, Fehlgeburt" zu aboriri „abgehen, verschwinden"⟩: Fehlgeburt (Med.). **²Ab|ort** *der;* -s, -s ⟨aus gleichbed. *engl.* abort, dies aus *lat.* abortus, vgl. ¹Abort⟩: Abbruch eines Raumflugs. **ab|or|tie|ren** ⟨aus gleichbed. *lat.* abortare⟩: 1. fehlgebären (Med.). 2. gewisse Organe nicht ausbilden (Bot.). **ab|or|tiv** ⟨aus gleichbed. *lat.* abortivus⟩: 1. abgekürzt verlaufend (von Krankheiten; Med.). 2. abtreibend, eine Fehlgeburt bewirkend (Med.). 3. unfertig ausgebildet, auf einer frühen Entwicklungsstufe stehengeblieben (von Pflanzen; Biol.). **Ab|or|ti|vum** [...vʊm] *das;* -s, ...va ⟨aus gleichbed. *nlat.* abortivum, substantiviertes Neutrum von *lat.* abortivus, vgl. abortiv⟩: 1. Mittel, das den Verlauf einer Krankheit abkürzt od. ihren völligen Ausbruch verhindert (Med.). 2. Mittel zum Herbeiführen einer Fehlgeburt (Med.). **Ab|or|tus** *der;* -, - [...tuːs] ⟨aus gleichbed. *lat.* abortus⟩: 1. svw. ¹Abort. 2. Nichtausbildung gewisser Organe bei Pflanzen (Bot.)

Abou|che|ment [abuʃəˈmãː] *das;* -s, -s ⟨aus gleichbed. *fr.* abouchement⟩: (veraltet) 1. Fühlungnahme, Unterredung. 2. Einmündung [zweier Rohre u. ä. ineinander]. **abou|chie|ren** ⟨aus gleichbed. *fr.* aboucher⟩: (veraltet) 1. Verbindung od. Fühlung aufnehmen. 2. [Rohre] ineinanderfügen, verbinden

About [aˈbuː] *der;* -s, -s ⟨aus gleichbed. *fr.* about⟩: abgeschrägtes Ende am Zimmerholz, Balkenkopf. **abou|tie|ren** [abuˈtiː...] ⟨aus gleichbed. *fr.* aboutir⟩: (veraltet) enden, münden. **Abou|tis|se|ment** [...tɪsəˈmãː] *das;* -s, -s ⟨aus gleichbed. *fr.* aboutissement⟩: (veraltet) Ergebnis, Ausgang, Ende

a bo|ve ma|jo|re dis|cit ara|re mi|nor [– ...və – ˈdɪstsɪt – –] ⟨*lat.*;* „vom alten Ochsen lernt pflügen der junge"⟩: wie die Alten sungen, so zwitschern die Jungen

ab ovo [– ˈoːvo] ⟨*lat.;* „vom Ei (an)"⟩: 1. vom Anfang einer Sache an; bis auf die Anfänge zurückgehend. 2. von vornherein, grundsätzlich; z. B. jede Norm ist von einer Idealisierung. **ab ovo us|que ad ma|la** ⟨*lat.;* „vom Ei bis zu den Äpfeln"⟩, d. h. vom Vorgericht bis zum Nachtisch⟩: vom Anfang bis zum Ende

ab|pa|rie|ren ⟨zu ↑parieren⟩: [Hiebe, Stiche] ablenken, abwenden

ab|pas|sie|ren ⟨zu ↑passieren⟩: [Kräuter od. Gemüse] in Fett rösten (Gastr.)

ab|pa|trouil|lie|ren ⟨zu ↑patrouillieren⟩: [eine Gegend] patrouillierend abgehen, abfahren

Ab|pro|duk|te *die* (Plur.) ⟨zu ↑ab... u. ↑Produkt⟩: a) Reststoffe, nicht verwertbare Rückstände aus Produktionsprozessen; b) Abfälle in Städten u. Gemeinden (z. B. Müll)

ab|pro|zes|sie|ren ⟨zu ↑prozessieren⟩: im Rechtsstreit abgewinnen

abqualifizieren

ab|qua|li|fi|zie|ren ⟨zu ↑qualifizieren⟩: a) jmdm. die Eignung für eine Sache absprechen; b) abwertend beurteilen

Abra|chie *die;* -, ...ien ⟨zu *gr.* a- „un-, nicht-", *lat.* brachium „Arm" u. ↑²...ie⟩: angeborenes Fehlen der Arme (Med.).

Abra|chi|us *der;* -, Plur. ...ien [...xi̯ən] u. ... chii ⟨aus gleichbed. *nlat.* abrachius⟩: Mißgeburt, der ein Arm od. beide Arme fehlen (Med.)

¹ab|ra|die|ren ⟨zu ↑radieren⟩: durch Radieren entfernen.

²ab|ra|die|ren ⟨aus gleichbed. *lat.* abradere⟩: (veraltet) abkratzen, abschaben. **Ab|ra|dor** *das;* -[e]s, -s ⟨aus gleichbed. *nlat.* abradorum zu *lat.* abradere, vgl. ²abradieren⟩: mit Bimsstein durchsetzte Seife, die früher bes. zum Reinigen der Hände verwendet wurde

¹Abra|ha|mi|ten *die* (Plur.) ⟨nach ihrem Oberhaupt Abraham von Antiochien; vgl. ³...it⟩: syrische Sekte im 9. Jh., die die Gottheit Christi leugnete

²Abra|ha|mi|ten *die* (Plur.) ⟨nach der biblischen Gestalt Abraham; vgl. ³...it⟩: auf die Hussiten zurückgehende böhmische Deistensekte am Ende des 18. Jh.s

Abra|ka|da|bra *das;* -s ⟨aus gleichbed. *mlat.* abracadabra, weitere Herkunft unsicher⟩: 1. Zauberwort. 2. (abwertend) sinnloses Gerede

ab|ra|ken ⟨aus gleichbed. *fr.* embraquer⟩: von einer gefährlichen Stelle losmachen (Seew.)

Abra|sax *der;* - ⟨Herkunft unsicher⟩: svw. Abraxas

Abrasch *der;* - ⟨aus *arab.* abraš „gefle₂kt"⟩: beabsichtigte od. unbeabsichtigte Farbabweichung bei Orientteppichen

ab|ra|sie|ren ⟨zu ↑rasieren⟩: 1. Haare mit dem Rasiermesser, -apparat entfernen. 2. (ugs.) dem Erdboden gleichmachen

Ab|ra|sio *die;* -, ...ionen ⟨aus gleichbed. *lat.* abrasio zu abradere, vgl. ²abradieren⟩: Ausschabung, Auskratzung (bes. der Gebärmutter; Med.). **Ab|ra|si|on** *die;* -, -en ⟨zu ↑¹...ion⟩: 1. svw. Abrasio. 2. Abschabung, Abtragung der Küste durch die Brandung (Geol.). **Ab|ra|sit** [auch ...'zɪt] *der;* -s, -e ⟨zu ↑²...it⟩: aus ↑Bauxit gewonnenes Tonerdeprodukt, das zur Herstellung von feuerfesten Steinen u. Schleifmitteln verwendet wird

à bras ou|verts [a 'bra:zu'vɛ:ʀ] ⟨*fr.*⟩: mit offenen Armen

Abra|wi|za *die;* -, -s ⟨aus gleichbed. *serb.* abravica⟩: Tragestange für zwei Wasserkrüge

Abra|xas *der;* - ⟨aus *gr.* Abráxas, weitere Herkunft unsicher⟩: 1. Geheimname Gottes in der ↑Gnostik. 2. Zauberwort auf Amuletten

ab|rea|gie|ren ⟨zu ↑reagieren⟩: 1. länger angestaute seelische Erregungen u. Spannungen entladen. 2. sich -: sich beruhigen, zur Ruhe kommen. **Ab|re|ak|ti|on** *die;* -, -en: a) Beseitigung seelischer Hemmungen u. Spannungen durch das bewußte Nacherleben (Psychotherapie); b) Entladung seelischer Spannungen u. gestauter Affekte in Handlungen (Psychol.)

Abré|gé [abre'ʒe:] *das;* -s, -s ⟨aus gleichbed. *fr.* abrégé zu abréger, vgl. abregieren⟩: (veraltet) kurzer Auszug, Zusammenfassung. **abre|gie|ren** [...'ʒi:...] ⟨aus gleichbed. *fr.* abréger, dies aus *lat.* abbreviare „verkürzen"⟩: (veraltet) abkürzen, kurz zusammenfassen

Abre|go *der;* -s, -s ⟨aus gleichbed. *span.* ábrego⟩: Südwestwind

Abre|nun|tia|ti|on *die;* -, -n ⟨aus gleichbed. *spätlat.* abrenuntiatio zu *lat.* abrenuntiare „absprechen, entsagen"⟩: Entsagung, Lossagung des Täuflings vom Satan u. seinen Werken (nach altem kirchlichen Ritus)

Ab|rep|ti|on *die;* -, -en ⟨aus gleichbed. *kirchenlat.* abreptio zu *lat.* abreptus, Part. Perf. von abripere, vgl. abripieren⟩: Losreißung, Trennung der Seele vom Körper (Rel.)

Abreu|voir [abʀø'vo̯a:ʀ] *der;* -s, -s ⟨aus gleichbed. *fr.* abreuvoir⟩: (veraltet) Viehtränke, Schwemme

Abré|via|teur [abʀevi̯a'tø:ʀ] *der;* -s, -s ⟨aus gleichbed. *fr.* abréviateur, eigtl. „Verkürzer", dies aus *lat.* abbreviator; vgl. Abbreviator⟩: Verfasser eines [literarischen] Auszuges

Abri *der;* -s, -s ⟨aus *fr.* abri „Obdach, Schutz"⟩: altsteinzeitliche Wohnstätte unter Felsvorsprüngen od. in Felsnischen

ab|ri|pie|ren ⟨aus gleichbed. *lat.* abripere⟩: (veraltet) wegreißen, rauben

Abri|vent [...'vã:] *der* od. *das;* -s, -s ⟨aus gleichbed. *fr.* abrivent, eigtl. „Windschutz", zu abri (vgl. Abri) u. vent „Wind", dies aus gleichbed. *lat.* ventum⟩: Wetterdach, Schilderhaus

Abro|ahs [...as] od. **Abrohani** *die* (Plur.) ⟨aus dem Ind.⟩: feine, schmale Nesseltücher aus Ostindien

Ab|ro|ga|ti|on *die;* -, -en ⟨aus *lat.* abrogatio „Abschaffung" zu abrogare, vgl. abrogieren⟩: Aufhebung eines Gesetzes durch ein neues Gesetz. **ab|ro|gie|ren** ⟨aus gleichbed. *lat.* abrogare⟩: (veraltet) a) abschaffen; b) zurücknehmen

Abro|ha|ni vgl. Abroahs

Abro|ne od. **Habrone** *der;* -n, -n ⟨zu *gr.* hábros „weichlich"; nach dem Weichling Abron aus Argos⟩: (veraltet) weichlicher, verzärtelter Mann

ab|rum|pie|ren ⟨aus gleichbed. *lat.* abrumpere⟩: abbrechen.

ab|rupt ⟨aus *lat.* abruptus „jäh, steil abfallend", eigtl. Part. Perf. von abrumpere, vgl. abrumpieren⟩: a) plötzlich u. unvermittelt, ohne daß man damit gerechnet hat, eintretend (in bezug auf Handlungen, Reaktionen o. ä.); b) zusammenhanglos. **Ab|rup|ta** *die* (Plur.) ⟨aus *lat.* (verba) abrupta „abgerissene (Worte)"⟩: plötzliche, witzige Einfälle [aus dem Stegreif]. **Ab|rup|tio** *die;* -, ...tiones [...ne:s] ⟨aus *lat.* abruptio „das Abreißen"⟩: svw. Ablation (2b). **Ab|rup|ti|on** *die;* -, -en ⟨zu ↑¹...ion⟩: [plötzliches] Abbrechen, Verstummen [von Musik od. einer Rede]

abru|tie|ren [abry...] ⟨aus gleichbed. *fr.* abrutir zu abruti „roh, gefühllos", dies zu *lat.* brutus „schwerfällig, dumm"⟩: (veraltet) verrohen, verdummen; einschüchtern.

Abru|tis|se|ment [...tɪsə'mã:] *das;* -s, -s ⟨aus gleichbed. *fr.* abrutissement⟩: (veraltet) Verdummung, Verrohung

abs..., Abs... vgl. ab..., Ab...

Abs|ari|us *der;* -, ...ien [...i̯ən] ⟨aus gleichbed. *nlat.* absarius zu *lat.* abs „weg" u. arare „pflügen"⟩: (veraltet) a) unbebauter Acker; b) Bauer, der seinen Acker nicht bestellt hat

Ab|sence [a'psã:s] *die;* -, -n [...sn̩] ⟨aus gleichbed. *fr.* absence, vgl. Absenz⟩: Geistesabwesenheit, bes. epileptischer Anfall mit nur kurz andauernder Bewußtseinstrübung (Med.). **ab|sent** [ap'zɛnt] ⟨über *fr.* absent aus gleichbed. *lat.* absens, Gen. absentis, Part. Präs. von abesse „fort sein"⟩: abwesend. **Ab|sen|ta|ti|on** *die;* -, -en ⟨zu *lat.* absentare (vgl. absentieren) u. ↑¹...ion⟩: Entfernung, Weggehen. **Ab|sen|tee** [ɛpsn̩'ti:] *der;* -s, -s ⟨aus *engl.* absentee „Absender"⟩: Grundbesitzer [in Irland], der nicht auf seinen Gütern, sondern [meist] im Ausland lebt. **ab|sen|tia** [ap...] vgl. in absentia. **ab|sen|tie|ren**, sich ⟨aus gleichbed. *fr.* absenter, dies aus *lat.* absentare⟩: sich entfernen. **Ab|sen|tis|mus** *der;* - ⟨zu ↑...ismus (5)⟩: 1. gewohnheitsmäßige Abwesenheit der Großgrundbesitzer von ihren Gütern (bes. in Irland). 2. gewohnheitsmäßiges Fernbleiben vom Arbeitsplatz (Soziol.). **Ab|senz** *die;* -, -en ⟨aus gleichbed. *lat.* absentia⟩: 1. Abwesenheit, Fortbleiben. 2. svw. Absence

Ab|si Plur. von ↑Absus

ab|si|lie|ren ⟨aus gleichbed. *lat.* absilire⟩: (veraltet) weg-, davonspringen

Ab|sinth *der;* -[e]s, -e ⟨aus *lat.* absinthium „Wermut", dies aus gleichbed. *gr.* apsínthion (nichtindogerman. Ursprungs)⟩: 1. grünlicher Branntwein mit Wermutzusatz. 2. Wermutpflanze. **Ab|sin|thin** *das;* -s ⟨zu ↑...in (1)⟩: Bitterstoff des Wermuts. **Ab|sin|this|mus** *der;* - ⟨zu ↑...ismus (3)⟩: Krämpfe, Lähmungen u. Verwirrungszustände infolge übermäßigen Absinthgenusses

ab|si|stie|ren ⟨aus gleichbed. *lat.* absistere⟩: (veraltet) abstehen, ablassen

ạb|sit ⟨*lat.*⟩: das sei ferne! behüte! **ạb|sit ọmen** ⟨*lat.;* vgl. Omen⟩: möge es ohne [böse] Vorbedeutung sein!

ab|skon|die|ren ⟨aus gleichbed. *lat.* abscondere⟩: (veraltet) verbergen, verstecken

ab|so|lụt ⟨aus *lat.* absolutus „losgelöst", Part. Perf. von absolvere „loslösen"; z. T. über *fr.* absolu „unabhängig, unbedingt"⟩: 1. von der Art od. so beschaffen, daß es durch nichts beeinträchtigt, gestört, eingeschränkt ist; uneingeschränkt, vollkommen, äußerst. 2. überhaupt, z. B. das sehe ich - nicht ein. 3. unbedingt, z. B. er will - recht behalten. 4. rein, beziehungslos, z. B. das -e Gehör (Gehör, das ohne Hilfsmittel die Tonhöhe erkennt). 5. auf eine bestimmte Grundeinheit bezogen, z. B. die -e Temperatur (die auf den absoluten Nullpunkt bezogene, die tiefste überhaupt mögliche Temperatur); die -e Mehrheit (die Mehrheit von über 50% der Gesamtstimmenzahl); der -e Mehrwert (der durch Verlängerung des Arbeitstages geschaffene Mehrwert) (Pol. Ökon.); -e Atmosphäre: Maßeinheit des Druckes, vom Druck null an gerechnet; Zeichen: ata; -e Geometrie; svw. nichteuklidische Geometrie; -e Musik: völlig autonome Instrumentalmusik, deren geistiger Gehalt weder als Tonmalerei außermusikalischer Stimmungs- od. Klangphänomene noch als Darstellung literarischer Inhalte bestimmt werden kann (seit dem 19. Jh.); Ggs. ↑ Programmusik; -er Ablativ: svw. Ablativus absolutus; -er Nominativ: ein außerhalb des Satzverbandes stehender Nominativ; -er Superlativ: svw. Elativ; -es Tempus: selbständige, von der Zeit eines anderen Verhaltens unabhängige Zeitform eines Verbs. **Ab|so|lụ|te** *das;* -n ⟨zu *lat.* absolutus, vgl. absolut⟩: das rein aus sich bestehende u. in sich ruhende Sein (Philos.). **Ab|so|lu|tie|rung** *die;* -, -en ⟨zu ↑...ierung⟩: vollständige Entwässerung von Flüssigkeiten, bes. von organischen Lösungsmitteln (Chem.). **Ab|so|lu|ti|on** *die;* -, -en ⟨aus gleichbed. *lat.* absolutio, vgl. absolvieren⟩: Los-, Freisprechung, bes. Sündenvergebung. **Ab|so|lu|tịs|mus** *der;* - ⟨aus gleichbed. *fr.* absolutisme, vgl. absolut⟩: a) Regierungsform, in der alle Gewalt unumschränkt in der Hand des Monarchen liegt; b) unumschränkte Herrschaft. **Ab|so|lu|tịst** *der;* -en, -en ⟨zu ↑...ist⟩: a) Anhänger, Vertreter des Absolutismus; b) Herrscher mit unumschränkter Macht. **ab|so|lu|tị|stisch** ⟨zu ↑...istisch⟩: a) den Absolutismus betreffend; b) Merkmale des Absolutismus zeigend. **Ab|so|lu|tiv** [auch ...'tiːf] *der;* -s, -e ⟨aus gleichbed. *nlat.* (casus) absolutivus; vgl. ...iv⟩: 1. Kasus im Grönländischen u. in typologisch ähnlichen Sprachen, in dem das ↑Subjekt bei intransitiver u. das ↑Objekt bei transitiver Satzkonstruktion erscheint (Sprachw.). 2. Kasus des ↑Subjekts u. des nominalen ↑Prädikats in den semitischen Sprachen (Sprachw.). 3. erstarrter Kasus eines Verbalabstraktums als nähere Bestimmung eines Hauptverbs (Sprachw.). **ab|so|lu|tọ|risch** ⟨aus gleichbed. *lat.* absolutorius⟩: frei-, lossprechend. **Ab|so|lu|tọ|ri|um** *das;* -s, ...rien [...riən] ⟨aus *mlat.* absolutorium „Loslösung, Freisprechung" zu *lat.* absolutorius, vgl. absolutorisch⟩: 1. (veraltet) die von der zuständigen Stelle, Behörde erteilte Befreiung von der Verbindlichkeit von Ansprüchen o. ä. 2. (veraltet) a) Reifeprüfung; b) Reifezeugnis. 3. (österr.) Bestätigung einer Hochschule, daß man die im Verlauf des Studiums vorgeschriebene Anzahl von Semestern u. Übungen belegt hat. **Ab|sol|vent** [...'vɛnt] *der;* -en, -en ⟨aus *lat.* absolvens, Gen. absolventis, Part. Präs. von absolvere, vgl. absolvieren⟩: jmd., der die vorgeschriebene Ausbildungszeit an einer Schule abgeschlossen hat. **ab|sol|vie|ren** ⟨aus *lat.* absolvere „loslösen, vollenden"; vgl. absolut⟩: 1. a) die vorgeschriebene Ausbildungszeit an einer Schule ableisten; b) etwas ausführen, durchführen. 2. jmdm. die Absolution erteilen (kath. Rel.)

ab|so|nant ⟨aus *lat.* absonans, Gen. absonantis, Part. Präs. von absonare „mißtönen"⟩: (veraltet) mißtönend, abgeschmackt

Ab|sor|ba|bel ⟨aus gleichbed. *nlat.* absorbabilis, vgl. absorbieren⟩: einsaugbar, auflöslich. **Ab|sor|ba|bi|li|tät** *die;* -, -en ⟨zu ↑...ität⟩: Auflösbarkeit. **Ab|sor|bat** *das;* -[e]s, -e ⟨zu ↑...at(1)⟩: svw. Absorptiv. **Ab|sor|bend** *der;* -en, -en ⟨zu ↑...end⟩: svw. Absorptiv. **Ab|sọr|bens** *das;* -, Plur. ...bẹnzien [...tsiən] u. ...bẹntia ⟨aus *lat.* absorbens, Part. Präs. von absorbere, vgl. absorbieren⟩: der bei der Absorption absorbierende (aufnehmende) Stoff; vgl. Absorptiv. **ab|sor|bent** ⟨zu ↑...ent⟩: aufsaugend. **Ab|sọr|ber** *der;* -s, - ⟨aus gleichbed. *engl.* absorber⟩: 1. svw. Absorbens. 2. Vorrichtung zur Absorption von Gasen (z. B. in einer Kältemaschine). 3. Kühlschrank. **ab|sor|bie|ren** ⟨aus *lat.* absorbere „hinunterschlürfen, verschlingen"⟩: 1. aufsaugen, in sich aufnehmen. 2. [gänzlich] beanspruchen. **Ab|sorp|ti|on** *die;* -, -en ⟨aus gleichbed. *nlat.* absorptio, vgl. absorbieren⟩: das Aufsaugen, das In-sich-Aufnehmen von etwas. **Ab|sorp|ti|ons|prin|zip** *das;* -s: Grundsatz, daß bei mehreren Straftaten einer Person die Strafe nach dem Gesetz verhängt wird, das die schwerste Strafe androht (Rechtsw.). **Ab|sorp|ti|ons|spek|trum** *das;* -s, Plur. ...tren u. ...tra: ↑Spektrum, das durch dunkle Linien od. Streifen jene Bereiche des Spektrums angibt, in denen ein Stoff durchtretende Strahlung absorbiert (Phys.) **ab|sorp|tiv** ⟨zu ↑...iv⟩: zur Absorption fähig. **Ab|sorp|tiv** *das;* -s, -e [...və]: der bei der Absorption absorbierte Stoff; vgl. Absorbens

ạbs|que ⟨*lat.*; „ohne, außer"⟩: ohne Urteilsspruch (Rechtsw.)

Ab|stẹ|mi|us *der;* -, ...ien [...miən] ⟨aus gleichbed. *spätlat.* abstemius zu *lat.* abs „weg" u. temetum „Met, Wein"⟩: (veraltet) enthaltsamer Mensch, bes. in bezug auf Alkohol u. Geschlechtsverkehr

Ab|sten|ti|on *die;* -, -en ⟨aus gleichbed. *lat.* abstentio⟩: (veraltet) Verzicht, Erbschaftsverzicht

Ab|stẹr|gens *das;* -, Plur. ...gẹntia u. ...gẹnzien [...tsiən] ⟨aus *lat.* abstergens, Part. Präs. von abstergere, vgl. abstergieren⟩: reinigendes, abführendes Heilmittel. **ab|ster|gẹnt** ⟨zu ↑...ent⟩: abführend, reinigend. **ab|ster|gie|ren** ⟨aus *lat.* abstergere „wegwischen, beseitigen"⟩: reinigen, abführen. **Ab|ster|si|on** *die;* -, -en ⟨zu *lat.* abstersus, Part. Perf. von abstergere (vgl. abstergieren) u. ↑¹...ion⟩: (veraltet) [innere] Reinigung. **ab|ster|siv** ⟨zu ↑...iv⟩: reinigend, abführend. **Ab|ster|so|ri|um** *das;* -s, ...ien [...riən] ⟨aus *nlat.* abstersorium „Reinigungstuch"⟩: Leinentuch, mit dem der Priester nach Berührung der geweihten Hostie die Hände reinigt

ab|sti|nẹnt ⟨aus *lat.* abstinens, Gen. abstinentis, Part. Präs. von abstinere, vgl. abstinieren; z. T. über *engl.* abstinent „enthaltsam"⟩: enthaltsam (in bezug auf bestimmte Speisen, Alkohol, Geschlechtsverkehr). **Ab|sti|nẹnt** *der;* -en, -en ⟨zu ↑...ent⟩: (schweiz., sonst veraltet) svw. Abstinenzler. **Ab|sti|nẹnz** *die;* - ⟨aus gleichbed. *lat.* abstinentia⟩: Enthaltsamkeit (z. B. in bezug auf bestimmte Speisen, Alkohol, Geschlechtsverkehr). **Ab|sti|nẹnz|ler** *der;* -s, -: jmd.,

Abstinenztheorie

der enthaltsam lebt, bes. in bezug auf Alkohol. **Ab|sti|nenz|theo|rie** *die; -:* im 19. Jh. vertretene Zinstheorie, nach der der Sparer den Zins gleichsam als Gegenwert für seinen Konsumverzicht erhält. **ab|sti|nie|ren** ⟨aus *lat.* abstinere „fern-, zurückhalten"⟩: (veraltet) sich enthalten
Ab|stract ['ɛpstrɛkt] *das;* -s, -s ⟨aus gleichbed. *engl.* abstract zu to abstract „einen Auszug machen"; vgl. abstrakt⟩: kurzer Abriß, kurze Inhaltsangabe eines Artikels od. Buches. **ab|stra|hie|ren** [apstra...] ⟨aus *lat.* abstrahere „ab-, wegziehen"⟩: 1. etwas gedanklich verallgemeinern, zum Begriff erheben. 2. von etwas absehen, auf etwas verzichten. **abstrakt** ⟨aus *lat.* abstractus „abgezogen", Part. Perf. von abstrahere, vgl. abstrahieren⟩: a) vom Dinglichen gelöst, rein begrifflich; b) theoretisch, ohne unmittelbaren Bezug zur Realität; -e K u n s t : Kunstrichtung, die vom Gegenständlichen absieht; -es S u b s t a n t i v : svw. Abstraktum; -e Z a h l : reine Zahl, d. h. ohne Angabe des Gezählten (Math.). **Ab|strak|ten** *die* (Plur.) ⟨aus *mlat.* abstracta „die Fortgezogenen", vgl. Abstraktum⟩: die Teile einer Orgel, die die Tasten mit den Pfeifenventilen verbinden. **Ab|strak|ti|on** *die;* -, -en ⟨aus gleichbed. *lat.* abstractio, eigtl. „das Fortschleppen, Entführen"⟩: 1. a) Begriffsbildung; b) Verallgemeinerung; c) Begriff. 2. auf zufällige Einzelheiten verzichtende, begrifflich zusammengefaßte Darstellung (Stilk.). **ab|strak|tiv** ⟨zu ↑...iv⟩: 1. fähig zum Abstrahieren, zur ↑Abstraktion. 2. durch Abstrahieren gebildet. **Ab|strak|tum** *das;* -s, ...ta ⟨aus gleichbed. *mlat.* (verbum) abstractum zu *lat.* abstractus „abgezogen", vgl. abstrakt⟩: Substantiv, das Nichtdingliches bezeichnet; Begriffswort; z. B. Hilfe, Zuneigung (Sprachw.); Ggs. ↑Konkretum
ab|strin|gie|ren ⟨zu ↑ab... u. *lat.* stringere „zusammenbinden, fesseln"⟩: (veraltet) losschnüren, losbinden
ab|stru|die|ren ⟨aus *lat.* abstrudere „verstecken, verbergen"⟩: (veraltet) geheimhalten. **ab|strus** ⟨aus *lat.* abstrusus „versteckt, verborgen"⟩: a) (abwertend) absonderlich, töricht; b) schwer verständlich, verworren, ohne gedankliche Ordnung. **Ab|stru|si|on** *die;* -, -en ⟨zu ↑¹...ion⟩: (veraltet) das Verbergen, Verdunkeln [der Begriffe]
ab|su|mie|ren ⟨aus gleichbed. *lat.* absumere⟩: (veraltet) verzehren, abnehmen. **Ab|sump|ti|on** *die;* -, -en ⟨aus *spätlat.* absumptio „Verbrauch"⟩: (veraltet) Verzehrung, Abnahme
ab|surd ⟨aus *lat.* absurdus „mißtönend"⟩: widersinnig, dem gesunden Menschenverstand widersprechend, sinnwidrig, abwegig, sinnlos; vgl. ad absurdum führen; -es D r a m a : moderne, dem ↑Surrealismus verwandte Dramenform, in der das Sinnlose u. Widersinnige der Welt u. des menschlichen Daseins als tragendes Element in die Handlung verwoben ist; -es T h e a t e r : Form des modernen Dramas, bei der Irrationales u. Widersinniges sowie Groteskes als Stilmittel verwendet werden, um die Absurdität des Daseins darzustellen. **Ab|sur|dis|mus** *der;* - ⟨zu ↑...ismus(1)⟩: moderne Theaterform, die ganz bestimmte antirealistische Stilmittel verwendet u. satirische Zwecke verfolgt; vgl. absurd (absurdes Drama). **Ab|sur|dist** *der;* -en, -en ⟨zu ↑...ist⟩: Vertreter des Absurdismus. **ab|sur|di|stisch** ⟨zu ↑...istisch⟩: den Absurdismus betreffend. **Ab|sur|di|tät** *die;* -, -en ⟨aus *spätlat.* absurditas, Gen. absurditatis „Mißklang, Ungereimtheit"⟩: 1. (ohne Plur.) Widersinnigkeit, Sinnlosigkeit. 2. einzelne widersinnige Handlung, Erscheinung o. ä.
Ab|sus *der;* -, Absi ⟨aus *mlat.* absus „unbebauter Acker"⟩: svw. Absarius (a)
ab|sze|die|ren ⟨aus *lat.* abscedere „weggehen; sich absondern"⟩: eitern (Med.). **Ab|szeß** *der,* österr. ugs. auch *das;* ...szesses, ...szesse ⟨aus gleichbed. *lat.* abscessus, vgl. abszedieren⟩: Eiterherd, Eiteransammlung in einem anatomisch nicht vorgebildeten Gewebshohlraum (Med.)
ab|szin|die|ren ⟨aus gleichbed. *lat.* abscindere⟩: abreißen, abtrennen
Ab|szi|si|ne *die* (Plur.) ⟨zu *lat.* abscisus, Part. Perf. von abscidere „abhauen, trennen", u. ↑...in(1)⟩: Wirkstoffe in den Pflanzen, die das Wachstum hemmen u. das Abfallen der Blätter u. Früchte bewirken (Bot.).
Ab|szis|se *die;* -, -n ⟨aus *nlat.* (linea) abscissa „die Abgeschnittene (Linie)" zu *lat.* abscissus, Part. Perf. von abscindere „abreißen"⟩: 1. horizontale Achse, Waagerechte im Koordinatensystem. 2. auf der gewöhnlich horizontal gelegenen Achse (Abszissenachse) eines ↑Koordinatensystems abgetragene erste Koordinate eines Punktes (z. B. *x* im *x,y,z*-Koordinatensystem; vgl. Koordinaten; Math.). **Ab|szis|si|on** *die;* -, -en ⟨zu ↑¹...ion⟩: Abschneiden, Trennung; Unterbrechung (Rhet.)
Ab|te|stat *das;* -[e]s, -e ⟨zu ↑Testat⟩: (früher) ↑Testat des Hochschulprofessors am Ende des Semesters (neben der im Studienbuch der Studierenden aufgeführten Vorlesung od. Übung); Ggs. ↑Antestat. **ab|te|stie|ren** ⟨zu ↑testieren⟩: ein Abtestat geben; Ggs. ↑antestieren
ab|trai|nie|ren ⟨zu ↑trainieren⟩: Übergewicht o. ä. durch ↑Training wegbringen
ab|tur|nen [...tœ:ɐ̯...] ⟨zu ↑turnen⟩: (ugs.) aus der Stimmung bringen; Ggs. ↑anturnen (2)
Abu [auch 'abu] ⟨aus gleichbed. *arab.* abū „Vater"⟩: Bestandteil arabischer Personen-, Ehren- u. Ortsnamen
Abu|lie *die;* -, ...ien ⟨aus gleichbed. *nlat.* abulia, dies aus *gr.* aboulía „Unentschlossenheit, Unüberlegtheit" zu a-, un-, nicht-" u. boulé „Wille"⟩: krankhafte Willenlosigkeit; Willensschwächung, Willenslähmung, Entschlußunfähigkeit (Med., Psychol.). **abu|lisch** a) die Abulie betreffend; b) willenlos
Abu|na *der;* -s, -s ⟨aus *arab.* abūnā „unser Vater"⟩: Titel in arabischsprachigen Kirchen [Asiens] für einen Geistlichen, bes. Titel für das Oberhaupt der äthiopischen Kirche
ab|un|dant ⟨aus *lat.* abundans, Gen. abundantis, Part. Präs. von abundare, vgl. abundieren⟩: häufig [vorkommend], reichlich, dicht; vgl. redundant. **Ab|un|dan|tia** *die;* - ⟨aus *lat.* abundantia „das Überströmen, Überfluß"⟩: spätröm. Personifikation des Überflusses. **Ab|un|danz** *die;* - ⟨zu ↑...anz⟩: 1. Häufigkeit einer tierischen od. pflanzlichen Art auf einer bestimmten Fläche od. in einer Raumeinheit (Biol.). 2. Merkmals- od. Zeichenüberfluß bei einer Information (Math.). 3. (selten) svw. Pleonasmus (Sprachw.). 4. (größere) Bevölkerungsdichte. **Ab|un|da|ti|on** *die;* - ⟨aus gleichbed. *lat.* abundatio⟩: (veraltet) das Überströmen, Überfließen. **ab|un|die|ren** ⟨aus *lat.* abundare „überströmen"⟩: (veraltet) Überfluß haben
Abu|ra *das;* -[s] ⟨aus einer afrik. Eingeborenensprache⟩: mittelschweres Holz aus Westafrika
ab urbe con|di|ta [– – 'kɔn...] ⟨*lat.*; eigtl. „seit Gründung der Stadt (Rom)"⟩: altrömische Zeitrechnung, beginnend 753 v. Chr.; Abk.: a. u. c.; vgl. post urbem conditam
Abus [a'byː] *der;* - [a'byː(s)], - [a'byː]s ⟨aus gleichbed. *fr.* abus, dies zu *lat.* abusus, vgl. Abusus⟩: (veraltet) Mißbrauch. **Ab|useur** [aby'zœ:ɐ̯] *der;* -s, -e ⟨aus gleichbed. *fr.* abuseur⟩: (veraltet) Betrüger, Verführer. **ab|üsie|ren** ⟨aus gleichbed. *fr.* abuser⟩: svw. abutieren. **Ab|usi|on** *die;* -, -en ⟨aus *lat.* abusio „Mißbrauch (eines Wortes)"⟩: svw. Katachrese. **ab|usiv** ⟨aus *spätlat.* abusive⟩: mißbräuchlich. **Ab|usus** *der;* -, - [...zu:s] ⟨über *mlat.* abusus „Mißbrauch" aus *lat.* abusus „Verbrauch", dies zu abuti

„aufbrauchen, im Übermaß gebrauchen"⟩: Mißbrauch, übermäßiger Gebrauch, z. B. von bestimmten Arznei- u. Genußmitteln. **ab|usus non tol|lit usum** ⟨*lat.*⟩: Mißbrauch hebt den [rechten] Gebrauch nicht auf. **ab|utie|ren** ⟨aus *lat.* abuti „mißbrauchen"; eigtl. „verbrauchen"⟩: (veraltet) hintergehen

Abu|ti|lon *das;* -s, -s ⟨aus gleichbed. *arab.* abūtīlūn⟩: Gattung der Malvengewächse (z. B. Schönmalve, Zimmerahorn)

ab|vo|tie|ren ⟨zu ↑votieren⟩: (veraltet) durch Stimmenmehrheit verwerfen

abys|sal ⟨zu *gr.* ábyssos „grundlos" u. ↑¹...al(1)⟩: svw. abyssisch. **Abys|sal** *das;* -s ⟨zu ↑¹...al(2)⟩: (veraltet) abyssische Region. **Abys|sal|re|gi|on** *die;* -: svw. abyssische Region. **abys|sisch** ⟨aus *gr.* ábyssos „grundlos"⟩: a) aus der Tiefe der Erde stammend; b) zum Tiefseebereich gehörend, in der Tiefsee gebildet, in großer Tiefe; -e Region: Tiefseeregion (Tiefseetafel), Bereich des Meeres in 3 000 bis 10 000 m Tiefe; c) abgrundtief. **Abys|sus** *der;* - ⟨über *lat.* abyssus aus *gr.* ábyssos „Abgrund", eigtl. „das Bodenlose"⟩: 1. a) grundlose Tiefe, Unterwelt; b) das Bodenlose; b) Meerestiefe. 2. (veraltet) Vielfraß, Nimmersatt

Ab|zu [ˈapsu] vgl. Apsu

ac..., Ac... vgl. ad..., Ad...

Aca|de|my-award [ɛˈkɛdəmiɛˈwɔːt] *der;* -, -s ⟨aus *engl.* Academy award „Preis der Akademie"⟩: der jährlich von der amerik. „Akademie für künstlerische u. wissenschaftliche Filme" verliehene Preis für die beste künstlerische Leistung im amerik. Film; vgl. Oscar

Aca|jou [akaˈʒuː] *das;* -[s] ⟨aus *fr.* acajou, dies zu *port.* acaju „Nierenbaum"⟩: alte Bez. für westind. Hölzer, heute allg. für Mahagonihölzer. **Aca|jou|nuß** *die;* -, ...nüsse: svw. Cashewnuß

a cap|pel|la [a kaˈ...] ⟨*it.;* „(wie) in der Kapelle od. Kirche"⟩: ohne Begleitung von Instrumenten (Mus.). **A-cap|pel|la-Chor** *der;* -s, ...Chöre: Chor ohne Begleitung von Instrumenten

a ca|pric|cio [a kaˈprɪtʃo] ⟨*it.;* „nach Laune"⟩: nach Belieben, frei im Vortrag (Mus.)

Acar [ˈaːtʃar] *das;* -[s], -[s] ⟨aus gleichbed. *indones.* acar⟩: Bestandteil der indones. Reistafel, ein saures Dessert

Aca|rya [aˈtʃaːria] ⟨aus *sanskr.* ācāryà „(geistlicher) Lehrer", eigtl. „vom rechten Wandel"⟩: Titel od. Namensbestandteil in Indien

ac|ca|rez|ze|vo|le [akarɛˈtseːvole] ⟨*it.*⟩: [ein]schmeichelnd, mit liebkosendem Ausdruck (Vortragsanweisung; Mus.)

acc. c. inf.: Abk. für accusativus cum infinitivo; vgl. Akkusativ

ac|cel.: Abk. für accelerando. **ac|ce|le|ran|do** [atʃe...] ⟨aus gleichbed. *it.* accelerando zu *lat.-it.* accelerare „beschleunigen"⟩: allmählich schneller werdend, beschleunigend; Abk.: accel. (Vortragsanweisung; Mus.). **Ac|ce|le|ra|tor** [ɛˈkselərɛːtɐ] *der;* -s, - ⟨aus gleichbed. *engl.* accelerator, dies aus *lat.* accelerator „Beschleuniger"⟩: Angestellter einer Werbeagentur, der die Termine überwacht

Ac|cent ai|gu [akˈsãːtɛˈgy:] *der;* - -, -s -s [akˈsãːtɛˈgy:] ⟨aus gleichbed. *fr.* accent aigu, eigtl. „scharfes Tonzeichen"⟩: Betonungszeichen, ↑Akut (Sprachw.); Zeichen ´, z. B. é. **Ac|cent cir|con|flexe** [akˈsãː sɪrkõˈflɛks] *der;* - -, -s -s [akˈsãː sɪrkõˈflɛks] ⟨aus gleichbed. *fr.* accent circonflexe, eigtl. „gebogenes Tonzeichen"⟩: Dehnungszeichen, ↑Zirkumflex (Sprachw.); Zeichen ˆ, z. B. â. **Ac|cent grave** [akˈsãː ˈgraːf] *der;* - -, -s -s [akˈsãːˈgraːf] ⟨aus gleichbed. *fr.* accent grave, eigtl. „schweres Tonzeichen"⟩: Betonungszeichen, ↑Gravis (Sprachw.); Zeichen `, z. B. è. **Ac|cen|tus** [akˈtsɛn...] *der;* -, - [...tuːs] ⟨aus *lat.* accentus, eigtl. „das Antönen, Blasen"⟩: liturgischer Sprechgesang; Ggs. ↑Concentus

Ac|cess [ˈɛksɛs] *der;* -, -es [...sɪz] ⟨aus *engl.* access „Zutritt, Zugang", dies über gleichbed. *mittelfr.* access aus *lat.* accessus, Part. Perf. von accedere „hinzukommen"⟩: Zugriff, Zugriffsmöglichkeit auf Daten, die in einem Speicher abgelegt sind (EDV). **Ac|ces|soire** [aksɛˈsoaːɐ] *das;* -s, -s (meist Plur.) ⟨aus *fr.* accessoire „Nebensache, Zubehör", dies über *mlat.* accessorium zu *lat.* accedere „hinzukommen"⟩: modisches Zubehör zur Kleidung (z. B. Gürtel, Handschuhe, Schmuck). **ac|ces|so|ri|um se|qui|tur su|um prin|ci|pa|le** [aktsɛ... - - ...tsi...] ⟨*lat.*⟩: das Zubehör richtet sich nach der Hauptsache

Ac|ciac|ca|tu|ra [atʃaka...] *die;* -, ...ren ⟨aus gleichbed. *it.* acciaccatura, eigtl. „Quetschung"⟩: besondere Art des Tonanschlags in der Klaviermusik des 17./18. Jahrhunderts, wobei eine Note gleichzeitig mit ihrer unteren Nebennote (meist Untersekunde) angeschlagen wird, diese jedoch sofort wieder losgelassen wird

Ac|ci|pi|es|holz|schnitt [akˈtsiːpiɛs...] *der;* -[es], -e ⟨zu *lat.* accipies „du mögest annehmen", 2. Pers. Konj. Sing. von accipere „annehmen, empfangen"⟩: Holzschnitt als Titelbild in Lehr- u. Schulbüchern des 15. Jh.s, der einen Lehrer mit Schülern u. ein Spruchband zeigt mit den lat. Worten „*Accipies* tanti doctoris dogmata sancti" (mögest du die Lehren eines so großen frommen Gelehrten annehmen!)

Ac|co|gli|en|za [akɔlˈjɛn...] *die;* - ⟨aus gleichbed. *it.* accoglienza⟩: Annahme eines Wechsels (Wirtsch.)

Ac|co|la [ˈakola] *der;* -s, -s ⟨aus gleichbed. *mlat.* accola zu ↑ad... u. *lat.* colonus „Landmann, Siedler"⟩: Beisasse, Feldnachbar im Mittelalter

Ac|com|pa|gna|to [akɔmpanˈjaːto] *das;* -s, Plur. -s u. ...ti ⟨aus *it.* accompagnato „begleitet"⟩: das von Instrumenten begleitete ↑Rezitativ

Ac|con [aˈkõː] *der;* -, -s ⟨aus gleichbed. *fr.* accon, weitere Herkunft unsicher⟩: flacher Lastkahn, Prahm [der Loire-Schiffahrt]

ac|cor|dan|do [akɔr...] u. **ac|cor|dan|te** ⟨*it.*⟩: 1. zusammenstimmend (Vortragsanweisung; Mus.). 2. auf leeren Saiten der Streichinstrumente in der Art des Einstimmens (Musizieranweisung). **Ac|cor|da|tu|ra** *die;* - ⟨aus *it.* accordatura „das Stimmen"⟩: normale Stimmung der Saiteninstrumente (Mus.); Ggs. ↑Scordatura

Ac|cou|che|ment [akuʃəˈmãː] *das;* -s, -s ⟨aus gleichbed. *fr.* accouchement zu accoucher „niederkommen, entbinden"⟩: (veraltet) Entbindung

Ac|cou|doir [akuˈdoaːɐ] *das;* -s, -s ⟨aus *fr.* accoudoir „Armlehne" zu coude „Ellenbogen", dies aus gleichbed. *lat.* cubitus⟩: Armlehne am Chorgestühl

Ac|coun|tant [ɛˈkauntn̩t] *der;* -[s], -s ⟨aus *engl.* accountant „Rechnungsführer, Buchhalter"⟩: Bez. für den Rechnungs- od. Wirtschaftsprüfer in Großbritannien, Irland, den Niederlanden u. den USA. **Ac|count Ma|nage|ment** [ɛˈkaunt –] *das;* --s, -s ⟨zu *engl.* account „Verzeichnis" u. ↑Management⟩: a) auf Kunden[gruppen] ausgerichtete Organisationsform von Werbeagenturen, Dienstleistungsunternehmen u. ä.; b) auf Großkunden orientierte Abteilung eines Unternehmens. **Ac|count Ma|na|ger** *der;* -s, - - ⟨zu ↑Manager⟩: Beauftragter für die kundenspezifische Auftragsbearbeitung u. anwendungstechnische Beratung

Ac|cro|cha|ge [akrɔˈʃaːʒə] *die;* -, -n ⟨nach *fr.* accrochage „das Aufhängen (der Bilder)"⟩: Ausstellung aus den eigenen Beständen einer Galerie

Ac|croche-cœur [akrɔʃˈkøːɐ] *das;* -, -: ⟨aus *fr.* accroche-cœur „Herzensfänger"⟩: Locke, die dem Betreffenden einen schmachtenden Ausdruck gibt, Schmachtlocke

Ac|cu|ra|cy [ˈɛkjurəsɪ] *die;* - ⟨aus *engl.* accuracy „Sorgfalt" zu accurate „sorgfältig, genau", dies aus gleichbed. *lat.* accuratus⟩: (fachspr.) Genauigkeit (z. B. bei statistischen Ergebnissen in der Meinungsforschung od. bei Rechenoperationen in der Datenverarbeitung)

Ace|dia [aˈtse:...] *die;* - ⟨über *lat.* acedia aus *gr.* akēdía „Gleichgültigkeit"⟩: Trägheit aus Überdruß am religiösen Leben, die zu vollkommener Passivität führen kann (kath. Rel.)

Ace|lla ⓌⓑⒹ [aˈtsɛla] *das;* - ⟨Kunstw.⟩: eine aus Vinylchlorid hergestellte Kunststoffolie

Ace|quia [aˈse:kia] *die;* -, -s ⟨aus *span.* acequia „Wassergraben" zu *arab.* sāqiyā, Part. Präs. von saqā „(be)wässern"⟩: Bewässerungsgraben in einer ↑Huerta

Ace|ro|la [ase...] *die;* -, -s ⟨aus *span.* acerolo „Azerolbaum", dies aus *arab.* az-zuʿrūr⟩: auf den Westindischen Inseln beheimateter Baum od. Strauch mit kirschenähnlichen Früchten. **Ace|ro|la|kir|sche** *die;* -, -n: Vitamin-C-reiche westindische Frucht der Acerola

Acer|ra [aˈtsɛra] *die;* -, -s ⟨aus gleichbed. *lat.* acerra⟩: Weihrauchkästchen, -büchse

Acet|al|de|hyd [aˈtse:t...] *der;* -s ⟨Kunstw. aus ↑*Acet*um u. ↑*Aldehyd*⟩: farblose Flüssigkeit von betäubendem Geruch, wichtiger Ausgangsstoff od. Zwischenprodukt für chem. ↑Synthesen (2). **Ace|ta|le** [ats...] *die* (Plur.) ⟨zu ↑²...al⟩: chem. Verbindung aus ↑Aldehyden u. ↑Alkohol (1). **Acet|amid** *das;* -s, -e: Amid der Essigsäure. **Ace|tat** *das;* -s, -e ⟨zu ↑...at (2)⟩: Salz der Essigsäure. **Ace|tat|sei|de** *die;* -: Kunstseide aus Zelluloseacetat; vgl. Cellulose. **Ace|tin** *das;* -s, -e ⟨zu ↑...in (1)⟩: Essigsäureester des ↑Glyzerins, Lösungsmittel. **Ace|ton** *das;* -s ⟨zu ↑²...on⟩: einfachstes ↑aliphatisches ↑Keton; Stoffwechselendprodukt u. wichtiges Lösungsmittel; Propanon. **Ace|ton|ämie** *die;* -, ...ien ⟨zu ↑...ämie⟩: das Auftreten von Aceton im Blut (Med.). **Ace|to|ni|tril** *das;* -s: Nebenprodukt bei der Herstellung von ↑Acrylnitril, Lösungsmittel. **Ace|ton|urie** *die;* -, ...ien ⟨zu ↑...urie⟩: Auftreten von Aceton im Harn (Med.). **Ace|to|phe|non** *das;* -s ⟨zu ↑Phenol u. ↑²...on⟩: aromatisches ↑Keton, Riechstoff zur Parfümierung von Seifen. **Ace|tum** *das;* -[s] ⟨aus gleichbed. *lat.* acetum⟩: Essig. **Ace|tyl** *das;* -s ⟨zu ↑...yl⟩: Säurerest der Essigsäure. **Ace|tyl|chlo|rid** *das;* -: Chlorid der Essigsäure. **Ace|tyl|cho|lin** *das;* -s: gefäßerweiternde Substanz (Gefäßhormon; Med.) **Ace|ty|len** *das;* -s ⟨zu ↑...en⟩: gasförmiger, brennbarer Kohlenwasserstoff (Ausgangsprodukt für ↑Synthesen 2, in Verbindung mit Sauerstoff zum Schweißen verwendet). **Ace|ty|le|nid, Ace|ty|lid** *das;* -s, -e ⟨zu ↑³...id⟩: Metallverbindung des Acetylens. **ace|ty|lie|ren** ⟨zu ↑...ieren⟩: eine bestimmte Molekülgruppe (Essigsäurerest) in eine organische Verbindung einführen. **Ace|ty|lie|rung** *die;* -, -en ⟨zu ↑...ierung⟩: Austausch von Hydroxyl- od. Aminogruppen durch die Acetylgruppe in organischen Verbindungen. **Ace|tyl|säu|re** *die;* -: Essigsäure

Acha|lan|da|ge [aʃalãˈdaːʒə] *die;* - ⟨aus gleichbed. *fr.* achalandage zu achalander, vgl. achalandieren⟩: (veraltet) Kundenwerbung. **acha|lan|die|ren** ⟨aus gleichbed. *fr.* achalander zu chaland „Kunde, Kundin"⟩: (veraltet) Kundschaft anlocken

Acha|la|sie [axa...] *die;* -, ...ien ⟨zu *gr.* a- „un-, nicht-", chálasis „Erschlaffung" u. ↑²...ie⟩: Unfähigkeit der glatten Muskulatur, sich zu entspannen (Med.)

Achä|ne *die;* -, -n ⟨zu *gr.* a- „un-, nicht-" u. chaínein „gähnen, klaffen"⟩: Frucht der Korbblütler, deren Samen bei der Reife u. Verbreitung von der Fruchtwand umschlossen bleiben (Schließfrucht, z. B. Beere, Nuß; Bot.)

Acha|ri|en|tis|mus [açariɛn...] *der;* - ⟨zu *gr.* a- „un-, nicht-", chárien „reizend, schön" u. ↑...ismus (5)⟩: (veraltet) Reizlosigkeit. **Acha|ri|stie** *die;* - ⟨aus gleichbed. *gr.* acharistía⟩: (veraltet) Undankbarkeit

Achar|ne|ment [aʃarnəˈmã:] *das;* -s ⟨aus gleichbed. *fr.* acharnement zu acharner, vgl. acharnieren⟩: (veraltet) Erbitterung; Kampfbereitschaft, Mordlust. **achar|nie|ren** ⟨aus gleichbed. *fr.* acharner zu ↑à u. chair „Fleisch", eigtl. „aufs Fleisch hetzen"⟩: (veraltet) erbittern; gierig machen. **achar|niert** ⟨zu ↑...iert⟩: (veraltet) hitzig; [auf etw.] erpicht

Achat *der;* -s, -e ⟨über *lat.* achates aus gleichbed. *gr.* achátēs⟩: ein mehrfarbig gebänderter Schmuckstein; vgl. Chalzedon. **acha|ten**: aus Achat bestehen

Acha|tes [...tɛs] *der;* - ⟨nach dem Freund des Äneas⟩: treuer Freund, Kampfgefährte

Achei|lie [...x..., ...ç...], Achilie *die;* -, ...ien ⟨zu *gr.* a- „un-, nicht-", cheílos „Lippe" u. ↑²...ie⟩: angeborenes Fehlen einer od. beider Lippen (Med.)

Achei|rie [...x..., ...ç...], Achirie *die;* -, ...ien ⟨aus *gr.* a- „un-, nicht-", cheír „Hand" u. ↑²...ie⟩: angeborenes Fehlen einer Hand od. beider Hände (Med.). **Achei|ro|poie|ta** [...pɔy...] *die* (Plur.) ⟨aus *mgr.* acheiropoíēta „nicht von Menschenhänden gemacht"⟩: Bez. für einige byzantinische Bildnisse Christi u. der Heiligen, die als „wahre" Bildnisse gelten, weil sie nicht von Menschenhand verfertigt, sondern auf übernatürliche Weise entstanden seien (z. B. der Abdruck des Antlitzes Christi im Schweißtuch der Veronika)

Ache|mi|ne|ment [aʃminəˈmã:] *das;* -s ⟨aus gleichbed. *fr.* acheminement zu acheminer, vgl. acheminieren⟩: (veraltet) Einleitung, Anbahnung. **ache|mi|nie|ren** ⟨aus gleichbed. *fr.* acheminer zu ↑à u. chemin „(künstlich angelegter) Weg", dies zu *mlat.* caminus „Kamin, Weg"⟩: (veraltet) den Weg bahnen, anbahnen; einleiten

ache|ron|tisch ⟨nach Acheron, einem Fluß der Unterwelt in der griech. Sage⟩: 1. den Acheron betreffend. 2. zur Unterwelt gehörend

Acheu|lé|en [aʃøleˈɛ̃:] *das;* -[s] ⟨*fr.*; nach Saint-Acheul, einem Vorort von Amiens⟩: Kulturstufe der älteren Altsteinzeit

à che|val [a ʃəˈval] ⟨*fr.*⟩: zu Pferde

Achia [aˈʃi:a] *das;* -[s], -[s] ⟨aus dem Indones.⟩: indisches Gericht aus Bambusschößlingen (Gastr.)

Achian [ˈakian] *das;* -s, -e ⟨über *schwed.* ackja aus gleichbed. *finn.* ahkio⟩: unbedeckter Schlitten der Lappländer

Achi|lie [...x..., ...ç...] vgl. Acheilie

Achil|les|fer|se [aˈxɪlɛs...] *die;* - ⟨nach der einzigen verwundbaren Stelle am Körper des Helden der griech. Sage Achilles⟩: verwundbare, empfindliche, schwache Stelle bei einem Menschen. **Achil|les|seh|ne** *die;* -, -n: am Fersenbein ansetzendes, sehniges Ende des Wadenmuskels. **Achil|les|seh|nen|re|flex** *der;* -es, -e: Reflex beim Beklopfen der Achillessehne, wodurch der Fuß sohlenwärts gebeugt wird. **Achill|ody|nie** *die;* - ⟨zu ↑...odynie⟩: Schmerz an der Achillessehne, Fersenschmerz (Med.). **Achil|lor|rha|phie** *die;* -, ...ien ⟨zu *gr.* rhaphé „Naht" u. ↑²...ie⟩: chirurgische Vernähung (u. damit Verkürzung) der Achillessehne (Med.)

Achi|rie [...x..., ...ç...] vgl. Acheirie

achla|my|de|isch [ax...] ⟨aus *gr.* a- „un-, nicht-" u. chlamýs, Gen. chlamýdos „Oberkleid, Mantel"⟩: nacktblütig (von einer Blüte ohne Blütenblätter; Bot.)

Achlor|hy|drie [aklo:ɐ̯...] *die;* - ⟨zu *gr.* a- „un-, nicht-",

↑Chlor u. ↑...hydrie⟩: [vollständiges] Fehlen von Salzsäure im Magensaft (Med.). **Achlor|op|sie** [akloro...] *die;* - ⟨zu ↑...opsie⟩: svw. Deuteranopie

Ach|lys *die;* - ⟨aus *gr.* achlýs „das Dunkel"⟩: Trübung der Sehschärfe durch Geschwüre od. Narben der Augenhornhaut (Med.)

Äch|ma|lot|arch *der;* -en, -en ⟨zu *gr.* aichmálōtos „kriegsgefangen" u. archós „Anführer", dies zu árchein „führen, befehligen"⟩: Vorsteher der Juden während der Babylonischen Gefangenschaft

Ach|ne *die;* - ⟨aus *gr.* áchnē „Spreu, Schaum"⟩: (veraltet) svw. ¹Scharpie

Acho|lie [...x..., ...ç...] *die;* - ⟨zu *gr.* a- „un-, nicht-", cholé „Galle" u. ↑²...ie⟩: mangelhafte Absonderung von Gallenflüssigkeit (Med.)

Achon|drit [axɔn..., auch ...'drit] *der;* -en, -en ⟨zu *gr.* a- „un-, nicht-", chóndros „Korn, kleine Kugel" u. ↑²...it⟩: eisenarmer, chondrenfreier Steinmeteorit

Achro|it [akro'i:t, auch ...'it] *der;* -s, -e ⟨zu *gr.* a- „un-, nicht-", chróos „grün, farbig" u. ↑²...it⟩: farbloser Turmalin

Achro|ma|sie [akro...] *die;* -, ...ien ⟨zu *gr.* a- „un-, nicht-", chrõma „Farbe" u. ↑²...ie⟩: 1. svw. Achromie. 2. besondere Art erblicher Blindheit (Zapfenblindheit; Med.). 3. durch achromatische Korrektur erreichte Brechung der Lichtstrahlen ohne Zerlegung in Farben (Phys.). **Achromat** *der,* auch *das;* -[e]s, -e ⟨zu *gr.* achrõmatos, vgl. achromatisch⟩: Linsensystem, bei dem der Abbildungsfehler der ↑chromatischen Aberration korrigiert ist. **Achro|ma|tin** *das;* -s ⟨zu ↑...in (1)⟩: mit spezifischen Chromosomenfärbemethoden nicht färbbarer Zellkernbestandteil (Biol.). **achro|ma|tisch** ⟨aus *gr.* achrõmatos „ohne Farbe"⟩: 1. die Achromasie betreffend, sie aufweisend. 2. die Eigenschaft eines Achromats haben. **Achro|ma|tis|mus** *der;* -, ...men ⟨zu ↑...ismus (3)⟩: svw. Achromasie (2). **Achro|mat|op|sie** *die;* -, ...ien ⟨zu ↑...opsie⟩: Farbenblindheit (Med.). **Achroma|to|se** *die;* -, -n ⟨zu ↑¹...ose⟩: svw. Achromie. **Achromie** *die;* -, ...ien ⟨zu ↑²...ie⟩: angeborenes od. erworbenes Fehlen von ↑Pigmenten (1) in der Haut (Med.); vgl. Albinismus

achro|nisch [a'kro:...] ⟨zu *gr.* a- „un-, nicht-" u. chrónos „Zeit", eigtl. „zeitlos"⟩: der Sonne beim Auf- u. Untergang gegenüberstehend (von Gestirnen; Astron.). **achronyk|tisch** [akro...] ⟨zu *gr.* nýx, Gen. nyktós „Nacht"⟩: bei Sonnenuntergang auf- od. untergehend (von Gestirnen; Astron.)

Ach|sen|hy|per|opie *die;* -, ...ien [...pi:ən] ⟨zu ↑Hyperopie⟩: durch zu kurze Augenachse bedingte Weitsichtigkeit. **Ach|sen|my|opie** *die;* -, ...ien [...pi:ən]: durch zu lange Augenachse bedingte Kurzsichtigkeit. **Ach|sen|zy|lin|der** *der;* -s, -: von einer Nervenzelle ausgehende, erregungsleitende Nervenfaser; vgl. Neurit

Achy|lie [...x..., ...ç...] *die;* -, ...ien ⟨zu *gr.* a- „un-, nicht-", chýlos „Saft" u. ↑²...ie⟩: das Fehlen von Verdauungssäften, bes. im Magen (Med.). **achy|lisch**: mit Achylie verbunden, durch Achylie bedingt (Med.)

a.c.i. [a:tse:'|i:]: Abk. für accusativus cum infinitivo; vgl. Akkusativ

Acid ['ɛsɪt] *das;* -s ⟨aus *engl.* acid „Säure, LSD", dies zu *lat.* acidus „sauer"⟩: im Jargon der Drogenszene Bez. für LSD. **Acid|ämie** [atsi...] *die;* -, ...ien ⟨zu ↑Acidum u. ↑...ämie⟩: svw. Acidose. **Aci|di|me|trie** *die;* - ⟨zu *lat.* acidus „sauer" u. ↑...metrie⟩: Methode zur Bestimmung der Konzentration von Säuren (Chem.). **Aci|di|tät** *die;* - ⟨aus *lat.* aciditas, Gen. aciditatis „Säure"⟩: Säuregrad od. Säu-

regehalt einer Flüssigkeit. **aci|do|klin** ⟨zu ↑Acidum u. *gr.* klínein „sich neigen"⟩: svw. acidophil (1) (Bot.). **aci|dophil** ⟨zu ↑...phil⟩: 1. sauren Boden bevorzugend (von Pflanzen). 2. mit sauren Farbstoffen färbbar. **Aci|do|se** *die;* -, -n ⟨zu ↑¹...ose⟩: krankhafte Vermehrung des Säuregehaltes im Blut (Med.). **Aci|dum** *das;* -s, ...da ⟨aus gleichbed. *nlat.* acidum zu *lat.* acidus „sauer"⟩: Säure. **Aci|dur** Ⓦ *das;* -s ⟨Kunstw.; zu *lat.* durus „hart"⟩: säurebeständige Gußlegierung aus Eisen u. Silicium

Ack|ja *der;* -[s], -s ⟨aus *schwed.* ackja, dies aus *finn.* ahkio „Rentierschlitten"⟩: 1. Rentierschlitten. 2. Rettungsschlitten der Bergwacht

à con|di|ti|on [a kõdi'sjõ:] ⟨*fr.;* „auf Bedingung"; vgl. Kondition⟩: bedingt, unter Vorbehalt, nicht fest (Rückgabevorbehalt für nichtverkaufte Ware); Abk.: à c.

Aco|ni|tin [ako...] *das;* -s, -e ⟨zu *lat.* aconitum „Eisenhut" u. ↑...in (1)⟩: aus den Wurzeln des Eisenhuts gewonnenes, sehr giftiges ↑Alkaloid (Arzneimittel)

a con|to [a 'kɔnto] ⟨*it.*⟩: auf Rechnung von ...; Abk.: a c.; vgl. Akontozahlung

à con|tre cœur [a 'kõ:trə 'kø:ɐ̯] ⟨*fr.*⟩: ungern

à coup per|du [a 'ku: pɛr'dy:] ⟨*fr.*⟩: aufs Geratewohl, auf gut Glück

Acous|mate [akʊs'mat] *das,* auch *der;* - ⟨aus gleichbed. *fr.* acousmate zu *gr.* ákousma, Gen. akoúsmatos „das Gehörte"⟩: (veraltet) Ohrensausen

Ac|quet|ta [a'kvɛta] *die;* - ⟨aus gleichbed. *it.* acquetta, eigtl. „Wässerchen", Verkleinerungsform von acqua „Wasser", dies aus gleichbed. *lat.* aqua⟩: (veraltet) verwässerter Wein; - di Napoli: Giftwasser

Ac|quit [a'ki:] *das;* -s, -s ⟨aus gleichbed. *fr.* acquit zu acquitter „bescheinigen", dies zu quitter (...) „von einer Verbindlichkeit) entlassen", (etw.) erlassen"⟩: (veraltet) Quittung, Empfangsbescheinigung; vgl. pour acquit

Acre ['eːkɐ] *der;* -s, -s , (aber: 5 -) ⟨aus *engl.* acre, eigtl. „Acker"⟩: engl. u. nordamerik. Flächenmaß (etwa 4047 m²)

Acri|din [akri...] *das;* -s ⟨zu *gr.* acris „scharf" u. ↑...in (1)⟩: aus Steinkohlenteer gewonnene stickstoffhaltige organische Verbindung, Ausgangsstoff für Arzneimittel

Acro|le|in [akro...] vgl. Akrolein

Acro|nal [akro...] *das;* - ⟨Kunstw.; zu *gr.* ákron „Spitze, Gipfel" u. ↑²...al⟩: Kunststoff, farbloser Lackrohstoff (Acrylharz)

across the board [ɛˈkrɔs ðə 'bɔːɐ̯t] ⟨*engl.;* eigtl. „allgemein, global"⟩: an fünf aufeinanderfolgenden Tagen zur gleichen Zeit gesendet (von Werbesendungen in Funk u. Fernsehen)

Acryl [a'kry:l] *das;* -s ⟨Kurzw. aus Acrolein (vgl. Akrolein) u. ↑...yl⟩: Kunststoff aus ↑Polyacrylnitril. **Acryl|an** *das;* -s ⟨zu ↑...an⟩: Kunstfaser. **Acryl|at** *das;* -[e]s, -e ⟨zu ↑...at (2)⟩: Salz od. Ester der Acrylsäure. **Acryl|ni|tril** *das;* -s: stechend riechendes ↑Nitril (Ausgangsstoff wichtiger Kunstfasern). **Acryl|säu|re** *die;* -: stechend riechende Karbonsäure (Ausgangsstoff vieler Kunstharze)

Act [ɛkt] *der;* -s, -s ⟨aus *engl.* act „Handlung, Tat", dies aus *lat.* actum „(Rechts)handlung", zu agere „treiben, bewegen"; vgl. Akt⟩: 1. bestimmte Art von Urkunden; Dokument (im angloamerik. Recht). 2. Willenserklärung, Beschluß, Verwaltungsanordnung. 3. vom Parlament verabschiedetes Gesetz. **Ac|ta** ['akta] *die* (Plur.) ⟨aus *lat.* acta (Plur.) „Taten"⟩: 1. Handlungen, Taten. 2. Berichte, Protokolle, Akten. **Ac|ta Apo|sto|lo|rum** *die* (Plur.) ⟨*lat.;* „Taten der Apostel"⟩: die Apostelgeschichte im Neuen Testament. **Ac|ta Mar|ty|rum** *die* (Plur.) ⟨*lat.;* „Taten der Märtyrer"⟩: Berichte über die Prozesse u. den Tod der frü-

Actant

christlichen Märtyrer. **Ac|tant** [ak'tã:] *der;* -s, -s ⟨aus *fr.* actant „Handelnder"⟩: svw. Aktant **Ac|ta Sanc|to|rum** *die* (Plur.) ⟨*lat.;* „Taten der Heiligen"⟩: Sammlung von Lebensbeschreibungen der Heiligen der kath. Kirche, bes. der ↑Bollandisten
Ac|tin [ak...] vgl. Aktin
Act|ing out [ˈɛktɪŋ ˈaʊt] *das;* - - ⟨aus gleichbed. *engl.* acting out⟩: das Abreagieren [verdrängter Impulse] (Psychol.)
Ac|ti|ni|de [akti...] vgl. Actinoide. **Ac|ti|ni|um** *das;* -s ⟨zu *gr.* aktís, Gen. aktĩnos „Strahl" u. ↑...ium⟩: chem. Element, ein Transuran; Zeichen Ac. **Ac|ti|noi|de** *die* (Plur.) ⟨zu ↑Actinium u. ↑...oid⟩: Gruppe von chem. Elementen, die vom Actinium bis zum ↑Lawrencium reicht
Ac|tio [ˈaktsi̯o] *die;* - ⟨aus *lat.* actio „Handlung"; vgl. Aktion⟩: 1. Klagemöglichkeit im röm. Recht. 2. Tätigkeit, Handeln (Philos.); Ggs. ↑Passio. **ac|tio et re|ac|tio** [- - re...] ⟨*lat.*⟩: Wirkung und Gegenwirkung. **Ac|tion** [ˈɛkʃn̩] *die;* -, -s ⟨aus gleichbed. *engl.* action, eigtl. „Handlung, Tat", dies aus gleichbed. *lat.* actio⟩: 1. ereignis- od. handlungsreicher Vorgang; spannender, dramatischer Handlungsablauf. 2. Klage, Rechtsstreit (engl. Recht). **Ac|tion-co|mic** [ˈɛkʃn̩...] *der,* -s, -s ⟨zu *engl.* comic „lustig, komisch"; vgl. Comic⟩: Fortsetzungsgeschichte in Bildern, bei der das Hauptgewicht auf turbulenter Handlung liegt. **Ac|tion di|recte** [akˈsi̯õ: diˈrɛkt] *die;* - -, -s -s [akˈsi̯õ: diˈrɛkt] ⟨aus *fr.* action directe „direkte Aktion, unmittelbares Handeln"⟩: 1. (ohne Plur.) unmittelbarer Anspruch (franz. Recht). 2. direkte, unmittelbar wirkende Aktion. 3. Anspruch auf Entschädigung bei der Haftpflichtversicherung. **Ac|tion|film** [ˈɛkʃn̩...] *der;* -s, -e ⟨zu ↑Action⟩: Spielfilm mit einer spannungs- u. abwechslungsreichen Handlung, in dem der Dialog auf das Nötigste beschränkt wird. **Ac|tion-pain|ting** [ˈɛkʃn̩pe:ntɪŋ] *das;* - ⟨aus *engl.* action painting „Aktionsmalerei"⟩: moderne Richtung innerhalb der amerik. abstrakten Malerei (abstrakter Expressionismus). **Ac|tion-Re|search** *das;* -[s], -s: sozialwissenschaftliches Forschungsprogramm mit dem Ziel, eine Änderung der bestehenden sozialen Verhältnisse herbeizuführen (Soziol.). **Ac|tion|sto|ry** *die;* -, -s: Wiedergabe eines dramatischen od. spannungsreichen Ereignisses, wobei die wichtigsten Geschehnisse zu Beginn gebracht werden. **Ac|tion-thril|ler** *der;* -s, -: Film, Roman oder Theaterstück mit nervenaufreibender Spannung sowie abwechslungsreicher u. turbulenter Handlung. **Ac|tua|ry** [ˈɛktjuəri] *der;* -s, -s ⟨aus gleichbed. *engl.* actuary⟩: 1. Gerichtsschreiber. 2. Statistiker; vgl. Aktuar. **ac|tum ut su|pra** [ˈak... - -] ⟨*lat.*⟩: (veraltet) verhandelt wie oben; Abk.: a. u. s. **Ac|tus** *der;* - ⟨aus *lat.* actus „das Wirken"⟩: 1. das schon Gewordene, im Gegensatz zu dem noch nicht Gewordenen, sondern erst Möglichen (scholastische Philos.). 2. Bez. für feierl. Musikwerke im 17./18. Jh. **Ac|tus pu|rus** *der;* - - ⟨aus gleichbed. *lat.* actus purus, eigtl. „reines Wirken"⟩: das reine, aller Möglichkeiten u. Stofflichkeit bare, aktive Wirken Gottes (scholastische Philos.)
a cu|na|bi|lis [a ku...liːs] ⟨*lat.*⟩: von der Wiege an
acu te|ti|gi|sti [rem] [ˈaːku: - (-)] ⟨*lat.;* zu acus „Nadel" u. tangere „berühren", eigtl. „du hast die Sache mit der Nadel berührt"⟩: du hast den Nagel auf den Kopf getroffen
acy|clisch [ˈatsy...] vgl. azyklisch (4)
ad ⟨*lat.*⟩: zu, z. B. ad 1 = zu [einem bereits aufgeführten] Punkt 1
ad..., Ad... ⟨aus *lat.* ad „zu, bei, an"⟩: Präfix mit der Bedeutung „zu-, hinzu-, bei-, an-" u. a., z. B. in adsorbieren, Adlatus; vielfach od. stets angeglichen vor folgenden Buchstaben: vor c zu ac... (z. B. Accentus), vor f zu af... (z. B. affirmieren), vor g zu ag... (z. B. Aggressor), vor k und z zu ak... (z. B. akklamieren, akzeptieren), vor l zu al... (z. B. Allokution), vor n zu an... (z. B. Annexion), vor p zu ap... (z. B. appellieren), vor r zu ar... (z. B. Arroganz), vor s zu as... (z. B. assimilieren), vor t zu at... (z. B. attestieren)
Ada *die;* - ⟨aus *arab.* ˈādā „Gewohnheit"⟩: islamisches Gewohnheitsrecht
ADA *das;* -s ⟨nach der Entwicklerin A. Ada Byron⟩: Programmiersprache für den ↑algorithmischen Programmierstil (EDV)
ad ab|sur|dum ⟨*lat.;* „zum Sinnlosen"⟩; in der Wendung - - führen: die Unsinnigkeit od. Nichthaltbarkeit einer Behauptung o. ä. beweisen
ad ac|ta [- -ˈakta] ⟨*lat.;* „zu den Akten"⟩: erledigt; abgeschlossen; Abk.: a. a.; etwas - - legen: a) (Schriftstücke) als erledigt ablegen; b) (eine Angelegenheit) als erledigt betrachten
Adage [aˈdaːʃ] *das;* -s, -s ⟨aus gleichbed. *fr.* adage, dies über *spätlat.* adagio aus *lat.* adagium⟩: Sprichwort. **Ada|gia|ri|us** [...ˈgi̯a:...] *der;* -, ...rii ⟨zu ↑...arius⟩: (veraltet) Liebhaber von Sprichwörtern
ada|giet|to [...ˈdʒɛto] ⟨*it.;* Verkleinerungsform von ↑adagio⟩: ziemlich ruhig, ziemlich langsam (Vortragsanweisung; Mus.). **Ada|giet|to** *das;* -s, -s: kurzes Adagio. **ada|gio** [aˈdaːdʒo] ⟨aus gleichbed. *it.* adagio⟩: langsam, ruhig (Vortragsanweisung; Mus.). **Ada|gio** *das;* -s, -s: langsames Musikstück
Ada|gio|lo|gie *die;* -, ...ien ⟨zu *lat.* adagium „Sprichwort" u. *gr.* légein „sammeln"⟩: (veraltet) Sprichwörtersammlung
ada|gis|si|mo [adaˈdʒɪ...] ⟨zu ↑adagio u. -issimo (ital. Suffix zur Superlativbildung)⟩: äußerst langsam (Vortragsanweisung; Mus.)
Ada|gi|um *das;* -s, ...gia ⟨aus *lat.* adagium „Sprichwort"⟩: svw. Adage
Ad|ak|ti|on *die;* -, -en ⟨aus gleichbed. *lat.* adactio, eigtl. „das Hinbringen"⟩: (veraltet) Nötigung, Zwang
Adak|ty|lie *die;* -, ...ien ⟨aus *nlat.* adactylia zu *gr.* a- „un-, nicht-", dáktylos „Finger, Zehe" u. ↑²...ie⟩: das Fehlen der Finger od. Zehen als angeborene Mißbildung (Med.). **adak|ty|lisch**: finger- od. zehenlos (Med.)
Ada|lin Ⓦ *das;* -s ⟨Kunstw.⟩: Schlaf- u. Beruhigungsmittel
ad al|ti|o|ra ⟨*lat.;* zu altus „hoch, erhaben"⟩: zu höheren Dingen
Ada|mant *der;* -en, -en ⟨zu ↑Adamas u. ↑...ant⟩: svw. Adamas. **Ada|man|tin** *das;* -s ⟨zu ↑...in (1)⟩: Zahnschmelz (Med.). **Ada|man|ti|nom** *das;* -s, -e ⟨aus gleichbed. *nlat.* adamantinoma zu ↑Adamantin u. ↑...om⟩: Kiefergeschwulst (Med.). **Ada|mas** *der;* -, ...manten ⟨aus *lat.* adamas „der Unbezwingbare", dies aus gleichbed. *gr.* adámas, Gen. adámantos⟩: (veraltet) Diamant
ada|misch ⟨nach Adam, dem biblischen Stammvater der Menschen, dessen Name mit *hebr.* adamā „Erde" in Verbindung gebracht wird⟩; in der Fügung -e Erde: 1. Verwesungsrückstand von Leichen. 2. Bodenschlamm von verfaulten Stoffen im Wasser. **Ada|mit** *der;* -en, -en ⟨nach dem biblischen Stammvater der Menschen od. nach einem Sektengründer namens Adam u. zu ↑³...it⟩: Angehöriger von alten Sekten, die angeblich nackt zu ihren Kulten zusammenkamen, um so ihre paradiesische Unschuld zu dokumentieren. **ada|mi|tisch**: a) nach Art der Adamiten; b) nackt
Adä|mo|nie *die;* - ⟨aus *gr.* a- „un-, nicht-" u. ↑Dämonie⟩: Unruhe, Ängstlichkeit, Verdrießlichkeit
Adam|sit [auch ɛdm̩... od. ...ˈzɪt] *das;* -s ⟨nach dem amerik.

Chemiker R. Adams (1889–1971) u. zu ↑¹...it): Haut u. Atemwege reizendes Gas

ad amus|sim (zu ↑ad u. *lat.* amussis „Richtgerät der Bauleute"): nach der Richtschnur, schnurgerade

ad ani|mum [re|vo|ca|re] [– – (revoˈkaːrə)] (*lat.*): beherzigen

ad|ap|ta|bel (aus gleichbed. *nlat.* adaptabilis zu *lat.* adaptare, vgl. adaptieren): 1. passend, anwendbar. 2. anpassungsfähig. **Ad|ap|ta|bi|li|tät** *die;* - (zu ↑...ität): Vermögen, sich anzupassen; Anpassungsfähigkeit. **Ad|ap|ta|ti|on** *die;* -, -en (aus *mlat.* adaptatio „Anpassung" zu *lat.* adaptare, vgl. adaptieren): a) Anpassungsvermögen (z. B. des Menschen an die soziale Umwelt); b) Anpassung (z. B. von Organismen) an die Gegebenheiten, Umstände, an die Umwelt. **Ad|ap|ta|ti|ons|syn|drom** *das;* -s, -e: krankhafte Erscheinung, die ihrem Wesen nach Anpassungsreaktion des Organismus auf krankmachende Reize (z. B. Streß) ist (Med.). **Ad|ap|ter** *der;* -s, - (aus gleichbed. *engl.* adapter zu to adapt „anpassen", dies aus *lat.* adaptare, vgl. adaptieren): 1. Vorrichtung, um elektrische Geräte miteinander zu verbinden u. einander anzupassen (z. B. Leitungen von verschiedenen Durchmessern). 2. Zusatzgerät zu einem Hauptgerät (z. B. zur Kamera). **ad|ap|tie|ren** (aus *lat.* adaptare „anpassen"): 1. anpassen (Biol., Physiol.). 2. bearbeiten, z. B. einen Roman für den Film -. 3. (österr.) eine Wohnung herrichten. **Ad|ap|tio|ge|ne|se** *die;* -, -n: Entstehung neuer Anpassungserscheinungen an veränderte Umweltverhältnisse (Genetik.). **Ad|ap|ti|on** *die;* -, -en (aus *nlat.* adaptio, dies verkürzt aus *mlat.* adaptatio, vgl. Adaptation): 1. svw. Adaptation. 2. a) Umformung eines Textes in eine andere Gattungsform (Stilk.); b) Übersetzung durch eine ähnliche Situation, weil die gleiche in der Zielsprache nicht üblich ist (Sprachw.). **ad|ap|tiv** (zu ↑...iv): auf Adaptation beruhend. **Ad|ap|to|me|ter** *das;* -, - (zu ↑¹...meter): optisches Gerät, das die Anpassungsfähigkeit des Auges an die Dunkelheit mißt. **Ad|ap|to|me|trie** *die;* - (zu ↑...metrie): Messung der Anpassungsfähigkeit des Auges mit dem Adaptometer

Ad|äquanz *die;* - (zu *lat.* adaequare (vgl. adäquieren) u. ↑...anz): Angemessenheit u. Üblichkeit [eines Verhaltens (nach den Maßstäben der geltenden [Sozial]ordnung)]. **Ad|äquanz|theo|rie** *die;* -: Lehre im Zivilrecht, nach der ein schadenverursachendes Ereignis nur dann zur Schadenersatzpflicht führt, wenn es im allgemeinen u. nicht nur unter bes. ungewöhnlichen Umständen einen Schaden herbeiführt; vgl. Äquivalenztheorie. **ad|äquat** (aus *lat.* adaequatus, Part. Perf. von adaequare, vgl. adäquieren): [einer Sache] angemessen, entsprechend; übereinstimmend; Ggs. ↑inadäquat. **Ad|äquat|heit** *die;* -: Angemessenheit; Ggs. ↑Inadäquatheit (a). **Ad|äqua|ti|on** *die;* -, -en (aus gleichbed. *spätlat.* adaequatio): (veraltet) Angleichung, Anpassung. **ad|äquie|ren** (aus *lat.* adaequare): angleichen, anpassen

Adar *der;* - (aus gleichbed. *hebr.* adār): 6. Monat im jüd. Kalender (Februar/März)

Ad|ära|ti|on *die;* -, -en (aus gleichbed. *nlat.* adaeratio zu *lat.* adaerare, vgl. adärieren): (veraltet) Geldanlage (von Naturalien). **ad|ärie|ren** (aus gleichbed. *lat.* adaerare): (veraltet) in Geld anlegen, zu Geld machen

ad arma (*lat.,* eigtl. „zu den Waffen!"): ans Werk!

Ad|ar|ti|ku|la|ti|on *die;* -, -en (aus *nlat.* adarticulatio, dies zu ↑ad... u. *lat.* articulus „Gelenk" zu articulare „gliedern"): Gelenk[verbindung]

a da|to (zu *lat.* a „von – an" u. ↑dato): vom Tag der Ausstellung an (z. B. auf ↑Datowechseln); Abk.: a d.

ad be|ne pla|ci|tum [– – ...ts...] (*lat.*): nach Belieben, Gutdünken; beliebig

ad ca|len|das grae|cas [– ka... ˈɡrɛːkaːs] (*lat.;* „an den griechischen Kalenden (bezahlen)" (d. h. niemals, weil die Griechen keine ↑Calendae kannten, die bei den Römern Zahlungstermine waren)): niemals, am St.-Nimmerleins-Tag (in bezug auf die Bezahlung von etwas o. ä.)

ad cap|tum [vul|gi] [– ˈkap... (ˈvʊlgi)] (*lat.*): nach der Fassungskraft [des Volkes]

ad col|li|gen|da [– kɔ...] (*lat.*): zur [betreffenden Schriften]sammlung

ad comp|tum [– ˈkɔm...] (*lat.*): in od. zur Rechnung bringen

ad con|clu|den|dum [– kɔnklu...] (*lat.*): (Rechtsspr.) zur Beschlußfassung

ad|da|tur (*lat.;* eigtl. „es werde hinzugefügt"): svw. adde!

ad|de! (*lat.*): füge hinzu! (Hinweiswort auf ärztlichen Rezepten).

ad de|cre|tum [– deˈkreː...] (*lat.*): nach [dem] Beschluß, per Dekret

ad de|li|be|ran|dum (*lat.*): zur Erwägung

Ad|dend *der;* -en, -en (aus *lat.* addendus „der Hinzuzufügende", Gerundivum von addere, vgl. addieren): Zahl, die beim Addieren hinzugefügt werden soll; ↑Summand. **Ad|den|dum** *das;* -s, ...da (meist Plur.) (aus *lat.* addendum „das Hinzuzufügende): Zusatz, Nachtrag, Ergänzung, Beilage. **Ad|den|dus** *der;* -, ...di (aus *lat.* addendus): svw. Addend

ad de|po|si|tum (*lat.*): zur, in Verwahrung

Ad|der [ˈɛdɐ] *der;* -s, - (aus gleichbed. *engl.* adder zu add „hinzufügen", dies aus *lat.* addere, vgl. addieren): elektronische Schaltung, in der die Summe aller eingehenden Signale gebildet wird

ad|de|zi|mie|ren (aus gleichbed. *nlat.* addecimare zu ↑ad... u. *lat.* decimare, vgl. dezimieren): (früher) mit dem Zehnten belegen; vgl. Decima

Ad|di|bi|li|tät *die;* - (aus gleichbed. *lat.* addibilitas, Gen. addibilitatis, vgl. addieren): Hinzufügbarkeit, Vermehrbarkeit

ad di|em dic|tum [– ...ɛm ˈdɪk...] (*lat.*): (Rechtsspr.) auf den anberaumten Tag

ad|die|ren (aus *lat.* addere „beitun, hinzufügen"): zusammenzählen, hinzufügen; -de Zusammensetzung: svw. Additionswort (z. B. *taubstumm, Strichpunkt;* Sprachw.). **Ad|dier|ma|schi|ne** *die;* -, -n: Rechenmaschine zum ↑Addieren u. ↑Subtrahieren

ad di|es vi|tae [– ...eːs v...] (*lat.;* eigtl. „für die Tage des Lebens"): auf Lebenszeit

Ad|dik|ti|on *die;* -, -en (aus gleichbed. *lat.* addictio zu addicere, vgl. addizieren): (Rechtsspr.) Zuerkennung

ad|dio (aus *it.* addio „Gott befohlen!"): auf Wiedersehen!; leb[t] wohl!; vgl. adieu

ad|di|ta ae|ta|te [– ɛ...] (*lat.*): im vorgerückten Alter

Ad|di|ta|ment *das;* -s, -e u. **Ad|di|ta|men|tum** *das;* -s, ...ta (aus gleichbed. *lat.* additamentum): Zugabe, Anhang, Ergänzung zu einem Buch. **Ad|di|ti|on** *die;* -, -en (aus *lat.* additio „das Hinzufügen" zu addere, vgl. addieren): 1. das Addieren (Math.); Ggs. ↑Subtraktion. 2. Anlagerung von Atomen od. Atomgruppen an ungesättigte Moleküle (Chem.). **ad|di|tio|nal** (zu ↑¹...al (1)): zusätzlich, nachträglich; vgl. ...al/...ell. **ad|di|tio|nell** (aus gleichbed. *fr.* additionnel(le)): svw. additional; vgl. ...al/...ell. **Ad|di|ti|ons|theo|rem** *das;* -s, -e: Formel zur Berechnung des Funktionswertes (vgl. Funktion) einer Summe aus den Funktionswerten der ↑Summanden (Math.). **Ad|di|ti|ons|ver-**

Additionswort

bin|dung *die;* -, -en: chem. Verbindung, die durch einfache Aneinanderlagerung von zwei Elementen od. von zwei Verbindungen entsteht. **Ad|di|ti|ons|wort** *das;* -[e]s, ...wörter: zusammengesetztes Wort, das zwei gleichwertige Begriffe addiert; addierende Zusammensetzung, ↑Kopulativum (z. B. *taubstumm, Strichpunkt*); vgl. Oxymoron. **ad|di|tiv** ⟨aus *lat.* additivus „hinzufügbar"⟩: a) durch Addition hinzukommend; b) auf Addition beruhend; c) hinzufügend, aneinanderreihend; **-es Verfahren**: Herstellung eines Farbfilmbildes durch Übereinanderprojizieren von drei Schwarzweiß-Teilbildern mit Licht, das in den drei Grundfarben gefiltert ist. **Ad|di|tiv** *das;* -s, -e [...və] u. **Ad|di|tive** [ˈɛditɪf] *das;* -s, -s ⟨aus gleichbed. *engl.* additive zu *lat.* additivus, vgl. additiv⟩: Zusatz, der in geringer Menge die Eigenschaften eines chem. Stoffes merklich verbessert (z. B. für Treibstoffe u. Öle)

ad|di|zie|ren ⟨aus gleichbed. *lat.* addicere⟩: zuerkennen, zusprechen (z. B. ein Bild einem bestimmten Meister)

Ad|duk|ti|on *die;* -, -en ⟨aus *lat.* adductio „das Heranziehen" zu adducere, vgl. adduzieren⟩: heranziehende Bewegung eines Gliedes [zur Mittellinie des Körpers hin] (Med.); Ggs. ↑Abduktion. **Ad|duk|ti|ons|pris|ma** *das;* -s, ...men: ↑Prisma, das zur Korrektur des Einwärtsschielens auf Brillengläser aufgeschliffen ist. **Ad|duk|tor** *der;* -s, ...oren ⟨aus *lat.* adductor „Zuführer"⟩: Muskel, der eine Adduktion bewirkt (Med.)

ad|dul|zie|ren ⟨aus *nlat.* addulcare zu ↑ad... u. *lat.* dulcis „süß"⟩: (veraltet) versüßen

ad du|pli|can|dum [- ...ˈkan...] ⟨*lat.;* zu ad „zu, an, bei" u. duplicandum „das zu Verdoppelnde", Gerundivum von duplicare „verdoppeln"⟩ (Rechtsspr.) zur Beantwortung der zweiten Klageschrift. **ad|du|plie|ren** ⟨aus gleichbed. *nlat.* adduplicare zu ↑ad... u. *lat.* duplicare „(ver)doppeln"⟩: (veraltet) verdoppeln

ad|du|zie|ren ⟨aus gleichbed. *lat.* adducere⟩: [her]anziehen, hinzuführen

ade! ⟨aus *altfr.* adé „zu Gott, Gott befohlen", dies aus gleichbed. *lat.* ad Deum⟩: svw. adieu (bes. in der Dichtung u. im Volkslied gebrauchte Form), z. B. - sagen. **Ade** *das;* -s, -s: Lebewohl (Abschiedsgruß)

...ade ⟨nach *fr.* -ade⟩: Suffix weiblicher Substantive, die meist eine Handlung o. ä. bezeichnen; z. B. Robinsonade, Maskerade; vgl. ...iade

à dé|cou|vert [a dekuˈvɛːɐ̯] ⟨*fr.;* „unbedeckt"⟩: 1. frei, offen. 2. ungedeckt, ohne Deckung (Finanzw.)

Adel|an|ta|do *der;* -s, -s ⟨aus gleichbed. *span.* adelantado, eigtl. „jmd., der bei einer Sache vorangeschickt wird", zu adelante „vor, vorwärts"⟩: Statthalter im alten Spanien

ade|lo|der|misch ⟨zu *gr.* ádelos „unsichtbar" u. dérma „Haut"⟩: mit unter der Haut verborgenen Kiemen (Zool.). **ade|lo|ge|nisch** ⟨zu *gr.* génos „Geschlecht"⟩: von nicht erkennbarer Gattung (Zool.). **ade|lo|pha|gen** (Plur.) ⟨zu ↑...phage⟩: eine Sekte des 4. Jh. n. Chr., die das Essen in Gegenwart anderer für unstatthaft hielt. **Ade|lo|po|den** *die* (Plur.) ⟨zu ↑...pode⟩: [anscheinend] fußlose Tiere (Zool.). **ade|lo|po|disch**: ohne sichtbare Füße (Zool.)

Adel|phie *die;* -, ...ien ⟨aus *nlat.* adelphia „Verschwisterung" zu *gr.* adelphoí „Geschwister"⟩: Vereinigung von Staubblättern zu einem od. mehreren Bündeln (Bot.). **Adel|pho|ga|mie** *die;* -, ...ien ⟨zu ↑...gamie (1)⟩: Bestäubung zwischen zwei ↑vegetativ (2) aus einer gemeinsamen Mutterpflanze hervorgegangenen Geschwisterpflanzen (Bot.). **Adel|pho|kar|pie** *die;* -, ...ien ⟨zu ↑...karpie⟩: Fruchtbildung durch ↑Adelphogamie (Bot.). **Adel|pho-kto|nie** *die;* -, ...ien ⟨zu *gr.* kteínein „töten" u. ↑²...ie⟩: (veraltet) Bruder-, Geschwistermord

à de|mi [a dəˈmiː] ⟨*fr.*⟩: zur Hälfte

Ad|em|ti|on *die;* -, -en ⟨aus gleichbed. *lat.* ademptio⟩: (veraltet) Wegnahme, Entziehung

Aden *der;* -s, -e ⟨aus gleichbed. *gr.* adḗn⟩: Drüse (Med.). **aden..., Aden...** vgl. adeno..., Adeno... **Ade|nie** *die;* -, ...ien ⟨zu ↑²...ie⟩: ältere Bez. für ↑Pseudoleukämie (Med.). **Ade|nin** *das;* -s, -e ⟨zu ↑...in (1)⟩: Bestandteil der Nukleinsäure; Purinbase (Biochem.). **Ade|ni|tis** *die;* -, ...itiden ⟨zu ↑...itis⟩: a) Drüsenentzündung; b) Kurzform von ↑Lymphadenitis (Med.). **ade|no..., Ade|no...**, vor Vokalen meist aden..., Aden... ⟨aus gleichbed. *gr.* adḗn, Gen. adénos⟩: Wortbildungselement mit der Bedeutung „Drüse", z. B. adenomatös, Adenotomie. **Ade|no|ge|ne|sis** *die;* -: Drüsenbildung (Med.). **Ade|no|gra|phie** *die;* -, ...ien ⟨zu ↑...graphie⟩: Drüsenbeschreibung (Med.). **Ade|no|hy|po|phy|se** *die;* -, -n: Vorderlappen der ↑Hypophyse (1) (Med.). **ade|no|id** ⟨zu ↑...oid⟩: drüsenähnlich (Med.). **Ade|noi|de** (Plur.) ⟨zu ↑...oide⟩: drüsige Wucherungen der Rachenmandeln (Med.). **Ade|no|kar|zi|nom** *das;* -s, -e: drüsige Strukturen bildende Krebsgeschwulst (Med.). **Ade|nom** *das;* -s, -e u. **Ade|no|ma** *das;* -s, -ta ⟨zu ↑...om bzw. aus *nlat.* adenoma⟩: [gutartige] Drüsengeschwulst. **ade|no|ma|tös** ⟨zu ↑...ös⟩: adenomartig. **Ade|no|my|om** *das;* -s, -e: gutartige Geschwulst, vorwiegend der Gebärmutter (Med.). **ade|nös** ⟨zu ↑Aden u. ↑...ös⟩: die Drüsen betreffend. **Ade|no|sin** *das;* -s ⟨zu ↑...in (1)⟩: chem. Verbindung aus ↑Adenin u. ↑Ribose, die als Pharmazeutikum gefäßerweiternd wirkt (Biochem.). **Ade|no|to|mie** *die;* -, ...ien ⟨zu ↑...tomie⟩: operative Entfernung von Wucherungen der Rachenmandel od. Entfernung der Rachenmandel selbst. **ade|no|trop** ⟨zu ↑...trop⟩: svw. glandotrop. **Ade|no|vi|rus** [...v...] *das*, auch *der;* -, ...ren: Erreger von Drüsenkrankheiten (Med.)

Adent [aˈdãː] *der;* -s, -s ⟨aus gleichbed. *fr.* adent zu adenter „verzahnen", dies über dent „Zahn, Zacke" aus gleichbed. *lat.* dens, Gen. dentis⟩: (veraltet) Verzahnung, Verzapfung

Ade|phag *der;* -en, -en ⟨zu *gr.* adēn „genug, zur Genüge" u. ↑...phag⟩: (veraltet) Vielfraß. **Ade|pha|gie** *die;* - ⟨zu ↑...phagie⟩: a) (veraltet) Freßsucht, Heißhunger; b) krankhaft gesteigerte Eßlust (Med.)

Adeps [ˈaːdɛps] *die* od. *der;* -, Adipes [...peːs] ⟨aus gleichbed. *lat.* adeps⟩: [tierisches] Fett, das in der Heilkunde, Kosmetik u. a. verwendet wird. **Adeps la|nae** [- ...nɛ] *die* od. *der;* - -, Adipes - ⟨zu *lat.* lana, Gen. lanae „Wolle"⟩: Wollfett, Lanolin (findet als Salbengrundlage Verwendung)

Ad|ept *der;* -en, -en ⟨aus *lat.* adeptus „der etwas erreicht hat", Part. Perf. von adipisci „erreichen, erlangen"⟩: 1. Schüler, Anhänger einer Lehre. 2. in eine geheime Lehre od. in Geheimkünste Eingeweihter

Ader|min *das;* -s ⟨zu *gr.* a- „un-, nicht-", dérma „Haut" u. ↑...in (1)⟩: Vitamin B₆, das hauptsächlich in Hefe, Getreidekeimlingen, Leber u. Kartoffeln vorkommt, das am Stoffwechsel der ↑Aminosäuren beteiligt ist u. dessen Mangel zu Störungen im Eiweißstoffwechsel u. zu zentralnervösen Störungen führt

Adęs|po|ta *die* (Plur.) ⟨aus gleichbed. *ngr.* adéspota, eigtl. „herrenlose (Werke)", zu *gr.* adéspotos „von unbekanntem Verfasser"⟩: Werke (bes. Kirchenlieder) unbekannter Verfasser. **ades|po|tisch** ⟨zu *gr.* a- „un-, nicht-" u. despótēs „(unumschränkter) Herrscher"; vgl. Despot⟩: nicht despotisch, mit beschränkter Macht ausgestattet

ad es|se ⟨*lat.;* eigtl. „zum Sein"⟩: zum Dasein, Leben

Adinol

à des|sein [a dɛ'sɛ̃:] ⟨*fr.*⟩: absichtlich, mit Fleiß, geflissentlich

Ad|es|sen|tia *die;* - ⟨aus gleichbed. *nlat.* adessentia zu *lat.* adesse „anwesend sein"⟩: Gegenwart, Allgegenwart Gottes. **Ad|es|siv** [auch ...'si:f] *der;* -s, -e [...və] ⟨aus gleichbed. *nlat.* (casus) adessivus; vgl. ...iv⟩: Kasus, bes. in den finnougrischen Sprachen, der die Lage bei etwas, die unmittelbare Nähe angibt (Sprachw.)

à deux cordes [a 'dø: 'kɔrt] ⟨*fr.*⟩: auf zwei Saiten (Mus.)

à deux mains [a 'dø: 'mɛ̃:] ⟨*fr.*⟩: für zwei Hände, zweihändig (Klavierspiel); Ggs. ↑à quatre mains

ad ex|em|plum ⟨*lat.*⟩: zum Beispiel, nach dem Muster

ad ex|tra ⟨*lat.*⟩: nach außen, außerhalb der Reihe, nebenbei

ad ex|tre|mum ⟨*lat.*⟩: zuletzt, aufs äußerste

ad fu|tu|ram me|mo|ri|am ⟨*lat.*⟩: zu künftigem Gedächtnis

Adhan [a'da:n] *der;* -s, -e ⟨aus gleichbed. *arab.* aḏān⟩: der vom ↑Muezzin vorgetragene Aufruf zu den täglichen fünf Gebeten u. dem Freitagsgottesdienst des Islam

Ad|hä|rens *das;* -, ...renzien [...i̯ən] ⟨aus *lat.* adhaerens, Part. Präs. von adhaerere, vgl. adhärieren⟩: 1. (veraltet) Anhaftendes, Zubehör. 2. Klebstoff (Chem.). **ad|hä|rent** ⟨zu ↑...ent⟩: 1. anhängend, anhaftend (von Körpern); vgl. Adhäsion (1). 2. angewachsen, verwachsen (von Geweben od. Pflanzenteilen); vgl. Adhäsion (2 u. 3). **Ad|hä|renz** *die;* -, -en ⟨zu ↑...enz⟩: (veraltet) Hingebung, Anhänglichkeit an etwas od. jmdn. **ad|hä|rie|ren** ⟨aus *lat.* adhaerere „anhaften, an etwas hängen"⟩: 1. anhaften, anhängen (von Körpern od. Geweben). 2. (veraltet) beipflichten. **Ad|hä|si|on** *die;* -, -en ⟨aus *lat.* adhaesio „das Anhaften"⟩: 1. a) das Haften zweier Stoffe od. Körper aneinander; b) das Aneinanderhaften der Moleküle im Bereich der Grenzfläche zweier verschiedener Stoffe (Klebstoff; Phys.). 2. Verklebung von Organen, Geweben, Eingeweiden u. a. nach Operationen od. Entzündungen (Med.). 3. Verwachsung in der Blüte einer Pflanze (z. B. Staubblatt mit Fruchtblatt; Bot.). **ad|hä|siv** ⟨zu ↑...iv⟩: anhaftend, [an]klebend

ad ha|stam pu|bli|cam [- - ...kam] ⟨*lat.*⟩: zur öffentlichen Versteigerung

Ad|hi|ben|da *die* (Plur.) ⟨aus *lat.* adhibenda „Anzuwendendes", Plur. des Gerundivums von adhibere, vgl. adhibieren⟩: (veraltet) [anzuwendende] Hilfsmittel. **ad|hi|bie|ren** ⟨aus gleichbed. *lat.* adhibere⟩: (veraltet) anwenden, gebrauchen; hinzuziehen. **Ad|hi|bi|ti|on** *die;* -, -en ⟨aus gleichbed. *lat.* adhibitio⟩: (veraltet) Anwendung, Zuziehung

ad hoc [- - 'hɔk] ⟨*lat.;* „für dieses"⟩: 1. [eigens] zu diesem Zweck [gebildet, gemacht]. 2. aus dem Augenblick heraus [entstanden]

ad ho|mi|nem [- - ...nɛm] ⟨*lat.;* „zum Menschen hin"⟩: auf die Bedürfnisse u. Möglichkeiten des Menschen abgestimmt; - - **demonstrieren**: jmdm. etwas so widerlegen od. beweisen, daß die Rücksicht auf die Eigenart der Person u. die Bezugnahme auf die ihr geläufigen Vorstellungen, nicht aber die Sache bestimmt ist

ad ho|no|rem [- - ...rɛm] ⟨*lat.*⟩: zu Ehren, ehrenhalber. **ad ho|no|res** [- - ...re:s] ⟨*lat.*⟩: rangmäßig, dem Range nach

Ad|hor|ta|ti|on *die;* -, -en ⟨aus gleichbed. *lat.* adhortatio zu adhortari, vgl. adhortieren⟩: (veraltet) Ermahnung. **ad|hor|ta|tiv** ⟨zu ↑...iv⟩: (veraltet) ermahnend. **Ad|hor|ta|tiv** *der;* -s, -e [...və] ⟨aus *lat.* adhortativus zu adhortari, vgl. adhortieren⟩: Imperativ, der zu gemeinsamer Tat auffordert, z. B. *Hoffen wir es!* (Sprachw.). **ad|hor|tie|ren** ⟨aus *lat.* adhortari „aufmuntern, ermahnen"⟩: (veraltet) ermahnen

adia|bat vgl. adiabatisch. **Adia|ba|te** *die;* -, -n ⟨zu ↑adiabatisch⟩: Kurve der Zustandsänderung von Gas (Luft), wenn Wärme weder zu- noch abgeführt wird (Phys., Meteor.). **adia|ba|tisch** ⟨zu *gr.* a- „un-, nicht" u. diabaínein „hindurchgehen", eigtl. „nicht hindurchtretend"⟩: ohne Wärmeaustausch verlaufend (von Gas od. Luft; Phys., Meteor.)

Adia|do|cho|ki|ne|se *die;* - ⟨zu *gr.* a- „un-, nicht-", diadóchos „ablösend, abwechselnd" u. kínēsis „Bewegung"⟩: Unfähigkeit, entgegengesetzte Muskelbewegungen rasch hintereinander auszuführen, z. B. Beugen u. Strecken der Finger (Med.)

adia|gno|stisch ⟨zu *gr.* a- „un-, nicht-" u. ↑Diagnostik⟩: gar nicht od. nur sehr schwer unterscheidbar, nicht festzustellen (Med.)

Adia|kri|to|la|trie *die;* - ⟨zu *gr.* a- „un-, nicht-", diakrínein „unterscheiden" u. latreía „Dienst, Gottesverehrung"⟩: (veraltet) urteilslose Verehrung

Adi|an|tum *das;* -s, ...ten ⟨aus gleichbed. *lat.* adiantum, dies aus *gr.* adíanton „Frauenhaar"⟩: Haarfarn (subtropische Art der Tüpfelfarne, z. B. Frauenhaar)

adia|phan ⟨zu *gr.* a- „un-, nicht-" u. diaphanés „durchsichtig"⟩: undurchsichtig

Adia|phon *das;* -s, -e ⟨zu *gr.* a- „un-, nicht-" u. diáphonos „mißtönend"⟩: 1. Tasteninstrument, bei dem vertikal aufgestellte Stahlstäbe durch Anreißen zum Klingen gebracht werden. 2. Stimmgabelklavier, bei dem abgestimmte Stimmgabeln die Töne erzeugen

adia|phor ⟨aus *gr.* adiáphoros „nicht verschieden"⟩: (veraltet) gleichgültig, ↑indifferent. **Adia|pho|ra** *die* (Plur.) ⟨aus *gr.* adiáphora „Nichtunterschiedenes"⟩: 1. Gleichgültiges. 2. Dinge od. Verhaltensweisen, die außerhalb von Gut u. Böse liegen u. damit moralisch wertneutral sind (Philos.). 3. a) sittliche od. kultische Handlungen, die in bezug auf Heil od. Rechtgläubigkeit unerheblich sind (Theol.); b) Verhaltensweisen, die gesellschaftlich nicht normiert sind u. deshalb in den persönlichen Freiheitsspielraum fallen. **Adia|pho|rie** *die;* - ⟨zu ↑², ...ie⟩: (veraltet) Gleichgültigkeit, Uninteressiertheit. **Adia|pho|rist** *der;* -en, -en ⟨zu ↑...ist⟩: (veraltet) Gleichgültiger; Freidenker. **adia|pho|ri|stisch** ⟨zu ↑...istisch⟩: (veraltet) gleichgültig, unwesentlich

Adi|ar|rhö *die;* -, -en u. **Adi|ar|rhöe** [...'rø:] *die;* -, -n [...'rø:ən] ⟨zu *gr.* a- „un-, nicht-" u. ↑Diarrhö⟩: Verstopfung, ↑Obstipation

adia|ther|man ⟨zu *gr.* a- „un-, nicht-" u. ↑diatherman⟩: wärmeundurchlässig

adieu! [a'di̯ø:] ⟨aus gleichbed. *fr.* adieu, eigtl. à Dieu „Gott befohlen"; dies aus *lat.* ad Deum „zu Gott"⟩: (veraltend, aber noch landsch.) leb[t] wohl!; vgl. addio. **Adieu** *das;* -s, -s: (veraltend) Lebewohl (Abschiedsgruß)

adi|gie|ren ⟨aus gleichbed. *lat.* adigere⟩: (veraltet) treiben, drängen

Ädi|ku|la *die;* -, ...lä ⟨aus *lat.* aedicula „kleiner Bau" zu aedes „Wohnung, Haus"⟩: a) kleiner antiker Tempel; b) altchristliche [Grab]kapelle; c) kleiner Aufbau zur Aufnahme eines Standbildes; d) Umrahmung von Fenstern, Nischen u. a. mit Säulen, Dach u. Giebel

Ädil *der;* Gen. -s od. -en, Plur. -en ⟨aus gleichbed. *lat.* aedilis⟩: hoher altrömischer Beamter, der für Polizeiaufsicht, Lebensmittelversorgung u. Ausrichtung der öffentlichen Spiele verantwortlich war. **Ädi|li|tät** *die;* - ⟨aus gleichbed. *lat.* aedilitas, Gen. aedilitatis⟩: Amt u. Würde eines Ädils

ad|imie|ren ⟨aus gleichbed. *lat.* adimere⟩: (veraltet) wegnehmen, entziehen

ad in|fi|ni|tum, in infinitum ⟨*lat.;* „bis ins Grenzenlose, Unendliche"⟩: beliebig, unendlich lange, unbegrenzt (sich fortsetzen lassend)

Adi|nol *der;* -s, -e ⟨Kunstw.; zu *gr.* adinós „fest, dicht gedrängt"⟩: ein feinkörniges Gestein, das durch ↑ Kontaktmetamorphose beim Eindringen von ↑ Diabas in Tongesteine entsteht (Geol.)

ad in̲te|rim ⟨*lat.*⟩: einstweilen, unterdessen; vorläufig (Abk.: a. i.)

A̲di|pes [...peːs]: Plur. von ↑ Adeps. **Adi|pi̲n|säu|re** *die;* - ⟨zu *lat.* adeps „Fett" u. ↑...in (1)⟩: eine organische Fettsäure (Rohstoff für die Herstellung von ↑ Nylon u. ↑ Perlon). **Adi|po|cire** [...'siːɐ̯] *die;* - ⟨aus gleichbed. *fr.* adipocire, dies zu *lat.* adeps „Fett" u. cera „Wachs"): in Leichen, die luftabgeschlossen in Wasser od. feuchtem Boden liegen, entstehendes wachsähnliches Fett (Leichenwachs). **adi|pö̲s** ⟨zu *lat.* adeps, Gen. adipis „Fett" u. ↑...ös⟩: fett[reich], verfettet. **Adi|po|si̲|tas** *die;* - ⟨aus gleichbed. *nlat.* adipositas⟩: a) Fettsucht, Fettleibigkeit (Med.); b) übermäßige Vermehrung od. Bildung von Fettgewebe (Med.). **Adi|posi|tä̲t** *die;* - ⟨zu ↑...ität⟩: svw. Adipositas

Adip|si̲e *die;* - ⟨zu *gr.* a- „un-, nicht-", dípsos „Durst" u. ↑²...ie⟩: mangelndes Trinkbedürfnis, Durstlosigkeit (Med.). **Adip|son** *das;* -s, ...sa ⟨zu ↑¹...on⟩: durststillendes Mittel

adi|ra̲|to ⟨*it.*⟩: wütend, zornerfüllt (Vortragsanweisung; Mus.)

a di|ri̲t|tu̲|ra ⟨*it.*⟩: (Kaufmannsspr.) geradewegs, unmittelbar, ohne Umladung

adi|rö̲s ⟨aus gleichbed. *it.* adiroso⟩: jähzornig

à dis|cré|ti|on [a dıskre'sjō:] ⟨*fr.*⟩: nach Belieben, z. B. Wein - - (im Restaurant, wenn man für eine pauschal bezahlte Summe beliebig viel trinken kann)

A̲di|ti ⟨aus *sanskr.* áditi zu ādi „der erste, Anfang"⟩: Göttermutter der ind. Mythologie

Ad|i̲tio he|re|di|ta̲|tis *die;* - ⟨*lat.*⟩: (lat. Rechtsspr.) Erbschaftsantritt. **Ad|i̲ti|on** *die;* -, -en ⟨aus gleichbed. *lat.* aditio zu adire „herantreten"⟩: (veraltet) Antritt. **Adi̲|tiv** [auch ...'tiːf] *der;* -s, -e [...və] ⟨aus gleichbed. *lat.* (casus) aditivus zu aditus „heran-, hinzugekommen, genähert"⟩, Part. Perf. von adire „herankommen, sich nähern"⟩: ↑ Kasus, der die Richtung einer Bewegung anzeigt (Sprachw.)

a di̲t|to ⟨*it.;* zu ↑ dito⟩: (Kaufmannsspr.) an demselben Tag

Ä̲di|tu̲|us *der;* -, ...tui ⟨aus *lat.* aeditu(m)us „Tempelaufseher" zu aedes „Tempel"⟩: a) altröm. Tempelhüter, -aufseher; b) (veraltet) Kirchner, Küster

A̲di|tya [...tja] ⟨aus *sanskr.* āditya „die Sonne"⟩: Name einer von ↑ Aditi abstammenden Göttergruppe

Adi|ure̲|ti|kum *das;* -s, ...ka ⟨zu *gr.* a- „un-, nicht-" u. ↑ Diuretikum⟩: Mittel, das den übermäßigen Harnfluß hemmt (Med.). **Adi|ure̲|tin** *das;* -s ⟨zu ↑...in (1)⟩: svw. Vasopressin. **adi|ure̲|tisch**: übermäßigen Harnfluß hemmend (von Medikamenten; Med.)

Ad|ja|ze̲nt *der;* -en, -en ⟨aus *lat.* adiacens, Gen. adiacentis, Part. Präs. von adiacere, vgl. adjazieren⟩: Anwohner, Anrainer, Grenznachbar. **ad|ja|zie̲|ren** ⟨aus *lat.* adiacere „bei od. neben etwas liegen"⟩: angrenzen

Ad|jek|ti̲|on *die;* -, -en ⟨aus gleichbed. *lat.* adiectio zu adicere, vgl. adjizieren⟩: Mehrgebot bei Versteigerungen. **a̲d|jek|tiv** [auch ...'tiːf] ⟨aus *lat.* adiectivus „hinzugefügt"⟩: zum Beifügen geeignet, beigefügt; -e F a r b e n : Farbstoffe, die nur zusammen mit einer Vorbeize färben. **A̲d|jek|tiv** *das;* -s, -e [...və] ⟨aus *lat.* (nomen) adiectivum „hinzugefügtes (Wort)" zu adicere, vgl. adjizieren⟩: Eigenschaftswort, Artwort, Beiwort; Abk.: Adj. **Ad|jek|ti̲v|ab|strak|tum** *das;* -s, ...ta: von einem Adjektiv abgeleitetes ↑ Abstraktum (z. B. Tiefe von *tief*). **ad|jek|ti|vie̲|ren** [...v...] ⟨zu ↑...ieren⟩: zu einem Adjektiv machen (z. B. ein Substantiv od. ein Adverb). **Ad|jek|ti|vie̲|rung** *die;* -, -en ⟨zu ↑...ierung⟩:

Verwendung eines Substantivs od. Adverbs als Adjektiv (z. B. ernst, selten). **ad|jek|ti|visch** [auch ...'tiː...]: eigenschaftswörtlich, als Adjektiv gebraucht. **A̲d|jek|ti|vum** [auch ...'tiː...] *das;* -s, ...va: svw. Adjektiv. **ad|ji|zie̲|ren** ⟨aus *lat.* adicere „hinzutun" zu ↑ ad... u. iacere „werfen"⟩: 1. hinzufügen. 2. nachbedingen

Ad|joint [a'dʒoɛ̃ː] *der;* -[s], -s ⟨aus gleichbed. *fr.* adjoint zu adjoindre „hinzufügen, zugesellen", dies aus *lat.* adiungere, vgl. ²Adjunkt⟩: (veraltet) svw. ²Adjunkt

ad|jour|nie̲|ren [ɛdʒoːɐ̯...] ⟨nach *engl.* to adjourn, vgl. Adjourning⟩: svw. ajournieren. **Ad|jour|ning** [ɛ'dʒoːɐ̯...] *das;* -s, -s ⟨aus gleichbed. *engl.* adjourning, Gerundium von to adjourn „vertagen", dies über *fr.* ajourner (vgl. ajournieren) zu *lat.* diurnus „täglich"⟩: Vertagung (einer Parlamentssitzung)

Ad|ju|di|ka̲|tar *der;* -s, -e ⟨aus gleichbed. *nlat.* adiudicatarius zu *lat.* adjudicare, vgl. adjudizieren⟩: (veraltet) der Meistbietende beim Zwangsverkauf, dem Vermögensgegenstände zuerkannt werden. **Ad|ju|di|ka̲|ti|on** *die;* -, -en ⟨aus gleichbed. *spätlat.* adiudicatio⟩: a) Zuerkennung eines von zwei od. mehr Staaten beanspruchten Gebiets[teiles] durch ein internationales Gericht (Völkerrecht); b) Übertragung von Vermögen[sgegenständen] durch einen Richter (z. B. bei der Teilung des Hausrats nach der Ehescheidung; Zivilrecht). **ad|ju|di|ka|ti̲v** ⟨zu ↑...iv⟩: zuerkennend, zusprechend. **ad|ju|di|zie̲|ren** ⟨aus gleichbed. *lat.* adiudicare⟩: zuerkennen, zusprechen

Ad|ju|me̲nt *das;* -s, -e u. **Ad|ju|me̲n|tum** *das;* -s, ...ta ⟨aus gleichbed. *lat.* adiumentum zu adiuvare „unterstützen"⟩: Hilfe, Hilfsmittel

ad|jun|gie̲|ren ⟨aus gleichbed. *lat.* adiungere; vgl. ²Adjunkt⟩: zuordnen, beifügen (Math.). **¹A̲d|junkt** *das;* -s, -e ⟨aus *lat.* adiunctum „das (eng) Verbundene", Neutrum von adiunctus „(eng) verbunden"⟩: sprachliches Element, das mit einem anderen ↑ kommutiert, d. h. nicht gleichzeitig mit diesem in einem Satz auftreten kann (Sprachw.); Ggs. ↑ Konjunkt. **²A̲d|junkt** *der;* -en, -en ⟨aus *lat.* adiunctus, Part. Perf. von adiungere „als Begleiter beigeben", eigtl. „(eng) verbinden"; vgl. adjungieren⟩: 1. (veraltet) einem Beamten beigeordneter Gehilfe. 2. (österr.) Beamter im niederen Dienst. **Ad|ju̲nk|ta** *die* (Plur.) ⟨aus *lat.* adjuncta, „(eng) verbundene"⟩: (veraltet) Nebenumstände. **Ad|ju̲nk|te** *die;* -, -n: die einem Element einer ↑ Determinante (1) zugeordnete Unterdeterminante (Math.). **Ad|junk|ti̲|on** *die;* -, -en ⟨aus gleichbed. *lat.* adiunctio⟩: 1. Hinzufügung, Beiordnung, Vereinigung. 2. Verknüpfung zweier Aussagen durch *oder*; nicht ausschließende ↑ Disjunktion (1 c); formale Logik. **Ad|ju̲nk|tum** *das;* -s, ...ta ⟨aus gleichbed. *lat.* adiunctum⟩: (veraltet) Anlage, das Angefügte; vgl. Adjunkta. **Ad|ju̲nk|tus** *der;* -, ...ti: svw. ²Adjunkt

Ad|ju|ra̲|ti|on *die;* -, -en ⟨aus gleichbed. *nlat.* adiuratio zu *spätlat.* adiurare, vgl. adjurieren⟩: (veraltet) Beschwörung, Auferlegung des Eids. **Ad|ju|ra̲|tor** *der;* -s, ...oren ⟨zu ↑...or⟩: jmd., der einen Eid leistet. **Ad|ju|ra̲|to|risch**: (veraltet) eidlich

ad|jur|gie̲|ren ⟨aus gleichbed. *spätlat.* adiurgare zu ↑ ad... u. *lat.* iurgare „streiten"⟩: (veraltet) streiten, zanken. **Ad|ju̲r|gi|um** *das;* -s, ...ien [...jən] ⟨zu ↑...ium⟩: (veraltet) Streit, Zank

ad|ju|rie̲|ren ⟨aus *spätlat.* adiurare „beschwören" zu ↑ ad... u. *lat.* iurare „schwören"⟩: (veraltet) 1. eidlich versichern. 2. inständig bitten

Ad|just|able peg [ɛ'dʒastəbl –] *der;* - -s, - -s ⟨aus *engl.* adjustable peg „regulierbare Markierung"⟩: stufenweise Änderung der Währungsparität. **Ad|ju|sta̲ge** [atjʊs'taːʒə] *die;* -,

Administrator

-n ⟨nlat. Bildung zu *fr.* ajustage „Anpassung, Einrichtung"; vgl. ad... u. justieren⟩: 1. a) Einrichten einer Maschine; b) Einstellen eines Werkzeugs; c) Nacharbeiten eines Werkstücks (Fachspr.). 2. Abteilung in Walz- u. Hammerwerken, in der die Bleche zugeschnitten, gerichtet, geprüft, sortiert u. zum Versand zusammengestellt werden. **ad|ju|stie|ren** ⟨zu ↑ad... u. ↑justieren⟩: 1. (fachspr.) in die entsprechende richtige Stellung o. ä. bringen. 2. (österr.) ausrüsten, in Uniform kleiden. **Ad|ju|stierung** *die;* -, -en ⟨zu ↑...ierung⟩: 1. das Adjustieren (1). 2. (österr.) a) Uniform; b) Kleidung, „Aufmachung" (in bezug auf die äußere Erscheinung eines Menschen). **Ad|justment** [ɛˈdʒastmənt] *das;* -s, -s ⟨aus gleichbed. engl. adjustment⟩: Anpassung an Forderungen der Bezugsgruppe od. der Gesellschaft (Psychol.).

Ad|ju|tant *der;* -en, -en ⟨über *fr.* adjudant aus *span.* ayudante „Helfer, Gehilfe", substantiviertes Part. Präs. von ayudar „helfen", dies aus *lat.* adiuvare, vgl. adjuvieren⟩: den Kommandeuren militärischer Einheiten beigegebener Offizier. **ad|ju|tan|tie|ren** ⟨zu ↑...ieren⟩: (veraltet) Adjutantendienste leisten. **Ad|ju|tan|tur** *die;* -, -en ⟨zu ↑...ur⟩: a) Amt eines Adjutanten; b) Dienststelle eines Adjutanten. **Ad|ju|tor** *der;* -s, ...oren ⟨aus gleichbed. *lat.* adiutor⟩: Helfer, Gehilfe. **ad|ju|to|risch**: (veraltet) aushelfend, unterstützend. **Ad|ju|to|ri|um** *das;* -s, ...orien [...jən] ⟨aus *lat.* adiutorium „Hilfe"⟩: (veraltet) 1. (ohne Plur.) Hilfe. 2. Hilfsmittel. **Ad|ju|tum** *der;* -s, ...ten ⟨aus *lat.* adiutum „Unterstützung, Hilfe", eigtl. Part. Perf. (Neutrum) von adjuvare, vgl. adjuvieren⟩: 1. (veraltet) [Bei]hilfe, Zuschuß. 2. (österr.) erste, vorläufige Entlohnung eines Praktikanten im Gerichtsdienst. **Ad|ju|vans** [...v..., auch aˈtjuː...] *das;* -, Plur. ...anzien [...jən], auch ...antien [...jən] ⟨aus *lat.* adiuvans, Part. Präs. von adiuvare, vgl. adjuvieren⟩: ein die Wirkung unterstützender Zusatz zu einer Arznei (Med.). **ad|ju|vant** ⟨zu ↑...ant (2)⟩: unterstützend (von Medikamenten; Med.). **Ad|ju|vant** *der,* -en, -en ⟨zu ↑...ant (1)⟩: (veraltet) Gehilfe, Helfer, bes. Hilfslehrer. **Ad|ju|vant|chor** *der;* -[e]s, ...chöre (früher) vor allem in kleineren Orten gebildeter Laienchor, der den Gottesdienst musikalisch ausgestaltete. **Ad|ju|va|ti|on** *die;* -, -en ⟨aus gleichbed. nlat. adiuvatio⟩: (veraltet) Beihilfe, Unterstützung. **ad|ju|vie|ren** ⟨aus gleichbed. *lat.* adiuvare⟩: (veraltet) helfen, unterstützen

Ad|la|tiv *der;* -es, -e [...və] ⟨zu *lat.* adlatus, „hinzugetragen, -gefügt", Part. Perf. von afferre „hinzufügen", u. ↑...iv⟩: svw. Allativ. **Ad|la|tus** *der;* -, ...ten ⟨zu *lat.* ad latus „zur Seite (stehend)"⟩: (veraltet, heute noch scherzh.) meist jüngerer, untergeordneter Helfer, Gehilfe, Beistand

Ad|le|ga|ti|on *die;* -, -en ⟨aus *lat.* allegatio „Sendung, Auftrag" zu allegare „als Unterhändler entsenden", vgl. ad...⟩: Gesandtschaftsrecht; in der dt. Geschichte die Beigesellung der Abgesandten der Kreise zu denen des Kaisers

ad le|gen|dum ⟨*lat.*⟩: zum Lesen. **Ad|lek|ta|ti|on** vgl. Allektation. **ad|lek|tie|ren** vgl. allektieren

Ad|le|ni|ment u. **Ad|le|ni|men|tum** *das;* -s, Plur. ...ta u. ...te ⟨aus *nlat.* adlenimentum, dies zu ↑ad..., *lat.* lenire „lindern" u. ↑!...ment⟩: Linderungsmittel

ad li|bi|tum ⟨*lat.;* „nach Belieben"⟩: 1. nach Belieben. 2. a) Vortragsbezeichnung, mit der das Tempo des damit bezeichneten Musikstücks dem Interpreten freigestellt wird (Mus.); b) nach Belieben zu benutzen od. wegzulassen (in bezug auf die zusätzliche Verwendung eines Musikinstruments in einer Komposition; Mus.); Ggs. ↑obligat (2). 3. Hinweis auf Rezepten für beliebige Verwendung bestimmter Arzneibestandteile; Abk.: ad lib., ad l., a. l.

Ad|li|gat *das;* -s, -e ⟨aus *lat.* adligatum, Nebenform von alligatum „das Verbundene", zu alligare, vgl. alligieren⟩: selbständige Schrift, die mit anderen zu einem Band zusammengebunden worden ist (Buchw.). **Ad|li|ga|ti|on** vgl. Alligation. **ad|li|gie|ren** vgl. alligieren

ad li|ne|am ⟨*lat.*⟩: nach der Linie, nach der Schnur

ad li|qui|dan|dum [et prae|clu|den|dum] [– – (– prɛklu...)] ⟨*lat.*⟩: (lat. Rechtsspr.) zur Begründung einer Schuldforderung [bei Strafe der Ausschließung]

ad lo|ca [– ...ka] ⟨*lat.*⟩: an die Plätze, auf den Platz

ad ma|gni|fi|cum [ci|ta|re] [– ...kʊm (tsi...)] ⟨*lat.*⟩: vor den Rektor [laden], zum Rektor [bestellen]

ad ma|io|rem Dei glo|ri|am [– maˈjoːrɛm – –] vgl. omnia ad...

ad man|da|tum ⟨*lat.*⟩: nach, auf Befehl; - - Sere|nịs|si|mi: (veraltet) nach höchstem od. landesfürstlichem Befehl; - - Serenissimi proprium bzw. speciale: (veraltet) nach höchsteigenem bzw. ausdrücklichem Befehl des Fürsten

ad ma|num me|di|ci [– ...tsi] ⟨*lat.;* eigtl. „zur Hand des Arztes"⟩: svw. ad manus medici. **ad ma|nus me|di|ci** [– ...nuːs –]: zu Händen des Arztes, z. B. als Hinweis bei Medikamenten; Abk.: ad m.m. **ad ma|nus pro|pri|as** [– ...nuːs ...aːs] ⟨*lat.*⟩: eigenhändig (abzugeben)

ad mar|gi|nem [– ...nɛm] ⟨*lat.*⟩: an den Rand (von Vermerken)

ad|mas|sie|ren ⟨zu ↑ad... u. ↑massieren⟩: (veraltet) anhäufen

ad|ma|tu|rie|ren ⟨aus gleichbed. *lat.* admaturare zu ↑ad... u. maturus „reif"⟩: (veraltet) beschleunigen, zur Reife bringen

ad me|lio|rem for|tu|nam [– ...rɛm –] ⟨*lat.;* eigtl. „zu besserem Glück"⟩: in bessere Umstände (kommen)

ad men|su|ram ⟨*lat.*⟩: nach Maß [und Gewicht]. **Ad|men|su|ra|ti|on** *die;* -, -en ⟨aus gleichbed. nlat. admensuratio zu ↑ad... u. spätlat. mensuratus „abgemessen"⟩: (veraltet) Zu-, Abmessung. **ad|men|su|rie|ren** ⟨zu ↑ad... u. ↑mensurieren⟩: (veraltet) zu-, abmessen.

ad|me|tie|ren ⟨aus *lat.* admetiri „zumessen"⟩: (veraltet) svw. admensurieren

ad|mi|grie|ren ⟨aus *lat.* admigrare „hinzuziehen, hinzutreten"⟩: (veraltet) zu-, einwandern

Ad|mi|na|ti|on *die;* -, -en ⟨zu ↑ad... u. *lat.* minatio „Drohung", dies zu minari „drohen"⟩: (Rechtsspr.) Bedrohung

Ad|mi|ni|cu|lum [...k...] *das;* -s, ...la ⟨aus *lat.* adminiculum „Stütze"⟩: Sehnenverbreiterung, -verstärkung (Med.). **Ad|mi|ni|ku|la|tor** *der;* -s, ...oren ⟨aus *lat.* adminiculator „Helfer"⟩: (veraltet) Witwen- u. Waisenpfleger in der kath. Kirche. **ad|mi|ni|ku|lie|ren** ⟨aus *lat.* adminiculare „stützen" zu ad manum „zur Hand"⟩: (veraltet) unterstützen, zur Hand gehen. **Ad|mi|ni|ku|lum** *das;* -s, ...la ⟨aus *lat.* adminiculum⟩: 1. (veraltet) Hilfsmittel. 2. svw. Adminiculum

Ad|mi|ni|stra|ti|on *die;* -, -en ⟨aus *lat.* administratio „Leitung, Verwaltung", eigtl. „Dienstleistung", zu administrare, vgl. administrieren⟩: 1. a) Verwaltung; b) Verwaltungsbehörde. 2. (abwertend) bürokratisches Anordnen, Verfügen. 3. a) Regelung militärischer Angelegenheiten, die nicht unmittelbar mit ↑Strategie u. ↑Taktik (1) zusammenhängen (Mil., NATO-Ausdruck); b) Regelung des inneren Dienstes der Einheiten (Mil., NATO-Ausdruck). 4. Regierung, bes. in bezug auf die USA. **ad|mi|ni|stra|tiv** ⟨aus *lat.* administrativus⟩: a) zur Verwaltung gehörend; b) behördlich; c) (abwertend) bürokratisch. **Ad|mi|ni|stra|tor** *der;* -s, ...oren ⟨aus gleichbed. *lat.* administrator⟩: a) Verwalter,

Administratorium

Bevollmächtigter; b) Verwalter einer Pfarrei (kath. Kirche). **Ad|mi|ni|stra|to|ri|um** *das;* -s, ...ien [...rjən] ⟨aus gleichbed. *mlat.* administratorium⟩: (veraltet) Verwaltungsbefehl, -ordnung. **ad|mi|ni|strie|ren** ⟨aus *lat.* administrare „leiten, verwalten"; vgl. Minister⟩: a) verwalten; b) (abwertend) bürokratisch anordnen, verfügen

ad|mi|ra|bel ⟨aus gleichbed. *lat.* admirabilis⟩: (veraltet) bewundernswert

Ad|mi|ral *der;* -s, Plur. -e, auch ...äle ⟨aus gleichbed. *fr.* amiral, älter admiral, dies aus *arab.* amīr ar-raḥl „Befehlshaber der Flotte"; vgl. Emir⟩: 1. Seeoffizier im Generalsrang. 2. schwarzbrauner Tagfalter mit weißen Flecken u. roten Streifen. 3. warmes Getränk aus Rotwein, Zucker, Eiern u. Gewürzen. **Ad|mi|ra|li|tät** *die;* -, -en ⟨zu ↑...ität⟩: 1. Gesamtheit der Admirale. 2. oberste Kommandostelle u. Verwaltungsbehörde einer Kriegsmarine. **Ad|mi|ra|li|täts|kar-te** *die;* -, -n: eine von der Admiralität herausgegebene Seekarte. **Ad|mi|ral|stab** *der;* -s, ...stäbe: oberster Führungsstab einer Kriegsmarine

Ad|mi|ra|teur [...'tø:ɐ] *der;* -s, -e ⟨aus gleichbed. *fr.* admirateur, dies aus *lat.* admirator⟩: (veraltet) Bewunderer, Anbeter. **Ad|mi|ra|ti|on** *die;* -, -en ⟨aus gleichbed. *lat.* admiratio⟩: (veraltet) Bewunderung. **Ad|mi|ra|tor** *der;* -s, ...oren ⟨aus *lat.* admirator „Verehrer"⟩: svw. Admirateur. **ad|mi-rie|ren** ⟨aus gleichbed. *lat.* admirari⟩: (veraltet) bewundern

ad|mis|si|bel ⟨zu *lat.* admissus, Part. Perf. von admittere (vgl. admittieren), u. ↑...ibel⟩: (veraltet) zulässig. **Ad|mis-si|bi|li|tät** *die;* - ⟨zu ↑...ität⟩: Zulässigkeit, Zulassungsfähigkeit. **Ad|mis|si|on** *die;* -, -en ⟨aus gleichbed. *lat.* admissio „Zulassung"⟩: 1. a) Übertragung eines katholischen geistlichen Amtes an eine Person trotz ↑kanonischer (1) Bedenken; b) Aufnahme in eine ↑Kongregation (1). 2. Einlaß des Dampfes in den Zylinder einer Dampfmaschine

ad|mis|zie|ren ⟨aus gleichbed. *lat.* admiscere⟩: (veraltet) bei-, vermischen

Ad|mit|tanz *die;* - ⟨aus gleichbed. *engl.* admittance, dies zu *lat.* admittere, vgl. admittieren⟩: Leitwert des Wechselstroms, Kehrwert des Wechselstromwiderstandes (Phys). **Ad|mit|ta|tur** *das;* -s ⟨aus *lat.* admittatur „er, es werde zugelassen"⟩: (früher) Bescheinigung der Würde, einen Orden o. ä. zu erhalten, Zulassungsschein. **ad|mit|tie|ren** ⟨aus gleichbed. *lat.* admittere⟩: (veraltet) zulassen, Zutritt verschaffen. **Ad|mit|ti|tur** *das;* -s ⟨aus *lat.* admittitur „er, wird zugelassen"⟩: alte Amtsformel, die die Erlaubnis zu einer Handlung gab

Ad|mix|ti|on *die;* -, -en ⟨aus gleichbed. *lat.* admixtio zu admiscere, vgl. admiszieren⟩: (veraltet) Beimischung

Ad|mo|dia|ti|on *die;* -, -en ⟨aus gleichbed. *nlat.* admodiatio zu *mlat.* admodiare, vgl. ¹admodiieren⟩: (veraltet) Verpachtung. **Ad|mo|dia|tor** *der;* -s, ...oren ⟨aus gleichbed. *nlat.* admodiator⟩: (veraltet) Verpächter, Pächter. **¹ad|mo-di|ie|ren** ⟨aus gleichbed. *mlat.* admodiare zu ↑ad... u. *lat.* modius „Scheffel"⟩: (veraltet) ein Grundstück verpachten. **²ad|mo|di|ie|ren** ⟨aus gleichbed. *nlat.* admodiare zu ↑ad... u. *lat.* modus „Maß"⟩: (veraltet) ermäßigen, verringern. **ad mo|dum** ⟨*lat.*⟩: nach Art u. Weise

ad|mo|nie|ren ⟨aus gleichbed. *lat.* admonere⟩: (veraltet) 1. erinnern, ermahnen. 2. verwarnen; einen Verweis erteilen. **Ad|mo|ni|ti|on** *die;* -, -en ⟨aus gleichbed. *lat.* admonitio⟩: Ermahnung, Verwarnung, Verweis. **ad|mo|ni|tiv** ⟨zu ↑...iv⟩: ermahnend, warnend; vgl. ...iv/...orisch. **Ad|mo-ni|tor** *der;* -s, ...oren ⟨aus gleichbed. *lat.* admonitor⟩: (veraltet) Mahner, Warnender. **ad|mo|ni|to|risch**: svw. admonitiv; vgl. ...iv/...orisch. **Ad|mo|ni|to|ri|um** *das;* -s, ...ien [...jən] ⟨aus gleichbed. *mlat.* admonitorium⟩: (veraltet) Erinnerungsschreiben

ad|mor|die|ren ⟨aus *lat.* admordere „anbeißen, annagen"⟩: (veraltet) 1. anbeißen. 2. beeinträchtigen

Ad|mor|ti|ka|ti|on *die;* -, -en ⟨aus *nlat.* admorticatio zu ↑ad..., *lat.* mors, Gen. mortis „Tod" u. ↑...ation⟩: (Rechtsspr. veraltet) Übergabe von Grundstücken von der weltlichen Gerichtsbarkeit an die geistliche, an die „Tote Hand"

Ad|mo|ti|on *die;* -, -en ⟨aus *lat.* admotio „das Anlegen", eigtl. „das Herbeibewegen", zu admovere, vgl. admovieren⟩: (veraltet) Beifügung. **ad|mo|vie|ren** [...'vi:...] ⟨aus gleichbed. *lat.* admovere⟩: herbeibringen, -schaffen

ad mul|tos an|nos [– ...to:s ...no:s] ⟨*lat.*⟩: auf viele Jahre (als Glückwunsch)

ad|mu|ti|lie|ren ⟨aus gleichbed. *lat.* admutilare⟩: (veraltet) verstümmeln, prellen

ad nau|se|am us|que ⟨*lat.*⟩: bis zum Ekel

Ad|nek|to|mie *die;* -, ...ien ⟨zu ↑Adnex u. ↑...ektomie⟩: Kurzform für ↑Adnexektomie. **Ad|nex** *der;* -es, -e ⟨aus *(n)lat.* adnexus „Verbindung", dies zu *lat.* adnectere „anknüpfen, hinzufügen"⟩: 1. Anhang. 2. (meist Plur.) a) Anhangsgebilde von Organen des menschlichen od. tierischen Körpers (z. B. Augenlid; Med.); b) Anhangsgebilde (Eierstöcke u. Eileiter) der Gebärmutter (Med.). **Ad|nex-ek|to|mie** *die;* -, ...ien ⟨zu ↑...ektomie⟩: operative Entfernung der Gebärmutteradnexe (Eileiter u. Eierstöcke; Med.). **Ad|ne|xi|tis** *die;* -, ...itiden ⟨zu ↑...itis⟩: Entzündung der Gebärmutteradnexe (Med.)

Ad|no|men *das;* -s, ...mina ⟨zu ↑ad... u. *lat.* nomen „Name, Benennung"⟩: zum Substantiv tretendes Attribut. **ad|no-mi|nal** ⟨zu ↑¹...al (1)⟩: a) zum Substantiv (Nomen) hinzutretend; -es Attribut: Attribut, das zum Substantiv tritt (z. B. *liebes* Kind, der Hut *des Vaters*); b) vom Substantiv syntaktisch abhängend

ad nor|mam ⟨*lat.*⟩: nach der Vorschrift, nach der Regel

ad no|tam ⟨*lat.*⟩: zur Kenntnis; etwas - - nehmen: etwas zur Kenntnis nehmen, sich etwas gut merken. **Ad|no|tan-da** *die* (Plur.) ⟨aus gleichbed. *lat.* adnotanda, Neutrum Plur. von adnotandus, Gerundivum von adnotare, vgl. adnotieren⟩: (veraltet) Aufzuzeichnendes, Bemerkenswertes. **Ad|no|ta|ta** *die* (Plur.) ⟨aus gleichbed. *lat.* adnotata, Neutrum Plur. von adnotatus, Part. Perf. von adnotare, vgl. adnotieren⟩: das Aufgezeichnete, Anmerkungen. **Ad|no-ta|ti|on** *die;* -, -en ⟨aus gleichbed. *lat.* adnotatio⟩: svw. Annotation. **Ad|no|ta|tor** *der;* -s, ...oren ⟨zu ↑...or⟩: (veraltet) Verfasser von Aufzeichnungen. **ad|no|tie|ren** ⟨aus gleichbed. *lat.* adnotare⟩: svw. annotieren. **ad no|ti|ti|am** ⟨*lat.*⟩: (Rechtsspr.) zur Aufzeichnung, zur Nachricht

ad|nu|ie|ren vgl. annuieren

ad nu|tum ⟨*lat.;* eigtl. „auf den Wink"⟩: (früher) Bez. der Stellung eines Geistlichen od. Beamten, der einem anderen für jeweils zu bestimmende Aufgaben beigegeben ist

Ado|be *der,* -, -s ⟨aus gleichbed. *span.* adobe, dies aus *arab.* aṭ-ṭūb „Ziegelstein"⟩: luftgetrockneter Lehmziegel

ad ocu|los [– 'o:kulo:s] ⟨*lat.*⟩: vor Augen; etwas - - demonstrieren: jmdm. etwas vor Augen führen, durch Anschauungsmaterial o. ä. beweisen

ado|les|zent ⟨aus gleichbed. *lat.* adolescens, Gen. adolescentis, Part. Präs. von adolescere, vgl. adoleszieren⟩: heranwachsend, in jugendlichem Alter (ca. 17. bis 20. Lebensjahr) stehend. **Ado|les|zent** *der;* -en, -en ⟨zu ↑...ent⟩: 1. Heranwachsender, Jugendlicher. 2. (veraltet) Grünschnabel. **Ado|les|zenz** *die;* - ⟨aus gleichbed. *lat.* adolescentia⟩: Jugendalter, bes. der Lebensabschnitt nach beendeter Pubertät. **ado|les|zie|ren** ⟨aus gleichbed. *lat.* adolescere⟩: heranwachsen

Ado|nai ⟨aus *hebr.* adonay „mein Herr"⟩ (ohne Artikel): alttest. Umschreibung für den Gottesnamen Jahwe, der aus religiöser Scheu nicht ausgesprochen werden durfte (Rel.)

¹Ado|nis *der; -,* -se ⟨nach dem schönen Jüngling der griech. Sage⟩: schöner [junger] Mann. **²Ado|nis** *die; -,* - ⟨nach ¹Adonis, der von Aphrodite nach seinem Tod in eine Blume verwandelt wurde⟩: Hahnenfußgewächs (Adonisröschen). **ado|nisch**: schön [wie ¹Adonis]; - e r V e r s : antiker Kurzvers (Schema: –∪∪|–∪). **Ado|ni|seur** [...ni'zø:ɐ̯] *der; -s, -e* ⟨französierende Bildung zu ↑adonisieren u. ↑...eur⟩: (veraltet) Geck, Stutzer. **ado|ni|sie|ren** ⟨aus gleichbed. *fr.* adoniser⟩: (veraltet) herausputzen. **Ado|nist** *der; -en, -en* ⟨zu ↑²Adonis u. ↑...ist⟩: (veraltet) Pflanzen-, Kräutersammler. **Ado|ni|us** *der; -* ⟨über *lat.* adonius aus gleichbed. *gr.* Adónios⟩: svw. adonischer Vers

ad|ope|rie|ren ⟨aus gleichbed. *lat.* adoperire⟩: (veraltet) be-, zudecken, schließen

Ad|op|tant *der; -en, -en* ⟨aus *lat.* adoptans, Gen. adoptantis Part. Präs. von adoptare, vgl. adoptieren⟩: svw. Adoptator. **Ad|op|ta|tor** *der; -s, ...oren* ⟨aus gleichbed. *spätlat.* adoptator⟩: der Adoptierende, Adoptivvater. **Ad|op|tia|ner** *die* (Plur.) ⟨zu ↑adoptieren u. ↑...aner⟩: Anhänger des Adoptianismus. **Ad|op|tia|nis|mus** *der; -* ⟨zu ↑...ismus (1)⟩: Lehre, nach der Christus seiner menschlichen Natur nach nur als von Gott adoptierter Sohn zu gelten hat (Rel.). **ad|op|tie|ren** ⟨aus gleichbed. *lat.* adoptare, eigtl. „hinzuerwählen", vgl. optieren⟩: 1. als Kind annehmen. 2. etwas annehmen, nachahmend sich aneignen, z. B. einen Namen, Führungsstil -; etwas schematisch -. **Ad|op|ti|on** *die; -, -en* ⟨aus gleichbed. *lat.* adoptio⟩: 1. das Adoptieren. 2. Annahme, Genehmigung. **Ad|op|tio|nis|mus** vgl. Adoptianismus. **ad|op|tiv** ⟨aus gleichbed. *lat.* adoptivus⟩: auf Adoption beruhend. **Ad|op|tiv|el|tern** *die* (Plur.): Eltern eines Adoptivkindes. **Ad|op|tiv|kind** *das; -[e]s, -er*: adoptiertes Kind

ad|ora|bel ⟨aus gleichbed. *lat.* adorabilis zu adorare, vgl. adorieren⟩: (veraltet) anbetungs-, verehrungswürdig

ad|oral [at..., auch 'at...] ⟨zu ↑ad... u. ↑oral⟩: um den Mund herum [gelegen], mundwärts (Med.)

Ad|orant *der; -en, -en* ⟨aus *lat.* adorans, Gen. adorantis, Part. Präs. von adorare, vgl. adorieren⟩: in der christlichen Kunst eine stehende od. kniende Gestalt, die mit erhobenen Händen Gott anbetet od. einen Heiligen verehrt. **Ado|ra|teur** [...'tø:ɐ̯] *der; -s, -e* ⟨aus gleichbed. *fr.* adorateur, eigtl. „Anbeter"⟩: (veraltet) Verehrer, Liebhaber. **Ado|ra|tion** *die; -, -en* ⟨aus gleichbed. *lat.* adoratio⟩: a) Anbetung, Verehrung, bes. des Altarsakraments in der kath. Kirche; b) dem neugewählten Papst erwiesene Huldigung der Kardinäle (durch Kniefall u. Fußkuß). **Ad|ora|to|ri|um** *das; -s, ...ien* [...jən] ⟨aus gleichbed. *spätlat.* adoratorium⟩: (veraltet) Götzentempel. **ad|orie|ren** ⟨aus gleichbed. *lat.* adorare⟩: anbeten, verehren

ad|or|nant ⟨aus gleichbed. *lat.* adornans, Gen. adornantis, Part. Präs. von adornare, vgl. adornieren⟩: (veraltet) schmückend. **Adorne|ment** [...nə'mã:] *das; -s, -s* ⟨aus gleichbed. *fr.* adornement⟩: Verzierung. **ad|or|nie|ren** ⟨aus gleichbed. *lat.* adornare⟩: [aus]schmücken, verzieren

Ados [a'do:] *der; -, -* ⟨aus gleichbed. *fr.* ados zu adosser, vgl. adossieren⟩: schräg gegen die Sonne gerichtetes Beet, Frühbeet. **Ados|se|ment** [adɔsə'mã:] *das; -s, -s* ⟨aus gleichbed. *fr.* adossement⟩: (veraltet) Böschung, Abschrägung. **ados|sie|ren** ⟨aus *fr.* adosser „(mit dem Rücken) anlehnen" zu dos „Rücken", dies aus gleichbed. *lat.* dorsum⟩: (veraltet) anlehnen, abschrägen, abdachen. **ados|siert** ⟨zu ↑...iert⟩: mit der Blattunterseite der Abstammungs- od. Mutterachse des Seitensprosses zugekehrt (in bezug auf das Vorblatt, d. h. das erste od. zweite Blatt des Sprosses, das sich auf der der Mutterachse zugekehrten Seite des Seitensprosses befindet)

adou|cie|ren [adu'si:...] ⟨aus gleichbed. *fr.* adoucir zu doux „weich", dies aus *lat.* dulcis „süß, lieblich"⟩: (veraltet) 1. a) versüßen; b) mildern; c) besänftigen. 2. tempern. 3. (Farben) verwischen, verdünnen. **Adou|cis|sa|ge** [...sɪ'sa:ʒə] *die; -, -n* ⟨aus gleichbed. *fr.* adoucissage⟩ u. **Adou|cis|se|ment** [...sɪsə'mã:] *das; -s, -s* ⟨aus gleichbed. *fr.* adoucissement⟩: (veraltet) 1. a) Versüßung; b) Milderung. 2. das Tempern. 3. Verschmelzung (von Farben). **Adou|cis|seur** [...sɪ'sø:ɐ̯] *der; -s, -e* ⟨aus gleichbed. *fr.* adoucisseur⟩: (veraltet) Glas-, Spiegelschleifer

ad pa|la|tum ⟨*lat.;* eigtl. „nach dem Gaumen"⟩: nach dem Munde (reden)

ad par|tem [– ...tɛm] ⟨*lat.;* eigtl. „zum Teil"⟩: mit jedem Teil einzeln, besonders (verhandeln)

ad pa|tres [– ...tre:s] ⟨*lat.;* „zu den Vätern"⟩; in der Wendung - - g e h e n : zu den Vätern gehen, d. h. sterben

ad per|pe|tu|am [rei] me|mo|ri|am ⟨*lat.*⟩: zu dauerndem Gedächtnis [an etwas]

ad pi|as cau|sas [– ...a:s 'kauza:s] ⟨*lat.;* eigtl. „zu frommen Zwecken"⟩: zu wohltätigen Zwecken, für Stiftungen

ad|pin|gie|ren ⟨aus gleichbed. *lat.* appingere⟩: (veraltet) hinzumalen

ad pi|os usus [– ...o:s ...u:s] ⟨*lat.;* eigtl. „zu frommem Gebrauch"⟩: svw. ad pias causas

ad|plum|bie|ren vgl. applumbieren

ad pon|dus om|ni|um ⟨*lat.*⟩: nach dem Gewicht aller anderen Teile (der Arzneirezeptur)

ad prae|clu|den|dum [– prɛklu...] ⟨*lat.*⟩: (Rechtsspr.) zum Ausschluß einer Partei im Rechtsstreit

ad|pre|zi|ie|ren vgl. appretiieren

ad pri|mam ma|te|ri|am [re|du|ce|re] [– – – (...ts...)] ⟨*lat.*⟩: in den vorigen Stand (Erststand) [(zurückver)setzen]

Ad|pro|mis|sor *der; -s, ...oren* ⟨zu *nlat.* adpromissus, Part. Perf. von adpromittere (vgl. adpromittieren) u. ↑...or⟩: (veraltet) Mitbürge. **ad|pro|mit|tie|ren** ⟨aus gleichbed. *nlat.* adpromittere zu ↑ad... u. *lat.* promittere „versprechen"⟩: (veraltet) bürgen, mitbürgen

ad pro|po|si|tum ⟨*lat.*⟩: zum Vorhaben, zum Thema, zur Sache (kommen)

ad|pro|pri|ie|ren vgl. appropriieren

ad pro|to|col|lum [– ...ko...] ⟨*nlat.;* zu *lat.* ad „zu, an, bei" u. ↑Protokoll⟩: zur amtlichen Aufzeichnung, zu Protokoll (geben)

ad pro|xi|mam [ses|sio|nem] ⟨*lat.*⟩: (Rechtsspr.) zur nächsten Sitzung (vorzulegen)

ad pu|bli|can|dum [– ...'kan...] ⟨*lat.*⟩: zum Veröffentlichen, zur Veröffentlichung

ad|ra|mie|ren ⟨zu ↑ad..., *mhd.* rām „Ziel" u. ↑...ieren⟩: (Rechtsspr. veraltet) anberaumen, festsetzen. **Ad|ra|mi|ti|on** *die; -, -en* ⟨zu ↑¹...ion⟩: (veraltet) Bestimmung, Bestätigung

ad ra|ti|fi|can|dum [– ...'kan...] ⟨*nlat.;* zu *lat.* ad „zu, an, bei" u. ↑ratifizieren⟩: (Rechtsspr.) zur Bestätigung, Genehmigung, Ratifizierung

ad re|fe|ren|dum ⟨*lat.*⟩: zum Berichten, zur Berichterstattung

ad rem ⟨*lat.*⟩: zur Sache [gehörend]

Adre|ma ⓦ *die; -, -s* ⟨Kurzw. aus *Adressiermaschine*⟩: eine

↑Adressiermaschine. **adre|mie|ren** ⟨zu ↑...ieren⟩: mit der Adrema beschriften

ad rem nil fa|cit [– – – ...tsɪt] ⟨*lat.*⟩: es tut nichts zur Sache, gehört nicht dazu

ad|re|nal ⟨zu *lat.* ad „zu, hinzu", *lat.* ren „Niere" u. ↑¹...al (1)⟩: die Nebenniere betreffend. **Ad|re|na|lin** *das;* -s ⟨zu ↑...in (1)⟩: Hormon des Nebennierenmarks. **ad|re|na|lo|trop** ⟨zu ↑...trop⟩: auf das Nebennierenmark einwirkend (Med.). **Ad|ren|ar|che** *die;* - ⟨zu *gr.* arché „Anfang, Beginn"⟩: Beginn vermehrter, der Pubertät vorausgehender Produktion von ↑Androgen in der Nebennierenrinde. **ad|ren|erg** ⟨zu *gr.* érgon „Werk, Tätigkeit"⟩: durch ↑Adrenalin bewirkt, auf ↑Adrenalin ansprechend; vgl. ...isch/-. **ad|ren|er|gisch:** svw. adrenerg; vgl. ...isch/-. **ad|re|no|ge|ni|tal:** Nebenniere und Keimdrüsen betreffend; -es Syndrom: krankhafte Überproduktion von männlichen Geschlechtshormonen durch die Nebennierenrinde. **ad|re|no|kor|ti|ko|trop** ⟨zu ↑Kortex u. ↑...trop⟩: svw. kortikotrop. **Ad|re|no|kor|ti|ko|tro|pin** *das;* -s, -e ⟨zu ↑...in (1)⟩: svw. Kortikotropin. **Ad|re|no|ste|ron** *das;* -s ⟨zu *gr.* stereós „fest"⟩: Hormon der Nebennierenrinde. **ad|re|no|trop** ⟨zu ↑...trop⟩: svw. adrenalotrop

ad re|pli|can|dum [– ...'kan...] ⟨*lat.*⟩: (lat. Rechtsspr.) zum Einwenden, zur Gegenklage

Adres|sant *der;* -en, -en ⟨zu ↑¹Adresse u. ↑...ant⟩: Absender [einer Postsendung]. **Adres|sat** *der;* -en, -en ⟨zu ↑...at (1)⟩: 1. Empfänger [einer Postsendung]; jmd., an den etw. gerichtet, für den etw. bestimmt ist. 2. (veraltet) der Bezogene (derjenige, an den der Zahlungsauftrag gerichtet ist) beim gezogenen Wechsel. 3. Schüler, Kursteilnehmer (im programmierten Unterricht). **Adreß|buch** *das;* -[e]s, ...bücher: Einwohner-, Anschriftenverzeichnis. **Adreß|comptoir** *das;* -s, -s: (veraltet) Stellenvermittlungsbüro. **¹Adresse** *die;* -, -n ⟨aus gleichbed. *fr.* adresse zu adresser, vgl. adressieren⟩: 1. Anschrift, Aufschrift, Wohnungsangabe. 2. Angabe des Verlegers [auf Kupferstichen]. **²Adres|se** *die;* -, -n ⟨aus *engl.* address „Ansprache, Denkschrift", dies aus *fr.* adresse, vgl. ¹Adresse⟩: 1. schriftlich formulierte Meinungsäußerung, die von Einzelpersonen od. dem Parlament an das Staatsoberhaupt, die Regierung o. ä. gerichtet wird (Pol.). 2. Nummer einer bestimmten Speicherzelle im Speicher einer Rechenanlage (EDV). **...adres|se** ⟨aus *engl.* address, vgl. ²Adresse⟩: Wortbildungselement mit der Bedeutung „Schreiben an eine Person des öffentlichen Lebens od. an eine Partei o. ä. anläßlich eines feierlichen od. offiziellen Anlasses", z. B. Grußadresse. **adres|sie|ren** ⟨aus *fr.* adresser „an jmdn. richten", dies zu *lat.* ad „zu" u. *vulgärlat.* *directiare „richten"⟩: 1. a) mit der Adresse versehen; b) eine Postsendung an jmdn. richten. 2. jmdn. gezielt ansprechen. **Adres|sier|ma|schi|ne** *die;* -, -n: Maschine zum Aufdruck regelmäßig benötigter Adressen; vgl. Adrema. **Adreß|spe|di|teur** *der;* -s, -e: Empfangsspediteur, der Sammelgut empfängt u. weiterleitet

ad re|sti|tu|en|dum ⟨*lat.*⟩: zur Wiedererstattung, -vergütung

adrett ⟨aus *fr.* adroit „geschickt, gewandt", dies aus *vulgärlat.* *addirectus „ausgerichtet, wohlgeleitet" zu ¹ad... u. *lat.* dirigere „gerade richten"⟩: 1. a) durch ordentliche, sorgfältige, gepflegte Kleidung u. entsprechende Haltung sowie Bewegung äußerlich ansprechend; b) sauber, ordentlich, proper (in bezug auf Kleidung o. ä.). 2. (veraltet) gewandt, flink

ad rhom|bum ⟨*lat.;* eigtl. „nach der Raute"⟩: tauglich, geeignet

Adria *das;* -[s] ⟨Phantasiebezeichnung⟩: a) ripsartiges Gewebe aus Seide od. Chemiefasern; b) Kammgarn in Schrägbindung (einer bestimmten Webart)

Adri|enne [...'ɛn], Andrienne [ãdri'ɛn] *die;* -, -s ⟨*fr.;* nach der Titelfigur Andria in einer Komödie von Terenz, die 1703 bei einer Aufführung in Paris ein solches Kleid trug⟩: loses Frauenüberkleid des Rokokos

Adrio *das;* -s, -s ⟨aus *fr.* hâtereau „Stück geröstete Schweineleber", dies zu *lat.* hasta „Spieß, Stab"⟩: (schweiz.) im ↑Omentum eines Schweinebauchfells eingenähte faustgroße Bratwurstmasse aus Kalb- od. Schweinefleisch

a drit|tu|ra ⟨*it.*⟩: svw. a dirittura. **Adrit|tu|ra** *das;* - ⟨zu *it.* a dirittura „geradezu, geradeaus"⟩: Einziehung der Regreßforderung durch einen Rückwechsel od. ohne Vermittlung eines Maklers

Ad|ro|ga|ti|on *die;* -, -en ⟨aus gleichbed. *lat.* arrogatio zu ↑ad... u. rogare „bitten, (nach)fragen"⟩: svw. Adoption. **ad|ro|gie|ren** ⟨aus gleichbed. *lat.* arrogare⟩: svw. adoptieren

adroit [a'droa] ⟨aus *fr.* adroit „geschickt, gewandt"; vgl. adrett⟩: (veraltet) svw. adrett (2). **à droite** [a 'droat] ⟨*fr.;* eigtl. „zur Rechten"⟩: rechts, nach rechts

ad sa|tu|ra|tio|nem ⟨*lat.*⟩: bis zur Sättigung (Angabe auf ärztlichen Rezepten); Abk.: ad sat.

ad se|pa|ra|tum ⟨*lat.*⟩: besonders, allein

ad|skri|bie|ren ⟨aus gleichbed. *lat.* ascribere zu ↑ad... u. scribere „schreiben"⟩: (veraltet) zuschreiben, zueignen. **Ad|skrip|ti|on** *die;* -, -en ⟨aus gleichbed. *lat.* ascriptio „Beischreiben, Beischrift"⟩: Zuschreibung. **ad|skrip|tiv** ⟨aus gleichbed. *lat.* ascriptivus⟩: zugeschrieben, überzählig. **Ad|skrip|tor** *der;* -s, ...oren ⟨aus gleichbed. *lat.* ascriptor⟩: Mitunterzeichnender

Ad|sor|bat *das;* -s, -e ⟨zu ↑adsorbieren u. ↑...at (2)⟩: svw. Adsorptiv. **Ad|sor|bens** *das;* - Plur. ...benzien [...ʝən] od. ...bentia ⟨aus gleichbed. *nlat.* adsorbens, vgl. adsorbieren⟩: svw. Adsorber. **Ad|sor|ber** *der;* -s, - ⟨anglisierende Neubildung zu ↑adsorbieren⟩: 1. der bei der Adsorption adsorbierende Stoff. 2. Stoff, der infolge seiner Oberflächenaktivität gelöste Substanzen u. Gase (physikalisch) an sich bindet. **ad|sor|bie|ren** ⟨aus *lat.* ad „hinzu" und sorbere „schlucken, schlürfen" (Analogiebildung zu ↑absorbieren)⟩: Gase od. gelöste Stoffe an der Oberfläche eines festen Stoffes anlagern. **Ad|sorpt** *das;* -s, -e ⟨verkürzt aus *nlat.* adsorptum „das Angelagerte"⟩: svw. Adsorptiv. **Ad|sorp|ti|on** *die;* -, -en ⟨aus gleichbed. *nlat.* adsorptio⟩: Anlagerung von Gasen od. gelösten Stoffen an der Oberfläche eines festen Stoffes. **Ad|sorp|ti|ons|ana|ly|se** *die;* -, -n: auf der unterschiedlichen Adsorbierbarkeit chem. Verbindungen beruhende ↑Analyse. **Ad|sorp|ti|ons|chro|ma|to|gra|phie** *die;* -, ...ien [...i:ən]: Verfahren zur Trennung chem. Verbindungen, die unterschiedliche Adsorbierbarkeit aufweisen. **ad|sorp|tiv** ⟨zu ↑...iv⟩: a) zur Adsorption fähig; b) nach Art einer Adsorption. **Ad|sorp|tiv** *das;* -s, -e [...və]: der bei der Adsorption adsorbierte Stoff

ad spe|cia|lia [– spe'tsi̯a:...] ⟨*lat.*⟩: (lat. Rechtsspr.) zu den besonderen Umständen. **ad spe|ci|em** ⟨*lat.*⟩: [nur] zum Schein

ad spec|ta|to|res [– sp...] ⟨*lat.;* „an die Zuschauer"⟩: an das Publikum [gerichtet] (von Äußerungen eines Schauspielers auf der Bühne)

Ad|stant *der;* -en, -en ⟨aus *lat.* adstans, Gen. adstantis, Part. Präs. von adstare „dabeistehen, helfen"⟩: (veraltet) Beistand, Gehilfe, bes. Hilfslehrer

Ad|sti|pu|la|ti|on *die;* -, -en ⟨aus gleichbed. *lat.* astipulatio zu ↑ad... u. stipulatio „mündlicher Vertrag"⟩: (veraltet) Zustimmung. **Ad|sti|pu|la|tor** *der;* -s, ...oren ⟨aus gleichbed.

lat. astipulator⟩: (veraltet) Zeuge (beim Abschluß eines Vertrages). **ad|sti|pu|lie|ren** ⟨aus gleichbed. *lat.* astipulari⟩: (veraltet) beistimmen, beitreten

Ad|strat *das;* -s, -e ⟨Analogiebildung zu ↑Substrat mit dem *lat.* Präfix ad- „zu, hinzu"⟩: fremdsprachlicher Bestandteil in einer Sprache, der auf den Einfluß der Sprache eines Nachbarlandes zurückzuführen ist (Sprachw.)

Ad|strik|ti|on *die;* -, -en ⟨aus gleichbed. *nlat.* adstrictio zu *lat.* adstringere, vgl. adstringieren⟩: Zusammenziehung, Verstopfung. **Ad|strin|gens** *das;* -, Plur. ...genzien [...i̯ən] od. ...gentia ⟨aus *lat.* adstringens, Part. Präs. von adstringere, vgl. adstringieren⟩: auf Schleimhäute od. Wunden zusammenziehend wirkendes blutstillendes Mittel (Med.). **Ad|strin|gent** *das;* -s, -s ⟨zu ↑...ent⟩: Gesichtswasser, das ein Zusammenziehen der Poren bewirkt. **Ad|strin|genz** *die;* - ⟨aus gleichbed. *nlat.* adstringentia; vgl. ...enz⟩: zusammenziehende, verstopfende Wirkung. **ad|strin|gie|ren** ⟨aus *lat.* adstringere „straff anziehen"⟩: zusammenziehend wirken (von Arzneimitteln)

ad sum|mam ⟨*lat.*⟩: im ganzen, in der Summe. **ad sum|mum** ⟨*lat.*⟩: aufs höchste, höchstens

ad su|pe|rio|rem ju|di|cem [– – ...ts...] ⟨*lat.*⟩: (lat. Rechtsspr.) [sich] auf den höheren Richter [berufen]

ad|szis|zie|ren ⟨aus gleichbed. *lat.* asciscere zu ↑ad... u. sciscere „wissen wollen"⟩: (veraltet) annehmen, sich zueignen

ad tem|pus ⟨*lat.*⟩: auf einige Zeit, zeitweilig. **ad tem|pus vitae** [– – 'vi:tɛ] ⟨*lat.*⟩: auf Lebenszeit

Adu|car [...k...] *die;* - ⟨aus gleichbed. *span.* adúcar⟩: span. Flockseide

a due [a 'du:e] ⟨*it.;* „zu zweit"⟩: Anweisung in Partituren, eine Instrumentalstimme doppelt zu besetzen (Mus.). **a due cor|de** [– – k...] ⟨*it.*⟩: auf zwei Saiten (zu spielen; Vortragsanweisung; Mus.). **a due vo|ci** [– – 'vo:tʃi] ⟨*it.*⟩: für zwei Stimmen, zweistimmig (Mus.)

Adu|fe *die;* -, -n ⟨aus gleichbed. *span.* adufe, dies aus dem Arab.⟩: [maurische] Schellentrommel, Handpauke

Adu|lant *der;* -en, -en ⟨aus *lat.* adulans, Gen. adulantis, Part. Präs. von adulare, vgl. adulieren⟩: svw. Adulateur

Adu|lar *der;* -s, -e ⟨nach den Adualalpen in Graubünden⟩: Feldspat (ein Mineral)

Adu|la|teur [...'tøːɐ̯] *der;* -s, -e ⟨aus gleichbed. *fr.* adulateur zu *lat.* aduler „schmeicheln", dies aus *lat.* adulare⟩: (veraltet) [kriecherischer] Schmeichler. **Adu|la|ti|on** *die;* -, -en ⟨aus gleichbed. *lat.* adulatio⟩: [kriecherische] Schmeichelei. **Adu|la|tor** *der;* -s, ...oren ⟨aus gleichbed. *lat.* adulator⟩: svw. Adulateur. **adu|la|to|risch** ⟨aus gleichbed. *lat.* adulatorius⟩: schmeichlerisch, kriecherisch. **Adu|la|tri|ce** [...sə] *die;* -, -en ⟨aus gleichbed. *fr.* adulatrice, dies aus *lat.* adulatrix, fem. Bildung zu *lat.* adulator, vgl. Adulateur⟩: (veraltet) [kriecherische] Schmeichlerin. **adu|lie|ren** ⟨aus gleichbed. *lat.* adulare⟩: (veraltet) [kriecherisch] schmeicheln

adult ⟨aus gleichbed. *lat.* adultus, eigtl. Part. Perf. von adolescere „heranwachsen"⟩: erwachsen; geschlechtsreif (Med.). **Adult edu|ca|tion** ['ɛdʌlt ɛdjuˈkeɪʃən] *die;* - - ⟨aus *engl.* adult education „Erwachsenenbildung"⟩: Sammelbez. für alle Formen der Aus- u. Weiterbildung von Erwachsenen

Adul|ter *der;* -s - ⟨aus gleichbed. *lat.* adulter⟩: Ehebrecher. **Adul|te|ra** *die;* -, -s ⟨aus gleichbed. *lat.* adultera⟩: Ehebrecherin. **Adul|te|ra|ti|on** *die;* - ⟨aus gleichbed. *lat.* adulteratio⟩: 1. Ehebruch. 2. Fälschung, Verfälschung von Münzen. **Adul|te|ra|tor** *der;* -s, ...oren ⟨aus gleichbed. *lat.* adulterator⟩: (veraltet) 1. svw. Adulter. 2. Fälscher, Münzfälscher. **adul|te|rie|ren** ⟨aus gleichbed. *lat.* adulterare⟩: 1. ehebrechen; zum Ehebruch verführen. 2. (veraltet) fälschen, verfälschen, bes. Münzen. **adul|te|rin** ⟨aus gleichbed. *lat.* adulterinus⟩: 1. im Ehebruch erzeugt (Rechtsw.). 2. (veraltet) verfälscht; unecht. **Adul|te|ri|um** *das;* -s, ...ien [...i̯ən] ⟨aus gleichbed. *lat.* adulterium⟩: Ehebruch, außereheliches Verhältnis

ad ul|ti|mum ⟨*lat.*⟩: zuletzt, schließlich

Adult school ['ɛdʌlt 'skuːl] *die;* - - ⟨aus *engl.* adult school „Erwachsenenschule"⟩: Einrichtung zur Fortbildung, Umschulung u. Weiterbildung von Erwachsenen

Ad|um|bra|ti|on *die;* -, -en ⟨aus gleichbed. *lat.* adumbratio zu adumbrare, vgl. adumbrieren⟩: (veraltet) kurzer Abriß, Entwurf. **ad|um|brie|ren** ⟨aus gleichbed. *lat.* adumbrare zu ↑ad... u. umbra „Schatten"⟩: 1. beschatten. 2. entwerfen, skizzieren. 3. beschönigen

ad una cor|da [– – k...] ⟨*it.*⟩: svw. a una corda

Ad|una|ti|on *die;* -, -en ⟨aus gleichbed. *nlat.* adunatio zu ↑ad... u. ↑unieren⟩: (veraltet) Vereinigung, Versammlung

ad un|gu|em [– ...gu̯ɛm] ⟨*lat.*;* eigtl. „auf den Nagel"⟩: sehr genau

ad unum [om|nes] [– – (...neːs)] ⟨*lat.*⟩: [alle] ohne Ausnahme

ad|un|zie|ren ⟨zu ↑ad..., *lat.* uncus „Haken" u. ↑...ieren⟩: (veraltet) hakenförmig krümmen

Ad|urens *das;* -, Plur. ...enzien [...i̯ən] od. ...entia ⟨aus *lat.* adurens, Part. Präs. von adurere, vgl. adurieren⟩: (veraltet) ätzendes [Heil]mittel

ad|ur|gie|ren ⟨aus gleichbed. *lat.* adurgere⟩: (veraltet) hart bedrängen, [eifrig] verfolgen

ad|urie|ren ⟨aus gleichbed. *lat.* adurere⟩: (veraltet) an-, verbrennen, entzünden

Adu|rol *das;* -s ⟨Kunstw.⟩: früher verwendete fotografische Entwicklersubstanz

ad us. med.: Abk. für ad usum medici. **ad us. prop.:** Abk. für ad usum proprium

ad|ust ⟨aus gleichbed. *lat.* adustus, eigtl. Part. Perf. von adurere, vgl. adurieren⟩: (veraltet) [sonnen]verbrannt, entzündet. **ad|usti|bel** ⟨zu ↑...ibel⟩: (veraltet) entzündlich. **Ad|usti|on** *die;* -, -en ⟨zu ↑'...ion⟩: 1. Entzündung. 2. (veraltet) das Anbrennen. **ad|ustiv** ⟨zu ↑...iv⟩: (veraltet) entzündend, verbrennend

ad usum ⟨*lat.*⟩: zum Gebrauch (Angabe auf ärztlichen Rezepten); Abk.: ad us. **ad usum Del|phi|ni** ⟨*lat.;* „zum Gebrauch des Dauphins" (weil auf Veranlassung Ludwigs XIV. für dessen Thronfolger Ausgaben antiker Schriftsteller bearbeitet wurden)⟩: für Schüler bearbeitet (von Klassikerausgaben, aus denen moralisch u. politisch anstößige Stellen entfernt sind). **ad usum me|di|ci** [– – ...tsi], pro usu medici ⟨*lat.*⟩: für den persönlichen Gebrauch des Arztes bestimmt (Aufdrucke auf unverkäuflichen Arzneimustern); Abk.: ad us. med. bzw. pro us. med. **ad usum pro|pri|um** ⟨*lat.*⟩: für den eigenen Gebrauch (Hinweis auf ärztlichen Rezepten, die dem ausstellenden Arzt selbst bestimmt sind); Abk.: ad us. prop. **ad usum ve|te|ri|na|rii** [– – v...] ⟨*lat.*⟩: für den Gebrauch des Tierarztes (Hinweis auf Rezepten); Abk.: ad us. vet. **ad us. vet.:** Abk. für ad usum veterinarii

Advai|ta [...v...] *das;* - ⟨aus *sanskr.* a-dvaita „Einzigkeit", eigtl. „das ohne ein Zweites ist"⟩: ↑monistische Lehre des ↑Wedanta von der alleinigen Wirklichkeit ↑Brahmans, während die Welt als Illusion gilt

ad va|lo|rem [– v...] ⟨*lat.;* „dem Werte nach"⟩: vom Warenwert (Berechnungsgrundlage bei der Zollbemessung)

ad val|vas [– v...] ⟨*lat.*⟩: an die Türen [anschlagen, -heften]

Ad|van|tage [ɛt'va:ntɪtʃ] *der;* -s, -s ⟨aus *engl.* advantage

advektieren

"Vorteil", dies aus gleichbed. *fr.* avantage zu avant „vor", dies aus *spätlat.* abante⟩: der erste gewonnene Punkt nach dem Einstand (40:40) beim Tennis

ad|vek|tie|ren [...v...] ⟨aus gleichbed. *lat.* advectare⟩: (veraltet) zu-, heranführen. **Ad|vek|ti|on** *die;* -, -en ⟨aus *lat.* advectio „Heranführung, Transport"⟩: 1. in waagerechter Richtung erfolgende Zufuhr von Luftmassen (Meteor.); Ggs. ↑ Konvektion (2). 2. in waagerechter Richtung erfolgende Verfrachtung (Bewegung) von Wassermassen in den Weltmeeren (Ozeanographie); Ggs. ↑ Konvektion (3). **ad|vek|tiv** ⟨zu ↑...iv⟩: durch ↑ Advektion (1 u. 2) herbeigeführt

Ad|ve|ni|at [...v...] *das;* -s, -s ⟨aus *lat.* adveniat „es komme (dein Reich)", vgl. Advent⟩: Bez. der seit 1961 in der Bundesrepublik Deutschland eingeführten Weihnachtsspende der Katholiken zur Unterstützung der Kirche in Lateinamerika. **ad|ve|nie|ren** ⟨aus gleichbed. *lat.* advenire⟩: (veraltet) hinzu-, ankommen. **Ad|vent** *der;* -s, -e ⟨aus *lat.* adventus „Ankunft" (Christi) zu advenire, vgl. advenieren⟩: a) der die letzten vier Sonntage vor Weihnachten umfassende Zeitraum, der das christliche Kirchenjahr einleitet; b) einer der vier Sonntage der Adventszeit. **Ad|ven|tis|mus** *der;* - ⟨aus gleichbed. *engl.-amerik.* Adventism, dies zu *lat.* adventus „Ankunft (des Herrn)"; vgl. ...ismus (1)⟩: Glaubenslehre der Adventisten. **Ad|ven|tist** *der;* -en, -en ⟨aus gleichbed. *engl.-amerik.* Adventist; vgl. ...ist⟩: Angehöriger einer Gruppe von Sekten, die an die baldige Wiederkehr Christi glauben. **ad|ven|ti|stisch** ⟨zu ↑...istisch⟩: die Lehre des Adventismus betreffend. **Ad|ven|ti|tia** *die;* - ⟨aus gleichbed. *nlat.* (tunica) adventitia zu *lat.* adventicius „(von außen) hinzukommend; äußerer"⟩: die aus Bindegewebe u. elastischen Fasern bestehende äußere Wand der Blutgefäße (Med., Biol.). **Ad|ven|ti|ti|um** *das;* -s, ...tia ⟨aus *nlat.* (bonum) adventitium „hinzugekommenes Gut"⟩: (Rechtsspr.) hinzugekommenes, nicht von den Eltern ererbtes Vermögen. **ad|ven|tiv** ⟨zu *lat.* adventus, Part. Perf. von advenire ⟨vgl. advenieren⟩, u. ↑...iv⟩: 1. hinzukommend. 2. wildwachsend, nachtreibend (Biol.); vgl. ...iv/...orisch. **Ad|ven|tiv|bil|dung** *die;* -, -en: Bildung von Organen an ungewöhnlichen Stellen bei einer Pflanze (z. B. Wurzeln am Sproß). **Ad|ven|tiv|em|bryo|nen** *die* (Plur.): pflanzliche ↑ Embryonen, die sich ungeschlechtlich aus den sie umgebenden Zellen entwickeln. **Ad|ven|tiv|flo|ra** *die;* -: Gesamtheit der ↑ Adventivpflanzen. **Ad|ven|tiv|kra|ter** *der;* -s, -: Nebenkrater auf dem Hang eines Vulkankegels. **Ad|ven|tiv|pflan|ze** *die;* -, -n: Pflanze eines Gebiets, die dort nicht schon immer vorkam, sondern absichtlich als Zier- od. Nutzpflanze eingeführt od. unabsichtlich eingeschleppt wurde. **Ad|ven|tiz|gut** *das;* -[e]s, ...güter: svw. Adventitium. **ad|ven|to|risch**: (veraltet) die Ankunft betreffend; vgl. ...iv/...orisch. **ad|ven|tu|al** ⟨zu *lat.* adventus u. ↑¹...al (1)⟩: zur Adventszeit gehörend (vgl. Advent) u.

Ad|ven|tu|rers [ɛt'vɛntʃərəs] *die* (Plur.) ⟨zu *engl.* adventurer „Abenteurer, Unternehmer, Spekulant", vgl. Aventiure⟩: Name alter engl. Handelsgesellschaften. **Ad|ven|tu|rin** [atvɛntu...] *der;* -s, -e ⟨zu ↑...in (1)⟩: svw. Aventurin

Ad|verb [...v...] *das;* -s, -ien [...jən] ⟨aus gleichbed. *lat.* adverbium, eigtl. „das zum Verb gehörende Wort"⟩: Umstandswort; Abk.: Adv. **ad|ver|bal** ⟨aus ↑ ad- u. ↑ verbal⟩: zum ↑ Verb hinzutretend, von ihm syntaktisch abhängend. **Ad|ver|ba|le** *das;* -, Plur. -n, auch ...lia u. ...lien [...jən]: eng zum Verb gehörende sprachl. Einheit, z. B. Adverbialbestimmung. **ad|ver|bi|al** ⟨aus gleichbed. *lat.* adverbialis⟩: als Umstandswort [gebraucht]; -e Bestimmung: svw. Adverbialbestimmung; -er Akkusativ od. Genitiv: Umstandsangabe in Form eines Substantivs im Akkusativ od. Genitiv. **Ad|ver|bi|al** *das;* -s, -e: svw. Adverbiale. **Ad|ver|bi|al...:** Wortbildungselement mit der Bedeutung „einen Umstand betreffend od. angebend", z. B. Adverbialsatz. **Ad|ver|bi|al|ad|jek|tiv** *das;* -s, -e [...və]: Adjektiv, das das Substantiv, bei dem es steht, nach seiner räumlichen od. zeitlichen Lage charakterisiert (z. B. der *heutige* Tag). **Ad|ver|bi|al|be|stim|mung** *die;* -, -en: Umstandsbestimmung, -angabe. **Ad|ver|bia|le** *das;* -s, Plur. -n, auch ...lia u. ...lien [...jən] ⟨substantiviertes Neutrum von *lat.* adverbialis⟩: Adverbialbestimmung. **Ad|ver|bia|li|tät** *die;* - ⟨zu ↑...ität⟩: Eigenschaft eines Adverbs, Wortgebrauch als Adverb. **Ad|ver|bi|al|par|ti|zip** *das;* -s, -ien [...jən]: vom ↑ Verb abgeleitete Form im Russischen zum Ausdruck einer Nebenhandlung, die die Haupthandlung näher bestimmt. **Ad|ver|bi|al|satz** *der,* -es, ...sätze: Gliedsatz (Nebensatz), der einen Umstand angibt (z. B. Zeit, Ursache). **Ad|ver|bi|al|suf|fix** *das;* -es, -e: Suffix zur Bildung eines Adverbs. **ad|ver|bi|ell** ⟨zu ↑...ell⟩: svw. adverbial; vgl. ...al/...ell. **Ad|ver|bi|um** *das;* -s, Plur. ...ien [...jən], auch ...bia ⟨aus gleichbed. *lat.* adverbium⟩: svw. Adverb

¹ad|vers [...v...] ⟨aus gleichbed. *lat.* adversus, Part. Perf. von advertere, vgl. advertieren⟩: zugewandt

²ad|vers [...v...] ⟨aus gleichbed. *lat.* adversus zu adversari, vgl. adversieren⟩: entgegengesetzt. **Ad|ver|saire** [...'zɛːɐ̯] *der;* -s, -s ⟨aus gleichbed. *fr.* adversaire⟩: svw. Adversarius. **Ad|ver|sa|ria, Ad|ver|sa|ri|en** [...jən] *die* (Plur.) ⟨aus gleichbed. *lat.* adversaria⟩: a) unverarbeitete Aufzeichnungen, Kladde; b) Sammlungen von Notizen. **Ad|ver|sa|ri|us** *der;* -, ...rii ⟨aus gleichbed. *lat.* adversarius⟩: (veraltet) Gegner, Widersacher. **ad|ver|sa|tiv** ⟨aus gleichbed. *lat.* adversativus⟩: einen Gegensatz bildend, gegensätzlich, entgegensetzend; -e [...və] Konjunktion: entgegensetzendes Bindewort (z. B. aber); -es Asyndeton: bindewortlose Wort- od. Satzreihe, deren Glieder gegensätzliche Bedeutung haben, z. B. heute rot, morgen tot. **Ad|ver|sa|ti|ve** [...və] *die;* -, -n: (veraltet) Entgegensetzung. **Ad|ver|sa|tor** *der;* -s, ...oren ⟨zu ↑...or⟩: svw. Adversarius. **ad|ver|sie|ren** ⟨aus gleichbed. *lat.* adversari⟩: (veraltet) widerstreben, sich widersetzen. **Ad|ver|si|tät** *die;* - ⟨aus gleichbed. *spätlat.* adversitas⟩: (veraltet) 1. Widerwärtigkeit. 2. Mißgeschick

Ad|ver|siv|an|fall [...vɛɐ...] *der;* -s, ...anfälle ⟨zu ¹advers u. ↑...iv⟩: zur ↑ Epilepsie zu rechnende anfallsweise Blickwendungen nach einer Seite bei gleichzeitiger Kopfwendung zur gleichen Seite (Med.). **ad|ver|tie|ren** ⟨aus gleichbed. *lat.* advertere⟩: (veraltet) zuwenden. **Ad|ver|ti|sing** ['ɛdvətaɪzɪŋ] *das;* -s, -s ⟨aus gleichbed. *engl.* Advertising zu to advertise „ankündigen, werben", dies über *fr.* advertir „benachrichtigen" aus *lat.* advertere, vgl. advertieren⟩: 1. Ankündigung, Anzeige. 2. Reklame; Werbung. **Ad|ver|ti|sing Agen|cy** [– 'eːdʒənsi] *die;* - -, - ...cies [...sɪz] ⟨aus gleichbed. *engl.* advertising agency⟩: Werbeagentur. **Ad|ver|tis|ment** [ɛtˈvøːɐ̯tɪs...] *das;* -s, -s ⟨aus gleichbed. *engl.* advertisment⟩; vgl. Advertising: Inserat, Anzeige

ad|vi|gi|lie|ren [...v...] ⟨aus gleichbed. *lat.* advigilare⟩: [über]wachen

Ad|vis [at'viː, auch at'viːs] *der;* -, -e [at'viːzə] ⟨zu ↑ ad... u. *lat.* visum „gesehen"⟩: (veraltet) svw. Avis

Ad|vi|ta|li|tät [...v...] *die;* - ⟨zu ↑ ad u. *fr.* vitalité, dies zu *lat.* vita „Leben" u. ↑...ität⟩: (veraltet) lebenslängliche Nutznießung. **Ad|vi|ta|li|täts|recht** *das;* -[e]s: im österr. Erbrecht dem überlebenden Ehegatten eingeräumte Befugnis zur Nutznießung des anfallenden Vermögens. **Ad|vi|ta|li|ti|um** *das;* -s ⟨aus gleichbed. *nlat.* advitalitium⟩: svw. Advitalität

ad vitr.: Abk. für ad vitrum. **ad vi|trum** [– v...] ⟨*lat.;* „in ein Glas"⟩: in einer Flasche [abzugeben]; (Angabe auf ärztlichen Rezepten); Abk.: ad vitr.

ad vi|vum re|se|ca|re [– 'vi:vʊm ...k...] ⟨*lat.;* „bis zum Lebenden (Fleisch) zurückschneiden"⟩: es gar zu genau nehmen

Ad|vo|ca|tio [...vo'ka:...] *die;* -, ...onen ⟨aus *lat.* advocatio „Anrufung" zu ↑ ad... u. vocatio „Einladung"⟩: Teil ritueller Gebete, der die Anwesenheit Gottes herbeiführen soll; vgl. Epiklese. **Ad|vo|ca|tus Dei** *der;* - -, ...ti - ⟨aus *lat.* advocatus Dei, eigtl. „Anwalt Gottes"⟩: Geistlicher, der in einem Heilig- od. Seligsprechungsprozeß der katholischen Kirche die Gründe für die Heilig- od. Seligsprechung darlegt. **Ad|vo|ca|tus Dia|bo|li** *der;* - -, ...ti - ⟨aus *lat.* advocatus diaboli, eigtl. „Anwalt des Teufels"⟩: 1. Geistlicher, der in einem Heilig- od. Seligsprechungsprozeß der katholischen Kirche die Gründe gegen die Heilig- od. Seligsprechung darlegt. 2. jmd., der um der Sache willen mit seinen Argumenten die Gegenseite vertritt, ohne selbst zur Gegenseite zu gehören. **ad vo|cem** [– 'vo:tsɛm] ⟨*lat.;* zu vox „Stimme; (gesprochenes) Wort"⟩: zu dem Wort [ist zu bemerken], dazu wäre zu sagen. **Ad|vo|kat** *der;* -en, -en ⟨aus gleichbed. *lat.* advocatus, eigtl. „der Herbeigerufene", zu advocare „herbeirufen"⟩: [Rechts]anwalt, Rechtsbeistand. **Ad|vo|ka|ten|bir|ne** *die;* -, -n: svw. Avocado. **ad|vo|ka|torisch** ⟨aus gleichbed. *nlat.* advocatorius⟩: verteidigend, zur Anwaltschaft gehörig. **Ad|vo|ka|tur** *die;* -, -en ⟨aus gleichbed. *mlat.* advocatura⟩: Rechtsanwaltschaft

Ad|vo|la|ti|on [...v...] *die;* - ⟨aus gleichbed. *lat.* advolatio zu advolare, vgl. advolieren⟩: das Herbeifliegen. **ad|vo|lie|ren** ⟨aus gleichbed. *lat.* advolare zu *lat.* u. volare „fliegen"⟩: herzufliegen, herbeieilen. **ad|vo|li|tie|ren** ⟨zu ↑ ad... u. *lat.* volitare „hin- und herfliegen"⟩: herbeiflattern

ad|vol|vie|ren [...vɔl'vi:...] ⟨zu ↑ ad... u. *lat.* volvere „wälzen, drehen"⟩: (veraltet) herbeiwälzen

ad vo|tan|dum [– v...] ⟨*nlat.;* zu ↑ ad u. ↑ Votum⟩: zur Stimmabgabe, zur Abstimmung. **ad|vo|tie|ren** ⟨zu ↑ ...ieren⟩: beistimmen

ad|vo|zie|ren [...v...] ⟨zu ↑ Advokat u. ↑ ...ieren⟩: (veraltet) als Advokat arbeiten

Ady|nam|an|drie *die;* - ⟨zu ↑ Adynamie u. *gr.* anḗr, Gen. andrós „Mann"⟩: Funktionsunfähigkeit der männlichen Teile od. Pollen einer Blüte (Bot.); vgl. Adynamogynie. **Ady|na|mie** *die;* -, ...ien ⟨zu *gr.* a- „un-, nicht-", dýnamis „Kraft" u. ↑² ...ie⟩: Kraftlosigkeit, Muskelschwäche. **ady|na|misch:** kraftlos, schwach, ohne ↑ Dynamik (2). **Ady|na|mo|gy|nie** *die;* - ⟨zu *gr.* gynḗ „Frau" u. ↑² ...ie⟩: Funktionsunfähigkeit der weiblichen Teile einer Blüte (Bot.). **Ady|na|to|kra|sie** *die;* -, ...ien ⟨zu ↑ Adynaton, *gr.* krãsis „Mischung, Verbindung" u. ↑² ...ie⟩: schwache, lockere Mischung (Pharm.). **Ady|na|ton** *das;* -s, ...ta ⟨aus *gr.* adýnaton „das Schwache, das Unmögliche"⟩: Form der ↑ Periphrase, bei der vergebliche Mühe durch Vergleich mit offenkundig Unmöglichem umschrieben wird, z. B. „Eher geht ein Kamel durch ein Nadelöhr..." (Sprachw.)

Ady|ton *das;* -s, ...ta ⟨aus *gr.* ádyton „das Unbetretbare"⟩: das Allerheiligste (von griech. u. röm. Tempeln)

Ad|zi|tat *der;* -en, -en ⟨aus gleichbed. *nlat.* adcitatus, Part. Perf. von adcitare, vgl. adzitieren⟩: der Hinzugeladene (Rechtsw.). **Ad|zi|ta|ti|on** *die;* -, -en ⟨aus gleichbed. *nlat.* adcitatio⟩: Hinzuladung, Hinzuziehung. **ad|zi|tie|ren** ⟨aus gleichbed. *nlat.* adcitare zu ↑ ad... u. *lat.* citare „herbeirufen"⟩: (zu einem Rechtsstreit) hinzuziehen

Aech|mea [ɛç...] *die;* -, ...meen ⟨aus *nlat.* aichmḗ „Spitze, Lanze"⟩: zu den Ananasgewächsen gehörende Zimmerpflanze mit in Rosetten angeordneten Blättern; Lanzenrosette (Bot.)

aed ⟨aus *gr.* a- „un-, nicht-" u. ḗdos „Lust, Freude, Behagen"⟩: (veraltet) ekelhaft, widrig, mißfallend

Aeg|agro|pi|li [ɛ...] *die* (Plur.) ⟨aus gleichbed. *nlat.* aegagropili (Plur.) zu *gr.* aigagrós „Gemse" u. *lat.* pila „Ball"⟩: Haarsteine im Gemsenmagen; vgl. Bezoarstein

Aei|pa|thie [aai...] *die;* - ⟨zu *gr.* aeí „immer" u. ↑ ...pathie⟩: (veraltet) fortwährendes Kränkeln

ae|quis par|ti|bus ['ɛ:... –] ⟨*lat.*⟩: zu gleichen Teilen

aer..., **Aer...** vgl. aero..., Aero... **Aer|ämie** [ae...] *die;* -, ...ien ⟨zu ↑ aero... u. ↑ ...ämie⟩: Bildung von Stickstoffbläschen im Blut bei plötzlichem Abnehmen des äußeren Luftdrucks (z. B. bei Tauchern; Med.). **Ae|rat** *das;* -s ⟨aus gleichbed. *nlat.* aeratum; vgl. ...at (1)⟩: kohlengesäuertes Wasser. **Ae|ra|ti|on** *die;* -, -en ⟨zu ↑¹ ...ion⟩: Auftriebsverlust durch Lufteinbruch in das Unterdruckgebiet an der Profiloberseite des Auftrieb liefernden Tragflügels bei Tragflügelbooten. **Aer|en|chym** *das;* -s, -e ⟨zu ↑ aero... u. ↑ Enchym⟩: luftführender Interzellularraum (vgl. interzellular) bei Wasser- u. Sumpfpflanzen. **Ae|ri|al** *das;* -s ⟨aus *nlat.* aeriale „Luftraum"⟩: der freie Luftraum als Lebensbezirk der Landtiere; vgl. Biotop. **ae|ri|fi|zie|ren** ⟨zu ↑ ...fizieren⟩: svw. vertikutieren. **ae|ril** ⟨zu ↑ ...il (1)⟩: svw. aerisch. **ae|risch:** durch Luft- od. Windeinwirkung entstanden (Geol.). **ae|ro...**, **Ae|ro...**, vor Vokalen meist **aer...**, **Aer...** ⟨zu *gr.* aḗr „Luft"⟩: Wortbildungselement mit der Bedeutung „Luft, Gas", z. B. aerodynamisch, Aerobiologie, Aerämie. **ae|rob** ⟨zu *gr.* bíos „Leben"⟩: Sauerstoff zum Leben brauchend (von Organismen; Biol.). **Ae|ro|bat** *der;* -en, -en ⟨zu *gr.* batós „gangbar, zugänglich", dies zu baínein „gehen"⟩: 1. Seiltänzer. 2. Grübler, Träumer. **Ae|ro|ba|tik** *die;* - ⟨aus gleichbed. *engl.* aerobatics, vgl. Aerobat⟩: Kunstflug[vorführung]. **Ae|ro|bic** [ɛ'ro:bɪk] *das;* -s, - ⟨aus gleichbed. *engl.-amerik.* aerobics (Plur.) zu aerobic „unter Einfluß von Sauerstoff stattfindend"⟩: tänzerische Gymnastik, bei der der Umsatz von Sauerstoff im Körper verstärkt wird. **Ae|ro|bi|er** [ae'ro:biɐ] *der;* -s, - ⟨Substantivierung zu aerob⟩: Organismus, der nur mit Sauerstoff leben kann; Ggs. ↑ Anaerobier. **Ae|ro|bio|lo|gie** *die;* -: Teilgebiet der Biologie, auf dem man sich mit der Erforschung der lebenden Mikroorganismen in der Atmosphäre befaßt. **Ae|ro|bi|ont** *der;* -en, -en ⟨zu ↑ ...biont⟩: svw. Aerobier. **Ae|ro|bi|os** *der;* -: die Gesamtheit der Lebewesen des freien Luftraums, bes. die fliegenden Tiere, die ihre Nahrung im Flug aufnehmen; vgl. Benthos. **Ae|ro|bio|se** *die;* - ⟨zu *gr.* bíos „Leben"⟩: auf Luftsauerstoff angewiesene Lebensvorgänge; Ggs. ↑ Anaerobiose. **Ae|ro|bus** *der;* -ses, -se ⟨Kurzw. aus ↑ aero... u. Omni*bus*⟩: 1. Hubschrauber im Taxidienst. 2. Nahverkehrsmittel, das aus einer Kabine besteht, die an Kabeln zwischen Masten schwebt. **Ae|ro|cho|lie** *die;* -, ...ien ⟨zu *gr.* cholḗ „Galle" u. ↑² ...ie⟩: Füllung der Gallenwege mit Luft. **Ae|ro|club** vgl. Aeroklub. **Ae|ro|dia|pha|no|me|ter** *das;* -s ⟨zu *gr.* diaphaínein „durchscheinen" u. ↑¹ ...meter⟩: (veraltet) Luftdurchsichtigkeitsmesser. **Ae|ro|drom** *das;* -s, -e ⟨zu *gr.* drómos „Lauf"⟩: (veraltet) Flugplatz. **Ae|ro|dy|na|mik** *die;* -: Lehre von der Bewegung gasförmiger Stoffe, bes. der Luft. **Ae|ro|dy|na|mi|ker** *der;* -, -: Wissenschaftler auf dem Gebiet der Aerodynamik. **ae|ro|dy|na|misch:** a) zur Aerodynamik gehörend; b) den Gesetzen der Aerodynamik unterliegend. **Ae|ro|dy|ne** *das;* -s, -n ⟨zu *gr.* dýnamis „Stärke, Kraft"⟩: senkrecht startendes u. landendes Luftfahrzeug. **Ae|ro|ela|sti|zi|tät** *die;* -: das Verhalten der elastischen Bauteile gegenüber den aerodynamischen Kräften (Schwingen, Flattern)

Aeroelektrik

bei Flugzeugen. **Ae|ro|elek|trik** *die;* -: svw. Geoelektrik. **Ae|ro|epi|thel** *das;* -s, -ien [...jən]: Luft enthaltendes Epithel (z. B. die Zellen des ergrauenden Haares). **Ae|ro|fo|to|gra|fie** *die;* -, -n: das Fotografieren aus Luftfahrzeugen (bes. für kartographische Zwecke). **ae|ro|gen** ⟨zu ↑...gen⟩: 1. gasbildend (z. B. von Bakterien). 2. durch die Luft übertragen (z. B. von Infektionen). **Ae|ro|geo|lo|gie** *die;* -: geologische Erkundung vom Flugzeug od. anderen Flugkörpern aus. **Ae|ro|geo|phy|sik** *die;* -: Teilgebiet der ↑ Geophysik, in dem die Erforschung geophysikalischer Gegebenheiten vom Flugzeug od. anderen Flugkörpern aus erfolgt. **Ae|ro|gramm** *das;* -s, -e ⟨zu ↑...gramm⟩: 1. Luftpostleichtbrief. 2. graphische Darstellung von Wärme- u. Feuchtigkeitsverhältnissen in der Atmosphäre. **Ae|ro|graph** *der;* -en, -en ⟨zu ↑...graph⟩: Spritzgerät zum Zerstäuben von Farbe (mittels Druckluft). **Ae|ro|gra|vi|me|ter** [...v...] *das;* -s, -: vom Flugzeug aus einsetzbares ↑ Gravimeter. **Ae|ro|gra|vi|me|trie** *die;* -: Teilgebiet der ↑ Aerogeophysik, das sich mit Messungen der Schwerkraft u. der Schwereanomalien befaßt. **ae|ro|id** ⟨zu ↑...oid⟩: (veraltet) luftartig; neblig. **Ae|ro|kar|to|graph** *der;* -en, -en: 1. Gerät zum Ausmessen u. ↑ Kartieren von Luftbildaufnahmen. 2. jmd., der mit einem Aerokartographen arbeitet. **Ae|ro|kli|ma|to|lo|gie** *die;* -: ↑ Klimatologie der höheren Luftschichten, die sich mit der Erforschung der ↑ Atmosphäre befaßt. **Ae|ro|kli|no|skop** *das;* -s, -e ⟨zu *gr.* klínein „(sich) neigen, beugen" u. ↑...skop⟩: altes Sturmsignal in den Niederlanden (senkrecht stehender Pfahl mit beweglichem rot-weiß gestreiftem Arm). **Ae|ro|klub** *der;* -s, -s: Luftsportverein. **Ae|ro|lith** [auch ...'lɪt] *der;* Gen. -en u. -s, Plur. -e[n] ⟨zu ↑...lith⟩: (veraltet) svw. Meteorit. **Ae|ro|lo|gie** *die;* - ⟨zu ↑...logie⟩: Teilgebiet der Meteorologie, dessen Aufgabenstellung die Erforschung der höheren Luftschichten ist. **ae|ro|lo|gisch** ⟨zu ↑...logisch⟩: a) nach Methoden der Aerologie verfahrend; b) die Aerologie betreffend. **Ae|ro|ma|gne|tik** *die;* -: Teilgebiet der ↑ Aerogeophysik. **Ae|ro|mant** *der;* -en, -en ⟨zu *gr.* mántis „Seher, Wahrsager"⟩: jmd., der mit Hilfe von Lufterscheinungen wahrsagt. **Ae|ro|man|tie** *die;* - ⟨zu ↑²...ie⟩: das Wahrsagen mit Hilfe von Lufterscheinungen. **Ae|ro|me|cha|nik** *die;* -: Wissenschaftszweig, der sich mit dem Gleichgewicht u. der Bewegung der Gase, bes. der Luft, befaßt; vgl. Aerodynamik u. Aerostatik. **Ae|ro|me|di|zin** *die;* -: Luftfahrtmedizin, Teilgebiet der Medizin, dessen Aufgabenstellung die Erforschung der physischen Einwirkungen der Luftfahrt auf den Organismus der Flugreisenden ist. **Ae|ro|me|ter** *das;* -s, - ⟨zu ↑¹...meter⟩: Gerät zum Bestimmen des Luftgewichts od. der Luftdichte. **Ae|ro|naut** *der;* -en, -en ⟨zu ↑...naut⟩: (veraltet) Luftfahrer, Luftschiffer. **Ae|ro|nau|tik** *die;* - ⟨zu ↑²...ik (1)⟩: Luftfahrtkunde. **Ae|ro|nau|ti|ker** *der;* -s, -: Fachmann, der sich mit Aeronautik befaßt. **ae|ro|nau|tisch**: a) Methoden der Aeronautik anwendend; b) die Aeronautik betreffend. **Ae|ro|na|vi|ga|ti|on** [...v...] *die;* -: Steuerung von Luftfahrzeugen mit Hilfe von Ortsbestimmungen. **Ae|ro|no|mie** *die;* - ⟨zu ↑²...nomie⟩: Wissenschaft, die sich mit der Erforschung der obersten Atmosphäre (über 30 km Höhe) befaßt. **Ae|ro|pha|gie** *die;* -, ...ien ⟨zu ↑...phagie⟩: [krankhaftes] Luftschlucken (Med.). **Ae|ro|pho|bie** *die;* -, ...ien ⟨zu ↑...phobie⟩: [krankhafte] Angst vor frischer Luft (Med.). **ae|ro|pho|bisch**: die Aerophobie betreffend (Med.). **Ae|ro|phon** *das;* -s, -e ⟨zu ↑...phon⟩: durch Lufteinwirkung zum Tönen gebrachtes Musikinstrument (z. B. Blasinstrument). **ae|ro|pho|nisch**: die Luft durchtönend. **Ae|ro|phor** *der;* -s, -e ⟨zu ↑...phor⟩: ein dem Spielen von Blasinstrumenten dienendes Gerät, das durch einen mit dem Fuß zu bedienenden Blasebalg dem Instrument Luft zuführt, unabhängig vom Atem des Spielers (Mus.). **Ae|ro|pho|to|gramme|trie**[1] *die;* -, ...jen: Aufnahme von Meßbildern aus der Luft u. ihre Auswertung. **Ae|ro|pho|to|gra|phie** vgl. Aerofotografie. **Ae|ro|phyt** *der;* -en, -en (meist Plur.) ⟨zu ↑...phyt⟩: svw. Epiphyt. **Ae|ro|plan** *der;* -[e]s, -e ⟨zu *fr.* planer „schweben", dies zu *lat.* planus „eben, flach"⟩: (veraltet) Flugzeug. **Ae|ro|plank|ton** *das;* -s: Gesamtheit der im Luftraum schwebenden Kleinlebewesen (Bakterien, Sporen, Protozoen u. a.; Biol.). **Ae|ro|sa|lon** *der;* -s, -s: Ausstellung von Fahrzeugen u. Maschinen aus der Luft- u. Raumfahrttechnik. **Ae|ro|sko|pie** *die;* -, ...jen ⟨zu ↑...skopie⟩: Luftbeobachtung. **Ae|ro|sol** *das;* -s, -e ⟨zu *lat.* solutus „(auf)gelöst, frei"⟩: 1. ein Gas (bes. Luft), das feste od. flüssige Stoffe in feinstverteilter Form enthält. 2. zur Einatmung bestimmtes, flüssige Stoffe in feinstverteilter Form enthaltendes Arznei- od. Entkeimungsmittel (in Form von Sprühnebeln). **Ae|ro|sol|bom|be** *die;* -, -n: Behälter zum Zerstäuben eines Aerosols. **ae|ro|so|lie|ren** ⟨zu ↑...ieren⟩: in den Zustand eines Aerosols überführen, z. B. Pflanzenschutz- od. Arzneimittel. **Ae|ro|so|lo|gie** *die;* - ⟨zu ↑...logie⟩: Teilgebiet der Chemie, das sich mit der Herstellung u. Verwendung von Aerosolen befaßt. **Ae|ro|sol|the|ra|pie** *die;* -, ...jen: Behandlung (bes. von Erkrankungen der oberen Luftwege) durch ↑ Inhalation wirkstoffhaltiger Aerosole. **Ae|ro|son|de** *die;* -, -n: an einem Ballon hängendes Meßgerät, das während des Aufstiegs Meßwerte über Temperatur, Luftdruck u. Feuchtigkeit zur Erde sendet. **Ae|ro|sphä|re** *die;* -: svw. Atmosphäre (1, b). **Ae|ro|stat** *der;* Gen. -[e]s u. -en, Plur. -e[n] ⟨zu ↑...stat⟩: (veraltet) Luftballon. **Ae|ro|sta|tik** *die;* -: Wissenschaftsgebiet, auf dem man sich mit den Gleichgewichtszuständen bei Gasen befaßt. **ae|ro|sta|tisch**: a) nach Gesetzen der Aerostatik ablaufend; b) die Aerostatik betreffend. **Ae|ro|ta|xe** *die;* -, -n od. **Ae|ro|ta|xi** *das;* -s, -s: Mietflugzeug. **Ae|ro|ta|xis** *die;* - ⟨zu ↑²Taxis⟩: die durch Sauerstoff ausgelöste gerichtete Ortsveränderung frei beweglicher Organismen (Biol.). **Ae|ro|tel** *das;* -s, -s ⟨Kurzw. aus ↑ *aero*... u. Ho*tel*⟩: Flughafenhotel. **Ae|ro|the|ra|pie** *die;* -, ...jen: Sammelbez. für Heilverfahren, bei denen [künstlich verdichtete od. verdünnte] Luft eine Rolle spielt (z. B. Klimakammer, Inhalation, Höhenaufenthalt). **ae|ro|therm** ⟨zu ↑...therm⟩: a) mit heißer Luft [geröstet], z. B. im Heißluftstrom gerösteter Kaffee; b) aus heißer Luft. **Ae|ro|tho|rax** *der;* -[es], -e: (veraltet) svw. Pneumothorax. **Ae|ro|to|non** *das;* -s, ...na ⟨zu *gr.* tónos, dies zu teínein „spannen"⟩: antikes Geschoß, dessen Wirkung auf der Entspannung von Preßluft beruht. **Ae|ro|train** [...trɛ:] *der;* -s, -s ⟨aus gleichbed. *fr.* aérotrain, vgl. Train⟩: Luftkissenzug. **Ae|ro|tri|an|gu|la|ti|on** *die;* -, -en: Verfahren der Photogrammetrie (b) zur Bestimmung geodätischer Festpunkte aus Luftbildern. **Ae|ro|tro|nik** *die;* - ⟨Kurzw. aus ↑*aero*... u. Elek*tronik*⟩: das Luftfahrtmeldewesen. **Ae|ro|tro|pis|mus** *der;* -: durch Gase (z. B. Kohlendioxyd od. Sauerstoff) ausgelöste gerichtete Wachstumsbewegung von Pflanzen (Biol.). **Ae|ro|zin** *das;* -s ⟨Kurzw. aus ↑*aero*... u. Ben*zin*⟩: Raketentreibstoff. **Ae|ro|zy|ste** *die;* -, -en: die Schwimmblase bestimmter Meeresalgen
Aes [ɛ:s] *das;* - ⟨aus *lat.* aes „Kupfer, Erz"⟩: ältestes u. lange Zeit wichtigstes Münzmetall im antiken Rom u. Italien, daher oft mit Geld gleichgesetzt
Ae|tit [ae..., auch ...'tɪt] *der;* -s, -e ⟨zu *gr.* aetós „Adler" u. ↑²...it⟩: Adlerstein, Eisenmineral. **Ae|tom** *das;* -s, -e ⟨aus gleichbed. *gr.* aétōma⟩: Dachgiebel (an Tempeln; Archit.). **Ae|to|sau|ri|er** [ae...riɐ] *der;* -s, - u. **Ae|to|sau|rus** *der;* -,

...rier [...i̯ɐ] ⟨zu gr. áētos „schnaubend, tobend" u. saũros „Eidechse"⟩: eidechsenähnlicher, auf zwei Beinen gehender Saurier

Ae|vum ['ɛːvʊm] *das*; - ⟨aus gleichbed. *lat.* aevum⟩: Ewigkeit; Lebenszeit, Menschenzeitalter

af..., Af... vgl. ad..., Ad...

AFC [aːlɛfˈtseː, auch eːlɛfˈsiː] *die*; - ⟨Abk. für *engl.* automatic frequency control⟩: automatische Frequenzregelung (zur Senderabstimmung; Elektrot.)

afe|bril [auch 'a...] ⟨zu *gr.* a- „un-, nicht-" u. ↑febril⟩: fieberfrei (Med.)

Afer|men|tie *die*, -, ...i̯en ⟨zu *gr.* a- „un-, nicht-", ↑Ferment u. ↑²...ie⟩: svw. Anenzymie

af|fa|bel ⟨aus gleichbed. *lat.* affabilis⟩: (veraltet) gesprächig, leutselig, umgänglich. **Af|fa|bi|li|tät** *die*; - ⟨aus gleichbed. *lat.* affabilitas, Gen. affabilitatis⟩: (veraltet) Leutseligkeit, Umgänglichkeit

Af|fai|re [aˈfɛːrə] *die*, -, -n ⟨aus gleichbed. *fr.* affaire, das durch Zusammenrückung aus (avoir) à faire „zu tun haben" entstanden ist⟩: (bes. österr.) svw. Affäre. **Af|fä|re** *die*; -, -n: 1. besondere, oft unangenehme Sache, Angelegenheit; peinlicher Vorfall. 2. Liebschaft, Liebesabenteuer; sich aus der - ziehen: sich mit Geschick u. erfolgreich bemühen, aus einer unangenehmen Situation herauszukommen

Af|fa|to|mie *die*; -, ...i̯en ⟨aus *mlat.* affatomia „Adoption (eines Erben)"⟩: Adoption mit Eigentumsübertragung, die dem Erblasser (derjenige, der das Erbe hinterläßt) aber die Nutzung des Erbes bis zum Tode überläßt (fränk. Recht)

Af|fekt *der*; -[e]s, -e ⟨aus *lat.* affectus „Gemütsstimmung, Empfindung, Leidenschaft" zu afficere, vgl. affizieren⟩: a) heftige Erregung, Zustand einer außergewöhnlichen seelischen Angespanntheit; b) (nur Plur.) Leidenschaften. **Af|fekt|am|bi|va|lenz** *die*; -, -en: Bez. für das gleichzeitige Auftreten miteinander unverträglicher Affekte, z. B. Liebe u. Haß (Psychol.). **Af|fek|ta|ti|on** *die*; -, -en ⟨aus *lat.* affectatio „eifriges Streben; Sucht, originell zu sein" zu affectare, vgl. affektieren⟩: a) (ohne Plur.) affektiertes Benehmen; b) affektierte Äußerung, Handlung. **af|fek|tie|ren** ⟨aus *lat.* affectare „eifrig nach etwas streben; etwas durch Künstelei zu erreichen suchen"⟩: (veraltet) sich gekünstelt benehmen, sich zieren. **af|fek|tiert** ⟨zu ↑...iert⟩: geziert, gekünstelt, eingebildet. **Af|fekt|il|lu|si|on** *die*; -, -en: durch starke Gemütserregung bedingte Verkennung (z. B. unrealistische Überbewertung) von Fakten. **Af|fek|ti|on** *die*; -, -en ⟨aus *lat.* affectio „Einwirkung, Beeinflussung; Neigung"⟩: 1. Befall eines Organs mit Krankheitserregern, Erkrankung (Med.). 2. (veraltet) Wohlwollen, Neigung, vgl. Affektionswert. **af|fek|tio|niert** ⟨zu ...iert⟩: (veraltet) wohlwollend, geneigt, [herzlich] zugetan. **Af|fek|ti|ons|wert** *der*; -[e]s, -e: (veraltet) Liebhaberwert. **af|fek|tisch** ⟨aus *lat.* affectus „beschaffen, gestimmt", Part. Perf. von afficere, vgl. affizieren⟩: von Gefühl od. Erregung beeinflußt (in bezug auf die Sprache; Sprachw.). **af|fek|tiv** ⟨aus *lat.* affectivus „ergreifend, rührend"⟩: a) gefühls-, affektbetont, durch heftige Gefühlsäußerungen gekennzeichnet; b) auf einen Affekt bezogen (Psychol.). **Af|fek|ti|vi|tät** [...v...] *die*; - ⟨zu ↑...ität⟩: 1. Gesamtheit des menschlichen Gefühls-, Gemütslebens. 2. die Gefühlsansprechbarkeit eines Menschen. **Af|fekt|pro|jek|ti|on** *die*; -, -en: Übertragung eigener Affekte auf Lebewesen od. Dinge der Außenwelt, so daß diese als Träger der Affekte erscheinen, bes. bei Kindern u. Primitiven (Psychol.). **Af|fekt|psy|cho|se** *die*; -, -n: ↑ Psychose, die sich hauptsächlich im krankhaft veränderten Gefühlsleben äußert (z. B. ↑manisch-depressives Irresein). **af|fek|tu|os, af|fek|tu|ös** ⟨aus gleichbed. *lat.* affectuosus, *fr.* affectueux⟩: seine Ergriffenheit von etwas mit Wärme u. Gefühl zum Ausdruck bringend. **Af|fek|tuo|si|tät** *die*; - ⟨zu ↑...ität⟩: heftige Gemütserregung, Leidenschaftlichkeit, Neigung, Gewogenheit

af|fe|rent ⟨aus *lat.* afferens, Gen. afferentis, Part. Präs. von affere „hinführen"⟩: hin-, zuführend (bes. von Nervenbahnen, die von einem Sinnesorgan zum Zentralnervensystem führen; Med.); Ggs. ↑efferent. **Af|fe|renz** *die*; -, -en ⟨zu ↑...enz⟩: Erregung (Impuls, Information), die über die afferenten Nervenfasern von der Peripherie zum Zentralnervensystem geführt wird (Med.); Ggs. ↑Efferenz

Af|fé|te|rie [afe...] *die*; - ⟨aus gleichbed. *fr.* afféterie zu älter *fr.* affété „gekünstelt"⟩: (veraltet) gekünsteltes Wesen, Ziererei

af|fet|tuo|so ⟨*it.*; aus gleichbed. *spätlat.* affectuosus zu *lat.* affectus, vgl. Affekt⟩: bewegt, leidenschaftlich (Vortragsanweisung; Mus.)

Af|fi|bu|la|ti|on *die*; -, -en ⟨aus gleichbed. *nlat.* affibulatio zu affibulare, vgl. affibulieren⟩: (veraltet) Anheftung, das Anschnallen. **af|fi|bu|lie|ren** ⟨aus gleichbed. *nlat.* affibulare zu ↑ad-... u. *lat.* fibula „Schnalle"⟩: (veraltet) anschnallen, anheften

Af|fi|cha|ge [afiˈʃaːʒə] *die*; - ⟨aus gleichbed. *fr.* affichage zu afficher, vgl. affichieren⟩: (schweiz.) Plakatwerbung. **Af|fi|che** [aˈfɪʃə] *die*; -, -n ⟨aus gleichbed. *fr.* affiche⟩: Anschlag[zettel], Aushang, Plakat. **Af|fi|cheur** [afiˈʃøːɐ̯] *der*; -s, -e ⟨aus gleichbed. *fr.* afficheur⟩: (veraltet) Zettel-, Plakatankleber. **af|fi|chie|ren** ⟨aus gleichbed. *fr.* afficher; vgl. ¹Fiche⟩: anschlagen, aushängen, ankleben

Af|fi|da|ti|on *die*; -, -en ⟨aus gleichbed. *mlat.* affidatio zu affidare „versichern", dies zu ↑ad-... u. *lat.* fides „Zusage, Versprechen"⟩: gegenseitige Verpflichtung, Vertrag (Rechtsw.). **Af|fi|da|vit** [...vɪt] *das*; -s, -s ⟨aus gleichbed. *engl.* affidavit aus *mlat.* affidavit „er hat bezeugt"⟩: 1. eidesstattliche Versicherung (bes. auch für Wertpapiere). 2. Bürgschaft eines Bürgers des Aufnahmelandes für einen Einwanderer. **af|fi|diert** ⟨zu ↑...iert⟩: eidlich verpflichtet; vertrauenswürdig (Rechtsw.)

af|fi|gie|ren ⟨aus gleichbed. *lat.* affigere; vgl. fixieren⟩: anheften, aushängen. **Af|fi|gie|rung** *die*; -, -en ⟨zu ↑...ierung⟩: das Anfügen eines ↑Affixes an den Wortstamm

Af|fi|lia|ti|on *die*; -, -en ⟨aus gleichbed. *mlat.* affiliatio zu ↑ad-... u. *lat.* filia „Tochter"⟩: 1. das Verhältnis von Sprachen, die sich aus einer gemeinsamen Grundsprache entwickelt haben, zueinander u. zur Grundsprache (Sprachw.). 2. (veraltet) svw. Adoption (Rechtsw.). 3. a) Logenwechsel eines Logenmitglieds (vgl. Loge 3 a) nach einem Wohnungswechsel; b) rituelles Annahmeverfahren nach eigenem Logenwechsel (vgl. Loge 3 a). 4. a) Anschluß, Verbrüderung; b) Beigesellung (z. B. einer Tochtergesellschaft). **af|fi|li|ie|ren** ⟨aus gleichbed. *mlat.* affiliare⟩: 1. aufnehmen (bes. in eine Freimaurerloge). 2. (z. B. einer Tochtergesellschaft) beigesellen. 3. (veraltet) an Kindes Statt annehmen; vgl. adoptieren

af|fin ⟨aus *lat.* affinis „angrenzend, verwandt"⟩: 1. wesensverwandt (Philos.). 2. die Affinität (2) betreffend, reaktionsfähig (Chem.). 3. durch eine affine Abbildung auseinander hervorgehend; -e Abbildung: math. Abbildung von Bereichen od. Räumen aufeinander, bei der bestimmte geometrische Eigenschaften erhalten bleiben (Math.); -e Geometrie: Sätze, die von gleichbleibenden Eigenschaften von ↑Figuren (1) handeln. **Af|fi|na|ge** [...ʒə] *die*; -, -n ⟨zu ↑...age⟩: svw. Affinierung. **Af|fi|na|ti|on** *die*; -, -en ⟨zu ↑...ation⟩: svw. Affinierung; vgl. ...[at]ion/...ierung

affiné

af|fi|né [...'neː] ⟨aus *fr.* affiné „ähnlich, verwandt", vgl. affin⟩: (praktisch) kohlenstofffrei (Kennzeichnung bei Ferrolegierungen; Hüttenw.). **Af|fi|ne|rie** *die;* -, ...jen ⟨aus gleichbed. *fr.* affinerie⟩: 1. Scheideanlage [für Erze]. 2. Drahtzieherei. **Af|fi|neur** [...'nøːɐ̯] *der;* -s, -e ⟨aus gleichbed. *fr.* affineur⟩: (veraltet) 1. Beschäftigter in einer Scheideanlage. 2. Drahtzieher. **af|fi|nie|ren** ⟨aus gleichbed. *fr.* affiner⟩: 1. reinigen, scheiden (von Edelmetallen). 2. Zuckerkristalle vom Sirup trennen. **Af|fi|nie|rung** *die;* -, -en ⟨zu ↑...ierung⟩: Trennung von Gold u. Silber aus ihren ↑Legierungen mittels Schwefelsäure; vgl. ...[at]ion/...ierung.
af|fi|nis ⟨*lat.;* vgl. affin⟩: verwandt (in der biologischen Systematik zur Andeutung der Verwandtschaft bei nicht mit Sicherheit zu bestimmenden Formen). **Af|fi|nis** *der;* -, ...nes [...neːs] ⟨aus *lat.* affinis „Schwager, Schwiegersohn"⟩: (veraltet) Verwandter, Schwager. **Af|fi|ni|tät** *die;* -, -en ⟨aus *lat.* affinitas, Gen. affinitatis „Verwandtschaft"⟩: 1. Wesensverwandtschaft von Begriffen u. Vorstellungen (Philos.). 2. Triebkraft einer chemischen Reaktion, Bestreben von Atomen od. Atomgruppen, sich miteinander zu vereinigen (Chem.). 3. a) svw. affine Abbildung; b) Bez. für die bei einer affinen Abbildung gleichbleibende Eigenschaft geometrischer Figuren. 4. Schwägerschaft, das Verhältnis zwischen einem Ehegatten u. den Verwandten des anderen (Rechtsw.). 5. eine der Ursachen für Gestaltungsbewegungen von ↑Protoplasma (Biol.). 6. Anziehungskraft, die Menschen aufeinander ausüben (Sozialpsychol.). 7. Ähnlichkeit zwischen unverwandten Sprachen (Sprachw.); vgl. Affiliation (1). **Af|fi|no|graph** *der;* -en, -en ⟨zu ↑...graph⟩: Gerät zur Erzeugung ebener, geometrisch ähnlicher Abbildungen. **Af|fi|nor** *der;* -s, ...oren ⟨zu ↑...or⟩: ältere Bez. für ↑Tensor (1)
Af|fi|on *das;* -s ⟨über *it.* affione aus *türk.* afyon „Opium"⟩: (veraltet) mit ↑Ambra u. ↑Safran zu Dicksaft eingekochtes Opium (Pharm.)
Af|fi|quet [...'keː] *das,* -s, -s ⟨aus gleichbed. *fr.* affiquet⟩: (veraltet) 1. Stricknadelbehälter. 2. (meist Plur.) kleines Schmuckstück [zum Anstecken]
Af|fir|ma|ti|on *die;* -, -en ⟨aus gleichbed. *lat.* affirmatio zu affirmare, vgl. affirmieren⟩: Bejahung, Zustimmung, Bekräftigung; Ggs. ↑Negation (1). **af|fir|ma|tiv** ⟨aus gleichbed. *lat.* affirmativus⟩: bejahend, bestätigend. **Af|fir|ma|ti|ve** [...və] *die;* -, -n: bejahende Aussage, Bestätigung. **af|fir|mie|ren** ⟨aus gleichbed. *lat.* affirmare⟩: bejahen, bekräftigen
Af|fix [auch 'a...] *das;* -es, -e ⟨aus *lat.* affixus „angeheftet", Part. Perf. zu affigere, vgl. affigieren⟩: an den Wortstamm tretendes ↑Morphem (↑Präfix od. ↑Suffix; Sprachw.); vgl. Formans. **Af|fi|xo|id** *das;* -s, -e ⟨zu ↑...oid⟩: an den Wortstamm tretendes ↑Morphem in Form eines ↑Präfixoids od. ↑Suffixoids (Sprachw.)
af|fi|zie|ren ⟨aus *lat.* afficere „hinzutun; einwirken; anregen"⟩: reizen, krankhaft verändern (Med.). **af|fi|ziert** ⟨zu ↑...iert⟩: 1. befallen (von einer Krankheit; Med.). 2. betroffen, erregt; -es Objekt: Objekt, das durch die im Verb ausgedrückte Handlung unmittelbar betroffen wird (z. B. den *Acker* pflügen; Sprachw.); Ggs. ↑effiziertes Objekt
Af|fla|ti|on *die;* -, -en ⟨zu *lat.* afflatus, Part. Perf. von afflare „anwehen, -hauchen", u. ↑'...ion⟩: (veraltet) das Anhauchen. **Af|fla|tus** *der;* -, - ⟨aus gleichbed. *lat.* afflatus⟩: (veraltet) das Anhauchen [des göttlichen Geistes], göttliche Eingebung
Af|fleu|re|ment [aflørə'mãː] *das;* -s, -s ⟨aus gleichbed. *fr.* affleurement zu affleurer, vgl. affleurieren⟩: (veraltet) 1. Abgleichung (Bauw.). 2. das Zutagestreichen [einer Kohle-

od. Erzader] (Bergbau). **af|fleu|rie|ren** ⟨aus gleichbed. *fr.* affleurer; vgl. Fleur⟩: (veraltet) 1. abgleichen (Bauw.). 2. zutage streichen [von Kohle- od. Erzadern] (Bergbau)
af|fli|geant [afliˈʒãː] ⟨*fr.*⟩: (veraltet) betrübend, schmerzlich. **af|fli|gie|ren** [...'giː...] ⟨über *fr.* affliger aus gleichbed. *lat.* affligere⟩: (veraltet) betrüben, kränken. **Af|flik|ti|on** *die;* -, -en ⟨aus gleichbed. *lat.* afflictio⟩: (veraltet) Betrübnis, Kummer. **af|flik|tiv** ⟨aus gleichbed. *nlat.* afflictivus⟩: (veraltet) kränkend
af|flu|ent ⟨aus gleichbed. *lat.* affluens, Gen. affluentis, Part. Präs. von affluere, vgl. affluieren⟩: (veraltet) reichlich. **Af|flu|ent** *der;* -en, -en ⟨zu ↑...ent⟩: (veraltet) Zufluß, Nebenfluß. **Af|flu|enz** *die;* - ⟨aus gleichbed. *lat.* affluentia⟩: (veraltet) Überfluß. **af|flu|ie|ren** ⟨aus gleichbed. *lat.* affluere⟩: (veraltet) zufließen, reichlich vorhanden sein. **Af|flu|xi|on** *die;* -, - ⟨aus gleichbed. *lat.* affluxio⟩: (veraltet) Zufluß, Zulauf
Af|fo|dill, Asphodill *der;* -s, -e ⟨aus gleichbed. *mlat.* asphodelus, dies aus *gr.* asphódelos „lilienartige Pflanze"⟩: a) Gattung der Liliengewächse; b) Weißer Affodill (eine Art aus dieser Gattung)
af|fo|liert ⟨aus *fr.* affolé „verrückt, närrisch"; vgl. ...iert⟩: (veraltet) 1. vernarrt. 2. falsch zeigend (vom Kompaß)
Af|fo|ra|ge [...ʒə] *die;* -, -en ⟨zu ↑ad... u. *fr.* forage „Weinzins"⟩: (veraltet) Umgeld, Abgabe [von Wein]
Af|for|ma|ti|on *die;* -, -en ⟨zu ↑ad... u. *lat.* formatio „Gestaltung"⟩: in der hebr. Grammatik die Bildung der verschiedenen Personen des ↑Verbs durch Anhängung der abgekürzten ↑Personalpronomen
Af|fou|a|ge [aˈfu̯aːʒə] *die;* - ⟨aus gleichbed. *fr.* affouage⟩: (veraltet) das Recht, im Gemeindewald Brennholz zu schlagen
Af|fou|ra|ge|ment [afuraʒə'mãː] *das;* -s, -s ⟨aus gleichbed. *fr.* affouragement zu affourager, vgl. affouragieren⟩: (veraltet) Fütterung, Futtervorrat. **af|fou|ra|gie|ren** ⟨aus gleichbed. *fr.* affourager, vgl. Furage⟩: (veraltet) füttern
af|four|chie|ren [afɔrˈʃiː...] ⟨aus gleichbed. *fr.* affourcher zu fourche „Gabel", dies aus gleichbed. *lat.* furca⟩: (veraltet) a) mehrere Anker auswerfen; b) vertäuen
af|fran|chie|ren [afrãˈʃiː...] ⟨aus gleichbed. *fr.* affranchir zu franc „frei", dies zu *mlat.* Francus „Franke"⟩: (veraltet) portofrei machen. **Af|fran|chis|se|ment** [...sə'mãː] *das;* -s, -s ⟨aus gleichbed. *fr.* affranchissement⟩: (veraltet) 1. das Freimachen von Briefen. 2. Freilassung [Leibeigener]
Af|fre|te|ment [afretə'mãː] *das;* -s, -s ⟨aus gleichbed. *fr.* affrètement zu affréter, vgl. affretieren⟩: (veraltet) das Mieten eines Schiffes, ↑Charterung; Schiffsfracht. **Af|fre|teur** [...'tøːɐ̯] *der;* -s, Plur. -s u. -e ⟨aus gleichbed. *fr.* affréteur⟩: (veraltet) Schiffsmieter, ↑Charterer. **af|fre|tie|ren** ⟨aus gleichbed. *fr.* affréter⟩: (veraltet) ein Schiff mieten od. befrachten, ↑chartern
af|fret|tan|do ⟨*it.*⟩: schneller, lebhafter werdend (Vortragsanweisung; Mus.)
Af|fri|an|die|ren [afriã...] ⟨aus gleichbed. *fr.* affriander zu frire „backen, braten", dies aus *lat.* frigere „rösten"⟩: (veraltet) locker machen, verwöhnen; verführen
Af|fri|ka|ta, Af|fri|ka|te *die;* -, ...ten ⟨aus *lat.* affricata, Part. Perf. (Fem.) von affricare, vgl. affrizieren⟩: enge Verbindung eines Verschlußlautes mit einem unmittelbar folgenden Reibelaut (z. B. *pf;* Sprachw.)
af|fri|o|lie|ren ⟨aus gleichbed. *fr.* affrioler⟩: svw. affriandieren
af|fri|zie|ren ⟨aus *lat.* affricare „anreiben"⟩: einen Verschlußlaut in eine Affrikata verwandeln (Phon.)
Af|front [aˈfrõː, auch aˈfrɔnt] *der;* -s [aˈfrõːs, auch aˈfrɔnts],

Plur. -s [aˈfrõːs] u. (bei deutscher Aussprache) -e ⟨aus gleichbed. *fr.* affront zu affronter, vgl. affrontieren⟩: herausfordernde Beleidigung. **af|fron|tie|ren** [afrɔn...] ⟨aus gleichbed. *fr.* affronter zu front, vgl. Front⟩: (veraltet) jmdn. durch eine Beleidigung, Kränkung, Beschimpfung herausfordern, angreifen. **af|fron|tiv** ⟨zu ↑...iv⟩: (veraltet) beleidigend

af|frös ⟨aus gleichbed. *fr.* affreux zu affre „Schrecken, Grauen"⟩: (veraltet) abscheulich, häßlich

Af|fu|ble|ment [afyblə'mã:] *das;* -s, -s ⟨aus gleichbed. *fr.* affublement zu affubler, vgl. affublieren⟩: (veraltet) Vermummung, lächerlicher Aufzug. **af|fu|blie|ren** ⟨aus gleichbed. *fr.* affubler⟩: (veraltet) vermummen, ausstaffieren

af|fun|die|ren ⟨aus gleichbed. *lat.* affundere⟩: hinzugießen, hinzuschütten. **Af|fu|si|on** *die;* -, -en ⟨zu *lat.* affusus, Part. Perf. von affundere (vgl. affundieren), u. ↑¹...ion⟩: Aufguß, das Zugießen

Af|gha|laine [afga'lɛːn] *der;* -[s] ⟨Phantasiebezeichnung aus dem Namen des Staates *Afgha*nistan u. *fr. laine* „Wolle"⟩: Kleiderstoff aus Mischgewebe. **Af|ghan** *der;* -[s], -s ⟨nach dem Herkunftsland Afghanistan⟩: 1. handgeknüpfter, meist weinroter Wollteppich mit geometrischer Musterung. 2. Haschischsorte. **Af|gha|ne** *der;* -n, -n: eine Hunderasse (Windhund). **Af|gha|ni** *der;* -[s], -[s]: afghanische Münzeinheit

Afla|to|xi|ko|se *die;* -, -n ⟨zu Aflatoxin u. ↑¹...ose⟩: durch Aflatoxine hervorgerufene Erkrankung. **Afla|to|xin** *das,* -s, -e (meist Plur.) ⟨Kurzw. aus *A*spergillus *fla*vus u. *Toxin*⟩: giftiges Stoffwechselprodukt verschiedener Schimmelpilze

afo|kal ⟨zu *gr.* a- „un-, nicht-"; *lat.* focus „Feuerstätte, Herd"⟩ u. ↑¹...al (1)⟩: brennpunktlos

à fonds [a 'fõ:] ⟨*fr.*⟩: gründlich, nachdrücklich. **à fonds per|du** [– – ...'dy:] ⟨*fr.;* vgl. Fonds u. perdu⟩: auf Verlustkonto; [Zahlung] ohne Aussicht auf Gegenleistung od. Rückerstattung

à for|fait [a ...'fɛː] ⟨*fr.*⟩: ohne Rückgriff (Klausel für die Vereinbarung mit dem Käufer eines ausgestellten Wechsels, nach der die Inanspruchnahme des Wechselausstellers [od. gegebenenfalls auch des ↑ Indossanten] durch den Käufer ausgeschlossen wird)

a for|tio|ri ⟨*lat.;* „vom Stärkeren her"⟩: nach dem stärker überzeugenden Grunde; erst recht, um so mehr (von einer Aussage; Philos.)

a fres|co, al fresco ⟨*it.;* „auf frischem (Kalk)"; vgl. ¹Fresko⟩: auf frischem Verputz, Kalk, auf die noch feuchte Wand [gemalt]; Ggs. ↑ a secco

Afri|can|thro|pus [...k...] vgl. Afrikanthropus

Afri|kaan|der, Afrikander *der;* -s, - ⟨aus gleichbed. *niederl.* Afrika(a)nder „Afrikaner"⟩: Weißer in Südafrika mit Afrikaans als Muttersprache. **afri|kaans** ⟨aus *niederl.* afrikaans „afrikanisch"⟩: kapholländisch. **Afri|kaans** *das;* -: das Kapholländisch, Sprache der Buren in der Republik Südafrika. **Afri|ka|na** *die* (Plur.) ⟨zu ↑...ana⟩: Werke über Afrika. **Afri|kan|der** vgl. Afrikaander. **Afri|ka|nist** *der;* -en, -en ⟨zu ↑...ist⟩: Wissenschaftler, der die Geschichte, die Sprachen u. Kulturen Afrikas untersucht. **Afri|ka|ni|stik** *die;* - ⟨zu ↑...istik⟩: Wissenschaft, die sich mit der Geschichte, der Kultur u. den Sprachen der afrikanischen Naturvölker beschäftigt. **Afrik|an|thro|pus,** fachspr. auch Africanthropus [...k...] *der;* - ⟨zu *lat.* Africa u. *gr.* ánthrōpos „Mensch"⟩: Menschentyp der Altsteinzeit, benannt nach den [ost]afrikanischen Fundstätten. **afro|al|pin** ⟨zu *lat.* Afer, Gen. Afri „afrikanisch" u. ↑ alpin⟩: a) das afrikanische Hochgebirge betreffend; b) oberhalb der Waldgrenze tropischer Hochgebirge vorkommend. **Afro|ame|ri|ka|ner** *der;* -s, -: aus Afrika stammender Amerikaner (Schwarzer). **afro|ame|ri|ka|nisch:** die Afrikaner in Amerika betreffend. **afro-ame|ri|ka|nisch:** Afrika u. Amerika betreffend. **afro-asia|tisch:** Afrika u. Asien betreffend. **Afro|fri|sur** *die;* -, -en: Frisur im ↑ Afro-Look. **Afro-Look** *der;* -[s] ⟨aus gleichbed. *engl.* Afro look, zu look „Aussehen"⟩: Frisur, bei der das Haar in stark gekrausten, dichten Locken nach allen Seiten hin absteht

Af|schar, Af|scha|ri *der;* -[s] -s ⟨nach einem iran. Nomadenstamm⟩: Teppich mit elfenbeinfarbenem Grund

af|ter shave [– 'ʃeːf] ⟨*engl.;* zu after „nach" u. to shave „rasieren"⟩: nach der Rasur (in bezug auf kosmetische Mittel). **Af|ter-shave** [...ʃeːf] *das;* -[s], -s u. **Af|ter-shave-Lo|tion** [...loːʃn] *die;* -, -s: hautpflegendes Gesichtswasser zum Gebrauch nach der Rasur

Af|ze|lia *die;* - ⟨aus *nlat.* afcelia, nach dem schwed. Botaniker A. Afzelius, †1837⟩: Pflanzengattung der Hülsenfrüchtler

ag..., Ag... vgl. ad..., Ad...

Aga, Agha *der;* -s, -s ⟨aus *türk.* ağa „Herr"⟩: a) früherer Titel für höhere türk. Offiziere od. auch für niedere Offiziere u. Zivilbeamte; b) pers. Anrede („Herr"). **Aga Khan** [– kaːn] *der;* - -s, - -e: Titel des erblichen Oberhaupts der schiitischen Glaubensgemeinschaft der ↑ Hodschas (2) in Indien u. Ostafrika

Aga|lak|tie *die;* -, ...ien ⟨aus *nlat.* agalactia zu *gr.* a- „un-, nicht-" u. gála, Gen. gálaktos „Milch"⟩: Stillunfähigkeit, völliges Fehlen der Milchsekretion bei Wöchnerinnen (Med.); vgl. Hypogalaktie

Agal|ma|to|lith [auch ...'lɪt] *der;* Gen. -s u. -en, Plur. -e[n] ⟨zu *gr.* ágalma, Gen. agálmatos „Schmuck" u. ↑...lith⟩: farbloses, zur Bildschnitzerei verwendetes Mineral

agam ⟨zu *gr.* a- „un-, nicht-" u. ↑...gam⟩: ohne vorausgegangene Befruchtung zeugend; -e Fortpflanzung: svw. Agamogonie. **Aga|met** *der;* -en, -en (meist Plur.) ⟨zu ↑ Gamet⟩: durch Agamogonie entstandene Zelle niederer Lebewesen, die der ungeschlechtlichen Fortpflanzung dient (Zool.). **Aga|mie** *die;* - ⟨zu ↑²...ie⟩: 1. Ehelosigkeit. 2. geschlechtliche Fortpflanzung ohne Befruchtung (Biol.). **aga|misch** ⟨aus *gr.* ágamos „ehelos"⟩: 1. ehelos. 2. geschlechtslos (Bot.). **Aga|mist** *der;* -en, -en ⟨zu ↑...ist⟩: (veraltet) Junggeselle

Agam|ma|glo|bu|lin|ämie *die;* -, ...ien ⟨zu *gr.* a- „un-, nicht-", ↑ Gammaglobulin u. ↑...ämie⟩: angeborenes od. erworbenes Fehlen von ↑ Gammaglobulin im Blutserum (bedingt Anfälligkeit gegenüber Infektionen infolge verhinderter Antikörperbildung; Med.)

Aga|mo|ge|ne|se *die;* - ⟨zu *gr.* a- „un-, nicht-" u. ↑ Gamogenese⟩: ungeschlechtliche Vermehrung durch Zellteilung (Biol.). **Aga|mo|go|nie** *die;* -: svw. Agamogenese

Aga|nak|te|se, Aga|nak|te|sis *die;* - ⟨aus *gr.* aganáktēsis „Unwille"⟩: (veraltet) a) schmerzhafter Reiz, Zustand; b) Entrüstung

agan|glio|när ⟨zu *gr.* a- „un-, nicht-", ↑ Ganglion u. ↑...är⟩: ohne Ganglienzellen. **Agan|glio|no|se** *die;* -, -n ⟨zu ↑¹...ose⟩: Krankheitsbild, das durch einen Defekt der Darmganglien charakterisiert ist

Agap|an|thus *der;* -, ...thi ⟨aus *nlat.* agapanthus, eigtl. „Liebesblume", zu ↑ Agape u. *gr.* ánthos „Blume"⟩: südafrik. Gattung der Liliengewächse, Schmucklilie. **Aga|pe** [...pe] *die;* -, -n ⟨über *lat.* agape aus gleichbed. *gr.* agápē⟩: 1. (ohne Plur.) die sich in Christus zeigende Liebe Gottes zu den Menschen, bes. zu den Armen, Schwachen u. Sündern; Nächstenliebe; Feindesliebe; Liebe zu Gott (Rel.). 2.

abendliches Mahl der frühchristlichen Gemeinde [mit Speisung der Bedürftigen] (Rel.)

Aga|phit [auch ...'fɪt] *der;* -s, -e ⟨Kunstw.; vgl. ↑²...it⟩: (veraltet) eine Art Türkis

Agar-Agar *der* od. *das;* -s ⟨aus gleichbed. *malai.* agar-agar⟩: stark schleimhaltiger Stoff aus ostasiat. Rotalgen, der u. a. als Nährboden für Bakterienkulturen verwendet wird

Aga|ri|zin *das;* -s ⟨zu *gr.* agarikón „Baumschwamm" u. ↑ ...in (1)⟩: aus einem Blätterpilz gewonnene schweißhemmende Droge

Aga|ro|pek|tin *das;* -s, -e ⟨zu ↑ Agar-Agar u. ↑ Pektin⟩: ein ↑ Polysaccharid, Bestandteil des Agar-Agars. **Aga|ro|se** *die;* - ⟨zu ↑²...ose⟩: ein ↑ Polysaccharid, Bestandteil des Agar-Agars

Aga|strie *die;* - ⟨zu *gr.* a- „un-, nicht-", gastḗr, Gen. gastrós „Magen" u. ↑²...ie⟩: angeborenes od. (durch Operation) erworbenes Fehlen des Magens (Med.). **aga|strisch**: ohne Magen (z. B. nach Magenresektion); durch das Fehlen des Magens bedingt; -e Anämie: Anämie, die nach operativer Entfernung von Teilen des Magens od. Zwölffingerdarms auftreten kann (infolge Fehlens des von den entfernten [Magen]teilen ausgeschiedenen Enzyms); -es Syndrom: Komplex von schwerwiegenden Störungen im Verdauungssystem als Folge einer ↑ Gastrektomie od. Magenresektion, bedingt durch Ausfall der Magenfunktion (Med.)

à gauche [a ˈgoːʃ] ⟨*fr.;* eigtl. „zur Linken"⟩: links, nach links

Aga|ve [...və] *die;* -, -n ⟨aus gleichbed. *fr.* agave, dies zu *gr.* agauós „edel", eigtl. „die Edle"⟩: Gattung aloeähnlicher Pflanzen (vgl. Aloe) der Tropen u. Subtropen

Ag|ba *das;* -s ⟨aus einer afrik. Eingeborenensprache⟩: rötlichbraunes, witterungsfestes harzhaltiges Laubbaumholz für Furnier u. Parkett aus Afrika

age ⟨*lat.;* eigtl. „handle!", Imperativ Sing. von agere, vgl. agieren⟩: wohlan!, vorwärts!

...age [...ˈaːʒə] ⟨aus gleichbed. *fr.* -age⟩: Suffix weiblicher Substantive, die meist eine Handlung od. Sache (oft von verbaler Basis ausgehend) bezeichnen, z. B. Massage, Sabotage; Passage; Garage

Agence France-Presse [aˈʒɑ̃ːs frɑ̃ːˈsprɛs] *die;* - - ⟨*fr.*⟩: franz. Nachrichtenagentur; Abk.: AFP

Agen|da *die;* -, ...den ⟨aus *lat.* agenda „was zu tun ist", Neutrum Plur. des Gerundivums agendus von agere, vgl. agieren⟩: 1. a) Schreibtafel, Merk-, Notizbuch; b) Terminkalender. 2. Aufstellung der Gesprächspunkte bei politischen Verhandlungen. **agen|da|risch** ⟨aus gleichbed. *nlat.* agendarius⟩: zur Gottesdienstordnung gehörend, ihr entsprechend. **Agen|de** *die;* -, -n ⟨aus *mlat.* agenda (dies) „durch Meßfeier ausgezeichnet(er Tag)"⟩: 1. Buch für die Gottesdienstordnung. 2. Gottesdienstordnung. **Agen|den** *die* (Plur.): (bes. österr.) zu erledigende Aufgaben, Obliegenheiten

age|ne|isch ⟨aus *gr.* agéneios „unbärtig"⟩: (veraltet) bartlos, ohne Kinnbart

Age|ne|sie *die;* - ⟨zu *gr.* a- „un-, nicht-", génesis „Zeugung, Schöpfung" u. ↑²...ie⟩: a) vollständiges Fehlen einer Organanlage (Med.); b) verkümmerte Organanlage (Med.)

Age|ni|ta|lis|mus *der;* - ⟨zu *gr.* a- „un-, nicht-", ↑ Genitale u. ↑ ...ismus (3)⟩: das Fehlen od. die mangelhafte Ausbildung der männlichen od. weiblichen Geschlechtsorgane

à genoux [a ʒəˈnuː] ⟨*fr.*⟩: auf den Knien

¹Agens *das;* -, Agẹnzien [...jən] ⟨aus *mlat.* agens „treibende Kraft", substantiviertes Part. Präs. von agere, vgl. agieren⟩: treibende Kraft; wirkendes, handelndes, tätiges Wesen od. ↑ Prinzip (Philos.). **²Agens** *das;* -, Plur. Agẹnzien [...jən], fachspr. auch Agentia: medizinisch wirksamer Stoff, krankmachender Faktor. **³Agens** *das,* selten *der;* -, -: Täter, Träger eines durch das Verb ausgedrückten Verhaltens (Sprachw.); Ggs. ↑ Patiens. **Agẹnt** *der;* -en, -en ⟨aus gleichbed. *it.* agente, dies aus *lat.* agens, Gen. agentis, Part. Präs. von agere, vgl. agieren⟩: 1. Abgesandter eines Staates, der neben dem offiziellen diplomatischen Vertreter einen besonderen Auftrag erfüllt u. meist keinen diplomatischen Schutz besitzt. 2. in staatlichem Geheimauftrag tätiger Spion. 3. a) (österr., sonst veraltet) Handelsvertreter; b) jmd., der berufsmäßig Künstlern Engagements vermittelt. **Agen|ten|ro|man** *der;* -s, -e: ein Genre der Kriminalliteratur, in dem die Tätigkeit von Agenten (2) im Mittelpunkt der Handlung steht. **Agẹn|tia**: Plur. von ²Agens.

Agenţia română de presă [adʒɛnˈtsi:a roˈmɨːnə de ˈprɛsə] *die;* - - - - ⟨*rumän.*⟩: rumän. Nachrichtenagentur; Abk.: Agerpres. **Agen|tie** [agɛnˈtsi:] *die;* -, ...tien ⟨aus *it.* agenzia zu agente, vgl. Agent⟩: (österr.) Geschäftsstelle der Donau-Dampfschiffahrtsgesellschaft. **agen|tie|ren** [...t...] ⟨zu ↑ ...ieren⟩: (österr.) Kunden werben. **Agẹn|tiv** *der;* -s, -e [...və] ⟨zu ↑ ³Agens u. ↑ ...iv⟩: Bez. für den belebten Träger der Verbalhandlung in der Kasusgrammatik (Sprachw.).

Agent pro|vo|ca|teur [aˈʒɑ̃ː provokaˈtøːɐ̯] *der;* - -, -s -s [aˈʒɑ̃ː provokaˈtøːɐ̯] ⟨aus gleichbed. *fr.* agent provocateur, eigtl. „herausfordernder, provozierender Agent"⟩: Agent (2), der verdächtige Personen zu strafbaren Handlungen verleiten od. Zwischenfälle od. kompromittierende Handlungen beim Gegner provozieren soll; Lockspitzel. **Agen|tur** [ag...] *die;* -, -en ⟨zu ↑ Agent u. ↑ ...ur⟩: 1. Stelle, Büro, in dem [politische] Nachrichten aus aller Welt gesammelt u. an Presse, Rundfunk u. Fernsehen weitergegeben werden. 2. Geschäftsnebenstelle, Vertretung. 3. Büro, das Künstlern Engagements vermittelt; Vermittlungsbüro, Geschäftsstelle eines Agenten (3b). **Agẹn|zia Na|zio|na|le Stạm|pa As|so|cia|ta** [adʒɛn... - ... asoˈtʃaːta] *die;* - - - - ⟨*it.*⟩: ital. Nachrichtenagentur; Abk.: ANSA. **Agẹn|zi|en** [aˈɡɛntsjən]: Plur. von ↑ ¹,²Agens

Age|ra|sie *die;* - ⟨zu *gr.* a- „un-, nicht-", géras „das Alter" u. ↑²...ie⟩: (veraltet) das Nichtaltern, rüstiges, frisches Greisenalter

Age|ra|tum *das;* - ⟨aus gleichbed. *nlat.* ageratum zu *gr.* agératos „nicht alternd, ewig jung"⟩: Leberbalsam (ein Korbblütler)

Ager|pres [adʒɛr...]: svw. Agenţia română de presă

Ager pu|bli|cus [- ...kʊs] *der;* - - ⟨aus gleichbed. *lat.* ager publicus, eigtl. „öffentliches Land"⟩: das staatseigene Ackerland im alten Rom

Age|theo|rie [ˈeːtʃ..., *engl.* ˈeɪdʒ...] *die;* - ⟨zu *engl.* age „das Alter" u. ↑ Theorie⟩: Theorie, die das Verhalten von Neutronen bei Neutronenbremsung beschreibt (Phys.)

Ageu|sie *die;* -, ...ien ⟨aus gleichbed. *nlat.* ageusia zu *gr.* a- „un-, nicht-" u. geũsis „Geschmack"⟩: Verlust der Geschmacksempfindung (Med.). **Ageu|stie** *die;* - ⟨zu *gr.* ágeustos „nicht gekostet habend" u. ↑²...ie⟩: (veraltet) Nüchternheit, das Fasten

age|vo|le [aˈdʒeːvole] ⟨*it.*⟩: leicht, gefällig (Vortragsanweisung; Mus.)

Ag|ge|la|ti|on *die;* - ⟨zu ↑ ad..., *lat.* gelare „gefrieren machen" u. ↑ ...ation⟩: (veraltet) das Gefrieren

Ag|ger *der;* -s, -es ⟨aus *lat.* agger „Damm"⟩: [Schleimhaut]wulst (Anat.). **Ag|ge|ra|ti|on** *die;* -, -en ⟨aus gleichbed. *lat.* aggeratio zu aggerare, vgl. aggerieren⟩: (veraltet) Anhäufung, Aufdämmung. **ag|ge|rie|ren** ⟨aus gleichbed. *lat.* aggerare, Intensivbildung von aggerere, vgl. Aggestion⟩:

(veraltet) an-, aufhäufen. **Ag|ge|sti|on** *die;* - ⟨aus *lat.* aggestio „das Anhäufen" zu aggerere „herbeitragen"⟩: (veraltet) Aufschlämmung, Anhäufung, das Herbeischaffen

Ag|gior|na|men|to [adʒɔr...] *das;* -s ⟨aus gleichbed. *it.* aggiornamento zu aggiornare „zeitgemäß gestalten, modernisieren", eigtl. „dem Tag angemessen machen"⟩: Versuch der Anpassung der kath. Kirche u. ihrer Lehre an die Verhältnisse des modernen Lebens (Rel.)

ag|giu|sta|men|te [adʒʊs...] ⟨*it.*⟩: genau im Takt (Vortragsanweisung; Mus.)

Ag|glo|me|rat *das;* -s, -e ⟨aus *lat.* agglomeratus „zu einem Knäuel zusammengedrängt", Part. Perf. von agglomerare, vgl. agglomerieren⟩: 1. Ablagerung von unverfestigten Gesteinsbruchstücken; Ggs. ↑ Konglomerat (2). 2. aus groben Gesteinsbrocken bestehendes vulkanisches Auswurfprodukt (Geol.). 3. feinkörniges Erz. **Ag|glo|me|ra|ti|on** *die;* -, -en ⟨zu ↑¹...ion⟩: Anhäufung, Zusammenballung (z. B. vieler Betriebe an einem Ort); Ggs. ↑ Deglomeration. **ag|glo|me|rie|ren** ⟨aus *lat.* agglomerare „zu einem Knäuel zusammenballen"⟩: zusammenballen

Ag|glu|ti|nan|tia *die* (Plur.) ⟨aus *lat.* agglutinantia, Neutrum Plur. von agglutinans, Part. Präs. von agglutinare, vgl. agglutinieren⟩: (veraltet) schnell verbindende, anleimende Heilmittel. **Ag|glu|ti|na|ti|on** *die;* -, -en ⟨aus *lat.* agglutinatio „das Ankleben"⟩: 1. Verschmelzung (z. B. des Artikels od. einer Präposition mit dem folgenden Substantiv wie im Neugriech. u. in den roman. Sprachen, z. B. „Alarm" aus ital. „all'arme" = zu den Waffen; Sprachw.). 2. Ableitung u. Beugung eines Wortes mit Hilfe von ↑ Affixen, die an den unverändert bleibenden Wortstamm angehängt werden; vgl. agglutinierende Sprachen (Sprachw.). 3. Verklebung, Zusammenballung, Verklumpung von Zellen (z. B. Bakterien od. roten Blutkörperchen) als Wirkung von ↑ Antikörpern (Med.). **ag|glu|ti|nie|ren** ⟨aus *lat.* agglutinare „ankleben"⟩: 1. zur Verklumpung bringen, eine Agglutination herbeiführen (Med.). 2. Beugungsformen durch Anhängen von Affixen bilden (Sprachw.); -de Sprachen: Sprachen, die zur Ableitung u. Beugung von Wörtern ↑ Affixe an das unverändert bleibende Wort anfügen, z. B. das Türkische u. die finnougrischen Sprachen; Ggs. ↑ flektierende u. ↑ isolierende Sprachen. **Ag|glu|ti|nin** *das;* -s, -e (meist Plur.) ⟨zu ↑...in (1)⟩: ↑ Antikörper, der im Blutserum Blutkörperchen fremder Blutgruppen od. Bakterien zusammenballt u. damit unschädlich macht. **Ag|glu|ti|no|gen** *das;* -s, -e (meist Plur.) ⟨zu ↑...gen⟩: ↑ Antigen, das die Bildung von Agglutininen anregt

Ag|gra|tia|ti|on *die;* - ⟨aus gleichbed. *nlat.* aggratiatio u. *mlat.* aggratiare „begnadigen"⟩: Begnadigung (lat. Recht)

Ag|gra|va|ti|on [...v...] *die;* -, -en ⟨aus *lat.* aggravatio „Beschwerung" zu aggravare, vgl. aggravieren⟩: 1. Erschwerung, Verschlimmerung. 2. a) Übertreibung von Krankheitserscheinungen; b) Verschlimmerung einer Krankheit (Med.). **Ag|gra|ve** [a'gra:f] *das;* -s ⟨aus gleichbed. *fr.* aggrave zu aggraver „verschärfen", dies aus *lat.* aggravare, vgl. aggravieren⟩: [verschärfte] Androhung des Kirchenbanns (Rel.). **ag|gra|vie|ren** [...v...] ⟨aus *lat.* aggravare „schwerer machen, verschlimmern"⟩: Krankheitserscheinungen übertreibend darstellen (Med.)

ag|gre|die|ren ⟨aus gleichbed. *lat.* aggredi⟩: (veraltet) angreifen, anfallen

Ag|gre|gat *das,* -s, -e ⟨aus *lat.* aggregatum „das Angehäufte", substantiviertes Part. Perf. (Neutrum) von aggregare, vgl. aggregieren⟩: 1. Maschinensatz aus zusammenwirkenden Einzelmaschinen, bes. in der Elektrotechnik. 2. mehrgliedriger math. Ausdruck, dessen einzelne Glieder durch + od. − miteinander verknüpft sind. 3. das Zusammenwachsen von ↑ Mineralien der gleichen oder verschiedener Art. **Ag|gre|ga|ti|on** *die;* -, -en ⟨aus *lat.* aggregatio „das Zusammenhäufen"⟩: Vereinigung von Molekülen zu Molekülverbindungen (Chem.). **ag|gre|ga|tiv** ⟨zu ↑...iv⟩: (veraltet) insgesamt, im ganzen genommen. **Ag|gre|ga|tor** *der;* -s, ...oren ⟨zu ↑...or⟩: (veraltet) Sammler. **Ag|gre|gat|zu|stand** *der;* -s, ...stände: Erscheinungsform eines Stoffes (fest, flüssig, gasförmig bzw. plasmatisch). **ag|gre|gie|ren** ⟨aus gleichbed. *lat.* aggregare⟩: anhäufen, beigesellen

Ag|gres|si|ne *die* (Plur.) ⟨zu ↑ Aggression u. ↑...in (1)⟩: von Bakterien gebildete Stoffe, die die Wirkung der natürlichen Abwehrstoffe des Körpers herabsetzen. **Ag|gres|si|on** *die;* -, -en ⟨aus *lat.* aggressio „Angriff" zu aggredi „herangehen, angreifen"⟩: 1. rechtswidriger Angriff auf ein fremdes Staatsgebiet, Angriffskrieg. 2. a) [affektbedingtes] Angriffsverhalten, feindselige Haltung eines Menschen od. eines Tieres als Reaktion auf eine wirkliche od. vermeintliche Minderung der Macht mit dem Ziel, die eigene Macht zu steigern od. die Macht des Gegners zu mindern (Psychol.); b) feindselig-aggressive Äußerung, Handlung. **ag|gres|siv** ⟨nach gleichbed. *fr.* agressif⟩: angreifend; auf Angriff, Aggression gerichtet; -es Fahren: rücksichtsloses, andere Verkehrsteilnehmer gefährdendes Fahren im Straßenverkehr; Ggs ↑ defensives Fahren. **ag|gres|si|vie|ren** [...v...] ⟨zu ↑...ieren⟩: aggressiv machen. **Ag|gres|si|vi|tät** *die;* -, -en ⟨zu ↑...ität⟩: 1. (ohne Plur.) a) die mehr od. weniger unbewußte, sich nicht offen zeigende, habituell gewordene aggressive Haltung des Menschen [als ↑ Kompensation (3) von Minderwertigkeitsgefühlen] (Psychol.); b) Angriffslust. 2. die einzelne aggressive Handlung. **Ag|gres|sor** *der;* -s, ...oren ⟨aus gleichbed. *lat.* aggressor⟩: rechtswidrig handelnder Angreifer

Ag|gri|per|len u. **Aggry|perlen** [...i...] *die* (Plur.) ⟨vermutlich zu *Haussa* (vgl. Haussa) gori „Schneckenhaus (als Schmuckstück)"⟩: Glas-, seltener Steinperlen venezianischer od. Amsterdamer Herkunft, die früher in Westafrika als Zahlungsmittel dienten

ag|grop|pie|ren, aggruppieren ⟨aus gleichbed. *it.* aggroppare bzw. aggruppare⟩: (veraltet) sammeln, anhäufen

ag|gru|mie|ren ⟨aus gleichbed. *it.* aggrumare⟩: (veraltet) gerinnen

ag|grup|pie|ren vgl. aggroppieren

Ag|gry|per|len [...i...] vgl. Aggriperlen

Agha ['a:ga] vgl. Aga

Aghir|lik vgl. Agirlik

Agho|ra [a'go:ra] ⟨zu *sanskr.* á-ghoracakṣus „keinen bösen Blick habend"⟩: verhüllender Name des Gottes ↑ Schiwa

Agho|ris *die* (Plur.): Anhänger von Aghora, die dessen rituelles Verhalten nachahmen

Ägi|de *die;* - ⟨über *lat.* aegis, Gen. aegidis aus *gr.* aigís „Schild (des Zeus und der Athene)", vgl. Ägis⟩; in der Wendung unter jmds. -: unter jmds. Schirmherrschaft, Leitung

agie|ren ⟨aus *lat.* agere „tun, treiben, handeln"⟩: a) handeln, tun, wirken, tätig sein; b) [als Schauspieler] auftreten, eine Rolle spielen. **agil** ⟨aus gleichbed. *fr.* agile, dies aus *lat.* agilis, eigtl. „leicht zu führen, beweglich"⟩: behend, flink, gewandt; regsam, geschäftig. **agil|le** ['a:dʒilə] ⟨*it.;* zu *lat.* agilis, vgl. agil⟩: flink, beweglich (Vortragsanweisung; Mus.). **Agi|li|tät** [agi...] *die;* - ⟨aus gleichbed. *fr.* agilité, dies aus *lat.* agilitas „Beweglichkeit, Schnelligkeit"⟩: temperamentbedingte Beweglichkeit, Lebendigkeit, Regsamkeit (im Verhalten des Menschen zur Umwelt)

Ägi|lops *der;* - ⟨über *lat.* aegilops aus gleichbed. *gr.*

aigílōps⟩: Windhafer (Gräsergattung in Südeuropa u. im Orient)
Ägi|ne|ten die (Plur.) ⟨über lat. Aeginetae aus gleichbed. gr. Aiginétai, nach der Insel Ägina⟩: Giebelfiguren des Aphäatempels auf der griech. Insel Ägina
Aging ['e:dʒɪŋ] das; -s, -s ⟨aus engl. aging „Alterung" zu age „Alter", dies über altfr. aage, eage u. vulgärlat. aetaticum aus lat. aetas, Gen. aetatis „Leben(szeit)"⟩: die Reifung bestimmter Tabaksorten durch ein bis zwei Jahre dauernde Lagerung in Ballen od. Fässern
Agio ['a:ʒio, auch 'a:dʒo] das; -s, Plur. -s u. Agien [...jən] ⟨unter Einfluß von fr. agio aus gleichbed. it. aggio, dies verkürzt aus mdal. lajjo zu mgr. allágion „Tausch, Wechsel", dies aus gleichbed. gr. allagḗ⟩: Aufgeld (z. B. Betrag, um den der Preis eines Wertpapiers über dem Nennwert liegt). **Agio|pa|pie|re** die (Plur.): Schuldverschreibungen, die mit Agio zurückgezahlt werden
Agio|si|de|ron, Hagiosideron das; -s, ...ra ⟨aus gr. hágios „heilig, geweiht" u. sídēros „Eisen"⟩: der eiserne Hammer, der den Christen der Ostkirchen zum Anschlagen der Glocken dient. **Agio|skop** das; -s, -e ⟨zu ↑...skop⟩: (veraltet) Apparat zur Herstellung von Nebelbildern
Agio|ta|ge [aʒɪoˈtaːʒə] die; -, -n ⟨aus gleichbed. fr. agiotage zu agio, vgl. Agio⟩: 1. Spekulationsgeschäft durch Ausnutzung von Kursschwankungen an der Börse. 2. (österr.) nicht rechtmäßiger Handel zu überhöhten Preisen, z. B. mit Eintrittskarten. **Agio|teur** [...ˈtøːɐ̯] der, -s, -e ⟨aus gleichbed. fr. agioteur⟩: 1. Börsenspekulant. 2. jmd., der unrechtmäßig z. B. mit Eintrittskarten zu überhöhten Preisen handelt. **Agio|theo|rie** die; -: Kapitalzinstheorie, die den Zins als Agio erklärt. **agio|tie|ren** ⟨aus gleichbed. fr. agioter⟩: an der Börse spekulieren
Ägir|rin der; -s, -s ⟨nach dem isländ. Meeresgott Ägir u. zu ↑...in (1)⟩: grünlich-schwarzes, gesteinsbildendes Mineral
Agir|lik das; -s, -s ⟨aus gleichbed. türk. ağırlık⟩: Hofgeschenk eines eine türkische Prinzessin heiratenden Paschas
Ägis die; - ⟨über lat. aegis aus gleichbed. gr. aigís, eigtl. „Ziegenfell"⟩: Schild des Zeus u. der Athene
agi|ta|bel ⟨aus gleichbed. lat. agitabilis zu agitare, vgl. agitieren⟩: leicht beweglich; fraglich. **Agi|ta|kel** das; -s, - ⟨aus gleichbed. nlat. agitaculum zu lat. agitare, vgl. agitieren⟩: früher zur Arzneimittelbereitung verwendetes Rührstäbchen. **Agi|ta|tio** die; -, ...tionen ⟨aus lat. agitatio „das In-Bewegung-Setzen"; vgl. Agitation⟩: körperliche Unruhe, Erregtheit eines Kranken. **Agi|ta|ti|on** die; -, -en ⟨aus gleichbed. engl. agitation, dies aus lat. agitatio (vgl. Agitatio) zu agitare, vgl. agitieren⟩: a) (abwertend) aggressive Tätigkeit zur Beeinflussung anderer, vor allem in politischer Hinsicht; Hetze; b) politische Aufklärungstätigkeit; Werbung für bestimmte politische od. soziale Ziele. **Agi|ta|ti|on und Pro|pa|gan|da** die; - - -: svw. Agitprop. **agi|ta|to** [adʒi...] ⟨it.; zu lat. agitatus „angetrieben"⟩: aufgeregt, heftig (Vortragsanweisung; Mus.). **Agi|ta|tor** [agi...] der; -s, ...oren ⟨aus gleichbed. engl. agitator, dies aus lat. agitator „Treiber"⟩: jmd., der Agitation betreibt. **agi|ta|to|risch:** a) (abwertend) aggressiv [für politische Ziele] tätig, hetzerisch; b) politisch aufklärend. **agi|tie|ren** ⟨nach gleichbed. engl. to agitate, dies aus lat. agitare „antreiben; betreiben; aufhetzen"⟩: a) (abwertend) in aggressiver Weise [für politische Ziele] tätig sein, hetzen; b) politisch aufklären, werben. **agi|tiert** ⟨zu ↑...iert⟩: erregt, unruhig (Psychol.). **¹Agit|prop** die; - ⟨aus gleichbed. russ. agitprop; Kurzw. aus Agitation und Propaganda⟩: in den 1920er Jahren entstandene Bewegung zur Beeinflussung der Massen mit dem Ziel, in ihnen revolutionäres Bewußtsein zu entwickeln u. sie zur Teilnahme am Klassenkampf zu veranlassen. **²Agit|prop** der; -[s], -s: jmd., der agitatorische Propaganda betreibt. **Agit|prop|grup|pe** die; -, -n: Gruppe von Laienspielern, die in der Art eines Kabaretts Propaganda im Sinne der ¹Agitprop treibt. **Agit|prop|thea|ter** das; -s: in den ehemaligen sozialistischen Ländern entstandene Form des Laientheaters, das an die Traditionen der ¹Agitprop anknüpfte u. durch Verbreitung der marxistisch-leninistischen Lehre die allgemeine politische Bildung fördern sollte
Aglia die; -, ...ien ⟨aus gr. aglaía „Prunk, Glanz, Herrlichkeit"⟩: Nachtpfauenauge, ein Schmetterling
Agli|gak der; -s, -s ⟨aus gleichbed. eskim. agligak⟩: grönländischer Wurfspieß
Aglo|bu|lie die; - ⟨zu gr. a- „un-, nicht-", lat. globulus „Kügelchen" u. ↑²...ie⟩: Verminderung der Zahl der roten Blutkörperchen (Med.)
Aglos|sie die; -, ...ien ⟨zu gr. a- „un-, nicht-", glõssa „Zunge" u. ↑²...ie⟩: angeborenes Fehlen der Zunge (Med.)
Aglu|ti|ti|on die; - ⟨zu gr. a- „un-, nicht-", lat. glut(t)ire „verschlucken" u. ↑¹...ion⟩: Unfähigkeit zu schlucken (Med.)
Agly|kon das; -s, -e ⟨zu gr. a- „un-, nicht-" u. glykýs „süß"⟩: zuckerfreier Bestandteil der ↑ Glykoside
Ag|ma das; -[s] ⟨aus gr. ágma „Bruchstück"⟩: Bez. für den velaren Nasallaut gg (ng) [ŋ] in der griech. u. lat. Grammatik
Agnat der; -en, -en ⟨aus lat. agnatus „der Nachgeborene"⟩: männlicher Blutsverwandter der männlichen Linie (Rechtsw.)
Agna|tha die (Plur.) ⟨zu gr. a- „un-, nicht-" u. gnáthos „Kinnbacken"⟩: Klasse von im Wasser lebenden, fischähnlichen Wirbeltieren, die keinen Kiefer haben. **Agnathie** die; -, ...ien ⟨zu ↑²...ie⟩: angeborenes Fehlen des Ober- od. Unterkiefers (Med.)
Agna|ti|on die; - ⟨zu ↑Agnat u. ↑¹...ion⟩: Blutsverwandtschaft väterlicherseits (Rechtsw.). **agna|tisch:** im Verwandtschaftsverhältnis eines Agnaten stehend (Rechtsw.)
Agnel [anˈjɛl] der; -s, -s ⟨aus altfr. agnel „Lamm", dies zu lat. agnellus „Lämmchen", Verkleinerungsform von agnus „Lamm"⟩: altfranz. Goldmünze mit dem Bild des Lammes. **Agne|line** [anjəˈliːn] die; - ⟨aus fr. (laine) agneline „Lamm(wolle)"⟩: Lammwolle
Agni|ti|on die; - ⟨zu lat. agnitio⟩: (veraltet) Anerkennung
Agno|men das; -s, ...mina ⟨aus gleichbed. lat. agnomen⟩: in der röm. Namengebung der Beiname (z. B. die Bezeichnung „Africanus" im Namen des P. Cornelius Scipio Africanus); vgl. Kognomen. **Agno|mi|na|ti|on** vgl. Annominatio. **agno|mi|nie|ren** ⟨zu ↑...ieren⟩: einen Beinamen geben
Agno|sie die; -, ...ien ⟨über nlat. agnosia aus gr. agnōsía „das Nichterkennen"⟩: 1. krankhafte Störung der Fähigkeit, Sinneswahrnehmungen (trotz erhaltener Funktionstüchtigkeit der Sinnesorgane) als solche zu erkennen (Med.). 2. Nichtwissen; Unwissenheit (Philos.). **Agno|sti|ker** der; -s, - ⟨nach gleichbed. engl. agnostic zu gr. a- „un-, nicht-" u. gnōstikós „erkennungsfähig, einsichtig"⟩: Verfechter der Lehre des Agnostizismus. **agno|stisch** ⟨aus gr. ágnōstos „unbekannt, nicht erkennbar"⟩: die Agnosie betreffend. **Agno|sti|zis|mus** der; - ⟨nach gleichbed. engl. agnosticism; vgl. ...ismus (1)⟩: Sammelbez. für alle philosophischen u. theologischen Lehren, die eine rationale Erkenntnis des Göttlichen od. Übersinnlichen leugnen. **agno|sti|zi|stisch** ⟨zu ↑...istisch⟩: die Lehre des Agnosti-

zismus vertretend. **Agno|stus** *der;* -, Plur. ...ti u. ...ten ⟨aus *nlat.* agnostus „der Unbekannte", dies aus gleichbed. *gr.* ágnōstos⟩: ausgestorbene Gattung der Dreilappkrebse (vgl. Trilobit) aus dem ↑Paläozoikum
agnos|zie|ren ⟨aus *lat.* agnoscere „anerkennen"⟩: a) anerkennen; b) (österr.) die Identität feststellen
Agnus Dei *das;* - -, - - ⟨*lat.;* „Lamm Gottes"⟩: 1. (ohne Plur.) Bez. u. Sinnbild für Christus. 2. a) Gebetshymnus im katholischen Gottesdienst vor der ↑Eucharistie (1 a); b) Schlußsatz der musikalischen Messe. 3. vom Papst geweihtes Wachstäfelchen mit dem Bild des Osterlamms
Ago|gi|at *der;* -en, -en ⟨aus gleichbed. *ngr.* agōgiátēs, dies zu *gr.* ágein „führen, fahren", vgl. agieren⟩: Wagenlenker, Maultiertreiber. **Ago|gik** *die;* - ⟨zu *gr.* agōgḗ „Tempo der Musik", eigtl. „Leitung, Führung", u. ↑²...ik (2)⟩: Lehre von der individuellen Gestaltung des Tempos beim musikalischen Vortrag. **ago|gisch:** individuell gestaltet (in bezug auf das Tempo eines musikalischen Vortrags)
à go|go [a –] ⟨aus gleichbed. *fr.* à gogo (scherzh. Verdoppelung der 1. Silbe von gogue „Scherz")⟩: in Hülle u. Fülle, nach Belieben
Ago|go *das;* -s, -s ⟨aus dem Afrik.⟩: westafrik. (bes. in Nigeria verbreitetes) Schlaginstrument
Agon *der;* -s, -e ⟨über *lat.* agon „Wettkampf" aus gleichbed. *gr.* agṓn, eigtl. „Versammlung"⟩: 1. sportlicher od. geistiger Wettkampf im antiken Griechenland. 2. der Hauptteil der attischen Komödie. **ago|nal** ⟨zu ↑¹...al (1)⟩: den Agon betreffend; zum Wettkampf gehörend, wettkampfmäßig
Ago|ne *die;* -, -n ⟨zu *gr.* ágōnos „ohne Winkel"; vgl. Gon⟩: Linie, die alle Orte, an denen keine Magnetnadelabweichung von der Nordrichtung auftritt, miteinander verbindet
Ago|nie *die;* -, ...ien ⟨über *lat.* agonia aus *gr.* agōnía „Kampf, Anstrengung, Angst"⟩: a) (ohne Plur.) Gesamtheit der vor dem Eintritt des klinischen Todes auftretenden typischen Erscheinungen. z. B. ↑Facies hippocratica (Med.); b) Todeskampf. **Ago|nis|mus** *der;* -, ...men ⟨über *spätlat.* agonismus aus gleichbed. *gr.* agōnismós⟩: Wettkampf, Wetteifer. **Ago|nist** *der;* -en, -en ⟨über *spätlat.* agonista aus gleichbed. *gr.* agōnistḗs, Bed. 2 rückgebildet aus ↑Antagonist (2)⟩: 1. Wettkämpfer. 2. einer von paarweise wirkenden Muskeln, der die Bewegung bewirkt, die der des ↑Antagonisten (2) entgegengesetzt ist (Med.). **Ago|ni|stik** *die;* - ⟨zu *gr.* agōnistikós „zum Wettkampf gehörig"; vgl. ...istik⟩: Wettkampfwesen, Wettkampfkunde. **Ago|ni|sti|ker** *die* (Plur.): Anhänger einer oppositionellen, gegen die offizielle christliche Kirche gerichteten Bewegung in Nordafrika der Spätantike. **ago|ni|stisch:** kämpfend; -e Schriften: Streitschriften
Ägo|pho|nie *die;* - ⟨aus *nlat.* aegophonia zu *gr.* aíx, Gen. aigós „Ziege" u. ↑...phonie⟩: Meckerstimme (Med.)
¹Ago|ra *die;* -, Agoren ⟨aus gleichbed. *gr.* agorá⟩: 1. Volksversammlung der altgriech. ↑Polis. 2. rechteckiger, von Säulen umschlossener Platz in altgriech. Städten; Markt- u. Versammlungsplatz
²Ago|ra *die;* -, Agorot ⟨aus gleichbed. *neuhebr.* agōrā⟩: israelische Währungseinheit (1 israel. Schekel = 10 Agorot)
Ago|ra|nom *der;* -en, -en ⟨aus gleichbed. *gr.* agoranómos⟩: altgriech. Marktmeister, Marktaufseher. **Ago|ra|pho|bie** *die;* - ⟨zu ↑¹Agora u. ↑...phobie⟩: Platzangst, zwanghafte, von Schwindel- od. Schwächegefühl begleitete Angst, allein über freie Plätze od. Straßen zu gehen (Psychol.)
Ago|ren: Plur. von ↑¹Agora
Ago|rot: Plur. von ↑²Agora
Agraf|fe *die;* -, -n ⟨aus *fr.* agrafe „Haken, Spange"⟩: 1. als Schmuckstück dienende Spange od. Schnalle. 2. klammerförmige Verzierung an Rundbogen als Verbindung mit einem darüberliegenden Gesims (Archit.)
Agram|ma|tis|mus *der;* -, ...men ⟨zu *gr.* agrámmatos „ungelehrt, nicht lesen und schreiben könnend" u. ↑...ismus (3)⟩: 1. (ohne Plur.) krankhaftes od. entwicklungsbedingtes Unvermögen, beim Sprechen die einzelnen Wörter grammatisch richtig aneinanderzureihen (Med.); vgl. Aphasie. 2. einzelne Erscheinung des krankhaften od. entwicklungsbedingten Unvermögens, einzelne Wörter grammatisch richtig aneinanderzureihen (Med.)
agran|die|ren [agrã...] ⟨aus gleichbed. *fr.* agrandir zu grand „groß", dies aus gleichbed. *lat.* grandis⟩: (veraltet) vergrößern, erweitern, ausdehnen. **Agran|dis|se|ment** [...'mã:] *das;* -s, -s ⟨aus gleichbed. *fr.* agrandissement⟩: (veraltet) Vergrößerung, Erweiterung
à grands cou|rants [a 'grã: ku'rã:] ⟨*fr.*⟩: in langen Zügen
à grands pas [a 'grã: 'pa:] ⟨*fr.*⟩: mit großen Schritten
Agra|nu|lo|zy|to|se *die;* -, -n ⟨zu *gr.* a- „un-, nicht-", ↑Granulozyt u. ↑¹...ose⟩: durch Fehlen od. starke Abnahme der ↑Granulozyten im Blut bedingte schwere, meist tödlich verlaufende Krankheit
Agra|pha *die* (Plur.) ⟨zu *gr.* ágraphos „nicht aufgeschrieben", eigtl. „Ungeschriebenes"⟩: Aussprüche Jesu, die nicht in den vier ↑Evangelien (1), sondern in anderen Schriften des Neuen Testaments u. in sonstigen Quellen überliefert sind. **Agra|phie** *die;* -, ...ien ⟨zu ↑²...ie⟩: Unfähigkeit, einzelne Buchstaben od. zusammenhängende Wörter richtig zu schreiben (Med.)
agrar..., **Agrar...** ⟨aus *lat.* agrarius „den Ackerbau betreffend"⟩: Wortbildungselement mit der Bedeutung „Landwirtschaft[s]..., Boden...", z. B. agrarpolitisch, Agrarprodukt, Agrarreform. **Agrar|ar|chäo|lo|gie** *die;* -: interdisziplinäre Wissenschaft (bes. Vor- u. Frühgeschichte, Bodenkunde, Botanik) zur Erforschung der ländlichen Siedlungsentwicklung. **Agrar|bio|lo|gie** *die;* -: svw. Agrobiologie. **Agrar|che|mie** *die;* -: svw. Agrikulturchemie. **Agrareth|no|gra|phie** *die;* -: Teilgebiet der ↑Ethnographie, das sich mit der Landwirtschaft als Phänomen der Kultur befaßt. **Agrar|ex|port** *der;* -[e]s, -e: ↑Export von Agrarprodukten. **Agrar|geo|gra|phie** *die;* -: Teilgebiet der ↑Geographie, das sich mit den von der Landwirtschaft genutzten Teilen der Erdoberfläche befaßt. **Agra|ri|er** [...iɐ] *der;* -s, - (meist Plur.) ⟨aus *lat.* agrarii „Freunde der Ackergesetze u. der Ackerverteilung"⟩: Großgrundbesitzer, Landwirt [der seine wirtschaftspolitischen Interessen vertritt]. **Agrar|im|port** *der;* -[e]s, -e: ↑Import von Agrarprodukten. **agra|risch** ⟨aus gleichbed. *lat.* agrarius⟩: die Landwirtschaft betreffend. **Agrar|ko|lo|ni|sa|ti|on** *die;* -: agrarwirtschaftliche Erschließung von wenig genutzten od. ungenutzten Gebieten. **Agrar|kon|junk|tur** *die;* -: spezielle Ausprägung der gesamtwirtschaftlichen Konjunkturlage (vgl. Konjunktur) im Agrarbereich. **Agrar|kre|dit** *der;* -s, -e: Kredit, der landwirtschaftlichen Betrieben gewährt wird. **Agrar|me|teo|ro|lo|gie** *die;* -: Teilgebiet der ↑Meteorologie, das sich mit der Wirkung von Wetter u. Klima auf die Landwirtschaft befaßt. **Agrar|öko|no|mie** *die;* -: Teilgebiet der ↑Agronomie, das landwirtschaftliche Betriebslehre, landwirtschaftliche Marktlehre u. die ↑Agrarpolitik umfaßt. **Agrar|po|li|tik** *die;* -: Gesamtheit der Maßnahmen zur Förderung der Landwirtschaft. **agrar|po|li|tisch:** die Agrarpolitik betreffend, zu ihr gehörend. **Agrar|pro|dukt** *das;* -s, -e: landwirtschaftliches Erzeugnis. **Agrar|quo|te** *die;* -: Anteil der in der Landwirtschaft Beschäftigten an der Gesamtbeschäftigtenzahl. **Agrar|re|form** *die;* -, -en:

Agrarsoziologie

Komplex von Maßnahmen, deren Ziel die Förderung des Wohlstands der in der Landwirtschaft Beschäftigten u. die Erzeugnissteigerung der Landwirtschaft ist. **Agrar|so|zio|lo|gie** *die;* -: Teilgebiet der ↑ Soziologie, das sich mit den wirtschaftlichen, sozialen u. politischen Verhältnissen der Landbevölkerung (z. B. Landflucht, Verstädterung) befaßt. **Agrar|staat** *der:* -[e]s, -en: Staat, dessen Wirtschaft überwiegend durch die Landwirtschaft bestimmt wird. **Agrar|struk|tur** *die;* -: Gesamtheit der Bedingungen (z. B. Siedlungsform, Bodennutzungsform), unter denen die landwirtschaftliche Produktion u. der Verkauf der landwirtschaftlichen Erzeugnisse stattfinden. **Agrar|tech|nik** *die;* -, -en: Technik der Bodenbearbeitung u. -nutzung. **Agrar|tech|ni|ker** *der;* -s, -: technischer Beruf in der Landwirtschaft. **Agrar|wis|sen|schaft** *die;* -: svw. Agronomie. **Agrar|zo|ne** *die;* -, -n: Gebiet mit überwiegend landwirtschaftlicher Erwerbsstruktur

agrea|bel ⟨aus gleichbed. *fr.* agréable⟩: (veraltet) genehm; angenehm, gefällig; anmutig. **Agree|ment** [ε'gri:...] *das;* -s, -s ⟨aus *engl.* agreement „Vereinbarung, Übereinstimmung", dies aus *fr.* agrément, vgl. Agrément⟩: 1. svw. Agrément (1). 2. weniger bedeutsame, formlose Übereinkunft zwischen Staaten; vgl. Gentleman's Agreement

Agré|gé [agre'ʒe:] *der;* -s, -s ⟨aus gleichbed. *fr.* agrégé, eigtl. Part. Perf. von agréger „beigesellen, aufnehmen", dies aus *lat.* aggregare, vgl. aggregieren⟩: in Frankreich Dozent mit Lehrbefähigung für die Oberstufe höherer Schulen u. für das ↑ propädeutische Jahr an der Universität

agre|ie|ren ⟨aus gleichbed. *fr.* agréer, zu gré „Wille, Gefallen", dies aus *lat.* gratum „das Willkommene"⟩: genehmigen, für gut befinden. **Agré|ment** [agre'mã:] *das;* -s, -s ⟨aus gleichbed. *fr.* agrément⟩: 1. Zustimmung einer Regierung zur Ernennung eines diplomatischen Vertreters in ihrem Land. 2. a) (nur Plur.) Ausschmückungen od. rhythmische Veränderungen einer Melodie (Mus.); b) (veraltet) kleine schmückende Beigaben; Schönheitsmittelchen. 3. (veraltet) Annehmlichkeit; Zierde

Agrer|go|gra|phie *die;* - ⟨zu *gr.* agrós „Acker", érgon „Arbeit" u. ↑...graphie⟩: Beschreibung der Ackergeräte

agrest ⟨aus gleichbed. *lat.* agrestis, eigtl. „wild (wachsend)"⟩: (veraltet) ländlich, bäurisch

Agrest *der;* -[e]s, -e ⟨aus *it.* agresto „unreife Traube, Saft davon", eigtl. „Säuerling", zu agro „sauer", dies aus *lat.* acer „scharf, sauer"⟩: aus unreifen Weintrauben gepreßter Saft, Erfrischungsgetränk

Agre|stie *die;* - ⟨aus *nlat.* agrestia „Strenge, Unfreundlichkeit; Unmenschlichkeit" zu *lat.* agrestis, vgl. agrest⟩: (veraltet) bäurisches Wesen, Grobheit

Agri|busi|neß [...bɪznɪs] *das;* - ⟨zu *lat.* ager, Gen. agri „Acker" u. ↑ Busineß⟩: svw. Agrobusineß

ägrie|ren ⟨zu *fr.* aigre „sauer" (aus *lat.* acer „scharf, sauer") u. ↑...ieren⟩: (veraltet) erbittern

Agri|kul|tur *die;* -, -en ⟨aus gleichbed. *lat.* agricultura; vgl. Kultur⟩: Ackerbau, Landwirtschaft. **Agri|kul|tur|che|mie** *die;* -: Teilgebiet der angewandten Chemie, das sich bes. mit Pflanzen- u. Tierernährung, Düngerproduktion u. Bodenkunde befaßt. **Agri|kul|tu|ris|mus** *der;* - ⟨zu ↑...ismus (1)⟩: (veraltet) Landwirtschaftswesen. **Agri|kul|tur|phy|sik** *die;* -: svw. Agrophysik. **Agri|men|sor** *der;* -s, ...oren ⟨aus spätlat.* agrimensor „Feldmesser"⟩: Feldvermesser der röm. Kaiserzeit

Ägri|mo|nie *die;* - ⟨aus gleichbed. *lat.* aegrimonia zu aeger „krank, traurig"⟩: (veraltet) Betrübnis, Kummer

Agrio|ni|en [...jən] *die* (Plur.) ⟨aus gleichbed. *nlat.* agrionia, eigtl. „Wildheiten", zu *gr.* ágrios „wild"⟩: Rätsel, Worträt-

sel. **Agrio|thy|mie** *die;* - ⟨zu *gr.* thymós „Sinn, Gemüt" u. ↑²...ie⟩: (veraltet) Mordsucht, ungestüme Wesensart

agro..., Agro... ⟨aus *gr.* agrós „Acker, Feld"⟩: Wortbildungselement mit der Bedeutung „Landwirtschaft[s]..., Boden...", z. B. agrobiologisch, Agrophysik. **Agro|bio|lo|gie** *die;* - ⟨nach gleichbed. *russ.* agrobiologia⟩: Lehre von den biologischen Gesetzmäßigkeiten in der Landwirtschaft. **agro|bio|lo|gisch:** die Agrobiologie betreffend. **Agro|bio|zö|no|se** *die;* - ⟨zu ↑ agro...⟩: Lebensgemeinschaft von Pflanzen u. Tieren, die sich in einem von Menschen kultivierten Bereich (z. B. Acker, Garten) einstellt. **Agro|bu|si|neß** [...bɪznɪs] *das;* -: 1. Vermarktung u. Verarbeitung landwirtschaftlicher Erzeugnisse durch große private Unternehmen. 2. die Gesamtheit aller für die Versorgung der Bevölkerung mit Nahrungsmitteln ablaufenden Wirtschaftsprozesse. **Agro|che|mie** *die;* - ⟨nach gleichbed. *russ.* agrochimia⟩: svw. Agrikulturchemie. **Agro|che|mi|ka|li|en** [...jən] *die* (Plur.): zusammenfassende Bez. für die in der Landwirtschaft u. im Gartenbau verwendeten Chemikalien wie Düngemittel, ↑ Herbizide, ↑ Insektizide. **agro|che|misch:** die Agrochemie betreffend. **Agro|ma|ne** *der* u. *die;* -n, -n ⟨zu ↑...mane⟩: (veraltet) leidenschaftlicher Liebhaber des Ackerbaus. **Agro|ma|nie** *die;* -: (veraltet) Leidenschaft für den Ackerbau. **Agro|nom** *der;* -en, -en ⟨aus *gr.* agronómos „Aufseher über die Stadtländereien", Bed. 2 über *russ.* agronom⟩: 1. akademisch ausgebildeter Landwirt. 2. Fachkraft in der Landwirtschaft mit leitender od. beratender Tätigkeit. **Agro|no|me|trie** *die;* - ⟨zu ↑ agro... u. ↑...metrie⟩: (veraltet) Feldwertberechnung. **Agro|no|mie** *die;* - ⟨zu ↑²...nomie⟩: Ackerbaukunde, Landwirtschaftswissenschaft. **agro|no|misch:** ackerbaulich. **Agro|phy|sik** *die;* -: Lehre von den physikalischen Vorgängen in der Landwirtschaft. **agro|phy|si|ka|lisch:** die Agrophysik betreffend. **Agro|stadt** *die;* -, ...städte: 1. große, stadtähnliche Siedlung, deren Bewohner vorwiegend in der Landwirtschaft arbeiten (z. B. in Südeuropa, Südamerika, China). 2. als Mittelpunkt von Kollektivwirtschaften propagierte u. geförderte Siedlung städtischen Typs in der ehemaligen Sowjetunion (nach 1930)

Agro|sto|gra|phie *die;* - ⟨zu *gr.* ágrōstis „Gras" u. ↑...graphie⟩ u. **Agro|sto|lo|gie** *die;* - ⟨zu ↑...logie⟩: Gräserkunde

ägrot *der;* -es ⟨*lat.* aegrotus⟩: (veraltet) krank. **ägro|tant** ⟨aus gleichbed. *lat.* aegrotans, Gen. aegrotantis, Part. Präs. von aegrotare, vgl. ägrotieren⟩: (veraltet) krank, kränkelnd

Agro|tech|nik *die;* - ⟨nach gleichbed. *russ.* agrotechnika zu ↑ agro... u. ↑ Technik⟩: Anbautechnik (in der Landwirtschaft). **Agro|tech|ni|ker** *der;* -s, -: Agrartechniker. **agro|tech|nisch:** die Agrotechnik betreffend

ägro|tie|ren ⟨aus gleichbed. *lat.* aegrotare⟩: (veraltet) krank sein, kränkeln

Agro|ty|pus *der;* -, ...pen ⟨zu ↑ agro... u. ↑ Typus⟩: Kulturpflanzensorte als Produkt einer Pflanzenzüchtung

Agru|men, Agru|mi *die* (Plur.) ⟨aus *it.* agrume (Plur.) „Sauerfrüchte", dies zu *lat.* acer „scharf"⟩: Sammelname für Zitrusfrüchte (Zitronen, Apfelsinen)

Agryp|nie *die;* -, ...ien ⟨aus *gr.* agrypnía „Schlaflosigkeit"⟩: svw. Asomnie.

Agua|dor [agua...] *der;* -s, -es ⟨aus gleichbed. *span.* aguador zu agua „Wasser", dies aus *lat.* aqua⟩: span. Wasserträger in Madrid

Ague ['e:gju] *das;* -, - ⟨aus gleichbed. *engl.* ague zu *altfr.* aguë, dies verkürzt aus *(m)lat.* febris acuta „heftiges Fieber"⟩: (veraltet) [amerik.] Sumpffieber

aguer|rie|ren [agε...] ⟨aus gleichbed. *fr.* aguerrir zu guerre

„Krieg", dies aus *germ.* *werra „Verwirrung, Streit"⟩: (veraltet) an den Krieg gewöhnen

Agui|la|rit [agi..., auch ...'rɪt] *der;* -s, -e ⟨nach dem mexikan. Mineninspektor P. Aguilar u. zu ↑²...it⟩: dem Argentit ähnliches Silbermineral

Agu|ja [...xa] *der;* -s, -s, auch *die;* -, -s ⟨aus gleichbed. *span.* aguja⟩: südamerik. Bussard

Ag|urin *das;* -s ⟨zu *lat.* agere „[heraus]treiben" u. urina „Harn"⟩: altes harntreibendes Mittel

Agu|ti *der* od. *das;* -s, -s ⟨über gleichbed. *span.* aguti aus dem Indian.⟩: hasenähnliches Nagetier (Goldhase) in Südamerika

Agy|nie *die;* - ⟨aus *gr.* a- „un-, nicht-", gyné „Frau" u. ↑²...ie⟩: (veraltet) das Nichtverheiratetsein (von Männern). **agy|nisch**: (veraltet) nicht verheiratet (von Männern)

Ägyp|ti|enne [ɛʒɪˈpsi̯ɛn] vgl. Egyptienne. **ägyp|tisch** [ɛˈgyp...] ⟨aus gleichbed. *gr.* aígyptos⟩: das Land Ägypten betreffend; -e Finsternis: sehr große Dunkelheit. **Ägypto|lo|ge** *der;* -n, -n ⟨zu ↑...loge⟩: Wissenschaftler, der sich mit der Erforschung von Kultur u. Sprache des alten Ägyptens beschäftigt. **Ägyp|to|lo|gie** *die;* - ⟨zu ↑...logie⟩: Wissenschaft von Kultur u. Sprache des alten Ägyptens. **ägyp|to|lo|gisch** ⟨zu ↑...logisch⟩: die Ägyptologie betreffend

Agy|rie *die;* -, ...i̯en ⟨zu *gr.* a- „un-, nicht-", gyrós „krumm, rund" u. ↑²...ie⟩: Mangel od. völliges Fehlen von Hirnwindungen in der Großhirnrinde (Med.)

Agyrt *der;* -en, -en ⟨nach *gr.* agýrtēs, den altgriech. Bettelpriestern der kleinasiat. Mutter- u. Fruchtbarkeitsgöttin Kybele⟩: (veraltet) Marktschreier, Gaukler, Bettler

Ahar *der;* -[s], -s ⟨nach der iran. Stadt⟩: Orientteppich von feiner Knüpfung u. schwerer Struktur

Aha|si|ten *die* (Plur.) ⟨wahrscheinlich nach Ahas bzw. Achas, dem König von Juda von 742 bis 716 v. Chr.; vgl. ³...it⟩: Verfechter der unumschränkten Gewalt des Landesfürsten auch in kirchlichen Dingen

Ahas|ver [...v...] *der;* -s, Plur. -s u. -e ⟨nach der latinisierten Form Ahasverus, dem Ewigen Juden, zu *hebr.* Aḥašweroš, eigtl. „Xerxes"⟩: ruhelos umherirrender Mensch. **ahas|ve|risch**: ruhelos umherirrend

à haute voix [a 'o:t 'voa] ⟨*fr.*⟩: mit lauter Stimme

ah, ça vo|yons [a sa voaˈjõ:] ⟨*fr.*⟩: nun, wir wollen sehen!

ahe|mi|to|nisch ⟨zu *gr.* a- „un-, nicht-" u. ↑hemitonisch⟩: halbtonlos (Mus.)

Ahe|na *die;* -, -s ⟨aus gleichbed. *mlat.* a(h)ena zu *lat.* a(h)eneus „aus Erz, kupfern"⟩: früher in der Chemie verwendete eherne Abdampfschale

ahe|re|di|tär ⟨zu *gr.* a- „un-, nicht-" u. ↑hereditär⟩: nicht erblich (bes. von Krankheiten)

ahi|sto|risch ⟨zu *gr.* a- „un-, nicht" u. ↑historisch⟩: geschichtliche Gesichtspunkte außer acht lassend

Ahm *das;* -[e]s, -e ⟨aus *kirchenlat.* ama „Gefäß, Weinmaß", dies aus *lat.* (h)ama „Feuereimer"⟩: altes, besonders für Getränke verwendetes Flüssigkeitsmaß, etwa 150 l; vgl. Aam

aho|risch ⟨zu *gr.* a- „un-, nicht-" u. *lat.* hora „Stunde"⟩: (veraltet) zur Unzeit, zu früh

Ahy|lo|gno|sie *die;* - ⟨zu *gr.* a- „un-, nicht-", hýlē „Wald, Holz, Stoff", gnōsis „Erkennen" u. ↑²...ie⟩: Unfähigkeit, die stoffliche Zusammensetzung eines getasteten Gegenstandes zu erkennen

Ahyp|nie *die;* - ⟨aus *gr.* a- „un-, nicht-", hýpnos „Schlaf" u. ↑²...ie⟩: svw. Asomnie

Ai [auch aˈiː] *das;* -s, -s ⟨über gleichbed. *port.* aí aus *Tupi* (einer südamerik. Indianersprache) ai⟩: Dreizehenfaultier

Aich|mo|pho|bie *die;* -, ...ien ⟨zu *gr.* aichmḗ „Lanzenspitze" u. ↑...phobie⟩: krankhafte Angst, sich od. andere mit spitzen Gegenständen verletzen zu können (Psychol., Med.)

Ai|da *das;* -[s] ⟨Phantasiebezeichnung⟩: Baumwoll- od. Zellwollgewebe, bes. als Stickereigrundstoff verwendet

AIDA-For|mel *die;* - ⟨Kurzw. aus *engl.* *a*ttention, *i*nterest, *d*esire, *a*ction „Aufmerksamkeit, Interesse, Verlangen, Handlung"⟩: zusammenfassende Formel der Aufgaben, die zu erfolgreicher Werbung führen sollen, d. h. Aufmerksamkeit erregen, Interesse wecken, Verlangen hervorrufen u. die Handlung, die im Kauf des betreffenden Objekts besteht, auslösen

Aide [ɛːt] *der;* -n [ˈɛːdn̩] ⟨aus gleichbed. *fr.* aide zu aider „helfen", dies aus *lat.* adiutare⟩: 1. (veraltet) Helfer, Gehilfe. 2. (schweiz.) Küchengehilfe, Hilfskoch (Gastr.). 3. Mitspieler, Partner [im ↑ Whist]. **Aide de camp** [ɛːt də ˈkãː] *der;* - -, -s - - [ɛːt də ˈkãː] ⟨aus gleichbed. *fr.* aide de camp, eigtl. „Lagergehilfe"⟩: (veraltet) Adjutant. **Aidemé|moire** [...meˈmoa:ʀ] *das;* -, -[s] ⟨aus gleichbed. *fr.* aide-mémoire, eigtl. „Gedächtnishilfe"⟩: im diplomatischen Verkehr eine in der Regel während einer Unterredung überreichte knappe schriftliche Zusammenfassung eines Sachverhalts zur Vermeidung von späteren Mißverständnissen

Ai|dio|rhyth|mus [a|idio..., auch aˈ|idio...] *der;* -, ...men ⟨zu *gr.* aídios „immerwährend" u. ↑Rhythmus⟩: ständiger abnormer (langsamer) Rhythmus der Wellen im Hirnstrombild (Med.)

Ai|doio|ma|nie [aidoyo...] *die;* - ⟨zu *gr.* aidoía „die Scham, Schamteile" u. ↑...manie⟩: ins Krankhafte gesteigerter Geschlechtstrieb (Psychol.)

Aids [ɛːts, *engl.* eɪdz] *das;* - (meist ohne Artikel) ⟨aus gleichbed. *engl.* aids, Kurzw. aus *a*cquired *i*mmune *d*eficiency *s*yndrome „erworbenes Immundefektsyndrom"⟩: durch ein Virus hervorgerufene Krankheit, die eine schwere Störung im Immunsystem hervorruft (Med.)

Aigel|stein *der;* -[e]s, -e ⟨zu *fr.* aigle „Adler", dies über *altfr.* aigle aus gleichbed. *lat.* aquila⟩: altröm. Grabstein mit Adler

Aigre|fin [ɛgʀəˈfɛ̃:] *der,* -s, -s ⟨aus gleichbed. *fr.* aigrefin, aiglefin od. églefin, dies über *älter fr.* esclefin(s) u. esclevis entlehnt aus *niederl.* schelvisch „Schellfisch"⟩: 1. eine Art Schellfisch. 2. (veraltet) a) Gauner, Schwindler; b) Hochstapler

Ai|gret|te [ɛ...] *die;* -, -n ⟨aus *fr.* aigrette „Silberreiher", dies aus *provenzal.* aigreta zu aigron „Reiher"⟩: 1. [Reiher]federschmuck, als Kopfputz auch mit Edelsteinen. 2. büschelförmiges Gebilde, z. B. Strahlenbündel bei Feuerwerken

Ai|greur [ɛˈgʀøːɐ̯] *die;* -, -s ⟨aus gleichbed. *fr.* aigreur zu aigrir, vgl. aigrieren⟩: (veraltet) 1. Säure, Schärfe, Bitterkeit. 2. zu tiefer Stich (Kupferstecherei). **Ai|greurs** *die* (Plur.): (veraltet) Magensäure, Sodbrennen. **ai|grie|ren** ⟨aus gleichbed. *fr.* aigrir zu aigre „sauer, scharf", dies aus *lat.* acer⟩: (veraltet) 1. säuern, sauer machen. 2. erbittern. **aigriert** ⟨zu ↑...iert⟩: (veraltet) erbittert, verdrießlich, verstimmt

Ai|guade [ɛˈgaːt] *die;* -, -n [...dn̩] ⟨aus gleichbed. *fr.* aiguade zu aigue „Wasser", dies über *altfr.* aigue aus gleichbed. *lat.* aqua⟩: (veraltet) [Süß]wasserquelle, -platz (am Meer). **Aiguière** [ɛˈgi̯ɛːɐ̯] *die;* -, -n [...ʀən] ⟨aus gleichbed. *fr.* aiguière⟩: bauchige Wasserkanne aus Metall od. Keramik (Kunstw.)

Ai|guil|la|de [ɛgi'ja:də] *die;* -, -n ⟨zu ↑Aiguille u. ↑...ade⟩: (veraltet) Treibstachel (der Rinderhirten). **Ai|guil|le** [ɛ'gi:jə] *die;* -, -n ⟨aus *fr.* aiguille „Nadel, Nähnadel" zu *lat.* acucula, Verkleinerungsform von acus „Nadel"⟩: (veraltet) 1. Nadel. 2. Berg-, Turmspitze. 3. Uhrzeiger. **Ai|guil|let|te** [ɛgi'jɛta] *die;* -, -n ⟨aus *fr.* aiguillette „Schnürband", eigtl. „Nädelchen"⟩: 1. Streifen von gebratenem Fisch, Fleisch, Wild od. Geflügel. 2. (veraltet) Achselschnur [an Uniformen], Schnur zum Verschließen von Kleidungsstükken. **ai|guil|lie|ren** [ɛgi'ji:...] ⟨aus *fr.* aiguiller „mit einer Nadel reinigen"⟩: (veraltet) den grauen Star mit einer Nadel beheben (Med.)

Ai|gui|se|rie [ɛgi...] *die;* -, ...jen ⟨aus gleichbed. *fr.* aiguiserie zu aiguiser, vgl. aiguisieren: (veraltet) Schleiferei. **Ai|gui|seur** [...'zø:ɐ] *der;* -s, -e ⟨aus gleichbed. *fr.* aiguiseur⟩: (veraltet) Schleifer, vor allem für Nadeln **ai|gui|sie|ren** ⟨aus gleichbed. *fr.* aiguiser zu aigu „scharf, spitz", dies aus *lat.* acutus⟩: (veraltet) schärfen, dengeln

Ai|ken-Code ['e:kŋ...] *der;* -s ⟨nach dem amerik. Mathematiker u. Informatiker H. H. Aiken (1900–1973) u. zu ↑Code⟩: Code zur Verschlüsselung von Dezimalzahlen

Ai|ki|do *das;* -s ⟨aus *jap.* ai „Harmonie", ki „(lenkende) Kraft" u. do „Weg"; eigtl. etwa „Weg der Harmonie und der (lenkenden) Kraft"⟩: Form der Selbstverteidigung

Ai|ki|nit [e..., auch ...'nɪt] *der;* -s, -e ⟨nach dem engl. Chemiker A. Aikin (geb. 1854) u. zu ↑²...it⟩: ein seltenes, schwärzliches bis stahlgraues Mineral

Ail vgl. Aul

Ai|lan|thus|spin|ner *der;* -s, - ⟨über *nlat.* ailanthus aus *Bantuspr.* ai lanto „Götterbaum, Baum des Himmels"⟩: ein Nachtschmetterling, der mit dem Götterbaum, der Wirtspflanze seiner großen grünen Larven, aus Indien in Europa eingebürgert wurde

Ai|le|rons [ɛlə'rõ:] *die* (Plur.) ⟨aus gleichbed. *fr.* ailerons (Plur.) zu aile „Flügel", dies aus *lat.* ala⟩: Flügelstücke von größerem Geflügel. **Ailes de pi|geon** [ɛːl də pi'ʒõ:] *die* (Plur.) ⟨zu *fr.* aile „Flügel" u. pigeon „Taube"⟩: Ballettfigur, bei der nach Absprung von einem Fuß u. gleichzeitig in die Luft geworfenem anderen Bein die Beine aneinandergeschlagen werden u. dann die Landung auf dem Spielbein erfolgt, während das andere Bein in die Luft gestreckt wird

...ail|le [...a:j, eingedeutscht ...aljə] ⟨aus *fr.* -aille⟩: Suffix weiblicher Fremdwörter aus dem Französischen, z. B. Kanaille, Emaille; noch produktiv bei gelegentlicher Bildung abwertender Bezeichnungen von Personengruppen wie Journaille

Ai|ma|bel [ɛ...] *der;* -s, -s ⟨zu *fr.* aimable „liebenswürdig", dies aus *lat.* amabilis⟩: (veraltet) Stutzer, Geck

Ai|mant [ɛ'mã:] *der;* -s, -s ⟨aus gleichbed. *fr.* aimant zu *lat.* adamantinus „stahlhart"; vgl. Adamantin⟩: (veraltet) Magnet. **ai|man|tie|ren** [ɛmã'tiː...] ⟨aus gleichbed. *fr.* aimanter⟩: (veraltet) magnetisieren

aio|phyl|lisch [aio...] ⟨aus *gr.* aeí „immer" u. phýllon „Laub"⟩: (veraltet) mit immergrünen Blättern. **Ai|pa|thie** *die;* - ⟨zu ↑...pathie⟩: (veraltet) ständiges Kranksein, Leiden

¹Air [ɛːɐ] *das;* -s, -s ⟨aus *fr.* air „Luft", dies aus *lat.* aer „Luft(schicht), Dunstkreis"⟩: 1. Hauch, Fluidum. 2. Aussehen, Haltung

²Air [ɛːɐ] *das;* -s, -s, auch *die;* -, -s ⟨aus *fr.* air „Melodie, Lied", dies aus *it.* aria; vgl. Arie⟩: liedartiges Instrumentalstück

air..., Air... ['ɛːɐ...] ⟨aus *engl.* air „Luft", vgl. ¹Air⟩: Wortbildungselement mit der Bedeutung „Luft", z. B. Airbag

Ai|rak *der;* -s, Plur. -e u. -s ⟨aus dem Tatar.⟩: tatarisches Getränk aus gegorener Kuhmilch

Air|bag ['ɛːɐbɛk] *der;* -s, -s ⟨aus gleichbed. *engl.* air bag; vgl. ¹Air⟩: Luftsack, sich automatisch aufblasende Sicherheitseinrichtung in Kraftfahrzeugen zum Schutz der Insassen bei einem Zusammenstoß. **air|borne** [...boːɐn] ⟨aus *engl.* airborne „in der Luft getragen"⟩: im Flugzeug befördert, vom Flugzeug aus, luftgestützt (durch Trägerflugzeuge). **Air|brush|tech|nik** [...braʃ...] *die;* - ⟨zu *engl.* airbrush „Spritzpistole"⟩: Spritzpistolentechnik, die vor allem in der Werbegraphik, aber auch in der Kunst angewendet wird, um besondere optische Wirkungen (z. B. metallische Effekte) zu erzielen. **Air|bus** *der;* -ses, -se ⟨aus gleichbed. *engl.* airbus⟩: Passagierflugzeug mit großer Sitzkapazität, bes. für Mittel- u. Kurzstrecken. **Air-con|di|tion** [...kəndɪʃn̩] vgl. Air-conditioning. **Air-con|di|tio|ner** [...ʃənɐ] *der;* -s ⟨aus gleichbed. *engl.* air conditioner, zu to condition „in den richtigen Zustand bringen"; vgl. Kondition⟩: Klimaanlage. **Air-con|di|tio|ning** *das;* -s, -s ⟨aus gleichbed. *engl.* air conditioning⟩: Temperaturregelung u. Frischluftzufuhr mit Hilfe einer Klimaanlage

Aire|dale|ter|ri|er ['ɛːɐdeːl...] *der;* -s, - ⟨nach einem Airdale genannten Talabschnitt, durch den der engl. Fluß Aire fließt⟩: Vertreter einer temperamentvollen, sehr dressurfähigen engl. Haushundrasse, mittelgroß, rauhhaarig, mit meist gelblichbraunem Fell, das auf dem Rücken u. der Oberseite von Hals u. Kopf schwarz ist

Air-flow-Me|tho|de ['ɛːɐfloː...] *die;* - ⟨zu *engl.* air „Luft", to flow „strömen" u. ↑Methode⟩: Verfahren zur Bewertung der mittleren Feinheit von Baumwollfasern u. Wollhaaren in der Textilprüfung. **Air Force** [– 'fɔːɐs] *die;* - ⟨aus gleichbed. *engl.* airforce⟩: [die engl. u. amerik.] Luftwaffe, Luftstreitkräfte. **Air|fresh** [...frɛʃ] *das;* - ⟨zu *engl.* fresh „frisch"⟩: Mittel zur Luftverbesserung. **Air|glow** [...gloː] *der* u. *das;* -s ⟨zu *engl.* to glow „leuchten"⟩: Leuchterscheinung in der ↑Ionosphäre (Astron.). **Air|ho|stess** [...hɔstɛs] *die;* -, -en: ↑Hosteß, die im Flugzeug Dienst tut; Stewardeß. **Ai|ring** ['ɛːrɪŋ] *das;* -s -s ⟨aus gleichbed. *engl.* airing⟩: 1. (ohne Plur.) das Lüften. 2. (veraltet) Spaziergang an frischer Luft. **Air|lift** ['ɛːɐ...] *der;* -[e]s, Plur. -e u. -s ⟨aus *engl.* airlift „Luftbrücke"⟩: Versorgung auf dem Luftweg, Luftbrücke. **Air|lift|ver|fahren** *das;* -s: Verfahren zum Fördern von Erdöl durch das Einpressen von Luft, das angewendet wird, wenn die Ölzufuhr zum Bohrloch nachläßt. **Air|mail** [...meːl] *die;* - ⟨aus gleichbed. *engl.* airmail⟩: Luftpost. **Ai|ro|tor** [ɛ...] *der;* -s, ...toren ⟨Kurzw. aus ↑Air... u. ↑Rotor⟩: eine bestimmte Art von Zahnbohrer. **Air|port** ['ɛːɐpɔːɐt] *der;* -s, -s ⟨aus gleichbed. *engl.* airport⟩: Flughafen. **Air|ter|mi|nal** [...təːɐmɪnəl, *engl.* ...təːmɪnl] *der,* auch *das;* -s, -s ⟨aus gleichbed. *engl.* air terminal⟩: Flughafen; vgl. Airport

Ai|sance [ɛ'zã:s] *die;* - ⟨aus gleichbed. *fr.* aisance zu aise, vgl. Aise⟩: (veraltet) 1. Wohlstand, Wohlhabenheit. 2. Leichtigkeit, Ungezwungenheit, Behaglichkeit. **Aise** [ɛːs] *die;* - ⟨aus gleichbed. *fr.* aise⟩: (veraltet) 1. Wohlstand. 2. Bequemlichkeit, Gemächlichkeit; à son aise sein [a sõ'nɛːs –]: sein gutes Auskommen haben, wohlhabend, auch aufgeräumt sein

...aise [...ɛːzə], eingedeutscht ...äse ⟨aus *fr.* -aise⟩: Suffix weiblicher Fremdwörter aus dem Französischen, z. B. Marseillaise, Française, eingedeutscht Majonäse

Ais|saugue [ɛ'soːk] *die;* -, -n [ɛ'soːkŋ] ⟨aus gleichbed. *fr.* aissaugue⟩: Fischerboot (an der Mittelmeerküste)

Ai|sym|ne|te *der;* -en, -en (meist. Plur.) ⟨aus *gr.* aisymnḗtēs „Kampfrichter"⟩: altgriech. Beamter mit unterschiedlichen Funktionen, vor allem (im 7. u. 6. Jh. v. Chr.) als

Schlichter zur Lösung politischer u. sozialer Konflikte mit Gesetzgebungsbefugnis u. fast monarchischer Gewalt
Ai|tio|lo|gie vgl. Ätiologie. **ai|tio|lo|gisch** vgl. ätiologisch
Ai|zo|on *das;* -s ⟨zu *gr.* aeí „immer" u. zôon „lebend"⟩: südafrikan. Immergrün
Aja *die;* -, -s ⟨aus gleichbed. *it.* aia⟩: (veraltet) Hofmeisterin, Erzieherin (fürstlicher Kinder)
Aja|da [a'xa:da] *die;* -, Plur. ...den u. -s ⟨zu *span.* ajo „Knoblauch", dies zu *lat.* al(l)ium⟩: Knoblauchbrühe, -salat
Aja|tol|lah *der;* -[s], -s ⟨aus gleichbed. *pers.* āyatullāh, eigtl. „Licht Gottes"⟩: schiitischer Ehrentitel für geistliche Würdenträger
Ajax *der;* -, - ⟨Phantasiebezeichnung, vermutlich nach den beiden Heerführern der griech. Sage vor Troja⟩: aus drei od. fünf Personen gebildete Pyramide, bei der der Obermann im Handstand steht (Kunstkraftsport)
Aji|mez [axi'mɛs] *das;* -, -e ⟨aus gleichbed. *span.* ajimez, dies aus *arab.* aš-šammīs⟩: geteiltes Bogenfenster (an maurischen Bauwerken)
Aj|ma|lin [atʃ...] *das;* -s ⟨aus dem Ind.; vgl. ...in (1)⟩: in bestimmten, dem Oleander ähnlichen Gewächsen vorkommendes Alkaloid, das in der Medizin als Herzmittel verwendet wird
à jour [a 'ʒuːɐ̯] ⟨zu *fr.* jour „Tag", dies zu *lat.* diurnus „bei Tage, täglich", Bed. 2 zu *fr.* ajour „Durchbrucharbeit", eigtl. „Öffnung (für das Tageslicht)"⟩: 1. a) bis zum [heutigen] Tag; - - **sein**: auf dem laufenden sein; b) ohne Buchungsrückstand (Buchführung). 2. (österr. ajour): durchbrochen gearbeitet (von Spitzen u. Geweben); - - **gefaßt**: nur am Rande, also bodenfrei, gefaßt (von Edelsteinen). **ajou|rie|ren** [aʒu...] ⟨aus gleichbed. *fr.* ajourer⟩: 1. (österr.) etwas à jour herstellen. 2. (österr.) Edelsteine nur am Rande, also bodenfrei, fassen. 3. auf dem laufenden halten, aktualisieren. **ajou|riert** ⟨aus *fr.* ajouré „durchbrochen"⟩: durchsichtig, durchbrochen, durchlöchert (z. B. Stoffe), mit Hohlsaum gearbeitet (in der Stickerei). **Ajourne|ment** [aʒʊrnə'mã:] *das;* -s, -s ⟨aus gleichbed. *fr.* ajournement⟩: (Rechtsspr. veraltet) Vorladung, Vertagung. **ajournie|ren** ⟨aus gleichbed. *fr.* ajourner⟩: (veraltet) vertagen, aufschieben. **Ajour|stil** [a'juːɐ̯...] *der;* -[e]s ⟨zu *fr.* ajour „Durchbrucharbeit"; vgl. à jour⟩: Ornamenttechnik in Stein, Stuck, Bronze usw. in der Baukunst des Islams sowohl im Sakral- wie auch im Profanbau
Ajou|té [aʒu'te:] *das;* -s, -s ⟨aus gleichbed. *fr.* ajouté⟩: (veraltet) Zusatz, Nachtrag (zu einer Schrift)
a Jo|ve prin|ci|pi|um [a 'joːvə ...'tsiːpi̯ʊm] ⟨*lat.;* eigtl. „mit Jupiter, dem obersten der röm. Götter"⟩: der Anfang mit Gott
Ajo|wan|öl *das;* -[e]s ⟨Herkunft unsicher⟩: ätherisches Öl, das zur Herstellung von Mundwasser u. Zahnpasta verwendet wird
ak..., Ak... vgl. ad..., Ad...
Aka|de|mie *die;* -, ...ien ⟨aus *fr.* académie „Gesellschaft von Gelehrten od. Künstlern", dies über *lat.* Academia aus *gr.* Akadḗmeia, dem Namen der Lehrstätte des altgriech. Philosophen Platon in Athen⟩: 1. a) Institution, Vereinigung von Wissenschaftlern zur Förderung u. Vertiefung der Forschung; b) Gebäude für diese Institution. 2. [Fach]hochschule (z. B. Kunst-, Musikakademie, medizinische -). 3. (österr.) literarische od. musikalische Veranstaltung. **Aka|de|mi|ker** *der;* -s, -: 1. jmd., der eine abgeschlossene Universitäts- od. Hochschulausbildung hat. 2. Mitglied einer Akademie (1 a). **Aka|de|mi|ke|rin** *die;* -, -nen: weibliche Form zu ↑Akademiker. **aka|de|misch**: 1. an einer Universität od. Hochschule [erworben, erfolgend, üblich]. 2. a) wissenschaftlich; b) (abwertend) trocken, theoretisch; c) müßig, überflüssig. **aka|de|mi|sie|ren** ⟨zu ↑...isieren⟩: a) in der Art einer Akademie (1 a, 2) einrichten; b) (abwertend) akademisch (2 b) betreiben; c) (bestimmte Stellen) nur mit Leuten akademischer (1) Ausbildung besetzen. **Aka|de|mi|sie|rung** *die;* - ⟨zu ↑...isierung⟩: das Akademisieren. **Aka|de|mis|mus** *der;* - ⟨zu ↑...ismus (5)⟩: starre, dogmatische Kunstauffassung od. künstlerische Betätigung. **Aka|de|mist** *der;* -en, -en ⟨zu ↑...ist⟩: (veraltet) Mitglied einer Akademie
Akai|rie *die;* - ⟨zu *gr.* a- „un-, nicht-", kairós „rechte Zeit" u. ↑²...ie⟩: (veraltet) unrechte Zeit, Störung. **akai|risch**: (veraltet) unangebracht. **Akai|ro|lo|gie** *die;* - ⟨zu ↑...logie⟩: (veraltet) ungehöriges Gerede
Aka|kie *die;* - ⟨zu *gr.* a- „un-, nicht-" u. kakía „Schlechtigkeit"⟩: (veraltet) Harmlosigkeit, Unschuld
Aka|lit [auch ...'lɪt] ⓌⒷ *das;* -s ⟨Kunstw.; vgl. ²...it⟩: Kunststoff aus Kasein
Akal|ku|lie *die;* -, ...jen ⟨zu *gr.* a- „un-, nicht-", *lat.* calculare „rechnen, berechnen" u. ↑²...ie⟩: Rechenschwäche, meist infolge einer Erkrankung des unteren Scheitellappens
a|ka|lo|risch ⟨zu *gr.* a- „un-, nicht-" u. ↑Kalorie⟩: keine Kalorien enthaltend (z. B. von Vitaminen)
Akan|je *das;* - ⟨zu *russ.* akat' „a' sprechen" (lautmalend)⟩: veränderte Aussprache unbetonter Silben in der russ. Sprache, bes. die Aussprache des unbetonten o als a
Akan|tha|ri|er [...i̯ɐ] *die* (Plur.) ⟨zu *gr.* ákantha „Spitze, Dorn"⟩: im Meer lebende, zu den Strahlentierchen gehörende Einzeller (Zool.). **Akan|thit** [auch ...'tɪt] *der;* -s ⟨zu ↑²...it⟩: Silberglanz (ein Mineral). **Akan|tho|se** *die;* -, -n ⟨zu ↑¹...ose⟩: krankhafte Verdickung der Oberhaut infolge von Vermehrung bzw. Wucherung der Stachelzellen (Med.). **Akan|thus** *der;* -, - ⟨über *lat.* acanthus aus gleichbed. *gr.* ákanthos zu ákantha „Dorn"⟩: a) Bärenklau (stachliges Staudengewächs in den Mittelmeerländern); b) Ornament nach dem Vorbild der Blätter des Akanthus (z. B. an antiken Tempelgiebeln; Kunstw.)
Akap|nie *die;* - ⟨zu *gr.* a- „un-, nicht-", kapnós „Rauch, Dampf" u. ↑²...ie⟩: das Fehlen von Kohlendioxyd im Blut (Med.). **akap|nisch**: (veraltet) rauchlos
Akar|di|a|kus, Akardius *der;* - ⟨aus gleichbed. *nlat.* acardi(ac)us, dies zu *gr.* a- „un-, nicht-" u. kardía „Herz"⟩: Doppelmißgeburt, bei der einem Zwilling das Herz fehlt (Med.). **Akar|die** *die;* - ⟨aus gleichbed. *gr.* akardía, eigtl. „Herzlosigkeit"⟩: (veraltet) Feigheit. **akar|disch** ⟨aus gleichbed. *gr.* akárdios⟩: (veraltet) herzlos, mutlos. **Akar|di|us** vgl. Akardiakus
Aka|ri|a|sis *die;* -, -ses [...ze:s] ⟨aus gleichbed. *nlat.* acariasis, dies zu *gr.* akarí „Milbe" u. ↑...iasis⟩: durch Milben hervorgerufene Hauterkrankung. **Aka|ri|de** *die;* -, -n (meist Plur.) ⟨aus gleichbed. *gr.* akarí, Gen. akarídos⟩: svw. Akarine. **Aka|ri|ne** *die;* -, -n (meist Plur.) ⟨aus gleichbed. *nlat.* acarina⟩: Milbe. **Aka|ri|no|se** *die;* -, -n ⟨zu ↑¹...ose⟩: 1. durch Milben hervorgerufene Kräuselung des Weinlaubs, Kräuselkrankheit. 2. svw. Akariasis. **Aka|ri|zid** *das;* -s, -e ⟨zu ↑...zid⟩: Milbenbekämpfungsmittel im Obst- u. Gartenbau. **Aka|ro|id|harz** *das;* -es ⟨zu ↑...oid⟩: aus den Bäumen der Gattung Xanthorrhoea gewonnenes gelbes od. rotes Harz (Farbstoff für Lack u. Firnis). **Aka|ro|lo|gie** *die;* - ⟨zu ↑...logie⟩: Teilgebiet der Zoologie, das sich mit der Untersuchung der Milben u. Zecken befaßt. **Aka|rus|räude** *die;* - ⟨zu *nlat.* acarus „Milbe" aus gleichbed. *gr.* akarí⟩: durch Milben hervorgerufener Hautausschlag bei Tieren
Aka|ryo|bi|ont *der;* -en, -en (meist Plur.) ⟨zu *gr.* a- „un-, nicht-", káryon „Nuß, Kern" u. ↑...biont⟩: svw. Anukleo-

biont. Aka|ry|ont *der;* -en, -en ⟨zu ↑...ont⟩: kernlose Zelle (Zool.). **aka|ry|ot:** kernlos (von Zellen; Zool.)

aka|ta|lek|tisch ⟨zu *gr.* a- „un-, nicht-" u. ↑katalektisch⟩: mit einem vollständigen Versfuß (der kleinsten rhythmischen Einheit eines Verses) endend (antike Metrik); vgl. brachy-, hyperkatalektisch u. katalektisch

Aka|ta|lep|sie *die;* - ⟨aus *gr.* akatalēpsía „Unbegreiflichkeit", dies zu a- „un-, nicht-" u. katalambánein „fassen, ergreifen"⟩: von den ↑Skeptikern (2) behauptete Unmöglichkeit, das Wesen der Dinge zu begreifen. **aka|ta|leptisch** ⟨aus gleichbed. *gr.* akatalēptikós⟩: unbegreifbar, zweifelhaft

Aka|ta|pha|sie *die;* - ⟨zu *gr.* a- „un-, nicht-", katá „von - herab, abwärts", phásis „Sprache, das Sprechen" u. ↑²...ie⟩: Unvermögen, die grammatischen Gesetze richtig anzuwenden

Aka|thi|sie *die;* - ⟨zu *gr.* a- „un-, nicht-", káthisis „das Sitzen" u. ↑²...ie⟩: unstillbarer u. quälender Bewegungsdrang der unteren u. oberen Extremitäten (Med.). **Aka|thi|stos** *der;* -, ...toi ⟨zu *gr.* akáthistos „nicht sitzend"⟩: Marienhymnus der orthodoxen Kirchen, der im Stehen gesungen wird

Aka|tho|lik [auch ...'li:k] *der;* -en, -en ⟨zu *gr.* a- „un-, nicht-" u. ↑Katholik⟩: jmd., der nicht zur kath. Kirche gehört. **aka|tho|lisch** [auch ...'to:...]: nicht zur kath. Kirche gehörend. **Aka|tho|li|zis|mus** [auch ...'tsɪs...] *der;* -: Nichtkatholizismus

akau|lisch ⟨zu *gr.* a- „un-, nicht-" u. kaulós „Stengel"⟩: stengellos, ungestielt (Bot.)

akau|sal [auch 'a...] ⟨zu *gr.* a- „un-, nicht-" u. ↑kausal⟩: ohne ursächlichen Zusammenhang

akau|stisch ⟨zu *gr.* a- „un-, nicht-" u. ↑kaustisch⟩: nicht ätzend (Chem.); Ggs. ↑kaustisch

Aka|zie [...i̯ə] *die;* -, -n ⟨über *lat.* acacia aus gleichbed. *gr.* akakía⟩: a) tropischer Laubbaum, zur Familie der ↑Leguminosen gehörend, der Gummiarabikum liefert; b) (ugs.) svw. Robinie

Ake|die *die;* - ⟨aus gleichbed. *gr.* akédeia⟩: (veraltet) Sorglosigkeit, geistige Stumpfheit

Ake|lei *die;* -, -en ⟨aus gleichbed. *mlat.* aquile(g)ia⟩: Zier- u. Arzneipflanze (ein Hahnenfußgewächs)

ake|phal, selten **akephalisch** ⟨zu *gr.* a- „un-, nicht-" u. kephalḗ „Kopf"⟩: a) am Anfang um die erste Silbe verkürzt (von einem Vers; antike Metrik); b) ohne Anfang (von einem literarischen Werk, dessen Anfang nicht od. nur verstümmelt erhalten ist); vgl. ...isch/-. **Ake|phal|lie** vgl. Azephale. **Ake|pha|lie** *die;* -, ...ien ⟨zu ↑²...ie⟩: 1. vgl. Azephalie. 2. (ohne Plur.) das Fehlen politischer Zentralinstanzen mit physischer Sanktionsgewalt in den Stammesgesellschaften (Völkerk.) **ake|pha|lisch** vgl. akephal

Aki|na|kes [...kɛs] *der;* -, - ⟨aus gleichbed. *gr.* akinákēs, dies aus dem *Pers.*⟩: Kurzschwert der Perser u. Skythen

Aki|ne|se od. **Aki|ne|sie** *die;* - ⟨zu *gr.* a- „un-, nicht-" u. kínēsis „Bewegung"⟩: Bewegungsarmut, Bewegungshemmung von Gliedmaßen (Med., Psychol.). **Aki|ne|ten** *die* (Plur.) ⟨aus *gr.* akinētoi „die Unbeweglichen"⟩: dickwandige unbewegliche Einzelzellen, Dauerzellen der Grünalgen zur Überbrückung ungünstiger Umweltbedingungen (Biol.). **aki|ne|tisch** ⟨aus *gr.* akínētos „unbewegt"⟩: bewegungsgehemmt, unbeweglich (von Gliedmaßen; Med., Psychol.)

Ak|kis|mos *der;* - ⟨aus gleichbed. *gr.* akkismós⟩: (veraltet) Verstellung, Scheinweigerung

Ak|kla|ma|ti|on *die;* -, -en ⟨aus *lat.* acclamatio „das Zurufen" zu acclamare, vgl. akklamieren⟩: 1. beistimmender Zuruf ohne Einzelabstimmung [bei Parlamentsbeschlüssen]. 2. Beifall, Applaus. 3. liturgischer Grußwechsel zwischen Pfarrer u. Gemeinde. **ak|kla|mie|ren** ⟨aus *lat.* acclamare „zurufen"⟩: (bes. österr.) a) jmdm. applaudieren; b) jmdm. laut zustimmen

Ak|kli|ma|ti|sa|ti|on *die;* -, -en ⟨zu ↑akklimatisieren u. ↑...isation⟩: Anpassung eines Organismus an veränderte, umweltbedingte Lebensverhältnisse, bes. an ein fremdes Klima; vgl. ...[at]ion/...ierung. **ak|kli|ma|ti|sie|ren**, sich ⟨unter Einfluß von *fr.* acclimater zu ↑ad... u. ↑Klima; vgl. ...isieren⟩: 1. sich an ein anderes Klima gewöhnen. 2. sich eingewöhnen, sich anderen Verhältnissen anpassen. **Ak|kli|ma|ti|sie|rung** *die;* -, -en ⟨zu ↑...isierung⟩: svw. Akklimatisation; vgl. ...[at]ion/...ierung

ak|kli|nie|ren ⟨aus gleichbed. *lat.* acclinare⟩: (veraltet) anlehnen, hin-, zuneigen

ak|kliv ⟨aus gleichbed. *lat.* acclivis⟩: (veraltet) hügelartig, sanft ansteigend. **Ak|kli|vi|tät** [...v...] *die;* - ⟨aus gleichbed. *lat.* acclivitas, Gen. acclivitatis⟩: (veraltet) sanfte Steigung, Erhebung

ak|klu|die|ren ⟨zu ↑ad... u. *lat.* cludere „schließen"⟩: (veraltet) anschließen, beifügen. **Ak|klu|sum** *das;* -s, ...sa ⟨aus gleichbed. *nlat.* acclusum; vgl. akkludieren⟩: (veraltet) Anschluß, Beilage

Ak|ko|la|de *die;* -, -n ⟨aus *fr.* accolade „Umarmung", dies zu *lat.* ad collum „an den Hals"⟩: 1. feierliche Umarmung bei Aufnahme in einen Ritterorden od. bei einer Ordensverleihung. 2. geschweifte Klammer, die mehrere Zeilen, Sätze, Wörter, Notenzeilen usw. zusammenfaßt (Zeichen {...}; Buchw.)

ak|kom|mo|da|bel ⟨aus gleichbed. *fr.* accommodable zu accommoder, vgl. akkommodieren⟩: a) anpassungsfähig; b) zweckmäßig; c) anwendbar, einrichtbar; d) [gütlich] beilegbar (von Konflikten). **Ak|kom|mo|da|bi|li|tät** *die;* - ⟨zu ↑...ität⟩: a) Anpassungsfähigkeit; b) Zweckmäßigkeit; c) Anwendbarkeit; d) [gütliche] Beilegbarkeit (von Konflikten). **Ak|kom|mo|da|ge** [...ʒə] *die;* -, -n ⟨aus gleichbed. *fr.* accommodage⟩: (veraltet) Zubereitung (der Speisen), das Ordnen (der Haare). **ak|kom|mo|dant** ⟨aus *fr.* accommodant⟩: (veraltet) gefällig, umgänglich. **Ak|kom|mo|da|ti|on** *die;* -, -en ⟨aus *fr.* accommodation, dies aus *lat.* accomodatio zu accomodare, vgl. akkomodieren⟩: Angleichung, Anpassung, bes. Einstellung des Auges auf die jeweilige Sehentfernung. **Ak|kom|mo|de|ment** [...'mã:] *das;* -s, -s ⟨aus gleichbed. *fr.* accommodement⟩: (veraltet) a) gütliche Beilegung, Vergleich, Übereinkunft; b) bequeme Einrichtung (z. B. eines Zimmers). **ak|kom|mo|die|ren** ⟨aus *fr.* accommoder „anpassen", dies aus *lat.* accomodare zu ↑ad... u. commodus „angemessen"⟩: angleichen, anpassen; sich -: sich mit jmdm. über etwas einigen, sich vergleichen. **Ak|kom|mo|do|me|ter** *das,* -s - ⟨zu ↑¹...meter⟩: Instrument zur Prüfung der Einstellungsfähigkeit des Auges

Ak|kom|pa|gne|ment [...panjəˈmã:] *das;* -s, -s ⟨aus gleichbed. *fr.* accompagnement zu accompagner, vgl. akkompagnieren⟩: musikalische Begleitung (Mus.). **ak|kom|pa|gnie|ren** [...panˈji:...] ⟨aus *fr.* accompagner „begleiten"⟩: einen Gesangsvortrag auf einem Instrument begleiten. **Ak|kom|pa|gnist** *der;* -en, -en ⟨zu ↑...ist⟩: Begleiter (Mus.)

ak|kom|plie|ren [akoˈpli:...] ⟨aus gleichbed. *fr.* accomplir, dies aus *vulgärlat.* adcomplere „anfüllen, vollenden"⟩: (veraltet) erfüllen, vollständig machen; vollziehen. **Ak|kom|plis|se|ment** [...'mã:] *das;* -s, -s ⟨aus gleichbed. *fr.* accomplissement⟩: (veraltet) Erfüllung, Vollendung

Ak|kord *der;* -[e]s, -e ⟨aus *fr.* accord „Übereinstimmung" zu accorder, vgl. akkordieren⟩: 1. Zusammenklang von min-

Akmeismus

destens drei Tönen verschiedener Tonhöhe (Mus.). 2. gütlicher Ausgleich zwischen gegensätzlichen Interessen. 3. Einigung zwischen Schuldner u. Gläubiger[n] zur Abwendung des ↑ Konkurses (Vergleichsverfahren; Rechtsw.). 4. Bezahlung nach der Stückzahl, Stücklohn; im -: im Stücklohn [und daher schnell]; im - arbeiten. **ak|kor|da|bel** ⟨aus gleichbed. *fr.* accordable⟩: (veraltet) vereinbar, zulässig. **ak|kor|dant** ⟨zu ↑ ...ant (2)⟩: sich an vorhandene Strukturelemente anpassend (Geol.); vgl. diskordant, konkordant. **Ak|kor|dant** *der;* -en, -en ⟨zu ↑ ...ant (1)⟩: 1. jmd., der für Stücklohn arbeitet. 2. (schweiz.) kleiner Unternehmer (bes. im Bauwesen u. ä.), der Aufträge zu einem Pauschalpreis je Einheit auf eigene Rechnung übernimmt. **Ak|kordanz** *die;* -, -en ⟨zu ↑ ...anz⟩: Anpassung bestimmter Gesteine an vorhandene Strukturelemente (Geol.); vgl. Diskordanz, Konkordanz. **Ak|kord|ar|beit** *die;* -: [auf Schnelligkeit ausgerichtetes] Arbeiten im Stücklohn. **Ak|kor|deon** *das;* -s, -s ⟨aus älterem Accordion (1829 geprägt vom österr. Instrumentenbauer C. Demian); zu Akkord (1)⟩: Handharmonika. **Ak|kor|deo|nist** *der;* -en, -en ⟨zu ↑ ...ist⟩: jmd., der [berufsmäßig] Akkordeon spielt. **ak|kor|deo|nistisch** ⟨zu ↑ ...istisch⟩: a) das Akkordeon betreffend; b) im Stil des Akkordeons. **Ak|kor|deur** [...'døːɐ̯] *der;* -s, -e ⟨aus gleichbed. *fr.* accordeur⟩: (veraltet) Stimmer von Instrumenten. **ak|kor|die|ren** ⟨aus *fr.* accorder „in Einklang bringen" zu ↑ad... u. *lat.* cor, Gen. cordis „Herz"⟩: vereinbaren, übereinkommen. **Ak|kor|dik** *die;* - ⟨zu ↑² ...ik (2)⟩: Lehre von den Akkorden (1). **Ak|kor|dio|nist** vgl. Akkordeonist. **ak|kor|disch**: a) den Akkord (1) betreffend; b) in Akkorden (1) geschrieben. **Ak|kord|lohn** *der;* -[e]s, ...löhne: Stücklohn, Leistungslohn. **Ak|kor|doir** [...'dɔaːɐ̯] *der;* -s, -s ⟨aus gleichbed. *fr.* accordoir⟩: (veraltet) Stimmgabel
Ak|kou|che|ment [akuʃə'mãː] *das;* -s, -s ⟨aus gleichbed. *fr.* accouchement zu accoucher, vgl. akkouchieren⟩: (veraltet) Entbindung, Geburtshilfe. **Ak|kou|cheur** [...'ʃøːɐ̯] *der;* -s, -e ⟨aus gleichbed. *fr.* accoucheur⟩: (veraltet) Entbindungspfleger (männl. Hebamme). **Ak|kou|cheu|se** [...'ʃøːzə] *die;* -, -n ⟨aus gleichbed. *fr.* accoucheuse⟩: (veraltet) Hebamme. **ak|kou|chie|ren** ⟨aus gleichbed. *fr.* accoucher zu coucher „niederlegen", dies aus gleichbed. *lat.* collocare⟩: (veraltet) entbinden, Geburtshilfe leisten
ak|kre|di|tie|ren ⟨aus gleichbed. *fr.* accréditer zu crédit „Vertrauen", vgl. Kredit⟩: 1. beglaubigen (bes. einen diplomatischen Vertreter eines Landes). 2. Kredit einräumen, verschaffen. **Ak|kre|di|tie|rung** *die;* -, -en ⟨zu ↑ ...ierung⟩: das Akkreditieren. **Ak|kre|di|tiv** *das;* -s, -e [...və] ⟨zu ↑ ...iv⟩: 1. Beglaubigungsschreiben eines diplomatischen Vertreters. 2. a) Handelsklausel; Auftrag an eine Bank, einem Dritten (dem Akkreditierten) innerhalb einer bestimmten Frist einen bestimmten Betrag auszuzahlen; b) Anweisung an eine od. mehrere Banken, dem Begünstigten Beträge bis zu einer angegebenen Höchstsumme auszuzahlen
Ak|kre|ment *das;* -[e]s, -e ⟨aus gleichbed. *lat.* accrementum zu accrescere, vgl. akkreszieren⟩: (veraltet) Zuwachs. **Ak|kres|zenz** *die;* -, -en ⟨zu ↑ ...enz⟩: das Anwachsen [eines Erbteils]. **ak|kres|zie|ren** ⟨aus gleichbed. *lat.* accrescere⟩: (veraltet) anwachsen, zuwachsen. **Ak|kre|ti|on** *die;* -, -en ⟨aus *lat.* accretio „das Anwachsen, Zunahme"⟩: bei Sternen die gravitationsbedingte Massenzunahme durch Aufsammeln von Materie (Astron.). **Ak|kre|ti|ons|ka|ta|log** *der;* -[e]s, -e: Verzeichnis der neuangeschafften bzw. -eingegangenen Bücher. **ak|kre|tiv** ⟨zu ↑ ...iv⟩: anwachsend, zunehmend
Ak|kri|mi|na|ti|on *die;* -, -en ⟨aus gleichbed. *nlat.* accriminatio zu ↑ad... u. *lat.* criminatio⟩: (veraltet) Beschuldigung. **ak|kri|mi|nie|ren** ⟨zu ↑ ...ieren⟩: (veraltet) beschuldigen
Ak|ku *der;* -s, -s: Kurzform von ↑Akkumulator (1)
Ak|kul|tu|ra|ti|on *die;* -, -en ⟨zu ↑ad..., ↑Kultur u. ↑ ...ation⟩: 1. Übernahme fremder geistiger u. materieller Kulturgüter durch Einzelpersonen od. ganze Gruppen (Soziol.). 2. a) svw. Sozialisation; b) Anpassung an ein fremdes Milieu (z. B. bei Auswanderung); vgl. Enkulturation. **ak|kul|tu|rie|ren** ⟨zu ↑ ...ieren⟩: anpassen, angleichen
Ak|ku|mu|lat *das;* -[e]s, -e ⟨aus *lat.* accumulatum „das Angehäufte", Part. Perf. (Neutrum) von accumulare, vgl. akkumulieren⟩: (veraltet) Agglomerat (1). **Ak|ku|mu|la|ti|on** *die;* -, -en ⟨aus *lat.* accumulatio „Anhäufung"⟩: Anhäufung, Speicherung, Ansammlung. **Ak|ku|mu|la|tor** *der;* -s, ...oren ⟨aus *lat.* accumulator „Anhäufer"⟩: 1. Gerät zur Speicherung von elektrischer Energie in Form von chem. Energie; Kurzform Akku. 2. Druckwasserbehälter einer hydraulischen Presse. 3. spezielle Speicherzelle einer Rechenanlage, in der Zwischenergebnisse gespeichert werden (EDV). **ak|ku|mu|lie|ren** ⟨aus *lat.* accumulare „an-, aufhäufen"; vgl. Kumulus⟩: anhäufen; sammeln, speichern
ak|ku|rat ⟨aus *lat.* accuratus „sorgfältig" zu accurare „mit Sorgfalt tun"⟩: 1. sorgfältig, genau, ordentlich. 2. (ugs., süddt. u. österr.) gerade, genau, z. B. - das habe ich gemeint. **Ak|ku|ra|tes|se** *die;* - ⟨französierende Bildung zu akkurat⟩: Sorgfalt, Genauigkeit, Ordnungsliebe
ak|ku|sa|bel ⟨aus gleichbed. *lat.* accusabilis⟩: (veraltet) anklagenswert, verklagbar. **Ak|ku|sa|ti|on** *die;* -, -en ⟨aus gleichbed. *lat.* accusatio⟩: (veraltet) Anklage, Anklageschrift, Beschuldigung. **Ak|ku|sa|ti|ons|prin|zip** *das;* -s: im Strafprozeßrecht geltendes Prinzip, nach dem das Gericht ein Strafverfahren erst übernimmt, wenn durch die Staatsanwaltschaft Anklage erhoben wurde (Rechtsw.). **Ak|ku|sa|tiv** *der;* -s, -e [...və] ⟨aus *lat.* (casus) accusativus „die Anklage betreffend(er Fall)", einer falschen Übersetzung von *gr.* (ptōsis) aitiatikē „Ursache und Wirkung betreffend(er Fall)"⟩: 4. Fall, Wenfall; Abk.: Akk.; - mit Infinitiv (*lat.* accusativus cum infinitivo [Abk.: acc. c. inf. od. a. c. i.]): Satzkonstruktion (bes. im Lat.), in der das Akkusativobjekt des ersten Verbs zugleich Subjekt des zweiten, im Infinitiv stehenden Verbs ist (z. B. ich höre *den Hund bellen* = ich höre den Hund. Er bellt.). **ak|ku|sa|ti|visch** [...v..., auch 'aku...]: im Akkusativ. **Ak|ku|sa|tiv|ob|jekt** *das;* -s, -e: Ergänzung eines Verbs im 4. Fall (z. B. sie fährt *den Wagen*). **Ak|ku|sa|tor** *der;* -s, ...oren ⟨aus gleichbed. *lat.* accusator⟩: (veraltet) [An]kläger. **ak|ku|sa|to|risch** ⟨aus *lat.* accusatorius „anklagend"⟩: (veraltet) auf Antrag eines [An]klägers geführt
akla|stisch ⟨zu *gr.* a- „un-, nicht-" u. ↑klastisch⟩: (veraltet) nicht brechend, durchlässig (von Lichtstrahlen)
Akli|ne *die;* - ⟨zu *gr.* a- „un-, nicht-" u. klínein „sich neigen"⟩: Verbindungslinie der Orte ohne magnetische Inklination (2). **akli|nisch** ⟨zu *gr.* aklinḗs „ohne sich zu beugen, fest"⟩: (veraltet) nicht beugbar, nicht deklinierbar (Sprachw.). **Akli|sie** *die;* - ⟨aus gleichbed. *gr.* aklisía⟩: Nichtdeklinierbarkeit
ak|ma|stisch ⟨aus *gr.* akmastḗs „kräftig" zu akmázein „auf dem Höhepunkt sein"⟩: auf dem Höhepunkt (einer Krankheit). **Ak|me** *die;* - ⟨aus *gr.* akmḗ „Spitze; Gipfel, Vollendung"⟩: 1. Gipfel, Höhepunkt einer Entwicklung, bes. einer Krankheit od. des Fiebers. 2. in der Stammesgeschichte der Höhepunkt der Entwicklung einer Organismengruppe (z. B. der ↑Saurier); Ggs. ↑Epakme; vgl. Parakme. **Ak|me|is|mus** *der;* - ⟨zu ↑ ...ismus (1)⟩: neoklassizi-

stische literarische Richtung in Rußland (um 1914), deren Vertreter Genauigkeit im Ausdruck u. Klarheit der Formen forderten. **Ak|me|ist** *der;* -en, -en ⟨zu ↑...ist⟩: Vertreter des Akmeismus. **Ak|mit** [auch ...'mɪt] *der;* -s -e ⟨zu ↑²...it⟩: svw. Ägirin

Ak|ne *die;* -, -n ⟨wohl aus einer falschen Lesart von *gr.* akmḗ „Hautausschlag"⟩: zusammenfassende Bez. für mit Knötchen- u. Pustelbildung verbundene Entzündungen der Talgdrüsen (Med.). **ak|nei|form** [aknei...] ⟨zu ↑...form⟩: akneartig, -ähnlich (von Hautausschlägen). **ak|nei|gen** ⟨zu ↑...gen⟩: Akne hervorrufend (von Substanzen; Med.)

Akne|mie *die;* -, ...jen ⟨zu *gr.* a- „un-, nicht-", knḗmē „Unterschenkel" u. ↑²...ie⟩: angeborenes Fehlen der Beine (Med.). **akne|misch:** beinlos (Med.)

Akni|tis *die;* -, ...itiden ⟨zu ↑Akne u. ↑...itis⟩: akneartige Form der Hauttuberkulose (Med.)

Ako|as|ma *das;* -s, ...men ⟨entstellt aus *gr.* ákousma „das Gehörte"⟩: krankhafte Gehörshalluzination, subjektiv wahrgenommenes Geräusch (z. B. Dröhnen, Rauschen; Med.). **Akoe|me|ter** [akoe...] *der;* -s, - ⟨zu *gr.* akoḗ „Gehör" u. ↑¹...meter, eigtl. „Gehörmesser"⟩: svw. Audiometer. **Akoe|nu|se** *die;* - ⟨zu *gr.* noũsos, nósos „Krankheit"⟩: (veraltet) Krankheit des Gehörs (Med.)

Ako|gno|sie *die;* - ⟨zu *gr.* ákos „Heilmittel" u. ↑...gnosie⟩: (veraltet) Kenntnis der (in der Chirurgie verwendeten) äußeren Heilmittel, auch Arzneimittelkunde

A-Koh|le *die;* -: svw. Aktivkohle

Ako|la|sie *die;* - ⟨zu *gr.* a- „un-, nicht-", kolázein „strafen" u. ↑²...ie⟩: (veraltet) Unmäßigkeit, fehlende Enthaltsamkeit, Zügellosigkeit. **Ako|last** *der;* -en, -en ⟨zu *gr.* akólastos „zuchtlos"⟩: (veraltet) zügelloser Mensch, Schlemmer

Ako|luth vgl. Akolyth. **Ako|lu|that** *der;* -en ⟨zu *mlat.* acoluthus aus *gr.* akólouthos „begleitend, folgend" u. ↑...at (1)⟩: (veraltet) Amt u. Würde des Akolythen. **Ako|lu|thie** *die;* -, ...jen ⟨aus *gr.* akolouthía „Folge, Gehorsam"⟩: 1. gottesdienstliche Ordnung der Stundengebete in den orthodoxen Kirchen (Rel.). 2. stoische Lehre von der notwendigen Folge der Dinge (Philos.). 3. die Zeitspanne, in der eine vorhergehende seelische, noch nicht abgeklungene Erregung die nachfolgende hemmt (Psychol.). **Ako|lyth** *der;* Gen. -en u. -s, Plur. -en ⟨über *mlat.* acolythus bzw. acoluthus „Gehilfe (eines Geistlichen)" aus *gr.* akólouthos „Diener", eigtl. „Begleiter"⟩: katholischer Kleriker im 4. Grad der niederen Weihen

Ako|mie *die,* - ⟨zu *gr.* a- „un-, nicht-", kómē „Haar" u. ↑²...ie⟩: svw. Akosmie (2)

Akon *das;* -[s] ⟨Kunstw.⟩: Handelsbez. einiger Pflanzenseiden, die als Füllmaterial verwendet werden

Ako|nist *der;* -en, -en ⟨zu *gr.* akṓn „Wurfspieß" u. ↑...ist⟩: svw. Akontist

Ako|nit [auch ...'nɪt] *das,* -s, -e ⟨aus gleichbed. *gr.* akóniton, dies zu akónai (Plur.) „steile Felsen"⟩: Eisenhut, Sturmhut (zur Familie der ↑Ranunkulazeen gehörende Pflanzengattung mit großen blauen Blüten). **Ako|ni|ta|se** *die;* -, -n ⟨zu ↑...ase⟩: ein Enzym des Zitronensäurezyklus. **Ako|ni|tin** vgl. Aconitin

Akon|ti|on *das;* -s, -s ⟨aus gleichbed. *gr.* akóntion⟩: leichter Speer im antiken Griechenland. **Akon|tist** *der;* -en, -en (meist Plur.) ⟨aus gleichbed. *gr.* akontistḗs⟩: Leichtbewaffneter, mit dem Akontion Bewaffneter im alten Griechenland, der durch Speerwerfen den Kampf eröffnete

Akon|to *das;* -s, Plur. ...ten u. -s ⟨aus *it.* a conto „auf Rechnung"; vgl. Konto⟩: (bes. österr.) Anzahlung. **Akon|to-zahl|ung** *die;* -, -en: Anzahlung, Abschlagszahlung; vgl. a conto

¹Ako|rie *die;* -, ...jen ⟨zu *gr.* ákoros „unersättlich" u. ↑²...ie⟩: Unersättlichkeit, Gefräßigkeit

²Ako|rie *die;* -, ...jen ⟨zu *gr.* a- „un-, nicht-", kórē „Mädchen; Pupille" u. ↑²...ie⟩: pupillenlose ↑Iris (2)

ako|ry|phisch ⟨zu *gr.* a- „un-, nicht-", koryphḗ „Scheitel"⟩: (veraltet) kopflos, ohne Anfang

Akos|mie *die;* - ⟨zu *gr.* a- „un-, nicht-", kósmos „Weltall, Weltordnung" u. ↑²...ie⟩: 1. (veraltet) Unordnung, Schmucklosigkeit. 2. Gesichtsblässe, kränkliches Aussehen (Med.). **akos|misch:** 1. (veraltet) schmucklos. 2. blaß

Akos|mis|mus *der;* - ⟨zu ↑...ismus (1)⟩: philos. Lehre, die die selbständige Existenz der Welt leugnet u. Gott als einzig wahre Wirklichkeit betrachtet (Philos., Rel.). **Akosmist** *der;* -en, -en ⟨zu ↑...ist⟩: Vertreter des Akosmismus

ako|ty|le|don ⟨zu *gr.* a- „un-, nicht-" u. kotylēdṓn „Keimblatt"⟩: keimblattlos (Bot.). **Ako|ty|le|do|ne** *die;* -, -n: keimblattlose Pflanze

Ak|qui|es|zenz *die;* - ⟨aus gleichbed. *nlat.* acquiescentia zu *lat.* acquiescere, vgl. akquieszieren⟩: (veraltet) das Zufriedengeben mit etwas, die Einwilligung in etwas. **ak|qui|es|zie|ren** ⟨aus gleichbed. *lat.* acquiescere⟩: (veraltet) zufrieden sein, sich zufriedengeben

Ak|qui|rent *der;* -en, -en ⟨aus *lat.* acquirens, Gen. acquirentis, Part. Präs. von acquirere, vgl. akquirieren⟩: (veraltet) jemand, der etwas erwirbt. **ak|qui|rie|ren** ⟨aus *lat.* acquirere „dazuerwerben"⟩: 1. erwerben, anschaffen. 2. als Akquisiteur tätig sein. **Ak|quis** [a'ki:] *der;* - [a'ki:(s)], - [a'ki:s] ⟨aus gleichbed. *fr.* acquis, eigtl. „das Erworbene"⟩: (veraltet) Geschicklichkeit, Fertigkeit, Kunstgriff. **Ak|qui|si|teur** [akvizi'tøːɐ̯] *der;* -s, -e ⟨französierende Neubildung, vgl. ...eur⟩: a) Kundenwerber, Werbevertreter (bes. im Buchhandel); b) jmd., der andere dafür wirbt, daß sie Anzeigen in eine Zeitung setzen lassen. **Ak|qui|si|teu|rin** *die;* -, -nen: weibliche Form zu ↑Akquisiteur. **Ak|qui|si|ti|on** *die;* -, -en ⟨über *fr.* acquisition „Kauf, Erwerb" aus *mlat.* acquisitio „Erwerbung" zu *lat.* acquirere, vgl. akquirieren⟩: 1. [vorteilhafte od. schlechte] Erwerbung. 2. Kundenwerbung durch Vertreter (bes. bei Zeitschriften-, Theater- u. anderen Abonnements). **ak|qui|si|tiv** ⟨zu ↑...iv⟩: (veraltet) durch Gewohnheit erworben, angenommen. **Ak|qui|si|tor** *der;* -s, ...oren ⟨zu ↑...or⟩: (österr.) svw. Akquisiteur. **ak|qui|si|to|risch:** die Kundenwerbung betreffend

akr..., Akr... vgl. akro..., Akro... **akral** ⟨zu *gr.* ákros „spitz, hoch" u. ↑¹...al (1)⟩: die ↑Akren betreffend

Akra|ni|er [...iɐ̯] *die* (Plur.) ⟨zu *gr.* a- „un-, nicht-" u. kraníon „Schädel"⟩: schädellose Meerestiere mit knorpelartigem Rückenstützorgan (z. B. Lanzettfischchen). **Akra|ni|us** *der;* -, ...nien (...iən) ⟨aus gleichbed. *nlat.* acranius⟩: Mißgeburt, bei der Schädel od. Schädeldach fehlt (Med.)

Akra|tie *die;* - ⟨aus gleichbed. *gr.* akráteia⟩: (veraltet) Mangel an Selbstbeherrschung, Zügellosigkeit, Schwäche. **akra|tisch** ⟨aus gleichbed. *gr.* akratḗs⟩: (veraltet) schwach, kraftlos

Akra|ton *das;* -s, ...ta ⟨aus *gr.* ákraton, eigtl. „das Ungemischte" zu a- „un-, nicht-" u. krāsis „Mischung"⟩: (veraltet) ungemischter Wein. **Akra|to|pe|ge** *die;* -, -n ⟨zu *gr.* ákratos „ungemischt, rein" u. pēgḗ „Quelle"⟩: kalte Mineralquelle (unter 20 °C) mit geringem Mineralgehalt. **Akra|to|ther|me** *die;* -, -n: warme Mineralquelle (über 20 °C) mit geringem Gehalt an gelösten Stoffen

Ak|ren *die* (Plur.) ⟨zu *gr.* ákros „Spitze, äußerstes Ende"⟩: die äußersten (vorstehenden) Körperteile (z. B. Nase, Kinn, Extremitäten). **Akren|ze|pha|lon** *das;* -s, ...la ⟨zu *gr.* egképhalos „Gehirn"⟩: svw. Telenzephalon

Akri|bie *die;* - ⟨aus gleichbed. *gr.* akríbeia⟩: höchste Genau-

igkeit, Sorgfalt in bezug auf die Ausführung von etwas. **akri|bisch** ⟨aus gleichbed. *gr.* akribés⟩: mit Akribie, sehr genau, sorgfältig und gewissenhaft [ausgeführt]. **akri|bi̱stisch** ⟨zu ↑...istisch⟩: äußerst akribisch, übertrieben genau. **Akri|bo|lo|gie̱** *die;* - ⟨zu ↑...logie⟩: Genauigkeit im Reden, in wissenschaftlichen Untersuchungen, im Leben. **Akri|bo|me̱|ter** *das;* -s, - ⟨zu ↑¹...meter⟩: Haarzirkel, Gerät zum Messen sehr kleiner Entfernungen u. Gegenstände. **Akri|bo|me|trie̱** *die;* - ⟨zu ↑...metrie⟩: genaue Messung
Akri|di̱n vgl. Acridin
Akri|do|pha̱|gen *die* (Plur.) ⟨zu *gr.* akrís, Gen. akrídos „Heuschrecke" u. ↑...phage⟩: Heuschreckenesser, Heuschrecken essende Völker. **Akri|do|pha|gie̱** *die;* - ⟨zu ↑...phagie⟩: das Heuschreckenessen
Akri̱t *der;* -en, -en ⟨aus *gr.* akrítēs „Grenzkämpfer"⟩: Soldatenbauer im byzantinischen Reich, der gegen Belehnung mit Land militärischen Grenzschutz übernahm
akri̱|tisch ⟨zu *gr.* a- „un-, nicht-" u. ↑kritisch⟩: ohne kritisches Urteil, unkritisch, kritiklos
akro..., Akro..., vor Vokalen gelegentlich akr..., Akr... ⟨aus gleichbed. *gr.* akro-, akr- zu ákros „äußerst, oberst; spitz"⟩: Wortbildungselement mit den Bedeutungen „spitz", „hoch", z. B. akrobatisch, Akropolis, Akrenzephalon.
akro|ama̱|tisch ⟨aus *gr.* akroamatikós „hörbar, zum Anhören bestimmt"⟩: 1. nur für den internen Lehrbetrieb bestimmt (von Schriften des griech. Philosophen Aristoteles). 2. ausschließlich Eingeweihten vorbehalten (von Lehren griech. Philosophen). 3. nur zum Anhören bestimmt (von einer Lehrform, bei der der Lehrer vorträgt u. der Schüler zuhört); vgl. erotematisch. **Akro|an|äs|the̱|sie** *die;* -: Empfindungslosigkeit in den ↑Akren, Störung der Gefühlswahrnehmung (Med.). **Akro|ba̱t** *der;* -en, -en ⟨aus *gr.* akróbatos „auf den Fußspitzen gehend"; vgl. Basis⟩: jmd., der turnerische, gymnastische od. tänzerische Übungen beherrscht u. [im Zirkus od. Varieté] vorführt. **Akro|ba̱|tik** *die;* - ⟨zu ↑²...ik (2)⟩: a) Kunst, Leistung eines Akrobaten; b) überdurchschnittliche Geschicklichkeit u. Körperbeherrschung. **Akro|ba̱|tin** *die;* -, -nen: weibliche Form zu ↑Akrobat. **akro|ba̱|tisch**: a) den Akrobaten u. seine Leistung betreffend; b) körperlich besonders gewandt, geschickt. **Akro|by̱|stie** *die;* -, ...ien ⟨aus gleichbed. *gr.* akrobystía (- veraltet) auch Vorhaut; b) Beschneidung des männlichen Vorhaut. **Akro|cho̱|lie** [...ç...] *die;* - ⟨zu ↑akro..., *gr.* cholé „Galle" u. ↑²...ie⟩: (veraltet) Jähzorn. **akro|cho̱lisch**: (veraltet) jähzornig. **Akro|chor|di̱t** [...k..., auch ...'dɪt] *der;* -s, -e ⟨zu *gr.* akrochordón (vgl. Akrochordon) u. ↑²...it⟩: ein rotbraunes, kugeliges Mineral. **Akro|chor|do̱n** *das;* -s, ...da ⟨aus gleichbed. *gr.* akrochordón⟩: gestielte Warze (vorwiegend am Hals od. an den Augenlidern; Med.). **akro|do̱nt** ⟨zu ↑akro... u. *gr.* odoús, Gen. odóntos „Zahn"⟩: (von Zähnen) mitten auf der Kante der Kiefer sich befindend (z. B. bei Lurchen, Schlangen). **Akro|do̱nt** *der;* -s, -e: Mißbildung, bei der die Zähne auf dem freien Kieferrand u. nicht in ↑Alveolen sitzen (Zahnmed.). **Akro|dy̱|nie** *die;* -, ...ien ⟨zu ↑...odynie⟩: Schmerz an den äußersten (vorstehenden) Körperteilen (Med.). **Akro|dy̱|sto|nie̱** *die;* -, ...ien: Krampf u. Lähmung an den äußersten Enden der Gliedmaßen (Med.). **Akro|po̱|di|um** [...oy...] *das;* -s, ...dia ⟨zu *gr.* ákroi (Plur.) „die Äußersten" u. ↑Podium⟩: äußerstes Glied der Zehen (Anat.). **akro|ka̱rp** ⟨zu ↑akro... u. ↑...karp⟩: die Frucht an der Spitze tragend (Bot.). **akro|ke|pha̱l** usw. vgl. akrozephal usw. **Akro|le|i̱n** *das;* -s ⟨zu *lat.* olere „riechen" u. ↑...in (1)⟩: scharf riechender, sehr reaktionsfähiger ↑Aldehyd. **Akro|li̱th** [auch ...'lɪt] *der;* Gen. -s u. -en, Plur. -e[n] ⟨zu ↑...lith⟩: altgriech. Statue, bei der die nackten Teile aus Marmor, der bekleidete Körper aus schlechterem Material (z. B. Holz, Stuck) besteht. **Akro|lo|gie̱** *die;* - ⟨zu ↑...logie⟩: 1. Erklärung der obersten Grundsätze. 2. Deutung der ↑Hieroglyphen als Anfangsbuchstaben. **Akro|me|ga|lie̱** *die;* -, ...ien ⟨zu *gr.* mégas, Gen. megálou „(riesen)groß" u. ↑²...ie⟩: abnormes Wachstum der ↑Akren (z. B. Nase, Ohren, Zunge, Gliedmaßen), bedingt durch eine zu hohe Ausschüttung des Wachstumshormons (Med.). **Akro|mi|krie̱** *die;* -, ...ien ⟨zu *gr.* mikrós „klein" u. ↑²...ie⟩: abnormer Kleinwuchs des Skeletts u. der ↑Akren, bedingt hauptsächlich durch Erkrankungen der ↑Hypophyse (Med.). **Akro|mi|on** *das;* -s, ...mia ⟨aus *gr.* akrṓmion „Schulterknochen"⟩: Schulterhöhe, anthropologischer Meßpunkt. **Akro|neu|ro̱|se** *die;* -, -n ⟨zu ↑akro...⟩: zusammenfassende Bez. für funktionelle Durchblutungsstörungen der ↑Akren (Med.). **akro|ny̱|chisch** od. **akro|ny̱ktisch** ⟨aus gleichbed. *gr.* akronýktios⟩: beim (scheinbaren) Untergang der Sonne erfolgend. **Akro|ny̱m** *das;* -s, -e ⟨zu ↑akro... u. *gr.* ónyma „Name"⟩: svw. Initialwort. **akro|oro|ge̱n**: in der Tiefe gefaltet u. nachträglich gehoben, gebirgsbildend (Geol.). **Akro|pa|thie̱** *die;* -, ...ien ⟨zu ↑...pathie⟩: allg. Bez. für Krankheiten im Bereich der ↑Extremitäten (Med.). **akro|pe|ta̱l** ⟨zu *lat.* petere „zustreben, erstreben" u. ↑¹...al (1), eigtl. „nach oben strebend"⟩: aufsteigend (von der Verzweigungen einer Pflanze; der älteste Sproß ist unten, der jüngste oben; Bot.); Ggs. ↑basipetal. **Akro|pho̱|bie** *die;* -, ...ien ⟨zu ↑...phobie⟩: mit Schwindel verbundene krankhafte Angst vor großen Höhen (z. B. vor Berggipfeln, Talbrücken; Med.). **Akro|pho|nie̱** *die;* - ⟨zu ↑...phonie⟩: Benennung der Buchstaben einer Schrift nach etwas, dessen Bezeichnung mit dem entsprechenden Laut beginnt (z. B. in der phönizischen Schrift). **akro|pho̱nisch**: die Akrophonie betreffend; -es Prinzip: svw. Akrophonie. **Akro|po̱lis** *die;* -, ...polen ⟨aus *gr.* akrópolis, eigtl. „Oberstadt"⟩: hochgelegener, geschützter Zufluchtsplatz vieler griech. Städte der Antike. **Akro|po̱|sthie** *die;* -, ...ien ⟨zu ↑akro..., *gr.* pósthion „Vorhaut" u. ↑²...ie⟩: (veraltet) äußerster Teil der Vorhaut, der bei der Beschneidung entfernt wird. **Akro|so̱m** *das;* -s, -en ⟨zu *gr.* sõma „Körper"⟩: den Kopf des Spermienfadens umgebendes Gebilde (Biol.). **Akro|so|phie̱** *die;* - ⟨zu *gr.* sophía „Weisheit"⟩: höchste Weisheit. **Akro|sti|chon** *das;* -s, Plur. ...chen u. ...cha ⟨aus gleichbed. *gr.* akróstichon⟩: a) hintereinander zu lesende Anfangsbuchstaben, -silben od. -wörter der Verszeilen, Strophen, Abschnitte od. Kapitel, die ein Wort, einen Namen od. einen Satz ergeben; b) Gedicht, das Akrostichen enthält; vgl. Mesostichon, Telestichon. **Akro|sto̱|li|on** *das;* -s, ...ien [...jən] ⟨zu ↑akro... u. *gr.* stolíon, Verkleinerungsform von stólos „Schiffsschnabel"⟩: verzierte Spitze des Vorstevenaufsatzes am Vorderteil antiker Schiffe. **Akro|te̱|leu|ton** *das;* -s, Plur. ...ten u. ...ta ⟨zu *gr.* akroteleútion „Endreim"⟩: Gedicht, in dem Akrostichon u. ↑Telestichon vereint sind, so daß die Anfangsbuchstaben der Verse od. Zeilen eines Gedichts od. Abschnitts von oben nach unten gelesen u. die Endbuchstaben von unten nach oben gelesen das gleiche Wort od. den gleichen Satz ergeben. **Akro|ter** *der;* -s, -e ⟨aus *gr.* akrotḗr ...⟩ ("Giebel)vorsprung"⟩: svw. Akroterion. **Akro|te̱|rie** [...jə] *die;* -, -n ⟨aus *gr.* akrotēría „Giebelverzierung"⟩: svw. Akroterion. **Akro|te̱|ri|on** u. **Akro|te̱|ri|um** *das;* -s, ...ien [...jən] ⟨aus gleichbed. *lat.* acroterium, dies aus *gr.* akrotḗrion, eigtl. „Spitze, Äußerstes"⟩: a) Giebelverzierung an griech. u. röm. Tempeln; b) Schmuckelement auf dem First u. an den Ecken des Giebels repräsentativer Bauten, auf Grabstelen u. ä.

Akrotismus

Akro|tis|mus *der;* -, ...men ⟨zu *gr.* a- „un-, nicht-", kroteĩn „schlagen" u. ↑...ismus (3)⟩: Zustand des Organismus, in dem der Puls nicht mehr gefühlt werden kann (Med.)
Akro|to|nie *die;* - ⟨zu ↑ akro..., *gr.* tónos „Hebung, das Spannen" u. ↑²...ie⟩: Verzweigungsart eines Pflanzensprosses, die zur Kronenbildung führt (bes. bei Laubbäumen; Bot.).
akro|ze|phal, akrokephạl ⟨zu *gr.* kephalḗ „Kopf"⟩: hoch-, spitzköpfig (Med.). **Akro|ze|pha|le**, Akrokephale *der;* -n, -n: Hoch-, Spitzkopf (Med.). **Akro|ze|pha|lie**, Akrokephalie *die;* -, ...ien ⟨zu ↑²...ie⟩: Wachstumsanomalie, bei der sich eine abnorm hohe u. spitze Schädelform ausbildet (Med.). **Akro|zya|no|se** *die;* -, -n: bläuliche Verfärbung der ↑ Akren bei Kreislaufstörungen (Med.). **Akryl|säu|re** vgl. Acrylsäure
Akt *der;* -[e]s, -e ⟨aus *lat.* actus „Handlung, Geschehen" zu agere, vgl. agieren⟩: 1. a) Vorgang, Vollzug, Handlung; b) feierliche Handlung, Zeremoniell (z. B. in Zusammensetzungen wie Staatsakt, Festakt). 2. Abschnitt, Aufzug eines Theaterstücks. 3. künstlerische Darstellung des nackten menschlichen Körpers. 4. svw. Koitus. 5. svw. Akte. **Ak|tant** *der;* -en, -en ⟨aus *fr.* actant „Handelnder", dies zu *lat.* agere, vgl. agieren⟩: vom Verb gefordertes, für die Bildung eines grammatischen Satzes obligatorisches Satzglied (z. B. der Gärtner bindet *die Blumen*; Sprachw.); vgl. Valenz
ak|täo|ni|sie|ren ⟨nach Aktäon, einem von Diana in einen Hirsch verwandelten Jäger der griech.-röm. Sage, u. zu ↑...isieren⟩: (veraltet) den Ehemann betrügen
Ak|te *die;* -, -n, österr. auch Akt *der;* -[e]s, -e ⟨zu *lat.* acta (Plur.) „das Verhandelte, die Ausführungen, der Vorgang", dies zu agere, vgl. agieren⟩: [geordnete] Sammlung zusammengehörender Schriftstücke. **Ak|tei** *die;* -, -en: Aktensammlung. **Ak|ten|no|tiz** *die;* -, -en: kurze Aufzeichnung, Anmerkung, Eintragung in die Akten. **Ak|teur** [ak'tøːɐ̯] *der;* -s, -e ⟨aus gleichbed. *fr.* acteur, dies aus *lat.* actor; vgl. agieren⟩: 1. handelnde Person. 2. Schauspieler. **Akt|fo|to** *das;* -s, -s: Kurzform von ↑ Aktfotografie. **Akt|fo|to|gra|fie** *die;* -, -n: ↑ Fotografie (2) eines Aktes (3). **Ak|tie** [...i̯ə] *die;* -, -n ⟨aus gleichbed. *niederl.* actie, dies zu *lat.* actio „Tätigkeit, Klage, klagbarer Anspruch"; vgl. Aktion⟩: Anteilschein am Grundkapital einer Aktiengesellschaft. **Ak|ti|en|ge|sell|schaft** *die;* -, -en: Handelsgesellschaft, deren Grundkapital (Aktienkapital) von Gesellschaftern (↑ Aktionären) aufgebracht wird, die nicht persönlich, sondern mit ihren Einlagen für die Verbindlichkeiten haften; Abk.: AG. **Ak|ti|en|in|dex** *der;* -es, -e: Kennziffer für die Entwicklung des Kursdurchschnitts der bedeutendsten Aktiengesellschaften. **Ak|ti|en|ka|pi|tal** *das;* -s, Plur. -e u. (österr. nur) -ien [...i̯ən]: Summe des in Aktien zerlegten Grundkapitals einer Aktiengesellschaft. **Ak|ti|en|kurs** *der;* -es, -e: an der Börse festgestellter Preis von Wertpapieren. **Ak|ti|en|pa|ket** *das;* -[e]s, -e: größere Anzahl von Aktien einer Gesellschaft, die ihrem Besitzer bedeutenden Einfluß auf die Gesellschaft sichert. **Ak|ti|en|spe|ku|lant** *der;* -en, -en: jmd., der mit Aktien spekuliert. **Ak|ti|en|spe|ku|la|ti|on** *die;* -, -en: ↑ Spekulation mit Aktien. **Ak|tin**, das, -s, -e ⟨zu *lat.* actio „Tätigkeit, Vorgang" u. ↑...in (1)⟩: Eiweißverbindung im Muskel (Biochem.).
Ak|ti|ni|de vgl. Actinide. **Ak|ti|nie** [...i̯ə] *die;* -, -n ⟨zu *gr.* aktís, Gen. aktĩnos „Strahl" u. ↑¹...ie⟩: Seeanemone. **ak|tinisch**: a) radioaktiv (von Heilquellen); b) durch Strahlung hervorgerufen (z. B. von Krankheiten). **Ak|ti|nis|mus** *der;* - ⟨zu ↑...ismus (2)⟩: svw. Aktinität. **Ak|ti|ni|tät** *die;* - ⟨zu ↑...ität⟩: photochemische Wirksamkeit einer Lichtstrahlung, bes. ihre Wirkung auf fotografisches Material. **Ak|ti|ni|um** vgl. Actinium. **ak|ti|no...**, **Ak|ti|no...** ⟨zu *gr.* aktís, Gen. aktĩnos „Strahl"⟩: Wortbildungselement mit der Bedeutung „Strahl, Strahlung", z. B. aktinomorph, Aktinometer. **Ak|ti|no|bo|lis|mus** *der;* - ⟨zu *gr.* bolḗ „das Werfen, Wurf" u. ↑...ismus, eigtl. „das Strahlenwerfen"⟩: (veraltet) Ausstrahlung. **Ak|ti|no|elek|tri|zi|tät** *die;* -: ↑ Elektrizität, die durch Sonneneinstrahlung in einigen Kristallen entsteht. **Ak|ti|no|gramm** *das;* -s, -e ⟨zu ↑...gramm⟩: (veraltet) Röntgenbild. **Ak|ti|no|graph** *der;* -en, -en ⟨zu ↑...graph⟩: Gerät zur Aufzeichnung der Sonnenstrahlung (Meteor.). **Ak|ti|no|i|de** vgl. Actinoide. **Ak|ti|no|kar|dio|gra|phie** *die;* -: Sammelbez. für Methoden zur ↑ röntgenologischen Untersuchung des Herzens (Med.). **Ak|ti|no|lith** [auch ...'lɪt] *der;* Gen. -s u. -en, Plur. -e[n] ⟨zu ↑...lith⟩: Strahlstein (ein grünes Mineral). **Ak|ti|no|me|ter** *das;* -s, - ⟨zu ↑¹...meter⟩: Gerät zur Messung der Sonnenstrahlung (Meteor.). **Ak|ti|no|me|trie** *die;* - ⟨zu ↑...metrie⟩: Messung der Strahlungsintensität der Sonne (Meteor.). **ak|ti|no|morph** ⟨zu ↑...morph⟩: strahlenförmig (z. B. von Blüten; Bot.). **Ak|ti|no|my|kom** *das;* -s, -e ⟨zu *gr.* mýkēs „Pilz" u. ↑...om⟩: brettharte, geschwulstartige ↑ Infiltration (3), meist an der Mundschleimhaut, bei ↑ Aktinomykose (Med.). **Ak|ti|no|my|ko|se** *die;* -, -n ⟨zu ↑¹...ose⟩: Strahlenpilzkrankheit (Med.). **Ak|ti|no|my|zet** *der;* -en, -en: Strahlenpilz (Fadenbakterie). **Ak|ti|non** *das;* -s ⟨Kunstw.⟩: radioaktives Edelgas (↑ Isotop des ↑ Radons), das beim radioaktiven Zerfall des ↑ Actiniums entsteht. **Ak|ti|no|pha|ge** *der* u. *die;* -n, -n (meist Plur.) ⟨zu ↑...phage⟩: Strahlenpilze auslösendes ↑ Virus. **Ak|ti|no|sko|pie** *die;* -, ...ien ⟨zu ↑...skopie⟩: svw. Elektrokymographie. **Ak|ti|no|the|ra|pie** *die;* -, ...ien: (veraltet) Strahlenbehandlung (Med.)
Ak|ti|on *die;* -, -en ⟨aus *lat.* actio „Tätigkeit, Vorgang" zu agere, vgl. agieren⟩: a) gemeinsames, gezieltes Vorgehen; b) planvolle Unternehmung, Maßnahme; in - [treten, sein]: in Tätigkeit [treten, sein]; vgl. konzertierte Aktion. **ak|tio|nal** ⟨zu ↑¹...al (1)⟩: die Aktion betreffend; vgl. ...al/...ell. **Ak|tio|när** *der;* -s, -e ⟨aus gleichbed. *fr.* actionnaire⟩: Inhaber von ↑ Aktien einer ↑ Aktiengesellschaft. **ak|tio|nell** ⟨zu ↑ Aktion u. ↑...ell⟩: svw. aktional; vgl. ...al/...ell. **Ak|tio|nen|sy|stem** *das;* -s: Wesen des röm. Rechts, das privaten Rechten nur insoweit Rechtsschutz gewährt, als es für sie eine gerichtsfähige Klageart (↑ Actio) gibt (Rechtsw.). **ak|tio|nie|ren** ⟨zu ↑...ieren⟩: (veraltet) Klage anstrengen, gerichtlich belangen. **Ak|tio|nis|mus** *der;* - ⟨zu ↑...ismus⟩: 1. das Bestreben, das Bewußtsein der Menschen od. die bestehenden Zustände in Gesellschaft, Kunst od. Literatur durch gezielte [provozierende, revolutionäre] Aktionen zu verändern. 2. (oft abwertend) übertriebener Tätigkeitsdrang. **Ak|tio|nist** *der;* -en, -en ⟨zu ↑...ist⟩: Vertreter des Aktionismus. **ak|tio|ni|stisch** ⟨zu ↑...istisch⟩: im Sinne des Aktionismus [handelnd]. **Ak|ti|ons|ak|zep|tor** *der;* -s, -en: in der Großhirnrinde zentralisierter Bewegungsapparat für die bedingt reflektorischen Reaktionen eines Organismus (Kybern.). **Ak|ti|ons|art** *die;* -, -en: Geschehensart beim Verb, die die Art u. Weise bezeichnet, wie das durch das Verb ausgedrückte Geschehen vor sich geht, z. B. *sticheln* (iterativ); *fällen* (faktitiv; Sprachw.); vgl. Aspekt (3). **Ak|ti|ons|ka|ta|log** *der;* -s, -e: svw. Ethogramm. **Ak|ti|ons|pa|ra|me|ter** *der;* -s, -: Größe, die ein Wirtschaftssubjekt direkt beeinflussen u. festlegen kann (z. B. Preisforderung eines Unternehmens; Wirtsch.). **Ak|ti|ons|po|ten|ti|al** *das;* -s, -e: elektrische Spannungsänderung mit Aktionsströmen bei Erregung von Nerven, Muskeln, Drüsen (Biochem.). **Ak|ti|ons|pro|gramm** *das;* -s, -e: Programm für Aktionen, die einem bestimmten Ziel dienen sollen. **Ak|ti|ons|quo|ti-**

Aktivitätsrhythmus

ent *der;* -en, -en: Maß für die Aktivität, die ein Sprechender durch seine Sprache ausdrückt, das durch das Verhältnis aktiver Elemente (z. B. Verben) zu den qualitativen (z. B. Adjektive) bestimmt wird (Psychol.). **Ak|ti|ons|ra|di|us** *der;* -, ...ien [...jən]: Wirkungsbereich, Reichweite. **Ak|ti|ons|strom** *der;* -[e]s, ...ströme: bei der Tätigkeit eines Muskels auftretender elektrischer Strom. **Ak|ti|ons|sub|stan|zen** *die* (Plur.): Stoffe, die nach Reizung eines Nervs an den Nervenendigungen u. ↑ Synapsen frei werden u. deren ↑ Chemismus zur Reizübertragung vom Nerv auf das Ausführungsorgan (Muskel) dient (z. B. Adrenalin; Med.). **Ak|ti|ons|sy|stem** *das;* -s, -e: Gesamtheit aller Verhaltensweisen einer Tierart. **Ak|ti|ons|tur|bi|ne** *die;* -, -n: Turbine, bei der die gesamte Energie (Wasser, Dampf od. Gas) vor dem Eintritt in das Laufrad in einer Düse in Bewegungsenergie umgesetzt wird; Gleichdruckturbine. **Ak|ti|ons|zen|trum** *das,* -s, ...tren: 1. zentrale Stelle, von der [politische] Aktionen ausgehen. 2. die Großwetterlage bestimmendes, relativ häufig auftretendes, ausgedehntes Hoch- od. Tiefdruckgebiet (Meteor.).
Ak|tit *der;* -en, -en (meist Plur.) ⟨zu *gr.* akté „Küste" u. ↑³...it⟩: (veraltet) Küstenbewohner
Ak|ti|ta|ti|on *die;* -, -en ⟨aus gleichbed. *nlat.* actitatio zu *spätlat.* actitare „(wiederholt) betreiben"⟩: (veraltet) 1. lebhafte Be-, Verhandlung. 2. Wiederholung. **ak|tiv** [bei Hervorhebung od. Gegenüberstellung zu passiv auch 'ak...] ⟨aus *lat.* activus „tätig, wirksam"⟩: 1. a) unternehmend, geschäftig, rührig; zielstrebig; Ggs. ↑ inaktiv, ↑ passiv (1 a); b) selbst in einer Sache tätig, sie ausübend (im Unterschied zum bloßen Erdulden o. ä. von etw.); Ggs. ↑ passiv; -e Bestechung: Verleitung eines Beamten od. einer im Militär- od. Schutzdienst stehenden Person durch Geschenke, Geld o. ä. zu einer Handlung, die eine Amts- od. Dienstpflichtverletzung enthält; -e Handelsbilanz: Handelsbilanz eines Landes, bei der mehr ausgeführt als eingeführt wird; -es Wahlrecht: das Recht zu wählen; -er Wortschatz: Gesamtheit aller Wörter, die ein Sprecher in seiner Muttersprache beherrscht u. beim Sprechen verwendet. 2. a) im Militärdienst stehend (im Unterschied zur Reserve); b) als Mitglied einer Sportgemeinschaft regelmäßig an sportlichen Wettkämpfen teilnehmend. 3. svw. aktivisch. 4. svw. optisch aktiv. 5. stark reaktionsfähig (Chem.); Ggs. ↑ inaktiv (3 a). 6. einer studentischen Verbindung mit allen Pflichten angehörend; Ggs. ↑ inaktiv (2 b). **¹Ak|tiv** *das,* -s, -e [...və] ⟨aus gleichbed. *lat.* (genus) activum⟩: Verhaltensrichtung des Verbs, die vom (meist in einer Tätigkeit befindlichen) Subjekt her gesehen ist; z. B. Tilo *streicht* sein Zimmer; die Rosen *blühen* (Sprachw.); Ggs. ↑ Passiv. **²Ak|tiv** *das,* -s, Plur. auch -e [...və] ⟨aus gleichbed. *russ.* aktiv, dies zu *lat.* activus, vgl. aktiv⟩: Arbeitsgruppe zur gemeinsamen Vorbereitung u. Erfüllung bestimmter Aufgaben (bes. in den ehemaligen sozialistischen Ländern). **Ak|ti|va** [...va] *die* (Plur.) ⟨aus *lat.* activus „wirksam"; vgl. aktiv⟩: Vermögenswerte eines Unternehmens auf der linken Seite der ↑ Bilanz; Ggs. ↑ Passiva. **Ak|ti|va|ti|on** [...v...] *die;* -, -en ⟨aus *engl.* activation „Aktivierung"⟩: ungerichtete Grunderregung des Nervensystems als Voraussetzung für die normalen psychischen Funktionen im Wachzustand (Neurologie). **Ak|ti|va|tor** *der;* -s, ...oren ⟨zu ↑ aktiv u. ↑...ator⟩: 1. Stoff, der die Wirksamkeit eines ↑ Katalysators steigert. 2. einem nicht leuchtfähigen Stoff zugesetzte Substanz, die diesen zu einem Leuchtstoff macht (Chem.). 3. im ↑ Serum (1 a) vorkommender, die Bildung von ↑ Antikörpern aktivierender Stoff (Med.). 4. Hilfsmittel zur Kieferregulierung (Zahnmed.). **¹Ak|ti|ve** *der;* -n, -n ⟨zu *lat.* activus, vgl. aktiv⟩: a) Sportler, der regelmäßig an Wettkämpfen teilnimmt; b) Mitglied eines Karnevalvereins, das sich mit eigenen Beiträgen an Karnevalssitzungen beteiligt; c) Mitglied einer ↑ Aktivitas. **²Ak|ti|ve** *die;* -, -n: (veraltet) fabrikmäßig hergestellte Zigarette im Unterschied zur selbstgedrehten. **Ak|ti|ven** vgl. Aktiva u. Aktive. **Ak|tiv|fi|nan|zie|rung** *die;* -, -en: Überlassung von Kapital an einen Dritten. **Ak|tiv|ge|schäft** *das;* -s, -e: Bankgeschäft, bei dem die Bank Kredite an Dritte gewährt; Ggs. ↑ Passivgeschäft. **Ak|tiv|han|del** *der;* -s: von den einheimischen Kaufleuten eines Landes betriebener Außenhandel; Ggs. ↑ Passivhandel. **ak|ti|vie|ren** [...v...] ⟨nach gleichbed. *fr.* activer; vgl. aktiv⟩: 1. a) zu größerer Aktivität (1) veranlassen; b) in Tätigkeit setzen, in Gang bringen, zu größerer Wirksamkeit verhelfen. 2. etwas als Aktivposten in die Bilanz aufnehmen; Ggs. ↑ passivieren (1). 3. künstlich radioaktiv machen. **Ak|ti|vie|rung** *die;* -, -en ⟨zu ↑...ierung⟩: 1. (ohne Plur.) das Aktivieren (1). 2. (ohne Plur.) Erfassung von Vermögenswerten in der ↑ Bilanz; Ggs. ↑ Passivierung (Wirtsch.). 3. Prozeß, durch den chem. Elemente od. Verbindungen in einen reaktionsfähigen Zustand versetzt werden (Chem.). 4. das Aktivieren (3) von Atomkernen (Phys.). **Ak|ti|vie|rungs|ana|ly|se** *die;* -, -n: Methode zur quantitativen Bestimmung kleinster Konzentrationen eines Elements in anderen Elementen (Chem.). **Ak|ti|vie|rungs|ener|gie** *die,* -, -n: 1. Energiemenge, die für die Einleitung gehemmter chem. u. physik. Reaktionen nötig ist. 2. diejenige Energie, die einem atomaren System zugeführt werden muß, um es in einen angeregten Energiezustand zu bringen. **Ak|ti|vie|rungs|ni|veau** *das;* -s, -s: Lage des Gefühls zwischen Erregung und Beruhigung (Psychol.). **Ak|ti|vie|rungs|pro|duk|te** *die* (Plur.): durch Neutronenstrahlung in einem Kernreaktor radioaktiv gewordene ↑ Nuklide außerhalb des Brennstoffs, z. B. in den Brennstabhüllrohren, im Kühlmittel, bei den Reaktoreinbauten. **Ak|ti|vin** *das,* -s ⟨zu ↑...in (1)⟩: ein ↑ Chloramin. **ak|ti|visch** [auch 'ak...] ⟨aus *lat.* activus „die Tätigkeit bezeichnend"; vgl. aktiv⟩: das ¹Aktiv betreffend, zum ¹Aktiv gehörend (Sprachw.); vgl. ...isch/-; Ggs. ↑ passivisch. **Ak|ti|vis|mus** *der;* - ⟨zu ↑...ismus (2)⟩: aktives Vorgehen, Tätigkeitsdrang. **Ak|ti|vist** *der;* -en, -en ⟨zu ↑...ist⟩: 1. zielbewußt u. zielstrebig Handelnder. 2. jmd., der in der ehemaligen DDR für besondere berufliche u./od. gesellschaftliche Leistungen ausgezeichnet worden ist. **Ak|ti|vi|sten|dis|ser|ta|ti|on** *die;* -, -en: Anfang der fünfziger Jahre in der DDR übliches Referat eines Aktivisten (2) über eine neue, fortschrittliche Arbeitsmethode. **ak|ti|vi|stisch** ⟨zu ↑...istisch⟩: den ↑ Aktivismus betreffend, auf ihm beruhend, zu ihm gehörend, ihn vertretend. 2. den Aktivisten (1) betreffend, zu ihm gehörend. **Ak|ti|vi|tas** *die;* - ⟨nach gleichbed. *mlat.* activitas; vgl. aktiv⟩: Gesamtheit der zur aktiven Beteiligung in einer studentischen Verbindung Verpflichteten. **Ak|ti|vi|tät** *die;* -, -en ⟨zu ↑...ität⟩: 1. (ohne Plur.) Tätigkeitsdrang, Betriebsamkeit, Unternehmungsgeist; Ggs. ↑ Inaktivität (1), ↑ Passivität (1). 2. (ohne Plur.) a) Maß für den radioaktiven Zerfall, d. h. die Stärke einer radioaktiven Quelle (Chem.); vgl. Radioaktivität; b) svw. optische Aktivität. 3. (nur Plur.) das Tätigwerden, Sichbetätigen in einer bestimmten Weise, bestimmte Handlungen, z. B. -en zu den Filmfestspielen, die kulturellen -en. **Ak|ti|vi|täts|hy|per|tro|phie** *die;* -: Größenzunahme eines Organs od. Muskels bei ständiger starker Beanspruchung (Med.). **Ak|ti|vi|täts|pha|se** *die;* -, -n: ↑ Phase der Tätigkeit. **Ak|ti|vi|täts|rhyth|mus** *der;* -, ...men: lichtabhängiger Tag-

Aktivitätszentrum

und-Nacht-Rhythmus (Ökologie). **Ak|ti|vi|täts|zen|trum** *das;* -s, ...tren: 1. Mittelpunkt einer Aktivität (1). 2. Ursprungsgebiet der Erscheinungen der Sonnenaktivität (Astron.). **Ak|tiv|koh|le** *die;* -: staubfeiner, poröser Kohlenstoff, als ↑Adsorbens zur Entgiftung, Reinigung od. Entfärbung benutzt (z. B. in Gasmaskenfiltern); Kurzw. A-Kohle. **Ak|tiv|kon|ten, Ak|tiv|kon|ti** od. **Ak|tiv|kon|tos** *die* (Plur.): Konten der Aktivseite der Bilanz; vgl. Aktiva (Wirtsch.); Gss. ↑Passivkonten. **Ak|tiv|le|gi|ti|ma|ti|on** *die;* -, -en: im Zivilprozeß die Rechtszuständigkeit auf der Klägerseite (Rechtsw.); Ggs. ↑Passivlegitimation. **Ak|tiv|posten** *der;* -s, -: Vermögensposten, der auf der Aktivseite der Bilanz aufgeführt ist; Ggs. ↑Passivposten. **Ak|tiv|pro|zeß** *der;* ...zesses, ...zesse: Prozeß, den jemand als Kläger führt (Rechtsw.); Ggs. ↑Passivprozeß. **Ak|tiv|re|zeß** *der;* ...zesses, ...zesse: (veraltet) Forderungsrückstand (Rechtsw.). **Ak|tiv|sal|do** *der;* -s, Plur. -s, ...salden u. ...saldi: Saldo auf der Aktivseite eines Kontos; Ggs. ↑Passivsaldo. **Ak|tivstoff** *der;* -[e]s, -e: Stoff von großer chem. Reaktionsfähigkeit. **Ak|ti|vum** [...vʊm] *das;* -s, ...va ⟨aus gleichbed. *mlat.* activum⟩: (veraltet) svw. ¹Aktiv. **Ak|tiv|ur|laub** *der;* -s, -e: Urlaub mit besonderen Aktivitäten, den man aktiv gestaltet im Unterschied zum sogenannten Faulenzerurlaub. **Ak|tiv|zin|sen** *die* (Plur.): Zinsen, die den Banken aus Kreditgeschäften zufließen; Ggs. ↑Passivzinsen. **Ak|to|graph** *der;* -en, -en ⟨zu *lat.* actio (vgl. Aktion) u. ↑...graph⟩: Registriergerät für Lebensäußerungen der Tiere

Ak|to|myo|sin, fachspr. Actomyosin *das;* -s, -e ⟨zu ↑Aktin u. ↑Myosin⟩: aus ↑Myosin u. ↑Aktin gebildeter Eiweißkörper, dessen Bildung u. Zerfall für die Muskelkontraktion bedeutsam ist (Med.)

Ak|tor *der;* -s, ...oren ⟨aus *lat.* actor „jmd., der (etwas) in Bewegung setzt; Vollzieher; Kläger"⟩: 1. (veraltet) handelnde Person. 2. (veraltet) Kläger, bevollmächtigter Anwalt. 3. Sammelbez. für Wandler, die elektrische Signale in mechanische Bewegung od. in andere physikalische Größen (z. B. Druck, Temperatur) umsetzen. **Ak|to|ri|um** *das;* -s, ...ien [...jən] ⟨zu ↑...ium⟩: (veraltet) die dem Aktor (2), dem Anwalt erteilte Vollmacht. **Ak|tri|ce** [...sə] *die;* -, -n ⟨aus gleichbed. *fr.* actrice; vgl. Akteur⟩: Schauspielerin. **Ak|trix** *die;* -, ...trizes [...tse:s] ⟨aus *spätlat.* actrix „Täterin", weibl. Form zu *lat.* actor, vgl. Aktor⟩: Schauspielerin. **ak|tu|al** ⟨aus *lat.* actualis „tätig, wirksam"; vgl. agieren⟩: 1. wirksam, tätig (Philos.); Ggs. ↑potential (1). 2. in der Rede od. im ↑Kontext verwirklicht, eindeutig determiniert (Sprachw.); Ggs. ↑potentiell. 3. im Augenblick gegeben, sich vollziehend, tatsächlich vorhanden; Ggs. ↑potentiell. **Ak|tu|al|ge|ne|se** *die;* -, -n: stufenweise sich vollziehender Wahrnehmungsvorgang, ausgehend vom ersten, noch diffusen Eindruck bis zur klar gegliederten u. erkennbaren Endgestalt (Psychol.). **Ak|tua|li|sa|ti|on** *die;* -, -en ⟨zu ↑...isation⟩: 1. (ohne Plur.) svw. Aktualisierung. 2. aktualisierter Text (Sprachw.); vgl. ...[at]ion/...ierung. **ak|tua|li|sie|ren** ⟨aus gleichbed. *fr.* actualiser zu *lat.* actualis; vgl. aktual u. ...isieren⟩: 1. etwas [wieder] aktuell machen, beleben, auf den neuesten Stand bringen. 2. Varianten sprachlicher Einheiten in einem bestimmten Kontext verwenden (Sprachw.). **Ak|tua|li|sie|rung** *die;* -, -en ⟨zu ↑...isierung⟩: das Aktualisieren; vgl. ...[at]ion/...ierung. **Ak|tua|lis|mus** *der;* - ⟨zu ↑aktual u. ↑...ismus (1)⟩: a) philos. Lehre, nach der die Wirklichkeit ständig aktuales (1), nicht unveränderliches Sein ist; b) Auffassung, daß die gegenwärtigen Kräfte u. Gesetze der Natur- u. Kulturgeschichte die gleichen sind wie in früheren Zeiträumen. **ak|tua|li|stisch** ⟨zu ↑...istisch⟩: a) die Lehre bzw. Theorie des

Aktualismus vertretend; b) die Lehre bzw. Theorie des Aktualismus betreffend. **Ak|tua|li|tät** *die;* -, -en ⟨aus gleichbed. *fr.* actualité zu *lat.* actualis; vgl. aktual u. ...ität⟩: 1. (ohne Plur.) Gegenwartsbezogenheit, -nähe, unmittelbare Wirklichkeit, Bedeutsamkeit für die unmittelbare Gegenwart. 2. (nur Plur.) Tagesereignisse, jüngste Geschehnisse. 3. (ohne Plur.) das Wirklichsein, Wirksamsein; Ggs. ↑Potentialität (Philos.). **Ak|tua|li|tä|ten|ki|no** *das;* -s, -s: Kino mit [durchgehend laufendem] aus Kurzfilmen verschiedener Art gemischtem Programm. **Ak|tua|li|täts|theo|rie** *die;* -: 1. Lehre von der Veränderlichkeit, vom unaufhörlichen Werden des Seins (Philos.). 2. Lehre, nach der die Seele nicht an sich, sondern nur in den aktuellen, im Augenblick tatsächlich vorhandenen seelischen Vorgängen besteht (Psychol.). **Ak|tu|al|neu|ro|se** *die;* -, -n ⟨zu ↑aktual⟩: durch aktuelle, tatsächlich vorhandene, vorliegende Affekterlebnisse (z. B. Schreck, Angst) ausgelöste ↑Neurose (Psychol.). **Ak|tu|ar** *der;* -s, -e ⟨zu ↑Aktuarius⟩: 1. (veraltet) Gerichtsangestellter. 2. wissenschaftlicher Versicherungs- u. Wirtschaftsmathematiker. **Ak|tua|ri|at** *das;* -[e]s, -e ⟨zu ↑...iat⟩: Amt des Aktuars (1). **Ak|tua|ri|us** *der;* -, ...ien [...jən] ⟨aus *lat.* actuarius „Schnellschreiber (bei Verhandlungen)"; vgl. Akten⟩: svw. Aktuar (1). **Ak|tua|ti|on** *die;* -, -en ⟨aus gleichbed. *nlat.* actuatio⟩: (veraltet) die Äußerung der Wirksamkeit eines Arzneimittels. **Ak|tua|tor** *der;* -s, ...oren ⟨aus gleichbed. *engl.* actuator zu *lat.* actualis, vgl. aktual⟩: svw. Aktor (3). **ak|tu|ell** ⟨aus gleichbed. *fr.* actuel, dies aus *lat.* actualis, vgl. aktual⟩: 1. im augenblicklichen Interesse liegend, zeitgemäß, zeitnah; Ggs. ↑inaktuell. 2. svw. aktual (2, 3), im Augenblick gegeben, vorliegend, tatsächlich vorhanden; Ggs. ↑potentiell. **Ak|tum** *das;* -s, ...ta ⟨aus *lat.* actum, Part. Perf. (Neutrum) von agere, vgl. agieren⟩: Objektskasus, in den das Subjekt z. B. deutscher Sätze mit intransitivem Verb in den Sprachen mit anderer Verbalauffassung gesetzt werden muß (z. B. im Tibetanischen od. vergleichsweise fr. *me voilà* für dt. *da bin ich;* fr. *il me faut un crayon* für dt. *ich brauche einen Bleistift*). **Ak|tuo|geo|lo|gie** *die;* - ⟨zu *lat.* actuosus „lebhaft, tätig"⟩: Teilgebiet der Geologie, das die Vorgänge der geologischen Vergangenheit unter Beobachtung der in der Gegenwart ablaufenden Prozesse zu erklären sucht. **Ak|tuo|pa|lä|on|to|lo|gie** *die;* -: Teilgebiet der Paläontologie, das die Bildungsweise paläontologischer Fossilien unter Beobachtung der in der Gegenwart ablaufenden Prozesse zu erklären sucht. **Ak|tus** *der;* -, - [...tu:s] ⟨aus gleichbed. *lat.* actus⟩: (veraltet) [Schul]feier, [Schul]aufführung

Aku|em *das;* -s, -e ⟨zu *gr.* akoúein „hören" u. ↑...em⟩: phonisches u. artikulatorisches Element, mit dem sich ein Affekt od. Gefühlszustand kundgibt (Sprachw.)

aku|ie|ren ⟨aus gleichbed. *lat.* acuere zu acus „Nadel"⟩: (veraltet) schärfen, zuspitzen, reizen. **aku|iert** ⟨zu ↑...iert, eigtl. „geschärft"⟩: scharf betont (von einer Silbe, einem Vokal; Phon.). **Aku|i|tät** [akui...] *die;* - ⟨zu *lat.* acuere (vgl. akuieren) u. ↑...ität⟩: 1. (veraltet) Schärfe des Tones. 2. akuter Krankheitsverlauf, akutes Krankheitsbild (Med.); Ggs. ↑Chronizität. **Akui|ti|on** *die;* -, -en ⟨zu ↑¹...ion⟩: (veraltet) das Schärfen, Scharfbetonen

Aku|la|lie *die;* -, ...ien ⟨zu *gr.* akoúein „hören", laleīn „sprechen" u. ↑²...ie⟩: unsinnige lautliche Äußerung bei ↑Aphasie

Aku|lea|ten *die* (Plur.) ⟨aus gleichbed. *nlat.* aculeata (Plur.) zu *lat.* aculeatus „stachelig"⟩: Bez. für alle mit einem Giftstachel bewehrten Insekten (z. B. Bienen, Wespen). **aku|lei|form** [...lei...] ⟨zu *lat.* aculeus „Stachel" u. ↑...form⟩: (veraltet) stachelförmig

aku|lie|ren [aky...] ⟨aus *fr.* acculer „in die Enge treiben", reflexiv „sich auf den Hintern setzen", dies zu cul „Hintern"⟩: sich beim Reiten zu weit hinten (auf das Kreuz des Pferdes) setzen
Aku|me|ter *das;* -s, - ⟨zu *gr.* akoúein „hören" u. ↑¹...meter⟩: svw. Audiometer. **Aku|me|trie** *die;* - ⟨zu ↑...metrie⟩: svw. Audiometrie
aku|mi|nös ⟨aus *fr.* acumineux „zugespitzt", dies zu *lat.* acumen „Spitze"; vgl. ...ös⟩: scharf zugespitzt
Aku|pik|tur *die;* -, -en ⟨zu *lat.* acus „Nadel" u. pictura „Malerei"⟩: (veraltet) Nadelstickerei. **Aku|pres|sur** *die;* -, -en ⟨zu *lat.* pressura „Druck" (Analogiebildung zu ↑Akupunktur)⟩: der Akupunktur verwandtes Verfahren, bei dem durch kreisende Bewegungen der Fingerkuppen (unter leichtem Druck) auf bestimmten Körperpunkten manche Schmerzen behoben werden sollen. **Aku|punk|teur** [...'tø:ɐ] *der;* -s, -e ⟨zu ↑Akupunktur u. ↑...eur⟩: jmd., der eine Akupunktur durchführt. **aku|punk|tie|ren** ⟨zu ↑...ieren⟩: eine Akupunktur durchführen. **Aku|punk|tur** *die;* -, -en ⟨zu *lat.* acus „Nadel" u. punctura „das Stechen, der Stich"⟩: alte asiatische Heilmethode, bei der durch Einstich von Nadeln aus Edelmetall in bestimmte Hautstellen die den Hautstellen „zugeordneten" Organe geheilt werden sollen, auch bei Neuralgien, Migräne, Rheumatismus u. ä. angewendet. **Aku|punk|tu|rist** *der;* -en, -en ⟨zu ↑...ist⟩: svw. Akupunkteur
Aku|sie *die;* - ⟨aus gleichbed. *gr.* akousía⟩: (veraltet) das Gezwungensein
Akus|ma|ti|ker *der;* -s, - ⟨zu *gr.* akousmatikós „Zuhörer, Schüler des Pythagoras"⟩: Angehöriger einer Untergruppe der ↑Pythagoreer (Philos.). **Aku|stik** *die;* - ⟨zu *gr.* akoustikós (vgl. akustisch) u. ↑²...ik (2)⟩: 1. a) Lehre vom Schall, von den Tönen; b) Schalltechnik. 2. Klangwirkung. **Aku|sti|ker** *der;* -s, -: Fachmann für Fragen der Akustik. **Aku|stik|log** *der;* -s ⟨zu *engl.* log „Bohrbericht"⟩: Gerät zur Schichtgrenzbestimmung von Gesteinen. **Aku|sti|kon** *das;* -s, ...ka ⟨aus gleichbed. *gr.* akoustikón zu akoustikós, vgl. akustisch⟩: (veraltet) ein Hörrohr. **aku|stisch** ⟨aus *gr.* akoustikós „das Gehör betreffend"⟩: a) die Akustik (1, 2) betreffend; b) klanglich; durch das Gehör [erfolgend]; vgl. auditiv; -e Holographie vgl. Holographie; -e Phonetik vgl. Phonetik; -er Typ: Menschentyp, der Gehörtes besser behält als Gesehenes; Ggs. ↑visueller Typ. **Aku|sto|che|mie** *die;* -: Teilgebiet der physikalischen Chemie, das sich mit der Erzeugung von Schall durch chem. Reaktionen u. mit der Beeinflussung dieser durch Schallschwingungen beschäftigt. **Aku|sto|elek|tro|nik** *die;* -: Teilgebiet der Elektronik, das sich mit der Beeinflussung von elektronischen Funktionen in Festkörpern durch hochfrequente Ultra- u. Hyperschallwellen befaßt. **Aku|sto|op|tik** *die;* -: Teilgebiet der Optik, das die Wechselwirkungen zwischen hochfrequenten Ultra- u. Hyperschallwellen mit elektromagnetischen Wellen untersucht u. die dabei auftretenden Brechungs- u. Beugungseffekte z. B. zum Bau von Lichtschaltern anwendet
akut ⟨aus *lat.* acutus „scharf, spitz"⟩: 1. brennend, dringend, vordringlich, unmittelbar [anrührend] (in bezug auf etwas, womit man sich sofort beschäftigen muß od. was gerade unübersehbar im Vordergrund des Interesses steht). 2. unvermittelt auftretend, schnell u. heftig verlaufend (von Krankheiten u. Schmerzen; Med.); Ggs. ↑chronisch (1). **Akut** *der;* -s, -e: Betonungszeichen für den steigenden (scharfen) Ton, z. B. é; vgl. Accent aigu. **Akut|kran|ken|haus** *das;* -es, ...häuser: Krankenhaus für akute (2) Krankheitsfälle

Akya|no|blep|sie *die;* - ⟨zu *gr.* a- „un-, nicht-", kyáneos „blau", blépein „sehen" u. ↑²...ie⟩: svw. Azyanopsie.
Akya|no|blept *der;* -[e]s, -e ⟨zu *gr.* bleptós „sehend"⟩: (veraltet) einer, der kein Blau sieht
Akye|sie, Akye|sis *die;* - ⟨zu *gr.* a- „un-, nicht-" u. kýēsis „Schwangerschaft" (u. ↑²...ie)⟩: (veraltet) weibliche Unfruchtbarkeit (Med.).; vgl. Sterilität
Akyn *der;* -s, -e ⟨aus gleichbed. *russ.* akyn zu *kirg.* akyn u. *aserbaidschan.* achun „islam. Theologe, gelehrter Mulla", dies aus dem Turkotat.⟩: kasachischer u. kirgisischer Volkssänger; vgl. Rhapsode
Aky|rie *die;* - ⟨zu *gr.* ákyros „ungültig" u. ↑²...ie⟩: (veraltet) uneigentlicher Gebrauch eines Wortes. **Aky|ro|lo|gie** *die;* - ⟨zu ↑...logie⟩: ungewöhnliche, uneigentliche Sprechart; falsche Darstellung; vgl. Trope
Aky|te|ria *die* (Plur.) ⟨aus gleichbed. *gr.* akytéria⟩: (veraltet) Abtreibungsmittel (Med.)
Ak|ze|denz *die;* - ⟨aus gleichbed. *nlat.* accedentia zu *lat.* accedere, vgl. akzedieren⟩: Beipflichtung, Zustimmung. **ak|ze|die|ren** ⟨aus gleichbed. *lat.* accedere⟩: beitreten, beistimmen
Ak|ze|le|ra|ti|on *die;* -, -en ⟨aus *lat.* acceleratio „Beschleunigung" zu accelerare, vgl. akzelerieren⟩: 1. Zunahme der Umlaufgeschwindigkeit des Mondes. 2. Zeitunterschied zwischen einem mittleren Sonnen- u. einem mittleren Sterntag. 3. Änderung der Ganggeschwindigkeit einer Uhr. 4. Entwicklungsbeschleunigung bei Jugendlichen. 5. Beschleunigung in der Aufeinanderfolge der Individualentwicklungsvorgänge (Biol.); vgl. ...[at]ion/...ierung. **Ak|ze|le|ra|ti|ons|prin|zip** *das;* -s: Wirtschaftstheorie, nach der eine Schwankung der Nachfrage nach Konsumgütern eine prozentual größere Schwankung bei den ↑Investitionsgütern hervorruft. **Ak|ze|le|ra|ti|ons|pro|zeß** *der;* ...prozesses, ...prozesse: Beschleunigungsvorgang. **ak|ze|le|ra|tiv** ⟨aus gleichbed. *nlat.* accelerativus zu *lat.* accelerare, vgl. akzelerieren⟩: beschleunigend. **Ak|ze|le|ra|tor** *der;* -s, ...oren ⟨zu ↑...or⟩: 1. Teilchenbeschleuniger (Kernphysik); vgl. Synchrotron, Zyklotron. 2. Verhältniszahl, die sich aus den Werten der ausgelösten (veränderten) Nettoinvestition und der sie auslösenden (verändernden) Einkommensänderung ergibt (Wirtsch.). **ak|ze|le|rie|ren** ⟨aus gleichbed. *lat.* accelerare⟩: beschleunigen, vorantreiben; fördern. **Ak|ze|le|rie|rung** *die;* -, -en ⟨zu ↑...ierung⟩: das Akzelerieren; vgl. ...[at]ion/...ierung
Ak|zent *der;* -[e]s, -e ⟨aus *lat.* accentus, eigtl. „das Antönen, das Beitönen", zu accinere „dazu singen, dazu tönen"; vgl. Kantor⟩: 1. Betonung (z. B. einer Silbe). 2. Betonungszeichen. 3. (ohne Plur.) Tonfall, Aussprache. 4. svw. Accentus. **Ak|zen|tua|ti|on** *die;* -, -en ⟨aus gleichbed. *mlat.* accentuatio zu accentuare, vgl. akzentuieren⟩: svw. Akzentuierung; vgl. ...[at]ion/...ierung. **ak|zen|tu|ell** ⟨zu ↑...ell⟩: den Akzent betreffend. **ak|zen|tu|ie|ren** ⟨zu gleichbed. *mlat.* accentuare⟩: a) beim Sprechen hervorheben; b) betonen, Nachdruck legen auf etwas. **ak|zen|tu|ie|rend** ⟨zu ↑...ierend⟩: hervorhebend; -de Dichtung: Dichtungsart, in der metrische Hebungen (Versakzente) mit den sprachlichen Hebungen (Wortakzente) zusammenfallen. **Ak|zen|tu|ie|rung** *die;* -, -en ⟨zu ↑...ierung⟩: Betonung, Nachdruck (beim Sprechen); vgl. ...[at]ion/...ierung
Ak|ze|pis|se *das;* -, - ⟨aus *lat.* accepisse „erhalten zu haben", Infinitiv Perf. von accipere „annehmen"⟩: (veraltet) Empfangsschein. **Ak|zept** *das;* -[e]s, -e ⟨aus *lat.* acceptum „das Angenommene", substantiviertes Part. Perf. (Neutrum) von accipere „annehmen"⟩: 1. Annahmeerklärung des Bezogenen (desjenigen, der den Wechsel bezahlen muß) auf

einem Wechsel. 2. der akzeptierte Wechsel. **Ak|zep|ta** *die* (Plur.) ⟨aus gleichbed. *lat.* accepta, Plur. von acceptum, vgl. Akzept⟩: Einnahmen. **ak|zep|ta|bel** ⟨aus *fr.* acceptable „annehmbar", dies aus gleichbed. *spätlat.* acceptabilis⟩: so beschaffen, daß man es akzeptieren, annehmen kann. **Ak|zep|ta|bi|li|tät** *die;* - ⟨zu ↑ ...ität⟩: a) Annehmbarkeit; b) die von einem kompetenten Sprecher als sprachlich üblich u. richtig beurteilte Beschaffenheit einer sprachlichen Äußerung (Sprachw.); vgl. Grammatikalität. **Ak|zep|tant** *der;* -en, -en ⟨aus *lat.* acceptans, Gen. acceptantis, Part. Präs. von acceptare, vgl. akzeptieren⟩: 1. der durch das Akzept (1) zur Bezahlung des Wechsels Verpflichtete (der Bezogene). 2. Empfänger, Aufnehmender. **Ak|zep|tan|ten** *die* (Plur.): eine Partei der ↑ Jansenisten in Frankreich im 18. Jh. **Ak|zep|tanz** *die;* -, -en ⟨zu ↑ ...anz⟩: 1. (bes. Werbespr.) Bereitschaft, etwas (ein neues Produkt o. ä.) zu akzeptieren. 2. bejahende od. tolerierende Einstellung von Personen od. Gruppen gegenüber Neuerungen u. Entwicklungen in Wirtschaft, Politik u. Gesellschaft (Soziol.). **Ak|zep|ta|ti|on** *die* -, -en ⟨aus gleichbed. *lat.* acceptatio⟩: Annahme (z. B. eines Wechsels), Anerkennung; vgl. ...[at]ion/...ierung. **Ak|zep|tier|bar|keit** *die;* - ⟨zu ↑ akzeptieren⟩: svw. Akzeptabilität (b). **ak|zep|tie|ren** ⟨aus gleichbed. *lat.* acceptare zu accipere „annehmen"⟩: etwas annehmen, billigen, hinnehmen. **Ak|zep|tie|rung** *die;* -, -en ⟨zu ↑ ...ierung⟩: das Anerkennen, Einverstandensein mit etwas/jmdm.; vgl. ...[at]ion/...ierung. **Ak|zep|ti|la|ti|on** *die;* - ⟨aus gleichbed. *nlat.* acceptilatio⟩: (veraltet) Eintragung einer Scheinzahlung, Streichung einer nicht gezahlten Schuld. **Ak|zep|ti|on** *die;* - ⟨zu ↑ akzeptieren u. ↑ ¹...ion⟩: svw. Akzeptation. **Ak|zep|ti|vi|tät** *die;* - ⟨zu ↑ ...iv u. ↑ ...ität⟩: svw Akzeptanz. **Ak|zept|kre|dit** *der;* -[e]s, -e: Einräumung eines Bankkredits durch Bankakzept. **Ak|zep|tor** *der;* -s, ...oren ⟨aus *lat.* acceptor „Annehmer, Empfänger"⟩: 1. Stoff, dessen Atome od. Moleküle ↑ Ionen od. ↑ Elektronen (1) von anderen Stoffen übernehmen können (Phys., Chem.). 2. Fremdatom, das ein bewegliches ↑ Elektron (1) einfängt (Phys., Chem.). 3. Stoff, der nur unter bestimmten Voraussetzungen von Luftsauerstoff angegriffen wird. 4. System, das Informationen von einem anderen System aufnimmt (Kybern.); Ggs. ↑ Donator (3)

Ak|zeß *der;* ...zesses, ...zesse ⟨aus *lat.* accessus „Zutritt, Zugang" zu accedere „hinzukommen, hinzutreten"⟩: (österr.) 1. Zulassung zum Vorbereitungsdienst an Gerichten u. Verwaltungsbehörden. 2. Vorbereitungsdienst an Gerichten u. Verwaltungsbehörden. **ak|zes|si|bel** ⟨aus gleichbed. *fr.* accessible zu accès „Zutritt, Zugang", dies aus *lat.* accessus, vgl. Akzeß⟩: (leicht) zugänglich. **Ak|zes|si|bi|li|tät** *die;* - ⟨aus gleichbed. *fr.* accessibilité; vgl. ...ität⟩: (veraltet) Zugänglichkeit, Leutseligkeit. **Ak|zes|si|on** *die;* -, -en ⟨aus *lat.* accessio „das Herantreten, Zutritt; Zusatz"⟩: 1. Zugang; Erwerb. 2. Beitritt [eines Staates zu einem internationalen Abkommen]. 3. Zusatz eines als Gleitlaut wirkenden Konsonanten, z. B. des *t* in gelegen/lich (Sprachw.). **Ak|zes|si|ons|klau|sel** *die;* -: Zusatz in einem Staatsvertrag, durch den angezeigt wird, daß jederzeit auch andere Staaten diesem Vertrag beitreten können. **Ak|zes|si|ons|li|ste** *die;* -, -n: Liste in Bibliotheken, in der neu eingehende Bücher nach der laufenden Nummer eingetragen werden. **Ak|zes|sist** *der;* -en, -en ⟨zu ↑ ...ist⟩: (veraltet) Anwärter [für den Gerichts- u. Verwaltungsdienst]. **Ak|zes|sit** *das;* -s, - ⟨aus *lat.* accessit „er ist nahe herangekommen", 3. Pers. Perf. Sing. von accedere, vgl. Akzeß⟩: (veraltet) zweiter od. Nebenpreis bei einem Wettbewerb. **Ak|zes|so|ri|en** [...i̯ən] *die* (Plur.) ⟨aus *lat.* accessoria, Plur. von accessorium, vgl. Akzessorium⟩: Samenanhängsel bei Pflanzen als Fruchtfleischersatz (Bot.). **Ak|zes|so|rie|tät** [...ri̯e...] *die;* - -en ⟨zu ↑ ...ität⟩: 1. (ohne Plur.) a) Zugänglichkeit; b) Zulaßbarkeit. 2. Abhängigkeit des Nebenrechtes von dem zugehörigen Hauptrecht (Rechtsw.). **ak|zes|so|risch**: hinzutretend, nebensächlich, weniger wichtig; -e Atmung: zusätzliche Luftatmung neben der Kiemenatmung bei Fischen, die in sauerstoffarmen Gewässern leben; -e Nährstoffe: Ergänzungsstoffe zur Nahrung (Vitamine, Salze, Wasser, Spurenelemente); -e Rechte: Nebenrechte (Rechtsw.). **Ak|zes|so|ri|um** *das;* -s, ...ien [...i̯ən] ⟨aus gleichbed. *lat.* accessorium⟩: (veraltet) Nebensache, Beiwerk

Ak|zi|dens *das;* -, ...denzien [...i̯ən] ⟨aus *lat.* accidens „Zufall", Part. Präs. von accidere „an etwas fallen; vorfallen, geschehen", dies zu ↑ ad... u. cadere „fallen"⟩: 1. (Plur. auch Akzidẹntia) das Zufällige, nicht notwendig einem Gegenstand Zukommende, unselbständig Seiende (Philos.); Ggs. ↑ Substanz (2). 2. (Plur. fachspr. auch Akzidentien [...i̯ən]) Versetzungszeichen (♯, ♭ oder deren Aufhebung ♮), das innerhalb eines Taktes zu den Noten hinzutritt (Mus.). **ak|zi|den|tal** ⟨zu ↑ ¹...al (1)⟩: svw. akzidentell; vgl. ...al/...ell. **Ak|zi|den|ta|li|en** [...i̯ən] *die* (Plur.): Nebenpunkte bei einem Rechtsgeschäft (z. B. Vereinbarung einer Kündigungsfrist); Ggs. ↑ Essentialien. **ak|zi|den|tell**, **ak|zi|den|ti|ell** ⟨nach gleichbed. *fr.* accidentel aus *mlat.* accidentalis⟩: 1. zufällig, unwesentlich. 2. nicht zum gewöhnlichen Krankheitsbild gehörend (Med.). **Ak|zi|denz** *die;* -, -en ⟨aus *lat.* accidentia (Plur.) „Zufälligkeiten, Nebensächlichkeiten"⟩: 1. (meist Plur.) Druckarbeit, die nicht zum Buch-, Zeitungs- u. Zeitschriftendruck gehört (z. B. Drucksachen, Formulare, Prospekte, Anzeigen). 2. svw. Akzidens (1). **Ak|zi|den|zi|en** [...i̯ən]: Plur. von ↑ Akzidens. **Ak|zi|denz|satz** *der;* -es: Herstellung (Satz) von Akzidenzen (vgl. Akzidenz 1; Druckw.).

ak|zi|pie|ren ⟨aus gleichbed. *lat.* accipere⟩: (veraltet) empfangen, annehmen, billigen

Ak|zi|sant *der;* -en, -en ⟨zu ↑ Akzise u. ↑ ...ant⟩: (veraltet) der zur Zahlung einer Akzise Verpflichtete. **Ak|zi|se** *die;* -, -n ⟨aus *fr.* accise „Verbrauchssteuer", dies zu *lat.* accidere „anschneiden, vermindern", zu caedere „schlagen, hauen, stoßen"⟩: 1. indirekte Verbrauchs- u. Verkehrssteuer. 2. (veraltet) Zoll (z. B. die Torabgabe im Mittelalter). **ak|zi|sie|ren** ⟨zu ↑ ...ieren⟩: versteuern. **Ak|zi|sor** *der;* -s, ...oren ⟨zu ↑ ...or⟩: (veraltet) Steuereinnehmer

al..., **Al...** vgl. ad..., Ad...

¹...al ⟨aus *lat.* -alis⟩: 1. Suffix von Adjektiven, das die Zugehörigkeit (wie in embryonal od. orchestral) ausdrückt od. auf die Ähnlichkeit (wie in oval, genial, pastoral „wie ein Pastor, in der Art eines Pastors") hinweist; vgl. ...al/...ell u. ...ial. 2. Suffix von Substantiven (z. B. General, Fanal)

²...al ⟨zu ↑ *Al*dehyd⟩: Suffix von Substantiven aus dem Gebiet der Chemie, das das Vorhandensein von ↑ Aldehyden anzeigt (z. B. Chloral)

...al/...ell: Adjektivsuffixe, die oft konkurrierend nebeneinander am gleichen Wortstamm auftreten, sowohl ohne als auch mit inhaltlichen Unterschied (hormonal/hormonell) als auch mit inhaltlichem Unterschied (ideal/ideell, rational/rationell, real/reell); die Adjektive auf ...al geben meist als ↑ Relativadjektive die Zugehörigkeit (formal, rational), die auf ...ell meist eine Eigenschaft (formell, rationell) an, wobei es auch gegenteilige Differenzierungen (ideal/ideell) gibt

à la [a la] ⟨*fr.*⟩: auf, nach Art von ...

Ala *die;* - ⟨aus *lat.* ala „Flügel"⟩: Bez. für die auf den Flügeln aufgestellten bundesgenössischen Truppen im altröm. Heer

à la baisse [a la 'bɛːs] ⟨*fr.;* „nach unten"⟩: auf das Fallen der Börsenkurse, z. B. - - - spekulieren; Ggs. ↑ à la hausse

Ala|ban|dis|mus *der; -* ⟨nach der wegen ihres schlechten Kunstgeschmackes bekannten Stadt Alabanda in Kleinasien u. zu ↑ ...ismus (5)⟩: (veraltet abwertend) Geschmacklosigkeit in der Kunst

Ala|barch *der;* -en, -en ⟨aus gleichbed. *gr.* alabárchēs zu álaba „Ruß, Tinte"⟩: Zollschreiber, Zolleinnehmer im alten Ägypten. **Ala|bar|chie** *die; -,* ...ien ⟨aus gleichbed. *gr.* alabarchía⟩: Amt des Alabarchen

Ala|ba|ster *der;* -s, - ⟨aus *lat.* alabaster „(Salbenflasche aus) Edelgips", dies zu gleichbed. *gr.* alábastros, nach der alten oberägypt. Stadt Alabastron⟩: 1. marmorähnliche, feinkörnige, reinweiße, durchscheinende Art des Gipses. 2. bunte Glaskugel, die die Kinder beim Murmelspiel gegen die kleineren Kugeln aus Ton werfen. **ala|ba|stern**: 1. aus Alabaster. 2. wie Alabaster. **Ala|ba|stron** *das; -s,* Alabastren ⟨aus gleichbed. *gr.* alábastron⟩: kleines antikes Salbölgefäß

à la bonne heure! [a la bɔ'nœːʁ] ⟨*fr.;* eigtl. „zur guten Stunde"⟩: so ist es recht!, das trifft sich gut!, vortrefflich!, ausgezeichnet!, bravo!

à la carte [a la 'kart] ⟨*fr.*⟩: nach der Speisekarte, z. B. - - - essen

à la chasse [a la 'ʃas] ⟨*fr.*⟩: in der Art der Jagdmusik (Vortragsanweisung; Mus.)

à la fin [a la 'fɛ̃ː] ⟨*fr.*⟩: am Ende, zum Schluß

à la for|tune [a la fɔr'tyːn] ⟨*fr.;* eigtl. „zum Glück"⟩: auf gut Glück, aufs Geratewohl

à la fran|çaise [a la frã'sɛːs] ⟨*fr.*⟩: auf französische Art

Ala|ga *die, -* ⟨aus *span.* álaga „Berberweizen"⟩: Dinkel, Spelt

à la grecque [a la 'grɛk] ⟨*fr.*; „auf griech. Art"⟩: die Mode des ↑ Directoire betreffend, die das Vorbild der antiken Kleidung nachahmte

à la hâte [a la 'aːt] ⟨*fr.*⟩: in der Eile, hastig

à la hausse [a la 'oːs] ⟨*fr.;* „nach oben"⟩: auf das Steigen der Börsenkurse, z. B. - - - spekulieren; Ggs. ↑ à la baisse

Alaise [a'lɛːs] *die; -,* -n [a'lɛːsn̩] ⟨zu *fr.* à l'aise „gemütlich; bequem"⟩: (veraltet) leinenes, nahtloses Unterlegtuch [für Kranke]

à la jar|di|nière [a la ʒardi'niɛːʁ] ⟨*fr.;* „nach Art der Gärtnerin"⟩: mit Beilage von verschiedenen Gemüsesorten (zu gebratenem od. gegrilltem Fleisch); Suppe - - -: Fleischbrühe mit Gemüsestückchen (Gastr.)

Ala|kri|tät *die;* - ⟨aus gleichbed. *lat.* alacritas, Gen. alacritatis⟩: (veraltet) Munterkeit, Lebhaftigkeit

Alak|tie *die;* - ⟨zu *gr.* a- „un-, nicht-", *lat.* lac, Gen. lactis „Milch" u. ↑ ²...ie⟩: (veraltet) Milchlosigkeit [bei Wöchnerinnen]; vgl. Agalaktie

Ala|lie *die; -,* ...ien ⟨zu *gr.* a- „un-, nicht-", laleĩn „sprechen" u. ↑ ²...ie⟩: Unfähigkeit, artikulierte Laute zu bilden, Sprechunfähigkeit

à la longue [a la 'lõːg] ⟨*fr.*⟩: auf die Dauer

Alam|bik *der,* -s, -s ⟨aus gleichbed. *fr.* alambic, dies über *span.* alambique zu *arab.* al-inbīq „Becher"⟩: Destillierkolben [der Alchimisten]

Ala|me|da *die; -,* -s ⟨aus gleichbed. *span.* alameda zu álamo „Pappel"⟩: Pappelallee, Baumanlage in span. Städten

Ala|mé|ri|caine [...meri'kɛːn] *das;* -s ⟨aus *fr.* à l'américaine „auf amerikanische Art"⟩: Springprüfung, in der der ↑ Parcours beim ersten Fehler beendet ist (Pferdesport)

à la me|sure [a la me'zyːʁ] ⟨*fr.*⟩: im Takt (Musizieranweisung)

à la meu|nière [a la mø'niɛːʁ] ⟨*fr.*⟩: nach Müllerinart (Gastr.)

à la mode [a la 'mɔd] ⟨*fr.*⟩: nach der neuesten Mode. **Ala|mo|de|li|te|ra|tur** *die; -*: stark von ausländischen, bes. franz. Vorbildern beeinflußte Richtung der deutschen Literatur im 17. Jh. (Literaturw.). **Ala|mo|de|we|sen** *das;* -s: übertriebene Ausrichtung des modisch-gesellschaftlichen u. kulturellen Lebens nach franz. Vorbild im 17. Jh. in Deutschland. **ala|mo|disch**: das Alamodewesen betreffend

Alam|pie *die; -* ⟨zu *gr.* a- „un-, nicht-", lámpein „leuchten" u. ↑ ²...ie⟩: (veraltet) Lichtlosigkeit

Alan *das;* -s, -e ⟨Kunstw.⟩: Aluminiumwasserstoff. **Ala|na|te** *die* (Plur.) ⟨Kunstw.⟩: Mischhydride des Aluminiums

à l'ang|laise [a lã'glɛːs] ⟨*fr.*⟩: auf englische Art

Ala|nin *das;* -s ⟨Kunstw.⟩: eine der wichtigsten ↑ Aminosäuren (Bestandteil fast aller Eiweißkörper)

Ala|pu|rin *das; -s,* -e ⟨zu *lat.* adeps „Fett", lana „Wolle", purus „rein" u. ↑ ...in (1)⟩: für Salben verwendetes wasserfreies Wollfett

à la queue [a la 'køː] ⟨*fr.*⟩: am Ende

à la ren|verse [a la rã'vɛrs] ⟨*fr.;* eigtl. „umgekehrt"⟩: rücklings

Alarm *der;* -s, -e ⟨aus gleichbed. *it.* allarme, dies zusammengezogen aus dem Ruf ‚all'arme!' „zu den Waffen!" zu *spätlat.* arma „Waffe"; vgl. Armee⟩: 1. a) Warnung bei Gefahr, Gefahrensignal; b) Zustand, Dauer der Gefahrenwarnung. 2. Aufregung, Beunruhigung. **alar|mie|ren** ⟨aus gleichbed. *fr.* alarmer⟩: 1. eine Person od. Institution zu Hilfe rufen. 2. beunruhigen, warnen, in Unruhe versetzen. **Alar|mie|rung** *die; -,* -en ⟨zu ↑ ...ierung⟩: das Alarmieren. **Alar|mist** *der;* -en, -en ⟨zu ↑ ...ist⟩: (veraltet) Lärmverursacher, Unruhestifter. **Alarm|pi|kett** *das;* -[e]s, -e: (schweiz.) Überfallkommando. **Alarm|si|gnal** *das;* -s, -e: akustisches od. optisches Zeichen, mit dem Alarm gegeben wird

à la ronde [a la 'rõːd] ⟨*fr.;* eigtl. „in der Runde"⟩: im Umkreis

à la sai|son [a la sɛ'zõː] ⟨*fr.*⟩: der Jahreszeit gemäß

Al|äs|the|sie *die; -,* ...ien ⟨zu ↑ allo..., *gr.* aísthēsis „Wahrnehmung" u. ↑ ²...ie⟩: eine Unterform der ↑ Telepathie (Parapsychol.)

Ala|stor *der;* -s, ...oren ⟨aus *gr.* alástōr „Quälgeist, Übeltäter"⟩: 1. (veraltet) Missetäter. 2. (ohne Plur.) Rachegeist im alten griech. Drama. **Ala|sto|rie** *die; -* ⟨aus gleichbed. *gr.* alastōría⟩: (veraltet) Gemeinheit, Ruchlosigkeit

Ala|strim *das;* -s ⟨zu *port.* alastrar-se „sich ausbreiten, um sich greifen"⟩: Pockenerkrankung von gutartigem Charakter u. leichtem Verlauf; weiße Pocken (Med.)

à la suite [a la 'sviːt] ⟨*fr.;* „im Gefolge von ..."⟩: einem Truppenteil ehrenhalber zugeteilt (Heerw.)

a la|te|re ⟨*lat.*⟩: von der Seite

à la tête [a la 'tɛːt] ⟨*fr.;* eigtl. „am Kopf"⟩: an der Spitze, vornan

Ala|ti|on *die; -,* -en ⟨aus *nlat.* alatio zu *lat.* ala „Flügel"⟩: (veraltet) Beflügelung. **Ala|tit** [auch ...'tɪt] *der;* -en, -en ⟨zu ↑ ²...it⟩: versteinerte Flügelschnecke der Kreidezeit

Alaun *der;* -s, -e ⟨nach gleichbed. *lat.* alumen; vgl. Aluminium⟩: Kalium-Aluminium-Sulfat (ein Mineral). **alau|ni|sie|ren** ⟨zu ↑ ...isieren⟩: mit Alaun behandeln

à l'ave|nant [a lavə'nãː] ⟨*fr.*⟩: verhältnismäßig, dementsprechend, den Umständen gemäß

¹**Al|ba** *die; -,* ...ben ⟨aus gleichbed. *lat.* alba zu albus „weiß;

weiß gekleidet"): svw. Albe. ²**Al|ba** *die;* -, -s ⟨aus *lat.* alba „Helle, Morgenröte"⟩: altprovenzal. Tagelied (Minnelied)

Al|ba|no|lo|ge *der;* -n, -n ⟨nach dem Land Albanien (zu *lat.* albanus „Eingewanderter") u. zu ↑...loge⟩: Wissenschaftler auf dem Gebiet der Albanologie. **Al|ba|no|lo|gie** *die;* - ⟨zu ↑...logie⟩: Wissenschaft von der albanischen Sprache u. Literatur. **al|ba|no|lo|gisch** ⟨zu ↑...logisch⟩: die Albanologie betreffend

Al|ba|rel|lo *das;* -s, ...lli ⟨aus gleichbed. *it.* albarello⟩: Apothekergefäß von zylindrischer Form

Al|ba|tros *der;* -, -se ⟨aus gleichbed. *niederl.* albatros, *engl.* albatross, dies unter Einfluß von *lat.* albus „weiß" aus *span.* alcatraz zu alcaduz „Brunnenrohr", dies aus dem Arab.; der Vogel wurde nach der hornigen Nasenröhre auf dem Schnabel benannt⟩: 1. großer Sturmvogel (der südlichen Erdhalbkugel). 2. das Erreichen eines Lochs mit drei Schlägen weniger als gesetzt (Golf)

Al|be *die;* -, -n ⟨aus gleichbed. *lat.* alba zu albus „weiß; weiß gekleidet"⟩: weißes liturgisches Untergewand der katholischen u. anglikanischen Geistlichen. **Al|be|do** *die;* - ⟨aus *lat.* albedo „weiße Farbe"⟩: Rückstrahlungsvermögen von nicht selbstleuchtenden, ↑diffus reflektierenden Oberflächen (z. B. Schnee, Eis; Phys.). **Al|be|do|me|ter** *das;* -s, - ⟨zu ↑¹...meter⟩: Gerät zur Messung der Albedo

Al|ber|ge *die;* -, -n ⟨aus gleichbed. *fr.* alberge, dies aus *span.* alberchiga (mit *arab.* Artikel al- zu *lat.* persica, vgl. Pfirsich)⟩: Sorte kleiner, säuerlicher Aprikosen mit festem Fleisch

Al|ber|go *das;* -s, Plur. -s u. ...ghi [...gi] ⟨aus gleichbed. *it.* albergo, nach der *ahd.* heriberga „das Heer bergender Ort"⟩: ital. Bez. für Wirtshaus, Herberge, Hotel

Al|ber|to|ty|pie *die;* -, ...ien ⟨nach dem dt. Kunstdrucker u. Fotografen J. Albert (1825-1886) u. zu ↑...typie⟩: a) (ohne Plur.) heute veraltetes Lichtdruckverfahren; b) Erzeugnis, das durch Albertotypie hergestellt wird

al|bes|zie|ren ⟨aus gleichbed. *lat.* albescere⟩: weiß werden.

al|bi|flo|risch ⟨zu *lat.* albus „weiß" u. ↑¹Flor⟩: weißblühend

Al|bi|gen|ser *der;* -s, - ⟨aus gleichbed. *mlat.* Albigenses (Plur.), nach der südfranz. Stadt Albi⟩: Angehöriger einer Sekte des 12./13. Jh.s in Südfrankreich u. Oberitalien

Al|bi|klas *der;* -es, -e ⟨zu *lat.* albus „weiß" u. *gr.* klásis „Bruch" (wegen der schrägen Spaltungsebene der einzelnen Kristalle)⟩: svw. Albit

Al|bi|nis|mus *der;* - ⟨zu ↑Albino u. ↑...ismus (3)⟩: erblich bedingtes Fehlen von ↑Pigment (1) bei Lebewesen. **al|bi|ni|tisch**, albinotisch: 1. ohne Körperpigment. 2. a) den Albinismus betreffend; b) die Albinos betreffend. **Al|bi|no** *der;* -s, -s ⟨aus gleichbed. *span.* albino, eigtl. „Weißling", zu albo „weiß", dies aus *lat.* albus⟩: 1. Mensch od. Tier mit fehlender Farbstoffbildung. 2. bei Pflanzen anomal weißes Blütenblatt o. ä. mit fehlendem Farbstoff. **al|bi|no|tisch** vgl. albinitisch

Al|bi|on ⟨aus *lat.* Albion (kelt. Wort, wohl zu *voridg.* *alb- „Berg"), mit *lat.* albus „weiß" in Verbindung gebracht u. auf die Kreidekliffküste bei Dover bezogen⟩: alter dichterischer Name für England

al bi|so|gno [- bi'zɔnjo] ⟨*it.;* „bei Mangel"⟩: im Notfall

Al|bit [auch al'bɪt] *der;* -s, -e ⟨zu *lat.* albus „weiß" u. ↑²...it⟩: Natronfeldspat (ein Mineral)

Al|biz|zie [...i̯ə] *die;* -, -n ⟨nach dem ital. Naturforscher F. degli Albizzi (18. Jh.) u. zu ↑¹...ie⟩: tropisches Mimosengewächs

Al|bo|lit Ⓦ [auch ...'lɪt] *das;* -s ⟨Kunstw.⟩: Phenolharz (ein Kunstharz). **Al|bu|cid** Ⓦ [...'tsiːt] *das;* -s ⟨Kunstw.⟩: ein ↑Sulfonamid. **al|bu|gi|nös** ⟨zu *lat.* albugo, Gen. albuginis „weißer Fleck" u. ↑...ös⟩: weißfleckig. **Al|bu|go** *die;* -, ...gines [...neːs] ⟨aus gleichbed. *lat.* albugo⟩: weißer Fleck der Hornhaut (Med.). **Al|bum** *das;* -s, ...ben ⟨aus *lat.* album „das Weiße, die weiße Tafel"⟩: 1. a) eine Art Buch mit stärkeren Seiten, Blättern, auf die bes. Fotografien, Briefmarken, Postkarten geklebt o. ä. werden; b) eine Art Buch mit einzelnen Hüllen, in die Schallplatten gesteckt werden. 2. im allgemeinen zwei zusammengehörende Langspielplatten in zwei zusammenhängenden Hüllen. **Al|bu|men** *das,* -s ⟨aus *lat.* albumen (ovi) „das Weiße (des Eies)"⟩: Eiweiß (Med., Biol.). **Al|bu|min** *das;* -s, -e (meist Plur.) ⟨zu ↑...in (1)⟩: einfacher, wasserlöslicher Eiweißkörper, hauptsächlich in Eiern, in der Milch u. im Blutserum vorkommend. **Al|bu|mi|nat** *das;* -s, -e ⟨zu ↑...at (2)⟩: Alkalisalz der Albumine. **Al|bu|mi|ni|me|ter** *das;* -s, - ⟨zu ↑¹...meter⟩: Meßgerät (Röhrchen) zur Bestimmung des Eiweißgehaltes [im Harn] (Med.). **Al|bu|mi|no|cho|lie** *die;* -, ...ien ⟨zu *gr.* cholḗ „Galle" u. ↑²...ie⟩: svw. Proteinocholie. **al|bu|mi|no|id** ⟨zu ↑...oid⟩: eiweißähnlich; eiweißartig. **Al|bu|mi|no|id** *das;* -[e]s, -e (meist Plur.) ⟨zu ↑...oid⟩: den echten Eiweißkörpern nahestehender, wasserunlöslicher u. unverdaulicher Eiweißstoff. **al|bu|mi|nös** ⟨zu ...ös⟩: eiweißhaltig. **Al|bu|min|pa|pier** *das;* -s, -e: mit Eiweiß behandeltes Papier zum Fotografieren. **Al|bu|min|urie** *die;* -, ...ien ⟨zu ↑...urie⟩: Ausscheidung von Eiweiß im Harn (Med.). **Al|bu|mo|se** *die;* -, -n (meist Plur.) ⟨zu ↑²...ose⟩: Spaltprodukt der Eiweißkörper. **Al|bus** *der;* -, -se ⟨aus gleichbed. *mlat.* albus zu *lat.* albus „weiß"⟩: Weißpfennig (eine Groschenart aus Silber, vom 14. bis 17. Jh. am Mittel- u. Niederrhein Hauptmünze war u. in Kurhessen bis 1841 galt)

al|cä|isch [...ts...] vgl. alkäisch

Al|ca|lá [alka'la:] ⟨aus *span.* alcalá „befestigter Platz", dies aus *arab.* al-qal'a „Schloß, Burg, Festung"⟩: häufiger Bestandteil von Ortsnamen in Spanien

Al|can|ta|ra [...k...] Ⓦ *das;* -[s] ⟨Kunstw.⟩: hochwertiges Wildlederimitat, das für Kleidungsstücke (Mäntel, Jacken usw.) verarbeitet wird

Al|can|ta|ra|or|den [...k...] *der,* -s ⟨nach der span. Stadt Alcántara⟩: span. geistlicher Ritterorden im 13. Jh., später militärischer Verdienstorden. **Al|can|ta|ri|ner** *die* (Plur.): vom heiligen Petrus von Alcántara 1540 gegründete span. Abzweigung des Franziskanerordens

Al|car|ra|za [alka'raːsa] vgl. Alkarraza

Al|ca|tron [...k...] *das;* -s, ...trone ⟨Kunstw.⟩: ein Sperrschicht-Feldeffekttransistor (Elektronik)

Al|ca|za|ba [alka'saːba] *die;* -, ...ben ⟨aus gleichbed. *span.* alcazaba, dies aus *arab.* qaṣaba „Festung, Zitadelle"⟩: Bez. für eine maurische Festungsanlage, auch für die gesamte Oberstadt eines Ortes in Spanien

Al|cá|zar [al'kasar] vgl. Alkazar

Al|cha|tib [al'xaː...] *der,* -s, -e ⟨aus gleichbed. *arab.* al-ḫāṭib⟩: Prediger in der Moschee

Al|che|mie usw. vgl. Alchimie usw. **Al|chi|mie** *die;* - ⟨aus gleichbed. *fr.* alchimie, dies aus *span.* alquimia zu *arab.* al-kīmiyā' „die Chemie"; vgl. Chemie⟩: 1. Chemie des Mittelalters. 2. Versuche, unedle Stoffe in edle, bes. in Gold, zu verwandeln. **Al|chi|mist** *der;* -en, -en ⟨aus *mlat.* alchimista⟩: 1. jmd., der sich mit Alchimie (1) befaßt. 2. Goldmacher. **al|chi|mi|stisch** ⟨zu ↑...istisch⟩: die Alchimie betreffend

Al|chy|mie usw. vgl. Alchimie usw.

Al|co|mat Ⓦ [...k...] *der;* Gen. -s u. -en, Plur. -e[n] ⟨Kunstw.⟩: transportables Alkoholanalysegerät

al cor|so [- k...] ⟨*it.*⟩: zum laufenden Kurs (Börsenw.)

alexandrinisch

Al|co|test Ⓦ [...k...] *der;* -s, Plur. -s, auch -e ⟨Kunstw.⟩: Blutalkoholtestgerät, bei dem Alkohol in der Atemluft durch Verfärbung von Chromat nachgewiesen wird
al|cyo|nisch [...k...] vgl. alkyonisch
Al|dea *die;* -, -s ⟨aus gleichbed. *span.* aldea, dies aus dem Arab.⟩: Dorf, Weiler, kleine Ortschaft in Spanien
Al|de|ba|ra|ni|um *das,* -s ⟨nach Aldebaran (*arab.* ad-dabarān „der Folgende"), dem hellsten Stern im Sternbild Stier, u. zu ↑...ium⟩: (veraltet) svw. Ytterbium
Al|de|hyd *der;* -s, -e ⟨Kurzw. aus *nlat.* A*l*coholus *dehy*drogenatus⟩: chem. Verbindung, die durch teilweisen Wasserstoffentzug aus Alkoholen entsteht (Chem.). **Al|de|hyd|oxy|da|se** *die;* -, -n: in der Leber vorkommende ↑ Oxydase, die verschiedene ↑ Aldehyde zu entsprechenden ↑ Karbonsäuren oxydiert (Biochem.)
Al|der|man ['ɔːldɐ...], engl. 'ɔldɐ...] *der;* -s, ...men ⟨zu *altengl.* (e)aldor „Fürst, Herr" u. man „Mann"⟩: (früher) [ältester] Ratsherr, Vorsteher in angelsächsischen Ländern
Al|di|ne *die;* -, -n ⟨nach dem venezianischen Drucker Aldus Manutius, 1449–1515⟩: 1. (ohne Plur.) halbfette Antiquaschrift. 2. ein Druck von Aldus Manutius od. einem seiner Nachfolger (bes. kleinformatige Klassikerausgaben)
Al|dio|nen *die* (Plur.) ⟨aus gleichbed. *mlat.* aldiones⟩: halbfreie Bauern, bes. die Hörigen der freien Gutsbesitzer bei den Langobarden u. Bayern
Al|dol *der,* -s, -e ⟨Kurzw. aus *Ald*ehyd u. Alkoh*ol*⟩: Verbindung von zwei ↑ Aldehyden bzw. von Aldehyd u. ↑ Keton, die wichtig für den Zuckeraufbau im Körper ist (Chem.).
Al|do|la|se *die;* -, -n ⟨zu ↑...ase⟩: Enzym der ↑ Glykolyse zur Fructosespaltung. **Al|do|se** *die;* -, -n ⟨Kurzw. aus ↑ *Al*dehyd u. ↑²...ose⟩: eine Zuckerverbindung mit einer Aldehydgruppe im Molekül. **Al|do|ste|ron** *das;* -s ⟨zu *gr.* stereós „starr, hart" u. ↑²...on⟩: Hormon der Nebennierenrinde. **Al|do|xim** *das;* -s, -e ⟨Kunstw.⟩: Produkt aus ↑ Aldehyd u. ↑ Hydroxylamin
Al|drey Ⓦ ['aldrai] *das;* -s ⟨Kunstw.⟩: Aluminiumlegierung von guter elektrischer Leitfähigkeit
Al|drin *das;* -s ⟨nach dem dt. Chemiker K. Alder (1902 bis 1958) u. zu ↑...in (1)⟩: wegen seiner Giftigkeit inzwischen verbotenes Insektizid aus der Gruppe der Chlorkohlenwasserstoffe
Al|dscha|me *die;* -, -n ⟨zu *arab.* ǧama'a „vereinigen"⟩: (veraltet) moslemisches Bethaus
Ale [eːl, engl. eɪl] *das;* -s ⟨aus gleichbed. *engl.* ale⟩: helles engl. Bier
...ale ⟨*lat.*⟩: Endung weiblicher, auch sächlicher Substantive, die von Adjektiven auf ¹...al (1) abgeleitet sind, z. B. Horizontale, Internationale; Personale
alea iac|ta est [– 'jakta –] ⟨*lat.;* „der Würfel ist geworfen"; angeblich von Caesar beim Überschreiten des Rubikon 49 v. Chr. gesprochen⟩: die Entscheidung ist gefallen, es ist entschieden. **Alea|tor** *der;* -s, ...toren ⟨*lat.* aleator⟩: (veraltet) Würfelspieler. **Alea|to|rik** *der;* - ⟨zu aleatorisch u. ↑²...ik (2)⟩: Kompositionsrichtung, die dem Zufall breiten Raum gewährt, wobei einzelne Klangteile in einer dem Interpreten weitgehend überlassenen Abfolge aneinandergereiht werden, so daß sich bei jeder Aufführung eines Stückes neue Klangmöglichkeiten ergeben. **alea|to|risch** ⟨aus *lat.* aleatorius „zum Würfel-, Glücksspiel gehörig"⟩: vom Zufall abhängig [u. daher gewagt]; -e Verträge: Spekulationsverträge. **Alea|to|ri|um** *das;* -s, ...ien ⟨aus gleichbed. *spätlat.* aleatorium⟩: (veraltet) Spielhaus, Spielhölle
Alek|tryo|ma|chie *die;* -, ...ien ⟨zu *gr.* alektryṓn „Hahn" u. máchē „(Zwei)kampf"⟩: (veraltet) Hahnenkampf. **Alek|tryo|man|tie** *die;* - ⟨zu *gr.* manteía „Weissagung"⟩: (veraltet) Wahrsagerei aus dem Krähen od. Fressen des Hahnes
...al/...ell vgl. ...al
Alem|bik vgl. Alambik
Alem|dar *der;* -s, -e ⟨aus *türk.* alemdar „Fahnenträger"⟩: (veraltet) Titel für türk. Offiziere, die dem Sultan die heilige Fahne des Propheten Mohammed vorantrugen
Alen *die;* -, - ⟨aus *dän.* bzw. *norw.* alen „Elle"⟩: früheres dän. u. norweg. Längenmaß (62,8 cm)
Alen|çon|spit|ze [alɑ̃'sõː...] *die;* -, -n ⟨nach dem franz. Herstellungsort⟩: Spitze mit Blumenmustern auf zartem Netzgrund
a l'en|vers [a lɑ̃'vɛːʁ] ⟨*fr.;* zu gleichbed. *lat.* inversus⟩: umgekehrt, verkehrt
a l'en|vi [a lɑ̃'viː] ⟨*fr.;* zu *lat.* invidia „Neid"⟩: um die Wette
Ale|pine [...'piːn] *die;* - ⟨aus gleichbed. *fr.* alépine; nach der syr. Stadt Aleppo (*arab.* ḥalab)⟩: geköperter Stoff aus Wolle od. Seide. **Alep|po|beu|le** *die;* -, -n: bes. in den Tropen vorkommende, ansteckende Hautkrankheit mit Knoten- u. Geschwürbildung. **Alep|po|kie|fer** *die;* -, -n: harzreiche Kiefernart im Mittelmeerraum
Alep|to|ne *die* (Plur.) ⟨zu *gr.* a- „un-, nicht" u. leptós „dünn, mager"⟩: (veraltet) eisenhaltige Tabletten als Mittel gegen Blutarmut (Pharm.)
alert ⟨aus *fr.* alerte „wachsam", dies zu *it.* all'erta „auf die Anhöhe!" (Zuruf an die Feldwache)⟩: munter, aufgeweckt, frisch
ale|sie|ren ⟨aus gleichbed. *fr.* aléser, dies zu à laise „bequem, passend"⟩: (eine Kanone) ausbohren
Ale|tho|lo|gie *die;* - ⟨zu *gr.* alēthḗs „wahr" u. ↑...logie⟩: Wahrheitslehre (in der Antike)
Aleuk|ämie *die;* -, ...ien ⟨zu *gr.* a- „un-, nicht-" u. ↑ Leukämie⟩: Leukämieform mit Auftreten von unreifen weißen Blutkörperchen, aber ohne Vermehrung derselben (Med.). **aleuk|ämisch**: das Erscheinungsbild der Aleukämie zeigend, leukämieähnlich. **Aleu|kie** *die;* -, ...ien ⟨zu *gr.* leukós „weiß" u. ↑²...ie⟩: schwere Bluterkrankung mit hochgradigem Schwund der ↑ Granulozyten, ↑ Thrombozyten u. a. (Med.)
Aleu|ro|lith [auch '...lɪt] *der;* Gen. -s od. -en, Plur. -e[n] ⟨zu ↑ Aleuron u. ↑...lith⟩: verfestigter Schluff, Grobton (Geol.). **Aleu|ro|man|tie** *die;* - ⟨zu *gr.* manteía „Weissagung"⟩: (veraltet) Wahrsagerei aus dem Knistern des Opfermehls im Feuer. **Aleu|ro|me|ter** *das;* -s, - ⟨zu ↑¹...meter⟩: Gerät zur Bestimmung der Dehnbarkeit des Mehlklebers u. damit der Backfähigkeit des Mehls. **Aleu|ron** *das;* -s ⟨aus *gr.* áleuron „Weizenmehl"⟩: in Form von festen Körnern od. im Zellsaft gelöst vorkommendes Reserveeiweiß der Pflanzen (Biol.). **Aleu|ro|nat** *das,* -[e]s ⟨zu ↑...at (1)⟩: kohlenhydratarmes u. eiweißreiches Weizenmehl für Diabetikerbackwaren. **Aleu|ro|skop** *das;* -s -e ⟨zu ↑...skop⟩: svw. Aleurometer
¹Alex|an|dri|ner *der;* -s, - ⟨nach der Stadt Alexandria in Ägypten⟩: Gelehrter, bes. Philosoph in Alexandria zur Zeit des ↑ Hellenismus
²Alex|an|dri|ner *der;* -s, - ⟨nach Alexander von Aphrodisios in Karien (um 200 n. Chr.), dem berühmtesten Kommentator der Lehre des Aristoteles⟩: Anhänger einer philos. Strömung in der Renaissance (Alexandrismus), die sich mit der Aristotelesinterpretation befaßte
³Alex|an|dri|ner *der;* -s, - ⟨Kurzform von alexandrinischer Vers; nach dem franz. Alexanderepos von 1180⟩: sechshebiger (6 betonte Silben aufweisender) [klassischer franz.] Reimvers mit 12 od. 13 Silben
alex|an|dri|nisch ⟨zu ↑ ¹Alexandriner⟩: zur Stadt Alexan-

Alexandrismus

dria od. den Alexandrinern gehörig; **Alexandrinische Bibliothek**: Name der beiden von Ptolemäus gegründeten Bibliotheken im Museion u. ↑ Serapeion in Alexandria; **Alexandrinische Katechetenschule**: Lehranstalt zu Alexandria im 2. Jh. n. Chr., die außer Theologie das gesamte griech. Wissen behandelte

Alex|an|dris|mus *der;* - ⟨zu ↑²Alexandriner u. ↑…ismus (1)⟩: philos. Richtung der Renaissancezeit, die die Lehre des Aristoteles in ursprünglicher Reinheit erneuern wollte u. den Menschengeist für sterblich erklärte. **Alex|an|drist** *der;* -en, -en ⟨zu ↑…ist⟩: Anhänger des Alexandrismus. **alex|an|dri|stisch** ⟨zu ↑…istisch⟩: den Alexandrismus betreffend

Alex|an|drit [auch …'drɪt] *der;* -s, -e ⟨nach dem russ. Zaren Alexander II. (1818–1881) u. ↑²…it⟩: besondere Art des ↑Chrysoberylls

Alex|ia|ner *der;* -s - ⟨nach dem heiligen Alexius u. zu ↑…aner⟩: Angehöriger einer um 1350 entstandenen Laienbruderschaft zur Krankenpflege

Ale|xie *die;* -, …ien ⟨zu gr. a- „un-, nicht-", léxis „das Sprechen, Rede, Wort" u. ↑²…ie⟩: Leseschwäche; Unfähigkeit, Geschriebenes zu lesen bzw. Gelesenes zu verstehen trotz intakten Sehvermögens (Med.)

Ale|xi|ne *die* (Plur.) ⟨zu gr. aléxein „abwehren" u. ↑…in (1)⟩: natürliche, im Blutserum gebildete Schutzstoffe gegen Bakterien. **Ale|xi|phar|ma|kon** *das,* -s, …ka: Gegengift (Pharm.). **ale|xi|phar|ma|zeu|tisch**: zur Alexipharmazie gehörend. **Ale|xi|phar|ma|zie** *die;* -: Lehre von den Gegengiften. **Ale|xi|py|re|ti|kum** *das;* -s, …ka: (veraltet) fieberverbreitendes Mittel. **ale|xi|py|re|tisch**: fieberverbreitend. **ale|xi|te|risch** ⟨zu ↑Alexiterium⟩: (veraltet) als Gegengift dienend. **Ale|xi|te|ri|um** *das;* -s, …ia ⟨zu gr. tērein „behüten" u. ↑…ium⟩: (veraltet) Hilfsmittel, bes. Gegengift

Ale|xi|thy|mie *die;* -, …ien ⟨zu gr. a- „un-, nicht-", léxis „das Sprechen, Rede, Wort", thýmos „…Gemüt" u. ↑²…ie⟩: Unvermögen, Gefühle richtig zu beschreiben (Med.). **Ale|xi|thy|mi|ker** *der;* -s, -: einer, der an Alexithymie leidet

Ale|xi|us|dor *der;* -s, -e (aber: 5 -) ⟨nach dem Herzog Alexius von Anhalt-Bernburg (1796–1834) u. zu fr. d'or „aus, von Gold"⟩: alte Goldmünze, die unter Herzog Alexius von Anhalt-Bernburg geprägt wurde

à l'ex|té|rieur [a lɛkste'ri̯øːʀ] ⟨fr.⟩: äußerlich, dem Schein nach

à l'ex|tré|mité [a lɛkstremi'te] ⟨fr.⟩: in der äußersten Not, am äußersten Ende

Ale|zan [alə'zaːn] *der;* -s, -e ⟨aus gleichbed. fr. alezan, dies aus span. alazán⟩: (veraltet) Falbe, (Rot)fuchs

ale|zi|thal ⟨zu gr. a- „un-, nicht-", ↑Lezithin u. ↑¹…al (1)⟩: dotterarm (von Eiern; Biol.)

Al|fa *die;* - ⟨aus arab. ḥalfa „Gras"⟩: svw. Esparto

Al|fa|ki *der;* -s, -s ⟨aus arab. al-faqīh „Gelehrter"⟩: maurischer Priester

Al|fal|fa *die;* - ⟨aus gleichbed. span. alfalfa zu arab. al-faṣfaṣāh⟩: svw. Luzerne

al|fan|zen ⟨zu it. all'avanzo „zum Vorteil"⟩: 1. Possen reißen, närrisch sein. 2. schwindeln. **Al|fan|ze|rei** *die;* -, -en: 1. Possenreißerei. 2. [leichter] Betrug

Al|fa|pa|pier *das,* -s, -e ⟨zu ↑Alfa u. ↑Papier⟩: voluminöses, weiches, bes. druckfähiges Papier aus Alfa, das von Nachrichtensprechern im Hörfunk u. Fernsehen verwendet wird, weil es nicht raschelt

Al|fe|nid *das;* -[e]s ⟨nach dem franz. Chemiker Halfen u. zu ↑³…id⟩: galvanisch versilbertes Neusilber

Al|fe|ron *das;* -s ⟨Kunstw. aus ↑Aluminium, ↑Ferrum u. ↑¹…on⟩: hitzebeständiges legiertes Gußeisen

al fi|ne ⟨it.⟩: bis zum Schluß [eines Musikstückes]; vgl. da capo al fine

Al|fi|sol *der;* -s, -e ⟨Kunstw.⟩: Boden mit Tonanreicherungshorizont u. hoher Basensättigung

Al|fol-Iso|lie|rung ⓦ *die;* -, -en ⟨Kunstw.⟩: Wärmedämmung aus mehreren Lagen blanker Aluminiumfolien im Hohlraum zwischen zwei Wänden

al fres|co [– …ko] vgl. a fresco

Al|ga|lie *die;* -, …ien ⟨aus gleichbed. fr. algalie zu gr. argáleion „Werkzeug"⟩: (veraltet) Sonde, Harnröhrenspritze (Med.)

Al|ga|ra|de *die;* -, -n ⟨aus span. algarada, eigtl. „plötzlicher Angriff", zu arab. ḡārah „Raubzug"⟩: (veraltet) grobe Beleidigung, Kränkung

Al|ga|ro|bil|la […'biʎa] *die* (Plur.) ⟨aus span. algarobilla, Verkleinerungsform von algarroba „Johannisbrot", dies zu arab. al-ḫarrūbā⟩: zerquetschte Hülsen einer südamerik. Akazienart zum Schwarzfärben

Al|ga|rott|pul|ver *das;* -s, - ⟨nach dem ital. Arzt Algarotto⟩: (veraltet) Pulver aus Antimon, Chlor u. Sauerstoff, das als Brechmittel verwendet wurde (Med.)

Al|ge *die;* -, -n ⟨aus gleichbed. lat. alga⟩: niedere Wasserpflanze

Al|ge|bra *die;* -, …ebren ⟨durch it. u. span. Vermittlung aus arab. al-ǧabr, eigtl. „Wiederherstellung, Einrenkung (gebrochener Teile)"⟩: 1. (ohne Plur.) Lehre von den Beziehungen zwischen math. Größen u. den Regeln, denen sie unterliegen. 2. svw. algebraische Struktur. **al|ge|bra|isch**: die Algebra betreffend; -e Struktur: eine Menge von Elementen (Rechenobjekten) einschließlich der zwischen ihnen definierten Verknüpfungen

Al|ge|ma *das;* -s, -ta ⟨aus gleichbed. gr. álgēma⟩: (veraltet) Schmerz (Med.)

Al|gen|säu|re vgl. Alginsäure

Al|ge|rienne [alʒe'ri̯ɛn] *die;* - ⟨aus gleichbed. fr. Algérienne, dies nach der Stadt Algier⟩: (veraltet) Wollstoff mit bunten Querstreifen

Al|ge|sie *die;* -, …ien ⟨zu gr. álgēsis „Schmerz" u. ↑²…ie⟩: a) Schmerzy; b) Schmerzempfindlichkeit. **Al|ge|si|me|ter** u. Algometer *das;* -s, - ⟨zu ↑¹…meter⟩: Gerät zur Messung der Schmerzempfindlichkeit (Med.). **Al|ge|si|me|trie** *die;* - ⟨zu ↑…metrie⟩: Messung der Schmerzempfindlichkeit. **Al|ge|sio|lo|gie** *die;* - ⟨zu ↑…logie⟩: Wissenschaftsgebiet, das sich mit dem Schmerz, seinen Ursachen, Erscheinungsweisen u. seiner Bekämpfung befaßt. **Al|ge|sis** *die;* - ⟨aus gleichbed. gr. álgēsis⟩: svw. Algesie. **al|ge|tisch**: schmerzhaft. **…al|gie** ⟨zu gr. álgos „Schmerz" u. ↑²…ie⟩: Wortbildungselement mit der Bedeutung „Schmerz, Schmerzzustand", z. B. Neuralgie

Al|gin *das;* -s, -e ⟨zu ↑Alge u. ↑…in (1)⟩: (veraltet) aus Seetang gewonnenes eiweißähnliches Klebemittel, das auch zur Herstellung fotografischer Papiere u. zum Appretieren von Tuch verwendet wurde. **Al|gi|nat** *das;* -[e]s, -e ⟨zu ↑…at (2)⟩: Salz der Alginsäure. **Al|gin|säu|re**, Algensäure *die;* -: aus Algen gewonnenes chem. Produkt von vielfacher technischer Verwendbarkeit. **Al|gi|zi|de** *die* (Plur.) ⟨zu ↑…zid⟩: Sammelbez. für Algenbekämpfungsmittel (z. B. Chlorkalk, Aluminiumsulfat)

Al|go|ge|ne *die* (Plur.) ⟨zu gr. álgos „Schmerz" u. ↑…gen⟩: Schmerzstoffe; schmerzerzeugende chem. Kampfstoffe

al|goi|disch ⟨zu Alge u. ↑…oid⟩: (veraltet) tangartig

ALGOL *das;* -s ⟨Kurzw. aus engl. algorithmic language⟩: Formelsprache zur Programmierung beliebiger Rechenanlagen aus den 1960er Jahren, die großen Einfluß auf später entwickelte Programmiersprachen (z. B. PASCAL) hatte (EDV)

Al|go|la|gnie *die;* -, ...jen ⟨zu *gr.* álgos „Schmerz", lágnos „geil, wollüstig" u. ↑²...ie⟩: sexuelle Lustempfindung beim Erleiden od. Zufügen von Schmerzen (Med.); vgl. Masochismus, Sadismus

Al|go|lo|ge *der;* -n, -n ⟨zu *lat.* alga (vgl. Alge) u. ↑...loge⟩: Algenforscher. **Al|go|lo|gie** *die;* - ⟨zu ↑...logie⟩: Algenkunde. **al|go|lo|gisch** ⟨zu ↑...logisch⟩: algenkundlich

al|go|ma|nisch vgl. algomisch

Al|go|me|ter vgl. Algesimeter

al|go|misch ⟨nach dem Algomagebiet in Kanada⟩; in der Fügung -e **Faltung**: Gebirgsbildungsprozeß in Nordamerika während des ↑Algonkiums (Geol.)

al|gon|kisch: das Algonkium betreffend. **Al|gon|ki|um** *das;* -s ⟨nach dem Gebiet der Algonkinindianer in Kanada u. zu ↑...ium⟩: jüngerer Abschnitt der erdgeschichtlichen Frühzeit (Geol.)

Al|go|phy|ti|kum *das;* -s ⟨zu *lat.* alga (vgl. Alge) u. *gr.* phytón „Pflanze" u. ↑...ikum⟩: auf die Entwicklung der Pflanzenwelt bezogene Bez. für die ältesten erdgeschichtlichen Zeiträume, in denen die ersten pflanzlichen Organismen entstanden

Al|gor *der;* -s ⟨aus gleichbed. *lat.* algor⟩: Kälte (Med.)

al|go|rith|misch ⟨zu ↑Algorithmus⟩: einem methodischen Rechenverfahren folgend. **Al|go|rith|mus** *der;* -, ...men ⟨in Anlehnung an *gr.* árithmos „Zahl" aus *mlat.* algorismus, dies aus *arab.* al-Ḫwārizmī „der (Mann) aus Chwarism", dem Beinamen des pers. Mathematikers Muhammad Ibn Musa Al Chwarismi (9. Jh.)⟩: 1. (veraltet) Rechenart mit Dezimalzahlen. 2. Rechenvorgang, der nach einem bestimmten [sich wiederholenden] Schema abläuft (Arithmetik). 3. Verfahren zur schrittweisen Umformung von Zeichenreihen (math. Logik)

Al|go|spas|mus *der;* -, ...men ⟨zu *gr.* álgos „Schmerz" u. spasmós „Zuckung, Krampf"⟩: mit Schmerzen einhergehender Krampf (Med.)

Al|gra|phie *die;* -, ...jen ⟨Kurzw. aus ↑*Al*uminium u. ↑Typographie⟩: 1. (ohne Plur.) Flachdruckverfahren mit einem Aluminiumblech als Druckfläche. 2. ein nach diesem Druckverfahren hergestelltes Kunstblatt

Al|gua|cil [algua'siːl] *der;* -s, -e ⟨über gleichbed. *span.* alguacil aus *arab.* al-wazīr „der Beamte, Diener"; vgl. Wesir⟩: span. Gerichtsdiener

Al ha|gi *das;* -s ⟨aus dem Arab.⟩: das pers. ↑Manna, honigartige Ausschwitzung des Mannaklees, eines zur Pflanzengattung der ↑Leguminosen gehörenden, dornigen Strauches der asiatischen Steppen

Al|hen|na *das;* -[s], auch *die;* - ⟨aus gleichbed. *arab.* al-ḥennā'⟩: svw. Henna

Al|hi|da|de *die;* -, -n ⟨aus *arab.* al-'iḍāda „Abgleichlineal"⟩: drehbarer Arm (mit Ableseeinrichtung) eines Winkelmeßgerätes

alias ⟨*lat.;* „ein anderes Mal, sonst" zu alius „ein anderer"⟩: auch ... genannt, mit anderem Namen ..., unter dem [Deck]namen ... bekannt (in Verbindung mit einem Namen). **Ali|bi** *das;* -s, -s ⟨aus *lat.* alibi „anderswo" zu alius „ein anderer"⟩: a) Beweis, Nachweis der persönlichen Abwesenheit vom Tatort zur Tatzeit des Verbrechens (Rechtsw.); b) Entschuldigung, Ausrede, Rechtfertigung. **Ali|bi|funk|ti|on** *die;* -, -en: Funktion, etw. zu verschleiern od. als gerechtfertigt erscheinen zu lassen, die durch eine genannte Person od. einen genannten Sachverhalt erfüllt werden soll

Ali|can|te [...k...] *der,* -s, -s ⟨nach der span. Stadt Alicante⟩: span. Rotwein

Ali|ca|ta|dos [...k...] *die* (Plur.) ⟨aus *span.* alicatado „Fliesenbelag, Kacheltäfelung im arab. Stil"⟩: aus farbig glasierten, meist quadratischen Mosaikfliesen gebildeter Wand- u. Bodenschmuck mit geometrischen Mustern

Ali|en ['eːli̯ən, engl. 'eɪli̯ən] *das;* -s, -s (meist Plur.) ⟨aus *engl.* alien „Fremder, Ausländer", dies aus gleichbed. *lat.* alienus⟩: utopisches Lebewesen fremder Planeten. **alie|na|bel** [aljeː...] ⟨aus *nlat.* alienabilis zu *lat.* alienare, vgl. alienieren⟩: veräußerlich, verkäuflich. **Alie|na|ti|on** *die;* -, -en ⟨aus gleichbed. *lat.* alienatio⟩: 1. Entfremdung. 2. Veräußerung, Verkauf. 3. besondere Form einer ↑Psychose (Med.). **Alieni** *die* (Plur.) ⟨zu *lat.* alienus, Plur. alieni „einem anderen gehörig, fremd"⟩: Tiere, die zufällig in ein ihnen fremdes Gebiet geraten bzw. dieses zufällig durchqueren (Zool.). **alie|nie|ren** [aljeː...] ⟨aus gleichbed. *lat.* alienare⟩: 1. entfremden, abwendig machen. 2. veräußern, verkaufen. **Alie|ni|ge|na** *der;* -s, -s ⟨aus gleichbed. *lat.* alienigena⟩: (veraltet) Ausländer, Fremder

ali|form ⟨zu *lat.* ala „Flügel" u. ↑...form⟩: flügelförmig

Alig|ne|ment [alinjəˈmãː] *das;* -s, -s ⟨aus gleichbed. *fr.* alignement zu aligner, vgl. alignieren⟩: 1. das Abstecken einer Fluchtlinie (der festgesetzten Linie einer vorderen, rückwärtigen od. seitlichen Begrenzung, bis zu der etwas gebaut werden darf) [beim Straßen- oder Eisenbahnbau]. 2. Fluchtlinie [beim Straßen- od. Eisenbahnbau]. **alig|nie|ren** ⟨aus *fr.* aligner „Fluchtlinien abstecken" zu ligne „Linie", dies aus gleichbed. *lat.* linea⟩: abmessen, Fluchtlinien [beim Straßen- od. Eisenbahnbau] abstecken

Ali|meh vgl. Alme

Ali|me|nie *die;* - ⟨zu *gr.* a- „un-, nicht-", limén „Hafen" u. ↑²...ie⟩: (veraltet) Mangel an Häfen

ali|men|tär ⟨aus gleichbed. *lat.* alimentarius⟩: a) mit der Ernährung zusammenhängend; b) durch die Ernährung bedingt. **Ali|men|tar** *der;* -s, -e u. **Ali|men|ta|ri|us** *der;* -, ...rier [...i̯ɐ] ⟨aus *nlat.* alimentarius⟩: Erbpflegling, durch Testamentsbestimmung zu Unterhaltender (Rechtsw.). **Ali|men|ta|ti|on** *die;* -, -en ⟨aus *mlat.* alimentatio „Lebensunterhalt" zu alimentare, vgl. alimentieren⟩: die finanzielle Leistung für den Lebensunterhalt [von Berufsbeamten], Unterhaltsgewährung in Höhe der amtsbezogenen Besoldung, Lebensunterhalt. **Ali|men|te** *die* (Plur.) ⟨aus *lat.* alimenta „Nahrung; Unterhalt", Neutrum Plur. von alimentum „Nahrungsmittel", dies zu alere „ernähren"⟩: Unterhaltsbeiträge (bes. für nichteheliche Kinder). **ali|men|tie|ren** ⟨aus gleichbed. *mlat.* alimentare⟩: Lebensunterhalt gewähren, unterstützen

a li|mi|ne ⟨*lat.;* „von der Schwelle"⟩: kurzerhand, von vornherein; ohne Prüfung in der Sache

Ali|nea *das;* -s, -s ⟨aus *lat.* a linea „von der (neuen) Linie"⟩: (veraltet) mit Absatz beginnende neue Druckzeile; Abk.: Al. **ali|ne|ie|ren** ⟨zu ↑...ieren⟩: (veraltet) absetzen, einen Absatz machen, durch Absatz trennen (Druckw.)

Alin|lik *die* (Plur.) ⟨aus gleichbed. *türk.* alınlık⟩: Stirnschmuck

à l'in|su [a lɛ̃ˈsy:] ⟨*fr.*⟩: ohne Wissen

alio die [- ˈdiːɛ] ⟨*lat.*⟩: an einem anderen Tag

ali|pha|tisch ⟨zu *gr.* áleiphar, Gen. aleíphatos „Fett"⟩: im Molekül nur offene Atomketten enthaltend (Chem.); -e **Verbindungen**: organische Verbindungen mit offenen Kohlenstoffketten in der Strukturformel (Chem.). **Alipt** *der;* -en, -en ⟨aus gleichbed. *gr.* aleíptēs⟩: (veraltet) a) Salbmeister; b) in der Antike derjenige, der die Wettkämpfer

Alipterium

einsalbte. **Alip|te|ri|um** *das;* -s, ...ien [...jən] ⟨über *nlat.* alipterium aus gleichbed. *gr.* aleiptḗrion⟩: in der Antike Raum, in dem gesalbt wurde. **Alip|te|rum** *das;* -s, ...teren ⟨über *nlat.* alipterum aus gleichbed. *gr.* áleiptron⟩: (veraltet) Salbendose. **Alip|tik** *die;* - ⟨verkürzt aus *gr.* aleiptikḗ téchnē „die Kunst des Salbens"⟩: (veraltet) Salbkunst

ali|quant ⟨aus *lat.* aliquantus „ziemlich groß, ziemlich viel"⟩: mit Rest teilend (der aliquante Teil einer Zahl ist jede dem Betrag nach kleinere Zahl, die nicht als Teiler auftreten kann, z. B. 4 zur Zahl 6; Math.); Ggs. ↑aliquot. **ali|quot** ⟨zu *lat.* aliquot „einige"⟩: 1. ohne Rest teilend (der aliquote Teil einer Zahl ist jeder ihrer Teiler, z. B. 2 zur Zahl 6; Math.); Ggs. ↑aliquant. 2. die Aliquottöne betreffend (Mus.). **Ali|quo|te** *die;* -, -n: 1. Zahl, die eine andere Zahl ohne Rest in gleiche Teile teilt (Math.). 2. svw. Aliquotton. **Ali|quot|ton** *der;* -[e]s, ...töne: mit dem Grundton mitklingender Oberton (Mus.)

ali|ter ⟨*lat.*⟩: anders

¹**ali|tie|ren** ⟨Kunstw.⟩: svw. alumetieren

²**ali|tie|ren** ⟨aus gleichbed. *fr.* (s')aliter zu lit „Bett", dies aus *lat.* lectus „Lager, (Ruhe)bett"⟩: (veraltet) 1. an das Bett fesseln. 2. sich -: a) das Bett hüten; b) bettlägerig sein od. werden. **ali|tiert** ⟨zu ↑...iert⟩: (veraltet) bettlägerig

Ali|tur *die;* -, -en ⟨zu *lat.* alere „(er)nähren" u. ↑...ur⟩: (veraltet) Ernährung, Ernährungsvermögen [des Körpers]

ali|tur|gisch ⟨aus *gr.* a- „un-, nicht-" u. ↑liturgisch⟩: ohne Feier des heiligen Meßopfers (Rel.)

Ali|ud *das;* -, *Alia* ⟨aus *lat.* aliud „ein anderes"⟩: Leistung, die fälschlich an Stelle der geschuldeten erbracht wird (der Gläubiger erhält etwas, was von der vertraglich festgelegten Leistung entscheidend abweicht; Rechtsw.)

ali|us ⟨*lat.*⟩: ein anderer

à li|vre ou|vert [a 'li:vrə u'vɛːɐ̯] ⟨*fr.;* „nach offenem Buch"⟩: frei vom Blatt (Mus.)

Ali|za|rin *das;* -s ⟨durch romanische Vermittlung zu *arab.* al-'uṣāra „ausgepreßter Pflanzensaft" u. ↑...in (1)⟩: früher aus der Krappwurzel gewonnener, jetzt synthetisch hergestellter roter Farbstoff

Al|ja|mia [alxa...] *das;* - ⟨aus gleichbed. *span.* aljamia, dies aus *arab.* al-'aǧamiyyā „fremde Sprache"⟩: entstelltes, mit arab. Elementen vermischtes Spanisch der christlichen Mauren

¹**Alk** *der;* Gen. -[e]s u. -en, Plur. -en, auch -e ⟨aus gleichbed. *schwed.* alk⟩: meerbewohnender Schwimmvogel der Nordhalbkugel

²**Alk** *der;* -s: (Jargon) Kurzform von ↑Alkohol (3)

Al|ka|hest *der* od. *das;* -[e]s ⟨nach dem Alchimisten Alcahest⟩: eine angeblich alle Stoffe lösende Flüssigkeit (Annahme der ↑Alchimisten [1])

al|kä|isch ⟨nach dem äolischen Lyriker Alkäus, *gr.* Alkaíos (um 600 v. Chr.)⟩: in Odenform gedichtet; **-e Strophe**: vierzeilige Odenstrophe der Antike (auch bei Hölderlin)

Al|ka|lam *das;* -s ⟨aus gleichbed. *arab.* al-kalām⟩: aus der Lehre des Aristoteles u. dem Koran entwickeltes philosophisch-theologisches System

Al|kal|de *der;* -n, -n ⟨aus gleichbed. *span.* alcalde, dies aus *arab.* al-qāḍī „Richter", vgl. Kadi⟩: [Straf]richter, Bürgermeister in Spanien

Al|ka|li *das;* -s, ...alien [...jən] ⟨aus gleichbed. *fr.* alcali, *span.* álcali, dies aus *arab.* al-qāly „die Pottasche"⟩: ↑Hydroxyd der Alkalimetalle. **Al|ka|li|ämie** *die;* -, ...ien ⟨zu ↑...ämie⟩: svw. Alkalose. **Al|ka|li|me|tall** *das;* -s, -e (meist Plur.): chemisch sehr reaktionsfähiges Metall aus der ersten Hauptgruppe des ↑Periodsystems der Elemente (z. B. Lithium, Natrium, Kalium). **Al|ka|li|me|trie** *die;* - ⟨zu ↑...metrie⟩: Methode zur Bestimmung des genauen Laugengehaltes einer Flüssigkeit. **al|ka|lin** ⟨zu ↑...in (2)⟩: a) alkalisch reagierend; b) alkalihaltig. **Al|ka|li|ni|tät** *die;* - ⟨zu ↑...ität⟩: 1. alkalische Eigenschaft, Beschaffenheit eines Stoffes (Chem.). 2. alkalische Reaktion eines Stoffes (Chem.). **al|ka|lisch**: basisch, laugenhaft; -e **Reaktion**: chem. Reaktion mit Laugenwirkung. **al|ka|li|sie|ren** ⟨zu ↑...isieren⟩: etwas alkalisch machen. **Al|ka|li|tät** *die;* - ⟨zu ↑...ität⟩: Gehalt einer Lösung an alkalischen Stoffen. **Al|ka|lo|id** *das;* -s, -e ⟨zu ↑...oid⟩: eine der vorwiegend giftigen stickstoffhaltigen Verbindungen basischen Charakters pflanzlicher Herkunft (Heil- u. Rauschmittel). **Al|ka|lo|se** *die;* -, -n ⟨zu ↑¹...ose⟩: auf Basenüberschuß od. Säuredefizit im Blut beruhender Zustand starker, bis zu Krämpfen gesteigerter Erregbarkeit (Med.). **Al|kan** *das;* -s, -e (meist Plur.) ⟨Kurzw. aus ↑*Alk*yl u. ↑...*an*⟩: gesättigter ↑aliphatischer Kohlenwasserstoff

Al|kan|na *die;* - ⟨durch *span.* Vermittlung aus *arab.* al-ḥinnā' „Henna"⟩: Gattung der Rauhblattgewächse, die bes. im Mittelmeerraum vorkommt (Bot.). **Al|kan|nin** *das;* -s ⟨zu ↑...in (1)⟩: ein roter Naturfarbstoff

Al|ka|nol *die;* -s, -e (meist Plur.) ⟨zu ↑Alkan u. ↑...ol⟩: gesättigter ↑aliphatischer ↑Alkohol (1). **Al|ka|nol|amin** *das;* -s, -e (meist Plur.): ölige Flüssigkeit od. kristalliner Stoff (in Wasser leicht löslich)

Al|kap|ton|urie *die;* -, ...ien ⟨zu ↑Alkali, *gr.* háptein „ergreifen" u. ↑...urie⟩: Ausscheidung von ↑Alkali enthaltendem Harn, eine Störung des Eiweißstoffwechsels (Med.)

Al|kar|ra|za [...sa] *die;* -, -s ⟨aus *span.* alcarraza „irdener Krug, Wasserkühlgefäß", dies aus *arab.* al-karrāz „Krug mit engem Hals"⟩: span. Tongefäß zum Kühlhalten des Wassers

Al|kar|sin *das;* -s ⟨Kurzw. aus ↑*Alk*ali, ↑*Ars*en u. ↑...*in* (1)⟩: (veraltet) wasserhelle, giftige, stechend riechende Flüssigkeit aus essigsaurem Kali u. ↑arsenige Säure (Chem.)

Al|ka|sal *das;* -s ⟨Kurzw. aus ↑*Al*uminium, ↑*Ka*lium u. ↑*Sa*lizylsäure⟩: (veraltet) blutstillendes, antiseptisches Mittel (Med.)

Al|ka|zar [al'ka:zar, auch alka'tsa:ɐ̯, al'katsar] *der;* -s, ...are u. **Alcázar** [al'kasar] *der;* -[s], -es ⟨aus gleichbed. *span.* alcázar, dies aus *arab.* al-qaṣr „das Schloß, die Burg"⟩: span. Bez. für Burg, Schloß, Palast

Al|ken *das;* -s, -e (meist Plur.) ⟨Kurzw. aus ↑*Alk*yl u. ↑...*en*⟩: ungesättigter ↑aliphatischer Kohlenwasserstoff mit einer Doppelbindung im Molekül; vgl. Olefin. **Al|kin** *das;* -s, -e (meist Plur.) ⟨Kurzw. aus ↑*Alk*yl u. ↑...*in* (1)⟩: ungesättigter ↑aliphatischer Kohlenwasserstoff mit einer Dreifachbindung im Molekül

alk|mä|nisch ⟨nach dem griech., im 7. Jh. v. Chr. in Sparta lebenden Dichter Alkmán aus Sardes⟩; in der Fügung -**er Vers**: [antiker] Versfuß mit vier Hebungen

Al|ko|hol *der;* -s, -e ⟨aus *span.* alcohol „Alkohol; Bleiglanz", dies aus *arab.* al-kuḥl „das Antimon(pulver)"; von Paracelsus auf den flüchtigen, feinen Bestandteil des Weines (Weingeist) bezogen⟩: 1. organische Verbindung mit einer od. mehreren ↑Hydroxylgruppen im Molekül. 2. (ohne Plur.) svw. Äthylalkohol (Bestandteil aller alkoholischen Getränke). 3. (ohne Plur.) alkoholisches Getränk; vgl. Alkoholika. **Al|ko|ho|la|se** *die;* - ⟨zu ↑...ase⟩: svw. Alkoholdehydrogenase. **Al|ko|ho|lat** *das;* -s, -e ⟨zu ↑...at (2)⟩: Metallverbindung eines Alkohols (1). **Al|ko|hol|de|hy|dro|ge|na|se** *die;* -, -n: Alkohol (2) oxydierendes ↑Enzym (in der Leber u. in Hefe vorkommend). **Al|ko|hol|em|bryo|pa|thie** *die;* -, ...ien [...i:ən]: Schädigung des ↑Embryos durch Alkoholmißbrauch der Mutter während der Schwangerschaft (Med.). **Al|ko|hol|en|ze|pha|lo|pa|thie** *die;* -, ...ien [...i:ən]: [meist] alkoholbedingtes neurologisches Krankheitsbild mit Gangunsicherheit, Gedächtnis- u. Merkfähigkeitsstörungen u. a. (Med.). **Al|ko|hol|hal|lu|zi|no|se** *die;* -, -n: durch chronischen ↑ Alkoholismus (2) bedingte akute ↑ Alkoholpsychose mit Sinnestäuschungen u. Verfolgungswahn bei klarem Bewußtsein (Med.). **Al|ko|ho|li|ka** *die* (Plur.) ⟨zu ↑...ika⟩: alkoholische Getränke; vgl. Alkohol (3). **Al|ko|ho|li|ker** *der;* -s, -: Alkoholabhängiger; Gewohnheitstrinker. **Al|ko|ho|li|sa|ti|on** *die;* -, -en ⟨zu ↑...isation⟩: svw. Alkoholisierung; vgl. ...[at]ion/...ierung. **al|ko|ho|lisch**: 1. den ↑ Äthylalkohol betreffend, mit diesem zusammenhängend. 2. Weingeist enthaltend, Weingeist enthaltende Getränke betreffend. **al|ko|ho|li|sie|ren** ⟨zu ↑...isieren⟩: 1. mit Alkohol versetzen. 2. jmdn. betrunken machen. **al|ko|ho|li|siert** ⟨zu ↑...isiert⟩: unter der Wirkung alkoholischer Getränke stehend, [leicht] betrunken. **Al|ko|ho|li|sie|rung** *die;* -, -en ⟨zu ↑...isierung⟩: das Alkoholisieren; vgl. ...[a]tion/...ierung. **Al|ko|ho|lis|mus** *der;* - ⟨zu ↑...ismus (3)⟩: 1. zusammenfassende Bez. für verschiedene Formen der schädigenden Einwirkungen, die übermäßiger Alkoholgenuß im Organismus hervorruft. 2. Trunksucht. **Al|ko|hol|kri|mi|na|li|tät** *die;* -: unter Alkoholeinfluß verübte Straftaten. **Al|ko|ho|lo|me|ter** *das;* -s, - ⟨zu ↑¹...meter⟩: Meßgerät zur Bestimmung des Alkoholgehalts in Flüssigkeiten. **Al|ko|ho|lo|me|trie** *die;* - ⟨zu ↑...metrie⟩: die Ermittlung des Alkoholgehalts in Flüssigkeiten durch Bestimmen der Dichte mit einem geeichten ↑ Aräometer od. einem ↑ Pyknometer. **Al|ko|hol|phos|pho|re** *die* (Plur.): in Alkohol gelöste Kohlenwasserstoffe mit charakteristischer ↑ Phosphoreszenz. **Al|ko|hol|psy|cho|se** *die;* -, -n: bei chronischem ↑ Alkoholismus (2) auftretende Psychose. **Al|ko|hol|ly|se** *die;* -, -n ⟨zu ↑...lyse⟩: Spaltung einer Substanz unter Einwirkung von Alkohol (Chem.). **Al|ko|lat** *das;* -s, -e ⟨Kunstw.⟩: alkoholarmes Getränk

Al|kor ⓦ *das;* -s ⟨nach dem Stern im Großen Wagen⟩: eine ¹Folie (1) aus Kunststoff

Al|ko|sol *das;* -s ⟨verkürzt aus ↑*Alko*h*ol* u. ↑²*Sol*⟩: Lösung mit Alkohol als ↑ Dispersionsmittel

Al|ko|ven [...vən] *der;* -s, -⟨aus gleichbed. *fr.* alcôve, dies aus *span.* alcoba „Schlafgemach" zu *arab.* al-qubba „die Kuppel"⟩: Bettnische, Nebenraum

Alk|oxyd, chem. fachspr. Alkox**i**d *das;* -, -e ⟨verkürzt aus ↑*Alko*h*ol* u. ↑*Oxyd*⟩: svw. Alkoholat

Al|kyd|harz *das;* -es, -e ⟨Kunstw.⟩: ↑ Polyester, der durch ↑ Polykondensation von mehrwertigen Alkoholen (z. B. Glyzerin) mit ↑ Dikarbonsäuren (z. B. ↑ Phthalsäure), meist unter Zugabe von Ölen od. Fettsäuren, hergestellt u. als Lackbindemittel verwendet wird

Al|kyl *das,* -s, -e ⟨Kunstw. aus ↑*Alk*ali u. ↑...*yl*⟩: einwertiger Kohlenwasserstoffrest, dessen Verbindung z. B. mit einer ↑ Hydroxylgruppe einfache Alkohole liefert (Chem.). **Al|kyl|lan|ti|en** [...jən], auch Alkyl**a**ntia *die* (Plur.) ⟨Kunstw.⟩: Substanzen mit Alkylgruppen, die mit Phosphatgruppen reagieren u. Moleküle ↑ inaktivieren (zur Behandlung von Tumoren u. Leukämie; Med.). **Al|kyl|at|ben|zin** *das;* -s ⟨zu ↑...at (2)⟩: klopffestes, ↑ synthetisch aus ↑ Alkanen u. ↑ Alkenen erzeugtes Benzin. **Al|ky|la|ti|on** *die;* - ⟨zu ↑¹...ion⟩: Einführung von Alkylgruppen in eine organische Verbindung; vgl. ...[at]ion/...ierung. **Al|kyl|en** *das,* -s, -e (meist Plur.) ⟨zu ↑... en⟩: (veraltet) svw. Olefin. **Al|kyl|ha|lo|ge|nid** *das;* -s: organische Verbindung, bei der ein od. mehrere Wasserstoffatome durch Halogenatome ersetzt sind (Chem.). **al|ky|lie|ren** ⟨zu ↑...ieren⟩: eine Alkylgruppe in eine organische Verbindung einführen (Chem.). **Al|ky|lie-**

rung *die;* - ⟨zu ↑...ierung⟩: svw. Alkylation; vgl. ...[at]ion/...ierung. **Al|kyl|sul|fat** *das;* -, -e: organische Verbindung, bei der ein od. beide ↑ Protonen der Schwefelsäure durch Alkylreste ersetzt sind, Ausgangsstoff für Waschmittel

al|kyo|nisch ⟨zu *gr.* alkyóneiai (hēmérai) „die Wintertage, in denen der Eisvogel (alkyṓn) sein Nest baut u. das Meer ruhig ist"⟩: heiter, friedlich

all..., All... vgl. allo..., Allo...

al|la bre|ve [– 'bre:va] ⟨*it.*⟩: beschleunigt (Taktart, bei der nicht nach Vierteln, sondern nach Halben gezählt wird; Mus.)

al|la cac|cia [– 'katʃa] ⟨*it.;* „in der Art der Jagd(musik)"⟩: svw. à la chasse

al|la ca|me|ra [– k...] ⟨*it.*⟩: im Kammerstil, kammermusikartig (Vortragsanweisung; Mus.)

al|la cam|pa|gna [– kam'panja] ⟨*it.;* eigtl. „auf dem Land"⟩: nach ländlicher Art

al|la cap|pel|la [– k...] ⟨*it.*⟩: svw. a cappella

Al|lach|äs|the|sie *die;* -, ...ien ⟨zu *gr.* allachḗ „anderswo" u. aísthēsis „Sinneswahrnehmung"⟩: svw. Allästhesie

al|la di|rit|ta ⟨*it.*⟩: stufenweise, nach der Tonleiter (Mus.)

al|la|gie|ren ⟨aus gleichbed. *it.* allagare, eigtl. „zum See machen", zu lago „See", dies aus *lat.* lacus⟩: (veraltet) unter Wasser setzen, überschwemmen

Al|lah ⟨wohl zusammengerückt aus *arab.* al-ilāh „der Gott" od. aus *aram.* alelahā⟩: Name Gottes im Islam

Al|laite|ment [alɛt'mã:] *das;* -s ⟨aus gleichbed. *fr.* allaitement zu allaiter, vgl. allaitieren⟩: das Stillen, Säugen. **Al|laite|ment mixte** [– 'mɪkst] *das,* - - ⟨aus *fr.* allaitement mixte „gemischtes Stillen"⟩: Zwiemilchernährung (Med.). **al|lai|tie|ren** [alɛ...] ⟨aus gleichbed. *fr.* allaiter zu lait „Milch"⟩: (veraltet) stillen, säugen

al|la mar|cia [– 'martʃa] ⟨*it.*⟩: nach Art eines Marsches, marschmäßig (Vortragsanweisung; Mus.)

al|lam|bie|ren ⟨aus gleichbed. *spätlat.* allambere⟩: (veraltet) belecken

al|la mer|can|ti|le [– ...k...] ⟨*it.*⟩: kaufmännisch

al|la mi|nu|ta ⟨*it.;* eigtl. „im kleinen"⟩: Kleinhandel betreibend

al|la mi|su|ra ⟨*it.*⟩: wieder im Takt (Vortragsanweisung; Mus.)

Al|la|nit [auch ...'nɪt] *der;* -s, -e ⟨nach dem schott. Mineralogen Th. Allan (1777–1833) u. zu ↑²...it⟩: svw. Orthit

Al|lan|tia|sis *die;* -, ...iasen ⟨zu *gr.* allâs, Gen. allântos „Wurst" u. ↑...iasis⟩: svw. Botulismus. **Al|lan|to|in** *das,* -s ⟨zu ↑...in (1)⟩: Produkt des Harnstoffwechsels. **Al|lan|to|is** [...tois] *die;* - ⟨zu *gr.* allantoeidés, eigtl. „die Wurstförmige"⟩: Urharnsack (↑ embryonales Organ der Reptilien, Vögel u. Säugetiere einschließlich des Menschen). **Al|lan|to|to|xi|kon** *das;* -s, ...ka ⟨zu *gr.* toxikón „Gift", eigtl. „Wurstgift"⟩: das sich in verdorbener Wurst entwickelnde Gift

al|la pez|za ⟨*it.*⟩: stückweise

al|la pol|lac|ca [– ...ka] ⟨*it.*⟩: in der Art einer ↑ Polonäse (Vortragsanweisung; Mus.)

al|la pri|ma ⟨*it.;* „aufs erste"⟩: die Malweise mit einmaligem Auftragen der Farbe, ohne Unter- od. Übermalung bezeichnend; vgl. Primamalerei

al|lar|gan|do ⟨*it.*⟩: langsamer, breiter werdend (Vortragsanweisung; Mus.)

All|ar|gen|tum *das;* Gen. -s od. - ⟨zu ↑allo... u. ↑ Argentum⟩: ein Mineral, Mischkristall aus Silber u. Antimon

al|lar|gie|ren ⟨aus gleichbed. *it.* allargare zu largo „breit", dies aus *lat.* largus⟩: (veraltet) verbreitern, breiter machen, erweitern

al|la rin|fu|sa ⟨*it.*; „durcheinander"⟩: in loser Schüttung erfolgend (z. B. bei der Verladung von Getreide)

Al|lasch *der;* -s, -e ⟨nach dem lett. Ort Allasch (*lett.* Allaži) bei Riga⟩: ein Kümmellikör

al|la si|ci|lia|na [– zitʃi...] ⟨*it.*⟩: in der Art eines ↑ Sicilianos (Vortragsanweisung; Mus.)

al|la si|gno|ri|le [– zɪnjo...] ⟨*it.;* eigtl. „nach Herrenart"⟩: (veraltet) edelmännisch, in der Art eines Edelmannes

All|ästhe|sie *die;* -, ...ien ⟨zu ↑ allo..., *gr.* aísthēsis „Sinneswahrnehmung" u. ↑²...ie⟩: Abschwächung der Oberflächensensibilität in der Form, daß ein Empfindungsreiz an einer anderen Stelle lokalisiert wird (Med.)

al|la stret|ta [– st...] ⟨*it.*⟩: in gesteigerter Bewegung wie bei einer ↑ Stretta (Vortragsanweisung; Mus.)

Al|la|ta *die* (Plur.) ⟨aus *lat.* allata, Plur. von allatum, dies Part. Perf. (Neutrum) von afferre „herbeibringen, -tragen"⟩: das von der Frau in die Ehe eingebrachte Gut (Rechtsspr.)

al|la te|des|ca [– ...ka] ⟨*it.*⟩: nach Art eines deutschen Tanzes, im deutschen Stil (Vortragsanweisung; Mus.)

al|la tem|pe|ra ⟨*it.*⟩: mit ↑ Temperafarben gemalt

Al|la|tiv [auch ...'tiːf] *der;* -s, -e [...və] ⟨aus gleichbed. *nlat.* (casus) allativus zu *lat.* allatus, Part. Perf. von afferre „herbeibringen, -tragen"⟩: Kasus, der das Ziel angibt (bes. in den finnougrischen Sprachen vorkommend; Sprachw.)

al|la|trie|ren ⟨aus gleichbed. *lat.* allatrare⟩: (veraltet) anbellen

Al|la|tur *die;* - ⟨aus gleichbed. *spätlat.* allatura; vgl. Allata u. ...ur⟩: 1. (veraltet) Mitgift der Frau (in Ungarn). 2. von Dritten zu den Haushaltskosten geleisteter Zuschuß (Rechtsspr.)

al|la tur|ca [– ...ka] ⟨*it.*⟩: in der Art der türk. Musik (in bezug auf Charakter u. Vortrag eines Musikstücks; Mus.)

Al|lau|tal ⓦ *das;* -s ⟨Kunstw.⟩: mit Reinaluminium plattiertes ↑ Lautal

al|la zin|ga|re|se ⟨*it.*⟩: in der Art der Zigeunermusik (in bezug auf Charakter u. Vortrag eines Musikstücks; Mus.); vgl. all'ongharese

Al|lèche|ment [alɛʃ'mã:] *das;* -s, -s ⟨aus gleichbed. *fr.* allèchement zu allécher „anlocken, verführen", dies aus *lat.* allectare, vgl. allektieren⟩: svw. Allektation

Al|lec|ti [a'lɛkti] *die* (Plur.) ⟨aus *lat.* allecti, Plur. von allectus, dies Part. Perf. von alligere „hinzuwählen"⟩: in der röm. Kaiserzeit Männer, die durch kaiserlichen Befehl außerhalb der Rangstufenfolge zu einem höheren Amt berufen wurden

Al|lee *die;* -, Alleen ⟨aus *fr.* allée „Gang (zwischen Bäumen)" zu aller „gehen"⟩: sich lang hinziehende, gerade Straße, die auf beiden Seiten gleichmäßig von hohen, recht dicht beieinander stehenden Bäumen begrenzt ist

al|le|ga|bel ⟨zu ↑¹allegieren u. ↑...abel⟩: zitierbar, anführbar. **Al|le|gat** *das;* -[e]s, -e ⟨aus *mlat.* allegatum u. „das Zitierte", substantiviertes Part. Perf. (Neutrum) von *lat.* allegare, vgl. ¹allegieren⟩: Zitat, angeführte Bibelstelle. **Al|le|ga|ti|on** *die;* -, -en ⟨aus *mlat.* allegatio⟩: Anführung eines Zitats, einer Bibelstelle. **Al|le|gat|strich** *der;* -s -e: Strich als Hinweis auf eine Briefanlage. **Al|lège** [a'lɛːʃ] *der;* -s, -s ⟨aus gleichbed. *fr.* allège⟩: Leichter, zum Entlasten eines Schiffes verwendetes kleineres Wasserfahrzeug. **Al|lège|ment** [alɛʃ'mã:] *das;* -s, -s ⟨aus gleichbed. *fr.* allègement⟩: (veraltet) Erleichterung, Linderung. **Al|leg|gio** [a'lɛdʒo] *der;* -s, -s ⟨aus *it.* alleggio⟩: svw. Allège

Al|le|gha|ny|it [ælɪgeɪn'iːt, auch ...'ɪt] *der;* -s, -e ⟨nach dem amerik. Gebirge Alleghany (mountains) u. zu ↑²...it⟩: rötliches Mineral, ein basisches Mangansilikat

Al|le|giance [ə'liːdʒəns] *die;* - ⟨aus gleichbed. *engl.* allegiance zu *altfr.* lige „lehnspflichtig"⟩: (veraltet) Untertanenpflicht, -treue

¹al|le|gie|ren ⟨aus *lat.* allegare „zitieren, sich berufen auf"⟩: ein Zitat, eine Bibelstelle anführen

²al|le|gie|ren [...'ʒiː...] ⟨aus gleichbed. *fr.* alléger zu *mlat.* alleviare, dies zu *lat.* levis „leicht"⟩: (veraltet) erleichtern

Al|le|go|re|se *die;* -, -n ⟨zu ↑ Allegorie u. ↑...ese⟩: Auslegung von Texten, die hinter dem Wortlaut einen verborgenen Sinn sucht. **Al|le|go|rie** *die;* -, ...ien ⟨über *lat.* allegoria aus gleichbed. *gr.* allēgoría, eigtl. „das Anderssagen"⟩: rational faßbare Darstellung eines abstrakten Begriffs in einem Bild, oft mit Hilfe der Personifikation (bildende Kunst, Literatur). **Al|le|go|rik** *die;* - ⟨zu *gr.* allēgorikós „bildlich"; vgl. ↑²...ik (2)⟩: a) allegorische Darstellungsweise; b) die Gesamtheit der Allegorien [in einer Darstellung]. **al|le|go|risch:** sinnbildlich, gleichnishaft. **al|le|go|ri|sie|ren** ⟨zu ↑...isieren⟩: etwas mit einer Allegorie darstellen, versinnbildlichen. **Al|le|go|ris|mus** *der;* -, ...men ⟨zu ↑...ismus (2)⟩: Anwendung der Allegorie. **Al|le|go|rist** *der;* -en, -en ⟨zu ↑...ist⟩: jmd., der beim Reden Allegorien verwendet, der gleichnishaft, sinnbildlich redet

al|le|gret|to ⟨*it.;* Verkleinerungsform zu ↑allegro⟩: weniger schnell als allegro, mäßig schnell, mäßig lebhaft (Vortragsanweisung; Mus.). **Al|le|gret|to** *das;* -s, Plur. -s u. ...tti: mäßig schnelles Musikstück. **al|le|gro** ⟨*it.;* eigtl. „lustig, heiter"⟩: lebhaft, schnell; - assai [a'sai]: sehr lebhaft, sehr schnell; - con brio: lebhaft, mit Feuer; - ma non tanto: nicht allzu schnell; - ma non troppo: nicht so sehr schnell; - moderato: mäßig schnell (Vortragsanweisung; Mus.). **Al|le|gro** *das;* -s, Plur. -s u. ...gri: schnelles Musikstück. **Al|le|gro|form** *die;* -, -en: durch schnelles Sprechen entstandene Kurzform (z. B. gnä' Frau für gnädige Frau; Sprachw.)

Al|lek|ta|ti|on *die;* -, -en ⟨aus gleichbed. *lat.* allectatio zu allectare, vgl. allektieren⟩: (veraltet) Anlockung, Reiz. **al|lek|tie|ren** ⟨aus gleichbed. *lat.* allectare⟩: (veraltet) anlocken, reizen

Al|lek|ti|on *die;* -, -en ⟨aus gleichbed. *lat.* allectio zu allegere „hinzuwählen"⟩: (veraltet) Wahl, Aufnahme, Werbung

al|lel ⟨zu *gr.* allélōn, „einander, wechselseitig", dies zu állos „anderer"⟩: sich entsprechend (von den ↑ Genen eines ↑ diploiden Chromosomensatzes). **Al|lel** *das;* -s, -e (meist Plur.): eine von mindestens zwei einander entsprechenden Erbanlagen ↑ homologer ↑ Chromosomen. **Al|le|lie** *die;* - ⟨zu ↑²...ie⟩: Zusammengehörigkeit von Allelen; verschiedene Zustände einer Erbeinheit (z. B. für die Blütenfarbe Weiß, Rot, Blau o. ä.; Biol.). **al|le|lo..., Al|le|lo...** ⟨aus gleichbed. *gr.* allélōn⟩: Wortbildungselement mit der Bedeutung „wechselseitig", z. B. allelodidaktisch, Allelopathie. **al|le|lo|di|dak|tisch:** auf den wechselseitigen Unterricht bezüglich, sich gegenseitig unterrichtend. **Al|le|lo|kle|ro|no|mie** *die;* -, ...ien ⟨zu *gr.* klēronomía „Erbschaft", dies zu klēros „Los" u. némein „verteilen, ordnen"⟩: (veraltet) Vertrag über gegenseitige Beerbung, gegenseitiges Testament. **Al|le|lo|ma|chie** *die;* -, ...ien ⟨zu *gr.* máchē „Kampf"⟩: (veraltet) Streit. **Al|le|lo|mor|phis|mus** *der;* -: svw. Allelie. **Al|le|lo|pa|thie** *die;* - ⟨zu ↑...pathie⟩: gegenseitige Wirkung von Pflanzen aufeinander (Bot.). **Al|le|lo|tro|pie** *die;* -, -n ⟨zu ↑...tropie⟩: teilweise Umwandlung einer ↑tautomeren Substanz in ihr Isomeres (vgl. Isomerie; Chem.)

Al|le|lu|ia|ri|um *das;* -s, Plur. ...rien [...jən] od. ...ria ⟨kirchenlat. Bildung zu ↑halleluja! u. ↑...arium⟩: Sammlung der zwanzig mit „Halleluja" beginnenden ↑ Psalmen. **al|le|lu|ja** usw. vgl. halleluja usw.

Al|le|man|de [alə'mã:də] *die;* -, -n ⟨aus *fr.* (danse) allemande „deutscher (Tanz)"⟩: alte Tanzform in gemäßigtem Tempo; b) Satz einer ↑ Suite (3)

Al|le|mon|tit [auch ...'tɪt] *der;* -s, -e ⟨nach dem franz. Fundort Allemont, einer Stadt im Departement Isère, u. zu ↑²...it⟩: seltenes mineralisches Gemenge von Arsen u. Antimon u. deren untereinander gebildeten Verbindungen (Mineral.)

Al|len *das;* -s, -e ⟨zu ↑ allo... u. ↑ ...en⟩: ungesättigter Kohlenwasserstoff mit einer kumulierten Doppelbindung (farbloses, brennbares Gas; Chem.)

al|le|nie|ren ⟨aus gleichbed. *nlat.* allenire zu ↑ ad... u. *lat.* lenire „lindern"⟩: (veraltet) lindern, nachlassen. **Al|le|ni|ment** *das,* -[e]s, -e u. **Al|le|ni|men|tum** *das,* -s, ...ta ⟨aus gleichbed. *nlat.* allenimentum⟩: (veraltet) Linderungsmittel

al|len|tan|do ⟨*it.;* zu *lat.* lentus „langsam"⟩: nachlassend, langsamer werdend (Vortragsanweisung; Mus.)

Al|len|the|se *die;* -, -n ⟨zu ↑ allo... u. *gr.* énthesis „das Hineinsetzen"⟩: operatives Einbringen einer körperfremden Substanz ins Gewebe; b) das so eingebrachte ↑ Implantat (Med.)

¹**all|erg** ⟨zu ↑ Allergie⟩: (veraltet) svw. allergisch; vgl. ...isch/-. ²**all|erg** ⟨zu ↑ allo... u. *gr.* érgon „Arbeit, Werk"⟩: auf fremder Arbeitsleistung beruhend; -e Wirtschaft: Wirtschaft, in der die Besitzer knapper Produktionsmittel auf Grund dieser Vorzugsstellung ein Einkommen erzielen, das nicht auf eigener Arbeitsleistung beruht; Ggs. auterge Wirtschaft. **All|er|gen** *das,* -s, -e ⟨zu ↑ Allergie u. ↑ ...gen⟩: Stoff (z. B. Blütenpollen), der bei entsprechend disponierten Menschen Krankheitserscheinungen (z. B. Heuschnupfen) hervorrufen kann (Med.). **All|er|gie** *die;* -, ...ien ⟨gelehrte Bildung des österr. Mediziners v. Pirquet aus dem Jahr 1906 zu *gr.* állos „anderer" u. érgon „Werk, Tätigkeit", also eigtl. „Fremdwirkung"⟩: vom normalen Verhalten abweichende, krankhaft veränderte Reaktion des Organismus auf bestimmte (körperfremde) Stoffe (z. B. durch Blütenpollen ausgelösten Heuschnupfen); Überempfindlichkeit. **All|er|gie|paß** *der;* ...passes, ...pässe: Ausweis bei einem Allergikers, auf dem ärztlich festgestellte Allergien mit ihren auslösenden Substanzen eingetragen sind. **All|er|gi|ker** *der;* -s, - ⟨vgl. ²...ik (2)⟩: jmd., der für Allergien anfällig ist. **all|er|gisch**: 1. die Allergie betreffend. 2. überempfindlich, eine Abneigung gegen etwas od. jmdn. empfindend; vgl. ...isch/-. **all|er|gi|sie|ren** ⟨zu ↑ ...isieren⟩: einen Organismus allergisch machen (von Allergenen). **All|er|gi|sie|rung** *die;* -, -en ⟨zu ↑ ...isierung⟩: Vorgang der aktiven ↑ Sensibilisierung od. Umstimmung des Organismus durch ein ↑ Allergen bzw. durch Aufnahme eines ↑ Allergens in den Körper (Med.). **All|er|go|id** *das,* -[e]s, -e (meist Plur.) ⟨zu ↑ ...oid⟩: chemisch verändertes ↑ Allergen zur Behandlung einer Allergie. **All|er|go|lo|ge** *der;* -n, -n ⟨zu ↑ ...loge⟩: Wissenschaftler auf dem Gebiet der Allergologie. **All|er|go|lo|gie** *die;* - ⟨zu ↑ ...logie⟩: med. Forschungsrichtung, die sich mit der Untersuchung der verschiedenen Allergien befaßt. **all|er|go|lo|gisch** ⟨zu ↑ ...logisch⟩: die Allergologie betreffend. **All|er|go|me|trie** *die;* -, ...ien ⟨zu ↑ ...metrie⟩: Prüfung der Stärke einer allergischen Reaktion durch dosierte Zufuhr von ↑ Allergenen. **All|er|go|se** *die;* -, -n ⟨zu ↑ ¹...ose⟩: allergische Krankheit

Al|le|va|ment [...v...] *das;* -[e]s, -e u. **Al|le|va|men|tum** *das;* -s, ...ta ⟨aus *lat.* allevamentum „Erleichterung" zu allevare, vgl. allevieren⟩: (veraltet) Erleichterungsmittel. **Al|le|va|ti|on** *die;* -, -en ⟨aus gleichbed. *lat.* allevatio⟩: (veraltet) Erleichterung. **al|le|vie|ren** ⟨aus gleichbed. *lat.* allevare zu ↑ ad... u. levis „leicht"⟩: (veraltet) aufrichten, erleichtern

al|lez! [a'le:] ⟨aus gleichbed. *fr.* allez!, eigtl. „geht!"; vgl. Allee⟩: vorwärts!; los, setzt euch/setz dich in Bewegung!

Al|li|ance [a'ljã:s] vgl. Allianz. **Al|li|anz** *die;* -, -en u. Alliance [a'ljã:s] *die;* -, -n [...sn̩] ⟨aus gleichbed. *fr.* alliance zu s'allier, vgl. alliieren⟩: 1. Bündnis zwischen zwei od. mehreren Staaten. 2. Verbindung, Vereinigung

Al|li|cin [...ts...] vgl. Allizin

al|li|die|ren ⟨aus gleichbed. *lat.* allidere⟩: (veraltet) anstoßen, gefährden

Al|li|ga|ti|on *die;* -, ...en ⟨aus *lat.* alligatio „das Anbinden, Umwicklung" zu alligare, vgl. alligieren⟩: Mischung (meist von Metallen); Zusatz

Al|li|ga|tor *der;* -s, ...oren ⟨unter Einfluß von gleichbed. *engl.* bzw. *fr.* alligator aus *span.* el lagarto „die Eidechse", dies aus *lat.* lacertus, lacerta „Eidechse"⟩: zu den Krokodilen gehörendes Kriechtier im tropischen u. subtropischen Amerika u. in Südostasien

al|li|gie|ren ⟨aus gleichbed. *lat.* alligare⟩: 1. [Metalle] mischen. 2. (veraltet) anbinden, verbinden

al|li|ie|ren ⟨aus gleichbed. *fr.* s'allier, dies aus *lat.* alligare „anbinden, verbinden"⟩: verbünden. **Al|li|ier|te** *der* u. *die;* -n, -n: a) Verbündete[r]; b) (nur Plur.) die im 1. u. 2. Weltkrieg gegen Deutschland verbündeten Staaten, heute bes. Frankreich, Großbritannien, USA [u. Rußland bzw. die ehemalige Sowjetunion]

Al|li|in *das;* -s ⟨zu *lat.* allium „Knoblauch" u. ↑ ...in (1)⟩: Aminosäure der Knoblauchzwiebel u. anderer Laucharten, Grundstoff des ↑ Allizins

Al|lio|nal Ⓦ *das;* -s ⟨Kunstw.⟩: Schlafmittel der Barbitursäurereihe

Al|li|si|on *die;* -, -en ⟨aus gleichbed. *lat.* allisio zu allidere, vgl. allidieren⟩: (veraltet) das Anstoßen, Anschlagen

Al|li|te|ra|ti|on *die;* -, -en ⟨zu ↑ ad..., *lat.* littera „Buchstabe" u. ↑ ...ation⟩: Stabreim, gleicher Anlaut der betonten Silben aufeinanderfolgender Wörter (z. B. bei *W*ind und *W*etter). **Al|li|te|ra|ti|ons|vers** *der;* -es, -e: Stabreimvers, stabender Langzeilenvers der altgerm. Dichtung. **al|li|te|rie|ren** ⟨zu ↑ ...ieren⟩: den gleichen Anlaut haben

al|li|tisch ⟨Kunstw. zu *A*luminium u. *gr.* líthos „Stein"⟩; in der Fügung -e Verwitterung: Verwitterung in winterfeuchtem Klima, bei der Aluminiumverbindungen entstehen

Al|li|um *das;* -s ⟨aus *lat.* allium „Knoblauch"⟩: Lauch, Gattung der Zwiebelgewächse (Bot.). **Al|li|zin**, chem. fachspr. Allicin *das;* -s ⟨zu *A*llium, *lat.* caedere „töten" u. ↑ ...in (1)⟩: keimtötender, die Bakterienflora des Magen-Darm-Kanals regulierender Wirkstoff des Knoblauchs

al|lo..., **Al|lo...**, vor Vokalen all..., All... ⟨aus *gr.* allo- zu állos „anderer"⟩: Wortbildungselement mit der Bedeutung „anders, verschieden, fremd, gegensätzlich", z. B. Allopathie, Allenthese. **Al|lo|bar** *das;* -s, -e ⟨zu *gr.* báros „Schwere, Gewicht, Druck"⟩: chem. Element, bei dem die Anteile der verschiedenen ↑ Isotope nicht der in der Natur vorkommenden Zusammensetzung entsprechen (z. B. durch künstliche Anreicherung eines Isotops). **Al|lo|bio|se** *die;* -n ⟨zu *gr.* bíos „Leben"⟩: verändertes Verhalten des Organismus bei veränderter Umgebung (Biol.). **Al|lo|chei|rie** [...ç...] *die;* -, ...ien ⟨zu *gr.* cheir „Hand" u. ↑ ²...ie⟩: fehlerhafte Lokalisation des Schmerzes bes. an den ↑ Extremitäten (Med.). **Al|lo|cho|rie** [...ko...] *die;* - ⟨zu *gr.* chōreĩn „sich fortbewegen" u. ↑ ²...ie⟩: Verbreitung von Früchten u. Samen bei Pflanzen durch Einwirkung besonderer, von

allochroisch

außen kommender Kräfte (z. B. Wind, Tiere, Wasser). **al|lo|chro|isch** [...k...] ⟨zu *gr.* chrós od. chróa „Haut, Hautfarbe"⟩: die Farbe wechselnd, schillernd. **Al|lo|chro|is|mus** *der;* -, ...men ⟨zu ↑ ...ismus (2)⟩: Farbenwechsel. **Al|lo|chro|it** [auch ...'ɪt] *der;* -s, -e ⟨zu ↑ ²...it⟩: verschiedene, meist grünlich gefärbte Abart des Granats. **al|lo|chro|ma|tisch** [...k...]: verfärbt (durch geringe Beimengungen anderer Substanzen); Ggs. ↑ idiochromatisch. **al|lo|chthon** [alɔx...] ⟨zu *gr.* chthōn „Erde"⟩: an anderer Stelle entstanden, nicht am Fundplatz heimisch (von Lebewesen u. Gesteinen; Geol. u. Biol.); Ggs. ↑ autochthon (2)

Al|lod *das;* -s, -e u. Allodium *das,* -s, ...ien [...jən] ⟨aus gleichbed. *mlat.* allodium, dies aus *fränk.* *alōd zu al „voll, ganz" u. *ōd „Gut, Besitz" (*ahd.* ōt)⟩: im mittelalterlichen Recht der persönliche Besitz, das Familienerbgut, im Gegensatz zum Lehen od. grundherrlichen Land (Rechtsw.)

al|lo|da|pisch ⟨aus *gr.* allodapós „anderswoher stammend, fremd"⟩: Einschaltung ↑ detritischer Kalke in Tonstein (Geol.)

al|lo|di|al ⟨zu ↑ Allod u. ↑¹...al (1)⟩: zum Allod gehörend. **Al|lo|di|fi|ka|ti|on** *die;* -, -en ⟨zu ↑ ...fikation⟩: Umwandlung eines Lehnsguts in eigenen Besitz (Rechtsw.); vgl. ...[at]ion/...ierung. **al|lo|di|fi|zie|ren** ⟨zu ↑ ...fizieren⟩: ein Lehnsgut in eigenen Besitz umwandeln (Rechtsw.). **Al|lo|di|fi|zie|rung** *die,* -, -en ⟨zu ↑ ...fizierung⟩: svw. Allodifikation; vgl. ...[at]ion/...ierung. **Al|lo|di|um** vgl. Allod

Al|lo|do|xie *die;* -, ...ien ⟨zu ↑ allo..., *gr.* dóxa „Meinung" u. ↑²...ie⟩: (veraltet) eine andere, irrige Meinung od. Lehre. **al|lo|gam** ⟨zu ↑ ...gam⟩: a) fremdbestäubend; b) von anderen Pflanzen bestäubt (Bot.). **Al|lo|ga|mie** *die;* -, ...ien ⟨zu ↑ ...gamie⟩: Fremdbestäubung von Blüten (Bot.). **al|lo|gen** ⟨zu ↑ ...gen⟩: svw. allothigen. **Al|lo|ge|ne|se** *die;* -: ↑ Radiation (1) einer ursprünglich einheitlichen Gruppe von Organismen in Anpassung an ↑ differente Umweltbedingungen (Biol.). **al|lo|go|nisch** ⟨zu *gr.* gōnía „Winkel"⟩: in verschiedenen Winkeln, nach mehreren Grundformen kristallisiert. **Al|lo|gramm** *das;* -s, -e ⟨zu ↑ ...gramm⟩: svw. Heterogramm. **Al|lo|graph** *das;* -s, -e ⟨zu ↑ ...graph⟩: 1. stellungsbedingte ↑ Variante (4) eines ↑ Graphems, die in einer bestimmten graphemischen Umgebung vorkommt (z. B. has-sen u. Haß; Sprachw.). 2. Buchstabe in einer von mehreren möglichen graphischen Gestaltungen in Druck- u. Handschriften (z. B. a, *a*, A, *A*). **Al|lo|gra|phon** *das;* -s, -e ⟨zu *gr.* gráphein „schreiben" u. ↑¹...on⟩: (veraltet) Handschrift eines andern. **Al|lo|kar|pie** *die;* -, ...ien ⟨zu ↑ ...karpie⟩: Fruchtbildung auf Grund von Fremdbestäubung

Al|lo|ka|ti|on *die;* -, -en ⟨zu ↑ ad... u. *lat.* locatio „Stellung, Anordnung"⟩: Zuweisung von finanziellen Mitteln, Produktivkräften u. Material (Wirtsch.). **Al|lo|ka|ti|ons|po|li|tik** *die;* -: Teilbereich der ↑ Finanzpolitik, der sich mit der ↑ Allokation befaßt. **Al|lo|ka|ti|ons|pro|blem** *das;* -s, -e: die Frage der bestmöglichen Verteilung der Produktionsfaktoren einer Wirtschaft auf die jeweiligen Verwendungszwecke im Hinblick auf Kosten u. Gewinn (Wirtsch.)

Al|lo|ku|ti|on *die;* -, -en ⟨aus *lat.* allocutio „das Anreden"⟩: päpstliche Ansprache, eine der Formen offizieller mündlicher Mitteilungen des Papstes

Al|lo|la|lie *die;* -, ...ien ⟨zu ↑ allo..., *gr.* lalein „sprechen" u. ↑²...ie⟩: das Fehlsprechen bei Geisteskrankheiten (Med., Psychol.). **Al|lo|me|rie** *die;* -, ...ien ⟨zu ↑ ...merie⟩: Übereinstimmung der Kristallform bei chemisch unterschiedlich zusammengesetzten Stoffen (Chem.). **Al|lo|me|trie** *die;* -, ...ien ⟨zu ↑ ...metrie⟩: das Vorauseilen bzw. Zurückbleiben des Wachstums von Gliedmaßen, Organen od. Geweben gegenüber dem Wachstum des übrigen Organismus (Med., Biol.); Ggs. ↑ Isometrie. **al|lo|me|trisch** ⟨zu ↑ ...metrisch⟩: unterschiedliche Wachstumsgeschwindigkeit im Verhältnis zur Körpergröße od. zu anderen Organen zeigend (von Gliedmaßen, Organen od. Geweben; Med., Biol.). **Al|lo|mi|me|se** *die;* -: die Erscheinung der Angleichung mancher Tiere od. Pflanzen an Form u. Farbe lebloser Materie (z. B. Steine; Biol.). **al|lo|morph** ⟨zu ↑ ...morph⟩: svw. allotrop. **Al|lo|morph** *das;* -s, -e: ↑ Variante (4) eines ↑ Morphems, die in einer bestimmten phonemischen, grammatikalischen od. lexikalischen Umgebung vorkommt (z. B. das Pluralmorphem in: die Bett*en,* die Kind*er;* Sprachw.). **Al|lo|mor|phie** *die;* - ⟨zu ↑ ...morphie⟩: svw. Allotropie. **Al|lo|mor|pho|se** *die;* -, -n ⟨zu *gr.* mórphōsis „Verwandlung"⟩: krankhafte Umbildung

al|on|ga|re|se vgl. all'ongharese

Al|lon|ge [a'lõːʒə] *die;* -, -n ⟨aus gleichbed. *fr.* allonge zu allonger „verlängern", vgl. allongieren⟩: 1. Verlängerungsstreifen bei Wechseln für ↑ Indossamente. 2. das Buchblatt, an dem ausfaltbare Karten od. Abbildungen befestigt sind. **Al|lon|ge|ment** [alõʒə'mãː] *das;* -, -s ⟨aus gleichbed. *fr.* allongement⟩: (veraltet) Verlängerung. **Al|lon|ge|pe|rücke¹** [a'lõːʒə...] *die;* -, -n: Herrenperücke mit langen Locken (17. u. 18. Jh.)

all'on|gha|re|se [al|ɔnga...] ⟨*it.;* „in der ungarischen Art"⟩: in der Art der Zigeunermusik (meist in Verbindung mit „Rondo", musikalische Satzbezeichnung [für den Schlußteil eines Musikstücks] in der klassisch-romantischen [Kammer]musik); vgl. alla zingarese

al|lon|gie|ren ⟨aus gleichbed. *fr.* allonger zu long(ue) „lang, weit", dies aus *lat.* longus⟩: (veraltet) verlängern, in die Länge ziehen

al|lons! [a'lõː] ⟨aus gleichbed. *fr.* allons!, eigtl. „laßt uns gehen!"; vgl. Allee⟩: vorwärts!, los! **Al|lons, en|fants de la pa|trie!** [a'lõzã'fã də la pa'tri(ə)] ⟨*fr.;* „Auf, Kinder des Vaterlandes"⟩: Anfang der franz. Nationalhymne; vgl. Marseillaise

all|onym ⟨zu ↑ allo... u. *gr.* ónyma „Name"⟩: mit einem anderen, fremden Namen behaftet. **All|onym** *das;* -s, -e: Sonderform des ↑ Pseudonyms, bei der der Name einer bekannten Persönlichkeit verwendet wird. **Al|lo|path** *der;* -en, -en ⟨*gr.* páthos „Leiden, Krankheit"⟩: Anhänger der Allopathie. **Al|lo|pa|thie** *die;* - ⟨zu ↑ ...pathie⟩: Heilverfahren, das Krankheiten mit entgegengesetzt wirkenden Mitteln zu behandeln sucht; Ggs. ↑ Homöopathie. **al|lo|pa|thisch:** die Allopathie betreffend. **Al|lo|pa|trie** *die;* - ⟨zu *gr.* patriá „Vaterland, Heimat"⟩: Form der Tierverbreitung ohne Überlappung von Arten (Biol.). **Al|lo|phan** *der;* -s, -e ⟨zu *gr.* phanós „hell, leuchtend"⟩: blaßblaues od. grünliches, wasserreiches, durch Verwitterung [vor allem auf vulkanischen Aschen] gebildetes, nahezu ↑ amorphes Tonmineral. **Al|lo|phän** *das;* -s, -e ⟨zu *gr.* phaínesthai „erscheinen"⟩: Erbmerkmal, dessen Entstehung in Zellen nicht durch zelleigene, sondern zwischenzellige Genwirkung von außen bewirkt wird (Genetik); Ggs. ↑ Autophän. **Al|lo|phon** *das;* -s, -e ⟨zu ↑ ...phon⟩: phonetische Variante (4) des ↑ Phonems in einer bestimmten Umgebung von Lauten (z. B. *ch* in *ich* u. *Dach;* Sprachw.). **Al|lo|pla|stik** *die;* -, -en: Verwendung anorganischer Stoffe als Gewebeersatz (z. B. Elfenbeinstifte, Silberplatten); vgl. Prothetik. **Al|lo|po|ly|ploi|die** [...ploi...] *die;* -: Vervielfachung des Chromosomensatzes eines Zellkerns durch Artenkreuzung. **Al|lo|psy|cho|se** *die;* -: (veraltet) Psychose, bei der die Orientierung des Bewußtseins über die Außenwelt gestört ist

al|lo|quie|ren ⟨aus gleichbed. *lat.* alloqui zu ↑ ad... u. loqui „reden, sprechen"⟩: (veraltet) anreden. **Al|lo|qui|um** *das,*

-s, ...ien [...i̯ən] ⟨aus gleichbed. *lat.* alloquium⟩: (veraltet) Anrede

Al|lor|rhi|zie *die;* - ⟨zu ↑ allo..., *gr.* rhíza „Wurzel" u. ↑²...ie⟩: Bewurzelungsform der Samenpflanzen, bei der die Primärwurzel alleiniger Träger des späteren Wurzelsystems ist (Biol.); Ggs. ↑ Homorrhizie. **Al|lo|sau|ri|er** [...i̯ɐ] *der;* -s, - u. **Al|lo|sau|rus** *der;* -, ...rier [...i̯ɐ] ⟨zu *gr.* saūros „Eidechse"⟩: fleischfressender Dinosaurier des Erdmittelalters. **Al|lo|sem** *das;* -s, -e: im Kontext realisierte Bedeutungsvariante eines ↑ Semems. **Al|lo|som** *das;* -s, -en ⟨zu *gr.* sõma „Leib, Körper"⟩: svw. Heterochromosom. **Al|lo|the|ri|um** *das;* -s, ...rien [...i̯ən] ⟨zu *gr.* thēríon „(wildes) Tier"⟩: zur ältesten ausgestorbenen Gruppe gehörendes Säugetier von der oberen ↑ Trias (1) bis zum ↑ Paläozän. **al|lo|thi|gen** ⟨zu *gr.* állothi „andersvo" u. ↑ ...gen⟩: nicht am Fundort, sondern an anderer Stelle entstanden (von Bestandteilen mancher Gesteine; Geol.); Ggs. ↑ authigen

al|lo|tie|ren ⟨aus *fr.* alloter, allotir zu lot „Los", dies aus *fränk.* lôt⟩: (veraltet) durch das Los verteilen. **Al|lot|ment** [ə'lɔtmənt] *das;* -s, -s ⟨aus gleichbed. *engl.* allotment zu to allot „(durch Los) zuteilen", dies aus *(alt)fr.* alloter, vgl. allotieren⟩: (veraltet) Los, Anteil

Al|lo|trans|plan|tat *das;* -[e]s, -e ⟨zu ↑ allo... u. ↑ Transplantat⟩: Transplantat, das zwischen zwei Individuen der gleichen Art ausgetauscht wird (Med.). **Al|lo|tria** *die* (Plur.), heute meist Allotria *das;* -[s] ⟨aus *gr.* allótria (Plur.) „abwegige Dinge", eigtl. „fremde Interessen"⟩: mit Lärm, Tumult o. ä. ausgeführter Unfug, Dummheiten. **Al|lo|tri|odon|tie** *die;* -, ...ien ⟨zu *gr.* allótrios „andersartig", odoús, Gen. odóntos „Zahn" u. ↑²...ie⟩: das Einsetzen künstlicher Zähne (Med.). **Al|lo|trio|geu|sie** *die;* -, ...ien ⟨zu *gr.* geūsis „Geschmack" u. ↑²...ie⟩: Täuschung des Geschmackssinns. **Al|lo|trio|lo|gie** *die;* - ⟨zu *gr.* légein „sprechen" u. ↑²...ie⟩: (veraltet) das Einmischen fremder Gedankenguts in eine Rede od. Meinungsäußerung. **al|lo|trio|morph** ⟨zu ↑ ...morph⟩: nicht von eigenen Kristallflächen begrenzt (von Mineralien; Geol.); Ggs. ↑ idiomorph. **Al|lo|trio|pha|gie** *die;* -, ...ien ⟨zu ↑ ...phagie⟩: krankhafte Neigung von Haustieren, Stoffe zu fressen, die als Futter ungeeignet od. ungewöhnlich sind, z. B. Steine, Erde, Kot. **Al|lo|tri|os|mie** *die;* -, ...ien ⟨zu *gr.* osmḗ „Geruch" u. ↑²...ie⟩: svw. Heterosmie. **al|lo|trop** ⟨zu ↑ allo... u. ↑...trop⟩: a) zur ↑ Allotropie fähig; b) durch Allotropie bedingt. **al|lo|troph** ⟨zu ↑ ...troph⟩: in der Ernährung auf organische Stoffe angewiesen (Biol.). **Al|lo|tro|pie** *die;* - ⟨zu ↑ ...tropie⟩: Eigenschaft eines chem. Stoffes, in verschiedenen Kristallformen vorzukommen (z. B. Kohlenstoff als Diamant u. Graphit; Chem.). **all'ot|ta|va** [...va] ⟨*it.*⟩: in der Oktave; a) eine Oktave höher (Zeichen: 8va...... über den betreffenden Noten); b) eine Oktave tiefer (Zeichen: 8va...... unter den betreffenden Noten)

al|lou|abel [alu...] ⟨aus gleichbed. *fr.* allouable zu allouer, vgl. allouieren⟩: (veraltet) zulässig, gültig. **Al|lou|ance** [...'ã:s] *die;* -, -n [...'ã:sn̩] ⟨zu ↑ ...ance⟩: (veraltet) Zulassung, Billigung. **al|lou|ie|ren** ⟨aus gleichbed. *fr.* allouer⟩: (veraltet) billigen, zugestehen

all|over ['ɔ:loʊvə] ⟨*engl.*⟩: über u. über gemustert (von Stoffen u. Gewirken). **All|over|des|sin** [ɔ:l'oʊvədɛsɛ̃] *das;* -s, -s: ↑ Dessin, das über die ganze Oberfläche des Gewebes verteilt ist. **All|over|spit|ze** *die;* -, -n: Spitzenstoff vom laufenden Meter (Meterware) im Gegensatz zur in Form genähten od. geklöppelten Spitze

All|oxan *das;* -s ⟨Kunstw. aus ↑ *All*antoin, ↑ *Ox*alsäure u. ↑ ...*an*⟩: Spaltungsprodukt der Harnsäure

al|lo|zie|ren ⟨zu ↑ ad... u. *lat.* locare „setzen, stellen"; vgl. Allokation⟩: finanzielle Mittel, Materialien, Produktionskräfte in einem bestimmten Raum verteilen, zuweisen (Wirtsch.)

all right! ['ɔ:l 'raɪt] ⟨*engl.*⟩: richtig!, in Ordnung!, einverstanden!

All|round... ['ɔ:l'raʊnd...] ⟨aus *engl.* all-round „vielseitig"⟩: Wortbildungselement mit der Bedeutung „allseitig, für alle Gelegenheiten", z. B. Allroundsportler. **All|roun|der** [...də] *der;* -s, - ⟨aus gleichbed. *engl.* all-rounder⟩: svw. Allroundman. **All|round|man** [...mən] *der;* -, ...men ⟨aus gleichbed. *engl.* all-round man⟩: jmd., der Kenntnisse u. Fähigkeiten so gut wie auf allen od. jedenfalls auf zahlreichen Gebieten besitzt. **All|round|spie|ler** *der;* -s, -: Spieler, der mehrere Positionen in einer Mannschaft ausfüllen kann. **All|round|sport|ler** *der;* -s, -: Sportler, der verschiedene Sportarten ausübt, beherrscht

All-Star-Band ['ɔl'stɑːbænd] *die;* -, -s ⟨zu *engl.-amerik.* all-star „ganz aus Spitzenkräften bestehend" (vgl. Star) u. ↑ Band⟩: 1. Jazzband, die nur aus berühmten Musikern besteht. 2. erstklassige Tanz- u. Unterhaltungskapelle. **All-Star-Team** [...tiːm] *das;* -s, -s: bei internationalen Turnieren aus dem Gesamtspielerkreis von einem Gremium (z. B. von den Sportjournalisten) nominierte beste Mannschaftsaufstellung

all's well [ɔːls 'wɛl] ⟨*engl.*⟩: alles [ist] in Ordnung (Antwort der Schiffswache auf den Anruf des wachhabenden Offiziers auf engl. Marineschiffen)

Al|lu|benz *die;* - ⟨aus *nlat.* allubentia zu *lat.* lubet, Nebenform von libet „es beliebt"⟩: (veraltet) das Belieben

al|lu|die|ren ⟨aus gleichbed. *lat.* alludere⟩: (veraltet) [auf etwas] anspielen, [etwas] andeuten

al|lu|ie|ren ⟨aus gleichbed. *lat.* alluere⟩: (veraltet) be-, anspülen

Al|lu|met|te [aly...] *die;* -, -n ⟨aus gleichbed. *fr.* allumette zu allumer, vgl. allümieren⟩: (veraltet) Streich-, Zündholz. **al|lü|mie|ren** ⟨aus gleichbed. *fr.* allumer, dies aus *spätlat.* *alluminare zu *lat.* luminare „erleuchten", dies zu lumen „Licht"⟩: (veraltet) an-, entzünden

all'un|ghe|re|se [alʊŋɡe...] vgl. all'ongharese

all'uni|so|no ⟨*it.*⟩: svw. unisono

Al|lü|re *die;* -, -n ⟨aus *fr.* allure „Gang(art)", Plur. allures „Benehmen", zu aller „gehen", vgl. Allee⟩: 1. a) Gangart [des Pferdes]; b) Fährte, Spur (von Tieren). 2. (nur Plur.) Umgangsformen, [auffallendes, als Besonderheit hervorstechendes] Benehmen, [arrogantes] Auftreten

Al|lu|si|on *die;* -, -en ⟨aus gleichbed. *nlat.* allusio, dies zu *lat.* alludere „anspielen"⟩: Anspielung auf Worte u. Geschehnisse der Vergangenheit (Stilk.). **al|lu|siv** ⟨zu ↑ ...iv⟩: anspielend, die Allusion betreffend; vgl. ...iv/...orisch. **al|lu|so|risch**: svw. allusiv; vgl. ...iv/...orisch

al|lu|vi|al [...v...] ⟨zu ↑ Alluvium u. ↑¹...al (1)⟩: das Alluvium betreffend; [durch Ströme] angeschwemmt, abgelagert (Geol.). **Al|lu|vi|on** *die;* -, -en ⟨aus *lat.* alluvio „das Anspülen, die Anschwemmung"⟩: neu angeschwemmtes Land an Fluß-, Seeufern u. Meeresküsten (Geol.). **Al|lu|vi|um** *das;* -s ⟨aus *lat.* alluvium „das Anspülen, die Anschwemmung"⟩: (veraltet) svw. Holozän

Al|lyl *das;* -s, -e ⟨zu *lat.* allium „Knoblauch" u. ↑ ...yl⟩: ungesättigte ↑ aliphatische Verbindung (Chem.). **Al|lyl|al|de|hyd** *der;* -s, -e: svw. Akrolein. **Al|lyl|al|ko|hol** *der;* -s: wichtigster ungesättigter Alkohol. **Al|ly|len** *das;* -s ⟨zu ↑ ...en⟩: ein ungesättigter gasförmiger Kohlenwasserstoff

Al|ma *die;* -, -s (aber: ↑²...ma) ⟨*türk.* almak „fassen"⟩: früheres türk. Hohlmaß für Öl, Most usw. (etwa 5,2 l)

Al|ma|gra *die;* -, ...ren ⟨aus gleichbed. *span.* almagre zu

arab. al-maġra „rote Erde"⟩: (veraltet) Ackererde, Rötel.
al|ma|grie|ren ⟨zu ↑...ieren⟩: (veraltet) mit Almagra rotbraun färben
Al|ma ma|ter *die;* - - ⟨aus *lat.* alma mater „nahrungspendende Mutter"⟩: Universität, Hochschule (u. zwar mit persönlichem Bezug auf den od. die dort Studierenden)
Al|ma|nach *der;* -s, -e ⟨aus *mniederl.* almanag „Kalender", dies aus *mlat.* almanachus⟩: 1. [bebildertes] kalendarisch angelegtes Jahrbuch. 2. [jährlicher] Verlagskatalog mit Textproben
Al|man|din *der;* -s, -e ⟨aus *mlat.* al(a)mandina (nach der antiken Stadt Alabanda in Kleinasien u. zu ↑...in (1)⟩: Sonderform des ↑¹Granats; edler, roter Schmuckstein
Al|ma|ra|da *die;* -, -s ⟨aus gleichbed. *span.* almaráda⟩: (veraltet) dreischneidiger Dolch
al mar|co [– ...ko] ⟨*it.;* „nach der Mark"⟩: nach dem Gewicht einer größeren Menge (bes. beim Justieren u. Prüfen von Münzen)
Al|ma|ria *die;* -, ...rien [...iən] ⟨aus gleichbed. *mlat.* almaria⟩: (veraltet) Urkundenschrank, -saal [in Kirchen u. Klöstern]
Al|ma|si|go *der;* -s, -s ⟨aus gleichbed. *span.* almáciga, dies aus *arab.* al-mášǧara⟩: (veraltet) Baum-, Pflanzschule
Al|me od. Alimeh *die;* -, Awalim ⟨aus *arab.* ʿālimē, eigtl. „die Kundige" zu ʿalim „gelehrt, wissend"⟩: früher bei Gastmählern gehobener Kreise auftretende Tänzerin u. Sängerin im Orient
Al|me|mar vgl. Almemor. **Al|me|mor** *das;* -[s] ⟨aus gleichbed. *hebr.* almēmōr, dies entstellt aus *arab.* al-minbar „Kanzel"⟩: der erhöhte Platz in der ↑Synagoge für die Verlesung der ↑Thora
Al|me|ra|it [auch ...'ɪt] *der;* -s, -e ⟨nach Almera, dem Fundort in Nordspanien, u. zu ↑²...it⟩: dem ↑Karnallit verwandtes, rötliches Mineral
Al|mil|la [...lja] *die;* -, -s ⟨aus gleichbed. *span.* almilla⟩: (früher) ärmelloses Jäckchen, Wams; unter dem ↑Kamisol od. der ↑Chupa getragene enganliegende, baumwollene Unterweste
al mi|nu|to ⟨*it.⟩;* im kleinen, im einzelnen
Al|mi|ran|te *der;* -n, -n ⟨aus gleichbed. *span.* almiránte⟩: Titel für den Führer einer span. Flotte seit dem 13. Jh., später Bez. für den Kapitän eines Kriegsschiffes
Al|mo|ha|den *die* (Plur.) ⟨aus *arab.* al-muwaḥḥidun „die Bekenner der göttlichen Einheit"⟩: span.-arab. Dynastie 1147–1269, hervorgegangen aus der gleichnamigen islamischen Glaubenspartei
Al|mo|ra|vi|den [...v...] *die* (Plur.) ⟨aus *arab.* al-murābiṭun „Bewohner eines Wehrklosters"⟩: Dynastie berberischer Herkunft in Marokko u. Spanien 1061–1147, hervorgegangen aus einem am Senegal zur Islamisierung der Berber gegründeten Missionsorden
Al|mo|sen *das;* -s, - ⟨aus *mlat.* eleemosyna, dies aus *gr.* eleēmosýnē „Mitleid, Erbarmen"⟩: 1. [milde] Gabe, kleine Spende für einen Bedürftigen. 2. (abwertend) dürftiges Entgelt. **Al|mo|se|nier** *der;* -s, -e ⟨zu ↑¹...ier⟩: Almosenverteiler, ein [geistlicher] Würdenträger [am päpstlichen Hof]
Al|mu|ci|um [...ts...] *das;* -s, ...cia ⟨aus gleichbed. *mlat.* almucium zu *lat.* almus „segenspendend", eigtl. „nährend"⟩: svw. Amicia
Al|mud *die;* -, - ⟨aus gleichbed. *span.* almud, dies über *arab.* al-mudd aus *gr.* módios „Scheffel"⟩: altes span. Flüssigkeitsmaß (0,32 l) u. Hohlmaß (1,76 l). **Al|mu|de** *der;* -, - ⟨aus gleichbed. *port.* almude, vgl. Almud⟩: 1. altes port. u. bras. Flüssigkeitsmaß (16,75 l). 2. port. Hohlmaß (20–25 l)

Al|mu|kan|ta|rat *der;* -s, -e ⟨aus gleichbed. *mlat.* almucantaratus, dies zu *arab.* al-muqanṭarāt (Plur.) „Bogenlinien (auf dem Astrolabium)"⟩: Kreis der Himmelssphäre, der mit dem Horizontkreis parallel verläuft
Al|mu|tia *die;* -, ...ien [...iən] ⟨aus gleichbed. *mlat.* almutia; vgl. Almucium⟩: svw. Amicia
Aln *die;* -, Alnar ⟨aus *schwed.* aln „Elle"⟩: früher in Schweden u. Finnland verwendetes, der deutschen Elle entsprechendes Längenmaß. **Al|nage** [ˈælnɪdʒ, ˈɔːl...] *das;* -s ⟨aus gleichbed. *engl.* alnage⟩: die früher übliche (amtliche Tuch)messung nach Ellen. **Al|nar:** Plur. von ↑Aln
Al|ni|co [...ko] *das;* -s ⟨Kurzw. aus *Al*uminium, *Ni*ckel u. *Co*baltum (Kobalt)⟩: eine Metallegierung
al nu|me|ro ⟨*it.*⟩: (Verkauf) nach der [An]zahl (Kaufmannsspr.)
al oc|cor|ren|za [– ɔko...] ⟨*it.*⟩: gelegentlich, nach Umständen (Kaufmannsspr.)
alo|die|ren ⟨Kunstw. aus ↑*Al*uminium u. ↑*oxydieren*⟩: dünne oxydische Korrosionsschutzschichten an der Oberfläche von Aluminium od. Aluminiumlegierungen durch Eintauchen in Chromsäure erzeugen; vgl. eloxieren
Aloe [ˈaːloe] *die;* -, -n [ˈaːloən] ⟨aus *lat.* aloe, *gr.* alóē, dies wohl zu *hebr.* ʿahālīm „Aloeholz"⟩: dickfleischiges Liliengewächs der Tropen u. Subtropen
Alog|an|dro|mel|lie *die;* -, ...ien ⟨zu *gr.* álogos „unvernünftig" (vgl. Logik), anḗr, Gen. andrós „Mann", mélos „Glied" u. ↑²...ie⟩: tierische Mißgeburt mit menschenähnlichen Gliedern. **Alo|ger** u. **Alo|gia|ner** *die* (Plur.) ⟨zu *gr.* a- „un-, nicht-" u. lógos „(göttliche) Vernunft"; vgl. ...aner⟩: Anhänger einer christlichen Partei Kleinasiens im 2. Jh., die die Bezeichnung Christi als ↑Logos (6) ablehnte. **Alo|gie** *die;* -, ...ien ⟨aus *gr.* alogía „Sprachlosigkeit"⟩: svw. Aphasie (1). **Alo|gik** *die;* - ⟨zu *gr.* a- „un-, nicht-" u. ↑Logik⟩: Unlogik. **alo|gisch:** ohne ↑Logik, vernunftlos, -widrig. **Alo|gis|mus** *der;* -, ...men ⟨zu ↑...ismus (3)⟩: Unvernunft, Vernunft- u. Denkwidrigkeit. **alo|gi|stisch** ⟨zu ↑...istisch⟩: (veraltet) unüberlegt, unbedacht. **Alo|go|trophie** *die;* -, ...ien ⟨zu *gr.* álogos „unvernünftig" u. ↑...trophie⟩: ungleichmäßige, ungeregelte Ernährung u. daraus resultierende Mißbildungen an Körperteilen u. Organen (Med.)
Aloi [aˈlɔa] *der;* -s ⟨aus gleichbed. *fr.* aloi⟩: (veraltet) gesetzlich vorgeschriebener Feingehalt der Münzen
Alo|in *das;* -s ⟨zu ↑Aloe u. ↑...in (1)⟩: abführend wirkender Hauptbestandteil der Aloe, ein Derivat des ↑Anthracens.
Alo|in|pro|be *die;* -, -n: Methode zum Nachweis von Blut in Urin, Stuhl, Mageninhalt u. a. mittels Aloin u. einem Sauerstoff liefernden Zusatz
aloof [əˈluːf] *engl.;* eigtl. „fern, abseits"⟩: dem Wind zugedreht, luvwärts (Seemannsspr.)
Alo|pe|zie *die;* -, ...ien ⟨aus *gr.* alōpekía, eigtl. „Fuchsräude"⟩: a) krankhafter Haarausfall; vgl. Pelade (Med.); b) Kahlheit
à l'or|di|naire [a lɔrdiˈnɛːʁ] ⟨*fr.*⟩: wie gewöhnlich
alour|die|ren [alur...] ⟨aus gleichbed. *fr.* alourdir zu lourd „schwer[fällig]"⟩: (veraltet) 1. träge, schwerfällig machen, [jmdm.] beschwerlich fallen. 2. betäuben
alo|xie|ren ⟨Kunstw.⟩: svw. eloxieren. **al|oxy|die|ren** ⟨Kunstw. aus ↑*Al*uminium u. ↑*oxydieren*⟩: svw. eloxieren
Al|pac|ca [...ka] vgl. ¹Alpaka
Al|pa|gattes [...ˈgat] *die* (Plur.) ⟨aus gleichbed. älter *fr.* alpagattes⟩: Schuhe aus Stricken u. altem Tauwerk (in den Pyrenäen)
¹Al|pa|ka *das;* -s, -s ⟨aus gleichbed. *span.* alpaca, dies aus *Ketschua* (einer südamerik. Indianersprache) (al)paco zu

paco „rot(braun)"⟩: 1. als Haustier gehaltenes Lamaart (vgl. ↑Lama) Südamerikas. 2. (ohne Plur.) die Wollhaare des Alpakas, Bestandteil des Alpakagarns. ²**Al|pa|ka** *der*, -s ⟨zu ↑¹Alpaka⟩: dichtes Gewebe in Tuch- od. Köperbindung (bestimmte Webart). ³**Al|pa|ka** *die*; - ⟨zu ↑¹Alpaka⟩: Reißwolle aus Wollmischgeweben
⁴**Al|pa|ka**, auch Alpacca [...ka] *das*; -s ⟨Herkunft unsicher⟩: Neusilber
Al|par|ga|tas *die* (Plur.) ⟨aus gleichbed. *span.* alpargatas⟩: Sandalen aus Hanf od. Espartogras, die früher von den span. Fußtruppen getragen wurden
al pa|ri ⟨*it.*; „zum gleichen (Wert)"⟩: zum Nennwert (einer ↑Aktie)
al pe|so ⟨*it.*⟩: svw. al marco
al|pe|ster ⟨aus gleichbed. *fr.* alpestre⟩: svw. alpikolisch
al pez|zo ⟨*it.*; „zum Stück"⟩: (Verkauf) nach Stück (Kaufmannsspr.)
Al|pha *das*; -[s], -s ⟨aus *gr.* álpha, dies aus *hebr.-phöniz.* āleph, eigtl. „Ochse" (nach der Ähnlichkeit des althebr. Buchstabens mit einem Ochsenkopf)⟩: erster Buchstabe des griech. Alphabets: Α, α. **Al|pha...**: Wortbildungselement zur Kennzeichnung einer Abstufung, z. B. Alphaalkoholiker. **Al|pha|ak|ti|vie|rung** *die*; -, -en: Aktivierung des ↑Alpharhythmus. **Al|pha|al|ko|ho|li|ker** *der*; -s, -: Konflikt- bzw. Erleiderungstrinker ohne Kontrollverlust, jedoch mit einer gewissen psychischen Abhängigkeit. ¹**Al|pha|bet** *das*; -[e]s, -e ⟨aus *lat.* alphabetum, *gr.* alphábētos, nach den ersten beiden Buchstaben des griech. Alphabets *alpha* u. *beta*⟩: festgelegte Reihenfolge der Schriftzeichen einer Sprache. ²**Al|pha|bet** *der*; -en, -en ⟨Rückbildung zu ↑Analphabet⟩: jmd., der lesen kann. **Al|pha|be|ta|ri|us** *der*; -, ...rii ⟨zu ↑¹Alphabet u. ↑...arius⟩: (veraltet) Schulanfänger. **Al|pha|be|ti|sa|ti|on** *die*; - ⟨zu ↑²Alphabet u. ↑...isation⟩: Bildungsaktion in ehemaligen Kolonien u. in Ländern der Dritten Welt zur Beseitigung des Analphabetentums bzw. zum Erwerb von Grundkenntnissen in der Schriftsprache; vgl. ...[at]ion/...ierung. **al|pha|be|tisch** ⟨zu ↑¹Alphabet⟩: der Reihenfolge des ¹Alphabets folgend. **al|pha|be|ti|sie|ren** ⟨zu ↑...isieren⟩: 1. nach der Reihenfolge der Buchstaben (im ¹Alphabet) ordnen. 2. einem ↑Analphabeten Lesen u. Schreiben beibringen. **Al|pha|be|ti|sie|rung** *die*; -, -en ⟨zu ↑...isierung⟩: 1. das Alphabetisieren. 2. svw. Alphabetisation; vgl. ...[at]ion/...ierung. **al|pha|me|risch** ⟨Kurzw. aus *alpha*betisch u. nu*merisch*⟩: svw. alphanumerisch. **Al|pha-n-Re|ak|ti|on** [...'ɛn...] *die*; -, -en ⟨zu *n* = Neutron⟩: Kernreaktion unter Einfang eines ↑Alphateilchens u. ↑Emission eines ↑Neutrons (Kernphys.). **al|pha|nu|me|risch**: 1. Dezimalziffern u. Buchstaben enthaltend (vom Zeichenvorrat eines Alphabets der Informationsverarbeitung; EDV; -e Tastatur: Tastatur für Alphabet- u. Ziffernlochung. 2. mit Hilfe von röm. od. arab. Ziffern, von Groß- u. Kleinbuchstaben gegliedert. **Al|pha pri|va|ti|vum** [- ...vʊm] *das*; - - ⟨zu *lat.* privare „berauben"⟩: griech. Präfix, das das folgende Wort verneint. **Al|pha|rhyth|mus** *der*; - ⟨zu ↑Alpha...⟩: typische Wellenform, die im ↑Elektroenzephalogramm eines Erwachsenen als Kennzeichen eines ruhigen u. entspannten Wachzustandes sichtbar wird. **Al|pha|spek|trum** *das*; -s, ...tren: Energiespektrum der ↑Alphateilchen beim ↑Alphazerfall (Kernphys.). **Al|pha|strah|len**, α-**Strah|len** *die* (Plur.): radioaktive Strahlen, die als Folge von Kernreaktionen, bes. beim Zerfall von Atomkernen bestimmter radioaktiver Elemente, auftreten (Kernphys.). **Al|pha|strah|ler**, α-**Strah|ler** *der*; -s, -: eine ↑Alphastrahlen aussendende radioaktive Substanz (Kernphys.). **Al|pha|teil|chen**, α-**Teil|chen** *die* (Plur.): Heliumkerne, die beim radioaktiven Zerfall bestimmter Elemente u. bei bestimmten Kernreaktionen entstehen (Bestandteil der Alphastrahlen; Kernphys.). **Al|pha|tier** *das*; -[e]s, -e: bei in Gruppen mit Rangordnung lebenden Tieren das Tier, das seinen Artgenossen überlegen ist u. die Gruppe beherrscht (Verhaltensforschung). **Al|pha|tron** *das*; -s, Plur. ...one, auch -s ⟨Kurzw. aus *Alpha*strahlen u. Elek*tron*⟩: Meßgerät für kleine Gasdrücke; vgl. Vakuummeter. **Al|pha|zer|fall**, α-**Zer|fall** *der*; -[e]s, ...fälle ⟨zu ↑Alpha...⟩: der mit der ↑Emission von ↑Alphateilchen verbundene radioaktive Zerfall instabiler Atomkerne (Kernphys.)
Al|phi|tit [auch ...'tɪt] *der*; -s ⟨zu *gr.* álphiton „(Gersten)mehl" u. ↑²...it⟩: durch mechanische Zerkleinerung entstandenes Gesteinsmehl (Geol.). **Al|phi|to|man|tie** *die*; -, ...ien ⟨zu *gr.* manteía „Propheeiung"⟩: (veraltet) Wahrsagerei aus Gerstengraupen od. Mehlhäufchen
Al|pho|der|mie *die*; -, ...ien ⟨zu *gr.* alphós „weißer Fleck auf der Haut", dérma „Haut" u. ↑²...ie⟩: svw. Albinismus. **Al|phol** *das*; -s ⟨zu ↑...ol⟩: früher in der Medizin gegen ↑Diarrhö u. Gelenkrheumatismus angewandtes Pulver
Al|phon|sin *das*; -s, -e ⟨nach dem Erfinder Alphonse Ferri⟩: altes dreiarmiges medizinisches Instrument zum Entfernen von Kugeln bei Schußwunden
Al|pi|den *die* (Plur.) ⟨aus gleichbed. *nlat.* Alpides; nach den Alpen⟩: zusammenfassende Bez. für die in der Kreide u. im ↑Tertiär gebildeten europäischen Ketten- u. Faltengebirge (Geol.). **al|pi|disch**: zu den Alpiden gehörig; -e Faltung: jüngste Faltungsperiode u. Hauptphase im ↑Tertiär, die u. a. den Gebirgsgürtel der Alpen schuf. **al|pi|ko|lisch** ⟨zu *lat.* colere „wohnen"⟩: (veraltet) in den Alpen wachsend. **al|pin** ⟨aus *lat.* Alpinus „zu den Alpen gehörig"⟩: a) die Alpen od. das Hochgebirge betreffend; b) in den Alpen od. im Hochgebirge vorkommend; -e Kombination: Verbindung von Abfahrtslauf u. ↑Slalom (Skisport); -e Stufe: Vegetationsstufe oberhalb der Waldgrenze in den Hochgebirgen gemäßigter u. kalter Zonen; vgl. ...isch/-. **Al|pi|na|de** *die*; -, -n ⟨zu ↑...ade⟩: svw. Alpiniade. **Al|pi|na|ri|um** *das*; -s, ...ien [...ǝn] ⟨zu ↑...arium⟩: Naturwildpark im Hochgebirge. **Al|pi|ni** *die* (Plur.) ⟨aus gleichbed. *it.* alpino, Plur. alpini⟩: ital. Jäger (Gebirgstruppe). **Al|pi|nia|de** *die*; -, -n ⟨zu ↑alpin u. ↑...iade⟩: alpinistischer Wettbewerb für Bergsteiger in den osteuropäischen Ländern. **al|pi|nisch**: svw. alpin; vgl. ...isch/-. **Al|pi|nis|mus** *der*; - ⟨zu ↑...ismus (2)⟩: als Sport betriebenes Bergsteigen im Hochgebirge; vgl. ...ismus/...istik. **Al|pi|nist** *der*; -en, -en ⟨zu ↑...ist⟩: jmd., der das Bergsteigen im Hochgebirge als Sport betreibt. **Al|pi|ni|stik** *die*; - ⟨zu ↑...istik⟩: svw. Alpinismus; vgl. ...ismus/...istik. **al|pi|ni|stisch** ⟨zu ↑...istisch⟩: 1. die Alpinistik betreffend, zu ihr gehörend. 2. den Alpinisten betreffend, zu ihm gehörend. **al|pi|no|typ** ⟨zu ↑Typ⟩: der Entstehung der Alpen ähnlich, den Typ der Gebirgsbildung betreffend, bei dem der ↑orogenetische Druck zur Faltung führt (Geol.); Ggs. ↑germanotyp. **Al|pi|num** *das*; -s, ...nen ⟨aus *lat.* Alpinum „das zu den Alpen Gehörende", substantiviertes Neutrum von Alpinus, vgl. alpin⟩: Anlage mit Gebirgspflanzen [für wissenschaftliche Zwecke].
al più [- 'pi̯u:] ⟨*it.*⟩: aufs höchste
Al|pla|te|ver|fah|ren *das*; -s ⟨nach dem Namen Alplatin für eine aushärtbare Aluminiumlegierung, dies Kurzw. aus ↑*Al*uminium u. ↑*Platin*⟩: das Aluminieren von Gußeisen u. Stahl in einer Aluminiumschmelze nach Sättigung der Eisenoberfläche mit Wasserstoff
Al|po|ra|ma *das*; -s, ...men ⟨nach den Alpen u. zu *gr.* hóra-

ma „das Sehen, das Geschaute", eigtl. „Alpenschau"): Hochgebirgsansicht (bes. von den Alpen)
al pun|to ⟨*it.;* eigtl. „auf den Punkt"⟩: aufs Haar, ganz genau
Al|quei|re [al'kɛirə] *der;* -s, -s (aber: 5 -) ⟨aus *port.* alqueire „Scheffel"⟩: altes Getreide- u. Flüssigkeitsmaß, in Portugal etwa 13,8, in Brasilien 36,2 l
Al|qui|foux [alki'fu] *das;* - ⟨aus gleichbed. *fr.* alquifoux, dies über *span.* alquifol aus *arab.* al-koḥl „Grauspießglanz"⟩: eine Art Bleiglanz, die als Schönheitsmittel zum Schwärzen der Wimpern u. Augenbrauen bes. in der arab. Welt benutzt wurde
al ri|go|re di tem|po ⟨*it.*⟩: (ganz) streng im Zeitmaß, streng im Takt (Musizieranweisung)
al ri|ver|so [- ...v...] u. **al ro|ve|scio** [- ...'vɛʃo] ⟨*it.*⟩: in der Umkehrung, von hinten nach vorn zu spielen (bes. vom Kanon; Vortragsanweisung; Mus.)
al sec|co [- 'zɛko] vgl. a secco
al se|gno [- 'zɛnjo] ⟨*it.*⟩: bis zum Zeichen (bei Wiederholung eines Tonstückes); Abk.: al s.
al sgraf|fi|to ⟨*it.;* eigtl. „in gekratzter Art"⟩: dunkel auf weißem Grund gemalt
Alt *der,* -s, -e ⟨aus *it.* alto „hohe Männer-, tiefe Frauenstimme", urspr. „hoch", zu *lat.* altus „hoch; tief"⟩: 1. a) tiefe Frauen- od. Knabensingstimme; b) svw. Altus. 2. svw. Altistin. 3. Gesamtheit der Altstimmen im gemischten Chor
Al|ta|it [auch ...'ɪt] *der;* -s, -e ⟨nach dem südsibir. Gebirge Altai u. zu ↑²...it⟩: schwarzes Mineral von metallischem Glanz, ein Bleitellurid
Al|tam|bor *der;* -s, Plur. -e, auch -en ⟨aus *arab.* al ṭanbūr, vgl. Tambour⟩: (veraltet) große Pauke [mit schlaffem Fell]
Al|tan *der;* -[e]s, -e u. **Al|ta|ne** *die;* -, -n ⟨aus gleichbed. *it.* altana zu alto „hoch", dies aus *lat.* altus⟩: Söller, vom Erdboden aus gestützter balkonartiger Anbau (Archit.)
al|ta ot|ta|va [- ...va] ⟨*it.*⟩: svw. all'ottava
Al|tar *der;* -[e]s, ...täre ⟨aus *lat.* altare „Aufsatz auf dem Opfertisch; Brandaltar"⟩: 1. erhöhter Aufbau für gottesdienstliche Handlungen in christlichen Kirchen. 2. heidnische [Brand]opferstätte. **Al|tar|agi|um** *das,* -s, ...gia ⟨aus gleichbed. *mlat.* altaragium⟩: das dem Altar Geweihte, Altar-, Opfergabe. **Al|ta|re sum|mum** *das;* - -, ...res summa [...re:s -] ⟨*lat.*⟩: Hoch-, Hauptaltar. **Al|ta|rist** *der;* -en, -en ⟨aus *mlat.* altarista „Geistlicher (an einem ihm zugewiesenen Altar)"⟩: kath. Priester, der keine bestimmten Aufgaben in der Seelsorge hat, sondern nur die Messe liest. **Al|tar[s]|sa|kra|ment** *das,* -[e]s: svw. Eucharistie (a)
Alt|azi|mut *das,* auch *der;* -s, -e ⟨zu *lat.* altus „hoch" u. ↑ Azimut⟩: astronomisches Gerät zur Messung des ↑ Azimuts u. der Höhe der Gestirne
Al|tel|lus *der;* -, ...lli ⟨aus *nlat.* altellus, Verkleinerungsform zu *lat.* altus, Part. Perf. von alere „(er)nähren, aufziehen"⟩: (veraltet) [von der Gemeinde aufgezogenes] Findelkind, Waise
al tem|po vgl. a tempo
al|te|ra|bel ⟨aus gleichbed. *nlat.* alterabilis zu *lat.* alterare, vgl. alterieren⟩: veränderlich, wandelbar. **Al|te|ra|bi|li|tät** *die;* - ⟨zu ↑...ität⟩: Veränderlichkeit. **al|te|rant** ⟨aus *lat.* alterans, Gen. alterantis, Part. Präs. von alterare, vgl. alterieren⟩: den Stoffwechsel umstimmend (Med.). **Al|te|ran|tia** *die* (Plur.) ⟨zu ↑²...ia⟩: den Stoffwechsel umstimmende Mittel (Med.). **al|te|ra pars** vgl. audiatur et altera pars. **Al|te|ra|ti|on** *die;* -, -en ⟨aus *mlat.* alteratio „Veränderung" zu *lat.* alterare, vgl. alterieren⟩: 1. a) Aufregung, Gemütsbewegung; b) [krankhafte] Veränderung, Verschlimmerung eines Zustands (Med.). 2. chromatische (1) Veränderung eines Tones innerhalb eines Akkords (Mus.). **al|te|ra|tiv** ⟨zu ↑...iv⟩: die Alteration (1, b) betreffend; -e Entzündung: Entzündung mit Gewebsschädigung (Med.). **Al|te|ra|tiv** *das;* -s, -e [...və]: Blutreinigungsmittel (Med.)
Al|ter|ca|tio [...k...] *die;* -, -ones [...ne:s] ⟨aus gleichbed. *lat.* altercatio⟩: aus der griech. Gerichtspraxis entwickelte rhetorische Form der Wechselrede; später auch Bez. für literarische Streitgespräche u. -gedichte
Al|ter ego [auch – ...'ɛgo] *das;* - - ⟨*lat.;* „das andere Ich"⟩: 1. sehr enger, vertrauter Freund. 2. der abgespaltene seelische Bereich bei Personen mit Bewußtseinsspaltung. 3. svw. Anima (2) bzw. Animus (1; als Begriffe für die im Unterbewußten vorhandenen Züge des anderen Geschlechts bei C. G. Jung). 4. Es (Begriff für das Triebhafte bei S. Freud). 5. ein Tier od. eine Pflanze, mit denen, nach dem Glauben vieler Naturvölker, eine Person eine besonders enge Lebens- u. Schicksalsgemeinschaft hat. **al|te|rie|ren** ⟨z. T. unter Einfluß von *fr.* altérer „beängstigen, beunruhigen" aus *lat.* alterare „anders, schlimmer machen" zu alter „der (andere)"⟩: 1. a) jmdn. aufregen, ärgern; sich -: sich aufregen, sich erregen, sich ärgern; b) etwas abändern. 2. einen Akkordton ↑chromatisch (1) verändern. **al|ter|nant** ⟨aus gleichbed. *lat.* alternans, Gen. alternantis, Part. Präs. von alternare, vgl. alternieren⟩: (ab)wechselnd, einander ablösend. **Al|ter|nant** *der;* -en, -en ⟨zu ↑...ant (1)⟩: regel- od. stellungsbedingte Variante eines ↑ Graphems, ↑ Morphems od. ↑ Phonems (Sprachw.); vgl. Allograph, Allomorph, Allophon. **Al|ter|nanz** *die;* -, -en ⟨zu ↑...anz⟩: 1. Wechsel, Abwechslung, bes. im Obstbau die jährlich wechselnden Ertragsschwankungen. 2. svw. Alternation (3). **Al|ter|nat** *das;* -s ⟨zu ↑...at (1)⟩: Wechsel der Rangordnung od. Reihenfolge im diplomatischen Verkehr, z. B. bei völkerrechtlichen Verträgen, in denen jeder Vertragspartner in der für ihn bestimmten Ausfertigung zuerst genannt wird u. zuerst unterschreibt. **al|ter|na|tim** ⟨aus gleichbed. *lat.* alternatim⟩: wechselweise, alternativ (1). **Al|ter|na|tim** *das;* -s: wechselweises Musizieren im Gottesdienst zwischen Chor, Orgel u. Gemeinde (Mus.). **Al|ter|na|ti|on** *die;* -, -en ⟨aus *lat.* alternatio „Abwechslung" zu alternare, vgl. alternieren⟩: 1. Wechsel zwischen zwei Möglichkeiten, Dingen usw. 2. svw. Alternanz (1). 3. das Auftreten von Alternanten (z. B. das Vorhandensein verschiedener Endungen zur Kennzeichnung des Plurals; Sprachw.). 4. Wechsel zwischen einsilbiger Hebung u. Senkung (Metrik). **al|ter|na|tiv** ⟨aus gleichbed. *fr.* alternatif zu alterne „abwechselnd", dies aus *lat.* alternus, vgl. alternieren⟩: 1. wahlweise; zwischen zwei Möglichkeiten die Wahl lassend. 2. eine Alternative zur modernen Industriegesellschaft u. ihren Organisationsformen bildend. **Al|ter|na|tiv|be|we|gung** *die;* -, -en: Bewegung mit dem Ziel, bes. durch alternative (2) Lebens-, Wohn- u. Arbeitsformen umweltfreundlichere u. dem Menschen gemäßere Lebensverhältnisse zu schaffen. ¹**Al|ter|na|ti|ve** [...və] *die;* -, -n ⟨zu ↑...ive⟩: a) freie, aber unabdingbare Entscheidung zwischen zwei Möglichkeiten (der Aspekt des Entweder-Oder); b) zweite, andere Möglichkeit; Möglichkeit des Wählens zwischen zwei od. mehreren Dingen. ²**Al|ter|na|ti|ve** *der u. die;* -, -n: Anhänger bzw. Anhängerin der alternativen (2) Idee. **Al|ter|na|tiv|ele|ment** *das;* -[e]s, -e: eine der beiden Aussagen in der ¹Alternative (a; Logik). **al|ter|na|tive|ment** [...tiv'mã] ⟨*fr.;* „abwechselnd"⟩: svw. alternativo. **Al|ter|na|tiv|ener|gie** *die;* -, -n: aus anderen Quellen (z. B. aus Sonne, Wind, Biogas) als den herkömmlichen (wie z. B. Kohle, Öl) geschöpfte Energie (2). **Al|ter|na|tiv|hy|po|the|se** *die;* -, -n: Hypothese, die bei einem Prüfverfahren davon ausgeht,

Aluminium

daß festgestellte Abweichungen von einem Sollwert zufällig sind; Ggs. ↑Nullhypothese. **Al|ter|na|tiv|kul|tur** *die;* -, -en: seit Beginn der siebziger Jahre des 20. Jh.s verstärkt in Erscheinung tretende kulturelle Theorien u. Formen von Protest- u. Reformbewegungen, die sich als Alternative zur Kultur- u. Wertordnung der bürgerlichen Gesellschaft verstehen. **Al|ter|na|tiv|ler** *der;* -s, -: jmd., der einer Alternativbewegung angehört. **al|ter|na|ti|vo** [...vo] ⟨*it.;* „abwechselnd"⟩: bei einem zweiteiligen Tanzsatz die Anweisung, daß der erste Teil nach dem zweiten wiederholt werden soll od. daß beide Teile mehrfach abwechselnd gespielt werden können. **Al|ter|na|tiv|ob|li|ga|ti|on** *die;* -, -en: Wahlschuld, Schuldverhältnis, bei dem mehrere Leistungen derart geschuldet werden, daß nur eine von ihnen erbracht zu werden braucht. **Al|ter|na|tiv|pro|gramm** *das;* -s, -e: Programm, das eine ¹Alternative (b) darstellt. **Al|ter|na|tiv|pro|jekt** *das;* -[e]s, -e: Projekt, das eine ¹Alternative (b) zu traditionellen, als negativ angesehenen Lebens-, Wohnu. Arbeitsformen o. ä. darstellt. **Al|ter|na|tiv|pu|bli|zi|stik** *die;* -: die Laienpublizistik der politischen u. ökologischen ↑Gegenkultur. **Al|ter|na|tor** *der;* -s, ...ǫren ⟨zu ↑...or⟩: Schaltelement zur Realisierung einer von zwei möglichen Entscheidungen (EDV). **al|ter|nie|ren** ⟨aus gleichbed. *lat.* alternare zu alternus „abwechselnd", dies zu alter „der andere"⟩: [ab]wechseln, einander ablösen; -de Blattstellung: besondere Anordnung der Blätter einer Pflanze (die Blätter des jeweils nächsten Knotens stehen meist genau in den Zwischenräumen der vorangegangenen Blätter; Bot.). **al|ter|nie|rend** ⟨zu ↑...ierend⟩: abwechselnd; -es Fieber: Erkrankung mit abwechselnd fiebrigen u. fieberfreien Zuständen (Med.). **Al|ter|ni|tät** *die;* -, -en ⟨aus gleichbed. *nlat.* alternitas, Gen. alternitatis⟩: (veraltet) Abwechslung, wechselseitige Folge. **al|ter|uter** ⟨*lat.*⟩: einer von beiden (unter Ausschluß des anderen)

Al|tesse [al'tɛs] *die;* -, -en [al'tɛsŋ] ⟨aus gleichbed. *fr.* altesse, dies aus *it.* altezza zu alto „hoch", dies aus gleichbed. *lat.* altus⟩: (veraltet) Hoheit, Durchlaucht (auch als Titel); - impériale [-ẽpe'rjal]: Kaiserliche Hoheit; - royale [- rɔa'jal]: Königliche Hoheit

Al|thee *die;* -, -n ⟨aus gleichbed. *lat.* althea, dies aus *gr.* althaía⟩: a) malvenähnliche Heilpflanze (Eibisch); b) ein aus der Altheewurzel gewonnenes Hustenmittel

al|thio|nisch ⟨zu ↑Alkohol u. *gr.* theîon „Schwefel"⟩: (veraltet) aus Alkohol u. Schwefel bestehend (Chem.)

Al|ti: Plur. von ↑Altus. **al|ti|grad** ⟨zu *lat.* altus „hoch" u. gradi „schreiten"⟩: (veraltet) in die Höhe steigend. **Al|ti|graph** *der;* -en, -en ⟨zu ↑...graph⟩: automatischer Höhenschreiber (Meteor.). **al|ti|lo|quent** ⟨zu *lat.* loquens, Gen. loquentis „sprechend"⟩: (veraltet) großsprecherisch. **Al|ti|lo|quenz** *die;* - ⟨zu ↑...enz⟩: (veraltet) arrogante Redeweise, Großsprecherei. **Al|ti|me|ter** *das;* -s, - ⟨zu ↑¹...meter⟩: Höhenmesser (Meteor.). **Al|ti|me|trie** *die;* - ⟨zu ↑...metrie⟩: Höhenmessung. **al|ti|me|trisch** ⟨zu ↑...metrisch⟩: die Altimetrie betreffend

Al|tin vgl. Altun

al|ti|or ad|ver|sis [- atv...] ⟨*lat.*⟩: über Mißgeschick erhaben (Umschrift auf dem von 1884 bis 1918 im Großherzogtum Mecklenburg-Schwerin verliehenen Greifenorden)

Al|tist *der;* -en, -en ⟨zu ↑Alt u. ↑...ist⟩: Sänger (meist Knabe) mit Altstimme. **Al|ti|stin** *die;* -, -nen: Sängerin mit Altstimme. **Al|ti|tu|de** *die;* -, -n ⟨aus gleichbed. *fr.* altitude, dies aus *lat.* altitudo „Höhe"⟩: (veraltet) Seehöhe, Höhe über dem Meeresspiegel. **al|ti|vo|lant** [...v...] ⟨zu *lat.* altus „hoch" u. volans, Gen. volantis, Part. Präs. von volare „fliegen"⟩: (veraltet) hochfliegend

Alt|ka|tho|li|ken *die* (Plur.) ⟨zu ↑Katholik⟩: Christen, die sich wegen der Dogmatisierung der päpstlichen Unfehlbarkeit durch das 1. Vatikanische Konzil (1870) von der kath. Kirche getrennt u. selbständige Bistümer in Europa u. Nordamerika gebildet haben. **alt|ka|tho|lisch:** die Altkatholiken betreffend, zu ihnen gehörend. **Alt|ka|tho|li|zismus** *der;* -: Glaubensform der Altkatholiken

Al|to|bas|so *der;* -s, ...bassi ⟨aus *it.* alto basso „hoher Baß"⟩: venez. volkstümliches Saiteninstrument. **Al|to|ku|mu|lus** *der;* -, ...li ⟨zu *lat.* altus „hoch" u. ↑Kumulus⟩: Haufenwolke in mittlerer Höhe (Meteor.). **Al|to|stahl** *der;* -[e]s, ...stähle: Stahl, der mit Silicium u. Aluminium behandelt ist u. daher beim Erstarren keine Erstarrungsbestandteile ausscheidet. **Al|to|stra|tus** *der;* -, ...ti ⟨zu ↑Stratus⟩: Schichtwolke in mittlerer Höhe (Meteor.)

Al|tru|is|mus *der;* - ⟨aus gleichbed. *fr.* altruisme, dies zu *lat.* alter „ der andere" u. ↑...ismus (2)⟩: durch Rücksicht auf andere gekennzeichnete Denk- u. Handlungsweise, Selbstlosigkeit; Ggs. ↑Egoismus. **Al|tru|ist** *der;* -en, -en ⟨zu ↑...ist⟩: selbstloser, uneigennütziger Mensch; Ggs. ↑Egoist. **al|tru|istisch** ⟨zu ↑...istisch⟩: selbstlos, uneigennützig, aufopfernd; Ggs. ↑egoistisch

Alt|tu|ber|ku|lin *das;* -s ⟨zu ↑Tuberkulin⟩: von R. Koch eingeführtes, keimfreies ↑Filtrat einer abgetöteten Kultur (3) von ↑Tuberkelbakterien, das zu Tuberkulosetests auf der Haut benutzt wird (Med.)

Al|tun u. **Altin** *der;* -[s], -s (aber: 5 -) ⟨aus *türk.* altın „Gold"⟩: türk. Goldmünze

Al|tus *der;* -, ...ti ⟨zu *lat.* altus „hoch, hell"⟩: 1. falsettierende Männerstimme im Altgesang (bes. in der Musik des 16.–18. Jh.s); vgl. Alt (1). 2. Sänger mit Altstimme

Al|tyn *der;* -[s], -s (aber: 5 -) ⟨aus *russ.* altyn zu *tatar.* alty „sechs"⟩: alte russ. Münze im Wert von sechs Dengi (vgl. Denga)

Alu *das;* -s: (ugs.) Kurzform von ↑Aluminium

Alu|ate *der;* -n, -n ⟨aus gleichbed. *fr.* alouate; nach einer einheimischen Benennung im nordöstlichen Südamerika⟩: ein südamerik. Brüllaffe

Alu|chrom ⓦ [...k...] *das,* -s ⟨Kurzw. aus ↑*Al*uminium u. ↑*Chrom*⟩: Werkstoffgruppe, die zur Herstellung von Widerstandslegierungen u.a. Heizleitern verwendet wird. **Alu|coa|ting** [...'koː...] *das;* -s ⟨zu *engl.* coating „Überzug"⟩: die Herstellung von Korrosionsschutzüberzügen hoher Haftfestigkeit aus Aluminium auf Stahl durch Lichtbogen- od. Plasmaspritzen. **Alu|dur** ⓦ *das;* -s ⟨Kurzw. aus ↑*Al*uminium u. *lat.* durus „hart"⟩: eine Aluminiumlegierung. **Alu|fo|lie** [...jə] *die;* -, -n: Kurzform von ↑Aluminiumfolie. **Alu|kon** *das;* -s, -e ⟨Kurzw. aus ↑*Al*uminium u. ↑*K*eton⟩: durch Einbau von Aluminiumatomen abgewandeltes ↑Silikon. **Alu|man** *das;* -s ⟨Kurzw. aus ↑*Al*uminium u. ↑*Man*gan⟩: Aluminiumknetlegierung mit Kupfer, Mangan u. Silicium für hochbeanspruchte Teile. **Alu|men** *das,* -s ⟨aus gleichbed. *lat.* alumen⟩ svw. Alaun. **alu|me|tie|ren** ⟨Kunstw.⟩: Stahl mit Aluminium bespritzen u. anschließend bei hohen Temperaturen bearbeiten. **Alu|mi|nat** *das;* -s, -e ⟨zu ↑Aluminium u. ↑...at (2)⟩: Salz der Aluminiumsäure. **alu|mi|nie|ren** ⟨zu ↑...ieren⟩: Metallteile mit Aluminium überziehen. **alu|mi|nisch** ⟨zu *lat.* alumen, vgl. Alumen⟩: alaunhaltig. **Alu|mi|nit** [auch ...'nɪt] *der;* -s ⟨zu ↑Aluminium u. ↑²...it⟩: natürlich vorkommendes, kristallisiertes Aluminiumsulfat (vgl. Sulfat). **Alu|mi|ni|um** *das;* -s ⟨zu *lat.* alumen, Gen. aluminis „Alaun" (wegen seines natürlichen Vorkommens in der Alaunerde) u. ↑...ium⟩: chem.

Aluminiumfolie

Element, Leichtmetall; Zeichen Al. **Alu|mi|ni|um|fo|lie** [...jə] *die;* -, -n: dünne ↑Folie aus Aluminium. **Alu|mi|ni|um|lun|ge** *die;* -, -n: Aluminiumstaublunge (durch Ablagerung eingeatmeten Aluminiumstaubs in den unteren Lungenabschnitten hervorgerufenes Krankheitsbild). **alu|mi|nös** ⟨zu ↑...ös⟩: svw. aluminisch. **Alu|mi|no|se** *die;* -, -n ⟨zu ↑¹...ose⟩: svw. Aluminiumlunge. **Alu|mi|no|ther|mie** *die;* - ⟨zu *gr.* thérmē „Wärme, Hitze" u. ↑²...ie⟩: ↑Thermitverfahren, bei dem schwer reduzierbaren Metalloxyden Sauerstoff durch Aluminium entzogen wird. **alu|mi|no|ther|misch**: die ↑Aluminothermie betreffend
Alum|na *die;* -, ...nen ⟨weibliche Form zu *lat.* alumnus, vgl. Alumnus⟩: weiblicher Zögling eines Alumnats. **Alum|nat** *das;* -s, -e ⟨zu ↑Alumnus u. ↑...at (1)⟩: 1. mit einer Lehranstalt verbundenes [kostenfreies] Schülerheim. 2. (österr.) Einrichtung zur Ausbildung von Geistlichen. 3. kirchliche Erziehungsanstalt. **Alum|na|ti|kum** *das,* -s, ...ka ⟨zu ↑...ikum⟩: (veraltet) Beitrag der Pfarrer zu den Unterhaltungskosten der kirchlichen Erziehungsheime ihrer Diözese. **Alum|ne** *der;* -n, -n u. **Alum|nus** *der;* -, ...nen ⟨aus *lat.* alumnus „Pflegekind" zu alere „ernähren"; vgl. Alimente⟩: Zögling eines Alumnats
Alu|mo|si|li|kat *das;* -[e]s, -e ⟨zu ↑Aluminium u. ↑Silikat⟩: ↑Silikat, bei dem ein Teil der Siliciumatome durch Aluminiumatome ersetzt ist. **Alun|dum** *das;* -s ⟨Kurzw. aus *Al*uminiumoxyd u. ↑Kor*undum*⟩: blättriges, kristallines, als Schleifmittel verwendetes Aluminiumoxyd. **alü|nie|ren** ⟨aus gleichbed. *fr.* aluner⟩: (veraltet) mit Alaun behandeln. **Alu|nit** [auch ...'nɪt] *der,* -s ⟨zu *lat.* alumen „Alaun" u. ↑²...it⟩: Alaunstein. **Alu|no|gen** *der;* -s, -e ⟨zu ↑...gen⟩: ein farbloses bis rötliches Mineral, Aluminiumsulfat. **Alu|sil** ⓇⓌ *das;* -s ⟨Kunstw. aus ↑*Al*uminium u. ↑*Si*licium⟩: eine Aluminiumlegierung zur Herstellung von Motorenkolben u. einer bestimmten Schweißdrahtsorte
al|veo|lar [...v...] ⟨aus gleichbed. *nlat.* alveolaris zu ↑Alveole u. ↑...ar (1)⟩: mit der Zunge[nspitze] an den Alveolen (a) gebildet. **Al|veo|lar** *der;* -s, -e ⟨zu ↑...ar (2)⟩: mit der Zunge[nspitze] an den Alveolen (a) gebildeter Laut, Zahnlaut (↑Dental, z. B. d, s.). **al|veo|lär** ⟨zu ↑...är⟩: a) mit kleinen Fächern od. Hohlräumen versehen (Med.); b) die Alveolen betreffend (Med.). **Al|veo|lar|ab|szeß** *der;* ...szesses, ...szesse: Zahnfleischabszeß bei Zahnwurzelhautentzündung (Med.). **Al|veo|lar|ek|ta|sie** *die,* -, -n: krankhafte Ausdehnung der Lungenbläschen (Med.). **Al|veo|lär|nerven** *die* (Plur.): Kiefernerven (Med.). **Al|veo|le** *die;* -, -n (meist Plur.) ⟨zu *lat.* alveolus „kleine Vertiefung", Verkleinerungsform von alveus, vgl. Alveus⟩: Hohlraum in Zellen u. Geweben; zusammenfassende Bez. für a) Knochenmulde im Ober- od. Unterkiefer, in der die Zahnwurzeln sitzen; b) Lungenbläschen (Med.). **al|veo|lie|ren** ⟨aus gleichbed. *nlat.* alveolare⟩: (veraltet) muldenförmig vertiefen, mit kleinen Fächern versehen. **Al|veo|li|tis** *die,* -, ...itiden ⟨zu ↑...itis⟩: 1. Knochenhautentzündung an den Zahnfächern (Med.). 2. Entzündung der Lungenbläschen (Med.). **Al|veo|lo|to|mie** *die;* -, ...ien ⟨zu ↑...tomie⟩: chirurgisches Abtragen von Teilen des knöchernen Zahnfaches u. des Zahnfortsatzes (Med.). **Al|ve|us** ['alveʊs] *der;* -, Alvei ['alvei] ⟨aus *lat.* alveus „Mulde, Wanne"⟩: Höhlung, Ausbuchtung in einem Organ (Med.).
Al|weg|bahn *die;* -, -en ⟨Kurzw.; nach dem schwed. Industriellen *Axel Leenhart Wenner-Gren,* 1881–1961⟩: eine Einschienenhochbahn
alyk|tisch ⟨zu *gr.* alýein, alyktázein „außer sich sein"⟩: (veraltet) unruhig, beklommen, ängstlich
Alym|pho|zy|to|se *die;* -, -n ⟨zu *gr.* a- „un-, nicht-", ↑Lymphozyt u. ↑¹...ose⟩: das Verschwinden der Lymphozyten aus dem ↑peripheren Blutbild (Med.)
Aly|ta *die* (Plur.) ⟨zu *gr.* álytos „unauflöslich"⟩: nicht zu erkennendes Ding od. Denkaufgabe mit nicht lösbaren Widersprüchen (Philos.)
a. m. [eɪ 'ɛm] ⟨*engl.* Abk. für *lat.* ante meridiem „vor Mittag"⟩: (engl.) Uhrzeitangabe: vormittags; Ggs. p. m.
ama|bel ⟨aus gleichbed. *lat.* amabilis⟩: (veraltet) liebenswürdig. **ama|bi|le** ⟨*it.*; aus *lat.* amabilis, vgl. amabel⟩: liebenswürdig, lieblich, zärtlich (Vortragsanweisung; Mus.). **Ama|bi|li|tät** *die;* - ⟨aus gleichbed. *lat.* amabilitas, Gen. amabilitatis⟩: (veraltet) Liebenswürdigkeit
ama|gne|tisch ⟨zu *gr.* a- „un-, nicht-" u. ↑magnetisch⟩: nicht ↑magnetisch, z. B. amagnetischer Stahl
amai|grie|ren [amɛ...] ⟨aus gleichbed. *fr.* amaigrir zu maigre „mager, dünn", dies aus *lat.* macer⟩: (veraltet) abmagern. **Amai|grisse|ment** [...grɪs'mãː] *das;* -s ⟨aus gleichbed. *fr.* amaigrissement⟩: (veraltet) Abmagerung
à main [a 'mɛ̃ː] ⟨*fr.*⟩: in Vorhand sein (beim Kartenspiel)
ama|krin ⟨zu *gr.* a- „un-, nicht-", makrós „groß" u. ís, Gen. inós „Muskel, Sehne, Faser"⟩: ohne lange Fortsätze, ohne lange Fasern (von Nervenzellen; Med.)
Amal|gam *das,* -s, -e ⟨aus gleichbed. *mlat.* amalgama, dies unter arab. Vermittlung zu *gr.* málagma „das Erweichende"⟩: eine Quecksilberlegierung. **Amal|ga|ma|ti|on** *die;* -, -en ⟨aus gleichbed. *mlat.* amalgamatio⟩: Verfahren zur Gewinnung von Gold u. Silber aus Erzen durch Lösen in Quecksilber. **Amal|ga|ma|tor** *der;* -s, ...oren ⟨zu ↑...or⟩: Gerät der zahnärztlichen Praxis zum maschinellen Anmischen von Amalgam für Zahnfüllungen. **amal|ga|mie|ren** ⟨aus gleichbed. *mlat.* amalgamare⟩: 1. eine Quecksilberlegierung herstellen. 2. Gold u. Silber mit Hilfe von Quecksilber aus Erzen gewinnen. 3. verbinden, vereinigen. **Amal|ga|mie|rung** *die;* -, -en ⟨zu ↑...ierung⟩: das Amalgamieren, das Amalgamiertwerden
Aman|co [...ko] *das;* -s, -s ⟨aus *it.* a manco, eigtl. „auf Abgang"⟩: (veraltet) 1. Soll, [Waren]ausgang. 2. Vorschuß[forderung], Guthaben auf eine Rechnung
Aman|da|ti|on *die;* -, -en ⟨aus gleichbed. *lat.* amandatio zu amandare, vgl. amandieren⟩: (veraltet) Entsendung. **aman|die|ren** ⟨aus gleichbed. *lat.* amandare⟩: (veraltet) [jmdn.] entsenden
Aman|di|ne *die;* - ⟨zu *fr.* amande „Mandel" u. ↑...ine⟩: früher als Schönheitsmittel bereitete Masse aus Mandelöl, Eiweiß u. a.
Ama|ni|tin *das;* -s, -e ⟨zu *gr.* amanîtai „Erdschwämme" u. ↑...in (1)⟩: das tödlich wirkende Gift des Grünen Knollenblätterpilzes
Amant [a'mãː] *der;* -s, -s ⟨aus gleichbed. *fr.* amant, substantiviertes Part. Präs. von aimer „lieben", dies aus *lat.* amare⟩: Liebhaber, Geliebter
Ama|nu|en|sis *der;* -, ...ses [...zeːs] ⟨aus gleichbed. *lat.* amanuensis⟩: (veraltet) Gehilfe, Schreiber, Sekretär [eines Gelehrten]
ama|rant vgl. amaranten. **Ama|rant** *der;* -s, -e ⟨aus *lat.* amarantus „Fuchsschwanz" (mit dunkelroten Blüten), dies zu *gr.* amárantos „unverwelklich"⟩: 1. Fuchsschwanz, Pflanze aus der Gattung der Fuchsschwanzgewächse. 2. dunkelroter Farbstoff. **ama|ran|ten** od. amarant: dunkelrot. **Ama|ran|tit** [auch ...'tɪt] *der;* -s, -e ⟨zu ↑²...it⟩: ein bräunliches bis rotes, strahliges Mineral
Ama|rel|le *die;* -, -n ⟨aus gleichbed. *mlat.* amarella zu *lat.* amarus „bitter, sauer"⟩: Sauerkirsche. **Ama|rum** *das;* -s, ...ra (meist Plur.) ⟨aus *lat.* amarum „das Bittere"⟩: Bitter-

mittel zur Steigerung der Magensaft- u. Speichelabsonderung (Med.)
Ama|ryl *der;* -s, -e ⟨Phantasiebezeichnung zu ↑Amaryllis⟩: künstlicher, hellgrüner ↑Saphir. **Ama|ryl|lis** *die;* -, ...llen ⟨nach *gr.* Amaryllís (Name einer Hirtin)⟩: eine Zierpflanze (Narzissengewächs)
Amasse|ment [amas'mã:] *das;* -s, -s ⟨zu *fr.* amasser (vgl. amassieren) u. ↑²...ment⟩: (veraltet) Anhäufung. **amas|sie|ren** ⟨aus gleichbed. *fr.* amasser⟩: (veraltet) aufhäufen
Ama|stie *die;* -, ...ien ⟨zu *gr.* a- „un-, nicht-...", mastós „Brust" u. ↑²...ie⟩: angeborenes Fehlen der Brustdrüse (Med.)
Ama|teur [...'tø:ɐ̯] *der;* -s, -e ⟨aus *fr.* amateur „Liebhaber, Freund"; *lat.* amator zu amare „lieben"⟩: a) jmd., der eine bestimmte Tätigkeit nur aus Liebhaberei, nicht berufsmäßig betreibt; b) aktives Mitglied eines Sportvereins, das eine bestimmte Sportart zwar regelmäßig, jedoch ohne Entgelt betreibt; Ggs. ↑Profi; c) Nichtfachmann. **Ama|teu|ris|mus** *der;* - ⟨zu ↑...ismus (2)⟩: zusammenfassende Bez. für alle mit dem Amateurensport zusammenhängenden Vorgänge u. Bestrebungen. **Amateur|li|ga** *die;* -, ...gen: höchste Spielklasse der Fußballamateure in den Landesverbänden. **Ama|teur|sport** *der;* -s: sportliche Betätigung nur aus Liebhaberei u. Freude am Spiel; Ggs. Berufssport
Ama|thie *die;* - ⟨aus gleichbed. *gr.* amathía⟩: (veraltet) Unwissenheit
Ama|ti *die;* -, -s ⟨nach der ital. Geigenbauerfamilie aus Cremona (16./17. Jh.)⟩: von einem Mitglied der Geigenbauerfamilie Amati hergestellte Geige
Ama|to|ri|um *das;* -s, ...ien [...ǝn] ⟨aus *lat.* amatorium, substantiviertes Neutrum von amatorius „verliebt"⟩: (veraltet) Liebestrank, ↑Aphrodisiakum
Ama|to|xin *das,* -s, -e ⟨zu *gr.* amanĩtau „Erdschwämme" u. ↑Toxin⟩: vorwiegend die Leber schädigendes Gift des Knollenblätterpilzes
Amau|ro|se *die;* -, -n ⟨aus gleichbed. *nlat.* amaurosis, dies zu *gr.* amaurós „dunkel, blind" u. ↑¹...ose⟩: [völlige] Erblindung (Med.). **amau|ro|tisch** ⟨zu ↑...otisch⟩: blind, ohne Sehvermögen
Amau|se *die;* -, -n ⟨entstellt aus *fr.* émaux, Plur. von émail „Email"⟩: (veraltet) 1. Email. 2. Schmuckstein aus Glas
Ama|zo|ne *die;* -, -n ⟨aus *lat.* Amazon, *gr.* Amazṓn, Plur. Amazónes, nach dem Namen eines kriegerischen, berittenen Frauenvolkes der griech. Sage⟩: 1. a) Turnierreiterin; b) Fahrerin beim Motorsport. 2. sportliches, hübsches Mädchen von knabenhaft schlanker Erscheinung. 3. betont männlich auftretende Frau, Mannweib. **ama|zonisch**: amazonenhaft. **Ama|zo|nit** [auch ...'nɪt] *der;* -s, -e ⟨nach dem Amazonas (wo er zuerst gefunden wurde) u. zu ↑²...it⟩: grüner Schmuckstein (ein Mineral)
amb..., Amb... vgl. ambi..., Ambi... **amb|agi|ös** ⟨zu *lat.* ambages „Umschweife" u. ↑...ös⟩: (veraltet) weitschweifig, umständlich. **Amb|agio|si|tät** *die;* - ⟨zu ↑...ität⟩: (veraltet) Umständlichkeit
Am|bas|sa|de [auch ãba...] *die;* -, -n ⟨aus gleichbed. *fr.* ambassade, dies aus *it.* ambasciata, *provenzal.* ambaissada; verwandt mit *dt.* Amt aus *ahd.* ambaht zu *kelt.* *ambacto „Diener, Bote"⟩: Botschaft, Gesandtschaft. **Am|bas|sadeur** [...'dø:ɐ̯] *der;* -s, -e ⟨aus gleichbed. *fr.* ambassadeur⟩: Botschafter, Gesandter
Am|be *die;* -, -n ⟨aus gleichbed. *fr.* ambe, dies aus *lat.* ambo „beide"⟩: 1. Doppeltreffer im Lotto. 2. Verbindung zweier Größen in der Kombinationsrechnung (Math.)
¹Am|ber *der;* -s, -[n] ⟨aus gleichbed. *fr.* ambre bzw. *it.* ambra, diese aus *arab.* 'anbar⟩: fettige Darmausscheidung des Pottwals, die als Duftstoff bei der Parfümherstellung verwendet wird
²Am|ber ['æmbɐ] *der;* -s ⟨aus gleichbed. *engl.* amber⟩: engl. Bez. für Bernstein
am|bi..., Am|bi..., vor Vokalen meist amb..., Amb... ⟨zu *lat.* ambo „beide (zusammen)"⟩: Wortbildungselement mit der Bedeutung „beide Seiten betreffend, doppelt (vorhanden)", z. B. ambidexter, Ambivalenz; Amburbium. **Am|bi|an|ce** [ã'bjã:sǝ] *die;* - ⟨aus *fr.* ambiance⟩: (schweiz.) svw. Ambiente. **am|bi|dex|ter** ⟨*lat.;* eigtl. „auf beiden Seiten eine rechte Hand (habend)"⟩: mit beiden Händen gleich geschickt. **Am|bi|dex|ter** *der;* -s, -: jmd., der mit beiden Händen gleich geschickt ist. **Am|bi|dex|trie** *die;* -, ...ien ⟨zu ↑²...ie⟩: Beidhändigkeit, gleich ausgebildete Geschicklichkeit beider Hände (Med.). **Am|bi|en|te** *das;* - ⟨aus *it.* ambiente „Umwelt, Milieu" zu *lat.* ambiens, Gen. ambientis, Part. Präs. von ambire „herumgehen, umgeben"⟩: 1. in der Kunst alles, was eine Gestalt umgibt (Licht, Luft, Gegenstände). 2. die spezifische Umwelt u. das Milieu, in dem jmd. lebt, bzw. die besondere Atmosphäre, die eine Persönlichkeit umgibt od. einem Raum sein besonderes Gepräge verleiht. **am|bie|ren** ⟨aus *lat.* ambire „herumgehen"⟩: (veraltet) sich [um eine Stelle] bewerben, nach etwas trachten. **am|big** u. ambigu [ãbi'gy] ⟨aus gleichbed. *fr.* ambigu, dies aus *lat.* ambiguus zu ambigere „etwas nach zwei Seiten hin betreiben; uneins sein"⟩: mehrdeutig, doppelsinnig. **am|bi|gie|ren** ⟨aus gleichbed. *lat.* ambigere⟩: (veraltet) schwanken, unschlüssig sein. **am|bi|gu** [ãbi'gy] vgl. ambig. **Am|bi|gu** [ãbi'gy] *das;* -s ⟨aus gleichbed. *fr.* ambigu⟩: 1. Gemisch entgegengesetzter Dinge. 2. kaltes Abendessen. 3. franz. Kartenspiel. **am|bi|gue** [am'bi:guǝ] ⟨*lat.;* Adverb von ambiguus, vgl. ambig⟩: (veraltet) mehrdeutig, doppelsinnig. **Am|bi|gui|tät** [...gui...] *die;* -, -en ⟨aus *lat.* ambiguitas, Gen. ambiguitatis „Zweideutigkeit, Doppelsinn"⟩: a) Mehr-, Doppeldeutigkeit von Wörtern, Werten, Symbolen, Sachverhalten; b) lexikalische od. syntaktische Mehrdeutigkeit (Sprachw.). **am|bi|gu|os** ⟨zu *lat.* ambiguus u. ↑²...os⟩: zweideutig. **Am|bi|lo|gie** *die;* -, ...ien ⟨zu ↑ambi... u. ↑...logie⟩: (veraltet) zweideutiger Ausdruck, Zweideutigkeit. **Am|bi|lo|quie** *die;* - ⟨zu *lat.* loqui „sprechen" u. ↑²...ie⟩: doppelsinnige Redeweise. **Am|bio|pho|nie** *die;* - ⟨zu ↑...phonie, Analogiebildung zu ↑Stereophonie⟩: Verfahren zur besseren Wiedergabe des Raumeindruckes bei der ↑Stereophonie durch Anordnung zusätzlicher Raummikrophone im Aufnahmeraum. **am|bi|po|lar** ⟨zu ↑ambi... u. ↑polar⟩: beide Polaritäten betreffend. **Am|bi|se|xua|li|tät** *die;* -: svw. Hermaphroditismus. **Am|bi|ten|denz** *die;* -, -en: bei ↑Schizophrenie vorkommende Störung der Entscheidungsfähigkeit (Med.). **Am|bi|ti|on** *die;* -, -en (meist Plur.) ⟨aus gleichbed. *fr.* ambition, dies aus *lat.* ambitio „Bewerbung, Ehrgeiz", eigtl. „das Herumgehen (bei den Wählern)"; vgl. Ambitus⟩: höher gestecktes Ziel, das man zu erreichen sucht, wonach man strebt; ehrgeiziges Streben. **am|bi|tio|niert** ⟨zu ↑...iert⟩: ehrgeizig, strebsam. **am|bi|ti|ös** ⟨aus gleichbed. *lat.* ambitiosus; vgl. ...ös⟩: ehrgeizig. **Am|bi|tus** *der;* -, - [...tu:s] ⟨aus *lat.* ambitus „das Herumgehen; der Umlauf; der Umfang" zu ambire „herumgehen, umgeben"⟩: der vom höchsten bis zum tiefsten Ton gemessene Umfang, das Sich-Erstrecken einer Melodie (Mus.). **am|bi|va|lent** [...v...] ⟨zu ↑ambi... u. *lat.* valens, Gen. valentis, Part. Präs. von valere „stark, gesund sein"⟩: doppelwertig; vgl. Ambivalenz. **Am|bi|va|lenz** *die;* -, -en ⟨zu ↑...enz⟩: Doppelwertigkeit bestimmter Phänomene od. Begriffe,

z. B. Zuneigung u. Abneigung zugleich (woraus Zwiespältigkeit, innere Zerrissenheit resultiert)

Am|ble ['ã:blə] *der;* -s, -s ‹aus gleichbed. *fr.* amble zu ambler, vgl. amblieren›: Paßgang [des Pferdes]. **Am|bleur** [ã'blø:ɐ̯] *der;* -s, -s ‹aus *fr.* (cheval) ambleur „Pferd, das im Paßgang geht"›: Paßgänger. **am|blie|ren** ‹aus gleichbed. *fr.* ambler, dies aus *lat.* ambulare „(spazieren)gehen"›: im Paßgang gehen

Am|blo|ma *das;* -s, -s ‹aus gleichbed. *gr.* ámblōma›: (veraltet) Früh-, Fehlgeburt (Med.). **Am|blo|ti|ka** *die* (Plur.) ‹zu ↑...ika›: (veraltet) [frucht]abtreibende Mittel

Am|bly|aphie *die;* -, ...ien ‹zu *gr.* amblýs „stumpf", aphé „das Berühren; Tastsinn" u. ↑²...ie›: Stumpfheit des Tastsinns (Med.). **Am|bly|gon** *das,* -s, -e ‹zu *gr.* amblygónios, vgl. amblygonisch›: (veraltet) Figur mit stumpfen Winkeln. **am|bly|go|nisch** ‹aus gleichbed. *gr.* amblygónios›: (veraltet) stumpfwinklig. **Am|bly|go|nit** [auch ...'nɪt] *der;* -s, -e ‹zu ↑²...it›: ein wichtiges Mineral zur Herstellung von Lithiumsalzen. **Am|bly|opie** *die;* -, ...ien ‹zu *gr.* amblýs „schwach" u. ↑...opie›: Schwachsichtigkeit (Med.). **Am|bly|po|den** *die* (Plur.) ‹zu ↑...pode›: ausgestorbene Huftiere in Elefantengröße aus dem ↑ Tertiär. **am|bly|te|risch** ‹zu *gr.* amblýtēs „Stumpfheit"›: (veraltet) mit abgestumpften Rändern u. Ecken

¹**Am|bo** *der;* -s, Plur. -s u. ...ben ‹aus *it.* ambo; vgl. Ambe›: (österr.) svw. Ambe

²**Am|bo,** auch Ambon *der;* -s, ...onen ‹aus *gr.* ámbōn „erhöhter Rand", dies zu ambaínein bzw. anabeínein „hinaufsteigen"›: erhöhtes Pult in christlicher Kirchen für gottesdienstliche Lesungen

Am|boi|na [am'bɔyna] *das,* -s ‹nach der gleichnamigen Molukkeninsel›: rotbraun bis orange gesprenkeltes Hartholz

Am|bon vgl. ²Ambo. **Am|bo|no|klast** *der;* -en, -en ‹zu ↑²Ambo u. *mgr.* klástēs „Zerbrecher", eigtl. „Pultzerbrecher"›: (veraltet) Feind der Kirchenmusik

Am|bo|trace [ãbo'tras] *die;* -, -n ‹aus älter *fr.* ambotrace zu *lat.* ambo „beide" u. *fr.* tracer „zeichnen"›: (veraltet) Werkzeug, mit dem man zwei Buchstaben zu gleicher Zeit zeichnen kann

am|bou|tie|ren [ãbu...] ‹aus gleichbed. *fr.* emboutir›: (veraltet) [Metall] ausbauchen, treiben

Am|bo|zep|tor *der;* -s, ...oren ‹verkürzt aus *lat.* ambo „beide" u. ↑ Rezeptor›: Schutzstoff im Blutserum

Am|bra *die;* -, -s ‹aus gleichbed. *arab.* 'anbar›: svw. ¹Amber. **Am|bret|te** [ã'brɛta] *die;* -, -n ‹aus gleichbed. *fr.* ambrette zu ambre, vgl. ¹Amber›: 1. nach ↑¹Amber duftende Birne. 2. Bernsteinschnecke. 3. Bisampflanze. **Am|bret|to|lid** [am...] *das;* -s ‹zu *fr.* ambrette „Bisamstrauch, -blume", *lat.* oleum „Öl" u. ↑³...id›: ungesättigtes ↑ Lacton mit moschusartigem Geruch, das im Moschuskörneröl enthalten ist u. als Moschusersatz dient. **am|brie|ren** [ã'bri:...] ‹aus gleichbed. *fr.* ambrer›: mit ↑¹Amber räuchern

Am|bro|sia *die;* - ‹über *lat.* ambrosia aus gleichbed. *gr.* ambrosía zu ambrósios „unsterblich"›: 1. Speise der Götter in der griech. Sage. 2. eine Süßspeise. 3. von bestimmten Insekten zu ihrem eigenen Gebrauch selbst gezüchtete Pilznahrung. **am|bro|sia|nisch** ‹nach dem Bischof Ambrosius von Mailand, um 340–397›; in den Fügungen -e Liturgie: von der röm. ↑ Liturgie abweichende Gottesdienstform der alten Kirchenprovinz Mailand; -er Lobgesang: das (fälschlich auf Ambrosius zurückgeführte) ↑ Tedeum. **am|bro|sisch** ‹aus *lat.* ambrosius, vgl. Ambrosia›: 1. göttlich, himmlisch. 2. köstlich [duftend]

Am|bro|ti|ne *die;* - ‹zu *gr.* ámbrotos „unvergänglich" u. ↑...ine›: ein früher verwendetes flüssiges Trockenmittel für Ölfarben

Am|bu|ba|jen *die* (Plur.) ‹aus gleichbed. *lat.* ambubaiae (Plur.), eigtl. „Flötenspielerinnen", zu *syr.* abbūb „Pfeife, Flöte"›: syr. ↑ Hetären im alten Rom, die auch als Sängerinnen auftraten

am|bu|lant ‹aus *fr.* ambulant „umherziehend", dies zu *lat.* ambulare „umhergehen, wandern"›: 1. nicht fest an einen bestimmten Ort gebunden, z. B. ambulantes Gewerbe. 2. ohne daß der Patient ins Krankenhaus aufgenommen werden muß (Med.); Ggs. ↑ stationär (2); -e Behandlung: a) (sich wiederholende) Behandlung in einer Klinik ohne stationäre Aufnahme des Patienten; b) ärztliche Behandlung, bei der der Patient den Arzt während der Sprechstunde aufsucht (u. nicht umgekehrt). **Am|bu|lanz** *die;* -, -en ‹aus gleichbed. *fr.* ambulance›: 1. (veraltet) bewegliches Feldlazarett. 2. fahrbare ärztliche Untersuchungs- u. Behandlungsstelle. 3. Rettungswagen, Krankentransportwagen. 4. kleinere poliklinische Station für ambulante Behandlung, Ambulatorium. **am|bu|la|to|risch** ‹aus *lat.* ambulatorius „hin und her gehend, beweglich"›: auf das Ambulatorium bezogen; -e Behandlung: svw. ambulante Behandlung. **Am|bu|la|to|rium** *das;* -s, ...ien [...jən] ‹aus *nlat.* ambulatorium, substantiviertes Neutrum von *lat.* ambulatorius, vgl. ambulatorisch›: svw. Ambulanz (4). **am|bu|lie|ren** ‹aus *lat.* ambulare „umhergehen, wandern"›: (veraltet) spazierengehen, lustwandeln

Amb|ur|bi|um *das;* -s ‹aus gleichbed. *lat.* amburbium zu ↑ ambi... u. *lat.* urbs „Stadt"›: sühnender Umzug um die Grenzen des Stadtgebietes im alten Rom

amb|urie|ren ‹aus gleichbed. *lat.* amburere›: (veraltet) anbrennen, verbrennen

Am|bus|ka|de [engl. æmbə'skeɪd] *die;* -, -s ‹aus gleichbed. *engl.* ambuscade, dies aus *fr.* embuscade, vgl. Embuscade›: (veraltet) Hinterhalt [im Busch]

Amb|usta *die* (Plur.) ‹aus *lat.* ambusta, Neutrum Plur. von ambustus, Part. Perf. von amburere, vgl. amburieren›: Brandwunden (Med.). **Amb|usti|on** *die;* -, -en ‹aus gleichbed. *lat.* ambustio zu amburere, vgl. amburieren›: Verbrennung, Brandwunde (Med.)

¹**Ame|lie** *die;* -, ...ien ‹zu *gr.* a- „un-, nicht-", mélos „Glied" u. ↑²...ie›: angeborenes Fehlen einer od. mehrerer Gliedmaßen (Med.)

²**Ame|lie** *die;* - ‹zu *gr.* a- „un-, nicht-", melétē „Sorge" u. ↑²...ie›: (veraltet) Sorglosigkeit

Ame|lio|ra|ti|on *die;* -, -en ‹aus gleichbed. *fr.* amélioration zu améliorer, vgl. ameliorieren›: Verbesserung [bes. des Ackerbodens]. **ame|lio|rie|ren** ‹aus gleichbed. *fr.* améliorer zu *lat.* melior „besser"›: [den Ackerboden] verbessern

Ame|lus *der;* -, ...li ‹aus gleichbed. *nlat.* amelus zu *gr.* a- „un-, nicht-" u. mélos „Glied"›: Mißgeburt, der eine od. alle ↑ Extremitäten fehlen (Med.)

Amem|phie *die;* - ‹zu *gr.* a- „un-, nicht-", mémphesthai „tadeln" u. ↑²...ie›: (veraltet) Tadellosigkeit

amen ‹aus *lat.* amen, *gr.* amēn, dies aus *hebr.* amēn „wahrlich; es geschehe!"›: bekräftigendes Wort als Abschluß eines Gebets u. liturgische Akklamation im christlichen, jüdischen u. islamischen Gottesdienst. **Amen** *das;* -s, -: das bekräftigende Wort zum Abschluß eines Gebets; sein - zu etw. geben: einer Sache zustimmen; vgl. amen

ame|na|bel [ə'mi:nəbl] ‹aus gleichbed. *engl.* amenable zu *altfr.* amener „(herbei)führen, (über)leiten", dies zu ↑ à u. *spätlat.* minare „treiben, führen"›: (veraltet) verantwortlich. **Ame|na|ge** [amə'na:ʒə] *die;* -, -n ‹aus gleichbed. *fr.*

amenage zu amener „herbei-, mitführen"; vgl. amenabel⟩: (veraltet) Zufuhr, Zustellung; Fuhrlohn
amen|da|bel [amã...] ⟨zu ↑Amende u. ↑...abel⟩: straffällig; verbesserungsfähig (Rechtsw.). **Amen|de** [a'mãdə] *die;* -, -n ⟨aus gleichbed. *fr.* amende zu amender, vgl. amendieren⟩: Geldbuße, Geldstrafe (Rechtsw.). **Amen|de|ment** [...'mã:] u. **Amendment** [ə'mɛndmənt] *das;* -s, -s ⟨aus gleichbed. *fr.* amendement bzw. *engl.* amendment zu *fr.* amender, vgl. amendieren⟩: 1. a) Änderungsantrag zu einem Gesetzentwurf; b) Gesetz zur Änderung od. Ergänzung eines bereits erlassenen Gesetzes (Rechtsw.). 2. Berichtigung od. Änderung der von einer Partei dargelegten Tatsachen, Behauptungen usw. im Verlauf eines gerichtlichen Verfahrens (Rechtsw.). **amen|die|ren** [amɛn...] ⟨aus *fr.* amender „verbessern", dies aus gleichbed. *lat.* emendare⟩: ein Amendement einbringen. **Amen|die|rung** *die;* -, -en ⟨zu ↑...ierung⟩: das Amendieren. **Amend|ment** [ə'mɛndmənt] vgl. Amendement
Ame|nor|rhö *die;* -, -en u. **Ame|nor|rhöe** [...'rø:] *die;* -, -n [...'rø:ən] ⟨zu *gr.* a- „un-, nicht-" u. ↑Menorrhö⟩: das Ausbleiben bzw. Fehlen der ↑Menstruation (Med.). **ame|nor|rho|isch:** die Amenorrhö betreffend
Amen|thes *der;* - ⟨über gleichbed. *gr.* Aménthēs aus dem Ägypt.⟩: ägyptische Unterwelt
Amen|tia *die;* -, ...iae [...ɛ] u. **Amenz** *die;* -, -en ⟨aus *lat.* amentia „Sinnlosigkeit, Wahnsinn"⟩: vorübergehende geistige Verwirrtheit, Benommenheit (Med.)
Amerce|ment [ə'mə:smənt] *das;* -s, -s ⟨aus gleichbed. *engl.* amercement zu to emerce „(be)strafen"⟩: Geldbuße, Geldstrafe (Rechtsw.)
Amé|ri|caine [ameri'kɛ:n] *das,* schweiz. *die;* -, -s ⟨verkürzt aus *fr.* course à l'américaine „Zweiermannschaftsfahren", eigtl. „Wettrennen auf amerikanische Art"⟩: Bahnradrennen für Zweiermannschaften mit beliebiger Ablösung. **Ame|ri|can Bar** [ə'mɛrɪkən –] *die;* - -, - -s ⟨aus gleichbed. *engl.* American bar⟩: schon am Vormittag geöffnete Hotelbar in zwanglos-einfachem Stil. **Ame|ri|can Foot|ball** [– 'fʊtbɔ:l] *der;* - -[s] ⟨aus gleichbed. *engl.* American football⟩: svw. Football (2). **Ame|ri|ca|nis|mo** [amerika...] *der;* - ⟨span.⟩: svw. Criollismo. **Ame|ri|can way of life** [ə'mɛrɪkən 'weɪ əv 'laɪf] *der;* - - - - ⟨engl.⟩: amerikanischer Lebensstil. **Ame|ri|ci|um** [ame'ri:tsiʊm] *das;* -s ⟨nach dem Kontinent Amerika u. zu ↑...ium⟩: chem. Element, ein ↑Transuran; Zeichen Am. **Ame|ri|ka|na** *die* (Plur.) ⟨zu ↑...ana⟩: Werke über Amerika. **ame|ri|ka|ni|sie|ren** ⟨zu ↑...isieren⟩: Sitten u. Gewohnheiten der USA bei jmdm. od. in einem Land einführen; nach amerik. Vorbild gestalten. **Ame|ri|ka|nis|mus** *der,* -, ...men ⟨zu ↑...ismus (4)⟩: Übertragung einer für die engl.-amerik. Sprache charakteristischen Erscheinung auf eine nicht engl.-amerik. Sprache im lexikalischen od. syntaktischen Bereich, sowohl fälschlicherweise als auch bewußt als Entlehnung (z. B. Hippie, Playboy); vgl. Interferenz (3). **Ame|ri|ka|nist** *der;* -en, -en ⟨zu ↑...ist⟩: a) Fachmann, der sich mit Sprache, Kultur u. Geschichte der USA beschäftigt; b) Fachmann, der sich mit Sprache, Kultur u. Geschichte der Indianer bzw. der altamerik. Kulturen beschäftigt. **Ame|ri|ka|ni|stik** *die;* - ⟨zu ↑...istik⟩: 1. wissenschaftliche Erforschung der Geschichte, Sprache u. Kultur der USA. 2. wissenschaftliche Erforschung der Geschichte, Sprache u. Kultur des alten Amerikas. **ame|ri|ka|ni|stisch** ⟨zu ↑...istisch⟩: die Amerikanistik (1, 2) betreffend
Ame|rind ['æmərɪnd] *der;* -s, -s ⟨Kurzw. aus *engl.* american indian „amerikanischer Indianer"⟩: Bez. für nordamerik. Indianer (Völkerk.)

Amer|tume [...'ty:m] *die;* - ⟨aus gleichbed. *fr.* amertume zu amer „bitter, schmerzlich", dies aus gleichbed. *lat.* amarus⟩: (veraltet) Bitterkeit, herber Schmerz
Ame|sit [auch ...'zɪt] *der;* -s, -e ⟨nach dem amerik. Bergwerksdirektor James Ames (19. Jh.) u. zu ↑²...it⟩: ein grünes, faseriges Mineral aus der Gruppe der ↑Serpentine, das salzähnliche Massen bildet
a metà [a me'ta] ⟨it.; „zur Hälfte"⟩: (Kaufmannsspr.) Gewinn u. Verlust zu gleichen Teilen
ame|ta|bol ⟨zu *gr.* a- „un-, nicht-" u. metabolé „Änderung"⟩: unveränderlich. **Ame|ta|bo|lie** *die;* -, ...ien ⟨zu ↑²...ie⟩: direkte Entwicklung bei flügellosen Insekten (Zool.)
ame|tho|disch ⟨zu *gr.* a- „un-, nicht-" u. ↑methodisch⟩: ohne feste ↑Methode, planlos. **Ame|tho|dist** *der;* -en, -en ⟨zu ↑...ist⟩: (veraltet; abwertend) jmd., der ohne Methode, ohne Sachkenntnis vorgeht; Quacksalber, Pfuscher
Ame|thyst *der;* -[e]s, -e ⟨über gleichbed. *lat.* amethystus aus *gr.* améthystos, eigtl. „nicht trunken", da der Stein gegen Trunkenheit schützen sollte⟩: ein veilchenblauer Schmuckstein (Quarz)
Ame|trie *die;* -, ...ien ⟨aus *gr.* ametría „Überschreitung des Maßes"⟩: Ungleichmäßigkeit, Mißverhältnis. **ame|trisch** [auch 'a...] ⟨aus *gr.* ámetros „ungemessen, maßlos"⟩: nicht gleichmäßig, in keinem ausgewogenen Verhältnis stehend, vom Ebenmaß abweichend. **Ame|tro|pie** *die;* -, ...ien ⟨zu ↑...opie⟩: Fehlsichtigkeit infolge Abweichungen von der normalen Brechkraft der Augenlinse
Ameu|ble|ment [amøblə'mã:] *das;* -s, -s ⟨aus gleichbed. *fr.* ameublement zu ameubler, vgl. ameublieren⟩: (veraltet) Zimmer-, Wohnungseinrichtung. **ameu|blie|ren** ⟨aus gleichbed. *fr.* ameubler zu meuble „Möbel, bewegliches Gut", dies zu *lat.* mobilis „beweglich"⟩: (veraltet) ein Zimmer od. eine Wohnung einrichten
Ameu|te|ment [amøtə'mã:] *das;* -s, -s ⟨aus gleichbed. *fr.* ameutement⟩: 1. a) Zusammenkopplung der Jagdhunde; b) Koppel. 2. (veraltet) Zusammenrottung, Menschenauflauf. **ameu|tie|ren** ⟨aus gleichbed. *fr.* ameuter⟩: 1. Jagdhunde zusammenkoppeln. 2. (veraltet) aufhetzen, aufwiegeln
¹Ami *der;* -[s], -[s] ⟨Kurzw.⟩: (ugs.) Amerikaner. **²Ami** *die;* -, -s: (ugs.) amerik. Zigarette
Ami|ant *der;* -s ⟨über gleichbed. *lat.* amiantus aus *gr.* amíantos, eigtl. „unbefleckt, rein"⟩: Asbestart
Ami|cia [...tsia] *die;* - Plur. ...ciae [...ɛ] u. ...cien [...jən] ⟨aus gleichbed. *mlat.* amicia, dies zu *lat.* amicire „umhüllen"⟩: Mönchskapuze
Amid *das;* -s, -e ⟨Kunstw. aus ↑Ammoniak u. ↑³...id⟩: a) chem. Verbindung des Ammoniaks, bei der ein Wasserstoffatom des Ammoniaks durch ein Metall ersetzt ist; b) Ammoniak, dessen Wasserstoffatome durch Säurereste ersetzt sind. **Ami|da|se** *die;* -, -n ⟨zu ↑...ase⟩: ↑Enzym, das Säureamide spaltet. **Ami|do...** vgl. Amino...
...ämie, nach Vokalen auch ...hämie ⟨zu *gr.* haĩma „Blut"⟩: Wortbildungselement mit der Bedeutung „Blutkrankheit", z. B. Leukämie
Ami|ga *die;* -, -s ⟨aus *span.* amiga „Freundin"; vgl. Amigo⟩: weibliche Form zu ↑Amigo. **Ami|go** *der;* -s, -s ⟨aus *span.* amigo „Freund", dies aus *lat.* amicus⟩: (Jargon) als Freund u. Gönner eines Politikers auftretender Geschäftsmann, der sich dadurch Vorteile für sein Unternehmen erhofft
Ami|kro|nen *die* (Plur.) ⟨zu *gr.* a- „un-, nicht-" u. míkros „klein"⟩: kleinste Teilchen in ↑Suspensionen (2). **ami|kro-**

Amikt

sko|pisch [auch 'a...]: durch ein normales Lichtmikroskop nicht mehr sichtbar
Amikt *der,* -[e]s, -e ⟨aus *lat.* amictus „Gewand, Mantel"⟩: svw. Humerale (1)
amik|tisch ⟨aus *gr.* ámiktos bzw. ámeiktos „nicht vermischt"⟩: nicht durchmischt; -er See: See ohne Zirkulation
ami|me|tisch ⟨zu *gr.* a- „un-, nicht-" u. mimētós „nachahmend", dies zu mimeīsthai „nachahmen, sich gebärden"⟩: (veraltet) unnachahmlich. **Ami|mie** *die;* -. ...ien ⟨aus gleichbed. *nlat.* amimia⟩: 1. fehlendes Mienenspiel, maskenhafte Starre des Gesichts (Med.). 2. (veraltet) a) Verlust des mimischen Ausdrucksvermögens (Med.); b) das Nichtverstehen der Mimik anderer (Med.)
Amin *das;* -s, -e (meist Plur.) ⟨Kunstw. aus ↑*Am*moniak u. ↑...*in* (1)⟩: chem. Verbindung, die durch Ersatz von einem od. mehreren Wasserstoffatomen durch ↑ Alkyle aus Ammoniak entsteht. **Amin...** vgl. Amino... **Ami|nie|rung** *die;* -, -en ⟨zu ↑...ierung⟩: das Einführen einer Aminogruppe in eine organische Verbindung. **Ami|no...**, vor Vokalen auch **Amin...** ⟨zu ↑Amin⟩: Wortbildungselement mit der Bedeutung „die Aminogruppe enthaltend", z. B. Aminosäure, Aminurie. **Ami|no|al|ko|hol** *der;* -s, -e (meist Plur.): svw. Alkanolamin. **Ami|no|ben|zol** *das;* -s, -e: svw. Anilin. **Ami|no|grup|pe** *die;* -, -en: aus einem Stickstoffatom u. zwei Wasserstoffatomen bestehende funktionelle Gruppe der Aminoverbindungen. **Ami|no|naph|tho|le** *die* (Plur.): ↑Derivate des ↑Naphthalins (Ausgangsprodukte von Farbstoffen). **Ami|no|phe|no|le** *die* (Plur.): ↑isomere ↑Derivate des ↑Phenols (Zwischenprodukte der Synthese von ↑Azofarbstoffen u. Pharmazeutika). **Ami|no|plast** *das;* -[e]s, -e (meist Plur.): Kunstharz, das durch ↑Kondensation (2) von Harnstoff u. ↑Formaldehyd gewonnen wird
a mi|no|ri ad ma|ius ⟨*lat.*⟩: vom Kleinen aufs Größere [schließen]
Ami|no|säu|re *die;* -, -n (meist Plur.) ⟨zu ↑Amino...⟩: organische Säure, bei der ein Wasserstoffatom durch eine Aminogruppe ersetzt ist (wichtigster Baustein der Eiweißkörper). **Amin|urie** *die;* -, ...ien ⟨zu ↑...urie⟩: Ausscheidung von Aminosäuren im Harn (bei Stoffwechselstörungen; Med.)
amis|si|bel ⟨aus gleichbed. *lat.* amissibilis⟩: (veraltet) verlierbar. **Amis|si|bi|li|tät** *die;* - ⟨zu ↑...ität⟩: (veraltet) Verlierbarkeit. **Amis|si|on** *die;* -, -en ⟨aus gleichbed. *lat.* amissio⟩: Verlust
Ami|to|se *die;* -, -n ⟨zu *gr.* a- „un-, nicht-" u. Mitose⟩: einfache (direkte) Zellkernteilung (Biol.); Ggs. ↑Mitose. **ami|to|tisch**: die Amitose betreffend
amit|tie|ren ⟨aus *lat.* amittere „loslassen, fallen lassen, verlieren"⟩: (veraltet) verlieren
Ami|xie *die;* - ⟨aus *gr.* amixía „Ungeselligkeit, Uneinigkeit"⟩: das Nichtzustandekommen der Paarung zwischen Angehörigen der gleichen Art auf Grund bestimmter (z. B. geographischer) Isolierungsfaktoren; Ggs. ↑Panmixie (2)
Am|maz|za|men|to *das;* -s, -s ⟨aus gleichbed. *it.* ammazzamento zu amazzare, vgl. ammazieren⟩: (veraltet) Mord. **am|maz|zie|ren** ⟨aus gleichbed. *it.* ammazzare zu mazza „Stock, Keule, Hammer"⟩: (veraltet) ermorden, erschlagen
Am|min|salz *das,* -es, -e ⟨zu ↑Ammoniak; vgl. ...in (1)⟩: svw. Ammoniakat
Am|mon *das;* -s, -e ⟨zu ↑Ammoniak⟩: Kurzform von ↑Ammonium. **Am|mon|ämie** *die;* -, ...ien ⟨zu ↑...ämie⟩: vermehrtes Vorkommen von Ammonium im Blut (Med.).

Am|mo|ni|ak [auch 'a..., österr. a'mo:...] *das;* -s ⟨aus *lat.* (sal) Ammoniacum „ammonisch(es Salz)", dies aus *gr.* ammōniakón (nach der Ammonsoase, heute Siwa, in Ägypten, wo dieses Salz gefunden wurde)⟩: stechend riechende gasförmige Verbindung von Stickstoff u. Wasserstoff. **am|mo|nia|ka|lisch** ⟨aus gleichbed. *nlat.* ammoniacalius⟩: ammoniakhaltig. **Am|mo|nia|kat** *das;* -[e]s, -e ⟨zu ↑Ammoniak u. ↑...at (2)⟩: chem. Verbindung, die durch Anlagerung von Ammoniak an Metallsalze entsteht. **Am|mo|ni|fi|ka|ti|on** *die;* - ⟨zu ↑...fikation⟩: ↑Mineralisation des Stickstoffs mit Hilfe von Mikroorganismen; vgl. ...[at]ion/...ierung. **am|mo|ni|fi|zie|ren** ⟨zu ↑...fizieren⟩: den Stickstoff organischer Verbindungen durch Mikroorganismen in Ammoniumionen überführen. **Am|mo|ni|fi|zie|rung** *die;* - ⟨zu ↑...fizierung⟩: svw. Ammonifikation; vgl. ...[at]ion/...ierung. ¹**Am|mo|nit** [auch ...'nɪt] *der;* -en, -en ⟨zu *lat.* cornu Ammonis „Ammonshorn" (nach dem ägypt. Gott Ammon, der mit Widderhörnern dargestellt wurde) u. ↑²...it⟩: 1. ausgestorbener Kopffüßer der Kreidezeit. 2. spiralförmige Versteinerung eines ¹Ammoniten (1). ²**Am|mo|nit** [auch ...'nɪt] *der;* -s, -e: Kurzform von ↑¹Ammoniumnitrat (2). **Am|mo|ni|um** *das;* -s ⟨aus gleichbed. *nlat.* ammonium; vgl. Ammoniak u. ...ium⟩: aus Stickstoff u. Wasserstoff bestehende Atomgruppe, die sich in vielen chem. Verbindungen wie ein Metall verhält. **Am|mo|ni|um|ni|trat** *das;* -s: 1. ein Stickstoffdünger. 2. Sicherheitssprengstoff im Kohlenbergbau. **Am|mo|no|ly|se** *die;* -, -n ⟨zu ↑...lyse⟩: Spaltung einer chem. Verbindung durch Reaktion mit ↑Ammoniak. **Am|mon|pul|ver** *das;* -s, -: rauchschwarzes Schießpulver, hauptsächlich aus salpetersaurem Ammonium, Kohle u. Salpeter bestehend. **Am|mons|horn** *das;* -[e]s, ...hörner ⟨zu ↑¹Ammonit⟩: 1. Teil des Großhirns bei Säugetieren u. beim Menschen (Zool., Anat.). 2. svw. ¹Ammonit (2)

Amne|sie *die;* -, ...ien ⟨zu *gr.* a- „un-, nicht"-, mnēsis „das Erinnern" u. ↑²...ie⟩: Erinnerungslosigkeit, Gedächtnisschwund; Ggs. ↑Hypermnesie (Med.). **Amne|stie** *die;* -, ...ien ⟨über *lat.* amnestia aus *gr.* amnēstía „das Vergessen; Vergebung"⟩: allgemeiner, für eine nicht bestimmte Zahl von Fällen geltender, aber auf bestimmte Gruppen von (häufig politischen) Vergehen beschränkter [gesetzlicher] Beschluß, der den Betroffenen die Strafe vollständig od. teilweise erläßt; vgl. Abolition. **amne|stie|ren** ⟨zu ↑...ieren⟩: jmdm. [durch Gesetz] die weitere Verbüßung einer Freiheitsstrafe erlassen. **Amne|stie|rung** *die;* -, -en ⟨zu ↑...ierung⟩: das Amnestieren. **Amne|stik** *die;* - ⟨zu *gr.* ámnēstos (vgl. amnestisch) u. ↑²...ik (2)⟩: Kunst od. Fähigkeit zu vergessen. **amne|stisch** ⟨aus *gr.* ámnēstos „vergessen, aus dem Sinn"⟩: die Amnesie betreffend. **Amne|sty In|ter|na|tio|nal** [ˈæmnɪstɪ ɪntəˈnæʃənl] *die;* - ⟨engl.⟩: 1961 gegründete Organisation zum Schutz der Menschenrechte, die Menschen, die aus politischen o. a. Gründen in Haft sind, zu helfen versucht; Abk.: ai
am|ni|ko|lisch ⟨zu *lat.* amnis „Fluß" u. colere „bebauen, bewohnen"⟩: (veraltet) am Flußufer befindlich. **Am|ni|ko|list** *der;* -en, -en ⟨zu *lat.* amnicola „am Fluß wohnend" u. ↑...ist⟩: (veraltet) jmd., der am Fluß wohnt
am|nio..., Am|nio... ⟨aus *gr.* amníon, vgl. Amnion⟩: Wortbildungselement mit der Bedeutung „Embryonalhülle, Fruchtblase", z. B. Amniotomie. **Am|nio|gra|phie** *die;* -, ...ien ⟨zu ↑...graphie⟩: ↑intrauterine Röntgendarstellung des ↑Fetus; heute durch Ultraschalldiagnostik ersetzt (Med.). **Am|nio|klep|sis** *die;* -, ...sen ⟨zu *gr.* klépsis „Diebstahl", dies zu kléptein „stehlen"⟩: Schwund der Embryonalhülle (Med.). **Am|ni|on** *das;* -s ⟨aus *gr.* amníon „Haut,

die die Leibesfrucht umgibt", eigtl. „Schafshaut"⟩: Embryonalhülle der höheren Wirbeltiere u. des Menschen (Schafhaut, Eihaut; Biol., Med.). **Am|ni|or|rhö** *die;* -, -en u. **Am|ni|or|rhöe** [...'rø:] *die;* -, -n [...'rø:ən] ⟨zu *gr.* rheîn „fließen"⟩: vorzeitiges Abfließen des Fruchtwassers (Med.). **Am|nio|skop** *das;* -s, -e ⟨zu ↑...skop⟩: konisch geformtes Rohr zur Durchführung der Amnioskopie. **Am|nio|skopie** *die;* -, ...ien ⟨zu ↑...skopie⟩: Verfahren zur Untersuchung der Fruchtblase u. zur Beurteilung des Fruchtwassers mit Hilfe eines Amnioskops (Med.). **Am|nio|ten** *die* (Plur.) ⟨aus gleichbed. *nlat.* amniota (von E. Haeckel geprägt); vgl. Amnion⟩: zusammenfassende systematische Bez. für Reptilien, Vögel u. Säugetiere (einschließlich des Menschen; Biol.); Ggs. ↑ Anamnier. **am|nio|tisch:** das Amnion bzw. die Amnioten betreffend. **Am|nio|to|mie** *die;* -, ...ien ⟨zu ↑...tomie⟩: instrumentelle Sprengung der Fruchtblase zur Geburtsbeschleunigung (Med.). **Am|niozen|te|se** *die;* -, -n ⟨zu *gr.* kéntēsis „das Stechen"⟩: das Durchstechen des Amnions zur Gewinnung von Fruchtwasser für diagnostische Zwecke (Med.)
amö|bä|isch ⟨latinisiert aus *gr.* amoibaîos „zum Wechseln bestimmt, abwechselnd"⟩: das Amöbäum betreffend. **Amö|bä|um** vgl. Amoibaion. **Amö|be** *die;* -, -n (meist Plur.) ⟨zu *gr.* amoibḗ „Wechsel, Veränderung"⟩: Einzeller der Klasse der Wurzelfüßer; Krankheitserreger [der Amöbenruhr]. **Amö|bia|sis** *die;* -, ...biasen ⟨zu ↑...iasis⟩: Erkrankung durch Amöbenbefall (Med.). **Amö|bi|zid** *das;* -[e]s, -e ⟨zu ↑...zid⟩: chem. Mittel zur Vernichtung von Amöben. **amö|bo|id** ⟨zu ↑...oid⟩: amöbenartig. **Amö|bo|zy|ten** *die* (Plur.) ⟨zu *gr.* kýtos „Gefäß, Zelle"⟩: Wander- u. Freßzellen niederer Tiere (z. B. der Schwämme), im weiteren Sinne alle Zellen mit ↑amöboider Fortbewegung (Biol.). **Amoi|bai|on** [amɔy...] *das;* -s, ...aia u. Amöbäum *das;* -s, ...äa ⟨aus *gr.* amoibaîon, latinisiert amoebaeum „Abwechslung"⟩: Wechselgesang in der griech. Tragödie
Amok *der;* -s ⟨zu *Malayaum* „wütend, rasend"⟩: Zustand heftiger Gemütserregung mit Panikstimmung u. aggressiver Angriffs- u. Mordlust; - **laufen:** blindwütig umherlaufen u. töten. **Amok...:** Wortbildungselement mit der Bedeutung „in einem anfallartig auftretenden Affekt- u. Verwirrtheitszustand mit Panikstimmung u. aggressiver Mord- u. Angriffslust blindwütig zerstörend u. tötend", z. B. Amokfahrer, Amokläufer, Amokschütze
amol|lie|ren ⟨aus gleichbed. *fr.* amollir zu molle „weich, schlaff", dies aus *lat.* mollis⟩: (veraltet) erweichen, verweichlichen. **Amol|lisse|ment** [...lɪs'mã:] *das;* -s, -s ⟨aus gleichbed. *fr.* amollissement⟩: (veraltet) Erweichung, Erschlaffung
Amom *das;* -s, -e ⟨aus *lat.* amomum, dies aus *gr.* ámōmon „indische Gewürzpflanze"⟩: eine tropische Gewürzpflanze
amön ⟨aus gleichbed. *lat.* amoenus⟩: anmutig, lieblich. **Amö|ni|tät** *die;* - ⟨aus gleichbed. *lat.* amoenitas, Gen. amoenitatis⟩: Anmut, Lieblichkeit. **Amö|no|ma|nie** *die;* - ⟨zu ↑...manie⟩: krankhafte Heiterkeit (Psychol.)
amon|tal ⟨zu *lat.* a(d) „zu, bei, an", mons, Gen. montis „Berg" u. ↑¹...al (1)⟩: nach den Bergen hin, dieseits der Berge. **amon|ze|lie|ren** ⟨aus gleichbed. *fr.* amonceler zu monceau „Haufen; Menge; Berg", dies zu *lat.* mons, Gen. montis „Berg"⟩: (veraltet) anhäufen, aufhäufen
Amo|ral *die;* - ⟨zu *gr.* a- „un-, nicht-" u. ↑Moral⟩: Unmoral, Mangel an Moral u. Gesittung. **amo|ra|lisch:** a) sich außerhalb der Moral od. moralischer Bewertung befindend; b) die moralischen Grundsätze völlig mißachtend u. daher verwerflich. **Amo|ra|lis|mus** *der;* - ⟨zu ↑...ismus (5)⟩: 1. gegenüber den geltenden Grundsätzen der Moral sich ablehnend verhaltende Geisteshaltung. 2. der Moral gegenüber indifferente Lebenseinstellung. **Amo|ra|list** *der;* -en, -en ⟨zu ↑...ist⟩: 1. Anhänger des Amoralismus. 2. amoralischer Mensch. **amo|ra|li|stisch** ⟨zu ↑...istisch⟩: Grundsätzen des Amoralismus folgend. **Amo|ra|li|tät** *die;* - ⟨zu ↑...ität⟩: Lebensführung ohne Rücksicht auf die geltenden Moralbegriffe
Amorce [a'mɔrs] *die;* -, -s ⟨aus gleichbed. *fr.* amorce zu *altfr.* amordre „(an)beißen", dies aus *lat.* admordere⟩: (veraltet) 1. Köder, Lockspeise. 2. Zündschnur, -blättchen, -pulver. **Amorces** [a'mɔrs] *die* (Plur.) ⟨aus gleichbed. *fr.* amorces, Plur. von amorce „Zündpulver, -blättchen"⟩: 1. (veraltet) Zündblättchen für Kinderpistolen. 2. Abfallstücke von belichteten Filmen. **amor|cie|ren** [amɔr'si:...] ⟨aus gleichbed. *fr.* amorcer⟩: (veraltet) 1. anködern, anlocken. 2. mit einem Zünder versehen
Amo|ret|te *die;* -, -n (meist Plur.) ⟨mit franz. Endung nach gleichbed. *it.* amoretto, Verkleinerungsform zum Namen des röm. Liebesgottes Amor⟩: Figur eines nackten, geflügelten, Pfeil u. Bogen tragenden kleinen Knaben (oft als Begleiter der Venus; Kunstw.). **Amor fa|ti** *der;* - - ⟨*lat.;* „Liebe zum Schicksal"⟩: Liebe zum Notwendigen u. Unausweichlichen (bei Nietzsche Zeichen menschlicher Größe). **Amo|ro|sa** *die;* -, Plur. -s, auch ...ose ⟨aus gleichbed. *it.* amorosa⟩: Liebhaberin in ital. Theaterstücken. **amo|ro|so** ⟨*it.;* vgl. amourös⟩: verliebt, zärtlich (Vortragsanweisung; Mus.). **Amo|ro|so** *der;* -s, ...osi ⟨aus gleichbed. *it.* amoroso⟩: Liebhaber in ital. Theaterstücken
amorph ⟨aus *gr.* a- „un-, nicht-" u. ↑...morph⟩: 1. form-, gestaltlos. 2. nicht kristallin (Phys.). 3. keine Eigenschaft, kein Merkmal ausprägend (von Genen; Biol.); vgl. ...isch/-. **Amor|phie** *die;* -, ...ien ⟨zu ↑²...ie⟩: 1. Mißgestaltung. 2. amorpher Zustand (eines Stoffes; Phys.). **amorphisch:** svw. amorph; vgl. ...isch/-. **Amor|phis|mus** *der;* - ⟨zu ↑...ismus (3)⟩: 1. Gestaltlosigkeit. 2. Mißgestaltung. **Amor|pho|gno|sie** *die;* -, ...ien ⟨zu ↑...gnosie⟩: Unfähigkeit, die Form eines getasteten Gegenstandes zu erkennen (Med.)
amor|tie|ren ⟨aus *fr.* amortir, vgl. amortisieren⟩: (veraltet) svw. amortisieren. **amor|ti|sa|bel** ⟨zu ↑...abel⟩: tilgbar. **Amor|ti|sa|ti|on** *die;* -, -en ⟨zu ↑...ation⟩: 1. allmähliche Tilgung einer langfristigen Schuld nach vorgegebenem Plan. 2. Deckung der für ein Investitionsgut aufgewendeten Anschaffungskosten aus dem mit dem Investitionsgut erwirtschafteten Ertrag. 3. gesetzliche Beschränkung od. Genehmigungsvorbehalt für den Erwerb von Vermögenswerten (Rechtsw.). 4. Kraftloserklärung einer Urkunde. 5. Abschreibung des Verschleißes, dem die Grundmittel in der Produktion ausgesetzt sind (in der ehem. sozialist. Planwirtschaft). **Amor|ti|sa|ti|ons|fonds** [...fõ:] *der;* - [...fõ:(s)], - [...fõ:s]: Gesamtheit der an den Betrieb zurückgeflossenen u. zeitweilig bei ihm angesammelten Geldmittel auf der Grundlage der verrechneten Abschreibungen nach Realisierung der Erzeugnisse u. Leistungen (in der ehem. sozialist. Planwirtschaft). **amor|ti|sie|ren** ⟨zu *fr.* amortir „abtöten; abtragen, tilgen"⟩, dies zu *lat.* ad- „zu, hinzu" u. mortuus „tot"⟩: 1. eine Schuld nach einem vorgegebenen Plan allmählich tilgen. 2. a) die Anschaffungskosten für ein Investitionsgut durch den mit diesem erwirtschafteten Ertrag decken; b) sich -: die Anschaffungskosten durch Ertrag wieder einbringen. 3. den Verschleiß der Grundmittel in der Produktion abschreiben (in der ehem. sozialist. Planwirtschaft). **Amor|tisse|ment** [...tɪs'mã:] *das;* -s, -s

⟨aus gleichbed. *fr.* amortissement⟩: (veraltet) Schuldentilgung

Amo|sit [auch ...'zɪt] *der;* -s, -e ⟨nach dem südafrik. Fundort, der *Asbestos Mine of South,* u. zu ↑²...*it*⟩: ein Hornblendeasbest

Amo|ti|on *die;* -, -en ⟨aus gleichbed. *lat.* amotio zu amovere, vgl. amovieren⟩: (veraltet) Entfernung aus dem Amt

Amour bleu [amur'blø] *die;* - - ⟨aus *fr.* amour bleu, eigtl. „blaue Liebe"⟩: franz. Bez. für Liebe unter Männern.

Amou|ren [a'muːrən] *die* (Plur.) ⟨aus gleichbed. *fr.* amours, Plur. von amour „Liebe", dies aus *lat.* amor⟩: Liebschaften, Liebesverhältnisse. **Amou|ret|ten|holz** [amu...] *das;* -es, ...hölzer ⟨zu *fr.* amourette „Liebelei"⟩: hartes, rötliches Holz einer westind. Mimose. **amou|rös** ⟨aus gleichbed. *fr.* amoureux, dies aus *mlat.* amorosus; vgl. amoroso⟩: eine Liebschaft betreffend; verliebt

amo|vie|ren [...v...] ⟨aus gleichbed. *lat.* amovere⟩: (veraltet) entfernen, beseitigen, entwenden

Am|pe|lo|graph *der;* -en, -en ⟨zu *gr.* ámpelos „Weinstock" u. ↑...graph⟩: (veraltet) Beschreiber des Weinbaus, der Traubensorten. **Am|pe|lo|gra|phie** *die;* - ⟨zu ↑...graphie⟩: Beschreibung der Traubensorten, Rebsortenkunde. **Am|pel|ur|gie** *die;* - ⟨zu *gr.* érgon „Werk, Bearbeitung" u. ↑²...ie⟩: (veraltet) Weinbaukunde

Am|pere [am'pɛːɐ̯] *das;* -[s], - ⟨nach dem franz. Physiker A. M. Ampère, 1775–1836⟩: Einheit der elektrischen Stromstärke; Zeichen A. **Am|pere|me|ter** *das;* -s, - ⟨zu ↑¹...meter⟩: Meßgerät für die elektrische Stromstärke. **Am|pere|se|kun|de** *die;* -, -n: Maßeinheit für die Menge der elektrischen Ladung, die transportiert wird, wenn Strom von 1 Ampere eine Sekunde lang fließt (1 Ampere × 1 Sekunde = 1 Coulomb; Abk.: As). **Am|pere|stun|de** *die;* -, -n: Maßeinheit für die Menge der elektrischen Ladung, die transportiert wird, wenn Strom von 1 Ampere eine Stunde lang fließt (1 Ampere × 3 600 Sekunden = 3 600 Coulomb; Abk.: Ah). **Am|pe|ro|me|trie** *die;* - ⟨zu ↑...metrie⟩: elektrochem. Analyseverfahren zur Bestimmung oxydierender od. reduzierender Substanzen durch ↑Titration (Chem.)

Am|pex *die;* - ⟨Kunstw. aus *engl.* automatic programming system extended⟩: nach dem Ampexverfahren hergestelltes Band mit aufgezeichneten Bildfolgen. **Am|pex|ver|fah|ren** *das;* -s: Verfahren zur Aufzeichnung von Bildimpulsen

am|pha|ri|ste|risch ⟨aus gleichbed. *gr.* amphirísteros⟩: mit beiden Händen linkisch, ungeschickt

Am|phet|amin *das,* -s, -e ⟨Kunstw.⟩: ↑Weckamin, das als schnell wirkende Droge benutzt wird

am|phi..., Am|phi... ⟨aus gleichbed. *gr.* amphí⟩: Präfix mit der Bedeutung „um-herum, ringsum, beid-, doppel-", z. B. amphibolisch, Amphibie

Am|phi|ar|thro|se *die;* -, -n ⟨zu ↑amphi... u. ↑Arthrose⟩: straffes, durch starke Bänder gehemmtes Gelenk mit nur geringer Beweglichkeit (Med.)

am|phib ⟨aus *gr.* amphíbios „doppellebig"⟩: svw. amphibisch; vgl. ...isch/-. **Am|phi|bie** [...jə] *die;* -, -n u. **Amphibium** *das;* -s, ...ien [...jən] (meist Plur.) ⟨über *lat.* amphibium aus *gr.* amphíbion, eigtl. „das Doppellebige"; vgl. amphib⟩: Lurch. **Am|phi|bi|en|fahr|zeug** *das;* -[e]s, -e: Kraftfahrzeug, das im Wasser u. auf dem Land verwendet werden kann. **Am|phi|bio|lith** [auch ...'lɪt] *der;* -en, -en ⟨zu ↑amphi...⟩: versteinerter Lurch. **am|phi|bisch**: 1. im Wasser u. auf dem Land lebend bzw. sich bewegend. 2. zu Lande u. zu Wasser operierend (Mil.); vgl. ...isch/-. **Am|phi|bi|um** vgl. Amphibie

am|phi|bol ⟨aus *gr.* amphíbolos „zweideutig"⟩: svw. amphibolisch; vgl. ...isch/-. **Am|phi|bol** *der;* -s, -e: Hornblende (gesteinsbildendes Mineral; Geol.). **Am|phi|bo|lie** *die;* -, ...ien ⟨über *lat.* amphibolia aus gleichbed. *gr.* amphibolía⟩: Doppelsinn, Zweideutigkeit, Mehrdeutigkeit; vgl. Ambiguität. **am|phi|bo|lisch**: zweideutig, doppelsinnig; vgl. ...isch/-. **Am|phi|bo|lit** [auch ...'lɪt] *der;* -s, -e ⟨zu ↑²...it⟩: Hornblendefels, ein Gestein aus der Gruppe der kristallinen Schiefer (Geol.). **Am|phi|bo|lo|gie** *die;* -, ...ien ⟨zu ↑...logie⟩: svw. Amphibolie

Am|phi|bra|chys [...x...] *der;* -, - ⟨über *lat.* amphibrachys aus gleichbed. *gr.* amphíbrachys, eigtl. „beiderseits kurz"⟩: dreisilbiger Versfuß, dreisilbige rhythmische Einheit eines Verses (⌣ − ⌣ ; antike Metrik)

Am|phi|bran|chie [...çiə] *die;* -, -n ⟨zu ↑amphi..., *gr.* brágchos „Kehle" u. ↑¹...ie⟩: früher verwendete Bez. für Rachenmandel (Tonsille)

Am|phi|di|plo|i|die [...ploi...] *die;* - ⟨zu ↑amphi... u. ↑Diploidie⟩: das Vorhandensein von zwei vollständigen, verschiedenen Arten zugehörenden Chromosomensätzen (Biol.)

Am|phi|dro|mie *die;* -, ...ien ⟨zu ↑amphi..., *gr.* drómos „Lauf", eigtl. „das Umlaufen", u. ↑²...ie⟩: durch Überlagerung der Gezeitenströme entstehende, kreisförmig umlaufende Gezeitenbewegung (ohne Ebbe u. Flut)

Am|phi|go|nie *die;* - ⟨zu ↑amphi... u. ↑...gonie⟩: zweigeschlechtliche Fortpflanzung (durch Ei u. Samenzellen; Biol.)

Am|phi|gu|rie *die;* -, ...ien ⟨aus gleichbed. *fr.* amphigouri zu ↑amphi... u. *gr.* gŷros „Kreis"⟩: (veraltet) sinnloser Wortschwall, verworrenes Gerede (Rhet.). **am|phi|gu|risch**: (veraltet) verworren, schwülstig. **Am|phi|gu|rist** *der;* -en, -en ⟨zu ↑...ist⟩: (veraltet) verworrener Schwätzer

am|phi|karp ⟨zu ↑amphi... u. ↑...karp⟩: (veraltet) zur Amphikarpie fähig; vgl. ...isch/-. **Am|phi|kar|pie** *die;* - ⟨zu ↑...karpie⟩: 1. das Hervorbringen von zweierlei Fruchtformen an einer Pflanze (Biol.). 2. das Reifen der Früchte über u. unter der Erde (Biol.). **am|phi|kar|pisch**: svw. amphikarp; vgl. ...isch/-. **Am|phi|kar|pi|um** *das;* -s, ...ien [...jən] ⟨zu ↑...ium⟩: (veraltet) Umschlag, Pflaster auf der Handwurzel

Am|phi|kra|nie *die;* -, ...ien ⟨zu ↑amphi..., *gr.* kraníon „Schädel" u. ↑²...ie⟩: Kopfschmerz in beiden Kopfhälften (Med.)

Am|phi|ktyo|ne *der;* -n, -n ⟨aus *gr.* amphiktýones (Plur.) „Umwohner"⟩: Mitglied einer Amphiktyonie. **Am|phi|kty|o|nie** *die;* -, ...ien ⟨aus gleichbed. *gr.* amphiktyonía⟩: kultisch-politischer Verband von Nachbarstaaten od. -stämmen mit gemeinsamem Heiligtum im Griechenland der Antike (z. B. Delphi u. Delos). **am|phi|kty|o|nisch** ⟨aus gleichbed. *gr.* amphiktyonikós⟩: a) nach Art einer Amphiktyonie gebildet; b) die Amphiktyonie betreffend

Am|phi|lo|gie *die;* -, ...ien ⟨aus gleichbed. *gr.* amphilogía, eigtl. „das Reden nach zwei Seiten"⟩: (veraltet) Streit, Widerspruch. **am|phi|lo|gisch** ⟨aus gleichbed. *gr.* amphílogos⟩: (veraltet) zweifelhaft, strittig

Am|phi|ma|cer [...ts...], **Am|phi|ma|zer** *der;* -s, - ⟨aus gleichbed. *lat.* amphimacrus, *gr.* amphímakros, eigtl. „beiderseits lang"⟩: dreisilbiger Versfuß, dreisilbige rhythmische Einheit eines Verses; auch ↑Kretikus genannt (− ⌣ − ; antike Metrik)

am|phi|mik|tisch ⟨zu ↑amphi... u. *gr.* miktós „gemischt"⟩: durch Amphimixis entstanden. **Am|phi|mi|xis** *die;* - ⟨zu *gr.* míxis „Mischung"⟩: Vermischung der Erbanlagen bei der Befruchtung (Biol.)

am|phi|no|tisch ⟨zu ↑amphi... u. *gr.* nótos „Süden"⟩: die

Amulett

Verbreitung von Lebewesen beiderseits des Südpazifiks betreffend

Am|phio|le Ⓦ *die;* -, -n ⟨Kurzw. aus ↑*Am*pulle u. ↑*Phiole*⟩: Kombination aus Serum- od. Heilmittelampulle u. Injektionsspritze (Med.)

Am|phio|xus *der;* - ⟨aus gleichbed. *nlat.* amphioxus zu ↑amphi... u. *gr.* oxýs „scharf, schneidend"⟩: (veraltet) Lanzettfisch (schädelloser, glasheller kleiner Fisch); vgl. Branchiostoma

am|phi|phil ⟨zu ↑amphi... u. ↑...phil⟩: grenzflächenaktiv (Chem.)

Am|phi|pneu|mie *die;* -, ...ien ⟨zu ↑amphi..., *gr.* pneûma „Atem, Luft" u. ↑²...ie⟩: das bei Atemnot eintretende gleichzeitige Atmen durch Nase u. Mund (Med.). **am|phi|pneu|stisch** ⟨zu *gr.* pneustikós „zum Atmen gehörig"⟩: nur vorne u. hinten Atemöffnungen aufweisend (von bestimmten Insektenlarven; Biol.)

Am|phi|po|den *die* (Plur.) ⟨zu ↑amphi... u. ↑...pode⟩: Flohkrebse

Am|phi|pro|sty|los *der;* -, ...stylen ⟨zu ↑amphi... u. ↑Prostylos⟩: griech. Tempel mit Säulenvorhallen an der Vorder- u. Rückseite

am|phi|sto|ma|tisch ⟨zu ↑amphi... u. *gr.* stóma, Gen. stómatos „Mund"⟩: beidseitig mit Spaltöffnungen versehen (von bestimmten Pflanzenblättern; Bot.); vgl. epistomatisch, hypostomatisch

Am|phi|thea|ter *das;* -s, - ⟨über gleichbed. *lat.* amphitheatrum aus *gr.* amphithéatron⟩: meist dachloses Theatergebäude der Antike in Form einer Ellipse mit stufenweise aufsteigenden Sitzen. **am|phi|thea|tra|lisch:** in der Art eines Amphitheaters

am|phi|to|misch ⟨zu ↑amphi... u. *gr.* tomé „Schnitt"⟩: (veraltet) zweischneidig

am|phi|trop u. **am|phi|tro|pisch** ⟨zu ↑amphi... u. ↑...trop⟩: (veraltet) sich nach beiden (oder nach allen) Seiten richtend, wendend; vgl. ...isch/-

am|phi|zerk ⟨zu ↑amphi... u. *gr.* kérkos „Schwanz"⟩: svw. homozerk

am|phi|zöl ⟨zu ↑amphi... u. *gr.* koîlos „hohl"⟩: beidseits ausgehöhlt (von Wirbeln; Med.)

Am|pho|lyt *der;* Gen. -s od. -en, Plur. -e[n] (meist Plur.) ⟨zu ↑amphoter u. *gr.* lytós „lösbar", dies zu lýein „(auf)lösen"⟩: Stoff, der unter Salzbildung mit starken Säuren als Base u. mit starken Basen als Säure reagiert (Chem.)

Am|pho|ra, Am|pho|re *die;* -, ...oren ⟨aus gleichbed. *lat.* amphora, dies zu *gr.* amphoreús, eigtl. „an beiden Seiten zu tragender (Krug)", zu ↑amphi... u. *gr.* phoreîn, phérein „tragen"⟩: zweihenkliges enghalsiges Gefäß der Antike zur Aufbewahrung von Wein, Öl, Honig usw. **am|pho|risch:** metallisch, hohl klingend

am|pho|ter ⟨aus *gr.* amphóteros „jeder von beiden, der eine u. der andere; zwitterhaft"⟩: teils als Säure, teils als Base sich verhaltend (Chem.). **Am|pho|te|rie** *die;* - ⟨zu ↑²...ie⟩: Eigenschaft einer chem. Verbindung, je nach Reaktionspartner u. -bedingungen sich als Säure od. Base zu verhalten (Chem.)

am|pho|trop ⟨zu *gr.* ámphō „beide" u. ↑...trop⟩: von entgegengesetzter Wirkung auf verschiedene Organe (von Medikamenten; Pharm.). **Am|pho|tro|pie** *die;* -, ...ien ⟨zu ↑...tropie⟩: unterschiedliche Wirkungsweise eines Medikaments auf verschiedene Organe (Pharm.). **Am|pho|tro|pin** Ⓦ *das;* -s ⟨Kunstw.; vgl. ...in (1)⟩: Mittel gegen Entzündungen der Harnwege

Am|plex *der;* -es, -e ⟨aus gleichbed. *lat.* amplexus zu amplecti „umschlingen, umfassen"⟩: liturgische Umarmung bei der ↑Eucharistiefeier

Am|plia|ti|on *die;* -, -en ⟨aus gleichbed. *lat.* ampliatio zu ampliare „erweitern", dies zu amplus „weit, geräumig"⟩: (veraltet) 1. Erweiterung 2. Vertagung einer noch nicht spruchreifen Sache, bes. eines Gerichtsverfahrens. **Am|pli|dy|ne** *die;* -, -n ⟨zu *lat.* amplius „weiter, stärker, noch mehr" u. *gr.* dýnamis „Kraft"⟩: Querfeldverstärkermaschine, eine elektrische Gleichstrommaschine besonderer Bauart. **Am|pli|fi|ka|ti|on** *die;* -, -en ⟨aus *lat.* amplificatio „Erweiterung (der Vorstellung)" zu amplificare, vgl. amplifizieren⟩: 1. kunstvolle Ausweitung einer Aussage über das zum unmittelbaren Verstehen Nötige hinaus (Stilk., Rhet.). 2. Erweiterung des Trauminhalts durch Vergleich der Traumbilder mit Bildern der Mythologie, Religion usw., die in sinnverwandter Beziehung zum Trauminhalt stehen (Psychoanalyse). **Am|pli|fi|ka|tiv|suf|fix** *das;* -es, -e ⟨zu *spätlat.* amplificativus „erweiternd"⟩: svw. Augmentativsuffix. **Am|pli|fi|ka|ti|vum** [...vʊm] *das;* -s, ...iva [...va]: svw. Augmentativum. **am|pli|fi|zie|ren** ⟨aus gleichbed. *lat.* amplificare⟩: a) erweitern; b) ausführen; c) etwas unter verschiedenen Gesichtspunkten betrachten; vgl. Amplifikation. **Am|pli|tron** *das;* -s, Plur. ...one, auch -s ⟨Kurzw. aus ↑*Ampli*tude u. ↑Elek*tron*⟩: Variante des ↑Magnetrons zur Mikrowellenverstärkung, bes. in der Endstufe der Hochleistungsimpulsradaranlagen. **Am|pli|tu|de** *die;* -, -n ⟨aus *lat.* amplitudo „Größe, Weite, Umfang"⟩: größter Ausschlag einer Schwingung (z. B. beim Pendel) aus der Mittellage (Math., Phys.). **Am|pli|tu|den|mo|du|la|ti|on** *die;* -, -en: Verfahren der Überlagerung von niederfrequenter Schwingung mit hochfrequenter Trägerwelle; Abk. AM

Am|pou|let|te [ãpu...] *die;* -, -n ⟨aus *fr.* ampoulette, eigtl. „Sanduhr", Verkleinerungsform von ampoule, dies aus *lat.* ampulla, vgl. Ampulle⟩: (veraltet) 1. Zündröhre an einer Bombe. 2. Schiffssanduhr. **am|pul|lar, am|pul|lär** [am...] ⟨zu *lat.* ampulla (vgl. Ampulle u. zu ↑...ar bzw. ...är⟩: zu einem Hohlorgan gehörend. **Am|pul|le** *die;* -, -n ⟨aus *lat.* ampulla „kleine Flasche; Ölgefäß", Verkleinerungsform von amphora, vgl. Amphore⟩: 1. kleiner, keimfrei verschlossener Glasbehälter für Injektionslösungen (Med.). 2. blasenförmige Erweiterung eines röhrenförmigen Hohlorgans (z. B. des Mastdarms; Med.). 3. kleine Kanne (mit Wein, Öl u. dgl.) für den liturgischen Gebrauch

am|pul|lie|ren ⟨aus *lat.* ampullari „schwülstig reden"⟩: (veraltet) prahlen

Am|pu|ta|ti|on *die;* -, -en ⟨aus gleichbed. *lat.* amputatio zu amputare, vgl. amputieren⟩: operative Abtrennung eines Körperteils, bes. einer Gliedmaße (Med.); vgl. Ablation (2 a). **Am|pu|ta|ti|ons|neu|rom** *das;* -s, -e: am Ende eines Amputationsstumpfes im Bereich durchtrennter Nerven auftretendes ↑Neurom (Med.). **am|pu|tie|ren** ⟨aus *lat.* amputare „ringsherum wegschneiden"⟩: einen Körperteil operativ entfernen (Med.)

Am|pyx *der;* -[es], -e ⟨aus gleichbed. *gr.* ámpyx⟩: Stirnband der Frauen in der Antike

Am|ri|ta *das;* -s ⟨aus gleichbed. *sanskr.* a-mṛta, eigtl. „unsterblich"⟩: Unsterblichkeitstrank der ind. Götter

Ämu|la|ti|on *die;* - ⟨aus gleichbed. *lat.* aemulatio zu aemulare, vgl. ämulieren⟩: (veraltet) Nacheiferung. **Ämu|la|tor** *der;* -s, -en ⟨aus gleichbed. *lat.* aemulator⟩: Nacheiferer

Amu|lett *das,* -[e]s, -e ⟨aus gleichbed. *lat.* amuletum, weitere Herkunft unsicher⟩: kleiner, als Anhänger (bes. um den Hals) getragener Gegenstand in Form eines Medaillons

ämulieren

o. ä., dem besondere, gefahrenabwehrende od. glückbringende Kräfte zugeschrieben werden; vgl. Talisman

ämu|lie|ren ⟨aus gleichbed. *lat.* aemulare⟩: nachahmen, wetteifern

Amur|ka *die;* - ⟨aus gleichbed. *lat.* amurca⟩: Ölbodensatz, Ölhefe

amü|sa|bel ⟨aus gleichbed. *fr.* amusable zu (s') amuser, vgl. amüsieren⟩: ergötzlich; leicht zu unterhalten. **amü|sant** ⟨aus *fr.* amusant „unterhaltend"; vgl. amüsieren⟩: unterhaltsam, belustigend, vergnüglich. **Amu|se-gueule** [amyzə'gœl] *das;* -, -[s] ⟨zu *fr.* gueule „Schlund; Kehle"⟩: kleines Appetithäppchen. **Amü|se|ment** [...'mã:] *das;* -s, -s ⟨aus gleichbed. *fr.* amusement⟩: unterhaltsamer, belustigender Zeitvertreib, [oberflächliches] Vergnügen. **Amü|set|te** *die;* - ⟨aus gleichbed. *fr.* amusette⟩: 1. Unterhaltung, Zeitvertreib, Belustigung. 2. altes leichtes Feldgeschütz

Amu|sie *die;* - ⟨aus *gr.* amousía „Mangel an feiner Bildung"⟩: 1. a) Unfähigkeit, Musisches (Künstlerisches) zu verstehen; b) Unfähigkeit zu musikalischem Verständnis od. zu musikalischer Hervorbringung. 2. krankhafte Störung des Singvermögens od. der Tonwahrnehmung (Med.)

Amü|sier... ⟨zu ↑amüsieren⟩: Wortbildungselement mit der Bedeutung „Vergnügen, Unterhaltung", z. B. Amüsierviertel (Stadtviertel, in dem sich Unterhaltungsgaststätten, Bars usw. befinden). **amü|sie|ren** ⟨aus gleichbed. *fr.* (s') amuser, eigtl. „das Maul aufreißen machen, foppen, belustigen"; vgl. *fr.* museau „Schnauze", dies aus *vulgärlat.* *musus⟩: 1. jmdn. angenehm, mit allerlei Späßen unterhalten; jmdn. erheitern, belustigen. 2. sich -: a) sich vergnügen, sich angenehm die Zeit vertreiben, seinen Spaß haben; b) sich über jmdn. od. etwas lustig machen, belustigen

amu|sisch ⟨aus gleichbed. *gr.* ámousos; vgl. musisch⟩: ohne Kunstverständnis, ohne Kunstsinn

Amy|el|en|ze|pha|lie *die;* -, ...jen ⟨zu *gr.* a- „un-, nicht", myelós „Mark", egképhalos „was im Kopf ist, Gehirn" u. ↑²...ie⟩: angeborenes Fehlen von Gehirn u. Rückenmark (Med.). **Amye|lie** *die;* -, ...jen ⟨zu ↑²...ie⟩: angeborenes Fehlen des Rückenmarks (Med.). **amye|lisch** ⟨aus gleichbed. *gr.* amyélos⟩: rückenmarklos (Med.)

Amye|sie *die;* - ⟨aus gleichbed. *gr.* amyēsía⟩: (veraltet) das Uneingeweihtsein. **amye|tisch** ⟨aus gleichbed. *gr.* amyḗtos⟩: (veraltet) uneingeweiht

Amyg|da|lin *das;* -s ⟨zu *gr.* amygdálē „Mandel" u. ↑...in (1)⟩: blausäurehaltiges ↑Glykosid in bitteren Mandeln u. Obstkernen. **amyg|da|lo|id** ⟨zu ↑...oid⟩: bittermandelähnlich

amyk|tisch ⟨aus *gr.* amyktikós „ritzend" zu amýssein „zerkratzen"⟩: stark angreifend (bei Heilmitteln)

amyl..., Amyl... vgl. amylo..., Amylo... **Amyl|ace|tat** [...ts...] *das,* -s ⟨zu ↑amylo... u. ↑Acetat⟩: Essigsäureester des Amylalkohols, Lösungsmittel für Harze u. Öle. **Amyl|al|ko|hol** *der;* -s: Hauptbestandteil der bei der alkoholischen Gärung entstehenden Fuselöle; vgl. Pentanol. **Amy|la|se** *die;* -, -n ⟨zu ↑...ase⟩: ↑Enzym, das Stärke u. ↑Glykogen spaltet. **Amy|len** *das;* -s, -e ⟨zu ↑...en⟩: svw. Penten. **Amy|len|hy|drat** *das;* -[e]s, -e: früher als Schlafmittel dienende Flüssigkeit, die aus Amylen u. Jodwasserstoff bzw. Schwefelsäure hergestellt wurde. **amy|lo..., Amy|lo...,** vor Vokalen meist amyl..., Amyl... ⟨aus *gr.* ámylon „Stärkemehl"⟩: Wortbildungselement mit der Bedeutung „Stärke", z. B. amylophil, Amylolyse. **amy|lo|id** ⟨zu ↑...oid⟩: stärkeähnlich. **Amy|lo|id** *das;* -s, -e: stärkeähnlicher Eiweißkörper, der durch krankhafte Prozesse im Organismus entsteht u. sich im Bindegewebe der Blutgefäße ablagert (Med.). **Amy|lo|id|ne|phro|se** *die;* -, -n: ↑degenerative Erkrankung der Nieren, Zerstörung des Nierengewebes durch Ablagerung von Amyloid an den Blutgefäßwänden (Med.). **Amy|loi|do|se** *die;* -, -n ⟨zu ↑¹...ose⟩: Gewebsentartung (bes. in Leber, Milz, Nieren) infolge Ablagerung von Amyloiden, wodurch eine Verhärtung des Gewebes entsteht (Med.). **Amy|lo|id|tu|mor** *der;* -s, Plur. -en, auch -e: durch Einlagerung von Amyloid entstehender Tumor in Geweben, die normalerweise nicht von Amyloidose befallen werden (Med.). **Amy|lo|ly|se** *die;* -, -n ⟨zu ↑amylo... u. ↑...lyse⟩: Stärkeabbau im Stoffwechselprozeß, Überführung der Stärke in ↑Dextrin (2), ↑Maltose od. ↑Glykose. **amy|lo|ly|tisch:** die Amylolyse betreffend. **Amy|lo|pek|tin** *das;* -s: wasserunlöslicher, beim Erwärmen quellender Teil der Stärke, der sich vor allem in der Hüllstruktur der Stärkekörner befindet. **Amy|lo|pla|sten** *die* (Plur.): farblose ↑Plastiden zur Speicherung von Stärke in der pflanzlichen Zelle. **Amy|lor|rhe|xis** *die;* - ⟨zu *gr.* rhêxis „das Reißen, Durchbruch"⟩: das Auflösen der Klebestoffe in den Stärkekörnern durch Enzyme (Med.). **Amy|lor|rhö** *die;* -, -en u. **Amy|lor|rhöe** [...'rø:] *die;* -, -n [...'rø:ən] ⟨zu *gr.* rheîn „fließen"⟩: Ausscheidung unverdauter Stärke im Stuhl (Med.). **Amy|lo|se** *die;* - ⟨zu ↑²...ose⟩: in Wasser löslicher innerer Bestandteil stärkehaltiger Körner (z. B. Getreidekörner, Erbsen). **Amy|lum** *das;* -s ⟨über *lat.* amylum aus *gr.* ámylon „Stärkemehl"⟩: pflanzliche Stärke

Amyn|te|ria *die* (Plur.) ⟨aus *gr.* amyntḗrion „Schutzmittel" zu amýnein „helfen, schützen"⟩: Schutzmittel gegen Krankheiten. **amyn|tisch:** schützend

Amy|stis *die;* - ⟨aus gleichbed. *gr.* ámystis⟩: (veraltet) a) das Zechen; b) langer Zug beim Trinken

amy|thisch ⟨zu *gr.* a- „un-, nicht-" u. ↑Mythos⟩: ohne Mythen

Amy|xie *die;* -, ...jen ⟨zu *gr.* a- „un-, nicht-", mýxa „Schleim" u. ↑²...ie⟩: fehlende od. ungenügende Schleimabsonderung (Med.)

¹an..., An... vgl. ¹a..., A...

²an..., An... vgl. ad..., Ad...

...an [...a:n] Suffix in chem. Bezeichnungen gesättigter Kohlenwasserstoffe, z. B. Methan, Äthan

ana: Abk. für ana partes aequales

Ana *die;* -, -s ⟨Substantivierung zu ↑...ana⟩: (veraltet) Sammlung von Aussprüchen od. kleineren Beiträgen zur Charakteristik berühmter Männer

ana..., Ana... ⟨aus gleichbed. *gr.* aná⟩: Präfix mit den Bedeutungen „auf; hinauf; wieder; gemäß, entsprechend", z. B. analog, Anabiose

...ana, ...iana ⟨aus *lat.* -(i)ana (Adjektivsuffix, das die Zugehörigkeit bezeichnet)⟩: Endung pluralischer, mit Eigennamen gebildeter Substantive, die zusammenfassend Werke bezeichnen, die sich mit der betreffenden Person od. Sache beschäftigen, z. B. Goetheana, Afrikana; vgl. ...ida

Ana|bap|tis|mus *der,* - ⟨zu ↑Anabaptist u. ↑...ismus (1)⟩: Lehre der Wiedertäufer, einer Sekte der Reformationszeit, die eine Erneuerung der Kirche erstrebte u. in der die Erwachsenentaufe üblich war. **Ana|bap|tist** *der;* -en, -en ⟨aus gleichbed. *mlat.* anabaptista, dies zu *mgr.* anabaptízein „nochmals taufen"⟩: Wiedertäufer. **ana|bap|ti|stisch:** wiedertäuferisch

Ana|ba|sin *das;* -s ⟨zu *gr.* anábasis „das Hinaufsteigen" u. zu ↑...in⟩: Alkaloid mit nikotinähnlicher Struktur u. Wirkung, das in einem asiat. Gänsefußgewächs vorkommt (in Spuren auch im Tabak) u. als ↑Insektizid verwendet wird

Ana|ba|ten *die* (Plur.) ⟨aus *gr.* anabátai „die Aufsteiger"⟩: Wagenkämpfer in den altgriech. Wettspielen. **ana|ba-**

tisch ⟨zu *gr.* anabaínein „hinaufsteigen"⟩: aufsteigend (von Winden; Meteor.); Ggs. ↑katabatisch. **Ana|ba|ton** *das;* -, ...ta ⟨aus gleichbed. *mgr.* anábaton, eigtl. „das Aufsteigende"⟩: erhöhter Platz vor dem Altar in den griech. Kirchen

Ana|be|xis *die;* - ⟨zu ↑ana... u. *gr.* bḗx „Husten"⟩: das Aushusten (Med.)

Ana|bio|se *die;* - ⟨aus *gr.* anabíōsis „das Wiederaufleben"⟩: Fähigkeit von niederen Tieren u. Pflanzensamen, länger andauernde ungünstige Lebensbedingungen (z. B. Kälte, Trockenheit) in scheinbar leblosem Zustand zu überstehen

ana|bol ⟨zu ↑ana... u. *gr.* bállein „werfen"⟩: die Anabolie betreffend. **Ana|bo|lie** *die;* -, ...ien ⟨zu ↑²...ie⟩: 1. Erwerb neuer Merkmale in der Individualentwicklung (Biol.). 2. svw. Anabolismus. **Ana|bo|li|kum** *das;* -s, ...ka (meist Plur.) ⟨zu ↑...ikum⟩: 1. den Aufbaustoffwechsel [des Körpereiweißes] fördernder Wirkstoff mit geringer ↑androgener Wirkung (Med.). 2. bes. als Dopingmittel benutztes Präparat zum Aufbau von Muskeln. **Ana|bo|lis|mus** *der;* - ⟨zu ↑...ismus (2)⟩: Aufbau der Stoffe im Körper durch den Stoffwechsel; Ggs. ↑Katabolismus

Ana|cho|ret [...ç..., auch ...k..., ...x...] *der;* -en, -en ⟨über *lat.* anachoreta aus gleichbed. *gr.* anachōrētḗs, eigtl. „zurückgezogen (Lebender)"⟩: Klausner, [frühchristlicher] Einsiedler. **ana|cho|re|tisch** ⟨über *lat.* anachoreticus aus gleichbed. *gr.* anachōrētikós⟩: den Anachoreten betreffend; einsiedlerisch

Ana|chro|nis|mus [...k...] *der;* -, ...men ⟨über *lat.* anachronismus aus *gr.* anachronismós „Verwechslung der Zeiten"⟩: 1. a) falsche zeitliche Einordnung von Vorstellungen, Sachen od. Personen; b) Verlegung, das Hineinstellen einer Erscheinung usw. in einen Zeitabschnitt, in den sie eigentlich, historisch gesehen, nicht hineingehört. 2. eine durch die allgemeinen Fortschritte, Errungenschaften usw. überholte od. nicht mehr übliche Erscheinung. **ana|chro|ni|stisch** ⟨zu ↑...istisch⟩: 1. den Anachronismus (1) betreffend. 2. nicht in eine bestimmte Zeit, Epoche passend; nicht zeitgemäß; zeitwidrig

An|aci|di|tät [...ts...] *die;* - ⟨zu *gr.* a- „un-, nicht-" u. ↑Acidität⟩: das Fehlen von freier Salzsäure im Magensaft (Med.)

Ana|di|dy|mus *der;* -, ...mi ⟨aus *nlat.* anadidymus zu ↑ana... u. *gr.* dídymos „doppelt, zusammengewachsen, Zwilling"⟩: Zwillingsmißgeburt mit zusammengewachsenen unteren Körperhälften (Med.)

Ana|di|plo|se u. **Ana|di|plo|sis** *die;* -, ...osen ⟨aus *gr.* anadíplosis „Verdoppelung"⟩: Wiederholung des letzten Wortes od. der letzten Wortgruppe eines Verses od. Satzes am Anfang des folgenden Verses od. Satzes zur semantischen od. klanglichen Verstärkung (z. B. „Fern im Süd das schöne Spanien, Spanien ist mein Heimatland"; Geibel) (Rhet., Stilk.)

Ana|do|sis *die;* - ⟨zu ↑ana... u. *gr.* dósis „Gabe, das Geben", dies zu didónai „geben"⟩: Verteilung des Nahrungssaftes durch den Körper; Verdauung (Med.)

Ana|dro|me *die* (Plur.) ⟨aus *gr.* anádromoi (ichthýes) „(Fische,) die aus dem Meer in die Flüsse hinaufziehen"⟩: wandernde Wassertiere, die, im Süßwasser geboren, den größten Teil ihres Lebens im Meer verbringen u. zur Fortpflanzung wieder ins Süßwasser der Flüsse aufsteigen (z. B. Lachs u. Stör). **Ana|dro|mie** *die;* - ⟨aus gleichbed. *gr.* anadromía⟩: (veraltet) das Heraufsteigen, Zurückfluten (von Säften od. Schmerzen)

Ana|dyo|me|ne [...'dyo:mene, ...'me:nə] ⟨aus *gr.* anadyoménē „die (aus dem Meer) Auftauchende"⟩: Beiname der griech. Göttin Aphrodite

an|ae|rob [an|ae...] ⟨zu *gr.* a(n)- „un-, nicht-" u. ↑aerob⟩: ohne Sauerstoff lebend (Biol.). **An|ae|ro|bi|er** [...jər] *der;* -s, - u. **An|ae|ro|bi|ont** *der;* -en, -en: niederes Lebewesen, das ohne Sauerstoff leben kann (z. B. Darmbakterien); Ggs. ↑Aerobier. **An|ae|ro|bio|se** *die;* -: Bez. für Lebensvorgänge, die unabhängig vom Sauerstoff ablaufen; Ggs. ↑Aerobiose

Ana|ge|ne|se *die;* - ⟨zu ↑ana... u. ↑Genese⟩: Höherentwicklung innerhalb der Stammesgeschichte (Biol.)

Ana|gly|phen *die* (Plur.) ⟨zu *gr.* anáglyphos „reliefartig ziseliert, erhaben"⟩: in Komplementärfarben etwas seitlich verschoben übereinandergedruckte u. -projizierte Bilder, die beim Betrachten durch eine Farbfilterbrille mit gleichen Komplementärfarben räumlich erscheinen (Phys.). **Ana|gly|phen|bril|le** *die;* -, -n: spezielle Brille für das Betrachten von dreidimensionalen Bildern od. Filmen. **Ana|glyp|tik** *die;* - ⟨zu *gr.* anáglyptos „erhaben gearbeitet, geschnitzt", Nebenform von anáglyphos, u. ↑²...ik (1)⟩: (veraltet) die Kunst, erhabene Arbeiten (Reliefs) zu schaffen. **ana|glyp|tisch**: die Anaglyptik betreffend. **Ana|glyp|to|gra|phie** *die;* - ⟨zu ↑²...graphie⟩: a) (ohne Plur.) Anaglyphendruck, Verfahren des Blindendrucks; b) Druckwerk als Ergebnis dieses Verfahrens

Ana|gno|ri|sis *die;* - ⟨aus gleichbed. *gr.* anagnṓrisis⟩: das Wiedererkennen (zwischen Verwandten, Freunden usw.) als dramatisches Element in der antiken Tragödie. **Ana|gnos|ma** *das;* -s, Plur. ...men od. ...ta ⟨aus *gr.* anágnōsma „das (Vor)lesen, das Vorgelesene" zu anagignṓskein „lesen"⟩: (veraltet) Lesedrama. **Ana|gnost** *der;* -en, -en ⟨über *lat.* anagnostes aus gleichbed. *gr.* anagnṓstēs⟩: 1. Vorleser im orthodoxen Gottesdienst (Rel.). 2. in der Antike ein Sklave, der bei Tisch vorlas. **Ana|gno|sti|ker** *der;* -s, - ⟨zu *gr.* anagnōstikós „zum (Vor)lesen geeignet"⟩: (veraltet) Dichter von Lesedramen

An|ago|ge *die;* - ⟨aus *gr.* anagōgḗ „das Hinaufführen" zu anágein „hinaufführen"⟩: 1. Hinaufführung des Eingeweihten zur Schau der Gottheit (griech. Philos.). 2. Erläuterung eines Textes durch Hineinlegen eines höheren Sinnes (griech. Rhet.). **An|ago|gik** *die;* - ⟨zu *gr.* anagōgikós „erhebend" u. ↑²...ik (1)⟩: ↑eschatologische Deutung von Bibelstellen, vor allem in theologischer Literatur u. in der geistlichen Dichtung des Mittelalters. **an|ago|gisch**: die Anagoge (1, 2) betreffend

Ana|gramm *das;* -s, -e ⟨aus gleichbed. *gr.* anágramma⟩: a) Umstellung der Buchstaben eines Wortes zu anderen Wörtern mit neuem Sinn (z. B. Ave – Eva); vgl. Palindrom; b) Buchstabenversetzrätsel. **ana|gram|ma|tisch**: nach Art eines Anagramms. **ana|gram|ma|ti|sie|ren** ⟨zu ↑...isieren⟩: (veraltet) Anagramme [er]finden, verfertigen. **Ana|gram|ma|tist** *der;* -en, -en ⟨zu ↑...ist⟩: Verfertiger von Anagrammen, Freund von anagrammatischen Wortspielen

Ana|ka|lyp|te|ri|um *das;* -s, ...ien [...jən] ⟨über *lat.* anacalypterium aus gleichbed. *gr.* anakalyptḗrion⟩: a) im Altertum die Entschleierung der Braut am Schluß des Hochzeitsmahles; b) (meist Plur.) bei der Entschleierung überreichtes Geschenk

Ana|kamp|te|ri|en [...jən] *die* (Plur.) ⟨*gr.* anakamptḗrion „Ort, an dem man umbiegt, sich umwendet"⟩: (früher) Herbergen für Arme u. Verfolgte [neben den Kirchen]. **Ana|kamp|tik** *die;* - ⟨zu *gr.* anakamptikós „umbiegend"; vgl. ²...ik (1)⟩: (veraltet) Lehre von der Lichtreflexion (vgl. Kathoptrik) u. Schallreflexion (vgl. Reflexion 1). **ana|kamp|tisch**: (veraltet) [Schall, Licht] zurückwerfend, -strahlend

Anakardie

Ana|kar|die [...jə] *die;* -, -n ⟨zu ↑ana... u. *gr.* kardía „Herz"⟩: ein tropisches Holzgewächs

Ana|ka|thar|sis *die;* - ⟨zu ↑ana... u. ↑Katharsis⟩: (veraltet) Entleerung durch Erbrechen (Med.). **Ana|ka|thar|ti|kum** *das;* -s, ...ka ⟨zu ↑...ikum⟩: (veraltet) Brechmittel. **ana|ka|thar|tisch:** (veraltet) das Erbrechen betreffend

Ana|ke|pha|läo|sis *die;* -, ...sen ⟨aus gleichbed. *gr.* anakephalaíosis zu kephalḗ „Kopf, Haupt"⟩: (veraltet) kurze Zusammenfassung od. Wiederholung des Hauptinhalts (Rekapitulation)

Ana|kla|se u. **Ana|kla|sis** *die;* - ⟨aus *gr.* anáklasis „Zurückbiegung, das Zurückbiegen" zu anaklān „(zurück)biegen, umbrechen"⟩: 1. die Vertauschung benachbarter, verschiedenen Versfüßen (den kleinsten rhythmischen Einheiten eines Verses) angehörender Längen u. Kürzen innerhalb eines metrischen Schemas (antike Metrik). 2. (veraltet) Brechung der Lichtstrahlen (Optik). 3. Verbiegung eines Glieds nach außen. **Ana|kla|stik** *die;* - ⟨zu ↑²...ik (1)⟩: (veraltet) ↑Dioptrik. **ana|kla|stisch:** 1. eine Anaklasis enthaltend (von antiken Versen). 2. infolge der Lichtbrechung gekrümmt od. gebrochen erscheinend

Ana|kle|te|ri|en [...jən] *die* (Plur.) ⟨aus gleichbed. *gr.* anaklētēria zu anakaleīn „auf- od. ausrufen"⟩: (veraltet) Ausrufung eines Fürsten, Krönungsfeierlichkeiten

Ana|klin|te|ri|um *das;* -s, ...ien [...jən] ⟨über *lat.* anaklinterium aus gleichbed. *gr.* anaklintḗrion zu anaklínein „zurücklehnen"⟩: (veraltet) Lehnstuhl, Ruhebett. **ana|kli|tisch** ⟨aus *gr.* anaklitikós „hin-, zurücklehnend"⟩; in der Fügung -e Depression: extreme Form des ↑Hospitalismus bei Säuglingen u. Kleinkindern

Ana|koi|no|sis [...kɔy...] u. Anakönose *die;* -, ...sen ⟨aus gleichbed. *gr.* anakoínōsis zu anakoinoūn „mitteilen", dies zu koinós „gemeinsam"⟩: (veraltet) 1. gemeinsame Beratung, Verabredung. 2. Darlegung der Ansicht des Redners in Form einer Beratung mit den Zuhörern in der antiken Rhetorik

an|ako|luth ⟨aus *gr.* anakólouthos „ohne Zusammenhang"⟩: svw. anakoluthisch; vgl. ...isch/-. **An|ako|luth** *das,* auch *der;* -s, -e ⟨aus gleichbed. *gr.* anakólouthon, eigtl. „das Zusammenhanglose, Unpassende"⟩: das Fortfahren in einer anderen als der begonnenen Satzkonstruktion, Satzbruch (Sprachw.). **An|ako|lu|thie** *die;* -, ...ien ⟨aus gleichbed. *gr.* anakolouthía⟩: svw. Anakoluth. **an|ako|lu|thisch:** in Form eines Anakoluths, einen Anakoluth enthaltend; vgl. ...isch/-

Ana|kon|da *die;* -, -s ⟨vermutlich aus einer Eingeborenensprache Guayanas⟩: südamerik. Riesenschlange

Ana|kö|no|se vgl. Anakoinosis

Ana|kre|on|te|en *die* (Plur.) ⟨aus gleichbed. *gr.* anakreónteia⟩: Sammlung von anakreontischen Gedichten (vgl. anakreontisch b). **Ana|kre|on|tik** *die;* - ⟨nach dem altgriech. Lyriker Anakreon (*gr.* Anakréōn) u. zu ↑²...ik (2)⟩: literarische Richtung, Lyrik des Rokokos mit den Hauptmotiven Liebe, Freude an der Welt u. am Leben. **Ana|kre|on|ti|ker** *der;* -s, -: Vertreter der Anakreontik, Nachahmer der Dichtweise Anakreons. **ana|kre|on|tisch** ⟨aus gleichbed. *gr.* Anakreónteios⟩: a) zur Anakreontik gehörend; b) in der Art Anakreons; -er Vers: in der attischen Tragödie verwendeter ↑anaklastischer ionischer ↑Dimeter (vgl. ionisch)

ana|krot ⟨zu ↑ana... u. *gr.* kroteīn „schlagen, klopfen"⟩: den ansteigenden ersten Gipfel der Pulswelle betreffend (Med.). **Ana|kro|tie** *die;* -, ...ien ⟨zu ↑²...ie⟩: erster Gipfel der Pulskurve (Med.)

Ana|kru|sis [auch ...'kru:...] *die;* -, ...krusen ⟨aus gleichbed. *gr.* anákrousis, eigtl. „das Zurückstoßen"⟩: (veraltet) Auftakt, Vorschlagsilbe, unbetonte Silbe am Versanfang

An|ak|ti|no|se *die;* -, -n ⟨zu *gr.* a(n)- „un-, nicht-", aktís, Gen. aktīnos „Strahl" u. ↑¹...ose⟩: Erkrankung, die bei fehlender od. ungenügender Bestrahlung des Organismus mit ultraviolettem Licht auftritt (z. B. Rachitis; Med.)

Anąk|to|ron *das;* -s, ...ra ⟨aus gleichbed. *gr.* anáktoron, eigtl. „Herrscherwohnung", zu anáktōr „Herr"⟩: das Allerheiligste im [griech.] Tempel

An|aku|sis *die;* - ⟨zu *gr.* a(n)- „un-, nicht-" u. akoúein „hören"⟩: Taubheit (Med.)

Ana|ky|kle|on|ten *die* (Plur.) ⟨aus gleichbed. *gr.* anakykleóntes, eigtl. „die im Kreis Umherlaufenden", zu kýklos „Kreis"⟩: (veraltet) Marktschreier

anal ⟨zu ↑Anus u. ↑¹...al (1)⟩: a) zum After gehörend; b) den After betreffend; c) afterwärts gelegen (Med.); -e Phase: frühkindliche, durch Lustgewinn im Bereich des Afters gekennzeichnete Entwicklungsphase (Psychoanalyse)

An|al|bit [auch ...'bɪt] *der;* -s, -e ⟨aus *gr.* a(n)- „un-, nicht-" u. ↑Albit⟩: eine bei hohen Temperaturen gebildete ↑Modifikation des ↑Albits

An|al|bu|min|ämie *die;* -, ...ien ⟨Kunstw. aus *gr.* a(n)- „un-, nicht-", ↑Albumin u. ↑...ämie⟩: ↑rezessiv erbliche ↑Anomalie in der Eiweißzusammensetzung des Blutserums (Med.)

An|al|cim [...'tsi:m] *der;* -s ⟨nlat. Bildung zu *gr.* ánalkis „kraftlos" (angeblich wegen seiner geringen elektrischen Aufladbarkeit)⟩: ein farbloses, graues od. fleischrotes Mineral

Ana|lek|ta u. **Ana|lek|ten** *die* (Plur.) ⟨über *lat.* analecta aus gleichbed. *gr.* análekta zu analégein „auflesen, sammeln"⟩: Sammlung von Auszügen od. Zitaten aus dichterischen od. wissenschaftlichen Werken od. von Beispielen bestimmter literarischer Gattungen; vgl. Kollektaneen. **Ana|lek|ti|ker** *der;* -s, -: (veraltet) Sammler von Auszügen od. Zitaten aus dichterischen od. wissenschaftlichen Werken. **ana|lek|tisch:** a) die Analekten betreffend; b) auswählend.

Ana|lek|tis|mus *der;* - ⟨zu ↑...ismus (2)⟩: (veraltet) das Anlegen von Analekten

Ana|lep|sis ⟨aus *gr.* análepsis „Wiederaufnahme, Wiedererlangen"⟩: Wiederholung u. Bestätigung ausdrückende Formel der barocken Figurenlehre (Mus.). **Ana|lep|ti|kum** *das;* -s, ...ka ⟨aus gleichbed. *lat.* analepticum, dies aus *gr.* analēptikon⟩: belebendes, anregendes Mittel (Med.). **ana|lep|tisch** ⟨aus *gr.* analēptikós „kräftigend, stärkend"⟩: belebend, anregend, stärkend

Anal|ero|tik *die;* - ⟨zu ↑anal u. ↑Erotik⟩: [frühkindliches] sexuelles Lustempfinden im Bereich des Afters, vor allem im Zusammenhang mit der Kotentleerung (Psychoanalyse). **Anal|ero|ti|ker** *der;* -s, -: jmd., dessen sexuelle Wünsche auf den After u. dessen Umgebung fixiert sind. **Anal|fis|sur** *die;* -, -en: schmerzhafte Rißbildung der Haut am After (Med.). **Anal|fi|stel** *die;* -, -n: Mastdarm-, Afterfistel (vgl. Fistel; Med.)

An|al|gen *das;* -s, -e ⟨verkürzt aus ↑Analgesie u. ↑...gen⟩: svw. Analgetikum. **An|al|ge|sie** *die;* -, ...ien ⟨aus *gr.* analgēsía „Unempfindlichkeit" zu a(n)- „un-, nicht-" u. álgos „Schmerz"⟩: Aufhebung der Schmerzempfindung, Schmerzlosigkeit. **An|al|ge|si|me|trie** *die;* -, ...ien ⟨zu ↑...metrie⟩: Registrierung des Grades der Aufhebung einer Schmerzempfindung [durch Arzneimittel]. **An|al|ge|ti|kum** *das;* -s, ...ka ⟨zu ↑...ikum⟩: schmerzstillendes Mittel (Med.). **an|al|ge|tisch:** schmerzstillend. **An|al|gie** *die;* -, ...ien ⟨zu *gr.* a(n)- „un-, nicht-" u. ↑...algie⟩: svw. Analgesie

An|al|go|se|die|rung *die;* -, -en ⟨zu ↑Sedierung⟩: Schmerzausschaltung durch Verabreichung eines ↑Analgetikums

an|al|lak|tisch ⟨zu *gr.* a(n)- „un-, nicht-" u. allaktós „abweichend" (Analogiebildung zu ↑parallaktisch)⟩: unveränderlich; -er Punkt: vorderer Brennpunkt bei Fernrohren

an|al|ler|gisch ⟨zu *gr.* a(n)- „un-, nicht-" u. ↑allergisch⟩: keine Antikörperbildung im Blut hervorrufend, keine Antigen-Antikörper-Reaktion mit schon vorhandenen Antikörpern auslösend (Med.)

ana|log ⟨aus gleichbed. *fr.* analogue, dies über *lat.* analogos aus *gr.* análogos „verhältnismäßig, übereinstimmend", eigtl. „dem ↑Logos gemäß"⟩: 1. [einem anderen, Vergleichbaren] entsprechend, ähnlich; gleichartig; vgl. ...isch/-. 2. a) kontinuierlich, stufenlos (EDV); b) durch ein und dieselbe mathematische Beziehung beschreibbar; einen Wert durch eine physikalische Größe darstellend; Ggs. ↑²digital. **Ana|lo|gat** *das;* -[e]s, -e ⟨zu ↑Analogie u. ↑...at (1)⟩: analoges Verhältnis von Begriffen (z. B. in der Philosophie). **Ana|log-Di|gi|tal-Kon|ver|ter** [...'vɛr...] *der;* -s, -: elektronische Schaltung, die analoge Eingangssignale in digitale Ausgangssignale umsetzt (EDV); Ggs. ↑Digital-Analog-Konverter. **Ana|log-Di|gi|tal-Wand|ler** *der;* -s, -: svw. Analog-Digital-Konverter. **Ana|log|grö|ße** *die;* -, -n: zur Signaldarstellung u. -übermittlung verwendbare physikalische Größe, deren Informationsparameter (z. B. ↑Amplitude u. Phase bei zeitlich periodischen Größen) in bestimmten Grenzen beliebige Zwischenwerte annehmen können (EDV); Ggs. ↑Digitalgröße. **Ana|lo|gie** *die;* -, ...ien ⟨über *lat.* analogia aus gleichbed. *gr.* analogía⟩: 1. Entsprechung, Ähnlichkeit, Gleichheit von Verhältnissen, Übereinstimmung. 2. gleiche Funktion von Organen verschiedener entwicklungsgeschichtlicher Herkunft (Biol.). 3. a) in der antiken Grammatik Übereinstimmung in der Formenlehre (z. B. gleiche Endungen bei denselben Kasus) od. in der Wortbildung (gleiche Ableitungen); b) Ausgleich von Wörtern od. sprachlichen Formen nach assoziierten Wörtern od. Formen auf Grund von formaler Ähnlichkeit od. begrifflicher Verwandtschaft (Sprachw.). **Ana|lo|gie|bil|dung** *die;* -, -en: Bildung od. Umbildung einer sprachlichen Form nach dem Muster einer anderen (z. B. *Diskothek* nach *Bibliothek;* Sprachw.). **Ana|lo|gie|schluß** *der;* ...schlusses, ...schlüsse: Folgerung von der Ähnlichkeit zweier Dinge auf die Ähnlichkeit zweier anderer od. aller übrigen. **Ana|lo|gie|zau|ber** *der;* -s, -: mit Zauber verbundene Handlung, die bewirken soll, daß sich Entsprechendes od. Ähnliches [an jmdm.] vollzieht (z. B. das Verbrennen von Haaren eines Menschen, der dadurch geschwächt werden od. sogar sterben soll). **Ana|lo|gi|on** *das;* -s, Plur. ...gien [...jən] od. ...gia ⟨aus gleichbed. *gr.* analogeîon zu analégein „lesen"⟩: das Lesepult in der orthodoxen Liturgie. **ana|lo|gisch** ⟨zu ↑Analogie⟩: nach Art einer Analogie; vgl. ...isch/-. **ana|lo|gi|sie|ren** ⟨zu ↑...isieren⟩: an-, vergleichen. **Ana|lo|gis|mus** *der;* -, ...men ⟨zu ↑...ismus (2)⟩: svw. Analogieschluß. **Ana|lo|gi|um** *das;* -s, ...gia ⟨über *nlat.* analogium aus gleichbed. *gr.* analogeîon⟩: svw. Analogion. **Ana|lo|gon** *das;* -s, ...ga ⟨aus gleichbed. *gr.* análogon⟩: ähnlicher, gleichartiger (analoger) Fall. **Ana|lo|go|phi|lie** *die;* - ⟨zu analog u. ↑...philie⟩: svw. Maximaphilie. **Ana|log|rech|ner** *der;* -s, -: Rechenanlage, bei der die mathematischen Beziehungen als geometrische (z. B. Strecken, Kurven) od. physikalische (z. B. Stromstärken) Größen verarbeitet werden; Ggs. ↑Digitalrechner. **Ana|log|si|gnal** *das;* -s, -e: durch eine ↑Analoggröße repräsentiertes od. mit ihr moduliertes Signal; Ggs. ↑Digitalsignal. **Ana|log|uhr** *die;* -, -en: Uhr, die die Zeit auf einem Zifferblatt angibt; Ggs. ↑Digitaluhr

An|al|pha|bet [auch ...'be:t] *der;* -en, -en ⟨aus gleichbed. *gr.* analphábētos; vgl. Alphabet⟩: 1. jmd., der nicht lesen u. schreiben gelernt hat, der des Lesens u. Schreibens unkundig ist. 2. (abwertend) jmd., der in einer bestimmten Sache nichts weiß, nicht Bescheid weiß; z. B. ein politischer -. **an|al|pha|be|tisch** [auch ...'be:...]: des Lesens u. Schreibens unkundig. **An|al|pha|be|tis|mus** *der;* - ⟨zu ↑...ismus (3)⟩: Unfähigkeit, die eigene Sprache zu lesen u. zu schreiben (weil es nicht gelernt worden ist)

Anal|ver|kehr *der;* -s ⟨zu ↑anal⟩: das Einführen des ↑Penis in den After (als Variante des Geschlechtsverkehrs)

Ana|ly|sand *der;* -en, -en ⟨zu ↑Analyse u. ↑...and⟩: jmd., der sich einer psychotherapeutischen Behandlung unterzieht, der psychologisch analysiert wird. **Ana|ly|sa|tor** *der;* -s, ...oren ⟨zu ↑...or⟩: 1. Meßeinrichtung zum Nachweis linear polarisierten Lichtes (Phys.). 2. Vorrichtung zum Zerlegen einer Schwingung in harmonische Schwingungen (↑Sinusschwingungen; Phys.). 3. jmd., der eine psychotherapeutische Behandlung durchführt. **Ana|ly|se** *die;* -, -n ⟨aus *mlat.* analysis „Auflösung", dies aus *gr.* análysis zu analýein „auflösen"⟩: 1. systematische Untersuchung eines Gegenstandes od. Sachverhalts hinsichtlich aller einzelnen Komponenten od. Faktoren, die ihn bestimmen; Ggs. ↑Synthese (1) 2. Ermittlung der Einzelbestandteile von zusammengesetzten Stoffen od. Stoffgemischen mit chem. od. physik. Methoden (Chem.). **Ana|ly|ser** ['ænəlaɪzə] *der;* -s, - ⟨aus gleichbed. *engl.* analyser zu analyse „auswerten"; vgl. analysieren⟩: Einrichtung an Hi-Fi-Anlagen, die eine graphische Darstellung des Pegels od. Frequenzbandes auf einem Display ermöglicht (Elektrot.). **ana|ly|sie|ren** [analy...] ⟨zu ↑...ieren⟩: etwas [wissenschaftlich] zergliedern, zerlegen, untersuchen, auflösen, Einzelpunkte herausstellen. **Ana|ly|sis** *die;* - ⟨aus *gr.* análysis „Auflösung"⟩: 1. Teilgebiet der Mathematik, in dem mit Grenzwerten gearbeitet wird. 2. Schulausdruck für das rechnerische Verfahren bei der Lösung einer geometrischen Aufgabe. **Ana|lyst** [auch engl. 'ænəlɪst] *der;* -en, -en u. (bei engl. Ausspr.) *der;* -s, -s ⟨aus *engl.* analyst „Analytiker"⟩: Börsenfachmann, der berufsmäßig die Lage u. Tendenz in der Wertpapierbörse beobachtet u. analysiert. **Ana|ly|tik** *die;* - ⟨über gleichbed. *lat.* analytice aus *gr.* analytikḗ (téchnē)⟩: 1. a) Kunst der Analyse; b) Lehre von den Schlüssen u. Beweisen (Logik). 2. svw. analytische Chemie. **Ana|ly|ti|ker** *der;* -s, -: a) jmd., der bestimmten Erscheinungen analysiert; b) jmd., der die Analytik anwendet u. beherrscht; c) svw. Psychoanalytiker. **ana|ly|tisch** ⟨aus *gr.* analytikós „auflösend"⟩: zergliedernd, zerlegend, durch logische Zergliederung entwickelnd; -e Chemie: Teilgebiet der Chemie, das sich mit der Zerlegung u. Strukturaufklärung von Verbindungen befaßt; -e Geometrie: Geometrie, die Punkte der Linie, der Ebene u. des Raumes durch Zahlen im ↑Koordinatensystem definiert sowie Gleichungen zwischen diesen aufstellt; -es Drama: Drama, das die Ereignisse, die eine tragische Situation herbeigeführt haben, im Verlauf der Handlung schrittweise enthüllt; -e Sprachen: Sprachen, die die syntaktischen Beziehungen mit Hilfe besonderer Wörter ausdrücken (z. B. dt. „ich habe geliebt" im Gegensatz zu lat. „amavi"; Sprachw.); Ggs. ↑synthetische Sprachen

An|amar|te|sie *die;* - ⟨zu *gr.* a(n)- „un-, nicht-" u. hamartía „Fehler, Sünde"⟩: (veraltet) Fehlerlosigkeit, Sündlosigkeit. **an|amar|te|tisch** ⟨aus gleichbed. *gr.* anarmártētos⟩: (veraltet) fehlerfrei, sündlos

Anämie

An|ämie *die;* -, ...jen ⟨aus *gr.* anaimía „Blutleere" zu a(n)- „un-, nicht-" u. ↑...ämie⟩: a) Verminderung des ↑ Hämoglobins u. der roten Blutkörperchen im Blut; b) akuter Blutmangel nach plötzlichem schwerem Blutverlust (Med.). **an|ämisch:** die Anämie (a, b) betreffend (Med.)

Ana|mi|xis *die;* - ⟨aus gleichbed. *gr.* anámixis⟩: (veraltet) Vermischung

Ana|mne|se *die;* -, -n ⟨über *spätlat.* anamnesis aus *gr.* anámnēsis „Erinnerung"⟩: 1. Vorgeschichte einer Krankheit nach Angaben des Kranken (Med.). 2. in der Eucharistiefeier das Gebet nach der ↑ Konsekration (2) (Rel.). 3. svw. Anamnesis. **Ana|mne|sis** *die;* -, ...mnęsen ⟨aus *gr.* anámnēsis, vgl. Anamnese⟩: Wiedererinnerung der Seele an vor der Geburt, d. h. ihrer Vereinigung mit dem Körper, geschaute Wahrheiten (griech. Philos.). **ana|mnestisch** u. **ana|mne|tisch** ⟨aus *gr.* anámnēstos „erinnerlich"⟩: die Anamnese betreffend

An|am|ni|er [...iər] *die* (Plur.) ⟨zu *gr.* a(n)- „un-, nicht-" u. amníon „Haut, die die Leibesfrucht umgibt"⟩: alle ohne ↑ Amnion sich entwickelnden Wirbeltiere (Fische u. Lurche; Biol.); Ggs. ↑ Amnioten

Ana|mor|pho|se *die;* -, -n ⟨aus *gr.* anamórphōsis „Umgestaltung"⟩: die für normale Ansicht verzerrt gezeichnete Darstellung eines Gegenstandes (Kunstw.). **Ana|mor|phot** *der;* -en, -en ⟨zu *gr.* anamorphoūn „umgestalten, verwandeln"⟩: Linse zur Entzerrung anamorphotischer Abbildungen. **ana|mor|pho|tisch:** umgestaltet, verwandelt, verzerrt; -e Abbildungen: Abbildungen, die bewußt verzerrt hergestellt sind (Foto- u. Kinotechnik)

Ana|nas *die;* -, Plur. - u. -se ⟨aus *port.* ananás, dies aus gleichbed. *indian.* (a)naná⟩: 1. tropische Pflanze mit rosettenartig angeordneten Blättern u. wohlschmeckenden fleischigen Früchten. 2. Frucht der Ananaspflanze

An|an|drie *die;* - ⟨zu *gr.* a(n)- „un-, nicht-", anḗr, Gen. andrós „Mann" u. ↑²...ie⟩: 1. Unmännlichkeit, Feigheit. 2. Mannlosigkeit. **an|an|drisch:** 1. a) unmännlich; b) ohne Mann. 2. ohne Staubfäden (Bot.)

An|an|kas|mus *der;* -, ...men ⟨aus gleichbed. *nlat.* anancasmus, dies zu *gr.* anágkasma „Zwangsmittel, Zwang"; vgl. Ananke⟩: 1. (ohne Plur.) Zwangsneurose (Denkzwang, Zwangsvorstellung); krankhafter Zwang, bestimmte [unsinnige] Handlungen auszuführen (Med., Psychol.). 2. zwanghafte Handlung. **An|an|kast** *der;* -en, -en ⟨zu ↑...ast⟩: ein unter Zwangsvorstellung (Denkzwang, z. B. Zählzwang) Leidender (Med., Psychol.). **An|an|ke** *die;* - ⟨aus *gr.* anágkē „Zwang, schicksalhafte Notwendigkeit"⟩: 1. Verkörperung der schicksalhaften Macht (bzw. Gottheit) der Natur u. ihrer Notwendigkeiten (griech. Philos.). 2. Zwang, Schicksal, Verhängnis

An|ant|apo|do|ton *das;* -, ...ta ⟨aus *gr.* anantapódoton „unvollständiger Satz", eigtl. „das Nichtzurückgegebene"⟩: bei Sätzen mit zweigliedrigen Konjunktionen das Fehlen des durch die zweite Konjunktion eingeleiteten Satzes (Sprachw.); vgl. Anakoluth

an|an|thisch ⟨zu *gr.* a(n)- „un-, nicht-" u. ánthos „Blume"⟩: nicht blühend (Bot.)

Ana|nym *das;* -s, -e ⟨zu *I* ana... u. *gr.* ónyma „Name"⟩: Sonderform des ↑ Pseudonyms, die aus dem rückwärts geschriebenen wirklichen Namen besteht, wobei die Buchstaben nicht od. nur teilweise verändert werden, z. B. Grob (aus Borg), Ceram (aus Marek)

ana par|tes aequa|les [- - ɛ'kva:le:s] ⟨*lat.;* „zu gleichen Teilen"⟩: Vermerk auf ärztlichen Rezepten; Abk.: āā od. āā. pt. aequ. od. ana

Ana|päst *der;* -[e]s, -e ⟨über *lat.* anapaestus aus gleichbed. *gr.* anápaistos, eigtl. „Zurückgeschlagener, Zurückprallender"⟩: aus zwei Kürzen u. einer Länge (◡◡−) bestehender Versfuß (d. i. die kleinste rhythmische Einheit eines Verses; antike Metrik). **Ana|pä|ste** *die* (Plur.): im Versmaß des ↑ Anapäst abgefaßte Spottgedichte. **ana|pä|stisch:** in der Form eines Anapästs

Ana|pe|tie *die;* -, ...jen ⟨zu ↑ ana..., *gr.* petannýnai „ausbreiten" u. ↑²...ie⟩: Gefäßausdehnung, Gefäßerweiterung (Med.)

Ana|phal|lan|tia|sis *die;* -, ...iasen ⟨zu ↑ ana..., *gr.* phalantías „Kahlkopf" u. ↑...iasis⟩: das Ausfallen der Kopfhaare u. der Augenbrauen (Med.)

Ana|pha|se *die;* -, -n ⟨zu ↑ ana... u. ↑ Phase⟩: besonderes Stadium bei der Kernteilung der Zelle (Biol.)

Ana|pher *die;* - ⟨zu ↑ Anaphora⟩: 1. Wiederholung eines Wortes od. mehrerer Wörter zu Beginn aufeinanderfolgender Sätze od. Satzteile (Rhet., Stilk.); Ggs. ↑ Epiphora (2). 2. Ausdruck, der sich auf vorausgegangene Ausdrücke im Text bezieht, z. B. in Form eines Pronomens (Karl erwachte; *er* hatte schlecht geschlafen; Sprachw.); Ggs. Katapher

An|aphie *die;* -, ...jen ⟨zu *gr.* a(n)- „un-, nicht-", haphḗ „Gefühl" u. ↑²...ie⟩: verminderte Hautempfindlichkeit, Mangel an Tastvermögen (Med.)

Ana|pho|ne|se *die;* -, -n ⟨zu ↑ ana... u. *gr.* phṓnēsis „das Tönen, Rufen" u. ↑...ese⟩: Stärkung der Lunge durch lautes Sprechen od. Singen (Med.)

Ana|pho|ra *die;* -, ...rä ⟨über gleichbed. *lat.* anaphora aus *gr.* (ep)anaphorá zu anaphoreīn, anaphérein „hinauftragen, zurückbeziehen"⟩: 1. svw. Anapher. 2. a) Hochgebet in der Eucharistiefeier der Ostkirchen; b) die Eucharistie selbst als Hauptteil der orthodoxen Messe (vgl. Kanon 7).

Ana|pho|re|se *die;* - ⟨Kurzbildung aus *A*node u. ↑ Elektrophorese⟩: spezielle Form der ↑ Elektrophorese. **ana|phorisch** ⟨zu ↑ Anaphora⟩: 1. die Anapher betreffend, in der Art der Anapher. 2. rückweisend (z. B. Ein Mann ... *Er* ...); Ggs. ↑ kataphorisch (Rhet., Stilk.)

An|aphro|di|sia|kum *das;* -s, ...ka ⟨zu *gr.* a(n)- „un-, nicht-" u. ↑ Aphrodisiakum⟩: Mittel zur Herabsetzung des Geschlechtstriebes (Med.); Ggs. ↑ Aphrodisiakum. **An|aphro|di|sie** *die;* -, ...jen: geschlechtliche Empfindungslosigkeit (Med.). **An|aphro|dit** *der;* -en, -en ⟨zu ↑³...it⟩: (veraltet) zeugungsunfähiger Mann. **an|aphro|di|tisch:** (veraltet) zeugungsunfähig

ana|phy|lak|tisch ⟨zu ↑ ana... u. *gr.* phylaktéos „zu hüten, beschützend"⟩: die ↑ Anaphylaxie betreffend (Med.); -er Schock: Schock infolge von Überempfindlichkeit gegenüber wiederholter Zufuhr desselben Eiweißes durch Injektion (1). **ana|phy|lak|to|id** ⟨zu ↑...oid⟩: der ↑ Anaphylaxie ähnlich, mit anaphylaxieähnlichen Erscheinungen einhergehend (Med.). **Ana|phy|la|xie** *die;* -, ...jen ⟨zu ↑ ana... u. *gr.* phýlaxis „Beschützung" u. ↑²...ie⟩: Überempfindlichkeit, schockartige allergische (1) Reaktion, bes. gegen artfremdes Eiweiß, eine Sonderform der ↑ Allergie (Med.)

Ana|pla|sie *die;* -, ...jen ⟨zu ↑ ana... u. *gr.* plássein „bilden, formen", eigtl. „Umbildung"; Analogiebildung zu ↑ Metaplasie⟩: für bösartige Gewächse charakteristischer Verlust der Differenzierungsfähigkeit von Zellen (Med.). **Ana|plas|mo|se** *die;* -, -n ⟨zu ↑¹...ose⟩: durch Anämie u. Gelbsucht gekennzeichnete Tierseuche (Tiermed.). **Ana|pla|stik** *die;* -, -en ⟨zu ↑ ana... u. ↑¹ Plastik⟩: svw. Transplantation (1). **ana|pla|stisch:** 1. die Anaplasie betreffend. 2. die Anaplastik betreffend

Ana|pro|se|lyt *der;* -en, -en ⟨zu ana... u. ↑ Proselyt⟩: (veraltet) ein für eine Sache Zurückgewonnener

An|ap|si|de *die;* -, -n (meist Plur.) ⟨zu *gr.* a(n)- „un-, nicht-" u. ↑Apside⟩: ein ↑Reptil ohne Öffnung in der Schläfenregion des Schädeldaches

Ana|psy|che *die;* - ⟨zu ↑ana... u. *gr.* psychḗ „Hauch, Atem; Seele"⟩: (veraltet) das Aufatmen, Atemholen; Erquickung

Ana|pty|chen *die* (Plur.) ⟨zu ↑ana... u. *gr.* ptýx, Gen. ptychós „Schicht, Lage"⟩: versteinerte Teile der ↑Ammoniten

Ana|pty|sis *die;* - ⟨aus gleichbed. *gr.* anáptysis zu anaptýein „ausspeien"⟩: (veraltet) das Aushusten, Ausspeien (Med.)

Ana|pty|xe *die;* -, -n ⟨aus *gr.* anáptyxis „Entfaltung, Entwicklung" zu anaptýssein „entfalten"⟩: Bildung eines Sproßvokals zwischen zwei Konsonanten, z. B. fünef für fünf; vgl. Swarabhakti u. Epenthese

an|arch ⟨aus *gr.* ánarchos „führerlos"⟩: svw. anarchisch; vgl. ...isch/-. **An|ar|chie** *die;* -, ...ien ⟨aus gleichbed. *gr.* archía zu ánarchos, vgl. anarch⟩: [Zustand der] Herrschaftslosigkeit, Gesetzlosigkeit; Chaos in rechtlicher, politischer, wirtschaftlicher, gesellschaftlicher Hinsicht. **an|ar|chisch**: herrschaftslos, gesetzlos, ohne feste Ordnung, chaotisch; vgl. ...isch/-. **An|ar|chis|mus** *der;* - ⟨zu ↑...ismus (1)⟩: Anschauung, politische Lehre, die jede Art von Autorität (z. B. Staat, Kirche) als Form der Herrschaft von Menschen über Menschen ablehnt u. menschliches Zusammenleben nach den Grundsätzen von Gerechtigkeit, Gleichheit u. Brüderlichkeit ohne alle Zwangsmittel verwirklichen will. **An|ar|chist** *der;* -en, -en ⟨zu ↑...ist⟩: a) Anhänger des Anarchismus; b) jmd., der jede staatliche Organisation u. Ordnung ablehnt; Umstürzler. **An|ar|chi|stin** *die;* -, -nen: weibliche Form zu ↑Anarchist. **an|ar|chi|stisch** ⟨zu ↑...istisch⟩: a) dem Anarchismus entsprungend; b) den Anarchismus vertretend. **An|ar|cho** *der;* -[s], -[s] (meist Plur.) ⟨italienisierende Bildung zu ↑Anarchist⟩: (ugs.) jmd., der sich gegen die bestehende bürgerliche Gesellschaft u. deren Ordnung mit Aktionen u. Gewalt auflehnt. **An|ar|cho|kom|mu|nis|mus** *der;* - ⟨zu ↑anarchisch⟩: Variante des Anarchismus, verbunden mit der Idee des Kollektivismus. **An|ar|cho|syn|di|ka|lis|mus** *der;* -: sozialrevolutionäre Bewegung in den roman. Ländern (bes. Ende des 19. Jh.s), die die Arbeiterschaft zu organisieren suchte u. die Gewerkschaften als die einzigen effektiven Kampforgane betrachtete. **An|ar|cho|syn|di|ka|list** *der;* -en, -en: Anhänger des Anarchosyndikalismus. **An|ar|cho|sze|ne** *die;* -, -n ⟨zu ↑...szene⟩: Gruppe von Personen mit anarchistischen Zielvorstellungen

An|äre|sis *die;* -, ...resen ⟨über *spätlat.* anaeresis aus *gr.* anaíresis „Aufhebung"⟩: die Entkräftung einer gegnerischen Behauptung (antike Rhet.)

an|ar|gy|risch ⟨zu *gr.* a(n)- „un-, nicht-" u. argýrion „Silber, Geld"⟩: (veraltet) ohne Silber, kein Geld kostend

An|ari|ste|se *die;* - ⟨zu *gr.* a(n)- „un-, nicht-", áriston „Frühstück" u. ↑...ese⟩: (veraltet) das Nüchternbleiben, Fasten

An|ar|thrie *die;* -, ...ien ⟨zu *gr.* a(n)- „un-, nicht-", arthroūn „gliedern, artikulierte Laute hervorbringen" u. ↑²...ie⟩: Störung der Lautbildung; Unvermögen, Wörter od. Einzellaute trotz Funktionstüchtigkeit der Sprechorgane richtig zu bilden (Med.); vgl. Pararthrie

Ana|sar|ka *die;* - ⟨Zusammenrückung aus *gr.* anà sárka „ins Fleisch hinein"⟩: Hautwassersucht, ↑Ödem des Unterhautzellgewebes (Med.). **Ana|sar|kie** *die;* - ⟨zu ↑²...ie⟩: svw. Anasarka

Ana|sa|zi|kul|tur *die;* - ⟨zu *Navajo* (einer nordamerik. Indianersprache) 'a-naa-sází „die fremde alte (Zeit)" u. ↑Kultur⟩: Indianerkultur im südwestlichen Nordamerika, die ihre Blütezeit zwischen dem 9. u. 13. Jh. hatte

Ana|sta|sis *die;* - ⟨über *lat.* anastasis aus *gr.* anástasis „Auferstehung"⟩: bildliche Darstellung der Auferstehung Jesu in der byzantinischen Kirche (Kunstw.). **ana|sta|tisch** ⟨aus *gr.* anástatos „aufgestanden"⟩: wiederauffrischend, neubildend; -er Druck: chem. Verfahren zur Vervielfältigung alter Drucke ohne Neusatz durch Übertragung der Druckschrift auf Stein od. Zink

An|äs|the|sa|ti|on *die;* - ⟨zu ↑Anästhesie u. ↑...ation⟩: das Ausschalten der Schmerzempfindung; vgl. ...[at]ion/...ierung. **An|äs|the|sie** *die;* -, ...ien ⟨aus *gr.* anaisthēsía „Unempfindlichkeit"⟩: 1. Ausschaltung der Schmerzempfindung (z. B. durch Narkose). 2. das Fehlen der Schmerzempfindung (bei Nervenschädigungen). **an|äs|the|sie|ren** ⟨zu ↑...ieren⟩: schmerzunempfindlich machen, betäuben. **An|äs|the|sie|rung** *die;* - ⟨zu ↑...ierung⟩: das Anästhesieren; vgl. ...[at]ion/...ierung. **An|äs|the|sin** ⓦ *das;* -s, -e ⟨zu ↑...in (1)⟩: Anästhetikum für Haut u. Schleimhäute. **An|äs|the|sio|lo|ge** *der;* -n, -n ⟨zu ↑...loge⟩: Forscher u. Wissenschaftler auf dem Gebiet der Anästhesiologie. **An|äs|the|sio|lo|gie** *die;* - ⟨zu ↑...logie⟩: Wissenschaft von der Schmerzbetäubung, den Narkose- u. Wiederbelebungsverfahren. **an|äs|the|sio|lo|gisch** ⟨zu ↑...logisch⟩: die Anästhesiologie betreffend. **An|äs|the|sist** *der;* -en, -en ⟨zu ↑...ist⟩: Narkosefacharzt. **An|äs|the|ti|kum** *das;* -s, ...ka ⟨zu ↑...ikum⟩: schmerzstillendes, schmerzausschaltendes Mittel. **an|äs|the|tisch** ⟨zu *gr.* anaísthētos „unempfindlich, gefühllos"⟩: 1. Schmerz ausschaltend. 2. mit [Berührungs]unempfindlichkeit verbunden. **an|äs|the|ti|sie|ren** ⟨zu ↑...isieren⟩: svw. anästhesieren

An|astig|mat *der;* Gen. -s od. -en, Plur. -e[n], selten auch *das;* -s, -e ⟨zu *gr.* a(n)- „un-, nicht-" u. astigmatisch⟩: [fotografisches] Objekt, bei dem die Verzerrung durch schräg einfallende Strahlen u. die Bildfeldwölbung beseitigt ist. **an|astig|ma|tisch**: unverzerrt, ohne Astigmatismus (1). **An|astig|ma|tis|mus** *der;* - ⟨zu ↑...ismus (3)⟩: das Vorliegen gleicher Brechungsverhältnisse der Augen

Ana|stö|chio|se *die;* - ⟨zu ↑ana... *gr.* stoicheīon „Grundbestandteil, Element" u. ↑¹...ose⟩: Auflösung der Körper in ihre Grundstoffe

Ana|sto|le [...le] *die;* -, -n ⟨aus *gr.* anastolḗ „das Zurückwerfen" zu anastéllein „zurückdrängen"⟩: das Zurückschlagen der Wundränder zwecks Untersuchung u. Reinigung (Med.)

Ana|sto|mo|se *die;* -, -n ⟨zu *gr.* anastomoūn „eine Mündung (Schleuse) öffnen" u. ↑¹...ose⟩: 1. Querverbindung zwischen Gefäßsträngen od. Pilzfäden (Bot.). 2. a) natürliche Verbindung zwischen Blut- od. Lymphgefäßen od. zwischen Nerven; b) operativ hergestellte künstliche Verbindung zwischen Hohlorganen (Med.). **ana|sto|mo|sie|ren** ⟨zu ↑...ieren⟩: 1. sich miteinander durch eine ↑Anastomose (2, a) verbinden (Med.). 2. Hohlorgane durch Herstellung einer ↑Anastomose (2, b) künstlich miteinander verbinden (Med.)

Ana|stro|phe [...fe] *die;* -, -n [...'stro:fŋ] ⟨aus *gr.* anastrophḗ „das Umlenken, Umkehr"⟩: Umkehrung der gewöhnlichen Wortstellung, bes. die Stellung der Präposition hinter dem dazugehörenden Substantiv (z. B. *zweifelsohne* für *ohne Zweifel*; Sprachw.)

Ana|sty|lo|se *die;* -, -n ⟨zu ↑ana... u. *gr.* styloūn „mit Säulen stützen"⟩: vollständige Demontage eines zu rekonstruierenden Bauwerks (Kunstw.)

Ana|tas *der;* - ⟨zu *gr.* anátasis „Steigung, Emporstreckung" (wegen des Vorkommens in gewöhnlich spitzen Kristallen)⟩: ein blauschwarzes, auch gelbes, braunes od. rotes Mineral

Ana|te|xis *die;* - ⟨aus *gr.* anátēxis „das Schmelzen" zu anatḗ-

Anathem

kein „zerschmelzen, auflösen"): das Wiederaufschmelzen von Gesteinen in der Erde durch ↑tektonische Vorgänge (Geol.)

Ana|them *das;* -s, -e u. **Ana|the|ma** *das;* -s, ...themata ‹über *lat.* anathema aus *gr.* anáthema „Verfluchung, Verwünschung" zu anatithénai „(öffentlich) aufstellen, ausstellen"›: 1. Verfluchung, Kirchenbann. 2. a) den Göttern vorbehaltenes Weihegeschenk (antike Rel.); b) das dem Zorn der Götter Überlieferte, das Verfluchte. **ana|the|ma|ti|sie|ren** ‹zu ↑...isieren›: mit dem Kirchenbann belegen, verdammen (Rel.). **Ana|the|ma|ti|sie|rung** *die;* -, -en ‹zu ↑...isierung›: das Anathematisieren

ana|tio|nal ‹zu *gr.* a- „un-, nicht-" u. ↑national›: gleichgültig gegenüber Volkstum u. ↑Nationalität (1)

Ana|tol *der;* -[s], -s ‹nach der türk. Landschaft Anatolien›: handgeknüpfter, buntfarbiger Teppich aus Kleinasien

Ana|tom *der;* -en, -en ‹zu *gr.* anatémnein „aufschneiden, zergliedern"›: Lehrer u. Wissenschaftler der Anatomie. **Ana|to|mie** *die;* -, ...ien ‹aus gleichbed. *lat.* anatomia zu *gr.* anatomḗ „Zergliederung"›: 1. a) (ohne Plur.) Wissenschaftsgebiet, das sich mit Form u. Körperbau der Lebewesen befaßt; b) Aufbau, Struktur des [menschlichen] Körpers. 2. das Gebäude, in dem die Anatomie (1 a) gelehrt wird. **ana|to|mie|ren** ‹zu ↑...ieren›: zergliedern (von Leichen); vgl. sezieren. **ana|to|misch**: a) die Anatomie betreffend; b) den Bau des [menschlichen] Körpers betreffend; c) zergliedernd

Ana|to|xin *das;* -s, -e ‹zu ↑ana... u. ↑Toxin›: durch Formalineinwirkung entgiftetes Bakteriengift, das zur Schutzimpfung dient

Ana|to|zis|mus *der;* -, ...men ‹zu *gr.* anatokízein „wieder verzinsen" u. ↑...ismus (2)›: Zinsverzinsung

ana|trop ‹zu ↑ana... u. ↑...trop›: umgewendet, gegenläufig (von der Lage einer Samenanlage; Bot.)

Anat|to *der* od. *das;* -[s] ‹aus *indian.* annotto „gelbroter Farbstoff"›: svw. Orlean

an|axi|al ‹zu *gr.* a(n)- „un-, nicht-" u. ↑axial›: nicht in der Achsenrichtung angeordnet, nichtachsig, nicht achsrecht; -er Satz: bestimmte drucktechnische Gestaltungsart eines Textes (Buchdr.).

An|azi|di|tät vgl. Anacidität

ana|zy|klisch [auch ...'tsyk...] ‹aus gleichbed. *gr.* anakyklikós; vgl. zyklisch›: vorwärts und rückwärts gelesen den gleichen Wortlaut ergebend (von Wörtern od. Sätzen, z. B. Otto); vgl. Palindrom

...ance [...ã:s] ‹aus *fr.* -ance, dies aus *lat.* -antia›: Suffix weiblicher Fremdwörter, z. B. Renaissance, Résistance; vgl. ...anz

an|ceps [...ts...] vgl. anzeps

An|chi|me|ta|mor|pho|se *die;* -, -n ‹zu *gr.* ágchi „nahe bei" u. ↑Metamorphose›: gesteinsbildender Prozeß im Grenzbereich von ↑Diagenese u. ↑Metamorphose (4), z. B. die Bildung von Tonschiefern (Geol.). **An|chi|po|de** *der;* -n, -n ‹zu ↑...pode›: Mißgeburt, bei der das Becken deformiert ist u. die unteren Extremitäten eng beieinanderstehen (Med.). **An|chi|po|die** *die;* -, ...ien ‹zu ↑²...ie›: die beim ↑Anchipoden vorliegende Mißbildung (Med.)

An|chor|man ['æŋkəmæn] *der;* -s, ...men [...mən] ‹aus gleichbed. *engl.* anchorman zu anchor „Anker" u. man „Mann"›: Nachrichtensprecher, Moderator (1)

An|cho|se [an'ʃo:zə] *die;* -, -n (meist Plur.) ‹zu *span.* anchoa u. *port.* anchova; vgl. Anschovis›: Sprotte od. Hering in Würztunke. **An|cho|vis** [an'ço:vɪs] *die;* -, - ‹aus gleichbed. *niederl.* ansjovis, vgl. Anschovis›: svw. Anschovis

An|ci|en|ni|tät [ãsiɛni...] *die;* -, -en ‹aus gleichbed. *fr.* ancien-

nité zu ancien „alt"›: 1. Dienstalter. 2. Dienstalterfolge. **An|ci|en|ni|täts|prin|zip** *das;* -s: Prinzip, nach dem z. B. Beamte nach dem Dienstalter, nicht nach der Leistung befördert werden. **An|ci|en ré|gime** [ã'sjɛ̃: re'ʒi:m] *das;* - - ‹aus *fr.* ancien régime „alte Regierungsform"›: alte u. nicht mehr zeitgemäße Regierungsform, überlebte Gesellschaftsordnung, bes. in bezug auf das Herrschafts- u. Gesellschaftssystem in Frankreich vor 1789

An|ci|le [an'tsi:lə] *das;* - ‹aus *lat.* ancile „Schild", eigtl. „der auf beiden Seiten Eingeschnittene"›: heiliger, länglichrunder Schild, der, angeblich vom Himmel herabgefallen, als Unterpfand für den Bestand Roms angesehen wurde

An|cil|la [...ts...] *die;* -, -s ‹aus gleichbed. *lat.* ancilla›: (veraltet) Magd. **An|cil|la theo|lo|giae** [– ...ɛ] ‹aus *lat.* ancilla theologiae „Magd der Theologie"›: Bez. für die dienende Rolle der Philosophie gegenüber der Theologie

an|co|ra una vol|ta [aŋ'ko:ra – v...] ‹*it.*›: noch einmal, wiederholen! (Mus.); vgl. da capo

An|cra|ge [ã'kra:ʒə] *die;* - ‹aus gleichbed. *fr.* ancrage zu *mlat.* ancroagium›: (veraltet) a) Ankergrund; b) Ankergeld. **An|cre** ['ã:krə] *die;* - ‹aus *fr.* ancre zu *lat.* ancora „Anker"›: ankerförmige Hemmung des Kron- od. Gangrades in alten Uhren

...and ‹aus der *lat.* Gerundivendung -andus, die ausdrückt, daß etwas mit jmdm. geschehen soll›: Suffix männlicher Fremdwörter mit passivischer Bedeutung, z. B. Konfirmand „jmd., der konfirmiert wird"

An|da|ba|ten *die* (Plur.) ‹aus gleichbed. *lat.* andabatae›: altröm. Gladiatoren, die mit verbundenen Augen kämpften. **An|da|ba|tis|mus** *der;* - ‹zu ↑...ismus›: (veraltet) das Tappen im Ungewissen

An|da|lu|sit [auch ...'zɪt] *der;* -s, -e ‹nach den Erstfunden in Andalusien u. zu ↑²...it›: Aluminiumsilikat (ein Mineral)

An|da|men|to *das;* -s, Plur. -s od. ...ti ‹aus *it.* andamento „Fortgang, Entwicklung"; vgl. andante›: a) eine der Bez. für die Zwischenspiele in einer Fuge; b) Bez. für ein ausgedehntes Fugenthema mit deutlich zweiteiliger Form (Mus.). **an|dan|ta|men|to** ‹*it.*›: ununterbrochen, fortgehend (Vortragsanweisung; Mus.). **an|dan|te** ‹*it.;* eigtl. „gehend", Part. Präs. von andare „gehen", dies aus *vulgärlat.* ambitare zu *lat.* ambire; vgl. Ambitus›: ruhig, mäßig langsam, gemessen (Vortragsanweisung; Mus.). **An|dan|te** *das;* -[s], -s: ruhiges, mäßig langsames, gemessenes Musikstück. **an|dan|te con mo|to** [– kɔn –] ‹*it.;* eigtl. „andante mit Bewegung"›: etwas schneller als andante (Mus.). **an|dan|te mo|de|ra|to** ‹*it.;* eigtl. „gemäßigt gehend"›: etwas langsamer als andante (Mus.). **an|dan|te mol|to** ‹*it.;* eigtl. „sehr ruhig (gehend)"›: etwas langsamer als andante (Mus.). **an|dan|ti|no** ‹*it.*›: etwas schneller als andante (Mus.). **An|dan|ti|no** *das;* -s, Plur. -s u. ...ni: kurzes Musikstück im Andante- od. Andantinotempo

An|da|ri|ni (Plur.) ‹aus gleichbed. *it.* andarini›: erbsengroße, länglichrunde Nudeln

An|ders|sen *der;* -, - ‹nach dem dt. Schachspieler A. Anderssen, 1818–1879›: den Schnittpunkt zweier Langschrittler nutzende Idee in Form einer Verstellung der Wirkungslinie (ohne ↑Kritikus 2 im Gegensatz zum ↑Inder) mit nachfolgendem Abzugsmatt (Kunstschach)

An|de|sin *der;* -s ‹nach den Anden (Hochgebirge in Südamerika) u. zu ↑...in (1)›: ein gesteinsbildendes Mineral. **An|de|sit** [auch ...'zɪt] *der;* -s, -e ‹zu ↑²...it›: ein vulkanisches Gestein. **an|din** ‹zu ↑...in (2)›: die Anden betreffend, in ihnen vorkommend

an|docken¹ ‹zu ↑docken›: [Raumschiffe aneinander] ankoppeln

andr..., Andr... vgl. andro..., Andro... **An|dra|ga|thie** *die;* - ⟨aus gleichbed. *gr.* andragathía zu anḗr, Gen. andrós „Mann", agathós „gut" u. ↑²...ie⟩: Bez. für die Mannestüchtigkeit u. Tapferkeit bei den alten Griechen. **An|dra|go|ge** *der;* -n, -n ⟨zu ↑ andro... u. *gr.* agōgós „Führer", dies zu ágein „führen, leiten"⟩: Fachmann auf dem Gebiet der Andragogik. **An|dra|go|gik** *die;* - ⟨zu ↑²...ik (1)⟩: Wissenschaft von der Erwachsenenbildung (Päd.). **an|dra|gogisch**: die Andragogik betreffend. **An|dra|lo|go|me|lie** *die;* - ⟨zu *gr.* álogon „unvernünftiges (Tier)", mélos „Glied" u. ↑²...ie⟩: (veraltet) menschliche Mißgeburt mit Tiergliedmaßen. **An|dra|po|di|sis** *die;* - ⟨aus gleichbed. *gr.* andrapódisis⟩: svw. Andrapodismus. **An|dra|po|dis|mus** *der;* - ⟨aus gleichbed. *gr.* andrapodismós zu poús, Gen. podós „Fuß"; vgl. ...ismus⟩: Unterjochung, Versklavung gefangener Feinde im alten Griechenland. **An|dra|po|dist** *der;* -en, -en ⟨aus gleichbed. *gr.* andrapodistḗs⟩: (veraltet) Menschen-, Sklavenhändler. **An|dria** *die;* - ⟨aus gleichbed. *gr.* andría⟩: a) Mannhaftigkeit, Mut, Ausdauer bei den alten Griechen; b) (veraltet) Mannweib. **An|dri|as** *der;* ...anten, ...anten ⟨aus gleichbed. *gr.* andrías⟩: (veraltet) Statue (eines Mannes)

An|dri|enne [ãdriˈɛn] *die;* -, -s ⟨aus *fr.* a(n)drienne, vgl. Adrienne⟩: svw. Adrienne

an|dro..., An|dro..., vor Vokalen meist andr..., Andr... ⟨aus gleichbed. *gr.* andro- zu anḗr, Gen. andrós „Mann"⟩: Wortbildungselement mit der Bedeutung „Mann, männlich", z. B. androgen, Androgynie, Andragogik. **An|dro|di|özie** *die;* -: das Vorkommen von Pflanzen mit nur männlichen Blüten neben solchen mit zwittrigen Blüten bei der gleichen Art (Bot.). **An|dro|ga|met** *der;* -en, -en: männliche Keimzelle; Ggs. ↑ Gynogamet. **An|dro|ga|mon** *das;* -s, -e (meist Plur.): Befruchtungsstoff des männlichen ↑ Gameten. **an|dro|gen** ⟨zu ↑...gen⟩: a) von der Wirkung eines Androgens betreffend; b) die Wirkung eines Androgens betreffend; c) männliche Geschlechtsmerkmale hervorrufend. **An|drogen** *das;* -s, -e: männliches Geschlechtshormon. **An|droge|ne|se** *die;* -, -n: Entwicklung eines Lebewesens aus einer befruchteten Eizelle, deren weiblicher Kern zugrunde geht u. die nur noch den väterlichen Chromosomensatz enthält (Biol.). **an|dro|gyn** ⟨zu *gr.* gynḗ „Frau"⟩: 1. Androgynie (1) zeigend. 2. a) zuerst männliche, dann weibliche Blüten am gleichen Blütenstand ausbildend; b) viele weibliche u. dazwischen wenig männliche Blüten aufweisend (von einem Blütenstand; Bot.); vgl. ...isch/-. **An|dro|gy|nie** *die;* - ⟨zu ↑²...ie⟩: 1. (wohl bei allen Menschen anzutreffende) körperlich-seelische Mischung beider Geschlechter in einer Person; vgl. Gynandrie (3). 2. Zwitterbildung bei Pflanzen (Bot.). **an|dro|gy|nisch**: (veraltet) svw. androgyn; vgl. ...isch/-. **An|dro|gy|no|phor** *das;* -s, -en ⟨zu ↑...phor⟩: stielartige Verlängerung der Blütenachse, auf der Stempel u. Staubblätter sitzen (Bot.). **an|dro|id** ⟨zu ↑...oid⟩: einem Mann ähnlich, vermännlicht. **An|dro|id** *der;* -en, -en: svw. Androide. **An|dro|i|de** *der;* -n, -n ⟨zu ↑...oide⟩: Maschine, die in ihrer äußeren Erscheinung u. in ihrem Bewegungsverhalten einem Menschen ähnelt (Kunstmensch). **An|dro|ke|pha|lo|id** *der;* -en, -en ⟨zu *gr.* kephalḗ „Kopf" u. ↑...oid⟩: menschenkopfähnlicher Stein. **An|dro|lep|sie** *die;* - ⟨zu *gr.* lēpsis „das Nehmen, Erhalten" (dies zu lambánein „ergreifen, in Besitz nehmen") u. ↑²...ie⟩: a) Geiselnahme im alten Athen; b) (veraltet) Anbiederung, Einschmeichelei. **An|dro|lith** [auch ...ˈlɪt] *der;* Gen. -s u. -en, Plur. -e[n] ⟨zu ↑...lith⟩: Versteinerung menschlicher Knochen. **An|dro|lo|ge** *der;* -n, -n ⟨zu ↑...loge⟩: Facharzt für Andrologie. **An|dro|lo|gie** *die;* - ⟨zu ↑...logie⟩: Teilgebiet der Medizin, das sich mit den [geschlechtsabhängigen] Erkrankungen des Mannes beschäftigt; Männerheilkunde; vgl. Gynäkologie. **an|dro|lo|gisch** ⟨zu ↑...logisch⟩: die Andrologie betreffend. **An|dro|ma|nie** *die;* -, ...ien ⟨zu ↑...manie⟩: (krankhaft) gesteigerter Geschlechtstrieb bei Frauen; ↑ Nymphomanie. **An|dro|me|rogo|nie** *die;* -: experimentell erreichbare Embryoentwicklung aus kernlosen Eiteilstücken allein mit dem Samenkern (Biol.). **An|dro|mon|özie** *die;* -: das Vorkommen von männlichen u. zwittrigen Blüten auf derselben Pflanze (Bot.). **An|dro|ny|mi|kon** *das;* -s, Plur. ...ken u. ...ka ⟨zu *gr.* ónyma „Name" u. ↑¹...on, Analogiebildung zu ↑ Patronymikon⟩: vom Familiennamen des Mannes abgeleiteter Frauenname, z. B. *Millerin* von *Miller*. **An|dro|pau|se** *die;* - ⟨zu ↑¹Pause⟩: das Aufhören der Sexualfunktion beim Mann (Med.). **An|dro|pha|gen** *die* (Plur.) ⟨aus *gr.* Androphágoi (Plur.) „Menschenfresser", vgl. Anthropophagen⟩: frühere Bez. für mehrere Völker in Indien, Äthiopien u. in Skythien. **an|dro|phil** ⟨zu ↑ andro... u. ↑...phil⟩: die Androphilie betreffend. **An|dro|phi|lie** *die;* -, ...ien ⟨zu ↑...philie⟩: Neigung zu reifen Männern im Unterschied zur Vorliebe für jüngere od. ältere Männer. **an|dro|phob** ⟨zu ↑...phob⟩: die Androphobie betreffend. **An|dro|pho|bie** *die;* -, ...ien ⟨zu ↑...phobie⟩: Furcht vor Männern, Haß auf Männer. **An|dro|phor** *das;* -s, -en ⟨zu ↑...phor⟩: 1. svw. Gonophor. 2. Staubblätter tragender Teil der Blütenachse (Bot.). **An|dro|sper|mi|um** *das;* -s, ...ien [...jən] (meist Plur.): Samenfaden, der ein ↑ Y-Chromosom enthält u. damit das Geschlecht als männlich bestimmt; vgl. Gynäkospermium. **An|dro|spo|re** *die;* -, -n: 1. Spore, die zu einer männlichen Pflanze wird. 2. Schwärmspore der Grünalgen. **An|droste|ron** *das;* -s ⟨Kunstw. aus ↑ andro..., ↑ steroid u. ↑ Hormon⟩: männliches Keimdrüsenhormon, Abbauprodukt des ↑ Testosterons. **An|dro|ter|mo|ne** *die* (Plur.): geschlechtsbestimmende Stoffe bei Pflanzen u. niederen Tieren (Biol.). **An|drö|ze|um** *das;* -s ⟨aus gleichbed. *nlat.* androeceum zu *gr.* oîkos „Haus"⟩: Gesamtheit der Staubblätter einer Blüte.

...äne ⟨aus *fr.* -aine, dies aus *lat.* -ana⟩: Suffix weiblicher Fremdwörter, z. B. Fontäne, Quarantäne

ane|an|tie|ren ⟨aus gleichbed. *fr.* anéantir zu néant „Nichts"⟩: (veraltet) vernichten, zerstören, ausrotten. **Ane|an|tisse|ment** [...ãtɪsˈmaː] *das;* -s ⟨aus gleichbed. *fr.* anéantissement⟩: (veraltet) a) Vernichtung, Ausrottung; Verfall; b) tiefste Demütigung

an|ebisch ⟨aus *gr.* ánēbos „unerwachsen, unmündig" zu a(n)- „un-, nicht-" u. hḗbē „Mannesreife"⟩: noch nicht mannbar; Ggs. ↑ ephebisch.

Anée [aˈneː] *die;* -, -n ⟨aus gleichbed. *fr.* ânée, eigtl. „Eselslast", zu âne „Esel", dies aus *lat.* asinus⟩: altes Weinmaß in Lyon (etwa 82 Liter)

An|eger|tik *die;* - ⟨zu *gr.* anegeírein „aufwecken" u. ↑²...ik (2)⟩: (veraltet) Wiederbelebungskunst bei Scheintoten

An|ei|dy|lis|mus *der;* - ⟨zu *gr.* a(n)- „un-, nicht-", eidýllion „kleines Bild" u. ↑...ismus (2)⟩: Unfähigkeit, Bildsymbole zu verstehen

An|ei|le|ma *das;* -s ⟨aus gleichbed. *gr.* aneílēma zu aneileîn „zurückdrängen"⟩: (veraltet) Blähung u. dadurch bedingte Leibschmerzen. **An|ei|le|sis** *die;* - ⟨aus *gr.* aneílēsis „Blähung"⟩: svw. Aneilema

An|ek|do|te *die;* -, -n ⟨aus gleichbed. *fr.* anecdote, dies zu *gr.* Anékdota (Plur.), dem Titel eines Werkes des byzantinischen Geschichtsschreibers Prokop (6. Jh. n. Chr.), eigtl. „noch nicht Herausgegebenes, Unveröffentlichtes"⟩: kurze, oft witzige Geschichte (zur Charakterisierung einer be-

Anekdotik

stimmten Persönlichkeit, einer bestimmten sozialen Schicht, einer bestimmten Zeit usw.). **An|ek|do|tik** *die;* - ⟨zu ↑²...ik (2)⟩: Gesamtheit aller Anekdoten, die eine bestimmte Persönlichkeit, eine soziale Schicht, eine Epoche betreffen. **an|ek|do|tisch**: in Form einer Anekdote verfaßt. **An|ek|do|to|pha|ge** *der;* -en, -en (meist Plur.) ⟨zu ↑...phage⟩: (veraltet) Anekdotenjäger

An|ek|lo|gist *der;* -en, -en ⟨zu *gr.* a(n)- „un-, nicht-", eklogízesthai „berechnen" u. ↑...ist⟩: (veraltet) ein Kaufmann, der keine Rechnung abzulegen braucht

An|ela|sti|zi|tät *die;* -, -en ⟨zu *gr.* a(n)- „un-, nicht-" u. Elastizität⟩: Abweichung vom elastischen (1) Verhalten

an|elek|trisch ⟨zu *gr.* a(n)- „un-, nicht-" u. ↑elektrisch⟩: durch Reibung nicht elektrostatisch aufladbar. **An|elek|tro|lyt** *der;* Gen. -en, selten -s, Plur. -e, selten -en: Verbindung, die nicht aus Ionen aufgebaut ist; Ggs. ↑Elektrolyt

Anel|lie|rung *die;* -, -en ⟨zu *lat.* anellus „kleiner Ring" (Verkleinerungsform von anus „Ring") u. ↑...ierung⟩: Bildung von ↑kondensierten Ringen, in denen zwei benachbarte Ringe zwei nebeneinanderliegende Kohlenstoffatome gemeinsam haben (Chem.)

Ane|mie *die;* -, ...ien ⟨aus *gr.* ánemos „Wind" u. ↑²...ie⟩: (veraltet) Blähung (Med.). **ane|mo..., Ane|mo...** ⟨zu *gr.* ánemos „Wind"⟩: Wortbildungselement mit der Bedeutung „Wind". **Ane|mo|cho|ren** [...k...] *die* (Plur.) ⟨aus *gr.* anemóchōroi „Windwanderer" zu chōreīn „sich verbreiten"⟩: Pflanzen, deren Samen od. Früchte durch den Wind verbreitet werden (Bot.). **Ane|mo|cho|rie** *die;* - ⟨zu ↑²...ie⟩: Verbreitung von Samen, Früchten od. Pflanzen durch den Wind. **ane|mo|gam** ⟨zu ↑...gam⟩: durch Wind bestäubt (von Pflanzen; Bot.). **Ane|mo|ga|mie** *die;* - ⟨zu ↑...gamie⟩: Windbestäubung. **ane|mo|gen** ⟨zu ↑...gen⟩: durch Wind gebildet, vom Wind geformt. **Ane|mo|gramm** *das;* -s, -e ⟨zu ↑...gramm⟩: Aufzeichnung eines Anemographen. **Ane|mo|graph** *der;* -en, -en ⟨zu ↑...graph⟩: Windrichtung u. -geschwindigkeit messendes u. aufzeichnendes Gerät, Windschreiber (Meteor). **Ane|mo|lo|gie** *die;* - ⟨zu ↑...logie⟩: Wissenschaft von den Luftströmungen (Meteor.). **Ane|mo|me|ter** *das;* -s, - ⟨zu ↑¹...meter⟩: Windmeßgerät. **Ane|mo|ne** *die;* -, -n ⟨über *lat.* anemone aus *gr.* anemṓnē (wohl nichtgriech. Herkunft, aber mit *gr.* ánemos „Wind" in Verbindung gebracht)⟩: kleine Frühlingsblume mit sternförmigen, weißen Blüten, Buschwindröschen. **ane|mo|phil** ⟨zu ↑anemo... u. ↑...phil⟩: svw. anemogam. **Ane|mo|plank|ton** *das;* -s: Gruppe von ↑Mikroorganismen, die in der nur wenige hundertstel Millimeter dicken Grenzschicht zwischen Wasser u. Luft an der Gewässeroberfläche leben u. vom Wind passiv verbreitet werden. **Ane|mo|skop** *das;* -s, -e ⟨zu ↑...skop⟩: Instrument zum Ablesen der Windgeschwindigkeit. **Ane|mo|stat** ⓦ *der;* -en, -en ⟨zu ↑...stat⟩: den Luftstrom gleichmäßig verteilendes Gerät zur Luftverbesserung. **Ane|mo|ta|xis** *die;* -, ...taxen ⟨zu *gr.* táxis „Ordnung, Stellung"; vgl. ¹Taxis⟩: nach der Luftströmung ausgerichtete aktive Ortsbewegung von Lebewesen (Biol.). **Ane|mo|tro|po|graph** *der;* -en, -en ⟨zu *gr.* trópos „Wendung, Richtung" u. ↑...graph⟩: die Windrichtung aufzeichnendes Gerät (Meteor.). **Ane|mo|tro|po|me|ter** *das;* -s - ⟨zu ↑¹...meter⟩: die Windrichtung anzeigendes Gerät (Meteor.)

An|ener|gie *die;* -, ...ien ⟨zu *gr.* a(n)- „un-, nicht-" u. ↑Energie⟩: svw. Anergie. **an|ener|gisch**: svw. anergisch

An|en|ze|pha|lie *die;* -, ...ien ⟨zu *gr.* a(n)- „un-, nicht-", eg-képhalos „Gehirn" u. ↑²...ie⟩: angeborenes Fehlen des Gehirns (Med.). **An|en|ze|pha|lus** *der;* -, Plur. ...phalen od. ...phali: Mißgeburt ohne Gehirn u. Schädeldecke (Med.)

An|en|zy|mie *die;* -, ...ien ⟨zu *gr.* a(n)- „un-, nicht-", ↑Enzym u. ↑²...ie⟩: völliges od. teilweises Fehlen von Enzymen, bes. in den Verdauungssäften (Med.)

Än|eo|li|thi|kum *das;* -s ⟨zu *lat.* aenus „ehern, kupfern" u. ↑Eolithikum⟩: svw. Chalkolithikum. **än|eo|li|thisch**: das Äneolithikum betreffend

An|epi|gra|pha *die* (Plur.) ⟨zu *gr.* anepígraphos „ohne Aufschrift, ohne Name des Verfassers"⟩: unbetitelte Schriften. **an|epi|gra|phisch**: unbetitelt

an|epo|nym ⟨zu *gr.* a(n)- „un-, nicht-" u. ↑Eponym⟩: ohne Zu- od. Beiname

...aner u. ...ianer ⟨aus *lat.* -(i)ani, Plur. von -(i)an(e)us (Zugehörigkeitssuffix)⟩: Endung von Substantiven od. von Eigennamen zur Bezeichnung der Herkunft od. der Anhängerschaft, z. B. Arianer, Aquarianer

An|er|gie *die;* -, ...ien ⟨zu *gr.* a(n)- „un-, nicht-", érgon „Werk, Willen" u. ↑²...ie⟩: 1. svw. Abulie. 2. Unempfindlichkeit (gegen Reize), fehlende Reaktionsfähigkeit gegenüber ↑Antigenen (Med.). 3. der wirtschaftlich wertlose Anteil der Energie, der für die praktische Nutzung verlorengeht. **an|er|gisch**: 1. energielos (Med., Psychol.). 2. unempfindlich (gegen Reize)

Ane|rie *die;* -, ...ien ⟨aus gleichbed. *fr.* ânerie zu âne „Esel, Dummkopf", dies aus *lat.* asinus⟩: (veraltet) Eselei, Dummheit

Ane|ro|id *das;* -[e]s, -e ⟨zu *gr.* a- „un-, nicht-" u. nērós „fließend, naß", d. h. „ohne Flüssigkeit"⟩: Kurzform von Aneroidbarometer. **An|ero|id|ba|ro|me|ter** *das;* -s, -: Gerät zum Anzeigen des Luftdrucks

An|ero|sie *die;* -, ...ien ⟨zu *gr.* a(n)- „un-, nicht-", érōs „Liebe(sverlangen)" bzw. Érōs (griech. Gott der Liebe) u. ↑²...ie⟩: svw. Anaphrodisie

Aner|vie [...v...] *die;* -, ...ien ⟨zu *gr.* a- „un-, nicht-", *lat.* nervus „Nerv" u. ↑²...ie⟩: svw. Aneurie. **aner|visch**: (veraltet) nervenschwach

An|ery|thro|poe|se *die;* - ⟨zu *gr.* a(n)- „un..., nicht..." u. ↑Erythropoese⟩: fehlende od. ungenügende Produktion von roten Blutkörperchen im Knochenmark (Med.). **An|ery|throp|sie** *die;* -, ...ien: Rotblindheit (Med.)

Ane|sie u. **Ane|sis** *die;* - ⟨aus *gr.* ánesis „das Nachlassen, Erholung" zu aniénai „nachlassen"⟩: (veraltet) das Nachlassen des Schmerzes, Schwächerwerden eines Anfalls (Med.)

Ane|thol *das;* -s ⟨zu *lat.* anethum „Dill" (dies aus *gr.* ánēthon) u. ↑...ol⟩: wichtigster Bestandteil des Anis-, Sternanis- u. Fenchelöls

Ane|ti|kum *das;* -s, ...ka ⟨zu *gr.* ánetos „nachgelassen; schlaff" (vgl. Anesie) u. ↑...ikum⟩: (veraltet) svw. Analgetikum. **Ane|to|der|mie** *die* -, ...ien ⟨zu dérma „Haut" u. ↑²...ie⟩: krankhafte Erschlaffung der Haut (Med.)

an|eu|plo|id ⟨zu *gr.* a(n)- „un-, nicht-" u. ↑euploid⟩: eine von der Norm abweichende, ungleiche Anzahl Chromosomen od. ein nicht ganzzahliges Vielfaches davon aufweisend (von Zellen od. Lebewesen; Biol.); Ggs. ↑euploid. **An|eu|ploi|die** [...ploi...] *die;* - ⟨zu ↑²...ie⟩: das Auftreten anormaler Chromosomenzahlen im Zellkern (Biol.)

Aneu|rie *die;* -, ...ien ⟨zu *gr.* a- „un-, nicht-", neûron „Sehne, Nerv" u. ↑²...ie⟩: Nervenschwäche (Med.). **Aneu|rin** *das;* -s ⟨zu ↑...in (1)⟩: Vitamin B_1

An|eu|rys|ma *das,* -s, Plur. ...men od. -ta ⟨aus *gr.* aneúrysma „Erweiterung"⟩: krankhafte, örtlich begrenzte Erweiterung einer Schlagader (Med.)

An|fa|nie *die;* -, ...ien ⟨aus gleichbed. *it.* anfania zu anfanare

Angiospermen

„dummes Zeug reden, schwatzen"): (veraltet) albernes Geschwätz, Ungereimtheit
An|fi|xe *die;* -, -n ⟨zu ↑ fixen, vgl. fixieren⟩: (Jargon) das erste Einnehmen od. Injizieren von Rauschgift. **an|fi|xen:** (Jargon) jmdn., der bisher noch kein Rauschgift genommen hat, dazu verleiten, es zum erstenmal zu nehmen bez. es sich zum erstenmal zu injizieren (womit der erste Schritt in die Drogenabhängigkeit getan ist)
An|ga|ria *die;* - ⟨nach dem sibir. Fluß Angara u. zu ↑¹...ia⟩: geotektonische Aufbauzone Nordasiens jenseits des Urals
An|ga|ri|en|recht *das;* -s ⟨zu spätlat. angaria „Frondienst", dies über gr. aggareía aus dem Pers.⟩: das Recht eines Staates, im Notstandsfall (bes. im Krieg) die in seinen Häfen liegenden fremden Schiffe für eigene Zwecke zu verwenden. **an|ga|rie|ren** ⟨zu ↑...ieren⟩: (veraltet) zu Frondiensten zwingen. **An|ga|roi** [...rɔy] *die* (Plur.) ⟨aus gleichbed. gr. ággaroi, Plur. von ággaros „reitender Eilbote", dies aus dem Pers.⟩: im Perserreich Eilboten für den Briefverkehr zwischen dem Großkönig u. den ↑ Satrapen
an|ge|fuckt [...fakt] ⟨zu engl. to fuck „ficken"⟩: (Jargon) abgerissen-salopp, heruntergekommen
An|ge|li|ca [...ka] *die;* -, Plur. -s od. ...ken ⟨aus spätlat. angelica, weibliche Form von angelicus „himmlisch", dies zu gr. aggelikós „den Boten, Engel betreffend"⟩: a) kleine theorbenartige Laute des 17./18. Jh. mit 17 diatonisch gestimmten Saiten; b) ein Orgelregister; vgl. vox angelica.
An|ge|li|ka *die;* -, Plur. ...ken u. -s ⟨aus gleichbed. nlat. angelica⟩: Engelwurz (Heilpflanze). **An|ge|lo|la|trie** *die;* - ⟨zu ↑ Angelus u. gr. latreía „(Gottes)verehrung"⟩: Engelverehrung. **An|ge|lo|lo|gie** *die;* - ⟨zu ↑...logie⟩: Lehre von den Engeln (Theol.). **An|ge|lo|pha|nie** *die;* -, ...ien ⟨zu gr. phaínesthai „erscheinen", Analogiebildung zu ↑ Epiphanie⟩: (veraltet) Engelserscheinung. **An|ge|lot** [ãʒə'loː] *der;* -s, -s ⟨aus gleichbed. fr. angelot⟩: alte engl.-franz. Goldmünze. **An|ge|lus** *der;* -, - ⟨nach dem Anfangswort lat. Angelus Domini „Engel des Herrn", aus gr. ággelos „Bote, Engel"⟩: a) kath. Gebet, das morgens, mittags u. abends beim sogenannten Angelusläuten gebetet wird; b) Glockenzeichen für das Angelusgebet (Angelusläuten)
an|gi..., An|gi... vgl. angio..., Angio... **An|gi|al|gie** *die;* -, ...ien ⟨zu ↑ angio... u. ↑...algie⟩: Gefäßschmerz, in Blutgefäßen auftretender Schmerz (Med.). **An|gi|asthe|nie,** auch Angioasthenie *die;* -, ...ien: Gefäßschwäche, Tonusverlust der Blutgefäßwände (Med.). **An|gi|ek|ta|sie** *die;* -, ...ien: krankhafte Erweiterung od. Ausbuchtung eines Blutgefäßes (z. B. ↑ Aneurysma; Med.)
an|gie|ren ⟨aus gleichbed. lat. angere⟩: (veraltet) beengen, ängstigen
An|gi|itis *die;* -, ...itiden ⟨zu gr. aggeîon „(Blut)gefäß" u. ↑...itis⟩: Entzündung eines Blutgefäßes (Med.)
An|gi|na *die;* -, ...nen ⟨aus gleichbed. lat. angina, dies zu gr. agchóne „das Erwürgen, das Erdrosseln" unter Anlehnung an lat. angere „beengen"⟩: Entzündung des Rachenraumes, bes. der Mandeln (Med.). **An|gi|na pec|to|ris** [- 'pɛk...] *die;* - - ⟨zu lat. pectus, Gen. pectoris „Brust"⟩: anfallartig auftretende Schmerzen hinter dem Brustbein infolge Erkrankung der Herzkranzgefäße (Med.). **an|gi|nös** ⟨zu ↑...ös⟩: a) auf Angina beruhend; b) anginaartig (Med.). **An|gi|no|se** *die;* -, -n ⟨zu ↑¹...ose⟩: Allgemeininfektion im Verlauf u. im Gefolge einer Angina (Med.)
an|gio..., An|gio..., vor Vokalen meist angi..., Angi... ⟨zu gr. aggeîon „(Blut)gefäß"⟩: Wortbildungselement mit der Bedeutung „Gefäß", z. B. Angiologie, Angiektasie. **An|gio|ar|chi|tek|to|nik** *die;* -: Aufbau u. räumliche Gliederung des Blutgefäßnetzes in der Großhirnrinde (Med.).

An|gio|asthe|nie vgl. Angiasthenie. **An|gio|blast** *der;* -en, -en (meist Plur.) ⟨zu gr. blastós „Sproß, Trieb"⟩: Endothelzellen der ↑ Kapillaren, aus denen neue Gefäße hervorgehen (Med.). **An|gio|bla|stom** *das;* -s, -e: Geschwulst des Gefäßgewebes (Med.). **An|gio|chir|ur|gie** *die;* -: Gefäßchirurgie. **An|gio|dys|pla|sie** *die;* -, ...ien: fehlerhafte Entwicklung von Blutgefäßen (Med.). **An|gio|gramm** *das;* -s, -e ⟨zu ↑...gramm⟩: Röntgenbild von Blutgefäßen (Med.). **An|gio|gra|phie** *die;* -, ...ien ⟨zu ↑...graphie⟩: röntgenologische Darstellung von Blutgefäßen mit Hilfe injizierter Kontrastmittel (Med.). **an|gio|gra|phie|ren** ⟨zu ↑...ieren⟩: a) eine Angiographie machen; b) Gefäße röntgenologisch darstellen. **an|gio|gra|phisch** ⟨zu ↑...graphisch⟩: mit Hilfe der Angiographie erfolgend. **an|gio|id** ⟨zu ↑...oid⟩: blutgefäßähnlich (Med.). **An|gio|kar|dio|gra|phie** *die;* -, ...ien: röntgenologische Darstellung des Herzens u. der Lungengefäße mit Hilfe injizierter Kontrastmittel (Med.). **An|gio|kar|dio|pa|thie** *die;* -, ...ien: Erkrankung des Herzens u. der Blutgefäße, mit Gefäßmißbildungen kombinierter angeborener Herzfehler (Med.). **an|gio|karp** ⟨zu ↑...karp⟩: im Inneren des Fruchtkörpers erfolgend (von der Sporenbildung bei Pilzen; Bot.). **An|gio|ke|ra|tom** *das;* -s, -e: Blutwarze, rotes Hautknötchen mit horniger Oberfläche (Med.). **An|gio|le** *die;* -, -n (meist Plur.) ⟨Verkleinerungsbildung zu gr. aggeîon „(Blut)gefäß"⟩: zusammenfassende Bez. für die Endverzweigungen (Endstrombahnen) der Blutgefäße, also für ↑ Arteriolen, ↑ Venulae (vgl. Venula) u. ↑ Kapillaren (Med.). **An|gio|lo|ge** *der;* -n, -n ⟨zu ↑ angio... u. ↑...loge⟩: Arzt u. Forscher mit Spezialkenntnissen auf dem Gebiet der Angiologie. **An|gio|lo|gie** *die;* - ⟨zu ↑...logie⟩: Wissenschaftsgebiet, das sich mit den Blutgefäßen u. ihren Erkrankungen beschäftigt (Med.). **an|gio|lo|gisch** ⟨zu ↑...logisch⟩: die Angiologie betreffend. **An|gio|lo|pa|thie** *die;* -, ...ien ⟨zu ↑...pathie⟩: Durchblutungsstörung im Bereich der ↑ Angiolen (Med.). **An|gi|om** *das;* -s, -e ⟨zu ↑...om⟩: Gefäßgeschwulst (aus neugebildeten Gefäßen), Feuermal (Med.). **An|gio|ma** *das;* -s, -ta ⟨aus mgr. aggióma, Gen. aggiómatos „Gefäßgeschwulst"⟩: svw. Angiom. **an|gio|ma|tös** ⟨zu ↑...ös⟩: auf einer Gefäßgeschwulst beruhend. **An|gio|ma|to|se** *die;* -, -n ⟨zu ↑¹...ose⟩: [erblich bedingte] Erkrankung des Blutgefäßsystems mit Bildung zahlreicher Angiomen (Med.). **An|gio|neu|ro|pa|thie** *die;* -, ...ien ⟨zu ↑ angio...⟩: svw. Angioneurose. **An|gio|neu|ro|se** *die;* -, -n: zusammenfassende Bez. für funktionell bedingte Gefäßerkrankungen mit Neigung zu ↑ vasomotorischen ↑ Dystonien (Med.). **an|gio|neu|ro|tisch:** die Angioneurose betreffend, auf Angioneurose beruhend. **An|gio|or|ga|no|pa|thie** *die;* -, ...ien ⟨zu ↑ Organ u. ↑...pathie⟩: zusammenfassende Bez. für Gefäßleiden auf Grund organischer Veränderungen an den Gefäßen (Oberbegriff für ↑ Angiitiden u. ↑ Angiosen; Med.). **An|gio|pa|thie** *die;* -, ...ien ⟨zu ↑...pathie⟩: Gefäßleiden. **An|gio|pneu|mo|gra|phie** *die;* -, ...ien: röntgenologische Darstellung der Lungengefäße (Med.). **An|gio|sar|kom** *das;* -s, -e ⟨Kurzw. aus ↑ Angiom u. ↑ Sarkom⟩: bösartige Blutgefäßgeschwulst (Med.). **An|gio|se** *die;* -, -n ⟨zu ↑ angio... u. ↑¹...ose⟩: durch gestörten Stoffwechsel entstandene Gefäßerkrankung. **An|gio|skle|ro|se** *die;* -, -n: Verhärtung, krankhafte Entartung der Blutgefäßwände; vgl. Arteriosklerose (Med.). **an|gio|skle|ro|tisch:** die Angiosklerose betreffend. **An|gio|sko|pie** *die;* -, ...ien ⟨zu ↑...skopie⟩: mikroskopische Untersuchung von ↑ Kapillaren (Med.). **An|gio|spas|mus** *der;* -, ...men: Gefäßkrampf (Med.). **an|gio|spa|stisch:** mit Gefäßkrämpfen verbunden, auf Gefäßkrämpfen beruhend. **An|gio|sper|men** *die* (Plur.): Blütenpflanzen mit Frucht-

Angiostenose

knoten. **An|gio|ste|no|se** u. **An|gio|ste|no|sis** *die;* -, ...osen: Gefäßverengung (Med.). **An|gio|ten|sin** *das;* -s, -e ⟨zu *lat.* tensus (Part. Perf. von tendere „spannen, ausdehnen") u. ↑...in (1)⟩: zu den Gewebshormonen zählendes, aus acht Aminosäuren aufgebautes ↑Peptid, das auf die Gefäßmuskulatur ↑kontrahierend u. dadurch blutdrucksteigernd wirkt (Med.). **An|gio|to|ni|kum** *das;* -s, ...ka (meist Plur.): gefäßverengendes Mittel. **An|gio|to|nin** *das;* -s, -e ⟨zu ↑Tonus u. ↑...in (1)⟩: svw. Angiotensin. **an|giotrop** ⟨zu ↑...trop⟩: svw. vasotrop. **An|gio|tro|pin** *das;* -s, -e (meist Plur.) ⟨zu ↑...in (1)⟩: Protein, das eine Sprossung von Blutgefäßen auslöst u. die Entwicklung von Gefäßsystemen steuert

An|glai|se [ã'glɛːzə] *die;* -, -n ⟨aus *fr.* anglaise „englischer (Tanz)"⟩: alter Gesellschaftstanz

An|gle|do|zer ['æŋgldoʊzə] *der;* -s, - ⟨aus gleichbed. *engl.* angledozer zu angle „Ecke, Winkel" (Analogiebildung zu ↑Bulldozer)⟩: Planierraupe mit schwenkbarem Schild

An|gle|sit [auch ...'zɪt] *der;* -s, -e ⟨nach dem Vorkommen auf der Insel Anglesey vor Wales u. zu ↑²...it⟩: helles, diamantglänzendes Mineral, ein Bleisulfat. **An|gle|so|ba|ryt** [auch ...'ryt] *der;* -s, -e ⟨zu ↑Anglesit u. ↑Baryt⟩: Mischkristall aus ↑Baryt u. ↑Anglesit (Mineral.)

An|gli|ka|ner *der;* -s, - ⟨zu ↑anglikanisch; vgl. ...ianer⟩: Angehöriger der anglikanischen Kirche. **an|gli|ka|nisch** ⟨aus *mlat.* Anglicanus zu *lat.* Anglii „die Angeln" (germ. Völkername)⟩: die anglikanische Kirche betreffend; -e K i r c h e: die engl. Staatskirche. **An|gli|ka|nis|mus** *der;* - ⟨zu ↑...ismus (1)⟩: Lehre u. Wesen[sform] der engl. Staatskirche. **an|gli|sie|ren** ⟨zu ↑...isieren⟩: 1. an die Sprache, die Sitten od. das Wesen der Engländer angleichen. 2. svw. englisieren (2). **An|glist** *der;* -en, -en ⟨zu ↑...ist⟩: jmd., der sich wissenschaftlich mit der engl. Sprache u. Literatur befaßt [hat] (z. B. Hochschullehrer, Student). **An|gli|stik** *die;* - ⟨zu ↑...istik⟩: engl. Sprach- u. Literaturwissenschaft. **an|gli|stisch** ⟨zu ↑...istisch⟩: die Anglistik betreffend. **An|gli|zis|mus** *der;* -, ...men ⟨zu ↑...izismus⟩: Übertragung einer für das britische Englisch charakteristischen Erscheinung auf eine nichtenglische Sprache im lexikalischen od. syntaktischen Bereich, sowohl fälschlicherweise als auch bewußt (z. B. jmdn. feuern — jmdn. hinauswerfen; engl. to fire); vgl. Interferenz (3). **An|glo|ka|tho|li|zis|mus** *der;* -: katholisch orientierte Gruppe der anglikanischen Kirche. **An|glo|ma|ne** *der;* -n, -n ⟨zu ↑...mane⟩: übertriebener Nachahmer engl. Wesens. **An|glo|ma|nie** *die;* - ⟨zu ↑...manie⟩: übertriebene Nachahmung engl. Wesens. **an|glo|phil** ⟨zu ↑...phil⟩: für alles Englische eingenommen, dem engl. Wesen zugetan; englandfreundlich; Ggs. ↑anglophob. **An|glo|phi|lie** *die;* - ⟨zu ↑...philie⟩: Sympathie od. Vorliebe für alles Englische, Englandfreundlichkeit; Ggs. ↑Anglophobie. **an|glo|phob** ⟨zu ↑...phob⟩: gegen alles Englische eingenommen, dem engl. Wesen abgeneigt; englandfeindlich; Ggs. ↑anglophil. **An|glo|pho|bie** *die;* - ⟨zu ↑...phobie⟩: Abneigung, Widerwille gegen alles Englische; Englandfeindlichkeit; Ggs. ↑Anglophilie. **an|glo|phon** ⟨zu ↑...phon⟩: Englisch als Muttersprache sprechend

an|go|lie|ren ⟨nach dem südwestafrikan. Staat Angola u. zu ↑...ieren⟩: (veraltet) mit dem Farbstoff des angolanischen Rotholzes färben

An|go|phra|sie *die;* -, ...ien ⟨zu *lat.* angere „beengen, zusammenschnüren", *gr.* phrásis „das Sprechen; Sprache" u. ↑²...ie⟩: stoßweises Sprechen unter Einschub unartikulierter Laute (Psychol.)

An|go|ra... ⟨nach dem früheren Namen der türk. Hauptstadt Ankara⟩: Wortbildungselement mit der Bedeutung „mit feinen, langen Haaren", z. B. Angorakatze, Angorawolle

an|go|scio|so [...'ʃoːzo] ⟨*it.*⟩: ängstlich (Vortragsanweisung; Mus.)

An|go|stu|ra ⟨Wz⟩ *der;* -[s], -s ⟨*span.;* nach dem früheren Namen der Stadt Ciudad Bolívar in Venezuela⟩: Bitterlikör mit Zusatz von Angosturarinde, der getrockneten Zweigrinde eines südamerik. Baumes

An|go|the|ke *die;* -, -n ⟨zu *gr.* ággos „Gefäß" u. thḗkḗ „Abstellplatz", dies zu tithénai „stellen"⟩: früher für [größere] Gefäße verwendetes Gestell (Chem.)

Angry young men ['æŋgrɪ 'jʌŋ 'mɛn] *die* (Plur.) ⟨aus gleichbed. *engl.* angry young men, eigtl. „zornige junge Männer"⟩: Vertreter einer sozialkritischen literarischen Richtung in England in der zweiten Hälfte der 50er Jahre des 20. Jh.s

Ang|ster *der;* -s, - ⟨zu *lat.* angustus „eng"⟩: Trink[vexier]glas des 15. u. 16. Jh.s

Angst|neu|ro|se *die;* -, -n ⟨zu ↑Neurose⟩: auf seelischen Störungen beruhende Angstgefühle, -vorstellungen. **Angstpsy|cho|se** *die;* -, -n: durch Angst verursachte ↑Psychose

Ång|ström ['ɔŋstrœm, auch 'aŋ...] *das;* -[s], -, **Ång|strömein|heit** *die;* -, -en ⟨nach dem schwed. Physiker A. J. Ångström, 1814–1874⟩: veraltete Einheit der Licht- u. Röntgenwellenlänge (1 Å = 10⁻¹⁰ m); Zeichen Å, früher auch A, ÅE, AE

An|gua|ri|na [aŋgua...] *die;* -, ...nen ⟨aus *span.* anguarina „Bauernmantel"⟩: (veraltet) bis auf die Knie reichender Mantel zum Reiten

An|guil|let|ten [ãgi'jɛtn] *die* (Plur.) ⟨aus gleichbed. *fr.* anguillettes, Sing. anguillette, Verkleinerungsform von anguille „Aal", dies aus *lat.* anguilla⟩: marinierte Aale

an|gu|lär ⟨aus *lat.* angularis „winklig, eckig"⟩: zu einem Winkel gehörend, einen Winkel betreffend. **an|gu|lie|ren** ⟨zu ↑...ieren⟩: (veraltet) winklig od. eckig machen. **an|gu|lös** ⟨zu ↑...ös⟩: (veraltet) winklig, eckig. **An|gu|lus** *der;* -, ...li ⟨aus gleichbed. *lat.* angulus⟩: Winkel (der beispielsweise an Knochenflächen, -ästen u. a. gebildet wird; Anat.)

An|gu|rie [...iə] *die;* -, ...ien [...iən] ⟨aus gleichbed. *nlat.* anguria zu *gr.* aggoúrion⟩: Wassermelone

An|gu|sta|ti|on *der;* -, -en ⟨aus gleichbed. *nlat.* angustatio zu *lat.* angustus „eng"⟩: (veraltet) Gefäßverengung (Med.)

an|hä|mo|ly|tisch ⟨zu *gr.* a(n)- „un-, nicht-" u. ↑hämolytisch⟩: keine ↑Hämolyse bewirkend (von Bakterien; Med.)

An|he|do|nie *die;* - ⟨zu *gr.* anhédonos „ohne Vergnügen, unangenehm, lästig" u. ↑²...ie⟩: geschlechtliche Empfindungslosigkeit (Med.)

An|he|lio|se *die;* - ⟨zu *gr.* anhélios „ohne Sonne" u. ↑¹...ose⟩: Gesundheits- od. Leistungsstörung, die auf Mangel an Sonnenlicht zurückgeführt wird (z. B. bei Grubenarbeitern; Med.)

an|he|mi|to|nisch ⟨zu *gr.* a(n)- „un-, nicht-" u. ↑hemitonisch⟩: ohne Halbtöne (Mus.)

An|hi|dro|se, Anidrose *die;* -, -n, fachspr. auch **An|hi|dro|sis**, Anidrosis *die;* -, ...oses ⟨zu *gr.* ánhidros „ohne Schweiß" u. ↑¹...ose⟩: a) angeborenes Fehlen der Schweißdrüsen; b) fehlende od. verminderte Schweißabsonderung (Med.). **an|hi|dro|tisch** ⟨aus *gr.* anhídrōtos „nicht in Schweiß gesetzt"⟩: ohne Schweißabsonderung (Med.)

An|hor|mie *die;* -, ...ien ⟨zu *gr.* a(n)- „un-, nicht-", ↑Hormon u. ↑²...ie⟩: Antriebsmangel infolge mangelhafter od. fehlender Hormonproduktion (Med.)

an|hydr..., **An|hydr...** vgl. anhydro..., Anhydro... **An|hy|drä|mie** *die;* - ⟨zu ↑anhydro... u. ↑...ämie⟩: Verminderung des Wassergehalts im Blut (Med.). **An|hy|dram|nie** *die;* -,

...jen ⟨zu ↑Amnion u. ↑²...ie⟩: das Fehlen des Fruchtwassers (Med.). an|hy|dri|cus [...kʊs] ⟨nlat.; zu gleichbed. gr. ánhydros⟩: wasserfrei; Abk.: anhydr. An|hy|drid das; -s -e ⟨zu ↑anhydro... u. ↑³...id⟩: chem. Verbindung, die aus einer anderen durch Wasserentzug entstanden ist. An|hy|drie die; - ⟨zu ↑²...ie⟩: das Fehlen von Wasser. An|hy|drit [auch ...'drɪt] der; -s, -e ⟨zu ↑²...it⟩: wasserfreier Gips. an|hy|dro..., An|hy|dro..., vor Vokalen meist anhydr..., Anhydr... ⟨aus gleichbed. gr. ánhydros⟩: Wortbildungselement mit der Bedeutung „wasserlos, -frei", z. B. Anhydrobiose, Anhydrämie. An|hy|dro|ba|se die; -, -n ⟨zu ↑¹Base⟩: wasserfreie chem. Verbindung, die in Wasser ein ↑Hydrat bildet, das Hydroxydionen liefert; Ggs. ↑Anhydrosäure. An|hy|dro|bio|se die; -, -n ⟨zu ↑...biose⟩: bei manchen Tieren nach Wasserentzug künstlich herbeiführbarer od. im Wechsel der Jahreszeiten natürlich einsetzender Zustand verminderter Lebensaktivität, bei dem die Körperflüssigkeit auf das eben noch tragbare Mindestmaß herabgesetzt u. alle Lebensprozesse verlangsamt werden. an|hy|dromorph ⟨zu ↑...morph⟩: ohne Wasser, ohne Feuchtigkeit beschaffen; -er Boden: Bodentyp ohne Grundwasser- u. Staunässemerkmale. An|hy|dro|säu|re die; -, -n: wasserfreie chem. Verbindung, die in Wasser ein ↑Hydrat bildet, das ↑Protonen liefert; Ggs. ↑Anhydrobase

Ani der; -s ⟨über span. u. port. ani aus gleichbed. Tupi (einer südamerik. Indianersprache) ani⟩: süd- u. mittelamerik. Kuckucksvogel, der in Gesellschaftsnestern brütet

An|ia|tro|lo|ge der; -n, -n ⟨zu gr. a(n)- „un-, nicht-", iatrós „Arzt" u. ↑...loge⟩: in der ärztlichen Heilkunst Unerfahrener. **An|ia|tro|lo|gie** die; - ⟨zu ↑...logie⟩: Unkenntnis der ärztlichen Heilkunst

An|idro|se, An|idro|sis vgl. Anhidrose

Änig|ma das; -s, Plur. -ta od. ...men ⟨aus gleichbed. lat. aenigma, dies aus gr. aínigma⟩: Rätsel. **änig|ma|tisch** ⟨aus gleichbed. gr. ainigmatikós⟩: rätselhaft. **änig|ma|ti|sie|ren** ⟨nach gleichbed. gr. ainigmatísesthai; vgl. ...ieren⟩: in Rätseln sprechen

an|ik|misch ⟨zu gr. a(n)- „un-, nicht-" u. ikmás „Feuchtigkeit"⟩: (veraltet) ohne Feuchtigkeit, dürr

an|ik|te|risch ⟨zu gr. a(n)- „un-, nicht-" u. ↑Ikterus⟩: ohne ↑Ikterus verlaufend (von Krankheiten; Med.)

ani|ku|la|risch ⟨zu lat. anicula „altes Mütterchen"⟩: svw. anil. **anil** ⟨aus gleichbed. lat. anilis zu anus „Greisin"⟩: (veraltet) in der Art einer alten Frau; vergreist

Ani|lid das; -s, -e ⟨Kunstw. zu ↑Anilin u. ↑³...id⟩: die dem ↑Amid entsprechende Verbindung von [meist organischen] Säuren mit Anilin. **Ani|lin** das; -s ⟨zu fr. anil „Indigopflanze", dies über port. anil, arab. an-nīl aus gleichbed. sanskr. nīlī zu nīla „dunkelblau"⟩: einfachstes aromatisches (von Benzol abgeleitetes) ↑Amin, Ausgangsprodukt für zahlreiche Arzneimittel, Farb- u. Kunststoffe. **Ani|lindruck** der; -[e]s: Hochdruckverfahren, bei dem Anilinfarben verwendet werden. **Ani|lis|mus** der; - ⟨zu ↑...ismus (3)⟩: Anilinvergiftung

Ani|li|tät die; - ⟨aus lat. anilitas, Gen. anilitatis „hohes Alter" zu anilis, vgl. anil⟩: (veraltet) Altweiberglaube

Ani|ma die; -, -s ⟨aus lat. anima „Seele", eigtl. „Lufthauch, Atem"⟩: 1. Seele (Philos.). 2. Frau im Unbewußten des Mannes (nach C. G. Jung); vgl. Animus (1). 3. der aus unedlem Metall bestehende Kern einer mit Edelmetall überzogenen Münze. **Anim|ad|ver|si|on** [...v...] die; -, -en ⟨aus gleichbed. lat. animadversio zu animadvertere, vgl. animadvertieren⟩: (veraltet) 1. Wahrnehmung, Aufmerksamkeit. 2. Tadel, gerichtlicher Verweis. **anim|ad|ver|tie|ren** ⟨aus gleichbed. lat. animadvertere⟩: (veraltet) 1. wahrneh-

men. 2. tadeln, verweisen, ahnden. **ani|mal** ⟨aus lat. animalis „lebend, lebendig"⟩: 1. a) die aktive Lebensäußerung betreffend, auf [Sinnes]reize reagierend; b) zu willkürlichen Bewegungen fähig. 2. svw. animalisch (1, 2); vgl. ...isch/-. **Ani|ma|li|sa|ti|on** die; -, -en ⟨aus nlat. animalisatio „das Beleben"⟩: (veraltet) Verwandlung in tierische Substanz. **ani|ma|lisch** ⟨zu lat. animal „Tier"⟩: 1. tierisch, den Tieren eigentümlich. 2. triebhaft. 3. urwüchsig-kreatürlich, z. B. ein -es Vergnügen; -er Magnetismus: Bez. für bestimmten Menschen angeblich innewohnenden magnetischen Heilkräfte. **ani|ma|li|sie|ren** ⟨zu ↑...isieren⟩: 1. Zellulosefasern durch dünne Überzüge von Eiweißstoffen, Kunstharzen u. dgl. wollähnlich machen. 2. (veraltet) in tierische Substanz verwandeln. **Ani|ma|lis|mus** der; - ⟨zu ↑...ismus (2)⟩: religiöse Verehrung von als heilig angesehenen Tieren. **Ani|ma|li|tät** die; - ⟨zu ↑...ität⟩: tierisches Wesen. **Ani|mal|ku|lis|mus** der; - ⟨zu nlat. animalculus, Verkleinerungsform von lat. animal „Lebewesen", u. ↑...ismus (2)⟩: svw. Präformationstheorie. **Ani|mal|ku|list** der; -en, -en ⟨zu ↑...ist⟩: svw. Präformist. **Ani|mal|pol** der; -s, -e ⟨zu ↑animal u. ↑¹Pol⟩: dotterarmer Teil der tierischen Eizelle. **ani|ma na|tu|ra|li|ter chri|stia|na** [– – krɪs...] ⟨lat.; „die Seele ist von Natur aus christlich"⟩: von dem röm. Kirchenschriftsteller Tertullian geprägte Formel, die besagt, daß die Fähigkeit zur Erkenntnis Gottes jedem Menschen innewohnt u. somit Teil seiner Natur ist. **Ani|mateur** [...'tø:ɐ̯] der; -s, -e ⟨aus gleichbed. fr. animateur zu animer, vgl. animieren⟩: jmd., dessen [berufliche] Aufgabe es ist, dafür zu sorgen, daß die Freizeit, z. B. einer Reisegesellschaft, durch Veranstaltungen, Besichtigungen u. ä. unterhaltsam u. abwechslungsreich verläuft. **Ani|ma|ti|on** die; -, -en ⟨aus gleichbed. engl. animation, dies aus spätlat. animatio „Belebung"⟩: 1. film- bzw. videotechnisches Verfahren, unbelebten Objekten [im Trickfilm] Bewegung zu verleihen. 2. Gestaltung der Freizeit, z. B. einer Reisegesellschaft, durch einen Animateur. **Ani|ma|ti|ons|film** der; -[e]s, -e: Sammelbez. für Trick- u. Zeichentrickfilme. **Ani|ma|tis|mus** der; - ⟨zu ↑...ismus (1)⟩: svw. Animismus (1). **ani|ma|tiv** ⟨aus gleichbed. engl. animativ, dies zu lat. animatus „belebt, beseelt"⟩: belebend, beseelend, anregend. **ani|ma|to** ⟨it.⟩: lebhaft, belebt, beseelt (Vortragsanweisung; Mus.). **Ani|ma|tor** der; -s, ...oren ⟨aus gleichbed. engl. animator, dies aus lat. animator „Beleber"⟩: 1. jmd., der eine Animation (1) vornimmt. 2. Trickfilmzeichner. **Ani|mier|da|me** die; -, -n ⟨zu ↑animieren⟩: in Bars o. ä. angestellte Frau, die die Gäste zum Trinken animieren (1) soll. **ani|mie|ren** ⟨aus gleichbed. fr. animer, dies aus lat. animare „beleben"⟩: 1. a) anregen, ermuntern, ermutigen; b) anreizen, in Stimmung versetzen, Lust zu etwas erwekken. 2. Gegenstände od. Zeichnungen in einzelnen Phasen von Bewegungsabläufen filmen, um den Eindruck der Bewegung eines unbelebten Objekts zu vermitteln; vgl. Animation. **Ani|mier|lo|kal** das; -s, -e: Bar od. Lokal, wo Frauen (seltener auch Männer) angestellt sind, die die Gäste zum Trinken animieren (1) sollen. **Ani|mier|mäd|chen** das; -s, -: svw. Animierdame. **Ani|mie|rung** die; -, -en ⟨zu ↑...ierung⟩: Ermunterung zu etwas [Übermütigem o. ä.]. **Ani|mis|mus** der; - ⟨zu lat. anima „Seele" u. ↑...ismus (1)⟩: 1. der Glaube an anthropomorph gedachte seelische Mächte, Geister (Völkerk.). 2. die Lehre von der unsterblichen Seele als oberstem Prinzip des lebenden Organismus (Med.). 3. Theorie innerhalb des ↑Okkultismus, die ↑mediumistische Erscheinungen auf ungewöhnliche Fähigkeiten lebender Personen zurückführt; Ggs. ↑Spiritismus. 4. Anschauung, die die Seele als Lebensprinzip betrachtet

Animist

(Philos.). **Ani|mist** *der;* -en, -en ⟨zu ↑...ist⟩: Vertreter der Lehre des Animismus (4). **ani|mi|stisch** ⟨zu ↑...istisch⟩: a) die Lehre des Animismus (4) vertretend; b) die Lehre des Animismus (4) betreffend. **Ani|mo** *das;* -s ⟨aus *it.* animo „Seele, Mut, Wille", vgl. Animus⟩: (österr.) 1. Schwung, Lust. 2. Vorliebe. **ani|mos** ⟨aus *lat.* animosus „hitzig, leidenschaftlich"⟩: 1. feindselig. 2. (veraltet) aufgeregt, gereizt, aufgebracht, erbittert. **Ani|mo|si|tät** *die;* -, -en ⟨aus gleichbed. *mlat.* animositas, Gen. animositatis⟩: 1. a) (ohne Plur.) feindselige Einstellung; b) feindselige Äußerung o. ä. 2. (ohne Plur.; veraltet) a) Aufgeregtheit, Gereiztheit; b) Leidenschaftlichkeit. **ani|mo|so** ⟨*it.*⟩: lebhaft, munter (Vortragsanweisung; Mus.). **Ani|mus** *der;* - ⟨aus *lat.* animus „Seele, Gefühl", Bed. 2 angelehnt an *dt.* Ahnung⟩: 1. das Seelenbild des Mannes im Unbewußten der Frau (C. G. Jung); vgl. Anima (2). 2. (scherzh., ugs.) Ahnung [die einer Aussage od. Entscheidung zugrunde gelegen hat u. die durch die Tatsachen bestätigt u. als eine Art innerer Eingebung angesehen wird]. **Ani|mus auc|to|ris** [– auk...] *der;* - - ⟨aus *lat.* animus auctoris „Wille des Urhebers"⟩: (Rechtsspr.) Täterwille. **Ani|mus so|cii** [– 'zo:tsii] *der;* - - ⟨aus *lat.* animus socii „Wille des Gefährten"⟩: (Rechtsspr.) Gehilfenwille

An|ion *das;* -s, -en ⟨aus ↑ana... u. ↑Ion⟩: negativ geladenes ↑Ion. **an|io|nen|ak|tiv**: aktiv bezüglich des Anions (Chem.). **An|io|nen|aus|tau|scher** *der;* -s, -: Filtermasse, die aus einer sie durchfließenden Lösung bestimmte Anionen aufnimmt u. andere dafür an die Lösung abgibt (z. B. bei der Wasseraufbereitung). **an|io|nisch**: als od. wie ein Anion wirkend. **An|ion|ten|sid** *das;* -s, -e: ↑Tensid, das in wäßriger Lösung Anionen bildet

An|iri|die *die;* -, ...ien ⟨zu *gr.* a(n)- „un-, nicht-", ↑Iris u. ↑²...ie⟩: [angeborenes] Fehlen der Regenbogenhaut im Auge (Med.).

¹Anis [a'ni:s, auch, österr. nur 'a:nɪs] *der;* -es, -e ⟨über gleichbed. *lat.* anisum aus *gr.* ánison⟩: a) am östlichen Mittelmeer beheimatete Gewürz- u. Heilpflanze; b) die getrockneten Früchte des Anis

²Anis *das;* Gen. - od. -es ⟨nach dem latinisierten Namen der Enns⟩: die zweitälteste Stufe der alpinen ↑Trias (1)

an|is..., An|is..., vgl. aniso..., Aniso...

An|isch|urie [an|ɪsçu...] *die;* -, ...ien ⟨zu *gr.* a(n)- „un-, nicht-" u. ↑Ischurie⟩: das Unvermögen, den Harn zurückzuhalten, Harninkontinenz (Med.).

An|is|ei|ko|nie *die;* -, ...ien ⟨zu ↑aniso..., *gr.* eikón „Bild" u. ↑²...ie⟩: a) ungleiche Größe der Netzhautbilder in einem Auge bei abwechselnd ↑temporaler u. ↑nasaler Blickrichtung; b) anomale Ungleichheit der Netzhautbilder in beiden Augen (Med.)

Ani|sette [...'zɛt] *der;* -s, -s ⟨aus gleichbed. *fr.* anisette zu anis, vgl. ¹Anis⟩: süßer, dickflüssiger Likör aus ¹Anis (b), Koriander u. a. **ani|sie|ren** ⟨aus gleichbed. *fr.* aniser⟩: mit ¹Anis (b) würzen

an|iso..., An|iso..., vor Vokalen meist anis..., Anis... ⟨aus gleichbed. *gr.* ánisos zu a(n)- „un-, nicht-" u. ísos „gleich"⟩: Wortbildungselement mit der Bedeutung „ungleich, unterschiedlich", z. B. Anisogamie, anisodont. **An|iso|chro|mie** [...kro...] *die;* -, ...ien ⟨zu *gr.* a(n)- „un-, nicht-" u. ↑Isochromie⟩: ungleichmäßige Farbstärke der roten Blutkörperchen infolge Unterschieds in ihrem Hämoglobingehalt (bei Störungen der Blutbildung; Med.). **an|iso|de|misch** ⟨zu ↑aniso... u. *gr.* démein „bauen"⟩: svw. anisodesmisch. **an|iso|des|misch** ⟨zu *gr.* desmeĩn „binden, fesseln"⟩: mit nicht verknüpften, isolierten Gitterbausteinen (von Kristallen). **an|is|odont** ⟨zu *gr.* odoús, Gen. odóntos „Zahn"⟩: svw. heterodont. **An|is|odon|tie** *die;* - ⟨zu ↑²...ie⟩: svw. Heterodontie. **An|iso|ga|me|ten** *die* (Plur.): bei Algen u. Pilzen verbreitete bewegliche, ungleich gestaltete od. sich ungleich verhaltende Fortpflanzungszellen. **An|iso|ga|mie** *die;* -, ...jen ⟨zu ↑...gamie⟩: Befruchtungsvorgang mit ungleich gestalteten od. sich ungleich verhaltenden männlichen u. weiblichen Keimzellen (Biol.). **An|iso|ka|ryo|se** *die;* -, -n ⟨zu *gr.* káryon „Fruchtkern" u. ↑¹...ose⟩: unterschiedliche Größe u. Form von Zellkernen (Biol.). **An|iso|ko|rie** *die;* -, ...ien ⟨zu *gr.* kórē „Pupille" u. ↑²...ie⟩: unterschiedliche Weite der Pupillen (Med.).

Anis|öl *das;* -s ⟨zu ↑¹Anis⟩: ↑ätherisches Öl des ¹Anis

An|iso|ma|stie *die;* -, ...ien ⟨zu ↑aniso..., *gr.* mastós „Brust(warze)" u. ↑²...ie⟩: ungleiche Ausbildung der weiblichen Brüste [als Entwicklungsstörung] (Med.). **An|iso|me|trie** *die;* - ⟨zu *gr.* a(n)- „un-, nicht-" u. ↑Isometrie⟩: Ungleichheit von Silbenzahl od. Metrum innerhalb der gleichen Strophe od. des gleichen Gedichts (Metrik); Ggs. ↑Isometrie. **an|iso|me|trisch**: die Anisometrie betreffend. **An|iso|me|tro|pie** *die;* -, ...ien ⟨zu *gr.* a(n)- „un-, nicht-" u. ↑Isometropie⟩: unterschiedliche Sehstärke beider Augen infolge ungleicher Brechkraft der Augenlinsen. **an|iso|morph** ⟨zu *gr.* a(n)- „un-, nicht-" u. ↑isomorph⟩: die Anisomorphie betreffend. **An|iso|mor|phie** *die;* -: unterschiedliche Ausbildung gewisser Pflanzenorgane je nach ihrer Lage zum Boden hin od. zur Sproßachse (Bot.). **An|iso|mor|phis|mus** *der;* -, ...men: nicht volle Entsprechung zwischen Wörtern verschiedener Sprachen. **An|iso|phyl|lie** *die;* - ⟨zu ↑aniso..., *gr.* phýllon „Blatt" u. ↑²...ie⟩: das Vorkommen unterschiedlicher Laubblattformen in derselben Sproßzone bei einer Pflanze (Bot.). **an|iso|to|nisch** ⟨zu *gr.* a(n)- „un-, nicht-" u. ↑isotonisch⟩: anderen ↑osmotischen Druck habend (in bezug auf Lösungen). **an|iso|top**: nur aus einem einzigen natürlichen ↑Isotop bestehend. **an|iso|trop**: die Anisotropie betreffend; Anisotropie aufweisend. **An|iso|tro|pie** *die;* -: 1. Fähigkeit von Pflanzenteilen, unter gleichen Bedingungen verschiedene Wachstumsrichtungen anzunehmen (Bot.). 2. Eigenart von Kristallen, nach verschiedenen Richtungen verschiedene physikalische Eigenschaften zu zeigen (Phys.). **An|iso|ty|pie** *die;* -: ↑Isotypie, bei der ↑Kationen u. ↑Kationen im Kristallgitter vertauscht sind. **An|iso|zy|to|se** *die;* -, ...jen ⟨zu ↑aniso..., *gr.* kýtos „Rundung, Wölbung, Höhlung" u. ↑¹...ose⟩: das Auftreten von unterschiedlich großen roten Blutkörperchen im Blut (bei bestimmten Blutkrankheiten; Med.)

An|ka|the|te *die;* -, -n ⟨zu *dt.* an... u. ↑Kathete⟩: eine der beiden Seiten, die die Schenkel des rechten Winkels eines Dreiecks bilden (Math.).

An|ke|rit [auch ...'rɪt] *der;* -s, -e ⟨nach dem österr. Mineralogen u. Arzt Matthias J. Anker (1771–1843) u. zu ↑²...it⟩: Braunspat, gelbliches, dem ↑Dolomit ähnliches Mineral

An|ki|stron *das;* -s, -s ⟨aus *gr.* ágkistron „Angelhaken"⟩: (veraltet) hakenförmiges Instrument zum Herausziehen von Fremdkörpern (Med.). **An|kon** *der;* -s, -e ⟨aus *gr.* agkón „Bug, Krümmung"⟩: (veraltet) Gesimsträger, vorstehender Eckstein (Archit.). **An|kon|agra** *das;* -s ⟨zu *gr.* -ágra „Gicht", eigtl. „das Fangen"⟩: Gicht im Ellenbogengelenk (Med.)

Ank|ter *der;* -s, -e ⟨aus *gr.* agktḗr „Verband" zu ágchein „zuschnüren"⟩: (veraltet) Heftpflaster (Med.). **Ank|te|ri|as|mus** *der;* -, ...men ⟨über *nlat.* ancteriasmus aus gleichbed. *gr.* agktēriasmós⟩: das Zusammenziehen der Wundränder durch Heftpflaster (Med.)

an|ky|lo..., An|ky|lo... ⟨aus gleichbed. *gr.* agkýlos⟩: Wortbildungselement mit der Bedeutung „gekrümmt, hakenförmig", z. B. Ankylotom. **An|ky|lo|dak|ty|lie** *die;* -s, ...ien ⟨zu *gr.* dáktylos „Finger" u. ↑²...ie⟩: angeborene Gelenkversteifung der Finger od. Zehen in Beugestellung (Med.). **An|ky|lo|sau|ri|er** [...i̯ɐ] *der;* -s, - u. **An|ky|lo|sau|rus** *der;* -, ...rier [...i̯ɐ] ⟨zu *gr.* saũros „Eidechse"⟩: gepanzerter ↑ Dinosaurier der Kreidezeit. **An|ky|lo|se** *die;* -, -n ⟨zu ↑¹...ose⟩: Gelenkversteifung [nach Gelenkerkrankungen] (Med.). **An|ky|lo|sto|mia|se** u. **An|ky|lo|sto|mia|sis** *die;* -, ...miasen ⟨zu *nlat.* ancylostoma „Gattung der Hakenwürmer" u. ↑...iasis⟩: Hakenwurmkrankheit, Tunnelanämie, Wurmkrankheit der Bergleute. **An|ky|lo|tisch** ⟨aus gleichbed. *gr.* agkýlōtos⟩: zur Ankylose betreffend; (veraltet) versteift (von Gelenken). **An|ky|lo|tom** *das;* -s, -e ⟨zu ↑ankylo... u. *gr.* témnein „schneiden"⟩: gebogenes Operationsmesser

An|mo|de|ra|ti|on *die;* -, -en ⟨zu *dt.* an... u.↑Moderation⟩: das Vorbereiten auf einen [Einzel]beitrag innerhalb od. vor einer Sendung durch Hintergrundinformationen od. [kommentierende] Information

An|na *der;* -[s], -[s] (aber: 5 -) ⟨aus gleichbed. *Hindi* anā⟩: 1. a) Rechnungseinheit des alten Rupiengeldsystems in Vorderindien; b) Kupfermünze mit Wappen der Ostind. Kompanie. 2. Bez. für verschiedene ind. Gewichtseinheiten

an|nal ⟨aus gleichbed. *lat.* annalis zu annus „Jahr"⟩: ein Jahr dauernd, jährlich. **An|na|len** *die* (Plur.) ⟨aus gleichbed. *lat.* (libri) annales⟩: Jahrbücher, chronologisch geordnete Aufzeichnungen von Ereignissen

An|na|lin *das;* -s ⟨Herkunft unbekannt⟩: feinpulveriger Gips

an|na|li|sie|ren ⟨zu ↑annal u. ↑...isieren⟩: die Ereignisse eines Jahres aufzeichnen. **An|na|list** *der;* -en, -en ⟨zu ↑...ist⟩: Verfasser von Annalen. **An|na|li|stik** *die;* - ⟨zu ↑...istik⟩: Geschichtsschreibung in Form von ↑Annalen. **An|na|ten** *die* (Plur.) ⟨aus *mlat.* annata (Plur.) „Jahresertrag"⟩: im Mittelalter übliche Abgabe an den Papst für die Verleihung eines kirchlichen Amtes

An|nat|to vgl. Anatto

an|nek|tie|ren ⟨aus gleichbed. *fr.* annexer unter Einfluß von *lat.* annectere „an-, verknüpfen"⟩: etwas gewaltsam u. widerrechtlich in seinen Besitz bringen

An|ne|let [...'le:, *fr.* ...'lɛ] *der;* -s, -s ⟨aus *fr.* annelet „kleiner Ring", dies zu *lat.* an(n)ulus; vgl. Anneliden⟩: Kranz um den Wappenrand od. um einen Säulenschaft. **An|ne|li|den** *die* (Plur.) ⟨zu *lat.* an(n)ulus „kleiner Ring" (Verkleinerungsform von anus „Ring; After") u. ↑...iden⟩: Ringelwürmer. **An|ne|lu|re** [...'ly:rə] *die;* - ⟨aus gleichbed. *fr.* annelure⟩: Kräuselung [der Haare]

An|nex *der;* -es, -e ⟨aus *lat.* annexus, Part. Perf. von annectere, vgl. annektieren⟩: 1. Anhängsel, Zubehör. 2. svw. Adnex (2). **An|ne|xi|on** *die;* -, -en ⟨aus *fr.* annexion „Verbindung, Einverleibung" zu annexer, dies aus *lat.* annectere, vgl. annektieren⟩: gewaltsame u. widerrechtliche Aneignung fremden Gebiets. **An|ne|xio|nis|mus** *der;* - ⟨zu ↑...ismus (5)⟩: Gesamtheit von Bestrebungen, die auf eine gewaltsame Aneignung fremden Staatsgebiets abzielen. **An|ne|xio|nist** *der;* -en, -en ⟨zu ↑...ist⟩: Anhänger des Annexionismus. **an|ne|xio|ni|stisch** ⟨zu ↑...istisch⟩: den Annexionismus betreffend. **An|ne|xi|tis** *die;* -, ...itiden ⟨zu ↑...itis⟩: svw. Adnexitis

ạn|ni cur|rẹn|tis [– kʊ...] ⟨*lat.*⟩: (veraltet) laufenden Jahres (Abk.: a. c.). **ạn|ni fu|tu|ri** ⟨*lat.*⟩: (veraltet) künftigen Jahres; Abk.: a. f.

An|ni|hi|la|ti|on *die;* -, -en ⟨aus *lat.* annihilatio „das Zunichtemachen" zu annihilare, vgl. annihilieren⟩: 1. Vernichtung, Zunichtemachung, Ungültigkeitserklärung. 2. das Zerstrahlen von Materie beim Zusammentreffen mit Antimaterie (Kernphys.); vgl. ...[at]ion/...ierung. **an|ni|hi|lie|ren** ⟨aus *lat.* annihilare „zunichte machen" zu ↑ad... u. nihil „nichts"⟩: 1. a) zunichte machen; b) für nichtig erklären. 2. Elementar- u. Antiteilchen zerstrahlen (Kernphys.). **An|ni|hi|lie|rung** *die;* -, -en ⟨zu ↑...ierung⟩: das Annihilieren; vgl. ...[at]ion/...ierung

An|ni|on *die;* -, -en ⟨zu *lat.* annus „Jahr" u. ↑¹...ion⟩: (veraltet) einjährige Frist zur Zahlung einer Schuld. **ạn|ni prae|ter|iti** [– prɛ...] ⟨*lat.*⟩: (veraltet) vorigen Jahres (Abk.: a. p.). **An|ni|ver|sar** [...v...] *das;* -s, -e u. **An|ni|ver|sa|ri|um** *das;* -s, ...ien [...i̯ən] (meist Plur.) ⟨aus gleichbed. *kirchenlat.* anniversarius „jedes Jahr wiederkehrend"⟩: jährlich wiederkehrender Tag, an dem das Gedächtnis eines bestimmten Ereignisses begangen wird (z. B. der Jahrestag des Todes in der kath. Kirche). **ạn|no** (österr. nur so), auch **Ạn|no** ⟨*lat.*⟩: im Jahre (Abk.: a. od. A.). **ạn|no cur|rẹn|te** [– k...] ⟨*lat.*⟩: (veraltet) laufenden Jahr (Abk.: a. c.). **ạn|no** bzw. **Ạn|no Do|mi|ni** ⟨*lat.*⟩: im Jahre des Herrn, d. h. nach Christi Geburt (Abk.: a. D. od. A. D.)

An|no|mi|na|ti|on *die;* -, -en ⟨zu ↑ad... u. ↑Nomination⟩: Wortspiel, das in der Zusammenstellung von Wörtern gleicher od. ähnlicher Lautung, aber unterschiedlicher, im Zusammenhang oft gegensätzlicher Bedeutung besteht (z. B. der Mond schien schon schön; Rhet.); vgl. Paronomasie

An|no|na *die;* -, ...ae [...ɛ] ⟨aus gleichbed. *lat.* annona⟩: (veraltet) Jahresertrag [des Getreides]; Getreide[versorgung]. **An|non|agi|um** *das;* -s ⟨aus gleichbed. *mlat.* annonagium⟩: (veraltet) Getreidezins. **an|no|na|risch** ⟨aus gleichbed. *lat.* annonarius⟩: (veraltet) den Preis u. Vertrieb des Getreides sowie die Getreideversorgung betreffend

An|non|ce [a'nõ:sə] *die;* -, -n ⟨aus *fr.* annonce „öffentliche Ankündigung" zu annoncer, vgl. annoncieren⟩: 1. Zeitungsanzeige, ↑ Inserat. 2. Ankündigung von etw. **An|non|cen|ex|pe|di|ti|on** *die;* -, -en: Anzeigenvermittlung. **An|non|ceu|se** [...'sø:zə] *die;* -, -n ⟨zu ↑...euse⟩: Angestellte im Gastwirtschaftsgewerbe, die die Bestellungen an die Küche weitergibt. **an|non|cie|ren** [...'si:...] ⟨aus *fr.* annoncer „ankündigen", dies aus gleichbed. *lat.* annuntiare, vgl. Nuntius⟩: 1. eine Zeitungsanzeige aufgeben. 2. a) etwas durch eine Annonce anzeigen; b) jmdn. od. etwas [schriftlich] ankündigen

An|no|ne *die;* -, -n ⟨aus gleichbed. *span.* anona, dies zu *indian.* anon⟩: tropische Pflanze mit ledrigen Blättern u. wohlschmeckenden Früchten

An|no|ta|ti|on *die;* -, -en ⟨aus *lat.* annotatio „(schriftliche) Bemerkung, Aufzeichnung" zu annotare, vgl. annotieren⟩: 1. (veraltet) Auf-, Einzeichnung, Vermerk. 2. erläuternder Vermerk zu einer bibliographischen Anzeige (Buchw.). **an|no|tie|ren** ⟨aus *lat.* annotare „aufzeichnen"⟩: den Inhalt eines Buches o. ä. aufzeichnen, erläutern, analysieren

Ạn|nua: Plur. von ↑Annuum. **an|nu|al** ⟨aus gleichbed. *lat.* annualis zu annus „Jahr"⟩: svw. annuell (1); vgl. ...al/...ell. **An|nu|ale** *das;* - ...lia ⟨zu ↑...ale⟩: svw. Anniversar. **An|nua|li|tät** *die;* - ⟨↑...ität⟩: (veraltet) Jährlichkeit. **An|nua|ri|um** *das;* -s, Plur. ...ien [...i̯ən] od. ...ia ⟨aus gleichbed. *mlat.* annuarium⟩: Kalender; Jahrbuch. **an|nu|ell** ⟨aus gleichbed. *fr.* annuel, dies aus *lat.* annualis, vgl. annual⟩: 1. (veraltet) [all]jährlich. 2. einjährig (von Pflanzen); vgl. ...al/...ell. **An|nu|el|le** *die;* -, -n ⟨zu ↑...elle⟩: Pflanze, die nach einer ↑Vegetationsperiode abstirbt

an|nu|ie|ren ⟨aus gleichbed. *lat.* annuere⟩: (veraltet) [durch Zunicken] zusagen, bewilligen

An|nui|tät [...nui...] *die;* -, -en ⟨über *engl.* annuity „Jahresrente" aus *mlat.* annuitas, Gen. annuitatis „jährliche Zahlung"⟩: Jahreszahlung an Zinsen u. Tilgungsraten bei der ↑ Amortisation (1) einer Schuld. **An|nui|tä|ten** *die* (Plur.): jährliches Einkommen

an|nu|la|risch ⟨aus gleichbed. *lat.* an(n)ularis; vgl. Annulus⟩: (veraltet) ringförmig. **an|nu|liert** ⟨zu ↑...iert⟩: (veraltet) geringelt

an|nul|lie|ren ⟨aus gleichbed. *lat.* annullare⟩: etwas [amtlich] für ungültig, für nichtig erklären. **An|nul|lie|rung** *die;* -, -en ⟨zu ↑...ierung⟩: [amtliche] Ungültigkeits-, Nichtigkeitserkärung

An|nu|lus *der;* -, ...li ⟨aus *lat.* an(n)ulus „kleiner Ring"⟩: svw. Anulus

An|nu|me|ra|ti|on *die;* -, -en ⟨aus gleichbed. *lat.* annumeratio zu annumerare, vgl. annumerieren⟩: Zuzählung. **an|nu|me|rie|ren** ⟨aus gleichbed. *lat.* annumerare⟩: hinzuzählen

An|nun|tia|ti|on *die;* - ⟨aus gleichbed. *mlat.* annuntiatio zu *lat.* annuntiare „ankündigen"⟩: Verkündigung, Ankündigung [der Maria]. **An|nun|tia|ti|ons|stil** *der;* -s: Zeitbestimmung des Mittelalters u. der frühen Neuzeit, bei der der Jahresanfang auf das Fest Mariä Verkündigung (25. März) fiel

An|nu|um *das;* -[s], Annua ⟨aus gleichbed. *lat.* annuum⟩: (veraltet) Jahresgeld, Jahresbeitrag od. Jahresgehalt

Anoa *das;* -s, -s ⟨aus gleichbed. *indones.* anoa⟩: indones. Wildrind

An|ode *die;* -, -n ⟨aus *engl.* anode (von dem engl. Physiker M. Faraday eingeführt) zu *gr.* ánodos „Aufweg; Eingang", dies zu ↑ana... u. hodós „Weg"⟩: positive ↑ Elektrode; Ggs. ↑ Kathode. **an|odisch:** a) die Anode betreffend; b) mit der Anode zusammenhängend

An|ody|num *das;* -s, ...na ⟨zu *gr.* a(n)- „un-, nicht-", odýnē „Schmerz, Qual" u. ↑...ium⟩: svw. Analgetikum

ano|gen ⟨zu *gr.* ánō „auf, hinauf" u. ↑...gen⟩: aus der Tiefe aufsteigend (von Eruptivgesteinen; Geol.)

Anoia [a'nɔya] *die;* - ⟨aus *gr.* ánoia „Unverstand, Torheit"⟩: Unverstand, Stumpfheit; vgl. Demenz

Ano|lyt *der;* Gen. -en, auch -s, Plur. -e[n] ⟨Kurzw. aus ↑*An*ode u. ↑ Elektro*lyt*⟩: Elektrolyt im Anodenraum (bei Verwendung von zwei getrennten Elektrolyten; Chem.)

anom ⟨aus *gr.* ánomos „gesetzlos"⟩: Anomie zeigend, aufweisend

an|omal [auch ...'ma:l] ⟨über gleichbed. *spätlat.* anomalus aus *gr.* anṓmalos „uneben"⟩: unregelmäßig, regelwidrig, nicht normal [entwickelt] (in bezug auf etwas Negatives, einen Mangel od. eine Fehlerhaftigkeit). **An|oma|lie** *die;* -, ...ien ⟨über gleichbed. *spätlat.* anomalia aus *gr.* anōmalía „Unebenheit"⟩: 1. a) (ohne Plur.) Abweichung vom Normalen, Regelwidrigkeit in bezug auf etwas Negatives, einen Mangel od. eine Fehlerhaftigkeit; b) Mißbildung in bezug auf innere u. äußere Merkmale (Biol.). 2. Winkel zwischen der Verbindungslinie Sonne – Planet u. der ↑ Apsidenlinie des Planeten (Astron.). **an|oma|li|stisch** ⟨zu ↑...istisch⟩: auf gleiche Anomalie (2) bezogen; -er Mond: Zeit von einem Durchgang des Mondes durch den Punkt seiner größten Erdnähe bis zum nächsten Durchgang; -es Jahr: Zeit von einem Durchgang der Erde durch den Punkt ihrer größten Sonnennähe bis zum nächsten Durchgang. **An|oma|lo|gie** *die;* - ⟨zu ↑...logie⟩: (veraltet) Lehre von den sprachlichen Unregelmäßigkeiten. **An|oma|lon** *das;* -s, ...la ⟨aus *gr.* anṓmalon „das Schwankende, Ungleichmäßige"⟩: Wort (bes. Verb) mit unregelmäßiger Flexion. **An|oma|lo|skop** *das;* -s, -e ⟨zu ↑ anomal u. ↑...skop⟩: Apparat zur Prüfung des Farbensinnes bzw. der Abweichungen vom normalen Farbensehen (Med.)

Ano|me|re *das;* -n, -n (ein -s; meist Plur.) ⟨Kunstw. aus ↑*an*a... u. ↑ Iso*mere*⟩: ↑ Isomeres, das sich im Molekül nur in der Stellung von zwei Atomen od. Atomgruppen von einer entsprechenden anderen Verbindung unterscheidet (Chem.)

Ano|mie *die;* -, ...ien ⟨aus gleichbed. *gr.* anomía⟩: 1. Gesetzlosigkeit, Gesetzwidrigkeit. 2. a) Zustand mangelnder sozialer Ordnung (Soziol.); b) Zusammenbruch der kulturellen Ordnung (Soziol.); c) Zustand mangelhafter gesellschaftlicher Integration innerhalb eines sozialen Gebildes, verbunden mit Einsamkeit, Hilflosigkeit u. ä. **ano|misch** ⟨aus gleichbed. *gr.* ánomos⟩: gesetzlos, gesetzwidrig. **Anomit** [auch ...'mɪt] *der;* -s, -e ⟨zu ↑²...it⟩: Mineral, ↑ Biotit mit abweichenden optischen Achsen. **Ano|mo|ke|pha|lie** *die;* -, ...ien ⟨zu *gr.* kephalḗ „Kopf" u. ↑²...ie⟩: unregelmäßige Kopfbildung (Med.)

An|omöo|me|rie *die;* - ⟨zu *gr.* a(n)- „un-, nicht-", homoîos „gleich", méros „Teil" u. ↑²...ie⟩: (veraltet) das Bestehen aus ungleichartigen Teilen

an|om|pha|lisch ⟨zu ↑ Anomphalos⟩: (veraltet) nabellos. **An|om|pha|los** *der;* -, Plur. ...loi u. ...phalen ⟨zu *gr.* a(n)- „un-, nicht-" u. omphalós „Nabel"⟩: (veraltet) nabellos beschaffener Mensch (nach der Bibel Adam u. Eva)

Ano|na *die;* -, -s ⟨aus *span.* anona „Flaschenbaum", dies zu *indian.* (a)naná „Ananas"⟩: Zimt-, Zuckerapfel, große Frucht des tropischen Flaschenbaumes

anon|nie|ren ⟨aus gleichbed. *fr.* ânonner, eigtl. „ein Eselsfüllen werfen", zu ânon „Eselsfüllen", dies zu âne „Esel" aus *lat.* asinus⟩: (veraltet) beim Lesen stottern

An|ony|chie *die;* -, ...ien ⟨zu *gr.* a(n)- „un-, nicht-", ónyx, Gen. ónychos „Nagel" u. ↑²...ie⟩: angeborenes od. erworbenes Fehlen der Finger- u. Fußnägel (Med.)

an|onym ⟨über *spätlat.* anonymus aus *gr.* anṓnymos „namenlos", vgl. Anonymus⟩: a) ungenannt, ohne Namen, ohne Angabe des Verfassers; namenlos; -e Alkoholiker: Selbsthilfeorganisation (Hilfe bes. durch sozialtherapeutische Maßnahmen) von Alkoholabhängigen, deren Mitglieder ihre Abhängigkeit eingestehen müssen, aber anonym bleiben; Abk.: AA; b) (in bezug auf den Urheber von etwas) nicht [namentlich] bekannt; nicht näher, nicht im einzelnen bekannt; vgl. ...isch/-. **An|ony|ma** *die* (Plur.): Schriften ohne Verfasserangabe. **an|ony|misch:** svw. anonym; vgl. ...isch/-. **an|ony|mi|sie|ren** ⟨zu ↑...isieren⟩: persönliche Daten aus einer Statistik, aus Fragebogen o. ä. löschen. **An|ony|mi|tät** *die;* - ⟨zu ↑...ität⟩: Unbekanntheit des Namens, Namenlosigkeit, das Nichtbekanntsein od. Nichtgenanntsein (in bezug auf eine bestimmte Person). **An|ony|mus** *der;* -, Plur. ...mi u. ...nymen ⟨über *spätlat.* anonymus aus *gr.* anṓnymos „namenlos" zu a(n)- „un-, nicht-" u. ónyma „Name"⟩: jmd., der etwas geschrieben o. ä. hat, dessen Name jedoch nicht bekannt ist od. bewußt verschwiegen worden ist

An|ophe|les *die;* -, - ⟨zu *gr.* anōphelḗs „nutzlos, schädlich"⟩: tropische u. südeuropäische Stechmückengattung (Malariaüberträger)

ano|pho|nisch ⟨zu *gr.* ánō „empor" u. phōnḗ „Laut, Ton"⟩: (veraltet) aufwärts-, emportönend

An|oph|thal|mie *die;* -, ...ien ⟨zu *gr.* a(n)- „un-, nicht-", ophthalmós „Auge" u. ↑²...ie⟩: das Fehlen eines od. beider Augäpfel (angeboren od. nach Entfernung; Med.). **An|oph|thal|mus** *der;* -, ...mi ⟨aus gleichbed. *nlat.* anophthalmus⟩: 1. svw. Anophthalmie. 2. Mißgeburt, der die Augäpfel fehlen (Med.)

An|o|pie *die;* -, ...ien ⟨zu *gr.* a(n)- „un-, nicht-", ốps, Gen. ōpós „Auge, Gesicht" u. ↑²...ie⟩: das Nichtsehen, Untätigkeit des einen Auges (z. B. beim Schielen; Med.)

an|o|pis|tho|gra|phisch ⟨zu *gr.* a(n)- „un-, nicht-" u. ↑opisthographisch, eigtl. „nicht von hinten beschrieben"⟩: a) nur auf einer Seite beschrieben (von Papyrushandschriften); b) einseitig bedruckt; Ggs. ↑opisthographisch

An|op|sie *die;* -, ...ien ⟨zu *gr.* a(n)- „un-, nicht-" u. *gr.* ópsis „das Sehen"⟩: svw. Anopie

A̱n|o|rak *der;* -s, -s ⟨aus *eskim.* anorak⟩: 1. Kajakjacke der Eskimos. 2. Jacke aus windundurchlässigem Material mit angearbeiteter Kapuze

An|or|chi|die *die;* -, ...ien ⟨zu *gr.* a(n)- „un-, nicht-", órchis „Hoden" u. ↑²...ie⟩: angeborenes Fehlen der Hoden (Med.)

ano|rek|tal ⟨zu ↑Anus u. ↑rektal⟩: Mastdarm u. After betreffend, in der Gegend von Mastdarm u. After gelegen (Med.)

An|orek|ti|kum, auch Anorexikum *das;* -s, ..ka ⟨zu *gr.* anorekteĩn „keinen Appetit haben" u. ↑...ikum⟩: Appetitzügler. **An|ore|xie** *die;* - ⟨zu ↑²...ie⟩: Appetitlosigkeit; Verlust des Triebes, Nahrung aufzunehmen (Med.). **an|ore|xigen** ⟨zu ↑...gen⟩: Appetitlosigkeit erzeugend (von Medikamenten). **An|ore̱|xi|kum** vgl. Anorektikum

An|or|ga|nik *die;* - ⟨zu *gr.* a(n)- „un-, nicht-", ↑organisch u. ↑²...ik (1)⟩: svw. anorganische Chemie. **An|or|ga|ni|ker** *der;* -s, -: Wissenschaftler auf dem Gebiet der anorganischen Chemie. **an|or|ga|nisch**: 1. a) zum unbelebten Bereich der Natur gehörend, ihn betreffend; Ggs. ↑organisch (1 b); b) ohne Mitwirkung von Lebewesen entstanden. 2. nicht nach bestimmten [natürlichen] Gesetzmäßigkeiten erfolgend; ungeordnet, ungegliedert. 3. eingeschoben, unetymologisch (von Lauten od. Buchstaben ohne ↑morphologische Funktion, z. B. *p* in *lat.* sum-p-tum statt sumtum zu sumere = nehmen; Sprachw.); -e Chemie: Teilgebiet der Chemie, das sich mit Elementen u. Verbindungen ohne Kohlenstoff beschäftigt; Ggs. ↑organische Chemie. **An|or|ga|nis|mus** *der;* - ⟨zu ↑...ismus⟩: zusammenfassende Bez. für die unbelebte Natur, für anorganische Stoffe. **an|or|ga|no|gen** ⟨zu ↑...gen⟩: 1. aus anorganischen Bestandteilen gebildet. 2. chem. ↑Sedimente betreffend. **An|or|ga|no|gra|phie** *die;* -, ...ien ⟨zu ↑...graphie⟩: Beschreibung anorganischer Stoffe. **An|or|ga|no|lo|gie** *die;* - ⟨zu ↑...logie⟩: 1. alte Bez. für die anorganische Chemie. 2. alte Bez. für ↑Mineralogie

An|or|gas|mie *die;* -, ...ien ⟨zu *gr.* a(n)- „un-, nicht-", ↑Orgasmus u. ↑²...ie⟩: das Fehlen bzw. Ausbleiben des ↑Orgasmus (Med.)

ano̱r|mal ⟨aus *mlat.* anormalis, einer Kreuzung der unter ↑anomal u. ↑normal behandelten *lat.* Wörter⟩: nicht normal; von der Norm, Regel abweichend u. daher nicht üblich, ungewöhnlich

an|oro|gen ⟨zu *gr.* a(n)- „un-, nicht-" u. ↑orogen⟩: geologische Zeitabschnitte betreffend, in denen keine Gebirgsbildungen erfolgt sind

An|or|thit [auch ...'tɪt] *der;* -s ⟨zu *gr.* a(n)- „un-, nicht-", orthós „gerade" u. ↑²...it⟩: Kalkfeldspat (ein Mineral). **An|or|tho|klas** *der;* -es, -e ⟨zu ↑Orthoklas⟩: in Ergußgesteinen oft vorkommende Mischung von Kali- u. Natronfeldspat. **An|or|tho|ploi|die** [...ploi...] *die;* - ⟨zu -ploid (verselbständigt aus Wörtern wie haploid u. diploid) u. ↑²...ie⟩: besondere Form der ↑Euploidie (Biol.). **An|or|tho|sit** [auch ...'zɪt] *der;* -s ⟨zu ↑²...it⟩: ein Tiefengestein, das fast ausschließlich aus ↑Plagioklas besteht. **An|or|tho|skop** *das;* -s, -e ⟨zu ↑Orthoskop⟩: Apparat zur Feststellung der Abweichungen vom verzeichnisfreien Sehen (Med.). **An|or|tho|sko|pie** *die;* -, ...ien ⟨zu ↑...skopie⟩: das Auftreten einer Verzeichnung bei abbildenden optischen Systemen, speziell beim Auge. **An|or|tho|spi|ra|le** *die;* -, -n: aus den beiden ↑Chromatiden eines Chromosoms gebildete Doppelspirale (Biol.)

Ano|sie *die;* - ⟨zu *gr.* ánosos „ohne Krankheit" u. ↑²...ie⟩: (veraltet) Gesundheit (bes. übertragen von Landschaften). **ano̱|sisch**: (veraltet) gesund (von Landschaften)

An|os|mat *der;* -en, -en ⟨zu *gr.* a(n)- „un-, nicht-", osmḗ „Geruch" u. ↑...at (1)⟩: Tier ohne Geruchssinn. **An|os|mie** *die;* - ⟨zu ↑²...ie⟩: Verlust des Geruchssinnes (Med.)

Ano|so|gno|sie *die;* - ⟨zu *gr.* a- „un-, nicht-", nósos „Krankheit" u. ↑...gnosie⟩: Unfähigkeit, Erkrankungen der eigenen Person wahrzunehmen (bei manchen Gehirnerkrankungen; Med.)

An|os|phra|sie *die;* - ⟨zu *gr.* a(n)- „un-, nicht-", ósphrasis „Geruch" u. ↑²...ie⟩: svw. Anosmie

An|osteo|ge|ne|se *die;* -, -n ⟨zu *gr.* a(n)- „un-, nicht-", ostéon „Knochen" u. ↑Genese⟩: svw. Hypophosphatasie. **An|osto̱|se** *die;* -, -n ⟨zu ↑¹...ose⟩: Störung des Knochenwachstums u. der Knochenentwicklung (Knochenschwund; Med.)

ano|therm ⟨zu *gr.* ánō „oben" u. ↑...therm⟩: mit zunehmender Wassertiefe kälter werdend; Ggs. ↑katotherm. **Ano|ther|mie** *die;* - ⟨zu ↑²...ie⟩: Abnahme der Wassertemperatur in den Tiefenzonen stehender Gewässer u. der Meere; Ggs. ↑Katothermie

An|otie *die;* -, ...ien ⟨zu *gr.* a(n)- „un-, nicht-", oũs, Gen. ōtós „Ohr" u. ↑²...ie⟩: angeborenes Fehlen der Ohrmuscheln (Med.)

An|ova|rie [...v...] *die;* -, ...ien ⟨zu *gr.* a(n)- „un-, nicht-", ↑Ovarium u. ↑²...ie⟩: angeborenes Fehlen der Eierstöcke (Med.). **An|ovu|la|ti|on** *die;* -, -en ⟨zu ↑Ovulation⟩: Ablauf des Menstruationszyklus ohne Eisprung (Med.). **an|ovula|to|risch**: ohne Eisprung (Med.)

An|ox|ämie, ...ämie *die;* -, ...ien ⟨zu ↑Anoxie u. ↑...ämie⟩: Sauerstoffmangel im Blut (Med.). **An|oxie** *die;* -, ...ien ⟨Kurzbildung aus *gr.* a(n)- „un-, nicht-", ↑Oxygenium u. ↑²...ie⟩: Sauerstoffmangel in den Geweben (Med.). **an|oxisch**: auf Sauerstoffmangel im Gewebe beruhend, durch Sauerstoffmangel verursacht (Med.). **An|oxy|bio|se** *die;* - ⟨zu ↑Oxybiose⟩: svw. Anaerobiose. **an|oxy|da|tiv** *die;* - ⟨zu ↑oxydativ⟩: von Sauerstoff unabhängig (Biol.). **An|oxy|hä|mie** vgl. Anoxämie

an|qui|rie|ren ⟨aus gleichbed. *lat.* anquirere⟩: (veraltet) 1. untersuchen, nachforschen. 2. einen Strafantrag stellen (Rechtsw.). **An|qui|si|ti|on** *die;* -, -en ⟨aus gleichbed. *lat.* anquisitio zu anquirere, vgl. anquirieren⟩: (veraltet) Strafantrag (Rechtsw.)

A̱NSA ⟨*ital.* Kurzw. für *Agenzia Nazionale Stampa Associata*⟩: die ital. Nachrichtenagentur

An|sa|ver|bin|dung *die;* -, -en ⟨zu *lat.* ansa „Griff, Öse"⟩: chem. Verbindung, in der eine Atomkette henkelartig an ein Ringsystem geknüpft ist

An|scho|vis [...vɪs] *die;* -, - ⟨aus gleichbed. *niederl.* ansjovis, dies über *span.* anchoa, *it. mdal.* ancioa aus *gr.* aphýē „Sardelle"⟩: in Salz od. Marinade eingelegte Sardelle od. Sprotte

An|set|te *die;* -, -n ⟨aus gleichbed. *fr.* ansette, Verkleinerungsform von anse „Griff, Öse", dies aus gleichbed. *lat.* ansa⟩: kleine Öse, Tauende mit kleiner Öse

Anspekt

An|spẹkt *der;* -[e]s, -e ⟨aus gleichbed. *fr.* anspect⟩: Hebebaum auf Schiffen

ant..., **Ant...** vgl. anti..., Anti...

...ạnt ⟨aus *lat.* -ans, Gen. -antis (Endung des Part. Präs. der a-Konjugation)⟩: häufiges Suffix mit der aktivischen Bedeutung des Präsenspartizips: 1. von männlichen Substantiven, z. B. Fabrikant (der Fabrizierende), Formant (der bildende, formende Bestandteil). 2. von Adjektiven, z. B. arrogant (anmaßend)

Ant|acid ⓦ [...'tsi:d] *das;* -s , -e ⟨Kunstw. aus ↑*Anti*... u. ↑*Acid*um⟩: gegen Säuren sehr widerstandsfähige Eisen-Silicium-Legierung. **Ant|aci|dum** vgl. Antazidum

Ant|ae|ro|phtho|ra [...ae...] *die* (Plur.) ⟨zu ↑anti..., aēr „Luft" u. phthorá „Verderben"⟩: (veraltet) Mittel zur Luftreinigung

Ant|ago|nịs|mus *der;* -, ...men ⟨zu *gr.* antagōnisma „Widerstreit" u. ↑ ...ismus⟩: 1. a) (ohne Plur.) Gegensatz, Gegnerschaft, Widerstreit, Widerstand; b) einzelne gegensätzliche Erscheinung o. ä. 2. gegeneinander gerichtete Wirkungsweise (z. B. Streckmuskel – Beugemuskel; Med.). 3. gegenseitige Hemmung zweier Mikroorganismen (Biol.). **Ant|ago|nịst** *der;* -en, -en ⟨über *lat.* antagonista aus *gr.* antagōnistḗs „Gegner, Nebenbuhler", vgl. Agon⟩: 1. Gegner, Widersacher. 2. einer von paarweise wirkenden Muskeln, dessen Wirkung der des ↑Agonisten (2) entgegengesetzt ist; vgl. Antagonismus (2). **ant ago|nị|stisch** ⟨zu ↑...istisch⟩: gegensätzlich, in einem nicht auszugleichenden Widerspruch stehend, widerstreitend, gegnerisch

an|tail|lie|ren [...taji:...] ⟨zu ↑taillieren⟩: leicht auf Taille arbeiten, in der Taille etwas einnehmen (Schneiderei)

Ant|al|gi|kum *das;* -s, ...ka ⟨zu ↑anti..., *gr.* álgos „Schmerz" u. ↑...ikum⟩: svw. Anästhetikum

ant|al|ka|lisch ⟨zu ↑anti... u. ↑alkalisch⟩: den ↑Alkalien entgegenwirkend

Ant|ana|go|ge *die;* -, -n ⟨zu ↑anti... u. ↑Anagoge⟩: (veraltet) das Zurückweisen einer Beschuldigung an den Urheber

Ant|ana|kla|sis *die;* - ⟨zu ↑anti... u. ↑Anaklasis⟩: Wiederholung eines Wortes in anderer Bedeutung (Rhet.)

ant|an|na|risch ⟨zu ↑anti... u. *lat.* annarius „das Jahr betreffend", dies zu annus „Jahr"⟩: (veraltet) vorjährig

Ant|apex, Antiapex *der;* -, ...apizes [...tse:s] ⟨zu ↑anti... u. ↑Apex⟩: Gegenpunkt des ↑Apex (1)

Ant|aphro|di|sia|kum *das;* -s, ...ka ⟨zu ↑anti... u. ↑Aphrodisiakum⟩: svw. Anaphrodisiakum. **ant|aph|ro|di|tisch**: svw. anaphroditisch

Ant|apo|plẹk|ti|kum *das;* -, ...ka ⟨zu ↑anti..., ↑Apoplexie u. ↑...ikum⟩: Mittel gegen Schlaganfall u. Gehirnschlag (Med.). **ant|apo|plẹk|tisch**: gegen Schlaganfall, Gehirnschlag wirkend (von Arzneimitteln)

Ant|ark|ti|ka *die;* - ⟨zu *lat.* antarcticus, *gr.* antarktikós „südlich", vgl. Arktis⟩: der Kontinent der Antarktis (Südpolarkontinent). **Ant|ạrk|tis** *die;* - ⟨zu ↑anti... u. ↑Arktis⟩: Landu. Meeresgebiete um den Südpol; vgl. Arktis. **ant|ạrktisch**: a) die Antarktis betreffend; b) zur Antarktis gehörend. **Ant|ark|to|kar|bon** *das;* -s: am Ende der Steinkohlenzeit bestehende, später zerfallene Landmasse der südlichen Halbkugel

Ant|ar|thri|ti|kum *das;* -s, ...ka ⟨zu ↑anti..., ↑Arthritis u. ↑...ikum⟩: Arzneimittel gegen Gelenkentzündung u. Gicht. **ant|ar|thri|tisch**: gegen Gelenkentzündung u. Gicht wirkend (von Arzneimitteln)

ant|asthe|nisch ⟨zu ↑anti... u. *gr.* asthenēs „kraftlos, schwach"⟩: gegen Schwächezustände wirksam, stärkend (Med.)

Ant|asth|ma|ti|kum usw. vgl. Antiasthmatikum usw.

Ant|atro|phi|kum *das;* -s, ...ka ⟨zu ↑anti..., ↑Atrophie u. ↑...ikum⟩: Mittel gegen ↑Atrophie. **ant|atro|phisch**: gegen Atrophie wirkend. **Ant|ạtro|phon** *das;* -s, ...pha ⟨zu *gr.* átrophos „schlecht genährt, dürr"⟩: svw. Anatrophikum

Ant|azi|dum, Antacidum [...ts...] *das;* -s, ...da ⟨zu ↑anti... u. ↑Acidum⟩: Magensäure bindendes Arzneimittel (Med.)

Ạn|te *die;* -, -n ⟨aus *lat.* antae (Plur.) „(Eck)pfeiler"⟩: die meist pfeilerartig ausgebildete Stirn einer frei endenden Mauer (in der altgriech. u. röm. Baukunst)

an|te..., An|te... ⟨aus gleichbed. *lat.* ante⟩: Präfix mit der Bedeutung „vor", z. B. antediluvianisch, Antepänultima

An|te|bra|chi|um [...x...] *das;* -s, ...chia ⟨zu ↑ante... u. ↑Brachium⟩: Unterarm

An|te|ca|pi|tu|lum [...k...] *das;* -s, ...la ⟨aus gleichbed. *mlat.* antecapitulum; vgl. Kapitel⟩: Vorraum zum Kapitelsaal in Klöstern

ạn|te Chrị|stum [nạ|tum] [– k... –] ⟨*lat.*⟩: vor Christi [Geburt], vor Christus; Abk.: a. Chr. [n.]

ạn|te cị|bum [– 'tsi:...] ⟨*lat.;* „vor dem Essen"⟩: vor der Mahlzeit [einzunehmen] (Hinweis auf Rezepten)

an|te|da|tie|ren ⟨zu ↑ante... u. ↑datieren⟩: (veraltet) 1. [ein Schreiben] auf ein zukünftiges Datum ausstellen. 2. [ein Schreiben] auf ein vergangenes Datum ausstellen; vgl. postdatieren

ạn|te di|em ⟨*lat.;* „vor dem Tag"⟩: vor der festgesetzten Zeit

an|te|di|lu|via|nisch [...v...] ⟨zu ↑ante... u. ↑diluvianisch, eigtl. „vorsintflutlich"⟩: vor dem ↑Diluvium liegend, auftretend

An|te|fịx *das;* -, Plur. -a od. -en ⟨aus gleichbed. *lat.* antefixum⟩: bemalter od. plastisch verzierter Schmuckaufsatz antiker Bauten (Archit.). **An|te|fi|xa|ti|on** *die;* -, -en ⟨zu ↑ante... u. ↑Fixation⟩: operative Befestigung eines Organes an den Bauchdecken (Med.)

an|te|flek|tiert ⟨zu ↑ante... u. ↑flektieren, vgl. ...iert⟩: nach vorn gebogen (Med.). **An|te|fle|xi|on** *die;* -, -en: von der normalen Lage abweichende Vorwärtsneigung von Organen, vor allem der Gebärmutter (Med.)

An|te|kli|se *die;* -, -n ⟨zu ↑ante... u. *gr.* klísis „Neigung"⟩: weiträumig gespannte Gesteinsstruktur in Tafelgebieten (Geol.); Ggs. ↑Syneklise

an|te|ko|lisch ⟨zu ↑ante... u. ↑Kolon⟩: vor dem Grimmdarm gelegen (Med.)

An|te|kur|va|ti|on [...v...] *die;* -, -en ⟨zu ↑ante... u. *lat.* curvatio „Krümmung", dies zu curvare „krümmen, biegen"⟩: Verbiegung, bes. des Unterschenkels nach vorn (Med.)

An|te|lo|qui|um *das;* -s, ...quia ⟨zu ↑ante..., *lat.* loqui „sprechen" u. ↑...ium⟩: (veraltet) das Recht, zuerst zu sprechen

An|te|mẹn|stru|um *das;* -s ⟨zu ↑ante... u. *lat.* menstruum „monatliche Regel"⟩: Zeitspanne kurz vor der ↑Menstruation

ạn|te me|ri|di|em [– ...di̯em] ⟨*lat.;* „vor Mittag"⟩: vormittags; vgl. a. m.; Ggs. ↑post meridiem

Ant|eme|ti|kum *das;* -s, ...ka ⟨zu ↑anti... u. ↑Emetikum⟩: Mittel gegen Erbrechen (Med.). **ant|eme|tisch**: gegen Erbrechen wirkend

an|te|mit|tie|ren ⟨aus gleichbed. *lat.* antemittere⟩: (veraltet) vorausschicken

ạn|te mọr|tem ⟨*lat.*⟩: vor dem Tode (Med.); Abk.: a. m.

an|te|mun|dan ⟨zu ↑ante... u. *spätlat.* mundanus „weltlich", dies zu *lat.* mundus „Welt"⟩: (veraltet) vorweltlich

Ant|enan|tio|se *die;* -, -n ⟨zu ↑anti... u. *gr.* enantiōsis „Widerspruch"⟩: Umschreibung eines Ausdrucks durch den verneinten Gegenausdruck (Rhet.)

An|te|nat *der;* -en, -en u. **An|te|na|tus** *der;* -, ...tus [...tu:s]

⟨zu ↑ ante... u. *lat.* natus „geboren"⟩: (veraltet) 1. der Erstgeborene. 2. Vorfahr

an|ten|na|risch ⟨zu ↑ Antenne⟩: mit Antennen (2) versehen. **An|ten|na|ten** *die* (Plur.) ⟨zu *it.* antennato „mit Antennen versehen", dies zu antenna, vgl. Antenne⟩: Antennen (2) tragende Gliedertiere. **An|ten|ne** *die;* -, -n ⟨aus gleichbed. *it.* antenna, eigtl. „(Segel)stange", dies aus *lat.* antenna, antemna „Segelstange, Rahe"⟩: 1. Vorrichtung zum Senden od. Empfangen (von Rundfunk-, Fernsehsendungen usw.). 2. Fühler der Gliedertiere (z. B. Krebse, Insekten). **an|ten|ni|form** ⟨zu ↑...form⟩: Fühlhörnern ähnlich. **An|ten|nu|la** *die;* -, ...lae [...ɛ] ⟨Verkleinerungsform von *lat.* antenna, vgl. Antenne⟩: vordere Antenne (2) der Krebse

An|ten|tem|pel *der;* -s, - ⟨zu ↑ Ante⟩: ein mit ↑ Anten ausgestatteter altgriech. Tempel

an|te|nup|ti|al ⟨zu ↑ ante..., *lat.* nuptiae „Hochzeit" u. ↑¹...al (1)⟩: vor der Hochzeit (stattfindend)

An|te|pän|ul|ti|ma *die;* -, Plur. ...mä u. ...men ⟨aus gleichbed. *lat.* antepaenultima⟩: die vor der ↑ Pänultima stehende, drittletzte Silbe eines Wortes

an|te par|tum ⟨*lat.*⟩: vor der Geburt

an|te|pas|chal [...pasˈça:l] ⟨zu ↑ ante..., ↑²Pascha u. ↑¹...al (1)⟩: (veraltet) vorösterlich

An|te|pen|di|um *das;* -, ...ien [...jən] ⟨aus *mlat.* antependium „Vorhang"⟩: Verkleidung des Altarunterbaus, aus kostbarem Stoff od. aus einer Vorsatztafel aus Edelmetall od. geschnitztem Holz bestehend

Ant|epi|lep|ti|kum usw. vgl. Antiepileptikum usw.

Ant|epir|rhem *das;* -s, -ata ⟨zu ↑ anti... u. ↑ Epirrhem⟩: Dialogverse des Chors in der attischen Komödie, Gegenstück zum ↑ Epirrhem; vgl. Ode (1)

an|te|po|nie|rend ⟨zu *lat.* anteponere „vorsetzen, vorstellen"; vgl. ...ierend⟩: verfrüht auftretend (Med.)

an|te por|tas [– ...taːs] ⟨*lat.*; „vor den Toren"⟩: (scherzh.) im Anmarsch, im Kommen (in bezug auf eine Person, vor der man warnen will)

An|te|po|si|ti|on *die;* -, -en ⟨aus gleichbed. *nlat.* antepositio; vgl. anteponierend⟩: 1. Verlagerung eines Organs nach vorn (Med.). 2. vorzeitiges Auftreten einer erblich bedingten Krankheit im Lebenslauf von Personen späterer Generationen (im Verhältnis zum Zeitpunkt des Auftretens bei früheren Generationen; Med.)

An|te|ri|den *die* (Plur.) ⟨aus gleichbed. *lat.* anterides, dies zu *gr.* antereídein „entgegenstemmen, abstützen"⟩: Strebepfeiler

an|te|ri|or ⟨*lat.*⟩: vorderer, nach vorn gelegen (Lagebez. im Körper; Med.); Ggs. ↑ posterior

Ant|ero|ti|kum *das;* -s, ...ka ⟨zu ↑ anti..., *gr.* érōs, Gen. érōtos „Liebe(sverlangen)" u. ↑...ikum⟩: svw. Anaphrodisiakum. **ant|ero|tisch**: svw. anaphroditisch

An|te|so|la|ri|um *das;* -, ...ria ⟨aus gleichbed. *spätlat.* antesolarium zu ↑ ante... u. *lat.* solarium „Söller, Terrasse" (zu sol „Sonne")⟩: ↑ Altan an röm. Häusern

An|te|stat *das;* -[e]s, -e ⟨zu ↑ Testat⟩: (früher) ↑ Testat des Hochschulprofessors zu Beginn des Semesters neben der im Studienbuch des Studierenden aufgeführten Vorlesung od. Übung; Ggs. ↑ Abtestat. **an|te|stie|ren**: ein Antestat geben; Ggs. ↑ abtestieren

An|te|tor|si|on *die;* -, -en ⟨zu ↑ ante... u. ↑ Torsion⟩: Verdrehung (z. B. eines Knochens) nach vorn (Med.)

an|te|ve|nie|ren [...v...] ⟨aus gleichbed. *lat.* antevenire⟩: (veraltet) zuvorkommen, vereiteln

An|te|ver|si|on [...v...] *die;* -, -en ⟨zu ↑ ante... u. *lat.* versio „Wendung", dies zu vertere „wenden"⟩: die Vorwärtsneigung eines Organs, vor allem die physiologische (natürliche) Neigung der Gebärmutter (Med.)

An|te|ze|dens *das;* -, ...denzien [...jən] ⟨aus *lat.* antecedens, Part. Präs. von antecedere, vgl. antezedieren⟩: Grund, Ursache; Vorausgegangenes. **an|te|ze|dent** ⟨zu ↑...ent⟩: durch Antezedenz (2) entstanden. **An|te|ze|denz** *die;* - ⟨zu ↑...enz⟩: 1. svw. Antezedens. 2. Talbildung durch einen Fluß, der in einem von ihm durchflossenen aufsteigenden Gebirge seine allgemeine Laufrichtung beibehält (z. B. Rheintal bei Bingen); Ggs. ↑ Epigenese. **An|te|ze|den|zi|en** [...jən] *die* (Plur.): 1. Plur. von ↑ Antezedens. 2. (veraltet) Vorleben, frühere Lebensumstände. **an|te|ze|die|ren** ⟨aus gleichbed. *lat.* antecedere⟩: (veraltet) vorhergehen, vorausgehen

an|te|zel|lie|ren ⟨aus gleichbed. *lat.* antecellere⟩: (veraltet) hervorragen, sich auszeichnen

An|te|zęs|sor *der;* -s, ...oren ⟨aus gleichbed. *lat.* antecessor zu antecedere, vgl. antezedieren⟩: (veraltet) [Amts]vorgänger

Ant|he|li|on *das;* -s, Plur. ...lia u. ...lien [...jən] (meist Plur.) ⟨aus gleichbed. *gr.* anthélion⟩: Gegensonne (Astron.). **ant|he|lisch** ⟨aus *gr.* anthélios „der Sonne gegenüberliegend"⟩: das Anthelion betreffend (Astron.). **Ant|he|li|um** *das;* -s, ...helien [...jən] ⟨zu ↑ ...ium⟩: Art eines ↑ Halos (1) in Form eines leuchtenden Flecks in gleicher Höhe wie die Sonne, jedoch in entgegengesetzter Himmelsrichtung (Gegensonne; atmosphärische Optik)

Ant|he|lix *die;* - ⟨zu ↑ anti... u. ↑ Helix⟩: Gegenwindung der Ohrmuschel analog zur Helix (1)

Ant|hel|min|thi|kum *das;* -s, ...ka ⟨zu ↑ anti..., ↑ Helminthe u. ↑ ...ikum⟩: Wurmmittel (Med.). **ant|hel|min|thisch**: gegen Würmer wirksam (Med.)

An|them [ˈænθəm] *das;* -s, -s ⟨aus gleichbed. *engl.* anthem zu *altengl.* antefn, dies über *kirchenlat.* antefana aus *(m)lat.* antiphona, vgl. Antiphon⟩: motetten- od. kantatenartige engl. Kirchenkomposition, Hymne

An|the|mi|on *das;* -s, ...ien [...jən] ⟨aus *gr.* anthémion „Blüte"⟩: Schmuckfries mit stilisierten Palmblättern u. Lotosblüten (altgriech. Baukunst). **An|the|mis** *die;* -, - ⟨aus *gr.* anthemís „die Blühende"⟩: Hundskamille (Korbblütler). **An|the|re** *die;* -, -n ⟨zu *gr.* antherós „blühend"⟩: Staubbeutel der Blütenpflanzen. **An|the|ri|di|um** *das;* -s, ...dien [...jən] ⟨zu *gr.* eîdos „Gestalt, Form" u. ↑...ium⟩: Geschlechtsorgan der Algen, Moose u. Farne, das männliche Keimzellen ausbildet; vgl. Archegonium. **An|the|ro|zo|id** *das;* -[e]s, -e ⟨zu *gr.* zōiēdón „nach Art der Tiere" u. ↑ ...oid⟩: männliche Keimzelle der Algen, Moose u. Farne. **An|the|se** *die;* - ⟨zu *gr.* antheîn „blühen, hervorbrechen" u. ↑ ...ese⟩: die Zeit vom Aufbrechen einer Blüte bis zum Verblühen (Bot.). **An|the|ste|ri|en** [...jən] *die* (Plur.) ⟨aus *gr.* anthestéria⟩: dreitägiges, im Frühjahr begangenes Fest des Dionysos im alten Athen

Ant|hi|dro|ti|kum *das;* -s, ...ka ⟨zu ↑ anti... u. ↑ Hidrotikum⟩: schweißhemmendes Arzneimittel (Med.)

an|tho..., An|tho... ⟨zu *gr.* ánthos „Blüte"⟩: Wortbildungselement mit der Bedeutung „Blüte, Blume", z. B. anthophil, Antholyse. **An|tho|chlor** [...ˈkloːɐ̯] *das;* -s, -e: im Zellsaft gelöster gelber Blütenfarbstoff. **An|tho|cy|an** [...ˈtsˌ...] vgl. Anthozyan. **An|tho|lith** [auch ...ˈlɪt] *der;* Gen. -s od. -en, Plur. -e[n] ⟨zu ↑ ...lith⟩: Blumenversteinerung. **An|tho|lo|gie** *die;* -, ...ien ⟨aus gleichbed. *gr.* anthología, eigtl. „Blumenlese"⟩: ausgewählte Sammlung, Auswahl von Gedichten od. Prosastücken. **An|tho|lo|gi|on**, Anthologion *das;* -s, Plur. ...ia od. ...ien [...jən] ⟨aus gleichbed. *kirchenlat.* anthologium, dies aus *gr.* anthológion, eigtl. „Blütenlese"): liturgisches Gebetbuch († Brevier 1) der orthodoxen Kirchen. **an|tho|lo|gisch** ⟨aus gleichbed. *gr.* antholósos, eigtl. „Blumen sammelnd"⟩: ausgewählt. **An|tho|lo|gist** *der;* -en, -en ⟨zu ↑...ist⟩: Herausgeber von Anthologien, Sammler von Gedichten od. Prosastücken. **An|tho|lo|gium** vgl. Anthologion. **An|tho|ly|se** *die;* - ⟨zu ↑...lyse⟩: Auflösung der Blüte einer Pflanze durch Umwandlung der Blütenorgane in grüne Blätter (Bot.). **an|tho|phil** ⟨zu ↑...phil⟩: blumenliebend. **an|tho|phor** ⟨zu ↑...phor⟩: blütentragend. **An|tho|phyl|lit** [auch ...'lɪt] *der;* -s, -e ⟨zu *gr.* phýllon „Blatt" u. ↑²...it⟩: bräunlicher ↑Amphibol. **An|tho|phy|tum** *das;* -s, ...ten ⟨zu *gr.* phytón „Gewächs, Pflanze"⟩: Samenpflanze (Bot.). **An|tho|xan|thin** *das;* -s, -e: im Zellsaft gelöster gelber Blütenfarbstoff. **An|tho|zo|on** *das;* -s, ...zoen ⟨zu *gr.* zōon „Lebewesen, Tier"⟩: Blumentier (z. B. Koralle). **An|tho|zy|an,** chem. fachspr. Anthocyan [...ts...] *das;* -s, -e: Pflanzenfarbstoff **An|thra|cen** [...'tseːn] *das;* -s, -e ⟨zu *gr.* ánthrax, Gen. ánthrakos „Kohle" u. ↑...en⟩: aus Steinkohlenteer gewonnenes Ausgangsmaterial vieler Farbstoffe. **An|thra|chi|non** *das;* -s ⟨Kurzw. aus *Anthra*cen u. *Chin*on⟩: 1. Ausgangsstoff für die Anthrachinonfarbstoffe. 2. Bestandteil von Abführmitteln. **An|thrak|no|se** *die;* -, -n ⟨zu *gr.* nósos „Krankheit"; vgl. ¹...ose⟩: durch Pilze verursachte Pflanzenkrankheit (z. B. Stengelbrenner). **An|thra|ko|me|ter** *das;* -s, - ⟨zu ↑¹...meter⟩: altes Meßgerät zur Ermittlung des Kohlenstoffgehalts der Luft. **An|thra|ko|nit** [auch ...'nɪt] *der;* -s, -e ⟨zu ↑²...it⟩: Kohlenkalkstein, Kohlenspat. **An|thra|ko|se** *die;* -, -n ⟨zu ↑¹...ose⟩: a) Ablagerung von Kohlenstaub in Organen; b) Kohlenstaublunge (Med.). **An|thra|ko|si|li|ko|se** *die;* -, -n ⟨Kurzw. aus *Anthrako*se u. *Siliko*se⟩: mit Ablagerung von Kohlenstaub in der Lunge verbundene ↑Silikose. **An|thra|ko|the|ri|en** [...iən] *die* (Plur.) ⟨zu *gr.* thēríon „Tier"⟩: Tierversteinerungen in Kohle. **an|thra|ko|tisch** ⟨zu ↑...otisch⟩: mit Einlagerung von Kohlenstaubteilchen verbunden, dadurch hervorgerufen (Med.). **An|thrax** *die;* - ⟨aus *gr.* ánthrax „fressendes Geschwür", eigtl. „Kohle"⟩: Milzbrand (Med.). **An|thra|zen** vgl. Anthracen. **an|thra|zit** [auch ...'tsɪt] ⟨zu ↑Anthrazit⟩: grauschwarz. **An|thra|zit** *der;* -s, (über *lat.* anthracites aus *gr.* anthrakítēs „Kohlenstein"; vgl. ↑²...it⟩: harte, glänzende Steinkohle. **an|thro|pisch** ⟨aus *gr.* anthrṓpeios „menschlich, irdisch" zu ánthrōpos „Mensch"⟩: einen engen Zusammenhang zwischen den Naturgesetzen, dem Kosmos u. der menschlichen Existenz postulierend. **An|thro|pis|mus** *der;* - ⟨zu ↑...ismus (1)⟩: kosmologische Lehre vom Zusammenhang zwischen den Naturgesetzen, dem Kosmos u. der menschlichen Existenz. **an|thro|po...,** **An|thro|po...** ⟨*gr.* ánthrōpos „Mensch"⟩: Wortbildungselement mit der Bedeutung „Mensch", z. B. anthropogen, Anthropologie. **An|thro|bio|lo|gie** [auch 'an...] *die;* -: Lehre von den Erscheinungsformen des menschlichen Lebens u. der biologischen Beschaffenheit des Menschen. **An|thro|po|che|mie** [auch 'an...] *die;* -: Lehre von den chem. Stoffen im menschlichen Körper. **An|thro|po|cho|ren** [...'koː...] *die* (Plur.) ⟨zu *gr.* chōros „Platz, Ort", dies zu chōrízein „absondern, trennen"⟩: durch den Menschen verbreitete Pflanzen u. Tiere (z. B. Kulturpflanzen, Ungeziefer). **An|thro|po|cho|rie** [...ko...] *die;* - ⟨zu ↑²...ie⟩: durch den Menschen verursachte Verbreitung von Tieren u. Pflanzen (Biol.). **an|thro|po|form** ⟨zu ↑...form⟩: menschenartig, -ähnlich. **An|thro|po|gäa** *die;* -, ...gäen ⟨zu *gr.* gaĩa „Erde"⟩: die vom Menschen gestaltete Landschaft, bes. der Siedlungs- u. Agrarbereich (Ökologie). **an|thro|po|gen** ⟨zu ↑...gen⟩: durch den Menschen beeinflußt, verursacht. **An|thro|po|ge|ne|se** *die;* -:

svw. Anthropogenie. **An|thro|po|ge|ne|tik** *die;* -: svw. Humangenetik (Med.). **An|thro|po|ge|nie** *die;* - ⟨zu ↑...genie⟩: Wissenschaft von der Entstehung u. Abstammung des Menschen. **An|thro|po|geo|gra|phie** [auch 'an...] *die;* -: Teilgebiet Geographie, das sich mit dem Einfluß des Menschen auf die Erdoberfläche u. mit dem Einfluß der geographischen Umwelt auf den Menschen befaßt. **An|thro|po|go|nie** *die;* - ⟨zu ↑...gonie⟩: religiöse Anschauung über die Entstehung des Menschen. **An|thro|po|graph** *der;* -en, -en ⟨zu ↑...graph⟩: Wissenschaftler auf dem Gebiet der Anthropographie. **An|thro|po|gra|phie** *die;* - ⟨zu ↑...graphie⟩: Wissenschaft von den menschlichen Rassenmerkmalen. **an|thro|po|gra|phisch** ⟨zu ↑...graphisch⟩: die Anthropographie betreffend. **an|thro|po|id** ⟨zu ↑...oid⟩: menschenähnlich. **An|thro|po|id** *der;* -en, -en: svw. Anthropoide. **An|thro|poi|de** *der;* -n, -n ⟨zu ↑...oide⟩: Menschenaffe. **An|thro|po|kli|ma|to|lo|gie** [auch 'an...] *die;* -: Wissenschaft von den Beziehungen zwischen Mensch u. Klima. **An|thro|po|la|trie** *die;* -, ...ien ⟨zu *gr.* latreía „Dienst, Gottesverehrung"⟩: göttliche Verehrung eines Menschen, Menschenkult. **an|thro|po|la|trisch:** Menschen-, Personenkult betreibend. **An|thro|po|lo|ge** *der;* -n, -n ⟨zu ↑...loge⟩: Wissenschaftler auf dem Gebiet der Anthropologie. **An|thro|po|lo|gie** *die;* - ⟨zu ↑...logie⟩: a) Wissenschaft vom Menschen u. seiner Entwicklung in natur- u. geisteswissenschaftlicher Hinsicht; b) Geschichte der Menschenrassen. **an|thro|po|lo|gisch** ⟨zu ↑...logisch⟩: die Anthropologie betreffend. **An|thro|po|lo|gis|mus** *der;* - ⟨zu ↑...ismus (1)⟩: Auffassung, daß die naturwissenschaftlich orientierte Anthropologie die grundlegende Wissenschaft vom Menschen sei (L. Feuerbach). **An|thro|po|me|ter** *das;* -s, - ⟨zu ↑anthropo... u. ↑¹...meter⟩: Gerät zur exakten Bestimmung der Maßverhältnisse am menschlichen Körper. **An|thro|po|me|trie** *die;* - ⟨zu ↑...metrie⟩: Wissenschaft von den Maßverhältnissen am menschlichen Körper u. deren exakter Bestimmung. **an|thro|po|me|trisch** ⟨zu ↑...metrisch⟩: auf die Anthropometrie bezogen. **an|thro|po|morph** ⟨zu ↑...morph⟩: menschlich, von menschlicher Gestalt, menschenähnlich. **An|thro|po|morph** *der;* -en, -en: svw. Anthropomorphe. **An|thro|po|mor|phe** *der;* -n, -n: Menschenaffe. **an|thro|po|mor|phisch:** die menschliche Gestalt betreffend, sich auf sie beziehend. **an|thro|po|mor|phi|sie|ren** ⟨zu ↑...isieren⟩: vermenschlichen, menschliche Eigenschaften auf Nichtmenschliches übertragen. **An|thro|po|mor|phis|mus** *der;* -, ...men ⟨zu ↑...ismus (2)⟩: 1. (ohne Plur.) Übertragung menschlicher Gestalt u. menschlicher Verhaltensweisen auf nichtmenschliche Dinge od. Wesen, bes. in der Gottesvorstellung. 2. menschlicher Zug an nichtmenschlichen Wesen. **an|thro|po|mor|phi|stisch** ⟨zu ↑...istisch⟩: den Anthropomorphismus betreffend, auf ihm beruhend. **An|thro|po|mor|pho|lo|gie** *die;* -: alte Bez. für Anatomie des Menschen. **An|thro|po|mor|pho|se** *die;* -: Vermenschlichung. **An|thro|po|no|se** *die;* -, -n ⟨zu *gr.* nósos „Krankheit"; vgl. ¹...ose⟩: [Infektions]krankheit, deren Erreger nur den Menschen befallen u. die deshalb nur von Mensch zu Mensch übertragen werden kann (Med.); Ggs. ↑Anthropozoonose. **An|throp|onym** *das;* -s, -e ⟨zu *gr.* ónyma „Name"⟩: Personenname (z. B. Vorname, Familienname). **An|throp|ony|mie** *die;* - ⟨zu ↑²...ie⟩: svw. Anthroponymik. **An|throp|ony|mik** *die;* - ⟨zu ↑²...ik (1)⟩: Personennamenkunde. **An|thro|po|pa|thie** *die;* -, ...ien ⟨zu ↑...pathie⟩: (veraltet) menschliche Empfindung. **an|thro|po|pa|thisch:** (veraltet) menschlich empfindend. **An|thro|po|pa|this|mus** *der;* - ⟨zu *gr.* páthos „Gefühlsbewegung, Leidenschaft" u. ↑...ismus (1)⟩: die

Vorstellung Gottes als eines Wesens mit menschlichen Eigenschaften (Philos.). **An|thro|po|pha|ge** *der;* -n, -n ⟨zu ↑...phage⟩: svw. Kannibale. **An|thro|po|pha|gie** *die;* - ⟨zu ↑...phagie⟩: svw. Kannibalismus. **an|thro|po|phil** ↑...phil⟩: den Menschen bevorzugend (von Krankheitserregern). **An|thro|po|phi|lie** *die;* - ⟨zu ↑²...ie⟩: Bevorzugung des Menschen (von Krankheitserregern). **an|thro|po|phob** ⟨zu ↑...phob⟩: menschenscheu. **An|thro|po|pho|bie** *die;* -⟨zu ↑...phobie⟩: Menschenscheu. **An|thro|po|phy|sio|lo|gie** [auch 'an...] *die;* -: Teilgebiet der Anthropologie, dessen Aufgabenbereich das Studium der Zell-, Gewebe-, Organfunktionen u. biochem. Prozesse bei verschiedenartigen Menschengruppen umfaßt. **An|thro|po|phy|ten** *die* (Plur.) ⟨zu ↑...phyt⟩: svw. Anthropochoren. **An|thro|po|pla|stik** *die;* -, -en ⟨zu ↑¹Plastik⟩: ¹Plastik (1), die Menschen darstellt. **An|thro|po|pla|sti|ker** *der;* -s, -: Schöpfer von Menschen darstellenden Plastiken. **An|thro|po|soph** *der;* -en, -en ⟨zu gr. sophós „der Weise, Kundige"⟩: Anhänger der Anthroposophie. **An|thro|po|so|phie** *die;* - ⟨zu gr. sophía „Weisheit", eigtl. „Menschenweisheit"⟩: (von Rudolf Steiner 1913 begründete) Weltanschauungslehre, nach der der Mensch höhere seelische Fähigkeiten entwickeln u. dadurch übersinnliche Erkenntnisse erlangen kann. **an|thro|po|so|phisch:** die Anthroposophie betreffend. **An|thro|po|tech|nik** *die;* -: Gebiet der Arbeitswissenschaft, das sich mit dem Problem befaßt, Arbeitsvorgänge, -mittel u. -plätze den Eigenarten des menschlichen Organismus anzupassen. **An|thro|po|the|is|mus** *der;* -: (veraltet) Vergötterung von Menschen. **An|thro|po|the|ra|pie** *die;* -: alte Bez. für Humanmedizin. **An|thro|po|thy|sie** *die;* -, ...ien ⟨zu gr. thysía „Opferung"⟩: (veraltet) Opferung von Menschen, Erbringen eines Menschenopfers. **An|thro|po|to|mie** *die;* - ⟨zu ↑...tomie⟩: ↑Anatomie (1) des Menschen. **an|thro|po|zen|trisch:** den Menschen in den Mittelpunkt stellend. **An|thro|po|zo|i|kum** *das;* -s ⟨zu ↑...zoikum⟩: erdgeschichtliches Zeitalter der Entwicklung des Menschen bis zur Gegenwart. **An|thro|po|zo|on** *das;* -s, ...zoen ⟨zu gr. zōon „Lebewesen"⟩: vom Menschen unbewußt eingeschlepptes u. verbreitetes Tier. **An|thro|po|zoo|no|se** *die;* -, -n ⟨zu gr. nósos „Krankheit"; vgl. ¹...ose⟩: Infektionskrankheit, die vom Tier auf den Menschen übertragen werden kann (z. B. Papageienkrankheit, Tollwut; Med.); Ggs. ↑Anthroponose. **An|thro|pus** *der;* - ⟨aus gleichbed. *nlat.* anthropus, dies aus gr. ánthrōpos „Mensch"⟩: Frühmensch, Vertreter einer Frühstufe in der Entwicklung des Menschen (z. B. ↑Sinanthropus).
An|thu|rie [...jə] *die;* -, -n ⟨aus gleichbed. *nlat.* anthuria zu gr. ánthos „Blume" u. ourá „Schwanz"⟩: Flamingoblume (Aronstabgewächs). **An|thu|ri|um** *das;* -s, ...ien [...jən] ⟨zu ↑...ium⟩: svw. Anthurie
Ant|hy|dro|pi|kum *das;* -s, ...ka ⟨zu ↑anti..., gr. hýdrōps, Gen. hýdropos „Wassersucht" u. ↑...ikum⟩: Mittel gegen Wassersucht. **ant|hy|dro|pisch:** gegen Wassersucht wirkend
Ant|hy|gron|do|se *die;* -, -n ⟨zu ↑anti... u. gr. hygrós „naß, feucht"⟩: Stromverteilerdose für feuchte Räume, Feuchtraumdose (Elektrot.)
Ant|hy|per|idro|ti|kum *das;* -s, ...ka ⟨zu ↑anti..., ↑hyper... u. ↑Hidrotikum⟩: svw. Antihidrotikum
Ant|hy|po|pho|ra *die;* -, ...phoren ⟨zu ↑anti... u. gr. hypophorá „Vorwand, Einwurf"⟩: Anführung u. gleichzeitige Widerlegung der gegnerischen Einwände (Rhet.).
an|ti ⟨verselbständigt aus gr. anti- „entgegen"⟩: in der Fügung - sein: (ugs.) dagegen sein; eine grundsätzlich andere Ansicht vertreten

an|ti..., An|ti..., vor Vokalen u. vor h gelegentlich ant..., Ant... ⟨aus gr. anti- „gegenüber, entgegen"⟩: Präfix mit verschiedenen Bedeutungsfunktionen: a) bezeichnet einen ausschließenden Gegensatz (z. B. antibürgerlich); b) drückt aus, daß das im Grundwort Enthaltene verhindert wird (z. B. antikonzeptionell); c) bezeichnet einen komplementären Gegensatz (z. B. Antimaterie); d) drückt aus, daß das so Bezeichnete ganz anders ist, als das, was das Grundwort angibt, daß es dessen Eigenschaften nicht enthält (z. B. Antiheld)
An|ti|ad|ren|er|gi|kum *das;* -s, ...ka ⟨zu ↑anti..., ↑adrenal, gr. érgon „Werk, Tätigkeit" u. ↑...ikum⟩: svw. Sympathikolytikum
An|ti|al|ko|ho|li|ker [auch 'an...] *der;* -s, - ⟨zu ↑anti... u. ↑Alkoholiker⟩: Alkoholgegner
An|ti|al|ler|gi|kum *das;* -s, ...ka ⟨zu ↑anti..., ↑Allergie u. ↑...ikum⟩: Arzneimittel zur Vorbeugung gegen u. zur Behandlung von Allergien
An|ti|an|ämi|kum *das;* -s, ...ka ⟨zu ↑anti..., ↑Anämie u. ↑...ikum⟩: Arzneimittel zur Vorbeugung gegen u. zur Behandlung von Blutarmut (Med.)
An|ti|an|dro|gen *das;* -s, -e ⟨zu ↑anti... u. ↑Androgen⟩: Arzneimittel, das die Wirkung der männlichen Geschlechtshormone herabsetzt (Med.)
An|ti|an|ne|xio|nist *der;* -en, -en ⟨zu ↑anti... u. ↑Annexionist⟩: Gegner von Annexionen. **an|ti|an|ne|xio|ni|stisch:** gegen Annexionen eingestellt
An|ti|apex vgl. Antapex
An|ti|aphro|di|sia|kum *das;* -s, ...ka ⟨zu ↑anti... u. ↑Aphrodisiakum⟩: svw. Anaphrodisiakum
An|ti|ar|rhyth|mi|kum *das;* -s, ...ka ⟨zu ↑anti..., ↑Arrhythmie u. ↑...ikum⟩: Arzneimittel, das den Herzrhythmus normalisiert (Med.)
an|ti|asthe|nisch ⟨zu ↑anti... u. ↑Asthenie⟩: gegen Schwäche wirkend
An|ti|asth|ma|ti|kum *das;* -s, ...ka ⟨zu ↑anti..., gr. ásthma „schweres, kurzes Atemholen, Beklemmung" u. ↑...ikum⟩: Heilmittel gegen Bronchialasthma (Med.). **an|ti|asth|ma|tisch:** gegen Bronchialasthma wirkend
An|ti|atom *das;* -s, -e ⟨zu ↑anti... u. ↑Atom⟩: Atom der ↑Antimaterie (Phys).
an|ti|au|to|ri|tär [auch 'an...] ⟨zu ↑anti... u. ↑autoritär⟩: gegen autoritäre Normen gewendet, gegen Autorität eingestellt (z. B. von sozialen Verhaltensweisen, theoretischen Einstellungen); Ggs. ↑autoritär (1 b), -e Erziehung: Erziehung der Kinder unter weitgehender Vermeidung von Zwängen (z. B. in bezug auf Triebverzicht) u. ↑Repressionen zu selbständig denkenden u. kritisch urteilenden Menschen
an|ti|au|xo|chrom [...'kro:m] ⟨zu ↑anti... u. ↑auxochrom⟩: in Farbstoffen Farbänderungen hervorrufend (von einer elektronenempfangenden Molekülgruppe; Chem.)
An|ti|ba|by|pil|le, auch **An|ti-Ba|by-Pil|le** [...'be:bi...] *die;* -, -n ⟨zu ↑anti... u. ↑Baby⟩: (ugs.) empfängnisverhütendes Mittel, dessen Wirkungsmechanismus in einer durch Hormone gesteuerten Unterdrückung der ↑Ovulation beruht
an|ti|bak|te|ri|ell [auch 'an...] ⟨zu ↑anti... u. ↑bakteriell⟩: gegen Bakterien wirksam od. gerichtet (bes. von Medikamenten)
An|ti|bap|tist *der;* -en, -en ⟨zu ↑anti... u. ↑Baptist⟩: Gegner der Taufe
An|ti|bar|ba|rus *der;* -, ...ri ⟨aus gleichbed. *nlat.* antibarbarus, eigtl. „Gegner des Barbarischen", zu ↑anti... u. gr. bárbaros „Fremder, Ausländer"⟩: Titel von Büchern, die

Antibaryon

Verstöße gegen den richtigen Sprachgebrauch aufführen u. berichtigen; vgl. Barbarismus (1 b)

An|ti|ba|ry|on *der;* -s, ...onen ⟨zu ↑anti... u. ↑Baryon⟩: Antiteilchen der ↑Baryonen (Phys.)

An|ti|bio|gramm *das;* -s, -e ⟨Kurzbildung aus ↑*Antibio*se u. ↑*...gramm*⟩: Aufzeichnung des Ergebnisses bei Bestimmung der Empfindlichkeit von Krankheitserregern gegen ↑Antibiotika u. ↑Sulfonamide. **An|ti|bi|ont** *der;* -en, -en ⟨zu ↑...biont⟩: Kleinstlebewesen, von dem die Antibiose ausgeht. **An|ti|bio|se** *die;* -, -n ⟨zu ↑...biose⟩: hemmende od. abtötende Wirkung der Stoffwechselprodukte bestimmter Mikroorganismen auf andere Mikroorganismen. **An|ti|bio|ti|kum** *das;* -s, ...ka ⟨zu ↑...ikum⟩: biologischer Wirkstoff aus Stoffwechselprodukten von Kleinstlebewesen, der andere Mikroorganismen im Wachstum hemmt od. abtötet (Med.). **an|ti|bio|tisch:** von wachstumshemmender od. abtötender Wirkung (Med.)

An|ti|block *der;* -s, -s ⟨zu ↑anti...⟩: Idee in Schachaufgaben, bei der ein bestehender Block durch Wegziehen der blokkenden Figur aufgehoben wird (Kunstschach)

An|ti|blockier|sy|stem¹ *das;* -s, -e ⟨zu ↑anti..., ↑blockieren u. ↑System⟩: Bremssystem, das beim Bremsvorgang das Blockieren der Räder verhindert; Abk.: ABS

An|ti|bol|sche|wis|mus [auch 'an...] *der;* - ⟨zu ↑anti... u. ↑Bolschewismus⟩: Gegnerschaft gegen den ↑Bolschewismus

an|ti|bo|re|al ⟨zu ↑anti... u. ↑boreal⟩: südlich; dem südlichen Klima Afrikas, Australiens u. Südamerikas zugehörend. **an|ti|bo|re|isch:** svw. antiboreal

An|ti|cham|bre [ãti'ʃãːbrə] *das;* -s, -s ⟨aus gleichbed. *fr.* antichambre, dies aus *it.* anticamera, zu *lat.* ante „vor" u. camera „Zimmer"⟩: (veraltet) Vorzimmer. **an|ti|cham|brie|ren** [antiʃam...] ⟨zu ↑...ieren⟩: sich in jmds. Vorzimmer länger od. immer wieder aufhalten, um schließlich bei dem Betreffenden vorgelassen zu werden, um dessen Gunst man sich bemüht

An|ti|chlor [...kloːɐ̯] *das;* -s ⟨zu ↑anti... u. ↑Chlor⟩: chem. Stoff, der Chlor unwirksam macht u. Reste von Chlor (aus Geweben nach dem Bleichen) entfernt

An|ti|cho|le|ri|kum [...k...] *das;* -s, ...ka ⟨zu ↑anti..., ↑Cholera u. ↑...ikum⟩: Mittel gegen Cholera (Med.). **an|ti|cho|le|risch:** gegen Cholera wirkend (bes. von Medikamenten)

An|ti|chre|se [...'çreːsə] *die;* -, -n ⟨zu ↑anti... u. *gr.* chrēsis „Gebrauch, Benutzung", eigtl. „Gegengebrauch"⟩: Überlassung der Pfandnutzung an den Gläubiger. **an|ti|chre|tisch:** die Pfandnutzung dem Gläubiger überlassend

¹An|ti|christ [...krɪst] *der;* -[s] ⟨über *lat.* Antichristus aus *gr.* Antíchristos „der Widerchrist, Teufel"⟩: der Gegner von Christus, der Teufel. **²An|ti|christ** *der;* -en, -en ⟨zu ↑¹Antichrist⟩: Gegner des Christentums. **An|ti|chri|stia|nis|mus** *der;* - ⟨zu *lat.* -ianus (Zugehörigkeitssuffix) u. ↑...ismus (1)⟩: dem Christentum feindlich gesinnte religiöse Anschauung. **an|ti|christ|lich** [auch ...'krɪst...]: gegen das Christentum eingestellt, gerichtet

An|ti|chro|nis|mus [...kro...] *der;* - ⟨zu ↑anti..., *gr.* chrónos „Zeit" u. ↑...ismus (2)⟩: svw. Anachronismus

An|ti|chtho|ne [...'çtoːnə] *der;* -n, -n ⟨zu ↑anti... u. *gr.* chthōn „Erde, Erdboden"⟩: svw. ¹Antipode (1)

an|ti|ci|pan|do [...ts...] vgl. antizipando

An|ti|co|don [...k...] *das;* - ⟨zu ↑anti... u. ↑Codon⟩: spezifische Abfolge von drei ↑Nukleotiden (vgl. Triplett 2) in der Molekularbiologie

An|ti|cum [...kʊm] *das;* -s, ...ca ⟨aus gleichbed. *lat.* anticum zu ante „vor, vorn"⟩: Vorhalle, vorderer Teil des altröm. Tempels

An|ti|dak|ty|lus *der;* -, ...ylen ⟨über *lat.* antidactylus aus *gr.* antidáktylos „Gegendaktylus, umgekehrter Daktylus"⟩: svw. Anapäst

an|ti|dä|mo|nisch ⟨zu ↑anti... u. ↑Dämon⟩: gegen Dämonie ankämpfend. **An|ti|dä|mo|nist** *der;* -en, -en ⟨zu ↑...ist⟩: (veraltet) Gegner, Leugner der Dämonie

An|ti|de|mo|krat *der;* -en, -en ⟨zu ↑anti... u. ↑Demokrat⟩: Gegner der bzw. einer Demokratie. **an|ti|de|mo|kra|tisch:** gegen die ↑Prinzipien einer Demokratie gerichtet

an|ti|de|pres|siv ⟨zu ↑anti... u. ↑depressiv⟩: gegen Depression wirkend. **An|ti|de|pres|si|vum** [...vʊm] *das;* -s, ...va [...va] (meist Plur.) ⟨zu ↑...ivum⟩: Arzneimittel gegen ↑Depressionen (Med.)

An|ti|de|ra|pant *der;* -s, -en ⟨zu ↑anti... u. *lat.* derapans, Gen. derapantis, Part. Präs. von derapere „losreißen, weggleiten"⟩: Gleitschutzreifen

an|ti|des|po|tisch ⟨zu ↑anti... u. ↑Despot⟩: jeder Gewaltherrschaft gegenüber ablehnend

An|ti|deu|te|ri|um *das;* -s ⟨zu ↑anti... u. ↑Deuterium⟩: die dem schweren Wasserstoff entsprechende ↑Antimaterie. **An|ti|deu|te|ron** *das;* -s, ...onen: der aus einem ↑Antiproton u. einem ↑Antineutron bestehende Atomkern eines Antideuteriumatoms

An|ti|dia|be|ti|kum *das;* -s, ...ka ⟨zu ↑anti..., ↑Diabetes u. ↑...ikum⟩: Arzneimittel, das den Blutzuckerspiegel senkt (Med.)

An|ti|di|äre|se u. **An|ti|di|ä|re|sis** *die;* -, ...resen ⟨zu ↑anti... u. ↑Diärese⟩: Gegen- od. Unterabteilung

An|ti|di|ar|rhoi|kum *das;* -s, ...ka ⟨zu ↑anti..., ↑Diarrhö u. ↑...ikum⟩: Arzneimittel gegen Durchfall (Med.). **an|ti|di|ar|rhö|isch:** Durchfall verhindernd, stopfend (Med.)

An|ti|dia|sto|le *die;* -, -n ⟨zu ↑anti... u. ↑Diastole⟩: genaue Unterscheidung von Krankheiten durch ihre Gegenüberstellung (Med.)

An|ti|di|ege|se *die;* -, -n ⟨zu ↑anti..., *gr.* diégēsis „Erörterung"⟩: Gegenerzählung, andere Darstellung der Erzählung eines Gegners (Rhet.)

An|ti|di|ka|sie *die;* -, ...ien ⟨zu *gr.* antidikázesthai „um das Recht streiten" u. ↑²...ie⟩: (veraltet) Rechtsstreit. **An|ti|di|ko|ma|ria|ni|ten** *die* (Plur.) ⟨aus gleichbed. *mlat.* antidicomarianitae zu *gr.* antideīn „(vor Gericht) streiten, widersprechen", Maria (Name der Mutter Jesu) u. ↑³...it⟩: a) Gegner der Lehre von der unverletzten Jungfräulichkeit der Maria; b) Bez. mehrerer altchristlicher Sekten. **An|ti|di|kos** *der;* - ⟨aus gleichbed. *gr.* antídikos⟩: Gegner vor Gericht, Prozeßgegner bei den alten Griechen

An|ti|di|ni|kum *das;* -s, ...ka ⟨zu ↑anti..., *gr.* dínē „Wirbel, Drehung" u. ↑...ikum⟩: [Arznei]mittel gegen Schwindelanfall (Med.)

An|ti|di|ure|ti|kum *das;* -s, ...ka ⟨zu ↑anti..., ↑Diurese u. ↑...ikum⟩: die Harnausscheidung hemmendes Arzneimittel (Med.)

An|ti-Dive [...daɪv] *der;* -s ⟨zu ↑anti... u. *engl.* to dive „(mit dem Kopf zuerst) ins Wasser springen, untertauchen"⟩: Vorrichtung an der Radaufhängung von Kraftfahrzeugen, die die Nickbewegung des Fahrzeugs beim Bremsen mindert

An|ti|dog|ma|tis|mus *der;* - ⟨zu ↑anti... u. ↑Dogmatismus⟩: gegen jede Art von Dogmatismus gerichtete Einstellung

An|ti|do|ron *das;* -s, ...ra ⟨zu ↑anti... u. *gr.* dōron „Geschenk"⟩: a) (veraltet) Gegengeschenk, Vergeltung; b) (nur Plur.) Verteilung des übriggebliebenen gesegneten Brotes nach dem Abendmahl unter das Volk in der griech.-orthodoxen Kirche. **An|ti|do|sis** *die;* -, ...dosen ⟨aus gleichbed. *gr.* antídosis, eigtl. „Umtausch"⟩: (veral-

Antihypoglykämikum

tet) Gegengabe, Ersatz. **An|ti|dot** *das;* -[e]s, -e u. Antidoton *das;* -s, ...ta ⟨aus *gr.* antidoton „Gegengabe"⟩: Gegengift. **An|ti|do|ta|ri|um** *das;* -s, ...ia ⟨aus gleichbed. *mlat.* antidotarium⟩: a) Verzeichnis von Gegenmitteln, Gegengiften; b) Titel alter Rezeptsammlungen u. Arzneibücher. **an|ti|do|tie|ren** ⟨zu ↑...ieren⟩: [ein] Gegengift geben, verabreichen. **An|ti|do|ton** vgl. Antidot

an|ti|dra|ma|tisch [auch 'an...] ⟨zu ↑ anti... u. ↑ dramatisch⟩: den Regeln des ↑ Dramas entgegengesetzt

an|ti|drom ⟨zu ↑ anti... u. *gr.* drómos „Lauf"⟩: entgegen der normalen Richtung verlaufend (von der Nervenreizleitung; Med.)

An|ti|du|al *der;* -s, -e ⟨zu ↑ anti... u. ↑ Dual⟩: themagemäße Technik zur Vermeidung von ↑ Dualen (2) in [zweizügigen] Schachaufgaben (Kunstschach)

an|ti|dy|na|stisch ⟨zu ↑ anti... u. ↑ Dynastie⟩: einem Fürstenhaus od. der Fürstenherrschaft überhaupt feindlich gesinnt

An|ti|dys|en|te|ri|kum *das;* -s, ...ka ⟨zu ↑ anti..., ↑ Dysenterie u. ↑...ikum⟩: Arzneimittel gegen die Ruhr (Med.). **an|ti|dys|en|te|risch**: gegen Durchfall wirksam (Med.)

An|ti|elek|tron [auch 'an...] *das;* -, ...onen ⟨zu ↑ anti... u. ↑ ¹Elektron⟩: das ↑ Positron als das ↑ Antiteilchen des ↑ Elektrons

An|ti|eme|ti|kum vgl. Antemetikum

An|tien|ne [ã'tjɛnə] *die;* - ⟨aus gleichbed. *fr.* antienne, dies über älter *fr.* entievese aus *kirchenlat.* antefana, umgewandelt aus antiphona; vgl. Antiphon⟩: kirchlicher Wechselgesang

An|ti|en|zym *das;* -s, -e ⟨zu ↑ anti... u. ↑ Enzym⟩: ↑ Antikörper, der sich bei Zufuhr artfremder Enzyme im Organismus bildet u. deren Wirksamkeit herabgesetzt bzw. aufhebt (Med.)

An|ti|epi|lep|ti|kum *das;* -s, ...ka ⟨zu ↑ anti..., ↑ Epilepsie u. ↑...ikum⟩: Arzneimittel zur medikamentösen Behandlung der ↑ Epilepsie (Med.)

An|ti|fak|tor *der;* -s, ...oren ⟨zu ↑ anti... u. ↑ Faktor⟩: natürlicher Hemmstoff der Blutgerinnung (z. B. ↑ Heparin; Med.)

an|ti|fa|na|tisch ⟨zu ↑ anti... u. ↑ fanatisch⟩: gegen Schwärmerei u. Blindgläubigkeit eingestellt

An|ti|fa|schis|mus [auch 'an...] *der;* - ⟨zu ↑ anti... u. ↑ Faschismus⟩: ↑ politische Einstellung u. aktives Handeln gegen Nationalsozialismus u. Faschismus. **An|ti|fa|schist** [auch 'an...] *der;* -en, -en ⟨zu ↑ ...ist⟩: Gegner des Nationalsozialismus u. Faschismus. **an|ti|fa|schi|stisch** [auch 'an...]: a) den Antifaschismus betreffend; b) die Grundsätze des Antifaschismus vertretend

An|ti|fe|bri|le *das;* -[s], ...lia ⟨zu ↑ anti... u. *lat.* febris „Fieber"⟩: fiebersenkendes Mittel (Med.). **An|ti|fe|brin** *das;* -s, -e ⟨zu ↑ ...in (1)⟩: (kaum mehr verwendetes) Fiebermittel

An|ti|fer|ment *das;* -s, -e ⟨zu ↑ anti... u. ↑ Ferment⟩: (veraltet) svw. Antienzym

An|ti|fer|ro|elek|tri|kum *das;* -s, ...ka ⟨zu ↑ anti..., ↑ Ferroelektrizität u. ↑...ikum⟩: kristalliner Festkörper mit Überstruktur im Kristallgitter, wobei die beiden Teilgitter gleich starke, aber entgegengesetzte elektrische ↑ Polarisation aufweisen, so daß die Gesamtpolarisation des Kristalls null ist. **an|ti|fer|ro|ma|gne|tisch**: besondere magnetische Eigenschaften aufweisend (von bestimmten Stoffen; Phys.)

An|ti|fi|bri|no|ly|sin *das;* -s, -e ⟨zu ↑ anti..., ↑ Fibrinolyse u. ↑...in⟩: im Blut gebildeter ↑ Antikörper, der einer ↑ Fibrinolyse entgegenwirkt (Med.). **An|ti|fi|bri|no|ly|sin|test** *der;* -s, Plur. -s, auch -e: Probe zum Nachweis von ↑ Antifibrinolysinen im Blut (Med.). **An|ti|fi|bri|no|ly|ti|kum** *das;* -s, ...ka ⟨zu ↑...ikum⟩: Arzneimittel gegen u. zur Behandlung von Blutungen infolge gesteigerter ↑ Fibrinolyse (Med.)

An|ti|fou|ling ['æntɪ'faʊlɪŋ] *das;* -s ⟨zu ↑ anti... u. *engl.* fouling „Verunreinigung", vgl. Fouling⟩: Anstrich für den unter Wasser befindlichen Teil des Schiffes, der die Anlagerung von Pflanzen u. Tieren verhindert

An|ti|frik|ti|ons|me|tall *das;* -s, -e ⟨zu ↑ anti..., ↑ Friktion u. ↑ Metall⟩: wegen seiner geringen Reibung zur Anfertigung von Zapfenlagern geeignete Metallmischung (z. B. Zinn od. Zink mit Kupfer)

An|ti|ga|lak|ti|kum *das;* -s, ...ka ⟨zu ↑ anti..., *gr.* gála, Gen. gálaktos „Milch" u. ↑...ikum⟩: Arzneimittel gegen zu starke Milchabsonderung (Med.)

an|ti|gal|lisch ⟨zu ↑ anti... u. Gallia, dem lat. Namen für Frankreich⟩: franzosenfeindlich

An|ti|gen *das;* -s, -e ⟨zu ↑ anti... u. ↑...gen⟩: artfremder Eiweißstoff (z. B. Bakterien), der im Körper die Bildung von ↑ Antikörpern bewirkt, die den Eiweißstoff selbst unschädlich machen. **An|ti|gen-An|ti|kör|per-Re|ak|ti|on** *die;* -, -en: Abwehrreaktion des Körpers auf artfremde Eiweißstoffe (↑ Antigene), bei der spezifische ↑ Antikörper die eingedrungenen Fremdstoffe unschädlich zu machen versuchen

an|ti|gliss ⟨zu ↑ anti... u. *fr.* glisser „rutschen"; vgl. Glissade⟩: rutschsicher (z. B. von Skianzügen)

An|ti|go|rit [auch ...'rɪt] *der;* -s, -e ⟨nach dem Antigoriatal in der ital. Landschaft Piemont u. zu ↑²...it⟩: farbloses, durchscheinendes Mineral, Abart des ↑ Serpentins

An|ti|graph *der;* -en, -en ⟨zu ↑ anti... u. ↑...graph⟩: Verfasser einer Gegenschrift. **An|ti|gra|phon** *das;* -s, ...pha ⟨aus gleichbed. *gr.* antígraphon⟩: Abschrift (einer Urkunde)

An|ti|hä|mo|ly|sin *das;* -s, -e ⟨zu ↑ anti... u. ↑ Hämolysin⟩: Stoff, der die Wirkung des ↑ Hämolysins aufhebt (Med.). **an|ti|hä|mo|phil**: gegen ↑ Hämophilie gerichtet od. wirkend (Med.). **An|ti|hä|mor|rha|gi|kum** *das;* -s, ...ka ⟨zu ↑ Hämorrhagie u. ↑...ikum⟩: Arzneimittel zur Vorbeugung gegen u. zur Behandlung von Blutungen (Med.)

An|ti|held *der;* -en, -en ⟨zu ↑ anti...⟩: inaktive, negative od. passive Hauptfigur in Drama u. Roman im Unterschied zum aktiv handelnden Helden

An|ti|he|li|um *das;* -s ⟨zu ↑ anti... u. ↑ Helium⟩: dem Helium entsprechende ↑ Antimaterie

An|ti|hist|ami|ni|kum *das;* -s, ...ka ⟨zu ↑ anti..., ↑ Histamin u. ↑...ikum⟩: Arzneimittel gegen allergische Reaktionen (Med.)

An|ti|hor|mon *das;* -s, -e ⟨zu ↑ anti... u. ↑ Hormon⟩: eiweißartiger Stoff, der die Wirkung eines Hormons abschwächen od. aufheben kann (Med.)

An|ti|hu|man|glo|bu|lin|test *der;* -s ⟨zu ↑ anti..., ↑ human, ↑ Globulin u. ↑ Test⟩: serologisches Verfahren zum Nachweis unvollständiger ↑ Antikörper, die sich an menschliche Blutzellen (besonders rote Blutkörperchen) binden, ohne eine sichtbare Reaktion (z. B. ↑ Agglutination od. ↑ Hämolyse) hervorzurufen (Med.)

An|ti|hy|pe|ron *das;* -s, ...onen ⟨zu ↑ anti... u. ↑ Hyperon⟩: Antiteilchen des als ↑ Hyperon bezeichneten Elementarteilchens

An|ti|hy|per|ten|si|vum [...vʊm] *das;* -s, ...va [...va] ⟨zu ↑ anti..., ↑ Hypertension u. ↑...ivum⟩: svw. Antihypertonikum

An|ti|hy|per|to|ni|kum *das;* -s, ...ka ⟨zu ↑ anti..., ↑ Hypertonie u. ↑...ikum⟩: Arzneimittel gegen krankhaft erhöhten Blutdruck (Med.)

An|ti|hy|po|glyk|ämi|kum *das;* -s, ...ka ⟨zu ↑ anti..., ↑ Hypoglykämie u. ↑...ikum⟩: Arzneimittel zur Behandlung der Hypoglykämie (Med.)

Antihypotonikum

An|ti|hy|po|to|ni|kum *das;* -s, ...ka ⟨zu ↑anti..., ↑Hypotonie u. ↑...ikum⟩: Arzneimittel zur Vorbeugung gegen u. zur Behandlung von niedrigem Blutdruck (Med.)

An|ti-Icings ['æntɪ'aɪsɪŋs] *die* (Plur.) ⟨zu ↑anti... u. *engl.* icing „Vereisung"⟩: Vereisungsschutzmittel, die Vergaserkraftstoffen zugesetzt werden

An|ti|idio|typ *der;* -s, -en ⟨zu ↑anti... u. ↑Idiotyp⟩: Antikörper, der sich gegen die spezifischen Anteile der ↑Immunglobuline richtet (Med.)

An|ti|in|kru|sta|tor *der;* -s, ...oren ⟨zu ↑anti..., ↑Inkrustation u. ↑...or⟩: (veraltet) Apparat zur Verhinderung der Bildung von Kesselstein in Dampfkesseln

An|ti|in|oku|list *der;* -en, -en ⟨zu ↑anti..., ↑Inokulation u. ↑...ist⟩: (veraltet) Gegner der Pockenschutzimpfung

an|tik ⟨aus *fr.* antique „altertümlich", dies aus *lat.* antiquus „alt"⟩: 1. auf das klassische Altertum, die Antike zurückgehend; dem klassischen Altertum zuzurechnen. 2. in altertümlichem Stil hergestellt, vergangene Stilepochen (jedoch nicht die Antike) nachahmend (von Sachen, bes. von Einrichtungsgegenständen); vgl. ...isch/-

An|ti|kach|ek|ti|kum [...x...] *das;* -s, ...ka ⟨zu ↑anti..., ↑Kachexie u. ↑...ikum⟩: Arzneimittel gegen Körperschwäche u. Blutarmut (Med.). **an|ti|kach|ek|tisch:** der körperlichen Kräftigung dienend (Med.)

An|ti|ka|gli|en [...'kaljən] *die* (Plur.) ⟨aus *it.* anticaglia „Altwaren" zu antico „alt", dies aus *lat.* antiquus, vgl. antik⟩: kleine antike Kunstgegenstände (Kunstw.)

An|ti|kan|krin *das;* -s, -e ⟨zu ↑anti..., zu *lat.* cancer, Gen. cancri „Krebs(geschwür)" u. ↑...in (1)⟩: Serum gegen Krebs (Med.). **an|ti|kan|krös** ⟨zu ↑...ös⟩: gegen Krebs wirksam (Med.)

An|ti|kar|di|on *das;* -s ⟨zu ↑anti..., *gr.* kardía „Herz" u. ↑¹...on⟩: Herzgrube (Anat.)

an|ti|ka|ri|ös ⟨zu ↑anti..., ↑Karies u. ↑...ös⟩: gegen den Zerfall an Knochen u. Zahn gerichtet (Med.)

An|ti|kar|zi|no|ge|ne|se *die;* - ⟨zu ↑anti... u. ↑Karzinogenese⟩: Gebiet der Krebsforschung, das sich mit der Hemmung der chem. Karzinogenese befaßt

an|ti|ka|tar|rha|lisch ⟨zu ↑anti... u. ↑katarrhalisch⟩: gegen Husten u. Schnupfen wirksam (Med.). **An|ti|ka|tar|rha|li|um** *das;* -s, ...lia ⟨zu ↑...ium⟩: Arzneimittel gegen Husten u. Schnupfen (Med.)

An|ti|ka|tho|de, fachspr. auch Antikatode [auch 'an...] *die;* -, -n ⟨zu ↑anti... u. ↑Kathode⟩: der ↑Kat[h]ode gegenüberstehende ↑Elektrode (Anode) einer Röntgenröhre

an|ti|ka|tho|lisch ⟨zu ↑anti... u. ↑katholisch⟩: gegen den kath. Glauben, die kath. Kirche gerichtet

An|ti|ka|to|de vgl. Antikathode

An|ti|kau|sti|kum *das;* -s, ...ka ⟨zu ↑anti... u. ↑Kaustikum⟩: Mittel gegen das Verbrennen od. Ätzen (Med., Chem.). **an|ti|kau|stisch:** gegen das Brennen od. Ätzen wirkend

An|ti|ke *die;* -, -n ⟨nach gleichbed. *fr.* antique; vgl. ↑antik⟩: 1. (ohne Plur.) das klassische Altertum u. seine Kultur. 2. (meist Plur.) antikes Kunstwerk. **An|ti|ken|ka|bi|nett** *das;* -s, -e: Ausstellungsraum für antike Kunstwerke. **an|ti|kisch:** dem Vorbild der antiken Kunst nachstrebend; vgl. ...isch/-. **an|ti|ki|sie|ren** ⟨zu ↑...isieren⟩: nach Art der Antike gestalten; antike Formen nachahmen (z. B. im Versmaß)

An|ti|kla|se *die;* -, -n ⟨zu ↑anti... u. *gr.* klásis „Bruch, das Brechen"⟩: durch seitliches Auseinanderweichen der Felswände entstandene u. mit Gesteinsschutt ausgefüllte Spalte (Geol.)

an|ti|kle|ri|kal [auch 'an...] ⟨zu ↑anti... u. ↑klerikal⟩: kirchenfeindlich. **An|ti|kle|ri|ka|lis|mus** [auch 'an...] *der;* - ⟨zu ↑...ismus (5)⟩: kirchenfeindliche Einstellung

An|ti|kli|max *die;* -, -e ⟨zu ↑anti... u. ↑Klimax⟩: Übergang vom stärkeren zum schwächeren Ausdruck, vom Wichtigeren zum weniger Wichtigen (Rhet., Stilk.); Ggs. ↑Klimax (1)

an|ti|kli|nal ⟨zu *gr.* antiklínein „entgegenneigen" u. ↑¹...al (1)⟩: sattelförmig (von geolog. Falten; Geol.). **An|ti|kli|na|le** *die;* -, -n ⟨zu ↑...ale⟩: Sattel (nach oben gebogene Falte; Tektonik). **An|ti|kli|ne** *die;* -, -n ⟨zu *gr.* klíně „Lager"⟩: 1. svw. Antiklinale. 2. senkrecht zur Oberfläche des Organs verlaufende Zellwand einer Pflanze. **An|ti|kli|no|ri|um** *das;* -s, ...ien [...jən] ⟨aus gleichbed. *nlat.* anticlinorium⟩: Faltenbündel, dessen mittlere Falten höher als die äußeren liegen (Mulde; Geol.); Ggs. ↑Synklinorium

An|ti|ko|agu|lans *das;* -, Plur. ...lantia u. ...lanzien [...jən] (meist Plur.) ⟨zu ↑anti... u. ↑Koagulans⟩: die Blutgerinnung verzögerndes od. hemmendes Mittel (Med.). **An|ti|ko|agu|la|ti|on** *die;* -, -en: Verzögerung der erhöhten Blutgerinnung (Med.)

An|ti|kom|mu|nis|mus [auch 'an...] *der;* - ⟨zu ↑anti... u. ↑Kommunismus⟩: Ablehnung kommunistischer Ideologie u. Politik, Gegnerschaft gegen den Kommunismus. **An|ti|kom|mu|nist** [auch 'an...] *der;* -en, -en: Gegner des Kommunismus. **an|ti|kom|mu|ni|stisch** [auch 'an...]: gegen den Kommunismus eingestellt, gerichtet

an|ti|kon|sti|tu|tio|nell ⟨zu ↑anti... u. ↑konstitutionell⟩: verfassungsfeindlich, -widrig. **An|ti|kon|sti|tu|tio|nist** *der;* -en, -en ⟨zu ↑Konstitution u. ↑...ist⟩: a) Verfassungsgegner; b) Geistlicher, der sich der päpstlichen Bulle gegen den ↑Jansenismus nicht unterwarf

An|ti|kon|ta|gio|nist *der;* -en, -en ⟨zu ↑anti..., ↑Kontagion u. ↑...ist⟩: (veraltet) Gegner der Ansteckungslehre (Med.). **an|ti|kon|ta|gi|ös**: der Ansteckung entgegenwirkend (Med.). **An|ti|kon|ta|gio|sum** *das;* -s, ...sa ⟨zu ↑...osum⟩: Arzneimittel gegen Ansteckung, Schutzmittel (Med.)

an|ti|kon|vul|siv [...v...] u. **an|ti|kon|vul|si|visch** [...vɪʃ] ⟨zu ↑anti... u. ↑konvulsivisch⟩: gegen Krämpfe u. Zuckungen wirkend (Med.). **An|ti|kon|vul|si|vum** [...vʊm] *das;* -s, ...va [...va] ⟨zu ↑...ivum⟩: krampflösendes bzw. -verhinderndes Mittel mit Wirkung an der glatten Muskulatur u. am Zentralnervensystem (Med.)

An|ti|kon|zep|ti|on *die;* - ⟨zu ↑anti... u. ↑Konzeption⟩: Empfängnisverhütung (Med.). **an|ti|kon|zep|ti|onell**: die Empfängnis verhütend (Med.). **An|ti|kon|zep|ti|vum** [...vʊm] *das;* -s, ...iva [...va] ⟨zu *lat.* conceptivum „das (in sich) Aufgenommene"⟩: empfängnisverhütendes Mittel (Med.). **An|ti|kon|zi|pi|ens** [...piɛns] *das;* -, ...pienzien [...jən] ⟨zu *lat.* concipiens „aufnehmend", Part. Präs. von concipere „aufnehmen, zusammenfassen"⟩: svw. Antikonzeptivum

An|ti|kör|per *der;* -s, - ⟨zu ↑anti...⟩: im Blutserum als Reaktion auf das Eindringen von ↑Antigenen gebildeter Abwehrstoff (Med.)

an|ti|kos|me|tisch ⟨zu ↑anti... u. ↑kosmetisch⟩: die [körperliche] Schönheit zerstörend

An|ti|kri|tik *die;* -, -en ⟨zu ↑anti... u. ↑Kritik⟩: Gegenbeurteilung, Zurückweisung einer ungünstigen Einschätzung. **An|ti|kri|ti|ker** *der;* -s, -: Verfasser einer Gegenkritik. **An|ti|kri|ti|kus** *der;* -, Plur. -se, auch ...tizi: Zug eines Langschrittlers [aus der Grundstellung] über ein ↑kritisches (6) Feld hinweg in Gegenbewegung zu einem vorher ausgeführten (od. gedachten) ↑Kritikus (2) zum Zwecke der Beseitigung einer bestehenden ↑kritischen Schädigung (Kunstschach).

an|ti|kri|tisch [auch 'an...]: eine bestehende ↑kritische (6) Schädigung aufhebend (Kunstschach)

An|ti|la|be *die;* -, -n 〈aus *gr.* antilabḗ „Haltegriff, Widerhalt"〉: Aufteilung eines Sprechverses auf verschiedene Personen

An|ti|le|go|me|non *das;* -s, ...omena 〈aus *gr.* antilegómenon „was bestritten wird"〉: 1. (ohne Plur.) Buch des Neuen Testaments, dessen Aufnahme in den ↑Kanon (5) früher umstritten war. 2. (nur Plur.) Werke antiker Schriftsteller, deren Echtheit bezweifelt od. bestritten wird

An|ti|lep|sis *die;* -, ...sen 〈zu ↑anti... u. *gr.* lēpsis „das Nehmen", dies zu lambánein „nehmen, empfangen"〉: Einwand, Einwurf, Widerlegung des angenommenen Satzes, Tadel (Rhet.). **an|ti|lep|tisch**: (veraltet) zur Ablenkung einer Krankheit auf einen dem kranken entgegengesetzten Körperteil einwirkend (Med.)

An|ti|lep|ton *das;* -s, ...onen 〈zu ↑anti... u. ↑²Lepton〉: ↑Antiteilchen des als ↑²Lepton bezeichneten Elementarteilchens (Phys.)

an|ti|le|thar|gisch 〈zu ↑anti... u. ↑Lethargie〉: 1. gegen die Schlafsucht wirkend (Med.). 2. gegen Gleichgültigkeit u. körperliche Trägheit gerichtet

an|ti|leu|ko|zy|tär 〈zu ↑anti..., ↑Leukozyt u. ↑...är〉: gegen Leukozyten gerichtet (Med.)

an|ti|li|be|ral [auch 'an...] 〈zu ↑anti... u. ↑liberal〉: 1. der Freisinnigkeit entgegengesetzt. 2. gegen den Liberalismus gerichtet. **An|ti|li|be|ra|lis|mus** [auch 'an...] *der;* -: Einstellung gegen den Liberalismus

An|ti|log|arith|mus [auch 'an...] *der;* -, ...men 〈zu ↑anti... u. ↑Logarithmus〉: svw. Numerus (2)

An|ti|lo|gie *die;* -, ...ien 〈aus *gr.* antilogía „Gegenrede" zu antilégein „widersprechen"〉: Rede u. Gegenrede über die Haltbarkeit eines Lehrsatzes. **An|ti|lo|gik** *die;* - 〈zu *gr.* antilogikós „zum Widerlegen bereit, streitsüchtig"; vgl. ²...ik (2)〉: Zwiespalt mit den Denkgesetzen

An|ti|lö|mi|kum *das;* -s, ...ka 〈zu ↑anti..., *gr.* loimós „Pest" u. ↑...ikum〉: (veraltet) Arzneimittel gegen die Pest (Med.). **an|ti|lö|misch**: gegen die Pest wirksam (Med.)

An|ti|lo|pe *die;* -, -n 〈aus gleichbed. *niederl.* bzw. *fr.* antilope, diese über *engl.* antelope aus *mlat.* ant(h)alopus, *mgr.* anthólōps, dem Namen eines Fabeltiers, eigtl. „Blumenauge"〉: gehörntes afrik. u. asiat. Huftier

An|ti|lo|quist *der;* -en, -en 〈zu ↑anti..., *lat.* loqui „sprechen" u. ↑...ist〉: (veraltet) Widersacher. **An|ti|lo|qui|um** *das;* -s, ...quia 〈zu ↑...ium〉: (veraltet) Gegenrede, Widerspruch

An|ti|lui|kum *das;* -s, ...ka 〈zu ↑anti..., ↑Lues u. ↑...ikum〉: Mittel gegen Syphilis (Med.)

an|ti|lym|pho|zy|tär 〈zu ↑anti..., ↑Lymphozyt u. ↑...är〉: gegen Leukozyten gerichtet (Med.). **An|ti|lym|pho|zy|ten|glo|bu|lin** *das;* -s, -e: aus ↑Antilymphozytenserum hergestelltes Globulin (Med.). **An|ti|lym|pho|zy|ten|se|rum** *das;* -s, ...ren: bei Organtransplantationen verwendetes Antiserum zur Unterdrückung von Abstoßungsreaktionen gegen das körperfremde Gewebe (Med.)

An|ti|lys|sum *das;* -s, ...ssa 〈zu ↑anti..., *gr.* lýssa „Wut" u. ↑...ium〉: (veraltet) Mittel gegen Tollwut (Med.)

An|ti|ma|chia|vel|lis|mus [...makiave...] *der;* - 〈nach einer Schrift Friedrichs d. Gr. (1712–1786) gegen Machiavelli u. zu ↑...ismus〉: gegen den ↑Machiavellismus gerichtete Anschauung

An|ti|ma|te|rie [...iə, auch 'an...] *die;* - 〈zu ↑anti... u. ↑Materie〉: hypothetische, auf der Erde nicht existierende Form der Materie, deren Atome aus den Antiteilchen der Erdmaterie zusammengesetzt sind

an|ti|ma|tri|mo|ni|al 〈zu ↑anti... u. ↑matrimonial〉: ehefeindlich

an|ti|me|fi|tisch 〈zu ↑anti... u. ↑mefitisch〉: (veraltet) schlechten Geruch vertreibend

An|ti|me|lan|cho|li|kum [...k...] *das;* -s, ...ka 〈zu ↑anti..., ↑Melancholie u. ↑...ikum〉: Arzneimittel gegen Melancholie (Med.). **an|ti|me|lan|cho|lisch**: aufmunternd, den Trübsinn, die schlechte Laune vertreibend

An|ti|men|si|um *das;* -s, Plur. ...sien [...jən]. u. ...sia 〈zu *gr.* antí „an Stelle von, anstatt", *lat.* mensa „Tisch" u. ↑...ium〉: in der griech.-orthodoxen Kirche ein vom Bischof geweihtes Tuch, womit jeder Unterlage die Eigenschaft eines Altars verliehen werden kann

An|ti|me|phi|ti|kum *das;* -s, ...ka 〈zu ↑antimefitisch u. ↑...ikum〉: (veraltet) luftreinigendes Mittel. **an|ti|me|phi|tisch** vgl. antimefitisch

An|ti|me|rie *die;* -, ...ien 〈zu ↑anti..., *gr.* méros „Teil" u. ↑²...ie〉: Vertauschung eines Redeteils gegen einen anderen (Rhet.)

An|ti|me|ta|bo|le *die;* -, -n 〈aus *gr.* antimetabolḗ „Umänderung, Vertauschung"〉: Wiederholung von Wörtern eines Satzes in anderer Stellung zur Darstellung einer gedanklichen Antithese (Rhet., Stilk.). **An|ti|me|ta|bo|lit** [auch ...'lɪt] *der;* -en, -en 〈zu ↑¹...it〉: den Zellstoffwechsel schädigende Substanz, die z. B. infolge chem. Ähnlichkeit die Stelle eines ↑Metaboliten einnehmen kann, ohne dessen Aufgabe im Stoffwechselvorgang zu erfüllen (Med.)

An|ti|me|ta|lep|sis *die;* -, ...psen 〈zu ↑anti... u. ↑Metalepse〉: svw. Antimetabole

an|ti|me|ta|phy|sisch [auch 'an...] 〈zu ↑anti... u. ↑metaphysisch〉: gegen die ↑Metaphysik gerichtet

An|ti|me|the|sis *die;* - 〈zu ↑anti... u. ↑Metathese〉: Wiederholung der Glieder einer ↑Antithese (2) in umgekehrter Folge

An|ti|me|trie *die;* - 〈zu ↑anti... u. ↑...metrie〉: ein im Aufbau symmetrisches System, das unsymmetrisch belastet ist (Bautechnik). **an|ti|me|trisch** 〈zu ↑...metrisch〉: belastet mit symmetrisch angebrachten Lasten, die jedoch eine entgegengesetzte Wirkungsrichtung haben (Bautechnik)

An|ti|mi|li|ta|ris|mus [auch 'an...] *der;* - 〈zu ↑anti... u. ↑Militarismus〉: den Militarismus ablehnende Einstellung, Gesinnung, Bewegung. **An|ti|mi|li|ta|rist** [auch 'an...] *der;* -en, -en: Anhänger des Antimilitarismus. **an|ti|mi|li|ta|ri|stisch** [auch 'an...] 〈auch: gegen den Militarismus gerichtet, auftretend, den Antimilitarismus betreffend

An|ti|mo|der|ni|sten|eid *der;* -s 〈zu ↑anti... u. ↑Modernist〉: Eid gegen die Lehre des ↑Modernismus (2) (von 1910 bis 1967 für alle kath. Priester vorgeschrieben)

An|ti|mon *das;* -s 〈aus gleichbed. *mlat.* antimonium〉: chem. Element, ein Halbmetall; Zeichen Sb

an|ti|mon|ar|chisch [auch 'an...] 〈zu ↑anti... u. ↑Monarchie〉: gegen die monarchische Staatsform gerichtet

an|ti|mo|na|stisch [auch 'an...] 〈zu ↑anti... u. ↑Monasterium〉: gegen die Klöster gerichtet

An|ti|mo|nat *das;* -[e]s, -e 〈zu ↑Antimon u. ↑...at (2)〉: ein Salz der Antimonsäure. **¹An|ti|mo|nit** [auch ...'nɪt] *das;* -[e]s, -e 〈zu ↑¹...it〉: Salz der antimonigen Säure. **²An|ti|mo|nit** [auch ...'nɪt] *der;* -[e]s 〈zu ↑²...it〉: wichtigstes Antimonerz (Antimonglanz, Grauspießglanz). **An|ti|mon|le|gie|run|gen** *die* (Plur.): Verbindungen mit ↑Antimon zur Härtung weicher Metalle (z. B. Blei, Kupfer, Zink). **An|ti|mon|pig|men|te** *die* (Plur.): Antimonfarbmittel für hitzebeständige Anstriche u. ↑Emails. **An|ti|mon|prä|pa|ra|te** *die* (Plur.): organische Antimonverbindungen zur ↑Chemo-

therapie bestimmter tropischer Infektionskrankheiten (Med.)
An|ti|mo|ra|lis|mus [auch 'an...] *der;* - ⟨zu ↑anti... u. ↑Moralismus⟩: ablehnende, feindliche Haltung gegenüber der herrschenden ↑Moral, gegenüber der Verbindlichkeit u. Allgemeingültigkeit moralischer Gesetze. **An|ti|mo|ra|list** [auch 'an...] *der;* -en, -en: Verfechter des Antimoralismus
An|ti|mu|ta|gen *das;* -s, -e (meist Plur.) ⟨zu ↑anti... u. ↑Mutagen⟩: Substanz, die ↑Mutagenen entgegenwirkt
An|ti|my|ko|ti|kum *das;* -s, ...ka ⟨zu ↑anti..., *gr.* mýkēs „Pilz" u. ↑...ikum⟩: Arzneimittel zur Behandlung von Pilzinfektionen (Med.)
An|ti|my|on *das;* -s, ...onen ⟨zu ↑anti... u. ↑Myon⟩: ↑Antiteilchen des ↑Myons (Phys.)
an|ti|na|tio|nal ⟨zu ↑anti... u. ↑national⟩: gegen die Interessen der [eigenen] Nation gerichtet
An|ti|neur|al|gi|kum *das;* -s, ...ka ⟨zu ↑anti..., ↑Neuralgie u. ↑...ikum⟩: a) Mittel gegen Nervenschmerzen; b) schmerzstillendes Mittel (Med.)
An|ti|neu|tri|no *das;* -s, -s ⟨zu ↑anti... u. ↑Neutrino⟩: ↑Antiteilchen eines ↑Neutrinos (Phys.). **An|ti|neu|tron** *das;* -s, ...onen: Elementarteilchen, das entgegengesetzte Eigenschaften hat wie das ↑Neutron (Kernphys.)
An|ti|no|mie *die;* -, ...ien ⟨über *lat.* antinomia aus *gr.* antinomía „Widerspruch innerhalb eines Gesetzes"⟩: Widerspruch eines Satzes in sich od. zweier Sätze, von denen jeder Gültigkeit beansprucken kann (Philos., Rechtsw.). **an|ti|no|misch**: widersprüchlich. **An|ti|no|mis|mus** *der;* - ⟨zu ↑...ismus (1)⟩: theologische Lehre, die die Bindung an das [bes. alttest.] Sittengesetz leugnet u. die menschliche Glaubensfreiheit u. die göttliche Gnade betont. **An|ti|no|mist** *der;* -en, -en ⟨zu ↑...ist⟩: Vertreter des Antinomismus
An|ti|nu|kle|on *das;* -s, ...onen ⟨zu ↑anti... u. ↑Nukleon⟩: ↑Antiteilchen eines ↑Nukleons (↑Antiproton bzw. ↑Antineutron; Phys.)
An|ti|östro|gen *das;* -s, -e ⟨zu ↑anti... u. ↑Östrogen⟩: Stoff, der die Wirkung von ↑Östrogenen unterdrückt (Med.)
An|ti|oxi|dans usw. vgl. Antioxydans usw. **An|ti|oxy|dans** *das;* -, ...danzien [...i̯ən], neuere Schreibung: Antioxidans *das;* -, ...dantien [...i̯ən] ⟨zu ↑anti... u. *nlat.* oxydans, Part. Präs. von oxydare bzw. oxidare; vgl. oxydieren⟩: Zusatz zu Lebensmitteln, der die ↑Oxydation verhindert. **an|ti|oxy|dan|tie|ren**, fachspr. antioxidantieren ⟨zu ↑...ieren⟩: bei Lebensmitteln durch einen Zusatz das ↑Oxydieren verhindern
An|ti|ozo|nans *das;* -, ...nantien [...i̯ən] u. **An|ti|ozo|nant** *das;* -s, Plur. -e u. -s ⟨zu ↑anti... u. *nlat.* ozonans, Gen. ozonantis, Part. Präs. von ozonare „mit Ozon behandeln", vgl. ozonisieren⟩: Zusatzstoff, der ↑Polymere gegen die Einwirkung von ↑Ozon schützt (Chem.)
An|ti|pä|do|bap|ti|sten *die* (Plur.) ⟨zu ↑anti..., *gr.* pais, Gen. paidós „Kind" u. ↑Baptist⟩: Gegner der Kindtaufe, Wiedertäufer
An|ti|pa|pa *der;* -s ⟨zu ↑anti... u. ↑²Papa⟩: (veraltet) Gegenpapst. **an|ti|pa|pal**: gegen das Papsttum gerichtet. **An|ti|pa|pis|mus** *der;* -: gegen das Papsttum gerichtete Haltung. **An|ti|pa|pist** *der;* -en, -en: Gegner des Papsttums
an|ti|par|al|lel ⟨zu ↑anti... u. ↑parallel⟩: parallel verlaufend, jedoch entgegengesetzt gerichtet. **An|ti|par|al|le|lo|gramm** *das;* -s, -e: ein Viereck, in dem zwei Seiten parallel, aber ungleich, die anderen beiden Seiten gleich, aber nicht parallel sind
An|ti|pa|ra|ly|ti|kum *das;* -s, ...ka ⟨zu ↑anti..., ↑Paralyse u. ↑...ikum⟩: Mittel gegen paralytische Erkrankungen (Med.). **an|ti|pa|ra|ly|tisch**: gegen die ↑Paralyse wirkend (Med.)
An|ti|par|ti|kel *die;* -, -n, auch *das;* -s, - ⟨zu ↑anti... u. ↑Partikel⟩: svw. Antiteilchen
An|ti|pa|si|gra|phie *die;* -, ...ien ⟨zu ↑anti... u. ↑Pasigraphie⟩: Bez. für eine Abhandlung, die nachzuweisen versucht, daß eine Allgemeinschrift undurchführbar ist
An|ti|pas|sat *der;* -[e]s, -e ⟨zu ↑anti... u. ↑Passat⟩: dem ↑Passat entgegengerichteter Wind der Tropenzone
An|ti|pa|sto *der* od. *das;* -[s], Plur. -s od. ...ti ⟨aus gleichbed. *it.* antipasto, zu anti- „vor" u. pasto „Speise"⟩: ital. Bez. für Vorspeise
An|ti|pa|thie *die;* -, ...ien ⟨über *lat.* antipathia aus gleichbed. *gr.* antipátheia⟩: Abneigung, Widerwille gegen jmdn. od. etwas; Ggs. ↑Sympathie (1). **an|ti|pa|thisch**: mit Abneigung, Widerwillen erfüllt gegen jmdn. od. etwas
An|ti|pe|ri|stal|tik *die;* - ⟨zu ↑anti... u. ↑Peristaltik⟩: Umkehrung der normalen ↑Peristaltik des Darmes (z. B. bei Darmverschluß; Med.)
An|ti|per|thit [auch ...'trt] *der;* -s, -e ⟨nach der Ortsbezeichnung Perth in der Provinz Ontario in Kanada u. zu ↑²...it⟩: ein Mineral (mit Verwachsungen von Kalifeldspat in Natronfeldspat)
An|ti|pha|sie *die;* -, ...ien ⟨zu ↑anti..., *gr.* phásis „das Sprechen" u. ↑²...ie⟩: (veraltet) Gegenrede, Widerspruch
An|ti|pher|na *die* (Plur.) ⟨aus gleichbed. *lat.* antipherna zu ↑anti... u. *gr.* phernē „Mitgift"⟩: (lat. Rechtsspr.) Gegengeschenk des Bräutigams an die Braut
An|ti|phlo|gi|sti|kum *das;* -s, ...ka ⟨zu ↑anti..., *gr.* phlogízein „in Brand setzen, verbrennen" u. ↑...ikum⟩: entzündungshemmendes Mittel (Med.). **an|ti|phlo|gi|stisch** ⟨zu ↑...istisch⟩: entzündungshemmend (Med.)
An|ti|phon *die;* -, -en, auch Antiphone *die;* -, -n ⟨aus gleichbed. *lat.* antiphona, dies aus *gr.* antíphōna zu antiphōneīn „dagegen tönen, antworten"⟩: liturgischer Wechselgesang. **an|ti|pho|nal** ⟨zu ↑¹...al (1)⟩: im liturgischen Wechselgesang. **An|ti|pho|na|le** *das;* -s, ...lien [...i̯ən] u. **An|ti|pho|nar** *das;* -s, -ien [...i̯ən] ⟨aus gleichbed. *mlat.* antiphonale bzw. antiphonarium⟩: liturgisches Buch mit dem Text der Antiphonen u. des Stundengebets. **An|ti|pho|ne** vgl. Antiphon. **An|ti|pho|nie** *die;* -, ...ien ⟨zu ↑²...ie⟩: svw. Antiphon. **an|ti|pho|nisch** ⟨*gr.* antíphōnos „entgegentönend"⟩: im Wechselgesang (zwischen erstem u. zweitem Chor od. zwischen Vorsänger u. Chor)
An|ti|pho|ra *die;* -, ...ren ⟨aus gleichbed. *gr.* antiphorá zu antiphérein „entgegenstellen"⟩: Entgegenstellung; sprachlicher Gegensatz (Rhet.)
An|ti|phra|se *die;* -, -n ⟨über *spätlat.* antiphrasis aus *gr.* antiphrasis „Gegenbenennung"⟩: Wortfigur, die das Gegenteil des Gesagten meint (z. B. ironisch: eine schöne Bescherung!; Rhet.; Stilk.). **an|ti|phra|sie|ren** ⟨zu ↑...ieren⟩: eine ↑Antiphrase anwenden (Rhet.; Stilk.)
An|ti|phthi|si|kum *das;* -s, ...ka ⟨zu ↑anti..., *gr.* phthísis „Auszehrung, Schwindsucht" u. ↑...ikum⟩: Mittel gegen Lungentuberkulose (Med.). **an|ti|phthi|sisch**: gegen die Lungentuberkulose wirkend (Med.)
an|ti|phy|sisch ⟨zu ↑anti... u. ↑physisch⟩: gegen die Natur (gerichtet), unnatürlich
An|ti|pil|ling|aus|rü|stung *die;* -, -en ⟨zu ↑anti... u. ↑Pilling⟩: bei Textilstoffen verwendetes Ausrüstungsverfahren, das Knötchenbildung verhindert
an|ti|pleu|ri|tisch ⟨zu ↑anti... u. ↑Pleuritis⟩: gegen Seitenstechen wirkend (Med.)
an|ti|pneu|mo|ni|tisch ⟨zu ↑anti... u. ↑Pneumonie⟩: gegen Lungentuberkulose wirkend (Med.)

Antispektrologie

An|ti|pni|gos *der;* - ⟨zu ↑anti... u. ↑Pnigos⟩: schnell gesprochener Abschluß des ↑Antepirrhems; Ggs. ↑Pnigos

¹An|ti|po|de *der;* -n, -n ⟨aus *gr.* antípodes (Plur.) „Gegenfüßler" zu ↑anti... u. *gr.* poús, Gen. podós „Fuß"⟩: 1. auf der dem Betrachter gegenüberliegenden Seite der Erde wohnender Mensch. 2. Mensch, der auf einem entgegengesetzten Standpunkt steht. 3. Zirkusartist, der auf dem Rücken liegend auf seinen Fußsohlen Gegenstände od. einen Partner balanciert. **²An|ti|po|de** *die;* -, -n ⟨zu ↑¹Antipode⟩: kleine, in der pflanzlichen Samenanlage der Eizelle gegenüberliegende Zelle; Gegenfüßlerzelle (Biol). **an|ti|po|disch:** den ¹Antipoden betreffend

An|ti|por|ti|kus *der,* fachspr. auch *die;* -, Plur. - [...ku:s] u. ...ken ⟨zu ↑anti... u. ↑Portikus⟩: offene Türhalle mit Säulen (an Kirchen)

An|ti|pro|pemp|ti|kon *das;* -s, ...ka ⟨zu ↑anti... u. *gr.* propémptikon „das Begleitende", dies zu propémpein „begleiten", eigtl. „vorausschicken"⟩: in der Antike Abschiedsgedicht eines Scheidenden als Antwort auf ein ↑Propemptikon

An|ti|pro|ta|sis *die;* -, ...sen ⟨aus gleichbed. *gr.* antiprótasis⟩: Ankündigung einer Widerlegung, meist in Form einer Frage (Rhet.)

An|ti|pro|ton *das;* -s, ...onen ⟨zu ↑anti... u. ↑Proton⟩: Elementarteilchen, das die entgegengesetzten Eigenschaften hat wie das ↑Proton

An|ti|pru|ri|gi|no|sum *das;* -, ...sa ⟨zu ↑anti..., *lat.* prurigo, Gen. pruriginis „juckender Grind" u. ↑...osum⟩: Mittel gegen Juckreiz (Med.)

An|ti|psy|cho|ti|kum *das;* -s, ...ka ⟨zu ↑anti... u. ↑Psychose u. ↑...ikum⟩: Arzneimittel zur Behandlung von Erregungszuständen (Med.)

An|ti|pto|se *die;* -, -n ⟨aus *gr.* antíptōsis „Gegenfall"⟩: Setzung eines ↑Kasus (2) für einen anderen

An|ti|py|re|se *die;* - ⟨zu ↑anti..., *gr.* pyretós „Fieberhitze" u. ↑...ese⟩: Fieberbekämpfung (Med.). **An|ti|py|re|ti|kum** *das;* -s, ...ka ⟨zu ↑...ikum⟩: fiebersenkendes Mittel (Med.). **an|ti|py|re|tisch:** fiebersenkend, fieberbekämpfend. **An|ti|py|rin** Ⓦ *das;* -s ⟨zu ↑...in (1)⟩: Fiebermittel

An|ti|qua *die;* - ⟨aus *lat.* antiqua, eigtl. „die alte (Schrift)", Fem. von antiquus „alt", vgl. antik⟩: Bez. für die heute allgemein gebräuchliche Buchschrift. **An|ti|quar** *der;* -s, -e ⟨aus *lat.* antiquarius „Kenner u. Anhänger des Alten"⟩: [Buch]händler, der gebrauchte Bücher, Kunstblätter, Noten o. ä. kauft u. verkauft. **An|ti|qua|ri|at** *das;* -[e]s, -e ⟨zu ↑...iat⟩: a) Handel mit gebrauchten Büchern; b) Buchhandlung, Laden, in dem antiquarische Bücher verkauft werden. **an|ti|qua|risch** ⟨aus *mlat.* antiquarius „altertümlich"⟩: gebraucht, alt. **An|ti|qua|ri|um** *das;* -s, ...ien [...i̯ən] ⟨aus gleichbed. *nlat.* antiquarium; vgl. ...arium⟩: Sammlung von Altertümern

An|ti|quark [...kwɑːk] *das;* -s, -s ⟨zu ↑anti... u. ↑Quark⟩: ↑Antiteilchen eines ↑Quarks (Phys.)

an|ti|quie|ren ⟨zu *lat.* antiquus (vgl. antik) u. ↑...ieren⟩: 1. veralten. 2. für veraltet erklären. **an|ti|quiert** ⟨zu ↑...iert⟩: a) nicht mehr den gegenwärtigen Vorstellungen, dem Zeitgeschmack entsprechend, aber noch immer existierend [und Gültigkeit für sich beanspruchend]; b) veraltet, nicht mehr zeitgemäß; altmodisch, überholt. **An|ti|quiert|heit** *die;* -, -en: a) (ohne Plur.) das Festhalten an veralteten u. überholten Vorstellungen od. Dingen; b) altmodisches Gebaren. **An|ti|qui|tät** *die;* -, -en (meist Plur.) ⟨aus *lat.* antiquitates (Plur.) „Altertümer"; vgl. antik⟩: altertümlicher [Kunst]gegenstand (Möbel, Münzen, Porzellan u. a.)

An|ti|ra|chi|ti|kum *das;* -s, ...ka ⟨zu ↑anti..., ↑Rachitis u. ↑...ikum⟩: Mittel gegen ↑Rachitis (Med.)

An|ti|ra|ke|te *die;* -, -n ⟨zu ↑anti... u. ↑Rakete⟩: svw. Antiraketenrakete. **An|ti|ra|ke|ten|ra|ke|te** *die;* -, -n: Kampfrakete zur Abwehr von ↑Interkontinentalraketen

An|ti|rheu|ma|ti|kum *das;* -s, ...ka ⟨zu ↑anti..., ↑Rheuma u. ↑...ikum⟩: Mittel gegen rheumatische Erkrankungen (Med.)

An|tir|rhi|num *das;* -s ⟨aus *nlat.* antirrhinum, eigtl. „das Nasenähnliche", zu ↑anti... u. *gr.* rhís, Gen. rhinós „Nase"⟩: Löwenmaul (Sommerblume)

An|ti|sa|tel|li|ten|waf|fen *die* (Plur.) ⟨zu ↑anti... u. ↑Satellit⟩: Waffensysteme zur Bekämpfung militärischer ↑Satelliten

an|ti|sem ⟨zu ↑anti... u. *gr.* sēma „Zeichen, Merkmal"⟩: entgegengesetzt (in der Bedeutung), antonym (z. B. Sieg/Niederlage; Sprachw.)

An|ti|se|mit *der;* -en, -en ⟨zu ↑anti... u. ↑Semit⟩: Judengegner, -feind. **an|ti|se|mi|tisch:** judenfeindlich. **An|ti|se|mi|tis|mus** *der;* - ⟨zu ↑...ismus (5)⟩: a) Abneigung od. Feindschaft gegenüber den Juden; b) [nationalistische] Bewegung mit ausgeprägten judenfeindlichen Tendenzen

An|ti|sep|sis *die;* - ⟨zu ↑anti... u. ↑Sepsis⟩: Vernichtung von Krankheitskeimen mit chem. Mitteln, bes. in Wunden (Med.); vgl. Asepsis. **An|ti|sep|tik** *die;* - ⟨zu ↑²...ik (2)⟩: svw. Antisepsis. **An|ti|sep|ti|kum** *das;* -s, ...ka ⟨zu ↑...ikum⟩: Bakterienwachstum hemmendes od. verhinderndes Mittel (bei der Wundbehandlung; Med.). **an|ti|sep|tisch:** Wundinfektionen verhindernd (Med.)

An|ti|se|rum *das;* -s, Plur. ...sera ⟨zu ↑anti... u. ↑Serum⟩: Antikörper enthaltendes Heilserum (Med.)

An|ti|sig|ma *das;* -[s], -s ⟨zu ↑anti... u. ↑Sigma⟩: umgekehrtes Sigma (dem deutschen S entsprechender griech. Buchstabe) als Zeichen, daß Verse in einem Gedicht umgestellt werden sollen

An|ti|ska|bio|sum *das;* -s, ...sa ⟨zu ↑anti..., ↑Skabies u. ↑...osum⟩: Mittel gegen Krätze (Med.)

An|ti|ska|ting [...'skeɪtɪŋ] *das;* -s, -s ⟨zu ↑anti... u. *engl.* to skate „gleiten"⟩: mechanische od. elektronische Vorrichtung am Tonarm von Plattenspielern, die den Druck der Abtastnadel auf die Plattenrille so gering wie möglich hält, um eine optimale Klangwiedergabe zu erreichen

An|ti|skep|ti|zis|mus *der;* - ⟨zu ↑anti... u. ↑Skeptizismus⟩: Bekämpfung des Skeptizismus

An|ti|skor|bu|ti|kum *das;* -, ...ka ⟨zu ↑anti..., ↑Skorbut u. ↑...ikum⟩: Mittel gegen den Skorbut (Med.). **an|ti|skor|bu|tisch:** gegen Skorbut wirkend (Med.); **-es Vitamin:** Vitamin, das gegen Skorbut wirkt, Vitamin C

An|ti|skrip|tu|a|ri|er [...i̯ɐ] *der;* -s, - ⟨zu ↑anti..., *lat.* scriptura „Schrift" u. ↑...arier⟩: Gegner der Heiligen Schrift. **An|ti|skrip|tu|ris|mus** *der;* - ⟨zu ↑...ismus (5)⟩: Ablehnung, Verwerfung der Heiligen Schrift

An|ti|so|ma|to|gen *das;* -s, -e ⟨zu ↑anti... u. ↑somatogen⟩: svw. Antigen

an|ti|so|zi|al ⟨zu ↑anti... u. ↑sozial⟩: bewußt gegen die Gesellschaft eingestellt

An|ti|spas|mo|di|kum *das;* -s, ...ka ⟨zu ↑anti..., ↑spasmodisch u. ↑...ikum⟩: krampflösendes, krampflinderndes Mittel (Med.). **An|ti|spast** *der;* -s, -e ⟨aus gleichbed. *gr.* antíspastos⟩: auf ↑Anaklasis des ↑Choriambus beruhende viersilbige rhythmische Einheit eines antiken Verses (Versfuß ∪−−∪). **An|ti|spa|sti|kum** *das;* -s, ...ka ⟨zu ↑anti..., ↑spastisch u. ↑...ikum⟩: svw. Antispasmodikum. **an|ti|spa|stisch:** krampflösend (Med.)

An|ti|spek|tro|lo|gie *die;* - ⟨zu ↑anti..., *lat.* spectrum „Er-

113

Antispiritualismus

scheinung, Bild, Vorstellung" u. ↑...logie⟩: (veraltet) Bekämpfung des Gespensterglaubens

An|ti|spi|ri|tua|lis|mus *der;* - ⟨zu ↑anti... u. ↑Spiritualismus⟩: Leugnung alles Geistigen

An|ti|star *der;* -s, -s ⟨zu ↑anti... u. ↑Star⟩: bekannte Persönlichkeit, deren Aussehen u. Auftreten von dem abweicht, was üblicherweise einen Star ausmacht (wie z. B. Ausstrahlungskraft, Schönheit, angemessenes Verhalten u. ä.)

An|ti|sta|sis *die;* -, ...sen ⟨zu *gr.* antístasis „Gegenpartei", dies zu ↑anti... u. stásis „das Stehen, Feststehen"⟩: 1. rhetorische Figur, bei der ein Wort od. ein Wortteil in zwei verschiedenen Bedeutungen benutzt wird (z. B. „Einbildung ist auch eine Bildung"; Rhet.). 2. (veraltet) Entgegenstellung, Gegenbeschuldigung. **An|ti|sta|ti|kum** *das;* -s, ...ka (meist Plur.) ⟨zu ↑anti..., *gr.* statós „(still)stehend" u. ↑...ikum⟩: Mittel, das die elektrostatische Aufladung von Kunststoffen (z. B. Schallplatten, Folien) u. damit die Staubanziehung verhindern soll. **an|ti|sta|tisch**: elektrostatische Aufladungen verhindernd od. aufhebend (Phys.)

An|ti|stes *der;* -, ...stites [...te:s] ⟨aus *lat.* antistes „Vorsteher"⟩: 1. Priestertitel in der Antike. 2. Ehrentitel für kath. Bischöfe u. Äbte. 3. (schweiz. früher) Titel eines Oberpfarrers der reformierten Kirche. **An|ti|sti|ta** *die;* -, ...ae [...ɛ] ⟨aus *lat.* antistita „Vorsteherin"⟩: 1. Tempelpriesterin in der Antike. 2. Stiftsoberin in mittelalterlichen Klöstern

An|ti|stokes|sche Li|nie [...'stoʊksʃə –] *die;* -n -, -n -n ⟨nach dem engl. Physiker u. Mathematiker Sir G. G. Stokes, 1819–1903⟩: ↑Spektrallinie im ↑Emissionsspektrum von kleinerer Wellenlänge als die des anregenden Lichts (Kernphys.)

An|ti|stre|phon *das;* -s, ...pha ⟨zu *gr.* antistréphein „sich nach entgegengesetzter Richtung wenden" u. ↑'...on⟩: (veraltet) eine unrichtige Art des Schlusses, woraus man auch das Gegenteil folgern kann

An|ti|streß|mi|ne|ral *das;* -s, Plur. -e u. -ien [...jən] ⟨zu ↑anti..., *engl.* stress „Druck, Spannung" u. ↑Mineral⟩: Mineral, das im Streßfeld (gegen Druck u. Hitzespannungen) unbeständig ist

An|ti|stro|phe [auch 'an...] *die;* -, -n ⟨aus gleichbed. *gr.* antistrophḗ, eigtl. „das Umkehren"⟩: 1. in der altgriech. Tragödie die auf ↑Strophe (1) folgende Gegenwendung des Chors beim Tanz in der ↑Orchestra. 2. das zu dieser Bewegung vorgetragene Chorlied

An|ti|sy|phi|li|ti|kum *das;* -s, ...ka ⟨zu ↑anti..., ↑Syphilis u. ↑...ikum⟩: svw. Antiluikum (Med.)

an|ti|tech|nisch ⟨aus *gr.* antítechnos „gegen die Kunst gerichtet" zu ↑anti... u. téchnē „Kunst"⟩: 1. sich der technischen Entwicklung entgegenstellend. 2. (veraltet) gegen die Regeln u. das Wesen der Kunst gerichtet. **An|ti|tech|nos** *der;* - ⟨aus *gr.* antítechnos „Nebenbuhler auf dem Gebiet der Kunst", eigtl. „Gegenkünstler"⟩: (veraltet) Konkurrent auf künstlerischem Gebiet

An|ti|teil|chen *das;* -s, - ⟨zu ↑anti...⟩: Elementarteilchen, dessen Eigenschaften zu denen eines anderen Elementarteilchens in bestimmter Weise ↑komplementär sind (Kernphys.)

An|ti|thau|mat|ur|gie *die;* - ⟨zu ↑anti... u. *gr.* thaumaturgía „Wundertätigkeit"⟩: (veraltet) Leugnung der Wunder

An|ti|thea|ter *das;* -s ⟨zu ↑anti... u. ↑Theater⟩: Sammelbez. für verschiedene Richtungen des modernen experimentellen Theaters. **an|ti|thea|tral** ⟨zu ↑'...al (1)⟩: (veraltet) gegen die Bühnenregeln [verstoßend]

An|ti|the|se [auch 'an...] *die;* -, -n ⟨aus *gr.* antíthesis „das Entgegensetzen"⟩: 1. der ↑These entgegengesetzte Behauptung, Gegenbehauptung; Gegensatz; vgl. These (2),

Synthese (4). 2. [↑asyndetische] Zusammenstellung entgegengesetzter Begriffe (z. B. der Wahn ist kurz, die Reu' ist lang; Rhet., Stilk.). **An|ti|the|tik** *die;* - ⟨zu ↑^{2}...ik (2)⟩: Lehre von den Widersprüchen u. ihren Ursachen (Philos.). **an|ti|the|tisch** ⟨aus *gr.* antíthetos „entgegengestellt, entgegengesetzt"⟩: gegensätzlich

An|ti|throm|bin *das;* - ⟨zu ↑anti... u. ↑Thrombin⟩: bei der Blutgerinnung wirksamer natürlicher Hemmstoff (Med.). **An|ti|throm|bo|ti|kum** *das;* -s, ...ka ⟨zu ↑anti..., ↑Thrombose u. ↑...ikum⟩: Arzneimittel zur Verhütung einer Thrombose (Med.)

An|ti|to|xi|kum *das;* -s, ...ka ⟨zu ↑anti... u. ↑Toxikum⟩: Gegengift (Med.). **An|ti|to|xin** [auch 'an...] *das;* -s, -e: vom Körper gebildetes, zu den Immunstoffen gehörendes Gegengift gegen von außen eingedrungene Gifte (Med.)

An|ti|tran|spi|rant *das;* -s, Plur. -e u. -s ⟨zu ↑anti..., ↑transpirieren u. ↑...ant⟩: schweißhemmendes ↑Deodorant

An|ti|tri|ni|ta|ri|er [...iɐ] *der;* -s, - ⟨zu ↑anti... u. ↑Trinitarier⟩: Gegner der Lehre von der göttlichen Dreieinigkeit. **an|ti|tri|ni|ta|risch**: gegen die Dreieinigkeitslehre gerichtet

an|ti|trip|tisch ⟨zu ↑anti... u. *gr.* triptós „gerieben", dies zu tríbein „reiben"⟩: überwiegend durch Reibung entstanden (Meteor.)

an|ti|tro|pisch ⟨zu ↑anti... u. *gr.* tropós „gewendet", dies zu trépein „wenden"⟩: (veraltet) verkehrt im Mutterleib liegend, in falscher Geburtslage befindlich (Med.)

An|ti|tus|si|vum [...vʊm] *das;* -s, ...va [...va] ⟨zu ↑anti..., ↑Tussis u. ↑...ivum⟩: Arzneimittel gegen Husten (Med.)

An|ti|va|lenz [...v...] *die;* -, -en ⟨zu ↑anti... u. ↑Valenz⟩: Funktion der Schaltalgebra, die sich als ↑Negation der ↑Äquivalenz ergibt (Math., Logik)

An|ti|va|ri|ko|sum [...v...] *das;* -s, ...sa ⟨zu ↑anti..., *lat.* varix, Gen. varicis „Krampfader" u. ↑...osum⟩: Arzneimittel zur Vorbeugung gegen u. zur Behandlung von Krampfadern (Med.)

an|ti|ve|ne|risch [...v...] ⟨zu ↑anti... u. ↑venerisch⟩: gegen die Geschlechtskrankheiten gerichtet (von Arzneimitteln; Med.)

An|ti|ver|tex [...v...] *der;* - ⟨zu ↑anti... u. ↑Vertex⟩: Gegenpunkt des Vertex (2)

An|ti|ver|ti|gi|no|sum [...v...] *das;* -s, ...sa ⟨zu ↑anti..., ↑Vertigo u. ↑...osum⟩: Arzneimittel zur Behandlung von Schwindelzuständen (Med.)

an|ti|vi|ral [...v...] ⟨zu ↑anti... u. ↑viral⟩: gegen ↑Viren gerichtet (von Substanzen; Med.)

An|ti|vit|amin [...v...] *das;* -s, -e ⟨zu ↑anti... u. ↑Vitamin⟩: natürlicher od. künstlicher Stoff, der die spezifische Wirksamkeit eines Vitamins vermindert od. ausschaltet (Biol., Med.)

an|ti|zi|pan|do ⟨aus *lat.* anticipando „durch Vorwegnahme", Ablativ des Gerundiviums von anticipare, vgl. antizipieren⟩: (veraltet) vorwegnehmend, im voraus. **An|ti|zi|pa|ti|on** *die;* -, -en ⟨aus *lat.* anticipatio „vorgefaßte Meinung"⟩: 1. a) Vorwegnahme von etwas, was erst später kommt od. kommen sollte, von zukünftigem Geschehen; b) Vorwegnahme von Tönen eines folgenden ↑Akkords (1; Mus.). 2. Bildung eines philos. Begriffs od. einer Vorstellung vor der Erfahrung (↑a priori). 3. a) Vorgriff des Staates [durch Aufnahme von Anleihen] auf erst später fällig werdende Einnahmen; b) Zahlung von Zinsen u. a. vor dem Fälligkeitstermin. 4. Erteilung der Anwartschaft auf ein noch nicht erledigtes kirchliches Amt. 5. svw. Anteposition (2). 6. das bei einer jüngeren Generation gegenüber älteren Generationen frühere Erreichen einer bestimmten Entwicklungsstufe (Biol.). **an|ti|zi|pa|tiv** ⟨zu ↑...iv⟩: etwas

(eine Entwicklung o. ä.) vorwegnehmend; vgl. ...iv/ ...orisch. **an|ti|zi|pa|to|risch** ⟨aus *nlat.* anticipatorius⟩: etwas (eine Entwicklung o. ä.) [bewußt] vorwegnehmend; vgl. ...iv/...orisch. **an|ti|zi|pie|ren** ⟨aus *lat.* anticipare „vorher nehmen"⟩: 1. etwas [gedanklich] vorwegnehmen. 2. vor dem Fälligkeitstermin zahlen
an|ti|zy|klisch [auch ...'tsyk...] ⟨zu ↑anti... u. ↑zyklisch⟩: 1. in unregelmäßiger Folge wiederkehrend. 2. einem bestehenden Konjunkturzustand entgegenwirkend; Ggs. ↑prozyklisch (Wirtsch.). **an|ti|zy|klo|nal** durch eine Antizyklone bedingt (Meteor.); -e Strömung: Luftströmung, die auf der Nordhalbkugel der Erde im Uhrzeigersinn (auf der Südhalbkugel entgegengesetzt) um eine Antizyklone kreist (Meteor.). **An|ti|zy|klo|ne** *die;* -, -n: Hoch[druckgebiet], barometrisches Maximum (Meteor.)
an|ti|zy|misch ⟨zu ↑anti... u. *gr.* zymeīn „gären"⟩: die Gärung verzögernd. **An|ti|zy|mo|ti|kum** *das;* -s, ...ka ⟨zu ↑...ikum⟩: die Gärung verzögerndes Mittel
Ant|le|rit [auch ...'rɪt] *der;* -s, -e ⟨nach dem amerik. Fundort, der Antlermine in Arizona, u. zu ↑²...it⟩: dunkelgrünes, in dicken Tafeln kristallisierendes Mineral
Ant|ode *die;* -, -n ⟨aus *gr.* antōidḗ „Gegengesang"⟩: Chorgesang in der griech. Tragödie, zweiter Teil der ↑Ode (1)
Ant|odont|al|gi|kum *das;* -s, ...ka ⟨zu ↑anti..., *gr.* odoús, Gen. odóntos „Zahn", álgos „Schmerz" u. ↑...ikum⟩: Mittel gegen Zahnschmerzen (Med.). **ant|odont|al|gisch**: gegen Zahnschmerzen wirkend (von Arzneimitteln; Med.)
Ant|öken *die* (Plur.) ⟨zu *gr.* ántoikos „gegenüberwohnend"⟩: Menschen, die in Gebieten entgegengesetzter geographischer Breite, aber auf demselben Meridian wohnen
Ant|ono|ma|sie *die;* -, ...ien ⟨aus *gr.* antonomasía „andere Benennung"⟩: 1. Ersetzung eines Eigennamens durch eine Benennung nach besonderen Kennzeichen od. Eigenschaften des Benannten (z. B. der Zerstörer Karthagos = Scipio; der Korse = Napoleon). 2. Ersetzung der Bezeichnung einer Gattung durch den Eigennamen eines ihrer typischen Vertreter (z. B. Krösus = reicher Mann). **ant|onym** ⟨zu ↑Antonym⟩: (von Wörtern) eine entgegengesetzte Bedeutung habend (z. B. alt/jung, Sieg/Niederlage; Sprachw.); Ggs. ↑synonym (2 a). **Ant|onym** *das;* -s, -e ⟨zu ↑anti... u. *gr.* ónyma „Name"⟩: Wort, das einem anderen in bezug auf die Bedeutung entgegengesetzt ist (z. B. schwarz/weiß, starten/landen, Mann/Frau; Sprachw.); Ggs. ↑Synonym (1). **Ant|ony|mie** *die;* -, ...ien ⟨zu ↑²...ie⟩: bedeutungsmäßige Gegensätzlichkeit, wie sie zwischen Antonymen besteht (Sprachw.)
Ant|oph|thal|mi|kum *das;* -s, ...ka ⟨zu ↑anti... u. ↑Ophthalmikum⟩: Mittel gegen Augenkrankheiten (Med.)
an|tör|nen vgl. anturnen
an|trai|nie|ren [...trɛ...] ⟨zu ↑trainieren⟩: durch ↑Training vermitteln, durch Training aneignen
An|tro|skop *das;* -s, -e ⟨zu *gr.* ántron „Höhle, Grotte" u. ↑...skop⟩: ↑Endoskop zur direkten Besichtigung der Nasennebenhöhlen (Med.). **An|tro|sko|pie** *die;* -, ...ien ⟨zu ↑...skopie⟩: ↑endoskopische Untersuchung der Nasennebenhöhlen. **An|tro|to|mie** *die;* -, ...tomien ⟨zu ↑...tomie⟩: operative Öffnung der Höhle des Warzenfortsatzes (des warzenförmigen Fortsatzes des Schläfenbeins) mit Ausräumung vereiterter Warzenfortsatzzellen (Med.)
an|tur|nen [...tœr...] ⟨nach *engl.* to turn on, eigtl. „aufdrehen"⟩: (ugs.) 1. in einen Drogenrausch versetzen. 2. in Stimmung, Erregung o. ä. versetzen; Ggs. ↑abturnen
Anu|kleo|bi|ont *der;* -en, -en ⟨zu *gr.* a- „un-, nicht-", *lat.* nucleus „(Frucht)kern" u. ↑...biont⟩: 1. Kleinstorganismus

ohne Zellkern (Zool.). 2. (nur Plur.) zusammenfassende Bez. für Bakterien u. Blaualgen
Anu|lus *der;* -, ...li ⟨aus *lat.* anulus „kleiner Ring", Verkleinerungsform von anus „(Fuß)ring"⟩: 1. Ring am Stiel von Blätterpilzen (Bot.). 2. ringförmiger Teil eines Organs (Anat.). 3. (nur Plur.) umlaufende Ringe am dorischen ↑Kapitell (Kunstw.)
An|uren *die* (Plur.) ⟨zu *gr.* a(n)- „un-, nicht-" u. ourá „Schwanz", eigtl. „Schwanzlose"⟩: Froschlurche
An|urie *die;* -, ...ien ⟨zu *gr.* a(n)- „un-, nicht-" u. ↑...urie⟩: Harnverhaltung, das Versagen der Harnausscheidung (Med.)
Anus *der;* -, Ani ⟨aus gleichbed. *lat.* anus; vgl. anal⟩: After. **Anus prae|ter** [– 'prɛː...] *der;* - -, Plur. Ani - ⟨verkürzt aus gleichbed. *nlat.* anus praeternaturalis⟩: künstlich angelegter, verlegter Darmausgang (z. B. bei Mastdarmkrebs)
An|vers *der;* -es, -e ⟨zu ↑Vers⟩: die erste Hälfte eines ↑Langverses
an|vi|sie|ren ⟨zu ↑visieren⟩: 1. ins Visier nehmen, als Zielpunkt nehmen. 2. etwas ins Auge fassen, anstreben
an|vi|sua|li|sie|ren ⟨zu ↑visualisieren⟩: (Werbespr.) eine Idee durch eine flüchtige entworfene Zeichnung festhalten
An|xie|tät [...ksie...] *die;* -, -en ⟨aus gleichbed. *lat.* anxietas, Gen. anxietatis⟩: 1. (veraltet) Beängstigung. 2. Angstgefühl, nervöse Unruhe (Med.). **an|xio|gen** ⟨zu *lat.* anxius „ängstlich" u. ↑...gen⟩: Angst od. nervöse Unruhe auslösend (von Medikamenten; Med.). **An|xio|ly|se** *die;* -, -n (Plur. selten) ⟨zu ↑...lyse⟩: Beseitigung nervöser Unruhe (durch Medikamente; Med.). **An|xio|ly|ti|kum** *das;* -s, ...ka ⟨zu ↑lytisch u. ↑...ikum⟩: angstlösendes Arzneimittel (Med.). **an|xi|ös** ⟨zu ↑...ös⟩: (veraltet) ängstlich, beängstigend
An|xis *die;* -, ...xen ⟨zu *gr.* ágchein „zuschnüren, würgen"⟩: Einklemmung eines Organs (Med.)
...anz (teilweise über *fr.* -ance aus *lat.* -antia): Endung weiblicher Substantive, z. B. Ambulanz, Distanz; vgl. ...ance
an|zeps ⟨aus *lat.* anceps „doppelköpfig, -seitig, schwankend"⟩: lang od. kurz (von der Schlußsilbe im antiken Vers)
an|ze|stral ⟨aus *engl.* ancestral „angestammt, ererbt", dies aus gleichbed. altfr. ancestrel (*fr.* ancestral) zu ancêtre „Stammvater, Vorfahr", dies aus gleichbed. *lat.* antecessor; vgl. Antezessor⟩: altertümlich, stammesgeschichtlich
Aoch|le|sie [...x...] *die;* - ⟨aus gleichbed. *gr.* aochlēsía⟩: (veraltet) Ungestörtheit, Ruhe
Aö|de *der;* -n, -n ⟨über *lat.* aoedus aus gleichbed. *gr.* aoidós⟩: griech. Dichter-Sänger im Zeitalter Homers
Aok|nie *die;* - ⟨aus gleichbed. *gr.* aoknía⟩: (veraltet) Unverdrossenheit
Äo|lek|thy|ma *das;* -[s] ⟨zu *gr.* aiólos „bunt" u. ékthyma „Ausschlag"⟩: (veraltet) Pocken (Med.)
Äo|li|ne *die;* - ⟨nach dem griech. Windgott Aiolos (*lat.* Aeolus) u. zu ↑...ine⟩: ein Musikinstrument (Vorläufer der Hand- bzw. Mundharmonika; Mus.). **¹äo|lisch** ⟨nach dem griech. Windgott Aiolos, *lat.* Aeolus⟩: durch Windeinwirkung entstanden (von Geländeformen u. Ablagerungen; Geol.). **²äo|lisch** ⟨nach der altgriech. Landschaft Aiolis⟩: die altgriech. Landschaft Äolien betreffend; -e Tonart: dem Moll entsprechende [neunte] Kirchentonart; -e Versmaße: Versformen der antiken Metrik, die eine feste Silbenzahl haben u. bei denen nicht eine Länge durch zwei Kürzen od. zwei Kürzen durch eine Länge ersetzt werden können; vgl. Glykoneus, Pherekrateus, Hipponakteus, alkäische Strophen, sapphische Strophen. **Äols|har|fe** *die;* -, -n ⟨zu *lat.* Aeolus, vgl. ¹äolisch⟩: altes Instrument,

Äon

dessen meist gleichgestimmte Saiten durch den Wind in Schwingungen versetzt werden u. mit ihren Obertönen in Dreiklängen erklingen; Windharfe, Geisterharfe

Äon *der;* -s, -en (meist Plur.) ⟨über *lat.* aeon aus *gr.* aiṓn „Ewigkeit"⟩: [unendlich langer] Zeitraum; Weltalter; Ewigkeit. **Äo|ni|en** [...i̯ən] *die* (Plur.): Jahrhundertfeste

Ao|ra|sie *die;* - ⟨aus gleichbed. *gr.* aorasía⟩: (veraltet) Unsichtbarkeit, Blindheit

Aor|ge|sie *die;* - ⟨aus gleichbed. *gr.* aorgēsía, eigtl. „Zornlosigkeit"⟩: (veraltet) Gelassenheit. **aor|ge|tisch** ⟨aus *gr.* aórgētos „nicht in Zorn geratend"⟩: (veraltet) gelassen

Ao|rist *der;* -[e]s, -e ⟨über *spätlat.* aoristos aus gleichbed. *gr.* aóristos, eigtl. „unbestimmt(e) Zeitform)", zu *gr.* a(n)- „un-, nicht-" u. horízein „begrenzen"⟩: Zeitform, die eine momentane od. punktuelle Handlung ausdrückt (z. B. die erzählende Zeitform im Griechischen; Sprachw.)

Aor|ta *die;* -, ...ten ⟨aus gleichbed. *gr.* aortḗ⟩: Hauptschlagader des menschlichen Körpers (Anat.). **Aort|al|gie** *die;* -, ...ien ⟨zu ↑...algie⟩: an der Aorta od. im Bereich der Aorta auftretender Schmerz (Med.). **Aor|ten|[klap|pen|]in|suf|fi|zi|enz** *die;* -: Schließunfähigkeit der Aortenklappe (Med.). **Aor|ti|tis** *die;* -, ...itiden ⟨zu ↑...itis⟩: Entzündung der Aorta (Med.). **Aor|to|gra|phie** *die;* -, ...ien ⟨↑...graphie⟩: Sichtbarmachung der ↑Aorta im Röntgenbild durch Einspritzen eines jodhaltigen, wasserlöslichen ↑Kontrastmittels (Med.)

aos|misch ⟨aus gleichbed. *gr.* áosmos zu a- „un-, nicht-" u. osmḗ „Geruch"⟩: geruchlos

ao|tisch ⟨aus gleichbed. *gr.* áoutos zu a- „un-, nicht-" u. oũs, Gen. ōtós „Ohr"⟩: (veraltet) a) ohne Ohren; b) ohne Henkel

à ou|trance [a u'trã:s] ⟨*fr.*⟩: aufs äußerste, über alle Maßen

¹**ap...**, **Ap...** vgl. ad..., Ad...

²**ap...**, **Ap...** vgl. apo..., Apo...

Apa|bhram|sha [...'bramʃa] *der;* - ⟨aus gleichbed. *sanskr.* apabhraṁśá, eigtl. „Sturz"⟩: von ind. Grammatikern geprägter Ausdruck für Abweichungen von der ↑Standardsprache, dem streng geregelten ↑Sanskrit

Apa|che [...xə] *der;* -n, -n ⟨nach dem indian. Stamm der Apachen, Bed. 2 über gleichbed. *fr.* apache⟩: 1. [auch a'patʃə] Angehöriger eines nordamerik. Indianerstammes. 2. Großstadtgenove (bes. in Paris). **Apa|chen|ball** *der;* -[e]s, ...bälle: Kostümfest, auf dem die Teilnehmer als Ganoven o. ä. verkleidet erscheinen

Apä|deu|sie *die;* - ⟨aus gleichbed. *gr.* apaideusía zu a- „un-, nicht-" u. paideúein „erziehen, unterrichten"⟩: (veraltet) Mangel an Bildung, Ungebildetheit. **apä|deu|tisch** ⟨aus gleichbed. *gr.* apaídeutos⟩: (veraltet) ungebildet, ungelehrt

Ap|ago|ge [auch ...'go:gə] *die;* - ⟨aus *gr.* apagōgḗ „das Wegführen"⟩: Schluß aus einem gültigen Obersatz u. einem in seiner Gültigkeit nicht ganz sicheren, aber glaubwürdigen Untersatz (griech. Philos.). **ap|ago|gisch** ⟨aus *gr.* apagōgós „wegführend"⟩: die Apagoge betreffend, indirekt beweisend; -er Beweis: indirekter Beweis durch Aufzeigen der Unrichtigkeit des Gegenteils (Philos.)

Apai|se|ment [apɛzə'mã:] *das;* -s, -s ⟨aus gleichbed. *fr.* apaisement zu apaiser, vgl. apaisieren⟩: (veraltet) Beruhigung, Beschwichtigung. **apai|sie|ren** [apɛ...] ⟨aus gleichbed. *fr.* apaiser zu älter *fr.* pais „Frieden", dies aus *lat.* paix⟩: (veraltet) beruhigen, besänftigen

Ap|al|la|ge [auch ...'la:gə] *die;* -, -n [...'la:gən] ⟨aus gleichbed. *gr.* apallagḗ⟩: (veraltet) 1. Befreiung von Leiden. 2. Entleerung. **ap|al|lak|tisch** ⟨aus gleichbed. *gr.* apallaktikós⟩: (veraltet) 1. befreiend, erleichternd. 2. abführend

apal|lisch ⟨zu *gr.* a- „un-, nicht-" u. *lat.* pallium „Hirnrinde" (eigtl. „Mantel")⟩; in der Fügung -es Syndrom: Funktionsstörungen bei einer Schädigung der Großhirnrinde, die sich im Fehlen gerichteter Aufmerksamkeit, in fehlender Reizbeantwortung u. a. äußert (Med.)

Ap|amin *das;* -s, -e ⟨zu *lat.* apis „Biene" u. ↑Amin⟩: im Bienengift enthaltenes, zu den stärksten bisher bekannten ↑Neurotoxinen zählendes ↑Polypeptid

Apa|na|ge [...ʒə] *die;* -, -n ⟨aus gleichbed. *fr.* apanage, dies aus *mlat.* appanagium zu *lat.* ad „zu, hinzu" u. panis „Brot": regelmäßige [jährliche] Zahlung an jmdn., bes. an nichtregierende Mitglieder eines Fürstenhauses zur Sicherung standesgemäßen Lebens. **apa|na|gie|ren** [...'ʒi:...] ⟨aus gleichbed. *fr.* apanager⟩: eine Apanage geben, gewähren

Ap|an|te|se *die;* -, -en ⟨aus gleichbed. *gr.* apántēsis⟩: Begegnung, Entgegnung, Widerlegung

Ap|an|this|mus *der;* -, ...men ⟨über *nlat.* apanthismus aus gleichbed. *gr.* apanthismós zu apanthízein „Blumen pflücken; schmähen"⟩: (veraltet) a) das [mutwillige] Abpflücken der Blumen; b) Schmähung, Beleidigung

Ap|an|thro|pie *die;* - ⟨aus gleichbed. *gr.* apanthrōpía⟩: Menschenscheu

Ap|an|to|man|tie *die;* -, ...ien ⟨zu *gr.* apantãn „begegnen" u. manteía „Wahrsagung"⟩: (veraltet) Wahrsagerei aus Zufälligkeiten

Ap|arith|me|sis *die;* -, ...sen ⟨aus gleichbed. *gr.* aparithmēsis zu aparithmeĩn „abzählen"⟩: Aufzählung [von Punkten, Einwänden] (Rhet.)

Ap|ark|ti|as *der;* - ⟨aus gleichbed. *gr.* aparktías zu árktos „Norden"⟩: (veraltet) Nordwind

apart ⟨aus *fr.* à part „beiseite", dies aus gleichbed. *lat.* ad partem⟩: 1. in ausgefallener, ungewöhnlicher Weise ansprechend, anziehend, geschmackvoll; reizend. 2. (veraltet) gesondert, getrennt. 3. einzeln zu liefern (in bezug auf andere Veröffentlichungen [einer Reihe]; Buchw.). **à part** [a 'paːɐ̯] ⟨*fr.;* „beiseite (sprechen)"⟩: Kunstgriff in der Dramentechnik, eine Art lautes Denken, durch das eine Bühnenfigur ihre [kritischen] Gedanken zum Bühnengeschehen dem Publikum mitteilt. **Apar|te** *das;* -[s], -s: (veraltet) svw. à part. **Apart|heid** *die;* - ⟨aus gleichbed. *afrikaans* apartheid, eigtl. „Gesondertheit", zu ↑apart⟩: [Politik der] Rassentrennung zwischen weißer u. nichtweißer Bevölkerung (bes. in Südafrika seit Mitte des 20. Jh.s). **Apart|ho|tel** [auch ə'paːt...] *das;* -s, -s ⟨Kurzw. aus ↑*Apart*ment u. ↑*Hotel*⟩: Hotel, das Appartements (und nicht Einzelzimmer) vermietet

Ap|ar|ti|sis *die;* - ⟨aus gleichbed. *gr.* apártisis zu apartízein „vollenden"⟩: (veraltet) Vollendung, körperliche Vollkommenheit

Apart|ment [engl. ə'paːt...] *das;* -s, -s ⟨aus *engl.-amerik.* apartment „Wohnung, Zimmer", dies aus *fr.* appartement, vgl. Appartement⟩: Kleinwohnung (in einem [komfortablen] Mietshaus); vgl. Appartement. **Apart|ment|haus** *das;* -es, ...häuser: 1. Wohnhaus, das ausschließlich aus Apartments besteht. 2. (verhüllend) Bordell

Apa|stie *die;* - ⟨aus gleichbed. *gr.* apastía zu apasti „nüchtern"⟩: (veraltet) das Nüchternsein od. Fasten

Ap|astron *das;* -s, ...stren ⟨zu ↑apo-... u. *gr.* ástron „Gestirn, Stern(bild)"⟩: Punkt der größten Entfernung des kleineren Sterns vom Hauptstern bei Doppelsternen

Apa|thie *die;* -, ...ien ⟨über *lat.* apathia aus *gr.* apátheia „Schmerzlosigkeit, Unempfindlichkeit"⟩: Teilnahmslosigkeit; Zustand der Gleichgültigkeit gegenüber den Menschen u. der Umwelt. **apa|thisch**: teilnahmslos, gleichgültig gegenüber den Menschen u. der Umwelt. **apa|tho|gen**

⟨zu *gr.* a- „un-, nicht"⟩: keine Krankheiten hervorrufend (z. B. von Bakterien im menschlichen Organismus); Ggs. ↑pathogen

Apa|tit [auch ...'tɪt] *der;* -s, -e ⟨zu *gr.* apátē „Täuschung" (weil bei der wissenschaftlichen Bestimmung mehrfach Irrtümer vorgekommen waren) u. zu ↑²...it⟩: ein kristallines Mineral. **Apa|to|sau|ri|er** *der;* -s, ...rier [...i̯ɐ] u. **Apa|to-sau|rus** *der;* -, ...rier [...i̯ɐ] ⟨aus *nlat.* apatosaurus zu *gr.* apátē (vgl. Apatit) u. saũros „Eidechse"⟩: Dinosaurier der Kreidezeit

Apa|tri|de *der;* -n, -n u. *die;* -, -n ⟨zu *gr.* ápatris, Gen. apátridos „vaterlandslos, mit unbekanntem Vaterland"⟩: Vaterlandslose[r], Staatenlose[r]

Apa|tu|ri|en [...i̯ən] *die* (Plur.) ⟨aus gleichbed. *gr.* Apatoúria⟩: dreitägiges Fest im alten Athen, an dem die im Verlauf des Jahres geborenen Kinder in die Verbände der ↑Phratrien u. damit in die Bürgerschaft aufgenommen wurden

Ap|eche|ma *das;* -s, ...men ⟨zu ↑apo... *gr.* échema „das Schallen", dies zu ēcheĩn „schallen, ertönen"⟩: Gegenspalte an einem verletzten Knochen (Med.)

Apei|rie vgl. Apirie. **Apei|ro|ka|lie** *die;* - ⟨aus gleichbed. *gr.* apeirokalía⟩: 1. (veraltet) Geschmacklosigkeit. 2. ungeschicktes Streben nach verfeinertem Ausdruck (Rhet.)

Apei|ron *das;* - ⟨aus *gr.* ápeiron „Unendlichkeit"⟩: das nie an eine Grenze Kommende, das Unendliche, der ungeformte Urstoff (griech. Philos.)

Apel|la *die;* - ⟨aus gleichbed. *gr.* apélla⟩: Volksversammlung im alten Sparta

Ap|em|pha|sis *die;* -, ...sen ⟨aus *gr.* apémphasis zu apemphaínein „unangemessen sein"⟩: (veraltet) das Fehlen der Deutlichkeit, Widerspruch

Ap|eni|au|tis|mus *der;* - ⟨über *lat.* apeniautismus aus gleichbed. *gr.* apeniautismós⟩: [einjährige] Verbannung im alten Griechenland

Apep|sie *die;* -, ...ien ⟨zu *gr.* a- „un-, nicht-", pépsis „das Verdauen" u. ↑²...ie ⟩: Fehlen bzw. Ausfall der Verdauungsfunktion des Magens (Med.). **Apep|ta** *die* (Plur.) ⟨aus *gr.* ápepta „Unverdautes", Neutrum Plur. von ápeptos, vgl. apeptisch⟩: unverdauliche Speisen (Med.). **apep|tisch** ⟨aus *gr.* ápeptos „unverdaut", eigtl. „ungekocht"⟩: unverdaulich, an ↑Apepsie leidend (Med.)

Aper|çu [...'sy:] *das;* -s, -s ⟨aus *fr.* aperçus (Plur.) „Ansichten, Bemerkungen", substantiviertes Part. Perf. von apercevoir „wahrnehmen, bemerken"⟩: geistreiche Bemerkung

Ape|ri|ens [...ri̯ens] *das;* -, Plur. ...rienzien [...i̯ən] u. ...rientia ⟨aus *lat.* aperiens, eigtl. „das Öffnende", Part. Präs. von aperire „öffnen"⟩: Abführmittel

ape|ri|odisch ⟨zu *gr.* a- „un-, nicht-" u. ↑periodisch⟩: nicht ↑periodisch

Ape|ri|tif *der;* -s, Plur. -s, auch -e ⟨aus gleichbed. *fr.* apéritif, eigtl. „[magen]öffnend", dies zu *mlat.* aperitivus „öffnend" zu *lat.* aperire „öffnen"⟩: appetitanregendes alkoholisches Getränk, das bes. vor dem Essen getrunken wird. **Ape|ri|ti|vum** [...v...] *das;* -s, ...va ⟨aus *mlat.* aperitivum „das Öffnende"⟩: 1. mildes Abführmittel. 2. appetitanregendes Arzneimittel. **Apé|ro** [ape'ro:] *der;* -s, -s ⟨aus gleichbed. *fr. mdal.* apéro⟩: (bes. schweiz.) svw. Aperitif

Aper|so|na|lis|mus *der;* - ⟨zu *gr.* a- „un-, nicht-" u. ↑Personalismus⟩: buddhistische Lehre, daß die menschliche Person nur trügerische Verkörperung eines unpersönlichen Allwesens sei

aper|spek|ti|visch [...vɪʃ] ⟨zu *gr.* a- „un-, nicht-" u. ↑perspektivisch⟩: ohne Begrenzung auf den gegenwärtigen ↑perspektivischen Standpunkt des Betrachters (von der Weltsicht des Schweizer Philosophen Jean Gebser, der die Zeit als „vierte Dimension" miteinbezieht)

Aper|to|me|ter *das;* -s, - ⟨zu *lat.* apertus „offen(stehend)" u. ↑¹...meter⟩: Meßgerät zur Bestimmung der Apertur bei Mikroskopobjektiven. **Aper|tur** *die;* -, -en ⟨aus *spätlat.* apertura „Öffnung" zu *lat.* aperire „öffnen"⟩: a) Maß für die Leistung eines optischen Systems u. für die Bildhelligkeit; b) Maß für die Fähigkeit eines optischen Gerätes od. fotografischen Aufnahmematerials, sehr feine, nahe beieinanderliegende Details eines Objekts getrennt, deutlich unterscheidbar abzubilden. **Aper|tur|syn|the|se** *die;* -: Verfahren der ↑Radioastronomie zur Verbesserung der Leistungsfähigkeit von ↑Radioteleskopen

ape|tal ⟨aus *nlat.* apetalus „kronblattlos" zu *gr.* a- „un-, nicht-" u. pétalon „Blatt"⟩: keine Blumenkrone aufweisend (von bestimmten Blüten; Bot.). **Ape|ta|len** *die* (Plur.): Blütenpflanzen ohne Blumenkrone

Ape|tisse|ment [aptɪsˈmã:] *das;* -s, -s ⟨aus gleichbed. *fr.* apetissement zu apetisser „kleiner machen, kleiner werden", dies zu ↑à u. petit „klein"⟩: (veraltet) Verkleinerung

Apex *der;* -, Apizes [...tse:s] ⟨aus *lat.* apex „Spitze"⟩: 1. a) Zielpunkt eines Gestirns, z. B. der Sonne, auf den dieses in seiner Bewegung gerade zusteuert (Astron.); b) Zielpunkt eines bewegten Objekts (Mech.). 2. Zeichen (ˉ od. ˊ) zur Kennzeichnung langer Vokale (Sprachw.). 3. Hilfszeichen (ˊ) zur Kennzeichnung betonter Silben (Metrik). 4. die Zungenspitze (Phon.)

Ap|fel|si|ne *die;* -, -n ⟨aus älter *niederl.* appelsina, eigtl. „Apfel aus China"⟩: Frucht des Orangenbaumes

aph..., Aph... [af...] vgl. apo..., Apo...

Apha|gie *die;* - ⟨zu *gr.* a- „un-, nicht-" u. ↑...phagie⟩: das Unvermögen zu schlucken (z. B. auf Grund von Schmerzen beim Schluckakt; Med.)

aphak ⟨zu *gr.* a- „un-, nicht-" u. phakós „Linse, linsenförmiges Gebilde"⟩: ohne Augenlinse (als angeborene od. erworbene Mißbildung; Med.). **Apha|ke** *der;* -n, -n: Mensch ohne Augenlinse (Med.). **Apha|kie** *die;* - ⟨zu ↑²...ie⟩: das Fehlen der Augenlinse (nach Verletzung od. Operation, seltener angeboren; Med.)

Aph|äre|se u. **Aph|äre|sis** *die;* -, ...resen ⟨über *lat.* aphaeresis aus *gr.* aphaíresis „das Wegnehmen"⟩: Abfall eines Anlautes od. einer anlautenden Silbe, z. B. 's für *es*, raus für *heraus*

Apha|sie *die;* -, ...ien ⟨zu *gr.* a- „un-, nicht-", phásis „das Sprechen, Sprache" u. ↑²...ie⟩: 1. Verlust des Sprechvermögens od. Sprachverständnisses infolge Erkrankung des Sprachzentrums im Gehirn (Med.). 2. Urteilsenthaltung gegenüber Dingen, von denen nichts Sicheres bekannt ist (Philos.). **Apha|si|ker** *der;* -s, -: jmd., der an Aphasie (1) leidet (Med.). **apha|sisch**: die Aphasie betreffend, auf Aphasie beruhend

Aph|el *das;* -s, -e ⟨zu ↑apo... u. *gr.* hélios „Sonne"⟩: Punkt der größten Entfernung eines Planeten von der Sonne (Astron.); Ggs. ↑Perihel

Aphel|an|dra *die;* -, ...dren ⟨zu *gr.* aphelés „einfach, schlicht" u. anḗr, Gen. andrós „Mann"⟩: Pflanze aus der Gattung der Akanthusgewächse aus dem wärmeren Amerika (Glanzkölbchen, eine beliebte Zierpflanze). **Aphe|lie** *die;* - ⟨aus gleichbed. *gr.* aphéleia⟩: (veraltet) Schlichtheit, Natürlichkeit des Ausdrucks

Aph|eli|um *das;* -s, ...ien [...i̯ən] ⟨aus *mlat.* aphelium „Sonnenferne"⟩: svw. Aphel

Aphe|mie *die;* -, ...ien ⟨zu *gr.* a- „un-, nicht-", phḗmē „Rede" u. ↑²...ie⟩: svw. Aphasie (1)

Aphilanthrop

Aphil|an|throp *der;* -en, -en ⟨zu *gr.* a- „un-, nicht-" u. ↑Philanthrop⟩: (veraltet) svw. Misanthrop

aphi|lo|so|phisch ⟨zu *gr.* a- „un-, nicht-" u. ↑philosophisch⟩: unphilosophisch

ahlo|gi|stisch ⟨zu *gr.* a- „un-, nicht-" u. ↑phlogistisch⟩: ohne Flamme brennend

Apho|bie *die;* - ⟨aus gleichbed. *gr.* aphobía, dies zu a- „un-, nicht-" u. phóbos „Furcht"⟩: Furchtlosigkeit

Aphon|ge|trie|be *das;* -s, - ⟨zu *gr.* a- „un-, nicht-" u. phōnḗ „Stimme"⟩: geräuscharmes Schaltgetriebe. **Apho|nie** *die;* -, ...ien ⟨zu ↑²...ie⟩: Stimmlosigkeit, Fehlen des Stimmklangs, Flüsterstimme

Apho|rie *die;* - ⟨aus gleichbed. *gr.* aphoría, dies zu a- „un-, nicht-" u. phoreĩn, phérein „tragen"⟩: (veraltet) weibliche Unfruchtbarkeit (Med.)

Apho|ris|mus *der;* -, ...men ⟨über *lat.* aphorismus aus *gr.* aphorismós „Abgrenzung, Bestimmung, kurzer (Lehr)satz" zu aphorízein „abgrenzen"; vgl. Horizont⟩: prägnant-geistreich in Prosa formulierter Gedanke, der eine Erfahrung, Erkenntnis od. Lebensweisheit enthält. **Apho|ri|stik** *die;* - ⟨zu ↑...istik⟩: die Kunst, Aphorismen zu schreiben. **Apho|ri|sti|ker** *der;* -s, -: Verfasser von Aphorismen. **apho|ri|stisch** ⟨zu ↑...istisch⟩: 1. a) die Aphorismen, die Aphoristik betreffend; b) im Stil des Aphorismus; geistreich u. treffend formuliert. 2. kurz, knapp, nur andeutungsweise erwähnt

apho|tisch ⟨zu *gr.* a- „un-, nicht-" u. phõs, Gen. phōtós „Licht"⟩: lichtlos, ohne Lichteinfall (z. B. von der Tiefsee); Ggs. ↑euphotisch

Aphra|sie *die;* -, ...ien ⟨zu *gr.* a- „un-, nicht-", phrásis „das Reden, Ausdruck, Ausdrucksweise" u. ↑²...ie⟩: 1. Stummheit (Med.). 2. Unvermögen, richtige Sätze zu bilden (Med.)

Aphro|di|sia|kum *das;* -s, ...ka ⟨zu *gr.* aphrodisiakós „den Liebesgenuß betreffend"; vgl. ...ikum⟩: den Geschlechtstrieb anregendes Mittel; Ggs. ↑Anaphrodisiakum. **Aphro|di|sie** *die;* -, ...ien ⟨aus *gr.* aphrodísia, Neutrum Plur. von aphrodísios, vgl. aphrodisisch⟩: krankhaft gesteigerte geschlechtliche Erregbarkeit. **aphro|di|sisch** ⟨aus *gr.* aphrodísios „die Liebesgöttin Aphrodite bzw. den Liebesgenuß betreffend"⟩: 1. auf Aphrodite bezüglich. 2. den Geschlechtstrieb steigernd (Med.). **aphro|di|tisch** ⟨nach Aphrodite⟩: svw. aphrodisisch (1)

Aphro|ne|sis *die;* - ⟨aus gleichbed. *gr.* aphrónēsis zu áphrōn „unvernünftig"⟩: (veraltet) Unvernunft, Torheit. **Aphrosy|ne** *die;* - ⟨aus gleichbed. *gr.* aphrosýnē⟩: (veraltet) a) Sinnlosigkeit, Unverstand; b) das Irrereden im Fieber

Aph|the *die;* -, -n (meist Plur.) ⟨über *lat.* aphtha aus *gr.* áphtha „Mundausschlag"⟩: bes. an den Lippen u. im Bereich der Mundschleimhaut befindliche, schmerzhaft-empfindliche, gelblichweiße Pustel; Bläschen, Fleck (Med.). **Aph|then|seu|che** *die;* -: Maul- u. Klauenseuche

Aph|thon|gie *die;* -, ...ien ⟨zu *gr.* a- „un-, nicht-", phthóggos „Laut" u. ↑²...ie⟩: durch Krämpfe im Zungenfleischgebiet auftretende Sprechstörungen (Med.)

aph|thös ⟨zu ↑Aphthe u. ↑...ös⟩: an ↑Aphthen leidend (Med.)

Aphyl|le *die;* -, -n ⟨zu *gr.* a- „un-, nicht-" u. phýllon „Blatt"⟩: blattlose Pflanze (z. B. Kaktus). **Aphyl|lie** *die;* - ⟨zu ↑²...ie⟩: Blattlosigkeit. **aphyl|lisch:** blattlos (Bot.)

Aphy|ti|kum *das;* -s ⟨zu *gr.* a- „un-, nicht-", phytón „Pflanze" u. ↑...ikum⟩: das frühe Zeitalter der Erdgeschichte ohne nachweisbares Pflanzenleben

a pia|ce|re [a pia'tʃeːrə] ⟨*it.;* zu *lat.* placere „gefallen, gut scheinen"⟩: nach Belieben, nach Gefallen (Vortragsbezeichnung, die Tempo u. Vortrag dem Interpreten freistellt; Mus.); vgl. ad libitum (2 a)

Apia|ri|um *das;* -s, ...ien [...iən] ⟨aus gleichbed. *lat.* apiarium zu apis „Biene"⟩: Bienenstand, -haus

Api|ces [...tseːs] *die* (Plur.) ⟨aus *lat.* apices „Spitzen", Plur. von apex, vgl. Apex⟩: mit ind.-arab. Zahlzeichen versehene Rechensteine zum Rechnen mit dem ↑Abakus

à pied [a 'pi̯eː] ⟨*fr.*⟩: zu Fuß

api|form ⟨zu *lat.* apis „Biene" u. ↑...form⟩: bienenförmig

api|kal ⟨zu *lat.* apex, Gen. apicis (vgl. Apex) u. ↑¹...al (1)⟩: 1. an der Spitze gelegen, nach oben gerichtet (z. B. vom Wachstum einer Pflanze). 2. mit der Zungenspitze artikuliert (von Lauten; Sprachw.). 3. am spitzgeformten äußersten Ende eines Organs gelegen (Med.). **Api|kal** *der;* -s, -e: mit der Zungenspitze artikulierter Laut (Sprachw.). **Api|kal|do|mi|nanz** *die;* -: Wachstum der Gipfelknospe bei gleichzeitiger Wachstumshemmung der Seitenknospen (bei Pflanzen; Bot.). **Api|kal|kör|per** *der;* -s, -: Kopf des Spermienfadens (Biol.). **Api|kal|me|ri|stem** *das;* -s, -e: pflanzliches Bildungsgewebe an den Sproß- u. Wurzelspitzen (Bot.). **Api|ko|to|mie** *die;* -, ...ien ⟨zu ↑...tomie⟩: ↑Resektion einer Zahnwurzelspitze (Zahnmed.). **api|ko|to|mie|ren** ⟨zu ↑...ieren⟩: eine Zahnwurzelspitze operativ entfernen (Zahnmed.)

Api|kul|tur *die;* -, -en ⟨zu *lat.* apis „Biene" u. ↑Kultur⟩: Bienenzucht

Api|la|gi|um *das;* -s, ...ien [...iən] ⟨zu *lat.* a(d)- „zu-, bei-, an-", pila „Brückenpfeiler" u. ↑...ium⟩: (veraltet) Pfeilerrecht (d. h. das Recht, an Pfeilern Verkaufsstände zu errichten)

Api|rie *die;* - ⟨aus gleichbed. *gr.* apeiría⟩: Unerfahrenheit. **api|risch** ⟨aus gleichbed. *gr.* ápeiros⟩: unerfahren

Apis *der;* - ⟨über *gr.* Ãpis aus *ägypt.* Hāpi⟩: heiliger Stier, der im alten Ägypten verehrt wurde. **Apis|stier** *der;* -[e]s, -e: [figürliche] Darstellung des Apis

Api|stie *die;* - ⟨aus gleichbed. *gr.* apistía zu a- „un-, nicht-" u. pístis „Glaube"⟩: (veraltet) Ungläubigkeit, Mißtrauen

Api|zes [...'tseːs]: Plur. von ↑Apex

Apla|nat *der;* Gen. -s od. -en, Plur -e[n] ⟨zu ↑aplanatisch⟩: Linsenkombination, durch die die ↑Aberration (1) korrigiert wird. **apla|na|tisch** ⟨aus gleichbed. *engl.* aplanatic, dies zu *gr.* aplánētos „nicht umherirrend"; vgl. Planet⟩: den Aplanaten betreffend

apla|nie|ren vgl. applanieren. **Apla|nisse|ment** [...nıs'mã:] *das;* -s, -s ⟨aus gleichbed. *fr.* aplanissement zu aplanir „ebnen", dies zu plain „eben" aus *lat.* planus⟩: (veraltet) das Ebnen, Planieren

Apla|no|spo|ren *die* (Plur.) ⟨zu *gr.* aplanḗs „nicht umherirrend" u. ↑Spore⟩: geißellose, unbewegliche Sporen, die bei Algen u. Pilzen auf ungeschlechtlichem Weg entstehen u. der Vermehrung dienen

Apla|sie *die;* -, ...ien ⟨zu *gr.* a- „un-, nicht-", plássein „bilden, formen" u. ↑²...ie⟩: angeborenes Fehlen eines Organs (Med.). **apla|stisch:** die Aplasie betreffend

apla|tie|ren ⟨aus gleichbed. *fr.* aplatir zu plat „platt; eben", dies über *spätlat.* plattus aus gleichbed. *gr.* platýs⟩: (veraltet) gerade machen, ausgleichen

Apla|zen|ta|li|er [...i̯ɐ] *der;* -s, - (meist Plur.) ⟨zu *gr.* a- „un-, nicht-" u. ↑Plazentalier⟩: Säugetier, dessen Embryonalentwicklung ohne Ausbildung einer ↑Plazenta (1) erfolgt; Ggs. ↑Plazentalier

Aple|stie *die;* - ⟨aus gleichbed. *gr.* aplēstía⟩: (veraltet) Unersättlichkeit, Ungenügsamkeit. **aple|stisch** ⟨aus *gr.* áplēstos, eigtl. „nicht angefüllt"⟩: (veraltet) ungenügsam

Aplit [auch a'plɪt] *der;* -s ⟨zu *gr.* haplós „einfach" u. ↑²...it⟩: ein feinkörniges Ganggestein

Aplomb [a'plõ:] *der;* -s ⟨aus gleichbed. *fr.* aplomb, eigtl. „senkrechte Stellung", zu à plomb „im (Blei) Lot"⟩: 1. a) Sicherheit [im Auftreten], Nachdruck; b) Dreistigkeit. 2. Abfangen einer Bewegung in den unbewegten Stand (Ballettanz)

Apneu|mie *die;* -, ...ien ⟨zu *gr.* a- „un-, nicht-", pneūma „Atem" u. ↑²...ie⟩: angeborenes Fehlen der Lunge (Med.).

Apnoe [a'pno:ə] *die;* - ⟨aus *gr.* ápnoia „Windstille, Atemlosigkeit"⟩: Atemstillstand, Atemlähmung (Med.). **apnoisch:** keine Atmung zeigend, mit Atemstillstand einhergehend (Med.)

APO, auch **Apo** *die;* - ⟨Kurzw. aus *au*ßerparlamentarische Opposition⟩: locker organisierte Aktionsgemeinschaft von linksgerichteten Gruppen (vor allem Studenten u. Jugendliche), die Ende der 1960er Jahre mit der bestehenden politischen u. sozialen Ordnung nicht zufrieden waren u. ihre Ablehnung u. Kritik außerhalb der demokratischen Institutionen (z. B. durch provokative Protestaktionen) zum Ausdruck brachten

apo..., **Apo...**, vor Vokalen ap..., Ap..., vor h aph..., Aph... [af...] ⟨aus *gr.* apó „von – weg, ab"⟩: Präfix mit der Bedeutung „von – weg, ausgehend von, entfernt von, abgesetzt, abgegliedert, ab, nach, ent...", z. B. apodiktisch, Apokalypse, Apastron, Aphärese

Apo|ap|sis *die;* -, ...iden ⟨zu ↑ apo... u. ↑ Apsis⟩: größte der beiden ↑ Absiden (1)

Apo|bat *der;* -en, -en ⟨aus gleichbed. *gr.* apobátēs zu apobaínein „weggehen, absteigen, landen"⟩: Wettkämpfer, der bei griech. Wagenwettkämpfen während der Fahrt ab- u. wieder aufsprang. **Apo|ba|te|ri|on** *das;* -s, ...ien [...i̯ən] ⟨aus gleichbed. *gr.* apobatḗrion zu apobatḗrios „zur Landung gehörig"⟩: 1. (veraltet) Abschiedsgesang. 2. Absteigeplatz der Apobaten

Apo|breg|ma *das;* -s, Plur. ...men u. -ta ⟨aus gleichbed. *gr.* apóbregma⟩: (veraltet) Aufguß. **Apo|bre|xis** *die;* -, ...xen ⟨zu *gr.* bréchein „benetzen, naß machen"⟩: (veraltet) svw. Apobregma

Apo|chro|mat [...kro...] *der;* Gen. -s od. -en, Plur. -e[n] ⟨zu ↑ apo..., *gr.* chrōma „Farbe" u. ↑...at (1)⟩: fotografisches Linsensystem, das Farbfehler korrigiert. **apo|chro|matisch:** den Apochromat betreffend, auf ihm beruhend

a po|co a po|co [a 'pɔko a 'pɔko] ⟨*it.*⟩: nach und nach, allmählich (Vortragsanweisung; Mus.)

apod u. **apodisch** ⟨aus *gr.* ápous, Gen. ápodos „ohne Fuß"⟩: fußlos (von bestimmten Tiergruppen); vgl. ...isch/-

apo|deik|tisch [auch ...de'ɪk...] ⟨zu ↑ apo... u. ↑ deiktisch⟩: (veraltet) svw. apodiktisch. **Apo|dei|xis** *die;* -, ...xen: (veraltet) 1. Darstellung; Beweisführung. 2. Festrede

Apo|de|met *der;* -en, -en ⟨aus gleichbed. *gr.* apodēmḗtēs zu apodemeīn „verreisen", dies zu u. dēmos „Land"⟩: (veraltet) Reiselustiger. **Apo|de|mi|al|gie** *die;* - ⟨zu ↑...algie⟩: (veraltet) Sehnsucht nach der Ferne, Fernweh. **Apo|de|mik** *die;* - ⟨zu ↑²...ik (2)⟩: (veraltet) Anleitung zum Reisen. **apo|de|misch** ⟨aus *gr.* apódēmos „abwesend, verreist"⟩: außerhalb des ursprünglichen Verbreitungsgebietes vorkommend (von Tieren u. Pflanzen; Biol.)

Apo|den *die* (Plur.) ⟨aus gleichbed. *nlat.* apodes, eigtl. „Fußlose", zu *gr.* ápous, Gen. ápodos „ohne Fuß"; vgl. apod⟩: 1. (veraltet) systematische Bez. für einige fußlose Tiergruppen (z. B. Aale, Blindwülen). 2. zusammenfassende systematische Bez. für Aale u. Muränen. **Apo|die** *die;* -, ...ien ⟨zu ↑²...ie⟩: angeborenes Fehlen od. beider Füße (Med.)

Apo|dik|tik *die;* - ⟨zu ↑ apodiktisch u. ↑²...ik (1)⟩: die Lehre vom Beweis (Philos.). **apo|dik|tisch** ⟨über *lat.* apodicticus aus *gr.* apodeiktikós „beweiskräftig" zu apodeiknýnai „vorzeigen, beweisen"⟩: 1. unumstößlich, unwiderleglich, von schlagender Beweiskraft (Philos.). 2. keinen Widerspruch duldend, endgültig, keine andere Meinung gelten lassend, im Urteil streng u. intolerant

Apo|di|sa|ti|on *die;* - ⟨aus gleichbed. *nlat.* apodisatio, dies zu *gr.* apodistánai „auseinanderstellen, trennen"⟩: [Verfahren zur] Verbesserung des Auflösungsvermögens (des Vermögens, sehr feine, dicht beieinanderliegende Details getrennt wahrnehmbar zu machen) eines optischen Geräts

apo|disch vgl. apod

Apo|di|xis vgl. Apodeixis

Apo|do|sis [auch a'pɔ...] *die;* -, ...dosen ⟨aus gleichbed. *gr.* apódosis, eigtl. „das Wiedergeben"⟩: Nachsatz, bes. der bedingte Hauptsatz eines Konditionalsatzes (Sprachw.)

Apo|dy|te|ri|on, Apo|dy|te|ri|um *das;* -s, ...ien [...i̯ən] ⟨teilweise über *lat.* apodyterium aus gleichbed. *gr.* apodytḗrion⟩: Auskleidezimmer in den antiken Thermen

Apo|en|zym *das;* -s, -e ⟨zu ↑ apo... u. ↑ Enzym⟩: hochmolekularer Eiweißbestandteil eines Enzyms (Biol.; Med.)

Apo|ery|the|in *das;* -s, -e ⟨zu ↑ apo..., *gr.* erythrós „rot" u. ↑...in (1)⟩: enzymartiger Faktor, der das Vitamin B₁₂ durch Komplexbindung vor Zerstörung schützt u. so dessen ↑ Resorption (1) ermöglicht (Med.)

Apo|fer|ment *das;* -s, -e ⟨zu ↑ apo... u. ↑ Ferment⟩: (veraltet) svw. Apoenzym

Apo|ga|lak|ti|kum *das;* -s, ...ken ⟨zu ↑ apo..., *gr.* gála, Gen. gálaktos „Milch" u. ↑...ikum⟩: vom Zentrum des Milchstraßensystems entferntester Punkt auf der Bahn eines Sterns der Milchstraße. **Apo|ga|lak|tis|mus** *der;* -s ⟨zu ↑...ismus (2)⟩: Entwöhnung von der Muttermilch

apo|gam ⟨zu ↑ apo... u. ↑...gam (1)⟩: sich ungeschlechtlich (ohne Befruchtung) fortpflanzend (von bestimmten Pflanzen; Bot.). **Apo|ga|mie** *die;* - ⟨zu ↑...gamie (1)⟩: ungeschlechtliche Fortpflanzung, Vermehrung ohne Befruchtung (eine Form der ↑ Apomixis; Bot.)

Apo|gä|um *das;* -s, ...äen ⟨aus gleichbed. *nlat.* apogaeum zu ↑ apo... u. *gr.* gaīa „Erde"⟩: erdfernster Punkt der Bahn eines Körpers um die Erde (Astron.); Ggs. ↑ Perigäum. **Apo|gä|ums|sa|tel|lit** *der;* -en, -en: ein aus dem Apogäum einer vorläufigen Umlaufbahn in den endgültigen ↑ Orbit eingeschossener Satellit. **Apo|gä|ums|trieb|werk** *das;* -s, -e: im Apogäum der Umlaufbahn eines Satelliten kurzzeitig zu zündendes Raketentriebwerk zum Einschuß aus einer vorläufigen in die endgültige Umlaufbahn

Apo|geu|stie *die;* - ⟨zu *gr.* apogeúein „kosten, schmecken" bzw. zu ↑ apo... u. *gr.* geustós „was gekostet werden kann" u. ↑²...ie⟩: (veraltet) verdorbener Geschmack

apo|gon|isch ⟨zu *gr.* a- „un-, nicht-" u. pṓgōn „Bart"⟩: (veraltet) bartlos

Apo|graph *das;* -s, Plur. -en, seltener -e, u. **Apo|gra|phon** *das;* -s, ...pha ⟨aus gleichbed. *gr.* apógraphon „das Abgeschriebene"⟩: Ab-, Nachschrift, Kopie nach einem Original. **apo|gra|phisch** ⟨aus gleichbed. *gr.* apógraphos⟩: abgeschrieben, kopiert. **Apo|gra|phon** vgl. Apograph

à point [a 'poɛ̃:] ⟨*fr.*⟩: zu nichts (beim Billard)

Apo|jo|vi|um [...vi̯ʊm] *das;* -s ⟨zu ↑ apo..., *lat.* Jupiter, Gen. Jovis u. ↑...ium⟩: weiteste Entfernung des Jupitermondes von diesem Planeten (Astron.)

Apo|ka|lyp|se *die;* -, -n ⟨über *kirchenlat.* apocalypsis aus *gr.* apokálypsis „Enthüllung, Offenbarung" zu apokalýptein „enthüllen, entblößen"⟩: 1. Schrift in der Form einer Abschiedsrede, eines Testaments o. ä., die sich mit dem kom-

Apokalyptik

menden [schrecklichen] Weltende befaßt (z. B. die Offenbarung des Johannes im Neuen Testament). 2. (ohne Plur.) Untergang, Grauen, Unheil. **Apo|ka|lyp|tik** *die;* - ⟨zu ↑²...ik (2)⟩: 1. Deutung von Ereignissen im Hinblick auf ein nahes Weltende. 2. Schrifttum über das Weltende. **Apo|ka|lyp|ti|ker** *der;* -s, -: Verfasser od. Ausleger einer Schrift über das Weltende. **apo|ka|lyp|tisch:** 1. in der Apokalypse [des Johannes] vorkommend, sie betreffend. 2. a) auf das Weltende hinweisend; unheilkündend; b) geheimnisvoll, dunkel; Apokalyptische Reiter: Sinnbilder für Pest, Tod, Hunger, Krieg; apokalyptische Zahl: die Zahl 666 (vgl. Offenbarung 13, 18)

Apo|kam|no|se *die,* - ⟨zu *gr.* apokámnein „ermüden" u. ↑¹...ose⟩: krankhafte Ermüdbarkeit (Med.)

Apo|kap|nis|mus *der;* - ⟨zu ↑apo..., *gr.* kapnízein „räuchern" (zu kápnos „Rauch") u. ↑...ismus (2)⟩: (veraltet) Räucherung zum Schutz gegen Ansteckung

apo|karp ⟨zu ↑apo... u. ↑...karp⟩: aus einzelnen getrennten Fruchtblättern bestehend (von Blüten; Bot.). **Apo|kar|pium** *das;* -s, ...pien [...jən] ⟨aus gleichbed. *nlat.* apokarpium⟩: aus einzelnen Früchten zusammengesetzter Fruchtstand (Bot.)

Apo|kar|te|re|se *die,* - ⟨aus gleichbed. *gr.* apokartérēsis zu apokartereĩn „sich durch Hunger töten"⟩: Selbstmord durch Nahrungsverweigerung

Apo|ka|ta|sta|se, Apo|ka|ta|sta|sis *die;* -, ...stasen ⟨aus *gr.* apokatástasis „Wiederherstellung"⟩: Wiederkehr eines früheren Zustandes, bes. Wiederherstellung allgemeiner Vollkommenheit in der Weltendzeit (Lehre des ↑Parsismus u. mancher ↑Mystiker; Rel.). **Apo|ka|ta|stat** *der;* -en, -en ⟨zu ↑...at (1)⟩: Anhänger der Apokatastase. **apo|ka|ta|sta|tisch:** die Apokatastase betreffend, zu ihr gehörend

Apo|kat|aste|ris *die;* - ⟨zu ↑apo..., *gr.* katá „über etwas hin" u. astḗr „Stern"⟩: der vollständige Sternumlauf (Astron.)

Apo|ka|thar|sis *die;* - ⟨zu ↑apo... u. ↑Katharsis⟩: Reinigung des Darmkanals (Med.). **Apo|ka|thar|ti|kum** *das;* -, ...ka ⟨zu ↑...ikum⟩: Arzneimittel zur Reinigung des Darmkanals (Med.)

Apo|ke|no|sis *die;* - ⟨aus *gr.* apokénōsis „Ausleerung"⟩: (überstarke) Entleerung der Gefäße (Med.). **apo|ke|no|tisch:** starke Entleerung bewirkend (Med.)

Apo|ke|ry|xis *die;* - ⟨aus *mgr.* apokḗryxis „(öffentliche) Exkommunikation", eigentl. „Enterbung (eines Sohnes)"⟩: Ausstoßung aus der kirchlichen Gemeinschaft, Ächtung (Rel.)

Ap|ökie *die,* -, ...jen ⟨aus *gr.* apoikía „Ansiedlung, Niederlassung"⟩: im Griechenland der Antike eine Form der Kolonisation mit dem Ziel der Gründung eines von der Mutterstadt unabhängigen neuen Staates

Apo|klas|ma *das;* -s, ...mata ⟨aus *gr.* apóklasma „das Abgebrochene" zu ↑apo... u. klãn „brechen, abbrechen"⟩: (veraltet) svw. Fraktur (1)

Apo|klei|sis *die;* - ⟨aus *gr.* apókleisis „das Absperren, Verschließen" zu apokleíein „ab-, verschließen"⟩: (veraltet) Ekel vor Speisen

Apo|kle|ro|sis *die;* - ⟨aus *gr.* apoklḗrōsis „Wahl durch Los" zu apoklēroũn „durch Los wählen"⟩: (veraltet) Erwählung (der Obrigkeit) durch das Los

Apo|klet *der;* -en, -en (meist Plur.) ⟨zu *gr.* apóklētos „abgerufen"⟩: Mitglied des höchsten Rats bei den alten Äoliern

Apo|koi|nu [...koy...] *das;* -[s], -s ⟨aus gleichbed. *gr.* apò koinoũ, eigentl. „vom Gemeinsamen"⟩: grammatische Konstruktion, bei der sich ein Satzteil od. Wort zugleich auf den vorhergehenden u. den folgenden Satzteil bezieht

(z. B. Was sein Pfeil erreicht, *das ist seine Beute,* was da kreucht und fleucht; Schiller)

Apo|ko|pe [...pe] *die;* -, ...open ⟨über *lat.* apocope aus gleichbed. *gr.* apokopḗ, eigtl. „das Abschlagen, Abhauen"⟩: Wegfall eines Auslauts od. einer auslautenden Silbe (z. B. hatt' für hatte; Sprachw.). **apo|ko|pie|ren** ⟨zu ↑...ieren⟩: ein Wort am Ende durch Apokope verkürzen (Sprachw.). **Apo|ko|pos** *der;* - ⟨zu *gr.* apókopos „abgehauen, verschnitten"⟩: (veraltet) Verschnittener, Verstümmelter, Entmannter

apo|krin ⟨zu *gr.* apokrínein „absondern, ausscheiden"⟩: ein vollständiges Sekret produzierend u. ausscheidend (von Drüsen; Med.). **Apo|kri|si|ar** *der;* -s, -e ⟨aus gleichbed. *kirchenlat.* apocrisiarius zu *gr.* apókrisis, vgl. Apokrisis⟩: hoher Gesandter in kirchlichen Angelegenheiten, bes. des Papstes in Konstantinopel. **Apo|kri|sis** *die;* - ⟨aus *gr.* apókrisis „Absonderung; Sendung"⟩: a) Absonderung; b) Ausscheidung überflüssiger Feuchtigkeit aus dem Körper (Med.). **apo|kri|tisch:** a) ausgewählt, geweiht; b) ausgesondert

apo|kryph ⟨über *lat.* apocryphus aus *gr.* apókryphos „untergeschoben, unecht", eigtl. „verborgen"⟩: 1. zu den Apokryphen gehörend, sie betreffend. 2. unecht, fälschlich jmdm. zugeschrieben. **Apo|kryph** *das;* -s, -en, auch **Apo|kry|phon** *das;* -s, Plur. ...ypha u. ...yphen (meist Plur.) ⟨zu *gr.* apókryphos (vgl. apokryph) u. ↑¹...on⟩: nicht in den ↑Kanon (5) aufgenommenes, jedoch den anerkannten biblischen Schriften formal u. inhaltlich sehr ähnliches Werk (Rel.); vgl. Pseudepigraph

Apo|kye|sis *die;* - ⟨aus gleichbed. *gr.* apokýēsis zu apokyeĩn „gebären"⟩: (veraltet) das Gebären, die Geburt

apo|lar ⟨zu *gr.* a- „un-, nicht-" u. ↑polar⟩: nicht polar; keine ¹Pole besitzend

Apo|le|pis|mus *der;* - ⟨zu *gr.* apolépein „abschälen" u. ↑...ismus (3)⟩: Abschälung, Abschuppung der Haut (Med.)

Apo|lep|sis *die;* - ⟨aus *gr.* apólēpsis „das Umzingeln" zu apolambánein „hinwegnehmen, hemmen"⟩: (veraltet) Hemmung, Unterbrechung, Lähmung, Ausbleiben des Pulses (Med.). **apo|lep|tisch:** (veraltet) hemmend, unterbrechend, stockend (vom Puls; Med.)

Apo|le|xis *die;* - ⟨aus gleichbed. *gr.* apólēxis zu apolḗgein „aufhören"⟩: (veraltet) a) das Aufhören, der Schluß; b) Altersschwäche

Apo|lis *der;* -, ...liden ⟨zu *gr.* ápolis „heimatlos; verbannt", eigtl. „ohne Stadt"⟩: (veraltet) a) Heimatloser; b) Verbannter

Apo|li|tho|se *die;* -, -n ⟨zu ↑apo... u. *gr.* líthos „Stein"⟩: (veraltet) Versteinerung

apo|li|tisch ⟨aus *gr.* apolitikós „zu Staatsgeschäften ungeschickt"⟩: a) nicht politisch; b) ohne Interesse gegenüber der Politik, gegenüber politischen Ereignissen

Apoll *der;* -s, -s ⟨nach dem griech.-röm. Gott Apollo⟩: svw. Apollo (1)

Apol|li|na|ris|mus *der;* - ⟨nach Apollinarios, dem Bischof von Laodizea (* um 390 n. Chr.), u. zu ↑...ismus (1)⟩: Lehre, daß Christus das Fleisch nicht mit der menschlichen Seele, sondern mit der göttlichen Vernunft angenommen habe. **Apol|li|na|rist** *der;* -en, -en ⟨zu ↑...ist⟩: Anhänger des Apollinarismus. **apol|li|na|ri|stisch** ⟨zu ↑...istisch⟩: den Apollinarismus betreffend, dazu gehörig

apol|li|nisch ⟨aus *lat.* Apollineus, zum Namen des Gottes ↑Apollo⟩: 1. den Gott Apollo betreffend, in der Art Apollos. 2. harmonisch, ausgeglichen, maßvoll (Philos.); Ggs. ↑dionysisch. **Apol|lo** *der;* -s, -s ⟨nach dem griech.-röm.

Apoplektiker

Gott der Weissagung u. Dichtkunst): 1. schöner [junger] Mann. 2. ein Tagschmetterling. 3. ein ↑Planetoid
apol|lo|nisch ⟨nach dem griech. Mathematiker Apollonios von Perge, 3. Jh. v. Chr.⟩: nach Art des Mathematikers Apollonios; -es Problem: math. Aufgabe, bestimmte festgelegte Linien durch eine Kurve (meist durch einen Kreis) zu berühren (Math.)
Apol|lo-Pro|gramm das; -s ⟨zu ↑Apollo⟩: Raumfahrtprogramm der USA in den 60er Jahren des 20. Jh.s, das u. a. die Landung bemannter Raumfahrzeuge auf dem Mond vorsah. **Apol|lo-Raum|schiff** das; -s, -e: im Rahmen des Apollo-Programms eingesetztes Raumfahrzeug
Ap|ol|ly|on der; -s ⟨aus gr. apollýōn „der Verderbende"⟩: Todesengel (nach spätjüdischer Vorstellung)
Apo|log der; -s, -e ⟨aus gr. apólogos „Erzählung, Fabel"⟩: [humoristische] Erzählung, [Lehr]fabel (Literaturw.). **Apo|lo|ge|ma** das; -s, ...mata ⟨aus gleichbed. gr. apológēma⟩: Verteidigungsgrund. **Apo|lo|get** der; -en, -en ⟨Rückbildung zu ↑apologetisch⟩: a) jmd., der eine bestimmte Anschauung mit Nachdruck vertritt u. verteidigt; b) [literarischer] Verteidiger eines Werkes (bes. Vertreter einer Gruppe griech. Schriftsteller des 2. Jh.s, die für das Christentum eintraten). **Apo|lo|ge|tik** die; -, -en ⟨zu ↑²...ik (1)⟩: 1. Gesamtheit aller apologetischen Äußerungen; wissenschaftliche Rechtfertigung von [christlichen] Lehrsätzen. 2. (ohne Plur.) Teilbereich der Theologie, das sich mit der wissenschaftlich-rationalen Absicherung des Glaubens befaßt. **apo|lo|ge|tisch** ⟨über spätlat. apologeticus aus gleichbed. gr. apologētikós zu apologeisthai „sich mit Worten verteidigen"; vgl. Logos⟩: eine Ansicht, Lehre o. ä. verteidigend, rechtfertigend. **apo|lo|ge|ti|sie|ren** ⟨zu ↑...isieren⟩: verteidigen, rechtfertigen. **Apo|lo|gie** die; -, ...ien ⟨über spätlat. apologia aus gr. apología „Verteidigung"⟩: a) Verteidigung, Rechtfertigung einer Lehre, Überzeugung o. ä.; b) Verteidigungsrede, -schrift. **apo|lo|gisch** ⟨zu ↑Apolog⟩: nach Art einer Fabel, erzählend; -es Sprichwort: erzählendes od. Beispielsprichwort (z. B. „Alles mit Maßen", sagte der Schneider und schlug seine Frau mit der Elle tot.). **apo|lo|gi|sie|ren** ⟨aus gleichbed. gr. apologizesthai⟩: verteidigen, rechtfertigen. **Apo|lo|gist** der; -en, -en ⟨zu ↑...ist⟩: svw. Apologet
Apo|lun das; -s, -e ⟨zu ↑apo... u. lat. luna „Mond"⟩: svw. Aposelen
Apol|ly|sis die; - ⟨aus gr. apólysis „Lossprechung"⟩: Entlassung der Gemeinde in der griech.-orthodoxen Kirche nach dem Gottesdienst. **Apol|ly|ti|kon** das; -s ⟨zu gr. apolytikós „loslösend, befreiend" u. ↑¹...on⟩: Schlußgesang im Ende des (griech.-orthodoxen) Gottesdienstes. **Apol|ly|tro|sis** die; - ⟨aus gr. apolýtrōsis „Freigebung gegen Lösegeld, Loskaufung"⟩: Erlösung der Menschen durch den Tod Christi (Rel.)
apo|ma|chisch ⟨aus gleichbed. gr. apómachos zu ↑apo... u. máchē „Kampf, Schlacht"⟩: (veraltet) kampfunfähig
Apo|meio|sis die; - ⟨zu ↑apo... u. gr. meíōsis „Verkleinerung, Abnahme"⟩: bleibende Reduktionsteilung bei der Bildung des Embryosackes (Biol.)
Apo|me|ko|me|ter das; -s, - ⟨zu ↑apo..., gr. mēkos „Länge" u. ↑...¹meter⟩: altes Entfernungsmeßgerät. **Apo|me|ko|me|trie** die; - ⟨zu ↑...metrie⟩: ein altes Verfahren, Entfernungen od. entfernte Gegenstände zu messen
apo|me|so|sto|misch ⟨zu ↑apo..., gr. mésos „Mitte" u. stóma „Mund"⟩: mit nicht in der Mitte stehendem Mund (Biol.)
apo|mik|tisch ⟨zu ↑apo... u. gr. miktós bzw. meiktós „gemischt"⟩: sich ungeschlechtlich (ohne Befruchtung) fortpflanzend (von bestimmten Pflanzen; Bot.). **Apo|mi|xis** die; - ⟨zu gr. mīxis bzw. meīxis „Mischung"⟩: ungeschlechtliche Fortpflanzung, Vermehrung ohne Befruchtung (Bot.)
Apo|mne|mo|neu|ma das; -s, -ta ⟨aus gleichbed. gr. apomnēmóneuma zu apomnēmoneúein „(sich) erinnern"⟩: (veraltet) Denkwürdigkeit
Apo|mor|phin das; -s ⟨zu ↑apo... u. ↑Morphin⟩: ein ↑Derivat (3) des ↑Morphins (starkes Brechmittel bei Vergiftungen; Med.)
Apo|neu|ro|gra|phie die; -, ...ien ⟨zu ↑Aponeurose u. ↑...graphie⟩: Muskelsehnenbeschreibung. **Apo|neu|ro|se** die; -, -n ⟨aus gleichbed. gr. aponeúrōsis⟩: 1. Ansatzteil einer Sehne (Med.). 2. flächenhafte, breite Sehne (z. B. die der schrägen Bauchmuskeln; Med.). **Apo|neu|ro|to|mie** die; -, ...ien ⟨zu ↑...tomie⟩: operative Durchtrennung einer Sehne (Med.)
Apo|nie die; - ⟨aus gleichbed. gr. aponía zu a- „un-, nicht-" u. pónos „Arbeit, Mühe"⟩: (veraltet) a) Schmerzlosigkeit, Wohlbefinden; b) Arbeitsscheu
Apo|pemp|ti|kon das; -s, ..ka ⟨aus gleichbed. mgr. apopémptikon zu gr. apopémpein „fortschicken, entlassen"⟩: Abschiedsgedicht einer fortgehenden Person an die Zurückbleibenden, im Unterschied zum ↑Propemptikon
apo|phan|tisch ⟨aus gleichbed. gr. apophantikós zu apophánai „bestimmt berichten"⟩: aussagend, behauptend; nachdrücklich
Apo|pho|nie die; - ⟨zu ↑apo... u. ↑...phonie⟩: Ablaut (Vokalwechsel in der Stammsilbe wurzelverwandter Wörter, z. B. sprechen − sprach; Sprachw.)
Apo|pho|re|ta die (Plur.) ⟨aus gleichbed. gr. apophórēta zu apopheréin „forttragen"⟩: Geschenke, bes. Eßwaren, die an Festtagen den Gästen mitgegeben wurden (in der Antike)
Apo|phtheg|ma das; -s, Plur. ...men u. -ta ⟨aus gleichbed. gr. apóphthegma zu apophthéggesthai „seine Meinung sagen"⟩: [witziger, prägnanter] Ausspruch, Sinnspruch, Zitat, Sentenz. **apo|phtheg|ma|tisch** ⟨aus gleichbed. gr. apophthegmatikós⟩: in der Art eines Apophthegmas geprägt
Apo|phtho|ra die; -, ...ren ⟨aus gleichbed. gr. apophthorá, eigtl. „Verderben"⟩: (veraltet) Fehlgeburt (Med.)
Apo|phy|ge die; -, -n ⟨zu ↑apo... u. gr. phygḗ „Flucht"⟩: die bogenförmige Überleitung vom überstehenden Gesims zum Säulenschaft (Archit.)
Apo|phyl|lit [auch ...'lɪt] der; -s, -e ⟨zu ↑apo... u. ↑Phyllit⟩: ein Silikatmineral
Apo|phy|se die; -, -n ⟨aus gr. apóphysis „Auswuchs"⟩: 1. Knochenfortsatz [als Ansatzstelle für Muskeln] (Med.). 2. Einstülpung des Außenskeletts bei Gliederfüßern (Zool.). 3. a) Anschwellung des Fruchtstiels bei Moosen; b) Verdickung der Zapfenschuppe bei Kiefern (Bot.). 4. Gesteinsveräst

apoplektisch

Schlaganfällen neigt; b) jmd., der an den Folgen eines Schlaganfalles leidet (Med.). **apo|plęk|tisch** ⟨über *spätlat.* apoplecticus aus *gr.* apoplēktikós „vom Schlagfluß getroffen"⟩: a) zu Schlaganfällen neigend; b) zu einem Schlaganfall gehörend, damit zusammenhängend; durch einen Schlaganfall bedingt (Med.). **Apo|ple̱|xi̱e** *die;* -, ...ien ⟨über *spätlat.* apoplexia aus gleichbed. *gr.* apoplēxía⟩: 1. Schlaganfall, Gehirnschlag (Med.). 2. plötzliches teilweises od. gänzliches Absterben der Krone von Steinobstbäumen (Bot.)

Apo|pneu̱|sis *die;* - ⟨aus gleichbed. *gr.* apópneusis⟩: (veraltet) Ausatmung, Ausdünstung (Med.)

Apo|pni̱|xis *die;* - ⟨zu *gr.* apopnígein „erwürgen, ersticken"⟩: (veraltet) das Ersticken (Med.)

Apo|psy|chi̱e *die;* -, ...ien ⟨aus ↑apo..., *gr.* psychḗ „Seele, Lebenskraft" u. ↑²...ie⟩: (veraltet) Bewußtlosigkeit, Ohnmacht. **apo|psy|chisch:** (veraltet) ohnmächtig

Apo|re̱m *das;* -s, -ata ⟨aus *gr.* apórēma „Streitfrage"⟩: logische Schwierigkeit, Unlösbarkeit eines Problems (Philos.). **apo|re|ma|tisch** ⟨aus *gr.* aporēmatikós „zweifelhaft, streitig"⟩: zweifelhaft, schwer zu entscheiden (Philos.). **Apo|re̱|tik** *die;* - ⟨zu *gr.* aporētikós „zum Zweifeln geneigt" u. ↑²...ik (2)⟩: Auseinandersetzung mit schwierigen philosophischen Fragen (Aporien) [ohne Berücksichtigung ihrer möglichen Lösung]. **Apo|re|ti̱|ker** *der;* -s, - ⟨nach *gr.* aporētikoí (Plur.) „Skeptiker"⟩: 1. der die Kunst der Aporetik übende Philosoph. 2. Zweifler, Skeptiker. **apo|re|tisch:** 1. a) die Aporetik betreffend; b) in der Art der Aporetik. 2. zu Zweifeln geneigt. **Apo|ri̱e** *die;* -, ...ien ⟨über *spätlat.* aporia aus *gr.* aporía „Ratlosigkeit, Verlegenheit" zu áporos „ohne Mittel u. Wege, ratlos"⟩: 1. Unmöglichkeit, eine philosophische Frage zu lösen. 2. Unmöglichkeit, in einer bestimmten Situation die richtige Entscheidung zu treffen od. eine passende Lösung zu finden; Ausweglosigkeit.

Apo|ri|no̱|sis *die;* -, ...sen ⟨zu *gr.* aporía „Mangel" u. nósos „Krankheit"⟩: jede Art von Mangelkrankheit (Med.).

Apo|ri̱s|ma *das;* -s, Plur. ...men od. -ta ⟨aus *gr.* apórisma „Ratlosigkeit"⟩: svw. Aporem. **Apo|ro|ga|mi̱e** *die;* - ⟨zu *gr.* áporos „unwegsam, schwer passierbar" u. ↑...gamie (1)⟩: Befruchtungsvorgang bei Blütenpflanzen, bei dem der vom ↑Pollen vorgetriebene Schlauch die Samenanlage nicht unmittelbar über die Höhlung des Fruchtknotens erreicht (Bot.)

Apor|rhan|te̱|ri|on *das;* -s, ...ien [...iən] ⟨aus *gr.* aporrhantḗrion „Weihkessel"⟩: Weihwasserbecken

Apor|rhe̱|ta *die* (Plur.) ⟨aus *gr.* apórrhēta „Untersagtes, Verbotenes", Neutrum Plur. von apórrhētos, vgl. aporrhetisch⟩: (veraltet) 1. Geheimnisse, die nicht ausgesprochen werden dürfen. 2. Waren, deren Ausfuhr verboten ist. **apor|rhe̱|tisch** ⟨aus gleichbed. *gr.* apórrhētos⟩: (veraltet) verboten, untersagt

Apor|rho̱ *die;* -, -en u. **Apor|rho̱e** [...ˈrø:] *die;* -, -n [...ˈrø:ən] ⟨aus gleichbed. *gr.* aporrhoḗ⟩: (veraltet) Ausfluß, krankhafte Ausdünstung (Med.)

Apo|scha|sis [...şça...] *die;* -, ...sen ⟨aus gleichbed. *gr.* apóschasis⟩: (veraltet) Aderlaß (Med.)

Apo|se|le̱n *das;* -s, -e ⟨zu ↑apo... u. *gr.* selḗnē „Mond"⟩: mondfernster Punkt einer Mondumlaufbahn (Astron.); Ggs. ↑Periselen

Apo|se|ma|tik *die;* -, -en ⟨zu *gr.* aposēmaínein „ein Zeichen geben" u. ↑²...ik (2)⟩: Warnfärbung (Zool.)

Apo|sio|pe̱|se *die;* -, -n ⟨über *spätlat.* aposiopesis aus *gr.* aposiṓpēsis „das Verstummen" zu aposiōpān „verstummen"⟩: bewußter Abbruch der Rede od. eines begonnenen Gedankens vor der entscheidenden Aussage, z. B. *Hol dich doch...!* (Rhet.; Stilk.)

Apo|si|ti̱e *die;* -, ...ien ⟨aus gleichbed. *gr.* apositía zu apositeīn „zu essen aufhören, fasten"⟩: (veraltet) Eßunlust, Mangel an Appetit (Med.). **apo|si|tisch** ⟨aus *gr.* apósitos „ohne Nahrung"⟩: (veraltet) appetithemmend

Apo|skęp|sis *die;* -, ...sen ⟨aus gleichbed. *gr.* apóskepsis zu aposképtein „stürzen, fallen (auf etwas)"⟩: (veraltet) Verlagerung des Krankheitsherdes an eine andere Stelle im Körper (Med.). **apo|skęp|tisch:** (veraltet) die Verlagerung eines Krankheitsherdes betreffend (Med.)

Apo|spạs|ma *das;* -s, ...men ⟨aus gleichbed. *gr.* apóspasma zu apospān „abreißen"⟩: (veraltet) abgerissenes Stück einer Sehne (Med.). **Apo|spạs|mus** *der;* -, ...men ⟨über *nlat.* apospasmus aus gleichbed. *gr.* apospasmós⟩: (veraltet) das Trennen sehniger Teile (Med.)

Apo|spha|ke̱|li|sis *die;* -, ...sen ⟨aus gleichbed. *gr.* aposphakélisis zu aposphakelízein „durch Erfrieren sterben"⟩: (veraltet) das Absterben der Glieder durch starke Frosteinwirkung (Med.)

Apo|sphra|gi̱s|ma *das;* -s, ...men ⟨aus gleichbed. *gr.* aposphrágisma zu aposphragízein „versiegeln"⟩: (veraltet) Siegelabdruck

Apo|spo̱|rie *die;* - ⟨aus gleichbed. *nlat.* apospória zu ↑apo... u. ↑Spore⟩: das Überspringen der Sporenbildung bei Farnen u. Blütenpflanzen im Generationswechsel (Bot.)

Apo|sta|si̱e *die;* -, ...ien ⟨über *spätlat.* apostasia aus *gr.* apostasía „das Abfallen vom Herrscher"⟩: 1. Abfall [eines Christen vom Glauben]. 2. Austritt einer Ordensperson aus dem Kloster unter Bruch der Gelübde. **apo|sta|si̱e|ren** ⟨zu ↑...ieren⟩: abtrünnig werden. **Apo|stạt** *der;* -en, -en ⟨über *lat.* apostata aus *gr.* apostátēs „der Abtrünnige"⟩: Abtrünniger, bes. in bezug auf den Glauben. **apo|sta̱|tisch:** abtrünnig

Apo|stel *der;* -s, - ⟨über gleichbed. *(kirchen)lat.* apostolus aus *gr.* apóstolos, eigtl. „abgesandt; Bote"⟩: 1. a) einer aus dem Kreis der zwölf Jünger Jesu; b) urchristlicher Missionar (Rel.). 2. (iron.) jmd., der für eine Welt- od. Lebensanschauung mit Nachdruck eintritt u. sie zu verwirklichen sucht

Apo|stem *das;* -s, ...ta ⟨aus *gr.* apóstēma, Gen. apostḗmatos „Abstand, Absonderung; Geschwür, Abszeß"⟩: Geschwür, Abszeß (Med.). **apo|ste|ma|tös** ⟨zu ↑...ös⟩: eiternd (Med.)

a po|ste|rio̱|ri ⟨*lat.;* „vom Späteren her", d. h., man erkennt die Ursache aus der zuerst erfahrenen späteren Wirkung⟩: 1. aus der Wahrnehmung gewonnen, aus Erfahrung (Erkenntnistheorie); Ggs. ↑a priori. 2. nachträglich, später; Ggs. ↑a priori. **Apo|ste|rio̱|ri** *das;* -, -: Erfahrungssatz, Inbegriff der Erkenntnisse, die a posteriori gewonnen werden; Ggs. ↑Apriori. **apo|ste|rio̱|risch:** erfahrungsgemäß; Ggs. ↑apriorisch

Apo|sti̱lb *das;* -s, - ⟨zu *gr.* apostílbein „erglänzen, leuchten"⟩: alte photometrische Einheit der Leuchtdichte nicht selbst leuchtender Körper; Abk.: asb.; vgl. Stilb

Apo|sti̱l|le *die;* -, -n ⟨unter Einfluß von *fr.* apostille aus gleichbed. *nlat.* apostilla (in Anlehnung an ↑Postille) zu *gr.* apostéllein „schreiben", eigtl. „abschicken"⟩: 1. Randbemerkung. 2. (empfehlende od. beglaubigende) Nachschrift zu einem Schriftstück. **apo|stil|li̱e|ren** ⟨zu ↑...ieren⟩: mit Randbemerkungen versehen, eine Nachschrift anfertigen

Apo|sto|la̱t *das,* fachspr. auch *der;* -[e]s, -e ⟨aus gleichbed. *(kirchen)lat.* apostolatus zu apostolus, vgl. Apostel⟩: a) Sendung, Amt der Apostel (Rel.); b) Sendung, Auftrag der Kirche; vgl. Laienapostolat. **Apo|sto̱|li|ker** *die* (Plur.):

Bez. für besondere, am Kirchenbild der apostolischen Zeit [u. am asketischen Leben der Apostel] orientierte christliche Gruppen, die in der Kirchengeschichte auftreten, ohne untereinander jedoch ursächlich zusammenzuhängen. **Apo|sto|li|kum** *das;* -s ⟨gekürzt aus *kirchenlat.* Symbolum apostolicum „Apostolisches Glaubensbekenntnis"⟩: 1. das (angeblich auf die 12 Apostel zurückgehende) christliche Glaubensbekenntnis. 2. (veraltet) svw. Apostolos. **apo|sto|lisch** ⟨über *(kirchen)lat.* apostolicus aus gleichbed. *gr.* apostolikós⟩: a) nach Art der Apostel, von den Aposteln ausgehend; b) päpstlich (kath. Kirche); Apostolische Majestät: Titel der Könige von Ungarn u. der Kaiser von Österreich; Apostolischer Nuntius: ständiger Gesandter des Papstes bei einer Staatsregierung; Apostolische Signatur: höchstes ordentliches Gericht u. oberste Gerichtsverwaltungsbehörde der kath. Kirche; Apostolischer Stuhl: Heiliger Stuhl (Bez. für das Amt des Papstes u. die päpstlichen Behörden); apostolische Sukzession: Lehre von der ununterbrochenen Nachfolge der Bischöfe u. Priester auf die Apostel; apostolische Väter: die ältesten christlichen Schriftsteller, angeblich Schüler der Apostel. **Apo|sto|li|zi|tät** *die;* - ⟨zu ↑...izität⟩: nach katholischem Verständnis die Wesensgleichheit der gegenwärtigen Kirche in Lehre u. Sakramenten mit der Kirche der Apostel. **Apo|sto|los** *der;* - ⟨aus *gr.* apóstolos „zu den Aposteln (des Neuen Testaments) gehörig"⟩: (veraltet) Sammelbez. für die nicht zum ↑ Evangelium (1 b) gehörenden Schriften des Neuen Testaments
Apo|stra|teg *der;* -en, -en ⟨aus gleichbed. *gr.* apostrátēgos⟩: (veraltet) abgedankter od. ausgedienter Feldherr; vgl. Stratege
Apo|stroph *der;* -s, -e ⟨über *spätlat.* apostrophos, apostrophus aus gleichbed. *gr.* apóstrophos, eigtl. „abgewandt; abfallend"⟩: Auslassungszeichen; Häkchen, das den Ausfall eines Lautes od. einer Silbe kennzeichnet (z. B. hatt', 'naus). **Apo|stro|phe** [auch ...'stro:fə] *die;* -, ...ophen ⟨über *lat.* apostropha, apostrophe aus gleichbed. *gr.* apostrophḗ, eigtl. „das Sichabwenden (vom Publikum)"⟩: feierliche Anrede an eine Person od. Sache außerhalb des Publikums; überraschende Hinwendung des Redners zum Publikum od. zu abwesenden Personen (Rhet., Stilk.). **apo|stro|phie|ren** ⟨zu ↑ ...ieren⟩: 1. mit einem Apostroph versehen. 2. a) jmdn. feierlich od. gezielt ansprechen, sich deutlich auf jmdn. beziehen; b) etwas besonders erwähnen, sich auf etwas beziehen. 3. jmdn. od. etwas in einer bestimmten Eigenschaft herausstellen, als etwas bezeichnen. **apo|stro|phisch**: mit Apostroph versehen, anredend
apo|sym|bi|on|tisch ⟨zu ↑ apo... u. ↑ symbiontisch⟩: frei von ↑ Symbiose
Apo|syn|ago|gus *der;* -, ...gi ⟨*nlat.* Bildung zu *gr.* aposynágōgos „aus der Synagoge gestoßen"; vgl. Synagoge⟩: ein aus der Kirchengemeinschaft od. aus der Synagoge Ausgestoßener
Apo|sy|rin|go|se *die;* -, -n ⟨zu ↑ apo..., *gr.* syrinx, Gen. syringos „Pfeife, Fistel" u. ↑¹...ose⟩: (veraltet) die Bildung einer Fistel (Med.)
Apo|syr|ma *das;* -s, Plur. -ta u. ...men ⟨*gr.* apósyrma „das Abgezogene, Abgeschabte" zu aposýrein „wegziehen, abschaben"⟩: (veraltet) Abschürfung (Med.)
Apo|te|les|ma *das;* -s, ...men ⟨aus *gr.* apotélesma „das Vollendete" zu apoteleīn „beendigen"⟩: (veraltet) 1. Vollendung, Wirkung. 2. vermeintlicher Einfluß der Gestirne auf das Schicksal des Menschen. **Apo|te|les|ma|tik** *die;* - ⟨aus gleichbed. *gr.* apotelesmatikḗ (téchnē)⟩: (veraltet) Sterndeutung. **apo|te|les|ma|tisch** ⟨aus gleichbed. *gr.* apotelesmatikós⟩: (veraltet) 1. zur Vollendung gehörend. 2. die Sterndeutung betreffend

Apo|tha|na|sie *die;* - ⟨zu ↑ apo..., *gr.* thánatos „Tod" u. ↑²...ie⟩: (veraltet) völliges Absterben, der unzweifelhaft eingetretene Tod (Med.)
Apo|the|ci|um [...tsiʊm] *das;* -s, ...ien [...jən] ⟨aus gleichbed. *nlat.* apothecium zu *gr.* apothḗkē, vgl. Apotheke⟩: schüsselförmiger Fruchtkörper bei Flechten u. Schlauchpilzen (Bot.). **Apo|the|ke** *die;* -, -n ⟨über *lat.* apotheca aus *gr.* apothḗkē „Abstell-, Vorratsraum"⟩: 1. Geschäft, in dem Arzneimittel verkauft u. hergestellt werden. 2. Schränkchen, Tasche, Behälter für Arzneimittel (meist in Zusammensetzungen wie Hausapotheke, Autoapotheke). 3. (abwertend) teurer Laden; Geschäft, das hohe Preise fordert. **Apo|the|ker** *der;* -s, - ⟨aus *mlat.* apothecarius „der in der Apotheke Beschäftigte"⟩: jmd., der auf Grund eines Hochschulstudiums mit ↑ Praktikum u. auf Grund seiner ↑ Approbation (1) berechtigt ist, eine Apotheke zu leiten. **Apo|the|ker|fau|na** *die;* -: Sammelbez. für die in chin. Apotheken als Heilmittel geführten Fossilien. **Apo|the|ker|gewicht** *das;* -s, -e: frühere Gewichtseinheit für Arzneimittel (z. B. Gran, Unze). **Apo|the|ma** *das;* -s, ...mata ⟨aus *nlat.* apothema zu *gr.* apotithénai „ablegen"⟩: a) die vom Mittelpunkt eines regelmäßigen Vielecks auf eine Seite gefällte Senkrechte (Math.); b) Niederschlag von Pflanzenauszügen (Chem.).
Apo|theo|se *die;* -, -n ⟨über *lat.* apotheosis aus gleichbed. *gr.* apothéōsis zu ↑ apo... u. theós „Gott"⟩: 1. Erhebung eines Menschen zum Gott, Vergöttlichung eines lebenden od. verstorbenen Herrschers. 2. Verherrlichung. 3. wirkungsvolles Schlußbild eines Bühnenstücks (Theat.). **apo|theotisch**: 1. zur Apotheose (1) erhoben. 2. eine Apotheose darstellend
Apo|the|ra|pie *die;* - ⟨zu ↑ apo... u. ↑ Therapie⟩: (veraltet) a) vollständige Heilung; b) Nachkur
Apo|the|zi|um vgl. Apothecium
Apo|thrau|sis *die;* - ⟨aus gleichbed. *gr.* apóthrausis zu apothraúein „abbrechen"⟩: (veraltet) das Abbrechen, Zermalmen
Apo|ti|me|sis *die;* - ⟨aus gleichbed. *gr.* apotímēsis zu apotimān „(ab)schätzen"⟩: Schätzung, Verpfändung; vgl. Hypothek
a po|tio|ri ⟨*lat.;* „vom Stärkeren her"⟩: von der Hauptsache her, nach der Mehrzahl
apo|tisch [auch 'a...] ⟨aus gleichbed. *gr.* ápotos zu a- „un-, nicht-" u. potós „trinkbar"⟩: (veraltet) nicht trinkend; nicht trinkbar
Apo|tom *das;* -s u. **Apo|to|me** [...me] *die;* - ⟨aus *gr.* apotomḗ „das Aufschneiden" zu témnein „schneiden"⟩: (veraltet) a) Abschnitt, Größenunterschied; b) Unterschied zwischen dem ganzen u. nächsten Halbton im pythagoräischen Tonsystem
Apo|tro|pä|er *der;* -s, - ⟨zu ↑ apotropäisch⟩: (veraltet) a) Abwender von Unheil; b) Nothelfer. **Apo|tro|pai|on** vgl. Apotropäum. **apo|tro|pä|isch** ⟨aus gleichbed. *gr.* apotrópaios zu apotrépein „abwenden"⟩: Unheil abwehrend (von Zaubermitteln). **Apo|tro|pä|um** *das;* -s, ...päa u. ...äen u. Apotropaion *das;* -s, ...aia ⟨über *lat.* apotropaeum aus *gr.* apotropaíon „das Unheil Abwendende"⟩: Zaubermittel, das Unheil abwehren soll
à pou|dre [a 'pu:drə] ⟨*fr.;* eigtl. „auf Puder"⟩: [Edelsteine] fassen, eine weiße Unterlage geben; vgl. Puder
Apo|ze|ma *das;* -s, -ta ⟨aus gleichbed. *gr.* apózema zu zeīn „sieden, kochen"⟩: Abkochung (von Kräutern od. Wurzeln); vgl. Dekokt

Apparat

Ap|pa|rat *der;* -[e]s, -e ⟨aus *lat.* apparatus „Zubereitung, Einrichtung; Werkzeuge" zu apparare „zubereiten"⟩: 1. zusammengesetztes mechanisches, elektrisches od. optisches Gerät. 2. (ugs.) a) Telefon; b) Radio-, Fernsehgerät; c) Elektrorasierer; d) Fotoapparat. 3. Gesamtheit der für eine [wissenschaftliche] Aufgabe nötigen Hilfsmittel. 4. Gesamtheit der zu einer Institution gehörenden Menschen u. [technischen] Hilfsmittel. 5. svw. kritischer Apparat. 6. (salopp) Gegenstand (seltener eine Person), der durch seine außergewöhnliche Größe od. durch sein ungewöhnliches Aussehen Aufsehen od. Staunen erregt (z. B. ein toller - von einem Hecht). 7. Gesamtheit funktionell zusammengehörender Organe (z. B. Sehapparat; Med.). **ap|pa|ra|tiv** ⟨zu ↑ ...iv⟩: a) einen Apparat betreffend; b) den Apparatebau betreffend; c) mit Apparaten arbeitend (z. B. von technischen Verfahren); d) mit Hilfe von Apparaten feststellbar; -e Diagnostik: ↑ Diagnostik mit Hilfe von Geräten (z. B. Röntgen, EKG; Med.); -e Lehr- u. Lernhilfen: technische Geräte zur Unterrichtsgestaltung u. Wissensvermittlung (z. B. Kassetten- od. Videorecorder im Sprachlabor). **Ap|pa|rat|schik** *der;* -s, -s ⟨aus gleichbed. *russ.* apparátčik zu apparat „Verwaltungsbehörden"; vgl. Apparat⟩: (abwertend) Funktionär in der Verwaltung u. im Parteiapparat, der von höherer Stelle ergangene Weisungen u. Anordnungen bürokratisch durchzusetzen versucht. **Ap|pa|ra|tur** *die;* -, -en ⟨aus *lat.* apparatura „Gerätschaft"⟩: Gesamtanlage zusammengehörender Apparate u. Instrumente, die einem gemeinsamen Zweck dienen
Ap|pa|reil [...'rɛ:j] *der;* -s ⟨aus gleichbed. *fr.* appareil⟩: (veraltet) a) Vorbereitung, Pracht, Gepränge; b) Auffahrt, Rampe. **ap|pa|reil|lie|ren** [...rɛ'ji:...] ⟨aus gleichbed. *fr.* appareiller⟩: (veraltet) a) zusammenjochen; b) zurüsten, segelfertig machen
ap|pa|rent ⟨unter Einfluß von *fr.* bzw. *engl.* apparent „augenscheinlich, offenbar" aus *lat.* apparens, Gen. apparentis, Part. Präs. von apparere „erscheinen"⟩: sichtbar, wahrnehmbar (von Krankheiten; Med.); Ggs. ↑ inapparent
ap|pa|ren|tiert ⟨zu ↑ ad..., *lat.* parentes „Eltern" u. ↑ ...iert⟩: (veraltet) verwandt, verschwägert
Ap|pa|renz *die;* - ⟨über *fr.* apparence aus *lat.* apparentia „Anschein, Wahrscheinlichkeit, Ersichtlichkeit"⟩: äußere Erscheinung, Ansehnlichkeit einer Ware
ap|pa|res|sie|ren ⟨zu ↑ ad..., *fr.* paresse „Faulheit" (dies über älter *fr.* perece aus *lat.* pigritia „Trägheit" zu piger „träge, faul") u. ↑ ...ieren⟩: (veraltet) träge, faul machen
Ap|pa|ri|ti|on *die;* -, -en ⟨teilweise über *fr.* apparition „Erscheinung, Gespenst", eigtl. „das Auftauchen, Sichtbarwerden", aus *lat.* apparitio „Erscheinung"⟩: 1. (veraltet) Erscheinung, Gespenst. 2. (veraltet) Aufwartung, Bedienung. 3. Dienst des Apparitors im alten Rom. 4. das Sichtbarwerden eines Sternes (Astron.). **Ap|pa|ri|tor** *der;* -s, ...oren ⟨aus gleichbed. *lat.* apparitor⟩: altröm. Amts-, Gerichts-, Stadtdiener, Diener der röm. Beamten od. Priester. **Ap|pa|ri|tur** *die;* -, -en ⟨aus gleichbed. *lat.* apparitura⟩: Amt des Apparitors
Ap|par|te|ment [...'mã:, schweiz. ...'mɛnt] *das;* -s, Plur. -s, schweiz. -e ⟨aus gleichbed. *fr.* appartement, dies aus *it.* appartamento „abgeteilte Wohnung" zu appartare „abteilen", dies zu *lat.* a parte „abgetrennt"⟩: a) komfortable Kleinwohnung; b) Zimmerflucht, einige zusammenhängende Räume in einem größeren [luxuriösen] Hotel; vgl. Apartment. **Ap|par|te|ment|haus** *das;* -es, ...häuser: modernes Wohnhaus mit einzelnen Kleinwohnungen
ap|pas|sio|na|to ⟨*it.;* zu passione „Leidenschaft", vgl. Passion⟩: leidenschaftlich, entfesselt, stürmisch (Vortragsanweisung; Mus.)
ap|pau|miert [apo...] ⟨zu ↑ ad..., *fr.* paume „(innere) Handfläche, flache Hand" (dies aus *lat.* palma) u. ↑ ...iert⟩: mit einer ausgestreckten Hand versehen (Wappenk.)
ap|pau|vrie|ren [apo'vri:...] ⟨aus gleichbed. *fr.* appauvrir zu pauvre „arm", dies aus gleichbed. *lat.* pauper⟩: (veraltet) arm machen. **Ap|pau|vrisse|ment** [...vris'mã:] *das;* -s ⟨aus gleichbed. *fr.* appauvrissement⟩: (veraltet) 1. Verelendung. 2. Auslaugung (des Bodens). 3. Verarmung (der Sprache)
Ap|peal [ə'pi:l] *der;* -s ⟨aus *engl.* appeal „Anziehung(skraft), Wirkung"; vgl. Appell⟩: a) Anziehungskraft, Ausstrahlung, Aussehen, ↑ Image; b) Aufforderungscharakter, Anreiz (Psychol.)
Ap|pease|ment [ə'pi:zmənt] *das;* -s ⟨aus *engl.* appeasement „Beruhigung, Beschwichtigung" zu peace „Frieden", dies über *altfr.* pais aus gleichbed. *lat.* pax⟩: Haltung der Nachgiebigkeit; Beschwichtigung[spolitik]
Ap|pell *der;* -s, -e ⟨aus *fr.* appel „Anruf" zu appeler „(herbei)rufen", dies aus *lat.* appellare, vgl. appellieren⟩: 1. Aufruf, Mahnruf [zu einem bestimmten Verhalten]. 2. das Antreten (zur Befehlsausgabe u. a.; Mil.). 3. Gehorsam des [Jagd]hundes. 4. kurzes Auftreten mit dem vorgestellten Fuß (Fechten). 5. svw. Appeal. **ap|pel|la|bel** ⟨zu ↑ appellieren u. ↑ ...abel⟩: (veraltet) gerichtlich anfechtbar. **Ap|pel|lant** *der;* -en, -en ⟨aus *lat.* appellans, Gen. appellantis, Part. Präs. von appellare, vgl. appellieren⟩: (veraltet) Berufungskläger (Rechtsw.). **Ap|pel|lan|ten** *die* (Plur.): Partei der ↑ Jansenisten, die die Papstbulle von 1713 nicht annahmen. **Ap|pel|lat** *der;* -en, -en ⟨aus *lat.* appellatus, Part. Perf. von appellare, vgl. appellieren⟩: (veraltet) Berufungsbeklagter (Rechtsw.). **Ap|pel|la|ti|on** *die;* -, -en ⟨aus gleichbed. *lat.* appellatio, eigtl. „Anrede"⟩: Berufung (Rechtsw.). **ap|pel|la|tion con|trô|lée** [...lasjõkõtro'le:] ⟨*fr.;* „kontrollierte Marke, Qualität"⟩: Kennzeichnung für Weine, die festgesetzten ↑ Normen genügen. **ap|pel|la|tiv** ⟨aus *lat.* appellativus „benennend"⟩: svw. appellativisch; vgl. ...isch/-. **Ap|pel|la|tiv** *das;* -s, -e [...və] ⟨aus *lat.* (nomen) appellativum „zur Benennung dienend(es Wort)"; vgl. appellieren⟩: Substantiv, das eine ganze Gattung gleichgearteter Dinge od. Lebewesen u. zugleich jedes einzelne Wesen od. Ding dieser Gattung bezeichnet (z. B. Tisch, Mann). **ap|pel|la|ti|visch** [...vɪʃ]: als Appellativ gebraucht; vgl. ...isch/-. **Ap|pel|la|tiv|na|me** *der;* -ns, -n: als Gattungsbezeichnung verwendeter Eigenname (z. B. Zeppelin für „Luftschiff"). **Ap|pel|la|ti|vum** [...vʊm] *das;* -s, ...va [...va] ⟨aus *lat.* (nomen) appellativum⟩: (veraltet) svw. Appellativ. **ap|pel|lie|ren** ⟨aus *lat.* appellare „um Hilfe ansprechen, (auf)rufen"⟩: 1. sich an jmdn., etw. in mahnendem Sinne wenden. 2. (veraltet) Berufung einlegen (Rechtsw.)
ap|pe|na|to ⟨*it.;* eigtl. Part. Perf. von appenare „quälen, betrüben, ängstigen" zu pena „Buße, Strafe, Qual", dies aus *lat.* poena⟩: mit leidendem Ausdruck (Vortragsanweisung; Mus.)
Ap|pend|ek|to|mie *die;* -, ...ien ⟨zu ↑ Appendix u. ↑ ...ektomie⟩: operative Entfernung des Wurmfortsatzes des Blinddarms, Blinddarmoperation. **ap|pend|ek|to|mie|ren** ⟨zu ↑ ...ieren⟩: den Wurmfortsatz operativ entfernen. **ap|pen|die|ren** ⟨aus gleichbed. *lat.* appendere⟩: (veraltet) an-, aufhängen. **Ap|pen|di|ko|pa|thie** *die;* -, ...ien ⟨zu ↑ Appendix ↑ ...pathie⟩: allg. Bez. für Erkrankung des Wurmfortsatzes des Blinddarms. **Ap|pen|di|ku|la** *die;* -, ...lä ⟨*lat.* appendicula, Verkleinerungsform von appendix, vgl. Appendix⟩: (veraltet) kleines Anhängsel. **Ap|pen|dix** *der;*

-[es], Plur. ...dizes [...tse:s] od. -e ⟨aus *lat.* appendix, Gen. appendicis „Anhang, Anhängsel" zu appendere, vgl. appendieren⟩: 1. Anhängsel. 2. Luftfüllansatz von Ballons. 3. Anhang eines Buches (der unechte Schriften, Tafeln, Tabellen, Karten, den kritischen Apparat o. ä. enthält). 4. (fachspr. *die;* -, Plur. ...dizes od. ...dices [...tse:s]) Wurmfortsatz des Blinddarms (Med.). **Ap|pen|di|zi|en** [...i̯ən] *die* (Plur.) ⟨aus gleichbed. *mlat.* appendicia⟩: (veraltet) Zubehör (z. B. zu einem Amt, zu einem Haus gehörende Grundstücke; Rechtsw.); vgl. Pertinens. **ap|pen|di|zie|ren** ⟨zu ↑...ieren⟩: (veraltet) anhängen, beifügen, nachtragen. **Ap|pen|di|zi|tis** *die;* -, ...itiden ⟨zu ↑...itis⟩: Entzündung des Wurmfortsatzes des Blinddarms, Blinddarmentzündung (Med.). **ap|pen|di|zi|tisch:** die Appendizitis betreffend

Ap|per|so|nie|rung *die;* - ⟨zu ↑ ad..., *lat.* persona „Person" u. ↑...ierung⟩: schizophrenes Krankheitsbild, bei dem der Kranke fremde Erlebnisse als eigene ausgibt u. sich mit Verhaltensweisen anderer Personen identifiziert (Med.).

Ap|per|ti|nens *das;* -, ...enzien [...i̯ən] ⟨aus *mlat.* appertinens, Part. Präs. von appertinere „dazugehören"⟩: (veraltet) Zubehör

Ap|per|zep|ti|on *die;* -, -en ⟨nach *fr.* aperception „Wahrnehmung" zu ↑ ad... u. ↑ Perzeption⟩: 1. begrifflich urteilendes Erfassen im Unterschied zur ↑ Perzeption (Philos.). 2. bewußtes Erfassen von Erlebnis-, Wahrnehmungs- u. Denkinhalten (Psychol.). **Ap|per|zep|ti|ons|psy|cho|lo|gie** *die;* -: (von W. Wundt begründete) Lehre von der Auffassung des Ablaufs der psychischen Vorgänge als Willensakt. **ap|per|zep|tiv** ⟨zu ↑...iv⟩: durch Apperzeption (2) bewirkt, durch Aufmerksamkeit zustande kommend. **ap|per|zi|pie|ren** ⟨zu ↑...ieren⟩: Erlebnisse u. Wahrnehmungen bewußt erfassen im Unterschied zu ↑ perzipieren (Psychol.)

ap|pe|tẹnt ⟨aus gleichbed. *lat.* appetens, Gen. appetentis zu appetere, vgl. appetieren⟩: (veraltet) verlangend, begehrend. **Ap|pe|tẹnz** *die;* -, -en ⟨aus *lat.* appetentia „Begehren"⟩: a) [ungerichtete] suchende Aktivität (z. B. bei einem Tier auf Nahrungssuche); b) das Begehren; Sexualverlangen (Verhaltensforschung). **Ap|pe|tẹnz|ver|hal|ten** *das;* -s: Triebverhalten bei Tieren zur Auffindung der triebbefriedigenden Reizsituation (Verhaltensforschung). **ap|pe|tie|ren** ⟨aus gleichbed. *lat.* appetere⟩: (veraltet) begehren, verlangen. **ap|pe|tis|sant** [...'sã:] ⟨aus *fr.* appétissant zu appétit, vgl. Appetit⟩: (veraltet) appetitlich, köstlich, reizend, anziehend, verführerisch. **Ap|pe|tit** *der;* -[e]s, -e ⟨aus *lat.* appetitus „Verlangen" zu appetere, vgl. appetieren⟩: Wunsch, etw. [Bestimmtes] zu essen. auch zu trinken. **Ap|pe|ti|ti|on** *die;* -, -en ⟨zu ↑¹...ion⟩: svw. Appetenz. **ap|pe|ti|tiv** ⟨zu ↑...iv⟩: (veraltet) begehrend, verlangend, lüstern. **ap|pe|tit|lich:** a) appetitanregend; b) hygienisch einwandfrei, sauber; c) adrett u. frisch aussehend. **Ap|pe|tit|züg|ler** *der;* -s, -: Medikament, das eine appetithemmende Wirkung hat (Med.). **Ap|pe|ti|zer** ['æpɪtaɪzɐ] *der;* -s, - ⟨aus gleichbed. *engl.* appetizer⟩: appetitanregendes Mittel

Ap|pla|na|ti|on *die;* -, -en ⟨zu ↑ ad..., *lat.* planare „ebnen" (vgl. applanieren) u. ↑...ation⟩: Abflachung der Hornhaut des Auges (Med.). **Ap|pla|na|ti|ons|to|no|me|ter** *das;* -s, -: Instrument, das den Augeninnendruck aus der Abplattung der Augenhornhaut unter der Einwirkung eines bestimmten Gewichts mißt (Med.). **ap|pla|nie|ren** ⟨aus gleichbed. *fr.* aplanir zu plain „eben", dies aus *lat.* planus „eben, flach"⟩: a) [ein]ebnen; b) ausgleichen

ap|plau|die|ren ⟨aus gleichbed. *lat.* applaudere⟩: a) Beifall klatschen; b) jmdm./einer Sache Beifall spenden. **Ap|plaus** *der;* -es, -e (Plur. selten) ⟨aus *lat.* applausus, Part. Perf. von applaudere, vgl. applaudieren⟩: Beifall[sruf], Händeklatschen, Zustimmung

ap|pli|ka|bel ⟨zu *lat.* applicare (vgl. applizieren) u. ↑...abel⟩: anwendbar. **Ap|pli|ka|bi|li|tät** *die;* - ⟨zu ↑...ität⟩: Anwendbarkeit. **Ap|pli|kant** *der;* -en, -en ⟨aus *lat.* applicans, Gen. applicantis, Part. Präs. von applicare; vgl. applizieren⟩: (veraltet) 1. Bewerber, Anwärter. 2. Bittsteller. **Ap|pli|ka|te** *die;* -, -n ⟨aus *nlat.* applicata „die Angelehnte"⟩: dritte ↑ Koordinate (1) eines Punktes im rechtwinkligen Koordinatensystem (Math.). **Ap|pli|ka|ti|on** *die;* -, -en ⟨aus *lat.* applicatio „das Sichanschließen, Zuneigung"⟩: 1. Anwendung, Zuführung, Anbringung. 2. (veraltet) Bewerbung, Fleiß, Hinwendung. 3. Verordnung u. Anwendung von Medikamenten oder. therapeutischen Maßnahmen (Med.). 4. Darbringung der katholischen Messe für bestimmte Personen od. Anliegen (Rel.). 5. aufgenähte Verzierung aus Leder, Filz, dünnerem Metall o. ä. an Geweben (Textilkunde). 6. haftendes od. aufgelegtes Symbol auf Wandtafeln o. ä. **ap|pli|ka|tiv** ⟨zu ↑...iv⟩: (veraltet) svw. applikabel; vgl. ...iv/...orisch. **Ap|pli|ka|tiv** *der;* -s, -e [...və]: Verbalform in nichtindogermanischen Sprachen (z. B. Indianersprachen), die angibt, daß die Handlung zum Vor- od. Nachteil eines Dritten geschieht (Sprachw.). **Ap|pli|ka|tor** *der;* -s, ...oren ⟨zu ↑...or⟩: röhren-, düsenförmiges Teil, mit dem Salbe o. ä. appliziert, an eine bestimmte Stelle (z. B. auf eine offene Wunde, in den Darm) gebracht werden kann (Med.). **ap|pli|ka|to|risch:** (veraltet) anwendend; praktisch; vgl. ...iv/...orisch. **Ap|pli|ka|tur** *die;* -, -en ⟨aus gleichbed. *lat.* applicatura⟩: 1. (veraltet) zweckmäßiger Gebrauch. 2. Fingersatz, das zweckmäßige Verwenden der einzelnen Finger beim Spielen von Streichinstrumenten, Klavier u. a.; Mus.). **Ap|pli|ke** *die;* -, -n ⟨aus *fr.* applique „an der Wand befestigter od. in die Wand eingelassener Gegenstand"⟩: 1. in der griech.-röm. Kunst meist Bez. flacher Tonreliefs, die auf einem anderen Untergrund befestigt werden (z. B. an Vasen, ↑ Sarkophagen u. Bauwerken). 2. selbständig gearbeitetes Zierstück (z. B. vergoldeter Bronzebeschlag für Möbel). 3. ein- od. mehrarmiger Wandleuchter. **ap|pli|zie|ren** ⟨aus *lat.* applicare „anfügen, anwenden, hinwenden"⟩: 1. anwenden. 2. verabreichen, verabfolgen, dem Körper zuführen (z. B. Arzneimittel; Med.). 3. [Farben] auftragen. 4. [Stoffmuster] aufnähen. 5. sich -: (veraltet) sich auf etw. verlegen

ap|plom|bie|ren ⟨zu ↑ ad... u. *fr.* plomber „verbleien", dies zu plomb „Blei" aus gleichbed. *lat.* plumbum⟩: (veraltet) anlöten **Ap|plom|bist** *der;* -en, -en ⟨zu ↑...ist⟩: (veraltet) jmd., der etwas mit Blei verlötet, der plombiert. **ap|plum|bie|ren** ⟨zu ↑ ad... u. *lat.* plumbare „(mit Blei) verlöten", dies zu plumbum „Blei"⟩: (veraltet) svw. applombieren

ap|pog|gia|to [...'dʒa:to] ⟨*it.*⟩: getragen, gehalten (Vortragsanweisung; Mus.). **Ap|pog|gia|tur** o. **Ap|pog|gia|tu|ra** [...dʒa...] *die;* -, ...ren ⟨aus gleichbed. it. appoggiatura zu appoggiare „anlehnen, unterstützen"⟩: langer Vorschlag, der Hauptnote zur Verzierung vorausgeschickter Nebenton (Mus.).

Ap|point [a'pɔɛ̃:] *der;* -s, -s ⟨aus *fr.* appoint „Rest, Rest-, Ergänzungssumme" zu point „Punkt", dies aus *lat.* punctum⟩: Ausgleichsbetrag; Wechsel, der eine Restschuld vollständig ausgleicht. **Ap|poin|te|ment** [apɔɛ̃t'mã:] *das;* -s, -s ⟨aus *fr.* appointements „Gehalt"⟩: (veraltet) 1. das genau Festgesetzte, Vereinbarte; Gehalt der höheren Beamten. 2. gerichtlicher Bescheid. **Ap|poin|teur** [...'tø:ɐ̯] *der;* -s, -e ⟨zu ↑...eur⟩: (veraltet) Gerichtsbeisitzer; jmd., der [einen Streit] schlichtet. **ap|poin|tie|ren** ⟨aus *fr.* ap-

apponieren

pointer „besolden; (einen Streit) beilegen"⟩: (veraltet) 1. besolden. 2. schlichten, ausgleichen, beilegen. 3. eine Rechnung genau mit den Geschäftsbüchern vergleichen

ap|po|nie|ren ⟨aus *lat.* apponere „hinzusetzen"⟩: (veraltet) beifügen

ap|port! ⟨aus *fr.* apporte!, Imperativ von apporter „herbeibringen", dies aus *lat.* apportare, vgl. apportieren⟩: bring [es] her! (Befehl an den Hund). **Ap|port** *der;* -s, -e: 1. (veraltet) Sacheinlage statt Bargeld bei der Gründung einer Kapitalgesellschaft. 2. (Jägerspr.) Herbeischaffen des erlegten Wildes durch den Hund 3. das angebliche Herbeischaffen von Gegenständen od. die Lage- oder Ortsveränderung materieller Dinge, bewirkt von Geistern od. von einem ↑¹Medium (4 a) (Parapsychol.); Ggs. ↑Asport. **Apor|ta|ge** [...ʒə] *die;* -, -n ⟨zu ↑...age⟩: (veraltet) Trägerlohn. **ap|por|tie|ren** ⟨zum Teil über *fr.* apporter aus *lat.* apportare „herbeibringen"⟩: Gegenstände, erlegtes Wild herbeibringen (vom Hund). **Ap|por|tier|hun|de** *die* (Plur.): Sammelbez. für Jagdhunde, die speziell darauf abgerichtet sind, erlegtes Wild zu bringen

ap|por|tio|nie|ren ⟨zu ↑ad... u. ↑portionieren⟩: (veraltet) svw. portionieren

Ap|po|si|ti|on *die;* -, -en ⟨aus *lat.* appositio „das Hinzusetzen, der Zusatz" zu apponere, vgl. apponieren⟩: 1. substantivisches Attribut, das üblicherweise im gleichen Kasus steht wie das Substantiv od. Pronomen, zu dem es gehört (z. B. Paris, *die Hauptstadt Frankreichs;* Sprachw.). 2. Anlagerung von Substanzen (z. B. Dickenwachstum pflanzlicher Zellwände od. Anlagerung von Knochensubstanz beim Aufbau der Knochen; Biol.); Ggs. ↑Intussuszeption (1). **ap|po|si|tio|nal** ⟨zu ↑¹...al (1)⟩: svw. appositionell; vgl. ...al/...ell. **ap|po|si|tio|nell** ⟨zu ↑...ell⟩: die Apposition (1) betreffend, in der Art einer Apposition gebraucht; vgl. ...al/...ell. **Ap|po|si|ti|ons|au|ge** *das;* -s, -n: lichtschwaches, doch scharf abbildendes ↑Facettenauge bei Insekten (Zool.); vgl. Superpositionsauge. **ap|po|si|tiv** ⟨zu ↑...iv⟩: als Apposition (1) [gebraucht], in der Apposition stehend (Sprachw.)

ap|prä|ben|die|ren ⟨zu ↑ad..., ↑Präbende u. ↑...ieren⟩: (veraltet) bepfründen, mit einer Pfründe ausstatten

ap|prai|siv [aprɛ...] ⟨zu *engl.* to appraise „(ein)schätzen, bewerten" u. ↑...iv⟩: nicht wertfrei, bewertend (von Wörtern u. Begriffen)

ap|pre|hen|die|ren ⟨aus gleichbed. *lat.* apprehendere⟩: (veraltet) 1. ergreifen; begreifen, auffassen. 2. befürchten. **ap|pre|hen|si|bel** ⟨aus gleichbed. *lat.* apprehensibilis⟩: (veraltet) begreiflich. **Ap|pre|hen|si|bi|li|tät** *die;* - ⟨nach gleichbed. *fr.* appréhensibilité; vgl. ...ität⟩: (veraltet) Begreifbarkeit. **Ap|pre|hen|si|on** *die;* -, -en ⟨aus *lat.* apprehensio „das Anfassen; das Begreifen, Verstehen"⟩: 1. Erfassung eines Gegenstandes durch die Sinne; Zusammenfassung mannigfaltiger Sinneseindrücke zu einer Vorstellungseinheit. 2. (veraltet) Besorgnis, Abneigung. **ap|pre|hen|siv** ⟨nach gleichbed. *fr.* appréhensif; vgl. ...iv⟩: 1. reizbar. 2. furchtsam

Ap|pre|ka|ti|on *die;* -, -en ⟨zu ↑ad... u. *lat.* precatio „Gebet", dies zu precari „anrufen, bitten"⟩: flehentliche Bitte. **ap|pre|ka|to|risch** ⟨zu ↑ad... u. *lat.* precator „Bittsteller"⟩: (veraltet) inständig bittend, flehentlich

Ap|pren|ti [aprã'ti] *der;* -s [aprã'ti], -s [...'ti:(s)] ⟨aus gleichbed. *fr.* apprenti zu apprendre, dies aus *lat.* apprehendere „begreifen, erlernen"⟩: (veraltet) Lehrling. **Ap|pren|tis|sage** [...'saːʒ] *die;* -, -n [...ʒn] ⟨*fr.* apprentissage⟩: (veraltet) Lehrzeit

Ap|pret [a'prɛ] *das* od. *der;* -s [a'prɛ], -s [a'prɛ(s)] ⟨aus *fr.* apprêt „Zurichtung, Ausrüstung" zu prêt, vgl. appretieren⟩: 1. Mittel zur ↑Appretur. 2. appretierte Stoffeinlage (Textilkunde). **Ap|pre|teur** [...'tøːɐ̯] *der;* -s, -e ⟨aus *fr.* apprêteur „Zurichter, Ausrüster" zu apprêter, vgl. appretieren⟩: jmd. (Facharbeiter), der Gewebe, Textilien appretiert

Ap|pre|tia|ti|on *die;* -, -en ⟨zu *lat.* appretiare (vgl. appretiieren) u. ↑...ation⟩: (veraltet) Abschätzung, Wertbestimmung

ap|pre|tie|ren ⟨aus *fr.* apprêter „zubereiten; steifen, pressen" zu prêt „bereit, fertig"⟩: Geweben, Textilien durch entsprechendes Bearbeiten ein besseres Aussehen, Glanz, höhere Festigkeit geben

ap|pre|ti|ie|ren ⟨aus gleichbed. *lat.* appretiare zu ↑ad... u. pretium „Preis"⟩: (veraltet) den Wert bestimmen, taxieren; werten, würdigen

Ap|pre|tur *die;* -, -en ⟨aus gleichbed. *nlat.* appretura; vgl. appretieren⟩: 1. das Appretieren. 2. das, was durch Appretieren an Glanz, Festigkeit usw. im Gewebe vorhanden ist, z. B. die - geht beim Tragen bald wieder heraus. 3. Raum, in dem Textilien appretiert werden

Ap|proach [ə'proʊtʃ] *der;* -[e]s, -s ⟨aus *engl.* approach „das Näherkommen, Annäherung" zu to approach „sich nähern", dies über *altfr.* aprochier aus *spätlat.* appropiare⟩: 1. Sehweise, Art der Annäherung an ein [wissenschaftliches] Problem. 2. Anfang eines Werbetextes, der die Aufmerksamkeit des Verbrauchers erregen soll. 3. Landeanflug eines Flugzeugs. 4. Annäherungsschlag beim Golf

Ap|pro|ba|ti|on *die;* -, -en ⟨aus *lat.* approbatio „Billigung, Genehmigung" zu approbare, vgl. approbieren⟩: 1. staatliche Zulassung zur Berufsausübung als Arzt od. Apotheker. 2. a) Anerkennung, Bestätigung, Genehmigung durch die zuständige kirchliche Autorität; b) Bevollmächtigung zur Wortverkündung u. zur Spendung des Bußsakraments (kath. Rel.). **ap|pro|ba|tiv** ⟨zu ↑...iv⟩: (veraltet) gutheißend, billigend; vgl. ...iv/...orisch. **ap|pro|ba|to|risch** ⟨zu *lat.* approbator „einer, der billigt, zustimmt"⟩: (veraltet) svw. approbativ; vgl. ...iv/...orisch. **ap|pro|ba|tur** ⟨3. Pers. Sing. Präs. Passiv von *lat.* approbare „zustimmen"⟩: es wird gebilligt (Formel der kirchlichen Druckerlaubnis); vgl. Imprimatur (2). **ap|pro|bie|ren** ⟨aus *lat.* approbare „zustimmen"⟩: bestätigen, genehmigen. **ap|pro|biert** ⟨↑...iert⟩: zur Ausübung des Berufes staatlich zugelassen (von Ärzten u. Apothekern)

Ap|pro|che [a'prɔʃə] *die;* -, -n ⟨aus *fr.* approche „Annäherung, das Nahen; Zugang" zu approcher, vgl. approchieren⟩: (veraltet) Laufgraben (Mil.). **Ap|pro|che|ment** [aprɔʃ'mã:] *das;* -s, -s ⟨zu ↑²...ment⟩: (veraltet) Annäherung. **ap|pro|chie|ren** [...'ʃiː...] ⟨aus *fr.* approcher „näher bringen, annähern" zu *spätlat.* appropiare⟩: (veraltet) 1. sich nähern. 2. Laufgräben anlegen (Mil.)

ap|pro|fon|die|ren [...fõ...] ⟨aus gleichbed. *fr.* approfondir zu profond „tief", dies aus gleichbed. *lat.* profundus⟩: (veraltet) vertiefen, ergründen. **Ap|pro|fon|disse|ment** [...fõdis'mã:] *das;* -s, -s ⟨aus gleichbed. *fr.* approfondissement⟩: (veraltet) Vertiefung; Ergründung, Erforschung

ap|pro|pe|rie|ren ⟨aus gleichbed. *lat.* approperare⟩: (veraltet) beschleunigen; sich beeilen, herbeieilen

Ap|pro|pin|qua|ti|on *die;* -, -en ⟨aus gleichbed. *lat.* appropinquatio zu appropinquare, vgl. appropinquieren⟩: (veraltet) Annäherung, das Herannahen. **ap|pro|pin|quie|ren** ⟨aus gleichbed. *lat.* appropinquare⟩: (veraltet) sich nähern

Ap|pro|pri|ance [...'priãs] *die;* -, -n [...sən] ⟨französierende Bildung zu *fr.* approprier „in Besitz nehmen", dies aus *mlat.* appropriare, vgl. appropriieren⟩: (veraltet) Besitzergreifung. **Ap|pro|pri|a|ti|on** *die;* -, -en ⟨aus gleichbed.

Apside

mlat. appropriatio⟩: Zu-, Aneignung, Besitzergreifung. **Ap|pro|pria|ti|ons|klau|sel** *die;* -: Klausel, wonach die Regierung Steuergelder nur zu dem vom Parlament gebilligten Zweck verwenden darf. **ap|pro|pri|ie|ren** ⟨aus *mlat.* appropriare „zueignen; (selbst) beanspruchen" zu ↑ad... u. *lat.* proprium „Eigentum"⟩: in Besitz nehmen
ap|pro|vi|an|tie|ren [...v...] ⟨zu ↑ad..., ↑Proviant u. ↑...ieren⟩: (veraltet) mit Lebensmitteln od. sonstigem Vorrat versehen. **Ap|pro|vi|an|tie|rung** *die;* -, -en ⟨zu ↑...ierung⟩: (veraltet) Versorgung mit Lebensmitteln
Ap|pro|vi|sa|ti|on [...v...] *die;* -, -en ⟨zu ↑approvisionieren u. ↑...ation⟩: (österr. Amtsspr. veraltet) Versorgung, bes. von Truppen, mit Lebensmitteln. **ap|pro|vi|sio|nie|ren** ⟨aus *fr.* approvisionner „versorgen" zu ↑ad... u. *lat.* provisio „Vorsorge"⟩: (österr. Amtsspr. veraltet) [Truppen] mit Lebensmitteln versorgen
ap|pro|xi|mal ⟨aus *nlat.* approximalis „berührend" zu *lat.* approximare, vgl. approximieren⟩: die Berührungsfläche, Seitenfläche eines Zahnes zum Nachbarzahn hin betreffend (Zahnmed.). **Ap|pro|xi|mal|ka|ri|es** [...i̯ɛs] *die;* -: durch Kontakt mit dem Nachbarzahn zerstörte Berührungsfläche eines Zahnes (Zahnmed.). **Ap|pro|xi|ma|ti|on** *die;* -, -en ⟨aus gleichbed. *nlat.* approximatio zu *lat.* approximare, vgl. approximieren⟩: 1. Näherung[swert], angenäherte Bestimmung od. Darstellung einer unbekannten Größe od. Funktion (Math.). 2. Annäherung (an einen bestimmten Zielpunkt (o. ä.). **ap|pro|xi|ma|tiv** ⟨zu ↑...iv⟩: angenähert, ungefähr. **Ap|pro|xi|ma|tiv** *das;* -s, -e [...və]: Formklasse des Adjektivs, die eine Annäherung ausdrückt (vergleichbar deutschen Adjektivbildungen wie rötlich zu rot; Sprachw.). **ap|pro|xi|mie|ren** ⟨aus gleichbed. *lat.* approximare zu ↑ad... u. proximus „der nächste"⟩: (veraltet) sich nähern
Ap|pui [a'pỹi] *der;* -[s] [a'pỹi], -s [a'pỹi(s)] ⟨aus *fr.* appui „(Ab)stützung; Unterstützung; Pfeiler" zu appuyer, vgl. appuyieren⟩: (veraltet) Stützpunkt, Lehne. **ap|pu|yie|ren** [apỹi'ji:...] ⟨aus *fr.* appuyer „(unter)stützen", dies aus *mlat.* appodiare zu ↑ad... u. *lat.* podium „erhöhter Platz"⟩: (veraltet) 1. unterstützen; sich lehnen. 2. auf etw. dringen, den Nachdruck auf etw. legen
apräk|tisch ⟨aus *gr.* ápraktos „nichts ausrichtend"⟩: die ↑Apraxie betreffend, mit Apraxie verbunden (Med.). **Apra|xie** *die;* -, ...ien ⟨aus *gr.* apraxía „Untätigkeit"⟩: durch zentrale Störungen bedingte Unfähigkeit, sinnvolle u. zweckmäßige Bewegungen auszuführen (Med.)
après [a'prɛ] ⟨*fr.*⟩: nach; nachher. **Après** *der;* - [a'prɛ(s)], -[a'prɛs]: (veraltet) der beim Kartenspiel in Hinterhand Sitzender. **après la let|tre** [- - 'lɛtrə] ⟨*fr.;* „nach der Schrift"⟩: Formel, die besagt, daß der Kupferstich durch den Künstler signiert wurde. **après nous le dé|luge!** [- nu lə de'ly:ʒ] ⟨*fr.;* „nach uns die Sintflut!"; angeblicher Ausspruch der Marquise von Pompadour nach der verlorenen Schlacht bei Roßbach 1757⟩: nach mir die Sintflut!; für mich ist nur mein heutiges Wohlergehen wichtig, um spätere, daraus eventuell entstehende Folgen kümmere ich mich nicht, die müssen andere tragen! **Après-Ski** [aprɛ'ʃi:, fr. aprɛs'ki] *das;* - ⟨aus gleichbed. *fr.* après-ski, eigtl. „nach dem Skilaufen", zu ↑après u. ↑Ski⟩: a) jede Art von Zerstreuung od. Vergnügen [nach dem Skilaufen] im Winterurlaub; b) sportlich-saloppe, modisch-elegante Kleidung, die nach dem Skisport, aber auch allgemein von nicht Ski laufenden Winterurlaubern getragen wird. **Après-Swim** [...'svɪm] *das;* - ⟨zu *engl.* swim „das Schwimmen", eigtl. „nach dem Schwimmen"⟩: leichte u. bequeme Strandkombination für die Dame nach dem Schwimmen

apri|cot [...'ko:] ⟨aus gleichbed. *fr.* abricot, vgl. Aprikose⟩: aprikosenfarben. **Apri|ko|se** *die;* -, -n ⟨aus gleichbed. *niederl.* abrikoos, dies über *fr.* abricots (Plur.), *span.* albaricoque aus *arab.* al-barqūq „Pflaumen", dies über das Spätgriech. aus *spätlat.* praecoca „Pfirsiche", eigtl. „frühreife (Früchte)", zu *lat.* praecoquus „vor der Zeit reif"⟩: a) gelbliche, pflaumengroße, fleischige Steinfrucht des Aprikosenbaumes; b) Aprikosenbaum; c) Gartenzierbaum aus Japan. **apri|ko|tie|ren** ⟨zu ↑...ieren⟩: Süßspeisen u. Kuchen mit Aprikosenmarmelade überziehen (Gastr.).
April *der;* -[s], -e ⟨aus *lat.* Aprilis (mensis), weitere Herkunft unbekannt⟩: vierter Monat im Jahr, Ostermond, Wandelmonat; Abk.: Apr. **April|the|sen** die (Plur.): von Lenin verkündetes Aktionsprogramm, das die Aktionen der bolschewistischen Partei auf dem Weg von der Februar- zur Oktoberrevolution bestimmte
a pri|ma ae|ta|te [- - ɛ...] ⟨*lat.*⟩: von frühester Jugend an
a pri|ma vi|sta [- - v...] ⟨*it.;* „auf den ersten Blick"⟩: 1. ohne vorherige Kenntnis, unvorbereitet. 2. vom Blatt, d. h. ohne vorhergehende Probe bzw. Kenntnis der Noten singen od. spielen (Mus.); vgl. a vista
a pri|o|ri ⟨*lat.;* „vom Früheren her"⟩: 1. von der Erfahrung od. Wahrnehmung unabhängig, aus der Vernunft durch logisches Schließen gewonnen (Erkenntnistheorie); Ggs. ↑a posteriori. 2. grundsätzlich, von vornherein; Ggs. ↑a posteriori. **Apri|o|ri** *der;* -, -: Vernunftsatz, Inbegriff der Erkenntnisse, die a priori gewonnen werden; Ggs. ↑Aposteriori. **aprio|risch**: aus Vernunftgründen [erschlossen], allein durch Denken gewonnen; Ggs. ↑aposteriorisch. **Aprio|ris|mus** *der;* -, ...men ⟨zu ↑...ismus (1)⟩: a) Erkenntnis a priori; b) philosophische Lehre, die eine von der Erfahrung unabhängige Erkenntnis annimmt. **Aprio|rist** *der;* -en, -en ⟨zu ↑...ist⟩: Vertreter der Lehre des Apriorismus. **aprio|ri|stisch** ⟨zu ↑...istisch⟩: den Apriorismus betreffend
à pro|por|tion [a ...s|jõ] ⟨*fr.*⟩: im Verhältnis
apro|pos [...'po:] ⟨aus *fr.* à propos „der Sache, dem Thema angemessen" zu propos „Gespräch"⟩: da wir gerade davon sprechen ...; nebenbei bemerkt, übrigens
Apros|do|ke|se *die;* -, -n ⟨aus gleichbed. *nlat.* aprosdocesis zu *gr.* aprosdóketos „unerwartet, unvermutet"⟩: Anwendung des ↑Aprosdoketons als bewußtes Stilmittel (Rhet.; Stilk.). **apros|do|ke|tisch**: a) die Aprosdokese, das Aprosdoketon betreffend; b) in Form eines Aprosdoketons abgefaßt. **Apros|do|ke|ton** *das;* -s, ...ta ⟨aus *gr.* aprosdóketon „Unerwartetes": unerwartet gebrauchtes, auffälliges Wort bzw. Redewendung an Stelle erwarteter geläufiger Wörter od. Wendungen (Rhet.; Stilk.)
Apros|exie *die;* -, ...ien ⟨aus *gr.* aprosexía „Unaufmerksamkeit"⟩: Konzentrationsschwäche; Störung des Vermögens, sich geistig zu sammeln, aufmerksam zu sein
Apros|o|lept *der;* -en, -en ⟨zu *gr.* a- „un-, nicht-", prósōpon „Person" u. leptós, Part. Perf. zu lambánein „nehmen"⟩: (veraltet) jmd., bei dem kein Ansehen einer Person gilt. **Apros|o|pie** *die;* -, ...ien ⟨zu ↑...opie⟩: angeborenes Fehlen des Gesichts (bei Mißgeburten; Med.). **Apros|opus** *der;* -, ...pen ⟨aus gleichbed. *nlat.* aprosopus⟩: Mißgeburt ohne Gesichtsbildung (Med.)
apro|tisch ⟨zu *gr.* a- „un-, nicht-" u. ↑Proton⟩: frei von ↑Protonen (Phys.)
Ap|sa|ras die (Plur.) ⟨aus gleichbed. *sanskr.* apsarás⟩: ind. Wasserfrauen, nymphenartige Wesen der altind. Fabeldichtung
Ap|si|de *die;* -, -n ⟨aus *spätlat.* apsida zu *lat.* apsis, vgl. Apsis⟩: 1. Punkt der kleinsten od. größten Entfernung eines

Planeten von dem Gestirn, das er umläuft (Astron.). 2. svw. Apsis (1). **Ap|si|den|li|nie** *die;* -, -n: Verbindungslinie der beiden Apsiden (Astron.). **ap|si|di|al** ⟨zu ↑¹...al (1)⟩: a) die Apsis (1) betreffend; b) nach Art einer Apsis (1) gebaut. **Ap|si|di|o|la** *die;* -, ...len ⟨*nlat.* Verkleinerungsbildung zu ↑ Apsis⟩: einer Apsis (1) od. einem Chorumgang angebaute kleine Chorkapelle. **Ap|sis** *die;* -, ...iden ⟨aus gleichbed. *lat.* apsis, dies aus *gr.* ápsis „Bogen"⟩: 1. halbrunde, auch vieleckige Altarnische als Abschluß eines Kirchenraumes. 2. [halbrunde] Nische im Zelt zur Aufnahme von Gepäck u. a.

apso|risch ⟨zu *gr.* a- „un-, nicht-" u. psóra „Krätze"⟩: (veraltet) die Krätze, den Ausschlag heilend (Med.).

Ap|su, Abzu ['apsu] *der;* - ⟨*assyr.*⟩: babylon. Gott des Süßwasserozeans

apsy|cho|nom ⟨zu *gr.* a- „un-, nicht-" u. ↑psychonom⟩: außerhalb der Gesetze des Bewußtseins stehend, außerhalb der psychischen Gesetze ablaufend (Psychol.).

Apt u. Aptien [ap'tjɛ̃] *das;* -s ⟨nach dem Ort Apt in Südfrankreich⟩: eine Stufe der Kreide (Geol.).

ap|ta|bel ⟨aus gleichbed. *lat.* aptabilis zu aptare, vgl. aptieren⟩: (veraltet) brauchbar, passend, anwendbar

¹Apte|rie *die;* - ⟨aus gleichbed. *nlat.* apteria zu *gr.* ápteros „flügellos"; vgl. ².ie⟩: Flügellosigkeit (bei Insekten; Zool.). **²Apte|rie** [...jə] *die;* -, -n (meist Plur.) ⟨zu ↑¹Apterie u. ↑¹...ie⟩: federfreie Stelle im Gefieder der Vögel (Zool.). **apte|ry|got** ⟨aus *gr.* aptérygos „ohne Flügel"⟩: flügellos (von Insekten; Zool.). **Apte|ry|go|ten** *die* (Plur.) ⟨aus gleichbed. *nlat.* apterygota (Plur.)⟩: flügellose Insekten (Zool.)

Ap|ti|en [ap'tjɛ̃] vgl. Apt

ap|tie|ren ⟨aus gleichbed. *lat.* aptare⟩: 1. (veraltet) anpassen; herrichten. 2. (in der Briefmarkenkunde) einen Stempel den neuen Erfordernissen anpassen, um ihn weiterhin benutzen zu können

Ap|ti|tude ['æptɪtjuːd] *die;* -, -s ⟨aus *engl.* aptitude „Eignung, Begabung", dies aus *spätlat.* aptitudo „Brauchbarkeit"⟩: anlagebedingte Begabung, die die Voraussetzung für eine bestimmte Höhe der Leistungsfähigkeit ist. **Ap|ti|tude|test** *der;* -s, -s: Leistungsmaß zur Bestimmung der Lernfähigkeit in verschiedenen Verhaltensbereichen

Apto|ta *die* (Plur.) ⟨aus *gr.* áptōta, Plur. von áptōton „nicht beugbar(es Substantiv)", eigtl. „das nicht Fallende", zu *gr.* a- „un-, nicht-" u. ptōsis „das Fallen, Fall", dies zu píptein „fallen"⟩: (veraltet) ↑Substantive, die nicht dekliniert werden können (Sprachw.)

Ap|tu|mis|mus *der;* - ⟨zu *lat.* aptum, Neutrum von aptus „passend, bestens geeignet" (dies zu aptare, vgl. aptieren) u. ↑...ismus⟩: (veraltet) Tauglichkeit, Geschicklichkeit. **Ap|tu|mist** *der;* -en, -en ⟨zu ↑...ist⟩: (veraltet) besonders geschickter Mensch

Apty|a|lis|mus *der;* - ⟨zu *gr.* a- „un-, nicht-", ptyalízein „viel spucken" u. ↑...ismus (3)⟩: völliges Aufhören der Speichelabsonderung (Med.); vgl. Asialie

Apty|chen *die* (Plur.) ⟨zu *gr.* a- „un-, nicht-" u. ptyché „Falte"⟩: als fossile Kieferelemente angesehene, von ↑Ammoniten stammende, hornigkalkige od. kalkige, muschelähnliche Deckel (Geol.)

Apu|dom *das;* -s, -e ⟨aus *nlat.* apudoma zu ↑Apud-Zellen u. ↑...om⟩: ↑Tumor der Apud-Zellen (Med.). **Apud-Zel|len** *die* (Plur.) ⟨Abk. für *engl.* amine and precursor uptake and decarboxylation „Aufnahme und Dekarbolyierung von Aminen und ihren Vorstufen"⟩: hormonbildende ↑ endokrine Zellen in der Schilddrüse, in der Bauchspeicheldrüse u. im Magen (Med.)

a pun|to ⟨*it.;* „auf den Punkt"⟩: ganz übereinstimmend

Apure|ment [apyr'mã:] *das;* -s, -s ⟨aus gleichbed. *fr.* apurement zu pur „rein; unverfälscht; klar", dies aus gleichbed. *lat.* purus⟩: (veraltet) Prüfung u. Anerkennung der Richtigkeit einer Rechnung, Rechnungsabschluß (Finanzw.)

Apus *der;* -, Apoden ⟨zu *gr.* a- „un-, nicht-" u. poús, Gen. podós „Fuß"⟩: Mißgeburt, der die Füße bzw. Beine fehlen (Med.)

apy|re|nisch ⟨aus gleichbed. *gr.* apýrēnos⟩: kernlos. **Apy|re|no|me|le** *die;* -, -n ⟨zu *gr.* mḗlē „Sonde"⟩: (veraltet) Sonde ohne knöpfchenförmige Erweiterung an der Spitze (Med.)

apy|re|tisch ⟨aus gleichbed. *gr.* apýretos⟩: (veraltet) fieberfrei (Med.). **Apyr|exie** *die;* -, ...ien ⟨zu ↑Pyrexie⟩: fieberloser Zustand, fieberfreie Zeit (Med.). **Apy|rit** [auch ...'rɪt] *der;* -s, -e ⟨zu *gr.* ápyros „ohne Feuer" u. ↑²...it⟩: ein Mineral, pfirsichblütenroter ↑Turmalin (früher bekannt als schwedisches, rauchloses Schießpulver)

aq. dest.: Abk. für Aqua destillata. **Aqua de|stil|la|ta** *das;* - - ⟨aus *lat.* aqua „Wasser" u. destillata, Part. Perf. von destillare, vgl. destillieren⟩: destilliertes, chemisch reines Wasser; Abk.: aq. dest. **Aquä|dukt** *der,* auch *das;* -[e]s, -e ⟨aus gleichbed. *lat.* aquae ductus, zu ducere „führen"⟩: (altrömisches) steinernes, brückenartiges Bauwerk mit einer Rinne, in der das Wasser für die Versorgung der Bevölkerung weitergeleitet wurde. **Aqua|ener|ge|tik** *die;* - ⟨zu *lat.* aqua „Wasser" u. ↑Energetik⟩: [aus der ↑Hydrotherapie u. der ↑Bioenergie entwickelte] Behandlungsweise, die zu gesteigerter Lebendigkeit, Lockerung chronischer Verspannung, Abbau von Ängsten sowie zu Selbstverwirklichung u. kreativem Verhalten beitragen soll (Med.). **Aqua for|tis** *das;* - - ⟨zu *lat.* fortis „stark, kräftig"⟩: Bez. für die zum Ätzen der Druckplatten verwendete Säure. **Aqua|for|tist** *der;* -en, -en ⟨zu ↑...ist⟩: jmd., der Radierungen herstellt. **Aqua|gi|um** *das;* -s ⟨aus *lat.* aquagium „Wassergraben", zu agere „führen, leiten"⟩: (veraltet) das Recht, Wasser von Grundstücken abzuleiten. **Aqua|kom|plex** *der;* -es, -e: Koordinationsverbindung, die Wassermoleküle als ↑Liganden enthält (Chem.). **Aqua|kul|tur** *die;* -, -en: 1. (ohne Plur.) systematische Bewirtschaftung des Meeres (z. B. durch Anlegen von Muschelkulturen). 2. (ohne Plur.) Verfahren zur Intensivierung der Fischzüchtung u. -produktion. 3. Anlage, in der Verfahren zur extensiven Nutzung des Meeres od. zur Intensivierung der Fischproduktion entwickelt werden

äqual ⟨aus gleichbed. *lat.* aequalis⟩: gleich [groß], nicht verschieden; Ggs. ↑inäqual

Aqua|ma|ni|le *das;* -, -n ⟨aus gleichbed. *kirchenlat.* aquamanile zu *lat.* aqua „Wasser" u. manus „Hand"⟩: Gießgefäß od. Schüssel [zur Handwaschung des Priesters bei der Messe]. **Aqua|ma|rin** *der;* -s, -e ⟨zu *lat.* aqua marina „Meerwasser"⟩: meerblauer ↑Beryll, Edelstein. **Aqua|me|trie** *die;* - ⟨zu ↑...metrie⟩: Gesamtheit der Verfahren zur quantitativen Bestimmung von Wasser in chemischen Verbindungen, Kristallen, Lebensmitteln u. a. **Aqua|naut** *der;* -en, -en ⟨zu ↑...naut⟩: Forscher, der in einer Unterwasserstation die besonderen Lebens- und Umweltbedingungen in größeren Meerestiefen erforscht. **Aqua|nau|tik** *die;* - ⟨zu ↑²...ik (2)⟩: Teilgebiet der ↑Ozeanographie, auf dem man sich mit Möglichkeiten des längerfristigen Aufenthaltes von Menschen unter Wasser sowie der Erkundung u. Nutzung von Meeresbodenschätzen befaßt. **Aqua|pla|ning** *das;* -[s], -s ⟨aus gleichbed. *engl.* aquaplaning, eigtl. „Wassergleiten", vgl. *engl.-amerik.* aquaplane „Wellengleitbrett"⟩: Wasserglätte; das Rutschen, Gleiten der Reifen eines Kraftfahrzeugs auf Wasser, das sich auf einer regen-

Äquilibrium

nassen Straße gesammelt hat. **Aqua|rell** *das;* -s, -e ⟨aus gleichbed. *it.* acquerello zu acqua „Wasser", dies aus *lat.* aqua⟩: mit Wasserfarben gemaltes Bild; in -: mit Wasserfarben [gemalt], in Aquarelltechnik. **aqua|rel|lie|ren** ⟨zu ↑...ieren⟩: mit Wasserfarben malen. **Aqua|rel|list** *der;* -en, -en ⟨zu ↑...ist⟩: Künstler, der mit Wasserfarben malt. **Aqua|rell|tech|nik** *die;* -, -en: Technik, die beim Malen von Aquarellen angewandt wird. **Aqua|ria|ner** *der;* -s, - ⟨zu ↑ Aquarium u. ↑...aner⟩: jmd., der sich aus Liebhaberei mit der Haltung u. Züchtung von Wassertieren u. -pflanzen in Aquarien beschäftigt. **Aqua|ri|den** *die* (Plur.) ⟨zu *lat.* aquarius „Wassermann" (da die Meteorströme vom Sternbild des Wassermanns auszugehen scheinen) u. ↑...iden⟩: zwei im Sommer beobachtbare Meteorströme. **Aqua|ri|en** [...jən]: Plur. von ↑ Aquarium. **Aqua|rist** *der;* -en, -en ⟨zu ↑ Aquarium u. ↑...ist⟩: jmd., der sich mit Aquaristik beschäftigt. **Aqua|ri|stik** *die;* - ⟨zu ↑...istik⟩: sachgerechtes Halten u. Züchten von Wassertieren u. -pflanzen als Hobby od. aus wissenschaftlichem Interesse. **aqua|ri|stisch** ⟨zu ↑...istisch⟩: die Aquaristik betreffend. **Aqua|ri|um** *das;* -s, ...ien [...jən] ⟨zu *lat.* aquarium (Neutrum von aquarius) „zum Wasser gehörend"⟩: 1. Behälter zur Pflege, Zucht u. Beobachtung von Wassertieren. 2. Gebäude [in zoologischen Gärten], in dem in verschiedenen Aquarien (1) Wassertiere u. -pflanzen ausgestellt werden. **Aqua|tel** *das;* -s, -s ⟨Kurzw. aus *lat.* aqua „Wasser" u. ↑ Hotel⟩: Hotel, das an Stelle von Zimmern od. Apartments Hausboote vermietet. **Aqua|tin|ta** *die;* -, ...ten ⟨aus gleichbed. *it.* acquatinta, dies aus *lat.* aqua tincta „gefärbtes Wasser", vgl. Tinktur⟩: 1. (ohne Plur.) Kupferstichverfahren, das die Wirkung der Tuschzeichnung nachahmt. 2. einzelnes Blatt in Aquatintatechnik. **aqua|tisch** ⟨aus gleichbed. *lat.* aquaticus⟩: 1. dem Wasser angehörend; im Wasser lebend. 2. wäßrig

Äqua|tiv *der;* -s, -e [...və] ⟨aus gleichbed. *nlat.* aequatio „Entsprechung, Vergleich", dies zu *lat.* aequare, vgl. äquieren⟩: 1. Vergleichsstufe des Adjektivs im Keltischen zur Bez. der Gleichheit od. Identität bei Personen od. Sachen (Sprachw.). 2. Kasus in den kaukas. Sprachen zur Bez. der Gleichheit od. Identität (Sprachw.)

Aqua|tone|ver|fah|ren [...'to:n...] *das;* -s ⟨zu *engl.* aquatone „Wassertönung", dies zu *lat.* aqua „Wasser" u. *engl.* tone „Ton, Färbung"⟩: Offsetdruckverfahren für bes. feine Raster (Druckw.)

Äqua|tor *der;* -s, ...toren ⟨aus *lat.* aequator „Gleichmacher" zu aequare, vgl. äquieren⟩: 1. (ohne Plur.) größter Breitenkreis, der die Erde in die nördliche u. die südliche Halbkugel teilt. 2. Kreis auf einer Kugel, dessen Ebene senkrecht auf einem vorgegebenen Kugeldurchmesser steht (Math.). **Äqua|to|re|al**, **Äquatorial** *das;* -s, -e ⟨aus gleichbed. *nlat.* aequatorealis bzw. aequatorialis⟩: (veraltet) ein um zwei Achsen bewegbares astronomisches Fernrohr, mit dem man Stundenwinkel u. ↑ Deklination (2) ablesen kann. **äqua|to|ri|al** ⟨zu ↑ Äquator u. ↑ ¹...al (1)⟩: a) den Äquator betreffend; b) unter dem Äquator befindlich. **Äqua|to|ri|al** vgl. Äquatoreal. **Äqua|to|ri|al|sek|tor** *der;* -s, -en: eine den ↑ Äquator schneidende Linie. **Äqua|to|ri|al|sy|stem** *das;* -s, -e: 1. ↑ Koordinatensystem, bei dem Himmelsäquator u. Himmelspol die Zuordnungsgrößen bilden (Kartogr.). 2. zur Positionsbestimmung von Himmelskörpern verwendetes Koordinatensystem, dessen Grundebene die des Erdäquators ist, die die Himmelskugel im Himmelsäquator schneidet (Astron.). **Äqua|tor|sub|mer|genz** *die;* -: Lebensweise von Meerestieren, die ↑ ökologisch den Kaltwasserregionen angehören u. deshalb das ↑ äquatoriale Warmwasser im kühleren ↑ tropischen Tiefenwasser unterwandern (Biol.)

à qua|tre [a 'katrə] ⟨*fr.*⟩: zu vieren. **à qua|tre mains** [- - 'mɛ:] ⟨*fr.*;* „zu vier Händen"⟩: vierhändig (Mus.). **à qua|tre par|ties** [- - par'ti:] ⟨*fr.*⟩: vierstimmig (Mus.). **a quát|tro vo|ci** [- 'kvatro 'vo:tʃi ⟨*it.*⟩: vierstimmig (Mus.)

Aqua|vit [...'vi:t, auch ...'vɪt] *der;* -s, -e ⟨aus *lat.* aqua vitae „Lebenswasser"⟩: vorwiegend mit Kümmel gewürzter Branntwein

äqui..., Äqui... ⟨aus *lat.* aequus „gleich"⟩: Wortbildungselement mit der Bedeutung „gleich", z. B. äquivok, Äquivalenz. **Äqui|de|for|ma|te** *die* (Plur.) ⟨zu *lat.* deformatus „verunstaltet, entstellt", eigtl. Part. Perf. von deformare, vgl. deformieren⟩: Linien gleicher Verzerrungswerte in der ↑ Kartographie. **Äqui|den|si|ten** *die* (Plur.) ⟨zu *lat.* densitas „Dichte", dies zu densus „dicht"⟩: Kurven gleicher Schwärzung od. Helligkeit auf [astronomischen] Fotos bzw. Kurven gleicher Leuchtdichte. **Äqui|den|si|to|me|trie** *die;* -: photometrisches od. elektronisches Auswertungsverfahren von ↑ Äquidensiten. **äqui|di|stant** ⟨aus gleichbed. *spätlat.* aequidistans, Gen. aequidistantis zu ↑ äqui... u. *lat.* distans, Gen. distantis, Part. Präs. von distare „getrennt stehen"⟩: gleich weit voneinander entfernt, gleiche Abstände aufweisend (z. B. von Punkten od. Kurven; Math.). **Äqui|di|stan|te** *die;* -, -n (drei -[n]) svw. Parallele (Math.). **Äqui|di|stanz** *die;* -, -en: gleich großer Abstand. **äquie|ren** ⟨aus gleichbed. *lat.* aequare zu aequus „gleich"⟩: vergleichen, gleichmachen. **äqui|fa|zi|al**: auf Ober- u. Unterseite gleichartig gebaut (Bot.)

Aqui|fer *der;* -s ⟨aus *lat.* aquifer, eigtl. „Wasserträger", zu aqua „Wasser" u. ferre „tragen"⟩: Grundwasserleiter (internationale Fachbez.; Geol.). **aqui|fe|risch**: wasserhaltig, wasserführend

Äqui|fi|na|li|tät *die;* - ⟨zu ↑ äqui... u. ↑ Finalität⟩: Eigenschaft offener Systeme (z. B. Organismen), daß bei Änderung der Anfangsbindungen im allgemeinen der gleiche Endzustand erreicht wird. **Äqui|gla|zia|le** *die;* -, -n ⟨zu *lat.* glacialis „eisig, voll Eis"⟩: Verbindungslinie zwischen Orten gleich langer Eisbedeckung auf Flüssen u. Seen (Meteor.). **Äqui|gra|vi|sphä|re** [...v...] *die;* -: kosmische Zone, in der sich die Schwerkraft der Erde u. des Mondes die Waage halten (Astron.). **Äqui|junk|ti|on** *die;* -, -en ⟨zu *lat.* iunctio „Verbindung"⟩: svw. Äquivalenz (Logik)

Aqui|la *die;* -, -s ⟨aus *lat.* aquila „Adler"⟩: 1. Legionszeichen bei den Römern. 2. Giebelverzierung in Adlergestalt (Arch.). 3. mittelalterliches Notenpult mit einem Adler, auf dessen ausgebreitete Flügel das Chorbuch gelegt wurde. 4. ein Sternbild (Astron.). **Aqui|la al|ba** *die;* - - ⟨aus *lat.* aquila alba „weißer Adler"⟩: alte Bez. für ↑ Kalomel

äqui|la|te|ral ⟨zu ↑ äqui... u. ↑ lateral⟩: gleichseitig. **Äqui|la|te|rum** *das;* -s, ...ra ⟨aus *lat.* aequilaterum⟩: (veraltet) gleichseitige Figur (z. B. gleichseitiges Dreieck; Math.). **äqui|li|brie|ren**, equilibrieren ⟨nach gleichbed. *fr.* équilibrer zu *lat.* aequilibris „im Gleichgewicht"⟩: ins Gleichgewicht bringen. **Äqui|li|bris|mus** *der;* - ⟨zu *lat.* aequilibris „im Gleichgewicht" u. ↑...ismus (1)⟩: scholastische Lehre vom Einfluß des Gleichgewichts der Motive auf die freie Willensentscheidung. **Äqui|li|brist**, Equilibrist *der;* -en, -en ⟨nach gleichbed. *fr.* équilibriste⟩: ↑ Artist (2), der die Kunst des Gleichgewichthaltens (mit u. von Gegenständen) beherrscht, bes. Seiltänzer. **Äqui|li|bri|stik**, Equilibristik *die;* - ⟨zu ↑...istik⟩: die Kunst des Gleichgewichthaltens. **äqui|li|bri|stisch**, equilibristisch ⟨zu ↑...istisch⟩: die Äquilibristik betreffend. **Äqui|li|bri|um**, Equilibrium *das;* -s ⟨unter Einfluß von *fr.* équilibre zu gleichbed. *lat.* aequilibrium): Gleichgewicht

Aqui|li|fer *der;* -s, - ‹aus *lat.* aquilifer „Adlerträger" zu *lat.* aquila „Adler" u. ferre „tragen"›: röm. Fähnrich, der die ↑Aquila trug. **aqui|lin** ‹aus gleichbed. *lat.* aquilinus›: (veraltet) adlerartig

aqui|lisch ‹nach dem Prätor Aquilius›; in der Fügung -es Gesetz: altröm. Gesetz über wissentlich zugefügten Schaden

Aqui|li|zi|um *das;* -s, ...zien [...jən] (meist Plur.) ‹zu *lat.* aqua „Wasser" u. elicere „hervorlocken"›: altröm. Opfer für Jupiter, um Regen zu erlangen

Aqui|lo *der;* -s, -s ‹aus gleichbed. *lat.* aquilo›: (veraltet) Nordwind bzw. Nordostwind. **aqui|lo|nal** ‹zu ↑¹...al (1)›: (veraltet) nördlich, nordöstlich. **aqui|lo|nisch** svw. aquilonal

äqui|ma|nisch ‹zu ↑äqui... u. *lat.* manus „Hand"›: (veraltet) gleichhändig. **äqui|mo|lar**: die gleiche Anzahl von Molen (vgl. Mol) pro Volumeneinheit enthaltend (von Gasen od. Flüssigkeiten). **äqui|mo|le|ku|lar**: die gleiche Anzahl von ↑Molekülen pro Volumeneinheit enthaltend (von Lösungen). **äqui|nok|ti|al** ‹aus gleichbed. *lat.* aequinoctialis, vgl. Äquinoktium›: a) das Äquinoktium betreffend; b) tropisch, die Tropen betreffend. **äqui|nok|ti|al|kreis** *der;* -s: svw. Äquator. **Äqui|nok|ti|al|punkt** *der;* -[e]s, -e: einer der beiden Punkte auf der ↑Ekliptik, in dem sich die Sonne zur Zeit eines Äquinoktiums im Frühling bzw. Herbst befindet. **Äqui|nok|ti|al|stür|me** *die* (Plur.): in der Zeit der Tagundnachtgleiche bes. am Rande der Tropen auftretende Stürme. **Äqui|nok|ti|um** *das;* -s, ...ien [...jən] ‹aus gleichbed. *lat.* aequinoctium›: Tagundnachtgleiche; Zeitpunkt, in dem die Sonne auf ihrer jährlichen scheinbaren Bahn den Himmelsäquator schneidet u. für alle Orte auf der Erde Tag u. Nacht gleich lang sind. **äqui|pa|ra|bel** ‹aus gleichbed. *lat.* aequiparabilis, aequiparabilis zu aequiparare, vgl. äquiparieren›: vergleichbar. **Äqui|pa|ra|tion** *die;* - ‹aus gleichbed. *lat.* aequiperatio, aequiparatio›: Gleichstellung, Gleichheit. **äqui|pa|rie|ren** ‹aus gleichbed. *lat.* aequiperare, aequiparare zu ↑äqui... u. par „gleich"›: gleichmachen, gleichstellen. **Äqui|par|ti|ti|on** *die;* -, -en ‹zu ↑äqui... u. *lat.* partitio „Teilung"›: Gleichverteilung, z. B. einer bestimmten Energiemenge auf die einzelnen Teile eines Systems (Phys.). **Äqui|par|ti|ti|ons|satz** *der;* -: Gleichverteilungssatz (Phys.). **äqui|pe|disch** ‹zu *lat.* pes, Gen. pedis „Fuß"›: gleichfüßig. **äqui|pol|lent** ‹aus gleichbed. (m)*lat.* aequipollens, Gen. aequipollentis zu ↑äqui... u. *lat.* pollens „mächtig, stark", eigtl. „gleichviel geltend"›: gleichbedeutend, aber verschieden formuliert (von Begriffen od. Urteilen; Fachspr.). **Äqui|pol|lenz** *die;* - ‹zu ↑...enz›: logisch gleiche Bedeutung von Begriffen od. Urteilen, die verschieden formuliert sind (Philos.). **Äqui|pon|di|um** *das;* -s ‹zu ↑äqui..., *lat.* pondus „Gewicht" u. ↑...ium›: (veraltet) Gleichgewicht, Gegengewicht. **Äqui|po|ten|ti|al|flä|che** *die;* -, -n: 1. Fläche gleichen (zeitlich konstanten) ↑Potentials in einem Feld, auf dem die Feldlinien senkrecht stehen (Phys.). 2. Fläche mit ↑konstantem ↑Potential (Math.; vgl. Potentialfläche). **Äqui|po|ten|tia|li|tät** *die;* - ‹zu *spätlat.* potentialis „kräftig" u. ↑...ität›: die Fähigkeit von Organen, Funktionen anderer Organbereiche zu ersetzen (Med.). **Äqui|po|ten|ti|al|li|ni|en|me|tho|de** *die;* -, -n (Plur. selten): geophysikalisches Verfahren zur Lagerstättenerforschung, wobei Abweichungen vom Normalverlauf der Linien gleichen ↑Potentials (2) auf Lagerstätten hinweisen

Aqui|tan *das;* -s ‹nach der südwestfranz. Landschaft Aquitanien›: die unterste Stufe des ↑Miozäns (Geol.)

Äqui|tät *die;* - ‹aus *lat.* aequitas, Gen. aequitatis „Gleichheit"›: (veraltet) das eigentlich übliche u. jmdm. zustehende Recht, Gerechtigkeit. **äqui|va|lent** [...v...] ‹aus gleichbed. *mlat.* aequivalens, Gen. aequivalentis zu *lat.* aequus „gleich" u. valere „wert sein"›: gleichwertig, im Wert od. in der Geltung dem Verglichenen entsprechend. **Äqui|va|lent** *das;* -s, -e: gleichwertiger Ersatz, Gegenwert. **Äqui|va|lent|ge|wicht** *das;* -s, -e: ↑Quotient aus Atomgewicht u. Wertigkeit eines chem. Elements. **Äqui|va|lent|la|dung** *die;* -, -en: ↑elektrische Ladung eines ↑Mols einwertiger Ionen (Chem.). **Äqui|va|lent|tem|pe|ra|tur** *die;* -, -en: fiktiver Zahlenwert für den Gesamtwärmeinhalt der Luft, bei dem auch die latente Wärmeenergie berücksichtigt ist, die eine Luftmasse durch die ihr beigemischten Feuchtigkeitsmenge aufweist (Meteor.). **Äqui|va|lent|zahl** *die;* -, -en: Zahl der ↑Äquivalente an ↑Kationen u. ↑Anionen, die in einem ↑Mol eines ↑Elektrolyten enthalten sind (Chem.). **Äqui|va|lenz** *die;* -, -en ‹aus gleichbed. *mlat.* aequivalentia›: Gleichwertigkeit (z. B. einer Aussage; Logik; z. B. von Mengen gleicher Mächtigkeit; Math.). **Äqui|va|lenz|hy|po|the|se** *die;* -: svw. Äquivalenzprinzip (3). **Äqui|va|lenz|pa|ri|tät** *die;* -: Wertgleichheit von Münzen od. Wechselpreisen an zwei verschiedenen Orten. **Äqui|va|lenz|prin|zip** *das;* -s: 1. Grundsatz der Gleichwertigkeit von Leistung u. Gegenleistung (z. B. bei der Festsetzung von Gebühren; Rechtsw.). 2. svw. Äquivalenztheorie. 3. a) der Satz von der Äquivalenz von träger u. schwerer Masse; b) der Satz von der Äquivalenz von Masse u. Energie (Phys., Relativitätstheorie). **Äqui|va|lenz|re|la|tion** *die;* -, -en: reflexive, ↑symmetrische u. ↑transitive Relation, durch die ein neues ideales Objekt in der Logik konstruiert wird (z. B. ↑Analogie, ↑Isomorphie. **Äqui|va|lenz|theo|rie** *die;* -: 1. Lehre von der Gleichwertigkeit aller Bedingungen (Strafrecht); vgl. Adäquanztheorie. 2. Besteuerung nach Leistungsfähigkeit (Finanzwissenschaft). **äqui|va|lie|ren** ‹zu ↑äqui... u. *lat.* valere „vermögen, gelten"›: gleichen Wert, gleiche Geltung haben. **äqui|vok** [...'vo:k] ‹zu *lat.* vox, Gen. vocis „Stimme"›: a) verschieden deutbar, doppelsinnig; b) zwei-, mehrdeutig, von verschiedener Bedeutung trotz gleicher Lautung. **Äqui|vo|ka|ti|on** *die;* -, -en: 1. Doppelsinnigkeit, Mehrdeutigkeit. 2. Wortgleichheit bei Sachverschiedenheit (Philos.)

à quoi bon? [a kọa 'bõ] ‹*fr.*; aus *lat.* cui bono? „wem nützt es?"›: zu welchem Nutzen, wozu?

Aquo|kom|plex *der;* -es, -e ‹zu *lat.* aqua „Wasser" u. ↑Komplex›: Anlagerungskomplex mit Wassermolekülen als ↑Liganden (Chem.). **Aqu|oxyd**, fachspr. Aquoxid *das;* -(e)s, -e: wasserhaltiges Oxyd (Chem.)

¹Ar *das,* auch *der;* -s, -e (aber: 3 Ar) ‹aus *fr.* are „Flächenraum", dies aus *lat.* area „freier Platz, Fläche"›: Flächenmaß von 100 qm; Zeichen a; vgl. Are

²Ar [a'ɛr]: chem. Zeichen für Argon

ar..., Ar...: 1. vgl. ¹a..., A... 2. vgl. ad..., Ad...

...ar ‹aus *lat.* -arius, auch ...arius›: 1. Endung von Adjektiven mit verschiedenen Bedeutungen, z. B. axillar (räumliche Beziehung), vermikular (Ähnlichkeit). 2. Endung von Substantiven, z. B. Archivar, Referendar, Ärar

...är ‹aus *fr.* -aire, dies aus *lat.* -arius›: Endung von Adjektiven u. meist männlichen Substantiven, die über das Französische ins Deutsche gekommen sind, z. B. konträr, vulgär; Aktionär, Parlamentär

Ara, Ar*a*ra *der;* -s, -s ‹aus gleichbed. *fr.* ara bzw. *port.* arara, diese aus *Tupi* (einer südamerik. Indinanersprache) arara⟩: Langschwanzpapagei aus dem tropischen Südamerika

Ära *die;* -, Ären ⟨aus spätlat. aera „gegebene Zahl, Rechnungsposten; Zeitabschnitt"; eigtl. Plur. von *lat.* aes „Geld"; vgl. Ärar⟩: 1. längerer, durch etw. Bestimmtes gekennzeichneter, geprägter Zeitabschnitt. 2. Erdzeitalter (Gruppe von ↑ Formationen 5 a der Erdgeschichte; Geol.)

Ara|ba *die;* -, -s ⟨aus *arab.* 'araba „Wagen"⟩: 1. vierrädriger Wagen mit Schutzverdeck, bes. für Frauen im arab. Raum. 2. zweirädriger, von Ochsen gezogener Wagen aus Holz im inneren Asien. **Ara|ba|dschi** *der;* -s, -s ⟨aus *arab.* arabaǧy „Kutscher, Fuhrmann"⟩: Wagenlenker, Kutscher im arab. Raum

Ara|ban *der;* -s, -e ⟨zu ↑ Araber u. ↑...an⟩: aus ↑ Arabinose aufgebaute ↑ Hemizellulose, die im Gummiarabikum u. in anderen Pflanzengummis vorkommt. **Ara|ber** ['a:rabɐ, auch 'arabɐ, a'ra:bɐ] *der;* -s, - ⟨nach dem geographischen Begriff Arabien⟩: 1. Bewohner der Arabischen Halbinsel. 2. Pferd, das zu der edelsten Pferderasse des arabischen Vollbluts gehört. **ara|besk** ⟨zu ↑ Arabeske u. ↑...esk⟩: rankenförmig verziert, verschnörkelt. **Ara|bes|ke** *die;* -, -n ⟨aus *fr.* arabesque „(arabische) Verzierung", dies aus *it.* arabesco zu arabo „arabisch"⟩: 1. aus der Dekorationskunst der griech.-röm. Antike entwickelte rankenförmige Verzierung, Ornament; vgl. Moreske. 2. a) Verzierung einer Melodie, reiche ↑ Figuration; b) heiteres Musikstück [für Klavier]. **Ara|besque** [...'bɛsk] *die;* -, -s [...'bɛsk] ⟨aus *fr.* arabesque, vgl. Arabeske⟩: Tanzpose auf einem Standbein, bei der das andere Bein gestreckt nach hinten angehoben ist, während ein Arm nach vorne ausgestreckt wird (Ballett). **Ara|bin** *das;* -s ⟨zu ↑ Araber u. ↑...in (1)⟩: Hauptbestandteil des Gummiarabikums (Chem.). **Ara|bi|no|se** *die;* - ⟨zu ↑²...ose⟩: ein einfacher Zucker mit 5 Sauerstoffatomen im Molekül, der u. a. in Rüben, Kirschen u. Pfirsichen vorkommt. **Ara|bis** *die;* - ⟨aus *nlat.* arabis zu *gr.* áraps „Araber" (wegen der Fähigkeit der Pflanze, auf sandigem u. steinigem Boden zu gedeihen)⟩: Gänsekresse (eine polsterbildende Zierpflanze). **ara|bi|sie|ren** ⟨zu ↑ Araber u. ↑...isieren⟩: an die arab. Sprache, an die Sitten, das Wesen der Araber angleichen. **Ara|bis|mus** *der;* -, ...men ⟨zu ↑...ismus (4)⟩: a) Eigentümlichkeit der arab. Sprache; b) Nachahmung der blumenreichen arab. Sprache. **Ara|bist** *der;* -en, -en ⟨zu ↑...ist⟩: jmd., der sich wissenschaftlich mit der arab. Sprache u. Literatur befaßt [hat] (z. B. Hochschullehrer, Student). **Ara|bi|stik** *die;* - ⟨zu ↑...istik⟩: wissenschaftliche Erforschung der arab. Sprache u. Literatur. **ara|bi|stisch** ⟨zu ↑...istisch⟩: die Arabistik betreffend. **Ara|bit** [auch ...'bɪt] *der;* -s ⟨zu ↑¹...it⟩: weißes, wasserlösliches Pulver, fünfwertiger Alkohol, der durch ↑ Reduktion (5 b) aus Arabinose entsteht. **Ara|bi|zi|tät** *die;* - ⟨zu ↑...izität⟩: 1. Wesen der arab. Sprache. 2. (veraltet) Kenntnisse in der arab. Sprache. **ara|bo-tel|des|co** [...ko] ⟨*it.;* „arabisch-deutsch"⟩: Bez. für eine Mischung der maurischen u. gotischen Baustils

Ara|chi|don|säu|re *die;* - ⟨zu *gr.* aráchidna „eine Hülsenfrucht"⟩: vierfach ungesättigte essentielle Fettsäure, die in Pflanzenölen, Fett u. in der Leber vorkommt (Biochem.). **Ara|chin** *das;* -s ⟨*gr.* árachos „eine Hülsenfrucht" u. ↑...in (1)⟩: ↑ Protein der Erdnuß (Biochem.). **Ara|chin|säu|re** *die;* -: Fettsäure, die als Bestandteil von ↑ Glyceriden in der Natur in geringer Konzentration weit verbreitet ist (Biochem.). **Ara|chis** *die;* - ⟨aus *nlat.* arachis⟩: Gattung der Schmetterlingsblütler (z. B. Erdnuß)

Arach|ne ⟨aus *gr.* aráchnē „Spinne"⟩: antiker Fachausdruck für das Spinnengeweben ähnliche Netz der Stunden- u. Schattenlinien auf Sonnenuhren. **Arach|ni|de** vgl. Arachnoide. **Arach|nit** [auch ...'nɪt] *der;* -s, -en ⟨zu ↑²...it⟩: (veraltet) Bez. für eine angebliche Versteinerung von Spinnen. **Arach|ni|tis** *die;* -, ...itiden ⟨zu *gr.* aráchnē „Spinne" u. ↑...itis⟩: Entzündung der Arachnoidea (Med.). **Arach|no|dak|ty|lie** *die;* -, ...ien ⟨zu *gr.* dáktylos „Finger, Zehe" u. ↑²...ie⟩: abnorme Länge der Hand- u. Fußknochen (Spinnenfingrigkeit; Med.). **Arach|no|gra|phie** *die;* - ⟨zu ↑...graphie⟩: svw. Arachnologie. **arach|no|id** ⟨zu ↑...oid⟩: spinnenähnlich. **Arach|noi|de** u. Arachnide *die;* -, -n ⟨zu ↑...oide⟩: Spinnentier. **Arach|noi|dea** *die;* - ⟨aus gleichbed. *nlat.* arachnoidea, dies zu *gr.* aráchnē „Spinne" u. -eidés „gestaltet, ähnlich"⟩: eine der drei Hirnhäute, die das Zentralnervensystem der Säugetiere u. des Menschen umgeben (Med.). **Arach|noi|di|tis** ⟨zu ↑...itis⟩: svw. Arachnitis. **Arach|no|lith** [auch ...'lɪt] *der;* Gen. -s u. -en, Plur. -e[n] ⟨zu ↑...lith⟩: svw. Arachnit. **Arach|no|lo|ge** *der;* -n, -n ⟨zu ↑...loge⟩: Wissenschaftler, der sich mit Spinnen beschäftigt. **Arach|no|lo|gie** *die;* - ⟨zu ↑...logie⟩: Teilgebiet der Zoologie, das sich mit den Spinnentieren befaßt. **arach|no|lo|gisch** ⟨zu ↑...logisch⟩: die Arachnologie betreffend. **Arach|no|po|di|um** *das;* -s, ...dien [...i̯ən] ⟨zu ↑ Podium⟩: ein mittelalterliches chirurgisches Instrument

Araf ⟨aus *arab.* araf (Plur.) zu urf „hoher Ort"⟩: nach Mohammeds Lehre ein Ort zwischen Paradies u. Hölle, ähnlich dem christlichen Fegefeuer

Ara|go|nit [auch ...'nɪt] *der;* -s ⟨nach der span. Landschaft Aragonien u. zu ↑²...it⟩: ein Mineral aus der Gruppe der ↑ Karbonate

Arai *die* (Plur.) ⟨aus *gr.* ará, Plur. araí „Verwünschung, Fluch"⟩: Verwünschungsgedichte u. Schmähverse (altgriech. Literaturgattung); vgl. Dirae

Ara|lie [...i̯ə] *die;* -, -n ⟨aus gleichbed. *nlat.* aralia, weitere Herkunft unbekannt⟩: Pflanze aus der Familie der Efeugewächse

Ara|mi|de *die* (Plur.) ⟨Kurzw. aus *aromatische Amide*⟩: aromatische ↑ Polyamide, die sich durch hohe Temperaturbeständigkeit u. z. T. durch eine hohe Reißfestigkeit auszeichnen (Chem.)

Aran|ci|ni [...'tʃi:ni] u. Aranzini *die* (Plur.) ⟨zu *it.* arancia „Orange", dies aus *arab.* nāranǧ(a), vgl. ¹Orange⟩: (bes. österr.) überzuckerte od. schokoladenüberzogene gekochte Orangenschalen

Aran|di|sit [auch ...'zɪt] *der;* -s, -e ⟨Herkunft unbekannt⟩: ein Mineral, feines ↑ kristallines Gemenge von ↑ Kassiterit u. Quarz

ara|ne|ös ⟨aus gleichbed. *lat.* araneosus zu arenea „Spinne, Spinnengewebe"⟩: (veraltet) voll Spinnengewebe; spinnwebartig

Aran|ya|ka *der;* -[s] ⟨aus gleichbed. *sanskr.* āraṇyaka, eigtl. „Waldbuch", zu áraṇya „Wald"⟩: eine Art religiöser Literatur der Inder, zu deren Lesung sich die Gläubigen in den Wald zurückzogen

Aran|zi|ni vgl. Arancini

aräo..., Aräo... ⟨aus gleichbed. *gr.* araiós⟩: Wortbildungselement mit der Bedeutung „dünn, schmal, eng; schwach", z. B. Aräometer, Aräotikum. **Aräo|me|ter** *das;* -s, - ⟨zu ↑...meter⟩: Gerät zur Bestimmung der Dichte bzw. des spezifischen Gewichts von Flüssigkeiten u. festen Stoffen (Phys.). **Aräo|me|trie** *die;* - ⟨zu ↑...metrie⟩: Bestimmung der Dichte bzw. des spezifischen Gewichts von Flüssigkeiten u. festen Stoffen (Phys.). **Aräo|pyk|no|me|ter** *das;* -s, -: altes Gerät zur Bestimmung des spezifischen Gewichts von Flüssigkeiten. **Aräo|sac|cha|ri|me|ter** [...zaxa...] *das;* -s, - ⟨zu ↑ Saccharum u. ↑¹...meter⟩: altes Gerät zur Feststellung des Zuckergehaltes im Harn. **Aräo|styl** *das;* -s, ...len ⟨zu *gr.* araióstylos „mit weit auseinanderstehenden Säulen", zu stýlos „Säule"⟩: Gebäude mit weit auseinanderstehenden Säulen. **Aräo|syn|kri|tos** *der;* -, ...ten ⟨zu ↑aräo... u. *gr.* sýgkritos „zusammengesetzt", dies zu sygkrínein „zusammensetzen"⟩: (veraltet) Mensch von schwächlichem, zartem Körperbau. **Aräo|ti|kum** *das;* -s, ...ka ⟨zu ↑...ikum⟩: (veraltet) Nahrungs- bzw. Heilmittel, das zum Abnehmen beitragen soll (Med.)

Ara|pai|ma *der;* -, -s ⟨aus gleichbed. *span.* bzw. *port.* arapaima, dies aus *Tupi* (einer südamerik. Indianersprache) pirarucu⟩: ein südamerik. Süßwasserfisch

Ärar *das;* -s, -e ⟨aus *lat.* aerarium „Schatzkammer" zu aes „Erz, Kupfer; Geld"⟩: 1. a) Staatsschatz, -vermögen; b) Staatsarchiv. 2. (österr.) ↑Fiskus

Ara|ra vgl. Ara. **Ara|rau|na** *der;* -s, -s ⟨aus dem Tupi (einer südamerik. Indianersprache)⟩: Gelbbrust-Ara

ara|re bo|ve et asi|no [– ...və – –] ⟨*lat.;* „mit Ochs und Esel pflügen"⟩: ungeschickt zu Werke gehen, etw. verkehrt anfangen

ära|ri|al ⟨zu ¹Ärar u. ↑¹...al (1)⟩: (veraltet) die Staatskasse betreffend, zu ihr gehörend. **ära|risch** ⟨aus *lat.* aerarius „die Schatzkammer betreffend"⟩: zum ↑Ärar gehörend, staatlich

Arase|ment [araz'mã:] *das;* -s, -s ⟨aus gleichbed. *fr.* arasement zu araser, vgl. arasieren⟩: a) Abgleichung; b) abgeglichene Fläche (Bauw.). **ara|sie|ren** ⟨aus gleichbed. *fr.* araser zu ras „eben; glatt", dies aus *lat.* rasus, Part. Perf. zu radere „glätten"⟩: abgleichen (Bauw.)

Ara|tin|ga *der;* -s, -s ⟨aus dem Port., dies vermutlich aus dem Tupi (einer südamerik. Inidianersprache)⟩: südamerik. Sittich, der wie ein kleiner ↑Ara wirkt

Ara|ti|on *die;* -, -en ⟨aus gleichbed. *lat.* aratio zu arare „pflügen, bebauen"⟩: (veraltet) das Pflügen. **Ara|tor** *der;* -s, ...oren ⟨aus gleichbed. *lat.* arator⟩: (veraltet) Pflüger. **Ara|tur** *die;* -, -en ⟨zu ↑...ur⟩: die Bearbeitung des herrschaftlichen Ackerlandes im Frondienst

Arau|ka|rie [...i̯ə] *die;* -, -n ⟨aus gleichbed. *nlat.* araucaria; nach der chilen. Provinz Arauco⟩: ein Nadelbaum; Zimmertanne

Araz|zo *der;* -s, ...zzi ⟨aus gleichbed. *it.* arazzo; nach der nordfranz. Stadt Arras⟩: gewirkter Bildteppich [aus Arras]

Ar|be|los *der;* -, - ⟨aus *gr.* árbēlos „rundes Schustermesser"⟩: Kreisbogendreieck, bei dem in einem Halbkreis zwei nebeneinander liegende Halbkreise so ausgespart werden, daß die Summe ihrer Durchmesser gleich dem Durchmesser des großen Halbkreises ist (Geom.)

Ar|bi|gas|si *die* (Plur.) ⟨aus dem Türk.⟩: Aufseher über die Hofbedienten des Sultans

Ar|bi|ter *der;* -s, - ⟨aus gleichbed. *lat.* arbiter⟩: (veraltet) Schiedsrichter; - elegantiarum od. elegantiae [...ε]: Sachverständiger in Fragen des guten Geschmacks; - litterarum: Literatursachverständiger

Ar|bith *das;* -s, -s ⟨aus *hebr.* 'arvīt „Abendgebet" zu 'ērev „Abend"⟩: Nachtgebet der Juden

Ar|bi|tra|ge [...ʒə] *die;* -, -n ⟨aus *fr.* arbitrage „Schiedsspruch, Entscheidung" zu arbitrer, vgl. arbitrieren⟩: 1. Ausnutzung von Preis- od. Kursunterschieden für das gleiche Handelsobjekt (z. B. Gold, Devisen) an verschiedenen Börsen. 2. Schiedsgerichtsvereinbarung im Handelsrecht. **ar|bi|trär** ⟨aus gleichbed. *fr.* arbitraire, dies aus *lat.* arbitrarius „willkürlich, nach Belieben"⟩: 1. nach Ermessen, willkürlich. 2. als sprachliches Zeichen (Wort) willkürlich geschaffen, keinen erkennbaren naturgegebenen Zusammenhang zwischen Lautkörper u. Inhalt aufweisend, sondern durch Konvention der Sprachgemeinschaft festgelegt (z. B. *Mann* im Unterschied zu *mannbar, männlich*; Sprachw.); Ggs. ↑motiviert. **Ar|bi|tra|ri|tät** *die;* ⟨zu ↑...ität⟩: Beliebigkeit des sprachlichen Zeichens im Hinblick auf die Zusammengehörigkeit von ↑Signifikant u. ↑Signifikat (Sprachw.). **Ar|bi|tra|ti|on** *die;* -, -en ⟨aus *lat.* arbitratio „Gutachten"⟩: Schiedswesen für Streitigkeiten an der Börse; vgl. Arbitrage (2). **Ar|bi|tra|tor** *der;* -s, ...oren ⟨aus gleichbed. *lat.* arbitrator⟩: (veraltet) Schiedsrichter. **ar|bi|trie|ren** ⟨aus gleichbed. *fr.* arbitrer, dies aus *lat.* arbitrari „glauben, halten für"⟩: 1. (veraltet) schätzen. 2. eine Arbitrage (1) vollziehen. 3. (schweiz.) Schiedsrichter sein (Sport). **Ar|bi|tri|um** *das;* -s, ...ia ⟨aus gleichbed. *lat.* arbitrium⟩: Schiedsspruch, Gutachten (im röm. Zivilprozeßrecht); - liberum: Willensfreiheit (Philos.)

Ar|bo|re|al *das;* -s, -e ⟨zu *lat.* arbor „Baum" u. arealis, vgl. areal⟩: der ↑ökologische Lebensraum Wald (Biol.). **ar|bo|res|zent** ⟨zu *lat.* arborescens, Gen. arborescentis, Part. Präs. von arborescere, vgl. arboreszieren⟩: baumartig wachsend. **Ar|bo|res|zenz** *die;* - ⟨zu ↑...enz⟩: baumähnlicher Wuchs. **ar|bo|res|zie|ren** ⟨aus gleichbed. *lat.* arborescere⟩: zum Baum werden. **Ar|bo|re|tum** *das;* -s, ...ten ⟨aus *lat.* arboretum „Baumpflanzung"⟩: Baumgarten, zu Studienzwecken angelegte Sammelpflanzung verschiedener Baumarten, die auf freiem Lande wachsen (Bot.). **ar|bo|ri|form** ⟨zu ↑...form⟩: (veraltet) baumförmig. **Ar|bo|ri|kul|tur** *die;* -: (veraltet) Baumzucht. **Ar|bo|ri|sa|ti|on** *die;* - ⟨zu ↑...isation⟩: natürliche Baum- u. Laubzeichnung auf Steinen. **ar|bo|risch:** (veraltet) baumartig. **Ar|bo|ri|sie|ren** ⟨zu ↑...isieren⟩: (veraltet) baumartig zeichnen. **Ar|bo|rist** *der;* -en, -en ⟨zu ↑...ist⟩: (veraltet) Baumgärtner. **Ar|bo|ri|zid** *das;* -s, -e ⟨zu ↑...zid⟩: ↑Herbizid gegen Gehölze

Ar|bu|se *die;* -, -n ⟨aus gleichbed. *russ.* arbuz, dies aus *pers.* charbūza, eigtl. „Eselsgurke"⟩: Wassermelone, in warmen Gebieten angebautes Kürbisgewächs

Ar|bu|tus *der;* -, ...ti ⟨aus gleichbed. *lat.* arbutus⟩: Erdbeerbaum, ein voreiszeitliches Gewächs

arc: Formelzeichen für ↑Arkus

ARC ⟨Abk. für *engl.* American Red Cross⟩: Amerikanisches Rotes Kreuz

arch..., Arch... vgl. archi..., Archi... **Ar|cha|ik** *die;* - ⟨zu *gr.* archaikós „altertümlich", vgl. archaisch u. ²...ik (1)⟩: a) frühzeitliche Kulturepoche; b) ↑archaische (a, b) Art. **Ar|chai|ker** *der;* -s, -: in ↑archaischem (c) Stil schaffender Künstler. **Ar|chai|kum**, auch **Ar|chäi|kum** *das;* -s ⟨zu ↑archaisch u. ↑...ikum⟩: ältester Abschnitt der erdgeschichtlichen Frühzeit (Geol.); vgl. Archäozoikum. **ar|chai|sch** ⟨aus *gr.* archaikós „altertümlich"⟩: a) altertümlich; b) frühzeitlich; c) aus der Frühstufe eines Stils, bes. aus der der Klassik vorangehenden Epoche der griechischen Kunst, stammend. **ar|chä|isch** ⟨über *lat.* archaeus aus *gr.* archaíos „uranfänglich, von alters her"⟩: das Archaikum, Archäikum betreffend. **ar|chai|sie|ren** [arçai...] ⟨zu ↑...isieren⟩: archaische Formen verwenden, nach alten Vorbildern gestalten. **Ar|cha|is|mus** *der;* -, ...men ⟨zu ↑...ismus⟩: a) (ohne Plur.) Rückgriff auf veraltete Wörter, Sprach- od. Stilformen; b) älteres, einer früheren Zeit angehörendes Element (in Sprache od. Kunst). **Ar|cha|ist** *der;* -en, -en ⟨zu ↑...ist⟩: Vertreter einer künstlerischen, geistigen Haltung, die sich an einer frühzeitlichen Epoche orientiert. **ar|cha|i|stisch** ⟨zu ↑...istisch⟩: den Archaismus betreffend. **Arch|an|thro|pi|nen** *die* (Plur.) ⟨zu ↑archi... u. *gr.* ánthrōpos „Mensch"⟩: ältester Zweig der Frühmenschen; vgl. Anthropus. **ar|chäo..., Ar|chäo...** ⟨aus *gr.* archaíos „uranfänglich, von alters her"⟩: Wortbildungselement mit der

Bedeutung „alt, vorgeschichtlich", z. B. Archäozoikum. **Ar|chäo|li|thi|kum** [auch ...'lı...] *das;* -s ⟨zu ↑...lithikum⟩: die vor der Altsteinzeit liegende Ursteinzeit. **ar|chäo|lithisch** [auch ...'lı...]: zum ↑Archäolithikum gehörend, das ↑Archäolithikum betreffend. **Ar|chäo|lo|ge** *der;* -n, -n ⟨aus *gr.* archaiológos „Erforscher der alten Geschichte"⟩: Wissenschaftler auf dem Gebiet der Archäologie, Altertumsforscher. **Ar|chäo|lo|gie** *die;* - ⟨aus *gr.* archaiología „Erzählungen aus der alten Geschichte"⟩: Altertumskunde, Wissenschaft von den sichtbaren Überresten alter Kulturen, die durch Ausgrabungen od. mit Hilfe literarischer Überlieferung erschlossen werden können. **ar|chäo|logisch** ⟨zu ↑archäo... u. ↑...logisch⟩: die Archäologie betreffend. **Ar|chäo|me|trie** *die;* - ⟨zu ↑...metrie⟩: Teilgebiet der Archäologie, das sich mit der Untersuchung kulturgeschichtlicher Fragen mit Hilfe von natur- u. sozialwissenschaftlichen Methoden befaßt. **Ar|chäo|phyt** *der;* -en, -en ⟨zu ↑...phyt⟩: in frühgeschichtlicher Zeit eingeschleppte fremde Pflanze (z. B. Klette, Kornblume). **Ar|chäo|pte|ris** *die;* -, ...riden ⟨zu *gr.* ptéris „Farn"⟩: ausgestorbener Farn des ↑Devons. **Är|chäo|pte|ryx** *der;* -[es], Plur. -e od. ...pteryges od. *die;* -, Plur. -e od. ...pteryges ⟨zu *gr.* ptéryx „Flügel"⟩: ausgestorbener Urvogel aus dem ↑²Jura. **Ar|chäozoi|kum** *das;* -s ⟨zu ↑archäo..., *gr.* zōḗ „Leben" u. ↑...ikum⟩: die erdgeschichtliche Frühzeit mit den Abschnitten ↑Archaikum u. ↑Algonkium (Geol.). **Ar|chebak|te|rie** [...iə] *die;* -, -n (meist Plur.) ⟨zu *arché* „Anfang, Ursprung" u. ↑Bakterie⟩: an extremen Standorten (z. B. in Salzseen) vorkommender, früher den Bakterien zugeordneter Organismus (Biol.). **Ar|che|go|ni|a|ten** *die* (Plur.) ⟨zu *gr.* archégonos „zuerst entstanden" u. ↑...iat⟩: zusammenfassende Bez. für Moose u. Farnpflanzen, die ein Archegonium ausbilden (Bot.). **Ar|che|go|ni|um** *das;* -s, ...ien [...iən] ⟨zu ↑...ium⟩: Geschlechtsorgan der Moose u. Farne, das weibliche Keimzellen ausbildet (Bot.); vgl. Antheridium. **Ar|che|go|sau|rus** *der;* -, ...rier [...iɐ] ⟨zu *gr.* saũros „Eidechse"⟩: fossile ↑Amphibie aus dem ↑Perm Mitteleuropas (Geol.). **Ar|chei|on** *das;* -s, ...en ⟨aus gleichbed. *gr.* archeĩon⟩: 1. Versammlungshaus der Behörden in der Antike. 2. Tempelschatzkammer, Archiv. **Ar|cheio|te** *der;* -n, -n ⟨aus gleichbed. *gr.* archeiótēs⟩: Verwahrer des ↑Archeions (2), ↑Archivar. **Ar|che|lon** *das;* -s ⟨zu *gr.* arché „Anfang, Ursprung" u. chelṓnē „Schildkröte"⟩: fossile Riesenschildkröte aus der Kreidezeit (Geol.). **Arch|enze|pha|lon** *das;* -s ⟨zu ↑archi... u. *gr.* egképhalos „Gehirn"⟩: Urhirn (↑embryonales Organ), die vordere Hirnregion mit Vorderhirn, Riechhirn u. Zwischenhirn (Med.). **Ar|che|spor** *das;* -s ⟨zu *gr.* sporá „Samen"⟩: Zellschicht, aus der die Sporen der Moose u. Farne sowie die Pollen der höheren Pflanzen hervorgehen (Biol.). **Ar|che|typ** [auch 'ar...] *der;* -s, -en ⟨über *lat.* archetypum aus *gr.* archétypon „zuerst geprägt; Urbild"⟩: 1. Urbild, Urform. 2. Komponente des kollektiven Unbewußten im Menschen, die die ererbte Grundlage der Persönlichkeitsstruktur bildet (C. G. Jung; Psychol.). 3. a) älteste überlieferte od. erschließbare Fassung einer Handschrift, eines Druckes; b) Original eines Kunst- od. Schriftwerkes im Gegensatz zu Nachbildungen od. Abschriften. **ar|che|ty|pisch** [auch 'ar...]: der Urform entsprechend. **Ar|che|ty|pus** *der;* -, ...pen ⟨aus gleichbed. *mlat.* archetypus zu *lat.* archetypum, vgl. Archetyp⟩: svw. Archetyp. **Ar|che|us** *der;* -, ...chei ⟨aus gleichbed. *nlat.* archeus zu *gr.* arché „Anfang, Ursprung"⟩: organische Lebenskraft, Weltgeist (bei Paracelsus u. in der ↑Alchimie). **ar|chi...**, **Ar|chi...**, vor Vokalen **arch...**, **Arch...** ⟨aus gleichbed. *gr.* archi- zu árchein „der

erste sein, Führer sein" bzw. archós „Anführer"⟩: Wortbildungselement mit der Bedeutung „erster, oberster", „Ober...", „Haupt...", „Ur...", „Erz...". **Ar|chi|ab|bas** *der;* -, - ⟨zu ↑Abba⟩: Oberabt in griech. Klöstern. **Arch|ia|ter** *der;* -s, - ⟨zu *gr.* iatrós „Arzt"⟩: 1. Titel der Leibärzte der hellenistischen Fürsten, in der oström. Kaiserzeit der Hofärzte u. der Gemeindeärzte. 2. (veraltet) Oberarzt. **Ar|chi|bouf|fon** [arʃibu'fõ:] *der;* -s, -s ⟨aus gleichbed. älter *fr.* archibouffon⟩: Obernarr, Erznarr (früher im Theater). **Ar|chi|dia|kon** [auch ...'di:a...] *der;* Gen. -s u. -en, Plur. -e[n] ⟨über *(kirchen)lat.* archidiaconus aus *gr.* archidiákonos⟩: höherer geistlicher Würdenträger. **Ar|chi|dia|ko|nat** *das,* auch *der;* -[e]s, -e ⟨zu ↑...at (1)⟩: 1. Amt eines Archidiakons. 2. Wohnung eines Archidiakons. **Ar|chi|ge|ne|se, Ar|chi|ge|ne|sis** *die;* - ⟨zu ↑archi... u. ↑Genese bzw. ↑Genesis⟩: svw. Abiogenese. **Ar|chi|go|nie** *die;* - ⟨zu ↑...gonie⟩: svw. Abiogenese. **Ar|chi|le|xem** *das;* -s, -e: das ↑Lexem innerhalb eines Wortfeldes, das den allgemeinsten Inhalt hat (z. B. *Pferd* gegenüber *Klepper;* Sprachw.) **Ar|chi|lo|chi|us** *der;* - ⟨*lat.;* nach dem altgriech. Dichter Archilochos⟩: Bez. für verschiedene antike Versformen; Archilochius maior: aus einer ↑daktylischen ↑Tetrapodie u. einem ↑Ithyphallicus bestehende Versform **Ar|chi|man|drit** *der;* -en, -en ⟨über *spätlat.* archimandrites aus *spätgr.* archimandrítēs, zu mándra „Stall; Kloster"⟩: in den orthodoxen Kirchen Vorsteher mehrerer Klöster **ar|chi|me|disch** ⟨nach dem griech. Mathematiker Archimedes (um 285–212 v. Chr.)⟩: nach Archimedes benannt; -e Schraube: Gerät zur Be- od. Entwässerung (Wasserschnecke); -es Prinzip: Gesetz vom Auftrieb eines Körpers in einer Flüssigkeit od. einem Gas **Ar|chi|mi|me** *der;* -n, -n ⟨aus gleichbed. *gr.* archímimos⟩: Anführer, erster Schauspieler einer antiken Mimustruppe. **Ar|chi|mor|phem** *das;* -s, -e ⟨zu ↑archi... u. ↑Morphem⟩: Wortbestandteil, der einem anderen entspricht, ohne ihm völlig gleichen zu müssen (Sprachw.). **Ar|chi|my|zet** *der;* -en, -en: primitivste Form der Algenpilze (Bot.). **Ar|chi|orga|no** *das;* -s, -s ⟨zu *fr.* archi- (vgl. archi...) u. *lat.* organum „Orgel"⟩: Orgel mit 31 Tönen in der Oktave, mit der man ↑diatonisch, ↑chromatisch u. ↑enharmonisch rein musizieren konnte. **Ar|chi|pal|li|um** *das;* -s, ...allia ⟨zu ↑archi... u. ↑Pallium⟩: entwicklungsgeschichtlich ältester Teil des Hornmantels (Biol.). **Ar|chi|pel** *der;* -s ⟨aus gleichbed. älter *it.* arc(h)ipelago, eigtl. „Hauptmeer", dies wohl umgebildet aus *gr.* Aigaĩon pélagos „Ägäisches Meer"⟩: Inselgruppe, -meer. **Ar|chi|pho|nem** *das;* -s, -e ⟨zu ↑archi... u. ↑Phonem⟩: Gesamtheit der ↑distinktiven Merkmale, die zwei oder mehreren ↑Phonemen gemeinsam sind (Sprachw.). **Ar|chi|pres|by|ter** *der;* -s - ⟨aus *mgr.* archipresbýteros „Erzpriester"⟩: 1. (früher) oberster Priester einer [Bischofs]kirche, Erzpriester. 2. Vorsteher eines ländlichen ev. Kirchenkreises. **Ar|chi|pte|ry|gi|um** *das;* -s, ...gien [...iən] ⟨aus *nlat.* archipterygium zu ↑archi... u. *gr.* pterýgion „Fischflosse", eigtl. „Urflosse"⟩: primitivster Flossentyp der Fische, der heute noch bei Lungenfischen vorkommt (Zool.). **Ar|chi|tekt** *der;* -en, -en ⟨über *lat.* architectus aus *gr.* architéktōn „Oberzimmermann, Baumeister"⟩: auf einer Hochschule ausgebildeter Fachmann, der Bauwerke entwirft u. gestaltet, Baupläne ausarbeitet u. deren Ausführung überwacht. **Ar|chi|tek|ten|bü|ro** *das;* -s, -s: Büro eines Architekten. **Ar|chi|tek|ten|kol|lek|tiv** *das;* -s, -e [...və]: Arbeitsgemeinschaft von Architekten. **Ar|chi|tek|tin** *die;* -, -nen: weibliche Form zu ↑Architekt. **Ar|chi|tek|to|nik** *die;* -, -en ⟨aus *gr.* architektonikḗ (téchnē) „Baukunst"⟩: 1. (ohne Plur.) Wissenschaft von der Baukunst. 2.

architektonisch

künstlerischer Aufbau einer Dichtung, eines Musikwerkes o. ä. **ar|chi|tek|to|nisch** ⟨aus *gr.* architektonikós „zum Baumeister gehörig"⟩: die Architektonik betreffend. **Ar|chi|tek|tur** *die;* -, -en ⟨aus gleichbed. *lat.* architectura⟩: 1. a) (ohne Plur.) Baukunst [als wissenschaftliche Disziplin]; b) Baustil. 2. der nach den Regeln der Baukunst gestaltete Aufbau eines Gebäudes. **ar|chi|tek|tu|ral** ⟨zu ↑¹...al (1)⟩: (schweiz.) svw. architektonisch. **Ar|chi|tek|tur|kri|tik** *die;* -: Erklärung, Analyse u. Wertung von Gebäuden, architektonischen Planungen od. ↑ Architekturtheorien sowie der Intentionen u. des Werks von Architekten. **Ar|chi|tek|tur|mo|dell** *das;* -s, -e: dreidimensionale, plastische Wiedergabe eines Bauwerks in Holz, Ton, Gips, Pappe u. a. **Ar|chi|tek|tur|mu|se|um** *das;* -s, ...seen [...zeən]: Sammlung von Bauentwürfen u. Modellen. **Ar|chi|tek|tur|pla|stik** *die;* -, -en: für einen Bau geschaffene, an diesem fest angebrachte Plastik (meist aus Stein), Bauplastik. **Ar|chi|tek|tur|theo|rie** *die;* -, ...ien [...i:ən]: systematisch-intellektuelle Auseinandersetzung mit der Baupraxis der Vergangenheit, Gegenwart od. Zukunft. **Ar|chi|trav** *der;* -s, -e [...və] ⟨aus gleichbed. *it.* architrave, eigtl. „Hauptbalken", zu ↑archi-... u. *lat.* trabs „Balken"⟩: die Säulen verbindender Querbalken (Tragbalken) in der antiken Baukunst. **Ar|chiv** *das;* -s, -e [...və] ⟨aus gleichbed. *spätlat.* archivum, dies aus *gr.* archeîon „Regierungs-, Amtsgebäude"⟩: a) Einrichtung zur systematischen Erfassung, Erhaltung u. Betreuung rechtlicher u. politischer Dokumente; b) Raum, Gebäude, in dem Schriftstücke, Urkunden u. Akten aufbewahrt werden. **ar|chi|val** [...v...] ⟨zu ↑¹...al (1)⟩: einem Archiv angehörend. **Ar|chi|va|le** *das;* -s, ...lien [...jən] (meist (Plur.)) ⟨aus gleichbed. *nlat.* archivale⟩: Aktenstück, Urkunde aus einem Archiv. **ar|chi|va|lisch**: urkundlich. **Ar|chi|var** *der;* -s, -e ⟨aus gleichbed. *nlat.* archivarius⟩: wissenschaftlich ausgebildeter Fachmann, der in einem Archiv arbeitet. **ar|chi|va|risch**: a) das Archiv betreffend; b) den Archivar betreffend. **Ar|chiv|di|rek|tor** *der;* -s, -en: Direktor eines Archivs. **Ar|chiv|exem|plar** *das;* -s, -e: das für ein Archiv bestimmte Exemplar. **Ar|chiv|film** *der;* -[e]s, -e: Film- od. Videobandaufzeichnung, die im Archiv von Film- u. Fernsehstudios zur Wiederverwendung bereitgehalten wird. **ar|chi|vie|ren** [...v...] ⟨zu ↑...ieren⟩: Urkunden u. Dokumente in ein Archiv aufnehmen. **ar|chi|visch**: das Archiv betreffend. **Ar|chi|vis|mus** *der;* -, ...men ⟨zu ↑...ismus (5)⟩: sammelnde, anekdotenhafte, im Faktischen verbleibende Einstellung in der Geschichtswissenschaft. **Ar|chi|vist** *der;* -en, -en ⟨zu ↑...ist⟩: (veraltet) svw. Archivar. **Ar|chi|vi|stik** *die;* - ⟨zu ↑...istik⟩: Archivwissenschaft. **Ar|chiv|ma|te|ri|al** *das;* -s, ...lien [...jən]: in einem Archiv aufbewahrtes Material
Ar|chi|vol|te [...v...] *die;* -, -n ⟨aus gleichbed. *it.* archivolto, dies aus *mlat.* archivoltum zu *lat.* arcus „Bogen" u. volutum, Part. Perf. (Neutrum) von volvere „drehen, winden"⟩: 1. bandartige Stirn- u. Innenseite eines Rundbogens (Archit.). 2. plastisch gestalteter Bogenlauf im romanischen u. gotischen Portal (Archit.)
Ar|cho|lo|gie *die;* - ⟨zu *gr.* arché „Anfang, Ursprung" u. ↑...logie⟩: Anfangslehre, Grundlehre der Philosophie
Ar|chon *der;* -s, Archonten u. **Ar|chont** *der;* -en, -en ⟨über *lat.* archon aus *gr.* árchōn, Gen. archóntos, eigtl. Part. Präs. von *gr.* árchein „herrschen"⟩: höchster Beamter in Athen u. anderen Städten der Antike. **Ar|chon|tat** *das;* -[e]s, -e ⟨zu ↑...at (1)⟩: 1. Amt eines Archonten. 2. Amtszeit eines Archonten
Ar|cho|sau|ri|er [...iɐ] *der;* -s, - u. **Ar|cho|sau|rus** *der;* -, ...rier [...iɐ] ⟨zu *gr.* archaîos „alt, uranfänglich" u. saûros

„Eidechse"⟩: Sammelbez. für die ↑fossilen ↑Reptilien u. ihre Vorfahren
ar|co ['arko] ⟨*it.;* zu *lat.* arcus „Bogen"⟩: svw. coll'arco. **Ar|co** *der;* -s, ...chi [...ki] ⟨aus gleichbed. *it.* arco⟩: Bogen der Streichinstrumente (Mus.)
Ar|cot [ar'ko:] *der;* -s, -s ⟨aus gleichbed. *fr.* arcot (pikardische Form) zu älter *fr.* archal „Messing", dies aus *lat.* aurichalcum⟩: rohes Messing nach dem ersten Schmelzen, Ofenbruch
Ar|cus [...k...] vgl. Arkus
Ar|da|bil, Ardebil *der;* -[s], -s ⟨nach der iran. Stadt (bedeutender Teppichhandelsplatz)⟩: handgeknüpfter Teppich
Ar|da|lio *der;* -s, -s ⟨aus gleichbed. *lat.* ardalio, dies aus *gr.* árdalos „Dreckfink"⟩: (veraltet) ein geschäftiger Müßiggänger, Hansdampf in allen Gassen
Ar|de|bil vgl. Ardabil
ar|dent ⟨aus gleichbed. *lat.* ardens, Gen. ardentis, Part. Präs. von ardere „verbrennen, glühen"⟩: (veraltet) brennend, heiß, hitzig, leidenschaftlich. **ar|den|te** ⟨*it.*⟩: feurig, glutvoll (Vortragsanweisung; Mus.). **Ar|denz** *die;* - ⟨zu ↑...enz⟩: (veraltet) Hitze, Glut, Eifer, Inbrunst. **ar|des|zie|ren** ⟨aus gleichbed. *lat.* ardescere⟩: (veraltet) entbrennen, heiß werden. **ar|di|to** ⟨*it.*⟩: kühn, verwegen, frech (Vortragsanweisung; Mus.). **Ar|do|me|ter** ⓦ *das;* -s, - ⟨zu *lat.* ardere (vgl. ardent) u. ↑¹...meter⟩: Gerät zur Messung hoher Temperaturen; vgl. Pyrometer
Ar|dor *der;* -s ⟨aus *lat.* ardor „Brand, Feuer"⟩: brennendes Gefühl, das Brennen (Med.)
Are *die;* -, -n ⟨aus *fr.* are „Flächenraum", dies aus *lat.* area; vgl. ¹Area⟩: (schweiz.) svw. ¹Ar
...are ⟨*lat.*⟩: Endung weiblicher, auch sächlicher Substantive, die von Adjektiven auf ...ar abgeleitet sind, z. B. Polare
¹Area *die;* -, Plur. Areen *od.* -s ⟨aus *lat.* area „freier Platz, Fläche"⟩: 1. (veraltet) Fläche, Kampfplatz. 2. umschriebener Bezirk eines Organs (Anat.). **²Area** *die;* -, -s ⟨über gleichbed. *span.* area aus *lat.* area, vgl. ¹Area⟩: Flächeneinheit in Kolumbien u. Argentinien. **Area|funk|ti|on** *die;* -, -en ⟨zu ↑¹Area⟩: Umkehrfunktion einer ↑Hyperbelfunktion (Math.). **are|al** ⟨aus *mlat.* arealis „die Fläche betreffend", eigtl. „zur Tenne gehörend"⟩: Verbreitungsgebiete (von Pflanzen, Tieren u. sprachlichen Erscheinungen) betreffend. **Are|al** *das;* -s, -e: 1. a) Bodenfläche; b) abgegrenztes Gebiet, Gelände, Grundstück. 2. Verbreitungsgebiet, bes. von Tier- od. Pflanzenarten u. sprachlichen Erscheinungen. **Are|al|erup|ti|on** *die;* -, -en: vulkanische Tätigkeit an verschiedenen Eruptionsstellen, die einen gemeinsamen Herd haben. **Are|al|kun|de** *die;* -: Wissenschaft von der räumlichen Verbreitung der Tiere u. Pflanzen auf der Erde. **Are|al|lin|gui|stik** *die;* -: [neuere] Sprachgeographie. **are|al|lin|gui|stisch**: die Areallinguistik betreffend. **Are|al|me|tho|de** *die;* -: Stichprobenverfahren der Meinungsforschung, bei dem Personen aus einem bestimmten, aber willkürlich ausgewählten Siedlungsgebiet befragt werden; vgl. Quotenmethode
à re|cu|lons [a rəky'lõ:] ⟨*fr.*⟩: rückwärts, zurück; rücklings
Are|en: Plur. von ¹Area
Are|fakt *das;* -[e]s, -e ⟨zu *lat.* arefactus, Part. Perf. von arefacere (vgl. arefazieren), eigtl. „das Trockengemachte"⟩: (veraltet) das Gedörrte (z. B. Fleisch, Früchte). **Are|fak|ti|on** *die;* - ⟨aus gleichbed. *nlat.* arefactio⟩: (veraltet) Austrocknung, das Dörren. **are|fa|zie|ren** ⟨aus *lat.* arefacere „trocknen"⟩: (veraltet) trocken machen, ausdörren
Are|fle|xie *die;* -, ...ien ⟨zu *gr.* a- „un-, nicht-", ↑Reflex u. ↑²...ie⟩: das Ausbleiben reflektorischer Reaktionen auf Reize (Med.)

Argumentum ad hominem

Are|ka|nuß *die;* -, ...nüsse ⟨Lehnübersetzung von gleichbed. *port.* areca, dies aus *Malayalam* atecca⟩: Frucht der Arekaod. Betelnußpalme

a̱re|li|gi|ös ⟨zu *gr.* a- „un-, nicht-" u. ↑religiös⟩: nicht religiös, außerhalb der Religion [stehend]

Are̱|na *die;* -, ...nen ⟨aus *lat.* (h)arena „Sand; Sandbahn; Kampfplatz im Amphitheater"⟩: a) größerer Platz, Fläche zum Austragen von [Wett]kämpfen in der Mitte einer entsprechenden Anlage; b) (österr.) Sommerbühne. **Are|na̱nt** *der;* -en, -en ⟨zu ↑...ant (1)⟩: svw. Arenarius. **Are|na̱|ri|us** *der;* -, ...ien [...i̯ən] ⟨aus gleichbed. *lat.* arenarius⟩: Kämpfer, Gladiator im alten Rom. **Are|na|ti|o̱n** *die;* -, -en ⟨aus gleichbed. *lat.* arenatio⟩: (veraltet) Sandbad (Med.)

Are̱n|da *die;* -, ...den ⟨aus *russ.* arenda „Pacht", dies über *poln.* arenda aus *mlat.* arrenda⟩: svw. Arrende

Are̱n|ga *die;* -, ...gen ⟨aus gleichbed. *mlat.* arenga⟩: Teil der feierlichen Einleitung mittelalterlicher Urkunden

are|nie̱|ren ⟨aus gleichbed. *fr.* s'aréner⟩: (veraltet) sich senken, sich setzen (von Gebäuden)

Are̱|nig ['ærɪnɪg] *das;* -[s] ⟨aus gleichbed. *engl.* arenig, nach dem Bergzug Arenig in Wales⟩: erdgeschichtlicher Zeitraum; Stufe des ↑Ordoviziums (Geol.)

are|no̱s ⟨aus gleichbed. *lat.* arenosus zu (h)arena, vgl. Arena⟩: (veraltet) sandig, voll Sand

Are̱o|la *die;* -, ...lae [...lɛ] ⟨aus *lat.* areola „kleiner freier Platz"⟩: kleiner [Haut]bezirk, kleiner Hof (Anat.). **Areo̱len** *die* (Plur.) ⟨zu ↑Areola⟩: mit Blattdornen u. Stacheln besetzte Seitentriebe der Kakteen, die kissenartig angeordnet sind (Bot.)

Areo̱|pag *der;* -s ⟨über *lat.* Areopagus aus *gr.* Areiópagos, eigtl. „Hügel des Ares", nach dem Tagungsort⟩: höchster Gerichtshof im Athen der Antike. **Areo|pa|gi̱t** *der;* -en, -en ⟨zu ↑³...it⟩: Mitglied des Areopags

are|sorp̱|tiv ⟨zu *gr.* a- „un-, nicht-", *lat.* resorptus, Part. Perf. von resorbere „(wieder)schlürfen, aufsaugen", u. ↑...iv⟩: nicht resorbierbar, auf mangelhafter ↑Resorption (1) beruhend (Med.)

Are̱|stum *das;* -s, ...ta ⟨aus gleichbed. *mlat.* arestum, vgl. Arrest⟩: (veraltet) gerichtlicher Spruch

ares|zie̱|ren ⟨aus gleichbed. *lat.* arescere⟩: (veraltet) trocken werden; vertrocknen

Are|ta|lo̱|ge *der;* -n, -n ⟨aus gleichbed. *lat.* aretalogus, dies aus *gr.* aretalógos⟩: bezahlter altröm. od. altgriech. Philosoph, der bei Festen die Tugend des Gastgebers zu rühmen hatte. **Are|ta|lo|gie̱** *die;* -, ...ien ⟨aus *gr.* aretalogía „Tugendschwätzerei"⟩: in Form eines ↑Traktats abgefaßte Lobpreisung einer Gottheit od. eines Helden (Literaturgattung in später griech.-röm. Zeit). **Are|te̱** *die;* - ⟨aus *gr.* aretḗ „Tugend"⟩: Tüchtigkeit, Vortrefflichkeit, Tauglichkeit der Seele zu Weisheit u. Gerechtigkeit. **Are|to|lo|gie̱** *die;* - ⟨zu ↑...logie⟩: Lehre von der Arete, Tugendlehre

A̱r|gal|li *der,* auch *das;* -[s], -s ⟨aus *mong.* argol „trockener Dung"⟩: Wildschaf in Zentralasien

Ar|gand|breṉ|ner [ar'gã...] *der;* -s, - ⟨nach dem Schweizer Erfinder Argand, 1755–1803⟩: ein Gasbrenner

Ar|gen|ta̱n *das;* -s ⟨aus gleichbed. *nlat.* argentanum zu *lat.* argentum „Silber"⟩: (veraltet) Neusilber. **Ar|gen|ta̱|ri|us** *der;* -, ...ien [...i̯ən] ⟨aus gleichbed. *lat.* argentarius⟩: (veraltet) 1. Geldwechsler. 2. Silberarbeiter. **Ar|gen|ta|ti|o̱n** *die;* -, -en ⟨aus gleichbed. *mlat.* argentatio⟩: (veraltet) Versilberung. **ar|gen|ti̱n** ⟨aus gleichbed. *fr.* argentin⟩: silberfarben, silberhell. **Ar|gen|ti̱|ne** *die;* - ⟨zu ↑...ine⟩: Silberfarbe zur Herstellung von Metallpapier. **Ar|gen|ti̱t** [auch ...'tɪt] *das;* -s ⟨zu *lat.* argentum u. ↑²...it⟩: graues, metallisch glänzendes Mineral; Silberglanz. **Ar|gen|to|me|trie̱** *die;* -, ...ien ⟨zu ↑...metrie⟩: maßanalytische Fällungsmethode mit Hilfe eines schwerlöslichen Silbersalzes (Chem.). **Ar|geṉ|tum** *das;* -[s] ⟨aus gleichbed. *lat.* argentum, dies zu *gr.* argés „weiß, glänzend"⟩: *lat.* Bez. für Silber (chem. Element); Zeichen Ag

Ar|ghu̱l [ar'guːl] *der;* -s, -e ⟨aus dem Arab.⟩: Doppelschalmei des Vorderen Orients

Ar|giḻ|la *die;* -, ...llen ⟨aus gleichbed. *lat.* argilla, dies aus gleichbed. *gr.* árgillos⟩: weißer Ton, Töpfererde. **Ar|gil|li̱t** [auch ...'lɪt] *der;* -s, -e ⟨zu ↑Argilla u. ↑²...it⟩: Tonerde, ein Mineral. **Ar|gi|na̱|se** *die;* -, -n ⟨Kurzw. aus ↑Arginin u. ↑...ase⟩: wichtiges Stoffwechselenzym. **Ar|gi|ni̱n** *das;* -s, -e ⟨zu *gr.* arginóeis „hell schimmernd" u. ↑...in (1)⟩: lebenswichtige ↑Aminosäure, die in allen Eiweißkörpern enthalten ist

A̱r|gon [auch ar'goːn] *das;* -s ⟨zu *gr.* argós „untätig, träge" (weil das Element keine chem. Reaktionen einging) u. ↑¹...on⟩: chem. Element, Edelgas; Zeichen Ar

Ar|go|nau̱t *der;* -en, -en ⟨aus gleichbed. *lat.* Argonauta, dies aus *gr.* Argonautēs⟩: 1. in der griech. Sage ein Mann der Besatzung des Schiffes Argo. 2. bes. Art des Tintenfisches. **Ar|go|nau̱|ti|ka** *die* (Plur.) ⟨zu ↑...ika⟩: Gedichte, die die Argonautenfahrt behandeln

Ar|gon|me|tho̱|de [auch ar'goːn...] *die;* - ⟨zu ↑Argon u. ↑Methode⟩: Methode zur Altersbestimmung von Gesteinen u. Fossilien durch Ermittlung ihres Gehalts an bestimmten Argonisotopen (Archäol., Geol.)

Ar|go̱t [ar'goː] *das* od. *der;* -s, -s ⟨aus *fr.* argot „Rotwelsch", weitere Herkunft unbekannt⟩: a) (ohne Plur.) Bettler- u. Gaunersprache, Rotwelsch; b) Gruppensprache, ↑Slang, ↑Jargon; c) (ohne Plur.) franz. Umgangssprache. **Ar|go|tis̱|mus** *der;* -, ...men ⟨zu ↑...ismus (4)⟩: Argotwort od. -wendung in der saloppen Umgangssprache

ar|gu|ie̱|ren ⟨aus gleichbed. *lat.* arguere, eigtl. „erhellen, beweisen"⟩: (veraltet) beschuldigen, darlegen. **Ar|gu|me̱nt** *das;* -[e]s, -e ⟨aus gleichbed. *lat.* argumentum, „was der Veranschaulichung dient"⟩: 1. etw., was als Beweis, Bekräftigung einer Aussage vorgebracht wird. 2. vom Verb abhängende Leerstelle im Satz, die besetzt werden muß, damit ein sinnvoller Satz entsteht (z. B. werden in dem Satz *sie verschenkt das Kleid* die Argumente durch die Wörter (Aktanten) *sie* u. *Kleid* realisiert; Sprachw.). 3. unabhängige Veränderliche einer math. Funktion. 4. a) (deutsche) Inhaltsangabe u. Personenpräsentierung bei lat. Aufführungen des Mittelalters u. der Renaissance; b) (im Barock) allegorische Pantomime, die auf den Sinn der darauffolgenden Handlung vorbereitet. **ar|gu|men|ta̱l** ⟨aus *lat.* argumentalis „Beweise enthaltend"⟩: (veraltet) zum Beweis dienend. **Ar|gu|men|ta|ti|o̱n** *die;* -, -en ⟨aus gleichbed. *lat.* argumentatio zu argumentari, vgl. argumentieren⟩: Darlegung der Argumente, Beweisführung, Begründung. **ar|gu|men|ta|ti̱v** ⟨aus gleichbed. *lat.* argumentativus⟩: a) die vorgebrachten Argumente betreffend; b) mit Hilfe von Argumenten [geführt]; vgl. ...iv/...orisch. **Ar|gu|men|ta̱|tor** *der;* -s, ...oren ⟨aus *lat.* argumentator „der Beweisführer"⟩: 1. im Schultheater der Sprecher des ↑Arguments (4 a), der Erklärer des lateinischen Texts. 2. (veraltet) den Beweis Erbringender. **ar|gu|men|ta|to̱|risch**: die vorgebrachten Argumente betreffend; vgl. ...iv/...orisch. **ar|gu|men|tie̱|ren** ⟨aus gleichbed. *lat.* argumentari⟩: Argumente vorbringen, seine Beweise darlegen, beweisen, begründen. **Ar|gu|men|ti̱st** *der;* -en, -en ⟨zu ↑...ist⟩: svw. Argumentator (2). **ar|gu|men|tö̱s** ⟨zu ↑...ös⟩: (veraltet) reich an Beweisgründen. **Ar|gu|meṉ|tum ad ho̱|mi|nem** *das;* - - -, ...ta - - ⟨*lat.;* eigtl. „Beweis für den Menschen"⟩: auf das Ver-

Argumentum e contrario

ständnis des Hörers zugeschnittener Beweis. **Ar|gu|mentum e con|tra|rio** [– – kɔn...] *das;* - - -, ...ta - - ⟨*lat.*⟩: Schlußfolgerung aus dem Gegenteil. **Ar|gu|men|tum e si|len|tio** *das;* - - -, ...ta - - ⟨*lat.*⟩: Schlußfolgerung aus dem Stillschweigen

Ar̲gus *der;* -, -se ⟨nach dem hundertäugigen Riesen der griech. Sage⟩: scharfer Wächter. **Ar̲|gus|au|gen** *die* (Plur.): scharfe, wachsame Augen; mit -: kritisch, wachsam, mißtrauisch [etwas beobachtend]

ar|gut ⟨aus gleichbed. *lat.* argutus zu arguere, vgl. arguieren⟩: (veraltet) scharfsinnig. **Ar|gu|ti|en** [...iən] *die* (Plur.) ⟨aus gleichbed. *lat.* argutiae (Plur.)⟩: Spitzfindigkeiten. **argu|tie|ren** ⟨aus gleichbed. *lat.* argutari⟩: (veraltet) spitzfindig reden. **ar|gu|ti|ös** ⟨zu ↑...ös⟩: (veraltet) spitzfindig

Ar|gyl|lith [auch ...'lɪt] *der;* -[e]s ⟨zu *gr.* árgillos „weißer Ton, Töpfererde" u. ↑...lith⟩: svw. Argillit

Ar|gyll|ka|ro *das;* -s, -s ⟨nach dem Adelstitel der schott. Familie Campbell, von deren Umhang das Design übernommen wurde, u. zu ↑ Karo⟩: auffallendes Schottenmuster (klassisches Motiv des sportlichen Beiwerks der Herrengarderobe)

Ar|gyr|as|pi|den *die* (Plur.) ⟨aus gleichbed. *gr.* argýraspis, Gen. argyráspidos, eigtl. „Silberschildträger", zu *gr.* árgyros „Silber" u. aspís „Schild"⟩: Bez. für die Leibwache Alexander des Großen. **Ar|gy|ria|sis** *die;* -, ...iasen ⟨zu *gr.* árgyros „Silber" u. ↑...iasis⟩: svw. Argyrie. **Ar|gy|rie** *die;* -, ...ien ⟨zu ↑²...ie⟩: Blaugrauverfärbung der Haut u. innerer Organe bei längerem Gebrauch von Silberpräparaten (Med.). **Ar|gy|ro|dit** [auch ...'dɪt] *der;* -s ⟨zu ↑²...it⟩: ein stahlgraues Silbermineral, Mischkristall aus Silbersulfid u. Germaniumsulfid. **ar|gy|ro|ko|misch** ⟨zu *gr.* kómē „Haar"⟩: (veraltet) silberhaarig. **Ar|gy|ro|kra|tie** *die;* -, ...ien ⟨zu ↑...kratie⟩: (veraltet) svw. Plutokratie. **ar|gy|rophil** ⟨zu ↑...phil⟩: durch Anfärbung mit Silberpräparaten mikroskopisch darstellbar (von Gewebsstrukturen; Med.). **Ar|gy|ro|phi|lie** *die;* - ⟨zu ↑...philie⟩: Imprägnierbarkeit, Anfärbbarkeit (von Geweben) mit Silberpräparaten (Med.). **Ar|gy|ro|pö|ie** *die;* -, ...ien ⟨zu *gr.* argyropoiós „Silberarbeiter" (dies zu árgyros „Silber" u. poieīn „machen") u. ↑²...ie⟩: (veraltet) alchimistische Kunst der Silberherstellung aus unedlen Metallen. **Ar|gy ro|py|rit** [auch ...'rɪt] *der;* -s, -e: Mineral, ein Silber-Eisen-Sulfid. **Ar|gy|ro|se** *die;* -, -n ⟨zu ↑¹...ose⟩: svw. Argyrie

Arhat ['arat] *der;* -[s], -s ⟨zu *sanskr.* arhat „würdig"⟩: der vollkommen Erlöste im ↑ Dschainismus u. ↑ Buddhismus, der nach seinem Tod ins ↑ Nirwana eingeht

arhe̲|isch ⟨zu *gr.* a- „un-, nicht-" u. rheīn „fließen, strömen"⟩: flußlos, abflußlos (von geographischen Gebieten)

Arhyth|mie usw. vgl. Arrhythmie usw.

Ari *die;* -, -s: (ugs.) Kurzform von ↑ Artillerie

Aria *die;* -, Plur. Arie ['a:riə], auch Arias ⟨aus gleichbed. *it.* aria, dies über *lat.* aer aus *gr.* aḗr „Luft"⟩: 1. Lied, Melodie. 2. liedhaftes Instrumentalstück, bes. Tanzstück in der Ballettsuite des 17. Jh. 3. svw. Arie

Ari|ad|ne|fa|den *der;* -s ⟨nach der sagenhaften kretischen Königstochter, die Theseus mit einem Wollknäuel den Rückweg aus dem Labyrinth ermöglichte⟩: etwas, was aus einer verworrenen Lage heraushilft

Aria|ner *der;* -s, - ⟨nach dem ↑ Presbyter (1) Arius von Alexandria (4. Jh.) u. zu ↑...aner⟩: Anhänger des Arianismus. **aria|nisch**: a) den Arianismus betreffend; b) die Lehre des Arianismus vertretend. **Aria|nis|mus** *der;* - ⟨zu ↑...ismus (1)⟩: Lehre des Arius, wonach Christus mit Gott nicht wesenseins, sondern nur wesensähnlich sei

Ari|bo|fla|vi|no|se [...v...] *die;* -, -n ⟨zu *gr.* a- „un-, nicht-", ↑ Riboflavin u. ↑¹...ose⟩: Vitamin-B₂-Mangel-Krankheit

arid ⟨aus gleichbed. *lat.* aridus⟩: trocken, dürr, wüstenhaft (vom Boden od. Klima). **Ari|di|tät** *die;* - ⟨aus gleichbed. *lat.* ariditas, Gen. ariditatis⟩: Trockenheit (in bezug auf das Klima). **Ari|di|täts|fak|tor** *der;* -s, -en: Formel zur Berechnung der Trockenheit eines Gebiets

Arie ['a:riə] *die;* -, -n ⟨aus *it.* aria „Lied, Weise, Arie", eigtl. „Weise des Auftretens"⟩: Sologesangsstück mit Instrumentalbegleitung (bes. in Oper u. Oratorium)

Ari|er ['a:riɐ] *der;* -s, - ⟨aus *sanskr.* árya „der Edle"⟩: 1. Angehöriger frühgeschichtlicher Völker mit ↑ indogerm. Sprache in Indien u. im Iran; vgl. indoarisch u. iranisch. 2. in der nationalsozialistischen Rassenideologie Angehöriger der sogenannten nordischen Rasse, Nichtjude

...ari|er [...'a:riɐ] ⟨aus *lat.* -arius (vgl. ...arius) bzw. -arii (Plur. von -arius); Zugehörigkeitssuffix⟩: Endung von Substantiven od. Ableitungen von Eigennamen im Sing. u. Plur. zur Bez. der Anhängerschaft, z. B. Antiskriptuarier, Trinitarier

Ari|es ['a:riɛːs] *der;* -, Arieten ⟨aus gleichbed. *lat.* aries⟩: 1. Widder. 2. Sturmbock, ein altröm. Belagerungsgerät

Ari|et|ta, Ari|et|te *die;* -, ...tten ⟨aus gleichbed. *fr.* ariette bzw. *it.* arietta, dies Verkleinerungsform von aria; vgl. Arie⟩: kleine ↑ Arie

Ari|ki *die* (Plur.) ⟨*polynes.;* „Häuptling"⟩: ehrende Bez. für steinerne Monumentalplastiken auf der Osterinsel

aril|la|risch ⟨aus *nlat.* arillarius zu *mlat.* arillus, vgl. Arillus⟩: hülsenartig (Bot.). **aril|liert** ⟨zu ↑...iert⟩: mit einem fleischigen Samenmantel versehen (Bot.). **Aril|lus** *der;* -, ...lli ⟨aus gleichbed. *mlat.* arillus⟩: fleischiger Samenmantel mancher Pflanzen

Arin *das;* -[e]s, -e ⟨Kunstw. aus ↑ Aromat u. ↑...in (1)⟩: Bez. für instabile, sehr reaktionsfähige zyklische Verbindung, die im selben Ring zwei Doppel- u. eine Dreifachbindung hat (Chem.)

ari|os ⟨aus gleichbed. *it.* arioso zu aria, vgl. Arie⟩: gesanglich, melodiös (Vortragsanweisung; Mus.). **ario|so** ⟨*it.*⟩: in der Art einer Arie gestaltet, liedmäßig (Vortragsanweisung; Mus.). **Ario|so** *das;* - s, Plur. -s u. ...si: a) melodischer Ruhepunkt im Sprechgesang; b) selbständiger Gesangsod. Instrumentalsatz

arisch ⟨zu ↑ Arier⟩: 1. a) die Sprachen der ↑ Arier (1) betreffend; b) zu den Ariern (1) gehörend. 2. nichtjüdisch; vgl. Arier (2). **ari|sie|ren** ⟨zu ↑...isieren⟩: (früher) [durch Enteignung] in arischen (2) Besitz überführen (von jüdischen Geschäften u. Unternehmen durch das nationalsozialistische Regime)

Arist|arch *der;* Gen. -[e]s od. -en, Plur. -e[n] ⟨nach dem griech. Philologen u. Textkritiker Aristarchos (von Samothrake)⟩: strenger Kunstrichter, unerbittlicher Kunstkritiker. **arist|ar|chisch**: streng richtend

Ari|stie *die;* -, ...ien ⟨aus gleichbed. *gr.* aristeía zu áristos „der Beste"⟩: überragende Heldentat u. ihre literarische Verherrlichung (speziell von der Schilderung der Heldenkämpfe von Troja in der Ilias)

ari|stiert ⟨zu *lat.* arista „Granne, Ähre" u. ↑...iert⟩: (veraltet) mit Grannen versehen. **ari|stös** ⟨aus gleichbed. *lat.* aristosus⟩: (veraltet) reich an Grannen od. Ähren

Ari|sto|krat *der;* -en, -en ⟨rückgebildet aus ↑ Aristokratie; vgl. ...krat⟩: 1. Angehöriger des Adels. 2. Mensch von vornehm-zurückhaltender Lebensart. **Ari|sto|kra|tie** *die;* -, ...ien ⟨über *spätlat.* aristocratia aus *gr.* aristokratía „Herrschaft der Vornehmsten" zu áristos „der Beste" u. ↑...kratie⟩: 1. Staatsform, in der die Herrschaft im Besitz einer privilegierten sozialen Gruppe ist. 2. adlige Oberschicht mit besonderen Privilegien. 3. (ohne Plur.) Würde, Adel. **ari|sto|kra̲|tisch** ⟨aus gleichbed. *gr.* aristokratikós⟩: 1. die Aristokratie (1, 2) betreffend. 2. vornehm, edel. **Ari|sto|kra̲|tis|mus** *der;* - ⟨zu ↑...ismus (2)⟩: Grundsätze u. Handlungsweisen von Aristokraten (2)

Ari|stol ⓌⓏ *das;* -s ⟨Kunstw.⟩: ein ↑Antiseptikum

Ari|sto|lo̲|chia *die;* -, ...ien [...i̯ən] ⟨aus gleichbed. *gr.* aristolochía zu áristos „der Beste" u. locheía „Geburt", weil der Pflanze eine die Geburt beförderende Wirkung zugeschrieben wurde⟩: [Vertreter der] Pflanzengattung der Osterluzeigewächse (z. B. der Pfeifenstrauch). **Arist|onym** *das;* -s, -e ⟨zu *gr.* ónyma „Name"⟩: Deckname, der aus einem Adelsnamen besteht; vgl. Pseudonym

Ari|sto|pha̲|ne|us *der;* -, ...ngen ⟨aus gleichbed. *lat.* Aristophaneus, nach dem altgriech. Komödiendichter Aristophanes (*gr.* Aristophánēs), um 445 bis um 385 v. Chr.⟩: antiker Vers (von der Normalform –◡◡–◡–◯). **ari|sto|pha̲nisch**: a) in der Art des Aristophanes; b) geistvoll, witzig, mit beißendem Spott

Ari|sto|phy|la̲|xie *die;* -, ...ien ⟨zu *gr.* áristos „der Beste", phýlaxis „Beschützung" u. ↑²...ie⟩: durch ↑Sensibilisierung od. ↑Immunisierung gewonnene Abwehrbereitschaft des Organismus gegen Infektionen

Ari|sto|te̲|li|ker *der;* -s, - ⟨nach dem griech. Philosophen Aristoteles⟩: Anhänger der Philosophie des Aristoteles. **aristo|te̲|lisch**: a) die Philosophie des Aristoteles betreffend; b) die Philosophie des Aristoteles vertretend. **Ari|sto|te|lis̲mus** *der;* - ⟨zu ↑...ismus (1)⟩: die von Aristoteles ausgehende, über die ↑Scholastik bis in die heutigen Tage reichende Philosophie

A̲ri|ta|por|zel|lan *das;* -s ⟨nach dem Herstellungsort Arita auf der südjapan. Insel Kiuschu⟩: japan. Porzellan des 17. Jh.s

Arith|me̲|tik *die;* - ⟨über *lat.* arithmetica aus *gr.* arithmētikḗ (téchnē) „Rechenkunst" zu arithmētikós „zum Rechnen gehörig", dies zu arithmeĩn „rechnen, zählen"⟩: Teilgebiet der Mathematik, das sich mit bestimmten u. allgemeinen Zahlen, Reihentheorie, Kombinatorik u. Wahrscheinlichkeitsrechnung befaßt. **Arith|me̲|ti|ker** *der;* -s, -: Fachmann auf dem Gebiet der Arithmetik. **arith|me̲|tisch** ⟨aus *gr.* arithmētós „zählbar"⟩: a) die Arithmetik betreffend; b) rechnerisch; -e R e i h e : Reihe mit gleichbleibender Differenz zweier aufeinanderfolgender Glieder; -es M i t t e l : ↑ Quotient aus dem Zahlenwert einer Summe u. der Anzahl der Summanden; Durchschnittswert. **Arith|mo|griph** *der;* -en, -en ⟨zu *gr.* arithmós „Zahl" u. gríphos „Rätsel"⟩: Zahlenrätsel. **Arith|mo|lo|gie** *die;* - ⟨zu ↑...logie⟩: Lehre von den magischen Eigenschaften der Zahlen. **Arith|moma̲|nie** *die;* -, ...ien ⟨zu ↑...manie⟩: Zwangsvorstellung, Dinge zählen zu müssen, Zählzwang (Form des ↑Anankasmus; Med.). **Arith|mo|man|tie̲** *die;* - ⟨zu *gr.* manteía „Weissagung"⟩: das Wahrsagen aus Zahlen. **Arith|moman̲|tik** *die;* - ⟨zu *gr.* mantikḗ (téchnē) „Wahrsagekunst"⟩: svw. Arithmomantie. **Arith|mo|me̲|ter** *das;* -s, - ⟨zu ↑¹...meter, eigtl. „Zahlenmesser"⟩: eine alte Rechenmaschine

...a̲ri|um ⟨*lat.*⟩: Endung sächlicher Substantive, die (künstlich geschaffene) Anlagen u. Einrichtungen bezeichnen, z. B. Delphinarium. **...a̲ri|us** ⟨*lat.*⟩: Endung männlicher Substantive, die meist eine Zugehörigkeit bezeichnen, z. B. Primarius

Ar|ka̲|de *die;* -, -n ⟨aus gleichbed. *fr.* arcade, dies aus *it.* arcata zu arco „Bogen(gewölbe)", dies aus *lat.* arcus⟩: a) von zwei Pfeilern od. Säulen getragener Bogen; b) (meist Plur.) Bogenreihe, einseitig offener Bogengang [an Gebäuden]; c) nach oben gewölbter Bogen bei Kleinbuchstaben einer Handschrift

Ar|ka̲|di|en [...i̯ən] *das;* -s ⟨nach der altgriech. Landschaft Arkadien⟩: Schauplatz glückseligen, idyllischen [Land]lebens. **Ar|ka̲|di|er** [...i̯ɐ] *der;* -s, -: 1. Bewohner von Arkadien. 2. Mitglied einer im 17. Jh. in Rom gegründeten literarischen Gesellschaft

ar|ka̲|die|ren ⟨zu ↑Arkade u.↑...ieren⟩: ein Gebäude mit Arkaden (b) versehen (Archit.)

ar|ka̲|disch ⟨zu ↑Arkadien⟩: Arkadien betreffend, zu Arkadien gehörend; -e P o e s i e : Hirten- und Schäferdichtung [des 16. bis 18. Jh.s]; vgl. Bukolik

Ar|kal *der;* -s, -e ⟨zu *mong.* argol „trockener Dung"⟩: dem Mufflon verwandtes Wildschaf

Ar|kan|dis|zi|plin *die;* - ⟨zu *lat.* arcanum (vgl. Arkanum) u. ↑Disziplin⟩: Geheimhaltung von Lehre u. Brauch einer Religionsgemeinschaft vor Außenstehenden (bes. im frühen Christentum). **Ar|ka|nist** *der;* -en, -en ⟨zu ↑...ist⟩: bes. im 18. Jh. gebräuchliche Bez. für den in das Geheimnis der Porzellanherstellung eingeweihten

Ar|kan|sit [auch ...'zɪt] *der;* -s ⟨nach dem Staat Arkansas in den USA u. zu ↑²...it⟩: ein Mineral

Ar|ka̲|num *das;* -s, ...na ⟨aus *lat.* arcanum „Geheimnis"⟩: 1. Geheimnis, das Geheimgehaltene in manchen Religionen u. Kulten. 2. alte Bez. für Geheim-, Wundermittel

Ar|ka|tur *die;* -, -en ⟨aus *mlat.* arcatura zu ↑Arkade u. ↑...ur⟩: Gesamtheit der ↑Arkaden eines Gebäudes (Archit.)

Ar|ke|bu|sa̲|de *die;* -, -n ⟨aus gleichbed. *fr.* arquebusade zu arquebuse, vgl. Arkebuse⟩: (veraltet) a) Büchsenschuß, Schußwunde; b) Wundflüssigkeit bei einer Schußwunde. **Ar|ke|bu̲|se** *die;* -, -n ⟨aus *fr.* arquebuse „Büchse", dies aus älter *niederl.* hakebusse „Hakenbüchse"⟩: Handfeuerwaffe des 15./16. Jh.s. **Ar|ke|bu|sier** *der;* -s, -e ⟨aus gleichbed. *fr.* arquebusier⟩: Soldat mit Arkebuse. **ar|ke|bu|sie|ren** ⟨nach gleichbed. *fr.* arquebuser⟩: (standrechtlich) erschießen

Ar|ke|lei, Ar|ke|ley *die;* -, -en ⟨Herkunft unsicher⟩: im 17. Jh. Bez. für Kriegsmaschinen aller Art, dann nur noch für Geschütze, Artillerie

Ar|ko̲|se *die;* - ⟨aus gleichbed. *fr.* arcose⟩: mit Feldspat u. Glimmer durchsetzter Sandstein

Ar|ko|sol, Ar|ko|so̲|li|um *das;* -s, ...ien [...i̯ən] ⟨aus gleichbed. *mlat.* arcosolium zu *lat.* arcus „Bogen" u. *lat.* solium „Lehnsessel; Sarg"⟩: Wandgrab unter einer Bogennische in den ↑Katakomben

Ark|ti|ker *der;* -s, - ⟨zu ↑arktisch⟩: Bewohner der Arktis. **Ark̲|tik|front** *der;* -, -en: Grenzfläche zwischen den arktischen Luftmassen u. den Luftmassen der gemäßigten Zonen (Meteor.). **Ark̲|tis** *die;* - ⟨zu *gr.* árktos „Bär; Norden"; vgl. arktisch⟩: Gebiet um den Nordpol; vgl. Antarktis. **ark̲tisch** ⟨über *lat.* arcticus aus *gr.* arktikós „nördlich" zu árktos „Bär", nach den Sternbildern des Großen u. Kleinen Bären am nördlichen Himmel⟩: zum Nordpolargebiet gehörend; -e K ä l t e : sehr strenge Kälte. **Ark|to|gäa** *die;* - ⟨zu *gr.* gaĩa „Erde"⟩: ↑Fauna von Asien, Europa, Afrika u. Amerika (Zool.). **ark|to|ter|ti|är**: über die gesamte gemäßigte Zone der Nordhalbkugel verbreitet (z. B. von Pflanzen)

Ar|ku|bal|li̲|ste *die;* -, -n ⟨aus gleichbed. *lat.* arcuballista zu arcus „Bogen" u. ballista „Wurfmaschine"⟩: Bogenschleuder (röm. u. mittelalterliches Belagerungsgeschütz)

Ar̲|kus, auch Arcus *der;* -, - ['arku:s] ⟨aus *lat.* arcus „Bo-

Arkusfunktion

gen"⟩: Bogenmaß eines Winkels; Zeichen arc. **Ar|kus|funk|ti|on** *die;* -, -en: svw. zyklometrische Funktion

Ar|lec|chi|no [arle'ki:no] *der;* -s, Plur. -s u. ...ni ⟨aus *it.* arlecchino „Harlekin"; vgl. Harlekin⟩: buntgekleideter Hanswurst der ital. ↑Commedia dell'arte; vgl. Harlekin (1)

Ar|lot|te|rie *die;* - ⟨französierende Bildung zu ↑Arlotto u. ↑²...ie⟩: (veraltet) Faulheit, Liederlichkeit. **Ar|lot|to** *der;* -s, -s ⟨aus gleichbed. *it.* arlotto⟩: (veraltet) a) fauler Fresser, Vielfraß ; b) schmutziger, schlauer Mensch

Ar̦ma Chri|sti [- k...] *die* (Plur.) ⟨aus gleichbed. *lat.* arma Christi⟩: die Leidenswerkzeuge Christi, Geißelsäule, Geißel, Kreuz, Dornenkrone, Lanze, Schwamm mit Stab u. a., auch als wappenartige Darstellung in der mittelalterlichen Kunst. **Ar|ma|da** *die;* -, Plur. ...den u. -s ⟨aus *span.* armada, dies aus *lat.* armata „bewaffnete (Streitmacht)"; nach der Flotte des span. Königs Philipp II.; vgl. armieren⟩: [mächtige Kriegs]flotte; Pulk, Heer. **Ar|ma|dill** *der;* -s, -e ⟨aus gleichbed. *span.* armadillo zu armado „bewaffnet", dies aus *lat.* armata, vgl. Armada⟩: 1. svw. Armadille. 2. Gürteltier. **Ar|ma|dil|le** [...'dɪljə] *die;* -, -n ⟨aus gleichbed. *fr.* armadille, dies zu *span.* armado, vgl. Armadill⟩: kleine (span.) Flotte, kleines bewaffnetes Schiff, Zollschiff

Ar|ma|ged|don *das;* - ⟨aus *hebr.* har̦magedōn „Berg von Megiddo", südlicher Ausläufer des Karmelgebirges; nach Offenb. Joh. 16, 16 der mythische Ort, an dem die bösen Geister die Könige der gesamten Erde für einen großen Krieg versammeln⟩: [politische] Katastrophe

Ar|ma|gnac [arman'jak] *der;* -[s], -s ⟨*fr.;* nach der gleichnamigen franz. Landschaft⟩: franz. Weinbrand von hoher Qualität. **Ar|ma|gna|ken** [...'jakən] *die* (Plur.): zuchtlose franz. Söldner der Grafen v. Armagnac im 15. Jh.

Ar|mal|col|lit [...k..., auch ...'lɪt] *der;* -s ⟨Kurzw. aus den Namen der amerik. Astronauten *Arm*strong, *Ald*rin u. *Col*lins u. zu ↑²...it⟩: graues, undurchsichtiges, rhombisches Mineral, das in Mondgesteinen u. in Gesteinsgläsern des Rieses bei Nördlingen vorkommt

Ar|ma|les [...le:s] *die* (Plur.) ⟨aus gleichbed. *spätlat.* armales (litterae)⟩: Wappenbrief, Adelsbrief. **Ar|ma|list** *der;* -en, -en ⟨zu ↑...ist⟩: (veraltet) durch Adelsbrief Geadelter in Ungarn, der keinen Grund u. Boden besaß. **Ar|ma lu|so|ria** *die* (Plur.) ⟨aus gleichbed. *lat.* arma lusoria (Plur.), eigtl. „Spielwaffen"⟩: hölzerne Waffen der Gladiatoren. **Ar|ma|ment** *das;* -s ⟨aus gleichbed. *lat.* armamenta (Plur.)⟩: Ausrüstung; Takelwerk von Schiffen. **Ar|ma|men|ta|ri|um** *das;* -s, ...ien [...jən] ⟨aus gleichbed. *lat.* armamentarium⟩: Zeughaus, Rüsthaus. **Ar|ma|rio|lum** *das;* -s, ...la ⟨aus gleichbed. *lat.* armariolum, Verkleinerungsform von armarium, vgl. Armarium⟩: Schränkchen (bes. in der Kirche zur Aufbewahrung der Kelche u. Hostien). **Ar|ma|ri|um** *das;* -s, Plur. ...ia u. ...ien [...jən] ⟨aus *lat.* armarium „Schrank" zu arma (Plural) „Gerät, Waffen"⟩: 1. a) in der Antike Schrank zur Aufbewahrung von Speisen, Kleidern, Kleinodien o. ä.; b) in der Spätantike u. im Mittelalter Bücherschrank. 2. Wandnische neben dem Altar zur Aufbewahrung von ↑Hostien, ↑Reliquien u. ↑Sakramenten (kath. Kirche). **Ar|ma|ri|us** *der;* - ⟨aus gleichbed. *mlat.* armarius⟩: Bibliothekar, Archivar (einer Kirche od. eines Klosters). **Ar|ma|teur** [...'tø:ɐ̯] *der;* -s, -e ⟨aus gleichbed. *fr.* armateur⟩: 1. Reeder, Schiffsausrüster. 2. (veraltet) Kaperkapitän. 3. (veraltet) Kaperschiff

Ar|ma|to|len *die* (Plur.) ⟨aus gleichbed. *ngr.* harmatoloí, Plur. von harmatolós, eigtl. „Bewaffneter", zu harmata „Waffen"⟩: griech. Freischaren der Türkenzeit, Kern des Befreiungsheeres von 1821–1830

Ar|ma|tur *die;* -, -en ⟨aus *lat.* armatura „Ausrüstung; Bewaffnung"; vgl. armieren⟩: 1. a) Ausrüstung von technischen Anlagen, Maschinen u. Fahrzeugen mit Bedienungs- u. Meßgeräten; b) (meist Plur.) Bedienungs- u. Meßgerät an technischen Anlagen. 2. (meist Plur.) Drossel- od. Absperrvorrichtung, Wasserhahn u. ä. in Badezimmern, Duschen u. ä. 3. (veraltet) militärische Ausrüstung. **Ar|ma|tu|ren|brett** *das;* -[e]s, -er: eine Art breiter Leiste aus Holz, Metall od. Plastik, auf der Meßinstrumente, Schalt- od. Bedienungsgeräte angebracht sind (z. B. in Kraftfahrzeugen od. im Flugzeugcockpit). **Ar|ma|tur|kam|mer** *die;* -, -n: (veraltet) Rüst-, Gewehrkammer

Ar̦m|co-Ei|sen [...ko...] Ⓦ *das;* -s ⟨Kurzw. aus dem Namen der Herstellerfirma *A*merican *R*olling *M*ill *Co*mpany aus Ohio⟩: in der Elektrotechnik verwendetes, sehr reines Eisen

Ar|mee *die;* -, ...meen ⟨aus gleichbed. *fr.* armée zu armer, vgl. armieren⟩: a) Gesamtheit aller Streitkräfte eines Landes; Heer; b) großer Truppenverband, Heereseinheit, Heeresabteilung. **Ar|mee|in|spek|ti|on** *die;* -, -en: bis 1914 militärische Inspektionsbehörde im Deutschen Reich. **Ar|mee|korps** [...ko:ɐ̯] *das;* - [...ko:ɐ̯(s)], - [...ko:ɐ̯s]: Verband von mehreren ↑Divisionen (2). **Ar|mée Se|crète** [ar'me: sə'krɛt] *die;* - - ⟨*fr.;* „Geheimarmee"⟩: frühere Geheimorganisation nationalistischer Algerienfranzosen u. Angehöriger der franz. Algerienarmee. **Ar|mée vo|lan|te** *die;* - -, -s -s [arme: vɔ'lãt] ⟨aus gleichbed. *fr.* armée volante, eigtl. „fliegende Armee"⟩: leichte Heeresabteilung. **Ar|me|ment** [armə'mã:] *das;* -s ⟨aus gleichbed. *fr.* armement zu armer, vgl. armieren⟩: (veraltet) a) Bewaffnung, Ausrüstung; b) Kriegsgeschwader

Ar|me|nist *der;* -en, -en nach den Armeniern, einem Volk im Hochland von Vorderasien, u. zu ↑...ist⟩: jmd., der sich wissenschaftlich mit der armen. Sprache u. Literatur befaßt. **Ar|me|ni|stik** *die;* - ⟨zu ↑...istik⟩: Wissenschaft von der armen. Sprache u. Literatur

Ar|mes par|lan|tes [armpar'lã:t] *die* (Plur.) ⟨aus gleichbed. *fr.* armes parlantes, eigtl. „redendes Wappen", zu *lat.* arma (Plur.) „Gerät, Waffen" u. *fr.* parler „reden, sprechen"⟩: den Namen des Inhabers durch bildliche Darstellung andeutende Wappen. **Ar|mia Kra|jo|wa** ⟨*poln.;* „Armee im Lande"⟩: poln. Untergrundarmee im Zweiten Weltkrieg, militärischer Arm der in London residierenden Exilregierung. **ar|mie|ren** ⟨aus *fr.* armer „bewaffnen; ausrüsten; verstärken", dies aus *lat.* armare zu arma (Plur.) „Waffen, Gerät"⟩: 1. (veraltet) mit Waffen ausrüsten, bestücken (Mil.). 2. mit Armaturen (1 b, 2) versehen (Technik). 3. mit einer [verstärkenden] Ein-, Auflage, Umkleidung versehen (Bauw., Technik). **Ar|mie|rung** *die;* -, -en ⟨zu ↑...ierung⟩: 1. Waffenausrüstung (Bestückung) einer militärischen Anlage od. eines Kriegsschiffs. 2. Stahleinlagen für Beton. **Ar|mie|rungs|trup|pe** *die;* -, -n: bis zum Ersten Weltkrieg Bez. für Bautrupp (Mil.). **Ar|mi|fer** *der;* -s, - ⟨zu *lat.* armifer „Waffen tragend; bewaffnet", zu ferre „tragen"⟩: (veraltet) Waffenträger, Knappe. **Ar|mi|ger** *der;* -s, - ⟨zu *lat.* armiger „Waffen tragend; bewaffnet", zu gerere „tragen"⟩: svw. Armifer

Ar|mil|la *die;* -, ...llen ⟨aus *lat.* armilla „Armband"⟩: 1. ringförmiger Hauptlappen am Stiel einiger Pilze (Bot.). 2. svw. Armillarsphäre. **ar|mil|lar** ⟨aus gleichbed. *lat.* armillaris⟩: ringförmig. **Ar|mil|lar|sphä|re** *die;* -, -n: altes astronomisches Gerät zum Messen der Himmelskreise

Ar|mi|lu|di|en [...jən] *die* (Plur.) ⟨aus gleichbed. *lat.* armiludii⟩: (veraltet) Waffenübungen, Waffenspiele. **Ar|mi|lu|stri|um** *das;* -s, ...strien [...jən] ⟨aus gleichbed. *lat.* armilustrium⟩: Fest der jährlichen Waffenschau u. -weihe im alten Rom. **Ar|mi|lu|strum** *das;* -s ⟨aus gleichbed. *lat.* armilustrum⟩: Festplatz für die Armilustrien am Aventinischen Hügel im alten Rom

Ar|mi|nia|ner *die* (Plur.) ⟨nach dem Theologen Jacobus Arminius (†1609) u. zu ↑...aner⟩: liberal-evangelische Glaubensgemeinschaft in den Niederlanden; vgl. Remonstranten. **ar|mi|nia|nisch**: a) den Arminianismus betreffend; b) die Lehre des Arminius vertretend. **Ar|mi|nia|nis|mus** *der;* - ⟨zu ↑...ismus (1)⟩: Lehre des Jacobus Arminius, die sich gegen die kalvinistische Staatskirche Hollands wandte u. größere Freiheit des religiösen Lebens verlangte

ar|mi|po|tent ⟨aus gleichbed. *lat.* armipotens, Gen. armipotentis⟩: (veraltet) waffenmächtig, kriegsstark. **Ar|mi|po|tenz** *die;* - ⟨aus gleichbed. *lat.* armipotentia⟩: Waffengewalt, Kriegstüchtigkeit. **ar|mi|so|nant** ⟨zu *lat.* arma (Plur.) „Waffen" u. sonans, Gen. sonantis, Part. Präs. von sonare „klingen, tönen"⟩: (veraltet) waffenklirrend. **Ar|mi|stice** [...'stis] *das;* -s [...'stis], -s [...'stis] ⟨aus *fr.* armistice „Waffenstillstand, Waffenruhe"⟩: svw. Armistitium. **Ar|mi|sti|ti|um** *das;* -s, ...ia ⟨aus gleichbed. *nlat.* armistitium zu *lat.* sistere „stellen"⟩: (veraltet) kurzer Waffenstillstand

Arm|jak *der;* -s, -s ⟨aus gleichbed. *russ.* armjak zu *tatar.* ärmäk „Rock aus Kamelgarn"⟩: [kamelhaarener] langer, breiter Bauernrock

ar|mo|nio|so ⟨*it.*⟩: wohlklingend, klangvoll (Vortragsanweisung; Mus.)

Ar|mo|ri|al *das;* -s, -e ⟨aus gleichbed. *fr.* armorial zu armoiries (Plur.) „Wappen", dies zu älter *fr.* armoyer „mit Wappen schmücken"⟩: Wappenbuch. **ar|mo|rie|ren** ⟨aus gleichbed. *fr.* armorier⟩: mit einem Wappen versehen. **Ar|mo|rist** *der;* -en, -en ⟨aus gleichbed. *fr.* armoriste⟩: Heraldiker, Wappenkundiger. **Ar|mu|re** [ar'my:rə] u. **Ar|mü|re** *die;* -, -n ⟨aus *fr.* armure „(Gewebe)bindung", eigtl. „Rüstung", zu *lat.* armatura, vgl. Armatur⟩: kleingemustertes [Kunst]seidengewebe. **Ar|mü|re|rie** *die;* - ...jen ⟨aus gleichbed. *fr.* armurerie⟩: Waffenschmiedearbeit, Waffenschmiedekunst. **Ar|mü|rier** [...'rie:] *der;* -s, -s ⟨aus gleichbed. *fr.* armurier⟩: Waffenschmied, Waffenhändler

Ar|ni *der;* -s, -s ⟨*Hindi*⟩: ind. Großbüffel, Stammform des asiat. Wasserbüffels

Ar|ni|ka *die;* -, -s ⟨aus *nlat.* arnica, dies vermutlich zu *gr.* arnós „Lamm", eigtl. „Schafkraut"⟩: Bergwohlverleih; Zieru. Heilpflanze aus der Familie der Korbblütler. **Ar|ni|ka|tink|tur** *die;* -, -en: dünnflüssiger Auszug aus Arnikablüten als äußerliches Heilmittel für Umschläge

Aro|in *das;* -s ⟨zu *gr.* áron „Natterwurz, Aronstab" u. ↑...in (1)⟩: giftiges ↑ Glykosid, das psychische Erregung u. danach Lähmungserscheinungen hervorruft

Arom *das;* -s, -e ⟨zu ↑ Aroma⟩: svw. Aroma. **Aro|ma** *das;* -s, Plur. ...men, -s u. (selten) -ta ⟨über *lat.* aroma aus *gr.* árōma „Gewürz"⟩: 1. deutlich ausgeprägter, [angenehmer] substanzspezifischer Geschmack. 2. deutlich ausgeprägter, [angenehmer] würziger Duft, Wohlgeruch von etwas (bes. eines pflanzlichen Genußmittels). 3. natürlicher od. künstlicher Geschmacksstoff für Lebensmittel, Speisen od. Getränke; Würzmittel. **Aro|ma|gramm** *das;* -s, -e ⟨zu ↑...gramm⟩: Feststellung der Merkmale einer Weinsorte. **Aro|ma|kon|zen|trat** *das;* -[e]s, -e (meist Plur.): konzentrierter Geschmacksstoff pflanzlicher Herkunft (Chem.). **Aro|ma|lith** [auch ...'lɪt] *der;* Gen. -s od. -en, Plur. -e[n] ⟨zu ↑...lith, eigtl. „Würzstein"⟩: (veraltet) ein wohlriechender Myrrhenstein. **Aro|mat** *der;* -en, -en (meist Plur.) ⟨zu ↑...at (2)⟩: svw. aromatische Verbindung. **Aro|ma|ti|kum** *das;* -s, ...ka ⟨zu ↑...ikum⟩: aromatisches Mittel zum Würzen. **Aro|ma|ti|sa|ti|on** *die;* - ⟨zu ↑...isation⟩: svw. Aromatisierung. **aro|ma|tisch** ⟨über *lat.* aromaticus aus *gr.* arōmatikós „aus Gewürz bestehend"⟩: 1. einen deutlich ausgeprägten, angenehmen Geschmack habend, wohlschmeckend. 2. wohlriechend; -e Verbindungen: Benzolverbindungen (Chem.). **aro|ma|ti|sie|ren** ⟨nach gleichbed. *fr.* aromatiser⟩: mit Aroma versehen. **Aro|ma|ti|sie|rung** *die;* - ⟨zu ↑...ierung⟩: das Aromatisieren; vgl. ...[at]ion/...ierung. **Aro|ma|tit** [auch ...'tɪt] *der;* -s, -e ⟨zu ↑²...it⟩: svw. Aromalith. **Aro|ma|ti|zi|tät** *die;* - ⟨zu ↑...izität⟩: die Eigenschaft, Aroma (1 u. 2) zu enthalten. **Aro|ma|to|po|les** *der;* -, - ⟨zu *gr.* pṓlēs „Verkäufer, Händler", dies zu pōleĩn „feilbieten, verkaufen"⟩: (veraltet) Gewürzkrämer, Gewürzhändler. **aro|ma|tōs** ⟨zu ↑...ös⟩: voll Würze, voll Wohlgeruch, Duft

Aron|del|le [arõ'dɛlə] *die;* -, -n ⟨aus *fr.* arondelle „kleines Fahrzeug" zu aronde „Schwalbe", dies aus *gall.* *harunda (*provenzal.* aronda) zu *lat.* hirundo „Schwalbe"⟩: (veraltet) leichtes Segellastschiff; vgl. Brigantine (2), Pinasse

Aron ha-Ko|desch ⟨aus *hebr.* 'ārōn-haqōdeš „der Heilige Schrein"⟩: Kasten zur Aufbewahrung der Thorarollen in der Synagoge

Aron[s]|stab *der;* -s, ...stäbe (Plur. selten) ⟨über *lat.* aron aus *gr.* áron „Aronstab"⟩: eine Giftpflanze

Ar|pa *die;* -, ...pen ⟨aus gleichbed. *it.* arpa, dies aus dem *Germ.*⟩: (veraltet) Harfe (Mus.)

Ar|pa|den *die* (Plur.) ⟨nach Arpad, dem ersten Fürsten der Ungarn⟩: Angehörige einer ung. Dynastie, Nachkommen von Arpad

Ar|pa|lik *der;* -s, -s ⟨zu *türk.* arpa „Gerste", eigtl. „Gerstengeld"⟩: altorientalischer Gerichtsbezirk, dessen Einkünfte die ¹Paschas bezogen

Ar|pa|net|ta *die;* -, -s ⟨aus gleichbed. *it.* arpanetta, Verkleinerungsform von arpa, vgl. Arpa⟩: Spitzharfe. **Ar|pa|net|te** *die;* -, -n ⟨französierende Form; vgl. ...ette⟩: svw. Arpanetta. **ar|peg|gia|to** [arpɛ'dʒa:to] ⟨*it.*⟩: harfenähnlich, gebrochen (Vortragsanweisung; Mus.). **Ar|peg|gia|tur** [...dʒa...] *die;* -, -en ⟨aus gleichbed. *it.-nlat.* arpeggiatura; vgl. arpeggio⟩: Reihe von Akkorden, deren Töne gebrochen werden, d. h. (nach Harfenart) nacheinander erklingen (Mus.). **ar|peg|gie|ren** [...'dʒi:...] ⟨aus *it.* arpeggiare, vgl. arpeggio⟩: arpeggio spielen (Mus.). **ar|peg|gio** [ar'pɛdʒo] ⟨aus gleichbed. *it.* arpeggio zu arpeggiare „Harfe spielen", dies zu arpa; vgl. Arpa⟩: in Form eines gebrochenen Akkords zu spielen (Vortragsanweisung; Mus.); Abk.: arp. **Ar|peg|gio** *das;* -[s], Plur. -s u. ...ggien [...dʒən]: ein arpeggio gespieltes Musikstück. **Ar|peg|gio|ne** [...'dʒo:nə] *die;* -, -n ⟨aus gleichbed. *it.* arpeggione⟩: ein gitarrenartiges Streichinstrument

Ar|pent [ar'pã:] ⟨zu *fr.* arpent „Morgen (Feldmaß)", dies zu *gall.* arepennis⟩: altes franz. Feldmaß. **Ar|pen|tage** [arpã'ta:ʒ] *die;* - ⟨aus gleichbed. *fr.* arpentage zu arpenter, vgl. arpentieren⟩: (veraltet) a) das Feldmessen; b) Feldmeßkunst. **Ar|pen|teur** [...'tø:ɐ̯] *der;* -s, -e ⟨aus gleichbed. *fr.* arpenteur⟩: (veraltet) Feld-, Landvermesser. **ar|pen|tie|ren** [arpɛn...] ⟨aus gleichbed. *fr.* arpenter⟩: (veraltet) ein Feld, Land vermessen

Ar|pi|cor|do [...k...] *das;* -s, ...di ⟨zu *it.* arpa „Harfe" (vgl. Arpa) u. corda „Seil, Strang; Saite"⟩: spinettartiges Tasteninstrument in Form einer liegenden Harfe

ar|ra|chie|ren [ara'ʃi:...] ⟨aus gleichbed. *fr.* arracher, dies über *altfr.* esrachier zu *lat.* eradicare „mit der Wurzel herausreißen"⟩: (veraltet) entreißen

Ar|rak *der;* -s, Plur. -e u. -s ⟨aus gleichbed. *fr.* arak, dies aus *arab.* 'araq „starker Branntwein", eigtl. „Schweiß"⟩: [ostind.] Branntwein aus Reis od. ↑ Melasse

Arrangement

Ar|ran|ge|ment [arãʒə'mã:] *das;* -s, -s ⟨aus gleichbed. *fr.* arrangement zu arranger, vgl. arrangieren⟩: 1. a) Anordnung, [künstlerische] Gestaltung, Zusammenstellung; b) [künstlerisch] Angeordnetes, aus einzelnen Komponenten geschmackvoll zusammengestelltes Ganzes. 2. Übereinkommen, Vereinbarung, Abmachung, Abrede. 3. a) Bearbeitung eines Musikstückes für andere Instrumente, als für die es geschrieben ist; b) Orchesterfassung eines Themas [im Jazz]. 4. Abwicklung der Börsengeschäfte. **Ar|ran|geur** [arã'ʒøːɐ̯] *der;* -s, -e ⟨aus *fr.* arrangeur „Einrichter"⟩: 1. jmd., der ein Musikstück einrichtet od. einen Schlager ↑ instrumentiert (1). 2. jmd., der etwas arrangiert (1). **ar|ran|gie|ren** [...'ʒiː...] ⟨aus *fr.* arranger „in Ordnung bringen, zurechtmachen" zu ranger „in Ordnung aufstellen", vgl. rangieren⟩: 1. a) sich um die Vorbereitung u. den planvollen Ablauf einer Sache kümmern; b) in die Wege leiten, zustande bringen. 2. a) ein Musikstück für andere Instrumente, als für die es geschrieben ist, od. für ein Orchester bearbeiten; b) einen Schlager für die einzelnen Instrumente eines Unterhaltungsorchesters bearbeiten. 3. sich mit jmdm. verständigen u. eine Lösung für etwas finden; eine Übereinkunft treffen trotz gegensätzlicher od. abweichender Standpunkte. **Ar|ran|gier|pro|be** *die;* -, -n: Stellprobe im Theater

ar|rä|son|nie|ren ⟨aus gleichbed. *fr.* arraisonner zu raison „Vernunft"; vgl. Räson⟩: (veraltet) gut zureden

Ar|ra|tel *der;* -s, Arrateis [...'tɛɪʃ] ⟨aus gleichbed. *port.* arrátel⟩: altes portugiesisches Pfund (459 g)

Ar|ray [ə'reɪ] *das;* -s, -s ⟨aus *engl.* array „Reihe"⟩: 1. flächenhafte Anordnung od. Gruppierung von meist gleichartigen Objekten (bes. von elektronischen Bauelementen). 2. Anordnung mehrerer verschiebbarer ↑ Radioteleskope zur Apertursynthese (vgl. Apertur; Astron.). 3. zusammenfassende Bez. für ein-, zwei- od. mehrdimensional angeordnete Daten bei der Programmierung (Informatik)

Ar|raz|zo vgl. Arazzo

ar|rek|ta|risch ⟨aus gleichbed. *lat.* arrectarius zu arrigere „aufrichten"⟩: (veraltet) aufrechtstehend, gesträubt (bes. von den Haaren)

Ar|ren|da|ti|on *die;* -, -en ⟨aus gleichbed. *mlat.* arrendatio zu arrenda, vgl. Arrende⟩: svw. Arrende. **Ar|ren|da|tor** *der;* -s, ...oren ⟨aus gleichbed. *mlat.* arrendator⟩: Pächter, bes. von Krongütern im alten Rußland. **Ar|ren|de** *die;* -, -n ⟨aus *mlat.* arrenda zu *lat.* reddere „(zurück)geben, überlassen"⟩: Pachtvertrag (im alten Rußland). **ar|ren|die|ren** ⟨aus gleichbed. *mlat.* arrendare⟩: ein Gut verpachten

Ar|re|ra|gen [...'raːʒən] *die* (Plur.) ⟨aus gleichbed. *fr.* arrérages⟩: (veraltet) rückständige Zahlung. **ar|re|ra|gie|ren** [...'ʒiː...] ⟨aus gleichbed. *fr.* arrérager⟩: (veraltet) im [Zahlungs]rückstand sein, sich summieren (bes. von Zinsen)

Ar|rest *der;* -[e]s, -e ⟨aus *mlat.* arrestum „Verhaftung" zu *lat.* restare „stillstehen"; vgl. arretieren⟩: 1. a) Beschlagnahme von Sachen (dinglicher -) zur Sicherung von Forderungen (Jur.); b) Haft von Personen (persönlicher -) zur Sicherung von Forderungen (Rechtsw.); c) leichte Freiheitsstrafe, z. B. Jugendarrest. 2. Ort der Haft, z. B. im - sitzen. 3 (veraltend) das Nachsitzen in der Schule. **Ar|re|stant** *der;* -en, -en ⟨zu ↑ ...ant⟩: Häftling. **Ar|re|stat** *der;* -en, -en ⟨zu ↑ ...at (1)⟩: (veraltet) Festgenommener. **Ar|re|sta|ti|on** *die;* -, -en ⟨aus gleichbed. *fr.* arrestation; vgl. Arrest⟩: (veraltet) Festnahme. **Ar|re|sta|to|ri|um** *das;* -s ⟨aus gleichbed. *nlat.* arrestatorium⟩: Verbot von Zahlungen an den Schuldner beim Konkursverfahren. **Ar|rest|hy|po|thek** *die;* -, -en ⟨zu ↑ Arrest⟩: zwangsweise eingetragene [Sicherungs]hypothek. **Ar|rest|lo|kal** *das;* -[e]s, -e: (veraltend) [behelfsmäßiger]

Raum für Arrestanten. **Ar|rêt** [a'rɛ(ː)] *der;* -s [a'rɛ(s) bzw. a'rɛː(s)], -s [a'rɛ(ː)s] ⟨aus *fr.* arrêt „das Anhalten"⟩: scharfes Zügelanziehen beim Reiten. **ar|re|tie|ren** ⟨aus gleichbed. *fr.* arrêter, dies aus *vulgärlat.* *arrestare „dableiben machen" zu *lat.* restare „stillstehen"⟩: 1. verhaften, festnehmen. 2. bewegliche Teile eines Geräts bei Nichtbenutzung sperren, feststellen. **Ar|re|tie|rung** *die;* -, -en ⟨zu ↑ ...ierung⟩: 1. Festnahme, Inhaftierung. 2. Sperrvorrichtung, durch die bewegliche Teile (z. B. an Meßgeräten) zur Entlastung u. Schonung der Lagerstellen festgestellt werden können

ar|re|ti|nisch ⟨nach der etrusk. Stadt Arretium (heute Arezzo) in Mittelitalien⟩; in der Fügung -e Keramik: rote Tongefäße der ↑ Augusteischen Zeit; vgl. Terra sigillata

Ar|rêt|stoß [a'rɛ(ː)...] *der;* -es, ...stöße ⟨zu *fr.* arrêt „das Anhalten"⟩: Sperrstoß beim Sportfechten. **Ar|re|tur** *die;* -, -en ⟨zu ↑ arretieren u. ↑ ...ur⟩: (veraltet) 1. Verhaftung, Festnahme. 2. svw. Arrêt. 3. Hemmung, Hemmvorrichtung

Ar|rha *die;* -, - ⟨aus gleichbed. *gr.* arrhabón, dies zu *hebr.* 'ērābón⟩: Geld, das beim Abschluß eines Vertrages vom Käufer gezahlt wird u. als Bestätigung des Vertrages gilt; Anzahlung. **ar|rha|bo|ni|sie|ren** ⟨zu ↑ ...isieren⟩: (veraltet) durch Anzahlung einen Kauf vertraglich bestätigen; vgl. Arrha. **ar|rhal** ⟨zu ↑¹...al (1)⟩: (veraltet) die Anzahlung betreffend

Ar|rha|phie *die;* -, ...ien ⟨zu *gr.* árrhaphos „ohne Naht" u. ↑²...ie⟩: svw. Dysrhaphie

ar|rhen..., **Ar|rhen...** vgl. arrheno..., Arrheno... **ar|rhe|nisch** ⟨aus gleichbed. *gr.* árrhēn⟩: männlich. **ar|rhe|no...**, **Ar|rhe|no...**, vor Vokalen auch arrhen..., Arrhen... ⟨aus gleichbed. *gr.* árrhēn⟩: Wortbildungselement mit der Bedeutung „männlich", z. B. Arrhenogenie. **Ar|rhe|no|bla|stom** *das;* -s, -e: Eierstockgeschwulst, die Störungen im weiblichen Hormonhaushalt hervorruft u. zur Vermännlichung führt (Med.). **Ar|rhe|no|ge|nie** *die;* -, ...ien ⟨zu ↑ ...genie⟩: Erzeugung ausschließlich männlicher Nachkommen (Med.); Ggs. ↑ Thelygenie. **ar|rhe|no|id** ⟨zu ↑ ...oid⟩: männliche Merkmale aufweisend (von weiblichen Individuen; Med.). **Ar|rhe|noi|die** *die;* -, ...ien ⟨zu ↑²...ie⟩: Vermännlichung weiblicher Individuen (z. B. Ausbildung von Hahnenfedern beim Huhn; Biol., Med.). **Ar|rhe|no|the|lys** *der;* -, ...lydes ⟨zu *gr.* thēlys „weiblich"⟩: svw. Hermaphrodit. **Ar|rhe|no|to|kie** *die;* - ⟨zu *gr.* arrhenotokeĩn „männliche Junge gebärend" u. ↑²...ie⟩: 1. Entwicklung von männlichen Tieren (z. B. Drohnen) aus unbefruchteten Eiern (Biol.). 2. Erzeugung ausschließlich männlicher Nachkommen (Med.).; Ggs. ↑ Thelytokie. **ar|rhe|no|to|kisch** ⟨aus gleichbed. *gr.* arrhenotókos⟩: [nur] männliche Nachkommen habend (Med.); Ggs. ↑ thelytokisch

ar|rhe|pisch ⟨zu *gr.* a- „un-, nicht-" u. rhépein „sich neigen, schwanken"⟩: unwandelbar. **Ar|rhep|sie** *die;* - ⟨aus gleichbed. *gr.* arrhepsía⟩: (veraltet) [seelisches] Gleichgewicht, ruhige [Gemüts]verfassung, ruhiger Zustand

ar|rhie|ren ⟨zu ↑ Arrha u. ↑...ieren⟩: (veraltet) ein Draufgeld, Handgeld zahlen

Ar|rhi|nie *die;* -, ...ien ⟨zu *gr.* a- „un-, nicht-", rhís, Gen. rhinós „Nase" u. ↑²...ie⟩: angeborenes Fehlen, auch rüsselartige Mißbildung der Nase (Med.)

ar|rhi|zisch ⟨aus gleichbed. *gr.* árrhizos⟩: wurzellos. **Ar|rhi|zo|phyt** *der;* -en, -en (meist Plur.) ⟨zu ↑...phyt⟩: Pflanze, die noch keine echte Wurzel besitzt, z. B. Alge, Pilz, Flechte, Moos

Ar|rhö *die;* -, -en u. **Ar|rhöe** [a'røː] *die;* -, -n [a'røːən] ⟨zu *gr.* a-

„un-, nicht-" u. rheĩn „fließen"〉: (veraltet) Mangel an natürlichem Ausfluß (Med.)
Ar|rho|ste̱|ma *das;* -s, -ta 〈aus gleichbed. *gr.* arrhóstēma zu árrhōstos „kraftlos"〉: Kraftlosigkeit, Kränklichkeit, [Geistes]schwäche. **Ar|rho|stie** *die;* -, ...i̱en 〈aus gleichbed. *gr.* arrhōstía〉: svw. Arrhostema. **ar|rho|stie|ren** 〈zu ↑...ieren〉: (veraltet) kränkeln
Ar|rhyth|mie *die;* -, ...i̱en 〈über *lat.* arrhythmia aus *gr.* arrhythmía „Mangel an Rhythmus"〉: 1. unregelmäßige Bewegung; Unregelmäßigkeit im Ablauf eines rhythmischen Vorgangs. 2. unregelmäßige Herztätigkeit (Med.). **a̱r|rhyth|misch** 〈aus gleichbed. *gr.* árrhythmos〉: unrhythmisch, unregelmäßig. **Ar|rhyth|mus** *der;* -, ...men: unregelmäßiger Pulsschlag (Med.)
ar|ri|die̱|ren 〈aus gleichbed. *lat.* arridere〉: (veraltet) an-, zulächeln
Ar|rière|gar|de [a'rjɛːɐ̯...] *die;* -, -n 〈aus gleichbed. *fr.* arrière-garde〉: (veraltet) Nachhut (Mil.). **Ar|rière|pen|sée** [ariɛrpã'seː] *die;* -, -s 〈aus gleichbed. *fr.* arrière-pensée〉: (veraltet) Hintergedanke
Ar|ri|ma̱|ge [...ʒə] *die;* -, -n 〈aus gleichbed. *fr.* arrimage zu arrimer, vgl. arrimieren〉: (veraltet) 1. gleichmäßige Verteilung der Ladung im Schiff. 2. Stauerlohn. **Ar|ri|meur** [...'møːɐ̯] *der;* -s, -e 〈aus gleichbed. *fr.* arrimeur〉: (veraltet) Packmeister, Stauer, Hafenarbeiter. **ar|ri|mie̱|ren** 〈aus gleichbed. *fr.* arrimer, weitere Herkunft unsicher〉: (veraltet) ordnen, zweckmäßig verpacken, verstauen (von Schiffsladungen)
ar|ri|pie̱|ren 〈aus gleichbed. *lat.* arripere〉: (veraltet) ergreifen, festnehmen, [rechtswidrig] an sich reißen
ar|ri|va̱|bel [...v...] 〈zu *fr.* arriver (vgl. arrivieren) u. ↑...abel〉: (veraltet) erreichbar. **Ar|ri|vage** [...'vaːʒ] *die;* -, -n [...ʒən] 〈aus gleichbed. *fr.* arrivage〉: (veraltet) Ankunft, Landung. **Ar|ri|val** [ə'raɪvəl] (ohne Artikel) 〈aus gleichbed. *engl.* arrival, dies zu *fr.* arriver, vgl. arrivieren〉: Ankunft (Hinweis auf Flughäfen)
ar|ri|ve|der|ci [arive'dertʃi] 〈*it.*〉: auf Wiedersehen! (bei Verabschiedung von mehreren Personen)
ar|ri|vie̱|ren [...v...] 〈aus gleichbed. *fr.* arriver, eigtl. „das Ufer erreichen", zu ↑ad... u. *lat.* ripa „Ufer"〉: vorwärtskommen, Erfolg haben; beruflich od. gesellschaftlich emporkommen. **ar|ri|viert** 〈zu ↑...iert〉: beruflich, gesellschaftlich aufgestiegen, zu Erfolg, Anerkennung, Ansehen gelangt. **Ar|ri|vier|te** *der* u. *die;* -n, -n: jmd., der sich beruflich, gesellschaftlich nach oben gearbeitet hat, zu Erfolg, Ansehen u. Anerkennung gelangt ist. **Ar|ri|vist** *der;* -en, -en 〈zu ↑...ist〉: (abwertend) Emporkömmling
Ar|ro̱|ba *die;* -, - 〈aus gleichbed. *span.* arroba, dies zu *arab.* ar-rob „ein Viertel"〉: 1. früheres Handelsgewicht in Spanien, Mittel- u. Südamerika (11,5 kg), Portugal u. Brasilien (14,7 kg). 2. früheres span. Flüssigkeitsmaß (16,2 l)
ar|ro|die̱|ren 〈aus *lat.* arrodere „benagen"〉: [Gewebe, Gefäßwände u. a.] annagen, anfressen, schädigen (z. B. von Entzündungen; Med.)
ar|ro|gant 〈unter Einfluß von gleichbed. *fr.* arrogant aus *lat.* arrogans, Gen. arrogantis, Part. Präs. von arrogare „sich etwas Fremdes aneignen"〉: überheblich, anmaßend-dünkelhaft. **Ar|ro|ganz** *die;* - 〈aus gleichbed. *lat.* arrogantia〉: anmaßendes Benehmen, Überheblichkeit. **Ar|ro|ga|ti|on** *die;* -, -en 〈aus gleichbed. *lat.* arrogatio zu arrogare, vgl. arrogieren〉: 1. das Arrogieren. 2. ↑Integration fremder Gruppen, z. B. Familien, in eine homogene Stammesgemeinschaft (Völkerk.). **ar|ro|gie̱|ren** 〈aus gleichbed. *lat.* arrogare〉: eine unter väterlicher Gewalt stehende Person an Kindes Statt annehmen (vgl. adoptieren [1]; röm. Recht)
Ar|ro|ja̱|dit [auch ...'dɪt] *der;* -s, -e 〈nach dem bras. Geologen M. Arrojado u. zu ↑²...it〉: ein dunkelgrünes Mineral
ar|ron|die̱|ren [arɔn..., älter arõ...] 〈aus *fr.* arrondir „abrunden" zu rond „rund", dies aus *lat.* rotundus〉: 1. abrunden, zusammenlegen (von einem Besitz od. Grundstück). 2. Kanten abrunden (z. B. von Leisten). **Ar|ron|die̱|rung** *die;* -, -en 〈zu ↑...ierung〉: 1. das Arrondieren. 2. Auf- od. Abrundung eines Wertpapierbestandes durch An- od. Verkauf kleinerer Posten (Bankw.). **Ar|ron|dis|se|ment** [arõdɪsə'mãː] *das;* -s, -s 〈aus *fr.* arrondissement „Kreis; (Stadt)bezirk", eigtl. „Abrundung", zu arrondir, vgl. arrondieren〉: a) dem ↑Departement (1) untergeordneter Verwaltungsbezirk in Frankreich; b) Verwaltungseinheit, Stadtbezirk in franz. Großstädten, bes. in Paris
Ar|ro̱|pe *der;* -s 〈zu *span.* arropar „(Wein) Sirup zusetzen"〉: zur Herstellung von Dessertwein gebräuchlicher eingedickter Traubensaft
Ar|ro|sage [...'zaːʒ] *die;* -, -n [...ʒən] 〈aus gleichbed. *fr.* arrosage zu arroser, vgl. arrosieren〉: Bewässerung[sgraben].
Ar|ro|se|ment [...'mãː] *das;* -s 〈aus gleichbed. *fr.* arrosement, eigtl. „Bewässerung", zu arroser, vgl. arrosieren〉: Umwandlung einer Staatsanleihe, bei der der Nominalzins erhöht [u. die Laufzeit der Anleihe verlängert] wird (Finanzw.). **ar|ro|sie̱|ren** 〈aus *fr.* arroser „benetzen, begießen" zu ↑ad... u. *lat.* ros „Tau"〉: 1. anfeuchten, bewässern. 2. zuzahlen. **Ar|ro|sie̱|rung** *die;* -, -en 〈zu ↑...ierung〉: svw. Arrosement
Ar|ro|si|on *die;* -, -en 〈aus gleichbed. *lat.* arrosio, eigtl. „Benagung", zu arrodere, vgl. arrodieren〉: Zerstörung von Gewebe, bes. von Gefäßwänden, durch entzündliche Vorgänge, Geschwüre (Med.)
Ar|ro|soir [...'zoaːɐ̯] *das;* -s, -s 〈aus gleichbed. *fr.* arrosoir zu arroser, vgl. arrosieren〉: (veraltet) Gießkanne
ar|rou|tie̱|ren [aru...] 〈aus gleichbed. *fr.* arrouter zu route „Weg"〉: (veraltet) auf den Weg bringen
Ar|row|root ['ɛroruːt] *das;* -s 〈aus gleichbed. *engl.* arrowroot zu arrow „Pfeil" u. root „Wurzel"〉: 1. Pfeilwurz, ein Marantengewächs. 2. Stärkemehl aus Wurzeln u. Knollen bestimmter tropischer Pflanzen (z. B. Maranta-, Maniokstärke)
Ar|sa|ki|den *die* (Plur.) 〈nach dem Ahnherrn Arsakes I. u. zu ↑...iden〉: parthische Dynastie im iran. Raum um 250 v. Chr. bis 224 n. Chr.
A̱rs ama̱n|di *die;* - - 〈aus gleichbed. *lat.* ars amandi〉: Liebeskunst. **A̱rs an|ti|qua** *die;* - - 〈aus *lat.* ars antiqua „alte Kunst"〉: erste Blütezeit der ↑Mensuralmusik (bes. im Paris des 13. u. 14. Jh.s); Ggs. ↑Ars nova
Ar|schin *der;* -[s], -en (aber: 3 Arschin) 〈aus gleichbed. *russ.* aršin, dies aus *turkotat.* aršyn „Elle"〉: altruss. Längenmaß (71,1 cm)
A̱rs cle|ri|ca|lis [– kleri'kaː...] *die;* - - 〈aus *lat.* ars clericalis „geistliche Kunst"〉: Schreibkunst. **A̱rs com|bi|na|to̱|ria** [– k...] *die;* - - 〈aus *lat.* ars combinatoria „Kunst der Kombination"〉: Kunstfertigkeit, Begriffe zu kombinieren, um dadurch zu neuer Erkenntnis zu gelangen (scholastische Philos.). **A̱rs dic|ta̱n|di** [– dɪk...] *die;* - - 〈aus *lat.* ars dictandi „Kunst des Aufzeichnens"〉: die Kunst, regelrichtig u. nach den Theorien der gültigen rhetorischen Lehrbücher zu schreiben (Rhetorik der Antike u. des Mittelalters)
Ar|sen *das;* -s 〈aus älterem arsenic, dies über *spätlat.* arsenicum aus *gr.* arsenikón „Arsenik", wohl oriental. Lehnwort〉: a) chem. Element; Zeichen As; b) (ugs.) svw. Arsenik

Arsenal

Ar|se|nal *das;* -s, -e ⟨aus gleichbed. *it.* arsenale, dies aus *arab.* dār aṣ-ṣinā'a, eigtl. „Haus des Handwerks"⟩: 1. Zeughaus; Geräte- u. Waffenlager. 2. Vorratslager, Sammlung

Ar|se|nat *das;* -[e]s, -e (meist Plur.) ⟨zu ↑ Arsen u. ↑ ...at (2)⟩: Salz der Arsensäure. **Ar|se|nid** *das;* -s, -e (meist Plur.) ⟨zu ↑ ³...id⟩: Verbindung aus Arsen u. einem Metall. **ar|se|nie|ren** ⟨zu ↑ ...ieren⟩: Metallgegenstände mit einer dünnen Arsenschicht überziehen. **ar|se|nig**: 1. arsenikhaltig. 2. arsenhaltig. **Ar|se|nik** *das;* -s ⟨unter Einfluß von *fr.* arsenic aus *spätlat.* arsenicum, dies aus *gr.* arsenikón; vgl. Arsen⟩: wichtigste [giftige] Arsenverbindung (Arsentrioxyd). **Ar|se|ni|ka|lie** [...iə] *die;* -, -n ⟨Kunstw. aus ↑ Arsen u. ↑ Chemikalie⟩: arsenhaltige chem. Verbindung. **Ar|se|ni|kia|sis** *die;* -, ...iasen ⟨zu ↑ ...iasis⟩: chronische Arsenvergiftung (Med.). **Ar|se|nio|ple|it** [auch ...'ɪt] *der;* -s, -e ⟨zu *gr.* pleíōn „mehr" u. ↑²...it⟩: ein braun- bis kirschrotes Mineral. **Ar|se|nit** [auch ...'nɪt] *das;* -s, -e ⟨zu ↑²..it⟩: ein farbloses Mineral (kristallisiertes Arsenik). **Ar|se|no|ben|zol** *das;* -s, -e: Grundkörper einiger organischer Arsenverbindungen, die als ↑ Chemotherapeutika verwendet werden

Ar|se|no|go|nie *die;* -, ...ien ⟨zu *gr.* ársēn „männlich" u. ↑ ...gonie⟩: (veraltet) svw. Arrhenogenie

Ar|se|no|kla|sit [auch ...'zɪt] *der;* -s, -e ⟨zu ↑ Arsen u. *gr.* klásis „Bruch"⟩: ein rotes, körniges Mineral. **Ar|se|no|lith** [auch ...'lɪt] *der;* Gen. - u. -en, Plur. -e[n] ⟨zu ↑ ...lith⟩: svw. Arsenit

Ar|se|no|morph *der;* -en, -en ⟨zu *gr.* ársēn „männlich" u. morphḗ „Gestalt"⟩: (veraltet) männlich scheinender Zwitter

Ar|se|no|py|rit [auch ...'rɪt] *der;* -s, -e ⟨zu ↑ Arsen u. ↑ Pyrit⟩: Arsenkies, ein Mineral. **ar|sen|or|ga|nisch**: organische Verbindungen betreffend, in denen mindestens ein Kohlenstoffatom direkt an Arsenatome gebunden ist

Ar|se|no|the|lys *der;* -, -, ...lydes ⟨zu *gr.* ársēn „männlich" u. thḗlys „weiblich"⟩: svw. Hermaphrodit

Ar|sen|pig|ment *das;* -[e]s, -e (meist Plur.) ⟨zu ↑ Arsen u. ↑ Pigment⟩: in Malerfarben verwendete, heute wegen ihrer Giftigkeit vielfach verbotene Arsenverbindung

ar|si|bel ⟨aus *nlat.* arsibilis zu *lat.* ardere „(ver)brennen"⟩: (veraltet) entzündlich, brennbar. **Ar|si|bi|li|tät** *die;* - ⟨zu ↑ ...ität⟩: (veraltet) Brennbarkeit

Ar|sin *das;* -s ⟨Kurzw. aus *Ars*en u. Am*in*⟩: eine dem ↑ Amin entsprechende, äußerst giftige Arsenverbindung

Ar|sis *die;* -, ...sen ⟨über *lat.* arsis aus *gr.* ársis „Hebung" (des taktschlagenden Fußes) zu aírein „heben, emporheben"⟩: 1. a) unbetonter Taktteil (antike Metrik); Ggs. ↑ Thesis (1 a); b) aufwärts geführter Schlag beim Taktschlagen (Mus.). 2. betonter Taktteil in der neueren Metrik; Ggs. ↑ Thesis (2)

Ars ma|gna *die;* - - ⟨*lat.;* „große Kunst"⟩: im 16. u. 17. Jh. Bez. für Algebra. **Ars mo|ri|en|di** *die;* - - ⟨*lat.;* „Kunst des Sterbens"⟩: kleines Sterbe- u. Trostbuch des Mittelalters. **Ars no|va** [- 'no:va] *die;* - - ⟨*lat.;* „neue Kunst"⟩: die neue Strömung in der franz. Musik (kontrapunktisch-mehrstimmig) des 14. Jhs; Ggs. ↑ Ars antiqua. **Ars poe|ti|ca** [- ...ka] *die;* - - ⟨*lat.;* zu poeticus „dichterisch, poetisch"⟩: Dichtkunst. **Ars po|ve|ra** [- 'po:vəra] *die;* - - ⟨*lat.;* zu *it.* povero „arm", eigtl. „arme Kunst"⟩: Kunst, die unkonventionelle Materialien (Erde, Asche, Abfälle u. ä.) verwendet u. diese formlos u. bewußt unästhetisch darbietet

Ar|ta|be *die;* -, -n ⟨aus dem Arab.⟩: zuerst persisches, dann ägyptisches, noch in römischer Zeit verwendetes großes Trockenhohlmaß

Ar|tal *das;* -s, - ⟨zu *arab.* raṭl „ein Gewicht"⟩: dem Pfund entsprechendes altes marokkan. Gewicht

Art brut [ar'bryt] *der;* - - ⟨*fr.;* „primitive Kunst"⟩: (von dem franz. Maler Jean Dubuffet eingeführte Bez. für die) Kunst von Geisteskranken. **Art dé|co** [arde'ko] *der* od. *das;* - - ⟨aus *fr.* art déco(ratif) „dekorative Kunst"⟩: künstlerische Richtung (bes. Kunstgewerbe) etwa von 1920 bis 1940. **Art-di|rec|tor** ['ɑ:tdɪ'rɛktə] *der;* -s, -s ⟨aus gleichbed. *engl.* art director⟩: künstlerischer Leiter [des ↑ Layouts in einer Werbeagentur]

ar|te|fakt ⟨aus *lat.* arte factum „mit Geschick gemacht" zu arte „mit Geschick" (Ablativ von ars „Kunst, Geschicklichkeit") u. factum „das Gemachte", dies eigtl. Part. Perf. (Neutrum) von facere „machen"⟩: künstlich hervorgerufen (z. B. von Krankheiten u. Verletzungen zum Zwecke der Täuschung). **Ar|te|fakt** *das;* -[e]s, -e: 1. das durch menschliches Können Geschaffene, Kunsterzeugnis. 2. Werkzeug aus vorgeschichtlicher Zeit, das menschliche Bearbeitung erkennen läßt (Archäol.). 3. künstlich hervorgerufene körperliche Veränderung (z. B. Verletzung), meist mit einer Täuschungsabsicht verbunden (Med.). 4. Störsignal (Elektrot.). **ar|te|fi|zi|ell** vgl. artifiziell

Ar|tel [auch ar'tjel] *das;* -s, -s ⟨aus gleichbed. *russ.* artel, dies aus *it.* artieri, Plur. von artiere „Handwerker"⟩: a) [Arbeiter]genossenschaft im zaristischen Rußland; b) landwirtschaftliche Produktionsgenossenschaft in der ehemaligen Sowjetunion mit der Möglichkeit privaten Eigentums u. privater Bewirtschaftung

Ar|tel|lio|nen|pelz *der;* -[e]s, -e ⟨Herkunft unbekannt; vielleicht zu *span.* ardilla „Eichhörnchen"⟩: aus kleinen Pelzstücken zusammengesetzter Pelzumhang (im 17. Jh.)

Ar|te|pe|ri|tus *der;* -, ...ti ⟨zu *lat.* ars, Gen. artis „Kunst" u. peritus „erfahren, sachkundig"⟩: (veraltet) Kunstverständiger

ar|te|ri..., **Ar|te|ri...** vgl. arterio..., Arterio... **Ar|te|rie** [...iə] *die;* -, -n ⟨über *lat.* arteria aus gleichbed. *gr.* artēría⟩: Schlagader; Blutgefäß, das das Blut vom Herzen zu einem Organ od. Gewebe hinführt; Ggs. ↑ Vene. **Ar|te|ri|ek|ta|sie** *die;* -, ...ien ⟨zu ↑ arterio...⟩: Erweiterung einer ↑ Arterie (Med.). **ar|te|ri|ell** ⟨nach gleichbed. *fr.* artériel⟩: die Arterien betreffend, zu einer Arterie gehörend. **Ar|te|ri|itis** *die;* -, ...itiden ⟨zu ↑ arterio... u. ↑ ...itis⟩: Schlagaderentzündung (Med.). **ar|te|rio...**, **Ar|te|rio...**, vor Vokalen auch arteri..., Arteri... ⟨*lat.* arteria, vgl. Arterie⟩: Wortbildungselement mit der Bedeutung „die Arterien betreffend", z. B. Arteriosklerose, Arteriektasie. **Ar|te|rio|gramm** *das;* -s, -e ⟨zu ↑ ...gramm⟩: Röntgenbild einer Arterie (Med.). **Ar|te|rio|gra|phie** *die;* -, ...ien ⟨zu ↑ ...graphie⟩: röntgenologische Darstellung einer Arterie bzw. des arteriellen Gefäßnetzes mit Hilfe eines Konstrastmittels (Med.). **Ar|te|rio|le** *die;* -, -n ⟨Verkleinerungsbildung zu *lat.* arteria, vgl. Arterie⟩: sehr kleine, in Haargefäße (Kapillaren) übergehende Schlagader. **Ar|te|rio|li|tis** *die;* -, ...itiden ⟨zu ↑ arterio... u. ↑ ...itis⟩: Arteriolenentzündung, entzündliche Veränderungen an den Wänden einer ↑ Arteriole (Med.). **Ar|te|rio|lo|gie** *die;* - ⟨zu ↑ ...logie⟩: Teilgebiet der Medizin, das sich mit den Arterien befaßt. **Ar|te|rio|lo|ne|kro|se** *die;* -, -n ⟨zu ↑ Arteriole⟩: schwere ↑ degenerative Erkrankung der ↑ Arteriolen mit lokalem Gewebstod in den Gefäßwänden (Med.). **Ar|te|rio|lo|skle|ro|se** *die;* -, -n: krankhafte Veränderung der Arteriolen (Med.). **ar|te|ri|ös** ⟨zu ↑ arterio... u. ↑ ...ös⟩: svw. arteriell. **Ar|te|rio|se** *die;* -, -n ⟨zu ↑ ¹...ose⟩: ↑ degenerative Erkrankung der Arterienwand infolge Stoffwechselstörungen (Med.). **Ar|te|rio|skle|ro|se** *die;* -, -n: krankhafte Veränderung der Arterien,

Arterienverkalkung (Med.). **ar|te|rio|skle|ro|tisch:** a) die Arteriosklerose betreffend; b) durch Arteriosklerose hervorgerufen (Med.). **Ar|te|rio|to|mie** *die;* -, ...jen ⟨nach *lat.* arteriotomia, dies aus gleichbed. *gr.* artēriotomía⟩: operatives Öffnen einer Arterie zur Entfernung eines ↑Embolus (Med.). **Ar|te|rit** [auch ...'rɪt] *der;* -s, -e ⟨Kurzw. aus *Arterie* u. ↑²...*it*⟩: ein mit ↑Aplit- u. Granitadern durchsetzes Gestein; Adergneis

ar|te|sisch ⟨nach der franz. Landschaft Artois⟩; in der Fügung -er Brunnen: natürlicher Brunnen, bei dem das Wasser durch einen Überdruck des Grundwassers selbsttätig aufsteigt

Ar|tes li|be|ra|les ['arte:s ...le:s] *die* (Plur.) ⟨aus gleichbed. *lat.* artes liberales (Plur.)⟩: die Sieben Freien Künste (Grammatik, Rhetorik, Dialektik [↑Trivium], Arithmetik, Geometrie, Astronomie, Musik [↑Quadrivium]), die zum Grundwissen der Antike u. des Mittelalters gehörten. **Ar|tes|li|te|ra|tur** *die;* -: wissenschaftliche Bez. des mittelalterlichen Fachschrifttums im Bereich der ↑Artes liberales u. der technischen u. praktischen Kunst

Ar|te|so|na|do *der;* -s, - ⟨aus *span.* artesonado „Täfelung, Kassettierung" zu artesón „Paneel, Holztäfelung"⟩: Bez. für reich verzierte kassettierte Holzdecken u. -türen

Ar|tha *der;* - ⟨aus gleichbed. *sanskr.* ártha, eigtl. „Arbeit; materieller Nutzen, Vermögen"⟩: eines der Lebensziele eines ↑Hindu (das Streben nach Besitz weltlicher Güter)

ar|thr..., Ar|thr... vgl. arthro..., Arthro... **Ar|thral|gie** *die;* -, ...jen ⟨zu ↑arthro... u. ↑...algie⟩: Gelenkschmerz (Med.). **Ar|threk|to|mie** *die;* -, ...jen ⟨zu ↑...ektomie⟩: teilweise operative Entfernung eines Gelenks (Med.). **Ar|thri|ti|ker** *der;* -s, - ⟨zu *gr.* arthritikós, vgl. arthritisch⟩: an Gelenkentzündung Leidender; Gichtkranker. **Ar|thri|tis** *die;* -, ...itiden ⟨über *lat.* arthritis aus *gr.* arthrĩtis „Gicht"⟩: Gelenkentzündung. **ar|thri|tisch** ⟨über *lat.* arthriticus aus gleichbed. *gr.* arthritikós⟩: die Arthritis betreffend. **Ar|thri|tismus** *der;* - ⟨zu ↑...ismus (3)⟩: erbliche Neigung zu Gicht, ↑Asthma, Fettsucht u. a. (durch Verlangsamung des Stoffwechsels bedingt). **ar|thro..., Ar|thro...,** vor Vokalen arthr..., Arthr... ⟨aus *gr.* árthron „Glied, Gelenk"⟩: Wortbildungselement mit der Bedeutung „Gelenk", z. B. Arthralgie, Arthropathie. **Ar|thro|de|se** *die;* -, -n ⟨zu *gr.* désis „das Binden, Verbindung"⟩, dies zu dein „(ver)binden"⟩: künstliche, operative Versteifung eines Gelenks (Med.). **Ar|thro|die** *die;* -, ...jen ⟨über gleichbed. *nlat.* arthrodia zu *gr.* arthrṓdēs „mit Gliedern versehen"⟩: nach allen Seiten frei bewegliches Gelenk, Kugelgelenk (Med.). **Ar|thro|dy|nie** *die;* -, ...jen ⟨zu ↑arthro... u. ↑...odynie⟩: (veraltet) Gelenkschmerz. **ar|thro|gen** ⟨zu ↑...gen⟩: a) vom Gelenk ausgehend; b) von einer Gelenkerkrankung herrührend. **Ar|thro|gra|phie** *die;* -, ...jen ⟨zu ↑...graphie⟩: Röntgenkontrastdarstellung der Gelenkhöhlen mit Teilen des Gelenkapparates. **Ar|thro|lith** [auch ...'lɪt] *der;* Gen. -s u. -en, Plur. -e[n] ⟨zu ↑...lith⟩: krankhaft gebildeter, frei beweglicher, verknorpelter od. verkalkter Fremdkörper in einem Gelenk; Gelenkmaus. **Ar|thro|lo|gie** *die;* - ⟨zu ↑...logie⟩: Teilgebiet der Medizin, das sich mit den Gelenken befaßt. **Ar|thro|pa|thie** *die;* -, ...jen ⟨zu ↑...pathie⟩: Gelenkleiden, Gelenkerkrankung. **ar|thro|pa|thisch:** gelenkleidend. **Ar|thro|phyt** *der;* -en, -en ⟨zu ↑...phyt⟩: Gewebsneubildung, Geschwulst der gelenkbildenden Gewebe (z. B. des Knochengewebes; Med.). **Ar|thro|pla|stik** *die;* -, -en: künstliche Bildung eines neuen Gelenks nach ↑Resektion des alten. **Ar|thro|po|den** *die* (Plur.) ⟨zu ↑...pode⟩: Gliederfüßer (Zool.). **Ar|thro|se** *die;* -, -n ⟨zu ↑¹...ose⟩: 1. svw. Arthropathie. 2. Kurzbez. für Arthrosis deformans. **Ar|thro|sis de-**

for|mans *die;* - - ⟨aus gleichbed. *nlat.* arthrosis deformans zu ↑Arthrose u. *lat.* deformans, Part. Präs. zu deformare „entstellen"⟩: degenerative, nicht akut entzündliche Erkrankung eines Gelenks als chronisches Leiden (Med.). **Ar|thro|skop** *das;* -s, -e ⟨zu ↑arthro... u. ↑...skop⟩: optisches Spezialinstrument zur Untersuchung des Gelenkinneren. **Ar|thro|sko|pie** *die;* -, ...jen ⟨zu ↑...skopie⟩: Untersuchung des Gelenkinneren mit dem ↑Arthroskop (Med.). **ar|thro|tisch** ⟨zu ↑Arthrose u. ↑...otisch⟩: die Arthrose betreffend; von Arthrose befallen (Med.). **Ar|thro|to|mie** *die;* -, ...jen ⟨zu ↑arthro... u. ↑...tomie⟩: operative Eröffnung, Spaltung eines Gelenks (Med.)

ar|ti|fi|zi|ell, auch artefiziell ⟨aus gleichbed. *fr.* artificiel, dies aus *lat.* artificialis „kunstmäßig"⟩: 1. künstlich. 2. gekünstelt

Ar|ti|kel [auch ar'tɪkl] *der;* -s, - ⟨aus *lat.* articulus „kleines Gelenk; Glied; Abschnitt", Bed. 3 unter Einfluß von *fr.* article „Ware"⟩: 1. Geschlechtswort (der, die, das); Abk.: Art. 2. Abschnitt eines Gesetzes, Vertrages usw.; Abk.: Art. 3. Handelsgegenstand, Ware; Abk.: Art. 4. [Zeitungs]aufsatz. Abhandlung. 5. Darstellung eines Wortes in einem Wörterbuch (Wortartikel) od. in einem Lexikon (Sachartikel). 6. Glaubenssatz einer Religion. **ar|ti|ku|lär** ⟨aus gleichbed. *lat.* articularis⟩: zum Gelenk gehörend (Anat.). **Ar|ti|ku|la|ten** *die* (Plur.) ⟨zu *lat.* articulatus „mit Gliedern versehen"⟩: Gliedertiere (Zool.). **Ar|ti|ku|la|ti|on** *die;* -, -en ⟨aus *spätlat.* articulatio „gehörig gegliederter Vortrag" zu articulare, vgl. artikulieren⟩: 1. a) [deutliche] Gliederung des Gesprochenen; b) Lautbildung (Sprachw.). 2. das Artikulieren (2) von Gefühlen, Gedanken, die einen beschäftigen. 3. [Abfolge der] Bißbewegungen (Zahnmed.). 4. das Binden od. das Trennen der Töne (Mus.); vgl. legato u. staccato. 5. Gelenk (Med.); vgl. ...[at]ion/...ierung. **Ar|ti|ku|la|tor** *der;* -s, ...toren ⟨aus *lat.* articulator „Zergliederer"⟩: zahntechnisches Gerät, das zur Herstellung von Zahnprothesen, Brücken u. Kronen der Kiefermodelle in der richtigen Bißstellung fixiert. **ar|ti|ku|la|to|risch:** die Artikulation betreffend. **ar|ti|ku|lie|ren** ⟨aus *lat.* articulare „gliedern, deutlich aussprechen"⟩: 1. Laute [deutlich] aussprechen. 2. Gefühle, Gedanken, die einen beschäftigen, in Worte fassen, zum Ausdruck bringen, formulieren. **Ar|ti|ku|lie|rung** *die;* -, -en ⟨zu ↑...ierung⟩: svw. Artikulation (1, 2); vgl. ...[at]ion/...ierung

Ar|til|le|rie [auch ...'ri:] *die;* -, ...jen ⟨aus gleichbed. *fr.* artillerie zu *altfr.* artill(i)er „mit Kriegsgerät bestücken, ausrüsten"⟩: mit Geschützen ausgerüstete Truppengattung des Heeres. **Ar|til|le|rist** [auch ...'rɪst] *der;* -en, -en ⟨zu ↑...ist⟩: Soldat der Artillerie. **ar|til|le|ri|stisch** ⟨zu ↑...istisch⟩: die Artillerie betreffend

Ar|ti|nit [auch ...'nɪt] *der;* -s, -e ⟨nach dem ital. Mineralogen Artini u. zu ↑²...*it*⟩: ein faseriges Mineral, Mischkristall aus Magnesiumhydroxid u. Magnesiumkarbonat

Ar|ti|san [...'zã:] *der;* -s, -s ⟨aus gleichbed. *fr.* artisan, dies aus *it.* artigiano zu *lat.* ars „Kunst"⟩: (veraltet) Handwerker

Ar|ti|schocke¹ *die;* -, -n ⟨aus gleichbed. *nordit.* (mdal.) articiocco, weitere Herkunft unsicher⟩: distelartige Gemüsepflanze mit wohlschmeckenden Blütenknospen

Ar|ti|sel|li|um *der;* -s, ...lien [...jən] ⟨aus *lat.* artisellium „Lehnstuhl" zu ars, Gen. artis „Kunst" u. sella „(Amts)stuhl"⟩: (veraltet) Arbeitsstuhl. **Ar|tist** *der;* -en, -en ⟨unter Einfluß von *fr.* artiste „Künstler; Akrobat" aus *mlat.* artista „Künstler" zu *lat.* ars, Gen. artis „Kunst"⟩: 1. im Zirkus u. Varieté auftretender Künstler [der Geschicklichkeitsübungen ausführt] (z. B. Jongleur, Clown). 2. jmd. (z. B. ein Dichter), der seine Darstellungsmittel u. -formen

Artistenfakultät

souverän beherrscht. **Ar|ti|sten|fa|kul|tät** *die;* -, -en: die Fakultät der ↑ Artes liberales an mittelalterlichen Universitäten. **Ar|ti|stik** *die;* - ⟨zu ↑²...ik (2)⟩: 1. Varieté- u. Zirkuskunst. 2. außerordentlich große [körperliche] Geschicklichkeit. **Ar|ti|stin** *die;* -, -nen: weibliche Form zu ↑ Artist. **ar|ti|stisch:** a) die Artistik betreffend; b) nach Art eines ↑ Artisten

Art nou|veau [arnu'vo] *der;* - - ⟨aus *fr.* art nouveau „neue Kunst"⟩: Bez. für den Jugendstil in England u. Frankreich

Ar|to|ga|la *das;* -s, ...len ⟨zu *gr.* ártos „Brot" u. gála „Milch"⟩: (veraltet) Breiumschlag aus Brot u. Milch. **Ar|to|la|trie** *die;* -: Anbetung Christi in der Gestalt des Brotes. **Ar|to|lith** [auch ...'lɪt] *der;* Gen. -s od. -en, Plur. -e[n] ⟨zu ↑...lith⟩: brotähnlicher Stein. **Ar|to|me|li** *das;* -s, ...len ⟨zu *gr.* méli „Honig"⟩: (veraltet) Breiumschlag aus Brot u. Honig. **Ar|to|pha|ge** *der;* -n, -n ⟨zu *gr.* artophageín „Brot essen"⟩: (veraltet) jmd., der hauptsächlich Brot ißt. **ar|to|pha|gisch:** sich hauptsächlich von Brot ernährend. **Ar|to|pho|ri|um** *das;* -[s], ...ien [...iən] ⟨über gleichbed. *kirchenlat.* artophorium aus *gr.* artophórion „Brotkorb, -teller"⟩: Behälter für das geweihte Brot zur Wegzehrung der Kranken (in der griech. Kirche)

Ar|to|thek *die;* -, -en ⟨zu *lat.* ars, Gen. artis „Kunst" u. ↑...thek⟩: Galerie, Museum, das Bilder od. Plastiken an Privatpersonen verleiht. **Ar|to|the|kar** *der;* -s, -e ⟨zu ↑...ar⟩: Angestellter in einer Arothek

Ary|bal|los *der;* -, ...lloi [...lɔy] ⟨aus *gr.* arýballos „Schöpfgefäß" zu arýein „schöpfen"⟩: kleines altgriech. Salbgefäß

Aryk *der;* -s, -e ⟨aus gleichbed. *russ.* aryk, dies aus dem Turkotat.⟩: Wassergraben, Bewässerungskanal

Aryl *das;* -s, -e (meist Plur.) ⟨Kurzw. aus *ar*omatisch u. ↑...*yl*⟩: einwertiger Rest eines aromatischen Kohlenwasserstoffs (Chem.). **Ary|len** *das;* -s ⟨zu ↑ ...en⟩: zweiwertiges ↑ Radikal (3), das durch Abspaltung von zwei Wasserstoffatomen aus einem aromatischen Ring entsteht (Chem.).

¹**As** [a'ɛs]: chem. Zeichen für Arsen (a)

²**As** [a'ɛs]: Abk. für Amperesekunde

³**As** [as] *das;* Asses, Asse ⟨aus *fr.* as „Eins" (im Würfelspiel) zu *lat.* as; vgl. ⁴As⟩: 1. a) [höchste] Karte im Kartenspiel; b) die Eins auf Würfeln. 2. hervorragender Spitzenkönner, bes. im Sport. 3. a) plazierter Aufschlagball, der vom Gegner nicht zurückgeschlagen werden kann (bes. Tennis); b) mit einem Schlag vom Abschlag ins Loch gespielter Ball (Golf). ⁴**As** [as] *der;* Asses, Asse ⟨aus *lat.* as „Gewichts- und Münzeinheit" (urspr. im Wert eines Kupferstücks von 268 Gramm)⟩: altröm. Gewichts- u. Münzeinheit

Ås [o:s] vgl. ²Os

as..., As... vgl. ad..., Ad...

Asa|do *der;* -s, -s ⟨aus *span.* asado „Braten" zu asar „braten, rösten", dies aus *spätlat.* assare⟩: Schmorbraten

Asa foe|ti|da [- 'fø:...] *die;* - - u. **Asa|fö|ti|da** *die;* - ⟨zu *mlat.* asa „stark riechendes Harz" u. foeditus „stinkend", dies zu *lat.* foetere „übel riechen"⟩: a) eingetrocknetes Gummiharz aus den Wurzeln eines asiat. Doldengewächses; b) Nervenberuhigungsmittel (Med.)

a sal|vo [- ...vo] ⟨*it.;* zu gleichbed. *lat.* salvus⟩: (Kaufmannsspr.) unbeschädigt

Asa|na ⟨aus *sanskr.* ásana „das Sitzen; die Sitzweise"⟩: Sockel ind. Bildwerke, vor allem Bez. für die Sitzhaltung der Götter

Asa|phie *die;* -, ...ien ⟨aus *gr.* asaphía, asápheia „Undeutlichkeit"⟩: Undeutlichkeit [der Stimme], Heiserkeit. **Asa|phus** *der;* ...phi, ...phi ⟨aus gleichbed. *nlat.* asaphus zu *gr.* asaphés „undeutlich, unbestimmt, unklar"⟩: vorwiegend in ↑ ordovizischen Gesteinen gefundene Gattung der ↑ Trilobiten

Asar|kie *die;* -, ...ien ⟨aus gleichbed. *gr.* asarkía zu ásarkos „mager"⟩: 1. Magerkeit. 2. svw. Myatrophie, Muskelschwund

As|best *der;* -[e]s, -e ⟨über *lat.* asbestos aus *gr.* ásbestos (Name eines Steines), eigtl. „unauslöschlich, unzerstörbar", zu a- „un-, nicht-" u. sbénnymai „(aus)löschen"⟩: mineralische Faser aus ↑ Serpentin od. Hornblende, widerstandsfähig gegen Hitze u. schwache Säuren. **as|be|stin** ⟨zu ↑...in (2)⟩: (veraltet) aus Asbest, asbestartig. **As|be|stin** *das;* -s u. **As|be|sti|ne** *die;* - ⟨zu ↑...in (1) bzw. ↑...ine⟩: [als Füllstoff in der Papierherstellung verwendetes] Magnesiumsilikat. **As|be|sto|se** *die;* -, -n ⟨zu ↑¹...ose⟩: durch Einatmen von Asbeststaub hervorgerufene Staublungenerkrankung

A-Scan ['a:skæn] *der;* -s, -s ⟨zu *engl.* to scan „abtasten, prüfen"⟩: eindimensionale ↑ Echoenzephalographie

As|cet|onym [astset...] *das;* -s, -e ⟨über *nlat.* ascetonymum zu *gr.* askētós „künstlich hergestellt; eingeübt" (vgl. Asket) u. ónyma „Name"⟩: Sonderform des ↑ Pseudonyms, bei der ein Heiligenname als Deckname verwendet wird; vgl. Hieronym

Aschan|ti|nuß *die;* -, ...nüsse ⟨nach dem afrik. Stamm der Aschanti⟩: (österr.) Erdnuß

Ascha|rit [auch ...'rɪt] *der;* -s, -e ⟨nach dem Fundort Aschersleben u. zu ↑²...it⟩: weißes, in kreidigen Massen vorkommendes Mineral

aschist [as'çɪst] ⟨zu *gr.* áschistos „ungespalten"⟩: in der Fügung -es Gestein: magmatisches Ganggestein, dessen chem. Zusammensetzung mit dem Muttergestein übereinstimmt

Asch|ke|na|sim [...zi:m, auch ...'zi:m] *die* (Plur.) ⟨über *jidd.* 'aškenazim „die Deutschen, Deutsch Sprechende" nach dem Namen eines Volksstammes im Alten Testament⟩: Bez. für die Juden in Mittel- u. Osteuropa mit eigener Tradition u. Sprache (Jiddisch) im Unterschied zu den ↑ Sephardim. **asch|ke|na|sisch:** die Aschkenasim betreffend, zu ihnen gehörend

Asch|ram *der;* -s, -s ⟨aus *sanskr.* āśrama „Einsiedelei"⟩: 1. Zentrum zur Übung geistiger Konzentration in Indien. 2. Einsiedelei eines ind. Asketen

Aschug *der;* -en, -en u. **Aschu|ge** *der;* -n, -n ⟨aus *russ.* aschug „Volkssänger (im Kaukasus)", eigtl. „Liebhaber", zu *tatar.* ašyk „Liebhaber, Verliebter"⟩: wandernder Volksdichter u. -sänger in Anatolien u. den Kaukasusländern

Äschy|nit [auch ...'nɪt] *der;* -s, -e ⟨zu *gr.* aischýnē „Scham, Scheu" u. ↑²...it⟩: ein schwarzes bis graubraunes Mineral

As|ci|tes [as'tsi...] vgl. Aszites

Ascor|bin|säu|re [askɔr...] *die;* - ⟨zu *gr.* a- „un-, nicht-", ↑ Skorbut u. ↑...in (1)⟩: chem. Bez. für Vitamin C

...ase ⟨aus *gr.* -asis⟩: Endung zur Bez. von chem. ↑ Enzymen (im Stamm ist entweder der Stoff genannt, der gespalten wird, z. B. Protease, oder der Vorgang bzw. das Ergebnis, z. B. Oxydase)

...äse vgl. ...aise

ASEAN ['æsiæn] *die;* - ⟨Kurzw. aus *A*ssociation of *S*outh *E*ast *A*sian *N*ations „Vereinigung südostasiatischer Nationen"⟩: 1967 gegründete Vereinigung südostasiat. Staaten mit dem Ziel der Förderung des Friedens u. des sozialen sowie wirtschaftlichen Wohlstands

Ase|bie *die;* - ⟨aus *gr.* asébeia „Gottlosigkeit" zu asebeīn „gottlos handeln"⟩: (veraltet) Frevel gegen die Götter,

Asowskit

Gottlosigkeit; Ggs. ↑ Eusebie. **ase|bisch:** (veraltet) gottlos, frevelhaft, lästerlich; Ggs. ↑ eusebisch

a sec|co [– 'zɛko] ⟨*it.;* „auf dem Trockenen"⟩: auf trockenem Verputz, Kalk, auf die trockene Wand [gemalt]; Ggs. ↑ a fresco

aseis|misch ⟨zu *gr.* a- „un-, nicht-" u. seismós „(Erd)erschütterung"⟩: erdbebenfrei, erschütterungsfrei

Asei|tät [azei...] *die;* - ⟨zu *lat.* a se „von sich aus" u. ↑ ...ität⟩: absolute Unabhängigkeit [Gottes], das reine Aus-sich-selbst-Bestehen (Philos.; Theol.)

ase|le|nisch ⟨aus *gr.* asélēnos „mondlos, finster"⟩: 1. mondlos (von Planeten). 2. mondscheinlos

Asel|gie *die;* - ⟨aus gleichbed. *gr.* asélgeia zu aselgḗs „üppig, ausschweifend"⟩: (veraltet) Üppigkeit, Ausschweifung, Wollust

Ase|mie *die;* -, ...ien ⟨zu *gr.* a- „un-, nicht-", sēma „Zeichen" u. ↑²...ie⟩: Unfähigkeit, sich der Umwelt durch Zeichen od. Gebärden verständlich zu machen (z. B. bei ↑ Aphasie od. bei Verlust der Mienen- u. Gebärdensprache; Med.). **ase|misch:** die Asemie betreffend

Asep|sis *die;* - ⟨zu *gr.* a- „un-, nicht-" u. ↑ Sepsis⟩: Keimfreiheit (von Wunden, Instrumenten, Verbandstoffen u. ä.; Med.). **Asep|tik** *die;* - ⟨zu ↑²...ik (3)⟩: keimfreie Wundbehandlung. **asep|tisch:** a) keimfrei (Med.): Ggs. ↑ septisch (2); b) nicht auf ↑ Infektion beruhend (bei Fieber)

ase|xu|al [auch ...'a:l] u. **asexuell** [auch ...'ɛl] ⟨*gr.* a- „un-, nicht-" u. ↑ sexual bzw. ↑ sexuell⟩: 1. gefühllos (in bezug auf das Sexuelle). 2. ungeschlechtig, geschlechtlos; vgl. ...al/ ...ell. **Ase|xua|li|tät** [auch ...'tɛ:t] *die;* - ⟨zu ↑ ...ität⟩: 1. das Fehlen jeglicher ↑ Libido (Med.). 2. das Fehlen der Geschlechtsdrüsen (Med.). **ase|xu|ell** [auch ...'ɛl] vgl. asexual

Ash|by-Test ['æʃbɪ...] *der;* -[e]s, Plur. -s, auch -e ⟨nach dem engl. Arzt H. Ashby (1846–1908) u. zu ↑ Test⟩: Methode zur Bestimmung der mittleren Lebensdauer der roten Blutkörperchen (Med.)

Ash|ram ['a:ʃ...] vgl. Aschram

Asia|lie *die;* - ⟨zu *gr.* a- „un-, nicht-", síalon „Speichel" u. ↑²...ie⟩: svw. Aptyalismus

Asia|nis|mus *der;* - ⟨zu *lat.* Asia „Asien" u. ↑ ...ismus (1)⟩: in Kleinasien aufgekommene Richtung der antiken Redekunst, die vor allem dem Schwulst huldigte; vgl. Attizismus. **Asia|ti|ka** *die* (Plur.) ⟨zu ↑ ...ika⟩: Werke über Asien

Asi|de|rit [auch ...'rɪt] *der;* -s, -e ⟨zu *gr.* a- „un-, nicht-", sídēros „Eisen" u. ↑²...it⟩: ein Meteorstein ohne od. überwiegend ohne Eisen. **Asi|de|ro|se** *die;* -, -n ⟨zu ↑¹...ose⟩: Eisenmangel (Med.)

Asi|en|to *der;* -[s], -s ⟨aus *span.* asiento, eigtl. „Sitz, Lage"⟩: Vertrag, [Handels-, Darlehens-, Wirtschafts]abkommen im frühneuzeitlichen Spanien

asig|ma|tisch ⟨zu *gr.* a- „un-, nicht-" u. dem Namen des griech. Buchstabens σ (Sigma)⟩: den Asigmatismus betreffend. **Asig|ma|tis|mus** *der;* - ⟨zu ↑ ...ismus (3)⟩: Sprachstörung, bei der der S-Laut fehlerhaft gebildet wird

Asi|na|rier [...i̯ɐ] *der;* -s, - ⟨zu *lat.* asinus „Esel" u. ↑ ...arier⟩: Eselsanbeter, Spottname der Römer für Juden u. Christen im 2. Jh. **asi|na|risch** ⟨aus *lat.* asinarius „zum Esel gehörig, den Esel betreffend"⟩: (veraltet) eselhaft. **Asi|ne|rie** *die;* -, ...ien ⟨französierende Bildung zu *lat.* asinus „Esel"⟩: (veraltet) Eselei, Eselsstreich. **asi|ni|nisch** ⟨zu *spätlat.* asininus „Esels-"⟩: svw. asinarisch. **Asi|ni|tät** *die;* -, -en ⟨aus *mlat.* asinitas, Gen. asinitatis „Eselei"⟩: svw. Asinerie

Asi|tie *die;* - ⟨aus gleichbed. *gr.* asitía zu asiteĩn „nicht essen, fasten"⟩: (veraltet) 1. das Fasten. 2. Speisemangel, Eßunlust. **asi|tisch:** (veraltet) 1. fastend. 2. nüchtern

As|ka|ri *der;* -s, -s ⟨aus *arab.* ʿaskarī „Soldat"⟩: afrik. Soldat im ehemaligen Deutsch-Ostafrika

As|ka|ri|dia|sis *die;* - ⟨zu *lat.* ascarida „Spulwurm" (dies aus *gr.* askarís, vgl. Askaris) u. ↑ ...iasis⟩: eine Wurmkrankheit (durch Infektion mit Spulwürmern hervorgerufen; Med.). **As|ka|ria|sis** *die;* - ⟨zu ↑ Askaris u. ↑ ...iasis⟩: svw. Askaridiasis. **As|ka|ris** *die;* -, ...riden (meist Plur.) ⟨aus gleichbed. *gr.* askarís⟩: Spulwurm

askep|tisch ⟨zu *gr.* a- „un-, nicht-" u. ↑ skeptisch⟩: unüberlegt, unbedacht

As|ke|se, auch **Aszese** *die;* - ⟨aus *gr.* áskēsis „(körperliche u. geistige) Übung" bzw. *nlat.* ascesis „Übung" zu *gr.* askeĩn „sorgfältig tun, üben"⟩: a) streng enthaltsame u. entsagende Lebensweise [zur Verwirklichung sittlicher u. religiöser Ideale]; b) Bußübung. **As|ket,** auch **Aszet** *der;* -en, -en ⟨über *mlat.* asceta aus *gr.* askētḗs „wer sich in etwas übt"⟩: enthaltsam [in Askese] lebender Mensch. **As|ke|tik** vgl. Aszetik. **as|ke|tisch:** a) die Askese betreffend; b) entsagend, enthaltsam

as|kle|pia|de|isch ⟨zu ↑ Asklepiadeus⟩: svw. asklepiadisch. **As|kle|pia|de|us** *der;* -, Plur. ...dei u. ...deen ⟨*lat.;* nach dem altgriech. Dichter Asklepiades⟩: Versform der antiken Lyrik (Schema: – – – ◡◡ – – ◡◡ – ◡ – = Asklepiadeus minor od. – – – ◡◡ – – ◡◡ – – ◡◡ – ◡ – = Asklepiadeus maior). **as|kle|pia|disch:** den Asklepiadeus betreffend, in der Form des Asklepiadeus

as|ko|gen ⟨zu *gr.* askós „Schlauch" u. ↑ ...gen⟩: den ↑ Askus bildend. **As|ko|gon** *das;* -s, -e ⟨zu *gr.* gónos „Keim"⟩: weibliches Geschlechtsorgan der Schlauchpilze. **As|ko|my|ze|ten** *die* (Plur.) ⟨zu *gr.* mýkēs „Pilz"⟩: Schlauchpilze

Askor|bin|säu|re vgl. Ascorbinsäure

As|kos *der;* -, ...koi ⟨aus *gr.* askós „Schlauch"⟩: altgriech. kleines schlauchartiges Gefäß mit engem Ausguß u. bügelartigem Henkel, das vermutlich als Ölfläschchen diente

Askrip|tor *der;* -s, ...oren ⟨aus *lat.* ascriptor „Mitunterzeichner" zu ascribere „dazuschreiben; zuordnen, erklären"⟩: Wortkomplex, der ein Objekt identifiziert u. ihm eine Bedeutung zuordnet (Sprachw.)

Äs|ku|lap|stab *der;* -[e]s, ...stäbe ⟨nach dem Schlangenstab des griech.-röm. Gottes der Heilkunde, Äskulap⟩: Sinnbild der Medizin, Berufssymbol der Ärzte

As|kus *der;* -, Aszi ⟨über *lat.* ascus aus *gr.* askós „Schlauch"⟩: schlauch- od. keulenförmiger Sporenbehälter der Schlauchpilze

aso|ma|tisch [auch ...'ma:...] ⟨aus gleichbed. *lat.* asomatus, dies aus *gr.* asṓmatos⟩: nicht ↑ somatisch; körperlos, unkörperlich (Philos.)

Asom|nie *die;* -, ...ien ⟨zu *gr.* a- „un-, nicht-", *lat.* somnus „Schlaf" u. ↑²...ie⟩: Schlaflosigkeit, Schlafstörung (Med.)

à son aise [a sõ'ɛz] ⟨*fr.*⟩ eigtl. „nach seiner Behaglichkeit, Bequemlichkeit"⟩: bequem, behaglich; - - - l e b e n : sein gutes Auskommen haben, wohlhabend sein. **à son goût** [a sõ'gu] ⟨*fr.*⟩: nach seinem Geschmack

Aso|phie *die;* - ⟨aus gleichbed. *gr.* asophía zu ásophos „unklug"⟩: (veraltet) Torheit, Dummheit. **aso|phisch:** (veraltet) töricht, unklug

äso|pisch ⟨nach dem altgriech. Fabeldichter Aísopos, *lat.* Äsop⟩: a) in der Art, im Geist des altgriech. Fabeldichters Äsop; b) witzig

Asot *der;* -en, -en ⟨zu *gr.* ásōtos „unrettbar, sittlich verdorben"⟩: (veraltet) Wüstling, Schlemmer. **Aso|tie** *die;* -, ...ien ⟨aus gleichbed. *gr.* asōtía⟩: (veraltet) ausschweifendes Leben, Schlemmerei. **aso|tisch** ⟨aus gleichbed. *gr.* ásōtos⟩: (veraltet) üppig, ausschweifend

Asow|skit [auch ...skɪt] *der;* -s, -e ⟨nach dem Asowschen

asozial

Meer (nordöstl. Nebenmeer des Schwarzen Meeres) u. zu ↑²...it): ein Mineral, aus Eisenhydroxid u. -phosphat

aso|zi|al [auch ...'tsia:l] ⟨aus *gr.* a- „un-, nicht-" u. ↑sozial⟩: a) gesellschaftsschädigend; b) gemeinschaftsfremd, -unfähig. **Aso|zia|li|tät** *die;* - ⟨zu ↑ ...ität⟩: gemeinschaftsfeindliches Verhalten

As|pa|ra|gin *das;* -s ⟨zu ↑ Asparagus u. ↑ ...in (1)⟩: ein ↑ Derivat (3) der Asparaginsäure, Eiweißbestandteil (bes. in Spargeln). **As|pa|ra|gi|na|se** *die;* -, -n ⟨zu ↑ ...ase⟩: in tierischen u. pflanzlichen Geweben verbreitetes Enzym aus der Gruppe der ↑ Hydrolasen, das ↑ Asparagin spaltet (verwendet zur Therapie einiger Formen der Leukämie). **As|pa|ra|gin|säu|re** *die;* -: eine der häufigsten, in vielen Eiweißstoffen vorkommende ↑ Aminosäure. **As|pa|ra|gus** [auch ...'ra:...] *der;* - ⟨über *lat.* asparagus aus *gr.* aspáragos „Pflanzenkeim, Spargel"⟩: a) Spargel (Gemüsepflanze); b) Sammelbez. für bestimmte Spargelarten, die zu Zierzwecken verwendet werden (z. B. für Blumengebinde)

aspar|tisch ⟨aus *gr.* áspartos „unbesät"⟩: (veraltet) brachliegend, unbestellt

aspa|stisch ⟨aus gleichbed. *gr.* aspastikós zu aspázesthai „freundlich empfangen"⟩: (veraltet) liebevoll

Aspekt *der;* -[e]s, -e ⟨aus *lat.* aspectus, eigtl. „das Hinsehen"⟩: 1. Blickwinkel, Betrachtungsweise. 2. bestimmte Stellung von Sonne, Mond u. Planeten zueinander u. zur Erde (Astron.; Astrol.). 3. [den slawischen Sprachen eigentümliche] Geschehensform des Verbs, die mit Hilfe formaler Veränderungen die Vollendung od. Nichtvollendung eines Geschehens ausdrückt; Verlaufsweise eines verbalen Geschehens im Blick auf sein Verhältnis zum Zeitablauf (z. B. durativ: *schlafen*, perfektiv: *verblühen*; Sprachw.); vgl. Aktionsart. 4. Aussehen einer Pflanzengesellschaft (z. B. der Wiese) in einer bestimmten Jahreszeit (Bot.). **Aspek|ti|on** *die;* -, -en ⟨aus gleichbed. *lat.* aspectio zu aspicere „anblicken, betrachten"⟩: (veraltet) das Anschauen, der Anblick. **aspek|tisch:** den Aspekt (3) betreffend (Sprachw.).

Asper *der;* -[s], - ⟨aus *lat.* asper „rauh"⟩: svw. Spiritus asper. **Aspe|ra|ti|ons|prin|zip** *das;* -s ⟨zu *lat.* asperatio „Verschlimmerung" (dies zu asperare „verschlimmern", eigtl. „rauh machen; schärfen") u. ↑ Prinzip⟩: Grundsatz zur Bestimmung der Strafe bei Tatmehrheit (Rechtsw.). **As|per|ge|rie** [...ʒə...] *die;* -, ...ien ⟨aus gleichbed. *fr.* aspergerie zu asperge „Spargel", dies aus *lat.* asparagus, vgl. Asparagus⟩: (veraltet) Spargelpflanzung, Spargelbeet

asper|gie|ren ⟨aus *lat.* aspergere „anspritzen"⟩: (veraltet) besprengen (mit Weihwasser). **Asper|gill** *das;* -s, -e ⟨aus gleichbed. *lat.* aspergillum⟩: Weihwasserwedel. **Asper|gillom** *das;* -s, -e ⟨zu ↑ Aspergillus u. ↑ ...om⟩: durch Pilzfäden von Pilzen der Gattung ↑ Aspergillus hervorgerufene Geschwulst in der Lunge (Med.). **Asper|gil|lo|se** *die;* -, -n ⟨zu ↑²...ose⟩: durch einige Arten der Schimmelpilzgattung Aspergillus verursachte Erkrankung (am häufigsten der Atmungsorgane; Med.). **Asper|gil|lus** *der;* -, ...llen ⟨zu *lat.* aspergillum (vgl. Aspergill), benannt nach dem gießkannenähnlichen Aussehen der Sporenträger⟩: eine Gattung der Schlauchpilze (Kolben- od. Gießkannenschimmel; Bot.).

asper|ma|tisch ⟨zu *gr.* a- „un-, nicht-" u. spérma, Gen. spérmatos „Samen"⟩: ohne Samenzellen (vom ↑ Ejakulat; Med.). **Asper|ma|tis|mus** *der;* - ⟨zu ↑ ...ismus (3)⟩: 1. das Fehlen des ↑ Ejakulats bzw. das Ausbleiben der ↑ Ejakulation (Med.). 2. svw. Aspermie (1). **Asper|mie** *die;* - ⟨zu ↑²...ie⟩: 1. das Fehlen von Samenzellen im ↑ Ejakulat (Med.). 2. svw. Aspermatismus (1)

Asper|na|ti|on *die;* - ⟨aus gleichbed. *lat.* aspernatio zu aspernari, vgl. aspernieren⟩: (veraltet) Verachtung. **asper|nie|ren** ⟨aus gleichbed. *lat.* aspernari⟩: (veraltet) verachten, verschmähen

Asper|si|on *die;* -, -en ⟨aus *lat.* aspersio „das Anspritzen" zu aspergere „an-, bespritzen"⟩: das Besprengen mit Weihwasser. **Asper|so|ri|um** *das;* -s, ...ien [...iən] ⟨aus gleichbed. *mlat.* aspersorium⟩: Weihwasserbehälter

Asphaleia|sy|stem *das;* -s ⟨zu *gr.* aspháleia „das Feststehen, die Sicherheit" u. ↑ System⟩: das erste Bühnensystem, das zur Erhöhung der Sicherheit Konstruktionen aus Eisen verwandte

As|phalt [auch 'as...] *der;* -s, -e ⟨aus gleichbed. *fr.* asphalte, dies aus *lat.* asphaltus, *gr.* ásphaltos „Erdharz", eigtl. „unzerstörbar", zu a- „un-, nicht-" u. spháillesthai „beschädigt werden"⟩: Gemisch von ↑ Bitumen u. Mineralstoffen (bes. als Straßenbelag verwendet). **As|phalt|be|ton** [auch 'as...] *der;* -s, Plur. -s od. -e: Gemisch aus Sand, Splitt, Füllstoffen u. ↑ Bitumen für Fahrbahndecken im Straßenbau. **As|phal|ten** *das;* -s, -e (meist Plur.) ⟨zu ↑...en⟩: Bez. für ↑ kolloide Erdölbestandteile, die sich durch niedere ↑ Alkane aus Erdölrückständen ausfällen lassen. **as|phal|tie|ren** ⟨nach gleichbed. *fr.* asphalter⟩: eine Straße mit einer Asphaltschicht versehen. **as|phal|tisch:** mit Asphalt beschichtet, versehen. **As|phal|tit** [auch ...'tɪt] *der;* -[e]s, -e ⟨zu ↑²...it⟩: harter natürlicher Asphalt mit geringem Gehalt an Mineralien. **As|phalt|ma|ka|dam** [auch 'as...] *der* od. *das;* -s, -e: Gemisch aus grobkörnigem Gestein, das zur Herstellung von Straßendecken verwendet wird

As|pho|de|lus *der;* - ⟨über *nlat.* asphodelus aus *gr.* asphodelós „lilienartige Pflanze"⟩: svw. Affodill. **As|pho|dill** vgl. Affodill

asphyk|tisch ⟨aus *gr.* ásphyktos „ohne Pulsschlag"⟩: pulslos, der Erstickung nahe (Med.). **Asphy|xie** *die;* -, ...ien ⟨aus *gr.* asphyxía „Pulslosigkeit"⟩: Atemstillstand, Erstickung (infolge Sauerstoffverarmung des Bluts; Med.). **asphy|xie|ren** ⟨zu ↑ ...ieren⟩: (veraltet) ohnmächtig werden (Med.)

As|pi|den *die* (Plur.) ⟨zu *gr.* aspís, Gen. aspídos „Schild"⟩: im altgriech. Heer mit Schilden ausgestattete Krieger, die den feindlichen Lanzenangriff abzuwehren hatten. **as|pi|disch:** (veraltet) schildförmig. **As|pi|di|stra** *die;* -, ...stren ⟨aus *nlat.* aspidistra „die Schildartige" zu *gr.* aspís, vgl. Aspiden (wegen der großen schildförmigen Narbe)⟩: Schildblume (Zierstaude u. Zimmerpflanze)

Aspik *der,* auch *das;* -s, -e ⟨aus gleichbed. *fr.* aspic, weitere Herkunft unsicher⟩: Gallert aus Gelatine od. Kalbsknochen

Aspi|rant *der;* -en, -en ⟨aus *fr.* aspirant „Bewerber" zu aspirer, vgl. aspirieren⟩: 1. Bewerber, [Beamten]anwärter. 2. wissenschaftliche Nachwuchskraft an Hochschulen der ehemaligen DDR. 3. svw. Postulant (2). **Aspi|ran|tin** *die;* -, -nen: weibliche Form zu ↑ Aspirant. **Aspi|ran|tur** *die;* -, -en ⟨aus gleichbed. *nlat.* aspirantura⟩: besonderer Ausbildungsgang des wissenschaftlichen Nachwuchses. **Aspi|ra|ta** *die;* -, Plur. ...ten u. ...tä ⟨aus gleichbed. *lat.* aspirata, Part. Perf. (Fem.) von aspirare, vgl. aspirieren⟩: behauchter [Verschluß]laut (z. B. griech. θ = tʰ; Sprachw.). **Aspi|ra|teur** [...'tøːɐ] *der;* -s, -e ⟨aus *fr.* aspirateur „Ventilator, Entlüfter"⟩: Maschine zum Vorreinigen des Getreides. **Aspi|ra|ti|on** *die;* -, -en ⟨aus *lat.* aspiratio „das Anwehen, Anhauchen" zu aspirare, vgl. aspirieren⟩: 1. (meist Plur.) Bestrebung, Hoffnung, ehrgeiziger Plan. 2. [Aussprache eines Verschlußlautes mit] Behauchung (Sprachw.); vgl. Aspirata. 3. a) das Eindringen von Flüssigkeiten od. festen

Stoffen in die Luftröhre od. Lunge; b) Ansaugen von Luft, Gasen, Flüssigkeiten u. a. beim Einatmen (Med.). **Aspi|ra|ti|ons|bi|op|sie** *die;* -, -n [...i:ɔn]: Form der ↑Biopsie mit Materialentnahme zur geweblichen Untersuchung durch eine Sonde, Kanüle o. ä. unter Sogwirkung (Med.). **Aspi|ra|ti|ons|kü|ret|ta|ge** [...taːʒə] *die;* -, -n: Methode, bei der durch Erzeugung von Unterdruck die Gebärmutterhöhle leergesaugt wird (zu therapeutischen od. diagnostischen Zwecken bzw. zum Schwangerschaftsabbruch; Med.). **Aspi|ra|tor** *der;* -s, ...oren ⟨zu ↑...or⟩: Luft-, Gasansauger. **aspi|ra|to|risch**: mit Behauchung gesprochen (Sprachw.). **aspi|rie|ren** ⟨über gleichbed. *fr.* aspirer aus *lat.* aspirare „hinhauchen"; sich einer Person oder Sache zu nähern suchen"⟩: 1. (veraltet) nach etwas streben, sich um etwas bewerben. 2. einen Verschlußlaut mit Behauchung aussprechen (Sprachw.). 3. ansaugen (von Luft, Gasen, Flüssigkeiten u. a.)

Aspi|rin ⓦ *das;* -s, -e ⟨Kunstw.⟩: ein Schmerz- u. Fiebermittel

Aspi|ro|me|ter *das;* -s, - ⟨zu *lat.* aspirare „anhauchen" (vgl. aspirieren) u. ↑¹...meter⟩: Gerät zum Bestimmen der Luftfeuchtigkeit; vgl. Psychrometer

As|pis *die;* - ⟨über *lat.* aspis aus *gr.* aspís „Giftschlange; Schild"⟩: 1. schlangenartiges biblisches Fabeltier. 2. christliches Symbol des Todes. **As|pis|vi|per** [...v...] *die;* -, -n: Giftschlange aus der Familie der Ottern. **As|pit** [auch ...ˈpɪt] *der;* -[e]s, -e ⟨zu ↑²...it⟩: Schildvulkan, Vulkan, der nur Lava u. keine Asche fördert u. durch die an seinen Hängen abfließende u. erstarrende ↑Lava ein schildartiges Aussehen erhalten hat (Geol.)

Asple|nie *die;* -, ...ien ⟨zu *gr.* ásplēnos „ohne Milz" u. ↑²...ie⟩: angeborenes Fehlen der Milz (Med.)

As|plit ⓦ [auch ...ˈplɪt] *das;* -s ⟨Kunstw.⟩: selbsthärtender Kitt aus Phenolharz

As|port *der;* -s, -e ⟨aus *lat.* asportatio „das Fortschaffen" zu asportare „wegführen, -schaffen"⟩: das ↑paranormale Verschwinden eines Objektes, das verschwunden bleibt od. an einem anderen Ort wiedergefunden wird (Parapsychol.); Ggs. ↑Apport (3)

Aspri|no *der;* -[s], -s ⟨aus gleichbed. *it.* asprino, dies wohl zu *lat.* asper⟩: eine Weißweinsorte aus der Gegend von Neapel mit ein wenig herbem Geschmack

as|sa|blie|ren ⟨zu ↑ad... u. *fr.* sabler „mit Sand bestreuen"⟩: (veraltet) mit Sand bedecken, versanden

As|sa|fe|ta *die;* -, -s ⟨aus gleichbed. *span.* azafata⟩: Amme des Königs od. der Königin am span. Hof im Rang einer Kammerfrau mit Ehrenrechten

As|sa|gai *der;* -s, -e ⟨über gleichbed. *engl.* assagai aus *port.* azagaia, dies aus *arab.-berberisch* az-zagaya „der Speer"⟩: Wurfspieß der Kaffern

as|sai ⟨*it.;* aus *vulgärlat.* ad satis „genug"⟩: sehr, genug, recht, ziemlich (in Verbindung mit einer musikalischen Tempobezeichnung; Mus.)

As|sai|son|ne|ment [asɛzɔnəˈmãː] *das;* -s, -s ⟨aus gleichbed. *fr.* assaisonnement zu assaisonner, vgl. assaisonnieren⟩: (veraltet) Zurichtung, Würze, Brühe (Gastr.). **as|sai|son|nie|ren** [asɛzo...] ⟨aus gleichbed. *fr.* assaisonner zu saison „Jahreszeit" (vgl. Saison), eigtl. „zeitgemäß machen"⟩: (veraltet) zurichten, würzen (Gastr.)

as|sa|lie|ren ⟨aus gleichbed. älter *fr.* assalir zu *lat.* sal „Salz"⟩: (veraltet) salzen

As|sa|mar *das;* -s ⟨zu *lat.* assare „rösten" u. amarus „bitter"⟩: Röstbitter, eine beim Rösten von Brot, Fleisch u. a. entstehende Stoffmischung, die die bräunliche Färbung des Bratens u. den Bratengeschmack verursacht (Gastr.)

as|sa|nie|ren ⟨unter Einfluß von *fr.* assainir „gesund machen" zu ↑ad... u. *lat.* sanus „gesund"; vgl. sanieren⟩: (österr.) gesund machen; verbessern (bes. im hygien. Sinne). **As|sa|nie|rung** *die;* -, -en ⟨zu ↑...ierung⟩: (österr.) Verbesserung der Bebauung von Liegenschaften aus hygienischen, sozialen, technischen od. verkehrsbedingten Gründen

As|sas|si|ne *der;* -n, -n ⟨über *it.* assassino aus *arab.* ḥaššāšīn, Plur von ḥaššāš „Haschischgenießer"⟩: 1. (veraltet) Meuchelmörder. 2. (meist Plur.) Angehöriger einer mohammedanischen religiösen Sekte

As|sa|ti|on *die;* -, -en ⟨aus *mlat.* assatio „das Braten, Rösten" zu *lat.* assare „braten"⟩: (veraltet) Röstung, Schmoren im eigenen Saft (Gastr.)

As|saut [aˈsoː] *das,* auch *der;* -s, -s ⟨aus *fr.* assaut „Angriff", dies aus *lat.* assultus zu assultare „heranstürmen"⟩: sportlicher Fechtwettkampf

As|se|gno [aˈsɛnjo] *das;* -s, -s ⟨aus gleichbed. *it.* assegno zu assegnare „anweisen, zuschreiben", dies aus gleichbed. *lat.* assignare; vgl. assignieren⟩: Zahlungsanweisung, Überlassung einer Forderung

As|sek|ta|ti|on *die;* -, -en ⟨aus gleichbed. *lat.* assectatio zu assectari, vgl. assektieren⟩: (veraltet) ständige Begleitung. **As|sek|ta|tor** *der;* -s, ...oren ⟨aus *lat.* assectator „Begleiter, Anhänger"⟩: (veraltet) 1. Begleiter, Anhänger, Schüler. 2. Schürzenjäger. **as|sek|tie|ren** ⟨aus gleichbed. *lat.* assectari⟩: (veraltet) ständig begleiten

As|se|ku|ra|deur [...ˈdøːɐ̯] *der;* -s, -e ⟨französierende Bildung zu ↑Assekuranz; vgl. ...eur⟩: Versicherungsagent, der als Selbständiger für Versicherungsgesellschaften bes. an Seehandelsplätzen tätig ist. **As|se|ku|rant** *der;* -en, -en ⟨zu ↑...ant⟩: Versicherer, Versicherungsträger. **As|se|ku|ranz** *die;* -, -en ⟨aus gleichbed. *it.* assicuranza zu ↑ad... u. *lat.* securus „sicher"⟩: (fachspr.) Versicherung[sgesellschaft]. **As|se|ku|ranz|brief** *der;* -[e]s, -e: Versicherungsschein. **As|se|ku|ranz|prin|zip** *das;* -s: Theorie, nach der die Steuern Versicherungsprämien für den vom Staat gewährten Personen- u. Eigentumsschutz sind. **As|se|ku|rat** *der;* -en, -en ⟨zu ↑...at (1)⟩: Versicherter, Versicherungsnehmer. **as|se|ku|rie|ren** ⟨zu ↑...ieren⟩: versichern

As|se|ku|ti|on *die;* -, -en ⟨aus gleichbed. *lat.* assecutio, eigtl. „Nachfolge", zu assequi, vgl. assequieren⟩: (veraltet) Erreichung, Erlangung

As|sem|bla|ge [asãˈblaːʒə] *die;* -, -n ⟨aus gleichbed. *fr.* assemblage, eigtl. „das Zusammenfügen", zu assembler, vgl. assemblieren⟩: dreidimensionaler Gegenstand, der aus einer Kombination verschiedener Objekte entstanden ist (moderne Kunst); vgl. Collage. **As|sem|blee** [asã...] *die;* -, ...bleen ⟨aus gleichbed. *fr.* assemblée, eigtl. „das Sammeln"⟩: Versammlung. **As|sem|blée na|tio|nale** [...ble nasjɔˈnal] *die;* -, -s ⟨...blenasjɔˈnal⟩ ⟨*fr.*⟩: Nationalversammlung (in Frankreich 1789, 1848, 1871, 1946). **As|sem|bler** [əˈsɛmblɐ] *der;* -, - ⟨zu *engl.* to assemble „sammeln", dies aus *fr.* assembler, vgl. assemblieren⟩: 1. maschinenorientierte Programmiersprache (EDV). 2. Übersetzungsprogramm zur Umwandlung einer maschinenorientierten Programmiersprache in die spezielle Maschinensprache (EDV). **As|sem|bleur** [asãˈbløːɐ̯] *der;* -s, -s ⟨aus gleichbed. *fr.* assembleur⟩: (veraltet) Beschäftigter in der Buchbinderei, der die einzelnen Druckbogen eines Buches zusammenträgt. **as|sem|blie|ren** [asəm...] ⟨aus gleichbed. *fr.* assembler⟩: 1. (veraltet) versammeln, vereinigen. 2. a) sich wirtschaftlich zusammenschließen; b) hinsichtlich Produktion, Vertrieb u. Werbung gemeinsam handeln. 3. Programmiersprachen in die spezielle Maschinensprache umwandeln (EDV). **As|sem|blie|rer** *der;* -s, -: Programm zur automatischen Umwandlung von maschinenorientierten Programmiersprachen in die speziellen Maschinensprachen (EDV). **As|sem|bling** [ə'sεm...] *das;* -s, -s ⟨aus gleichbed. *engl.* assembling⟩: Vereinigung, Zusammenschluß von Industriebetrieben zur Produktionssteigerung u. Rationalisierung des Vertriebs

As|sens *der;* -es, -e ⟨aus *lat.* assensus „das Beipflichten, Beipflichtung, Zustimmung" zu assentiri, vgl. assentieren⟩: svw. Assension. **As|sen|si|on** *die;* -, -en ⟨aus gleichbed. *lat.* assensio⟩: (veraltet) Zustimmung, Beifall. **As|sen|ta|ti|on** *die;* -, -e ⟨aus gleichbed. *lat.* assentatio zu assentari, vgl. assentieren⟩: (veraltet) Zustimmung, schmeichlerisches Rechtgeben, Beifall. **As|sen|ta|tor** *der;* -s, ...oren ⟨aus gleichbed. *lat.* assentator⟩: (veraltet) Beipflichter, Schmeichler. **as|sen|ta|to|risch**: (veraltet) schmeichlerisch. **as|sen|tie|ren** ⟨aus *lat.* assentiri bzw. assentari „beistimmen"⟩: 1. bei-, zustimmen. 2. (österr. veraltet) auf Militärdiensttauglichkeit hin untersuchen. **As|sen|tie|rung** *die;* -, -en ⟨zu ↑...ierung⟩: (österr. veraltet) Musterung. **As|sen|ti|ment** [asãti'mã:] *das;* -s, -s ⟨aus gleichbed. *fr.* assentiment zu assentir „beistimmen", dies aus *lat.* assentiri⟩: (veraltet) Zustimmung

as|se|quie|ren ⟨aus gleichbed. *lat.* assequi, vgl. ...ieren⟩: (veraltet) a) erlangen, erreichen; b) fassen, verstehen

as|se|re|nie|ren ⟨zu ↑ad..., *lat.* serenus „heiter" u. ↑...ieren⟩: (veraltet) aufmuntern, aufheitern

as|se|rie|ren ⟨aus gleichbed. *spätlat.* asserere, eigtl. „zusprechen"⟩: behaupten, versichern (Philos.)

as|ser|men|tie|ren [...mã...] ⟨aus gleichbed. *fr.* assermenter zu serment „Eid", dies über älter serement, sairement u. sagrament aus gleichbed. *lat.* sacramentum⟩: (veraltet) vereidigen, einen Eid schwören lassen od. leisten

As|ser|ti|on *die;* -, -en ⟨aus gleichbed. *spätlat.* assertio, eigtl. „Freisprechung (eines Menschen)", zu asserere, vgl. asserieren⟩: bestimmte, einfach feststellende Behauptung, Versicherung, Feststellung (Philos.). **as|ser|to|risch** ⟨aus gleichbed. *nlat.* assertorius⟩: behauptend, versichernd (Philos.)

As|ser|vat [...'va:t] *das;* -[e]s, -e ⟨aus *lat.* asservatum „Aufbewahrtes", substantiviertes Neutrum von asservatus, Part. Perf. von asservare, vgl. asservieren⟩: ein in amtliche Verwahrung genommener, für eine Gerichtsverhandlung als Beweismittel wichtiger Gegenstand. **As|ser|va|ten|kon|to** *das;* -s, ...ten: Bankkonto, dessen Guthaben bestimmten Zwecken vorbehalten ist. **as|ser|vie|ren** ⟨aus gleichbed. *lat.* asservare⟩: aufbewahren, in Verwahrung nehmen

As|ser|visse|ment [...vɪs'mã:] *das;* -s, -s ⟨aus gleichbed. *fr.* asservissement zu asservir „unterjochen, -werfen", dies zu serf aus *lat.* servus „Sklave"⟩: (veraltet) Unterwerfung, Unterjochung, Versklavung

As|ses|si|on *die;* -, -en ⟨aus gleichbed. *lat.* assessio zu assidere, vgl. assidieren⟩: (veraltet) Beisitz, das Beisitzen [im Gericht]. **As|ses|sor** *der;* -s, ...oren ⟨aus *lat.* assessor „Beisitzer, Gehilfe"⟩: Anwärter der höheren Beamtenlaufbahn nach der zweiten Staatsprüfung; Abk.: Ass. **as|ses|so|ral** ⟨zu ↑¹...al (1)⟩: a) den Assessor betreffend; b) in der Art eines Assessors. **as|ses|so|risch** ⟨aus gleichbed. *nlat.* assessorius⟩: svw. assessoral

As|se|ta|tur *die;* -, -en ⟨aus gleichbed. *mlat.* assetatura⟩: (veraltet) Putz, Schmuck. **as|set|tie|ren** ⟨aus gleichbed. *it.* assettare⟩: (veraltet) einrichten, ordnen; verzieren

As|se|ve|ra|ti|on [...] *die;* -, -en ⟨aus gleichbed. *lat.* asseveratio zu asseverare, vgl. asseverieren⟩: (veraltet) Beteuerung. **as|se|ve|rie|ren** ⟨aus gleichbed. *lat.* asseverare

zu ↑ad... u. severus, „ernst"⟩: (veraltet) versichern, beteuern

as|sez [a'se:] ⟨*fr.*⟩: genug, ziemlich

As|si|bi|la|ti|on *die;* -, -en ⟨aus gleichbed. *nlat.* assibilatio zu ↑ad... u. *lat.* sibilare „zischen, pfeifen"⟩: a) Aussprache eines Verschlußlautes in Verbindung mit einem Zischlaut (z. B. z = ts in „Zahn"); b) Verwandlung eines Verschlußlautes in einen Zischlaut (z. B. niederd. Water = hochd. Wasser; Sprachw.); vgl. ...[at]ion/...ierung. **as|si|bi|lie|ren** ⟨zu ↑...ieren⟩: einem Verschlußlaut einen S- od. Sch-Laut folgen lassen. **As|si|bi|lie|rung** *die;* -, -en ⟨zu ↑...ierung⟩: svw. Assibilation; vgl. ...[at]ion/...ierung

as|si|dent ⟨aus gleichbed. *lat.* assidens, Gen. assidentis, Part. Präs. von assidere, vgl. assidieren⟩: (veraltet) beisitzend. **As|si|denz** *die;* -, -en ⟨aus gleichbed. *mlat.* assidentia; vgl. ...enz⟩: (veraltet) svw. Assession. **as|si|die|ren** ⟨aus gleichbed. *lat.* assidere⟩: (veraltet) beisitzen

as|si|du [...'dy:] ⟨aus gleichbed. *fr.* assidu, dies aus *lat.* assiduus „beharrlich, beständig"⟩: (veraltet) beständig, eifrig. **As|si|du|i|tät** [...dui...] *die;* - ⟨zum Teil unter Einfluß von gleichbed. *fr.* assiduité aus *lat.* assiduitas, Gen. assiduitatis „(beständige) Anwesenheit"⟩: (veraltet) Ausdauer, Beharrlichkeit. **as|si|du|ös** ⟨zu ↑...ös⟩: (veraltet) emsig

As|si|et|te *die;* -, -n ⟨aus *fr.* assiette „Teller, flache Schüssel; Lage; Gemütszustand"⟩: 1. flacher [Servier]behälter (z. B. mit tischfertigen Gerichten). 2. (österr. veraltet) kleines Vor- od. Zwischengericht. 3. (veraltet) Stellung, Lage; [Gemütsver]fassung

As|si|gnant *der;* -en, -en ⟨aus *lat.* assignans, Gen. assignantis, Part. Präs. von assignare, vgl. assignieren⟩: Anweisender, Aussteller einer Geldanweisung. **As|si|gnat** *der;* -en, -en ⟨zu ↑...at (1)⟩: jmd., der auf eine Geldanweisung hin zahlen muß. **As|si|gna|tar** *der;* -s, -e ⟨zu ↑...ar (2)⟩: Empfänger einer Geldanweisung. **As|si|gna|ten** *die* (Plur.) ⟨aus gleichbed. *fr.* assignats, dies zu *lat.* assignare, vgl. assignieren⟩: Papiergeld der ersten franz. Republik. **As|si|gna|ti|on** *die;* -, -en ⟨aus gleichbed. *lat.* assignatio „Anweisung, Zuteilung"⟩: Geld- od. Zahlungsanweisung. **as|si|gnie|ren** ⟨aus *lat.* assignare „anweisen, zuweisen; übergeben"⟩: [Geld] anweisen

As|si|mi|lat *das;* -[e]s, -e ⟨aus *lat.* assimilatum, substantiviertes Neutrum von assimilatus, Part. Perf. von assimilare, vgl. assimilieren⟩: ein in Lebewesen durch Umwandlung körperfremder in körpereigene Stoffe entstehendes Produkt (z. B. Stärke bei Pflanzen, ↑Glykogen bei Tieren). **As|si|mi|la|ti|on** *die;* -, -en ⟨aus *lat.* assimilatio „Ähnlichmachung"⟩: 1. a) Angleichung, Anpassung; b) Angleichung eines Konsonanten an einen anderen (z. B. das m in dt. Lamm aus mittelhochdt. lamb); Ggs. ↑Dissimilation (1). 2. a) Überführung der von einem Lebewesen aufgenommenen Nährstoffe in ↑Assimilate; Ggs. ↑Dissimilation (2); b) die Bildung von Kohlenhydraten aus Kohlensäure der Luft und Wasser unter dem Einfluß des Lichtes, wobei Sauerstoff abgegeben wird. 3. Angleichung von Menschen, die in einer anderen ethnischen od. rassischen Gruppe leben (Soziol.); vgl. ...[at]ion/...ierung. **As|si|mi|la|ti|ons|ge|we|be** *das;* -s, -: svw. Palisadengewebe. **As|si|mi|la|ti|ons|pro|zeß** *der;* ...esses, ...esse: Vorgang der Assimilation. **as|si|la|to|risch** ⟨aus gleichbed. *nlat.* assimilatorius⟩: 1. die Assimilation betreffend. 2. durch Assimilation gewonnen. **as|si|mi|lier|bar** ⟨zu ↑assimilieren⟩: so beschaffen, daß es assimiliert werden kann. **as|si|mi|lie|ren** ⟨aus *lat.* assimilare „ähnlich machen", Nebenform von assimulare⟩: angleichen, anpassen. **As|si|mi|lie|rung** *die;* -, -en ⟨zu ↑...ierung⟩: svw. Assimilation; vgl. ...[at]ion/...ierung. **As|si|mu|la|ti|on** *die;* -, -en ⟨aus *lat.*

assimulatio „Gleichstellung" zu assimulare, vgl. assimulieren⟩: (veraltet) Verstellung, scheinbare Annäherung des Redners an die Meinung der Zuhörer. **as|si|mu|lie|ren** ⟨aus *lat.* assimulare „ähnlich machen; vortäuschen, (er)heucheln"⟩: (veraltet) heucheln

As|si|sen *die* (Plur.) ⟨aus gleichbed. *fr.* assises (Plur.) zu assoeir „hin-, niedersetzen", dies zu *lat.* sedere „(zu Gericht) sitzen"⟩: Schwurgericht u. dessen Sitzung in der Schweiz u. in Frankreich

As|si|stance […'stãs] *die;* -, -n […sən] ⟨aus gleichbed. *fr.* assistance, dies aus *mlat.* assistentia, vgl. Assistenz⟩: (veraltet) Beistand, Hilfe. **As|si|stent** *der;* -en, -en ⟨aus *lat.* assistens, Gen. assistentis „Beisteher, Helfer", Part. Präs. von assistere, vgl. assistieren⟩: a) jmd., der einem anderen assistiert; b) [wissenschaftlich] entsprechend ausgebildete Fachkraft innerhalb einer bestimmten Laufbahnordnung, bes. in Forschung u. Lehre. **As|si|sten|tin** *die;* -, -nen: weibliche Form zu ↑ Assistent. **As|si|stenz** *die;* -, -en ⟨aus gleichbed. *mlat.* assistentia⟩: Beistand, Mithilfe. **As|sistenz|arzt** *der;* -es, …ärzte: ↑ approbierter Arzt, der einem Chefarzt unterstellt ist. **As|si|stenz|fi|gur** *die;* -, -en: in sakralen Bildern verwendete Figur, die nicht zum Sinngehalt des Bildes beiträgt, sondern das Bild nur auffüllt u. abrundet (Kunstw.). **As|si|stenz|pro|fes|sor** *der;* -s, -en: wissenschaftliche Fachkraft an deutschen Universitäten. **as|si|stie|ren** ⟨aus *lat.* assistere „sich hinstellen, jmdm. beistehen"⟩: jmdm. nach dessen Anweisungen zur Hand gehen

As|size [əˈsaɪz] *die;* -, -s [əˈsaɪzɪz] ⟨aus gleichbed. *engl.* assize; vgl. Assisen⟩: früher periodisch an bestimmten Tagen zusammentretendes Gericht in England u. Wales

As|so|cia|ted Press [əˈsoʊʃɪeɪtɪd –] *die;* - ⟨*engl.*; eigtl. „vereinigte Presse"⟩: US-amerik. Nachrichtenbüro; Abk. AP.

As|so|cié [asoˈsje:] *der;* -s, -s ⟨aus *fr.* associé „Mitarbeiter" zu associer, vgl. assoziieren⟩: (veraltet) Teilhaber

As|so|lu|ta *die;* -, -s ⟨aus gleichbed. *it.* assoluta, dies aus *lat.* absoluta „die Vollendete"⟩: weiblicher Spitzenstar in Ballett u. Oper. **as|so|lu|to** ⟨*it.*⟩: absolut, uneingeschränkt (Vortragsanweisung; Mus.)

as|som|mie|ren ⟨aus gleichbed. *fr.* assommer zu *altfr.* assommer „einschläfern; betäuben", dies zu somme „Schlaf" aus *lat.* somnus⟩: (veraltet) töten, totschlagen. **As|som|moir** […ˈmɔaːʀ] *der;* -s, -s ⟨aus gleichbed. *fr.* assommoir⟩: (veraltet) Totschläger, Stock od. mit Leder überzogene Stahlspirale mit einer Bleikugel als [Mord]waffe

As|so|nanz *die;* -, -en ⟨zu ↑ assoniieren u. ↑…anz⟩: Gleichklang zwischen zwei od. mehreren Wörtern [am Versende], der sich auf die Vokale beschränkt (Halbreim; z. B. laben – klagen; Metrik). **as|so|nie|ren** ⟨aus *lat.* assonare „tönend beistimmen"⟩: anklingen, ähnlich klingen

as|sor|tie|ren ⟨aus *fr.* assortir „passend zusammenstellen"⟩: nach Warenarten auswählen, ordnen u. vervollständigen. **As|sor|ti|ment** *das;* -s, -e ⟨aus *fr.* assortiment „Zusammenstellung"⟩: Warenlager, Auswahl, ↑ Sortiment (1). **As|sor|tis|sa|ge** […ʒə] *die;* -, -n ⟨zu ↑…age⟩: a) das Ordnen eines Warenlagers; b) die dafür erhobene Gebühr

as|sot|tie|ren ⟨zu *lat.* ad „zu, hinzu", *fr.* sot „dumm" u. ↑…ieren⟩: (veraltet) verdummen, den Kopf verdrehen. **as|so|tiert** ⟨zu ↑…iert⟩: (veraltet) vernarrt

as|sou|pie|ren [asu…] ⟨aus gleichbed. *fr.* assoupir, dies aus *lat.* sopire „einschläfern; beschwichtigen"⟩: (veraltet) einschläfern; betäuben, lindern. **As|sou|pisse|ment** […pɪsˈmã:] *das;* -s, -s ⟨aus gleichbed. *fr.* assoupissement⟩: (veraltet) Schläfrigkeit; Betäubung, Linderung

as|sou|plie|ren [asu…] ⟨aus gleichbed. *fr.* assouplir zu souple „geschmeidig", dies aus *lat.* supplex⟩: (veraltet) geschmeidig machen

as|sou|vie|ren [asuˈviː…] ⟨aus gleichbed. *fr.* assouvir, dies zu ↑ ad… u. *lat.* sufficere „ausreichend vorhanden sein; genügen"⟩: (veraltet) sättigen, [Hunger] stillen. **As|sou|visse|ment** […vɪsˈmã:] *das;* -s, -s ⟨aus gleichbed. *fr.* assouvissement⟩: (veraltet) Sättigung

as|so|zia|bel ⟨aus *fr.* associable „zusammenstellbar" zu associer, vgl. assoziieren⟩: vereinbar. **As|so|zi|at** *das;* -[e]s, -e ⟨zu ↑ assoziieren u. ↑…at (1)⟩: größeres Gebilde aus ↑ Molekülen, das durch zwischenmolekulare Kräfte zusammengehalten wird (Chem.). **As|so|zia|ti|on** *die;* -, -en ⟨aus *fr.* association „Vereinigung" zu associer, vgl. assoziieren⟩: 1. Vereinigung, Zusammenschluß. 2. Verknüpfung von Vorstellungen, von denen die eine die andere hervorgerufen hat (Psychol.). 3. Vereinigung mehrerer gleichartiger Moleküle zu einem Molekülkomplex (Chem.). 4. Gruppe von Pflanzen, die sich aus verschiedenen, aber charakteristischen Arten zusammensetzt (Bot.). 5. bündnisloser, militärischer u. politischer Zusammenschluß von Staaten. 6. klangliche, inhaltliche, formale assoziative Beziehung zwischen sprachlichen Zeichen (Sprachw.). 7. Zusammenhang zwischen zwei statistischen Reihen (Statistik). 8. Ansammlung von Sternen (Astron.); vgl. …[at]ion/…ierung. **As|so|zia|ti|ons|ex|pe|ri|ment** *das;* -[e]s, -e: Test, bei dem nach Nennung eines Begriffes durch den Versuchsleiter die Assoziation des ↑ Probanden registriert u. tiefenpsychologisch gedeutet wird (Biol., Med.). **As|so|zia|ti|ons|kol|lo|id** *das;* -[e]s, -e: ↑ Kolloid, das auf Grund der Assoziation von ↑ Molekülen ergibt. **as|so|zia|tiv** ⟨aus gleichbed. *nlat.* associativus⟩: a) durch Vorstellungsverknüpfung bewirkt (Psychol.); b) verbindend, vereinigend. **As|so|zia|tiv|ge|setz** *das;* -es: math. Gesetz, das für eine Verknüpfungsart die Unabhängigkeit des Ergebnisses von der Klammersetzung fordert, z. B. a · (b · c) = (a · b) · c. **As|so|zia|tiv|spei|cher** *der;* -s, -: Speicher, in dem auf die Information nicht durch Angabe einer ²Adresse (2), sondern durch Angabe des Inhalts der Information zurückgegriffen wird (EDV). **as|so|zi|ie|ren** ⟨über *fr.* s'associer aus *lat.* associare „zugesellen, vereinigen"⟩: 1. eine gedankliche Vorstellung mit etwas verknüpfen (Psychol.). 2. sich : sich genossenschaftlich zusammenschließen, vereinigen. **As|so|zi|ie|rung** *die;* -, -en ⟨zu ↑…ierung⟩: 1. vertraglicher Zusammenschluß mehrerer Personen, Unternehmen od. Staaten zur Verfolgung bestimmter gemeinsamer wirtschaftlicher Interessen. 2. svw. Assoziation (2); vgl. …[at]ion/…ierung

As|sue|fak|ti|on [asue…] *die;* - ⟨zu *lat.* assuetus „gewöhnt" (zu assuescere, vgl. assueszieren) u. factio „das Handeln"⟩: (veraltet) Gewöhnung. **as|su|es|zie|ren** ⟨aus gleichbed. *lat.* assuescere⟩: (veraltet) gewöhnen, sich gewöhnen

as|su|mie|ren ⟨aus *lat.* assumere „an sich, zu sich nehmen"⟩: annehmen, gelten lassen. **As|sump|tio** vgl. Assumtion. **As|sump|tio|nist** *der;* -en, -en ⟨zu *spätlat.* assumptio, Gen. assumptionis „(Mariä) Himmelfahrt" u. ↑…ist⟩: Angehöriger der ↑ Kongregation der Augustiner von Mariä Himmelfahrt (1845). **As|sum|ti|on** *die;* -, …tionen ⟨aus *lat.* assumptio „das An-, Auf-, Zusichnehmen" zu assumere „zu sich nehmen"⟩: Aufnahme einer Seele in den Himmel, bes. die Himmelfahrt Marias. **As|sun|ta** *die;* -, …ten ⟨aus *it.* assunta „die Aufgenommene"⟩: bildliche Darstellung der Himmelfahrt Marias. **As|sun|zio|ne** *die;* -, -n ⟨aus *it.* assunzione „die Aufnahme"⟩: svw. Assunta

Assurance

As|su|rance [asy'rãs] *die;* -, -n [...sən] ⟨aus gleichbed. *fr.* assurance zu assurer, vgl. assurieren⟩: (veraltet) a) Sicherstellung, Bürgschaft; b) Selbstvertrauen; c) Sicherheit, Assekuranz. **As|su|ré** [...'re:] *der;* -s, -s ⟨aus gleichbed. *fr.* assuré⟩: (veraltet) Versicherter, Assekurat. **As|su|ree|li|ni|en** ⟨zu *fr.* assurrée, Part. Perf. (Fem.) von assurer „sichern, gewährleisten, garantieren"⟩: svw. Azureelinien. **As|su|reur** [...'rø:ɐ] *der;* -s, -e ⟨aus gleichbed. *fr.* assureur zu assurer, vgl. assurieren⟩: (veraltet) Versicherer, Assekurant. **as|su|rie|ren** ⟨aus gleichbed. *fr.* assurer, dies aus *lat.* *assecurare zu ↑ad... u. securus „sicher"; vgl. assekurrieren⟩: (veraltet) versichern, assekurieren
As|sy|rio|lo|ge *der;* -n, -n ⟨nach den Assyrern (einem Volk im Altertum) u. ↑...loge⟩: Wissenschaftler, der sich mit der Erforschung der assyrisch-babylonischen Kultur u. Sprache befaßt. **As|sy|rio|lo|gie** *die;* - ⟨zu ↑...logie⟩: Wissenschaft von Geschichte, Sprachen u. Kulturen des alten Assyrien u. Babylonien. **as|sy|rio|lo|gisch** ⟨zu ↑...logisch⟩: die Assyriologie betreffend
...ast ⟨aus *gr.* -astḗs⟩: Endung männlicher Fremdwörter, z. B. Gymnasiast, Phantast
Asta|ko|lith [auch ...'lɪt] *der;* Gen. -s od. -en, Plur. -e[n] ⟨zu *gr.* astakós „Krebs" u. ↑...lith⟩: versteinerter Krebs
Asta|sie *die;* -, ...ien ⟨zu *gr.* a- „un-, nicht-", stásis „das Stehen" u. ↑²...ie⟩: Unfähigkeit zu stehen (bes. bei Hysterie; Med.). **asta|sie|ren** ⟨zu ↑...ieren⟩: ein Meßinstrument gegen Beeinflussung durch störende äußere Kräfte (z. B. Erdmagnetismus, Schwerkraft) schützen. **Asta|sie|rung** *die;* -, -en ⟨zu ↑...ierung⟩: Vorrichtung, die fremde Einflüsse auf die schwingenden Teile von Meßinstrumenten schwächt (z. B. die Einwirkung des Erdmagnetismus auf die Magnetnadel). **Astat** *das;* -s ⟨zu *gr.* ástatos „unstet, unbeständig" (wegen des raschen radioaktiven Zerfalls)⟩: chem. Element; Zeichen At. **Asta|tin** *das;* -s ⟨zu ↑...in (2)⟩: svw. Astat. **asta|tisch** ⟨aus *gr.* a- „un-, nicht-" u. ↑statisch⟩: gegen Beeinflussung durch äußere elektrische od. magnetische Felder geschützt (bei Meßinstrumenten); -es Nadelpaar: zwei entgegengesetzt gepolte, starr untereinander verbundene (nicht gegeneinander bewegliche) Magnetnadeln gleichen magnetischen ↑²Moments (2)
Astea|to|sis *die;* -, ...osen ⟨zu *gr.* a- „un-, nicht-", stéar, Gen. stéatos „Fett, Talg" u. ↑¹...ose⟩: fehlende Absonderung der Talgdrüsen (Med.)
Aste|reo|gno|sie *die;* -, ...ien ⟨zu *gr.* a- „un-, nicht-", ↑stereo... u. ↑...gnosie⟩: Tastblindheit, Unfähigkeit, einen Gegenstand bei geschlossenen Augen nur durch Betasten zu erkennen (Med.). **Aste|reo|sko|pie** *die;* - ⟨zu ↑...skopie⟩: Fehlen des räumlichen Sehens
Aste|rie [...iə] *die;* -, -n ⟨zu *gr.* astḗr „Stern" u. ↑¹...ie⟩: Schmuckstein (Edelstein), der infolge feiner Einschlüsse im auffallenden Licht einen sternartigen Lichtschein zeigt. **aste|risch**: sternähnlich. **Aste|ris|kos** *der;* - ⟨aus *gr.* asterískos „Sternchen"⟩: ein Altargerät aus zwei sich kreuzenden Metallbogen als Träger der Decke über dem geweihten Brot (in den Ostkirchen verwendet). **Aste|ris|kus** *der;* -, ...ken ⟨über *lat.* asteriscus aus gleichbed. *gr.* asterískos; vgl. Asterie⟩: Sternchen (Zeichen *): a) als Hinweis auf eine Fußnote; b) als Kennzeichnung von erschlossenen, nicht belegten Formen (Sprachw.). **Aste|ris|mus** *der;* - ⟨zu *gr.* astḗr „Stern" u. ↑...ismus (2)⟩: Eigenschaft verschiedener Kristalle, auffallendes Licht strahlenförmig zu reflektieren (Phys.). **Aste|rit** [auch ...'rɪt] *der;* -s, -e ⟨zu ↑²...it⟩: versteinerter Seestern. **Aste|ro|id** *der;* -en, -en ⟨zu ↑...oid⟩: 1. kleiner Planet, ↑Planetoid. 2. (meist Plur.) Seestern (Zool.). **Aste|ro|lith** [auch ...'lɪt] *der;* Gen. -s od. -en, Plur. -e[n] ⟨zu ↑...lith⟩: svw. Asterit. **Aster|onym** *das;* -s, -e ⟨zu *gr.* ónyma „Name"⟩: Zeichen aus drei Sternchen (***) an Stelle des Verfassernamens (in Schriftwerken)
Äs|them *das;* -s, -e ⟨aus *gr.* aísthēma „Wahrnehmung, Empfindung"⟩: Ausdruckswert der klanglichen Beschaffenheit eines Sprachlautes an sich ohne die Ausnutzung artikulatorischer Ausdrucksmöglichkeiten (Phon.)
Asthe|nie *die;* -, ...ien ⟨aus gleichbed. *gr.* asthénaia zu asthenḗs „kraftlos, schwach"⟩: 1. (ohne Plur.) Kraftlosigkeit, Schwächlichkeit (Med.). 2. Schwäche, Entkräftung, [durch Krankheit bedingter] Kräfteverfall (Med.). **Asthe|ni|ker** *der;* -s, -: jmd., der einen schmalen, schmächtigen, muskelarmen u. knochenschwachen Körperbau besitzt. **asthe|nisch**: schlankwüchsig, schmalwüchsig, schwach; dem Körperbau des Astheniker entsprechend. **Asthe|no|lo|gie** *die;* - ⟨zu ↑...logie⟩: (veraltet) Lehre von den asthenischen Krankheitserscheinungen (Med.). **Asthen|opie** *die;* - ⟨zu *gr.* ṓps, Gen. ōpós „Auge" u. ↑²...ie⟩: rasche Ermüdbarkeit der Augen [beim Nahesehen] (Med.). **Asthe|no|py|ra** *die;* - u. **Asthe|no|py|ros** *der;* - ⟨zu *gr.* pŷr „Feuer, Glut"⟩: (veraltet) Fieberschwäche. **Asthe|no|sper|mie** *die;* -, ...ien ⟨zu ↑Sperma u. ↑²...ie⟩: Verminderung u. herabgesetzte Beweglichkeit der Samenfäden im ↑Ejakulat (Med.). **Asthe|no|sphä|re** *die;* -: in etwa 100 bis 200 km Tiefe gelegener Bereich des Erdmantels
Äs|the|sie *die;* - ⟨zu gleichbed. *gr.* aísthēsis u. ↑²...ie⟩: Empfindungsvermögen. **Äs|the|sio|lo|gie** *die;* - ⟨zu ↑...logie⟩: Lehre von den Sinnesorganen u. ihren Funktionen (Med.). **äs|the|sio|lo|gisch** ⟨zu ↑...logisch⟩: die Ästhesiologie betreffend. **Äs|the|sio|me|ter** *das;* -s, - ⟨zu ↑¹...meter, eigtl. „Empfindungsmesser"⟩: Instrument zur Prüfung der Hautempfindlichkeit (Med.). **Äs|the|sio|neu|ro|se** *die;* -, -n: Neurose mit Störungen des Empfindungsvermögens.
Äs|thet *der;* -en, -en ⟨zu *gr.* aisthētḗs „der Wahrnehmende", eigtl. „der wahrnimmt"⟩: jmd., der in besonderer Weise auf kultivierte Gepflegtheit, Schönheit, Künstlerisches anspricht, was sich auch in seinem Lebensstil niederschlägt. **Äs|the|tik** *die;* -, -en ⟨aus *gr.* aisthētikḗ (téchnē) „Wissenschaft vom sinnlich Wahrnehmbaren; vgl. ²...ik⟩: 1. Wissenschaft vom Schönen, Lehre von der Gesetzmäßigkeit u. Harmonie in Natur u. Kunst. 2. (ohne Plur.) das stilvoll Schöne; z. B. auf -Wert legen. **Äs|the|ti|ker** *der;* -s, -: Vertreter od. Lehrer der Ästhetik (1). **äs|the|tisch** ⟨aus *gr.* aisthētós „wahrnehmbar, sinnlich"⟩: 1. die Ästhetik (1) betreffend. 2. stilvoll-schön, geschmackvoll, ansprechend. **äs|the|ti|sie|ren** ⟨zu ↑...isieren⟩: einseitig nach den Gesetzen des Schönen urteilen od. etwas danach gestalten. **Äs|the|ti|zis|mus** *der;* - ⟨zu ↑...izismus⟩: Lebens- u. Kunstanschauung, die dem ästhetischen einen absoluten Vorrang vor anderen Werten einräumt. **Äs|the|ti|zist** *der;* -en, -en ⟨zu ↑...ist⟩: Vertreter des Ästhetizismus. **äs|the|ti|zi|stisch** ⟨zu ↑...istisch⟩: den Ästhetizismus betreffend
Asth|ma *das;* -s ⟨aus *gr.* ãsthma „schweres, kurzes Atemholen, Beklemmung"⟩: anfallsweise auftretende Atemnot, Kurzatmigkeit. **Asth|ma|bron|chi|tis** *die;* -, ...itiden: Form der ↑spastischen Bronchitis. **Asth|ma|ti|ker** *der;* -s, - ⟨zu *gr.* asthmatikós „kurzatmig, schweratmend"⟩: jmd., der an Asthma leidet. **asth|ma|tisch**: a) durch Asthma bedingt; b) an Asthma leidend, kurzatmig. **asth|ma|to|id** ⟨zu ↑...oid⟩: asthmaähnlich (von Krankheitssymptomen). **asth|mo|id** ⟨zu ↑Asthma u. ↑...oid⟩: svw. asthmatoid. **Asth|mo|ly|ti|kum** *das;* -s, ...ka ⟨zu *gr.* lytikós „zum Lösen, Auflösen geschickt" (dies zu ↑...lösen, auflösen") u. ↑...ikum⟩: Arzneimittel zur Bekämpfung od. Linderung eines Asthmaanfalls

Astrologie

Asti *der;* -[s], - ⟨nach der oberital. Stadt Asti⟩: Wein aus dem Gebiet um die oberital. Stadt Asti; - **spumạnte** [sp...] ⟨zu *it.* spumare „schäumen"⟩: ital. Schaumwein

astig|mạ|tisch ⟨zu *gr.* a- „un-, nicht-" u. stígma, Gen. stígmatos „Punkt"⟩: Punkte strichförmig verzerrend (von Linsen bzw. vom Auge). **Astig|ma|tis|mus** *der;* - ⟨zu ↑...ismus (3)⟩: 1. Abbildungsfehler von Linsen (Phys.). 2. Sehstörung infolge krankhafter Veränderung der Hornhautkrümmung (Med.). **Astig|mo|me|ter** *das;* -s, - ⟨zu ↑¹...meter⟩: svw. Ophthalmometer

Astil|be *die;* -, -n ⟨zu *gr.* a- „un-, nicht-" u. stílbē „Glanz", eigtl. „die Glanzlose"⟩: Zierstaude aus der Familie der Steinbrechgewächse mit weißen od. rötlichen Blüten

ästi|ma|bel ⟨aus gleichbed. *lat.* aestimabilis⟩: schätzbar, schätzenswert. **Ästi|ma|ti|ọn** *die;* -, -en ⟨über gleichbed. *fr.* estimation aus *lat.* aestimatio zu aestimare, vgl. ästimieren⟩: Achtung, Anerkennung, Wertschätzung. **Ästi|mạ|tor** *der;* -s, ...ọren ⟨aus gleichbed. *lat.* aestimator⟩: (veraltet) Schätzer. **ästi|ma|to|risch** ⟨aus gleichbed. *lat.* aestimatorius⟩: die Schätzung betreffend. **ästi|mie|ren** ⟨über *fr.* estimer aus *lat.* aestimare „abschätzen, würdigen"⟩: 1. jmdn. als Persönlichkeit schätzen, ihm Aufmerksamkeit zuteil werden lassen. 2. jmds. Leistungen o. ä. entsprechend würdigen

Asti|pu|la|ti|ọn *die;* -, -en ⟨aus gleichbed. *lat.* astipulatio zu astipulari „(völlig) übereinstimmen"⟩: Übereinstimmung, Übereinkunft, gegenseitiger Vergleich

ästiv ⟨aus gleichbed. *lat.* aestivus⟩: (veraltet) sommerlich. **Ästi|va|li|en** [...'vaːliən] *die* (Plur.) ⟨zu *lat.* aestivalis „sommerlich" (damit verwandt *dt.* Stiefel)⟩: (veraltet) Sommerschuhe. **Ästi|va|ti|ọn** *die;* -, -en ⟨aus *mlat.* aestivatio „das Zubringen des Sommers" zu aestivare „den Sommer zubringen"⟩: 1. Art der Anordnung der Blattanlagen in der Knospe (Bot.). 2. Knospenzeit

Ästo|me|ter *das;* -s, - ⟨zu *lat.* aestus „Hitze, Glut, Strömung" u. ↑¹...meter⟩: Gerät zur ↑ energetischen Strahlungsmessung mit Photozellen

Asto|mie *die;* -, ...ịen ⟨zu *gr.* ástomos „ohne Mund" u. ↑²...ie⟩: angeborenes Fehlen des Mundes (Med.). **astomisch**: mundlos

Astor|gie *die;* - ⟨aus gleichbed. *gr.* astorgía⟩: (veraltet) Lieblosigkeit. **astọr|gisch** ⟨aus gleichbed. *gr.* ástorgos⟩: (veraltet) lieblos

Astra|bo|lịs|mus *der;* - ⟨zu *gr.* ástron „Stern(bild)", bolḗ „Wurf" (dies zu bállein „werfen, treffen") u. ↑...ismus (3)⟩: a) Sonnenstich; b) Tod durch Blitzschlag

Ạstra|chan *der;* -s, -e ⟨nach der gleichnamigen südruss. Stadt⟩: 1. Lammfell eines südruss. Schafes. 2. Plüschgewebe mit fellartigem Aussehen

Astra|gal *der;* -s, -e ⟨über gleichbed. *lat.* astragalus aus *gr.* astrágalos, vgl. Astragalus⟩: Rundprofil (meist Perlschnur), bes. zwischen Schaft u. Säule; vgl. auch Astragalus (3). **astra|ga|li|sie|ren** ⟨zu ↑...isieren⟩: (veraltet) würfeln. **Astra|ga|lịs|mus** *der;* -, ...men ⟨zu ↑...ismus⟩: (veraltet) Würfelspiel. **Astra|ga|lo|man|tie** *die;* - ⟨zu *gr.* astragalómantis „der aus Würfeln weissagt" u. ↑²...ie⟩: das Wahrsagen aus Würfeln, deren Flächen Buchstaben statt der Punkte aufweisen. **Astra|ga|lus** *der;* -, ...li ⟨über *lat.* astragalus aus *gr.* astrágalos „Wirbelknochen; Sprungbein"⟩: 1. (veraltet) oberster Fußwurzelknochen (Sprungbein; Anat.). 2. in der Antike ein kleiner Spielstein (aus dem Sprungbein von Schafen gefertigt). 3. svw. Astragal

Astra|ka|nịt [auch ...'nɪt] *der;* -s, -e ⟨nach der südruss. Stadt Astrachan u. zu ↑²...it⟩: ein meist farbloses, körniges Mineral

astral u. **astra|lisch** ⟨aus gleichbed. *lat.* astralis zu astrum „Stern(bild)", dies aus *gr.* ástron⟩: die Gestirne betreffend; Sterne betreffend; vgl. ...isch/-. **Astral|leib** *der;* -s, -er: 1. im ↑ Okkultismus ein dem irdischen Leib innewohnender Ätherleib. 2. in der ↑ Anthroposophie die höchste, geistige Stufe des Leibes. **Astral|my|tho|lo|gie** *die;* -: Lehre von den Gestirnen als göttlichen Mächten

Astra|lon ⓇⓌ *das;* -s ⟨Kunstw.⟩: durchsichtiger Kunststoff

Astral|re|li|gi|on *die;* - ⟨zu ↑ astral u. ↑ Religion⟩: göttliche Verehrung der Gestirne

Ạstrịld *der;* -s, -e ⟨aus dem Afrikaans⟩: vorwiegend in Afrika heimischer Webervogel, Prachtfink

Astrio|nik *die;* - ⟨Kurzw. aus Astronomie u. Elektronik⟩: Gesamtheit der in der Raumfahrt anwendbaren elektronischen Verfahren der Steuerung, Regelung, Fernmessung, Datengewinnung u. -speicherung u. der dazu nötigen Anlagen. **astro..., Astro...** ⟨aus gleichbed. *gr.* astro- zu ástron „Stern(bild)"⟩: Wortbildungselement mit der Bedeutung „Stern, Weltraum", z. B. astronomisch, Astronom. **Ạstrobio|lo|gie** *die;* -: Wissenschaft vom Leben auf anderen Himmelskörpern u. im Weltraum. **Astro|blem** *das;* -s, -e ⟨zu *gr.* blēma „Wurf, Schuß, Wunde"⟩: ↑ fossiler Meteoritenkrater mit rundlicher Form u. stark zerrüttetem Gestein (Geol.). **Astro|dy|na|mik** *die;* -: 1. Teilgebiet der ↑ Astrophysik, das sich mit der ↑ Dynamik von Sternsystemen o. ä. befaßt. 2. Teilgebiet der Raumflugtechnik, das sich mit der Bewegung künstlicher ↑ Satelliten (3) befaßt. **Astro|fo|to|gra|fie** *die;* -: Stern-, Himmelsfotografie. **Astro|gno|sie** *die;* - ⟨zu ↑...gnosie⟩: Kenntnis des Sternenhimmels, wie er dem bloßen Auge erscheint. **Astro|gnọst** *der;* -en, -en ⟨zu *gr.* gnōstēr „Bürge, Zeuge für eine ihm bekannte Wahrheit", dies zu gignṓskein „erkennen, kennen"⟩: (veraltet) Sternkundiger. **Astro|graph** *der;* -en, -en ⟨zu ↑...graph⟩: 1. astronomisches Fernrohr zur fotografischen Aufnahme von Gestirnen. 2. Vorrichtung zum Zeichnen von Sternkarten. **Astro|gra|phie** *die;* -, ...ịen ⟨↑...graphie⟩: Sternbeschreibung. **astro|gra|phisch** ⟨zu ↑...graphisch⟩: die Astrographie betreffend. **Astro|i̯de** *die;* -, -n ⟨zu ↑...oide⟩: sternförmige Kurve, die ein auf einem Stab liegender Punkt beschreibt, wenn dieser zwischen zwei Koordinatenachsen bewegt wird (Geom.). **Astrokom|paß** *der;* ...asses, ...asse: Gerät zur Bestimmung der Nordrichtung unter Bezug auf einen Himmelskörper. **Astro|la|bi|um** *das;* -s, ...ien [...iən] ⟨über gleichbed. *mlat.* astrolabium aus *gr.* astrolábos zu ↑ astro... u. lambánein „nehmen"⟩: altes astronomisches Instrument zur lagemäßigen Bestimmung von Gestirnen. **Astro|la|trie** *die;* - ⟨zu ↑ astro... u. *gr.* latreía „Dienst, (Gottes)verehrung"⟩: Sternverehrung. **Astro|lith** [auch ...'lɪt] *der;* Gen. -s u. -en, Plur. -e[n] ⟨zu ↑...lith⟩: grüne, eisenreiche Abart des ↑ Biotits. **Astro|lo|ga|ster** *der;* -s, - ⟨zu ↑ Astrologe, Analogiebildung zu *lat.* philosophaster „Scheinphilosoph"⟩: (veraltet) schlechter Sterndeuter. **Astro|lo|ge** *der;* -n, -n ⟨über *lat.* astrologus aus *gr.* astrológos „Sternkundiger"⟩: a) jmd., der sich mit der Astrologie beschäftigt, der das Schicksal eines Menschen aus der Stellung der Gestirne bei seiner Geburt ableitet (b); (scherzh.) jmd., der die politischen Verhältnisse u. Strömungen in einem bestimmten Land sehr gut kennt u. daher Voraussagen über wahrscheinlich zu erwartende Reaktionen auf etw. von dieser Seite aus machen kann. **Astro|lo|gie** *die;* - ⟨über *spätlat.* astrologia „Sterndeutung" aus *gr.* astrología „Sternkunde"⟩: a) der Versuch, das Geschehen auf der Erde u. das Schicksal des

astrologisch

Menschen aus bestimmten Gestirnstellungen zu deuten u. vorherzusagen; b) Lehre, die aus der math. Erfassung der Orte u. Bewegungen der Himmelskörper sowie von orts- u. zeitabhängigen Koordinatenschnittpunkten Schlüsse zur Beurteilung von irdischen Gegebenheiten u. deren Entwicklung zieht; c) Schicksalsdeutung u. Vorhersage aus einem ↑ Horoskop (a). **astro|lo|gisch** ⟨zu ↑ ...logisch⟩: a) die Astrologie betreffend; b) mit den Mitteln der Astrologie erfolgend. **astro|lo|gi|sie|ren** ⟨zu ↑ ...isieren⟩: aus den Sternen wahrsagen. **Astro|man|tie** die; - ⟨aus gleichbed. gr. astromanteía⟩: das Wahrsagen aus den Sternen. **Astro|me|di|zin** die; - ⟨zu ↑astro...⟩: Spezialgebiet der Medizin, das sich mit der Untersuchung u. Überwachung von Raumfahrern vor, während u. nach dem Flug befaßt. **Astro|meteo|ro|lo|gie** die; -: 1. Wissenschaft von den ↑ Atmosphären (1) anderer Himmelskörper (bes. der Planeten). 2. Lehre vom Einfluß der Gestirne auf das Wetter. **Astro|meter** das; -s, - ⟨zu ↑¹...meter⟩: Gerät zum Messen der Helligkeit von Sternen. **Astro|me|trie** die; - ⟨zu ↑...metrie⟩: Zweig der Astronomie, der sich mit der Messung der Ortsveränderungen von Sternen beschäftigt. **Astron** das; -s, -e ⟨aus gr. ástron „Stern(bild)"⟩: astronomische Längeneinheit; vgl. Parsec. **Astro|naut** der; -en, -en ⟨zu ↑astro... u. ↑...naut⟩: [amerik.] Weltraumfahrer, Teilnehmer an einem Raumfahrtunternehmen; vgl. Kosmonaut. **Astro|nau|ten|di|ät** die; -: svw. Elementardiät. **Astro|nau|tik** die; - ⟨zu ↑²...ik (1)⟩: [Wissenschaft von der] Raumfahrt. **astro|nau|tisch**: die Raumfahrt betreffend; vgl. kosmonautisch. **Astro|na|vi|ga|ti|on** die; -: 1. ↑ Navigation unter Verwendung von Meßdaten angepeilter Himmelskörper. 2. Bestimmung von Ort u. Kurs eines Raumschiffs nach den Sternen. **Astro|nom** der; -en, -en ⟨über lat. astronomus aus gr. astronómos „Sternkundiger, -beobachter"⟩: jmd., der sich wissenschaftlich mit der Astronomie beschäftigt; Stern-, Himmelsforscher. **Astro|no|mie** die; - ⟨über lat. astronomia aus gr. astronomía „Sternkunde"⟩: Stern-, Himmelskunde als exakte Naturwissenschaft. **Astro|no|mie|sa|tel|lit** der; -en, -en: künstlicher Satellit für astronomische Forschungen. **astro|no|misch**: 1. die Astronomie betreffend, sternkundlich. 2. [unvorstellbar] groß, riesig (in bezug auf Zahlenangaben od. Preise). **Astro|pho|to|gra|phie** vgl. Astrofotografie. **Astro|pho|to|me|trie** [auch 'astro...] die; -: Messung der Helligkeit von Gestirnen. **Astro|phyl|lit** [auch ...'lɪt] der; -s, -e: ein bronzefarbenes, in sternartigen Aggregaten kristallisierendes Silikatmineral. **Astro|phy|sik** [auch 'astro...] die; -: Teilgebiet der Astronomie, das sich mit dem Aufbau u. der physik. Beschaffenheit der Gestirne beschäftigt. **astro|phy|si|ka|lisch** [auch 'astro...]: die Astrophysik betreffend. **Astro|phy|si|ker** [auch 'astro...] der; -s, -: Wissenschaftler, der auf dem Gebiet der Astrophysik arbeitet. **Astro|skop** das; -s, -e ⟨zu ↑...skop⟩: (veraltet) Sternfernrohr; vgl. Teleskop. **Astro|sko|pie** die; - ⟨zu ↑...skopie⟩: (veraltet) Beobachtung der Gestirne durch das Fernrohr. **Astro|so|phie** die; - ⟨zu gr. sophía „Weisheit"⟩: (veraltet) svw. Astronomie. **Astrospek|tro|sko|pie** [auch 'astro...] die; -: Untersuchung des ↑ Spektrums von Gestirnen. **Astro|sta|tik** [auch 'astro...] die; -: (veraltet) Lehre vom Stand der Sterne u. von ihren Bewegungen. **Astro|theo|lo|gie** [auch 'astro...] die; - ⟨zu ↑theo...⟩: (veraltet) Erkenntnis Gottes aus den Wahrheiten der Sternkunde. **Astro|zyt** der; -en, -en (meist Plur.) ⟨zu ↑...zyt⟩: zur ↑ Neuroglia gehörende Nervenzelle mit zahlreichen sternförmigen Fortsätzen (Med.). **Astro|zy|tom** das; -s, -e ⟨zu ↑...om⟩: von ↑ Astrozyten ausgehender langsamwachsender Groß- od. Kleinhirntumor (Med.).

astru|ie|ren ⟨aus gleichbed. lat. astruere⟩: (veraltet) an-, hinzubauen

Astrum das; -s ⟨über lat. astrum aus gr. ástron „Stern(bild)"⟩: Gestirn

Ästu|ar das; -s, -e u. **Ästua|ri|um** das; -s, ...ien [...i̯ən] ⟨aus gleichbed. lat. aestuarium zu aestus „Brandung, Flut", eigtl. „Wallung"⟩: 1. trichterförmige Flußmündung. 2. (veraltet) Dampfbad. **Ästua|ti|on** die; - ⟨aus lat. aestuatio „Unruhe des Gemüts" zu aestuare, vgl. ästuieren⟩: (veraltet) 1. Aufwallung, das Meeresbrausen. 2. Aufregung, Blutwallung. **ästu|ie|ren** ⟨aus gleichbed. lat. aestuare zu aestus, vgl. Ästuar⟩: (veraltet) wallen, brausen, aufgeregt sein. **ästu|ös** ⟨aus lat. aestuosus „wogend; brandend"⟩: (veraltet) aufwallend, aufbrausend, aufgeregt

astu|risch ⟨nach der span. Landschaft Asturien⟩; in der Fügung -e Phase: eine ↑ variskische Faltungsphase während des ↑ Oberkarbons (Geol.).

astu|ti|ös ⟨zu lat. astutia „List" u. ↑...ös⟩: (veraltet) listig, verschlagen

Asty|graph der; -en, -en ⟨aus gr. ásty „Stadt" u. ↑...graph⟩: (veraltet) Stadtbeschreiber. **Asty|gra|phie** die; -, ...jen ⟨zu ↑...graphie⟩: (veraltet) Stadtbeschreibung

asty|lisch ⟨aus gleichbed. gr. ástylos⟩: säulenlos. **Asty|lon** das; -s, ...la ⟨zu ↑¹...on⟩: säulenloses Gebäude, Tempel ohne Säulen

Asty|nom der; -en, -en ⟨aus gleichbed. gr. astynómos⟩: Stadtaufseher, Verwalter der städtischen Gebäude, bes. im alten Athen. **Asty|no|mie** die; - ⟨aus gleichbed. gr. astynomía⟩: Aufsicht über die Gebäude einer Stadt in der Antike

Asty|sie die; - ⟨zu gr. a- „un-, nicht-", stýsis „Aufrichtung des männlichen Gliedes" u. ↑²...ie⟩: Unfähigkeit zur ↑ Erektion des männlichen Gliedes; vgl. Impotenz

a suo ar|bi|trio ⟨lat.⟩: nach eigenem Ermessen. **a suo pla|cito** [– – ...tsito] ⟨lat.⟩: nach (eigenem) Belieben; vgl. ad libitum

Asyl das; -s, -e ⟨über lat. asylum aus gr. ásylon „Freistätte", eigtl. „Unverletzliches"⟩: 1. Unterkunft, Heim (für Obdachlose). 2. a) Aufnahme u. Schutz (für Verfolgte); b) Zufluchtsort. **Asy|lant** der; -en, -en ⟨zu ↑...ant⟩: jmd., der um Asyl nachsucht. **asy|lie|ren** ⟨zu ↑...ieren⟩: in einem Asyl unterbringen. **Asy|lie|rung** die; -, -en ⟨zu ↑...ierung⟩: Unterbringung in einem Asyl

asyl|lo|gi|stisch ⟨aus gr. asyllógistos „unlogisch"⟩: ohne Schlußfolgerung (Logik)

Asym|bla|stie die; - ⟨zu gr. a- „un-, nicht-", symblastánein „zugleich od. zusammen keimen" u. ↑²...ie⟩: unterschiedliche Keimungszeiten von Samen derselben Pflanze (Bot.)

Asym|bo|lie die; -, ...jen ⟨zu gr. a- „un-, nicht-", sýmbolon „Zeichen" u. ↑²...ie⟩: Verlust des Verständnisses für Zeichen; Unvermögen, Zeichen zu erkennen (Med.). **asymbo|lisch**: die Asymbolie betreffend

Asym|me|trie [auch 'a...] die; -, ...jen ⟨aus gr. asymmetría „Mangel an Ebenmaß"⟩: Mangel an ↑ Symmetrie (1, 2), Ungleichmäßigkeit. **asym|me|trisch** [auch 'a...] ⟨aus gr. asýmmetros „ohne Ebenmaß"⟩: auf beiden Seiten einer Achse kein Spiegelbild ergebend (von Figuren o. ä.), ungleichmäßig; Ggs. ↑symmetrisch

Asym|ne|te vgl. Aisymnete

asym|pa|thisch ⟨zu gr. a- „un-, nicht-" u. ↑sympathisch⟩: unsympathisch

asym|pto|ma|tisch ⟨zu gr. a- „un-, nicht-" u. ↑symptomatisch⟩: ohne typische Krankheitszeichen verlaufend.

Asym|pto|te die; -, -n ⟨zu gr. asýmptōtos „nicht zusammenfallend"⟩: Gerade, der sich eine ins Unendliche ver-

ateknisch

laufende Kurve nähert, ohne sie zu erreichen. **asym|ptotisch:** sich wie eine Asymptote verhaltend (Math.)
asyn|ar|te|tisch ⟨aus gleichbed. *gr.* asynártētos zu a- „un-, nicht-" u. synartān „verbinden"⟩: nicht zusammenhängend, z. B. Verse ohne durchlaufenden Rhythmus
asyn|chrom [...'kro:m] ⟨zu *gr.* a- „un-, nicht-", ↑syn... u. *gr.* chrōma „Farbe"⟩; in der Fügung -er Druck: Mehrfarbendruck, bei dem für jede Farbe eine Druckplatte vorhanden ist
ạsyn|chron [auch ...'kro:n] ⟨zu *gr.* a- „un-, nicht-" u. ↑synchron⟩: 1. nicht mit gleicher Geschwindigkeit laufend; Ggs. ↑synchron (1). 2. a) nicht gleichzeitig; b) entgegenlaufend; Ggs. ↑synchron (1). **Asyn|chron|mo|tor** *der;* -s, -en: Wechsel- od. Drehstrommotor, dessen Drehzahl unabhängig von der Frequenz des Netzes geregelt werden kann
asyn|de|tisch ⟨aus *gr.* asýndetos „unverbunden"⟩: a) das Asyndeton betreffend; b) nicht durch Konjunktion verbunden, unverbunden (Sprachw.); Ggs. ↑syndetisch.
Asyn|de|ton *das;* -s, ...ta ⟨über *lat.* asyndeton aus *gr.* asýndeton „das Unverbundene, nicht durch Konjunktionen Verbundene"⟩: Wort- od. Satzreihe, deren Glieder nicht durch Konjunktionen miteinander verbunden sind (z. B. „alles rennet, rettet, flüchtet", Schiller; Sprachw.); vgl. Polysyndeton
Asyn|er|gie *die;* -, ...ien ⟨zu *gr.* a- „un-, nicht-" u. ↑Synergie⟩: Störung im Zusammenwirken mehrerer Muskelgruppen (z. B. bei der Durchführung bestimmter Bewegungen; Med.)
Asyn|esie *die;* -, ...esen ⟨aus gleichbed. *gr.* asynesía⟩: (veraltet) Unverstand, Einsichtslosigkeit
Asyn|kli|tis|mus *der;* - ⟨zu *gr.* a- „un-, nicht-" u. ↑Synklitismus⟩: nicht achsengerechte Einstellung des kindlichen Schädels während der Geburt nach der Seite als Anpassung bei engem Becken (Med.)
Asyn|odie *die;* - ⟨zu *gr.* a- „un-, nicht-", sýnodos „Zusammenkunft" u. ↑²...ie⟩: (veraltet) Unfähigkeit zum Geschlechtsverkehr; vgl. Impotenz
Asy|sto|lie *die;* -, ...ien ⟨zu *gr.* a- „un-, nicht-", ↑Systole u. ↑²...ie⟩: Systolenabschwächung od. -ausfall bei Herzmuskelschädigung. **asy|sto|lisch** [auch 'a...]: die Asystolie betreffend, bei ihr auftretend
aszen|dẹnt ⟨aus *lat.* ascendens, Gen. ascendentis, Part. Präs. von ascendere, vgl. aszendieren⟩: 1. aufsteigend (z. B. von Dämpfen; Geol.); Ggs. ↑deszendent. 2. den Aufbau kleinerer Einheiten zu komplexeren Ganzen betreffend. **Aszen|dẹnt** *der;* -en, -en: 1. Vorfahr; Verwandter in aufsteigender Linie. 2. a) Gestirn im Aufgang; b) Aufgangspunkt eines Gestirns (Astron.); Ggs. ↑Deszendent. 3. das im Augenblick der Geburt über den Osthorizont tretende Tierkreiszeichen (Astrol.). **Aszen|dẹnz** *die;* -, -en ⟨zu ↑...enz⟩: 1. (ohne Plur.) Verwandtschaft in aufsteigender Linie. 2. Aufgang eines Gestirns; Ggs. ↑Deszendenz.
aszen|di|bel ⟨aus gleichbed. *lat.* ascendibilis⟩: (veraltet) ersteigbar, besteigbar. **aszen|die|ren** ⟨aus gleichbed. *lat.* ascendere⟩: 1. aufsteigen (von Gestirnen). 2. (veraltet) befördert werden, im Dienstrang aufrücken. **Aszen|si|ọn** *die;* - ⟨aus *lat.* ascensio „das Hinaufsteigen; Aufstieg"⟩: 1. (veraltet) Himmelfahrt [Christi]. 2. Aufsteigen von Krankheitserregern entlang den Blut- od. Lymphbahnen (Med.).
Aszen|si|ons|theo|rie *die;* -: alte geologische Ansicht, daß die Erzlager in Gesteinen durch warme Quellen aus den Tiefen emporgetrieben seien; Ggs. ↑Deszensionstheorie.
Aszẹn|sor *der;* -s, -en ⟨aus *spätlat.* ascensor „Reiter, Lenker"⟩: (veraltet) Fahrstuhl
As|ze|se usw. vgl. Askese usw. **As|ze|tik** *die;* - ⟨zu *gr.* askētikós „übend"; vgl. Askese⟩: Lehre vom Streben nach christlicher Vollkommenheit. **As|ze|ti|ker** *der;* -s, -: Vertreter der Aszetik
Ạs|zi: Plur. von ↑Askus
As|zi|tes u. Ascites [as'tsi:...] *der;* - ⟨aus gleichbed. *gr.* askítēs⟩: Bauchwassersucht (Med.)
at..., At... vgl. ad..., Ad...
...at ⟨aus *lat.* -atus, Endung des Part. Perf. der a-Konjugation⟩: Suffix: 1. männlicher u. sächlicher Fremdwörter, z. B. der Legat, das Derivat. 2. chem. Fachwörter zur Bez. der normalen Oxydationsstufe der Säure, aus der das Salz entsteht, z. B. Kaliumnitrat
Ata|bẹg *der;* -[s], -s ⟨*türk.;* „Vater Fürst"⟩: ehemaliger türk. Titel für Emire. **Ata|bẹk** vgl. Atabeg
Ata|ka|mit [auch ...'mɪt] *der;* -s, -e ⟨nach der Wüste Atacama (Chile) u. zu ↑²...it⟩: ein grünes, durchscheinendes Kupfermineral, das in Australien, Südamerika u. Südafrika vorkommt
ạtak|tisch [auch a'tak...] ⟨aus *gr.* átaktos „ungeordnet"⟩: unregelmäßig, ungleichmäßig (von Bewegungen; Med.).
Atak|to|mor|pho|se *die;* - ⟨zu *gr.* mórphōsis „das Gestalten"⟩: (veraltet) Insektenverpuppung
Ata|man *der;* -s, -e ⟨aus gleichbed. *russ.* ataman⟩: freigewählter Stammes- u. militärischer Führer der Kosaken; vgl. Hetman
Ata|phie *die;* - ⟨aus *gr.* ataphía „das Unbegrabensein"⟩: (veraltet) das Fehlen der Bestattung. **ata|phisch** ⟨aus gleichbed. *gr.* átaphos⟩: nicht bestattet
¹Atar *das;* -s ⟨zu *arab.* 'attar „mit Duft umgeben"⟩: Rosenöl
²Atar ⟨aus dem Altiran.; „Feuer"⟩: zentrales Element im Kult der ↑Zoroastrier
Ata|rạk|ti|kum *das;* -s, ...ka ⟨zu ↑ataraktisch u. ↑...ikum⟩: Beruhigungsmittel (Med.). **ata|rạk|tisch:** ⟨aus *gr.* atáraktos „nicht verwirrt, nicht beunruhigt"⟩: 1. beruhigend, die Wirkung eines Ataraktikums habend. 2. (veraltet) leidenschaftslos. **Atar|an|al|ge|sie** *die;* -, ...ien ⟨Kurzbildung aus ↑*Atar*aktikum u. ↑*Analgesie*⟩: Schmerzausschaltung durch Verabreichen eines Ataraktikums (Med.). **Ata|ra|xie** *die;* - ⟨aus *gr.* ataraxía „Leidenschaftslosigkeit"⟩: Unerschütterlichkeit, Gleichmut, Seelenruhe (griech. Philos.)
Ata|vịs|mus [...v...] *der;* -, ...men ⟨aus *lat.* atavus „Großvater des Urgroßvaters, Urahn" u. ↑...ismus⟩: 1. (ohne Plur.) das Wiederauftreten von Merkmalen der Vorfahren, die den unmittelbar vorhergehenden Generationen fehlen (bei Pflanzen, Tieren u. Menschen). 2. entwicklungsgeschichtlich als überholt geltendes, unvermittelt wieder auftretendes körperliches od. geistig-seelisches Merkmal. **ata|vịstisch** ⟨zu ↑...istisch⟩: 1. den Atavismus betreffend. 2. (abwertend) in Gefühlen, Gedanken usw. einem früheren, primitiven Menschheitsstadium entsprechend
Ata|xie *die;* -, ...ien ⟨aus *gr.* ataxía „Unordnung, Verwirrung"⟩: Störung im geordneten Ablauf u. in der Koordination von Muskelbewegungen (Med.). **Ata|xit** [auch ...'ksɪt] *der;* -, -e ⟨zu ↑²...it⟩: feinkörniger ↑Siderit (2) mit strukturloser Meteoreisenmasse
At|chia [a(t)'ʃi:a] vgl. Achia
Ate|brin Ⓦ *das;* -s ⟨Kunstw.⟩: ein Malariamittel
Atech|nie *die;* - ⟨aus gleichbed. *gr.* atechnía zu téchnē „Kunst"⟩: Unerfahrenheit in einer Kunst, Kunstlosigkeit. **atẹch|nisch** [auch 'a...] ⟨aus gleichbed. *gr.* átechnos⟩: unkünstlerisch, ungeschickt
Atek|nie *die;* - ⟨aus gleichbed. *gr.* ateknía zu a- „un-, nicht-" u. téknon „Kind"⟩: (veraltet) Kinderlosigkeit. **atẹk|nisch** ⟨aus gleichbed. *gr.* áteknos⟩: (veraltet) kinderlos, unfruchtbar

atek|to|nisch ⟨zu gr. a- „un-, nicht-" u. ↑tektonisch⟩: nicht ↑tektonisch verformt (Geol.)

Ate|lek|ta|se die; -, -n ⟨zu gr. atelés „unvollständig" u. éktasis „Ausdehnung"⟩: Zustand einer Luftverknappung od. Luftleere in den Lungen (Med.). **ate|lek|ta|tisch**: vermindert lufthaltig (z. B. von den Lungen; Med.). **Ate|lie** die; -, ...ien ⟨aus gr. atéleia „Unvollkommenheit"⟩: 1. das Weiterbestehen infantiler Merkmale beim erwachsenen Menschen (Med.). 2. Merkmal, Eigenschaft eines Tiers od. einer Pflanze ohne erkennbaren biologischen Zweck (Biol.). 3. (veraltet) Freiheit von Staatslasten u. Abgaben

Ate|lier [...'lie:] das; -s, -s ⟨aus fr. atelier „Werkstatt", urspr. „Haufen von Spänen, Zimmermannswerkstatt", zu spätlat. astella „Splitter, Span"⟩: Arbeitsraum, -stätte (z. B. für einen Künstler, für Foto- od. Filmaufnahmen)

Atel|la|ne die; -, -n ⟨nach der altröm. Stadt Atella in Kampanien⟩: (urspr. oskische) altröm. Volksposse

Ate|lo|mye|lie die; -, -ien ⟨zu gr. atelés „unvollständig", myelós „Mark" u. ↑²...ie⟩: angeborenes teilweises Fehlen des Rückenmarks (als Mißbildung; Med.). **Ate|lo|prosopie** die; -, ...ien ⟨zu gr. prósopon „Gesicht" u. ↑²...ie⟩: angeborenes Fehlen des Gesichts (Med.)

a tem|pe|ra ⟨it.⟩: mit ↑Temperafarben [gemalt]

a tem|po ⟨it.; „zur Zeit; im Zeitmaß"; vgl. Tempo⟩: 1. (ugs.) sofort, schnell. 2. im Anfangstempo [weiterspielen] (Vortragsanweisung; Mus.)

äter|nie|ren ⟨aus gleichbed. lat. aeternare⟩: (veraltet) verewigen

Äthan, chem. fachspr. Ethan das; -s ⟨zu ↑Äther u. ↑...an⟩: gasförmiger Kohlenwasserstoff. **Atha|nal,** chem. fachspr. Ethanal das; -s ⟨zu ↑²...al⟩: svw. Acetaldehyd (Chem.)

Atha|na|sia|num das; -s ⟨nlat.; nach dem Patriarchen Athanasius v. Alexandria, † 373⟩: christliches Glaubensbekenntnis aus dem 6. Jh

Atha|na|sie die; - ⟨aus gleichbed. gr. athanasía⟩: Unsterblichkeit (Rel.). **Atha|na|tis|mus** der; - ⟨zu ↑...ismus (1)⟩: Lehre von der Unsterblichkeit (Verewigung) der Seele

Äthan|di|al, chem. fachspr. Ethandial das; -s ⟨zu ↑Äthan, gr. dís „zweifach" u. ↑²...al⟩: svw. Glyoxal. **Atha|nol,** chem. fachspr. Ethanol das; -s ⟨Kurzw. aus ↑Äthan u. ↑Alkohol⟩: chem. Verbindung aus der Gruppe der Alkohole (Äthylalkohol). **atha|no|lisch,** chem. fachspr. ethanolisch: svw. alkoholisch (2). **Atha|no|ly|se,** chem. fachspr. Ethanolyse die; -, -n ⟨zu ↑...lyse⟩: ↑Alkoholyse unter Verwendung von Äthanol

athar|sisch ⟨aus gleichbed. gr. atharsés⟩: (veraltet) mutlos

Athau|ma|sie die; - ⟨zu gr. a- „un-, nicht-" u. thaumasía „Bewunderung"⟩: das Sich-nicht-Wundern, Verwunderungslosigkeit; notwendige Bedingung der Seelenruhe (↑Ataraxie) u. Glückseligkeit (↑Eudämonie; Phil.). **athau|mastisch** ⟨aus gr. athaúmastos „sich nicht verwundernd"⟩: gleichmütig, unerschütterlich ruhig

Athe|is|mus der; - ⟨zu gr. átheos „ohne Gott, gottlos" u. ↑...ismus (1)⟩: Gottesleugnung, Verneinung der Existenz Gottes od. seiner Erkennbarkeit. **Athe|ist** der; -en, -en ⟨zu ↑...ist⟩: Anhänger des Atheismus, Gottesleugner. **athei|stisch** ⟨zu ↑...istisch⟩: a) dem Atheismus anhängend; b) zum Atheismus gehörend, ihm entsprechend

Athe|la|sie die; -, ...ien ⟨zu gr. a- „un-, nicht-", thēlázein „säugen" u. ↑²...ie⟩: svw. Agalaktie. **Athe|las|mus** der; -, ...men ⟨über nlat. athelasmus zu gr. a- „un-, nicht" u. thēlasmós „das Saugen"⟩: svw. Agalaktie

athel|gisch ⟨aus gr. athelgés „unbesänftigt"⟩: (veraltet) unversöhnlich

Athe|lie die; -, ...ien ⟨zu gr. a- „un-, nicht-" u. thēlē „Mutterbrust" u. ↑²...ie⟩: angeborenes Fehlen der Brustwarzen (als Mißbildung; Med.)

Athe|ma|tik [auch ...'ma:...] die; - ⟨aus gr. a- „un-, nicht-" u. ↑Thematik⟩: Kompositionsstil, der auf die Arbeit mit fixierten Themen verzichtet (Mus.). **athe|ma|tisch** [auch ...'ma:...] 1. ohne Thema, ohne Themaverarbeitung (Mus.). 2. ohne ↑Themavokal gebildet (von Wortformen); Ggs. ↑thematisch (2)

Athe|mi|stie die; ...ien ⟨aus gleichbed. gr. athemistía⟩: (veraltet) Frevel, Gesetzlosigkeit, Gemeinheit. **athe|mi|stisch** ⟨aus gleichbed. gr. athemístios⟩: (veraltet) frevelhaft, gesetzlos, ungerecht

Äthen, chem. fachspr. Ethen das; -s ⟨zu ↑Äther u. ↑...en⟩: svw. ↑Äthylen

Athe|nä|um das; -s, ...äen ⟨über lat. Athenaeum aus gleichbed. gr. Athēnaion⟩: Tempel der Göttin Athene

Atheo|re|sie die; - ⟨aus gleichbed. gr. atheōrēsía⟩: (veraltet) Unkenntnis. **atheo|re|tisch**: (veraltet) unkundig

Äther der; -s ⟨über lat. aether aus gr. aithēr „obere, feine Luft"⟩: 1. a) Himmelsluft, wolkenlose Weite des Himmels; b) nach einer heute aufgegebenen Annahme das nicht näher bestimmbare Medium, in dem sich die elektrischen Wellen im Weltraum ausbreiten (Phys.). 2. a) (chem. fachspr. Ether) das Oxyd eines Kohlenwasserstoffs; b) Äthyläther (Narkosemittel). 3. Urstoff allen Lebens, Weltseele (griech. Philos.)

Äthe|ra|pie die; -, ...ien ⟨aus gleichbed. gr. atherapeía⟩: Mangel an Pflege

Äthe|rat, chem. fachspr. Etherat das; -s, -e ⟨zu ↑Äther; vgl. ...at⟩: chem. Verbindung, bei der Äther an einen Metallionenkomplex gebunden ist. **Äthe|ri|sa|ti|on** die; -, -en ⟨zu ↑...isation⟩: Äthernarkose; vgl. ...[at]ion/...ierung. **äthe|risch**: a) überaus zart, vergeistigt; b) ätherartig, flüchtig; -e Öle: flüchtige pflanzliche Öle von charakteristischem, angenehmem Geruch (z. B. Lavendel-, Rosen-, Zimtöl). **äthe|ri|sie|ren** ⟨zu ↑...isieren⟩: Äther anwenden; mit Äther behandeln (Med.). **Äthe|ri|sie|rung** die; -, -en ⟨zu ↑...isierung⟩: svw. Ätherisation; vgl. ...[at]ion/...ierung. **Äthe|ris|mus** der; - ⟨zu ↑...ismus (3)⟩: krankhafte Sucht nach Äther (Med.). **Äther|leib** der; -s, -er: der ätherisch gedachte Träger des Lebens im menschlichen Körper (Anthroposophie); vgl. Astralleib

ather|man ⟨Kurzw. aus ↑a... u. ↑diatherman⟩: für Wärmestrahlen undurchlässig. **Ather|ma|ni|tät** die; - ⟨zu ↑...ität⟩: athermane Beschaffenheit. **Ather|mo|sie** die; -, ...ien ⟨zu gr. áthermos „ohne Wärme" u. ↑²...ie⟩: (veraltet) Wärmemangel

athe|ro|gen ⟨zu ↑Atherom bzw. ↑Atherosklerose u. ↑...gen⟩: 1. ein ↑Atherom hervorrufend (Med.). 2. eine ↑Atherosklerose erzeugend (Med.). **Athe|ro|ge|ne|se** die; -, -n: 1. Entstehung eines ↑Atheroms. 2. Entstehung einer ↑Atherosklerose. **Athe|rom** das; -s, -e ⟨zu gr. athērē (athárē) „Weizenmehlbrei" u. ↑...om⟩: 1. Talgdrüsen-, Haarbalggeschwulst (Med.). 2. degenerative Veränderung der Gefäßwand bei ↑Arteriosklerose (Med.)

Äthe|ro|ma|nie die; -, ...ien ⟨zu ↑Äther u. ↑...manie⟩: svw. Ätherismus

athe|ro|ma|tös ⟨zu ↑Atherom u. ↑...ös⟩: 1. das Atherom betreffend (Med.). 2. breiartig (Med.). **Athe|ro|ma|to|se** die; -, -n ⟨zu ↑¹...ose⟩: krankhafte Veränderung der Arterieninnenhaut im Verlauf einer ↑Arteriosklerose (Med.)

Äthe|ro|phon das; -s, -e ⟨zu ↑Äther u. ↑...phon⟩: Musikinstrument, bei dem die Töne durch Frequenzgeneratoren erzeugt werden

Athe|ro|skle|ro|se die; -, -n ⟨Kurzw. aus ↑Atheromatose u.

↑Arterio*sklerose*⟩: svw. Arteriosklerose. **athe|ro|skle|rotisch:** svw. atheromatös
Äther|re|flex *der;* -es, -e ⟨zu ↑Äther u. ↑Reflex⟩: durch Injektion von Äther hervorgerufene Sekretion der Bauchspeicheldrüse (Med.)
Athe|sie *die;* -, ...ien ⟨aus gleichbed. *gr.* athesía, eigtl. „Bundbrüchigkeit"⟩: Unbeständigkeit, Treulosigkeit. **Athes|mie** *die;* -, ...ien ⟨aus gleichbed. *gr.* athesmía⟩: Gesetz-, Zügellosigkeit. **athes|misch** ⟨aus gleichbed. *gr.* áthesmos⟩: gesetzlos. **Athe|te|se** *die;* -, -n ⟨aus gleichbed. *gr.* athétēsis zu atheteĩn „verwerfen"⟩: Verwerfung einer überlieferten Lesart (Textkritik). **athe|to|id** ⟨zu ↑¹...oid⟩: der ↑Athetose ähnlich (Med.). **Athe|to|se** *die;* -, -n ⟨zu *gr.* áthetos „nicht gesetzt, ohne feste Stellung" u. ↑¹...ose⟩: Krankheitsbild bei verschiedenen Erkrankungen mit unaufhörlichen, ungewollten, langsamen, bizarren Bewegungen der Gliedmaßenenden (Med.)
Äthin, chem. fachspr. **Ethin** *das;* -s ⟨zu ↑Äther u. ↑...in (1)⟩: svw. Acetylen
Äthio|pia|nis|mus, *der;* - ⟨nach dem Staat Äthiopien, ↑...aner u. ↑...ismus (1)⟩: um 1890 unter den Schwarzen in Südafrika entstandene Bewegung, die den Einfluß der Weißen in den christlichen Kirchen Afrikas einschränken od. beseitigen wollte. **Äthio|pi|de** *der;* -n, -n ⟨vgl. ...ide⟩: Angehöriger einer ostafrik. Menschenrasse mit negrider Haut u. europidem Gesichtsschnitt (Völkerk.). **Äthio|pis|mus** ⟨nach dem Staat Äthiopien u. ↑...ismus (1)⟩: svw. Äthiopianismus
Ath|let *der;* -en, -en ⟨über *lat.* athleta aus gleichbed. *gr.* athlētḗs⟩: 1. Wettkämpfer. 2. muskulös gebauter Mann, Kraftmensch. **Ath|le|tik** *die;* - ⟨aus gleichbed. *lat.* athletica (ars)⟩: die von berufsmäßig kämpfenden Athleten (1) ausgetragenen Wettkämpfe im antiken Griechenland. **Ath|le|ti|ker** *der;* -s, -: Vertreter eines bestimmten Körperbautyps (kräftige Gestalt, derber Knochenbau); vgl. Leptosome, Pykniker. **ath|le|tisch** ⟨über gleichbed. *lat.* athleticus aus *gr.* athlētikós „zum Wettkampf gehörig, tauglich"⟩: a) muskulös, von kräftigem Körperbau; b) sportlich durchtrainiert, gestählt
At-home [ət'hoʊm] *das;* - ⟨zu *engl.* at home „zu Hause"⟩: Empfangs-, Besuchstag
Äthom|ma *das;* -s, -s ⟨zu *gr.* aíthein „brennen" u. ómma „Auge"⟩: (veraltet) svw. Ophthalmie
Ätho|xo|se *die;* -, -n ⟨Kunstw.⟩: Zellulosederivat, das als wasserlösliches Binde- u. Verdickungsmittel in der Textilindustrie u. Keramik verwendet wird
Äthrio|skop *das;* -s, -e ⟨zu *gr.* aithría „heiterer, freier Himmel" u. ↑...skop⟩: in einem Hohlspiegel stehendes Thermometer für die Messung von Raumstrahlung (Phys.). **Äthrio|sko|pie** *die;* -, ...ien ⟨zu ↑...skopie⟩: Messung der Raumstrahlung mit einem Äthrioskop
Athrois|ma [a'trɔysma] *das;* -s, ...men ⟨aus *gr.* áthroisma „Versammlung"⟩: (veraltet) ungeordnete Häufung von Wahrnehmungen
Athro|zy|to|se *die;* -, -n ⟨zu *gr.* athróos „zusammengezogen, zusammengedrängt", ↑...zyt u. ↑¹...ose⟩: Aufnahme u. Speicherung ↑kolloider Substanzen durch verschiedene Zellarten (z. B. der Nieren; Med.)
Äthyl, chem. fachspr. **Ethyl** *das;* -s, -e ⟨zu ↑Äther u. ↑...yl⟩: einwertiges Kohlenwasserstoffradikal (vgl. Radikal 3), das in vielen organischen Verbindungen enthalten ist. **Äthylace|tat,** chem. fachspr. **Ethylacetat** *das;* -s, -e: Essigester (Lösungsmittel [bes. für schnelltrocknende Lacke] u. Aromastoff). **Äthyl|al|ko|hol,** chem. fachspr. **Ethylalkohol** *der;* -s: der vom ↑Äthan ableitbare Alkohol (Weingeist); vgl.

Äthanol. **Äthyl|aze|tat** vgl. Äthylacetat. **Äthyl|chlo|rid,** chem. fachspr. **Ethylchlorid** *das;* -s: Chlorverbindung des Äthans, die als Vereisungsmittel zur örtlichen Betäubung u. als Lösungsmittel verwendet wird. **Äthy|len,** chem. fachspr. **Ethylen** *das;* -s ⟨zu ↑...en⟩: einfachster ungesättigter Kohlenwasserstoff (im Leuchtgas enthalten). **Äthy|lengly|kol,** chem. fachspr. **Ethylenglykol** *das;* -s, -e: einfachste Verbindung aus der Gruppe der ↑Glykole, die als Gefrierschutzmittel u. zur Herstellung von ↑Polyestern verwendet wird. **Äthyl|gly|kol,** chem. fachspr. **Ethylglykol** *das;* -s, -e: Flüssigkeit, die als langsam verdunstendes Lösungsmittel für Lacke verwendet wird. **Äthy|lis|mus** *der;* -, ...men ⟨zu ↑...ismus (3)⟩: Vergiftung mit Äthylalkohol, Alkoholvergiftung (Med.)
Athy|mie *die;* -, ...ien ⟨aus *gr.* athymía „Mutlosigkeit, Verzagtheit"⟩: Antriebslosigkeit, Schwermut (Med.). **athymisch** ⟨aus gleichbed. *gr.* áthymos⟩: antriebs-, mutlos
Athy|reo|se *die;* -, -n ⟨zu *gr.* a... „un-, nicht-", thyreós „Tür, türförmiges Schild; Schilddrüse" u. ↑¹...ose⟩: angeborenes Fehlen od. krankhafte Veränderung der Schilddrüse (Med.)
Ati|mie *die;* - ⟨aus gleichbed. *gr.* atimía zu átimos „ehrlos"⟩: a) Entehrung, Ehrlosigkeit; b) bes. im alten Athen Entziehung der bürgerlichen Ehrenrechte als Strafe. **ati|mie|ren** ⟨zu ↑...ieren⟩: (veraltet) a) entehren; b) jmdm. die bürgerlichen Ehrenrechte entziehen (bes. im alten Athen)
Ätio|lo|gie *die;* -, ...ien ⟨über *lat.* aetiologia zu *gr.* aitiología „Angabe des Grundes", dies zu aitía „Grund, Ursache"⟩: 1. Lehre von den Krankheitsursachen (Med.). 2. Gesamtheit der Faktoren, die zu einer bestehenden Krankheit geführt haben (Med.); vgl. Pathogenese. **ätio|lo|gisch** ⟨zu ↑...logisch⟩: a) die Ätiologie betreffend; b) ursächlich, begründend; -e Sagen: Sagen, die auffällige Erscheinungen, Bräuche u. Namen erklären wollen. **Ätio|pa|tho|gene|se** *die;* -: Lehre von der Ursache u. der Entstehung einer Krankheit
...ation ⟨aus gleichbed. *lat.* -atio⟩: Endung weiblicher Substantive, die meist den substantivischen Gebrauch des zugrundeliegenden Vorgangs ausdrückt, z. B. Inspiration, Meditation. **...[at]ion/...ierung:** oftmals konkurrierende Endungen von Substantiven, die von Verben auf ...ieren abgeleitet sind. Oft stehen beide Bildungen ohne Bedeutungsunterschied nebeneinander, z. B. Isolation/Isolierung, Konfrontation/Konfrontierung, doch zeichnen sich insofern Bedeutungsnuancen ab, als die Wörter auf ...ation stärker das Ergebnis einer Handlung bezeichnen, während die Parallelbildung auf ...ierung mehr das Geschehen od. die Handlung betont, wofür allerdings auch nicht selten die Bildung auf ...ation gebraucht wird
ätio|trop ⟨zu *gr.* aitía „Grund, Ursache" u. ↑...trop⟩: auf die Ursache einer Krankheit wirkend
Atjar ['a:tʃar] vgl. Acar
At|lant *der;* -en, -en ⟨nach dem Riesen Atlas (vgl. ¹Atlas) u. zu ↑...ant⟩: Gebälkträger in Gestalt einer kraftvollen Männerfigur an Stelle eines Pfeilers od. einer Säule (Archit.); vgl. Karyatide. **at|lan|tal** ⟨zu ↑¹...al (1)⟩: zum ↑¹Atlas (3) gehörend (Med.). **At|lan|thro|pus** *der;* -, ...pi ⟨nach dem Fundort im Atlas(gebirge) u. zu *gr.* ánthrōpos „Mensch"⟩: Urmenschenform der Pithekanthropus-Gruppe. **At|lan|tik** *der;* -s ⟨über *lat.* Atlanticus (oceanus) aus *gr.* Atlantikós (pélagos), nach dem Gebirge Atlas⟩: Atlantischer Ozean. **At|lan|tik|char|ta** [...karta] *die;* -: 1941 auf einem amerik. Kriegsschiff zwischen Roosevelt u. Churchill aufgestellte Grundsätze über Kriegsziele u. Nachkriegspolitik. **At|lantik|pakt** *der;* -s: svw. NATO. **At|lan|ti|kum** *das;* -s ⟨zu ↑At-

Atlantis

lantik u. ↑...ikum⟩: Wärmeperiode der Nacheiszeit. **At|lan|tis** *die;* - ⟨aus Atlantís, dem Namen einer von Platon (428/427–348/347 v. Chr.) erwähnten Insel im Atlantischen Ozean⟩: sagenhafte Insel im Atlantischen Ozean. **at|lan|tisch:** 1. dem Atlantischen Ozean angehörend. 2. den Atlantikpakt betreffend. 3. (veraltet) riesenhaft. **at|lan|to|axi|al:** zum ↑¹Atlas (3) u. zum zweiten Halswirbel (vgl. Axis) gehörend (Med.). **At|lan|to|sau|ri|er** [...iɐ] *der;* -s, - u. **At|lan|to|sau|rus** *der;* -, ...rier [...iɐ]: Riesenreptil (bis 40 m Länge) aus einem früheren Erdzeitalter (untere Kreide). **¹At|las** *der;* Gen. - u. -ses, Plur. -se u. ...lanten ⟨nach dem Riesen Atlas (*gr.* Átlas) in der griech. Sage, der das Himmelsgewölbe trägt⟩: 1. a) Sammlung gleichartig bearbeiteter geographischer Karten in Buchform; b) Sammlung von Bildtafeln aus einem Wissensgebiet in Buchform. 2. (selten) svw. Atlant. 3. (ohne Plur.) erster Halswirbel, der den Kopf trägt (Med.). **²At|las** *der;* Gen. - u. -ses, Plur. -se ⟨aus *arab.* aṭlas „kahl, glatt; Seidenstoff"⟩: Gewebe mit hochglänzender Oberfläche in besonderer Bindung (Webart) **At|las-Ra|ke|te** *die;* -, -n ⟨zu ↑¹Atlas u. ↑ Rakete⟩: amerik. Rakete für Forschungs- u. Militärzwecke. **at|las|sen** ⟨zu ↑²Atlas⟩: aus ↑²Atlas **At|latl** *die;* -, - ⟨aus *aztek. (Nahuatl)* atlatl „Speerschleuder"⟩: als Kriegs- u. Jagdwaffe auf dem gesamten amerik. Kontinent seit altindian. Zeit verbreitete Speerschleuder **At|man** *der* od. *das;* -[s] ⟨aus gleichbed. *sanskr.* ātmán⟩: Seele in der indischen Philosophie **At|mia|trie** *die;* - ⟨zu *gr.* atmós, atmís, Gen. atmídos „Dampf" u. ↑...iatrie⟩: (veraltet) svw. Pneumologie. **At|mi|dia|trie** *die;* - ⟨zu *gr.* diá „durch" u. ↑...iatrie⟩: (veraltet) Heilung durch Dämpfe mittels ↑ Inhalation. **At|mi|do|me|ter** *das;* -s, - ⟨zu ↑¹...meter⟩: svw. Atmometer. **At|mo|bi|os** *das;* -: die Gesamtheit der auf Landpflanzen u. Landtieren lebenden Organismen. **At|mo|kau|sis** *die;* - ⟨zu *gr.* kaũsis „(von Ärzten geübtes) Brennen, Ausbrennen"⟩: Ausdampfung der Gebärmutterhöhle bei starken Blutungen (Med.). **At|mo|lo|gie** *die;* - ⟨zu ↑...logie⟩: (veraltet) Teilgebiet der Physik, das sich mit der Verdunstung beschäftigt. **At|mo|ly|se** *die;* -, -n ⟨zu ↑...lyse⟩: Trennung eines Gasgemisches unter Ausnutzung der unterschiedlichen Diffusionsgeschwindigkeiten der Einzelgase durch eine poröse Wand (Chem.). **At|mo|me|ter** *das;* -s, - ⟨zu ↑¹...meter⟩: Verdunstungsmesser (Meteor.). **at|mo|phil** ⟨zu ↑...phil⟩: in der Atmosphäre angereichert vorkommend (z. B. Stickstoff, Sauerstoff). **At|mo|sphä|re** *die;* -, -n: 1. a) Gashülle eines Gestirns; b) Lufthülle der Erde. 2. Einheit des Druckes (Zeichen für die physik. A.: atm, früher: Atm; für die techn. A.: at). 3. eigenes Gepräge, Ausstrahlung, Stimmung, Fluidum. **At|mo|sphä|ren|über|druck** *der;* -s: der über 1 Atmosphäre (2) liegende Druck (veraltetes Zeichen: atü). **At|mo|sphä|ri|li|en** [...jən] *die* (Plur.) ⟨aus gleichbed. *nlat.* atmosphaerilia (Plur.)⟩: die physik. u. chem. wirksamen Bestandteile der Atmosphäre (z. B. Sauerstoff, Stickstoff). **at|mo|sphä|risch:** 1. a) die Atmosphäre (1) betreffend; b) in der Atmosphäre (1). 2. a) Atmosphäre (3), ein besonderes Fluidum betreffend; b) nur in sehr feiner Form vorhanden u. daher kaum feststellbar; nur andeutungsweise vorhanden, anklingend, z. B. ein -er Bedeutungsunterschied. **At|mo|sphä|ro|gra|phie** *die;* - ⟨zu ↑...graphie⟩: wissenschaftliche Beschreibung der Atmosphäre (1). **At|mo|sphä|ro|lo|gie** *die;* - ⟨zu ↑...logie⟩: Zweig der Meteorologie, der sich mit der Atmosphäre (1) befaßt

Ato|kie *die;* - ⟨aus gleichbed. *gr.* atokía⟩: (veraltet) Unfruchtbarkeit (Med.) **Atoll** *das;* -s, -e ⟨über gleichbed. *engl.* atoll aus *Malayalam* aḍal „verbindend"⟩: ringförmige Koralleninsel **Atol|mie** *die;* - ⟨aus gleichbed. *gr.* atolmía⟩: (veraltet) Mutlosigkeit, Verzagtheit **Atom** *das;* -s, -e ⟨über *lat.* atomus aus *gr.* átomos „unteilbar; unteilbarer Urstoff" zu *gr.* a- „un-, nicht-" u. témnein „schneiden"⟩: kleinste, mit chem. Mitteln nicht weiter zerlegbare Einheit eines chem. Elementes, die noch die für das Element charakteristischen Eigenschaften besitzt. **ato|mar** ⟨zu ↑...ar⟩: a) ein Atom betreffend; b) die Kernenergie betreffend; c) mit Kernenergie [angetrieben]; d) Atomwaffen betreffend. **Atom|bat|te|rie** *die;* -, -n: svw. Reaktor (1). **Atom|bom|be** *die;* -, -n: Sprengkörper, bei dessen Explosion Atomkerne unter Freigabe größter Energiemengen zerfallen. **Atom|bom|ber** *der;* -s, -: Kampfflugzeug, das Atombomben mit sich führt. **Atom|bren|ner** *der;* -s, -: svw. Reaktor (1). **Atom|di|sper|si|on** *die;* -, -en: Differenz der Atomrefraktionen bei zwei verschiedenen Wellenlängen (Chem.). **Atom|ener|gie** *die;* -: bei einer Kernspaltung freiwerdende Energie, Kernenergie. **Atom|ge|ne|ra|tor** *der;* -s, -en: Gerät zur Gewinnung elektrischer Energie aus radioaktiver Strahlung. **Atom|ge|wicht** *das;* -[e]s: Vergleichszahl, die angibt, wievielmal die Masse eines bestimmten Atoms größer ist als die eines Standardatoms. **Atom|git|ter** *das;* -s: Kristallgitter, dessen Gitterpunkte mit Atomen besetzt sind (z. B. beim Diamanten). **Atom|gramm** *das;* -s, -e: svw. Grammatom. **ato|misch:** (schweiz.) svw. atomar. **Ato|mi|seur** [...'zø:ɐ] *der;* -s, -e ⟨aus gleichbed. *fr.* atomiseur⟩: Zerstäuber. **ato|mi|sie|ren** ⟨zu ↑ Atom u. ↑...isieren⟩: bewirken, daß etw. in kleinste Teile zerfällt, aufgelöst, zerlegt wird. **Ato|mis|mus** *der;* - ⟨zu ↑...ismus (1)⟩: Anschauung, die die Welt u. die Vorgänge in ihr auf die Bewegung von Atomen zurückführt. **Ato|mist** *der;* -en, -en ⟨zu ↑...ist⟩: Vertreter der Lehre des Atomismus. **Ato|mi|stik** *die;* - ⟨zu ↑...istik⟩: svw. Atomismus. **ato|mi|stisch** ⟨zu ↑...istisch⟩: 1. die Atomistik betreffend. 2. in kleine Einzelbestandteile auflösend. **Ato|mi|um** *das;* -s ⟨zu ↑...ium⟩: das auf der Brüsseler Weltausstellung 1958 errichtete Ausstellungsgebäude in Form eines Atommodells. **Ato|mi|zer** [...maɪzə] *der;* -s, - ⟨aus gleichbed. *engl.* atomizer⟩: svw. Atomiseur. **Atom|ka|lot|te** *die;* -, -n ⟨zu ↑ Atom u. ↑ Kalotte⟩: Atommodell aus Holz od. Kunststoff, das die räumliche Ausdehnung des Atoms u. die Bindungsabstände u. -winkel wiedergibt u. als Baustein zum Aufbau von Molekülmodellen dient. **Atom|kern** *der;* -[e]s, -e: der aus ↑ Nukleonen bestehende, positiv geladene innere Bestandteil des Atoms, der von der Elektronenhülle (vgl. ¹Elektron) umgeben ist. **Atom|kon|stan|te** *die;* -n, -n: für die Eigenschaften u. das Verhalten der Materie in atomaren u. subatomaren Bereichen charakteristische universelle ↑ Konstante. **Atom|mei|ler** *der;* -s, -: svw. Reaktor (1). **Atom|mo|dell** *das;* -s, -e: von experimentellen Befunden ausgehende räumliche Darstellung des Atombaus, mit deren Hilfe viele der Eigenschaften u. Wirkungen des Atoms gedeutet werden können. **Atom|müll** *der;* -s: Sammelbez. für radioaktive Abfallstoffe. **Atom|phy|sik** *die;* -: svw. Kernphysik. **Atom|ra|di|us** *der;* -, ...dien [...jən]: kürzeste Entfernung, bis zu der sich ein Atom an den Kern eines zweiten Atoms annähern kann. **Atom|ra|ke|te** *die;* -, -n: 1. Rakete mit atomarem Sprengkopf. 2. Rakete, die durch Atomenergie angetrieben wird. **Atom|re|ak|tor** *der;* -s, -en: svw. Reaktor (1). **Atom|spek|trum** *das;* -s, ...tren: von der Hülle eines Atoms ausgesandtes ↑ Spektrum. **Atom|stopp** *der;* -s: Einstellung der Atombombenversuche u. Einschränkung der Herstellung spaltbaren Materials. **At̲om|test** *der;* -s, Plur. -s, auch -e u. **At̲om|ver|such** *der;* -s, -e: Erprobung von atomaren Sprengsätzen im Weltraum, auf u. unter der Erde. **At̲om|waf|fen** *die* (Plur.): Waffen, deren Wirkung auf der Kernspaltung od. -verschmelzung beruht

At̲on ⟨ägypt.; eigtl. „Sonnenscheibe"⟩: ägypt. Sonnengott (dargestellt als Scheibe mit Strahlen, die an ihren Enden zu Händen ausgebildet sind)

ato|nal [auch ...'na:l] ⟨zu *gr.* a- „un-, nicht-" u. ↑tonal⟩: nicht tonal, nicht auf dem harmonisch-funktionalen Prinzip der ↑Tonalität beruhend; -e Musik: Musik, die nicht auf dem harmonisch-funktionalen Prinzip der ↑Tonalität beruht. **Ato|na|list** *der;* -en, -en ⟨zu ↑...ist⟩: Vertreter der atonalen Musik. **Ato|na|li|tät** *die;* - ⟨zu ↑...ität⟩: Kompositionsweise der atonalen Musik. **Ato|nie** *die;* -, ...ien ⟨über *mlat.* atonia aus gleichbed. *gr.* atonía⟩: Erschlaffung, Schlaffheit [der Muskeln] (Med.). **ato|nisch** ⟨aus *gr.* átonos „abgespannt, schwach"⟩: auf Atonie beruhend. **Ato|non** [auch 'a...] *das;* -s, ...na ⟨zu ↑¹...on⟩: unbetontes Wort (↑Enklitikon od. ↑Proklitikon)

Ato|pen *das;* -s, -e ⟨zu ↑Atopie u. ↑...en⟩: Stoff, der eine ↑Atopie auslöst (Med.)

Ato|phan ⓦ *das;* -s ⟨Kunstw.⟩: Mittel gegen Rheuma u. Gicht

Ato|pie *die;* -, ...ien ⟨aus *gr.* atopía „Widerspruch"⟩: svw. Idiosynkrasie. **ato|pisch** ⟨aus *gr.* átopos „nicht an seiner Stelle"⟩: nicht in der richtigen Lage befindlich, versetzt, verlegt (Med.)

...ator ⟨aus *lat.* -ator (mit Erweiterungssilbe -at- zu ↑...or)⟩: Endung von männlichen Substantiven, die den Träger des im Wortstamm genannten Geschehens bezeichnet (Person od. Sache), z. B. Organisator, Generator

Atour [a'tu:ɐ] *der;* -s, -s (meist Plur.) ⟨aus gleichbed. *fr.* atour zu atourner, vgl. atournieren⟩: (veraltet) weiblicher Putz, Schmuck, Staat. **Atour|ne|ment** [aturnə'mã:] *das;* -s, -s ⟨französierende Bildung zu ↑atournieren; vgl. ...ment⟩: (veraltet) das Putzen, der Aufputz. **atour|nie|ren** ⟨aus gleichbed. *fr.* atourner⟩: (veraltet) putzen, schmücken

Atout [a'tu:] *das,* auch *der;* -s, -s ⟨aus gleichbed. *fr.* atout zu à tout „bei, zu allem"⟩: Trumpf im Kartenspiel. **à toute force** [a tut 'fɔrs]: mit aller Kraft. **à tout ha|sard** [a tuta'za:r]: auf gut Glück, aufs Geratewohl. **atou|tie|ren** [atu'ti:...] ⟨zu ↑...ieren⟩: (veraltet) mit Trumpf stechen, durch Trumpf mitnehmen (beim Kartenspiel). **à tout prix** [a tu 'pri:] ⟨*fr.*⟩: um jeden Preis

ato|xisch ⟨aus *gr.* a- „un-, nicht-" u. ↑toxisch⟩: ungiftig

atra|bi|lär od. **atra|bi|la|risch** ⟨aus gleichbed. *mlat.* atrabilarius, eigtl. „schwarzgallig", zu *lat.* ater „schwarz" u. bilis „Galle"⟩: (veraltet) schwermütig. **Atra|bi|li|tät** *die;* - ⟨zu ↑...ität⟩: svw. Melancholie

atra|che|lisch ⟨aus gleichbed. *gr.* atráchēlos⟩: (veraltet) ohne Hals, kurzhalsig (Med.)

Atra|ment *das;* -s, -e ⟨aus *lat.* atramentum „schwarze Flüssigkeit, schwarze Farbe"⟩: (veraltet) eine früher verwendete schwarze Farbe bzw. Tinte. **atra|men|tie|ren** ⟨zu ↑...ieren⟩: Stahl zur Verhütung von Korrosion in Salzbädern mit einer Oxyd- od. Phosphatschicht überziehen. **atra|men|tös** ⟨zu ↑...ös⟩: (veraltet) tintenfarbig, tintenschwarz

atrau|ma|tisch ⟨zu *gr.* a- „un-, nicht-" u. ↑traumatisch⟩: ohne Wunde od. Verletzung verlaufend (z. B. von der chirurgischen Naht mit atraumatischen Nadeln; Med.)

Atre|kie *die;* -, ...ien ⟨aus gleichbed. *gr.* atrékeia⟩: (veraltet) unverfälschte Wirklichkeit, Wahrheit. **atre|kisch** ⟨zu *gr.* atrekeĩn „wahr, genau sein"⟩: (veraltet) richtig, wahrheitsgemäß

Atre|mie *die;* -, ...ien ⟨aus *gr.* atremía „das Nichtzittern; Unerschrockenheit"⟩: (veraltet) 1. Furchtlosigkeit, Unerschrockenheit, Ruhe. 2. Unfähigkeit zu gehen u. zu stehen wegen mangelnden Zusammenwirkens der entsprechenden Muskeln (Med.). **atre|misch** ⟨aus *gr.* atremés „nicht zitternd, ruhig"⟩: (veraltet) 1. unerschrocken, ruhig. 2. an Atremie (2) leidend (Med.)

Atre|sie *die;* -, ...ien ⟨zu *gr.* a- „un-, nicht-", trēsis „Loch" u. ↑²...ie⟩: Fehlen einer natürlichen Körperöffnung (z. B. des Afters; Med.). **atre|tisch** ⟨aus *gr.* átrētos „nicht durchbohrt, ohne Öffnung"⟩: verschlossen, mit verwachsener Öffnung (Med.)

a tre voci [- - 'vo:tʃi] ⟨*it.;* „zu, für drei Stimmen"⟩: dreistimmig (Mus.)

Atri|chie *die;* -, ...ien ⟨zu ↑atrichisch u. ↑²...ie⟩: angeborenes od. erworbenes Fehlen der Körperhaare (Med.). **atri|chisch** ⟨aus gleichbed. *gr.* átrichos⟩: unbehaart (Med.)

Atril *der;* -s, -e ⟨aus gleichbed. *span.* atril⟩: Lesepult

Atrio|to|mie *die;* -, ...ien ⟨zu ↑Atrium u. ↑...tomie⟩: operative Spaltung eines Herzvorhofs (Med.). **Atri|um** *das;* -s, ...ien [...iən] ⟨aus *lat.* atrium „Hauptraum des Hauses", weitere Herkunft unsicher⟩: 1. offener Hauptraum des altröm. Hauses. 2. Säulenvorhalle (vgl. Paradies 2) altchristlicher u. romanischer Kirchen. 3. Vorhof, Vorkammer des Herzens (Med.). 4. Innenhof eines Hauses. **Atri|um|bun|ga|low** *der;* -s, -s u. **Atri|um|haus** *das;* -es, ...häuser: Bungalow, Haus, das um einen Innenhof gebaut ist

atrop ⟨zu *gr.* a- „un-, nicht-" u. ↑...trop⟩: aufrecht, gerade (von der Stellung der Samenanlage; Bot.)

Atro|phie *die;* -, ...ien ⟨über *lat.* atrophia aus *gr.* atrophía „Mangel an Nahrung; Auszehrung"⟩: (bes. durch Ernährungsstörungen bedingter) Schwund von Organen, Geweben, Zellen (Med.). **atro|phie|ren** ⟨zu ↑...ieren⟩: schwinden, schrumpfen (von Organen, Geweben, Zellen; Med.). **atro|phisch**: an Atrophie leidend, im Schwinden begriffen (Med.)

Atro|pin *das;* -s ⟨zu *nlat.* atropa belladonna „Tollkirsche" (dies zum Namen der *gr.* ↑Moira Átropos „die Unerbittliche") u. ↑...in (1)⟩: giftiges ↑Alkaloid der Tollkirsche

Atro|sie *die;* - ⟨aus gleichbed. *gr.* atrōsía⟩: (veraltet) Unverwundbarkeit

Atro|zi|tät *die;* -, -en ⟨aus gleichbed. *lat.* atrocitas, Gen. atrocitatis zu atrox „grausam"⟩: Grausamkeit, Abscheulichkeit

at|tac|ca [...ka] ⟨*it.;* Imperativ von attaccare „anhängen"⟩: den folgenden Satz od. Satzteil ohne Unterbrechung anschließen (Vortragsanweisung; Mus.). **at|ta|chant** [...'ʃã:] ⟨*fr.;* Part. Präs. von attacher, vgl. attachieren⟩: (veraltet) anziehend; anhänglich. **At|ta|ché** [...'ʃe:] *der;* -s, -s ⟨aus gleichbed. *fr.* attaché, eigtl. „Zugeordneter", substantiviertes Part. Perf. von attacher, vgl. attachieren⟩: 1. erste Dienststellung eines angehenden Diplomaten bei einer Vertretung seines Landes im Ausland. 2. Auslandsvertretungen eines Landes zugeteilter Berater (Militär-, Kultur-, Handelsattaché usw.). **At|ta|che|ment** [...ʃə'mã:] *das;* -s, -s ⟨aus gleichbed. *fr.* attachement⟩: (veraltet) Anhänglichkeit, Zuneigung. **at|ta|chie|ren** [...'ʃi:...] ⟨aus *fr.* attacher „festmachen, anschließen, zuordnen"⟩: 1. (veraltet) zuteilen (Heerw.). 2. sich -: (veraltet) sich anschließen. **at|ta|chiert** ⟨zu ↑...iert⟩: ergeben, zugetan; beigegeben. **At|tack** [ə'tæk] *die;* -, -s ⟨aus *engl.* attack, eigtl. „Angriff, Ansatz", vgl. Attacke⟩: Zeitdauer des Ansteigens des Tons bis zum Maximum beim ↑Synthesizer. **¹At|tacke¹**

Attacke

[a'takə] *die;* -, -n ⟨aus gleichbed. *fr.* attaque zu attaquer, vgl. attackieren⟩: 1. a) Reiterangriff; b) mit Schärfe geführter Angriff; eine - gegen jmdn./etwas reiten: jmdn. od. jmds. Ansichten o. ä. attackieren, dagegen zu Felde ziehen. 2. Schmerz-, Krankheitsanfall (Med.). ²**At|tacke¹** *die;* -, -n ⟨aus gleichbed. *engl.* attack, dies aus *fr.* attaque, vgl. ¹Attacke⟩: lautes, explosives Anspielen des Tones im Jazz. **at|tackie|ren¹** ⟨aus *fr.* attaquer „angreifen"⟩: 1. [zu Pferde] angreifen. 2. jmdn./etwas scharf, gezielt mit Worten angreifen. **At|tackier|stoß¹** *der;* -es, ...stöße: rasch ausgeführter Fechtstoß bei einer vom Gegner gegebenen Blöße **at|ta|mi|nie|ren** ⟨aus *lat.* attaminare „entehren"⟩: (veraltet) beflecken, verderben, schänden
At|taque [a'tak] *die;* -, -s [a'tak] ⟨aus gleichbed. *fr.* attaque, vgl. ¹Attacke⟩: gegen den nicht angreifenden Gegner geführter Angriff (Fechten)
At|ta|sche *die;* -, -n ⟨zu *fr.* attacher „befestigen"⟩: Ansatzplatten für Henkel od. Griffe an Metallgefäßen (bes. aus Antike u. Altertum), die ornamental (z. B. palmettenförmig) od. figürlich gestaltet sein können
At|tein|te [a'tɛ̃tə] *die;* -, -n ⟨aus gleichbed. *fr.* atteinte zu atteindre „erreichen; berühren, befallen", dies zu gleichbed. *lat.* attingere⟩: (veraltet) 1. Berührung. 2. leichter Krankheitsanfall, Anwandlung (Med.)
At|te|la|ge [...ʒə] *die;* -, -n ⟨aus gleichbed. *fr.* attelage zu atteler, vgl. attelieren⟩: (veraltet) Bespannung, Pferdegeschirr. **at|te|lie|ren** ⟨aus gleichbed. *fr.* atteler⟩: (veraltet) anspannen, bespannen
at|tem|pe|rie|ren ⟨aus *lat.* attemperare „anpassen, anfügen"⟩: (veraltet) mäßigen, mildern
at|tem|po|rie|ren ⟨zu ↑ad..., *lat.* tempus, Gen. temporis „Zeit" u. ↑...ieren⟩: (veraltet) sich in die Zeit schicken, den Zeitumständen anpassen
at|ten|die|ren ⟨über *fr.* attendre „erwarten" zu *lat.* attendere „hinstrecken; achtgeben"⟩: (veraltet) 1. achtgeben. 2. erwarten
at|ten|drie|ren [atã...] ⟨aus gleichbed. *fr.* attendrir zu tendre „weich", dies zu *lat.* tener⟩: (veraltet) weich machen; rühren, milde stimmen. **At|ten|drisse|ment** [...drɪs'mã] *das;* -s ⟨aus gleichbed. *fr.* attendrissement⟩: (veraltet) Rührung
At|ten|tat [auch ...'ta:t] *das;* -s, -e ⟨unter Einfluß von *fr.* attentat „(Mord)anschlag" aus *lat.* attentatum „versuchtes (Verbrechen)"⟩: Anschlag auf einen politischen Gegner; Versuch, einen politischen Gegner umzubringen; ich habe ein - auf dich vor: (ugs. scherzh.) ich werde mich gleich mit einer für dich vielleicht unbequemen Bitte um Unterstützung o. ä. an dich wenden. **At|ten|tä|ter** [auch ...'tɛ...] *der;* -s, -: jmd., der ein Attentat verübt. **at|ten|ta|to|risch** ⟨aus gleichbed. *nlat.* attentatorius⟩: (veraltet) widerrechtlich eingreifend. **at|ten|tie|ren** ⟨über *fr.* attenter zu *lat.* attentare „versuchen"⟩: (veraltet) 1. versuchen. 2. in fremde Rechte eingreifen. **At|ten|tion** [atã'sjõ:] *die;* - ⟨aus gleichbed. *fr.* attention⟩: Aufmerksamkeit, Achtung, Obacht (meist als Ausruf, Mahnung zur Vorsicht). **At|ten|tis|mus** [atɛn...] *der;* - ⟨aus gleichbed. *fr.* attentisme, eigtl. „abwartende Haltung", zu attendre „warten" (dies zu *lat.* attendere, vgl. attendrieren); vgl. ...ismus⟩: 1. Haltung eines Menschen, der seine Entscheidung zwischen zwei kämpfenden Parteien vom jeweiligen Erfolg einer der Parteien abhängig macht. 2. abwartende Haltung beim Kauf von Rentenwerten (Wirtschaft)
At|te|nua|ti|on *die;* -, -en ⟨aus gleichbed. *lat.* attenuatio zu attenuare, vgl. attenuieren⟩: (veraltet) Verdünnung, Schwächung; vgl. ...[at]ion/...ierung. **at|te|nu|ie|ren** ⟨aus gleichbed. *lat.* attenuare⟩: verdünnen, schwächen. **At|te|nu|ie-**

rung *die;* -, -en ⟨zu ↑...ierung⟩: Abschwächung der krankmachenden Fähigkeit von Erregern durch Züchtung in bestimmten Medien od. unter bestimmten Temperaturbedingungen (Med.); vgl. ...[at]ion/...ierung
At|ter|ra|ge [...ʒə] *die;* -, -n ⟨aus *fr.* atterrage „Nähe des Landes; küstennaher Meeresteil" zu atterrir, vgl. atterrieren⟩: (veraltet) das Landen, Landeplatz. **at|ter|rie|ren** ⟨aus gleichbed. *fr.* atterrir, dies zu *lat.* ad terram „ans Land, zur Erde"⟩: (veraltet) 1. zu Boden werfen. 2. a) anlanden; b) zu Uferland werden
At|test *das;* -[e]s, -e ⟨Kurzf. für älter Attestat aus *lat.* attestatum, Part. Perf. (Neutrum) von attestari, vgl. attestieren⟩; vgl. Testament⟩: 1. ärztliche Bescheinigung über einen Krankheitsfall. 2. (veraltet) Gutachten, Zeugnis. **At|te|stant** *der;* -en, -en ⟨zu ↑...ant (1)⟩: (veraltet) jmd., der etw. bescheinigt. **At|te|sta|ti|on** *die;* -, -en ⟨aus *lat.* attestatio „Bezeugung, Bescheinigung"⟩: Qualifikationsbescheinigung ohne Prüfungsnachweis in der ehem. DDR. 2. schriftliche, regelmäßige Beurteilung der Fähigkeiten eines Offiziers der Nationalen Volksarmee in der ehem. DDR; vgl. ...[at]ion/...ierung. **at|te|stie|ren** ⟨aus *lat.* attestari „bezeugen, bestätigen", vgl. ...ieren⟩: 1. bescheinigen, schriftlich bezeugen. 2. (veraltend) jmdm. eine Attestation erteilen. **At|te|stie|rung** *die;* -, -en ⟨zu ↑...ierung⟩: das Bescheinigen; vgl. ...[at]ion/...ierung
At|ti|ka *die;* -, ...ken ⟨aus *lat.* Attica, Fem. von Atticus, aus *gr.* Attikós „aus der griech. Landschaft Attika"⟩: halbgeschoßartiger Aufsatz über den Hauptgesims eines Bauwerks, oft Träger von Skulpturen od. Inschriften (z. B. an römischen Triumphbogen; Archit.)
At|ti|la *die;* -, -s, auch *der;* -s, -s ⟨aus gleichbed. *ung.* atilla, nach dem Hunnenkönig Attila⟩: a) kurzer Rock der ung. Nationaltracht; b) mit Schnüren besetzte Husarenjacke
at|ti|rie|ren ⟨aus gleichbed. *fr.* attirer⟩: (veraltet) hinzuziehen, anlocken, bestehen
at|tisch ⟨aus gleichbed. *lat.* Atticus, *gr.* Attikós⟩: 1. auf die altgriech. Landschaft Attika, bes. auf Athen bezogen. 2. fein, elegant, witzig; -es Salz: geistreicher Witz
at|ti|sie|ren ⟨aus gleichbed. *fr.* attiser⟩: (veraltet) anschüren, anfachen. **At|ti|soir** [...'zoa:ɐ̯] *der;* -s, -s ⟨aus gleichbed. *fr.* attisoir⟩: (veraltet) Schüreisen, Feuerhaken
At|ti|tude [...'tyd] *die;* -, -s [...'tyd] ⟨aus *fr.* attitude „Stellung, Haltung", dies über *it.* attitudine aus *lat.* aptitudo „Brauchbarkeit"⟩: Ballettfigur, bei der ein Bein rechtwinklig angehoben ist. **At|ti|tü|de** *die;* -, -n: 1. Einstellung, [innere] Haltung, Pose. 2. durch Erfahrung erworbene dauernde Bereitschaft, sich in bestimmten Situationen in spezifischer Weise zu verhalten
At|ti|zis|mus *der;* -, ...men ⟨über *lat.* atticismus aus *gr.* attikismós „attische Mundart, attischer Ausdruck"⟩: 1. [feine] Sprechweise der Athener; Ggs. ↑Hellenismus (2). 2. Gegenbewegung gegen den ↑Asianismus, die die klassische Sprache als Vorbild bezeichnete. **At|ti|zist** *der;* -en, -en ⟨zu ↑...ist⟩: Anhänger der klassischen athenischen Sprechweise, Vertreter des Attizismus (2). **at|ti|zi|stisch** ⟨zu ↑...istisch⟩: a) den Attizismus betreffend; b) die Auffassung des Attizismus vertretend
At|to... ⟨zu *dän.* atten „achtzehn" (weil es den 10^{18}ten Teil einer Maßeinheit bezeichnet)⟩: Vorsatz vor Maßeinheiten mit der Bedeutung „ein Trillionstel (der 10^{18}te Teil)" der genannten Maßeinheit; Zeichen a (z. B. Attometer; Zeichen am). **At|to|me|ter** [auch 'ato...] *der* od. *das;* -s, -: ein trillionstel Meter
At|to|ni|tät *die;* - ⟨zu *lat.* attonitus „betäubt" u. ↑...ität⟩: re-

gungsloser Zustand des Körpers, Regungslosigkeit bei erhaltenem Bewußtsein (Med.). **At|trac|tants** [ə'træktənts] *die* (Plur.) ⟨aus gleichbed. *engl.* attractants (Plur.) zu *lat.* attractus, Part. Perf. von attrahere, vgl. attrahieren⟩: Lockstoffe (für Insekten). **at|tra|hie|ren** [atra...] ⟨aus gleichbed. *lat.* attrahere⟩: (veraltet) anziehen, an sich ziehen. **At|trait** [a'trɛ:] *der;* -s, -s ⟨aus gleichbed. *fr.* attrait⟩: (veraltet) Anziehung, Reiz, Lockung. **at|trak|ti|bel** ⟨aus gleichbed. *nlat.* attractibilis⟩: (veraltet) anziehend. **¹At|trak|ti|on** *die;* -, -en ⟨über gleichbed. *engl.* attraction, *fr.* attraction aus *lat.* attractio „das Ansichziehen"; vgl. attrahieren⟩: 1. Anziehung, Anziehungskraft. 2. Glanznummer, Zugstück. **²At|trak|ti|on** *die;* -, -en ⟨aus *lat.* attractio, vgl. ¹Attraktion⟩: Angleichung im Bereich der Lautung, der Bedeutung, der Form u. der Syntax (z. B. die am stärksten *betroffensten* statt *betroffenen* Gebiete; Sprachw.). **at|trak|tiv** ⟨aus gleichbed. *fr.* attractif⟩: so beschaffen, aussehend, daß es begehrenswert, anziehend wirkt, besonderen Reiz auf den Betrachter ausübt. **At|trak|ti|vi|tät** [...v...] *die;* - ⟨zu ↑...ität⟩: Anziehungskraft, die jmd./etwas besitzt. **At|trak|tor** *der;* -s, ...oren ⟨zu ↑...or⟩: Bez. für den Endzustand eines ↑dynamischen Systems bei Ablaufen eines ↑evolutionären Prozesses (z. B. Ausgleichsprozeß, Phasenumwandlung; statistische Phys.)
At|trap|pe *die;* -, -n ⟨aus gleichbed. *fr.* attrape, eigtl. „Falle, Schlinge", zu attraper, vgl. attrappieren⟩: [täuschend ähnliche] Nachbildung bes. für Ausstellungszwecke (z. B. von verderblichen Waren); Blind-, Schaupackung. **At|trap|pen|ver|such** *der;* -[e]s, -e: Experiment mit Attrappen, d. h. mit [meist vereinfachten] Nachbildungen von Reizmustern, auf die das Versuchstier seiner Natur entsprechend reagiert (Verhaltensforschung). **at|trap|pie|ren** ⟨aus *fr.* attraper „fangen, erwischen, täuschen" zu trappe „Falle", dies aus dem Germ.⟩: (veraltet) erwischen, ertappen
At|trek|ta|ti|on *die;* -, -en ⟨aus gleichbed. *lat.* attrectatio zu attrectare, vgl. attrektieren⟩: (veraltet) Berührung, Betastung. **at|trek|tie|ren** ⟨aus gleichbed. *lat.* attrectare⟩: (veraltet) berühren, betasten
at|tri|bu|ie|ren ⟨aus *lat.* attribuere „zuteilen"⟩: 1. als Attribut (2) beigeben. 2. mit einem Attribut versehen. **At|tri|but** *das;* -[e]s, -e ⟨aus *lat.* attributum „das Zugeteilte", Part. Perf. (Neutrum) von attribuere, vgl. attribuieren⟩: 1. Eigenschaft, Merkmal einer Substanz (Philos.). 2. einem Substantiv, Adjektiv od Adverb beigefügte nähere Bestimmung (z. B. die *große* Garten; die Schlüssel *hinter dem Strom; sehr* klein; *tief* unten; Sprachw.). 3. Kennzeichen, charakteristische Beigabe einer Person (z. B. der Schlüssel bei der Darstellung des Apostels Petrus). **At|tri|bu|ti|on** *die;* -, -en ⟨aus *lat.* attributio, eigtl. „Anweisung einer Geldschuld"⟩: (veraltet) Verleihung von Rechten, Bevollmächtigung. **at|tri|bu|tiv** ⟨zu ↑Attribut u. ↑...iv⟩: als Beifügung, beigefügt (Sprachw.). **At|tri|bu|ti|vum** [...v...] *das;* -s, Plur. ...va u. ...ve ⟨aus *nlat.* (verbum) attributivum⟩: als ↑Attribut (2) verwendetes Wort (Sprachw.). **At|tri|but|satz** *der;* -es, ...sätze: Nebensatz in der Rolle eines Gliedteilsatzes, der ein Attribut (2) wiedergibt (z. B. eine Frau, *die Musik studiert,* ... an Stelle von: eine *Musik studierende* Frau ...)
at|tri|stie|ren ⟨aus gleichbed. *fr.* attrister zu triste „betrüblich, schwermütig", dies aus gleichbed. *lat.* tristis⟩: (veraltet) betrüben, kränken
at|trit ⟨aus gleichbed. *lat.* attritus, Part. Perf. von atterere „zerreiben; abnutzen; schwächen, hart mitnehmen"⟩: (veraltet) abgerieben; abgenutzt; geschwächt. **At|tri|ti|on** *die;* -, -en ⟨aus *lat.* attritio „Abreibung", *mlat.* „Zerknir-

schung"⟩: noch nicht vollkommene, nur aus Furcht vor Strafe empfundene Reue; Ggs. ↑Kontrition. **At|tri|tio|nis|mus** *der;* - ⟨zu ↑...ismus (1)⟩: katholisch-theologische Lehre, die besagt, daß die unvollkommene Reue zum Empfang des Bußsakraments genügt; vgl. Kontritionismus
atü: veraltetes Zeichen für Atmosphärenüberdruck
Aty|chie *die;* - ⟨aus gleichbed. *gr.* atychía⟩: (veraltet) Unglück, Mißgeschick. **aty|chisch:** (veraltet) unglücklich
Aty|pie *die;* - ⟨zu *gr.* a- „un-, nicht-", ↑Typ u. ↑²...ie⟩: Regellosigkeit (des Verlaufs einer Krankheit; Med.). **aty|pisch** [auch a'ty:...] ⟨aus *gr.* a- „un-, nicht-" u. ↑typisch⟩: unregelmäßig, von der Regel abweichend (bes. vom Krankheitsverlauf gesagt)
Au|bade [o'ba:d] *die;* -, -n [o'ba:dən] ⟨aus gleichbed. *fr.* aubade⟩: 1. svw. Aube. 2. Morgenlied, -ständchen (Mus.); Ggs. ↑Serenade. **Aube** [o:b] *die;* -, -n [´o:bən] ⟨aus *fr.* aube „Morgendämmerung, Tagesanbruch"⟩: nordfranz. Minnelied, das neben der provenzal. ↑²Alba Vorbild des deutschen Tagesliedes wurde
Au|berge [o'bɛrʒ] *die;* -, Plur. -s [o'bɛrʒ] od. -n [o'bɛrʒən] ⟨aus gleichbed. *fr.* auberge, dies zu *ahd.* heriberga „Herberge"⟩: (veraltet) Gasthaus, Wirtshaus
au|ber|gine [obɛr'ʒi:n] ⟨zu ↑Aubergine (nach deren Farbe)⟩: dunkellila. **Au|ber|gi|ne** [...'ʒi:nə] *die;* -, -n ⟨aus gleichbed. *fr.* aubergine, dies über *katal.* albergínia aus *arab.* al-badingān⟩: 1. Nachtschattengewächs mit gurkenähnlichen Früchten. 2. a) blaurote Glasur bestimmter chinesischer Porzellane; b) chinesisches Porzellan mit blauroter Glasur
Au|brie|tie [...i̯ə] *die;* -, -n ⟨aus *nlat.* aubrietia; nach dem franz. Maler Aubriet⟩: Blaukissen, Polster bildende Zierstaude
Au|bus|son [oby'sõ:, *fr.* oby'sõ] *der;* -[s], -[s] ⟨nach der gleichnamigen franz. Stadt⟩: ein gewirkter Teppich
au con|traire [o kõ'trɛ:r] ⟨*fr.*⟩: im Gegenteil
au cou|rant [o ku'rã:] ⟨*fr.*⟩: auf dem laufenden
Au|cu|ba [...k...], **Aukube** *die;* -, ...ben ⟨aus gleichbed. *nlat.* aucuba zu *jap.* aokiba⟩: Zierstrauch aus Japan mit gelbgefleckten Blättern u. korallenroten Beeren
au|dac|ter ca|lum|nia|re, sem|per ali|quid hae|ret [au'dakte k... - - 'hɛ:...] ⟨*lat.*⟩: verleumde [nur] immer dreist, etwas bleibt immer hängen (Rechtsgrundsatz im alten Rom). **Au|da|zi|tät** *die;* -, -en ⟨zu *lat.* audacia „Kühnheit, Mut; Frechheit" (dies zu audax „mutig; waghalsig; frech") u. ↑...ität⟩: (veraltet) Kühnheit, Frechheit
au|di..., Au|di... vgl. audio..., Audio... **au|dia|tur et al|te|ra pars** ⟨*lat.;* „auch der andere Teil möge gehört werden"⟩: man muß aber auch die Gegenseite hören. **au|di|bel** ⟨aus gleichbed. *lat.* audibilis⟩: (veraltet) hörbar. **Au|di|bi|li|tät** *die;* - ⟨zu ↑...ität⟩: (veraltet) Hörbarkeit. **Au|di|enz** *die;* -, -en ⟨aus *lat.* audientia „Gehör, Aufmerksamkeit" zu audire „hören"⟩: 1. feierlicher Empfang bei einer hochgestellten politischen od. kirchlichen Persönlichkeit. 2. Unterredung mit einer hochgestellten Persönlichkeit. **Au|di|max** *das;* -: studentisches Kurzwort für ↑Auditorium maximum. **Au|di|me|ter** *der;* -s, - ⟨zu ↑audio... u. ↑...¹meter⟩: Gerät, das an Rundfunk- u. Fernsehempfänger von Testpersonen angeschlossen wird, um den Sender sowie Zeitpunkt u. Dauer der empfangenen Sendungen zum Zweck statistischer Auswertungen zu registrieren. **Au|di|mu|ti|tas** *die;* - ⟨zu *mlat.* mutitas „Sprachlosigkeit, das Verstummen", dies zu *lat.* mutus „stumm"⟩: Stummheit bei intaktem Gehör (Med.). **au|dio..., Au|dio...,** auch audi..., Audi... ⟨zu *lat.* audire „hören"⟩: Wortbildungselement mit der Bedeutung „hörbar; Gehör", z. B. Audiometer, audio-

Audiogramm

visuell, Auditorium. **Au|dio|gramm** *das;* -s, -e ⟨zu ↑...gramm⟩: graphische Darstellung der mit Hilfe des ↑Audiometers ermittelten Werte. **au|dio|lin|gu|al**: vom gesprochenen Wort ausgehend (in bezug auf eine Methode des Fremdsprachenunterrichts. **Au|dio|lo|ge** *der;* -n, -n ⟨zu ↑...loge⟩: Facharzt auf dem Gebiet der Audiologie. **Au|dio|lo|gie** *die;* - ⟨zu ↑...logie⟩: Teilgebiet der Medizin, das sich mit den Funktionen u. den Erkrankungen des menschlichen Gehörs befaßt. **au|dio|lo|gisch** ⟨zu ↑...logisch⟩: die Audiologie betreffend. **Au dio|me|ter** *das;* -s, - ⟨zu ↑¹...meter⟩: Gerät zum Messen der menschlichen Hörleistung auf ↑elektroakustischem Wege (Med.). **Audio|me|trie** *die;* - ⟨zu ↑...metrie⟩: Prüfung des Gehörs mit Hörmeßgeräten (Med.). **au|dio|me|trisch** ⟨zu ↑...metrisch⟩: 1. die Audiometrie betreffend. 2. mit dem Audiometer ermittelt. **Au|di|on** *das;* -s, Plur. -s u. ...onen ⟨zu ↑²...ion⟩: Schaltung in Rundfunkgeräten mit Elektronenröhren zum Verstärken der hörbaren (niederfrequenten) Schwingungen u. zur Trennung von den hochfrequenten Trägerwellen (Elektrot.). **Au|dio|phon** vgl. Audiphon. **Audio-Vi|deo-Tech|nik** [...v...] *die;* -: Gesamtheit der technischen Verfahren u. Mittel, die es ermöglichen, Ton- u. Bildsignale aufzunehmen, zu übertragen u. zu empfangen sowie wiederzugeben. **Au|dio|vi|si|on** *die;* -: 1. Technik des Aufnehmens, Speicherns u. Wiedergebens von Ton u. Bild. 2. Information durch Bild u. Ton. **au|dio|vi|su|ell**: zugleich hör- u. sichtbar, Hören u. Sehen ansprechend; - Medien [...jən]: Gesamtheit der [elektron.] Medien, die auditiv u./od. visuell dargeboten werden (z. B. das Fernsehen); -er Unterricht: Unterrichtsgestaltung mit Hilfe [moderner] technischer Lehr- u. Lernmittel, die sowohl auf auditivem als auch auf visuellem Wege die Wirksamkeit des Unterrichts erhöhen. **Au|di|phon** *das;* -s, -e ⟨zu ↑...phon⟩: Hörapparat für Schwerhörige. **Au|dit** [ˈɔːdɪt] *der od. das;* -s, -s ⟨aus gleichbed. engl. audit⟩: [unverhofft durchgeführte] Überprüfung. **Au|di|teur** [audiˈtøːɐ̯] *der;* -s, -e ⟨aus gleichbed. *fr.* auditeur⟩: (früher) Richter an Militärgerichten. **Au|di|ting** [ˈɔːdɪtɪŋ] *das;* -s, -s ⟨aus engl. auditing, eigtl. „das Prüfen", zu to audit „prüfen, ausforschen", dies aus *lat.* auditare, vgl. Audition⟩: mit psychologischen Tests verbundene Aufnahmeprüfung für die Mitgliedschaft in der Scientologybewegung. **Au|di|tio co|lo|ra|ta** [au... k...] *die;* - - ⟨aus *lat.* auditio colorata „farbiges Hören"⟩: svw. Audition colorée (Med.). **Au|di|ti|on** *die;* -, -en ⟨aus gleichbed. *lat.* auditio zu auditare „oft hören"⟩: das innere Hören von Worten u. das damit verbundene Vernehmen von Botschaften einer höheren Macht (z. B. bei den Propheten). **Au|di|ti|on co|lo|rée** [odisjɔkɔlɔˈre] ⟨aus *fr.* audition colorée, dies aus *lat.* auditio colorata „farbiges Hören"⟩: in Verbindung mit akustischen Reizen auftretende Farbempfindungen, eine Form der ↑Synästhesie. **au|di|tiv** [au...] ⟨zu ↑...iv⟩: 1. a) das Gehör betreffend, zum Gehörsinn od. -organ gehörend (Med.); b) fähig, Sprachlaute wahrzunehmen u. zu analysieren (in bezug auf das menschliche Gehör; Med.); vgl. akustisch. 2. vorwiegend mit Gehörsinn begabt (Psychol.). **Au|di|tiv** *der;* -s, -e [...və]: ein ↑Modus (vor allem in den uralischen Sprachen), der angibt, daß man einen Sachverhalt nach dem Hörensagen berichtet (Sprachw.). **Au|di|tor** *der;* -s, ...oren ⟨aus *lat.* auditor „Zuhörer"⟩: 1. a) Richter an der ↑Rota; b) Vernehmungsrichter an kirchlichen Gerichten; c) Beamter der römischen ↑Kurie (1). 2. (österr. u. schweiz.) svw. Auditeur. 3. (veraltet; meist Plur. ...tores [...reːs]) Zuhörer. **Au|di|to|rat** *das;* -[e]s, -e ⟨zu ↑...at (1)⟩: Amt eines Auditors bzw. Auditeurs. **Au|di|to|ri|um** *das;* -s, ...ien [...jən] ⟨aus gleich-

bed. *lat.* auditorium⟩: 1. Hörsaal einer Hochschule. 2. Zuhörerschaft. **Au|di|to|ri|um ma|xi|mum** *das;* - - ⟨aus gleichbed. *lat.* auditorium maximum⟩: größter Hörsaal einer Hochschule. **Au|di|tus** *der;* - ⟨aus gleichbed. *lat.* auditus⟩: Hörvermögen des menschlichen Hörorgans (hörbar sind Schwingungen im Frequenzbereich zwischen 20 u. 20000 Hz)

auf|ad|die|ren ⟨zu ↑addieren⟩: zusammenzählen
au fait [o ˈfɛː] ⟨*fr.*⟩: gut unterrichtet, im Bilde; jmdn. - - setzen: jmdn. aufklären, belehren
auf|ok|troy|ie|ren [...troaˈjiː...] ⟨zu ↑oktroyieren⟩: aufzwingen
au fond [o ˈfõː] ⟨*fr.*⟩: im Grunde (genommen)
au four [o ˈfuːr] ⟨*fr.*⟩: im Ofen (gebacken od. gebraten; Gastr.)
auf|pop|pen ⟨zu ↑Pop⟩: (ugs.) poppig zurechtmachen, in der Art der Popkunst gestalten
Auf|pro|jek|ti|on *die;* -, -en ⟨zu ↑Projektion⟩: Filmtrickverfahren, bei dem der Hintergrund einer Szene auf eine Bildwand mit hohem Reflexionsfaktor projiziert wird
auf|spray|en [...ʃpreːən] ⟨zu ↑Spray⟩: in Form von ↑Spray auftragen
au|fu|gie|ren ⟨aus gleichbed. *lat.* aufugere⟩: (veraltet) entfliehen
Au|gend *der;* -en, -en ⟨aus *lat.* augendum „das zu Vermehrende" zu augere, vgl. augieren⟩: der erste Summand einer zweigliedrigen Summe (Math.)
Au|gen|dia|gno|se *die;* -, -n ⟨zu ↑Diagnose⟩: 1. (ohne Plur.) im Gegensatz zur Schulmedizin entwickelte Diagnostik auf Grund der Vorstellung, daß alle Organe nervale Verbindungen zur Iris besitzen, in der dann Veränderungen als Organkrankheiten zu erkennen sind. 2. einzelne Diagnose mit Hilfe dieser Methode. **Au|gen|op|ti|ker** *der;* -s, -: Optiker, der sich mit der Herstellung, Reparatur u. Anpassung von Sehhilfen (Brillen) beschäftigt (Berufsbez.)
au|ges|zie|ren ⟨aus gleichbed. *lat.* augescere zu augere, vgl. augieren⟩: (veraltet) zu wachsen beginnen, zunehmen
Au|gi|as|stall [auch ˈau...] *der;* -[e]s ⟨nach der griech. Sage der in dreißig Jahren nicht ausgemistete Stall mit 3000 Rindern des Königs Augias, den Herakles in einem Tag reinigte⟩; üblich in der Wendung den - ausmisten, reinigen: einen durch arge Vernachlässigung o. ä. entstandenen Zustand großer Unordnung, korrupter Verhältnisse durch aktiv durchgreifendes Handeln beseitigen u. wieder Ordnung, ordentliche Verhältnisse herstellen
au|gie|ren ⟨aus gleichbed. *lat.* augere⟩: (veraltet) vermehren, vergrößern, erweitern
Au|git [auch ...ˈgɪt] *der;* -s, -e ⟨zu *gr.* augḗ „Glanz, Schimmer" u. ↑²...it⟩: ein weitverbreitetes gesteinsbildendes, zu den ↑Pyroxenen gehörendes Mineral. **Au|gi|tit** [auch ...ˈtɪt] *der;* -s, -e ⟨zu ↑²...it⟩: ein im wesentlichen aus Glas u. ↑Pyroxenen bestehender, feldspat- u. olivinfreier ↑Basalt
Aug|ment *das;* -s, -e ⟨aus *lat.* augmentum „Vermehrung, Zuwachs" zu augere, vgl. augieren⟩: Präfix, das dem Verbstamm zur Bezeichnung der Vergangenheit vorangesetzt wird, bes. im Sanskrit u. im Griechischen (Sprachw.). **Aug|men|ta|ti|on** *die;* -, -en ⟨aus *spätlat.* augmentatio „Vermehrung" zu augmentare, vgl. augmentieren⟩: a) eine auf mehrfache Weise mögliche Wertverlängerung einer Note in der ↑Mensuralnotation; b) die Wiederaufnahme des Themas einer Komposition (z. B. Sonate) in größeren als den ursprünglichen rhythmischen Werten (Mus.). **Aug|men|ta|tiv** *das;* -s, -e [...və] u. Augmentativum [...v...] *das;* -s, ...va ⟨zu ↑...iv bzw. ↑...ivum⟩: ein Wort, das mit einem ↑Augmentativsuffix gebildet ist; Vergrößerungswort

(Sprachw.); Ggs. ↑ Diminutiv[um]. **Aug|men|ta|tiv|suf|fix**, Amplifikatjvsuffix *das;* -es, -e: Suffix, das die Größe eines Dinges od. Wesens ausdrückt (z. B. ital. ...one in *favone* „große Bohne"; von *fava* „Bohne"). **Aug|men|ta|ti|vum** [...vʊm] vgl. Augmentativ. **aug|men|tie|ren** ⟨aus *spätlat.* augmentare „vermehren"⟩: 1. vermehren. 2. mit einer Augmentation versehen (Mus.)

au gra|tin [o gra'tɛ̃:] ⟨*fr.*⟩: mit einer Kruste (überbacken; Gastr.); vgl. gratinieren

Au|gur *der;* Gen. -s u. ...uren, Plur. ...uren ⟨aus gleichbed. *lat.* augur⟩: 1. Priester u. Vogelschauer im Rom der Antike. 2. jmd., der als Eingeweihter Urteile, Interpretationen von sich anbahnenden, bes. politischen Entwicklungen ausspricht. **au|gu|ral** ⟨aus gleichbed. *lat.* auguralis⟩: (veraltet) das Weissagen betreffend. **Au|gu|ra|ti|on** *die;* -, -en ⟨aus gleichbed. *lat.* auguratio zu augurare bzw. augurari, vgl. augurieren⟩: Weissagung. **Au|gu|ren|lä|cheln** *das;* -s: vielsagend-spöttisches Lächeln des Wissens u. Einverständnisses unter Eingeweihten. **au|gu|rie|ren** ⟨aus gleichbed. *lat.* augurare bzw. augurari⟩: weissagen, vermuten. **au|gu|ri|ös** ⟨zu ↑...ös⟩: (veraltet) mit Vorbedeutung(en) behaftet. **Au|gu|ri|um** *das;* -s, ...ien [...i̯ən] ⟨aus gleichbed. *lat.* augurium⟩: (veraltet) 1. Beobachtung u. Deutung der Wahrzeichen, Mutmaßung. 2. Verkündigung des göttlichen Willens aus Zeichen

Au|gust *der;* Gen. -[e]s u. -, Plur. -e ⟨aus gleichbed. *lat.* (mensis) Augustus, nach dem röm. Kaiser Octavianus Augustus⟩: achter Monat im Jahr; Abk.: Aug. **Au|gu|sta|na** *die;* - ⟨gekürzt aus Confessio Augustana; nach der Stadt Augsburg (*lat.* Augusta Vindelicorum)⟩: die Augsburgische ↑ Konfession, das Augsburger Bekenntnis (wichtigste lutherische Bekenntnisschrift von 1530). **au|gu|ste|isch** ⟨aus gleichbed. *lat.* Augusteus⟩: a) auf den römischen Kaiser Augustus bezüglich; b) auf die Epoche des römischen Kaisers Augustus bezüglich; ein - es Zeitalter: eine Epoche, in der Kunst u. Literatur besonders gefördert werden. **Au|gu|sti|ner** *der;* -s, - ⟨nach dem Kirchenlehrer Augustinus, 354-430⟩: a) Angehöriger des kath. Ordens der Augustiner-Chorherren (Italien, Österr., Schweiz); b) Angehöriger des kath. Ordens der Augustiner-Eremiten. **Au|gu|sti|nis|mus** *der;* - ⟨zu ↑...ismus (1)⟩: sich auf die Lehren des Kirchenlehrers Augustinus stützende Richtung der mittelalterlichen Philosophie u. Theologie

Auk|ta|ri|um *das;* -s, ...ien [...i̯ən] ⟨aus gleichbed. *lat.* auctarium zu augere, vgl. augieren⟩: (veraltet) Zugabe (zu einer Geldsumme). **auk|ti|fi|zie|ren** ⟨aus gleichbed. *lat.* auctificare⟩: (veraltet) vermehren, zulegen. **Auk|ti|on** *die;* -, -en ⟨aus gleichbed. *lat.* auctio, eigtl. „Vermehrung", zu augere, vgl. augieren, bzw. auctionari, vgl. auktionieren⟩: Versteigerung. **Auk|tio|na|tor** *der;* -s, ...oren ⟨aus gleichbed. *spätlat.* auctionator⟩: Versteigerer. **auk|tio|nie|ren** ⟨aus gleichbed. *lat.* auctionari⟩: versteigern, an den Meistbietenden verkaufen. **Auk|tor** *der;* -s, ...oren ⟨aus *lat.* auctor „Vertreter (eines Eigentums)"⟩: (im österr. Zivilprozeßrecht) der nach der Behauptung des verklagten Besitzers einer Sache od. eines dinglichen Rechts tatsächlich Berechtigte u. Verpflichtete. **auk|to|ri|al** ⟨zu *lat.* auctor „Urheber" (vgl. Autor) u. ↑...ial⟩: aus der Sicht des Autors dargestellt (von einer Erzählweise in Romanen; Literaturw.). **auk|to|ri|tär** ⟨zu ↑...är⟩: svw. autoritativ

Au|ku|be vgl. Aucuba

Aul *der;* -s, -e ⟨aus gleichbed. *tatar.* u. *kirgis.* aul⟩: Zeltlager, Dorfsiedlung der Turkvölker; vgl. Ail

Au|la *die;* -, Plur. ...len u. -s ⟨aus *lat.* aula „gedeckter Hofraum", dies aus *gr.* aulé „Hof; Wohnung"⟩: 1. größerer Raum für Veranstaltungen, Versammlungen in Schulen u. Universitäten. 2. freier, hoffähnlicher Platz in großen griech. u. röm. Häusern der Antike; vgl. Atrium. 3. Palast in der röm. Kaiserzeit. 4. Vorhof in einer christlichen ↑ Basilika

Au|lae|um [aʊˈlɛːʊm] *das;* -s, ...läen u. Auleum *das;* -s, -s ⟨aus gleichbed. *lat.* aulaeum⟩: altröm. Theatervorhang

Au|la|ko|gen *das;* -s, -e ⟨zu *gr.* aũlax, Gen. aúlakos „Furche" u. ↑...gen⟩: tiefe asymmetrische Furche in alten Plattformen (Kontinentaltafeln), die von Sedimenten ausgefüllt sind (Geol.)

au la|vis [o la'vi:] ⟨*fr.*⟩: in getuschter Manier, als Tuschzeichnung (ausgeführt; Malerei)

Au|let *der;* -en, -en ⟨aus gleichbed. *gr.* aulētḗr⟩: Aulosspieler.
Au|le|tik *die;* - ⟨zu *gr.* aulētikós „das Flötenspiel betreffend"⟩: das Spielen des Aulos ohne zusätzliche Musik- od. Gesangsbegleitung im Griechenland der Antike

Au|le|um vgl. Aulaeum

Au|lik *die;* - ⟨über *engl.* aulic u. *fr.* aulique zu *lat.* aulicus, vgl. aulisch⟩: die zur Repräsentation des Herrschers an afrikanischen Königshöfen gepflegte Kunst. **au|lisch** ⟨über gleichbed. *lat.* aulicus aus *gr.* aulikós⟩: (veraltet) höfisch, zum Hofe gehörend. **Au|lis|mus** *der;* -, ...men ⟨zu ↑...ismus (2)⟩: (veraltet) a) (ohne Plur.) höfisches Wesen; b) Schmeichelei, Kriecherei

Au|lo|die *die;* -, ...ien ⟨aus gleichbed. *gr.* aulōidía⟩: Aulosspiel mit Gesangsbegleitung im Griechenland der Antike.
Au|los *der;* -, Plur. Auloi [ˈaʊlɔy] u. ...len ⟨aus gleichbed. *gr.* aulós⟩: antikes griech. Musikinstrument in der Art einer Schalmei

au|men|tan|do ⟨*it.;* Part. Präs. von aumentare „vergrößern; zunehmen", dies aus *spätlat.* augmentare, vgl. augmentieren⟩: svw. crescendo

au mo|ment [o mɔˈmãː] ⟨*fr.*⟩: im Augenblick

a una cor|da [a – k...] ⟨*it.*⟩: auf einer Saite (zu spielen; Vortragsanweisung; Mus.)

au na|tu|rel [o natyˈrɛl] ⟨*fr.;* „nach der Natur"; vgl. Naturell⟩: ohne künstlichen Zusatz (von Speisen u. Getränken; Gastr.)

Aune [oːn] *die;* -, -n [ˈoːnən] ⟨aus *fr.* aune „Elle" zu *got.* aleina, dies zu *lat.* ulna „Ellenbogen"⟩: alte franz. Längeneinheit unterschiedlicher Größe. **au|nie|ren** [o...] ⟨aus gleichbed. *fr.* auner⟩: (veraltet) mit der Aune messen

au pair [o ˈpɛːr] ⟨*fr.;* „zum gleichen (Wert)"⟩: Leistung gegen Leistung, ohne Bezahlung. **Au-pair-Mäd|chen** *das;* -s, -: Mädchen (meist Studentin od. Schülerin), das gegen Unterkunft, Verpflegung u. Taschengeld als Haushaltshilfe im Ausland arbeitet, um die Sprache des betreffenden Landes zu erlernen

au por|teur [o pɔrˈtœːr] ⟨*fr.*⟩: auf den Inhaber lautend (von Wertpapieren)

Au|ra *die;* - ⟨über *lat.* aura aus *gr.* aúra „Hauch"⟩: 1. Hauch, Wirkungskraft. 2. Vorstufe, Vorzeichen eines [epileptischen] Anfalls (Med.). 3. Ausstrahlung einer Person (Okkultismus); vgl. Fluidum

au|ral ⟨zu *lat.* auris „Ohr" u. ↑¹...al (1)⟩: svw. aurikular

Aur|amin *das;* -s ⟨Kurzw. aus ↑*Aurum* u. ↑*Amin*⟩: gelber Farbstoff, der u. a. als Mikroskopierfarbstoff verwendet wird

Au|ran|tia|sis *die;* - ⟨zu *lat.* aurare „vergolden" u. ↑...iasis⟩: Gelbfärbung (der Haut) durch Einlagerung von ↑ Karotin (Med.)

Au|rar: Plur. von ↑ Eyrir

au|ra|risch ⟨aus gleichbed. *lat.* aurarius⟩: (das) Gold betreffend

au|ra|tisch ⟨zu ↑Aura⟩: zur Aura (1, 3) gehörend

Au|ra|tur *die;* -, -en ⟨aus gleichbed. *lat.* auratura zu aurare, vgl. Aurantiasis⟩: Vergoldung. **Au|rea me|dio|cri|tas** [-...k...] *die;* - - ⟨aus gleichbed. *lat.* aurea mediocritas; geflügeltes Wort aus den Oden des Horaz⟩: der goldene Mittelweg. **Au|reo|le** *die;* -, -n ⟨aus *mlat.* aureola „Heiligenschein" zu *lat.* aureolus „schön golden, goldfarbig"⟩: 1. Heiligenschein, der die ganze Gestalt umgibt, bes. bei Christusbildern. 2. bläulicher Lichtschein am Brenner der Bergmannslampe, der Grubengas anzeigt. 3. durch Wolkendunst hervorgerufene Leuchterscheinung (Hof) um Sonne u. Mond. 4. äußere Leuchterscheinung eines Lichtbogens od. Glimmstromes (Elektrot.). **Au|reo|my|cin** Ⓦ [...'tsi:n] *das;* -s ⟨nach dem *lat.* Namen der Bakterienart *Aureofaciens* Strepto*myces*, eigtl. „einen goldfarbigen Stoff ausscheidender Strahlenpilz", zu *gr.* mýkēs „Pilz"⟩: ein ↑Antibiotikum. **Au|re|us** *der;* -, ...rei [...rei] ⟨aus gleichbed. *lat.* aureus⟩: altrömische Goldmünze

au re|voir [o rə'vŏa:r] ⟨*fr.*⟩: auf Wiedersehen

Au|ri|a|sis *die;* -, Plur. ...riases [ze:s] od. ...riasen ⟨zu ↑Aurum u. ↑...iasis⟩: svw. Chrysiasis. **Au|ri|fex** *der;* Gen. -es od. -en, Plur. -e[n] ⟨aus gleichbed. *lat.* aurifex⟩: (veraltet) Goldschmied. **Au|ri|flam|ma** *die;* - ⟨aus gleichbed. *mlat.* auriflamma zu ↑Aurum u. *lat.* flamma „Flamme"⟩: svw. Oriflamme

au|ri|form ⟨zu *lat.* auris „Ohr" u. ↑...form⟩: (veraltet) ohrförmig

Au|ri|gna|ci|en [orɪnja'sjɛ̃] *das;* -[s] ⟨*fr.;* nach der franz. Stadt Aurignac⟩: Kulturstufe der jüngeren Altsteinzeit. **Au|ri|gnac|ras|se** [orɪn'jak...] *die;* -: Menschenrasse des Aurignacien

Au|ri|kel *die;* -, -n ⟨aus *lat.* auricula „Öhrchen, Ohrläppchen", Verkleinerungsform von auris „Ohr"⟩: Primelgewächs mit in Dolden stehenden Blüten. **au|ri|ku|lar, au|ri|ku|lär** ⟨aus gleichbed. *lat.* auricularis⟩: 1. zu den Ohren gehörend (Med.). 2. ohrförmig gebogen (Med.). **Au|ri|ku|lo|aku|punk|tur** *die;* -, -en: Ohrakupunktur, ↑Akupunktur im Ohrmuschelbereich. **au|ri|ku|lo|tem|po|ral**: zur Ohrmuschel u. Schläfe in Beziehung stehend (Med.). **Au|ri|ku|lo|the|ra|peut** *der;* -en, -en: die ↑Aurikulotherapie anwendender Arzt od. Nichtmediziner. **Au|ri|ku|lo|the|ra|pie** *die;* -: svw. Aurikuloakupunktur

Au|ri|pig|ment *das;* -[e]s ⟨zu *lat.* aurum, Gen. auri „Gold" u. ↑Pigment⟩: Rauschgelb (ein Arsenmineral)

Au|ri|punk|tur *die;* -, -en ⟨zu *lat.* auris „Ohr" u. ↑Punktur⟩: (veraltet) ↑Parazentese (Med.). **Au|ri|skop** *das;* -s, -e ⟨zu ↑...skop⟩: mit einer Lichtquelle versehenes Instrument zur direkten Betrachtung des Innenohres (Med.). **Au|rist** *der;* -en, -en ⟨zu ↑...ist⟩: (veraltet) svw. Otologe

Au|ro|ra *die;* -s ⟨aus *lat.* aurora „Morgenröte", nach der röm. Göttin der Morgenröte⟩: 1. (ohne Plur.) Morgenröte. 2. Tagfalter aus der Familie der Weißlinge (Zool.). **au|ro|ra mu|sis ami|ca** [- - ...ka] ⟨*lat.;* eigtl. „die Morgenröte ist den Musen hold"⟩: Morgenstunde hat Gold im Munde (*lat.* Sprichwort)

au|ros ⟨aus *lat.* aurosus „goldhaltig"⟩: (veraltet) goldreich. **Au|ros|mi|rid** *der;* -s, -e ⟨Kurzw. aus ↑*Aur*um, ↑*Osm*ium u. ↑*Irid*ium⟩: Mineral, Mischkristall von metallischem ↑Osmium, ↑Iridium, ↑Ruthenium u. Gold. **Au|ro|sti|bit** [auch ...'bɪt] *der;* -s, -e ⟨zu ↑Aurum, *lat.* stibium „Antimon" u. ↑²...it⟩: weißes Mineral, Mischkristall aus Gold u. Antimon. **Au|ro|the|ra|pie** *die;* -, ...ien: Behandlung von Krankheiten mit goldhaltigen Präparaten (z. B. bei chronischen Gelenkentzündungen; Med.). **Au|ro|xan|thin** *das;* -s ⟨zu *gr.* xanthós „gelb" u. ↑¹...in (1)⟩: Blütenfarbstoff der gelben Stiefmütterchen (Biochem.)

Aur|res|ku *der;* - ⟨*bask.;* eigtl. „Vorderhand"⟩: alter baskischer Tanz, benannt nach dem vordersten Tänzer einer Kette

au|ru|gi|nös ⟨aus *lat.* auruginosus „gelbsüchtig"⟩: svw. ikterisch. **Au|ru|go** *die;* -, ...gines [...ne:s] ⟨aus *lat.* aurugo, Gen. auruginis „Gelbsucht"⟩: svw. Ikterus

Au|rum *das;* -[s] ⟨aus gleichbed. *lat.* aurum⟩: *lat.* Bez. für Gold; chem. Zeichen Au

aus|agie|ren ⟨zu ↑agieren⟩: eine ↑Emotion [ungehemmt] in Handlung umsetzen u. dadurch eine innere Spannung abreagieren (Psychol.)

aus|ba|lan|cie|ren [...laŋ'si:...] ⟨zu ↑balancieren⟩: ins Gleichgewicht bringen, ausgleichen

aus|bal|do|wern ⟨zu ↑baldowern⟩: (ugs.) mit List, Geschick auskundschaften

aus|dif|fe|ren|zie|ren ⟨zu ↑differenzieren⟩: svw. differenzieren (1)

aus|dis|ku|tie|ren ⟨zu ↑diskutieren⟩: eine Frage, ein Problem so lange erörtern, bis alle strittigen Punkte geklärt sind

aus|fe|sto|nie|ren ⟨zu ↑Feston u. ↑...ieren⟩: am Rand mit ↑Feston verzieren

aus|fit|ten ⟨zu ↑fit⟩: (ein Schiff) mit dem seemännischen Zubehör ausrüsten (Seemannsspr.)

aus|flip|pen ⟨nach *engl.* (ugs.) to flip out „verrückt werden"⟩: (ugs.) 1. sich einer als bedrückend empfundenen gesellschaftlichen Lage [durch Genuß von Rauschgift] entziehen. 2. durch Drogen in einen Rauschzustand geraten. 3. die Selbstkontrolle verlieren, mit den Nerven fertig sein, durchdrehen. 4. vor Freude ganz außer sich geraten

aus|for|mu|lie|ren ⟨zu ↑formulieren⟩: einem Antrag o. ä., den man inhaltlich erst einmal in Umrissen entworfen hat, eine endgültige Formulierung geben

aus|kla|rie|ren ⟨zu ↑klarieren⟩: Schiff u. Güter bei der Ausfahrt verzollen. **Aus|kla|rie|rung** *die;* -, -en ⟨zu ↑...ierung⟩: Verzollung von Gütern bei der Ausfahrt aus dem Hafen

aus|knocken¹ [...nɔkn̩] ⟨nach gleichbed. *engl.* to knock out (of time)⟩: im Boxkampf durch einen entscheidenden Schlag besiegen, k. o. schlagen

aus|kri|stal|li|sie|ren ⟨zu ↑kristallisieren⟩: aus Lösungen Kristalle bilden

Aus|kul|tant *der;* -en, -en ⟨aus *lat.* auscultans, Gen. auscultantis „der Zuhörende", Part. Präs. von auscultare, vgl. auskultieren⟩: (veraltet) 1. Beisitzer ohne Stimmrecht. 2. (österr.) Anwärter auf das Richteramt. **Aus|kul|ta|ti|on** *die;* -, -en ⟨aus *lat.* auscultatio „das Lauschen"⟩: das Abhören von Geräuschen, die im Körperinnern, bes. im Herzen (Herztöne) u. in den Lungen (Atemgeräusche) entstehen (Med.). **Aus|kul|ta|tor** *der;* -s, ...oren ⟨aus *lat.* auscultator „Zuhörer"⟩: (veraltet) Gerichtsreferendar. **aus|kul|ta|to|risch**: durch Abhorchen feststellend od. feststellbar (Med.). **aus|kul|tie|ren** ⟨aus *lat.* auscultare „an-, zuhören, horchen"⟩: abhorchen, Körpergeräusche abhören (Med.)

aus|lo|gie|ren [...ʒi:...] ⟨zu ↑logieren⟩: svw. ausquartieren

aus|ma|nö|v|rie|ren ⟨zu ↑manövrieren⟩: jmdn. durch geschickte Manöver als Konkurrenten o. ä. ausschalten

a uso ⟨*it.;* zu *lat.* usus „Gebrauch, Übung, Praxis"⟩: (Kaufmannsspr.) nach der gebräuchlichen Frist (von Wechseln)

au|spi|zie|ren ⟨aus *lat.* auspicare „den Götterwillen aus dem Vogelflug weissagen"⟩: (veraltet) vorhersagen, die Aussichten [für ein Vorhaben] ausleuchten. **au|spi|zi|ös** ⟨zu ↑...ös⟩: (veraltet) mit guter Vorbedeutung, glückverheißend. **Au|spi|zi|um** *das;* -s, ...ien [...iən] ⟨aus *lat.* auspi-

authentifizieren

cium (für avispicium) zu avis „Vogel; Vorzeichen"): a) Vorbedeutung; b) (nur Plur.) Aussichten [für ein Vorhaben]; **unter** jmds. **Auspizien:** unter jmds. Schutz, Leitung

aus|po|wern ⟨zu *fr.* pauvre „arm"⟩: wegnehmen, was man gebrauchen kann, ausbeuten, ausplündern u. dadurch arm machen

aus|punk|tie|ren ⟨zu ↑punktieren⟩: (veraltet) ergründen

aus|quar|tie|ren ⟨Gegenbildung zu ↑einquartieren⟩: jmdn. nicht länger bei sich, in seiner Wohnung beherbergen

aus|ran|gie|ren [...rãʒi:...] ⟨zu rangieren, eigtl. „durch Rangieren wegschieben"⟩: etwas, was alt, abgenutzt ist od. nicht mehr gebraucht wird, aussondern, ausscheiden, wegwerfen

au|ßer|par|la|men|ta|risch ⟨zu ↑parlamentarisch⟩: nicht parlamentarisch; -e Opposition: vgl. APO

au|ßer|tour|lich [...tu:r...] ⟨zu ↑Tour⟩: (österr.) außerhalb der Reihenfolge, zusätzlich [eingesetzt] (z. B. ein Bus)

aus|staf|fie|ren ⟨zu ↑staffieren⟩: jmdn./etwas mit [notwendigen] Gegenständen, mit Zubehör u. a. ausrüsten, ausstatten

aus|ta|rie|ren ⟨zu ↑tarieren⟩: 1. ins Gleichgewicht bringen. 2. (österr.) auf einer Waage das Leergewicht (↑Tara) feststellen

Au|ste|nit [auch ...'nɪt] *der;* -s, -e ⟨nach dem engl. Metallurgen Sir W. C. Roberts-Austen (1843–1902) u. zu ↑...it⟩: unmagnetischer, chem. sehr widerstandsfähiger Stahl. **Au|ste|ni|ti|sie|rung** *die;* -, -en ⟨zu ↑...isierung⟩: Umwandlung von gewöhnlichem Stahl in Austenit

Au|ster *die;* -, -n ⟨über *(m)niederl.* oester u. roman. Vermittlung zu *lat.* ostreum „Muschel", dies aus *gr.* ostéon „Knochen"⟩: eßbare Muschel, die in warmen Meeren vorkommt

Au|ste|ri|tät *die;* - ⟨aus gleichbed. *lat.* austeritas, Gen. austeritatis, eigtl. „Strenge; Herbheit", zu austerus „streng; herb", dies aus *gr.* austērós⟩: (veraltet) Strenge, mürrisches Wesen. **Au|ste|ri|ty** [ɔsˈtɛrɪtɪ] *die;* - ⟨aus *engl.* austerity „Strenge, Ernst, Herbheit", dies aus *lat.* austeritas, vgl. Austerität⟩: 1. wirtschaftliche Einschränkung, energische Sparpolitik. 2. Beschränkung, Einschränkung (z. B. in der Presse)

Au|sti|nit [auch ...'nɪt] *der;* -s, -e ⟨nach dem amerik. Mineralogen F. R. Austin († 1957) u. zu ↑²...it⟩: farbloses, nadeliges Mineral

au|stral ⟨aus *lat.* australis „zum Südwind gehörig, südlich"⟩: (veraltet) auf der südlichen Halbkugel befindlich.
Au|stral *der;* -s, -e (aber: 5 -): alte argentinische Währungseinheit. **au|stra|lid** ⟨zum Namen des Erdteils Australien u. zu ↑²...id⟩: Rassenmerkmale der Australiden zeigend. **Au|stra|li|de** *der* od. *die;* -n, -n ⟨zu ↑...ide⟩: Angehörige[r] der australischen Rasse. **Au|stra|lit** [auch ...'lɪt] *der;* -s, -e ⟨zu ↑²...it⟩: Glasmeteorit; vgl. Tektit. **au|stra|lo|id** ⟨zu ↑...oid⟩: den Australiden ähnliche Rassenmerkmale zeigend. **Au|stra|lo|i|de** *der* od. *die;* -n, -n ⟨zu ↑...ide⟩: Mensch von australoidem Typus. **Au|stra|lo|pi|the|cus** [...kʊs] *der;* -, Plur. ...cinae [...ˈtsiːnɛ] od. ...cinen [...ˈtsiː...] od. ...zinen ⟨zu *gr.* píthēkos „Affe"⟩: Vormensch, Halbmensch, Übergangsform zwischen Tier u. Mensch. **Austria** ⟨*mlat.*; zu *lat.* australis „südlich"⟩: latinisierter Name von Österreich. **Au|stri|a|zis|mus** *der;* -, ...men ⟨zu ↑...ismus (4)⟩: eine innerhalb der deutschen Sprache nur in Österreich (Austria) übliche sprachliche Ausdrucksweise; vgl. Helvetismus

aus|trick|sen ⟨*engl.* trick „Kniff, Kunstgriff", dies aus *fr.* (pikardisch) trique „Betrug, Kniff" zu trekier „beim Spiel betrügen", dies über *vulgärlat.* *triccare aus *lat.* tricare, tricari „Schwierigkeiten, Winkelzüge machen, Ausflüchte suchen"⟩: durch einen Trick, geschickt überlisten, ausschalten

Au|strio|ma|nie *die;* - ⟨zu ↑Austria u. ↑...manie⟩: [schwärmerische] Verehrung für alles Österreichische. **Au|strio|pho|bie** *die;* - ⟨zu ↑...phobie⟩: (veraltet) Furcht vor u. Abscheu gegenüber Österreich. **Au|strio|sla|wis|mus** vgl. Austroslawismus. **Au|stro|asia|ten** *die* (Plur.) ⟨zu *lat.* australis „südlich"; vgl. austral⟩: Völker u. Stämme in Süd- u. Südostasien mit verwandten Sprachen, aber unterschiedlichen Kulturen. **Au|stro|fa|schis|mus** *der;* - ⟨zu ↑Austria⟩: politische Bewegung in der Republik Österreich (1919 bis 1938), die sich am ital. Faschismus orientierte. **au|stro|fa|schi|stisch**: den Austrofaschismus betreffend, von ihm ausgehend. **Au|stro|man|tie** *die;* - ⟨zu *gr.* manteía „Weissagung"⟩: (veraltet) das Wahrsagen aus dem Südwind od. aus den Winden überhaupt. **Au|stro|mar|xis|mus** [auch ˈau...] *der;* -: eine von österr. Sozialdemokraten vor u. nach dem Ersten Weltkrieg entwickelte Sonderform des Marxismus. **Au|stro|mar|xist** [auch ˈau...] *der;* -en, -en: Vertreter des Austromarxismus. **au|stro|mar|xi|stisch** [auch ˈau...]: a) den Austromarxismus betreffend, auf ihm beruhend; b) die Theorie des Austromarxismus vertretend. **Au|stro|ne|si|er** *der;* -s, - ⟨zu *lat.* australis „südlich", *gr.* nēsos „Insel" u. ↑...ier⟩: Sprecher austronesischer Sprachen. **au|stro|ne|si|sche Spra|chen** *die* (Plur.): weitreichende Sprachfamilie, zu der Angehörige verschiedener Völker u. Kulturen gehören. **Au|stro|sla|wis|mus** *der;* - ⟨zu ↑Austria⟩: politische Richtung unter den Slawen in der Donaumonarchie Österreich-Ungarn in der 2. Hälfte des 19. Jh.s, die eine nationale Eigenentwicklung anstrebte

aut..., **Aut...** vgl. auto..., Auto...

Au|tan [oˈtã] *der;* -s ⟨aus gleichbed. *fr.* autan, dies über *provenzal.* autan zu *lat.* altanus „Südwestwind", zu *lat.* altus „hoch"⟩: warmer, trockener Fallwind in Südfrankreich

Aut|arch *der;* -en, -en ⟨aus gleichbed. *gr.* autárchēs⟩: Selbstherrscher. **Aut|ar|chie** *die;* -, ...ien ⟨aus gleichbed. *gr.* autarchía⟩: Selbstherrschaft

aut|ark ⟨aus *gr.* autárkēs „sich selbst genügend, unabhängig" zu autós „selbst" u. arkeĩn „abwehren; ausreichen, genügen"⟩: [vom Ausland] wirtschaftlich unabhängig, sich selbst versorgend, auf niemanden angewiesen; vgl. ...isch/-. **Aut|ar|kie** *die;* -, ...ien ⟨aus *gr.* autárkeia „das Sichselbstgenugsein, Selbstgenügsamkeit"⟩: wirtschaftliche Unabhängigkeit [vom Ausland]. **aut|ar|kisch**: die Autarkie betreffend; vgl. ...isch/-

au|teln ⟨zu ↑Auto⟩: (veraltet) Auto fahren

aut|erg ⟨zu ↑auto... u. *gr.* érgon „Arbeit, Werk"⟩: auf eigener Arbeitsleistung beruhend; -e Wirtschaft: Wirtschaft, in der alle Einkommen auf eigener Arbeitsleistung beruhen; Ggs. ↑allerge Wirtschaft

Au|teur [oˈtøːɐ̯] *der;* -s, -e ⟨aus gleichbed. *fr.* auteur, dies aus *lat.* auctor⟩: Verfasser, Autor

Aut|ha|die *die;* - ⟨aus gleichbed. *gr.* authádeia, authadía zu authádēs „selbstgefällig; anmaßend", dies zu autós „selbst" u. handánein „gefallen"⟩: (veraltet) a) Selbstgefälligkeit, Rechthaberei; b) Anmaßung

aut|he|me|risch ⟨aus *gr.* authēmerós „am selben Tag gemacht" zu autós „selbst" u. hēméra „Tag"⟩: (veraltet) am selben Tag erfolgend od. wirkend. **Aut|he|me|ron** *das;* -s, ...ra ⟨zu ↑¹...on⟩: (veraltet) am Tag des Einnehmens wirkendes Mittel (Med.)

Au|then|tie *die;* - ⟨zu ↑authentisch u. ↑²...ie⟩: svw. Authentizität. **au|then|ti|fi|zie|ren** ⟨zu ↑...fizieren⟩: beglaubigen, die Echtheit bezeugen. **Au|thęn|tik** *die;* -, -en 〈zu ↑²...ik〉: im Mittelalter eine durch ein authentisches Siegel beglaubigte Urkundenabschrift. **Au|thęn|ti|ken** *die* (Plur.) 〈aus gleichbed. *lat.* authenticae (leges)〉: von den hohenstaufischen Kaisern Friedrich I. u. II. unmittelbar in das Gesetzbuch eingeschobene Verordnungen. **Au|thęn|ti|kum** *das;* -s 〈zu ↑authentisch u. ↑...ikum〉: Urschrift, alte Gesetzessammlung des 6. Jh. **au|thęn|tisch** 〈über *spätlat.* authenticus „zuverlässig verbürgt; eigenhändig" aus *gr.* authentikós〉: echt; zuverlässig, verbürgt. **au|then|ti|sie|ren** 〈zu ↑...isieren〉: glaubwürdig, rechtsgültig machen. **Au|then|ti|zi|tät** *die;* - 〈zu ↑ ...izität〉: Echtheit, Zuverlässigkeit, Glaubwürdigkeit

au|thi|gen 〈aus gleichbed. *gr.* authigenés〉: am Fundort selbst entstanden (von Gesteinen; Geol.); Ggs. ↑allothigen

Au|tis|mus *der;* - 〈zu ↑auto... u. ↑...ismus (3)〉: bes. bei schizoiden u. schizophrenen Personen vorkommende psychische Störung, die sich in krankhafter Ichbezogenheit u. affektiver Teilnahmslosigkeit, Verlust des Umweltkontaktes u. Flucht in die eigene Phantasiewelt äußert. **Au|tist** *der;* -en, -en 〈zu ↑...ist〉: jmd., der an Autismus leidet. **au|tistisch** 〈zu ↑...istisch〉: a) den Autismus betreffend; b) an Autismus leidend

Aut|ler *der;* -s, - 〈zu ↑auteln〉: (veraltet) Autofahrer

¹**Au|to** *das;* -s, -s 〈zu *gr.* autós „selbst"〉: Kurzform von ↑Automobil

²**Au|to** *das;* -s, -s 〈aus *port.* u. *span.* auto „Handlung, Schauspiel", dies aus gleichbed. *lat.* actio〉: 1. feierliche religiöse od. gerichtliche Handlung in Spanien u. Portugal. 2. spätmittelalterliches geistliches Spiel des spanischen Theaters, das an Festtagen des Kirchenjahres aufgeführt wurde

au|to..., Au|to..., vor Vokalen meist **aut...**, **Aut...** 〈aus gleichbed. *gr.* auto- zu autós „selbst"〉: Wortbildungselement mit den Bedeutungen „selbst, eigen, persönlich; unmittelbar", z. B. autochthon, Automobil, autark, Autopsie

Au|to|ag|gres|si|ons|krank|heit *die;* -, -en 〈zu ↑auto... u. ↑Aggression〉: durch Autoantikörper verursachte Krankheit (Med.; vgl. Autoimmunkrankheit)

Au|to|ak|ku|sa|tor *der;* -s, -...tǫren 〈zu ↑auto... u. *lat.* accusator „Ankläger", dies zu accusare „anklagen"〉: jmd., der sich einer nicht begangenen Tat bezichtigt, bes. Epileptiker u. Psychopathen

Au|to|ana|ly|zer [...ænəlaizə] *der;* -s, - 〈zu ↑auto... u. *engl.* analyzer „Analysierender; Analysator"〉: Automat, der selbsttätig Laboruntersuchungen durchführt

Au|to|an|ti|gen *das;* -s, -e (meist Plur.) 〈zu ↑auto... u. ↑Antigen〉: im ↑Organismus selbst gebildetes ↑Antigen, das die Bildung von Antikörpern bewirkt

Au|to|an|ti|kör|per *der;* -s, - (meist Plur.) 〈zu ↑auto... u. ↑Antikörper〉: ↑Antikörper, der gegen körpereigene Substanzen wirkt (Med.)

Au|to|bio|graph *der;* -en, -en 〈zu ↑auto... u. ↑Biograph〉: jmd., der eine Autobiographie schreibt. **Au|to|bio|gra|phie** *die;* -, ...ien: literarische Darstellung des eigenen Lebens od. größerer Abschnitte daraus. **au|to|bio|gra|phisch**: a) die Autobiographie betreffend; b) das eigene Leben beschreibend; c) in Form einer Autobiographie verfaßt

Au|to|bus *der;* -ses, -se 〈Kurzw. aus ↑¹Auto u. ↑Omnibus〉: svw. Omnibus

Au|to|camp [...kɛmp] *das;* -s, -s 〈zu ↑¹Auto u. ↑Camp〉: Campingplatz für Urlauber mit Kraftfahrzeug. **Au|to-cam|ping** *das;* -s: Urlaub auf einem Autocamp

Au|to|car [...kaːɐ̯] *der;* -s, -s 〈aus *fr.* autocar „Reise-, Fernbus"〉: (schweiz.) ↑Omnibus

Au|to|chir *der;* -s, -e 〈aus gleichbed. *gr.* autócheir〉: (veraltet) Selbstmörder. **Au|to|chi|rie** *die;* - 〈aus gleichbed. *gr.* autocheiría, eigtl. „eigenhändige Tat"〉: Selbstmord

Au|to|cho|re [...'koːrə] *die;* -, -n 〈zu ↑auto... u. *gr.* chōreīn „gehen, laufen"〉: Pflanze, die ihre Früchte od. Samen selbst verbreitet (Bot.). **Au|to|cho|rie** [...ko...] *die;* - 〈zu ↑²...ie〉: Verbreitung von Früchten u. Samen durch die Pflanze selbst (z. B. durch Schleuder- od. Spritzbewegung; Bot.)

Au|to|chrom [...'kroːm] *das;* -s, -e 〈zu ↑auto... u. *gr.* chrṓma „Farbe"〉: Ansichtspostkarte, bei der durch farbigen Überdruck auf ein schwarzes Rasterbild der Eindruck eines Mehrfarbendruckes entsteht

au|to|chthon [...x'toːn] 〈über *lat.* autochthon aus *gr.* autóchthōn „aus dem Lande selbst, eingeboren" zu ↑auto... u. chthṓn „Erde, Boden"〉: 1. alteingesessen, eingeboren, bodenständig (von Völkern od. Stämmen). 2. am Fundort entstanden, vorkommend (von Gesteinen u. Lebewesen; Geol. u. Biol.); Ggs. ↑allochthon. **Au|to|chtho|ne** *der* od. *die;* -n, -n: Ureinwohner[in], Alteingesessene[r], Eingeborene[r]. **Au|to|chtho|nie** *die;* - 〈zu ↑²...ie〉: Ureinwohnerschaft, Ureingesessenheit

Au|to|coat [...koʊt] *der;* -s, -s 〈zu ↑¹Auto u. *engl.* coat „Jakke, Mantel"〉: kurzer Mantel für den Autofahrer

Au|to|co|de [...koʊd] *der;* - 〈zu ↑auto... u. ↑Code〉: der Mathematik angepaßte maschinenorientierte Programmiersprache (EDV)

Au|to-Cross *das;* -, - 〈aus gleichbed. *engl.* autocross〉: Gelände-, Vielseitigkeitsprüfung für Autofahrer; vgl. Moto-Cross

Au|to|da|fé [...'feː] *das;* -s, -s 〈aus gleichbed. *port.* auto-de-fé, dies aus *lat.* actus fidei „Glaubensakt"〉: 1. feierliche Bekanntgabe der Urteile des Glaubensgerichts u. Ketzerverbrennung. 2. öffentliche Verbrennung von verbotenen Büchern, Schriften u. ä

Au|to|de|ter|mi|na|ti|on *die;* -, -en 〈zu ↑auto... u. ↑Determination〉: [polit.] Selbstbestimmung[srecht]. **Au|to|de|ter|mi|nịs|mus** *der;* -: Lehre von der Selbstbestimmung des Willens, die sich aus innerer Gesetzmäßigkeit unabhängig von äußeren Einflüssen vollzieht (Philos.)

Au|to|di|dạkt *der;* -en, -en 〈zu ↑autodidaktisch〉: jmd., der sich ein bestimmtes Wissen ausschließlich durch Selbstunterricht aneignet od. angeeignet hat. **au|to|di|dạk|tisch** 〈aus *gr.* autodídaktos „selbstgelehrt"〉: den Selbstunterricht betreffend; durch Selbstunterricht erworben. **Au|to|di|da|xie** *die;* - 〈zu ↑auto..., *gr.* dídaxis „das Lehren, Unterricht" u. ↑²...ie〉: Selbstbelehrung

Au|to|di|ge|sti|on *die;* - 〈zu ↑auto... u. ↑Digestion〉: 1. svw. Autolyse. 2. Selbstverdauung des Magens nach dem Tode u. bei schweren Pankreaserkrankungen durch Enzymaktivierung (Med.). **au|to|di|ge|stiv**: mit Selbstverdauung einhergehend (Med.)

Au|to|di|kie *die;* - 〈zu *gr.* autódikos „eigene Gerichtsbarkeit habend" u. ↑²...ie〉: (veraltet) Selbstgerichtsbarkeit; das Recht, sich selbst zu richten

Au|to|drom *das;* -s, -e 〈aus *fr.* autodrome „Automobilrennbahn" zu ↑auto... u. *gr.* drómos „Lauf, Rennbahn"〉: 1. svw. Motodrom. 2. (österr.) Fahrbahn für ↑Skooter

Au|to|du|pli|ka|ti|on *die;* - 〈zu ↑auto... u. ↑Duplikation〉: svw. Autoreduplikation

au|to|dy|na|misch 〈zu ↑auto... u. ↑dynamisch〉: selbstwirkend, selbsttätig

Au|to|elek|trik *die;* - 〈zu ↑¹Auto u. ↑Elektrik〉: elektrische Ausstattung moderner Kraftfahrzeuge

Au|to|ero|tik *die;* - 〈zu ↑auto... u. ↑Erotik〉: Form des erotisch-sexuellen Verhaltens, das Lustgewinn u. Triebfriedigung ohne Partnerbezug zu gewinnen sucht; vgl.

Narzißmus. **au|to|ero|tisch:** die Autoerotik betreffend, narzißtisch. **Au|to|ero|tis|mus** der; -: svw. Autoerotik

Au|to|fo|kus der; -, -se ⟨zu ↑auto... u. ↑Fokus⟩: Vorrichtung an Kameras u. Diaprojektoren für eine automatische Einstellung der Bildschärfe

Au|to|fret|ta|ge [...ʒǝ] die; - ⟨zu ↑auto... u. fr. frettage „das Anlegen von Stahlringen", dies zu fretter „beringen"⟩: ein Kaltverfestigungsverfahren für hochbeanspruchte Werkstoffe, die zur Herstellung von Druckbehältern u. Rohren verwendet werden

au|to|gam ⟨zu ↑auto... u. ↑...gam (1)⟩: sich selbst befruchtend (Biol.). **Au|to|ga|mie** die; -, ...ien ⟨zu ↑...gamie (1)⟩: Selbstbefruchtung, geschlechtliche Fortpflanzung ohne Partner (bei bestimmten Pflanzen u. Tieren; Biol.)

Au|to|gas das; -es ⟨zu ↑¹Auto⟩: aus einem Propan-Butan-Gemisch bestehende Flüssigkeit, die als klopffester Kraftstoff ohne Bleizusatz für Ottomotoren verwendet wird

au|to|gen ⟨aus gr. autogenés „selbst erzeugt, selbst hervorgebracht"; vgl. ...gen⟩: 1. ursprünglich, selbsttätig; -e Schweißung: unmittelbare Verschweißung zweier Werkstücke mit heißer Stichflamme ohne Zuhilfenahme artfremden Bindematerials. 2. aus sich selbst od. von selbst entstehend (Med.); -es Training: (von dem deutschen Psychiater J. H. Schultz entwickelte) Methode der Selbstentspannung durch ↑Autohypnose

Au|to|gi|ro [...'ʒi:ro] das; -s, -s ⟨aus gleichbed. span. autogiro zu ↑auto... u. gr. gŷros „Kreis"⟩: Drehflügelflugzeug, Flugzeug mit sich drehenden Flügeln, die durch den Fahrtwind angetrieben werden

Au|to|gno|sie die; - ⟨zu ↑auto... u. ↑...gnosie⟩: Selbsterkenntnis (Philos.)

Au|to|go|nie die; - ⟨zu ↑auto... u. ↑...gonie⟩: Selbst-, Urzeugung aus anorganischen Stoffen

Au|to|gra|der [auch ...greɪdǝ] der; -s, - ⟨zu ↑¹Auto u. engl. grader „Planiermaschine"⟩: pioniertechnisches Fahrzeug für den Straßenbau u. andere Erdarbeiten

Au|to|gramm das; -s, -e ⟨zu ↑auto... u. ↑...gramm⟩: 1. eigenhändig geschriebener Namenszug [einer bekannten Persönlichkeit]. 2. (veraltet) svw. Autograph. **Au|to|gramm|adres|se** die; -, -n: Adresse, unter der Autogramme einer bekannten Persönlichkeit zu erhalten sind. **au|to|graph** vgl. autographisch. **Au|to|graph** das; -s, -e[n] ⟨über lat. autographum aus gr. autógraphon „eigenhändig Geschriebenes, Handschrift"⟩: 1. von einer bekannten Persönlichkeit stammendes, eigenhändig geschriebenes od. authentisch maschinenschriftliches ↑Manuskript [in seiner ersten Fassung], Urschrift. 2. (veraltet) der in der Frühzeit des Buchdrucks noch in Gegenwart des Verfassers hergestellte erste Druck. **Au|to|gra|phie** die; -, ...ien ⟨zu ↑auto... u. ↑...graphie⟩: veraltetes Vervielfältigungsverfahren. **au|to|gra|phie|ren** ⟨nach gr. autographein „eigenhändig schreiben"; vgl. ...ieren⟩: 1. (veraltet) eigenhändig schreiben. 2. (nach einem heute veralteten Verfahren) vervielfältigen. **Au|to|gra|phi|lie** die; - ⟨zu ↑Autograph u. ↑...philie⟩: Liebhaberei für alte [Original]manuskripte. **au|to|gra|phisch** ⟨über lat. autographus aus gr. autógraphos „eigenhändig geschrieben"⟩: 1. (veraltet) eigenhändig geschrieben. 2. (nach einem heute veralteten Verfahren) vervielfältigt; vgl. ...isch/-

Au|to|gra|vü|re [...v...] die; - ⟨Kurzw. aus ↑auto... u. ↑Photogravüre⟩: Rastertiefdruck, ein graphisches Verfahren

Au|to|hyp|no|se [auch 'auto...] die; - ⟨zu ↑auto... u. ↑Hypnose⟩: ein hypnotischer Zustand, in den jmd. selbst, also ohne Einwirkung einer anderen Person, versetzt; Ggs. ↑Heterohypnose

au|to|im|mun ⟨zu ↑auto... u. ↑immun⟩: gegenüber dem eigenen Organismus ↑immun. **Au|to|im|mu|ni|sie|rung** die; -, -en: Bildung von ↑Antikörpern gegen körpereigene Eiweiße (Med.). **Au|to|im|mun|krank|heit** die; -, -en: svw. Autoaggressionskrankheit. **Au|to|im|mun|re|ak|ti|on** die; -, -en: krankhafte ↑immunologische Reaktion des Organismus gegen körpereigenes Gewebe

Au|to|in|fek|ti|on die; -, -en ⟨zu ↑auto... u. ↑Infektion⟩: Infektion des eigenen Körpers durch den Erreger, der bereits im Körper vorhanden ist (Med.)

Au|to|in|oku|la|ti|on die; -, -en ⟨zu ↑auto... u. ↑Inokulation⟩: ↑hämatogene bzw. ↑lymphogene Ausbreitung eines im Körper bereits zur Wirkung gelangten Infektionsstoffes (Med.)

Au|to|in|to|xi|ka|ti|on die; -, -en ⟨zu ↑auto... u. ↑Intoxikation⟩: Selbstvergiftung des Körpers durch im Organismus bei krankhaften Prozessen entstandene u. nicht weiter abgebaute Stoffwechselprodukte (Med.)

Au|to|io|ni|sa|ti|on die; -, -en ⟨zu ↑auto... u. ↑Ionisation⟩: Selbstionisation eines Atoms infolge inneratomarer Vorgänge (Kernphys.)

Au|to|kar|pie die; - ⟨zu gr. autókarpos „von selbst Frucht bringend" u. ↑²...ie⟩: Fruchtansatz nach Selbstbestäubung (Bot.)

Au|to|ka|ta|ly|se die; - ⟨zu ↑auto... u. ↑Katalyse⟩: Beschleunigung einer Reaktion durch einen Stoff, der während dieser Reaktion entsteht (Chem.)

au|to|ke|phal ⟨aus gleichbed. spätgr. autoképhalos zu ↑auto... u. gr. kephalé „Kopf"⟩: mit eigenem Oberhaupt, unabhängig (von den orthodoxen Nationalkirchen, die von ihrem ↑Katholikos unterstehen). **Au|to|ke|pha|lie** die; - ⟨zu ↑²...ie⟩: kirchliche Unabhängigkeit der orthodoxen Nationalkirchen. **Au|to|ke|pha|loi** [...lɔy] die (Plur.) ⟨zu gr. autoképhalon „der Kopf selbst"⟩: Bischöfe der Ostkirchen, die nur dem Papst od. der Synode unterstanden, auch die solchen Bischöfen unterstehenden selbständigen Kirchengemeinschaften

Au|to|ki|ne|se die; - ⟨aus gr. autokínēsis „Selbstbewegung"⟩: scheinbare Eigenbewegung eines Gegenstandes. **au|to|ki|ne|tisch** ⟨aus gleichbed. gr. autokínētos⟩: aus eigener Kraft beweglich

Au|to|ki|no das; -s, -s ⟨zu ↑¹Auto u. ↑Kino⟩: Freilichtkino, in dem man sich einen Film vom ¹Auto aus ansieht

Au|to|klav der; -s, -en [...vǝn] ⟨aus fr. autoclave „Schnellkochtopf" zu ↑auto... u. lat. clavis „Schlüssel"⟩: 1. Druckapparat in der chem. Technik. 2. Apparat zum Sterilisieren von Lebensmitteln. 3. Rührapparat der Härtung von Speiseölen. **au|to|kla|vie|ren** [...'vi:...] ⟨zu ↑...ieren⟩: mit dem Autoklaven (2) erhitzen

Au|to|kode [...koʊd] vgl. Autocode

Au|to|kol|li|ma|ti|on die; -, -en ⟨zu ↑auto... u. ↑Kollimation⟩: Verfahren zur schnellen u. genauen Einstellung eines Fernrohrs auf Unendlich (Optik)

Aut|öko|lo|gie die; - ⟨zu ↑auto... u. ↑Ökologie⟩: Zweig der ↑Ökologie, der die Umwelteinflüsse auf einzelne Lebewesen untersucht

Au|to|kor|so der; -s, -s ⟨zu ↑¹Auto u. ↑Korso⟩: Korso (1), der aus ¹Autos besteht

Au|to|kran der; -[e]s, Plur. ...kräne, fachspr. ...krane ⟨zu ↑¹Auto⟩: drehbar auf einem Lkw-Fahrgestell montierter Auslegerkran, der zum Verkehr auf öffentlichen Straßen zugelassen ist

Au|to|krat der; -en, -en ⟨aus gr. autokratḗs „selbstherrschend" zu krateîn „herrschen"⟩: 1. diktatorischer Alleinherrscher. 2. selbstherrlicher Mensch, vgl. Autokrator. **Au-**

auto|kra|tie *die;* -, ...jen ⟨aus *gr.* autokráteia „Selbstherrschaft"⟩: Regierungsform, bei der die Staatsgewalt unumschränkt in der Hand eines einzelnen Herrschers liegt. **auto|kra|tisch:** die Autokratie betreffend. **Au|to|kra|tis|mus** *der;* - ⟨zu ↑...ismus (1)⟩: Denk- u. Handlungsweise eines ↑Autokraten (1), Selbstherrlichkeit. **Au|to|kra|tor** *der;* -, ...oren ⟨über *lat.* autocrator aus *gr.* autokrátōr „Selbstherrscher"⟩: 1. der Inhaber ↑autoritativer Gewalt, die in der Antike noch nicht unumschränkt war. 2. Titel des byzantinischen Kaisers. 3. seit dem 16. Jh. Titel des russischen Zaren; vgl. Autokrat
Au|to|kri|tik *die;* -, -en ⟨zu ↑auto... u. ↑Kritik⟩: (veraltet) Selbstkritik, Beurteilung seiner eigenen Schriften u. ä. **auto|kri|tisch:** (veraltend) selbstbeurteilend
Au|to|la|ryn|go|skop *das;* -s, -e ⟨zu ↑auto... u. ↑Laryngoskop⟩: elektrische Lampe, um den Kehlkopf unmittelbar, ohne Hilfe von Spiegeln, untersuchen zu können (Med.)
Au|to|lith [auch ...'lɪt] *der;* Gen. -s od. -en, Plur. -e[n] ⟨zu ↑auto... u. ↑...lith⟩: Einschluß eines jüngeren ↑Magmas (1) in einem älteren, wobei beide von dem gleichen Muttermagma stammen (Geol.)
Au|to|ly|se *die;* - ⟨zu ↑auto... u. ↑...lyse⟩: 1. Abbau von Organeiweiß ohne Bakterienhilfe (Med.). 2. Selbstauflösung des Larvengewebes im Verlauf der Metamorphose bei Insekten (Biol.). **Au|to|ly|sin** *das;* -s, -e (meist Plur.) ⟨zu ↑...in (1)⟩: Stoff, zumeist Eiweißkörper, der körpereigene Zellen bzw. zellige Bestandteile auflöst (Med.). **au|to|ly|tisch** ⟨zu *gr.* lytikós „lösend"⟩: sich selbst auflösend (von Organeiweiß; Med.)
Au|to|ma|chie *die;* -, ...jen ⟨zu *gr.* automacheīn „selbst seinen Prozeß führen" (dies zu ↑auto... u. *gr.* máchē „Kampf") u. ↑²...ie⟩: (veraltet) Widerstreit mit sich selbst
Au|to|mat *der;* -en, -en ⟨aus gleichbed. *fr.* automate zu *gr.* autómatos „sich selbst bewegend, aus eigenem Antrieb"⟩: 1. a) Apparat, der nach Münzeinwurf selbsttätig Waren abgibt od. eine Dienst- od. Bearbeitungsleistung erbringt; b) Werkzeugmaschine, die Arbeitsvorgänge nach Programm selbsttätig ausführt; c) automatische Sicherung zur Verhinderung von Überlastungsschäden in elektrischen Anlagen. 2. jedes ↑kybernetische System, das Informationen an einem Eingang aufnimmt, selbständig verarbeitet u. an einem Ausgang abgibt (Math., EDV). **Au|to|ma|tenre|stau|rant** *das;* -s, -s: ↑Restaurant, in dem man sich über Automaten selbst bedienen kann. **Au|to|ma|ten|theo|rie** *die;* -: Theorie, die sich mit math. Modellen von Automaten, bes. von informationsverarbeitenden Systemen befaßt. **Au|to|ma|tie** *die;* -, ...jen ⟨zu ↑²...ie⟩: svw. Automatismus. **Au|to|ma|tik** *die;* -, -en ⟨zu ↑²...ik (2)⟩: a) Vorrichtung, die einen eingeleiteten technischen Vorgang ohne weiteres menschliches Zutun steuert u. regelt; b) (ohne Plur.) Vorgang der Selbststeuerung. **Au|to|ma|ti|on** *die;* - ⟨aus gleichbed. *engl.* automation⟩: der durch Automatisierung erreichte Zustand der modernen technischen Entwicklung, der durch den Einsatz weitgehend bedienungsfreier Arbeitssysteme gekennzeichnet ist. **Au|to|ma|ti|sa|tion** *die;* -, -en ⟨zu ↑automatisieren u. ↑...isation⟩: svw. Automatisierung; vgl. ...[at]ion/...ierung. **au|to|ma|tisch** (nach gleichbed. *fr.* automatique): 1. a) mit einer Automatik ausgestattet (von technischen Geräten); b) durch Selbststeuerung od. Selbstregelung erfolgend; c) mit Hilfe eines Automaten. 2. a) unwillkürlich, zwangsläufig, mechanisch; b) ohne weiteres Zutun (des Betroffenen) von selbst erfolgend. **au|to|ma|ti|sie|ren** ⟨nach *fr.* automatiser⟩: auf vollautomatische Fabrikation umstellen. **Au|toma|ti|sie|rung** *die;* -, -en ⟨zu ↑...isierung⟩: Umstellung einer Fertigungsstätte auf vollautomatische Fabrikation; vgl. ...[at]ion/...ierung. **Au|to|ma|tis|mus** *der;* -, ...men ⟨zu ↑Automat u. ↑...ismus (2)⟩: a) (ohne Plur.) selbsttätig ablaufende Organfunktion (z. B. Herztätigkeit); b) spontan ablaufender Vorgang od. Bewegungsablauf, der nicht vom Bewußtsein od. Willen beeinflußt wird (Med., Biol.). **Au|to|ma|to|graph** *der;* -en, -en ⟨zu ↑...graph⟩: Gerät zur Aufzeichnung unwillkürlicher Bewegungen (Psychol.)
Au|to|me|cha|ni|ker *der;* -s, - ⟨zu ↑¹Auto u. ↑Mechanik⟩: ↑Mechaniker, der in einer Autowerkstatt arbeitet. **Au|tome|cha|ni|ke|rin** *die;* -, -nen: weibliche Form zu ↑Automechaniker
Au|to|me|don *der;* -s, -s ⟨*gr.;* nach Automédōn, dem Freund u. Wagenlenker des Achill⟩: (veraltet) tüchtiger Wagenlenker
Au|to|me|ta|mor|pho|se *die;* -, -en ⟨zu ↑auto... u. ↑Metamorphose⟩: gesteinsbildende Umwandlungen bei der Entstehung der Gesteine ohne besondere Einwirkung von außen (Geol.)
Au|to|mi|nu|te *die;* -, -n ⟨zu ↑¹Auto u. ↑Minute⟩: Strecke, die ein Auto in einer Minute zurücklegt
Au|to|mi|xis *die;* - ⟨zu ↑auto... u. *gr.* mĩxis „Mischung"⟩: Selbstbefruchtung durch Verschmelzung zweier Keimzellen gleicher Abstammung (Biol.)
au|to|mo|bil ⟨zu ↑auto... u. ↑mobil, eigtl. „selbstbeweglich"⟩: das Auto betreffend. **Au|to|mo|bil** *das;* -s, -e: Kraftfahrzeug, Personenkraftwagen. **Au|to|mo|bil|in|du|strie** *die;* -, -n: Gesamtheit der Betriebe, die Automobile od. Teile für Automobile herstellen. **Au|to|mo|bi|lis|mus** *der;* - ⟨zu ↑...ismus (2)⟩: (veraltet) Kraftverkehr, Kraftfahrzeugwesen. **Au|to|mo|bi|list** *der;* -en, -en ⟨zu ↑...ist⟩: (bes. schweiz.) Autofahrer. **au|to|mo|bi|li|stisch** ⟨zu ↑...istisch⟩: den Automobilismus betreffend. **Au|to|mo|bilsa|lon** [...lɔ̃] *der;* -s, -s: Ausstellung, auf der die neuesten Automobile vorgestellt werden
au|to|morph ⟨zu ↑auto... u. ↑...morph⟩: 1. svw. idiomorph. 2. den Automorphismus betreffend. **Au|to|mor|phis|mus** *der;* -, ...men ⟨zu ↑...ismus (2)⟩: spezielle Zuordnung der Elemente einer ↑algebraischen Struktur innerhalb der gleichen algebraischen Struktur (Math.); vgl. Homomorphismus
Au|to|mu|ta|gen *das;* -s, -e (meist Plur.) ⟨zu ↑auto... u. ↑Mutagen⟩: beim Stoffwechsel entstandene Substanz, die Veränderung des genetischen Materials u. damit der Erbeigenschaften hervorrufen kann (Biol.)
Au|to|ne|phrek|to|mie *die;* -, ...jen ⟨zu ↑auto... u. ↑Nephrektomie⟩: Selbstausschaltung der Niere (bei Verschluß des Harnleiters; Med.)
au|to|nom, autonomisch ⟨aus *gr.* autónomos „nach eigenen Gesetzen lebend"⟩: selbständig, unabhängig; vgl. ...isch/-. **Au|to|no|mie** *die;* -, ...jen ⟨aus gleichbed. *gr.* autonomía⟩: Selbständigkeit [in nationaler Hinsicht], Unabhängigkeit. **au|to|no|misch** svw. autonom. **Au|to|no|mi|sie|rung** *die;* - ⟨vgl. ...isierung⟩: Verfahren aus der Regelungstechnik, durch das eine gegenseitige Beeinflussung der Regelkreise beseitigt werden soll. **Au|to|no|mist** *der;* -en, -en ⟨zu ↑...ist⟩: jmd., der eine Autonomie anstrebt
aut|onym ⟨zu ↑auto... u. *gr.* ónyma „Name"⟩: 1. vom Verfasser unter seinem eigenen Namen herausgebracht. 2. ausdrückend, daß ein Zeichen als Eigenname von sich selbst gilt (Logik, Semiotik). **Aut|onym** *das;* -s, -e: a) Eigenname (bes. von Schriftstellern); Ggs. ↑Pseudonym; b) unter dem wirklichen Verfassernamen veröffentlichtes Buch
Au|to|oxy|da|ti|on usw. vgl. Autoxydation usw.
Au|to|pa|ster [...'peɪstə] *der;* -s, -s ⟨zu ↑auto... u. *engl.* paster

„Klebestreifen", dies zu paste „Kleister"): automatische Papierrollen-Anklebevorrichtung an Rollen-Rotationsdruckmaschinen

Au|to|pa|thie *die;* - ‹aus gleichbed. *gr.* autopátheia›: (veraltet) Selbsterfahrung, -empfindung

Au|to|pha|gie *die;* - ‹zu ↑auto... u. ↑...phagie›: 1. die Eigenschaft mancher Tiere, von ihrem Körper abgetrennte Glieder selbst aufzufressen. 2. das Selbstsuchen der Nahrung bei Jungtieren

Au|to|phän *das; -s, -e* ‹zu ↑auto... u. *gr.* phaínesthai „erscheinen"›: ein Merkmal, das sich durch die Wirkung eines ↑Gens in demselben Zellsystem, in dem das ↑Gen aktiv ist, ausbildet (Genetik); Ggs. ↑Allophän

Au|to|phi|lie *die;* - ‹zu ↑auto... u. ↑...philie›: Selbst-, Eigenliebe (Psychol.)

¹Au|to|pho|nie *die; -,* ...ien ‹zu ↑auto... u. ↑...phonie›: überlautes Hören der eigenen Stimme bei Mittelohrentzündung sowie bei offener Ohrtrompete (Med.)

²Au|to|phon|ie *die; -,* ...ien ‹zu ↑auto..., *gr.* phónos „Mord" u. ↑²...ie›: (veraltet) Selbstmord

Au|to|phy|sio|the|ra|pie [auch 'auto...] *die;* - ‹zu ↑auto... u. ↑Physiotherapie›: svw. Autotherapie

Au|to|pi|lot *der; -en, -en* ‹zu ↑auto... u. ↑Pilot›: automatische Steuerungsanlage in Flugzeugen, Raketen o. ä

Au|to|pla|stik *die;* - ‹zu ↑auto... u. ↑Plastik›: Übertragung körpereigenen Gewebes (z. B. die Verpflanzung eines Hautlappens auf andere Körperstellen; Med.). **au|to|pla|stisch**: die ↑Autoplastik betreffend

Au|to|po|ly|ploi|die [...ploi...] *die;* - ‹zu ↑auto... u. ↑Polyploidie›: Vervielfachung des arteigenen Chromosomensatzes bei einem Lebewesen

Au|to|por|trät [...'trɛ:] *das; -s, -s* ‹zu ↑auto... u. ↑Porträt›: Selbstbildnis

au|to|pros|opisch ‹aus gleichbed. *gr.* autoprósōpos›: in eigener Person, persönlich (erscheinend)

Au|to|pro|to|ly|se *die; -, -n* ‹zu ↑auto..., ↑Proton u. ↑...lyse›: Übertragung eines ↑Protons von einem als Säure wirkenden ↑Ampholytmolekül auf ein als ¹Base wirkendes (Chem.)

Aut|op|sie *die; -,* ...ien ‹aus *gr.* autopsía „das Sehen mit eigenen Augen"›: 1. a) Inaugenscheinnahme einer Leiche durch einen Richter (Leichenschau); b) Leichenöffnung, Untersuchung des [menschlichen] Körpers nach dem Tod zur Feststellung der Todesursache (Med.). 2. persönliche Inaugenscheinnahme eines Buches vor der bibliographischen Aufnahme (Buchw.)

Au|to|psy|cho|se *die; -, -n* ‹zu ↑auto... u. ↑Psychose›: (veraltet) ↑Psychose mit Verlust des Ichbewußtseins (Med.)

Aut|opt *der; -en, -en* ‹aus gleichbed. *gr.* autóptēs zu autopteĩn „mit eigenen Augen sehen"›: (veraltet) Augenzeuge. **aut|op|tisch**: die ↑Autopsie betreffend

Au|tor *der; -s,* ...oren ‹aus *lat.* auctor „Urheber, Schöpfer, Verfasser" zu augere „wachsen machen, mehren, fördern"›: Verfasser eines Werkes der Literatur, Musik, Kunst, Fotografie od. Filmkunst

Au|to|ra|dio *das; -s, -s* ‹zu ↑¹Auto u. ↑Radio›: im Auto eingebautes Radio

Au|to|ra|dio|gramm *das; -s, -e* ‹zu ↑auto... u. ↑Radiogramm›: Aufnahme, die durch Autoradiographie gewonnen wurde. **Au|to|ra|dio|gra|phie** *die;* -: Methode zur Sichtbarmachung der räumlichen Anordnung radioaktiver Stoffe (z. B. in einem Versuchstier; Phys.)

Au|to|re|du|pli|ka|ti|on *die; -, -en* ‹zu ↑auto... u. ↑Reduplikation›: identische Verdoppelung der ↑genetischen Information u. der sie tragenden Strukturen (Biol.)

Au|to|re|fe|rat *das; -s, -e* ‹zu ↑auto... u. ↑Referat›: svw. Autorreferat

Au|to|re|gu|la|ti|on *die; -, -en* ‹zu ↑auto... u. ↑Regulation›: Selbststeuerung bestimmter Körperfunktionen, z. B. die Gewebsneubildung nach Wachstumsstörungen (Med.)

Au|to|ren|kol|lek|tiv *das; -s, -e* [...və] ‹zu ↑Autor u. ↑Kollektiv›: (bes. in der ehemaligen DDR) Verfassergruppe, die ein Buch in gemeinschaftlicher Arbeit herausbringt. **Au|to|ren|kor|rek|tur** vgl. Autorkorrektur. **Au|to|ren|plu|ral** *der; -s:* svw. Pluralis modestiae

Au|to|re|pro|duk|ti|on *die; -, -en* ‹zu ↑auto... u. ↑Reproduktion›: identische ↑Reproduktion der Organismen u. ihrer vermehrungsfähigen Teile wie Zellen u. ↑Chromosomen (Biol.)

Au|to|re|verse [...rɪvəːs] *das;* - ‹zu ↑auto... u. ↑Reverse›: Umschaltautomatik bei Tonbandgeräten, Kassetten- u. Videorecordern

Au|to|rhyth|mie *die; -,* ...ien ‹zu ↑auto..., ↑Rhythmus u. ↑²...ie›: Aussendung von rhythmisch unterbrochenen Impulsen (z. B. durch das Atemzentrum im Gehirn)

Au|to|ri|sa|ti|on *die; -, -en* ‹zu ↑autorisieren u. ↑...isation›: Ermächtigung, Vollmacht; vgl. ...[at]ion/...ierung. **au|to|ri|sie|ren** ‹aus *mlat.* auctorizare „Vollmacht geben"; vgl. ...ieren›: 1. jmdn. bevollmächtigen, [als einzigen] zu etwas ermächtigen. 2. etwas genehmigen. **au|to|ri|siert** ‹zu ↑...iert›: [einzig] berechtigt, ermächtigt. **-e Übersetzung**: vom Verfasser durchgesehene u. genehmigte Übersetzung. **Au|to|ri|sie|rung** *die; -, -en* ‹zu ↑...ierung›: Bevollmächtigung; vgl. ...[at]ion/...ierung. **au|to|ri|tär** ‹aus *fr.* autoritaire „die Regierung betreffend; selbständig auftretend, herrisch" zu auteur aus *lat.* auctor, vgl. Autor›: 1. (abwertend) a) totalitär, diktatorisch; b) unbedingten Gehorsam fordernd; Ggs. ↑antiautoritär. 2. (veraltend) a) auf Autorität beruhend; b) mit Autorität herrschend. **Au|to|ri|ta|ris|mus** *der;* - ‹zu ↑...ismus (1)›: absoluter Autoritätsanspruch. **Au|to|ri|tät** *die; -, -en* ‹aus *lat.* auctoritas, Gen. auctoritatis, vgl. Autor›: 1. (ohne Plur.) auf Leistung od. Tradition beruhender maßgebender Einfluß einer Person od. Institution u. das daraus erwachsende Ansehen. 2. einflußreiche, maßgebende Persönlichkeit von hohem [fachlichem] Ansehen. **au|to|ri|ta|tiv** ‹nach gleichbed. *mlat.* auctoritativus›: auf Autorität, Ansehen beruhend; maßgebend, entscheidend. **Au|tor|kor|rek|tur**, Autorenkorrektur *die; -, -en:* Korrektur des gesetzten Textes durch den Autor selbst

Au|to|ro|ta|ti|on *die; -, -en* ‹zu ↑auto... u. ↑Rotation, eigtl. „Selbstdrehung"›: a) die auf ↑aerodynamische Kräfte zurückzuführende Drehbewegung des ↑Rotors eines Hubschraubers um seine eigene Achse; b) die bei zu hohem Anstellwinkel auftretende Drehbewegung eines Flugzeugs um seine Längsachse (Luftf.)

Au|tor|re|fe|rat *das; -[e]s, -e* ‹zu ↑Autor u. ↑Referat›: vom Autor eines Werkes selbst verfaßte inhaltliche Zusammenfassung bzw. Zusammenstellung der Ergebnisse seiner Untersuchungen

Au|to|sa|lon [...lɔŋ] *der; -s, -s* ‹zu ↑¹Auto u. ↑Salon›: svw. Automobilsalon

Au|to|se|man|ti|kon u. **Au|to|se|man|ti|kum** *das; -s,* ...ka ‹über *nlat.* autosemanticum zu ↑auto..., *gr.* sēmantikós „bezeichnend, bedeutend" u. ↑¹...on›: Wort od. größere sprachliche Einheit mit eigener, selbständiger Bedeutung (z. B. Tisch, Geist; Sprachw.); Ggs. ↑Synsemantikon. **au|to|se|man|tisch** ‹zu ↑auto...›: eigene Bedeutung tragend (von Wörtern; Sprachw.); Ggs. ↑synsemantisch

Au|to|sen|si|bi|li|sie|rung *die; -, -en* ‹zu ↑auto... u. ↑Sensibilisierung⟩: Bildung von Antikörpern im Organismus auf Grund körpereigener Substanzen (Med.)

au|tos e̱pha ⟨aus *gr.* autòs épha „er hat es selbst gesagt"⟩: a) Formel der ↑ Pythagoreer, mit der sich die Schüler auf Worte des Meisters beriefen; b) Hinweis auf die höchste Lehrautorität

Au|to|ser|vice [...sə:vɪs] *der,* selten *das;* -s, -s [...sə:vɪs] ⟨zu ↑ ¹Auto u. ↑²Service⟩: auf Ausstattung, Pflege u. Instandhaltung des ¹Autos gerichteter Kundendienst

¹Au|to|sex *der;* -[es] ⟨zu ↑ auto... u. ↑ Sex⟩: am eigenen Körper vorgenommene sexuelle Handlung

²Au|to|sex *der;* -[es] ⟨zu ↑ ¹Auto u. ↑ Sex⟩: Sex im Auto

Au|to|se|xua|lis|mus *der;* - ⟨zu ↑ auto... u. ↑ Sexualismus⟩: auf den eigenen Körper gerichtetes sexuelles Verlangen (Psychol.). **au|to|se|xu|ell:** den Autosexualismus betreffend

Au|to|sit *der;* -en, -en ⟨Kurzw. aus ↑ *auto*... u. ↑ Para*sit*⟩: Hauptkörper einer Doppelmißbildung, bei der ein Teil des zweiten Körpers im Hauptkörper eingeschlossen ist (Med.)

Au|to|skoo|ter [...sku:tɐ] vgl. Skooter

Au|to|sko|pie *die;* -, ...ien ⟨zu ↑ auto... u. ↑ ...skopie⟩: unmittelbare Kehlkopfuntersuchung ohne Spiegel (Med.). **au|to|sko̱|pisch:** die Autoskopie betreffend

Au|to|sla|lom *der;* -s, -s ⟨zu ↑ ¹Auto u. ↑ Slalom⟩: sportlicher Wettbewerb, bei dem mit Autos eine Hindernisstrecke zu durchfahren ist

Au|to|som *das;* -s, -en ⟨Kurzw. aus ↑ *auto*... u. ↑ Chromo*som*⟩: nicht geschlechtsgebundenes ↑ Chromosom. **au|to|so|mal** ⟨zu ↑¹...al (1)⟩: das ↑ Autosom betreffend. **Au|to|so|mie** *die;* -, ...ien ⟨zu *gr.* sõma „Körper" u. ↑²...ie⟩: allgemeine Bez. für krankhafte Veränderungen im Bereich der ↑ Autosomen

Au|to|ste|reo|typ *das;* -s, -e (meist Plur.) ⟨zu ↑ auto... u. ↑ Stereotyp⟩: Urteil, das sich eine Person od. Gruppe von sich selbst macht

au|to|ste|ril ⟨zu ↑ auto... u. ↑ steril⟩: durch eigene Abwehrkräfte des Körpers neutralisiert (Med.). **Au|to|ste|ri|li|sa|ti|on** *die;* -, -en: Neutralisierung von Bakterien durch eigene Abwehrkräfte des Körpers (Med.)

Au|to|sti|mu|la|ti|on *die;* -, -en ⟨zu ↑ auto... u. ↑ Stimulation, eigtl. „Selbstreizung"⟩: Methode der Gehirn- u. Verhaltensphysiologie zur Beeinflussung der Erregbarkeit von Hirnzentren, die das Zuwendungs- u. Suchverhalten regeln

Au|to|stopp *der;* -s, -s ⟨zu ↑ ¹Auto⟩: das Anhalten von Autos mit dem Ziel, mitgenommen zu werden

Au|to|stra̱|da *die;* -, -s ⟨aus gleichbed. *it.* autostrada⟩: ital. Bez. für mehrspurige Autoschnellstraße, Autobahn

Au|to|stun|de *die;* -, -n ⟨zu ↑ ¹Auto⟩: Strecke, die ein Auto in einer Stunde zurücklegt

Au|to|sug|ge|sti|on [auch ...'tio:n] *die;* -, -en ⟨zu ↑ auto... u. ↑ Suggestion, eigtl. „Selbsteinredung"⟩: das Vermögen, ohne äußeren Anlaß Vorstellungen in sich zu erwecken, sich selbst zu beeinflussen, eine Form der ↑ Suggestion. **au|to|sug|ge|stiv** [auch ...'ti:f]: sich selbst beeinflussend

Au|to|te|le|fon *das;* -s, -e ⟨zu ↑ ¹Auto u. ↑ Telefon⟩: im Auto eingebautes Telefon

Au|to|te|lie *die;* - ⟨aus gleichbed. *gr.* autoteleia, eigtl. „Selbständigkeit; Vollkommenheit"⟩: Selbstbestimmung, Unabhängigkeit

Au|to|tem|po|me|ter *das;* -s, - ⟨zu ↑ auto..., ↑ Tempo u. ↑ ¹...meter⟩: alte Bez. für einen elektrisch betriebenen ↑ Tachographen, Geschwindigkeitsfahrtschreiber

Au|to|the|is|mus *der;* - ⟨zu ↑ auto... u. ↑ Theismus⟩: Selbstvergötterung. **Au|to|the|ist** *der;* -en, -en: jmd., der sich selbst vergöttert

Au|to|the|ra|pie [auch 'auto...] *die;* - ⟨zu ↑ auto... u. ↑ Therapie⟩: Selbstheilung durch die natürliche Selbstheilungskraft (ohne Medikamente)

Au|to|ther|mik|kol|ben *der;* -s, - ⟨zu ↑ auto... u. ↑ Thermik⟩: Kolben für Verbrennungsmotoren, der bei Erwärmung seinen Außendurchmesser nur gering ändert

Au|to|to|mie *die;* -, ...ien ⟨zu ↑ auto... u. ↑ ...tomie, eigtl. „Selbstverstümmelung"⟩: bei verschiedenen Tieren vorkommendes Abwerfen von meist später wieder nachwachsenden Körperteilen an vorgebildeten Bruchstellen (z. B. Schwanz der Eidechse; Biol.)

Au|to|top|agno|sie *die;* -, ...ien ⟨zu ↑ auto..., *gr.* tópos „Ort, Platz" u. ↑ Agnosie⟩: Unfähigkeit, Teile des eigenen Körpers zu erkennen u. zu lokalisieren (Med.)

Au|to|tour [...tu:ɐ] *die;* -, -en ⟨zu ↑ ¹Auto u. ↑ Tour⟩: ↑ Tour mit dem Auto. **Au|to|tou|ris|mus** *der;* -: ↑ Tourismus mit dem [eigenen] Auto

Au|to|to|xin *das;* -s, -e ⟨zu ↑ auto... u. ↑ Toxin⟩: ein im eigenen Körper entstandenes Gift; vgl. Autointoxikation

Au|to|trans|for|ma|tor *der;* -s, ...oren ⟨zu ↑ auto... u. ↑ Transformator⟩: häufig als Regelumspanner verwendeter ↑ Transformator mit nur einer Wicklung, an der die Sekundärspannung durch Anzapfen entnommen wird (Elektrot.)

Au|to|trans|fu|si|on *die;* -, -en ⟨zu ↑ auto... u. ↑ Transfusion⟩: 1. Eigenblutübertragung, bei der sich in einer Körperhöhle (infolge einer Verletzung) stauendes Blut wieder in den Blutkreislauf zurückgeführt wird (Med.). 2. Notmaßnahme (bei großen Blutverlusten) zur Versorgung der lebenswichtigen Organe mit Blut durch Hochlegen u. Bandagieren der Gliedmaßen (Med.)

au|to|troph ⟨zu ↑ auto... u. ↑ ...troph⟩: sich ausschließlich von anorganischen Stoffen ernährend (von Pflanzen; Bot.); Ggs. ↑ heterotroph. **Au|to|tro|phie** *die;* - ⟨zu ↑ ...trophie⟩: Fähigkeit der grünen Pflanzen, anorganische Stoffe in körpereigene umzusetzen (Bot.)

Au|to|tro|pis|mus *der;* -, ...men ⟨zu ↑ auto... u. ↑ Tropismus⟩: Bestreben eines Pflanzenorgans, die Normallage einzuhalten od. sie nach einem Reiz wiederzugewinnen (Bot.)

¹Au|to|typ *der;* -s, -en ⟨zu ↑ ¹Auto u. ↑ Typ⟩: Kraftfahrzeugtyp, -marke

²Au|to|typ *der;* -s, -en ⟨zu ↑ auto... u. ↑ Typ⟩: 1. a) Urabdruck; b) vom Verfasser selbst besorgter Druck. 2. alte Druckmaschine zum Drucken von Fotografien. **Au|to|ty|pie** *die;* -, ...ien ⟨zu ↑ ...typie, eigtl. „Selbstdruck"⟩: Rasterätzung für Buchdruck. **au|to|ty̱|pisch:** die Autotypie betreffend; **-er Tiefdruck:** Tiefdruckverfahren, bei dem kein ↑ Pigmentpapier verwendet wird (Druckw.). **Au|to|ty|po|gra|phie** *die;* -, ...ien: Übertragung einer ↑ Autographie auf Zink zur Vervielfältigung mittels ↑ Zinkographie

Au|to|vak|zin [...v...] *das;* -s, -e ⟨zu ↑ auto... u. ↑ Vakzine⟩: svw. Autovakzine. **Au|to|vak|zi|ne** *die;* -, -n: Impfstoff, der aus Bakterien gewonnen wird, die aus dem Organismus des Kranken stammen (Med.)

au|to|ve|ge|ta|tiv ⟨zu ↑ auto... u. ↑ vegetativ⟩; in der Führung **-e Vermehrung:** direkte ↑ vegetative Vermehrung von Kultursorten im Obstbau, d. h. ohne Veredlung

Aut|oxi|da|ti|on usw. vgl. Autoxydation usw. **Aut|oxy|da|ti|on,** fachspr. Autoxidation *die;* -, -en ⟨zu ↑ auto... u. ↑ Oxydation⟩: nur unter ↑ katalytischer Mitwirkung sauerstoffreicher Verbindungen erfolgende ↑ Oxydation eines Stoffes (z. B. Rosten, Vermodern; Chem.). **aut|oxy|da|tiv,**

fachspr. autoxidativ: auf Autoxydation beruhend. **Aut|oxyda|tor**, fachspr. Autoxidator *der; -s, ...oren*: Sauerstoffüberträger, Stoff, der bei gewöhnlicher od. wenig erhöhter Temperatur freien Sauerstoff aus der Luft aufnimmt u. an einen anderen Stoff abgibt. **aut|oxy|die|ren**, fachspr. autoxidieren: bei gewöhnlicher od. wenig erhöhter Temperatur der Oxydation durch den Luftsauerstoff unterliegen
au|to|zen|triert ⟨zu ↑auto... u. ↑zentrieren; vgl. ...iert⟩: eigenständig, ohne Integration in ein übergreifendes (internationales) System
au|to|ze|phal usw. vgl. autokephal usw
aut|özisch ⟨zu ↑auto... u. gr. oikía „Haus"⟩; in der Fügung -e Parasiten: Schmarotzer, die sich auf demselben Wirtsorganismus entwickeln (Biol.); Ggs. ↑heterözisch
Au|to|zoom [...zu:m] *das; -s, -s* ⟨zu ↑auto... u. ↑¹Zoom⟩: Vorrichtung, die den Zoom in der Filmkamera selbständig reguliert u. somit automatisch eine maximale Schärfentiefe gewährleistet
aut si|mi|le ⟨*lat.*⟩: oder ähnliches (auf ärztlichen Rezepten)
au|tum|nal ⟨aus gleichbed. *lat.* autumnalis⟩: herbstlich. **Au|tum|nal|ka|tarrh** *der; -s, -e*: im Herbst auftretender heuschnupfenartiger Katarrh (Med.)
Au|tu|nit [auch ...'nɪt] *das; -s* ⟨nach der franz. Stadt Autun u. zu ↑²...it⟩: ein Uranmineral
Au|vent [o'vã:] *der; -s, -s* ⟨aus gleichbed. *fr.* auvent⟩: (veraltet) Wetterdach, Vor-, Schutzdach
Au|vers [o'vɛːɐ̯] *das;* - u. **Au|ver|si|en** [ovɛr'sjɛ̃:] *das; -s* ⟨*fr.;* nach der franz. Ortschaft Auvers-sur-Oise⟩: Unterstufe des ↑Eozäns (Geol.). **Au|ver|si|um** [o'vɛr...] *das; -s* ⟨zu ↑...ium⟩: svw. Auvers
aux..., Aux... vgl. Auxo..., Auxo... **Au|xa|no|gra|phie** *die; -, ...ien* ⟨zu gr. auxánein „vermehren" u. ↑...graphie⟩: Methode zur Untersuchung der wachstumsfördernden od. -hemmenden Wirkung bestimmter chemischer Substanzen auf Mikroorganismen (Physiol.). **Au|xa|no|me|ter** *das; -s,* - ⟨zu ↑¹...meter⟩: Meßgerät für das Pflanzenwachstum
aux armes [o'zarm] ⟨*fr.*⟩: zu den Waffen!
au|xe|nisch ⟨zu gr. aúxein, auxánein „wachsen"⟩: keimfrei (Ökologie)
Au|xer|rois [osɛ:'ʀɔa] *der;* - ⟨nach der gleichnamigen franz. Landschaft⟩: weißer Burgunderwein
Au|xe|sis *die; -, ...esen* ⟨aus gleichbed. gr. aúxēsis⟩: (veraltet) Vermehrung, Vergrößerung, Übertreibung
aux fines herbes [o fin'zɛrb] ⟨*fr.*⟩: mit frisch gehackten Kräutern (Gastr.); vgl. Fines herbes
au|xi|li|ar ⟨aus gleichbed. *lat.* auxiliaris⟩: helfend, zur Hilfe dienend. **Au|xi|li|ar|trup|pen** *die* (Plur.): svw. Auxilien. **Au|xi|li|ar|verb** *das; -s, -en*: Hilfsverb (z. B. sie *hat* gearbeitet). **Au|xi|lia|ti|on** *die; -, -en* ⟨aus gleichbed. *lat.* auxiliatio zu auxiliari, vgl. auxiliieren⟩: (veraltet) Hilfeleistung. **Au|xi|li|en** [...i̯ən] *die* (Plur.) ⟨aus gleichbed. *lat.* auxilia⟩: fremde Hilfstruppen im römischen Heer. **au|xi|li|ie|ren** ⟨aus gleichbed. *lat.* auxiliari⟩: (veraltet) helfen, Hilfe leisten
Au|xin *das; -s, -e* ⟨zu ↑auxo... u. ↑...in (1)⟩: organische Verbindung, die das Pflanzenwachstum fördert. **au|xo..., Au|xo...**, vor Vokalen auch **aux..., Aux...** ⟨zu gr. aúxein „mehren, fördern, vergrößern, wachsen lassen"⟩: Wortbildungselement mit der Bedeutung „(Wachstum) fördernd, vermehrend, vergrößernd", z. B. auxochrom. **Au|xo|chrom** [...'kro:m] ⟨zu gr. chrõma „Farbe"⟩: eine Farbvertiefung od. Farbänderung bewirkend (von bestimmten chem. Gruppen; Chem.). **Au|xo|chrom** *das; -s, -e*: farbvertiefende Atomgruppe in einem Farbstoff (Chem.). **au|xo|he|te|ro|troph**: unfähig, die für die eigene Entwicklung nötigen Wuchsstoffe selbst zu ↑synthetisieren (von bestimmten Organismen; Biol.). **Au|xo|me|ter** *das; -s,* - ⟨zu ↑¹...meter⟩: altes Meßgerät zur Feststellung der Vergrößerungsstärke von Fernrohren. **Au|xo|spo|re** *die; -, -n*: Wachstumsspore bei Kieselalgen (Biol.). **au|xo|ton** ⟨zu ↑Tonus⟩: den Tonus (1) unterstützend (Med.). **au|xo|troph** ⟨zu ↑...troph⟩: auf optimalen Nährboden angewiesen (von bestimmten Kleinlebewesen; Biol.)

Avai|la|ble-light-Fo|to|gra|fie [ə'veɪləbl'laɪt...] *die;* - ⟨zu *engl.* available light „zur Verfügung stehendes Licht" u. ↑Fotografie⟩: das Fotografieren bei ungünstigen natürlichen Lichtverhältnissen unter Verzicht auf Zusatzbeleuchtung (Fotogr.)

Aval [a'val] *der,* seltener *das; -s, -e* ⟨aus gleichbed. *fr.* aval⟩: Bürgschaft, insbes. für einen Wechsel. **ava|lie|ren** ⟨aus gleichbed. *fr.* avaler⟩: einen Wechsel als Bürge unterschreiben. **Ava|list** *der; -en, -en* ⟨aus gleichbed. *fr.* avaliste⟩: Bürge für einen Wechsel. **Aval|kre|dit** *der; -s, -e* ⟨zu ↑Aval⟩: Kreditgewährung durch Bürgschaftsübernahme seitens einer Bank

Ava|lo|nen [ava...] vgl. Abalonen

Avan|ce [a'vã:sə] *die; -, -n* ⟨aus *fr.* avance „Vorsprung" zu avancer, vgl. avancieren⟩: 1. a) Vorsprung, Gewinn; b) Geldvorschuß. 2. Preisunterschied bei Handelsware zwischen An- und Verkauf: Gewinn. 3. (ohne Plur.) Beschleunigung (an Uhrwerken; Zeichen A); jmdm. -n machen: jmdm. gegenüber zuvorkommend, entgegenkommend sein, ihn umwerben in dem Wunsch, ihn für sich zu gewinnen. **Avan|ce|ment** [avãsə'mã:] *das; -s, -s* ⟨aus gleichbed. *fr.* avancement⟩: Beförderung, Aufrücken in eine höhere Position. **avan|cie|ren** [...'si:...] ⟨aus *fr.* avancer „vorwärtsbringen, -gehen", dies zu *lat.* abante „vorweg"; vgl. avanti⟩: in eine höhere Position aufrücken. **Avan|cier|te** *der; -en, -en* ⟨vgl. ...iert⟩: (veraltet) der Beförderte, Unteroffizier (Mil.)

Ava|nie [ava...] *die; -, ...ien* ⟨aus gleichbed. *fr.* avanie⟩: (veraltet) [öffentliche] Beleidigung, Schimpf

Avan|ta|ge [avã'ta:ʒə] *die; -, -n* ⟨aus gleichbed. *fr.* avantage zu avant „vor; vorn"⟩: Vorteil, Gewinn. **Avan|ta|geur** [...ta'ʒøːɐ̯] *der; -s, -e* ⟨zu ↑...eur⟩: (veraltet) Fahnenjunker, Offiziersanwärter. **avan|ta|geux** [...'ʒøː] ⟨*fr.*⟩: (veraltet) vorteilhaft, einträglich. **avan|ta|gie|ren** [...'ʒi:...] ⟨aus gleichbed. *fr.* avantager⟩: (veraltet) bevorzugen; begünstigen. **Avant|cour** [avã'ku:ɐ̯] *die;* - ⟨aus gleichbed. *fr.* avantcour⟩: (veraltet) Vorhof. **Avant|cou|reur** [...ku'rø:ɐ̯] *der; -s, -s* ⟨aus gleichbed. *fr.* avant-coureur⟩: (veraltet) Vorläufer. **Avant|gar|de** [avã..., *fr.* avã'gard] *die; -, -n* ⟨aus *fr.* avant-garde „Vorhut"⟩: 1. die Vorkämpfer einer Idee od. Richtung (z. B. in Literatur u. Kunst). 2. (veraltet) Vorhut einer Armee. **Avant|gar|dis|mus** *der;* - ⟨zu ↑...ismus (1)⟩: Fortschrittlichkeit, für neue Ideen eintretende kämpferische Richtung auf einem bestimmten Gebiet (bes. in der Kunst). **Avant|gar|dist** *der; -en, -en* ⟨aus gleichbed. *fr.* avant-gardiste⟩: Vorkämpfer, Neuerer (bes. auf dem Gebiet der Kunst u. Literatur). **avant|gar|di|stisch**: vorkämpferisch. **avan|ti!** [a'vanti] ⟨*it.;* aus *lat.* abante „vorweg"⟩: vorwärts! **Avant|korps** [avã'koːɐ̯] *das;* - [...'koːɐ̯s], - [...'koːɐ̯s]: militärische Vorausabteilung. **avant la let|tre** [a'vã – –] ⟨*fr.*⟩ „vor der Schrift"⟩: Bez. für die vor Einstechen der Schrift abgezogenen Probedrucke von graphischen Blättern. **Avant|pro|pos** [avãprɔ'po:] *der;* -, - ⟨aus gleichbed. *fr.* avant-propos⟩: (veraltet) Vorrede. **Avant|sze|ne** [a'vã – –] *die; -, -n* ⟨aus gleichbed. *fr.* avant-scène⟩: (veraltet) Vorbühne, Proszenium

Avan|tu|rin [avan...] vgl. Aventurin

ava|ri|ti|ös [ava...] ⟨zu *lat.* avaritia „Geiz, Gier" u. ↑...ös⟩: (veraltet) geizig, habgierig

avas|ku|lär [avas...] ⟨zu *gr.* a- „un-, nicht-" u. ↑vaskulär⟩: ohne Blutgefäße (z. B. von einer Geschwulst; Med.)

Ava|ta|ra [ava...] *die;* - ⟨aus *sanskr.* avatāra „das Herabsteigen, Herabkunft; Inkarnation"⟩: Bez. für die Verkörperungen eines Gottes auf Erden in den ind. Religionen

ave! ['aːve] ⟨*lat.;* „sei gegrüßt!"⟩: sei gegrüßt!, lebe wohl! (lateinische Grußformel). **Ave** *das;* -[s], -[s]: Kurzform für Ave-Maria

Avec [aˈvɛk] ⟨aus *fr.* avec „mit", dies aus *vulgärlat.* ab „mit" u. *lat.* hoc „dieses"⟩; in der Fügung m i t [e i n e m] -: (ugs.) mit Schwung. **avec la let|tre** [aˈvɛk – –] ⟨*fr.;* „mit der Schrift"⟩: Bez. für die Drucke der fertigen Auflage nach Anbringen von Titel, Künstlernamen u. Verlegeradresse bei graphischen Blättern. **avec per|mis|sion** [– ...ˈsi̯õ] ⟨*fr.*⟩: mit Erlaubnis, wenn's erlaubt ist

Ave im|pe|ra|tor, mo|ri|tu|ri te sa|lu|tant ['aːve – – – –] ⟨*lat.;* „Heil dir, Kaiser, die dem Tode Geweihten grüßen dich"⟩: Gladiatorengruß an den römischen Kaiser Tiberius Claudius

avel|lie|ren [avɛ...] ⟨aus gleichbed. *lat.* avellere⟩: (veraltet) losreißen

Ave-Ma|ria ['aːve...] *das;* -[s], -[s] ⟨aus *lat.* ave Maria! „Gegrüßt seist du, Maria!", nach den Anfangsworten des Engels Gabriel bei der Ankündigung der Geburt Jesu (Lukas 1,28)⟩: 1. Bez. eines kath. Mariengebets. 2. Ave-Maria-Läuten, Angelusläuten

Ave|na [aˈveːna] *die;* - ⟨aus gleichbed. *lat.* avena⟩: Hafer (Gattung der Süßgräser, darunter der Zierhafer). **Ave|na-Ein|heit** *die;* -: Wuchsstoffwirkeinheit, bezogen auf die Reaktion des Haferkeimlings (Bot.)

ave|nant [avəˈnãː] ⟨aus gleichbed. *fr.* avenant zu avenir, advenir aus *lat.* advenire „ankommen"⟩: (veraltet) passend, anmutig, schicklich. **Ave|ni|da** *die;* -, Plur. ...den u. -s ⟨aus gleichbed. *span., port.* avenida, eigtl. „Zufahrtsstraße", zu *lat.* advenire „ankommen"⟩: 1. breite Prachtstraße span., port. u. lateinamerik. Städte. 2. in Spanien u. Portugal Bez. für eine Sturzflut nach heftigen Regengüssen. **Aven|tiu|re** [avɛnˈtyːrə] *die;* -, -n ⟨aus gleichbed. *mhd.* aventiure, dies über *altfr.* aventure aus *vulgärlat.* *adventura „Ereignis" zu *lat.* advenire „herankommen, sich ereignen"; vgl. *dt.* Abenteuer⟩: 1. ritterliche Bewährungsprobe, die der Held in mhd. Dichtungen bestehen muß. 2. Abschnitt in einem mhd. Epos, das sich hauptsächlich aus Berichten über ritterliche Bewährungsproben zusammensetzt. **Aven|tü|re** *die;* -, -n ⟨aus gleichbed. *fr.* aventure, vgl. Aventiure⟩: Abenteuer, seltsamer Vorfall. **aven|tu|reux** [avãtyˈrøː] ⟨*fr.*⟩: (veraltet) abenteuerlich, waghalsig. **Aven|tür|han|del** [avɛn...] *der;* -s: (veraltet) Handelsgeschäft mit fremdem Kapital, aber auf eigene Rechnung. **Aven|tu|rier** [avãtyˈri̯eː] *der;* -s, -s ⟨aus gleichbed. *fr.* aventurier; vgl. Aventiure⟩: (veraltet) Abenteurer, Glücksritter. **aven|tü|rie|ren** [avɛn...] ⟨aus gleichbed. *fr.* aventurier⟩: (veraltet) 1. abenteuern. 2. schwindeln. **Aven|tu|rin** *der;* -s, -e ⟨zu *fr.* aventure (vgl. Aventiure) u. ↑...in (1), nach seiner zufälligen Entstehung⟩: gelber, roter od. goldflimmriger Quarz mit metallisch glänzenden Einlagerungen. **Ave|nue** [avəˈnyː] *die;* -, ...uen [...ˈnyːən] ⟨aus gleichbed. *fr.* avenue, eigtl. „Ankunft", zu advenir aus *lat.* advenire „ankommen"⟩: 1. städtische, mit Bäumen bepflanzte Prachtstraße. 2. (veraltet) Zugang, Anfahrt

ave|rage [ˈævərɪdʒ] ⟨*engl.;* vgl. Average⟩: mittelmäßig, durchschnittlich (Bez. für Warenqualität mittlerer Güte). **Ave|rage** *der;* - ⟨aus gleichbed. *engl.* average, dies über *mit-*

telfr. avarie „Seeschäden, Hafengeld" u. *altital.* avaria „See-, Frachtschäden" aus *arab.* ˈawār „Fehler, Schaden"; vgl. Havarie⟩: 1. arithmetisches Mittel, Mittelwert, Durchschnitt (Statistik). 2. Sammelbegriff für alle Schäden, die Schiff u. Ladung auf einer Seefahrt erleiden können; vgl. Havarie (1 b)

a ver|bis ad ver|be|ra [– ˈvɛr... – ˈvɛr...] ⟨*lat.*⟩: (bes. lat. Rechtsspr.) von Worten zu Schlägen. **Aver|bo** [aˈvɛrbo] *das;* -s, -s ⟨aus *lat.* a verbo „vom Tätigkeitswort"⟩: die Stammformen des Verbs (Sprachw.)

Ave re|gi|na cae|lo|rum [ˈaːve – tsɛ...] ⟨*lat.;* „Gegrüßet seist Du, Königin der Himmel"⟩: eine ↑Marianische Antiphon

ave|rie|ren [ave...] ⟨aus gleichbed. *fr.* avérer zu *lat.* versus „wahr"⟩: (veraltet) [sich] als wahr erweisen, bewahrheiten

aver|na|lisch [avɛr...] u. **aver|nisch** ⟨aus *lat.* Avernalis „zum Averner See gehörig", nach dem lat. Wort für „Unterwelt" Avernus, dessen Eingang in der griech. Sage an diesen Kratersee bei Neapel gelegt ist⟩: höllisch, qualvoll

Aver|ro|is|mus [avɛro...] *der;* - ⟨nach dem arab. Philosophen Averroes (1126–1198) u. zu ↑...ismus (1)⟩: mittelalterliche philos. Richtung, die die Ewigkeit der Welt u. der einen, allen Menschen gemeinsamen Vernunft annahm

Avers [aˈvɛrs] *der;* -es, -e ⟨aus gleichbed. *fr.* avers, dies zu *lat.* adversus „zugewandt"⟩: Vorderseite einer Münze od. einer Medaille; Ggs. ↑²Revers. **aver|sa|bel** [...v...] ⟨aus gleichbed. *nlat.* aversabilis zu *lat.* avertere „abwenden"⟩: (veraltet) abscheulich. **Aver|sal|sum|me** *die;* -, -n ⟨zu ↑¹...al (1) u. ↑Summe⟩: svw. Aversum. **Aver|si|on** *die;* -, -en ⟨über gleichbed. *fr.* aversion aus *spätlat.* aversio „das Sichabwenden"⟩: Abneigung, Widerwille. **Aver|sio|nal|sum|me** *die;* -, -n ⟨zu ↑¹...al (1) u. ↑Summe⟩: svw. Aversum. **aver|sio|nie|ren** ⟨zu ↑...ieren⟩: (veraltet) abfinden. **Aver|sio|nie|rung** *die;* -, -en ⟨zu ↑...ierung⟩: (veraltet) das Festlegen einer Abfindungssumme. **Aver|si|ons|the|ra|pie** *die;* -, -n [...iːən]: umstrittene Methode, einem psychisch Gestörten eine Verhaltensweise abzugewöhnen, indem deren Auftreten mit negativen Reizen gekoppelt wird. **Aver|sum** *das;* -s, ...sa ⟨aus *lat.* aversum, Part. Perf. (Neutrum) von avertere „sich abwenden"⟩: (veraltet) Abfindungssumme, Ablösung. **aver|tie|ren** ⟨aus *lat.* avertir, dies über *vulgärlat.* *advertire zu *lat.* advertere „aufmerksam machen"⟩: (veraltet) a) benachrichtigen; b) warnen. **Aver|tin** ⓇⓌ *das;* -s ⟨Kunstw.⟩: ein ↑rektal anzuwendendes Narkosemittel. **Aver|tis|se|ment** [...ˈmãː] *das;* -s, -s ⟨aus gleichbed. *fr.* avertissement zu avertir, vgl. avertieren⟩: (veraltet) a) Benachrichtung, Nachricht; b) Warnung

avi|är [...v...] ⟨aus *lat.* aviarius „zu den Vögeln gehörig" zu avis „Vogel"⟩: Vögel betreffend, von Vögeln stammend (z. B. aviäre Tuberkelbakterien; vgl. Tuberkel). **Avi|a|ri|um** *das;* -s, ...ien [...i̯ən] ⟨aus gleichbed. *lat.* aviarium⟩: großes Vogelhaus (z. B. in zoologischen Gärten). **Avi|a|tik** *die;* - ⟨zu ↑²...ik (1)⟩: (veraltet) Flugtechnik, Flugwesen. **Avi|a|ti|ker** *der;* -s, -: (veraltet) Flugtechniker, Kenner des Flugwesens. **Avi|a|ti|on** *die;* - ⟨zu ↑¹...ion⟩: (veraltet) das Fliegen mit Flugzeugen

avid [...v...] ⟨aus *lat.* avidus „gierig"⟩: ↑Antikörper anziehend (Med.). **Avi|din** *das;* -s ⟨zu ↑...in (1)⟩: Eiweißkörper im Eiklar des rohen Hühnereies. **Avi|di|tät** *die;* - ⟨aus *lat.* aviditas, Gen. aviditatis „Verlangen, Gier"⟩: Bindungsneigung von ↑Antikörpern (Med.)

Avi|dya [aˈvidja] vgl. Awidya

Avi|ku|la|ri|en [avi...ri̯ən] *die* (Plur.) ⟨aus gleichbed. *nlat.* avicularia (Plur.), eigtl. „einem kleinen Vogel ähnliche(r)", zu *lat.* avicula „Vöglein", Verkleinerungsform von avis

„Vogel"›: stark differenzierte Individuen der Moostierchen

Avil Ⓦⓩ [a'vi:l] *das;* -s ‹Kunstw.›: ein ↑Antihistaminikum

avi|lie|ren [avi...] ‹aus gleichbed. *fr.* avilir zu vil „niedrig, gering", dies aus *lat.* vilis „wertlos, gering"›: (veraltet) herabwürdigen, entwerten. **Avi|lisse|ment** [...lıs'mã:] *das;* -s, -s ‹aus gleichbed. *fr.* avilissement›: (veraltet) Herabsetzung, Herabwürdigung

Avio|nik [a'vio:...] *die;* - ‹Kunstw. aus ↑*Avi*atik u. ↑Elektro*nik*›: die Gesamtheit elektronischer Luftfahrtgeräte sowie die Wissenschaft u. Technik dieser Geräte u. Systeme (z. B. Nachrichtengeräte, Flugregler u. a.)

avi|ru|lent ['avi...] ‹aus *gr.* a- „un-, nicht-" u. ↑virulent›: nicht ansteckend (von Mikroorganismen; Med.); Ggs. ↑virulent

¹Avis [a'vi:] *der* od. *das* - [a'vi:(s)], - [a'vi:s] ‹aus gleichbed. *fr.* avis, zu *vulgärlat.* mihi visum est „mir scheint"›: 1. Ankündigung [einer Sendung an den Empfänger]. 2. Mitteilung des Wechselausstellers an den, der den Wechsel zu bezahlen hat, über die Deckung der Wechselsumme. **²Avis** [a'vi:s] *der* od. *das;* -es, -e ‹nach *it.* avviso „Nachricht", vgl. ²Aviso›: svw. ¹Avis. **Avi|sa|ti|on** *die;* -, -en ‹aus gleichbed. *mlat.* avisatio zu avisare, vgl. avisieren›: (veraltet) Benachrichtigung. **avi|sie|ren** ‹aus gleichbed. *mlat.* avisare zu ↑¹Avis›: 1. ankündigen. 2. (veraltet) benachrichtigen. **¹Avi|so** *der;* -s, -s ‹über gleichbed. *fr.* aviso aus *span.* barca de aviso „schnelles Schiff, das Nachrichten übermittelt", vgl. ¹Avis›: (veraltet) leichtes, schnelles, wenig bewaffnetes Kriegsschiff. **²Avi|so** *das;* -s, -s ‹aus *it.* avviso „Nachricht", vgl. ²Avis›: (österr.) ↑¹Avis (1)

a vi|sta [a 'vısta] ‹*it.;* „bei Sicht"›: bei Vorlage zahlbar (Hinweis auf Sichtwechseln); Abk.: a v.; vgl. a prima vista u. Vista. **Avi|sta|wech|sel** *der;* -s, -: Wechsel, der bei Vorlage (innerhalb eines Jahres) fällig ist; Sichtwechsel

Avi|tail|le|ment [avita(l)jə'mã:] *das;* -s, -s ‹aus gleichbed. *fr.* avitaillement zu avitailler, vgl. avitaillieren›: (veraltet) Versorgung mit Lebensmitteln, bes. mit Schlachtvieh. **avi|tail|lie|ren** [...ta(l)'ji:...] ‹aus gleichbed. *fr.* avitailler zu *altfr.* vitaille, heute victuailles (Plur.) „Lebensmittel", dies aus *spätlat.* victualia›: (veraltet) mit Lebensmitteln, Proviant versorgen

Avit|ami|no|se [avi...] *die;* -, -n ‹zu *gr.* a- „un-, nicht-" u. ↑Vitaminose›: Vitaminmangelkrankheit (z. B. ↑Beriberi; Med.)

avi|tisch [...v...] ‹aus gleichbed. *lat.* avitus zu avus „Großvater, Urgroßvater, Vorfahr"›: (veraltet) großväterlich, von den Ahnen herstammend. **Avi|ti|zi|tät** *die;* -, -en ‹zu ↑...izität›: (veraltet) Unveräußerlichkeit des Ahnenbesitztums (Rechtsw.)

Avi|va|ge [avi'va:ʒə] *die;* -, -n ‹aus gleichbed. *fr.* avivage zu aviver, vgl. avivieren›: Behandlung von Fäden u. Garnen aus Chemiefasern mit fetthaltigen Stoffen zur Verbesserung von Griff, Weichheit u. Geschmeidigkeit. **avi|vie|ren** ‹aus gleichbed. *fr.* aviver, dies über *vulgärlat.* advivare „beleben" zu *lat.* vivus „lebendig"›: Glanz u. Geschmeidigkeit von Geweben u. Garnen aus Chemiefasern durch Nachbehandlung mit fetthaltigen Mitteln erhöhen

Avo|ca|do [avok...] *die;* -, -s ‹aus gleichbed. älter *span.* avocado, *span.* aguacate, dies aus *aztek. (Nahuatl)* ahuacatl „Avocadobirne"›: dunkelgrüne bis braunrote birnenförmige, eßbare Steinfrucht eines südamerik. Baumes, deren Fleisch man z. B. – entsprechend zubereitet – zum Essen verzehrt

Avo|cas|se|rie [avok...] *die;* -, ...rien ‹aus gleichbed. *fr.* avocasserie zu avocasser „als Rechtsverdreher handeln", dies zu avocat „Advokat" aus *lat.* advocatus›: (veraltet) Rechtsverdreherei

Avo|ca|to [avok...] vgl. Avocado

a vo|ce so|la [a 'vo:tʃə –] ‹*it.*›: nur für eine Stimme, ohne Instrumentalbegleitung (Vortragsanweisung; Mus.)

Avo|ga|drit [avo..., auch ...'drıt] *das;* -s, -e ‹nach dem ital. Chemiker u. Physiker A. Avogadro (1776–1856) u. zu ↑²...it›: ein farbloses Mineral

Avoir|du|pois [fr. avoardy'poa, engl. ɛvedə'poys] *das;* -s ‹aus gleichbed. *engl.* avoirdupois zu *fr.* avoir-du-poi(d)s›: engl. u. nordamerik. Handelsgewicht (16 Ounces); Zeichen: av dp

Avoi|sine|ment [avoazin'mã:] *das;* -s, -s ‹zu ↑avoisinieren u. ↑²...ment›: (veraltet) das Angrenzen, die Nachbarschaft. **avoi|si|nie|ren** ‹aus gleichbed. *fr.* avoisiner zu voisin „benachbart; Nachbar", dies aus gleichbed. *lat.* vicinus›: (veraltet) angrenzen, anstoßen

Avo|ka|do u. **Avo|ka|to** [avo...] vgl. Avocado

Avo|ka|to|ri|en [avo...riən] *die* (Plur.) ‹aus gleichbed. *nlat.* avocatoria (Plur.) zu *lat.* avocare „wegrufen, abberufen"›: Erlasse des Kaisers im Deutschen Reich im Zusammenhang mit einer Kriegsankündigung, wodurch alle in Feindesdiensten beschäftigten Deutschen ins Reich befohlen wurden

Avor|te|ment [avɔrtə'mã:] *das;* -s, -s ‹aus gleichbed. *fr.* avortement zu avorter, vgl. avortieren›: (veraltet) 1. Fehlgeburt. 2. das Scheitern, das Fehlschlagen. **avor|tie|ren** ‹aus gleichbed. *fr.* avorter, dies aus *lat.* abortare „zu früh gebären"›: (veraltet) 1. eine Fehlgeburt haben. 2. mißlingen, fehlschlagen

Avoué [a'vue:] *der;* -s, -s ‹aus gleichbed. *fr.* avoué zu avocat, vgl. Avocasserie›: im franz. Prozeßrecht der Anwalt einer Partei, dem bes. die formelle Vorbereitung eines Prozesses vor den Berufungsgerichten obliegt

avou|ie|ren [avu...] ‹aus gleichbed. *fr.* avouer›: (veraltet) zustimmen, bekennen, eingestehen. **avou|iert** ‹zu ↑...iert›: (veraltet) anerkannt, zugegeben

avo|zie|ren [avo...] ‹aus gleichbed. *lat.* avocare›: (veraltet) abberufen, einfordern

Avul|si|on [avʊl...] *die;* -, -en ‹aus *lat.* avulsio „das Abreißen" zu avellere „losreißen"›: das Abreißen eines Organteils (durch Gewalteinwirkung; Med.)

Ävum ['ɛ:vʊm] *das;* -s, Även ‹aus gleichbed. *lat.* aevum›: (veraltet) Zeitalter

Avun|ku|lat [avʊŋ...] *das;* -[e]s, -e ‹*zu lat.* avunculus „Onkel (Bruder der Mutter)" u. ↑...at (1)›: Vorrecht des Bruders der Mutter eines Kindes gegenüber dessen Vater in mutterrechtlichen Kulturen (z. B. bei Pflanzervölkern)

Aw *der;* - ‹aus *hebr.* 'āv›: 11. Monat im jüd. Kalender (Juli/August)

¹AWACS ['avaks, engl. 'eıwæks] (ohne Artikel) ‹*amerik.;* Kurzw. für *engl. A*irborne early *w*arning *a*nd *c*ontrol *s*ystem›: Frühwarnsystem der Nato-Staaten bei feindlichen Überraschungsangriffen. **²AWACS** *die* (Plur.) ‹zu ↑¹AWACS›: fliegende Radarstationen

Awa|lim: Plur. von ↑Alme

Award [ə'wɔ:d] *der;* -s, -s ‹aus *engl.* award „Urteil, Entscheidung"›: die schiedsgerichtliche Entscheidung (im angloamerik. Rechtskreis)

Awa|ris *das;* -, - ‹aus gleichbed. älter *türk.* avarız›: (veraltet) außerordentliche Auflage, Steuer

Awe|sta *das;* - ‹aus *pers.* āwestā, eigtl. „Grundtext"›: Bez. für die heiligen Schriften der ↑Parsen; vgl. Zendawesta. **awe|stisch:** das Awesta betreffend; -e Sprache: altostiranische Sprache, in der das Awesta geschrieben ist

Awi|dya [...dja] *die;* - ⟨aus *sanskr.* ávidyā „Unwissenheit"⟩: die Nicht-Erkenntnis, die in der ind. Philosophie die Bindung des Menschen an den Kreislauf der Wiedergeburten bewirkt

Axel *der;* -s, - ⟨nach dem norweg. Eisläufer Axel Paulsen, 1855–1938⟩: schwieriger Sprung im Eis- u. Rollkunstlauf

Axe|nie *die;* - ⟨aus *gr.* axenía „Ungastlichkeit"⟩: Keimfreiheit des Organismus (bes. beim Neugeborenen mit Immunmangel; Med.). **axe|nisch** ⟨aus *gr.* áxenos „nicht gastlich"⟩: keimfrei (Med.)

Axe|ro|phthol *das;* -s ⟨Kunstw.⟩: Vitamin A₁

axi|al ⟨zu *lat.* axis „Achse" u. ↑¹...al (1)⟩: 1. in der Achsenrichtung, [längs]achsig, achsrecht. 2. zum zweiten Halswirbel gehörend (Med.). **Axia|li|tät** *die;* -, -en ⟨zu ↑...ität⟩: das Verlaufen von Strahlen eines optischen Systems in unmittelbarer Nähe der optischen Achse; Achsigkeit. **Axi|al|turbi|ne** *die;* -, -n: vom Arbeitsmittel (Dampf, Gas od. Wasser) achsparallel durchströmte ↑Turbine

axil|lar ⟨zu *lat.* axilla „Achselhöhle" u. ↑...ar⟩: 1. zur Achselhöhle gehörend, in ihr gelegen (Med.). 2. unmittelbar über einer Blattansatzstelle hervorbrechend od. gewachsen; achselständig (Bot.)

Axi|nit [auch ...'nɪt] *der;* -s, -e ⟨zu *gr.* axínē „Beil" u. ↑²...it⟩: Silikatmineral von unterschiedlicher Färbung (für Schmucksteine verwendet). **Axi|no|man|tie** *die;* -, ...tien ⟨zu *gr.* manteía „das Weissagen"⟩: (veraltet) Wahrsagung aus Beilen u. Äxten

Axio|lo|gie *die;* -, ...ien ⟨zu *gr.* áxios „wert" u. ↑...logie⟩: Wertlehre (Philos.). **axio|lo|gisch** ⟨zu ↑...logisch⟩: die Axiologie betreffend. **Axi|om** *das;* -s, -e ⟨über *lat.* axioma aus *gr.* axíōma „Grundwahrheit"⟩: 1. als absolut richtig anerkannter Grundsatz, gültige Wahrheit, die keines Beweises bedarf. 2. nicht abgeleitete Aussage eines Wissenschaftsbereiches, aus der andere Aussagen ↑deduziert werden. **Axio|ma|tik** *die;* - ⟨zu ↑²...ik (1)⟩: Lehre vom Definieren u. Beweisen mit Hilfe von Axiomen. **axio|ma|tisch**: 1. auf Axiomen beruhend. 2. unanzweifelbar, gewiß. **axio-ma|ti|sie|ren** ⟨zu ↑...isieren⟩: 1. zum Axiom erklären. 2. axiomatisch festlegen. **Axio|men|sy|stem** *das;* -s, -e: Gesamtheit der ↑Axiome, die ein bestimmtes Teilgebiet eines Wissenschaftsbereiches (bes. in der Mathematik) begründen. **Axio|me|ter** *das;* -s, - ⟨zu ↑¹...meter⟩: Richtungsweiser für das Steuerruder von Schiffen

Axi|on *das;* -, Axionen ⟨zu ↑Axis u. ↑¹...on, Analogiebildung zu ↑Proton, ↑Neutron⟩: zur Lösung von grundsätzlichen Spiegelungsinvarianzproblemen der starken Wechselwirkung postuliertes ↑Elementarteilchen (Phys.). **Axis** *der;* -, Axes ['akseːs] ⟨aus *lat.* axis „Achse"⟩: 1. anatomische Bez. für Achse, Mittellinie (z. B. eines Organs). 2. anatomische Bez. für den zweiten Halswirbel

Axis|hirsch *der;* -[e]s, -e ⟨nach dem Namen Axis, den der röm. Historiker Plinius d. Ä. (23/24–79) dem ihm unbekannten Tier aus Indien gab⟩: Rothirsch mit rotbraunem Fell, das ganzjährig lebhaft weiß getupft ist

Axis mun|di ⟨aus *lat.* axis mundi „Achse der Welt"⟩: vor allem in den germanischen u. altaischen Religionen vertretene Vorstellung eines Pfahls, Pfeilers od. Baumes in der Mitte der Welt, um den sich der Himmel dreht

Ax|min|ster|tep|pich ['ɛks...] *der;* -s, -e ⟨nach der engl. Stadt Axminster⟩: Florteppich mit ↑Chenillen als Schuß (Querfäden)

Axo|lotl *der;* -s, - ⟨aus dem Aztek.⟩: mexikan. Schwanzlurch

Axon *das;* -s, Plur. -e u. -en ⟨aus *gr.* áxōn „Achse"⟩: [der mit einer bes. Isolierschicht umgebene] Neurit (Biol., Med.). **axo|nal** ⟨zu ↑¹...al (1)⟩: ein Axon betreffend, durch ein Axon geleitet. **Axo|nen** *die* (Plur.): um eine Achse drehbare hölzerne Gesetzestafeln od. hölzerne Säulen mit den Gesetzen des Solon in Athen. **Axo|no|me|ter** *das;* -s, - ⟨zu ↑¹...meter⟩: Vorrichtung zur Bestimmung der optischen Achse bei Zylindergläsern. **Axo|no|me|trie** *die;* -, ...ien ⟨zu ↑...metrie⟩: geometrisches Verfahren, räumliche Gebilde durch Parallelprojektion auf eine Ebene darzustellen (Math.). **axo|no|me|trisch** ⟨zu ↑...metrisch⟩: auf dem Verfahren der Axonometrie beruhend (Math.). **Axon|re|flex** *der;* -: einfacher, innerhalb eines Axonzweiges ohne Überschreitung einer ↑Synapse ablaufender Reflex (z. B. die Erweiterung der Hautgefäße bei Reizung der lokalen Schmerzpunkte; Biol., Med.). **Axo|po|di|um** *das;* -s, ...ien [...i̯ən] ⟨zu *lat.* podium, vgl. Podium⟩: strahlenförmiges Scheinfüßchen bei Strahlen- u. Sonnentierchen

Ax|un|gia *die;* - ⟨aus *lat.* axungia „Wagenschmiere, Fett" zu axis „Achse" u. ung(u)ere „fetten, (ein)schmieren"⟩: (veraltet) Fett [zum Einschmieren]

Axy|lie *die;* - ⟨aus gleichbed. *gr.* axylía⟩: (veraltet) Holzmangel

Aya *die;* -, -s ⟨aus *span.* aya „Kinderfrau"⟩: svw. Aja

Ay|an *die* (Plur.) ⟨aus gleichbed. *türk.* ayan⟩: auf Lebenszeit berufene (türk.) Amtsvorsteher

Aya|tol|lah vgl. Ajatollah

Aye-Aye [auch a'jai] *der;* -, - ⟨aus dem Malagassi⟩: ein Halbaffe Madagaskars mit langen, schlanken Fingern

Ayl|lu [aiˈluː, aiˈljuː] *das;* -[s], -s ⟨aus dem Ketschua, einer südamerik. Indianersprache⟩: Organisationseinheit des Inka-Staates (Wohn- u. Produktionsgemeinschaft vom Umfang eines Dorfes mit gewähltem Vorsteher)

Ayo *der;* -s, -s ⟨aus gleichbed. *span.* ayo⟩: Hofmeister u. Erzieher in Spanien

Ayr|shire|rind ['ɛːəʃə...] *das;* -[e]s, -er ⟨nach der schott. Grafschaft Ayrshire⟩: ein meist weißes, rot bis dunkelbraun geschecktes Hausrind

Ayu *der;* -s, -s ⟨aus dem Japan.⟩: Lachsfisch der japan. Küsten, der zum Laichen in die Flüsse einwandert

Ayun|ta|mi|en|to [ajʊnta...] *der* od. *das;* -[s], -s ⟨aus gleichbed. *span.* ayuntamiento⟩: Gemeinderat spanischer Gemeinden

Aza|lla *die;* - ⟨aus dem Türk.⟩: zum Färben des türk. Garns verwendeter Krapp

Aza|lee, auch **Aza|lie** [...i̯ə] *die;* -, -n ⟨aus *nlat.* azalea bzw. azalia zu *gr.* azaléos „trocken, dürr"⟩: Felsenstrauch, Zierpflanze aus der Familie der Heidekrautgewächse

Aza|rol|ap|fel *der;* -s, ...äpfel ⟨zu *span.* acerolo „Azerolbaum", dies zu *arab.* az-zaˈrūr „Mispel"⟩: Frucht der (zu den Rosengewächsen gehörenden) mittelmeerischen Mispel. **Aza|role** *die;* -, -n: svw. Azarolapfel

Aza|se|rin *das;* -s ⟨Kunstw.⟩: ein ↑Antibiotikum

Aze|lie *die;* - ⟨aus gleichbed. *gr.* azēlía⟩: (veraltet) Neidlosigkeit. **aze|lisch** ⟨aus gleichbed. *gr.* ázēlos⟩: (veraltet) neidlos

azen|trisch ⟨aus *gr.* a- „un-, nicht-" u. ↑zentrisch⟩: kein Zentrum aufweisend (z. B. von einem astronomischen Weltbild)

azeo|trop ⟨zu *gr.* a- „un-, nicht-", zeĩn „sieden, kochen" u. ↑...trop⟩: einen bestimmten konstanten Siedepunkt besitzend (von einem Flüssigkeitsgemisch, das aus zwei od. mehr Komponenten besteht; Chem.). **Azeo|trop|de|stil|la|ti|on** *die;* -, -en: ↑thermisches Verfahren zur Trennung von azeotropen Gemischen, die durch ↑Destillation nicht trennbar sind (Chem.). **Azeo|tro|pie** *die;* -, -en ⟨zu ↑...tropie⟩: die Erscheinung, daß zwei od. mehrere Flüssigkeiten einen einheitlichen Siedepunkt aufweisen, der sich jedoch

Azymiten

von dem Siedepunkt der Komponenten unterscheidet (Chem.)
aze|phal vgl. akephal. **Aze|pha|le** *der* od. *die;* -n, -n ⟨zu *gr.* aképhalos „kopflos", dies zu a- „un-, nicht-" u. kephalé „Kopf"⟩: Mißgeburt ohne Kopf (Med.). **Aze|pha|len** *die* (Plur.): (veraltet) Muscheln (Biol.). **Aze|pha|lie** *die;* -, ...jen ⟨zu ↑²...ie⟩: das Fehlen des Kopfes (bei Mißgeburten; Med.)
Aze|ri|den *die* (Plur.) ⟨zu *gr.* a- „un-, nicht-" u. *lat.* cera „Wachs"; vgl. ...ide⟩: Arzneimittel, bes. Salben, die kein Wachs enthalten
Azet|al|de|hyd vgl. Acetaldehyd. **Aze|ta|le** vgl. Acetale. **Aze|tat** usw. vgl. Acetat usw. **Aze|ton** usw. vgl. Aceton usw. **Aze|tyl** usw. vgl. Acetyl usw
Azid *das;* -[e]s, -e ⟨zu *fr.* azote „Stickstoff", vgl. Azo... u. ³...id⟩: Salz der Stickstoffwasserstoffsäure (Chem.)
Azid... ⟨aus *lat.* acidus „scharf"⟩: chem. fachspr. nicht mehr übliche Schreibung für Acid... in Wortbildungen, die sich auf Säure beziehen
Azi|li|en [azi'liɛ̃:] *das;* -[s] ⟨*fr.;* nach dem Fundort Le Mas-d'Azil in Frankreich⟩: Stufe der Mittelsteinzeit
Azi|mut *das,* auch *der;* -s, -e ⟨aus *arab.* as-sumūt „die Wege"⟩: Winkel zwischen der Vertikalebene eines Gestirns u. der Südhälfte der Meridianebene, gemessen von Süden über Westen, Norden u. Osten. **azi|mu|tal** ⟨zu ↑¹...al (1)⟩: das Azimut betreffend
Azi|ne *die* (Plur.) ⟨zu *fr.* azote „Stickstoff" (vgl. Azo...) u. ↑...in (1)⟩: stickstoffhaltige Verbindungen des ↑Benzols, Grundstoff der Azinfarbstoffe (Chem.)
azi|nös ⟨aus gleichbed. *lat.* acinosus zu acinus, vgl. Azinus⟩: traubenförmig, beerenartig (von Drüsen; Med.). **Azi|nus** *der;* -, Plur. - od. ...ni ⟨aus *lat.* acinus „(Wein)beere"⟩: a) beeren- od. traubenförmiges Endstück von Drüsen; b) ein für den Gasaustausch wichtiger Teil der Lunge (Med.)
Azio|ne tea|tra|le *die;* -, ...ni ...li ⟨aus *it.* azione teatrale „Theaterhandlung"⟩: Bez. für höfische Festspiele u. kurze Huldigungsoper im 17. u. 18. Jh
Azo..., auch **Azot...** u. **Azoto...** ⟨zu *fr.* azote „Stickstoff", dies von dem franz. Chemiker A. L. de Lavoisier (1743–1794) geprägte Neubildung aus *gr.* a- „un-, nicht-" u. zōḗ „Leben"⟩: in Fachwörtern der Chemie, Medizin u. Biologie auftretendes Wortbildungselement mit der Bedeutung „Stickstoff". **Azo|ben|zol** *das;* -s: orangerote organische Verbindung, Grundstoff der Azofarbstoffe (Chem.). **Azo|farb|stoff** *der;* -[e]s, -e: Farbstoff der wichtigsten Gruppe der Teerfarbstoffe (Chem.). **Azo|grup|pe** *die;* -, -n: aus zwei Stickstoffatomen bestehende zweiwertige Atomgruppe (Chem.). **Azo|ikum** *das;* -s ⟨zu *gr.* ázōos „ohne Leben" u. ↑...ikum⟩: Erdzeitalter ohne Spuren organischen Lebens; vgl. Archaikum (Geol.). **azo|isch**: 1. zum Azoikum gehörend (Geol.). 2. ohne Spuren von Lebewesen (Geol.)
azöl ⟨aus *gr.* akoílios „ohne Höhlungen"⟩: an beiden Enden nicht ausgehöhlt (von Wirbeln mit abgeplatteten Endflächen, bei Säugetieren)
Azo|le *die* (Plur.) ⟨zu ↑Azo... u. ↑...ol⟩: fünfgliedrige ↑heterozyklische chemische Verbindungen, die im Molekülring ein od. mehrere Stickstoffatome besitzen
azo|nal ⟨zu *gr.* a- „un-, nicht-" u. ↑zonal⟩: ohne Zonen, keine Zonen bildend, nicht an Zonen gebunden
Azoo|dy|na|mie [atsoo...] *die;* -, ...jen ⟨zu *gr.* ázōos „ohne Leben", dýnamis „Kraft" u. ↑²...ie⟩: (veraltet) Mangel an Lebenskraft, Kraftabnahme. **Azoo|sper|mie** *die;* -, ...jen ⟨zu ↑Sperma u. ↑²...ie⟩: das Fehlen von beweglichen Spermien in der Samenflüssigkeit (Med.). **Azot|ämie** *die;* -, ...jen ⟨zu ↑Azo... u. ↑...ämie⟩: Stickstoffüberschuß im Blut (Med.). **azot|ämisch**: mit einem Überschuß von Stickstoff im Blut einhergehend (Med.). **Azote** [a'zɔt] *der;* -: franz. Bez. für Stickstoff. **azo|tie|ren** [atso...] ⟨aus gleichbed. *fr.* azoter⟩: Stickstoff in eine chem. Verbindung einführen (Chem.). **Azo|tier|ofen** *der;* -s, ...öfen: chem. Reaktor zur Erzeugung von Kalkstickstoff aus Kalziumkarbonat u. Stickstoff. **azo|tisch**: stickstoffhaltig. **Azo|to|bak|ter** *der* od. *das;* -s, - ⟨zu ↑Azo... u. ↑Bakterie⟩: frei im Boden lebende Knöllchen-(Stickstoff-)Bakterie. **Azo|to|bak|te|rin** *das;* -s ⟨zu ↑...in (1)⟩: Düngemittel, das ↑Azotobakter enthält. **Azo|to|gen** *das;* -s, -e ⟨zu ↑...gen⟩: aus Luftstickstoff bindenden Bakterien hergestellter Bodenimpfstoff. **Azo|to|me|ter** *das;* -s, - ⟨zu ↑¹...meter⟩: Meßgerät zur quantitativen Bestimmung von Stickstoff in organischen Verbindungen. **Azo|tor|rhö** *die;* -, -en u. **Azo|tor|rhöe** [...'røː] *die;* -, -n [...'røːən] ⟨zu *gr.* rheĩn „fließen"⟩: gesteigerte Ausscheidung stickstoffhaltiger Verbindungen (z. B. Harnstoff) im Stuhl (Med.). **Azo|t|urie** *die;* -, ...ien ⟨zu ↑...urie⟩: stark gesteigerte Ausscheidung von Stickstoff (Harnstoff) im Harn (Med.). **Azo|ver|bin|dung** *die;* -, -en: chem. Verbindung mit der Azogruppe im Molekül
Azu|le|jos [...'lɛxɔs] *die* (Plur.) ⟨aus gleichbed. *span.* azulejos zu azul „blau"⟩: bunte, bes. blaue Fayenceplatten (vgl. Fayence) aus Spanien. **Azu|len** *das;* -s ⟨zu ↑...en⟩: ein Kohlenwasserstoff; keimtötender Bestandteil des ätherischen Öls der Kamille
Azum|bre [a'sʊm...] *das;* -s, -n ⟨aus gleichbed. *span.* azumbre, dies aus *arab.* ṯumn „achter Teil"⟩: altes spanisches Flüssigkeitsmaß (2,016 l)
Azur *der;* -s ⟨aus *fr.* azur „Lapislazuli, Himmelsblau", dies über *mlat.* azurrum aus *arab.* lāzaward, *pers.* lāǧward „Lasurstein, Lasurfarbe"⟩: (geh.) 1. das Blau des Himmels (intensiver Blauton). 2. der blaue Himmel. **Azu|ree|li|ni|en** *die* (Plur.) ⟨aus *fr.* azurée, Part. Perf. (Femininum) von azurer „lasurblau färben"⟩: waagerechtes, meist wellenförmiges Linienband auf Vordrucken (z. B. auf Wechseln od. Schecks) zur Erschwerung von Änderungen od. Fälschungen. **Azu|ré|stem|pel** [...'reː...] *der;* -s, - ⟨zu *fr.* azuré, vgl. Azureelinien⟩: Stempel zur Vergoldung des Bucheinbandes mit Blattmustern. **azu|riert** ⟨zu ↑...iert⟩: mit Azureelinien versehen. **Azu|rit** [auch ...'rɪt] *der;* -s ⟨zu ↑²...it⟩: ein Mineral (Kupferlasur). **azurn**: himmelblau
Azy|ano|blep|sie ⟨zu *gr.* a- „un-, nicht-", kyáneos „dunkelblau", blépsis „das Sehen" u. ↑²...ie⟩: Farbenblindheit für blaue Farben (Med.). **Azy|an|op|sie** *die;* -, ...jen ⟨zu ↑...opsie⟩: svw. Azyanoblepsie
Azy|gie *die;* - ⟨zu *gr.* ázygos (Nebenform von ázyx) „unverbunden" u. ↑²...ie⟩: 1. Ungepaartheit, das Nichtverschmelzen von ↑Gameten (Biol.). 2. einfaches Vorhandensein eines Organs (Unpaarigkeit, z. B. von Leber u. Milz; Med.). **azy|gisch** od. **azy|gos**: 1. ungepaart. 2. unpaarig
azy|klisch [auch a'tsyk...] ⟨aus *gr.* a- „un-, nicht-" u. ↑zyklisch⟩: 1. nicht kreisförmig. 2. zeitlich unregelmäßig. 3. spiralig angeordnet (von Blütenblättern; Bot.). 4. (chem. fachspr. acyclisch) mit offener Kohlenstoffkette im Molekül (von organischen Verbindungen)
Azy|ma *die* (Plur.) ⟨über *lat.* azyma aus gleichbed. *gr.* ázyma zu ázymos „ungesäuert"⟩: 1. ungesäuertes Brot, ↑Matze. 2. umschreibende Bez. für das Passahfest (vgl. Passah 1). **azy|misch**: nicht gärungserregend, nicht durch Gärung entstanden (Chem.). **Azy|mi|ten** *die* (Plur.) ⟨zu ↑³...it⟩: Bez. der orthodoxen Kirche für die römisch-katholischen Christen, die die ↑Eucharistie mit ungesäuertem Brot feiern

Azystie

Azy|stie *die;* -, ...ien ⟨zu *gr.* a- „un-, nicht-", ↑Zyste u. ↑²...ie⟩: angeborenes Fehlen der Harnblase (Med.)

Azyt|hä|mie *die;* -, ...ien ⟨zu *gr.* a- „un-, nicht-", ↑zyto... u. ↑...ämie⟩: Funktionsstörung in der Blutbildung mit Abnahme der ↑korpuskularen Blutelemente, auch der ↑Lymphozyten (Med.). **azyt|hä|misch:** die Azythämie betreffend, an Azythämie leidend

Az|zur|ri, meist **Az|zur|ris** *die* (Plur.) ⟨aus *it.* azzurri „die Blauen" (wegen der Farbe des Nationaltrikots); vgl. Azur⟩: Bez. für Sportmannschaften aus Italien

Baal *der;* -s, Plur. -e u. -im ⟨aus *hebr.* ba'al „Herr"⟩: altorientalische Gottesbezeichnung, biblisch meist für heidnische Götter. **Baa|lit** *der;* -en, -en ⟨zu ↑³...it⟩: Anbeter eines Baals, Baalsdiener. **Baals|dienst** *der;* -[e]s: Verehrung eines Baals; Götzendienst. **Baals|prie|ster** *der;* -s, -: Priester eines Baals

Baas *der;* -es, -e ⟨aus gleichbed. *niederl.* baas⟩: (bes. Seemannsspr.) Herr, Meister, Aufseher, Vermittler (in Holland u. Norddeutschland)

¹**Ba|ba** *der;* - ⟨aus *türk.* baba „Vater"⟩: türkischer Ehrentitel von Geistlichen u. Frommen.

²**Ba|ba** *die;* -, -s ⟨aus *slaw.* baba (Kinderspr.), eigtl. „alte Frau, Greisin"⟩: (landsch.) Großmutter. **Ba|ba-Ja|ga** *die;* -, -s ⟨aus gleichbed. *russ.* baba-jaga⟩ [Name der] Hexe im russischen Volksmärchen

¹**Bab|bitt** ['bɛbɪt] *das;* -s, -s ⟨nach dem amerik. Erfinder J. Babbitt, 1799–1862⟩: Sammelbez. für Blei- u. Zinnbronzen

²**Bab|bitt** ['bɛbɪt] *der;* -s, -s ⟨nach dem Titelhelden eines Romans von Sinclair Lewis, 1885–1951⟩: geschäftstüchtiger [nordamerik.] Spießbürger

Ba|bel *das;* -s, - ⟨hebr. (biblischer) Name für Babylon⟩: 1. vom Sittenverfall gekennzeichneter Ort. 2. Stadt, in der nicht nur die Landessprache, sondern verwirrend viele andere Sprachen gesprochen werden

Ba|be|si|en [...jən] *die* (Plur.) ⟨aus gleichbed. *nlat.* babesia (Plur.), nach dem rumän. Arzt V. Babeș, 1854–1926⟩: Einzeller aus der Klasse der Sporentierchen, Erreger von verschiedenen Tierkrankheiten, die durch Zecken übertragen werden. **Ba|be|sio|se** *die;* -, -n ⟨zu ↑¹...ose⟩: durch ↑ Babesien verursachte Erkrankung

Ba|bil|la|ge [babi'ja:ʒə] *die;* -, -n ⟨aus gleichbed. *fr.* babillage zu babiller, vgl. babillieren⟩: (veraltet) Geschwätz. **Ba|bil|lard** [...'jaːɐ̯] *der;* -s, -s ⟨aus gleichbed. *fr.* babillard⟩: (veraltet) Schwätzer. **Ba|bil|lar|de** [...'jardə] *die;* -, -n ⟨aus gleichbed. *fr.* babillarde⟩: (veraltet) Schwätzerin, Plaudertasche. **ba|bil|lieren** [...'jiː...] ⟨aus gleichbed. *fr.* babiller⟩: (veraltet) schwatzen

Ba|bi|ne *die;* -, -n ⟨aus älter *russ.* babina „Katzenfell"⟩: geringwertiges, braunschwarzes Katzenfell

Ba|bio|le *die;* -, -n ⟨aus gleichbed. *fr.* babiole⟩: (veraltet) [Kinder]spielzeug, nichtiger Gegenstand

Ba|bi|rus|sa *der;* -[s], -s ⟨aus *malai.* babi „Schwein, Eber" u. rusa „Hirsch"⟩: Hirscheber auf Celebes

Ba|bis|mus *der;* - ⟨zu *pers.* bāb „Pforte (zu Gottes Reich)" u. ↑...ismus (1)⟩: religiöse Bewegung des persischen Islams im 19. Jh. (ging dem ↑ Bahaismus voraus). **Ba|bist** *der;* -en, -en ⟨zu ↑...ist⟩: Anhänger der Lehre des islamischen Babismus

Ba|bou|vis|mus [babu'vɪs...] *der;* - ⟨aus gleichbed. *fr.* babouvisme; vgl. ...ismus (1)⟩: Lehre des franz. Jakobiners u. Sozialisten F. N. Babeuf, 1760–1797. **Ba|bou|vist** *der;* -en, -en ⟨zu ↑...ist⟩: Anhänger des Babouvismus

Ba|bu *der;* -s, -s ⟨aus *Hindi* bābū „Fürst"⟩: a) (ohne Plur.) indischer Titel für gebildete Inder, entsprechend dem urspr. Sinn von dt. „Herr"; b) Träger dieses Titels

Ba|bu|in *der;* -s, -e ⟨aus gleichbed. *fr.* babouin, weitere Herkunft unklar⟩: ↑ Pavian der Steppen u. Savannen Afrikas

Ba|bu|sche [auch ba'buː:ʃə] u. **Pampusche** [auch ...'puː:ʃə] *die;* -, -n (meist Plur.) ⟨aus gleichbed. *fr.* babouche, dies über *arab.* bābūǧ aus *pers.* pāpūš „Pantoffel"⟩: (landsch.) Stoffpantoffel

Ba|busch|ka ['ba(:)...] *die;* -, -s ⟨aus *slaw.* babuška, Verkleinerungsform von baba, vgl. ²Baba⟩: (landsch.) alte Frau, Großmutter

Ba|by ['beːbi, engl. 'beɪbɪ] *das;* -s, -s ⟨aus gleichbed. *engl.* baby⟩: 1. Säugling, Kleinkind. 2. Kosebezeichnung für ein Mädchen, im Sinne von Liebling (als Anrede). **Ba|by|beef** ['beːbibiːf] *das;* -s ⟨aus gleichbed. *engl.* baby beef⟩: Fleisch von Jungrindern, die nach einem speziellen Verfahren gemästet wurden. **Ba|by-bonds** die (Plur.) ⟨aus gleichbed. *engl.-amerik.* baby bonds⟩: Schuldverschreibungen mit sehr geringen Nennbeträgen. **Ba|by|boom** [...buːm] *der;* -s, -s ⟨aus gleichbed. *engl.* babyboom⟩: Anstieg der Geburtenzahlen. **Ba|by|car** [...kaːɐ̯] *der;* -s, -s ⟨aus gleichbed. *engl.* baby car⟩: (ugs. scherzh.) sehr kleines ↑Auto. **Ba|by|doll** *das;* -[s], -s ⟨nach der Titelfigur des gleichnamigen amerik. Films⟩: Damenschlafanzug aus leichtem Stoff mit kurzem Höschen u. weitem Oberteil

Ba|by|lon *das;* -s, -s ⟨semit.; „Tor Gottes" (mesopotamische Stadt)⟩: svw. Babel. **ba|by|lo|nisch**; in den Wendungen eine -e Sprachverwirrung, ein -es Sprachengewirr: verwirrende Vielfalt von Sprachen, die an einem Ort zu hören sind, gesprochen werden. **Ba|by|lo|nis|mus** *der;* -, ...men ⟨vgl. ...ismus⟩: Wirrwarr, Vielfalt, Durcheinander

Ba|by|look ['beːbilʊk] *der;* -s, -s ⟨zu ↑ Baby u. ↑ Look, eigtl. „Kinderaussehen"⟩: a) verjüngtes Aussehen durch kosmetische Behandlung; b) Make-up, das dem Gesicht ein junges, kindliches Aussehen gibt (Kosmetik). **Ba|by-Pro** *die* od. *der;* -, - ⟨Kurzw. zu ↑ Prostituierte(r)⟩: (Jargon) besonders junger, sich prostituierender weiblicher bzw. männlicher Minderjähriger. **ba|by|sit|ten** ⟨aus gleichbed. *engl.* to baby-sit⟩: (ugs.) während der Abwesenheit z. B. der Eltern auf das kleine Kind, die kleinen Kinder aufpassen, sie betreuen, sich um sie kümmern. **Ba|by|sit|ter** *der;* -s, - ⟨aus gleichbed. *engl.* baby-sitter⟩: jmd., der auf ein kleines Kind, kleine Kinder während der Abwesenheit z. B. der Eltern [gegen Entgelt] aufpaßt, sie betreut, sich um sie kümmert. **ba|by|sit|tern** vgl. babysitten. **Ba|by|sit|ting** *das;* -[s] ⟨aus gleichbed. *engl.* baby-sitting⟩: das Babysitten

Bac|ca|lau|re|us [baka'laureʊs] vgl. Bakkalaureus

Bac|ca|na [ba'kaːna, ital. bak'kaːna] *die;* -, -s ⟨zu *it.* bacco „Wein", dies zu *lat.* Bacchus, vgl. Bacchus⟩: (veraltet) gewöhnliche [Wein]schenke

Bac|ca|rat ['bakara(t), auch ...'ra] vgl. Bakkarat

¹**Bac|cha|nal** [baxa...] *das;* -s, Plur. -e u. -ien [...jən] ⟨aus *lat.*

Bacchanal „Fest des Bacchus" (*gr.* Bákchos)›: altröm. Fest zu Ehren des griech.-röm. Weingottes Bacchus. ²**Bac|cha|nal** *das;* -s, -e ‹zu ↑¹Bacchanal›: ausschweifendes Trinkgelage. **bac|cha|na|lisch:** (veraltet) trink-, zechfreudig. **bac|cha|na|li|sie|ren** ‹zu ↑...isieren›: (veraltet) ausschweifend zechen. **Bac|chant** *der;* -en, -en ‹aus *lat.* bacchans, Gen. bacchantis, Part. Präs. von bacchari „das Bacchusfest begehen"›: 1. (geh.) weinseliger Trinker. 2. fahrender Schüler im Mittelalter. **Bac|chan|tin** *die;* -, -nen: svw. Mänade. **bac|chan|tisch:** ausgelassen, trunken, überschäumend

Bac|chet|to|ne [bakɛ...] *der;* -s, ...ni ‹aus gleichbed. *it.* bacchettone, eigtl. „Frömmler"›: (veraltet) Heuchler, Scheinheiliger

Bac|chi|us [ba'xi:ʊs] *der;* -, ...ien ‹über *lat.* bacchius (pes) aus *gr.* bakcheîos (poús) „bacchischer Versfuß"›: dreisilbige antike rhythmische Einheit (Versfuß) von der Grundform ◡– –. **Bac|chus** ['baxʊs] ‹über *lat.* Bacchus aus *gr.* Bákchos›: griech.-röm. Gott des Weins; [dem] - huldigen: (geh. verhüllend) Wein trinken

Bache|lier [baʃ'lie:] *der;* -s, -s ‹aus gleichbed. *fr.* bachelier, dies zu *mlat.* baccalaris, vgl. Bachelor›: svw. Bachelor. **Ba|che|lor** ['bɛtʃələr] *der;* -[s], -s ‹aus gleichbed. *engl.* bachelor, eigtl. „junger Edelmann, Knappe", dies über *altfr.* bacheler aus *mlat.* baccalaris; weitere Herkunft unsicher›: niedrigster akademischer Grad in England, den USA u. anderen englischsprachigen Ländern; Abk.: B.; vgl. Bakkalaureus

Ba|chot [ba'ʃo:] *der;* -s, -s ‹aus gleichbed. *fr.* bachot, Verkleinerungsform von bac „Fähre, Fährschiff"›: (veraltet) Fährkahn, Nachen. **Ba|cho|teur** [baʃo'tø:ɐ̯] *der;* -s, -e ‹aus gleichbed. *fr.* bachoteur›: (veraltet) Fährmann

Bach|schi ['baxʃi] *der;* -, -s ‹aus dem Turkotat.›: kirgisischer Volkssänger

Bach|tia|ri *der;* -[s], -[s] ‹nach dem iran. Bergvolk der Bachtiaren›: ein handgeknüpfter Teppich

Ba|ci|le [ba'tʃi:lə] *der;* -, ...li ‹aus *it.* bacile, Nebenform von bacino „Becken"›: beckenartige große [Majolika]schale

Ba|cil|lus [ba'tsɪlʊs] *der;* -, ...lli ‹aus *lat.* bacillus „Stäbchen"›: 1. (meist Plur.) Arzneistäbchen zur Einführung in enge Kanäle. 2. svw. Bazillus

Back [bɛk, engl. bæk] *der;* -s, -s ‹aus gleichbed. *engl.* back, eigtl. „hinten (Spielender)"›: (veraltet, aber noch österr. u. schweiz.) Verteidiger (Fußball). **Back|fire-An|ten|ne** ['bækfaɪə...] *die;* -, -n ‹zu *engl.* backfire „Rückschlag"›: Antenne, die als sogenannter Rückwärtsstrahler arbeitet, indem die Sendeenergie eines Längsstrahlers gegen eine Reflexionswand geleitet wird. **Back|fit|ting** ['bæk...] *das;* -s, -s ‹aus gleichbed. *engl.* back fitting›: die urspr. nicht geplante Ausstattung einer technischen Anlage mit zusätzlichen Geräten u. ä. **Back|gam|mon** [bæk'gæmən] *das;* -s ‹aus gleichbed. *engl.* backgammon›: ein Würfelbrettspiel. **Back|ground** ['bɛkgraʊnt, engl. 'bækgraʊnd] *der;* -s, -s ‹aus *engl.* background „Hintergrund"›: 1. Filmprojektion od. stark vergrößertes Foto als Hintergrund einer Filmhandlung. 2. a) musikalischer Hintergrund; b) vom Ensemble gebildeter harmonischer Klanghintergrund, vor dem ein Solist improvisiert (Jazz). 3. geistige Herkunft, Milieu. 4. Berufserfahrung, Kenntnisse. **Back|hand** ['bɛkhɛnt, engl. 'bækhænd] *die;* -, -s, auch *der;* -[s], -s ‹aus gleichbed. *engl.* backhand›: Rückhand[schlag] im [Tisch]tennis, Federball u. [Eis]hockey; Ggs. ↑Forehand. **Back|list** ['bɛk..., engl. 'bæk...] *die;* -, -s ‹aus gleichbed. *engl.* backlist›: Anzahl, Reihe, Verzeichnis von Büchern, die nicht in neuester Zeit erschienen sind, aber weiterhin im Programm eines Verlags geführt werden (Verlagsw.). **Back|room** ['bɛkru:m, engl. 'bæk...] *der;* -s, -s ‹aus gleichbed. *engl.* back room›: (veraltet) Hinterzimmer. **Back|spring** ['bæksprɪŋ] *der;* -s, -s ‹aus gleichbed. *engl.* back spring›: Sprung nach rückwärts, um dem Schlag des Gegners auszuweichen (Boxen). **Back|up** ['bækʌp] *der;* -s, -s ‹aus *engl.* back-up „Unterstützung"›: das Sichern von Daten auf einem zweiten Datenträger (EDV). **Back|ward|dio|de** ['bækwəd...] *die;* -, -n ‹aus *engl.* backward „rückwärts (gerichtet)" u. ↑Diode›: Rückwärtsdiode, Halbleiterdiode mit Tunneleffekt, bei der in Sperrichtung Strom fließt (Phys., Elektrot.). **Back|woods** ['bækwʊdz] *die* (Plur.) ‹aus *engl.* backwoods „abgelegene Wälder"›: Bez. für die Urwälder im Westen Nordamerikas während der Zeit der Kolonialisierung. **Back|woods|men** [...mən] *die* (Plur.) ‹aus gleichbed. *engl.* backwoodsmen (Plur.)›: Bez. für die Ansiedler in den ↑Backwoods

Ba|cla|ge [ba'kla:ʒə] *die;* -, -n ‹aus gleichbed. *fr.* bâclage zu bâcler „(ab)sperren", dies zu *spätlat.* baculus „Stock, Stange" aus *lat.* baculum „Stock, Stab"›: (veraltet) a) Sperrung des Hafens [für einlaufende Schiffe]; b) Anlegegebühr für Schiffe. **Ba|cleur** [ba'klø:ɐ̯] *der;* -s, -e ‹aus gleichbed. *fr.* bâcleur›: (veraltet) Hafenschließer

Ba|con ['be:kn, engl. 'beɪkn] *der;* -‹s aus gleichbed. *engl.* bacon, dies über *altfr.* bacon aus dem Germ.›: durchwachsener, leicht gesalzener u. angeräucherter Speck. **Ba|con|schwein** *das;* -s, -e: Schwein mit zartem Fleisch u. dünner Speckschicht

Bac|so|ni|en [bakso'niɛ:] *das;* -s ‹*fr.;* nach der vietnamesischen Provinz Bacson›: ↑prähistorische Kulturepoche in Südostasien (Archäol.)

Ba|cu|la|ge|we|be ['ba:ku...] *das;* -s, - ‹zu *lat.* baculum „Stock, Stab"›: ein Putzträger aus dünnen Holzstäben, die mit Draht zusammengeflochten sind

Ba|da|ri-Kul|tur *die;* - ‹nach der oberägypt. Ortschaft Badari›: vordynastische ägyptische Kultur mit charakteristischer schwarzrandiger Keramik (Archäol.)

Ba|daud [ba'do:] *der;* -s, -s ‹aus gleichbed. *fr.* badaud, dies aus *provenzal.* badau›: (veraltet) Schaulustiger, Gaffer. **Ba|dau|da|ge** [...ʒə] *die;* -, -n ‹aus gleichbed. *fr.* badaudage›: (veraltet) 1. Gafferei. 2. (ohne Plur.) albernes Wesen. **Ba|dau|de|rie** *die;* -, ...ien ‹aus gleichbed. *fr.* badauderie›: svw. Badaudage. **ba|dau|die|ren** ‹aus gleichbed. *fr.* badauder›: (veraltet) gaffen, Maulaffen feilhalten

Ba|dia *die;* -, ...ien ‹aus *it.* badia „Abtei", dies aus gleichbed. *kirchenlat.* (ecclesia) abbatia zu *spätgr.* ábbas „Vater" (nach der biblischen Gebetsanrede *aram.* abạ' „Vater!")›: ital. Bez. für Abtei[kirche]

Ba|din [ba'dɛ̃:] *der;* -s, -s ‹aus gleichbed. *fr.* badin, dies zu *provenzal.* badar „gaffen"›: (veraltet) Narr, Spaßvogel. **Ba|di|na|ge** [badi'na:ʒə] *die;* -, -n u. Badinerie *die;* -, ...ien ‹aus *fr.* badinage, badinerie „Scherz, Tändelei" zu badin, vgl. Badin›: scherzhaft tändelndes Musikstück, Teil der Suite im 18. Jh. **Ba|di|ne** *die;* -, -n ‹aus *fr.* badine „Spazierstöckchen, Reitgerte"›: leichter Spazierstock des Rokoko (2) mit Schleife für Damen. **Ba|di|ne|rie** vgl. Badinage

Ba|di|stik *die;* - ‹zu *gr.* badistikós „gut zu Fuß, gut laufend", dies zu badízein „schreiten, gehen, wandern"›: (veraltet) die Kunst, gut zu laufen, zu wandern

Bad|lands ['bædlændz] *die* (Plur.) ‹aus *engl.* badlands „schlechte Ländereien"; nach dem gleichnamigen Gebiet in Süddakota›: vegetationsarme, durch Rinnen, Furchen o. ä. zerschnittene Landschaft (Geogr.)

Bad|min|ton ['bɛtmɪntən, engl. 'bæd...] *das;* - ‹nach dem Ort

Badminton (England), wo das Spiel zuerst nach festen Regeln gespielt wurde⟩: Wettkampfform des Federballspiels

bad|ni|trie|ren ⟨zu ↑ nitrieren⟩: in einem Bad aus geschmolzenen stickstoffhaltigen Salzen nitrieren (Chem.)

Bad Trip ['bæd –] *der;* - -s, - -s ⟨aus *engl.* ugs. bad trip, eigtl. „schlechte Reise"⟩: svw. Horrortrip

Ba|fel u. **Bofel** u. **Pafel** *der;* -s, - ⟨aus *talmud.* babel, bafel „minderwertige Ware"⟩: 1. (ohne Plur.) Geschwätz. 2. Ausschußware

Baf|fle [bɛfl] *der* od. *das;* -s, -s ⟨aus *engl.* baffle „Prallfläche"⟩: Vorrichtung, die das Eintreten von Öldämpfen aus Vakuumpumpen in das Hochvakuum verhindert (Techn.)

Ba|freur [baˈfrøːɐ̯] *der;* -s, -e ⟨aus gleichbed. *fr.* bâfreur zu bâfrer „gierig (fr)essen"⟩: (veraltet) Vielfraß, Freßsack

Bag [bɛk, engl. bæg] *das;* -[s], -[s] ⟨aus *engl.* bag „Sack, Tasche", dies über *mittelengl.* bagge aus *altnord.* baggi⟩: Sack als Maß (in Kanada 1 Bag Kartoffeln = 40,8 kg)

Ba|ga|ge [baˈgaːʒə] *die;* -, -n ⟨aus *fr.* bagage „(Reise-, Kriegs)gepäck"⟩: 1. (veraltet) Gepäck, Troß. 2. (abwertend) Gruppe von Menschen, über die man sich ärgert

Ba|gar|re *die;* -, - ⟨aus gleichbed. *fr.* bagarre, dies aus *provenzal.* bagarro⟩: (veraltet) [durch Streit verursachter] Lärm, Schlägerei

Ba|gas|se *die;* -, -n ⟨aus gleichbed. *fr.* bagasse, dies über *neuprovenzal.* bagasso „Trauben-, Olivensalz" u. *galloroman.* *bacacea zu *lat.* baca „Beere"⟩: Preßrückstand bei der Zuckergewinnung aus Rohrzucker. **Ba|gas|so|se** *die;* -, -n ⟨zu ↑¹...ose⟩: Staublungenerkrankung bei Zuckerrohrarbeitern

Ba|ga|tell|de|likt *das;* -[e]s, -e ⟨zu ↑ Bagatelle u. ↑ Delikt⟩: Delikt, bei dem die Schuld des Täters gering ist u. kein öffentliches Interesse an einer Strafverfolgung besteht. **Ba|ga|tel|le** *die;* -, -n ⟨über gleichbed. *fr.* bagatelle aus *it.* bagatella, einer Verkleinerungsbildung zu *lat.* baca „Beere"⟩: 1. unbedeutende Kleinigkeit. 2. kurzes Instrumentalstück ohne bestimmte Form (Mus.). **ba|ga|tel|li|sie|ren** ⟨zu ↑...isieren⟩: als Bagatelle behandeln, als geringfügig u. unbedeutend hinstellen, verniedlichen

Bag|dad *das;* -s, -s ⟨nach der Stadt⟩: Fell karakulähnlicher Lämmer einer in Syrien, Irak u. Iran lebenden Fettschwanzschafrasse. **Bag|da|lin** *der;* -s ⟨wohl nach der Stadt Bagdad; vgl. ...in (1)⟩: (veraltet) baumwollener, buntgestreifter u. gemusterter Stoff

Bag|gings [ˈbɛgɪŋs, engl. ˈbæɡɪŋz] *die* (Plur.) ⟨aus *engl.* bagging „Sack-, Packleinwand"⟩: Bastfasergewebe (Jute), bes. für Wandbespannungen, Verpackungsstoffe usw.

Ba|gno [ˈbanjo] *das;* -s, Plur. -s u. ...gni ⟨aus gleichbed. *it.* bagno, eigtl. „Bad" (nach einem alten Badehaus in Konstantinopel, in dem christliche Galeerensklaven gefangengehalten wurden)⟩: Strafanstalt, Strafverbüßungsort [für Schwerverbrecher] (ehemals in Italien u. Frankreich)

Bag|pipe [ˈbæɡpaɪp] *die;* -, -s ⟨aus gleichbed. *engl.* bagpipe⟩: Sackpfeife, Dudelsack

Bague|naude [bagˈnoːd] *die;* -, -n [...dən] ⟨aus *fr.* baguenaude „Knallerbse, Schneebeere", weitere Herkunft unsicher⟩: Form der franz. Nonsensdichtung im Mittelalter

Ba|guette [baˈgɛt] *die;* -, -n [...tn] ⟨aus gleichbed. *fr.* baguette, eigtl. „Stab, Leiste", dies aus *it.* bacchetta, Verkleinerungsform von bacchio aus *lat.* baculum „Stab"⟩: 1. besondere Art des Edelsteinschliffs. 2. (auch *das;* -s, -s): franz. Stangenweißbrot

Ba|hai *der;* -, -[s] ⟨zu ↑ Bahaismus⟩: Anhänger des Bahaismus. **Ba|ha|is|mus**, Behaismus *der;* - ⟨zu *pers.* Baha Ullah „Glanz Gottes", dem Ehrennamen des Gründers Mirsa Husain Ali (1817–1892), u. ↑...ismus (1)⟩: aus dem ↑ Babismus entstandene universale Religion

Ba|har *der* od. *das;* -[s], -[s] ⟨über das Arab. aus *sanskr.* bhāra, bhārā „Last"⟩: Handelsgewicht in Ostindien u. Afrika

Ba|ha|sa In|do|ne|sia *die;* - - ⟨*indones.*⟩: amtl. Bez. der modernen indonesischen Sprache. **Ba|ha|sa Ma|lay|sia** *die;* - - ⟨*indones.*⟩: amtl. Bez. der modernen malaysischen Sprache

Ba|hir *der;* -s ⟨aus gleichbed. *hebr.* bāhîr⟩: Buch der Kabbala

Bahr [ˈbaxər] *der;* -, - ⟨aus gleichbed. *arab.* baḥr⟩: Fluß, Meer, See (in Zusammensetzungen u. geographischen Namen)

Baht *der;* -, - ⟨*Thai*⟩: Währungseinheit in Thailand; Abk.: B

Ba|hut [baˈyː] *der;* -s, -s ⟨aus gleichbed. *fr.* bahut⟩: (veraltet) Truhe [mit gewölbtem Deckel], großer Koffer

Ba|hu|wri|hi *das* od. *der;* -, - ⟨aus *sanskr.* bahuvrīhi „viel Reis (habend)"⟩: Zusammensetzung, die eine Sache nach einem charakteristischen Merkmal benennt; ↑ exozentrisches Kompositum, Possessivkompositum (z. B. Langbein, Löwenzahn; Sprachw.)

Bai *die;* -en ⟨aus gleichbed. *niederl.* baai, dies über *fr.* baie aus *span.* bahía (aus *spätlat.* baia)⟩: Meeresbucht

Bai|ao *der;* - ⟨*port.;* nach dem brasilian. Bundesstaat Bahia od. dem ehemaligen Namen Bahia der brasilian. Stadt Salvador⟩: moderner lateinamerik. Gesellschaftstanz in offener Tanzhaltung u. lebhaftem ¾- od. ⅖-Takt

Bai|gneur [bɛnˈjøːɐ̯] *der;* -s, -e ⟨aus gleichbed. *fr.* baigneur zu baigner „baden"⟩: (veraltet) a) Badegast; b) Bademeister. **Bai|gneu|se** [...ˈjøːzə] *die;* -, -n ⟨aus *fr.* baigneuse „Badehaube"⟩: Spitzenhaube (etwa 1780–1785). **Bai|gnoir** [...ˈjoaːɐ̯] *der;* -s, Plur. -e u. -s ⟨aus gleichbed. *fr.* baignoir⟩: (veraltet) Badestelle. **Bai|gnoire** [...ˈjoaːɐ̯] *die;* -, -n [...rən] ⟨aus gleichbed. *fr.* baignoire⟩: (veraltet) Badewanne. **Bai|gnoir|lo|ge** [...loːʒə] *die;* -, -n: (veraltet) sich nach hinten wannenförmig verbreitende Loge im Theater

Bail|liff [ˈbeːlɪf, engl. ˈbeɪlɪf] *der;* -s, -s ⟨aus *engl.* bailiff, vgl. Bailli⟩: engl. Form von Bailli. **Bail|li** [baˈji] *der;* -[s], -s ⟨aus gleichbed. *fr.* bailli(f), dies über *mlat.* bajulus, *lat.* baiulus „(Last)träger" zu *lat.* baiulare „(eine Last) tragen"⟩: mittelalterlicher Titel für bestimmte Verwaltungs- und Gerichtsbeamte in England, Frankreich u. bei den Ritterorden. **Bail|lia|ge** [baˈjaːʒə] *die;* -, -n ⟨aus gleichbed. *fr.* bailliage⟩: a) Amt eines Bailli; b) Bezirk eines Bailli; vgl. Ballei

Bai|nit [auch ...ˈnɪt] *der;* -s ⟨Kunstw.; vgl. ²...it⟩: Gefügebestandteil in hochwertigem Stahl

Bain-ma|rie [bɛ...] *das;* -, Bains-marie [bɛ...] ⟨aus gleichbed. *fr.* bain-marie⟩: Wasserbad (zum Warmhalten von Speisen)

Bai|rak *der;* -s, -s ⟨aus *türk.* bairak „Fahne, Banner"⟩: Feldzeichen in der Türkei

Bai|ram *der;* -[s], -s ⟨aus *türk.* bayram „Fest"⟩: türk. Name zweier großer Feste des Islams

Baise|main [bɛzˈmɛ̃] *der;* -s, -s ⟨aus gleichbed. *fr.* baisemain; vgl. Baiser⟩: (veraltet) 1. Handkuß [des ↑ Vasallen]. 2. höfliche Empfehlung. **Baise|ment** [...ˈmã] *das;* -s, -s ⟨aus gleichbed. *fr.* baisement⟩: (veraltet) das Küssen [des päpstlichen Pantoffels]. **Bai|ser** [bɛˈzeː] *das;* -s, -s ⟨aus *fr.* baiser „Kuß", substantivierter Infinitiv von baiser „küssen", dies aus gleichbed. *lat.* basiare⟩: feines, aus Eiweiß und Zucker bestehendes porös-sprödes, weißes Schaumgebäck. **bai|sot|tie|ren** [bɛ...] ⟨aus gleichbed. *fr.* (se) baisoter⟩: (veraltet) [sich] oft küssen

Bais|se [ˈbɛːsə] *die;* -, -n ⟨aus gleichbed. *fr.* baisse zu baisser, vgl. baissieren⟩: [starkes] Fallen der Börsenkurse od. Preise; Ggs. ↑ Hausse. **Bais|se|klau|sel** *die;* -, -n: Vereinbarung zwischen Käufer u. Verkäufer, daß der Käufer von einem

177

Vertrag zurücktreten darf, wenn er von anderer Seite billiger beziehen kann. **Bais|se|spe|ku|lant** *der;* -en, -en: svw. Baissier. **Bais|sier** [bɛ'si̯e:] *der;* -s, -s ⟨aus gleichbed. *fr.* baissier⟩: jmd., der auf Baisse spekuliert; Ggs. ↑Haussier. **bais|sie|ren** [bɛ'si:...] ⟨aus gleichbed. *fr.* baisser⟩: (veraltet) a) sinken (von Preisen u. Börsenkursen); b) senken, herunterlassen; c) ein Geschütz tiefer richten (Mil.).
Bait *das;* -[s], -s ⟨über das Pers. aus *arab.* bejt, bet „Zelt, Haus"⟩: Verspaar des ↑Gasels; vgl. Königsbait
Ba|ja|de|re *die;* -, -n ⟨aus gleichbed. *fr.* bayadère, dies aus *port.* bailadeira zu bailar „tanzen", dies aus *(spät)lat.* ballare, vgl. Ball⟩: indische Tempeltänzerin
Ba|jan *der;* -s, -e ⟨aus gleichbed. *russ.* bajan⟩: russ. ↑chromatisches Akkordeon mit Knopfgriffanordnung
Ba|jaz|zo *der;* -s, -s ⟨aus gleichbed. *venez.* pajazzo, *it.* pagliaccio, eigtl. „Strohsack" (nach seiner Kleidung)⟩: Possenreißer (des italien. Theaters)
Ba|jo|nett *das;* -[e]s, -e ⟨aus gleichbed. *fr.* baïonnette, vom Namen der Stadt Bayonne in Südfrankreich⟩: auf das Gewehr aufsetzbare Hieb-, Stoß- u. Stichwaffe mit Stahlklinge für den Nahkampf; Seitengewehr. **ba|jo|net|tie|ren** ⟨zu ↑...ieren⟩: mit dem Bajonett fechten. **Ba|jo|nett|verschluß** *der;* ...usses, ...üsse: leicht lösbare Verbindung von rohrförmigen Teilen (nach der Art, wie das Bajonett auf das Gewehr gesteckt wird). **Ba|jo|nett|zan|ge** *die;* -, -n: Instrument zur Zahnwurzelextraktion am Oberkiefer
Ba|kel *der;* -s, - ⟨aus *spätlat.* baculus „Stock"⟩: (veraltet) Schulmeisterstock
Ba|ke|lit ⓦ *das;* -s ⟨Kunstw.; nach dem belg. Chemiker Baekeland⟩: aus Kunstharzen hergestellter, spröder Kunststoff
Bak|ka|lau|re|at *das;* -[e]s, -e ⟨unter Einfluß von *fr.* baccalauréat zu *mlat.* baccalaureus (vgl. Bakkalaureus) u. ↑...at (1)⟩: 1. unterster akademischer Grad (in England u. Nordamerika). 2. (in Frankreich) Abitur, Reifeprüfung. **bak|ka|lau|re|ie|ren** ⟨zu ↑...ieren⟩: (veraltet) Bakkalaureus werden [wollen]. **Bak|ka|lau|re|us** [...reʊs] *der;* -, ...rei [...rei] ⟨aus *mlat.* baccalaureus, dies unter Einfluß von bacca lauri „Lorbeerbeere" umgedeutet aus baccalaris „untergeordneter Ritter, Knappe"⟩: Inhaber des Bakkalaureats
Bak|ka|rat ['bakara(t), auch ...'ra] *das;* -s ⟨aus gleichbed. *fr.* baccara, weitere Herkunft unbekannt⟩: ein Kartenglücksspiel
Bak|ken *der;* -[s], - ⟨aus *norw.* bakke „Hügel"⟩: Sprunghügel, -schanze (Skisport)
Ba|kla|va [...va] *das;* -s ⟨aus gleichbed. *türk.* baklava⟩: türk. Blätterteiggebäck mit Nüssen od. Mandeln u. Honig
Bak|schisch *das;* - u. -[e]s, -e ⟨aus *pers.* baḫšīš „Geschenk"⟩: 1. Almosen; Trinkgeld. 2. Bestechungsgeld
Bak|te|ri|ämie *die;* -, ...ien ⟨zu ↑Bakterie u. ↑...ämie⟩: Auftreten von Bakterien im Blut in sehr großer Anzahl (Med.). **Bak|te|rie** [...i̯ə] *die;* -, -n (meist Plur.) ⟨zu *lat.* bacterium (vgl. Bakterium) u. ↑'...ie⟩: einzelliges Kleinstlebewesen (Spaltpilz), oft Krankheitserreger. **bak|te|ri|ell** ⟨zu ↑...ell⟩: a) Bakterien betreffend; b) durch Bakterien hervorgerufen. **Bak|te|ri|en|em|bo|lie** [...ri̯ən...] *die;* -, ...ien [...i:ən]: Verstopfung eines Blutgefäßes durch in die Blutbahn eingedrungene Bakterien (Med.). **Bak|te|ri|en|flo|ra** *die;* -: Gesamtheit der ↑apathogenen Bakterien, die normalerweise die Haut, die Schleimhäute u. den Magen-Darm-Trakt des Menschen u. des Tieres besiedeln (Biol.). **Bak|te|ri|en|kul|tur** *die;* -, -en: 1. in festem od. flüssigem künstlichem Nährmedium gezüchtete Bakterien (Biol.). 2. Nährboden zum Züchten von Bakterien (Biol.). **Bak|te|rio|id** *das;* -[e]s, -e ⟨zu ↑...oid⟩: bakterienähnlicher Mikroorganismus, dessen Gestalt von den normalen Wuchsformen der Bakterien abweicht (Biol.). **Bak|te|rio|lo|ge** *der;* -n, -n ⟨zu ↑...loge⟩: Wissenschaftler und Forscher auf dem Gebiet der Bakteriologie. **Bak|te|rio|lo|gie** *die;* - ⟨zu ↑...logie⟩: Wissenschaft von den Bakterien. **bak|te|rio|lo|gisch** ⟨zu ↑...logisch⟩: die Bakteriologie betreffend. **Bak|te|rio|ly|se** *die;* -, -n ⟨zu ↑...lyse⟩: Auflösung, Zerstörung von Bakterien durch spezifische ↑Antikörper (Biol.). **Bak|te|rio|ly|sin** *das;* -s, -e (meist Plur.): im Blut entstehender Schutzstoff, der bestimmte Bakterien zerstört (Biol., Med.). **bak|te|rio|ly|tisch**: Bakterien zerstörend (Biol.). **bak|te|rio|phag** ⟨zu ↑...phag⟩: bakterienvertilgend, -tötend (Biol., Med.). **Bak|te|rio|pha|ge** *der;* -n, -n (meist Plur.) ⟨zu ↑...phage⟩: virenähnliches (vgl. Virus) Kleinstlebewesen, das Bakterien zerstört (Biol.). **Bak|te|rio|pho|bie** *die;* -, ...ien ⟨zu ↑...phobie⟩: krankhafte Angst vor Bakterien (als Krankheitserregern; Med.). **Bak|te|rio|se** *die;* -, -n ⟨zu ↑¹...ose⟩: durch Bakterien verursachte Pflanzenkrankheit (Bot.). **Bak|te|rio|sko|pie** *die;* -, ...ien ⟨zu ↑...skopie⟩: Untersuchung der Bakterien. **Bak|te|rio|sta|se** *die;* -, -n ⟨zu *gr.* stásis „das Stehen"⟩: Hemmung des Wachstums u. der Vermehrung von Bakterien (Biol.). **bak|te|rio|statisch**: Wachstum u. Vermehrung von Bakterien hemmend (Pharm.). **Bak|te|rio|the|ra|pie** *die;* -, ...ien: Erzeugung einer ↑Immunität gegen ansteckende Krankheiten durch Schutzimpfung (Med.). **Bak|te|ri|um** *das;* -s, ...ien [...i̯ən] ⟨über *lat.* bacterium „Stäbchen, Stöckchen" aus *gr.* baktḗrion „Stöckchen"⟩: (veraltet) Bakterie. **Bak|te|ri|urie** *die;* - ⟨zu ↑...urie⟩: Vorkommen von Bakterien im Harn (Med.). **bak|te|ri|zid** ⟨zu ↑...zid⟩: keimtötend (Pharm.). **Bak|te|ri|zid** *das;* -s, -e: keimtötendes Mittel (Pharm.). **Bak|te|ri|zi|die** *die;* - ⟨zu ↑²...ie⟩: Abtötung von Bakterien (durch chemische Mittel)
Bal|la|din [...'dɛ:] *der;* -s, -s ⟨aus *fr.* baladin „Ballettänzer; Possenreißer" zu *altfr.* baller „tanzen"⟩: der Grotesktänzer u. Possenreißer des ältesten franz. Theaters
Bal|la|fré [...'fre:] *der;* -[s], -s ⟨aus *fr.* balafré „Schmarrengesicht"⟩: (veraltet) jmd., der eine Schmarre im Gesicht hat
Bal|la|gan *der;* -s, -e ⟨aus *russ.* balagan „Schaubude, Jahrmarktsbude"⟩: 1. a) auf Pfählen errichtete Sommerwohnung in Kamtschatka; b) (veraltet) Bude, Baracke
Bal|la|lai|ka *die;* -, Plur. -s u. ...ken ⟨aus gleichbed. *russ.* balalajka (tatarisches Wort)⟩: mit der Hand od. einem ↑Plektron geschlagenes, dreisaitiges russ. Instrument
Bal|lan|ce [ba'laŋsə, auch ba'lã:s(ə)] *die;* -, -n ⟨aus *fr.* balance „Waage, Gleichgewicht", dies aus *lat.* bilanx, vgl. Bilanz⟩: Gleichgewicht. **Bal|lan|cé** [...'se:] *das;* -s, -s ⟨aus gleichbed. *fr.* balancé⟩: Schwebeschritt (Tanzk.). **Bal|lan|ce|akt** [ba'laŋsə...] *der;* -[e]s, -e: Vorführung eines Balancierkünstlers, Seilkunststück. **Bal|lan|ce|ment** [balãsə'mã:] *das;* -s ⟨aus *fr.* balancement „das Schwanken, Schaukeln"⟩: Bebung (leichtes Schwanken der Tonhöhe) bei Saiteninstrumenten (Mus.). **Bal|lan|ce of pow|er** ['bæləns əv 'paʊə] *die;* - - - ⟨aus *engl.* balance of power „Gleichgewicht der Kräfte"⟩: Grundsatz der Außenpolitik, die Vorherrschaft eines einzigen Staates zu verhindern (Pol.). **Bal|lan|ce romaine** [ba'lã:s rɔ'mɛn] *die;* - -, -s -s [ba'lã:s rɔ'mɛn] ⟨aus *fr.* (balance) romaine „Schnellwaage", eigtl. „römisches Gleichgewicht"⟩: Waage mit Laufgewicht, ein schon bei den Römern bekannter u. nach ihnen benannter Laufgewichtswaagentyp, der heute noch in Frankreich benutzt wird. **Bal|lan|cier** [balã'si̯e:] *der;* -s, -s ⟨aus gleichbed. *fr.* balancier⟩: (veraltet) 1. a) Schwing-, Kipphebel; b) Unruh (in einer Uhr). 2. Balancierstange (der Seiltänzer). **ba|lan|cie|ren** [balaŋ'si:..., auch balã'si...] ⟨aus *fr.* balancer „ins

Ballettensemble

Gleichgewicht bringen"): (in bezug auf eine Situation, Lage, in der es schwierig ist, Mühe macht, das Gleichgewicht nicht zu verlieren) das Gleichgewicht halten, sich im Gleichgewicht fortbewegen

Ba|lan|dran [balã'drã:] *der;* -s, -s 〈aus *fr.* balandran „Regenmantel"〉: mit Kapuze versehener Regenumhang (im 16./17. Jh.)

Ba|la|ni|tis *die;* -, ...it̲i̲den 〈zu *gr.* bálanos „Eichel (des männlichen Gliedes)" u. ↑...itis〉: Entzündung im Bereich der Eichel, Eicheltripper (Med.). **Ba|la|no|pos|thi̲|tis** *die;* -, ...it̲i̲den 〈zu *gr.* pósthē „männliches Glied" u. ↑...itis〉: svw. Balanitis

Ba|lan|ti|dio|se *die;* -, -n 〈zu ↑ Balantidium u. ↑¹...ose〉: Dickdarmerkrankung, die bes. in tropischen Ländern auftritt (Med.). **Ba|lan|ti|di|um** *das;* -s, ...ien [...i̯ən] 〈über *nlat.* balantidium aus *gr.* balantídion „Beutelchen"〉: darmbewohnendes einzelliges Geißeltierchen (Biol., Med.). **Ba|lan|tin** *das;* -s, -e 〈aus *gr.* balántion „Geldbeutel"〉: (veraltet) aus Silberdraht geflochtenes Arbeitskörbchen mit gewölbtem Deckel

Ba|la|ta [auch ba'la:ta] *die;* - 〈aus gleichbed. *span.* balata, dies aus einer südamerik. Indianersprache〉: kautschukähnliches Naturerzeugnis. **Ba|la|tum** Ⓦ [auch ba'la:...] *das;* -s 〈aus gleichbed. *nlat.* balatum〉: Fußbodenbelag aus Wollfilz, mit Kautschuklösung getränkt

Ba|la|yeu|se [bala'jø:zə] *die;* -, -n 〈aus gleichbed. *fr.* balayeuse zu balayer „fegen, kehren"〉: dem Saum untergesetzte zierliche Rüsche an langen Röcken u. Ballkleidern (um 1900)

Bal|ban *der;* - 〈wohl zu *russ.* balaban „(Würg)falke"〉: (veraltet) künstlicher Lockvogel (Jagdw.)

bal|bie|ren vgl. barbieren

Bal|boa *der;* -[s], -[s] 〈nach dem span. Eroberer V. N. de Balboa, um 1475–1519〉: Währungseinheit in Panama

Bal|bus *der;* -, ...bi 〈zu *lat.* balbus „stammelnd, lallend"〉: (veraltet) Stammler, Stotterer. **bal|bu|tie|ren** 〈aus gleichbed. *lat.* balbutire〉: (veraltet) stammeln, lallen. **Bal|bu|ti|es** [...ɛs] *die;* - 〈nlat. Substantivierung zu ↑balbutieren〉: das Stammeln, das Lallen (Med.)

Bal|da|chin [...xi:n] *der;* -s, -e 〈aus gleichbed. *it.* baldacchino, eigtl. „Stoff aus Baldacco" (frühere ital. Form des Namens der irakischen Stadt Bagdad)〉: 1. eine Art Dach, Himmel aus Stoff u. in prunkvoller Ausführung, der sich über etw. (z. B. Thron, Altar, Kanzel, Bett) drapiert befindet. 2. steinerner Überbau über einem Altar, über Statuen usw.

bal|do|wern 〈zu *gaunerspr.* baldower „Auskundschafter, Anführer", eigtl. „Herr der Sache", dies zu *jidd.* baal „Herr, Mann" u. dovor „Sache"〉: (landsch.) nachforschen, auskundschaften

Ba|lei|ne [ba'lɛ:n] *die;* -, -n [...nən] 〈über *fr.* baleine (Korsett)stange aus *lat.* bal(l)aena „Wal"〉: (veraltet) Fischbeinstab. **Ba|le|nit** [auch ...'nɪt] *das;* -s 〈zu ↑¹...it〉: Versteifungsplättchen aus vulkanisiertem Kautschuk (Ersatz für Fischbein)

Ba|le|sta|ri|us *der;* -, ...ien [...i̯ən] 〈zu ↑ Balester u. ↑...arius〉: (veraltet) Armbrustschütze. **Ba|le|ster** *der;* -s, - 〈aus *mlat.* balestrum „Armbrust", dies aus *lat.* ballistarium „Wurfmaschine" zu *gr.* bállein „werfen"〉: Kugelarmbrust. **Ba|le|stra** *die;* -, ...ren 〈aus *it.* balestra „Armbrust"〉: (beim Fechten) Sprung vorwärts mit Ausfall, eine Angriffsbewegung, bei der sich der bewaffnete Arm u. das entsprechende Bein nach vorn bewegen

Balg̲e, **Ba̲l̲je** *die;* -, -n 〈aus gleichbed. *mniederd.* balge, dies über *fr.* baille u. galloroman. *bajula* „Tragzuber" aus *mlat.* bajulus, *lat.* baiulus „(Last)träger" zu baiulare „(eine Last) tragen"〉: (nordd.) 1. Waschfaß, Kufe. 2. Wasserlauf im Watt

Ba|lik|tschi̲ *der;* -, - 〈aus gleichbed. *türk.* balıkçi〉: türk. Fischhändler

Ba̲l̲|je vgl. Balge

bal|ka|ni|sie|ren 〈nach dem Balkan (*türk.;* „Gebirge") u. zu ↑...isieren〉: staatlich zersplittern u. in verworrene politische Verhältnisse bringen (wie auf dem Balkan). **Bal|ka|ni|sie|rung** *die;* - 〈zu ↑...isierung〉: Prozeß staatlicher Zersplitterung u. die damit verbundenen verworrenen politischen Verhältnisse. **Bal|ka|ni|stik** *die;* - 〈zu ↑...istik〉: svw. Balkanologie. **Bal|ka|no|lo|ge** *der;* -n, -n 〈zu ↑...loge〉: Wissenschaftler auf dem Gebiet der Balkanologie. **Bal|ka|no|lo|gie** *die;* - 〈zu ↑...logie〉: wissenschaftliche Erforschung der Balkansprachen u. -literaturen

Bal|kon [...'kɔŋ, auch, bes. südd., österr. u. schweiz. ...'ko:n] *der;* -s, Plur. -s u. (bei nichtnasalierter Ausspr.) -e 〈aus gleichbed. *fr.* balcon, dies aus *it.* balcone, eigtl. „Balkengerüst", zu *langobard.* *balko „Balken"〉: 1. offener Vorbau an einem Haus, auf den man hinaustreten kann. 2. höher gelegener Zuschauerraum im Kino u. Theater. 3. (salopp scherzh.) üppiger, stark vorspringender Busen. **Bal|kon|mö|bel** *das;* -s, - (meist Plur.): wetterfestes Möbel für den Balkon

Ball *der;* -[e]s, Bälle 〈aus gleichbed. *fr.* bal zu älter *fr.* baller „tanzen", dies aus (*spät)lat.* ballare zu *gr.* bállein „werfen, schleudern"〉: Tanzfest. **bal|la|bi|le** 〈*it.;* eigtl. „Tanzmusikstück"〉: tanzartig, tänzerisch (Vortragsanweisung; Mus.). **Bal|la|de** *die;* -, -n 〈unter Einfluß von gleichbed. *engl.* ballad aus *fr.* ballade, *it.* ballata „Tanzlied", dies zu *it.* ballare aus *lat.* ballare „tanzen"; vgl. Ball〉: [volkstümliches] Gedicht, in dem ein handlungsreiches [tragisch endendes] Geschehen erzählt wird. **bal|la|desk** 〈zu ↑...esk〉: in der Art einer Ballade, balladenhaft. **Bal|lad-ope|ra** ['bæləd'ɔpərə] *die;* -, -s 〈aus gleichbed. *engl.* ballad opera〉: engl. Singspiel des 18. Jh.s mit volkstümlichen Liedern. **Bal|la|ta** *die;* -, Plur. -s od. ...ten 〈aus gleichbed. *it.* ballata; vgl. Ballade〉: kurzes, strophiges Tanzlied (in Italien im 13.–15. Jh.; Mus.)

Bal|la|watsch vgl. Pallawatsch

Bal|lei *die;* -, -en 〈aus *mlat.* ballia zu ballivus „Rechtspfleger u. Verwalter eines Bezirks", dies aus bajulus, vgl. Bailli〉: [Ritter]ordensbezirk, Amtsbezirk

Bal|le|ri|na, Bal|le|ri|ne *die;* -, ...nen 〈aus gleichbed. *it.* ballerina zu ballo „Tanz(fest)"; vgl. Ball〉: [Solo]tänzerin im Ballett. **Bal|le|ri|no** *der;* -s, -s 〈aus gleichbed. *it.* ballerino〉: [Solo]tänzer im Ballett. **Bal|le|ron** *der;* -s, -s 〈zu *fr.* balle „Ball, Kugel"〉: (schweiz.) eine dicke Aufschnittwurst. **Ballet blanc** [balɛ'blã] *das;* - -, -s -s [balɛ'blã] 〈aus *fr.* ballet blanc, eigtl. „weißes Ballett"〉: Ballettstil, bei dem die Tänzerinnen weiße Knieröcke tragen. **Bal|let d'ac|ti|on** [balɛda'ksjõ] *das;* - -, -s - [balɛda'ksjõ] 〈aus gleichbed. *fr.* ballet d'action〉: Handlungsballett. **Bal|let de cour** [ba'lɛ də 'ku:r] *das;* - - -, -s - - [ba'lɛ – –] 〈aus *fr.* ballet de cour, eigtl. „Hofballett"〉: prunkvolles Ballett des franz. Barocks. **Bal|lett** *das;* -[e]s, -e 〈aus gleichbed. *it.* balletto, Verkleinerungsform von ballo „Tanz"; vgl. Ball〉: 1. a) (ohne Plur.) [klassischer] Bühnentanz u. die dazugehörige Musik; b) einzelnes Werk dieser Gattung. 2. Tanzgruppe für [klassischen] Bühnentanz. **Bal|lett|tanz**¹ *der;* -es, ...tänze: [klassischer] Bühnentanz in einer Gruppe von Tänzern u. Tänzerinnen. **Bal|lett|di|rek|tor** *der;* -s, -en: künstlerischer od. geschäftlicher Leiter einer Ballettgruppe. **Bal|lett|en|sem|ble** *das;* -s, -s: Gruppe der Ballettänzer u. -tänzerinnen eines Thea-

Balletteuse

ters. **Bal|let|teu|se** [...'tøːzə] *die;* -, -n ⟨französierende Ableitung von ↑ Ballett; vgl. ...euse⟩: Ballettänzerin. **Bal|lẹtt|korps** [...koːɐ̯] *das;* - [...koːɐ̯(s)], - [...koːɐ̯s]: ↑ Corps de ballet; Gruppe der nichtsolistischen Ballettänzer, die auf der Bühne den Rahmen u. Hintergrund für die Solisten bilden. **Bal|lẹt|to** *das;* Gen. - od. -s, Plur. ...ti ⟨aus gleichbed. *it.* balletto, vgl. Ballett⟩: 1. mehrstimmiges [ital.] Tanzlied des 16. Jh. 2. [von einer ↑ Intrada eingeleitete] Folge von Tänzen innerhalb einer Oper od. Pantomime im 17. Jh. 3. Tanzsatz der Suite des 18. Jh. **Bal|let|to|ma|ne** *der;* -n, -n ⟨zu ↑ ...mane⟩: Ballettbesessener

Ball|goal ['bɔːlgoːl] *das;* -s ⟨aus gleichbed. *engl.* ballgoal zu ball „Ball" u. goal „Ziel"⟩: engl. Ballspiel, bei dem der Ball mit einem netzlosen ↑ 'Racket geworfen u. aufgefangen wird

ball|hor|ni|sie|ren ⟨nach dem Lübecker Buchdrucker J. Ballhorn († 1537) u. zu ↑ ...isieren⟩: (selten) verballhornen

Bal|lis|mus *der;* - ⟨nach *gr.* ballismós „das Tanzen"⟩: plötzliche krankhafte Schleuderbewegungen der Arme (Med.).

Bal|li|sta|ri|us *der;* -, ...rii ⟨aus gleichbed. *lat.* ballistarius zu ballista, vgl. Balliste⟩: Schütze, der die Balliste bediente.

Bal|li|ste *die;* -, -n ⟨aus gleichbed. *lat.* ballista, dies zu *gr.* bállein „werfen, schleudern"⟩: antikes Wurfgeschütz. **Bal|li|stik** *die;* - ⟨zu ↑ ²...ik (1)⟩: Lehre von der Bewegung geschleuderter od. geschossener Körper. **Bal|li|sti|ker** *der;* -, -: Forscher auf dem Gebiet der Ballistik. **bal|li|stisch**: die Ballistik betreffend; -e Kurve: Flugbahn eines Geschosses; -e Rakete: Rakete, die sich in einer Geschoßbahn bewegt; -es Pendel: Vorrichtung zur Bestimmung von Geschoßgeschwindigkeiten. **Bal|li|sto|kar|dio|gramm** *das;* -s, -e: bei einer ↑ Ballistokardiographie aufgezeichnetes Bewegungsbild. **Bal|li|sto|kar|dio|graph** *der;* -en, -en: Apparat zur Durchführung einer ↑ Ballistokardiographie. **Bal|li|sto|kar|dio|gra|phie** *die;* -, ...ien: Aufzeichnung der Bewegungskurven, die die Gliedmaßen auf Grund der Herztätigkeit u. des damit verbundenen stoßweisen Füllens der Arterien ausführen (Med.).

Bal|lit [auch ...'lɪt] *das;* -s ⟨Kunstw.⟩: ein plastisches Holz aus knetbarer Paste

Bal|lo *der;* Gen. - od. -s, Plur. ...lli ⟨aus *it.* ballo „Tanz"; vgl. Ball⟩: um 1600 schneller, zweiteiliger, geradtaktiger Tanz; vgl. Balletto (1). **Bal|lo|elek|tri|zi|tät** *die;* - ⟨zu *gr.* bállein „werfen, schleudern" u. ↑ Elektrizität⟩: Wasserfallelektrizität, elektrische Aufladung der in der Luft schwebenden Tröpfchen beim Zerstäuben von Wasser (Phys.).

Bal|lon [ba'lɔŋ, auch, bes. südd., österr. u. schweiz. ba'loːn] *der;* -s, Plur. -s u. -e (bei nichtnasalierter Ausspr.) ⟨aus gleichbed. *fr.* ballon, dies aus *it.* pallone „großer Ball" zu palla „Kugel, Ball", dies zur idg. Wurzel *bhel- „schwellen, strotzen, [auf]blasen, quellen, sprudeln"⟩: 1. ballähnlicher, mit Luft od. Gas gefüllter Gegenstand. 2. von einer gasgefüllten Hülle getragenes Luftfahrzeug. 3. große Korbflasche. 4. Glaskolben (Chem.). 5. (salopp) Kopf. **Bal|lon|astro|no|mie** *die;* -: Teilgebiet der Astronomie, in dem Beobachtungen kosmischer Objekte von Stratosphärenballons aus vorgenommen werden. **Bal|lon d'es|sai** [balɔ̃dɛ'seː] *der;* -, -s ⟨aus *fr.* ballon d'essai „Versuchsballon"⟩: Nachricht, Versuchsmodell o. ä., womit man die Meinung eines bestimmten Personenkreises erkunden will. **Bal|lon|de|ta|che|ment** [ba'lɔ̃detaʃəmã] *das;* -s, -s: (veraltet) militärische Abteilung, die einen ↑ Ballon (2) bedient. **Bal|lo|ne|ment** [balɔnə'mã] *das;* -s, -s ⟨aus *fr.* ballonnement „(Auf)blähung" zu balloner „mit Gas füllen, aufblähen"⟩: Behandlungsverfahren, bei dem Luft in natürliche Körperhöhlen eingeblasen wird (z. B. beim ↑ Pneumothorax; Med.). **Bal|lo|nẹtt** *das;* -[e]s, Plur. -e u. -s ⟨aus *fr.* ballonnet „kleiner Ballon"⟩: Luft-(Gas-)Kammer im Innern von Fesselballons u. Luftschiffen. **Bal|lo|nie|rung** *die;* -, -en ⟨zu ↑ ...ierung⟩: akute Aufblähung der Lungen (z. B. beim Ertrinkungstod; Med.). **Bal|lon|ka|the|ter** [ba'lɔŋ...] *der;* -s, -s: ↑ Katheter mit aufblasbarem Gummiballon. **Bal|lon|müt|ze** *die;* -, -n: hohe, runde Mütze [mit Schirm]. **Bal|lon|né** [balɔ'neː] *der;* -, -s ⟨aus gleichbed. *fr.* ballonné⟩: Ballettfigur, bei der im Sprung ein Bein vor-, rück- od. seitwärts gestreckt wird. **Bal|lon|rei|fen** *der;* -s, -: Niederdruckreifen für Kraftfahrzeuge u. Fahrräder. **Bal|lon|se|gel** *das;* -s, -: leichtes, sich stark wölbendes Vorsegel auf Jachten. **Bal|lon|son|de** *die;* -, -n ⟨aus gleichbed. *fr.* ballonsonde „Versuchsballon"⟩: unbemannter, wasserstoffgefüllter Ballon mit registrierenden Geräten für Messungen in höheren Luftschichten der Erdatmosphäre. **Bal|lon|te|le|skop** *das;* -s, -e: astronomisches Instrument für Himmelsbeobachtungen außerhalb der Erdatmosphäre

¹**Bal|lot** [ba'loː] *das;* -s, -s ⟨aus *fr.* ballot „(kleiner) Ballen, Packen" zu balle „Ballen", dies zur idg. Wurzel *bhel-⟩: 1. kleiner Warenballen. 2. Stückzählmaß im Glashandel.

²**Bal|lot** ['bɛlət, *engl.* 'bæləʳt] *das;* -s, -s ⟨aus *engl.* ballot „Wahlkugel, Stimmzettel", dies aus *fr.* ballotte „Kugel zum Abstimmen" zu balle „Kugel"; vgl. ¹Ballot⟩: engl.-amerik. Bez. für geheime Abstimmung. **Bal|lo|ta|de** [balɔ...] *die;* -, -n ⟨aus gleichbed. *fr.* ballotade zu ballotter „hin u. her schwanken"⟩: ein Sprung des Pferdes bei der Hohen Schule. **Bal|lo|ta|ge** [...ʒə] *die;* -, -n ⟨aus gleichbed. *fr.* ballottage zu ballotte „Kugel zum Abstimmen"⟩: geheime Abstimmung mit Kugeln. **bal|lo|tie|ren** ⟨aus gleichbed. *fr.* ballotter⟩: mit Kugeln abstimmen. **Bal|lo|ti|ne** *die;* -, -n ⟨aus gleichbed. *fr.* ballottine⟩: a) Vorspeise, die aus Fleisch, Wild, Geflügel od. Fisch besteht; b) von Knochen befreite, gebratene u. gefüllte Geflügelkeule (Gastr.). **Bal|lot|té** [...'teː] *der;* -, -s ⟨zu *fr.* ballotté, Part. Perf. zu ballotter, vgl. ballotieren): Ballettfigur, bei der im Sprung die Knie gebeugt u. die Füße gekreuzt werden. **Bal|lotte|ment** [balɔt'mã] *das;* -s, -s ⟨aus gleichbed. *fr.* ballottement⟩: (veraltet) svw. Ballotage. **Bal|lot|ti|ni** *die* (Plur.) ⟨aus gleichbed. *it.* ballottini, Verkleinerungsform von ballotta „(Wahl)kugel"⟩: Glaskügelchen mit hohem Brechungsindex, die z. B. als Lichtreflektoren bei Verkehrsschildern verwendet werden. **Bal|lot|ti|ni|mo|sa|ik** *das;* -s, -en: (veraltet) das Anschmelzen von ↑ Ballottini an Glasgefäße u. a.

Bal|ly|hoo ['bælɪhuː, ...'huː] *das;* - ⟨aus gleichbed. *engl.* ballyhoo (Herkunft unbekannt)⟩: marktschreierische Propaganda

Bal masqué [balmas'keː] *der;* - -, -s -s [balmas'keː] ⟨aus gleichbed. *fr.* bal masqué⟩: Maskenball

Bạl|me *die;* -, -n ⟨vermutlich kelt. Ursprungs⟩: Gesteinsnische od. Höhle unter einer überhängenden Wand, bes. in Jurashichten

bal|neo..., Bal|neo... ⟨zu *lat.* balneum, balineum „Bad", dies aus gleichbed. *gr.* balaneîon⟩: Wortbildungselement mit der Bedeutung „das Bad, Bäder betreffend", z. B. Balneologie. **Bal|neo|diä|te|tik** *die;* -: ärztliche Verhaltensmaßregeln für die Anwendung von Bädern. **Bal|neo|gra|phie** *die;* -, ...ien ⟨zu ↑ ...graphie⟩: Beschreibung von Heilbädern. **Bal|neo|lo|ge** *der;* -n, -n ⟨zu ↑ ...loge⟩: Arzt mit Spezialkenntnissen auf dem Gebiet der Balneologie. **Bal|neo|lo|gie** *die;* - ⟨zu ↑ ...logie⟩: Bäderkunde, Heilquellenkunde. **bal|neo|lo|gisch** ⟨zu ↑ ...logisch⟩: die Bäderkunde betreffend. **Bal|neo|phy|sio|lo|gie** *die;* -: Physiologie der innerlichen u. äußerlichen Anwendung von Heilquellen beim Menschen. **Bal|neo|the|ra|pie** *die;* -: Heilbehandlung durch Bäder (Med.)

Ba|lor|do ⟨aus it. balordo „Dummkopf, Tölpel" zu lordo „schmutzig", dies aus lat. luridus „blaß, fahl"⟩: svw. Balourd. **Ba|lourd** [ba'lu:r] der; -s, -s ⟨aus gleichbed. fr. balourd zu lourd „plump, schwerfällig"⟩: eine stehende Maske der ↑Commedia dell'arte. **Ba|lour|di|se** [balur...] die; -, -n ⟨aus gleichbed. fr. balourdise⟩: (veraltet) Dummheit, Tölpelei

Bal pa|ré [balpa're:] der; - -, -s -s [balpa're:] ⟨aus gleichbed. fr. bal paré, eigtl. „Ball, bei dem jeder reich geschmückt erscheint"⟩: besonders festlicher Ball

¹**Bal|sa** das; - ⟨aus span. balsa „Floß"⟩: sehr leichtes Nutzholz des mittel- u. südamerik. Balsabaumes (u. a. im Floßbau verwendet). ²**Bal|sa** die; -, -s, älter Balse die; -, -n ⟨zu ↑¹Balsa⟩: floßartiges Fahrzeug aus Binsenbündeln (urspr. aus dem leichten Holz des Balsabaumes) bei den Indianern Südamerikas

Ball|sam der; -s, -e ⟨über lat. balsamum aus gr. bálsamon „Balsamstrauch", dies aus gleichbed. hebr. bāsām⟩: 1. dickflüssiges Gemisch aus Harzen u. ätherischen Ölen, bes. in der Parfümerie u. (als Linderungsmittel) in der Medizin verwendet. 2. Linderung, Labsal, z. B. das war - für seine Ohren. **Bal|sa|mi|ca** [...ka] vgl. Balsamika. **bal|sa|mie|ren** ⟨zu ↑...ieren⟩: einsalben, ↑einbalsamieren. **Bal|sa|mi|ka** die (Plur.) ⟨zu ↑...ika⟩: (veraltet) Linderungsmittel (Med.). **Bal|sa|mi|ne** die; -, -n ⟨zu ↑...in (1)⟩: svw. Impatiens. **bal|sa|misch**: 1. wohlriechend. 2. wie Balsam, lindernd

Bal|se vgl. ²Balsa

Bal|ta|dschi [...dʒi] der; -s, -s ⟨aus türk. baltacı „Beilträger"⟩: niedriger Angehöriger der Palastgarde des türkischen Sultans, später ↑Pionier (1) im türkischen Heer

Bal|ti|stik die; - ⟨zu mlat. Mare Balticum „Baltisches Meer" (Ostsee), nach Baltia, dem lat. Namen für ein Bernsteingebiet im Ostseeraum, in ↑...istik⟩: svw. Baltologie. **Bal|to|lo|ge** der; -n, -n ⟨zu ↑...loge⟩: Wissenschaftler auf dem Gebiet der Baltologie. **Bal|to|lo|gie** die; - ⟨zu ↑...logie⟩: wissenschaftl. Erforschung der baltischen Sprachen u. Literaturen. **bal|to|lo|gisch** ⟨zu ↑...logisch⟩: die Baltologie betreffend

Ba|lu|ster der; -s, - ⟨aus gleichbed. fr. balustre, dies aus it. balaustro zu mlat. balaustium, gr. balaústion „Blüte des wilden Granatbaums" (nach der Form der Säule)⟩: kleine Säule als Geländerstütze. **Ba|lu|stra|de** die; -, -n ⟨aus gleichbed. fr. balustrade⟩: Brüstung, Geländer mit Balustern. **ba|lu|strie|ren** ⟨zu ↑...ieren⟩: (veraltet) mit einem Geländer aus einer Balustrade versehen

Ba|lyk der; - ⟨aus gleichbed. russ. balyk⟩: getrockneter Störrücken (russ. Delikatesse)

Bal|zac [...'zak] der; -s, -s ⟨nach dem franz. Romancier Honoré de Balzac, 1799–1850⟩: (veraltet) bequemer Sessel

Bam|bi das; -s, -s ⟨nach dem Namen eines Rehkitzes, der Hauptfigur in einem Zeichentrickfilm von Walt Disney (1901–1966)⟩: 1. (Kinderspr.) junges Reh. 2. jährlich verliehener Preis für populäre Darsteller u. Filme. **Bam|bi|na** die; -, -s ⟨aus gleichbed. it. bambina⟩: (ugs.) a) kleines Mädchen; b) junges Mädchen, Backfisch; c) Freundin. **Bam|bi|no** der; -s, Plur. ...ni u. (ugs.) -s ⟨aus gleichbed. it. bambino⟩: 1. das Jesuskind in der ital. Bildhauerei u. Malerei. 2. (ugs.) a) kleines Kind; b) kleiner Junge. 3. (Plur. -s) (Jargon) ↑Amphetamin- od. ↑Weckamintablette. **Bam|boc|cia|de** [bambɔ'tʃaːdə] die; -, -n ⟨nach it. Bamboccio, eigtl. „Zwerg", dem Spitznamen des Niederländers Pieter van Laer (um 1595–1642), der als erster Genreszenen in Italien malte u. seiner Mißgestalt wegen so genannt wurde. u. zu ↑...iade⟩: genrehafte, derbkomische Darstellung des Volkslebens

Bam|boo [bæm'bu:] das; -s, -s ⟨aus engl. bamboo „Bambus", vgl. Bambus⟩: in Indien gefertigte bambusfarbene (gelbliche) unglasierte Tonware

Bam|bu|le die; -, -n ⟨aus fr. bamboula „Negertrommel; Negertanz", dies aus einer Bantusprache⟩: Protesthandlung aufgebrachter Häftlinge (z. B. Demolieren der Zelleneinrichtung), meist in der Fügung - machen (ugs.)

Bam|bus der; -[ses], -se ⟨aus niederl. bamboes, dies aus gleichbed. malai. bambu⟩: vor allem in tropischen u. subtropischen Gebieten vorkommende, bis 40 m hohe, verholzende Graspflanze. **Bam|bus|vor|hang** der; -s: Bez. für die weltanschauliche Grenze zwischen dem kommunistischen u. dem nichtkommunistischen Machtbereich in Südostasien

Ba|mi-go|reng das; -[s], -s ⟨aus malai. bami goreng, eigtl. „gebratene Nudeln"⟩: indonesisches Nudelgericht

Bam|ja das; -, -s ⟨aus gleichbed. türk. bamya⟩: svw. Okra

¹**Ban** der; -s, -e u. Banus der; -, - ⟨aus serbokroat. ban „Herr"⟩: a) ungarischer u. serbokroatischer Würdenträger (10. u. 11. Jh.); b) im 12.–15. Jh. Titel der Oberbeamten mehrerer südlicher Grenzmarken Ungarns

²**Ban** das; -, - ⟨Thai⟩: thailändisches Getreidemaß (1472 Liter)

³**Ban** der; -[s], Bani ⟨aus gleichbed. rumän. ban, eigtl. „Geld(stück)"⟩: rumän. Münze (100 Bani = 1 Leu)

ba|nal ⟨aus fr. banal „gemeinnützig; allgemein; alltäglich" zu altfr. ban „Bann", dies aus fränk. *ban⟩: [in enttäuschender Weise] nichts Besonderes darstellend, bietend. **ba|na|li|sie|ren** ⟨aus gleichbed. fr. banaliser⟩: ins Banale ziehen, verflachen. **Ba|na|li|tät** die; -, -en ⟨aus gleichbed. fr. banalité; vgl. ↑...ität⟩: 1. (ohne Plur.) Plattheit, Fadheit. 2. banale Bemerkung, Feststellung

Ba|nal|sit [auch ...'zɪt] der; -s, -e ⟨Kurzw.; nach der chem. Zusammensetzung aus ↑Barium, ↑Natrium, ↑Aluminium u. ↑Silicium u. zu ↑²...it⟩: zu den Feldspaten gehörendes Mineral

Ba|na|ne die; -, -n ⟨aus gleichbed. port. banana (dies aus einer afrik. Eingeborenensprache)⟩: wohlschmeckende, länglichgebogene tropische Frucht mit dicker, gelber Schale. **Ba|na|nen|re|pu|blik** die; -, -en ⟨nach amerik. banana republic⟩: kleines Land in den tropischen Gebieten Amerikas, das fast nur vom Südfrüchteexport lebt u. von fremdem, meist US-amerikanischem Kapital abhängig ist. **Ba|na|nen|split** das; -s, -s ⟨aus gleichbed. engl. banana split, eigtl. „zerteilte Banane"⟩: Eisspeise, bestehend aus einer längs durchgeschnittenen Banane, Eis, Schlagsahne [u. Schokoladensoße]

Ba|nau|se der; -n, -n ⟨aus gr. bánausos „Spießbürger", eigtl. „Handwerker"⟩: (abwertend) jmd., der ohne Kunstverständnis ist u. sich entsprechend verhält; Mensch ohne feineren Lebensstil, der Dinge, denen von Kennern eine entsprechende Wertschätzung entgegengebracht wird, unangemessen behandelt od. verwendet. **Ba|nau|sie** die; - ⟨aus gleichbed. gr. banausía, eigtl. „handwerksmäßige Arbeit u. Gesinnung"⟩: (veraltet) Banausentum, Art, Wesen, typisches Verhalten eines Banausen. **ba|nau|sisch** ⟨aus gr. bánausos „gemein, niedrig", eigtl. „gewerbetreibend"⟩: (abwertend) ohne Verständnis für geistige u. künstlerische Dinge; ungeistig

Band [bɛnt, engl. bænd] die; -, -s ⟨aus gleichbed. engl.-amerik. band, eigtl. „Verbindung, Vereinigung", zu fr. bande „Band, Binde", vgl. Bande⟩: moderne Tanz- od. Unterhaltungskapelle, z. B. Jazzband, Beatband. **Ban|da** ['banda]

Bandage

die; -, ...de ⟨aus gleichbed. *it.* banda⟩: Blasorchester. **Banda|ge** [...ʒə] *die;* -, -n ⟨aus gleichbed. *fr.* bandage zu bande, vgl. Band; vgl. auch Bande⟩: 1. fester Verband od. Wickel zum Stützen od. Schützen eines verletzten Körperteils bzw. einer Wunde. 2. Schutzverband (z. B. der Hände beim Boxen). **ban|da|gie|ren** [...ʒiː...] ⟨zu ↑ ...ieren⟩: mit Bandagen versehen, umwickeln. **Ban|da|gist** [...ʒɪst] *der;* -en, -en ⟨aus gleichbed. *fr.* bandagiste⟩: Hersteller von Bandagen u. Heilbinden

Ban|da|na|druck *der;* -s, -e ⟨über *engl.* bandana aus dem Hindi⟩: 1. (ohne Plur.) Zeugdruckverfahren zur Herstellung weißer Muster auf farbigem Grund. 2. Ergebnis dieses Verfahrens

Ban|da|no [...'danjo] *der;* -s, -s ⟨zu *span.* banda „Binde"⟩: svw. ²Foulard

Ban|dar *der;* -s, -en ⟨aus gleichbed. *Hindi* bādar zu *sanskr.* vānya „Waldtier, bes. Affe"⟩: indischer Hundskopfaffe mit struppiger Kopfbehaarung

Ban|de *die;* -, -n ⟨aus gleichbed. *fr.* bande, dies über *altfr.* bende aus dem Germ.⟩: Rand, Einfassung, besonders beim Billard, bei Eis- u. Hallenhockey u. in der Reitbahn.

Ban|deau [bãˈdoː] *das;* -s, -s ⟨aus gleichbed. *fr.* bandeau⟩: (veraltet) Stirnband. **Ban|de|lette** [bādəˈlɛt] *die;* -, -n [...tən] ⟨aus gleichbed. *fr.* bandelette, Verkleinerungsform von *fr.* bande, vgl. Bande⟩: (veraltet) Bändchen, kleine [Zier]leiste (bes. Archit.). **Ban|de|lier** [ban...] *das;* -s, -e ⟨nach *fr.* bandoulière „(Trage)gurt", dies aus *span.* bandolera⟩: (veraltet) breiter Schulterriemen als Patronengurt, Degengurt (Wehrgehänge), Patronentaschenriemen der berittenen Truppen. **Ban|de|lot|ten** *die* (Plur.) ⟨zu ↑ Bandelette⟩: (veraltet) Ohrgehänge. **Ban|den|spek|trum** *das;* -s, Plur. ...tren u. ...tra ⟨zu ↑ Bande⟩: Viellinienspektrum; besonders linienreiches, zu einzelnen Bändern verschmolzenes, von bestimmten Molekülen ausgesandtes Spektrum (Phys.)

Ban|de|rie [...jə] *die;* -, -n ⟨zu *span.* bandera „Fahne" (dies zu banda „Fahne") od. *fr.* bandière, *(alt)fr.* bannière, dies aus dem Germ.⟩: 1. berittene Mannschaft, die die ↑ Magnaten u. ↑ Prälaten im alten Ungarn zu stellen hatten. 2. (nur Plur.) die bei öffentlichen Feiern beritten u. mit Gefolge erschienenen Edelleute eines ung. Komitats. **Ban|de|ril|la** [...'rɪlja] *die;* -s, -s ⟨aus gleichbed. *span.* banderilla, eigtl. „Fähnchen", Verkleinerungsform von bandera „Banner, Fahne"⟩: mit Fähnchen geschmückter kleiner Spieß, den der Banderillero dem Stier in den Nacken setzt. **Ban|de|ril|le|ro** [...rɪlˈjeːro] *der;* -s, -s ⟨aus gleichbed. *span.* banderillero⟩: Stierkämpfer, der den Stier mit den Banderillas reizt. **Ban|de|ro|le** *die;* -, -n ⟨unter Einfluß von *dt.* Band aus *fr.* banderole „Fähnchen"⟩: 1. mit einem Steuervermerk versehener Streifen, mit dem eine steuer- od. zollpflichtige Ware versehen u. gleichzeitig verschlossen wird (z. B. Tabakwaren). 2. ornamental stark verschlungenes, mit einer Erklärung versehenes Band auf Gemälden, Stichen o. ä. (Kunstw.). 3. a) Wimpel an Speer od. Lanze; b) Quastenschnur um die Trompete der Spielleute u. Heerestrompeter (Mittelalter). **ban|de|ro|lie|ren** ⟨zu ↑ ...ieren⟩: mit einer Banderole versehen

Band|ge|ne|ra|tor *der;* -s, -en ⟨zu *dt.* Band u. ↑ Generator⟩: Gerät zur Erzeugung sehr hoher Gleichspannungen mittels eines isolierten Endlosbandes (Elektrot.)

Ban|dit [auch ...ˈdɪt] *der;* -en, -en ⟨aus gleichbed. *it.* bandito, eigtl. „Geächteter", zu bandire „verbannen"⟩: 1. [Straßen]räuber. 2. (abwertend) jmd., der sich anderen gegenüber unmenschlich, verbrecherisch verhält. 3. (familiär) zu Streichen aufgelegter Junge

Band|ke|ra|mik *die;* -, -en ⟨zu *dt.* Band u. ↑ Keramik⟩: 1. (ohne Plur.) Kultur der frühen Jungsteinzeit. 2. Tongefäß mit bandförmiger Verzierung (Archäol.). **band|ke|ramisch:** die Bandkeramik betreffend

Band|lea|der [ˈbɛntliːdɐ, engl. ˈbændliːdə] *der;* -s, - ⟨aus gleichbed. *engl.* bandleader; vgl. Band⟩: 1. im traditionellen Jazz der die Führungsstimme (↑ Lead) im Jazzensemble übernehmende Kornett- od. Trompetenbläser. 2. Leiter einer ↑ Band

Ban|do|la *die;* -, ...len ⟨aus *span.* bandola „Laute"⟩: svw. Bandura

Ban|do|ne|on, Ban|do|ni|on *das;* -s, -s ⟨Analogiebildung zu ↑ Akkordeon; nach dem dt. Erfinder des Instruments H. Band, 1821–1860⟩: Handharmonika mit Knöpfen zum Spielen an beiden Seiten

Ban|dou|liè|re [bāduˈljɛːrə] *die;* -, -n ⟨aus *fr.* bandoulière, vgl. Bandelier⟩: svw. Bandelier

Ban|dum *das;* -s, Plur. ...da u. ...den ⟨aus gleichbed. *mlat.* bandum, dies aus *lat.* bandum „Banner"⟩: Fahne der mittelalterlichen Fußsoldaten

Ban|du|ra *die;* -, -s ⟨aus gleichbed. *russ.* bandura, dies über *it.* pandora u. *lat.* pandora aus *gr.* pandoūra „dreiseitiges lautenähnliches Musikinstrument"⟩: lauten- od. gitarrenähnliches ukrain. Saiteninstrument. **Ban|dur|ria** *die;* -, -s ⟨aus gleichbed. *span.* bandurria⟩: mandolinenähnliches, zwölfsaitiges span. Zupfinstrument

Ban|dy [ˈbɛndi, engl. ˈbændi] *der;* -s, ...dies [...diːs, engl. ...dɪz] ⟨aus gleichbed. *engl.* bandy zu *fr.* bandé, Part. Perf. von bander „(einen Ball) an die Bande schlagen"; vgl. Bande⟩: heute veraltete Abart des Eishockeyspiels, bei dem mit einem Ball gespielt wurde

Ban|dy|lith [bændi..., auch ...ˈlɪt] *der;* Gen. -s od. -en, Plur. -e[n] ⟨nach dem amerik. Bergbauingenieur M. C. Bandy (20. Jh.) u. zu ↑ ...lith⟩: ein tiefblaues, kupferhaltiges Boratmineral

Ba|ni: Plur. von ³Ban

Ba|ni|za [...sa] vgl. Banniza

Ban|jan *die* (Plur.) ⟨aus gleichbed. *engl.* banian, dies über Hindi baniyā zu *sanskr.* vāṇijá „Kaufmann"⟩: Kaste der Kaufleute in Indien, bes. in den ehemaligen Provinzen Bombay u. Bengalen

Ban|jo [auch ˈbɛndʒo] *das;* -s, -s ⟨aus *amerik.* banjo, wohl zu *afrik.* mbanza „ein Saiteninstrument"⟩: fünf- bis neunsaitige, langhalsige Gitarre

Bank *die;* -, -en ⟨unter dem Einfluß von gleichbed. *fr.* banque über *it.* banco, banca, eigtl. „Tisch des Geldwechslers", aus dem Germ.⟩: Kreditanstalt, Anstalt zur Abwicklung des Zahlungs- u. des Devisenverkehrs. **...bank:** Wortbildungselement mit der Bedeutung „zentrale Stelle, wo das im ersten Bestandteil des Kompositums Genannte für den Gebrauchsfall bereitgehalten wird", z. B. Blut-, Datenbank. **Bank|ak|zept** *das;* -s, -e: auf eine Bank gezogener u. von dieser zur Gutschrift ↑ akzeptierter Wechsel. **ban|kal** ⟨zu ↑¹...al (2)⟩: (veraltet) zur Bank gehörig

Ban|ka|zinn *das;* -s ⟨nach der Sundainsel Banka⟩: Zinn, das aus besonders reinen Erzen Indonesiens gewonnen wird (1710 entdeckt)

Ban|ken|in|kas|so *das;* -s, Plur. -s, auch (österr. nur) ...ssi ⟨zu ↑ Bank u. ↑ Inkasso⟩: Rechnungseinzugsverfahren der Banken, Einzugsverfahren von Forderungen aus Warenlieferungen u. Leistungen durch die Bank. **Ban|ker** [auch ˈbɛŋkɐ] *der;* -s, - ⟨aus gleichbed. *engl.* banker; vgl. Bank⟩: [führender] Bankfachmann. **ban|ke|rott** usw. vgl. bankrott usw. **¹Ban|kett** *das;* -s, -e ⟨aus gleichbed. *it.* banchetto, eigtl. „kleine Bank, Beisetztisch" (Verkleinerungsform von *it.* banco), vgl. Bank〉: Festmahl, -essen. ²**Ban|kęṭṭ** *das;* -s, -e, auch **Bank|kẹṭ|te** *die;* -, -n 〈aus *fr.* banquette „Fußsteig", eigtl. „Erdaufwurf", dies aus *ahd.* banc „Sitzbank"〉: 1. etwas erhöhter [befestigter] Randstreifen einer [Auto]straße. 2. unterster Teil eines Gebäudefundaments (Bauw.). **ban|keṭ|tie|ren** 〈aus gleichbed. *it.* bancettare〉: (veraltet) ein ¹Bankett halten, festlich tafeln. **Ban|kier** [baŋ'kie:] *der;* -s, -s 〈aus gleichbed. *fr.* banquier zu banque, vgl. Bank〉: 1. Inhaber einer Bank. 2. Vorstandsmitglied einer Bank. **Ban|king** ['bæŋkɪŋ] *das;* -[s] 〈aus gleichbed. *engl.* banking〉: Bankwesen, Bankgeschäft, Bankverkehr. **Banking|sy|stem** *das;* -s: von der Höhe der Deckung bestimmte Ausgabe von Banknoten. **Ban|king|theo|rie** *die;* -: Geldtheorie, nach der die Ausgabe von Banknoten nicht an die volle Edelmetalldeckung gebunden zu sein braucht. **Bankịst** [baŋ...] *der;* -en, -en 〈nach gleichbed. *fr.* banquiste〉: (veraltet) 1. wandernder Geldwechsler. 2. Gaukler, Kunstreiter. **Bạnk|kon|to** *das;* -s, Plur. ...ten, auch -s u. ...ti 〈zu ↑Bank〉: 1. Soll-und-Haben-Aufstellung eines Kunden bei einer Bank. 2. Bankguthaben. **Bạnk|li|qui|di|tät** *die;* -: Fähigkeit der Banken, ihren Verpflichtungen gegenüber den Kontoinhabern gerecht zu werden. **Bạnk|no|te** *die;* -, -n: von einer Notenbank ausgegebener Geldschein. **Bạn|ko** *das;* -s, -s 〈aus *it.* banco, vgl. Bank〉: (veraltet) bankmäßige Währung. **Bạn|ko|kra|tie** *die;* - 〈zu ↑...kratie〉: Bez. für die Herrschaft des Finanzkapitals (aus marxistischer Sicht). **Bạnk|ko|mat** *der;* -en, -en 〈Kurzw. aus ↑*Bank* u. ↑*Automat*〉: Geldautomat eines Geldinstituts, bei dem ein Kunde auch außerhalb der Schalterstunden Geldbeträge bis zu einer bestimmten Höhe unter Anwendung bestimmter Bedienungsvorschriften erhalten kann. **bank|rọtt** 〈aus *it.* banca rotta (bzw. banco rotto) „zerbrochener Tisch (des Geldwechslers)"〉: finanziell, wirtschaftlich am Ende; zahlungsunfähig. **Bank|rọtt** *der;* -s, -e: finanzieller, wirtschaftlicher Zusammenbruch; Zahlungsunfähigkeit. **Bank|rọt|teur** [...'tø:ɐ] *der;* s-, -e 〈französierende Bildung, vgl. ...eur〉: jmd., der Bankrott gemacht hat. **Bank|rọt|tier** [...'tie:] *der;* -s, -s 〈zu ↑²...ier〉: (veraltet) svw. Bankrotteur. **bank|rọt|tie|ren** 〈zu ↑...ieren〉: Bankrott machen **ban|ni|sie|ren** 〈zu gleichbed. *fr.* bannir (aus *fränk.* *bann(j)an) u. ↑...isieren〉: (veraltet) verbannen. **Ban|nisse|ment** [...'mã:] *das;* -s, -s 〈aus gleichbed. *fr.* bannissement〉: (veraltet) Verbannung, Verbannungsort **Ban|ni|za** od. **Ba|nịza** [...sa] *die;* -, -s (aber: 5 -) 〈aus gleichbed. *rumän.* baniță〉: rumän. Getreidemaß, etwa 80 l **Ba|non** [ba'nõ:] *der;* -s, -s 〈nach der südfranz. Ortschaft Banon, Montagne de Lure〉: zum Reifen in Weinblätter gewickelter u. mit Bast umbundener kleiner franz. Ziegenkäse **ban|sai!** vgl. banzai! **Ban|schaft** *die;* -, -en 〈zu ↑¹Ban〉: historischer Verwaltungsbezirk (in Ungarn, Serbien u. Kroatien) **Bạn|tam|ge|wicht** *das;* -[e]s 〈nach gleichbed. *engl.* bantamweight; nach dem zum Hahnenkampf verwendeten Bantamhuhn, einem Zwerghuhn (aus der javan. Provinz Bantam)〉: leichtere Körpergewichtsklasse in der Schwerathletik. **Bạn|tam|huhn** *der;* -[e]s, ...hühner: ein [in England gezüchtetes] Zwerghuhn **Bạn|teng** *das;* -s, -s 〈aus dem Malai.〉: südostasiat. Wildrind **Bạn|ti-Krank|heit** *die;* - od. **Bạn|ti|sche Krạnk|heit** *die;* -n - 〈nach dem ital. Pathologen Guido Banti, 1852–1925〉: Krankheitsbild mit Leberzirrhose, ↑Anämie, Milzvergrößerung u. ↑Aszites (Med.) **Ban|tu|ịst** *der;* -en, -en 〈zu *afrik.* ba-ntu „Menschen" u. ↑...ist〉: jmd., der sich wissenschaftlich mit den Sprachen

u. Kulturen der Bantuneger befaßt. **Ban|tu|ịs|tik** *die;* 〈zu ↑...istik〉: Wissenschaft von den Sprachen u. Kulturen der Bantus. **Bạn|tu|spra|chen** *die* (Plur.): in Zentral-, Ost- u. Südafrika gesprochene Gruppe afrik. Sprachen. **Bạn|tustan** [...sta(:)n] *der* od. *das;* -s, -s 〈*afrikaans*〉: svw. Homeland
Ba|nus vgl. ¹Ban
ban|zai! [...zai] 〈*jap.*〉: lebe hoch! 10 000 Jahre [lebe er]! (japan. Glückwunschruf)
Bao|bab *der;* -s, -s 〈aus gleichbed. *arab.* bu-ḥubūb〉: Affenbrotbaum, zu den Malvengewächsen gehörender afrik. Steppenbaum
Ba|pho|met *der;* -[e]s 〈Herkunft unbekannt〉: angeblich geheimes Sinnbild der Tempelherren, eines mittelalterlichen Ritterordens
bap|ti|sie|ren 〈zu ↑Baptist u. ↑...ieren〉: (veraltet) untertauchen, tauchen. **Bap|tịs|mus** *der;* - 〈zu ↑...ismus (1)〉: Lehre ev. (kalvinischer) Freikirchen, nach der nur die Erwachsenentaufe zugelassen ist. **Bap|tịst** *der;* -en, -en 〈über *spätlat.* baptista aus *gr.* baptistḗs zu baptízein „ein-, untertauchen, taufen"〉: Anhänger des Baptismus. **Bap|ti|stę|ri|um** *das;* -s, ...ien [...jən] 〈über gleichbed. (*kirchen)lat.* baptisterium aus *gr.* baptistḗrion „Badestube, Taufzelle"; vgl. Baptist〉: 1. a) Taufbecken, -stein; b) Taufkapelle; c) [frühmittelalterl.] Taufkirche. 2. Tauch- u. Schwimmbecken eines Bades in der Antike. **bap|tị|stisch:** die Baptisten, den Baptismus betreffend
Ba|quet [ba'ke:, ba'kɛ] *das;* -s, -s 〈aus gleichbed. *fr.* baquet〉: (veraltet) 1. a) Zuber, Bottich; b) Pflanzkasten. 2. Ätzkasten der Kupferstecher
¹**Bar** *das;* -s, -s (aber: 5 Bar) 〈zu *gr.* báros „Schwere, Gewicht"〉: alte Maßeinheit des [Luft]drucks; Zeichen bar (in der Meteorologie nur b)
²**Bar** *die;* -, -s 〈aus *engl.* bar „Schanktisch", eigtl. „Schranke", dies aus *altfr.* barre „Stange, Schranke"; vgl. Barriere〉: 1. erhöhter Schanktisch mit Barhockern. 2. a) intimes Nachtlokal; b) barähnliche Räumlichkeit in einem Hotel o. ä.
Ba|ra|ber *der;* -s, - 〈zu *it.* parlare „sprechen", urspr. für jmdn., der *parlare* statt *sprechen* sagt, d. h. für ital. Arbeiter〉: (österr. ugs.) schwer arbeitender Hilfs-, Bauarbeiter. **ba|ra|bern:** (österr. ugs.) schwer arbeiten
Ba|racke¹ *die;* -, -n 〈aus gleichbed. *fr.* baraque, dies aus *span.* barraca „(Bauern)hütte" zu barro „Lehm", weil die Hütten ursprünglich aus Lehm gebaut wurden〉: behelfsmäßige Unterkunft, einstöckiger, nicht unterkellerter leichter Bau, bes. aus Holz. **ba|rackie|ren**¹ 〈aus gleichbed. *fr.* baraquer〉: (veraltet) in Baracken wohnen, Baracken bauen
Bạ|ra|ka *die;* - 〈zu *arab.* bar' „Schöpfung"〉: Bez. für die überirdische Kraft in der Natur, in den Nachkommen Mohammeds u. im Sultan bei den islam. Nordafrikanern (Völkerk.)
Ba|ra|ka|ra|holz *das;* -es, ...hölzer 〈aus einer südamer. Indianersprache〉: Holz des südamer. Korallenbaumes
Ba|rạn|da u. **Ba|ran|dịl|la** [...'dɪlja] *die;* -, -s 〈aus gleichbed. *span.* baranda bzw. der Verkleinerungsform barandilla〉: (veraltet) Geländer
Ba|rạn|ka *die;* -, Plur. -s, auch ...ki 〈aus gleichbed. *russ.* baranka〉: weißer russ. Fastenkringel
Ba|rạn|ke *die;* -, -n u. **Ba|rạn|ken|fell** *das;* -[e]s, -e 〈zu *russ.* baran „Hammel, Widder; Schaf"〉: Fell des neu- od. ungeborenen Lammes
Ba|ra|quier [...'kie:] *der;* -s, -s 〈aus älter *fr.* baraquier „Feld-

händler" zu baraque, vgl. Baracke): (veraltet) svw. Marketender

Ba|ra|rit [auch ...'rɪt] *der;* -s, -e ⟨nach dem Fundort Barari in Indien u. zu ↑²...it⟩: ein weißes Mineral

Ba|ra|sin|gha [...ga] *der;* -s, -s ⟨aus *Hindi* barahsingha „zwölf Zacken habend"⟩: ind. Zackenhirsch aus der Gruppe der Rothirsche

Ba|rat *der;* -s, -s ⟨aus *türk.* bar'āt „Quittung, Patent; Brief"⟩: a) von den osmanischen Sultanen ausgestellte Urkunde, die dem Inhaber gewisse Privilegien zusicherte; b) Form des ↑ Exequaturs (1) für Konsuln

Ba|ratt *der;* -[e]s ⟨aus gleichbed. *it.* baratto zu barattare, vgl. barattieren⟩: (Kaufmannsspr.) Tausch von Waren, Tauschgeschäft. **Ba|rat|ta|ti|on,** *die;* -, -en ⟨zu ↑...ation⟩: svw. Baratt. **Ba|rat|te|rie** *die;* -, ...ien ⟨aus gleichbed. *it.* baratteria⟩: Unredlichkeit der Schiffsbesatzung gegenüber Reeder od. Frachteigentümer (im Seerecht). **Ba|rat|teur** [...'tø:ɐ̯] *der;* -s, -e ⟨zu ↑...eur⟩: (veraltet) Tauschhändler, -betrüger. **ba|rat|tie|ren** ⟨aus gleichbed. *it.* barattare⟩: [Ware] gegen Ware tauschen. **Ba|rat|to|ge|schäft** *das;* -[e]s, -e: (früher) Tauschhandel [von Ware] gegen Ware (mit Bewertung u. Verrechnung in Geld)

Bar|ba|ka|ne *die;* -, -n ⟨aus dem Roman., weitere Herkunft unsicher⟩: bei mittelalterlichen Befestigungswerken ein dem Festungstor vorgelagertes Außenwerk, das der ersten Verteidigung diente

Bar|bar *der;* -en, -en ⟨über *lat.* barbarus aus *gr.* bárbaros „Ausländer, Fremder"⟩: roher, ungesitteter u. ungebildeter Mensch; Wüstling, Rohling. **Bar|ba|rei** *die;* -, -en: Roheit, Grausamkeit; Unzivilisiertheit. **Bar|ba|res|ken** *die* (Plur.) ⟨Analogiebildung zu auf -esk gebildeten Adjektiven; vgl. ...esk⟩: veraltete Bez. für die arab.-berberischen, früher wegen Seeräuberei u. Sklavenhandel gefürchteten nordafrik. Sultanate u. Emirate. **Bar|ba|ri|ka|ri|er** [...i̯ɐ] *die* (Plur.) ⟨zu *lat.* barbaricus „ausländisch, fremd" u. ↑...arier⟩: (veraltet) mit ausländischem Geschmack arbeitende Künstler u. Handwerker im Mittelalter. **bar|ba|risch:** 1. in einer Weise, die allen Vorstellungen von Gesittung, Bildung, Kultiviertheit widerspricht. 2. (ugs.) sehr [groß, stark], z. B. eine -e Kälte. 3. (veraltet) ausländisch. **bar|ba|ri|sie|ren** ⟨zu ↑...isieren⟩: (veraltet) 1. roh, unmenschlich machen. 2. gegen die sprachlichen Normen grob verstoßen. **Bar|ba|ris|mus** *der;* -, ...men ⟨zu ↑...ismus (4)⟩: 1. a) in das klassische Latein od. Griechisch übernommener fremder Ausdruck; b) grober sprachlicher Fehler im Ausdruck. 2. Anwendung von Ausdrucksformen der Primitiven in der modernen Kunst u. Musik. **bar|ba|ro|glot|tisch** ⟨zu *gr.* (*attisch*) glõtta „Sprache", eigtl. „Zunge"⟩: (veraltet) fremdsprachig redend. **Bar|ba|ro|le|xis** *die;* - ⟨zu *gr.* léxis „das Sprechen; Redeweise", dies zu légein „sprechen, reden"⟩: (veraltet) mit fremden Wörtern vermischte Sprache, Mischsprache

Bar|be *die;* -, -n ⟨aus *lat.* barba „Bart"⟩: 1. ein Karpfenfisch. 2. (früher) Spitzenband an Frauenhauben

Bar|be|cue ['ba:bɪkju:] *das* -[s], -s ⟨aus gleichbed. *engl.-amerik.* barbecue, eigtl. „Bratspieß, Grill", dies aus *mex.-span.* barbacoa „Feldofen"⟩: 1. in Amerika beliebtes Gartenfest, bei dem ganze Tiere (Rinder, Schweine) am Spieß gebraten werden. 2. a) Bratrost; b) auf dem Rost gebratenes Fleisch

Bar|bet [...'be:] *der;* -s, -s ⟨aus gleichbed. *fr.* barbet zu barbe „Bart" (wegen der langen Haare) aus *lat.* barba⟩: (veraltet) Pudel[hund]

Bar|bet|te *die;* -, -n ⟨nach der Schutzpatronin der Artilleristen, der heiligen Barbara, zu ↑...ette⟩: 1. (früher) Geschützbank, Brustwehr von Schiffsgeschützen. 2. ringförmiger Panzer um die Geschütztürme auf Kriegsschiffen

Bar|bier *der;* -s, -e ⟨über gleichbed. *it.* barbiere, *fr.* barbier aus *mlat.* barbarius „Bartscherer" zu *lat.* barba „Bart"⟩: (veraltet) Friseur. **bar|bie|ren** ⟨zu ↑...ieren⟩: (veraltet) rasieren

Bar|bie|rit [...bje..., auch ...'rɪt] *der;* -s, -e ⟨nach dem *fr.* Chemiker P. Barbier (*1908) u. zu ↑²...it⟩: ↑ monokline Modifikation des ↑ Albits, die bei hohen Temperaturen entsteht (Mineral.)

Bar|bi|ton *das;* -s, -s u. **Bar|bi|tos** *die;* -, - ⟨über gleichbed. *lat.* barbitos aus *gr.* bárbitos, bárbiton⟩: altgriech., der Lyra (1) ähnliches Musikinstrument

Bar|bi|tu|rat *das;* -s, -e (meist Plur.) ⟨zu ↑ Barbitursäure; vgl. ...at (1)⟩: Medikament auf der Basis von Barbitursäure, das als Schlaf- und Beruhigungsmittel verwendet wird. **Bar|bi|tur|säu|re** *die;* - ⟨Kunstw.⟩: Grundstoff der meisten Schlafmittel

Bar|bon [bar'bõ:] *der;* -s, -s ⟨aus *fr.* barbon, eigtl. „Graubart", zu barbe „Bart" aus *lat.* barba⟩: (veraltet) altkluger Mensch. **Bar|bon|nage** [...bɔ'na:ʒ] *die;* - ⟨zu ↑...age⟩: (veraltet) mürrisches Wesen

Bar|bo|ti|ne *die;* -, -n ⟨aus *fr.* barbotine „Tonschlamm, Schlicker" zu barboter „im Schlamm waten"⟩: Bez. für eine plastische Oberflächenverzierung von Tongefäßen, die durch Aufbringen von Tonschlamm entsteht

Bar|bouil|la|ge [...bu'ja:ʒə] *die;* -, -n ⟨aus gleichbed. *fr.* barbouillage zu barbouiller, vgl. barbouillieren⟩: (veraltet) 1. a) Sudelei, Schmiererei; b) schlechte Malerei, schlechter Anstrich. 2. verworrenes Geschwätz. **Bar|bouil|leur** [...'jø:ɐ̯] *der;* -s, -e ⟨aus gleichbed. *fr.* barbouilleur⟩: (veraltet) 1. a) Sudeler, Schmierer; b) [Farben]kleckser. 2. Schwätzer. **bar|bouil|lie|ren** ...'ji:...] ⟨aus gleichbed. *fr.* barbouiller, eigtl. „einen Bart machen", zu barbe „Bart" aus *lat.* barba⟩: (veraltet) 1. [be]sudeln, schmieren. 2. verworren schwatzen

Bar|boy *der;* -s, -s ⟨zu ↑²Bar u. ↑Boy⟩: kleine, fahrbare ²Bar (1a) (Gastr.)

Bar|chan [...'ça:n] *der;* -s, -e ⟨aus *turkotat.* barchán „Wanderdüne"⟩: bogenförmige Binnendüne

Bar|chent *der;* -s, -e ⟨aus *mhd.* barchant, dies über *mlat.* barchanus aus *arab.* barrakān „grober Stoff"⟩: auf der linken Seite aufgerauter Baumwollflanell

Bar|ches [...çəs] *der;* -, - ⟨zu *hebr.* berākā „Segen, Segnung"⟩: weißes Sabbatbrot der Juden

Bar|chet|ta [...'kɛta] *die;* -, Plur. ...tte, auch ...tten ⟨aus gleichbed. *it.* barchetta, Verkleinerungsform von barca „Boot"; vgl. Bark⟩: (veraltet) kleines Boot (bei Galeeren)

Bar|da|ken *die* (Plur.) ⟨zu *arab.* bard „kühl"⟩: irdene, unglasierte Krüge zum Kühlhalten des Wassers

¹Bar|de *der;* -n, -n ⟨aus *fr.* barde „keltischer Sänger", dies über *lat.* bardus aus *gall.* bardd „Sänger"⟩: keltischer Sänger u. Dichter des Mittelalters

²Bar|de *die;* -, -n ⟨aus gleichbed. *fr.* barde, eigtl. „Reitkissen", dies über *span.* albarda „Saumsattel; Speckschnitte" aus gleichbed. *arab.* al-barda zu barḍa'a „Sattelunterlage"⟩: Speckscheibe um gebratenes Geflügel. **bar|die|ren** ⟨zu ↑...ieren⟩: mit Speck umwickeln

Bar|diet *das;* -[e]s, -e ⟨zu ↑ Barditus in Anlehnung an ↑ ¹Barde⟩: 1. von Klopstock geschaffene Bez. für ein vaterländisches Gedicht. 2. svw. Barditus

Bar|di|glio [...'dɪljo] *der;* -s ⟨aus gleichbed. *it.* bardiglio⟩: sehr harter, heller Marmor aus der Gegend von Florenz

bar|disch ⟨zu ↑ ¹Barde⟩: die ¹Barden betreffend, in der Art der ¹Barden

Bar|di|tus u. **Bar|ri|tus** *der; -, -* [...tu:s] ⟨aus gleichbed. *lat.* barditus⟩: Schlachtgeschrei der Germanen vor dem Kampf

Bar|do|ne *der; -s, ...ni* ⟨aus *it.* bardone, Vergrößerungsform von bardo „Sänger"⟩: svw. Baryton

Bar|dot [...'do:] *der; -s, -s* ⟨aus gleichbed. *fr.* bardot zu barde „Sattelkissen"⟩: svw. Bardotto. **Bar|dot|to** *der; -[s], -s* ⟨aus gleichbed. *it.* bardotto, eigtl. „kleiner Maulesel"⟩: (veraltet) 1. Packesel. 2. Sündenbock

Ba|rè|ge [ba'rɛ:ʒə] *der; -s* ⟨nach dem franz. Ort Barèges⟩: durchsichtiges Seidengewebe

Ba|rème [ba'rɛ:m] *der; -s, -n* [ba'rɛ:mən] ⟨nach dem franz. Mathematiker F. Barrême, 1638–1703⟩: 1. Frachttabelle bei der Eisenbahn. 2. franz. Rechenbuch

Ba|rett *das; -[e]s, Plur. -e, auch -s* ⟨aus *mlat.* barretum, birretum zu *lat.* birrus „Umhang mit Kapuze"⟩: flache, schirmlose, kappenartige Kopfbedeckung, meist als Teil der Amtstracht von Geistlichen, Richtern u. a.; vgl. Birett

Bar|gai|ning ['ba:gɪnɪŋ] *das; -[s]* ⟨aus gleichbed. *engl.* bargaining⟩: a) das Verhandeln; b) [Vertrags]abschluß (Wirtsch.)

¹Barge [barʒ] *die; -, -n* ['barʒən] ⟨aus gleichbed. *fr.* barge, dies aus *lat.* barca, vgl. Bark⟩: (veraltet) plattes, langes Flußschiff. **²Barge** [baːdʒ] *die; -, -s* ⟨aus gleichbed. *engl.* barge, dies aus *altfr.* barge, vgl. ¹Barge⟩: (veraltet) a) Admiralsboot; b) Schaluppe, zweites Boot eines Kriegsschiffes

Ba|ri|bal *der; -s, -s* ⟨Herkunft unbekannt⟩: nordamerik. Schwarzbär

Ba|ri|le *das; -, ...li* ⟨aus *it.* barile „Faß"⟩: älteres ital. Flüssigkeitsmaß

Ba|rill *das; -[s], -s* (aber: 5 -) ⟨wohl aus *gr.* barýllion „Waage zur Feststellung des Gewichts von Flüssigkeiten"⟩: früheres südeurop. u. südamerik. Flüssigkeitsmaß für Wein u. Öl

Ba|ril|la [ba'rɪlja] *die; -* ⟨aus gleichbed. *span.* barilla⟩: sodahaltige Asche aus verbrannten Meeres- od. Salzsteppenpflanzen

Ba|ri|nas [auch ba'ri:...] vgl. Varinas

Ba|rio|la|ge [...ʒə] *die; -, -n* ⟨aus *fr.* bariolage, eigtl. „buntes Farbengemisch", zu barioler, vgl. bariolieren⟩: besonderer Effekt beim Violinspiel (wiederholter rascher Saitenwechsel mit der Absicht einer Klangfarbenänderung; höherer Ton auf tieferer Saite). **ba|rio|lie|ren** ⟨aus gleichbed. *fr.* barioler⟩: (veraltet) bunt bemalen

ba|risch ⟨zu *gr.* barýs „schwer"⟩: den Luftdruck betreffend; vgl. ¹Bar

Ba|ri|ton *der; -s, -e* ⟨aus gleichbed. *it.* baritono, dies zu *gr.* barýtonos „stark tönend"⟩: a) Männerstimme in der mittleren Lage zwischen Baß u. Tenor; b) solistische Baritonpartie in einem Musikstück; c) Sänger mit Baritonstimme. **ba|ri|to|nal** ⟨zu ↑...al (1)⟩: in der Art, Klangfarbe des Baritons. **Ba|ri|to|nist** *der; -en, -en* ⟨zu ↑ ...ist⟩: Baritonsänger

Ba|ritt|dio|de ['bæ...] *die; -, -n* ⟨Kurzw. aus *engl.* barrier injection *t*ransit *t*ime „Laufzeit durch injizierte Sperrschicht" u. ↑Diode⟩: ↑Diode, bei der der Laufzeiteffekt der Elektronen genutzt wird

Ba|ri|um *das; -s* ⟨zu *gr.* barýs „schwer" u. ↑...ium⟩: chem. Element, Metall; Zeichen Ba. **Ba|ri|um|sul|fat** *das; -[e]s*: schwefelsaures Barium

Bark *die; -, -en* ⟨aus gleichbed. *engl.* bzw. *niederl.* bark, dies über *fr.* barque aus *lat.* barca, *gr.* bãris, *kopt.* barī „Nachen, Floß"⟩: Segelschiff mit zwei größeren und einem kleineren Mast. **Bar|ka|ne**, Barkone *die; -, -n* ⟨aus *it.* barcone, Vergrößerungsform von barca „Boot"⟩: Fischereifahrzeug im Mittelmeer. **¹Bar|ka|ro|le**, Barkerole *die; -, -n* ⟨aus *it.* barcarola „Gondellied" zu barca „Boot"⟩: a) Gondellied im ⅝- od. ¹²⁄₈-Takt; b) gondelliedähnliches Instrumentalstück; c) früher auf dem Mittelmeer verwendetes Ruderboot. **²Bar|ka|ro|le**, Barkerole *der; -n, -n* ⟨zu ↑ ¹Barkarole⟩: Schiffer auf einer ¹Barkarole (c). **Bar|kas|se** *die; -, -n* ⟨aus *niederl.* barkas, dies aus *span.* barcaza „große Barke"; vgl. Bark⟩: 1. größtes Beiboot auf Kriegsschiffen. 2. größeres Motorboot. **Bar|ke** *die; -, -n* ⟨aus *mittelniederl.* barke, *fr.* barque; vgl. Bark⟩: kleines Boot ohne Mast; Fischerboot, Nachen

Bar|kee|per [...ki:pɐ] *der; -s, -* ⟨aus *engl.* barkeeper „Barbesitzer"; vgl. ²Bar⟩: 1. Inhaber einer ²Bar. 2. jmd., der in einer ²Bar [alkoholische] Getränke, bes. Cocktails, mixt u. ausschenkt

Bar|ke|ro|le vgl. Barkarole. **Bar|ket|te** *die; -, -n* ⟨aus gleichbed. *fr.* barquette, Verkleinerungsform von barque, vgl. Bark⟩: kleines Ruderboot. **Bar|ko|ne** vgl. Barkane

Bar|long [auch ...lõ:] *der; -s, -s* ⟨aus gleichbed. *fr.* barlong(ue) ungleichmäßig viereckig, ungleich lang"⟩: (veraltet) ungleichmäßig viereckige [geometrische] Figur, bes. ↑Trapez (1)

Bar|mi|xer *der; -s, -* ⟨zu ↑²Bar⟩: jmd., der in einer ²Bar Getränke, Cocktails mixt

¹Bar-Miz|wa *der; -s, -s* ⟨aus *hebr.* bar-mizbāḥ „Sohn der Verpflichtung"⟩: jüdischer Junge, der das 13. Lebensjahr vollendet hat. **²Bar-Miz|wa** *die; -, -s* ⟨zu ↑ ¹Bar-Mizwa⟩: Akt der Einführung des jüdischen Jungen in die jüdische Glaubensgemeinschaft

Barn *das; -s, -s* ⟨aus gleichbed. *engl.* barn⟩: Maßeinheit für die [angenäherte] Querschnittsfläche eines Atomkerns (Zeichen b; 1 b = 10^{-28} m²)

Bar|na|bit *der; -en, -en* ⟨nach dem Kloster S. Barnaba in Mailand u. zu ↑²...it⟩: Angehöriger eines kath. Männerordens

ba|ro..., **Baro...** ⟨zu *gr.* báros „Schwere, Gewicht"⟩: Wortbildungselement mit der Bedeutung „Schwere, Luftdruck", z. B. baroklin, Barometer

ba|rock ⟨aus gleichbed. *fr.* baroque, eigtl. „sonderbar, seltsam", dies unter Einfluß von *it.* barocco „die Barockkunst betreffend; schwülstig" aus *port.* barroco „sonderbar, unregelmäßig"⟩: 1. zum Barock gehörend, im Stil des Barocks. 2. a) verschnörkelt, überladen; b) seltsam-grotesk, eigenartig. **Ba|rock** *das od. der; -[s]*: a) Kunststil von etwa 1600 bis 1750 in Europa, charakterisiert durch Formenreichtum u. üppige Verzierungen; b) Barockzeitalter. **ba|rockal¹** ⟨zu ↑¹...al (1)⟩: dem Barock entsprechend. **Ba|rok|ke|rie¹** *die; -, ...ien* ⟨zu ↑²...ie⟩: (veraltet) sonderbares, seltsames u. lächerliches Wesen. **ba|rock|sie|ren¹** ⟨zu ↑...isieren⟩: den Barockstil nachahmen. **Ba|rock|per|le** *die; -, -n*: unregelmäßig geformte Perle. **Ba|rock|rock** *der; -[s]* ⟨aus *engl.* Barock rock, vgl. ²Rock⟩: Stilbereich der Rockmusik seit Ende der 60er Jahre, in dem Gestaltungsprinzipien der sogenannten klassischen Musik (vor allem der Barockmusik) mit Klangvorstellungen des ↑²Rocks gekoppelt wurden. Rockversionen klassischer Konzertwerke entstanden. **Ba|rock|stil** *der; -[e]s* ⟨zu ↑barock⟩: svw. Barock (a)

Ba|ro|gramm *das; -s, -e* ⟨zu ↑baro... ↑...gramm⟩: Aufzeichnung des Barographen. **Ba|ro|graph** *der; -en, -en* ⟨zu ↑...graph⟩: selbstaufzeichnender Luftdruckmesser, Luftdruckschreiber (Meteor.). **ba|ro|klin** ⟨zu *gr.* klínein „(sich) neigen"⟩: Bez. für jede Schichtung der Atmosphäre, in der die ↑isobaren Flächen gleichen Drucks gegen die Flächen gleicher Temperatur bzw. gleicher Dichte geneigt sind (Meteor.); Ggs. ↑barotrop. **Ba|ro|me|ter** *das,* österr. u.

schweiz. auch *der;* -s, - ⟨zu ↑¹...meter⟩: Luftdruckmesser (Meteor.). **Ba|ro|me|trie** *die;* - ⟨zu ↑...metrie⟩: Luftdruckmessung. **ba|ro|me|trisch** ⟨zu ↑...metrisch⟩: die Luftdruckmessung betreffend. **Ba|ro|me|tro|graph** *der;* -en, -en ⟨zu ↑...graph⟩: svw. Barograph

Ba|ron *der;* -s, -e ⟨aus gleichbed. *fr.* baron, dies aus *altfränk.* baro „Lehnsmann, streitbarer Mann"⟩: Freiherr. **Ba|ro|nat** *das;* -[e]s, -e ⟨zu ↑...at (1)⟩: 1. Besitz eines Barons. 2. Freiherrenwürde. **Ba|ro|neß** *die;* -, ...essen u. **Ba|ro|nes|se** *die;* -, -n ⟨aus älter *fr.* baronesse⟩: Freifräulein, Freiin. **Ba|ro|net** ['barɔnɛt, 'bɛrɔnɛt, engl. 'bærənɪt] *der;* -s, -s ⟨aus gleichbed. *engl.* baronet⟩: bei der männlichen Linie erblicher englischer Adelstitel (die Baronets stehen innerhalb des niederen Adels an erster Stelle). **Ba|ro|nie** *die;* -, ...ien ⟨aus gleichbed. *frz.* baronie⟩: 1. Besitz eines Barons. 2. Freiherrenwürde. **Ba|ro|nin** *die;* -, -nen: Freifrau. **ba|ro|ni|sie|ren** ⟨zu ↑...isieren⟩: in den Freiherrenstand erheben

Ba|ro|re|zep|tor *der;* -s, ...oren (meist Plur.) ⟨zu ↑baro... u. ↑Rezeptor⟩: ↑Ganglienzelle, die auf Druckschwankungen z. B. mit Engstellung von Blutgefäßen antwortet (Med.). **ba|ro|sen|si|bel**: auf Druckschwankungen empfindlich reagierend. **Ba|ro|skop** *das;* -s, -e ⟨zu ↑...skop⟩: (veraltet) svw. Barometer. **Ba|ro|stat** *der;* Gen. -[e]s od. -en, Plur. -e[n] ⟨zu ↑...stat⟩: Druckregler, Gerät zur Erzeugung eines konstanten Drucks. **Ba|ro|ther|mo|graph** *der;* -en, -en: Verbindung von ↑Barograph u. ↑Thermograph zur Aufzeichnung von Kurven des atmosphärischen Zustands (Meteor.) **Ba|ro|trau|ma** *das;* -s, Plur. ...men od. -ta: Gesundheitsstörung durch Druckschwankungen, z. B. beim Tauchen od. Fliegen (Med.). **ba|ro|trop** ⟨zu ↑...trop⟩: Bez. für jede Schichtung der Atmosphäre, in der die ↑isobaren Flächen gleichen Drucks zu denen gleicher Temperatur bzw. gleicher Dichte parallel verlaufen (Meteor.); Ggs. ↑baroklin

¹**Bar|ra** vgl. ¹Para (1)

²**Bar|ra** *das;* -s ⟨aus *span.* barra „(Eisen)stange"⟩: altes span. Spiel, bei dem mit einer Eisenstange nach einem Ziel geworfen wurde

Bar|ra|ge [...ʒə] *die;* -, -n ⟨aus *fr.* barrage „Absperrung" zu barre „Stange, Stab"⟩: (veraltet) 1. Abdämmung, Sperrung. 2. Schlagbaum. 3. Bodenquerhölzer zur festen Verwahrung von Fässern

Bar|ra|ku|da *der;* -s, -s ⟨aus gleichbed. *span.* barracuda⟩: Pfeilhecht (ein Seefisch)

Bar|ran|co [...ko] *der;* -, -s ⟨aus gleichbed. *span.* barranco „Schlucht"⟩: eine in der Wand eines Vulkankraters verlaufende Erosionsrinne (Geol.)

Bar|ran|da *die;* -, -s ⟨zu *span.* barra „Stange; Schranke"⟩: Absperrschranke bei Stierkämpfen

Bar|ras *der;* - ⟨Herkunft ungeklärt⟩: (Soldatenspr.) Militär, Militärdienst

Bar|ré [ba're:] *das;* -s, -s ⟨zu *fr.* barré, Part. Perf. von barrer „verriegeln, verschließen", dies zu barre „Stange, Stab"⟩: Quergriff eines Fingers über mehrere Saiten beim Lauten- u. Gitarrenspiel. **Bar|reau** [ba'ro:] *das;* -s, -s ⟨aus *fr.* barreau „Gitterstab"⟩: Advokatenkammer (in Frankreich)

Bar|rel ['bɛrəl, engl. 'bærəl] *das;* -s, -s ⟨aus *engl.* barrel „Faß, Tonne", eigtl. „Holzgefäß", dies aus *altfr.* baril „Fäßchen"⟩: engl. Hohlmaß; Faß, Tonne. **Bar|rel|house-Stil** [...haʊs...] *der;* -[e]s ⟨aus gleichbed. *amerik.* barrel-house-styl zu *engl.* barrel house „Kneipe, Bierhaus"⟩: einfache Klavierspielweise, die in den Kneipen der Südstaaten der USA entwickelt wurde u. als Vorläufer des ↑Boogie-Woogie gilt

Bar|rême [ba'rɛ:m] *das;* -[s] ⟨nach der provenzal. Ortschaft Barrême⟩: Stufe der Unteren Kreide (Geol.)

Bar|re|ment [...'mã:] *das;* -s, -s ⟨aus gleichbed. *fr.* barrement zu barrer, vgl. barrieren⟩: (veraltet) Absperrung

Bar|ret|ter *der;* -s, - ⟨aus gleichbed. *engl.* barretter, dies zu *altfr.* barreter „absperren, behindern"⟩: 1. ein von der Temperatur abhängender elektrischer Widerstand. 2. svw. Barretteranordnung. **Bar|ret|ter|an|ord|nung** *die;* -, -en: auf dem Prinzip des ↑Bolometers beruhende Brückenschaltung zur Messung kleiner Wechselströme

Bar|ria|da *die;* -, -s ⟨aus *span.* barriada „Stadtviertel"⟩: Elendsviertel [in großen Städten Perus u. der nördlichen Andenländer]; vgl. Favela

Bar|rie|re *die;* -, -n ⟨aus *fr.* barrière „Schranke" zu barre „Stange"; vgl. ²Bar⟩: etwas, was sich trennend, hindernd zwischen Dingen od. Personen befindet; Schranke, Schlagbaum, Sperre. **bar|rie|ren** ⟨aus gleichbed. *fr.* barrer⟩: (veraltet) [ab]sperren, verriegeln. **Bar|ri|ka|de** *die;* -, -n ⟨aus *fr.* barricade zu barrique „Faß" (Barrikaden wurden oft aus Fässern errichtet)⟩: Straßensperre zur Verteidigung, bes. bei Straßenkämpfen. **bar|ri|ka|die|ren** ⟨zu ↑...ieren⟩: (selten) verbarrikadieren. **Bar|ring** *die;* -, -s ⟨aus gleichbed. *niederl.* barring zu *fr.* barre „Stange, Stab"⟩: Gerüst auf Schiffen zwischen Fock- u. Großmast zur Aufstellung größerer Boote

Bar|rique [ba'rik] *die;* -, -s (aber: 5 -) ⟨aus gleichbed. *fr.* barrique⟩: früheres franz. Weinmaß unterschiedlicher Größe

Bar|ri|ster ['bɛ..., engl. 'bæ...] *der;* -s, - ⟨aus gleichbed. *engl.* barrister zu *fr.* barre „Stange, Schranke"⟩: Rechtsanwalt bei den engl. Obergerichten

Bar|ri|tus vgl. Barditus

Bar|schtschi|na *die;* - ⟨aus gleichbed. *russ.* barščina⟩: Fronarbeit der Leibeigenen im zaristischen Rußland

Bar|soi [bar'zɔy] *der;* -s, -s ⟨aus gleichbed. *russ.* borzoj, eigtl. „der Schnelle, Rasche"⟩: russischer Windhund

Bar|sor|ti|ment *das;* -[e]s, -e ⟨zu ↑Sortiment⟩: Buchhandelsbetrieb, der zwischen Verlag u. Einzelbuchhandel vermittelt

Bar|ter|ge|schäft *das;* -[e]s, -e ⟨zu *engl.* barter „Tausch(handel)"⟩: Tausch- od. Handelsgeschäft, bei dem Waren gegen Waren ausgetauscht werden

Bar|tho|li|ni|tis *die;* -, ...itiden ⟨nach dem dän. Anatomen C. Bartholin (1655–1738) u. zu ↑...itis⟩: Entzündung der Bartholin-Drüsen [beiderseits des Scheideneingangs der Frau] (Med.)

Bar|ton ['bɑ:tn] *das;* -s ⟨nach der südengl. Stadt Barton⟩: obere Stufe des ↑Eozäns (Geol.)

Bar|to|nel|lo|se *die;* -, -n ⟨nach dem Erreger Bartonella (dies nach dem amerik. Naturforscher B. S. Barton, 1768–1815) u. zu ↑¹...ose⟩: eine Blutkrankheit

Ba|rut|sche u. Birutsche *die;* -, -n ⟨aus gleichbed. *it.* baroccio, dies über *fr.* birouche aus *lat.* birotus „zweirädrig"⟩: (veraltet) zweirädrige Kutsche, zweirädriger Wagen

ba|ry..., Ba|ry... ⟨aus gleichbed. *gr.* bary- zu barýs „schwer"⟩: Wortbildungselement mit der Bedeutung „schwer; tief", z. B. baryzentrisch, Barysphäre. **Ba|ry|aku|sie** *die;* - ⟨zu *gr.* ákousis „das Hören" u. ↑²...ie⟩: (veraltet) Schwerhörigkeit. **Ba|rye** [ba'ri] *das;* -s, -s ⟨aus gleichbed. *fr.* barye⟩: eine in Frankreich übliche Einheit des [Luft]drucks. **Ba|ry|glos|sie** *die;* - ⟨zu ↑bary..., *gr.* glõssa „Sprache" u. ↑²...ie⟩: (veraltet) erschwertes Sprechen. **Ba|ry|la|lie** *die;* - ⟨zu *gr.* laliá „Gerede"⟩: (veraltet) svw. Baryglossie. **Ba|ry|lith** [auch ......'lɪt] *der;* Gen. -s od. -en, Plur. -e[n] ⟨zu ↑...lith⟩: ein farbloses, blättriges Mineral. **Ba|ry|me|trik** *die;* -: Errechnung von Viehgewichten aus dem Vo-

lumen des Rumpfes (Landwirtsch.). **Ba|ry|mor|pho|se** *die;* -, -n: Veränderung pflanzlicher Organe u. Gewebe durch Einfluß der Schwerkraft
Ba|ryn|ja *die;* - ⟨aus gleichbed. *russ.* barynja⟩: russ. Volkstanz
Ba|ry|ody|nie *die;* - ⟨zu ↑bary... u. ↑...odynie⟩: (veraltet) heftiger Schmerz. **ba|ry|ody|nisch**: (veraltet) heftig schmerzend. **Ba|ry|on** *das;* -s, ...onen ⟨zu ↑⁴...on⟩: Elementarteilchen, dessen Masse mindestens so groß ist wie die eines Protons (Phys.); vgl. Lepton, Meson, Tachyon.
Ba|ry|pho|nie *die;* - ⟨zu ↑...phonie⟩: (veraltet) 1. erschwertes Sprechen. 2. tiefe Stimme, Baß (1 a). **ba|ry|po|disch** ⟨zu *gr.* poús, Gen. podós „Fuß"⟩: (veraltet) schwerfällig gehend. **Ba|ry|si|li|kat** *der;* -s, -e: ein weißes, tafeliges Mineral. **Ba|ry|so|ma|tie** *die;* - ⟨zu *gr.* sõma, Gen. sõmatos „Körper" u. ↑²...ie⟩: (veraltet) Schwerfälligkeit des Körpers [infolge ↑Korpulenz]. **Ba|ry|sphä|re** *die;* -: innerster Teil der Erde, Erdkern. **Ba|ryt** [auch ba'ryt] *der;* -[e]s, -e ⟨zu *gr.* barýs, Gen. bárytos „schwer"⟩: Schwerspat, Bariumsulfat. **Ba|ry|ta|ge** [...ʒə] *die;* -, -n ⟨aus gleichbed. *fr.* barytage⟩: Auftragen einer Barytschicht auf [das fotografische Roh]papier. **Ba|ry|thy|mie** *die;* - ⟨aus *gr.* barythymía „Mißmut"⟩: Melancholie (Med.). **ba|ry|tie|ren** ⟨zu ↑Baryt u. ↑...ieren⟩: [fotografisches Roh]papier mit einer Barytschicht versehen. **Ba|ry|ton** *das;* -s, -e ⟨aus gleichbed. *fr.* baryton zu *gr.* barýtonos „stark tönend"; vgl. Bariton⟩: tiefgestimmtes Streichinstrument des 18. Jh.s in der Art der ↑Viola d'amore. **Ba|ry|to|ne|se** *die;* -, -n ⟨aus *gr.* barytónēsis „das Setzen des Gravis"⟩: Verschiebung des Akzents vom Wortende weg (z. B. *lat.* Themístocles gegenüber *gr.* Themistokles). **Ba|ry|to|non** *das;* -s, ...na ⟨aus *gr.* barytónon „das stark Tönende"⟩: Wort mit unbetonter letzter Silbe (Sprachw.). **Ba|ry|to|se** *die;* -, -n ⟨zu ↑Baryt u. ↑¹...ose⟩: durch Schwerspat hervorgerufene Staublungenerkrankung (Med.). **Ba|ryt|weiß** *das;* -[es]: aus Bariumsulfat hergestellte Malerfarbe. **ba|ry|zen|trisch**: auf das Baryzentrum bezüglich. **Ba|ry|zen|trum** *das;* -s, ...tren: Schwerpunkt (Phys.).
Bar|zel|let|ta *die;* -, Plur. ...tten u. -s ⟨aus *it.* barzelletta „Witz" zu barzelletare „scherzen, spaßen"⟩: volkstüml. nordital. Tanzlied (im 15. u 16. Jh. auch als literarisch-musikalische Gattung)
ba|sal ⟨aus gleichbed. *nlat.* basalis zu *lat.* basis aus *gr.* básis „Sockel, Grundlage", vgl. Basis⟩: a) die Basis bildend; b) auf, an der Basis, Grundfläche (z. B. eines Organs) befindlich. **Ba|sal** *das;* -s: (veraltet) unterste Schicht einer geologischen Schichtenfolge. **Ba|sa|li|om** *das;* -s, -e ⟨zu ↑...om⟩: ein [meist lange Zeit gutartiges] Hautgewächs, Basalzellenkrebs (Med.)
Ba|salt *der;* -s, -e ⟨aus *lat.* basaltes, einer fehlerhaften Schreibung für *lat.* basanites (aus *gr.* basanítēs) „(harter) Probierstein"⟩: dunkles Ergußgestein (bes. im Straßen- und Molenbau verwendet)
Ba|sal|tem|pe|ra|tur *die;* -, -en ⟨zu ↑basal u. ↑Temperatur⟩: Ausgangstemperatur, bes. die morgens bei der Frau zur Beobachtung des ↑Zyklus (3) gemessene Körpertemperatur
ba|sal|ten, ba|sal|tig, ba|sal|tisch ⟨zu ↑Basalt⟩: aus Basalt bestehend. **Ba|sal|tit** [auch ...'tɪt] *der;* -s, -e ⟨zu ↑²...it⟩: ein basaltähnliches Mineral
Bas|ämie *die;* -, ...jen ⟨zu ↑¹Base u. ↑...ämie⟩: Überschuß ↑basisch reagierender Stoffe im Blut (Med.)
Ba|sa|ne *die;* -, -n ⟨über *fr.* basane aus *provenzal.* bazana „(Futter)stoff, Verkleidung", dies über *span.* badana aus gleichbed. *arab.* biṭānā⟩: für Bucheinbände verwendetes Schafleder. **ba|sa|nie|ren** ⟨aus *fr.* basaner „schwarzbraun färben; bräunen"⟩: 1. mit Schafleder einbinden. 2. dunkelbraun färben

Ba|sa|nit [auch ...'nɪt] *der;* -s, -e ⟨zu *lat.* basanites (vgl. Basalt) u. ↑²...it⟩: Alkalibasalt mit Einsprenglingen von ↑Plagioklas, ↑Leuzit, ↑Pyroxen u. ↑Olivin (Geol.)
Ba|sar u. **Bazar** [ba'zaːɐ̯] *der;* -s, -e ⟨über gleichbed. *fr.* bazar aus *pers.* bāzār „Markt"⟩: 1. Händlerviertel in oriental. Städten. 2. Warenverkauf zu Wohltätigkeitszwecken. 3. (regional) a) Verkaufsstätte; b) Ladenstraße
Bas-bleu [bɑ'blø:] *der;* -s, -s ⟨aus *fr.* bas bleu „Blaustrumpf"⟩: veraltete Bez. für eine gelehrte, schriftstellernde Dame
Basch u. **Ba|schi** *der;* -s, -s ⟨aus *türk.* başi, eigtl. „Kopf"⟩: der Oberste, Befehlshaber (meist in Zusammensetzungen, z. B. Baschibosuks). **Ba|schi|bo|suks** (Plur.) ⟨aus *türk.* başi bozuk, eigtl. „Tollkopf"⟩: im Osmanischen Reich berittene Freischärlertruppen, deren Raubgier u. Wildheit berüchtigt waren. **Basch|lik** *der;* -s, -s ⟨aus *türk.* başlık „Kopfbedeckung"⟩: kaukasische Wollkapuze
Basch|mak|lik u. **Basch|ma|lik** *der;* -s, -s ⟨zu *türk.* başmak „Schuh, Sandale"⟩: (früher) der Sultanin zufließende Abgaben, sogenanntes Pantoffelgeld
Basch|tar|de *die;* -, -n ⟨aus *türk.* bastarda „Galeere"⟩: (früher) großes Ruderboot des Sultans od. des Großadmirals der türk. Flotte
Bas|cule|sy|stem [...'ky:l...] *das;* -s ⟨zu *fr.* bascule „Schaukel" u. ↑System⟩: (veraltet) unentschiedenes Hin- u. Herschwanken, bes. in der Staatsverwaltung
Bas-de-casse [bad'kas] *der;* -s [bad'kas], -s [bad'kas] ⟨aus gleichbed. *fr.* bas-de-casse zu bas „niedrig, tief" u. casse „Satz, Schriftkasten"⟩: (veraltet) unterer Teil des Setzkastens (Druckw.)
¹Ba|se *die;* -, -n ⟨über *lat.* basis aus *gr.* básis „Grundlage", vgl. Basis⟩: Metallhydroxyd; Verbindung, die mit Säuren Salze bildet. **²Base** [beːs, engl. beɪs] *das;* -, -s ['beːzɪs, engl. 'beɪzɪz] ⟨aus gleichbed. *engl.* base, dies aus *fr.* base, „Grundlage, -linie"; vgl. Basis⟩: Eckpunkt des Malquadrats (einer markierten Stelle) im Spielfeld des Baseballspiels. **³Base** [beːs, engl. beɪs] *die;* -, -s ['beːzɪs, engl. 'beɪzɪz] ⟨aus gleichbed. *engl.* base, dies aus *lat.* basis, vgl. ¹Base⟩: svw. Basis (2). **Base|ball** ['beɪsbɔːl] *der;* -s ⟨aus gleichbed. *engl.-amerik.* baseball zu ↑²Base u. *engl.* ball „Ball"⟩: 1. (ohne Plur.) amerik. Schlagballspiel. 2. beim Baseballspiel verwendeter Ball. **Base|bal|ler** [...bɔːlɐ] *der;* -s, -: Baseballspieler
Ba|se|do|wo|id *das;* -[e]s, -e ⟨nach dem dt. Arzt K. v. Basedow, 1799–1854) u. zu ↑...id⟩: der Basedowschen Krankheit (einer auf gesteigerter Schilddrüsenfunktion beruhenden Krankheit) ähnliche Erkrankung
Ba|sei|tät [bazeɪ...] *die;* - ⟨zu ↑Basis u. ↑...ität⟩: svw. Basizität (2)
Ba|sel|ge|wächs|e *die* (Plur.) ⟨zu *fr.* baselle „tropische Nahrungspflanze"⟩: mit den ↑Portulakgewächsen verwandte, tropische, bes. in den Anden verbreitete Pflanzenfamilie
Base|man ['beɪsmæn] *der;* -s, ...men [...mən] ⟨aus gleichbed. *engl.* baseman zu ↑²Base u. man „Mensch, Mann"⟩: Spieler der Fängerpartei, der ein ↑²Base bewacht (Baseball). **Base|ment** ['beɪs...] *das;* -s, -s ⟨aus gleichbed. *engl.* basement⟩: Tiefparterre, Souterrain. **Base|ment|store** [...stoːɐ̯] *der;* -s, -s ⟨zu *engl.* store „Laden"⟩: Ladengeschäft od. Kaufhausabteilung im Tiefparterre. **Ba|sen** ['baː...]: Plur. von ↑¹Base u. ↑Basis. **Ba|seo|lo|gie** *die;* - ⟨zu ↑Basis u. ↑...logie, eigtl. „Grundlehre"⟩: (veraltet) Lehre von den

chem. Grundlagen der Körper. **ba|si|al** ⟨zu ↑Basis u. ↑¹...al (1)⟩: ältere Form von ↑basal
BASIC ['beɪsɪk] *das;* -[s] ⟨Kurzw. aus *engl.* beginner's *a*ll purpose *s*ymbolic *i*nstruction *c*ode „symbolischer Universalbefehlscode für Anfänger"⟩: eine einfache Programmiersprache (EDV)
Ba|sic Eng||lish ['beɪsɪk 'ɪŋglɪʃ] *das;* - - ⟨aus gleichbed. *engl.* basic English, eigtl. „Grundenglisch"⟩: vereinfachte Form des Englischen mit einem Grundwortschatz von 850 Wörtern u. wenig Sprachlehre (von dem engl. Psychologen C. K. Ogden zur besseren Verbreitung des Englischen geschaffen). **Ba|si|die** [ba'zi:dja] *die;* -, -n ⟨aus *nlat.* basidia, Verkleinerungsbildung zu *lat.* basis „Grundlage", vgl. Basis⟩: Sporenträger bestimmter Pilze, auf dem sich bis zu vier Sporen abgliedern (Bot.). **Ba|si|dio|spo|re** *die;* -, -n (meist Plur.): an einer Basidie befindliche Spore. **ba|sie|ren** ⟨aus gleichbed. *fr.* baser zu base, vgl. Basis⟩: 1. auf etwas beruhen, fußen; sich auf etwas gründen, stützen, z. B. der Roman basiert auf einer wahren Begebenheit. 2. etwas auf etwas aufbauen, z. B. Argumente auf bestimmten Tatsachen -. **ba|si|klin** ⟨zu ↑¹Base u. *gr.* klínein „sich neigen"⟩: häufiger auf alkalischem als auf saurem Boden vorkommend (von Pflanzenarten u. -gesellschaften)
Ba|sil *das;* -s, -s ⟨aus gleichbed. *engl.* basil zu *fr.* basane, vgl. Basane⟩: halbgares (halbgegerbtes) austr. u. ind. Schafleder
Ba|sil||agog *der;* -en, -en ⟨zu *gr.* basileús „König" u. agōgós „Führer"⟩: (veraltet) ränkesüchtiger, falscher Günstling u. Ratgeber eines Fürsten
ba|si||ar ⟨aus *nlat.* basilaris „die Grundlage, Basis betreffend"⟩: svw. basal. **Ba|si||ar|mem bran** vgl. Basalmembran. **Ba|si||ar|me|nin|gi|tis** *die;* -, ...tiden: tuberkulöse Hirnhautentzündung, die sich hauptsächlich an der Hirnbasis ausbreitet (Med.)
Ba|si|leo|la|trie *die;* -, ...trien ⟨zu *gr.* basileús „König" u. latreía „Dienst, Verehrung"⟩: (veraltet) Königsanbetung
Ba|si||lia|ner *der;* -s, - ⟨nach dem griech. Kirchenlehrer Basilius dem Großen (330–379) u. zu ↑...aner⟩: Mönch der griech.-orthodoxen od. griech.-unierten Kirche, der nach der Regel des hl. Basilius lebt
ba|si||lie [...jə] *die;* -, -n u. **Ba|si||li|en|kraut** [...jən...] *das;* -s, ...kräuter ⟨über *(m)lat.* basilia aus *gr.* basíleia „Königin"⟩: (selten) svw. Basilikum. **Ba|si||li|ka** *die;* -, -en ⟨über spät*lat.* basilica „Gerichtshalle, Hauptkirche" aus *gr.* basilikḗ, eigtl. „Königshalle"⟩: 1. altröm. Markt- u. Gerichtshalle. 2. [altchristl.] Kirchenbauform mit überhöhtem Mittelschiff. **ba|si||li|kal** ⟨zu ↑¹...al (1)⟩: in der Form einer Basilika. **Ba|si||li|ken** *die* (Plur.) ⟨zu *gr.* basilikḗ „Regierungskunst"⟩: königliche Rechtsversammlung, ein Gesetzbuch des griech. Kaiserreiches (886–911). **Ba|si||li|kum** *das;* -s, Plur. -s u. ...ken ⟨zu *lat.* basilicus, *gr.* basilikós „königlich" u. ↑...ikum⟩: Gewürz- u. Heilpflanze aus Südasien. **Ba|si|lisk** *der;* -en, -en ⟨über gleichbed. *lat.* basiliscus aus *gr.* basilískos, eigtl. „kleiner König"⟩: 1. Fabeltier mit todbringendem Blick. 2. tropische Eidechse, mittelamerik. Leguanart. **Ba|si||lis|ken|blick** *der;* -s, -e: böser, stechender Blick
Ba|si||li|us||li|tur|gie *die;* - ⟨nach dem griech. Kirchenlehrer Basilius dem Großen (330–379) u. zu ↑Liturgie⟩: eine der beiden Grundformen der Liturgie in der Ostkirche
Ba|si|lo|sau|ri|er [...iɐ] *der;* -s, - u. **Ba|si|lo|sau|rus** *der;* -, ...rier [...iɐ] ⟨zu *gr.* basileús „König" u. ↑Saurier⟩: ausgestorbener echter Wal aus dem Miozän
Ba|si|ment *das;* -s, -e ⟨aus *it.* basamento „Fundament" zu base „Grundlage", dies aus *lat.* basis, vgl. Basis⟩: (veraltet) Grundmauer, Untergeschoß, Säulenfuß, Fußgestell

Ba|sin [ba'zɛ̃:] *der;* -s ⟨aus gleichbed. *fr.* basin⟩: feiner, geköperter Barchent
Ba|si|on *das;* -s ⟨zu ↑Basis u. ↑¹...on⟩: Meßpunkt am Schädel, vorderster Punkt des Hinterhauptloches. **ba|si|pe|tal** ⟨zu *lat.* petere „nach etwas streben", eigtl. „abwärts strebend"⟩: absteigend (von den Verzweigungen einer Pflanze; der jüngste Sproß ist unten, der älteste oben; Bot.); Ggs ↑akropetal. **ba|si|phil** ⟨zu ↑...phil⟩: fast ausschließlich auf alkalischem (kalkreichem) Boden vorkommend (von Pflanzenarten u. -gesellschaften). **Ba|si|po|di|um** *das;* -s, ...dien [...jən]: Fußansatz (Anat.). **Ba|sis** *die;* -, ...sen ⟨über *lat.* basis aus *gr.* básis „Sockel, Grundmauer; Grundlage", eigtl. „Gegenstand, worauf etwas stehen kann; Tritt", zu baínein „gehen, treten"⟩: 1. Grundlage, auf der man aufbauen, auf die man sich stützen kann; Ausgangspunkt. 2. militärischer Stützpunkt [in fremdem Hoheitsgebiet] (z. B. Flottenbasis, Raketenbasis). 3. a) die ökonomische Struktur der Gesellschaft als Grundlage menschlicher Existenz (Marxismus); b) die breiten Volksmassen als Ziel politischer Aktivität. 4. a) Grundlinie einer geometrischen Figur; b) Grundfläche eines Körpers; c) Grundzahl einer Potenz od. eines Logarithmus (Math.). **ba|sisch**: sich wie eine ↑¹Base verhaltend; -e G e s t e i n e : kieselsäurearme Gesteine; -e R e a k t i o n : svw. alkalische Reaktion. **Ba|sis|de|mo|kra|tie** *die;* -, -n: demokratisches System, bei dem die Basis (3 b) selbst aktiv ist u. entscheidet. **ba|sis|de|mo|kra|tisch**: a) Basisdemokratie ausübend; b) auf der Grundlage der Basisdemokratie zustande gekommen. **Ba|sis|di|stanz** *die;* -, -en: die ↑horizontale u. ↑vertikale Entfernung von der ↑Erosionsbasis (Geol.). **Ba|sis|elek|tro|de** *die;* -, -n: ↑Elektrode, über die der Kollektorstrom in einem Transistor gesteuert werden kann. **Ba|sis|frak|tur** *die;* -, -en: Bruch der Schädelbasis (Med.). **Ba|sis|grup|pe** *die;* -, -n: politisch aktiver Arbeitskreis, bes. von Studenten, der auf einem bestimmten [Fach]gebiet progressive Ideen durchzusetzen versucht. **Ba|sis|im|mu|ni|tät** *die;* -: Fähigkeit des Körpers, auf antigene Reize mit Anstieg der Antikörperproduktion zu reagieren (Med.). **Ba|sis|in|no|va|ti|on** *die;* -, -en: grundlegende Neuerung (EDV). **Ba|sis|kurs** *der;* -es, -e: (im Prämiengeschäft) Tageskurs eines Wertpapiers (Börsenw.). **Ba|sis|nar|ko|se** *die;* -, -n: durch Medikamente bewirkter Schlafzustand, der durch inhalierte ↑Narkotika zur gut steuerbaren Vollnarkose wird (Med.). **Ba|sis|pe|di|on** *das;* -s, ...ia: unsymmetrische Spiegelebene in Kristallen. **Ba|sis|pi|na|ko|id** [...koit] *das;* -s, -e: parallele Spiegelebene in Kristallen. **Ba|sis|re|li|ef** [...ljɛf] *das;* -s, Plur. -s od. -e ↑Relief auf den Seiten des Basisblocks einer Plastik. **Ba|sis|schal|tung** *die;* -, -en: elektron. Schaltung eines Transistors, bei der die Basis des Transistors gemeinsamer Bezugspunkt für das Eingangs- u. Ausgangssignal ist. **Ba|sis|sy|stem** *das;* -s, -e: System von linear unabhängigen Vektoren, aus dem sich jeder weitere Vektor darstellen läßt (Math.). **Ba|sis|the|ra|pie** *die;* -, ...ien [...i:ən]: Behandlung von ↑Rheumatismus mit langfristig wirksamen Medikamenten (z. B. Gold; Med.). **Ba|sis|vek|tor** *der;* -s, -en: Vektor eines ↑Basissystems (Math.). **Ba|sis|wort** *das;* -[e]s, ...wörter: Wort, das einem abgeleiteten Wort zugrunde liegt (z. B. *Mensch* in un*mensch*lich). **Ba|sis|zone** *die;* -: schmaler Bereich an den Übergängen eines ↑bipolaren Transistors. **Ba|sit** [auch ba'zɪt] *der;* -s, -e ⟨zu ↑²...it⟩: Sammelbez. für basische [kieselsäurearme] Eruptivgesteine (Geol.). **Ba|si|zi|tät** *die;* - ⟨zu ↑...izität⟩: Zahl der Wasserstoffatome im Molekül einer Säure, die bei Salzbildung durch Metall ersetzt werden können; danach ist eine Säure einbasisch, zweibasisch usw. 2. svw. Alkalität

Bas|ker|ville [...vɪl] *die;* - ⟨nach dem engl. Buchdrucker J. Baskerville (1706–1775)⟩: Antiqua- u. Kursivdruckschrift

Bas|ket|ball *der;* -s, ...bälle ⟨aus gleichbed. *engl.* basketball zu basket „Korb"⟩: 1. (auch *das;* ohne Plur., meist ohne Artikel) Korbballspiel. 2. beim Korbballspiel verwendeter Ball. **Bas|ket-Ma|ker-Kul|tur** [...meɪkə...] *die;* - ⟨zu *engl.* basket-maker „Korbflechter" u. ↑Kultur⟩: Vorstufe der ↑Anasazikultur mit Sammelwirtschaft, beginnendem Bewässerungsfeldbau, versenkten Hütten, geflochtenen Matten u. Gefäßen

Bas|ki|ne vgl. Basquine

Bas|kü|le *die;* -, -n ⟨aus *fr.* bascule „Schaukel, Wippe"⟩: 1. Treibriegelverschluß für Fenster u. Türen, der zugleich [seitlich] oben u. unten schließt. 2. nach oben gewölbte Hals- und Rückenlinie des Pferdes beim Sprung (Reitsport). **Bas|kü|le|ver|schluß** *der;* ...usses, ...üsse: svw. Basküle (1)

Ba|soche [ba'sɔʃ] *die;* -, -n [...ʃn] ⟨aus gleichbed. *fr.* basoche, dies zu *lat.* basilica „Gerichtsgebäude"⟩: Körperschaft der Parlamentsadvokaten von Paris im 16./17. Jh.

Ba|so|id *das;* -[e]s, -e ⟨zu ↑¹Base u. ↑³...id⟩: Stoff, der in Wasser ↑alkalisch reagiert (Chem.). **Ba|so|pha|lan|gie** *die;* -, ...gien ⟨zu ↑Basis, ↑Phalanx u. ↑²...ie⟩: Mißbildung der Finger od. Zehen durch Verkürzung od. Verlängerung der Grundglieder (Med.). **ba|so|phil** ⟨zu ↑...phil⟩: 1. mit basischen Farbstoffen färbbar (von Gewebeteilen; Med., Biol.). 2. zur basischen Reaktion neigend (Chem.). **Ba|so|phi|lie** *die;* - ⟨zu ↑...philie⟩: krankhafte Vermehrung ↑basophiler Blutkörperchen (Med.). **Ba|so|pho|bie** *die;* -, ...ien ⟨zu ↑...phobie⟩: krankhafte Angst zu gehen; Zwangsvorstellung, nicht gehen zu können (Med.). **Ba|so|zyt** *der;* -en, -en (meist Plur.) ⟨zu ↑...zyt⟩: ↑basophiles weißes Blutkörperchen (Med.). **Ba|so|zy|to|pe|nie** *die;* -, ...nien ⟨zu *gr.* penía „Armut, Mangel"⟩: abnorm geringer Gehalt des Blutes an Basozyten (Med.). **Ba|so|zy|to|se** *die;* -, -n ⟨zu ↑¹...ose⟩: abnorme Vermehrung der ↑Basozyten im Blut (Med.)

Bas|qui|ne [...'kiːnə] u. Bas**ki**ne *die;* -, -n ⟨aus gleichbed. *fr.* basquine, dies aus *span.* basquiña „baskischer Rock"⟩: nach unten spitz auslaufendes, steifes Oberteil der Frauentracht im 16./17. Jh. 2. reich verzierte, lose Frauenjacke um 1850

Bas|re|li|ef ['barɛliɛf] *das;* -s, Plur. -s u. -e ⟨aus gleichbed. *fr.* basrelief zu bas „niedrig": Flachrelief, flacherhabenes ↑Relief. **Baß** *der;* Basses, Bässe ⟨zu *it.* basso „tief", dies aus *spätlat.* bassus „dick; niedrig"⟩: 1. a) tiefe Männer[sing]stimme; b) (ohne Plur.) Gesamtheit der tiefen Männerstimmen in einem Chor. 2. (ohne Plur.) [solistische] Baßpartie in einem Musikstück. 3. Sänger mit Baßstimme. 4. Streichinstrument, ↑Kontrabaß

Bas|sa *der;* -s, -s: früher in Europa verwendete Form von ↑¹Pascha

Bas|sa dan|za *die;* -, - - ⟨aus *it.* bassa danza „tiefer Tanz" zu basso, vgl. Baß⟩: svw. Basse danse. **Bas|sa|nel|lo** *der;* -s, ...lli ⟨ital. Verkleinerungsbildung⟩: schalmeiähnliches Blasinstrument. **Baß|ba|ri|ton** *der;* -s, -e ⟨zu ↑Baß⟩: Sänger mit Baritonstimme in Baßtönung. **Baß|buf|fo** *der;* -s, Plur. -s u. ...ffi: Opernsänger mit einer Stimme, die sich besonders für komische Baßrollen eignet. **Basse danse** [baːsˈdãːs] *die;* - -, -s ⟨fr. baːsˈdãs⟩ ⟨aus *fr.* basse danse „tiefer Tanz"⟩: Schritttanz des 15. u. 16. Jh.s (in Spanien, Italien u. Frankreich). **Basse fon|da|men|tal|le** [...fõdamãˈtal] *die;* - - ⟨aus *fr.* basse fondamentale „Grundbaß"⟩: nach J.-P. Rameau (1683–1764) ↑fiktive Fundamentalstimme, die sich aus den Grundtönen der Harmonien ergibt u. nicht mit dem Generalbaß identisch ist

Basse|lisse ['baslɪs, basˈlɪs] *die;* -, ...lissen [...sən] ⟨aus gleichbed. *fr.* basse lisse⟩: gewirkter Bildteppich mit waagerecht geführter Kette; Ggs. ↑Hautelisse. **Basse|lisse-stuhl** *der;* -s, ...stühle: bes. zur Teppichherstellung verwendeter Flachwebstuhl mit waagerechter Kettenführung

Bas|se|na *die;* -, -s ⟨unter dem Einfluß von *fr.* bassin, *altfr.* bacin „Wasserbecken" aus *it.* bacino „Becken", das aus *vulgärlat.* *baccinum; vgl. Bassin⟩: (ostösterr.) Wasserbecken im Flur eines alten Wohnhauses, von dem mehrere Wohnparteien das Wasser holen

Bas|ses|se *die;* - ⟨aus gleichbed. *fr.* bassesse zu bas „niedrig"⟩: (veraltet) Niedrigkeit, Niederträchtigkeit, niedrige Gesinnung od. Handlungsweise

Bas|set [baˈseː, engl. ˈbæsɪt] *der;* -s, -s ⟨aus *fr.* basset, *engl.* basset „Dachshund" zu *fr.* basset „kurzbeinig"⟩: Hund einer kurzbeinigen Rasse mit kräftigem Körper u. Hängeohren

Basse|tail|le [basˈtaljə, fr. basˈtaj] *die;* -, -n ⟨aus *fr.* bassetaille „tiefer Tenor; erster Baß"⟩: svw. Bariton

Bas|se|tit [auch ...ˈtɪt] *der;* -s, -e ⟨nach den Bassett-Gruben im engl. Cornwall u. zu ↑²...it⟩: ein gelbes Uranmineral

Bas|sett *der;* -s, Plur. -e u. -s ⟨aus *it.* bassetto „kleiner Baß", Verkleinerungsform von basso, vgl. Baß⟩: (veraltet) Violoncello. **Bas|sette** [baˈsɛt] *der;* -[s] ⟨über *fr.* bassette aus gleichbed. *it.* bassetta, dies zu basso „tief, niedrig"; vgl. Baß⟩: heute selten gespieltes Glücksspiel mit franz. Karten. **Bas|sett|horn** *das;* -s, ...hörner ⟨zu ↑Bassett⟩: Altklarinette, Holzinstrument (seit dem 18. Jh. gebräuchlich).

Baß|gi|tar|re *die;* -, -n ⟨zu ↑Baß⟩: Gitarre in Baßtonlage

Bas|sia|fet|te *die* (Plur.) ⟨nach der ostind. Pflanzengattung Bassia, die nach dem ital. Botaniker F. Bassi (1714–1774) benannt ist⟩: aus den Samen der Bassia gewonnene u. zur Seifen- u. Kerzenherstellung verwendete Fette

Bas|sin [baˈsɛ̃ː] *das;* -s, -s ⟨aus *fr.* bassin „Wasserbecken (im Garten)", *altfr.* bacin, dies zu *vulgärlat.* *baccinum bzw. *gall.* bacca „Wassergefäß"⟩: künstlich angelegtes Wasserbecken. **bas|si|nie|ren** [basi...] ⟨aus gleichbed. *fr.* bassiner⟩: (veraltet) besprengen, anfeuchten; nasse Umschläge machen. **Bas|si|noire** [...ˈnŏaːr] *die;* -, -n ⟨aus gleichbed. *fr.* bassinoire⟩: (veraltet) Wärmflasche

Bas|sist *der;* -en, -en ⟨zu ↑Baß u. ↑...ist, vgl. Basso⟩: 1. Sänger mit Baßstimme. 2. Kontrabaßspieler. **Baß|kla|ri|net|te** *die;* -, -n: Klarinette, die eine Oktave tiefer als die gewöhnliche Klarinette gestimmt ist. **Bas|so** *der;* -, Bassi ⟨zu *it.* basso „tief"⟩: Baß (Abk.: B); - con|ti|nuo [k...]: svw. Generalbaß (Abk.: b. c., B. c); - (di) ri|pie|no: nur in Tuttipartien den Streicherchor auffüllende bzw. verstärkende Baßstimme; - ostina|to: sich ständig, hartnäckig wiederholendes Baßmotiv; - segue|nte: Orgelbaß, der der tiefsten Gesangstimme folgt; **Bas|son** [baˈsõː] *der;* -s ⟨aus gleichbed. *fr.* basson⟩: franz. Bez. für Fagott, Baßpfeife

Bas|so|rin *das;* -s ⟨nach der türk. Stadt Bassora (Basra) u. zu ↑...in (1)⟩: Bestandteil vieler Gummiarten, bes. des ↑Tragants (1)

Bas|sot|ti *die* (Plur.) ⟨aus *it.* bassotti (Plur.), eigtl. „gebackene Nudeln"⟩: dünne ↑Makkaroni

ba|sta! ⟨aus *it.* basta „es ist genug" zu bastare „genug sein", dies aus *mlat.* bastare⟩: (ugs.) genug!; Schluß! (mit Nachdruck gesprochenes Wort, das zum Ausdruck bringen soll, daß keine Einwände mehr gemacht werden sollen). **Ba|sta** *der;* -[s] od. die; -, -: 1. dritthöchster Trumpf im Lomber. 2. zweithöchster Trumpf im Schafskopf (Kartenspiel)

Ba|staard [baˈstaːrt] *der;* -[s] -s ⟨aus *afrikaans* bastaard

189

„Mischling", dies aus dem Niederl., vgl. Bastard⟩: (veraltet) svw. Baster

Ba|sta|ga *die;* - ⟨über *lat.* bastaga „Fronfuhre, Frachtfuhre" aus gleichbed. *gr.* bastagḗ zu bastázein „tragen"⟩: Reisegepäck der späten röm. Kaiser. **Ba|sta|ga|ri|er** [...iɐ] *der;* -s, - ⟨aus gleichbed. *lat.* bastagarius⟩: kaiserlicher Gepäckträger im alten Rom

ba|stant ⟨aus gleichbed. *it.* bastante zu bastare, vgl. basta!⟩: (veraltet) genügend, tüchtig, tauglich. **Ba|stanz** *die;* - ⟨zu ↑...anz⟩: (veraltet) Tüchtigkeit, Tauglichkeit

Ba|stard *der;* -s, -e ⟨aus *altfr.* bastard „anerkanntes uneheliches Kind eines Adligen" (*fr.* bâtard) zu bast „Kebsehe, Verhältnis"⟩: 1. Mischling, durch Rassen- od. Artenkreuzung entstandenes Tier od. entstandene Pflanze (Biol.). 2. a) (veraltet) uneheliches Kind eines hochgestellten Vaters u. einer Mutter aus niedrigerem Stand; b) Schimpfwort für minderwertiger Mensch. **Ba|star|da** *die;* - ⟨aus gleichbed. *it.* bastarda, eigtl. „uneheliche Tochter"⟩: Druckschrift zwischen Gotisch u. Antiqua (↑Bastardschrift). **Ba|stard|agi|um** *das;* -s ⟨aus gleichbed. *mlat.* bastardagium zu ↑Bastard u. *lat.* agere „handeln, führen"⟩: (alte Rechtsspr.) Recht des Grund- bzw. Landesherrn auf den Nachlaß unehelicher Personen ohne Erben. **ba|star|die|ren** ⟨zu ↑...ieren⟩: [verschiedene Rassen od. Arten] kreuzen (Biol.). **Ba|star|die|rung** *die;* -, -en ⟨zu ↑...ierung⟩: Artenkreuzung, Rassenmischung. **Ba|star|din** *die;* -, -nen: weiblicher Bastard. **ba|star|di|sie|ren** ⟨zu ↑...isieren⟩: svw. hybridisieren. **Ba|star|di|sie|rung** *die;* -, -en ⟨zu ↑...isierung⟩: svw. Hybridisierung (1). **Ba|stard|schrift** *die;* -, -en: Druckschrift, die Eigenarten zweier Schriftarten vermischt, bes. die von Fraktur u. Antiqua

Ba|ste *die;* -, -n ⟨aus *fr.* baste „Eichelas", dies aus *span.* basto „Eicheln, Treff"⟩: Trumpfkarte (Treffas in verschiedenen Kartenspielen)

Ba|stei *die;* -, en ⟨aus gleichbed. *it.* bastia zu *altfr.* bastir „bauen, herrichten, fertigstellen", weitere Herkunft unsicher⟩: vorspringender Teil an alten Festungsbauten, Bollwerk, ↑Bastion

Ba|ster *der;* -s, - ⟨zu ↑Bastaard⟩: Nachkomme von Mischlingen zwischen Europäern und Hottentottenfrauen in SW-Afrika (bes. in Rehoboth)

Ba|ster|ne *die;* -, -n ⟨aus gleichbed. *spätlat.* basterna, dies zu *gr.* bastázein „tragen"⟩: (veraltet) [Maultier]sänfte, später auch Bez. für einen überdeckten Ochsenwagen

Ba|stil|le [bas'tiːjə, ...'tıljə] *die;* -, -n ⟨aus gleichbed. *fr.* bastille zu *altfr.* bastir, vgl. Bastei⟩: feste Schloßanlage in Frankreich. **ba|stil|liert** [...ti'jiːɐt, ...tıl'jiːɐt] ⟨aus gleichbed. *fr.* bastillé, vgl. ...iert⟩: mit Türmen versehen (von Wappen). **Ba|sti|on** *die;* -, -en ⟨aus gleichbed. *fr.* bastion, dies aus *it.* bastione, Vergrößerungsform von bastia, vgl. Bastei⟩: 1. vorspringender Teil an alten Festungsbauten. 2. Bollwerk. **ba|stio|nie|ren** ⟨aus gleichbed. *fr.* bastionner⟩: (veraltet) eine Festung mit Bollwerken versehen

Ba|stit [auch ...'tıt] *der;* -s, -e ⟨nach dem Fundort Baste bei Bad Harzburg u. zu ↑²...it⟩: ein grünes Mineral aus der Gruppe der ↑Pyroxene

Ba|sto|na|de, älter **Ba|ston|na|de** *die;* -, -n ⟨über *fr.* bastonnade zu *it.* bastonata zu bastone „Stock, Schlagholz"⟩: bes. im Orient übliche Prügelstrafe od. Folterung, bes. durch Stock- od. Riemenschläge auf die Fußsohlen. **ba|ston|nie|ren** ⟨zu ↑...ieren⟩: (veraltet) durchprügeln, Stock- od. Riemenschläge auf die Fußsohlen verabreichen

Ba|tail|le [ba'taljə, ba'taːjə] *die;* -, -n ⟨aus gleichbed. *fr.* bataille, dies über *vulgärlat.* battalia „Fechtübungen der Soldaten mit Stöcken" zu *lat.* battuere „schlagen, klopfen"⟩: (veraltet) Schlacht, Kampf. **ba|tail|len** [ba'taljən]: (regional ugs.) schwer tragen, schwer arbeiten. **Ba|tail|leur** [bata'jøːɐ] *der;* -s, -e ⟨aus gleichbed. *fr.* batailleur⟩: (veraltet) streitsüchtiger Mensch, Raufbold. **ba|tail|lie|ren** [...ji:...] ⟨aus gleichbed. *fr.* batailler⟩: (veraltet) a) sich raufen, schlagen; b) eine Schlacht austragen. **Ba|tail|lon** [batal'joːn] *das;* -s, -e ⟨über gleichbed. *fr.* bataillon aus *it.* battaglione, Vergrößerungsform von battaglia „Schlacht, Schlachthaufen"⟩: Truppenverband aus mehreren Kompanien od. Batterien

Ba|tar|di|se *die;* - ⟨aus *fr.* bâtardise „Bastardierung" zu bâtard, vgl. Bastard⟩: (veraltet) uneheliche Abstammung

Ba|ta|te *die;* -, -n ⟨aus *span.* batata „Süßkartoffel", dies aus einer Indianersprache Haitis⟩: stärkereiche, süßschmeckende, kartoffelartige Knolle eines tropischen Windengewächses

Batch pro|ces|sing ['bætʃ'proʊsesɪŋ] *das;* - -[s], - -s ⟨aus gleichbed. *engl.-amerik.* batch processing⟩: Schub- od. Stapelverarbeitung (stapelweise Verarbeitung gleichartiger Daten, die sich während eines bestimmten Zeitabschnitts angesammelt haben; EDV)

Ba|teau [ba'toː] *das;* -s, -s ⟨aus gleichbed. *fr.* bateau, dies aus *altengl.* bât „Boot"⟩: (veraltet) 1. Nachen, Boot. 2. Holzkasten der Kutsche. **Ba|te|lier** [...'lje:] *der;* -s, -s ⟨aus gleichbed. *fr.* batelier⟩: (veraltet) 1. Bootsführer. 2. [Fluß]schiffer

Bath [baːθ] *das;* -s ⟨nach der engl. Stadt Bath (on Avon)⟩: Stufe des höheren ↑²Doggers

bath..., Bath... vgl. bathy..., Bathy... **Ba|thik** *die;* - ⟨zu ↑bathy... u. ↑²...ik⟩: niedrige, vulgäre Art des Schreibens od. Redens. **ba|thisch**: die Bathik betreffend; niedrig, vulgär schreibend, redend

bath|mo|trop ⟨zu *gr.* bathmós „Stufe, Schwelle" u. ↑...trop⟩: die Reizschwelle des Herzens betreffend, beeinflussend (Med.)

ba|tho..., Ba|tho... vgl. bathy... Bathy... **ba|tho|chrom** [...'kroːm] ⟨zu ↑bathy... u. *gr.* chrōma „Farbe"⟩: farbvertiefend; Ggs. ↑hypsochrom. **Ba|tho|lith** [auch ...'lıt] *der;* Gen. -s u. -en, Plur. -e[n] ⟨zu ↑...lith⟩: in der Tiefe erstarrter, meist granitischer Gesteinskörper. **Ba|tho|me|ter** *das;* -s, - ⟨zu ↑¹...meter⟩: Tiefseelot. **Ba|tho|me|trie**, Bathymetrie *die;* - ⟨zu ↑...metrie⟩: Tiefenmessung. **ba|tho|me|trisch**, bathymetrisch ⟨zu ↑...metrisch⟩: die Tiefenmessung von Gewässern betreffend. **Ba|tho|pho|bie** *die;* -, ...jen ⟨zu ↑...phobie⟩: mit Angst verbundenes Schwindelgefühl beim Anblick großer Höhen od. Tiefen (Med., Psychol.)

Ba|thro|ke|pha|lie vgl. Bathrozephalie. **Ba|thro|kla|se** *die;* -, -n ⟨zu *gr.* báthron „Grundlage, Stufe" u. klásis „Bruch"⟩: Fuge zwischen Gesteinsbänken (Geol.). **Ba|thro|ze|pha|lie** *die;* -, ...jen ⟨zu *gr.* kephalḗ „Kopf" u. ↑²...ie⟩: stufenartige Ausbildung des Schädels (Med.)

ba|thy..., Ba|thy..., auch batho..., Batho..., vor Vokalen gelegentlich bath..., Bath... ⟨zu *gr.* bathýs „tief" bzw. báthos „Tiefe"⟩: Wortbildungselement mit der Bedeutung „tief", zur Tiefe, der bes. Meerestiefe gehörig", z. B. Bathygraphie, Bathometer, Bathik. **ba|thy|al** ⟨zu ↑¹...al (1)⟩: zum Bathyal gehörend. **Ba|thy|al** *das;* -s: lichtloser Bereich des Meeres zwischen 200 u. 800 m Tiefe. **Ba|thy|bi|us** *der;* - ⟨über *nlat.* bathybius u. ↑bathy... u. *gr.* bíos „Leben"⟩: weiße, flockige, schleimige Masse in den Tiefen des Atlantiks, früher als Organismen angesehen. **Ba|thy|gra|phie** *die;* - ⟨zu ↑bathy... u. ↑...graphie⟩: Tiefseeforschung. **ba|thy|gra|phisch** ⟨zu ↑...graphisch⟩: die Tiefseeforschung

betreffend. **Ba|thy|kar|die** *die;* -, ...ien ⟨zu *gr.* kardía „Herz"⟩: svw. Kardioptose. **Ba|thy|me|ter** usw. vgl. Bathometer usw. **Ba|thy|pe|la|gi|al** *das;* -s: lichtlose Freiwasserzone des Meeres. **Ba|thy|phon** *das;* -s, -e ⟨zu ↑...phon⟩: im 19. Jh. in Militärkapellen verwendetes tiefklingendes Holz- od. Blechblasinstrument. **Ba|thy|pnoe** *die;* - ⟨zu *gr.* pnoḗ „das Wehen, Schnauben, Atemholen, Atem"⟩: tiefe Atmung (Med.). **Ba|thy|scaphe** [...'ska:f] *der* od. *das;* -[s], - u. **Ba|thy|skaph** *der;* -en, -en ⟨aus gleichbed. *fr.* bathyscaphe, dies zu *gr.* bathýs „tief" u. skáphē „Gefäß, Trog"⟩: (von dem Physiker A. Piccard, 1884–1962, entwickeltes) Tiefseetauchgerät. **Ba|thy|son|de** *die;* -, -n ⟨zu ↑bathy...⟩: Gerät zur Messung von Temperatur, Dichte u. Strömung im Meerwasser. **Ba|thy|sphä|re** *die;* -: tiefste Schicht des Weltmeeres. **Ba|thy|ther|mo|graph** *der;* -en, -en: Gerät zur Messung der ↑vertikalen Temperaturverteilung im Meer
Ba|tik *der;* -s, -en, auch *die;* -, -en ⟨zu *malai.* batik „gesprenkelt"⟩: 1. altes Verfahren zur Herstellung gemusterter Stoffe, bes. zum Färben von Seide und Baumwolle, mit Hilfe von Wachs. 2. unter Verwendung von Wachs hergestelltes gemustertes Gewebe. **ba|ti|ken**, älter **ba|ti|ki|sie|ren** ⟨zu ↑...isieren⟩: unter Verwendung von Wachs einen Stoff mit einem Muster versehen, färben
Ba|ti|ment [...'mã:] *das;* -s, -s ⟨aus gleichbed. *fr.* bâtiment zu bâtir „bauen"⟩: (veraltet) 1. Gebäude, Bauwerk. 2. Schiff
Ba|ti|ni|ten *die* (Plur.) ⟨zu *arab.* bāṭin „innerlich, esoterisch" u. ↑³...it⟩: im Islam Bez. für Religionsgelehrte, die nach dem inneren, d. h. verborgenen Sinn des Korantextes forschen
Ba|tist *der;* -[e]s, -e ⟨aus gleichbed. *fr.* batiste; angeblich nach einem Fabrikanten namens Baptiste aus Cambrai, der als erster diesen Stoff hergestellt haben soll⟩: sehr feinfädiges, meist dichtgewebtes, leichtes Gewebe aus Baumwolle, Leinen, Zellwolle, Seide od. Chemiefaser. **ba|ti|sten:** aus Batist
Ba|tocken¹ od. **Ba|tog|gen** *die* (Plur.) ⟨aus *russ.* batog „Stock (für die Prügelstrafe)"⟩: a) (veraltet) dünne Prügelstöcke; b) die damit erteilte Prügelstrafe im alten Rußland
Ba|ton [ba'tõ:] *der;* -s, -s ⟨aus fr. bâton „Stock, Stab", dies aus *vulgärlat.* bastum, wohl zu *bastare, vgl. basta!⟩: (veraltet) Stock, [Marschall]stab, Taktstock. **ba|to|nie|ren** [batõ'ni:...], älter batonnieren ⟨aus *fr.* bâtonner „Stockschläge verabreichen"⟩: mit 1,50 m langen Stöcken od. Stäben Fechtübungen (Stockfechten) ausüben. **Ba|ton|nier** [...'nie:] *der;* -s, -s ⟨aus gleichbed. *fr.* bâtonnier⟩: 1. Vorsteher der franz. Anwaltschaft. 2. (veraltet) Stabträger bei Zünften u. Bruderschaften. **ba|ton|nie|ren** vgl. batonieren
Ba|tra|chit [auch ...'xɪt] *der;* -s, -e ⟨zu *gr.* bátrachos „Frosch" u. ↑²...it⟩: (veraltet) Krötenstein, alter Mineralname
Bat|ta|glia [ba'talja] *die;* -, ...ien [...jən] ⟨aus *it.* (canto di) battaglia „Schlachtgesang"; vgl. Bataillon u. Bataille⟩: Komposition, die Kampf, Schlachtgetümmel schildert. **Bat|tant** [ba'tã:] *der;* -s, -s ⟨aus gleichbed. *fr.* battant zu battre „schlagen", dies aus *lat.* battuere „schlagen, klopfen"⟩: (veraltet) 1. Glockenschwengel, Klöppel. 2. Türflügel
Bat|ta|ris|mus *der;* -, ...men ⟨aus *gr.* battarismós „das Stammeln, Stottern", dies zu battarízein „poltern, sich überstürzen (von der Sprache), stottern"; vgl. ↑...ismus (3)⟩: stotternde Sprechweise, eine Sprachstörung. **Bat|ta|rist** *der;* -en, -en ⟨zu ↑...ist⟩: (veraltet) Stotterer
Batte|ment [bat'mã:] *das;* -s, -s ⟨aus *fr.* battement „das Schlagen, Klopfen" zu battre „schlagen", vgl. Battant⟩: 1. im 18. Jh. gebräuchliche trillerartige Verzierung (Mus.). 2. Ballettfigur, bei der das Spielbein aus einer geschlossenen Position bis zur mittleren Höhe gehoben u. wieder in die Ausgangsposition zurückgeführt wird; Ggs. ↑Batterie (5). **Bat|te|rie** *die;* -, ...ien ⟨aus gleichbed. *fr.* batterie, eigtl. „gemeinsames Schlagen"⟩: der Kompanie entsprechende militärische Grundeinheit, kleinste Einheit bei der Artillerie u. der Heeresflugabwehrtruppe. 2. a) Stromquelle, die aus mehreren elektrochem. Elementen besteht (z. B. Taschenlampenbatterie); b) Gruppe von gleichartigen techn. Vorrichtungen, Dingen; c) regulierbares Gerät, das Warm- u. Kaltwasser in der gewünschten Temperatur für ein gemeinsames Zapfrohr mischt. 3. die Schlaginstrumente einer Band od. eines Orchesters. 4. auf den feindlichen König ausgerichtete Figurengruppe, bestehend aus einem Langschrittler als Hinterstück u. einer weiteren Figur der gleichen Farbe, die als Vorderstück die Wirkungslinie des Langschrittlers verstellt u. Abzugsschach droht (Kunstschach). 5. Bez. für Ballettfiguren, bei denen beide Beine gegeneinandergeschlagen werden; Ggs. ↑Battement (2). **Bat|teur** [ba'tø:ɐ̯] *der;* -s, -e ⟨aus gleichbed. *fr.* batteur, eigtl. „Schläger"⟩: Schlagmaschine in der Spinnerei zur Auflockerung der Baumwollklumpen. **Bat|teu|se** [ba'tø:zə] *die;* -, -n ⟨aus gleichbed. *fr.* batteuse⟩: (veraltet) Dreschmaschine. **bat|tie|ren** ⟨aus *fr.* battre „schlagen"⟩: 1. eine Batterie (5) ausführen (Ballett). 2. dem Gegner beim Fechten die Waffe aus der Hand schlagen. **Bat|ti|men|to** *das;* Gen. - od. -s, Plur. ...ti od. -s ⟨aus *it.* battimento „das Schlagen, Klopfen"⟩: svw. Battement (1)
Bat|to|lo|gie *die;* -, -n ⟨zu *gr.* battologeīn „plappern, schwatzen" u. ↑²...ie⟩: dem Stottern ähnliche Artikulation (Phon.). **bat|to|lo|gisch** ⟨zu ↑...logisch⟩: 1. die Battologie betreffend. 2. (veraltet) geschwätzig. **bat|to|lo|gi|sie|ren** ⟨zu ...isieren⟩: (veraltet) schwatzen, plappern, salbadern
Bat|tu|ta, Bat|tu|te *die;* -, ...ten ⟨aus *it.* battuta „Schlag" zu battere „schlagen", dies aus *lat.* battuere⟩: 1. a) Taktschlag; b) Schlag nach unten am Anfang des Taktes; a battuta: nach vorheriger freier Partie im Takt [spielen] (Mus.). 2. beim Stoßfechten starker Schlag mit der ganzen Stärke der Klinge längs der Klinge des Gegners
Bä|ty|li|en [...jən] *die* (Plur.) ⟨aus gleichbed. *gr.* baitylos, baitýlion, dies aus *hebr.* bethēl „Haus Gottes"⟩: Meteorsteine, die im Altertum, bes. im Orient, als Fetische verehrt wurden
Baud [auch bo:d] *das;* -[s], - ⟨nach dem franz. Erfinder des Schnelltelegraphen, E. Baudot, 1845–1903⟩: Einheit der Telegraphiergeschwindigkeit u. Maßeinheit für die Datenübertragungsrate (Anzahl der pro Sekunde übertragenen ↑¹Bits; EDV)
Bau|mé|grad [bo'me:...] *der;* -[e]s, -e (aber: 5 -) ⟨nach dem franz. Chemiker A. Baumé, 1728–1804⟩: Maßeinheit für das spezifische Gewicht von Flüssigkeiten; Zeichen ° Bé
Bau|ta|stein *der;* -s, -e ⟨aus gleichbed. *altnord.* bautasteinn⟩: Gedenkstein der Wikingerzeit in Skandinavien
Baut|ta *die;* -, ...tten ⟨aus gleichbed. *it.* bautta⟩: klassisches venez. Maskenkostüm für Männer u. Frauen im 18. Jh.
Bau|xit [auch ...'ksɪt] *der;* -s, -e ⟨nach dem ersten Fundort Les Baux in Frankreich u. zu ↑²...it⟩: wichtigstes Aluminiumerz
Ba|vard [ba'va:ɐ̯] *der;* -s, -s ⟨aus gleichbed. *fr.* bavard zu bave, vgl. bavardieren⟩: (veraltet) Schwätzer. **Ba|var|de|rie** [...v...] *die;* -, ...ien ⟨aus gleichbed. *fr.* bavarderie⟩: (veraltet) 1. (ohne Plur.) Geschwätzigkeit. 2. unnützes Geschwätz. **ba|var|die|ren** ⟨aus gleichbed. *fr.* bavarder zu bave „Speichel, Geifer", dies aus *mlat.* *baba (lautmalendes Wort)⟩: (veraltet) schwatzen

Ba|va|ria [ba'va:...] *die;* - ⟨nlat.⟩: Frauengestalt als Sinnbild Bayerns. **Ba|va|roise** [bava'rǫa:s] *die;* -, -n [...sən] ⟨aus *fr.* bavaroise „bayerisch"⟩: vorderer, den bayerischen Trachtenhosen nachgeahmter Verschluß der franz. Kniehose des 17. Jh.

Ba|vet|te [ba'vɛtə] *die;* -, -n ⟨aus gleichbed. *fr.* bavette zu bave, vgl. bavardieren⟩: (veraltet) Sabberlätzchen

Bax|te|ria|nis|mus [bɛkste...] *der;* - ⟨nach dem engl. Geistlichen Baxter († 1691) u. zu ↑ ...ismus (1)⟩: gemäßigte Form des engl. ↑ Puritanismus

Bay|öl ['bai...] *das;* -[e]s, -e ⟨zu *engl.* bay, eigtl. „Lorbeerbaum", dies über *mittelengl.* baye, *mittelfr.* baie aus *lat.* baca „Beere"⟩: nelkenartig riechendes, ätherisches Öl des westindischen Baybaumes

Ba|zar [ba'za:ɐ̯] vgl. Basar

Ba|zill|ämie *die;* -, ...ien ⟨zu ↑ Bazillus u. ↑ ...ämie⟩: svw. Bakteriämie. **ba|zil|lär** ⟨zu ↑ ...är⟩: a) Bazillen betreffend; b) durch Bazillen verursacht. **Ba|zil|la|rio|phyt** *der;* -en, -en (meist Plur.) ⟨zu ↑ ...phyt⟩: svw. Diatomee. **Ba|zil|le** *die;* -, -n ⟨rückgebildet aus dem Plur. von ↑ Bazillus⟩: (ugs.) Bazillus. **Ba|zil|lo|pho|bie** *die;* -, ...bien ⟨zu ↑ ...phobie⟩: svw. Bakteriophobie. **Ba|zill|urie** *die;* - ⟨zu ↑ ...urie⟩: svw. Bakteriurie. **Ba|zil|lus** *der;* -, ...llen ⟨aus *lat.* bacillus, -um „Stäbchen" zu baculum „Stock, Stab"; vgl. Bakterie⟩: Vertreter einer Gattung stäbchenförmiger sporenbildender [Krankheiten hervorrufender] ↑ Bakterien

Ba|zoo|ka [ba'zu:ka] *die;* -, -s ⟨aus *engl.-amerik.* bazooka „Panzerfaust"⟩: amerik. Panzerabwehrwaffe

BCD-Code [be:tse:'de:ko:t, engl. bi:si:'di:koʊd] *der;* -s, -s ⟨zu BCD (Abk. für *engl.* binary coded decimals „binär kodierte Dezimalzahlen") u. ↑ Code⟩: einer der am häufigsten verwendeten Codes zur Darstellung von Dezimalzahlen in Datenverarbeitungsanlagen

Bdel|li|um *das;* -s ⟨über gleichbed. *lat.* bdellium aus *gr.* bdéllion, dies aus *hebr.* bādal „aus-, absondern"⟩: Pflanzenharz aus Indien od. Afrika, das dort zu Arzneimitteln verwendet wird

Bé: Abk. für Baumé; vgl. Baumégrad

Beach-la-mar ['bi:tʃlə'mɑ:] *das;* - ⟨aus *engl.* beach-la-mar⟩: engl. Form von ↑ Bêche-de-mer

Bea|gle [bi:gl] *der;* -s, -[s] ⟨aus gleichbed. *engl.* beagle⟩: Hund einer in Großbritannien gezüchteten kurzbeinigen Rasse, der zur Hasen- u. Fuchsjagd mit der Meute verwendet wird

Beam|an|ten|ne ['bi:m...] *die;* -, -n ⟨zu *engl.* beam „Strahl, Richtstrahl", eigtl. „Balken", u. ↑ Antenne⟩: Strahlantenne mit besonderer Richtwirkung

Bea|nus *der;* -, ...ni ⟨Kurzw. aus *mlat.* beanus est animal nesciens vitam studiosorum „Beanus ist ein Wesen, das das Studentenleben nicht kennt"⟩: (veraltet) Grünschnabel, Neuling im Studium

Bear [bɛɐ̯] *der;* -s, -s ⟨aus *engl.* bear „Bär"⟩: englische ugs. Bez. für ↑ Baissier; Ggs. ↑ Bull

Bé|ar|naise [bear'nɛ:z] *die;* - ⟨aus *fr.* béarnais(e) „aus (der franz. Landschaft) Béarn"⟩: kurz für ↑ Sauce béarnaise. **Bé|ar|ner So|ße** *die;* -, - -n: svw. Sauce béarnaise

Beat [bi:t] *der;* -[s] ⟨aus *engl.* beat „Schlag, Taktschlag"⟩: 1. Kurzform für ↑ Beatmusik. 2. durchgehender gleichmäßiger Grundschlag der Rhythmusgruppe einer Jazzband; vgl. Off-Beat

bea|tae me|mo|riae [...tɛ ...riɛ] ⟨*lat.*⟩: seligen Angedenkens (von Verstorbenen); Abk.: b. m.

Bea|ta Ma|ria Vir|go [- - 'virgo] *die;* Gen. - - - od. (ohne Artikel) ...tae [...tɛ] ...iae [...iɛ] ...ginis ⟨*lat.;* „selige Jungfrau Maria"⟩: kath. Bezeichnung für die Mutter Jesu; Abk.: B. M. V.

bea|ten ['bi:tn̩] ⟨nach *engl.* to beat „(Takt) schlagen"⟩: (ugs.) a) ↑ Beatmusik machen; b) nach Beatmusik tanzen

Bea|ten *die* (Plur.) ⟨aus *lat.* beatae „die Glücklichen, Seligen" zu beatus „glücklich, selig"⟩: in Spanien Name für Laienschwestern u. ↑ Terziarinnen

Beat|fan ['bi:tfɛn] *der;* -s, -s ⟨zu ↑ Beat u. ↑ Fan⟩: jemand, der sich für Beatmusik begeistert. **Beat ge|ne|ra|tion** ['bi:t dʒɛnə'reɪʃən] *die;* - - ⟨*engl.-amerik.,* eigtl. „geschlagene Generation" (urspr. zu beatitude „Glückseligkeit")⟩: Gruppe amerik. Schriftsteller (1955–1960), die, von Walt Whitman u. der franz. Romantik beeinflußt, neue Ausdrucksformen suchte, die kommerzialisierte Gesellschaft u. alle bürgerl. Bindungen ablehnte u. durch gesteigerte Lebensintensität (Sexualität, Drogen) eine Bewußtseinserweiterung u. metaphysische Erkenntnisse zu erlangen suchte

Bea|ti|fi|ka|ti|on *die;* -, -en ⟨aus *lat.* beatificatio „Beglückung" zu beatificare, vgl. beatifizieren⟩: Seligsprechung. **bea|ti|fi|zie|ren** ⟨aus (*m)lat.* beatificare „beglücken", dies zu beatus „selig" u. facere „machen"⟩: seligsprechen. **Bea|ti|kum** *das;* -s, ...ka ⟨aus *lat.* beaticum „das Seligmachende"⟩: das heilige Abendmahl für Kranke u. Sterbende. **Bea|til|len** [...'tɪljən] *die* (Plur.) ⟨aus gleichbed. *fr.* béatilles (Plur.) zu béat „selig", dies aus gleichbed. *lat.* beatus⟩: (veraltet) Leckerbissen, Pasteten. **bea|ti pos|si|den|tes** [- ...te:s] ⟨*lat.;* „glücklich (sind) die Besitzenden"⟩: Sprichwort des röm. Rechts, das aussagt, daß nicht der Besitzer die Rechtmäßigkeit des Besitzes, sondern der Kläger das Gegenteil nachweisen muß. **Bea|tis|mus** *der;* - ⟨zu ↑ ...ismus (1)⟩: (veraltet) Frömmelei, Scheinheiligkeit. **Bea|ti|tu|do** *die;* - ⟨aus gleichbed. *lat.* beatitudo, *spät-* u. *mlat.* auch als ehrende Anrede⟩: (veraltet) Glückseligkeit

Bea|tle ['bi:tl̩] *der;* -s, -s ⟨*engl.;* nach den Beatles, den Mitgliedern eines Liverpooler Quartetts der Beatmusik, die lange Haare („Pilzköpfe") trugen⟩: (veraltend) langhaariger Jugendlicher. **Beat|mu|sik** ['bi:t...] *die;* -: stark rhythmisch bestimmte Form der ↑ Popmusik. **Beat|nik** *der;* -s, -s ⟨aus gleichbed. *engl.-amerik.* beatnik⟩: 1. Angehöriger der ↑ Beat generation. 2. jmd., der sich durch unkonventionelles Verhalten gegen die bürgerlichen Normen wendet. **Beat|pad** [...pɛt, engl. ...pæd] *der;* -s, -s ⟨zu *engl.* pad „Bude, Zimmer", eigtl. „Schlagschützer"⟩: (Jargon) Stelle, wo man Rauschdrogen kaufen kann

Beau [bo:] *der;* -, -s ⟨aus gleichbed. *fr.* le beau, eigtl. „der Schöne", dies aus *lat.* bellus „hübsch, niedlich, fein"⟩: (iron.) bes. gut aussehender [ausgesucht gekleideter] Mann, der mit einer gewissen Eitelkeit sein gutes Aussehen selbst genießt; Stutzer

Beau|fort|ska|la ['bo:fɛt..., bo'fɔːr...] *die;* - ⟨nach dem engl. Admiral Sir F. Beaufort, 1774–1857⟩: zwölf-, jetzt 17teilige Skala zur Bestimmung der Windstärken

Beau geste [bo'ʒɛst] *die;* - -, -x -s [bo'ʒɛst] ⟨aus gleichbed. *fr.* beau geste⟩: höfliche Geste, freundliches Entgegenkommen

Beau|jo|lais [boʒo'lɛ], *der;* - [...'lɛ(s)], - [...'lɛs] ⟨nach dem Gebiet der Monts du Beaujolais in Mittelfrankreich⟩: franz. Rotwein

Beaune [bo:n] *der;* -[s] [bo:n(s)], -s [bo:ns] ⟨nach der südfranz. Stadt Beaune (Burgund)⟩: ein Qualitätswein

Beau|té [bo'te:] *die;* -, -s ⟨aus gleichbed. *fr.* beauté zu beau „schön"; vgl. Beau⟩: [elegante] schöne Frau, Schönheit. **Beau|ty** ['bju:ti] *die;* -, -s ⟨aus gleichbed. *engl.* beauty, dies aus *fr.* beauté⟩: svw. Beauté. **Beau|ty-case** [...keɪs] *das* od. *der;* -, Plur. - u. -s [...sɪz] ⟨zu *engl.* case „Behälter, Futte-

ral"⟩: kleiner Koffer für Schönheitsutensilien [der Dame].
Beau|ty-Cen|ter [...sɛntɐ] *das;* -s, -: a) Geschäft od. Teil eines Geschäftes, in dem Kosmetikartikel ausprobiert und gekauft werden können; b) Geschäft, in dem Schönheitspflege betrieben wird, Schönheitssalon. **Beau|ty|farm** *die;* -, -en: eine Art Klinik [in landschaftlich hübscher Umgebung], in der vor allem Frauen ihre Schönheit durch entsprechende Behandlung zu erhalten, zu verbessern od. wiederherzustellen versuchen

Bea|ver ['bi:vɐ] *der;* -s ⟨aus *engl.* beaver, eigtl. „Biber", zu gleichbed. *altengl.* beofor⟩: ein stark gerauhtes Baumwollgewebe

Bé|bé [be'be:] *das;* -s, -s ⟨aus *fr.* bébé „Säugling; Puppe"⟩: (schweiz.) Baby, kleines Kind, Püppchen

Be|bop ['bi:...] *der;* -[s], -s ⟨aus gleichbed. *amerik.* bebop (lautnachahmend)⟩: 1. (ohne Plur.) kunstvoller nordamerik. Jazz um 1940. 2. Tanz in diesem Stil

Bé|cha|mel|kar|tof|feln [beʃa'mɛl...] *die* (Plur.) ⟨nach dem franz. Marquis L. de Béchamel, dem Haushofmeister Ludwigs XIV.⟩: Kartoffelscheiben in ↑ Béchamelsoße. **Bé|cha|mel|so|ße** *die;* -, -n: weiße Rahmsoße

Bêche-de-mer [bɛʃdə'me:ɐ] *das;* - ⟨aus gleichbed. *fr.* bêche-de-mer, eigtl. „Seegurke", weil die Seegurke ein wichtiger Handelsartikel der Inseln im westlichen Stillen Ozean war⟩: vereinfachte Verkehrssprache zwischen Eingeborenen u. Europäern im westlichen Stillen Ozean

Be|chi|kum *das;* -s, ...ka ⟨zu *gr.* bḗx, Gen. bēchós „Husten" u. ↑...ikum⟩: (veraltet) Hustenmittel

be|cir|cen [bə'tsɪrtsn̩] ⟨nach der in der griech. Sage vorkommenden Zauberin Kirke, latinisiert Circe⟩: (ugs.) bezaubern, betören, auf verführerische Weise für sich gewinnen

Bec|que|rel [bɛkə'rɛl] *das;* -s, - ⟨nach dem franz. Physiker Henri Becquerel, 1852–1908⟩: Maßeinheit für die Aktivität ionisierender Strahlung; Zeichen Bq. **Bec|que|rel|ef|fekt** [bɛkə'rɛl...] *der;* -s: Unterschied in der Elektrodenspannung, der auftritt, wenn die eine von zwei gleichen, in einen Elektrolyten getauchten Elektroden belichtet wird. **Bec|que|re|lit** [auch ...'lɪt] *das;* -s, -e ⟨zu ↑²...it⟩: gelbes, tafeliges Uranmineral

Becz|ka ['bɛtʃka] *die;* -, ...ki ⟨aus gleichbed. *poln.* beczka, weitere Herkunft unsicher⟩: [altes poln.] Flüssigkeitsmaß, Tonne (entspricht etwa 100 l)

Bed and Break|fast [– ənd 'brɛkfəst] ⟨aus *engl.* bed and breakfast „Bett und Frühstück"⟩: (Angebot der Übernachtung in anglo-amerik. Ländern) Zimmer mit Frühstück

Be|de|guar [...'gua:ɐ] *der;* -[e]s, -e ⟨aus gleichbed. *fr.* bedég(u)ar zu *altfr.* bedegard, dies aus *pers.* badaward⟩: zottig behaarte Galle an Rosensträuchern

Be|did|lik *der;* -s, -s (aber: 5 -) ⟨wohl zu *türk.* bedel „Gegenwert, Preis"⟩: Goldmünze in Ägypten (1839–1914) im Wert von 100 Piastern

Bed|la|mit *der;* -en, -en ⟨nach dem Namen der großen Londoner psychiatrischen Klinik Bedlam (dies verderbt aus dem hebr. Ortsnamen Bethlehem) u. zu ↑³...it⟩: (veraltet) psychisch Kranker, Insasse einer psychiatrischen Klinik od. Anstalt

Bed|ling|ton|ter|ri|er ['bɛdlɪŋtəntɛriɐ] *der;* -s, - ⟨nach der engl. Stadt Bedlington u. zu ↑ Terrier⟩: engl. Hunderasse

Be|don [bə'dõ:] *der;* -s, -s ⟨aus gleichbed. *fr.* bedon zu bedaine „dicker Bauch, Wanst"⟩: dem Tamburin ähnliches franz. Schlaginstrument des 15. u. 16. Jh.

¹Be|dui|ne *der;* -n, -n ⟨über *fr.* bédouin aus *arab.* badawiyyūn *vulgärarab.* bedewīn, Plur. von badawī (bedewī) „Wüstenbewohner"⟩: arab. Nomade; vgl. Fellache. **²Be|dui|ne** *die;* -, -n: (früher) der arab. Tracht nachgeahmter Damenmantel mit Kapuze

Bee|fa|lo ['bi:...] *der* od. *das;* -s, -s ⟨Kurzw. aus *engl.* beef „Rind" (dies über *altfr.* boef, buef aus *lat.* bos „Rind") u. buff*alo* „Bison"⟩: Bez. für das Kreuzungsprodukt aus Hausrind u. nordamerik. Bison. **Beef|bur|ger** ['bi:fbɐ:gɐ] *der;* -s, - ⟨zu *engl.* beef „Rindfleisch" u. ↑...burger⟩: 1. deutsches Beefsteak (Beefsteak aus Hackfleisch). 2. mit einer Frikadelle belegtes Brötchen. **Beef|ea|ter** [...i:tə] *der;* -s, -s (meist Plur.) ⟨aus gleichbed. *engl.* beefeater, eigtl. „Rindfleischesser"⟩: (scherzh.) Angehöriger der königl. Leibwache im Londoner Tower (eigtl. Yeoman of the Guard). **Beef|steak** [...ste:k] *das;* -s, -s ⟨aus gleichbed. *engl.* beefsteak; vgl. Steak⟩: Steak vom Rind; - à la tatare [– a la ta'tar]: svw. Tatar[beefsteak]. **Beef|tea** [...ti:] *der;* -s, -s ⟨aus *engl.* beef tea „Fleisch-, Kraftbrühe"⟩: kräftige Rindfleischbrühe

Be|el|ze|bub [auch 'bɛl..., auch be'ɛl...] *der;* - ⟨über *lat.* Beelzebub, *gr.* Beelzeboúb aus *hebr.* Ba'al zevūv „Herr der Fliegen"⟩: [oberster] Teufel

Beg *der;* -[s], -s u. **Bei** *der;* -[s], Plur. -e u. -s ⟨aus *türk.* bey „Herr"⟩: höherer türkischer Titel, oft hinter Namen, z. B. Ali-Bei; vgl. Beglerbeg

Be|gard *der;* -en, -en u. **Be|gar|de** *der;* -n, -n ⟨aus gleichbed. *mlat.* beg(gh)ardus, weitere Herkunft unsicher⟩: Mitglied einer halbklösterlichen Männervereinigung im Mittelalter; vgl. Begine

Be|gas|se vgl. Bagasse

Be|gi|ne *die;* -, -n ⟨über gleichbed. *niederl.* begijne aus *mlat.* beguina, weitere Herkunft unsicher⟩: Mitglied einer halbklösterlichen Frauenvereinigung in Belgien u. den Niederlanden; vgl. Begard

Beg|ler|beg *der;* -s, -s ⟨aus *türk.* beylerbeyi „Herr der Herren"⟩: Provinzstatthalter in der alten Türkei. **Beg|lik, Bei|lik** *das;* -s, -s ⟨aus gleichbed. *türk.* beylik⟩: Würde, auch Verwaltungsbezirk eines Begs

Beg|ma *das;* -s ⟨aus gleichbed. *gr.* bēgma zu bēssein „husten", dies zu bḗx „Husten"⟩: (veraltet) Auswurf beim Husten (Med.)

Be|go|nie [...iə] *die;* -, -n ⟨aus gleichbed. *nlat.* begonia, nach dem Franzosen M. Bégon, Gouverneur von San Domingo (†1710)⟩: Zier- u. Gartenpflanze, die große leuchtende Blüten, saftige Stengel u. gezackte, unsymmetrisch geformte, meist bunte Blätter hat

Be|gueule [be'gœl] *die;* -, -n [...lən] ⟨aus gleichbed. *fr.* bégueule zu bée „offen" u. gueule „Rachen", dies aus *lat.* gula „Kehle, Schlund"⟩: (veraltet) gezierte, spröde, prüde Person. **Be|gueu|le|rie** [bəgœlə...] *die;* - ⟨aus gleichbed. *fr.* bégueulerie⟩: (veraltet) Prüderie, albernes, geziertes Wesen

Be|guine [be'gi:n] *der;* -s, -s, fachspr. *die;* - ⟨aus gleichbed. *kolonialfr.* béguine zu *fr.* béguin „Flirt", dies zu s'embéguiner „sich vernarren", eigtl. „eine Haube aufgesetzt haben", zu béguin „Haube"⟩: lebhafter volkstümlicher Tanz aus Martinique u. Santa Lucia, ähnlich der Rumba

Be|gum *die;* -, -en ⟨über *engl.* begum aus *Hindi* begam „(meine) Herrin", dies zu *türk.* bey, vgl. Beg⟩: Titel indischer Fürstinnen

Be|ha|is|mus vgl. Bahaismus

Be|ha|vio|ris|mus [bihevjə...] *der;* - ⟨zu *engl.* behavio(u)r „Benehmen, Verhalten" u. ↑...ismus (1)⟩: amerik. sozialpsychologische Forschungsrichtung, die durch das Studium des Verhaltens von Lebewesen deren seelische Merkmale zu erfassen sucht. **be|ha|vio|ri|stisch** ⟨zu ↑ ...istisch⟩:

a) den Behaviorismus betreffend; b) nach der Methode des Behaviorismus verfahrend

Be|he|moth *der;* -[e]s, -s ⟨aus *hebr.* behemōt „Großtier", eigtl. Plur. von behemâ „Tier"⟩: 1. im Alten Testament Name des Nilpferdes. 2. in der ↑Apokalyptik mythisches Tier der Endzeit

Be|hen|nuß, Behnnuß *die;* -, ...nüsse ⟨aus *arab.* bān „Meerrettichbaum, der die Behennuß liefert"⟩: ölhaltige Frucht eines ostind. Baumes

Beh|ra *die;* -, -s ⟨aus gleichbed. *engl.* beira, baira, dies aus einer afrik. Eingeborenensprache⟩: Zwergantilope aus den Gebirgen Ostäthiopiens u. des nördlichen Somalilandes

Bei vgl. Beg

Bei|del|lit [auch ...'lɪt] *der;* -s, -e ⟨nach dem Ort Beidell in Colorado (USA) u. zu ↑²...it⟩: ein Tonmineral

beige [beːʃ] ⟨*fr.;* „ungefärbt; sandfarben" (von Wolle)⟩: sandfarben. **Beige** *das;* -, Plur. - u. (ugs.) -s: beige Farbe

Bei|gnet [bɛn'jeː] *der;* -s, -s ⟨aus gleichbed. *fr.* beignet⟩: Schmalzgebackenes mit Füllung; Krapfen

Bei|lik vgl. Beglik

Bei|ram vgl. Bairam

Bei|sa|an|ti|lo|pe *die;* -, -n ⟨verdeutlichende Bildung aus gleichbed. *afrik.* be'za u. ↑Antilope⟩: fast ausgerottete ostafrikanische Antilopenart

be|kal|men ⟨zu ↑Kalme⟩: (einem anderen Segelschiff durch Vorbeifahren) den Fahrtwind nehmen

Be|kas|si|ne *die;* -, -n ⟨aus gleichbed. *fr.* bécassine zu bec „Schnabel", dies aus *gall.-lat.* beccus⟩: vor allem in Sümpfen lebender Schnepfenvogel

Bek|ja|ren *die* (Plur.) ⟨zu *türk.* bekâr „Junggeselle" od. *serb.* bécar, *ung.* betyár „Vagabund"⟩: Räuberbanden, die vor allem im 17. Jh. in den Balkanländern u. Südungarn auftraten u. sich als Söldner od. Freischärler u. a. an den Türkenkämpfen beteiligten

be|kom|pli|men|tie|ren ⟨zu ↑Kompliment⟩: (veraltet) begrüßen, bewillkommnen

Bek|ta|schi *der;* -[s], -[s] ⟨nach dem legendären Hadschi Bektasch⟩: Angehöriger eines im 13. Jh. entstandenen, vornehmlich in der Türkei verbreiteten ↑synkretistischen Derwischordens

¹Bel *das;* -s, - ⟨nach dem Amerikaner A. G. Bell (1847 bis 1922), dem Erfinder des Telefons⟩: Kennwort bei Größen, die als dekadischer Logarithmus des Verhältnisses zweier physik. Größen gleicher Art angegeben werden; Zeichen B

²Bel ⟨aus *semit.* bēlum „Herr"⟩: Beiname mehrerer babylon. Götter, z. B. Bel-Charran „Herr von Charran" (entspricht dem Mondgott Sin)

Bel|ami *der;* -[s], -s ⟨aus *fr.* bel ami „schöner Freund" (nach der Titelgestalt eines Romans von Maupassant)⟩: Frauenliebling. **Bel|amour** [...a'muːr] *der;* -s, -s ⟨zu *fr.* bel „schön" u. amour „Liebe, Zuneigung"⟩: (veraltet) Liebhaber

bel|can|tie|ren [...k...] u. belkantieren ⟨zu ↑Belcanto u. ↑...ieren⟩: im Stil des ↑Belcantos singen. **Bel|can|tist** u. Belkantist *der;* -en, -en ⟨zu ↑...ist⟩: Sänger, der die Kunst des ↑Belcantos beherrscht. **Bel|can|to**, auch Belkanto *der;* -s ⟨aus *it.* bel canto „schöner Gesang"⟩: virtuoser italienischer Gesangsstil, bei dem bes. auf Klangschönheit Wert gelegt wird

Bel|chi|te [...'tʃiːtə] *die;* - ⟨nach der span. Stadt Belchite⟩: eine Art span. Wolle

Be|lem|nit [auch ...'nɪt] *der;* -en, -en ⟨zu *gr.* bélemnos „Blitz, Geschoß" (weil man früher die versteinerten Skelettteile für Geschosse hielt, die beim Gewitter zur Erde herabgeschleudert worden seien) u. zu ↑²...it⟩: 1. ein ausgestorbener, tintenfischähnlicher Kopffüßer. 2. Donnerkeil, Teufelsfinger (fossiler Schalenteil dieser Tiere)

Bel|es|prit [bɛlɛs'priː] *der;* -s, -s ⟨aus *fr.* bel „schön" u. ↑Esprit⟩: (veraltet, oft spöttisch) Schöngeist. **Bel|eta|ge** [...e'taːʒə] *die;* -, -n ⟨zu ↑Etage, eigtl. „schönes Stockwerk"⟩: (veraltend) erster Stock, Stockwerk über dem Erdgeschoß

Be|li|al *der;* -[s] ⟨zu *hebr.* bli „nicht" u. ja'al „Nutzen"⟩: frühere Bez. für Teufel, Dämon. **Be|li|als|dienst** *der;* -[e]s, -e: Verehrung Belials. **Be|li|ar** vgl. Belial

Bel|lier [be'lieː] *der;* -s, -s ⟨aus gleichbed. *fr.* bélier, dies zu *niederl.* belhamel „Leithammel"⟩: (veraltet) 1. Widder. 2. Mauerbrecher

Be|li|no|graph *der;* -en, -en ⟨nach dem franz. Erfinder É. Belin (1876–1963) u. zu ↑...graph⟩: Bildtelegraph

Be|lit [auch be'liːt] *das;* -s ⟨Kunstw.⟩: Zementmineral, hauptsächlich aus Kalziumsilikat bestehend

bel|kan|tie|ren usw. vgl. belcantieren usw.

Bel|la|don|na *die;* -, ...nnen ⟨aus *it.* bella donna „schöne Frau" (wegen der früheren Verwendung der Pflanze zu Schönheitsmitteln)⟩: 1. Tollkirsche (giftiges Nachtschattengewächs). 2. aus der Tollkirsche gewonnenes Arzneimittel. **Bel|la|don|nin** *das;* -s ⟨zu ↑...in (1)⟩: ein Alkaloid

Bel|lan|de *die;* -, -n ⟨aus gleichbed. *it.* belanda, dies wie *fr.* bélandre aus *niederl.* bijlander⟩: nordisches, unten plattes Segelschiff

Belle Époque [bɛlɛ'pɔk] *die;* - ⟨aus *fr.* belle „schön, heiter" u. époque „Epoche"⟩: Bez. für die Zeit des gesteigerten Lebensgefühls in Frankreich zu Beginn des 20. Jh.s. **Belle mère** [bɛl'mɛːr] *die;* - -, -s -s [bɛl'mɛːr] ⟨zu *fr.* mère „Mutter", eigtl. „schöne Mutter"⟩: (scherzh.) Schwiegermutter.

Bel|le|trist *der;* -en, -en ⟨zu ↑Belletristik u. ↑...ist⟩: Schriftsteller der schöngeistigen od. unterhaltenden Literatur. **Bel|le|tri|ste|rei** *die;* -: das Schreiben von minderwertiger Unterhaltungsliteratur. **Bel|le|tri|stik** *die;* - ⟨zu *fr.* belles-lettres „schöne Literatur" u. ↑...istik⟩: erzählende, schöngeistige Literatur, Unterhaltungsliteratur (im Unterschied zu wissenschaftlicher Literatur). **bel|le|tri|stisch** ⟨zu ↑...istisch⟩: a) die Belletristik betreffend; b) schöngeistig, literarisch. **¹Belle|vue** [bɛl'vyː] *die;* -, -n [...'vyːən] ⟨aus *fr.* belle vue „schöne Aussicht"⟩: (veraltet) Aussichtspunkt. **²Belle|vue** *das;* -[s], -s ⟨zu ↑¹Bellevue⟩: Name von Schlössern od. Gaststätten mit schöner Aussicht; vgl. Belvedere

Bel|li|ge|rant [...ʒe'rã] *der;* -en, -en ⟨aus gleichbed. *fr.* belligérant zu *lat.* belligerare „Krieg führen"⟩: (veraltet) der Kriegführende. **Bel|li|ge|rent** [...g...] *der;* -en, -en ⟨zu ↑...ent⟩: svw. Belligerant. **bel|li|kös** ⟨aus gleichbed. *lat.* bellicosus⟩: (veraltet) kriegerisch, streitbar

bel|lis|si|ma ⟨*it.;* Fem. von ↑bellissimo⟩: sehr schön, die schönste (von Frauen). **bel|lis|si|mo** ⟨*it.;* Superlativ von bello „schön, groß", dies aus *lat.* bellus „hübsch", *mlat.* „schön"⟩: sehr schön, der schönste (von Männern)

Bel|li|zist *der;* -en, -en ⟨zu *lat.* bellum „Krieg" u. ↑...ist⟩: Anhänger u. Befürworter des Krieges; Kriegstreiber

bel|lo mo|do ⟨*lat.*⟩: auf schöne, passende Art

bel|lum om|nia con|tra om|nes [- - kɔn... 'ɔmneːs] ⟨*lat.;* „Krieg aller gegen alle"⟩: aus der Staatslehre des engl. Philosophen Th. Hobbes (1588–1679) entstammender Ausspruch, nach dem die Menschen sich eine übermächtige Staatsmaschine einrichten müssen, um sich in ihrem Egoismus nicht selbst zu zerstören

Be|lo|man|tie *die;* - ⟨aus gleichbed. *gr.* belomantía⟩: (veraltet) das Wahrsagen aus mit Zeichen versehenen Pfeilen, die aus dem Köcher gezogen wurden

Be|lo|nit [auch ...'nɪt] *der;* -s, -e ⟨zu *gr.* belónē „Spitze, Nadel" u. ↑²...it⟩: nadelförmiger ↑ Mikrolith (1)
Bel-Pae|se *der;* - ⟨zu *it.* bel(lo) „schön" u. paese „Land, Dorf", eigtl. „schönes Land"⟩: Butterkäse; vollfetter italienischer Weichkäse
¹Be|lu|ga *die;* -, -s ⟨aus gleichbed. *russ.* beluga zu bely „weiß"⟩: 1. russ. Name für den Hausen (einen Störfisch). 2. ältere Bez. für den Weißwal. **²Be|lu|ga** *der;* -s: aus dem Rogen des Hausens bereiteter ↑ Kaviar
Be|lutsch *der;* -[e]s, -e ⟨nach den Belutschen, einem iran. Hirtenvolk in Vorderasien⟩: handgeknüpfter, meist langfransiger Orientteppich aus dem Gebiet der Belutschen
Bel|ve|de|re [bɛlve...] *das;* -[s], -s ⟨aus gleichbed. *it.* belvedere, eigtl. „schöne Aussicht", zu bel „schön" u. vedere „sehen"⟩: 1. (veraltet) Aussichtspunkt. 2. svw. ²Bellevue
Be|ma *das;* -s, -ta ⟨aus *gr.* bēma „Stufe", eigtl. „(Fuß)tritt"⟩: a) svw. Almemar; b) erhöhter Altarraum in orthodoxen Kirchen. **Be|ma|tịst** *der;* -en, -en (meist Plur.) ⟨aus *gr.* bēmatistés „der mit Schritten Abmessende" zu bēmatízein „schreiten"⟩: Vermesser der Wegstrecken im Heer Alexanders des Großen
bé|mol [be'mɔl] ⟨*fr.*⟩: franz. Bez. für das Erniedrigungszeichen in der Notenschrift
Ben ⟨aus *hebr.* u. *arab.* ben „Sohn"⟩: Teil hebräischer u. arabischer Familiennamen mit der Bedeutung „Sohn" od. „Enkel", z. B. Ben Akiba
Be|nar|de *die;* -, -n ⟨aus gleichbed. *fr.* bénarde⟩: (veraltet) Doppelschloß, von beiden Seiten zu schließendes Schloß
Be|na|res *der;* - ⟨nach der ind. Stadt Benares⟩: silbergestickter ind. Seidenstoff
Ben|dạk *der;* -s, -s ⟨aus dem Pers.⟩: hohe, mützenartige Kopfbedeckung der Derwische
be|ne ⟨*lat., it.*⟩: gut! **be|ne|dei|en** ⟨aus *mhd.* benedien, dies über *it.* benedire aus *lat.* benedicere, vgl. benedizieren⟩: segnen, lobpreisen. **Be|ne|dic|tio|na|le** [...dık...] *das;* -, ...lien [...jən] ⟨verkürzt aus *kirchenlat.* benedictionalis liber „Lobpreisungsbuch"⟩: liturgisches Buch für die ↑ Benediktion. **Be|ne|dic|tio|na|ri|um** *das;* -s, ...ien [...jən] ⟨vgl. ...arium⟩: svw. Benedictionale. **Be|ne|dic|tus** *das;* -, - ⟨zu *lat.* benedictus „gesegnet", Part. Perf. von benedicere, vgl. benedizieren⟩: 1. Anfangswort u. Bez. des Lobgesangs des Zacharias nach Lukas 1,67 ff. (liturgischer Hymnus). 2. zweiter Teil des ↑ ²Sanctus. **Be|ne|dik|ten|kraut** *das;* -[e]s, ...kräuter: 1. Bitterdistel (gelbblühender Korbblütler). 2. Echte Nelkenwurz (Rosengewächs). **Be|ne|dik|ti|ner** *der;* -s, - ⟨nach dem Ordensgründer Benedikt von Nursia (um 480 – etwa 547)⟩: 1. Mönch des nach der Regel des hl. Benedikt lebenden Benediktinerordens (Ordinis Sancti Benedicti „vom Orden des hl. Benedikt"; Abk.: OSB). 2. ein feiner Kräuterlikör. **Be|ne|dik|ti|on** *die;* -, -en ⟨aus gleichbed. *lat.* benedictio⟩: Segen, Segnung, kath. kirchliche Weihe. **Be|ne|dịk|tus** vgl. Benedictus. **be|ne|di|zie|ren** ⟨aus *lat.* benedicere „Gutes wünschen, segnen"⟩: segnen, weihen. **Be|ne|fak|tion** *die;* -, -en ⟨aus gleichbed. *lat.* benefactio zu benefacere, vgl. Benefaktiv⟩: (veraltet) Wohltätigkeit. **Be|ne|fak|tiv** *der;* -s, -e [...və] ⟨zu *lat.* benefactum (Part. Perf. Neutrum von benefacere „wohltun, beglücken") u. ↑...iv⟩: Ausdrucksform zur Bezeichnung des Nutznießers einer Handlung, z. B. *ihm* in *er gibt ihm ein Buch* (Sprachw.); Ggs. ↑ Detrimentiv. **Be|ne|fak|tor** *der;* -, ...oren ⟨aus gleichbed. *lat.* benefactor⟩: (veraltet) Wohltäter. **Be|ne|fiz** *das,* -es, -e ⟨aus *lat.* beneficium „Wohltat, Begünstigung" zu benefacere „wohltun"⟩: 1. (veraltet) Lehen. 2. (veraltet) Wohltat. 3. Vorstellung zugunsten eines Künstlers oder für einen wohltätigen Zweck; Ehrenvorstellung. **Be|ne|fi|zẹnz** *die;* -, -en ⟨aus gleichbed. *lat.* beneficentia⟩: svw. Benefaktion. **be|ne|fi|zi|al** ⟨aus gleichbed. *lat.* beneficialis⟩: (veraltet) 1. wohltätig. 2. zu einem Benefizium (3) gehörig. **Be|ne|fi|zi|ant** *der;* -en, -en ⟨zu ↑ ...ant (1)⟩: von einem Benefiz (3) begünstigter Künstler. **Be|ne|fi|zi|ar** *der;* -s, -e ⟨zu ↑...ar (2)⟩: svw. Benefiziat. **Be|ne|fi|zi|at** *der;* -en, -en ⟨zu ↑...at (1)⟩: Inhaber eines [kirchlichen] Benefiziums. **be|ne|fi|zie|ren** ⟨zu ↑...fizieren⟩: (veraltet) Wohltaten erweisen. **Be|ne|fi|zi|um** *das;* -s, ...ien [...jən] ⟨aus *lat.* beneficium, vgl. Benefiz⟩: 1. (veraltet) Wohltat, Begünstigung. 2. mittelalterliches Lehen (zu [erblicher] Nutzung verliehenes Land od. Amt). 3. mit einer Pfründe (Landnutzung od. Dotation) verbundenes Kirchenamt; vgl. Offizium. **Be|ne|fiz|kon|zert** *das;* -[e]s, -e: svw. Benefiz (3). **Be|ne|fiz|vor|stel|lung** *die;* -, -en: svw. Benefiz (3)
Be|ne|lux [auch ...'lʊks]: Kurzw. für die in einer Zoll- u. Wirtschaftsunion zusammengeschlossenen Länder *Bel*gique (Belgien), *N*ederland (Niederlande) u. *Lux*embourg (Luxemburg). **Be|ne|lux|staa|ten** *die* (Plur.): svw. Benelux
Be|ne|me|rẹnz *die;* - ⟨*mlat.* benemerentia zu ↑ bene u. *lat.* merere „verdienen"⟩: (veraltet) das Verdienst um etwas; Wohlverdientheit. **be|ne mis|ce|a|tur** [– mıstse...] ⟨*lat.*⟩: es werde gut gemischt (auf alten Rezepten). **Be|ne|pla|ci|tum** [...tsı...] *das;* -s, Plur. ...ta od. -s ⟨aus *lat.* beneplacitum, Neutrum von beneplacitus „wohlgefällig"⟩: (veraltet) Wohlgefallen, Gutdünken. **be|ne|ven|tie|ren** [...v...] ⟨zu ↑ bene, *lat.* ventum, Part. Perf. (Neutrum) von venire „kommen" u. ↑...ieren⟩: (veraltet) bewillkommnen. **be|ne|vo|lẹnt** [...vɔ...] ⟨aus gleichbed. *lat.* benevolens, Gen. benevolentis⟩: (veraltet) wohlwollend. **be|ne|vo|lus** ⟨*lat.*⟩: wohlwollend, gewogen, freundlich gesinnt
Ben|ga|li|ne *die;* - ⟨nach der Landschaft Bengalen in Vorderindien u. zu ↑...ine⟩: ripsbindiger (nach Ripsart gewebter) Halbseidenstoff. **ben|ga|lisch**: in ruhig-gedämpften Farben leuchtend (in bezug auf Beleuchtung); -es Feuer: buntes Feuerwerk
be|ni|gne ⟨zu *lat.* benignus „gutmütig"⟩: gutartig (z. B. in bezug auf Tumoren); Ggs. ↑ maligne. **Be|ni|gni|tät** *die;* - ⟨aus *lat.* benignitas, Gen. benignitatis „Güte"⟩: 1. Gutartigkeit einer Krankheit (Med.); Ggs. ↑ Malignität. 2. (veraltet) Güte, Milde, Gutherzigkeit
¹Ben|ja|min *der;* -s, -e ⟨aus *hebr.* ben jamin „Sohn der rechten (Seite)", d. h. des Südens; nach dem jüngsten Sohn Jakobs im A. T.⟩: (scherzh.) Jüngster einer Gruppe od. Familie. **²Ben|ja|min** *der;* -s, -e ⟨zu ↑¹Benjamin⟩: kurzer, zweireihiger Herrenmantel (Mode); Kurzform Benny
ben le|ga|to ⟨*it.*⟩: gut gebunden (Vortragsanweisung; Mus.)
ben mar|ca|to [– ...'ka:to] ⟨*it.*⟩: gut betont, scharf markiert, akzentuiert (Vortragsanweisung; Mus.)
Bẹn|ne *die;* -, -n ⟨über *fr.* benne „Tragkorb, Kübel, Wagenkasten" aus *gall.* benna „Wagen"⟩: (schweiz. mdal.) Schubkarren
Ben|net|ti|tee *die;* -, -n (meist Plur.) ⟨zu *nlat.* bennettitales, nach dem engl. Botaniker J. J. Bennett (19. Jh.)⟩: Ordnung fossiler Pflanzen der ↑ Trias u. der Kreidezeit
Bẹn|nuß vgl. Behennuß
Bẹn|ny *der;* -s, -s: Kurzform von ↑ ²Benjamin. **Bẹn|ny|gown** [...gaʊn] *das;* -[s], -s ⟨zu *engl.* gown „Robe, Talar"⟩: seidene Hausjacke für den Herrn (Mode)
Bẹn|tang *das;* -s, -s ⟨aus gleichbed. *afrik.* benteng, bentengi⟩: Männergemeinschaftshaus in Westafrika für Versammlungen u. kultische Handlungen
bẹn te|nu|to ⟨*it.*⟩: gut gehalten (Vortragsanweisung; Mus.)
ben|thal ⟨zu ↑ Benthos u. ↑¹...al (1)⟩: das Benthal betref-

Benthal

fend, zu ihm gehörend. **Ben|thal** *das;* -s ⟨zu ↑¹...al (2)⟩: Region des Gewässergrundes od. Meeresbodens (Biol.). **ben|thisch** vgl. benthal. **ben|tho|gen** ⟨zu ↑...gen⟩: aus vulkanischen Tiefen entstanden (Geol.). **ben|tho|nisch**: das Benthos betreffend. **Ben|thos** *das;* - ⟨aus *gr.* bénthos „Tiefe, Meerestiefe"⟩: die Tier- u. Pflanzenwelt des Meeresbodens; vgl. Aerobios. **Ben|tho|skop** *das;* -s, -e ⟨zu ↑...skop⟩: eine stählerne Tauchkugel, die an einem langen Drahtseil von einem Begleitschiff aus bewegt wird

Ben|to|nit [auch ...' nɪt] *der;* -s, -e ⟨nach dem ersten Fundort in der Gegend von Fort Benton in Montana, USA, u. zu ↑²...it⟩: ein Ton mit starkem Quellungsvermögen

benz..., Benz... vgl. benzo..., Benzo... **Ben|zal|de|hyd** *der;* -s, -e ⟨Kurzw. aus ↑*benzo*... u. ↑*Aldehyd*⟩: künstliches Bittermandelöl. **Ben|zen** *das;* -s, -e ⟨Kurzw. aus ↑*benzo*... u. ↑...*en*⟩: svw. Benzol. **Ben|zi|din** *das;* -s ⟨zu ↑ Benzin⟩: Ausgangsstoff der Benzidinfarbstoffe. **Ben|zin** *das;* -s, -e ⟨zu ↑benzo... u. ↑...in (1)⟩: Gemisch aus gesättigten Kohlenwasserstoffen, bes. verwendet als: a) Treibstoff für Vergasermotoren; b) Lösungs-u. Reinigungsmittel. **ben|zo..., Ben|zo...**, auch *benzo..., Benz...* ⟨aus *mlat.* benzoë, vgl. Benzoe⟩: Wortbildungselement mit der Bedeutung „(aromatische) Kohlenwasserstoffe enthaltend", z. B. Benzaldehyd, Benzin, benzoid, Benzoyl. **Ben|zo|at** *das;* -[e]s, -e ⟨zu ↑...at (2)⟩: Salz der Benzoesäure. **Ben|zoe** [...*tsoe*] *die;* - u. **Ben|zoe|harz** *das;* -es ⟨zu *mlat.* benzoë (Name eines südostasiat. Harzes, zunächst Bez. für das Teerdestillat Benzol, dann auf das Erdöldestillat übertragen), dies über gleichbed. *it.* bengiui aus *arab.* lubān ǧāwī „Weihrauch aus Java"⟩: wohlriechendes Harz bestimmter ostindischer u. indochinesischer Benzoebaumarten (Verwendung als Räuchermittel, in der Parfümherstellung u. als Heilmittel). **Ben|zoe|säu|re** *die;* -: ein Konservierungsmittel. **ben|zo|id** ⟨zu ↑benzo... u. ↑...oid⟩: die Struktur des Benzols aufweisend. **Ben|zol** *das;* -s, -e ⟨Kurzw. aus ↑*benzo*... u. ↑Alkohol⟩: Teerdestillat [aus Steinkohlen], einfachster aromatischer Kohlenwasserstoff (Ausgangsmaterial vieler Verbindungen; Zusatz zu Treibstoffen; Lösungsmittel). **Ben|zol|car|bon|säu|re** [...kar...] *die;* -: svw. Benzoesäure. **Ben|zo|yl** *das;* -s ⟨Kurzw. aus ↑ *benzo*... u. ↑...*yl*⟩: Restgruppe des Moleküls der Benzoesäure. **ben|zoy|lie|ren** [...tʃoy...] ⟨zu ↑...ieren⟩: eine Benzoylgruppe in eine chem. Verbindung einführen. **Benz|py|ren** *das;* -s ⟨zu *gr.* pyroῦn „brennen" u. ↑...en⟩: ein krebserzeugender Kohlenwasserstoff (in Tabakrauch, Auspuffgasen u. a.). **Ben|zyl** *das;* -s ⟨zu ↑...yl⟩: einwertige Restgruppe des ↑Toluols. **Ben|zyl|al|ko|hol** *der;* -s: in vielen Blütenölen vorkommender aromatischer Alkohol (Grundstoff für Parfüme)

Beo *der;* -, -s ⟨aus dem Indones.⟩: Singvogel aus Indien

Be|ra|cha *die;* -, ...chot [...'xo:t] ⟨aus gleichbed. *hebr.* berakā zu bārak „segnen"⟩: Bez. für ↑Benediktionen, Segensformeln orthodoxer Juden für verschiedene Anlässe

Be|rat vgl. Barat

Ber|ber *der;* -s, - ⟨nach dem nordafrik. Volk⟩: 1. ein wollener Knüpfteppich. 2. jmd., der keinen festen Wohnsitz hat; Nichtseßhafter, Landstreicher

Ber|be|rin *das;* -s ⟨zu ↑Berberitze u. ↑...in (1)⟩: aus der Wurzel der Berberitze gewonnenes ↑Alkaloid (gelber Farbstoff u. Bittermittel). **Ber|be|rit|ze** *die;* -, -n ⟨aus *mlat.* berberis „Sauerdorn", weitere Herkunft ungeklärt⟩: Zierstrauch der Gattung Sauerdorn

Ber|be|ro|lo|ge *der;* -n, -n ⟨zu ↑ Berber u. ↑...loge⟩: jmd., der sich wissenschaftlich mit der Berberologie befaßt. **Ber|be|ro|lo|gie** *die;* - ⟨zu ↑...logie⟩: Wissenschaft von der Sprache u. der Kultur der Berber. **ber|be|ro|lo|gisch** ⟨zu ↑...logisch⟩: die Berberologie betreffend

Ber|ceau [bɛr'so:] *der;* -s, -s ⟨aus *fr.* berceau „Wiege" zu bercer „schaukeln, wiegen", dies über *galloroman.* *bertiare aus *gall.* *bertā „schütteln"⟩: (veraltet) Laubengang. **Ber|ceu|se** [bɛr'sø:zə] *die;* -, -n ⟨aus gleichbed. *fr.* berceuse⟩: 1. Wiegenlied (Mus.). 2. (veraltet) Schaukelstuhl

Bé|ret ['bɛrɛ] *das;* -s, -s ⟨aus gleichbed. *fr.* béret, dies aus *galloroman.* birrum „Kapuze"; vgl. Barett⟩: (schweiz., auch luxemburgisch) Baskenmütze

Ber|ga|ma *der;* -[s], -s ⟨nach der türk. Stadt Bergama⟩: handgeknüpfter, streng geometrisch gemusterter Orientteppich

Ber|ga|mas|ca [...ka] *die;* -, -s ⟨*it.;* nach dem Gebiet um Bergamo⟩: fröhlicher italienischer Volkstanz

Ber|ga|mo vgl. Bergama

Ber|ga|mot|te *die;* -, -n ⟨aus gleichbed. *fr.* bergamote, dies über *it.* bergamotta aus *türk.* bey-armûdī „Herrenbirne"; vgl. Beg⟩: 1. eine Zitrusfrucht. 2. eine Birnensorte. **Ber|ga|mot|te|li|kör** *der;* -s, -e: gelbgrüner Likör aus den Schalen der ↑ Bergamotte (1). **Ber|ga|mott|öl** *das;* -[e]s, -e: aus den Schalen der Bergamotte (1) gewonnenes Öl für Parfüme u. Liköre

Ber|ge|nie [...iə] *die;* -, -n ⟨aus gleichbed. *nlat.* bergenia, nach dem dt. Botaniker K. A. v. Bergen, 1704–1759⟩: immergrünes Steinbrechgewächs (beliebte Zierstaude)

Ber|ge|re [bɛr'ʒe:rə] *die;* -, -n ⟨aus gleichbed. *fr.* bergère, eigtl. „Schäferin"; vgl. Bergerette⟩: 1. (veraltet) bequemer, gepolsterter Lehnsessel. 2. ein schlichter Kopfputz. **Ber|ge|ret|te** [bɛrʒɛ...] *die;* -, -n ⟨aus *fr.* bergerette, „Hirtenlied" zu berger „Schäfer", dies über *galloroman.* *berbice aus *mlat.* berbicarius „Schafhirt", dies zu *lat.* vervex „Schaf"⟩: 1. Hirten-, Schäferstück (Mus.). 2. (veraltet) Getränk aus Wein u. Honig. **Ber|ge|rie** *die;* -, ...ien ⟨aus gleichbed. *fr.* bergerie⟩: svw. Bergerette (1)

Ber|gilt *der;* -[e]s, -e ⟨aus gleichbed. *norw.* berggylta, dies zu berg „Felsen" u. gylta „Sau, Schwein"⟩: Goldbarsch

Berg|so|nis|mus *der;* - ⟨nach dem franz. Philosophen Henri Bergson (1859–1941) u. zu ↑...ismus (1)⟩: philos. Anschauung, wonach die Welt u. das Leben nicht durch den Verstand, sondern allein über Intuitionen erfaßbar sei

Be|ri|be|ri *der;* - ⟨Verdoppelung von *singhales.* beri „Schwäche"⟩: Vitamin-B₁-Mangel-Krankheit (bes. in ostasiat. Ländern) mit Lähmungen u. allgemeinem Kräfteverfall

Ber|kan *der;* -s ⟨über *mlat.* barracanus aus *pers.* baranka „Schafwolle"⟩: ein glatter Wollstoff

Ber|ke|li|um *das;* -s ⟨aus gleichbed. *nlat.* bercelium, nach der nordamerik. Universitätsstadt Berkeley⟩: chem. Element (ein Transuran); Zeichen Bk

Ber|ko|wez *der;* -, - ⟨aus gleichbed. *russ.* berkovez zu älter *russ.* *brkovsk pod „Gewicht der Stadt Björkö am Mälarsee"⟩: russ. Schiffspfund, alte russ. Gewichtseinheit von 10 Pud (163 kg)

Berk|shire ['bɑːkʃɪə] *das;* -s, -s ⟨nach der gleichnamigen engl. Grafschaft⟩: schnellwüchsiges, schwarzes Schwein mit weißen Flecken

Ber|li|na|le *die;* -, -n ⟨zum Namen der dt. Hauptstadt, Berlin, Analogiebildung zu ↑ Biennale⟩: Bez. für die alljährlich in Berlin stattfindenden Filmfestspiele. **Ber|li|ne** *die;* -, -n ⟨nach dem ersten Herstellungsort Berlin u. zu ↑...ine⟩: (im 17. u. 18. Jh.) viersitziger Reisewagen mit einem Verdeck, das zurückgeschlagen werden konnte. **Ber|lin|got** [...lɛ̃'go:] *der;* -s, -s ⟨aus gleichbed. *fr.* berlingot⟩: eine Form der Berline, Zweisitzer

Ber|li|nit [auch ...'nɪt] *der;* -s, -e ⟨nach dem schwed. Chemiker N. J. Berlin (1821-1891) u. zu ↑²...it⟩: ein faseriges Mineral

Ber|lo̯cke¹ *die;* -, -n ⟨aus *fr.* berloque, Nebenform von breloque „zierliche Kleinigkeit, Uhrgehänge"⟩: kleiner Schmuck an [Uhr]ketten (Mode im 18. u. 19. Jh.)

Ber|me *die;* -, -n ⟨über gleichbed. *fr.* berme aus *niederl.* berm, dies aus *mittelniederl.* bærm⟩: waagerechter Absatz in hohen Dämmen u. Böschungen, bes. in Tagebauen

Ber|mu̯|da|ho|sen, Ber|mu̯|das, Ber|mu̯|da|shorts [...ʃoːɐ̯ts] *die* (Plur.) ⟨nach den Bermudas, einer Inselgruppe im Atlantik⟩: a) enganliegende, fast kniealange ↑Shorts; b) enganliegende kniealange Badehose

Ber|nar|don [...'dõː] *der;* -s, -s ⟨in Anlehnung an den franz. Personennamen Bernard vom Wiener Schauspieler J. Kurz geprägte Phantasiebezeichnung⟩: komische Figur des Wiener Volkstheaters im 18. Jh.

Berne [bɛrn] *die;* - ⟨aus gleichbed. *fr.* berne⟩: 1. Fuchsprellen, ein altes, früher beliebtes Spiel. 2. (veraltet) Signalfahne für die Schiffsmannschaft. **Ber|neur** [bɛr'nøːɐ̯] *der;* -s, Plur. -s od. -e ⟨aus gleichbed. *fr.* berneur zu berner, vgl. bernieren⟩: (veraltet) Preller, Spötter. **ber|nie̯|ren** ⟨aus gleichbed. *fr.* berner⟩: (veraltet) prellen, lächerlich machen

Ber|noise [...'no̯aːz] *die;* -, -n [...zən] ⟨nach der franz. Namensform des schweiz. Kantons Bern⟩: Berner Tanz

Be|ro|li|na *die;* - ⟨nach dem nlat. Namen für Berlin⟩: 1. Frauengestalt als Sinnbild Berlins. 2. (berlinisch, scherzh.) große, kräftig gebaute Frau. **Be|ro|li|nis|mus** *der;* -, ...men ⟨zu ↑...ismus (4)⟩: der Berliner Umgangssprache eigentümlicher Ausdruck

Ber|sa|glie̯|re [...sal'jeːrə] *der;* -[s], ...ri (meist Plur.) ⟨aus gleichbed. *it.* bersagliere zu bersaglio „Zielscheibe", dies über *altfr.* bersail zu berser „schießen"⟩: Angehöriger der ital. Scharfschützentruppe

Ber|ser|ker [auch 'bɛr...] *der;* -s, - ⟨aus *altnord.* berserkr „Bärenfell, Krieger im Bärenfell"⟩: 1. wilder Krieger der altnord. Sage. 2. a) kampfwütiger, sich wild gebärdender Mann; b) kraftstrotzender Mann. **ber|ser|kern:** (veraltet) wie ein Berserker wüten

Ber|the *die;* -, -n ⟨aus gleichbed. *fr.* berthe⟩: kragenartige Einfassung des Halsausschnittes (Damenmode um 1850)

Ber|til|lo|na̯|ge [...'jeː] *die;* - ⟨nach dem franz. Anthropologen A. Bertillon († 1914) u. zu ↑...age⟩: überholtes Verfahren zur Wiedererkennung rückfälliger Verbrecher durch Registrierung unveränderlicher Körpermerkmale

Ber|tran|dit [auch ...'dɪt] *der;* -s, -e ⟨nach dem franz. Geologen M. A. Bertrand (1847-1907) u. zu ↑²...it⟩: ein farbloses bis hellgelbes Mineral, das in ↑Pegmatiten vorkommt

Be|ryll *der;* -[e]s, -e ⟨über *lat.* beryllus aus *gr.* bḗryllos, dies aus *mittelind.* veruliya, zum alten Namen Velūr der ind. Stadt Belūr⟩: ein Edelstein. **Be|ryl|lio|se** *die;* -, -n ⟨zu ↑¹...ose⟩: durch ↑Beryllium hervorgerufene Staublungenerkrankung. **Be|ryl|li|um** *das;* -s ⟨zu ↑...ium⟩: chem. Element, Metall; Zeichen Be. **Be|ryl|lo|nit** [auch ...'nɪt] *der;* -s, -e ⟨zu ↑²...it⟩: ein farbloses od. trübes, berylliumhaltiges Mineral

Be|sace [bə'zas] *die;* -, -n [bə'zasn̩] ⟨aus gleichbed. *fr.* besace, dies aus *it.* mezzana u. bisaccia⟩: (veraltet) Quer-, Bettelsack. **Be|sa|cier** [...'sie̯ː] *der;* -s, -s ⟨aus gleichbed. *fr.* besacier⟩: (veraltet) Bettler, der quer über den Leib einen Bettelsack trägt

Be|san [auch 'beː...] *der;* -s, -e ⟨aus gleichbed. *mittelniederl.* besane, dies über *it.* mezzana „Besansegel, -mast" zu *lat.* medianus „in der Mitte befindlich"⟩: a) Segel am hintersten Mast; b) der hinterste Mast; Besanmast

Be|schir *der;* -[s], -[s] ⟨aus dem Turkmenischen⟩: rotgrundiger turkmenischer Teppich mit Blüten- od. Wolkenbandmuster

Besch|met *der;* -, -s ⟨aus dem Tatar.⟩: umhangartiges Kleidungsstück kaukas. u. türk. Völker

Be|sem|schon *das;* -s ⟨aus *niederl.* bezemschoon „besenrein"⟩: Vergütung für die an der Verpackung hängenbleibenden Warenteilchen

Bé|sigue [beˈziːk], **Be|sik** *das;* -s ⟨aus gleichbed. *fr.* bésique, weitere Herkunft unsicher⟩: ein Kartenspiel

Be|so|gne [bə'zɔnjə] *die;* -, -n ⟨aus gleichbed. *fr.* besogne, weitere Herkunft unsicher⟩: (veraltet) Besorgung, Geschäft, Arbeit. **Be|soin** [bə'zo̯ɛ̃ː] *das;* -s, -s ⟨aus gleichbed. *fr.* besoin⟩: (veraltet) Bedarf, Bedürfnis, Not

Bes|se|mer|bir|ne *die;* -, -n ⟨nach dem engl. Erfinder H. Bessemer, 1813-1898⟩: birnenförmiger Behälter zur Stahlherstellung. **bes|se|mern:** Stahl nach dem Verfahren Bessemers herstellen

Be|stiaire [bɛsˈtjɛː] *das;* -s, -s ⟨aus *fr.* bestiaire „Tierbuch"⟩: svw. Bestiarium. **be|stia̯|lisch** ⟨aus *lat.* bestialis „tierisch"⟩: 1. (abwertend) unmenschlich, viehisch, teuflisch. 2. (ugs.) fürchterlich, unerträglich, z. B. hier stinkt es -. **be|stia̯|li|sie̯|ren** ⟨zu ↑...isieren⟩: (veraltet) verrohen, vertieren, zum Unmenschen machen. **Be|stia̯|li|tät** *die;* -, -en ⟨zu ↑...ität⟩: a) (ohne Plur.) Unmenschlichkeit, grausames Verhalten; b) grausame Handlung, Tat. **Be|stia̯|ri|er** [...i̯ɐ] *der;* -s, - ⟨aus gleichbed. *lat.* bestiarius⟩: mit Tieren kämpfender Gladiator im alten Rom. **be|stia̯|risch:** die Bestiarier betreffend; -e Spiele: Gladiatorenkämpfe im alten Rom. **Be|stia̯|ri|um** *das;* -s, ...ien [...i̯ən] ⟨zu *lat.* bestiarius „die Tiere betreffend"⟩: Titel mittelalterlicher Tierbücher. **Be|stie** [...i̯ə] *die;* -, -n ⟨aus *lat.* bestia (wildes) Tier"⟩: sich wild, brutal, grausamroh gebärdendes Tier. **Be|sti|en|ka|pi|tell** [...i̯ən] *das;* -s, -e: romanisches ↑Kapitell mit symbolischen Tiergestalten. **Be|sti|en|säu|le** *die;* -, -n: Säule mit reliefartigen Darstellungen miteinander kämpfender Tiere (romanische Kunst)

Best|sel|ler *der;* -s, - ⟨aus gleichbed. *engl.* bestseller zu to sell „verkaufen"⟩: etwas (bes. ein Buch), was [einige Zeit] sehr gut verkauft wird; vgl. Longseller, Steadyseller

Be|ta *das;* -[s], -s ⟨aus *gr.* bēta⟩: zweiter Buchstabe des griech. Alphabets B, β. **Be|ta...** ⟨zu ↑Beta⟩: Wortbildungselement zur Kennzeichnung einer Abstufung. **Be|ta|al|ko|ho|li|ker** *der;* -s, - ⟨zu ↑Beta... u. ↑Alkoholiker⟩: Gelegenheitstrinker ohne psychische u. physische Abhängigkeit. **Be|ta|bi|on** Ⓦ *das;* -s ⟨Kunstw.⟩: Vitamin-B₁-Präparat. **Be|ta|blocker¹** *der;* -s, -: Kurzform von ↑Betarezeptorenblocker

Be|ta|fit [auch ...'fit] *der;* -s, -e ⟨nach dem Fundort Betafo auf Madagaskar u. zu ↑²...it⟩: ein grünliches niob- u. tantalhaltiges Uranmineral

Be|ta|glo|bu|lin *das;* -s, -e ⟨zu ↑Beta... u. ↑Globulin⟩: heterogene Eiweißfraktion (vgl. Fraktion 2) des Serums (Med.)

Be|ta|in *das;* -s ⟨zu *lat.* beta „Rübe" u. ↑...in (1)⟩: aus Rübenmelasse gewonnene Aminosäure (inneres Ammoniumsalz; Arzneimittel bei fehlender Magensäure)

Be|ta|mi|me|ti|kum *das;* -s, ...ka ⟨zu ↑Beta..., *gr.* mimētikós „zur Nachahmung gehörig" u. ↑...ikum⟩: Substanz, die im Körper die gleichen Erscheinungen hervorruft, wie sie durch die Betarezeptoren ausgelöst werden (Med.). **Be|ta|re|zep|tor** *der;* -s, ...o̯ren: ↑Rezeptor (2) des sympathischen Nervensystems (Med., Physiol.). **Be|ta|re|zep|to|ren|blocker¹** *der;* -s, - ⟨zu *engl.* to block „blockieren, hemmen, (ver)hindern"⟩: chem. Substanz, Arzneimittel zur Behandlung bestimmter Herzkrankheiten, Bluthochdruck

Betaspektrograph

u. a. (Med., Chem.). **Be|ta|spek|tro|graph** *der;* -en, -en: automatisch registrierendes Betaspektrometer. **Be|ta|spek|tro|me|ter** *das;* -s, -: Meßgerät zur genauen Messung der Energie- od. Impulsverteilung von Betastrahlen. **Be|ta|spek|trum** *das;* -s, ...tren: Energiespektrum der Betateilchen beim ↑ Betazerfall (Kernphys.). **Be|ta|strah|len, β-Strah|len** *die* (Plur.): radioaktive Strahlen, die aus Elektronen bestehen. **Be|ta|strah|ler, β-Strah|ler** *der;* -s, -: eine ↑ Betastrahlen aussendende radioaktive Substanz. **Be|ta|sym|pa|thi|ko|ly|se** *die;* -, -n: Hemmung der Betarezeptoren sympathischer Nerven durch Arzneimittel (Med., Chem.). **Be|ta|sym|pa|thi|ko|ly|ti|kum** *das;* -s, ...ka: Arzneimittel, das die Betarezeptoren sympathischer Nerven hemmt. **Be|ta|teil|chen, β-Teilchen** *die* (Plur.): beim radioaktiven Zerfall ↑ emittierte Elektronen. **Be|ta|tron** *das;* -s, Plur. ...one, auch -s ⟨Kurzw. aus ↑ *Beta*strahlen u. ↑ Elek*tron*⟩: Gerät zur Beschleunigung von Elektronen, Elektronenschleuder. **Be|ta|wel|len, β-Wel|len** *die* (Plur.): im ↑ Elektroenzephalogramm auftretende wellenförmige Kurven mit einer Frequenz von 14–30 Hertz. **Be|ta|xin** ⓦ *das;* -s ⟨Kunstw.⟩: Vitamin-B₁-Präparat; vgl. Betabion. **Be|ta|zer|fall, β-Zer|fall** *der;* -[e]s, ...fälle: der mit der Emission von ↑ Betastrahlen verbundene Zerfall instabiler Atomkerne (Kernphys.). **Be|ta|zis|mus** *der;* - ⟨zu ↑ ...ismus (4)⟩: Verhärtung der Aussprache von „v" zu „b", z. B. in der tschech. Umgangssprache „buřt" aus dt. „Wurst"

bête [bɛːt] ⟨aus *fr.* bête „dumm, einfältig", dies über *vulgärlat.* besta zu *lat.* bestia, vgl. Bestie⟩: in der Fügung - sein: [im Spiel] verloren haben. **Bête** *die;* -, -n [ˈbɛtən] od. *das;* -s, -n [ˈbɛtən]: Einsatz, Strafsatz od. das Geld des Verlierers beim Kartenspiel; - machen: setzen; - ziehen: einen Satz od. ein Spiel gewinnen

Be|tel *der;* -s ⟨aus gleichbed. *port.* bétele, dies aus *Malayalam* vettila „einfaches, bloßes Blatt"⟩: indisch-malaiisches Kau- u. Genußmittel aus der Frucht der Betelnußpalme

be|tex|ten ⟨zu ↑ Text⟩: z. B. Bilder mit Text[en] versehen

Beth ⟨aus *hebr.* bêt „Haus, Wohnung"⟩: Bestandteil vieler hebr. Ortsnamen, z. B. Bethel „Haus des Herrn", Bethlehem „Haus des Brotes"

be|tha|ni|sie|ren ⟨Kunstw.⟩: Kabel auf ↑ elektrolytischem Wege zum Schutz gegen mechanische Einflüsse verzinnen

Beth Din *der;* - -, - - ⟨aus *hebr.* bêt-dîn „Gerichtshof"⟩: ein mit wenigstens drei ↑ Rabbinern besetztes Gericht, das religiöse Streitfragen u. in freiwilliger Gerichtsbarkeit Rechtssachen jüdischer Gemeindeglieder entscheidet, soweit dem nicht die staatliche Gesetzgebung entgegensteht

Be|ti|kol *das;* -s ⟨zu *fr.* bête „Tier" (vgl. bête) u. *gr.* kólla „Leim"⟩: in kaltem Wasser löslicher tierischer Leim. **Be|ti|se** *die;* -, -n ⟨aus gleichbed. *fr.* bêtise zu bête „dumm, einfältig"⟩: Dummheit

Be|ton [beˈtɔŋ, auch beˈtõː u. (österr. nur) beˈtoːn] *der;* -s, Plur. -s u. (bei nichtnasalierter Ausspr.) -e ⟨aus gleichbed. *fr.* béton, dies aus *lat.* bitumen „Erdharz, Erdpech"⟩: Baustoff aus einer Mischung von Zement, Wasser u. Zuschlagstoffen (Sand, Kies u. a.). **Be|ton...**: Wortbildungselement, mit dem Unpersönlichkeit, Häßlichkeit u. ä. emotional-abwertend charakterisiert werden soll, z. B. in Betonbrutalität, -bunker (für Hochhaus), -burg, -getto, -klotz, -wüste

Be|to|nie [...i̯ə] *die;* -, -n ⟨aus *lat.* betonica, entstellt aus (herba) vettonica „vettonische Pflanze" (genannt nach ihrem Vorkommen im Gebiet der Vettonen, einer Völkerschaft im alten Spanien) u. zu ↑¹...ie⟩: eine rote Wiesenblume

be|to|nie|ren ⟨aus gleichbed. *fr.* bétonner zu béton, vgl. Beton⟩: 1. a) mit Beton bauen, ausbauen; b) mit einem Betonbelag versehen. 2. stark, unverrückbar festlegen (z. B. einen Standpunkt). **Be|ton|kos|me|ti|ker** *der;* -s, -: Arbeiter, der Schäden am Beton beseitigt. **Be|ton|nage** [betɔˈnaːʒə] *die;* -, -n [...ʒn̩] ⟨aus gleichbed. *fr.* bétonnage⟩: (veraltet) das Betonieren

Bet|ting *das;* -s, -s ⟨aus gleichbed. *engl.* betting zu bet „Wette", weitere Herkunft unsicher⟩: (veraltet) das Wetten, bes. bei Wettrennen

Beur|ré [bœˈreː] *der;* -s, -s ⟨aus gleichbed. *fr.* beurré zu beurre „Butter"⟩: (veraltet) Butterbirne

Be|va|tron [ˈbeːvatroːn, auch ...ˈtroːn] *das;* -s, Plur. -s od. ...trone ⟨Kunstw. aus *amerik.* billion electron volts u. synchro*tron*⟩: Teilchenbeschleuniger (Phys.)

Be|vue [beˈvyː] *die;* -, -n [beˈvyːən] ⟨aus gleichbed. *fr.* bévue, dies zu *altfr.* bes „schief, falsch" u. vue, Part. Perf. (Fem.) von voir „sehen"⟩: (veraltet) Versehen, Mißgriff

Bey [bai] *der;* -s, Plur. -e u. -s ⟨aus *türk.* bey „Herr"⟩: svw. Beg

Be|zette [bəˈzɛt] *die;* -, -n [bəˈzɛtən] ⟨aus gleichbed. *fr.* bezettes (Plur.)⟩: früher in Südfrankreich gebräuchliches, rot eingefärbtes Läppchen [zum Schminken, zum Färben von Backwerk]

Be|ziers [beˈzjeː] *der;* - ⟨nach der gleichnamigen Stadt im Canal du Midi⟩: ein weißer Bordeauxwein

be|zir|zen vgl. becircen

Be|zo|ar *der;* -s, -e u. **Be|zo|ar|stein** *der;* -[e]s, -e ⟨über *span.* bezoar „Ziegenstein" aus *arab.* bāzahr, dies aus *pers.* bādzahr, pādzahr „Gegengift"⟩: Magenstein von Wiederkäuern (z. B. der asiat. Bezoarziege; in der Volksmedizin gebraucht). **Be|zo|ar|wur|zel** *die;* -, -n: Wurzel eines südamerik. Maulbeergewächses (gegen Schlangenbiß). **Be|zo|ar|zie|ge** *die;* -, -n: eine asiat. Wildziege

Bha|ga|wad|gi|ta [ba...] *die;* - ⟨aus *sanskr.* bhagavad-gītā „Gesang des Erhabenen"; vgl. Bhagvan⟩: altindisches religionsphilosophisches Lehrgedicht in 18 Gesängen (Teil des ↑ Mahabharata). **Bhag|van** [ˈbagvan], **Bhag|wan** *der;* -s, -s ⟨aus *Hindi* bhagvan zu *sanskr.* bhagavan „der Erhabene"⟩: 1. (ohne Plur.) Ehrentitel für religiöse Lehrer des Hinduismus. 2. Träger des Ehrentitels Bhagvan

Bhak|ti [ˈbakti] *die;* - ⟨aus gleichbed. *sanskr.* bhaktí⟩: liebende Hingabe an Gott, der wichtigste Heilsweg des ↑ Hinduismus

Bhar [baːr̩] vgl. Bahar

Bhik|ku [ˈbiku] *der;* -s, -s ⟨*Pali*; „Bettler"⟩: buddhistischer Bettelmönch. **Bhik|schu** *der;* -s, -s ⟨aus *sanskr.* bhikṣu „Bettler"⟩: ↑ brahmanischer Bettelmönch (vierte Stufe des Brahmanentums)

Bhu|ta [ˈbuːta] *der;* -s ⟨aus *sanskr.* bhūtá „Wesen"⟩: Dämon od. Gespenst, das sich nach ind. Vorstellung bes. auf Leichenplätzen aufhält

bi ⟨verselbständigt aus ↑ bi...⟩: (ugs.) kurz für ↑ bisexuell

bi..., Bi..., vor Vokalen oft bin..., Bin... ⟨aus gleichbed. *lat.* bi- zu bis „zweimal"⟩: Wortbildungselement mit der Bedeutung „zwei, doppel[t]", z. B. Bigamie, binaural

Biaise|ment [bjɛːzˈmãː] *das;* -s, -s ⟨aus gleichbed. *fr.* biaisement zu biaiser, vgl. biaisieren⟩: (veraltet) a) Abweichung, Krümmung; b) Winkelzüge. **Biai|seur** [...ˈzøːr̩] *der;* -s, -e ⟨aus gleichbed. *fr.* biaiseur⟩: (veraltet) Abweichler, jmd., der gern Winkelzüge macht. **biai|sie|ren** ⟨aus gleichbed. *fr.* biaiser zu biais „schief, schräg", dies wahrscheinlich über gleichbed. *provenzal.* biais zu *gr.* epikársios „schräg, quer, seitwärts"⟩: (veraltet) abweichen, schräg verlaufen

Bi|an|drie *die;* - ⟨zu ↑ bi..., ↑ andro... u. ↑²...ie⟩: das gleichzeitige Verheiratetsein mit zwei Männern (Völkerk.)

Bi|ar|chie *die;* -, ...ien ⟨zu ↑bi..., *gr.* archḗ „Herrschaft, Regierung" u. ↑²...ie⟩: Doppelherrschaft. **bi|ar|chisch:** die Doppelherrschaft betreffend, mitregierend

bi|ar|ti|ku|liert ⟨zu ↑bi..., *lat.* articulus „kleines Gelenk, Glied" u. ↑...iert⟩: zweigelenkig, mit zwei Gelenken ausgestattet

Bi|as ['baɪəs] *das;* -, - ⟨aus *engl.-amerik.* bias „Vorurteil" zu *fr.* biais „schief, schräg"; vgl. biaisieren⟩: durch falsche Untersuchungsmethoden (z. B. durch Suggestivfragen) verursachte Verzerrung des Ergebnisses einer Repräsentativerhebung (Meinungsforschung)

Bi|as|mus *der;* - ⟨aus gleichbed. *nlat.* biasmus zu *gr.* biázein „zwingen", dies zu bía „Gewalt"⟩: (veraltet) Notzucht

Bi|ath|let *der;* -en, -en ⟨zu ↑bi... u. ↑Athlet⟩: jmd., der Biathlon betreibt. **Bi|ath|lon** *das;* -s, -s ⟨zu *gr.* āthlon „Kampf"⟩: Kombination aus Skilanglauf u. Scheibenschießen als wintersportliche Disziplin

bi|ato|misch ⟨zu ↑bi... u. ↑Atom⟩: die doppelte Anzahl an Atomen enthaltend

bi|atria|tisch ⟨zu ↑bi... u. ↑Atrium⟩: zwei Vorhöfe (vgl. Atrium 3) aufweisend (Med.)

bi|au|ral vgl. binaural

Bi|bax *der;* -[es], -e ⟨zu *lat.* bibax „trunksüchtig", dies zu bibere „trinken"⟩: (veraltet) Zechbruder. **Bi|ba|zi|tät** ⟨zu ↑...ität⟩: (veraltet) Trunksucht

Bi|bel *die;* -, -n ⟨über *mhd.* biblie (Sing.) aus *mlat.* biblia „die Bücher (der Heiligen Schrift)", dem Plur. von *gr.* biblíon „Schriftrolle, Buch"⟩: 1. die Heilige Schrift des Alten u. Neuen Testaments. 2. (ugs. scherzh.) a) maßgebendes Buch, maßgebende Schrift; Buch, das Gedanken o. ä. enthält, die jmdm. od. einer Gruppe als Richtschnur dienen; b) dickes, großes Buch. **Bi|bel|kon|kor|danz** *die;* -, -en: alphabetische Zusammenstellung von biblischen Wörtern u. Begriffen mit Stellenangabe. **Bi|bel|kri|tik** *die;* -: kritische historisch-philologische Untersuchung der Bibeltexte

Bi|be|lot [...'lo:] *der;* -s, -s ⟨aus gleichbed. *fr.* bibelot⟩: Nippsache, Kleinkunstwerk

Bi|bel|re|gal *das;* -s, -e ⟨zu ↑Bibel u. ↑²Regal⟩: kleine tragbare Orgel des 16.–18. Jh.s (Größe einer Bibel)

Bi|be|rẹt|te *die;* -, -n ⟨französierende Neubildung zu *dt.* Biber; vgl. ...ette⟩: 1. Kaninchenfell, das durch Veredlung biberähnlich gemacht worden ist. 2. plüschartiger Stoff

Bi|ber|nel|le *die;* -, -n ⟨zu *lat.* pipinella „kleines Ding"⟩: svw. Pimpernell

Bi|bi *der;* -s, -s ⟨aus *fr.* bibi „kleiner Damenhut"⟩: 1. (ugs. scherzh.) Herrenhut mit schmaler Krempe. 2. hauptsächlich von Juden getragene kleine runde Kopfbedeckung

Bi|blia pau|pe|rum *die;* - -, ...ae [...ɛ] - ⟨*mlat.;* „Armenbibel"⟩: 1. mittelalterliche Bez. für einfache Kurzfassungen lat. Bibeltexte. 2. spätmittelalterliche Bilderbibel, die die wichtigsten Stationen der Heilsgeschichte als Zusammenschau von Neuem Testament u. Altem Testament darstellt.

bi|blio..., Bi|blio... ⟨aus *gr.* biblíon „Buch, Schrift"⟩: Wortbildungselement mit der Bedeutung „Buch, Bücher", z. B. Bibliophilie. **Bi|blio|chrom** [...'kro:m] *das;* -s, -e ⟨zu *gr.* chrõma „Farbe"⟩: Schriftwerk mit verschiedenfarbigem Papier zur leichteren Orientierung. **Bi|blio|gno|sie** *die;* - ⟨zu ↑...gnosie⟩: (veraltet) Bücherkenntnis, -kunde. **Bi|blio|gnọst** *der;* -en, -en ⟨zu *gr.* gnốstēs „Kenner"⟩: (veraltet) Bücherkenner, -kundiger. **bi|blio|gno|stisch:** (veraltet) die Bibliognosie betreffend. **Bi|blio|graph** *der;* -en, -en ⟨zu *gr.* bibliográphos „Bücher schreibend"; vgl. ...graph⟩: a) Bearbeiter einer Bibliographie; b) jmd., der eine Bibliographie schreibt. **Bi|blio|gra|phie** *die;* -, ...ien ⟨aus *gr.* bibliographía „das Bücherschreiben"⟩: 1. Bücherverzeichnis; Zusammenstellung von Büchern u. Schriften, die zu einem bestimmten Fachgebiet od. Thema erschienen sind. 2. Wissenschaft von den Büchern. 3. svw. Biobibliographie. **bi|blio|gra|phie|ren** ⟨zu ↑...ieren⟩: a) den Titel einer Schrift bibliographisch verzeichnen; b) den Titel eines bestellten Buches genau feststellen (Buchhandel). **bi|blio|gra|phisch** ⟨zu ↑...graphisch⟩: die Bibliographie betreffend. **Bi|blio|klạst** *der;* -en, -en ⟨zu *gr.* klãn „zerbrechen", Analogiebildung zu ↑Ikonoklast⟩: jmd., der aus Sammelleidenschaft Bücher zerstört, indem er bestimmte Seiten herausreißt. **Bi|blio|la|trie** *die;* -: a) übermäßige Verehrung heiliger Bücher, bes. der Bibel; b) Buchstabengläubigkeit. **bi|blio|la|trisch:** die Bibliolatrie betreffend. **Bi|blio|li|then** *die* (Plur.) ⟨zu ↑...lith⟩: Handschriften der Antike, die bei Vulkanausbrüchen halb verkohlten u. das Aussehen von Steinen erhielten. **Bi|blio|lo|gie** *die;* - ⟨zu ↑...logie⟩: a) Bücherkunde; b) Bibelkunde. **Bi|blio|ma|ne** *der;* -n, -n ⟨zu ↑...mane⟩: jmd., der aus krankhafter Leidenschaft Bücher sammelt; Büchernarr. **Bi|blio|ma|nie** *die;* - ⟨zu ↑...manie⟩: krankhafte Bücherliebe. **bi|blio|ma|nisch:** a) sich wie ein Bibliomane verhaltend; b) die Bibliomanie betreffend. **Bi|blio|man|tie** *die;* - ⟨zu *gr.* manteía „das Weissagen, Weissagung"⟩: das Wahrsagen aus zufällig aufgeschlagenen Buchstellen, bes. aus der Bibel. **bi|blio|mạn|tisch:** die Bibliomantie betreffend, auf ihr beruhend. **Bi|blio|pha|ge** *der;* -n, -n ⟨zu ↑...phage, eigtl. „Bücherfresser"⟩: leidenschaftlicher Bücherleser. **bi|blio|phil** ⟨zu ↑...phil⟩: 1. [schöne u. kostbare] Bücher liebend. 2. für Bücherliebhaber wertvoll, kostbar ausgestattet (von Büchern). **Bi|blio|phi|le** *der* u. *die;* -n, -n (zwei -[n]): jmd., der in besonderer Weise [schöne u. kostbare] Bücher schätzt, erwirbt. **Bi|blio|phi|lie** *die;* - ⟨zu ↑²...ie⟩: Bücherliebhaberei. **bi|blio|phob** ⟨zu ↑...phob⟩: bücherfeindlich, Bücher mißachtend. **Bi|blio|pho|be** *der* u. *die;* -n, -n (zwei -[n]): jmd., der Bücher mißachtet. **Bi|blio|pho|bie** *die;* - ⟨zu ↑...phobie⟩: Bücherfeindlichkeit. **Bi|blio|so|phie** *die;* - ⟨zu *gr.* sophía „Weisheit"⟩: (veraltet) Lehre vom Zweck des Büchersammelns. **Bi|blio|taph** *der;* -en, -en ⟨zu *gr.* táphos „Grab", eigtl. „Büchergrab"⟩: jmd., der seine Bücher an geheimen Stellen aufbewahrt u. nicht verleiht. **Bi|blio|thek** *die;* -, -en ⟨über *lat.* bibliotheca „Bücherschrank, -saal" aus *gr.* bibliothḗkē, eigtl. „Büchergestell"⟩: 1. Aufbewahrungsort für eine systematisch geordnete Sammlung von Büchern, [wissenschaftliche] Bücherei. 2. [große] Sammlung von Büchern, größerer Besitz an Büchern. **Bi|blio|the|kar** *der;* -s, -e ⟨zu ↑...ar (2)⟩: [wissenschaftlicher] Verwalter einer Bibliothek. **bi|blio|the|ka|risch:** den Beruf, das Amt eines Bibliothekars betreffend. **Bi|blio|the|ko|gra|phie** *die;* -, ...ien ⟨zu ↑...graphie⟩: Beschreibung der Geschichte u. der Bücherbestände einer Bibliothek. **Bi|blio|the|ko|no|mie** *die;* - ⟨zu ↑²...nomie⟩: Wissenschaft von den Aufgaben u. der Verwaltung einer Bibliothek. **Bi|blio|theks|pro|gramm** *das;* -s, -e: Programm für einen oft benötigten Rechenvorgang (EDV). **Bi|blio|the|ra|pie** *die;* - ⟨zu ↑biblio...⟩: 1. Wiederherstellung alter od. beschädigter Bücher. 2. Förderung der [seelischen] Gesundung von Patienten durch ausgewählte Lektüre. **bi|blisch** ⟨zu ↑Bibel⟩: a) die Bibel betreffend; b) aus der Bibel stammend; -es Alter: sehr hohes Alter; -e Theologie: religiöse u. sittliche Anschauungen, die in den biblischen Schriften zum Ausdruck kommen.

Bi|blịst *der;* -en, -en ⟨zu ↑...ist⟩: Bibelkenner, der nur die Bibel anerkennt, nicht aber die Tradition. **Bi|blị|stik** *die;* - ⟨zu ↑...istik⟩: Bibelkunde. **Bi|bli|zịs|mus** *der;* - ⟨zu ↑...izismus⟩: christliche, meist ↑pietistische Art des Bibelverständnisses, die alle biblischen Aussagen wörtlich nimmt u.

Biblizist

als unmittelbare Lebensnorm wertet. **Bi|bli|zist** *der;* -en, -en ⟨zu ↑...ist⟩: Vertreter des Biblizismus. **Bi|bli|zi|tät** *die;* - ⟨zu ↑...izität⟩: Schriftmäßigkeit, Übereinstimmung mit der Bibel

Bi|car|bo|nat [...kar...] vgl. Bikarbonat

Biche [biːʃ] *die;* -, -n [ˈbiːʃən] ⟨aus gleichbed. älter *fr.* biche, eigtl. „Hirschkuh"⟩: (veraltet) leichtlebiges Pariser Mädchen

Bichet [biˈʃɛ] *der;* -s, -s (aber: 5 -) ⟨aus *fr.* bichet „Scheffel"⟩: altes franz. Kornmaß

Bi|chon [biˈʃõː] *der;* -s, -s ⟨aus *fr.* bichon, eigtl. barbichon „Löwenhündchen", dies zu barbe „Bart" aus *lat.* barba⟩: langhaariger, weißer, mit dem Zwergpudel verwandter Rassehund. **bi|chon|niert** [biʃɔˈniːɐ̯t] ⟨aus gleichbed. *fr.* bichonné, Part. Perf. von bichonner „(Haare) kräuseln"; vgl. ...iert⟩: kleingelockt, lockenhaarig

bi|chrom [ˈbiːkroːm, auch biˈkroːm] ⟨zu ↑bi... u. *gr.* chrôma „Farbe"⟩: zweifarbig. **Bi|chro|mat** [auch ...ˈmaːt] *das;* -[e]s, -e ⟨zu ↑...at (2)⟩: svw. Dichromat. **Bi|chro|mie** *die;* - ⟨zu ↑²...ie⟩: Zweifarbigkeit

Bi|ci|ni|um [biˈtsiː...] *das;* -s, ...ien [...i̯ən] ⟨aus *lat.* bicinium „Zweigesang"⟩: svw. Bizinie

Bi|col|lor-Stil [...koloːɐ̯...] *der;* -[e]s ⟨zu *lat.* bicolor „zweifarbig" u. ↑Stil⟩: zweifarbige Mode

Bi|cy|cle Mo|to-Cross [ˈbaɪsɪkl ˈmɔtəkrɔs] *das;* - -, - -e ⟨zu *engl.* bicycle „Fahrrad" u. ↑Moto-Cross⟩: Radrennen mit Spezialrädern auf Hindernisbahnen von 200 bis 350 m Länge im offenen Gelände; Abk. BMX

bi|cy|clisch [...ˈtsyːk..., auch ...ˈtsyk...] vgl. bizyklisch

Bi|da *die;* -, -s ⟨aus *arab.* bida „Neuerung"⟩: im Islam Bez. für Anschauungen u. Gebräuche, die nicht auf das Vorbild Mohammeds u. seiner Gefährten zurückführbar sind; Ggs. ↑Sunna

Bi|dens *der;* -, ...dentes ⟨aus gleichbed. *lat.* bidens zu ↑bi... u. dens „Zahn", da die Tiere erst nach dem Zahnwechsel geopfert wurden⟩: Opfertier (Schaf) bei den alten Römern. **Bi|den|tal** *das;* -s, -e ⟨aus gleichbed. *lat.* bidental⟩: bei den alten Römern Bez. für einen vom Blitz getroffenen Ort, der durch Opferung eines Schafes entsühnt wurde

Bi|det [biˈdeː] *das;* -s, -s ⟨aus gleichbed. *fr.* bidet⟩: längliches Becken für Scheidenspülungen u. für die Reinigung im körperlichen Intimbereich

bi|di|rek|tio|nal ⟨zu ↑bi... u. *engl.* directional „die Richtung betreffend"⟩: Eigenschaft einer Datenübertragungsleitung, Signale in beiden Richtungen übertragen zu können (Informatik)

Bi|djar [biˈdʒaːɐ̯] vgl. Bidschar

Bi|don [biˈdõː] *der;* -s, -s ⟨aus *fr.* bidon, dies wohl aus *skand.* bida „Vase"⟩: (schweiz.) Eimer, Kanne mit Verschluß, [Benzin]kanister. **Bi|don|ville** [bidõˈvil] *das;* -s, -s ⟨aus gleichbed. *fr.* bidonville, eigtl. „Kanisterstadt"⟩: a) aus Kanistern, Wellblech u. ä. aufgebautes Elendsviertel in den Randzonen der nordafrik. Großstädte; b) Elendsviertel

Bi|dschar, auch Bidjar [biˈdʒaːɐ̯] *der;* -s, Plur. -s u. -e ⟨nach der gleichnamigen iran. Stadt⟩: schwerer, fest geknüpfter Teppich mit Blüten- u. Rankenmuster

Bi|du|um *das;* -s, ...dua ⟨aus gleichbed. *lat.* biduum zu ↑bi... u. dies „Tag"⟩: Zeitraum von zwei Tagen, zweitägige Frist

Bie|li|den *die* (Plur.) ⟨nach dem dt. Astronomen W. von Biela (1782–1856) u. zu ↑...ide⟩: Meteorstrom, der auf den Biela-Kometen zurückgeht u. zwischen dem 18. u. 26. November auftritt

bien [bi̯ɛ̃ː] ⟨*fr.;* aus *lat.* bene „gut"⟩: gut, wohl (als Zustimmung). **Bien|fai|teur** [bi̯ɛ̃fɛˈtøːɐ̯] *der;* -s, -e ⟨aus gleichbed. *fr.* bienfaiteur⟩: (veraltet) Wohltäter

bi|enn ⟨aus *lat.* biennis „zwei Jahre dauernd" zu ↑bi... u. annum „Jahr"⟩: zweijährig (von Pflanzen mit zweijähriger Lebensdauer, die erst im zweiten Jahr blühen u. Frucht tragen; Bot.). **bi|en|nal** ⟨zu ↑¹...al (1)⟩: a) von zweijähriger Dauer; b) alle zwei Jahre [stattfindend]. **Bi|en|na|le** *die;* -, -n ⟨aus *it.* biennale „alle zwei Jahre (stattfindendes Fest)"⟩: alle zwei Jahre stattfindende Ausstellung od. Schau, bes. in der bildenden Kunst u. im Film. **Bi|en|ne** *die;* -, -n ⟨zu ↑bienn⟩: zweijährige (erst im zweiten Jahr blühende) Pflanze (Bot.). **Bi|en|ni|um** *das;* -s, ...ien [...i̯ən] ⟨aus gleichbed. *lat.* biennium⟩: Zeitraum von zwei Jahren

bien|ve|nu! [bi̯ɛ̃vəˈny] ⟨*fr.*⟩: willkommen!

Bi|er|gol *das;* -s, -e ⟨Kunstw.⟩: ein Raketentreibstoff

bi|fe|risch ⟨aus gleichbed. *lat.* bifer zu ↑bi... u. ferre „tragen"⟩: zweimal im Jahr Blüten od. Früchte tragend (Bot.)

Bi|fi|dus|flo|ra *die;* - ⟨zu *lat.* bifidus „in zwei Teile gespalten" u. ↑Flora⟩: natürliche Darmflora der mit Muttermilch ernährten Säuglinge

bi|fi|lar ⟨zu ↑bi..., *lat.* filum „Faden" u. ↑...ar (1)⟩: zweifädig, zweidrähtig (Techn.). **Bi|fi|lar|pen|del** *das;* -s, -: an zwei Fäden od. Drähten aufgehängtes Pendel. **Bi|fi|lar|wick|lung** *die;* -, -en: Doppeldrahtwicklung zur Herabsetzung der ↑Induktivität (Elektrot.)

bi|flo|risch ⟨zu ↑bi... u. *lat.* flos, Gen. floris „Blume"⟩: zweiblütig (Bot.)

Bi|flu|enz [auch ˈbiː...] *die;* -, -en ⟨zu ↑bi... u. *lat.* fluentia „Fluß", dies zu fluere „fließen"⟩: Flußgabelung

Bi|fo|kal|glas *das;* -es, ...gläser (meist Plur.) ⟨zu ↑bi... u. ↑fokal⟩: Zweistärkenglas, Brillenglas mit zwei Brennpunkten (oberer Abschnitt zum Weitsehen, unterer Abschnitt zum Nahsehen); vgl. Trifokalglas

bi|fo|lisch ⟨zu ↑bi... u. *lat.* folium „Blatt"⟩: zweiblättrig (Bot.)

Bi|fo|ri|um *das;* -s, ...ien [...i̯ən] ⟨aus gleichbed. *mlat.* biforium zu *lat.* biforis „zweiflügelig, mit zwei Öffnungen"⟩: zweiflügeliges, durch eine Mittelsäule gegliedertes Fenster (gotische Baukunst)

bi|form ⟨aus gleichbed. *lat.* biformis⟩: doppelgestaltig. **Bi|for|mi|tät** *die;* -, -en ⟨zu ↑...ität⟩: Doppelgestaltigkeit

bi|funk|tio|nell ⟨zu ↑bi... u. ↑funktionell⟩: zwei funktionelle Gruppen in einem Molekül (Chem.)

Bi|fur|ka|ti|on *die;* -, -en ⟨zu ↑bi..., *lat.* furca „Gabel" u. ↑...ation⟩: 1. Gabelung (bes. der Luftröhre u. der Zahnwurzeln) in zwei Äste (Med.). 2. Flußgabelung, bei der das Wasser eines Armes in ein anderes Flußgebiet abfließt (Geogr.). **Bi|fur|ka|ti|ons|theo|rie** *die;* -: math. Forschungsgebiet, in dem Gleichungen behandelt werden, deren parameterabhängige (vgl. Parameter 1) Lösungen sich für bestimmte Werte der Parameter verzweigen

Bi|ga *die;* -, Bigen ⟨aus gleichbed. *lat.* bigae (Plur.) zu biiugus „zweispännig"⟩: von zwei Pferden gezogener Renn- oder Prunkwagen im alten Rom

Bi|gah *die;* -, -s (aber: 50 -) ⟨aus gleichbed. *Hindi* bīghā, dies zu *sanskr.* vigraha „Form, Gestalt"⟩: altes ind. Ackermaß von etwa 13,4 Ar

Bi|ga|mie *die;* -, ...i̯en ⟨zu ↑bi... u. ↑...gamie (2)⟩: Doppelehe. **bi|ga|misch**: in einer Doppelehe lebend. **Bi|ga|mist** *der;* -en, -en ⟨zu ↑...ist⟩: jmd., der mit zwei Frauen verheiratet ist. **Bi|ga|mi|stin** *die;* -, -nen: Frau, die in Bigamie lebt. **bi|ga|mi|stisch** ⟨zu ↑...istisch⟩: a) die Doppelehe betreffend; b) in Bigamie lebend

Big-ap|ple-walk [bɪgˈæplwɔːk] *der;* -[s], -s ⟨aus gleichbed.

engl.-amerik. big-apple-walk, eigtl. „großer Apfeltanz"⟩: in Reihen getanzter Modetanz

Bi|ga|ra|de *die;* -, -n ⟨aus gleichbed. *fr.* bigarade⟩: 1. bittere Pomeranze (Zitrusfrucht). 2. Entenbratensoße mit Orangensaft

Big Band [ˈbɪg ˈbænd] *die;* - -, - -s ⟨aus gleichbed. *engl.-amerik.* big band, eigtl. „große Kapelle"⟩: in Instrumentalgruppen gegliedertes großes Jazz- od. Tanzorchester mit [vielfach] verschiedener Besetzung; vgl. Small Band

Big bang [ˈbɪg ˈbæŋ] *der;* - -[s] ⟨aus *engl.* big bang „großer Knall"⟩: Bez. für die ↑hypothetische Urexplosion bei der Entstehung des Weltalls; Urknall

Big Busi|ness [ˈbɪg ˈbɪznɪs] *das;* - ⟨aus gleichbed. *engl.-amerik.* big business, eigtl. „großes Geschäft"⟩: 1. monopolartige Ballung von Großkapital u. Industrieorganisationen. 2. Geschäftswelt der Großunternehmer

Bi|ge|mi|nie *die;* -, ...ien ⟨zu *lat.* bigeminus „zweimal, doppelt" u. ↑²...ie⟩: Doppelschlägigkeit des Pulses (Herzrhythmusstörung; Med.)

bi|ge|ne|risch ⟨zu ↑bi... u. *lat.* genus, Gen. generis „Geschlecht"⟩: zweigeschlechtig, zwitterhaft (Biol.)

bi|germ ⟨zu ↑bi... u. *lat.* germen „Keim, Sproß, Knospe"⟩: zweikeimig (Bot.)

BIGFET *der;* -s, -e ⟨Kurzw. aus *engl. b*ipolar *i*nsulatet *g*ate *f*ieldeffect *t*ransistor⟩: bipolarer Feldeffekttransistor mit isoliertem ↑Gate in der Halbleitertechnik

Big Man [ˈbɪg ˈmæn] *der;* - -, Big Men [- ˈmən] ⟨aus *engl.* big man „großer Mann"⟩: Bez. für einen Führer, dessen Stellung auf individueller Leistung beruht (Völkerk.)

Bi|gnet|te [bɪnˈjɛtə] *die;* -, -n ⟨Herkunft unsicher⟩: eine fast kugelförmige Zitronenart

Bi|gno|nie [...i̯ə] *die;* -, -n ⟨aus gleichbed. *nlat.* bignonia, nach dem *franz.* Abbé J. P. Bignon (1662–1743)⟩: tropische Kletter- u. Zierpflanze, Gattung der Trompetenbaumgewächse

Bi|gos, Bi|gosch *das;* - ⟨aus gleichbed. *poln.* bigos⟩: poln. Eintopfgericht mit Sauerkraut, Fleisch u. Kartoffeln

bi|gott ⟨aus gleichbed. *fr.* bigot⟩: (abwertend) a) Frömmigkeit zur Schau tragend, scheinheilig; b) übertrieben glaubenseifrig. **Bi|got|te|rie** *die;* -, ...ien ⟨aus gleichbed. *fr.* bigoterie⟩: (abwertend) 1. (ohne Plur.) bigottes Wesen. 2. bigotte Handlungsweise, Äußerung. **Bi|got|tis|mus** *der;* - ⟨zu ↑...ismus (5)⟩: Hang zur Frömmelei

bi|jek|tiv [auch ...ˈtiːf] ⟨zu ↑bi..., *lat.* iacere „werfen" u. ↑...iv⟩: bei der Abbildung einer math. Menge jedem Urbild nur einen Bildpunkt u. umgekehrt zuordnend (Math.)

Bi|jou [biˈʒuː] *der* od. *das;* -s, -s ⟨aus gleichbed. *fr.* bijou, dies aus *breton.* bizou „Fingerring"⟩: Kleinod, Schmuckstück. **Bi|jou|te|rie** *die;* -, ...ien ⟨aus gleichbed. *fr.* bijouterie⟩: 1. Schmuckstück, -gegenstand. 2. (ohne Plur.) Handel mit Schmuckwaren, Edelsteinhandel. **Bi|jou|tier** [...ˈti̯eː] *der;* -s, -s ⟨aus gleichbed. *fr.* bijoutier⟩: (schweiz.) Juwelier

Bi|junk|ti|on *die;* -, -en ⟨zu ↑bi... u. *lat.* iunctio „Verbindung"⟩: Verknüpfung zweier Aussagen in der mathematischen Logik

Bi|ka|me|ris|mus *der;* - ⟨zu ↑bi..., *lat.* camera „Kammer" u. ↑...ismus (2)⟩: Zweikammersystem als Regierungsform in manchen Staaten. **Bi|ka|me|rist** *der;* -en, -en ⟨zu ↑...ist⟩: Anhänger des Bikamerismus

Bi|kar|bo|nat, chem. fachspr. B̲i̲carbonat [...k...] *das;* -s, -e ⟨zu ↑bi... u. ↑Karbonat⟩: doppeltkohlensaures Salz

Bike [baik] *das;* -s, -s ⟨aus *engl.* ugs. bike für bicycle „Fahrrad"⟩: a) Kurzform von ↑Mountainbike; b) motorisiertes Fahrrad für den Stadtverkehr

bi|ke|phal vgl. bizephal

Bi|ki|ni *der,* schweiz. *das;* -s, -s ⟨Phantasiebezeichnung; nach dem ↑Atoll in der Ralikgruppe der Marshallinseln⟩: zweiteiliger Damenbadeanzug

bi|kol|la|te|ral ⟨aus *nlat.* bicollateralis „von zwei Seiten her" zu ↑bi..., ↑kon... u. *lat.* lateralis „seitlich"⟩; in der Fügung -es Leitbündel: strangartiges Gewebebündel im Gefäßsystem einer Pflanze, das sowohl innen als auch außen einen Siebteil (zur Leitung der Assimilationsprodukte) besitzt (Bot.); vgl. Leptom, Phloem; vgl. Hadrom, Xylem

Bi|kom|po|si|tum *das;* -s, Plur. ...ta u. ...iten ⟨zu ↑bi... u. ↑Kompositum⟩: Verb od. Verbalsubstantiv mit zwei Vorsilben (z. B. an-er-kennen, Rück-an-sicht; Sprachw.)

bi|kon|kav [auch ˈbiː...] ⟨zu ↑bi... u. ↑konkav⟩: beiderseits hohl [geschliffen]; Ggs. ↑bikonvex

bi|kon|vex [...ˈvɛks, auch ˈbiː...] ⟨zu ↑bi... u. ↑konvex⟩: beiderseits gewölbt [geschliffen]; Ggs. ↑bikonkav

Bi|kri|stall *der;* -s, -e ⟨zu ↑bi... u. ↑¹Kristall⟩: künstlich erzeugter Doppelkristall aus zwei unterschiedlich orientierten ¹Kristallen

bi|kus|pi|dal ⟨zu ↑bi..., *lat.* cuspis, Gen. cuspidis „Spitze, Stachel" u. ↑¹...al (1)⟩: zweispitzig, zweizipfelig (von Organen od. anderen Körperteilen; Med.). **Bi|ku|spi|dal|klap|pe** *die;* -, -n: Klappenapparat zwischen linkem Vorhof u. linker Herzkammer (Med.). **Bi|ku|spi|da|tus** *der;* -, Plur. ...ti od. ...ten ⟨aus *nlat.* bicuspidatus „zwei Höcker aufweisend"⟩: svw. Prämolar

bi|la|bi|al [auch ˈbiː...] ⟨zu ↑bi... u. ↑labial⟩: mit beiden Lippen gebildet (vom Laut). **Bi|la|bi|al** *der;* -s, -e: mit beiden Lippen gebildeter Laut (z. B. b; Sprachw.)

Bi|lanz *die;* -, -en ⟨aus gleichbed. *it.* bilancio, eigtl. „Gleichgewicht (der Waage)", zu bilancia „Waage", dies über das Vulgärlat. zu *lat.* bilanx „zwei Waagschalen habend"; vgl. Balance⟩: 1. Gegenüberstellung von Vermögen (↑Aktiva) u. Kapital u. Schulden (↑Passiva) [für ein Geschäftsjahr]. 2. Ergebnis, ↑Fazit, abschließender Überblick (über Ereignisse). **Bi|lanz|de|likt** *das;* -[e]s, -e: vorsätzlicher, strafbarer Verstoß gegen die Grundsätze ordnungsgemäßer Bilanzierung. **bi|lan|zie|ren** ⟨zu ↑...ieren⟩: 1. sich ausgleichen, sich aufheben. 2. eine Bilanz (1) abschließen. **Bi|lan|zie|rung** *die;* -, -en ⟨zu ↑...ierung⟩: Kontoausgleich, Bilanzaufstellung

bi|la|te|ral [auch ...ˈraːl] ⟨zu ↑bi... u. *lat.* lateralis „seitlich"⟩: zweiseitig; zwei Seiten, Partner betreffend, von zwei Seiten ausgehend; Ggs. ↑multilateral. **Bi|la|te|ra|lia** *die* (Plur.) ⟨aus *nlat.* bilateralia (Plur.) „zwei symmetrische Seiten aufweisend(e Tiere)"⟩: svw. Bilateria. **Bi|la|te|ra|lis|mus** *der;* - ⟨zu ↑...ismus (2)⟩: System von zweiseitigen völkerrechtlichen Verträgen, insbesondere von Handels- u. Zahlungsabkommen. **Bi|la|te|ra|li|tät** *die;* -, -en ⟨zu ↑...ität⟩: zweiseitige Symmetrie, die nur eine Symmetrieebene zuläßt (Biol.). **Bi|la|te|ral|sym|me|trie** *die;* -, -n [...iːən] svw. Bilateralität. **bi|la|te|ral|sym|me|trisch**: durch eine Symmetrieebene in zwei äußerlich spiegelbildliche Hälften teilbar in bezug auf Menschen und Tiere; vgl. radialsymmetrisch. **Bi|la|te|ria** *die* (Plur.) ⟨aus gleichbed. *nlat.* bilateria (Plur.)⟩: bilateralsymmetrisch gebaute vielzellige Tiere mit zentralem Nervensystem (Biol.)

Bil|bo|quet [...boˈkeː] *das;* -s, -s ⟨aus gleichbed. *fr.* bilboquet, eigtl. „Fangbecher", zu bille „Ball"⟩: Spiel, bei dem eine Kugel in einem Fangbecher aufgefangen werden muß

Bil|ge *die;* -, -n ⟨aus gleichbed. *engl.* bilge, eigtl. „Bauch"⟩: (Seemannsspr.) Kielraum eines Schiffes, in dem sich Leckwasser sammelt

Bil|ha [ˈbɪlja] *die;* -, -s ⟨aus *port.* bilha „Wasserkrug"⟩: port. Tongefäß zum Kühlhalten des Wassers

Bilharzie

Bil|har|zie [...i̯ə] *die;* -, -n ⟨aus gleichbed. *nlat.* bilharcia, nach dem dt. Arzt T. Bilharz (1825–1862) u. zu ↑¹...ie⟩: (veraltet) svw. Schistosoma. **Bil|har|zio|se** *die;* -, -n ⟨zu ↑¹...ose⟩: [ägypt.] Wurmkrankheit (durch Bilharzien hervorgerufen)

bi|li|är ⟨zu *lat.* bilis „Galle" u. ↑...är⟩: a) die Galle betreffend; b) durch Galle bedingt, gallig (Med.). **bi|li|fer** ⟨zu *lat.* ferre „tragen, bringen, leiten"⟩: Galle (Gallenflüssigkeit) leitend (von Körperkanälen; Med.). **Bi|li|fus|zin** *das;* -s, -e ⟨zu *lat.* fuscus „dunkel(braun)" u. ↑...in (1)⟩: braunes Endprodukt des Hämstoffwechsels (vgl. Häm), das dem Kot seine typische Farbe verleiht

bi|li|ne|al ⟨zu ↑bi... u. *lat.* linealis „in Linien bestehend"⟩: in bezug auf die Abstammungsreihen beider Eltern gesehen; Ggs. ↑unilineal

bi|li|near ⟨zu ↑bi... u. ↑linear⟩: mit zwei [geraden] Linien versehen; -e Form: algebraische Form, in der zwei Gruppen von Veränderlichen nur im 1. Grad (also nicht quadratisch u. nicht kubisch) auftreten (Math.)

bi|lin|gu|al (auch ...gua:l] ⟨zu ↑bi... u. ↑lingual⟩: 1. zwei Sprachen sprechend, verwendend; zweisprachig. 2. zwei Sprachen betreffend, auf zwei Sprachen bezogen. **Bi|lin|gua|lis|mus** *der;* - ⟨zu ↑...ismus (4)⟩: Zweisprachigkeit, bes. die [kompetente] Anwendung von zwei Sprachen durch eine Person; ↑Diglossie. **bi|lin|gue** [...guə] ⟨*fr.;* aus *lat.* bilinguis „zweisprachig"⟩: svw. bilinguisch. **Bi|lin|gue** *die;* -, -n: zweischriftige od. zweisprachige Inschrift od. Handschrift. **bi|lin|gu|isch**, bilingue: in zwei Sprachen [geschrieben], zweisprachig. **Bi|lin|gu|is|mus** *der;* - u. **Bi|lin|gui|tät** *die;* - ⟨zu ↑...ismus (4) bzw. ↑...ität⟩: svw. Bilingualismus

Bi|li|nit [auch ...'nɪt] *der;* -s, -e ⟨nach dem Fundort Bílina in Böhmen u. zu ↑²...it⟩: ein weißes Eisensulfatmineral

bi|lio|di|ge|stiv ⟨zu *lat.* bilis „Galle" u. ↑digestiv⟩: die Gallenblase u. den Verdauungskanal betreffend (Med.). **bi|li|ös** ⟨aus gleichbed. *lat.* biliosus⟩: gallig, gallehaltig (Med.). **Bi|li|ru|bin** *das;* -s: rötlichbrauner Farbstoff der Galle. **Bi|li|ru|bin|ämie** *die;* -, ...ien ⟨zu ↑...ämie⟩: 1. das physiologische (normale) Vorkommen von Bilirubin im Blut. 2. erhöhtes Bilirubinvorkommen im Blut, das zu Gelbsucht führt (Med.). **Bi|li|ru|bin|urie** *die;* -, ...ien ⟨zu ↑...urie⟩: Auftreten von ↑Bilirubin im Harn (Med.). **Bi|lis** *die;* - ⟨aus gleichbed. *lat.* bilis⟩: von der Leber gebildetes, für die Fettverdauung wichtiges Sekret; Galle

bi|li|te|ral ⟨zu ↑bi... u. *mlat.* literalis, Nebenform von litteralis „buchstäblich", dies zu *lat.* littera „Buchstabe"⟩: (veraltet) zweibuchstabig, aus zwei Buchstaben bestehend

Bi|li|ver|din [...v...] *das;* -s ⟨zu *lat.* bilis „Galle" u. *fr.* vert, dies aus *lat.* viridis „grün" u. ↑...in (1)⟩: grüner Farbstoff der Galle

Bill *die;* -, -s ⟨aus gleichbed. *engl.* bill⟩: englische Bez. für: a) Gesetz; b) Gesetzentwurf

Bil|lard ['bɪljart, österr. bi'ja:ɐ̯] *das;* -s, Plur. -e, auch (österr. nur) -s ⟨aus gleichbed. *fr.* „(jeu de) billard", dies unter Einfluß von *fr.* bille „Kugel" aus älter *fr.* billard „krummer Stab"⟩: 1. Spiel, bei dem nach bestimmten Regeln Kugeln mit Hilfe eines Stabes (Queue) auf einer Art Tisch mit einem Rand (Bande), dessen Platte mit Stoff, Tuch bezogen ist, gestoßen werden. 2. Billardtisch. **bil|lar|die|ren** ⟨nach älter *fr.* billarder „den Ball mit dem Queue ein zweites Mal stoßen"⟩: in unzulässiger Weise stoßen (beim Billard). **Bil|lard|ka|ram|bol** *das;* -s ⟨zu *fr.* carambole „rote Billardkugel"⟩: svw. Karambolagebillard. **Bil|lard|queue** [...kø:] *das;* -s, -s: svw. ¹Queue

Bil|ber|gia vgl. Billbergie. **Bill|ber|gie** [...i̯ə] *die;* -, -n u. Bill-

bergia *die;* -, ...ien [...i̯ən] ⟨aus gleichbed. *nlat.* billbergia, nach dem schwed. Botaniker G. J. Billberg (1772–1844)⟩: Zimmerpflanze aus dem trop. Amerika, ein Ananasgewächs

Bil|let|doux [bijɛ'du:] *das;* - [...'du:(s)], - [...'du:s] ⟨aus gleichbed. *fr.* billet doux, eigtl. „süßes, liebreiches Briefchen"⟩: (veraltet, noch scherzh.) kleiner Liebesbrief. **Bil|le|teur** [...'tø:ɐ̯] *der;* -s, -e ⟨zu *fr.* billet (vgl. Billett) u. ↑...eur⟩: 1. (österr.) Platzanweiser. 2. (schweiz.) Schaffner. **Bil|le|teu|rin** [...'tø:rɪn] *die;* -, ...innen: weibliche Form zu ↑Billeteur. **Bil|le|teu|se** [...'tø:zə] *die;* -, -n ⟨zu ↑...euse⟩: weibliche Form zu ↑Billeteur. **Bil|lett** [bɪl'jɛt, österr. bi'jɛ:, bɪ'lɛt, brjɛt] *das;* -[e]s, Plur. -s u. -e ⟨aus gleichbed. *fr.* billet zu altfr. billette, bullette „Beglaubigungsschein", dies aus *lat.* bulla, vgl. Bulle⟩: 1. a) Einlaßkarte, Eintrittskarte; b) Fahrkarte. 2. (veraltet) Zettel, Briefchen. **Bil|let|tier|amt** *das;* -[e]s, ...ämter ⟨zu ↑billetieren⟩: (veraltet) militärisches Herbergs- u. Verpflegungsamt. **bil|let|tie|ren** ⟨aus gleichbed. *fr.* billeter⟩: (veraltet) 1. mit Preiszetteln versehen. 2. Quartierzettel ausschreiben (Mil.)

Bil|li|ar|de *die;* -, -n ⟨zusammengezogen aus ↑bi... u. ↑Milliarde⟩: 10^{15} (1 mit 15 Nullen), tausend Billionen

Bil|lie|tit [bɪlje..., auch ...'tɪt] *der;* -s, -e ⟨nach dem belgischen Mineralogen V. I. Billiet († 1945) u. zu ↑²...it⟩: mit dem ↑Becquerelit verwandtes Uranmineral

Bil|li|on *die;* -, -en ⟨aus gleichbed. *fr.* billion, dies zusammengezogen aus ↑bi... u. *fr.* million; vgl. Million⟩: 10^{12} (1 mit 12 Nullen), eine Million Millionen (in Deutschland u. Großbritannien; 10^9 = 1 mit 9 Nullen in den Ländern der ehemaligen UdSSR, in den USA u. in Frankreich)

Bil|li|to|nit [auch ...'nɪt] *der;* -s, -e ⟨nach der Insel Billiton (Indonesien) u. zu ↑²...it⟩: ein Glasmeteorit

Bill of at|tain|der [– əv ə'teɪndə] *die;* - - -, -s - - ⟨aus *engl.* bill of attainder „Ächtungsurkunde"⟩: 1. in Großbritannien alte Form der Anklage politischer u. schwerer Verbrechen im Gesetzgebungsverfahren unter Verlust der bürgerl. Ehrenrechte u. Einziehung des Vermögens. 2. in den USA die unmittelbare Bestrafung einer Person durch den Gesetzgeber unter Umgehung eines ordentlichen Gerichtsverfahrens

Bil|lon [bɪl'jõ:] *der* od. *das;* -s ⟨aus *fr.* billon „schlechte, minderwertige Münze"⟩: Silberlegierung mit hohem Kupfer-, Zinn- od. Zinkgehalt. **Bil|lo|na|ge** [bɪljɔ'na:ʒə] *die;* -, -en ⟨aus gleichbed. *fr.* billonnage zu billonner, vgl. billonieren⟩: (veraltet) Handel mit Münzen, die zu geringen Edelmetallgehalt aufweisen. **Bil|lon|neur** [...'nø:ɐ̯] *der;* -s, -e ⟨aus gleichbed. *fr.* billonneur⟩: (veraltet) jmd., der mit verbotenen, minderwertigen Münzen handelt. **bil|lon|nie|ren** ⟨aus gleichbed. *fr.* billonner⟩: (veraltet) mit verbotenen, minderwertigen Münzen handeln

Bil|lot [bi'jo:] *der;* -s, -s ⟨aus *fr.* billot „(Holz)klotz" zu bille „Kugel", weitere Herkunft unsicher⟩: (veraltet) a) runder Klotz als Koppelstange für Pferde; b) Halsknüppel für Hunde

Bill|roth|ba|tist *der;* -s ⟨nach dem dt.-österr. Chirurgen T. Billroth (1829–1894) u. zu ↑Batist⟩: gelber, wasserdichter Verbandstoff

Bil|ly|cock [...kɔk] *der;* Gen. - od. -s, Plur. -s ⟨nach dem Erfinder William (Billy) Coke⟩: steifer, runder niedriger Filzhut

Bi|lob|ek|to|mie *die;* -, ...ien ⟨zu ↑bi... u. ↑Lobektomie⟩: operative Entfernung von zwei Lungenlappen zur gleichen Zeit (Med.)

Bi|lo|ka|ti|on *die;* -, -en ⟨zu ↑bi... u. *lat.* locatio „Stellung,

Bioakkumulation

Anordnung"): gleichzeitige körperliche Gegenwart an zwei verschiedenen Stellen (z. B. in Heiligenlegenden)

bi|lo|ku|lär ⟨zu ↑bi..., *lat.* loculus „Örtchen, Kästchen" (dies Verkleinerungsform von locus „Ort") u. ↑...är⟩: zweifächerig (von Organen od. anderen Körperteilen; Med.)

Bi|lux|lam|pe Ⓦ *die;* -, -n ⟨zu ↑bi... u. *lat.* lux „Licht"⟩: Fern- und Abblendlampe in Autoscheinwerfern

bi|ma|nu|ell [auch 'bi:...] ⟨zu ↑bi... u. ↑manuell⟩: zweihändig

bi|ma|xil|lär ⟨zu ↑bi... u. *lat.* maxillaris „zur Kinnlade gehörig"⟩: Ober- u. Unterkiefer betreffend

Bim|ba|schi *der;* -s, -s ⟨zu *türk.* bin „tausend" u. ↑Basch⟩: Anführer, Befehlshaber von tausend Mann im Osmanischen Reich

Bimbe|lot [bɛ̃'blo:] *der;* -s, -s ⟨aus gleichbed. *fr.* bimbelot (lautmalend)⟩: (veraltet) [Kinder]spielzeug. **Bimbelo|terie** [bɛ̃blo...] *die;* -, ...ien ⟨aus gleichbed. *fr.* bimbeloterie⟩: (veraltet) a) Spielsachen; b) Spielwarenfabrik; c) Spielwarenhandel

Bi|me|ster *das;* -s, - ⟨zu *lat.* bimestris „zweimonatig", dies zu bis „zweimal" u. mensis „Monat"⟩: Zeitraum von zwei Monaten als Teil eines größeren Zeitraums. **bi|me|stral** ⟨zu ↑¹...al (1)⟩: svw. bimestrisch. **bi|me|strisch**: zweimonatig

Bi|me|tall *das;* -s, -e ⟨zu ↑bi... u. ↑Metall⟩: Streifen aus zwei miteinander verbundenen, verschiedenen Metallen, der sich bei Erwärmung auf Grund der unterschiedlichen Ausdehnung krümmt (bei Auslösevorrichtungen u. Meßinstrumenten in der Elektrotechnik). **bi|me|tal|lisch**: a) auf zwei Metalle bezüglich; b) aus zwei Metallen bestehend. **Bi|me|tal|lis|mus** *der;* - ⟨zu ↑...ismus (2)⟩: Doppelwährung; Währung, bei der zwei Metalle (meist Gold und Silber) Zahlungsmittel sind. **Bi|me|tal|list** *der;* -en, -en ⟨zu ↑...ist⟩: Anhänger des Bimetallismus

bi|mo|le|ku|lar [auch 'bi:...] ⟨zu ↑bi... u. ↑molekular⟩: aus zwei Molekülen bestehend od. zusammengesetzt; -e Reaktion: chem. Reaktion, zu deren Ablauf jeweils zwei Teilchen (Atome, Moleküle od. ↑Radikale) zusammenstoßen müssen

bi|mor|phisch ⟨zu ↑bi... u. ↑...morph⟩: zweigestaltig

bin..., Bin... vgl. bi..., Bi... **bi|nar**, häufiger **bi|när**, auch **binarisch** ⟨aus *lat.* binarius „zwei enthaltend"⟩: aus 2 Einheiten oder Teilen bestehend (Fachspr.); binäre Einheit: svw. Bit; binäre Variable: Variable, die zwei Zustände annehmen kann (wahr od. falsch, ja od. nein, 1 od. 0; Logik, Informatik); ...isch/-. **Bi|när|code** [...ko:t] *der;* -s, -s: aus einem Zeichenvorrat von nur zwei Zeichen bestehender ↑Code (1). **bi|när|co|die|ren** vgl. binärkodieren. **bi|na|risch** vgl. binar. **Bi|na|ris|mus** *der;* - ⟨zu ↑...ismus (1)⟩: sprachwissenschaftliche Theorie, wonach sich Sprachsysteme auf eine begrenzte Anzahl von Oppositionen (5) zurückführen lassen. **Bi|na|ri|tät** *die;* -, -en ⟨zu ...ität⟩: Zweigliedrigkeit. **bi|när|ko|die|ren**: in einem ↑Binärcode darstellen. **Bi|när|sy|stem** *das;* -s: svw. Dualsystem. **Bi|när|zif|fer** *die;* -, -n: Ziffer 0 od. 1 od. eine Folge aus diesen Ziffern (z. B. 10, 111; EDV)

Bi|na|ti|on *die;* -, -en ⟨zu *lat.* binatim „zu zweit" u. ↑¹...ion⟩: zweimaliges Lesen der Messe an einem Tage durch denselben Priester

bi|na|tio|nal [auch 'bi:...] ⟨zu ↑bi... u. ↑national⟩: zwei Nationen od. Staaten gemeinsam betreffend

bin|au|ral, auch biaural ⟨zu ↑bi... *lat.* bini „je zwei", auris „Ohr" u. ↑¹...al (1)⟩: 1. beide Ohren betreffend, für beide Ohren (z. B. von einem Stethoskop od. einem Kopfhörer; Med. u. Techn.). 2. zweikanalig (von elektroakustischer Schallübertragung)

Bin|go *das;* -[s] ⟨aus gleichbed. *engl.-amerik.* bingo (nach dem Ausruf des Gewinners)⟩: engl. Glücksspiel (eine Art Lotto). **Bin|go-card** [...kɑ:d] *die;* -, -s ⟨zu *engl.* card „Karte"⟩: Antwortkarte, bei der man seine Wünsche durch Ankreuzen von Zahlen in einem Zahlenfeld angeben kann

Bing|re|flex *der;* -es ⟨nach dem Schweizer Neurologen R. Bing (1878-1956) u. zu ↑Reflex⟩: reflektorische Beugung des Fußes beim Beklopfen des Fußgelenks (Med.)

bi|nie|ren ⟨zu *lat.* bini „je zwei" u. ↑...ieren⟩: die Messe zweimal an einem Tage lesen; vgl. Bination

Bi|niou [bi'nju:] *der;* -s, -s ⟨aus *bret.-fr.* biniou „Dudelsack"⟩: Sackpfeife in der bretonischen Volksmusik

Bi|ni|stor *der;* -s, ...oren ⟨zu *lat.* bini „je zwei"; Analogiebildung zu ↑Transistor⟩: Halbleiterbauelement mit zwei Steuerelektroden

Bin|nit [auch bɪ'nɪt] *der;* -s, -e ⟨nach dem Binntal im Wallis u. zu ↑²...it⟩: ein flächenreich gebildetes Mineral

bin|ob|jek|tiv ⟨zu *lat.* bini „je zwei" u. ↑Objektiv⟩: mit zwei Objektiven ausgestattet (von optischen Instrumenten)

Bin|ode *die;* -, -n ⟨zu *lat.* bini „je zwei" u. *gr.* hodós „Weg"; vgl. Anode⟩: Elektronenröhre mit zwei Röhrensystemen in einem Glaskolben; Verbundröhre

Bin|okel [auch bɪˈnɔkl] *das;* -s, - ⟨aus gleichbed. *fr.* binocle, dies zu *lat.* bini „je zwei" u. oculus „Auge"⟩: 1. (veraltet) a) Brille; b) Fernrohr. 2. Mikroskop für beide Augen. 3. (auch *der;* ohne Plur.) schweizerisches Kartenspiel. **bin|okeln**: Binokel (3) spielen. **bin|oku|lar** ⟨zu ↑okular⟩: 1. beidäugig; -e Instrumente: optische Geräte, die für die Benutzung mit beiden Augen eingerichtet sind (z. B. der Feldstecher); -es Sehen: Fähigkeit, mit beiden Augen, also plastisch, zu sehen. 2. für beide Augen bestimmt, zum Durchblicken für beide Augen zugleich. **Bin|oku|lar** *das;* -s, -e: Lupe, die für das Sehen mit beiden Augen eingerichtet ist. **Bin|oku|lar|mi|kro|skop** *das;* -s, -e: für beide Augen eingerichtetes ↑Mikroskop

Bi|nom *das;* -s, -e ⟨zu ↑bi... u. ↑³...nom⟩: aus zwei Gliedern bestehender math. Ausdruck (z. B. x + y). **bi|no|mi|al** ⟨zu ↑...ial⟩: svw. binomisch. **Bi|no|mi|al|ko|ef|fi|zi|en|ten** *die* (Plur.): ↑Koeffizienten der einzelnen Glieder einer binomischen Reihe. **Bi|no|mi|al|ver|tei|lung** *die;* -: spezielle Wahrscheinlichkeitsverteilung von einer bestimmten Anzahl von Versuchen bzw. zufälligen Ereignissen (Statistik). **bi|no|misch**: zweigliedrig; -e Formeln: math. Formeln für die Produkte u. Potenzen von Binomen; -e Reihe: Potenzreihe, mit der sich Wurzeln u. Potenzen näherungsweise berechnen lassen; -er Lehrsatz: math. Formel zur Berechnung von Potenzen eines Binoms; -e Verteilung: svw. Binomialverteilung

Bi|nor|ma|le *die;* -[n], -n ⟨zu ↑bi... u. ↑Normale⟩: 1. eine der beiden optischen Achsen in zweiachsigen Kristallen. 2. die Senkrechte auf ↑Tangente u. ↑Normale in einem Punkt einer Raumkurve (Math.)

Bin|tu|rong *der;* -s, -s ⟨aus dem Indones.⟩: Raubtier aus der Familie der Schleichkatzen

Bi|nu|bus *der;* -, ..bi ⟨zu ↑bi... u. *lat.* nubere „heiraten"⟩: (veraltet) svw. Bigamist

bio..., Bio... ⟨aus *gr.* bio- zu bíos „Leben"⟩: Wortbildungselement mit den Bedeutungen: 1. „das Leben betreffend; Lebensvorgänge; Lebewesen; Lebensraum", z. B. biologisch, Biochemie. 2. „gesund, natürlich, ohne chemische Zusätze", z. B. Bioladen, Biogärtner

Bio|ak|ku|mu|la|ti|on *die;* -, -en ⟨zu ↑bio... u. ↑Akkumulation⟩: Anreicherung von [giftig wirkenden] Substanzen in

Organismen nach Aufnahme aus der Luft, dem Boden u. dem Wasser

bio|ak|tiv [auch 'bi:o...] ⟨zu ↑bio... u. ↑aktiv⟩: biologisch aktiv, auf Grund biologischer (Abbau)prozesse wirksam

Bio|aku|stik *die;* - ⟨zu ↑bio... u. ↑Akustik⟩: Wissensgebiet, das die Lautäußerungen von Tieren (z. B. von Insekten) mit Hilfe akustischer Meßgeräte untersucht

Bio|al|ko|hol *der;* -s ⟨zu ↑bio... u. ↑Alkohol⟩: aus ↑Biomasse durch Gärung gewonnener ↑Äthylalkohol

Bio|arith|me|tik [auch 'bi:o...] *die;* - ⟨zu ↑bio... u. ↑Arithmetik⟩: (veraltet) Berechnung der mittleren Lebensdauer

Bio|astro|nau|tik [auch 'bi:o...] *die;* - ⟨zu ↑bio... u. ↑Astronautik⟩: Erforschung der Lebensmöglichkeiten im Weltraum

Bio|bi|blio|gra|phie *die;* -, ...ien [...i:ən] ⟨zu ↑bio... u. ↑Bibliographie⟩: ↑Bibliographie, die das über eine Person erschienene Schrifttum verzeichnet

Bio|che|mie [auch 'bi:o...] *die;* - ⟨zu ↑bio... u. ↑Chemie⟩: 1. Wissenschaft von den chem. Vorgängen in Lebewesen. 2. homöopathisches Heilverfahren (nach dem Arzt W. H. Schüßler). **Bio|che|mi|ker** [auch 'bi:o...] *der;* -s, -: Wissenschaftler auf dem Gebiet der Biochemie. **bio|che|misch** [auch 'bi:o...]: die Biochemie betreffend; -es Element: 1. Vorrichtung zur Erzeugung von elektr. Strom auf biochem. Grundlage, z. B. durch Mikroorganismen. 2. svw. Bioelement

Bio|chip [...tʃɪp] *der;* -s, -s ⟨zu ↑bio... u. ↑Chip⟩: aus organischen Verbindungen mit Halbleitereigenschaften bestehender ↑Chip (3) mit sehr hoher Schaltelementdichte (in Entwicklung befindlich)

Bio|chor [...'koːɐ̯] *das;* -s, -en ⟨zu ↑bio... u. gr. chōríon bzw. chóra „Raum, Platz, Stelle"⟩: svw. Biochore. **Bio|cho|re** *die;* -, -n u. **Bio|cho|ri|on** *das;* -s, ...ien [...iən]: eng umschriebener Lebensbereich innerhalb eines ↑Biotops, z. B. Aas, Baumstumpf, Exkremente (Biol.)

Bio|com|pu|ter *der;* -s, - ⟨zu ↑bio... u. ↑Computer⟩: mit ↑Biochips ausgerüsteter ↑Computer, mit dem das Verarbeiten äußerst komplexer Vorgänge ähnlich denen im menschlichen Gehirn ermöglicht wird

Bio|dy|na|mik [auch 'bi:o...] *die;* - ⟨zu ↑bio... u. ↑Dynamik⟩: Wissenschaft von den Wirkungen verschiedener Außeneinflüsse auf Organismen; vgl. Biochemie (1) u. Biophysik. **bio|dy|na|misch** [auch 'bi:o...]: 1. die Biodynamik betreffend. 2. nur mit organischen Düngemitteln gedüngt (in bezug auf Nahrungsmittel)

Bio|elek|tri|zi|tät [auch 'bi:o...] *die;* - ⟨zu ↑bio... u. ↑Elektrizität⟩: Gesamtheit der elektr. Vorgänge in lebenden Organismen. **Bio|elek|tro|nik** [auch 'bi:o...] *die;* -: Wissensgebiet, das biologische Vorgänge im Hinblick auf ihre Nutzbarkeit für informationsverarbeitende Systeme erforscht (z. B. für die Herstellung von Biochips)

Bio|ele|ment *das;* -s, -e (meist Plur.) ⟨zu ↑bio... u. ↑Element⟩: Spurenelement; wichtiges, nur in sehr kleiner Menge im Körper vorhandenes u. wirksames chem. Element

Bio|ener|ge|tik [auch 'bi:o...] *die;* - ⟨zu ↑bio... u. ↑Energetik⟩: 1. philos. Lehre von der Anwendung der Energiegesetze auf die Lebensvorgänge. 2. Form der Psychotherapie, deren Ziel es ist, dem Menschen Körper- u. Bewegungsgefühl u. positive Formen von Aggressionen zu vermitteln u. ihn von falschen Hemmungen zu befreien. **bio|ener|ge|tisch** [auch 'bi:o...] die Bioenergetik betreffend.

Bio|ener|gie [auch 'bi:o...] *die;* -, ...ien: Energie der ↑Biomasse, die in den Organismen eines Lebensraums chemisch gebundene ↑Energie (2)

Bio|ethik [auch 'bi:o...] *die;* - ⟨zu ↑bio... u. ↑Ethik⟩: Teilgebiet der ↑Ethik, das sich mit sittlichen Fragen zu Geburt, Leben u. Tod im Hinblick auf neue Entwicklungstendenzen der biologisch-medizinischen Forschung u. Therapie befaßt

Bio|feed|back [...'fiːdbæk] *das;* -s, -s ⟨zu ↑bio... u. ↑Feedback⟩: Rückkopplung innerhalb eines Regelkreises biologischer Systeme. **Bio|feed|back-Me|tho|de** *die;* -: Methode, suggestives Verfahren zur Kontrolle autonomer, vom Menschen sonst kaum wahrgenommener Körperfunktionen (z. B. Blutdruck, Herzfrequenz, Hirnwellen), das über Apparate erfolgt, an denen der Patient seine Funktionen ablesen u. entsprechend beeinflussen kann (z. B. willentlich den Blutdruck senken, den Puls verlangsamen), was wiederum durch Signale angezeigt wird

Bio|fil|ter *der,* fachspr. *das;* -s, - ⟨zu ↑bio...⟩: Vorrichtung zur biologischen Abluftreinigung, bei der Geruchsstoffe durch ↑Mikroorganismen abgebaut werden

Bio|gas *das;* -es, -e ⟨zu ↑bio...⟩: Faulgas, brennbares Gas, das sich aus feuchter ↑Biomasse, z. B. aus Kuhmist, bildet u. als alternative Energiequelle genutzt werden kann

bio|gen ⟨zu ↑bio... u. ↑...gen⟩: durch Tätigkeit von Lebewesen entstanden, aus abgestorbenen Lebewesen gebildet; -e Amine: durch biologische Vorgänge aus ↑Aminosäuren entstandene ↑Amine. **Bio|ge|ne** *die* (Plur.): Hartteile von Organismen, die Ablagerungen bilden (Geol.). **Bio|ge|ne|se** *die;* -, -n: Entwicklung[sgeschichte] der Lebewesen, die sowohl ↑Ontogenese als auch ↑Phylogenese umfaßt. **bio|ge|ne|tisch**: zur Biogenese gehörend; -es Grundgesetz: Gesetz, wonach die Entwicklung des Einzelwesens (↑Ontogenese) eine Wiederholung der stammesgeschichtlichen Entwicklung (↑Phylogenese) ist. **Bio|ge|nie** *die;* - ⟨verkürzt aus ↑Biogenese; vgl. ...genie⟩: svw. Biogenese

Bio|geo|che|mie [auch 'bi:o...] *die;* - ⟨zu ↑bio... u. ↑Geochemie⟩: Wissenschaft von den ökologischen Zusammenhängen u. Wechselbeziehungen zwischen chem. Stoffen u. den Organismen auf der Erde. **bio|geo|che|misch** [auch 'bi:o...]: die Biogeochemie betreffend. **Bio|geo|gra|phie** [auch 'bi:o...] *die;* -: Wissenschaft von der geographischen Verbreitung der Tiere u. Pflanzen. **bio|geo|gra|phisch** [auch 'bi:o...]: die Biogeographie betreffend. **Bio|geo|zö|no|se** [auch 'bi:o...] *die;* - ⟨zu gr. koinós „gemeinsam"⟩: System der Wechselbeziehungen zwischen Pflanzen u. Tieren einerseits u. der unbelebten Umwelt andererseits; vgl. Biozönose

Bio|ghurt Ⓦ [...gʊrt] *der* od. *das;* -[s], -[s] ⟨Kurzw. aus *biologischer Joghurt*⟩: mit lebenden ↑Kulturen (3) angereichertes Joghurterzeugnis

Bio|gramm *das;* -s, -e ⟨zu ↑bio... u. ↑...gramm⟩: Aufzeichnung des Lebensablaufs von Individuen einer zusammenlebenden Gruppe (Verhaltensforschung). **Bio|graph** *der;* -en, -en ⟨zu ↑Biographie; vgl. ...graph⟩: Verfasser einer Lebensbeschreibung. **Bio|gra|phie** *die;* -, ...ien ⟨aus gleichbed. gr. biographía⟩: 1. Lebensbeschreibung. 2. Leben[s]ab]lauf, Lebensgeschichte eines Menschen. **Bio|gra|phik** *die;* - ⟨zu ↑bio...⟩: Kunst der Lebensbeschreibung historischer Persönlichkeiten. **bio|gra|phisch**: 1. die Biographie (1) betreffend. 2. den Lebenslauf eines Menschen betreffend; -er Roman: literarische Lebensbeschreibung, die zugunsten lebendiger Gestaltung vom streng Historischen abweicht

Bio|herm *das;* -s, -e ⟨zu ↑bio... u. gr. hérma „Sandbank, Riff", eigtl. „Hügel"⟩: von Organismen aufgebautes, kuppelförmig aus dem Meer aufragendes Riff

Bio|in|di|ka|tor [auch 'bi:o...] *der;* -s, ...oren (meist Plur.)

⟨zu ↑bio... u. ↑Indikator⟩: pflanzlicher od. tierischer Organismus, der sehr empfindlich auf Änderungen in seinem Lebensraum reagiert u. dadurch als Anzeiger für die Umweltqualität dienen kann

Bio|in|ge|nieur [...ɪnʒeni̯øːɐ̯] *der;* -s, -e ⟨zu ↑bio... u. ↑Ingenieur⟩: auf mikrobiologischem u. biochemischem Gebiet ausgebildeter Techniker

Bio|ka|ta|ly|sa|tor [auch 'biːo...] *der;* -s, ...ọren ⟨zu ↑bio... u. ↑Katalysator⟩: Wirkstoff (z. B. Hormon), der die Stoffwechselvorgänge steuert. **bio|ka|ta|ly|tisch** [auch 'biːo...]: unter dem Einfluß eines Biokatalysators erfolgend bzw. ablaufend

Bio|ke|ra|mik [auch 'biːo...] *die;* -, -en ⟨zu ↑bio... u. ↑Keramik⟩: keramischer Werkstoff zur Herstellung von Knochen-, Gelenk- u. Zahnwurzelersatz mit hoher Gewebeverträglichkeit

Bio|klạst *der;* -s, -e ⟨zu ↑bio... u. gr. klān „brechen"⟩: nur bruchstückweise erhaltene ↑Biogene

Bio|kli|ma *das;* -s ⟨zu ↑bio... u. ↑Klima⟩: Gesamtheit der Einflüsse des ↑Klimas (1) auf lebende Organismen. **bio|kli|mạtisch** [auch 'biːo...]: das Bioklima betreffend. **Bio|kli|ma|to|lo|gie** [auch 'biːo...] *die;* -: Wissenschaft von den Einwirkungen des ↑Klimas auf das Leben. **bio|kli|ma|to|lo|gisch** [auch 'biːo...]: die Bioklimatologie betreffend

Bio|kon|ver|si|on [...v...] *die;* -, -en ⟨zu ↑bio... u. ↑Konversion⟩: Umwandlung der in organischer Substanz gespeicherten Sonnenenergie in andere Energieträger, z. B. in ↑Biogas

Bio|kur|ve *die;* -, -n ⟨zu ↑bio... u. ↑Kurve⟩: individueller, von der Geburt an in bestimmten Intervallen verlaufender Rhythmus positiver u. negativer Konstellationen, Umstände in bezug auf Körper, Psyche u. Geist

Bio|ky|ber|ne|tik [auch 'biːo...] *die;* - ⟨zu ↑bio... u. ↑Kybernetik⟩: Wissenschaft, die die Steuerungs- und Regelungsvorgänge in biologischen Systemen (Mensch, Tier, Pflanze) untersucht. **bio|ky|ber|ne|tisch** [auch 'biːo...]: die Biokybernetik betreffend

Bio|la|den *der;* -s, ...läden ⟨zu ↑bio... ⟩: Laden, Geschäft, in dem nur Produkte, bes. Nahrungsmittel, verkauft werden, die nicht mit chemischen Mitteln behandelt sind

Bio|lea|ching [...liːtʃɪŋ] *das;* -s ⟨zu ↑bio... u. *engl.* to leach „auslaugen"⟩ : Verfahren zur Gewinnung von Erzen, die mit herkömmlichen Methoden nicht mehr wirtschaftlich ausbeutbar wären

Bio|lith [auch ...'lɪt] *der;* Gen. -s od. -en, Plur. -e[n] (meist Plur.) ⟨zu ↑bio... u. ↑...lith⟩: aus abgestorbenen Lebewesen entstandenes ↑Sediment (Geol.)

Bio|lo|ge *der;* -n, -n ⟨aus gr. biológos „Lebensschilderer"⟩: Wissenschaftler auf dem Gebiet der Biologie, Erforscher der Lebensvorgänge in der Natur. **Bio|lo|gi|cal mo|ni|to|ring** [baɪə'lɔdʒɪkəl 'mɒnɪtrɪŋ] *das;* --[s] ⟨aus gleichbed. *engl.* biological monitoring, eigtl. „biologisches Beobachten"⟩: Verfahren zur Beurteilung der Belastung des Menschen durch bestimmte Schadstoffe in seiner Arbeitsumwelt.

Bio|lo|gie [bio...] *die;* - ⟨aus gleichbed. *nlat.* biologia zu ↑bio... u. ↑...logie⟩: 1. Wissenschaft von der belebten Natur u. den Gesetzmäßigkeiten im Ablauf des Lebens von Pflanze, Tier u. Mensch. 2. biologische, der Natur entsprechende Beschaffenheit, z. B. viel -, weniger Chemie; die Frau ist noch stärker der - verhaftet. **bio|lo|gisch**: 1. die Biologie betreffend, auf ihr beruhend. 2. auf natürlicher Grundlage, naturbedingt, unter Verzicht auf Chemie; -er Landbau: moderne Form der ↑biologisch-dynamischen Wirtschaftsweise, bei der auf künstlichen Dünger u. chem. Bekämpfungsmittel zugunsten einer natürlichen Selbstregulation des ökologischen Systems verzichtet wird; -e Waffen: für den militärischen Einsatz vorgesehene Mikroorganismen (z. B. Viren, Bakterien) od. deren giftige Stoffwechselprodukte, die Menschen u. deren Umwelt vernichten bzw. verseuchen können; biologisch-dynamische Wirtschaftsweise: Landwirtschaft u. Gärtnerei auf natürlicher Grundlage ohne künstliche Düngung, nach der Lehre R. Steiners (vgl. Anthroposophie); vgl. biodynamisch. **Bio|lo|gịs|mus** *der;* - ⟨zu ↑...ismus (5)⟩: einseitige u. ausschließliche Anwendung biologischer Gesichtspunkte auf andere Wissensgebiete. **bio|lo|gịs|tisch** ⟨zu ↑...istisch⟩: den Biologismus betreffend, im Sinne des Biologismus

Bio|lu|mi|nes|zẹnz [auch 'biːo...] *die;* - ⟨zu ↑bio... u. ↑Lumineszenz⟩: auf biochemischen Vorgängen beruhende Lichtausstrahlung vieler Lebewesen (Bakterien, Tiefseefische u. a.)

Bio|ly|se *die;* -, -n ⟨zu ↑bio... u. ↑...lyse⟩: chem. Zersetzung organischer Substanz durch lebende Organismen. **bio|ly|tisch**: die Biolyse betreffend, auf Biolyse beruhend

Bi|ọm *das;* -s, -e ⟨zu gr. bíos „Leben"⟩: Lebensgemeinschaft von Tieren u. Pflanzen in einem größeren geographischen Raum (tropischer Regenwald, Savanne u. a.)

Bio|ma|gne|tịs|mus [auch 'biːo...] *der;* - ⟨zu ↑bio... u. ↑Magnetismus⟩: zusammenfassende Bez. für magnetische Erscheinungen, die ihren Ursprung in den Lebensvorgängen von Organismen haben. **bio|ma|gne|tisch** [auch 'biːo...]: auf Biomagnetismus beruhend

Bio|ma|gni|fi|ka|ti|on *die;* -, -en ⟨zu ↑bio... u. *mlat.* magnificatio „Vergrößerung"⟩: Anreicherung von Schadstoffen (z. B. von Schwermetallen) in Tieren über eine Nahrungskette

Bio|mạnt *der;* -en, -en ⟨zu ↑bio... u. gr. mántis „Wahrsager"⟩: jmd., der sich mit Biomantie befaßt. **Bio|man|tie** *die;* - ⟨zu gr. manteía „das Weissagen; Sehergabe"⟩: Voraussage des Lebensschicksals aus biologischen Zeichen (z. B. aus den Linien der Hand). **bio|man|tisch**: auf Biomantie beruhend

Bio|mas|se *die;* - ⟨zu ↑bio...⟩: Gesamtheit aller lebenden u. toten Organismen u. die daraus resultierende organische Substanz

Bio|ma|te|ri|al *das;* -s, ...ien [...i̯ən] ⟨zu ↑bio... u. ↑Material⟩: Werkstoff, der sich für die ↑Implantation in den menschlichen Körper eignet, z. B. Biokeramik

Bio|ma|the|ma|tik [auch 'biːo...] *die;* - ⟨zu ↑bio... u. ↑Mathematik⟩: Anwendung mathematischer Verfahren u. Methoden auf biologische Prozesse

Bio|me|chạ|nik [auch 'biːo...] *die;* - ⟨zu ↑bio... u. ↑Mechanik⟩: Teilgebiet der ↑Biophysik, das sich mit den mechanischen Vorgängen in den Organismen befaßt. **bio|me|chạ|nisch** [auch 'biːo...]: die Biomechanik betreffend

Bio|me|teo|ro|lo|gie [auch 'biːo...] *die;* - ⟨zu ↑bio... u. ↑Meteorologie⟩: Wissenschaft vom Einfluß des Wetters auf die Lebewesen, insbesondere auf den Menschen (Biol., Med.). **bio|me|teo|ro|lo|gisch** [auch 'biːo...]: 1. die Biometeorologie betreffend. 2. den Einfluß des Wetters auf Lebewesen betreffend

Bio|me|trie, Bio|me|trik *die;* - ⟨zu ↑bio... u. ↑...metrie bzw. ↑Metrik⟩: a) Wissenschaft von der Zählung u. [Körper]messung an Lebewesen; biologische ↑Statistik; b) Zählung u. [Körper]messung an Lebewesen. **bio|me|trisch**: die Biometrie betreffend

Bio|mi|ne|ra|le *die* (Plur.) ⟨zu ↑bio... u. ↑Mineral⟩: von Organismen aufgebaute mineralische Festkörper, z. B. Scha-

Biomineralisation

len, Knochen. **Bio|mi|ne|ra|li|sa|ti|on** [auch 'bi:o...] *die;* -, -en: Aufbau von mineralischen Stoffen durch den lebenden Organismus

Bio|mo|ni|tor *der;* -s, Plur. -en, auch -e ⟨zu ↑bio... u. ↑Monitor⟩: Gerät zur Überwachung der Organfunktionen (z. B. der Herztätigkeit) des Menschen (Med.). **Bio|mo|ni|to|ring** [...'mɔnɪtrɪŋ, auch 'bi:o...] *das;* -s ⟨zu *engl.* monitoring „Überwachung", dies zu *lat.* monere „erinnern, ermahnen"⟩: Verfahren zur Bestimmung des Gefährdungsgrades eines ↑Ökosystems durch umweltbelastende Einflüsse

bio|morph ⟨zu ↑bio... u. ↑morph⟩: von den Kräften des natürlichen Lebens geformt, geprägt. **Bio|mor|pho|se** *die;* -: durch die Lebensvorgänge bewirkte Veränderung im Erscheinungsbild eines Lebewesens (z. B. das Altern). **bio|mor|pho|tisch** ⟨zu *gr.* morphōtikós „zur Gestaltung gehörig"⟩: die Biomorphose betreffend

Bio|mo|tor [auch 'bi:o...] *der;* -s, ...oren ⟨zu ↑bio... u. ↑Motor⟩: Apparatur zur künstlichen Beatmung der Lunge

Bio|na|tor *der;* -s, ...oren ⟨zu ↑bio..., *lat.* natum, Part. Perf. (Neutrum) von nasci „geboren werden, aufstehen", u. ↑...or⟩: kieferorthopädisches Gerät mit Lippen- u. Zahnbügel, das eine gesunde Gebißentwicklung ermöglicht (Zahnmed.)

bio|ne|ga|tiv [auch 'bi:o...] ⟨zu ↑bio... u. ↑negativ⟩: lebensschädlich, lebensfeindlich

Bio|nik *die;* - ⟨Kurzw. aus *Bio*logie u. Tech*nik*, teilweise unter Einfluß von *engl.-amerik.* bionics u. electronics⟩: Wissenschaft, die technische, bes. elektronische Probleme nach dem Vorbild der Funktionen von Körperorganen zu lösen sucht (Wärmespürgeräte, nervengesteuerte ↑Prothesen u. a.); vgl. Biotechnik. **bio|nisch**: die Bionik betreffend, auf ihr beruhend

Bio|no|mie *die;* - ⟨zu ↑bio... u. ↑...nomie⟩: Wissenschaft von den Gesetzen des Lebens

...bi|ont ⟨aus *gr.* bioún, Gen. bióntos, Part. Präs. von bióein „leben"⟩: Wortbildungselement mit der Bedeutung „Lebewesen", z. B. Symbiont. **Bi|on|to|lo|gie** *die;* - ⟨↑ ...logie⟩: (veraltet) Wissenschaft von den Lebewesen

Bi|op|tik [auch 'bi:o...] *die;* - ⟨Kurzw. aus *Bio*logie u. ↑*Op*tik⟩: Lehre von den Sehvorgängen u. optischen Erscheinungen im Bereich der Biologie

Bio|phä|no|me|no|lo|gie *die;* - ⟨zu ↑bio... u. ↑Phänomenologie⟩: (veraltet) Lehre von den Erscheinungen des Lebens

Bio|phar|ma|zie [auch 'bi:o...] *die;* - ⟨zu ↑bio... u. ↑Pharmazie⟩: Fachgebiet, das sich mit den Wirkungsprinzipien u. der Verträglichkeit von Arzneimitteln u. Arzneizubereitungen befaßt

Bio|pho|ne|tik [auch 'bi:o...] *die;* - ⟨zu ↑bio... u. ↑Phonetik⟩: Wissenschaft, die sich mit den biologischen Grundlagen für die Entstehung u. Aufnahme der Sprachlaute u. den dabei stattfindenden Vorgängen im Zentralnervensystem befaßt

Bio|phor *der;* -s, -e ⟨zu ↑bio... u. ↑...phor, eigtl. „Lebensträger"⟩: früher angenommene Elementareinheit des Zellplasmas

Bio|phy|la|xe *die;* - ⟨zu ↑bio... *gr.* phýlaxis „Schutz, Bewachung", dies zu phylássein, phyláttein „schützen"⟩: Lebensschutz, Gesamtheit aller Maßnahmen zur Erhaltung der natürlichen Lebensbedingungen

Bio|phy|sik [auch 'bi:o...] *die;* - ⟨zu ↑bio... u. ↑Physik⟩: 1. Wissenschaft von den ↑physikalischen Vorgängen in u. an Lebewesen. 2. heilkundlich angewendete Physik (z. B. Strahlenbehandlung u. -schutz). **bio|phy|si|ka|lisch** [auch 'bi:o...]: die Biophysik betreffend

Bio|po|ly|me|re [auch 'bi:o...] *die* (Plur.) ⟨zu ↑bio... u. ↑Polymer⟩: durch ↑Polymerisation aus kleineren Bausteinen entstandene hochmolekulare Naturstoffe, die an Aufbau u. Stoffwechsel der lebenden Organismen wesentlich beteiligt sind, z. B. Eiweiße, Nukleinsäuren, Polysaccharide

Bio|pro|duk|te *die* (Plur.) ⟨zu ↑bio... u. ↑Produkt⟩: zusammenfassende Bez. für Erzeugnisse (bes. Lebensmittel), die aus ↑biologischem Landbau hervorgegangen sind

Bio|pro|gno|se [auch 'bi:o...] *die;* -, -en ⟨zu ↑bio... u. ↑Prognose⟩: spezifische Wettervorhersage (bes. für Ärzte), die auf mögliche Gefährdungen der menschlichen Gesundheit bzw. des Wohlbefindens aufmerksam macht

Bio|pro|gramm *das;* -s, -e ⟨zu ↑bio... u. ↑Programm⟩: Programm einer Waschmaschine, das Waschvorgänge mit ↑bioaktiven Waschmitteln ermöglicht

Bio|pro|tek|ti|on *die;* - ⟨zu ↑bio... u. ↑Protektion⟩: svw. Biophylaxe

Bi|op|sie *die;* -, ...ien ⟨zu ↑bio... u. ↑...opsie⟩: Untersuchung von Material (Gewebe u. a.), das dem lebenden Organismus entnommen ist

Bio|psy|ch|is|mus [auch 'bi:o...] *der;* - ⟨zu ↑bio... u. ↑Psychismus⟩: *philos.* Anschauung, nach der jedem organischen Geschehen ein psychischer Prozeß zuzuordnen ist

bi|op|tisch ⟨zu ↑Biopsie⟩: die Biopsie betreffend

Bio|re|ak|tor *der;* -s, ...oren ⟨zu ↑bio... u. ↑Reaktor⟩: svw. Fermenter

Bio|re|gi|on *die;* -, -en ⟨zu ↑bio... u. ↑Region⟩: ein vom Großklima mitgestalteter Bereich der ↑Biosphäre

Bio|rheo|lo|gie *die;* - ⟨zu ↑bio... u. ↑Rheologie⟩: Lehre vom Fließverhalten biologischer Substanzen, bes. des Blutes

Bio|rheu|se, auch Biorrh*eu*se *die;* - ⟨aus *nlat.* bior(r)heusis „Lebensfluß" zu ↑bio... u. *gr.* rheũsis „das Fließen, der Fluß", dies zu rheīn „fließen, strömen"⟩: Bez. für den natürlichen Prozeß des Alterns u. die damit zusammenhängenden Veränderungen im Organismus

Bio|rhyth|mik *die;* - ⟨zu ↑bio... u. ↑Rhythmik⟩: Art, Charakter des Biorhythmus. **Bio|rhyth|mus** *der;* -: 1. der rhythmische, periodische Ablauf des Lebens im Organismus (z. B. jahreszeitliche Veränderungen, weiblicher Zyklus). 2. Theorie, nach der das Leben des Menschen vom Tag der Geburt an in wellenförmigen Phasen von 23 (physische Aktivität), 28 (Gefühlsleben) u. 33 (intellektuelle Leistungen) Tagen verläuft

Bio|ri|sa|tor *der;* -s, ...oren ⟨zu ↑biorisieren u. ↑...ator⟩: Zerstäubungsgerät zur Herstellung keimfreier Milch. **bio|ri|sie|ren** ⟨zu ↑bio... u. ↑...isieren, eigtl. „in den natürlichen Zustand versetzen"⟩: keimfreie Milch mit dem Biorisator herstellen

Bior|rheu|se vgl. Biorheuse

Bi|os *der;* - ⟨aus *gr.* bíos „Leben"⟩: 1. das Leben; die belebte Welt als Teil des ↑Kosmos. 2. svw. Biosstoff

Bio|sa|tel|lit *der;* -en, -en ⟨zu ↑bio... u. ↑Satellit⟩: mit Tieren [und Pflanzen] besetztes kleines Raumfahrzeug zur Erforschung der Lebensbedingungen in der Schwerelosigkeit

Bi|ose *die;* -, -n ⟨zu ↑bi... u. ↑²ose⟩: einfacher Zucker mit zwei Sauerstoffatomen im Molekül

...bi|ose ⟨aus *gr.* bíōsis „Lebensweise"⟩: Wortbildungselement mit der Bedeutung „Lebensweise", z. B. Anabiose, Symbiose

Bio|sen|sor *der;* -s, ...oren ⟨zu ↑bio... u. ↑Sensor⟩: Gerät zur elektronischen Messung physik. u. chem. Lebensvorgänge am u. im Körper

Bi|os|fak|tor *der;* -s, ...oren ⟨zu ↑Bios u. ↑Faktor⟩: svw. Biosstoff

Bio|skop *das;* -s, -e ⟨zu ↑bio... u. ↑...skop⟩: alter, 1891 erfundener kinematographischer Apparat

Bio|so||ar|zel|le [auch 'bi:o...] *die;* -, -en ⟨zu ↑bio... u. ↑solar⟩: Anlage zur unmittelbaren Umwandlung von Sonnenenergie in chemische Energie, z. B. mit Hilfe von Algenkulturen

Bio|so|zio|lo|gie [auch 'bi:o...] *die;* - ⟨zu ↑bio... u. ↑Soziologie⟩: Wissenschaft von den Wechselbeziehungen zwischen biologischen u. soziologischen Gegebenheiten

Bio|sphä|re *die;* - ⟨zu ↑bio... u. ↑Sphäre⟩: Gesamtheit des von Lebewesen besiedelten Teils der Erde. **bio|sphä|risch**: zur Biosphäre gehörend

Bi|os|stoff *der;* -s, -e ⟨zu ↑Bios⟩: lebensnotwendiger pflanzlicher Wirkstoff nach Art der ↑Vitamine; unterschieden als Bios I, Bios II usw.

Bio|sta|ti|stik *die;* - ⟨zu ↑bio... u. ↑Statistik⟩: svw. Biometrie

Bio|stra|ti|gra|phie [auch 'bi:o...] *die;* - ⟨zu ↑bio... u. ↑Stratigraphie⟩: Festlegung der geologischen Gliederung u. ihres Alters mit Hilfe der ↑Fossilien. **Bio|stra|ti|no|mie** [auch 'bi:o...] *die;* - ⟨zu ↑¹...nomie⟩: Feststellung der aus ↑Fossilien erkennbaren Vorgänge vom Absterben der Organismen bis zu ihrer endgültigen Einbettung in ↑Sedimenten

Bio|strö|me *die* (Plur.) ⟨zu ↑bio...⟩: elektrische ↑Potentiale bzw. Ströme, die von lebenden Geweben (z. B. Muskeln, Nerven) ableitbar sind

Bio|syn|the|se *die;* -, -n ⟨zu ↑bio... u. ↑Synthese⟩: 1. der Aufbau chem. Verbindungen in den Zellen des lebenden Organismus. 2. Herstellung organischer Substanzen mit Hilfe von Mikroorganismen (z. B. von Penicillin aus niederen Pilzen)

Biot [bjo:] *das;* -, - ⟨nach dem franz. Physiker J.-B. Biot, 1774–1862⟩: alte Maßeinheit der elektrischen Stromstärke, entspricht 10 ↑Ampere; Zeichen Bi

Bio|tar *das;* -s, -e ⟨Kunstw.⟩: fotografisches Objektiv mit größerem Öffnungsverhältnis

Bio|tech|nik [auch 'bi:o...] *die;* -, -en ⟨zu ↑bio... u. ↑Technik⟩: technische Nutzbarmachung biologischer Vorgänge (z. B. der Hefegärung; vgl. Bionik. **bio|tech|nisch** [auch 'bi:o...]: auf die Biotechnik bezogen, lebenstechnisch. **Biotech|no|lo|gie** [auch 'bi:o...] *die;* -: Wissenschaft von den mikrobiologischen, biochemischen und gentechnologischen Methoden zur Eigenschaftsveränderung od. Neusynthese von Mikroorganismen, Zellkulturen u. Enzymen, bes. zur Herausbildung von gewünschten Eigenschaften. **bio|tech|no|lo|gisch** [auch 'bi:o...]: auf die Biotechnologie bezogen, mit Hilfe der Biotechnologie erfolgend

Bio|te|le|me|trie [auch 'bi:o...] *die;* - ⟨zu ↑bio... u. ↑Telemetrie⟩: Funkübermittlung von biologischen Meßwerten, die ein ↑Biosensor aufgenommen hat (Luft- u. Raumfahrt; Verhaltensforschung)

Bio|test *der;* -[e]s, Plur. -s, auch -e ⟨zu ↑bio... u. ↑Test⟩: Methode zur quantitativen Erfassung biologisch wirksamer Substanzen durch den Nachweis ihrer Wirkung auf lebende Organismen

Bio|therm *das;* -s, -e ⟨zu ↑bio... u. *gr.* thermós „warm"⟩: aus Organismenresten gebildetes Riff (Geol.)

Bio|tin *das;* -s ⟨zu *gr.* bíotos „Lebensunterhalt, Lebenserhaltung". ↑...in (1)⟩: Vitamin H (in Leber und Hefe auftretend)

bio|tisch ⟨zu *gr.* bioté „Leben"⟩: auf Lebewesen, auf Leben bezüglich

Bio|tit [auch ...'tɪt] *der;* -s, -e ⟨nach dem franz. Physiker J.-B. Biot (1774–1862) u. zu ↑²...it⟩: dunkler Glimmer. **Bio|titgra|nit** *der;* -s: ein Tiefengestein

Bio|to|nus *der;* - ⟨zu ↑bio... u. ↑Tonus⟩: Lebensspannkraft (Psychol.)

Bio|top *der* od. *das;* -s, -e ⟨zu ↑bio... u. *gr.* tópos „Ort, Raum"⟩: 1. durch bestimmte Pflanzen- u. Tiergesellschaften gekennzeichneter Lebensraum. 2. Lebensraum einer einzelnen Art

Bio|trans|for|ma|ti|on *die;* -, -en ⟨zu ↑bio... u. ↑Transformation⟩: a) Methode zur ↑enzymatischen Veränderung von Substanzen mit Hilfe von Mikroorganismen (Biotechnologie); b) bei Mensch u. Tier der Umbau niedermolekularer körperfremder Stoffe zu wasserlöslichen, die mit dem Harn ausgeschieden werden können (Physiol.)

bio|trop ⟨zu ↑bio... u. ↑...trop⟩: durch physikalische u. klimatische Reize auf die Verfassung u. Leistungsfähigkeit eines Organismus einwirkend; -e Faktoren: Kräfte (wie Sonnenschein, Luftdruck), die auf die Lebewesen bestimmend einwirken. **Bio|tro|pie** *die;* -, ...ien ⟨zu ↑...tropie⟩: wetterbedingte Empfindlichkeit des Organismus (z. B. bei plötzlichen Luftdruckschwankungen). **Bio|tro|pis|mus** *der;* -: Orientierungsbewegung eines Mikroorganismus auf eine Reizquelle hin

Bio|tur|ba|ti|on [auch 'bi:o...] *die;* -, -en ⟨zu ↑bio... u. ↑Turbation⟩: Durchmengung, Veränderung des Bodens durch die Tätigkeit wühlender Organismen (Geol.)

Bio|typ [auch 'bi:o...] *der;* -s, -en ⟨zu ↑bio... u. ↑Typ⟩: svw. Biotypus. **bio|typisch** [auch 'bi:o...]: den Biotypus betreffend. **Bio|ty|pus** [auch 'bi:o...] *der;* -, ...pen: reiner Typ, reine Linie (Gruppe od. Generationsfolge von Individuen mit gleicher Erbanlage)

Bio|wis|sen|schaf|ten *die* (Plur.) ⟨zu ↑bio...⟩: Gesamtheit der zur Biologie gehörenden Wissenschaftszweige

bio|zen|trisch [auch 'bi:o...] ⟨zu ↑bio... u. ↑zentrisch⟩: das Leben, seine Steigerung u. Erhaltung in den Mittelpunkt aller Überlegungen stellend, z. B. -e Weltanschauung; Ggs. ↑logozentrisch

Bio|zid *das;* -[e]s, -e ⟨zu ↑bio... u. ↑...zid⟩: svw. Pestizid

Bio|zö|no|lo|ge *der;* -n, -n ⟨zu ↑bio..., *gr.* koinós „gemeinsam" u. ↑...loge⟩: Erforscher von biologischen Lebensgemeinschaften. **Bio|zö|no|lo|gie** *die;* - ⟨zu ↑...logie⟩: Wissenschaft von den biologischen Lebensgemeinschaften. **Bio|zö|no|se** *die;* -, -n ⟨zu *gr.* koinós „gemeinsam"⟩: Lebensgemeinschaft, Gesellschaft von Pflanzen u. Tieren in einem ↑Biotop (1). **bio|zö|no|tisch**: die Lebensgemeinschaft in Biotopen betreffend

Bio|zy|klus *der;* -, ...len ⟨zu ↑bio... u. ↑Zyklus⟩: biologischer Kreislauf, sich wiederholende Abläufe biologischer Funktionszustände in Zellen u. Organen bzw. Organismen

bi|pa|tent ⟨aus gleichbed. *lat.* bipatens, Gen. bipatentis zu ↑bi... u. *lat.* patere „offenstehen"⟩: nach beiden Seiten offen

bi|ped ⟨zu ↑bi... u. *lat.* pes, Gen. pedis „Fuß"⟩: zweifüßig. **Bi|pe|de** *der;* -n, -n: Zweifüßer; zweifüßiges Tier. **Bi|pe|die** *die;* - ⟨zu ↑²...ie⟩: Zweifüßigkeit

Bi|pha|lan|gie *die;* -, ...ien ⟨zu ↑bi..., *gr.* phálagx, Gen. phálaggos „Glied, Gelenk" u. ↑²...ie⟩: Fingermißbildung mit nur zwei Gliedern an einem Finger (Med.)

Bi|phe|nyl *das;* -s, -e ⟨zu ↑bi... u. ↑Phenyl⟩: in farblosen Blättchen kristallisierender Kohlenwasserstoff, der zur Konservierung von Zitrusfrüchten verwendet wird

bi|po|lar [auch 'bi:...] ⟨zu ↑bi... u. ↑polar⟩: zweipolig. **Bi|po|la|ri|tät** [auch 'bi:...] *die;* -: Zweipoligkeit, Vorhandensein zweier entgegengesetzter Pole. **Bi|po|lar|tech|nik** *die;* -, -en: Gesamtheit der Verfahren zur Herstellung von ↑Bipolartransistoren, ↑Dioden u. Kondensatoren in der Halbleitertechnologie u. Mikroelektronik. **Bi|po|lar|tran|si|stor** *der;* -s, -en: ↑Transistor, in dem gleichzeitig negative u. positive Ladungsträger am Stromtransport u. an der Wirkungsweise beteiligt sind

Bipolymer

Bi|po|ly|mer *das;* -s, -e ⟨zu ↑bi... u. ↑Polymer⟩: ein aus zwei verschiedenen Sorten von Monomeren gebildetes ↑Polymer

Bi|pris|ma *das;* -s, ...men ⟨zu ↑bi... u. ↑Prisma⟩: gleichschenkliges Prisma mit einem brechenden Winkel von nahezu 180° zur Erzeugung von ↑Interferenzen

Bi|qua|drat *das;* -[e]s, -e ⟨zu ↑bi... u. ↑Quadrat⟩: Quadrat des Quadrats, vierte Potenz (Math.). **bi|qua|dra|tisch:** in die vierte Potenz erhoben; -e Gleichung: Gleichung vierten Grades

Bi|quet [bi'ke:] *der;* -s, -s ⟨aus gleichbed. *fr.* biquet, eigtl. „Zicklein"⟩: Schnellwaage für Gold- u. Silbermünzen. **bi|que|tie|ren** ⟨aus gleichbed. *fr.* biqueter⟩: Münzen abwiegen

Bi|ra|dia|le *die;* -, -n ⟨zu ↑bi... u. ↑radial⟩: Strahlungsachse optisch zweiachsiger Kristalle (Optik)

Bir|die ['bə:dɪ] *das;* -s, -s ⟨aus gleichbed. *engl.* birdie, eigtl. „Vögelchen"⟩: Gewinn eines Lochs mit einem Schlag weniger als festgesetzt (Golf); vgl. Par

Bir|djand [...dʒ...], **Bir|dschand** *der;* -s, -s ⟨nach der gleichnamigen Stadt im Ostiran⟩: dem ↑Belutsch ähnlicher Teppich mit charakteristischem Sternmedaillon

Bi|re|fle|xi|on *die;* -, -en ⟨zu ↑bi... u. ↑Reflexion⟩: Reflexion eines aus einem ↑isotropen Medium kommenden Lichtstrahls an der Grenzfläche eines ↑anisotropen Mediums unter Verlust seiner Isotropie (Phys.)

Bi|re|me *die;* -, -n ⟨aus gleichbed. *lat.* biremis zu ↑bi... u. remus „Ruder"⟩: Zweiruderer (antikes Kriegsschiff mit zwei übereinanderliegenden Ruderbänken)

Bi|rett *das;* -s, -e ⟨aus *mlat.* birretum, vgl. Barett⟩: aus dem Barett entwickelte viereckige Kopfbedeckung kath. Geistlicher

Bir|ma|ni|stik *die;* - ⟨zu Birma (Staat in Hinterindien) u. ↑...istik⟩: Wissenschaft von Sprache u. Kultur der Birmanen. **bir|ma|ni|stisch:** die Birmanistik betreffend

Bi|ro|ta *die;* -, -s ⟨aus gleichbed. *lat.* birota zu birotus „zweirädrig"⟩: (veraltet) zweirädriger Wagen

Bir|rus *der;* -, ...ri ⟨aus gleichbed. *lat.* birrus⟩: kurzer Kapuzenmantel aus rauhem Wollstoff im alten Rom

Bi|rut|sche vgl. Barutsche

bis ⟨aus *lat.* bis „zweimal"⟩: a) wiederholen, noch einmal (Anweisung in der Notenschrift); b) in einer musikalischen Aufführung als Zuruf die Aufforderung zur Wiederholung

Bi|sam *der;* -s, Plur. -e u. -s ⟨aus *mlat.* bisamum „Bisamsaft", dies aus *hebr.* bāsām; vgl. Balsam⟩: 1. (ohne Plur.) svw. Moschus. 2. Handelsbez. für Bisamrattenpelz

Bi|seau|schliff [bi'zo:...] *der;* -s, -e ⟨zu *fr.* biseau „Abschrägung"⟩: schrägkantiger Schliff an Edelsteinen. **bi|seau|tie|ren** ⟨aus gleichbed. *fr.* biseauter⟩: Spielkarten zum Falschspielen am Rand schräg abschneiden

Bi|sek|trix *die;* -, ...trizes ⟨zu ↑bi... u. *lat.* sectrix „die (Ab)schneidende", dies zu secare „schneiden, trennen"⟩: Winkelhalbierende (Kristallphysik)

Bi|sel|li|um *das;* -s, ...lia ⟨aus *lat.* bisellium „zweisitziger, prächtig verzierter Ehrenstuhl" zu ↑bi... u. sella „Stuhl"⟩: (veraltet) zweisitziger Stuhl

bi|se|ri|al ⟨zu ↑bi..., *lat.* serere „reihen" u. ↑¹...al (1)⟩: (veraltet) zweireihig, zweizeilig

bi|se|riert ⟨zu ↑bi..., *lat.* serescere „trocken werden", eigtl. „zweimal getrocknet", u. ↑...iert⟩: in der Fügung -e Magnesia: doppelt gebrannte Magnesia (Heilmittel)

Bi|se|xua|li|tät *die;* - ⟨zu ↑bi... u. ↑Sexualität⟩: 1. a) Doppelgeschlechtigkeit (Biol.); b) angeborene Disposition von Männern u. Frauen, psychische Merkmale des anderen Geschlechts zu entwickeln. 2. das Nebeneinanderbestehen von hetero- u. homosexuellen Neigungen u. Beziehungen, von sexuellen Antrieben u. Handlungen zu bzw. mit Partnern des anderen wie des eigenen Geschlechts. **bi|se|xu|ell:** 1. doppelgeschlechtig. 2. ein sowohl auf Personen des anderen als auch auf die des eigenen Geschlechts gerichtetes Sexualempfinden, sexuelles Verlangen habend

Bis|kot|te *die;* -, -n ⟨aus *it.* biscotto „Zwieback, Keks", vgl. Biskuit⟩: (österr.) längliches Biskuit, Löffelbiskuit. **Biskuit** [bɪs'kviːt] *das,* auch *der;* -[e]s, Plur. -s, auch -e ⟨aus gleichbed. *fr.* biscuit, eigtl. „zweimal Gebackenes", dies über *it.* biscotto (vgl. Biskotte) zu *lat.* bis coctum „zweimal gekocht"⟩: 1. Feingebäck aus Mehl, Eiern, Zucker. 2. svw. Biskuitporzellan. **Bis|kuit|por|zel|lan** *das;* -s, -e: gelbliches, unglasiertes Weichporzellan

bis|mil|lah ⟨aus *arab.* bismillā „im Namen Allahs"⟩: im Namen Gottes (mohammedan. Eingangsformel für Gebete, Schriftstücke o. ä.)

Bis|mu|tit [auch ...'tɪt] *der;* -s, -e ⟨zu ↑Bismutum u. ↑²...it⟩: ein meist gelbliches Mineral. **Bis|mu|tum** *das;* -s ⟨Latinisierung von *dt.* Wismut, weitere Herkunft unsicher⟩: lat. Bez. für Wismut (ein Metall); chem. Zeichen Bi

Bi|son *der,* auch *das;* -s, -s ⟨aus *lat.* bison „Auerochs", dies aus dem Germ.⟩: nordamerik. Büffel

bi|sta|bil [auch 'bi:...] ⟨zu ↑bi... u. ↑stabil⟩: zwei stabile Zustände aufweisend (vor allem bei elektronischen Bauelementen)

Bi|ster *der* od. *das;* -s ⟨aus gleichbed. *fr.* bistre, weitere Herkunft ungeklärt⟩: aus Holzruß hergestellte bräunliche Wasserfarbe. **bi|strie|ren** ⟨aus gleichbed. *fr.* bistrer⟩: mit Bister malen

Bi|stou|ri [bɪs'tu:ri] *der* od. *das;* -s, -s ⟨aus gleichbed. *fr.* bistouri⟩: 1. langes, schmales ↑Skalpell mit auswechselbarer Klinge. 2. früher benutztes Operationsmesser mit einklappbarer Klinge

¹Bi|stro *das;* -s, -s ⟨aus *fr.* bistro(t) „Kneipwirt, Kneipe"⟩: kleine franz. Gastwirtschaft. **²Bi|stro** *der;* -s, -s ⟨zu ↑¹Bistro⟩: franz. Bez. für Schankwirt. **Bi|stron|net** [...'neː] *das;* -s, -s ⟨zu *fr.* bistronner „im Bistro essen"⟩: Lokal mit [franz.] Schnellkost

Bi|sul|fat *das;* -s, -e ⟨zu ↑bi... u. ↑Sulfat⟩: (veraltet) svw. Hydrogensulfat. **Bi|sul|fit** *das;* -s, -e: (veraltet) svw. Hydrogensulfit

bi|syl|la|bisch ⟨zu ↑bi... u. ↑syllabisch⟩: (veraltet) zweisilbig

¹Bit *das;* -[s], -[s] ⟨Kurzw. aus *engl.* binary digit „Zweierstelle, Zweierzahl"⟩: a) binäre Einheit, Binärzeichen (Einheit für die Anzahl von Zweierschritten, d. h. Alternativentscheidungen in der Datenverarbeitung u. Nachrichtentechnik; Zeichen bit; b) der einzelne Zweierschritt; vgl. Byte

²Bit *der* od. *das;* -s, -s ⟨aus *engl.* bit (of drill) „(Bohr)einsatz", eigtl. „Gebiß (eines Pferdes)"⟩: genormtes Einsatzstück für Bohrmaschinen od. Schraubgeräte

Bit|jug *der;* -s, -s ⟨nach dem gleichnamigen russ. Fluß⟩: warmblütiges Last- u. Arbeitspferd

Bi|tok *der;* -s, Plur. -s u. Bitki ⟨aus *russ.* bitok, Gen. bitka „Klops, Keule"⟩: kleiner, runder, gebratener Fleischkloß

bi|to|nal ⟨zu ↑bi... u. tonal⟩: 1. auf zwei verschiedene Tonarten zugleich bezogen (Mus.). 2. doppeltönend (z. B. vom Husten; Med.). **Bi|to|na|li|tät** *die;* -: gleichzeitige Anwendung zweier verschiedener Tonarten in einem Musikstück

Bit-Slice-Pro|zes|sor ['bɪtslaɪs...] *der;* -s, -en ⟨zu ↑¹Bit, *engl.* slice „Scheibe" u. ↑Prozessor⟩: schneller, mit Bipolartechnik gefertigter Mikroprozessor

Bit|ter le|mon [– 'lɛmən] *das;* - -[s], - - ⟨*engl.*⟩: milchig-trüb

aussehendes Getränk aus Zitronen- u. Limettensaft mit geringem Chiningehalt
Bi|tu|men *das;* -s, Plur. -, auch ...mina ⟨aus *lat.* bitumen „Erdharz, Erdpech", dies aus dem Kelt.⟩: aus organischen Stoffen natürlich entstandene teerartige Masse (Kohlenwasserstoffgemisch), auch bei der Aufarbeitung von Erdöl als Destillationsrückstand gewonnen (verwendet u. a. als Abdichtungs- u. Isoliermasse). **Bi|tu|men|be|ton** *der;* -s, Plur. -s u. (bei nichtnasalierter Ausspr.) -e: Baustoffgemenge aus Zuschlagstoffen mit Bitumen als Bindemittel für Straßenbelag u. Sperrungen im Wasserbau. **Bi|tu|men|emul|sion** *die;* -, -en: mit Wasser verbundenes Bitumen zum Abdichten u. Imprägnieren. **bi|tu|mig**: Bitumen enthaltend, dem Bitumen ähnlich. **bi|tu|mi|nie|ren** ⟨zu ↑...ieren⟩: mit Bitumen behandeln od. versetzen. **bi|tu|mi|nös** ⟨zu ↑...ös⟩: Bitumen enthaltend
Bi|ty|it [auch ...'ɪt] *der;* -s, -e ⟨nach dem Fundort Bity auf Madagaskar u. zu ↑²...it⟩: dem ↑Zinnwaldit verwandtes gelbliches Mineral
Bi|uret *das;* -s ⟨Kunstw. zu ↑bi... u. *gr.* oûron „Harn"⟩: kristalline Substanz, die sich beim starken Erhitzen von Harnstoff bildet. **Bi|uret|re|ak|ti|on** *die;* -: Nachweis von Eiweißkörpern mit Kupfersulfat durch Reaktion mit Biuret
bi|va|lent [auch 'bi:...] ⟨zu ↑bi... u. ↑Valenz⟩: zweiwertig (Chem.). **Bi|va|len|te** *die* (Plur.): die bei der ↑Reduktionsteilung gepaarten ↑homogenen Chromosomen (Biol.). **Bi|va|lenz** *die;* -, -en: Zweiwertigkeit (Chem.)
Bi|valve ['baivælv] *der;* -[s], -s ⟨aus gleichbed. *engl.* bivalve, dies zu ↑bi... u. *lat.* valvae (Plur.) „Türflügel, (Flügel)tür"⟩: Sperrwechsel für Linien verschiedener Figuren (Thema im Kunstschach); vgl. Valve. **Bi|val|ven** [bi'valvn̩], **Bi|val|via** *die* (Plur.) ⟨aus gleichbed. *nlat.* bivalvia, eigtl. „Zweitürige"⟩: Muscheln (Zool.)
bi|ven|tral ⟨zu ↑bi... u. ↑ventral⟩: zweibäuchig (Biol.)
bi|ven|tri|ku|lär ⟨zu ↑bi... u. ↑ventrikulär⟩: zweikammerig (Med.)
Bi|vi|ra [...v...] *die;* -, ...ren ⟨zu ↑bi... u. *lat.* vir „Mann"⟩: (veraltet) Frau mit zwei Männern
Bi|vi|um ['bi:vi̯ʊm] *das;* -s, ...via ⟨zu ↑bi... u. *lat.* via „Weg"⟩: (veraltet) Scheideweg, Kreuzweg
bi|vol|tin [bivol'ti:n, auch 'bi:...] ⟨aus gleichbed. *fr.* bivolt(a)in zu ↑bi... u. *lat.* evolutio, vgl. Evolution⟩: zwei Generationen im Jahr hervorbringend (von Insekten)
Bi|wa *die;* -, -s ⟨aus dem Japan.⟩: vier- bis sechssaitiges japanisches Lauteninstrument
Bi|wak *das;* -s, Plur. -s u. -e ⟨aus gleichbed. *fr.* bivouac, dies (über *niederl.* bijwacht) aus *niederdt.* biwake „Beiwache (zusätzlicher Wachtposten im Freien)"⟩: behelfsmäßiges Nachtlager im Freien (Mil., Bergsteigen). **bi|wa|kie|ren** ⟨zu ↑...ieren⟩: im Freien übernachten (Mil., Bergsteigen)
Bix|by|it [auch ...'ɪt] *der;* -s, -e ⟨nach dem amerik. Mineralogen M. Bixby (19. Jh.) u. zu ↑²...it⟩: ein braunschwarzes metallisches Mineral
Bi|xin *das;* -s ⟨aus einer südamerik. Indianersprache; vgl. ...in (1)⟩: orangeroter Pflanzenfarbstoff
bi|zarr ⟨aus *fr.* bizarre „seltsam, wunderlich", dies aus gleichbed. *it.* bizarro⟩: von absonderlicher, eigenwillig schroff-verzerrter, fremdartig-phantastischer Form, Gestalt. **Bi|zar|re|rie** *die;* -, ...ien ⟨aus gleichbed. *fr.* bizarrerie⟩: Absonderlichkeit [in Form u. Gestalt]
bi|ze|phal ⟨zu ↑bi... u. *gr.* kephalé „Kopf"⟩: doppelköpfig
Bi|zeps *der;* -[es], -e ⟨aus *lat.* biceps „zweiköpfig" zu bis „doppelt" u. caput „Kopf"⟩: zweiköpfiger Oberarmmuskel (Beugemuskel). **Bi|zeps|re|flex** *der;* -s, -e: reflektorisch bedingte Beugung des Unterarms bei einem Schlag auf die Bizepssehne (Med.)
Bi|zi|nie [...i̯ə] *die;* -, -n ⟨zu *lat.* bicinium „Zwiegesang", dies zu ↑bi... u. *lat.* canere „singen, spielen"⟩: zweistimmiges Musikstück (auch Gesang) des 16. u. 17. Jh.s
bi|zo|nal ⟨zu ↑bi... u. ↑zonal⟩: die Bizone betreffend. **Bi|zone** *die;* -: Bezeichnung für die amerikanische u. die britische Besatzungszone, die sich 1947 zu einem einheitlichen Wirtschaftsgebiet zusammenschlossen (Gesch.)
bi|zy|klisch [auch ...'tsγk...], chem. fachspr. bicyclisch [...'tsγ:k..., auch ...'tsγk...] ⟨zu ↑bi... u. ↑zyklisch⟩: einen Kohlenstoffdoppelring enthaltend (von Molekülen)
Bi|zy|to|pe|nie *die;* -, -ien ⟨Kurzw. aus ↑bi... u. ↑Granulozytopenie⟩: Erkrankung an ↑Anämie u. ↑Granulozytopenie zusammen (Med.)
Bla|cher|nio|tis|sa *die;* - ⟨*mgr.;* nach Bildern in der Blachernenkirche in Konstantinopel⟩: byzantinischer Bildtypus der betenden Mutter Maria
Black|band ['blækbænd] *das;* -s ⟨aus gleichbed. *engl.* blackband, eigtl. „schwarzes Band" (wegen des hohen Kohleanteils in Erz)⟩: weniger wertvolles Eisenerz, Kohleneisenstein. **Black-Bot|tom** ['blækbɔtəm] *der;* -s, -s ⟨*engl.-amerik.;* eigtl. „schwarzer Boden" (vermutlich nach der Erde am Ufer des Mississippi)⟩: nordamerik. Gesellschaftstanz. **Black box** ['blæk –] *die;* - -, - -es [...ksɪz] ⟨aus gleichbed. *engl.* black box, eigtl. „schwarzer Kasten (des Zauberers)"⟩: Teil eines ↑kybernetischen Systems, dessen Aufbau u. innerer Ablauf aus den Reaktionen auf eingegebene Signale erst erschlossen werden muß. **Black-box-Me|tho|de** *die;* -: Verfahren zum Erkennen noch unbekannter Systeme (Kybernetik). **Black Ca|ribs** ['blæk 'kærɪbz] *die* (Plur.) ⟨aus *amerik.-span.* black caribs „schwarze Kariben"⟩: Bez. für Mischlinge zwischen Indianern u. Negern in Mittelamerika. **Black hole** ['blæk 'houl] *das;* - -, - -s ⟨aus gleichbed. *engl.* black hole⟩: schwarzes Loch (Astrophys.). **Black Jack** ['blæk 'dʒæk] *das;* - -, - - ⟨*amerik.*⟩: amerik. Kartenspiel als Variante des Siebenundvier. **Black-Let|ter** ['blæk...] *die;* -, -n ⟨aus gleichbed. *engl.* black letter zu black „schwarz" u. letter „Buchstabe"⟩: im 16. Jh. in England gebräuchliche gotische Schrift. **Black|light-The|ra|pie** ['blæklaɪt...] *die;* - ⟨zu *engl.* black light „unsichtbare Strahlung", dies zu black „schwarz" u. light „Licht"⟩: Bestrahlungstherapie mit langwelligem Licht (Med.). **Black|mail** ['blɛkmeːl, *engl.* 'blækmeɪl] *das;* -[s] ⟨aus *engl.* blackmail „Erpressung"⟩: Erpressung [durch Androhung der Bloßstellung]. **Black|out** ['blɛkˌaʊt, auch 'blæk'aʊt] *das,* auch *der;* -[s], -s ⟨aus *engl.* blackout, eigtl. „Verdunklung"⟩: 1. a) plötzliches Abdunkeln der Szene bei Bildschluß im Theater; b) kleinerer ↑Sketch, bei dem ein solcher Effekt die unvermittelte Schlußpointe setzt. 2. a) Aussetzen des Empfangs von Kurzwellen durch den Einfluß von Korpuskular- u. Röntgenstrahlen der Sonne; b) Unterbrechung des Funkkontakts zwischen Raumschiff u. Bodenstation. 3. nächtliche Verdunkelung zum Schutz vor Luftangriffen im Kriegszeiten. 4. totaler Stromausfall [in einer Stadt]. 5. plötzlicher, vorübergehender Ausfall von Funktionen, z. B. des Erinnerungsvermögens (Med.). **Black Pan|ther** ['blæk 'pænθə] *der;* - -s, - - ⟨*amerik.;* „Schwarzer Panther"⟩: Angehöriger der Black Panther Party, einer afroamerikanischen Organisation, deren Mitglieder die soziale Benachteiligung der Schwarzen zu beseitigen versuchen. **Black Pow|er** ['blæk 'pauə] *die;* - - ⟨*engl.;* eigtl. „schwarze Macht"⟩: Bewegung nordamerikanischer Schwarzer gegen die Rassendiskriminierung, die u. a. die Schaffung eines unabhängigen Staates der Schwarzen auf dem Terri-

torium der USA anstrebte, und zwar nicht mehr durch Gewaltlosigkeit, sondern durch bewaffneten Aufstand (bes. in den 1960er Jahren). **Black tongue** ['blæk 'tʌŋ] *die;* - - ⟨aus *engl.* black tongue „schwarze Zunge"⟩: 1. krankhafte braune Verfärbung der Zunge[nmitte] (Med.). 2. Schwarzzungenkrankheit des Hundes. **Blacky¹** ['blɛki, engl. 'blækɪ] ⟨*engl.*⟩: Kosename für ein Wesen, das durch schwarze od. dunkle Merkmale gekennzeichnet ist

Blaf|fert *der;* -s, -e ⟨aus *mlat.* blaffardus „Silbergroschen" zu *germ.* *blaikvaro, blaikvarwer „bleich von Farbe"⟩: groschenartige Silbermünze des 14.–16. Jh.s

bla|gie|ren ⟨aus gleichbed. *fr.* blaguer zu blague, vgl. Blague⟩: (veraltet) 1. prahlen. 2. sich lustig machen. **Blague** [bla:g] *die;* -, -en […ɡən] ⟨aus gleichbed. *fr.* blague⟩: (veraltet) a) Aufschneiderei, Prahlerei; b) Lüge[ngeschichte]. **Bla|gueur** […ˈɡøːɐ̯] *der;* -s, -e ⟨aus gleichbed. *fr.* blagueur⟩: (veraltet) Prahlhans

bla|ma|bel ⟨aus *fr.* blâmable „tadelnswert" zu blâmer, vgl. blamieren⟩: beschämend. **Bla|ma|bi|li|tät** *die;* - ⟨zu ↑…ität⟩: (veraltet) Lächerlichkeit, blamable Beschaffenheit. **Bla|ma|ge** […ʒə] *die;* -, -n ⟨französierende Bildung zu ↑blamieren; vgl. …age⟩: etwas, was für den Betreffenden peinlich, beschämend, bloßstellend ist. **bla|mie|ren** ⟨aus *fr.* blâmer „tadeln, eine Rüge aussprechen", dies aus *vulgärlat.* blastemare für *lat.* blasphemare „lästern, schmähen"; vgl. Blasphemie⟩: jmdm., sich eine Blamage bereiten

Blanc [blã] *das;* -s [blã], -s [blãs] ⟨zu *fr.* blanc „weiß"⟩: 1. helle Soße od. Brühe von Kalbfleisch od. Geflügel (Gastr.). 2. Weißgroschen, alte franz. Silbermünze. **Blanc fixe** [blãˈfiks] *das;* - - ⟨*fr.*⟩: svw. Permanentweiß. **Blan|cheur** [blãˈʃøːɐ̯] *der;* -s, -e ⟨aus gleichbed. *fr.* blancheur zu blanchir, vgl. blanchieren⟩: Apparat zum Blanchieren von Lebensmitteln. **blan|chie|ren** [blãˈʃiː…] ⟨aus *fr.* blanchir „weiß machen" zu blanc „weiß", dies aus gleichbed. *germ.* *blank⟩: Fleisch, Gemüse, Reis, Mandeln u. a. kurz mit heißem Wasser überbrühen. **Blan|chis|sage** [blãʃiˈsaːʒ] *die;* - ⟨aus gleichbed. *fr.* blanchissage⟩: (veraltet) das Waschen, Bleichen. **Blan|chis|seu|se** […ˈsøːzə] *die;* -, -n ⟨aus gleichbed. *fr.* blanchisseuse⟩: (veraltet) Wäscherin, Bleicherin. **Blanc|man|ger** [blãmãˈʒeː] *das;* -s -s ⟨aus *fr.* blanc-manger „Mandelpudding"⟩: Mandelgelee

bland ⟨aus *lat.* blandus „mild, freundlich"⟩: 1. mild, reizlos (z. B. von einer Diät). 2. a) ruhig verlaufend; b) nicht auf Ansteckung beruhend (von Krankheiten; Med.). **blan|die|ren** ⟨aus gleichbed. *lat.* blandiri⟩: (veraltet) schmeicheln. **Blan|di|ne** *die;* -, -n ⟨zu ↑…ine⟩: (veraltet) Schmeichlerin

Blank [blæŋk] *das;* -s, -s ⟨aus gleichbed. *engl.* blank, eigtl. „weiße Stelle", dies zu *fr.* blanc, vgl. blanchieren⟩: Leerstelle, Zwischenraum zwischen zwei geschriebenen Wörtern (Sprachw.; EDV). **Blan|ket** ['blæŋkɪt] *das;* -s, -s ⟨aus gleichbed. *engl.* blanket, eigtl. „Decke"⟩: Brutzone, Zone außerhalb od. innerhalb der Spaltzone eines Kernreaktors, der als schneller Brüter arbeitet. **Blan|kett** *das;* -[e]s, -e ⟨französierende Bildung zu *dt.* blank; vgl. …ett⟩: a) Wertpapiervordruck, zu dessen Rechtsgültigkeit noch wichtige Eintragungen fehlen (Wirtsch.); b) Schriftstück mit Blankounterschrift, das der Empfänger absprachegemäß ausfüllen soll. **Blan|ketts** *die* (Plur.): Sammelbez. für ↑Akzidenzen, in die nachträglich Eintragungen erfolgen (Druckw.). **blan|kie|ren** ⟨zu ↑…ieren⟩: Filmschrammen beseitigen. **blan|ko** ⟨unter Anlehnung an *dt.* blank aus *it.* bianco „weiß"⟩: leer od. nicht vollständig ausgefüllt (von unterschriebenen Schriftstücken, Urkunden, Schecks u. dgl.). **Blan|ko|ak|zept** *das;* -[e]s, -e: Wechsel, der ↑akzeptiert wird, ehe er vollständig ausgefüllt ist. **Blan|ko|phor** *der;* -s ⟨zu ↑…phor⟩: fluoreszierender Stoff als Waschmittelzusatz, der Gelbstichigkeit von Geweben zu Weiß ausgleicht (Chem.). **Blan|ko|scheck** *der;* -s, -s: Scheck, der nur teilweise ausgefüllt, aber unterschrieben ist. **Blan|ko|voll|macht** *die;* -, -en: unbeschränkte Vollmacht. **Blan|ko|zes|si|on** *die;* -, -en: Abtretung eines Rechts ohne Angabe der Person, an die die Abtretung erfolgt. **Blank|vers** *der;* -es, -e ⟨aus gleichbed. *engl.* blank verse⟩: meist reimloser fünffüßiger (fünf betonte Silben aufweisender) Jambenvers

Blan|quette [blãˈkɛt] *die;* -, -s ⟨aus gleichbed. *fr.* blanquette zu blanc, vgl. blanchieren⟩: heller u. trockener Schaumwein aus Südfrankreich

Blan|quis|mus [blãˈkɪs…] *der;* - ⟨nach dem franz. Sozialisten L. A. Blanqui (1805–1881) u. zu ↑…ismus (1)⟩: revolutionäre sozialistische Bewegung des 19. Jh.s in Frankreich. **Blan|quist** *der;* -en, -en ⟨zu ↑…ist⟩: Anhänger des Blanquismus

bla|siert ⟨aus *fr.* blasé „abgestumpft, übersättigt" zu blaser „abstumpfen", weitere Herkunft unbekannt; vgl. …iert⟩: überheblich, eingebildet, hochnäsig, hochmütig

Bla|son [blaˈzõ:] *der;* -s, -s ⟨aus gleichbed. *fr.* blason⟩: 1. Wappenschild. 2. Wappenkunde. 3. franz. Preisgedicht des 16. Jh.s, das in detaillierter Beschreibung von Frauen od. Pferden, Waffen, Wein u. a. handelt. **bla|so|nie|ren** [blazoˈniː…] ⟨aus gleichbed. *fr.* blasonner⟩: 1. ein Wappen kunstgerecht ausmalen. 2. ein Wappen entsprechend den Regeln der ↑Heraldik beschreiben, erklären

Blas|phe|mie *die;* -, …ien ⟨über *lat.* blasphemia aus *gr.* blasphēmía „Schmähung" zu blasphēmeĩn „schmähen, lästern"; vgl. blamabel⟩: Gotteslästerung, verletzende Äußerung über etwas Heiliges. **blas|phe|mie|ren** ⟨zu ↑…ieren⟩: lästern, etwas Heiliges beschimpfen. **blas|phe|misch** ⟨aus *gr.* blásphemos „lästernd, verleumdend"⟩: Heiliges lästernd, verhöhnend; eine Gotteslästerung enthaltend. **Blas|phe|mist** *der;* -en, -en ⟨zu ↑…ist⟩: Gotteslästerer. **blas|phe|mi|stisch** ⟨zu ↑…istisch⟩: svw. blasphemisch

Bla|stem *das;* -s ⟨aus *gr.* blástēma „Keim, Sproß" zu blastánein „keimen"⟩: aus undifferenzierten Zellen bestehendes Gewebe, aus dem sich schrittweise die Körpergestalt entwickelt (Biol.). **Bla|ste|se** *die;* -, -n ⟨aus *gr.* blástēsis „das Keimen, Wachsen"⟩: Sprossung einzelner Minerale bei Umkristallisationsvorgängen während einer Gesteinsmetamorphose (Geol.). **bla|sto…, Bla|sto…** ⟨aus *gr.* blástos „Keim, Sproß"; vgl. Blastem⟩: Wortbildungselement mit der Bedeutung „Keimanlage eines Organismus, Pflanzenknospe, Pflanzensproß", z. B. blastogen, Blastozyten. **Bla|sto|derm** *das;* -s ⟨zu *gr.* dérma „Haut"⟩: Keimhaut, Zellwand der ↑Blastula. **bla|sto|gen** ⟨zu ↑…gen⟩: von der Keimanlage ausgehend. **Bla|sto|ge|ne|se** *die;* -: ungeschlechtliche Entstehung eines Lebewesens (z. B. eines ↑Polypen 2) durch Sprossung od. Knospung. **Bla|sto|i|dea** *die* (Plur.) ⟨aus gleichbed. *nlat.* blastoidea (Plur.) zu ↑blasto… u. ↑²…id⟩: ↑fossile Seeknospen, Knospensterne (Stachelhäuter; Zool.). **Bla|sto|ko|lin** *das;* -s, -e ⟨zu *gr.* kólos „abgestumpft, eingeschränkt" u. ↑…in (1)⟩: Keimungshemmstoff, der gasförmig od. gelöst das Auskeimen von Samen u. Sporen od. das Austreiben von Knospen, z. B. an Knollen, verhindert (Pflanzenphysiol.). **Bla|stom** *das;* -s, -e ⟨zu ↑…om⟩: krankhafte Gewebsneubildung, echte (nicht entzündliche) Geschwulst (Med.). **Bla|sto|me|re** *die;* -, -n ⟨zu *gr.* méros „Teil"⟩: durch Furchung entstandene Zelle. **Bla|sto|my|ko|se** *die;* -, -n: durch Sproßpilze verursachte Erkrankung (zunächst) der Haut u. Schleimhaut (Med.). **Bla|sto|my|lo|nit** [auch …ˈnɪt] *der;* -s, -e: infolge

Temperaturerhöhung u. mechanischer Beanspruchung unkristallisierter ↑Mylonit (Geol.). **Bla|sto|my|zet** *der;* -en, -en: Sproßpilz, Hefepilz. **Bla|sto|phtho|rie** *die;* - ⟨zu *gr.* phthorá „Verderben, Vernichtung" u. ↑²...ie⟩: Keimschädigung. **Bla|sto|po|rus** *der;* -: Urmund (Öffnung des Urdarms). **Bla|sto|zöl** *das;* -s ⟨zu *lat.* coelum, Nebenform von caelum „Wölbung"⟩: die Furchungshöhle der Blastula. **Bla|sto|zy|ten** *die* (Plur.) ⟨zu ↑...zyt⟩: noch undifferenzierte ↑embryonale Zellen. **Bla|stu|la** *die;* -, ...lae [...lɛ] ⟨aus gleichbed. *nlat.* blastula, dies zu *gr.* blástos „Keim, Sproß"⟩: Blasenkeim, frühes Entwicklungsstadium des ↑Embryos

Bla|zer ['ble:zɐ] *der;* -s, - ⟨aus gleichbed. *engl.* blazer⟩: sportlich-elegantes Damen- od. Herrenjackett [mit aufgesetzten Taschen, blanken Metallknöpfen]

Ble|mis|se|ment [...'mã:] *das;* -s, -s ⟨aus gleichbed. *fr.* blêmissement zu blêmir „bleich werden", dies zu *altnord.* blami „bläulich, blaß"⟩: (veraltet) das Erblassen, das Erbleichen

Blend *der* od. *das;* -s, -s (meist Plur.) ⟨aus *engl.* blend „Mischung"⟩: Verschmelzung zweier Wörter zu einer neuen absichtlichen Kontamination (z. B. Schwabylon aus *Schwab*ing u. Ba*bylon*, Sexperte aus *Sex* u. Ex*perte*, Demokratur aus *Demokrat*ie u. Dikta*tur;* Sprachw.)

Blenn|ade|ni|tis *die;* -, ...itiden ⟨zu *gr.* blénnos „Schleim" u. ↑Adenitis⟩: Schleimhautdrüsenentzündung (Med.). **Blenn|or|rha|gie** *die;* -, ...ien ⟨zu *gr.* rhagé „Riß, Ritze" u. ↑²...ie⟩: eitrige Schleimhautabsonderung, bes. eitrige Augenbindehautentzündung (Med.). **Blenn|or|rhö** *die;* -, -en u. **Blenn|or|rhöe** [...'rö:] *die;* -, -n [...'rö:ən] ⟨zu *gr.* rheîn „fließen, strömen"⟩: svw. Blennorrhagie

ble|phar..., Ble|phar... vgl. blepharo..., Blepharo... **Ble|pha|ri|tis** *die;* -, ...itiden ⟨zu ↑blepharo... u. ↑...itis⟩: Augenlid-, insbes. Lidrandentzündung (Med.). **ble|pha|ro..., Ble|pha|ro...**, vor Vokalen auch blephar..., Blephar... ⟨aus *gr.* blépharon „Augenlid" bzw. blepharís „Augenwimper"⟩: Wortbildungselement mit der Bedeutung „Augenlid, Augenwimper; wimpernförmiges Gebilde", z. B. Blepharoklonus. **Ble|pha|ro|chal|la|sis** *die;* - ⟨zu *gr.* chálasis „das Nachlassen; Erschlaffung"⟩: Erschlaffung [u. Herabhängen] der Augenlidhaut (Med.). **Ble|pha|ro|klo|nus** *der;* -, Plur. -se u. ...klonen u. **Ble|pha|ro|spas|mus** *der;* -, ...men: Augenlidkrampf (Med.)

bles|sie|ren ⟨aus gleichbed. *fr.* blesser, dies aus dem Germ.⟩: verwunden, verletzen. **Bles|sur** *die;* -, -en ⟨aus gleichbed. *fr.* blessure⟩: a) Verwundung, Verletzung (z. B. beim Sport); b) (veraltet) Kriegsverletzung

bleu [blø:] ⟨aus *fr.* bleu „blau", dies aus dem Germ.⟩: blaßblau, bläulich (mit einem leichten Stich ins Grüne). **Bleu** *das;* -s, -[s]: bleu Farbe

Blimp *der;* -s, -s ⟨aus *engl.* blimp „(schalldichte) Kabine"⟩: Schallschutzgehäuse für eine Kamera [zur Dämpfung der Eigengeräusche]

Blim|ping *die;* -, -s ⟨malai. Wort⟩: eine Tropenfrucht

Blin|da|ge [...ʒə] *die;* -, -n ⟨rückentlehnt aus *fr.* blindage „Blende, Verkleidung" zu *dt.* Blende⟩: Deckwand gegen Splitter im Festungsbau

Bli|ni *die* (Plur.) ⟨aus gleichbed. *russ.* blini (Plur.)⟩: russische Pfannkuchen, bes. aus Buchweizenmehl

Bli|ster *der;* -s, - ⟨aus *engl.* blister „(Haut)blase"⟩: 1. (ohne Plur.) früher verwendetes Einreibemittel zur Behandlung von Beinschäden bei Pferden. 2. durchsichtige, der Verpackung dienende Kunststoffolie, in die das zu verpackende Objekt eingeschweißt ist. **bli|stern** ⟨nach *engl.* to blister „Pflaster auflegen, einreiben"⟩: mit Blister (1) einreiben

Bliz|zard ['blɪzɐt] *der;* -s, -s ⟨aus gleichbed. *engl.-amerik.* blizzard⟩: Schneesturm (in Nordamerika)

Blocka|de¹ *die;* -, -n ⟨französierende Bildung zu ↑blockieren u. ↑...ade⟩: 1. a) Maßnahme, mit der der Zugang zu etwas verhindert werden soll; b) vorübergehender Ausfall bestimmter Funktionen. 2. im Satz durch ■ gekennzeichnete Stelle (Druckw.). **blockie|ren¹** ⟨aus *fr.* bloquer „einschließen, sperren" zu bloc „Klumpen, Klotz⟩: 1. den Zugang zu etwas versperren. 2. als Hindernis im Wege sein. 3. die Funktion hemmen (bei Rädern, Bremsen o. ä.). 4. an seiner Funktion gehindert sein. 5. fehlenden Text durch eine Blockade (2) kennzeichnen (Druckw.). **Blocking¹** *das;* -s, -s ⟨aus *engl.* blocking „das Versperren"⟩: svw. Blokkade (1b)

Blon|de [auch blõ:d] *die;* -, -n ⟨aus gleichbed. *fr.* blonde, eigtl. „goldgelb", dies aus dem Germ.⟩: feine Seidenspitze mit Blumen- u. Figurenmuster. **blon|die|ren** ⟨nach gleichbed. *fr.* blondir⟩: aufhellen (von Haaren). **Blon|di|ne** *die;* -, -n ⟨aus gleichbed. *fr.* blondine⟩: blondhaarige Frau

Bloo|dy Ma|ry ['blʌdɪ 'mɛərɪ] *die;* - -, - ...ries [...rɪz] ⟨*engl.;* „blutige Marie"⟩: Mixgetränk aus Wodka u. Tomatensaft mit Zitronensaft u. verschiedenen Gewürzen

Bloom [blu:m] *der;* -s, -s ⟨aus gleichbed. *engl.* bloom⟩: Block, der im Walzwerk zu Profilstahl ausgewalzt wird

Blou|son [blu'zõ:] *das*, auch *der;* -[s], -s ⟨aus *fr.* blouson „Joppe, Wollbluse", Vergrößerungsform von blouse „Bluse"⟩: a) über dem Rock getragene, an den Hüften enganliegende Bluse; b) kurze Windjacke mit Bund. **Blou|son noir** [- 'nɔa:ɐ] *der;* - -, -s -s ⟨aus gleichbed. *fr.* blouson-noir, eigtl. „schwarzes Blouson"⟩: franz. Bez. für Rocker bzw. Rowdy in schwarzer Lederkleidung

Blow-Down-Sy|stem ['bloʊdaʊn...] *das;* -s ⟨zu *engl.* to blow down „ausblasen" u. ↑System⟩: Sicherheits- u. Entleerungssystem u. a. in chem. Anlagen u. Raffinerien. **Blow-out** ['bloʊ-aʊt] *der;* -s, -s ⟨zu *engl.* to blow out „ausblasen; platzen"⟩: unkontrollierter Ausbruch von Erdöl od. Erdgas aus einem Bohrloch. **Blow-up** ['bloʊ-ʌp] *das;* -s, -s ⟨aus gleichbed. *engl.* blow-up zu to blow up „vergrößern", eigtl. „aufblasen"⟩: Vergrößerung einer Fotografie od. eines Fernsehbildes

Blub|ber ['blʌbə] *der;* -s ⟨aus gleichbed. *engl.* blubber⟩: Speck, Tran von Meeressäugetieren

Blue ba|by ['blu: 'beɪbɪ] *das;* -s, -...bies [...bɪz] ⟨aus *engl.* blue baby, eigtl. „blaues Kind"⟩: Kind mit ausgeprägter Blausucht bei angeborenem Herzfehler (Med.). **Blue|back** ['blu:bæk] *der;* -s, -s ⟨aus gleichbed. *engl.* blueback, eigtl. „Blaurücken"⟩: 1. Pelz aus dem blaugrauen Fell jüngerer Mützenrobben. 2. Papiergeldschein (mit blauer Rückseite) im amerik. Sezessionskrieg (1861–65). **Blue box** ['blu: –] *die;* - -, - -es ⟨aus *engl.* blue box, eigtl. „blauer Kasten"⟩: Gerät für ein Projektionsverfahren, bei dem künstliche Hintergründe in Aufnahmestudios geschaffen werden können, wobei ein Bildgeber ein Bild auf eine blaue Spezialleinwand wirft, das auftreffende Bild in die elektronische Kamera zurückwirft (Fernsehen). **Blue chip** ['blu: 'tʃɪp] *der;* - -s, - -s (meist Plur.) ⟨aus *engl.-amerik.* blue chip „blaue Spielmarke" (beim Pokerspiel)⟩: erstklassiges Wertpapier (Spitzenwert) an der Börse). **Blue|jeans**, auch **Blue jeans** ['blu:dʒi:ns, engl. 'blu:dʒi:nz] *die* (Plur.) ⟨aus gleichbed. *engl.-amerik.* blue jeans, vgl. Jeans⟩: blaue [Arbeits]hose aus Baumwollgewebe in Köperbindung (eine Webart). **Blue Mo|vie** ['blu: 'mu:vi] *der* od. *das;* - -s, - -s ⟨aus *engl.-amerik.* blue movie, eigtl. „blauer Film"⟩: Film erotischen, pornographischen Inhalts. **Blue note** ['blu: 'noʊt] *die;* - -, - -s (meist Plur.) ⟨aus *engl.-amerik.* blue notes, eigtl.

Blues

„blaue Noten"): abweichend intonierter 3. bzw. 7. Ton der (Dur)tonleiter im Blues. **Blues** [blu:s, engl. blu:z] *der;* -, - ⟨aus gleichbed. *engl.-amerik.* blues⟩: 1. a) zur Kunstform entwickeltes schwermütiges Volkslied der nordamerik. Schwarzen; b) daraus entstandene älteste Form des ↑ Jazz, gekennzeichnet durch die abweichende Intonierung des 3. u. 7. Tons der (Dur)tonleiter (vgl. Blue notes); c) langsamer nordamerik. Tanz im ¾-Takt. 2. (ohne Plur.) Trübsinn, Schwermut, Depression. **Blue screen** ['blu: 'skri:n] *der;* - -[s], - -s ⟨aus *engl.* blue screen, eigtl. „blauer Schirm"⟩: svw. Blue box

Blu|et|te, auch **Blu|ette** [bly'ɛt] *die;* -, -n ⟨aus gleichbed. *fr.* bluette, eigtl. „Fünkchen"⟩: kleines, witzig-geistreiches Bühnenstück

Bluff [veraltend blœf] *der;* -s, -s ⟨aus gleichbed. *engl.* bluff zu to bluff, vgl. bluffen⟩: dreistes, täuschendes Verhalten, das darauf abzielt, daß jmd. zugunsten des Täuschenden etwas od. jmdn. falsch einschätzt. **bluf|fen** [veraltend 'blœfn̩] ⟨nach *engl.* to bluff „prahlen, großtun"⟩: durch dreistes o. ä. Verhalten od. durch geschickte Täuschung eine falsche Einschätzung von jmdm./etwas zugunsten des Täuschenden hervorrufen od. hervorzurufen versuchen

Bluffs [blʌfs, blœfs] *die* (Plur.) ⟨aus gleichbed. *engl.* bluffs zu bluff „steil, schroff"⟩: hohe, steile Flußufer

blü|me|rant ⟨aus *fr.* bleu mourant „blaßblau", eigtl. „sterbend blau"⟩: (ugs.) schwindelig, flau

Blun|der ['blʌndə, 'blœndə] *der;* -s, - ⟨aus gleichbed. *engl.* blunder⟩: [grober] Fehler, Mißgriff, Schnitzer

BMX-Rad [be:|ɛm|'ɪks...] *das;* -[e]s, ...Räder ⟨abgeleitet aus *engl.* bicycle motocross⟩: kleineres, bes. geländegängiges Fahrrad

Boa *die;* -, -s ⟨aus *lat.* boa „Wasserschlange"⟩: 1. Riesenschlange einer südamerik. Gattung. 2. schlangenförmiger, modischer Halsschmuck (für Frauen) aus Pelz od. Federn

Board [bɔ:d] *der;* -s, -s ⟨aus gleichbed. *engl.* board, eigtl. „Tafel, Tisch"⟩: Behörde, Gericht, Ausschuß. **Board|inghouse** ['bɔ:ɘdɪŋhaʊs, engl. 'bɔ:dɪŋhaʊs] *das;* -, -s [...sɪs], auch ...sɪs] ⟨aus gleichbed. *engl.* boarding house zu boarding „Kost, Verpflegung"⟩: engl. Bez. für Pension, Gasthaus. **Boar|ding|school** [...sku:l] *die;* -, -s ⟨aus gleichbed. *engl.* boarding school⟩: engl. Bez. für Internatsschule mit familienartigen Hausgemeinschaften

Boat peo|ple ['bəʊt 'pi:pl] *die* (Plur.) ⟨aus gleichbed. *engl.* boat people, eigtl. „Bootsmenschen"⟩: [vietnamesische] Flüchtlinge, die ihre Flucht auf Booten, Schiffen unternommen haben

Bob *der;* -s, -s ⟨Kurzform von ↑ Bobsleigh⟩: verkleideter Stahlsportschlitten (für zwei od. vier Fahrer) mit Sägebremse u. zwei Kufenpaaren, von denen das vordere durch Seil- od. Radsteuerung lenkbar ist

Bo|bak *der;* -s, -s ⟨aus dem Poln.⟩: Steppenmurmeltier

Bo|bath-The|ra|pie *die;* - ⟨nach dem Neurophysiologen K. Bobath (*1906) u. seiner Ehefrau (*1908) u. zu ↑ Therapie⟩: krankengymnastische Methode zur Behandlung ↑ zerebraler Bewegungsstörungen u. halbseitiger Lähmungen

bob|ben ⟨nach *engl.* to bob „sich ruckweise bewegen"⟩: beim Bobfahren eine gleichmäßige ruckweise Oberkörperbewegung zur Beschleunigung der Fahrt ausführen

Bob|by ['bɔbi] *der;* -s, Plur. -s u. Bobbies ['bɔbɪz] ⟨aus gleichbed. *engl.* bobby, eigtl. Koseform des Namens Robert Peel, dem Reorganisator der brit. Polizei⟩: (ugs.) engl. Polizist

Bo|bier|rit [bɔbjɛ..., auch ...'rɪt] *der;* -s, -e ⟨nach dem französ. Chemiker P. A. Bobierre († 1881) u. zu ↑²...it⟩: ein farbloses bzw. weißes Mineral, Magnesiumphosphat

Bo|bi|ne *die;* -, -n ⟨aus *fr.* bobine „Spule, Haspel"⟩: 1. Garnspule in der [Baum]wollspinnerei. 2. fortlaufender Papierstreifen zur Herstellung von Zigarettenhülsen. 3. schmale Trommel, bei der sich das flache Förderseil in mehreren Lagen übereinander aufwickelt (Bergw.). **Bo|bi|net** [...nɛt, auch ...'nɛt] *der;* -s, -s ⟨über *engl.* bobbinet „Tüll" zu *fr.* bobiner „Fäden wickeln, spulen"⟩: durchsichtiges Gewebe mit meist drei sich umschlingenden Fadensystemen, englischer Tüll. **Bo|bi|noir** [...'nɔaːɐ] *der;* -s, -s ⟨aus gleichbed. *fr.* bobinoir, eigtl. „Spulrad"⟩: Spulmaschine in der Baumwollspinnerei

Bo|bo *der;* -s, -s ⟨zu *span.* bobo „dumm, albern"⟩: Possenreißer, Narr im spanischen Theater

Bob|sleigh ['bɔbsleɪ] *der;* -s, -s ⟨aus *engl.-amerik.* bobsleigh „Bobschlitten" zu to bob „sich ruckweise bewegen" u. sleigh „Schlitten"⟩: svw. Bob

Bob|tail ['bɔbteɪl] *der;* -s, -s ⟨aus *engl.* bobtail „(Hund mit) Stummelschwanz"⟩: mittelgroßer, langzottiger grauer Hütehund

Bo|cage [bɔ'kaːʒ] *der;* -, -s ⟨aus *fr.* bocage „Gebüsch, Gehölz"⟩: Landschaftstyp im Nordwesten Frankreichs mit schachbrettartig angelegten kleinen Feldern, die durch Hecken od. Baumreihen begrenzt sind

Boc|ca ['bɔkka] *die;* -, ...cchen ['bɔkkən] ⟨aus *it.* bocca „Mund, Öffnung, Mündung"⟩: 1. Flußmündung, Bucht. 2. kleinere Austrittsöffnung an einem Vulkan

Boc|cal|le [bɔk'kaːlə] *der;* -, ...li ⟨aus *it.* boccale „Krug, Kanne"⟩: altes ital. Weinmaß

Boc|ca qua|dra|ta ['bɔkka –] *die;* - - ⟨aus *it.* bocca quadrata „viereckige Öffnung"⟩: Keramik mit quadratisch geformter Mündung (Archäologie)

Boc|cia ['bɔtʃa] *das* od. *die;* -, -[s] ⟨aus *it.* boccia „(Kegel)kugel"⟩: ein ital. Kugelspiel

Bo|cha|ra vgl. Buchara

Boche [bɔʃ] *der;* -, -s ⟨aus gleichbed. *fr.* boche, weitere Herkunft unsicher⟩: abwertend Bez. der Franzosen für den bzw. die Deutschen

Bo|cher *der;* -s, ...rim ⟨über *jidd.* bocher „Junggeselle, Bursche" aus *hebr.* baḥûr „junger Mann"⟩: 1. Jüngling. 2. rabbinischer Schüler od. Student. 3. Beamter, der sich mit Gaunern u. dem Rotwelsch auskennt

Bo|chor|no [bo'tʃorno] *der;* -s, -s ⟨aus *span.* bochorno „Schwüle"⟩: in der warmen Jahreszeit vom Mittelmeer wehender, feuchtwarmer Südostwind

Bo|de|ga *die;* -, -s ⟨aus gleichbed. *span.* bodega, dies aus *lat.* apotheca „(Wein)lager" zu *gr.* apothēkē, vgl. Apotheke⟩: 1. a) span. Weinkeller; b) span. Weinschenke. 2. Warenlager in Seehäfen

Bo|dhi|satt|wa [bodi...] *der;* -, -s ⟨aus *sanskr.* bodhisattva „Anwärter auf die Buddhawürde"⟩: werdender ↑ Buddha, der den Schritt in die letzte Vollkommenheit hinauszögert, um den Frommen zu helfen

Bod|je *das;* -s, -n ⟨aus *schwed.* bodje, eigtl. „Bootchen"⟩: kleines dreimastiges Schiff

Bo|do|ni *die;* - ⟨nach dem ital. Stempelschneider u. Buchdrucker G. Bodoni, 1740–1813⟩: eine Antiquaschrift

Bo|dy *der;* -s, -s ⟨aus *engl.* body, eigtl. „Körper", Kurzform von ↑ Bodysuit⟩: (ugs.) svw. Bodysuit. **Bo|dy-art** [...ɑːt] *der;* - ⟨aus *engl.* body art „Körperkunst"⟩: moderne Kunstrichtung, in der der Körper [des Künstlers] Mittel od. Objekt der Demonstration ist. **Bo|dy|buil|der** [...bɪldɐ] *der;* -s, - ⟨aus gleichbed. *engl.* bodybuilder zu body „Körper" u. to build „(auf)bauen"⟩: jmd., der Bodybuilding betreibt. **Bo|dy|buil|ding** [...bɪldɪŋ] *das;* -[s] ⟨aus gleichbed. *engl.* bodybuilding⟩: moderne Methode der Körperbildung u. Vervollkommnung der Körperformen durch gezieltes Muskeltraining mit besonderen Geräten. **Bo|dy|check** [...tʃɛk] *der;* -s, -s ⟨aus gleichbed. *engl.* bodycheck, eigtl. „Körperhindernis"⟩: hartes, aber nach den Regeln in bestimmten Fällen erlaubtes Rempeln des Gegners beim Eishockey. **Bo|dy|guard** [...gɑ:d] *der;* -s, -s ⟨aus *engl.* bodyguard „Leibwache"⟩: Leibwächter. **Bo|dy|stocking**[1] [...stɔkɪŋ] *der;* -[s], -s ⟨aus *engl.* body stocking „Trikotanzug", zu stokking „Strumpf"⟩: svw. Bodysuit. **Bo|dy|suit** [...sju:t] *der;* -[s], -s ⟨aus gleichbed. *engl.* body suit, zu suit „Anzug; Kostüm"⟩: einteiliges, enganliegendes, den Rumpf bedeckendes Kleidungsstück aus elastischem Material

Boer|de ['bu:rdə] *die;* -, -n ⟨aus gleichbed. *niederl.* boerde⟩: mittelniederl. Erzählung mit erotisch-satirischem Inhalt

Bœuf [bœf] *das;* -[s] ⟨aus gleichbed. *fr.* bœuf⟩: Rind, Rindfleisch. **Bœuf Stro|ga|noff** ['bœf 'strɔ...] *das;* - -, - - ⟨wohl nach dem Namen einer alten russ. Familie⟩: in kleine Stükke geschnittenes Rindfleisch, bes. ↑ Filet (3 a), in pikanter Soße mit saurer Sahne

Bo|fel vgl. Bafel

Bo|fe|se vgl. Pafese

Bo|ğaz [bɔ:'jaz] *der;* -, - ⟨aus *türk.* boğaz „Kehle, Hals, Schlund"⟩: Mündung, Meerenge (in türk. Ortsnamen)

Bog|do-Ge|geen *der;* -[s] ⟨*mong.*; „Erhabener Heiliger"⟩: Titel des geistlichen u. weltlichen Oberhauptes in der Mongolei bis 1924

Bo|gey ['boʊgɪ] *das;* -s, -s ⟨aus gleichbed. *engl.* bogey⟩: ein Schlag mehr als die für das Loch festgesetzte Einheit (Golf); vgl. Par

Bog|head|koh|le ['bɔghɛd...] *die;* - ⟨nach dem schott. Ort Boghead⟩: dunkelbraune Abart der ↑ Kännelkohle

Bo|go|mi|le *der;* -n, -n ⟨nach dem Gründer, dem bulgar. od. makedon. Priester Bogomil⟩: Anhänger einer mittelalterlichen ↑ gnostischen Sekte auf dem Balkan, die die Welt als Teufelsschöpfung verwarf

Bo|go|mo|lez-Se|rum *das;* -s ⟨nach dem russ. Physiologen A. Bogomolez (1881–1946) u. zu ↑ Serum⟩: ↑ Antikörper enthaltendes Serum gegen Alterungsprozesse u. a. (Verjüngungsserum)

Bog|uro|dzi|ca [...'dʒɪtsa] *die;* - ⟨*poln.*; „Mutter Gottes"⟩: älteste polnische Hymne

Bo|heme [bo'ɛ:m, bo'ɛm, auch bo'he:m, bo'hɛ:m] *die;* - ⟨aus gleichbed. *fr.* bohème, dies aus *mlat.* bohemus „Böhme, Zigeuner"⟩: Künstlerkreise außerhalb der bürgerlichen Gesellschaft; ungebundenes Künstlertum, unkonventionelles Künstlermilieu. **Bo|he|mi|en** [boe'miɛ̃:, auch bohe...] *der;* -[s], -s ⟨aus gleichbed. *fr.* bohémien⟩: Angehöriger der Boheme; unbekümmerte, leichtlebige u. unkonventionelle Künstlernatur. **Bo|he|mist** *der;* -en, -en ⟨zu *mlat.* Bohemia „Böhmen" u. ↑ ...ist⟩: Wissenschaftler auf dem Gebiet der tschechischen Sprache u. Literatur. **Bo|he|mi|stik** *die;* - ⟨zu ↑ ...istik⟩: Wissenschaft von der tschechischen Sprache u. Literatur. **bo|he|mi|stisch** ⟨zu ↑ ...istisch⟩: die Bohemistik betreffend

Boh|ri|um vgl. Nielsbohrium

Boi [bɔy] *der;* -s, -s ⟨aus älter *fr.* boie zu bai „rost-, rotbraun", dies wohl aus *lat.* badius „kastanienbraun"⟩: Woll- od. Baumwollflanell

Boi|ler ['bɔy...] *der;* -s, -s ⟨aus gleichbed. *engl.* boiler zu to boil „kochen, sieden", dies zu *lat.* bulla „Wasserblase"⟩: Gerät zur Bereitung u. Speicherung von heißem Wasser

Boi|na ['bɔyna] *die;* -, -s ⟨aus gleichbed. *span.* boina⟩: Baskenmütze

boi|sie|ren [bɔa'zi:...] ⟨aus *fr.* boiser „mit Holz ausbauen"

zu bois „Holz, Wald", dies über *mlat.* boscus aus dem Germ.⟩: (veraltet) täfeln, mit Holz bekleiden

Bois|seau [bɔa'so:] *der;* -, -x [...'so:s] ⟨aus *fr.* boisseau „Scheffel", dies wohl über *altfr.* boisse zu *gall.* *bostia „Handhöhlung"⟩: früheres franz. Getreidemaß unterschiedlicher Menge

Boit|tout [bɔa'tu:] *der;* -, -s ⟨aus *fr.* bois tout „trink alles"⟩: halbkugelförmiges Trinkglas ohne Fuß u. Henkel, das nur ausgeleert abgestellt werden kann

Bo|jar *der;* -en, -en ⟨aus *russ.* bojarin, dies vermutlich zu älter *türk.* bai „vornehm, reich"⟩: 1. Angehöriger des nichtfürstlichen Adels, der gehobenen Schicht in der Gefolgschaft der Fürsten u. Teilfürsten im mittelalterl. Rußland. 2. adliger Großgrundbesitzer in Rumänien bis 1864

Bok|mål ['bʊkmɔ:l] *das;* -[s] ⟨*norw.*; „Buchsprache"⟩: vom Dänischen beeinflußte norweg. Schriftsprache (früher ↑ Riksmål genannt); Ggs. ↑ Nynorsk

Bol vgl. Bolus

Bo|la *die;* -, -s ⟨aus *span.* bola „Kugel, Ball", dies aus *lat.* bulla „Wasserblase"; vgl. Bulla⟩: südamerik. Wurf- u. Fanggerät. **Bo|le|ro** *der;* -s, -s ⟨aus *span.* bolero „Bolerotanz, Bolerotänzer"⟩: 1. stark rhythmischer span. Tanz mit Kastagnettenbegleitung. 2. a) kurzes, offen getragenes Herrenjäckchen der spanischen Nationaltracht; b) kurzes, modisches Damenjäckchen. 3. der zu dem spanischen Jäckchen getragene rund aufgeschlagene Hut

Bo|le|tit [auch ...'tɪt] *der;* -s, -e ⟨zu ↑ Boletus u. ↑[2] ...it⟩: (veraltet) Pilzversteinerung (Geol.). **Bo|le|tus** *der;* -, ...ti ⟨aus *lat.* boletus „(eßbarer) Pilz", dies vermutlich aus gleichbed. *gr.* bōlítēs⟩: Pilz aus der Gattung der Dickröhrlinge

Bo|lid *der;* Gen. -s u. -en, Plur. -e[n] ⟨aus *lat.* bolis, Gen. bolidis „Meteor", dies aus *gr.* bolís „Pfeil"⟩: 1. großer, sehr heller Meteor, Feuerkugel. 2. schwerer Rennwageneinsitzer mit verkleideten Rädern. **Bo|li|de** *der;* -n, -n: svw. Bolid (2)

Bo|li|var [...v...] *der;* -[s], -[s] (aber: 5 -) ⟨nach dem südamerik. Staatsmann S. Bolívar, 1783–1830⟩: Währungseinheit in Venezuela (1 Bolivar = 100 Céntimo). **Bo|li|via|no** *der;* -[s], -[s] ⟨*span.*⟩: bolivian. Münzeinheit (100 Centavos)

Bol|lan|dist *der;* -en, -en ⟨nach dem Jesuiten J. Bolland (1596–1665) u. ↑ ...ist⟩: Mitglied der jesuitischen Arbeitsgemeinschaft zur Herausgabe der ↑ Acta Sanctorum

Bol|le|trie|holz *das;* -es ⟨zu *engl.* bole „Baumstamm"⟩: Pferdefleischholz (nach dem Aussehen), Spezialholz für Violinbögen u. a.

Bol|let|te *die;* -, -n ⟨aus *it.* bolletta, Verkleinerungsform von bolla „Siegel, Schein", dies aus *lat.* bulla, vgl. Bulle⟩: (österr. Amtsspr.) Zoll-, Steuerbescheinigung

Bo|lo|gne|ser [bolɔn'je:...] *der;* -s, - ⟨nach der ital. Stadt Bologna⟩: dem ↑ Malteser (2) ähnlicher Zwerghund

Bo|lo|me|ter *das;* -s, - ⟨zu *gr.* bolḗ „Strahl" (eigtl. „Wurf") u. ↑[1] ...meter"⟩: Strahlungsmeßgerät mit temperaturempfindlichem elektrischem Widerstand. **bo|lo|me|trisch** ⟨zu ↑ ...metrisch⟩: mit Hilfe des Bolometers

Bo|lo|skop *das;* -s, -e ⟨zu *gr.* bôlos „Erdkloß, Klumpen" u. ↑ ...skop⟩: Gerät zum Aufsuchen von Fremdkörpern im Körper (Med.)

Bol|sche|wik *der;* -en, Plur. -i, abwertend -en ⟨aus *russ.* bolševik, eigtl. „Mehrheitler", zu bolšinstvo „Mehrheit"⟩: 1. Mitglied der von Lenin geführten revolutionären Fraktion in der Sozialdemokratischen Arbeiterpartei Rußlands vor 1917. 2. (bis 1952) Mitglied der Kommunistischen Partei Rußlands bzw. der Sowjetunion. 3. (veraltend abwertend) Kommunist. **bol|sche|wi|kisch**: svw. bolschewistisch (1). **bol|sche|wi|sie|ren** ⟨zu ↑ ...isieren⟩: 1. nach der Doktrin

Bolschewismus

des Bolschewismus gestalten, einrichten. 2. (abwertend) gewaltsam kommunistisch machen. **Bol|sche|wis|mus** *der;* - ⟨zu ↑ ...ismus (1)⟩: 1. Theorie u. Taktik des revolutionären marxistischen Flügels der russischen Arbeiterbewegung mit dem Ziel, die Diktatur des Proletariats zu verwirklichen. 2. (abwertend) Kommunismus. **Bol|sche|wist** *der;* -en, -en ⟨zu ↑ ...ist⟩: 1. svw. Bolschewik (1, 2). 2. (abwertend) jmd., der die geltende Ordnung u. Kultur radikal verändern will; Kommunist. **bol|sche|wi|stisch** ⟨zu ↑ ...istisch⟩: 1. a) den Bolschewismus betreffend; b) die Bolschewisten betreffend. 2. (abwertend) kommunistisch

Bol|son *der* od. *das;* -s, -e ⟨aus *span.* bolsón „Senke" zu bolsa „Beutel, Tasche"⟩: in Trockengebieten Amerikas (bes. in Mexiko) gelegenes, abflußloses, ↑ intramontanes Becken

Boltz|mann-Kon|stan|te *die;* -n ⟨nach dem österr. Physiker u. Mathematiker L. Boltzmann (1844–1906) u. zu ↑ Konstante⟩: in den Gesetzen der ↑ Thermodynamik u. statistischen Mechanik auftretende physik. Konstante (Phys.)

Bo|lus u. **Bol** *der;* -, ...li ⟨über *nlat.* bolus aus *gr.* bōlos „Erdkloß, Klumpen"⟩: 1. (ohne Plur.) ein Tonerdesilikat (z. B. ↑ Terra di Siena). 2. a) Bissen, Klumpen (Med.); b) große Pille (Tiermed.). **Bo|lus|tod** *der;* -es: Tod durch Ersticken an einem verschluckten Fremdkörper

Bo|mät|sche *der;* -n, -n ⟨aus *tschech.* pomahač „Helfer, Gehilfe"⟩: Schiffstreidler (ehemals an der Elbe). **bo|mätschen** ⟨nach *tschech.* pomáhat „helfen"⟩: Lastkähne stromaufwärts ziehen, treideln

Bom|ba|ge [...ʒə] *die;* -, -n ⟨aus gleichbed. *fr.* bombage zu bomber „wölben, bauchig machen"; vgl. bombieren⟩: 1. das Biegen von Glastafeln im Ofen. 2. das Umbördeln oder Biegen von Blech. 3. Aufwölbung des Deckels bei Konservenbüchsen, wenn sich der Inhalt zersetzt. 4. elastisches Material als schonende Unterlage od. Umhüllung von Maschinenwalzen. **Bom|bar|de** *die;* -, -n ⟨über *fr.* bombarde aus gleichbed. *it.* bombarda zu bomba, vgl. Bombe⟩: 1. Belagerungsgeschütz (Steinschleudergeschütz) des 15.–17. Jh.s. 2. schalmeiartiges Blasinstrument in der bretonischen Volksmusik; ↑ Bomhart (1). **Bom|bar|dement** [...'mã:, schweiz. ...'mɛnt] *das;* -s, Plur. -s, schweiz. -e ⟨aus gleichbed. *fr.* bombardement⟩: 1. (veraltet) anhaltende Beschießung durch schwere Artillerie. 2. massierter Abwurf von Fliegerbomben. **bom|bar|die|ren** ⟨aus gleichbed. *fr.* bombarder⟩: 1. (veraltet) mit Artillerie beschießen. 2. Fliegerbomben auf ein Ziel abwerfen. 3. (ugs.) a) mit [harten] Gegenständen bewerfen; b) überschütten, überhäufen (z. B. mit Fragen). **Bom|bar|dier|kä|fer** *der;* -s, -: Angehöriger einer Gattung der Laufkäfer, die zur Abwehr aus den Afterdrüsen Sekrete versprizten. **Bom|bar|don** [...'dõ:] *das;* -s, -s ⟨aus gleichbed. *fr.* bombardon, dies aus *it.* bombardone „Baßtrompete"⟩: Baßtuba mit 3 od. 4 Ventilen

Bom|ba|sin *der;* -s, -e, älter [bôba'zɛ:] *das;* -s, -s ⟨aus gleichbed. *fr.* bombasin, dies aus *it.* bambagino „aus Barchent" zu bambagia „Barchent", dies aus *mgr.* bambákion⟩: Gewebe aus Halbseide

Bom|bast *der;* -[e]s ⟨aus gleichbed. *engl.* bombast, eigtl. „Baumwolle zum Auswattieren von Kleidern", dies über *lat.* bombax, *gr.* pámbax aus *mittelpers.* pambak „Baumwolle"⟩: (abwertend) [Rede]schwulst, Wortschwall. **bom|ba|stisch** ⟨nach gleichbed. *engl.* bombastic⟩: durch entsprechend auffallend-aufwendige Effekte auf Wirkung hin angelegt; auffallend viel Aufwand treibend; hochtrabend, schwülstig

Bom|be *die;* -, -n ⟨über *fr.* bombe aus *it.* bomba „Bombe", dies aus *lat.* bombus, *gr.* bómbos „dumpfes Geräusch"⟩: 1. a) mit Sprengstoff od. Brandsätzen gefüllter Hohlkörper; b) (ugs.) Atombombe. 2. (ugs.) wuchtiger, knallharter Schuß od. Wurf (Fußball u. a. Sportarten). 3. von einem Vulkan ausgeworfene, in der Luft erstarrte Lavamasse. 4. Eisenkugel mit Griff, die im Kunstkraftsport als Jongliergewicht benutzt wird. 5. (ugs.) steifer, runder Herrenhut. **bom|ben** ⟨zu ↑ Bombe⟩: (ugs.) svw. bombardieren (2). **Bom|ben|at|ten|tat** *das;* -[e]s, -e: Attentat mit Hilfe von Bomben. **Bom|ben|ex|plo|si|on** *die;* -, -en: Explosion einer Bombe. **Bom|ben|ter|ror** *der;* -s: Terror durch Bombenangriffe bzw. Bombenanschläge auf die Bevölkerung. **Bomber** *der;* -s, -: 1. Bombenflugzeug. 2. (ugs.) Fuß-, auch Handballspieler mit überdurchschnittlicher Schuß- bzw. Wurfkraft. **Bom|be|sis** *die;* -, ...sen ⟨aus gleichbed. *gr.* bómbēsis zu bombeīn „dumpf tönen, erklingen"; vgl. ...ese⟩: (veraltet) dumpfer Ton, das Summen. **bom|be|tisch** ⟨aus *gr.* bombētés „summend"⟩: (veraltet) dumpf tönend. **bom|bie|ren** ⟨aus gleichbed. *fr.* bomber zu bombe, vgl. Bombe⟩: 1. Glasplatten im Ofen biegen. 2. Blech umbördeln od. biegen, z. B. bombiertes Blech (Wellblech). 3. den Deckel durch Gasdruck u. ä. nach außen wölben (von Konservendosen); vgl. Bombage. **Bom|bil|la** [...'biljɐ] *die;* -, -s ⟨aus *span.* bombillo „Ansaugrohr" zu bombear „(Wasser) pumpen"⟩: Saugrohr aus Silber od. Rohrgeflecht, an einem Ende siebartig (in Südamerika zum Trinken des Matetees verwendet). **Bom|bus** *der;* - ⟨über *lat.* bombus aus *gr.* bómbos „dumpfes Geräusch"⟩: 1. Ohrensausen (Med.). 2. Darmkollern (Med.)

Bom|by|kol *das;* -s ⟨zu *gr.* bómbyx „Seidenraupe" u. ↑ ...ol⟩: Sexuallockstoff der Seidenspinnerweibchen, der noch in äußerst geringer Konzentration für Männchen wahrnehmbar ist. **Bom|by|ko|me|ter** *das;* -s, - ⟨zu ↑¹...meter⟩: Umrechnungstafel zur Ermittlung der Fadenfeinheit auf Grund des Fadengewichts (Textilindustrie)

Bom|hard u. **Bom|hart** *der;* -s, -e ⟨aus gleichbed. *fr.* bombarde (*it.* bombardo, *span.* bombarda) zu (*m*)*lat.* bombus, vgl. Bombus⟩: 1. mittelalterliches Holzblasinstrument aus der Schalmeienfamilie. 2. Zungenstimme bei der Orgel

Bon [bɔŋ, bõ:] *der;* -s, -s ⟨aus gleichbed. *fr.* bon zu bon „gut, gültig", dies aus *lat.* bonus „gut"⟩: 1. Gutschein für Speisen od. Getränke. 2. Kassenzettel. **bo|na fi|de** ⟨*lat.*⟩: guten Glaubens, auf Treu u. Glauben; vgl. mala fide

Bo|nang *das;* -s, -s ⟨aus dem Jav.⟩: javanisches Gongspiel

Bo|na|par|tis|mus *der;* - ⟨nach Napoleon Bonaparte I. u. III. u. zu ↑ ...ismus (1)⟩: autoritäre Herrschaftsausübung in Frankreich [bes. im 19. Jh.] (Gesch.). **Bo|na|par|tist** *der;* -en, -en ⟨zu ↑ ...ist⟩: a) Anhänger des Bonapartismus; b) Anhänger der Familie Bonaparte

Bo|na|vo|glia [...'vɔlja] *der;* -, ...lien [...jən] ⟨aus *it.* b(u)onavoglia „guter Wille, Bereitwilligkeit"⟩: (veraltet) freiwilliger Ruderknecht (auf Galeeren)

Bon|bon [bɔŋ'bɔŋ, auch bõ'bõ:] *der* od. *das;* -s, -s ⟨aus gleichbed. *fr.* bonbon, Wiederholungsform von bon „gut"⟩: 1. geformtes Stück Zuckerware mit aromatischen Zusätzen zum Lutschen. 2. (ugs. scherzh.) [rundes] Parteiabzeichen. **Bon|bon|nie|re** [bɔŋbɔ'ni̯ɛːrə, ...'ni̯ɛːrə, auch bõ...] *die;* -, -n ⟨aus gleichbed. *fr.* bonbonnière⟩: 1. Behälter (aus Kristall, Porzellan o. ä.) für Bonbons, Pralinen o. ä. 2. hübsch aufgemachte Packung mit Pralinen od. Fondants

Bond *der;* -s, -s (meist Plur.) ⟨aus *engl.* bond „Anleihe", eigtl. „Bund"⟩: Schuldverschreibung mit fester Verzinsung. **Bon|dage** ['bɔndɪdʒ] *das,* - ⟨aus gleichbed. *engl.* bondage, eigtl. „Sklaverei"⟩: das Fesseln zur Steigerung der geschlechtlichen Erregung (im sexuell-masochistischen Bereich). **Bond|dia|gramm** *das;* -s, -e ⟨zu *engl.* bond, „Band, Verbindung" u. ↑ Diagramm⟩: zeichnerische Darstellung technischer Anlagen u. Systeme mit Hilfe einer Anzahl vereinbarter Symbole

Bon|de *der;* -n, -n ⟨aus *dän.* bonde „Bauer"⟩: während des Mittelalters in den nordischen Ländern ursprüngliche Bez. für jeden auf dem Land Angesessenen im Unterschied zum Stadtbürger, dann Bez. für den Freibauern

bon|den ⟨aus *engl.* to bond „zusammenfügen"⟩: elektrische Anschlußkontakte an od. auf miniaturisierten elektronischen Bauelementen, z. B. Chips (3), anbringen (Mikroelektronik)

Bon|der Ⓦ *der;* -s, - ⟨Kunstw.⟩: Phosphorsäurebeize zur Oberflächenbehandlung metallischer Werkstoffe. **bondern:** gegen Rost mit einer Phosphatschicht überziehen; vgl. parkerisieren

Bond|graph *der;* -en, -en ⟨zu *engl.* bond „Band, Verbindung" u. ↑ ...graph⟩: svw. Bonddiagramm

Bon|dur Ⓦ *das;* -s ⟨Kunstw.⟩: Legierung aus Aluminium, Kupfer u. Magnesium

Bone|bed [ˈboʊnbɛd] *das;* -s, -s ⟨aus *engl.* bonebed „Knochenlager" zu bone „Knochen, Bein" u. bed „Lager, Schicht"⟩: vorwiegend aus Knochenresten, Zähnen u. Schuppen von Fischen, Reptilien u. a. Wirbeltieren bestehende, wenig mächtige Gesteinsbank als Ablagerung in vielen geologischen Formationen. **Bone Chi|na** [ˈboʊn ˈtʃaɪnə] *das;* - - ⟨aus *engl.* bone china „Knochenporzellan"⟩: Porzellan, das Knochenasche enthält

Bon|fest *das;* -es ⟨zu *jap.* bon, urabon „Totenfest"⟩: Allerseelenfest, das Hauptfest des japan. ↑ Buddhismus

bon|gen ⟨zu ↑ Bon⟩: (ugs.) [an der Registrierkasse] einen ↑ Bon ausstellen

¹**Bon|go** *der;* -s, -s ⟨aus *Bobangi* (einer Bantusprache) mbangani⟩: leuchtend rotbraune Antilope mit weißen Streifen (Äquatorialafrika)

²**Bon|go** *das;* -[s], -s od. *die;* -, -s (meist Plur.) ⟨aus gleichbed. *amerik.-span.* bongo⟩: einfellige, paarweise verwendete Trommel kubanischen Ursprungs (Jazzinstrument)

Bon|go|si *das;* -[s] u. **Bon|go|si|holz** *das;* -es ⟨aus dem Afrik.⟩: schweres, sehr widerstandsfähiges Holz des westafrikanischen Bongosibaums

Bon|heur [bɔˈnœːr] *der;* -s ⟨aus *fr.* bonheur „Glück" zu bon (vgl. Bon) u. gleichbed. heur, älter *fr.* aür u. dies zu *lat.* augurium „Wahr-, Vorzeichen"⟩: Glück, Zufall; vgl. à la bonne heure. **Bon|ho|mie** [bɔnoˈmiː] *die;* -, ...ien ⟨aus gleichbed. *fr.* bonhomie zu bonhomme „gutmütiger Mensch"⟩: Gutmütigkeit, Einfalt, Biederkeit. **Bon|homme** [bɔˈnɔm] *der;* -[s], -s ⟨aus gleichbed. *fr.* bonhomme⟩: gutmütiger, einfältiger Mensch. **Bo|ni:** Plur. von ↑ Bonus.

bo|nie|ren ⟨zu ↑ Bon u. ...ieren⟩: svw. bongen. **Bo|ni|fi|ca** [...fika] *die;* - ⟨aus *it.* bonifica „Urbarmachung" zu *lat.* bonus „gut" u. facere „machen, tun"; vgl. bonifizieren⟩: Agrarerschließung von Land durch Melioration u. Kulturbaumaßnahmen in Italien. **Bo|ni|fi|ka|ti|on** *die;* -, -en ⟨zu bonifizieren u. ↑ ...ation⟩: 1. Vergütung für schadhafte Teile einer Ware. 2. a) Gutschrift am Ende des Jahres (Jahresbonus) im Großhandel; b) Zeitgutschrift [im Radsport]. **bo|ni|fi|zie|ren** ⟨zu *lat.* bonus „gut" u. facere „machen, tun"; vgl. ...fizieren⟩: 1. vergüten. 2. gutschreiben. **Bo|ni|tät** *die;* -, -en ⟨aus *lat.* bonitas, Gen. bonitatis „Güte, gute Beschaffenheit"⟩: 1. (ohne Plur.) [einwandfreier] Ruf einer Person od. Firma im Hinblick auf ihre Zahlungsfähigkeit u. -willigkeit. 2. Güte, Wert eines Bodens (Forst- u. Landwirtschaft). **Bo|ni|ta|ti|on** *die;* -, -en ⟨zu ↑ ...ation⟩: svw. Bonitierung; vgl. ...[at]ion/...ierung. **Bo|ni|ta|teur** [...ˈtøːɐ̯] *der;* -s, -e ⟨zu ↑ ...eur⟩: (veraltet) Begutachter (von Böden u. Tieren). **bo|ni|tie|ren** ⟨zu ↑ ...ieren⟩: abschätzen, einstufen (von Böden u. Tieren, auch von Waren). **Bo|ni|tie|rung** *die;* -, -en ⟨zu ↑ ...ierung⟩: Abschätzung u. Einstufung (von Böden u. Tieren, auch von Waren); vgl. ...[at]ion/...ierung. **Bo|ni|to** *der;* -s, -s ⟨aus gleichbed. *span.* bonito⟩: Makrelenart tropischer Meere, bes. in japan. Gewässern. **Bo|ni|tur** *die;* -, -en ⟨aus gleichbed. *nlat.* bonitura⟩: svw. Bonitierung. **Bon|jour** [bõˈʒuːr] *der;* -s, -s ⟨aus *fr.* bon jour nur „guten Morgen"⟩: (veraltet) 1. Morgengruß. 2. Bez. für einen Überrock. **Bon|jour|tröpf|chen** *das;* -s, -: Bez. für den ersten Sekrettropfen, der bei ↑ Gonorrhö morgens aus der Harnröhre austritt (Med.). **Bon|mot** [bõˈmoː] *das;* -s ⟨aus gleichbed. *fr.* bon mot⟩: treffender geistreich-witziger Ausspruch. **bon|mo|ti|sie|ren** [bõmo...] ⟨zu ↑ ...isieren⟩: (veraltet) geistreich witzeln. **Bon|ne** *die;* -, -n ⟨aus *fr.* bonne „Dienstmädchen", eigtl. „die Gute"⟩: Kindermädchen, Erzieherin

Bon|net [bɔˈneː] *das;* -s, -s ⟨aus *fr.* bonnet „Mütze", dies aus gleichbed. *mlat.* boneta⟩: 1. Damenhaube des 18. Jh.s. 2. (Seemannsspr.) Beisegel, Segeltuchstreifen. **Bon|ne|te|rie** [bɔnɛtə...] *die;* -, ...ien ⟨aus bonneterie ⟨Wirk- od. Strickwarenhandel"⟩: 1. (schweiz.) Kurzwarenhandlung. 2. (veraltet) Mützen- u. Strumpfwirkerei. **Bon|ne|tier** [...ˈtie̯ː] *der;* -s, -s ⟨aus gleichbed. *fr.* bonnetier⟩: (veraltet) Mützen- od. Strumpfwirker. **Bon|ne|tiè|re** [...ˈtiɛːrə] *die;* -, -n ⟨aus gleichbed. *fr.* bonnetière⟩: (veraltet) Mützen- od. Strumpfwirkerin. **bon|ne|tie|ren** ⟨aus älter *fr.* bonneter „grüßen"⟩: (veraltet) 1. den Kopf mit einer Mütze od. Haube bedecken. 2. eine tiefe Verbeugung machen

Bo|no|bo *der;* -s, -s ⟨aus dem Afrik.⟩: Zwergschimpanse des Urwalds im südlichen Kongogebiet

bo|no mo|do ⟨*lat.*⟩: auf gute Weise, gütlich

¹**Bon|sai** *der;* -[s], -s ⟨aus gleichbed. *jap.* bonsai⟩: japan. Zwergbaum (durch besondere, kunstvolle Behandlung niedrig gehalten). ²**Bon|sai** *das;* - ⟨zu ↑ ¹Bonsai⟩: die japan. Kunst, Zwergbäume zu ziehen. **Bon|sai|baum** *der;* -[e]s, ...bäume: svw. ¹Bonsai

Bon|sens [bõˈsãs] *der;* - ⟨aus *fr.* bon sens, eigtl. „guter Sinn"⟩: (veraltet) gesunder Menschenverstand, Mutterwitz. **Bon|soir** [bõˈsoa̯ːɐ̯] *der;* -s, -s ⟨aus *fr.* bon soir „guten Abend"⟩: (veraltet) 1. Abendgruß. 2. Kerzenlöscher. **Bon|ton** [bõˈtõː] *der;* - ⟨aus *fr.* bon ton „guter Ton"⟩: (veraltet) gute Umgangsformen. **Bo|nus** *der;* Gen. - u. -ses, Plur. - u. -se, auch ...ni ⟨unter engl. Vermittlung aus *lat.* bonus „gut"⟩: 1. Sondervergütung [bei Aktiengesellschaften]; Versicherungsrabatt. 2. etw., was jmdm. gutgeschrieben wird, was ihm als Vorteil, Vorsprung vor anderen angerechnet wird; Ggs. ↑ Malus

Bon|vi|vant [bõviˈvã:] *der;* -s, -s ⟨aus gleichbed. *fr.* bon vivant, eigtl. „jmd., der gut lebt"⟩: 1. (veraltend) Lebemann. 2. Rollenfach des leichtlebigen, eleganten Mannes (Theat.)

Bon|ze *der;* -n, -n ⟨über *fr.* bonze „ostasiat. Priester" u. *port.* bonzo aus *jap.* bōzu „Priester"⟩: 1. (abwertend) jmd., der die Vorteile seiner Stellung genießt [u. sich nicht um die Belange anderer kümmert]; höherer, dem Volk entfremdeter Funktionär. 2. buddhistischer Mönch, Priester. **Bon|zen|tum** *das;* -s: Gesamtheit der Bonzen (2). **Bon|ze|rei** *die;* -, -en: (veraltet) Amtsbezirk eines Bonzen (2). **Bon|zo|kra|tie** *die;* -, ...ien ⟨zu ↑ ...kratie⟩: (abwertend) Herrschaft, übermäßiger Einfluß der Bonzen (1)

Bood|tit [buːd..., auch ...ˈtɪt] *der;* -s, -e ⟨nach dem belgischen Arzt u. Mineralogen A. B. de Boodt (1550–1632) u. zu ↑ ²...it⟩: svw. Transvaalit

Boo|gie-Woo|gie [ˈbʊɡiˈvʊɡi] *der;* -[s] ⟨aus gleichbed. *amerik.* boogie woogie, Reimbildung zu boogie (abschätzig) „Neger"⟩: 1. vom Klavier gespielter ↑ Blues mit ↑ ostinaten Baßfiguren u. starkem ↑Offbeat. 2. daraus entwickelte Form des Gesellschaftstanzes (z. B. ↑Jitterbug, ↑Rock and Roll)

Book|let ['bʊklɪt] *das;* -[s], -s ⟨aus *engl.* booklet „Büchlein", Verkleinerungsbildung zu book „Buch"⟩: [Werbe]broschüre [ohne Umschlag, Einband]. **Book|ma|ker** ['bʊkmeɪkə] *der;* -s, -s ⟨aus gleichbed. *engl.* bookmaker⟩: (veraltet) Buchmacher, gewerbsmäßiger Wetter od. Vermittler von Wetten bei Pferderennen. **Book|ma|king** [...meɪkɪŋ] *das;* -s, -s ⟨aus *engl.* bookmaking, eigtl. „Buchmacherei"⟩: (veraltet) gewerbsmäßige Veranstaltung von Rennwetten. **Books** [bʊks] *die* (Plur.) ⟨zu *engl.* book „Buch"⟩: Bez. für ein festgesponnenes Baumwollgewebe

Boom [bu:m] *der;* -s, -s ⟨aus gleichbed. *engl.* boom zu to boom „summen, brausen"⟩: plötzliches großes Interesse an etwas; [plötzlicher] wirtschaftlicher Aufschwung, Hochkonjunktur. **boo|men** ['bu:mən] ⟨nach gleichbed. *engl.* to boom⟩: (ugs.) einen Boom erleben

Boom|slang *die;* -, -s ⟨aus gleichbed. *afrikaans* boomslang, dies aus *niederl.* boomslang „Baumschlange"⟩: bis 2 m lange Trugnatter auf Sträuchern u. Bäumen in Afrika

Bo|opie *die;* - ⟨zu *gr.* boũs, Gen. boós „Rind, Ochse, Kuh", ốps, Gen. ōpós „Auge; Gesicht" u. ↑²...ie, eigtl. „Kuhäugigkeit"⟩: schmachtender Gesichtsausdruck bei Hysterie (Med.)

Boo|ster ['bu:stɐ] *der;* -s, - ⟨aus *engl.* booster „Förderer, Unterstützer" zu to boost „nachhelfen, fördern"⟩: 1. a) Hilfstriebwerk; Startrakete (Luftfahrt); b) Zusatztriebwerk; erste Stufe einer Trägerrakete (Raumfahrt). 2. Kraftverstärker in der Flugzeugsteuerung. **Boo|ster|dio|de** *die;* -, -n: Gleichrichter zur Rückgewinnung der Spannung bei der Zeilenablenkung (Fernsehtechnik). **Boo|ster|ef|fekt** *der;* -[e]s, -e: Auffrischungseffekt (vermehrte Bildung von ↑Antikörpern im Blut nach erneuter Einwirkung des gleichen ↑Antigens; Med.)

Boot [bu:t] *der;* -s, -s (meist Plur.) ⟨aus *engl.* boot „Stiefel"⟩: 1. bis über den Knöchel reichender [Wildleder]schuh. 2. Gummiglocke; Überzug aus Gummi für Hufe von Trabrenn- u. Springpferden

Bö|oti|er [...iɐ] *der;* -s, - ⟨nach der altgriech. Landschaft Böotien⟩: (veraltet) denkfauler, schwerfälliger Mensch. **bö|otisch:** (veraltet) denkfaul, unkultiviert

Boot|leg|ger ['bu:t...] *der;* -s, - ⟨aus *engl.-amerik.* bootlegger „Schmuggler"⟩: Alkoholschmuggler; jmd., der illegal Schnaps brennt (in den USA zur Zeit der ↑Prohibition 2). **Boot|leg|ging** *das;* -s ⟨aus gleichbed. *engl.-amerik.* bootlegging zu to bootleg „schmuggeln"⟩: in den USA ugs. Bez. für Schmuggel u. Schwarzhandel

Boot|strap|ping ['bu:tstræpɪŋ] *das;* -s, -s ⟨aus *engl.* to bootstrap, eigtl. „durch eigene Anstrengungen schaffen"⟩: Verfahren, mit dem ein gewünschter Zustand durch eigene Funktion erreicht wird, z. B. das Eingeben des Betriebsbzw. Operationssystems in einen Computer mit Hilfe eines Urladers od. das Einsetzen von ↑Compilern (EDV)

Bop *der;* -[s], -s: Kurzform von ↑Bebop

Bor *das;* -s ⟨aus *mlat.* borax, vgl. Borax⟩: chem. Element, Nichtmetall; Zeichen B

Bo|ra *die;* -, -s ⟨aus gleichbed. *it.* bora, dies über *lat.* boreas aus *gr.* boréas, vgl. Boreas⟩: trocken-kalter Fallwind an der dalmatinischen Küste. **Bo|rac|cia** [boˈratʃa] *die,* -, -s: besonders heftige Bora

Bo|ra|go *der;* -s ⟨aus gleichbed. *mlat.* borrago, dies vermutlich zu *arab.* abū ʿaraq „Vater des Schweißes" (weil die Pflanze früher als schweißtreibendes Mittel verwendet wurde); vgl. Borretsch⟩: ein Rauhblattgewächs, bes. ↑Borretsch (Bot.)

Bo|ran *das,* -s, -e (meist Plur.) ⟨zu ↑Bor u. ↑...an⟩: Borwasserstoff. **Bo|ra|nat** *das;* -s, -e ⟨zu ↑...at (2)⟩: tertiäres Borhydrid, eine Borverbindung. **Bor|äqui|va|lent** *das;* -[e]s, -e: Maßzahl für die Neutronenabsorption eines Stoffes (Phys.). **Bo|rat** *das;* -s, -e ⟨zu ↑...at (2)⟩: Salz der Borsäure. **Bo|rax** *der,* österr. *das;* -[es] ⟨aus *mlat.* borax, dies über *arab.* bauraq aus *pers.* būrāh „borhaltiges Natron"⟩: in großen Kristallen vorkommendes Natriumsalz der Tetraborsäure. **Bo|ra|zit** [auch ...ˈtsɪt] *der;* -s, -e ⟨zu ↑Borax u. ↑²...it⟩: zu den Boraten gehörendes Mineral. **Bo|ra|zol** *das;* -s, -e ⟨zu ↑Bor, *fr.* azote „Stickstoff" u. ↑...ol⟩: anorganisches Benzol, benzolähnliche Flüssigkeit (Chem.)

Bor|bo|ryg|mus *der;* -, ...men ⟨aus *nlat.* borborygmus aus *gr.* borborygmós „Bauchknurren, Bauchkullern"⟩: kullerndes, plätscherndes Geräusch im Unterbauch (durch Darmwinde hervorgerufen; Med.)

Bor|da|ge [...ʒə] *die;* -, -n ⟨aus gleichbed. *fr.* bordage zu border, vgl. bordieren⟩: Boots-, Schiffsbeplankung. **Bord|case** [...keɪs] *das;* -, Plur. - u. -s [...sɪz] ⟨zu *dt.* Bord u. *engl.* case „Kasten, Behälter"⟩: kleines kofferähnliches Gepäckstück, das man bei Flugreisen unter den Sitz legen kann

bor|deaux [bɔrˈdoː] ⟨zu ↑Bordeaux⟩: weinrot, bordeauxrot. **Bor|deaux** *der;* -, - [bɔrˈdoːs] ⟨nach der franz. Stadt Bordeaux⟩: Wein aus der weiteren Umgebung von Bordeaux (Departement Gironde)

Bor|de|lai|ser Brü|he [bɔrdəˈlɛːzə –] *die;* -- ⟨nach der franz. Landschaft Bordelais bei Bordeaux⟩: 2–4%ige Kupfervitriollösung zum Besprtzen der Weinstöcke u. Obstbäume gegen Pilzkrankheiten

Bor|dell *das;* -s, -e ⟨durch Vermittlung von *mittelniederl.* bordeel aus gleichbed. *altfr.* bordel, eigtl. „Bretterhüttchen"⟩: Haus, Räumlichkeiten, in denen Prostituierte ihr Gewerbe ausüben. **Bor|de|reau** [...ˈroː], auch Bordero *der* od. *das;* -s, -s ⟨aus *fr.* bordereau „Register, Liste"⟩: Verzeichnis eingelieferter Wertpapiere, bes. von Wechseln

Bor|der|line|syn|drom [...laɪn...] *das;* -s, -e ⟨zu *engl.* borderline „Grenzlinie" (vgl. Borderpreis) u. ↑Syndrom⟩: Bez. für nicht genau einzuordnende Krankheitsbilder (Grenzfälle) zwischen Neurosen u. Psychosen (Med.)

Bor|de|ro vgl. Bordereau

Bor|der|preis *der;* -es, -e ⟨zu *engl.* border „Grenze"⟩: Preis frei Grenze (z. B. bei Erdgaslieferungen; Wirtsch.)

Bor|dia|mant *der;* -en, -en ⟨zu ↑Bor u. ↑¹Diamant⟩: einem ¹Diamanten an Härte, Glanz u. Lichtbrechung gleichkommender Stoff aus Aluminium u. Bor

bor|die|ren ⟨aus gleichbed. *fr.* border zu bord „Rand, Saum", dies zu *fränk.* *bord⟩: einfassen, [mit einer Borte] besetzen. **bor|doy|ie|ren** [...doaˈjiː...] ⟨aus gleichbed. *fr.* bordoyer⟩: (veraltet) 1. einfassen. 2. Emailfarbe bleiartig u. undurchsichtig machen (Malerei)

Bor|dun *der;* -s, -e ⟨aus gleichbed. *it.* bordone (lautmalendes Wort)⟩: 1. Register der tiefsten Pfeifen bei der Orgel. 2. in gleichbleibender Tonhöhe gezupfte, gestrichene od. in Resonanz mitschwingende Saite. 3. gleichbleibender Baß- u. Quintton beim Dudelsack. 4. svw. Orgelpunkt

Bor|dü|re *die;* -, -n ⟨aus gleichbed. *fr.* bordure zu bord „Rand, Borte", vgl. bordieren⟩: Einfassung, Besatz, farbiger Geweberand. **Bor|dü|re|form** *die;* -, -en: runde Kuchenform aus Blech (Kochkunst)

Bo|re *die;* -, -n ⟨aus *engl.* bore „Flutbrandung", dies aus *altnord.* bāra „Flut"⟩: stromaufwärts gerichtete Flutwelle in rasch sich verengenden Flußmündungen (vor allem beim Ganges)

bo|re|al ⟨aus *lat.* borealis „nördlich", vgl. Boreas⟩: nördlich; dem nördlichen Klima Europas, Asiens u. Amerikas zugehörend. **Bo|re|al** *das;* -s: Wärmeperiode der Nacheiszeit. **Bo|re|as** *der;* - ⟨über *lat.* boreas „Nordwind, Norden" aus gleichbed. *gr.* boréas⟩: a) Nordwind im Gebiet des Ägäischen Meeres (in der Antike als Gott verehrt); b) (veraltet) kalter Nordwind

Bo|retsch vgl. Borretsch

Bor|gis *die;* - ⟨entstellt aus *fr.* (lettre) bourgeoise „bürgerliche (Schrift)", weil nach der Franz. Revolution Bücher der „Bürgerlichen" in diesem Schriftgrad gesetzt wurden⟩: Schriftgrad von 9 Punkt (Druckw.)

Bo|rid *das;* -s, -e ⟨zu ↑ Bor u. ↑³...id⟩: Verbindung aus Bor u. einem Metall (Chem.). **Bo|rin** *das;* -s ⟨zu ↑...in (1)⟩: einfachster Borwasserstoff

Bor|nan *das;* -s, -e ⟨Kunstw. aus ↑*Borne*ol u. ↑...*an*⟩: bizyklischer Terpenkohlenwasserstoff, der das Grundgerüst u. a. des ↑ Borneols u. des ↑ Kampfers bildet. **Bor|ne|ol** *das;* -s ⟨nach der Sundainsel Borneo u. zu ↑...ol⟩: aromatischer Alkohol, der in den Ölen bestimmter Bäume auf den Sundainseln vorkommt (von kampfer- u. pfefferminzähnlichem Geruch)

bor|niert ⟨aus gleichbed. *fr.* borné, eigtl. „abgegrenzt", zu borne „Grenze, Grenzstein"; vgl. ...iert⟩: a) geistig beschränkt, eingebildet-dumm; b) engstirnig

Bor|nit [auch ...'nɪt] *der;* -s, -e ⟨nach dem österr. Mineralogen I. von Born (1742–1791) u. zu ↑²...it⟩: Buntkupfererz

Bor|oxyd, chem. fachspr. Boroxid *das;* -[e]s, -e ⟨zu ↑ Bor u. ↑ Oxyd⟩: Verbindung des ↑ Bors mit Sauerstoff

Bor|re|go *das;* -s, -s ⟨aus *span.* borrego „einjähriges Lamm"⟩: südamerik. Schaffell mit großflächiger Moirémusterung

Bor|re|lie [...i̯ə] *die;* -, -n (meist Plur.) ⟨aus *nlat.* borrelia; nach dem franz. Bakteriologen A. Borrel, 1867–1936⟩: Bakterie einer Gattung der ↑ Spirochäten. **Bor|re|lio|se** *die;* -, -n ⟨zu ↑¹...ose⟩: durch Borrelien verursachte Krankheit

Bor|retsch, auch Boretsch *der;* -s ⟨über *fr.* bourrache, eigtl. „Ochsenzunge" (wegen der starken Behaarung der Pflanze) u. *it.* borragine aus *mlat.* bor(r)ago, vgl. Borago⟩: Gurkenkraut (Gewürzpflanze)

Bor|ro|mäe|rin *die;* -, -nen ⟨nach dem hl. Karl Borromäus, 1538–1584⟩: Mitglied einer kath. Frauenkongregation

Bor|sa|li|no Ⓦ *der;* -s, -s ⟨nach dem ital. Fabrikanten T. Borsalino, 1867–1939⟩: ein Herrenfilzhut

Borschtsch *der;* - ⟨aus gleichbed. *russ.* boršč⟩: russ. Kohlsuppe mit Fleisch, verschiedenen Kohlsorten, roten Rüben u. etwas ↑ Kwaß

Bör|sia|ner *der;* -s, - ⟨zu *dt.* Börse u. ↑...aner⟩: (ugs.) a) Börsenmakler; b) Börsenspekulant

Bort *der;* -[e]s, -e ⟨aus *engl.* bort „Diamantabfall, -splitter"⟩: aus kugeligen ↑ Aggregaten bestehender Diamant, der oft als Schleifmittel verwendet wird

Bo|rus|sia *die;* - ⟨*nlat.*⟩: Frauengestalt als Sinnbild Preußens

Bo|sa *die;* -, -s ⟨aus gleichbed. *türk.* boza⟩: bierähnliches Getränk aus Gerste u. Hirse

Bo|sat|su *der;* - ⟨über *jap.* bosatsu aus *sanskr.* bodhisattva „Anwärter auf die Buddhawürde"⟩: Titel buddhist. Heiliger in Japan (entspricht dem Titel ↑ Bodhisattwa)

Bos|kett *das;* -s, -e ⟨aus *fr.* bosquet „Wäldchen", dies aus gleichbed. *it.* boschetto, Verkleinerungsform von bosco „Wald", dies aus *mlat.* boscus, weitere Herkunft unsicher⟩: Lustwäldchen, Gruppe von beschnittenen Büschen u. Bäumen (bes. in Gärten der Renaissance- u. Barockzeit)

Bos|kop, schweiz. meist **Bos|koop** *der;* -s, - ⟨nach dem niederl. Ort Boskoop⟩: eine Apfelsorte

Bo|son *das;* -s, ...onen ⟨nach dem indischen Physiker S. N. Bose (1894–1974) u. zu ↑⁴...on⟩: Elementarteilchen mit ganzzahligem od. verschwindendem ↑ Spin (Phys.)

Boß *der,* Bosses, Bosse ⟨aus *engl.-amerik.* boss „Chef", dies aus *niederl.* baas „Meister"⟩: derjenige, der in einem Unternehmen, in einer Gruppe die Führungsrolle innehat, der bestimmt, was getan wird; Chef; Vorgesetzter

Bos|sage [bɔ'saːʒ] *die;* -, -n [...ʒən] ⟨aus gleichbed. *fr.* bossage zu bosse, vgl. Bosse⟩: Bossenwerk, hervorragende, roh behauene Steine am Mauerwerk

Bos|sa No|va [– 'noːva] *der;* -, - -s ⟨aus *port.* bossa nova „neue Welle"⟩: ein südamerikanischer Modetanz

Bos|se *die;* -, -n ⟨aus *fr.* bosse „Beule, Anschwellung"; vgl. bosseln⟩: 1. rohe od. nur wenig bearbeitete Form eines Werksteins (z. B. einer Skulptur) 2. erhabene Verzierung, bes. in der Metallkunst. **bos|se|lie|ren** ⟨aus *fr.* bosseler, vgl. bosseln⟩: svw. bossieren. **bos|seln** ⟨aus *fr.* bosseler „erhabene Arbeiten machen, Beulen schlagen", dies über *galloroman.* *bottian aus *fränk.* *bôtan „ausschlagen" (*ahd.* bôzan „schlagen")⟩: 1. sich an einem Gegenstand mit einer gewissen Liebe zu ihm arbeitend betätigen, ihn mit kleinen Arbeiten zustande bringen, verbessern. 2. svw. bossieren. **Bos|sen|qua|der** *der;* -s, -, auch *die;* -, -n: Naturstein, dessen Ansichtsfläche roh bearbeitet ist. **Bos|sen|werk** *das;* -[e]s: Mauerwerk, das aus Bossenquadern besteht. **bos|sie|ren** ⟨zu *fr.* bosse (vgl. Bosse) u. ↑...ieren⟩: 1. die Rohform einer Figur aus Stein herausschlagen. 2. roh gebrochene Mauersteine mit dem Bossiereisen behauen. 3. in Ton, Gips od. Wachs (Bossierwachs) modellieren. **Bos|sier|wachs** *das;* -es, -e: Modellierwachs für die Bildhauerei

Bos|so|lo *der;* -, ...li ⟨aus gleichbed. *it.* bossolo, dies aus *lat.* buxus, *gr.* pyxís „Büchse aus Buchsbaumholz"⟩: Büchse, Würfelbecher

Bo|stan *der;* -s, -s ⟨aus *türk.* bostan „Garten", dies aus *pers.* bustān⟩: orientalischer Garten

Bo|stel|la vgl. La Bostella

¹**Bo|ston** *das,* -s ⟨nach der Stadt in den USA⟩: amerik. Kartenspiel. ²**Bo|ston** *der;* -s ⟨zu ↑ ¹Boston⟩: langsamer amerik. Walzer mit sentimentalem Ausdruck

Bo|ta *die;* -, -s (aber: 3 -) ⟨aus gleichbed. *span.* bota, dies aus *mlat.* buttis „Faß"⟩: altes span. Hohlmaß, bes. für Wein u. Öl

Bo|ta|nik *die;* - ⟨aus *gr.* botaniké (epistḗmē) „Pflanzenkunde" zu botánē „Futter-, Weidekraut"⟩: Pflanzenkunde; Teilgebiet der Biologie, auf dem man die Pflanzen erforscht. **Bo|ta|ni|ker** *der;* -s, -: Wissenschaftler u. Forscher auf dem Gebiet der Botanik. **bo|ta|nisch**: pflanzenkundlich, pflanzlich; -er Garten: Anlage, in der Bäume u. andere Pflanzen nach einer bestimmten Systematik zu Schau- u. Lehrzwecken kultiviert werden. **bo|ta|ni|sie|ren** ⟨zu ↑...isieren⟩: Pflanzen zu Studienzwecken sammeln

Bo|ta|ny|holz, **Bo|ta|ny|bay|holz** ['bɔtənɪ|beɪ...] *das,* -s, ...hölzer ⟨nach der austr. Meeresbucht Botany⟩: eine australische Holzart aus ↑ Kasuarinen

Bo|tar|ga *die;* - ⟨aus dem Span.⟩: dem Kaviar ähnlicher Rogen der Meeräsche u. des Zanders

Bo|tel *das;* -s, -s ⟨Kurzw. aus *Boot* u. H*otel*⟩: schwimmendes Hotel; als Hotel ausgebautes verankertes Schiff

Bo|thri|um *das;* -s, ...thria ⟨aus *nlat.* bothrium, dies aus *gr.* bothríon, Verkleinerungsform von bóthros „Grube"⟩: (veraltet) vertieftes Hornhautgeschwür (Med.)

Bo|to|ku|de *der;* -n, -n ⟨nach dem Indianerstamm in Südostbrasilien⟩: (veraltet abwertend) Mensch mit schlechtem Benehmen

Bo|tryo|gen *der;* -s, -e ⟨zu *gr.* bótrys „Weintraube" u. ↑...gen⟩: ein orangerotes Mineral in traubenförmigen ↑Aggregaten. **Bo|tryo|my|ko|se** *die;* -, -n: Traubenpilzkrankheit (bes. der Pferde)

Botsch|ka *die;* -, ...ki ⟨aus gleichbed. *russ.* bočka, eigtl. „Faß, Tonne"⟩: altes russ. Flüssigkeitsmaß

Bot|te|ga *die;* -, -s ⟨aus *it.* bottega „Laden"⟩: svw. Bodega

Bot|te|lier *der;* -s, -s u. Bottler *der;* -s, - ⟨aus *niederl.* bottelier „Kellermeister", dies über gleichbed. fr. bouteiller zu bouteille „Flasche", vgl. Bouteille⟩: (Seemannsspr.) Kantinenverwalter auf Kriegsschiffen

Bot|ter *der;* -s, - ⟨aus *niederl.* botter „Fischerboot"⟩: flachgehendes holländisches Segelfahrzeug

Bot|ti|cel|li-Fri|sur [...'tʃɛlli...] *die;* - ⟨nach dem Maler S. Botticelli (1445–1510) u. zu ↑Frisur⟩: längeres, welliges Haar [eines jungen Mannes]

Bot|ti|ne *die;* -, -n ⟨aus *fr.* bottine „Schnürstiefel", eigtl. „lederne Reitgamaschen"⟩: Damenhalbstiefel (bes. im 19. Jh.)

Bot|tle|neck ['bɔtlnɛk] *der;* -s, -s ⟨aus *engl.* bottleneck „Flaschenhals"⟩: früher abgeschlagener Flaschenhals, heute Metallaufsatz, der auf einen Finger gesteckt wird u. mit dem dann auf den Gitarrensaiten entlanggeglitten wird, so daß ein hoher, singender Ton erzielt wird (Gitarrenspielweise im ↑Blues b; Mus.). **Bot|tle-Par|ty** ['bɔtl...] *die;* -, ...ties ⟨aus gleichbed. *engl.* bottle-party, eigtl. „Flaschenparty"⟩: Party, zu der die geladenen Gäste die alkoholischen Getränke mitbringen. **Bott|ler** vgl. Bottelier

Bot|toms ['bɔtəmz] *die* (Plur.) ⟨aus *engl.* bottoms (Plur.) „Tiefland" zu bottom „Grund, Boden"⟩: Überschwemmungsgebiete nordamerik. Flüsse

Bo|tu|lis|mus *der;* - ⟨zu *lat.* botulus „Wurst" u. ↑...ismus (3)⟩: bakterielle Lebensmittelvergiftung (bes. Wurst-, Fleisch-, Konservenvergiftung)

Bou|chée [bu'ʃe:] *die;* -, -s ⟨aus *fr.* bouchée „Bissen, Happen", eigtl. „Mundvoll"⟩: Appetithäppchen (gefülltes Pastetchen als warme Vorspeise)

bou|che|ri|sie|ren [buʃə...] ⟨nach dem franz. Chemiker A. Boucherie (1801–1871) u. zu ↑...isieren⟩: den Saft frischen Holzes durch Einführen bestimmter Lösungen verdrängen (Holzschutzverfahren)

¹Bou|clé [bu'kle:] *das;* -s, -s ⟨aus *fr.* bouclé „gekräuseltes Garn" zu boucle „Ring, Schleife", dies aus *lat.* buccula, Verkleinerungsform von bucca „Wange, Backe"⟩: Garn mit Knoten u. Schlingen. **²Bou|clé** *der;* -s, -s ⟨zu ↑¹Bouclé⟩: 1. Gewebe aus Bouclégarn; Noppengewebe. 2. Haargarnteppich mit nicht aufgeschnittenen Schlingen

Bou|di|na|ge [budi'na:ʒə] *die;* -, -n ⟨zu *fr.* boudin „Blut-, Weißwurst" u. ↑...age⟩: ↑tektonische Verformung von dünnen Gesteinslagen zu wurstförmigen Körpern, die in plastischerem Gestein eingebettet sind (Geol.)

Bou|doir [bu'doa:ɐ̯] *das;* -s, -s ⟨aus gleichbed. *fr.* boudoir, eigtl. „Schmollkämmerchen", zu bouder „schmollen"⟩: elegantes, privates Zimmer einer Dame

Bouf|fante [bu'fã:t] *die;* -, -s ⟨aus gleichbed. *fr.* bouffante zu bouffer „sich bauschen"⟩: unterhalb der geschnürten Taille hinten unter dem Rock getragene wulstige Einlage (17./18. Jh.)

Bouf|fon|ne|rie [bufɔ...] *die;* -, ...ien ⟨aus *fr.* bouffonnerie „Possenreißerei" zu bouffonner „Possen reißen, den Hanswurst spielen", dies über bouffon „Possenreißer" aus *it.* buffone; vgl. Buffo⟩: (veraltet) Spaßhaftigkeit, Schelmerei

Bou|gain|vil|lea [bugɛ̃'vɪlea] *die;* -, ...een ⟨*nlat.;* nach dem franz. Seefahrer L.-A. de Bougainville, 1729–1811⟩: südamerik. Gattung der Wunderblumengewächse (Bot.)

Bou|gie [bu'ʒi:] *die;* -, -s ⟨aus *fr.* bougie „Kerze"⟩: Dehnsonde (zur Erweiterung enger Körperkanäle, z. B. der Harnröhre); vgl. Bacillus (1). **bou|gie|ren** [bu'ʒi:...] ⟨zu ↑...ieren⟩: mit der Dehnsonde untersuchen, erweitern. **Bou|gierohr** *das;* -s, -e: Kabelschutzüberzug

Boul|gram, auch **Bou|gran** [bu'grã:] *der;* -s, -s ⟨aus *fr.* bougran „(gummierte) Leinwand"⟩: Steifleinwand, steifer Baumwollstoff, der als Zwischenfutter verwendet wird

Bouil|la|baisse [buja'bɛ:s] *die;* -, -s [...'bɛ:s] ⟨über *fr.* bouillabaisse aus *provenzal.* bouiabaisso, eigtl. „Siede und senk dich!" (der Topf muß schnell vom Feuer genommen werden); vgl. Baisse⟩: würzige provenzal. Fischsuppe. **bouillant** [bu'jã:] ⟨aus *fr.* bouillant „kochend, siedend", Part. Präs. von bouillir, vgl. Bouillon⟩: (veraltet) aufbrausend. **Bouil|lant** *der;* -s, -s: 1. heißes Fleischpastetchen. 2. (veraltet) Hitzkopf. **Bouil|leur** [bu'jø:ɐ̯] *der;* -s, -e ⟨aus gleichbed. *fr.* bouilleur⟩: (veraltet) a) Branntweinbrenner; b) Dampfkessel; Siedekessel, -rohr. **Bouil|lon** [bul'jɔŋ, auch bʊl'jõ:] *die;* -, -s ⟨aus gleichbed. *fr.* bouillon zu bouillir „sieden, kochen", dies aus *lat.* bullire zu bulla „Wasserblase"⟩: 1. Kraft-, Fleischbrühe. 2. bakteriologisches Nährsubstrat. **Bouil|lon|draht** *der;* -[e]s, ...drähte: svw. Kantille. **bouil|lo|nie|ren** [buljo'ni:...] ⟨aus gleichbed. *fr.* bouillonner⟩: (veraltet) raffen, reihen. **¹Bouil|lot|te** [bu'jɔtə] *die;* -, -n ⟨aus gleichbed. *fr.* bouillotte zu bouillir „sieden, kochen", vgl. Bouillon⟩: (veraltet) Kochkessel, Teekessel

²Bouil|lotte [bu'jɔt] *das;* - ⟨aus gleichbed. *fr.* bouillotte zu älter *fr.* bouillir „ein Vergnügen bereiten, machen"⟩: altes franz. Kartenglücksspiel

Bou|lan|ge|rie [bulãʒə...] *die;* -, ...ien ⟨aus gleichbed. *fr.* boulangerie zu boulanger „Bäcker; backen"⟩: (veraltet) Backstube, Bäckerladen

Bou|lan|ge|rit [bulãʒə..., auch ...'rɪt] *der;* -s ⟨nach dem franz. Geologen C. L. Boulanger (1810–1849) u. zu ↑².....it⟩: ein Mineral (Antimonbleiblende)

Boule [bu:l] *das;* -[s], auch *die;* - ⟨aus *fr.* boule, dies aus *lat.* bulla „Blase"⟩: franz. Kugelspiel

Boul|let|te [bu...] *die;* -, -n ⟨aus *fr.* boulette „Fleischklößchen"⟩: svw. Bulette

Bou|le|vard [bulə'va:ɐ̯] *der;* -s, -s ⟨aus gleichbed. *fr.* boulevard, dies aus *mittelniederl.* bolwerc „Bollwerk" (die Ringstraßen entstanden aus alten Stadtbefestigungen)⟩: [von Bäumen gesäumte] breite [Ring]straße. **Bou|le|var|dier** [...'dje:] *der;* -[s], -s ⟨aus gleichbed. *fr.* boulevardier, eigtl. „Spaziergänger"⟩: Verfasser von reißerischen Bühnenstücken. **bou|le|var|di|sie|ren** ⟨zu ↑...isieren⟩: das Wichtigste (eines Artikels o. ä.) zusammenfassen u. verdeutlichen (z. B. durch einen speziellen Druck). **Bou|le|vardpres|se** [bulə'va:ɐ̯...] *die;* -: sensationell aufgemachte, in großen Auflagen erscheinende u. daher billige Zeitungen, die überwiegend im Straßenverkauf angeboten werden. **Bou|le|vard|thea|ter** *das;* -s, -: urspr. Bez. für die kleinen Theater an den Boulevards von Paris, heute allg. Theater mit leichtem Unterhaltungsrepertoir

Boule|verse|ment [bulvɛrs'mã:] *das;* -s, -s ⟨aus gleichbed. *fr.* bouleversement zu bouleverser „umstürzen", dies zu boule „Kugel" u. verser „umwerfen, -stürzen" (aus *lat.* versare)⟩: (veraltet) Umsturz, Umwälzung

Bou|li|nage [buli'na:ʒ] *die;* - ⟨aus gleichbed. *fr.* boulinage zu bouliner, vgl. boulinieren⟩: (veraltet) das Segeln mit Seitenwind. **Bou|line** [bu'li:n] *die;* -, -n [...nən] ⟨aus gleichbed. *fr.* bouline, dies aus *engl.* bowline, eigtl. „Bugleine", zu bow „Bug" u. line „Leine"⟩: (Seemannsspr. veraltet) Lenkseil, -tau an beiden Seiten des Rahsegels. **bou|li|nie|ren** [bu...] ⟨aus gleichbed. *fr.* bouliner⟩: (veraltet) 1. mit Seitenwind segeln. 2. stehlen

Boulle|ar|bei|ten [bul...] *die* (Plur.) ⟨nach dem franz. Kunsttischler A. Ch. Boulle, 1642–1732⟩: Einlegearbeiten aus Elfenbein, Kupfer od. Zinn (18. Jh.)

Bou|lon|nais [bulɔ'nɛ:] *der;* - [...'nɛ:(s)], - [...'nɛ:s], auch **Bou|lon|nai|se** [...'nɛ:zə] *der;* -n, -n ⟨*fr.;* nach der historischen Landschaft um Boulogne-sur-Mer⟩: edles Kaltblutpferd aus den nordfranz. Departements Pas-de-Calais u. Somme

bounce [baʊns] ⟨zu *engl.* to bounce, eigtl. „hüpfen, springen"⟩: mäßig bewegt, aber rhythmisch betont (Jazz). **Bounce** *der* od. *die;* - ⟨aus gleichbed. *engl.* bounce, eigtl. „(heftiger) Schlag"⟩: rhythmisch betonte Spielweise im Jazz (Mus.). **Bounce-light** ['baʊnslaɪt] *das;* -, -s ⟨zu *engl.* light „Licht"⟩: Beleuchtungstechnik bei Blitzaufnahmen, bei der das Blitzlicht nicht gegen das Motiv gerichtet wird, sondern gegen reflektierende Flächen in dessen Umgebung (meist die Zimmerdecke), wodurch eine gleichmäßige Ausleuchtung erzielt wird. **boun|cen** ['baʊnsn̩] ⟨nach *engl.* to bounce, vgl. bounce⟩: das Bounce-light anwenden

Boun|ty ['baʊntɪ] *die;* -, ...ties [...tɪz] ⟨aus *engl.* bounty „Subvention"⟩: (veraltet) Ausfuhrprämie, staatliche Subvention für Warenexporte

Bou|quet [bu'ke:] *das;* -s, -s ⟨aus *fr.* bouquet „(Blumen)strauß" zu bois „Wald, Baum, Strauch", dies aus dem Germ.⟩: svw. Bukett. **Bou|que|te|rie** [buke...] *die;* - ⟨französierende Bildung zu ↑ Bouquet, Analogiebildung zu ↑ Papeterie⟩: Kunst des Blumenbindens. **Bou|que|tier** [...'tie:] *der;* -s, -s ⟨aus gleichbed. *fr.* bouquetier⟩: (veraltet) Blumenhändler, -binder. **Bou|que|tiè|re** [...'tiɛ:rə] *die;* -, -n ⟨aus gleichbed. *fr.* bouquetière⟩: weibliche Form zu ↑ Bouquetier

Bou|qui|ne|rie [buki...] *die;* -, ...jen ⟨aus gleichbed. *fr.* bouquinerie zu bouquin „(altes) Buch", dies aus *mniederl.* boeckin⟩: (veraltet) a) Sammlung alter Bücher; b) Handel mit alten Büchern. **Bou|qui|neur** [...'nø:ɐ̯] *der;* -s, -e ⟨aus gleichbed. *fr.* bouquineur zu bouquiner, vgl. bouquinieren⟩: Liebhaber alter Bücher. **bou|qui|nie|ren** ⟨aus gleichbed. *fr.* bouquiner⟩: (veraltet) [alte] Bücher suchen, kaufen, schmökern. **Bou|qui|nist** u. Bukinist *der;* -en, -en ⟨teilweise über *niederl.* Vermittlung aus *fr.* bouquiniste „Buchtrödler, Antiquar"⟩: Straßenbuchhändler, bes. am Seineufer in Paris, der an einem Stand antiquarische Bücher verkauft

Bour|bon ['bə:bən] *der;* -s, -s ⟨aus *engl.-amerik.* bourbon, eigtl. „Konservativer" (nach dem franz. Königsgeschlecht; Kurzform von *Bourbon*whiskey)⟩: amerik. Whisky; vgl. Scotch

Bour|bo|nal [bur...] *das;* -s ⟨Kunstw.⟩: ein Aromastoff (Äthylvanillin)

Bour|don [bʊr'dõ] *der;* -s, -s ⟨aus *fr.* bourdon „das Summen"⟩: svw. Bordun

Bour|don|fe|der [bur'dõ...] *die;* -, -n, **Bour|don|rohr** *das;* -[e]s, -e bzw. **Bour|don|sche Röhre** *die;* -n -, -n -n ⟨nach dem franz. Ingenieur E. Bourdon (1808–1884)⟩: [↑ Manometer mit] Biegefeder in Form eines kreisförmig gebogenen Metallröhrchens von zweiseitig abgeflachtem Querschnitt

Bou|ret|te [bu..., bʊ...] *die;* -, -n ⟨aus *fr.* bourrette, vgl. Bourrette⟩: svw. Bourrette

bour|geois [bʊr'ʒoa, in attributiver Verwendung bʊr'ʒoa:z...] ⟨aus *fr.* bourgeois „bürgerlich", vgl. Bourgeois⟩: a) zur Bourgeoisie gehörend; b) die Bourgeoisie betreffend. **Bour|geois** *der;* -[...'ʒoa(s)], - [...'ʒoa(:)s] ⟨aus *fr.* bourgeois „Bürger" zu bourg „befestigter Ort, Marktflekken", dies aus *altfränk.* *burg⟩: Angehöriger der Bourgeoisie. **Bour|geoi|sie** [...ʒoa'zi:] *die;* -, ...jen ⟨aus *fr.* bourgeoisie „Bürgerschaft"⟩: 1. wohlhabender Bürgerstand, Bürgertum. 2. herrschende Klasse der kapitalistischen Gesellschaft, die im Besitz der Produktionsmittel ist (Marxismus)

Bour|no|nit [bur..., auch ...'nɪt] *der;* -s, -e ⟨nach dem franz. Mineralogen J. L. de Bournon (1751–1825) u. zu ↑²...it⟩: Rädelerz

Bour|rée [bu're:, bu're:] *die;* -, -s ⟨aus gleichbed. *fr.* bourrée zu bourrer „ausstopfen"; vgl. Bourrette⟩: a) heiterer bäuerlicher Tanz aus der Auvergne; b) von etwa 1650 an Satz der ↑ Suite (4). **Bour|ret|te** [bu..., bʊ...] *die;* -, -n ⟨aus *fr.* bourrette „Seidenabfall" zu bourre „Wollhaar, Füllmaterial", dies aus *lat.* burra „Scherwolle"⟩: rauhes Gewebe in Taftbindung aus Abfallseide; Seidenfrottee

Bour|ride [bu'rid] *die;* -, -s ⟨aus gleichbed. *fr.* bourride⟩: südfranz. Gericht aus kleinen Seefischen mit Zwiebeln, Tomaten u. Knoblauch

bour|rie|ren [bu..., bʊ...] ⟨aus gleichbed. *fr.* bourrer zu bourre, vgl. Bourrée⟩: polstern, [aus]stopfen

Bour|rique [bu'rik] *der;* -s, -s ⟨aus *fr.* bourrique, eigtl. „Esel", dies über gleichbed. *span.* borrico aus *lat.* *burricus, buricus „kleines (fuchsrotes) Pferd"⟩: (veraltet) Dummkopf, Tölpel

Bou|sou|ki [bu'zu:ki] vgl. Busuki

Bous|sin|gaul|tit [busɪŋgol..., auch ...'tɪt] *der;* -s, -e ⟨nach dem franz. Chemiker J. B. Boussingault (1802–1887) u. zu ↑²...it⟩: ein farbloses krustiges Mineral

Bou|teil|lage [butɛ'jaːʒ] *die;* -, -n [...ʒən] ⟨aus gleichbed. *fr.* bouteillage, eigtl. „Flaschengeld", zu bouteille, vgl. Bouteille⟩: (veraltet) Weinsteuer. **Bou|teil|le** [bu'tɛ:jə] *die;* -, -n ⟨aus gleichbed. *fr.* bouteille, dies aus *spätlat.* butticula, Verkleinerungsform von *lat.* buttis „Faß"⟩: (veraltend) Flasche. **Bou|teil|len|stein** *der;* -[e]s, -e: glasiges Gestein (ein ↑ Tektit). **Bou|teil|ler** [butɛ'je:] u. **Bou|til|lier** [buti(l)'je:] *der;* -s, -s ⟨aus gleichbed. *fr.* bouteiller bzw. boutillier, eigtl. „Flaschenmacher"⟩: (veraltet) Mundschenk an Fürstenhöfen, Kellermeister

Bou|ti|quage [buti'ka:ʒ] *die;* -, -n [...ʒən] ⟨zu ↑ Boutique u. ↑...age⟩: (veraltet) Kleinhandel, Krämerei. **Bou|tique** [bu'ti:k] *die;* -, Plur. -n [...kn], selten -s [bu'ti:ks] ⟨aus gleichbed. *fr.* boutique, dies aus *gr.* apothḗkē „Vorratsraum"; vgl. Apotheke⟩: 1. kleiner Laden für [exklusive] modische Neuheiten. 2. (veraltet) Kramladen. **Bou|ti|quier** [buti'kje:] *der;* -s, -s ⟨aus gleichbed. *fr.* boutiquier⟩: (veraltet) Kleinhändler, Krämer

Boul|ton [bu'tõ:] *der;* -s, -s ⟨aus *fr.* bouton „Knospe; Knopf", dies aus *fränk.* *butto, verwandt mit *niederl.* bot „Sproß, Auge"⟩: Schmuckknopf für das Ohr. **Bou|ton|ne|rie** [butənə...] *die;* -, ...jen ⟨aus gleichbed. *fr.* boutonnerie⟩: (veraltet) Knopfmacherei, -fabrik. **Bou|ton|nie|re** [butɔ'nie:rə] *die;* -, -n ⟨aus *fr.* boutonnière, eigtl. „Knopfloch"⟩: 1. äußerer Harnröhrenschnitt (Med.). 2. (veraltet) Ansteckblume. **bou|ton|nie|ren** ⟨aus gleichbed. *fr.* boutonner⟩: (veraltet) a) mit Knöpfen versehen; b) zuknöpfen. **bou|ton|niert** ⟨zu ↑...iert⟩: (veraltet) zugeknöpft, schweigsam, verschlossen

Bou|zou|ki [bu'zu:ki] vgl. Busuki

bo|vin [bo'vi:n] ⟨aus gleichbed. *spätlat.* bovinus zu *lat.* bos,

Gen. bovis „Ochse, Rind"): 1. zum Rind gehörend (Tiermed.). 2. aus Rindern gewonnen. 3. einem Rinderherzen (in der Größe) entsprechend (Med.). **Bo|vo|vak|zin** [bovo...] *das;* -s ⟨zu ↑Vakzine⟩: früher gebräuchlicher Impfstoff gegen Rindertuberkulose

Bow|den|zug ['baʊdn...] *der;* -s, ...züge ⟨nach dem engl. Erfinder Sir H. Bowden, 1880–1960⟩: Drahtkabel zur Übertragung von Zugkräften, bes. an Kraftfahrzeugen

Bo|wie|mes|ser ['bo:vi...] *das;* -s, - ⟨nach dem Amerikaner J. Bowie, 1796–1836⟩: nordamerik. Jagdmesser

Bow|le ['boːlə] *die;* -, -n ⟨aus *engl.* bowl „(Punsch)napf"⟩: 1. Getränk aus Wein, Schaumwein, Zucker u. Früchten oder würzenden Stoffen. 2. Gefäß zum Bereiten und Auftragen einer Bowle (1)

bow|len ['boːlən, *engl.*-dt. 'boʊlən] ⟨aus gleichbed. *engl.*-*amerik.* to bowl zu bowl „Kugel", dies aus *fr.* boule, vgl. Boule⟩: Bowling spielen

¹Bow|ler ['boːlɐ, *engl.* 'boʊlə] *der;* -s, - ⟨aus gleichbed. *engl.* bowler⟩: runder, steifer [Herren]hut; vgl. Melone (2)

²Bow|ler ['boːlɐ, *engl.* 'boʊlə] *der;* -s, - ⟨zu ↑bowlen⟩: Kegler auf einer Bowlingbahn. **Bow|ling** ['boːlɪŋ, *engl.* 'boʊlɪŋ] *das;* -s, -s ⟨aus gleichbed. *engl.-amerik.* bowling; vgl. bowlen⟩: 1. engl. Kugelspiel auf glattem Rasen. 2. amerik. Art des Kegelspiels mit 10 Kegeln. **Bow|ling|bahn** *die;* -, -en: Bahn, auf der Bowling (2) gespielt wird. **Bow|ling-green** [...griːn] *das;* -s, -s ⟨aus gleichbed. *engl.* bowling-green⟩: Spielrasen für Bowling (1)

Bow|string|hanf ['boʊstrɪŋ...] *der;* -[e]s ⟨zu *engl.* bowstring „Bogensehne"⟩: von afrik. Eingeborenen als Bogensehne verwendeter Hanf aus Blattfasern; vgl. Sansevieria

box! ⟨aus gleichbed. *engl.* box!, Imperativ von to box, vgl. boxen⟩: boxt [weiter]! (Kommando des Ringrichters beim Boxkampf)

Box *die;* -, -en ⟨aus gleichbed. *engl.* box, eigtl. „Büchse, Behälter", dies über *vulgärlat.* buxis, *lat.* pyxis aus *gr.* pyxís „Dose aus Buchsbaumholz"⟩: 1. von anderen gleichartigen Räumen abgeteilter kastenförmiger Raum innerhalb einer größeren Einheit. 2. einfache Rollfilmkamera in Kastenform. 3. kastenförmiger Behälter od. Gegenstand; oft in Zusammensetzungen, z. B. Kühlbox, Musikbox. **Box-calf** [...kalf] vgl. Boxkalf. **Bo|xe** *die;* -, -n ⟨zu ↑Box⟩: svw. Box (1)

bo|xen ⟨aus *engl.* to box „(mit der Hand) schlagen"⟩: [nach bestimmten sportlichen Regeln] mit den Fäusten kämpfen. **Bo|xer** *der;* -s, - ⟨aus gleichbed. *engl.* boxer⟩: 1. Sportler, der Boxkämpfe austrägt; vgl. Boxe. 2. (bes. südd., österr.) Faustschlag. 3. Hund einer mittelgroßen Rasse mit kräftiger Schnauze (Wach- u. Schutzhund). **bo|xe|risch**: den Boxsport betreffend, zu ihm gehörend, für ihn charakteristisch. **Bo|xer|mo|tor** *der;* -s, -en: Verbrennungsmotor mit einander gegenüberliegenden Zylindern, deren Kolben scheinbar gegeneinanderarbeiten

Box|kalf, Boxcalf *das;* -s ⟨aus gleichbed. *engl.* box calf⟩: Kalb[s]leder

Box|loa|der [...loʊdə] *der;* -s, - ⟨zu ↑Box u. *engl.* loader, eigtl. „Ver-, Auflader"⟩: mechanische Vorrichtung für den automatischen Spulenaustausch im Schützen der Webmaschine

Boy [bɔy] *der;* -s, -s ⟨aus *engl.* boy „Junge"⟩: 1. Laufbursche, Diener, Bote. 2. (ugs.) junger Mann. **Boy|friend** ['bɔyfrɛnt] *der;* -[s], -s ⟨aus *engl.* boyfriend „Freund, Verehrer"⟩: (ugs.) der Freund eines jungen Mädchens

Boy|kott [bɔy...] *der;* -s, Plur. -s, auch -e ⟨nach dem in der Irland geächteten engl. Hauptmann u. Gutsverwalter Ch. C. Boycott, 1832–1897⟩: 1. politische, wirtschaftliche od. soziale Ächtung; Ausschluß von den politischen, wirtschaftlichen od. sozialen Beziehungen. 2. das Boykottieren (2, 3). **boy|kot|tie|ren** ⟨zu ↑...ieren⟩: 1. mit einem Boykott (1) belegen. 2. die Ausführung von etw. ablehnen u. erschweren od. zu verhindern suchen. 3. zum Ausdruck der Ablehnung bewußt meiden

Boy-Scout ['bɔyskaʊt] *der;* -[s], -s ⟨aus gleichbed. *engl.* boy scout, zu ↑Boy u. *engl.* scout „Späher"⟩: engl. Bez. für Pfadfinder

Boz|zet|to *der;* -s, -s ⟨aus gleichbed. *it.* bozzetto, Verkleinerungsform von bozza „roher Stein; Entwurf"⟩: erster skizzenhafter, plastischer Entwurf für eine Skulptur, für Porzellan

Bra|ban|çonne [brabãˈsɔn] *die;* - ⟨*fr.;* nach der belgischen Provinz Brabant⟩: belgische Nationalhymne. **Bra|bante** [...bãːt] *die;* - ⟨aus gleichbed. *fr.* brabante⟩: eine Art niederl. Leinwand. **Bra|ban|til|le** [brabãˈtiːjə] *die;* - ⟨zu ↑...ille⟩: svw. Brabante. **Bra|ban|zo|nen** *die* (Plur.) ⟨aus gleichbed. *fr.* brabançons⟩: meist in Brabant geworbene Söldnertruppen des 12. u. 13. Jh.s, die als plündernde Banden in Westeuropa gefürchtet waren

Bra|ça ['brasa] *die;* -, -s (aber: 5 -) ⟨aus *port.* braça „Klafter"; vgl. brachial⟩: port. Längenmaß. **Brac|cio** ['brattʃo] *der;* -s, -s (aber: 5 -) ⟨aus *it.* braccio „Arm", dies aus gleichbed. *lat.* brac(ch)ium, vgl. Brachium⟩: früheres, der Elle entsprechendes ital. Längenmaß. **Brace|let** [brasˈlɛ] *das;* -s, Plur. -s, älter Braceletten [...ˈlɛtən] ⟨aus gleichbed. *fr.* bracelet zu bras „Arm", dies aus gleichbed. *lat.* brachium, *gr.* brachíōn⟩: (veraltet) Armband, Handschelle. **Brache** [braʃ] *die;* -, -n ['braʃən] (aber: 5 -) ⟨unter franz. Einfluß über *it.* braccio (vgl. Braccio) aus *lat.* brac(ch)ium, vgl. Brachium⟩: früheres, der Elle entsprechendes Längenmaß in der Schweiz

Bra|che|ri|um [...x...] *das;* -s, ...ien [...jən] ⟨aus gleichbed. *mlat.* bracherium zu *lat.* braca (bracha) „Beinkleid, Pluderhose"⟩: Bruchband, Hilfsmittel zum ↑Reponieren von Eingeweidebrüchen

bra|chi|al [...x...] ⟨aus gleichbed. *lat.* brachialis zu brachium, vgl. Brachium⟩: 1. zum Oberarm gehörend (Med.). 2. mit roher Körperkraft. **Bra|chia|le** *das;* -s, Plur. ...lia, ...lien [...jən] u. -n, *ale*) (veraltet) Armband. **Bra|chi|al|ge|walt** *die;* -: rohe körperliche Gewalt als Mittel zur Durchsetzung von Zielen. **Bra|chi|al|gie** *die;* -, ...ien ⟨zu *lat.* brachium „Arm" u. ↑...algie⟩: Schmerzen im [Ober]arm. **Bra|chia|to|ren** *die* (Plur.) ⟨aus *nlat.* brachiatores zu *spätlat.* brachiatus, eigtl. „mit Armbändern geschmückt"⟩: Gruppe der ↑Primaten mit stark verlängerten Armen (Schwingkletterer, z. B. der ↑Gibbon). **Bra|chio|me|trie** *die;* -, ...ien ⟨zu *lat.* brachium „Arm" u. ↑...metrie⟩: (veraltet) das Messen der Armlänge. **Bra|chio|po|de** *der;* -n, -n ⟨zu ↑...pode⟩: Armfüßer (muschelähnliches, festsitzendes Meerestier). **bra|chio|ra|di|al**: zum Oberarm u. zur Speiche gehörend (Med.). **Bra|chio|sau|ri|er** [...iɐ] *der;* -s - u. **Bra|chio|sau|rus** *der;* -, ...rier [...iɐ] ⟨zu *gr.* saũros „Eidechse"⟩: pflanzenfressender, sehr großer ↑Dinosaurier mit langen Vorderbeinen. **Bra|chio|to|mie** *die;* -, ...ien ⟨zu ↑...tomie⟩: Armamputation

Bra|chi|sto|chro|ne [braxistoˈkroːnə] *die;* -, -n ⟨zu *gr.* bráchistos „kürzeste" u. chrónos „Zeit"⟩: Kurve, auf der der Schwerkraft unterworfener Massenpunkt bzw. Körper am schnellsten zu einem tiefer gelegenen Punkt gelangt (Phys.)

Bra|chi|um [...x...] *das;* -s, ...chia ⟨aus gleichbed. *lat.* brachium, dies aus *gr.* brachíōn⟩: Arm, im engeren Sinne Oberarm

Brahmanas

bra|chy..., Bra|chy... ⟨aus gleichbed. gr. brachýs⟩: Wortbildungselement mit der Bedeutung „kurz", z. B. Brachygraphie. **Bra|chy|ba|sie** *die;* -, ...ien ⟨zu *gr.* básis „Tritt, Gang" u. ↑²...ie⟩: trippelnder Gang (bes. bei Greisen; Med.). **bra|chy|bio|tisch:** kurzlebig; Ggs. ↑makrobiotisch. **bra|chy|chro|nisch** ⟨aus gleichbed. *gr.* brachychrónios⟩: (veraltet) von kurzer Dauer. **bra|chy|dak|tyl** ⟨aus gleichbed. *gr.* brachydáktylos⟩: kurzfingerig (Med.). **Bra|chy|dak|ty|lie** *die;* -, ...ien ⟨zu ↑²...ie⟩: angeborene Kurzfingerigkeit (Med.). **Bra|chy|ge|nie** *die;* -, ...ien ⟨zu ↑...genie⟩: svw. Brachygnathie. **Bra|chy|gna|thie** *die;* -, ...ien ⟨zu *gr.* gnáthos „Kinnbacken" u. ↑²...ie⟩: abnorme Kleinheit des Unterkiefers (Med.). **Bra|chy|graph** *der;* -en, -en ⟨zu ↑...graph⟩: (veraltet) kurzschriftler, Stenograph. **Bra|chy|gra|phie** *die;* - ⟨zu ↑...graphie⟩: (veraltet) Kurzschrift, Stenographie. **bra|chy|ka|ta|lek|tisch** ⟨über gleichbed. *lat.* brachycatalectus aus *gr.* brachykatálēktos „mit einer kurzen Silbe endigend"⟩: am Versende um einen Versfuß (eine rhythmische Einheit) bzw. um zwei Silben verkürzt (von antiken Versen); vgl. katalektisch, akatalektisch u. hyperkatalektisch. **Bra|chy|ka|ta|le|xe** *die;* -, -n ⟨aus gleichbed. *gr.* brachykatalēxía⟩: Verkürzung eines Verses um den letzten Versfuß (die letzte rhythmische Einheit) oder die letzten zwei Silben. **bra|chy|ke|phal** usw. vgl. brachyzephal usw. **Bra|chy|la|lie** *die;* - ⟨zu *gr.* laleīn „sprechen" u. ↑²...ie⟩: Aussprache abgekürzter Zusammensetzungen od. Wortgruppen mit den Namen der Abkürzungsbuchstaben (z. B. USA [u:|ɛs|'a:]). **Bra|chy|lo|gie** *die;* -, ...ien ⟨zu *gr.* brachylogeīn „kurz reden" u. ↑²...ie⟩: knappe, prägnante Ausdrucksweise (Rhet., Stilk.). **bra|chy|lo|gisch** ⟨aus gleichbed. *gr.* brachylógos⟩: knapp, prägnant (vom Ausdruck; Rhet., Stilk.). **Bra|chy|me|ta|kar|pie** *die;* -, ...ien ⟨zu ↑metakarpal u. ↑²...ie⟩: angeborene Verkürzung der Mittelhandknochen (Med.). **Bra|chy|me|ta|po|die** *die;* -, ...ien ⟨zu ↑meta..., *gr.* poús, Gen. podós „Fuß" u. ↑²...ie⟩: angeborene Verkürzung der Mittelfußknochen (Med.). **Bra|chy|me|ta|tar|sie** *die;* -, ...ien ⟨zu ↑Metatarsis u. ↑²...ie⟩: svw. Brachymetapodie. **Bra|chy|me|tro|pie** *die;* -, ...ien ⟨zu *gr.* métron „Maß", óps, Gen. ōpós „Auge, Gesicht" u. ↑²...ie⟩: (veraltet) svw. Myopie. **Bra|chy|öso|pha|gus** *der;* -, ...gi: [angeborene] abnorme Verkürzung der Speiseröhre (Med.); vgl. Ösophagus. **Bra|chy|pha|lan|gie** *die;* -, ...ien ⟨zu ↑Phalanx u. ↑²...ie⟩: angeborene abnorme Verkürzung der Finger- bzw. der Zehenglieder (Med.). **Bra|chy|pnoe** *die;* - ⟨zu *gr.* pnoé „das Wehen, Hauchen; Atem"⟩: (veraltet) Kurzatmigkeit; Engbrüstigkeit; vgl. Dyspnoe. **bra|chy|po|disch** ⟨zu *gr.* poús, Gen. podós „Fuß"⟩: kurzfüßig (Med.). **Bra|chyr|rha|chie** *die;* -, ...ien ⟨zu *gr.* rháchis „Rücken; Rückgrat" u. ↑²... ie⟩: angeborene Verkürzung der Wirbelsäule (Med.). **bra|chy|styl** ⟨zu *gr.* stýlos „Stiel, Griffel"⟩: kurzgriffelig (von Pflanzenblüten). **Bra|chy|syl|la|bus** *der;* - ⟨zu ↑Brachysyllabus⟩: kurzsilbig. **Bra|chy|syl|la|bus** *der;* -, Plur. ...syllaben u. ...syllabi ⟨über *lat.* brachysyllabus aus *gr.* brachysýllabos „kurzsilbig"⟩: antiker Versfuß (rhythmische Einheit), der nur aus kurzen Silben besteht (z. B. ↑Pyrrhichius, ↑Tribrachys, ↑Prokeleusmatikus). **Bra|chyt** *der;* -en, -en ⟨zu *gr.* brachýs „kurz"⟩: Kurzform von ↑Brachyteleskop. **Brachy|te|le|skop** *das;* -s, -e: kurzes Spiegelteleskop mit Z-förmigem Strahlengang, großer Brennweite u. großem, fehlerfreiem Bild. **Bra|chy|the|ra|pie** *die;* -, ...ien ⟨zu ↑Behandlung vor allem bösartiger Geschwülste mit ionisierenden Strahlen aus kurzer Entfernung (Med.). **bra|chy|ze|phal** u. brachykephal ⟨aus gleichbed. *gr.* brachyképhalos⟩: kurzköpfig, rundschädelig (Med.). **Bra|chy|ze|pha|le** u. Brachyke-

phale *der* u. *die;* -n, -n: Kurzköpfige[r], Kurzkopf (Med.). **Bra|chy|ze|pha|lie** u. Brachykephalie *die;* -, ...ien ⟨zu ↑²...ie⟩: Kurzköpfigkeit (Med.) **Bra|chy|ze|pha|li|sa|ti|on** u. Brachykephalisation *die;* -, -en ⟨zu ↑...isation⟩: Bez. für die seit dem frühen Mittelalter zu beobachtende allmähliche Verkürzung u. Verbreiterung des Schädels (Anthropol.)

Brad|sot *die;* - ⟨aus *skand.* bradsot „schnelle Seuche" zu *gr.* brachýs „schnell"⟩: bes. in nordischen Ländern seuchenhaft auftretende Schafkrankheit

bra|dy..., Bra|dy... ⟨zu *gr.* bradýs „langsam"⟩: Wortbildungselement mit der Bedeutung „langsam, verlangsamt, verzögert", z. B. Bradykardie. **Bra|dy|ar|thrie** *die;* -, ...ien ⟨zu *gr.* arthroūn „gliedern, artikulierte Laute hervorbringen" u. ↑²...ie⟩: schleppende, buchstabierende Sprache (Med.). **Bra|dy|dia|do|cho|ki|ne|se** *die;* -, -n: verlangsamter Ablauf einander entgegengesetzter Gliedbewegungen (Med.). **bra|dy|kard** ⟨zu *gr.* kardía „Herz"⟩: mit verlangsamter Herztätigkeit einhergehend (Med.). **Bra|dy|kar|die** *die;* -, ...en ⟨zu ↑²...ie⟩: langsame Herztätigkeit (Med.). **Bra|dy|ki|ne|sie** *die;* -, ...ien ⟨zu *gr.* kínēsis „Bewegung" u. ↑²...ie⟩: allgemeine Verlangsamung der Bewegungen (Med.). **Bra|dy|ki|nin** *das;* -s, -e ⟨zu *gr.* kineīn „bewegen" u. ↑...in (1)⟩: Gewebshormon, das durch lokale Gefäßerweiterung eine fördernde Wirkung auf die Speichel- u. Schweißdrüsen ausübt (Med.). **Bra|dy|la|lie** *die;* -, ...ien ⟨zu *gr.* laleīn „viel reden, schwatzen" u. ↑²...ie⟩: svw. Bradyarthrie. **Bra|dy|pep|sie** *die;* -, ...ien ⟨aus gleichbed. *gr.* bradypepsía⟩: verlangsamte Verdauungstätigkeit (Med.). **Bra|dy|pha|gie** *die;* -, ...ien ⟨zu ↑...phagie⟩: krankhafte Verlangsamung des Eßvorgangs (Med.). **Bra|dy|phra|sie** *die;* -, ...ien ⟨zu *gr.* phrásis „das Reden, Sprechen" u. ↑²...ie⟩: langsames Sprechen (Med.). **Bra|dy|phre|nie** *die;* -, ...ien ⟨zu *gr.* phrēn, Gen. phrenós „Zwerchfell; Seele, Geist; Verstand" u. ↑²...ie⟩: Verlangsamung der psychomotorischen Aktivität, Antriebsmangel (Med.). **Bra|dy|pnoe** *die;* - ⟨zu *gr.* pnoé „das Wehen, Hauchen; Atem"⟩: verlangsamte Atmung (Med.). **bra|dy|seis|misch:** langsam verlaufend (von Bodenbewegungen; Geophys.). **Bra|dy|sy|sto|lie** *die;* -, ...ien ⟨zu ↑Systole u. ↑²...ie⟩: Verlangsamung der ↑systolischen Kontraktionsbewegung des Herzens (Med.). **Bra|dy|te|leo|ki|ne|se** *die;* -, -n ⟨zu *gr.* téleos „vollendet" u. kínēsis „Bewegung"⟩: Verlangsamung einer zielgerichteten Bewegung kurz vor dem Ziel (bei Kleinhirnerkrankungen; Med.). **bra|dy|troph** ⟨zu ↑...troph⟩: spärlich versorgt mit Blutgefäßen (von Körpergeweben; Med.). **Bra|dy|urie** *die;* -, ...ien ⟨zu ↑...urie⟩: verzögerte Urinausscheidung (Med.).

Bra|goz|zo *der;* -[s], ...zzi ⟨aus gleichbed. *it.* bragozzo⟩: [zweimastige] Barke im Adriatischen Meer

Bra|guette [bra'gɛt] *die;* -, -n [...tən] ⟨aus gleichbed. *fr.* braguette, eigtl. „Hosenschlitz", zu brague „(Knie)hose", dies aus *provenzal.* braga zu *lat.* braca (bracha) „Beinkleid, Pluderhose"⟩: urspr. Hosenlatz der Beinlinge, im 16. Jh. als Schamkapsel modischer Bestandteil des männlichen Kostüms

Brah|ma *der;* -s ⟨zu ↑Brahman⟩: höchster Gott des ↑Hinduismus, Personifizierung des Brahmans. **Brah|ma|huhn** vgl. Brahmaputrahuhn. **Brah|ma|is|mus** *der;* - ⟨zu ↑...ismus (1)⟩: svw. Brahmanismus. **Brah|man** *das;* -s ⟨aus *sanskr.* bráhman „Gebet; geheimnisvolle Macht"⟩: Weltseele, magische Kraft der ind. Religion, die der Brahmane im Opferspruch wirken läßt. **Brah|ma|nas** *die* (Plur.) ⟨aus *sanskr.* bráhmaṇas⟩: altind. Kommentare zu den ↑Weden, die Anwendung und Wirkung des Opfers erläutern. Brah-

brahmanisch

ma|ne *der;* -n, -n: Angehöriger der ind. Priesterkaste. **brahma|nisch:** die Lehre od. die Priester des Brahmanentums betreffend. **Brah|ma|nis|mus** *der;* - ⟨zu ↑...ismus (1)⟩: 1. eine der Hauptreligionen Indiens (aus dem ↑Wedismus hervorgegangen). 2. (selten) Hinduismus. **Brah|ma|pu|trahuhn** [auch ...'pu:...], auch Brạhmahuhn *das;* -s, ...hühner ⟨nach dem ind. Strom Brahmaputra⟩: Huhn einer schweren Haushuhnrasse. **Brah|ma|su|tra** *die* (Plur.) ⟨aus *sanskr.* brahmasūtra „Leitfaden über das Brahman"⟩: Schriften, die die Grundlage des philos. Systems des ↑Wedanta bilden. **Brah|mi|ne** vgl. Brahmane. **Brah|mi|schrift** *die;* -: als Erfindung des Gottes Brahma geltende ind. Schrift

Brai [brɛ] *der;* -s ⟨aus gleichbed. *fr.* brai zu *gall.* *bracu „Schlamm"⟩: (veraltet) Schiffsteer

Brai|dis|mus [breı...] *der;* - ⟨nach dem engl. Chirurgen J. Braid (1795-1860) u. zu ↑...ismus (1)⟩: Lehre von der suggestiven Wirkung des Arztes auf den Patienten

Brail|lard [brɛ'jaːɐ̯] *der;* -s, -s ⟨aus gleichbed. *fr.* braillard zu brailler „schreien; grölen"⟩: (veraltet) Schreihals, Großmaul

Braille|schrift ['bra(:)jə...] *die;* - ⟨nach dem franz. Erfinder L. Braille, 1809-1852⟩: Blindenschrift

Brail|leur [brɛ'jøːɐ̯] *der;* -s, -e ⟨aus gleichbed. *fr.* brailleur⟩: svw. Braillard

Brain-Drain ['breındreın] *der;* - ⟨aus *engl.-amerik.* braindrain „Abfluß von Intelligenz" zu *engl.* brain „Gehirn" u. to drain „ausfließen lassen"⟩: Abwanderung von Wissenschaftlern ins Ausland. **Brain|stor|ming** [...stɔːmɪŋ] *das;* -s ⟨aus gleichbed. *engl.-amerik.* brainstorming zu brainstorm „Geistesblitz"⟩: Verfahren, um durch Sammeln von spontanen Einfällen [der Mitarbeiter] die beste Lösung eines Problems zu finden. **Brain-Trust** [...trʌst] *der;* -[s], -s ⟨aus gleichbed. *engl.-amerik.* brain trust⟩: [wirtschaftlicher] Beratungsausschuß; Expertengruppe. **Brain|tru|ster** [...trʌstə] *der;* -s, -: Mitglied eines Brain-Trusts, Unternehmensberater. **Brain|wa|shing** [...wɔʃɪŋ] *das;* -s ⟨aus gleichbed. *engl.* brainwashing⟩: engl. Bez. für erzwungene politische u. weltanschauliche Umerziehung, Gehirnwäsche

Brai|se ['brɛːzə] *die;* -, -n ⟨aus *fr.* braise „Schmorfleisch", dies aus dem *Germ.*⟩: [säuerliche] gewürzte Brühe zum Dämpfen von Fleisch od. Fischen. **Brai|siè|re** [...'zi̯ɛːrə] *die;* -, -n ⟨zu ↑¹...iere⟩: dickwandige Brat- od. Schmorpfanne. **brai|sie|ren** ⟨aus gleichbed. *fr.* braiser⟩: in der Brühe dämpfen

Bra|kon|na|ge [...ʒə] *die;* -, -n ⟨aus gleichbed. *fr.* braconnage zu braconner, vgl. brakonnieren⟩: (veraltet) das Wildern, Wilderei. **Bra|kon|nier** [...'niɛ:] *der;* -s, -s ⟨aus gleichbed. *fr.* braconnier⟩: (veraltet) Wilddieb, Wilderer. **brakon|nie|ren** ⟨aus gleichbed. *fr.* braconner zu *altprovenzal.* bracon „Bracke, ein Jagdhund", dies aus dem *Germ.*⟩: (veraltet) wildern, Wilddieberei betreiben

Brak|te|at *der;* -en, -en ⟨aus *lat.* bracteatus „mit Goldblättchen überzogen" zu bractea, vgl. Braktee⟩: 1. Goldblechabdruck einer griechischen Münze (4.-2. Jh. v. Chr.). 2. einseitig geprägte Schmuckscheibe der Völkerwanderungszeit. 3. einseitig geprägte mittelalterl. Münze. **Braktee** *die;* -, -n ⟨aus *lat.* bractea „dünnes Blatt, Blättchen"⟩: Deckblatt, in dessen Winkel ein Seitensproß od. eine Blüte entsteht (Bot.). **brak|teo|id** ⟨zu ↑...oid⟩: deckblattartig (Bot.). **Brak|teo|le** *die;* -, -n ⟨aus gleichbed. *lat.* bracteola, eigtl. „Goldblättchen"⟩: Vorblatt, erstes Blatt eines Seitenod. Blütensprosses (Bot.).

Bram *die;* -, -en ⟨aus *niederl.* bram⟩: oberste Verlängerung der Masten sowie deren Takelung (Seemannsspr.; meist als erster Bestandteil von Zusammensetzungen wie Bramsegel, ↑Bramstenge)

Bra|mah|schloß *das;* ...schlosses, ...schlösser ⟨nach dem engl. Erfinder J. Bramah, 1749-1814⟩: Schloß mit Steckschlüssel

Bra|mar|bas *der;* -, -se ⟨nach der literarischen Figur des 18. Jh.s, vielleicht zu *span.* bramar „schreien, heulen"⟩: Prahlhans, Aufschneider. **bra|mar|ba|sie|ren** ⟨zu ↑...ieren⟩: aufschneiden, prahlen

Bram|bu|ri *die* (Plur.) ⟨aus *tschech.* brambory (Plur.) „Kartoffeln", eigtl. „Brandenburger" (weil die Kartoffeln zuerst in Brandenburg angebaut wurden)⟩: (österr. scherzh.) Kartoffeln

Bram|sten|ge *die;* -, -n ⟨zu ↑Bram⟩: (Seemannsspr.) oberste Verlängerung eines Mastes

Bran|card [brã'kaːɐ̯] *der;* -s, -s ⟨aus gleichbed. *fr.* brancard zu branque, landsch. Nebenform von branche „Arm, Stange"; vgl. Branche⟩: (veraltet) 1. Trage, Tragsessel, Sänfte. 2. Gabeldeichsel. **Bran|car|dier** [...kar'dje:] *der;* -s, -s ⟨aus gleichbed. *fr.* brancardier⟩: (veraltet) Sänftenträger. **Brancard|wa|gen** [brã'kaːɐ̯...] *der;* -s, -: (veraltet) hölzerner Kastenwagen ohne Leitern. **Bran|che** [brã'ʃə] *die;* -, -n ⟨aus gleichbed. *fr.* branche, eigtl. „Ast, Zweig", dies über *galloroman.* branca aus *lat.* brachium „Arm, Zweig"⟩: Wirtschafts-, Geschäftszweig

Bran|chi|al|bo|gen *der;* -s, - ⟨zu *nlat.* branchialis „die Branchien betreffend", dies zu *lat.* branchiae, vgl. Branchie⟩: Kiemenbogen (Zool.). **Bran|chi|at** *der;* -en, -en ⟨zu ↑Branchie u. ↑...at (1)⟩: durch Kiemen atmendes Wirbel- od. Gliedertier. **Bran|chie** *die;* -, -n (meist Plur.) ⟨aus *lat.* branchiae (Plur.), dies aus *gr.* ta brágchia (Plur.) „Kiemen"⟩: Kieme. **bran|chio|gen** ⟨zu ↑...gen⟩: von den Kiemengängen ausgehend (Biol.). **Bran|chio|sau|ri|er** [...iɐ̯] *der;* -s, - u. **Bran|chio|sau|rus** *der;* -, ...rier [...iɐ̯] ⟨zu *gr.* saûros „Eidechse"⟩: Panzerlurch des ↑Karbons u. ↑¹Perms. **Branchio|sto|ma** *das;* - ⟨zu *gr.* stóma „Mund"⟩: Lanzettfisch (schädelloser, glashelier kleiner Fisch); vgl. Amphioxus

Bran|dade [brã'daːd] *die;* -, -n [...dən] ⟨aus gleichbed. *fr.* brandade⟩: provenzal. Stockfischgericht

Bran|de|um [...deʊm] *das;* -s, ...deen [...deən] ⟨aus *mlat.* brandeum „Reliquientuch", dies aus *spätlat.* brandea, eigtl. „Seidenstoff"⟩: seidenes Tuch zur Einhüllung von Reliquien der Märtyrer, das vielfach selbst als Reliquie galt

Brand Ma|na|ger ['brænd 'mɛnɪdʒɐ] *der;* - -s, - - ⟨zu *engl.* brand „Marke, Markenzeichen" u. ↑Manager⟩: Angestellter eines Unternehmens, der für ↑Marketing u. Werbung eines Markenartikels verantwortlich ist; Markenbetreuer (Wirtsch.). **Bran|dy** ['brɛndi] *der;* -s, -s ⟨aus *engl.* brandy, Kurzwort für älter *engl.* brandwine⟩: engl. Bez. für Weinbrand

Bran|flakes ['brænfleɪks] *die* (Plur.) ⟨zu *engl.* bran „Kleie", Analogiebildung zu ↑Cornflakes⟩: Kleieflockennahrungsmittel

Bran|le ['brã:lə] *der;* - ⟨aus gleichbed. *fr.* branle, eigtl. „Schwung"⟩: a) ältester franz. Rundtanz (im 16. u. 17. Jh. Gesellschaftstanz); b) Satz der ↑Suite (4). **bran|lie|ren** [brã...] ⟨aus gleichbed. *fr.* branler⟩: (veraltet) schwingen, schwenken, schaukeln; schwanken

bras des|sus, bras des|sous [brad'sy brad'su:] ⟨*fr.*; eigtl. „Arm darüber, Arm darunter"⟩: Arm in Arm, untergehakt; vertraulich

Bra|se|ro *der;* -s, -s ⟨aus *span.* brasero „Kohlenbecken; Küchenherd"⟩: (veraltet) Kohlenpfanne zum Wärmen

¹Bra|sil *der;* -s, Plur. -e u. -s ⟨nach dem Namen des südame-

rik. Staates Brasilien⟩: a) dunkelbrauner, würziger südamerik. Tabak; b) eine Kaffeesorte. ²Bra|sil *die;* -, -[s] ⟨zu ↑¹Brasil⟩: Zigarre aus Brasiltabak. Bra|si|le|in *das;* -s ⟨zu ↑...in (1)⟩: ein Naturfarbstoff; vgl. Brasilin. Bra|si|let|toholz *das;* -es ⟨zu *span.* brasilete „Rotholz"⟩: westind. Rotholz. Bra|sil|holz u. Brasilienholz [...li̯ən...] *das;* -es: südamerik. Holz, das rote Farbstoffe liefert. Bra|si|li|an *der;* -s, -e ⟨zu ↑...an⟩: ein Mineral, goldgelber brasilianischer ↑Topas. Bra|si|li|en|holz [...li̯ən...] vgl. Brasilholz. Bra|si|lin *das;* -s ⟨zu ↑...in (1)⟩: für die Stoffärberei wichtiger Bestandteil des bras. Rotholzes; wird durch ↑Oxydation zum Farbstoff Brasilein
Brass-Band ['brɑːsbænd] *die;* -, -s ⟨aus *engl.* brass band „Blaskapelle", eigtl. „Blechkapelle"⟩: Bez. für eine Marschkapelle, die ausschließlich aus Blechblasinstrumenten u. Schlagzeug zusammengesetzt ist. **Bras|se** *die;* -, -n ⟨über *niederl.* bras aus *fr.* brasse „Faden; Klafter"⟩: 1. a) Klafter; b) (Seemannsspr.) Faden. 2. Tau zum Stellen eines Rahsegels
Bras|se|lett *das;* -s, -e ⟨aus *fr.* bracelet „Armband" zu bras „Arm", dies aus gleichbed. *lat.* brachium, *gr.* brachíōn⟩: svw. Bracelet
bras|sen ⟨über *niederl.* brassen aus gleichbed. *fr.* brasser⟩: mit den Brassen die Stellung der Rahsegel ändern
Bras|se|rie *die;* -, ...ien ⟨aus gleichbed. *fr.* brasserie zu brasser „(Bier) brauen"⟩: a) Bierlokal, b) Erfrischungsraum in Hotels, in dem vor allem Bierspezialitäten angeboten werden. **Bras|seur** [braˈsøːɐ̯] *der;* -s, -e ⟨aus gleichbed. *fr.* brasseur⟩: (veraltet) Brauer; Bierwirt
Bras|siè|re [braˈsi̯ɛːrə, ...ˈsi̯eːrə] *die;* -, -n ⟨aus *fr.* brassière „Mieder, Hemdchen"⟩: knappes, taillenfreies Oberteil; Leibchen
Brass-Rock ['brɑːs...] *der;* -[s] ⟨aus *engl.* brass rock „Blechbläserrock"⟩: Variante der Rockmusik, bei der durch Verwendung mehrerer Blasinstrumente eine Annäherung an das Klangbild einer ↑Big Band erreicht wird. **Brass rubbing** [- ˈrʌbɪŋ] *das;* - -[s] ⟨aus *engl.* brass rubbing „Kopie einer Messingtafel, eigtl. „das Abreiben"⟩: Verfahren, gravierte Messingplatten mit Hilfe eines Druckverfahrens abzubilden. **Brass sec|tion** [- ˈsɛkʃən] *die;* - -, - -s ⟨aus *engl.* brass section „Blechbläsergruppe"⟩: in der ↑Big Band die Gruppe der Blechbläser, d. h. Trompeten u. Posaunen
Brat|sche *die;* -, -n ⟨gekürzt aus älterem Bratschgeige nach *it.* viola da braccio „Armgeige"⟩: Streichinstrument, das eine Quinte tiefer als die Violine gestimmt ist. **Brat|schenschlüs|sel** *der;* -s, -: Altschlüssel (c¹ auf der Mittellinie; Mus.). **Brat|scher** *der;* -s, - u. **Brat|schist** *der;* -en, -en ⟨zu ↑...ist⟩: Musiker, der Bratsche spielt
Bra|vache [braˈvaʃ] *der;* -s, -s ⟨aus gleichbed. *fr.* bravache⟩: (veraltet) Prahlhans, Aufschneider. **bra|va|chie|ren** [...vaˈʃiː...] ⟨zu ↑...ieren⟩: (veraltet) prahlen, aufschneiden. **Bra|va|de** *die;* -, -n ⟨aus *fr.* bravade „prahlerische Herausforderung"; vgl. bravo!⟩: (veraltet) Prahlerei; b) Trotz. **bra|vis|si|mo!** [...v...] ⟨*it.;* Superlativ von bravo, vgl. bravo!⟩: sehr gut! (Ausruf od. Zuruf, durch den Beifall u. Anerkennung ausgedrückt werden). **bra|vo!** ⟨*it.;* zu bravo „wacker; unbändig, wild", dies aus *lat.* barbarus „fremd, ungesittet"⟩: gut!, vortrefflich! (Ausruf od. Zuruf, durch den Beifall u. Anerkennung ausgedrückt werden). **¹Bra|vo** *das;* -s, -s: Beifallsruf. **²Bra|vo** *der;* -s, Plur. -s u. ...vi [...vi] ⟨aus gleichbed. *it.* bravo, eigtl. „der Meisterhafte"⟩: ital. Bez. für Meuchelmörder, Räuber. **Bra|vour** [braˈvuːɐ̯] *die;* -, -en ⟨aus gleichbed. *fr.* bravoure zu brave „tapfer", dies aus *it.* bravo⟩: 1. (ohne Plur.) a) Tapferkeit,

Mut, Schneid; b) Geschicklichkeit; sichtbar forsche, gekonnte Art u. Weise, etw. zu bewältigen. 2. (nur Plur.) meisterhaft ausgeführte Leistungen. **Bra|vour|arie** *die;* -, -n: schwierige, auf virtuose Wirkung abzielende Arie (meist für Sopranstimme). **Bra|vour|lei|stung** *die;* -, -en: Glanz-, Meisterleistung. **bra|vou|rös** ⟨zu ↑...ös⟩: mit Bravour. **Bra|vour|stück** *das;* -[e]s, -e: Glanznummer
break! [breɪk] ⟨aus gleichbed. *engl.* break!, Imperativ von to break „brechen, abbrechen, unterbrechen"⟩: geht auseinander! (Kommando des Ringrichters beim Boxkampf). **¹Break** *der* od. *das;* -s, -s ⟨aus *engl.* break „Durchbruch; Unterbrechung; Lücke"⟩: 1. a) (Sportspr.) plötzlicher u. unerwarteter Durchbruch aus der Verteidigung heraus; Überrumpelung aus der Defensive, Konterschlag; b) Gewinn eines Punktes bei gegnerischem Aufschlag (im Tennis). 2. kurzes Zwischensolo im Jazz. **²Break** *das;* -s ⟨Substantivierung zu *engl.* to break, vgl. breaken⟩: 1. das Breaken (1). 2. Trennkommando des Ringrichters beim Boxsport. **Break|dance** [...dɑːns, amerik. ...dæns] *der;* -[s] ⟨aus gleichbed. *engl.-amerik.* break dance⟩: zu Popmusik getanzte rhythmisch-akrobatische Darbietung mit pantomimischen, roboterhaft anmutenden Elementen. **Breakdan|cer** [...dɑːnsə, amerik. ...dænsə] *der;* -s, - ⟨aus gleichbed. *engl.* break dancer⟩: jmd., der Breakdance tanzt. **Brea|ke** ['breɪkə] *die;* -, -s ⟨zu ↑breaken⟩: Hobbyfunkgerät. **brea|ken** ['breɪkn̩] ⟨nach *engl.* to break „brechen, abbrechen, unterbrechen"⟩: 1. a) sich mit einem entsprechenden Signal in ein laufendes Gespräch über ↑CB-Funk einschalten; b) über CB-Funk ein Gespräch führen. 2. dem Gegner bei dessen Aufschlag einen Punkt abnehmen (Tennis)
Break-even-point [breɪkˈiːvənpɔɪnt] *der;* -[s], -s ⟨aus *engl.* break-even point „Nutzschwelle"⟩: Rentabilitätsschwelle, Übergang zur Gewinnzone (Wirtsch.)
Break|fast ['brɛkfəst] *das;* -s, -s ⟨aus gleichbed. *engl.* breakfast⟩: engl. Bez. für Frühstück
Breath|aly|ser, Breath|aly|zer ['brɛθəlaɪzə] *der;* -s, -s ⟨aus gleichbed. *engl.* breathalyser, amerik. breathalyzer zu *engl.* to breathalyse „ins Röhrchen, in die Tüte blasen"⟩: Gerät zur schnellen, quantitativen Bestimmung des Blutalkohols durch Analyse der Atemluft
Brec|cie ['brɛtʃə] u. **Brekzie** [...i̯ə] *die;* -, -n ⟨aus *it.* breccia „Schotter", eigtl. „Bresche", dies über *fr.* brèche (eigtl. „Bruch, Spalt") u. *galloroman.* *brecca aus dem Germ.⟩: Sedimentgestein aus kantigen, durch ein Bindemittel verkitteten Gesteinstrümmern
Bre|douil|le [breˈdʊljə] *die;* -, -n ⟨aus *fr.* bredouille „Matsch" (im Spiel), urspr. „Dreck"; weitere Herkunft unbekannt⟩: unangenehm-schwierige Situation, in der man sich nicht so recht weiß, wie man aus ihr herauskommen kann
Bree|ches ['brɪtʃəs] *die* (Plur.) u. **Bree|ches|ho|se** *die;* -, -n ⟨aus *engl.* breeches „Kniebundhose"⟩: kurze, oben weite, an den Knien anliegende Sport- u. Reithose
Breg|ma *das;* -s, Plur. -ta od. ...men ⟨aus *gr.* brégma, Gen. brégmatos „Oberschädel", eigtl. „Aufguß" (weil der Schädel bei Säuglingen noch lange feucht ist)⟩: a) Gegend der großen Fontanelle am Schädel, in der die beiden Stirnbeinhälften u. die beiden Scheitelbeine zusammenstoßen; b) Punkt am Schädel, in dem die Pfeilnaht auf die Kranznaht stößt (Med.). **breg|ma|tisch:** zum Bregma gehörend; zum Scheitel gehörend (Med.)
Brek|zie vgl. Breccie. **brek|zi|ös** ⟨zu ↑Breccie u. ↑...ös⟩: aus verkitteten, kantigen Gesteinstrümmern bestehend
Bre|tel|le *die;* -, -n ⟨aus gleichbed. *fr.* bretelle, weitere Her-

Bretesche

kunft unsicher>: (veraltet) 1. Gurt, Tragriemen. 2. (nur Plur.) Hosenträger

Bre|te|sche *die;* -, -n ⟨aus *fr.* bretèche „Zinne" zu *mlat.* brittisca, dies wohl zu älter *engl.* brittisc „britisch"⟩: Erker an Burgmauern u. Wehrgängen zum senkrechten Beschuß des Mauerfußes

Bre|ton [brəˈtõ:] *der;* -s, -s ⟨aus gleichbed. *fr.* breton, eigtl. „der Bretonische"⟩: [Stroh]hut mit hochgerollter Krempe (aus der Volkstracht der Bretagne übernommen). **Bretonne|spit|ze** [brəˈton...] *die;* -, -n ⟨zu *fr.* bretonne, eigtl. „die Bretonische"⟩: eine zuerst in Frankreich aufgekommene Klöppelspitze mit stark konturierten Mustern

Bre|ve [ˈbreːvə] *das;* -s, Plur. -n u. -s ⟨aus *lat.* breve, Neutrum von brevis „kurz"⟩: päpstlicher Erlaß in einfacherer Form. **Bre|vet** [breˈve:] *das;* -s, -s ⟨aus *fr.* brevet „Urkunde, Zeugnis"⟩: 1. kurzer Gnadenbrief des franz. Königs (mit Verleihung eines Titels u. ä.). 2. (veraltet) Schutz-, Verleihungs-, Ernennungsurkunde (bes. in Frankreich). **bre|vetie|ren** [...v...] ⟨aus gleichbed. *fr.* breveter⟩: ein Brevet ausstellen. **Bre|vi|ar** vgl. Breviarium (1). **Bre|via|ri|um** *das;* -s, ...ien [...jən] ⟨aus *lat.* breviarium „kurzes Verzeichnis, Auszug"⟩: 1. (veraltet) kurze Übersicht; Auszug aus einer Schrift. 2. svw. Brevier (1). **Bre|via|ti|on** *die;* -, -en ⟨aus gleichbed. *lat.* breviatio⟩: svw. Breviatur. **Bre|via|tur** *die;* -, -en ⟨aus gleichbed. *mlat.* breviatura⟩: (veraltet) Abkürzung. **Bre|vier** *das;* -s, -e ⟨verkürzt aus *lat.* breviarium, vgl. Breviarium⟩: 1. a) Gebetbuch des kath. Klerikers mit den Stundengebeten; b) tägliches kirchliches Stundengebet. 2. kurze Sammlung wichtiger Stellen aus den Werken eines Dichters od. Schriftstellers, z. B. Schillerbrevier. **Bre|vi|loquenz** *die;* -, -en ⟨aus *lat.* breviloquentia „Kürze (im Ausdruck)"⟩: svw. Brachylogie. **Bre|vi|lo|qui|um** *das;* -s, ...ien [...jən] ⟨zu ↑ ...ium⟩: (veraltet) kurze, bündige Rede. **bre|vi ma|nu** *⟨lat.⟩:* kurzerhand (Abk.: b. m., br. m.). **Bre|vis** *die;* -, ...ves [...ve:s] ⟨aus *lat.* brevis (nota) „kurze (Note)"⟩: Doppelganze, Note im Notenwert von zwei ganzen Noten (Notierung als querliegendes Rechteck; Mus.); vgl. alla breve. **Bre|vi|tät** *die;* - ⟨aus gleichbed. *lat.* brevitas, Gen. brevitatis⟩: (selten) Kürze, Knappheit. **bre|vi|ta|tis cau|sa** [- k...] *⟨lat.⟩:* der Kürze wegen, um es kurz zu machen. **bre|vi|ter** ⟨nlat. Adverbialbildung zu *lat.* brevis⟩: (veraltet) kürzlich

Bri|ard [briˈaːɐ̯] *der;* -[s], -s *⟨fr.;* nach der franz. Landschaft Brie⟩: Schäferhund einer franz. Rasse

Bric-à-brac [brikaˈbrak] *das;* -[s] ⟨aus *fr.* bric-à-brac „Trödelkram, Gerümpel"⟩: a) Trödel, Wertloses; b) Ansammlung kleiner Kunstgegenstände

Bri|de *die;* -, -n ⟨aus *fr.* bride „Zügel, Zaum; Bindeband; Bügel"⟩: Verwachsungsstrang (Med.). **Brides** [braɪdz] *die* (Plur.) ⟨aus gleichbed. *engl.* brides (Plur.), dies zu *fr.* bride, vgl. Bride⟩: Bez. für die verbindenden Stege bei Nadel- u. Klöppelspitzen, auch bei ↑ Richelieustickerei

Bridge [brɪtʃ, *engl.* brɪdʒ] *das;* - ⟨aus gleichbed. *engl.* bridge, eigtl. „Brücke"⟩: ein Kartenspiel. **Bridge|par|tie** *die;* -, ...ien [...iːən]: einzelnes Bridgespiel

bri|die|ren ⟨aus *fr.* brider „zusammenbinden, fesseln" zu bride, vgl. Bride⟩: dem Fleisch od. Geflügel vor dem Braten die gewünschte Form geben

Brie vgl. Briekäse

Brie|fing *das;* -s, -s ⟨aus gleichbed. *engl.-amerik.* briefing⟩: 1. kurze Einweisung od. Lagebesprechung (Mil.). 2. Informationsgespräch [zwischen Werbefirma u. Auftraggeber über die Werbeidee]

Brie|kä|se *der;* -s, - u. **Brie** *der;* -[s], -s ⟨nach der franz. Landschaft Brie⟩: Weichkäse mit Schimmelbildung

Bri|ga|de *die;* -, -n ⟨aus gleichbed. *fr.* brigade, dies aus *it.* brigata zu briga „Streit"⟩: 1. größere Truppenabteilung. 2. Gesamtheit der in einem Restaurationsbetrieb beschäftigten Köche u. Küchengehilfen (Gastr.). 3. (veraltend) kleinste Arbeitsgruppe in einem Produktionsbetrieb. **¹Bri|gadier** [...ˈdi̯e:] *der;* -s, -s ⟨aus gleichbed. *fr.* brigadier⟩: 1. Befehlshaber einer Brigade (1). **²Bri|ga|dier** [...ˈdi̯e, auch ...ˈdi:ɐ̯] *der;* -s, Plur. -s, bei dt. Ausspr. -e ⟨zu ↑ ¹Brigadier⟩: (veraltend) Leiter einer Brigade (3). **Bri|ga|die|rin** *die;* -, -nen: (veraltend) Leiterin einer Brigade (3). **Bri|gant** *der;* -en, -en ⟨aus gleichbed. *it.* brigante zu briga „Streit"⟩: a) Freiheitskämpfer; b) Straßenräuber in Italien. **Bri|gan|ti|ne** *die;* -, -n ⟨aus *it.* brigantina „Panzerhemd" bzw. brigantino „Kampfschiff" zu briga „Streit"⟩: 1. leichte Rüstung aus Leder od. starkem Stoff. 2. svw. Brigg. **Brigg** *die;* -, -s ⟨aus gleichbed. *engl.* brig, dies Kurzform zu *fr.* brigantine, vgl. Brigantine⟩: zweimastiges Segelschiff

Briggs-Log|arith|men *die* (Plur.) ⟨nach dem engl. Mathematiker H. Briggs (1561–1630) u. zu ↑ Logarithmus⟩: Logarithmen mit der Basis 10

Bri|ghel|la [...ˈgɛlla] *der;* -, Plur. -s od. ...lle ⟨aus *it.* brighella „Hanswurst"⟩: Figur des verschmitzten, Intrigen spinnenden Bedienten in der ital. ↑ Commedia dell'arte

Bright|stock [ˈbraɪtstɔk] *der;* -s ⟨zu *engl.* bright „hell, durchsichtig" u. stock „Rohmaterial"⟩: bei der Erdölverarbeitung gewonnenes helles, hochviskoses Öl

Bri|gnole [brɪnˈjɔl] *die;* -, -s (meist Plur.) ⟨aus *fr.* brignole „Dörrpflaume", dies über *provenzal.* brignolo aus *vulgärlat.* *pruneolus, Verkleinerungsform von *lat.* prunum „Pflaume"⟩: geschälte u. an der Luft getrocknete Pflaume; vgl. Prünelle

Bri|hat|ka|tha *die;* - ⟨*sanskr.;* „die große Erzählung"⟩: ind. Märchenroman über die Abenteuer des Prinzen Naravahanadatta

Bri|kett *das;* -s, Plur. -s, selten -e ⟨aus gleichbed. *fr.* briquette, Verkleinerungsform von brique „Ziegelstein"⟩: aus kleinstückigem oder staubförmigem Gut (z. B. Steinkohlenstaub) durch Pressen gewonnenes festes Formstück (bes. Preßkohle). **bri|ket|tie|ren** ⟨zu ↑ ...ieren⟩: zu Briketts formen

Bri|ko|lle *die;* -, -n ⟨aus gleichbed. *fr.* bricole, eigtl. „Wurfmaschine", dies aus *provenzal.* bricola bzw. *it.* briccola⟩: Rückprall des Billardballes von der Bande. **bri|ko|lie|ren** ⟨aus gleichbed. *fr.* bricoler⟩: durch Rückprall [von der Billardbande] treffen

bril|lant [brɪlˈjant] ⟨aus gleichbed. *fr.* brillant, Part. Präs. von briller, vgl. brillieren⟩: von einer Art, die sich z. B. durch bestechende, faszinierende Kunstfertigkeit, glänzende Form, gekonnte Beherrschung der Mittel auszeichnet; hervorragend. **¹Bril|lant** *der;* -en, -en ⟨aus gleichbed. *fr.* brillant, eigtl. „der Glänzende"⟩: geschliffener Diamant. **²Brillant** *die;* - ⟨zu ↑ ¹Brillant⟩: Schriftgrad von drei ↑ Punkt (2). **bril|lan|te** [brɪlˈlantə] ⟨aus *it.* brillante, Part. Präs. von brillare, vgl. brillieren⟩: perlend, virtuos, bravourös (Mus.). **Bril|lan|tier** [brɪljanˈti̯e:] *der;* -s, -s ⟨zu ↑ ¹Brillant u. ↑ ¹...ier⟩: Diamantschleifer. **bril|lan|tie|ren** ⟨aus gleichbed. *fr.* brillanter⟩: glänzende Oberflächen herstellen (z. B. bei Messingplatten durch Beizen). **Bril|lan|tin** *das;* -s, -e ⟨zu ↑ ¹Brillantine⟩: (österr.) svw. Brillantine. **Bril|lan|ti|ne** *die;* -, -n ⟨aus gleichbed. *fr.* brillantine⟩: Haarpomade. **Bril|lantschliff** *der;* -s, -e ⟨zu ↑ ¹Brillant⟩: Schliffform von Edelsteinen. **Bril|lanz** *die;* - ⟨aus *fr.* brillance „Glanz", eigtl. „Helligkeit"⟩: 1. glänzende, meisterhafte Technik bei der Darbietung von etw.; Virtuosität. 2. a) Bildschärfe (Fotogr.); b) unverfälschte Wiedergabe, bes. von hohen Tönen; Ton-

schärfe (Akustik). **bril|lie|ren** [brɪl'jiː...] ⟨aus *fr.* briller „glänzen", dies aus *it.* brillare, eigtl. wohl „glänzen wie ein ↑Beryll"⟩: [in einer Fertigkeit] glänzen, sich hervortun.
Bril|lo|nęt|te [brɪljo...] *die;* -, -n (meist Plur.) ⟨verkleinernde Bildung zu ↑¹Brillant; vgl. ...ette⟩: Halbbrillant (flacher Brillant ohne Unterteil)
Brill|lou|in-Zo|nen [brij'wɛ...] *die* (Plur.) ⟨nach dem franz. Physiker L. Brillouin, 1889-1969⟩: Bereiche im dreidimensionalen Raum (Phys.)
Bri|ma|de *die;* -, -n ⟨aus gleichbed. *fr.* brimade zu brimer „necken"⟩: Schabernack mit einem neuen Studenten od. Soldaten
Brim|bo|ri|um *das;* -s ⟨nach *fr.* brimborion „Lappalie", dies unter Einfluß von gleichbed. brimbe, bribe aus *mittelfr.* breborion „Zauberformel, Zaubergebet", vermutlich einer Verballhornung von *(m)lat.* breviarium; vgl. Breviarium⟩: (abwertend) etw., was in aufwendiger Weise u. unnötig um etw., in bezug auf etw. gemacht wird; unverhältnismäßiges Aufheben
Brịm|sen *der;* -s, - ⟨wohl aus gleichbed. *tschech.* brynza⟩: (österr.) ein Schafskäse
Brịn|co|li [...koli] *die* (Plur.) ⟨aus *it.* brincolo „Spiel"⟩: (veraltet) Spielmarken
Bri|nęll|här|te *die;* - ⟨nach dem schwed. Ingenieur J. A. Brinell, 1849-1925⟩: Maß der Härte eines Werkstoffes (eine gehärtete Stahlkugel wird mit einer bestimmten Kraft in das Prüfstück eingedrückt); Zeichen HB
Brink|man|ship ['brɪŋkmənʃɪp] *die;* - ⟨aus gleichbed. *engl.* brinkmanship zu brink „äußerster Rand, Abgrund" u. (horse)manship „(reiterliches) Können"⟩: Politik des äußersten Risikos
Brio *das;* -s ⟨aus gleichbed. *it.* brio, dies aus dem Kelt.⟩: Feuer, Lebhaftigkeit, Schwung; Ekstatik, Leidenschaft (Mus.); vgl. brioso
Bri|oche [bri'ɔʃ] *die;* -, -s ⟨aus *fr.* brioche „feiner, geformter Kuchen" zu *norm ann.* (pain) brié „Brot mit harter Kruste"⟩: feines Hefegebäck in Brötchenform
Brio|letts, auch **Brio|lęt|ten** *die* (Plur.) ⟨Herkunft unsicher, vielleicht verkleinernde Bildung zu ↑¹Brillant; vgl. ...ette⟩: Doppelrosen (birnenförmiges Ohrgehänge aus ringsum facettierten Diamanten)
briọ|so ⟨*it.;* zu *kelt.* *brivos „Kraft, Lebhaftigkeit"⟩: mit Feuer, mit Schwung; zügig (Vortragsanweisung; Mus.)
Bri|que|ta|ge [brikɑ'taːʒə] *die;* - ⟨aus gleichbed. *fr.* briquetage zu brique „Ziegelstein"⟩: 1. Sammelbez. für tönernes Arbeitsgerät vorgeschichtlicher Salinen. 2. (veraltet) Backsteinmalerei, ziegelsteinähnlicher Anstrich
bri|sạnt ⟨aus *fr.* brisant, Part. Präs. von briser „zerbrechen, zertrümmern", dies aus dem Gall.⟩: 1. hochexplosiv; sprengend, zermalmend (Waffentechnik). 2. hochaktuell; viel Zündstoff enthaltend (z. B. von einer [politischen] Rede). **Bri|sạnz** *die;* -, -en ⟨zu ↑...anz⟩: 1. Sprengkraft. 2. (ohne Plur.) brennende, erregende Aktualität; zündende Wirkung. **Bri|sạnz|ge|schoß** *das;* ...geschosses, ...geschosse: Geschoß mit hochexplosivem Sprengstoff. **Bri|sé** [bri'zeː] *das;* -s, -s ⟨zu *fr.* briser „zerschlagen, zerbrechen"⟩: Ballettfigur, bei der die Bewegung durch leichtes Aneinanderschlagen der Beine in der Luft unterbrochen wird.
Brise-bise [briːz'biːz] *der;* -, - ⟨aus *fr.* brise-bise „Fensterschutz (aus Stoffstreifen)" zu bise „Nordwind, Kälte", eigtl. „Kältebrecher"⟩: die untere Scheibenhälfte bedeckende Gardine. **Brise|ment** [...'mɑ̃] *das;* - ⟨aus *fr.* brisement „das Zerbrechen"⟩: gewaltsames Geradebiegen eines in Fehlstellung verheilten Gelenks od. Knochens (Med.). **Brise|so|leil** [briːzɔ'lɛj] *der;* -[s], - ⟨aus gleichbed.

fr. brise-soleil, eigtl. „Sonnenschutzdach"⟩: Sonnenschutz an der Außenseite von Fenstern. **Bri|so|lętt** *das;* -s, -e u. **Bri|so|lęt|te** *die;* -, -n ⟨französierende Bildung zu *fr.* briser „zerbrechen, zerkleinern"; vgl. ...ett u. ...ette⟩: gebratenes Klößchen aus gehacktem Kalbfleisch
Bris|sa|go *die;* -, -[s] ⟨nach dem Ort Brissago in der Schweiz⟩: Zigarrensorte aus der Schweiz
Bri|stol|kar|ton ['brɪstl...] *der;* -s, -s ⟨nach der engl. Stadt Bristol u. zu ↑Karton⟩: glattes, rein weißes Kartonpapier zur Aquarellmalerei u. zum Kreidezeichnen
Bri|sụr *die;* -, -en ⟨aus *fr.* brisure „Scharniergelenk"⟩: feines Gelenk an Ohrgehängen
Bri|tạn|nia|me|tall *das;* -s, -e ⟨nach Britannia, dem lat. Namen der brit. Inseln u. zu ↑Metall⟩: wie Silber glänzende Legierung aus Zinn u. Antimon, bisweilen auch Kupfer.
Bri|ti|zịs|mus *der;* -, ...men ⟨zu ↑...ismus (4)⟩: 1. sprachliche Besonderheit des brit. Englisch. 2. Entlehnung aus dem brit. Englisch ins Deutsche; vgl. Anglizismus
Britsch|ka *die;* -, -s ⟨aus *poln.* bryczka „Kalesche"⟩: leichter offener Reisewagen
Brix-Ska|la *die;* - ⟨nach dem dt. Wissenschaftler A. F. W. Brix (1798-1870) u. zu ↑Skala⟩: auf Aräometern verwendete Gradeinteilung, die der Anzahl der Gewichtsprozente Zucker in einer Zuckerlösung bei 20 °C entspricht
Bri|zo|mạnt *der;* -en, -en ⟨zu *gr.* brízein „schlafen" u. mántis „Seher, Wahrsager"⟩: (veraltet) Traumdeuter. **Bri|zo|man|tie** *die;* - ⟨zu *gr.* manteía „Weissagung"⟩: Traumdeutung
Broad|ca|sting ['brɔːdkɑːstɪŋ] ⟨aus gleichbed. *engl.* broadcasting⟩: Rundfunk (in England u. Amerika). **Broad-Church** [...tʃəːtʃ] *die;* - ⟨aus *engl.* Broad Church, eigtl. „breite Kirche"⟩: liberale Richtung der ↑anglikanischen Kirche im 19. Jh.
Broad|side-Tech|nik ['brɔːdsaɪd...] *die;* -, -en ⟨zu *engl.* broadside „Breitseite" u. ↑Technik⟩: bestimmte Art, eine Kurve zu durchfahren (beim Automobilrennen)
Broad|way ['brɔːdweɪ] *der;* -s ⟨aus gleichbed. *engl.* broadway⟩: Haupt[verkehrs]straße amerik. [Groß]städte (bes. in New York) mit Sitz von Banken, Industrieunternehmen u. Theatern
Bro|ca-For|mel [brɔ'kɑ...] *die;* - ⟨nach dem franz. Anthropologen u. Chirurgen Paul Broca (1824-1880) u. zu ↑Formel⟩: Formel zur Berechnung des Körpergewichts in Kilogramm durch Abzug von 100 von der Körpergröße in Zentimetern
Bro|car|di|ca [...'kardika] *die* (Plur.) ⟨nach dem latinisierten Namen Burkhards von Worms, der um 1000 eine Sammlung von Kirchengesetzen in sprichwörtlicher Form herausgab⟩: Rechtssprichwörter, sprichwörtliche Rechtsregeln
Brọc|co|li [...k...] vgl. Brokkoli
Broch [brɔk] *der;* -s, -s ⟨aus *engl.* broch „runder Steinturm"⟩: Wehrturm der röm.-frühgeschichtlichen Zeit in Nordschottland u. auf den nordbrit. Inseln
Bro|chan|tit [auch ...'tɪt] *der;* -s, -e ⟨nach dem franz. Mineralogen A. J. F. M. Brochant de Villiers (1772-1840) u. zu ↑²...it⟩: ein smaragd- bis schwärzlichgrünes Mineral
Bro|ché [brɔ'ʃeː] *der;* -s, -s ⟨aus gleichbed. *fr.* broché zu broche „Spieß, lange Nadel", dies über *galloroman.* *brocca, *broccus zu *lat.* broccus „hervorstehend" (von Zähnen)⟩: Stoff mit eingewebten, stickereiartig wirkenden Mustern. **bro|chie|ren** ⟨aus gleichbed. *fr.* brocher⟩: Muster einweben
Brode|quin [brɔd'kɛ̃ː] *der;* -s, -s ⟨aus gleichbed. *fr.* brodequin zu *niederl.* broseken⟩: (veraltet) Schnürstiefel

Broderie

Bro|de|rie *die;* -, ...ien ⟨aus gleichbed. *fr.* broderie zu broder, vgl. brodieren⟩: (veraltet) a) Stickerei; b) Einfassung.
Bro|de|rie|par|ter|re *das;* -s, -s: unmittelbar vor dem Schloß gelegener ebener Gartenteil, dessen Teppichbeete durch geordnete Blumen wie eine Stickerei gemustert sind (Archit.). **bro|die|ren** ⟨aus gleichbed. *fr.* broder⟩: (veraltet) a) sticken; b) einfassen, ausnähen
Broi|ler ['brɔy...] *der;* -s, - ⟨anglisierende Bildung zu *engl.* to broil „braten, grillen"⟩: a) zum Grillen gemästetes Hähnchen; b) (landsch.) Brathähnchen, gegrilltes Hähnchen
Bro|kan|teur [...kã'tøːɐ̯] *der;* -s, -e ⟨aus *fr.* brocanteur „Raritätenhändler, Trödler, Antiquar" zu brocanter, vgl. brokantieren⟩: (veraltet) Kunst-, Bilderhändler. **bro|kan|tie|ren** ⟨aus *fr.* brocanter „antiquarisch verkaufen"⟩: (veraltet) Kunsthandel treiben, trödeln
Bro|kard [brɔ'kaːɐ̯] *der;* -[s], -s ⟨aus gleichbed. *fr.* brocard⟩: (veraltet) verletzender Scherz, beißender Witz. **Bro|kar|deur** [...kar'døːɐ̯] *der;* -s, -e ⟨aus *fr.* brocardeur „Stichler, Spötter" zu brocarder, vgl. brokardieren⟩: (veraltet) Spötter. **bro|kar|die|ren** ⟨aus *fr.* brocarder „sticheln"⟩: (veraltet) spötteln, witzeln
Bro|kat *der;* -[e]s, -e ⟨aus *it.* broccato „durchwirktes Gewebe" zu broccare „durchwirken", eigtl. „hervorstechen machen"⟩: 1. kostbares, meist mit Gold- od. Silberfäden durchwirktes, gemustertes [Seiden]gewebe. 2. pulverisierte Zinn- od. Zinkbronze für Bronzefarben. **Bro|kat|da|mast** *der;* -[e]s, -e: feiner glänzender Damast, der oft mit erhabenem Muster versehen ist. **Bro|ka|tell** *der,* -s, -e u. **Bro|ka|tel|le** *die;* -, -n ⟨aus *fr.* brocatelle „brokatähnlicher Seidenstoff", dies aus *it.* broccatello, vgl. Brokatello⟩: mittelschweres Baumwoll- od. Halbseidengewebe mit plastisch hervortretenden Mustern. **Bro|ka|tel|lo** *der;* -s ⟨aus *it.* broccatello „der Brokatähnliche"⟩: Marmor mit blumigen Mustern. **bro|ka|ten:** aus Brokat bestehend od. hergestellt.
Bro|kat|glas *das;* -es, ...gläser ⟨zu ↑Brokat⟩: Glasgefäß mit eingelegten Gold- u. Silberfäden. **Bro|kat|mar|mor** *der;* -s: svw. Brokatello. **Bro|kat|pa|pier** *das;* -s, -e: mit Klebstoff bestrichenes, dann mit Gold- und Silberpulver bestäubtes Papier
Bro|ken-Tea ['broʊkənti:] *der;* -s, -s ⟨zu *engl.* broken, Part. Perf. von to break „brechen", u. tea „Tee"⟩: mit Schneidemaschinen zerkleinerter Tee, der ergiebiger als Blattee ist
Bro|ker *der;* -s, - ⟨aus gleichbed. *engl.* broker, eigtl. „Händler"⟩: engl. Bez. für Börsenmakler
Brok|ko|li *die* (Plur.) ⟨aus gleichbed. *it.* broccoli, Plur. von broccolo „Sprossenkohl"⟩: Spargelkohl (Abart des Blumenkohls)
Brom *das;* -s ⟨über *lat.* bromus aus *gr.* brõmos „Gestank"⟩: chem. Element, Nichtmetall; Zeichen Br. **Brom|ace|ton** vgl. Bromazeton. **Brom|ak|ne** *die;* -, -n: durch Brom hervorgerufener akneartiger Hautausschlag (↑Akne). **Bromat** *das;* -[e]s, -e ⟨zu ↑...at (2)⟩: Salz der Bromsäure. **Brom|äthyl,** chem. fachspr. **Brom|ethyl** *das;* -s, -e: Bromwasserstoffsäureester des Äthylalkohols zur Inhalationsnarkose
Bro|ma|tik *die;* - ⟨zu *gr.* brõma, Gen. brõmatos „Speise, Nahrungsmittel" u. ↑²...ik⟩: Lehre von der Zubereitung der Speisen nach wissenschaftlichen u. wirtschaftlichen Grundsätzen unter bester Ausnutzung der Nährstoffe. **Bro|ma|to|lo|gie** *die;* - ⟨zu ↑...logie⟩: svw. Bromatik
Brom|aze|ton, chem. fachspr. **Brom**aceton *das;* -s ⟨zu ↑Brom u. ↑Aceton⟩: durch Bromieren von ↑Aceton entstehende, stechend riechende Flüssigkeit, die als Tränengas verwendet wird
Bro|mel|lie [...iə] *die;* -, -n ⟨aus *nlat.* bromelia; nach dem schwed. Botaniker Olaf Bromel, 1639–1705⟩: Ananasgewächs aus dem trop. Amerika. **Bro|me|lin** *das;* -s, -e ⟨zu ↑...in (1)⟩: aus Früchten, Blättern u. Stengeln der Ananaspflanze isolierbares, eiweißspaltendes Enzym
Brom|ethyl vgl. Bromäthyl. **Bro|mid** *das;* -[e]s, -e ⟨zu ↑Brom u. ↑³...id⟩: Salz des Bromwasserstoffs, Verbindung eines Metalls od. Nichtmetalls mit Brom. **Brom|idro|sis** *die;* - ⟨zu *gr.* hidrós „Schweiß", vgl. Hidrose⟩: Absonderung übelriechenden Schweißes (Med.). **bro|mie|ren** ⟨zu ↑...ieren⟩: Brom in eine organische Verbindung einführen. **Bro|mis|mus** *der;* - ⟨zu ↑...ismus (3)⟩: Vergiftungserscheinungen nach [übermäßiger] Einnahme von Brom (Med.). **¹Bro|mit** [auch ...'mɪt] *der;* -s, -e ⟨zu ↑²...it⟩: ein gelbes bis olivgrünes Mineral. **²Bro|mit** [auch ...'mɪt] *das;* -s, -e ⟨zu ↑¹...it⟩: Salz der bromigen Säure. **Brom|kach|exie** *die;* -, -n [...iːən] Vergiftungssymptome bei langandauernder Einnahme von ↑Brompräparaten (Med.). **Brom|kali|um** *das;* -s: svw. Kaliumbromid. **Brom|kal|zi|um** vgl. Kalziumbromid. **Bro|mo|der|ma** *das;* -s ⟨zu *gr.* dérma „Haut"⟩: Hautausschlag nach [übermäßiger] Bromeinnahme (Med.).
Bro|mo|form *das;* - ⟨Kunstw.; Analogiebildung zu ↑Chloroform⟩: chloroformähnlich riechende Flüssigkeit, die wegen ihrer hohen Dichte zur Dichtebestimmung von Mineralen verwendet wird. **Bro|mo|me|trie** *die;* - ⟨zu ↑...metrie⟩: Maßanalyse mit Brom als Oxydationsmittel. **Brom|prä|pa|rat** *das;* -[e]s, -e: Bromsalze enthaltendes Beruhigungsmittel u. mildes Schlafmittel (Pharm.). **Brom|sil|ber,** Silberbromid *das;* -s: äußerst lichtempfindliche Schicht auf Filmen u. Platten. **Brom|sty|rol** *das;* -s: stark nach Hyazinthen riechende chem. Verbindung, die als Riechstoff vor allem für Seifen Verwendung findet. **Bro|mu|ral** ⓦ *das;* -s ⟨Kunstw.⟩: ein leichtes Beruhigungsmittel
Bro|mus *der;* - ⟨über *lat.* bromos aus *gr.* brómos „Hafer"⟩: Bez. für die Pflanzengattung Trespe
Bron|che *die;* -, -n ⟨zu ↑Bronchie⟩: svw. Bronchie. **bron|chi|al** ⟨aus gleichbed. *nlat.* bronchialis zu *lat.* bronchia (Plur.), vgl. Bronchie⟩: a) zu den Bronchien gehörend; b) die Bronchien betreffend. **Bron|chi|al|asth|ma** *das;* -s: Asthma infolge krampfartiger Verengung der Bronchiolen (Med.). **Bron|chi|al|baum** *der;* -s, ...bäume: die gesamte baumartige Verästelung eines Bronchus; die Gesamtheit der Bronchien (Med.). **Bron|chi|al|ka|tarrh** *der;* -s, -e: svw. Bronchitis. **Bron|chie** [...çiə] *die;* -, -n (meist Plur.) ⟨über gleichbed. *lat.* bronchia (Plur.) aus *gr.* brógchia (Plur.) zu brógchos „Luftröhre, Kehle"⟩: Luftröhrenast (Med.). **Bron|chi|ek|ta|sie** *die;* -, ...ien: krankhafte Erweiterung der Bronchien (Med.). **Bron|chio|le** *die;* -, -n (meist Plur.) ⟨aus *nlat.* bronchiolus, Verkleinerungsform von ↑Bronchie⟩: feinere Verzweigung der Bronchien in den Lungenläppchen (Med.). **Bron|chio|li|tis** *die;* -, ...itiden ⟨zu ↑...itis⟩: Entzündung der feinsten Äste des Bronchialbaumes (Med.). **Bron|chi|tis** *die;* -, ...itiden ⟨zu ↑Bronchie u. ↑...itis⟩: Entzündung der Bronchialschleimhäute, Luftröhrenkatarrh (Med.). **bron|cho...,** **Bron|cho...** ⟨zu ↑Bronchie⟩: Wortbildungselement mit der Bedeutung „Luftröhre u. deren Verzweigungen", z. B. Bronchographie. **Bron|cho|gramm** *das;* -s, -e ⟨zu ↑...gramm⟩: Röntgenbild der Luftröhrenäste (Med.). **Bron|cho|gra|phie** *die;* - ⟨zu ↑...graphie⟩: Aufnahme der (mit einem Kontrastmittel gefüllten) Bronchien mittels Röntgenstrahlen (Med.). **Bron|cho|pho|nie** *die;* -, ...ien ⟨zu ↑...phonie⟩: Verfahren der Lungendiagnostik durch Abhorchen der Sprache des Kranken über die Lunge (Med.). **Bron|cho|pneu|mo|nie** *die;* -, ...ien: katarrhalische od. herdförmige Lungenentzündung (Med.). **Bron|cho|skop** *das;* -s, -e ⟨zu ↑...skop⟩:

Spiegelgerät mit elektr. Lichtquelle zur Untersuchung der Bronchien (Med.). **Bron|cho|sko|pie** *die;* -, ...ien ⟨zu ↑...skopie⟩: Untersuchung der Bronchien mit Hilfe des Bronchoskops (Med.). **Bron|cho|spas|mo|ly|ti|kum** *das;* -, ...ka: Arzneimittel, das Krampfzustände der Bronchialmuskulatur löst u. die Atemwege erweitert. **Bron|cho|spas|mus** *der;* -, ...men: Krampf der Bronchialmuskulatur, z. B. bei ↑ Bronchialasthma (Med.). **Bron|cho|spi|ro|me|trie** *die;* -: Methode zur quantitativen Bestimmung der Sauerstoffaufnahme bzw. des Sauerstoffverbrauchs der rechten u. linken Lunge. **Bron|cho|ste|no|se** *die;* -, -n: Verengung eines Luftröhrenastes (z. B. durch einen Tumor; Med.). **Bron|cho|to|mie** *die;* -, ...ien ⟨zu ↑...tomie⟩: operative Öffnung der Bronchien (Med.). **Bron|chus** *der;* - Plur. ...chen, fachspr. auch ...chi ⟨über *lat.* bronchus aus *gr.* brógchos „Kehle; Luftröhre"⟩: a) [rechter od. linker] Hauptast der Luftröhre (Anat.); b) (in fachspr. Fügungen) svw. Bronchie

Bron|tei|on *das;* -s, -s ⟨aus gleichbed. *gr.* bronteĩon zu brontḗ „Donner"⟩: Donnermaschine des antiken griech. Theaters. **Bron|to|lo|gie** *die;* - ⟨zu ↑...logie⟩: (veraltet) Gewitterlehre. **Bron|to|me|ter** *das;* -s, - ⟨zu ↑¹...meter⟩: (veraltet) Instrument zur Messung der Elektrizität beim Gewitter. **Bron|to|pho|bie** *die;* - ⟨zu ↑...phobie⟩: (veraltet) [krankhafte] Furcht vor Gewitter (Med.). **Bron|to|sau|ri|er** [...iɐ] *der;* -s, -: 1. svw. Brontosaurus. 2. (scherzh.) schwülstiges Möbelstück in barocker Aufmachung. **Bron|to|sau|rus** *der;* -, ...rier [...iɐ] ⟨zu *gr.* saũros „Eidechse"⟩: pflanzenfressender, riesiger ↑ Dinosaurier der Kreidezeit

Bron|ze ['brõ:sə] *die;* -, -n ⟨aus gleichbed. *fr.* bronze bzw. *it.* bronzo, weitere Herkunft unsicher⟩: 1. gelblichbraune Kupfer-Zinn-Legierung [mit ganz geringem Zinkanteil]. 2. Kunstgegenstand aus einer solchen Legierung. 3. (ohne Plur.) gelblichbraune metallische Farbe, gelblichbrauner Farbton. **Bron|ze|krank|heit** *die;* -: schwere Erkrankung der Nebennieren mit Braunverfärbung der Haut (Addisonsche Krankheit). **Bron|ze|me|dail|le** *die;* -, -n: sportliche Auszeichnung für den dritten Platz bei olympischen Spielen, bei Welt- u. Europameisterschaften sowie anderen internationalen u. nationalen Wettbewerben. **bron|zen:** 1. aus Bronze. 2. wie Bronze [aussehend]. **bron|zie|ren** ⟨nach gleichbed. *fr.* bronzer⟩: mit Bronze überziehen. **Bron|zit** [brɔn..., auch ...'tsɪt] *der;* -s ⟨zu ↑²...it⟩: ein faseriges, oft bronzeartig schillerndes Mineral

Broom [bru:m] *der;* -s, -s ⟨phonetische Umsetzung von gleichbed. *engl.* brougham; vgl. Brougham⟩: eine früher gebräuchliche vierrädrige Kutsche

Bro|quart [brɔ'ka:ɐ] *der;* -[s], -s ⟨aus gleichbed. *fr.* broquart zu broche, vgl. Brosche⟩: Spießer, einjähriger Hirsch- od. Rehbock. **Bro|quet|te** [brɔ'kɛta] *die;* -, -n ⟨aus gleichbed. *fr.* broquette bzw. brochette, Verkleinerungsform von broche, vgl. Brosche⟩: Tapezierstift, Zwecke. **Bro|sche** *die;* -, -n ⟨aus *fr.* broche „Spitze; Spieß; Nadel", vgl. Broché⟩: Anstecknadel, Spange. **bro|schie|ren** ⟨aus gleichbed. *fr.* brocher, eigtl. „aufspießen; durchstechen"⟩: [Druck]bogen in einen Papier- od. Kartonumschlag heften od. leimen (Buchw.). **bro|schiert** ⟨zu ↑...iert⟩: geheftet, nicht gebunden; Abk.: brosch. **Bro|schur** *die;* -, -en ⟨zu ↑ Broschüre⟩: 1. (ohne Plur.) das Einheften von Druckbogen in einen Papier- od. Kartonumschlag. 2. in einen Papier- od. Kartonumschlag geheftete Druckschrift. **Bro|schü|re** *die;* -, -n ⟨aus gleichbed. *fr.* brochure⟩: leicht geheftete Druckschrift geringeren Umfangs, Druckheft, Flugschrift

Bros|sa|ge [...ʒə] *die;* - ⟨aus *fr.* brossage „das Bürsten, Polieren" zu brosser, vgl. brossieren⟩: in der Tuchherstellung das Bürsten des ↑²Flors (2). **bros|sie|ren** ⟨aus *fr.* brosser „bürsten, putzen"⟩: [Flor] bürsten

Bro|to|phi|lie *die;* - ⟨zu *gr.* brotós „menschlich, sterblich" u. ↑...philie⟩: sexueller Kontakt zu jmdm., wobei dessen Alter keine Rolle spielt, weil das sexuelle Verlangen dominiert

Brou|et [bru'ɛ] *der;* -s, -s [bru'ɛ(s)] ⟨aus gleichbed. *fr.* brouet⟩: (veraltet) Brühe, dünne Suppe **Brou|ette** [bru'ɛt] *die;* -, -n [...tən] ⟨aus gleichbed. *fr.* brouette zu *lat.* birota „zweirädriger Wagen"⟩: früher üblicher zweirädriger Handwagen mit einer Gabel, Handkarre. **Brou|et|teur** [...'tø:ɐ] *der;* -s, -s ⟨aus gleichbed. *fr.* brouetteur⟩: (veraltet) jmd., der die Brouette schiebt **Brougham** [brʊm, bru:m] *der;* -s, -s ⟨nach dem britischen Politiker H. P. Brougham, 1778-1868⟩: svw. Broom

Brou|ha|ha [brua'a:] *der;* -s ⟨aus gleichbed. *fr.* brouhaha (lautmalendes Wort)⟩: (veraltet) lärmender Beifall

Brouil|le|rie [bruja...] *die;* -, -ien ⟨aus gleichbed. *fr.* brouillerie zu brouiller, vgl. brouillieren⟩: (veraltet) Mißhelligkeit, Zerwürfnis. **brouil|lie|ren** [bru'ji:...] ⟨aus gleichbed. *fr.* brouiller, eigtl. „(ver)mischen"⟩: a) in Verwirrung bringen; b) entzweien, Unfrieden stiften. **Brouil|lon** [bru'jõ:] *der;* -s, -s ⟨aus gleichbed. *fr.* brouillon⟩: erster schriftl. Entwurf, Skizze. **brouil|lon|nie|ren** [brujɔ'ni:...] ⟨aus gleichbed. *fr.* brouillonner⟩: [flüchtig] entwerfen, skizzieren

Brow|ning ['braʊnɪŋ] *der;* -s, -s ⟨nach dem amerik. Erfinder J. M. Browning, 1855–1926⟩: Pistole mit Selbstladevorrichtung

Brow|sing ['braʊzɪŋ] *das;* -s ⟨aus gleichbed. *engl.* browsing zu to browse „schmökern"⟩: Bez. für das flüchtige Durchlesen von Daten od. ↑ Biogrammen am Bildschirm (EDV)

Bru|cel|la [...'tsɛla] *die;* -, ...llen (meist Plur.) ⟨aus gleichbed. *nlat.* brucella, nach dem engl. Arzt D. Bruce, 1855–1931⟩: eine Bakteriengattung. **Bru|cel|lo|se** *die;* -, -n ⟨zu ↑¹...ose⟩: durch Brucellen hervorgerufene Krankheit

Bru|cin [...'tsi:n], auch Bruzin *des;* -s ⟨nach dem schott. Afrikaforscher J. Bruce (1730–1794) u. zu ↑...in⟩: ein mit dem sehr giftigen Strychnin verwandtes Alkaloid

Bru|cit [...'tsi:t, auch ...'tsɪt] *der;* -s ⟨nach dem amerik. Mineralogen A. Bruce (1777–1818) u. zu ↑²...it⟩: farbloses, weißes od. grünes, durch Eisen- od. Mangangehalt braunes, meist blättriges, ↑ trigonales Mineral

Brü|gno|le [bryn'jo:lə] *die;* -, -n ⟨zu *fr.* brugnon „Nektarine"⟩: Pfirsichsorte mit schwer ablösbarem Fruchtfleisch u. glatter Haut

Bruit|tis|mus [bryi...] *der;* - ⟨zu *fr.* bruit „Lärm, Geräusch" u. ↑...ismus (1)⟩: Richtung der neuen Musik, die in der Komposition auch außermusikalische Geräusche verwendet

brü|la|bel ⟨aus gleichbed. *fr.* brûlable zu brûler „verbrennen, anbrennen"⟩: (veraltet) brennbar, verbrennbar. **Brü|le|rie** *die;* -, ...ien ⟨aus gleichbed. *fr.* brûlerie⟩: (veraltet) Branntweinbrennerei

Bru|maire [bry'mɛ:ɐ] *der;* -[s], -s ⟨aus *fr.* brumaire „Nebelmonat", dies aus *lat.* bruma „(Winter)nebel"⟩: zweiter Monat im franz. Revolutionskalender (22. Oktober bis 20. November)

Brunch [brantʃ, branʃ] *der;* Gen. -[e]s od. -, Plur. -[e]s od. -e ⟨engl. Bildung aus *breakfast* „Frühstück" u. *lunch* „Mittagsmahlzeit"⟩: spätes, ausgedehntes u. reichliches Frühstück, das das Mittagessen ersetzt. **brun|chen:** einen Brunch einnehmen

Bru|nel|le *die;* -, -n ⟨wohl latinisierende Bildung zu *dt.*

Brünelle

braun; vgl. ...elle⟩: 1. Braunelle (ein Wiesenkraut, Lippenblütler). 2. Kohlröschen (Orchideengewächs der Alpen)
Brü|nẹl|le vgl. Prünelle
brü|nẹtt ⟨aus gleichbed. *fr.* brunet zu brun „braun"⟩: a) braunhaarig; b) braunhäutig. **Bru|nette** [bry'nɛt] *die;* -, -n [...tən] ⟨aus *fr.* brunette „Liebeslied"⟩: einfaches, volkstümliches Lied mit Instrumentalbegleitung, dessen Themen Schäferidylle u. Liebe sind (in Frankreich im 17./18. Jh.). **Brü|nẹt|te** *die;* -, -n (aber: zwei -[n]) ⟨aus gleichbed. *fr.* brunette⟩: braunhaarige Frau. **brü|nie|ren** ⟨aus gleichbed. *fr.* brunir⟩: Metallteile durch ein besonderes Verfahren bräunen
Bru|ni|sem [...'ziəm] u. **Bru|no|sjom** *das;* -s ⟨aus gleichbed. *russ.* brjunizëm⟩: Prärieboden, unter Hochgras vorkommender Bodentyp
Bru|shit ['brʌʃɪt] *der;* -s, -e ⟨nach dem amerik. Mineralogen G. J. Brush (1831–1912) u. zu ↑²...it⟩: ein blaßgelbes Mineral
brüsk ⟨aus gleichbed. *fr.* brusque, dies aus *it.* brusco „stachlig, rauh"⟩: in unerwartet unhöflicher Weise barsch, schroff. **brüs|kie|ren** ⟨aus gleichbed. *fr.* brusquer⟩: sich jmdm. gegenüber unhöflich-schroff verhalten, so daß dieser sich [öffentlich] bloßgestellt, verletzt, herausgefordert fühlt
brut [bryt, fr. bryt] ⟨aus *fr.* brut „roh, unfertig", dies aus *lat.* brutus „schwer, schwerfällig"⟩: herb (Bez. für den niedrigsten Trockenheitsgrad des Champagners). **Bru|ta:** Plur. von ↑ Brutum. **bru|tạl** [bru...] ⟨aus *spätlat.* brutalis „grob; unvernünftig"⟩: roh u. gefühllos; ohne Rücksicht zu nehmen, sein Vorhaben o. ä. [auf gewaltsame Art] durchsetzend, ausführend. **bru|ta|li|sie|ren** ⟨zu ↑...isieren⟩: brutal, gewalttätig machen; verrohen. **Bru|ta|lis|mus** *der;* - ⟨zu ↑ ...ismus (1)⟩: Baustil, bei dem die Bauten von dem Material u. der Funktion der Bauelemente bestimmt sein sollen, was dadurch erreicht wird, daß Material, Konstruktion u. a. in ihrer ursprünglichen Beschaffenheit sichtbar sind (Archit.). **Bru|ta|li|tät** *die;* -, -en ⟨zu ↑...ität⟩: a) (ohne Plur.) brutales Verhalten; b) brutale Tat, Gewalttätigkeit. **brụt|to** ⟨aus *it.* brutto „roh", dies aus *lat.* brutus „schwerfällig"⟩: a) mit Verpackung; b) ohne Abzug [der Steuern]; roh, insgesamt gerechnet; Abk.: bto.; – für **netto:** der Preis versteht sich für das Gewicht der Ware einschließlich Verpackung (Handelsklausel; Abk.: bfn.). **Brụt|to...:** Wortbildungselement auf dem Gebiet der Wirtschaft u. des Handels mit der Bedeutung „roh, ohne Abzug; mit Verpackung", z. B. Bruttoertrag, Bruttogewicht. **Brụt|to|ge|wicht** *das;* -[e]s, -e: Gewicht einer Ware einschließlich der Verpackung. **Brụt|to|ge|winn** *der;* -[e]s, -e: 1. Rohgewinn (ohne Abzug der Kosten). 2. Deckungsbeitrag (der Teil des Verkaufserlöses, der die Stückkosten übersteigt; Wirtsch.). **Brụt|to|na|tio|nal|pro|dukt** *das;* -[e]s, -e: (österr.) Bruttosozialprodukt. **Brụt|to|re|gi|ster|ton|ne** *die;* -, -n: Einheit zur Berechnung des Rauminhalts eines Schiffes; Abk.: BRT. **Brụt|to|so|zi|al|pro|dukt** *das;* -[e]s, -e: das gesamte Ergebnis des Wirtschaftsprozesses in einem Staat während eines Jahres; Abk.: BSP. **Brụ|tum** *das;* -s, Plur. ...ten u. ...ta ⟨aus *lat.* brutum, Neutrum von brutus „schwerfällig, dumm"⟩: (veraltet) a) Tier; b) dummer Mensch
Bru|xịs|mus *der;* - ⟨zu *gr.* brýxein „mit den Zähnen knirschen" u. ↑...ismus (3)⟩: nächtliches Zähneknirschen (Med.); vgl. Bruxomanie. **Bru|xo|ma|nie** *die;* - ⟨zu ↑ ...manie⟩: abnormes Knirschen, Pressen u. Mahlen mit den Zähnen außerhalb des Kauaktes; vgl. Bruxismus
bru|yant [bry'jã] ⟨*fr.;* eigtl. Part. Präs. von bruire „brausen,

rauschen, Geräusche verursachen", dies aus *vulgärlat.* brugere, Nebenform von *spätlat.* rugire „brüllen"⟩: (veraltet) lärmend, tobend
Bruy|ère|holz [bry'jɛːr...] *das;* -es, ...hölzer ⟨zu *fr.* bruyère „Heidekraut", dies über *vulgärlat.* *brucaria aus *spätlat.* brucus „Erika"⟩: Wurzelholz der mittelmeerischen Baumheide (wird hauptsächlich für Tabakspfeifen verwendet). **Bruy|ère|pfei|fe** *die;* -, -n: Tabakspfeife aus Bruyèreholz. **Bruy|ère|ta|sche** *die;* -, -n: schmale Tasche für eine Bruyèrepfeife im Herrenanzug
Bru|zịn vgl. Brucin
Bry|gno|le [bryn'jo:lə] vgl. Brügnole
Bryo|lo|gie *die;* - ⟨zu *gr.* brýon „Moos" u. ↑...logie⟩: Mooskunde; Wissenschaft u. Lehre von den Moosen. **Bryo|nie** [...iə] *die;* -, -n (über *lat.* bryonia zu *gr.* brýein „sprossen, treiben"; vgl. ¹...ie): Zaunrübe aus der Familie der Kürbisgewächse (Kletterpflanze). **Bryo|phyt** *der;* -en, -en (meist Plur.) ⟨zu *gr.* brýon „Moos" u. ↑...phyt⟩: Moospflanze. **Bryo|zo|on** *das;* -s, ...zoen ⟨zu *gr.* zōon „Lebewesen"⟩: Moostierchen (in Kolonien festsitzendes kleines Wassertier)
Bry|tal|ver|fah|ren *das;* -s ⟨Kunstw.⟩: das elektrolytische Polieren von Aluminium in einer alkalischen Lösung aus Natriumkarbonat u. Trinatriumphosphat
B-Scan ['beːskæn] *der;* -s, -s ⟨zu *engl.* to scan „abtasten, prüfen"⟩: zweidimensionale ↑ Echoenzephalographie
Buan|de|rie [byã...] *die;* -, ...ien ⟨aus gleichbed. *fr.* buanderie zu älter *fr.* buer „Wäsche waschen" (heute noch mdal.), dies aus *fränk.* *būkōn⟩: (veraltet) Wäscherei, Waschhaus
Bu|ba *die;* -, -s (meist Plur.) ⟨aus *span.* buba „syphilitische Pustel"⟩: svw. Framböse
Bub|ble-gum ['bʌblgʌm] *der* od. *das;* -s, -s ⟨aus *engl.-amerik.* bubble gum „Ballonkaugummi" zu bubble „Blase" u. gum „Gummi"⟩: Kaugummi. **Bub|ble|spei|cher** *der;* -s, -: Magnetblasenspeicher, elektronisches Bauelement zur Informationsspeicherung, bei dem die Magnetisierung dünner Schichten genutzt wird (EDV)
Bụ|bo *der;* -s, ...onen ⟨aus *gr.* boubṓn, Gen. boubṓnos „Leiste, Schamgegend"⟩: entzündliche Lymphknotenschwellung (bes. in der Leistenbeuge; Med.). **Bu|bon|al|gie** *die;* -, ...ien ⟨zu ↑...algie⟩: mit Bubo einhergehender Schmerz in der Leistenbeuge (Med.). **Bu|bo|ni|um** *das;* -s, ...ien [...iən] ⟨zu ↑ ...ium⟩: Mittel gegen Bubo. **Bu|bo|nu|lus** *der;* -, ...li ⟨Verkleinerungsbildung zu ↑ Bubo⟩: bei akuter Entzündung eines Lymphgefäßes auftretender kleiner entzündlicher Knoten od. Abszeß (an dem betreffenden Lymphgefäß; Med.)
Bục|ca ['buka] *die;* -, Buccae [...kɛ] ⟨aus *lat.* bucca „Backe"⟩: Backe, Wange (Anat.)
Buc|cel|la|ri|us [buktsɛ...] *der;* -, ...rii ⟨aus *spätlat.* buccellarius, eigtl. „Kommißbrotler", zu buccella, zu *lat.* buccea „Bissen, Happen"; ursprüngl. vermutlich ein Spitzname, da die Soldaten von ihrem Herrn beköstigt u. ausgerüstet wurden⟩: 1. Gefolgsmann, Söldner im Dienste eines Grund- od. Feldherrn in spätrömischer, westgotischer u. byzantinischer Zeit. 2. Angehöriger einer byzantinischen Elitetruppe im 7. Jh.
Bục|che|ro ['bukero] *der;* -s, Plur. -s u. ...ri od. **Bục|che|ro|va|se** *die;* -, -n ⟨zu *it.* bucchero „wohlriechende Tonerde, Tonvase", dies aus gleichbed. *span.* bucaro⟩: schwarzes Tongefäß mit Reliefs aus etruskischen Gräbern
Buc|ci|na ['buktsina] vgl. Bucina
Bu|cha|ra, Bochara *der;* -[s], -s ⟨nach der Stadt Buchara in Usbekistan⟩: handgeknüpfter turkmenischer Teppich mit sehr tiefem Rot (als Grundfarbe) und einem Reihenmuster

aus abgerundeten Achtecken (aus dem Gebiet um Buchara)

Bu|cho|lith [auch ...'lɪt] *das;* -[e]s ⟨Kunstw.; vgl. ...lith⟩: (veraltet) ein zu Formstücken gepreßtes Kunstharz ohne Füllstoffe aus ↑ Kasein, das mit ↑ Formaldehyd gehärtet ist

Bu|ci|na ['buːtsina], auch Buccina ['buktsina] *die;* -, ...nae [...nɛ] ⟨aus gleichbed. *lat.* buccina, bucina⟩: altröm. Blasinstrument (Metall- od. Tierhorn)

Bu|cin|to|ro [butʃɪn...] *der;* -s, auch relativisiert Buzentaur *der;* -en ⟨*it.;* aus *mlat.* bucentaurus zu *gr.* boũs „Rind" u. kéntauros „Zentaur"⟩: nach einem Untier der griech. Sage benannte Prunkbarke der venezian. Dogen (12.–18. Jh.); vgl. Buzentaur

Buck|ram *der,* auch *das;* -s ⟨aus gleichbed. *engl.* buckram⟩: Buchbinderleinwand (grob gewebter u. geglätteter Bezugsstoff aus Leinen, Baumwolle u. ä.)

Buck|skin *der;* -s, -s ⟨aus gleichbed. *engl.* buckskin, eigtl. „Bocksfell"⟩: gewalktes u. gerauhtes Wollgewebe [meist in Köperbindung] für Herrenanzüge

Bud|dha [...da] *der;* -[s], -s ⟨aus *sanskr.* buddha „der Erleuchtete", Ehrentitel des ind. Prinzen Siddharta (um 500 v. Chr.)⟩: Titel für frühere od. spätere Verkörperungen des histor. Buddha, die göttlich verehrt werden. **Bud|dhis|mus** *der;* - ⟨zu ↑ ...ismus (1)⟩: die von Buddha begründete indisch-ostasiatische Heilslehre. **Bud|dhist** *der;* -en, -en ⟨zu ↑ ...ist⟩: Anhänger des Buddhismus. **bud|dhi|stisch** ⟨zu ↑ ...istisch⟩: den Buddhismus betreffend, zu ihm gehörend. **Bud|dho|lo|ge** *der;* -n, -n ⟨zu ↑ ...loge⟩: jmd., der sich wissenschaftlich mit dem Buddhismus befaßt. **Bud|dho|lo|gie** *die;* - ⟨zu ↑ ...logie⟩: den Buddhismus erforschende Wissenschaft. **bud|dho|lo|gisch** ⟨zu ↑ ...logisch⟩: die Buddhologie betreffend

bud|di|sie|ren ⟨nach dem dän. Techniker Budde u. zu ↑ ...isieren⟩: (veraltet) Milch mit Hilfe von Wasserstoffperoxyd keimfrei machen

Budd|leia, Budd|le|ja *die;* -, -s ⟨aus gleichbed. *nlat.* buddleia; nach dem engl. Botaniker A. Buddle, 18. Jh.⟩: Sommerflieder (Bot.)

Bud|get [byˈdʒeː] *das;* -s, -s ⟨unter Einfluß von *fr.* budget aus *engl.* budget „Haushalt", dies über *altfr.* bougette „Lederbeutel" aus *gall.-lat.* bulga „lederner (Geld)sack"⟩: Haushaltsplan, Voranschlag von öffentl. Einnahmen u. Ausgaben. **bud|ge|tär** ⟨aus *fr.* budgetaire; vgl. ...är⟩: das Budget betreffend, z. B. einem Land -e Hilfe leisten. **Bud|get|be|trag** *der;* -s, ...träge: Posten im Haushaltsplan. **bud|ge|tie|ren** ⟨zu ↑ ...ieren⟩: ein Budget aufstellen. **Bud|ge|tie|rung** *die;* -, -en ⟨zu ↑ ...ierung⟩: Aufstellung eines Budgets

Bu|di|ke vgl. Butike. **Bu|di|ker** vgl. Butiker

Bud|jon|ny|pferd *das;* -[e]s, -e ⟨nach dem sowjet. Marschall S. M. Budjonny, 1883–1973⟩: aus dem Donpferd gezüchtetes Warmblutpferd, ein Reitpferd

Bud|ka *die;* -, -s ⟨aus gleichbed. *russ.* budka, Verkleinerungsform von buda „Gebäude", dies über *poln.* buda, *tschech.* bouda aus *mhd.* buode „Hütte, Bude"⟩: russ. Bez. für Wärterhäuschen, Schilderhaus, Kiosk

Bu|do *das;* -s ⟨zu *jap.* bu „ritterlich, kriegerisch" u. dō „Weg, Grundsatz"⟩: Sammelbez. für Judo, Karate u. ä. Sportarten. **Bu|do|ka** *der;* -s, -s ⟨zu *jap.* ka „jmd., der eine vollendete Fertigkeit od. Fähigkeit in einem wissenschaftlichen od. künstlerischen Fach hat"⟩: jmd., der Budo als Sport betreibt

Bu|en Re|ti|ro *das;* - -s, - -s ⟨*span.;* „gute Zuflucht"; ein span. Schloßname⟩: Ruhe-, Zufluchtsort

Bü|fett *das;* -s, Plur. -s u. -e u. Buffet [byˈfeː, schweiz. ˈbyfe]

das; -s, -s, österr. auch Büffet [byˈfeː] *das;* -s, -s ⟨alle Formen aus gleichbed. *fr.* buffet⟩: 1. Geschirrschrank, Anrichte. 2. a) Schanktisch in einer Gaststätte; b) Verkaufstisch in einem Restaurant od. Café; **kaltes Buffet**, auch **Büfett**: auf einem Tisch zur Selbstbedienung zusammengestellte, meist kunstvoll arrangierte kalte Speisen (Salate, Fleisch, Pasteten u. ä.). **Bü|fet|tier** [...ˈtjeː] *der;* -s, -s ⟨aus gleichbed. *fr.* buffetier⟩: jmd., der das Bier zapft, am Büfett ausschenkt. **Bü|fet|tie|re** *die;* -, -n ⟨aus gleichbed. *fr.* buffetière⟩: weibliche Form zu ↑ Büfettier. **bü|fet|tie|ren** ⟨nach *fr.* buffeter „direkt vom Faß trinken"⟩: (veraltet) a) Weinfässer anschlagen; b) viel trinken

Buf|fa *die;* -, -s ⟨aus *it.* buffa „lächerliche Sache"; vgl. Buffo⟩: Posse; vgl. Opera buffa

Buf|fer [ˈbʌfə] *der;* -s, - ⟨aus *engl.* buffer „Verstärker; Puffer, Stoßdämpfer"⟩: Puffer, elektronische Schaltung zur Datenzwischenspeicherung in Computern (EDV). **Buf|fer|stock** [...ˈstɔk] *der;* -s, -s ⟨zu *engl.* stock „Vorrat, Warenlager"⟩: Ausgleichslager für Rohstoffe zur Stabilisierung der Rohstoffpreise

Buf|fet, Büf|fet vgl. Büfett

Buf|fi: Plur. von ↑ Buffo

buf|fie|ren ⟨zu *engl.* to buff „Leder aufrauhen", dies zu buff „Büffel-, Ochsenleder", zu *(alt)fr.* buffle „Büffel", dies über *it.* bufalo aus *lat.* bubalus (Nebenform bufalus) „Antilope, Büffel"⟩: die Narben vom Leder spanend entfernen

Buf|fo *der;* -s, Plur. -s u. ...ffi ⟨aus gleichbed. *it.* buffo zu buffone „Hanswurst", dies zu buffare „mit vollen Backen blasen, Possen reißen", zu buffa „Posse, Scherz" (lautmalend)⟩: Sänger komischer Rollen. **buf|fo|nęsk** ⟨zu ↑ ...esk⟩: in der Art eines Buffos. **Buf|fo|nist** *der;* -en, -en ⟨zu *fr.* bouffon, eigtl. „Possenreißer, Narr", u. ↑ ...ist⟩: franz. Anhänger der ital. ↑ Opera buffa im Buffonistenstreit. **Buf|fo|ni|sten|streit** *der;* -[e]s: 1752 in Paris entbrannter Streit zwischen den Befürwortern der älteren höfischen franz. Oper u. der volkstümlichen ↑ Opera buffa

Bu|fo|nit [auch ...ˈnɪt] *der;* -s, -e ⟨zu *lat.* bufo „Kröte" u. ↑ ²...it⟩: Krötenstein, im Volksglauben kostbarer Stein im Kopf der Kröte, der Krankheiten zu heilen vermag, od. tierische Versteinerung schlechthin

Bu|ga|ku *das;* -s ⟨*jap.*⟩: in der japan. ↑ Gagaku Bez. für die Tänze u. die sie auf Blasinstrumenten u. Trommeln begleitende Musik

Bug|gy [ˈbagi] *der;* -s, Plur. -s u. ...ies ⟨aus *engl.* buggy „leichter Wagen"⟩: 1. leichter, ungedeckter, einspänniger Wagen mit zwei oder vier hohen Rädern (früher bei Trabrennen benutzt). 2. geländegängiges Freizeitauto mit offener Kunststoffkarosserie. 3. zusammenklappbarer Kindersportwagen

bug|sie|ren ⟨aus gleichbed. *niederl.* boegseren, dies mit Anlehnung an boeg „Schiffsbug" aus *port.* puxar „ziehen, schleppen"⟩: 1. (Seemannsspr.) [ein Schiff] ins Schlepptau nehmen u. zu einem bestimmten Ziel befördern. 2. (ugs.) jmdn./etwas mühevoll irgendwohin bringen, lotsen. **Bug|sie|rer** *der;* -s, -: (Seemannsspr.) kleiner Schleppdampfer

Bu|hurt *der;* -s, -e ⟨aus gleichbed. *altfr.* b(o)uh(o)urt zu hurter „stoßen"⟩: mittelalterliches Ritterkampfspiel, Turnier

Bu|ia|trik, auch **Bu|ia|trie** ⟨zu *gr.* boũs „Rind" u. iatrikós „ärztlich, heilkundig" bzw. ↑ ...iatrie⟩: Wissenschaft u. Lehre von den Rinderkrankheiten

Buil|der [ˈbɪldə] *die* (Plur.) ⟨zu *engl.* to build „bauen"⟩: wichtige, waschaktive Bestandteile von Waschmitteln (z. B. Waschphosphate). **Build-up|per** [bɪltˈʌpə] *der;* -s, - ⟨zu *engl.* build-up „Reklame"⟩: (Werbespr.) Reklamechef, Werbeleiter. **Built-in-Fle|xi|bi|li|ty** [bɪltˈɪnflɛksɪˈbɪlɪtɪ] *die;* -

⟨aus gleichbed. *engl.* built-in-flexibility⟩: Bez. für die automatische konjunkturelle Stabilisierungswirkung der staatlichen Finanzpolitik

Bu|ka|nier [...iɐ] *der;* -s, -, auch **Bu|ka|nier** *der;* -s, -e ⟨teilweise unter Einfluß von *engl.* buccaneer aus gleichbed. *fr.* boucanier, eigtl. „Büffeljäger", zu boucan „Rauchfleisch, Räucherhütte" (karib. Wort)⟩: westindischer Seeräuber im 17. Jh.

Bu|kar|die *die;* -, ...ien ⟨zu *gr.* boũs „Ochse" u. kardía „Herz", eigtl. „Ochsenherz"⟩: erheblich vergrößertes Herz, Herzhypertrophie infolge Bewältigung einer dauernd vergrößerten Blutmenge (Med.). **Bu|kar|dit** [auch ...'dɪt] *der;* -s, -e ⟨zu ↑²...it⟩: ochsenherzförmige versteinerte Muschel

Bu|ke *der;* -, - ⟨*jap.*⟩: Familie, Sippe des feudalen japan. Kriegsadels

Bu|ken|taur vgl. Buzentaur. **Bu|ke|phal|los**, Bukephalos ⟨aus *gr.* bouképhalos, boukephálas, eigtl. „Ochsenköpfiger", nach dem eingebrannten Zeichen eines Rindskopfes⟩: Name des Lieblingspferdes Alexander des Großen

Bu|kett *das;* -s, Plur. -s, auch -e ⟨aus gleichbed. *fr.* bouquet, vgl. Bouquet⟩: 1. Blumenstrauß. 2. Duft u. Geschmacksstoffe (sog. Blume) des Weines od. Weinbrands. **Bu|kett|vi|rus** [...v...] *das,* auch *der;* -, ...viren: Virus der Tabakringfleckengruppe, das bei Kartoffelpflanzen bukettartigen, gedrängten Wuchs hervorruft

Bu|ki|nist vgl. Bouquinist

buk|kal ⟨aus gleichbed. *nlat.* buccalis zu *lat.* bucca „Backe"⟩: zur Backe, Wange gehörend (Med.). **Buk|kal|re|flex** *der;* -es, -e: reflektorische rüsselartige Verwölbung der Lippen beim Beklopfen der Oberlippe (bei Hirnschädigungen; Med.)

Bu|ko|lik *die;* - ⟨zu ↑Bukolika, vgl. ²...ik (1)⟩: Hirten- od. Schäferdichtung (Dichtung mit Motiven aus der einfachen, naturnahen, friedlichen Welt der Hirten). **Bu|ko|li|ka** *die* (Plur.) ⟨über *lat.* bucolica (Plur.) aus *gr.* boukoliká „Hirtengedichte" zu boukólos „Rinderhirt"⟩: Hirten- u. Schäfergedichte. **Bu|ko|li|ker** *der;* -s, -: Vertreter der Bukolik; Hirtenlieddichter. **bu|ko|lisch**: a) die Bukolik betreffend; b) in der Art der Bukolik. **Bu|kra|ni|on** *das;* -s, ...ien [iən] ⟨über *lat.* bucranium aus *gr.* boukránion „Ochsenschädel"⟩: [Fries mit] Nachbildung der Schädel von Opfertieren an griech. Altären, Grabmälern u. ↑Metopen

Buk|zi|na|tor *der;* -s, ...oren ⟨aus *lat.* buc(c)inator „Hornbläser" zu bucca „Backe"⟩: Wangenmuskel, mimischer Gesichtsmuskel (Med.)

Bul|arch *der;* -en, -en ⟨aus *gr.* boúlarchos „der Erste im Rat"; vgl. Bule⟩: Vorsteher der ↑Bule

bul|bär ⟨zu ↑Bulbus u. ↑...är⟩: das verlängerte Mark betreffend, von ihm ausgehend (Med.). **Bul|bär|pa|ra|ly|se** *die;* -, -n: Lähmung des verlängerten Rückenmarks (Med.). **Bul|bär|spra|che** *die;* -: Sprachstörung (langsame, verwaschene Sprache; Med.). **Bul|bi**: Plur. von ↑Bulbus. **bul|bi|fe|risch** ⟨zu *lat.* ferre „tragen"⟩: Zwiebeln tragend. **bul|bi|form** ⟨zu ↑...form⟩: svw. bulboid. **Bul|bi|tis** *die;* -, ...itiden ⟨zu ↑...itis⟩: Entzündung des verdickten Endes des Harnröhrenschwellkörpers des männlichen Gliedes (Med.). **bul|bo|id** ⟨zu ↑...oid⟩: zwiebelförmig, knollig (Med.). **bul|bo|ka|ver|nös** [...v...]: eine zwiebelförmige, innen hohle Auftreibung betreffend (Med.). **bul|bös** ⟨zu ↑...ös⟩: svw. bulboid. **Bul|bo|sko|pie** *die;* -, ...ien ⟨zu ↑...skopie⟩: direkte instrumentale Untersuchung des verdickten Anfangsteiles des Zwölffingerdarms (Med.). **bul|bo|ure|thral**: das verdickte Ende des Harnröhrenschwellkörpers des männlichen Gliedes u. die männliche Harnröhre betreffend

(Med.). **Bul|bo|ure|thral|drü|sen** *die* (Plur.): Drüsen an der Wurzel des männlichen Gliedes, deren Sekret dem ↑Sperma beigemischt wird (Med.)

Bül|bül *der;* -s, -s ⟨aus *pers.* bül-bül „Nachtigall", dies aus dem Arab.⟩: pers. Nachtigall (in der pers.-türk. Dichtung Sinnbild der gottsuchenden Seele)

Bul|bus *der;* -, Plur. ...bi u. ...ben ⟨aus *lat.* bulbus „Zwiebel", dies aus gleichbed. *gr.* bolbós⟩: 1. a) Zwiebel, Pflanzenknolle; b) (Plur. Bulben) Luftknollen an tropischen Orchideen. 2. a) zwiebelförmiges, rundliches Organ (z. B. Augapfel); b) Anschwellung (Med.). **Bul|bus|re|flex** *der;* -es, -e: Senkung von Pulsfrequenz u. Blutdruck durch Druck auf die Augäpfel bei geschlossenen Lidern. **Bulbus|sym|ptom** *das,* -s, -e: Druckunempfindlichkeit des Augapfels bei Rückenmarksschwindsucht (Med.)

Bu|le *die;* -, -n ⟨über *lat.* bule aus gleichbed. *gr.* boulé, eigtl. „Wille, Ratschluß"⟩: Ratsversammlung (wichtiges Organ des griech. Staates, besonders im alten Athen)

Bu|lei|ne *die;* -, -n, Bulin *die;* -, -en od. Buline *die;* -, -n ⟨aus *engl.* bowline, eigtl. „Bugleine", vgl. Bouline⟩: Hilfsleine, Tau; vgl. Bouline

Bu|let|te *die;* -, -n ⟨aus gleichbed. *fr.* boulette, eigtl. „Kügelchen"⟩: (landsch., bes. berlin.) flacher, gebratener Kloß aus gehacktem Fleisch, deutsches Beefsteak

Bu|leut *der;* -en, -en ⟨aus *gr.* bouleutés „Ratsherr"⟩: Mitglied der Ratsversammlung im altgriech. Rathaus. **Bu|leu|te|ri|on** *das;* -s, ...ien [...jən] ⟨aus gleichbed. *gr.* bouleutérion⟩: seit dem 4. Jh. v. Chr. zu jeder ↑¹Agora (2) gehörendes altgriech. Rathaus

Bul|ga|rist *der;* -en, -en ⟨nach der latinisierten Form Bulgaria für das Land Bulgarien u. zu ↑...ist⟩: jmd., der sich wissenschaftlich mit der Bulgaristik beschäftigt. **Bul|ga|ri|stik** *die;* - ⟨zu ↑...istik⟩: Wissenschaft von der Sprache u. Kultur der Bulgaren. **bul|ga|ri|stisch** ⟨zu ↑...istisch⟩: die Bulgaristik betreffend

Bul|gur u. Burgul *der;* -s ⟨zu *arab.* burr „Weizen"⟩: gekochter, getrockneter Weizen, lagerfähiges u. leicht zuzubereitendes Lebensmittel im Nahen Osten

Bu|li|mie *die;* - ⟨aus *gr.* boulimía „Heißhunger", eigtl. „Ochsenhunger"⟩: Störung des Eßverhaltens mit Heißhungeranfällen u. anschließend absichtlich herbeigeführtem Erbrechen

Bu|lin u. **Bu|li|ne** vgl. Buleine

Bulk|car|ri|er ['bɑlkkærɪɐ] *der;* -s, - ⟨zu *engl.* bulk „unverpackte Schiffsladung" u. carrier „Träger"⟩: Massengutfrachter (Frachtschiff zur Beförderung loser Massengüter); vgl. Carrier. **Bulk|la|dung** *die;* -, -en: lose u. unverpackt zur Verschiffung gelangende Schiffsladung

Bull *der;* -s, -s ⟨aus *engl.* bull „Bulle"⟩: engl. ugs. Bez. für ↑Haussier; Ggs. ↑Bear

Bul|la *die;* -, ...llae [...lɛ] ⟨aus *lat.* bulla „Wasserblase"⟩: Blase (Med.). **Bul|la|ri|um** *das;* -s, ...ien [...jən] ⟨aus *nlat.* bullarium „Sammlung von Urkunden" zu *mlat.* bulla „Urkunde, Siegel", vgl. Bulle u. ...arium⟩: Sammlung päpstlicher ↑Bullen u. ↑Breven

Bull|boot *das;* -[e]s, -e ⟨aus gleichbed. *engl.* bullboat, eigtl. „Bullenboot", nach der Herstellung aus dem Fell der männlichen Büffeltiere⟩: Bootsform der nordamerik. Indianer aus einem runden, mit Bisonhaut überzogenen Korbgestell

Bull|dog ⓦ *der;* -s, -s ⟨zu ↑Bulldogge⟩: eine Zugmaschine. **Bull|dog|ge** *die;* -, -n ⟨aus gleichbed. *engl.* bulldog zu bull „Bulle" u. dog „Hund" (früher zur Bullenhetze verwendet)⟩: Hunderasse. **Bull|do|zer** [...do:zɐ] *der;* -s, - ⟨aus gleichbed. *engl.* bulldozer⟩: schweres Raupenfahrzeug für Erdbewegungen (z. B. ↑ Planierraupe)

Bul|le *die;* -, -n ⟨aus *mlat.* bulla „Urkunde, Siegel" zu *lat.* bulla „Wasserblase; Siegelkapsel"; vgl. Bulla⟩: 1. Siegel[kapsel] aus Metall (Gold, Silber, Blei) in kreisrunder Form (als Urkundensiegel, bes. im Mittelalter gebräuchlich). 2. a) mittelalterl. Urkunde mit Metallsiegel (z. B. die Goldene Bulle Kaiser Karls IV.); b) feierlicher päpstlicher Erlaß. **Bul|le|tin** [bʏl'tɛː] *das;* -s, -s ⟨aus gleichbed. *fr.* bulletin zu *altfr.* bulle „Siegelkapsel"; vgl. Bulle⟩: 1. amtl. Bekanntmachung, Tagesbericht. 2. Krankenbericht. 3. Titel von Sitzungsberichten u. wissenschaftl. Zeitschriften

Bull|finch [...fɪntʃ] *der;* -s, -s ⟨aus gleichbed. *engl.* bullfinch, älter *engl.* bullfinch fence „Gimpelzaun"⟩: hohe Hecke als Hindernis bei Pferderennen

bul|lie|ren ⟨zu ↑ Bulle u. ↑ ...ieren⟩: (veraltet) mit [Metall]siegel versehen, versiegeln (von Urkunden)

Bul|lion ['bʊljən] *das;* -s, -s ⟨aus gleichbed. *engl.* bullion⟩: ungeprägtes Gold od. Silber

Bul|list *der;* -en, -en ⟨zu *lat.* bulla „Wasserblase" u. ↑ ...ist⟩: päpstlicher Bullenschreiber. **Bul|lit** [auch ...'lɪt] *der;* -s, -e ⟨zu ↑²...it⟩: versteinerte Blasenschnecke

Bull|ma|stiff [...mɑːstɪf] *der;* -s, -s ⟨Kurzw. aus ↑ *Bull*dogge u. ↑ *Mastiff*⟩: aus der Englischen Bulldogge u. dem ↑ Mastiff gezüchteter kräftiger englischer Haushund

bul|lös, bul|lo|sus ⟨aus gleichbed. *nlat.* bullosus; vgl. Bulla u. ...ös⟩: blasig (Med.)

Bull|ter|ri|er [...iɐ] *der;* -s, - ⟨aus gleichbed. *engl.* bullterrier zu bulldog (vgl. Bulldogge) u. terrier (vgl. Terrier)⟩: engl. Hunderasse

¹Bul|ly *das;* -s, -s ⟨aus gleichbed. *engl.* bully, weitere Herkunft unsicher⟩: das von zwei Spielern ausgeführte Anspiel im [Eis]hockey

²Bul|ly *der;* -s, -s ⟨Kurzform von Bulldogge⟩: Französische Bulldogge, kurzhaariger Hund mit Fledermausohren

Bult|fon|tei|nit [auch ...'nɪt] *der;* -s, -e ⟨nach dem Fundort Bultfontein in Südafrika u. zu ↑²...it⟩: rosarotes Mineral, ein Olivin

Bum|boot *das;* -[e]s, -e ⟨aus *engl.* bumboat „Händlerschiff, Proviantboot"⟩: Boot von Händlern, der Mannschaften von Schiffen, die auf Reede liegen, Waren anbieten

Bu|me|rang [auch 'bʊmə...] *der;* -s, Plur. -s u. -e ⟨aus gleichbed. *engl.* boomerang, dies aus einer Eingeborenensprache Australiens⟩: gekrümmtes Wurfholz, das beim Verfehlen des Zieles zum Werfer zurückkehrt. **Bu|me|rang|ef|fekt** [auch 'bʊmə...] *der;* -[e]s, -e ⟨nach dem Bild des Bumerangs, der den Werfer treffen kann⟩: unbeabsichtigte negative Auswirkung eines Unternehmens, die sich gegen den Urheber richtet

Bu|na Ⓦ *der* od. *das;* -[s] ⟨Kurzw. aus *Bu*tadien u. *Na*trium⟩: synthetischer Kautschuk

Bun|da *die;* -, -s ⟨aus *ung.* bunda „Pelz"⟩: Schaffellmantel ungarischer Bauern, bei dem das bestickte Leder nach außen getragen wird

Bun|des|li|ga *die;* - ⟨zu ↑ Liga⟩: in der Bundesrepublik Deutschland die höchste, über den Regionalligen stehende Spielklasse im Fußball, Eishockey u. in anderen Sportarten. **Bun|des|li|gist** *der;* -en, -en: Mitglied[sverein] einer Bundesliga

Bun|ga|low ['bʊŋgalo] *der;* -s, -s ⟨aus *angloind.* bungalow, dies aus *hindustan.* baṅglā, eigtl. „(Haus) aus Bengalen"⟩: frei stehendes, einräumiges eingeschossiges Wohn- od. Sommerhaus mit flachem od. flach geneigtem Dach

Bun|gee ['bʌŋgi] *das;* -[s] ⟨aus gleichbed. *engl.-amerik.* bungee (gekürzt aus bungee-jumping), zu bungee „Gummi(band)"⟩: das Springen an einem Gummiseil von großer Höhe im freien Fall, wobei der bzw. die Springende durch das elastische Seil kurz vor dem Aufprall auf den Boden aufgehalten wird

Bun|ker *der;* -s, - ⟨aus gleichbed. *engl.* bunker⟩: 1. Behälter zur Aufnahme von Massengut (Kohle, Erz). 2. a) Betonunterstand [im Krieg]; b) Schutzbau aus Stahlbeton für militärische Zwecke od. für die Zivilbevölkerung. 3. Sandloch als Hindernis beim Golf. **bun|kern:** Massengüter wie Kohle, Erz in Sammelbehälter einlagern

Bun|ny ['bʌni] *das;* -s, ...ies ⟨aus *engl.* bunny „Häschen"⟩: mit Hasenohren u. -schwänzchen herausgeputztes Mädchen, das in bestimmten Klubs als Bedienung arbeitet

bu|no|dont ⟨zu *gr.* bounós „Hügel" u. odoús, Gen. odóntos „Zahn"⟩: stumpfhöckerig (von einem für Allesfresser charakteristischen Backenzahntyp)

Bun|ra|ku *der;* - ⟨nach dem jap. Puppenspieler Bunrakuen (19. Jh.)⟩: modernes japan. Puppentheater

Bun|se|nit [auch ...'nɪt] *der;* -s, -e ⟨nach dem dt. Chemiker R. W. Bunsen (1811-1899) u. zu ↑²...it⟩: ein dunkelgrünes Mineral

Bu|pho|ni|en [...iən] *die* (Plur.) ⟨aus *gr.* bouphónia „Fest mit Stieropfern in Athen" zu boũs „Stier" u. phónos „Mord"⟩: frühgriechische Opferriten, bes. in Athen am Fest des Stadtbeschützers Zeus Polieus. **Buph|thal|mie** *die;* -, ...ien ⟨zu *gr.* ophthalmós „Auge" u. ↑²...ie⟩: krankhafte Vergrößerung des Augapfels (Med.). **Buph|thal|mus** *der;* -, ...mi ⟨über *lat.* buphthalmos aus *gr.* boúphthalmos, eigtl. „Ochsenauge"⟩: svw. Hydrophthalmus

Bu|ran *der;* -s, -e ⟨aus *russ.* buran „Schneesturm"⟩: lang andauernder winterlicher Nordoststurm mit starkem Schneefall in Nordasien

Bu|rat|ti|no *der;* -s, Plur. -s u. ...ni ⟨aus gleichbed. *it.* burattino⟩: ital. Bez. für Gliederpuppe, Marionette

Bur|ber|ry Ⓦ ['bəːbərɪ] *der;* -, ...ries ⟨aus *engl.* burberry „wasserdichter Stoff", nach dem Tuchhändler Th. Burberry (19. Jh.), der diesen Stoff entwarf⟩: sehr haltbares englisches Kammgarngewebe

Bur|di|gal, Bur|di|ga|li|um *das;* -[s] ⟨nach Burdigala, dem lat. Namen von Bordeaux; vgl. ...ium⟩: eine Stufe des ↑ Miozäns (Geol.)

Bur|do *der;* -s, ...donen (meist Plur.) ⟨aus *spätlat.* burdo „Maultier, Lasttier"⟩: Pflanzenbastard, der durch Verschmelzen artfremder Zellen beim Pfropfen entstanden sein soll (heute überholte Theorie)

Bure [buːɐ̯, *fr.* byːr] *die;* - ⟨aus gleichbed. *fr.* bure, vgl. Büro⟩: (veraltet) grober Wollstoff, Kleidung daraus. **Bu|reau** [byˈroː] *das;* -s, Plur. -s u. -x ⟨aus gleichbed. *fr.* bureau, vgl. Büro⟩: franz. Schreibung von ↑ Büro. **Bu|reau plat** [byroˈpla] *das;* -, -x -s [byroˈpla] ⟨*fr.* bureau plat „flacher Schreibtisch"⟩: Schreibtisch des 17. u. 18. Jh.s mit Schubladen unter der Tischplatte, oft verziert mit Intarsien u. Beschlägen aus Goldbronze. **Bu|reau toi|lette** [...tɔaˈlɛt] *das;* - -, -x -s [byrotɔaˈlɛt] ⟨aus gleichbed. *fr.* bureau toilette⟩: kleines Möbelstück des 18. Jh.s, das Toilettentisch u. zugleich Schreibtisch war

Bü|ret|te *die;* -, -n ⟨aus *fr.* burette „Krug, Kännchen"⟩: Glasrohr mit Verschlußhahn u. Volumenskala (wichtiges Arbeitsgerät bei der Maßanalyse)

...bur|ger [...bʊrgɐ, *engl.* ...bəːgə⟩ ⟨verkürzt aus ↑ Hamburger⟩: Wortbildungselement mit der Bedeutung „nach Art des Hamburgers belegtes Grillbrötchen", z. B. Cheeseburger, auch für Wortbildungen, die die Menge od. Qualität des Belegten ausdrücken, z. B. Duplexburger „doppelt belegter Hamburger" bzw. Fischburger „mit Fisch belegter Hamburger"

Bur|gul vgl. Bulgur

Bur|gun|der der, -s 〈nach der franz. Landschaft Burgund〉: Weinsorte aus der Landschaft Burgund

Bu|rial-Mound-Kul|tur ['bɛrɪəlmaʊnd...] die; - 〈zu engl. burial mound „Grabhügel" u. ↑ Kultur〉: von etwa 800 vor bis 1200 n. Chr. durch große Grabhügel u. ausgeprägtes Totenritual gekennzeichnete prähistorische Kultur im östlichen Nordamerika

Bu|rin [by'rɛ̃:] der; -s, -s 〈aus gleichbed. fr. burin, weitere Herkunft unsicher〉: Radiernadel des Kupferstechers

Bur|ka die; -, -s 〈aus gleichbed. russ. burka, wohl zu bury „graubraun"〉: halbkreisförmig geschnittener Mantelumhang der Kaukasier aus dickem, rauhem Wolltuch

Bur|lak der; -en, -en 〈aus russ. burlak „Treidler"〉: Schiffsknecht, Schiffszieher (im zarist. Rußland)

bur|lesk 〈aus gleichbed. fr. burlesque, dies aus it. burlesco zu burla „Posse"〉: possenhaft. **Bur|les|ke** die; -, -n: 1. Schwank, Posse. 2. derb-spaßhaftes Musikstück. **Bur|let|ta** die; -, Plur. ...tten u. -s 〈aus gleichbed. it. burletta, Verkleinerungsform von burla; vgl. burlesk〉: kleines Lustspiel

bur|net|ti|sie|ren [bə:neti...] 〈nach dem Engländer Burnett u. zu ↑...isieren〉: Holz zum Schutz gegen Pilzbefall mit Chlorzinklösung tränken

Burn in [bə:n 'in] das; - -[s] 〈zu engl. to burn in „einbrennen"〉: Maßnahme zur Steigerung der Zuverlässigkeit von technischen Erzeugnissen, bei der durch künstliche Alterung die Anzahl der Frühausfälle verringert wird. **Burning feet** ['bə:nɪŋ 'fi:t] die (Plur.) 〈aus engl. burning feet „brennende Füße"〉: brennende, brennend heiße od. stechende ↑ Parästhesien in den Gliedmaßenenden (Med.). **Burn out** [bə:n 'aʊt] das; - -[s] 〈aus gleichbed. engl. burnout, eigtl. „das Ausbrennen"〉: 1. a) Brennschluß; Zeitpunkt, in dem das Triebwerk einer Rakete abgeschaltet wird u. der antriebslose Flug beginnt; b) svw. Flame-out. 2. Durchbrennen von Brennstoffelementen bei Überhitzung (Kerntechnik). **Burn up** [bə:n 'ʌp] das; - -[s] 〈aus engl. to burn up „abbrennen"〉: der Abbrand im Kernreaktor, die je Gewichtseinheit des Kernbrennstoffs erzeugte Energie

Bur|nus der; Gen. - u. -ses, Plur. -se 〈über fr. burnous aus gleichbed. arab. burnus, dies aus gr. bírrhos „Überwurf" (lat. birrus)〉: Kapuzenmantel der Beduinen

Bü|ro das; -s, -s 〈aus gleichbed. fr. bureau, eigtl. „grober Wollstoff (zum Beziehen von Tischen)", dies aus vulgärlat. bura, lat. burra „zottiges Gewand"〉: 1. Arbeitsraum; Dienststelle, wo die verschiedenen schriftlichen u. verwaltungstechnischen Arbeiten eines Betriebes od. bestimmter Einrichtungen des öffentlichen Lebens erledigt werden. 2. die zu der Dienststelle gehörenden Angestellten od. Beamten; z. B. das ganze - gratulierte. **Bü|ro|krat** der; -en, -en 〈aus gleichbed. fr. bureaucrate, vgl. ...krat〉: (abwertend) jmd., der sich ohne Rücksicht auf besondere Umstände nur pedantisch an seine Vorschriften hält. **Bü|ro|kra|tie** die; -, ...ien 〈aus gleichbed. fr. bureaucratie, vgl. ...kratie〉: 1. (abwertend; ohne Plur.) bürokratisches Handeln. 2. (veraltend) Beamtenapparat. **bü|ro|kra|tisch**: 1. (abwertend) sich übergenau an die Vorschriften haltend [ohne den augenblicklichen Gegebenheiten Rechnung zu tragen]. 2. die Bürokratie (2) betreffend. **bü|ro|kra|ti|sie|ren** 〈nach gleichbed. fr. bureaucratiser〉: den Ablauf, die Verwaltung von etwas einer schematischen, bürokratischen (1) Ordnung unterwerfen. **Bü|ro|kra|tis|mus** der; - 〈zu ↑...ismus (5)〉: (abwertend) bürokratisches Handeln, engstirnige Auslegung von Vorschriften (als Ausdruck einer entsprechenden inneren Einstellung). **Bü|ro|kra|ti|us** der; - 〈latinisierte Scherzbildung zu ↑ Bürokratie〉: (scherzhaft) Heiliger der Bürokratismus. **Bü|ro|list** der; -en, -en 〈schweiz. Bildung zu ↑ Büro u. ↑...ist〉: (schweiz. veraltend) Büroangestellter. **Bü|ro|li|stin** die; -, -nen (schweiz. veraltend) Büroangestellte. **Bü|ro|ma|schi|ne** die; -, -n: mechanisch, elektrisch od. elektronisch arbeitende Maschine zum Ausführen bürotechnischer Arbeiten

Bu|ro|sem [...'zjɔm] das; -s u. **Bu|ro|sjom** das; -s 〈aus gleichbed. russ. burosëm〉: brauner Halbwüstenboden mit Kalkod. Gipsanreicherung in Oberflächennähe

Bü|ro|tech|nik die; - 〈zu ↑ Büro u. ↑ Technik〉: Sammelbez. für die Gestaltung u. technische Ausstattung der Arbeitsplätze in Büros. **Bü|ro|tel** das; -s, -s 〈Kurzw. aus ↑ Büro u. ↑ Hotel〉: Hotel, das Wohnräume mit Büros vermietet

Bur|ri|da die; -, Plur. ...de, auch -s 〈Herkunft unsicher〉: ital. Fischgericht

¹**Bur|sa** der; -[s], -s 〈nach der gleichnamigen türk. Stadt〉: Seidenteppich, der vorwiegend als Gebetteppich dient

²**Bur|sa** die; -, ...sae [...sɛ] 〈aus gleichbed. (m)lat. bursa, eigtl. „Ledersack, Beutel, (gemeinsame) Kasse", dies aus gr. býrsa „Fell, Tierhaut"〉: 1. Gewebetasche, taschen- od. beutelförmiger Körperhohlraum (Med.). 2. Tasche an liturgischen Gewändern (Rel.). **bur|schi|kos** 〈zu dt. Bursch(e) u. der griech. Adverbendung -ikós〉: betont ungezwungen, ungeniert in seinen Äußerungen, im Verhalten. **Bur|schi|ko|si|tät** die; -, -en 〈zu ↑...ität〉: burschikose Art. **Bur|se** die; -, -n 〈zu ↑²Bursa〉: Studentenwohnheim. **Burs|ek|to|mie** die; -, ...ien 〈zu ↑...ektomie〉: operative Entfernung eines Schleimbeutels (Med.). **Bur|si|tis** die; -, ...itiden 〈zu ↑...itis〉: Schleimbeutelentzündung (Med.). **Bur|so|gramm** das; -, -e 〈zu ↑...gramm〉: Röntgenbild eines Schleimbeutels (Med.). **Bur|so|gra|phie** die; -, ...ien 〈zu ↑...graphie〉: röntgenographische Darstellung eines Schleimbeutels (Med.). **Bur|so|lith** [auch ...'lɪt] der; Gen. -s u. -en, Plur. -e[n] 〈zu ↑...lith〉: steinartiges ↑ Konkrement in einem Schleimbeutel (bei chronischer Schleimbeutelentzündung vorkommend; Med.). **Bur|so|to|mie** die; -, ...ien 〈zu ↑...tomie〉: operative Öffnung eines Schleimbeutels (Med.)

Burst [bə:st] der; -[s], -s 〈aus engl. burst „Ausbruch", eigtl. „Bruch"〉: bei einer Sonneneruption auftretender Strahlungsausbruch im Bereich der Radiowellen

Bu|run|duk das; -s, -s 〈aus gleichbed. russ. burunduk〉: vor allem in Rußland, Nordjapan u. in großen Teilen Chinas vorkommendes Erdhörnchen

¹**Bus** der; -ses, -se 〈verkürzt aus lat. omnibus „für alle", Ablativ von omnes (Plur.) „alle"〉: Kurzform für Autobus, Omnibus. ²**Bus** der; -ses, -se 〈aus engl. bus (bar) „elektrische Sammelleitung"; zu ↑ ¹Bus gebildet〉: Sammelleitung zur Datenübertragung zwischen mehreren Funktionseinheiten (EDV)

Bu|schi|do das; -[s] 〈aus jap. bushido „Weg des Kriegers"〉: Ehrenkodex des japan. Militäradels aus der Feudalzeit

Bu|shel ['bʊʃl] der; -s, -s (aber: 6 -[s]) 〈aus engl. bushel, eigtl. „Scheffel", dies über gleichbed. fr. boisseau, altfr. boissiel, boistel wohl aus gall. *bosta „Handhöhlung"〉: engl.-amerik. Getreidemaß

Bu|si|ne die; -, -n 〈aus altfr. buisine „Trompete", dies aus lat. bucina „Waldhorn"〉: langgestreckte, aus dem Orient stammende Blechtrompete des Mittelalters, aus der sich später Trompete u. Posaune entwickelten

Busi|neß ['bɪznɪs] das; - 〈aus engl. business „Geschäft, Gewerbe"〉: vom Profitstreben bestimmtes Geschäft, profitbringender Geschäftsabschluß. **Busi|ness class** ['bɪznɪs 'klɑːs] *die; - -* ⟨aus gleichbed. *engl.* business class⟩: bes. für Geschäftsreisende eingerichtete Reiseklasse im Flugverkehr. **Busi|ness|man** [...mæn] *der;* -[s], ...men [...mən] ⟨aus *engl.* businessman „Geschäftsmann"⟩: auf Profit bedachter Geschäftsmann

Bu|sing ['bʌsɪŋ] vgl. Bussing

Bus|sard *der;* -s, -e ⟨aus gleichbed. *fr.* busard, dies über *altfr.* buson, buison vermutlich zu *lat.* buteo, Gen. buteonis „eine Falkenart"⟩: ein Greifvogel

Bus|sing ['bʌsɪŋ] *das;* -[s] ⟨aus gleichbed. *engl.-amerik.* bussing; vgl. ¹Bus⟩: Beförderung von farbigen Schulkindern per Omnibus in vorwiegend von nichtfarbigen Kindern besuchte Schulen anderer Bezirke, um der Rassentrennung entgegenzuwirken

Bus|so|le *die;* -, -n ⟨aus gleichbed. *it.* bussola, eigtl. „kleine Büchse" (für die Magnetnadel), dies über *vulgärlat.* buxida (Akk. von buxis) aus *lat.* pyxis, *gr.* pyxís „Büchse"⟩: Kompaß mit Kreisteilung u. Ziellinie zur Festlegung von Richtungen u. Richtungsänderungen in unübersichtlichem Gelände u. unter Tage

bu|stal ⟨zu ↑ Bustum u. ↑ ¹...al (1)⟩: das ↑ Bustum betreffend

Bu|sta|mit [auch ...'mɪt] *der;* -s, -e ⟨nach dem mexik. General A. Bustamente (†1853) u. zu ↑ ²...it⟩: ein graurotes Silikatmineral

Bu|stier [bys'tie:] *das;* -s, -s ⟨aus gleichbed. *fr.* bustier zu buste „Büste, weibliche Brust", dies aus *it.* busto „Büste"⟩: Teil der Unterkleidung für Frauen in Form eines miederartig anliegenden, nicht ganz bis zur Taille reichenden Oberteils ohne Ärmel

Bu|stro|phe|don *das;* -s ⟨über gleichbed. *lat.* bustrophedon aus *gr.* boustrophēdón, eigtl. „sich wendend wie der Ochse beim Pflügen"⟩: Schreibrichtung, bei der die Schrift abwechselnd nach rechts u. links (furchenwendig) läuft (bes. in frühgriech. Sprachdenkmälern)

Bu|stum *das;* -s, ...ta ⟨aus gleichbed. *lat.* bustum zu burere, Nebenform von urere „brennen, verbrennen"⟩: Leichenbrandstätte, Grab, Grabhügel

Bu|su|ki *die;* -, -s ⟨aus gleichbed. *ngr.* mpouzoúki, dies aus dem Türk.⟩: griechisches, in der Volksmusik verwendetes Lauteninstrument

Bu|ta|di|en *das;* -s ⟨Kurzw. aus ↑ *Butan*, ↑ ¹*di*... u. ↑ ...en⟩: ungesättigter gasförmiger Kohlenwasserstoff (Ausgangsstoff für synthetischen „Gummi". **Bu|tan** *das;* -s, -e ⟨zu *lat.* butyrum aus *gr.* boútyron „Butter" u. ↑ ...an⟩: gesättigter gasförmiger Kohlenwasserstoff, in Erdgas u. Erdöl enthalten. **Bu|ta|nol** *das;* -s, -e ⟨zu ↑ ...ol⟩: svw. Butylalkohol

butch [bʊtʃ] ⟨*engl.*⟩: ausgeprägt männlich (im Aussehen usw.)

Bu|ten *das;* -s ⟨Kurzw. aus ↑ *Butylen*⟩: svw. Butylen

Bu|ti|ke, Budike *die;* -, -n ⟨aus *fr.* boutique, vgl. Boutique⟩: 1. kleiner Laden. 2. kleine Kneipe. **Bu|ti|ker,** Budiker *der;* -s, -: Besitzer einer Butike

Bu|tin *das;* -s ⟨zu ↑ Butan u. ↑ ...in (1)⟩: vom Butan abgeleiteter, dreifach ungesättigter Kohlenwasserstoff

Bu|ti|neur [byti'nøːʁ] *der;* -s, -e ⟨zu *fr.* butin „Beute" u. ↑ ...eur⟩: (veraltet) Freibeuter

But|ler ['bat...] *der;* -s, - ⟨aus gleichbed. *engl.* butler, dies über *altfr.* bouteillier „Kellermeister" zu *spätlat.* butticula „Fäßchen, Krug"⟩: ranghöchster Diener in vornehmen engl. Häusern

But|le|rit [auch bʌtlə..., auch ...'rɪt] *der;* -s, -e ⟨nach dem amerik. Geologen u. Mineralogen D. G. M. Butler u. zu ↑ ²...it⟩: ein orangefarbiges, tafeliges Mineral

But|su|dan *der;* -s ⟨*jap.;* zu Butsu „Buddha(figur)"⟩: schrankförmiger buddhistischer Hausaltar für den Totenkult in der japan. Familie

But|ter|fly ['bʌtəflaɪ] *der;* -[s], -s ⟨aus *engl.* butterfly, eigtl. „Schmetterling"⟩: 1. bestimmter Spreizsprung im Eiskunstlaufen. 2. frei gesprungener Salto, bei dem der Körper, am höchsten Punkt fast waagerecht in der Luft befindlich, eine halbe bis dreiviertel Drehung um die eigene Längsachse ausführt. 3. (ohne Plur.) svw. Butterflystil. **But|ter|fly|stil** *der;* -[e]s: Schmetterlingsstil (im Schwimmsport)

¹But|ton [bʌtn] *der;* -, - ⟨nach dem gleichnamigen amerik. Eiskunstläufer⟩: hoher Spreizsprung beim Eiskunstlauf

²But|ton [bʌtn] *der;* -s, -s ⟨aus *engl.* button „Knopf"⟩: runde Plastikplakette mit Inschrift, die die Meinung des Trägers zu bestimmten Fragen kennzeichnen soll. **But|ton-down-Hemd** ['bʌtndaʊn...] *das;* -s, -en ⟨zu *engl.* to button down „sich durchknöpfen lassen"⟩: sportliches Oberhemd, dessen Kragenspitzen festgeknöpft sind

Bu|tyl *das;* -s ⟨zu ↑ Butan u. ↑ ...yl⟩: Kohlenwasserstoffrest mit 4 Kohlenstoffatomen (meist als einfach vorkommend in Zusammensetzungen). **Bu|tyl|al|ko|hol** *der;* -s, -e: Alkohol mit 4 Kohlenstoffatomen (Lösungsmittel, Riechstoff). **Bu|ty|len** *das;* -s ⟨zu ↑ ...en⟩: ungesättigter gasförmiger Kohlenwasserstoff (aus Erdöl gewonnener Ausgangsstoff für Buna, Nylon u. a.). **Bu|ty|rat** *das;* -s, -e ⟨zu *lat.* butyrum „Butter" (dies aus gleichbed. *gr.* boútyron, eigtl. „Kuhquark") u. ↑ ...at (2)⟩: Salz od. Ester der Buttersäure. **Bu|ty|ro|me|ter** *das;* -s, - ⟨zu ↑ ¹...meter⟩: Meßrohr zur Bestimmung des Fettgehaltes der Milch

Bu|ve|tier [byvə'tie:] *der;* -s, -s ⟨aus gleichbed. *fr.* buvetier⟩: (veraltet) Schankwirt. **Bu|vet|te** [by'vɛtə] *die;* -, -n ⟨aus gleichbed. *fr.* buvette⟩: (veraltet) Trinkstübchen, kleine Weinstube

Bu|xin *das;* -s, -e ⟨zu *lat.* buxus „Buchsbaum" u. ↑ ...in (1)⟩: ↑ Alkaloid aus der Wurzel des Buchsbaums (früher als Fiebermittel gebraucht). **Bu|xus** *der;* - ⟨aus gleichbed. *lat.* buxus⟩: Buchsbaum (Bot.)

Buy|ing Cen|ter ['baɪɪŋ 'sɛntə] *das;* - -s, - -s ⟨aus *engl.* buying center, eigtl. „Kaufzentrum"⟩: Gesamtheit der Personen, die an der Beschaffung eines Produkts beteiligt sind (Wirtsch.). **Buy|out** [baɪ'aʊt] *das;* -s, -s ⟨zu *engl.* to buy out „aufkaufen"⟩: Firmenkauf (Wirtsch.)

Bu|zen|taur *der;* -en, -en ⟨aus *mlat.* bucentaurus zu *gr.* boũs „Rind" u. kéntauros „Zentaur"⟩: 1. Zentaur mit Stierleib, Untier der griech. Sage. 2. vgl. Bucintoro

bye-bye! ['baɪ'baɪ] ⟨*engl.*⟩: auf Wiedersehen!

By|laws ['baɪlɔːz] *die* (Plur.) ⟨aus gleichbed. *engl.* by-laws⟩: (veraltet) Verordnungen

By|li|ne *die;* -, -n ⟨aus gleichbed. *russ.* bylina, eigtl. „was gewesen ist"⟩: episches Heldenlied der russ. Volksdichtung

By|pass ['baɪpas] *der;* -[es], Plur. ...pässe, med. fachspr. auch -es [...pasɪz] ⟨aus gleichbed. *engl.* bypass „Umleitung, Umgehung"⟩: 1. a) Umführung [einer Strömung], Nebenleitung (Techn.); b) Kondensator (1) zur Funkentstörung (Elektrot.). 2. a) Umleitung der Blutbahn; b) Ersatzstück, durch das die Umleitung der Blutbahn verläuft (Med.)

By|ro|nis|mus [baɪro...] *der;* - ⟨nach dem *engl.* Dichter G. G. N. Lord Byron (1788–1824) u. zu ↑ ...ismus (1)⟩: literarische Richtung des 19. Jh.s, die sich an der satirisch-melancholischen Weltschmerzdichtung des engl. Dichters Byron orientiert (z. B. Platen, Grabbe, Puschkin, Musset)

Bys|si|no|se *die;* -, -n ⟨zu ↑ Byssus u. ↑ ¹...ose⟩: Baumwollunge, durch eingeatmeten feinen Baumwollstaub verursachte Erkrankung mit Bronchitis u. Asthmaanfällen (bei Baumwollarbeitern vorkommend; Med.). **Bys|sus** *der;* - ⟨über

Byte

lat. byssus aus *gr.* býssos „Baumwolle, Flachs", dies aus *hebr.* būs „feine weiße Baumwolle"): 1. kostbares, zartes Leinen- od. Seidengewebe des Altertums (z. B. ägypt. Mumienbinden). 2. feines Baumwollgewebe für Leibwäsche. 3. Haftfäden mehrerer Muschelarten (als Muschelseide verarbeitet)

Byte [bait] *das;* -[s], -[s] ⟨aus gleichbed. *engl.* byte⟩: a) Zusammenfassung von 8 Binärstellen als Einheit für die Speicherkapazität; b) Maß für die Speicherkapazität eines Computers; vgl. ¹Bit (EDV)

By|th|stes [...te:s] *der;* -, ...teten ⟨zu *gr.* bythízein „versenken"⟩: der den Täufling untertauchende Priester in der griech.-orthodoxen Kirche

By|tow|nit [baɪˈtoʊnɪt] *der;* -s ⟨nach dem Ort Bytown in Kanada u. zu ↑²...it⟩: ein zu den Feldspaten gehörendes Mineral

By|zan|ti|ner *der;* -s, - ⟨nach Byzanz, dem alten Namen von Istanbul/Konstantinopel⟩: (veraltet abwertend) Kriecher, Schmeichler. **by|zan|ti|nisch** 1. zu Byzanz gehörend, z. B. -e Kunst. 2. (veraltet, abwertend) kriecherisch, unterwürfig. **By|zan|ti|nis|mus** *der;* - ⟨zu ↑...ismus (5)⟩: (abwertend) Kriecherei, unwürdige Schmeichelei. **By|zan|ti|nist** *der;* -en, -en ⟨zu ↑...ist⟩: Wissenschaftler [u. Lehrer] auf dem Gebiet der Byzantinistik. **By|zan|ti|ni|stik** *die;* - ⟨zu ↑...istik⟩: Wissenschaft, die sich mit der Erforschung der byzantin. Kultur u. Geschichte befaßt. **by|zan|ti|ni|stisch** ⟨zu ↑...istisch⟩: die Byzantinistik betreffend. **By|zan|ti|no|lo|gie** *die;* - ⟨zu ↑...logie⟩: svw. Byzantinistik

Vgl. auch **K, Sch** und **Z**

Ca.: Abk. für Carcinoma; vgl. Karzinom
Caa|tin|ga [ka...] *die;* -, -s ⟨aus *port.* caatinga „niedriger Busch-, Trockenwald", dies zu *Tupi* (einer südamerik. Indianersprache) caá „Wald" u. tinga „weiß"⟩: Dornbuschvegetation in Brasilien, die während der Trockenzeit das Laub abwirft
Cab [kæb] *das;* -s, -s ⟨aus gleichbed. *engl.* cab⟩: einspännige engl. Droschke
Ca|bal|let|ta [ka...] *die;* -, Plur. -s u. ...tten ⟨aus gleichbed. *it.* cabaletta, eigtl. „lebhafte, gefällige Schlußphrase"⟩: kleine Arie; vgl. Kavatine
Ca|bal|le|ria [kabalje...] *die;* - ⟨aus *span.* caballería „Rittertum, Ritterschaft" zu caballero, eigtl. „Reiter", dies aus *lat.* caballus „Pferd"⟩: eine Bruderschaft adliger Ritter im mittelalterl. Spanien. **Ca|bal|le|ro** [kabal'je:ro, auch kava...] *der;* -s, -s ⟨aus gleichbed. *span.* caballero, dies aus *lat.* caballarius „Pferdeknecht"⟩: 1. (früher) span. Edelmann, Ritter. 2. Herr (span. Titel)
Ca|ban [ka'bã:] *der;* -s, -s ⟨aus gleichbed. *fr.* caban, eigtl. „Regenmantel"⟩: a) kurzer sportlicher Herrenmantel; b) längere Damenjacke
Ca|ba|nos|si [k...] vgl. Kabanossi
Ca|ba|ret [kaba're:, auch 'kabare] vgl. Kabarett
Ca|bas [ka'ba] *der;* -, - ⟨aus gleichbed. *fr.* cabas, dies aus *altprovenzal.* cabas, weitere Herkunft unsicher⟩: Binsenkorb für Feigen, Handkörbchen
Ca|ba|za [ka'basa] *die;* -, -s ⟨aus *port.* cabaça „Flaschenkürbis"⟩: bras. Rasselinstrument aus einer ausgehöhlten ↑ Kalebasse, über die ein Netz von Perlenkugeln gezogen ist
Cab|cart ['kæbka:t] *das;* -[s], -s ⟨zu *engl.* cab „Droschke, Führerhaus" u. cart „Wagen, Karren"⟩: einspänniger, zweirädriger Wagen
Ca|bi|net noir [kabinɛ'nọa:ʀ] *das;* -[s], -s ⟨aus *fr.* cabinet noir „schwarzes Kabinett"⟩: Geheimbüro zur Durchsicht von Briefen politisch Verdächtiger (erstmals von Ludwig XIV. in Frankreich eingerichtet)
Cable car ['keɪbl 'ka:] *der;* -s, -s ⟨aus *engl.* cable car „Seilbahn"⟩: engl. Bez. für Standseilbahn u. für eine Straßenbahn, die von Seilen gezogen wird (z. B. in San Francisco).
Cable-trans|fer ['keɪbltrænsfɛ:] *der;* -s, -s ⟨aus gleichbed. *engl.* cable transfer⟩: telegrafische Überweisung von Geldbeträgen nach Übersee; Abk.: CT
Cab|man ['kæbmən] *der;* -s, ...men ⟨aus gleichbed. *engl.* cabman⟩: Droschkenkutscher
Ca|bo ['ka:...] *der;* -s, -s ⟨aus gleichbed. *port.* u. *span.* cabo⟩: Kap, Vorgebirge (meist in geographischen Namen)
Ca|bo|chiens [kabo'ʃjɛ̃] *die* (Plur.) ⟨*fr.;* nach dem Anführer Simon Caboche⟩: Aufständische, die 1412 u. 1413 in Paris ein Schreckensregiment führten
Ca|bo|chon [kabo'ʃõ:] *der;* -s, -s ⟨aus gleichbed. *fr.* cabochon, eigtl. „kuppelförmige Verzierung", zu caboche „Kuppe"⟩: a) Schliff, bei dem die Oberseite des Schmucksteins kuppelförmig gewölbt erscheint; b) Schmuckstein mit Cabochonschliff
Ca|bo|clo [ka'bɔklo] *der;* -s, -s ⟨aus *port.* caboclo „Halbblutindianer, Mischling", dies aus einer südamerik. Indianersprache⟩: Nachkomme aus den Mischehen zwischen den ersten port. Siedlern u. eingeborenen Frauen in Brasilien
Ca|bo|ta|ge [ka...ʒə] vgl. Kabotage
Ca|bret|ta [k...] *das;* -s ⟨aus *span.* cabretta „Ziegenleder" zu cabra „Ziege"⟩: sehr feines Nappaleder aus den Häuten spanischer Bergziegen
Ca|brio [k...] vgl. Kabrio. **Ca|bri|o|le** *die;* -, -n ⟨aus *fr.* cabriole „Luft-, Bocksprung, Purzelbaum", dies aus *it.* capriola, vgl. Kapriole⟩: Sprungschritt mit gestreckten Beinen in der klassischen Ballettechnik. **Ca|brio|let** [...'le:] vgl. Kabriolett
Cac|cia ['katʃa, it. 'kattʃa] *die;* -, -s ⟨aus *it.* caccia „Jagd", dies über *vulgärlat.* *captia zu *lat.* captare „fangen, jagen"⟩: Kanon vor zwei Solostimmen mit Instrumentalstütze in der ital. ↑ Ars nova
Ca|cha|ça [ka'ʃasa] *die;* - ⟨aus gleichbed. *port.* cachaça⟩: Zuckerrohrschnaps
Cache-cache [kaʃ'kaʃ] *das;* - ⟨aus gleichbed. *fr.* cache-cache⟩: Versteckspiel
Ca|che|lot [kaʃə'lɔt] vgl. Kaschelott
Cache|mire [kaʃ'mi:ʀ] vgl. Kaschmir
Ca|che|nez [kaʃ(ə)'ne:] *das;* - [...'ne:(s)], - [...'ne:s] ⟨aus gleichbed. *fr.* cache-nez, eigtl. „versteck die Nase!", zu cacher „verbergen, verstecken"⟩: [seidenes] Halstuch.
Cache|pain [kaʃ'pɛ̃:] *das;* -s ⟨zu *fr.* pain „Brot", dies aus gleichbed. *lat.* panis⟩: (veraltet) Brotkorbdecke. **Cache-pot** [kaʃ'po:] *der* od. *das;* -s, -s ⟨zu *fr.* pot „Topf"⟩: (veraltet) Topfhülle, Umkleidung eines Blumentopfes.
Cache-sexe [kaʃ'sɛks] *das;* -, - ⟨aus *fr.* cache-sexe, eigtl. „was (nur) die Geschlechtsteile bedeckt"⟩: sehr knapper Damen- od. Herrenslip. **Cache-Spei|cher** ['kaʃ...] *der;* -s, - ⟨zu *engl.* cache „Versteck"⟩: schnell arbeitender Pufferspeicher (Informatik). **Ca|chet** [ka'ʃe:, ka'ʃɛ] *das;* -s, -s ⟨aus *fr.* cachet „Petschaft, Siegel" zu cacher, vgl. Cachenez⟩: (veraltet) 1. Siegel. 2. Eigenart, Gepräge, Eigentümlichkeit; vgl. Lettres de cachet. **Cache|ta|ge** [kaʃ'ta:ʒə] *die;* -, -n ⟨aus *fr.* cachetage, eigtl. „Versiegelung"⟩: 1. (ohne Plur.) Verfahren der Oberflächengestaltung in der modernen Kunst, bei dem Münzen, Schrauben u. ä. in reliefartig erhöhte Farbschichten wie ein Siegel eingedrückt werden. 2. ein nach dieser Verfahren gefertigtes Bild (Kunstw.).
Ca|che|te|ro [katʃe...] *der;* -s, -s ⟨aus gleichbed. *span.* cachetero⟩: Stierkämpfer, der dem vom ↑ Matador (1) verwundeten Stier den Gnadenstoß gibt
cache|tie|ren [kaʃ'ti:...] ⟨aus gleichbed. *fr.* cacheter zu cachet, vgl. Cachet⟩: (veraltet) versiegeln. **ca|chie|ren** [ka'ʃi:...] vgl. kaschieren. **Ca|chot** [ka'ʃo:] *das;* -s, -s ⟨aus gleichbed. *fr.* cachot, eigtl. „Versteck"; vgl. kaschieren⟩:

(veraltet) 1. finsteres [unterirdisches] Gefängnis. 2. strenger Arrest

Ca|chou [ka'ʃu:] *das;* -s, -s ⟨aus *fr.* cachou „Katechu", dies aus *port.* cacho (vermutlich zu *drawid.* kaccu)⟩: 1. svw. Gambir. 2. Hustenmittel (Salmiakpastillen).

Ca|chu|cha [ka'tʃʊtʃa] *die;* - ⟨aus gleichbed. *span.* cachucha⟩: andalusischer Solotanz im ¾-Takt mit Kastagnettenbegleitung

Cä|ci|lia|nis|mus [tsɛtsi...] *der;* - ⟨*nlat.;* nach der heiligen Cäcilia, seit dem 15. Jh. Schutzpatronin der Musik, u. zu ↑...ismus⟩: kirchenmusikalische Reformbewegung (in bezug auf die Hinwendung zur mehrstimmigen ↑ Vokalmusik) im 19. u. beginnenden 20. Jh. (Mus.)

Ca|cio|ca|val|lo [katʃoka'valo] *der;* -[s], -s ⟨aus gleichbed. *it.* caciocavallo, eigtl. „Stutenmilchkäse", zu cacio „Käse" (dies aus *lat.* caseus) u. cavallo „Pferd" (dies aus *lat.* caballus)⟩: [geräucherter] südital. Hartkäse

Ca|col|let [kako'lɛ:, ...'lɛ] *der;* -[s], -s ⟨aus gleichbed. *fr.* cacolet⟩: (veraltet) Sattelkorb, gepolsterte Krankentrage

Cac|ta|ceae [kakta'tse:ɛ] *die* (Plur.) ⟨aus *nlat.* cactaceae, dies über *lat.* cactus zu *gr.* káktos „stachlige Pflanze, Dorn"; vgl. Kaktus⟩: wissenschaftliche Ordnungsbez. für ↑ Kaktazeen

CAD [kæd] ⟨Abk. für *engl.* computer-*a*ided *d*esign „rechnerunterstütztes Entwerfen"⟩: Bez. für Unterstützung von Konstruktionsprozessen durch Computersysteme

Ca|da|ve|rin [kadave...] vgl. Kadaverin

Cad|die ['kɛdi, engl.: 'kædɪ] *der;* -s, -s ⟨aus gleichbed. *engl.* caddie zu cadet, vgl. Kadett⟩: 1. Junge, der dem Golfspieler die Schläger trägt. 2. zweirädriger Wagen zum Transportieren der Golfschläger. 3. ⓦ Einkaufswagen [in einem Supermarkt]

Ca|deau [ka'do:] *das;* -s, -s ⟨aus gleichbed. *fr.* cadeau, eigtl. „mit Schnörkeln verzierter Anfangsbuchstabe", dies über *provenzal.* (letra) capdal, cabdau bzw. cadau „Hauptbuchstabe" aus *lat.* capitalis „vorzüglich, den Kopf betreffend"⟩: (veraltet) 1. kleines Geschenk. 2. Schnörkelzug

Ca|de|nette [kadə'nɛt] *die;* -, -n [...tən] ⟨nach Sir H. d'Albert de Cadenet, einem franz. Höfling des 17. Jh.s; vgl. ...ette⟩: geflochtener Seitenzopf als Haartracht des 17. u. 18. Jh.s

Ca|dett [k...] vgl. ²Kadett

Cad|mi|um [k...] vgl. Kadmium

Ca|dran [ka'drã:] *der;* -s, -s ⟨aus *fr.* cadran „Zifferblatt", dies aus *lat.* quadrans „Viertel", eigtl. Part. Präs. von quadrare „viereckig sein" (die Sonnenuhren waren ursprünglich alle viereckig)⟩: (veraltet) a) Sonnenuhr; b) Zifferblatt [einer Uhr]. **Ca|dre** ['ka:drə] *das;* -s, -s ⟨aus *fr.* cadre „Einfassung, Rahmen", dies aus *it.* quadro „Gemälde im Rahmen", zu *lat.* quadrus „viereckig"⟩: Kennzeichnung bestimmter Cadrepartien beim Billard (in Verbindung mit zwei Zahlen; z. B. Cadre 47/2). **Ca|dre|par|tie** *die;* -, -n: svw. Kaderpartie

Ca|du|ce|us [ka'du:tsɐʊs] *der;* -, ...cei [...tsei] ⟨aus *lat.* caduceus „Heroldsstab"⟩: Heroldsstab des altröm. Gottes Merkur

Cad|wa|la|de|rit [k..., auch ...'rɪt] *der;* -s, -e ⟨nach dem amerik. Mineralogen C. B. M. Cadwalader (20. Jh.) u. zu ↑²...it⟩: ein zitronengelbes Mineral

CAE [si:ɛɪ'i:] ⟨Abk. für *engl.* computer-*a*ided *e*ngineering „rechnerunterstützte Ingenieurarbeit"⟩: Bez. für alle mit Hilfe von Computern u. geeigneten Programmen durchgeführte Ingenieurarbeiten

Cae|cum ['tsɛ:kʊm] vgl. Zäkum u. Zökum

Cae|la|tu|ra [tsɛ...] *die;* -, -s ⟨aus gleichbed. *lat.* caelatura, eigtl. „Ziselierkunst"⟩: das geprägte Bild einer Münze

Caen-Spit|ze ['kã...] *die;* -, -n ⟨nach dem Herstellungsort Caen in Nordfrankreich⟩: zuerst als Leinenspitze, dann als schwarze Seidenspitze u. ↑ Blonde hergestellte feine franz. Klöppelspitze

Cae|re|mo|nia|le [tsɛ...] *das;* -, Plur. ...lien [...jən] u. ...lia ⟨aus gleichbed. *mlat.* caeremoniale zu *lat.* caeremonia „Verehrung, religiöser Brauch"⟩: amtliches Buch der katholischen Kirche mit Anweisungen für das ↑ Zeremoniell feierlicher Gottesdienste

Ca|fard [ka'fa:ɐ̯] *das;* -[s] ⟨aus gleichbed. *fr.* cafard, eigtl. „Scheinheiliger", dies über *span.* cafre „wilder, roher Mensch" zu *arab.* kāfir „ungläubig"⟩: (veraltet) tiefe Niedergeschlagenheit, Apathie

Ca|fé [ka'fe:] *das;* -s, -s ⟨aus gleichbed. *fr.* café, vgl. Kaffee⟩: Gaststätte, die vorwiegend Kaffee u. Kuchen anbietet; Kaffeehaus; vgl. Kaffee. **Ca|fé com|plet** [kafekõ'plɛ] *der;* - -, -s -s [...plɛ] ⟨aus *fr.* café complet „Kaffeegedeck"⟩: Kaffee mit Milch, Brötchen, Butter u. Marmelade. **Ca|fé crème** [kafe'krɛ:m] *der;* - -, -s - [...'krɛ:m] ⟨aus gleichbed. *fr.* café crème⟩: Kaffee mit Sahne. **Ca|fe|te|ria** *die;* -, Plur. ...ien u. -s ⟨über *amerik.* cafeteria aus *span.* cafeteria „Kaffeegeschäft"⟩: Imbißstube, Restaurant mit Selbstbedienung. **Ca|fe|tier** [...'tje:] *der;* -s, -s ⟨aus gleichbed. *fr.* cafetier⟩: (veraltet) Kaffeehausbesitzer. **Ca|fe|tie|re** [...'tjɛ:rə, ...'tjɛ:rə] *die;* -, -n ⟨aus gleichbed. *fr.* cafetière⟩: (veraltet) 1. weibliche Form zu ↑ Cafetier. 2. Kaffeekanne

Ca|fu|so [k...] *der;* -s, -s ⟨aus gleichbed. *port.* cafuzo⟩: Mischling aus Neger u. Indianer in Brasilien

Cage [ka:ʒ] *die;* -, -n [...ʒn] ⟨aus *fr.* cage „Käfig, Vogelbauer"⟩: (veraltet) 1. Rädergehäuse einer Uhr. 2. Krinoline, Reifrock

Ca|gou|lards [kagu'la:r] *die* (Plur.) ⟨aus *fr.* cagoulards „Kapuzenmänner"⟩: Mitglieder eines dem Ku-Klux-Klan ähnlichen franz. Geheimbundes vor dem 2. Weltkrieg

Ca|hier [ka'je:] *das;* -s, -s ⟨aus *fr.* cahier „Schreibheft", dies aus *lat.* quarterni „Gruppe von vier"⟩: (früher) Wünsche od. Beschwerden enthaltendes Schreiben, das dem König von den Ständevertretern überreicht wurde

Ça ira [sai'ra] ⟨aus *fr.* ça ira „es wird gehen", nach dem Refrain⟩: Titel eines Lieds während der Französischen Revolution 1789

Cairn-Ter|rier ['kɛən...] *der;* -s, - ⟨zu *altir.* carn „Steinhügel" u. ↑ Terrier⟩: kleiner wetterfester Hund aus Nordengland als wachsamer Haus- u. Jagdhund

Caisse [kɛ:s] *die;* -, - ⟨aus gleichbed. *fr.* caisse, dies über *provenzal.* caissa aus *lat.* capsa „Behälter"⟩: (veraltet) Kasten, Kasse. **Cais|son** [kɛ'sõ:] *der;* -s, -s ⟨aus gleichbed. *fr.* caisson, dies aus *it.* cassone zu cassa „Kasten"⟩: Senkkasten für Bauarbeiten unter Wasser. **Cais|son|krank|heit** *die;* -: Druckluftkrankheit (Stickstoffembolie; Med.)

Cake|walk ['keɪkwɔ:k] *der;* -[s], -s ⟨aus gleichbed. *engl.* cakewalk, eigtl. „Kuchentanz"⟩: um 1900 entstandener afroamerik. Gesellschaftstanz

cal: Abk. für Kalorie

Ca|la|ma|res [k...] *die* (Plur.) ⟨zu *span.* calamar „Tintenfisch"⟩: Gericht aus fritierten Tintenfischstückchen

Ca|la|mus [k...] *der;* -, ...mi ⟨über *lat.* calamus aus *gr.* kálamos „(Schreib)rohr"⟩: 1. antikes Schreibgerät aus Schilfrohr. 2. hohler Teil des Federkiels bei Vogelfedern (Spule)

ca|lan|do [k...] ⟨*it.;* „nachlassend"⟩: an Tonstärke u. Tempo gleichzeitig abnehmend (Vortragsanweisung; Mus.)

Ca|la|ta [k...] *die;* -, -s ⟨aus *it.* calata „das Hinabsteigen, Senken"⟩: altital. Schreittanz im raschen Zweiertakt

Calutron

Ca‖la‖tor [k...] *der;* -s, ...oren ⟨aus *lat.* calator „Diener" zu calare „holen"⟩: im alten Rom ein Sklave, der für seinen Herrn Gäste einzuladen u. gewünschte Leute herbeizurufen hatte

Ca‖la‖tra‖va‖or‖den [kala'tra:va...] *der;* -s ⟨nach der span. Stadt Calatrava in Neukastilien⟩: der erste große spanische Ritterorden, der 1158 zur Verteidigung des Schlosses Calatrava gegen die Mauren gegründet wurde

Ca‖la‖ve‖rit [kalave..., auch ...'rɪt] *der;* -s, -e ⟨nach dem Fundort, dem Bezirk Calaveras in Kalifornien, u. zu ↑²...it⟩: Golderz, Goldtellurit (Mineral.)

Cal‖ca‖ne‖us [kal'ka:neʊs] *der;* -, ...nei [...nei] ⟨aus *nlat.* calcaneus, dies zu *lat.* calx, Gen. calcis „Ferse"⟩: Fersenbein, hinterster Fußwurzelknochen (Med., Biol.)

Cal‖ceo‖la‖ria [kaltseo...] vgl. Kalzeolarie

Cal‖ces ['kaltse:s]: Plur. von ↑Calx. **Cal‖ci‖fe‖rol** [kaltsi...] *das;* -s ⟨Kurzw. aus *nlat. calcifer*us „kalktragend" u. ↑Ergoster*ol*⟩: Vitamin D₂ [mit antirachitischer Wirkung]. **Cal‖ci‖na‖ti‖on** vgl. Kalzination. **cal‖ci‖nie‖ren** vgl. kalzinieren. **cal‖ci‖nös** vgl. kalzinös. **Cal‖cio** ['kaltʃo] *das;* - ⟨aus gleichbed. *it.* calcio, eigtl. „Fußtritt"⟩: altitalienisches (bes. florentinisches) rugbyartiges Fußballspiel, das heute noch zweimal jährlich in Florenz ausgetragen wird. **Cal‖ci‖pot** Ⓦ ['kaltsi...] *das;* -s ⟨Kunstw.⟩: ein Kalkpräparat. **Cal‖ci‖spon‖giae** [...giɛ] *die* (Plur.) ⟨zu *lat.* spongia „Schwamm"⟩: Kalkschwämme. **Cal‖cit** vgl. Kalzit. **Cal‖ci‖um** vgl. Kalzium. **Cal‖cu‖lus** ['kalku...] *der;* -, ...li ⟨aus gleichbed. *lat.* calculus, eigtl. „Steinchen", Verkleinerungsform von calx „(Kalk)stein"⟩: 1. in der Antike der Rechenstein für den ↑Abakus (1). 2. svw. Konkrement

Cal‖da‖ri‖um [k...] vgl. Kaldarium. **Cal‖das** [k...] *die* (Plur.) ⟨aus *span.* u. *port.* caldas (Plur.) „Therme, Thermalbad", eigtl. „heiße Quellen", zu *lat.* caldus „warm"⟩: in Spanien, Portugal u. Lateinamerika Teil von Ortsnamen zur Kennzeichnung von Thermalbädern

Cal‖de‖ra [k...], Kaldera *die;* -, ...ren ⟨aus *span.* caldera „Kessel", dies aus *spätlat.* caldarium „Kochkessel"⟩: durch Explosion od. Einsturz entstandener kesselartiger Vulkankrater (Geol.). **Cal‖de‖rit** [auch ...'rɪt] *der;* -s, -e ⟨zu ↑²...it⟩: zu den Aluminiumgranaten gehörendes Mineral

Ca‖le‖çons [kalə'sõ:] *die* (Plur.) ⟨aus gleichbed. *fr.* caleçons (Plur.), dies aus *it.* calzoni (Plur.) „Hosen" zu calza „Hose", eigtl. „Strumpf"⟩: (veraltet) Unterhosen

Ca‖lem‖bour, Calembourg [kalã'bu:ɐ̯] *der;* -s, -s ⟨aus gleichbed. *fr.* calembour, weitere Herkunft unsicher⟩: (veraltet) Wortspiel; vgl. Kalauer. **Ca‖lem‖bour‖dier** [kalãbʊr'die:] *der;* -s, -s ⟨zu ↑²...ier⟩: Schöpfer von ↑Calembours. **Ca‖lem‖bourg** [kalã'bu:ɐ̯] vgl. Calembour. **Ca‖lem‖bre‖daine** [kalãbrə'dɛ:n] *die;* -, -n [...nən] ⟨aus gleichbed. *fr.* calembredaine⟩: (veraltet) ausweichende Antwort, Schwindelei, Flause

Ca‖len‖dae [ka'lɛndɛ] vgl. Kalenden u. ad calendas graecas. **Ca‖len‖du‖la** *die;* -, ...lae [...lɛ] ⟨aus *lat.* calendula „kleiner Kalender", weil die Pflanze durch Öffnen und Schließen des Blütenstandes die Tage anzeigt⟩: Ringelblume (Korbblütler)

Ca‖len‖tu‖ra [k...] *die;* -, ...ren ⟨aus *span.* calentura „Fieber" zu calentar „(er)wärmen", dies aus *lat.* calere „warm, heiß sein"⟩: eine durch Hirnhautentzündung infolge tropischer Hitze hervorgerufene Fieberkrankheit, die bes. bei Seeleuten auftritt

Calf [kalf, engl. kɑ:f] *das;* -s ⟨aus *engl.* calf „Kalb"⟩: Kalbsleder, das bes. zum Einbinden von Büchern verwendet wird

Cal‖gon Ⓦ [k...] *das;* -s ⟨Kunstw.⟩: Wasserenthärtungsmittel

Ca‖li‖ban ['ka..., auch engl. 'kælɪbæn] vgl. Kaliban

Ca‖li‖che [ka'li:tʃə] *die;* - ⟨aus *span.* caliche „Kalkflocke", dies aus *lat.* calx „Kalk"⟩: ungereinigter Chilesalpeter

Ca‖li‖cot [kali'ko:] *der;* -s, -s ⟨aus gleichbed. *fr.* calicot; vgl. Kaliko⟩: 1. svw. Kaliko. 2. (ugs. veraltet) Verkäufer [im Warenhaus]

Ca‖li‖for‖ni‖um [k...] *das;* -s ⟨nach dem amerik. Bundesstaat Kalifornien u. zu ↑...ium⟩: stark radioaktives, künstlich hergestelltes chemisches Element aus der Gruppe der ↑Transurane; Zeichen Cf

Ca‖li‖ga [k...] *die;* -, -s ⟨aus gleichbed. *lat.* caliga⟩: unter der Sohle genagelter, schienbeinhoher Riemenschuh der römischen Antike, bes. Soldatenstiefel

Ca‖li‖na [k...] *die;* -, -s ⟨aus *span.* calina „Nebeldunst"⟩: span. Bez. für die sommerliche schmutzig-staubige Lufttrübung (Dunstglocke)

Ca‖lit [k..., auch ...'lɪt] *das;* -s ⟨Kunstw.⟩: ein Isolierstoff

Ca‖lix [k...] *der;* -, Calices [...tse:s] ⟨aus gleichbed. *lat.* calix⟩: Becher, Kelch, Schale, Schüssel, meist als Teil eines Hohlorgans (Anat.)

Cal‖la [k...] *die;* -, -s ⟨über *nlat.* calla aus *gr.* kállos „Schönheit", weil der Blütenkolben von einer schönen, weißen Hülle umgeben ist⟩: ein Aronstabgewächs (Schlangenwurz)

Cal‖la‖ne‖tics [kælə'netɪks] *die* (Plur.) ⟨Kunstw., gebildet nach dem Namen der amerik. Erfinderin, Callan Pinckney (20. Jh.), in Analogie zu aerobics, vgl. Aerobic⟩: Gymnastik, die bestimmte Muskelgruppen trainiert

Call‖boy ['kɔ:lbɔɪ] *der;* -s, -s ⟨aus gleichbed. *engl.* call-boy zu to call „anrufen" u. boy „Junge"⟩: junger Mann, der auf telefonischen Anruf hin Besuche macht od. Besucher empfängt u. gegen Bezahlung deren [homo]sexuelle Wünsche befriedigt. **Call‖car** [...kɑ:] *der;* -s, -s ⟨zu *engl.* car „Auto"⟩: Mietauto, das nur telefonisch bestellt werden kann. **Call‖girl** [...gø:l] *das;* -s, -s ⟨aus gleichbed. *engl.* call girl zu to call „anrufen" u. girl „Mädchen"⟩: Prostituierte, die auf telefonischen Anruf hin Besucher empfängt od. Besuche macht

Cal‖lo‖si‖tas [k...] *die;* -, ...sitates [...te:s] ⟨aus gleichbed. *nlat.* callositas zu *lat.* callosus „hart, dickhäutig", dies zu callum, vgl. Kallus⟩: Hautverdickung, Hautschwiele (Med.)

Cal‖lov [ka'lo:f], **Cal‖lo‖vi‖um** [...viʊm] *das;* -[s] ⟨nach Callovium, dem lat. Namen für Kelloway (England), u. zu ↑...ium⟩: die oberste Stufe des ↑Doggers (Geol.)

Cal‖lus [k...] vgl. Kallus

cal‖ma‖to [k...] ⟨*it.*⟩: beruhigt (Vortragsanweisung; Mus.)

Cal‖me [k...] vgl. Kalme

Cal‖met‖te‖ver‖fah‖ren [kal'mɛt...] *das;* -s ⟨nach dem franz. Bakteriologen A. L. Ch. Calmette, 1854–1930⟩: Schutzimpfung gegen Tuberkulose

Ca‖lo [k...] vgl. Kalo

Ca‖lor [k...] *der;* -s ⟨aus gleichbed. *lat.* calor⟩: Wärme, Hitze (als Symptom einer Entzündung; Med.)

Ca‖lo‖yos [ka'lo:jɔs] *die* (Plur.) ⟨aus *span.* caloyo „Lammfell"⟩: wollige Felle des span. od. südamerik. Merinolammes

Cal‖pol‖li [k...] vgl. Calpulli. **Cal‖pul‖li**, Calpolli *der;* -[s], -s ⟨aus *aztek.* calpulli „großes Haus"⟩: wirtschaftliche, soziale u. politische Stammeseinheit bei den Azteken (Völkerk.)

Calque [kalk] *der;* -s, -s ⟨aus gleichbed. *fr.* calque zu calquer „durchzeichnen, abpausen", dies aus *lat.-it.* calcare „treten"⟩: (veraltet) Durchzeichnung, Pause

Ca‖lu‖met [kalu'mɛt, auch kaly'mɛ] vgl. Kalumet

Ca‖lu‖tron [k...] *das;* -s, Plur. ...one, auch -s ⟨Kurzw. aus

*Ca*lifornia *U*niversity *Cyclotron*⟩: Trennanlage für ↑ Isotope

Cal|va ['kalva] vgl. Kalva

Cal|va|dos [k...] *der;* -, - ⟨nach dem gleichnamigen franz. Departement⟩: franz. Apfelbranntwein

Cal|va|ria [kal'va:...] *die;* -, ...riae [...ri̯ɛ] ⟨aus *spätlat.* calvaria „Hirnschale, Schädel" zu gleichbed. *lat.* calva⟩: knöchernes Schädeldach (Med.)

cal|vi|nisch [kalv...] usw. vgl. kalvinisch usw.

Cal|vi|ti|es [kal'vi:tsi̯ɛs] *die;* - ⟨zu *lat.* calvitium „Glatze"⟩: Kahlköpfigkeit (Med.)

¹Calx [k...] *die;* -, Calces [...tse:s] ⟨aus gleichbed. *lat.* calx, Gen. calcis⟩: Ferse. **²Calx** *die;* -, Calces [...tse:s] ⟨aus *lat.* calx, Gen. calcis ...,(Kalk)stein"⟩: Kalk

Cal|ly|ces ['ka:ly:tse:s]: Plur. von ↑ Calyx. **cal|ly|ci|nisch** ⟨zu ↑ Calyx⟩: kelchartig (von Blütenhüllen; Bot.)

Ca|lyp|so [ka'lɪpso] *der;* -[s], -s ⟨Herkunft unsicher⟩: 1. volkstümliche Gesangsform der afroamerik. Musik Westindiens. 2. figurenreicher Modetanz im Rumbarhythmus

Ca|lyp|tra [k...] vgl. Kalyptra

Ca|lyx [k...] *der;* -, ...lyces [...tse:s] ⟨über *lat.* calyx aus *gr.* kályx „Blütenkelch, Fruchtknospe"⟩: 1. Blütenkelch (Bot.). 2. Körperteil der Seelilien (Zool.)

CAM [kɛm] ⟨Abk. für *engl.* *c*omputer-*a*ided *m*anufacturing „computerunterstütztes Fertigen"⟩: Bez. für die computerunterstützte Steuerung u. Überwachung von Produktionsabläufen

Ca|ma|ieu [kama'jøː] *die;* -, -en ⟨aus gleichbed. *fr.* camaïeu zu camée „erhaben geschnittener Stein", vgl. Kamee⟩: 1. aus einem Stein mit verschieden gefärbten Schichten (z. B. aus Onyx) herausgearbeitete ↑ Kamee. 2. Gemälde auf Holz, Leinwand, Porzellan, Glas, das in mehreren Abtönungen einer Farbe gehalten ist, bes. häufig grau in grau; vgl. Grisaille (1 b). **Ca|ma|ieu|holz|schnitt** *der;* -[e]s, -e: besondere Art des Farbholzschnittes (Grau-in-Grau-Schnitt). **Ca|ma|ieu|ma|le|rei** *die;* -: besondere Art der Porzellanmalerei (Ton-in-Ton-Bemalung)

Ca|mail [ka'maj] *der;* -s, -s ⟨aus gleichbed. *fr.* camail zu *altprovenzal.* capmalh „Kopfrüstung"⟩ (veraltet) 1. a) Schulterkragen höherer Geistlicher; b) kurzer Frauenmantel. 2. Helmdecke auf Wappen

Ca|ma|re|ra [k...] *die;* -, -s ⟨aus gleichbed. *span.* camarera⟩: span. Bez. für Kellnerin u. Kammerdienerin. **Ca|ma|re|ro** *der;* -[s], -s ⟨aus gleichbed. *span.* camarero⟩: span. Bez. für Kellner u. Kammerdiener

Ca|margue|pferd [ka'marg...] *das;* -[e]s, -e ⟨nach der Landschaft Camargue im Rhônedelta, Südfrankreich⟩: in Südfrankreich gezüchtete Pferderasse

Ca|ma|ro|sau|ri|er [k...i̯ɐ] *der;* -s, - u. **Ca|ma|ro|sau|rus** *der;* -, ...rier [...i̯ɐ] ⟨zu *gr.* kámmaros „eine Krebsart" u. saûros „Eidechse"⟩: ein nordamerik. Dinosaurier

Cam|ber ['kɛmbɐ] *der;* -s, - ⟨aus *engl.* camber, eigtl. „Wölbung"⟩: weicher Herrenfilzhut

Cam|bia|ta [k...] *die;* -, ...ten ⟨aus gleichbed. *it.* cambiata zu *mlat.* cambiare „tauschen, wechseln"⟩: vertauschte Note, Wechselnote (Mus.). **Cam|bio** usw. vgl. Kambio usw. **Cam|bi|um** vgl. Kambium

Cam|bric ['kambrɪk, *engl.* 'keɪmbrɪk] usw. vgl. Kambrik usw.

Cam|cor|der ['kamkɔrdɐ] *der;* -s, - ⟨aus gleichbed. *engl.* camcorder, zusammengezogen aus *cam*era „Kamera" u. re*corder* „Recorder"⟩: Videokamera u. Videorecorder in einem Gerät; Kamera zur Aufnahme von Filmen, deren Wiedergabe auf dem Fernsehschirm durch unmittelbaren Anschluß an das Fernsehgerät erfolgt

Ca|me|lot [kamə'lɔt, *fr.* kam'lo] vgl. ²Kamelott

Ca|mem|bert ['kamәmbe:ɐ̯, ...bɛ:ɐ̯, auch kamã'be:ɐ̯] *der;* -s, -s ⟨aus gleichbed. *fr.* camembert, nach der gleichnamigen Stadt in der Normandie⟩: vollfetter Weichkäse

Ca|me|ra lu|ci|da [k... 'lu:tsida] *die;* - -, ...rae [...rɛ] ...dae [...dɛ] ⟨aus *lat.* camera lucida „helle Kammer"⟩: Vorrichtung zum Abzeichnen von Gegenständen, bei der die vom Gegenstand kommenden Lichtstrahlen so abgelenkt werden, daß dem Zeichner der Gegenstand in die Zeichenebene projiziert erscheint. **Ca|me|ra ob|scu|ra** *die;* - -, ...rae [...rɛ] ...rae [...rɛ] ⟨aus *lat.* camera obscura „dunkle Kammer"⟩: innen geschwärzter Kasten mit transparenter Rückwand, auf der eine an der Vorderseite befindliche Sammellinse ein kopfstehendes, seitenverkehrtes Bild erzeugt (Urform der fotografischen Kamera). **Ca|me|ra|ri|us** *der;* -, ...rii ⟨aus *mlat.* camerarius „Kämmerer, Kammerherr"⟩: Vorsteher der fürstlichen Vermögensverwaltung, Schatzmeister. **Ca|me|ra|ta** *die;* -, -s ⟨aus *it.* camerata „Gruppe, Gemeinschaft, Verein" zu *lat.-it.* camera „Kammer"; nach der Camerata Florentina, einer akademischen Vereinigung von Musikern, Dichtern u. Gelehrten um den Florentiner Grafen Bardi im 16. Jh.⟩: Name von Kammermusikvereinigungen, die sich im Zusammenhang mit musikwissenschaftlichen Erkenntnissen um zeitgenössische Aufführungspraktiken der gespielten Werke bemühen. **Ca|mer|len|go** *der;* -s, -s ⟨aus *it.* camerlengo „Kämmerer"⟩: Schatzmeister des Kardinalskollegiums, Kämmerer

Ca|mion ['kami̯õ] *der;* -s, -s ⟨aus gleichbed. *fr.* camion⟩: (schweiz.) Lastkraftwagen. **Ca|mi|on|na|ge** ['kami̯ɔna:ʒə] *die;* - ⟨aus *fr.* camionnage⟩: (schweiz.) 1. Spedition. 2. Gebühr für die Beförderung von Frachtgut durch den Rollfuhrdienst (das Speditionsunternehmen), Rollgeld. **Ca|mi|on|neur** [...nøːɐ̯] *der;* -s, -e ⟨aus gleichbed. *fr.* camionneur⟩: (schweiz.) Spediteur

Ca|mi|sade [kami'za:d] *die;* -, -n [...dn̩] ⟨aus gleichbed. *fr.* camisade; die Teilnehmer machten sich durch Überziehen von weißen Hemden (*spätlat.* camisiae) gegenseitig kenntlich⟩: (veraltet) nächtlicher Überfall

Ca|mor|ra [k...] usw. vgl. Kamorra usw.

Ca|mou|fla|ge [kamu'fla:ʒə] *die;* -, -n ⟨aus gleichbed. *fr.* camouflage⟩: 1. (veraltet) Tarnung von Befestigungsanlagen. 2. (abwertend) Tarnung von [politischen] Absichten. **ca|mou|flie|ren** [kamu...] ⟨aus gleichbed. *fr.* camoufler, dies aus *it.* camuffare „sich verkleiden"⟩: (veraltet) tarnen, verbergen

¹Camp [kɛmp] *das;* -s, -s ⟨aus gleichbed. *engl.* camp, dies über *fr.* camp, *it.* campo aus *lat.* campus „Feld"⟩: 1. [Zelt]lager, Ferienlager (aus Zelten od. einfachen Häuschen). 2. Gefangenenlager

²Camp [kɛmp] *der;* -s, -s ⟨zu *engl.* camp „schwul", weitere Herkunft unsicher⟩: männliche Person mit extravaganten [homosexuellen] Verhaltens- u. Erlebnisweisen, eine Art ↑ Dandy

Cam|pan [kã'pã:] u. **Cam|pa|ni|um** [kam...] *das;* -[s] ⟨nach der Champagne, Frankreich⟩: eine Stufe der Kreide (Geol.)

Cam|pa|na [k...] *die;* -, -ne ⟨aus gleichbed. *it.* campana, vgl. Kampanile⟩: ital. Bez. für Glocke

Cam|pa|na|re|li|efs [k...] *die* (Plur.) ⟨nach der Sammlung des Italieners G. Campana (1806–1880) u. zu ↑ Relief⟩: etwa von 50 v. Chr. bis 150 n. Chr. hergestellte Terrakottaplatten mit bemalten Flachreliefs

Cam|pa|ni|le [k...] vgl. Kampanile

Cam|pa|ni|um [k...] vgl. Campan

Cam|pa|nu|la [k...] *die;* -, ...lae [...lɛ] ⟨aus *nlat.* campanula

„Glöckchen", Verkleinerungsbildung zu *spätlat.* campana „Glocke"): Glockenblume

Cam|pa|ri Ⓦ [k...] *der;* -s, -s (aber: 2 Campari) ⟨nach der Herstellerfirma Campari in Mailand⟩: ein Bitterlikör

Cam|pe|che|holz [kam'petʃe...] vgl. Kampescheholz

Campe|ment [kamp'mã:] *das;* -s, -s ⟨aus gleichbed. *fr.* campement zu camp, vgl. Camp⟩: (veraltet) Feldlager, ↑ Biwak. **cam|pen** ['kɛm...] ⟨aus gleichbed. *engl.* to camp, vgl. kampieren⟩: am Wochenende od. während der Ferien im Zelt od. Wohnwagen leben. **Cam|per** *der;* -s, - ⟨aus gleichbed. *engl.* camper⟩: jmd., der am Wochenende od. während der Ferien im Zelt od. Wohnwagen lebt. **Cam|pe|si|no** [ka...] *der;* -s, -s ⟨aus gleichbed. *span.* campesino⟩: Landarbeiter, Bauer (in Spanien u. Südamerika)

Cam|phen [k...] usw. vgl. Kampfen usw.

cam|pie|ren [k...] ⟨aus gleichbed. *fr.* camper, vgl. kampieren⟩: (österr. u. schweiz.) svw. campen

Cam|pi|gnien [kãpɪn'jɛ:] *das;* -[s] ⟨nach der Fundstelle Campigny in Frankreich⟩: Kulturstufe des Mittelsteinzeit

Cam|pi|lit [k...] *das;* -s ⟨Kunstw.⟩: starkes Nervengift

Cam|ping ['kɛm...] *das;* -s ⟨aus gleichbed. *engl.* camping, vgl. Camp⟩: das Leben im Freien [auf Campingplätzen], im Zelt od. Wohnwagen während der Ferien od. am Wochenende. **Cam|ping|platz** *der;* -es, ...plätze: Gelände, auf dem gegen Gebühr gezeltet bzw. der Wohnwagen abgestellt werden darf. **Cam|pio|nis|si|mo** [kam...] *der;* -[s], ...ni ⟨aus *it.* campionissimo „Weltmeister, großer Sportler" zu campione „Held, Kämpfer", dies über campa „Feld" aus gleichbed. *lat.* campus⟩: (bes. österr.) Meister im Sport. **Camp|mee|ting** ['kæmpmi:...] *das;* -s, -s ⟨aus gleichbed. *engl.-amerik.* camp meeting⟩: [↑ methodistische] Versammlung zur Abhaltung von Gottesdiensten im Freien od. in einem Zelt (bes. in den USA); Zeltmission. **Campo** ['kampo] *der;* -s, -s (meist Plur.) ⟨aus *span.* u. *port.* campo „flaches Land", dies aus *lat.* campus „Feld"⟩: 1. bras. ↑ Savanne mit weiten Grasflächen. 2. Rinderhaut aus Eigenschlachtungen südamerik. Viehzüchter. 3. ital. Feldmaß, etwa 41 Ar. **Cam|po|san|to** *der;* -s, Plur. -s od. ...ti ⟨aus gleichbed. *it.* camposanto⟩: ital. Bez. für Friedhof

Camp|to|nit [k..., auch ...'nɪt] *der;* -s, -e ⟨nach dem Ort Campton in New Hampshire (USA) u. zu ↑²...it⟩: ein dunkles Ganggestein

Camp|to|sau|ri|er [k...ɪ̯ɐ] *der;* -s, - u. **Camp|to|sau|rus** *der;* -, ...rier [...ɪ̯ɐ] ⟨zu *gr.* kámptein „beugen, krümmen" u. saũros „Eidechse"⟩: ein Dinosaurier Nordamerikas u. Europas

Cam|pus ['kam..., *engl.* 'kæmpəs] *der;* -, - ⟨aus gleichbed. *engl.-amerik.* campus, dies aus *lat.* campus „Feld"⟩: Gesamtanlage einer Hochschule, Universitätsgelände

cam|py ['kɛmpi] ⟨*engl.*⟩: extravagant, theatralisch, manieristisch in der Art eines ↑ ²Camps

Ca|na [k...] *die;* -s (aber: 5 -) ⟨aus gleichbed. *span.* cana⟩: altes span. Längenmaß von etwa 2 Ellen

Ca|na|di|enne [kana'diɛn] *die;* -, -s ⟨zu *fr.* canadien „kanadisch"⟩: lange, warme, sportliche Jacke mit Gürtel

Ca|nail|le [ka'naljə] usw. vgl. Kanaille usw.

Ca|na|le [k...] *der;* -, -s ⟨aus *it.* canale „Leitungsröhre", vgl. Kanal⟩: ital. Bez. für Kanal. **Ca|na|li|cu|lus** [...kulʊs] *der;* -, ...li ⟨aus *lat.* canaliculus, Verkleinerungsform von canalis, vgl. Canalis⟩: kleiner Körperkanal (Med.). **Ca|na|lis** *der;* -, ...les [...le:s] ⟨aus *lat.* canalis „Rinne, Röhre, Kanal"⟩: röhrenförmiger Durchgang, Körperkanal (z. B. Verdauungskanal; Med.)

Ca|nan|ga|öl [k...] vgl. Kanangaöl

Ca|na|pé [kana'pe:] vgl. ²Kanapee

Ca|nard [ka'na:ɐ̯] *der;* -s, -s ⟨aus gleichbed. *fr.* canard zu älter *fr.* caner „schnattern"⟩: (veraltet) a) Ente; b) falsche [Presse]meldung. **Ca|nar|dier** [kanar'di̯e:] *der;* -s, -s ⟨aus gleichbed. *fr.* canardier⟩: (veraltet) a) Entenjäger; b) Verfasser falscher Pressemeldungen

Ca|na|rie [k...] *die;* - ⟨*fr.;* nach den Kanarischen Inseln⟩: Paartanz im ¾- od. ⅜-Takt (vom 16. bis 18. Jh. Gesellschaftstanz), eine Art schnelle ↑ Courante od. ↑ Gigue. **Ca|na|ry** [kə'nɛ:ri, *engl.* kə'nɛəri] *der;* - ⟨*engl.*⟩: engl. Form von ↑ Canarie

Ca|na|sta [k...] *das;* -s ⟨aus gleichbed. *span.* canasta, eigtl. „Korb", dies aus *lat.* canistellum „Körbchen", Verkleinerungsform von canistrum; vgl. Kanister⟩: (aus Uruguay stammendes) Kartenspiel

Can|can [kã'kã:] *der;* -s, -s ⟨aus gleichbed. *fr.* cancan, wohl kindersprachl. Bez. für canard „Ente", nach den Bewegungen der Tanzenden⟩: lebhafter Tanz im ¾-Takt, heute vor allem Schautanz in Varietés u. Nachtlokalen. **can|ca|nie|ren** [kãka'ni:...] ⟨aus gleichbed. *fr.* cancaner⟩: (veraltet) 1. klatschen, tratschen. 2. den Cancan tanzen

Can|cel|li [kan'tsɛli] *die* (Plur.) ⟨aus gleichbed. *lat.* cancelli (Plur.) zu cancer „Gitter, Schranke"⟩: Schranken aus Holz od. Marmor zur Abgrenzung des Altarraumes vom Gemeinderaum in frühchristlichen Basiliken, Chorschranken

Can|cer ['kantsɐ] *der;* -s, - ⟨aus *lat.* cancer „Krebs"⟩: svw. Karzinom. **Can|cer en cui|rasse** [kãsɛrãkÿi'ras] *der;* - - -, - - - ⟨aus gleichbed. *fr.* cancer en cuirasse zu cuirasse „Harnisch, Brustpanzer"⟩: Brustdrüsenkrebs mit harten Ausläufern, die in angrenzende Teile des Brustkorbs eindringen (Med.). **can|ce|ro|gen** [kantse...] vgl. kanzerogen. **Can|ce|ro|lo|ge** *der;* -n, -n ⟨zu ↑ Cancer u. ↑...loge⟩: svw. Karzinologe

Can|ci|ón [kan'θi̯on] *das;* -s, -s ⟨aus *span.* canción „Lied, Gesang", dies aus *lat.* cantio „Gesang"⟩: span. lyrisches Gedicht. **Can|cio|nei|ro** [kãsi̯u'nairu] *der;* -s, -s ⟨aus *port.* cancioneiro⟩: port. Form von Cancionero. **Can|cio|ne|ro** [kansi̯o'ne:ro, *span.* kanθi̯o'nero] *der;* -s, -s ⟨aus *span.* cancionero „Liederbuch"⟩: in der port. u. span. Literatur eine Sammlung lyrischer Gedichte

cand.: Abk. für candidatus; vgl. Kandidat (2)

Can|de|la [k...] *die;* -, - ⟨aus *lat.* candela „Wachslicht, Kerze"⟩: Einheit der Lichtstärke; Zeichen cd

Can|de|lil|la|wachs [k...] vgl. Kandelillawachs

Can|deur [kã'dø:ɐ̯] *die;* - ⟨aus gleichbed. *fr.* candeur, dies aus *lat.* candor⟩: (veraltet) Reinheit, Lauterkeit, Aufrichtigkeit

Can|di ['tʃandi] *der;* -[s], -s ⟨*jav.*⟩: Tempel auf Java, in dem der Wohnsitz des Gottes, der Ahnen u. eines zum Gott erhobenen Königs, dessen Grabtempel der Candi war, verehrt wurde

Can|di|da [k...] *die;* - ⟨aus *lat.* candida, eigtl. „die (Schnee)weiße"⟩: 1. Antiquadruckschrift. 2. [krankheitserregender] Sproßpilz auf Haut u. Schleimhaut. **Can|di|da|tus [re|ve|ren|di] mi|ni|ste|rii** [– (reve...], *der;* - - -, ...ti - - ⟨*lat.*⟩: Kandidat des [lutherischen] Predigtamts; Abk.: cand. [rev.] min. od. c. r. m. **can|dide** [kã'did] ⟨*fr.;* dies aus *lat.* candidus⟩: (veraltet) rein, weiß, lauter, aufrichtig

Candle-light-Din|ner ['kændllaɪt...] *das;* -s, -[s] ⟨zu *engl.* candle-light „Kerzenlicht"⟩: festliches Abendessen mit Kerzenbeleuchtung

Cane|pin [kan'pɛ̃:] *der;* -s, -s ⟨aus gleichbed. *fr.* canepin⟩: weißgegerbtes Schaf- od. Ziegenleder für Handschuhe

Ca|net|te [k...] *die;* -, -n ⟨aus *fr.* canette, eigtl. Verkleinerungsform von cane „Ente"): (veraltet) marmornes Spielkügelchen für Kinder, Murmel

Cane|zou [kan'zu] *der;* -[s], -s ⟨aus gleichbed. *fr.* canezou, weitere Herkunft unbekannt⟩: von etwa 1800–1870 modisches Jäckchen od. Schulterkragen als Teil der Frauenkleidung

Ca|ni|nus [k...] *der;* -, ...ni ⟨verkürzt aus *lat.* dens caninus „Hundszahn" zu canis „Hund"⟩: Eckzahn (Zahnmed.)

Ca|ni|ti|es [ka'ni:tsiɛs] *die;* - ⟨aus *lat.* canities „weißgraue Farbe" zu canus „grau, weißgrau"⟩: das Ergrauen der Haare (Med.)

Can|na [k...] *die;* -, -s ⟨über *lat.* canna aus *gr.* kánna „Rohr, Schilf", dies über *babylon.* qanū „Rohr" aus gleichbed. *sumer.* gin⟩: in tropischen Gebieten wild wachsende, als Zierpflanze kultivierte hohe Staude mit roten, gelben od. rosa Blüten

Can|na|bio|se [k...] *die;* -, -n ⟨zu ↑Cannabis u. ↑¹...ose⟩: eine Form der ↑Byssinose (Med.). **Can|na|bis** *der;* - ⟨über *lat.* cannabis aus *gr.* kánnabis „Hanf"⟩: a) Hanf; b) (Jargon) svw. Haschisch. **Can|na|bis|mus** *der;* - ⟨zu ↑...ismus (3)⟩: chronische Vergiftung durch ↑Haschisch

Can|nae ['kanɛ] vgl. Kannä

Can|ne|lé [kanə'le:] *der;* -[s] ⟨aus gleichbed. *fr.* cannelé⟩: Ripsgewebe mit Längsrippen verschiedener Stärke

Can|nel|koh|le ['kɛnl...] vgl. Kännelkohle

Can|nel|lo|ni [k...] *die* (Plur.) ⟨aus gleichbed. *it.* cannelloni, Plur. von cannellone, zu *lat.* canna „Rohr"; vgl. Canna⟩: mit Fleisch gefüllte u. mit Käse überbackene Nudelteigröllchen. **Can|nette** [ka'nɛt] *die;* -, -n [...tn̩] ⟨aus gleichbed. *fr.* cannette zu canne „Rohr", dies aus *lat.* canna, vgl. Canna⟩: (veraltet) 1. spanisches Rohr. 2. in der Weberei verwendetes Spulröhrchen

Can|ning ['kɛnɪŋ] *das;* -s, -s ⟨aus *engl.* canning „Verkapselung"⟩: Umhüllung des Brennstoffes in Kernreaktoren

Can|non-Not|fall|re|ak|ti|on ['kænən...] *die;* - ⟨nach dem amerik. Physiologen W. B. Cannon, 1871–1941⟩: Sofortreaktion des menschlichen Organismus auf plötzliche, schwere physische od. psychische Belastungen

Ca|noe ['ka:nu, ka'nu:] vgl. Kanu

Ca|non [k...] vgl. Kanon

Ca|ñon ['kanjɔn, kan'jo:n] *der;* -s, -s ⟨aus gleichbed. *mex.-span.* cañón, dies wohl über älter *span.* callón, Vergrößerungsform von calle „Straße", aus *lat.* callis „Fußpfad"⟩: enges, tief eingeschnittenes, steilwandiges Tal, bes. im westlichen Nordamerika

Ca|no|ni|cus [k...kʊs] vgl. Kanoniker

Ca|nons [ka'nõ:] *die* (Plur.) ⟨aus älter *fr.* canons „Spitzenbesatz (am Knie)"⟩: gefältelte ↑Volants aus weißem Stoff od. weißer Spitze als Abschluß der Hosenbeine im 16./17. Jh.

Ca|nos|sa [k...] vgl. Kanossa

Ca|no|tier [kano'tie:] *der;* -[s], -s ⟨aus gleichbed. *fr.* canotier, eigtl. „Bootfahrer", zu canot „Boot, Kahn", vgl. Kanu⟩: steifer, flacher Strohhut mit gerader Krempe

Cant [kɛnt, engl. kænt] *der;* -s ⟨aus gleichbed. *engl.* cant (verwandt mit *lat.* cantus „Gesang; Weissagung, Zauberspruch"⟩: a) heuchlerische Sprache, Scheinheiligkeit; b) Rotwelsch. **can|ta|bi|le** [kan...] ⟨*it.;* zu cantare aus *lat.* cantare „singen"⟩: gesangartig, ausdrucksvoll (Vortragsanweisung; Mus.)

Can|tal [kã'tal] *der;* -s, -s ⟨nach dem gleichnamigen franz. Departement in der Auvergne⟩: franz. Hartkäse aus der Auvergne

Can|ta|lou|pe [kanta'lu(:)pə] *die;* -, -en ⟨aus gleichbed. *fr.* cantaloup, dies nach dem ersten europäischen Anbau bei Cantalupo, einer vormals päpstlichen Villa bei Rom⟩: eine Zuckermelonenart

can|tan|do [k...] ⟨*it.*⟩: singend (Vortragsanweisung; Mus.)

Can|ta|ro [k...] *der;* -s, ...ari ⟨aus *it.* cantaro, vgl. Kantar⟩: svw. Kantar

Can|ta|te [k...] vgl. Kantate

Can|ta|to|ri|um [k...] *das;* -s, ...rien [...jən] ⟨aus gleichbed. *mlat.* cantatorium zu *lat.* cantator „Sänger", eigtl. „Gesangbuch"⟩: liturgisches Buch des Mittelalters, in dem die Sologesänge der Messe zusammengefaßt waren

Can|ter ['kan..., engl. 'kæntə] usw. vgl. Kanter usw.

Can|tha|ri|din [k...] vgl. Kantharidin

Can|ti|ca ['kantika] *die* (Plur.) ⟨über *spätlat.* cantica, Plur. von canticum „geistliches Lied, Psalm" aus *lat.* canticum „(arien- od. rezitativartiger) Gesang"⟩: 1. die gesungenen Teile des altröm. Dramas; Ggs. ↑Diverbia. 2. zusammenfassende Bez. der biblischen Gesänge u. Gebete nach den Psalmen in ↑Septuaginta u. ↑Vulgata, Bestandteil der Stundengebete; - maiora [ma'jo:ra]: die neutestamentlichen Lobgesänge (eigtl. „große Lieder"); - minora: die alttestamentlichen Lobgesänge (eigtl. „kleine Lieder").

Can|ti|cum can|ti|co|rum *das;* -s - ⟨*lat.;* „das Lied der Lieder"; vgl. Cantica⟩: das Hohelied Salomos im Alten Testament. **Can|ti|ga** *die;* -, -s ⟨aus *port.* cantiga „Lied", eigtl. „Lobgesang"⟩: eines der in den Cancioneiros überlieferten span. u. port. Lieder des 12. bis 14. Jh.s. **Can|ti|no** *der;* -s, -s ⟨aus *it.* cantino „Sangsaite"⟩: ital. Bez. für ↑Chanterelle. **Can|tio** *die;* -, ...ones [...ne:s] ⟨aus *lat.* cantio „Gesang" zu canere „singen"⟩: einstimmiges [geistliches] lat. Strophenlied des Mittelalters; - sacra ['za:kra]: Heiliges Lied, Motette des 16. u. 17. Jh.s. **Can|tio|na|le** *das;* -s, Plur. ...lia, ...lien [...jən] u. - ⟨aus *kirchenlat.* cantionale⟩: svw. Kantional. **Can|to** *der;* -s, -s ⟨aus gleichbed. *it.* canto, dies aus *lat.* cantus⟩: Gesang. **Can|tus** *der;* -, - [...tu:s] ⟨aus *lat.* cantus „Gesang" zu canere „singen"⟩: Gesang, Melodie, melodietragende Oberstimme bei mehrstimmigen Gesängen; - choralis [ko...]: einstimmiger Gregorianischer Gesang; - figuralis: mehrstimmige Musik des 15. bis 17. Jh.s; - firmus: [choralartige] Hauptmelodie eines polyphonen Chor- od. Instrumentalsatzes; Abk.: c. f.; - mensurabilis od. - mensuratus: in der Gregorianischen Kirchenmusik Choralnoten mit Bez. der Tondauer; - planus: in der Gregorianischen Kirchenmusik Choralnoten ohne Bez. der Tondauer; vgl. Kantus

Can|vas|sing ['kænvəsɪŋ] *das;* -[s] ⟨aus *engl.* canvassing „Wahl-, Kundenwerbung", eigtl. „Klinkenputzen"⟩: Wahlstimmenwerbung durch Gehen von Haus zu Haus

Ca|nyon ['kænjən] *der;* -s, -s ⟨aus gleichbed. *engl.* canyon⟩: engl. Form von ↑Cañon

Can|zo|ne [k...] *die;* -, -n ⟨aus *it.* canzone „Lied"⟩: ital. Form von ↑Kanzone. **Can|zo|net|ta** *die;* -, ...tten ⟨aus gleichbed. *it.* canzonetta, Verkleinerungsform von canzone, vgl. Canzone⟩: ital. Form von ↑Kanzonetta. **Can|zo|nie|re** *die;* -, -n ⟨aus gleichbed. *it.* canzoniere⟩: Sammlung von Liedern od. anderen lyrischen Gedichten

Cao-Dai ['kau...] *der;* - ⟨aus *annamit.* cao-dai „höchster Palast"⟩: 1926 begründete ↑synkretistische Religion mit buddhistischen, christlichen u. a. Bestandteilen in Vietnam. **Cao|da|is|mus** *der;* - ⟨zu ↑...ismus (1)⟩: svw. Cao-Dai

Ca|pa [k...] *die;* -, -s ⟨aus gleichbed. *span.* capa, dies aus *spätlat.* cappa „Mantel mit Kapuze"⟩: farbiger Umhang der Stierkämpfer. **Cape** [ke:p] *das;* -s, -s ⟨aus *engl.* cape „Mantelkragen, Umhang", dies über *altprovenzal.* capa aus *spätlat.* cappa⟩: ärmelloser Umhang [mit Kapuze]. **Ca-**

pea|dor [ka...] *der;* -s, -es, eindeutschend auch **Kapeador** *der;* -s, -e ⟨aus gleichbed. *span*. capeador⟩: Stierkämpfer, der den Stier mit der Capa reizt

Ca|pil|li|ti|um [k...] vgl. Kapillitium. **Ca|pil|lus** *der;* -, ...lli (meist Plur.) ⟨aus *lat*. capillus „Haupt-, Barthaar"⟩: Kopfhaar (Anat.)

Ca|pi|strum [k...] *das;* -s, ...stra ⟨aus *lat*. capistrum „Halteschlinge, Halfter"⟩: besondere Art eines Kopfverbandes um Schädel u. Unterkiefer (Halfterbinde; Med.)

Ca|pi|ta ['ka(:)...]: Plur. von ↑Caput. **Ca|pi|taine** [kapi'tɛn] *der;* -s, -s ⟨aus gleichbed. *fr*. capitaine; vgl. Kapitän⟩: franz. Offiziersdienstgrad im Rang eines Hauptmanns. **Ca|pi|tal flow** ['kæpɪtlflou] *das* od. *der;* -s, -s ⟨aus *engl*. capital flow „Kapitalfluß"⟩: Kapitalverlagerung (zwischen Volkswirtschaften, auch zwischen einzelnen Wirtschaftsbereichen; Wirtsch.). **Ca|pi|ta|no** [ka...] *der;* -s, ...ni ⟨aus gleichbed. *it*. capitano; vgl. Kapitän⟩: 1. ital. Offiziersdienstgrad im Rang eines Hauptmanns. 2. als Figur der ↑Commedia dell'arte ein bramarbasierender Soldat. **Ca|pi|te cen|si** [– 'tsɛnzi] die (Plur.) ⟨aus *lat*. capite censi (Plur.) „nach dem Kopf Geschätzte"⟩: vermögenslose römische Bürger, die bei der amtlichen Schätzung nur Angaben über ihre Person machten. **Ca|pi|ti|um** *das;* -s, ...tia ⟨aus *spätlat*. capitium „Kapuze" zu *lat*. capitium „Kopföffnung in der Tunika"⟩: mützenartiger Kopf[tuch]verband (Med.)

ca|pi|to? [k...] ⟨*it.;* zu capire, *lat*. capere, vgl. kapieren⟩: verstanden?

Ca|pi|to|lo [k...] *das;* -, ...li ⟨aus *it*. capitolo „Kapitel, Abschnitt; scherzhaftes Gedicht"⟩: ital. Gedicht in der Form der ↑Terzine. **Ca|pi|tu|lum** *das;* -s, ...la ⟨aus gleichbed. *lat*. capitulum, Verkleinerungsform von caput, Gen. capitis „Kopf, Haupt"⟩: Köpfchen, Gelenkköpfchen (Med.). **Ca|po|ta|sto** *der;* -, ...sti ⟨aus *it*. capotasto „Hauptbund", vgl. Kapodaster⟩: svw. Kapodaster

Cap|pa [k...] *die;* -, -s ⟨aus *mlat*. cappa „[geistliches] Gewand, Umhang; Kapuze"⟩: rund geschnittener Mantelumhang mit Kapuze od. ärmelloser Kapuzenmantel (Alltagstracht der Geistlichen im Mittelalter)

Cap|puc|ci|no [kapu'tʃi:no] *der;* -[s], -[s] (aber: 3 Cappuccino) ⟨aus gleichbed. *it*. cappuccino zu cappuccio „Kapuze"⟩: heißes Kaffeegetränk, das mit geschlagener Sahne u. ein wenig Kakaopulver serviert wird

Ca|pric|cio, auch Kapriccio [ka'prɪtʃo] *das;* -s, -s ⟨aus gleichbed. *it*. capriccio, eigtl. „Laune"⟩: scherzhaftes, launiges Musikstück (Mus.). **ca|pric|cio|so** [...'tʃo:zo] ⟨*it*.⟩: eigenwillig, launenhaft, kapriziös, scherzhaft (Vortragsanweisung; Mus.). **Ca|pri|ce** [ka'pri:sə, fr. ka'pris] *die;* -, -n ⟨aus *fr*. caprice „Laune, Eigensinn"⟩: 1. franz. Form von ↑Capriccio. 2. svw. Kaprice

Ca|pro|lac|tam [k...k...] vgl. Kaprolaktam. **Ca|pro|nat** vgl. Kapronat. **Ca|pron|säu|re** vgl. Kapronsäure

Caps. ⟨verkürzt aus *mlat*. capsula, Verkleinerungsform von *lat*. capsa „Kapsel"⟩: Abkürzung auf Rezepten für Kapsel

Cap|si|cum ['kapsikʊm] vgl. Kapsikum

Cap|si|en [ka'psiɛ̃:] *das;* -[s] ⟨*fr*.; nach dem Fundort Gafsa (altröm. Capsa) in Tunesien⟩: Kulturstufe der Alt- u. Mittelsteinzeit

Cap|stan ['kæpstən] *der;* -s, -s ⟨aus gleichbed. *engl*. capstan, dies aus *fr*. cabestan „(Schiffs)winde", zu *lat*. capistrare „anbinden"⟩: Antriebswelle von Tonbandgeräten u. Videorecordern

Cap|tain ['kæptɪn] *der;* -s, -s ⟨aus gleichbed. *engl*. captain; vgl. Kapitän⟩: engl. Offiziersdienstgrad im Rang eines Hauptmanns

Cap|ta|tio be|ne|vo|len|tiae [k... ...vo'lɛntsiɛ] *die;* - - ⟨aus *lat*. captatio benevolentiae „Haschen nach Wohlwollen"⟩: das Werben um die Gunst des Publikums mit bestimmten Redewendungen; vgl. Kaptation

Cap|tu|ring ['kæptʃərɪŋ] *das;* -s ⟨aus *engl*. capturing „das (Ein)fangen" zu to capture „(ein)fangen, einnehmen"⟩: Ersatz eines häufigen Elements in einem Mineral durch ein Spurenelement mit gleicher Raumbeanspruchung, aber höherer Wertigkeit, z. B. Barium für Kalium im Orthoklas (Geochem.)

Ca|pu|chon [kapy'ʃõ:] *der;* -s, -s ⟨aus *fr*. capuchon „kapuzenartiger Überwurf" zu cape „Kappenmantel", dies über *altprovenzal*. capa aus *spätlat*. cappa⟩: a) Damenmantel mit Kapuze; b) eine Art Kapuze aus einem Wollschlauch

Ca|put ['ka(:)...] *das;* -, Capita ⟨aus *lat*. caput, Gen. capitis „Haupt, Kopf"⟩: 1. Hauptstück, Kapitel eines Buches. 2. a) Kopf; b) Gelenk- od. Muskelkopf (Med.). **Ca|put mor|tu|um** *das;* - - ⟨aus *lat*. caput mortuum „toter Kopf"⟩: 1. rotes Eisen-III-Oxyd, Englischrot (Malerfarbe, Poliermittel). 2. (veraltet) Wertloses

CAQ [si:|ɛɪ'kju:] ⟨Abk. für *engl*. computer-*a*ided *q*uality assurance „rechnergestützte Qualitätssicherung"⟩: Bez. für die mit Hilfe von Computern u. geeigneten Programmen durchgeführte Qualitätssicherung bei der Fertigung von technischen Produkten

Ca|que|lon [kakə'lõ:] *das;* -s, -s ⟨aus gleichbed. *fr*. caquelon⟩: Topf aus Steingut od. Keramik mit Stiel (z. B. zum Fondue)

Car [ka:ɐ̯] *der;* -s, -s ⟨verkürzt aus *fr*. autocar „Bus"⟩: (schweiz.) Kurzform für ↑Autocar

Ca|ra|bi|nie|re [k...] vgl. Karabiniere

Ca|ra|cal|la [kara'kala] *die;* -, -s ⟨aus gleichbed. *lat*. caracalla, dies aus dem Gall.⟩: langer Kapuzenmantel (Kleidungsstück in der Antike)

Ca|ra|cho [ka'raxo] vgl. Karacho

Ca|ra|co [kara'ko:] *der;* -[s], -s ⟨aus *fr*. caraco „Schoßbluse, -jäckchen"⟩: hüftlange Schoßjacke der Frauenkleidung im 18. Jh., mit festem Mieder od. lose fallend

Ca|ra|doc [kara'dɔk] *das;* -[s] u. **Ca|ra|do|ci|um** [...tsiʊm] *das;* -s ⟨nach der engl. Ortschaft Caradoc u. zu ↑...ium⟩: eine Stufe des ↑Ordoviziums (Geol.)

ca|ram|ba! [k...] ⟨*span*.⟩: (ugs.) Teufel!, Donnerwetter!

Ca|ra|mel [k...] vgl. Karamel

Ca|ram|bo|la [k...] *die;* -, -s ⟨aus *span*. carambola „Sternapfel"⟩: svw. ²Karambole

Ca|ran|cho [ka'rantʃo] *der;* -s, -s ⟨aus *span*. carancho „Geierfalke", dies aus dem Indian.⟩: ein amerik. Greifvogel

Ca|ra|van ['ka(:)ravan, kara'va:n, seltener 'kɛravɛn, ...'vɛn] *der;* -s, -s ⟨aus gleichbed. *engl*. caravan, dies aus *it*. caravana, vgl. Karawane⟩: 1. a) ⓦ Wagen, der sowohl als Freizeitfahrzeug als auch als Fahrzeug für Transporte benutzt werden kann; b) Reisewohnwagen. 2. Verkaufswagen. **Ca|ra|va|ner** ['ka(:)rava:nɐ, kara'va:nɐ, seltener 'kɛravɛnɐ] *der;* -s, -; jmd., der im Caravan (1 b) lebt bzw. Urlaub macht. **Ca|ra|va|ning** ['ka(:)rava:nɪŋ, kara'va:nɪŋ, seltener 'kɛravɛnɪŋ] *das;* -s ⟨aus gleichbed. *engl*. caravan(n)ing⟩: das Leben im Caravan (1 b)

Carb|azol [k...] vgl. Karbazol. **Car|bid** vgl. Karbid. **Car|bo** *der;* -[s] ⟨aus gleichbed. *lat*. carbo⟩: Kohle; - medicinalis [...tsi...]: medizinische Kohle, Tierkohle (Heilmittel bei Darmkatarrh u. Vergiftungen). **Carb[o]...** usw. vgl. karbo..., Karbo... **Car|bo|cy|clen** [...tsy:klən] usw. vgl. Karbozyklen usw. **Car|bo|gen** *das;* -s ⟨Kurzbildung aus ↑*Car*boneum u. ↑...*gen*⟩: zur künstlichen Beatmung verwendetes Gemisch aus 95% Sauerstoff u. 5% Kohlendioxyd (Chem.; Med.). **Car|bo|li|ne|um** vgl. Karbolineum. **Car-**

bol|säu|re vgl. Karbolsäure. **Car|bo|na|do** vgl. Karbonado. **Car|bo|na|ri** vgl. Karbonari. **Car|bo|nat** vgl. Karbonat. **Car|bo|ne|um** *das;* -s ⟨aus *nlat.* carboneum zu *lat.* carbo „Kohle"⟩: ältere Bez. für Kohlenstoff; Zeichen C. **Car|bo|nyl** *das;* -s, -e ⟨zu ↑...yl⟩: jede flüssige od. feste anorganische Verbindung, die Kohlenoxyd u. ein Metall in chem. Bindung enthält (Chem.). **Car|bo|nyl|grup|pe** *die;* -, -n: zweiwertige CO-Gruppe, bes. reaktionsfähige Atomgruppe (z. B. der Ketone). **Car|bo|run|dum** vgl. Karborund. **Carb|oxyl|grup|pe** vgl. Karboxylgruppe. **car|bu|rie|ren** vgl. karburieren

Car|ca|vel|lo [karka'v...] *der;* -s ⟨nach dem Weinbaugebiet Carcavelos in der port. Landschaft Estremadura⟩: ein süßer Weißwein

Car|ci|no... [kartsino...] vgl. Karzino...

Car|di|gan [k..., engl. 'kɑːdɪgən] *der;* -s, -s ⟨nach J. Th. Brudenell, 7. Earl of Cardigan (1797–1868)⟩: lange wollene Strickweste für Damen

Car|di[o]... [k...] vgl. Kardi[o]...

Card-jam ['kɑːdʤæm] *der;* -s, -s ⟨zu *engl.* card „Karte" u. to jam „klemmen"⟩: (Jargon) Störung infolge Kartenverklemmung o. ä. (EDV)

CARE [kɛə] ⟨Abk. für *engl.* Cooperative for American Remittances to Europe, zugleich angelehnt an *engl.* care „Sorge"⟩: 1946 in den USA entstandene Hilfsorganisation, die sich um die Milderung wirtschaftlicher Not in Europa nach dem 2. Weltkrieg bemühte

Ca|rême [ka'rɛm] *der;* -s, -s ⟨aus gleichbed. *fr.* carême, dies über *vulgärlat.* quaresima zu *lat.* quadragesima, eigtl. „der 40. Tag (vor Ostern)"⟩: a) die vierzigtägige Fastenzeit; b) Sammlung von Fastenpredigten. **Ca|re|na** [...nɛ] ⟨aus gleichbed. *mlat.* carena; vgl. Carême⟩: a) Fasten- od. Bußzeit von vierzig Tagen; b) Kirchenbuße von geringerer Dauer; c) Entzug des Mittagessens als Strafe in den mittelalterlichen Lateinschulen

care of ['kɛər əv] ⟨*engl.;* eigtl. „unter Obhut (von)"⟩: wohnhaft bei... (Zusatz bei der Adressenangabe auf Briefumschlägen; Abk.: c/o

Care|pa|ket ['kɛə...] *das;* -[e]s, -e ⟨zu ↑CARE u. ↑Paket⟩: Geschenkpaket an Bedürftige in Notstandsgebieten

ca|rez|zan|do [k...] u. **ca|rez|ze|vo|le** [...vole] ⟨*it.;* zu carezzare „schmeicheln", dies über *mlat.* caritia „Schmeichelei" aus *lat.* carus „lieb, teuer"⟩: zärtlich, schmeichelnd, liebkosend (Vortragsanweisung; Mus.)

Ca|ri|es ['kaːri̯ɛs] vgl. Karies

Ca|ril|lon [kari'jõː] *der;* -[s], -s ⟨aus *fr.* carillon „Glockenspiel", dies aus *vulgärlat.* quadrinio, *lat.* quaternio „Gruppe von vier"⟩: 1. mit Klöppeln geschlagenes, mit einer Tastatur gespieltes od. durch ein Uhrwerk mechanisch betriebenes Glockenspiel. 2. Musikstück für Glockenspiel od. Instrumentalstück mit glockenspielartigem Charakter. **Ca|ril|lon|neur** [...jɔˈnøːɐ̯] *der;* -s, -e ⟨aus gleichbed. *fr.* carillonneur⟩: Glockenspieler

Ca|ri|na [k...] *die;* -, ...nae [...nɛ] ⟨aus *lat.* carina „Kiel"⟩: 1. kielartiger Vorsprung an Organen (Med., Biol.). 2. Brustbeinkamm der Vögel (Zool.). 3. Gehäuseteil (Rückenplatte) gewisser Rankenfüßer (z. B. der Entenmuschel) aus der Ordnung der niederen Krebse

ca|rin|thisch [k...] ⟨latinisierende Bildung nach der alten römischen Provinz „provincia Carantana", dem heutigen Kärnten⟩: Kärnten bzw. die Kärntner betreffend

Ca|rio|ca [ka'ri̯oːka] *die;* -, -s ⟨aus gleichbed. *port.* carioca, dies zu *Tupi* ⟨eine südamerik. Indianersprache⟩ cari „weiß" u. oca „Haus"⟩: um 1930 in Europa eingeführter lateinamerik. Modetanz im ²⁄₄-Takt, Abart von ↑Rumba

Ca|ri|tas [k...] *die;* - ⟨zu *mlat.* caritas „Nächstenliebe"⟩: Kurzbez. für den Deutschen Caritasverband der kath. Kirche; vgl. Karitas. **ca|ri|ta|tiv** vgl. karitativ

Car|jacker¹ ['kɑːdʒækɐ] *der;* -s, - ⟨aus gleichbed. *engl.-amerik.* carjacker zu car (vgl. Car) u. to hijack „entführen; ausrauben, überfallen"⟩: [bewaffneter] Autoräuber. **Car|jaking¹** [...dʒækɪŋ] *das;* -[s], - ⟨aus gleichbed. *engl.-amerik.* carjacking⟩: Autoraub unter Androhung von Gewalt

Car|ma|gno|le [karman'jo:lə] *die;* -, ...olen ⟨nach der piemontesischen Stadt Carmagnola⟩: 1. (ohne Plur.) ein franz. Revolutionslied aus dem 18. Jh. 2. ärmellose Jacke [der ↑Jakobiner (1)]

Car|men [k...] *das;* -s, ...mina ⟨aus gleichbed. *lat.* carmen⟩: 1. [Fest-, Gelegenheits]gedicht. 2. bis ins 16. Jh. instrumentaler Liedsatz

Car|nage [kar'naːʒ] *die;* -, -n [...ʒn] ⟨aus gleichbed. *fr.* carnage zu *lat.* caro, Gen. carnis „Fleisch"⟩: (veraltet) Gemetzel, Massaker, Blutbad

Car|nal|lit [k..., auch ...'lɪt] vgl. Karnallit

Car|net [kar'nɛ] *das;* -s, -s ⟨aus *fr.* carnet „Notizbuch, Merkbüchlein; Block", zusammengezogen aus *lat.* quaternettum, Verkleinerungsform von quaternum⟩: (veraltet) Reisebuch, Tag- u. Schuldregister des Kaufmanns. **Car|net [de pas|sa|ges]** [– (də pa'saːʒə)] *das,* - - -, -s [kar'nɛ] - - ⟨aus gleichbed. *fr.* carnet de passages⟩: Sammelheft von ↑Triptiks, Zollpassierscheinheft für Kraftfahrzeuge

Car|ni|fex [k...] *der;* -, ...nifices [...fit͡seːs] ⟨aus *lat.* carnifex „Henker(sknecht), Folterknecht, Peiniger; Schurke"⟩: röm. Bez. für denjenigen, der Hinrichtungen u. Folterungen an Unfreien, eventuell auch Fremden zu vollziehen hatte

Car|no|tit [k..., auch ...'tɪt] *der;* -s, -e ⟨nach dem franz. Chemiker S. Carnot (1796–1832) u. zu ↑²...it⟩: ein gelbes, zu den Uranmineralen gehöriges Mineral

Ca|roa [k...] *die;* -, -s ⟨aus einer südamerik. Indianersprache⟩: aus bestimmten Ananasgewächsen gewonnene reißfeste Faser, die vor allem zu Bindfäden verarbeitet wird

Ca|rol ['kærəl] *das;* -s, -s ⟨aus *engl.* carol „Lied", dies aus *altfr.* carole, *provenzal.* carola, corola⟩: englisches volkstümliches [Weihnachts]lied

Ca|ro|tin [k...] vgl. Karotin. **Ca|ro|ti|no|id** vgl. Karotinoid

Ca|ro|tis [k...] vgl. Karotis

Car|pa|lia [k...] *die* (Plur.) ⟨aus gleichbed. *nlat.* carpalia (Plur.) zu *gr.* karpós „Handwurzel"⟩: Sammelbezeichnung für die acht Handwurzelknochen

car|pe di|em! [k... –] ⟨*lat.;* „pflücke den Tag!"; Spruch aus Horaz, Oden I, 11, 8⟩: a) nutze den Tag!; b) koste den Tag voll aus!

Car|pen|ter|brem|se [k...] vgl. Karpenterbremse

Car|port ['kɑːpɔːt] *der;* -s, -s ⟨aus gleichbed. *engl.-amerik.* car-port⟩: überdachter Abstellplatz für Autos

Car|pus [k...] *der;* -, ...pi ⟨über *nlat.* carpus aus gleichbed. *gr.* karpós⟩: Handwurzel (Med.)

Car|ra|ra [k...] *der;* -s ⟨nach der gleichnamigen Stadt in Oberitalien⟩: Marmor aus Carrara. **car|ra|risch**: Carrara betreffend, aus Carrara stammend; -er Marmor: svw. Carrara

Carre|four [kar'fuːɐ̯] *der;* -s, -s ⟨aus gleichbed. *fr.* carrefour zu *spätlat.* quadrifurcum „vier Gabeln bildend"⟩: (veraltet) Kreuzweg, Straßenecke, -kreuzung

Car|rel ['kærəl] *das;* -s, -s ⟨aus gleichbed. *engl.* carrel⟩: Arbeitsnische, kleiner Raum für wissenschaftliche Arbeiten (in einer Bibliothek)

Car|rick ['kærɪk] *der;* -s, -s ⟨vermutlich nach dem engl.

Schauspieler D. Garrick, 1716–1779⟩: Herrenmantel mit mehreren übereinanderliegenden Schulterkragen

Car|ri|er ['kærɪə] *der;* -s, -s ⟨aus *engl.* carrier „Transportunternehmer", eigtl. „Träger"⟩: 1. Unternehmen od. Organisation, die Personen od. Güter zu Wasser, zu Land u. in der Luft befördert. 2. Bez. für stofftragende od. stoffübertragende Substanzen (Chem., Techn.). 3. Bez. für Ladungsträger, z. B. Elektronen in einem Halbleiter (Elektronik)

Car|roc|cio [kar'rɔttʃo] *der;* -[s], -s ⟨aus gleichbed. *it.* carroccia zu carro „Kutsche, Wagen", dies aus *lat.* carrus „Wagen"⟩: der Fahnenwagen im Heer der ital. Städte des Mittelalters, auf dem die großen Feldzeichen u. religiösen Symbole mitgeführt wurden

Car|rol|lit [k..., auch ...'lɪt] *der;* -s, -e ⟨nach dem Country Carroll (USA) u. zu ↑²...it⟩: ein kupferhaltiges Mineral

Car|ru|ca [k...ka] *die;* -, -s ⟨aus gleichbed. *lat.* carruca⟩: vierrädriger Reisewagen der röm. Kaiserzeit

Car|ry ['kærɪ] *der;* -, ...ries ['kærɪz] ⟨aus *engl.* carry „Übertrag" zu to carry „tragen, bringen"⟩: Übertrag, der bei einer Befehlsabarbeitung entsteht (EDV). **Car|ry-over-Effekt** [...'ουvə...] *der;* -[e]s, -e ⟨zu *engl.* carry-over „Auswirkung, Einfluß"⟩: die Erscheinung, daß absatzpolitische Maßnahmen zeitlich verzögert wirken (Wirtsch.)

Carte blanche [kart'blã:ʃ] *die;* - -, -s -s [kart'blã:ʃ] ⟨aus gleichbed. *fr.* carte blanche, eigtl. „weiße Karte"⟩: unbeschränkte Vollmacht

Car|te|sia|nis|mus [k...] vgl. Kartesianismus

Car|tha|min [k...] vgl. Karthamin

Car|ti|la|go [k...] *die;* -, ...gines [...ne:s] ⟨aus gleichbed. *lat.* cartilago⟩: Knorpel (Med.); vgl. kartilaginös

Car|toon [kar'tu:n] *der* od. *das;* -[s], -s ⟨aus *engl.* cartoon, dies aus *fr.* carton, vgl. Karton⟩: 1. parodistische Zeichnung, Karikatur; gezeichnete od. gemalte [satirische] Geschichte in Bildern. 2. (Plur.) svw. Comic strips. **Car|too|nist** *der;* -en, -en ⟨aus gleichbed. *engl.* cartoonist⟩: Künstler, der Cartoons zeichnet

Ca|run|cu|la [k...] vgl. Karunkel

Ca|sa|no|va [kaza'no:va] *der;* -[s], -s ⟨nach dem ital. Abenteurer G. Casanova, 1725–1798; jmd., der es versteht, auf verführerische Weise die Liebe der Frauen zu gewinnen; Frauenheld

Ca|sa|quin [kaza'kɛ̃:] *der;* -[s], -s ⟨aus gleichbed. *fr.* casaquin⟩: halblanger Hausrock für Männer (im 18. Jh.)

Cäsar ['tsɛ:...] *der;* Gen. Cäsaren, Plur. Cäsaren ⟨nach dem röm. Feldherrn u. Staatsmann G. Julius Caesar, 100–44 v. Chr.⟩: (ehrender Beiname für einen röm.) Kaiser, Herrscher. **cä|sa|risch**: 1. kaiserlich. 2. selbstherrlich. **Cä|sa|ris|mus** *der;* - ⟨zu ↑ ...ismus (5)⟩: unbeschränkte, meist despotische Staatsgewalt. **Cä|sa|ro|pa|pis|mus** *der;* -: Staatsform, bei der der weltliche Herrscher zugleich auch geistliches Oberhaupt ist

Cas|ca|deur [kaska'dø:ɐ̯] vgl. Kaskadeur

Cas|cal|ho [kas'kaljo] *der;* -s ⟨aus gleichbed. *port.* cascalho⟩: grober Sand, Steinabfälle, in denen Diamanten eingeschlossen sind

Cas|ca|ra sa|gra|da ['kaskara –] *die;* - - ⟨zu *span.* cáscara „Rinde, Schale" u. sagrado „heilig"⟩: Rinde des amerik. Faulbaums (Abführmittel)

Cas|ca|val [kaska'val] *die;* -, -s ⟨aus gleichbed. *span.* cascabel, dies aus einer Indianersprache⟩: eine Klapperschlange

Cas|co ['kasko] *der;* -[s], -[s] ⟨aus gleichbed. *span.* casco⟩: Mischling in Südamerika

Case-hi|sto|ry ['keɪsˌhɪstərɪ] *die;* -, ...ries ⟨aus *engl.* case history „Vorgeschichte, Krankengeschichte"⟩: a) Fallgeschichte; ausführliche Beschreibung einer Werbeaktion (Wirtsch.); b) Beschreibung sämtlicher erfaßbaren Lebensdaten, Umweltverhältnisse u. deren Einflüsse auf die Entwicklung eines Individuums (Psychol.)

Ca|se|in [k...] vgl. Kasein

Case|work ['keɪswəːk] *das;* -s ⟨aus *engl.* casework „Einzelfallarbeit"⟩: Methode der Sozialarbeit zur fürsorglichen Betreuung von einzelnen Personen od. Familien

Cash [kæʃ] *das;* - ⟨aus gleichbed. *engl.* cash, dies über *mitelfr.* casse aus *it.* cassa, vgl. Kassa⟩: Bargeld, Barzahlung. **cash and car|ry** ['kæʃ ənd 'kærɪ] ⟨*engl.*⟩: bar bezahlen u. mitnehmen (Vertriebsform des Groß- u. Einzelhandels, die auf Bedienung u. besondere Präsentation der Waren verzichtet u. die dadurch bewirkten Kostenersparnisse an die Abnehmer weitergibt); vgl. Discountgeschäft. **Cash-and-car|ry-Klau|sel** *die;* -: 1. Vertragsklausel im Überseehandel, wonach der Käufer die Ware bar bezahlen u. im eigenen Schiff abholen muß. 2. Bestimmung der nordamerik. Neutralitätsgesetzgebung von 1937, nach der kriegführende Staaten Waffen nur gegen Barzahlung u. auf Schiffen des Käufers geliefert werden dürfen. **cash be|fore de|li|ve|ry** [– bɪ'fɔː d'lɪvərɪ] ⟨*engl.*⟩: bar bezahlen vor Auslieferung (Handelsklausel, nach der der Kaufpreis vor der Warenlieferung zu zahlen ist)

Ca|shew|nuß ['kɛʃu..., engl. kə'ʃu:...] *die;* -, ...nüsse ⟨nach gleichbed. *engl.* cashew nut, dies über *port.* (a)caju aus *Tupi* (einer südamerik. Indianersprache) acaju „Nierenbaum"⟩: wohlschmeckende Frucht des Nierenbaums aus dem trop. Amerika

Cash-flow ['kæʃfloʊ] *der;* -s ⟨aus gleichbed. *engl.* cash-flow zu ↑ Cash u. flow „Fluß"⟩: Kassenzufluß (Überschuß, der einem Unternehmen nach Abzug aller Unkosten verbleibt u. die Kennziffer zur Beurteilung der finanziellen Struktur eines Unternehmens ergibt). **cash on de|li|ve|ry** ['kæʃ ɔn d'lɪvərɪ] ⟨*engl.*⟩: bar bezahlen bei Auslieferung (Handelsklausel, nach der der Kaufpreis bei Übergabe der Ware zu zahlen ist)

Ca|sing ['keɪsɪŋ] *das;* -s ⟨aus gleichbed. *engl.* casing⟩: in der Tabakverarbeitung die Vorbehandlung des Tabaks mit zucker- od. glyzerinhaltigen Flüssigkeiten vor dem Aromatisieren

Ca|si|no [k...] vgl. Kasino

Cä|si|um [ts...] *das;* -s ⟨aus *lat.* caesium, Neutrum von caesius „blaugrau" (wegen der blauen Doppellinie im Spektrum)⟩: chem. Element, Metall; Zeichen Cs

Cas|quette [kas'kɛt] *die;* -, -n [...tn̩] ⟨aus *fr.* casquette, Verkleinerungsform von casque „Helm", vgl. Kaskett⟩: svw. Kaskett

Cas|sa ['kasa] *die;* - ⟨aus gleichbed. *it.* cassa⟩: 1. ital. Bez. für Kasse; vgl. per cassa u. Kassa. 2. Trommel; gran cassa: große Trommel (Mus.)

Cas|sa|de [k...] *die;* -, -n ⟨aus gleichbed. *fr.* cassade zu *lat.* cassus „leer, eitel, nichtig"⟩: 1. (veraltet) Notlüge, leere Ausflucht. 2. das Überbieten beim Kartenspiel

Cas|sa|pan|ca [kasa'paŋka] *die;* -, -s ⟨aus *it.* cassapanca „Sitztruhe"⟩: ein ital. Möbelstück des Mittelalters u. der ↑ Renaissance (Verbindung von Truhe und Bank mit Rück- und Seitenlehnen)

Cas|sa|ta [k...] *die;* -, -[s] od. *das;* -[s], -s ⟨aus gleichbed. *it.* cassata, dies aus *arab.* qaṣ'ā „große u. tiefe Schüssel"⟩: ital. Eisspezialität mit kandierten Früchten

Cas|sa|va [ka'saːva] vgl. Kassawa

Casse|grain-An|ten|ne [kas'grɛ...] *die;* -, -n ⟨nach dem franz. Naturforscher N. Cassegrain (17. Jh.) u. zu ↑Antenne⟩: rauscharme Richtantenne für Mikrowellen

Cas|sei|ver [kæ'si:vǝ] *der;* -s, - ⟨aus gleichbed. *engl.* casseiver⟩: Kompaktgerät, das aus Kassettendeck u. Rundfunkempfänger einschließlich Verstärker besteht

Casse|tête [kas'tɛ:t] *der;* -[s], -s ⟨aus gleichbed. *fr.* cassetête, eigtl. „schlage den Kopf"⟩: (veraltet) 1. schwerer Stock, Totschläger. 2. schwerer Wein

Cas|set|te [k...] *vgl.* Kassette. **Cas|set|ten|re|cor|der** vgl. Kassettenrecorder

Cas|si|net ['kɛsinɛt], eindeutschend auch Kassinett *der;* -[s], -s ⟨aus gleichbed. *engl.* casinet zu cassimere, ältere Form von cashmere „Kaschmir(wolle)", vgl. Kaschmir⟩: halbwollener Streichgarnstoff in Leinen- od. Köperbindung (eine Webart)

Cas|sio|pei|um [k...], eindeutschend auch Kassiopeium *das;* -s ⟨*nlat.;* nach dem Sternbild Kassiopeia⟩: (veraltet) Bez. für das chem. Element ↑Lutetium; Zeichen Cp

Cas|sis [ka'si:s] *der;* -, - ⟨aus gleichbed. *fr.* cassis, eigtl. „Johannisbeere", dies aus *mlat.* cassia „Kassia", weil die Johannisbeere in der mittelalterlichen Heilkunst als Ersatzmittel für die ↑Kassia verwendet wurde⟩: a) französischer Likör aus Johannisbeeren; b) französischer Branntwein aus Johannisbeeren

Cas|so|ne [k...] *der;* -, ...ni ⟨aus *it.* cassone „(großer) Kasten", Vergrößerungsform von cassa „Kasten"⟩: wertvolles ital. Möbelstück der ↑Renaissance (langgestreckter, geradflächiger Kasten, mit Malerei, Schnitzerei u. Einlegearbeiten verziert)

Cas|sou|let [kasu'lɛ] *das;* -[s], -s [...'lɛ(s)] ⟨aus gleichbed. *fr.* cassoulet⟩: franz. Eintopfgericht aus weißen Bohnen, Schweinefleisch, Gans od. Ente, mit Würstchen u. vielen Kräutern

Cast [kɑ:st] *das;* - ⟨aus *engl.-amerik.* cast „Besetzung, Rollenverteilung"⟩: der gesamte Stab von Mitwirkenden an einem [Fernseh]film. **Ca̱sting** *das;* -[s], -s ⟨aus gleichbed. *engl.* casting, eigtl. „das (Aus)werfen"⟩: 1. (in der Sportfischerei) Wettkampf, der darin besteht, daß man die Angel weit od. auf ein bestimmtes Ziel hin auswirft. 2. (bei Film, Fernsehen) Rollenbesetzung

Ca|sti|ze [k...] u. Kasti̱ze *der;* -n, -n ⟨aus gleichbed. *span. (mex.)* castizo⟩: Mischling zwischen Mestizen u. Weißen in Südamerika

Ca̱|stle [kɑ:sl] *das;* -, -s ⟨aus gleichbed. *engl.* castle, dies über *altfr.* castel aus *lat.* castellum, vgl. Kastell⟩: engl. Bez. für Schloß, Burg

Ca̱|stor [k...] *der;* -[s] ⟨aus *lat.* castor „Biber", dies aus *gr.* kástōr⟩: weiches, langhaariges Tuch aus bestem Wollstreichgarn. **Ca|sto|ret|te** *die;* -, -n ⟨zu ↑...ette⟩: dem Biberfell ähnliches, veredeltes Fell. **Ca|sto|re|um** *das;* -s ⟨aus gleichbed. *lat.* castoreum⟩: Drüsenabsonderung des Bibers (Bibergeil)

Ca|stris|mus u. **Ca|stro|is|mus** [k...] *der;* - ⟨nach dem kuban. Revolutionsführer u. Politiker F. Castro (*1927) u. zu ↑...ismus (1)⟩: Bez. für die politischen Ideen u. das politische System des von Castro geprägten kubanischen Sozialismus; vgl. Fidelismo

Ca̱|strum [k...] *das;* -s, ...ra ⟨aus gleichbed. *lat.* castrum⟩: altrömisches befestigtes Militärlager

Cä|stus ['tsɛstʊs] *der;* -, - [...tu:s] ⟨aus gleichbed. *lat.* caestus⟩: Kampfhandschuh od. Schlagriemen der Faustkämpfer im alten Rom

Ca|sua|ri|na [k...] *vgl.* Kasuarina

Ca|su̱l|la [k...] *vgl.* Kasel

Cä|sur [ts...] *vgl.* Zäsur

Ca̱|sus [k...] *der;* -, - ['kɑ:zu:s] ⟨aus gleichbed. *lat.* casus⟩: Fall; Ereignis; Beugungsfall (in Fügungen mit lat. Bestandteilen); vgl. Kasus; - bẹlli: Kriegsfall, kriegsauslösendes Ereignis; - foederis ['fø:...]: Ereignis, das die Bündnispflicht eines Staates auslöst; - obli̱quus (Plur. - ['kɑ:zu:s] ...qui): abhängiger Fall (z. B. Genitiv, Dativ, Akkusativ); - rẹctus (Plur. - ['kɑ:zu:s] recti): unabhängiger Fall (Nominativ)

CAT [kæt] ⟨Abk. für *engl.* computer-*a*ided *t*ranslation „computerunterstütztes Übersetzen"⟩: Bez. für die computerunterstützte Übersetzung von Wörtern u. Texten

Ca|tal|pa [k...] *vgl.* Katalpa

Ca|ta|rac|ta [kata'rakta] *vgl.* Katarakta

Cat|boot ['kɛt...] *das;* -[e]s, -e ⟨nach gleichbed. *engl.* catboat⟩: kleines einmastiges Segelboot

¹Catch [kætʃ] *der;* -, -es [...ɪz] ⟨aus *engl.* catch „Rundgesang" zu to catch „greifen", dies über *altfr.* cachier aus *lat.* captare „fangen"⟩: geselliges engl. Chorlied mit derbkomischen, spaßhaften Texten (17. u. 18. Jh.). **²Catch** [kætʃ] *das;* - ⟨zu *engl.* to catch, vgl. ¹Catch⟩: Kurzform von ↑Catch-as-catch-can. **Catch-as-catch-can** ['kætʃ ǝz 'kætʃ 'kæn] *das;* - ⟨aus gleichbed. *engl.-amerik.* catch as catch can, eigtl. „greifen, wie man nur greifen kann"⟩: von Berufsringern ausgeübte Art des Freistilringens, bei der fast alle Griffe erlaubt sind. **cat|chen** ['kɛtʃn] ⟨zu ↑²Catch⟩: im Stil des Catch-as-catch-can ringen. **Cat|cher** ['kɛtʃɐ] *der;* -s, - ⟨aus gleichbed. *engl.* catcher⟩: Freistilringkämpfer. **Catcher|pro|mo|ter** [...prǝmoʊtǝ] *der;* -s, -: Veranstalter eines Freistilringkampfes

Catch|up ['kɛtʃap] *vgl.* Ketchup

Ca|te|chi|ne [k...] *die* (Plur.) ⟨zu ↑Katechu u. ↑...in (1)⟩: farblose, kristallisierte organische Verbindungen (Grundlage natürlicher Gerbstoffe). **Ca̱|te|chu** *vgl.* Katechu

Ca|te|nac|cio [kate'natʃo] *der;* -[s] ⟨aus gleichbed. *it.* catenaccio „Sperrkette, Riegel" zu *lat.* catena „Kette"⟩: besondere Verteidigungstechnik im Fußballspiel, bei der sich bei einem gegnerischen Angriff die gesamte Mannschaft kettenartig vor dem eigenen Strafraum zusammenzieht. **Ca|te|na̱|ne**, **Ca|te|na|ver|bin|dun|gen** *die* (Plur.) ⟨zu *lat.* catena „Kette"⟩: chemische Verbindungen, bei denen zwei od. mehrere Einzelringe wie Glieder einer Kette ineinandergreifen

Ca|te|ne [k...] *vgl.* Katene

Ca|te|ring ['keɪtǝrɪŋ] *das;* -[s] ⟨aus gleichbed. *engl.* catering zu to cater „Lebensmittel liefern", dies über *altfr.* aceter „(ein)kaufen" aus *vulgärlat.* *adcaptare „an sich nehmen" zu *lat.* capere „nehmen"⟩: Beschaffung von Lebensmitteln, Verpflegung; Verpflegungswesen

Ca|ter|pil|lar ['kætǝpɪlǝ] *der;* -s, -[s] ⟨aus gleichbed. *engl.* caterpillar, eigtl. „Raupe"⟩: Raupenschlepper (bes. im Straßenbau)

Cat|gut ['katgʊt, engl. 'kætgʌt] *vgl.* Katgut

Ca|the|dra [k...] *die;* -, ...rae [...rɛ] ⟨über *lat.* cathedra aus *gr.* kathédra „Stuhl, Sessel"⟩: 1. [Lehr]stuhl (vgl. Katheder). 2. Ehrensitz, bes. eines Bischofs od. des Papstes; - Pẹtri: der Päpstliche Stuhl; vgl. ex cathedra

Ca|ti|nat [kati'na] *der;* -[s] ⟨nach dem franz. Marschall Catinat, †1712⟩: gemusterte Kleidung aus Baumwoll- u. Leinengarn

Ca|tin|ga [k...] *vgl.* Caatinga

Cat|ling ['kæt...] *das;* -s, -s ⟨aus *engl.* catling „feines Messer"⟩: bes. zu Amputationen verwendetes chirurgisches Messer

Cat|li|nit [k..., auch ...'nɪt] *der;* -s ⟨nach dem amerik. Forscher G. Catlin (1796–1872) u. zu ↑²...it⟩: nordamerik.

Pfeifenstein (Tonschiefer), aus dem der Kopf der indian. Friedenspfeife besteht

Cat|sup ['kɛtsap, engl. 'kætsəp] vgl. Ketchup

Cat|ta|ke|lung ['kɛt..., auch 'kat...] *die;* -, -en (Plur. selten) ⟨aus ↑ Catboot⟩: Takelungsart eines einmastigen Segelbootes

Cat|tie|rit [katje..., auch '...rɪt] *der;* -s, -e ⟨nach der Eisenbahnstation Cattier bei Kinshasa (Zaire) u. zu ↑²...it⟩: reinweißes Mineral (Kobaltsulfid)

Catt|leya [kat'laia], **Catt|leye** *die;* -, ...leyen ⟨aus gleichbed. *nlat.* cattleya; nach dem engl. Züchter Cattley, † 1832⟩: Orchideengattung aus dem tropischen Amerika

Cauche|mar [koʃ'ma:r] *der;* -s ⟨aus gleichbed. *fr.* cauchemar zu *altfr.* caucher „niedertreten" u. *mhd.* mar, *ahd.* mara „[Nacht]mahr, Alp"⟩: (veraltet) das Alpdrücken

Cau|da [k...] *die;* - ⟨aus *lat.* cauda „Schwanz"⟩: 1. Schwanz; Endstück eines Organs od. Körperteils (Med.). 2. Schleppe, bes. an den liturgischen Gewändern hoher Geistlicher (Rel.). 3. der nach oben od. unten gerichtete Hals einer Note od. ↑ Ligatur (2) (Mus.). **cau|da|lis** vgl. kaudal. **Cau|da|ta|ri|us** [...'ier [...jɐ], *der;* -, ...ier [...jɐ]. *mlat.* caudatarius, eigtl. „Schleppenträger"⟩: (veraltet) blindlings ergebener Anhänger

Cau|dex [k...] *der;* -, ...dices [...tse:s] ⟨aus *lat.* caudex „Baumstamm, Klotz"⟩: 1. [nicht verholzender] Stamm der Palmen u. Baumfarne. 2. tiefere Teile des Gehirns bei Säugetieren u. beim Menschen (im Gegensatz zu Groß- u. Kleinhirn)

Cau|dil|lis|mus [...dɪl'jıs...] *der;* - ⟨zu ↑ Caudillo u. ↑ ...ismus (1)⟩: die bes. für Lateinamerika typische Form der [Militär]diktatur. **Cau|dil|lo** [...'dɪljo] *der;* -[s], -s ⟨aus *span.* caudillo „Anführer, Heerführer", dies aus *lat.* capitellum, Verkleinerungsform von caput „Haupt"⟩: 1. politischer Machthaber, Diktator. 2. Heerführer

Cau|sa [k...] *die;* -, ...sae [...zɛ] ⟨aus gleichbed. *lat.* causa⟩: Grund, Ursache [eines Schadens, einer Vermögensänderung usw.], Rechtsgrund. **cau|sa fi|na|lis** ⟨*lat.*⟩: letzte, endliche Ursache. **cau|sa mix|ta** ⟨*lat.*⟩: „gemischte Rechtssache"⟩: Rechtsangelegenheit, an deren Klärung sowohl die geistliche als auch die weltliche Macht beteiligt ist. **Cause cé|lè|bre** [kozse'lɛbr] *die;* - -, -s -s [kozse'lɛbr] ⟨aus gleichbed. *fr.* cause célèbre⟩: berühmter Rechtsstreit, berüchtigte Angelegenheit. **Cau|se|rie** [kozə'ri:] *die;* -, ...ien ⟨aus gleichbed. *fr.* causerie zu causer „plaudern"⟩: unterhaltsame Plauderei. **Cau|seur** [ko'zœ:ɐ] *der;* -s, -e ⟨aus gleichbed. *fr.* causeur⟩: [amüsanter] Plauderer. **Cau|seuse** [ko'zœ:zə] *die;* -, -n ⟨aus gleichbed. *fr.* causeuse⟩: 1. (veraltet) unbekümmert-munter plaudernde Frau. 2. kleines Sofa

Cau|sti|cum [k...] vgl. Kaustikum

Caux|be|we|gung ['ko:...] *die;* - ⟨nach dem Schweizer Luftkurort Caux⟩: religiöse Gemeinschaftsbewegung zur moralischen Erneuerung

ça va [sa'va] ⟨*fr.*⟩: es geht. **ça va?** ⟨*fr.*⟩: wie geht's?

Ca|va|ge [ka'va:ʒə] *die;* -, -n ⟨aus gleichbed. *fr.* cavage zu cave „Keller", dies zu *lat.* cavus „hohl"⟩: (veraltet) a) Einkellerung von Waren; b) Kellermiete

Ca|va|gnole [kavan'jɔl] *das;* -[s] [kavan'jɔl] ⟨aus gleichbed. *fr.* cavagnole, dies aus *it.* cavagno „Korb"⟩: ein altes Hasardspiel

Ca|val [ka'val] *der;* -s, -s ⟨aus *it.* cavallo, vgl. Cavaliere⟩: der Ritter im Tarockspiel. **Ca|va|let|to** *das;* -s, ...tti ⟨aus *it.* cavaletto „Gestell, Gerüst"⟩: 1. Bodenrick, ein Hindernis beim Springreiten. 2. a) [hölzernes] Pferd für Turnübungen; b) Steckenpferd. 3. (veraltet) Prügelbock. 4. (veraltet) Gestell, bes. Staffelei. **Ca|va|lie|re** *der;* -, ...ri ⟨aus *it.* cavaliere „Ritter" zu cavallo „Pferd, Reiter", dies aus *lat.* caballus; vgl. Kavalier⟩: ital. Adelstitel; Abk.: Cav.; vgl. Chevalier. **ca|va|liè|re|ment** [...liɛr'mã:] ⟨*fr.*⟩: (veraltet) 1. ritterlich, weltmännisch. 2. anmaßend, hochfahrend, frech

Ca|va|lie|risch [k...] ⟨nach dem ital. Mathematiker u. Astronomen F. B. Cavalieri, 1598−1647⟩: die Forschungen u. Entdeckungen des ital. Mathematikers u. Astronomen Cavalieri betreffend; -es Prinzip: math. Lehrsatz, wonach Körper mit gleicher bzw. konstanter Querschnittsfläche u. gleicher Höhe das gleiche Volumen haben

Ca|val|le|ria [kavalle...] *die;* - ⟨aus gleichbed. *it.* cavalleria, vgl. Kavallerie⟩: (veraltet) Ritterlichkeit. **Ca|val|lo** *der;* -[s], ...lli ⟨aus *it.* cavallo „Pferd, Reiter"⟩: alte Kupfermünze im Königreich Nepal mit einem aufgeprägten Pferd. **Ca|val|lot|to** *der;* -[s], -s ⟨aus gleichbed. *it.* cavallotto, eigtl. Vergrößerungsform von cavallo, vgl. Cavallo⟩: alte ital. Goldmünze mit dem heiligen Martin zu Pferd

Ca|va|ta [ka'va:ta] *die;* -, ...te ⟨aus gleichbed. *it.* cavata, eigtl. „das Dehnen, Aushalten eines Tons", zu cavare „herausziehen, ausgraben"⟩: gedanklich zusammenfassender ariosohafter Schlußabschnitt eines Rezitativs in der ersten Hälfte des 18. Jh.s, Vorform der ↑ Kavatine (Mus.)

Ca|vea ['ka:vea] *die;* -, Caveae [...ɛ] ⟨aus gleichbed. *lat.* cavea zu cavus „hohl, gewölbt"⟩: terrassenartig angelegter, halbkreisförmiger Zuschauerraum des antiken römischen Theaters

ca|ve ca|nem! ['ka:və 'ka:nɛm] ⟨*lat.;* „hüte dich vor dem Hund!"⟩: Inschrift auf Tür od. Schwelle altröm. Häuser

Ca|ve|çon [kavə'sõ:] *das;* -s, -s ⟨aus gleichbed. *fr.* caveçon, dies aus *it.* cavezzone zu cavezza „Halfter"⟩: (veraltet) Kappzaun

Ca|vi|tät [kavi...] vgl. Kavität

Ca|vum ['ka:vʊm] *das;* -s, ...va [...va] ⟨aus *lat.* cavum „Höhlung, Loch"⟩: Hohlraum (Med.)

Ca|yenne|pfef|fer [ka'jɛn...] *der;* -s ⟨nach Cayenne, der Hauptstadt von Französisch-Guayana⟩: vorwiegend aus ↑ Chili hergestelltes scharfes Gewürz

CB-Funk [tse:'be:..., engl. si:'bi:...] *der;* -s ⟨verkürzt aus *engl.* citizen band zu citizen „Bürger" u. band „Band"⟩: Amateurfunk mit anmelde- u. gebührenfreien Geräten in einem dafür freigegebenen Wellenbereich

CC: Abk. für Compact Cassette

¹CD: Abk. für Compact Disk

²CD: Abk. für Corps diplomatique

CD-Play|er [tse:'de:pleɪɐ] *der;* -s, - ⟨zu ↑ ¹CD u. *engl.* player „Plattenspieler"⟩: Plattenspieler für Kompaktschallplatten. **CD-ROM** *das;* -[s], -[s]: Nur-Lese-Speicher auf CD (EDV). **CD-Spie|ler** *der;* -s, -: svw. CD-Player

Cea|ra [sia'ra] *die;* - ⟨nach dem brasilianischen Bundesstaat Ceará⟩: brasilianische Baumwollsorte

Ce|ci|die [tse'tsi:diə] vgl. Zezidie

Ce|di ['se:di] *der;* -s (aber: 5 -) ⟨aus dem Afrik.⟩: Währungseinheit in Ghana

Ce|dil|le [se'di:j(ə)] *die;* -, -n ⟨aus gleichbed. *fr.* cedille, dies aus *span.* zedilla „kleines Z"⟩: kommaartiges, ↑ diakritisches Zeichen [unterhalb eines Buchstabens] mit verschiedenen Funktionen (z. B. franz. ç [s] vor a, o, u od. rumän. ş [ʃ])

Ce|dro [ts...] *das;* - ⟨aus *span.* cedro „Zeder", dies über *lat.* cedrus aus *gr.* kédros „Wacholder; Zeder"⟩: leichtes, weiches, sehr gut spaltbares Holz einer amerikanischen immergrünen Baumgattung, das vor allem für Furniere u. Täfelungen verwendet wird

Ce|dule [se'dy:l] *die;* -, -n [...lən] ⟨aus gleichbed. *fr.* cédule, dies aus *spätlat.* schedula „Blättchen Papier, Zettel"⟩: (veraltet) Pfandbrief, Schuldschein

Cei|lo|me|ter [ts...] *das;* -s, - ⟨zu *engl.* ceiling „Wolkenhöhe" u. ↑ '...meter⟩: Wolkenhöhenmesser

Cein|tu|ron [sɛ̃ty'rɔ̃:] *das;* -s, -s ⟨aus gleichbed. *fr.* ceinturon zu ceinture „Gürtel", dies aus *lat.* cinctura „Gürtung (der Toga)"⟩: (schweiz.) Koppel (des Soldaten)

Ce|la|strus [ts...] *der;* -, Plur. ...ri od. ...ren ⟨über *nlat.* celastrus aus *gr.* kḗlastros „ein immergrüner Baum", dies zu *gr.* kḗlas „Spätherbst", eigtl. „Wolke, die Wind ankündigt"⟩: Gattung der Spindelbaumgewächse in den Tropen u. Subtropen (Baumwürger, Schlinggewächs)

Ce|le|bret ['tse:...] vgl. Zelebret

ce|ler [ts...] ⟨*lat.*⟩: schnell (Med.). **ce|le|re** ['tʃe:...] ⟨*it.*⟩: schnell, geschwind (Vortragsanweisung; Mus.). **Ce|le|ri|fère** [seleri'fɛːr] *die;* -, -n [...rən] ⟨aus gleichbed. *fr.* célérifère zu *lat.* celerare „beschleunigen, eilen" (dies zu celer „schnell" u. ferre „tragen")⟩: Eilfuhre, -wagen in Frankreich

Ce|le|sta [tʃe...] *die;* -, Plur. -s u. ...ten ⟨aus gleichbed. *it.* celesta, eigtl. „die Himmlische", dies aus *lat.* caelestis „himmlisch"⟩: zartklingendes Tasteninstrument, das zur Tonerzeugung Stahlplatten u. röhrenförmige ↑ Resonatoren verwendet

Ce|lit [ts..., auch ...'lɪt] *das;* -s ⟨Kunstw.; vgl. ²...it⟩: ein helles Zementmaterial

Cel|la [ts...] *die;* -, Cellae [...lɛ] ⟨aus gleichbed. *lat.* cella, eigtl. „Kammer"⟩: 1. der Hauptraum im antiken Tempel, in dem das Götterbild stand. 2. a) (veraltet) Mönchszelle; b) svw. ↑ Kellion (Rel.). 3. kleinste Einheit eines Organismus, Zelle (Med.) u. e. **Cel|le|ra|ri|us** *der;* -, ...rii ⟨aus *mlat.* cellerarius „Kellermeister"⟩: Wirtschaftsverwalter eines Klosters

Cel|list [tʃ...] *der;* -en, -en ⟨zu ↑ Cello u. ↑...ist⟩: Musiker, der Cello spielt. **Cel|li|stin** *die;* -, ...innen: weibliche Form zu ↑ Cellist. **cel|li|stisch**: 1. das Cello betreffend. 2. celloartig. **Cel|lo** *das;* -s, Plur. -s u. ...lli ⟨aus *it.* cello, Verkleinerungsendung von violoncello „kleine Baßgeige"⟩: Kurzform von ↑ Violoncello

Cel|lon Ⓦ [ts...] *das;* -[s] ⟨Kunstw.⟩: Kunststoff aus Zelluloseacetat. **Cel|lo|paille** [sɛlo'paːj] *die;* - ⟨zu *fr.* cellulose u. paille „Stroh", eigtl. „Zellstroh"⟩: schmale Cellophanstreifen, die als Stickmaterial verwendet werden u. wegen des glänzenden Effekts in schmalen Streifen in Stoffe eingewebt werden (Textilkunde). **Cel|lo|phan** Ⓦ *das;* -s u. **Cel|lo|pha|ne** Ⓦ *die;* - ⟨aus gleichbed. *fr.* cellophane zu ↑ Zellulose u. *gr.* diaphanḗs „durchsichtig"⟩: durchsichtige, leicht dehnbare u. weiche, aber konsistente Folie (als Verpackungsmaterial). **cel|lo|pha|nie|ren** ⟨zu ↑...ieren⟩: eine Ware in Cellophan verpacken. **Cel|lu|la** *die;* -, ...lae [...lɛ] ⟨aus *lat.* cellula „kleine Zelle", Verkleinerungsform von cella, vgl. Cella⟩: kleine Körperzelle (Med.). **Cel|lu|la|se** vgl. Zellulase. **Cel|lu|li|tis** vgl. Zellulitis. **Cel|lu|loid** [...'lɔyt, seltener ...lo'iːt] vgl. Zelluloid. **Cel|lu|lo|se** vgl. Zellulose

Cel|si|us [ts...] ⟨nach dem schwed. Astronomen A. Celsius, 1701–1744⟩: Gradeinheit auf der Celsiusskala; Zeichen C, fachspr. °C. **Cel|si|us|ska|la** *die;* -, ...len: Temperaturskala, bei der der Abstand zwischen dem Gefrier- u. Siedepunkt des Wassers in 100 gleiche Teile unterteilt ist

Cel|ti|um ['tsɛltsiʊm] *das;* -s ⟨nach *lat.* Celtae, dem Volk der Kelten, u. zu ↑...ium⟩: (veraltet) svw. ↑ Hafnium

Cem|ba|list [tʃ...] *der;* -en, -en ⟨aus gleichbed. *it.* cembalista⟩: Musiker, der Cembalo spielt. **Cem|ba|li|stin** *die;* -, ...innen: weibliche Form zu ↑ Cembalist. **cem|ba|li|stisch**

⟨zu ↑...istisch⟩: 1. das Cembalo betreffend. 2. cembaloartig. **Cem|ba|lo** *das;* -s, Plur. -s u. ...li ⟨aus *it.* cembalo; Kurzform von Clavicembalo⟩: Tasteninstrument des 14. bis 18. Jh.s (alte Form des Klaviers, bei dem die Saiten angerissen, nicht angeschlagen werden)

Ce|na [ts...] *die;* -, Cenae ['tseːnɛ] ⟨aus *lat.* cena „Mahlzeit, Essen"⟩: Hauptmahlzeit im antiken Rom

Cé|na|cle [se'nakl] *das;* -[s] ⟨aus gleichbed. *fr.* cénacle, dies über *mlat.* cenaculum „Abendmahlsraum" aus *lat.* cenaculum „Speisesaal"⟩: 1. Abendmahlsraum (in der franz. Bibelsprache). 2. Vereinigung franz. Dichter u. a. Künstler in der franz. Romantik (19. Jh.)

Cen|cer|ro [sɛn'sɛro] *der;* -[s], -s ⟨aus *span.* cencerro „Viehglocke, -schelle"⟩: kleine klöppellose Glocke aus Eisen od. Kupferblech, die mit einem Schlag- od. Trommelstock angeschlagen wird (Mus.)

Ce|no|man [ts...] *das;* -s ⟨nach dem Siedlungsgebiet der Cenomanen, eines keltischen Volksstamms⟩: Stufe der Kreideformation (Geol.)

Cent [sɛnt] *der;* -[s], -[s] ⟨aber: 5 -⟩ ⟨aus *engl.* cent, dies über *mittelfr.* cent „hundert" aus *lat.* centum⟩: 1. Untereinheit der Währungseinheiten verschiedener Länder (z. B. USA, Niederlande); Abk.: c u. ct, im Plur.: cts. 2. ein Hundertstel der Reaktivitätseinheit (Kernphys.). **Cen|tal** ['sɛntl] *der;* -s, -s ⟨aus *engl.* cental „Zentner"⟩: in Großbritannien verwendete Gewichtseinheit (= 45,359 kg). **Cen|ta|vo** [sɛn'taːvo] *der;* -[s], -[s] ⟨aber: 5 -⟩ ⟨aus *span.* u. *port.* centavo, eigtl. „Hundertstel", zu *lat.* centum „hundert"⟩: Untereinheit der Währungseinheiten verschiedener südamerikanischer Länder (z. B. Argentinien, Brasilien). **Cen|te|nar...** [ts...] ⟨*lat.*⟩ vgl. Zentenar...

¹Cen|ter ['sɛntɐ] *das;* -s, - ⟨aus *engl.-amerik.* center „Mittelpunkt"; vgl. Zentrum⟩: [entsprechend angelegter] Bereich, der Mittelpunkt für bestimmte Tätigkeiten o. ä. ist; vgl. ...center. **²Cen|ter** *der;* -s, - ⟨zu ↑ ¹Center⟩: Kurzform von Centerspieler. **...cen|ter** ⟨aus gleichbed. *engl.* center, vgl. ¹Center⟩: Wortbildungselement mit der Bedeutung „Geschäft, Mittelpunkt", z. B. Fitneßcenter. **Cen|ter Court** ['sɛntɐ 'kɔːt] vgl. Centre Court. **Cen|ter|spie|ler** ['sɛntɐ...] *der;* -s, -: großer Mittelspieler im Basketball

Cen|te|si|mo [tʃ...] *der;* -[s], ...mi ⟨aber: 5 -⟩ ⟨aus *it.* centesimo, dies aus *lat.* centesimus „der hundertste"⟩: Untereinheit der Währungseinheiten verschiedener Länder (z. B. Italien, Somalia). **Cen|té|si|mo** [sɛn'te...] *der;* -[s], -[s] ⟨aber: 5 -⟩ ⟨aus *span.* centésimo, dies aus *lat.* centesimus „der hundertste"⟩: Untereinheit der Währungseinheiten verschiedener Länder (z. B. Panama, Chile). **Cent-gardes** [sã'gard] *die* (Plur.) ⟨aus gleichbed. *fr.* cent-gardes, eigtl. „hundert Gardisten"⟩: königl. Leibwache aus Adligen im alten Frankreich, unter Napoleon III. Leibgardisten. **Centime** [sã'tiːm] *der;* -s, -s [sã'tiːm(s)] ⟨aber: 5 -⟩ ⟨aus *fr.* centime, dies aus *lat.* centum „hundert"⟩: Untereinheit der Währungseinheiten verschiedener Länder (z. B. Frankreich, Schweiz); Abk.: c u. ct, Plur. ct[s], schweiz. nur Ct. **Cén|ti|mo** ['sɛn...] *der;* -[s], -[s] ⟨aber: 5 -⟩ ⟨aus *span.* céntimo, eigtl. „Hundertstel"; vgl. Centime⟩: Untereinheit der Währungseinheiten bestimmter Länder (z. B. Spanien, Costa Rica). **Cen|ti|na|jo** [tʃ...] *der;* -s, -s ⟨aber: 3 -⟩ ⟨aus *it.* centinaio „Hundert"⟩: alter ital. Zentner (35–48 kg)

Cen|to [ts...] *der;* -s, Plur. -s u. Centones [...neːs] ⟨aus gleichbed. *spätlat.* cento, eigtl. „Flickwerk", zu *lat.* cento „Decke, Flickengewand"⟩: Gedicht, das aus einzelnen Versen bekannter Dichter zusammengesetzt ist

Cen|tral In|tel|li|gence Agen|cy ['sɛntrəl ɪn'tɛlɪdʒəns 'eɪdʒənsɪ] *die;* - - - ⟨*engl.*⟩: US-amerikanischer Geheimdienst; Abk. CIA. **Cen|tre Court** u. Center Court ['sɛntə 'kɔ:t] *der;* - -s, - -s ⟨zu *engl.* centre bzw. *amerik.* center (vgl. Center) u. *engl.* court „(Tennis)platz"⟩: Hauptplatz großer Tennisanlagen. **Cen|tri|clea|ner** [sɛntrɪ'kli:...] *der;* -s, - ⟨zu *engl.* centri- „mittel..." u. to clean „säubern, reinigen", eigtl. „Zentralreiniger"⟩: bei der Papierherstellung Gerät zur Entfernung von Unreinheiten aus der wäßrigen Faserstoffsuspension, z. B. aus Altpapier u. Zellstoff durch Zentrifugalkraft

Cen|tro|som [ts...] vgl. Zentrosom

Cen|tum|vi|ri [ts...viri] *die* (Plur.) ⟨aus *lat.* centumviri „Hundertmänner"⟩: altrömischer Gerichtshof für Privatprozesse, bes. für Eigentums- u. Erbschaftsfragen. **Cen|tu|ria** *die;* -, ...riae [...ɛ] ⟨aus gleichbed. *lat.* centuria zu centum „hundert"⟩: altes röm. Flächenmaß von etwa 50 ha; vgl. Zenturie. **Cen|tu|rie** usw. Zenturie usw. **Cen|tu|ri|um** [ts...] *das;* -s ⟨zu *lat.* centum „hundert"⟩: svw. Zenturium. **Cent|weight** ['sɛntweɪt] ⟨aus *engl.* cent „hundert" u. weight „Gewicht, Schwere"⟩: svw. Hundredweight

ce|pha|l[o]..., Ce|pha|l[o]... [ts...] vgl. zephalo..., Zephalo...

Cer [tseːɐ], eindeutschend auch **Zer** *das;* -s ⟨nach dem 1801 entdeckten Asteroiden *Ceres*⟩: chem. Element, Metall; Zeichen Ce

Ce|ra [ts...] *die;* -, ...ren ⟨aus *lat.* cera „Wachs"⟩: 1. [Bienen]wachs (Pharm.). 2. weiche Hautverdickung am Schnabel vieler Vögel (Zool.)

Cer|cla|ge [sɛr'klaːʒə] *die;* -, -n ⟨aus gleichbed. *fr.* cerclage zu cercle, vgl. Cercle⟩: kreisförmige Naht bei Operationen (Med.). **Cer|cle** ['sɛrkl] *der;* -s, -s ⟨aus *fr.* cercle „Kreis, Zirkel", dies aus *lat.* circulus⟩: 1. a) Empfang [bei Hofe]; b) vornehmer Gesellschaftskreis. 2. (österr.) die ersten Reihen im Theater od. Konzertsaal. **Cer|cle|sitz** *der;* -es, -e: (österr.) Sitz in den vordersten Reihen im Theater u. im Konzertsaal

ce|re|al [ts...] ⟨aus gleichbed. *lat.* Cerealis, eigtl. „der Ceres geweiht", zu Ceres „(röm.) Göttin des Getreide- u. Ackerbaus"⟩: zum Acker-, Getreidebau gehörig. **Ce|rea|li|en** [...iən] *die* (Plur.) ⟨aus gleichbed. *lat.* Cerealia⟩: altrömisches Fest zu Ehren der Göttin Ceres; vgl. Zerealie

Ce|re|bel|la [ts...]: Plur. von ↑ Cerebellum. **ce|re|bel|lar** vgl. zerebellar. **Ce|re|bel|lum** *das;* -s, ...bella ⟨aus *lat.* cerebellum „kleines Gehirn", Verkleinerungsform von cerebrum; vgl. Cerebrum⟩: Kleinhirn (Med.). **Ce|re|bra**: Plur. von ↑ Cerebrum. **Ce|re|brum** *das;* -s, ...bra ⟨aus gleichbed. *lat.* cerebrum⟩: [Groß]hirn, Gehirn (Med.)

Ce|reo|lus [ts...] *der;* -, ...li ⟨aus *lat.* cereolus, Verkleinerungsform von cereus „Wachskerze"⟩: Arzneistäbchen (aus Wachs)

Ce|re|sin [ts...] vgl. Zeresin

Ce|re|us ['tseːreʊs] *der;* - ⟨aus *lat.* cereus „Wachskerze" zu cereus „wächsern, aus Wachs"⟩: Säulenkaktus

ce|rise [səˈriːz] ⟨aus gleichbed. *fr.* cerise zu cerise „Kirsche", dies über *lat.* cerasus aus *gr.* kérasos „Kirschbaum"⟩: kirschrot

Ce|rit [ts..., auch ...'rɪt] vgl. Zerit. **Ce|ri|um** *das;* -s ⟨zu ↑ Cer u. ↑ ...ium⟩: svw. Cer

Cer|mets ['səːmɛts] *die* (Plur.) ⟨Kunstw. aus *engl.* ceramic u. *metals*⟩: metallkeramische Werkstoffe, die aus einem Metall u. einer keramischen Komponente bestehen

Ce|ro|fer [ts...] *der;* -s, -e ⟨zu *lat.* cera „Wachs" u. ferre „tragen"⟩: (veraltet) Leuchter-, Kerzenträger bei feierlichen Gottesdiensten. **Ce|ro|mel** *das;* -s ⟨zu *lat.* mel „Honig"⟩: (veraltet) Salbe aus geschmolzenem Wachs u. Honig

Ce|ro|tin|säu|re [ts...] vgl. Zerotinsäure

Cer|to|sa [tʃ...] *die;* -, ...sen ⟨aus *it.* certosa „Kartause"⟩: Kloster der ↑ Kartäuser in Italien. **Cer|to|sa|mo|sa|ik** *das;* -s, -en: geometrisch gemustertes Elfenbeinmosaik orientalischen Charakters der norditel. Renaissance. **Cer|to|si|natech|nik** *die;* - ⟨zu *it.* certosino „Kartäuser(mönch)"⟩: früher bes. in Kartäuserklöstern Oberitaliens gepflegte Technik, Möbel mit Einlegearbeiten aus Elfenbein zu verzieren

Ce|ru|men [ts...] vgl. Zerumen. **Ce|rus|sit** [auch ...sɪt] vgl. Zerussit

Cer|va|ra [tʃɛrv...] *die;* - ⟨nach der bei Rom gelegenen Stadt Cervara⟩: (veraltet) das Maifest der deutschen Künstler von Rom

Cer|ve|lat ['sɛrvəla] *der;* -s, -s ⟨aus gleichbed. *fr.* cervelas, dies aus *it.* cervellata, vgl. Zervelatwurst⟩: (schweiz.) Brühwurst aus Rindfleisch mit Schwarten u. Speck; vgl. Servela, Zervelatwurst

Cer|vix ['tsɛrvɪks] *die;* -, ...ices [...tseːs] ⟨aus *lat.* cervix „Nakken, Hals"⟩: a) Hals, Nacken; b) halsförmiger Abschnitt eines Organs, z. B. der Gebärmutter (Anat.)

Ce|ryl|al|ko|hol [ts...] *der;* -s, -e ⟨zu *lat.* cera „Wachs", ↑ ...yl u. ↑ Alkohol⟩: höherer, gesättigter ↑ aliphatischer Alkohol, der in Form von Estern in Tier- u. Pflanzenwachsen vorkommt

Ce|sa|ro|lith [ts..., auch ...'lɪt] *der;* Gen. -s od. -en, Plur. -e[n] ⟨nach dem italo-belgischen Mineralogen G. R. P. Cesaro († 1939). u. zu ↑ ...lith⟩: ein stahlgraues Mineral

Ces|sio [ts...] *die;* -, ...ionen ⟨aus gleichbed. *lat.* cessio zu cedere „(an jmdn. etw.) abtreten"⟩: Abtretung (Rechtsw.); - legis: Abtretung kraft Gesetzes

c'est la guerre! [sɛla'gɛːr] ⟨*fr.;* „das ist der Krieg!"⟩: so ist es nun einmal [im Krieg], da kann man nichts machen!

c'est la vie! [sɛla'vi:] ⟨*fr.;* „das ist das Leben!"⟩: so ist das [Leben] nun einmal!

Ce|sto|des [ts...deːs] *die* (Plur.) ⟨aus *nlat.* cestodes, vgl. Zestoden⟩: svw. Zestoden

Ce|ta|ce|um [tseˈtaːtseʊm] *das;* -s ⟨aus *nlat.* cetaceum „Meeressäugetier" zu *gr.* kētos „großes Meerestier, Wal"⟩: aus dem Kopf von Pottwalen gewonnene fettartige, spröde Substanz (Walrat)

Ce|tan [ts...] *das;* -s ⟨Kunstw.; vgl. ...an⟩: ein gesättigter Kohlenwasserstoff. **Ce|tan|zahl** *die;* -, -en: Maßzahl für die Zündwilligkeit eines Dieselkraftstoffs

ce|te|ris pa|ri|bus [ts...] ⟨*lat.*⟩: unter [sonst] gleichen Umständen (methodologischer Fachausdruck der Wirtschaftstheorie). **Ce|te|rum cen|seo** [– 'tsɛn...] *das;* - - ⟨*lat.;* „im übrigen meine ich" (daß Karthago zerstört werden muß); Schlußsatz jeder Rede Catos im Röm. Senat⟩: hartnäckig wiederholte Forderung

Ce|tyl|al|ko|hol [ts...] *der;* -s ⟨zu *gr.* kētos (vgl. Cetaceum), ↑ ...yl u. ↑ Alkohol⟩: höherer gesättigter ↑ aliphatischer Alkohol, in Form eines Esters Hauptbestandteil des Walrats

Ċe|vap|či|ći [tʃeˈvaptʃitʃi] *die* (Plur.) vgl. Tschewaptschitschi

Ce|va-Satz ['tʃɛːva..., 'tʃeːva...] *der;* -es ⟨nach dem ital. Mathematiker G. Ceva (um 1647–1734)⟩: ein geometrischer Lehrsatz

CGS-Sy|stem [tseːgeːˈɛs...] *das;* -s ⟨Abk. aus Centimeter (für ↑ Zentimeter), Gramm, ↑ Sekunde u. ↑ System⟩: altes physik. Maßsystem, das aus den Grundeinheiten Zentimeter, Gramm u. Sekunde aufgebaut ist

Cha|ba|sit [ç..., auch ...'zɪt] *der;* -s, -e ⟨zu *spätgr.* chalazías, verfälscht zu chabazías (dem Namen eines Edelsteins), eigtl. „Hagelstein", dies zu *gr.* chálaza „Hagel" u. ↑² ...it⟩: rhomboedrische Kristalle bildendes Mineral

Cha|blis [ʃaˈbliː] *der;* - [ʃaˈbliː(s)], - [ʃaˈbliːs] ⟨nach der gleichnamigen franz. Stadt⟩: Weißwein aus Niederburgund

Cha|botte [ʃa'bɔt] *die;* -, -n [...tn̩] ⟨aus gleichbed. *fr.* chabotte⟩: Amboßstock, Unterbau für den Amboß

Cha|brus [x...] *die;* -, - ⟨aus *jidd.* chawruße „Gesellschaft; Kumpanei" zu *hebr.* hever „Genossenschaft"⟩: (veraltet) Genossenschaft von Geldleuten, die Grundstücke erwirbt u. sich dadurch politischen Einfluß verschafft

Cha-Cha-Cha [ˈtʃaˈtʃaˈtʃa] *der;* -[s], -s ⟨aus gleichbed. *span.* cha-cha-cha⟩: dem ↑ Mambo ähnlicher Modetanz aus Kuba

Chac|mool [tʃak...] *der;* -s, -s ⟨zu *Maya* (einer in Mexiko gesprochenen Indianersprache) chac „Regengott" u. mool „Tatze, Pfote"⟩: altmexik. Steinfigur mit zur Seite gewandtem Kopf u. einer Opferschale auf dem Bauch (Völkerk.)

Cha|conne [ʃa'kɔn] *die;* -, Plur. -s u. -n [...nən] u. Ciacona [tʃa'koːna] *die;* -, -s ⟨aus gleichbed. *fr.* chaconne bzw. *it.* ciaccona, beide aus *span.* chacona⟩: 1. span. Tanz im ¾-Takt. 2. Instrumentalstück im ¾-Takt mit zugrunde liegendem achttaktigem ↑ ostinatem Baßthema (Mus.)

cha|cun à son goût [ʃakœ̃aso'gu] ⟨*fr.*⟩: jeder nach seinem Geschmack; jeder, wie es ihm schmeckt

cha|cun pour soi, Dieu pour tous [ʃakœ̃pur'sɔa djøpur'tʊs] ⟨*fr.*⟩: jeder für sich und Gott für alle

Cha|dor [tʃa...] vgl. Tschador

Cha|gas-Krank|heit [ˈʃa:...] *die;* - ⟨nach dem brasilianischen Arzt u. Bakteriologen Carlos Chagas, 1879–1934⟩: trop. Infektionskrankheit

¹Cha|grin [ʃa'grɛ̃:] *das;* -s ⟨aus *fr.* chagrin „Eselshaut", dies aus *türk.* sağrı „Haut über der (Pferde)kruppe"⟩: Leder aus Pferde- od. Eselshäuten mit Erhöhungen auf der Narbenseite

²Cha|grin [ʃa'grɛ̃:] *der;* -s, -s ⟨aus gleichbed. *fr.* chagrin zu *altfr.* graignier „betrüben", vermutlich zu *germ.* gramī „Erbitterung"⟩: (veraltet) Kummer, Verdruß. **cha|gri|nant** [ʃagri'nã:] ⟨*fr.;* zu chagriner, vgl. ²chagrinieren⟩: (veraltet) betrübend, kränkend

¹cha|gri|nie|ren [ʃa...] ⟨aus gleichbed. *fr.* chagriner zu chagrin, vgl. ¹Chagrin⟩: ein Narbenmuster auf Leder aufpressen

²cha|gri|nie|ren [ʃa...] ⟨aus gleichbed. *fr.* chagriner zu chagrin, vgl. ²Chagrin⟩: (veraltet) kränken, bekümmern

Cha|hut [ʃa'y:] *der;* -, -s ⟨aus gleichbed. *fr.* chahut, eigtl. „Lärm"⟩: svw. Cancan

Chain [tʃeɪn] *das;* -s, - ⟨aus *engl.* chain „Kette", dies aus *fr.* chaîne, vgl. Chaine⟩: Längeneinheit in Großbritannien u. in den USA (20,11 m). **Chaî|ne** [ˈʃɛ:n(ə)] *die;* -, -n [...nən] ⟨aus *fr.* chaîne „Kette", dies aus *lat* catena⟩: 1. Kettfaden. 2. Kette (beim Tanz)

Chainse [ʃɛːns] *die;* -, -n [...sən] ⟨aus gleichbed. *altfr.* chainse⟩: frühmittelalterliches [langärmliges] Untergewand

Chain Stores [ˈtʃeɪn ˈstɔːz] *die* (Plur.) ⟨aus gleichbed. *engl.* chain stores (Plur.), eigtl. „Kettenläden", zu chain (vgl. Chain) u. store „Laden"⟩: zu einer Großhandelskette gehörende Einzelhandelsgeschäfte

Cha|ire [tʃ...] *die;* -, -n ⟨aus dem Jap.⟩: Teedose aus Ton od. Lack für die japan. Teezeremonie

Chair|le|der [ˈʃɛːɐ...] *das;* -s, - ⟨zu *fr.* chair „Haut"⟩: pflanzlich nachgegerbtes ↑ Glacéleder

Chair|man [ˈtʃɛːɐmən] *der;* -, ...men ⟨aus *engl.* chairman „Vorsitzender" zu chair „Stuhl" u. man „Mensch, Mann"⟩: in England u. Amerika der Vorsitzende eines politischen od. wirtschaftlichen Gremiums, bes. eines parlamentarischen Ausschusses

Chai|se [ˈʃɛːzə] *die;* -, -n ⟨aus *fr.* chaise „Stuhl", dies aus *lat.* cathedra, vgl. Cathedra⟩: 1. (veraltet) Stuhl, Sessel. 2. a) (veraltet) halbverdeckter Wagen; b) (abwertend) altes, ausgedientes Fahrzeug. 3. (veraltet) svw. Chaiselongue. **Chaise|longue** [ʃɛzə'lɔ̃:, ...'lõ:k] *die;* -, Plur. -n [...lɔ̃ən, ...'lõ:gn̩] u. -s [...'lɔ̃s] (ugs. auch [...'lɔŋ]) *das;* -s, -s) ⟨aus *fr.* chaiselongue, eigtl. „Langstuhl"⟩: gepolsterte Liege mit Kopflehne (ähnlich dem Sofa, aber ohne Rückenlehne)

Chal|kan [xa...] ⟨aus *mong.-türk.* hakān, vgl. Khan⟩: ältere Form von ↑ Khan

Chal|ki [tʃ...] *die* (Plur.) ⟨aus dem Jap.⟩: Geräte für die japan. Teezeremonie

Chal|la|mur|ti [tʃ...] *das;* -s, -s ⟨zu *sanskr.* cala „beweglich" u. mūrti „Figur, Bild"⟩: für Prozessionsumzüge verwendetes Götterbild, auch als Amulett

Chal|lance [ʃa'lã:s] *die;* - ⟨zu *fr.* chalan „Kahn, (flaches) Transportschiff"⟩: Fährgeld

Chal|land [ʃa'lã:] *der;* -s, -s ⟨aus *fr.* chaland „Kunde, Kundin" zu *altfr.* chaloir, vgl. nonchalant⟩: Kunde, Abnehmer einer Ware. **chal|lan|die|ren** [ʃalan...] ⟨zu ↑ ...ieren⟩: sich Kundschaft erwerben. **Chal|lan|dise** [ʃalãˈdiːz] *die;* - ⟨aus gleichbed. *fr.* chalandise⟩: (veraltet) Kundschaft

Chal|la|sie [ç...] *die;* -, ...ien ⟨aus *gr.* chálasis „das Nachlassen" (dies zu chalān „nachlassen; erschlaffen") u. ↑ ²...ie⟩: Erschlaffung, Erweichung von Körperteilen (Med.)

Chal|lat [x...] *der;* -s, -s od. *die;* -, -s ⟨aus *arab.* ḫil'a „Ehrengewand"⟩: mantelartiges, von einem breiten Gürtel zusammengehaltenes Gewand im westlichen Mittelasien u. in Zentralasien

Chal|la|za [ç...] *die;* -, ...lazen, auch **Chal|la|ze** *die;* -, -n ⟨aus *gr.* chálaza „Hagel, Hagelfleck"⟩: 1. bei Blütenpflanzen die Stelle, von der die Hüllen der Samenanlage mit dem Knospenkern (↑ Nucellus) ausgehen (Knospengrund; Bot.). 2. zweispiralig gedrehter Eiweißstrang im Ei der Vögel (Hagelschnur; Zool.). **Chal|la|zi|on** u. **Chal|la|zi|um** *das;* -s, ...ien [...jən] ⟨über gleichbed. *nlat.* chalacium aus *gr.* chalázion „Hagelkorn"⟩: entzündliche Anschwellung am Augenlid (Hagelkorn; Med.). **Chal|la|zo|ga|mie** *die;* -, ...ien ⟨zu ↑ ...gamie (1)⟩: Form der ↑ Aporogamie; Befruchtungsvorgang bei den Blütenpflanzen, bei dem der Weg des Pollenschlauchs über die ↑ Chalaza (1) zur Eizelle führt (Bot.)

Chal|ce|don [kaltse...] usw. vgl. Chalzedon usw.

Chal|dron [ˈtʃɔːldrən] *das;* -s, -s (aber: 3 -) ⟨aus gleichbed. *engl.* chaldron⟩: in Großbritannien verwendetes Hohlmaß von 1,3 m³

Chal|let [ʃa'le:, ʃa'lɛ] *das;* -s, -s ⟨aus *fr.* chalet (Schweizer Wort, aus einer vorlat. Mittelmeersprache)⟩: 1. Sennhütte. 2. Ferien-, Landhaus (in den Bergen)

Chal|li|ko|se [ç...] *die;* -, -n ⟨zu *gr.* chálix, Gen. chálikos „Kalkstein" u. ↑ ¹...ose⟩: Kalk[staub]lunge (Med.)

chalk..., Chalk... [ç...] vgl. chalko..., Chalko... **Chalk|an|thit** [auch ...ˈtɪt] *der;* -s, -e ⟨zu ↑ chalko..., *gr.* ánthos „Blume" u. ↑ ²...it⟩: ein leicht wasserlösliches Mineral. **chal|ko..., Chal|ko...**, vor Vokalen meist chalk..., Chalk... ⟨aus *gr.* chalkós „Erz, Metall, Kupfer"⟩: Wortbildungselement mit der Bedeutung „Kupfer, Erz", z. B. Chalkolith, Chalkanthit. **Chal|ko|che|mi|gra|phie** *die;* -: Metallgravierung. **Chal|ko|ge|ne** *die* (Plur.) ⟨zu ↑ ...gen⟩: Sammelbez. für die Elemente der sechsten Hauptgruppe des periodischen Systems (Chem.). **Chal|ko|ge|nid** *das;* -[e]s, -e (meist Plur.) ⟨zu ↑³...id⟩: Verbindung zwischen einem Metall u. einem Chalkogen. **Chal|ko|graph** *der;* -en, -en ⟨zu ↑ ...graph⟩: Kupferstecher. **Chal|ko|gra|phie** *die;* -, ...ien ⟨zu ↑ ...graphie⟩: (veraltet) 1. (ohne Plur.) Kupferstechkunst. 2. Kupferstich. **chal|ko|gra|phisch** ⟨zu ↑ ...gra-

phisch⟩: die Chalkographie betreffend. **Chal|ko|lith** [auch ...'lıt] *der;* Gen. -s u. -en, Plur. -e[n] ⟨zu ↑...lith⟩: ein grünes Uranmineral. **Chal|ko|li|thi|kum** [auch ...'lıtı...] *das;* -s ⟨zu ↑...lithikum⟩: jungsteinzeitliche Stufe, in der bereits Kupfergegenstände auftreten. **chal|ko|li|thisch** [auch ...'lıtıʃ]: das Chalkolithikum betreffend, zu ihm gehörend. **Chal|ko|me|nit** [auch ...'nıt] *der;* -s, -e ⟨zu *gr.* méne „Mond" (gehobene Bez. für selene) u. ↑²...it⟩: ein blaues od. blaugrünes nadeliges Mineral (Kupferselenit). **Chal|ko|pha|nit** [auch ...'nıt] *der;* -s, -e ⟨zu *gr.* phaínein „zeigen" u. ↑²...it⟩: ein schwarzes krustiges Zink-Mangan-Mineral. **chal|ko|phil** ⟨zu ↑...phil⟩: sich mit Chalkogenen verbindend (von [metallischen] Elementen). **Chal|ko|py|rit** [auch ...'rıt] *der;* -s, -e: Kupferkies, ein Mineral. **Chal|ko|se** *die;* -, -n ⟨zu ↑¹...ose⟩: Ablagerung von Kupfer od. Kupfersalzen im Gewebe, bes. im Augapfel (Med.). **Chal|ko|sin** *der;* -s, -e ⟨zu ↑...in (1)⟩: Kupferglanz, ein Mineral. **Chal|ko|sphä|re** *die;* -: die vermutlich mit Schwermetallsulfiden u. -oxyden angereicherte Zwischenschicht zwischen Erdmantel u. Erdkern (Geol.). **Chal|ko|ty|pie** *die;* -, ...ien ⟨zu ↑...typie⟩: (veraltet) 1. (ohne Plur.) Kupferdruckkunst, Hochätzverfahren auf Kupfer- od. Messingplatten. 2. Kupferdruck. **Chal|kus** *der;* -, - ⟨über *lat.* chalcus aus gleichbed. *gr.* chalkoũs, zusammengezogen aus chálkeos „ehern, kupfern"⟩: kleinste Bronzemünze des alten Athen
Chal|lo|der|mie [ç...] *die;* -, ...ien ⟨zu *gr.* chalãn „erschlaffen", dérma „Haut" u. ↑²...ie⟩: Faltenhaut, Erschlaffung der Haut infolge Verlustes der elastischen Fasern (Med.). **Chal|lon** *das;* -s, -e ⟨zu ↑²...on⟩: Stoff im Körpergewebe, der die normale Zellteilung regelt
Cha|lu|meau [ʃaly'mo:] *das;* -s, -s ⟨aus gleichbed. *fr.* chalumeau, dies aus *mlat.* calamellus „Röhrchen", Verkleinerungsform von *lat.* calamus „Rohr(flöte)"⟩: 1. einfaches Holzblasinstrument des Mittelalters mit einfachem Rohrblatt, Vorläufer der Klarinette. 2. (ohne Plur.) tiefstes, nicht überblasbares Register der Klarinette
Chal|ly [ʃa'li:] *der;* -[s] ⟨aus dem Franz.⟩: dem ↑Musselin ähnlicher taftbindiger Kleiderstoff aus Seide u. Wolle
Chal|ly|bit [ç..., auch ...'bıt] *der;* -s, -e ⟨zu *lat.* chalybs „Stahl" (dies aus gleichbed. *gr.* chályps, chálybos) u. ↑²...it⟩: ein Eisenkarbonatmineral. **Chal|ly|bo|gra|phie** *die;* -, ...ien ⟨zu ↑...graphie⟩: (veraltet) 1. (ohne Plur.) Stahlstecherei, Stahlstichkunst. 2. Stahlstich
Chal|ze|don, auch Chalcedon [kaltse...] *der;* -s, -e ⟨vermutlich nach der altgriech. Stadt Kalchedon (*lat.* Chalcedon) am Bosporus⟩: ein Mineral (Quarzabart). **chal|ze|do|nisch**, auch chalcedonisch: die altgriech. Stadt Kalchedon od. den Chalzedon betreffend
Cha|ma|de [ʃa...] vgl. Schamade
cha|mä..., **Cha|mä...** [ç...] ⟨zu *gr.* chamaí „auf der Erde (befindlich); niedrig"⟩: Wortbildungselement mit der Bedeutung „niedrig, flach; auf dem Boden (vorkommend)", z. B. Chamäphyt. **Cha|mä|ke|pha|lie** vgl. Chamäzephalie. **Cha|mä|kon|chie** *die;* -, ...ien ⟨zu *gr.* kógche „Muschel" u. ↑²...ie⟩: kleine, niedrige Augenhöhle bei kurzsichtigem Auge (Med.). **Cha|mä|le|on** [k...] *das;* -s, -s ⟨über *lat.* chamaeleon aus gleichbed. *gr.* chamailéon, eigtl. „Erdlöwe"⟩: 1. [auf Bäumen lebende] kleine Echse, die ihre Hautfarbe bei Gefahr rasch ändert. 2. unbeständiger, seine Meinung häufig wechselnder Mensch. **Cha|mä|le|on|echo** *das;* -s, -s: Farbwechselecho, Echomatt (-patt) auf Feldern verschiedener Farbe (Kunstschach). **Cha|mä|le|on|stein** *der;* -[e]s, -e ⟨der Stein verändert bei Wasseraufnahme seine Farbe⟩: svw. Hydrophan. **cha|mä|le|on|tisch**: sehr veränderlich, die Farbe od. die Gesinnung häufig wechselnd. **Cha|mä-**

phyt [ç...] *der;* -en, -en (meist Plur.) ⟨zu ↑chamä... u. ↑...phyt⟩: Zwergstrauch; Lebensform von Pflanzen, deren Erneuerungsknospen in Bodennähe liegen u. darum ungünstige Jahreszeiten relativ geschützt (z. B. unter einer Schneedecke) überdauern (Bot.). **Cha|mä|pros|opie** [...], ...ien ⟨zu *gr.* prósōpon „Gesicht" u. ↑²...ie⟩: Breitgesicht, breite Gesichtsform (Med.)
Cha|ma|re, Cha|mar|re [ʃ...] *die;* -, -n ⟨aus gleichbed. *fr.* chamarre, andere Form von samarre, dies aus *span.* zamarra „(ärmellose) Pelzjacke"⟩: (veraltet) Pelzjacke. **cha|mar|rie|ren** ⟨aus gleichbed. *fr.* chamarrer⟩: (veraltet) verbrämen. **Cha|mar|rü|re** *die;* -, -n ⟨aus gleichbed. *fr.* chamarrure⟩: (veraltet) Verbrämung
Cha|mä|ze|pha|lie [ç...] *die;* -, ...ien ⟨zu ↑chamä..., *gr.* kephalé „Kopf" u. ↑²...ie, eigtl. „Flachköpfigkeit"⟩: Schädeldeformierung mit niedriger Gesichtsform (Med.)
Cham|bel|lan [ʃãbɛ'lã:] *der;* -s, -s ⟨aus gleichbed. *fr.* chambellan, dies über *altfr.* chamberlenc, chamberlayn aus *fränk.* *kamerling⟩: (veraltet) Kammerherr. **Cham|ber|lain** ['tʃɛ:mbəlın, engl. 'tʃeɪmbəlın] *der;* -s, -s ⟨aus gleichbed. *engl.* chamberlain, dies aus *fr.* chambellan, vgl. Chambellan⟩: svw. Chambellan
Cham|ber|tin [ʃãbɛr'tɛ̃] *der;* -[s] ⟨nach der Weingegend Chambertin an der Côte de Nuits (Frankreich)⟩: burgundischer Spitzenwein aus Gevrey-Chambertin
Cham|bran|le [ʃã'brã:lə] *der;* -[s], Plur. -s [ʃã'brã:lə] u. -n ⟨aus gleichbed. *fr.* chambranle, eigtl. „Verkleidung"⟩: (veraltet) Türgesims
Cham|bre ar|dente [ʃãbrar'dã:t] *die;* - - ⟨aus gleichbed. *fr.* chambre ardente, eigtl. „brennendes Zimmer", weil in dem mit schwarzem Tuch ausgeschlagenen Raum bei Kerzenlicht verhört wurde⟩: franz. Sondergerichtshof im 16. u. 17. Jh. **Cham|bre des Dé|pu|tés** [ʃãbrədedepy'te] *die;* - - - ⟨*fr.*⟩: franz. Abgeordnetenkammer der Dritten Republik (1875–1940). **Cham|bre gar|nie** [ʃãbrəgar'ni] *das;* - -, -s [ʃãbrəgar'ni] ⟨aus gleichbed. *fr.* chambre garnie⟩: (veraltet) möbliertes Zimmer zum Vermieten. **Cham|bre|gar|nist** *der;* -en, -en ⟨zu ↑...ist⟩: (veraltet) Bewohner eines Chambre garnie. **Cham|bre sé|pa|rée** [ʃãbrəsepa're] *das;* - -, -s -s [ʃãbrəsepa're] ⟨aus *fr.* chambre séparée „abgesondertes Zimmer"⟩: 1. (veraltet) kleiner Nebenraum in Restaurants für ungestörte Zusammenkünfte. 2. (Rechtsspr.) Gerichtshof; Kammer, Haus als gesetzgebende Versammlung). **Cham|brie|re** [ʃã...] *die;* -, -n ⟨aus *fr.* chambrière, urspr. „Kammerjungfer, Zofe"⟩: 1. (veraltet) Kammermädchen. 2. Abrichtepeitsche eines Bereiters (jmd., der Pferde zureitet) u. Stallmeisters. **cham|brie|ren** ⟨aus gleichbed. *fr.* chambrer⟩: 1. (veraltet) [mit jmdm.] in demselben Zimmer wohnen. 2. auf Zimmertemperatur bringen (von Rotwein)
Chame|lier [ʃam'lie:] *der;* -s, -s ⟨aus gleichbed. *fr.* chamelier zu chameau „Kamel", dies über *lat.* camelus aus *gr.* kámēlos, vgl. Kamel⟩: (veraltet) Kameltreiber
Cha|mez [x...] *der;* - ⟨aus *hebr.* ḥameṣ „Gesäuertes"⟩: Sauerteig, der für die jüdischen Ostertage (Passahfest) verboten ist u. vorher weggeschafft werden muß
cha|mois [ʃa'mǒa] ⟨aus gleichbed. *fr.* chamois zu chamois „Gemse", dies aus *spätlat.* camox⟩: gemsfarben, gelbbräunlich. **Cha|mois** *das;* -: 1. besonders weiches Gemsen-, Ziegen-, Schafleder. 2. chamois Farbe. **Cha|mois|pa|pier** *das;* -s, -e: gelbbräunliches Kopierpapier (Fotogr.)
Cha|mo|sit [ʃ..., auch ...'zıt] *der;* -s, -e ⟨nach dem Fundort Chamoson, Kanton Wallis (Schweiz), u. zu ↑²...it⟩: zu den ↑²Chloriten gehörendes grünlichgraues bis schwarzes Mineral

cham|pa|gner [ʃamˈpanjɐ] ⟨zu ↑Champagner; nach der Farbe des Schaumweins⟩: zart gelblich, sektfarben. **Champa|gner** *der;* -s, - ⟨nach der nordfranz. Landschaft Champagne⟩: in Frankreich hergestellter weißer od. roter Schaumwein [aus Weinen der Champagne]. **cham|pagnern** [...ˈpanjɐn]: (veraltet) Champagner trinken. **Cham|pi|gnon** [ˈʃampɪnjɔŋ, selten ˈʃãːpɪɲjõ] *der;* -s, -s ⟨aus *fr.* champignon „eßbarer Pilz", dies aus *altfr.* champegnuel, eigtl. „der auf dem Feld (*lat.* campus) Wachsende"⟩: ein eßbarer Pilz (auch gärtnerisch angebaut). **Cham|pi|on** [ˈtʃɛmpiən] *der;* -s, -s ⟨aus *engl.* champion „Kämpfer, Sieger", dies über *altfr.* champion u. *galloroman.* campio „Kämpfer" aus *lat.* campus „(Schlacht)feld"⟩: 1. Meister[mannschaft] in einer Sportart, Spitzensportler. 2. (österr. veraltet) Aufsatz über dem Rauchfang. **Champ|io|nat** [ʃampio...] *das;* -[e]s, -e ⟨aus gleichbed. *fr.* championnat⟩: Meisterschaft in einer Sportart. **Champ|le|vé** [ʃãləˈve:] *das;* -s ⟨aus gleichbed. *fr.* (email) champlevé zu champ „Feld" u. lever „hoch-, herausheben"⟩: Grubenschmelz (Kunst). **Champs-Elysées** [ʃãzeliˈze] *die* (Plur.) ⟨*fr.;* „Elysäische Felder"⟩: Parkanlage u. Promenade in Paris
Cham|sin [k...] vgl. Kamsin
¹Chan [kaːn], auch **Han** *der;* -s, Plur. -s u. -e ⟨aus *pers.-arab.* ḥān „Haus"⟩: Herberge im Vorderen Orient
²Chan [kaːn, xaːn] vgl. Khan
³Chan [tʃan] *das;* -[s] ⟨*chin.*⟩: im Buddhismus die chines. Bez. für ↑Zen
Cha|nat [k..., x...] vgl. Khanat
Chan|ce [ˈʃãːsə, auch ʃãːs] *die;* -, -n ⟨aus *fr.* chance „Glücksfall", eigtl. „(glücklicher) Wurf im Würfelspiel", zu *lat.* cadere „fallen"⟩: 1. a) Glückswurf, Glücksfall; b) günstige Gelegenheit. 2. [gute] Aussicht; bei jmdm. -n haben: bei jmdm. Erfolg haben, bei jmdm. auf Grund von Sympathie mit Entgegenkommen rechnen können
Chan|ce|lier [ʃãsəˈlie:] *der;* -s, -s ⟨aus gleichbed. *fr.* chancelier, dies aus *spätlat.* cancellarius „Leiter einer Kanzlei"⟩: franz. Bez. für Kanzler. **Chan|ce|liè|re** [auch ...ˈliɛːrə] *die;* -, -n ⟨aus gleichbed. *fr.* chancelière⟩: Frau eines Chanceliers
chan|ce|lie|ren [ʃãsə...] ⟨aus gleichbed. *fr.* chanceler; vgl. Chance⟩: (veraltet) [sch]wanken, taumeln
Chan|cel|lor [ˈtʃaːnsələ, engl. ˈtʃɑːnsələ] *der;* -s, -s ⟨aus *engl.* chancellor, dies aus *fr.* chancelier, vgl. Chancelier⟩: engl. Bez. für Kanzler u. Rektor einer Universität
Chan|cen|gleich|heit [ˈʃãːsn̩...] *die;* - ⟨zu ↑Chance⟩: individueller Anspruch eines Kindes od. Jugendlichen auf eine Schulbildung, der seinen Anlagen u. Fähigkeiten gerecht wird; gleiche Möglichkeit des sozial-gesellschaftlichen Weiterkommens ohne Rücksicht auf Herkunft o. ä. (Bildungspolitik)
Chand|schar [x...] vgl. Handschar
Cha|nel|stil [ʃaˈnɛl...] *der;* -s ⟨nach der franz. Modeschöpferin Coco Chanel (1883–1971) u. zu ↑Stil⟩: Bekleidungsstil, für den bequemer Sitz, tweedartige Stoffe u. Bortenbesatz typisch sind
Chang [tʃaŋ] *das;* -[s], -[s] ⟨*chin.*⟩: früheres chines. Längenmaß (etwa 3,60 m)
Change [fr. ʃaːʒ, engl. tʃeɪndʒ] *die;* - (bei franz. Ausspr.) u. *der;* - (bei engl. Ausspr.) ⟨aus *fr.* change bzw. *engl.* change zu *fr.* changer, vgl. changieren⟩: Tausch, Wechsel [von Geld]. **chan|geant** [ʃãˈʒã:] ⟨*fr.;* „veränderlich, schillernd"⟩: in mehreren Farben schillernd (von Stoffen). **Chan|geant** *der;* -[s], -s: 1. [taftbindiges] Gewebe mit verschiedenfarbigen Kett-u. Schußfäden, das bei Lichteinfall verschieden schillert. 2. Schmuckstein mit schillernder Färbung. **Chan|ge|ment** [ʃãʒəˈmã:] *das;* -s, -s ⟨aus gleichbed. *fr.* changement⟩: (veraltet) Vertauschung, Wechsel, Änderung; - de pieds [...dəˈpi̯eː]: Ballettfigur mit Wechsel der Position der Füße im Sprung. **Chan|ger** [ˈtʃeɪndʒə] *der;* -s, - ⟨aus *engl.* changer „Wechsler"⟩: automatisches Wechselgerät für Schallplatten bzw. Compact Discs. **Chan|geur** [ʃãˈʒøːɐ] *der;* -s, -e ⟨aus gleichbed. *fr.* changeur⟩: (veraltet) [Geld]wechsler. **chan|gie|ren** [ʃãˈʒiː...] ⟨aus *fr.* changer „tauschen, wechseln", dies aus *mlat.* cambiare „wechseln" (gall. Wort)⟩: 1. (veraltet) wechseln, tauschen, verändern. 2. [verschieden]farbig schillern (von Stoffen). 3. (veraltet) vom Rechts- zum Linksgalopp übergehen (Reiten). 4. die Fährte wechseln
Chan|ma|le|rei [ˈtʃan...] *die;* - ⟨zu ↑³Chan⟩: die Malerei des chines. Meditationsbuddhismus; vgl. Zen
Chan|nel [tʃænl] *der;* -s, -s ⟨aus *engl.* channel „Kanal", dies über *altfr.* chanel aus gleichbed. *lat.* canalis⟩: 1. svw. Channelmontage. 2. der vom ↑Gate gesteuerte Strompfad zwischen den Elektroden beim Feldeffekttransistor (Elektronik). **Chan|nel|mon|ta|ge** *die;* -, -n: Vormontage eines ↑Chips (3) auf ein metallisiertes Keramikplättchen bei der Herstellung von Hybridschaltungen (Elektronik)
Cha|no|yu [ˈtʃanoju] vgl. Tschanoju
¹Chan|son [ʃãˈsõ] *die;* -, -s ⟨aus *fr.* chanson „Lied", dies aus *lat.* cantio, Gen. cantionis „Gesang" zu cantare „singen"⟩: a) in der frühen franz. Dichtung episches od. lyrisches Lied, das im Sprechgesang vorgetragen wurde (z. B. Chanson de geste); b) Liebes- od. Trinklied des 15.–17. Jh.s. **²Chan|son** *das;* -s, -s ⟨zu ↑¹Chanson⟩: witzig-freches, geistreiches rezitativisches Lied mit oft zeit- od. sozialkritischem Inhalt. **Chan|son de geste** [ʃãsõdˈʒɛst] *die;* - - -, -s - - [ʃãsõdˈʒɛst] ⟨aus gleichbed. *fr.* chanson de geste⟩: altfranz. Heldenlied. **Chan|so|net|te** [ʃãson...], nach franz. Schreibung auch **Chan|son|net|te** *die;* -, -n ⟨aus *fr.* chansonnette, eigtl. „Liedchen", Verkleinerungsform von ↑²Chanson⟩: 1. kleines Lied komischen od. frivolen Inhalts. 2. Chansonsängerin. **Chan|son|nier** [...ˈni̯e:] *der;* -s, -s ⟨aus gleichbed. *fr.* chansonnier⟩: 1. franz. Liederdichter des 12.–14. Jh.s; vgl. Troubadour. 2. Liedersammlung mit provenzal. Troubadourliedern. 3. Chansonsänger od. -dichter. **Chan|son|nie|re** *die;* -, -n ⟨aus gleichbed. *fr.* ↑¹...iere⟩: svw. Chansonette (2). **¹Chant** [ʃã:] *der;* -s, -s ⟨aus gleichbed. *fr.* chant, dies aus *lat.* cantus, vgl. Cantus⟩: a) Gesang, Lied, Melodie; b) Teil eines Epos; - royal [ʃãroaˈjal]: franz. Gedichtform des Mittelalters. **²Chant** [tʃaːnt] *der;* -s, -s ⟨aus gleichbed. *engl.* chant, eigtl. „Gesang, Weise", dies zu ↑¹Chant⟩: Bez. für den Psalmen- u. Canticagesang (vgl. Cantica 2) der anglikanischen Kirche. **Chan|ta|ge** [ʃãˈtaːʒə] *die;* - ⟨aus *fr.* chantage „Erpressung"⟩: Androhung von Enthüllungen zum Zweck der Erpressung. **Chan|tant** [ʃãˈtã:] *das;* -s, -s ⟨zu *fr.* chantant „singend, sangbar, melodisch"⟩: (veraltet) Tingeltangel, Vergnügungsstätte mit Gesangsdarbietungen. **Chant du départ** [ʃãdydeˈpaːɐ] *der;* - - - ⟨aus *fr.* chant du départ „Abschiedslied"⟩: ein Massenlied der Französischen Revolution. **Chan|te|fa|ble** [ʃãtəˈfaːbl] *die;* -, -s [...faːbl] ⟨zu *fr.* chanter „singen" (dies aus *lat.* cantare) u. fable „Fabel, Geschichte" (dies aus *lat.* fabula)⟩: volkstümliche franz. Prosaerzählung des Mittelalters, deren Prosateile gesprochen u. deren eingeschobene Verse gesungen werden. **Chan|te|relle** [ʃãt(ə)ˈrɛl] *die;* -, -s [...ˈrɛl] ⟨aus gleichbed. *fr.* chanterelle, eigtl. „Quinte(nsaite)"⟩: 1. die am höchsten gestimmte Saite bei Streich- u. Zupfinstrumenten. 2. Melodie- od. Spielsaite bei Drehleier u. Banjo (Mus.). **Chan-**

teur [ʃãˈtøːɐ̯] *der;* -s, -e ⟨aus gleichbed. *fr.* chanteur⟩: Sänger. **Chan|teu|se** [ʃãˈtøːzə] *die;* -, -n ⟨aus gleichbed. *fr.* chanteuse⟩: Sängerin

Chan|til|ly|por|zel|lan [ʃãtiˈji...] *das;* -s, -e ⟨nach dem franz. Ort Chantilly in der Picardie u. zu ↑ Porzellan⟩: Porzellan der von 1725 bis 1800 bestehenden Manufaktur in Chantilly. **Chan|til|ly|spit|ze** *die;* -, -n: Klöppelspitze

Chan|tour|nage [ʃãturˈnaːʒ] *die;* - ⟨aus gleichbed. *fr.* chantournage zu chantourner, vgl. chantournieren⟩: (veraltet) das Auskehlen (von Holz). **chan|tour|nie|ren** ⟨aus gleichbed. *fr.* chantourner zu chant „Ecke" u. tourner „(um)drehen, drechseln (dies aus *lat.* tornare)⟩: (veraltet) a) [Holz] auskehlen; b) nach einer Vorlage ausschneiden

Cha|nuk|ka [x...] *die;* - ⟨aus *hebr.* ḥanukka „Einweihung"⟩: jüd. Fest der Tempelweihe im Dezember

Cha|os [ˈkaːɔs] *das;* - ⟨über *lat.* chaos aus *gr.* cháos „der unendliche leere Raum; die gestaltlose Urmasse (des Weltalls)"⟩: totale Verwirrung, Auflösung aller Ordnungen, völliges Durcheinander. **Cha|os|ära** *die;* -: Bez. für den Urknall in der ↑ Kosmologie. **Cha|ot** *der;* -en, -en ⟨Neuprägung zu ↑ Chaos⟩: a) (meist Plur.) jmd., der seine Forderung nach einer Veränderung der bestehenden Gesellschaftsordnung in Gewaltaktionen u. gezielten Zerstörungsmaßnahmen demonstriert; b) (ugs.) jmd., der Unruhe u. Verwirrung stiftet. **Chao|tik** *die;* - ⟨zu ↑²...ik (3)⟩: chaotische Art und Weise. **chao|tisch:** wirr, ungeordnet

Cha|pa|da [ʃ...] *die;* -, -s ⟨aus *port.* chapada „ebene Fläche"⟩: terrassenförmige, trockene Hochebene in Zentralbrasilien

Cha|peau [ʃaˈpoː] *der;* -s, -s ⟨aus gleichbed. *fr.* chapeau, dies aus *spätlat.* cappa „eine Art Kopfbedeckung"⟩: (veraltet, aber noch scherzhaft) Hut. **Cha|peau bas** [ʃapoˈba] *der;* - -, -x - [ʃapoˈba] ⟨aus *fr.* chapeau bas „flacher Hut"⟩: flacher, schmalkrempiger Dreispitz der 2. Hälfte des 18. Jh.s. **Cha|peau bon|net** [ʃapobɔˈnɛ] *der;* - -, -x -s [ʃapobɔˈnɛ] ⟨aus *fr.* chapeau bonnet „Huthaube"⟩: hutartige Frauenhaube um 1790. **Cha|peau claque** [ʃapoˈklak] *der;* - -, -x -s [ʃapoˈklak] ⟨aus *fr.* chapeau claque, zu claque „Schlag mit der flachen Hand"⟩: zusammenklappbarer Zylinderhut. **Cha|pel** [ˈtʃæpəl] *das;* -s, -s ⟨aus gleichbed. *engl.* chapel; vgl. ¹Kapelle⟩: svw. Chapelle. **Cha|pe|let** [ʃap(ə)ˈle:] *der;* -s, -s ⟨aus gleichbed. *fr.* chapelet zu chapeau „Kopfputz, Kranz", vgl. Chapeau⟩: (veraltet) Rosenkranz. **Cha|pelle** [ʃaˈpɛl] *die;* -, -s [ʃaˈpɛl] ⟨aus gleichbed. *fr.* chapelle; vgl. ¹Kapelle⟩: Kapelle. **Cha|pel|le|rie** [ʃ...] *die;* -, ...ien ⟨aus gleichbed. *fr.* chapellerie⟩: (veraltet) Hutgeschäft, Hutmacherei. **Cha|pe|ron** [ʃapəˈrõː] *der;* -[s], -s ⟨aus *fr.* chaperon „Schweifkappe, Kopfbinde"⟩: 1. im Mittelalter von Männern u. Frauen getragene engschließende Kapuze mit kragenartigem Schulterstück. 2. (veraltet) ältere Dame, die eine jüngere als Beschützerin begleitet. **cha|pe|ro|nie|ren** [...roˈniː...] ⟨aus *fr.* chaperonner „zum Schutz dienen", eigtl. „mit einer Haube versehen"⟩: (veraltet) eine junge Dame zu ihrem Schutz begleiten

Cha|pe|to|nes [tʃ...] *die* (Plur.) ⟨zu *span.* chapetón „neu (angekommen), unerfahren"⟩: Bez. für die Neueinwanderer nach Spanisch-Südamerika

Cha|pi|teau [ʃapiˈtoː] *das;* -, -x [...ˈtoː] ⟨aus *fr.* chapiteau „Aufsatz, Kuppel", dies aus *lat.* capitellum „Köpfchen"⟩: Zirkuszelt, -kuppel

Cha|pi|tre [ʃa...] *das;* -s, -s ⟨aus gleichbed. *fr.* chapitre zu *lat.* capitulum, vgl. Kapitel⟩: (veraltet) 1. Kapitel, Abschnitt. 2. Gesprächsgegenstand. **cha|pi|trie|ren** ⟨aus gleichbed. *fr.* chapitrer⟩: (veraltet) 1. in Abschnitte od. Kapitel (1) einteilen. 2. abkanzeln, die Leviten lesen

Chap|li|na|de [tʃ...] *die;* -, -n ⟨nach dem engl. Filmschauspieler Ch. Chaplin (1889–1977) u. zu ↑...ade⟩: komischer Vorgang, burlesk-groteskes Vorkommnis (wie in den Filmen Chaplins). **chap|li|nesk** ⟨zu ↑...esk⟩: in der Art Chaplins, burlesk-grotesk

Chap|ma|nit [tʃæpmə..., auch ...ˈnɪt] *der;* -s, -e ⟨nach dem engl. Mineralogen E. Chapman (†1904) u. zu ↑²...it⟩: dem ↑ Olivin ähnliches grünes Mineral

Chap|ta|li|sa|ti|on [ʃ...] *die;* - ⟨aus gleichbed. *fr.* chaptalisation, nach dem franz. Staatsmann u. Chemiker J. A. C. Chaptal (1756–1832)⟩: Zuckerung des Weinmostes vor der Gärung, um in Jahren mit ungünstigem Witterungsverlauf einen Mangel an Traubenzucker auszugleichen. **chap|ta|li|sie|ren** ⟨aus gleichbed. *fr.* chaptaliser⟩: Weinmost vor der Gärung durch Zusatz von Zucker verbessern

Char [ʃaːr] *der;* -s, -s ⟨aus gleichbed. *fr.* char, dies aus *lat.* carrus „(vierrädriger) Karren, Wagen"⟩: 1. (veraltet) Wagen. 2. altes Weinmaß in der franz. Schweiz (etwa 6 hl).

Cha|ra|banc [ʃaraˈbã] *der;* -s, -s ⟨aus gleichbed. *fr.* char à bancs⟩: (veraltet) Kremser, offener Wagen mit Bänken an beiden Seiten

Cha|rac|ter in|de|le|bi|lis [kaˈraktɐ –] *der;* - - ⟨aus gleichbed. *lat.* character indelebilis; vgl. Charakter⟩: unzerstörbares Merkmal od. Siegel, das nach kath. Lehre Taufe, Firmung u. Priesterweihe der Seele einprägen

Cha|ra|de [ʃ...] vgl. Scharade

Cha|radsch [x...] *der;* - ⟨aus gleichbed. *arab.* ḫarāǧ⟩: Grundsteuer der Nichtmoslems in islam. Ländern (bis Mitte des 19. Jh.s)

Cha|rak|ter [k...] *der;* -s, ...ere ⟨aus gleichbed. *lat.* character, dies aus *gr.* charaktér, zu charássein „spitzen, schärfen, einritzen"⟩: 1. a) Gesamtheit der geistig-seelischen Eigenschaften eines Menschen, seine Wesensart; b) Mensch als Träger bestimmter Wesenszüge. 2. (ohne Plur.) a) charakteristische Eigenart, Gesamtheit der einer Personengruppe od. einer Sache eigentümlichen Merkmale u. Wesenszüge; b) einer künstlerischen Äußerung od. Gestaltung eigentümliche Geschlossenheit der Aussage. 3. (nur Plur.) Schriftzeichen, Buchstaben. 4. (veraltet) Rang, Titel. **Cha|rak|ter|art** *die;* -, -en: Pflanzen- od. Tierart, die in einem bestimmten Gebiet ganz vorkommt od. für die eine bestimmte Pflanzengesellschaft bzw. ein bestimmtes Biotop charakteristisch ist (Ökologie). **Cha|rak|ter|dra|ma** *das;* -s, ...men: Drama, dessen Schwerpunkt nicht in der Verknüpfung des Geschehens, sondern in der Darstellung der Charaktere liegt. **cha|rak|te|ri|sier|bar:** so beschaffen, daß man es charakterisieren kann. **cha|rak|te|ri|sie|ren** ⟨aus gleichbed. *fr.* caractériser⟩: 1. jmdn./etwas in seiner Eigenheit darstellen, kennzeichnen, treffend schildern. 2. für jmdn./etwas kennzeichnend sein. **Cha|rak|te|ris|mus** *der;* -, ...men ⟨zu ↑...ismus⟩: (veraltet) a) Bez. durch ein Merkmal, Eigenart; b) rednerische Schilderung. **Cha|rak|te|ri|stik** *die;* -, -en ⟨zu ↑...istik⟩: 1. Kennzeichnung, treffende Schilderung einer Person od. Sache. 2. graphische Darstellung einer physik. Gesetzmäßigkeit in einem Koordinatensystem (Kennlinie). 3. Kennziffer eines ↑ Logarithmus (Math.). **Cha|rak|te|ri|sti|ker** *der;* -s, -: (veraltet) 1. Charakterschilderer. 2. Maler, der das Eigentümliche in der Darstellung besonders betont. **Cha|rak|te|ri|sti|kum** *das;* -s, ...ka ⟨aus gleichbed. *nlat.* characteristicum⟩: bezeichnende, hervorstechende Eigenschaft. **cha|rak|te|ri|stisch** ⟨zu ↑...istisch⟩: bezeichnend, kennzeichnend für jmdn./etwas. **Cha|rak|ter|ko|mö|die** *die;* -, -n: Komödie, deren komische Wirkung weniger auf Verwicklungen der Handlung

Charakterkopf

als auf der Darstellung eines komischen Charakters beruht. **Cha|rak|ter|kopf** *der;* -[e]s, ...köpfe: Kopf mit ausgeprägter Form u. ausdrucksvollen Gesichtszügen. **cha|rakter|lich:** den Charakter (1 a) eines Menschen betreffend. **Cha|rak|te|ro|lo|ge** *der;* -n, -n ⟨zu ↑...loge⟩: Erforscher der menschlichen Persönlichkeit. **Cha|rak|te|ro|lo|gie** *die;* - ⟨zu ↑...logie⟩: Persönlichkeitsforschung, Charakterkunde. **cha|rak|te|ro|lo|gisch** ⟨zu ↑...logisch⟩: die Charakterologie betreffend, charakterkundlich. **Cha|rak|te|ro|pa|thie** *die;* -, ...ien ⟨zu ↑...pathie⟩: erworbene charakterliche Abnormität (Psychol.). **Cha|rak|ter|rol|le** *die;* -, -n: Rollenfach im Theater (Darstellung eines komplexen u. widersprüchlichen Charakters). **Cha|rak|ter|stück** *das;* -s, -e: romantisches Klavierstück, dessen Gehalt durch den Titel bezeichnet ist (z. B. „Nocturnes"). **Cha|rak|ter|stu|die** [...i̯ə] *die;* -, -n: intensive Beobachtung, Analyse u. Beschreibung eines Charakters (bes. in der Literatur). **Cha|rak|ter|tra|gö|die** [...i̯ə] *die;* -, -n: Tragödie, die sich aus den besonderen Charaktereigenschaften des Helden entwickelt. **Cha|rak|tron** [k...] *das;* -s, ...onen ⟨Kurzw. aus *engl. chara*cter „Zeichen" u. elec*tron* „Elektron"⟩: Elektronenstrahlröhre zur schnellen Umwandlung von (in Computern gespeicherten) Codezeichen in Buchstaben u. Ziffern, die auf dem Bildschirm abgebildet u. mit einem ↑xerographischen Schnelldrucker ausgegeben werden

Char|cu|te|rie [ʃarky...] *die;* -, ...ien ⟨aus gleichbed. *fr.* charcuterie⟩: (südd. veraltet) [Schweine]schlachterei. **Char|cutier** [...'ti̯e:] *der;* -s, -s ⟨aus gleichbed. *fr.* charcutier⟩: (südd. veraltet) [Schweine]schlachter

Char|don|net|sei|de [ʃardɔ'ne:...] *die;* - ⟨nach dem franz. Chemiker Graf de Chardonnet, 1839–1924⟩: die erste, heute nicht mehr hergestellte Art von Kunstseide

Char|dons [ʃar'dõ:] *die* (Plur.) ⟨aus *fr.* chardons (Plur.) „Eisenspitzen", eigtl. „Disteln"⟩: (veraltet) Eisenspitzen auf einer Mauer, um das Übersteigen zu verhindern

Char|dschit [x...] *der;* -en, -en ⟨aus *arab.* ḫardšit „Aussiehender"⟩: Mitglied einer islamischen Sekte

Cha|ren|ti|en [ʃarã'ti̯ɛ̃] *das;* -[s] ⟨*fr.;* nach Funden im Gebiet des franz. Departements Charente⟩: Kulturstufe der mittleren Altsteinzeit

char|gé [ʃar'ʒe:] ⟨*fr.;* Part. Perf. von charger (une lettre) „(einen Brief) einschreiben lassen"⟩: eingeschrieben (Aufschrift auf Briefsendungen). **Char|ge** ['ʃarʒə] *die;* -, -n ⟨aus gleichbed. *fr.* charge, eigtl. „Last, Ladung", zu charger, vgl. chargieren⟩: 1. Amt, Würde, Rang. 2. a) militärischer Dienstgrad; b) Vorgesetzter (Mil.). 3. svw. Chargierter. 4. Ladung, Beschickung (Techn.). 5. Nebenrolle mit meist einseitig gezeichnetem Charakter (Theat.). 6. Serie, z. B. von Arzneimitteln, die während eines Arbeitsabschnitts u. mit den gleichen Rohstoffen gefertigt u. verpackt werden (Med.). **Char|gé d'af|faires** [ʃar'ʒe: da'fɛ:ɐ̯, *fr.* ʃarʒeda'fɛ:r] *der;* - -, -s - [ʃar'ʒe: -, *fr.* ʃarʒe-]: -, -s ⟨aus gleichbed. *fr.* chargé d'affaires⟩: Geschäftsträger, Chef einer diplomatischen Mission od. dessen Vertreter. **Char|gen|num|mer** ['ʃarʒən...] *die;* -, -n: auf der Verpackung von Arzneimitteln aufgedruckte Zahlenreihe, die Auskunft über Art u. Datum der Herstellung gibt. **char|gie|ren** [ʃar'ʒi:...] ⟨aus *fr.* charger „beladen, belasten", dies über *vulgärlat.* carricare zu *lat.* carrus „Wagen"⟩: 1. in der studentischen Festtracht erscheinen (von Chargierten). 2. einen ↑Reaktor mit Brennstoff beschicken. 3. a) eine Nebenrolle spielen; b) in seiner Rolle übertreiben (Theat.). **Char|gier|te** *der;* -n, -n ⟨vgl. ...iert⟩: einer der drei Vorsitzenden eines ↑Korps (2)

Cha|riot [ʃa'rjo:] *der;* -s, -s ⟨aus gleichbed. *fr.* chariot zu char, vgl. Char⟩: (veraltet) Lastkraftwagen

Cha|ris [auch 'çarɪs] *die;* -, ...riten ⟨aus *gr.* cháris „Anmut, Gunst, Gnade"⟩: 1. (ohne Plur.) Anmut. 2. (meist Plur.) Göttin der Anmut. **Cha|ris|ma** [auch 'çarɪs..., ça'rɪs...] *das;* -s, Plur. ...rismen u. ...rismata ⟨über *spätlat.* charisma aus *gr.* chárisma, Gen. charísmatos „Gnadengabe" zu charízesthai „gefällig sein, gern geben"⟩: 1. die durch den Geist Gottes bewirkten Gaben und Befähigungen des Christen in der Gemeinde (Theol.). 2. besondere Ausstrahlungskraft eines Menschen. **cha|ris|ma|tisch:** a) das Charisma betreffend; b) Charisma besitzend. **cha|ri|ta|tiv** [k...] vgl. karitativ. **cha|ri|table** [ʃari'ta:bl] ⟨aus gleichbed. *fr.* charitable⟩: (veraltet) mild-, wohltätig. **Cha|ri|té** [ʃari'te:] *die;* -, -s ⟨aus *fr.* charité „Barmherzigkeit"⟩: charité, Krankenhaus, Pflegeanstalt. **Cha|ri|ten:** Plur. von ↑Charis (2). **Cha|ri|tin** *die;* -, -nen ⟨zu ↑Charis (2)⟩: svw. Charis (2)

Cha|ri|va|ri [ʃari'va:ri] *das;* -s, -s ⟨aus gleichbed. *fr.* charivari, eigtl. „(großer) Lärm", dies aus *spätlat.* caribaria, *gr.* karēbaría „Kopfschwere-, -schmerz"⟩: (veraltet) Durcheinander. 2. (veraltet) Katzenmusik. 3. (veraltet) alle vier Damen (beim Kartenspiel) in einer Hand. 4. a) Uhrkette (an altbayerischen Männertrachten); b) Anhänger an einer Uhrkette

Charles|ton ['tʃarlstn̩, *engl.* 'tʃɑ:lstən] *der;* -, -s ⟨nach der Stadt Charleston in South Carolina, USA⟩: Modetanz der 20er Jahre im schnellen, stark synkopierten Foxtrottrhythmus. **Charles|ton|ma|schi|ne** *die;* -, -n: in den 20er Jahren verwendetes Rhythmusinstrument im Tanz- u. Jazzorchester

Char|liè|re [ʃar'li̯ɛ:rə] *die;* -, -n ⟨nach dem franz. Physiker J. A. C. Charles (1746–1823) u. zu ↑¹...iere⟩: Luftballon; vgl. Montgolfiere

Char|lot|te [ʃ...] *die;* -, -n ⟨aus gleichbed. *fr.* charlotte (nach dem weiblichen Vornamen), eigtl. „Apfelmus"⟩: warme od. kalte Süßspeise aus Biskuits, Makronen u. Früchten

Char|ly ['tʃɑ:li] *der;* -[s] ⟨vermutlich engl. Sprechform von c für cocaine⟩: (Jargon) Kokain

Charm [tʃɑ:m] *das;* -s ⟨aus *engl.* charm, eigtl. „Reiz, Zauber", dies aus *fr.* charme, vgl. Charme⟩: ein Elementarteilchen aus der Gruppe der ↑Quarks; Zeichen C (Phys.). **char|mant** [ʃar'mant] ⟨aus gleichbed. *fr.* charmant, Part. Präs. von charmer „bezaubern", dies aus *spätlat.* carminare⟩: bezaubernd, von liebenswürdig-gewinnender Wesensart. **Charme** [ʃarm] *der;* -s ⟨aus gleichbed. *fr.* charme, dies aus *lat.* carmen „Lied, Zauberspruch"⟩: liebenswürdig-gewinnende Wesensart. **Char|me|laine** [ʃarmə'lɛ:n] *der;* -[s] od. *die;* - ⟨zu *fr.* charme (vgl. Charme u. laine (*lat.* lana) „Wolle"⟩: schmiegsamer Kammgarnwollstoff in Köperod. Atlasbindung (eine Webart). **Char|meur** [ʃar'mø:ɐ̯] *der;* -s, Plur. -s u. -e ⟨aus gleichbed. *fr.* charmeur⟩: Mann, der [Frauen gegenüber] besonders liebenswürdig ist u. [diese] darum leicht für sich einzunehmen vermag. **Charmeuse** [...'mø:z] *die;* - ⟨aus *fr.* charmeuse, weibliche Form von charmeur, vgl. Charmeur⟩: maschenfeste Wirkware aus synthetischen Fasern. **char|mie|ren** vgl. scharmieren

Char|mil|le [ʃar'mi:jə] *die;* -, -n ⟨aus gleichbed. *fr.* charmille zu charme „Weiß-, Hainbuche", dies aus *lat.* carpinus⟩: (veraltet) Hainbuchenhecke, -allee

char|ming ['tʃɑ:mɪŋ] ⟨aus gleichbed. *engl.* charming zu to charm „bezaubern, entzücken"⟩: liebenswürdig, gewinnend

Chä|ro|ma|nie [ç...] *die;* -, ...ien ⟨zu *gr.* chaírein „sich freuen" u. ↑...manie⟩: krankhafte Heiterkeit (Med.)

Char|que ['tʃarkə] *der;* - ⟨aus gleichbed. *span.* charque⟩: an der Luft getrocknetes Rindfleisch

Char|ret|te [ʃ...] *die;* -, -n ⟨aus gleichbed. *fr.* charrette zu char, vgl. Char⟩: leichter, zweirädriger Karren, Wagen

Char|riè|re [ʃar'jɛ:r(ə)] *das;* -s, - ⟨nach dem franz. Instrumentenbauer J. F. B. Charrière, 1803–1876⟩: Maßeinheit für die Dicke eines ↑ Katheters

¹Chart [tʃart] *der* od. *das;* -s, -s ⟨aus gleichbed. *engl.* chart⟩: graphische Darstellung von Zahlenreihen. **²Chart** *die;* -, -s (meist Plur.) ⟨zu ↑ ¹Chart⟩: Zusammenstellung der [zum gegenwärtigen Zeitpunkt] beliebtesten Hits, Titeln der Popmusik, Liste mit Spitzenschlagern. **Char|ta** ['karta] *die;* -, -s ⟨aus *lat.* charta „Papier, Brief, Urkunde", dies aus *gr.* chártēs „Papyrusblatt, dünnes Blatt" (wie die Pflanze wohl ägypt. Herkunft)⟩: Verfassungsurkunde, Staatsgrundgesetz; vgl. Magna Charta. **Char|te** ['ʃarta] *die;* -, -n ⟨aus *fr.* charte „Urkunde", dies aus *lat.* charta, vgl. Charta⟩: wichtige Urkunde im Staats- u. Völkerrecht. **Char|te|par|tie** *die;* -, -n ⟨aus *fr.* charte-partie, eigtl. „geteiltes Blatt"⟩: Beweisurkunde über den Inhalt des Chartevertrages. **Charter** ['tʃartɐ, auch 'ʃa...] *die;* -, -, auch *der;* -s, -s ⟨aus gleichbed. *engl.* charter, dies über *altfr.* chartre aus *lat.* chartula „Briefchen", Verkleinerungsform von charta⟩: 1. Urkunde, Freibrief. 2. Frachtvertrag im Seerecht. **Char|te|rer** *der;* -s, - ⟨zu *engl.* to charter, vgl. chartern⟩: jmd., der etwas chartert, gechartert hat. **Char|ter|ma|schi|ne** *die;* -, -n: von einer privaten Gesellschaft o. Ä. [für eine Flugreise] gemietetes Flugzeug (keine Linienmaschine). **char|tern** ⟨aus *engl.* to charter „mieten"⟩: durch entsprechende eigene Bemühungen erreichen, daß man über ein Flugzeug o. ä. zur Beförderung von Personen od. Gütern verfügt. **Char|tis|mus** *der;* - ⟨aus gleichbed. *engl.* chartism; nach dem 1838 von W. Lovett formulierten People's Charter; vgl. ...ismus (1)⟩: erste organisierte Arbeiterbewegung in England. **¹Char|tist** *der;* -en, -en ⟨zu ↑ ...ist⟩: Anhänger des Chartismus. **²Char|tist** [tʃ...] *der;* -s, -s ⟨zu ↑ ¹Chart u. ↑ ...ist⟩: jmd., der ¹Charts erstellt u. sie im Hinblick auf künftige Kurs- u. Preisentwicklungen analysiert

¹Char|treu|se [ʃar'trø:z(ə)] ⓦ *der;* - ⟨nach dem Kloster Grand Chartreuse bei Grenoble (Frankreich)⟩: von franz. Kartäusermönchen hergestellter Kräuterlikör. **²Char|treuse** *die;* -, -n ⟨zu ↑ ¹Chartreuse⟩: ein Gericht aus Gemüse od. Teigwaren u. Fleisch

Charts ['tʃarts]: Plur. von ↑ ¹,²Chart

Char|tu|la|ria [kar...] *die* (Plur.) ⟨zu *mlat.* chartularium „Abteilung der kaiserlichen Hofkanzlei", dies zu chartula „kleine Schrift, Briefchen", Verkleinerungsform von *lat.* charta, vgl. Charta⟩: gesammelte Abschriften von Urkunden in Buchform

Cha|ryb|dis [ça...] *die;* - ⟨über *lat.* charybdis aus *gr.* chárybdis⟩: gefährlicher Meeresstrudel der griech. Sage; vgl. Szylla

Cha|san [x...] *der;* -s, -e ⟨aus gleichbed. *hebr.* ḥasān⟩: Vorbeter in der Synagoge

Chase [tʃeɪs] *das* od. *die;* - ⟨aus gleichbed. *engl.-amerik.* chase, eigtl. „Jagd"; vgl. Chasse⟩: im Jazz Form der Improvisation, bei der sich zwei od. mehrere Solisten ständig abwechseln

Chas|ma [ç...] *das;* -s, ...men u. Chasmus *der;* -, Plur. -e u. ...men ⟨über *nlat.* chasmus u. *lat.* chasma aus *gr.* chásma, Gen. chásmatos „klaffende Öffnung, Schlund" zu cháskein „offenstehen, gähnen"⟩: Gähnkrampf (Med.). **Chas|ma|to|sau|ri|er** [...jɐ] *der;* -s, - u. **Chas|ma|to|sau|rus** *der;* -, ...rier [...jɐ] ⟨zu *gr.* saūros „Eidechse"⟩: ausgestorbene Gattung von etwa 1,5 m langen Echsen aus der Trias.

chas|mo|gam ⟨zu ↑ ...gam (1)⟩: offenblütig, der Fremdbestäubung zugänglich (von Pflanzen; Bot.); Ggs. ↑ kleistogam. **Chas|mo|ga|mie** *die;* -, ...ien ⟨zu ↑ ...gamie (1)⟩: Fremdbestäubung bei geöffneter Blüte (Bot.); Ggs. ↑ Kleistogamie. **Chas|mo|phyt** *der;* -en, -en (meist Plur.) ⟨zu ↑ ...phyt⟩: Pflanze, die in humushaltigen Felsspalten wächst. **Chas|mus** vgl. Chasma

Chasse [ʃas] *die;* - ⟨aus *fr.* chasse „Jagd", dies aus gleichbed. *vulgärlat.* *captia zu *captiare „erhaschen, erfassen"⟩: 1. Billardspiel mit 15 Bällen. 2. dreistimmiger, gesungener Kanon im franz. Musik des 14. Jh.s (Mus.).

Chas|sé [ʃa'se:] *der;* -s, -s ⟨aus *fr.* chassé „Wechselschritt", eigtl. Part. Perf. von chasser, vgl. Chassieren⟩: Ballettfigur, bei der sich im Sprung das Gewicht von einem Bein auf das andere verlagert. **Chas|sé-croi|sé** [ʃasekroa'ze:] *der;* -[s], -s ⟨aus gleichbed. *fr.* chassé-croisé, zu croisé „gekreuzt", Part. Perf. von croiser „kreuzen"⟩: Bewegen der Tanzpartner nach entgegengesetzter Richtung

Chas|sé|en [ʃase'ɛ:] *das;* -[s] ⟨*fr.;* nach dem Felsplateau Chassey-le-Camp bei Chagny⟩: Kulturstufe des Mittelneolithikums in Süd- u. Westfrankreich

Chas|se|las [ʃas(ə)'la] *der;* ⟨nach dem gleichnamigen franz. Ort⟩: in der Westschweiz u. in Frankreich Name der Rebsorte Gutedel

Chasse|ma|rée [ʃasma're:] *der;* -s, -s ⟨aus *fr.* chasse-marée „Fischwagen, -karren"⟩: (veraltet) 1. Fuhrmann, der Seefische zur Stadt bringt. 2. kleines Frachtschiff

Chas|se|ne [x...] *die;* -, -n ⟨aus gleichbed. *jidd.* chássene zu *hebr.* ḥatunnā⟩: Vermählung, Hochzeit

Chas|se|pot|ge|wehr [ʃasə'po:...] *das;* -[e]s, -e ⟨nach dem franz. Gewehrkonstrukteur A. A. Chassepot, 1833–1905⟩: franz. Hinterlader im Krieg 1870–71

Chas|seur [ʃa'sø:ɐ̯] *der;* -s, -e ⟨aus *fr.* chasseur „Jäger" zu chasse, vgl. Chasse⟩: 1. Page, Saaldiener in Spielbanken. 2. (meist Plur.) Angehöriger eines Jägertruppenteils der franz. Armee

Chas|si|dim [x...] *die* (Plur.) ⟨aus *hebr.* ḥasîdîm (Plur.) „die Frommen" zu ḥasîd „fromm, ehrfürchtig"⟩: Anhänger des Chassidismus. **Chas|si|dis|mus** *der;* - ⟨zu ↑ ...ismus (1)⟩: im 18. Jh. entstandene religiöse Bewegung des osteuropäischen Judentums, die der starren Gesetzeslehre eine lebendige Frömmigkeit entgegensetzt

Chas|sie [ʃa'si:] *die;* - ⟨aus gleichbed. *fr.* chassie zu *lat.* cacare „beschmieren"⟩: (veraltet) Augenbutter

Chas|sie|ren [ʃ...] *das;* -s ⟨zu *fr.* chasser „jagen, vorwärtstreiben"⟩: geradlinige Fortbewegung beim Tanz mit raschen Schritten

chas|si|ös [ʃ...] ⟨aus gleichbed. *fr.* chassieux zu chassie, vgl. Chassie⟩: triefäugig, triefend

Chas|sis [ʃa'si:] *das;* - [ʃa'si:(s)], - [ʃa'si:s] ⟨aus *fr.* châssis „Einfassung, Rahmen" zu châsse „Kästchen, Einfassung", dies aus *lat.* capsa „Behälter"⟩: 1. Fahrgestell von Kraftfahrzeugen. 2. Montagerahmen elektronischer Apparate (z. B. eines Rundfunkgerätes)

Cha|su|ble [fr. ʃa'zybl, engl. 'tʃæzjʊbl] *das;* -s, -s ⟨aus *fr.* chasuble bzw. *engl.* chasuble „Meßgewand", diese aus *spätlat.* casu[b]la „Mantel mit Kapuze"⟩: ärmelloses Überkleid für Damen nach Art einer Weste

Cha|ta [x...] *die;* -, -s ⟨aus gleichbed. *russ.* chata, eigtl. „Hütte"⟩: Bauernhaus in Rußland

Châ|teau [ʃa'to:] *das;* -, -s ⟨aus gleichbed. *fr.* château, dies über *altfr.* chastel aus *lat.* castellum, vgl. Kastell⟩: Schloß, Herrenhaus, Landgut, Weingut. **Cha|teau|bri|and** [ʃatobri'ã:] *das;* -[s], -s ⟨nach F. R. Vicomte de Chateaubriand,

1768–1848⟩: doppelt dick geschnittene Rinderlende, die gegrillt od. in der Pfanne gebraten wird (Gastr.)

Cha|te|laine [ʃatə'lɛːn] *die;* -, -s od. *das;* -s, -s ⟨aus gleichbed. *fr.* chatelaine, eigtl. „Burgfrau", dies aus *lat.* castellana „Bewohnerin eines ↑ Kastells"⟩: 1. aus Metallgliedern zusammengesetzter Frauengürtel, an dem im 16. Jh. Gebetbuch, Schlüssel usw. hingen. 2. (veraltet) kurze verzierte Uhrkette; Uhranhänger

Châ|tel|per|ro|ni|en [ʃatɛlpɛro'niɛ̃ː] *das;* -[s] ⟨*fr.;* nach der franz. Gemeinde Châtelperron⟩: erster Abschnitt der Altsteinzeit in Frankreich

Cha|tib [x...] *der;* -, -e ⟨zu *arab.* ḫaṭaba „predigen"⟩: besonderer Prediger, der am Freitagmorgen das rituelle Gebet der Moslems u. eine Predigt hält

Cha|ton|fas|sung [ʃa'tõ...] *die;* -, -en ⟨zu *fr.* chaton „Fassung (eines Edelsteins)"⟩: Kastenfassung aus Gold- od. Silberblech für Edelsteine

Cha|toy|ance [ʃatoa'jãːs] *die;* - ⟨zu *fr.* chatoyer „schillern" u. ↑...ance⟩: seidiger Schimmer von bes. geschliffenen Edelsteinen

Chat|ti|en [kat'jɛ̃ː] *das;* -[s] ⟨*fr.;* nach dem germ. Stamm der Chatten⟩: Stufe des Tertiärs (Geol.)

Chau|deau [ʃo'doː] *das;* -[s], -s ⟨aus *fr.* chaudeau, eigtl. „warme Eiersuppe", zu chaud „warm, heiß", dies aus *lat.* cal(i)dus⟩: Weinschaumsauce. **Chaud|froid** [ʃo'frwa] *das;* -[s], -s ⟨aus gleichbed. *fr.* chaud-froid⟩: Vorspeise aus Fleisch- u. Fischstückchen, die mit einer geleeartigen Sauce überzogen sind. **Chauf|feur** [ʃɔ'føːɐ̯] *der;* -s, -e ⟨aus gleichbed. *fr.* chauffeur, eigtl. „Heizer", zu chauffer „warm machen, heizen", dies über *vulgärlat.* *calefare aus *lat.* cal(e)facere⟩: jmd., der berufsmäßig andere Personen im Auto fährt, befördert. **Chauf|feurs** [ʃɔ'føːɐ̯s] *die* (Plur.) ⟨aus *fr.* chauffeurs (de pieds) „(Fuß)brenner"⟩: Räuberbanden in Frankreich zur Zeit der Revolution. **chauf|fie|ren** ⟨zu ↑...ieren⟩: (veraltend) 1. ein Kraftfahrzeug lenken. 2. jmdn. [berufsmäßig] in einem Kraftfahrzeug transportieren

Chaul|moo|gra|öl [tʃoːl'muːgra...] *das;* -s ⟨über engl. Vermittlung aus *Bengali* ca(u)lmugra⟩: gelbbraunes, fettes Öl aus dem Samen eines birmanischer Baumes, Arzneimittel gegen bösartige Hautkrankheiten

Chau|miè|re [ʃo'mjɛːr(ə)] *die;* -, -n ⟨aus gleichbed. *fr.* chaumière, eigtl. „Strohhütte", zu chaume „Halm, Stoppel", dies aus *lat.* calamus „Halm, Stroh"⟩: (veraltet) kleines Landhaus, ländliche Hütte in einem Park

Chaus|see [ʃo'seː] *die;* -, ...sseen ⟨aus gleichbed. *fr.* chaussée, dies aus *galloroman.* *(via) calciata „mit (Kalk)stein gepflasterte Straße", vgl. Calx⟩: mit Asphalt, Beton od. Steinpflaster befestigte u. ausgebaute Landstraße. **chaussie|ren** ⟨zu ↑...ieren⟩: (veraltend) mit einer festen Fahrbahndecke versehen, asphaltieren, betonieren. **Chaus|sure** [ʃo'syːrə] *die;* - ⟨aus *fr.* chaussure „Fußbekleidung, Schuh"⟩: (veraltet) Sammelbez. für Schuhe u. Strümpfe

Chau|vi ['ʃovi] *der;* -s, -s ⟨Kurzw. aus *Chauvi*nist; vgl. Chauvinismus (2)⟩: (ugs. abwertend) Mann, der sich durch Mentalität u. Verhalten als Vertreter des männlichen Chauvinismus erweist. **Chau|vi|nis|mus** [ʃovi...] *der;* -, ...men ⟨aus gleichbed. *fr.* chauvinisme, nach der Gestalt des extrem nationalistischen Rekruten Nicolas Chauvin aus einem Lustspiel der Brüder Cogniard (1831); vgl. ...ismus (5)⟩: (abwertend) 1. a) (ohne Plur.) exzessiver Nationalismus militaristischer Prägung; extrem patriotische, nationalistische Haltung; b) einzelne chauvinistische (1) Äußerung, Handlung. 2. in der Fügung männlicher -: selbstgefällige, überhebliche Art von Männern auf Grund eines gesteigerten Selbstwertgefühls u. die damit verbundene gesellschaftliche Bevorzugung der Angehörigen des eigenen Geschlechts. **Chau|vi|nist** *der;* -en, -en ⟨zu ↑...ist⟩: (abwertend) 1. Vertreter des Chauvinismus (1 a). 2. Vertreter des männlichen Chauvinismus. **chau|vi|ni|stisch** ⟨zu ↑...istisch⟩: (abwertend) 1. a) von Chauvinismus erfüllt; b) dem Chauvinismus entsprechend. 2. a) von männlichem Chauvinismus erfüllt; b) dem männlichen Chauvinismus entsprechend

Cha|vi|col [çavi'koːl] *das;* -s ⟨Kunstw.⟩: in mehreren ätherischen Ölen enthaltenes Phenolderivat

Cha|vin [tʃa'vin] *das;* -s ⟨nach dem Ort Chavín de Huántar in Peru⟩: älteste vorkolumbische Hochkultur im Andenraum (1200–300 v. Chr.)

Cha|wan [tʃ...] *der;* -s, -s ⟨aus dem Jap.⟩: Teeschale aus meist glasiertem Ton od. Steingut für die japan. Teezeremonie

Cha|wer [x...] *der;* -[s], -n ⟨aus *jidd.* chawer „Gefährte, Freund", dies aus *hebr.* ḥavēr zu ḥāvar „verbunden sein"⟩: 1. rabbinischer Ehrentitel (für Gelehrte). 2. Freund, Kamerad, Partner (als Anrede bes. von Organen der zionistischen Arbeiterpartei im Sinne von „Genosse" gebraucht)

Cha|yo|te [tʃa'joːtə] *die;* -, -n ⟨aus *span.* chayote „Stachelgurke", dies aus gleichbed. *aztek.* chayotli⟩: Strauch u. Frucht aus dem trop. Amerika

Cha|zoz|ra [x...] *die;* - ⟨aus gleichbed. *hebr.* ḥaṣoṣrā⟩: altjüd. Metalltrompete mit geradem Rohr

¹Check [tʃɛk] *der;* -s, -s ⟨aus gleichbed. *engl.* check, eigtl. „Hindernis", dies aus *altfr.* eschec „Schach"⟩: jede Behinderung des Spielverlaufs im Eishockey

²Check [ʃɛk] *der;* -s, -s ⟨aus gleichbed. *engl.* cheque, Herkunft unbekannt⟩: (schweiz.) svw. Scheck

checken¹ ['tʃɛkn̩] ⟨aus gleichbed. *engl.* to check; vgl. ¹Check⟩: 1. (einen Gegenspieler) behindern, [an]rempeln (Eishockey). 2. nachprüfen, kontrollieren. 3. (ugs.) merken, begreifen, verstehen. **Checker¹** *der;* -s, - ⟨aus *engl.* checker „Prüfer"⟩: Kontrolleur (Techn.). **Check-in** *das;* -[s], -s ⟨zu *engl.-amerik.* to check in „eintragen"⟩: Abfertigung des Fluggastes vor Beginn des Fluges. **Checking¹** *das;* -s, -s ⟨aus gleichbed. *engl.* checking⟩: das Checken. **Check|list** *die;* -, -s ⟨aus gleichbed. *engl.* check-list⟩: Kontrolliste, mit deren Hilfe das einwandfreie Funktionieren komplizierter technischer Apparate überprüft od. das Vorhandensein notwendiger Ausrüstungsgegenstände festgestellt wird. **Check|li|ste** *die;* -, -n: 1. svw. Checklist. 2. a) Liste der Flugpassagiere, die abgefertigt worden sind; b) Kontrolliste [zum Abhaken]. **Check|out** [tʃɛk'aʊt] *das;* -[s], -s ⟨zu *engl.-amerik.* to check out „überprüfen"⟩: Durchführung automatischer Kontrollmaßnahmen bei der Herstellung u. Prüfung von technischen Geräten. **Check|point** ['tʃɛkpɔynt] *der;* -s, -s ⟨aus gleichbed. *engl.* check-point ⟩: 1. Kontrollpunkt an Grenzübergangsstellen. 2. Fixpunkt im Programm (EDV). **Check-up** ['tʃɛkap] *der* od. *das;* -[s], -s ⟨zu *engl.-amerik.* to check up „untersuchen"⟩: umfangreiche med. Vorsorgeuntersuchung

Ched|dar|kä|se ['tʃɛdɐ...] *der;* -s, - ⟨nach der engl. Ortschaft Cheddar⟩: ein fetter Hartkäse

Che|der|schu|le ['tʃɛdɐ...] *die;* -, -n ⟨zu *jidd.* chejder „Zimmer", dies aus *hebr.* ḥeder „innerer Raum eines Hauses"⟩: traditionelle jüdische Grundschule für Jungen vom vierten Lebensjahr an

Che|di [tʃ...] *der;* -s, -s ⟨*Thai*⟩: dem ↑ Stupa entsprechendes Gebäude in Thailand

Che|di|ve [çe'diːvə, auch x...] vgl. Khedive

Cheer [tʃɪə] *das;* -s, -s ⟨aus *engl.* cheer, eigtl. „gute Stim-

mung, Fröhlichkeit"⟩: Hoch-, Beifalls-, Jubelruf. **chee|rio!** ['tʃi:rio, engl. 'tʃɪərɪ'ou] ⟨aus gleichbed. *engl.* cheerio⟩: (ugs.) 1. prost!, zum Wohl! 2. auf Wiedersehen!
Cheese|bur|ger ['tʃi:zbə:gə] *der;* -s, - ⟨aus *amerik.-engl.* cheeseburger zu cheese „Käse" u. ↑ ...burger⟩: eine Art ↑ Hamburger, der zusätzlich zu den übrigen Zutaten eine Scheibe Käse enthält
Chef [ʃɛf] *der;* -s, -s ⟨aus *fr.* chef „(Ober)haupt", dies über galloroman. *capum aus *lat.* caput „Kopf"⟩: 1. a) Leiter, Vorgesetzter, Geschäftsinhaber; b) (ugs.) Anführer. 2. (ugs.) saloppe Anrede (als Aufforderung o. ä.) an einen Unbekannten. **Chef...** ⟨zu ↑ Chef⟩: Wortbildungselement mit der Bedeutung „Hauptverantwortlicher, Leitender", z. B. Chefpilot, Chefarzt, Chefideologe. **Chef|arzt** *der;* -es, ...ärzte: leitender Arzt in einem Krankenhaus. **Chef|be|ra-ter** *der;* -s, -: erster Berater. **Chef|cho|reo|graph** [...ko...] *der;* -en, -en: leitender ↑ Choreograph eines Theaters. **Chef de cui|sine** [ʃɛfdəkÿi'zin] *der;* - - -, -s - [ʃɛf...] ⟨aus gleichbed. *fr.* chef de cuisine⟩: Küchenchef. **Chef de mis|sion** [ʃɛfdəmi'siɔ̃:] *der;* - - -, -s - - [ʃɛf...] ⟨aus *fr.* chef de mission „Missions-, Delegationschef"⟩: Leiter einer sportlichen Delegation (z. B. bei den Olympischen Spielen). **Chef de par|tie** [ʃɛfdəpar'ti:] *der;* - - -, -s - [ʃɛf...] ⟨aus *fr.* chef de partie, eigtl. „Abteilungschef"⟩: Abteilungskoch in großen Hotels. **Chef de rang** [ʃɛfdə'rã:] *der;* - - -, -s - [ʃɛf...] ⟨aus gleichbed. *fr.* chef de rang⟩: Abteilungskellner in großen Hotels. **Chef de ré|cep|tion** [ʃɛfdəresep'siɔ̃:] *der;* - - -, -s - - [ʃɛf...] ⟨aus gleichbed. *fr.* chef de réception⟩: Empfangschef. **Chef d'étage** [ʃɛfde'ta:ʒ] *der;* - - -, -s - [ʃɛf...] ⟨aus *fr.* chef d'étage, eigtl. „Etagenchef"⟩: Zimmerkellner in großen Hotels. **Chef|di|ri|gent** *der;* -en, -en ⟨zu ↑ Chef...⟩: erster Dirigent eines Opernhauses, einer Rundfunkanstalt od. eines großen Orchesters. **Chef d'œu|vre** [ʃɛ'dœ:vrə, fr. ʃɛ'dœ:vr] *das;* - -, -s - [ʃɛ...] ⟨aus gleichbed. *fr.* chef-d'œvre⟩: Hauptwerk, Meisterwerk. **Chef|dol|met|scher** *der;* -s, - ⟨zu ↑ Chef...⟩: erster Dolmetscher. **Chef|eta|ge** *die;* -, -n: Etage in einem Geschäftshaus, in der sich die Räume der Geschäftsleitung, des Chefs befinden. **Che|feu|se** [ʃɛ'fø:zə] *die;* -, -n ⟨zu ↑ ...euse⟩: (ugs. scherzh.) Chefin. **Chef|ideo-lo|ge** *der;* -n, -n ⟨zu ↑ Chef...⟩: maßgeblicher Theoretiker einer politischen Richtung. **Che|fin** *die;* -, -innen: weibliche Form zu ↑ Chef. **Chef|in|ge|nieur** *der;* -s, -e: leitender technischer Angestellter. **Chef|koch** *der;* -[e]s, ...köche: erster Koch. **Chef|lek|tor** *der;* -s, -en: Leiter eines Verlagslektorats. **Chef|re|dak|teur** *der;* -s, -e: Leiter einer Redaktion. **Chef|se|kre|tä|rin** *die;* -, -nen: Sekretärin des Chefs. **Chef-trai|ner** *der;* -s, -: erster Trainer eines Sportvereins od. -verbandes. **Chef|vi|si|te** *die;* -, -n: ↑ Visite des Chefarztes im Krankenhaus
Cheil|al|gie [ç...] *die;* -, ...ien ⟨zu *gr.* cheĩlos „Lippe" u. ↑ ...algie⟩: Lippenschmerz (Med.). **Chei|li|tis** *die;* -, ...iti-den ⟨zu ↑ ...itis⟩: Lippenentzündung (Med.). **Chei|lo|gna-tho|pa|la|to|schi|sis** [...'sçi:zɪs] *die;* -, ...schisen ⟨Kurzw. aus ↑ *Cheilo*schisis, ↑ *Gnatho*schisis u. ↑ *Palatoschisis*⟩: schwere angeborene Mißbildung im Bereich von Mund u. Gesicht, Lippen-, Kiefer- u. Gaumenspalte (auch Wolfsrachen genannt; Med.). **Chei|lo|gna|tho|schi|sis** [...sçi:zɪs] *die;* -, ...schisen ⟨Kurzw. aus ↑ *Cheilo*schisis u. ↑ *Gnathoschisis*⟩: angeborene Mißbildung im Bereich der Oberlippe u. des Oberkiefers, Lippen-Kiefer-Spalte (Med.). **Chei|lo-pla|stik** *die;* -, -en: Lippenplastik, Bildung einer künstlichen Lippe (Med.). **Chei|lo|schi|sis** [...'sçi:zɪs] *die;* -, ...schisen ⟨zu *gr.* schísis „Spaltung"⟩: Lippenspalte, Hasenscharte (Med.). **Chei|lo|se** *die;* -, -n u. **Chei|lo|sis** *die;* -, ...oses [...ze:s] ⟨aus *nlat.* cheilosis zu *gr.* cheĩlos „Lippe";

vgl. ¹...ose⟩: entzündliche Schwellung der Lippen (mit Borkenbildung u. Faulecken; Med.)
cheir..., Cheir... vgl. cheiro..., Cheiro...
Cheir|an|thus [ç...] *der;* - ⟨aus gleichbed. *nlat.* cheiranthus zu *arab.* kairí „wohlriechende Pflanze" u. *gr.* ánthos „Blüte"⟩: Goldlack, ein Kreuzblütler
chei|ro..., Chei|ro..., vor Vokalen meist cheir..., Cheir... ⟨aus *gr.* cheír, Gen. cheirós „Hand"⟩: Wortbildungselement mit der Bedeutung „Hand, mit den Händen erfolgend", z. B. Cheirotonie; vgl. chiro..., Chiro... **Chei|ro|lo-gie** vgl. Chirologie. **Chei|ro|me|ga|lie** *die;* -, ...ien ⟨zu *gr.* mégas (mit Stammerweiterung megalo-) „groß" u. ↑ ²...ie⟩: durch Auswüchse u. Mißbildungen verursachte Vergrößerung der Hände (Med.). **Chei|ro|no|mie** u. Chironomie *die;* - ⟨aus *gr.* cheironomía „die Bewegung der Hände nach gewissen Regeln, um etwas damit auszudrücken, Gestikulation, Pantomime"⟩: 1. mimische Bewegung u. Gebärdensprache der Hände zum Ausdruck von Handlung, Gedanke u. Empfindung (Tanzkunst). 2. Chorleitung durch Handbewegungen, mit denen dem Chor melodischer Verlauf, Rhythmus u. Tempo eines Gesangs angezeigt werden (altgriech. u. frühchristl. Musik). **chei|ro|no|misch** u. chironomisch: a) die Cheironomie betreffend; b) mit Mitteln der Cheironomie gestaltet. **Chei|ro|pom|pho|lyx** *die;* -, ...pholyges ⟨zu ↑ cheiro- u. *gr.* pomphólyx „Blase, Wasserblase"⟩: Blasenbildung an den Händen (Med.). **Chei-ro|skop** *das;* -s, -e ⟨zu ↑ ...skop⟩: Gerät zur Behandlung von Schielstörungen (Med.). **Chei|ro|sko|pie** *die;* - ⟨zu ↑ ...skopie⟩: svw. Chiromantie. **Chei|ro|spas|mus** u. Chirospasmus *der;* -, ...men: Schreibkrampf (Med.). **Chei|ro-to|nie** *die;* -, ...ien ⟨aus *gr.* cheirotonía „das Ausstrecken der Hände"⟩: 1. Abstimmungsart durch Heben der Hand in Institutionen altgriech. Staatsverwaltung. 2. Handauflegung [bei der kath. Priesterweihe] (Rel.)
Che|ki|ang [tʃ...] vgl. Tschekiang
Chel|lat [ç...] *das;* -s, -e ⟨zu *nlat.* chela (dies aus *gr.* chēlē „Kralle, Krebsschere") u. ↑ ...at (2)⟩: zyklische Verbindung, bei der ein bestimmtes Atom an zwei od. mehrere funktionelle Gruppen eines Moleküls gebunden ist u. dabei von den Gruppen wie von einer Krebsschere umfaßt wird (Chem.)
Che|li|do|nin [ç...] *das;* -s ⟨zu *gr.* chelidónion (vgl. Chelidonium) u. ↑ ...in (1)⟩: Alkaloid aus dem Schöllkraut von beruhigender Wirkung. **Che|li|do|nis|mus** *der;* - ⟨zu ↑ ...ismus (3)⟩: Vergiftung durch Schöllkraut. **Che|li|do|ni|um** *das;* -s ⟨über *lat.* chelidonium aus gleichbed. *gr.* chelidónion zu chelidón, Gen. chelidónos „Schwalbe", weil die Pflanze mit der Ankunft der Schwalben erblüht, mit ihrem Wegzug verblüht⟩: Schöllkraut, giftigen Milchsaft absondernde Pflanze
che|li|fe|risch [ç...] ⟨zu *gr.* chēlē „Kralle, Krebsschere" u. *lat.* ferre „tragen", eigtl. „scherentragend"⟩: mit Scheren versehen (Zool.). **che|li|form** ⟨zu ↑ ...form⟩: scherenförmig. **Che|li|ze|re** *die;* -, -n ⟨zu *gr.* kéras „Horn, Fühler"⟩: die ersten Gliedmaßenpaare des Mundes der Spinnentiere, die zum Zerkleinern der Nahrung dienen; Kieferfühler (Zool.)
Chel|lé|en [ʃɛle'ɛ̃:] *das;* -[s] ⟨*fr.*; nach dem franz. Ort Chelles⟩: Kulturstufe der älteren Altsteinzeit
Che|lo|nia [ç...] *die;* -, ...niae [...niɛ̯] ⟨über *lat.* chelonia aus *gr.* chelṓnē „Schildkröte"⟩: Suppenschildkröte. **che|lo|ni-tisch:** (veraltet) schildkrötenartig. **Che|lo|no|pha|ge** *der* u. *die;* -n, -n ⟨zu ↑ ...phage⟩: jmd., der [gern] Schildkröten ißt
Chel|sea|por|zel|lan ['tʃɛlsɪ...] *das;* -s ⟨nach dem Londoner Stadtteil Chelsea u. zu ↑ Porzellan⟩: im 18. Jh. hergestelltes

engl. Weichporzellan mit bunter Bemalung; vgl. Sèvresporzellan

chem..., Chem... [ç...] vgl. chemo..., Chemo... **Chem|abra|si|on** *die;* -, -en ⟨zu ↑chemo... u. ↑Abrasion⟩: kosmetische Korrektur von Narben od. anderen Hautdeformitäten durch chem. Substanzen. **Chem|cor** Ⓦ [çεmˈkoːɐ̯] *das;* -s ⟨Kunstw.⟩: eine hochfeste Glassorte. **che|mi...**, **Che|mi...** vgl. chemo..., Chemo... **Chem|ia|ter** *der;* -s, - ⟨zu ↑chemo... u. *gr.* iatrós „Arzt"⟩: svw. Iatrochemiker. **Chem|ia|trie** *die;* - ⟨zu ↑...iatrie⟩: svw. Iatrochemie. **Chemie** *die;* - ⟨über *mlat.* chemia, chymia aus *gr.* chēmeía, chymeía, eigtl. „Kunst der Metallverwandlung"; wohl auch Rückbildung aus ↑Alchimie⟩: 1. Naturwissenschaft, die die Eigenschaften, die Zusammensetzung u. die Umwandlung der Stoffe u. ihrer Verbindungen erforscht. 2. alles, was an chemischen, also nicht mehr natürlichen u. somit meist auch der Gesundheit abträglichen Bestandteilen in etwas enthalten, vorhanden ist; z. B. ich lasse keine - an meinen Körper; nur soviel - wie unbedingt nötig. **Che|migraph** *der;* -en, -en ⟨zu ↑chemo... u. ↑...graph⟩: jmd., der Druckplatten mit chem. Mitteln herstellt. **Che|mi|graphie** *die;* - ⟨zu ↑...graphie⟩: Herstellung von Druckplatten durch Ätzen od. Gravieren. **che|mi|gra|phisch** ⟨zu ↑...graphisch⟩: a) die Chemigraphie betreffend; b) mit chem. Mitteln hergestellt (von Druckplatten). **Che|mi|kal** *das;* -s, Plur. -ien [...iǝn] u. -e ⟨Substantivierung zu *nlat.* chemicalis „zur Chemie gehörend, chemisch (hergestellt)"⟩: (veraltet) svw. Chemikalie. **Che|mi|ka|lie** [...iǝ] *die;* -, -n (meist Plur.) ⟨zu ↑¹...ie⟩: industriell hergestellter chem. Stoff. **Che|mi|kant** *der;* -en, -en ⟨zu ↑...ant⟩: Chemiefacharbeiter. **Che|mi|ker** *der;* -s, -: Wissenschaftler auf dem Gebiet der Chemie. **Che|mi|kus** *der;* -, -se ⟨aus gleichbed. *nlat.* chemicus⟩: (veraltet) svw. Chemiker. **Che|mi|lu|mi|nes|zenz** u. Chemolumineszenz *die;* - ⟨zu ↑chemo...⟩: durch chem. Vorgänge bewirkte Lichtausstrahlung (z. B. bei Leuchtkäfern)

Chemi|née [ʃmɪne] *die;* -, -s, schweiz. *das;* -s, -s ⟨aus *fr.* cheminée „Kamin", dies aus *mlat.* caminata „(heizbares) Gemach, Kemenate" zu *lat.* caminus „(Schmelz)ofen", dies aus *gr.* káminos⟩: (schweiz., sonst veraltet) offener Kamin in einem [modernen] Haus

Chemi|ne|ment [ʃminǝˈmãː] *das;* -s, -s ⟨aus gleichbed. *fr.* cheminement, eigtl. „Marsch", zu cheminer, vgl. cheminieren⟩: (veraltet) a) geregelter Marsch; b) der Marsch im Zickzackgang auf eine Front, eine Festung zu (Mil.). **chemi|nie|ren** [ʃmiˈniː...] ⟨aus gleichbed. *fr.* cheminer, eigtl. „wandern", zu chemin „(künstlich angelegter) Weg", dies über *vulgärlat.* camminus aus dem Gall.⟩: (veraltet) im Zickzack gehen, sich einer Front, einer Festung im Zickzackgang nähern (Mil.)

che|misch [ç...] ⟨zu ↑Chemie⟩: a) die Chemie betreffend, mit der Chemie zusammenhängend; auf den Erkenntnissen der Chemie basierend; in der Chemie verwendet; b) den Gesetzen der Chemie folgend, nach ihnen erfolgend, ablaufend; durch Stoffumwandlung entstehend; c) mit Hilfe von [giftigen, schädlichen] Chemikalien erfolgend, [giftige, schädliche] Chemikalien verwendend; -e Keule: Reizstoffsprühgerät als eine Art Kampfmittel bei polizeilichen Einsätzen; -e Verbindung: Stoff, der durch chem. Vereinigung mehrerer Elemente entstanden ist; -e Waffen: für den militärischen Einsatz vorgesehene chem. Verbindungen, pflanzenschädigende Stoffe, Brand- u. Nebelstoffe, die durch ihre starke Gift- u. Reizwirkung einen Gegner töten od. vorübergehend kampfunfähig machen

Che|mise [ʃəˈmiːz] *die;* -, -n [...zn] ⟨aus *fr.* chemise „Hemd", dies aus gleichbed. *spätlat.* camisia⟩: a) (veraltet) Hemd, Überwurf; b) hochgegürtetes Kleid in hemdartigem Schnitt aus leichtem Stoff (um 1800); c) (veraltet) Mauerbekleidung der Festungswälle, Rasenbekleidung der Brustwehr (Mil.). **Che|mi|se|rie** [ʃəmizə...] *die;* -, ...ien ⟨aus gleichbed. *fr.* chemiserie⟩: (veraltet) Wäschegeschäft, -fabrik. **Che|mi|sett** *das;* -[e]s, Plur. -s u. -e u. **Che|mi|set|te** *die;* -, -n ⟨aus *fr.* chemisette „Vorhemdchen"⟩: a) gestärkte Hemdbrust an Frack- u. Smokinghemden; b) heller Einsatz an Damenkleidern

che|mi|sie|ren [ç...] ⟨zu ↑Chemie u. ↑...isieren⟩: auf technischem Gebiet verstärkt die Chemie anwenden

Che|mi|sier|kleid [ʃəmiˈzie...] *das;* -[e]s, -er ⟨zu *fr.* (blouse) chemisier „Hemdbluse", dies zu chemiser „einhüllen, verkleiden"; vgl. Chemise⟩: (bes. schweiz.) Kittelkleid, Damenkleid mit blusenartigem Oberteil

Che|mi|sie|rung [ç...] *die;* -, -en ⟨zu ↑chemisieren; vgl. ...ierung⟩: das Chemisieren. **Che|mis|mus** *der;* - ⟨aus *nlat.* chemismus; vgl. ...ismus (2)⟩: Gesamtheit der chem. Vorgänge bei Stoffumwandlungen (bes. im Tier- od. Pflanzenkörper). **Che|mi|sorp|ti|on** vgl. Chemosorption. **Che|mi|ty|pie** *die;* - ⟨zu ↑chemo... u. ↑...typie⟩: (veraltet) svw. Chemigraphie. **che|mo..., Che|mo...** u. chemi..., Chemi..., vor Vokalen meist chem..., Chem... ⟨zu ↑Chemie⟩: Wortbildungselement mit der Bedeutung „chemisch, auf chemischem Weg (erfolgend), die Chemie betreffend", z. B. Chemotaktisch, Chemigraphie, Chemurgie. **Che|mo|au|to|tro|phie** *die;* -: ↑autotrophe Ernährungsweise bestimmter Mikroorganismen (Biol.). **Che|mo|chir|ur|gie** *die;* -: chirurgische Entfernung chemisch fixierten Gewebes (Med.). **Che|mo|fos|sil** *das;* -s, -ien [...iǝn]: nur mit physik.-chem. Methoden als Substanz organischer Herkunft nachweisbarer ↑fossiler Rest. **Che|mo|ge|ne|tik** *die;* -: Wissenschaft u. Lehre von den durch chem. Substanzen hervorgerufenen Veränderungen im Erbgang. **Che|mo|keu|le** *die;* -, -n: svw. chemische Keule. **Che|mo|li|tho|ly|se** *die;* -, -n: Auflösung von Nieren-, Gallensteinen usw. mit chem. Mitteln (Med.). **Che|mo|lu|mi|nes|zenz** vgl. Chemilumineszenz. **Che|mo|na|stie** *die;* -, ...ien: durch chem. Reize ausgelöste Bewegung von Pflanzenteilen, die keine deutliche Beziehung zur Richtung des Reizes hat (z. B. Krümmungsbewegungen der Drüsenhaare des Sonnentaus). **Che|mo|pla|ste** *die* (Plur.): härtbare Kunstharze. **Che|mo|pro|phy|la|xe** *die;* -, -n: Verabfolgen von ↑Chemotherapeutika zum Schutz vor Infektionen od. zur Verhinderung einer Ausbreitung von Infektionen. **Che|mo|re|si|stenz** *die;* -: bei der Behandlung von Infektionen entstehende Unempfindlichkeit mancher Krankheitserreger gegen vorher wirksame ↑Chemotherapeutika (Med.). **Che|mo|re|zep|to|ren** *die* (Plur.): Sinneszellen od. Sinnesorgane, die der Wahrnehmung chem. Reize dienen (Med.). **Che|mo|se** u. Chemosis *die;* -, ...sen ⟨zu ↑¹...ose⟩: entzündliches ↑Ödem der Augenbindehaut (Med.). **che|mo|sen|si|bel**: empfindlich gegenüber ↑Chemotherapeutika (von Krankheitserregern). **Che|mo|sis** vgl. Chemose. **Che|mo|sorp|ti|on** *die;* -, -en: Aufnahme eines Gases od. gelösten Stoffes an der Oberfläche eines flüssigen od. festen Stoffes unter chem. Reaktion. **Che|mo|stat** *der;* Gen. -[e]s u. -en, Plur. -e[n] ⟨zu ↑...stat⟩: Gefäß zur kontinuierlichen Bakterienkultur mit konstantem Zufluß von Nährlösung u. Abfluß der Bakteriensuspension. **Che|mo|ste|ri|lans** *das;* -, Plur. ...lanzien [...iǝn] u. ...lantia ⟨zu *nlat.* sterilans, dies zu *lat.* sterilis „unfruchtbar"⟩: chem. Substanz, die bes. bei Insekten die Fortpflanzungsfähigkeit herabsetzt. **Che|mo|syn|the|se** *die;* -: Fähigkeit mancher Bakterien, ohne Sonnenlicht körperfremde Stoffe in körpereigene umzuwandeln. **che|mo|taktisch:** die Chemotaxis betreffend. **Che|mo|ta|xis** *die;* -, ...xen ⟨zu ↑²Taxis⟩: durch chem. Reize ausgelöste Orientierungsbewegung von Tieren u. Pflanzen. **Che|mo|ta|xono|mie** *die;* -: Teilgebiet der Biologie, das die stammesgeschichtliche Verwandtschaft von Organismen auf Grund ihrer chem. Bestandteile feststellt. **Che|mo|tech|nik** *die;* -: die Gesamtheit der Maßnahmen, Einrichtungen u. Verfahren, die dazu dienen, chem. Erkenntnisse praktisch nutzbar zu machen. **Che|mo|tech|ni|ker** *der;* -s, -: Fachkraft der chem. Industrie. **Che|mo|the|ra|peu|ti|kum** *das;* -s, ...ka (meist Plur.): aus chem. Substanzen hergestelltes Arzneimittel, das Krankheitserreger in ihrem Wachstum hemmt u. abtötet. **che|mo|the|ra|peu|tisch:** a) die Chemotherapie betreffend; b) nach den Methoden der Chemotherapie verfahrend. **Che|mo|the|ra|pie** *die;* -: Behandlung u. a. von Infektionskrankheiten mit chem. Mitteln. **Chemo|tro|pis|mus** *der;* -, ...men: durch chem. Reize ausgelöste Wachstumsbewegung bei Pflanzen. **Chem|ur|gie** *die;* - ⟨zu gr. érgon „Werk, Arbeit"⟩: Gewinnung chem. Produkte aus land- u. forstwirtschaftlichen Erzeugnissen

Che|nal [ʃəˈnal] *der;* -s, -s ⟨aus gleichbed. *fr.* chenal, dies über *altfr.* chanel aus *lat.* canalis⟩: (veraltet) [enges] Fahrwasser, Fahrrinne [zwischen Klippen]

Che|ney-Loyd [ˈtʃiːnɪˈlɔɪd] *der;* - ⟨nach den Namen zweier Problemkomponisten⟩: ↑kritische Schnittpunktkombination im Kunstschach mit ↑Kritikus u. nachfolgender Verstellung, aber ohne Abzugsschach durch die verstellte Figur

Che|nil|le [ʃəˈnɪljə, auch ʃəˈniːjə] *die;* -, -n ⟨aus gleichbed. *fr.* chenille, eigtl. „Raupe"⟩: Garn, dessen Fasern in dichten Büscheln seitlich vom Faden abstehen

cher, **chère** [ʃɛːr] ⟨*fr.;* aus *lat.* clarus „angesehen, ausgezeichnet, glänzend"⟩: lieb, teuer; c h e r a m i [ʃɛraˈmi]: lieber Freund

Che|ra|lith [tʃ..., auch ...ˈlɪt] *der;* -s, -e ⟨nach dem Fundort Chera in Italien (heute Kerala), u. zu ↑...lith⟩: ein grünes Mineral von hohem Thoriumgehalt

cher|chez la femme! [ʃɛrʃelaˈfam] ⟨*fr.;* „sucht die Frau!"⟩: dahinter steckt bestimmt eine Frau!

chère [ʃɛːr] vgl. cher. **che|ris|sa|bel** [ʃeri...] ⟨aus gleichbed. *fr.* chérissable zu chéri „geliebt"⟩: (veraltet) liebenswürdig, -wert

Cher|ry Bran|dy [ˈtʃɛri ˈbrɛndi] *der;* - -, - -s ⟨aus gleichbed. *engl.* cherry brandy zu cherry „Kirsche" u. brandy „Branntwein"⟩: feiner Kirschlikör

cher|so|gen [ç...] ⟨zu gr. chérsos „Festland" u. ↑...gen⟩: vom Festland kommend u. im Meer abgelagert (Geol.)

Che|rub [ˈçeː..., auch ˈkeː...], ökum. **Ke̞rub,** *der;* -s, Plur. -im u. -inen, auch -e ⟨aus *hebr.* kerûb, Plur. keruvîm „himmlisches Wesen"⟩: [biblischer] Engel (mit Flügeln u. Tierfüßen), himmlischer Wächter (z. B. des Paradieses). **che|rubi|nisch:** von der Art eines Cherubs, engelgleich. **Che|rubi|nis|mus** *der;* -, ...men ⟨zu ↑...ismus (3)⟩: Mißbildung mit Fehl- bzw. Unterentwicklung des Unterkiefers u. pausbäckigem Engelsgesicht (Med.)

Che|ster|field [ˈtʃɛstəfiːld] *der;* -[s], -s ⟨nach dem engl. Lord, der 1889 den betreffenden Mantel kreierte⟩: eleganter Herrenmantel mit verdeckter Knopfleiste. **Che|ster|kä|se** *der;* -s, - ⟨nach der engl. Stadt Chester⟩: ein fetter Hartkäse **che|va|le|resk** [ʃəva...] ⟨aus gleichbed. *fr.* chevaleresque zu ↑Chevalier⟩: ritterlich, galant, zuvorkommend. **Che|va|lerie** *die;* - ⟨aus gleichbed. *fr.* chevalerie⟩: 1. Ritterschaft, Rittertum. 2. Ritterlichkeit. **Che|va|let** [...ˈleː, ...ˈlɛ] *der;* -s, -s ⟨aus gleichbed. *fr.* chevalet⟩: a) Gestell, bes. Staffelei; b) Prügelbank, Folterbank; c) Steg an Saiteninstrumenten; vgl. Cavaletto. **Che|va|lier** [...ˈli̯eː] *der;* -s, -s ⟨aus *fr.* chevalier „Ritter" zu cheval „Pferd", dies aus *lat.* caballus, vgl. Kavalier⟩: franz. Adelstitel; vgl. Cavaliere. **chevau|chie|ren** [ʃəvoˈʃiː...] ⟨aus gleichbed. *fr.* chevaucher, eigtl. „(aus)reiten"⟩: übereinanderliegen, sich überlappen (z. B. von Dachziegeln). **Che|vau|le|ger** [...ləˈʒeː] *der;* -s, -s ⟨aus gleichbed. *fr.* chevau-léger, dies aus chevaux légers „leichte Pferde"⟩: (veraltet) Angehöriger der leichten Kavallerie (einer bis ins 19. Jh. bestehenden Truppengattung) **Che|ve|lure** [ʃəvəˈlyːɐ] *die;* - ⟨aus gleichbed. *fr.* chevelure zu cheveu „Kopfhaar", dies aus *lat.* capillus „Haar"⟩: (veraltet) a) Kopfhaar; b) Haarwuchs. **Che|vet** [ʃəˈvɛ] *das;* -s, -s [ʃəˈvɛ(s)] ⟨aus gleichbed. *fr.* chevet, dies über *mlat.* capitium, eigtl. „Kopföffnung der Tunika", zu *lat.* caput „Kopf"⟩: (veraltet) 1. Kopfkissen, Kopfende des Bettes. 2. Geschützlafette (Mil.)

che|vil|lie|ren [ʃəviˈjiː...] ⟨aus *fr.* cheviller, eigtl. „ein Loch verstopfen", zu cheville „Pflock, Zapfen", dies aus gleichbed. *lat.* clavicula, Verkleinerungsform von clavus „Nagel"⟩: [Kunst]seide nachbehandeln, um sie glänzender zu machen

Che|vi|ot [ˈʃɛvi̯ɔt, ˈʃeːvi̯ɔt] *der;* -s, -s ⟨aus gleichbed. *engl.* cheviot, nach den Cheviot Hills an der engl.-schott. Grenze⟩: aus der Wolle der Cheviotschafe hergestelltes, dauerhaftes Kammgarngewebe [in Köperbindung (eine Webart)]

Che|vreau [ʃəˈvro, ˈʃəvro] *das;* -s ⟨aus gleichbed. *fr.* chevreau, eigtl. „Zicklein", zu chèvre „Ziege", dies aus gleichbed. *lat.* capra⟩: Ziegenleder. **Che|vret|te** [ʃəˈvrɛt(ə)] *die;* -, -n ⟨aus gleichbed. *fr.* chevrette, eigtl. Verkleinerungsform von chèvre, vgl. Chevreau⟩: mit Chromsalzen gegerbtes Schafleder. **Che|vron** [ʃəˈvrõː] *der;* -s, -s ⟨aus *fr.* chevron, eigtl. „(Ziegen)bock", dies über *galloroman.* *caprione zu *lat.* capra „Ziege"⟩: 1. Wollgewebe mit Fischgrätenmusterung. 2. nach unten offener Winkel, Sparren (Wappenkunde). 3. franz. Dienstgradabzeichen. 4. (veraltet) Dachsparren. **Che|vron|nage** [ʃəvrɔˈnaːʒ] *die;* -, -n [...ʒn̩] ⟨aus gleichbed. *fr.* chevronnage⟩: (veraltet) Sparrenwerk des Daches. **Che|vron|né** [...ˈneː] *der;* -s, -s ⟨zu *fr.* chevronné „mit Sparren versehen; diensterfahren, altgedient"⟩: (veraltet) mit Chevrons (3) ausgestatteter, ausgezeichneter Soldat. **Che|vro|te|ment** [ʃəvrɔtˈmã:] *das;* -s ⟨aus *fr.* chevrotement „das Meckern, Gemecker" zu chevroter, vgl. chevrotieren⟩: meckerndes Singen, meckernder Triller (sogenannter Bockstriller; Mus.). **che|vro|tie|ren** [ʃəvro...] ⟨aus *fr.* chevroter „hüpfen, Bocksprünge machen"⟩: (veraltet) a) ungeduldig sein; b) meckernd singen, mit der Stimme zittern. **Che|vro|tin** [...ˈtɛː] *das;* -s ⟨aus gleichbed. *fr.* chevrotin⟩: Rehleder

Che|vy-Chase-Stro|phe [ˈtʃɛviˈtʃeis...] *die;* -, -n ⟨nach der Ballade von der Jagd (*engl.* chase) auf den Cheviot Hills u. zu ↑Strophe⟩: Strophenform engl. Volksballaden

Chew|ing-gum [ˈtʃuːɪŋɡʌm] *der;* -[s], -s ⟨aus gleichbed. *engl.* chewing gum zu chewing „das Kauen" u. gum „Gummi"⟩: Kaugummi

Chi [çiː] *das;* -[s], -s ⟨aus *gr.* chī⟩: zweiundzwanzigster Buchstabe des griech. Alphabets: X, χ

Chia|ma̠l|ta [kia...] *die;* -, ...ten ⟨aus gleichbed. *it.* chiamata, eigtl. „Ruf", zu chiamare „rufen, schreien", dies aus *lat.* clamare⟩: (veraltet) 1. Herausruf im Theater. 2. Verweisungszeichen in Druckschriften

Chi|an|ti [k...] *der;* -[s] ⟨nach der gleichnamigen ital. Landschaft⟩: ein kräftiger, herber ital. Rotwein

Chiaroscuro

Chiar|os|cu|ro [kiarɔs'ku:ro] *das;* -[s] ⟨aus gleichbed. *it.* chiaroscuro, eigtl. „Halbdunkel"⟩: Helldunkelmalerei

Chi|as|ma [ç...] *das;* -s, ...men ⟨aus *gr.* chíasma „Überkreuzung", nach der Gestalt des griech. Buchstabens ↑ Chi = X (= kreuzweise)⟩: Überkreuzung zweier Halbchromosomen eines Chromosomenpaares während der ↑ Reduktionsteilung (Biol.); - opticum [...kʊm]: Sehnervenkreuzung (Med.). **Chi|as|ma|ge** [...ʒə] *die;* -, -n ⟨zu ↑...age⟩: Kunstwerk, das aus in Fetzen zerrissenen u. wieder zusammengeklebten Texten od. Bildern besteht, die mit anderem derartig verarbeiteten Papier kombiniert od. als Hintergrund verwendet werden. **Chi|as|ma|syn|drom** *das;* -s, -e: Bez. für Sehstörungen, die durch raumfordernde Prozesse (meist Tumoren der Hirnanhangsdrüsen), die auf die Sehnervenkreuzung drücken, ausgelöst werden (Med.). **Chi|as|mus** *der;* - ⟨über *nlat.* chiasmus aus *gr.* chiasmós „das Überkreuzstellen"; vgl. Chiasma⟩: kreuzweise syntaktische Stellung von aufeinander bezogenen Wörtern od. Redeteilen (z. B. *groß* war der *Einsatz,* der *Gewinn* war *klein;* Rhet.; Stilk.); Ggs. ↑ Parallelismus (2). **chi|a|stisch** ⟨aus *gr.* chiastós „gekreuzt"⟩: in der Form des Chiasmus. **Chia|sto|lith** [auch ...'lɪt] *der;* Gen. -s u. -en, Plur. -e[n] ⟨zu ↑...lith⟩: Abart des ↑ Andalusits mit kreuzförmigen Kristallen

Chia|vet|te [kia'vɛtə] *die;* -, -n ⟨aus *it.* chiavetta „Schlüsselchen", Verkleinerungsform von chiave „Schlüssel", dies aus gleichbed. *lat.* clavis⟩: in der Vokalmusik des 15.–17. Jh.s Notenschlüssel, der zur leichteren Lesbarkeit entfernt liegender Tonarten gegenüber den üblichen Schlüsseln um eine Terz höher od. tiefer geschoben wurde (Mus.)

chic [ʃɪk] usw. vgl. schick usw.

Chi|ca|go-Jazz [ʃi'ka:go...] *der;* - ⟨nach der Stadt in den USA⟩: von Chicago ausgehende Stilform des Jazz in den Jahren nach dem Ersten Weltkrieg; vgl. New-Orleans-Jazz

Chi|ca|no [tʃɪk...] *der;* -s, -s ⟨verkürzt aus *amerik.-span.* (me)jicano, (me)xicano „Mexikaner" nach der amerik. Ausspr.⟩: Bez. für die aus Mexiko stammenden, spanischsprechenden Bürger der USA

Chi|ca|rot [tʃika...] *das;* -s ⟨zu *span.* chica „kleine Flasche", eigtl. „Kleine, Mädchen"⟩: roter Farbstoff aus den Blättern einer südamerik. Bignonienpflanze, der von den ↑ Indios zum Färben der Haut verwendet wird

Chi|cha ['tʃɪtʃa, span. 'tʃitʃa] *die;* - ⟨aus *span.* chicha „Maisbranntwein", dies aus *aztek.* (*Nahuatl*) čičía „säuerliches Getränk"⟩: süßes südamerik. Getränk mit geringem Alkoholgehalt

Chi|chi [ʃi'ʃi:] *das;* -[s], -[s] ⟨aus gleichbed. *fr.* chichi (lautmalendes Wort)⟩: 1. (ohne Plur.) Getue, Gehabe. 2. verspieltes ↑ Accessoire

Chicken[1] ['tʃɪkŋ] *das;* -[s], - ⟨aus *engl.-amerik.* chicken „Strichjunge", eigtl. „Hühnchen"⟩: (Jargon) Junge, der sich prostituiert

Chi|cle ['tʃiklə] *der;* -[s] ⟨aus *span.* chicle „Baum-, Pflanzensaft", dies aus *aztek.* (*Nahuatl*) tzictli⟩: aus Rindeneinschnitten des Sapotillbaumes gewonnener Milchsaft, der zur Herstellung von Kaugummi dient

Chi|co ['tʃi(:)ko, span. 'tʃiko] *der;* -[s], -s ⟨aus gleichbed. *span.* chico⟩: span. Bez. für kleiner Junge

Chi|co|rée ['ʃikore, ʃiko're:] *der;* -s, auch *die;* - ⟨aus gleichbed. *fr.* chicorée, dies aus *mlat.* cichorea, vgl. Zichorie⟩: die als Gemüse od. Salat zubereiteten gelblichweißen Blätter der Salatzichorie

Chief [tʃi:f] *der;* -s, -s ⟨aus gleichbed. *engl.* chief, dies aus *altfr.* chief (*fr.* chef), vgl. Chef⟩: engl. Bez. für Chef, Oberhaupt

Chif|fon ['ʃɪfõ, ʃɪ'fõ, österr. ʃɪ'fo:n] *der;* -s, Plur. -s, österr. -e ⟨aus *fr.* chiffon „Lumpen, durchsichtiges Gewebe" zu chiffe „minderwertiges Gewebe", dies aus *arab.* šiff „Gaze"⟩: feines, schleierartiges Seidengewebe in Taftbindung (eine Webart). **Chif|fo|na|de** [ʃɪfo...] *die;* -, -n ⟨zu *fr.* chiffonner (vgl. chiffonieren) u. ↑...ade⟩: in feine Streifen geschnittenes Gemüse, als Suppeneinlage verwendet. **Chif|fon|nier** [...'nie:] *der;* -s, -s ⟨aus gleichbed. *fr.* chiffonnier⟩: 1. (veraltet) Lumpensammler. 2. Schrank mit aufklappbarer Schreibplatte, hinter der sich Schubladen u. Fächer befinden. **Chif|fon|niè|re** [auch ...'niɛ:rə] *die;* -, -n ⟨aus gleichbed. *fr.* chiffonnière, eigtl. „Lumpensammlerin"⟩: 1. Nähtisch, hohe Schubladenkommode. 2. (schweiz.) Kleiderschrank. **chif|fo|nie|ren** ⟨nach gleichbed. *fr.* chiffonner zu chiffon, vgl. Chiffon⟩: (veraltet) verknittern, zerzausen

Chif|fre ['ʃɪfrə, auch 'ʃɪfɐ] *die;* -, -n ⟨aus gleichbed. *fr.* chiffre, dies über *altfr.* cifre „Null" (*it.* cifra) aus *arab.* ṣifr „Null"⟩: 1. Ziffer. 2. geheimes Schriftzeichen, Geheimzeichen, Zeichen einer Geheimschrift. 3. Kennziffer einer Zeitungsanzeige. 4. Stilfigur [der modernen Lyrik] (Literaturw.). **Chiffreur** [ʃi'frø:ɐ̯] *der;* -s, -e ⟨aus gleichbed. *fr.* chiffreur zu chiffrer, vgl. chiffrieren⟩: jmd., der Chiffren (2) dekodiert. **chif|frie|ren** ⟨aus gleichbed. *fr.* chiffrer, eigtl. „beziffern"⟩: verschlüsseln, in einer Geheimschrift abfassen; Ggs. ↑ dechiffrieren

Chi|gnon [ʃɪn'jõ:] *der;* -s, -s ⟨aus *fr.* chignon „Nackenzopf", dies über *vulgärlat.* catenio zu *lat.* catena „Kette"⟩: im Nacken getragener Haarknoten

Chi|hua|hua [tʃi'uaua] *der;* -s, -s ⟨aus gleichbed. *span.* chihuahua, nach dem gleichnamigen mexik. Staat⟩: kleinster, dem Zwergpinscher ähnlicher Hund mit übergroßen, fledermausartigen Ohren

Chi|la|na [ç...] *die;* - ⟨Kurzw. aus *Chi*na u. *lat.* lana „Wolle"⟩: aus China stammende Wolle mittlerer Qualität

Chi|lat [ç...] *die;* -s, -s ⟨aus dem Türk.⟩: früher in der Türkei ein Ehrenkleid zur Auszeichnung von Beamten

Child Gui|dance ['tʃaɪld 'gaɪdəns] *die;* - - ⟨aus *engl.* child guidance „Erziehungsberatung" zu child „Kind" u. guidance „Unterweisung, Belehrung, Anleitung"⟩: eine in den USA u. in Großbritannien entwickelte Methode der Diagnostik u. Behandlung sowie der Elternberatung bei kindlichen Entwicklungs- u. Verhaltensstörungen

Chil|dre|nit [tʃ..., auch ...'nɪt] *der;* -s, -e ⟨nach dem engl. Physiker J. G. Children u. zu ↑²...it⟩: ein Mineral von durchscheinender, blaßgelber bis dunkelbrauner Farbe

Chi|le|nit [tʃ..., auch ...'nɪt] *der;* -s, -e ⟨nach dem südamerik. Staat Chile u. zu ↑²...it⟩: ein Mineral, Mischkristall aus Silber u. Wismut. **Chi|le|sal|pe|ter** [tʃ..., auch ç...] *der;* -s: aus den Nordprovinzen von Chile u. Peru stammender Natronsalpeter

Chi|li ['tʃi:li] *der;* -s ⟨aus gleichbed. *span.* chile, dies aus *aztek.* (*Nahuatl*) chilli⟩: 1. mittelamerik. Paprikaart, die den ↑ Cayennepfeffer liefert. 2. mit Cayennepfeffer scharf gewürzte Tunke

Chi|li|a|de [ç...] *die;* -, -n ⟨aus *gr.* chiliás, Gen. chiliádos „tausend, eine Anzahl von Tausend"⟩: (veraltet) Reihe, Zahl von Tausend. **Chi|li|arch** *der;* -en, -en ⟨aus gleichbed. *gr.* chiliárchēs⟩: Befehlshaber über tausend Mann (im alten Griechenland). **Chi|li|as|mus** *der;* - ⟨über *nlat.* chiliasmus aus *gr.* chiliasmós „Tausendjähriges Reich (Christi)"⟩: [Lehre von der] Erwartung des Tausendjährigen Reiches Christi auf Erden nach seiner Wiederkunft vor dem Weltende (Offenbarung 20, 4f.). **Chi|li|ast** *der;* -en, -en ⟨aus gleichbed. *gr.* chiliástēs⟩: Anhänger des ↑ Chiliasmus. **chi|li|a|stisch**: den Chiliasmus betreffend

Chil|la|git [tʃɪlə..., auch ...'gɪt] *der;* -s, -e ⟨nach dem Fundort Chillagoe in Australien u. zu ↑²...it⟩: tafeliges Mineral, ein Mischkristall

Chil|ler ['tʃɪlɐ] *der;* -s, - ⟨aus gleichbed. engl. chiller zu to chill „frösteln lassen"⟩: Erzählung od. Theaterstück mit einer gruselig-schauerlichen Handlung

Chil|lies ['tʃɪlɪs] *die* (Plur.) ⟨über gleichbed. engl. chillies (Plur.) zu aztek. (Nahuatl) chilli⟩: Früchte des ↑ Chilis (1), die getrocknet den ↑ Cayennepfeffer liefern

Chi|man|go [tʃi...] *der;* -s, -s ⟨aus gleichbed. span. chimango, dies aus einer Indianersprache⟩: ein amerik. Greifvogel

Chi|mä|ra [ç...] *die;* - ⟨über lat. Chimaera aus gr. Chímaira, eigtl. „Ziege"⟩: Ungeheuer der griech. Sage (Löwe, Ziege u. Schlange in einem). **Chi|mä|re** *die;* -, -n ⟨über fr. chimère) nach dem Ungeheuer ↑ Chimära⟩: 1. svw. Schimäre. 2. a) Organismus od. einzelner Trieb, der aus genetisch verschiedenen Zellen aufgebaut ist (Biol.); b) Lebewesen, dessen Körper Zellen mit abweichender Chromosomenstruktur besitzt (Med.). **chi|mä|risch**: (veraltet) erträumt, ungereimt, auf Einbildung beruhend

Chim|ney ['tʃɪmnɪ] *der;* -[s], -s ⟨aus gleichbed. engl. chimney⟩: engl. Bez. für Kamin, Esse, Schornstein

Chi|na|cracker¹ [ç...] *der;* -s, -[s] ⟨nach dem ostasiat. Land China u. zu ↑Cracker⟩: ein Feuerwerkskörper. **Chi|nagras** *das;* -es, ...gräser: svw. Ramie. **Chi|na|karp|fen** *der;* -s, -: ein Knochenfisch. **Chi|na|kohl** *der;* -[e]s: als Gemüse od. Salat verwendete Kohlart mit geschlossenem, keulenförmigem Kopf. **Chi|na|krepp** *der;* -s: ein ↑ Crêpe de Chine aus Kunstseide od. Chemiefasergarnen. **Chi|na|lei|nen** *das;* -s: Grasleinen, Gewebe aus ↑ Ramie

Chi|nam|pas [tʃ...] *die* (Plur.) ⟨zu span. chinampa „Lagunengarten", dies aus aztek. (Nahuatl) chinamitl „Schilf, geflochtene Matte" u. pa „oben"⟩: Gemüsebeete im alten Mexiko, die durch rundumlaufende Wassergräben die Vorstellung von schwimmenden Gärten erweckten

Chi|na|rin|de [ç...] *die;* - ⟨zu gleichbed. span. quina(quina), dies aus Ketschua (einer südamerik. Indianersprache) quina(quina)⟩: chininhaltige Rinde bestimmter südamerik. Bäume

Chi|na|sei|de [ç...] *die;* -, -n ⟨nach dem ostasiat. Land China⟩: Sammelbez. für Naturseidenstoffe mit kleinen Unregelmäßigkeiten in der Garnstärke

Chi|na|tink|tur [ç...] *die;* - ⟨zu ↑ Chinarinde⟩: Alkoholauszug aus gemahlener Chinarinde

Chi|na|town ['tʃaɪnə'taʊn] *das;* -[s], -s ⟨engl.-amerik.; eigtl. „Chinesenstadt"⟩: Chinesenviertel in einer nichtchines. Stadt, bes. in Südostasien u. in den USA. **Chi|na|wa|re** ['çiːna...] *die;* - ⟨nach dem ostasiat. Land⟩: kunstgewerbliche Arbeiten aus China, bes. Porzellan. **Chi|na-white** ['tʃaɪnə'waɪt] *das;* -[s] ⟨aus engl.-amerik. china-white, eigtl. „Chinaweiß"⟩: sehr stark wirkendes Rauschmittel, bei dem schon eine geringe Mehrdosis tödlich wirkt

¹Chin|chil|la [tʃɪn'tʃɪla] *die;* -, -s ⟨aus gleichbed. span. chinchilla, dies wohl aus einer südamerik. Indianersprache⟩: südamerik. Nagetier mit wertvollem Pelz, Wollmaus.

²Chin|chil|la *das;* -s, -s ⟨zu ↑ ¹Chinchilla⟩: 1. deutsche Kaninchenrasse mit bläulich-aschgrauem Fell. 2. Fell der ¹Chinchilla. **Chin|chil|lo|na** [tʃɪntʃɪl'joːna] *die;* -, -s ⟨aus gleichbed. span. chinchillona, Vergrößerungsform von ¹Chinchilla⟩: Fell der Haselmaus

chin-chin! ['tʃɪntʃɪn] ⟨engl.⟩: (ugs.) prost!, zum Wohl!

Chi|né [ʃi'neː] *der;* -[s], -s ⟨aus gleichbed. fr. chiné, eigtl. Part. Perf. von chiner „ein Muster einweben"⟩: [Kunst]seidengewebe mit abgeschwächter, verschwommener Musterung. **chi|niert** ⟨zu ↑...iert⟩: in Zacken gemustert (von Geweben)

Chin|hy|dron [ç...] *das;* -s ⟨Kunstw. aus ↑ Chinon u. ↑ Hydrochinon⟩: eine Anlagerungsverbindung (Chem.). **Chi|ni|din** *das;* - ⟨zu ↑ Chinin u. ↑...in (1)⟩: optisch aktives Chinarindenalkaloid, weißes Pulver von bitterem Geschmack (Anwendung u. a. bei Herzrhythmusstörungen). **Chi|nin** *das;* -s ⟨aus gleichbed. it. chinina zu china, dies aus span. quina(quina), vgl. Chinarinde⟩: ↑ Alkaloid der ↑ Chinarinde (als Fieber-, bes. Malariamittel verwendet). **Chi|nin|prä|pa|rat** *das;* -[e]s, -e: chininhaltiges Arzneimittel

Chi|no ["tʃiːno] *der;* -[s], -s ⟨aus span. chino „Mischling"⟩: Mischling zwischen Indianer u. Negerin od. zwischen Neger u. Indianerin

Chi|nois [ʃi'nɔa] *die* (Plur.) ⟨aus gleichbed. fr. chinois, eigtl. „chinesisch"⟩: kleine kandierte, unreife ↑ Pomeranzen od. Zwergorangen. **Chi|noi|se|rie** [ʃinɔazəˈriː] *die;* -, ...ien ⟨aus gleichbed. fr. chinoiserie zu chinois „chinesisch"⟩: 1. kunstgewerblicher Gegenstand in chines. Stil (z. B. Porzellan, Lackarbeit). 2. an chines. Vorbilder anknüpfende Zierform[en] in der Kunst des 18. Jh.s

Chi|no|lin [ç...] *das;* -s ⟨Kunstw. aus ↑ Chinin, lat. oleum „Öl" u. ↑...in (1)⟩: gelbliche Flüssigkeit, ein ↑ Antiseptikum (Med.). **Chi|no|lo|ne** *die* (Plur.) ⟨Kunstw.⟩: Gruppe von ↑ Chemotherapeutika mit antibakterieller Wirkung (Med.). **Chi|no|ne** *die* (Plur.) ⟨Kunstw.⟩: umfangreiche Gruppe gelb bis rot gefärbter Verbindungen mit hoher Reaktionsbereitschaft (Chem.)

Chi|nook [tʃɪ'nʊk] *der;* -s ⟨nach dem nordamerik. Indianerstamm⟩: warmer, trockener u. föhnartiger Fallwind an der Ostseite der Rocky Mountains

Chintz [tʃɪnts] *der;* -[es], -e ⟨aus gleichbed. engl. chintz, dies aus Hindi chīnṭ⟩: buntbedrucktes Gewebe aus Baumwolle od. Chemiefasergarnen in Leinenbindung mit wachsartig appretierter Oberfläche; vgl. Ciré. **chint|zen** ['tʃɪn...]: Stoff mit dünnem Wachsüberzug versehen

Chio|lith [ç..., auch ...'lɪt] *der;* Gen. -s od. -en, Plur. -e[n] ⟨zu gr. chiṓn, Gen. chiónos „Schnee" u. ↑ ...lith⟩: ein weißes, körniges Mineral. **Chio|no|graph** *der;* -en, -en ⟨zu ↑...graph⟩: Gerät zur Aufzeichnung der Fallmenge von Niederschlägen in fester Form, bes. von Schnee. **chio|no|phil** ⟨zu ↑...phil⟩: schneeliebend (von Pflanzen, die im Winter eine langanhaltende u. dicke Schneedecke als Kälteschutz benötigen; Bot.)

Chip [tʃɪp] *der;* -s, -s ⟨aus gleichbed. engl. chip, eigtl. „in kleine Stücke Geschnittenes"⟩: 1. Spielmarke (bei Glücksspielen). 2. (meist Plur.) in Fett gebackenes Scheibchen roher Kartoffeln. 3. sehr kleines, meist aus Silicium bestehendes Plättchen, das einen integrierten Schaltkreis od. eine Gruppe solcher Schaltungen trägt u. auf dem Informationen gespeichert werden können (Mikroelektronik). **Chipbau|ele|men|te** *die* (Plur.): die Gesamtheit aller chipartigen elektron. Bauelemente mit miniaturisierter, gehäuseloser Quaderform (Mikroelektronik). **Chip|kar|te** *die;* -, -n: einen programmierbaren Mikroprozessorchip enthaltende Kunststoffkarte (Mikroelektronik)

Chip|munk ['tʃɪpmʌŋk] *der;* -s, -s ⟨aus gleichbed. engl. chipmunk, dies aus einer nordamerik. Indianersprache⟩: ein nordamerik. Hörnchen

Chi|po|lin [ʃipoˈlɛː] *der;* -s, -s ⟨aus dem Franz.⟩: gefirnißter Wasserfarbenanstrich auf Holz

Chip|pen|dale ['(t)ʃɪpəndeɪl] *das;* -[s] ⟨aus engl. chippendale, nach dem engl. Tischler Th. Chippendale, 1718 bis 1779⟩: engl. Möbelstil des 18. Jh.s, der in sich Elemente des engl. Barocks, des franz. Rokokos, chines. u. got. For-

Chippy

men mit der Tendenz zum Geraden u. Flachen vereinigt (in erster Linie Sitzmöbel, die dem Körper angepaßt sind; bevorzugt Mahagoni, verzichtet wird auf Beschläge u. Einlagen)

Chip|py ['tʃɪpi] *der;* -s, ...ies ⟨aus *engl.* chippy „winziges Stückchen", Verkleinerungsform von ↑Chip⟩: jmd., der Rauschgift nur in kleinen Dosierungen nimmt; Anfänger (in bezug auf Rauschgift)

Chi|qui|to [tʃiˈkito] *der;* -[s], -s ⟨zu *span.* chiquito „sehr klein"⟩: eine besonders dünne Zigarre

chir..., Chir... [ç...] vgl. chiro..., Chiro... **Chir|agra** *das;* -s ⟨über *lat.* chiragra aus gleichbed. *gr.* cheirágra⟩: Gicht in den Hand- u. Fingergelenken (Med.). **Chir|ali|tät** *die;* - ⟨nach gleichbed. *engl.* chirality zu chiral „zur Hand gehörig", dies zu *gr.* cheír „Hand" u. ↑¹...al (1); vgl. ...ität⟩: Eigenschaft von Körpern u. chem. Strukturen (z. B. Molekülen, sich mit ihrem Spiegelbild nicht zur Deckung bringen zu lassen

Chi|ri|mo|ya [tʃiriˈmoːja] *die;* -, -s ⟨aus *span.* chirimoya „Zuckerapfel", dies vermutlich aus einer südamerik. Indianersprache⟩: Honig- od. Zimtapfel, wohlschmeckende Frucht eines [sub]tropischen Baumes

chi|ro..., Chi|ro... [ç...], vor Vokalen meist chir..., Chir... ⟨über *lat.* chiro- aus *gr.* cheiro- zu cheír „Hand"⟩: Wortbildungselement mit der Bedeutung „Hand, mit den Händen erfolgend", z. B. chirurgisch, Chiropraktik; vgl. cheiro..., Cheiro... **Chi|ro|gno|mie** *die;* - ⟨zu *gr.* gnṓmē „Einsicht, Erkenntnis" u. ↑²...ie⟩: svw. Chirologie. **Chi|ro|gram|ma|to|man|tie** *die;* -, ...ien ⟨zu *gr.* grámma, Gen. grámmatos „das Geschriebene" u. manteía „das Weissagen"⟩: Handschriftendeutung. **Chi|ro|graph** *das;* -s, -en u. **Chi|ro|gra|phum** *das;* -s, Plur. ...graphen u. ...rographa ⟨aus gleichbed. *mlat.* chirographum, dies aus *gr.* cheirógraphon „Handschriftliches"⟩: 1. Vertragsurkunde, deren Beweiskraft nicht auf Zeugen, sondern auf der Handschrift des Verpflichteten beruht (röm. Recht). 2. besondere Urkundenart im mittelalterlichen Recht. 3. päpstliche Verlautbarung in Briefform mit eigenhändiger Unterschrift des Papstes. **Chi|ro|lo|gie** u. Cheirologie *die;* - ⟨zu *gr.* cheirologeĩn „mit der Hand lesen", vgl. ...logie⟩: 1. Lehre von der Deutung der Handlinien, die Ausdruck innerer Wesenseigenschaften sein sollen. 2. die Hand- u. Fingersprache der Taubstummen. **Chi|ro|mant** *der;* -en, -en ⟨zu *gr.* cheirómantis „aus der Hand u. den Linien derselben weissagend"⟩: Handliniendeuter. **Chi|ro|man|tie** *die;* - ⟨aus gleichbed. *gr.* cheiromanteía⟩: Handlesekunst

Chi|ron|ja [tʃiˈrɔŋxa] *die;* -, -s ⟨über das Span. wohl aus dem Indian.⟩: Zitrusfrucht aus Puerto Rico mit gelber, leicht zu lösender Schale

Chi|ro|no|mie [ç...] usw. vgl. Cheironomie usw. **Chi|ro|pä|die** *die;* - ⟨zu ↑chiro... u. *gr.* paideía „Erziehung (eines Kindes), Übung"⟩: Handfertigkeitsunterricht. **Chi|ro|pla|stik** *die;* -: Handbildnerei, die Kunst, mit der Hand Bildwerke zu formen. **Chi|ro|prak|tik** *die;* -: manuelles Einrenken verschobener Wirbelkörper u. Bandscheiben. **Chi|ro|prak|ti|ker** *der;* -s, -: Fachmann auf dem Gebiet der Chiropraktik. **Chi|ro|pte|ra** *die* (Plur.) ⟨zu *gr.* pterón „Feder, Flügel"⟩: Fledermäuse (Zool.). **Chi|ro|pte|rit** [auch ...ˈrɪt] *das;* -s ⟨zu ↑¹...it⟩: phosphorsäurehaltige Erde aus allmählich fossil werdendem Kot von Fledermäusen (Biol.). **Chi|ro|pte|ro|ga|mie** *die;* - ⟨zu ↑...gamie (1)⟩: Bestäubung von Blüten durch Fledermäuse (Biol.). **chi|ro|pte|ro|phil** ⟨zu ↑...phil⟩: durch besonderen Bau für die Bestäubung durch Fledermäuse geeignet (Biol.). **Chi|ro|spas|mus** vgl. Cheirospasmus. **Chi|ro|the|ra|pie** *die;* -: von einem Arzt ausgeführte Chiropraktik. **Chi|ro|the|ri|um** *das;* -s, ...ien [...iən] ⟨aus gleichbed. *nlat.* chirotherium, eigtl. „Handtier", zu *gr.* thēríon „Tier"⟩: Saurier aus der Buntsandsteinzeit, von dem nur die Fußabdrücke bekannt sind. **Chi|ro|the|sie** *die;* - ⟨aus *gr.* cheirothesía „das Handanlegen, Behandeln"⟩: Heilung durch Handauflegen

Chirp [tʃəːp] *der;* -s, -s ⟨aus *engl.* chirp „das Zwitschern, Zirpen"⟩: Änderung der Trägerfrequenz bei kurzen Impulsen eines Lasers

Chir|urg [ç...] *der;* -en, -en ⟨über *lat.* chirurgus „Wundarzt" aus *gr.* cheirourgós, eigtl. „Handwerker", dies zu cheír „Hand" u. érgon „Werk, Tätigkeit"⟩: Facharzt [u. Wissenschaftler] auf dem Gebiet der Chirurgie (1). **Chir|ur|gat** *das;* -[e]s ⟨zu ↑...at (1)⟩: (veraltet) das Amt eines Chirurgen od. Wundarztes. **Chir|ur|gie** *die;* -, ...ien ⟨über *lat.* chirurgia aus *gr.* cheirourgía⟩: 1. (ohne Plur.) Teilgebiet der Medizin, Lehre von der operativen Behandlung krankhafter Störungen u. Veränderungen im Organismus. 2. chirurgische Abteilung eines Krankenhauses. **chir|ur|gisch:** a) die Chirurgie betreffend; b) operativ

Chi|ste|ra [tʃ...] *die;* -, -s ⟨aus *span.* chistera „Fangkorb, Korbschläger"⟩: bei der ↑Pelota verwendeter Schläger aus Korbgeflecht mit einer Mulde in der Bogenmitte

Chi|tar|ro|ne [k...] *der;* -[s], Plur. -s u. ...ni, auch *die;* -, -n ⟨aus gleichbed. *it.* chitarrone, Vergrößerungsform von chitarra, dies über *lat.* cithara aus *gr.* kithára „Zither"⟩: ital. Baßlaute, Generalbaßinstrument im 17. Jh. (Mus.)

Chi|tin [ç...] *das;* -s ⟨zu ↑Chiton u. ↑...in (1)⟩: stickstoffhaltiges ↑Polysaccharid, Hauptbestandteil der Körperhülle von Krebsen, Tausendfüßern, Spinnen, Insekten, bei Pflanzen in den Zellwänden von Flechten u. Pilzen. **chi|ti|nig:** chitinähnlich. **chi|ti|nös** ⟨zu ↑...ös⟩: aus Chitin bestehend. **Chi|tin|ske|lett** *das;* -[e]s, -e: aus ↑Chitin gebildetes, panzerartiges Hautskelett der Insekten, Krebse u. Spinnen (Biol.). **Chi|ton** *der;* -s, -e ⟨aus *gr.* chitṓn „(Unter)kleid, Brustpanzer"⟩: Leibrock, Kleidungsstück im Griechenland der Antike. **Chi|to|nen** *die* (Plur.) ⟨aus gleichbed. *nlat.* chitones⟩: Gattung aus der Familie der Käferschnecken

Chi|wa [ç...] *der;* -s, -s ⟨nach der gleichnamigen usbekischen Stadt⟩: dem ↑Buchara ähnlicher Teppich mit rotem Grund u. Musterung in Blau u. Weiß

Chlad|ni-Fi|gu|ren [kl...] *die* (Plur.) ⟨nach dem dt. Physiker E. F. F. Chladni (1756–1827) u. zu ↑Figur⟩: sichtbar gemachte Linien bzw. Flächen, die bei Erregung stehender Wellen in elastisch schwingenden Körpern ständig in Ruhe bleiben

Chlai|na [ç...] u. Chläna *die;* -, ...nen ⟨über *lat.* chlaena aus *gr.* chlaĩna „Mantel"⟩: ungenähter wollener Überwurf für Männer im Griechenland der Antike

Chla|my|do|bak|te|ri|en [ç...iən] *die* (Plur.) ⟨zu *gr.* chlamýs, Gen. chlamýdos „Oberkleid" u. ↑Bakterie⟩: Fadenbakterien, die eine Schicht auf Gewässern bilden. **Chla|my|do|spo|ren** *die* (Plur.): dickwandige Sporen bei vielen Pilzen. **Chla|mys** [auch ˈçla:...] *die;* - ⟨aus gleichbed. *gr.* chlamýs⟩: knielanger, mantelartiger Überwurf für Reiter u. Krieger im Griechenland der Antike

Chlä|na [ç...] vgl. Chlaina

Chlo|an|thit [kl...], auch ...ˈtɪt] *der;* -s, -e ⟨zu *gr.* chloanthḗs „aufkeimend, aufgrünend" u. ↑²...it⟩: Arsennickelkies, ein weißes od. graues Mineral. **Chlo|as|ma** *das;* -s, ...men ⟨zu *gr.* chloázein „junge Keime od. Sprossen treiben"⟩: brauner Hautfleck (Med.)

Chlor [kloːɐ̯] *das;* -s ⟨zu *gr.* chlōrós „gelblichgrün"⟩: chem. Element, Nichtmetall; Zeichen Cl. **chlor..., Chlor...** vgl. chloro..., Chloro... **Chlor|ace|to|phe|non** [...atse...] *das;*

-s ⟨zu ↑Chlor⟩: ein Reizkampfstoff; Abk.: CN. **Chlo|ral** *das;* -s ⟨Kurzw. aus ↑*Chlor* u. ↑*Al*dehyd⟩: Chlorverbindung, stechend riechende, ätzende Flüssigkeit. **Chlor|al|hy|drat** *das;* -s: ein Schlafmittel. **Chlo|ra|lis|mus** *der;* -, ...men ⟨zu ↑...ismus (3)⟩: Chloralvergiftung. **Chlor|al|ka|li|elek|tro|ly|se** *die;* - ⟨zu ↑Chlor⟩: großtechnisches Verfahren zur Gewinnung von Chlor, Alkalilauge u. Wasserstoff aus Alkalichloriden. **Chlor|alu|mi|nit** [auch ...'nɪt] *der;* -s, -e: ein farbloses, an der Luft zerfließendes Mineral. **Chlor|am|bu|cil** [...'tsiːl] *das;* -s ⟨Kunstw.⟩: Bez. für ein ↑zytostatisches Mittel zur ↑peroralen Anwendung gegen Leukämie u. Karzinome. **Chlor|amin** *das;* -s ⟨zu ↑chloro...⟩: Bleich- u. Desinfektionsmittel. **Chlor|an|thie** *die;* - ⟨zu gr. anthós „Blüte" u. ↑²...ie⟩: das Grünwerden, Verlauben von Blütenorganen (Bot.). **Chlor|apa|tit** [auch ...'tɪt] *der;* -s, -e: ein farbloses Mineral. **Chlor|ar|gy|rit** [auch ...'rɪt] *der;* -s ⟨zu gr. árgyros „Silber" u. ↑²...it⟩: braunes bis schwarzes kubisches Mineral. **Chlo|rat** *das;* -s, -e ⟨zu ↑...at (2)⟩: Salz der Chlorsäure. **Chlor|äthan** *das;* -s ⟨zu ↑Chlor⟩: angenehm ätherartig riechender Kohlenwasserstoff. **Chlor|äthyl** *das;* -s: leicht flüchtige Flüssigkeit, die Anwendung findet bei ↑Lokalanästhesie u. bei der Einleitung der Äthernarkose. **Chlo|ra|ti|on** *die;* - ⟨zu ↑...ation⟩: Verfahren zur Goldgewinnung aus goldhaltigen Erzen. **Chlo|ra|tit** [auch ...'tɪt] *das;* -s, -e ⟨zu ↑¹...it⟩: [reibungsempfindlicher] Chloratsprengstoff. **Chlor|ben|zol** *das;* -s, -e (meist Plur.): organische Verbindung, bei der Wasserstoffatome des Benzols durch Chloratome ersetzt sind. **Chlor|brom|me|than** *das;* -s: farblose Flüssigkeit, die im Gemisch mit Methylenchlorid in Handfeuerlöschern verwendet wird. **Chlor|dan** *das;* -s ⟨Kunstw.⟩: in Deutschland verbotenes Insektizid [gegen Bodenschädlinge] aus der Gruppe der Chlorkohlenwasserstoffe. **Chlor|di|oxyd,** chem. fachspr. Chlordioxid *das;* -s ⟨zu ↑Chlor⟩: eine Chlorverbindung, Desinfektions- u. Mehlbleichmittel. **Chlo|rel|la** *die;* -, ...llen ⟨zu ↑chloro... u. ↑...elle, eigtl. „die kleine Grünliche"⟩: Vertreter der weltweit verbreiteten Grünalgengattung. **chlo|ren** ⟨zu ↑Chlor⟩: svw. chlorieren (2). **Chlo|rid** *das;* -s, -e ⟨zu ↑³...id⟩: chem. Verbindung des Chlors mit Metallen od. Nichtmetallen. **chlo|rie|ren** ⟨zu ↑...ieren⟩: 1. in den Molekülen einer chem. Verbindung bestimmte Atome od. Atomgruppen durch Chloratome ersetzen. 2. mit Chlor keimfrei machen (z. B. Wasser). **chlo|rig:** chlorhaltig, chlorartig. **¹Chlo|rit** [auch ...'rɪt] *das;* -s, -e ⟨zu ↑¹...it⟩: Salz der chlorigen Säure. **²Chlo|rit** [auch ...'rɪt] *der;* -s, -e ⟨zu ↑²...it⟩: ein grünes, glimmerähnliches Mineral. **chlo|ri|ti|sie|ren** ⟨zu ↑¹...it u. ↑...isieren⟩: in ein Salz der chlorigen Säure umwandeln. **Chlo|ri|to|id** *das;* -s ⟨zu ↑...oid⟩: ein grünes bis schwarzes Mineral. **Chlor|kalk** *der;* -[e]s: Bleich- u. Desinfektionsmittel. **Chlor|kau|tschuk** *der;* -s: chlorierter Naturkautschuk für chemikalienfeste Anstriche. **Chlor|me|than** *das;* -s: farbloser, giftiger, gasförmiger Chlorkohlenwasserstoff. **Chlor|na|tri|um** *das;* -s: svw. Natriumchlorid. **chlo|ro..., Chlo|ro...,** vor Vokalen meist chlor..., Chlor... ⟨aus gr. chlōrós „gelblichgrün"⟩: Wortbildungselement mit der Bedeutung „eine grünliche Farbe besitzend, grün", z. B. Chlorophyll, Chloropsie. **Chlor|odon|tie** *die;* - ⟨zu gr. odoús, Gen. odóntos „Zahn" u. ↑²...ie⟩: grünliche Milchzahnverfärbung als Folge einer Blutgruppenunverträglichkeit zwischen Mutter u. Kind. **Chlo|ro|form** *das;* -s ⟨teilweise unter Einfluß von *fr.* chloroforme gebildet aus *Chlor*kalk u. *lat.* acidum *form*icicum „Ameisensäure" (nach den früher benutzten Ausgangsstoffen)⟩: süßlich riechende, farblose Flüssigkeit (früher ein Betäubungsmittel, heute nur noch als Lösungsmittel verwendet). **chlo|ro|for|mie|ren** ⟨zu ↑...ieren⟩: durch Chloroform betäuben. **Chlo|ro|form|nar|ko|se** *die;* -, -n: Betäubung durch Chloroform. **Chlo|ro|kru|o|rin** *das;* -s ⟨↑chloro..., *lat.* cruor „Blut" u. ↑...in (1)⟩: eisenhaltiger grüner Blutfarbstoff mancher Röhrenwürmer u. Seeigel (Biol.). **Chlo|ro|leuk|ämie** *die;* -, ...ien: bösartig verlaufende akute Leukämieform, die in den infiltrierten Geweben einen schwachgrünen Farbstoff bildet (Med.). **Chlo|rom** *das;* -s, -e ⟨zu ↑...om⟩: bösartige Geschwulst mit eigentümlich grünlicher Färbung (Med.). **Chlo|ro|me|ter** *das;* -s, - ⟨zu ↑¹...meter⟩: Gerät zur Bestimmung des Chlorgehalts einer Flüssigkeit (Med.). **Chlo|ro|my|ce|tin** ⓦ [...mytse...] *das;* -s ⟨zu gr. mýkēs „Pilz" u. ↑...in (1)⟩: ein ↑Antibiotikum. **Chlo|ro|pe|nie** *die;* - ⟨zu gr. pénēs „arm" u. ↑²...ie⟩: verminderter Chloridgehalt des Blutes. **Chlo|ro|phan** *der;* -s, -e ⟨zu gr. diaphanḗs „durchsichtig"⟩: smaragdgrüner ↑²Korund. **Chlo|ro|phyll** *das;* -s ⟨zu gr. phýllon „Blatt", eigtl. „Blattgrün"⟩: magnesiumhaltiger, grüner Farbstoff in Pflanzenzellen, der die ↑Assimilation (2 b) ermöglicht. **Chlo|ro|phy|tum** *das;* -s, ...ten ⟨aus *nlat.* chlorophytum zu ↑chloro... u. gr. phytón „Pflanze"⟩: Grünlilie, eine Zierpflanze aus Südafrika. **Chlo|ro|phy|zee** *die;* -, -n (meist Plur.) ⟨zu gr. phýkos „Alge, Tang"⟩: Grünalge. **Chlo|ro|plast** *der;* -en, -en (meist Plur.) ⟨zu gr. plastós „gebildet, geformt"⟩: kugeliger Einschluß der Pflanzenzellen, der Chlorophyll enthält. **Chlo|ro|pren** *das;* -s ⟨Kunstw.⟩: stechend riechender flüssiger Chlorkohlenwasserstoff. **Chlor|op|sie** *die;* - ⟨zu ↑chloro... u. ↑...opsie⟩: das Grünsehen (als Folgeerscheinung bei bestimmten Vergiftungen; Med.). **Chlo|ro|quin** *das;* -s ⟨zu *span.* quina(quina), vgl. Chinarinde⟩: ein als Malariamittel verwendetes Chinolinderivat (vgl. Chinolin). **Chlo|ro|se** *die;* -, -n ⟨zu ↑¹...ose⟩: 1. mangelnde Ausbildung von Blattgrün (Pflanzenkrankheit). 2. Bleichsucht bei Menschen infolge Verminderung des Blutfarbstoffes (Med.). **Chlo|ro|thio|nit** [auch ...'nɪt] *der;* -s, -e ⟨zu gr. theĩon „Schwefel" u. ↑²...it⟩: ein blaues, krustiges Mineral. **Chlor|oxid** vgl. Chloroxyd. **Chloro|xi|phit** [auch ...'fɪt] *der;* -s, -e ⟨zu gr. xíphos „Schwert" u. ↑²...it⟩: ein grünes Mineral. **Chlor|oxyd,** chem. fachspr. Chloroxid *das;* -[e]s, -e ⟨zu ↑Chlor⟩: chem. Verbindung aus Chlor u. Sauerstoff. **Chlo|ro|zyt** *der;* -en, -en (meist Plur.) ⟨zu ↑chloro... u. ↑...zyt⟩: blasser, wenig Blutfarbstoff enthaltender ↑Erythrozyt. **Chlor|phe|nol** *das;* -s, -e (meist Plur.) ⟨zu ↑Chlor⟩: organische Verbindung, bei der Wasserstoffatome des Phenols durch Chloratome ersetzt sind. **chlor|sau|er:** die Chlorsäure betreffend, mit Chlorsäure angereichert; chlorsaures Kalium: svw. Kaliumchlorat. **Chlor|stick|stoff** *der;* -s: eine hochexplosive, ölige Chlorverbindung. **Chlo|rür** *das;* -s, -e ⟨aus gleichbed. *fr.* chlorure⟩: frühere Bez. für ein ↑Chlorid mit niedriger Wertigkeitsstufe des zugehörigen Metalls. **Chlor|zy|an** *das;* -s ⟨zu ↑Chlor⟩: ein farbloses, giftiges, die Augen u. Lungen reizendes Gas

Chlyst [xlyst] *der;* -en, -en ⟨aus *russ.* chlyst „Gerte, Reitpeitsche" zu chlestat' „peitschen, schlagen"⟩: Anhänger einer russ. Sekte (seit dem 17. Jh.), die die christlichen Sakramente verwirft

choa|nal [ç...] ⟨zu ↑Choane u. ↑¹...al (1)⟩: die Choanen betreffend. **Choa|nal|atre|sie** *die;* -, ...ien [...iːən]: angeborener ein- od. beidseitiger Verschluß der hinteren Nasenöffnung (Med.). **Choa|ne** *die;* -, -n (meist Plur.) ⟨aus gr. chóanos „Schmelzgrube, Trichter"⟩: hintere Öffnung der Nase zum Rachenraum (Med.).

Choc [ʃɔk] vgl. Schock

Cho|ca|lho [ʃuˈkaljʊ] *der;* -s, -s ⟨aus *port.* chocalho „Schüttelrohr"⟩: aus Südamerika stammendes Rasselinstrument, das in der ↑Samba verwendet wird

Choke [tʃoːk, engl. tʃoʊk] *der;* -s, -s u. Choker *der;* -s, - ⟨aus gleichbed. engl. choke zu to choke „drosseln, würgen"⟩: Luftklappe im Vergaser (Kaltstarthilfe; Kfz-Technik). **Choke|boh|rung** *die;* -, -en: kegelförmige Verengung an der Mündung des im übrigen zylindrischen Laufes von Jagdgewehren. **Cho|ker** vgl. Choke

cho|kie|ren [ʃo'kiː...] vgl. schockieren

chol..., Chol... [ç...] vgl. chole..., Chole... **Chol|ago|gum** *das;* -s, ...ga ⟨aus gleichbed. nlat. cholagogum zu ↑chole... u. gr. agōgós „führend"⟩: galletreibendes Mittel, zusammenfassende Bez. für ↑Cholekinetikum u. ↑Choleretikum (Med.). **Chol|ämie** *die;* -, ...ien ⟨zu ↑...ämie⟩: Übertritt von Galle ins Blut (Med.). **Chol|an|gie** *die;* -, ...ien ⟨zu gr. aggeîon „Gefäß" u. ↑²...ie⟩: Bez. für (hauptsächlich nichtentzündliche) Erkrankungen der Gallenwege (Med.). **Chol|an|gio|gra|phie** *die;* -, ...ien ⟨zu ↑...graphie⟩: die Röntgendarstellung des Gallensystems sowie der Gallenblase (Med.). **Chol|an|gio|li|tis** *die;* -, ...itiden ⟨zu gr. aggeîlion „kleines Gefäß" (Verkleinerungsform von aggeîon „Gefäß") u. ↑...itis⟩: Entzündung der kleinsten, kapillaren Verzweigungen der Gallenwege (Med.). **Chol|an|gi|om** *das;* -s, -e: [bösartige] Geschwulst im Bereich der Gallenwege (Med.). **Chol|an|gio|pa|thie** *die;* -, ...ien: allgemeine Sammelbez. für Erkrankungen der Gallenwege (Med.). **Chol|an|gi|tis** *die;* -, ...itiden ⟨zu gr. aggeîion „Gefäß" u. ↑...itis⟩: Entzündung der Gallengänge (einschließlich der Gallenblase; Med.). **Chol|an|säu|re** *die;* - ⟨zu ↑...an⟩: Grundsubstanz der Gallensäuren. **Chol|as|kos** *der;* - ⟨zu gr. askós „Schlauch"⟩: Austritt von Gallenflüssigkeit in die freie Bauchhöhle (Med.). **cho|le..., Cho|le..., seltener cholo..., Cholo..., vor Vokalen meist chol..., Chol...** ⟨aus gr. cholḗ, chólos „Galle"⟩: Wortbildungselement mit der Bedeutung „Galle, Gallenflüssigkeit", z. B. Cholämie, Cholelith, Cholostase. **Cho|le|do|cho|skop** *das;* -s, -e ⟨zu gr. cholēdóchos „die Galle aufnehmend" u. ↑...skop⟩: Instrument zur Ausspiegelung des Gallenganges (Med.). **Cho|le|do|cho|sko|pie** *die;* -, ...ien ⟨zu ↑...skopie⟩: Ausspiegelung des Gallenganges (Med.). **Cho|le|do|cho|to|mie** *die;* -, ...ien ⟨zu ↑...tomie⟩: operative Eröffnung des Gallenganges (Med.). **Cho|le|ki|ne|ti|kum** *das;* -s, ...ka ⟨zu gr. kinētikós „zum Bewegen gehörig" (dies zu kineîn „bewegen") u. ↑...ikum⟩: Mittel, das die Entleerung der Gallenblase anregt (Med.). **Cho|le|lith** [auch ...'lit] *der;* Gen. -[e]s u. -en, Plur. -e[n] ⟨zu ↑...lith⟩: Gallenstein (Med.). **Cho|le|li|thia|sis** *die;* - ⟨zu ↑...iasis⟩: Gallensteinleiden, Gallenkolik (Med.). **Cho|le|li|tho|to|mie** *die;* -, ...ien ⟨zu ↑...tomie⟩: operative Entfernung eines Gallensteins (Med.). **Cho|le|li|tho|trip|sie** *die;* -, ...ien ⟨zu gr. trîpsis „das Reiben" (dies zu tríbein „reiben, zerreiben") u. ↑²...ie⟩: Zertrümmerung von Gallensteinen in der Gallenblase (zur besseren Entfernung der Steine; Med.). **Cho|le|ra** [k...] *die;* - ⟨über lat. cholera aus gr. choléra „Gallenbrechdurchfall" zu cholḗ „Galle"⟩: schwere (epidemische) Infektionskrankheit (mit heftigen Brechdurchfällen; Med.). **Cho|le|re|se** [ç...] *die;* -, -n ⟨vermutlich Analogiebildung zu ↑Diurese; vgl. ...ese⟩: Gallenabsonderung (Med.). **Cho|le|re|ti|kum** *das;* -s, ...ka ⟨zu gr. eréthein „(an)reizen" u. ↑...ikum⟩: Mittel, das die Gallenabsonderung in der Leber anregt (Med.). **cho|le|re|tisch**: die Gallenabsonderung anregend (Med.). **Cho|le|ri|ker** [k...] *der;* -s, - ⟨zu ↑cholerisch⟩: (nach dem von Hippokrates aufgestellten Temperamentstyp) reizbarer, jähzorniger Mensch; vgl. Melancholiker, Phlegmatiker, Sanguiniker. **Cho|le|ri|ne** *die;* -, -n ⟨zu ↑Cholera u. ↑...ine⟩: abgeschwächte Form der Cholera (Med.). **cho|le|risch** ⟨zu mlat. cholera „galliges Temperament, Zornausbruch", vgl. Cholera⟩: jähzornig, aufbrausend; vgl. melancholisch, phlegmatisch, sanguinisch. **Cho|le|stan** *das;* -s ⟨zu ↑Cholesterin u. ↑...an⟩: gesättigter Kohlenwasserstoff, der das Grundgerüst des ↑Cholesterins u. verwandter ↑Steroide ist (Chem.). **Cho|le|sta|se** [ç...] vgl. Cholostase. **Cho|le|stea|tom** *das;* -s, -e ⟨Kurzw. aus ↑Cholesterin u. ↑Steatom⟩: 1. besondere Art der chronischen Mittelohrknocheneiterung (Med.). 2. gutartige Perlgeschwulst an der Hirnrinde (Med.). **Cho|le|ste|rin** [auch k...] *das;* -s ⟨zu ↑chole... u. ↑Sterin⟩: wichtigstes, in allen tierischen Geweben vorkommendes ↑Sterin, Hauptbestandteil der Gallensteine. **Cho|le|zyst|ek|to|mie** [ç...] *die;* -, ...ien: operative Entfernung der Gallenblase (Med.). **Cho|le|zy|sti|tis** *die;* -, ...itiden: Gallenblasenentzündung (Med.). **Cho|le|zy|sto|gra|phie** *die;* -, ...ien: die Röntgendarstellung der Gallenblase durch jodhaltige Kontrastmittel (Med.). **Cho|le|zy|sto|pa|thie** *die;* -, ...ien ⟨zu ↑...pathie⟩: Gallenblasenleiden (Med.)

Chol|iam|bus [ç...] *der;* -, ...ben ⟨über lat. choliambus aus gr. chōlíambos „Hinkjambus" zu chōlós „lahm, hinkend"⟩: ein aus Jamben bestehender antiker Vers, in dem statt des letzten ↑Jambus ein ↑Trochäus auftritt

Cho|lin [ç...] *das;* -s ⟨zu gr. cholḗ „Galle" u. ↑...in (1)⟩: Gallenwirkstoff (in Arzneimitteln verwendet). **cho|lin|erg, cho|lin|er|gisch** ⟨zu gr. érgon „Werk, Tätigkeit"⟩: durch Cholin bewirkt, auf Cholin ansprechend (Pharm.). **Cho|lin|este|ra|se** *die;* -, -n: ↑Enzym, das ↑Ester des Cholins mit organischen Säuren ↑hydrolytisch spaltet (Physiol.)

Cho|lo ['tʃoːlo, span. tʃ...] *der;* -[s], -s ⟨aus span. cholo „Mestize"⟩: Mischling mit indianischem u. mestizischem Elternteil in Südamerika

cho|lo..., Cho|lo... [ç...] vgl. chole..., Chole... **Cho|lo|sta|se** u. Cholestase *die;* -, -n ⟨zu ↑chole... u. gr. stásis „das Stehen, Feststehen"⟩: Stauung der Gallenflüssigkeit in der Gallenblase. **cho|lo|sta|tisch**: durch Gallenstauung entstanden (Med.). **Chol|säu|re** *die;* - ⟨zu ↑chole...⟩: primäre Gallensäure, die in der Leber aus ↑Cholesterin gebildet wird. **Chol|urie** *die;* -, ...ien ⟨zu ↑...urie⟩: Auftreten von Gallenbestandteilen im Harn (Med.)

Cho|ma|ge|ver|si|che|rung [ʃoˈmaːʒə...] *die;* -, -en ⟨zu fr. chômage „Arbeitsruhe", dies zu chômer „feiern" aus vulgärlat. *caumare „in der Hitze ausruhen", dies über spätlat. cauma „Hitze" aus gr. kaûma⟩: Ausfallversicherung bei Betriebs- od. Mietunterbrechung

Cho|mer [x...] *das;* -s, -s (aber: 3 -) ⟨aus gleichbed. hebr. ḥōmer⟩: ein Hohlmaß für Getreide im alten Israel

Cho|mo|phyt [ç...] *der;* -en, -en (meist Plur.) ⟨zu gr. chōma „aufgeschüttete Erde" u. ↑...phyt⟩: Pflanze, die an der dünnen Humusauflage von Felsvorsprüngen u. Felsflächen wurzelt

Chom|sky|hier|ar|chie ['tʃɔmski...] *die;* - ⟨nach dem amerik. Sprachwissenschaftler N. Chomsky (*1928) u. zu ↑Hierarchie⟩: hierarchische (1) Gliederung von sprachlichen Eigenheiten, die besonders für die automatische Sprachverarbeitung bzw. für Programmiersprachen von Bedeutung ist (Informatik)

Chon [tʃon] *der;* -, - ⟨korean.⟩: Währungseinheit in Süd-Korea

chon|dr..., Chon|dr... [ç...] vgl. chondro..., Chondro... **chon|dral** ⟨zu gr. chóndros „Korn, Graupe" u. ↑¹...al (1)⟩: zum Knorpel gehörend (Med.). **Chon|dren** *die* (Plur.) ⟨zu gr. chóndros „Korn"⟩: kleine Körner (Kristallaggregate), aus denen die Chondrite aufgebaut sind. **Chon|drin** *das;* -s ⟨zu ↑...in (1)⟩: aus Knorpelgewebe gewonnene Substanz, die als Leim verwendet wird. **chon|dri[o]..., Chon|dri[o]...** vgl. chondro..., Chondro... **Chon|drio|so|men** *die* (Plur.) ⟨zu ↑chondro... u. *gr.* sõma „Körper"⟩: svw. Mitochondrien. **Chon|drit** [auch ...'drɪt] *der;* -s, -e ⟨zu ↑²...it⟩: 1. aus Chondren aufgebauter Meteorstein. 2. pflanzlichen Verzweigungen ähnelnder Abdruck in Gesteinen (Geol.). **Chon|dri|tis** *die;* -, ...itiden ⟨zu ↑...itis⟩: Knorpelentzündung (Med.). **chon|dri|tisch** ⟨zu ↑Chondrit⟩: die Struktur des Chondrits betreffend. **chon|dro..., Chon|dro...,** auch chondr[o]..., Chondr[o]..., vor Vokalen meist chondr..., Chondr... ⟨aus *gr.* chóndros „Korn; Knorpel"⟩: Wortbildungselement mit der Bedeutung „Knorpel, Knorpelgewebe; Körnchen", z. B. Chondriosomen, Chondroblast. **Chon|dro|blast** *der;* -en, -en (meist Plur.) ⟨zu *gr.* blastós „Sproß, Trieb"⟩: Bindegewebszelle, von der die Knorpelbildung ausgeht (Med.). **Chon|dro|bla|stom** *das;* -s, -e: gutartige Geschwulst aus Knorpelgewebe (Med.). **Chon|dro|dys|tro|phie** *die;* -: erbbedingte Knorpelbildungsstörung bei Tier u. Mensch. **Chon|dro|klast** *der;* -en, -en (meist Plur.) ⟨zu *gr.* klastázein, Nebenform von klãn „brechen"⟩: Zelle, die beim Einsetzen des Verknöcherungsprozesses den Knorpel abbaut (Biol.). **Chon|drom** *das;* -s, -e ⟨aus *nlat.* chondroma, vgl. ...om⟩: svw. Chondroblastom. **Chon|dro|ma|la|zie** *die;* -, ...ien ⟨zu ↑chondro...⟩: krankhafte Knorpelerweichung im Gefolge einer ↑degenerativen Erkrankung (Med.). **Chon|dro|ma|to|se** *die;* -, -n ⟨zu ↑Chondrom u ↑¹...ose⟩: Bildung zahlreicher Knorpelgewebsgeschwülste im Körper (Med.). **Chon|dro|pa|thie** *die;* -, ...ien ⟨zu ↑chondro... u. ↑...pathie⟩: krankhafte Veränderung des Knorpels (Med.). **Chon|dro|sar|kom** *das;* -s, -e: vom Knorpelgewebe ausgehende bösartige Geschwulst (Med.). **Chon|dru|len** *die* (Plur.) ⟨zu *gr.* chóndros „Kern" u. -ule, *engl.* Verkleinerungssuffix⟩: erbsengroße Steinchen in Meteoriten (Mineral.)

Chö|nix [ç...] *die;* -, - ⟨aus gleichbed. *gr.* choĩnix⟩: ein Trokkenhohlmaß im antiken Griechenland

Chons [x...] *der;* - ⟨aus *ägypt.* chonsu „Wanderer"⟩: ägyptischer Mondgott, mit dem Kopf eines Falken dargestellt

Cho|pi|ne [ʃ...] *die;* -, -n (aber: 3 -) ⟨aus gleichbed. *fr.* chopine, weitere Herkunft unsicher⟩: ein früheres Weinmaß. **cho|pi|nie|ren** ⟨aus gleichbed. *fr.* chopiner⟩: (veraltet) zechen

Chop|per ['tʃɔpɐ, engl. 'tʃɔpə] *der;* -s, -[s] ⟨aus *engl.* chopper „Hacker; Zerhacker" zu to chop „(zer)hacken"⟩: 1. vorgeschichtliches Hauwerkzeug, aus einem Steinbrocken o. ä. geschlagen. 2. Vorrichtung zum wiederholten, zeitweisen Unterbrechen (Zerhacken) einer Strahlung, wodurch getrennte Impulse entstehen (Phys.). 3. svw. Easy-rider (2). **Chop|ping-tool** ['tʃɔpɪŋ'tuːl] *das;* -s, -s ⟨aus gleichbed. *engl.* chopping tool, eigtl. „Hackwerkzeug"⟩: aus einem Geröllstück geschlagenes Hauwerkzeug der Altsteinzeit mit einer beidflächig behauenen Arbeitskante

Chop-suey [tʃɔp'suːi] *das;* -[s], -s ⟨über gleichbed. *engl.* chop suey aus *chin.* (kantonesisch) schap sui, eigtl. „verschiedene Bissen"⟩: mit verschiedenen Gemüsen, Zwiebeln u. Pilzen gebratene Fleisch- od. Fischstückchen, die mit Reis u. Sojasauce serviert werden

¹Chor [k...] *der,* selten *das;* -[e]s, Chöre ⟨über *lat.* chorus aus *gr.* chorós „Tanzplatz"⟩: 1. erhöhter Kirchenraum mit [Haupt]altar (urspr. für das gemeinsame Chorgebet der ↑Kleriker). 2. Platz der Sänger auf der Orgelempore.

²Chor *der;* -[e]s, Chöre ⟨über *lat.* chorus „Rundtanz, Reigen, Sängerschar" aus *gr.* chorós „Tanz, Reigen"; vgl. ¹Chor⟩: 1. Gruppe von Sängern, die sich zu regelmäßigem, gemeinsamem Gesang zusammenschließen. 2. gemeinsamer [mehrstimmiger] Gesang von Sängern. 3. Musikstück für gemeinsamen [mehrstimmigen] Gesang. 4. Verbindung der verschiedenen Stimmlagen einer Instrumentenfamilie. 5. gleichgestimmte Saiten (z. B. beim Klavier, bei der Laute o. ä.). 6. zu einer Taste gehörende Pfeifen der gemischten Stimmen bei der Orgel; im -: gemeinsam (sprechend o. ä.). **³Chor** *der* od. *das;* -s, -e ⟨Neubildung zu ↑²Chor⟩: die für ein Muster erforderliche Abteilung im Kettsystem des Webgeschirrs (Weberei). **Cho|ral** *der;* -s, ...räle ⟨aus *mlat.* (cantus) choralis „Chorgesang" zu *lat.* chorus, vgl. ²Chor⟩: a) kirchlicher Gemeindegesang; b) Lied mit religiösem Inhalt. **Cho|ra|list** *der;* -en, -en ⟨zu ↑...ist⟩: mittelalterlicher Chorsänger. **cho|ra|li|ter** ⟨*mlat.*⟩: 1. choralmäßig, choralartig. 2. chormäßig, für Chorgesang (im Mittelalter). **Cho|ral|kan|ta|te** *die;* -, -n: Kantate, der ein ev. Kirchenlied in mehreren Sätzen zugrunde liegt. **Cho|ral|no|ta|ti|on** *die;* -, -en: mittelalterliche Notenschrift, die nur die relativen, nicht die ↑mensurierten Tonhöhenunterschiede angibt. **Cho|ral|pas|si|on** *die;* -, -en: gesungener Passionsbericht im einstimmigen Gregorianischen Choralton

Cho|ra|san [x...] *der;* -[s], -s ⟨nach dem iran. Gebiet Chorasan⟩: ein handgeknüpfter Teppich

Chor|da u. **Chor|de** [k...] *die;* -, ...den ⟨über *lat.* chorda aus *gr.* chordé „Darm(saite)"⟩: 1. Sehnen-, Knorpel- od. Nervenstrang (Anat.). 2. knorpelähnlicher Achsenstab als Vorstufe der Wirbelsäule (bei Schädellosen, Mantel- u. Wirbeltieren; Biol.). **Chor|da|phon** *das;* -s, -e ⟨zu ↑...phon, eigtl. „Saitentöner"⟩: Instrument mit Saiten als Tonerzeugern. **Chor|da|ten** *die* (Plur.) ⟨aus gleichbed. *nlat.* chordata (Plur.) zu *lat.* chorda, vgl. Chorda⟩: zusammenfassende Bez. für Tiergruppen, die eine Chorda besitzen (Schädellose, Wirbeltiere, Lanzettfischchen, Manteltiere; Biol.). **Chor|de** vgl. Chorda. **Chor|di|tis** *die;* -, ...itiden ⟨zu ↑Chorda u. ↑...itis⟩: Entzündung der Stimmbänder (Med.). **Chor|dom** *das;* -s, -e ⟨zu ↑...om⟩: [bösartige] Geschwulst an der Schädelbasis (Med.). **Chor|do|to|mie** *die;* -, ...ien ⟨zu ↑...tomie⟩: operative Durchtrennung der Schmerzbahnen im Rückenmark als therapeutische Maßnahme bei unerträglichen Schmerzzuständen (Med.). **Chor|do|to|nal|or|ga|ne** *die* (Plur.) ⟨zu ↑tonal u. ↑Organ⟩: Sinnesorgane der Insekten (primitive Hörorgane; Biol.)

Cho|re [k...] *die;* -, -n ⟨aus *gr.* chóra „freier Platz, Raum, Fläche, Land"⟩: 1. einheitliche Landschaft, die sich von ihrer Umgebung abhebt. 2. die die Chore (1) umgrenzende Linie. **Cho|rea** *die;* - ⟨aus *gr.* choreía „Reigentanz, Tanz"⟩: Veitstanz, Bez. für eine Gruppe von Erkrankungen mit Bewegungsstörungen, die auf Muskelzuckungen u. herabgesetzter Muskelspannung zurückzuführen sind (Med.). **cho|rea|form** u. choreiform [...rei...] ⟨zu ↑...form⟩: veitstanzartig. **Cho|re|ge** [ç..., k...] *der;* -n, -n ⟨aus *gr.* chorēgós zu ágein „führen, leiten"⟩: Chorleiter im altgriech. Theater. **cho|rei|form** [korei...] vgl. choreaform. **Cho|reo|graph** *der;* -en, -en ⟨zu *gr.* choreía „Tanz" u. ↑...graph⟩: jmd., der [als Leiter eines Balletts] eine Tanzschöpfung kreiert u. inszeniert. **Cho|reo|gra|phie** *die;* -, ...ien ⟨zu ↑...graphie⟩: a) künstlerische Gestaltung u. Festlegung der Schritte u. Bewegungen eines Balletts; b) (veraltet) graphische Darstellung von Tanzbewegungen u. -haltungen. **cho|reo|gra|phie|ren** ⟨zu ↑...ieren⟩: ein Ballett einstudieren, inszenieren. **Cho|reo|gra|phin** *die;* -, -nen: weibliche Form zu ↑Choreograph. **cho|reo|gra|phisch** ⟨zu ↑...graphisch⟩: die Choreographie betreffend. **Cho|reo|ma|nie** u. Choromanie *die;* -, ...ien ⟨zu ↑...manie⟩:

krankhaftes Verlangen, zu tanzen od. rhythmische Bewegungen auszuführen (Med.). **Cho|re|us** [ç..., auch k...] *der;* -, ...een ⟨über gleichbed. *lat.* choreus aus *gr.* choreíos (poús), eigtl. „zum Tanz gehörender Versfuß"⟩: svw. Trochäus. **Cho|reut** [ç...] *der;* -en, -en ⟨aus *gr.* choreutḗs „Reigentänzer"⟩: 1. altgriech. Chorsänger. 2. altgriech. Chortänzer. **Cho|reu|tik** *die;* - ⟨zu ↑²...ik (1)⟩: altgriech. Lehre vom Chorreigentanz. **cho|reu|tisch**: a) die Choreutik betreffend; b) im Stil eines altgriech. Chorreigentanzes ausgeführt. **Chor|frau** [k...] *die;* -, -en ⟨zu ↑¹Chor⟩: 1. ↑Kanonissin. 2. a) Angehörige einer religiösen, nach der Augustinerregel lebenden Gemeinschaft; b) Angehörige des weiblichen Zweiges eines Ordens (z. B. Benediktinerin). **Chorhaupt** *das;* -[e]s, ...häupter: Abschluß des ¹Chors (1) als halbkreisförmige ↑Apsis (1). **Chor|herr** *der;* -[e]n, -en: 1. Mitglied eines Domkapitels. 2. Angehöriger einer Ordensgemeinschaft, die nicht nach einer Ordensregel, sondern nach anderen Richtlinien lebt (z. B. Prämonstratenser). **chor|iam|bisch** [ç...] ⟨zu ↑Choriambus⟩: in der Art eines Choriambus. **Chor|iam|bus** [ç...] *der;* -, ...ben ⟨über *lat.* choriambus aus gleichbed. *gr.* choríambos⟩: aus einem ↑Choreus u. einem ↑Jambus bestehender Versfuß (-◡◡-). **chö|rig** [k...] ⟨zu ↑²Chor⟩: bei Saiteninstrumenten entweder Bez. der Anzahl der für einen einzelnen Ton vorhandenen Saiten od. Bez. der Anzahl von Einzelsaiten od. von Gruppen gleichgestimmter Saiten

Cho|rio|idea [k...] *die;* - ⟨aus gleichbed. *nlat.* chorioidea zu ↑Chorion u. *gr.* -eidḗs „gestaltet, ähnlich"⟩: Aderhaut des Auges (Med.). **Cho|rio|idi|tis** *die;* -, ...itiden ⟨zu ↑...itis⟩: Entzündung der Aderhaut im Auge (Med.). **Cho|ri|on** *das;* -s ⟨aus *gr.* chórion „Haut, Fell"⟩: 1. Zottenhaut, embryonale Hülle vieler Wirbeltiere u. des Menschen (Biol.). 2. hartschalige Hülle vieler Insekteneier (Zool.). **Cho|ri|on|bi|op|sie** *die;* -: neuere Methode der Schwangerschaftsuntersuchung durch Probeentnahme von Gewebe aus Chorionzotten zur Erkennung von Erkrankungen u. Schäden des Kindes (Med.). **Cho|rio|ni|tis** *die;* -, ...itiden ⟨zu ↑...itis⟩: bakterielle Infektion des Chorions (Biol., Med.). **Cho|rio|zö|no|se** [ç...] *die;* -, -n ⟨zu *gr.* chōríon „Platz, Stelle" u. koinós „gemeinsam"⟩: Bez. für die Lebensgemeinschaft in einem eng umschriebenen Lebensraum **cho|ri|pe|tal** [k...] ⟨zu *gr.* chōrís „getrennt, gesondert" u. pétalon „Blatt"⟩: getrenntblättrig (von Pflanzen, deren Blütenkronblätter nicht miteinander verwachsen sind; Bot.). **Cho|ri|pe|ta|len** *die* (Plur.): zweikeimblättrige Blütenpflanzen, deren Blütenkrone aus nicht miteinander verwachsenen Blütenblättern gebildet wird (z. B. Rosengewächse; Bot.). **cho|risch** [k...] ⟨über *lat.* choricus aus gleichbed. *gr.* chorikós⟩: den ²Chor betreffend, durch den ²Chor auszuführen **Cho|ris|mos** [ç...] *der;* - ⟨aus *gr.* chōrismós „Trennung"⟩: vor allem von den neukantianischen Philosophiehistorikern verwendeter Begriff zur Kennzeichnung des Verhältnisses der Ideen zu den Einzeldingen in der Philosophie Platons. **Cho|ris|mus** *der;* -, ...men ⟨zu ↑...ismus (2)⟩: das Abstoßen von pflanzlichen Organen, insbesondere Blütenteilen (z. B. bei der Königskerze; Bot.). **Cho|rist** [k...] *der;* -en, -en ⟨aus *mlat.* chorista „Chorsänger" zu *lat.* chorus, vgl. ²Chor⟩: Mitglied eines [Opern]chors. **Cho|ri|stin** *die;* -, -nen: weibliche Form zu ↑Chorist **Cho|ri|stom** [ç...] *das;* -s, -e ⟨zu *gr.* chōrís „abgesondert, verschieden", histós „Gewebe" u. ↑...om⟩: Geschwulst aus versprengten Gewebskeimen (Med.). **Cho|ri|zon|ten** *die* (Plur.) ⟨aus gleichbed. *gr.* chōrízontes zu chōrízein „trennen"⟩: griech. Kritiker, die „Ilias" u. „Odyssee", als ver-

schiedenen Verfassern zugehörig, trennten u. nur die „Ilias" dem Homer zuschrieben

Chor|kan|ta|te [k...] *die;* -, -n ⟨zu ↑²Chor u. ↑Kantate⟩: Kantate mit Instrumentalbegleitung, die vom ²Chor allein (ohne Solisten) gesungen wird. **Chör|lein** *das;* -s, - ⟨Verkleinerungsform von ↑¹Chor⟩: halbrunder od. vieleckiger Erker an mittelalterlichen Wohnbauten. **Cho|ro** [xoˈro] *der;* -s, -s ⟨aus gleichbed. *bulgar.* choro, dies aus *gr.* chorós, vgl. ²Chor⟩: bulgar. Reigentanzlied. **Chô|ro** [ˈʃoru] *der;* -, -s ⟨aus gleichbed. *port.* chôro, dies aus *lat.* chorus, vgl. ²Chor⟩: Volksmusikform der afroamerik. Bevölkerung Brasiliens, eine mäßig bewegte Sambaart. **Cho|ro|di|das|ka|los** [k...] *der;* -, ...loi [...lɔy] ⟨aus gleichbed. *gr.* chorodidáskalos⟩: Leiter des ²Chors im antiken griech. Drama **Cho|ro|gra|phie** [ç...] *die;* -, ...ien ⟨zu *gr.* chôros „Raum, Ort" u. ↑...graphie⟩: 1. (veraltet) Beschreibung von Landschaften. 2. svw. Chorologie. **cho|ro|gra|phisch** ⟨zu ↑...graphisch⟩: 1. (veraltet) a) die Landschaft beschreibend; b) die Landschaftsbeschreibung betreffend. 2. svw. chorologisch. **Cho|ro|lith** [k...] *der;* Gen. -en u. -s, Plur. -e[n] ⟨zu ↑...lith⟩: Landschaftsstein, Stein mit Pflanzenabdrücken, die Landschaftszeichnungen gleichen. **Cho|ro|lo|gie** *die;* -, ...ien ⟨zu ↑...logie⟩: 1. Raum- od. Ortswissenschaft, bes. Geographie u. Astronomie. 2. svw. Arealkunde. **cho|ro|lo|gisch** ⟨zu ↑...logisch⟩: die Chorologie betreffend

Cho|ro|ma|nie [k...] vgl. Choreomanie

Cho|ro|me|ter [ç...] *der;* -s, - ⟨zu *gr.* chôros „Raum, Ort" u. ↑²...meter⟩: (veraltet) Landvermesser. **Cho|ro|me|trie** *die;* -, ...ien ⟨zu ↑...metrie⟩: (veraltet) Landvermessung. **cho|ro|me|trisch** ⟨zu ↑...metrisch⟩: (veraltet) die Chorometrie betreffend

Chor|re|gent [k...] *der;* -en, -en ⟨zu ↑²Chor u. ↑Regent⟩: (südd.) Leiter eines kath. Kirchenchors. **Chor|ton** *der;* -s: Normalton für die Chor- u. Orgelstimmung. **Cho|rus** *der;* -, -se ⟨aus *lat.* chorus, vgl. ²Chor⟩: 1. das einer Komposition zugrundeliegende Form- u. Akkordschema, das Basis für Improvisationen bildet (Jazz). 2. Hauptteil od. Refrain eines Stückes aus der Tanz- od. Unterhaltungsmusik

Cho|se [ˈʃoːzə] *die;* -, -n ⟨aus *fr.* chose „Ding, Sache", dies aus gleichbed. *lat.* causa⟩: (ugs.) [unangenehme] Sache, Angelegenheit

Chot|bah [x...] *der;* -[s], -s ⟨zu *arab.* ḥaṭaba „predigen"⟩: an jedem Freitag stattfindender islamischer Gottesdienst (Predigt u. Gebet) für die Regierenden im islamischen Kulturkreis

Chow-Chow [tʃauˈtʃau, auch ʃauˈʃau] *der;* -s, -s ⟨aus gleichbed. *engl.* chow chow, dies aus dem Chines., vermutlich zu *kantonesisch* kaú „Hund"⟩: Vertreter einer in China gezüchteten Hunderasse

Chow-mein [tʃauˈmeːn] *das;* -[s] ⟨aus *chin.* ch'ao-mien zu ch'ao „braten" u. mien „Mehl, Teig, Nudeln"⟩: chines. Gericht aus Huhn auf gebratenen Fadennudeln

Chre|ma|ti|stik [k...] *die;* - ⟨aus *gr.* chrḗma, Gen. chrḗmatos „Ding, (gebrauchsfähige) Sache, Unternehmung" u. ↑...istik⟩: gewerbsmäßiges Betreiben einer Erwerbswirtschaft mit dem Ziel, sich durch Tauschen u. Feilschen zu bereichern. **Chre|ma|to|pöie** *die;* -, ...ien ⟨zu *gr.* poieīn „machen, herstellen" u. ↑²...ie⟩: (veraltet) Gelderwerb, Anleitung zur Erwerbung von Reichtum

Chres|mo|lo|ge [ç...] *der;* -n, -n ⟨aus gleichbed. *gr.* chrēsmológos⟩: (veraltet) Wahrsager. **Chres|mo|lo|gie** *die;* -, ...ien ⟨aus gleichbed. *gr.* chrēsmología⟩: (veraltet) Weissagung. **Chre|ste|ri|on** *das;* -s, ...ien [...jən] ⟨aus gleichbed.

Chromatik

chrēstérion⟩: (veraltet) a) Weissagung, Orakel[spruch]; b) Orakelsitz, der Ort, wo Orakel erteilt werden
Chre|sto|ma|thie [k...] *die;* -, ...ien ⟨aus gleichbed. *gr.* chrēstomátheia, eigtl. „das Erlernen von Nützlichem"⟩: für den Unterricht bestimmte Sammlung ausgewählter Texte od. Textauszüge aus den Werken bekannter Autoren.
Chrie [çri:(ǝ)] *die;* -, -n ['çri:ǝn] ⟨zu *gr.* chré „es ist nötig, man braucht, muß, darf", dies zu chréos „Schuld, Verpflichtung"⟩: 1. praktische Lebensweisheit, moralisches Exempel. 2. (veraltet) Anweisung für Schulaufsätze
Chri|sam [ç...] *das* od. *der;* -s u. **Chri̱|sma** *das;* -s ⟨über *kirchenlat.* chrisam, chrisma aus *gr.* chrîsma „Salbe, Salböl" zu chríein „salben"⟩: geweihtes Salböl (in der kath. u. orthodoxen Kirche bei Taufe, Firmung, Bischofs- u. Priesterweihe verwendet). **Chri|sis** *die;* -, ...sen ⟨aus gleichbed. *gr.* chrîsis⟩: Salbung. **Chri̱s|ma** vgl. Chrisam. **Chris|ma|le** *das; -s,* Plur. ...lien [...ien] u. ...lia ⟨aus gleichbed. *kirchenlat.* chrismale; vgl. Chrisam⟩: 1. Tuch od. Kopfbinde zum Auffangen des Salböls (kath. Kirche). 2. mit Wachs getränktes Altartuch (kath. Kirche). 3. Gefäß zur Aufbewahrung des Chrisams (kath. Kirche). **Chris|ma|ri|um** *das; -s,* ...ien [...ien] ⟨aus gleichbed. *kirchenlat.* chrismarium⟩: 1. Reliquiengefäß im Mittelalter. 2. svw. Chrismale (3). **Chris-ma|ti̱|on** *die;* -, -en ⟨aus gleichbed. *kirchenlat.* chrismatio⟩: (veraltet) svw. Chrisis. **Chri̱s|mon** *das;* -s, ...ma ⟨Kurzbildung aus ↑Christus u. *spätlat.* monogramma; vgl. Monogramm⟩: reich verzierter Buchstabe C am Anfang vieler mittelalterlicher Urkunden (urspr. das ↑Christogramm).
¹Christ [k...] *der;* -en, -en ⟨aus *lat.* Christianus, vgl. christlich⟩: Anhänger [u. Bekenner] des Christentums; Getaufter. **²Christ** *der;* - ⟨zu ↑Christus⟩: svw. Christus; der Heilige -: das Christkind; zum Heiligen -: zu Weihnachten. **Christ|de|mo|krat** *der;* -en, -en ⟨zu ↑¹Christ⟩: Anhänger einer christlich-demokratischen Partei. **Chri̱|ste elei̱son!** ⟨aus gleichbed. *mgr.* Chríste eléeson zu *gr.* eleeîn „sich erbarmen"⟩: Christus, erbarme dich!; vgl. Kyrie eleison. **Chri̱s|ten|tum** *das;* -s ⟨zu ↑¹Christ⟩: auf Jesus Christus, sein Leben u. seine Lehre gegründete Religion. **christia|ni|sie|ren** ⟨zu *lat.* Christianus „christlich" u. ↑...isieren⟩: (die Bevölkerung eines Landes) zum Christentum bekehren. **Chri|stia|ni|sie|rung** *die;* -, -en ⟨zu ↑...isierung⟩: Bekehrung zum Christentum. **Chri|stia|ni|tas** *die;* - ⟨aus gleichbed. *spätlat.* christianitas⟩: Christlichkeit als Geistes- u. Lebenshaltung. **Chris|tian Sci|ence** ['krɪstjǝn 'saıǝns] *die;* - - ⟨*engl.;* „Christliche Wissenschaft"⟩: (von Mary Baker-Eddy um 1870 in den USA begründete) christliche Gemeinschaft, die durch enge [Gebets]verbindung mit Gott menschliche Unzulänglichkeit überwinden will; vgl. Szientismus (2). **Chri̱|stin** [k...] *die;* - ⟨zu ↑¹Christ⟩: weibliche Form zu ↑¹Christ. **christ|ka|tho|lisch:** (schweiz.) altkatholisch. **Christ|ka|tho|li|zis|mus** (schweiz.) *der; -:* Lehre der altkath. Kirche, die den Primat des Papstes ablehnt; Altkatholizismus. **christ|lich** ⟨zu gleichbed. *lat.* Christianus⟩: a) auf Christus u. seine Lehre zurückgehend; der Lehre Christi entsprechend; b) im Christentum verwurzelt, begründet; c) kirchlich; christliches Hospiz: Hotel der ev. Inneren Mission in Großstädten. **Christ|mas-Ca|rol** ['krɪsmǝs 'kærǝl] *das;* -s, -s ⟨aus *engl.* Christmas carol⟩: volkstümliches engl. Weihnachtslied; vgl. Carol. **Christ|mas-Pan|to|mimes** [- 'pæntǝmaımz] *die* (Plur.) ⟨aus *engl.* Christmas pantomimes „Weihnachtsspiele"⟩: in England zur Weihnachtszeit aufgeführte burleske Ausstattungsstücke nach Themen aus Märchen, Sage u. Geschichte. **Christ|met|te** [k...] *die;* -, -n ⟨zu ↑¹Christ⟩: Mitternachtsgottesdienst in der Christnacht. **Chri|sto|gramm**

das; -s, -e ⟨Kurzbildung aus ↑Christusmonogramm⟩: svw. Christusmonogramm. **Chri|sto|kra|tie** *die;* - ⟨zu ↑...kratie⟩: a) Christusherrschaft; b) Herrschaft der christlichen Kirche. **Chri|sto|la|trie** *die;* -: Verehrung Christi als Gott. **Chri|sto|lo|gie** *die;* -, ...ien ⟨zu ↑...logie⟩: Lehre der christlichen Theologie von der Person Christi. **chri|sto|lo|gisch** ⟨zu ↑...logisch⟩: die Christologie betreffend. **Chri|sto|mo-ni̱s|mus** *der;* -: Bez. für Theologien, die die Person Jesu Christi so stark betonen, daß die beiden anderen Personen der Trinität nahezu bedeutungslos erscheinen. **Chri|sto-pha|ni̱e** *die;* -, ...ien ⟨zu *gr.* phaínein „sich zeigen, sichtbar werden" u. ↑²...ie⟩: Erscheinung Jesu Christi, bes. des auferstandenen Christus. **Chri|sto|phit** [auch ...'fɪt] *der;* -s, -e ⟨nach dem Fundort St. Christoph in Sachsen u. zu ↑²...it⟩: ein dunkelbraunes bis schwarzes, metallisch glänzendes Mineral. **Chri|sto|so|phi̱e** *die; -* ⟨zu ↑¹Christ u. *gr.* sophía „Geschicklichkeit, Klugheit, Weisheit"⟩: (veraltet) christliche Weisheit. **Chri|sto|zen|trik** *die; -* ⟨zu *lat.* centrum „Mittelpunkt" u. ↑²...ik (2)⟩: Betonung der zentralen u. einzigartigen Stellung Jesu Christi in der Schöpfungs- u. Heilsgeschichte. **chri|sto|zen|trisch:** auf Christus als Mittelpunkt bezogen. **Chri̱s|tus** *der; -* (ohne Artikel: Genitiv ...sti, Dativ ...sto, Akkusativ ...stum) ⟨über *lat.* Christus aus *gr.* christós „der Gesalbte" (dies als griech. Lehnübersetzung von *hebr.* māšīaḥ, vgl. Messias)⟩: Ehrenname von Jesus, der Messias; nach -/Christo/Christi Geburt: nach dem Jahr Null unserer Zeitrechnung. **Chri̱s|tus|mo|no-gramm** *das;* -s, -e: Symbol für den Namen Christus, das aus dessen griech. Anfangsbuchstaben X (Chi) u. P (Rho) zusammengefügt ist; vgl. IHS. **Chri̱|stus|or|den** *der;* -s, -: 1. zur Verteidigung gegen die Mauren in Portugal gegründeter geistlicher Ritterorden. 2. höchste päpstliche Auszeichnung. **Chri̱st|ves|per** *die;* -, -n in verschiedenen Gegenden Bez. für den Abendgottesdienst am Heiligen Abend
Chrom [k...] *das;* -s ⟨aus gleichbed. *fr.* chrome, dies über *lat.* chroma aus *gr.* chrôma „Farbe"⟩: chem. Element, Metall; Zeichen Cr. **chrom..., Chrom...** vgl. chromo..., Chromo... **Chro̱|ma** *das;* -s ⟨aus gleichbed. *it.* croma, vgl. Chrom⟩: Achtelnote (Mus.). **chrom|af|fin** ⟨zu ↑chromo...⟩: mit Chromsalzen anfärbbar (von Zellen u. Zellteilen; Biochem.); -es System: eine Gruppe hormonliefernder Zellen, die sich bei Behandlung mit bestimmten chem. Substanzen braun färben. **Chro̱|ma|me̱|ter** *das;* -s, - ⟨zu *gr.* chrôma „Farbe; chromatische Tonleiter" u. ↑¹...meter⟩: (veraltet) Gerät zum Stimmen des Klaviers (Mus.). **Chro-ma̱n** ⓦ *das;* -s ⟨Kunstw.⟩: Chrom-Nickel-Legierung. **Chro|ma|si̱e** *die;* - ⟨aus gleichbed. *nlat.* chromasia zu *gr.* chrôma „Farbe" u. ↑²...ie⟩: Farbzerstreuung, die bei unkorrigierten Linsen Bilder mit bunten Rändern ergibt (Optik). **Chro|ma̱t** *das;* -s, -e ⟨zu ↑Chrom u. ↑...at (2)⟩: Salz der Chromsäure. **chro|mat..., Chro|mat...** vgl. chromato..., Chromato... **Chro|ma|ti̱|den** *die* (Plur.) ⟨zu *gr.* chrôma, Gen. chrómatos „Farbe" u. ↑²...id⟩: Chromosomenspalthälften, aus denen bei der Zellteilung die Tochterchromosomen entstehen (Biol.). **Chro|ma|ti̱|den|trans|lo-ka|ti̱|on** *die;* -, -en: Austausch von Chromatidenfragmenten eines Chromosoms nach erfolgtem Chromatidenbruch. **Chro|ma|ti̱e** *die;* -, ...ien ⟨zu ↑²...ie⟩: Projektionsverfahren beim Fernsehen, durch das künstliche Hintergründe in Aufnahmestudios geschaffen werden können; vgl. Blue screen, Blue box. **chro|ma|ti̱e|ren** ⟨zu ↑...ieren⟩: die Oberfläche von Metallen mit einer Chromatschicht zum Schutz gegen ↑Korrosion (1) überziehen. **Chro|ma̱|tik** *die; -* ⟨über *lat.* chromatice aus *gr.* chrōmatikḗ (mousikḗ) „chromati-

265

Chromatin

sches Tongeschlecht" zu chrōma „Farbe; chromatische Tonleiter"⟩: 1. a) Veränderung (Färbung) der sieben Grundtöne durch Versetzungszeichen um einen Halbton nach oben od. unten; Ggs. ↑ Diatonik; b) durch Halbtonfolgen charakterisierte Musik (Mus.). 2. Farbenlehre (Phys.). **Chro|ma|tin** *das;* -s, -e ⟨zu *gr.* chrōmátinos „gefärbt"⟩: mit bestimmten Stoffen anfärbbarer Bestandteil des Zellkerns, der das Erbgut der Zelle enthält. **chro|matisch** ⟨nach gleichbed. *gr.* chrōmatikós⟩: 1. in Halbtönen fortschreitend (Mus.). 2. die Chromatik (2) betreffend; -e Aberration: Abbildungsfehler von Linsen durch Farbzerstreuung; -e Adaption: Ausgleich von Lichtart u. Beleuchtungsstärke durch das Auge bei der Farbwahrnehmung. **chro|ma|ti|sie|ren** ⟨zu ↑Chromat u. ↑...isieren⟩: svw. chromatieren. **chro|ma|to...**, **Chro|ma|to...**, vor Vokalen meist chromat..., Chromat... ⟨aus *gr.* chrōma, Gen. chrṓmatos „Farbe"⟩: Wortbildungselement mit der Bedeutung „Farbe, Färbung", z. B. Chromatographie, Chromatopsie; vgl. chromo..., Chromo... **Chro|ma|to|dys|op|sie** *die;* -, ...ien ⟨zu ↑dys... u. ↑...opsie⟩: Farbenblindheit (Med.). **Chro|ma|to|gramm** *das;* -s, -e ⟨zu ↑...gramm⟩: Darstellung des Analysenergebnisses einer Chromatographie [durch Farbbild]. **Chro|ma|to|gra|phie** *die;* - ⟨zu ↑...graphie⟩: Verfahren zur Trennung chemisch nahe verwandter Stoffe (zuerst für Farbstoffe verwendet). **chroma|to|gra|phie|ren** ⟨zu ↑...ieren⟩: eine Chromatographie durchführen. **chro|ma|to|gra|phisch** ⟨zu ↑...graphisch⟩: a) die Chromatographie betreffend; b) das Verfahren der Chromatographie anwendend. **Chro|ma|to|ly|se** *die;* -, -n ⟨zu ↑...lyse⟩: Zerfall des Chromatins in Körnchen bis zum völligen Verschwinden beim Absterben von Zellen (Biol.). **Chro|ma|to|me|ter** *das;* -s, - ⟨zu ↑¹...meter⟩: Gerät zur Bestimmung des Anteils der Grundfarben in einer Farbmischung. **chro|ma|to|phil** ⟨zu ↑...phil⟩: leicht färbbar (bes. von Textilfasern). **Chro|ma|to|pho|bie** *die;* -, ...ien ⟨zu ↑...phobie⟩: krankhafte Angst vor bestimmten Farben (Med., Psychol.). **Chro|ma|to|phor** *das;* -s, -en (meist Plur.) ⟨zu ↑...phor, eigtl. „Farbstoffträger"⟩: 1. farbstofftragende ↑Organelle der Pflanzenzelle (Bot.). 2. Farbstoffzelle bei Tieren, die den Farbwechsel der Haut ermöglicht (z. B. beim Chamäleon; Zool.). **Chro|mat|op|sie** *die;* -, ...ien ⟨zu ↑...opsie⟩: Sehstörung, bei der Gegenstände in bestimmten Farbtönen verfärbt od. Farbtöne bei geschlossenen Augen wahrgenommen werden (Med.). **Chro|matop|to|me|ter** *das;* -s, -: Apparat zur Messung der Farbwahrnehmungsfähigkeit (Med.). **Chro|ma|to|se** *die;* -, -n ⟨zu ↑¹...ose⟩: abnorme Farbstoffablagerung in der Haut (Med.); vgl. Dyschromie. **Chro|ma|to|skop** *das;* -s, -e ⟨zu ↑...skop, eigtl. „Farbbildgucker"⟩: svw. Kaleidoskop. **Chro|ma|tron** *das;* -s, Plur. ...one, auch -s ⟨Kunstw. aus *gr.* chrōma „Farbe" u. ↑...tron⟩: spezielle Bildröhre für das Farbfernsehen. **Chro|ma|tro|pie** *die;* -, ...ien ⟨zu ↑...tropie⟩: Farbenspiel. **Chro|ma|ty|pie** *die;* -, ...ien ⟨zu ↑...typie⟩: (veraltet) 1. (ohne Plur.) Verfahren des Mehrfarbendrucks. 2. nach diesem Verfahren hergestelltes Druckerzeugnis. **Chro|ma|ven|tu|rin** [...v...] *das;* -s: durch Schmelzen von Glas mit chromsaurem Kali hergestelltes grünes Glas. **Chrom|ge|la|ti|ne** *die;* - ⟨zu ↑Chrom⟩: mit Chromsalzen getränkte, nach der Belichtung wasserunlösliche Gelatine für Pigment- u. Lichtdruck. **Chrom|gelb** *das;* -s: deckkräftige Malerfarbe, Bleichromat. **Chrom|gra|nat** *der;* -[e]s, -e: ein smaragdgrünes Mineral; vgl. Uwarowit. **Chrom|grün** *das;* -s: Deckgrün, Mischfarbe aus Berliner Blau u. Chromgelb. **Chrom|hi|dro|se** *die;* -, -n: farbige Schweißabsonderung. **Chro|mi|di|en** [...i̯ən] *die* (Plur.) ⟨aus gleichbed. *nlat.* chromidies zu ↑chromo... u. ↑²...id⟩: (veraltet) svw. Mikrosomen. **chro|mie|ren** ⟨zu ↑Chrom u. ↑...ieren⟩: Wolle nach dem Färben mit Chromverbindungen beizen. **Chro|mi|nanz|si|gnal** *das;* -s, -e ⟨zu ↑...anz⟩: in der Fernsehtechnik das Farbartsignal. **¹Chro|mit** [auch ...'mɪt] *der;* -s, -e ⟨zu ↑²...it⟩: Chrom[eisen]erz, ein Mineral. **²Chro|mit** [auch ...'mɪt] *das;* -s, -e ⟨zu ↑¹...it⟩: ein Chromsalz. **Chrom|le|der** *das;* -s: mit Chromverbindungen gegerbtes Leder. **Chrom|ma|gne|sia|stei|ne** *die* (Plur.): feuerfeste Steine aus Sintermagnesia u. Chromerz. **chromo...**, **Chro|mo...**, vor Vokalen meist chrom..., Chrom... ⟨aus *gr.* chrōma „Farbe"⟩: Wortbildungselement mit der Bedeutung „Farbe, Farbstoff", z. B. chromogen, Chromophor; vgl. chromato..., Chromato... **Chro|mo|bak|te|ri|um** *das;* -s, ...ien [...i̯ən] (meist Plur.): in Böden u. Gewässern verbreitetes Bakterium, das ein wasserunlösliches purpurfarbenes Pigment bildet. **Chro|mo|bla|sto|my|ko|se** *die;* -, -n: chronische entzündliche Pilzerkrankung der Haut (Med.). **chro|mo|gen** ⟨zu ↑...gen⟩: Farbstoff bildend. **Chro|mo|lith** [auch ...'lɪt] *der;* Gen. -s u. -en, Plur. -e[n] ⟨zu ↑...lith⟩: unglasierter Steinzeug mit eingelegten farbigen Verzierungen. **Chro|mo|li|tho|gra|phie** *die;* -, ...ien: Mehrfarben[stein]druck. **chro|mo|li|tho|gra|phie|ren**: farbigen Steindruck herstellen. **Chro|mo|mer** *das;* -s, -en (meist Plur.) ⟨zu ↑...mer⟩: stark anfärbbare Verdichtung der Chromosomenlängsachse, Träger bestimmter Erbfaktoren (Genetik). **Chro|mo|ne|ma** *das;* -s, ...men (meist Plur.) ⟨zu *gr.* nēma „Faden, Garn"⟩: spiralig gewundener Faden, der mit 2–4 anderen ein Chromosom bildet (Genetik). **Chro|mo|ni|ka** *die;* -, Plur. -s u. ...ken ⟨Kunstw. aus ↑chromatisch u. ↑Harmonika⟩: eine ↑diatonische u. chromatische Mundharmonika. **Chro|mo|pa|pier** *das;* -s, -e ⟨zu ↑chromo...⟩: [einseitig] mit Kreide gestrichenes glattes Papier für ↑Offset- u. Steindruck. **Chro|mo|phor** *der;* -s, -e ⟨zu ↑...phor, eigtl. „Farbträger"⟩: Atomgruppe organischer Farbstoffe, die für die Farbe des betreffenden Stoffes verantwortlich ist (Chem.). **Chro|mo|pho|to|gra|phie** *die;* -, ...ien: (veraltet) Farbfotografie. **Chro|mo|pho|to|the|ra|pie** *die;* -: (früher) Anwendung von farbigem Licht zur Behandlung von Geisteskrankheiten. **Chro|mo|pho|to|ty|pie** *die;* -, ...ien: svw. Chromotypie. **Chro|mo|plast** *der;* -en, -en (meist Plur.) ⟨zu *gr.* plastós „gebildet, geformt"⟩: gelber od. roter kugeliger Farbstoffträger bestimmter Pflanzenzellen, der die Färbung der Blüten od. Früchte bestimmt. **Chro|mo|pro|tei|de** *die* (Plur.): Eiweißstoffe, die Farbstoffe enthalten (z. B. Hämoglobin, Chlorophyll; Chem.). **Chrom|op|sie** *die;* -, ...ien ⟨zu ↑...opsie⟩: svw. Chromatopsie. **Chro|mop|to|me|ter** *das;* -s, -: svw. Chromatoptometer. **Chro|mo|ra|dio|me|ter** *das;* -s, -: Gerät zur Bestimmung der Menge der zu Heilzwecken angewandten Röntgenstrahlen. **Chro|mo|skop** *das;* -s, -e ⟨zu ↑...skop⟩: Vorrichtung zur Untersuchung u. Projektion von Farben mit Hilfe von Farbfiltern (Optik). **Chro|mo|som** *das;* -s, -en (meist Plur.) ⟨zu *gr.* sōma „Körper", eigtl. „Farbkörper" (da es durch Färbung sichtbar gemacht werden kann)⟩: in jedem Zellkern in artspezifischer Anzahl u. Gestalt vorhandenes, das Erbgut eines Lebewesens tragendes, fadenförmiges Gebilde, Kernschleife (Biol.). **chro|mo|so|mal** ⟨zu ↑¹...al (1)⟩: das Chromosom betreffend. **Chro|mo|so|men|ab|er|ra|ti|on** *die;* -, -en: Veränderung in der Chromosomenstruktur vor einer Aufteilung der Chromosomen in Chromatiden. **Chro|mo|so|men|ano|ma|lie** *die;* -, -n [...li̯ən]: durch Chromosomenmutation entstandene Veränderung in der Zahl od. Struktur der Chromosomen. **Chro|mo|so|men|dia|gno|stik** *die;* -: Untersuchung von Chromosomen mit ↑zytologischen Methoden zur Feststellung von Anomalien. **Chro|mo|so|men|kar|te** *die;* -, -n: graphische Darstellung der in den Chromosomen hintereinandergelegenen Genen (Genetik). **Chro|mo|so|men|mu|ta|ti|on** *die;* -, -en: Strukturänderung eines Chromosoms, die zu einer Änderung des Erbguts führt. **Chro|mo|so|men|re|duk|ti|on** *die;* -, -en: Halbierung der Chromosomenzahl durch ↑Reduktionsteilung. **Chro|mo|so|men|sub|sti|tu|tion** *die;* -: Austausch einzelner Chromosomen gegen andere. **Chro|mo|sphä|re** *die;* - ⟨zu ↑chromo...⟩: glühende Gasschicht um die Sonne. **Chro|mo|ty|pie** *die;* - ⟨zu ↑...typie⟩: Farbendruck. **Chrom|oxyd|grün,** chem. fachspr. Chromoxidgrün *das;* -s ⟨zu ↑Chrom⟩: dunkelgrüne deckende Malerfarbe. **Chrom|oxyd|hy|drat|grün,** chem. fachspr. Chromoxidhydratgrün *das;* -s: smaragdgrünes, lichtechtes Pigment für Lasurfarben. **Chro|mo|xy|lo|gra|phie** *die;* - ⟨zu ↑chromo...⟩: Farbholzschnitt. **Chro|mo|zen|trum** *das;* -s, ...zentren: stark anfärbbarer Chromosomenabschnitt (Biol.). **Chro|mo|zy|sto|sko|pie** *die;* -, ...ien: Prüfung der Nierenfunktion durch eine in die Blutbahn injizierte blaue Farbstofflösung (Med.). **Chrom|pig|men|te** *die* (Plur.) ⟨zu ↑Chrom⟩: farbgebende Chromverbindungen für Malerei, Anstrich, Keramik usw. **Chrom|rot** *das;* -s: Malerfarbe (basisches Bleichromat)

chron..., Chron... [k...] vgl. chrono..., Chrono... **Chron|axie** *die;* - ⟨zu ↑chrono... u. *gr.* axía "Wert"⟩: elektrodiagnostisch verwendetes Zeitmaß für die elektr. Erregbarkeit von Muskel- od. Nervenfasern. **Chro|nem** *das;* -s, -e ⟨zu ↑...em⟩: Einheit der Dauer eines Lautes, wenn sie bedeutungsunterscheidende Funktion besitzt, z. B. *Mus* u. *muß* (Sprachw.) **Chro|nik** *die;* -, -en ⟨über *lat.* chronica (Plur.) aus *gr.* chroniká (biblía) "Geschichtsbücher" zu chrónos "Zeit"⟩: 1. Aufzeichnung geschichtlicher Ereignisse in zeitlich genauer Reihenfolge. 2. (ohne Plur.) Bez. für zwei geschichtliche Bücher des Alten Testaments. **Chro|ni|ka** *die* (Plur.): svw. Chronik (2). **chro|ni|ka|lisch** ⟨aus gleichbed. *nlat.* chronicalis zu *gr.* chronikós "die Zeit betreffend"⟩: in Form einer Chronik abgefaßt. **Chronique scan|da|leuse** [krɔnikskáda'lø:z] *die;* - -, -s -s [krɔnikskáda'lø:z] ⟨aus *fr.* chronique scandaleuse "Skandalgeschichten"⟩: Sammlung von Skandal- u. Klatschgeschichten einer Epoche od. eines bestimmten Milieus. **chro|nisch** ⟨über *lat.* chronicus aus *gr.* chronikós "zeitlich (lang)"⟩: 1. sich langsam entwickelnd, langsam verlaufend (von Krankheiten; Med.); Ggs. ↑akut (2). 2. (ugs.) dauernd, ständig, anhaltend. **Chro|nist** *der;* -en, -en ⟨aus gleichbed. *mlat.* chronista zu *gr.* chrónos "Zeit"⟩: Verfasser einer Chronik. **Chro|ni|stik** *die;* - ⟨zu ↑...istik⟩: Gattung der Geschichtsschreibung. **Chro|ni|zi|tät** *die;* - ⟨zu ↑...izität⟩: chronischer Verlauf einer Krankheit; Ggs. ↑Akuität (Med.). **chro|no..., Chro|no...,** vor Vokalen auch chron..., Chron... ⟨zu *gr.* chrónos "Zeit"⟩: Wortbildungselement mit der Bedeutung "Zeit, die Zeit betreffend", z. B. chronologisch, Chronometer. **Chro|no|bio|lo|gie** *die;* -: Fachgebiet der Biologie, das die zeitlichen Gesetzmäßigkeiten im Ablauf von Lebensvorgängen erforscht. **Chro|no|di|sti|chon** *das;* -s, ...chen: ↑Chronogramm in der Form eines ↑Distichons. **Chro|no|gramm** *das;* -s, -e ⟨zu ↑...gramm⟩: 1. ein Satz od. eine Inschrift (in lat. Sprache), in der hervorgehobene Großbuchstaben als Zahlzeichen die Jahreszahl eines geschichtlichen Ereignisses ergeben, auf das sich der Satz bezieht. 2. Aufzeichnung eines Chronographen. **Chro|no|graph** *der;* -en, -en ⟨zu ↑...graph⟩: Gerät zum Übertragen der Zeitangabe einer Uhr auf einen Papierstreifen. **Chro|no|gra|phie** *die;* -, ...ien ⟨zu ↑...graphie⟩: Geschichtsschreibung nach der zeitlichen Abfolge. **chro|no|gra|phisch** ⟨zu ↑...graphisch⟩: die Chronographie betreffend. **Chro|no|lo|ge** *der;* -n, -n ⟨zu ↑...loge⟩: Wissenschaftler auf dem Gebiet der Chronologie. **Chro|no|lo|gie** *die;* -, ...ien ⟨zu ↑...logie⟩: 1. (ohne Plur.) Wissenschaft u. Lehre von der Zeitmessung u. -rechnung. 2. Zeitrechnung. 3. zeitliche Abfolge (von Ereignissen). **chro|no|lo|gisch** ⟨zu ↑...logisch⟩: zeitlich geordnet. **Chro|no|me|ter** *das;* -s, - ⟨zu ↑¹...meter, eigtl. "Zeitmesser"⟩: transportable Uhr mit höchster Ganggenauigkeit, die bes. in der Astronomie u. Schiffahrt eingesetzt wird. **Chro|no|me|trie** *die;* -, ...ien ⟨zu ↑...metrie⟩: Zeitmessung. **chro|no|me|trisch** ⟨zu ↑...metrisch⟩: auf genauer Zeitmessung beruhend. **Chro|non** *das;* -s, -s ⟨zu ↑⁴...on⟩: (hypothetisches) Zeitquant (vgl. Quant). **Chro|no|pa|tho|lo|gie** *die;* -: Lehre vom gestörten zeitlichen Ablauf der Lebensvorgänge unter krankhaften Bedingungen. **Chro|no|phar|ma|ko|lo|gie** *die;* -: Lehre von der optimalen Applikationszeit eines Arzneimittels. **Chro|no|pho|to|gra|phie** *die;* -: Vorstufe der ↑Kinematographie, bei der die Bewegung fotografisch in Einzelbilder zerlegt wurde. **Chro|no|phy|sio|lo|gie** *die;* -: Lehre vom zeitlichen Ablauf der Lebensvorgänge bei Mensch u. Tier (z. B. Schlaf-wach-Rhythmus). **Chro|nos** *der;* - ⟨zu *gr.* chrónos "Zeit"⟩: Personifikation der Zeit, die dann auch als Gott der Zeit angesehen u. mit Kronos gleichgesetzt wurde. **Chro|no|skop** *das;* -s, -e ⟨zu ↑chrono... u. ↑...skop⟩: genaugehende Uhr mit einem Stoppuhrmechanismus, mit dem Zeitabschnitte gemessen werden können, ohne daß der normale Gang der Uhr dadurch beeinflußt wird. **Chro|no|sti|chon** *das;* -s, ...chen ⟨zu *gr.* stíchos "Vers"⟩: ↑Chronogramm in Versform. **Chro|no|therm** Ⓦ *das;* -s, -e ⟨zu *gr.* thérmē "Wärme, Hitze"⟩: mit einer Uhr verbundener Temperaturregler an einer Wärmequelle in Versuchsräumen. **Chro|no|tron** *das;* -s, ...onen ⟨zu ↑...tron⟩: Gerät zur Messung der Zeitdifferenz zweier Impulse im Nanosekundenbereich. **chro|no|trop** ⟨zu ↑...trop⟩: die Frequenz der Herztätigkeit beeinflussend (Med.)

Chroo|ge|ne|sie [çroo...] *die;* - ⟨zu *gr.* chrós, Gen. chroós "Farbe", ↑Genese u. ↑²...ie⟩: (veraltet) Farbenentstehung. **Chroo|lo|gie** *die;* - ⟨zu ↑...logie⟩: (veraltet) Farbenkunde, Farbenlehre

Chrot|ta [k...] *die;* -, Plur. -s u. ...tten ⟨über *ir.* crott "Harfe" aus gleichbed. *kelt.* chrotta, crotta, verwandt mit *mlat.* ro(t)ta "zitherähnliches Saiteninstrument"⟩: svw. Crwth

chrys..., Chrys... [ç...] vgl. Chryso..., Chryso... **Chry|sa|li|de** *die;* -, -n ⟨zu ↑Chrysalis u. ↑...ide⟩: mit goldglänzenden Flecken bedeckte Puppe mancher Schmetterlinge (Zool.). **Chry|sa|lis** *die;* - ⟨aus gleichbed. *nlat.* chrysalis zu *gr.* chrýseos "golden" u. halés "Müßiggang"⟩: das Puppenstadium der Insekten (Zool.). **Chrys|an|the|me** [k...] *die;* -, -n u. **Chrys|an|the|mum** *das;* -s, ...men ⟨über *lat.* chrysanthemon aus *gr.* chrysánthemon "Goldblume"⟩: Zierpflanze mit größeren strahlenförmigen Blüten, Wucherblume. **chrys|ele|phan|tin** [ç...] ⟨zu ↑chryso..., *gr.* eléphas, Gen. eléphantos "Elfenbein" u. ↑...in (2)⟩: in Goldelfenbeintechnik gearbeitet (von antiken Figuren, bei denen die nackten Teile des Körpers mit Elfenbein, die bekleideten Teile u. die Haare mit Gold belegt sind). **Chry|sen** *das;* -s ⟨zu ↑...en⟩: ein ↑tetrazyklischer aromatischer Kohlenwasserstoff (Chem.). **Chrys|ia|sis** *die;* - ⟨zu ↑...iasis⟩: Ablagerung von Gold in der Haut u. damit verbundene Gelbfärbung der Haut nach längerer Behandlung mit goldhaltigen Arzneimitteln. **chry|so..., Chry|so...,** vor Vokalen meist chrys..., Chrys... ⟨aus *gr.* chrysós "Gold"⟩: Wortbildungs-

Chrysoberyll

element mit der Bedeutung „Gold, Goldfarbe", z. B. Chrysantheme, Chrysoberyll. **Chry|so|be|ryll** *der;* -s, -e: ein grüner Edelstein. **Chry|so|chalk** [...'çalk] u. Chrysokalk *der;* -[e]s ⟨zu *gr.* chalkós „Erz, Metall, Kupfer"⟩: goldfarbige Bronze. **Chry|so|der|ma** *das;* -s, -ta: svw. Chrysose. **Chry|so|gra|phie** *die;* - ⟨zu ↑...graphie⟩: die Kunst, mit Goldtinktur zu schreiben od. zu malen bzw. Schriftzeichen u. ä. mit Blattgold zu belegen. **Chry|soi|din** [...zoi...] *das;* -s ⟨zu *gr.* chrysoeidés „goldartig, goldfarben" u. ↑...in (1)⟩: orange- bis braunroter Farbstoff. **Chry|so|kalk** vgl. Chrysochalk. **Chry|so|lith** [auch ...'lɪt] *der;* Gen. -s u. -en, Plur. -e[n] ⟨zu ↑chryso-... u. ↑...lith⟩: klare, grüne Abart des ↑Olivins, ein Schmuckstein. **Chry|so|phan|säu|re** *die;* - ⟨zu *gr.* phainein „erscheinen lassen, zeigen"⟩: ein Naturfarbstoff. **Chry|so|pras** *der;* -es, -e ⟨über *lat.* chrysoprasus aus gleichbed. *gr.* chrysóprasos⟩: grüne Abart des ↑Chalzedons, ein Schmuckstein. **Chry|so|se** u. **Chry|so|sis** *die;* - ⟨zu *gr.* chrysós „Gold" u. ↑¹...ose⟩: Ablagerung von Gold in der Haut u. damit verbundene Gelbfärbung der Haut nach längerer Behandlung mit goldhaltigen Arzneimitteln **Chry|so|sto|mus|li|tur|gie** [ç...] *die;* - ⟨nach dem griech. Kirchenlehrer Chrisóstomos (um 350–407) u. zu ↑Liturgie⟩: seit dem 11. Jh. in allen ↑orthodoxen u. ↑unierten Kirchen des byzantinischen Ritus gebräuchliche ↑Liturgie **Chry|so|til** [ç...] *der;* -s, -e ⟨zu *gr.* chrysós „Gold" u. tílos „Flocken, Fasern"⟩: ein farbloses, feinfaseriges Mineral **chtho|nisch** [ç...] ⟨aus gleichbed. *gr.* chthónios zu chthōn „Erde, Erdboden"⟩: der Erde angehörend, unterirdisch; -e Götter: Erdgottheiten; in der Erde wohnende u. wirkende Götter (z. B. Pluto, die Titanen)
Chu|bas|co [tʃu'basko] *der;* - ⟨aus gleichbed. *span.* chubasco⟩: Seewirbelwind an der Küste von Mittelamerika
Chubb|schloß Ⓦ ['tʃap...] *das;* -schlosses, ...schlösser ⟨nach dem engl. Erfinder⟩: ein Sicherheitsschloß
Chu|cho|te|rie [ʃyʃotə...] *die;* -, ...ien ⟨aus gleichbed. *fr.* chuchoterie zu chuchoter „flüstern, tuscheln" (lautmalendes Wort)⟩: (veraltet) Getuschel, Geheimniskrämerei
Chuck|wal|la ['tʃʌkwʌlə] *der;* -s ⟨über gleichbed. *engl.* chuckwalla aus *indian.* chacahuala⟩: in den Wüsten Amerikas lebender pflanzenfressender ↑Leguan, der sich bei Gefahr stark aufbläht
Chuk|ker ['tʃa...] *das;* -s, -s ⟨aus gleichbed. *engl.* chukker, eigtl. „Rad, Zirkel", dies über *Hindustani* chakar, chakkar aus *sanskr.* cakrá⟩: einzelner Abschnitt beim Pferdepolo
Chull|pa od. **Chul|pa** ['tʃulpa] *die;* -, -s ⟨aus gleichbed. *amerik.-span.* chullpa bzw. chulpa⟩: Stein- od. Lehmziegelturm in Südperu u. Bolivien, der als Häuptlingsgrab diente
Chul|tun [tʃul'tʊn] *der;* -s, -s ⟨*Maya*⟩: Zisterne mit Auffangflächen, in der die Maya in vorspanischer Zeit Regenwasser sammelten
Chu|pa ['tʃupa] *die;* -, ...pen ⟨aus gleichbed. *span.* chupa⟩: (früher) Unterkleid mit Ärmeln, eine Art Joppe
Chup|pa [x...] *der;* -s, -s ⟨aus gleichbed. *hebr.* ḥuppā zu ḥāfā „bedecken, verhüllen"⟩: ein Tragzelt, unter dem die Zeremonie der jüd. Eheschließung vorgenommen wird
Church Ar|my ['tʃə:tʃ 'ɑ:mɪ] *die;* - - ⟨*engl.;* „Kirchenarmee"⟩: kirchlich-soziale Laienbewegung der engl. Staatskirche, die ihre Aufgabe in sozialer Fürsorge u. Volksmission sieht
Chur|chit ['tʃə:tʃɪt] *der;* -s, -e ⟨nach dem engl. Chemiker A. H. Church († 1915) u. zu ↑²...it⟩: ein weißes Mineral
Chur|ri|gue|ris|mus [tʃurrige...] *der;* - ⟨aus gleichbed. *span.* churriguerismo, vgl. ...ismus (1)⟩: Bez. für die Spätphase des span. Barocks. **chur|ri|gue|resk** ⟨aus gleichbed. *span.* churrigueresco, vgl. ...esk⟩: in der Art des Churriguerismus

Chur|ros ['tʃurros] *die* (Plur.) ⟨zu *span.* churro „grob, gering (in bezug auf Wolle)"⟩: Schafe mit grober, kurzer Wolle
Chus [çu:s] *der;* -, - ⟨aus gleichbed. *gr.* choūs⟩: Kanne, Krug (als Flüssigkeitsmaß) im alten Griechenland
Chut|ba [x...] *die;* -, ...ben ⟨aus gleichbed. *arab.* ḫuṭba⟩: islamische Predigt im Freitags- u. Festgottesdienst
Chut|ney ['tʃatni, engl. 'tʃʌtnɪ] *das;* -[s], -s ⟨aus gleichbed. *engl.* chutney, dies aus *Hindi* chatni⟩: Paste aus zerkleinerten Früchten mit Gewürzzusätzen
Chuz|pe ['xʊtspə] *die;* - ⟨aus gleichbed. *jidd.* chuzpo, dies aus *hebr.* ḥuṣpā „Frechheit"⟩: (salopp abwertend) Unverfrorenheit, unbekümmerte Dreistigkeit, Unverschämtheit
Chy|lo|mi|kro|nen [ç...] *die* (Plur.) ⟨zu ↑Chylus u. ↑Mikron⟩: kleinste Fetttröpfchen im Blut, die das bei der Verdauung gespaltene Fett transportieren (Med.). **chyl|lös** ⟨zu ↑...ös⟩: a) aus Chylus bestehend; b) milchig getrübt (Med.). **Chyl|urie** *die;* -, ...ien ⟨zu ↑...urie⟩: Ausscheidung von Chylus mit dem Harn (Med.). **Chy|lus** *der;* - ⟨über *nlat.* chylus, *lat.* chylos aus *gr.* chylós „Saft, Brühe"⟩: milchig-trüber Inhalt der Darmlymphgefäße (Med.)
Chy|mi|fi|ka|ti|on [ç...] *die;* -, -en ⟨zu ↑Chymus u. ↑...fikation⟩: Umwandlung der in den Magen aufgenommenen Nahrung in Speisebrei (Med.). **Chy|mo|sin** *das;* -s ⟨zu ↑...in (1)⟩: Absonderung des Labmagens im Kälbermagen, Labferment (Biol.). **Chy|mo|tryp|sin** *das;* -s, -e: im Saft der Bauchspeicheldrüse gebildetes ↑Enzym. **Chy|mus** *der;* - ⟨über *lat.* chymus zu *gr.* chymós „Saft"⟩: nicht zu Ende verdauter (angedauter) Speisebrei im Magen, der von dort aus in den Darm gelangt (Med.)
Chy|pre ['ʃi:prə] *das;* - ⟨nach der franz. Bez. der Insel Zypern⟩: ein Parfüm
CIA [si:aɪ'eɪ] *der;* - ⟨gekürzt aus *engl.* Central Intelligence Agency⟩: US-amerikanischer Geheimdienst
Cia|co|na [tʃa'ko:na] vgl. Chaconne
ciao! [tʃau] ⟨*it.*⟩: tschüs!, hallo! (salopper Gruß zum Abschied [od. zur Begrüßung]); vgl. tschau!
Ci|ba|zol Ⓦ [ts...] *das;* -s ⟨Kunstw.⟩: ein ↑Sulfonamid
Ci|bo|ri|um [ts...] vgl. Ziborium
¹CIC [si:aɪ'si:]: Abk. für Counter Intelligence Corps
²CIC [tseɪ'tse:]: Abk. für Codex Juris Canonici
Ci|ce|ro ['tsɪtsero, auch 'tsi:...] *die,* schweiz. *der;* - ⟨nach dem röm. Redner M. T. Cicero (106–43 v. Chr.), für dessen Werke erstmalig dieser Schriftgrad verwendet wurde⟩: Schriftgrad von 12 Punkt (ungefähr 4,5 mm Schrifthöhe; Druckw.). **Ci|ce|ro|ne** [tʃitʃe'ro:ne] *der;* -[s], Plur. -s u. ...ni ⟨aus gleichbed. *it.* cicerone zu ↑Cicero u. -one, ital. Vergrößerungssuffix (auf Grund eines scherzhaften Vergleichs mit dem röm. Redner Cicero)⟩: [sehr viel redender] Fremdenführer. **Ci|ce|ro|nia|ner** [tsɪtse...] *der;* -s, - ⟨zu ↑...aner⟩: Vertreter des Ciceronianismus. **ci|ce|ro|nia|nisch:** 1. a) nach Art des Redners Cicero; b) mustergültig, stilistisch vollkommen. 2. a) den Ciceronianer betreffend; b) den Ciceronianismus betreffend. **Ci|ce|ro|nia|nis|mus** *der;* - ⟨zu ↑...ismus⟩: in der Renaissancezeit einsetzende Bewegung in Stilkunst u. Rhetorik, die sich den Stil des röm. Redners u. Schriftstellers Cicero zum Vorbild nimmt
Ci|cis|beo [tʃitʃɪs...] *der;* -[s], -s ⟨aus *it.* cicisbeo „Galan"⟩: [vom Ehemann akzeptierter] Liebhaber der Ehefrau
ci-devant [si'dvã] ⟨*fr.*⟩: (veraltet) ehemals, früher. **Ci-devants** [si'dvã] *die* (Plur.) ⟨aus gleichbed. *fr.* ci-devants⟩: 1. Anhänger des ↑Ancien Régime nach 1789. 2. (veraltet) Reaktionäre
Ci|dre ['si:drə] *der;* -[s] ⟨aus *fr.* cidre „Apfelmost", dies über älter *fr.* cisdre aus *mlat.* sicera „ein berauschendes Ge-

tränk", dies über gleichbed. *gr.* síkera aus *hebr.* šēkar zu šikkēr „betrunken machen"⟩: franz. Apfelwein aus der Normandie od. Bretagne

cif [tsɪf, sɪf] ⟨Abk. für *engl. c*ost, *i*nsurance, *f*reight „Kosten, Versicherung u. Fracht"⟩: Rechtsklausel im Überseehandelsgeschäft, wonach im Warenpreis Verladekosten, Versicherung u. Fracht bis zum Bestimmungshafen enthalten sind

Ci|lia [ts...] vgl. Zilie

CIM [siaɪ'ɛm] ⟨Abk. für *engl.* computer-*i*ntegrated *m*anufacturing „computerintegrierte Fertigung"⟩: Bez. für Integration der im Büro anfallenden Planungs- u. Steuerungsdaten in die betriebswirtschaftlichen Aufgaben, die technische Fertigung u. den Vertrieb

Ci|mar|rón [sima'rrɔn] *der;* -s, -es ⟨zu *span.* cimarrón, eigtl. „wild, ungezähmt"⟩: in Südamerika Bez. für Pferde u. a. Haustiere, die wieder verwildert sind, aber auch für wildlebende Tiere allgemein

Cim|bal [ts...] vgl. Zimbal

Ci|mier [sɪ'mje:] vgl. ²Zimier

Cin|cho|na [sɪn'tʃo:na] *die;* -, ...nen ⟨nach der Gemahlin des Grafen Cinchón, des Vizekönigs von Peru im 17. Jh., die durch den Gebrauch der Rinde vom Wechselfieber befreit wurde⟩: Chinarindenbaum (Südamerika). **Cin|cho|nin** *das;* -s ⟨zu ↑...in (1)⟩: ein ↑Alkaloid der ↑Chinarinde

Cinch|steck|ver|bin|dung ['sɪntʃ...] *die;* -, -en ⟨zu *engl.* cinch „Kinderspiel, Leichtigkeit"⟩: Steckverbindung mit zentralem Stift u. ihn umgebender Hülse als zweitem Pol

Cin|de|rel|la|kom|plex [ts...] *der;* -es ⟨nach Cinderella, dem engl. Namen für Aschenputtel, u. zu ↑Komplex⟩: heimliche Angst der Frau[en] vor der Unabhängigkeit

Ci|ne|ast [s...] *der;* -en, -en ⟨aus *fr.* cinéaste zu cinéma(tographe), vgl. Kino⟩: a) Filmschaffender; b) Filmkenner, begeisterter Kinogänger. **Ci|nea|stik** *die;* - ⟨zu ↑²...ik (1)⟩: Filmkunst. **ci|nea|stisch:** die Cineastik betreffend

Ci|nel|li [tʃ...] vgl. Tschinellen

Ci|ne|ma [tʃ...] ⟨aus *it.* cinema (Kurzform von *cinema*tografo), dies aus *gr.* kínēma „Bewegung"⟩: Filmtheater, Kino. **Ci|né|ma** [sine'ma] *das;* -s, -s ⟨aus *fr.* cinéma; Kurzform von *cinéma*tographe⟩: svw. Cinema. **Ci|ne|ma|gic** [sɪnə'mædʒɪk] *das;* - ⟨Kunstw. aus ↑*Cine*ma u. *engl. magic* „Magie, Zauberei"⟩: Verfahren der Trickfilmtechnik, bei dem Real- u. Trickaufnahmen gemischt werden (Filmw.). **Ci|ne|ma|scope** ℗ [sinema'sko:p] *das;* - ⟨aus gleichbed. *engl.* Cinemascope, dies zu *gr.* kínēma „Bewegung" u. skopeīn „betrachten, schauen"⟩: besonderes Projektionsverfahren (Filmw.). **Ci|ne|ma|thek** vgl. Kinemathek. **Ci|ne|ma-vé|ri|té** [...veri'te:] *die;* - ⟨aus *fr.* cinéma-vérité „Filmwahrheit"⟩: Stilrichtung der Filmkunst seit den 50er Jahren, die die authentische Wahrheit z. B. durch improvisiertes Agieren von Laiendarstellern zu erreichen sucht. **ci|ne|phil** ⟨zu ↑Cinéma u. ↑...phil⟩: sehr an der Filmkunst interessiert, kinobegeistert. **Ci|ne|phi|le** *der;* -n, -n ⟨aus *fr.* cinéphile „Filmfreund"⟩: jmd., dessen Interessen u. Aktivitäten sich ganz auf die Filmkunst richten. **Ci|ne|ra|ma** ℗ [sine...] *das;* - ⟨aus *engl.* Cinerama zu *gr.* kineīn „bewegen" u. ↑Panorama⟩: besonderes Projektionsverfahren

Ci|ne|ra|ri|um [ts...] usw. vgl. Zinerarium usw.

Cin|gu|lum [ts...] vgl. Zingulum

cin|que|cen|tisch [tʃɪŋkvetʃ...] ⟨zu ↑Cinquecento⟩: im Stil des ↑Cinquecentos. **Cin|que|cen|tist** *der;* -en, -en ⟨aus gleichbed. *it.* cinquecentista⟩: Künstler des Cinquecento. **Cin|que|cen|to** *das;* -[s] ⟨aus gleichbed. *it.* (mil) cinquecento, eigtl. „(tausend)fünfhundert" (nach den Jahreszahlen)⟩: Kultur u. Kunst des 16. Jh.s in Italien (Hochrenaissance, ↑Manierismus 1)

Cin|quil|le [sɛ'ki:jə] *die;* - ⟨zu *fr.* cinq „fünf" (dies aus *lat.* quinque); vgl. ...ille; eigtl. „Fünfspiel"⟩: eine Art ↑Lomber für 5 Personen

Cin|vat|brücke¹ ['tʃɪnvat...] *die;* - ⟨zu *awest.* činvat „Entscheidung, Trennung", eigtl. „Trennungsbrücke"⟩: die Totenbrücke der alten iranischen u. der ↑parsischen Religion, von der die Bösen in die Hölle stürzen

Cin|za|no ℗ [tʃɪn...] *der;* -[s], -s (aber: 3 Cinzano) ⟨nach dem Namen des ital. Herstellers in Turin⟩: italienischer Wermutwein

CIO [si:aɪ'oʊ]: Abk. für Congress of Industrial Organizations

Ci|pol|la|ta [tʃ...] *die;* -, Plur. -s u. ...en ⟨aus *it.* cipollata „Zwiebelgericht" zu cipolla „Zwiebel", dies aus *lat.* cepulla „kleine Zwiebel", Verkleinerungsform von cepa, eigtl. caepa „Zwiebel"⟩: a) Gericht aus Bratwürstchen, Zwiebeln, Maronen, Karotten u. Speck; b) kleines, in der Zusammensetzung der Weißwurst ähnliches Würstchen. **Ci|pol|lin** u. **Ci|pol|li|no** *der;* -s ⟨aus gleichbed. *it.* cipollino⟩: Zwiebelmarmor (mit Kalkglimmerschiefer durchsetzter Marmor)

Cip|pus [ts...] vgl. Zippus

Ci|ra|ge [si'ra:ʒə] *die;* -, -n ⟨aus gleichbed. *fr.* cirage zu cire „Wachs", dies aus gleichbed. *lat.* cera⟩: a) das Überziehen mit Wachs; b) Malerei mit wachsähnlicher gelber Farbe auf gelbem Grund

cir|ca ['tsɪrka] ⟨*lat.;* „ungefähr"⟩: svw. zirka; Abk.: ca. **cir|ca|di|an** vgl. zirkadian. **Cir|ca|ra|ma** [sɪrka...] *das;* - ⟨aus *engl.* circarama zu *lat.* circa „um – herum" u. ↑Panorama⟩: Filmwiedergabetechnik, bei der der Film so projiziert wird, daß sich für den Zuschauer von der Mitte des Saales aus ein Rundbild ergibt

Cir|ce ['tsɪrtsə] *die;* -, -n ⟨nach der latinisierten Form von Kirke, einer Zauberin der griech. Sage⟩: verführerische Frau, die es darauf anlegt, Männer zu betören

cir|cen|sisch [tsɪr'tsɛn...] vgl. zirzensisch

Cir|co|la|ti|on [sɪrkola'sjǒ:] *die;* -, -s ⟨unter Einfluß von *it.* circolazione aus *fr.* circulation „Kreislauf, -bewegung", dies zu *lat.* circulari „einen Kreis bilden"⟩: Kreisstoß beim Fechten

Cir|con|stant [sɪrkõ'stã:] *das;* -s, -s ⟨zu *fr.* circonstanciel „adverbial, Umstände betreffend" u. ↑...ant, gebildet analog zu *lat.* circumstantia „Einschließung"⟩: Umstandsbestimmung, vom Verb abhängiges, aber im Unterschied zum ↑Aktanten fakultatives Satzglied (z. B. er beklagte sich *oft;* Sprachw.)

Cir|cuit|trai|ning ['sə:kɪt...] *das;* -s ⟨zu *engl.* circuit „Umlauf" (dies aus gleichbed. *lat.* circu(m)itus) u. zu ↑Training⟩: moderne, zur Verbesserung der allgemeinen ↑Kondition (2 b) geschaffene Trainingsmethode, die in einer pausenlosen Aufeinanderfolge von Kraftübungen an verschiedenen, im Kreis aufgestellten Geräten besteht

Cir|cu|lus ['tsɪrku...] *der;* -, ...li ⟨aus *lat.* circulus „Kreis(linie)"⟩: [kleiner] Kreis, Ring (Med.). **Cir|cu|lus vi|tio|sus** [- vi...] *der;* - -, ...li ...si ⟨zu *lat.* vitiosus „fehlerhaft"⟩: 1. Zirkelschluß, bei dem das zu Beweisende in der Voraussetzung enthalten ist. 2. gleichzeitig bestehende Krankheitsprozesse, die sich gegenseitig ungünstig beeinflussen (Med.). 3. Versuch, aus einer unangenehmen o. ä. Lage herauszukommen, der aber nur in eine andere unangenehme Sache führt, u. der daraus sich ergebende Kreis von gleichbleibend unangenehmen o. ä. Situationen; Teufelskreis, Irrkreis

Circumcellionen

Cir|cum|cel|lio|nen [tsɪrkʊmtsɛ...] *die* (Plur.) ⟨zu *spätlat.* circumcellio, Plur. circumcelliones „aufsässiges Landvolk in Nordafrika"⟩: (abwertend) svw. Agonistiker. **Cir|cus** ['tsɪrkʊs] vgl. Zirkus

Ci|ré [si're:] *der;* -[s], -s ⟨aus *fr.* ciré „gewachst", eigtl. Part. Perf. von cirer „(ein)wachsen", dies zu cire „Wachs" aus gleichbed. *lat.* cera⟩: Seidengewebe mit harter Glanzschicht; vgl. Chintz. **Cire per|due** [sirpɛr'dy] *die;* - - ⟨aus gleichbed. *fr.* cire perdue, eigtl. „verlorenes Wachs"⟩: beim Bronzeguß über einem tönernen Kern modellierte u. beim Guß wegschmelzende Wachsform

cis|al|pin [ts...] vgl. zisalpin

Ci|sio|ja|nus [tsizio...] *der;* -, ...ni ⟨zu *mlat.* cisio „Beschneidung" u. Jan(uari)us „Januar"⟩: kalendarischer Merkvers des Mittelalters in lat. Sprache, der das Datum eines bestimmten Festes angibt (so bedeutet cisio „Beschneidung" in Anfangsstellung vor Janus (Januarius), daß das Fest Christi Beschneidung auf den 1. Januar fällt)

Ci|si|um [ts...] vgl. Zisium

Cis|la|weng [ts...] vgl. Zislaweng

cis|lu|nar [ts...] vgl. zislunar

Ci|sta [ts...] usw. vgl. Zista usw.

Ci|ster [ts...] *die;* -, -n ⟨aus gleichbed. *fr.* cistre, weitere Herkunft unsicher⟩: altes, bes. im 16. bis 18. Jh. verbreitetes Zupfinstrument mit 4–12 [Metall]saitenpaaren

Ci|sto|pho|rus [ts...] *der;* -, ...ri: lat. Form von ↑ Kistophoros

Ci|stron [ts...] *das;* -s, -e ⟨Kunstw.⟩: Abschnitt der ↑ DNS od. ↑ RNS, der die ↑ genetische Information enthält (Genetik)

ci|ta|to lo|co [ts... 'lo:ko, auch – 'lɔko] ⟨*lat.*⟩: an der angeführten Stelle; Abk.: c. l.; vgl. loco citato

ci|tis|si|me [ts...] ⟨*lat.*⟩: sehr eilig. **ci|ti|us, al|ti|us, for|ti|us** ⟨*lat.;* „schneller, höher, stärker"⟩: Wahlspruch der Olympischen Spiele. **ci|to** ⟨*lat.*⟩: eilig

Ci|toy|en [sitoa'jɛ̃:] *der;* -s, -s ⟨aus *fr.* citoyen zu *altfr.* citeain, einer Ableitungsform von cité „Stadt", dies aus *lat.* civitas „Bürgerschaft, Staat"; vgl. City⟩: franz. Bez. für Bürger

Ci|tral [ts...] vgl. Zitral. **Ci|trat** vgl. Zitrat. **Ci|trin** vgl. Zitrin. **Ci|trouil|le** [si'tru:jə] *die;* -, -n ⟨aus gleichbed. *fr.* citrouille, dies über älter *fr.* citrole u. *it.* citriuolo aus *lat.* citrium „Zitronengurke" u. citrus „Zitrone(nbaum)"⟩: (veraltet) a) Kürbis; b) svw. Zitrulle. **Ci|trus|frucht** [ts...] vgl. Zitrusfrucht. **Ci|trus|pflan|ze** vgl. Zitruspflanze

Ci|ty ['sɪti] *die;* -, Plur. -s, auch Cities ['sɪti:s] ⟨aus *engl.* city „(Haupt)stadt", dies über *altfr.* cité aus *lat.* civitas „Bürgerschaft, Gemeinde, Staat"; vgl. zivil⟩: Geschäftsviertel einer Großstadt, Innenstadt. **Ci|ty-Bahn** *die;* -: Bez. für Züge im Nah- u. Bezirksverkehr, die Verbindungen zwischen Knotenpunkten zum Anschluß von Fernzügen herstellen. **Ci|ty|bike** [...baik] *das;* -s, -s ⟨aus gleichbed. *engl.* city-bike zu bike „Fahrrad"⟩: kleines Motorrad für den Stadtverkehr; vgl. Bike. **Ci|ty|bil|dung** *die;* -, -en: Konzentration von Geschäften u. Unternehmungen im Stadtzentrum bei gleichzeitig dünnster Wohnbesiedlung dieses Gebietes (Soziol.). **Ci|ty|fak|tor** *der;* -s, -en: Kenngröße zur Berücksichtigung der Verkehrsbedeutung eines Stadtzentrums bei der Parkraumplanung. **Ci|ty hall** ['sɪti 'hɔ:l] *die;* - -, - -s ⟨aus gleichbed. *engl.* city hall⟩: engl. Bez. für Rathaus, Magistratsgebäude. **ci|ty|nah:** zentrumsnah, in der Nähe der City gelegen

Ciu|dad [siu'dad, span. θiu'ðað] *die;* -, -es ⟨aus *span.* ciudad „Stadt", dies aus *lat.* civitas „Bürgerschaft, Gemeinde"⟩: in Spanien u. Lateinamerika Stadt mit allen Vorrechten u. Sitz von Gerichten, häufig Bestandteil von Ortsnamen

Ci|vet [si've:, si'vɛ] *das;* -s, -s ⟨aus *fr.* civet „Ragout" zu cive „Schnittlauch", dies aus *lat.* caepa „Zwiebel"⟩: ↑ Ragout von Hasen u. Wildkaninchen

Ci|vet|te [si'vɛtə] *die;* -, -n ⟨aus *fr.* civette, dies über *it.* zibetto aus *arab.* zabād „Zibetparfüm"⟩: anderer Name der Afrikanischen Zibetkatze

ci|vi|li|ter [ts...] ⟨*lat.*⟩: bürgerlich

Ci|vi|tas Dei ['tsi:vi... –] *die;* - - ⟨aus *lat.* civitas dei „Gottesstaat"⟩: der Staat Gottes, der dem Staat des Teufels gegenübergestellt wird (geschichtsphilosophischer Begriff aus dem Hauptwerk des Augustinus)

Cla|baud [kla'bo:] *der;* -s, -s ⟨aus gleichbed. *fr.* clabaud, weitere Herkunft unsicher⟩: (veraltet) 1. a) Bracke, ein Jagdhund; b) ständig kläffender Hund. 2. Schreier, Schwätzer, Lästerer. **Cla|bau|dage** [klabo'da:ʒ] *die;* -, -n [...ʒn] ⟨aus gleichbed. *fr.* clabaudage zu clabauder, vgl. clabaudieren⟩: (veraltet) a) Kläfferei; b) Geschrei. **Cla|bau|de|rie** [klabodə...] *die;* -, ...ien ⟨aus gleichbed. *fr.* clabauderie⟩: svw. Clabaudage. **Cla|bau|deur** [...'dœ:ɐ̯] *der;* -s, -e ⟨aus gleichbed. *fr.* clabaudeur⟩: (veraltet) a) Kläffer; b) Schreier. **cla|bau|die|ren** ⟨aus gleichbed. *fr.* clabauder⟩: (veraltet) a) kläffen; b) schreien, lästern

Clac|to|ni|en [klɛkto'niɛ̃:] *das;* -[s] ⟨*fr.;* nach dem Fundort Clacton on Sea in England⟩: Kulturstufe der älteren Altsteinzeit. **Clac|ton|tech|nik** ['klæktən...] *die;* -: einfache Steinbearbeitungstechnik der Altsteinzeit, bei der mit Schlagsteinen vom Rohstück Abschläge mit breitem Schlagflächenrest gewonnen wurden

Cla|do|ce|ra [kla'do:tsera] vgl. Kladozeren

Claim [kleɪm] *das;* -[s], -s ⟨aus gleichbed. *engl.* claim zu to claim „beanspruchen", dies über *altfr.* clamer „(aus)schreien" aus *lat.* clamare „rufen, schreien"⟩: 1. Anrecht, Rechtsanspruch, Patentanspruch (Rechtsw.). 2. Anteil (z. B. an einem Goldgräberunternehmen; Wirtsch.). 3. Behauptung, die von der Werbung aufgestellt wird

Clai|ret [klɛ'rɛ] *der;* -s, -s [...'rɛ(s)] ⟨aus *fr.* clairet „(heller) Rotwein", dies aus *mlat.* (vinum) claratum „geklärt(er Wein)", Part. Perf. (Neutrum) von *lat.* clarare „erhellen"⟩: franz. Rotwein, der wenig Gerbstoff enthält. **Clai|rette** [...'rɛt] *die;* - ⟨aus gleichbed. *fr.* clairette; vgl. ...ette⟩: leichter franz. Weißwein. **Clair|ob|scur** [klɛrɔps'ky:ɐ̯] *das;* -[s] ⟨aus gleichbed. *fr.* clairobscur⟩: Helldunkelmalerei (Stil in Malerei u. Graphik). **Clair|obs|cur|schnitt** *der;* -[e]s, -e: Helldunkelschnitt in der Holzschnittkunst. **Clai|ron** [klɛ'rõ:] *das;* -s, -s ⟨aus gleichbed. *fr.* clairon zu clair „hell(klingend)", dies aus gleichbed. *lat.* clarus⟩: 1. Bügelhorn, Signalhorn. 2. svw. Clarino (1). 3. svw. Clarino (2). **Clair|voy|ance** [klɛrvoa'jã:s] *die;* - ⟨aus gleichbed. *fr.* clairvoyance, eigtl. „Scharfblick"⟩: Fähigkeit, im ↑ somnambulen od. Trancezustand die Zukunft vorauszusehen; Hellsehen. **clair|voy|ant** [...'jã:] ⟨*fr.*⟩: hellsehend, hellseherisch, die Clairvoyance betreffend

Clan [kla:n, engl. klæn] *der;* -s, Plur. -e u. (bei engl. Aussprache) -s ⟨aus gleichbed. *engl.* clan, dies aus *gäl.* clann „Abkömmling"⟩: 1. schottischer Lehns- u. Stammesverband. 2. (iron. abwertend) durch gemeinsame Interessen od. verwandtschaftliche Beziehungen verbundene Gruppe

Claque [klak] *die;* - ⟨aus gleichbed. *fr.* claque, eigtl. „Schlag mit der flachen Hand", zu claquer „klatschen"⟩: bestellte, mit Geld od. Freikarten bezahlte Gruppe von Beifallklatschern. **Cla|queur** [...'kø:ɐ̯] *der;* -s, -e ⟨aus gleichbed. *fr.* claqueur⟩: bestellter Beifallklatscher

¹Cla|ret ['klɛrət, engl. 'klærət] *der;* -[s], -s ⟨aus gleichbed. *engl.* claret, vgl. ²Claret⟩: engl. Bez. für roten Bordeauxwein. **²Cla|ret** *der;* -[s], -e ⟨über *engl.* claret (vgl. ¹Claret)

aus gleichbed. *fr.* claret, Nebenform von clairet, vgl. Clairet⟩: leichter Rotwein

Cla|ri|no [k...] *das;* -s, Plur. -s u. ...ni ⟨aus gleichbed. *it.* clarino zu claro „hell(klingend)", dies aus gleichbed. *lat.* clarus⟩: 1. hohe Trompete (Bachtrompete); Ggs. ↑ ²Prinzipal (2). 2. Zungenstimme der Orgel. **Cla|rit** [auch ...'rɪt] *der;* -[e]s ⟨zu *lat.* clarus „glänzend" u. ↑²...it⟩: streifenförmiger Einschluß in der Steinkohle, vorwiegend aus Pflanzengeweben u. Sporenhäuten bestehend

Clar|ke|it [k..., auch ...'ɪt] *der;* -s, -e ⟨nach dem amerik. Geochemiker F. W. Clarke (1847–1931) u. zu ↑²...it⟩: ein rötlich-braunes Uranmineral. **Clarke|wert** [ˈklɑːk...] *der;* -[e]s, -e: Bez. für die durchschnittliche Häufigkeit eines chem. Elements in der Erdkruste

Clar|kia [k...] u. **Clar|kie** [...i̯ə] *die;* -, ...ien [...i̯ən] ⟨aus *nlat.* clarkia; nach dem amerik. Forscher W. Clark, 1770 bis 1838⟩: Zierpflanze aus Nordamerika (Nachtkerzengewächs)

Clar|sach [ˈkleəsæk] *der;* -s, -s ⟨aus gleichbed. *engl.* clarsach zu *ir.-gäl.* clàirseach⟩: breite ir. Harfe mit gebogener Vorderstange u. Tierkopfverzierung

Clasp [klɑːsp] *der;* -s, -s ⟨aus *engl.* clasp „Haken, Klammer, (Ordens)spange"⟩: (veraltet) Metallspange als Ehrenzeichen für Teilnehmer an Feldzügen, mit dem Namen des Gefechtes versehen

clas|si|co [ˈklasiko] ⟨aus *it.* classico „klassisch", dies aus *lat.* classicus, vgl. klassisch⟩: bei ital. Weinen Bez. für Weine aus dem traditionellen Kernraum eines bestimmten Anbaugebietes (z. B. Chianti classico)

Clas|sic Rock [ˈklæsɪk –] *der;* - -[s] ⟨aus *engl.* classic rock „klassischer ²Rock"⟩: svw. Barockrock

Clas|si|fi|ner [ˈklæsɪfaɪnə] *der;* -s, - ⟨zu *engl.* to classify „sortieren"⟩: Drucksortierer zur Ausscheidung von Verunreinigungen (Fremdkörpern) bei der Aufbereitung von Altpapier

Cla|thrat [k...] *das;* -[e]s, -e ⟨zu *lat.* clatratus „vergittert", dies zu clatra „Gitter" aus *gr.* kleĩthron „Schloß, Riegel"⟩: käfigartige Einschlußverbindung (Chem.)

Clau|de|tit [klode..., auch ...'tɪt] *der;* -s, -e ⟨nach dem franz. Chemiker F. Claudet (19. Jh.) u. zu ↑²...it⟩: ein ↑ monoklines, farbloses Mineral

Clau|si|li|um [k...] *das;* -s, ...ien [...i̯ən] ⟨aus *nlat.* clausilium zu clausum, Part. Perf. (Neutrum) von claudere „schließen"⟩: Schließplatte, dem Verschluß des Gehäuses dienendes Kalkplättchen an der Gehäusemündung bestimmter Schnecken (Zool.)

Claus|tha|lit [k..., auch ...'lɪt] *der;* -s, -e ⟨nach dem ersten Fundort, der Grube Charlotte bei Clausthal im Harz, u. zu ↑²...it⟩: ein grauweißes Mineral von metallischem Glanz

Clau|stro|phi|lie [k...] vgl. Klaustrophilie. **Clau|stro|pho|bie** vgl. Klaustrophobie

Clau|su|la [k...] *die;* -, ...ae [...lɛ] vgl. Klausel. **Clau|su|la rebus sic stan|ti|bus** [– – zɪk –] ⟨*lat.;* „Vorbehalt, daß die Umstände so bestehen bleiben"⟩: Vorbehalt, daß ein Schuldversprechen od. ein Geschäft bei Veränderung der Verhältnisse seine bindende Wirkung verliert (Rechtsw.)

Cla|ve|cin [klavəˈsɛ̃ː] *das;* -s, -s ⟨aus gleichbed. *fr.* clavecin, dies über clavecimble aus *mlat.* clavicymbalum, vgl. Clavis u. Zimbal⟩: franz. Bez. für ↑ Cembalo. **Cla|ve|ci|ni|sten** [klavəsi...] *die* (Plur.) ⟨zu *fr.* claveciniste, eigtl. „Cembalospieler"⟩: franz. Komponisten u. Spieler des Clavecins im 17. u. 18. Jh. **¹Cla|ves** [...vəs] *die* (Plur.) ⟨zu gleichbed. *span.* clave, eigtl. „Schlüssel", dies aus *lat.* clavis „Schlüssel, Riegel" od. zu *span.* clavo „Nagel" (da die Stäbchen urspr. aus Schiffsnägeln aus Hartholz entstanden)⟩: Hartholzstäbchen als Rhythmusinstrument. **²Cla|ves** [...veːs]: Plur. von ↑ Clavis. **Cla|vi:** Plur. von ↑ Clavus. **Cla|vi|cem|ba|lo** [...ˈtʃɛm...] *das;* -s, Plur. -s u. ...li ⟨aus gleichbed. *it.* clavicembalo, *mlat.* clavicymbalum, vgl. Clavis u. Zimbal⟩: svw. Cembalo. **Cla|vi|chord** [...ˈkɔrt] vgl. Klavichord. **Cla|vi|cu|la** [ˈkula] *die;* -, ...lae [ˈlɛ] ⟨aus *lat.* clavicula „Schlüsselchen", Verkleinerungsform von clavis „Schlüssel"⟩: Schlüsselbein (Med.). **Cla|vi|cy|the|ri|um** [...tsy...] *das;* -s, Plur. ...ria u. ...rien [...i̯ən] ⟨aus gleichbed. *nlat.* clavicytherium, vgl. Clavis u. Zither⟩: Cembalo des 16.–18. Jh.s mit senkrechtem Gehäuse. **Cla|vis** *die;* -, Plur. - u. ...ves [...veːs] ⟨aus *mlat.* clavis „Schlüssel, Taste", dies aus *lat.* clavis „Schlüssel, Riegel"⟩: 1. a) Orgeltaste; b) Notenschlüssel (Mus.). 2. (veraltet) lexikographisches Werk zur Erklärung antiker Schriften od. der Bibel. **Cla|vus** *der;* -, ...vi ⟨aus gleichbed. *lat.* clavus, eigtl. „Nagel"⟩: 1. Purpurod. Goldstreifen am Gewand altröm. Würdenträger. 2. a) Hornzellenwucherung der Haut; b) Hühnerauge (Med.)

Clay|more [ˈkleɪmɔː] *das;* -, - ⟨aus gleichbed. *engl.* claymore zu *gäl.* claidheam mòr „großes Schwert"⟩: zweischneidiges Langschwert mit langem Griff (vor allem in Schottland im 16. u. 17. Jh. verbreitet)

clean [kliːn] ⟨aus gleichbed. *engl.* clean, eigtl. „rein, sauber"⟩: (Jargon) von Drogen nicht mehr abhängig. **Clean room** [ˈkliːn ˈruːm] *der;* - -s, - - ⟨aus *engl.* clean room „reiner Raum"⟩: Reinstraum, weitgehend staubfreier Raum zur Fertigung bes. von hochintegrierten Halbleiterbauelementen, z. B. Chips (3)

Clear-air-Tur|bu|lenz [ˈklɪə ˈeə...] *die;* -, -en ⟨zu *engl.* clear air „klare Luft" u. ↑ Turbulenz⟩: ↑ Turbulenz (2) im wolkenfreien Raum (Meteor.). **Clea|rance** [ˈkliːrəns] *das* od. *die;* - ⟨aus gleichbed. *engl.* clearance, eigtl. „das Aufräumen" zu to clear „reinigen"⟩: Reinigung einer bestimmten Blutplasmamenge von in ihr befindlichen körpereigenen od. künstlich eingebrachten Substanzen durch ein Ausscheidungsorgan (z. B. Nieren od. Leber; Med.). **Clearing** [ˈkliːrɪŋ] *das;* -s, -s ⟨aus gleichbed. *engl.* clearing (eigtl. „Klärung") zu clear „sauber, ohne Schulden"⟩: 1. Verrechnung; Verrechnungsverfahren (Wirtsch.). 2. Prüfung von Daten auf Ordnungsmäßigkeit u. Vollständigkeit (EDV). **Clea|ring|ver|kehr** *der;* -[e]s: Schuldenausgleich über eine Verrechnungsstelle (Wirtsch.)

Clea|ver [ˈkliːvə] *der;* -s, - ⟨aus gleichbed. *engl.* cleaver⟩: Spaltkeil, Steinwerkzeug der frühen Altsteinzeit mit breiter Schneide u. keilförmigem Längsschnitt

Cle|ma|tis [k...] vgl. Klematis

Cle|men|ti|ne [k...] *die;* -, -n ⟨wohl nach dem ersten Züchter, dem franz. Trappistenmönch Père Clément, Analogiebildung zu ↑ Mandarine; vgl. ...ine⟩: süße [kernlose] mandarinenähnliche Frucht

Clen|bu|te|rol ⓌⓏ [k...] *das;* -s ⟨Kunstw.⟩: ein Kälbermastmittel mit ↑ anaboler Wirkung

Cle|ri|hew [ˈklɛrɪhjuː] *das;* -[s], - ⟨aus gleichbed. *engl.* clerihew, nach dem ersten Verfasser E. Clerihew Bentley⟩: vierzeilige humoristische Gedichtform

Clerk [klark, *engl.* klɑːk] *der;* -s, -s ⟨aus *engl.* clerk „Angestellter", dies über *fr.* clerc „Schreiber, Angestellter" (eigtl. „Kleriker") aus *kirchenlat.* clericus, vgl. Kleriker u. Klerus⟩: 1. kaufmännischer Angestellter (in England od. Amerika). 2. brit. od. amerik. Verwaltungsbeamter [beim Gericht]

Cler|mont [klɛrˈmõː] *der;* -[s], -s [...ˈmõːs] ⟨nach der gleichnamigen franz. Stadt im Departement Puy-de-Dôme⟩: roter franz. Muskatellerwein

Cle|ve|it [kleve..., auch ...'ɪt] *der;* -s, -e ⟨nach dem schwed.

Chemiker P. Th. Cleve (1840–1905) u. zu ↑²...it⟩: ein Mineral, Seltenerdmetalle enthaltender Uraninit
cle|ver ['klɛvɐ] ⟨aus gleichbed. *engl.* clever⟩: in taktisch schlau-geschickter Weise vorgehend, alle Vorteile nutzend. **Cle̱|ver|neß** u. **Cleverness** *die;* - ⟨aus gleichbed. *engl.* cleverness⟩: clevere Art u. Weise
Cli|an|thus [k...] *der;* - ⟨aus gleichbed. *nlat.* clianthus zu *gr.* kléos „Ruhm" u. ánthos „Blume"⟩: Ruhmesblume, zu den ↑ Leguminosen gehörender australischer, rotblühender Zierstrauch
Cli|ché [kli'ʃeː] vgl. Klischee
Cli|ent cen|te|red the|ra|py ['klaɪənt 'sɛntəd 'θɛrəpɪ] *die;* - - - ⟨aus *engl.* client centered therapy „der Patient im Mittelpunkt der Therapie"⟩: engl. Bez. für die Gesprächstherapie, eine psychotherapeutische Behandlungsmethode
Cliff dwel|lings ['klɪf 'dwɛlɪŋz] *die* (Plur.) ⟨aus *engl.* cliff dwellings „Felsenwohnungen"⟩: in natürliche Felsüberhänge od. -höhlen gebaute Hauskomplexe der Ureinwohner in den ↑ Cañons des südlichen Coloradoplateaus (USA)
Clinch [klɪntʃ, klɪnʃ] *der;* -[e]s ⟨aus gleichbed. *engl.* clinch zu to clinch „umklammern"⟩: das Umklammern u. Festhalten des Gegners im Boxkampf. **cli̱n|chen** ⟨nach gleichbed. *engl.* to clinch⟩: den Gegner im Nahkampf mit den Armen so umklammern, daß keine od. nur Schläge aus ganz kurzer Distanz gewechselt werden können
Cli|no|mo|bil [k...] vgl. Klinomobil
Clin|quant [klɛ̃'kã:] *der;* -s, -s ⟨aus gleichbed. *fr.* clinquant, eigtl. „Klingklang", Part. Präs. von älter *fr.* clinquer „Krach, Geräusche machen"⟩: (veraltet) 1. Rauschgold, Flittergold. 2. falscher Glanz, ↑ Talmi
Clip [k...] *der;* -s, -s ⟨aus gleichbed. *engl.* clip „Klammer, Streifen"⟩: 1. vgl. Klipp. 2. Kurzform von ↑ Videoclip. **¹Clip|per** Ⓦ *der;* -s, - ⟨aus gleichbed. *engl.* clipper, eigtl. „Schnellsegler"⟩: (veraltet) auf Überseestrecken eingesetztes amerik. Langstreckenflugzeug. **²Clip|per** *der;* -s, - ⟨zu *engl.* to clip „begrenzen", eigtl. „abschneiden"⟩: Begrenzerschaltung zur Erzeugung von Rechteckimpulsen (Phys.). **Clips** vgl. Klips
Cli|que ['klɪkə, auch 'kli:kə] *die;* -, -n ⟨aus gleichbed. *fr.* clique zu *altfr.* cliquer „klatschen", also eigtl. „beifällig klatschende Menge"⟩: a) (abwertend) Personengruppe, die vornehmlich ihre eigenen Gruppeninteressen verfolgt; b) Freundes-, Bekanntenkreis
Cli|vage [kli'va:ʒ] *die;* -, -n [...ʒn] ⟨aus *fr.* clivage „Spaltung, das Spalten" zu *lat.* clivosus „abschüssig, steil"⟩: schräge Schieferung, quer verlaufende Ablösungsschicht in Gesteinen (Geol.)
Cli|via ['kli:via], eindeutschend **Klivie** [...i̯ə] *die;* -, ...vien [...i̯ən] ⟨aus *nlat.* clivia; nach einer *engl.* Herzogin, Lady Clive, in deren Gewächshäusern die Pflanzen zum ersten Mal in Europa zum Blühen gebracht wurden⟩: Zimmerpflanze mit orangefarbenen Blüten
Cloa|ca ma̱|xi|ma [klo'a:ka –] *die;* - - ⟨aus *lat.* cloaca maxima „Hauptkanal"⟩: der älteste, vom 6. Jh. bis ins 1. Jh. v. Chr. gebaute, zugleich bedeutendste Entwässerungskanal Roms
Clo|chard [klɔ'ʃa:r] *der;* -[s], -s ⟨aus gleichbed. *fr.* clochard zu clocher „hinken", dies über das Vulgärlat. zu *spätlat.* cloppus „lahm"⟩: Stadtstreicher (bes. in Frankreich)
Clock [klɔk] *die;* -, -s ⟨aus *engl.* clock „Uhr"⟩: Taktgeber zur synchronen Ablaufsteuerung von Prozessen (Elektronik)
Clog [klɔk, engl. klɔg] *der;* -s, -s (meist Plur.) ⟨aus gleichbed. *engl.* clog⟩: modischer Holzpantoffel
Cloi|son [kloa'zõ:] *das;* -[s], -s ⟨aus *fr.* cloison „(Zwischen-, Trenn-, Scheide)wand", dies aus *vulgärlat.* clausio zu *lat.* clausus „geschlossen"⟩: (veraltet) 1. Verschlag, Scheidewand. 2. Schott (in Schiffen). **Cloi|so|nis|mus** [kloazɔ'nɪs...] *der;* - ⟨zu ↑ ...ismus (1)⟩: Malweise, bei der die Farbflächen durch schwarze Linien umrahmt sind, vergleichbar der Technik des Cloisonnés in der Emailkunst u. Glasfenstern mit Bleistegen. **Cloi|son|né** [...'ne:] *das;* -s, -s ⟨aus gleichbed. *fr.* cloisonné, eigtl. Part. Perf. von cloisonner „abtrennen", dies über *vulgärlat.* *clausione „Verschluß" zu *lat.* claudere „schließen"⟩: bestimmte Technik bei Goldemailarbeiten, Zellenschmelz
Clo|ning [k...] *das;* -s, -s ⟨aus gleichbed. *engl.* cloning zu to clone „ein Duplikat herstellen"; vgl. Clonus⟩: künstliches Erzeugen von Leben, einem Lebewesen durch genetische Manipulation. **Clo|nus** *der;* -, -se ⟨über gleichbed. *nlat.* clonus aus *gr.* klṓn „Schößling, Zweig"⟩: ohne natürliche Zeugung aus Lebendzellen entwickelter künstlicher Mensch
Clo|qué [klo'ke:] *der;* -[s], -s ⟨aus *fr.* cloqué „zusammengeschrumpft, blasig" zu cloque „Wasserblase"⟩: modisches Kreppgewebe mit welliger Oberfläche; Blasenkrepp
Clos [klo:] *das;* - [klo:(s)], - [klo:s] ⟨aus *fr.* clos „Gehege", dies zu *(m)lat.* clausum „Geschlossenes", substantiviertes Part. Perf. (Neutrum) von *lat.* claudere „schließen"⟩: von einer Mauer od. Hecke eingefriedeter Weinberg od. -garten in Frankreich. **Closed Loop** ['klouzd 'lu:p] *der;* - -[s], - -s ⟨aus gleichbed. *engl.* closed-loop, eigtl. „geschlossene Schleife"⟩: Betriebsart von Computern, die automatisch Daten aus einem technischen Prozeß erhalten u. auf Grund der errechneten Ergebnisse den Prozeß unmittelbar steuern (EDV); Ggs. ↑ Open Loop. **Closed Shop** [- 'ʃɔp] *der;* - -[s], - -s ⟨aus gleichbed. *engl.* closed shop, eigtl. „geschlossenes Geschäft"⟩: 1. Betriebsart eines Rechenzentrums, bei der der Benutzer die Daten anliefert u. die Resultate abholt, jedoch zur Datenverarbeitungsanlage selbst keinen Zutritt hat (EDV); Ggs. ↑ Open Shop (1). 2. Unternehmen, das ausschließlich Gewerkschaftsmitglieder beschäftigt (in England u. in den USA); Ggs. ↑ Open Shop (2). **Close-up** [klo:'zap] *das;* -, - ⟨aus gleichbed. *engl.* close-up⟩: Nah-, Großaufnahme bei Filmen u. im Fernsehen
Clo|stri|di|um [k...] *das;* -s ⟨nlat. Verkleinerungsbildung zu *gr.* klōstḗr „Spindel, Garnknäuel"⟩: Gattung sporenbildender [krankheitserregender] ↑ Bakterien
Cloth [klɔ(:)θ] *der* od. *das;* - ⟨aus *engl.* cloth „Tuch"⟩: glänzender [Futter]stoff aus Baumwolle od. Halbwolle in Atlasbindung (einer besonderen Webart)
Clo|ture [klo'ty:r] *die;* -, -n [...rən] ⟨aus *fr.* clôture „Einzäunung, Einfried(ig)ung; Klausur" zu *lat.* clausura⟩: (veraltet) 1. Einfriedung. 2. (ohne Plur.) klösterliche Abgeschlossenheit. 3. Rechnungsabschluß
Clou [klu:] *der;* -s, -s ⟨aus gleichbed. *fr.* clou, eigtl. „Nagel", dies aus *lat.* clavus „Nagel, Pflock"⟩: der Höhepunkt (im Ablauf) von etwas; Kernpunkt
Clown [klaun] *der;* -s, -s ⟨aus gleichbed. *engl.* clown, eigtl. „Bauerntölpel", dies über *fr.* colon aus *lat.* colonus „Bauer, Siedler"⟩: Spaßmacher [im Zirkus od. Varieté]. **Clow|ne|rie** *die;* -, ...ien ⟨aus gleichbed. *engl.* clownery; vgl. ²...ie⟩: Spaßmacherei, spaßige Geste. **clow|nesk** [...'ɛsk]: nach Art eines Clowns. **Clow|nis|mus** *der;* - ⟨zu ↑ ...ismus (3)⟩: groteske Körperverrenkungen bei einem hysterischen Anfall (Med.)
Club [k...] vgl. Klub
Clum|ber|spa|niel ['klʌmbə...] *der;* -s, -s ⟨nach dem engl. Landsitz Clumber u. zu ↑ Spaniel⟩: engl. Jagdhundrasse

Clu|nia|zen|ser [k...] usw. vgl. Kluniazenser usw.
Clu|ster ['klaste, engl. 'klʌstə] *der;* -s, -[s] ⟨aus *engl.* cluster „Büschel; Menge"⟩: 1. eine als einheitliches Ganzes zu betrachtende Menge von Einzelteilchen (Chem., Phys.). 2. Klanggebilde, das durch Übereinanderstellen kleiner ↑ Intervalle (2) entsteht; Klangfeld (Mus.). 3. a) Folge von aufeinanderfolgenden ungleichen Konsonanten; b) ungeordnete Menge semantischer Merkmale eines Begriffs (Sprachw.). 4. ↑pathologischer Zellklumpen (speziell Krebszellen; Med.). **Clu|ster|ana|ly|se** ['klaste...] *die;* -: mathematische Methode zum Nachweis von Häufungen von ↑Variablen in komplexen Datensätzen. **Clu|ster|ent|wick|lung** *die;* -: Näherungsverfahren der statistischen Mechanik, z. B. zur Berechnung der freien Energie eines Vielteilchensystems. **Clu|ster|ion** *das;* -s, -e: ↑Ion, das infolge seiner Ladung neutrale Teilchen angezogen hat. **Clu|ster|mo|dell** *das;* -s: Kernmodell, das davon ausgeht, daß ↑Alphateilchen u. andere leichte Atomkerne großer Bindungsenergie teilweise als Unterstrukturen in schweren Kernen auftreten (Kernphys.). **Cluster|ver|bin|dung** *die;* -, -en: chem. Komplexverbindung, die in ihrem Zentrum mindestens drei miteinander verknüpfte Metallatome enthält
CNC [siːɛnˈsiː] ⟨Abk. für *engl.* computerized numerical control „rechnergestützte numerische Kontrolle"⟩: Bez. für die computergestützte numerische Steuerung von Werkzeugmaschinen
¹Coach [koʊtʃ] *der;* -[s], -s ⟨aus gleichbed. *engl.* coach, vgl. ²Coach⟩: Sportlehrer, Trainer u. Betreuer eines Sportlers od. einer Sportmannschaft. **²Coach** *die;* -, -es [...ʃɪz] ⟨aus *engl.* coach „Kutsche, Wagen"⟩: im 19. Jh. verwendete vierrädrige Kutsche für vier Personen. **coa|chen** ['koːtʃn] ⟨nach gleichbed. *engl.* to coach⟩: einen Sportler od. eine Sportmannschaft betreuen u. trainieren
Coa|gu|lum [k...] vgl. Koagulum
Coat [koʊt] *der;* -s, -s ⟨aus *engl.* coat „Mantel", dies über *altfr.* cote aus *galloroman.* *cotta, fränk.* *kotta⟩: dreiviertellanger Mantel. **Coa|ting** ['koːtɪŋ, engl. 'koʊtɪŋ] *das;* -[s], -s ⟨aus *engl.* coating „Überzug; (Mantel)stoff"⟩: 1. (ohne Plur.) tuchartiger Kammgarnstoff in Köperbindung (eine Webart). 2. schützende Beschichtung, Überzug (gegen Abrieb usw.). 3. Überzug aus (natürlichen od. synthetischen) Wachsen u. Harzen, der z. B. auf Lebensmittel zum Schutz gegen Wasseraufnahme und -abgabe sowie gegen schädigende Einwirkungen aus der Lageratmosphäre aufgebracht wird
Cob [kɔp, engl. kɔb] *der;* -s, -s ⟨aus gleichbed. *engl.* cob⟩: kleines, starkes, für Reiten u. Fahren gleichermaßen geeignetes engl. Gebrauchspferd.
Co|baea [koˈbɛːa] *die;* -, -s ⟨aus gleichbed. *nlat.* cobaea; nach dem *span.* Naturforscher B. Cobo, 1582–1657⟩: Glockenrebe (eine mexik. Zierpflanze)
Co|bal|amin [k...] *das;* -s, -e ⟨Kunstw.⟩: Vitamin B_{12}, vom tierischen u. menschlichen Organismus nur in Spuren benötigtes Vitamin
Co|balt [k...] vgl. Kobalt. **Co|bal|tum** *das;* -[s] *lat.* Form von ↑Kobalt
Cob|bler [k...] *der;* -s, -s ⟨aus gleichbed. *engl.-amerik.* cobbler⟩: ↑Cocktail aus Likör, Weinbrand od. Weißwein, Fruchtsaft, Früchten u. Zucker
Co|bi|golf [k...] *das;* -s ⟨Kurzw. aus *lat.* communis „gemeinsam", bifariam „zweifach, doppelt" u. ↑²Golf⟩: ein Minigolfspiel, bei dem vor den Hindernissen kleine Tore aufgestellt werden
Co|bla [k...] *die;* -, -s ⟨aus dem Provenzal., dies aus *lat.* copula „Band"⟩: Strophe in der provenzal. Troubadourlyrik

Coco

COBOL [k...] *das;* -s ⟨Kurzw. aus *engl.* Common business oriented *l*anguage⟩: Programmiersprache zur problemorientierten Formulierung von Programmen der kommerziellen Datenverarbeitung (EDV)
¹Co|ca [koːka] vgl. Koka. **²Co|ca** *die;* -, -s od. *das;* -[s], -s (aber: 3 Coca) ⟨*amerik.*⟩: (ugs.) kurz für [Flasche] Coca-Cola. **Co|ca-Co|la** ⓌⒷ [kokaˈkoːla] *das;* -[s] od. *die;* - ⟨5 [Flaschen] -⟩ ⟨*amerik.;* weitere Herkunft unsicher⟩: koffeinhaltiges Erfrischungsgetränk. **Co|ca|in** vgl. Kokain
Co|ca|gne [kɔˈkanjə] *die;* -, -n ⟨aus *fr.* cocagne „Volksfest", eigtl. pays de Cocagne „Kuchen-, Schlaraffenland", weitere Herkunft unsicher⟩: altes Volksfest mit Klettern an Stangen, an deren Spitzen vor allem Kuchen aufgehängt wurden
Co|car|ci|no|ge|ne [kokartsi...] *die* (Plur.) ⟨unter *engl.* Einfluß erfolgte *nlat.* Bildung zu ↑²ko... u. ↑Karzinogen⟩: Krebsverstärker; Gruppe krebsauslösender Stoffe
Coc|cus [ˈkɔkʊs] vgl. Kokke
Co|che|nil|le [kɔʃəˈnɪljə] vgl. Koschenille
Coch|lea ['kɔx...] *die;* -, ...eae [...leɛ] ⟨über *lat.* cochlea aus *gr.* kochlías „Schnecke, schneckenförmiges Gebilde"⟩: 1. Teil des Innenohrs. 2. Gehäuse der Schnecken
Co|chon [kɔˈʃõː] *der;* -s, -s ⟨aus gleichbed. *fr.* cochon, eigtl. „Schwein"⟩: unanständiger Mensch. **Co|chon|ne|rie** [kɔʃɔnə...] *die;* -, ...ien ⟨aus gleichbed. *fr.* cochonnerie⟩: Schweinerei, Unflätigkeit, Zote
Cocker|spa|ni|el¹ [...] *der;* -s, -s ⟨aus *engl.* cocker spaniel zu cock „Waldschnepfen jagen" (dies zu woodcock „Waldschnepfe" u. ↑Spaniel⟩: engl. Jagdhundrasse
¹Cock|ney [ˈkɔknɪ] *das;* -[s] ⟨aus gleichbed. *engl.* cockney, dies aus *mittelengl.* cockeney „verweichlichter Mensch"⟩: [als Zeichen der Unbildung angesehene] Mundart der Londoner Bevölkerung. **²Cock|ney** *der;* -s, -s ⟨zu ↑ ¹Cockney⟩: a) jmd., der ¹Cockney spricht; b) (veraltet) Weichling, Muttersöhnchen; c) (veraltet) Londoner Stadtkind (Spottname für die Spießbürger von London)
Cock|pit [k...] *das;* -s, -s ⟨aus gleichbed. *engl.* cockpit, eigtl. „Hahnengrube", zu cock „Hahn" u. pit „Grube"⟩: 1. Pilotenkabine in [Düsen]flugzeugen. 2. Fahrersitz in einem Rennwagen. 3. vertiefter, ungedeckter Sitzraum für die Besatzung in Segel- u. Motorbooten. 4. (veraltet) Kampfplatz, [Zirkus]arena. **Cock|pit|do|li|ne** *die;* -, -n ⟨nach der Ähnlichkeit mit dem vertieften Raum im Boot⟩: bes. tiefe, steilwandige ↑Doline in trop. Karstgebieten (Geol.).
Cock|pit-Voice-Re|cor|der [...ˈvɔɪsrɪˈkɔːdə] *der;* -s, - ⟨zu *engl.* voice „Stimme" u. ↑Recorder⟩: Tonbandgerät in Verkehrsflugzeugen, das alle von den Besatzungsmitgliedern im Cockpit geführten Gespräche registriert. **Cock|tail** ['kɔkteɪl] *der;* -s, -s ⟨aus gleichbed. *engl.-amerik.* cocktail, eigtl. „Hahnenschwanz"⟩: 1. a) alkoholisches Mischgetränk aus verschiedenen Spirituosen, Früchten, Fruchtsaft u. anderen Zutaten; - lytique [liˈtik] ⟨zu *fr.* lytique „lytisch, lösend", vgl. lytisch⟩: Kombination bestimmter Arzneimittel, die gleichzeitig ↑injiziert werden, wenn eine starke beruhigende u. schmerzvermindernde Wirkung erzielt werden soll (Med.); b) Mischung (z. B. von Speisen). 2. a) svw. Cocktailparty; b) Form des diplomatischen Empfangs. **Cock|tail|kleid** *das;* -[e]s, -er: elegantes, modisches, kurzes Gesellschaftskleid. **Cock|tail|par|ty** *die;* -, Plur. -s u. ...parties: zwanglose Gesellschaft in den frühen Abendstunden, bei der Cocktails (1 a) serviert werden
Co|co [kɔˈko] *der;* -[s], -s ⟨aus gleichbed. *fr.* coco, eigtl. „Kokosnuß"⟩: Erfrischungsgetränk aus Zitrone u. Lakritze, auch mit Branntwein vermischt, früher bes. beliebt bei einfachen Leuten in Paris

Co|cu [kɔˈky] *der;* -[s], -s ⟨aus gleichbed. *fr.* cocu, altfr. Form für coucou „Kuckuck"⟩: (veraltet) Hahnrei, betrogener Ehemann. **Co|cu|age** [kɔkyˈaːʒ] *die;* - ⟨aus gleichbed. *fr.* cocuage⟩: (veraltet) Stellung des betrogenen Ehemanns. **co|cu|ie|ren** [kɔky...] ⟨zu ↑ ...ieren⟩: (veraltet) zum Hahnrei machen
Co|da [k...] vgl. Koda
Code [koːt, engl. koʊd] *der;* -s, -s ⟨aus gleichbed. *engl.* code, dies über *fr.* code aus *lat.* codex, vgl. Kodex⟩: 1. Zeichensystem als Grundlage für Kommunikation, Nachrichtenübermittlung u. Informationsverarbeitung (Techn.); vgl. elaborierter u. restringierter Code. 2. svw. Kode (1). **Code ci|vil** [kɔdsiˈvil] *der;* - - ⟨aus *fr.* code civil⟩: franz. Zivilgesetzbuch. **Code|ge|ne|ra|tor** [ˈkoːt...] *der;* -s, -en: Teil eines ↑ Compilers, der nach Analyse der Anweisungen die entsprechenden Befehlsfolgen des maschinenorientierten Zielprogramms erzeugt
Co|de|in [k...] vgl. Kodein
Code Na|po|lé|on [kɔdnapɔleˈõ] *der;* - - ⟨aus *fr.* code Napoléon⟩: Bez. des Code civil zwischen 1807 u. 1814. **Code-swit|ching** [ˈkoʊdswɪtʃɪŋ] *das;* -[s], -s ⟨aus *engl.* code switching zu code (vgl. Code) u. to switch „wechseln"⟩: Übergang von einer Sprachvarietät in eine andere (z. B. von der Standardsprache zur Mundart) innerhalb eines Gesprächs (Sprachw.). **Co|dex** [k...] vgl. Kodex. **Co|dex ar|gen|te|us** [- ...teʊs] *der;* - - ⟨*lat.;* „Silberkodex"⟩: ältestes ↑ Evangeliar in gotischer Sprache mit Silberschrift auf Purpurpergament. **Co|dex au|re|us** [- ˈaureʊs] *der;* - -, Codices aurei [ˈkoːditseːs ˈaurei] ⟨*lat.;* „Goldkodex"⟩: kostbare, mittelalterliche Handschrift mit Goldschrift od. goldenem Einband. **Co|dex Ju|ris** (auch Iuris) **Ca|no|ni|ci** [- - kaˈnoːnitsi] *der;* - - - ⟨*lat.*⟩: das Gesetzbuch des kath. Kirchenrechts (seit 1918); Abk.: CIC. **Co|di|cil|lus** [...ˈtsɪlʊs] *der;* -, ...lli ⟨aus *mlat.* codicillus „Büchlein", eigtl. „kleiner Stamm", Verkleinerungsform von codex, vgl. Kodex⟩: kleiner Kodex, Notizbüchlein; vgl. Kodizill. **co|die|ren** vgl. kodieren. **Co|die|rer** vgl. Kodierer. **Co|die|rung** vgl. Kodierung. **Co|don** *das;* -s, ...one[n] ⟨Kunstw. aus ↑ Code u. ↑² ...on⟩: Bez. für drei aufeinanderfolgende Basen einer Nukleinsäure, die den Schlüssel für eine Aminosäure im ↑ Protein darstellen (Biochem.)
Coe|cum [ˈtsøːkʊm] vgl. Zökum
Coe|le|stin [tsø...] vgl. Zölestin
Coe|lin[blau] [tsø...] *das;* -s ⟨zu *lat.* coelum (Nebenform von caelum) „Himmel" u. ↑ ...in (1)⟩: eine lichtblaue Malerfarbe
Coe|me|te|ri|um [tsø...] vgl. Zömeterium
Coe|sit [tsø..., auch ...ˈzɪt] *der;* -s, -e ⟨nach dem amerik. Chemiker L. Coes u. zu ↑² ...it⟩: ein Quarzmineral
co|etan [ko...] usw. vgl. koätan usw.
Cœur [køːɐ̯] *das;* -[s], -[s] ⟨aus *fr.* cœur „Herz", dies aus *lat.* cor⟩: durch ein rotes Herz gekennzeichnete Spielkarte. **Cœur en sa|bot** [kœrãsaˈboː] *das;* - - -, -s - - [kœrãsaˈboː] ⟨zu *fr.* en „in" u. sabot „Holzschuh", eigtl. „Holzschuhherz"⟩: Holzschuhform des Herzens infolge ↑ Hypertrophie der rechten Herzkammer mit Hebung der Herzspitze (Med.)
Cof|fee-Shop [ˈkɔfiʃɔp] *der;* -s, -s ⟨aus *engl.-amerik.* coffee shop „Kaffeestube"⟩: kleines Restaurant (meist innerhalb eines Hotels), in dem Erfrischungen u. kleine Mahlzeiten serviert werden
Cof|fe|in [k...] vgl. Koffein
Cof|fer|dam [k...] vgl. Kofferdam
Cof|fey|na|gel [ˈkɔfe...] u. **Kọffinnagel** *der;* -s, ...nägel ⟨über engl. Vermittlung aus gleichbed. *mittelniederl.* kobilie, dies aus *lat.* clavicula „Zapfen", Verkleinerungsform von clavus „Nagel"⟩: hölzerner od. metallener Dorn zur Befestigung von leichtem Tauwerk auf Segelschiffen
Cof|fi|nit [k..., auch ...ˈnɪt] *das;* -s ⟨nach dem amerik. Geologen R. C. Coffin u. zu ↑² ...it⟩: ein stark radioaktives Mineral
co|gi|to, er|go sum [k... - -] ⟨*lat.;* „Ich denke, also bin ich."⟩: Grundsatz des franz. Philosophen Descartes
co|gnac [ˈkɔnjak] ⟨*fr.;* vgl. Cognac⟩: goldbraun. **Co|gnac** Ⓦ *der;* -s, -s (aber: 3 -) ⟨aus gleichbed. *fr.* cognac „aus Weinsorten des Gebiets um die franz. Stadt Cognac hergestellter goldbrauner franz. Weinbrand", vgl. Kognak⟩: franz. Weinbrand
Co|gno|men [k...] vgl. Kognomen
Co|he|nit [k..., auch ...ˈnɪt] *der;* -s, -e ⟨nach dem dt. Mineralogen E. Cohen (1842–1915) u. zu ↑² ...it⟩: svw. Zementit
Co|hor|tes ur|ba|nae [koˈhɔrteːs ...nɛ] *die* (Plur.) ⟨aus gleichbed. *lat.* cohortes urbanae, eigtl. „städtische Truppen"⟩: im Jahre 27 v. Chr. von Kaiser Augustus eingerichtete Truppen zur Aufrechterhaltung der Ordnung u. zur eigenen Sicherheit im alten Rom
Co|hue [kɔˈy] *die;* - ⟨aus gleichbed. *fr.* cohue, eigtl. urspr. „Markthalle", später „Sitzung(ssaal) in (kleineren) Landgerichten"⟩: (veraltet) lärmende, schreiende Menge
Coif|feur [koaˈføːɐ̯] *der;* -s, -e ⟨aus gleichbed. *fr.* coiffeur zu coiffe „Frauenhaube"⟩: (bes. schweiz.) Friseur. **Coif|feu|se** [koaˈføːzə] *die;* -, -n ⟨aus gleichbed. *fr.* coiffeuse⟩: (schweiz.) Friseuse. **coif|fie|ren** [koaˈfiː...] ⟨aus gleichbed. *fr.* coiffer⟩: (veraltet) frisieren, kämmen. **Coif|fure** [koaˈfyːɐ̯] *die;* -, -n [...ˈfyːrən] ⟨aus *fr.* coiffure, eigtl. „Frisur"⟩: 1. (ohne Plur.) Frisierkunst. 2. (schweiz.) Frisiersalon. 3. (veraltet) kunstvoll gestaltete Frisur
Coil [kɔyl] *das;* -s ⟨aus gleichbed. *engl.* coil zu to coil „aufwickeln"⟩: dünnes, aufgewickeltes Walzblech. **Coi|ling** [ˈkɔy...] *das;* -s, -s ⟨zu *engl.* to coil, vgl. Coil⟩: Verlängerung der ↑ Karotis in Form einer verstärkten S-Kurve (Med.)
Co|in|ci|den|tia op|po|si|to|rum [koˌɪntsi... - -] *die;* - - ⟨aus *lat.* coincidentia oppositorum „Zusammenfall der Gegensätze"⟩: Aufhebung der irdischen Widersprüche im Unendlichen, im göttlichen All (bei Nikolaus von Kues u. Giordano Bruno)
Coin|treau Ⓦ [kõɛˈtroː] *der;* -s, - ⟨wohl nach dem franz. Branntweinbrenner E. Cointreau⟩: franz. Orangenlikör
Co|ir [koˈiːɐ̯, engl. ˈkɔyə] *das;* -[s] od. *die;* - ⟨über gleichbed. *engl.* coir aus *Malayalam* kāyar „Schnur"⟩: Faser der Kokosnuß
Co|itus [ˈkoːitʊs] usw. vgl. Koitus usw.
Coke Ⓦ [koːk, engl. koʊk] *das;* -[s], -s ⟨*amerik.*⟩: Kurzform von ↑ Coca-Cola. **Co|la** [k...] *die;* -, -s od. *das;* -[s], -s (aber: 5 Cola) ⟨aus *engl.* cola, vgl. Kola⟩: (ugs.) kurz für [Flasche] Coca-Cola
Co|la|ni [k...] vgl. Kolani
Co|la|scio|ne [kolaˈʃoːnə] *der;* -, ...ni ⟨aus gleichbed. *it.* colascione⟩: südital. Lauteninstrument mit langem Hals u. wechselnder Saitenzahl
col bạs|so [kɔl -] ⟨*it.*⟩: mit dem Baß od. der Baßstimme [zu spielen] (Spielanweisung); Abk.: c. b. (Mus.)
Col|chi|cin [kɔlçiˈtsiːn] vgl. Kolchizin
Col|chi|cum [ˈkɔlçikʊm] *das;* -s ⟨aus gleichbed. *nlat.* colchicum; nach der antiken Landschaft Kolchis am Schwarzen Meer⟩: Herbstzeitlose (ein Liliengewächs)
Col|crete-Be|ton [ˈkɔlkriːt...] *der;* -s ⟨Kurzw. aus *engl.* colloid concrete u. ↑ Beton⟩: dichter, schwindarmer u. fester Beton, bes. für Unterwassergründungen
Cold Cream [ˈkoʊld ˈkriːm] *die;* - -, - -s ⟨aus *engl.* cold cream, eigtl. „kalte Creme"⟩: pflegende, kühlende Hautcreme

Cold-pres|sure-Test [ˈkoʊldˈprɛʃə...] *der;* -[e]s, Plur. -s, auch -e ⟨zu *engl.* cold „Kälte" u. pressure „Druck"⟩: Test zur Diagnose von Bluthochdruckkrankheiten. **Cold Rubber** [ˈkoʊld ˈrʌbə] *der;* - -[s] ⟨aus *engl.* cold rubber, eigtl. „kalter Gummi"⟩: ein Kunstkautschuk

Co|le|ma|nit [k..., auch ...ˈnɪt] *das;* -s, -e ⟨nach dem amerik. Bergwerksunternehmer W. T. Coleman (1824–1893) u. zu ↑²...it⟩: ein ↑monoklines körniges Mineral

Co|le|op|ter [k...] *der;* -s, - ⟨nach *gr.* koleópteros „Käfer"⟩: senkrecht startendes u. landendes Flugzeug mit einem Ringflügel; vgl. Koleoptere

Cö|le|sti|ner [tsø...] vgl. Zölestiner

Co|le|us [ˈkoːleʊs] *der;* - ⟨über *nlat.* coleus aus *gr.* koleós „Scheide"⟩: Buntnessel (eine tropische Zimmerpflanze)

Co|li|fi|chet [kɔlifiˈʃɛ] *der;* -s, -s [...ˈʃɛ(s)] ⟨aus gleichbed. *fr.* colifichet zu cou „Hals" u. ficher „anheften"⟩: (veraltet) Flitterkram, Firlefanz

Co|li|nea|ri|tät [ko...] *die;* - ⟨zu ↑kon... u. ↑Linearität⟩: Übereinstimmung der Reihenfolge der Aminosäuren mit der der zugehörigen ↑Codonen der Nukleinsäuren (Genetik)

col|la de|stra [ˈkɔla –] ⟨*it.*⟩: mit der rechten Hand [zu spielen] (Spielanweisung; Mus.); vgl. colla sinistra

Col|la|ge [kɔˈlaːʒə] *die;* -, -n ⟨aus gleichbed. *fr.* collage, eigtl. „das Leimen, Ankleben", zu colle „Leim", dies über *vulgärlat.* *colla aus gleichbed. *gr.* kólla⟩: [künstlerische] Komposition (z. B. Klebebild, Montage) aus ganz Verschiedenartigem, aus vorgegebenen Dingen verschiedenen Ursprungs, Stils zusammengefügt ist. **col|la|gie|ren** [...ˈʒiː...] ⟨zu ↑...ieren⟩: als Collage zusammenfügen

Col|la|ne [k...] *die;* -, -n ⟨aus *it.* collana „Halsband, -kette", dies aus *lat.* collum „Hals"⟩: Hals- od. Ordenskette (im Mittelalter)

col|la par|te [k... –] ⟨*it.*⟩: mit der Hauptstimme [gehend] (Spielanweisung; Mus.). **coll'ar|co** [kɔlˈarko] ⟨*it.*⟩: [wieder] mit dem Bogen [zu spielen] (Spielanweisung für Streicher nach vorausgegangenem ↑Pizzikato; Mus.)

Coll|ar|gol Ⓦ [k...] *das;* -s ⟨Kunstw.⟩: ein bakterientötendes Heilmittel in Salbenform; vgl. Kollargol

col|la si|ni|stra [k... –] ⟨*it.*⟩: mit der linken Hand [zu spielen] (Spielanweisung; Mus.); vgl. colla destra

col|la vo|ce [k... ˈvoːtʃə] ⟨*it.*⟩ „mit der Stimme"⟩: Anweisung für Instrumente, die Gesangsstimmen in derselben Tonhöhe mitzuspielen (Mus.)

col|lé [kɔˈleː] ⟨*fr.;* Part. Perf. von coller „leimen, kleben"; vgl. Collage⟩: dicht anliegend (vom Billardball, der an der Bande liegt)

Col|lec|ta|nea [k...] vgl. Kollektaneen

Col|le|ga [k...] vgl. Kollega

Col|lege [ˈkɔlɪdʒ] *das;* -[s], -s ⟨aus gleichbed. *engl.* college, dies aus *altfr.* college (*fr.* collège), vgl. Collège⟩: a) private höhere Schule mit Internat in England; b) einer Universität angegliederte Lehranstalt mit Wohngemeinschaft von Dozenten u. Studenten; c) Eingangsstufe der Universität; die ersten Universitätsjahre in den USA. **Col|lège** [kɔˈlɛːʒ] *das;* -[s], -s ⟨aus gleichbed. *fr.* collège, dies aus *lat.* collegium, vgl. Kollegium⟩: höhere Schule in Frankreich, Belgien u. der französischsprachigen Schweiz. **Col|lege|map|pe** [ˈkɔlɪdʒ...] *die;* -, -n ⟨zu ↑College⟩: kleine, schmale Aktentasche [mit Reißverschluß]; Kollegmappe. **Col|le|gi|um mu|si|cum** [k... ˈkʊm] *das;* - -, -gia ...ca [...ka] ⟨aus gleichbed. *nlat.* collegium musicum, dies zu *lat.* collegium (vgl. Kollegium) u. musicus „die Musik betreffend"⟩: freie Vereinigung von Musikliebhabern [an Universitäten]. **Col|le|gi|um pu|bli|cum** [– ...kʊm] *das;* - -, -gia ...ca [...ka] ⟨zu *lat.* publicus „öffentlich"⟩: öffentliche Vorlesung an einer Universität

col le|gno [kɔl ˈlɛnjo] ⟨*it.*⟩: mit dem Holz des Bogens [zu spielen] (Spielanweisung für Streicher; Mus.)

Col|li|co Ⓦ [ˈkɔliko] *der;* -s, -s ⟨Kunstw.; vgl. Kollo⟩: zusammenlegbare, [bundes]bahneigene Transportkiste aus Metall

Col|li|der [kəˈlaɪdɐ] *der;* -s, - ⟨zu *engl.* to collide „zusammenstoßen"⟩: Bez. für große Teilchenbeschleunigungsanlagen (Kernphys.)

Col|lie [ˈkɔli] *der;* -s, -s ⟨aus gleichbed. *engl.* collie, Herkunft ungeklärt⟩: schottischer Schäferhund

Col|lier [kɔˈli̯eː] vgl. Kollier (1). **Col|lier de Vé|nus** [kɔljedveˈnys] *das;* - - -, -s - - [kɔljedveˈnys] ⟨aus *fr.* collier de Vénus, eigtl. „Venuskette"⟩: (veraltet) svw. Leukoderma (Med.)

Col|lin|sit [k..., auch ...ˈzɪt] *der;* -s, -e ⟨nach dem kanad. Geologen W. H. Collins († 1937) u. zu ↑²...it⟩: ein braunes, fasriges Mineral

Col|lo|qui|um [k...] vgl. Kolloquium

coll'ot|ta|va [k...va] ⟨*it.;* „mit der Oktave"⟩: Anweisung, eine Stimme in der oberen Oktave mitzuspielen (Mus.)

Col|lo|type-Ver|fah|ren [ˈkɔlotaɪp...] *das;* -s ⟨zu *engl.* collotype „Lichtdruck[verfahren]"⟩: svw. Kollotypie

Col|lum [k...] *das;* -s, ...lla ⟨aus *lat.* collum „Hals"⟩: 1. Hals (Med.). 2. sich verjüngender Teil eines Organs, Verbindungsteil (Med.)

Co|lo|bi|um [k...] *das;* -s, ...ien ⟨aus gleichbed. *lat.* colobium, dies aus *gr.* kolóbion⟩: ärmellose od. kurzärmelige Tunika in der Spätantike

Co|lom|bi|na [k...] *die;* -, -s ⟨aus *it.* colombina „Täubchen", Verkleinerungsform von colomba „Taube"⟩: svw. Kolumbine

Co|lon [k...] vgl. Kolon (3)

Co|lón [koˈlɔn] *der;* -[s], -[s] ⟨nach der span. Namensform von Kolumbus⟩: Währungseinheit in Costa Rica u. El Salvador

Co|lo|nel [fr. kɔlɔˈnɛl, engl. kəːnl, span. koloˈnɛl] *der;* -s, -s ⟨aus *engl.* bzw. *fr.* colonel u./od. *span.* coronel „Oberst", dies aus gleichbed. *it.* colonnello zu colonna „(Marsch)säule"; vgl. Kolonne⟩: im franz. u. engl. Sprachgebrauch Dienstgrad eines Stabsoffiziers im Range eines Obersten

Co|lo|nia [k...] *die;* -, ...iae [...ni̯ɛ] ⟨aus *lat.* colonia „Ansiedlung" zu colere „bebauen, bewohnen"⟩: in der Antike eine Siedlung außerhalb Roms u. des röm. Bürgergebiets (z. B. Colonia Raurica, heute Augst). **Co|lo|nia|kü|bel** *der;* -s, - ⟨zu *lat.* colonia (Aggripinensis), dem *lat.* Namen der Stadt Köln, von wo diese übernommen wurden⟩: österr. Bez. für Mülleimer. **Co|lo|no** *der;* -s, -s ⟨aus *span.* colono „Ansiedler, Pächter", dies aus *lat.* colonus „Landwirt, Pächter"⟩: Arbeiter auf südamerik. Kaffeeplantagen

Co|lor [ˈkoː...] *der;* -s, ...lores ⟨aus *lat.* color „Farbe, Schmuck"⟩: in der mittelalterl. Musik die Ausschmückung einer Melodie

Co|lo|ra|do|it [k..., auch ...ˈiːt] *das;* -s ⟨nach dem amerik. Bundesstaat Colorado u. zu ↑²...it⟩: ein seltenes Mineral

Co|lo|ra|do|kä|fer vgl. Koloradokäfer

Co|lor|bild [ˈkoː..., koˈloːɐ̯...] *das;* -[e]s, -er ⟨zu *lat.* color „Farbe"⟩: 1. Fernsehbild in Farbe. 2. Farbfoto. **Co|lor-field-paint|ing** [ˈkʌləfiːld ˈpeɪn...] *das;* -s ⟨zu *engl.* field „Feld" u. painting „Malerei", eigtl. „Farbfeldmalerei"⟩: Ende der 1950er Jahre in den USA entstandene Stilrichtung der Malerei, die sich auf reine Farbflächen beschränkt u. auf raumillusionistische Wirkungen verzichtet. **Co|lor|film** [ˈkoːloːɐ̯..., koˈloːɐ̯...] *der;* -[e]s, -e: Farbfilm. **Co|lor|ge|rät** *das;* -[e]s, -e: Farbfernsehgerät. **Co|lor|ra-**

Coloskopie

dio|gra|phie *die;* -: Verfahren der ↑Defektoskopie mit Röntgen- u. Gammastrahlen unter Verwendung von fotografischem Farbfilmmaterial

Co|lo|sko|pie [k...] vgl. Koloskopie

Colt ⓦ [kolt] *der;* -s, -s ⟨nach dem amerik. Industriellen u. Erfinder S. Colt, 1814–1862⟩: (bes. in den USA verwendeter) Revolver

Col|tel|la|ta [k...] *die;* -, -s ⟨aus gleichbed. *it.* coltellata, eigtl. „Messerstich", zu coltella „Papier-, Küchenmesser"⟩: (veraltet) Stichelei, Kränkung

Co|lum|ba|ri|um [k...] vgl. Kolumbarium

Co|lum|bit [k..., auch ...'bɪt] vgl. Kolumbit. **Co|lum|bi|um** *das;* -s ⟨*nlat.;* nach dem poetischen Namen Columbia für Amerika u. zu ↑...ium⟩: bis 1949 in angelsächsischen Ländern übliche Bez. für das chem. Element ↑Niob; Zeichen Cb

com..., Com... [k...] vgl. kon..., Kon...

Com|bat-Schie|ßen ['kɔmbæt...] *das;* -s ⟨zu *engl.* combat „Kampf", dies aus gleichbed. *fr.* combat zu combattre, vgl. kombattant⟩: Pistolenschießen mit Serienwaffen, auch als sportlicher Wettbewerb

Com|bi [k...] vgl. Kombi

Com|bine [kɔm'baɪn] vgl. Kombine. **Com|bine-pain|ting** ['kɔmbaɪnpeɪn...] *das;* - ⟨zu *engl.* to combine „zusammenfügen" u. painting „Malerei"⟩: amerik. Kunstrichtung, bei der der Künstler Gegenstände des täglichen Lebens u. vorgefundene Materialien zu Bildern zusammensetzt

Com|bo [k...] *die;* -, -s ⟨Kurzw. aus *engl.-amerik.* combination „Zusammenstellung, Vereinigung", dies aus *spätlat.* combinatio, vgl. Kombination⟩: kleines Jazz- od. Tanzmusikensemble, in dem jedes Instrument nur einmal vertreten ist

Come|back [kam'bɛk] *das;* -[s], -s ⟨aus gleichbed. *amerik.* comeback zu *engl.* to come back „zurückkommen"⟩: erfolgreiches Wiederauftreten, neuerliches Sichbetätigen eines bekannten Künstlers, Politikers, Sportlers nach längerer Pause als Neubeginn od. Fortsetzung seiner früheren Karriere, Aktivität

COMECON, Co|me|con ['kɔmekɔn] *der* od. *das;* - ⟨Kurzw. aus *engl.* Council for Mutual Economic Assistance/Aid⟩: Rat für Gegenseitige Wirtschaftshilfe (ehemalige, 1991 aufgelöste Wirtschaftsorganisation osteuropäischer Staaten unter Führung der Sowjetunion)

Co|mé|die-Bal|let [kɔmediba'lɛ] *das;* -, -s ⟨aus gleichbed. *fr.* comédie-ballet⟩: mit Ballettnummern verbundene franz. Komödie im 17./18. Jh. **Co|mé|die de mœurs** [...də'mœrs] *die;* - - - ⟨aus gleichbed. *fr.* comédie de mœurs, zu mœurs „Sitten, Gebräuche"⟩: franz. Bez. für Sittenstück. **Co|mé|die lar|moy|ante** [kɔmedilarmɔa'jã:t] *die;* - - ⟨aus *fr.* comédie larmoyante, zu larmoyer „weinen"⟩: Rührstück der franz. Literatur des 18. Jh.s (Literaturw.)

Com|edo [k...] vgl. Komedo

Come-down ['kʌmdaʊn] *das;* -s, -s ⟨zu *engl.* to come down, eigtl. „herunterkommen"⟩: (Jargon) das Nachlassen der Rauschwirkung (bei Drogen)

Co|me|dy of man|ners ['kɔmɪdɪ əv 'mænəz] *die;* - - - ⟨aus *engl.* comedy of manners „Sittenkomödie"⟩: ein beliebter Komödientyp der engl. Restaurationszeit im 17. Jh.

Come quick, dan|ger! ['kʌm 'kwɪk 'deɪndʒə] ⟨*engl.;* „Kommt schnell, Gefahr!"⟩: ehemaliges Seenotfunksignal; Abk.: CQD

Co|mes ['ko:mɛs] *der;* -, Plur. - u. Comites ['ko:mite:s] ⟨aus *lat.* comes „Begleiter, Gefährte"⟩: 1. a) im antiken Rom hoher Beamter im kaiserlichen Dienst; b) im Mittelalter Gefolgsmann od. Vertreter des Königs in Verwaltungs- u. Gerichtsangelegenheiten; Graf. 2. Beantwortung des Fugenthemas in der zweiten Stimme auf einer neuen Tonstufe (Mus.)

co|me so|pra [k... –] ⟨*it.*⟩: wie oben, wie zuvor (Spielanweisung; Mus.). **co|me sta** [– sta] ⟨*it.;* „wie es dasteht"⟩: ohne freie Verzierung (Mus.)

Co|me|sti|bles [kɔmɛs'ti:bl] *die* (Plur.) ⟨aus *fr.* comestibles „Eßwaren" zu comestible „eßbar", dies aus *mlat.* comestibilis zu *lat.* comedere „verzehren"⟩: (schweiz.) Feinkost, Delikatessen; vgl. Komestibilien

Co|mic ['kɔmɪk] *der;* -s, -s (meist Plur.) ⟨Kurzw. für comic strips⟩: Bildgeschichte. **Co|mic strips** [– 'strɪps] *die* (Plur.) ⟨aus gleichbed. *engl.-amerik.* comic strips, eigtl. „drollige Streifen", zu *engl.* comic „komisch, Heiterkeit erregend" u. strips „lange, schmale Streifen"⟩: mit Texten gekoppelte, gezeichnete Fortsetzungsgeschichten abenteuerlichen, grotesken od. utopischen Inhalts (z. B. Donald Duck)

Co|ming man ['kʌmɪŋ 'mæn] *der;* - -, - men ['mən] ⟨aus *engl.* coming man „kommender Mann"⟩: jmd., von dem angenommen wird, daß er eine große Karriere machen wird (z. B. Politiker, Sportler). **Co|ming-out** [...'aʊt] *das;* -[s], -s ⟨aus *engl.* coming out, eigtl. „das Herauskommen"⟩: a) das öffentliche Sichbekennen zu seiner homosexuellen Veranlagung; b) das Öffentlichmachen von etwas (als bewußtes Handeln)

Co|mis|sa|tio [k...] *die;* -, ...iones [...ne:s] ⟨aus gleichbed. *lat.* comissatio zu comissari „einen fröhlichen Umzug halten"⟩: sich an die Hauptmahlzeit anschließender Umtrunk mit Unterhaltung durch Musik u. a. (im antiken Rom)

Co|mi|ta|tus [k...] *der;* -, - [...tu:s] ⟨aus gleichbed. *mlat.* comitatus⟩: das Grafenamt, später (etwa seit dem 7. Jh.) auch die Grafschaft, der Amtsbezirk eines fränkischen ↑Comes. **Co|mi|tes** [...te:s]: Plur. von ↑Comes

comme ci, comme ça [kɔm'si kɔm'sa] ⟨*fr.;* „soso, so lala"⟩: nicht besonders [gut]

Com|me|dia dell'ar|te [k... –] *die;* - - ⟨aus *it.* commedia dell'arte, eigtl. „Berufskomödie" (da von Berufsschauspielern ausgeführt)⟩: volkstümliche ital. Stegreifkomödie des 16. bis 18. Jh.s

comme il faut [kɔmɪl'fo:] ⟨*fr.*⟩: wie sich's gehört; mustergültig

Com|me|mo|ra|tio [k...] *die;* -, ...iones [...ne:s] ⟨aus *lat.* commemoratio „Erinnerung" zu commemorare „sich erinnern"⟩: das seit dem Zweiten Vatikanischen Konzil nicht mehr übliche, in Messe u. ↑Brevier (1) einzuschiebende Gebet, das an die Feier eines am fälligen Tag verdrängten Festes erinnert

Com|ment [kɔ'mã:] vgl. Komment

Com|mer|ci|al [kə'mə:ʃl] *das;* -s, -s ⟨aus gleichbed. *engl.* commercial zu commerce „Handel", dies aus *fr.* commerce, vgl. Kommerz⟩: Werbespot (Wirtsch.). **Com|merci|al banks** [– 'bæŋks] *die* (Plur.) ⟨aus *engl.* commercial banks „Handelsbanken"⟩: die ↑Depositenbanken im amerik. Bankwesen

Com|mis|sio|ner [kə'mɪʃənə] *der;* -s, -s ⟨aus gleichbed. *engl.* commissioner zu commission „Vollmacht; Kommission", dies über *fr.* commission aus *lat.* commissio, vgl. Kommission⟩: 1. Regierungs- od. Gerichtsbeauftragter, Kommissar, Beamter für Sonderaufgaben u. Einzeluntersuchungen (im angloamerik. Recht). 2. Polizeipräsident (in London). **Com|mis voya|geur** [kɔmivoaja'ʒø:ɐ̯] *der;* - -, - -s [kɔmivoaja'ʒø:ɐ̯] ⟨aus gleichbed. *fr.* commis voyageur zu commis (vgl. Kommis) u. voyager „reisen"⟩: (veraltet) Handlungsreisender

Com|mo|ner ['kɔmənə] *der;* -s, -s ⟨aus *engl.* commoner „Ge-

Compoundkern

meiner" zu common „(all)gemein; niedrig; gemeinsam", dies über *altfr.* comun (*fr.* commun) aus *lat.* communis, vgl. kommun⟩: jeder, der nicht zum hohen Adel gehört, d. h. nicht Mitglied des Oberhauses ist (in Großbritannien). **Com|mon Law** ['kɔmən 'lɔ:] *das;* - - ⟨aus gleichbed. *engl.* common law, eigtl. „allgemeines Recht"⟩: a) das für alle Personen im engl. Königreich einheitlich geltende Recht im Unterschied zu den örtlichen Gewohnheitsrechten; b) das in England entwickelte Recht im Unterschied zu den aus dem röm. Recht abgeleiteten Rechtsordnungen; vgl. Statute Law (Rechtsw.). **Com|mon name** [– 'neɪm] *der;* - -, - -s ⟨aus gleichbed. *engl.* common name, eigtl. „allgemeiner Name"⟩: Freiname, Warenname, der nicht für einen Hersteller od. Verteiler geschützt ist. **Common Prayer-Book** [– 'prɛəbʊk] *das;* - - ⟨zu *engl.* Common Prayer „Liturgie der anglikanischen Kirche", als Kurzform von Book of Common Prayer „Allgemeines Gebetbuch", dies zu common prayer „gemeinsames Gebet"⟩: Bekenntnis- u. Kirchenordnungsgrundlage der anglikanischen Kirche. **Com|mon sense** [– 'sɛns] *der;* - - ⟨aus gleichbed. *engl.* common sense, dies Lehnübersetzung von *lat.* sensus communis „die allgemein herrschende Anschauung"⟩: gesunder Menschenverstand. **Com|mon shares** [– 'ʃɛəz] *die* (Plur.) ⟨aus gleichbed. *engl.* common shares, eigtl. „allgemeine Anteile"⟩: Stammaktien (in Großbritannien u. den USA; Börsenw.). **Com|mon|wealth** ['kɔmənwɛlθ] *das;* - ⟨aus gleichbed. *engl.* commonwealth, eigtl. „gemeinsames Wohlergehen"⟩: Staatenbund, [britische] Völkergemeinschaft; - of Nations [ɔv 'neɪʃənz]: Staatengemeinschaft des ehemaligen brit. Weltreichs. **Com|mu|ne Sanc|to|rum** [k... zaŋk...] *das;* - - ⟨*lat.;* „das den Heiligen Gemeinsame"⟩: Sammlung von Meß- u. Breviergebeten in der kath. Liturgie für die Heiligenfeste, die keine [vollständigen] Texte besitzen. **Com|mu|nes Con|cep|tio|nes** [...ne:s kɔntsɛp'tsjo:ne:s] *die* (Plur.) ⟨aus gleichbed. *lat.* communes conceptiones (Plur.)⟩: gemeinsame Begriffe, gemeinsame Vorstellungen (Philos.). **Com|mu|nio** *die;* - ⟨aus *lat.* communio „Gemeinschaft"⟩: Begleitgesang zum Kommuniongang des Volkes in der ¹Messe (1; kath. Kirche). **Com|mu|nio Sanc|to|rum** [– zaŋk...] *die;* - - ⟨*lat.*⟩: die Gemeinschaft der Heiligen, d. h. der Gott Angehörenden (im christlichen Glaubensbekenntnis). **Com|mu|niqué** [kɔmyni'ke:] vgl. Kommuniqué. **Com|mu|nis opi|nio** *die;* - - ⟨aus gleichbed. *lat.* communis opinio⟩: allgemeine Meinung, herrschende Auffassung [der Gelehrten]. **Communs** [kɔ'mœ̃:] *die* (Plur.) ⟨zu *fr.* commun „gemeinsam, gemeinschaftlich"⟩: von der Dienerschaft bewohnte kleinere Nebengebäude seitlich des Ehrenhofs von Schlössern (in der Zeit des Barocks).
co|mo|do [k...] ⟨*it.;* aus *lat.* commodus „angemessen, bequem"⟩: gemächlich, behaglich, ruhig (Vortragsanweisung; Mus.).
Com|pact Cas|sette [kɔm'pækt kə'sɛt] *die;* - -, - -s ⟨aus *engl.* compact cassette „Kompaktkassette"⟩: eine genormte Tonbandkassette für ↑miniaturisierte Aufnahme- u. Abspielgeräte; Abk.: CC. **Com|pact Disc** [– 'dɪsk] *die;* - -, - -s ⟨aus *engl.* compact disc „Kompaktschallplatte"⟩: aus metallisiertem Kunststoff bestehende kleine, durch Laserstrahl abtastbare Schallplatte von hoher Tonqualität; Abk.: CD
Com|pa|gnie [kɔmpan'ji:] vgl. Kompanie. **Com|pa|gnon** [kɔmpan'jõ:] vgl. Kompagnon. **Com|pa|ny** ['kæmpəni] *die;* -, ...ies [...nɪz] ⟨aus gleichbed. *engl.* company⟩: engl. Bez. für Handelsgesellschaft; Abk. Comp.; vgl. Kompanie
Com|par|ti|ment [kõparti'mã] vgl. Kompartiment

Com|pi|ler [kɔm'paɪlɐ] *der;* -s, - ⟨aus gleichbed. *engl.* compiler zu to compile „zusammenstellen", dies über *fr.* compiler zu *lat.* compilare, vgl. kompilieren⟩: Computerprogramm, das ein in einer problemorientierten Programmiersprache geschriebenes Programm in die Maschinensprache der jeweiligen Rechenanlage übersetzt (EDV). **Com|pi|ler|ge|ne|ra|tor** *der;* -, -en: Programm (4), dem die Definitionen für eine Programmiersprache A u. eine Zielsprache B eingegeben werden u. das anschließend einen Compiler für die Übersetzung von A in B ausgibt (EDV). **Com|pi|ler|spra|chen** *die* (Plur.): höhere ↑Programmiersprachen wie z. B. ↑COBOL, ↑FORTRAN, die Compiler für die Umwandlung in das Objektprogramm benötigen (EDV)
Com|plainte [kõ'plɛ̃:t] *die;* -, -s ⟨aus gleichbed. *fr.* complainte, dies über *altfr.* complaindre „sich beschweren, klagen", *vulgärlat.* *complangere zu ↑kon... u. *lat.* plangere „laut trauern"⟩: volkstümliches Klagelied im Mittelalter u. in der Renaissance
Com|plai|sance [kõplɛ'zã:s] *die;* - ⟨aus gleichbed. *fr.* complaisance zu complaire „gefällig sein", dies aus *lat.* complacere⟩: (veraltet) Gefälligkeit, Entgegenkommen. **com|plai|sant** [...'zã:] ⟨aus gleichbed. *fr.* complaisant⟩: (veraltet) gefällig, entgegenkommend, bereitwillig, willfährig, nachgiebig, selbstgefällig
Com|plet [kõ'plɛ] vgl. ²Komplet. **Com|ple|to|ri|um** [kɔm...] vgl. Kompletorium. **Com|pli|ance** [kəm'plaɪəns] *die;* - ⟨aus *engl.* compliance „Willfährigkeit" zu to comply „einwilligen, sich fügen", dies über *altfr.* complir „vollenden" aus *lat.* complere „anfüllen, vollenden"⟩: 1. Bez. für die Bereitschaft des Patienten zur aktiven Mitwirkung an den vom Arzt vorgeschlagenen Maßnahmen (Med., Psychol.). 2. die elastische Volumendehnbarkeit von Atmungs- u. Gefäßsystemen (Med.). 3. die Nachgiebigkeit des bewegten Tonabnehmerteils von Plattenspielern gegenüber den durch die Schallplatte erzwungenen Auslenkungen (Techn.).
Com|plu|vi|um [kɔm'plu:vjʊm] *das;* -, ...ien [...jən] ⟨aus gleichbed. *lat.* compluvium zu compluere „regnend zusammenfließen"⟩: Dachöffnung im ↑Atrium des antiken röm. Hauses, durch die das Regenwasser in das darunter gelegene ↑Impluvium floß
¹Com|po|sé [kõpo'ze:] *der;* -[s], -[s] ⟨zu *fr.* composé „zusammengesetzt" (Part. Perf. von composer „zusammensetzen"), dies aus *lat.* compositum, vgl. Kompositum⟩: zweifarbig gemustertes Gewebe, bei dem Muster- u. Grundfarbe wechseln. **²Com|po|sé** *das;* -[s], -s ⟨zu ↑¹Composé⟩: a) zwei od. mehrere farblich u. im Muster aufeinander abgestimmte Stoffe; b) aus ²Composé (a) hergestellte, mehrteilige Damenoberbekleidung. **Com|po|ser** [kɔm...] *der;* -s, - ⟨aus gleichbed. *engl.* composer zu to compose „zusammensetzen; Schrift setzen", dies aus *fr.* composer, vgl. ¹Composé⟩: elektr. Schreibmaschine mit automatischem Randausgleich u. auswechselbarem Kugelkopf, der druckfertige Vorlagen liefert (Druckw.). **Com|po|si|ta** vgl. Komposite. **Com|po|site** ['kɔmpəzɪt] *der;* -[s] ⟨aus *engl.* composite „zusammengesetzt, gemischt"⟩: ein Verbundwerkstoff (Techn.). **com|poun|die|ren** [kɔmpaʊn...] ⟨aus *engl.* to compound „zusammensetzen, verbinden", dies über *altfr.* compondre aus *lat.* componere; vgl. ...ieren⟩: hochmolekulare Plastrohstoffe miteinander od. mit Zusatzstoffen vermischen (Techn.). **Com|pound|kern** [kɔm'paʊnt...] *der;* -[e]s, -e ⟨nach gleichbed. *engl.* compound nucleus, eigtl. „Verbundkern"⟩: bei Beschuß eines Atomkerns mit energiereichen Teilchen entstehender neu-

er Kern (Kernphys.). **Com|pound|ma|schi|ne** *die;* -, -n: a) Kolbenmaschine, bei der das Antriebsmittel nacheinander verschiedene Zylinder durchströmt; b) Gleichstrommaschine (Elektrot.). **Com|pound|öl** *das;* -[e]s, -e: Mineralöl mit Fettölzusatz zur Erhöhung der Schmierfähigkeit. **Com|pound|trieb|werk** *das;* -[e]s -e: Verbindung eines Flugmotors mit einer Abgasturbine zur Leistungssteigerung

Com|pra|dor [k...] *der;* Gen. -s, auch -en, Plur. -e[n] ⟨aus gleichbed. *span.* comprador zu comprar „kaufen, abkaufen", dies aus *lat.* comparare „anschaffen, kaufen"⟩: (früher) Geschäftsführer von Handelsniederlassungen

Com|pres|sio [k...] vgl. Kompression

comp|tant [kõ'tã] ⟨*fr.;* „bar"⟩: svw. kontant. **Comp|toir** [kõ'toa:ɐ] *das;* -s, -s ⟨aus *fr.* comptoir, eigtl. „Zahltisch"; vgl. Kontor⟩: (veraltet) svw. Kontor

Comp|ton|ef|fekt ['kɔmptən...] *der;* -[e]s ⟨nach dem amerik. Physiker A. H. Compton (1892–1962) u. zu ↑ Effekt⟩: mit einer Änderung der Wellenlänge verbundene Streuung elektromagnetischer Wellen (Phys.)

Com|pur ⓦ [k...] *der;* -s, -e ⟨Kunstw.⟩: Objektivverschluß (Fotogr.)

Com|pu|ter [kɔm'pju:tɐ] *der;* -s, - ⟨aus gleichbed. *engl.* computer zu to compute „(be)rechnen", dies aus *lat.* computare „(zusammen)rechnen"; vgl. Konto⟩: universell einsetzbares elektron. Gerät zur automatischen Verarbeitung von Daten (nach bestimmten Programmen bzw. Programmablaufplänen); Datenverarbeitungsanlage. **com|pu|ter...**, **Com|pu|ter...** ⟨zu ↑ Computer⟩: Wortbildungselement mit der Bedeutung „den Computer betreffend; mit Hilfe eines Computers erfolgend; rechnergestützt", z. B. computertomographisch, Computerkriminalität. **Com|pu|ter|ani|ma|ti|on** *die;* -, -en: spezielle Form der Computergraphik zur Darstellung von [fiktiven] bewegten Szenen in nahezu realistischer Form (z. B. für Videoclips). **Com|pu|ter|dia|gno|stik** *die;* -: Teilgebiet der ↑ Diagnostik, das u. a. mit der Anwendung statistischer Methoden u. der Einbeziehung von Datenverarbeitungsanlagen eine Objektivierung u. Automatisierung der diagnostischen Befunde erreichen will. **Com|pu|ter|film** *der;* -[e]s, -e: durch Computeranimation hergestellter Film. **Com|pu|ter|freak** [...fri:k] *der;* -s, -s: begeisterter Anhänger der Computertechnik. **Com|pu|ter|ge|ne|ra|ti|on** *die;* -, -en: Zeitabschnitt in der Entwicklung der Datenverarbeitung, der durch eine vollkommen neue Konzeption in der Konstruktion u. Funktionsweise der Computer bestimmt ist (EDV). **com|pu|ter|ge|stützt:** mit Hilfe der Datenverarbeitung bzw. unter Einbeziehung eines Computers erfolgend. **Com|pu|ter|gra|phik** *die;* -, -en: 1. (ohne Plur.) Teilgebiet der Informatik, das sich mit der Erfassung, Speicherung u. Ausgabe graphischer Darstellungen befaßt. 2. vom Computer erzeugte graphische Darstellung von Daten u. Informationen, z. B. für technische Konstruktionen. **com|pu|te|ri|sie|ren** ⟨zu ↑...isieren⟩: 1. a) Informationen u. Daten für einen Computer lesbar machen; b) Informationen in einem Computer speichern. 2. mit Computern ausrüsten, auf Computerbetrieb umstellen (z. B. einen Wirtschaftszweig). **Com|pu|ter|kri|mi|na|li|stik** *die;* -: Aufklärung u. Bekämpfung von Verbrechen mit Hilfe von Computern. **Com|pu|ter|kri|mi|na|li|tät** *die;* -: Kriminalität mit Hilfe von Computeranlagen (Datenmißbrauch, Informationsdiebstahl usw.). **Com|pu|ter|kunst** *die;* -: ein Verfahren moderner Kunstproduktion, bei dem mit Hilfe von Computern Grafiken, Musikkompositionen, Texte u. a. hergestellt werden. **Com|pu|ter|lin|gui|stik** *die;* -: Bez. für linguistische Forschungen, bei denen man Computer für die Bearbeitung u. Beschreibung sprachlicher Probleme verwendet. **Com|pu|ter|ly|rik** *die;* -: svw. Computertext. **com|pu|tern** [kɔm'pju:...]: (ugs.) mit dem Computer arbeiten, umgehen. **Com|pu|ter|si|mu|la|ti|on** *die;* -: das Durchrechnen eines in der Zeit ablaufenden Prozesses durch einen Computer, um ausgewählte Eigenschaften des Prozeßablaufs sichtbar zu machen. **Com|pu|ter|text** *der;* -[e]s, -e: von bes. programmierten elektron. Datenverarbeitungsanlagen hergestellter Text. **Com|pu|ter|to|mo|gramm** *das;* -s, -e: durch Computertomographie erzeugtes Diagnosebild. **Com|pu|ter|to|mo|gra|phie** *die;* -: Röntgenuntersuchungstechnik, bei der aus den von einem Computer aufbereiteten Meßergebnissen ein Dichteverteilungsgrad der untersuchten Schichten rekonstruiert wird; Abk.: CT. **com|pu|ter|to|mo|gra|phisch:** die Computertomographie betreffend; durch Computertomographie erfolgend. **Com|pu|ter|vi|rus** [...v...] *das,* auch *der;* -, ...viren: unbemerkt in einen Rechner eingeschleustes Computerprogramm, das die vorhandene Software manipuliert od. zerstört. **Com|pu|ti|stik** [kɔmpu...] vgl. Komputistik. **Com|pu|tus** *der;* -, - ⟨aus *spätlat.* computus „Berechnung" zu *lat.* computare, vgl. Computer⟩: Lehrbuch od. Abhandlung zur Zeitrechnung, bes. zur Kalenderberechnung auf astronomischer Grundlage (im Mittelalter)

Comte [kõ:t] *der;* -, -s ⟨aus *fr.* comte „Graf", dies aus *lat.* comes, Gen. comitis „Begleiter" (im Kaisergefolge)⟩: Graf [in Frankreich]. **Com|tesse** [kõ'tɛs] vgl. Komteß

con..., **Con...** vgl. kon..., Kon...

con af|fet|to [kɔn –] ⟨*it.;* „mit Leidenschaft"⟩: svw. affetuoso. **con amo|re** ⟨*it.;* eigtl. „mit Liebe"⟩: svw. amoroso. **con ani|ma** ⟨*it.*⟩: mit Seele, mit Empfindung (Vortragsanweisung; Mus.)

con|axi|al [k...] vgl. koaxial

con brio [kɔn –] ⟨*lat.-it.;* „mit Schwung"⟩: svw. brioso.

con ca|lo|re [– ka...] ⟨*lat.-it.*⟩: mit Wärme (Vortragsanweisung; Mus.)

Con|ceits [kən'si:ts] *die* (Plur.) ⟨aus gleichbed. *engl.* conceits⟩: (veraltet) geistreiche Redewendungen

Con|ce|le|bra|tio [kɔntsɛ...] vgl. Konzelebration

Con|cen|tus [kɔn'tsɛn...] *der;* -, - ⟨aus gleichbed. *lat.* concentus, eigtl. „Einklang, Harmonie" zu concinere „(zusammen) singen, ertönen"⟩: Gesang mit ausgeprägt melodischer Gestaltung in der Liturgie der katholischen u. protestantischen Kirche; Ggs. ↑ Accentus

Con|cept-art ['kɔnsept 'ɑ:t] *die;* - ⟨aus gleichbed. *engl.* concept art zu concept „Absicht, Planung, Konzept" (dies aus *lat.* conceptus, vgl. Konzept) u. art „Kunst" (dies über *fr.* art aus *lat.* artem, Akk. von ars)⟩: moderne Kunstrichtung, in der das Konzept das fertige Kunstwerk ersetzt. **Con|cep|tio im|ma|cu|la|ta** [kɔn'tsɛp... maku...] vgl. Immaculata conceptio. **Con|cep|tu|al art** [kən'septjʊəl 'ɑ:t] *die;* - - ⟨aus *engl.* conceptual art „konzeptionelle Kunst"⟩: svw. Concept-art

con|cert ['kɔnsət] vgl. in concert. **Con|cer|tan|te** [kɔntsər..., *it.* kɔntʃer..., *fr.* kõsɛr'tã:t] *die;* -, -n [...tn̩] ⟨verkürzt aus gleichbed. *fr.* musique concertante bzw. *it.* composizione concertante; vgl. konzertant⟩: Konzert für mehrere Soloinstrumente od. Instrumentengruppen. **Con|cer|ta|to** [kɔntʃer...] *das;* -s, -s ⟨aus gleichbed. *it.* (voci) concertate, eigtl. „konzertierend(e Stimmen)", Part. Präs. von concertare „konzertieren"⟩: Gesamtheit der konzertierenden Solostimmen; Ggs. ↑ Ripieno (Mus.). **Con|cer|ti|no** *das;* -s, -s ⟨aus gleichbed. *it.* concertino, Verkleinerungsform von concerto „Konzert"⟩: 1. kleines Konzert. 2. Gruppe von Instrumentalsolisten im Concerto grosso. **Con|cer|to**

gros|so *das;* - -, ...ti ...ssi ⟨aus *it.* concerto grosso „großes Konzert"⟩: 1. Gesamtorchester im Gegensatz zum solistisch besetzten Concertino (2). 2. Hauptgattung des barocken Instrumentalkonzerts (für Orchester u. Soloinstrumente). **Con|certs spi|ri|tu|els** [kõsɛrspiri'tÿɛl] *die* (Plur.) ⟨aus gleichbed. *fr.* concerts spirituels, eigtl. „Kirchenkonzerte"⟩: erste öffentliche Konzerte mit zumeist geistl. Werken in Paris (18. Jh.)
Con|cet|ti [kɔn'tsɛti] vgl. Konzetti
Con|cha [k...] usw. vgl. Koncha usw.
Con|cierge [kõ'sjɛrʃ, fr. kõ'sjɛrʒ] *der* od. *die;* -, Plur. -s, auch -n [...ʒn̩] ⟨aus gleichbed. *fr.* concierge, dies über das Vulgärlat. zu *lat.* conservus „Mitsklave"⟩: franz. Bez. für Hausmeister[in], Portier[sfrau]. **Con|cier|ge|rie** [kõsjɛrʒə..., fr. kõsjɛrʒə...] *die;* - ⟨*fr.;* zu concergerie, eigtl. „Hausverwaltung"⟩: Pariser Untersuchungsgefängnis, in dem zahlreiche prominente Opfer der Franz. Revolution inhaftiert waren
Con|ci|lia ple|bis [kɔn'tsi:... -] *die* (Plur.) ⟨aus gleichbed. *lat.* concilia plebis, eigtl. „Volksversammlung"⟩: die Versammlung der nach ↑Tribus geordneten ↑¹Plebs im antiken Rom im Gegensatz zur Versammlung des Gesamtvolkes (Komitien)
con|ci|ta|to [kɔntʃi...] ⟨*it.;* Part. Perf. von concitare „erregen, aufregen"⟩: erregt, aufgeregt (Vortragsanweisung; Mus.)
Con|cla|ma|tio [kɔnkla...] *die;* -, ...tiones [...ne:s] ⟨aus *lat.* conclamatio „Anrufung" zu conclamare „laut (aus)rufen", verkünden"⟩: in der Antike Teil des röm. Totenzeremoniells, bei dem die Familienangehörigen den Verstorbenen direkt nach dem Ableben mehrmals mit seinem Namen anriefen
Con|clu|sio [kɔn'klu:...] vgl. Konklusion
Con|cor|dia [kɔn'kɔr...] vgl. Konkordia
Con|cours hip|pique [kõkuri'pik] *der;* - -, - -s [kõkurzi'pik] ⟨aus gleichbed. *fr.* concours hippique zu *mlat.* concursus „Wettkampf" (eigtl. „das Zusammenlaufen") u. *gr.* hippikkós „zum Pferd gehörig"⟩: franz. Bez. für Reit- u. Fahrturnier. **Con|cur|sus di|vi|nus** [kɔn'kʊr... di'vi:...] *der;* - - ⟨aus *lat.* concursus divinus „göttliche Mitwirkung"⟩: die unmittelbare göttliche Mitwirkung an den Handlungen der Geschöpfe (kath. Theologie)
Con|den|sa [k...] *das;* - ⟨Kunstw. zu *lat.* condensus „zusammengedrängt, verdichtet"⟩: keramischer Isolierstoff (Elektrot.). **Con|den|si|te** Ⓦ *das;* - ⟨Kunstw.; vgl. ¹...it⟩: flüssiges Binde- u. Imprägniermittel
con dis|cre|zio|ne [kɔn dıskre...] ⟨*it.;* vgl. Diskretion⟩: mit Takt, mit Zurückhaltung, in gemäßigtem Vortrag (Vortragsanweisung; Mus.)
Con|di|tio|na|lis [k...] vgl. Konditional. **Con|di|tio|nal sti|mu|lus** [kən'dıʃənəl 'stımjʊləs] *der;* - -, - - ⟨aus *engl.* conditional stimulus „bedingter Stimulus"⟩: charakteristisches Zeichen, das einen bedingten Reflex auslöst (Psychol.). **Con|di|tio|ning** [kən'dıʃənıŋ] *das;* -s, -s ⟨aus *engl.* conditioning zu to condition „bestimmen", dies über condition „(Vor)bedingung, Voraussetzung" zu *lat.* conditio, Gen. conditionis „Bedingung, Voraussetzung; Verhältnis, Lage"⟩: svw. Konditionierung. **Con|di|tio si|ne qua non** [kɔn'di:... - - -] *die;* - - - ⟨aus *lat.* condicio sine qua non „Bedingung, ohne die nicht"⟩: 1. notwendige Bedingung, ohne die etwas anderes nicht eintreten kann, unerläßliche Voraussetzung (Philos.). 2. svw. Äquivalenztheorie (1)
Con|di|tor [k...] *der;* -s, ...tores [...re:s] ⟨aus gleichbed. *lat.* conditor zu condere „(er)bauen, gründen"⟩: (veraltet) Gründer, Stifter, Erbauer

con dol|cez|za [kɔn dɔl'tʃɛ...] ⟨*it.;* eigtl. „mit Süße, Sanftheit"⟩: süß, lieblich (Vortragsanweisung; Mus.). **con do|lo|re** ⟨*it.;* eigtl. „mit Schmerz"⟩: svw. doloroso
Con|dom [k...] usw. vgl. Kondom usw.
Con|dor [k...] *der;* -[s], -[s] ⟨*span.;* vgl. Kondor⟩: Münzeinheit in Chile
Con|dot|tie|re [k...] vgl. Kondottiere
Con|duc|tance [kən'dʌktəns] *die;* - ⟨aus *engl.* conductance „Übertragung" zu to conduct „führen, leiten", dies aus *lat.* conductus, Part. Perf. von conducere „zusammenführen, vereinigen"; vgl. Konduktanz⟩: Funktionsgröße für Strömungsverhältnisse, z. B. im Bronchialsystem (Med.). **Con|duc|tus** [kɔn'dʊk...] u. Konduktus *der;* -, - ⟨aus *lat.* conductus „das Zusammenführen"⟩: a) einstimmiges lat. Lied des Mittelalters; b) eine Hauptform der mehrstimmigen Musik des Mittelalters neben ↑Organum (1) u. ↑Motette (Mus.)
Con|dui|te [k..., auch kõ'dÿi:tə] vgl. Konduite
Con|dy|lus [k...] *der;* -, ...li ⟨über *lat.* condylus aus *gr.* kóndylos „Knochengelenk"⟩: Gelenkkopf, -fortsatz (Med.)
con ef|fet|to [kɔn-...] ⟨*it.;* eigtl. „mit Wirkung"⟩: svw. effettuoso. **con es|pres|sio|ne** ⟨*it.;* eigtl. „mit Ausdruck"⟩: svw. espressivo
Con|fé|dé|ra|tion Fran|çai|se des Tra|vail|leurs Chré|tiens [kõfederas'jõ frã'sɛz de trava'jœr kre'tjɛ̃] *die;* - - - - - ⟨*fr.*⟩: Spitzenorganisation der franz. christlichen Gewerkschaften; Abk.: CFTC. **Con|fé|dé|ra|tion Gé|né|rale du Tra|vail** [- ʒene'ral dy tra'vaj] *die;* - - - - ⟨*fr.*⟩: Spitzenorganisation der franz. sozialistischen Gewerkschaften; Abk.: CGT. **Con|fé|dé|ra|tion In|ter|na|tio|nale des So|cié|tés d'Au|teurs et Com|po|si|teurs** [- ɛternasjɔ'nal de sɔsje'te dotœrze kõpozi'tœ:r] *die;* - - - - - - - ⟨*fr.*⟩: Internationale Vereinigung zum Schutz der Urheberrechte; Abk.: CISAC
con|fer! [k...] ⟨Imperativ von *lat.* conferre „vergleichen"⟩: vergleiche!; Abk.: cf., cfr., conf. **Con|fé|rence** [kõfe'rã:s] *die;* -, -n [...sn̩] ⟨aus *fr.* conférence „Vortrag", dies aus *mlat.* conferentia, vgl. Konferenz⟩: Ansage eines Conférenciers. **Con|fé|ren|cier** [kõferã'sie:] *der;* -s, -s ⟨aus gleichbed. *fr.* conférencier⟩: [witzig unterhaltender] Ansager im Kabarett od. Varieté, bei öffentlichen u. privaten Veranstaltungen. **con|fe|rie|ren** vgl. konferieren (2)
Con|fes|sio [k...] *die;* -, ...ones [...ne:s] ⟨aus *lat.* confessio „Geständnis, Bekenntnis" zu confiteri „eingestehen"⟩: 1. a) Sünden-, Glaubensbekenntnis; b) Bekenntnisschrift [der Reformationszeit], z. B. - Augustana, - Helvetica; vgl. Konfession. 2. Vorraum eines Märtyrergrabes unter dem Altar in altchristlichen Kirchen. **Con|fes|sio Au|gu|sta|na** vgl. Augustana. **Con|fes|sio Bel|gi|ca** [- ...] *die;* - - ⟨*lat.*⟩: Bekenntnisschrift der reformierten Gemeinden in den spanischen Niederlanden (1561). **Con|fes|sio Gall|li|ca|na** [-...'ka:na] *die;* - - ⟨*lat.*⟩: Bekenntnisschrift der reformierten Gemeinden Frankreichs (1559). **Con|fes|sio Hel|ve|ti|ca** [- ...'ve:tika] vgl. Helvetische Konfession. **Con|fes|sor** *der;* -s, ...ores [...re:s] ⟨aus *lat.* confessor „Bekenner"⟩: Ehrenname für die verfolgten Christen [der röm. Kaiserzeit]
Con|fiance [kõ'fiã:s] *die;* - ⟨aus gleichbed. *fr.* confiance zu confier „(an)vertrauen", dies aus *lat.* confidere „vertrauen, hoffen"⟩: (veraltet) Zuversicht, Vertrauen. **Con|fié** [kõ'fie:] *der;* -s, -s ⟨aus gleichbed. *fr.* confié, eigtl. Part. Perf. von confier, vgl. Confiance⟩: (veraltet) Vertrauter, Busenfreund
Con|fi|na|lis [k...] *die;* - ⟨aus *lat.* confinalis „angrenzend", eigtl. „die Grenze bildend"⟩: Nebenschlußton der mittelalterlichen Kirchentöne auf der ↑Quinte des Schlußtones

Confinement

(Mus.). **Con|fine|ment** [kən'faɪnmənt] *das;* -s ⟨aus *engl.* confinement „Einschließung", dies aus gleichbed. *fr.* confinement zu confiner „einsperren", eigtl. „angrenzen", zu confins, confines „Grenzen", dies zu *lat.* confinis „angrenzend"⟩: Bez. für die Tatsache, daß es bisher nicht gelungen ist, ↑ Quarks als isolierte, freie Teilchen aufzufinden, sondern nur eingeschlossen in ↑ Hadronen (Phys.)

Con|fi|se|rie [k...] usw. vgl. Konfiserie usw.

Con|fi|te|or *das;* - ⟨zu *lat.* confiteor „ich bekenne"; vgl. Confessio⟩: allgemeines Sündenbekenntnis im christlichen Gottesdienst; vgl. Konfitent

Con|foe|de|ra|tio Hel|ve|ti|ca [kɔnfø... hɛl've:tika] *die;* - - ⟨*lat.*⟩: Schweizerische Eidgenossenschaft; Abk.: CH

con for|za [kɔn –] ⟨*it.*⟩: mit Kraft, mächtig, wuchtig (Vortragsanweisung; Mus.)

Con|fra|ter [k...] vgl. Konfrater

con fuo|co [kɔn 'fu̯o:ko] ⟨*it.*⟩ „mit Feuer"⟩: heftig, schnell (Vortragsanweisung; Mus.)

Con|fu|ta|tio [k...] *die;* - ⟨aus *(m)lat.* confutatio „Widerlegung" zu *lat.* confutare „zurückweisen, zum Schweigen bringen"⟩: die Erwiderung von kath. Seite auf die ↑ Augustana (verfaßt 1530)

Con|ga ['kɔŋga] *die;* -, -s ⟨aus gleichbed. *amerik.-span.* conga, zum afrik. Landesnamen Kongo⟩: 1. kuban. Volkstanz im ¼-Takt. 2. große Handtrommel in der Musik der kuban. Schwarzen, auch im modernen Jazz verwendet

Con|gé [kõ'ʒe:] *der;* -s, -s ⟨aus gleichbed. *fr.* congé, dies aus *lat.* commeatus „Urlaub"⟩: (veraltet) a) Urlaub, Abschied; b) Entlassung [aus dem Dienst]

Con|ge|la|tio [k...] *die;* -, ...iones [...ne:s] ⟨aus *lat.* congelatio „das völlige Gefrieren" zu congelare „völlig gefrieren machen, zum Erfrieren bringen"⟩: lokale Erfrierung der Haut u. des darunter liegenden Gewebes infolge längerer Kälteeinwirkung (Med.). **Con|ge|li|sol** *der;* -s, -e ⟨zu *lat.* solum „Boden"⟩: Dauerfrostboden

Con|gia|ri|um [k...] *das;* -s, ...ien [...iən] ⟨aus *lat.* congiarium „Spende, Geschenk"⟩: im alten Rom von den Kaisern dem Volk gespendetes Geldgeschenk, urspr. in Naturalien in Höhe eines ↑ Congius (z. B. Öl od. Wein). **Con|gi|us** *der;* -, - ⟨aus gleichbed. *lat.* congius⟩: antikes röm. Hohlmaß (3, 275 l)

con gra|zia [kɔn –] ⟨*it.*; eigtl. „mit Anmut"⟩: svw. grazioso

Con|gress of In|du|stri|al Or|ga|ni|za|tions ['kɔŋgrɛs əv ɪn'dʌstrɪəl ɔːgənaɪ'zeɪʃənz] *der;* - - - - ⟨*engl.*⟩: Spitzenorganisation der amerik. Gewerkschaften; Abk.: CIO

Con|greve|druck ['kɔŋgriːv...] *der;* -[e]s ⟨nach dem engl. General u. Ingenieur W. Congreve, 1772–1828⟩: (veraltet) ein Farbdruckverfahren

Co|niac ['kɔnjak] *das;* -[s] ⟨*fr.;* nach der franz. Stadt Cognac⟩: eine Stufe der Kreide (Geol.)

Co|ni|fe|rae [kɔni'feːrɛ] vgl. Konifere

con im|pe|to [kɔn –] ⟨*it.;* eigtl. „mit Ungestüm"⟩: svw. impetuoso

con|iunc|tis vi|ri|bus [kɔn'jʊŋk... 'viri...] ⟨*lat.*⟩: mit vereinten Kräften. **Con|ju|ga|ta** [kɔn...] *die;* -, ...tae [...tɛ] ⟨aus *lat.* coniugata, Part. Perf. (Fem.) von coniugare „zusammenjochen, zusammenpaaren"⟩: Beckenmaß, Abstand zweier bestimmter Punkte des Beckens voneinander (Anat.); vgl. Konjugate. **Con|junc|ti|va** [...v...] vgl. Konjunktiva. **Con|junc|ti|vi|tis** vgl. Konjunktivitis

con leg|gie|rez|za [kɔn lɛdʒe...] ⟨*it.*⟩: mit Leichtigkeit, ohne Schwere (Vortragsanweisung; Mus.)

con mo|to [kɔn –] ⟨*it.*⟩: mit Bewegung, etwas beschleunigt (Vortragsanweisung; Mus.)

con|nais|sa|bel [kɔnɛ...] ⟨aus gleichbed. *fr.* connaissable zu connaître „kennen, erkennen; kennenlernen", dies aus gleichbed. *lat.* cognoscere⟩: (veraltet) erkennbar, deutlich. **Con|nais|sance** [...'sãːs] *die;* -, -n [...sn̩] ⟨aus gleichbed. *fr.* connaissance⟩: (veraltet) a) Bekanntschaft, Kenntnis; b) Bekanntenkreis. **Con|nais|seur** [...'søːʁ] *der;* -s, -s ⟨aus gleichbed. *fr.* connaisseur⟩: (veraltend) Kenner, Sachverständiger; Feinschmecker

Con|nec|tion [kɔ'nɛkʃən] *die;* -, -s ⟨aus gleichbed. *engl.* connection, dies aus *lat.* con(n)exio „Verbindung, Verknüpfung" zu con(n)ectere „zusammenknüpfen, verbinden"⟩: Beziehung, Zusammenhang, Verbindung

Coe|no|bit [tsø...] usw. vgl. Zönobit usw.

con pas|sio|ne [kɔn –] ⟨*it.;* eigtl. „mit Leidenschaft"⟩: svw. passionato, appassionato

con pietà [kɔn pi̯e'ta] ⟨*it.;* eigtl. „mit Andacht"⟩: svw. pietoso

Con|qui|sta [kɔŋ'kista] *die;* - ⟨aus *span.* conquista „Eroberung" zu conquistar „erobern", dies aus *lat.* conquisitum, Part. Perf. (Neutrum) von conquirere, vgl. konquirieren⟩: die Unterwerfung Mittel- u. Südamerikas durch die span. ↑ Konquistadoren

Con|scious|ness-rai|sing ['kɔnʃəsnɪs'reɪzɪŋ] *das;* -[s], -s ⟨aus *engl.* consciousnessraising, eigtl. „Bewußtseinshebung"⟩: Form der ↑ Psychotherapie (2), die dem Behandelten zur Bewußtseinserweiterung verhilft

Con|se|cu|tio tem|po|rum [kɔnze'kuː... –] *die;* - - ⟨aus *lat.* consecutio temporum „Aufeinanderfolge der Zeiten" zu consequi „(ver-, nach)folgen" u. tempus, Plur. tempora „Zeit"⟩: Zeitenfolge in Haupt- u. Gliedsätzen (Sprachw.). **Con|se|guen|te** [...'gu̯ɛntə] *die;* -, -n ⟨aus gleichbed. *it.* conseguente, Part. Präs. von conseguire „folgen", dies aus gleichbed. *lat.* consequi⟩: die auf die erste folgende, imitierende Stimme im Kanon (Mus.)

Con|seil [kõ'sɛj, fr. kõ'sɛj] *der;* -s, -s ⟨aus gleichbed. *fr.* conseil, dies aus *lat.* consilium „(beratende) Versammlung"⟩: Rat, Ratsversammlung (als Bez. für verschiedene Staats- u. Justizinstitutionen in Frankreich, z. B. Conseil d'Etat = Staatsrat); vgl. Konseil

Con|sen|sus [k...] *der;* -, - ⟨aus *lat.* consensus „Übereinstimmung", vgl. Konsens⟩: Zustimmung; - communis [k...]: allgemeine Übereinstimmung der kath. Gläubigen in einer Lehrfrage (Beweismittel für die Richtigkeit eines kath. ↑ Dogmas); - gentium: Schluß von der allgemeinen Geltung eines Satzes auf dessen begründeten Charakter (eigtl. „Übereinstimmung der Völker"; Philos.). - omnium: die Übereinstimmung aller Menschen in bestimmten Anschauungen u. Ideen (z. B. von der Gültigkeit der Menschenrechte u. a.), die oft auch als Beweis für die Richtigkeit einer Idee gewertet wird; vgl. Konsens

con sen|ti|men|to [kɔn –] ⟨*it.*; zu *lat.* sentire „fühlen, empfinden"⟩: mit Gefühl (Vortragsanweisung; Mus.)

Con|si|li|um [k...] vgl. Konsilium. **Con|si|li|um ab|eun|di** [– abeˈʊndi] *das;* - - ⟨aus *lat.* consilium abeundi „Rat zum Abgehen" zu abire „ab-, weggehen"⟩: einem Schüler od. einem Studenten förmlich erteilter Rat, die Lehranstalt zu verlassen, um ihm den Verweis von der Anstalt zu ersparen

Con|si|sten|cy [kən'sɪstənsɪ] *die;* -, ...cies [...sɪz] ⟨aus *engl.* consistency „Beständigkeit", dies aus *mlat.* consistentia zu *lat.* consistere „sich behaupten, erhalten bleiben", eigtl. „hintreten, sich hinstellen"⟩: Widerspruchsfreiheit, Stimmigkeit der Angaben von Befragten (in der Markt- u. Meinungsforschung)

Con|so|la|tio [k...] *die;* -, ...iones ⟨aus *lat.* consolatio „Trost,

Tröstung" zu consolari „trösten"): Trostgedicht, -schrift (Gattung der altröm. Literatur); vgl. Konsolation

Con|sol|funk|feu|er [k...] *das;* -s, - ⟨Kunstw.⟩: im Langwellenbereich arbeitendes Funkfeuer, das über Entfernungen bis zu 3000 km sendet (Schiffahrt)

Con|som|mé [kõsɔ'meː], veraltet Konsommee *die;* -, -s od. *das;* -s, -s ⟨aus gleichbed. *fr.* consommé, eigtl. „vollendet", substantiviertes Part. Perf. von consommer „zu Ende führen", dies aus *lat.* consummare „vollbringen, vollenden"⟩: Kraftbrühe [aus Rindfleisch u. Suppengemüse]

con sor|di|no [kɔn –] ⟨*it.*⟩: mit dem Dämpfer (Spielanweisung für Streichinstrumente)

Con|sort ['kɔnsɔːt] *das;* -[s], -s ⟨aus gleichbed. *engl.* consort, dies aus *lat.* consors „Teilhaber, Partner"⟩: Bez. für ein Kammermusikensemble, urspr. in der engl. Barockmusik, heute für Ensembles, die sich der zeitgenössischen Interpretation bes. von Barockmusik [auf alten Instrumenten] verpflichtet fühlen

con spi|ri|to [kɔn –] ⟨*it.;* eigtl. „mit Geist"⟩: svw. spirituoso

Con|sta|ble ['kʌnstəbl] *der;* -, -s ⟨aus *engl.* constable „Polizist"; vgl. ¹Konstabler⟩: svw. ²Konstabler

Con|sti|tu|ante [kɔ̃stiˈtỹãːt] *die;* -, -n ⟨aus gleichbed. *fr.* (assemblée) constituante zu constituer „feststellen, begründen", dies aus gleichbed. *lat.* constituere; vgl. konstituieren⟩: grundlegende verfassunggebende [National]versammlung (bes. die der Französischen Revolution von 1789). **Con|sti|tu|tio Apo|sto|li|ca** [kɔn... ...ka] *die;* - - ⟨*lat.*; „Apostolische Festsetzung"⟩: feierliche Form der päpstlichen Verlautbarungen. **Con|sti|tu|tion** [engl. kɒnstɪˈtjuːʃən, fr. kõstityˈsjõ] *die;* -, -s [engl. ...ʃənz, fr. ...ˈsjõ] ⟨über *engl.* u. *fr.* constitution aus *lat.* constitutio „Bestimmung; Verordnung"⟩: in den angelsächsischen Ländern u. in Frankreich Bez. für Verfassung

Con|struc|tio ad sen|sum [kɔnˈstrʊktsio – –] *die;* - - - ⟨aus *lat.* constructio ad sensum „Verbindung nach dem Sinn"⟩: Satzkonstruktion, bei der sich das Prädikat od. Attribut nicht nach der grammatischen Form des Subjekts, sondern nach dessen Sinn richtet (z. B. eine Menge *Äpfel fielen* vom Baum [statt: eine Menge Äpfel *fiel* ...]; Sprachw.); vgl. Synesis. **Con|struc|tio apo koi|nu** [– – kɔyˈ...] *die;* - - - ⟨zu *gr.* apò koinoũ „vom Gemeinsamen"⟩: svw. Apokoinu. **Con|struc|tio ka|ta syn|esin** *die;* - - - ⟨zu *gr.* katà sýnesin „gemäß dem Verstand"⟩: svw. Synesis

Con|sua|lia [k...] od. **Con|sua|li|en** [...jən] *die* (Plur.) ⟨*lat.*⟩: Fest zu Ehren von Consus, dem röm. Gott der eingebrachten Ernte

Con|sue|tu|di|nes [kɔn...neːs] *die* (Plur.) ⟨aus *lat.* consuetudines, Plur. von consuetudo „Gewohnheit"⟩: mittelalterliche Vorschriften zum Mönchsleben u. Ausführungsbestimmungen zu den Regeln (z. B. zu Organisation, Verwaltung u. Liturgie)

Con|sul|ting [kənˈsʌl...] *das;* -s ⟨zu *engl.* consulting „beratend" zu consult „u. Rate ziehen", dies aus *lat.* consultare „befragen"⟩: Beratung, Beratungstätigkeit (bes. Unternehmensberatung). **Con|sul|tum** [kɔn...] *das;* -s, ...ta ⟨aus gleichbed. *lat.* consultum, eigtl. „Plan, Beschluß"⟩: im antiken Rom Bez. für den Senatsbeschluß

Con|su|mer pro|mo|tion [kənˈsjuːmə prəˈmoʊʃən] *die;* - - ⟨aus *engl.* consumer promotion zu consumer „Verbraucher, Konsument" (dies über to consume aus *lat.* consumere „ver-, aufbrauchen, verzehren") u. promotion (vgl. ²Promotion)⟩: Bez. für auf die Endverbraucher eines Produktes abzielenden Formen der Verkaufsförderung, z. B. Gewinnspiele u. Probenverteilung

Con|tact|lin|se [kɔnˈtakt...] vgl. Kontaktlinse

Con|ta|gi|on [k...] usw. vgl. Kontagion usw.

Con|tai|ner [kɔnˈteːnɐ, engl. kənˈteɪnə] *der;* -s, - ⟨aus gleichbed. *engl.* container zu to contain „enthalten", dies über *fr.* contenir aus *lat.* continere „zusammenhalten"⟩: 1. der rationelleren u. leichteren Beförderung dienender Großbehälter in standardisierter [quaderförmiger] Größe, mit dem Güter durch mehrere Verkehrsmittel ohne Umpakken der Ladung transportiert werden können. 2. Großbehälter zur rationellen Beseitigung von [speziellem] Müll. 3. Behälter zur Präsentation eines Angebots im Handel. 4. a) behelfsmäßiger Wohnraum [für Asylbewerber]; b) behelfsmäßiger Gewerberaum für Banken, Sparkassen o. ä. **con|tai|ne|ri|sie|ren** ⟨zu ↑...isieren⟩: in Containern verschikken (von Waren od. Fluggepäck). **Con|tai|ner|schiff** *das;* -[e]s, -e: Spezialfrachtschiff zum Transport von Containern. **Con|tai|ner|ter|mi|nal** [...tøːɐ̯minəl] *der,* auch *das;* -s, -s: Hafen, in dem Container verladen werden. **Con|tain|ment** [kənˈteɪn...] *das;* -s, -s ⟨aus gleichbed. *engl.* containment, eigtl. „Eindämmung"⟩: 1. [Schutz]umhüllung für Atomreaktoren. 2. (ohne Plur.) engl.-amerik. Bez. für die Politik des westlichen Verteidigungsbündnisses

Con|tan|go [kɔn..., engl. kənˈtæŋgoʊ] *der;* -s, -s ⟨aus *engl.* contango „Report; Aufgeld"⟩: svw. Report (2)

¹Conte [kõːt] *die;* -, -s [kõːt] ⟨aus *fr.* conte „Erzählung" zu conter, compter „erzählen", dies aus *lat.* computare „berechnen"⟩: Erzählform in der franz. Literatur, die ungefähr zwischen Roman u. Novelle steht; conte de vieille [kõt də ˈvjɛj] ⟨zu *fr.* vieille „Alte, Greisin"⟩: Altweibergeschichte; contes des fées [kõt de ˈfe] ⟨zu *fr.* fée „Fee, Zauberin"⟩: Feenmärchen

²Con|te [k...] *der;* -, Plur. -s u. ...ti ⟨aus *it.* conte, dies aus *lat.* comes, vgl. Comte⟩: hoher ital. Adelstitel (ungefähr dem Grafen entsprechend)

Con|te|ben Ⓦ [k...] *das;* -s ⟨Kunstw.⟩: ein Tuberkuloseheilmittel (Med.)

Con|tem|po|rain [kõtãpɔˈrɛ̃] *der;* -s, -s ⟨aus gleichbed. *fr.* contemporain, dies aus *lat.* contemporaneus zu cum „mit" u. tempus, Plur. tempora „Zeit"⟩: (veraltet) Zeitgenosse

Con|te|nance [kõtɑˈnãːs, fr. kõtˈnɑ̃ːs] *die;* - ⟨aus *fr.* contenance, eigtl. „Fassungsvermögen", zu contenir „enthalten", dies über *vulgärlat.* *contenere aus *lat.* continere „zusammenhalten"⟩: (veraltend) Fassung, Haltung (in schwieriger Lage), Gelassenheit

con te|ne|rez|za [kɔn –] ⟨*it.;* eigtl. „mit Zartheit"⟩: svw. teneramente

Con|ter|gan Ⓦ [k...] *das;* -s ⟨Kunstw.⟩: Handelsname für das Schlafmittel ↑Thalidomid. **Con|ter|gan|kind** *das;* -[e]s, -er: (ugs.) mißgebildet geborenes Kind, dessen Mutter während der Schwangerschaft Contergan eingenommen hatte

Con|tes [k...]: Plur. von ↑²Conte. **Con|tes|sa** *die;* -, ...ssen ⟨aus *it.* contessa, dies aus *mlat.* comitissa zu comes, vgl. Comte⟩: hoher ital. Adelstitel (ungefähr der Gräfin entsprechend). **Con|tes|si|na** *die;* -, -s ⟨aus *it.* contessina, Verkleinerungsform von contessa, vgl. Contessa⟩: ital. Adelstitel (ungefähr der Komtesse entsprechend)

Con|test [k...] *der;* -[e]s, Plur. -s u. -e ⟨aus gleichbed. *engl.* contest zu to contest „streiten um (etwas), bestreiten", dies über *(alt)fr.* contester „bestreiten, anfechten" aus *lat.* contestari „als Zeugen anrufen"⟩: Wettbewerb (im Bereich der Unterhaltungsmusik)

Con|ti [k...]: Plur. von ↑²Conte

Con|ti|nuo [k...] *der;* -s, -s ⟨zu *it.* continuo „fortgesetzt"⟩: Kurzform von ↑Basso continuo. **Con|ti|nuos-Mi|ner**

[kən'tɪnjʊəs 'maɪnə] *der;* -s, - ⟨aus gleichbed. *engl.* continuos miner zu continuos „ununterbrochen" u. miner „Bergmann"⟩: auf Raupen fahrbare, elektrohydraulisch betriebene kombinierte Gewinnungs- u. Lademaschine im Bergbau

Con|tio [k...] *die;* -, ...tiones [...ne:s] ⟨aus gleichbed. *lat.* contio⟩: im alten Rom eine von ¹Magistraten (1 a) zu Meinungsäußerungen einberufene Volksversammlung, die im Gegensatz zu den ↑ Komitien keine Beschlüsse fassen konnte

con|to [a] me|ta [k... (–) –] ⟨*it.*⟩: (Kaufmannsspr.) auf halbe Rechnung

Con|to de Reis [port. 'kɔntu də 'rɛiʃ, bras. – di 'rejs] *der;* - - - ⟨*port.*⟩: port. (1000 Escudos) u. bras. (1000 Cruzeiros) Rechnungseinheit

Con|touche [kõ'tuʃ] *die;* -, -s ⟨französierende Form zu *poln.* kontusz, vgl. Kontusch⟩: 1. in den 20er u. 30er Jahren des 18. Jh.s in ganz Europa übliches, aus dem Hausmantel entwickeltes, bequemes Obergewand mit Falten im Rücken. 2. svw. Adrienne

con|tra [k...] ⟨*lat.*⟩: lat. Schreibung von ↑ kontra. **Con|tra** vgl. Kontra. **Con|tra|dan|za** [...sa] *die;* -, -s ⟨aus gleichbed. *span.* contradanza zu fr. contredanse, vgl. Contredanse⟩: kuban. Gesellschaftstanz des 19. Jh.s. **Con|tra|dic|tio in ad|jec|to** [...'dɪk... – at'jɛkto] *die;* - - - ⟨aus *lat.* contradictio in adiecto „Widerspruch im Hinzugefügten"⟩: Widerspruch zwischen der Bedeutung eines Substantivs u. dem hinzugefügten Adjektiv, Sonderform des ↑ Oxymorons (z. B. der arme Krösus; Rhet., Stilk.). **con|tra le|gem** ⟨*lat.*⟩: gegen den [reinen] Wortlaut des Gesetzes (Rechtsw.); Ggs. ↑ intra legem. **Con|tral|to** *der;* -[s], -s ⟨aus gleichbed. *it.* contralto, eigtl. „tiefe Altstimme" zu *lat.* contra „gegen" u. altus „hoch; tief"⟩: ital. Bez. für Alt[stimme], Altistin (Mus.). **Con|tra|pas** *der;* -, Plur. - od. -es ⟨aus katal. contrapàs „Gegenschritt", zu *lat.* passus „Schritt"⟩: katalanischer Tanz, in dem die Passion Christi dargestellt wird. **con|tra|ria con|tra|ri|is** *con|tra;* ⟨aus *lat.* contraria contrariis (bekämpfen)"⟩: Entgegengesetztes mit Entgegengesetztem (bekämpfen)"⟩: Grundgedanke des Volksglaubens, bes. in der Volksmedizin, nach dem man Gegensätzliches durch Gegensätzliches bekämpfen sollte; vgl. similia similibus. **Con|tra|sto** *der;* -s, -s ⟨aus *it.* contrasto „Widerstreit" zu contrastare „entgegenstehen", dies zu *lat.* contra „entgegen" u. stare „stehen"⟩: eine ital. Variante des mittelalterlichen Streitgedichts.

Con|tra|te|nor *der;* -s, ...tenöre: die dem ↑ Tenor (1) u. dem ↑ Diskant (1) hinzugefügte Stimme in der Musik des 14. u. 15. Jh.s. **Con|trat so|cial** [kõtrasɔ'sjal] *der;* - - ⟨aus gleichbed. *fr.* contrat social (im Titel des 1762 veröffentlichten staatstheoretischen Hauptwerks von J.-J. Rousseau) zu *lat.* contractus „Vertrag" u. socialis „gesellschaftlich"⟩: Gesellschaftsvertrag (Philos., Pol.). **con|tre...**, **Con|tre...** [kõtrə...] vgl. konter..., Konter... **con|tre cœur** [kõtrə'kœ:r] ⟨*fr.;* eigtl. „gegen das Herz"⟩: zuwider. **Con|tre|coup** [...'ku:] *der;* -s, -s ⟨aus *fr.* contrecoup „Rückschlag"⟩: bei einem heftigen Aufprall entstehende Gegenkraft, die ihrerseits Verletzungen auch an der der Aufprallstelle gegenüberliegenden Seite hervorruft (Med.). **Con|tre|danse** [...'dã:s] *die* od. *der;* -, -s [...'dã:s] ⟨aus *fr.* contredanse, eigtl. „Gegentanz"⟩: svw. Kontertanz. **Con|tre-Épreuve** [kõtre'prœ:v] *die;* -, -s ⟨aus gleichbed. *fr.* contreépreuve, eigtl. „Gegenprobe"⟩: Gegendruck (Druckw.). **Con|tre|fa|çon** ['kõtrəfasõn] *das;* -[s], -s ⟨aus gleichbed. *fr.* contrefaçon zu contrefaire „parodieren, nachmachen", eigtl. zu contre „gegen" (dies zu *lat.* contra) u. façon „Art, Weise; Stil" (vgl. Fasson)⟩: Fälschung der Originalausgabe eines Buches. **Con|tre|tanz** ['kõtrə...] vgl. Kontertanz.

Con|trol|ler [kən'troʊlə] *der;* -s, - ⟨aus gleichbed. *engl.* controller, eigtl. „Aufseher", zu control „Aufsicht, Kontrolle", dies aus *fr.* contrôle, vgl. Kontrolle⟩: Fachmann für Kostenrechnung u. Kostenplanung in einem Betrieb. **Con|trol|ling** [kən'troʊlɪŋ] *das;* -s ⟨aus *engl.* controlling „Steuerung" zu to control „(nach)prüfen, überwachen", dies aus gleichbed. *fr.* contrôler, vgl. kontrollieren⟩: von der Unternehmensführung ausgeübte Planungs- u. Kontrollfunktion (Wirtsch.). **Con|trol-Tow|er** [kən'troʊl'taʊə] vgl. Tower

Con|ur|ba|tion [kənə:'beɪʃən] *die;* -, -en ⟨aus *engl.* conurbation „städtisches Ballungsgebiet" zu *lat.* con- (vgl. kon...) u. urbs „Stadt"⟩: besondere Form städtischer ↑ Agglomeration, die sich durch geschlossene Bebauung u. hohe Bevölkerungsdichte auszeichnet; Stadtregion

Co|nus [k...] *der;* -, ...ni ⟨über *lat.* conus aus *gr.* kônos „Pinienzapfen, Kegel"⟩: 1. Zapfen der ↑ Koniferen. 2. kegelförmige Anschwellung eines Organs (Med.). 3. Gattung aus der Familie der Kegelschnecken mit kegelförmigem Gehäuse (Zool.); vgl. Konus

Con|ve|ni|ence-goods [kən'vi:njəns 'gʊdz] *die* (Plur.) ⟨aus *engl.* convenience goods „Bequemlichkeitsgüter" zu convenience „Annehmlichkeit, Bequemlichkeit" u. goods (Plur.) „Güter"⟩: a) Lebensmittel, die schon für den Verbrauch weitgehend zubereitet sind u. daher eine Arbeitserleichterung bedeuten (z. B. tiefgefrorene Fertiggerichte, kochfertige Suppen); b) Güter des täglichen Bedarfs, die der Verbraucher (der Bequemlichkeit u. des geringen Zeitaufwandes wegen) in der unmittelbaren Nachbarschaft kauft u. bei denen keine nennenswerten Qualitäts- u. Preisunterschiede bestehen (z. B. Brot, Gemüse, Zigaretten); Ggs. ↑ Shopping-goods

Con|vent [k...] vgl. Konvent

Con|ver|ter [kən'vɛr...] vgl. Konverter. **Con|ver|ti|ble Bonds** [kən'və:təbl –] *die* (Plur.) ⟨aus gleichbed. *engl.-amerik.* convertible bonds zu to convertible „sich umwandeln lassen" u. bond „Anleihe, Schuldverschreibung"⟩: (in England u. in den USA) Schuldverschreibungen, die sich auf Wunsch des Inhabers in Aktien der Gesellschaft umwandeln lassen. **Con|ver|ti|plane** [kən'və:tɪpleɪn] *das;* -s, -s ⟨engl. Kurzw. aus *convertib*le „(um)wandelbar" u. *plane* „Flugzeug"⟩: Wandelflugzeug, für den Senkrechtstart geeignetes Flugzeug, das die Stellung des Tragwerkes u. der Triebwerke so verändern kann, daß die im Horizontalflugzeug erzeugte Vortriebskraft in eine vertikal gerichtete Hubkraft umgewandelt wird

Con|vey|er [kən've:ɐ] *der;* -s, - ⟨aus gleichbed. *engl.* conveyer zu to convey „befördern, transportieren", dies über *altfr.* conveier „begleiten" aus *vulgärlat.* *conviare „Geleit geben" zu ↑ kon... u. *lat.* via „Weg"⟩: Becherwerk, Förderband

Con|vi|vi|um mu|si|cum [kən'vi:vi̯ʊm ...kʊm] *das;* - -, ...via ...ca [...ka] ⟨aus *lat.* convivium musicum „musikalisches Gastmahl"⟩: Zusammenkunft zu geselligem Musizieren im 16. Jh., die mit einem Gastmahl verbunden war, Vorform des ↑ Collegium musicum

Con|voi [kɔn'voy, auch 'kɔn...] vgl. Konvoi

Con|voi|tise [kõvɔa'ti:z] *die;* - ⟨aus gleichbed. *fr.* convoitise zu convoiter „begehren", dies über älter *fr.* coveitier aus *spätlat.* *cupidietare zu *cupidietas, andere Form zu *lat.* cupiditas „Verlangen, Begierde"⟩: (veraltet) Lüsternheit, Begehrlichkeit

Con|voy|er ['kɔnvɔɪə] *der;* -s, -s ⟨zu *engl.* convoy „Begleitung, Geleit", vgl. Konvoi⟩: (veraltet) bewaffneter Begleiter, bes. Postbegleiter

Cook|so|nia [kʊk...] *die;* -, ...nien [...jən] ⟨aus gleichbed. *nlat.* cooksonia; nach dem brit. Seefahrer J. Cook, 1728-1779⟩: fossile Gattung der Nacktfarne (Obersilur bis Unterdevon), älteste bekannte Landpflanze der Erde

cool [ku:l] ⟨aus gleichbed. *engl.* cool, eigtl. „kühl"⟩: (salopp) 1. leidenschaftslos, nüchtern-sachlich u. kühl im Handeln od. Einschätzen einer Situation. 2. sehr gut (z. B. in bezug auf den von Drogen hervorgerufenen Zustand). **Coo|ler** ['ku:lə] *der;* -s, - ⟨zu ↑cool⟩: erfrischendes alkoholisches Bargetränk, ein ↑Longdrink. **Cool Jazz** ['ku:l 'dʒæz] *der;* - - ⟨aus *amerik.* cool jazz⟩: Jazzstil der 1950er Jahre (als Reaktion auf den ↑Bebop)

Coo|pe|rit [ku:pə..., auch ...'rɪt] *der;* -s, -e ⟨nach dem engl. Mineralogen R. A. Cooper (20. Jh.) u. zu ↑²...it⟩: ein Sulfidmineral

Co|or|di|nates [koʊ'ɔ:dɪneɪts] *die* (Plur.) ⟨aus gleichbed. *engl.* coordinates zu to coordinate „beiordnen, aufeinander abstimmen", dies zu ↑kon... u. *lat.* ordinare „ordnen"⟩: mehrere aufeinander abgestimmte Kleidungsstücke, die zusammen od. mit anderen Stücken kombiniert getragen werden können

Cop [kɔp] *der;* -s, -s ⟨Kurzform von *engl.* copper „Polizist", dies wohl zu to cop „erwischen, fangen"⟩: (ugs.) amerik. Verkehrspolizist

Co|pa ['kopa] *die;* -, -s (aber: 5 -) ⟨aus gleichbed. *span.* copa, eigtl. „Becher, Kelch", dies aus *spätlat.* cuppa „Vase, Gefäß", Nebenform von *lat.* cupa „Tonne, Faß"⟩: altes span. Hohlmaß (0,126 l)

Co|per|ta|gla|sur [k...] *die;* -, -en ⟨zu *it.* coperta „Decke" bzw. coperto (vgl. coperto) u. ↑Glasur⟩: durchsichtige Bleiglasur für ↑Fayencen zur Erhöhung des Glanzes. **co|per|to** ⟨*it.*⟩: bedeckt, mit teilweise abgedeckter Membran (z. B. von Pauken; Vortragsanweisung; Mus.)

Co|pi|lot [k...] vgl. Kopilot

Co|pla [k...] *die;* -, -s ⟨aus *span.* copla „Vers, Liedchen", dies aus *lat.* copula „Band, Verbindung"⟩: volkstümliches span. Lied in vier achtsilbigen Versen

Co|pro|duk|ti|on [k...] vgl. Koproduktion. **co|pro|du|zie|ren** vgl. koproduzieren

Co|py|right ['kɔpiraɪt] *das;* -s, -s ⟨aus gleichbed. *engl.* copyright, eigtl. „Vervielfältigungsrecht"⟩: Urheberrecht des brit. u. amerik. Rechts. **Co|py|test** ['kɔpi...] *der;* -[e]s, -s ⟨aus gleichbed. *engl.* copy test, eigtl. „Nachahmungsversuch"⟩: eine nach dem Copy-testing-Verfahren durchgeführte Untersuchung. **Co|py-te|sting** *das;* -[s] ⟨aus gleichbed. *engl.* copy testing⟩: werbepsychologische Untersuchungsmethode, die die Qualität eines Werbemittels feststellen will, indem sie prüft, wie eine Personengruppe auf ein vorgelegtes Muster reagiert

Coq-à-l'âne [kɔka'la:n] *das;* - ⟨aus *fr.* coq-à-l'âne „zusammenhangloses Geschwätz", dies aus *sauter du coq à l'asne* „vom Hahn auf den Esel überspringen", einem seit dem Spätmittelalter belegten franz. Sprichwort⟩: Gattung der Verssatire in der franz. Dichtung. **Co|quard** [kɔ'ka:r] *der;* -s, -s ⟨aus gleichbed. *fr.* coquard, eigtl. „alter Hahn"⟩: (veraltet) alter Geck. **Coq du vil|lage** [kɔkdyvi:'la:ʒ] *der;* -s - -, -s - - ⟨aus *fr.* coq du village, eigtl. „Dorfhahn"⟩: (veraltet) Hahn im Korbe. **coque|li|cot** [kɔkli'ko:] ⟨zu *fr.* coquelicot „(Klatsch)mohn", wegen der Farbähnlichkeit mit dem Hahnenkamm⟩: (veraltet) klatschmohnfarbig

Co|quil|lage [kɔki'ja:ʒ] *die;* -, -n [...ʒn] ⟨aus gleichbed. *fr.* coquillage zu coquille, vgl. Coquille⟩: Muschelwerk als Wandverzierung. **Co|quil|le** [ko'ki:j(ə), fr. kɔ'kij] *die;* -, -n (meist Plur.) ⟨aus *fr.* coquille „Muschel", dies über *vulgärlat.* *caculium (*lat.* conchylium) aus gleichbed. *mgr.* kokýlion⟩: a) Muschelschale; b) in einer Muschelschale angerichtetes Ragout

Co|quin [kɔ'kɛ̃:] *der;* -s, -s ⟨aus gleichbed. *fr.* coquin, weitere Herkunft unsicher⟩: (veraltet) a) Schuft, Halunke; b) Schelm, Spitzbube. **Co|qui|ne|rie** [kɔkinə...] *die;* -, ...ien ⟨aus gleichbed. *fr.* coquinerie⟩: (veraltet) a) Schurkerei, Schurkenstreich; b) Schelmerei

Cor [ko:r̥] *das;* - ⟨aus gleichbed. *lat.* cor⟩: Herz (Med.)

co|ram pu|bli|co [k... ...ko] ⟨*lat.*⟩: vor aller Welt, öffentlich; vgl. koram

Cor|beille [kɔr'bɛ:j] *die;* -, -n [...jən] ⟨aus gleichbed. *fr.* corbeille, dies zu *lat.* corbis „Korb"⟩: (veraltet) 1. Hochzeitsgeschenk des Bräutigams an die Braut. 2. Maklerraum an der Börse. **Cor|bil|lard** [...bi'ja:r] *der;* -s, -s ⟨aus *fr.* corbillard, eigtl. „Leichenwagen"⟩: (veraltet) großer Reisewagen [mit einem Korb am Heck]. **Cor|bil|lon** [...'jõ:] *der;* -s ⟨aus gleichbed. *fr.* corbillon, eigtl. „Körbchen"⟩: ein franz. Reimspiel

Cord [k...] *der;* -[e]s, Plur. -e u. -s ⟨aus gleichbed. *engl.* cord, eigtl. „Tuchrippe, Schnur", dies über *fr.* corde „Schnur, Saite" aus *lat.* chorda, *gr.* chordḗ „Darmsaite"⟩: hochgerripptes, sehr haltbares [Baumwoll]gewebe. **Cor|da** *die;* -, -s ⟨aus gleichbed. *it.* corda⟩: ital. Bez. für Saite. **Corde** [kɔrd] *die;* -, -s [kɔrd] (aber: 3 -) ⟨aus gleichbed. *fr.* corde, eigtl. „Schnur, Leine; Saite"⟩: altes franz. Volumenmaß für Brennholz (3, 84 m³). **Cor|de|lier** [kɔrdə'lie:] *der;* -s, -s ⟨aus gleichbed. *fr.* cordelier, eigtl. „Strickträger"⟩: 1. Bez. für die Franziskaner in Frankreich bis zur Franz. Revolution. 2. (ohne Plur.) radikale Vereinigung in der Anfangszeit der Franz. Revolution. **Cor|de|lie|re** [auch ...'li̯ɛːrə] *die;* -, -n ⟨aus gleichbed. *fr.* cordelière, eigtl. „Knotenschnur"⟩: (veraltet) geknüpftes Frauenhalsband

Cor|di|al Mé|doc [kɔrdjalme'dɔk] *der;* - -, - - ⟨*fr.*⟩: zu cordial „herzstärkend(er Wein)" u. nach Médoc, einer südwestfranz. Landschaft⟩: Likör aus Destillation franz. Weine

Cor|die|rit [kɔrdie..., auch ...'rɪt] *der;* -s, -e ⟨nach dem franz. Geologen P. L. A. Cordier (1777-1861) u. zu ↑²...it⟩: ein kristallines Mineral (Edelstein). **Cor|die|rit|ke|ra|mik** *die;* -: keramischer Werkstoff auf der Basis von Cordierit mit geringer Wärmeausdehnung, z. B. für feuerfestes Kochgeschirr u. Elektrowärmegeräte

Cord|jeans ['kɔrddʒi:nz] *die* (Plur.) ⟨zu ↑Cord u. ↑¹Jeans⟩: Jeans aus Cord

Cór|do|ba ['kɔr...] *der;* -[s], -[s] ⟨nach dem span. Forscher F. de Córdoba, †1526⟩: Münzeinheit in Nicaragua

Cor|don bleu [kɔrdõ'blø] *das;* - -, -s - [kɔrdõ'blø] ⟨aus *fr.* cordon bleu „blaues (Ordens)band" (wegen der Wertschätzung dieses Gerichts)⟩: mit einer Käsescheibe u. mit gekochtem Schinken gefülltes, zusammengeklapptes Kalbsschnitzel (Gastr.). **Cor|don|ne|rie** [...dɔnə...] *die;* -, ...ien ⟨aus gleichbed. *fr.* cordonnerie zu cordonner „zusammendrehen, flechten", dies zu cordon „Schnur, Seil; Reihe"; vgl. Corde u. Corda⟩: (veraltet) Schuhmacherei, Schuhmacherwerkstatt. **Cor|don|nier** [...dɔ'nie:] *der;* -s, -s ⟨aus gleichbed. *fr.* cordonnier⟩: (veraltet) Schuhmacher

Cor|don sa|ni|taire [...dõsani'tɛ:r] *der;* - -, -s - s [...dõsani'tɛ:r] ⟨aus gleichbed. *fr.* cordon sanitaire⟩: 1. Sperrgürtel zum Schutz gegen das Einschleppen epidemischer Krankheiten. 2. Grenzposten an einer Militärgrenze

Cor|dy|li|ne [k...] *die;* -, -n ⟨über *nlat.* cordylina zu *gr.* kordýlē „Kolben, Keule"⟩: Keulenlilie, eine Gattung trop. Liliengewächse, die zum Teil als Zimmerpflanzen gehalten werden

Core [kɔː] *das;* -[s], -s ⟨aus *engl.* core „Kern, Innerstes"⟩: der wichtigste Teil eines Kernreaktors, in dem die Kernreaktion abläuft (Kernphys). **Core|spun** ['kɔːspʌn] *das;* -s, -s ⟨zu *engl.* spun, Part. Perf. von to spin „spinnen"⟩: Bez. für Kernmantelfäden, die aus einem Fadenkern bestehen u. mit Fasern umsponnen sind (Textiltechnik). **Core|twist** *der;* -[e]s, -e ⟨zu ↑ 'Twist⟩: Bez. für Kernmantelfäden, die aus einem Fadenkern bestehen u. mit Fäden umwunden sind (Textiltechnik)

Cor|fam ⓌⓏ [k...] *das;* -[s] ⟨Kunstw.⟩: in den USA entwickeltes synthetisches Material, das ähnliche Eigenschaften wie Leder aufweist

Co|rio|lis|kraft [k...] *die;* - ⟨nach dem franz. Physiker u. Ingenieur G. G. Coriolis, 1792–1843⟩: in einem rotierenden Bezugssystem auf einen sich bewegenden Körper einwirkende Trägheitskraft (Phys.)

Co|ri|um [k...] *das;* -s ⟨aus *lat.* corium „Haut, Fell, Leder", dies aus *gr.* chórion „Leder"⟩: Lederhaut (zwischen Oberhaut [↑ Epidermis] u. Unterhautgewebe; Med.)

Cor|kit [k..., auch ...'kɪt] *der;* -s, -e ⟨nach dem Fundort Cork, einer irischen Grafschaft, u. zu ↑²...it⟩: ein grünes Mineral

Cor|na|do [k...] *der;* -s, -s (aber: 5 -) ⟨aus gleichbed. *span.* cornado zu *lat.* cornu „Horn" (vgl. Cornu), eigtl. wohl aus *span.* coronado zu corona „Krone" (dies aus gleichbed. *lat.* corona, vgl. Korona), weil die Münze mit dem Prägebild einer Krone versehen war⟩: alte span. Kupfermünze

Cor|na|mu|sa [k...] *die;* -, -s ⟨aus *it.* cornamusa „Blashorn"⟩: svw. Cornemuse. **Cor|nard** [kɔr'naːr] *der;* -s, -s ⟨aus gleichbed. *fr.* cornard (eigtl. „Hörnerträger") zu corne „Horn", dies aus gleichbed. *lat.* cornu; vgl. Cornu⟩: (veraltet) Hahnrei. **Cor|nea** [k...], eindeutschend auch **Kornea** *die;* -, ...neae [...neɛ] ⟨aus gleichbed. *nlat.* cornea, dies zu *lat.* cornu „Horn"; vgl. Cornu⟩: Hornhaut des Auges (Med.)

Cor|ned beef ['kɔːnd 'biːf] *das;* - - ⟨aus gleichbed. *engl.* corned beef zu to corn „(mit Salzkörnern) einpökeln" u. beef „Rindfleisch" [in Dosen]⟩: zerkleinertes u. gepökeltes Rindfleisch [in Dosen]. **Cor|ned pork** [- 'pɔːk] *das;* - - ⟨aus gleichbed. *engl.* corned pork⟩: zerkleinertes u. gepökeltes Schweinefleisch [in Dosen]

Cor|ne|muse [kɔrnə'myːz] *die;* -, -s [kɔrnə'myːz] ⟨aus gleichbed. *fr.* cornemuse zu cornemuser „Dudelsack blasen", dies zu corne „Horn" (aus *lat.* cornu; vgl. Cornu) u. muser „dudeln"⟩: Dudelsack, Sackpfeife. **Cor|ner** ['kɔːnə] *der;* -s, - ⟨aus gleichbed. *engl.* corner, eigtl. „Straßenecke", zu *lat.* cornu „Horn, äußerste Ecke"⟩: 1. Ringecke (beim Boxen). 2. (eindeutschend auch Korner) planmäßig herbeigeführter Kursanstieg an Effekten- u. Warenbörsen, um die Baissepartei in Schwierigkeiten zu bringen (Börsenwesen). 3. (österr., sonst veraltet) Ecke, Eckball beim Fußballspiel.

Cor|net à pi|stons [kɔrnɛapis'tõ] *das;* - - -, -s - - [kɔrnɛza...] ⟨aus *fr.* cornet à pistons „Klapphorn"⟩: svw. ²Kornett (2). **Cor|nette** [kɔr'nɛt] *die;* -, -n [...tn] ⟨aus gleichbed. *fr.* cornette, vgl. Kornett⟩: (veraltet) 1. a) Standarte, Fähnlein, das der ↑ Kornett trug; b) Schiffsflagge. 2. spitze Damenhaube. **Cor|net|to** *das;* -s, Plur. -s u. ...ti ⟨aus gleichbed. *it.* cornetto, eigtl. „kleines Horn", Verkleinerungsform von corno, vgl. Corno⟩: kleines Griffhochhorn, Zink (ein altes Holzblasinstrument; Mus.). **Cor|net|ton** *der;* -[e]s, ...töne ⟨zu *fr.* cornet, vgl. ²Kornett⟩: Zinkenton, Stimmton der Stadtpfeifer

Corn-flakes ['kɔːnfleɪks] *die* (Plur.) ⟨aus gleichbed. *engl.* cornflakes zu corn „Mais" u. flake „Flocke"⟩: geröstete Maisflocken

Cor|ni|chon [kɔrni'ʃõː] *das;* -s, -s ⟨aus gleichbed. *fr.* cornichon, eigtl. „Hörnchen", dies aus gleichbed. *lat.* corniculum, Verkleinerungsform von cornu, vgl. Cornu⟩: kleine, in Gewürzessig eingelegte Gurke; Pfeffergürkchen. **Cor|niè|re** [...'njɛːrə] *die;* -, -n ⟨aus gleichbed. *fr.* cornière zu corne „Ecke, Spitze", vgl. Cornard⟩: (veraltet) Kehlrinne, Einkehlung (Archit.). **Cor|no** *das;* -, ...ni ⟨aus gleichbed. *it.* corno, dies aus *lat.* cornu „Horn"⟩: Horn; - da caccia ['katʃa]: Waldhorn, Jagdhorn; - di bassetto: Bassetthorn (Mus.). **Cor|nu** *das;* -[s], Cornua ⟨aus *lat.* cornu „Horn"⟩: 1. dem Tierhorn nachgebildetes metallisches Signalinstrument des Altertums. 2. kleiner knöcherner, knorpeliger od. häutiger Fortsatz (Anat.)

Corn|wal|lit [k..., auch ...'lɪt] *der;* -s, -e ⟨nach dem Vorkommen in der engl. Grafschaft Cornwall u. zu ↑²...it⟩: ein dunkelgrünes Kupferarsenatmineral

Co|rol|la [k...] vgl. Korolla. **Co|ro|na** usw. vgl. Korona usw. **Co|ro|ner** ['kɔrənɐ] *der;* -s, -s ⟨aus gleichbed. *engl.-amerik.* coroner zu *altfr.* corone „Krone", dies aus *lat.* corona⟩: (in England u. in den USA) Beamter, der plötzliche u. unter verdächtigen Umständen eingetretene Todesfälle untersucht

Cor|po|ra [k...]: Plur. von ↑ Corpus. **Cor|po|rate iden|ti|ty** ['kɔːpərɪt aɪ'dɛntətɪ] *die;* - -, - ...tities [...tɪz] ⟨aus *engl.* corporate identity „Unternehmensidentität"⟩: Erscheinungsbild einer Firma in der Öffentlichkeit (Warenzeichen, Form- u. Farbgebung der Produkte, Verpackungen u. ä.). **Cor|po|ra|tion** [kɔːpə'reɪʃn] *die;* -, -s ⟨aus *engl.* corporation „Körperschaft", dies aus gleichbed. *spätlat.* corporatio zu *lat.* corporatus, Part. Perf. von corporare „zum Körper werden"⟩: Kapitalgesellschaft amerikanischen Rechts. **Corps** [kɔːʀ] vgl. Korps. **Corps con|su|laire** [kɔrkõsy'lɛr] *das;* - -, - -s [...'lɛːr] ⟨aus gleichbed. *fr.* corps consulaire⟩: konsularisches Korps. **Corps de bal|let** [kɔrdəba'lɛ] *das;* - - -, - - - ⟨aus gleichbed. *fr.* corps de ballet⟩: Ballettgruppe, -korps. **Corps de lo|gis** [kɔrdəlɔ'ʒi] *der;* - - -, - - - ⟨aus gleichbed. *fr.* corps de logis⟩: Hauptgebäude der barocken Schloßanlage. **Corps di|plo|ma|tique** [kɔrdiplɔma'tik] *das;* - -, - -s [...'tik] ⟨aus gleichbed. *fr.* corps diplomatique⟩: diplomatisches Korps; Abk.: CD. **Cor|pus** *das;* -, ...pora ⟨aus *lat.* corpus „Körper"⟩: 1. Hauptteil eines Organs od. Körperteils (Med.). 2. der zentrale Strang des ↑ Vegetationskegels einer Pflanze (Bot.); Ggs. ↑ Tunica (1). 3. svw. ²Korpus. **Cor|pus Chri|sti** *das;* - ⟨aus *lat.* corpus Christi „der Leib Christi"⟩: das ↑ Altarsakrament in der kath. Kirche; - - mysticum [...kʊm]: [die Kirche als] der mystische Leib Christi. **Cor|pus|cu|lum** [...kulʊm] *das;* -s, ...la (meist Plur.) ⟨aus *lat.* corpusculum „Körperchen", Verkleinerungsform von corpus⟩: kleines Gebilde im Organismus (Med.). **Cor|pus de|lic|ti** [- de'lɪkti] *das;* - -, ...pora - ⟨aus gleichbed. *lat.* corpus delicti⟩: etwas, was als Gegenstand für eine kriminelle, belastende Tat gedient hat u. Beweisstück für die Überführung des Täters ist. **Cor|pus In|scrip|tio|num La|ti|na|rum** [- ɪnskrɪp...] *das;* - - - ⟨aus *spätlat.* corpus „Sammelwerk, Gesamtausgabe"⟩: maßgebliche Sammlung der lat. Inschriften der Römerzeit. Abk.: CIL. **Cor|pus ju|ris**, eindeutschend auch **Korpus juris** *das;* - - ⟨aus gleichbed. *lat.* corpus iuris, zu ius, Gen. iuris „Recht, Gesetz"⟩: Gesetzbuch, Gesetzessammlung. **Cor|pus Ju|ris Ca|no|ni|ci**, auch - Iuris - [- 'juːris ka'noːnitsi] *das;* - - - ⟨*lat.*; zu *mlat.* canonicus „kirchlich"⟩: bis 1918 allein gültige Sammlung des kath. Kirchenrechts; vgl. Codex Juris Canonici. **Cor|pus Ju|ris Ci|vi|lis** [- - tsi'viːlɪs] *das;* - - - ⟨*lat.*; zu civilis „bürgerlich"⟩: von dem oström. Kaiser Justinian im 6. Jh. n. Chr. veranlaßte Sammlung der damals geltenden Rechtsvorschriften. **Cor|pus lu|te|um** [– 'lu:teʊm] *das; - -* ⟨aus gleichbed. *lat.* corpus luteum⟩: Gelbkörper des Eierstocks. **Cor|pus-lu|te|um-Hor|mon** *das;* -s: weibliches Keimdrüsenhormon (Med.). **Cor|pus Re|for|ma|to|rum** *das; - -* ⟨*lat.*⟩: Gesamtausgabe der Schriften der ↑Reformatoren (außer Luther); Abk.: CR

Cor|ral [k...] *der;* -s, -es ⟨aus *span.* corral „Hof, Gehöft" (weil das Theater urspr. in Höfen eingerichtet war)⟩: span. Bez. für das [Volks]theater

Cor|rec|tio [kɔˈrɛktsio] *die;* -, ...tiones [...ne:s] ⟨aus *lat.* correctio „Berichtigung" zu corrigere, vgl. korrigieren⟩: rhetorische Figur in Form der Zurücknahme eines schwächeren Ausdrucks u. Ersatz durch einen stärkeren. **Cor|re|gedor** [kɔreʒe...], **Cor|re|gi|dor** [kɔrɛxi...], eindeutschend auch Korregidor [...x...] *der;* Gen. -s u. -en, Plur. -en ⟨aus *port.* corregedor bzw. *span.* corregidor „Richter", eigtl. „Verbesserer", beide zu *lat.* corrigere, vgl. korrigieren⟩: hoher Verwaltungsbeamter in Spanien u. Portugal

Cor|ren|te [k...] *die;* -, -n ⟨aus *it.* corrente, eigtl. „die Laufende", dies aus *lat.* currens, Gen. currentis, Part. Präs. von *lat.* currere „laufen"⟩: ital. Form von ↑Courante

Cor|ret|to|ri [k...] *die* (Plur.) ⟨aus *it.* corettori, Plur. von corettore „Verbesserer; Zuchtmeister", dies aus *lat.* corrector zu corrigere, vgl. korrigieren⟩: Kollegium von 5 Richtern in Venedig, das das Leben eines verstorbenen Dogen untersuchen u. beurteilen mußte

Cor|ri|da [de to|ros] [k... (– –)] *die;* -[- -], -s[- -] ⟨aus *span.* corrida (de toros) zu correr „laufen, hetzen", dies aus *lat.* currere „laufen, eilen"⟩: span. Bez. für Stierkampf

Cor|rie|dale|schaf [ˈkɔrideɪl...] *das;* -[e]s, -e ⟨nach der neuseeländ. Viehfarm Corriedale⟩: ein urspr. in Neuseeland gezüchtetes, großwüchsiges Schaf

Cor|ri|gen|da [k...] vgl. Korrigenda. **Cor|ri|gens** vgl. Korrigens. **cor|ri|ger la for|tune** [kɔriʒelafɔrˈtyn] ⟨*fr.*⟩: durch nicht ganz korrekte, geschickt-betrügerische Manipulationen den Glück nachhelfen, machen, daß etwas zu seinen Gunsten ausgeht; falschspielen

Cor|ri|noi|de [k...] *die* (Plur.) ⟨Kunstw.; vgl. ...oide⟩: chem. Verbindungen mit einem dem ↑Porphyrin ähnlichen Grundgerüst

Cor|ro|bo|ra|tio [k...] *die;* - ⟨aus *spätlat.* corroboratio „Bestätigung" zu *lat.* corroborare „kräftigen, stärken"⟩: in mittelalterl. Texten die Beglaubigung (z. B. das Siegel) ankündigender Ausdruck

Cor|ro|bo|ree [kəˈrɔbəri:] vgl. Korrobori
Cor|sa|ge [kɔrˈza:ʒə] vgl. Korsage
Cor|so [k...] vgl. Korso
Cor|tail|lod|kul|tur [kɔrtaˈjo...] *die;* - ⟨nach dem Fundort Cortaillod im Schweizer Kanton Neuenburg u. zu ↑Kultur⟩: Kulturgruppe der Schweizer Jungsteinzeit

Cor|tège [kɔrˈtɛ:ʒ] vgl. Kortege
Cor|te|jo [k...] *der;* -s, -s ⟨aus *span.* cortejo „Aufwartung, Gefolge; Liebhaber" zu *port.* corte „(königlicher) Hof, Hofstaat", dies über *vulgärlat.* cors, Gen. cortis aus *lat.* cohors, Gen. cohortis „Hof(raum)"; vgl. Kohorte⟩: (veraltet) jmd., der Frauen den Hof macht. **Cor|tes** *die* (Plur.) ⟨aus *span., port.* cortes, eigtl. „Reichsstände", zu corte, vgl. Cortejo⟩: Volksvertretung in Spanien u. früher auch in Portugal. **Cor|te|se** *die;* - ⟨zu *it.* cortese „höflich, artig; höfisch", dies zu corte „Hof, Hofstaat"; vgl. Cortejo⟩: sehr gute ital. Weißweinrebe

Cor|tex [k...] vgl. Kortex. **Cor|ti|co|id** [...koˈi:d] vgl. Kortikoid. **Cor|ti|co|ste|ro|id** vgl. Kortikosteroid. **Cor|ti|co|ste|ron** vgl. Kortikosteron

Cor|ti|gia|na [k...] *die;* -, Plur. -s u. ...ne *it.* cortigiana „Buhlerin, Kurtisane" zu cortigiano „Höfling", dies zu corte „Hof, Hofstaat"; vgl. Cortejo⟩: reiche Kurtisane als Typenfigur der ↑Commedia dell'arte

Cor|ti|ne [k...] vgl. Kortine
Cor|ti-Or|gan [k...] *das;* -s ⟨nach dem ital. Arzt A. Corti (1822–1876) u. zu ↑Organ⟩: die Sinneszellenschicht im Innenohr (Med.)

Cor|ti|sol [k...] *das;* -s ⟨Kunstw.⟩: svw. Hydrokortison. **Cor|ti|son** vgl. Kortison

Cor|vée [kɔrˈve:] *die;* - ⟨aus gleichbed. *fr.* corvée zu *spätlat.* corrogata „gemeinsam auszuführende Arbeit", dies zu corrogare „zusammenbitten, -holen"⟩: (veraltet) Fronarbeit, Frondienst

Co|ry|da|lis [ko...] vgl. Korydalis
Co|ry|fin ⓦ [k...] *das;* -s ⟨Kunstw.⟩: ein Mittel gegen Erkältungskrankheiten. **Co|ry|za** vgl. Koryza

cos: Zeichen für Kosinus
Co|sa|lit [k..., auch ...ˈlɪt] *der;* -s, -e ⟨nach dem Fundort Cosala in Mexiko u. zu ↑²...it⟩: ein graues Mineral
Co|sa No|stra [k... –] *die; - -* ⟨*it.;* eigtl. „unsere Sache"⟩: kriminelle Organisation in den USA, deren Mitglieder vor allem Italiener od. Italoamerikaner sind

cosec: Zeichen für Kosekans
co|si fan tut|te [koˈzi: – –] ⟨*it.*⟩: so machen es alle
Co|si|nus [k...] vgl. Kosinus
Cos|ma|ten [k...] *die* (Plur.) ⟨nach dem ital. Vornamen Cosmas; vgl. ...at (1)⟩: Bez. für mehrere ital. Künstlerfamilien (12. bis 14. Jh.), in denen der Vorname Cosmas häufig war
Cos|mea [k...] *die;* -, ...een ⟨aus gleichbed. *nlat.* cosmea, dies aus *gr.* kósmos „Schmuck, Zierde"⟩: Schmuckkörbchen (Korbblütler). **Cos|mo|tron** vgl. Kosmotron

Coss [k...] *das;* - ⟨aus *it.* cosa „Sache, Ding, Gegenstand", Bez. der Unbekannten in Gleichungen⟩: Frühform der Algebra im 15./16. Jh. **Cos|si|sten** *die* (Plur.) ⟨zu ↑...ist⟩: die Vertreter des Coss

Cos|sy|rit [k..., auch ...ˈrɪt] *der;* -s, -e ⟨nach Cossyra, dem antiken Namen der Insel Pantelleria bei Sizilien, u. zu ↑²...it⟩: ein stark eisenhaltiges Mineral

¹Co|sta [k...] *die;* -, ...tae [...tɛ] ⟨aus gleichbed. *lat.* costa⟩: Rippe (Med.). **²Co|sta** *die;* - ⟨aus gleichbed. *span.* costa, vgl. ¹Costa⟩: span. Bez. für Küste

cost and freight [ˈkɔst ənd ˈfreɪt] ⟨*engl.;* „Kosten u. Fracht"⟩: Klausel im Überseehandel, nach der Fracht- u. Versandkosten im Preis eingeschlossen sind; Abk.: cf.
cost, in|su|rance, freight [– ɪnˈʃʊərəns ˈfreɪt] ⟨*engl.*⟩: „Kosten, Versicherung u. Fracht"⟩: Klausel im Überseehandel, nach der Fracht-, Versicherungs- u. Verladekosten im Preis eingeschlossen sind; Abk.: cif

Co|stum|bris|mo [k...] *der;* - ⟨aus gleichbed. *span.* costumbrismo zu costumbres (Plur.) „Sitten u. Gebräuche"; vgl. ...ismus (1)⟩: Richtung in der span. Literatur des 19. Jh.s

cot: Zeichen für Kotangens. **Co|tan|gens** vgl. Kotangens
Côte [ko:t] *die;* -, -s ⟨aus *fr.* côte „Rippe; Abteilung; Küste", dies aus *lat.* costa, vgl. ¹Costa⟩: franz. Bez. für Küste. **Coteau** [koˈto] *der;* -s, -s ⟨aus gleichbed. *fr.* coteau⟩: franz. Bez. für Abhang, Hügel, Hügelkette. **Cô|te|lé** [kot(ə)ˈle:] *der;* -[s], -s ⟨aus *fr.* côtelé „gerippt" zu côte, vgl. Côte⟩: Kleider- od. Mantelstoff mit feinen Rippen. **Co|te|line** [kot(ə)ˈli:n] *der;* -[s], -s ⟨zu ↑...ine⟩: Möbelbezugsstoff mit kordartigen Rippen

Co|til|lon [kɔtiˈjõ] vgl. Kotillon
Co|ton [koˈtõ] vgl. Koton
Cot|tage [ˈkɔtɪdʒ] *das;* -, -s ⟨aus gleichbed. *engl.* cottage, dies aus *altfr.* *cotage, galloroman.* *cotagium⟩: 1. Landhaus, Häuschen. 2. (österr.) Villenviertel im Vorstadtbereich.

Cottagecheese

Cot|tage|cheese [...tʃiːz] *der;* - ⟨zu *engl.* cheese „Käse"⟩: aus den USA stammender Bauernkäse aus Quark. **Cot|tage|style** [...staɪl] *der;* Gen. - u. -s, Plur. -s ⟨zu *engl.* style „Stil", eigtl. „Landhausstil"⟩: engl. Art des Bucheinbandes mit rechteckigem Mittelfeld, das oben u. unten mit hausdachartigen Verzierungen geschmückt ist. **Cot|tage|system** *das;* -s: System in der engl. Industrie, bei dem die Firma den Betriebsangehörigen Wohnungen stellt, die durch teilweise Einbehaltung des Lohns in deren Eigentum übergehen

Cot|te [k...] *die;* -, -n ⟨aus *fr.* cotte „Kutte"⟩: im Mittelalter unter dem Obergewand getragenes Kittelkleid

Cot|ton ['kɔtn] *der* od. *das;* -s ⟨aus *engl.* cotton, dies über *fr.* coton aus *arab.* quṭun „Baumwolle"; vgl. Kattun⟩: engl. Bez. für [Gewebe aus] Baumwolle, Kattun; vgl. Koton. **Cot|ton gin** [- 'dʒɪn] *das;* -s, -s ⟨aus gleichbed. *engl.* cotton gin, zu to gin „entkörnen"⟩: ein 1793 erfundenes Baumwollentkernungsgerät. **cot|to|ni|sie|ren** [kɔto...] vgl. kotonisieren

Cot|ton|ma|schi|ne ['kɔtn...] *die;* -, -n, Cottonstuhl *der;* -[e]s, ...stühle ⟨nach dem engl. Erfinder W. Cotton⟩: Wirkmaschine zur Herstellung von Damenstrümpfen

Cot|ton|öl ['kɔtn...] *das;* -[e]s ⟨zu ↑Cotton⟩: aus Baumwollsamen gewonnenes Öl, das in Technik u. Heilkunde verwendet wird

Cot|ton|stuhl ['kɔtn...] vgl. Cottonmaschine

Cot|ton|wood ['kɔtnwʊd] *das;* -[s] ⟨aus *engl.* cotton wood, eigtl. „Baumwollholz"⟩: Holz der amerik. Pappel

Cot|trell|ver|fah|ren [k...] *das;* -s ⟨nach dem amerik. Erfinder F. G. Cottrell, 1877–1948⟩: Verfahren zur elektrostatischen Entstaubung von Gasen

Co|tun|nit [k..., auch ...'nɪt] *der;* -s ⟨nach dem ital. Arzt D. Cotugno, latinisiert Cotunnius (1736–1822), u. zu ↑²...it⟩: ein rhombisches Mineral

Co|ty|lo|sau|rier [k...] vgl. Kotylosaurier

Couch [kaʊtʃ] *die,* schweiz. auch *der;* -, Plur. -s, auch -en, schweiz. auch -[e]s ⟨aus gleichbed. *engl.* couch, dies aus *fr.* couche „Lager" zu coucher „hinlegen", dies aus *lat.* collocare „hinsetzen, niederlegen"⟩: breiteres Liegesofa mit niedriger Rückenlehne. **couche!** [kuʃ] ⟨*fr.;* Imperativ von coucher „niederlegen"⟩: leg dich!, still! (Zuruf an Hunde). **Cou|chet|te** [kuˈʃɛta] *die;* -, -s ⟨aus gleichbed. *fr.* couchette, eigtl. Verkleinerungsform von couche, vgl. Couch⟩: (veraltet) Liegewagenplatz (Eisenbahn). **Couch|gar|ni|tur** ['kaʊtʃ...] *die;* -, -en ⟨zu ↑Couch⟩: aus meist zwei Sesseln u. einer Couch bestehende Polstersitzgruppe. **Couch|tisch** *der;* -[e]s, -e: niedriger Tisch für eine ↑Couchgarnitur

Cou|dée [ku'de] *die;* -, -s (aber: 3 -) ⟨aus *fr.* coudée „Elle" zu coude „Ellenbogen", dies aus *lat.* cubitus, cubitum⟩: altes franz. Längenmaß von etwa 50 cm. **Cou|dé-Sy|stem** *das;* -s ⟨zu *fr.* coudé „gekrümmt, bogenförmig"⟩: optisches System in einem Spiegelteleskop (Astron.)

Coué|is|mus [kue'ɪsmʊs] *der;* - ⟨nach dem franz. Apotheker É. Coué (1857–1926) u. zu ↑ ...ismus⟩: Entspannung durch ↑Autosuggestion (ein Heilverfahren)

Cou|la|ge [ku'laːʒə] *die;* -, -n ⟨aus *fr.* coulage zu couler „(durch)gießen, fließen, gleiten", dies aus *lat.* colare „durchseihen"⟩: franz. Bez. für Leckage (Gewichtsverlust bei flüssigen Waren durch Aussickern, Verdunsten od. eine Leckstelle). **cou|lant** [kuˈlɑ̃ː] vgl. kulant

Cou|leur [kuˈløːɐ] *die;* -, -s ⟨aus *fr.* couleur „Farbe", dies aus *lat.* color⟩: 1. (innerhalb einer gewissen Vielfalt) bestimmte geistig-weltanschauliche Prägung (einer Person), z. B. Politiker aller -. 2. Trumpf (im Kartenspiel). 3. Band u. Mütze einer studentischen Verbindung

Cou|lis [ku'li] *die;* -, - ⟨aus gleichbed. *fr.* coulis zu couler, vgl. Coulage⟩: weiße od. braune Soßengrundlage (Gastr.).
Cou|loir [kuˈlo̯aːɐ] *der* od. *das;* -s, -s ⟨aus *fr.* couloir „Verbindungsgang; Ort, wo man laufen kann" zu couler, vgl. Coulage⟩: 1. (veraltet) Verbindungsgang. 2. (schweiz. nur *das*) Schlucht, schluchtartige Rinne (Alpinistik). 3. eingezäunter, ovaler Sprunggarten zum Einspringen junger Pferde ohne Reiter

Cou|lomb [kuˈlõː] *das;* -s, - ⟨nach dem franz. Physiker Ch. A. de Coulumb, 1736–1806⟩: Maßeinheit für die Elektrizitätsmenge (1 C = 1 Amperesekunde); Zeichen C. **Cou|lomb|me|ter** [kuˈlõː...] od. **Cou|lo|me|ter** [kulo...] *das;* -s, - ⟨zu ↑¹...meter⟩: svw. Voltameter. **Cou|lo|me|trie** *die;* - ⟨zu ↑...metrie⟩: elektrochem. Analyseverfahren zur Substanzmengenbestimmung

Coun|cil ['kaʊnsl] *der;* -s, -s ⟨aus *engl.* council „Rat, Ratssammlung", dies über *altfr.* cuncile aus *lat.* concilium „Versammlung"⟩: mehrköpfiges Beratungsorgan, Ratsversammlung auf allen Regierungs- u. Verwaltungsstufen (in England). **Coun|sel** ['kaʊnsl] *der;* -s, -s ⟨zu *engl.* counsel „Rat, Rechtsbeistand", dies über *(alt)fr.* conseil aus *lat.* consilium „(beratende) Versammlung, Beratung"⟩: engl. Bez. für Rechtsanwalt, Sachwalter. **Coun|sel|lor, Coun|se|lor** ['kaʊnsələ] *der;* -s, -s ⟨aus gleichbed. *engl.* counsel(l)or⟩: engl. Bez. für Betreuer

Count [kaʊnt] *der;* -s, -s ⟨aus *engl.* count, dies aus *fr.* comte, vgl. Comte⟩: engl. Titel für einen Grafen von nichtbrit. Herkunft

Count|down ['kaʊntdaʊn] *der* od. *das;* -[s], -s ⟨aus *engl.* countdown „das Herunterzählen" zu to count down „nach unten, rückwärts zählen"⟩: 1. a) bis zum Zeitpunkt Null (Startzeitpunkt) zurückschreitende Ansage der Zeiteinheiten als Einleitung eines Startkommandos [beim Abschuß einer Rakete]; b) die Gesamtheit der vor einem [Raketen]start auszuführenden letzten Kontrollen. 2. letzte technische Vorbereitungen vor einem Unternehmen. **Coun|ter** ['kaʊntɐ] *der;* -s, - ⟨aus *engl.* counter „Ladentisch, Theke" zu count „zählen, rechnen"⟩: 1. (Jargon) a) Schalter, an dem die Flugreisenden abgefertigt werden (Luftf.); b) Theke (in Reisebüros u. ä.; Touristik). 2. Zähler, Schaltwerk in Speichergliedern zur Zählung von bestimmten Zahlenfolgen (EDV). **Coun|ter|dis|play** [...dɪsple] *das;* -s, -s: Thekenaufsteller (bildl. Darstellung einer Ware für den Ladentisch; Werbung)

Coun|ter In|tel|li|gence Corps ['kaʊntɐ ɪnˈtɛlɪdʒəns 'kɔː] *das;* - - - ⟨*engl.*⟩: ehemaliger militärischer Abwehrdienst der Amerikaner; Abk.: CIC. **Coun|ter|part** ['kaʊntɐ...] *der;* -s, -s ⟨aus *engl.* counterpart „Gegenstück, Pendant"⟩: 1. passendes Gegenstück, ↑Komplement (1). 2. jmd., der einem Entwicklungsexperten in einem Land der dritten Welt (projektbezogen) als Fach-, Führungskraft zugeordnet ist. **Coun|ter|te|nor** *der;* -s, ...öre ⟨zu *engl.* counter „entgegengesetzt"⟩: Bez. für die den Countertenor singenden männlichen Altisten. **Coun|ter|ur|ba|ni|za|tion** ['kaʊntəə:bənaɪˈzeɪʃn] *die;* - ⟨aus gleichbed. *engl.-amerik.* counterurbanization; eigtl. „Gegenurbanisation"⟩: Prozeß der räumlichen Dekonzentration der Bevölkerung in den USA. **Coun|ter|vai|ling po|wer** [...ˈveɪlɪŋ ˈpaʊə] *die;* - ⟨aus *engl.* countervailing power, eigtl. „gegengewichtige Marktmacht"⟩: wettbewerbspolitisches Konzept des Ausgleichs, z. B. der Ausgleich der Verhandlungsmacht eines Arbeitgeberverbandes durch die Bildung einer Gewerkschaft

Coun|tess, eindeutschend auch Counteß ['kaʊntɪs] *die;* -, Plur. ...tessen u. ...tesses [...sɪs] ⟨aus *engl.* countess, dies aus *fr.* comtesse, vgl. Komteß⟩: engl. Titel für eine Gräfin

Coun|try-Blues [ˈkʌntrɪˈbluːz] *der;* - ⟨aus *engl.* country blues „ländlicher Blues" zu country „Land"⟩: ländliche Variante des Blues (1, b). **Coun|try-dance** [...ˈdɑːns] *der;* - ⟨aus *engl.* country dance „ländlicher Tanz"⟩: engl. Gesellschaftstanz, urspr. älterer Volkstanz, Vorläufer des ↑Contredanse. **Coun|try-mu|sic** [...mjuːzɪk] *die;* - ⟨aus *engl.-amerik.* country music „ländliche Musik"⟩: Volksmusik [der Südstaaten der USA]. **Coun|try of the Common|wealth** [ˈkʌntrɪ əv ðə ˈkɔmənwɛlθ] ⟨*engl.*⟩: der Verwaltung nach selbständiges Land des ehemaligen brit. Weltreichs, früher ↑Dominion. **Coun|try-Rock** [ˈkʌntrɪ...] *der;* -[s] ⟨zu ↑²Rock⟩: Mitte der 1960er Jahre einsetzende Rückorientierung der Rockmusik auf ländliche Musizierstile u. Instrumente der ↑Country-music

Coun|ty [ˈkaʊntɪ] *die;* -, Plur. -s, auch Counties [...tiːs] ⟨aus gleichbed. *engl.* county, eigtl. „Grafschaft", zu count „Graf", dies aus *fr.* comte; vgl. Comte⟩: Gerichts- u. Verwaltungsbezirk in England u. in den USA

Coup [kuː] *der;* -s, -s ⟨aus gleichbed. *fr.* coup (eigtl. „Schlag, Stich"), dies über *vulgärlat.* colpus, colap(h)us aus *gr.* kólaphos „Faustschlag, Ohrfeige"⟩: 1. überraschend durchgeführte, verwegen-erfolgreiche Unternehmung. 2. Berührung des lebenden Gegners im Kampf (als Mutprobe bei Prärieindianern)

cou|pa|ble [kuˈpabl] ⟨*fr.;* aus gleichbed. *lat.* culpabilis⟩: (veraltet) schuldig, strafbar

Cou|pa|ge [kuˈpaːʒə] *die;* - ⟨aus *fr.* coupage „Verschnitt" zu couper „schneiden, abschneiden", dies aus *galloroman.* *cuppare „(den Kopf) abschneiden", weitere Herkunft unsicher⟩: Weinbrandverschnitt, Beimischung von [Brannt]wein in andere [Brannt]weine

Coup d'as|su|rance [kudasyˈrãːs] *der;* - -, -s - [ku...] ⟨aus gleichbed. *fr.* coup d'assurance, eigtl. „Sicherungsschuß", zu coup, vgl. Coup⟩: von Kaper- od. Kriegsschiffen abgefeuerter Schuß als Aufforderung für Handelsschiffe, sich untersuchen zu lassen. **Coup d'éclat** [kudeˈkla] *der;* - -, -s - [ku...] ⟨aus gleichbed. *fr.* coup d'éclat⟩: Glanz-, Meisterstück; Aufsehen erregendes Ereignis, Aufsehen erregende Tat. **Coup d'État** [kudeˈta] *der;* - -, -s - [ku...] ⟨aus gleichbed. *fr.* coup d'État⟩: Staatsstreich. **Coup de force** [kudəˈfɔrs] *der;* - - -, -s - - [ku...] ⟨aus gleichbed. *fr.* coup de force⟩: Putsch, Gewaltstreich. **Coup de for|tune** [kudəfɔrˈtyn] *der;* - - -, -s - - [ku...] ⟨aus gleichbed. *fr.* coup de fortune⟩: (veraltet) Glücksfall. **Coup de grâce** [kudəˈgraːs] *der;* - - -, -s - - [ku...] ⟨aus gleichbed. *fr.* coup de grâce⟩: (veraltet) Gnadenstoß. **Coup de main** [kudˈmɛ̃] *der;* - - -, -s - - [ku...] ⟨aus gleichbed. *fr.* coup de main⟩: Handstreich, rascher gelungener Angriff; Hilfeleistung

¹Coupe [kup] *die;* -, -s (Plur. selten) ⟨aus *fr.* coupe „Schnitt" zu couper „(ab)schneiden", vgl. kupieren⟩: das Abheben im Kartenspiel

²Coupe [kup] *der;* -, -s ⟨aus *fr.* coupe „Schale, Pokal", dies aus *spätlat.* cuppa „Vase, Gefäß", einer Nebenform von *lat.* cupa „Kufe, Tonne"⟩: 1. franz. Bez. für Cup (1), Pokal. 2. (bes. schweiz.) Eisbecher

¹Cou|pé [kuˈpeː], eindeutschend auch Kup**ee** *das;* -s, -s ⟨aus gleichbed. *fr.* coupé zu couper „(ab)schneiden", vgl. kupieren⟩: 1. (veraltet) Abteil in einem Eisenbahnwagen. 2. geschlossene zweisitzige Kutsche. 3. geschlossener [zweisitziger] Personenwagen mit versenkbaren Seitenfenstern. 4. svw. Coupage. **²Cou|pé** *der;* -s, -s ⟨zu *fr.* coupé „geschnitten"; vgl. ¹Coupé⟩: Angriff, bei dem man der gegnerischen Bindung od. Parade durch Zurückziehen der Klinge u. Umgehung der gegnerischen Spitze ausweicht (Fechten).

Coupe-gorge [kupˈgɔrʒ] *der;* -[s], Coupes-gorge [kup...] ⟨aus gleichbed. *fr.* coupe-gorge, eigtl. „Mördergrube", zu gorge „Kehle"⟩: (veraltet) Halsabschneider, Raubmörder.

Cou|peur [kuˈpøːɐ̯] *der;* -s, -e ⟨aus gleichbed. *fr.* coupeur⟩: (veraltet) Zuschneider (von Stoffen). **cou|pie|ren** vgl. kupieren

Cou|plet [kuˈpleː] *das;* -s, -s ⟨aus gleichbed. *fr.* couplet, Verkleinerungsform von couple „Paar", dies über *altfr.* cople „Band, Paar" aus *lat.* copula „Strick, Band, Leine"⟩: a) Strophe in Liedern (mit wechselndem Text) od. Instrumentalstücken (mit wechselnder Musik), die einen wiederkehrenden Teil (Refrain) haben; b) kleines Lied mit witzigem, satirischem od. pikantem Inhalt, der häufig auf aktuelle [politische] Ereignisse Bezug nimmt. **cou|ple|tie|ren** [kuple...] ⟨aus gleichbed. *fr.* coupleter, eigtl. „(auf jmdn.) Verse machen"⟩: (veraltet) jmdn. in Versen, mit einem Couplet verspotten

Cou|pon, eindeutschend auch Kupon [kuˈpõː] *der;* -s, -s ⟨aus gleichbed. *fr.* coupon zu couper „(ab)schneiden", vgl. kupieren⟩: 1. Gutschein, Abschnitt. 2. abgeschnittenes Stück Stoff für ein Kleidungsstück. 3. Zinsschein bei festverzinslichen Wertpapieren

Cour [kuːɐ̯] *die;* - ⟨aus gleichbed. *fr.* cour, dies über *vulgärlat.* curtis aus *lat.* cohors „Hof(raum), Gehege"⟩: a) franz. Bez. für Hof, Hofhaltung; jmdm. die - machen: jmdm. den Hof machen; b) Gerichtshof (als Bez. für verschiedene Justizinstitutionen in Frankreich, z. B. Cour Constitutionelle = Verfassungsgericht)

Cou|ra|ge [kuˈraːʒə] *die;* - ⟨aus gleichbed. *fr.* courage zu cœur „Herz", dies aus *lat.* cor⟩: Beherztheit, Schneid, Mut (in bezug auf eine nur ungern vorgenommene Handlung). **cou|ra|gie|ren** [kuraˈʒøː] ⟨*fr.*⟩: svw. couragiert. **cou|ra|giert** [...ˈʒiːɐ̯t] ⟨zu ↑...iert⟩: beherzt

cou|rant [ku...] vgl. kurant. **Cou|rant** [kuˈrã:] vgl. ¹Kurant

Cou|ran|te [kuˈrã:t(ə)] *die;* -, -n ⟨aus gleichbed. *fr.* courante zu courir „laufen", dies aus *lat.* currere⟩: 1. alter franz. Tanz in raschem, ungeradem Takt. 2. zweiter Satz der Suite in der Musik des 18. Jh.s (Mus.)

Cour|bet|te [kʊrˈbɛtə] usw. vgl. Kurbette usw.

Cour des mi|ra|cles [kurdemiˈraːkl] *die;* - - -, -s - - [kur...] ⟨aus gleichbed. *fr.* cour des miracles, eigtl. „Hof der Wunder"⟩: Behausung der Gauner u. Bettler im mittelalterlichen Paris. **Cour d'hon|neur** [kurdɔˈnœːɐ̯] *die;* - -, -s - - [kur...] ⟨aus gleichbed. *fr.* cour d'honneur⟩: Ehrenhof der barocken Schloßanlage. **cour|fä|hig** [ˈkuːɐ̯...] ⟨zu ↑Cour⟩: (veraltet) hof-, gesellschaftsfähig, zum Zutritt bei Hofe berechtigt. **Cour|ma|cher,** Courschneider *der;* -s, -: (veraltet) jmd., der einer Dame den Hof macht, Liebhaber

Cour|gette [kurˈʒɛt] *die;* -, -s ⟨aus gleichbed. *fr.* courgette, Verkleinerungsform von courge „Kürbis", dies aus *lat.* cucurbita⟩: svw. Zucchino

Cou|ronne d'or [kurɔnˈdɔːr] *die;* - -, -s - [kurɔn...] ⟨aus gleichbed. *fr.* couronne d'or, eigtl. „Goldkrone"⟩: alte franz. Goldmünze mit einer aufgeprägten Krone. **Couronne|ment** [kurɔnˈmã:] *das;* -s ⟨aus gleichbed. *fr.* couronnement zu couronner, vgl. couronnieren⟩: (veraltet) 1. Krönung. 2. Kranzgesims (Archit.). 3. Brustwerk (Mil.). **cou|ron|nie|ren** ⟨aus gleichbed. *fr.* couronner⟩: (veraltet) 1. als König krönen. 2. mit einem Brustwerk bedecken (Mil.)

Cour|schnei|der [ˈkuːɐ̯...] vgl. Courmacher

Cours d'amours [kuːrdaˈmuːr] *die* (Plur.) ⟨aus *fr.* cours d'amours „Liebes-, Minnehöfe"⟩: aus dem Kreis mittelalterlicher Hofgesellschaften gebildete Minnegerichtshöfe, auf denen Streitfragen um normgerechtes Minneverhalten entschieden worden sein sollen

Course [kɔːs] *der;* -, -s [...sɪz] ⟨aus gleichbed. *engl.* course, eigtl. „Lauf", dies über gleichbed. *fr.* cours aus *lat.* cursus⟩: Golfplatz

Court [kɔːt] *der;* -s, -s ⟨aus gleichbed. *engl.* court, eigtl. „(Gerichts)hof", dies aus *altfr.* cour, vgl. Cour⟩: Spielfeld des Tennisplatzes

Cour|ta|ge [kʊrˈtaːʒə], eindeutschend auch Kurtage *die;* -, -n ⟨aus gleichbed. *fr.* courtage, älter *fr.* courratage, courretage zu courtier, vgl. Courtier⟩: Maklergebühr bei Börsengeschäften

Cour|taud [kʊrˈtoː] *der;* -s, -s ⟨aus gleichbed. *fr.* courtaud zu court „kurz"⟩: (veraltet) an den Ohren u. am Schwanz gestutztes Pferd

Courte|poin|te [kurtˈpɔɛ̃ːtə] *die;* -, -n ⟨aus gleichbed. *fr.* courtepointe, dies aus *lat.* culcita puncta „durchbohrtes Kissen"⟩: (veraltet) Steppdecke

Cour|tier [kʊrˈtie:] *der;* -s, -s ⟨aus *fr.* courtier „Makler", dies über *altfr.* coletier, coretier wohl aus *lat.* collectarius „Eintreiber von (Auktions)geldern"⟩: (veraltet) freiberuflicher Handelsmakler

cour|ti|sie|ren [kʊr...] ⟨aus gleichbed. *fr.* courtiser zu cour, vgl. Cour⟩: (veraltet) jmdm. hofieren, umwerben, jmdm. den Hof machen. **Cour|toi|sie** [kʊrtoaˈziː] *die;* -, ...ien ⟨aus gleichbed. *fr.* courtoisie zu courtois „höfisch; höflich"⟩: 1. feines, ritterliches Benehmen, Höflichkeit. 2. (ohne Plur.) Einhaltung gewisser Gebräuche des völkerrechtlichen Verkehrs zwischen Staaten. 3. die gegenseitige Zuwendung einander zugeordneter Wappen

Cous|cous [ˈkʊskʊs] *das;* -, - ⟨aus gleichbed. *fr.* couscous, dies aus *arab.* kuskus(u) „(in Öl gebackener) Hirsebrei"⟩: svw. Kuskus

Cou|sin [kuˈzɛː] *der;* -s, -s ⟨aus gleichbed. *fr.* cousin, dies über das Vulgärlat. aus *lat.* consobrinus „Geschwisterkind"⟩: Sohn von Bruder od. Schwester eines Elternteils; Vetter. **Cou|si|ne** [kuˈziːnə], eindeutschend auch Kusine *die;* -, -n ⟨aus gleichbed. *fr.* cousine⟩: Tochter von Bruder od. Schwester eines Elternteils; Base

Cou|tel|le|rie [ku...] *die;* -, ...ien ⟨aus gleichbed. *fr.* coutellerie zu couteau „Messer", dies aus *lat.* cultellus, Verkleinerungsform von culter „Messer"⟩: (veraltet) a) Messerschmiederei; b) Stahlwarenhandlung

coûte que coûte [kuːtkəˈkuːt] ⟨*fr.;* zu coûter „kosten", dies aus *lat.* constare⟩: koste es, was es wolle

Cou|tume [kuˈtym] *die;* -, -s ⟨aus gleichbed. *fr.* coutume, dies aus *lat.* consuetudinem, Akkusativ von consuetudo „Gewohnheit, Sitte"⟩: 1. Sitte, Brauch. 2. das franz. Gewohnheitsrecht, das bis zur Einführung des ↑Code civil (1804) galt

Cou|ture [kuˈtyːɐ̯] *die;* - ⟨aus *fr.* couture „das Nähen, Schneiderei" zu coudre „(zusammen)nähen"⟩: svw. Haute Couture. **Cou|tu|rier** [kutyˈri̯e:] *der;* -s, -s ⟨aus *fr.* couturier⟩: häufig gebrauchte Kurzform von ↑Haute Couturier

Cou|va|de [kuˈvaːdə] *die;* -, -n ⟨aus *fr.* couvade zu couver „brüten", dies aus *lat.* cubare „ruhen, liegen"⟩: Männerkindbett (Sitte bei bestimmten Naturvölkern, nach der der Vater das Verhalten der Wöchnerin nachahmt)

Cou|vert [kuˈveːɐ̯, kuˈvɛːɐ̯] *das;* -s, -s ⟨aus *fr.* couvert „Umschlag" zu couvrir „bedecken", dies aus *lat.* cooperire, coperire „von allen Seiten bedecken, überschütten"⟩: 1. Bettbezug. 2. vgl. Kuvert. **Cou|ver|tu|re** [kuvɛrˈtyːrə] *die;* -, -n ⟨aus *fr.* couverture „(Bett)decke, Überzug"⟩: 1. farbig bedruckter Baumwollkattun, ↑Renforcé od. ↑Cretonne für Bettwäsche. 2. svw. Kuvertüre

Cou|veu|se [kuˈvøːzə] *die;* -, -n ⟨aus *fr.* couveuse „Brutkasten" zu couver, vgl. Couvade⟩: Wärmebett (Brutschrank für Frühgeburten; Med.)

Cou|vre|pied [kuvrəˈpi̯eː] *der;* -s, -s ⟨aus gleichbed. *fr.* couvre-pied zu couvrir (vgl. Couvert) u. pied „Fuß" (dies aus *lat.* pedem, Akkusativ von pes)⟩: (veraltet) Fuß-, Bettdecke

Co|vel|lin [k...] *der;* -s, -e ⟨nach dem ital. Mineralogen N. Covelli (1790–1829) u. zu ↑...in (1)⟩: ein blauschwarzes Mineral

Co|ve|nant [ˈkʌvənənt] *der;* -[s], -s ⟨aus gleichbed. *engl.* covenant, eigtl. „formelle Übereinkunft, (besiegelter) Vertrag", dies über *(alt)fr.* convenir „übereinkommen" aus gleichbed. *lat.* convenire⟩: schott. Glaubens- u. Unabhängigkeitsbündnis (1581 u. 1638 geschlossen)

Co|ver [ˈkavɐ] *das;* -s, -[s] ⟨aus *engl.* cover „Decke, Umschlag" zu to cover „bedecken", dies aus *fr.* couvrir, vgl. Couvert⟩: a) Titel[bild]; b) Plattenhülle. **Co|ver|boy** [ˈkavɐbɔy] *der;* -s, -s: a) auf der Titelseite einer Illustrierten abgebildeter [junger] Mann; b) svw. Dressman. **Co|vercoat** [...koʊt] *der;* -[s], -s: 1. feinmeliertes [Woll]gewebe, ähnlich dem ↑Gabardine. 2. dreiviertellanger Mantel aus Covercoat (1). **Co|ver|girl** [...gøːɐ̯l, ...gœrl] *das;* -s, -s: auf der Titelseite einer Illustrierten abgebildetes Mädchen. **Co|ver|sto|ry** *die;* -, Plur. -s, auch ...ies: Titelgeschichte, Artikel, auf den sich das Titelblatt einer Zeitschrift bezieht. **Co|ver-up** [...ˈap] *das;* -s ⟨aus gleichbed. *engl.* cover-up, eigtl. „Verschleierung"⟩: volle Körperbedeckung beim Boxen. **Co|ver|ver|si|on** [...vɛrʒoːn, engl. ˈkʌvəvəːʃn] *die;* -, Plur. -en u. (bei engl. Aussprache) -s: (in der Unterhaltungsmusik) Fassung eines älteren Schallplattentitels mit [einem] anderen Interpreten

Co|viel|lo [koˈvi̯e...] *der;* -, -s ⟨aus gleichbed. *it.* coviello, eigtl. „Prahlhans, Aufschneider"⟩: schlauer, gerissener Diener als Typenfigur des neapolitanischen Volkstheaters

Cow-Bell [ˈkaʊbɛl] *die;* -, -s ⟨aus *engl.* cow bell, eigtl. „Kuhglocke"⟩: mit ↑Claves od. Trommelstock anzuschlagendes Rhythmusinstrument lateinamerik. Ursprungs. **Cow|boy** [...bɔy] *der;* -s, -s ⟨aus gleichbed. *engl.-amerik.* cowboy, eigtl. „Kuhjunge"⟩: berittener amerik. Rinderhirt (der gleichzeitig als Verkörperung sogenannten männlichen Lebensstils gilt u. Assoziationen wie Draufgängertum, Revolverheld, ausgezeichneter Reiter, Ehrenkodex hervorruft)

Cow|per [ˈkaʊpɐ] *der;* -s, -s ⟨nach dem engl. Ingenieur A. E. Cowper, 1819–1893⟩: Winderhitzer für Hochöfen

Cow|pe|ri|tis [kaʊpə...] *die;* -, ...itiden ⟨nach dem engl. Anatomen W. Cowper (1666–1709) u. zu ↑...itis⟩: Entzündung der Cowper-Drüsen (vgl. Bulbourethraldrüsen; Med.)

Co|xa [k...] *die;* -, ...xae [...ksɛ] ⟨aus gleichbed. *lat.* coxa⟩: Hüfte (Med.). **Cox|al|gia** vgl. Koxalgie. **Cox|ar|thro|sis** vgl. Koxarthrose. **Co|xi|tis** vgl. Koxitis

Cox' Oran|ge [ˈkɔks ...] *die;* - -, - -n, auch Cox Orange *der;* -s, - - ⟨nach dem engl. Züchter R. Cox u. zu ↑Orange⟩: aromatischer, feiner Winterapfel mit goldgelber bis orangefarbener [rot marmorierter] Schale

Co|yo|te [koˈjoːtə] vgl. Kojote

CPU [tseːpeːˈuː, engl. siːpiːˈjuː] ⟨Abk. für *engl.* central processor unit „Zentraleinheit eines (Mikro)prozessors"⟩: Bez. für die Zentraleinheit eines Computers

CQD [tseːkuːˈdeː, engl. siːkjuːˈdiː] ⟨Abk. für *engl.* come quick, danger! „Kommt schnell, Gefahr!"⟩: bis 1912 übliches Seenotzeichen

Crab|meat [ˈkræbmiːt] *das;* -s ⟨aus gleichbed. *engl.* crab meat⟩: engl. Bez. für Krabben[fleisch]. **Crab|ne|bel** *der;* -s:

von der Form her an eine Krabbe erinnernder Nebel im Sternbild des Stiers, der optische Strahlen sowie Radio- u. Röntgenstrahlen aussendet

Cra|chat [kra'ʃa] *der;* -s, -s ⟨aus gleichbed. *fr.* crachat, eigtl. „Speichel, Auswurf", zu cracher „ausspucken" (lautmalende Bildung)⟩: (veraltet, abwertend) Orden[sstern], auf der Brust getragene Ordenszeichen. **Cra|choir** [kra'ʃɔaːr] *der;* -s, -s ⟨aus gleichbed. *fr.* crachoir⟩: (veraltet) Spucknapf, Speibecken. **cra|cho|tie|ren** [kraʃo...] ⟨aus gleichbed. *fr.* crachoter⟩: (veraltet) oft (aus)spucken

Crack [krɛk] *der;* -s, -s ⟨aus gleichbed. *engl.* crack, eigtl. „Knall, Krach"; vgl. Cracker⟩: 1. hervorragender Sportler. 2. bestes Pferd eines Rennstalls. 3. (ohne Plur.) synthetischer, Kokain enthaltendes Rauschgift. **cracken¹** ['krɛkn̩] vgl. kracken. **Cracker¹** ['krɛkə], eindeutschend auch **Kräcker¹** *der;* -s, -[s] (meist Plur.) ⟨aus gleichbed. *engl.* cracker zu to crack „knacken"⟩: 1. ungesüßtes, keksartiges Kleingebäck. 2. Knallkörper, Knallbonbon. 3. jmd., der einen ↑Kode (1) knackt u. erfolgreich Kopien erstellt. **Cracking¹** *das;* -s ⟨aus gleichbed. *engl.* cracking⟩: Krackverfahren; vgl. kracken

Cra|co|vi|enne [krako'vi̯ɛn] *die;* -, -s ⟨aus gleichbed. *fr.* cracovienne zu Cracovie, der franz. Schreibung für Krakau⟩: svw. Krakowiak

Crainte [krɛ̃ːt] *die;* - ⟨aus gleichbed. *fr.* crainte zu craindre „(be)fürchten", dies über *gall.-lat.* *cremere aus *lat.* tremere „zittern"⟩: (veraltet) Furcht. **crain|tif** [krɛ̃'tif] ⟨*fr.*⟩: (veraltet) furchtsam, ängstlich, schüchtern

Cr̲a̲m|pus [k...] vgl. ¹Krampus

Cran|dal|lit [k..., auch ...'lɪt] *der;* -s, -e ⟨nach dem amerik. Bergbauingenieur M. L. Crandall (20. Jh.) u. zu ↑²...it⟩: ein weißes bis graues, knolliges Mineral

cra|ni[o]..., Cra|ni[o]... [k...] vgl. kranio..., Kranio... **Cr̲a̲|ni|um** u. Kr̲a̲nium *das;* -[s], ...ia ⟨über *nlat.* cranium aus gleichbed. *gr.* kraníon⟩: der menschliche Schädel (Hirn- u. Gesichtsschädel)

Cran|nog ['krænəg] *der;* -s, -s ⟨aus gleichbed. *engl.* crannog, eigtl. „Pfahlbau", dies aus *ir.* crannõg zu crann „Baum, Balken"⟩: frühgeschichtliche künstliche Wohnplattform aus Balken, Reisig, Erde od. Stein in Moor- u. Flußgebieten bes. Irlands u. Schottlands

Cra|paud [kra'poː] *der;* -s, -s ⟨aus *fr.* crapaud, eigtl. „Kröte"⟩: um 1730 für Männer aufgekommener schwarzer gummierter Haarbeutel aus Taft, in den das lange Nackenhaar mit einer Schleife eingebunden wurde

Cra|pule [kra'pyːl] usw. vgl. Krapüle usw.

Cra|que|lé [krakə'leː], eindeutschend auch Krakelee *das;* -s, -s ⟨aus *fr.* craquelé „das Rissigmachen des Porzellans" zu craquer „krachen"⟩: 1. (auch *der*) Kreppgewebe mit rissiger, narbiger Oberfläche. 2. feine Haarrisse in der Glasur von Keramiken od. auf Glas. 3. Porzellan mit feinen Haarrissen. **Cra|que|lu|re** [...'lyːrə] vgl. Krakelüre. **Cra|que|rie** [krakə...] *die;* -, ...ien ⟨aus *fr.* craquerie zu craquer „krachen; aufschneiden" (lautmalende Bildung)⟩: (veraltet) Prahlerei. **Cra|queur** [kra'køːɐ̯] *der;* -s, -e ⟨aus gleichbed. *fr.* craqueur⟩: (veraltet) Schreier, Prahler

Crash [kræʃ] *der;* -[s], -s ⟨aus gleichbed. *engl.* crash, eigtl. „das Krachen"⟩: 1. Zusammenstoß, Unfall (bes. bei Autorennen). 2. Absturz, Bruchlandung eines Flugzeuges. 3. Zusammenbruch eines Unternehmens (z. B. einer Bank) od. eines Wirtschaftszweiges. **Crash|re|cor|der** [...rikɔr...] *der;* -s, -: Flugdatenregistriergerät. **Crash|test** *der;* -[e]s, Plur. -s, auch -e: Test, mit dem das Unfallverhalten von Kraftfahrzeugen ermittelt werden soll

Cras|su|la|ceae [krasula'tseɛ] vgl. Krassulazeen. **cr̲a̲s|sus** ⟨*lat.*⟩: dick, stark (Med.)

Crawl [krɔːl] usw. vgl. Kraul usw. **Craw|ling peg** ['krɔːlɪŋ 'pɛg] *der;* - -[s], - -s ⟨aus gleichbed. *engl.* crawling peg zu to crawl „kriechen" u. peg „Stift, Pflock"⟩: im internationalen Währungssystem mittelfristig garantierter Paritätsanstieg

Cray|on [krɛ'jõː] usw. vgl. Krayon usw.

Cream [kriːm] ⟨aus *engl.* cream⟩: engl. Form von ↑Creme; vgl. Cold Cream

Cre̲|as [k...] vgl. Kreas

Crea|tio ex ni|hi|lo [k... - –] *die;* - - - ⟨aus gleichbed. *lat.* creatio ex nihilo⟩: Schöpfung aus dem Nichts. **Créa|tion** [krea'sjõː] *die;* -, -s [...'sjõː] ⟨aus *fr.* création „Schöpfung", dies aus *lat.* creatio⟩: svw. Kreation (1)

Cred|ne|rit [k..., auch ...'rɪt] *der;* -s, -e ⟨nach dem dt. Geologen K. F. H. Credner (1809–1876) u. zu ↑²...it⟩: ein schwarzes Mineral

Cre̲|do [k...] vgl. Kredo. **cre̲|do, quia ab|s̲u̲r|dum [est]** ⟨*lat.*⟩: ich glaube, weil es widersinnig ist (Charakterisierung eines bestimmten Verständnisses göttlicher Offenbarung). **cre̲|do, u̲t in|t̲e̲l|li|gam** ⟨*lat.*⟩: ich glaube, damit ich erkenne (Satz des Scholastikers Anselm von Canterbury, nach dem die wahre Erkenntnis Gottes nur im christlichen Glauben möglich ist)

Creek [kriːk] *der;* -s, -s ⟨aus gleichbed. *engl.(-amerik.)* creek⟩: 1. nur zur Regenzeit wasserführender Fluß in Australien. 2. durch Landsenkung aus ehemaligen Flußtälern entstandene Meeresbucht an der afrik. Ostküste. 3. kleiner Flußlauf [in den USA]

Cré|mant [kre'mã] *der;* -[s] ⟨aus gleichbed. *fr.* crémant zu crème, vgl. Creme⟩: leichter Schaumwein, der mittels Flaschengärung hergestellt wird. **creme** [krɛːm, krɛːm] ⟨aus gleichbed. *fr.* crème, vgl. Creme⟩: mattgelb. **Creme** *die;* -, Plur. -s, schweiz. -n [...mən] ⟨aus *fr.* crème, altfr. craime, cresme „Sahne" (Vermischung von *gall.-lat.* crama „Sahne" u. *lat.* chrisma „Salbe")⟩: 1. a) pasten-, salbenartige Masse aus Fetten u. Wasser zur Pflege der Haut; b) weiche, süße [stark fetthaltige] Masse als Füllung in Pralinen od. als Schicht bei Torten. 2. (landsch.) [Kaffee]sahne. 3. dickflüssige od. schaumige, lockere Süßspeise. 4. (ohne Plur.) a) das Feinste, Erlesenste; b) gesellschaftliche Oberschicht; vgl. Krem. **Crème de la crème** ['krɛm də la 'krɛm] *die;* - - - - ⟨aus *fr.* crème de la crème „das Beste vom Besten", eigtl. „die Sahne von der Sahne"⟩: die höchsten Vertreter der gesellschaftlichen Oberschicht. **Crème fraîche** [krɛm'frɛʃ] *die;* - -, -s -s [krɛm'frɛʃ] ⟨aus *fr.* crème fraîche „frische Sahne"⟩: saure Sahne mit hohem Fettgehalt

Cre̲|mor t̲a̲r|ta|ri [k... –] *der;* - - ⟨aus *nlat.* cremor tartari, eigtl. „verdickter Saft des Bodens" zu *lat.* cremor „Schleim" u. Tartarus (*gr.* Tártaros) „Unterwelt"⟩: Weinstein

¹Crêpe [krɛp] *die;* -, -s ⟨aus gleichbed. *fr.* la crêpe zu *altfr.* crespe „kraus", dies aus *lat.* crispus⟩: sehr dünner Eierkuchen (den man z. B. mit Puderzucker bestreut od. mit Konfitüre bestreicht u. rollt). **²Crêpe** *der;* -, -s ⟨aus *fr.* le crêpe „krauser Stoff", vgl. ¹Crêpe⟩: svw. Krepp. **Crêpe de Chine** [krɛpdə'ʃin] *der;* - - -, -s - - [krɛp...] ⟨aus gleichbed. *fr.* crêpe de Chine, eigtl. „Krepp aus China"⟩: feinnarbiges Gewebe aus Natur- od. Kunstseide. **Crêpe Geor|gette** [krɛpʒɔr'ʒɛt] *der;* - -, -s - [krɛp...] ⟨aus gleichbed. *fr.* crêpe Georgette, nach der franz. Modistin Madame Georgette (Atelierleiterin im ehemaligen Pariser Modehaus Doucet)⟩: zartes, durchsichtiges Gewebe aus Kreppgarn.

Crêpe la|va|ble [krɛpla'vabl] *der;* - -, -s - [krɛp...] ⟨aus *fr.* crêpe lavable „waschbarer Krepp"⟩: weiches Kreppgewebe aus [Kunst]seide für Damenwäsche. **Crepe|line** [krɛ'plin] vgl. Krepeline. **Crêpe ma|ro|cain** [krɛpmarɔ'kɛ̃] *der;* - -, -s - [krɛp...] ⟨aus *fr.* crêpe marocain „marokkanischer Krepp"⟩: feingeripptes [Kunst]seidengewebe in Taftbindung (eine Webart). **Crêpe Sa|tin** [krɛpsa'tɛ̃] *der;* - -, -s - [krɛp...] ⟨aus *fr.* crêpe satin „Seidenkrepp"⟩: [Kunst]seidenkrepp mit einer glänzenden u. einer matten Seite in Atlasbindung (eine Webart). **Crêpe Su|zette** [krɛpsy'zɛt] *die;* - -, -s - [krɛp...] (meist Plur.) ⟨aus gleichbed. *fr.* crêpe Suzette, nach dem franz. weiblichen Vornamen; vgl. ¹Crêpe⟩: dünner Eierkuchen, der mit Weinbrand od. Likör flambiert wird. **Cre|pon** [krɛ'põ:] vgl. Krepon
Cre|pus|co|la|ri [krepusko...] *die* (Plur.) ⟨zu *it.* crepuscolare „dämmrig, zwielichtig"⟩: Stilrichtung ital. Lyriker zu Beginn des 20. Jh.s
cresc.: Abk. für crescendo. **cre|scen|do** [krɛ'ʃɛndo] ⟨*it.;* eigtl. „wachsend", Gerundium von crescere „wachsen", dies aus *lat.* crescere⟩: allmählich lauter werdend, im Ton anschwellend; Abk.: cresc. (Vortragsanweisung; Mus.); Ggs. ↑decrescendo. **Cre|scen|do,** eindeutschend auch Krescendo *das;* -s, Plur. -s u. ...di: allmähliches Anwachsen der Tonstärke (Vortragsanweisung; Mus.); Ggs. ↑Decrescendo
Crest [krɛst] *der;* -s, -s ⟨aus gleichbed. *engl.* crest, eigtl. „Kamm, Schopf, Mähne"⟩: die Helmzier in der engl. ↑Heraldik
Cre|ti|cus [k...] vgl. Kretikus
Cre|tonne, eindeutschend auch Kretonne [krɛ'tɔn] *die* od. *der;* -, -s ⟨aus gleichbed. *fr.* cretonne; nach dem Weberdorf Creton in der Normandie⟩: Baumwollgewebe in Leinenbindung (eine Webart); vgl. Kreton u. Kretonne
Cre|vet|te [krɛ'vɛtə] vgl. Krevette
Crew [kruː] *die;* -, -s ⟨aus gleichbed. *engl.* crew, dies aus *altfr.* creue „Zunahme" zu creistre, dies aus *lat.* crescere „wachsen"⟩: Mannschaft; Besatzung; Gruppe von Personen, die zusammen eine bestimmte Aufgabe ausführen (z. B. auf Schiffen, Flugzeugen, im Sport)
Crib|bage ['krɪbɪdʒ] *das;* - ⟨aus gleichbed. *engl.* cribbage⟩: ein altes englisches Kartenspiel
Cricket¹ [k...] vgl. Kricket
Cri-du-chat-Syn|drom [kridy'ʃa...] *das;* - ⟨zu *fr.* cri-du-chat „Katzenschrei" u. ↑Syndrom, wegen des im Säuglingsalter auftretenden Schreiens, das durch diese Krankheit bedingt ist⟩: Katzenschreisyndrom, eine Erbkrankheit mit Gesichts-, Schädel- u. Kehlkopfmißbildung (Med.). **Cri|ée** [kri'eː] *die;* - ⟨aus gleichbed. *fr.* criée, eigtl. „Versteigerung", zu crier „schreien"⟩: Handelsform an franz. u. schweiz. Börsen, bei der Kauf- u. Verkaufsangebote durch die Händler direkt ausgerufen werden
¹Crime [krim] *der;* -s, -s ⟨aus *fr.* crime „Verbrechen", dies aus *lat.* crimen, vgl. Crimen⟩: schwere, vor dem Schwurgericht verhandelte Straftat. **²Crime** [kraɪm] *das;* -s, -s ⟨aus *engl.* crime „Verbrechen", dies aus *(alt)fr.* crime, vgl. ¹Crime⟩: 1. Straftat im anglo-amerik. Strafrecht im Gegensatz zur Ordnungswidrigkeit. 2. schwerster Rechtsverstoß im Völkerrecht, der besondere Konsequenzen nach sich ziehen soll; vgl. Sex and Crime. **Cri|men** ['kriː...] *das;* -s, ...mina ⟨aus gleichbed. *lat.* crimen, eigtl. „Beschuldigung"⟩: im röm. Recht Bez. für das Verbrechen
Crim|pen [k...] *das;* -s ⟨zu *engl.* to crimp „falten; kräuseln"⟩: Methode zur lötfreien Herstellung elektrisch gut leitender Verbindungen. **Crimps** *der;* -, - ⟨zu ↑Crimpen⟩: baumwollener Kleiderstoff mit faltigen Längsstreifen

Crin [krɛ̃ː] *das;* -s ⟨aus gleichbed. *fr.* crin, dies aus *lat.* crinis, vgl. Crinis⟩: Roßhaar zum Polstern. **Cri|nis** ['kriː...] *der;* -, ...nes [...neːs] ⟨aus gleichbed. *lat.* crinis⟩: Haar (Med.)
Crinkle-Ver|fah|ren ['krɪŋkl...] *das;* -s ⟨zu *engl.* to crinkle „sich kräuseln"⟩: Verfahren zum Texturieren synthetischer Garne durch Verarbeiten auf einer Rundstrickmaschine
Cri|ol|lis|mo [kriɔl'jɪsmo] *der;* - ⟨aus gleichbed. *span.* criollismo, eigtl. „Kreolentum"⟩: geistig-literarische Strömung in Lateinamerika mit der Tendenz, eine Synthese indianischer, ibero-amerikanischer u. europäischer Kultur zu schaffen. **Cri|ol|lo** [kri'ɔljo] *der;* -[s], -s ⟨aus gleichbed. *span.* criollo⟩: 1. svw. Kreole. 2. halbwildes argent. Pampaspferd
Crise noir [kriz'nɔaːɐ̯] *der;* - -, -s -s [kriz'nɔaːɐ̯] ⟨aus *fr.* crise noir, eigtl. „schwarze Krise"⟩: ↑tabische Krise mit Magenbluten, wodurch der Stuhl schwarz gefärbt wird (Med.)
Cris|pin [krɪs'piːn, fr. kris'pɛ̃] *der;* -s ⟨aus gleichbed. *fr.* crispin, nach dem Namen Crispino eines drolligen Bedienten im ital. Lustspiel⟩: komische Bedientenrolle in der franz. Komödie
Cri|sta [k...] *die;* -, ...stae [...tɛ] ⟨aus *lat.* crista „(Tier)kamm, Helmbusch"⟩: Leiste, Knochenkamm, kammartiger Teil eines Organs (Med.)
Cri|sto|ba|lit [k...], eindeutschend auch Kristobalit [auch ...'lɪt] *der;* -s, -e ⟨nach dem Fundort San Cristóbal in Mexiko u. zu ↑²...it⟩: ein Quarzmineral
Cro|cia|nis|mus [krotʃa...] *der;* - ⟨nach dem ital. Philosophen u. Politiker B. Croce (1866–1952) u. zu ↑...ismus (1); vgl. ...aner⟩: Richtung in der Literaturkritik Italiens Anfang des 20. Jh.s
Cro|cin [kro'tsiːn] *das;* -s ⟨zu *gr.* krókeos „safrangelb" u. ↑...in (1)⟩: gelber Hauptfarbstoff des Safrans
Crof|ter [k...] *der;* -s, -s ⟨aus *engl.* crofter „Pächter" zu croft „(kleines) Landstück"⟩: kleinbäuerlicher, auf Nebenerwerb angewiesener Pächter in Schottland
Croi|sé [krɔaˈzeː] *das;* -[s], -s ⟨zu *fr.* croisé „gekreuzt", Part. Perf. von croiser „kreuzen, kreuzförmig zusammenfügen", dies zu croix aus *lat.* crux „Kreuz"⟩: 1. Baumwoll- od. Kammgarngewebe in Köperbindung (eine Webart). 2. ein Tanzschritt. **Croi|sé|bin|dung** *die;* -: Köperbindung (besondere Webart). **croi|siert** ⟨zu ↑...iert⟩: geköpert (in einer besonderen Weise gewebt)
Crois|sant [krɔaˈsãː] *das;* -[s], -s ⟨aus gleichbed. *fr.* croissant, eigtl. „das Zunehmende", Part. Präs. von croître „vergrößern, zunehmen; wachsen", dies über *altfr.* croistre aus gleichbed. *lat.* crescere⟩: Gebäck aus Hefe- od. Blätterteig in Form eines Hörnchens
Cro|ma|gnon|ras|se [kromanˈjõː...] *die;* - ⟨nach dem Fundort Cro-Magnon in Frankreich⟩: Menschenrasse in der jüngeren Altsteinzeit
Crom|ar|gan ⓦ [k...] *das;* -s ⟨Kunstw.⟩: hochwertiger rostfreier Chrom-Nickel-Stahl
Crom|lech ['krɔmlɛç, ...lɛk] vgl. Kromlech
Crookes|glas ['kruks...] *das;* -es, ...gläser ⟨nach dem engl. Physiker u. Chemiker Sir W. Crookes, 1832–1919⟩: Brillenglas, das für infrarote u. ultraviolette Strahlen undurchlässig ist. **Crooke|sit** [krʊk..., auch ...'sɪt] *der;* -s, -e ⟨zu ↑²...it⟩: ein graues Mineral
Croo|ner ['kruːnɐ] *der;* -s, - ⟨aus gleichbed. *engl.* crooner, eigtl. „Wimmerer", zu to croon „schmachtend singen"⟩: engl. Bez. für Schlagersänger
Cro|quet ['krɔkɛt, ...kət, krɔ'kɛt] vgl. Krocket
Cro|quette [krɔ'kɛt] vgl. Krokette
Cro|quis [kro'kiː] vgl. Kroki
cross [krɔs] ⟨aus gleichbed. *engl.* cross, eigtl. „(sich) kreu-

zend", zu cross „Kreuz", dies über älter *engl.* cros aus gleichbed. *lat.* crux⟩: diagonal (beim Tennis). **Cross** *der;* -, -: 1. diagonal über den Platz geschlagener Ball (beim Tennis). 2. Schlag über den abwehrenden Arm des Gegners (beim Boxen). **Cross-As|sem|bler** [...ə'sɛmblə] *der;* -s, -: Rechenprogramm, das Maschinenprogramme für einen anderen Rechnertyp herstellt (EDV). **Cross|check** [...tʃɛk] *der;* -s, -s ⟨zu *engl.* check „Hindernis"⟩: regelwidriger Körperangriff beim Eishockey mit hoch- u. quergehaltenem Schläger. **Cross-Com|pi|ler** [...kɔmpailɐ] *der;* -s, -: ein Übersetzerprogramm für Programmiersprachen (EDV). **Cross-Coun|try**, auch **Croß-Coun|try** [krɔs'kantri] *das;* -[s], -s ⟨aus gleichbed. *engl.* cross-country, zu country „Land"⟩: Wettkampf, bei dem es querfeldein, über wechselnde Bodenverhältnisse geht. **Cros|sed check** ['krɔst tʃɛk] *der;* - -s, - -s ⟨aus gleichbed. *engl.* crossed check, eigtl. „gekreuzter Scheck"⟩: Barscheck mit beschränktem Kreis der Begünstigten. **Cross-field-Tech|nik** ['krɔs'fi:ld...] *die;* - ⟨zu *engl.* field „Feld"⟩: Verfahren zur Erweiterung des Frequenzbereichs von Tonbandgeräten. **Cros|sing-over** ['krɔsɪŋ'oʊvə] vgl. Cross-over. **Cros|sing|sym|me|trie** *die;* - ⟨zu *engl.* crossing „das Kreuzen, Überquerung"⟩: Symmetrie bzw. Äquivalenz von Reaktionen bei der Wechselwirkung von Elementarteilchen (Kernphysik). **Cross-over** ['krɔs'oʊvə] u. **Cros|sing-over** *das;* - ⟨aus *engl.* cross(ing)-over „Übergang"⟩: Erbfaktorenaustausch zwischen homologen Chromosomen (Biol.). **Cross-rate** [...reɪt] *die;* - ⟨zu *engl.* rate „Teilbetrag"⟩: Mittel zur Feststellung des echten Wertes einer Währung im Vergleich zur amtlich festgesetzten Parität unter Bezug auf den Dollarkurs. **Cross|talk** [...tɔ:k] *der;* -s, -s ⟨aus *engl.* cross-talk „das Überspielen"⟩: der Klangqualität abträgliches Sichvermischen der beiden Lautsprecherinformationen bei stereophoner Wiedergabe

Crouch|stel|lung ['kraʊtʃ...] *die;* - ⟨zu *engl.* to crouch „hocken, sich ducken"⟩: geduckte Kampfstellung beim Boxen
Crou|pa|de [kru...] vgl. Kruppade. **Crou|pier** [...'pi̯e:] *der;* -s, -s ⟨aus gleichbed. *fr.* croupier, eigtl. „Hintermann", zu croupe „Hinterteil, Kruppe", dies aus dem Germ.⟩: Angestellter einer Spielbank, der den äußeren Ablauf des Spiels überwacht. **Crou|pon** [...'põ:] *der;* -s, -s ⟨aus gleichbed. *fr.* croupon⟩: Kern-, Rückenstück einer [gegerbten] Haut. **crou|po|nie|ren** [...po'ni:...] ⟨zu ↑...ieren⟩: aus einer [gegerbten] Haut herausschneiden
Croû|ton [kru'tõ:] *der;* -[s], -s (meist Plur.) ⟨aus *fr.* croûton „Brotkanten" zu croûte „(Brot)kruste", dies über *altfr.* croste aus *lat.* crusta „Rinde"⟩: als Brötchen geschnittene u. in Fett gebackene Würfel, Scheiben o. ä. zum Garnieren von Speisen od. als Suppeneinlage
Cru [kry:] *das;* -[s], -s ⟨aus gleichbed. *fr.* cru, eigtl. „Wuchs", zu croître „wachsen", dies über *altfr.* croistre aus gleichbed. *lat.* crescere⟩: Wachstum, Lage (Qualitätsbezeichnung für franz. Weine)
Cru|ci|fe|rae [krutsi'fe:rɛ] vgl. Kruzifere
Cru|dum [k...] *das;* -s ⟨aus *lat.* crudum, eigtl. „das Rohe", vgl. crudus⟩: Rohstoff für die Antimongewinnung. **cru|dus** ⟨*lat.;* eigtl. „blutig, roh"; vgl. Cruor⟩: ungereinigt, roh (z. B. von Chemikalien). **cru|el** [kry'ɛl] ⟨*fr.;* aus gleichbed. *lat.* crudelis „gefühllos, grausam"⟩: svw. krudel
Cruise-Mis|sile ['kru:z ˌmɪsl, - ˈmɪsaɪl] *das;* -s, -s ⟨aus gleichbed. *engl.-amerik.* cruise missile zu to cruise „sich (kreuzend) vorwärtsbewegen" u. missile „Geschoß, Flugkörper"⟩: unbemannter Flugkörper mit Düsenantrieb (u. zusätzlichen Startraketen) u. konventionellem od. nuklearem Gefechtskopf, Marschflugkörper, Flügelrakete. **Crui-**

sing ['kru:zɪŋ] *das;* -[s] ⟨aus *engl.* cruising „das Umherziehen"⟩: das Suchen nach einem Sexualpartner
Crum|blage ['krʌmblɪdʒ] *die;* -, -s [...dʒɪz] ⟨aus gleichbed. *engl.* crumblage zu to crumble „zerdrücken", eigtl. „zerkrümeln"⟩: a) (ohne Plur.) künstlerische Technik, bei der ein reproduziertes Bild angefeuchtet, zerknüllt o. ä. u. auf diese Weise deformiert wieder aufgeklebt wird; b) Produkt dieser Technik
Cru|or [k...] *der;* -s ⟨aus *lat.* cruor „Blut"⟩: Blutkuchen, geronnenes Blut, vom Serum abgeschiedenes Blutgerinnsel (Med.)
Crus [k...] *das;* -, Crura ⟨aus *lat.* crus „Unterschenkel, Bein"⟩: 1. [Unter]schenkel. 2. schenkelartiger Teil eines Organs od. Körperteils (Med.)
Crush [krʌʃ] *der;* -[es] ⟨verkürzt aus gleichbed. *engl.* crush (syndrome) zu crush „das (Zer)quetschen", dies zu to crush „zerquetschen"⟩: durch Zerfall größerer Muskelmassen nach schweren ↑Traumen ausgelöstes Krankheitsbild (Med.). **Cru|sher** [krʌʃ...] *der;* -s, -s ⟨zu *engl.* crush hat „weicher (Filz)hut"⟩: salopper weicher Herrenfilzhut (Mode)
Cru|sta [k...] *die;* -, ...stae [...tɛ] ⟨aus *lat.* crusta „Rinde, Borke"⟩: 1. Kruste, Schorf (Med.). 2. alkoholisches Bargetränk in einem Glas mit etwa 1 cm breiter Zitrussaft-Zukker-Kruste am oberen Rand. **Cru|sta|ceae** [krʊstaˈtseɛ] vgl. Krustazee
Crux [k...] *die;* - ⟨aus *lat.* crux „Kreuz; Marterholz"⟩: etw. (eine Situation), was man als recht schwierig, als eine belastende Aufgabe, als kompliziert empfindet, weil das eine mit dem anderen kollidiert, schlecht zu vereinen ist; - [interpretum]: unerklärte Textstelle; unlösbare Frage. **Cru|za|do** [kru'zadu, port. kru'zaðu] *der;* -s, -s (aber: 5 -) ⟨aus *port.* cruzado „Kreuzer" zu cruz, vgl. Cruzeiro⟩: 1. alte port. Gold- u. Silbermünze mit einem Kreuz auf der Rückseite. 2. Währungseinheit in Brasilien seit 1986. **Cru|zei|ro** [kru'zeiru] *der;* -s, -s (aber: 5 -) ⟨aus *port.* cruzeiro zu cruz „Kreuz", dies aus *lat.* crux, vgl. Crux⟩: Währungseinheit in Brasilien bis 1986
Crwth [kru:θ] *die;* -, - ⟨aus dem Kelt.⟩: altkeltisches, lyraähnliches Saiteninstrument der Barden
Cryo|tron ['kry:otrɔn] vgl. Kryotron
Csa|kan, Czakan ['tʃa...] *der;* -s, -s ⟨aus gleichbed. *ung.* csákány⟩: Stockflöte, bes. im 19. Jh. in den Donauländern verbreitetes Volksinstrument
Csár|da [tʃarda, ung. 'tʃa:rdɔ], eindeutschend auch Tscharda *die;* -, -s ⟨aus gleichbed. *ung.* csárda, eigtl. „Wachhaus, Warte", dies über *türk.* Vermittlung aus *pers.* čšārtāk „viersäuliger Erker"⟩: ung. [Wein]gaststätte im ländlichen Stil. **Csár|dás** ['tʃardas, ung. 'tʃa:rdɔʃ] *der;* -, -, eindeutschend Tschardasch *der;* -[es], -e ⟨aus gleichbed. *ung.* csárdás⟩: ung. Nationaltanz
Cse|ber ['tʃɛbɐr] *der;* -s, -s (aber: 5 -) ⟨aus gleichbed. *ung.* cseber, eigtl. „Eimer"⟩: früheres ung. Weinmaß
Csi|kós ['tʃi:koːʃ, ung. 'tʃiko:ʃ] *der;* -, -, eindeutschend Tschikosch *der;* -[es], -e ⟨aus gleichbed. *ung.* csikós⟩: ung. Pferdehirt
CT: Abk. für ↑Computertomographie
Cua|dril|la [kŭa'drilja] *die;* -, -s ⟨aus gleichbed. *span.* cuadrilla, eigtl. „Haufen, Trupp; Stierfechtermannschaft, Trupp von 4 Reitern", vgl. Quadrille⟩: Einzug der Stierkämpfer in die Arena. **Cuar|to** ['kŭarto] *der;* -s, -s (aber: 5 -) ⟨aus gleichbed. *span.* cuarto, eigtl. „ein Viertel", zu *lat.* quartus „der vierte"⟩: alte span. Kupfermünze
Cu|ba|nit [k..., auch ...'nɪt] *der;* -s, -e ⟨nach der Insel Kuba (*span.* Cuba) u. zu ↑²...it⟩: ein stark magnetisches Mineral

Cubicularius

Cu|bi|cu|la|ri|us [kubiku...] *der;* -, ...rii ⟨aus gleichbed. *lat.* cubicularius⟩: altröm. Kammerdiener des Kaisers. **Cu|bicu|lum** *das;* -s, ...la ⟨aus gleichbed. *lat.* cubiculum zu cubare „liegen, ruhen"⟩: 1. Schlafraum im altröm. Haus. 2. Grabkammer in den ↑Katakomben. **Cu|bi|tus** *der;* -, ...ti ⟨aus gleichbed. *lat.* cubitus⟩: 1. Ellenbogen (Med.). 2. altröm. Längeneinheit (44,36 cm); vgl. kubital

Cu|cur|bi|ta [kuˈkʊr...] *die;* -, ...tae [...tɛ] ⟨aus *lat.* cucurbita „Kürbis"⟩: Zierkürbis mit verschiedenfarbigen Früchten

Cud|beard [ˈkʌdbɛɐ] *der;* -s, -s ⟨nach dem Namen des engl. Erfinders⟩: (veraltet) roter Farbstoff, roter ↑Indigo

Cue|ca [ˈkŭɛka] *die;* - ⟨aus gleichbed. *amerik.-span.* cueca⟩: ein sehr schneller lateinamerik. Tanz

Cue|sta [ˈkŭɛsta] *die;* -, -s ⟨aus gleichbed. *span.* cuesta, eigtl. „Bergabhang", zu *lat.* costa „Rücken, Seite", eigtl. „Rippe"⟩: Schichtstufe, auf Grund verschiedener Materialeigenschaften von Schichtgesteinen durch Abtragung entstandene Geländestufe (Geol.)

cui bo|no? [ˈkuːi –] ⟨*lat.;* nach einem Zitat aus einer Rede von Cicero⟩: wem nützt es?, wer hat einen Vorteil davon? (Kernfrage der Kriminalistik nach dem Tatmotiv bei der Aufklärung eines Verbrechens)

Cuil|le|rée [kŷijəˈreː] *die;* -, -s ⟨aus gleichbed. *fr.* cuillerée zu cuiller, cuillère „Löffel", dies aus gleichbed. *lat.* cochlear(ium)⟩: (veraltet) Löffelvoll (Maß)

Cuite|sei|de u. **Cuit|sei|de** [ˈkŷit...] *die;* - ⟨zu *fr.* cuit(e), eigtl. „gekocht", dies zu cuire „kochen, sieden" aus gleichbed. *lat.* coquere⟩: durch Seifenbad entbastete, daher sehr weiche Seide

cu|ius re|gio, eius re|li|gio [ˈkuːjʊs – ˈeːjʊs –] ⟨*lat.*⟩: wessen das Land, dessen [ist] die Religion (Grundsatz des Augsburger Religionsfriedens von 1555, nach dem der Landesfürst die Konfession der Untertanen bestimmte)

Cui|vre po|li [ˈkŷivrə pɔˈliː] *das;* - - ⟨aus *fr.* cuivre poli „Messingbronze", eigtl. „poliertes Kupfer", zu *lat.* (aes) cyprium (vgl. Cuprum) u. *fr.* poli „glatt, blank, poliert" (vgl. polieren)⟩: (veraltet) Messing aus 70% Kupfer u. 30% Zink für Küchen- u. Gebrauchsgegenstände

Cu|lasse [kyˈlas] *die;* -, -n [...sn] ⟨aus gleichbed. *fr.* culasse zu cul „Hintern", dies aus gleichbed. *lat.* culus⟩: (veraltet) a) sogenannte Schwanzschraube, Bodenstück eines Gewehrlaufes; b) Unterteil eines Brillanten. **Cul|bute** [kylˈbyt] *die;* -, -s ⟨aus *fr.* culbute „Überschlag, Purzelbaum"⟩: (veraltet) Kopfsturz, Drehung des ↑Fetus in Kopfendlage (Med.). **Cul de lampe** [kydˈlãp] *der;* - - -, -s - - [kyd...] ⟨aus gleichbed. *fr.* cul de lampe, eigtl. „Unterteil der Lampe"⟩: 1. nach unten spitz zulaufende ↑Vignette am Schluß eines Kapitels (Buchkunst). 2. von der Decke od. dem Gewölbe herabhängendes zapfenförmiges Bauglied, z. B. Gewölbeabschlußstein (Archit.). **Cul de Pa|ris** [kydpaˈri] *der;* - - -, -s - - [kyd...] ⟨aus *fr.* cul de Paris, eigtl. „Pariser Gesäß"⟩: um die Jahrhundertwende unter dem Kleid getragenes Gesäßpolster. **Cul-de-sac** [kydˈsak] *der;* -s, Culs-de-sac [kyd...] ⟨aus gleichbed. *fr.* cul-de-sac⟩: (veraltet) Sackgasse. **Cul|do|skop** [kʊl...] usw. vgl. Kuldoskop usw.

Cu|le|mey|er [k...] *der;* -s, - ⟨nach dem dt. Eisenbahntechniker J. Culemeyer (1883–1951)⟩: ein Schwerlast-Straßenroller [im Dienst der Eisenbahn]

Cu|le|us [ˈkuːleʊs] *der;* -, ...lei [...lei] ⟨aus *lat.* culeus „(Leder)sack, -schlauch"⟩: altröm. Hohlmaß (525,3 l od. 20 Amphoren)

Cul|li|nan [ˈkʌlɪnən] *der;* -s ⟨nach dem engl. Entdecker Sir T. Cullinan⟩: größter bekannter Diamant der Erde

Cu|lot [kyˈloː] *der;* -s, -s ⟨aus gleichbed. *fr.* culot, Verkleinerungsform von cul, vgl. Culasse⟩: (veraltet) 1. Sockel, Untersatz. 2. Bodensatz. 3. Nesthäkchen, jüngstes Kind. 4. Stengel- od. Laubverzierung (Archit.). **Cu|lotte** [kyˈlɔt] *die;* -, -n [...tn̩] ⟨aus gleichbed. *fr.* culotte, Verkleinerungsform von cul⟩: im 17. u. 18. Jh. von der [franz.] Aristokratie getragene Kniehose; vgl. Sansculotte

Cul|pa [k...] *die;* - ⟨aus gleichbed. *lat.* culpa⟩: Schuld, Verschulden; Fahrlässigkeit; culpa in contrahendo [k...]: Verschulden beim Vertragsabschluß (gewohnheitsrechtlich anerkannter, außergesetzlicher Haftungstatbestand); -lata: grobe Fahrlässigkeit (Rechtsw.); - levis [...vis]: leichte Fahrlässigkeit (Rechtsw.)

Cul|te|ra|nis|mo [k...] *der;* - ⟨aus *span.* culteranismo „schwülstiger Stil" zu culterano „schwülstig", dies zu culto „Kult" aus gleichbed. *lat.* cultus⟩: svw. Gongorismus. **Culte|ra|nist** vgl. Kulteranist. **Cul|tis|mo** vgl. Kultismus. **Cultu|ral lag** [ˈkʌltʃərəl ˈlæg] *das;* - -, - -s ⟨aus *engl.* cultural lag, eigtl. „kulturelle Lücke"⟩: verspätete soziokulturelle Anpassung von Personen[gruppen] an die vom technischen Fortschritt gesteuerte Entwicklung (Soziol.). **Cul|ture free tests** [ˈkʌltʃə ˈfriː –], Culture fair tests [– ˈfɛə –] *die* (Plur.) ⟨aus gleichbed. *engl.* culture free bzw. fair tests zu free „frei" bzw. fair (vgl. fair) u. ↑Test⟩: psychologische Tests, bei denen die Aufgabenstellung so gewählt wird, daß die Testergebnisse von kulturellen, regionalen u. sozialen Unterschieden weitgehend frei sind

Cu|ma|rin [k...] vgl. Kumarin. **Cu|ma|ron** vgl. Kumaron

Cum|ber|land|sau|ce [ˈkʌmbələndzɔːsə] u. **Cum|ber|landso|ße** *die;* -, -n ⟨nach dem Herzog W. A. von Cumberland (1721–1765) u. ↑Sauce⟩: aus Johannisbeergelee, Senf u. verschiedenen anderen Zutaten hergestellte pikante Soße

cum fi|gu|ris [kʊm –] ⟨*lat.*⟩: mit Abbildungen

cum gra|no sa|lis [kʊm – –] ⟨*lat.;* „mit einem Körnchen Salz"⟩: mit entsprechender Einschränkung; nicht ganz wörtlich zu nehmen

cum in|fa|mia [kʊm –] ⟨*lat.*⟩: mit Schimpf u. Schande

cum lau|de [kʊm –] ⟨*lat.;* „mit Lob"⟩: gut (drittbestes Prädikat bei der Doktorprüfung)

Cum|ming|to|nit [kʌmɪŋtəˈnɪt] *der;* -s, -e ⟨nach dem Ort Cummington, Massachusetts (USA), u. zu ↑²...it⟩: ein farbloses bis braunes Mineral

cum tem|po|re [kʊm –] ⟨*lat.;* „mit Zeit"⟩: eine Viertelstunde nach der angegebenen Zeit; mit akademischem Viertel; Abk.: c. t.

Cu|mu|lo|nim|bus [k...] usw. vgl. Kumulonimbus usw.

Cunc|ta|tor [kʊŋk...] vgl. Kunktator

Cune|us [ˈkuːneʊs] *der;* -, Cunei [...nei] ⟨aus *lat.* cuneus „Keil"⟩: 1. a) keilförmige Schlachtaufstellung in der Antike; b) keilförmiger Abschnitt des Sitzraums in röm. Theater. 2. Zwickel, eine Großhirnrindenwindung von keilförmiger Gestalt, die das Sehzentrum enthält (Med.)

Cun|ni|lin|gus [k...], eindeutschend auch Kunnilingus *der;* -, ...gi ⟨aus *lat.* cunnilingus „jmd., der an der weibl. Scham leckt" zu cunnus „weibl. Scham" u. lingere „lecken"⟩: sexuelle Stimulierung durch Reizung des weiblichen Geschlechtsorgans mit der Zunge; vgl. Fellatio

Cup [kap] *der;* -s, -s ⟨aus gleichbed. *engl.* cup, eigtl. „Schale, Becher", dies über älter *engl.* cuppe (*roman.* coupe) aus *spätlat.* cuppa, vgl. Cuppa⟩: 1. Pokal, Ehrenpreis. 2. Körbchen beim Büstenhalter

Cu|pal [k...] *das;* -s ⟨Kurzw. aus ↑*Cu*prum u. ↑*Al*uminium⟩: kupferplattiertes Aluminium, Werkstoff der Elektrotechnik

Cu|pi|do [k...] vgl. Kupido

Cup|pa [k...] *die;* -, Cuppae [...pɛ] ⟨aus gleichbed. *kirchenlat.* cuppa, dies aus *spätlat.* cuppa „Trinkgefäß, Becher", einer Nebenform von *lat.* cupa „Faß, Tonne"): Schale eines [Abendmahls]kelches

Cu|pra|lon ⓦ [k...] *das;* -s ⟨Kunstw. aus ↑*Cupra*ma u. ↑Per*lon*⟩: Mischgarn aus ↑ Perlon u. ↑ Cuprama (Textilchemie). **Cu|pra|ma** ⓦ *die;* - ⟨Kunstw. zu *spätlat.* cuprum „Kupfer", vgl. Cuprum; nach dem Herstellungsverfahren⟩: wollartige, aus Zellulose hergestellte Kunstfaser. **Cu|pre|in** *das;* -s ⟨zu ↑ ...in (1)⟩: eine organische Verbindung, Grundstoff von Chinin. **Cu|pre|sa** ⓦ *die;* - ⟨Kunstw.⟩: nach dem Kupferoxyd-Ammoniak-Verfahren aus Baumwollfasern hergestellte Chemiefaser. **Cu|prit** [auch ...'rɪt] *der;* -s ⟨zu ↑ Cuprum u. ↑²...it⟩: Rotkupfer-, Braunkupfererz, ein kubisches Mineral, auftretend in Kupferblüte u. Ziegelerz. **Cu|pro** *das;* -s ⟨Kunstw.⟩: Sammelbez. für synthetische Fäden, die nach dem Kupferoxyd-Ammoniak-Verfahren auf Zellulosebasis hergestellt werden (Textilchemie). **Cu|pro|phan** *das;* -s ⟨Kunstw. aus ↑*Cupro* u. *gr.* dia*phan*és „durchsichtig"⟩: (veraltet) Zellulosehydrat in Form von Folien, Bogen, Rollen, Bändern für Verpakkungszwecke u. Kabelumhüllungen. **Cu|prum** *das;* -s ⟨aus gleichbed. *spätlat.* cuprum für *lat.* aes cyprium „Erz aus Zypern" (*lat.* Cyprus, *gr.* Kýpros)⟩: Kupfer; chem. Element; Zeichen Cu

Cu|pu|la [k...], eindeutschend auch K**u**pula *die;* -, ...lae [...lɛ] ⟨aus *lat.* cupula „kleine Tonne, Kuppel", Verkleinerungsform von cupa „Faß, Tonne"⟩: 1. Fruchtbecher bei Buchengewächsen. 2. gallertartige Substanz in den Gleichgewichtsorganen der Wirbeltiere u. des Menschen (Med.)

Cu|ra [k...] *die;* - ⟨aus *lat.* cura „Sorge, Fürsorge"⟩: früher übliche Bez. für die Seelsorge u. die dafür nötigen kirchlichen Vollmachten (kath. Kirchenrecht)

Cu|ra|çao ⓦ [kyra'sa:o] *der;* -[s], -s (aber: 2 -) ⟨aus gleichbed. *niederl.* curaçao, gekürzt aus curaçao-oranjeappel „Curaçao-Orange", woraus er hergestellt wurde; nach der Insel im Karibischen Meer⟩: Likör aus der Schale der Pomeranze

Cu|ra po|ste|ri|or [k... –] *die;* - - ⟨aus *lat.* cura posterior „spätere Sorge"⟩: Angelegenheit, Überlegung, die im Augenblick noch nicht akut ist, mit der man sich erst später zu beschäftigen hat

Cu|ra|re [k...] vgl. Kurare. **Cu|ra|rin**, eindeutschend auch Kura**r**in *das;* -s ⟨zu ↑ Kurare u. ↑...in (1)⟩: wirksamer Bestandteil des Kurare (Chem.)

cu|ra|vit [ku'ra:vɪt] ⟨*lat.*⟩: hat [es] besorgt, bearbeitet (Buchvermerk über den Herausgeber od. Bearbeiter)

Cur|cu|ma ['kʊrkuma] vgl. Kurkuma

Cu|ré [ky're:] *der;* -s, -s ⟨aus gleichbed. *fr.* curé, eigtl. „Seelsorger", zu cure „Sorge, Fürsorge", dies aus *lat.* cura⟩: kath. Geistlicher in Frankreich. **Cure-dent** [kyr'dã:] *der;* -s, -s ⟨aus gleichbed. *fr.* cure-dent zu cure „Sorge, Pflege" u. dent „Zahn" (dies aus *lat.* dens, Gen. dentis)⟩: (veraltet) Zahnstocher

Cu|rée [ky're:] *die;* -, -s ⟨aus gleichbed. *fr.* curée zu cuir „Fell, Haut", dies aus *lat.* corium⟩: (Jägerspr. veraltet) a) Aufbruch des erlegten Wildes; b) Beuteanteil der Hunde (Eingeweide)

Cu|ret|ta|ge [kyrɛ'ta:ʒə] vgl. Kürettage. **Cu|ret|te** [ky...] vgl. Kürette. **cu|ret|tie|ren** vgl. kürettieren

Cu|rie [ky'ri:] *das;* -, - ⟨nach dem franz. Physikerehepaar Jean (1859–1906) u. Marie (1867–1934) Curie⟩: Maßeinheit der Radioaktivität; Zeichen Ci (älter c). **Cu|ri|um** ['ku:...] *das;* -s ⟨nlat. Bildung zum Familiennamen Curie u. ↑...ium⟩: radioaktives, künstliches chem. Element; Zeichen Cm

Cur|ling ['kə:lɪŋ] *das;* -s ⟨aus gleichbed. *engl.* curling zu to curl „sich winden, sich drehen"⟩: ein Eisspiel

Cur|ren|cy|theo|rie ['kʌrənsɪ...] *die;* - ⟨zu *engl.* currency „Währung" (dies über *mittelengl.* currentia aus *lat.* currens, Gen. currentis, Part. Präs. von currere „laufen, eilen") u. ↑Theorie⟩: Währungsprinzip, nach dem die Banknotenausgabe an die Zu- u. Abnahme der Goldvorräte eines Landes gebunden werden soll. **cur|ren|tis** [k...] ⟨*lat.*⟩: (veraltet) [des] laufenden [Jahres, Monats]; Abk.: cr. **cur|ri|cu|lar** [...ku...] ⟨zu ↑Curriculum u. ↑...ar (1)⟩: a) die Theorie des Lehr- u. Lernablaufs betreffend; b) den Lehrplan betreffend. **Cur|ri|cu|lum** *das;* -s, ...la ⟨über gleichbed. *engl.* curriculum aus *mlat.* curriculum „Ablauf des Jahres, Weg", *lat.* „Lauf(bahn)"⟩: 1. Theorie des Lehr- u. Lernablaufs. 2. Lehrplan, Lehrprogramm. **Cur|ri|cu|lum vi|tae** [– 'vi:tɛ] *das;* - -, ...la - ⟨aus *lat.* curriculum vitae „Laufbahn des Lebens"⟩: Lebenslauf. **Cur|rus** *der;* -, - ⟨aus gleichbed. *lat.* currus⟩: a) zweirädriger Wagen (im antiken Rom); b) Triumph-, Streit- u. Rennwagen (im antiken Rom)

¹Cur|ry ['kœri, seltener 'kari] *das,* auch *der;* -s ⟨aus gleichbed. *angloind.* curry, dies aus *tamil.* kari „Tunke"⟩: scharfpikante, dunkelgelbe Gewürzmischung ind. Herkunft. **²Cur|ry** *das;* -s, -s ⟨zu ↑ ¹Curry⟩: ind. Gericht aus Fleisch od. Fisch mit einer Soße aus Currypulver, dazu Reis [u. Gemüse]

Cur|sor ['kə:sə] *der;* -s, -s ⟨aus gleichbed. *engl.* cursor, eigtl. „Läufer", dies aus *lat.* cursor „(Schnell)läufer, Eilbote" zu currere „laufen"⟩: meist blinkendes Zeichen auf dem Bildschirm, das anzeigt, an welcher Stelle die nächste Eingabe erscheinen wird. **Cur|sus** ['kʊrzʊs] *der;* -, - ⟨aus *lat.* cursus „Lauf, Verlauf"⟩: wohlklingender rhythmischer Satzschluß (Reth.). **Cur|sus ho|no|rum** *der;* - - ⟨zu *lat.* honoris „ehrenvoll, ansehnlich"⟩: Bez. für die Ämterlaufbahn im antiken Rom; die festgelegte Reihenfolge, in der sich ein Bürger um öffentliche Ämter bewerben konnte. **Cur|sus pu|bli|cus** [– ...kʊs] *der;* - - ⟨zu *lat.* publicus „öffentlich, staatlich, amtlich"⟩: das nach dem Vorbild des Postwesens der pers. Großkönige eingerichtete Beförderungssystem für die amtliche Post des Röm. Reiches

Cur|tain-wall ['kə:tnwɔ:l] *der;* -s, -s ⟨aus *engl.* curtainwall „Trennwand" zu curtain „Vorhang" u. wall „Wand, Mauer"⟩: Außenwand eines Gebäudes, der keine tragende Funktion zukommt (Archit.)

Cur|tis [k...] *die;* -, ...tes [...te:s] ⟨aus gleichbed. *mlat.* curtis⟩: a) Herrenhof, bes. der fränkischen Königshöfe, der als befestigtes Lager u. Verpflegungsstation diente; b) Haupthof eines Fronhofverbandes od. allg. ein Gehöft im Mittelalter

Cu|stard ['kastet] *der;* -, -s ⟨aus *engl.* custard „Eierkrem"⟩: eine engl. Süßspeise

Cu|sto|dia [k...] *die;* -, ...diae [...diɛ] ⟨aus *lat.* custodia „Wache, Schutz"⟩: das Gefäß, in dem die große ↑ Hostie für die Aussetzung des Allerheiligsten in der ↑ Monstranz aufbewahrt wird (kath. Kirche). **Cu|sto|di|an** [kʌs'toʊdjən] *der;* -s, -s ⟨aus gleichbed. *engl.* custodian, eigtl. „Wärter", dies zu *lat.* custodia „Bewachung, Aufsicht, Obhut"⟩: Bez. für Treuhänder eines unter fremdstaatliche Verwaltung gestellten Vermögens. **Cu|stos** vgl. Kustos

Cut [kœt, kat] *der;* -s, -s ⟨zu *engl.* to cut „schneiden, (zer)teilen"; vgl. cutten⟩: 1. svw. Cutaway. 2. Riß der Haut, bes. rund um die Augenpartien (beim Boxen). **Cut|away** ['kœtəve, 'kat..., engl. 'kʌtəweɪ] *der;* -s, -s ⟨aus gleichbed. *engl.* cutaway (coat) zu to cut away „wegschneiden"⟩: vorn abgerundet geschnittener Sakko des offiziellen Vormittagsanzuges mit steigenden Revers

Cuticula

Cu|ti|cu|la [ku'ti:kula] vgl. Kutikula. **Cu|tis** vgl. Kutis
cut|ten ['katn̩] ⟨aus *engl.* to cut „schneiden"⟩: Filmszenen od. Tonbandaufnahmen für die endgültige Fassung schneiden u. zusammenkleben. **Cut|ter** ['katɐ] *der;* -s, - ⟨aus gleichbed. *engl.* cutter⟩: 1. Schnittmeister; Mitarbeiter bei Film, Funk u. Fernsehen, der Filme od. Tonbandaufnahmen in Zusammenarbeit mit dem Regisseur für die endgültige Fassung zusammenschneidet u. montiert. 2. Fleischschneidemaschine zur Wurstbereitung. **Cut|te|rin** *die;* -, -nen: Schnittmeisterin bei Film, Funk u. Fernsehen. **cut|tern** vgl. cutten
Cu|vée [ky've:] *die;* -, -s, auch *das;* -s, -s ⟨aus gleichbed. *fr.* cuvée, eigtl. „Kufevoll", zu cuve „Kufe, Bottich", dies aus *lat.* cupa „Faß, Tonne"⟩: Verschnitt, Mischung verschiedener Weine. **Cu|ve|la|ge** [kyvəˈlaːʒə] *die;* -, -n ⟨aus gleichbed. *fr.* cuvelage⟩: Stahl- od. Graugußring, der im Bergwesen beim Schachtausbau im ganzen eingelassen u. gegen Wasser abgedichtet wird
Cy: veraltete Bez. für das Cyanradikal CN
Cy|an [ts...] *das;* -s ⟨über *lat.* cyanus aus *gr.* kýanos „Lasurstein, blaue Farbe"⟩: giftige Kohlenstoff-Stickstoff-Verbindung mit Bittermandelgeruch. **cy|an...**, **Cy|an...** vgl. zyano..., Zyano... **Cya|nat** *das;* -[e]s, -e ⟨zu ↑...at (2)⟩: Salz der Cyansäure. **Cya|nid** *das;* -s, -e ⟨zu ↑³...id⟩: Salz der Blausäure. **cya|no...**, **Cya|no...** vgl. zyano..., Zyano... **Cy|an|ra|di|kal** *das;* -s: eine einwertige Atomgruppe aus Kohlenstoff u. Stickstoff, die nur in chem. Verbindungen od. als elektrisch negativ geladenes Ion vorkommt
Cya|thus [ts...] *der;* -, - [...tu:s] ⟨über gleichbed. *lat.* cyathus aus *gr.* kýathos „Becher"⟩: ein antikes röm. Volumenmaß
Cy|ber|space ['saɪbəspeɪs] *das;* -s, -s ⟨Kunstw. aus *engl.* cybernetics „Kybernetik" u. *space* „Raum"⟩: von Computern erzeugte virtuelle Scheinwelt, die eine fast perfekte Illusion räumlicher Tiefe u. realitätsnaher Bewegungsabläufe vermittelt (z. B. zur Simmulation von Flugmanövern, für aktionsreiche Computerspiele u. ä.). **Cyb|org** ['saɪbɔːg] *der;* -s, -s ⟨Kunstw. aus *engl.* cybernetic organism⟩: [geplante] Integrierung technischer Geräte in den Menschen als Ersatz od. zur Unterstützung nicht ausreichend leistungsfähiger Organe (z. B. bei langen Raumflügen)
cycl..., **Cycl...** [tsy(:)kl...] vgl. cyclo..., Cyclo... **Cy|cla|men** vgl. Zyklamen. **cy|clisch** ['tsy:k..., auch 'tsʏk...] vgl. zyklisch (2). **cy|clo...**, **Cy|clo...**, vor Vokalen meist cycl..., Cycl... ⟨aus *lat.* cyclus „Kreis, Ring", dies aus gleichbed. *gr.* kýklos; vgl. Zyklus⟩: Wortbildungselement mit der Bedeutung „ringförmig verknüpfte Atomgruppen enthaltend", auftretend als erster Bestandteil von Zusammensetzungen mit chem. Namen, z. B. Cyclohexan; vgl. zyklo..., Zyklo... **Cy|clo|he|xan** *der;* -s, -e: ein Kohlenwasserstoff (farblose, leicht brennbare Flüssigkeit), der u. a. als Lösungsmittel für Fette, Harze u. Wachse verwendet wird. **Cy|clo|kau|tschuk** *der;* -s: ein ↑modifizierter Naturkautschuk. **Cy|clo|ni|um** *das;* -s ⟨zu ↑...ium⟩: erstmals im ↑Zyklotron erzeugtes ↑Isotop des chem. Elements Promethium. **Cy|clops** [tsy'klo:ps] *der;* -, ...piden ⟨über *lat.* cyclops aus *gr.* kýklōps, eigtl. „Rundauge"⟩: niederer Krebs (Ruderfüßer)
Cym|bal [ts...] vgl. Zimbal
Cy|mo|phan [ts...] *das;* -s ⟨zu *gr.* kỹma „Woge" u. phanós „leuchtend"⟩: Schmucksteinvarietät des Minerals ↑Chrysoberyll
Cy|nar [ts...] *der;* -s ⟨zu *lat.* Cynara, Nebenform von cinara „Artischocke"⟩: bitter schmeckender ital. ↑Aperitif aus Artischockenherzen (Gastr.). **Cy|na|rin** *das;* -s ⟨zu ↑...in (1)⟩: Bitterstoff der ↑Artischocke
Cy|pris|lar|ve [ts...] *die;* -, -n ⟨nach *lat.* Cypris, *gr.* Kýpros, dem Beinamen der griech. Göttin Aphrodite, die auf Zypern (*gr.* Kýpros) sehr verehrt wurde⟩: durch eine zweiklappige Schale gekennzeichnete Larvenform der Muschelkrebse u. Rankenfüßer
cy|ril|lisch [ts...] vgl. kyrillisch
Cy|to|bi|on ⓦ [ts...] *das;* -s ⟨Kunstw.⟩: Vitamin-B_{12}-Präparat D
Cza|kan ['tʃa...] vgl. Csakan

D

da ca|po [- k...] ⟨*it.*; eigtl. „vom Kopf an", zu *lat.* caput „Kopf, Haupt"⟩: wiederholen, noch einmal vom Anfang an (Mus.); Abk.: d. c.; - - **al fine**: vom Anfang bis zum Schlußzeichen (wiederholen). **Da|ca|po** vgl. Dakapo

d'ac|cord [da'ko:ɐ̯, fr. da'kɔr] ⟨aus gleichbed. *fr.* d'accord; vgl. Akkord⟩: einverstanden

Da|cron ⓦ [...k...] *das;* -s ⟨Kunstw.⟩: synthetische Faser (Chem.)

Da|da *der;* -[s] ⟨*fr.;* urspr. lautmalend, wohl nach *fr.* kindersprachl. dada „Pferdchen"⟩: 1. programmatisches Schlagwort des Dadaismus. 2. Name für die verschiedenen dadaistischen Gruppierungen. **Da|da|is|mus** *der;* - ⟨zu ↑...ismus (1)⟩: internationale Kunst- u. Literaturrichtung um 1920, die jegliches Kunstideal negierte u. absolute Freiheit der künstlerischen Produktion sowie einen konsequenten Irrationalismus in der Kunst proklamierte. **Da|da|ist** *der;* -en, -en ⟨zu ↑...ist⟩: Vertreter des Dadaismus. **da|da|istisch** ⟨zu ↑...istisch⟩: in der Art des Dadaismus

Dä|da|le|um *das;* -s, ...leen ⟨nach Dädalus (gr. Daídalos, eigtl. „der Kunstreiche"), dem Baumeister u. Erfinder in der griech. Sage): 1833 erfundene, trommelförmige Vorrichtung, in der durch Drehen filmartige Bewegungsbilder erzeugt werden (primitive Vorstufe eines kinematographischen Apparates), spezielle Art eines ↑Stroboskops. **dä|da|lisch**: (veraltet) erfinderisch; -e Kunst: Bez. für die griech. Klein- u. Großplastik des 7. Jh.s v. Chr.

Dad|dy ['dɛdi] *der;* -s, Plur. -s od. Daddies ['dɛdi:s] ⟨aus *engl.* kindersprachl. daddy zu dad „Papi"⟩: engl. ugs. Bez. für Vater

Daff, Duff *der;* -s, -s ⟨aus gleichbed. *arab.* daff⟩: eine meist mit Rasselkörpern versehene, einfellige arab. Rahmentrommel, ähnlich dem ↑Tamburin

Da|ga|ba vgl. Dagoba

Da|ge|stan *der;* -, - ⟨nach dem Gebiet Dagestan im Kaukasus⟩: schafwollener, geknüpfter Teppich

Da|go|ba u. **Dagaba** *die;* -, ...ben ⟨aus gleichbed. *singhal.* dāgoba, dāgaba⟩: 1. buddhistischer Reliquienschrein. 2. Raum, in dem ein Reliquienschrein aufbewahrt u. verehrt wird

Da|guer|reo|typ [dagero...] *das;* -s, -e ⟨aus gleichbed. *fr.* daguerréotype, nach dem Erfinder der Fotografie, dem Franzosen L. J. M. Daguerre, 1787–1851⟩: Fotografie auf Metallplatte. **Da|guer|reo|ty|pie** *die;* -, ...ien ⟨zu ↑...typie⟩: 1. (ohne Plur.) ältestes praktisch verwendbares fotograf. Verfahren. 2. Fotografie auf Metallplatten, Vorstufe der heutigen Fotografie

Da|ha|bi|je *die;* -, -n ⟨aus gleichbed. *arab.* dahabiya, eigtl. „die Goldene"⟩: langes, schmales, altertümliches Nilschiff mit Segel, Verdeck u. Kajüte

Dah|lie [...i̯ə] *die;* -, -n ⟨aus gleichbed. *nlat.* dahlia; nach dem schwed. Botaniker A. Dahl, 1751–1789⟩: Blütenpflanze (Korbblütler); vgl. Georgine

Dail Ei|reann ['da:l 'e:rɪn, engl. 'daɪl 'ɛərən] *der;* - - ⟨*ir.*⟩: das Abgeordnetenhaus der Republik Irland

Dai|mio u. **Daimyo** *der;* -, -s ⟨*chin.-jap.*⟩: Name für ehemalige japanische Territorialfürsten

Dai|mo|ni|on vgl. Dämonium

Dai|myo vgl. Daimio

¹Dai|na *die;* -, -s ⟨aus *lett.* daina „Lied"⟩: weltliches lettisches Volkslied lyrischen Charakters. **²Dai|na** *die;* -, Dainos ⟨aus *lit.* daina „Lied"⟩: weltliches litauisches Volkslied lyrischen Charakters

Dai|qui|ri [...'ki:...] *der;* -s, -s ⟨nach dem kuban. Distrikt⟩: Mixgetränk aus Rum, Limonensaft u. gestoßenem Eis

Dai|se|ki|ji [...dʒi] *der;* -, - ⟨*jap.*; „großer Steintempel"⟩: Haupttempel der buddhistischen Sekten

Da|ka|po *das;* -s, -s ⟨aus *it.* da capo, eigtl. „vom Kopf an"⟩: Wiederholung (Mus.); vgl. da capo. **Da|ka|po|arie** *die;* -, -n: dreiteilige Arie, bei der der dritte Teil die [verzierte] Wiederholung des ersten darstellt (im 18. Jh.)

Dakh|ma ['da:kma] *der;* -, -s ⟨aus *pers.* dakhmak „Scheiterhaufen" zu *awest.* dama „Grab"⟩: Turm des Schweigens, auf dem die ↑Parsen ihre Toten den Geiern zum Fraße überlassen, um Erde u. Feuer nicht zu verunreinigen

da|kry..., Da|kry... vgl. dakryo..., Dakryo... **da|kryo..., Da|kryo...**, vor Vokalen auch dakry..., Dakry... ⟨aus gr. dákryon „Träne"⟩: Wortbildungselement mit der Bedeutung „Träne, Tränensack", z. B. Dakryolith, Dakryops. **Da|kryo|ade|ni|tis** *die;* -, ...itiden: Tränendrüsenentzündung (Med.). **da|kryo|disch** ⟨zu gr. -eidés „-förmig"⟩: tränen-, tropfenförmig. **Da|kryo|hä|mor|rha|gie** *die;* -, ...ien, **Da|kryo|hä|mor|rhy|sis** *die;* -, ...sen ⟨zu gr. rhýsis „das Fließen"⟩: Tränenblutung, Blutung aus den Tränengängen (Med.). **Da|kryo|lith** [auch ...lɪt] *der;* Gen. -s u. -en, Plur. -e[n] ⟨zu ↑...lith⟩: harte Ablagerung in den Tränenkanälen (Med.). **Da|kryo|li|thia|sis** *die;* -, ...iasen: Bildung von harten Ablagerungen in den Tränenkanälen (Med.). **Da|kry|on** *das;* -s ⟨aus gr. dákryon⟩: vordere obere Spitze des Tränenbeins (anthropologischer Meßpunkt). **Da|kry|ops** *der;* -, ...open ⟨zu gr. ōps, Gen. ōpós „Auge"⟩: von einer Tränendrüse ausgehende Zyste unter dem oberen Augenlid (Med.). **Da|kryo|rhi|no|sto|mie** *die;* -, ...ien ⟨zu ↑rhino..., gr. stóma „Mund" u. ↑²...ie⟩: operative Herstellung einer Verbindung zwischen Tränensack u. Nasenhöhle bei verschlossenem Tränen-Nasen-Gang (Med.). **Da|kryo|rhy|sis** *die;* -, ...sen ⟨zu gr. rhýsis „das Fließen"⟩: svw. Dakryorrhö. **Da|kry|or|rhö** *die;* -, -en u. **Da|kry|or|rhöe** [...'røː] *die;* -, -n [...'røːən] ⟨zu gr. rheĩn „fließen"⟩: Tränenfluß (Med.). **Da|kryo|sy|rinx** *die;* -, ...ingen ⟨zu gr. syrigx „Röhre; Fistel"⟩: Tränenfistel (Med.). **Da|kryo|zy|sti|tis** *die;* -, ...itiden: Entzündung des Tränensacks (Med.). **Da|kryo|zy|sto|blenn|or|rhö** *der;* -, -en u. **Da|kryo|zy|sto|blenn|or|rhöe** [...'røː] *die;* -, -n [...'røːən]: eitrige Absonderung, Eiterung des Tränensacks (Med.)

dak|tyl..., Dak|tyl... vgl. daktylo..., Daktylo... **Dak|ty|len:**

daktylieren

Plur. von ↑Daktylus. **Dak|ty|lie|ren** ⟨zu gr. dáktylos „Finger" u. ↑...ieren⟩: in der Finger- u. Gebärdensprache reden; vgl. Daktylologie. **Dak|ty|lio|glyph** der; -en, -en ⟨aus gleichbed. gr. daktylioglýphos⟩: (veraltet) Steinschneider. **Dak|ty|lio|gly|phik** die; - ⟨zu ↑²...ik (1)⟩: Steinschneidekunst. **Dak|ty|lio|graph** der; -en, -en ⟨zu gr. daktýlios „Ring, Fingerring" u. ↑...graph⟩: svw. Daktylioglyph. **Dak|ty|lio|gra|phik** die; -: svw. Daktylioglyphik. **Dak|ty|lio|man|tie** die; - ⟨zu gr. manteía „Weissagung"⟩: das Wahrsagen mit Hilfe eines Pendels, bes. mit einem am Faden schwingenden Fingerring. **Dak|ty|lio|thek** die; -, -en ⟨aus gleichbed. gr. daktyliothḗkē⟩: Ringbehältnis, Ringkästchen, bes. eine Sammlung von Gemmen, Kameen u. geschnittenen Steinen (vor allem im Altertum u. in der Renaissance). **dak|ty|lisch** ⟨zu ↑Daktylus⟩: aus ↑Daktylen bestehend. **Dak|ty|lit** [auch ...'lɪt] der; -s, -e ⟨zu ↑daktylo... u. ↑²...it⟩: finger- od. walzenförmige Versteinerung, sogenannter Finger- od. Dattelstein. **Dak|ty|li|tis** die; -, ...itiden ⟨zu ↑...itis⟩: Fingerentzündung (Med.). **Dak|ty|lo** die; -, -s: Kurzform von ↑Daktylographin. **dak|ty|lo..., Dak|ty|lo...**, vor Vokalen auch **daktyl..., Daktyl...** ⟨aus gr. dáktylos „Finger, Zehe"⟩: Wortbildungselement mit der Bedeutung „Finger, Zehe", z. B. daktylographieren, Daktylolyse. **Dak|ty|lo|epi|trit** der; -en, -en: aus dem ↑Hemiepes u. dem ↑Epitriten zusammengesetztes altgriech. Versmaß. **Dak|ty|lo|gramm** das; -s, -e ⟨zu ↑...gramm⟩: Fingerabdruck. **Dak|ty|lo|graph** der; -en, -en ⟨zu ↑...graph⟩: (schweiz.) Maschinenschreiber. **Dak|ty|lo|gra|phie** die; - ⟨zu ↑...graphie⟩: (schweiz.) das Maschinenschreiben. **dak|ty|lo|gra|phie|ren** ⟨zu ↑...ieren⟩: (schweiz.) maschineschreiben. **Dak|ty|lo|gra|phin** die; -, -nen: (schweiz.) Maschinenschreiberin. **Dak|ty|lo|gry|po|se** die; -, -n ⟨zu gr. grýpōsis „Verkrümmung"⟩: Verkrümmung der Finger od. Zehen (Med.). **Dak|ty|lo|lo|gie** die; -, ...ien ⟨zu ↑...logie⟩: Finger- u. Gebärdensprache der Taubstummen u. Gehörlosen. **Dak|ty|lo|ly|se** die; -, -n ⟨zu ↑...lyse⟩: das Absterben von Fingern (Med.). **Dak|ty|lo|man|tie** die; - ⟨zu gr. manteía „Weissagung"⟩: das Wahrsagen aus den Fingern. **Dak|ty|lo|me|gal|lie** die; -, ...ien ⟨zu gr. megaleía „(außergewöhnliche) Größe"⟩: krankhafter Großwuchs der Finger od. Zehen (Med.). **Dak|ty|lo|skop** der; -en, -en ⟨zu ↑...skop⟩: Fachmann für Daktyloskopie. **Dak|ty|lo|sko|pie** die; -, ...ien ⟨zu ↑...skopie⟩: Fingerabdruckverfahren. **Dak|ty|lus** der; -, ...ylen ⟨über lat. dactylus aus gleichbed. gr. dáktylos, eigtl. „Finger" (mit drei Gliedern)⟩: Versfuß (rhythmische Einheit) aus einer Länge u. zwei Kürzen (–◡◡)

Da|lai-La|ma der; -[s], -s ⟨aus mongol. dalai „Gott" (eigtl. „Meer") u. tibet. lama, vgl. ²Lama⟩: weltliches Oberhaupt des ↑Lamaismus in Tibet

Dal|be die; -, -n usw.: Kurzform von ↑Duckdalbe usw.

Dal|ber|gia, Dal|ber|gie [...i̯a] die; -, ...ien [...i̯ən] ⟨aus gleichbed. nlat. dalbergia; nach dem schwed. Arzt u. Botaniker N. Dalberg, 1736–1820⟩: ind. Rosenholzbaum

Dalk der; -[e]s, -e ⟨aus gleichbed. pers. dalq⟩: Mönchs-, Derwischkutte

Dal|la|ge [...ʒə] die; -, -n ⟨aus gleichbed. fr. dallage zu daller „mit Steinplatten belegen, fliesen", dies zu dalle „Steinplatte, Fliese"⟩: a) das Belegen mit Steinplatten, das Fliesen; b) Plattenbelag, das Geflieste

Dal|leo|chin [...'xi:n] u. **Thalleiochin** das; -s ⟨Kunstw.⟩: ein grüner Farbstoff, Chinagrün

Dal|les der; - ⟨über jidd. dalles aus hebr. dallût „Armut"⟩: (ugs.) vorübergehende Geldnot; in bestimmten Fügungen, z. B. im - sein

Dall|glas das; -es, ...gläser ⟨zu fr. dalles (de couleur) „(farbige) Fliesen"; vgl. Dallage⟩: Bez. für in der Masse durchgefärbte, lichtdurchlässige dicke Glasplatten

dal|li! ⟨aus poln. dalej! „vorwärts!"⟩: (ugs.) schnell!

Dal|ma|tik, Dal|ma|ti|ka die; -, ...ken ⟨aus gleichbed. spätlat. dalmatica, nach der Landschaft Dalmatien an der Ostküste der Adria⟩: 1. spätröm. Oberkleid (aus weißer dalmatischer Wolle). 2. liturgisches Gewand, bes. der kath. ↑Diakone. **Dal|ma|ti|ner** der; -s, -: 1. schwere alkoholreiche Weinsorte aus Dalmatien. 2. weißer Wachhund mit schwarzen od. braunen Tupfen

dal se|gno [– 'zɛnjo] ⟨it.⟩: vom Zeichen an wiederholen (Vortragsanweisung; Mus.); Abk.: d. s.

dal|to|nid ⟨nach dem engl. Physiker J. Dalton (1766–1844) u. zu ↑¹...id⟩: in der chem. Zusammensetzung stets das gleiche, unveränderliche Massenverhältnis aufweisend. **Dal|to|nid** das; -s, -e: alte Bez. für die chem. Verbindungen mit stets gleichem, unveränderlichen Massenverhältnis. **Dal|to|nis|mus** der; - ⟨zu ↑...ismus (3)⟩: angeborene Farbenblindheit (Med.)

Da|mad ⟨pers.⟩: dem Namen vorangestellter Titel, der den Schwiegersohn eines osmanischen Fürsten bezeichnete

Da|ma|ga|zel|le die; -, -n ⟨verdeutlichende Bildung aus lat. dam(m)a „Damhirsch, Reh, Gemse, Antilope, Gazelle (Bez. für rehartige Tiere)" u. ↑Gazelle⟩: Gazellenart in Südmarokko u. in der Sahara

Da|mas|quette [...'kɛt] die; - ⟨zu fr. damasquner (vgl. damaszieren) u. ↑...ette⟩: damastartiger Stoff mit Blumenmuster auf Atlasgrund. **Da|mas|sé** [...'se:] der; -[s], -s ⟨aus fr. damassé „(Damast)leinwand", eigtl. Part. Perf. von damasser, vgl. damassieren⟩: damastartige Futterseide mit großer Musterung. **da|mas|sie|ren** ⟨aus gleichbed. fr. damasser⟩: damastartig weben. **Da|mas|sin** [...'sɛ:] der; -[s], -s ⟨aus gleichbed. fr. damassin⟩: Halbdamast. **Da|mast** der; -[e]s, -e ⟨aus it. damasco, damasto, nach der kleinasiat. Stadt Damaskus⟩: einfarbiges [Seiden]gewebe mit eingewebten Mustern. **da|ma|sten**: 1. aus Damast. 2. wie Damast. **da|mas|zie|ren** ⟨nach fr. damasquiner zu damasquin „aus Damaskus", dies aus it. damaschino zu Damasco „Damaskus", vgl. Damast⟩: 1. glatte Wappenflächen mit Ornamenten verzieren. 2. Stahl od. Eisen mit feinen Mustern versehen

Da|mat ⟨türk.⟩: svw. Damad

¹Da|me die; -, -n ⟨aus fr. dame „(geliebte) Frau, Herrin", dies aus lat. domina (verkürzt domna) „Herrin, Gebieterin, Hausfrau"⟩: 1. a) höfliche Bez. für ‚Frau' od. in höflicher Anrede (ohne Namensnennung) an eine Frau, z. B. meine Dame; b) elegante, vornehme Frau. 2. (ohne Plur.) ein altes Brettspiel (Damespiel). 3. a) die Königin im Schachspiel; b) Doppelstein im Damespiel. 4. in der Rangfolge an dritter Stelle stehende Spielkarte. **²Dame** [deɪm] ⟨aus engl. dame, dies über altfr. dame „Frau von Stand, Rittersfrau" aus lat. dom(i)na, vgl. ¹Dame⟩: engl. Adelstitel, der an eine Frau verliehen wird; vgl. Sir. **Dame d'honneur** [damdɔ'nœːr] die; -, -s - [damdɔ'nœːr] ⟨aus gleichbed. fr. dame d'honneur zu ↑¹Dame⟩: (veraltet) Ehrendame, Oberhofmeisterin. **Dame du pa|lais** [damdypa'lɛ] die; - - -, -s - - [damdypa'lɛ] ⟨aus gleichbed. fr. dame du palais⟩: (veraltet) Palast- od. Hofdame. **Dame-jeanne** [dam'ʒa(:)n] die; -, Dames-jeanne [dam'ʒa(:)n] ⟨aus fr. dame jeanne, eigtl. „Frau Johanna"⟩: (veraltet) Glasballon, Korbflasche zur Weinversendung

Dam|hirsch der; -[e]s, -e ⟨zu lat. dam(m)a, vgl. Damagazelle⟩: eine Hirschart

Dam|mar das; -s ⟨aus malai. damar „Harz"⟩: svw. Dammar-

harz. **Dam|ma|ra|fich|te** *die;* -, -n: harzreiche ↑Araukarie der malai. Inseln u. Australiens. **Dam|mar|harz** *das;* -es: hellgelbes, durchsichtiges Harz südostasiatischer Bäume (technisch vielfach verwendet) **dam|na|bel** 〈aus gleichbed. *spätlat.* damnabilis zu damnare „verurteilen, verwerfen"〉: (veraltet) verdammenswert, verwerflich. **Dam|na|ti|on** *die;* -, -en 〈aus gleichbed. *lat.* damnatio〉: (veraltet) Verurteilung. **dam|na|to|risch** 〈aus gleichbed. *lat.* damnatorius〉: (veraltet) verurteilend, verwerfend. **dam|na|tur** 〈*lat.;* „(das Buch) wird verdammt", 3. Pers. Sing. Präs. Passiv zu damnare „verurteilen, verwerfen"〉: mittelalterliche Formel der Zensur, die besagte, daß ein Buch nicht gedruckt werden durfte. **Dam|ni|fi|kant** *der;* -en, -en 〈zu ↑damnifizieren u. ↑...ant〉: (veraltet) jmd., der jmdn. schädigt bzw. Schäden anrichtet. **Dam|ni|fi|kat** *der;* -en, -en 〈zu ↑...at (1)〉: (veraltet) Geschädigter. **Dam|ni|fi|ka|ti|on** *die;* -, -en 〈zu ↑...fikation〉: (veraltet) Schädigung. **dam|ni|fi|zie|ren** 〈aus gleichbed. *lat.* damnificare〉: (veraltet) schädigen, Schaden anrichten. **Dam|no** *der* od. *das;* -s, -s u. **Dam|num** *das;* -s, ...na 〈aus *it.* danno bzw. *lat.* damnum „Schaden, Nachteil"〉: Abzug vom Nennwert eines Darlehens als Vergütung für die Darlehensgewährung (Wirtsch.).
Da|mo *der;* -, ...mi 〈aus gleichbed. *it.* damo, männliche Form von dama, dies aus *lat.* dom(i)na, vgl. ¹Dame〉: (veraltet) Liebhaber. **Da|moi|seau** [damọa'zo:], Damoisel [damọa'zɛl] *der;* -s, -s u. -x [damọa'zo:], Damoisel [damọa'zɛl] *der;* -s, -s 〈aus gleichbed. *fr.* damoiseau bzw. damoisel, dies aus *lat.* dominicellus, Verkleinerungsform von dominus „(Haus)herr"〉: (veraltet) a) Edelknappe, Page, Junker; b) Stutzer, Geck **Da|mo|kles|schwert** *das;* -[e]s 〈nach dem Höfling Damokles, über dessen Haupt der Tyrann Dionyson I. von Syrakus (404–367 v. Chr.) ein Schwert an einem Pferdehaar aufhängen ließ, um ihm die ständige Bedrohung jedes Glückes zu zeigen〉: stets drohende Gefahr; meist in Fügungen, z. B. etwas hängt wie ein - über jmdm.
Dä|mon *der;* -s, ...onen 〈über *lat.* daemon aus *gr.* daímōn „göttliches Wesen, (böser) Geist"〉: geisterhaftes, suggestive u. unheimliche Macht über jmdn. besitzendes Wesen, das den Willen des Betroffenen bestimmt. **Dä|mon|arch** *der;* -en, -en 〈zu *gr.* árchein „der erste sein, herrschen"〉: (veraltet) Geisterfürst. **Dä|mo|nie** *die;* -, ...ien 〈zu ↑²...ie〉: unerklärbare, bedrohliche Macht, die von jmdm./etwas ausgeht od. die als ihre unentrinnbar ausgelieferte Objekt vollkommen beherrscht; Besessenheit. **dä|mo|nisch** 〈über *lat.* daemonicus aus *gr.* daimonikós „von einem Dämon besessen"〉: eine suggestive u. unheimliche Macht ausübend. **dä|mo|ni|sie|ren** 〈zu ↑...isieren〉: mit dämonischen Kräften erfüllen, zu einem Dämon machen. **Dä|mo|nis|mus** *der;* - 〈zu ↑...ismus (1); zum Teil unter Einfluß von gleichbed. *engl.* demonism〉: Glaube an Dämonen (primitive Religionsform). **Dä|mo|nist** *der;* -en, -en 〈zu ↑...ist〉: Anhänger des Dämonismus. **Dä|mo|ni|um** *das;* -s, ...ia [...jən] u. Daimonion *das;* -s, ...ia 〈aus *lat.* daemonium bzw. *gr.* daimónion, eigtl. „das Göttliche"〉: die warnende innere Stimme [der Gottheit] bei Sokrates. **Dä|mo|no|la|trie** *die;* -: (veraltet) Teufelsverehrung, -anbetung. **Dä|mo|no|lo|gie** *die;* -, ...ien 〈zu ↑...logie〉: Lehre von den Dämonen. **Dä|mo|no|ma|nie** u. **Dä|mo|no|pa|thie** *die;* -, ...ien 〈zu ↑...manie bzw. ↑...pathie〉: [krankhafter] Wahn, von einem Dämon besessen zu sein (Med.).
Dam|wild *das;* -[e]s 〈zu *lat.* dam(m)a, vgl. Damagazelle〉: weidmännische Bez. für das der Art Damhirsch angehörende Wild

Dan *der;* -, - 〈aus *jap.* dan „Stufe, Meistergrad"〉: Leistungsgrad für Fortgeschrittene in allen Budosportarten; vgl. Kyu
Da|na|er|ge|schenk *das;* -[e]s, -e 〈nach *lat.* Danaum fatale munus (Seneca, nach Vergil, Äneis II, 49) „verhängnisvolles Geschenk der Danaer"; Danaer aus *gr.* Danaoí, einer Bez. Homers für die Griechen〉: etw., was sich im nachhinein für den, der es als Gabe o. ä. bekommt, als unheilvoll, schadenbringend erweist (bezogen auf das ↑Trojanische Pferd). **Da|nai|den|ar|beit** *die;* - 〈nach der griech. Sage, in der die Danaiden, die Töchter des Danaos, in der Unterwelt ein Faß ohne Boden mit Wasser füllen sollten〉: vergebliche, qualvolle Arbeit; sinnlose Mühe
Dan|bu|rit [auch ...'rɪt] *der;* -s, -e 〈nach dem Fundort Danbury, Connecticut (USA), u. zu ↑²...it〉: zu den Feldspaten gehörendes Mineral
Dan|cing ['dɑ:nsɪŋ] *das;* -s, -s 〈aus *engl.* dancing „das Tanzen" zu to dance „tanzen"〉: Tanz[veranstaltung]
dan|di|nie|ren [dãdi...] 〈aus gleichbed. *fr.* dandiner zu dandin „Einfaltspinsel"〉: (veraltet) a) sich ungeschickt anstellen; b) schlenkern, schlottern (vom Körper), sich in den Hüften wiegen
Dan|dy ['dɛndi] *der;* -s, -s 〈aus gleichbed. *engl.* dandy〉: 1. Mann, der sich übertrieben modisch kleidet. 2. Vertreter des Dandyismus. **dan|dy|haft**: nach der Art eines Dandys. **Dan|dy|is|mus** *der;* - 〈aus gleichbed. *engl.* dandyism; vgl. ...ismus〉: Lebensstil reicher junger Leute, für den Exklusivität, z. B. in der Kleidung, zur bewußten Unterscheidung von der Masse sowie ein geistreich-zynischer Konversationston u. eine gleichgültig-arrogante Haltung gegenüber der Umwelt typisch ist (gesellschaftliche Erscheinung in der Mitte des 18. Jh.s in England u. später auch in Frankreich). **Dan|dy|rol|ler** ['dɛndi...] *der;* -s, -: svw. Egoutteur
Da|ne|brog *der;* -s 〈aus *dän.* Dan(n)ebrog, eigtl. „Dänentuch"〉: die dänische Flagge
dan|ge|rös [dãʒə...] 〈aus gleichbed. *fr.* dangereux zu danger „Gefahr"; vgl. ...ös〉: (veraltet) gefährlich
Da|ni|en [da'niɛ:] *das;* -[s] 〈aus *fr.* danien „dänisch(e Stufe)"〉: eine Stufe des ↑Paläozäns (Geol.)
da|ni|sie|ren, dä|ni|sie|ren 〈zu dänisch u. ↑...ieren〉: dänisch machen, gestalten
Danse ma|ca|bre [dãsma'ka:br] *der;* -, -s -s [dãsma'ka:br] 〈aus gleichbed. *fr.* danse macabre, vgl. makaber〉: Totentanz. **Dan|seur** [dã'sø:ɐ̯] *der;* -s, -s 〈aus gleichbed. *fr.* danseur〉: (veraltet) Tänzer. **Dan|seuse** [dã'sø:z] *die;* -, -n [...zn̩] 〈aus gleichbed. *fr.* danseuse〉: (veraltet) Tänzerin
Dan|tes, Tantes *die* (Plur.) 〈zu *span.* tanto „Kaufpreis, Spielgeld", dies zu *lat.* tantus „so viel"〉: (veraltet) Spielmarken
dan|tesk 〈nach dem ital. Dichter Dante Alighieri (1265 bis 1321) u. zu ↑...esk〉: in der Art, von der Größe Dantes; die für Dante kennzeichnenden Merkmale enthaltend
Daph|ne *die;* -, -n 〈über *lat.* daphne aus *gr.* dáphnē „Lorbeer(baum)"〉: Seidelbast (frühblühender Zierstrauch). **Daph|nia, Daph|nie** [...jə] *die;* -, ...nien [...jən] 〈aus gleichbed. *nlat.* daphnia〉: Wasserfloh (zu den niederen Krebsen gehörend). **Daph|nin** *das;* -s 〈zu ↑...in (1)〉: Bestandteil einer Seidelbastrinde, vielfach als Arznei verwendet
Da|pi|fer *der;* -s, -en 〈aus gleichbed. *spätlat.* dapifer zu *lat.* daps, Gen. dapis „Mahl" u. ferre „tragen"〉: Speisenaufträger an Fürstenhöfen, Truchseß. **Da|pi|fe|rat** *das;* -[e]s, -e 〈zu ↑...at (1)〉: Hofverwaltung, Amt des Truchseß
Da|ra|buk|ka, Da|ra|buk|ke u. **Da|ra|buk|ka** *die;* -, ...ken 〈aus *arab.* darabukkā, darbukkā〉: arab. Trommel
Da|raf ['dæɹəf] *das;* -[s], - 〈Kunstw., rückläufige Form von

Dar al-Islam

↑Farad〉: in den USA verwendete Einheit für den Kehrwert der Kapazität
Dar al-Is|lam *die;* - - 〈aus *arab.* där al-islām „Gebiet des Islam"〉: im Islam übliche Bez. für den Bereich, in dem die Rechts- u. Sittenordnung des Islam herrscht
Dar|bu|ka vgl. Darabukka
d'Ar|cets Me|tall [dar'se:s –] *das;* - -s. - -e 〈nach dem franz. Chemiker J. d'Arcet, 1777–1844〉: leicht schmelzende Legierung aus Wismut, Zinn u. Blei
Da|ri *das;* -s 〈aus *arab.* dhuraḥ „Hirse"〉: svw. Sorgho
Da|rib|ba *die;* - 〈aus dem Ägypt.〉: ein Getreidemaß in Ägypten
Da|riole [dar'jɔl] *die;* -, -s 〈aus gleichbed. *fr.* dariole〉: ein Sahnetörtchen
Dar|jee|ling [dɑː'dʒiːlɪŋ] *der;* -[s] 〈*engl.*; nach der gleichnamigen ind. Stadt〉: eine Teesorte
Dark horse ['dɑːk 'hɔːs] *das;* - -, - -s ['dɑːk 'hɔːsɪz] 〈aus *engl.* dark horse „Außenseiter", eigtl. „dunkles Pferd"〉: noch nicht bekanntes Rennpferd. **Dark|room** [...ruːm] *der;* -s, -s 〈aus *engl.-amerik.* dark room, eigtl. „dunkler Raum"〉: (Jargon) unbeleuchteter Raum, in dem anonyme [homo]sexuelle Kontakte aufgenommen werden
Dar|ling *der;* -s, -s 〈aus gleichbed. *engl.* darling〉: Liebling
Darne [darn] *die;* -, -n [...nən] 〈aus gleichbed. *fr.* darne, dies aus *bret.* darn „Stück, Bissen"〉: Fischschnitte, abgeschnittenes Stück vom Fisch (Gastr.)
dar|trös 〈aus gleichbed. *fr.* dartreux (vgl. ...ös) zu dartre „Flechte", dies aus *gall.-lat.* derbita〉: (veraltet) mit Flechten behaftet (Med.)
Darts [dɑːts] *das;* - 〈aus *engl.* darts (Plur.) „Wurfpfeile", dies über *altfr.* dart „Pfeil" aus dem Germ.〉: engl. Wurfspiel
Dar|wi|nis|mus *der;* - 〈nach dem engl. Naturforscher C. Darwin (1809–1882) u. zu ↑...ismus (1)〉: Lehre von der stammesgeschichtlichen Entwicklung durch Auslese; vgl. Selektionstheorie. **Dar|wi|nist** *der;* -en, -en 〈zu ↑...ist〉: Anhänger der Lehre Darwins. **dar|wi|nis|tisch** 〈zu ↑...istisch〉: die Selektionstheorie Darwins betreffend, auf ihr beruhend
Dash [dɛʃ] *der;* -s, -s 〈aus gleichbed. *engl.* dash zu to dash „schlagen, gießen"〉: Spritzer, kleinste Menge (bei der Bereitung eines ↑Cocktails)
Da|sia-No|ta|ti|on *die;* - 〈nach dem Ausgangszeichen, das „dasia" genannt wurde, u. zu ↑Notation〉: eine Notenschrift des 9. u. 10. Jh.s
Da|sy|me|ter *das;* -s, - 〈zu *gr.* dasýs „dicht" u. ↑¹...meter〉: Gerät zur Bestimmung der Gasdichte
Da|ta|rie *die;* - 〈aus *mlat.* Dataria zu *lat.* datarius „schenkend, zu verschenken", dies zu dare „geben, gewähren"〉: päpstliche Behörde zur Erledigung von Gnadenakten u. Vergebung von Pfründen. **Da|ta|set|te** *die;* -, -n 〈Kunstw. aus *lat.* data (vgl. Daten) u. ↑Kassette〉: 1. Kassette zur ↑Datenspeicherung. 2. Kassettenlaufwerk für ↑Computer. **Date** [deɪt] *das;* -[s], -s 〈aus gleichbed. *engl.* date, eigtl. „Datum"〉: Verabredung, Treffen (z. B. zwischen Freund u. Freundin). **Da|tei** [da...] *die;* -, -en 〈zu ↑Daten; Analogiebildung zu Kartei〉: nach zweckmäßigen Kriterien geordneter, zur Aufbewahrung geeigneter Bestand an sachlich zusammengehörenden Belegen od. anderen Dokumenten, bes. in der Datenverarbeitung. **Da|ten** *die* (Plur.) 〈aus *lat.* data (Plur.), vgl. Datum, bzw. *engl.* data „Angaben"〉: 1. Plur. von ↑Datum. 2. a) Angaben, Tatsachen, Informationen; b) kleinste, in Form von Ziffern, Buchstaben o. ä. vorliegende Informationen über reale Gegenstände, Gegebenheiten, Ereignisse usw., die zum Zwecke der Auswertung kodiert wurden. **Da|ten|bank** *die;* -, -en 〈zu ↑...bank〉: technische Anlage, in der große Datenbestände zentralisiert gespeichert sind. **Da|ten|block** *der;* -[e]s, ...blöcke: Bez. für eine zusammenhängende, als Einheit übertragene Informationsmenge, die aus mehreren Datensätzen besteht. **Da|ten|er|fas|sung** *die;* -: die Ermittlung u. Bereitstellung von Daten (2 b) in einer für die Eingabe in den ↑Computer geeigneten Form. **Da|ten|log|ger** *der;* -s, - 〈zu gleichbed. *engl.* logger zu log (in) „durch den Computer registrieren"〉: vor allem in der Steuerungstechnik verwendetes Datenerfassungsgerät. **Da|ten|netz** *das;* -es, -e: Netz von Übertragungswegen für den Datenverkehr zwischen Rechnern u. Datenendgeräten. **Da|ten|or|ga|ni|sa|ti|on** *die;* -: Zusammenfassung u. Anordnung von Daten (2 b) zur systematischen Verarbeitung (in einem Computer). **Da|ten|schutz** *der;* -es: Sicherung u. Schutz personenbezogener Daten (2 b) gegen mißbräuchliche Verwendung. **Da|ten|spei|che|rung** *die;* -: a) Erfassung, Fixierung u. sachliche Einordnung von Daten (2 b); b) Aufzeichnung, Aufbewahrung u. Zurverfügungstellung von Daten (2 b). **Da|ten|ty|pis|tin** *die;* -, -nen 〈Analogiebildung zu ↑Stenotypistin〉: Angestellte, die Daten (2 b) zur Verarbeitung [in einen Computer] überträgt. **Da|ten|ver|ar|bei|tung** *die;* -: Sammlung, Sichtung, Speicherung, Bearbeitung u. Auswertung von Informationen, die als Größen u. Werte untereinander in Beziehung gesetzt werden können. **da|tie|ren** 〈nach gleichbed. *fr.* dater; vgl. Datum〉: 1. einen Brief o. ä. mit dem Datum (1) versehen. 2. den Zeitpunkt der Niederschrift feststellen (z. B. von alten Urkunden). 3. aus einer bestimmten Zeit stammen, von einem Ereignis herrühren, z. B. etwas datiert von/aus dieser Zeit. **Da|ting** ['deɪtɪŋ] *das;* -s, -s 〈aus *engl.* dating, eigtl. „Datierung", zu date „eine Zeit angeben"〉: (als soziologisches Phänomen in den USA) das Sichverabreden mit möglichst vielen wechselnden [allseits beliebten] Partnern aus Prestigegründen (wozu vielfach gewisse sexuelle Spiele od. Praktiken gehören). **Da|tiv** *der;* -s, -e [...və] 〈aus *lat.* (casus) dativus „Gebefall" zu dare „geben"〉: Wemfall, dritter Fall; Abk. Dat. **Da|tiv|ob|jekt** *das;* -[e]s, -e: Ergänzung eines Verbs im ↑Dativ (z. B. er gibt *ihm* das Buch). **Da|ti|vus ethi|cus** [...vʊs ...kʊs] *der;* - -, ...vi ...ci [...vi ...tsi] 〈aus *lat.* dativus „Dativ" u. ethicus, dies aus *gr.* ēthikós „das Gemüt betreffend"〉: freier Dativ, drückt persönliche Anteilnahme vom Mitbetroffensein des Sprechers aus (z. B. Du bist *mir* ein geiziger Kerl!). **da|to** 〈aus dem Dativ od. Ablativ von *lat.* datum, vgl. datum〉: heute; bis -: bis heute, bis auf den heutigen Tag
Da|to|lith [auch ...'lɪt] *der;* Gen. -s u. -en, Plur. -e[n] 〈zu *gr.* dateīsthai „absondern" u. ↑...lith〉: ein Mineral von körniger Struktur
Da|to|wech|sel *der;* -s, - 〈zu ↑dato〉: Wechsel, der zu einem bestimmten Zeitpunkt nach dem Ausstellungstage eingelöst werden kann
Dat|scha *die;* -, Plur. -s od. ...schen u. **Dat|sche** *die;* -, -n 〈aus *russ.* datča, eigtl. (vom Fürsten verliehene) „Schenkung", zu dat' „geben"〉: (russ.) Holzhaus, Wochenendhaus
Dat|tel *die;* -, -n 〈über *roman.* *datle, *dadle (*it.* dattilo, *span.* dátil) aus *lat.* dactylus, eigtl. „Finger", dies aus gleichbed. *gr.* dáktylos, dies aus dem Semit.〉: süße, pflaumenförmige Frucht der Dattelpalme
da|tum 〈*lat.;* Part. Perf. von dare „geben"; (einen Brief) „schreiben"〉: gegeben, geschrieben (zur Angabe des Datums in alten Briefen u. Urkunden, z. B. „datum den 1. Mai"); Abk.: dat. **Da|tum** *das;* -s, ...ten: 1. dem Kalen-

Debatte

der entsprechende Zeitangabe, Tagesangabe. 2. Zeitpunkt, Tag; vgl. Daten

Da|tu|ra *die;* - ⟨aus gleichbed. *nlat.* datura, dies aus *pers.* tātule⟩: Stechapfel (giftiges Nachtschattengewächs)

Dau, Dhau [daʊ] *die;* -, -en ⟨über *engl.* d(h)ow aus *arab.* dāwa⟩: Zweimastschiff mit Trapezsegeln (an der ostafrik. u. arab. Küste)

dau|bie|ren [do...] ⟨aus *fr.* dauber „schmoren"⟩: (veraltet) dämpfen, dünsten (von Fleisch u. a.)

Dau|bré|it [dobre'iːt, auch ...'ɪt] *der;* -s, -e ⟨nach dem franz. Geologen u. Mineralogen G. A. Daubrée († 1896) u. zu ↑²...it⟩: ein graues, weiches Mineral. **Dau|brée|lith** [auch ...'lɪt] *der;* Gen. -s u. -en, Plur. -e[n] ⟨zu ↑...lith⟩: schwarzes, sehr sprödes Mineral, das nur in Meteoreisen vorkommt

Dau|mont [do'mõː] *die;* -, -s ⟨nach einem franz. Herzog d'Aumont⟩: nicht vom Kutschbock, sondern von zwei Stangenreitern gelenktes Vier- od. Sechsgespann

Dau|phin [do'fɛ̃ː] *der;* -s, -s ⟨*fr.;* zum Namen der hist. franz. Landschaft Dauphiné in Burgund⟩: Titel der ehemaligen franz. Thronfolger

Da|vi|dit [davi'diːt, auch ...'dɪt] *der;* -s, -e ⟨nach dem austr. Geologen T. W. E. David (1858–1934) u. zu ↑²...it⟩: ein schwarzes Uranmineral

Da|vis-Cup ['deɪvɪs...] u. **Da|vis-Po|kal** *der;* -s ⟨nach dem amerik. Stifter D. F. Davis (1879–1945) u. zu ↑Cup bzw. ↑Pokal⟩: internationaler Tenniswanderpreis

Da|vit ['deːvɪt] *der;* -s, -s ⟨aus gleichbed. *engl.* davit, vielleicht zum Eigennamen David⟩: drehbarer Schiffskran

da|wai! ⟨*russ.*⟩: los!, vorwärts!

Dawes|plan [dɔːz...] *der;* -[e]s ⟨nach dem amerik. Politiker C. G. Dawes, 1865–1951⟩: Plan für die Reparationszahlungen Deutschlands nach dem 1. Weltkrieg

Daw|so|nit [dɔːsəˈniːt, auch ...'nɪt] *der;* -s, -e ⟨nach dem kanad. Geologen J. W. Dawson († 1899) u. zu ↑²...it⟩: farbloses, büschel- od. rosettenartiges Mineral

Da|wul *die;* -, -s ⟨aus dem Arab.; vgl. *türk.* davul⟩: große, zweifellige, zylindrische Trommel in der Türkei u. in den Ländern des Nahen u. Mittleren Ostens

Day|crui|ser ['deɪkruːzə] *der;* -s, - ⟨aus *engl.* daycruiser, eigtl. „Tageskreuzer"⟩: Sportmotorboot mit geringerem Wohnkomfort. **Day school** ['deɪ 'skuːl] *die;* -, -s ⟨aus gleichbed. *engl.-amerik.* day school, eigtl. „Tagesschule"⟩: in anglo-amerik. Bereich verbreitete Ganztagspflichtschule ohne Internat. **Day-Ver|fah|ren** ['deɪ...] *das;* -s ⟨zu *engl.* day „Tag"⟩: Verfahren, bei dem eine Filmszene durch eine Glasscheibe gefilmt wird, auf deren oberem Teil Berge, Wolken o. ä. aufgemalt sind, die eine Landschaft vortäuschen sollen

Da|zit [auch da'tsɪt] *der;* -s, -e ⟨nach der antiken Landschaft Dakien (*lat.* Dacia) in Südosteuropa u. zu ↑²...it⟩: ein Quarzgestein

D-Day ['diːdeɪ] *der;* -s, -s ⟨verkürzt aus *engl.* Day-Day, eigtl. „Tag-Tag"⟩: (als Deckname gedachte) Bez. für den Tag, an dem ein größeres militärisches Unternehmen beginnt (z. B. 6. Juni 1944: Beginn der Invasion der Alliierten in Frankreich)

de..., De... ⟨aus gleichbed. *lat.* de⟩: Präfix mit der Bedeutung „weg, ent-, von – weg, ab, herab", z. B. dechiffrieren, Deeskalation, Deszendenz; vgl. des..., Des...

Dead heat ['dɛd 'hiːt] *das;* - -[s], - -s ⟨aus gleichbed. *engl.* dead heat, eigtl. „toter Lauf"⟩: totes Rennen (wenn zwei od. mehr Teilnehmer zur gleichen Zeit durchs Ziel gehen)

Dead|line ['dɛdlaɪn] *die;* -, -s ⟨aus gleichbed. *engl.-amerik.* deadline, eigtl. „Sperrlinie, Todesstreifen"⟩: äußerster Termin (für etw.), Frist[ablauf]. **Dead|weight** ['dɛdweɪt] *das;*
-[s], -s ⟨aus *engl.* dead weight „Eigenmasse", eigtl. „totes Gewicht"⟩: Gesamttragfähigkeit eines Schiffes

de|ag|gres|si|vie|ren [...v...] ⟨zu ↑de..., ↑aggressiv u. ↑...ieren⟩: [Emotionen, z. B. Liebe, Haß] die Aggressivität nehmen

De|ak|zen|tu|ie|rung *die;* -, -en ⟨zu ↑de... u. ↑Akzentuierung⟩: bestimmte Art der Entzerrung beim Empfang (Funkw.)

Deal [diːl] *der;* -s, -s ⟨aus gleichbed. *engl.* deal⟩: (Jargon) Handel, Geschäft. **dea|len** ['diː...] ⟨aus *engl.* to deal „Handel treiben"⟩: mit Rauschgift handeln. **Dea|ler** *der;* -s, - ⟨aus *engl.* dealer „Händler; Börsenmakler"⟩: 1. jmd., der mit Rauschgift handelt; vgl. Pusher. 2. svw. Jobber (1)

De|am|bu|la|to|ri|um *das;* -s, ...ien [...iən] ⟨aus gleichbed. *spätlat.* deambulatorium zu *lat.* deambulare, vgl. deambulieren⟩: Wandel-, Säulen-, Kreuzgang in mittelalterlichen Klöstern, Chorumgang in Kirchen (Archit.). **de|am|bu|lie|ren** ⟨aus *lat.* deambulare, eigtl. „spazierengehen"⟩: (veraltet) auf u. ab wandeln

Dean [diːn] *der;* -s, -s ⟨aus gleichbed. *engl.* dean, dies über *altfr.* d(e)ien aus *kirchenlat.* decanus „Dekan", *spätlat.* decanus „Vorgesetzter (von zehn Mann)"; vgl. Dekan⟩: engl. Bez. für Dekan

De|ar|ti|ku|la|ti|on *die;* -, -en ⟨zu ↑de... u. ↑Artikulation⟩: Ausrenkung (von Gliedern; Med.). **de|ar|ti|ku|lie|ren**: aus-, verrenken (von Gliedern; Med.)

De|as|pi|ra|ti|on *die;* -, -en ⟨zu ↑de... u. ↑Aspiration⟩: Verwandlung eines aspirierten Lautes in einen nichtaspirierten (z. B. bʰ zu b; Sprachw.)

de au|di|tu [de –] ⟨*lat.*⟩: vom Hören[sagen]

De|au|ra|ti|on *die;* -, -en ⟨zu ↑de..., *lat.* aurum „Gold" u. ↑...ation⟩: (veraltet) Vergoldung

Dé|ba|clage [...'klaːʒ] *die;* -, -n [...ʒn̩] ⟨aus gleichbed. *fr.* débâclage zu débâcler, vgl. ↑debaklieren⟩: (veraltet) Räumung des Hafens. **De|ba|cleur** [...'kløːɐ̯] *der;* -s, -e ⟨aus gleichbed. *fr.* débâcleur, eigtl. „Hafenmeister"⟩: (veraltet) Aufseher beim Debaklieren. **De|ba|kel** *das;* -s, - ⟨aus gleichbed. *fr.* débâcle zu débâcler „plötzlich aufbrechen" (von vereisten Gewässern)⟩: Zusammenbruch, Niederlage, unglücklicher, unheilvoller Ausgang. **de|ba|klie|ren** ⟨aus gleichbed. *fr.* débâcler zu dé- „weg, ent-" u. bâcler „(ab)sperren, verriegeln", dies zu *spätlat.* baculus „Stock, Stab"⟩: (veraltet) den Hafen räumen

de|bal|lie|ren ⟨aus gleichbed. *fr.* déballer, eigtl. „aus dem Ballen nehmen", zu dé- „von – weg" u. balle „Ballen"⟩: (veraltet) auspacken

de|ban|kie|ren ⟨aus gleichbed. *fr.* débanquer; vgl. Bank⟩: (veraltet) [durch Hasardspiel] die Bank sprengen

De|bar|da|ge [...ʒə] *die;* -, -n ⟨aus gleichbed. *fr.* debardage zu débarder, vgl. debardieren⟩: das Ausladen, Löschen einer [Holz]fracht. **¹De|bar|deur** [...'døːɐ̯] *der;* -s, -e ⟨aus gleichbed. *fr.* débardeur⟩: Schiffs- od. Holzauslader. **²De|bar|deur** *das;* -s, -s ⟨zu ↑¹Debardeur, eigtl. „Hemd des Holzausladers"⟩: rund ausgeschnittenes Trägerhemdchen. **de|bar|die|ren** ⟨aus gleichbed. *fr.* débarder⟩: eine Fracht ausladen, eine Ladung löschen

de|bar|kie|ren ⟨aus gleichbed. *fr.* débarquer zu dé- „von – weg" u. barque, vgl. Bark⟩: (veraltet) aus einem Schiff ausladen, ausschiffen

de|bar|ras|sie|ren ⟨aus gleichbed. *fr.* débarrasser zu dé- „von – weg" u. barre „Stange, Schranke"⟩: (veraltet) a) wegräumen; b) befreien, entlasten

De|ba|sie|rung *die;* -, -en ⟨zu ↑de..., ↑Basis u. ↑...ierung⟩: operative Abtragung eines Gelenkknöpfchens (Med.)

De|bạt|te *die;* -, -n ⟨aus *fr.* débats (Plur.) „Verhandlungen"

Debattenschrift

zu débattre, vgl. debattieren⟩: Erörterung, Aussprache, die zu einem bestimmten, festgelegten Thema geführt wird, wobei die verschiedenen Meinungen dargelegt, die Gründe des Für u. Wider vorgebracht werden. **De|bat|ten|schrift** *die;* -: (veraltet) Eil-, Redeschrift in der Stenographie. **De|bat|ter** *der;* -, - ⟨aus *engl.* debater zu to debate „debattieren", dies aus *fr.* débattre, vgl. debattieren⟩: jemand, der debattiert. **De|bat|te|rin** *die;* -, ...innen: weibliche Form zu ↑ Debatter. **de|bat|tie|ren** ⟨aus *fr.* débattre „streiten, verhandeln, durchsprechen", eigtl. „(mit Worten) schlagen", zu battre „schlagen", dies über *vulgärlat.* battere aus gleichbed. *lat.* battuere⟩: eine Debatte führen, erörtern. **De|bat|tie|rer** vgl. Debatter

de|bau|chant [debo'ʃã:] ⟨aus gleichbed. *fr.* débauchant zu débaucher, vgl. debauchieren⟩: ausschweifend. **Debauche** [de'bo:ʃ] *die;* -, -n [...ʃn̩] ⟨aus gleichbed. *fr.* débauche⟩: Ausschweifung. **De|bau|cheur** [debo'ʃø:ɐ̯] *der;* -s, -s ⟨aus gleichbed. *fr.* débaucheur⟩: (veraltet) Verführer. **de|bau|chie|ren** ⟨aus gleichbed. *fr.* débaucher⟩: ausschweifend leben

De|bel|la|ti|on *die;* -, -en ⟨aus *lat.* debellatio „Besiegung, Überwindung" zu debellare, vgl. debellieren⟩: Beendigung eines Krieges durch die völlige Vernichtung des feindlichen Staates (Völkerrecht). **de|bel|lie|ren** ⟨aus gleichbed. *lat.* debellare, eigtl. „besiegen"⟩: völlig vernichten

De|bet *das;* -s, -s ⟨aus *lat.* debet „er schuldet"⟩: die linke Seite (Sollseite) eines Kontos; Ggs. ↑ ²Kredit. **De|bet|sal|do** *der;* -s, Plur. ...den, -s u. ...di: (veraltet) Saldo, bei dem das Debet überwiegt

de|bil ⟨aus *lat.* debilis „ungelenk, geschwächt"⟩: leicht schwachsinnig (Med.). **De|bi|li|tät** *die;* - ⟨zu ↑ ...ität⟩: leichtester Grad des Schwachsinns (Med.). **De|bi|li|ta|ti|on** *die;* -, -en ⟨aus gleichbed. *lat.* debilitatio zu debilitare, vgl. debilitieren⟩: (veraltet) Schwächung, Lähmung. **De|bi|li|ta|ti|vum** [...v...] *das;* -, ...va ⟨aus gleichbed. *nlat.* (verbum) debilitativum⟩: Verbform, die eine Abschwächung der Verbalhandlung bezeichnet, z. B. *lächeln* (im Unterschied zu *lachen;* Sprachw.); Ggs. ↑ Intensivum. **de|bi|li|tie|ren** ⟨aus gleichbed. *lat.* debilitare⟩: (veraltet) schwächen, entkräften

De|bit [auch de'bi:] *der;* -s ⟨aus *fr.* débit „Kleinhandel", weitere Herkunft unsicher⟩: (veraltet) Warenverkauf, Ausschank

de|bi|tie|ren ⟨zu ↑ Debitor u. ↑ ...ieren⟩: eine Person od. ein Konto belasten. **De|bi|tiv** *der;* -s, -e [...və] ⟨aus gleichbed. *nlat.* (modus) debitivus⟩: in baltischen Sprachen ↑ Modus der Verben zum Ausdruck einer Verpflichtung (Sprachw.). **De|bi|tor** *der;* -s, ...oren (meist Plur.) ⟨aus gleichbed. *lat.* debitor zu debere „schulden"; vgl. Debet⟩: Schuldner, der Waren von einem Lieferer auf Kredit bezogen hat. **De|bi|to|ren|kon|to** *das;* -s, Plur. ...ten, auch -s u. ...ti: Schuldnerkonto (für die Verbuchung von Forderungen)

de|blockie|ren¹ ⟨aus gleichbed. *fr.* débloquer⟩: ↑ blockierten (5) Text durch den richtigen ersetzen (Druckw.)

de bonne grâce [də bɔn 'gras] ⟨*fr.*⟩: bereitwillig, gern

De|borde|ment [debɔrd'mã:] *das;* -s, -s ⟨aus gleichbed. *fr.* débordement zu déborder, vgl. debordieren⟩: (veraltet) 1. Überschwemmung. 2. (meist Plur.) Ausschweifung. **de|bor|die|ren** ⟨aus gleichbed. *fr.* déborder zu dé- „von – weg" u. bord „Seite, Rand", dies aus dem Germ.⟩: (veraltet) 1. überlaufen, über die Ufer treten. 2. ausschweifen

de|bot|tie|ren ⟨aus gleichbed. *fr.* débotter zu dé- „von – weg" u. botte „Stiefel", weitere Herkunft unsicher⟩: (veraltet) die Stiefel ausziehen

De|bou|ché [debu'ʃe:] *das;* -s, -s ⟨aus gleichbed. *fr.* débou-

ché zu déboucher, vgl. debouchieren⟩: (veraltet) Ausgang, Ausfallstelle aus einem Engpaß (Mil.). **de|bou|chie|ren** ⟨aus gleichbed. *fr.* déboucher zu bouche „Mund, Öffnung"⟩: (veraltet) aus einem Engpaß hervorrücken (Mil.)

De|bou|lé [debu'le:] *der;* -s, -s ⟨aus *fr.* déboulé, Part. Perf. von débouler „plötzlich davonlaufen, flüchten" zu dé- „von – weg" u. boule „Kugel", dies aus *lat.* bulla „(Wasser)blase"⟩: rasche Drehung des Tänzers von einem Fuß auf den anderen (Ballett)

De|bours [de'bur] *der;* -, - ⟨aus gleichbed. *fr.* débours zu dé- „von – weg" u. bourse „Geldbörse, -tasche", dies über gleichbed. *mlat.* bursa, *lat.* byrsa aus *gr.* býrsa⟩: (veraltet) ausgelegtes od. verauslagtes Geld. **De|bourse|ment** [deburs'mã:] *das;* -s, -s ⟨aus gleichbed. *fr.* déboursement zu débourser, vgl. deboursieren⟩: (veraltet) Auszahlung, Vorschuß. **de|bour|sie|ren** ⟨aus gleichbed. *fr.* débourser⟩: (veraltet) Geld auslegen, vorschießen

De|brec|zi|ner [...brɛtsi:...] u. **De|bre|zi|ner** *die;* -, - ⟨nach der ung. Stadt Debrecen (*slowak.* Debreczin)⟩: stark gewürztes Würstchen

De|bri|de|ment [debridə'mã:] *das;* -s, -s ⟨aus gleichbed. *fr.* débridement zu débrider „erweitern od. einschneiden"⟩: Einschnitt in ein Gewebe zur Erweiterung einer Öffnung (z. B. einer Bruchpforte; Med.)

De|brie|fing [di...] *das;* -s, -s ⟨aus gleichbed. *engl.* debriefing zu to debrief „befragen"⟩: Abschlußgespräch der Versuchsteilnehmer eines Experiments über dessen Ziele, Methoden u. Resultate

de|brouil|lie|ren [debruji:...] ⟨aus gleichbed. *fr.* débrouiller zu dé-, „von – weg" u. brouiller „vermischen, vermengen"⟩: (veraltet) entwirren, ordnen

Debt ma|nage|ment [dɛt 'mænɪdʒmənt] *das;* - -s, - -s ⟨aus gleichbed. *engl.* debt management zu debt „Schuld" u. management, vgl. Management⟩: Schuldenstrukturpolitik, gezielte Festlegung bzw. Veränderung der Struktur der öffentlichen Schulden bei vorgegebener Schuldenhöhe

De|bug|ger [di:'bʌgɐ] *der;* -s, -s ⟨zu ↑ Debugging⟩: Dienstprogramm von Computern zum Ausschalten von Fehlern im Programm. **De|bug|ging** [...gɪŋ] *das;* -[s], -s ⟨aus gleichbed. *engl.-amerik.* debugging zu to debug „von Fehlern befreien"⟩: Vorgang bei der Programmherstellung, bei dem das Programm getestet wird u. die entdeckten Fehler beseitigt werden (EDV)

De|bun|king [di:'bʌŋkɪŋ] *das;* -[s], -s ⟨aus gleichbed. *engl.* debunking zu to debunk „entlarven, den Nimbus nehmen"⟩: das Entlarven eines Helden od. eines Mythos im Film, Theater od. Roman

De|büt [de'by:] *das;* -s, -s ⟨aus gleichbed. *fr.* début, eigtl. „erster Schlag od. Wurf"⟩: erstes [öffentliches] Auftreten (z. B. eines Künstlers, Sportlers u. ä.). **De|bü|tant** *der;* -en, -en ⟨aus gleichbed. *fr.* débutant; vgl. ...ant⟩: erstmalig Auftretender. **De|bü|tan|tin** *die;* -, -nen: 1. weiblicher Debütant. 2. junges Mädchen, das in die gesellschaftliche Oberschicht [auf dem Debütantinnenball] eingeführt wird. **De|bü|tan|tin|nen|ball** *der;* -[e]s, ...bälle: Ball, auf dem die Debütantinnen (2) vorgestellt werden. **de|bü|tie|ren** ⟨aus gleichbed. *fr.* débuter⟩: zum erstenmal [öffentlich] auftreten

Dec|ame|ro|ne [dek...] vgl. Dekameron

De|campe|ment [dekã:p'mã:] *das;* -s, -s ⟨aus gleichbed. *fr.* décampement zu décamper, vgl. dekampieren⟩: (veraltet) [plötzlicher] Abbruch des Lagers, Aufbruch, Abzug (Mil.)

De|ca|nu|le|ment [dekanylə'mã:] *das;* -s, -s ⟨französierende Bildung zu *fr.* dé- „von – weg" u. canule „Kanüle", vgl.

Kanüle⟩: Entfernung einer Kanüle, insbesondere aus der Luftröhre nach einem Luftröhrenschnitt (Med.)

De|cay [dɪˈkeɪ] *das;* -[s] ⟨aus *engl.* decay „Abnahme, Rückgang", eigtl. „Verfall"⟩: Zeit des Abfallens des Tons vom Maximum bis 0 beim ↑Synthesizer

de ce|te|ro [de ˈtsɛ...] ⟨*lat.;* eigtl. „vom übrigen"⟩: übrigens

de|cha|gri|nie|ren [deʃa...] ⟨aus gleichbed. *fr.* déchagriner, eigtl. „vom Kummer befreien", zu dé- „von – weg" u. ↑²Chagrin⟩: (veraltet) aufheitern, trösten

de|chal|lan|die|ren [deʃalãˈdiː...] ⟨aus gleichbed. *fr.* déchalander zu dé- „von – weg" u. ↑Chaland⟩: (veraltet) [jmdm.] die Kunden abspenstig machen

De|cha|nat [...ç...] u. Dekanat *das;* -[e]s, -e ⟨zu ↑Dechant bzw. Dekan u. ↑...at (1)⟩: Amt od. Amtsbereich (Sprengel) eines ↑Dechanten (Dekans). **De|cha|nei** u. Dekanei *die;* -, -en: Wohnung eines ↑Dechanten. **De|chant** [auch, bes. österr. ˈdɛ...] *der;* -en, -en u. Dekạn *der;* -s, -e ⟨über *mhd.* dechan(t), *ahd.* dechan aus *lat.* decanus, vgl. Dekan⟩: höherer kath. Geistlicher, Vorsteher eines Kirchenbezirks innerhalb der ↑Diözese, auch eines ↑Domkapitels u. a. **De|chan|tei** *die;* -, -en: (österr.) Amtsbereich eines ↑Dechanten

De|char|ge [deˈʃarʒə] *die;* -, -n ⟨aus *fr.* décharge „Entlastung", eigtl. „Ausladung", zu dé- „von – weg" u. ↑Charge⟩: (veraltet) Entlastung (von Vorstand u. Aufsichtsrat bei Aktiengesellschaften). **de|char|gie|ren** [deʃarˈʒiː...] ⟨aus gleichbed. *fr.* décharger⟩: entlasten

de|char|mie|ren [deʃar...] ⟨aus älter *fr.* décharmer zu dé- „von – weg" u. ↑Charme⟩: (veraltet) entzaubern

de|char|nie|ren [deʃar...] ⟨aus gleichbed. *fr.* décharner, eigtl. „das Fleisch ablösen", zu dé- „von – weg" u. älter *fr.* charn, char „Fleisch"⟩: (veraltet) abdecken (von Tieren)

de|chaus|sie|ren [deʃɔ...] ⟨aus gleichbed. *fr.* déchausser, eigtl. „die Schuhe ausziehen", dies aus *vulgärlat.* discalceare⟩: (veraltet) freilegen, entblößen (von Zähnen vor dem Ziehen; Med.)

De|cher *das* od. *der;* -s, - ⟨zu *lat.* decuria „Anzahl von zehn": altes deutsches Maß für Felle u. Rauchwaren

De|chet [deˈʃe:] *der;* -s, -s (meist Plur.) ⟨aus *fr.* déchet „Abfall" zu déchoir „verfallen, herabsinken", dies über *vulgärlat.* decadere zu ↑de... u. *lat.* cadere „fallen"⟩: Spinnereiabfälle verschiedener Art

de|chif|frie|ren [...ʃ...] ⟨aus gleichbed. *fr.* déchiffrer zu dé- „von – weg" u. ↑Chiffre⟩: entziffern, den wirklichen Text einer verschlüsselten Nachricht herausfinden bzw. herstellen; Ggs. ↑chiffrieren. **De|chif|frie|rer** *der;* -s, -: jmd., der dechiffriert. **De|chif|frie|rung** *die;* -, -en ⟨zu ↑...ierung⟩: Entschlüsselung eines Textes, einer Nachricht

De|ci|dua [deˈtsiːdua] *die;* - ⟨zu *lat.* decidua, Fem. von deciduus „abfallend", dies zu decidere „herabfallen"⟩: die aus der Schleimhaut der Gebärmutter entwickelte Siebhaut (Schicht der Eihäute; Med.)

De|ci|ma [ˈdeːtsima] *die;* - ⟨aus gleichbed. *lat.* decima (pars)⟩: (lat. Rechtsspr.) der zehnte Teil, der Zehnt als Abgabe an die Kirche, den ↑Klerus. **De|ci|me** [deˈsiːm] *der;* -[s], - ⟨aus gleichbed. *fr.* décime, dies aus *lat.* decimus, vgl. Decimus⟩: 1. frühere franz. Münze im Wert von 10 Centimes. 2. (ohne Plur.) in Frankreich vor 1789 eine durch päpstliche Bulle bewilligte, grundsätzlich freiwillige Abgabe des ↑Klerus an die Krone. **De|ci|mus** [ˈdeːtsimʊs] *der;* -, ...mi ⟨aus *lat.* decimus „der Zehnte"⟩: einer von den in Zehnergruppen auf den Dörfern angesiedelten Landsklaven eines poln. Fürsten bis ins 12. Jh.

de|ci|so [deˈtʃiːzo] ⟨*it.;* vgl. dezisiv⟩: entschlossen, entschieden (Vortragsanweisung; Mus.)

De|co|der [diːˈkoʊdə] *der;* -s, - ⟨aus gleichbed. *engl.* decoder zu to decode „entschlüsseln"; vgl. Code⟩: Datenentschlüsseler in einem ↑Computer, Stereorundfunkgerät, Nachrichtenübertragungssystem; Ggs. ↑Encoder. **de|co|die|ren** [deko...] vgl. dekodieren. **De|co|die|rung** vgl. Dekodierung. **De|co|ding** [diːˈkoʊdɪŋ] *das;* -[s] ⟨aus gleichbed. *engl.* decoding⟩: Entschlüsselung einer Nachricht (Kommunikationsforschung); Ggs. ↑Encoding

De|col|la|ge [dekɔlaːʒə] *die;* -, -n ⟨aus *fr.* décollage „das Losmachen" zu décoller „Angeklebtes lösen"⟩: Bild, das durch die destruktive Veränderung von vorgefundenen Materialien entsteht (z. B. Zerstörung der Oberfläche durch Abreißen, Zerschneiden od. Ausbrennen, bes. von ↑Collagen). **De|col|la|gist** [...ˈʒɪst] *der;* -en, -en ⟨zu ↑...ist⟩: jmd., der Decollagen herstellt. **De|col|le|ment** [dekɔlˈmã:] *das;* -s, -s ⟨aus *fr.* décollement „Ablösung" zu décoller, vgl. Decollage⟩: Ablösung der Haut von der Muskulatur durch stumpfe Gewalteinwirkung (z. B. bei Quetschverletzungen; Med.)

Dé|col|le|té [dekɔlˈteː] vgl. Dekolleté

De|compte [deˈkõːt] *der;* -[s], -s ⟨aus gleichbed. *fr.* décompte zu dé- „von – weg" u. compter „zählen, rechnen", dies aus *spätlat.* computare „zusammenrechnen, berechnen"; vgl. Konto⟩: (veraltet) Rechnungsabzug, Abrechnung, Gegenrechnung. **de|comp|tie|ren** [dekõːˈtiː...] ⟨aus gleichbed. *fr.* décompter⟩: (veraltet) abrechnen, abziehen

De|con|te|nance [dekõːtəˈnãːs] *die;* - ⟨aus gleichbed. *fr.* décontenance zu dé- „von – weg" u. ↑Contenance⟩: (veraltet) Bestürzung, Fassungslosigkeit

De|co|ra|ted style [ˈdɛkəreɪtɪd ˈstaɪl] *der;* - - ⟨aus *engl.* decorated style „dekorativer Stil" zu to decorate „schmücken, verzieren" u. ↑Style"⟩: Epoche der got. Baukunst in England im 13. u. 14. Jh.

Dé|cou|pa|ge [dekuˈpaːʒə] *die;* -, -n ⟨aus *fr.* découpage, eigtl. „das Zerschneiden", zu découper „zerschneiden"⟩: franz. Bez. für Drehbuch

de|cou|ra|geant [dekuraˈʒã:] ⟨*fr.;* zu *fr.* décourager, vgl. decouragieren⟩: (veraltet) entmutigend, niederschmetternd. **De|cou|rage|ment** [...raʒˈmã:] *das;* -s ⟨aus gleichbed. *fr.* découragement⟩: (veraltet) Entmutigung, Verzagtheit. **de|cou|ra|gie|ren** [...ˈʒiː...] ⟨aus gleichbed. *fr.* décourager zu dé- „von – weg" u. ↑Courage⟩: entmutigen. **de|cou|ra|giert** ⟨zu ↑...iert⟩: mutlos, verzagt

De|court [deˈkuːɐ̯] *der;* -s, -s ⟨aus *fr.* décourt „Abzug von der Zahlung"⟩: svw. Dekort

Dé|cou|vert [dekuˈveːɐ̯, ...ˈvɛːɐ̯] vgl. Dekuvert. **de|cou|vrie|ren** vgl. dekuvrieren

de|cresc.: Abk. für decrescendo. **de|cre|scen|do** [dekrɛˈʃɛndo] ⟨aus gleichbed. *it.* decrescendo, Gerundium von decrescere, dies aus *lat.* decrescere „abnehmen, kleiner werden"⟩: an Tonstärke geringer werdend, im Ton zurückgehend, leiser werdend (Vortragsanweisung; Mus.); Abk.: decresc.; Ggs. ↑crescendo. **De|cre|scen|do,** eindeutschend auch Dekrescendo *das;* -s, Plur. -s u. ...di: das Abnehmen, Schwächerwerden der Tonstärke (Mus.); Ggs. ↑Crescendo

De|cu|bi|tus [...k...] vgl. Dekubitus

De|dans [dəˈdãː] *das;* - [dəˈdãː(s)], - [dəˈdãːs] ⟨aus *fr.* dedans „innen, nach innen gerichtet; Inneres" zu de „von, aus, nach" u. dans „in"⟩: einwärts gerichtete Haltung od. Drehung des Tänzers (Ballett)

de da|to ⟨*lat.*⟩: (veraltet) vom Tag der Ausstellung an (auf Urkunden); Abk.: d. d.

De|de|ron *das;* -s ⟨Kunstw.; vgl. ³...on⟩: eine Kunstfaser, die in der ehemaligen DDR hergestellt wurde

Dedignation

De|di|gna|ti|on *die;* - ⟨aus *lat.* dedignatio „Verschmähung, Verweigerung" zu dedignari, vgl. dedignieren⟩: (veraltet) Verachtung, Geringschätzung. **de|di|gnie|ren** ⟨aus gleichbed. *lat.* dedignari zu ↑ de... u. dignus „würdig"⟩: (veraltet) unter seiner Würde finden, verschmähen

De|di|ka|ti|on *die;* -, -en ⟨aus *lat.* dedicatio „Weihung" zu dedicare, vgl. dedizieren⟩: 1. Widmung. 2. Gabe, die jmdm. gewidmet, geschenkt worden ist (z. B. vom Autor); Schenkung. **De|di|ka|ti|ons|ex|em|plar** *das;* -s, -e: Buch mit einer Widmung des Autors. **De|di|ka|ti|ons|ti|tel** *der;* -s, -: besonderes Blatt des Buches, das die Widmung (Dedikation) trägt. **De|di|ka|tor** *der;* -s, ...oren ⟨aus *lat.* dedicator „Einweiher, Urheber"⟩: (veraltet) jmd., der etwas schenkt, jmdm. widmet

de|di|tie|ren ⟨zu *lat.* deditus „übergeben, ergeben" (Part. Perf. von dedere „übergeben, ausliefern") u. ↑ ...ieren⟩: eine Schuld tilgen

de|di|zie|ren ⟨aus *lat.* dedicare „weihen, widmen"⟩: jmdm. etw. zueignen, für ihn bestimmen

De|do *der;* -[s], -s ⟨aus *span.* dedo „Finger, Zehe", dies aus *lat.* digitus⟩: früheres span. Längenmaß (= 1,74 cm)

de|dou|blie|ren [dedu...] ⟨aus *fr.* dédoubler „teilen, halbieren, trennen" zu dé- „von – weg" u. double „doppelt", dies aus *lat.* duplus⟩: (veraltet) um die Hälfte vermindern, teilen

De|duk|ti|on *die;* -, -en ⟨aus *lat.* deductio „das Abführen, Ableiten" zu deducere, vgl. deduzieren⟩: a) Ableitung des Besonderen u. Einzelnen vom Allgemeinen; Erkenntnis des Einzelfalls durch ein allgemeines Gesetz (Philos.); Ggs. ↑ Induktion (1); b) logische Ableitung von Aussagen aus anderen Aussagen mit Hilfe logischer Schlußregeln (Kybern.). **De|duk|ti|ons|theo|rem** *das;* -s: ein für viele Ableitbarkeitsrelationen in der formalen Logik gültiger Satz. **de|duk|tiv** [auch 'de:...] ⟨unter Einfluß von *fr.* déductif aus *lat.* deductivus „abgeleitet"⟩: das Besondere, den Einzelfall aus dem Allgemeinen ableitend; Ggs. ↑ induktiv (1). **de|du|zie|ren** ⟨aus *lat.* deducere „herabführen, von etwas herleiten", dies zu ↑ de... u. ducere „führen, leiten"⟩: das Besondere, den Einzelfall aus dem Allgemeinen ableiten; Ggs. ↑ induzieren (1)

Dee [di:] *der;* -s, -s ⟨aus *engl.* dee „D-förmiger od. halbzylindrischer Gegenstand"⟩: Metallkäfig in einem ↑ Zyklotron, der von Teilchen bei konstantem Potential (2) durchlaufen wird (Kernphys.)

De|em|pha|sis *die;* - ⟨aus gleichbed. *engl.* de-emphasis zu ↑ de... u. *gr.* émphasis „Verdeutlichung, Betonung"⟩: Ausgleich der Vorverzerrung (Funkw.); vgl. Preemphasis

Deep-free|zer ['di:pfri:zə] *der;* -s, - ⟨aus gleichbed. *engl.-amerik.* deep-freezer zu *engl.* deep „tief" u. to freeze „(tief)gefrieren"⟩: Tiefkühlvorrichtung, Tiefkühltruhe

De|esis *die;* -, ...esen ⟨aus *gr.* déēsis „Bitte"⟩: ↑ byzantinische Darstellung des [im Jüngsten Gericht] thronenden Christus zwischen Maria u. Johannes dem Täufer, den Fürbittern

De|es|ka|la|ti|on *die;* -, -en ⟨aus gleichbed. *engl.* de-escalation, dies zu ↑ de... u. ↑ Eskalation⟩: stufenweise Verringerung od. Abschwächung eingesetzter [militärischer] Mittel; Ggs. ↑ Eskalation. **de|es|ka|lie|ren**: die eingesetzten [militärischen] Mittel stufenweise verringern od. abschwächen; Ggs. ↑ eskalieren

de fac|to [- ...k...] ⟨*lat.*⟩: tatsächlich [bestehend]; Ggs. ↑ de jure. **De-fac|to-An|er|ken|nung** *die;* -, -en: provisorische Anerkennung eines Staates ausschließlich durch seine tatsächliche Behandlung als Staat (Rechtsw.). **De-fac|to-Re|gie|rung** *die;* -, -en: Regierung, die im Widerspruch zur geltenden innerstaatlichen Rechtsordnung eines Landes an die Macht gelangt ist (Rechtsw.)

De|faite [de'fɛ:t] *die;* -, -s ⟨aus gleichbed. *fr.* défaite zu défaire „lösen, zerstören, vernichtend schlagen", dies über *altfr.* desfaire zu ↑ de... u. *lat.* facere „machen, tun"⟩: (veraltet) Niederlage. **De|fai|tis|mus** vgl. Defätismus

De|fä|ka|ti|on *die;* -, -en ⟨aus *lat.* defaecatio „Reinigung" zu defaecare, vgl. defäkieren⟩: 1. Reinigung, Klärung (insbes. von Flüssigkeiten). 2. Stuhlentleerung (Med.). **de|fä|kie|ren** ⟨aus *lat.* defaecare „reinigen, klären"⟩: Kot ausscheiden (Med.)

De|fa|ti|ga|ti|on *die;* -, -en ⟨aus gleichbed. *lat.* defatigatio zu defatigare, vgl. defatigieren⟩: Ermüdung, Überanstrengung (Med.). **de|fa|ti|gie|ren** ⟨aus gleichbed. *lat.* defatigare⟩: ermüden, erschöpfen (Med.)

De|fä|tis|mus *der;* - ⟨aus gleichbed. *fr.* défaitisme zu défaite „Niederlage", vgl. Defaite u. ...ismus⟩: geistig-seelischer Zustand der Mutlosigkeit, Hoffnungslosigkeit u. Resignation; Schwarzseherei. **De|fä|tist** *der;* -en, -en ⟨aus gleichbed. *fr.* défaitiste; vgl. ...ist⟩: jmd., der mut- u. hoffnungslos ist u. die eigene Sache für aussichtslos hält; Schwarzseher; Pessimist. **de|fä|ti|stisch** ⟨zu ↑ ...istisch⟩: sich im Zustand der Mutlosigkeit u. Resignation befindend; pessimistisch, ohne Hoffnung

De|faut [de'fo:] *der;* -[s] [de'fo:(s)], -s [de'fo:s] ⟨aus gleichbed. *fr.* défaut zu dé- „von – weg" u. faillir „fehlen, irren; im Stich lassen; schwach werden", dies aus *lat.* fallere „täuschen; nicht erfüllen"⟩: (veraltet) a) Mangel, Fehler, Gebrechen; b) das Nichterscheinen [vor Gericht]

de|fä|zie|ren vgl. defäkieren

de|fekt ⟨aus *lat.* defectus „geschwächt, mangelhaft", Part. Perf. von deficere „abnehmen, fehlen", vgl. Defizit⟩: schadhaft, fehlerhaft, nicht in Ordnung. **De|fekt** *der;* -[e]s, -e ⟨aus *lat.* defectus „das Fehlen, Mangel"⟩: 1. Schaden, Fehler. 2. (nur Plur.) a) zur Ergänzung einer vorhandenen Schrift von der Schriftgießerei bezogene Drucktypen; b) im Setzereimagazin aufbewahrte, zeitweilig überzählige Drucktypen. 3. (nur Plur.) a) Bücher mit Fehlern, die repariert werden; b) zum Aufbinden einer Auflage an der Vollzahl fehlende Bogen od. Beilagen. **De|fek|tar** *der;* -s, -e ⟨aus gleichbed. *nlat.* defectarius; vgl. ...ar (2)⟩: Apotheker, der speziell mit der Herstellung bestimmter, in größeren Mengen vorrätig zu haltender Arzneimittel betraut ist. **De|fekt|elek|tron** *das;* -s, -en ⟨zu ↑ Defekt⟩: Lücke, unbesetzter Platz in der Elektronenhülle eines Atoms od. im Kristallgitter eines Halbleiters (Phys.). **De|fek|ten|pro|to|koll** *das;* -s, -e: Niederschrift über einen Fehlbetrag (Rechtsw.) **De|fekt|ex|em|plar** *das;* -s, -e: Buch mit Herstellungsmängeln od. Beschädigungen (Buchw.). **de|fek|tie|ren** ⟨zu ↑ ...ieren⟩: (veraltet) [Rechnungs]fehler bemerken u. rügen, bemängeln. **De|fek|tie|rung** *die;* -, -en ⟨zu ↑ ...ierung⟩: (veraltet) Vermißtmeldung (bes. von Postsachen); vgl. ...[at]ion/...ierung. **De|fek|ti|on** *die;* - ⟨aus *lat.* defectio „das Abnehmen; Verfall; Abfall"⟩: (veraltet) a) Abtrünnigkeit, Abfall; b) Abnahme (der Kräfte); vgl. ...[at]ion/...ierung. **de|fek|tiv** [auch 'de:...] ⟨aus *lat.* defectivus „abnehmend, unvollständig"⟩: mangelhaft, fehlerhaft, unvollständig. **De|fek|ti|vi|tät** [...v...] *die;* - ⟨zu ↑ ...ität⟩: Fehlerhaftigkeit, Mangelhaftigkeit. **De|fek|ti|vum** *das;* -s, ...va ⟨aus gleichbed. *nlat.* (verbum) defectivum⟩: nicht in allen Formen auftretendes od. nicht an allen syntaktischen Möglichkeiten seiner Wortart teilnehmendes Wort (z. B. *Leute* ohne entsprechende Einzahlform; Sprachw.). **De|fekt|mu|ta|ti|on** *die;* -, -en ⟨zu ↑ Defekt⟩: spontane oder durch ↑ Mutagene hervorgerufene Erbänderung, die teilweisen od. völligen Aus-

definit

fall bestimmter Körperfunktionen bewirkt (Biol.). **De|fek-to|sko|pie** *die;* -, ...ien ⟨zu ↑...skopie⟩: das Suchen von Fehlern in Werkstoffen u. Werkstücken mittels Röntgenod. Gamma-, selten Neutronenstrahlen. **De|fekt|pro|te|in-ämie** *die;* - ⟨zu ↑...ämie⟩: das Fehlen eines normalerweise im zirkulierenden menschlichen Blut vorkommenden Eiweißkörpers (Med.). **De|fekt|psy|cho|se** *die;* -, -en: mit geistiger Schwäche verbundene Geisteskrankheit (Med.). **De|fek|tur** *die;* -, -en ⟨aus gleichbed. *nlat.* defectura⟩: ergänzende Herstellung von Arzneimitteln, die in größeren Mengen vorrätig gehalten werden sollen (in Apotheken)

De|fe|mi|na|ti|on *die;* -, -en ⟨zu ↑de..., *lat.* femina „Frau" u. ↑...ation, eigtl. „Entweiblichung"⟩: 1. (veraltet) physische u. psychische Umwandlung der Frau zum männl. Geschlecht hin. 2. Verlust der typisch weiblichen Geschlechtsempfindungen, Frigidität (Med.)

De|fen|dend *der;* -en, -en ⟨aus *lat.* defendendus „der zu Verteidigende", Gerundivum von defendere „abwehren, verteidigen"⟩: (veraltet) der zu verteidigende Beklagte, Schützling. **De|fen|dent** *der;* -en, -en ⟨aus *lat.* defendens, Gen. defendentis „der Verteidigende", Part. Präs. von defendere⟩: (veraltet) svw. Defensor. **de|fen|die|ren** ⟨aus gleichbed. *lat.* defendere⟩: (veraltet) abwehren, verteidigen. **Dé|fense mus|cu|laire** [defɑ̃smyskyˈlɛːr] *die;* - - ⟨aus gleichbed. *fr.* défense musculaire⟩: Abwehrspannung der Muskeln (Med.). **De|fen|si|on** *die;* - ⟨aus *lat.* defensio „Abwehr, Verteidigung"⟩: die Landesverteidigung u. Kriegsverfassung in mehreren deutschen Ländern vom Ende des 15. Jh.s bis ins 18. Jh. **de|fen|sio|nal** ⟨aus *mlat.* defensionalis „zur Verteidigung dienend, verteidigend"⟩: (veraltet) 1. svw. defensiv. 2. zur Verteidigung [eines Angeklagten] dienend. **De|fen|sio|na|le** *das;* -s ⟨aus *mlat.* defensionale „Verteidigungsordnung" zu *lat.* defensio, vgl. Defension⟩: erste umfassende Heeresordnung der Schweizer Eidgenossenschaft. **De|fen|sio|nal|zeu|ge** *der;* -n, -n: (veraltet) Entlastungszeuge. **de|fen|siv** [auch 'de:...] ⟨aus *mlat.* defensivus „abwehrend" zu *lat.* defendere, vgl. defendieren⟩: a) verteidigend, abwehrend; Ggs. ↑offensiv; b) auf Sicherung od. Sicherheit bedacht, z. B. -es Fahren (rücksichtvolle, Risiken vermeidende Fahrweise, bei der die eigenen Rechte der Verkehrssicherheit untergeordnet werden); Ggs. ↑aggressiv. **De|fen|siv|al|li|anz** *die;* -, -en: Verteidigungsbündnis. **De|fen|si|ve** [...və] *die;* -, -n ⟨zu ↑...ive⟩: Verteidigung, Abwehr; Ggs. ↑Offensive. **De|fen|si|vi|tät** [...v...] *die;* - ⟨zu ↑...ität⟩: Neigung zu abwehrender Haltung. **De|fen|siv|krieg** *der;* -[e]s, -e: Verteidigungskrieg. **De|fen|siv-spie|ler** *der;* -s, -: Verteidiger eines Spielverbandes (Sport). **De|fen|siv|tak|tik** *die;* -: Taktik der Verteidigung. **De|fen-sor** *der;* -s, ...oren ⟨aus *lat.* defensor „Abwehrer, Verteidiger"⟩: Verteidiger, Sachwalter. **De|fen|sor fi|dei** [- ˈfiːdei] *der;* - - ⟨aus *lat.* defensor fidei „Verteidiger des Glaubens"⟩: (seit Heinrich VIII.) Ehrentitel der engl. Könige

De|fe|ren|ti|tis *die;* -, ...itiden ⟨zu deferens, Gen. deferentis „abwärts führend" (Part. Präs. von deferre, vgl. deferieren) u. ↑...itis⟩: Entzündung des Samenleiters (Med.).

De|fe|renz *die;* - ⟨aus *fr.* déférence „Ehrerbietung; Hochachtung; Höflichkeit"; vgl. ...enz⟩: (veraltet) a) Gewährung; b) Unterwürfigkeit, Fügsamkeit; c) Berichterstattung. **de|fe|rie|ren** ⟨aus *fr.* déférer „anklagen; zuerkennen", dies aus *lat.* deferre „herabtragen, -führen; übertragen"⟩: (veraltet) 1. jmdm. einen Eid vor einem Richter auferlegen. 2. einem Antrag stattgeben

De|fer|ves|zenz [...v...] *die;* - ⟨aus *mlat.* defervescere „sich abkühlen" (vgl. deferveszieren) u. ↑...enz⟩: das Nachlassen des Fiebers, Entfieberung (Med.). **de|fer|ves|zie|ren** ⟨aus gleichbed. *mlat.* defervescere, dies zu ↑de... u. *lat.* fervescere „zu sieden beginnen"⟩: entfiebern (Med.)

De|fi|ance [defiˈɑ̃ːs] *die;* - ⟨aus gleichbed. *fr.* défiance zu défier, vgl. defiieren⟩: (veraltet) Mißtrauen

De|fi|bra|tor *der;* -s, ...oren ⟨aus gleichbed. *nlat.* defibrator, dies zu ↑de..., *lat.* fibratus „faserig" (dies zu fibra „Faser") u. ↑...or⟩: Maschine, die durch Dampf aufgeweichte Holzschnitzel zerfasert (z. B. für die Herstellung von Holzfaserplatten). **De|fi|breur** [...ˈbrøːɐ̯] *der;* -s, -e ⟨aus gleichbed. *fr.* défibreur⟩: (veraltet) svw. Defibrator. **de|fi|brie|ren** ⟨aus gleichbed. *fr.* défibrer zu dé- „von − weg" u. fibre „Faser"⟩: zerfasern, entfasern. **De|fi|bril|la|ti|on** *die;* -, -en ⟨aus gleichbed. *nlat.* defibrillatio, dies zu ↑de... u. *lat.* fibrilla „Fäserchen" (Verkleinerungsform von fibra „Faser")⟩: Beseitigung von bestimmten Herzmuskelstörungen durch Medikamente od. Elektroschocks (Med.). **De|fi|bril|la|tor** *der;* -s, ...oren ⟨zu ↑...or⟩: Gerät, das Herzmuskelstörungen durch einen Stromstoß bestimmter Stärke beseitigt (Med.)

de|fi|bri|nie|ren ⟨zu ↑de..., ↑Fibrin u. ↑...ieren⟩: ↑Fibrin auf mechanische Weise aus frischem Blut entfernen u. es dadurch ungerinnbar machen (Med.)

de|fi|cien|do [defiˈtʃɛndo] ⟨*it.;* zu *lat.* deficere „abnehmen"⟩: Tonstärke u. Tempo zurücknehmend; nachlassend, abnehmend (Vortragsanweisung; Mus.) **De|fi|cit-spen|ding** [ˈdɛfɪsɪt ˈspɛndɪŋ] *das;* -[s] ⟨aus gleichbed. *engl.* deficit spending⟩: Defizitfinanzierung; Finanzierung öffentlicher Investitionen u. Subventionen durch später eingehende Haushaltsmittel

de fi|de ⟨*lat.;* „vom Glauben her"⟩: der höchste dogmatische Gewißheitsgrad (kath. Theologie)

De|fi|gu|ra|ti|on *die;* -, -en ⟨zu ↑de... u. *lat.* figuratio „Gestaltung", dies zu figurare „gestalten"⟩: (veraltet) Verunstaltung, Entstellung. **de|fi|gu|rie|ren**: (veraltet) verunstalten, entstellen

de|fi|ie|ren ⟨aus gleichbed. *fr.* défier, älter *fr.* desfier, dies über *vulgärlat.* *disfidare „kein Vertrauen schenken" aus *lat.* diffidere⟩: (veraltet) a) mißtrauen; b) trotzig herausfordern

De|fi|lee *das;* -s, Plur. -s, auch ...leen ⟨aus gleichbed. *fr.* défilé zu défiler, vgl. defilieren⟩: 1. (veraltet) Enge, Engpaß (Geogr.). 2. paradenmäßiger Vorbeimarsch, das Vorüberziehen an jmdm. **De|fi|lier|cour** [...kuːɐ̯] *die;* - ⟨zu defilieren⟩: im 19. Jh. Form des Empfangs bei Hofe, die in schnellem Vorbeiziehen der Aufwartenden bestand. **de|fi-lie|ren** ⟨aus gleichbed. *fr.* défiler⟩: parademäßig an jmdm. vorüberziehen. **De|fi|lier|marsch** *der;* -[e]s, ...märsche: Paradenmarsch

De|fi|ni|en|dum *das;* -s, ...da ⟨aus *lat.* definiendum „das zu Bestimmende", Gerundivum von definire, vgl. definieren⟩: Begriff, der bestimmt werden soll, über den etwas ausgesagt werden soll; das, was definiert wird (Sprachw.). **De|fi|ni|ens** [...niɛns] *das;* -, ...nientia ⟨aus *lat.* definiens, Part. Präs. von definire, vgl. definieren⟩: Begriff, der einen anderen Begriff bestimmt, der über diesen anderen Begriff etwas aussagt; das Definierende (Sprachw.). **de|fi|nie|ren** ⟨aus *lat.* definire „abgrenzen, bestimmen", dies zu ↑de... u. finis „Grenze"⟩: 1. den Inhalt eines Begriffs auseinanderlegen, feststellen. 2. von jmdm./etwas her seine Bestimmung, Prägung erfahren, seinen existentiellen Inhalt erhalten; z. B. sich selbst definieren Väter nicht über ihre Rolle in der Familie, sondern über Beruf u. Erfolg; er wurde von den Zwängen der Firma definiert; sie hatte sich total über ihn definiert. **de|fi|nit** ⟨aus *lat.* definitus „bestimmt, deutlich"⟩: bestimmt; -e Größen: Größen, die immer das

Definition

gleiche Vorzeichen haben (Math.). **De|fi|ni|ti|on** *die;* -, -en ⟨aus gleichbed. *lat.* definitio⟩: 1. genaue Bestimmung [des Gegenstandes] eines Begriffes durch Auseinanderlegung u. Erklärung seines Inhaltes. 2. als unfehlbar geltende Entscheidung des Papstes od. eines ↑ Konzils über ein Dogma (Rel.). **De|fi|ni|ti|ons|be|reich** *der;* -[e]s, -e: Menge aller Elemente, denen durch eine Funktion ein Element einer anderen Menge zugeordnet wird (Math.). **de|fi|ni|tiv** [auch 'de:...] ⟨aus *lat.* definitivus „bestimmend, entscheidend" zu definire, vgl. definieren⟩: (in bezug auf eine Entscheidung, Festlegung, auf ein abschließendes Urteil) endgültig. **De|fi|ni|tiv|pro|zeß** *der;* ...esses, ...esse: letzte Prüfung der Tauglichkeit eines zum Bischof Gewählten vor der Bestätigung durch den Papst. **De|fi|ni|tiv|trak|tat** *der* od. *das;* -[e]s, -e: (veraltet) abschließender Vertrag. **De|fi|ni|ti|vum** [...v...] *das;* -s, ...va ⟨aus *lat.* definitivum „das Bestimmende"⟩: endgültiger Zustand. **De|fi|ni|tor** *der;* -s, ...oren ⟨aus *lat.* definitor „Bestimmer, Verordner"⟩: 1. Verwaltungsbeamter der kath. Kirche in einem Bistum od. Dekanat. 2. Rat, Visitator od. gewählter Leiter des Generalkapitels im Mönchswesen. **de|fi|ni|to|risch** ⟨zu ↑ Definition⟩: a) die Definition betreffend; b) durch Definition festgelegt
De|fi|xi|on *die;* -, -en ⟨zu *lat.* defixus (Part. Perf. von defigere „hineinschlagen") u. ↑¹...ion⟩: Versuch, einen persönlichen Feind zu vernichten, indem man sein Bild (Rachepuppe) od. seinen geschriebenen Namen mit Nadeln od. Nägeln durchbohrt (Völkerk.)
de|fi|zi|ent ⟨aus *lat.* deficiens, Gen. deficientis, Part. Präs. von deficere „abnehmen, schwinden, mangeln"⟩: unvollständig (z. B. ohne Vokalzeichen; von Schriftsystemen). **De|fi|zi|ent** *der;* -en ⟨vgl. ...ent⟩: 1. (veraltet) Dienstunfähiger. 2. (bes. südd. u. österr.) durch Alter od. Krankheit geschwächter kath. Geistlicher. **De|fi|zi|enz** *die;* - ⟨zu ↑...enz⟩: Verlust von Chromosomenendstücken u. damit Verlust von Genen (Med.). **De|fi|zit** *das;* -s, -e ⟨aus gleichbed. *fr.* déficit, dies aus *lat.* deficit „es fehlt" zu deficere „abnehmen"⟩: 1. Fehlbetrag. 2. Mangel. **de|fi|zi|tär** ⟨zu ↑...är⟩: a) mit einem Defizit belastet; b) zu einem Defizit führend. **De|fi|zit|fi|nan|zie|rung** *die;* -, -en: svw. Deficitspending. **De|fi|zit|hy|po|the|se** *die;* -: Behauptung, daß milieubedingte Minderentwicklung der sprachlichen Ausdrucksfähigkeit geringere soziale Aufstiegsmöglichkeiten bedingt
De|fla|gra|ti|on *die;* -, -en ⟨aus *lat.* deflagratio „das Niederbrennen, gänzliche Vernichtung" zu deflagrare „niederbrennen"⟩: verhältnismäßig langsam erfolgende Explosion (Verpuffung) von Sprengstoffen (Bergw.). **De|fla|gra|tor** *der;* -s, ...oren ⟨zu ↑...or⟩: elektrisches ↑ Voltaelement für große Stromstärken (Phys.)
De|fla|ti|on *die;* -, -en ⟨aus gleichbed. *nlat.* deflatio zu *lat.* deflare „ab-, wegblasen"⟩: 1. Verminderung des Geldumlaufs, um den Geldwert zu steigern u. die Preise zu senken (Wirtsch.); Ggs. ↑ Inflation (a). 2. Ausblasen u. Abtragen von lockerem Gestein durch Wind (Geol.). **de|fla|tio|när** ⟨zu ↑...är⟩: die Deflation (1) betreffend. **de|fla|tio|nie|ren** ⟨zu ↑...ieren⟩: den Geldumlauf herabsetzen. **de|fla|tio|ni|stisch** ⟨zu ↑...istisch⟩: die Deflation (1) betreffend, sich auf sie beziehend; Ggs. ↑ inflationistisch. **De|fla|ti|ons|po|li|tik** *die;* -: auf ↑ Deflation (1) gerichtete Politik (Wirtsch.). **De|fla|ti|ons|wan|ne** *die;* -, -n: vom Wind ausgeblasene Vertiefung, meist in Trockengebieten (Geol.). **de|fla|to|risch** ⟨aus *nlat.* deflatorius⟩: 1. svw. deflationistisch; Ggs. ↑ inflatorisch. 2. der ↑ Flatulenz entgegenwirkend (Med.)
De|flek|tor *der;* -s, ...oren ⟨zu *lat.* deflectere „(her)abbiegen, ablenken" u. ↑...or⟩: 1. Saug-, Rauchkappe, Schornstein-

aufsatz (Techn.). 2. Vorrichtung im Beschleuniger zur Ablenkung geladener Teilchen aus ihrer Bahn (Kernphysik). **De|fle|xi|on** *die;* -, -en ⟨aus gleichbed. *(m)lat.* deflexio⟩: 1. (veraltet) Ablenkung (z. B. von Lichtstrahlen). 2. Strekkung (eines Organs od. Körperteils; Med.). **De|fle|xi|ons|la|ge** *die;* -: Geburtslage, bei der der Kopf des Kindes gestreckt od. nach hinten gebogen wird (Med.)
De|flo|ra|ti|on *die;* -, -en ⟨aus gleichbed. *lat.* defloratio, eigtl. „Entblütung", zu deflorare, vgl. deflorieren⟩: Zerstörung des ↑ Hymens [beim ersten Geschlechtsverkehr]; Entjungferung (Med.). **de|flo|rie|ren** ⟨aus gleichbed. *lat.* deflorare, eigtl. „die Blüten abpflücken; jmds. Glanz u. Ehre rauben"⟩: den Hymen [beim ersten Geschlechtsverkehr] zerstören; entjungfern (Med.)
De|flu|vi|um [...v...] *das;* -s ⟨aus *lat.* defluvium „Abfluß" zu defluere „weg -, (her)abfließen"⟩: [Haar]ausfall (Med.)
De|fo|lia|ti|on *die;* -, -en ⟨zu ↑de..., *lat.* foliatus „blättrig" (dies zu folium „Blatt") u. ↑¹...ion⟩: absichtlich herbeigeführte Entlaubung, z. B. durch chem. Mittel
de|form ⟨aus gleichbed. *lat.* deformis⟩: entstellt, verunstaltet. **De|for|ma|ti|on** *die;* -, -en ⟨aus *lat.* deformatio „Verunstaltung" zu deformare, vgl. deformieren⟩: 1. Formänderung, Verformung. 2. Verunstaltung, Mißbildung (bes. von Organen lebender Wesen); vgl. ...[at]ion/...ierung. **Dé|for|ma|tion pro|fes|si|on|nelle** [defɔrmasjõ prɔfɛsjɔnɛl] *die;* - - ⟨aus *fr.* déformation professionnelle „berufsbedingte Einseitigkeit, Betriebsblindheit"⟩: Ausprägung von berufsbedingten Einseitigkeiten auf die gesamte Lebenswirklichkeit eines Individuums (Psychol.). **De|for|ma|ti|ons|cha|rak|te|ri|stik** *die;* -, -en ⟨zu ↑ Deformation⟩: Darstellung des Verhaltens eines Körpers beim Auftreten deformierender Kräfte (Geophys.). **de|for|mie|ren** ⟨aus *lat.* deformare „verbilden, entstellen"⟩: 1. verformen. 2. (den Körper) verunstalten, entstellen. **De|for|mie|rung** *die;* -, -en ⟨zu ↑...ierung⟩: das Deformieren; vgl. ...[at]ion/...ierung. **De|for|mi|tät** *die;* -, -en ⟨aus *lat.* deformitas, Gen. deformitatis „entstelltes Aussehen"⟩: 1. Mißbildung (von Organen od. Körperteilen). 2. (ohne Plur.) Zustand der Mißbildung
De|frau|dant *der;* -en, -en ⟨zu *lat.* defraudare (vgl. defraudieren) u. ↑...ant⟩: jmd., der eine ↑ Defraudation begeht. **De|frau|da|ti|on** *die;* -, -en ⟨aus gleichbed. *lat.* defraudatio⟩: Betrug; Unterschlagung, Hinterziehung (bes. von Zollabgaben). **De|frau|da|tor** *der;* -s, -en ⟨aus *lat.* defraudator „Betrüger"⟩: (veraltet) Zoll-, Steuerhinterzieher, Schmuggler. **de|frau|die|ren** ⟨aus gleichbed. *lat.* defraudare ... u. fraus „Betrug"⟩: betrügen; unterschlagen, hinterziehen
De|fron|ta|li|sa|ti|on *die;* -, -en ⟨zu ↑de..., *lat.* frontale „Stirnblatt" (dies zu frons „Stirn") u. ↑...isation⟩: operative Durchtrennung der Verbindung zwischen Stirnhirn u. dem übrigen Gehirn (Med.)
De|fro|ster *der;* -s, - ⟨aus gleichbed. *engl.* defroster zu to defrost „entfrosten"⟩: 1. a) Vorrichtung in Kraftfahrzeugen, die das Beschlagen od. Vereisen der Scheiben verhindern soll; b) Abtauvorrichtung in Kühlschränken. 2. [Sprüh]mittel zum Enteisen von Kraftfahrzeugscheiben
De|frut *das;* -s ⟨aus gleichbed. *lat.* defrutum⟩: (veraltet) eingekochter Most
Def|ter|dar *der;* -s, -e ⟨aus gleichbed. *türk.* defterdar⟩: Leiter der Finanzverwaltung im Osmanischen Reich
De|fur|fu|ra|ti|on *die;* -, -en ⟨zu ↑de..., *lat.* furfur „Hülle, Kleie" u. ↑...ation⟩: Hautabschilferung, -abschuppung (Med.)
Dé|ga|gé [dega'ʒe:] *das;* -s, -s ⟨aus *fr.* dégagé „befreit", eigtl.

Part. Perf. von dégager „losmachen, befreien"; vgl. degagieren⟩: Verlagerung des Körpergewichts auf das andere Bein beim Ballett. **De|ga|ge|ment** [degaʒəˈmãː] *das;* -s, -s ⟨aus gleichbed. *fr.* dégagement⟩: 1. Zwanglosigkeit. 2. Befreiung [von einer Verbindlichkeit]. 3. das Degagieren (2). **de|ga|gie|ren** [...ˈʒiː...] ⟨aus gleichbed. *fr.* dégager⟩: 1. von einer Verbindlichkeit befreien. 2. die Klinge von einer Seite auf die andere bringen, wobei die Hand des Gegners mit der Waffe umkreist wird (Fechten). **de|ga|giert** ⟨zu ↑...iert⟩: zwanglos, frei
De|ge|ne|ra|ti|on *die;* -, -en ⟨aus *nlat.* degeneratio, eigtl. „Entartung", zu *lat.* degenerare, vgl. degenerieren⟩: 1. Verfall von Zellen, Geweben od. Organen (Biol., Med.). 2. vom Üblichen abweichende negative Entwicklung, Entartung; körperlicher od. geistiger Verfall, Abstieg (z. B. durch Zivilisationsschäden). **De|ge|ne|ra|ti|ons|psy|cho|se** *die;* -, -n: durch Degenerationsvorgänge (z. B. Altern) hervorgerufener geistiger Abbau mit psychischer Fehlhaltung (Med.). **de|ge|ne|ra|tiv** ⟨zu ↑...iv⟩: mit Degeneration zusammenhängend. **de|ge|ne|rie|ren** ⟨aus *lat.* degenerare „aus der Art schlagen, entarten", dies zu ↑de... u. *lat.* genus „Abstammung, Geschlecht, Art"⟩: 1. verfallen, verkümmern (Biol., Med.). 2. vom Üblichen abweichend sich negativ entwickeln, entarten; körperlich od. geistig verfallen
De|glo|me|ra|ti|on *die;* -, -en ⟨zu ↑de..., *lat.* glomerare „zu einem Knäuel zusammenballen" u. ↑...ation⟩: räumliche Streuung u. Auflockerung von Wohnstätten u. Betrieben; Ggs. ↑Agglomeration
De|glu|ti|na|ti|on *die;* -, -en ⟨aus gleichbed. *nlat.* deglutinatio zu *spätlat.* deglutire „hinunterschlucken", dies zu ↑de... u. *lat.* gluttire „verschlucken, verschlingen"⟩: falsche Abtrennung eines Wortanlauts, der als Artikel verstanden wird (z. B. *ostmitteld.* „ein nöter = eine Natter" ergibt *hochd.* „eine Otter"; Sprachw.). **De|glu|ti|ti|on** *die;* -, -en ⟨aus gleichbed. *nlat.* deglutitio; vgl. Deglutination⟩: Schlingbewegung, Schluckakt (Med.)
De|gom|mage [...ˈmaːʒ] *die;* - ⟨aus gleichbed. *fr.* dégommage zu dégommer, vgl. degommieren⟩: das Herauslösen des Gummis aus der Naturseide. **de|gom|mie|ren** ⟨aus *fr.* dégommer „degummieren" zu dé- „von – weg" u. gomme „Gummi"⟩: svw. degummieren
De|gor|ge|ment [...ʒəˈmãː] *das;* -s, -s ⟨aus gleichbed. *fr.* dégorgement zu dégorger, vgl. degorgieren⟩: Entfernung der Hefe im Flaschenhals (bei der Schaumweinherstellung). **de|gor|gie|ren** [...ˈʒiː...] ⟨aus gleichbed. *fr.* dégorger zu dé „von – weg" u. gorge „Gurgel, Schlund", dies aus *lat.* gurges „(Wasser)strudel, Schlund"⟩: 1. die Hefe bei der Schaumweinherstellung aus dem Flaschenhals entfernen. 2. Fleisch wässern, um das Blut zu entfernen (Gastr.)
De|gout [deˈguː] *der;* -s ⟨aus gleichbed. *fr.* dégoût, eigtl. „Appetitlosigkeit"; vgl. Gout⟩: Ekel, Widerwille, Abneigung. **de|gou|tant** ⟨aus gleichbed. *fr.* dégoûtant⟩: ekelhaft, abstoßend. **de|gou|tie|ren** ⟨aus gleichbed. *fr.* dégoûter⟩: anekeln, anwidern
De|gra|da|ti|on *die;* -, -en ⟨aus gleichbed. *lat.* degradatio zu degradare, vgl. degradieren⟩: das [Zurück]versetzen in eine niedere Position (z. B. als Strafe für ein die Ehrauffassungen verletzendes Handeln); vgl. ...[at]ion/...ierung. **Dé|gra|dée** [degraˈdeː] *die;* -, -s ⟨aus *fr.* dégradé „Tönung, Abstufung"⟩: Stoffdessin, bei dem dasselbe Motiv stufenweise allmählich kleiner wird (Mode). **de|gra|die|ren** ⟨aus *lat.* degradare „herabsetzen", dies zu ↑de... u. *lat.* gradus „Stufe, Rang"⟩: 1. in eine niedere Position [zurück]versetzen (z. B. als Strafe für ein die Ehrauffassungen verletzen-

des Handeln). 2. Energie in Wärme umwandeln (Phys.). 3. einen Boden verschlechtern; vgl. Degradierung (2). **De|gra|die|rung** *die;* -, -en ⟨zu ↑...ierung⟩: 1. das Degradieren. 2. Veränderung eines guten Bodens zu einem schlechten (durch Auswaschung, Kahlschlag u. a.; Landw.); vgl. ...[at]ion/...ierung
de|grais|sie|ren [degrɛ...] ⟨aus *fr.* dégraisser „entfetten" zu dé- „von – weg" u. gras „fett, dick", dies aus gleichbed. *lat.* crassus⟩: das Fett von Soßen u. Fleischbrühen abschöpfen (Gastr.). **De|gras** [deˈgra] *das;* - ⟨aus gleichbed. *fr.* dégras⟩: Gerberfett (Abfallfett in der Gerberei)
De|gra|va|ti|on [...v...] *die;* -, -en ⟨aus gleichbed. *nlat.* degravatio zu *lat.* degravare, vgl. degravieren⟩: (veraltet) Belästigung. **de|gra|vie|ren** ⟨aus *lat.* degravare „herabdrücken" zu ↑de... u. gravis „schwer"⟩: (veraltet) beschwerlich fallen, belästigen; niederdrücken
de|gré [dəˈgreː] ⟨*fr.;* aus *vulgärlat.* degradus zu *lat.* de „weg, ab" u. gradus „Schritt"⟩: im franz. Sprachraum Bez. für die Einheit Grad des ebenen Winkels (Zeichen d) u. die Einheit der Temperaturdifferenz (Zeichen deg, wobei die Temperaturskala mit angegeben wird, z. B. F für Fahrenheit). **de|gree** [dɪˈgriː] ⟨*engl.;* zu ↑degré⟩: im engl. Sprachraum svw. degré
De|gres|si|on *die;* -, -en ⟨über *fr.* dégression aus *lat.* degressio „das Hinabsteigen"⟩: 1. Verminderung der Stückkosten mit steigender Auflage (Fachwort der Kostenrechnung). 2. Verminderung des jährlichen Abschreibungsbetrages (Steuerrecht). **de|gres|siv** ⟨aus gleichbed. *fr.* dégressif; vgl. ...iv⟩: abfallend, sich stufenweise od. kontinuierlich vermindernd (z. B. von Schulden)
de|gros|sie|ren ⟨aus gleichbed. *fr.* dégrossir zu dé- „von – weg" u. gros „grob", dies aus gleichbed. *spätlat.* grossus⟩: (veraltet) a) grob bearbeiten; b) abschleifen, verfeinern (z. B. von Gold u. Silber)
De|guise|ment [degizˈmãː] *das;* -s, -s ⟨aus gleichbed. *fr.* déguisement zu déguiser, vgl. deguisieren⟩: (veraltet) Verkleidung, Verstellung. **de|gui|sie|ren** [degiˈziː...] ⟨aus gleichbed. *fr.* déguiser zu dé- „von – weg" u. guise „Art, Weise", dies aus dem Germ.⟩: (veraltet) a) verkleiden, entstellen; b) verstellen (z. B. von der Stimme, der Handschrift); c) bemänteln
de|gum|mie|ren ⟨zu ↑de..., ↑Gummi u. ↑...ieren⟩: Naturseide entbasten (Textiltechnik)
De|gu|sta|ti|on *die;* -, -en ⟨aus *lat.* degustatio „das Kosten" zu degustare, vgl. degustieren⟩: (bes. schweiz.) Prüfung; das Kosten von Lebensmitteln in bezug auf Geruch u. Geschmack. **de gu|sti|bus non est dis|pu|tan|dum** ⟨*lat.;* „über Geschmäcker ist nicht zu streiten"⟩: über Geschmack läßt sich nicht streiten (weil jeder ein eigenes ästhetisches Urteil hat). **de|gu|stie|ren** ⟨aus *lat.* degustare „kosten, versuchen"⟩: (bes. schweiz.) Lebensmittel in bezug auf Geruch u. Geschmack prüfen, kosten
de|ha|lo|ge|nie|ren ⟨zu ↑de... u. ↑halogenieren⟩: ↑Halogene aus einer chem. Verbindung abspalten
de haut en bas [də ˈoː ã ˈba] ⟨*fr.;* eigtl. „von oben nach unten"⟩: geringschätzig
De|his|zenz *die;* - ⟨aus *nlat.* dehiscentia „das Aufklaffen" zu *lat.* dehiscere, vgl. dehiszieren⟩: besondere Art des Aufspringens kapselartiger Organe bei Pflanzen (z. B. von Staubblättern u. Früchten; Bot.). **de|his|zie|ren** ⟨aus *lat.* dehiscere „sich spalten"⟩: aufspringen, sich auftun (z. B. von Staubblättern u. Früchten; Bot.)
de|hon|tiert [deõˈtiːɐ̯t] ⟨aus gleichbed. *fr.* déhonté, ältere Nebenform von éhonté, dies zu honte „Scham(haftigkeit)"⟩: (veraltet) schamlos

De|hors [de'o:ʀ(s)] *die* (Plur.) ⟨aus *fr.* dehors, *provenzal.* defors „Äußeres", eigtl. „außerhalb", dies aus *spätlat.* deforis „von draußen"⟩: äußerer Schein, gesellschaftlicher Anstand; fast nur in der Wendung d i e - w a h r e n

De|hor|ta|to|ri|um *das;* -s, ...ien [...i̯ən] ⟨zu *lat.* dehortatorius „abmahnend" (dies zu dehortari, vgl. dehortieren) u. ↑...ium⟩: 1. (lat. Rechtsspr.) das Abraten, Anweisung eines kriegführenden Staates an seine im Feindesland lebenden Untertanen, sich nicht mit dem Feind einzulassen. 2. (nur Plur.) svw. Avokatorien. **de|hor|tie|ren** ⟨aus gleichbed. *lat.* dehortari⟩: (veraltet) abraten

De|hu|ma|ni|sa|ti|on *die;* - ⟨zu ↑de..., *lat.* humanus „menschlich" u. ↑...isation⟩: Entmenschlichung, Herabwürdigung; vgl. ...[at]ion/...ierung. **de|hu|ma|ni|sie|ren**: entmenschlichen, herabwürdigen. **De|hu|ma|ni|sie|rung** *die;* -: svw. Dehumanisation; vgl. ...[at]ion/...ierung

De|hy|dra|se *die;* -, -n ⟨verkürzt aus Dehydrogenase⟩: svw. Dehydrogenase. **De|hy|dra|ta|se** *die;* -, -n ⟨aus ↑de..., ↑Hydratation u. ↑...ase⟩: ↑Enzym, das die Abspaltung von Wasser aus organischen Verbindungen unter Ausbildung einer Doppelbindung ↑katalysiert (Chem.). **De|hy|dra|ta|ti|on** *die;* -, -en: Entzug von Wasser, Trocknung (z. B. von Lebensmitteln). **De|hy|dra|ti|on** *die;* -, -en: Entzug von Wasserstoff; vgl. ...[at]ion/...ierung. **de|hy|dra|ti|sie|ren**: Wasser entziehen. **De|hy|dra|ti|sie|rung** *die;* -, -en: svw. Dehydratation; vgl. ...[at]ion/...ierung. **de|hy|drie|ren**: einer chem. Verbindung Wasserstoff entziehen. **De|hy|drie|rung** *die;* -, -en: svw. Dehydration; vgl. ...[at]ion/...ierung. **De|hy|dro|an|dro|ste|ron** *das;* -s ⟨zu ↑de..., ↑hydro... u. ↑Androsteron⟩: männliches Keimdrüsenhormon (Med.). **De|hy|dro|chlo|rie|rung** [...klo...] *die;* -, -en ⟨zu ↑Chlor u. ↑...ierung⟩: Entzug von Chlorwasserstoff. **De|hy|dro|ge|na|se** *die;* -, -n ⟨zu ↑de..., ↑Hydrogen u. ↑...ase⟩: ↑Enzym, das aus einer zu oxydierenden Substanz Wasserstoff abspaltet u. ihn auf eine andere überträgt (Chem.). **De|hy|dro|kor|ti|ko|ste|ron** *das;* -s: ein Hormon der Nebennierenrinde (Med.). **De|hy|dro|zy|klie|rung** *die;* -, -en ⟨zu ↑Zyklus u. ↑...ierung⟩: chem. Reaktion, bei der der Entzug von Wasser unter Ringbildung abläuft

Dei|fi|ka|ti|on [dei...] *die;* -, -en ⟨zu *lat.* deificare (vgl. deifizieren) u. ↑...ation⟩: Vergottung eines Menschen od. Dinges. **dei|fi|zie|ren** ⟨aus gleichbed. *lat.* deificare zu deus, Gen. dei „Gott" u. facere „machen"⟩: zum Gott machen, vergotten. **Dei gra|tia** ⟨*lat.;* „von Gottes Gnaden"⟩: Zusatz zum Titel von Bischöfen, früher auch von Fürsten; Abk.: D. G.

Deik|ti|kon ['daik..., auch de'ık...] *das;* -s, ...ka (meist Plur.) ⟨zu *gr.* deiktikós „hinzeigend, hinweisend" (dies zu deiknýnai, vgl. Deixis) u. ↑¹...on⟩: auf eine spezifische Äußerungssituation bezogener Ausdruck (Sprachw.). **deiktisch**: 1. hinweisend (als Eigenschaft bestimmter sprachl. Einheiten, z. B. von Pronomen; Sprachw.). 2. von der Anschauung ausgehend (als Lehrverfahren)

de in|du|stria ⟨*lat.*⟩: mit Fleiß, absichtlich

De|in|king *das;* -s ⟨aus *engl.* de- „von – weg" u. inking „das Einfärben, Schwärzen"⟩: Verfahren zum Entfernen von Druckfarben aus bedrucktem Altpapier

Dei|no|sis *die;* - ⟨aus gleichbed. *gr.* deínōsis zu deinós „furchtbar, gewaltig"⟩: Übertreibung (Rhet.). **Dei|no|the|ri|um** *das;* -s, ...rien [...i̯ən] ⟨zu *gr.* deinós (vgl. Deinosis) u. thēríon, Nebenform von thēr „Tier"⟩: svw. Dinosaurier

Deip|non *das;* -, ...na ⟨aus gleichbed. *gr.* deîpnon⟩: a) Hauptmahlzeit im antiken Griechenland; b) Bez. für das gesellige Mahl unter Männern mit Gesprächen über Philosophie, Literatur u. a.

De|is|mus *der;* - ⟨zu *lat.* deus „Gott" u. ↑...ismus (1)⟩: Gottesauffassung der Aufklärung des 17. u. 18. Jh.s, nach der Gott die Welt zwar geschaffen hat, aber keinen weiteren Einfluß mehr auf sie ausübt. **De|ist** *der;* -en, -en ⟨zu ↑...ist⟩: Anhänger des Deismus. **de|is|tisch** ⟨zu ↑...istisch⟩: den Deismus, den Deisten betreffend

Dei|xis *die;* - ⟨aus *gr.* deîxis „das Zeigen" zu deiknýnai „zeigen, auf etwas hinzeigen"⟩: hinweisende ↑Funktion von Wörtern (z. B. Pronomen wie *dieser, jener,* Adverbien wie *hier, heute*) in einem Kontext (Sprachw.)

Dé|jà-vu-Er|leb|nis [deʒa'vy:...] *das;* -ses, -se ⟨zu *fr.* déjà vu „schon gesehen"⟩: Meinung, Gegenwärtiges schon einmal erlebt zu haben (Psychol.)

De|jekt *das;* -[e]s, -e ⟨zu *lat.* deiectus, Part. Perf. von deicere, vgl. dejizieren⟩: (selten) Auswurf; Kot (Med.). **De|jek|ti|on** *die;* -, -en ⟨aus *lat.* deiectio „das Hinabwerfen, der Durchfall"⟩: 1. Auswurf; Kotentleerung (Med.). 2. (lat. Rechtsspr.) [widerrechtliche] Vertreibung aus dem Besitz, Aus-, Verstoßung. **de|jek|to|risch** ⟨zu *lat.* deiector „jmd., der etwas herabwirft"⟩: abführend (Med.). **De|jek|to|ri|um** *das;* -s, ...ria ⟨zu ↑...orium⟩: Abführmittel (Med.)

De|jeu|ner [deʒø'ne:] *das;* -s, -s ⟨aus *fr.* déjeuner „Frühstück" zu déjeuner, vgl. dejeunieren⟩: 1. (veraltet) Frühstück. 2. kleines Mittagessen. 3. Frühstücksgedeck (aus Keramik od. Holz) für zwei Personen. **de|jeu|nie|ren** ⟨aus gleichbed. *fr.* déjeuner, älter dejeuner aus *vulgärlat.* *disjejunare „zu fasten aufhören" zu *spätlat.* ieiunare „fasten"⟩: (veraltet) frühstücken

de|ji|zie|ren ⟨aus *lat.* deicere „herabfallen" zu ↑de... u. iacere „werfen"⟩: a) (lat. Rechtsspr.) aus dem Besitz treiben, verstoßen; b) abführen, entleeren (bes. von Kot; Med.)

de|jou|rie|ren [deʒu...], dujourieren [dyʒu...] ⟨französierende Bildungen zu *fr.* du jour „des Tages" (dies zu gleichbed. *lat.* diurnus) u. ↑...ieren⟩: (veraltet) Dienst haben, tun (bes. von Offizieren u. Ärzten, die tageweise im Dienst abwechseln)

de ju|re ⟨*lat.*⟩: von Rechts wegen, rechtlich betrachtet; Ggs. ↑de facto. **De-ju|re-An|er|ken|nung** *die;* -, -en: dauernde u. vorbehaltlose Anerkennung eines Staates (meist mit Aufnahme diplomatischer Beziehungen). **de|ju|rie|ren** ⟨aus gleichbed. *lat.* deiurare, Nebenform von deierare⟩: (veraltet) schwören

dek..., Dek... vgl. deka..., Deka... **De|ka** *das;* -[s], -[s]: (österr.) Kurzform von ↑Dekagramm. **de|ka..., ¹De|ka...,** vor Vokalen meist dek..., Dek... ⟨aus *gr.* déka „zehn"⟩: Wortbildungselement mit der Bedeutung „zehn", z. B. Dekapode. **²De|ka...,** vor Vokalen meist Dek...: Vorsatz vor Maßeinheiten mit der Bedeutung „das Zehnfache der genannten Maßeinheit", z. B. Dekaliter, Dekar. **De|ka|brist** *der;* -en, -en ⟨aus gleichbed. *russ.* dekabrist zu dekabr' „Dezember", eigtl. „Dezembermann"⟩: Teilnehmer an dem Offiziersaufstand für eine konstitutionelle Verfassung in Rußland im Jahre 1825. **De|ka|de** *die;* -, -n ⟨über *fr.* décade u. *lat.* decas aus *gr.* dekás „Gruppe von zehn"⟩: 1. Satz od. Serie von 10 Stück. 2. Zeitraum von 10 Tagen, Wochen, Monaten od. Jahren. 3. Einheit von 10 Gedichten od. 10 Büchern (Literaturw.)

de|ka|dent ⟨aus gleichbed. *fr.* décadent zu décadence, vgl. Dekadenz⟩: infolge kultureller Überfeinerung entartet u. ohne Kraft od. Widerstandsfähigkeit. **De|ka|denz** *die;* - ⟨aus gleichbed. *fr.* décadence, dies aus *mlat.* decadentia zu ↑de... u. *lat.* cadere „fallen"⟩: Verfall, Entartung, sittlicher u. kultureller Niedergang

de|ka|disch ⟨zu ↑Dekade⟩: zehnteilig; auf die Zahl 10 bezogen; -er Logarithmus: Zehnerlogarithmus, Logarith-

mus einer Zahl zur Basis 10 (Formelzeichen: $\log_{10}$ od. lg); -es System: Zahlensystem mit der Grundzahl 10; Dezimalsystem. De|ka|eder *das;* -s, - ⟨zu *gr.* déka „zehn" u. hédra „Fläche, Basis"⟩: ein Körper, der von zehn Vielecken (Flächen) begrenzt ist. De|ka|gon *das;* -s, -e ⟨aus gleichbed. *gr.* dekágōnon⟩: Zehneck. de|ka|go|nal, dekagonisch ⟨zu ↑¹...al (1)⟩: zehneckig. De|ka|go|nie *die;* - ⟨zu ↑...gonie⟩: (veraltet) Fortpflanzung bis ins zehnte Glied. de|ka|gonisch vgl. dekagonal. De|ka|gramm [auch 'de|...] *das;* -s, -e (aber: 5 -) ⟨zu ↑²Deka... u. ↑Gramm⟩: 10 Gramm; Zeichen dag, veraltet Dg, österr. dkg; vgl. Deka
de|ka|lie|ren ⟨zu ↑de... u. *it.* calare „sinken"; vgl. ...ieren⟩: (veraltet) an Gewicht od. Masse verlieren
De|ka|li|ter [auch 'de|...] *der,* schweiz. nur so, auch *das;* -s, - ⟨zu ↑²Deka... u. ↑Liter⟩: 10 ↑Liter; Zeichen dal, veraltet Dl, dkl
de|kal|kie|ren ⟨aus gleichbed. *fr.* décalquer „einen Gegenabdruck machen, abziehen, durchzeichnen" zu dé- „von - weg" u. calquer „durch-, nachzeichnen"⟩: (veraltet) a) umdrucken; einen Kupfer- od. Steindruck auf Holz übertragen; b) durchpausen; c) billig nachahmen. De|kal|kierpa|pier *das;* -s: zur Herstellung von Abziehbildern verwendetes saugfähiges Papier. De|kal|ko|ma|nie *die;* -, ...ien ⟨aus gleichbed. *fr.* décalcomanie⟩: (veraltet) Herstellung von Abziehbildern
De|ka|lo *der* od. *das;* -, ...li ⟨zu ↑de... u. älter *it.* calo „Abnahme von Gewicht"⟩: (veraltet) Gewichts- od. Masseverlust (von Waren)
De|ka|log *der;* -s ⟨über *lat.* decalogus aus gleichbed. *gr.* dekálogos, eigtl. „zehn Worte"⟩: die Zehn Gebote. Dek|ame|ron *das;* -s ⟨aus *it.* de cameron(e), dies aus *gr.* déka hēmerôn „ der zehn Tage"⟩: Boccaccios Erzählungen der „zehn Tage"; vgl. Heptameron, Hexameron. ¹De|ka|meter [auch 'de|...] *der,* schweiz. nur so, auch *das;* -s, - ⟨zu ↑²Deka... u. ↑Meter⟩: 10 Meter; Zeichen dam, veraltet dkm, Dm. ²De|ka|me|ter *das;* -s, - ⟨zu ↑¹...meter, vgl. ¹Dekameter⟩: Meßgerät der ↑Dielektrometrie. De|ka|me|trie *die;* - ⟨zu ↑¹...metrie⟩: svw. Dielektrometrie
de|kam|pie|ren ⟨aus gleichbed. *fr.* décamper zu dé- „von - weg" u. camper, vgl. kampieren⟩: (veraltet) das Lager abbrechen, aufbrechen, abziehen (Mil.)
De|kan *der;* -s, -e ⟨aus *lat.* decanus „Führer von 10 Mann"⟩: 1. in bestimmten ev. Landeskirchen ↑Superintendent. 2. Dechant. 3. Vorsteher einer ↑Fakultät (1). De|ka|nat *das;* -[e]s, -e ⟨aus *mlat.* decanatus⟩: 1. Amt, Bezirk eines Dekans; vgl. Dechanat. 2. Fakultätsverwaltung. 3. Unterteilung des Tierkreises in Abschnitte von je zehn Grad (Astrol.). De|ka|nei *die;* -, -en: Wohnung eines Dekans (1 u. 2); vgl. Dechanei. de|ka|ni|sie|ren ⟨zu ↑...isieren⟩: (veraltet) die Stelle eines Dekans (1 u. 2) bekleiden
de|kan|tie|ren ⟨aus *fr.* décanter „abgießen", dies aus gleichbed. *alchimistenlat.* decanthare zu ↑de... u. *lat.* cantharus „Kanne, Humpen", dies aus *gr.* kántharos „Trinkbecher"⟩: eine Flüssigkeit abklären, vom Bodensatz abgießen (z. B. bei älteren Rot- u. Portweinen)
De|ka|nü|lie|rung *die;* -, -en ⟨zu ↑de..., ↑Kanüle u. ↑...ierung⟩: svw. Décanulement
de|ka|pie|ren ⟨aus *fr.* décaper zu dé- „von - weg" u. cape „Umhang, Mantel"⟩: a) Eisenteile durch chem. Lösungsmittel von Farbresten reinigen; b) Metallteile od. Blech beizen u. dadurch von dünnen Anlauf- bzw. Oxydationsschichten befreien
De|ka|pi|ta|ti|on *die;* -, -en ⟨aus *nlat.* decapitatio „Enthauptung" zu *lat.* decapitare, vgl. dekapitieren⟩: 1. das Leben der Mutter rettende Abtrennung des kindl. Kopfes während der Geburt (Med.). 2. Tierköpfung für bestimmte Experimente. de|ka|pi|tie|ren u. dekaptieren ⟨aus *lat.* decapitare „enthaupten, köpfen", dies zu ↑de... u. *lat.* caput „Haupt"⟩: 1. eine ↑Dekapitation (1) ausführen (Med.). 2. die Spitze von Pflanzenkeimlingen entfernen (Bot.)
De|ka|po|de *der;* -n, -n (meist Plur.) ⟨zu *gr.* déka „zehn" u. ↑...pode⟩: Zehnfußkrebs
De|kap|su|la|ti|on *die;* -, -en ⟨aus gleichbed. *nlat.* decapsulatio, dies zu ↑de..., *lat.* capsula „Kapsel" u. ↑...ation⟩: operative Abtragung der Nierenkapsel (Med.)
de|kap|tie|ren vgl. dekapitieren
Dek|ar *das;* -s, -e, schweiz. Dek|are *die;* -, -n ⟨zu ↑²Deka... u. ↑¹Ar⟩: 10 Ar
De|kar|bo|ni|sa|ti|on *die;* -, -en ⟨zu ↑de... u. ↑Karbonisation⟩: (veraltet) Entkohlung, Entfernung von Kohlenstoff; vgl. ...[at]ion/...ierung. de|kar|bo|ni|sie|ren: (veraltet) Kohlenstoff entfernen. De|kar|bo|ni|sie|rung *die;* -, -en: svw. Dekarbonisation; vgl. ...[at]ion/...ierung. De|karb|oxy|la|se *die;* -, -n ⟨zu ↑de..., ↑Karboxylgruppe u. ↑...ase⟩: ↑Enzym, das Kohlendioxyd aus der ↑Karboxylgruppe der Karbonsäuren abspaltet. de|karb|oxy|lie|ren ⟨zu ↑...ieren⟩: Kohlendioxid abspalten
de|kar|tel|lie|ren ⟨zu ↑de... u. ↑kartellieren⟩: svw. dekartellisieren. De|kar|tel|lie|rung *die;* -, -en: seltener für Dekartellisierung. De|kar|tel|li|sa|ti|on *die;* -, -en ⟨aus gleichbed. *fr.* décartellisation zu décartelliser, vgl. dekartellisieren⟩: Auflösung von wirtschaftlichen Unternehmungszusammenschlüssen, ↑Kartellen; vgl. ...[at]ion/...ierung. de|kar|tel|li|sie|ren ⟨aus gleichbed. *fr.* décartelliser zu dé- „von - weg" u. cartelliser „in Kartellen zusammenfassen"; vgl. Kartell⟩: wirtschaftliche Unternehmenszusammenschlüsse, ↑Kartelle auflösen, die eine Beschränkung des Wettbewerbs zum Ziel haben. De|kar|tel|li|sie|rung *die;* -, -en ⟨zu ↑...ierung⟩: svw. Dekartellisation; vgl. ...[at]ion/...ierung
De|ka|ster [auch 'de|...] *der;* -s, Plur. -e u. -s ⟨zu ↑²Deka... u. ↑Ster⟩: 10 Kubikmeter. De|ka|syl|la|bus *der;* -, ...bi ⟨über *lat.* decasyllabus au *gr.* dekasýllabos „zehnsilbig"⟩: zehnsilbiger Vers aus ↑Jamben
De|ka|teur [...'tø:r] *der;* -s, -e ⟨zu ↑dekatieren u. ↑...eur⟩: Fachmann, der dekatiert. de|ka|tie|ren ⟨aus gleichbed. *fr.* décatir zu catir „(Textilien) pressen, glätten", weitere Herkunft unsicher⟩: [Woll]stoffe mit Wasserdampf behandeln, um nachträgliches Einlaufen zu vermeiden. De|ka|tie|rer *der;* -s, -: svw. Dekateur
De|ka|tron *das;* -s, ...one ⟨zu ↑deka... u. ↑...tron⟩: 1. Gasentladungsröhre mit zehn ↑Kathoden. 2. elektronisches Schaltelement in Rechen- u. Zählschaltungen zur Darstellung u. Verarbeitung der Ziffern 0 bis 9
De|ka|tur *die;* -, -en ⟨aus *nlat.* decatura zu *fr.* décatir, vgl. dekatieren⟩: Vorgang des ↑Dekatierens
de|ka|zy|klisch [auch ...'tsyk...] ⟨zu ↑deka... u. ↑zyklisch⟩: im Molekül 10 [vorzugsweise kondensierte] Ringsysteme enthaltend (Chem.)
De|kla|ma|ti|on *die;* -, -en ⟨aus *lat.* declamatio „Vortrag" zu declamare, vgl. deklamieren⟩: 1. etw. (z. B. Dichtung), was man in einer der Vortragskunst entsprechenden, rhetorisch wirkungsvollen Weise spricht; das ausdrucksvolle, auf Wirkung abzielende Vortragen von etw. 2. Hervorhebung u. ↑Artikulation einer musikalischen Phrase od. des Sinn- u. Ausdrucksgehalts eines vertonten Textes (Mus.). De|kla|ma|tor *der;* -s, ...oren ⟨aus *lat.* declamator „Vortragender, Redekünstler"⟩: Vortragskünstler. De|kla|ma|to|rik *die;* - ⟨zu ↑²...ik (2)⟩: Vortragskunst. de|kla|ma|to|risch ⟨aus *lat.* declamatorius „rednerisch"⟩: 1. ausdrucksvoll im Vortrag, z. B. eines Textes. 2. beim Gesang auf Wortver-

ständlichkeit Wert legend. **De|kla|ma|to|ri|um** *das;* -s, ...ia ⟨zu ↑...ium⟩: (veraltet) Kunstvortrag, Deklamationsübung. **de|kla|mie|ren** ⟨aus *lat.* declamare „laut aufsagen"⟩: 1. [kunstgerecht] vortragen. 2. das entsprechende Verhältnis zwischen der sprachlichen u. der musikalischen Betonung im Lied herstellen
De|kla|rant *der;* -en, -en ⟨zu *lat.* declarans, Gen. declarantis, Part. Präs. von declarare, vgl. deklarieren⟩: jmd., der eine Erklärung abgibt. **De|kla|ra|ti|on** *die;* -, -en ⟨aus *lat.* declaratio „Kundmachung, Offenbarung"⟩: 1. Erklärung [die etwas Grundlegendes enthält]. 2. a) abzugebende Meldung gegenüber den Außenhandelsbehörden (meist Zollbehörden) über Einzelheiten eines Geschäftes; b) Inhalts-, Wertangabe (z. B. bei einem Versandgut). **de|kla|ra|tiv** ⟨zu ↑...iv⟩: in Form einer Deklaration (1); vgl. ...iv/...orisch. **de|kla|ra|to|risch** ⟨zu *lat.* declarator „Verkünder, Ausrufer"⟩: a) svw. deklarativ; b) bezeugend, klarstellend, beweiskräftig (z. B. -e Urkunde: nachträglich zu Beweiszwekken ausgestellte Beweisurkunde; Rechtsw.); vgl. ...iv/ ...orisch. **de|kla|rie|ren** ⟨aus *lat.* declarare „öffentlich erklären, ausrufen, offenbaren"⟩: 1. eine Deklaration (2) abgeben. 2. als etwas bezeichnen, z. B. Hemden als pflegeleicht -. **de|kla|riert** ⟨zu ↑...iert⟩: offenkundig, ausgesprochen, z. B. ein -er Favorit
de|klas|sie|ren ⟨aus *fr.* déclasser „in eine andere Klasse einordnen", zu classe, dies aus *lat.* classis „Volksklasse"⟩: 1. einem Gegner eindeutig überlegen sein u. ihn überraschend hoch besiegen (Sport). 2. von einer bestimmten sozialen od. ökonomischen Klasse in eine niedrigere gelangen (z. B. durch eine Wirtschaftskrise; Soziol.)
de|kli|na|bel ⟨aus gleichbed. *lat.* declinabilis⟩: beugbar (von Wörtern bestimmter Wortarten). **De|kli|na|ti|on** *die;* -, -en ⟨aus *lat.* declinatio „Beugung", eigtl. „Abbiegung, Abweichung", zu declinare, vgl. deklinieren⟩: 1. Formenabwandlung (Beugung) des Substantivs, Adjektivs, Pronomens u. Numerales; vgl. Konjugation. 2. Abweichung, Winkelabstand eines Gestirns vom Himmelsäquator (Astron.). 3. Abweichung der Richtungsangabe der Magnetnadel [beim Kompaß] von der wahren (geographischen) Nordrichtung. **De|kli|na|tor** *der;* -s, ...oren ⟨zu ↑...or⟩: Gerät zur Bestimmung [zeitlicher Änderungen] der Deklination (2). **de|kli|na|to|risch**: abweichend, ablenkend. **De|kli|na|to|ri|um** *das;* -s, ...ien [...i̯ən] ⟨zu ↑...ium⟩: svw. Deklinator. **de|kli|nie|ren** ⟨aus *lat.* declinare „ablenken, beugen"⟩: Substantive, Adjektive, Pronomen u. Numeralia in ihren Formen abwandeln, beugen; vgl. konjugieren. **De|kli|no|graph** *der;* -en, -en ⟨zu ↑...graph⟩: Gerät zum selbsttätigen Aufzeichnen der Deklination der Magnetnadel beim Kompaß. **De|kli|no|me|ter** *das;* -s, - ⟨zu ↑¹...meter⟩: svw. Deklinator
de|kliv ⟨aus gleichbed. *lat.* declivis zu ↑de... u. clivus „Hügel, Anhöhe"⟩: (veraltet) abschüssig, geneigt. **De|kli|vi|tät** [...v...] *die;* -, ...täten ⟨aus *lat.* declivitas, Gen. declivitatis „Abschüssigkeit"⟩: (veraltet) Neigung einer Fläche
De|ko|der vgl. Decoder. **de|ko|die|ren**, in der Techn. meist decodieren [...k...] ⟨aus gleichbed. *engl.* to decode bzw. *fr.* décoder; vgl. Kode⟩: [eine Nachricht] mit Hilfe eines ↑Kodes entschlüsseln; Ggs. ↑kodieren (1), enkodieren. **De|ko|die|rung** *die;* -, -en ⟨zu ↑...ierung⟩: das Dekodieren
De|kokt *das;* -[e]s, -e ⟨aus *lat.* decoctum „das Abgekochte" zu decoquere „abkochen, einkochen"⟩: Abkochung, Absud (von Arzneimitteln)
De|kol|le|té, schweiz. Décolleté [dekɔl'te:] *das;* -s, -s ⟨aus gleichbed. *fr.* décolleté zu décolleter „den Ausschnitt machen", dies zu dé- „von - weg" u. collet „Halskragen" (zu col „Hals", dies aus *lat.* collum⟩: tiefer Ausschnitt an Damenkleidern, der Schultern, Brust od. Rücken frei läßt. **de|kol|le|tie|ren** ⟨aus *fr.* décolleter; vgl. Dekolleté⟩: mit einem Dekolleté versehen; sich -: (ugs.) sich bloßstellen. **de|kol|le|tiert** ⟨nach *fr.* décolleté(e)⟩: tief ausgeschnitten
De|ko|lo|ni|sa|ti|on *die;* -, -en ⟨zu ↑de... u. ↑Kolonisation⟩: Entlassung einer ↑Kolonie aus der wirtschaftlichen, militärischen u. politischen Abhängigkeit vom Mutterland. **de|ko|lo|ni|sie|ren** ⟨aus *fr.* décoloniser „entkolonialisieren"⟩: eine ↑Kolonie aus der politischen, wirtschaftlichen u. militärischen Abhängigkeit des Mutterlandes freigeben
De|ko|lo|ra|ti|on *die;* -, -en ⟨aus gleichbed. *lat.* decoloratio zu decolorare, vgl. ↑dekolorieren⟩: (veraltet) Entfärbung, Verbleichung. **de|ko|lo|rie|ren** ⟨aus gleichbed. *lat.* decolorare⟩: entfärben, ausbleichen. **De|ko|lo|ri|me|ter** *das;* -s, - ⟨aus *fr.* décolorimètre „Entfärbungsmesser"; vgl. ¹...meter⟩: Gerät zur Bestimmung des Entfärbungsvermögens der Knochenkohle (Aktivkohle)
De|kom|pen|sa|ti|on *die;* -, -en ⟨zu ↑de... u. ↑Kompensation⟩: das Offenbarwerden einer latenten Organstörung durch Wegfall einer Ausgleichsfunktion (Med.). **de|kom|pen|sie|ren**: einen Organausfall nicht mehr ausgleichen können (Med.)
de|kom|po|ni|bel ⟨zu ↑de..., ↑komponieren u. ↑...ibel⟩: zerlegbar, zersetzlich. **de|kom|po|nie|ren**: zerlegen, auflösen [in die Grundbestandteile]. **de|kom|po|sie|ren** ⟨aus gleichbed. *fr.* décomposer zu dé- „von - weg" u. *fr.* composer „zusammensetzen", dies aus *lat.* componere⟩: Muster auseinandernehmen (in der Weberei). **De|kom|po|si|ti|on** *die;* -, -en: 1. Auflösung. 2. a) das Nachlassen einer Organfunktion; b) Organschwund u. allgemeiner körperlicher Verfall bei Säuglingen infolge schwerer Ernährungsstörung (Med.). **de|kom|po|si|to|risch**: (geistig) zersetzend, zerstörend. **De|kom|po|si|tum** *das;* -s, ...ta ⟨zu *lat.* decompositus „von einem zusammengesetzten Wort abgeleitet"⟩: Neu- od. Weiterbildung aus einer Zusammensetzung (↑Kompositum), entweder in Form einer Ableitung, z. B. *wetteifern* von *Wetteifer,* od. in Form einer mehrgliedrigen Zusammensetzung, z. B. *Eisenbahnfahrplan*
De|kom|pres|si|on *die;* -, -en ⟨zu ↑de... u. ↑Kompression⟩: 1. Druckabfall in einem technischen System. 2. [allmähliche] Druckentlastung für den Organismus nach längerem Aufenthalt in Überdruckräumen (z. B. Taucherglocken). **De|kom|pres|si|ons|kam|mer** *die;* -, -n: geschlossener Raum, in dem der Organismus nach längerem Aufenthalt in Überdruckräumen allmählich vom Überdruck entlastet wird. **De|kom|pres|si|ons|krank|heit** *die;* -: svw. Caissonkrankheit. **de|kom|pres|siv**: druckentlastend (Techn.). **de|kom|pri|mie|ren**: den Druck von etwas verringern
De|kon|di|tio|na|ti|on *die;* -, -en ⟨zu ↑de..., *nlat.* conditionare „leistungsfähig machen" (dies zu *lat.* conditio, vgl. Kondition) u. ↑...ation⟩: Verminderung der körperlichen Leistungsfähigkeit (bes. bei Raumflügen) infolge Schwerelosigkeit
de|kon|stru|ie|ren ⟨zu ↑de... u. ↑konstruieren⟩: zerlegen, auflösen (z. B. einen Satz). **De|kon|struk|ti|on** *die;* -, -en: Zerlegung, Auflösung
De|kon|ta|mi|na|ti|on *die;* - ⟨aus gleichbed. *engl.* decontamination zu ↑de... u. ↑Kontamination⟩: a) Entgiftung, Entfernung von ↑Neutronen absorbierenden Spaltprodukten aus dem Reaktor; b) Sammelbez. für alle Maßnahmen, durch die für ein von atomaren, biol. od. chem. Kampfstoffen verseuchtes Objekt die Voraussetzungen geschaffen werden, daß Menschen u. Tiere ohne Schutzvorkehrungen wieder mit ihm in Berührung kommen dürfen; vgl.

...[at]ion/...ierung; Ggs. ↑Kontamination (2). **de|kon|ta|mi|nie|ren** ⟨nach *engl.* to decontaminate zu ↑de... u. ↑kontaminieren⟩: eine Dekontamination (b) vornehmen, entgiften; Ggs. ↑kontaminieren (2). **De|kon|ta|mi|nie|rung** *die;* -, -en: das Dekontaminieren; vgl. ...[at]ion/...ierung
de|kon|ve|na|bel [...v...] ⟨zu ↑de... u. *fr.* convenable, vgl. konvenabel⟩: (veraltet) 1. ungelegen, unpassend, unbequem. 2. unschicklich
De|kon|zen|tra|ti|on *die;* -, -en ⟨zu ↑de... u. ↑Konzentration⟩: Zerstreuung, Zersplitterung, Auflösung, Verteilung; Ggs. ↑Konzentration (1). **de|kon|zen|trie|ren**: zerstreuen, zersplittern, auflösen, verteilen; Ggs. ↑konzentrieren (1)
de|kon|zer|tie|ren ⟨aus gleichbed. *fr.* déconcerter, eigtl. „(die Harmonie einer Musik) stören"⟩: (veraltet) aus der Fassung bringen, verwirren
De|kor *der, auch das;* -s, Plur. -s u. -e ⟨aus gleichbed. *fr.* décor zu décorer, vgl. dekorieren⟩: 1. farbige Verzierung, Ausschmückung, Vergoldung, Muster auf etwas. 2. Ausstattung [eines Theaterstücks od. Films], Dekoration. **De|ko|ra|teur** [...'tø:ɐ] *der,* -s, -e ⟨aus gleichbed. *fr.* décorateur⟩: Fachmann, der die Ausschmückung von Innenräumen, Schaufenstern usw. besorgt. **De|ko|ra|teu|rin** [...'tø:rɪn] *die;* -, -nen: weibliche Form zu ↑Dekorateur. **De|ko|ra|ti|on** *die;* -, -en ⟨unter Einfluß von gleichbed. *fr.* décoration aus *spätlat.* decoratio⟩: 1. (ohne Plur.) das Ausschmücken, Ausgestalten. 2. etw., was als Schmuck, Ausschmückung an, in etw. angebracht ist. 3. Bühnenausstattung, Bühnenbild, [Film]kulisse. 4. a) Ordensverleihung, Dekorierung; b) Orden, Ehrenzeichen; vgl. ...[at]ion/...ierung. **de|ko|ra|tiv** ⟨nach gleichbed. *fr.* décoratif; vgl. ...iv⟩: a) schmückend, (als Schmuck) wirkungsvoll; b) die Theater-, Filmdekoration betreffend. **de|ko|rie|ren** ⟨unter Einfluß von *fr.* décorer aus *lat.* decorare „zieren, schmücken"⟩: 1. ausschmücken, künstlerisch ausgestalten. 2. jmdm. einen Orden verleihen. **De|ko|rie|rung** *die;* -, -en ⟨zu ↑...ierung⟩: 1. a) das Ausschmücken; b) Ausschmückung [eines Raumes]. 2. a) Verleihung von Orden o. ä. an Personen auf Grund besonderer Verdienste; b) Orden; vgl. ...[at]ion/...ierung
De|ko|rit ⓌⓏ [auch ...'rɪt] *das;* -s ⟨Kunstw.⟩: ein Kunststoff
De|kor|po|ra|ti|on *die;* -, -en ⟨zu ↑de... u. ↑Korporation⟩: Entfernung radioaktiver Stoffe aus dem (menschlichen) Organismus (Med.)
De|kort [de'ko:ɐ̯, auch de'kɔrt] *der,* -s, Plur. -s u. (bei dt. Ausspr.) -e ⟨rückgebildet aus ↑dekortieren⟩: 1. Abzug vom Rechnungsbetrag, z. B. wegen schlechter Verpackung, Mindergewicht, Qualitätsmangel. 2. Preisnachlaß [im Exportgeschäft]. **de|kor|tie|ren** ⟨unter Einfluß von *fr.* court u. *it.* corto „kurz" aus *lat.* decurtare „kürzen"; vgl. Decourt⟩: einen bestimmten Betrag von der Rechnung wegen schlechter Beschaffenheit der Ware abziehen
De|kor|ti|ka|ti|on *die;* -, -en ⟨aus *lat.* decorticatio „das Abschälen der Rinde" zu decorticare „entrinden, abschälen", dies zu ↑de... u. cortex „Rinde"⟩: operative Abschälung einer entzündlichen Schwarte (z. B. im Bereich des Brustfeldes od. der Hirnrinde; Med.)
De|ko|rum *das;* -s ⟨aus *lat.* decorum, substantiviertes Neutrum von decorus „geziemend, schicklich"⟩: äußerer Anstand, Schicklichkeit. **De|ko|stoff** *der;* -[e]s, -e: Kurzw. aus Dekorationsstoff
de|kou|ron|nie|ren [deku...] ⟨aus gleichbed. *fr.* découronner zu dé- „von – weg" u. couronner „krönen", dies zu couronne „Krone" aus gleichbed. *lat.* corona⟩: (veraltet) entthronen
de|kre|di|tie|ren ⟨aus gleichbed. *fr.* décréditer zu dé- „von – weg" u. créditer, dies zu crédit „Darlehen", vgl. ¹Kredit⟩: (veraltet) den Ruf od. das Ansehen herabsetzen, um den Ruf od. das Ansehen bringen
De|kre|ment *das;* -[e]s, -e ⟨aus gleichbed. *lat.* decrementum zu decrescere „im Wachstum abnehmen"⟩: 1. Verminderung, Verfall. 2. das Abklingen von Krankheitserscheinungen. 3. ↑logarithmisches Dekrement; Ggs. ↑Inkrement. **de|kre|men|tie|ren** ⟨zu ↑de... u. *lat.* crementare „wachsen machen; an Wachstum zunehmen"⟩: einen Zähler od. eine Programmgröße um einen Wert verringern (EDV); Ggs. ↑inkrementieren
de|kre|pit ⟨aus gleichbed. *fr.* décrépit, eigtl. „gebrechlich", dies aus *lat.* decrepitus „altersschwach"⟩: (veraltet) heruntergekommen, verlebt. **De|kre|pi|ta|ti|on** *die;* -, -en ⟨aus gleichbed. *fr.* décrépitation, eigtl. „das Knistern", zu décrépiter, vgl. dekrepitieren⟩: das Zerplatzen von Kristallen beim Erhitzen, verbunden mit Knistern und Austritt von Wasserdampf. **de|kre|pi|tie|ren** ⟨aus gleichbed. *fr.* décrépiter zu dé- „von – weg" u. crépiter „knistern, prasseln"⟩: unter Austritt von Wasserdampf zerplatzen (von Kristallen)
De|kre|scen|do [...ˈʃɛndo] vgl. Decrescendo. **De|kres|zenz** *die;* -, -en ⟨aus *lat.* decrescentia „Abnahme" zu decrescere „im Wachstum abnehmen"⟩: 1. (fachspr.) Abnahme. 2. allmähliche Tonabschwächung (Mus.)
De|kret *das;* -[e]s, -e ⟨aus gleichbed. *lat.* decretum, substantiviertes Part. Perf. (Neutrum) von decernere „entscheiden"; vgl. Dezernat⟩: Beschluß, Verordnung, behördliche, richterliche Verfügung. **De|kre|ta|le** *das;* -, ...lien [...i̯ən] od. *die;* -, -n (meist Plur.) ⟨aus *mlat.* decretales (epistulae) „Erlasse in Briefform" zu *spätlat.* decretalis „ein Dekret enthaltend"⟩: päpstl. Entscheidung in kirchlichen Einzelfragen (bis 1918 Hauptquelle des kath. Kirchenrechts, heute nur in bezug auf das kath. ↑Dogma u. die ↑Kanonisation). **De|kre|ta|list** *der;* -en, -en ⟨zu ↑...ist⟩: svw. Dekretist. **de|kre|tie|ren** ⟨über gleichbed. *fr.* décréter aus *mlat.* decretare „beschließen, verordnen", dies zu *lat.* decretum, vgl. Dekret⟩: verordnen, anordnen. **De|kre|tist** *der,* -en, -en ⟨aus gleichbed. *mlat.* decretista⟩: mittelalterlicher Lehrer des [kath.] Kirchenrechts. **de|kre|to|risch** ⟨aus gleichbed. *lat.* decretorius⟩: (veraltet) entscheidend. **De|kre|tur** ⟨zu ↑...ur⟩: (veraltet) kurze Entscheidung od. Verfügung
de|kro|chie|ren [...ʃ...] ⟨aus gleichbed. *fr.* décrocher zu dé- „von – weg" u. crocher „anhaken", dies zu croc „Haken", weitere Herkunft unsicher⟩: (veraltet) loshaken
de|krot|tie|ren ⟨aus gleichbed. *fr.* décrotter zu dé- „von – weg" u. crotter „beschmutzen", dies zu crotte aus *fränk.* *krotta „Kot"⟩: (veraltet) reinigen, abbürsten
De|kru|sta|ti|on *die;* - ⟨zu ↑de..., *lat.* crusta „Kruste, Rinde, Schale" u. ↑...ation⟩: Abschälung. **de|kru|stie|ren** ⟨zu ↑...ieren⟩: abschälen
de|kryp|tie|ren ⟨zu ↑de..., *gr.* kryptós „versteckt, verborgen" u. ↑...ieren⟩: einen Geheimtext ohne Kenntnis des Schlüssels in den Klartext umzusetzen versuchen
De|ku|bi|tus u. Decubitus [...k...] *der;* - ⟨aus *nlat.* decubitus, substantiviertes Part. Perf. von *spätlat.* decumbare „bettlägerig werden" zu *lat.* decumbare „sich niederlegen"⟩: das Wundliegen, Druckbrand (Med.)
de|kul|pie|ren ⟨zu ↑de... u. ↑kulpieren⟩: (veraltet) beschuldigen
De|ku|ma|ten|land, De|ku|mat|land *das;* -[e]s ⟨nach *lat.* agri decumates „Zehntland" (Äcker, von denen der Zehnte, *lat.* decuma [pars], bezahlt werden mußte)⟩: vom ↑Limes (1) eingeschlossenes altröm. Kolonialgebiet zwischen Rhein, Main und Neckar
de|ku|pie|ren ⟨aus gleichbed. *fr.* découper zu dé- „von –

Dekupiersäge

weg" u. coup „Schnitt", vgl. Coup⟩: aussägen, ausschneiden (z. B. Figuren mit der Laubsäge). **De|ku|pier|sä|ge** *die;* -, -n: Schweif-, Laubsäge

De|ku|plętt *das;* -s, -s ⟨zu *engl.* decuple „zehnfach" (dies aus gleichbed. *lat.* decuplus), Analogiebildung zu ↑ Multiplett⟩: Zusammenfassung von zehn Werten einer physik. Größe (z. B. der Energie von atomaren Systemen) od. von zehn physik. Objekten (z. B. Spektrallinien)

De|ku|rie [...i̯ə] *die;* -, -n ⟨aus gleichbed. *lat.* decuria zu decem „zehn"⟩: a) [Zehner]gruppe als Untergliederung des Senats od. des Richterkollegiums im Rom der Antike; b) Unterabteilung von zehn Mann in der altröm. Reiterei. **De|ku|rio** *der;* Gen. -s u. ...onen, Plur. ...onen ⟨aus gleichbed. *lat.* decurio⟩: a) Mitglied einer Dekurie (a); b) Anführer einer Dekurie (b)

De|kurs *der;* -es, -e ⟨aus gleichbed. *lat.* decursus zu decurrere „ablaufen, herablaufen"⟩: Ablauf, Verlauf. **De|kur|si|on** *die;* -, -en ⟨aus gleichbed. *lat.* decursio⟩: das Herablaufen, das Abwärtslaufen. **de|kur|siv** ⟨zu ↑ ...iv⟩: abwärtslaufend

De|kus|sa|ti|on *die;* -, -en ⟨aus gleichbed. *lat.* decussatio zu decussare „kreuzweise (in der Form eines X) abteilen"⟩: kreuzweise Überschneidung (z. B. von sensiblen Nervenfasern; Med.). **de|kus|siert** ⟨zu ↑ ...iert⟩: kreuzweise gegenständig, d. h. sich kreuzweise abgestuft in Paaren gegenüberstehend (von der Blattstellung bei Pflanzen)

De|ku|vert [...'vɛːɐ̯] *das;* -s, -s ⟨aus *fr.* découvert, eigtl. „aufgedeckt", Part. Perf. von découvrir, vgl. dekuvrieren⟩: Wertpapiermangel an der Börse (Wirtsch.). **de|ku|vrie|ren** ⟨aus *fr.* découvrir „ab-, aufdecken", dies aus *lat.* discooperire „enthüllen"⟩: jmds., einer Sache wahren Charakter, wahres Wesen erkennbar machen, aufdecken

De|la|bre|ment [......'mãː] *das,* -s ⟨aus gleichbed. *fr.* délabrement zu délabrer, vgl. delabrieren⟩: (veraltet) Zerrüttung, Verfall. **de|la|brie|ren** ⟨aus gleichbed. *fr.* délabrer zu *provenzal.* deslabra „zerstören", weitere Herkunft unsicher⟩: (veraltet) zerstören, zugrunde richten

De|la|fos|sit [auch ...'sɪt] *der;* -s, -e ⟨nach dem franz. Mineralogen G. Delafosse († 1878) u. zu ↑²...it⟩: ein schwarzes, traubiges Mineral

De|lai [de'lɛː] *der;* -s, -s ⟨aus gleichbed. *fr.* délai, dies vermutlich zu *lat.* dilatus, Part. Perf. von differre „aufschieben, verzögern"⟩: (veraltet) Aufschub, Verzug, Bedenkzeit, Frist

De|lais|se|ment [delɛsə'mãː] *das;* -s ⟨aus gleichbed. *fr.* délaissement zu délaisser „verlassen, hilflos zurücklassen; abtreten, überlassen"⟩: (veraltet) 1. Überlassung. 2. Hilflosigkeit, Verlassenheit

De|la|mi|na|ti|on *die;* -, -en ⟨zu ↑ de..., *lat.* lamina „Blatt" u. ↑ ...ation⟩: Entstehung des inneren Keimblattes (bei der tierischen Entwicklung) durch Querteilung der Blastulazellen (vgl. Blastula) u. damit Abspaltung einer zweiten Wandzellschicht (Biol.)

De|lan|te|ra *die;* -, -s ⟨aus gleichbed. *span.* delantera zu delante „vor, voran, voraus"⟩: Vorderseite, erste Reihe, bes. erste Sitzreihe bei Stiergefechten. **De|lan|te|ro** *der;* -s, -s ⟨aus gleichbed. *span.* delantero⟩: Vorreiter (bes. bei Stiergefechten)

de|lar|die|ren ⟨aus gleichbed. *fr.* délarder zu dé- „von - weg" u. lard „Speck"⟩: den Speck entfernen (Gastr.)

De|las|se|ment [delasə'mãː] *das;* - ⟨aus gleichbed. *fr.* délassement zu délasser, vgl. delassieren⟩: (veraltet) Erholung. **de|las|sie|ren** ⟨aus gleichbed. *fr.* délasser zu dé- „von - weg" u. las „müde, matt", dies aus gleichbed. *lat.* lassus⟩: (veraltet) sich erholen

De|lat *der;* -en, -en ⟨aus *lat.* delatus, substantiviertes Part.

Perf. zu deferre „überbringen, melden, anzeigen", eigtl. „wegtragen"⟩: (veraltet) jmd., der zu einer Eidesleistung verpflichtet wird. **De|la|ti|on** *die;* -, -en ⟨aus *lat.* delatio „Anzeige, Anklage"⟩: (veraltet) 1. [verleumderische] Anzeige. 2. Übertragung, Anfall einer Erbschaft. 3. früher durch das Gericht auferlegte Verpflichtung zur Eidesleistung vor einem Richter (Rechtsw.); Ggs. ↑ Relation (4). **de|la|to|risch** ⟨zu *lat.* delator „Ankläger, Denunziant"⟩: (veraltet) verleumderisch

De|layed re|ac|tion [dɪ'leɪd rɪ'ækʃən] *die;* - -, - -s ⟨aus gleichbed. *engl.* delayed reaction, eigtl. „verzögerte Reaktion"⟩: die mit zeitlicher Verzögerung eintretende Reaktion auf bestimmte Reize (Psychol.)

de|le|a|tur ⟨*lat.;* „es möge getilgt werden", 3. Pers. Konj. Präs. Passiv von delere „zerstören, vernichten"⟩: Korrekturanweisung, daß etwas gestrichen werden soll; Abk.: del.; Zeichen (Druckw.). **De|le|a|tur** *das;* -s, -: das Tilgungszeichen (Druckw.)

De|le|gat *der;* -en, -en ⟨aus *mlat.* delegatus „Bevollmächtigter" zu *lat.* delegare, vgl. delegieren; vgl. Legat⟩: Bevollmächtigter; Apostolischer -: Bevollmächtigter des Papstes ohne diplomatische Rechte; vgl. Nuntius. **De|le|ga|ti|on** *die;* -, -en ⟨aus *spätlat.* delegatio „Beauftragung, Vollmacht"⟩: 1. Abordnung von Bevollmächtigten, die meist zu [polit.] Tagungen, zu Konferenzen usw. entsandt wird. 2. Übertragung von Zuständigkeiten, Leistungen, Befugnissen (Rechtsw.; Wirtsch.); vgl. ...[at]ion/...ierung. **De|le|ga|tur** *die;* -, -en ⟨Substantivierung von *lat.* delegatur „er wird beauftragt", 3. Pers. Präs. Passiv von delegare, vgl. delegieren⟩: Amt od. Amtsbereich eines Apostolischen Delegaten

de le|ge fe|ren|da ⟨*lat.;* „vom zu schaffenden Recht"⟩: vom Standpunkt des zukünftigen Rechts aus. **de le|ge la|ta** ⟨*lat.;* „vom geschaffenen Recht"⟩: vom Standpunkt des geltenden Rechts aus

de|le|gie|ren ⟨aus *lat.* delegare „beauftragen, hinsenden" zu ↑ de... u. legare „entsenden", eigtl. „eine gesetzliche Verfügung treffen"⟩: 1. jmdn. abordnen. 2. a) Zuständigkeiten, Leistungen, Befugnisse übertragen (Rechtsw.); b) eine Aufgabe auf einen anderen übertragen. **De|le|gier|te** *der* u. *die;* -n, -n ⟨zu ↑ ...iert⟩: Mitglied einer Delegation (1). **De|le|gie|rung** *die;* -, -en ⟨zu ↑ ...ierung⟩: svw. Delegation (2); vgl. ...[at]ion/...ierung

de|lek|ta|bel ⟨aus *lat.* delectabilis „wohlschmeckend, ergötzlich"⟩: (selten) genußreich, ergötzlich. **de|lek|tie|ren** ⟨aus gleichbed. *lat.* delectare⟩: ergötzen; sich -: sich gütlich tun

De|le|ni|ment *das;* -s, -s ⟨aus gleichbed. *lat.* delenimentum zu delenire, vgl. delenieren⟩: (veraltet) Beruhigungsmittel. **de|le|nie|ren** ⟨aus gleichbed. *lat.* delenire zu ↑ de... u. lenire „lindern"⟩: (veraltet) beruhigen, besänftigen

De|les|sit [auch ...'sɪt] *der;* -s, -e ⟨nach dem franz. Mineralogen u. Geologen A. Delesse (1817–1881) u. zu ↑²...it⟩: zu den ²Chloriten gehörendes, sehr eisenreiches Mineral

de|le|tär ⟨nach gleichbed. *fr.* délétère, dies aus *gr.* dēlētḗrios⟩: tödlich, verderblich (Med.)

De|le|ti|on *die;* -, -en ⟨aus *lat.* deletio „Vernichtung" zu delere „zerstören, vernichten"⟩: 1. Verlust eines mittleren Chromosomenstückes (Biol.). 2. Tilgung sprachlicher Elemente im Satz, z. B. die Weglaßprobe zur Feststellung der ↑ Valenz von Verben (Sprachw.)

De|li|be|ra|ti|on *die;* -, -en ⟨aus gleichbed. *lat.* deliberatio zu deliberare, vgl. deliberieren⟩: Beratschlagung, Überlegung. **De|li|be|ra|ti|ons|frist** *die;* -, -en: a) Bedenkzeit, Überlegungsfrist; b) bes. im röm. Recht dem Erben gesetz-

Delta

te Frist zur Entscheidung über Annahme oder Ablehnung einer Erbschaft. **De||li|be|ra|tiv|stim|me** *die;* -, -n ⟨zu *lat.* deliberativus „überlegend, beratend"⟩: eine nur beratende, aber nicht abstimmungsberechtigte Stimme in einer politischen Körperschaft; Ggs. ↑Dezisivstimme. **de||li|be|rie|ren** ⟨aus gleichbed. *lat.* deliberare⟩: überlegen, beratschlagen

De||li|cious [dɪ'lɪʃəs], **De||li|ci|us** [de'li:tsiʊs] *der;* -, - ⟨zu *engl.* delicious (latinisiert delicius) „wohlschmeckend, köstlich", dies über *altfr.* delicieus (*fr.* délicieux) aus *vulgärlat.* deliciosus; vgl. Delizius⟩: Kurzform von ↑Golden Delicious

De||li|ga|ti|on *die;* -, -en ⟨zu *lat.* deligare „anbinden, verbinden" u. ↑...ation⟩: Verband, Unterbindung (z. B. eines blutenden Gefäßes; Med.)

de||li|kat ⟨über *fr.* délicat aus *lat.* delicatus „reizend, fein; luxuriös; schlüpfrig"⟩: 1. auserlesen fein; lecker, wohlschmeckend; Ggs. ↑indelikat. 2. zart[fühlend], zurückhaltend, behutsam; Ggs. ↑indelikat. 3. wählerisch, anspruchsvoll. 4. Diskretion erfordernd, nur mit Zurückhaltung, mit Takt zu behandeln, durchzuführen. **De||li|ka|tes|se** *die;* -, -n ⟨aus gleichbed. *fr.* délicatesse, dies aus *it.* delicatezza⟩: 1. Leckerbissen; Feinkost. 2. (ohne Plur.) Zartgefühl

De||likt *das;* -[e]s, -e ⟨aus *lat.* delictum „Verfehlung", eigtl. Part. Perf. Passiv (Neutrum) von delinquere, vgl. delinquent⟩: Vergehen, Straftat

De||li|mi|ta|ti|on *die;* -, -en ⟨aus *vulgärlat.* delimitatio „Abgrenzung" zu *lat.* delimitare, vgl. delimitieren⟩: 1. (veraltet) Grenzberichtigung. 2. Zergliederung sprachlicher Einheiten in die konstituierenden Elemente (Sprachw.). **de||li|mi|ta|tiv** ⟨zu ↑...iv⟩: zur Abgrenzung dienend, bes. zur Abgrenzung von ↑Morphemen gegenüber Wörtern. **de||li|mi|tie|ren** ⟨aus *vulgärlat.* delimitare „abgrenzen" zu ↑de... u. *lat.* limes „Grenze, Grenzwall"⟩: (veraltet) Grenzen berichtigen

De||li|nea|ti|on *die;* -, -en ⟨aus gleichbed. *lat.* delineatio zu delineare, vgl. delineieren⟩: (veraltet) a) Entwurf; b) [Umriß]zeichnung, Grundriß. **de||li|nea|vit** [...vɪt] ⟨*lat.;* „hat [es] gezeichnet", 3. Pers. Perf. von delineare, vgl. delineieren⟩: in Verbindung mit dem Namen Angabe des Künstlers, Zeichners, bes. auf Kupferstichen; Abk.: del., delin. **de||li|ne|ie|ren** ⟨aus *lat.* delineare „im Abriß darstellen, zeichnen"⟩: (veraltet) entwerfen, zeichnen

de||lin|quent ⟨aus *lat.* delinquens, Gen. delinquentis „fehlend", Part. Präs. von delinquere „ermangeln, fehlen", eigtl. „hinter dem erwarteten Verhalten zurückbleiben"⟩: straffällig, verbrecherisch. **De||lin|quent** *der;* -en, -en: jmd., der straffällig geworden ist. **De||lin|quen|tin** *die;* -, -innen: weibliche Form zu ↑Delinquent. **De||lin|quenz** *die;* - ⟨zu ↑...enz⟩: Straffälligkeit

De||lir *das;* -s, -e: Kurzform von ↑Delirium. **de||li|rant** ⟨aus *lat.* delirans, Gen. delirantis, Part. Präs. von delirare, vgl. delirieren⟩: das Delirium betreffend; in der Art des Deliriums; -er Zustand: svw. Delirium. **De||li|rant** *der;* -en, -en ⟨zu ↑...ant⟩: vom Delirium Gezeichneter. **De||li|ra|ti|on** *die;* - ⟨aus gleichbed. *lat.* deliratio zu delirare, vgl. delirieren⟩: (veraltet) svw. Delirium. **de||li|rie|ren** ⟨aus *lat.* delirare „verrückt sein", eigtl. „(von der geraden Linie) abweichen"⟩: irre sein, irrereden (Med.). **De||li|ri|ös** ⟨zu ↑...ös⟩: mit Delirien verbunden (Med.). **De||li|ri|um** *das;* -s, ...ien [...jən] ⟨aus gleichbed. *lat.* delirium zu delirus „irre, wahnwitzig"⟩: Bewußtseinstrübung (Verwirrtheit), verbunden mit Erregung, Sinnestäuschungen u. Wahnideen. **De||li|ri|um tre|mens** *das;* - - ⟨zu *lat.* tremens, Part. Präs. von tremere „zittern"⟩: Säuferwahn; durch Alkoholentzug (bei Trinkern) ausgelöste Psychose, die durch Bewußtseinstrübung, Halluzinationen o. ä. gekennzeichnet ist

de||lisch; in der Wendung -es Problem ⟨nach einem würfelförmigen Altar des Apollon auf Delos, der auf Grund eines Orakels von den Griechen als Sühne verdoppelt werden sollte⟩: die nicht lösbare Aufgabe, nur mit Hilfe von Zirkel u. Lineal die Kantenlänge eines Würfels zu bestimmen, der das doppelte Volumen eines gegebenen Würfels haben soll

De||li|ve|ry or|der [dɪ'lɪvərɪ 'ɔ:də] *die;* - -, - -s ⟨aus gleichbed. *engl.* delivery order zu delivery „Lieferung" u. order „Anordnung"⟩: Auslieferungsschein

De||li|vrance [...'vrã:s] *die;* -, -n [...sn̩] ⟨aus gleichbed. *fr.* délivrance zu délivrer, vgl. delivrieren⟩: (veraltet) a) Befreiung, Erlösung; b) Auslieferung. **de||li|vrie|ren** ⟨aus gleichbed. *fr.* délivrer, dies aus *spätlat.* deliberare zu *lat.* liber „frei"⟩: (veraltet) a) befreien, erlösen; b) ausliefern

de||li|zi|ös ⟨aus *fr.* délicieux „köstlich", dies aus *lat.* deliciosus „weichlich, verwöhnt"⟩: sehr schmackhaft. **De||li|zi|us** *der;* -, - ⟨latinisierte Form von *engl.* delicious „wohlschmeckend, köstlich", vgl. Delicious⟩: svw. Golden Delicious

Del||kre|de|re *das;* -, - ⟨aus *it.* del credere „(Bürgschaft) des Glaubens"⟩: 1. Haftung für den Eingang einer Forderung. 2. Wertberichtigung für voraussichtliche Ausfälle von Außenständen. **Del||kre|de|re|fonds** [...fõ:] *der;* - [...fõ:(s)], - [...fõ:s]: Rücklage zur Deckung möglicher Verluste durch ausstehende Forderungen

de||lo|gie|ren [...'ʒi:...] ⟨aus gleichbed. *fr.* déloger zu dé- „von – weg" u. loge, vgl. Loge⟩: 1. (bes. österr.) jmdn. zum Auszug aus einer Wohnung veranlassen. 2. (veraltet) abmarschieren, aufbrechen. **De||lo|gie|rung** *die;* -, -en ⟨zu ↑...ierung⟩: (bes. österr.) Ausweisung aus einer Wohnung

De||lo|ka|li|sie|rung *die;* - ⟨zu ↑de..., ↑lokalisieren u. ↑...ierung⟩: Eigenschaft von bindenden Elektronen, über ein ganzes Bindungssystem od. einen Kristall statistisch verteilt zu sein (Kernphys.)

de||lo|morph ⟨zu *gr.* dēlos „einleuchtend, offenbar" u. ↑...morph⟩: deutlich begrenzt u. gut färbbar (von Zellen; Med.)

de||loy|al [deloa'ja:l] ⟨aus gleichbed. *fr.* déloyal zu dé- „von – weg" u. ↑loyal⟩: (veraltet) nicht loyal, unredlich. **De||loya|li|tät** [...jali...] *die;* -: (veraltet) Untreue, Unredlichkeit

¹Del||phin *der;* -s, -e ⟨aus *lat.* delphinus „Delphin", dies aus *gr.* delphís, Gen. delphînos, wohl zu delphýs „Gebärmutter" (nach der Körperform des Tieres)⟩: eine Walart. **²Del||phin** *das;* -s ⟨nach den Schwimmbewegungen des ¹Delphins⟩: Delphinschwimmen (spezieller Schwimmstil). **Del||phi|na|ri|um** *das;* -s, ...ien [...jən] ⟨zu ↑...arium⟩: Anlage mit großem Wasserbecken, in dem Delphine gehalten u. vorgeführt werden. **Del||phi|nin** *das;* -s ⟨zu ↑...in (1)⟩: Alkaloid aus dem Samen einer Rittersporart, das zu Arzneizwecken verwendet wird. **Del||phi|no|lo|ge** *der;* -n, -n ⟨zu ↑...loge⟩: Fachmann, der das Verhalten der Delphine wissenschaftlich untersucht

del||phisch ⟨aus gleichbed. *gr.* delphikós, nach der altgriech. Orakelstätte Delphi⟩: doppelsinnig, rätselhaft [dunkel]

Del||phys [...fys] *der,* eigtl. *die;* -, - ⟨aus gleichbed. *gr.* delphýs⟩: (veraltet) svw. Uterus

¹Del||ta *das;* -[s], -s ⟨aus gleichbed. *gr.* délta⟩: vierter Buchstabe des griech. Alphabets: Δ, δ. **²Del||ta** *das;* -s, Plur. -s u. ...ten ⟨aus *gr.* Délta, urspr. „Mündungsgebiet des Nils" (weil es die Form eines großen ¹Deltas aufweist)⟩: fächerförmiges, mehrarmiges Mündungsgebiet eines Flusses. **³Del||ta** *das;* -[s], -s ⟨zu ↑¹Delta⟩: dreieckförmiges Gebilde in der Papillarlinienzeichnung, wichtiges Kennzeichen bei

↑ daktyloskopischen Untersuchungen. **Del|ta...** ⟨zu ↑ ¹Delta⟩: Wortbildungselement zur Kennzeichnung einer Abstufung. **Del|ta|agens** *das;* -, Plur. ...agenzien [...jən], fachspr. auch ...agentia ⟨zu ↑ Delta... u. ↑ Agens⟩: inkomplettes Virus, das erst durch Kontakt mit Hepatitis-B-Oberflächenantigen vermehrungsfähig wird (Med.). **Del|ta|al|ko|ho|li|ker** *der;* -s, -: Gewohnheitstrinker mit physischer Abhängigkeit, aber ohne Kontrollverlust. **Del|ta|he|pa|ti|tis** *die;* -, ...itiden: besondere Form der ↑ Hepatitis, die durch das ↑ Deltaagens hervorgerufen wird. **Del|ta|me|tall** *das;* -s, -e: besondere, im Maschinenbau verwendete Messinglegierung von hoher Festigkeit. **Del|ta|strah|len,** δ-**Strah|len** *die* (Plur.): beim Durchgang radioaktiver Strahlung durch Materie freigesetzte Elektronenstrahlen. **Del|ta|vi|rus** [...v...] *das,* auch *der;* -, ...viren: svw. Deltaagens. **Del|ta|wel|len** *die* (Plur.): im ↑ Elektroenzephalogramm auftretende wellenförmige Kurven bei einer Frequenz von 0,5 bis 3,5 Hertz. **del|to|id,** deltoidisch ⟨aus gleichbed. *gr.* deltoeidḗs; vgl. ...o:id⟩: (veraltet) dreieckig, die Form des großen griech. Buchstabens Delta (Δ) aufweisend; vgl. -isch/-. **Del|to|id** *das;* -[e]s, -e: a) ↑ konkaves Viereck aus zwei Paaren gleich langer benachbarter Seiten, von denen ein Paar einen überstumpfen Winkel bildet u. dessen Diagonalenschnittpunkt außerhalb des Vierecks liegt; b) Drachenviereck. **Del|to|id|do|de|ka|eder** *das;* -s, -: Kristallform mit 12 Deltoiden. **Del|to|id|iko|si|te|tra|eder** *das;* -s, -: Kristallform mit 24 Deltoiden. **del|toi|disch** vgl. deltoid

de|lu|die|ren ⟨aus gleichbed. *lat.* deludere, eigtl. „herabspielen"⟩: (veraltet) a) verspotten; b) hintergehen, täuschen. **De|lu|si|on** *die;* -, -en ⟨zu *lat.* delusus, Part. Perf. von deludere (vgl. deludieren), u. ↑ ¹...ion⟩: a) Verspottung; b) Hintergehung, Täuschung. **de|lu|so|risch:** a) verspottend; b) jmdn. hintergehend, täuschend

de Luxe [də'lyks] ⟨aus gleichbed. *fr.* de luxe; vgl. Luxus⟩: hervorragend ausgestattet, mit allem Luxus

De|ly|sid *das;* -s ⟨Kunstw.⟩: Handelsname für Lysergsäurediäthylamid (LSD)

dem..., Dem... vgl. demo..., Demo... **Dem|ago|ge** *der;* -n, -n ⟨aus gleichbed. *gr.* dēmagōgós, eigtl. „Volksführer", zu dēmos „Volk" u. agōgós „führend" (dies zu ágein „führen, treiben")⟩: (oft abwertend) jmd., der andere politisch aufhetzt, durch leidenschaftliche Reden verführt; Volksverführer. **Dem|ago|gie** *die;* - ⟨aus gleichbed. *gr.* dēmagōgía⟩: (abwertend) Volksaufwieglung, Volksverführung, politische Hetze. **dem|ago|gisch** ⟨aus gleichbed. *gr.* dēmagōgikós, eigtl. „staatsmännisch"⟩: (abwertend) aufwiegend, hetzerisch, Hetzpropaganda treibend

De|manche|ment [demãʃ'mã:] *das;* -s, -s ⟨aus gleichbed. *fr.* démanchement zu ↑ démancher⟩: das Übergreifen der linken Hand beim Klavierspiel (Mus.). **dé|man|cher** [demã-'ʃe] ⟨*fr.;* eigtl. „übergreifen", zu manche „Griffbrett"⟩: Bez. für das Wechseln der Lage beim Spielen von Streichinstrumenten u. das Kreuzen der Hände beim Klavierspiel

De|mand [dɪ'mɑ:nd] *der;* -s ⟨aus *engl.* demand „Forderung, Verlangen", dies aus *(mittel)fr.* demande zu demander, vgl. Demande⟩: der Bedarf, der am Markt auftritt u. dem Angebot gegenübersteht, Nachfrage (Wirtsch.). **De|mande** [də'mã:d] *die;* -, -s ⟨aus gleichbed. *fr.* demande zu demander „bitten, fordern", dies aus *lat.* demandare „anvertrauen; übertragen"⟩: (veraltet) Antrag, Bitte, Forderung

De|mant [auch de'mant] *der;* -[e]s, -e ⟨aus *mhd.* dīemant, Nebenform zu dīamant, vgl. Diamant⟩: (geh.) Diamant

de|man|te|lie|ren ⟨aus gleichbed. *fr.* démanteler zu dé- „von – weg" u. manteau „Mantel, Gesims", dies aus *lat.* mantellum „Hülle, Decke"⟩: (veraltet) die Stadtbefestigungsanlagen, -mauern schleifen, niederreißen (Mil.)

de|man|ten ⟨zu ↑ Demant⟩: (geh.) diamanten. **De|man|to|id** *der;* -[e]s, -e ⟨zu ↑...oid⟩: ein grünes, durchsichtiges Mineral

Dem|arch *der;* -en, -en ⟨aus gleichbed. *gr.* dḗmarchos⟩: Vorsteher des ↑ Demos in altgriech. Gemeinden. **Dem|ar|chie** *die;* -, ...ien ⟨aus gleichbed. *gr.* dēmarchía⟩: Amt u. Bezirk eines ↑ Demarchen

De|mar|che [de'marʃ(ə)] *die;* -, -n [...ʃn] ⟨aus *fr.* démarche „Schritt, Maßregel" zu marcher „gehen, schreiten"⟩: diplomatischer Schritt, mündlich vorgetragener diplomatischer Einspruch

De|mar|ka|ti|on *die;* -, -en ⟨aus gleichbed. *fr.* démarcation, dies aus *span.* demarcación zu demarcar, vgl. demarkieren⟩: a) Abgrenzung; b) scharfe Abgrenzung kranken Gewebes von gesundem (Med.). **De|mar|ka|ti|ons|li|nie** *die;* -, -n ⟨nach *fr.* ligne de démarcation⟩: zwischen Staaten vereinbarte vorläufige Grenzlinie

De|mar|ke|ting *der;* - ⟨zu ↑ de... u. ↑ Marketing⟩: Bez. für Marketingaktivitäten, die die Nachfragen nach bestimmten Gütern verringern soll

de|mar|kie|ren ⟨über *fr.* démarquer aus gleichbed. *span.* demarcar zu marca „Kennzeichen, Grenzgebiet", dies aus dem Germ.; vgl. markieren⟩: abgrenzen, die Grenzen abstecken

de|mas|kie|ren ⟨aus gleichbed. *fr.* démasquer zu dé- „von – weg" u. masque, vgl. Maske⟩: a) die Maske abnehmen; sich -: seine Maske abnehmen; b) jmdn. entlarven (z. B. in bezug auf dessen schlechte Absichten); sich -: sein wahres Gesicht zeigen

De|ma|te|ria|li|sa|ti|on *die;* -, -en ⟨zu ↑ de... u. ↑ Materialisation, eigtl. „Entstofflichung"⟩: Auflösung eines körperhaften Gegenstandes bis zur Unsichtbarkeit (Parapsychol.); Ggs. ↑ Rematerialisation

De|me|lee *das;* -[s], -s ⟨aus gleichbed. *fr.* démêlé zu démêler, vgl. demelieren⟩: (veraltet) Streit, Händel. **de|me|lie|ren** ⟨aus gleichbed. *fr.* démêler zu dé- „von – weg" u. mêler „in Streit geraten", eigtl. „sich vermengen", dies über *vulgärlat.* *misculare aus *lat.* miscere „mischen"⟩: (veraltet) entwirren, aussondern

De|mem|bre|ment [demãbrə'mã:] *das;* -s, -s ⟨aus gleichbed. *fr.* démembrement zu démembrer, vgl. demembrieren⟩: (veraltet) a) Zergliederung, Zerstückelung; b) Vereinzelung. **de|mem|brie|ren** [demɛm...] ⟨aus gleichbed. *fr.* démembrer zu dé- „von – weg" u. membre „Glied, Mitglied; Teil", dies aus gleichbed. *lat.* membrum⟩: (veraltet) zergliedern

De|men: Plur. von ↑ Demos

De|me|nage|ment [demenaʒ'mã:] *das;* -s, -s ⟨aus gleichbed. *fr.* déménagement zu déménager, vgl. demenagieren⟩: (veraltet) Umzug, Wohnungswechsel. **de|me|na|gie|ren** [...'ʒi:...] ⟨aus gleichbed. *fr.* déménager zu dé- „von – weg" u. ménage, vgl. Menage⟩: (veraltet) ausziehen, ausräumen

de|ment ⟨aus *lat.* demens, Gen. dementis „unvernünftig, wahnsinnig"⟩: blöd, verblödet, schwachsinnig. **De|men|ti** *das;* -s, -s ⟨aus gleichbed. *fr.* démenti (vgl. dementieren)⟩: offizielle Berichtigung od. Widerruf einer Behauptung od. Nachricht. **De|men|tia** *die;* -, ...tiae [...tiɛ] ⟨aus *lat.* dementia „Geistesschwäche"⟩: svw. Demenz. **De|men|tia prae|cox** [– 'prɛːkɔks] *die;* - ⟨zu *lat.* praecox „frühzeitig (auftretend)"⟩: Jugendirresein (Med.). **De|men|tia se|ni|lis** *die;* - - ⟨zu *lat.* senilis „greisenhaft, altersschwach"⟩: Altersschwachsinn (Med.). **de|men|tie|ren**

Demökologie

⟨aus *fr.* démentir „für falsch erklären, bestreiten" zu dé- „von – weg" u. mentir „lügen", dies aus gleichbed. *lat.* mentiri⟩: eine Behauptung od. Nachricht offiziell berichtigen od. widerrufen. **De|menz** *die;* -, -en ⟨aus *lat.* dementia „Geistesschwäche" zu ↑de... u. mens „Verstand, Geist"⟩: erworbener Schwachsinn, auf organischen Hirnschädigungen beruhende dauernde Geistesschwäche

De|me|rit *der;* -en, -en ⟨zu *mlat.* demeritus, Part. Perf. von demerere „sich vergehen; gewinnen", dies aus *lat.* demerere „verdienen"⟩: straffällig gewordener Geistlicher, der wegen dieses Vergehens für einige Zeit od. für immer sein kirchliches Amt nicht ausüben kann. **de|me|ri|tie|ren** ⟨nach gleichbed. *fr.* démériter; vgl. Demerit u. ...ieren⟩: (veraltet) sündigen, der göttlichen Gnade verlustig gehen

De|mer|si|on *die;* -, -en ⟨aus gleichbed. *lat.* demersio zu demergere „versenken"⟩: (veraltet) Versenkung

De|meu|ble|ment [demøblə'mã:] *das;* -s, -s ⟨aus gleichbed. *fr.* démeublement zu démeubler, vgl. demeublieren⟩: (veraltet) das Ausräumen der Wohnung. **de|meu|blie|ren** [demø...] ⟨aus gleichbed. *fr.* démeubler zu dé- „von – weg" u. meubler, vgl. möblieren⟩: (veraltet) ausräumen

de|meu|rie|ren [dəmœ...] ⟨aus *fr.* demeurer, dies über *mlat.* demorari „abhalten" aus *lat.* demorari „(ver)zögern"⟩: (veraltet) bleiben, verweilen

De|mi|chef de rang [dəmi'ʃɛf də 'rã:] *der;* - - -, -s [...'ʃɛf] - - ⟨aus gleichbed. *fr.* demi-chef de rang⟩: den Stationskellner unterstützender Kellner, der bei der Bestellung aufgibt u. bongt (Gastr.). **De|mi|glace** [dəmi'glas] *das;* - ⟨aus gleichbed. *fr.* demi-glace zu demi „halb" u. glace „Eis", dies zu *lat.* glacies „Eis"⟩: (veraltet) Halbgefrorenes

De|mi|john ['de:midʒɔn] *der;* -s, -s ⟨aus gleichbed. *engl.* demijohn, dies entstellt aus dame Jane, Lehnübersetzung von *fr.* dame-jeanne „große Korbflasche", eigtl. „Frau Johanna"⟩: Korbflasche

de|mi|li|ta|ri|sie|ren ⟨*fr.* démilitariser zu dé- „von – weg" u. militariser, vgl. militarisieren⟩: entmilitarisieren

De|mi|lune [dəmi'lyn] *die;* -, -s ⟨aus gleichbed. *fr.* demi-lune (eigtl. „Halbmond") zu demi „halb" u. lune „Mond", dies aus *lat.* luna⟩: (veraltet) halbkreisförmiger Platz, halbkreisförmige Schanze, Teil des Außenwerks einer Festung. **De|mi|mon|de** [dəmi'mõ:d(ə)] *die;* - ⟨aus gleichbed. *fr.* demi-monde, zu monde „Welt"⟩: Halbwelt

De|mi|ne|ra|li|sa|ti|on *die;* - ⟨zu ↑de... u. ↑Mineralisation⟩: 1. Verarmung des Körpers an Mineralien (z. B. Kalk-, Salzverlust; Med.). 2. das Demineralisieren. **de|mi|ne|ra|li|sie|ren**: die Minerale aus etwas entfernen

de|mi|nu|tiv usw. vgl. diminutiv usw.

De|mi|sang [dəmi'sã:] *das;* -[s], -s [...'sã:s] ⟨aus gleichbed. *fr.* demi-sang zu demi „halb" u. sang „Blut", dies aus gleichbed. *lat.* sanguis⟩: (veraltet) Halbblut[pferd]. **de|mi-sec** [dəmi'sɛk] ⟨*fr.*⟩: halbtrocken (Geschmacksbezeichnung für franz. Schaumwein)

De|mis|sin *das;* -s ⟨zu *lat.* demissus „gesenkt, herabhängend" u. ↑...in (1)⟩: ↑Alkaloid der Wildkartoffel, das diese resistent gegen den Kartoffelkäfer macht. **De|mis|si|on** *die;* -, -en ⟨aus gleichbed. *fr.* démission, dies aus *lat.* demissio „das Herablassen" zu demittere „hinablassen"⟩: a) Rücktritt eines Ministers od. einer Regierung; b) (veraltet) Entlassung eines Ministers od. einer Regierung. **De|mis|sio|när** *der;* -s, -e ⟨aus gleichbed. *fr.* démissionnaire⟩: (schweiz., sonst veraltet) entlassener, verabschiedeter Beamter. **de|mis|sio|nie|ren** ⟨aus gleichbed. *fr.* démissionner⟩: 1. a) von einem Amt zurücktreten, seine Entlassung einreichen (von Ministern od. Regierungen); b) (schweiz.) kündigen. 2. (veraltet) jmdn. entlassen (von Ministern)

De|mi|teinte [dəmi'tɛ:t] *die;* - ⟨aus gleichbed. *fr.* demi-teinte zu demi „halb" u. teinte „Farbnuance, -schattierung", vgl. Teint⟩: (veraltet) Halbschatten

De|mi|urg *der;* Gen. -en u. -s ⟨über *lat.* demiurgus aus gleichbed. *gr.* dēmiourgós „Schöpfer", dies zu dēmios „öffentlich" u. érgon „Werk", eigtl. „der öffentlich Wirkende"⟩: Weltbaumeister, Weltenschöpfer (bei Platon u. in der ↑Gnosis). **de|mi|ur|gisch**: zum Demiurgen gehörend, in der Art eines Demiurgen

De|mi-vierge [dəmi'vjɛrʒ] *die;* - ⟨aus *fr.* demi-vierge „Halbjungfrau", Wortschöpfung des franz. Romanschriftstellers M. Prévost, 1862–1941⟩: (in der Sexualwissenschaft) Mädchen, das zwar sexuelle Kontakte, aber keinen Geschlechtsverkehr hat

¹**De|mo** [auch 'dɛmo] *die;* -, -s: (ugs.) Kurzform von ↑Demonstration (1). ²**De|mo** *das;* -s, -s: (Jargon) Kurzform für Demonstrationsaufnahme (Musik- od. Videoaufnahme zur Vorführung)

de|mo..., **De|mo...**, vor Vokalen meist dem..., Dem... ⟨aus *gr.* dēmos „Volk, Volksmasse; Land, Staat"⟩: Wortbildungselement mit der Bedeutung „Volk, Bevölkerung; Staat", z. B. Demokratie, Demökologie

De|mo|bi|li|sa|ti|on *die;* -, -en ⟨aus gleichbed. *fr.* démobilisation zu démobiliser, vgl. demobilisieren⟩: a) Rückführung des Kriegsheeres auf den Friedensstand; Ggs. ↑Mobilisation (2); b) Umstellung der Industrie von Kriegs- auf Friedensproduktion; vgl. ...[at]ion/...ierung. **de|mo|bi|li|sie|ren** ⟨aus gleichbed. *fr.* démobiliser zu dé- „von – weg" u. mobiliser, vgl. mobilisieren⟩: a) aus dem Kriegszustand in Friedensverhältnisse überführen; Ggs. ↑mobilisieren (1); b) die Kriegswirtschaft abbauen; c) (veraltet) jmdn. aus dem Kriegsdienst entlassen. **De|mo|bi|li|sie|rung** *die;* -, -en ⟨zu ↑...isierung⟩: das Demobilisieren; vgl. ...[at]ion/...ierung; Ggs. ↑Mobilisierung (3)

dé|mo|dé [demo'de:] ⟨*fr.*⟩: aus der Mode, nicht mehr aktuell

De|mo|dex|räu|de, **De|mo|di|ko|se** *die;* - ⟨nach Demodicidae, dem wissenschaftlichen Namen der Haarbalgmilben, zu *gr.* dēmós „Fett", déx, Gen. dēkós „Holzwurm (u. ↑¹...ose)⟩: svw. Akarusräude

De|mo|du|la|ti|on *die;* -, -en ⟨zu ↑de... u. ↑Modulation⟩: Abtrennung der durch einen modulierten hochfrequenten Träger übertragenen niederfrequenten Schwingung in einem Empfänger; Gleichrichtung. **De|mo|du|la|tor** *der;* -s, ...oren: Bauteil in einem Empfänger, der die Demodulation bewirkt; Gleichrichter. **de|mo|du|lie|ren**: eine Demodulation vornehmen; gleichrichten

De|mo|ge|ront *der;* -en, -en ⟨aus gleichbed. *gr.* dēmogérōn, Gen. dēmogérontos⟩: Volksältester im alten Griechenland

De|mo|graph *der;* -en, -en ⟨zu ↑demo... u. ↑...graph⟩: jmd., der berufsmäßig Demographie betreibt. **De|mo|gra|phie** *die;* -, ...ien ⟨zu ↑...graphie⟩: 1. Beschreibung der wirtschafts- u. sozialpolitischen Bevölkerungsbewegung. 2. Bevölkerungswissenschaft. **De|mo|gra|phin** *die;* -, -nen: weibliche Form zu ↑Demograph. **de|mo|gra|phisch** ⟨zu ↑...graphisch⟩: die Demographie betreffend, auf ihr beruhend

De|moi|selle [dəmɔa'zɛl, də...] *die;* -, -n [...lən] ⟨aus gleichbed. *fr.* demoiselle, dies aus *mlat.* domnicella „Edelfräulein", Verkleinerungsform von *lat.* domina „Herrin"⟩: (veraltet) junges Mädchen; Fräulein

Dem|öko|lo|gie *die;* - ⟨zu ↑demo... u. ↑Ökologie⟩: Teilgebiet der ↑Ökologie, das die Umwelteinflüsse auf ganze

↑Populationen (2) einer bestimmten Tier- u. Pflanzenwelt erforscht

De|mo|kra|ni|um *das;* -s ⟨zu *gr.* dēmós „Fett, Talg" u. ↑Cranium⟩: häutiger Schädel (Med.)

De|mo|krat *der;* -en, -en ⟨aus gleichbed. *fr.* démocrate zu démocratie, dies aus *mlat.* democratia, vgl. Demokratie⟩: 1. Vertreter demokratischer Grundsätze; Mensch mit demokratischer Gesinnung; jmd., der den Willen der Mehrheit respektiert. 2. Mitglied einer bestimmten, sich auch im Namen als demokratisch bezeichnenden Partei. **De|mo|kratie** *die;* -, ...ien ⟨über *mlat.* democratia aus *gr.* dēmokratía „Volksherrschaft"⟩: 1. a) (ohne Plur.) politisches Prinzip, nach dem das Volk durch freie Wahlen an der Machtausübung im Staat teilhat; b) Regierungssystem, in dem die vom Volk gewählten Vertreter die Herrschaft ausüben. 2. Staat mit demokratischer Verfassung, demokratisch regiertes Volkswesen. 3. (ohne Plur.) Prinzip der freien u. gleichberechtigten Willensbildung u. Mitbestimmung in gesellschaftlichen Gruppen. **De|mo|kra|tin** *die;* -, -nen: weibliche Form zu ↑Demokrat. **de|mo|kra|tisch** ⟨über *mlat.* democraticus aus *gr.* dēmokratikós „zur Demokratie gehörig"⟩: 1. in der Art einer Demokratie, die Demokratie betreffend, sich auf sie beziehend. 2. in einer Weise, die dem Volkswillen entspricht; den Interessen des Volkes gemäß. **de|mo|kra|ti|sie|ren** ⟨aus gleichbed. *fr.* démocratiser; vgl. ...isieren⟩: demokratische Prinzipien in einem bestimmten Bereich einführen u. anwenden. **De|mo|kra|ti|sie|rung** *die;* -, -en ⟨zu ↑...isierung⟩: das Demokratisieren. **De|mo|kra|tis|mus** *der;* - ⟨zu ↑...ismus (5)⟩: übertriebene Anwendung demokratischer Prinzipien

de|mo|kri|tisch ⟨nach dem griech. Philosophen Demokrit (*gr.* Dēmókritos), 470 bis etwa 380 v. Chr.⟩: (veraltet) spöttisch, satirisch

de|mo|lie|ren ⟨unter Einfluß von gleichbed. *fr.* démolir aus *lat.* demoliri „herabwälzen, niederreißen"⟩: gewaltsam abreißen, zerstören, beschädigen. **De|mo|lie|rung** *die;* -, -en ⟨zu ↑...ierung⟩: das Demolieren, das Demoliertwerden. **De|mo|li|ti|on** *die;* -, -en ⟨unter Einfluß von *fr.* démolition „Zerstörung" aus gleichbed. *lat.* demolitio⟩: (veraltet) Zerstörung einer Festung

De|mo|lo|gie *die;* - ⟨zu ↑demo... u. ↑...logie⟩: (veraltet) svw. Demographie

De|mo|ne|ti|sa|ti|on *die;* -, -en ⟨aus gleichbed. *fr.* démonétisation zu démonétiser, vgl. demonetisieren⟩: (veraltet) svw. Demonetisierung; vgl. ...[at]ion/...ierung. **de|mo|ne|ti|sie|ren** ⟨aus *fr.* démonétiser „den Geldwert herabsetzen" zu ↑de... u. *lat.* moneta „Münze"⟩: einziehen, aus dem Umlauf ziehen (von Münzen). **De|mo|ne|ti|sie|rung** *die;* -, -en ⟨zu ↑...isierung⟩: Außerkurssetzung eines Zahlungsmittels (meist von Münzen); vgl. ...[at]ion/...ierung

de|mo|no|misch ⟨zu ↑demo... u. *gr.* nómos „Gesetz, Grundsatz"⟩: die soziale Organisation in tierischen Gemeinschaften betreffend (z. B. die Kastenbildung im Insektenstaat)

de|mon|stra|bel ⟨aus gleichbed. *lat.* demonstrabilis zu demonstrare, vgl. demonstrieren⟩: (veraltet) beweisbar. **De|mon|stra|bi|li|tät** *die;* - ⟨zu ↑...ität⟩: (veraltet) Beweisbarkeit. **De|mon|strant** *der;* -en, -en ⟨aus *lat.* demonstrans, Gen. demonstrantis, substantiviertes Part. Präs. von demonstrare, vgl. demonstrieren⟩: Teilnehmer an einer Demonstration (1). **De|mon|stra|ti|on** *die;* -, -en ⟨wohl über gleichbed. *engl.* demonstration aus *lat.* demonstratio „das Hinweisen, anschauliche Schilderung", dies zu demonstrare, vgl. demonstrieren⟩: 1. Massenprotest, Massenkundgebung. 2. sichtbarer Ausdruck einer bestimmten Absicht; eindringliche, nachdrückliche Bekundung (für od. gegen etw./jmdn.). 3. anschauliche Darlegung, Beweisführung z. B. [wissenschaftliche] Vorführung (mit Lichtbildern). **De|mon|stra|ti|ons|ap|pa|rat** *der;* -[e]s, -e: Apparat, mit dem etwas vorgeführt, demonstriert werden kann, Vorführapparat. **De|mon|stra|ti|ons|ma|te|ri|al** *das;* -s, -ien [...jən]: Anschauungsmaterial. **De|mon|stra|ti|ons|ob|jekt** *das;* -[e]s, -e: Person od. Sache, an der od. mit der etwas demonstriert (2) wird. **De|mon|stra|ti|ons|schach|brett** *das;* -[e]s, -er: großes meist an der Wand hängendes Schachbrett zu Lehrzwecken. **de|mon|stra|tiv** ⟨aus *lat.* demonstrativus „hinweisend"⟩: 1. in auffallender, oft auch provozierender Weise seine Einstellung bekundend; betont auffallend, herausfordernd. 2. anschaulich, verdeutlichend, aufschlußreich. 3. hinweisend (Sprachw.). **De|mon|stra|tiv** *das;* -s, -e [...və]: hinweisendes Fürwort; Demonstrativpronomen. **De|mon|stra|tiv|ad|verb** *das;* -s, -ien [...jən]: demonstratives ↑Pronominaladverb (z. B. da, dort). **De|mon|stra|tiv|pro|no|men** *das;* -s, Plur. - u. ...mina: hinweisendes Fürwort (z. B. dieser, jener). **De|mon|stra|ti|vum** [...v...] *das;* -s, ...va ⟨aus *lat.* demonstrativum „das Hinweisende"⟩: (veraltet) svw. Demonstrativpronomen. **De|mon|stra|tor** *der;* -s, ...oren ⟨aus gleichbed. *lat.* demonstrator⟩: Beweisführer, Vorführer. **de|mon|strie|ren** ⟨z. T. unter Einfluß von *engl.* to demonstrate aus *lat.* demonstrare „hinweisen, deutlich machen"⟩: 1. an einer Demonstration (1) teilnehmen. 2. öffentlich zu erkennen geben. 3. in anschaulicher Form darlegen, vorführen; beweisen; ad hominem -: jmdm. etwas so widerlegen od. beweisen, daß die Rücksicht auf seine Eigenart u. die Bezugnahme auf ihm geläufige Vorstellungen, nicht aber die Sache selbst die Methode bestimmt

de|mon|ta|bel ⟨aus gleichbed. *fr.* démontable zu démonter, vgl. demontieren⟩: (selten) zerlegbar. **De|mon|ta|ge** [demɔnˈtaːʒə] *die;* -, -n ⟨aus gleichbed. *fr.* démontage⟩: Abbau, Abbruch (bes. von Industrieanlagen). **de|mon|tie|ren** ⟨aus gleichbed. *fr.* démonter zu ↑de... u. ↑montieren⟩: abbauen, abbrechen. **De|mon|tie|rung** *die;* -, -en ⟨zu ↑...ierung⟩: a) das Demontieren; b) svw. Demontage

De|mo|ra|li|sa|ti|on *die;* -, -en ⟨aus *fr.* démoralisation „Entmutigung" zu démoraliser, vgl. demoralisieren⟩: 1. das Demoralisieren. 2. das Demoralisiertsein; vgl. ...[at]ion/...ierung. **de|mo|ra|li|sie|ren** ⟨aus gleichbed. *fr.* démoraliser zu dé- „von – weg" u. ↑Moral⟩: a) jmds. Moral untergraben; einer Person od. Gruppe durch bestimmte Handlungen, Äußerungen o. ä. die sittlichen Grundlagen für eine entsprechende Gesinnung, ein Verhalten nehmen; b) jmds. Kampfgeist untergraben, mutlos machen, entmutigen. **de|mo|ra|li|siert** ⟨zu ↑...isiert⟩: moralisch, sittlich verkommen. **De|mo|ra|li|sie|rung** *die;* -, -en ⟨zu ↑...isierung⟩: svw. Demoralisation; vgl. ...[at]ion/...ierung

De|mor|pho|lo|gi|sie|rung *die;* -, -en ⟨zu ↑de..., ↑Morphologie u. ↑...isierung⟩: Verlust der Unterscheidungsfunktion von sprachlichen Bildungselementen, z. B. bei *Keks* (Plural-s von der engl. Form cakes, deshalb im Deutschen neuer Plur. *Kekse*; Sprachw.)

de mor|tu|is nil (eigtl. nihil) **ni|si be|ne** ⟨*lat.;* „über Tote nichts, wenn nicht Gutes"⟩: von den Toten soll man nur gut sprechen

De|mos *der;* -, Demen ⟨aus *gr.* dēmos „Volk, Gemeinde, Staat"⟩: 1. Gebiet u. Volksgemeinde eines altgriech. Stadtstaates. 2. in Griechenland Bez. für den kleinsten staatlichen Verwaltungsbezirk. **De|mo|skop** *der;* -en, -en ⟨zu ↑demo... u. *gr.* skopós „Beobachter"⟩: Meinungsforscher. **De|mo|sko|pie** *die;* -, ...ien ⟨zu ↑...skopie⟩: Meinungsum-

frage, -forschung. de|mo|sko|pisch: a) durch Meinungsumfragen [ermittelt]; b) auf Meinungsumfragen bezogen. De|mo|ti|ke̲ [ngr. ðimoti'ki:] die; - ‹aus gr. dēmotikḗ (glõssa) „Volkssprache"›: Bez. der heute üblichen neugriech. Sprache; vgl. Katharewusa. de|mo̲|tisch ‹aus gr. dēmotikós „zum Volk gehörig, alltäglich"›: volkstümlich; -e Schrift: altägypt. volkstümliche Schrägschrift; vgl. hieratisch. De|mo̲|ti|stik die; - ‹zu ↑...istik›: Wissenschaft von der demotischen Schrift De|mo|ti|va|ti̲on [...v...] die; -, -en ‹zu ↑de... u. ↑Motivation›: 1. das Demotivieren. 2. das Demotiviertsein; Ggs. ↑Motivation (3). de|mo|ti|vi̲e|ren: jmds. Interesse an etw. schwächen; bewirken, daß jmds. Motivation, etw. zu tun, nachläßt, vergeht; Ggs. ↑motivieren (2)
De|mul|ga̲|tor der; -s, ...o̲ren ‹zu ↑de..., Analogiebildung zu ↑Emulgator›: Stoff, der eine ↑Emulsion (1) entmischt. de|mul|gi̲e|ren ‹zu ↑de... u. ↑emulgieren›: eine ↑Emulsion (1) entmischen
De|mul|ti|ple̲|xer der; -s, - ‹zu ↑de... u. ↑Multiplexer›: elektron. Schaltung od. Funktionseinheit, die die im ↑Multiplexer vorgenommene Vermischung von Informationen bzw. Einzelsignalen rückgängig macht (EDV)
De|mul|zens das; -, Plur. ...e̲ntia od. ...e̲ntien [...i̯ən] (meist Plur.) ‹aus lat. demulcens, Gen. demulcentis, substantiviertes Part. Präs. von demulcere „streicheln, liebkosen"›: linderndes Mittel (Med.)
De|mur|rage [dɪ'mʌrɪdʒ] die; -, -n ‹aus gleichbed. engl. demurrage›: engl. Bez. für Liegegeld (für Schiffe, die noch nicht auslaufen können)
De|na̲r der; -s, -e ‹aus gleichbed. lat. denarius zu deni „je zehn"›: a) Name einer altröm. Münze; b) (seit dem 7. Jh. n. Chr.) Name einer fränk. Münze; Abk.: d. de|nä̲r ‹Kurzw. aus ↑dezimal u. ↑binär›: zehnwertig (EDV). De|nä̲r|code [...ko:t] der; -s, -s: svw. Dezimalcode
de|na|tio|na|li|si̲e|ren ‹zu ↑de... u. ↑nationalisieren›: svw. denaturalisieren
De|na|tu|ra|li|sa|ti̲on die; -, -en ‹zu ↑de... u. ↑Naturalisation›: Entlassung aus der bisherigen Staatsangehörigkeit. de|na|tu|ra|li|si̲e|ren: aus der bisherigen Staatsangehörigkeit entlassen, ausbürgern. de|na|tu|ri̲e|ren ‹wohl aus fr. dénaturer „die Natur eines Dinges verändern"›: 1. Stoffe durch Zusätze so verändern, daß sie ihre ursprünglichen Eigenschaften verlieren. 2. vergällen, ungenießbar machen. 3. Eiweißstoffe chem. ↑irreversibel verändern
de|na|zi|fi|zi̲e|ren ‹zu ↑de..., ↑Nazi u. ↑...fizieren›: svw. entnazifizieren
dendr..., Dendr... vgl. dendro..., Dendro... De|dra̲|ri|um das; -s Plur. ...ria od. ...rien [...i̯ən] ‹zu ↑dendro... u. ↑...arium›: Gehölz-, Baumgarten. Den|dri̲t der; -en, -en ‹zu gr. dendrítēs „zum Baum gehörend"›: 1. [auch ...'rɪt] moos-, strauch- od. baumförmige Eisen- u. Manganabsätze auf Gesteinsflächen (Geol.). 2. verästelter Protoplasmafortsatz (vgl. Protoplasma) einer Nervenzelle (Med.). den|dri̲|tisch: verzweigt, verästelt (von Nervenzellen). den|dro..., Den|dro..., vor Vokalen meist dendr..., Dendr... ‹aus gr. déndron „Baum"›: Wortbildungselement mit der Bedeutung „Baum, baumartige Verzweigung", z. B. Dendrobios, Dendrit. Den|dro|bi̲|os der; -: Gesamtheit der auf Baumstämmen lebenden Organismen (1 b). Den|dro|chro|no|lo|gi̲e die; -, ...i̲en: Jahresringforschung, Verfahren zur Bestimmung des Alters vorgeschichtlicher Funde mit Hilfe der Jahresringe mitgefundener Holzreste. den|dro|chro|no|lo̲|gisch: mit Hilfe der Dendrochronologie, auf ihr beruhend. Den|dro̲|graph der; -en, -en ‹zu ↑...graph›: Gerät zum Messen periodischer Dickenänderungen von Bäumen. den|dro|i̲d ‹zu ↑...oid›: baumartig; vgl. ...isch/-. den|dro̲i|disch: svw. dendroid; vgl. ...isch/-. Den|dro|kli|ma|to|lo|gi̲e die; -: Beurteilung früherer Klimaverhältnisse nach den Jahresringen alter Bäume. Den|dro|li̲th [auch ...'lɪt] der; Gen. -s u. -en, Plur. -e[n] ‹zu ↑...lith›: Baumversteinerung (Geol.). Den|dro|lo̲|ge der; -n, -n ‹zu ↑...loge›: Wissenschaftler, der auf dem Gebiet der Dendrologie arbeitet. Den|dro|lo|gi̲e die; - ‹zu ↑...logie›: wissenschaftliche Baumkunde; Gehölzkunde. den|dro|lo̲|gisch ‹zu ↑...logisch›: gehölzkundlich. Den|dro|me̲|ter das; -s, - ‹zu ↑[1]...meter›: Gerät zur Messung der Höhe u. Dicke stehender Bäume. Den|dro|me|tri̲e die; - ‹zu ↑...metrie›: Vermessung stehender Bäume.
De|ne|ga|ti̲on die; - ‹aus gleichbed. lat. denegatio zu denegare, vgl. denegieren›: (veraltet) Leugnung, Verweigerung. de|ne|gi̲e|ren ‹aus gleichbed. lat. denegare›: (veraltet) leugnen, verweigern
De|ner|va|ti̲on [...v...] die; -, -en ‹zu ↑de..., ↑nerval u. ↑...ation›: 1. Unterbrechung der nervlichen Versorgung der Muskeln, die Lähmungen u. Entartungsreaktionen zur Folge hat. 2. svw. Denervierung; vgl. ...[at]ion/...ierung. De|ner|vi̲e|rung die; -, -en ‹zu ↑...ierung›: Durchtrennung der Verbindung zwischen Nerv u. dazugehörigem Organ (Med.); vgl. ...[at]ion/...ierung
De̲n|ga die; -, ...gi ‹zu russ. den'gi „Geld[er]", dies wohl aus türk. tenga „Silbermünze, Geld"›: erste russ. Silbermünze
Den|gue|fie|ber ['dɛŋɡə...] das; -s ‹zu span. dengue „Grippe"›: schnell u. heftig verlaufende Infektionskrankheit in den Tropen u. Subtropen
De|ni̲er [də'nje:, də...] das; -[s], - ‹aus gleichbed. fr. denier, eigtl. „Denar", dies aus lat. denarius, vgl. Denar›: Einheit für die Fadenstärke bei Seide u. Chemiefasern
De̲|nim ⓦ der od. das; -[s] ‹Kunstw. aus fr. serge de Nîmes „Serge aus (der franz. Stadt) Nîmes"›: blauer Jeansstoff
de|ni|tri̲e|ren ‹zu ↑de... u. nitrieren›: ↑Nitrogruppen aus einer Verbindung entfernen (Chem.). De|ni|tri|fi|ka|ti̲on die; -: das Freimachen von Stickstoff aus Salzen der Salpetersäure (z. B. im Kunstdünger) durch Bakterien. de|ni|tri|fi|zi̲e|ren: eine Denitrifikation durchführen
De|ni|za|ti̲on die; - ‹aus gleichbed. engl. denization zu denizen „Einwohner", dies über altfr. deinzein „Einwohner" aus spätlat. deintus „von innen" zu ↑de... u. lat. intus „innen"›: (veraltet) Einbürgerung, Bürgerrecht. de|ni|zi̲e|ren ‹nach gleichbed. engl. to denizen›: (veraltet) das Fremdenbürgerrecht erteilen
De|no|bi|li|ta|ti̲on die; -, -en ‹zu ↑de... u. ↑Nobilitation›: Entzug des Adelsprädikats (der Bezeichnung des Adelsstandes). de|no|bi|li|ti̲e|ren: jmdm. das Adelsprädikat (die Bezeichnung des Adelsstandes) entziehen
[1]De|no|mi|na|ti̲on die; -, -en ‹aus lat. denominatio „Benennung" zu denominare, vgl. denominieren›: 1. (veraltet) a) Ernennung, Benennung; b) Ankündigung, Anzeige. 2. Aktienabstempelung, Herabsetzung des Nennbetrags einer Aktie (Wirtsch.). [2]De|no|mi|na|ti̲on die; -, -en ‹aus engl. denomination „Glaubensgemeinschaft, Konfession"; vgl. [1]Denomination›: christl. Religionsgemeinschaft (Kirche od. Sekte). de|no|mi|na|ti̲v ‹aus lat. denominativus „durch Ableitung gebildet" zu denominare, vgl. denominieren›: von einem ↑Nomen abgeleitet (Sprachw.). De|no|mi|na|ti̲v das; -s, -e [...və] u. De|no|mi|na|ti̲|vum [...vʊm] das; -s, ...va [...va] ‹aus lat. (nomen) denominativum›: Ableitung von einem Substantiv od. Adjektiv (vgl. Nomen; z. B. tröstlich von Trost, bangen von bang; Sprachw.). De|no|mi|na̲|tor der; -s, -en ‹zu ↑...or›: Nenner eines Bruches (Math.). de-

Denotat

no|mi|nie|ren ⟨aus gleichbed. *lat.* denominare⟩: ernennen, benennen
De|no|tat *das;* -s, -e ⟨aus *lat.* denotat „er bezeichnet", 3. Pers. Präs. von denotare „bezeichnen"⟩: 1. vom Sprecher bezeichneter Gegenstand od. Sachverhalt in der außersprachlichen Wirklichkeit (Sprachw.). 2. begrifflicher Inhalt eines sprachlichen Zeichens im Gegensatz zu den emotionalen Nebenbedeutungen (Sprachw.); Ggs. ↑Konnotat. De|no|ta|ti|on *die;* -, -en ⟨aus *lat.* denotatio „Bezeichnung"⟩: 1. Inhaltsangabe eines Begriffs (Logik). 2. a) die auf den mit dem Wort gemeinten Gegenstand hinweisende Bedeutung (z. B. ist die denotative Bedeutung von *Mond* „Erdtrabant, der durch das von ihm reflektierte Sonnenlicht oft die Nächte erhellt" im Gegensatz zur ↑konnotativen Bedeutung von *Mond,* mit der sich Gedankenverbindungen einstellen wie „Nacht, romantisch, kühl, Liebe"); b) die formale Beziehung zwischen dem Zeichen (↑Denotator) u. dem bezeichneten Gegenstand od. Sachverhalt in der außersprachlichen Wirklichkeit (↑Denotat; Sprachw.); Ggs. ↑Konnotation. de|no|ta|tiv ⟨aus *nlat.* denotativus „benennend"; vgl. ...iv⟩: nur den begrifflichen Inhalt eines sprachlichen Zeichens betreffend, ohne Berücksichtigung von Nebenbedeutungen, die das Zeichen als Begleiterscheinungen beim Sprecher od. Hörer wachruft (Sprachw.); Ggs. ↑konnotativ. De|no|ta|tor *der;* -s, ...oren ⟨aus *nlat.* denotator, eigtl. „Bezeichner"; vgl. ...or⟩: sprachliches Zeichen, das einen Gegenstand od. Sachverhalt in der außersprachlichen Wirklichkeit bezeichnet (Sprachw.).
De|noue|ment [dənu'mã:] *das;* -s ⟨aus gleichbed. *fr.* dénouement zu dénouer, vgl. denouieren⟩: (veraltet) Lösung eines Knotens, Entscheidung. de|nou|ie|ren ⟨aus gleichbed. *fr.* dénouer zu dé- „von – weg" u. nouer „knüpfen", dies aus *lat.* nodare⟩: (einen Knoten) entwirren, auflösen
Dens *der;* -, Dentes [...te:s] ⟨aus gleichbed. *lat.* dens, Gen. dentis⟩: Zahn (Med.).
den|sie|ren ⟨aus gleichbed. *lat.* densare zu densus „dicht"⟩: dicht machen, verdichten. Den|si|me|ter *das;* -s, - ⟨zu ↑¹...meter⟩: Gerät zur Messung des ↑spezifischen (1) Gewichts (vorwiegend von Flüssigkeiten). Den|si|tät *die;* - ⟨aus *lat.* densitas, Gen. densitatis „Dichtheit"⟩: 1. Dichte, Dichtigkeit (Phys.). 2. Maß für den Schwärzegrad fotografischer Schichten. Den|si|to|me|ter *das;* -s, - ⟨zu ↑¹...meter⟩: Schwärzungsmesser für fotografische Schichten. Den|si|to|me|trie *die;* - ⟨zu ↑...metrie⟩: Messung der Dichte von Stoffen (Phys.). Den|so|graph *der;* -en, -en ⟨zu *lat.* densus u. ↑...graph⟩: svw. Densitometer. Den|so|gra|phie *die;* - ⟨zu ↑...graphie⟩: Bestimmung der Schattendichte auf negativen Röntgenbildern durch Photozellen. Den|so|me|ter *das;* -s, - ⟨zu ↑¹...meter⟩: svw. Densitometer
Dent|agra *das;* -s ⟨zu *lat.* dens, Gen. dentis „Zahn" u. *gr.* ágra „Gicht", eigtl. „das Fangen"⟩: svw. Dentalgie. den|tal ⟨aus gleichbed. *nlat.* dentalis⟩: 1. die Zähne betreffend, zu ihnen gehörend (Med.). 2. mit Hilfe der Zähne gebildet (von Lauten; Sprachw.). Den|tal *der;* -s, -e ⟨zu ↑¹...al (2)⟩: Zahnlaut (z. B. *d, l*). Den|ta|le *das;* -s, ...lien [...jən] ⟨zu ↑...ale⟩: meist Zähne tragender Deckknochen des Unterkiefers der Wirbeltiere (Biol.). Den|tal|fluo|ro|se *die;* -, - ⟨zu ↑dental⟩: Verfärbung am Zahnschmelz durch Zufuhr zu großer Fluormengen (Med.). Dent|al|gie *die;* -, ...ien ⟨zu ↑Dens u. ↑...algie⟩: Zahnschmerz (Med.). Den|ta|lis *die;* -, ...les [...le:s] ⟨aus *nlat.* dentalis „Zahnlaut"⟩: (veraltet) svw. Dental. den|ta|li|sie|ren ⟨zu ↑dental u. ↑...isieren⟩: eine Dentalisierung vornehmen (Sprachw.). Den|ta-

li|sie|rung *die;* -, -en ⟨zu ↑...isierung⟩: Verwandlung eines nichtdentalen Lautes in einen dentalen, meist unter Einfluß eines benachbarten Dentals (Sprachw.). Den|tal|ke|ra|mik *die;* -: Werkstoff für künstliche Zähne. Den|tal|le|gie|rung *die;* -, -en: Metallegierung für den Ersatz von Zahnsubstanz. Den|tal|tur|bi|ne *die;* -, -n: durch Druckluft angetriebenes zahnärztliches Instrument zum Bohren, Schleifen u. Fräsen. Den|ta|ti|on *die;* - ⟨aus gleichbed. *nlat.* dentatio⟩: Auszackung, zackenförmiger Muskelansatz (Med.). den|te|lie|ren [dãtə...] ⟨aus gleichbed. *fr.* denteler zu dent „Zahn", dies aus *lat.* dens, vgl. Dens⟩: auszacken (von Spitzen). Den|telles [dã'tɛl] *die* (Plur.) ⟨aus *fr.* dentelle „Spitze, Spitzengewebe", Verkleinerungsform von dent, vgl. dentellieren⟩: [geklöppelte] Spitzen. Den|te|lure [dãtə'ly:ɐ] *die;* -, -n ⟨aus *fr.* dentelure „Auszackung"⟩: (veraltet) Spitzenarbeit (Textilw.). Den|tes ['dɛntəs]: Plur. von ↑Dens. Den|ti|fi|ka|ti|on *die;* - ⟨aus *nlat.* dentificatio; vgl. ...fikation⟩: Zahnbildung (Med.). Den|ti|kel *der;* -s, - ⟨aus *lat.* denticulus, Verkleinerungsform von dens, vgl. Dens⟩: kleine Neubildung aus Dentin im Zahninnern (Med.). Den|tin *das;* -s ⟨zu ↑...in (1)⟩: 1. Zahnbein; knochenähnliche, harte Grundsubstanz des Zahnkörpers (Med.). 2. Hartsubstanz der Haischuppen (Biol.). Den|tist *der;* -en, -en ⟨zu ↑...ist⟩: frühere Berufsbezeichnung für einen Zahnheilkundigen ohne akademische Ausbildung. Den|ti|stin *die;* -, -nen: weibliche Form zu ↑Dentist. Den|ti|ti|on *die;* -, -en ⟨aus gleichbed. *lat.* dentitio⟩: Zahndurchbruch, das Zahnen (Med.). den|to|gen ⟨zu ↑Dens u. ↑...gen⟩: von den Zähnen ausgehend (Med.). Den|to|lo|gie *die;* - ⟨zu ↑...logie⟩: Zahnheilkunde. den|tös ⟨zu ↑...ös⟩: (veraltet) mit Zähnen versehen. Den|tur *die;* - ⟨zu ↑...ur⟩: a) Zahnbestand, Gebiß; b) Zahnbeschaffenheit
De|nu|da|ti|on *die;* -, -en ⟨aus *lat.* denudatio „Entblößung" zu denudare, vgl. denudieren⟩: 1. flächenhafte Abtragung der Erdoberfläche durch Wasser, Wind u. a. (Geol.). 2. Fehlen bzw. Entfernung einer natürlichen Hülle (z. B. das Fehlen von Zahnfleisch an einer Zahnwurzel; Med.) de|nu|die|ren ⟨aus gleichbed. *lat.* denudare zu ↑de... u. nudus „nackt"⟩: (veraltet) entblößen, freilegen
de|nu|klea|ri|sie|ren ⟨zu ↑de..., ↑nuklear u. ↑...isieren⟩: von Atomwaffen befreien bzw. freihalten. De|nu|klea|ri|sie|rung *die;* - ⟨zu ↑...isierung⟩: Abrüstung von Atomwaffen
De|nun|zi|ant *der;* -en, -en ⟨aus *lat.* denuntians, Gen. denuntiantis, Part. Präs. von denuntiare, vgl. denunzieren⟩: jmd., der einen anderen denunziert. De|nun|zi|an|tin *die;* -, -nen: weibliche Form zu ↑Denunziant. De|nun|zi|at *der;* -en, -en ⟨aus *lat.* denuntiatus, Part. Perf. von denuntiare, vgl. denunzieren⟩: (veraltet) der Angezeigte, Verklagte, Beschuldigte. De|nun|zia|ti|on *die;* -, -en ⟨aus gleichbed. *lat.* denuntiatio, eigtl. „Ankündigung"⟩: Anzeige eines Denunzianten. de|nun|zia|to|risch ⟨aus gleichbed. *nlat.* denuntiatorius⟩: 1. denunzierend, einer Denunziation gleichkommend. 2. etwas brandmarkend, öffentlich verurteilend. de|nun|zie|ren ⟨aus *lat.* denuntiare „ankündigen, anzeigen", teilweise unter Einfluß von *engl.* to denunciate „öffentlich bloßstellen, brandmarken"⟩: a) (abwertend) jmdn. [aus persönlichen, niedrigen Beweggründen] anzeigen; b) etwas als negativ hinstellen, etwas brandmarken, öffentlich verdammen, verurteilen, rügen, z. B. eine Anschauung als nationalistisch -; ein Buch, eine Meinung -
Deo *das;* -s, -s: Kurzform von ↑Deodorant. De|odo|rant *das;* -s, Plur. -s, auch -e ⟨aus gleichbed. *engl.* deodorant zu *lat.* de- „von – weg" u. odor „Geruch"⟩: Mittel zur Körperpflege; geruchtilgendes Mittel, bes. zur Beseitigung von

Körpergeruch. **De|odo|rant|spray** *der* od. *das;* -s, -s: ↑ Spray mit desodorierender Wirkung. **de|odo|rie|ren, de|odo|ri|sie|ren** ⟨nach *engl.* to deodorize „von unangenehmen Gerüchen befreien"⟩: svw. desodorieren

Deo gra|ti|as! ⟨*lat.*⟩: Gott sei Dank!

de om|ni|bus du|bi|tan|dum ⟨*lat.*⟩: es ist an allem zu zweifeln (Sentenz als Grundlage der kartesianischen Philosophie)

de|one|rie|ren ⟨aus gleichbed. *lat.* deonerare, eigtl. „(eine Last) wegschaffen", zu ↑ de... u. onis, Gen. oneris „Last"⟩: (veraltet) entlasten

De|on|tik *die;* - ⟨zu *gr.* déon, Gen. déontos „das Nötige" u. ↑²...ik (1)⟩: Lehre von der logischen Struktur normativethischer Denkformen. **de|on|tisch**: die Deontik betreffend; -e L o g i k : spezielle Form der ↑ Modallogik, die die exakte sprachliche Grundlagen für den Aufbau einer systematischen ↑ Ethik (1 a) liefern soll. **De|on|to|lo|gie** *die;* - ⟨zu ↑...logie⟩: Ethik als Pflichtenlehre

Deo op|ti|mo ma|xi|mo ⟨*lat.;* „Gott, dem Besten u. Größten"⟩: Einleitung kirchl. Weihinschriften; vgl. Iovi optimo maximo; Abk.: D. O. M.

de|op|tie|ren ⟨aus gleichbed. *lat.* deoptare⟩: (veraltet) wählen, seine Stimme abgeben. **De|op|ti|on** *die;* -, -en ⟨aus gleichbed. *lat.* deoptio⟩: (veraltet) Stimmenabgabe bei der Wahl

Deo|spray *der* od. *das;* -s, -s: Kurzform von ↑ Deodorantspray

de|pa|ke|tie|ren ⟨aus gleichbed. *fr.* dépaqueter zu dé- „von – weg" u. paquet, vgl. Paket⟩: (veraltet) auspacken

De|pal|let|tier|au|to|mat *der;* -en, -en ⟨zu ↑ de..., ↑ palettieren u. ↑ Automat⟩: Vorrichtung zum automatischen Auflösen eines auf einer Palette (3) gestapelten Stückgutverbandes

de|pa|ra|ly|sie|ren ⟨zu ↑ de... u. ↑ paralysieren⟩: (veraltet) die Lähmung aufheben

De|par|te|ment [departə'mãː, schweiz. auch ...'mɛnt] *das;* -s, Plur. -s, schweiz. -e ⟨aus *fr.* département „Abteilung, Bezirk" zu départir, vgl. departieren⟩: 1. Verwaltungsbezirk (in Frankreich). 2. (schweiz.) Ministerium (beim Bund und in einigen Kantonen der Schweiz). 3. Abteilung, Geschäftsbereich. **de|par|te|men|tal** ⟨aus gleichbed. *fr.* départemental⟩: (bes. schweiz.) ein Departement betreffend, zu einem Departement gehörig. **de|par|tie|ren** ⟨aus gleichbed. *fr.* départir, dies über *vulgärlat.* *departire aus *lat.* dispartire „auseinanderlegen, zerteilen"⟩: (veraltet) aus-, verteilen. **De|part|ment** [dɪ'pɑːtmənt] *das;* -s, -s ⟨aus gleichbed. *engl.* department; vgl. Departement⟩: 1. a) Regierungs- od. Verwaltungszweig; b) Fachbereich (an amerik. u. engl. Universitäten). 2. Bundesministerium (in den USA). **De|par|ture** [dɪ'pɑːtʃə] *die;* - ⟨aus *engl.* departure „Abflug", eigtl. „Abreise", dies über *altfr.* departir „sich trennen, abreisen" aus *vulgärlat.* *departire, vgl. departieren⟩: 1. Abflugstelle (auf Hinweisschildern auf Flughäfen). 2. Abflugzeit

de|pas|sie|ren ⟨aus gleichbed. *fr.* dépasser zu dé- „von – weg" u. passer, vgl. passieren⟩: (veraltet) überholen, vorüberziehen

de|pe|ku|lie|ren ⟨aus gleichbed. *lat.* depeculari, eigtl. „ausplündern"⟩: (veraltet) eine öffentliche Kasse bestehlen

De|pen|dance [depã'dãːs] *die;* -, -n [...sn̩] ⟨aus gleichbed. *fr.* dépendance, eigtl. „Abhängigkeit, Zugehörigkeit", zu dépendre aus *lat.* dependere, vgl. dependieren⟩: 1. Niederlassung, Zweigstelle. 2. Nebengebäude [eines Hotels]. **Dépen|dance**: franz. Schreibung für ↑ Dependance. **de|pen|dent** [depɛn...] ⟨zu *lat.* dependere (vgl. dependieren) u. ↑...ent⟩: abhängig im Sinne der ↑ Dependenzgrammatik.

de|pen|den|ti|ell ⟨zu ↑ Dependenz; vgl. ...ell⟩: a) auf die Dependenzgrammatik bezüglich; b) nach der Methode der Dependenzgrammatik vorgehend (Sprachw.). **De|pen|denz** *die;* -, -en ⟨zu *lat.* dependere „abhängig sein" u. ↑...enz⟩: Abhängigkeit (Philos.; Sprachw.). **De|pen|denz|ana|ly|se** *die;* -, -n: Analyse der gesetzmäßigen Beziehungen von unabhängigen u. abhängigen Variablen in der experimentellen Psychologie, z. B. die Beziehung von Persönlichkeitsmerkmalen u. Versuchsbedingungen. **De|pen|denz|gram|ma|tik** *die;* -, -en: Abhängigkeitsgrammatik; Forschungsrichtung der ↑ Linguistik, die die hinter der linearen Erscheinungsform der gesprochenen od. geschriebenen Sprache verborgenen strukturellen Beziehungen zwischen den einzelnen Elementen im Satz untersucht od. darstellt, vor allem die Abhängigkeit der Satzglieder vom Verb (Sprachw.). **de|pen|die|ren** ⟨aus gleichbed. *lat.* dependere⟩: (veraltet) abhängig, unterworfen sein

De|pense [de'pãːs] *die;* -, -n [...sn̩] ⟨aus gleichbed. *fr.* dépense zu lat. dispensa, Part. Perf. (Fem.) von dispendere „auswiegen, austeilen"⟩: (veraltet) 1. Ausgabe, Auslage, Aufwand, Spesen. 2. Vorratskammer (auf Schiffen). **De|pen|seur** [depã'søːɐ̯] *der;* -s, -e ⟨aus gleichbed. *fr.* dépenseur⟩: (veraltet) Verschwender. **De|pen|sier** [...s'jeː] *der;* -s, -s ⟨aus gleichbed. *fr.* dépensier⟩: (veraltet) 1. Verschwender. 2. Beauftragter für die Verpflegung einer Gemeinschaft

De|per|so|na|li|sa|ti|on *die;* -, -en ⟨zu ↑ de... u. ↑ Personalisation⟩: Verlust des Persönlichkeitsgefühls (bei geistigseelischen Störungen)

De|pe|sche *die;* -, -n ⟨aus *fr.* dépêche „Eilbrief, Telegramm" zu dépêcher, vgl. depeschieren⟩: (veraltet) Telegramm, Funknachricht. **de|pe|schie|ren** ⟨aus *fr.* dépêcher „befördern, beschleunigen", eigtl. „Hindernisse (vor den Füßen) wegräumen", zu *altfr.* despeechier „frei machen, fertig werden", Gegenbildung zu empeechier „hemmen, hindern", dies aus *spätlat.* impedicare „verhindern", eigtl. „mit den Füßen verfangen"⟩: (veraltet) ein Telegramm schicken

De|phleg|ma|ti|on *die;* -, -en ⟨zu ↑ de..., *gr.* phlégma „kalter, zäher (Körper)schleim" u. ↑...ation⟩: Rückflußkühlung bei der [Spiritus]destillation. **De|phleg|ma|tor** *der;* -s, ...oren ⟨zu ↑...ator⟩: Apparat, der die Dephlegmation bewirkt. **de|phleg|mie|ren** ⟨zu ↑ ...ieren⟩: der Dephlegmation unterwerfen

de|phlo|gi|stie|ren ⟨zu ↑ de..., ↑ Phlogiston u. ↑...ieren⟩: nach einer wissenschaftlichen Theorie des 18. Jh.s einen Körper von ↑ Phlogiston befreien. **de|phlo|gi|stisch**: mangels ↑ Phlogiston unbrennbar

De|pig|men|ta|ti|on *die;* -, -en ⟨zu ↑ de... u. ↑ Pigmentation⟩: die Verringerung der Anzahl der Pigmentkörperchen in Haut, Haaren u. Augen während der ↑ phylogenetischen Entwicklung des Menschen; vgl. ...[at]ion/...ierung. **de|pig|men|tie|ren**: [Haut]farbstoff entfernen. **De|pig|men|tie|rung** *die;* -, -en: Entfernung od. Verlust des [Haut]farbstoffes; vgl. ...[at]ion/...ierung

De|pi|la|ti|on *die;* -, -en ⟨aus gleichbed. *nlat.* depilatio zu *lat.* depilare, vgl. depilieren⟩: Enthaarung (Med.). **De|pi|la|to|ri|um** *das;* -s, ...ien [...iən] ⟨aus gleichbed. *nlat.* depilatorium⟩: Enthaarungsmittel (Med.). **de|pi|lie|ren** ⟨aus gleichbed. *lat.* depilare zu ↑ de... u. pilus „(ein) Haar"⟩: enthaaren (Med.)

De|pit [de'piː] *der;* -[s] ⟨aus gleichbed. *fr.* dépit, dies aus *lat.* despectus „Verachtung"; vgl. despektieren⟩: (veraltet) Ärger, Verdruß, Widerwille. **de|pi|tös** ⟨aus gleichbed. *fr.* dépiteux; vgl. ...ös⟩: (veraltet) ärgerlich, verdrießlich

Deplacement

De|pla|ce|ment [deplasə'mã:] *das;* -s, -s ⟨aus gleichbed. *fr.* déplacement, eigtl. „Verschiebung", zu déplacer, vgl. deplacieren⟩: Wasserverdrängung eines Schiffes. **de|pla|cieren** [...'si:rən, auch ...'tsi:...] ⟨aus *fr.* déplacer „umstellen, verrücken" zu dé- „von – weg" u. placer, vgl. plazieren⟩: (veraltet) verrücken, verdrängen. **de|pla|ciert** [...'si:ɐ̯t, auch ...'tsi:ɐ̯t], eindeutschend deplaziert ⟨nach gleichbed. *fr.* déplacé, Part. Perf. von déplacer, vgl. deplacieren⟩: fehl am Platz, unangebracht. **De|pla|cie|rung** *die;* -, -en ⟨zu ↑...ierung⟩: (veraltet) Verrückung, Verdrängung

de|plai|sant [deplɛ'zã:] ⟨aus gleichbed. *fr.* déplaisant zu déplaire „mißfallen", dies über *spätlat.* *displacere aus *lat.* displicere⟩: (veraltet) unangenehm. **De|plai|sir** [...'zi:ɐ̯] *das;* -s ⟨aus gleichbed. *fr.* déplaisir; vgl. Pläsier⟩: (veraltet) Unlust, Mißvergnügen

De|plan|ta|ti|on *die;* -, -en ⟨aus *fr.* déplantation „Verpflanzung" zu déplanter, vgl. deplantieren⟩: Verpflanzung von Gewebe an andere Körperstellen während der frühembryonalen Entwicklung bei Tieren. **de|plan|tie|ren** ⟨aus gleichbed. *fr.* déplanter⟩: 1. (veraltet) umtopfen, umpflanzen (von Pflanzen). 2. [Gewebe, Organe] verpflanzen

de|pla|ziert vgl. deplaciert

De|ple|ti|on *die;* -, -en ⟨aus *lat.* depletio „das Aderlassen, Aderlaß" zu deplere „ausleeren"⟩: Entleerung körpereigener Stoffe (Med.). **de|ple|to|risch** ⟨aus gleichbed. *nlat.* depletorius⟩: entleerend, reinigend (z. B. von der Blutwäsche)

De|plom|ba|ge [deplõ'ba:ʒ(ə)] *die;* -, -n ⟨aus gleichbed. *fr.* déplombage zu dé- „von – weg" u. plombage, vgl. Plombage⟩: (veraltet) Entfernung der Plombe, des Bleisiegels. **de|plom|bie|ren** ⟨aus gleichbed. *fr.* déplomber⟩: (veraltet) die Plombe, das Bleisiegel entfernen

de|plo|ra|bel ⟨aus gleichbed. *fr.* déplorable zu déplorer, dies aus *lat.* deplorare „beweinen"⟩: beklagens-, bedauernswert

De|po|la|ri|sa|ti|on *die;* -, -en ⟨zu ↑ de-... u. ↑ Polarisation⟩: Vermeidung elektrischer ↑ Polarisation (2) in ↑ galvanischen Elementen; vgl. Depolarisator; - des Lichts: Rückumwandlung ↑ polarisierten Lichts in natürliches Licht [beim Durchgang durch trübe Medien]; vgl Medium (3). **De|po|la|ri|sa|tor** *der;* -s, ...oren: Sauerstoff od. Chlor abgebende Chemikalie, die in ↑ galvanischen Elementen den Wasserstoff bindet, durch den sich die positive Elektrode polarisiert. **de|po|la|ri|sie|ren**: eine Depolarisation vornehmen

de|po|lie|ren ⟨aus gleichbed. *fr.* dépolir zu dé- „von – weg" u. polir, vgl. polieren⟩: (veraltet) den Glanz nehmen, mattschleifen

De|po|ly|me|ri|sa|ti|on *die;* -, -en ⟨zu ↑ de-... u. ↑ Polymerisation⟩: Zerlegung von ↑ polymeren Stoffen. **de|po|ly|me|ri|sie|ren**: ↑ polymere Stoffe zerlegen

De|po|nat *das;* -[e]s, -e ⟨zu *lat.* deponere (vgl. deponieren) u. ↑...at (1)⟩: etw., was jmd. deponiert hat, was deponiert worden ist. **De|po|nens** *das;* -, Plur. ...nentia u. ...nenzien [...jən] ⟨aus gleichbed. *lat.* (verbum) deponens, Part. Präs. von deponere, vgl. deponieren⟩: lat. Verb mit passivischen Formen u. aktivischer Bedeutung. **De|po|nent** *der;* -en, -en ⟨zu ↑...ent⟩: jmd., der etwas hinterlegt, in Verwahrung gibt. **De|po|nie** *die;* -, ...ien ⟨zu ↑ ²...ie⟩: Müllablageplatz. **de|po|nie|ren** ⟨aus *lat.* deponere „abstellen, niedersetzen"⟩: niederlegen, hinterlegen, in Verwahrung geben. **De|po|nie|rung** *die;* -, -en ⟨zu ↑...ierung⟩: Speicherung, Lagerung

De|po|pu|la|ti|on *die;* -, -en ⟨aus *lat.* depopulatio „Verwüstung" zu depopulari, vgl. depopulieren⟩: (veraltet) Entvölkerung. **de|po|pu|lie|ren** ⟨aus *lat.* depopulari „verwüsten, ausplündern" zu ↑ de-... u. populus „Volk, Bevölkerung"⟩: (veraltet) entvölkern

De|port [auch de'po:ɐ̯] *der;* -s, Plur. -e u. (bei franz. Ausspr.) -s ⟨aus gleichbed. *fr.* déport, Gegenbildung zu ↑ ²Report⟩: Kursabzug im Deportgeschäft (Verlängerungsgeschäft für das Leihen von Effekten); Ggs. ↑ ²Report. **De|por|ta|ti|on** *die;* -, -en ⟨aus gleichbed. *lat.* deportatio zu deportare, vgl. deportieren⟩: Zwangsverschickung, Verschleppung, Verbannung (von Verbrechern, politischen Gegnern). **de|por|tie|ren** ⟨aus *lat.* deportare „wegbringen, verbannen"⟩: (Verbrecher od. politische Gegner) zwangsweise verschicken, verschleppen, verbannen

De|po|si|tar u. **De|po|si|tär** *der;* -s, -e ⟨aus *lat.* depositarius bzw. *fr.* dépositaire, dies zu ↑ Depositum (2) u. ↑ ...ar bzw. ↑ ...är⟩: Verwahrer von Wertgegenständen, -papieren u. a. **De|po|si|ten**: Plur. von ↑ Depositum. **De|po|si|ten|bank** *die;* -, -en: Kreditbank, die sich oft auf Depositenannahme, Gewährung von kurzfristigen Lombardkrediten, von Wechseldiskontierungen u. teilweise ungedeckten Kontokorrentkrediten beschränkt. **De|po|si|teur** [...'tø:ɐ̯] *der;* -s, -e ⟨zu ↑...eur⟩: svw. Depositar. **De|po|si|ti|on** *die;* -, -en ⟨aus gleichbed. *lat.* depositio zu deponere, vgl. deponieren⟩: 1. Hinterlegung. 2. Absetzung eines kath. Geistlichen ohne Wiedereinsetzung in den Kirchendienst (Rel.). 2. bis ins 18. Jh. übliche derb-feierliche Aufnahme eines neuen Studenten in die akademische Gemeinschaft (depositio cornuum „Ablegung der Hörner"). **De|po|si|to|ri|um** *das;* -s, ...ien [...ən] ⟨aus gleichbed. *spätlat.* depositorium⟩: Aufbewahrungsort, Hinterlegungsstelle. **De|po|si|tum** *das;* -s, ...siten ⟨zu *lat.* depositum „zur Aufbewahrung niedergelegt", Part. Perf. (Neutrum) von deponere, vgl. deponieren⟩: 1. etw., was hinterlegt, in Verwahrung gegeben worden ist. 2. (nur Plur.) Gelder, die als kurz- od. mittelfristige Geldanlage bei einem Kreditinstitut gegen Verzinsung eingelegt u. nicht auf einem Spar- od. Kontokorrentkonto verbucht werden. **De|po|si|tum fi|dei** [– 'fi:dei] *das;* -s, - ⟨zu *lat.* fides, Gen. fidei „Glauben", eigtl. „Glaubenshinterlegung"⟩: Bez. der kath. Theologie für das der Kirche anvertraute Glaubensgut

de|pos|se|die|ren ⟨aus gleichbed. *fr.* déposséder zu dé- „von – weg" u. posséder „besitzen", dies aus gleichbed. *lat.* possidere⟩: (veraltet) enteignen, entrechten, entthronen. **De|pos|ses|si|on** *die;* -, -en ⟨aus gleichbed. *fr.* dépossession⟩: (veraltet) Besitzentziehung, Entthronung

de|po|stie|ren ⟨aus gleichbed. *fr.* déposter zu dé- „von – weg" u. poster „aufstellen, postieren", dies zu poste „Posten, Stellung"⟩: (veraltet) von seinem Posten, seiner Stellung verdrängen (Mil.)

de|po|stu|lie|ren ⟨aus gleichbed. *lat.* depostulare zu ↑ de-... u. postulare „verlangen, fordern"⟩: (veraltet) dringend fordern

De|pot [de'po:] *das;* -s, -s ⟨aus gleichbed. *fr.* dépôt, dies aus *lat.* depositum, Part. Perf. (Neutrum) von deponere, vgl. deponieren⟩: 1. a) Aufbewahrungsort für Sachen; b) Abteilung einer Bank, in der Wertsachen u. -papiere verwahrt werden; c) aufbewahrte Gegenstände. 2. Bodensatz in Getränken, bes. im Rotwein (Gastr.). 3. Ablagerung (Med.). 4. svw. Depotbehandlung. 5. Fahrzeugpark, Sammelstelle für Straßenbahnen u. Omnibusse. **De|pot|ak|tie** [...jə] *die;* -, -n: ↑ Aktie, die einer Bank zur Verwahrung u. Verwaltung ins Depot gegeben ist (Wirtsch.). **De|pot|be|hand|lung** *die;* -, -en: Einspritzung von Medikamenten in schwer löslicher Form zur Erzielung länger anhaltender Wirkungen (z. B. von Depot-Insulin; Med.).

de|po|ten|zie|ren ⟨zu ↑de... u. ↑potenzieren⟩: des eigenen Wertes, der eigenen Kraft, ↑Potenz berauben
De|pot|fett [de'po:...] *das;* -[e]s ⟨zu ↑Depot⟩: das bei Überangebot von Fett u. Kohlehydraten im Unterhautgewebe gespeicherte Fett (Med.). **De|pot|fund** *der;* -[e]s, -e: archäologischer Sammelfund aus vorgeschichtl. Zeit (bei Ausgrabungen). **De|pot|ge|schäft** *das;* -[e]s, -e: gewerbsmäßige Verwahrung u. Verwaltung von Wertgegenständen, bes. von Wertpapieren durch Banken. **De|pot|prä|pa|rat** *das;* -[e]s, -e: Arzneimittel in schwer löslicher Form, das im Körper langsam abgebaut wird u. dadurch anhaltend wirksam bleibt. **De|pot|wech|sel** *der;* -s, -: als Sicherheit für einen Bankkredit hinterlegter Wechsel
De|pouil|le [depu'jə] *die;* -, -n ⟨aus gleichbed. *fr.* dépouille zu dépouiller, vgl. depouillieren⟩: (veraltet) 1. Raub, Beute. 2. Nachlaß, Hinterlassenschaft. **de|pouil|lie|ren** [...'ji:...] ⟨aus gleichbed. *fr.* dépouiller, dies aus *lat.* despoliare⟩: (veraltet) berauben, entblößen, plündern
De|prä|da|ti|on *die;* -, -en ⟨aus gleichbed. *lat.* depraedatio zu depraedari, vgl. deprädieren⟩: (veraltet) Plünderung. **De|prä|da|tor** *der;* -, ...oren ⟨aus gleichbed. *lat.* depraedator⟩: (veraltet) Plünderer. **de|prä|die|ren** ⟨aus gleichbed. *lat.* depraedari zu de... u. praeda "Beute, Plünderung"⟩: (veraltet) berauben, plündern
De|pra|va|ti|on [...v...] *die;* -, -en ⟨aus *lat.* depravatio "Verunstaltung, Entstellung" zu depravare, vgl. deprivieren⟩: 1. Wertminderung, bes. im Münzwesen. 2. Verschlechterung eines Krankheitszustands (Med.). 3. Entartung. **de|pra|vie|ren** ⟨aus *lat.* depravare "verunstalten, verderben"⟩: 1. etwas im Wert herabsetzen, bes. von Münzen. 2. jmdn./etwas verderben
De|pre|ca|tio [...k...] *die;* -, ...ones [...ne:s] ⟨aus *lat.* deprecatio „Bitte (um Hilfe), Fürbitte" zu deprecari, vgl. deprezieren⟩: Anrufung einer abwesenden Person mit der Bitte um Mitgefühl (Rhet., Stilistik)
de|pre|hen|die|ren ⟨aus gleichbed. *lat.* deprehendere⟩: (veraltet) ertappen, ergreifen. **De|pre|hen|si|on** *die;* - ⟨aus gleichbed. *lat.* deprehensio⟩: (veraltet) Ergreifung
De|pre|ka|ti|on *die;* -, -en ⟨aus gleichbed. *lat.* deprecatio, vgl. Deprecatio⟩: (veraltet) Abbitte; vgl. deprezieren
De|pres|si|on *die;* -, -en ⟨aus *lat.* depressio "das Niederdrücken" zu deprimere, vgl. deprimieren⟩: 1. Niedergeschlagenheit, traurige Stimmung. 2. Einsenkung, Einstülpung, Vertiefung (z. B. im Knochen; Med.). 3. Niedergangsphase im Konjunkturverlauf (Wirtsch.). 4. Landsenke; Festlandgebiet, dessen Oberfläche unter dem Meeresspiegel liegt (Geogr.). 5. Tief, Tiefdruckgebiet (Meteor.). 6. a) negative Höhe eines Gestirns, das unter dem Horizont steht; b) Winkel zwischen der Linie Auge – Horizont u. der waagerechten Linie, die durch das Auge des Beobachters verläuft (Astron.). 7. vorübergehendes Herabsetzen des Nullpunktes [eines Thermometers] durch Überhöhung der Temperatur u. unmittelbar folgende Abkühlung auf 0° (Phys.). 8. Unterdruck, der durch das Saugen der Ventilatoren bei der Zufuhr von Frischluft im Bergwerk entsteht (Bergw.). **De|pres|si|ons|la|fet|te** *die;* -, -n: Geschütz zum Schießen unter die Horizontallinie, z. B. von hochgelegenen Befestigungen aus (Mil.). **de|pres|siv** ⟨aus gleichbed. *fr.* dépressif zu *lat.* depressus, Part. Perf. von deprimere, vgl. deprimieren⟩: 1. traurig, niedergeschlagen, gedrückt. 2. durch einen Konjunkturrückgang bestimmt (Wirtsch.). **De|pres|si|vi|tät** [...v...] *die;* - ⟨zu ↑...ität⟩: Zustand der Niedergeschlagenheit
De|pre|tia|ti|on *die;* -, -en ⟨zu ↑de..., *lat.* pretium "Preis, Wert, Lohn" u. ↑...ation⟩: (veraltet) 1. Entwertung. 2.

Herabsetzung. **de|pre|tia|tiv** ⟨zu ↑...iv⟩: abschätzig, pejorativ. **de|pre|ti|ie|ren** ⟨zu ↑...ieren⟩: (veraltet) 1. unterschätzen. 2. entwerten. 3. (im Preis) herabsetzen
de|pre|zie|ren ⟨aus *lat.* deprecari "durch Bitten abzuwenden suchen"⟩: (veraltet) Abbitte leisten; vgl. Deprekation
de|pri|mie|ren ⟨aus gleichbed. *fr.* déprimer, dies aus *lat.* deprimere "niederdrücken"⟩: niederdrücken, entmutigen. **de|pri|miert** ⟨zu ↑...iert⟩: entmutigt, niedergeschlagen, gedrückt; schwermütig
De|pri|va|ti|on [...v...] *die;* -, -en ⟨aus *mlat.* deprivatio "Entziehung", eigtl. „Beraubung", zu deprivare, vgl. deprivieren⟩: 1. a) Mangel, Verlust, Entzug von etwas Erwünschtem (z. B. fehlende Zuwendung der Mutter, Liebesentzug u. ä.; Psychol.); b) Verlust bestimmter Fähigkeiten (z. B. des Bewußtseins; Med.). 2. Absetzung eines kath. Geistlichen. **De|pri|va|ti|ons|syn|drom** *das;* -s, -e: Rückstand in der körperlich-seelischen Entwicklung bei Kindern (bes. in Heimen), die die Mutter od. eine andere Bezugsperson entbehren müssen; vgl. Hospitalismus (2). **de|pri|vie|ren** ⟨aus *mlat.* deprivare "entziehen" zu ↑de... u. *lat.* privare „berauben"⟩: die Mutter od. eine andere Bezugsperson entbehren lassen
De pro|fun|dis [de –] *das;* - ⟨*lat.;* „Aus der Tiefe (rufe ich, Herr, zu dir)"⟩: Anfangsworte u. Bez. des 130. (129.) Psalms nach der ↑Vulgata (1)
de|pro|mie|ren ⟨aus gleichbed. *lat.* depromere⟩: (veraltet) hervorholen
de|pro|mit|tie|ren ⟨zu ↑de... u. *lat.* promittere „versprechen"⟩: (veraltet) ein Versprechen widerrufen
Dep|si|de *die* (Plur.) ⟨zu *gr.* dépsein „erweichen, kneten" u. ↑³...id⟩: häufig in Gerbsäuren vorkommende ↑Ester aromatischer ↑Oxysäuren, die aus zwei od. mehreren ↑Molekülen dieser Säuren aufgebaut sind (Chem.)
De|pu|rans *das;* - Plur. ...antia u. ...anzien [...iən] (meist Plur.) ⟨aus *nlat.* depurans, Part. Präs. von *mlat.* depurare, vgl. depurieren⟩: mittelstarkes Abführmittel (Med.). **De|pu|ra|ti|on** *die;* - ⟨zu ↑...ation⟩: (veraltet) Reinigung. **de|pu|ra|tiv** ⟨zu ↑...iv⟩: (veraltet) abführend, reinigend. **de|pu|rie|ren** ⟨aus gleichbed. *mlat.* depurare zu ↑de... u. *lat.* purare „reinigen, abführen", dies zu purus „rein"⟩: (veraltet) reinigen, läutern
De|pu|tant *der;* -en, -en ⟨aus *lat.* deputans, Gen. deputantis, Part. Präs. von deputare „einem etwas zuschneiden, zuteilen"; vgl. deputieren⟩: jmd., der auf ein Deputat Anspruch hat. **De|pu|tat** *das;* -[e]s, -e ⟨aus *lat.* deputatum „Zugeschnittenes, Zugeteiltes"⟩: 1. zum Gehalt od. Lohn gehörende Sachleistungen. 2. Anzahl der Pflichtstunden, die eine Lehrkraft zu geben hat. **De|pu|ta|ti|on** *die;* -, -en ⟨aus gleichbed. *mlat.* deputatio zu *lat.* deputatus „wem etwas zugeteilt ist; Repräsentant"⟩: Abordnung, die im Auftrag einer Versammlung einer politischen Körperschaft Wünsche od. Forderungen überbringt. **de|pu|tie|ren** ⟨aus *fr.* députer „abordnen", dies über *spätlat.* deputare „für etwas bestimmen, mit einer Aufgabe betrauen" aus *lat.* deputare „genau abschätzen, zuteilen"⟩: einen Bevollmächtigten od. eine Gruppe von Bevollmächtigten abordnen. **De|pu|tier|te** *der* u. *die;* -n, -n ⟨vgl. ...iert⟩: 1. Mitglied einer Deputation. 2. Abgeordnete[r] (z. B. in Frankreich)
de|qua|li|fi|zie|ren ⟨zu ↑de... u. ↑qualifizieren⟩: nicht od. nicht genügend (beruflich) ausbilden. **De|qua|li|fi|zie|rung** *die;* -, -en: verminderte Nutzung, Entwertung vorhandener beruflicher Fähigkeiten im Zuge von Rationalisierungs- u. Automatisierungsmaßnahmen in der Wirtschaft
De|rail|le|ment [dera(l)jə'mã:] *das;* -s, -s ⟨aus gleichbed. *fr.* déraillement zu dérailler, vgl. derailllieren⟩: (veraltet) Ent-

deraillieren

gleisung (Eisenbahnw.). **de|rail|lie|ren** [...(l)'ji:...] ⟨aus gleichbed. *fr.* dérailler zu dé- „von – weg" u. rail „Schiene"⟩: (veraltet) entgleisen (Eisenbahnw.)
De|ran|ge|ment [derãʒə'mã:] *das;* -s, -s ⟨aus gleichbed. *fr.* dérangement zu déranger, vgl. derangieren⟩: Störung, Verwirrung, Zerrüttung. **de|ran|gie|ren** [...'ʒi:...] ⟨aus gleichbed. *fr.* déranger zu dé- „von – weg" u. ranger „ordnen", dies zu rang „Ordnung"⟩: stören, verwirren. **de|ran|giert** ⟨zu ↑ ...iert⟩: völlig in Unordnung, zerzaust
Der|bent *der;* -[s], -s ⟨nach der gleichnamigen Stadt in Dagestan⟩: meist blau- od. rotgrundiger Teppich aus Schafwolle
Der|by ['dɛrbɪ] *das;* -[s], -s ⟨aus gleichbed. *engl.* derby, nach dem Begründer, dem 12. Earl of Derby⟩: 1. alljährliche Zuchtprüfung für die besten dreijährigen Vollblutpferde in Form von Pferderennen. 2. bedeutendes sportliches Spiel von besonderem Interesse (z. B. Lokalderby). **Der|by|rennen** *das;* -s, -: svw. Derby (1)
De|rea|li|sa|ti|on *die;* -, -en ⟨zu ↑ de... u. ↑ Realisation⟩: der Wirklichkeit nicht entsprechende subjektive Ausdeutung u. nachträgliche Rechtfertigung des eigenen Verhaltens (Psychol.)
De|re|beg *der;* -[s], -s u. **De|re|bei** *der;* -[s], Plur. -e u. -s ⟨aus gleichbed. *türk.* derebeyi; vgl. Beg⟩: Feudalherr, Großgrundbesitzer in der alten Türkei
de|re|gu|lie|ren ⟨zu ↑de... u. ↑regulieren⟩: regelnde Maßnahmen aufheben. **De|re|gu|lie|rung** *die;* -, -en: das Deregulieren
de|re|ie|rend u. **de|rei|stisch** ⟨zu ↑de..., *lat.* res (Ablativ re) „Sache, Angelegenheit; Wirklichkeit" u. ↑...ieren bzw. ↑...istisch⟩: die Erkenntnis durch unreflektierte Emotionen beeinflussend
De|re|lik|ti|on *die;* -, -en ⟨aus *lat.* derelictio „Preisgabe" zu derelinquere, vgl. derelinquieren⟩: Besitzaufgabe (Rechtsw.). **de|re|lin|quie|ren** ⟨aus *lat.* derelinquere „gänzlich aufgeben; hinterlassen"⟩: [das Eigentum an] eine[r] beweglichen Sache aufgeben (Rechtsw.)
De|rew|nja [dɛ'rɛf...] *die;* -, -s ⟨aus gleichbed. *russ.* derevnja zu derevo „Baum, Holz"⟩: kleineres russ. Dorf (ohne Kirche); Ggs. ↑Selo
de ri|gueur [də ri'gœr] ⟨*fr.*; zu *lat.* rigidus „starr; streng"⟩: (veraltet) unerläßlich, streng
De|ri|vans [...v...] *das;* -, ...antia u. ...anzien [...jən] (meist Plur.) ⟨aus *lat.* derivans, Part. Präs. von derivare „ableiten"; vgl. derivieren⟩: ableitendes Mittel; Hautreizmittel; Mittel, das eine bessere Durchblutung von Organen bewirkt; Med.). **De|ri|vat** *das;* -[e]s, -e ⟨aus gleichbed. *lat.* derivatum, eigtl. Part. Perf. (Neutrum) von derivare „(ein Wort vom anderen) ableiten"⟩: 1. abgeleitetes Wort (z. B. *Schönheit* von *schön;* Sprachw.). 2. Organ, das sich auf ein anderes, entwicklungsgeschichtlich älteres Organ zurückführen läßt (z. B. die Haut als Derivat des äußeren Keimblattes; Biol.). 3. chem. Verbindung, die aus einer anderen entstanden ist (Chem.). **De|ri|va|ti|on** *die;* -, -en ⟨aus *lat.* derivatio „Ableitung"⟩: 1. Bildung neuer Wörter aus einem Ursprungswort; Ableitung (Sprachw.). 2. seitliche Abweichung eines Geschosses von der Visierlinie. **De|ri|va|ti|ons|rech|nung** *die;* -: (veraltet) svw. Differentialrechnung. **De|ri|va|ti|ons|win|kel** *der;* -s, -: 1. Winkel der Kiellinie eines drehenden Schiffes mit der an den Drehkreis gelegten Tangente (Schiffahrt). 2. Winkel zwischen Seelenachse (einer gedachten Längsachse im Hohlraum eines Gewehrlaufs od. Geschützes) u. Visierlinie (Artillerie). **de|ri|va|tiv** ⟨aus gleichbed. *lat.* derivativus⟩: durch Ableitung entstanden (Sprachw.). **De|ri|va|tiv** *das;* -s, -e [...və]: abgeleitetes Wort, Ableitung (z. B. *täglich* von *Tag;* Sprachw.). **De|ri-**

va|ti|vum [...vʊm] *das;* -s, ...va [...va] ⟨aus gleichbed. *lat.* (verbum) derivativum⟩: (veraltet) svw. Derivativ. **De|ri|va|tor** *der;* -s, ...oren ⟨zu ↑ ...or⟩: Gerät zur Bestimmung der Tangente od. zum Zeichnen der Differentialkurven einer gegebenen vorliegenden Kurve (Math.). **de|ri|vie|ren** ⟨aus *lat.* derivare „(ein Wort) ableiten; wegleiten", eigtl. „Wasser ableiten", zu ↑ de... u. rivus „Bach, Wassergraben"⟩: 1. von der Visierlinie abweichen (von Geschossen); vgl. Derivation (2). 2. [ein Wort] ableiten (z. B. *Verzeihung* von *verzeihen*). **De|ri|vier|te** *die;* -n, -n ⟨vgl. ...iert⟩: mit Hilfe der Differentialrechnung abgeleitete Funktion einer Funktion (Math.). **De|ri|vi|me|ter** *das;* -s, - ⟨zu ↑¹...meter⟩: svw. Derivator

derm..., Derm... vgl. dermato..., Dermato... **Der|ma** *das;* -s, -ta ⟨aus *gr.* dérma, Gen. dérmatos „Haut"⟩: Haut (Med.). **Derm|ab|ra|si|on** *die;* -, -en ⟨zu ↑dermato...⟩: kosmetische Korrektur von Narben u. anderen Hautdeformitäten durch manuelles od. mechanisches Abschleifen (Med.). **der|mal** ⟨zu ↑¹...al (1)⟩: die Haut betreffend, von ihr stammend, an ihr gelegen (Med.). **Derm|al|gie** *die;* -, ...ien ⟨zu ↑...algie⟩: Hautnervenschmerz (Med.). **dermat..., Dermat...** vgl. dermato..., Dermato... **Der|mat|al|gie** vgl. Dermalgie. **Der|ma|ti|kum** *das;* -s, ...ka ⟨zu ↑...ikum⟩: Hautmittel (Med.). **der|ma|tisch** ⟨aus *gr.* dermatikós „haut-, lederartig"⟩: svw. dermal. **Der|ma|ti|tis** *die;* -, ...itiden ⟨zu ↑dermato... u. ↑...itis⟩: Hautentzündung (Med.). **der|ma|to..., Der|ma|to...,** vor Vokalen auch dermat..., Dermat..., verkürzt dermo..., Dermo..., vor Vokalen auch derm..., Derm... ⟨aus *gr.* dérma, Gen. dérmatos „Haut"⟩: Wortbildungselement mit der Bedeutung „Haut", z. B. Dermatologie, Dermatopsie, Dermoplastik, Dermalgie. **Der|ma|to|blast** *der;* -en, -en ⟨zu *gr.* blastós „Sproß, Trieb"⟩: Hautfaserblatt der ↑ Chordaten (Biol.). **Der|ma|to|cha|la|sis** *die;* -, ...lasen: abnorme Schlaffheit der Haut (Med.). **Der|ma|to|cra|ni|um** [...k...] u. Dermatokranium *das;* -[s], ...ia: Bez. für die das Schädeldach, das Munddach u. die Kieferknochen der Wirbeltiere bildenden Deckknochen (Anat.). **Der|ma|to|gen** *das;* -s ⟨zu ↑...gen⟩: Zellschicht, die den ↑Vegetationskegel der Pflanzen überzieht (Bot.). **Der|ma|to|gly|phe** *die;* -n, -n (meist Plur.) ⟨zu *gr.* glýphein „einschneiden, eingravieren"⟩: Papillarlinie, -leiste, Hautleiste auf den Endgliedern der Finger u. Zehen sowie im Bereich der Ballen auf Handflächen u. Fußsohlen. **Der|ma|to|gramm** *das;* -s, -e ⟨zu ↑...gramm⟩: Farbabdruck des Hautlinienmusters. **Der|ma|to|graph** *der;* -en, -en ⟨zu ↑...graph⟩: Stift zur Tönung der Haut. **Der|ma|to|lid** ⓌⒹ *das;* -s, -e ⟨zu ↑...oid⟩: abwaschbares, strapazierfähiges Kunstleder (bes. für Büchereibände). **Der|ma|to|kra|ni|um** vgl. Dermatocranium. **Der|ma|tol** Ⓦ *das;* -s ⟨Kunstw.; vgl. ...ol⟩: keimtötendes Arzneimittel zur Wundbehandlung u. gegen Darmkatarrh. **Der|ma|to|leio|my|om** *das;* -s, -e: nervenreiche Hautknötchen aus glatten Muskelfasern (gutartige Hautgeschwulst; Med.). **Der|ma|to|lo|ge** *der;* -n, -n ⟨zu ↑...loge⟩: Hautarzt. **Der|ma|to|lo|gie** *die;* - ⟨zu ↑...logie⟩: Lehre von den Hautkrankheiten. **Der|ma|to|lo|gi|kum** *das;* -s, ...ka ⟨zu ↑...ikum⟩: äußerlich anzuwendendes Mittel, insbesondere zur Behandlung von Hautkrankheiten (Med.). **Der|ma|to|lo|gin** *die;* -, -nen: Hautärztin. **der|ma|to|lo|gisch** ⟨zu ↑...logisch⟩: zur Dermatologie gehörend, auf ihr beruhend. **Der|ma|to|ly|sis** *die;* -, ...sen ⟨zu *gr.* lýsis „(Auf)lösung"⟩: angeborene Hautschlaffheit (Med.). **Der|ma|tom** *das;* -s, -e ⟨zu ↑...om⟩: 1. Hautgeschwulst (Med.). 2. Hautsegment (Med.); vgl. Segment (2). 3. chirurg. Instrument zur Ablösung von Hautlappen für Transplantationszwek-

Desallergisierung

ke. **Der|ma|to|my|ia|sis** *die;* - ⟨zu gr. myĩa „Fliege" u. ↑...iasis⟩: Madenkrankheit der Haut (Med.). **Der|ma|to|my|ko|se** *die;* -, -n: Pilzflechte der Haut (Med.). **Der|ma|to|my|om** *das;* -s, -e: gutartige Hautgeschwulst (Med.). **Der|ma|to|myo|si|tis** *die;* -, ...sitiden: Muskelentzündung in Verbindung mit einer Entzündung der Haut (Med.). **Der|ma|to|pa|thie** *die;* -, ...ien ⟨zu ↑...pathie⟩: durch Gefäßstauung verursachte Hauterkrankung (Med.). **Der|ma|to|phy|ten** *die* (Plur.) ⟨zu ↑...phyt⟩: Haut- u. Haarpilze (Med.). **Der|ma|to|pla|stik** *die;* -, -en: operativer Ersatz von kranker od. verletzter Haut durch gesunde (Med.). **Der|mat|op|sie** *die;* - ⟨zu ↑...opsie⟩: Hautlichtsinn; Fähigkeit, mit der Haut bzw. mit der Körperoberfläche Licht wahrzunehmen (Zool.). **der|mat|op|tisch**: die Dermatopsie betreffend. **Der|ma|tor|rha|gie** *die;* -, ...ien ⟨zu gr. rhagḗ „Riß" u. ↑²...ie⟩: Hautblutung, Blutschwitzen (Med.). **Der|ma|to|se** *die;* -, -n ⟨zu ↑¹...ose⟩: Hautkrankheit (Med.). **Der|ma|to|skle|ro|se** *die;* -, -n: krankhafte Veränderung der Haut (Med.). **Der|ma|to|spas|mus** *der;* -, ...men: Gänsehaut, Hervortreten der Haarbälge infolge ↑Kontraktion der glatten Haarmuskulatur, die dabei das Haar aufrichtet (Med.). **Der|ma|to|zo|on** *das;* -s, ...zoen ⟨zu gr. zōon „Lebewesen, Tier"⟩: Hautschmarotzer (Med.). **Der|ma|to|zoo|no|se** [...tsoo...] *die;* -, -n: durch Dermatozoen verursachte Hautkrankheit (Med.). **...der|mie** ⟨zu gr. dérma „Haut" u. ↑²...ie⟩: Wortbildungselement mit der Bedeutung „Veränderung, Krankheit der Haut", z. B. Erythrodermie, Leukodermie. **der|mo...**, **Der|mo...** vgl. dermato..., Dermato... **Der|mo|epi|der|mi|tis** *die;* -, ...itiden ⟨zu ↑Epidermis u. ↑...itis⟩: bakterieller Stauungskatarrh mit Schuppenbildung (Med.). **Der|mo|graph** *der;* -en, -en ⟨zu ↑...graph⟩: Fettstift für Markierungen auf der Haut (Med.). **Der|mo|gra|phie** *die;* -, ...ien ⟨zu ↑...graphie⟩: Streifen- od. Striemenbildung auf gereizten Hautstellen (Med.). **Der|mo|gra|phis|mus** *der;* -, ...men ⟨zu ↑...ismus (3)⟩: svw. Dermographie. **Der|mo|id** *das;* -s, -e ⟨zu ↑...oid⟩: hautartige Fehlbildung an Schleimhäuten (Med.). **Der|mo|id|zy|ste** *die;* -, -n: Zyste, die durch Einschluß von ↑Epidermisteilen in der Gegend bestimmter ↑embryonaler Spalten entsteht (Med.). **Der|mo|pla|stik** *die;* -, -en: 1. svw. Dermatoplastik. 2. Präparationsverfahren zur möglichst naturgetreuen Darstellung von Wirbeltieren. **Der|mo|to|mie** *die;* - ⟨zu ↑...tomie⟩: Anatomie der Haut. **der|mo|trop** ⟨zu ↑...trop⟩: die Haut beeinflussend, auf sie wirkend, auf sie gerichtet (Med.)
Der|nier cri [dɛrnjeˈkri] *der;* - -, -s -s [dɛrnjeˈkri] ⟨aus gleichbed. fr. dernier cri, eigtl. „letzter Schrei"⟩: allerletzte Neuheit (bes. in der Mode)
de|ro|bie|ren ⟨aus gleichbed. *fr.* dérober zu dé- „von – weg" u. älter *fr.* rober „rauben", dies aus dem Germ.⟩: (veraltet) stehlen, entwenden; **sich -**: sich heimlich davonmachen
de|ro|die|ren ⟨aus *spätlat.* derodere zu ↑de... u. *lat.* rodere „nagen", Analogiebildung zu erodieren, vgl. erodieren⟩: (veraltet) ab-, benagen
De|ro|ga|ti|on *die;* -, -en ⟨aus *lat.* derogatio „Abschaffung, Beschränkung" zu derogare, vgl. derogieren⟩: Teilaufhebung, teilweise Außerkraftsetzung [eines Gesetzes]. **de|ro|ga|tiv** u. **de|ro|ga|to|risch** ⟨aus gleichbed. *lat.* derogativus bzw. derogatorius⟩: aufhebend, beschränkend; vgl. ...iv/ ...orisch. **Dé|ro|geance|prin|zip** [derɔˈʒãːs...] *das;* -s ⟨verdeutlichende Bildung aus gleichbed. *fr.* dérogeance (zu déroger „zuwiderhandeln; die Adelsprivilegien verwirken", dies aus *lat.* derogare, vgl. derogieren⟩ u. ↑Prinzip⟩: durch die Ritterorden des Mittelalters geprägter Grundsatz, wonach die nicht standesgemäße Betätigung (in Handel u.

Wirtschaft) den Verlust der Vorrechte u. Privilegien des Adels nach sich zog. **de|ro|gie|ren** [...ˈgiː...] ⟨aus *lat.* derogare „aufheben, beschränken, aberkennen" zu ↑de... u. rogare „bitten"⟩: außer Kraft setzen; schmälern, beeinträchtigen
De|ro|si|on *die;* -, -en ⟨aus gleichbed. *spätlat.* derosio zu derodere, vgl. derodieren⟩: (veraltet) Abnagung. **de|ro|siv** ⟨zu ↑...iv⟩: (veraltet) abnagend
de|rou|gie|ren [deruˈʒiː...] ⟨aus gleichbed. *fr.* dérougir zu dé- „von – weg" u. rougir „rot färben, machen, röten", dies zu rouge „rot" aus *lat.* rubeus⟩: (veraltet) die rote Farbe, Röte entfernen, entfärben
De|roule|ment [derulˈmãː] *das;* -s, -s ⟨aus gleichbed. *fr.* déroulement, eigtl. „das Auseinanderrollen", zu dérouler „ab-, auseinanderrollen", dies zu dé- „von – weg" u. rouler „rollen"⟩: (veraltet) Abwicklung
De|rou|te [deˈru:t(ə)] *die;* -, -n [...tn̩] ⟨aus *fr.* déroute „wilde Flucht, Auflösung, Zusammenbruch" zu *altfr.* dérouter „auseinanderlaufen"; vgl. Route⟩: 1. Kurs-, Preissturz. 2. (veraltet) wilde Flucht einer Truppe. **de|rou|tie|ren** [deru...] ⟨aus *fr.* dérouter „den Kurs ändern", eigtl. „vom Wege abbringen, irreleiten"⟩: Preisverfall bewirken (Wirtsch.)
Der|rick|kran *der;* -[e]s, Plur. ...kräne, fachspr. -e ⟨nach einem engl. Henker des 17. Jh.s namens Derrick⟩: Mastenbaukran, Montagekran für Hoch- u. Tiefbau
der|rière! [dɛrˈjɛːr] ⟨*fr.;* eigtl. „hinten; hinterher"⟩: (veraltet) zurück! (Zuruf an den Hund)
Der|ris *die;* - ⟨zu gr. dérris „Haut, Fell"⟩: Vertreter einer in Afrika u. Asien beheimateten Gattung der Schmetterlingsblütler, dessen Wurzeln zur Herstellung von Schädlingsbekämpfungsmitteln dienen
De|ru|ta|wa|re *die;* -, -n ⟨nach der ital. Stadt Deruta in der Provinz Perugia⟩: Tonware des 16. Jh.s
Der|wisch *der;* -[e]s, -e ⟨über *türk.* derviş aus *pers.* darwiš „Bettler"⟩: Mitglied eines islamischen religiösen Ordens, zu dessen Riten Musik u. rhythmische Tänze gehören
des..., **Des...** ⟨aus *fr.* dés- „ab-, aus-, ent-", dies aus *lat.* dis- „auseinander-, un-, ent-"⟩: Präfix mit der Bedeutung „ent-" (nur vor Vokalen), z. B. desorganisieren, Desengagement, Desillusion; vgl. de..., De...
Des|abuse|ment [...abyzˈmãː] *das;* -s, -s ⟨aus gleichbed. *fr.* désabusement, eigtl. „Enttäuschung", zu désabuser, vgl. desabusieren⟩: (veraltet) Zurechtweisung, Belehrung. **des|abu|sie|ren** ⟨aus gleichbed. *fr.* désabuser, eigtl. „enttäuschen", zu ↑des... u. abuser „täuschen, hintergehen", dies zu abus „Mißbrauch, Betrug" aus *lat.* abusus⟩: (veraltet) zurechtweisen, eines Besseren belehren
Des|acha|lan|dage [...aʃalãˈdaːʒ] *die;* - ⟨aus gleichbed. *fr.* désachalandage zu désachalander, vgl. desachalandieren⟩: (veraltet) Verlust der Kundschaft. **des|acha|lan|die|ren** ⟨aus gleichbed. *fr.* désachalander zu ↑des... u. ↑achalandieren⟩: (veraltet) a) die Kundschaft verlieren; b) (jmdm.) die Kundschaft abspenstig machen
Des|af|fek|ti|on *die;* -, -en ⟨aus gleichbed. *fr.* désaffection zu ↑des... u. affection „Zuneigung, Liebe", dies aus *lat.* affectio, vgl. Affektion⟩: (veraltet) Abneigung. **des|af|fek|tio|niert** ⟨aus gleichbed. *fr.* désaffectionné, Part. Perf. von se désaffectionner „die Zuneigung verlieren"; vgl. ...iert⟩: (veraltet) abgeneigt
des|agrea|bel ⟨aus gleichbed. *fr.* désagréable zu ↑des... u. agréable, vgl. agreabel⟩: (veraltet) unangenehm, mißfällig
des|ak|ti|vie|ren [...v...] ⟨zu ↑des... u. ↑aktivieren⟩: in einen nichtaktiven (vgl. aktiv, 5) Zustand versetzen (Chem.)
Des|al|ler|gi|sie|rung *die;* -, -en ⟨zu ↑des..., ↑Allergisierung⟩: therapeutische Maßnahme bei ↑Allergosen (Med.)

Desaminase

Des|ami|na|se *die;* -, -n ⟨zu ↑desaminieren u. ↑...ase⟩: svw. Arginase. **des|ami|nie|ren** ⟨Kunstw. aus ↑des..., ↑Aminogruppe u. ↑...ieren⟩: die Aminogruppe aus organischen Verbindungen abspalten (Chem.)

Des|an|ne|xi|on *die;* -, -en ⟨aus gleichbed. *fr.* désannexion zu ↑des... u. ↑Annexion⟩: das Rückgängigmachen einer ↑Annexion (franz. Schlagwort im 1. Weltkrieg in bezug auf Elsaß-Lothringen)

Des|ap|pointe|ment [...apɔɛt'mãː] *das;* -s, -s ⟨aus gleichbed. älter *fr.* désappointement zu désappointer, vgl. désappointieren⟩: (veraltet) a) Streichung (von der Dienstliste; Mil.); b) Abdankung. **des|ap|poin|tie|ren** ⟨aus gleichbed. älter *fr.* désappointer zu ↑des... u. appointer, vgl. appointieren⟩: (veraltet) a) aus der Dienstliste streichen; des Soldes od. eines Vorteiles berauben (Mil.); b) eine sichere Erwartung täuschen; c) in Verlegenheit bringen

Des|ap|pro|ba|ti|on *die;* -, -en ⟨aus gleichbed. *fr.* désapprobation zu ↑des... u. approbation, vgl. Approbation⟩: (veraltet) Mißbilligung

Des|ap|pro|pria|ti|on *die;* -, -en ⟨aus gleichbed. *fr.* désappropriation zu désapproprieren, vgl. desappropriieren⟩: (veraltet) Aufgeben des Eigentums, Entäußerung, Verzicht. **des|ap|pro|pri|ie|ren** ⟨aus gleichbed. *fr.* désapproprier zu ↑des... u. approprier, vgl. appropriieren⟩: (veraltet) das Eigentum aufgeben

Des|ar|me|ment [...armə'mã:] *das;* -s, -s ⟨aus gleichbed. *fr.* désarmement zu désarmer, vgl. desarmieren⟩: Entwaffnung des Gegners beim Fechten, indem diesem die Klinge aus der Hand geschlagen wird. **des|ar|mie|ren** ⟨aus gleichbed. *fr.* désarmer zu ↑des... u. armer, vgl. armieren⟩: 1. (veraltet) entwaffnen. 2. dem Gegner die Klinge aus der Hand schlagen (Fechtsport)

des|as|sor|tie|ren ⟨aus gleichbed. *fr.* désassortir zu ↑des... u. assortir, vgl. assortieren⟩: (veraltet) a) Zusammengehöriges trennen; b) [ein Lager] räumen. **Des|as|sor|tisse|ment** [...asɔrtis'mã:] *das;* -s, -s ⟨zu ↑des... u. ↑Assortissement⟩: (veraltet) a) Trennung; b) unvollständiges Warenlager

De|sa|ster *das;* -s, - ⟨aus gleichbed. *fr.* désastre, dies aus *it.* disastro, eigtl. „Unstern"⟩: Mißgeschick, Unheil; Zusammenbruch

Des|avan|ta|ge [...avã'ta:ʒ(ə)] *die;* -, -n ⟨aus gleichbed. *fr.* désavantage zu ↑des... u. ↑Avantage⟩: (veraltet) Nachteil, Verlust (besonders Spielverlust)

des|avou|ie|ren [...avu'iː...] ⟨aus gleichbed. *fr.* désavouer zu ↑des... u. avouer „anerkennen, einräumen"; vgl. *lat.* advocare „herbeirufen"⟩: 1. im Stich lassen, bloßstellen. 2. nicht anerkennen, verleugnen, in Abrede stellen. **Des|avou|ie|rung** *die;* -, -en ⟨zu ↑...ierung⟩: Bloßstellung, Brüskierung

Des|cort [dɛ'kɔːɐ̯] *das;* -, -s ⟨aus *altfr.* u. *provenzal.* descort „Zwietracht, Mißklang" zu *lat.* discors „uneinig, streitend"⟩: (veraltet) altfranz.-provenzal. Gedichtgattung mit ungleichen Strophen

Des|em|bal|la|ge [...ãba'la:ʒ(ə)] *die;* -, -n ⟨aus gleichbed. *fr.* désemballage zu désemballer, vgl. desemballieren⟩: (veraltet) das Auspacken. **des|em|bal|lie|ren** ⟨aus gleichbed. *fr.* désemballer zu ↑des... u. emballer, vgl. emballieren⟩: (veraltet) auspacken

des|en|chan|tie|ren [...ãʃã'tiː...] ⟨aus gleichbed. *fr.* désenchanter zu ↑des... u. enchanter, vgl. enchantieren⟩: (veraltet) entzaubern, ernüchtern

Des|en|ga|ge|ment [...ãgaʒə'mã:] *das;* -s, -s ⟨aus *fr.* désengagement „Lossagung von einer Verpflichtung"⟩: svw. Disengagement

des|en|nu|yie|ren [...ãny'jiː...] ⟨aus gleichbed. *fr.* désennuyer zu ↑des... u. ennuyer, vgl. ennuyieren⟩: (veraltet) die Langeweile vertreiben

De|sen|si|bi|li|sa|ti|on *die;* -, -en ⟨zu ↑de..., ↑sensibilisieren u. ↑...ation⟩: 1. Verringerung der Lichtempfindlichkeit von belichteten fotografischen Schichten mit Hilfe von Desensibilisatoren. 2. Schwächung od. Aufhebung der allergischen Reaktionsbereitschaft eines Organismus durch stufenweise gesteigerte Zufuhr des anfallauslösenden Allergens; vgl. Allergen (Med.); vgl. ...[at]ion/...ierung. **De|sen|si|bi|li|sa|tor** *der;* -s, ...oren: Farbstoff, der Filme ↑desensibilisiert (2). **de|sen|si|bi|li|sie|ren**: 1. unempfindlich machen (Med.). 2. Filme mit Hilfe von ↑Desensibilisatoren weniger lichtempfindlich machen (Fotogr.). **De|sen|si|bi|li|sie|rung** *die;* -, -en: svw. Desensibilisation; vgl. ...[at]ion/...ierung

des|en|ve|lop|pie|ren [...ãvəlɔ...] ⟨aus gleichbed. *fr.* désenvelopper zu ↑des... u. envelopper „ein-, umhüllen"; vgl. Enveloppe⟩: (veraltet) auspacken, enthüllen

De|sert Cul|ture [dɛ'zət 'kʌltʃə] *die;* - - ⟨*engl.;* zu desert „Wüste" u. culture „Kultur"⟩: prähistorische Indianerkultur in Wüstengebieten Nordamerikas

De|ser|teur [dezɛr'tøːɐ̯] *der;* -s, -e ⟨aus gleichbed. *fr.* déserteur zu désert, vgl. desertieren⟩: Fahnenflüchtiger, Überläufer. **de|ser|tie|ren** ⟨aus gleichbed. *fr.* déserter zu désert „öde, verlassen", dies aus *lat.* desertus zu deserere „im Stich lassen, aufgeben"⟩: fahnenflüchtig werden; zur Gegenseite überlaufen. **De|ser|ti|fi|ka|ti|on** *die;* -, -en ⟨zu *lat.* desertus „verlassen" u. ↑...fikation⟩: Verwüstung; Vordringen der Wüste in bisher noch von Menschen genutzte Räume auf Grund einer zu starken Nutzung der Wüstenrandgebiete durch den Menschen. **De|ser|ti|on** *die;* -, -en ⟨über *fr.* désertion aus gleichbed. *spätlat.* desertio⟩: Fahnenflucht. **de|ser|to|risch** ⟨zu *lat.* desertor „Verräter, Flüchtling, Deserteur"⟩: böswilliges Verlassen od. unentschuldigtes Versäumen betreffend

des|es|pe|rie|ren ⟨aus gleichbed. *fr.* désespérer, dies aus *lat.* desperare⟩: (veraltet) verzweifeln. **Des|es|poir** [...ɛs'pŏaːɐ̯] *das;* - ⟨aus gleichbed. *fr.* désespoir⟩: (veraltet) Verzweiflung

Dés|ha|bil|lé [dezabi'je:] *das;* -[s], -s ⟨aus gleichbed. *fr.* déshabillé, substantiviertes Part. Perf. von déshabiller, vgl. deshabillieren⟩: a) Bez. für ein elegantes Haus- u. Morgenkleid, das bes. im 18. Jh. in Mode war; b) eleganter, dekolletierter Morgenrock. **des|ha|bil|lie|ren** [dezabi'ji:...] ⟨aus gleichbed. *fr.* déshabiller zu ↑des... u. habiller „ankleiden"⟩: (veraltet) entkleiden, ausziehen

des|he|ri|tie|ren [dɛseri...] ⟨aus gleichbed. *fr.* désheriter zu ↑des... u. hériter „erben", dies aus *lat.* hereditare⟩: (veraltet) enterben

de|si|de|ra|bel ⟨aus gleichbed. *lat.* desiderabilis⟩: wünschenswert. **de|si|de|rat** ⟨aus *lat.* desideratus „erwünscht, willkommen"⟩: eine Lücke füllend, einem Mangel abhelfend; dringend nötig. **De|si|de|rat** *das;* -[e]s, -e u. Desideratum *das;* -s, ...ta ⟨aus *lat.* desideratum „Erwünschtes"⟩: 1. vermißtes u. zur Anschaffung in Bibliotheken vorgeschlagenes Buch. 2. etw., was fehlt, was nötig gebraucht wird; Erwünschtes. **De|si|de|ra|ti|on** *die;* -, -en ⟨aus gleichbed. *lat.* desideratio⟩: (veraltet) Verlangen. **De|si|de|ra|tiv** *das;* -s, -e [...və] u. **De|si|de|ra|ti|vum** [...vʊm] *das;* -s, ...va [...va] ⟨aus gleichbed. *lat.* (verbum) desiderativum⟩: Verb, das einen Wunsch ausdrückt (z. B. *lat.* scripturio = ich will gern schreiben). **De|si|de|ra|tum** vgl. Desiderat. **De|si|de|ri|um** *das;* -s, Plur. ...ien [...iən] u. ...ia ⟨aus *lat.* desiderium „Sehnsucht, Wunsch"⟩: 1. Wunsch, Forderung, Verlangen. 2. (meist Plur.) zur Anschaffung in Bibliotheken vorgeschlagenes Buch

De|sign [di'zain] *das;* -s, -s ⟨aus gleichbed. *engl.* design, dies über älter *fr.* dessein(g) zu desseigner „zeichnen, entwerfen", dies über *it.* disegnare aus *lat.* designare, vgl. designieren⟩: 1. zeichnerischer od. plastischer Entwurf, Skizze, Modell (bes. zur Gestaltung industriell gefertigter Gegenstände). 2. die nach Design (1) entstandene Form von etwas. **De|si|gnat** [dezɪ'gnaːt] *das;* -[e]s, -e ⟨aus *lat.* designatum „das Bezeichnete", substantiviertes Part. Perf. (Neutrum) von designare, vgl. designieren⟩: Bez. für das ↑ Signifikat in einem ↑ bilateralen Zeichenmodell der Sprache (beim sprachlichen Zeichen „Kamm" beispielsweise ist der Sinn od. Inhalt das Signifikat, das Bezeichnete, während der Lautkörper bzw. das Schriftbild, der Name also, der Signifikant, das Bezeichnende ist; Sprachw.); Ggs. ↑ Designator. **De|si|gna|teur** [...gnaˈtøːɐ̯] *der;* -s, -e ⟨zu ↑ ...eur⟩: svw. Designator (2). **De|si|gna|ti|on** *die;* -, -en ⟨aus *lat.* designatio „Bezeichnung, Abgrenzung" zu designare, vgl. designieren⟩: 1. Bestimmung, Bezeichnung. 2. vorläufige Ernennung. **De|si|gna|tor** *der;* -s, ...ọren ⟨aus *lat.* designator „Bezeichner"; vgl. ...or⟩: 1. Bez. für den ↑ Signifikanten in einem ↑ bilateralen Zeichenmodell der Sprache (beim sprachlichen Zeichen „Kamm" beispielsweise ist der Sinn od. Inhalt das Signifikat, das Bezeichnete, während der Lautkörper bzw. das Schriftbild, der Name also, der Signifikant, das Bezeichnende ist; Sprachw.); Ggs. ↑ Designat. 2. (veraltet) Platzanweiser, Ordner. **de|si|gna|tus** ⟨*lat.*⟩: im voraus ernannt, vorgesehen (Abk.: des.). **De|si|gner** [di'zainɐ] *der;* -s, - ⟨aus gleichbed. *engl.* designer zu design, vgl. Design⟩: Formgestalter für Gebrauchs- u. Verbrauchsgüter. **De|si|gner|dro|ge** *die;* -, -n: für den illegalen Drogenmarkt synthetisch hergestelltes Abwandlungsprodukt von bekannten Suchtstoffen, Schmerz- od. Betäubungsmitteln. **De|si|gne|rin** *die;* -, -nen: weibliche Form zu ↑ Designer. **de|si|gnie|ren** [dezɪ'gniː...] ⟨aus gleichbed. *lat.* designare zu ↑ de... u. signum „Zeichen, Kennzeichen"⟩: bestimmen, bezeichnen; für ein [noch nicht besetztes] Amt vorsehen

De|sik|kan|tia vgl. Desikkanzien. **De|sik|kan|zi|en** [...i̯ən], Desikkạntia *die* (Plur.) ⟨zu ↑ de... u. *lat.* siccans, Plur. siccantia, Part. Präs. von siccare „trocknen"⟩: chem. Mittel, die das Vertrocknen von Kulturpflanzen od. deren Teilen bewirken. **De|sik|ka|ti|on** *die;* - ⟨zu ↑ de... u. *lat.* siccatio „das Trocknen"⟩: Vertrocknung, das Vertrocknen von Kulturpflanzen od. deren Teilen durch chemische Mittel **De|si|li|fi|ka|ti|on** *die;* -, -en ⟨zu ↑ de..., *lat.* silex „Kiesel" u. ↑ ...fikation⟩: svw. Desilifizierung; vgl. ↑ ...[at]ion/...ierung. **De|si|li|fi|zie|rung** *die;* -, -en ⟨zu ↑ ...fizierung⟩: durch Lösung u. Auswaschung der Silikate hervorgerufene Verarmung des Bodens an Kieselsäure; vgl. ...[at]ion/...ierung

De|sil|lu|si|on *die;* -, -en ⟨aus gleichbed. *fr.* désillusion zu ↑ des... u. ↑ Illusion⟩: 1. (ohne Plur.) Enttäuschung, Ernüchterung. 2. enttäuschendes Erlebnis; Erfahrung, die eine Hoffnung zerstört. **des|il|lu|sio|nie|ren** ⟨aus gleichbed. *fr.* désillusionner⟩: enttäuschen, ernüchtern. **Des|il|lu|sio|nịs|mus** *der;* - ⟨zu ↑ ...ismus⟩: Hang zu illusionsloser, schonungslos nüchterner Betrachtung der Wirklichkeit

Des|in|fek|ti|on *die;* -, -en ⟨zu ↑ des... u. ↑ Infektion⟩: 1. Abtötung von Erregern ansteckender Krankheiten durch physik. od. chem. Verfahren bzw. Mittel. 2. (ohne Plur.) Zustand, in dem sich etwas nach dem Desinfizieren befindet, z. B. die - hielt nicht lange vor; vgl. ...[at]ion/...ierung. **Des|in|fek|ti|ons|ap|pa|rat** *der;* -[e]s, -e: svw. Desinfektor (2). **Des|in|fẹk|tor** *der;* -s, ...ọren ⟨zu ↑ ...or⟩: 1. Fachmann für Desinfektionen. 2. Gerät zur Desinfizierung von Kleidungsstücken u. ä.

Des|in|fe|sta|ti|on *die;* -, -en ⟨zu ↑ des... u. spätlat. infestatio „Anfeindung, Angriff", dies zu *lat.* infestare „anfeinden, angreifen"⟩: Entwesung, Vernichtung schädlicher Kleinlebewesen (z. B. von Mäusen)

Des|in|fi|zi|ens [...i̯əns] *das;* -, ...zienzien [...i̯ən] u. ...ziẹntia ⟨zu ↑ des... u. *lat.* inficiens, Part. Präs. von inficere, vgl. infizieren⟩: keimtötendes Mittel. **des|in|fi|zie|ren**: Krankheitserreger abtöten. **Des|in|fi|zie|rung** *die;* -, -en ⟨zu ↑ ...ierung⟩: svw. Desinfektion (1); vgl. ...[at]ion/...ierung

Des|in|for|ma|ti|on *die;* -, -en ⟨zu ↑ des... u. ↑ Information⟩: bewußt falsche Information zum Zwecke der Täuschung

Des|in|sek|ti|on *die;* -, -en ⟨zu ↑ des..., ↑ Insekt u. ↑ ¹...ion⟩: Entwesung, Bekämpfung u. Vertilgung von Ungeziefer (hauptsächlich von Insekten)

Des|in|te|gra|ti|on *die;* -, -en ⟨zu ↑ des... u. ↑ Integration⟩: 1. Spaltung, Auflösung eines Ganzen in seine Teile; Ggs. ↑ Integration (2). 2. (ohne Plur.) Zustand, in dem sich etwas nach der Auflösung o. ä. befindet, z. B. die - beibehalten (Pol., Soziol.); Ggs. ↑ Integration (3); vgl. ...[at]ion/...ierung. **Des|in|te|gra|tor** *der;* -s, ...ọren: 1. Maschine, die nichtfaserige Materialien zerkleinert. 2. Teerabscheider, Gerät zur Abscheidung von Teernebeln. **des|in|te|grie|rend**: nicht unbedingt notwendig, nicht wesentlich. **des|in|te|griert**: aufgelöst, zerfallen, in einzelne, selbständige Teile aufgespalten; - er Typus: die durch nicht od. kaum zusammenhängend ablaufende psychische Vorgänge (Wahrnehmen, Fühlen, Denken, Wollen) gekennzeichnete Persönlichkeit (Psychol.); Ggs. ↑ integrierter Typus. **Des|in|te|grie|rung** *die;* -, -en: svw. Desintegration (1); Ggs. ↑ Integrierung; vgl. ...[at]ion/...ierung

Des|in|ter|ẹs|se *das;* -s ⟨zu ↑ des... u. ↑ Interesse⟩: Unbeteiligtsein, innere Unbeteiligtheit, Gleichgültigkeit gegenüber jmdm./etwas; Ggs. ↑ Interesse (1). **Des|in|ter|es|se|ment** [...ɛtɛrɛsəˈmãː] *das;* -s ⟨aus gleichbed. *fr.* désintéressement⟩: svw. Desinteresse. **des|in|ter|es|siert** [...ɪntərɛ...] ⟨nach gleichbed. *fr.* désintéressé; vgl. ...iert⟩: an etwas nicht interessiert; uninteressiert; Ggs. ↑ interessiert

Des|in|ve|sti|ti|on [...v...] *die;* -, -en ⟨zu ↑ des... u. ↑ Investition⟩: Verringerung des Bestandes an Gütern od. der volkswirtschaftlichen Produktionsausrüstung

des|in|vi|tie|ren [...v...] ⟨aus gleichbed. *fr.* désinviter zu ↑ des... u. inviter „einladen", dies aus *lat.* invitare⟩: (veraltet) eine Einladung zurücknehmen

Des|in|vol|ture [...ɛ̃vɔlˈtyːɐ̯] *die;* - ⟨aus *fr.* désinvolture „Ungezwungenheit", dies aus *it.* disinvoltura zu disinvolto, eigtl. „unverhüllt", dies zu ↑ dis... u. *lat.* volvere „einhüllen"⟩: ungezwungene Haltung, Ungeniertheit [im Stil] (bes. im ↑ Expressionismus 1)

de|si|ra|bel ⟨aus gleichbed. *fr.* désirable zu désirer „wünschen, verlangen", dies aus *lat.* desiderare „begehren, ersehnen"⟩: (veraltet) wünschenswert

de|si|stie|ren ⟨aus *lat.* desistere „abstehen, aufhören; wegtreten"⟩: (veraltet) von etwas abstehen; Ggs. ↑ insistieren

Des|ja|ti|ne *die;* -, -n ⟨aus *russ.* desjatina zu desjat' „zehn"⟩: alte russ. Flächeneinheit (entspricht ungefähr einem Hektar)

Desk-Re|search [ˈdɛskrɪsəːtʃ] *das;* -[s], -s ⟨aus gleichbed. *engl.* desk research, eigtl. „Schreibtischforschung"⟩: Auswertung statistischen Materials zum Zweck der Markt- u. Meinungsforschung; Ggs. ↑ Field-Research

de|skri|bie|ren ⟨aus gleichbed. *lat.* describere⟩: beschreiben (z. B. sprachliche Erscheinungen). **De|skrip|ti|on** *die;* -, -en ⟨aus gleichbed. *lat.* descriptio, eigtl. „Abschrift"⟩: Be-

deskriptiv

schreibung. **de|skrip|tiv** ⟨aus gleichbed. *lat.* descriptivus⟩: beschreibend; Ggs. ↑präskriptiv. **De|skrip|ti|vis|mus** [...v...] *der;* - ⟨zu ↑...ismus (1)⟩: Richtung der modernen Sprachwissenschaft (vor allem in Amerika), die nicht von abstrakten Theorien, sondern beschreibend von der konkreten Sprache ausgeht. **de|skrip|ti|vi|stisch** ⟨zu ↑...istisch⟩: nach Art, nach der Methode des Deskriptivismus. **De|skrip|tor** *der;* -s, ...oren ⟨aus *lat.* descriptor „Beschreiber"; vgl. ...or⟩: Kenn- od. Schlüsselwort, durch das der Inhalt einer Information charakterisiert wird, z. B. zur Bestimmung von ↑Daten im Speicher eines ↑Computers (Informatik)

Desk|top *der;* -s, -s ⟨verkürzt aus gleichbed. *engl.* desktop (computer), zu desk „Schreibtisch" u. top „Arbeitsplatte"⟩: größerer, leistungsfähiger Personalcomputer. **Desktop pu|bli|shing** [– 'pʌblɪʃɪŋ] *das;* - -[s] ⟨aus gleichbed. *engl.* desktop publishing, eigtl. „das Herausgeben von der Schreibtischplatte aus"⟩: das Erstellen von Satz u. Layout eines Textes am Schreibtisch mit Hilfe einer Datenstation u. eines Laserdruckers; Abk.: DTP

desm..., Desm... vgl. desmo..., Desmo... **Des|mal|gie** *die;* -, ...ien ⟨zu ↑desmo... u. ↑...algie⟩: Sehnen- u. Bänderschmerz (Med.). **Des|min** *der;* -s, -e ⟨zu ↑desmo... u. ↑...in (1)⟩: monoklines Mineral aus der Gruppe der ↑Zeolithe. **Des|mi|tis** *die;* -, ...itiden ⟨zu ↑...itis⟩: Sehnen- od. Bänderentzündung (Med.). **des|mo..., Desm|mo...**, vor Vokalen meist desm..., Desm... ⟨aus *gr.* desmós „Band, Fessel"⟩: Wortbildungselement mit der Bedeutung „Band, Gelenkband; Verbindung; Bindegewebe", z. B. Desmopathie, Desmin. **Des|mo|cra|ni|um** [...k...], Desmokra̱nium *das;* -s, ...ien [...jən]: Bindegewebsschädel (früheste Anlage des Schädels in der Embryonalentwicklung; Med.). **Des|modont** *das;* -s ⟨zu *gr.* odoús, Gen. odóntos „Zahn"⟩: Wurzelhaut [des Zahnes] (Med.). **Des|mo|dy|nie** *die;* -, ...ien ⟨zu ↑...odynie⟩: svw. Desmalgie. **Des|mo|en|zym** *das;* -s, -e (meist Plur.): an Zellstrukturen gebundenes u. folglich schwer aus den Zellen herauszulösendes, sogenanntes strukturgebundenes ↑Enzym; Ggs. ↑Lyoenzym. **des|mogen** ⟨zu ↑...gen⟩: im Bindegewebe entstanden (z. B. von Tumoren; Med.). **Des|mo|id** *das;* -s, -e ⟨zu ↑...oid⟩: harte Bindegewebsgeschwulst (Med.). **Des|mo|kra|ni|um** vgl. Desmocranium. **Des|mo|la|sen** *die* (Plur.) ⟨verkürzt aus ↑*Desmoly*se u. ↑...*ase*⟩: veraltete Sammelbez. für ↑Enzyme, die chem. Verbindungen abbauen (Chem.). **Des|molo|gie** *die;* - ⟨zu ↑desmo... u. ↑...logie⟩: Lehre von der Bedeutung der Antriebshemmung für die Entstehung neurotischen Fehlverhaltens (Psychoanalyse). **Des|mo|pa|thie** *die;* -, ...ien ⟨zu ↑...pathie⟩: Erkrankung eines [Gelenk]bandes (Med.). **Des|mor|rhe|xis** *die;* -, ...xen ⟨zu *gr.* rhêxis „das Reißen, Riß"⟩: Bänderriß (Med.). **Des|mo|sit** [auch ...'zɪt] *der;* -s, -e ⟨zu ↑²...it⟩: svw. Adinol. **Des|mosom** *das;* -s, -en (meist Plur.) ⟨zu *gr.* sôma „Körper"⟩: knötchenförmiges Gebilde in ↑Protoplasmabrücken zwischen benachbarten ↑Epithelzellen (Biol.). **des|mo|trop** ⟨zu ↑...trop⟩: svw. tautomer. **Des|mo|tro|pie** *die;* -, ...ien ⟨zu ↑...tropie⟩: svw. Tautomerie

Des|ob|li|geance [...'ʒã:s] *die;* -, -n [...sn̩] ⟨aus gleichbed. *fr.* désobligeance zu désobliger, vgl. desobligieren⟩: (veraltet) Ungefälligkeit. **des|ob|li|geant** [...'ʒã:] ⟨aus gleichbed. *fr.* désobligeant⟩: (veraltet) unfreundlich, ungefällig. **des|ob|li|gie|ren** [...'ʒi:...] ⟨aus gleichbed. *fr.* désobliger zu ↑des... u. obliger „verpflichten", dies aus *lat.* obligare⟩: (veraltet) unfreundlich, unverbindlich sein

Des|ob|li|te|ra|ti|on *die;* -, -en ⟨zu ↑des... u. ↑Obliteration⟩: operative Entfernung von Blutgerinseln aus verengten od. verschlossenen Blutgefäßen (Med.). **des|ob|li|te|rie|ren:** Blutgerinsel aus verengten od. verschlossenen Blutgefäßen operativ entfernen (Med.)

Des|odo|rans *das;* -, Plur. ...anzien [...jən] od. ...antia ⟨aus *nlat.* desodorans zu ↑des... u. *lat.* odorans, Part. Perf. von odorare „mit Wohlgeruch erfüllen"⟩: Mittel zum Desodorieren; vgl. Deodorant. **Des|odo|rant** *das;* -s, Plur. -s, auch -e ⟨zu ↑...ant⟩: svw. Deodorant. **des|odo|rie|ren:** schlechten, unangenehmen [Körper]geruch beseitigen od. überdecken. **Des|odo|rie|rung** *die;* -, -en: Beseitigung, Milderung, Überdeckung unangenehmen [Körper]geruchs. **des|odo|ri|sie|ren** ⟨aus gleichbed. *fr.* désodoriser⟩: svw. desodorieren. **Des|odo|ri|sie|rung** *die;* -, -en ⟨zu ↑...ierung⟩: svw. Desodorierung

de|so|lat ⟨aus *lat.* desolatus „vereinsamt, verödet", Part. Perf. von desolare „einsam lassen"⟩: 1. trostlos, traurig (in bezug auf einen Zustand, in dem sich etw. befindet). 2. vereinsamt

de|sor|bie|ren ⟨zu ↑de... u. *lat.* sorbere „schlucken, schlürfen"⟩: an der Oberfläche eines festen Stoffes angelagerte (absorbierte) Stoffe abgeben, entfernen

Des|or|dre [de'zɔrdr] *der;* -s, -s ⟨aus gleichbed. *fr.* désordre zu ↑des... u. ordre „Ordnung", dies aus gleichbed. *lat.* ordo⟩: Unordnung, Verwirrung

Des|or|ga|ni|sa|ti|on *die;* -, -en ⟨aus gleichbed. *fr.* désorganisation zu désorganiser, vgl. desorganisieren⟩: 1. Auflösung, Zerrüttung. 2. fehlende, mangelhafte Planung, Unordnung; vgl. ...[at]ion/...ierung. **des|or|ga|ni|sie|ren** ⟨aus gleichbed. *fr.* désorganiser⟩: etwas zerstören, zerrütten, auflösen. **Des|or|ga|ni|sie|rung** *die;* -, -en: svw. Desorganisation; vgl. ...[at]ion/...ierung

des|ori|en|tie|ren ⟨aus *fr.* désorienter „irremachen, verwirren" zu ↑des... u. orienter, vgl. orientieren⟩: nicht od. falsch orientieren; verwirren. **des|ori|en|tiert:** nicht od. falsch unterrichtet, nicht im Bilde. **Des|ori|en|tie|rung** *die;* -: Störung des normalen Zeit- u. Raumempfindens (Med.)

Des|or|na|men|ta|do|stil *der;* -[e]s ⟨zu ↑des..., *span.* ornamentado „geschmückt, verziert" (Part. Perf. von ornamentar „schmücken, verzieren") u. ↑Stil⟩: span. Baustil der Renaissance von geometrischer Strenge (Archit.)

De|sorp|ti|on *die;* -, -en ⟨Analogiebildung zu ↑Adsorption bzw. ↑Absorption mit dem Präfix de...⟩: 1. das Austreiben eines ↑adsorbierten od. ↑absorbierten Stoffes (Phys.). 2. das Entweichen ↑adsorbierter Gase (Chem.)

des|os|sie|ren ⟨aus gleichbed. *fr.* désosser zu ↑des... u. os „Knochen", dies aus *lat.* os⟩: (veraltet) Knochen auslösen; entgräten

Des|oxy... ⟨verkürzt aus ↑Desoxydation⟩: Präfix vor Bez. chemischer Verbindungen, die durch Entzug von Sauerstoff aus der Stammverbindung entstanden sind, z. B. Desoxyribonukleinsäure. **Des|oxy|da|ti|on,** chem. fachspr. Desoxidation *die;* -, -en ⟨aus ↑des... u. ↑Oxydation⟩: Entzug von Sauerstoff aus einer chem. Verbindung; vgl. Oxydation (1). **Des|oxy|da|ti|ons|mit|tel,** chem. fachspr. Desoxidationsmittel *das;* -s, -: Stoff, der chem. Verbindungen od. Metallschmelzen Sauerstoff entzieht. **des|oxy|die|ren,** chem. fachspr. desoxidieren: einer chem. Verbindung Sauerstoff entziehen; vgl. oxydieren. **Des|oxy|ri|bo|nu|kle|in|säu|re** *die;* - ⟨Kurzw. aus ↑*Desoxy*dation u. ↑*Ribonuklein*säure⟩: wichtiger Bestandteil der Zellkerne aller pflanzlichen, tierischen u. menschlichen Organismen (Biochem.); Abk.: DNS. **Des|oxy|ri|bo|se** *die;* - ⟨zu ↑²...ose⟩: in der Desoxyribonukleinsäure (DNS) enthaltener Zucker. **Des|oxy|zucker¹** *der;* -s, -: Zucker, der anstelle einer ↑Hydroxylgruppe ein Wasserstoffatom enthält (z. B. Desoxyribose; Biochem.)

De|so|zia|li|sa|ti|on *die;* - ⟨aus ↑de... u. ↑Sozialisation⟩: Rückbildung od. Verlust sozialer Kontakte (z. B. im Alter; Soziol.)

de|spek|tie|ren ⟨aus *lat.* despectare „herabblicken, verachten"⟩: [jmdn.] geringschätzen, verachten. **de|spek|tier|lich:** geringschätzig, abschätzig, abfällig. **De|spek|ti|on** *die;* - ⟨aus *lat.* despectio „das Herabschauen"⟩: Geringschätzung, Verachtung

De|spe|ra|do *der;* -s, -s ⟨aus *amerik.* desperado „Verzweifelter", dies unter Einfluß von *engl.* desperate „verzweifelt, verwegen" aus *span.* des(es)perado zu desesperar „verzweifeln", dies aus gleichbed. *lat.* desperare⟩: ein zu jeder Verzweiflungstat Entschlossener; politischer Abenteurer. **de|spe|rat** ⟨aus gleichbed. *lat.* desperatus zu desperare, vgl. desperieren⟩: verzweifelt, hoffnungslos. **De|spe|ra|ti|on** *die;* -, -en ⟨aus gleichbed. *lat.* desperatio⟩: Verzweiflung.

Des|pe|ra|tis|mus *der;* - ⟨zu ↑...ismus (1)⟩: Weltanschauung der Verzweiflung, die von der Unvermeidlichkeit des Leidens u. der Unmöglichkeit der vollen Erkenntnis ausgeht (Philos.). **Des|pe|ra|tist** *der;* -en, -en ⟨zu ↑...ist⟩: (veraltet) Verzweifelnder, Hoffnungsloser. **des|pe|rie|ren** ⟨aus gleichbed. *lat.* desperare zu ↑de... u. sperare „hoffen, erwarten"⟩: (veraltet) verzweifeln, verzagen, alle Hoffnung aufgeben

de|spon|die|ren ⟨aus gleichbed. *lat.* despondere⟩: (veraltet) versprechen, verloben. **De|spon|sa|ta** *die;* -, ...ae [...tɛ] ⟨aus gleichbed. *lat.* desponsata, substantiviertes Part. Perf. (Fem.) von desponsare „verloben"⟩: (veraltet) die Verlobte, Braut. **De|spon|sa|tus** *der;* -, ...ti ⟨aus gleichbed. *lat.* desponsatus, substantiviertes Part. Perf. von desponsare⟩: (veraltet) der Verlobte, Bräutigam

Des|pot *der;* -en, -en ⟨aus *gr.* despótēs „unumschränkter Herrscher"⟩: 1. Gewaltherrscher. 2. herrischer Mensch, Tyrann. **Des|po|tie** *die;* -, ...ien ⟨aus gleichbed. *gr.* despoteía⟩: Gewalt-, Willkürherrschaft. **des|po|tisch** ⟨aus gleichbed. *gr.* despotikós⟩: 1. rücksichtslos, herrisch. 2. willkürlich, tyrannisch. **des|po|ti|sie|ren** ⟨zu ↑...isieren⟩: jmdn. gewalttätig behandeln, willkürlich vorgehen gegen jmdn. **Des|po|tis|mus** *der;* - ⟨zu ↑...ismus (5)⟩: System der Gewaltherrschaft

De|spu|ma|ti|on *die;* -, -en ⟨aus gleichbed. *lat.* despumatio zu despumare, vgl. despumieren⟩: (veraltet) das Abschäumen. **de|spu|mie|ren** ⟨aus gleichbed. *lat.* despumare zu ↑de... u. spuma „Schaum"⟩: (veraltet) abschäumen

De|squa|ma|ti|on *die;* -, -en ⟨aus *nlat.* desquamatio „Abschuppung" zu *lat.* desquamare „abschuppen, abschälen"⟩: a) schuppen- od. schalenförmiges Abspringen von Teilchen der Gesteinsoberfläche, bes. bei Massengesteinen wie Granit (Geol.); b) Abstoßung von abgestorbenen, verhornten Hautschichten bei Säugetieren u. beim Menschen (Med., Biol.); c) Abstoßung der Gebärmutterschleimhaut bei der ↑Menstruation (Med.). **De|squa|ma|ti|ons|pha|se** *die;* -, -n: Phase innerhalb des weiblichen Zyklus, während der die vorher aufgebaute Schleimhaut abgestoßen wird (Med.). **de|squa|ma|tiv** ⟨zu ↑...iv⟩: mit Abstoßung von ↑Epithelzellen verbunden (Med.)

Des|sein [dɛ'sɛ̃:] *das;* -s, -s ⟨aus gleichbed. *fr.* dessein zu dessin, vgl. Dessin⟩: (veraltet) Plan, Absicht, Vorhaben

Des|sert [dɛ'seːɐ̯, dɛ'sɛːɐ̯, auch dɛ'sɛrt] *das;* -s, -s ⟨aus gleichbed. *fr.* dessert zu desservir „die Speisen abtragen", dies zu ↑des... u. servir, vgl. servieren⟩: Nachtisch, Nachspeise. **Des|sert|ser|vice** [...zɛrviːs] *das;* Gen. - [...viːs] u. -s [...viːsəs], Plur. - [...viːs, auch ...viːsə]: ¹Service für Des-

serts. **Des|sert|wein** *der;* -[e]s, -e: Wein mit hohem Alkohol- u. Zuckergehalt; Süßwein, Südwein

Des|sin [dɛ'sɛ̃:] *das;* -s, -s ⟨aus gleichbed. *fr.* dessin zu dessiner „zeichnen", dies aus *lat.* designare, vgl. dessinieren⟩: 1. Plan, Zeichnung, [Web]muster. 2. Weg des gestoßenen Balles beim ↑Billard. **Des|si|na|teur** [dɛsinaˈtøːɐ̯] *der;* -s, -e ⟨aus gleichbed. *fr.* dessinateur⟩: Musterzeichner [im Textilgewerbe]; vgl. Designer. **des|si|nie|ren** ⟨aus gleichbed. *fr.* dessiner, dies aus *lat.* designare „bezeichnen, im Umriß darstellen"⟩: Muster entwerfen, zeichnen. **des|si|niert** ⟨zu ↑...iert⟩: gemustert. **Des|si|nie|rung** *die;* -, -en ⟨zu ↑...ierung⟩: Muster, Musterung

Des|sous [dɛˈsuː] *das;* - [dɛˈsuː(s)], - [dɛˈsuːs] (meist Plur.) ⟨aus *fr.* les dessous „Unterkleider" zu dessous „unten, darunter", dies aus *lat.* de subtus „von unterhalb"⟩: [elegante] Damenunterwäsche

Des|sus [dɛˈsyː] *das;* - [dɛˈsyː(s)], - [dɛˈsyːs] ⟨aus gleichbed. *fr.* dessus, eigtl. „oben", dies zu *lat.* susum, sursum⟩: svw. Diskant (1)

de|sta|bi|li|sie|ren ⟨nach gleichbed. *engl.* to destabilize zu ↑de... u. ↑stabil, vgl. ↑...isieren⟩: instabil machen, der Stabilität berauben. **De|sta|bi|li|sie|rung** *die;* -, -en: das Destabilisieren

De|stil|lat *das;* -[e]s, -e ⟨aus *lat.* destillatum, Part. Perf. (Neutrum) von destillare, vgl. destillieren⟩: Produkt einer ↑Destillation (1). **De|stil|la|teur** [...ˈtøːɐ̯] *der;* -s, -e ⟨aus *fr.* ...eur⟩: 1. Branntweinbrenner. 2. Gastwirt, der Branntwein ausschenkt. **De|stil|la|ti|on** *die;* -, -en ⟨aus *lat.* destillatio „das Herabträufeln"⟩: 1. Reinigung u. Trennung meist flüssiger Stoffe durch Verdampfung u. anschließende Wiederverflüssigung. 2. Branntweinbrennerei. 3. kleine Schankwirtschaft. **de|stil|la|tiv** ⟨zu ↑...iv⟩: durch Destillation bewirkt, gewonnen. **De|stil|la|tor** *der;* -s, ...oren ⟨zu ↑...or⟩: Apparat zum Destillieren. **De|stil|le** *die;* -, -n ⟨urspr. berlinische Kurzform für ↑Destillation (3)⟩: (ugs.) 1. [kleinere] Gastwirtschaft, in der Branntwein ausgeschenkt wird. 2. Brennerei, die Branntwein herstellt. **de|stil|lie|ren** ⟨aus *lat.* destillare „herabträufeln"⟩: eine Destillation (1) durchführen. **De|stil|lier|kol|ben** *der;* -s, -: bauchiges Glasgefäß mit langem Hals, in dem die zu destillierende Flüssigkeit erhitzt wird

De|stin [dɛsˈtɛ̃:] *das;* -s, -s ⟨aus *fr.* destin „Schicksal; Verhängnis; Glück; Zukunft" zu destiner „bestimmen", dies aus *lat.* destinare „bestimmen, beschließen"⟩: (veraltet) Schicksal. **De|sti|na|tar** u. **De|sti|na|tär** *der;* -s, -e ⟨aus *fr.* destinataire „Empfänger" bzw. zu *lat.* destinatus, Part. Perf. von destinare (vgl. destinieren), u. ↑...ar⟩: 1. diejenige [natürliche od. juristische] Person, der [vom Gesetzgeber her] die Steuerlast zugedacht ist. 2. Empfänger von Frachten, bes. im Seefrachtverkehr. 3. die durch eine Stiftung begünstigte Person. **De|sti|na|ti|on** *die;* -, -en ⟨aus *lat.* destinatio „Festsetzung; Entschluß"⟩: Bestimmung, Endzweck. **de|sti|nie|ren** ⟨über *fr.* destiner „bestimmen, ausersehen, zudenken" aus *lat.* destinare „bestimmen, beschließen"⟩: (veraltet) bestimmen, widmen

de|sti|tu|a|bel ⟨zu ↑destituieren u. ↑...abel⟩: (veraltet) absetzbar. **de|sti|tu|ie|ren** ⟨aus *lat.* destituere „hinstellen; zurücklassen"⟩: (veraltet) absetzen. **De|sti|tu|ti|on** *die;* -, -en ⟨aus gleichbed. *mlat.* destitutio, eigtl. „Hintergehung"⟩: (veraltet) Absetzung von einem Posten; Amtsenthebung

De|sto|se *die;* - ⟨Kunstw.; vgl. ²...ose⟩: aus rohem Stärkesirup gewonnener Süßstoff

Des|trak|ti|on *die;* -, -en ⟨zu ↑des..., *lat.* tractus (Part. Perf. von trahere „ziehen") u. ↑...ation⟩: Verfahren zur Trennung von Stoffgemischen

de|stra ma|no vgl. mano destra

De|stru|ent der; -en, -en ⟨aus lat. destruens, Gen. destruentis, substantiviertes Part. Präs. von destruere, vgl. destruieren⟩: Organismus (Bakterie, Pilz), der organische Substanzen abbaut u. in einfache anorganische Verbindungen zerlegt. de|stru|ie|ren ⟨aus lat. destruere „niederreißen" zu ↑de... u. struere „aufschichten", errichten"⟩: zerstören. De|struk|ti|on die; -, -en ⟨aus lat. destructio „das Niederreißen"⟩: 1. Zerstörung. 2. Abtragung der Erdoberfläche durch Verwitterung (Geol.). De|struk|ti|ons|fäu|le die; -: durch Zellulose abbauende Pilze hervorgerufene Zerstörung von Holz, das sich braun verfärbt u. würfelartig aufspaltet. De|struk|ti|ons|lu|xa|ti|on die; -, -en: Verrenkung durch Zerstörung der Gelenkenden u. der Gelenkkapsel (Med.). De|struk|ti|ons|trieb der; -[e]s: das auf Zerstörung gerichtete Verhalten (Psychol.). de|struk|tiv ⟨unter Einfluß von fr. destructif aus spätlat. destructivus „zerstörend"⟩: 1. zersetzend, zerstörend. 2. bösartig, zum Zerfall [von Geweben] führend (Med.). De|struk|ti|vi|tät die; - ⟨zu ↑...ität⟩: destruktive Beschaffenheit, Haltung

De|sue|tu|do [dezue...] das; -s ⟨aus lat. desuetudo „Entwöhnung" zu desuescere „abgewöhnen, entwöhnen, außer Gebrauch bringen"⟩: im Völkerrecht die Aufhebung od. Änderung von Völkergewohnheitsrecht durch entgegenstehende Übung

De|sul|fu|ri|kan|ten die (Plur.) ⟨Kunstw. zu ↑de..., ↑sulfurieren u. ↑...ant (1)⟩: unter Ausschluß von Sauerstoff zur ↑dissimilatorischen Sulfatreduktion befähigte Bakterien. De|sul|fu|ri|ka|ti|on die; - ⟨zu ↑...ation⟩: unter Ausschluß von Sauerstoff verlaufende biochemische Mineralisierung von schwefelhaltigen organischen Substanzen unter Bildung von Schwefelwasserstoff (unter Einfluß von Desulfurikanten)

De|sul|tor der; -s, ...oren (meist Plur.) ⟨aus lat. desultor „Kunstreiter" zu ↑de... u. saltus „Sprung"⟩: altröm. Kunstreiter, der während des Wettreitens von einem Pferd aufs andere sprang. de|sul|to|risch ⟨aus lat. desultorius „schwankend" (wie ein Kunstreiter)⟩: (veraltet) sprunghaft, unbeständig, ohne Ausdauer

des|u|nie|ren [...y'ni:...] ⟨aus fr. désunir „trennen, entzweien" zu ↑des... u. unir „verbinden, vereinigen", dies aus lat. unire, vgl. unieren⟩: (veraltet) spalten, trennen. Des|u|ni|on [...y'niŏ:] die; -, -en [...jo:nən] ⟨aus gleichbed. fr. désunion zu ↑des... u. union „Vereinigung; Zusammenschluß", dies aus kirchenlat. unio, vgl. Union⟩: (veraltet) Zwietracht, Spaltung, Trennung

Des|ur|ba|ni|sa|ti|on die; - ⟨zu ↑des... u. ↑Urbanisation⟩: der Vorgang der Entstädterung in westlichen Industrieländern in der 2. Hälfte des 20. Jh.s

de|szen|dent ⟨aus lat. descendens, Gen. descendentis, Part. Präs. von descendere, vgl. deszendieren⟩: nach unten sinkend (von Wasser od. wäßrigen Lösungen); Ggs. ↑aszendent; -e Lagerstätten: Erzlagerstätten, die sich aus nach unten gesickerten Lösungen gebildet haben. De|szen|dent der; -en, -en: 1. Nachkomme, Abkömmling. 2. (Astron.) a) Gestirn im Untergang; b) Untergangspunkt eines Gestirns. 3. der im Augenblick der Geburt am Westhorizont absteigende Punkt der ↑Ekliptik (Astrol.); Ggs. ↑Aszendent. De|szen|denz die; -, -en ⟨zu ↑...enz⟩: 1. (ohne Plur.) Verwandtschaft in absteigender Linie. 2. Untergang eines Gestirns; Ggs. ↑Aszendenz. De|szen|denz|leh|re die; -: Abstammungslehre. De|szen|denz|theo|rie die; -, -n: Abstammungstheorie, nach der die höheren Lebewesen aus niederen hervorgegangen sind. de|szen|die|ren ⟨aus gleichbed. lat. descendere „herabsteigen; herabsinken"⟩: absteigen, absinken (z. B. von Gestirnen, von Wasser); vgl. deszendent. de|szen|die|rend ⟨zu ↑...ierend⟩: 1. absteigend (Anat.). 2. vgl. deszendent. De|szen|si|on die; - ⟨aus gleichbed. lat. descensio⟩: (veraltet) das Herabsteigen. De|szen|si|ons|theo|rie die; -: alte geologische Ansicht, daß sich die Erzlager in Gesteinen von oben mit Hilfe des Oberflächenwassers gebildet haben; Ggs. ↑Aszensionstheorie. De|szen|sus der; -, - [...zu:s] ⟨aus lat. descensus „das Herabsteigen; Abstieg"⟩: 1. Verlagerung der Keimdrüsen von Säugetieren im Laufe der embryonalen od. fetalen Entwicklung nach unten bzw. hinten (Biol.). 2. das Absinken eines Organs infolge Bindegewebsschwäche (Med.).

de|szis|zie|ren ⟨aus lat. desciscere „abfallen, untreu werden"⟩: (veraltet) a) abfallen; b) entarten

dé|ta|ché [deta'ʃe:] ⟨aus gleichbed. fr. détaché, eigtl. „getrennt", Part. Perf. von détacher, vgl. ¹detachieren⟩: kurz, kräftig, zwischen Auf- u. Abstrich abgesetzt (vom Bogenstrich bei Streichinstrumenten; Mus.). Dé|ta|ché das; -s, -s: kurzer, kräftiger, zwischen Auf- u. Abstrich abgesetzter Bogenstrich (Mus.). De|ta|che|ment [detaʃə'mã:, schweiz. auch ...'mɛnt] das; -s, Plur. -s, schweiz. -e ⟨aus gleichbed. fr. détachement⟩: 1. (veraltet) für besondere Aufgaben abkommandierte Truppenabteilung (Mil.). 2. [auf Absonderung bedachte] kühle Distanzhaltung

¹De|ta|cheur [...'ʃø:ɐ̯] der; -s, -e ⟨aus fr. détacheur „Reiniger" zu détacher, vgl. ²detachieren⟩: Fachmann auf dem Gebiet der Fleckenentfernung

²De|ta|cheur [...'ʃø:ɐ̯] der; -s, -e ⟨zu fr. détacher (vgl. ¹detachieren) u. ↑...eur⟩: Müllereimaschine, die die im Walzenstuhl entstandenen Mehlplättchen zu Mehl zerkleinert. De|ta|cheu|se [...'ʃø:zə] der; -, -n: weibliche Form zu ↑¹Detacheur. ¹de|ta|chie|ren [...'ʃi:...] ⟨aus fr. détacher „losmachen, trennen"⟩: 1. (veraltet) eine Truppenabteilung für besondere Aufgaben abkommandieren (Mil.). 2. das Mahlgut zerbröckeln (Techn.); vgl. ²Detacheur

²de|ta|chie|ren [...'ʃi...] ⟨aus gleichbed. fr. détacher zu dé- „von – weg" u. tache „Fleck"⟩: von Flecken reinigen. de|ta|chiert [...'ʃiːɐ̯t] ⟨aus fr. détaché „getrennt, losgelöst", Part. Perf. von détacher, vgl. ¹detachieren⟩: sachlich-kühl, losgelöst von persönlicher Anteilnahme. De|tach|ment [dɪ'tætʃmənt] das; -s, -s ⟨aus gleichbed. engl. detachment, dies über fr. détachement (vgl. Detachement) zu détacher, vgl. ¹detachieren⟩: Abspaltung eines ↑Elektrons von einem freien negativen ↑Ion (z. B. durch Strahlungsabsorption; Physik)

De|ta|chur [...'ʃuːɐ̯] die; -en ⟨zu ↑²detachieren u. ↑...ur⟩: Fleckenbeseitigung aus Geweben mit Hilfe verschiedener chem. Mittel

De|tail [de'tai, auch de'ta:j] das; -s, -s ⟨aus gleichbed. fr. détail zu détailler „abteilen, zerlegen", eigtl. „zerschneiden", dies zu dé- „von – weg" u. tailler, vgl. Taille⟩: Einzelheit; Einzelteil; Einzelding. Im ↑en ↑gros ↑ (veraltet) Klein-, Einzelhandel. De|tail|leur [deta'jøːɐ̯] der; -s, -s ⟨aus gleichbed. älter fr. détailleur⟩: (veraltet) Kleinhändler. de|tail|lie|ren [...'ji:...] ⟨aus fr. détailler, vgl. Detail⟩: 1. etwas im einzelnen darlegen. 2. (Kaufmannsspr.) eine Ware in kleinen Mengen verkaufen. de|tail|liert ⟨aus gleichbed. fr. détaillé, ...iert⟩: in allen Einzelheiten, in die Einzelheiten gehend, genau. De|tail|list [...'jɪst] der; -en, -en ⟨aus fr. détailliste „Kleinigkeitskrämer"; vgl. ...ist⟩: (veraltet) Einzelhandelsunternehmer

de|te|gie|ren ⟨aus lat. detegere „aufdecken"⟩: (veraltet) aufdecken, enthüllen. De|tek|tei die; -, -en ⟨zu ↑Detektiv⟩: Detektivbüro, Ermittlungsbüro. De|tek|ti|on die; -, -en

⟨aus gleichbed. *lat.* detectio zu detegere, vgl. detegieren⟩: (veraltet) Enthüllung, Aufdeckung. **De|tek|tiv** *der;* -s, -e [...və] ⟨aus *engl.* detective (policeman) „Geheimpolizist" zu to detect „aufdecken, ermitteln", dies aus gleichbed. *lat.* detegere⟩: 1. Privatperson [mit polizeilicher Lizenz], die berufsmäßig Ermittlungen aller Art anstellt. 2. Geheimpolizist, Ermittlungsbeamter, z. B. die -e von Scotland Yard. **de|tek|ti|visch** [...v...]: in der Art eines Detektivs. **De|tek|tiv|ka|me|ra** *die;* -, -s: sehr kleine Kamera, mit der man unbeobachtet fotografieren kann. **De|tek|tiv|ro|man** *der;* -s, -e: Roman, in dessen Mittelpunkt die Aufdeckung eines Verbrechens durch einen Detektiv steht. **De|tek|tor** *der;* -s, ...ọren ⟨aus gleichbed. *engl.* detector, dies aus *lat.* detector „Offenbarer"⟩: 1. Hochfrequenzgleichrichter, ↑ Demodulator (Funkw.). 2. Gerät zum Nachweis od. Anzeigen nicht unmittelbar zugänglicher bzw. wahrnehmbarer Stoffe, Vorgänge od. Erscheinungen. **De|tek|tor|empfän|ger** *der;* -s, -: einfachste Form des Rundfunkempfängers

de|ten|die|ren ⟨aus *lat.* detendere „losspannen, abbrechen"⟩: (veraltet) abspannen, entspannen

de|te|nie|ren u. detinieren ⟨teilweise unter Einfluß von *fr.* détenir aus gleichbed. *lat.* detinere⟩: (veraltet) abhalten, zurückhalten, in Haft halten

Dé|tente [de'tã:t] *die;* - ⟨aus *fr.* détente „Entspannung, Ruhe" zu détendre „losspannen", dies aus *lat.* detendere, vgl. detendieren⟩: Entspannung zwischen Staaten. **Dé|tente-po|li|tik** *die;* -: Entspannungspolitik

De|ten|ti|on *die;* -, -en ⟨aus *lat.* detentio „Zurückhaltung, Haft" zu detinere, vgl. detenieren⟩: 1. Besitz einer Sache ohne Rechtsschutz (röm. Recht). 2. (veraltet) Haft, Gewahrsam. **De|ten|tor** *der;* -s, ...ọren ⟨aus *lat.* detentor „jmd., der etwas (zurück)behält"⟩: (veraltet) Inhaber, Mieter, Pächter

De|ter|gens *das;* -, Plur. ...gẹntia u. ...gẹnzien [...i̯ən] (meist Plur.) ⟨aus *lat.* detergens, Part. Präs. von detergere, vgl. detergieren⟩: 1. reinigendes, desinfizierendes Mittel (Med.). 2. seifenfreies, hautschonendes Wasch-, Reinigungs- u. Spülmittel; in Waschmitteln o. ä. enthaltener Stoff, der die Oberflächenspannung des Wassers herabsetzt. **De|ter|gẹn|tia** u. **De|ter|gẹn|zi|en** [...i̯ən]: Plur. von ↑ Detergens. **de|ter|gie|ren** ⟨aus gleichbed. *lat.* detergere⟩: (veraltet) abwischen, reinigen

De|te|rio|ra|ti|on *die;* -, -en ⟨aus *fr.* détérioration „Beschädigung, Verschlechterung" zu détériorer „unbrauchbar machen", dies aus gleichbed. *vulgärlat.* deteriorare zu *lat.* deterior „weniger gut, schlechter"⟩: Wertminderung einer Sache (Rechtsw.); vgl. ...[at]ion/...ierung. **De|te|rio|ra|ti|vum** [...v...] *das;* -s, ...va ⟨aus *nlat.* (verbum) deteriorativum „verschlechterndes (Wort)"⟩: svw. Pejorativum. **de|te|rio|rie|ren** ⟨aus gleichbed. *fr.* détériorer, eigtl. „verschlechtern"; vgl. Deterioration⟩: im Wert mindern (Rechtsw.). **De|te|rio|rie|rung** *die;* -, -en ⟨zu ↑ ...ierung⟩: svw. Deterioration; vgl. ...[at]ion/...ierung

De|ter|mi|nan|te *die;* -, -n ⟨aus *lat.* determinans, Gen. determinantis, Part. Präs. von determinare, vgl. determinieren⟩: 1. Rechenausdruck in der Algebra zur Lösung eines Gleichungssystems. 2. im Aufbau u. in der chem. Zusammensetzung noch nicht näher bestimmbarer Faktor der Keimentwicklung, der für die Vererbung u. Entwicklung bestimmend ist (Biol.). **De|ter|mi|na|ti|on** *die;* -, -en ⟨aus *lat.* determinatio „Abgrenzung"⟩: 1. Bestimmung eines Begriffs durch einen nächstuntergeordneten, engeren (Philos.). 2. das Festgelegtsein eines Teils des Keims für die Ausbildung eines bestimmten Organs (Entwicklungsphysiologie). 3. Bestimmung, Zuordnung. 4. das Bedingtsein aller psychischen Phänomene durch äußere (z. B. soziale) od. innerseelische (z. B. Motivation) Gegebenheiten (Psychol.). **de|ter|mi|na|tiv** ⟨zu *lat.* determinatus, Part. Perf. von determinare (vgl. determinieren) u. ↑...iv⟩: 1. bestimmend, festlegend. 2. entschieden, entschlossen. **De|ter|mi|na|tiv** *das;* -s, -e [...və]: 1. Zeichen in der ägyptischen u. sumerischen Bilderschrift, das die Zugehörigkeit eines Begriffs zu einer bestimmten Kategorie festlegt. 2. sprachliches Element als Weiterbildung od. Erweiterung der Wurzel eines indogermanischen Wortes ohne [wesentlichen] Bedeutungsunterschied (z. B. *m* bei Hel*m*, Qual*m*; Sprachw.); Ggs. ↑ Formans. 3. besondere Art des Demonstrativpronomens (z. B. dasjenige, dieselbe). **De|ter|mi|na|tiv|kom|po|si|tum** *das;* -s, ...ta: Zusammensetzung, bei der das erste Glied das zweite näher bestimmt (z. B. Kartoffelsuppe = Suppe aus Kartoffeln; Sprachw.). **De|ter|mi|na|ti|vum** [...v...] *das;* -s, ...va ⟨zu ↑ ...ivum⟩: (veraltet) svw. Determinativ. **de|ter|mi|nie|ren** ⟨aus gleichbed. *lat.* determinare zu ↑ de... u. terminare „begrenzen, bestimmen"⟩: 1. begrenzen; abgrenzen. 2. bestimmen; entscheiden. **De|ter|mi|niert|heit** *die;* - ⟨vgl. ...iert⟩: 1. Bestimmtheit, Abhängigkeit des (unfreien) Willens von inneren od. äußeren Ursachen (Philos.). 2. ↑ Algorithmus, der als Abbildung von der Menge der möglichen Eingabewerte in die Menge der möglichen Ausgabewerte aufgefaßt werden kann (Informatik). **De|ter|mi|nịs|mus** *der;* - ⟨zu ↑...ismus (1)⟩: 1. Lehre von der kausalen [Vor]bestimmtheit alles Geschehens. 2. die der Willensfreiheit widersprechende Lehre von der Bestimmung des Willens durch innere od. äußere Ursachen (Ethik); Ggs. ↑ Indeterminismus. 3. ↑ Algorithmus, der schrittweise abgearbeitet wird, wobei zu jedem Programmschritt nur ein Folgeschritt eindeutig bestimmt ist (Informatik). **De|ter|mi|nịst** *der;* -en, -en ⟨zu ↑ ...ist⟩: Vertreter des Determinismus. **de|ter|mi|nị|stisch** ⟨↑ ...istisch⟩: den Determinismus betreffend; [Willens]freiheit verneinend. **De|ter|mi|no|lo|gi|sie|rung** *die;* -, -en ⟨zu ↑ de..., Terminologie u. ↑ ...isierung⟩: Übergang des fachsprachlichen Wortgutes in die Gemeinsprache (Sprachw.)

De|ter|rens *das;* -, Plur. ...ẹnzien [...i̯ən] u. ...ẹntia ⟨aus *lat.* deterrens, Part. Präs. von deterrere „abschrecken, abwehren"⟩: zur Schädlingsbekämpfung verwendete chem. Substanz, die eine bestimmte Tätigkeit des Tieres hemmt (z. B. Fraß, Einstich, Eiablage)

De|ter|si|on *die;* - ⟨aus *lat.* detersio „das Abreiben" zu detergere „abwischen, abstreifen"⟩: Abschleifung des Felsuntergrundes durch das Eis selbst od. durch das mitgeführte feine Gesteinsmehl u. eingefrorene Gesteinstrümmer (Geol.)

de|te|sta|bel ⟨aus *lat.* detestabilis „abscheulich"⟩: (veraltet) verabscheuungswürdig. **De|te|sta|ti|on** *die;* -, -en ⟨aus *lat.* detestatio „Verwünschung" zu detestari, vgl. detestieren⟩: (veraltet) Verabscheuung, Verwünschung. **de|te|stie|ren** ⟨aus *lat.* detestari „(Schlimmes) herabwünschen"⟩: (veraltet) verabscheuen, verwünschen

de|ti|nie|ren vgl. detenieren

¹De|to|na|ti|on *die;* -, -en ⟨aus gleichbed. *fr.* détonation zu détoner „explodieren", dies aus *lat.* detonare „herabdonnern"⟩: stoßartig erfolgende, extrem schnelle chem. Reaktion von explosiven Gas- bzw. Dampfgemischen od. brisanten Sprengstoffen mit starker Gasentwicklung

²De|to|na|ti|on *die;* -, -en ⟨aus gleichbed. *fr.* détonnation zu détonner „den Ton verfehlen", dies zu ↑ de... u. ton „Ton", dies über *lat.* tonus aus gleichbed. *gr.* tónos⟩: unreines Singen od. Spielen (Mus.)

Detonationswert

De|to|na|ti|ons|wert *der;* -[e]s, -e ⟨zu ↑ ¹Detonation⟩: die in Kilo- od. Megatonnen des konventionellen Sprengstoffs ↑ Trinitrotoluol angegebene Explosionsenergie eines Atomsprengkörpers. **De|to|na|tor** *der;* -s, ...oren ⟨aus gleichbed. *nlat.* detonator⟩: Hilfsmittel zur Übertragung der Zündung vom Zündmittel auf die Sprengladung eines Geschosses. **¹de|to|nie|ren** ⟨aus gleichbed. *fr.* détoner, vgl. ¹Detonation⟩: knallen, explodieren
²de|to|nie|ren ⟨aus *fr.* détonner „den Ton verfehlen", vgl. ²Detonation⟩: unrein singen od. spielen (Mus.)
De|tor|si|on *die;* - ⟨aus *nlat.* detorsio zu *lat.* detorquere „hinwegdrehen, verdrehen"⟩: Entdrallung, Verdrehung (physiologischer Vorgang in der Embryonalentwicklung des Herzens; Med.)
Dé|tour|né [detur'ne:] *der;* -s, -s ⟨aus *fr.* détourné „Krümmung, Biegung, Wendung" zu détourner „abbringen, -lenken", dies zu dé- „von – weg" u. tourner „(sich) drehen"; vgl. Tournee⟩: Figur, bei der eine Drehung auf den Fußballen bei geschlossenen Füßen ausgeführt wird (Ballett)
De|to|xi|ka|ti|on *die;* -, -en ⟨zu ↑ de..., *gr.* toxikón „Pfeilgift" u. ↑...ation⟩: Entgiftung eines Stoffes (Med.)
De|trak|ti|on *die;* -, -en ⟨aus *lat.* detractio „Wegnahme" zu detrahere „herabziehen; wegnehmen, entfernen"⟩: das Ausheben größerer Gesteins- od. Bodenpartien aus dem Untergrund eines Gletschers durch das Eis (Geol.). **de|trak|tiv** ⟨zu ↑ ...iv⟩: aus der verhältnismäßig schnellen Zerstörung älterer Gesteine hervorgegangen (Geol.)
De|trek|ta|ti|on *die;* - ⟨aus gleichbed. *lat.* detrectatio zu detrectare, vgl. detrektieren⟩: (veraltet) Verkleinerung, Beeinträchtigung. **de|trek|tie|ren** ⟨aus gleichbed. *lat.* detrectare⟩: (veraltet) herabziehen, schmälern, verkleinern
De|trempe [de'trã:p] *die;* -, -s ⟨aus gleichbed. *fr.* détrempe zu détremper „ein-, anrühren, mischen", dies aus gleichbed. *lat.* distemperare⟩: franz. Bez. für Wasserfarbe, Aquarellmalerei
De|tresse [de'trɛs] *die;* - ⟨aus gleichbed. *fr.* détresse, dies über *vulgärlat.* *districtia aus *lat.* districtus, Part. Perf. von distringere „einengen"⟩: (veraltet) Herzensangst, Beklemmung, Not, Bedrängnis
De|tri|ment *das;* -[e]s, -e ⟨aus *lat.* detrimentum „Abnutzung, Verminderung"⟩: (veraltet) Schaden, Nachteil. **De|tri|men|tiv** *der;* -s, -e [...və] ⟨zu ↑ ...iv⟩: Ausdrucksform zur Bezeichnung des durch eine Handlung Benachteiligten, z. B. *ihm* in *er nahm ihm das Buch weg* (Sprachw.); Ggs. ↑ Benefaktiv). **de|tri|men|tös** ⟨aus gleichbed. *lat.* detrimentosus⟩: (veraltet) schädlich, nachteilig. **De|tri|ti|on** *die;* -, -en ⟨aus *mlat.* detritio „das Abreiben" zu *lat.* deterere, vgl. Detritus⟩: (veraltet) 1. Abreibung. 2. wundgeriebene Stelle (Med.). **de|tri|tisch**: zum ↑ Detritus (1) gehörend (Geol.). **de|tri|to|gen** ⟨zu ↑ Detritus u. ↑...gen⟩: durch ↑organischen (1) Detritus (2) entstanden (von Kalkbänken u. Kalkablagerungen in Rifflücken; Geol.). **De|tri|tus** *der;* - ⟨aus *lat.* detritus „das Abreiben" zu deterere „abreiben, abscheuern"⟩: 1. zerriebenes Gesteinsmaterial, Gesteinsschutt (Geol.). 2. Schwebe- u. Sinkstoffe in den Gewässern, deren Hauptanteil abgestorbene ↑ Mikroorganismen bilden (Biol.). 3. Überrest zerfallener Zellen od. Gewebe (Med.)
De|trompe|ment [detrõp'mã:] *das;* -s, -s ⟨aus gleichbed. *fr.* détrompement zu détromper, vgl. detrompieren⟩: (veraltet) das Bewahren vor einem Irrtum, einer Enttäuschung. **de|trom|pie|ren** ⟨aus gleichbed. *fr.* détromper zu dé- „von – weg" u. tromper „täuschen, betrügen"⟩: (veraltet) eines Besseren belehren
De|trun|ka|ti|on *die;* -, -en ⟨aus gleichbed. *lat.* detruncatio zu detruncare, vgl. detrunkieren⟩: (veraltet) das Abhauen, das Stutzen [eines Baumes]. **de|trun|kie|ren** ⟨aus gleichbed. *lat.* detruncare zu ↑ de... u. truncus „Stamm, Baumstamm"⟩: (veraltet) [einen Baum] abhauen, stutzen
Dette [dɛt] *die;* -, -s ⟨aus gleichbed. *fr.* dette, dies über *vulgärlat.* debita zu *lat.* debitum, Part. Perf. (Neutrum) von debere „schulden"⟩: (veraltet) öffentliche Schuld, Staatsschuld
det|to ⟨*it.;* „ebenso"⟩: (bayr., österr.) svw. dito
De|tu|mes|zenz *die;* - ⟨aus gleichbed. *nlat.* detumescentia zu *lat.* detumescere, vgl. detumeszieren⟩: Abschwellung, Abnahme einer Geschwulst (Med.). **De|tu|mes|zenz|trieb** *der;* -[e]s: Drang zur geschlechtlichen Befriedigung (eine Teilkomponente des Sexualtriebs; Med.). **de|tu|mes|zie|ren** ⟨aus *lat.* detumescere, eigtl. „zu schwellen aufhören"⟩: abschwellen, abnehmen (von einer Geschwulst; Med.)
de|tur ⟨*lat.;* „es möge gegeben werden", 3. Pers. Konj. Pass. von dare „geben"⟩: man gebe (auf ärztlichen Rezepten)
Deuce [dju:s] *das;* - ⟨aus gleichbed. *engl.* deuce, eigtl. „zwei (Punkte)", dies über *altfr.* deus (*fr.* deux) aus *lat.* duos, Akkusativ von duo „zwei"⟩: Einstand, Gleichstand in einem Spiel, z. B. wenn beide Spieler bzw. Parteien jeweils 3 Punkte gewonnen haben (Tennis)
Deuil [dœj] *der;* -s ⟨aus gleichbed. *fr.* deuil, zu *lat.* dolor „Schmerz"⟩: (veraltet) Trauer, Trauerkleidung, Trauerzeit
De|us abs|con|di|tus [...'kɔn...] *der;* - - ⟨*lat.;* „der verborgene Gott"⟩: der trotz Offenbarung letztlich unerkennbare Gott (Rel.). **De|us ex ma|chi|na** [– – 'maxina] *der;* - - - ⟨*lat.;* „der Gott aus der (Theater)maschine", d. h. von der Höhe (im altgriech. Theater)⟩: unerwarteter Helfer aus einer Notlage; überraschende, in keinem unmittelbaren Zusammenhang stehende Lösung einer Schwierigkeit. **De|us otio|sus** *der;* - - ⟨*lat.;* „der müßige, untätige Gott"⟩: Gottesbezeichnung, der die Ansicht zugrunde liegt, Gott habe zwar die Welt erschaffen, nähme aber keinen weiteren Anteil an seiner Schöpfung (Philos.). **De|us re|ve|la|tus** [– –..v...] *der;* - - ⟨*lat.;* „der offenbarte Gott"⟩: mittelalterlicher Begriff, den Luther (in Abgrenzung zum ↑ Deus absconditus) auf Jesus Christus angewandt hat (Rel.)
deu|te..., Deu|ter... vgl. deutero..., Deutero... **Deu|ter|ago|nist** *der;* -en, -en ⟨aus gleichbed. *gr.* deuteragōnistés⟩: zweiter Schauspieler auf der altgriech. Bühne; vgl. Protagonist u. Tritagonist. **Deu|ter|an|oma|lie** u. Deuteroanomalie *die;* -, ...ien ⟨zu ↑ deutero... u. ↑ Anomalie⟩: Rotsichtigkeit, Grünschwäche (Med.). **Deu|ter|an|opie** u. Deuteroanopie *die;* - , ...ien: Rotgrünblindheit (Med.). **Deu|te|rie|rung** *die;* - ⟨zu ↑ Deuterium u. ↑...ierung⟩: Einführung von Deuteriumatomen anstelle von Wasserstoffatomen in chem. Verbindungen. **Deu|te|ri|um** *das;* -s ⟨über gleichbed. *nlat.* deuterium zu *gr.* deúteron „das zweite"⟩: schwerer Wasserstoff, Wasserstoffisotop; chem. Zeichen D; vgl. Isotop. **Deu|te|ri|um|oxyd**, chem. fachspr. Deuteriumoxid *das;* -s: schweres Wasser. **deu|te|ro...**, **Deu|te|ro...**, vor Vokalen auch deuter..., Deuter... ⟨aus *gr.* deúteros „der zweite, der folgende"⟩: Wortbildungselement mit der Bedeutung „der zweite, zeitlich od. sachlich später (erfolgend), zweitrangig", z. B. Deuteronomist, Deuteranopie. **Deu|te|ro|an|oma|lie** vgl. Deuteranomalie. **Deu|te|ro|an|opie** vgl. Deuteranopie. **Deu|te|ro|herm|aphro|di|ten** *die* (Plur.): vereinzelt auftretende Zwitter bei Pflanzen, die in der Regel getrenntgeschlechtlich sind (Bot.). **Deu|te|rol|je|sa|ja** *der;* - ⟨zu Jesaja, dem alttestamentlichen Propheten Israels, u. dem nach ihm benannten Buch⟩: unbekannter, der Zeit des babylonischen ↑ Exils angehören-

devolvieren

der Verfasser von Jesaja 40-50; vgl. Tritojesaja. **Deu|te|ro|my|zęt** *der;* -en, -en: Angehöriger einer Klasse der Pilze ohne geschlechtliche Fortpflanzung (Biol.). **Deu|te|ron** *das;* -s, ...onen ⟨aus *gr.* deúteron „das zweite"⟩: aus einem ↑Proton u. einem ↑Neutron bestehender ↑Atomkern des Deuteriums; Abk.: d. **deu|te|ro|no|misch** ⟨zu *gr.* nómos „Gesetz"⟩: zum 5. Buch Mose gehörend. **Deu|te|ro|no|mįst** *der;* -en ⟨zu ↑...ist⟩: Verfasser des Deuteronomiums u. Bearbeiter der alttest. Geschichtsbücher (Rel.). **Deu|te|ro|no|mi|um** *das;* -s ⟨über *spätlat.* deuteronomium aus *gr.* deuteronómion, eigtl. „zweite Gesetzgebung"⟩: das 5. Buch Mose. **Deu|te|ro|sko|pie** *die;* - ⟨zu ↑deutero... u. ↑...skopie⟩: das zweite Gericht (Parapsychol.). **Deu|te|ro|sto|mi|er** [...iɐ] *der;* -s, - (meist Plur.) ⟨zu *gr.* stóma „Mund"⟩: systematische zusammenfassende Bez. der Tierstämme, bei denen sich der bleibende Mund neu bildet u. der Urmund zum After wird (Zool.). **Deu|to|nym|phe** *die;* -: ein Entwicklungsstadium der Milben, das dem der erwachsenen Milben sehr ähnlich ist (Biol.). **Deu|to|plạs|ma** *das;* -s, ...men: im ↑Protoplasma der Zelle vorhandene Reservestoffe (z. B. der Dotter der Eizelle; Biol.) **Deut|zie** [...i̯ə] *die;* -, -n ⟨aus gleichbed. *nlat.* deutzia; nach dem Holländer J. van der Deutz, 1743-1788⟩: zur Gattung der Steinbrechgewächse gehörender Zierstrauch aus Ostasien

Deux-pièces [døˈpi̯ɛːs] *das;* -, - ⟨aus gleichbed. *fr.* deux-pièces, eigtl. „zwei Stücke"⟩: aus zwei Teilen bestehendes Damenkleid

De|va [ˈdeːva] usw. vgl. Dewa usw.

De|va|lua|ti|on [...v...] *die;* -, -en ⟨aus gleichbed. *fr.* dévaluation zu dévaluer „abwerten" (Gegenbildung zu ↑Evaluation); vgl. de...⟩: Abwertung einer Währung. **De|val|va|ti|on** [...va...] *die;* -, -en ⟨zu ↑Devaluation; mit Angleichung von u zu v⟩: Abwertung einer Währung. **De|val|va|tio|nistisch** ⟨zu ↑...istisch⟩: svw. devalvatorisch. **de|val|va|torisch** ⟨aus gleichbed. *nlat.* devalvatorius⟩: abwertend (bes. in bezug auf eine Währung). **de|val|vie|ren** ⟨zu ↑...ieren⟩: [eine Währung] abwerten

De|vant [dəˈvãː] *das;* -s, -s ⟨zu *fr.* devant „vor, vorn"⟩: tänzerische Bewegung vor dem Körper (Ballett)

De|va|po|ra|ti|on [...v...] *die;* - ⟨zu ↑de... u. *lat.* vaporatio „Dunst, Dampf", eigtl. „Ausdünstung", dies zu vaporare „dampfen"⟩: Verwandlung von Dunst in Wasser

De|var|da|le|gie|rung [...v...] *die;* - ⟨nach dem ital. Chemiker A. Devarda (1859-1944) u. zu ↑Legierung⟩: ↑Legierung aus Kupfer, Aluminium u. Zink, die als technisches ↑Reduktionsmittel verwendet wird

De|va|sta|ti|on [...v...] *die;* -, -en ⟨aus gleichbed. *lat.* devastatio zu devastare, vgl. devastieren⟩: (veraltet) Verwüstung, Verheerung. **de|va|stie|ren** ⟨aus *lat.* devastare „gänzlich verwüsten, vernichten"⟩: (veraltet) zerstören, verwüsten

De|ve|lo|per [dɪˈvɛləpɐ] *der;* -s, - ⟨aus gleichbed. *engl.* developer zu to develop „entwickeln"; vgl. Enveloppe⟩: 1. Entwicklerflüssigkeit (Fotogr.). 2. a) Kosmetikum zur Entwicklung u. Formung der weiblichen Brust; b) Gerät zur Entwicklung u. Formung der weiblichen Brust

de|ver|ba|tiv [...v...] ⟨gebildet nach ↑Denominativ zu ↑de... u. *lat.* verbum „Wort, Verb"⟩: von einem ↑Verb abgeleitet (Sprachw.). **De|ver|ba|tiv** *das;* -s, -e [...və] u. **De|ver|ba|tivum** [...vʊm] *das;* -s, ...va [...va]: von einem Verb abgeleitetes Substantiv od. Adjektiv (z. B. *Eroberung* von erobern, *tragbar* von tragen; Sprachw.)

De|ver|gẹnz [...v...] *die;* -, -en ⟨aus gleichbed. *spätlat.* devergentia zu *lat.* devergere, vgl. divergieren⟩: Herabneigung.

de|ver|gie|ren ⟨aus gleichbed. *lat.* devergere⟩: sich herabneigen

de|ver|sie|ren [...v...] ⟨aus gleichbed. *fr.* déverser zu dé- „von - weg" u. verser „umwerfen, -kippen", dies aus *lat.* versare „drehen, (um)wenden"⟩: (veraltet) von der Richtung abweichen, schief stehen. **De|ver|so|ri|um** *das;* -, ...ien [...i̯ən] ⟨aus gleichbed. *lat.* deversorium zu deversari „einkehren", dies zu ↑de... u. versari „sich drehen; sich aufhalten, leben"⟩: (veraltet) Wirtshaus, Herberge

de|ve|stie|ren [...v...] ⟨aus *lat.* devestire „entkleiden"; vgl. ¹investieren⟩: die Priesterwürde od. (im Mittelalter) das Lehen entziehen. **De|ve|sti|tur** *die;* -, -en ⟨zu ↑...ur⟩: Entziehung der Priesterwürde od. (im Mittelalter) des Lehens

de|vẹx [...v...] ⟨aus gleichbed. *lat.* devexus⟩: (veraltet) abschüssig. **De|ve|xi|tät** *die;* -, -en ⟨aus gleichbed. *lat.* devexitas, Gen. devexitatis⟩: (veraltet) Abhang

De|vi [ˈdeːvi] vgl. Dewi

de|vi|ạnt [...v...] ⟨aus *lat.* devians, Gen. deviantis, Part. Präs. von deviare „(vom Weg) abweichen"; vgl. deviieren⟩: von der Norm sozialen Verhaltens, vom Üblichen abweichend (Soziol.). **De|vi|ạnz** *die;* -, -en ⟨zu ↑...anz⟩: Abweichung (von der Norm; Soziol.). **De|via|ti|on** *die;* -, -en ⟨aus gleichbed. *lat.* deviatio⟩: Abweichung. **De|via|tio|nist** *der;* -en, -en ⟨zu ↑...ist⟩: jmd., der von der vorgezeichneten [Partei]linie abweicht, Abweichler. **de|vi|ie|ren** ⟨aus *spätlat.* deviare „abirren, irreführen", dies aus deviare „vom Weg abgehen"⟩: von der [Partei]linie abweichen

De|vil|lin [...v...] *der;* -s, -e ⟨nach dem franz. Chemiker H. E. Deville (1818-1881) u. zu ↑...in (1)⟩: ein dunkelgrünes Mineral

De|vi|se [...v...] *die;* -, -n ⟨aus *fr.* devise „Sinnspruch", eigtl. „abgeteiltes Feld im Wappen", zu deviser „besprechen", eigtl. „einteilen", dies über *vulgärlat.* *devisare, *divisare aus *lat.* dividere „teilen"⟩: 1. Wahl-, Leitspruch. 2. (meist Plur.) a) im Ausland zahlbare Zahlungsanweisung in fremder Währung; b) ausländisches Zahlungsmittel. **De|vi|sen|ar|bi|tra|ge** [...traːʒə] *die;* -, -n: Devisengeschäft unter Ausnutzung unterschiedlicher Devisenkurse an verschiedenen Börsen. **De|vi|sen|markt** *der;* -[e]s, ...märkte: der gesamte an der Devisenbörse stattfindende Devisenhandel. **De|vi|sen|re|ser|ven** *die* (Plur.): der Bestand an liquiden internationalen Zahlungsmitteln

de|vi|tal [...v...] ⟨zu ↑de... u. *lat.* vitalis „lebend, Lebenskraft besitzend"⟩: leblos, abgestorben (z. B. von Zähnen mit abgestorbener ↑Pulpa; Med.). **De|vi|ta|li|sa|ti|on** *die;* -, -en ⟨zu ↑...isation⟩: Abtötung [der ↑Pulpa] (Med.). **de|vi|ta|li|sie|ren** ⟨zu ↑...isieren⟩: [die ↑Pulpa] abtöten (Med.)

De|voir [dəˈvoaːr] *das;* -[s], -s ⟨aus gleichbed. *fr.* devoir zu devoir „schulden", dies aus *lat.* debere⟩: (veraltet) Pflicht, Schuldigkeit

de|vo|lie|ren [...v...] ⟨aus gleichbed. *lat.* devolare⟩: (veraltet) fortfliegen

De|vo|lu|ti|on [...v...] *die;* -, -en ⟨aus gleichbed. *mlat.* devolutio zu devolvere, vgl. devolvieren⟩: 1. (veraltet) Übergang eines Rechtes od. einer Sache an einen anderen (Rechtsw.). 2. Befugnis einer höheren Stelle, ein von der nachgeordneten Stelle nicht od. fehlerhaft besetztes Amt [neu] zu besetzen (kath. Kirchenrecht). **de|vo|lu|tiv** ⟨zu ↑...iv⟩: (veraltet) die Entscheidung an die höhere Instanz weiterreichend (Rechtsw.). **De|vo|lu|tiv|ef|fekt** *der;* -[e]s, -e: die mit der Einlegung eines Rechtsmittels (z. B. Berufung, Revision) verbundene Wirkung, daß über seine Zulässigkeit u. Begründetheit eine höhere Instanz zu entscheiden hat (Rechtsw.). **de|vol|vie|ren** [...ˈviː...] ⟨aus *lat.* devolvere „herabwälzen, herabrollen"⟩: (veraltet) zufal-

len, übergehen an jmdn. (von einem Recht od. einer Sache; Rechtsw.)
de|vo|mie|ren [...v...] ⟨aus gleichbed. *lat.* devomere⟩: (veraltet) ausspeien, sich erbrechen
De|von [...v...] *das;* -[s] ⟨nach der engl. Grafschaft Devonshire⟩: eine ↑Formation (5 a) des ↑Paläozoikums (Geol.).
de|vo|nisch: das Devon betreffend
De|vo|ra|ti|on [...v...] *die;* - ⟨aus gleichbed. *lat.* devoratio zu devorare, vgl. devorieren⟩: das Verschlingen, Verschlucken (Med.). **de|vo|rie|ren** ⟨aus *lat.* devorare ,,hinunterschlucken, verschlucken"⟩: verschlucken (Med.).
de|vot [...v...] ⟨aus *lat.* devotus ,,zu eigen, ergeben" zu devovere ,,als Opfer geloben, weihen"; vgl. Votum⟩: 1. sich übertrieben ergeben jmdm. gegenüber verhaltend, zeigend. 2. andächtig-ergeben. **De|vo|tio mo|der|na** *die;* - - ⟨*lat.;* ,,neuartige Frömmigkeit"⟩: eine der deutschen Mystik verwandte religiöse Erneuerungsbewegung des 14.–16. Jh.s. **De|vo|ti|on** *die;* -, -en ⟨aus gleichbed. *mlat.* devotio, eigtl. ,,Aufopferung"⟩: 1. Andacht. 2. Unterwürfigkeit. **de|vo|tio|nal** ⟨aus gleichbed. *mlat.* devotionalis⟩: ehrfurchtsvoll. **De|vo|tio|na|li|en** [...jən] *die* (Plur.) ⟨aus *kirchenlat.* devotionalia (Plur.) ,,geweihte Gegenstände"⟩: der Andacht dienende Gegenstände (z. B. Statuen, Rosenkränze; Rel.).
De|voue|ment [dəvu'mã:] *das;* -s ⟨aus gleichbed. *fr.* dévouement zu dévouer ,,widmen, weihen", dies über vouer u. *vulgärlat.* *votare ,,geloben, weihen" zu *lat.* votum, vgl. Votum⟩: (veraltet) Andacht, Hingabe, Ergebenheit. **de|vo|vie|ren** [...'vi:...] ⟨aus gleichbed. *lat.* devovere zu vovere, vgl. Votum⟩: (veraltet) geloben, widmen
De|wa ⟨aus *sanskr.* devá ,,Himmlischer, Gott"⟩: allgemeine Bez. für Gott in der ↑wedischen Religion. **De|wa|da|si** *die;* -, -s ⟨aus *sanskr.* devadāsī ,,Dienerin der Götter"⟩: Tempeltänzerin; vgl. Bajadere. **De|wa na|ga|ri** *die;* - ⟨aus *sanskr.* devanāgarī, eigtl. ,,städtische (Schrift) der Götter"⟩: indische Schrift, die u. a. für die Sprachen ↑Sanskrit u. ↑Hindi benutzt wird
De|wi ⟨aus *sanskr.* devī ,,Himmlische, Göttin"⟩: Bez. für jede weibliche Gottheit im ↑Hinduismus
De|war|ben|zol ['dju:ə...] *das;* -s ⟨nach dem brit. Chemiker u. Physiker J. Dewar, 1842–1923⟩: eine instabile benzolähnliche Verbindung (Chem.)
De|wind|tit [auch ...'tɪt] *der;* -s, -e ⟨nach dem belgischen Geologen J. Dewindt (20. Jh.) u. zu ↑²...it⟩: ein gelbes Uranmineral
De|xio|gra|phie *die;* - ⟨zu *gr.* dexiós ,,rechts" u. ↑...graphie⟩: das Schreiben von links nach rechts. **de|xio|gra|phisch** ⟨zu ↑...graphisch⟩: von links nach rechts geschrieben. **dextr..., Dextr...** vgl. dextro..., Dextro... **Dex|tran** Ⓦ *das;* -s ⟨Kunstw. zu *lat.* dexter ,,rechts" u. ↑...an⟩: medizinisch u. technisch vielfach verwendeter, durch Bakterien aus Traubenzucker ↑synthetisierter Blutplasmaersatz. **Dex|trin** *das;* -s, -e ⟨aus gleichbed. *fr.* dextrine zu *lat.* dexter ,,rechts" (weil der Stoff ↑dextrogyr ist); vgl. ...in(1)⟩: 1. Stärkegummi, Klebemittel. 2. ein wasserlösliches Abbauprodukt der Stärke (Med., Chem.). **dex|tro..., Dex|tro...**, vor Vokalen auch dextr..., Dextr... ⟨aus *lat.* dexter ,,rechts"⟩: Wortbildungselement mit der Bedeutung ,,rechts, rechtsseitig; nach rechts", z. B. dextrogyr, Dextrokardie. **dex|tro|gyr** ⟨zu *gr.* gyrós ,,gebogen, rund"⟩: die Ebene ↑polarisierten Lichts nach rechts drehend (Phys.; Chem.); Zeichen d; Ggs. ↑lävogyr. **Dex|tro|kar|die** *die;* -, ...ien ⟨zu *gr.* kardía ,,Herz"⟩: Lage des Herzens in der rechten Brusthöhle (Med.). **Dex|tro|pur** Ⓦ *das;* -s ⟨Kunstw. aus *Dextr*ose u. *lat.* p*ur*us ,,rein"⟩: Präparat aus reinem Traubenzucker. **Dex|tro|se** *die;* - ⟨Kunstw. aus *dextrogyr* u. ↑²...ose⟩: Traubenzucker
De|ze|le|ra|ti|on *die;* -, -en ⟨Gegenbildung zu ↑Akzeleration; vgl. de...⟩: Abnahme der Pulsfrequenz (nach Belastung) auf die Ruhefrequenz (Med.)
De|zem *der;* -s, -s ⟨aus *lat.* decem ,,zehn"⟩: vom Mittelalter bis ins 19. Jh. die Abgabe des zehnten Teils vom Ertrag eines Grundstücks an die Kirche (Zehnt). **De|zem|ber** *der;* -[s], - ⟨aus *lat.* (mensis) december zu decem ,,zehn" (das altröm. Kalenderjahr begann am 153 v. Chr. am 1. März)⟩: zwölfter Monat im Jahr (benannt nach dem 10. Monat des röm. Kalenders); Abk.: Dez. **De|zem|vir** [...v...] *der;* Gen. -n u. -s, Plur. -n ⟨aus gleichbed. *lat.* decemvir (Singular von decem viri ,,zehn Männer")⟩: Mitglied des Dezemvirats. **De|zem|vi|rat** *das;* -[e]s, -e ⟨aus gleichbed. *lat.* decemviratus⟩: aus 10 Mitgliedern bestehendes Beamten- od. Priesterkollegium im antiken Rom zur Entlastung der Magistrate. **De|zen|ni|um** *das;* -s, ...ien [...jən] ⟨aus gleichbed. *lat.* decennium zu decem ,,zehn" u. annus ,,Jahr"⟩: Jahrzehnt, Zeitraum von 10 Jahren
de|zent ⟨unter Einfluß von gleichbed. *fr.* décent aus *lat.* decens, Gen. decentis ,,schicklich, geziemend", Part. Präs. von decere ,,zieren, wohl anstehen"⟩: a) vornehm-zurückhaltend, taktvoll, feinfühlig; b) unaufdringlich, nicht [als störend] auffallend; Ggs. ↑indezent
de|zen|tral ⟨zu ↑de... u. ↑zentral⟩: vom Mittelpunkt entfernt; Ggs. ↑zentral (a). **De|zen|tra|li|sa|ti|on** *die;* -, -en: 1. organisatorische Verteilung von Funktionen u. Aufgaben auf verschiedene Stellen in der Weise, daß gleichartige Aufgaben nicht zusammengefaßt, sondern stellenmäßig getrennt werden; Ggs. ↑Zentralisation (1). 2. (ohne Plur.) Zustand, in dem sich etwas nach dem Dezentralisieren befindet; Ggs. ↑Zentralisation (2); vgl. ...[at]ion/...ierung. **de|zen|tra|li|sie|ren**: eine Dezentralisation (1) durchführen; Ggs. ↑zentralisieren. **De|zen|tra|li|sie|rung** *die;* -, -en: svw. Dezentralisation; vgl. ...[at]ion/...ierung. **de|zen|triert** ⟨zu ↑...iert⟩: schlecht auf Mitte eingestellt, nicht in der Mitte, im Zentrum befindlich. **de|zen|trisch**: svw. dezentriert
De|zenz *die;* - ⟨über *fr.* décence aus *lat.* decentia ,,Anstand, Schicklichkeit" zu decens, vgl. dezent⟩: 1. vornehme Zurückhaltung; Unaufdringlichkeit; Ggs. ↑Indezenz. 2. unauffällige Eleganz
De|zep|ti|on *die;* -, -en ⟨aus gleichbed. *lat.* deceptio zu decipere, vgl. dezipieren⟩: (veraltet) Betrug. **de|zep|tiv** ⟨aus gleichbed. *lat.* deceptivus⟩: (veraltet) betrügerisch; vgl. ...iv/...orisch. **De|zep|tor** *der;* -s, ...oren ⟨aus gleichbed. *lat.* deceptor⟩: (veraltet) Betrüger. **de|zep|to|risch**: svw. dezeptiv; vgl. ...iv/...orisch
De|ze|re|bra|ti|on, De|ze|re|brie|rung *die;* -, -en ⟨zu ↑de..., ↑Cerebrum u. ↑...ation bzw. ↑...ierung⟩: operative Ausschaltung des Großhirns mittels Durchtrennung des Hirnstammes (bei Tierversuchen); vgl. ...[at]ion/...ierung
De|zer|nat *das;* -[e]s, -e ⟨aus *lat.* decernat ,,er soll entscheiden", 3. Pers. Konj. Präs. von decernere, vgl. dezernieren⟩: Geschäftsbereich eines Dezernenten. **De|zer|nent** *der;* -en, -en ⟨aus *lat.* decernens, Gen. decernentis ,,Entscheidender", Part. Präs. von decernere, vgl. dezernieren u. Dekret⟩: Sachbearbeiter mit Entscheidungsbefugnis bei Behörden u. Verwaltungen; Leiter eines Dezernats. **de|zer|nie|ren** ⟨aus gleichbed. *lat.* decernere⟩: (veraltet) entscheiden, beschließen
De|zett *das;* -[e]s, -e ⟨Analogiebildung zu ↑Duett (zu *lat.* decem ,,zehn")⟩: Musikstück für zehn Soloinstrumente (Mus.)

Diabetologe

De|zi... ⟨nach gleichbed. *fr.* déci- zu *lat.* decimus „der zehnte"⟩: Vorsatz vor Maßeinheiten mit der Bedeutung „ein Zehntel der genannten Maßeinheit", z. B. Deziliter; Zeichen d. **De|zi|ar** *das;* -s, -e (aber: 5 -) ⟨zu ↑ Dezi... u. ↑ Ar⟩: ^{1}/$_{10}$ Ar; Zeichen da. **De|zi|are** *die;* -, -n: (schweiz.) svw. Deziar. **De|zi|bel** *das;* -s, -: ^{1}/$_{10}$ Bel (Maßeinheit für den Schalldruckpegel in der Elektroakustik); Zeichen dB; vgl. Bel **de|zi|die|ren** ⟨aus gleichbed. *lat.* decidere, eigtl. „abschneiden"⟩: entscheiden. **de|zi|diert** ⟨zu ↑ ...iert⟩: entschieden, bestimmt, energisch
De|zi|dua vgl. Decidua. **de|zi|du|al** ⟨zu ↑ Decidua u. ↑ ^{1}...al (1)⟩: die ↑ Decidua betreffend, zu ihr gehörend (Med.)
De|zi|gramm *das;* -s, -[e] (aber: 5 -) ⟨zu ↑ Dezi... u. ↑ Gramm⟩: ^{1}/$_{10}$ Gramm; Zeichen dg. **De|zi|li|ter** *der,* schweiz. nur so, auch *das;* -s, -: ^{1}/$_{10}$ Liter; Zeichen dl. **de|zi|mal** ⟨aus gleichbed. *mlat.* decimalis zu *lat.* decem „zehn"⟩: auf die Grundzahl 10 bezogen. **de|zi|mal-bi|när:** die Umwandlung von Ziffern des Dezimalsystems in Ziffern des ↑ binären Zahlensystems betreffend, z. B. beim ↑ Binärcode (EDV). **De|zi|mal|bruch** *der;* -[e]s, ...brüche: ein Bruch, dessen Nenner 10 od. eine ↑ Potenz (4) von 10 ist (z. B. 0,54 = ^{54}/$_{100}$). **De|zi|mal|code** [...ko:t] *der;* -s, -s: jeder zur Kodierung von Dezimalzahlen verwendete ↑ Binärcode, mit dem nicht jeweils die gesamte Zahl, sondern jede ihrer Dezimalziffern einzeln kodiert wird, z. B. der ↑ Aiken-Code. **De|zi|mal|le** *die;* -[n], -n ⟨zu ↑ ...ale⟩: eine Ziffer der Zifferfolge, die rechts vom Komma eines Dezimalbruchs steht. **de|zi|ma|li|sie|ren** ⟨zu ↑ ...isieren⟩: auf das Dezimalsystem umstellen (z. B. eine Währung). **De|zi|ma|li|sie|rung** *die;* -, -en ⟨zu ↑ ...isierung⟩: das Dezimalisieren. **De|zi|mal|klas|si|fi|ka|ti|on** *die;* -: Ordnungssystem für Karteien, Register u. ä., das das gesamte Wissensgebiet in 10 Hauptabteilungen einteilt, diese wieder in 10 Unterabteilungen usw.; Abk.: DK. **De|zi|mal|maß** *das;* - es, -e: Maß, das auf das Dezimalsystem bezogen ist. **De|zi|mal|po|tenz** *die;* -, -en: die im Verhältnis 1 : 10 fortschreitenden Verdünnungsstufen der homöopathischen Arzneien. **De|zi|mal|stel|le** *die;* -, -n: svw. Dezimale. **De|zi|mal|sy|stem** *das;* -s: svw. dekadisches System. **De|zi|mal|ta|bu|la|tor** *der;* -s, -en: ↑ Tabulator, der mit Hilfe einiger Spezialtasten das stellenrichtige Untereinanderschreiben von Zahlenspalten sichert. **De|zi|mal|waa|ge** *die;* -, -n: eine Waage, bei der die Last zehnmal so schwer ist wie die Gewichtsstücke, die beim Wiegen aufgelegt werden. **De|zi|ma|ti|on** *die;* -, -en ⟨aus gleichbed. *lat.* decimatio, eigtl. „Zehntung", zu decimare, vgl. dezimieren⟩: 1. Hinrichtung jedes zehnten Mannes (altröm. Kriegsbrauch). 2. (veraltet) Erhebung des Zehnten; vgl. ...[at]ion/...ierung. **De|zi|me** *die;* -, -n ⟨aus *mlat.* decima (vox) „zehnter (Ton)"⟩: 1. a) zehnter Ton einer ↑ diatonischen Tonleiter vom Grundton an; b) ↑ Intervall (2) von zehn ↑ diatonischen Stufen (Mus.). 2. aus zehn Zeilen bestehende [span.] Strophenform. **De|zi|me|ter** *der,* schweiz. nur so, auch *das;* -s, - ⟨zu ↑ Dezi... u. ↑ Meter⟩: ^{1}/$_{10}$ Meter; Zeichen dm. **de|zi|mie|ren** ⟨aus *lat.* decimare „jeden zehnten Mann (mit dem Tode) bestrafen" zu decem „zehn"⟩: 1. jmdm. große Verluste beibringen, etwas (durch Gewalteinwirkung) in seinem Bestand stark vermindern. 2. jeden zehnten Mann mit dem Tod bestrafen (altröm. Kriegsbrauch). **De|zi|mie|rung** *die;* -, -en ⟨zu ↑ ...ierung⟩: das Dezimieren; vgl. ...[at]ion/...ierung
de|zi|pie|ren ⟨aus gleichbed. *lat.* decipere⟩ (veraltet) betrügen

De|zi|si|on *die;* -, -en ⟨aus gleichbed. *lat.* decisio „Abkommen, Entscheidung" zu decidere, vgl. dezidieren⟩: gesetzliche Entscheidung einer einzelnen strittigen Frage (Rechtsw.). **De|zi|sio|nis|mus** *der;* - ⟨zu ↑ ...ismus (1)⟩: rechtsphilosophische Anschauung, nach der das als Recht anzusehen ist, was die Gesetzgebung zum Recht erklärt. **de|zi|siv** ⟨aus gleichbed. *fr.* décisif, dies aus *mlat.* decisivus zu *lat.* decidere, vgl. dezidieren⟩: entscheidend, bestimmt. **De|zi|siv|stim|me** *die;* -, -n: eine abstimmungsberechtigte Stimme in einer politischen Körperschaft; Ggs. ↑ Deliberativstimme
De|zi|ster *der;* -s, Plur. -e u. -s (aber: 5 -) ⟨zu ↑ Dezi... u. ↑ Ster⟩: altes Raummaß für Holz, entspricht ^{1}/$_{10}$ Kubikmeter; Zeichen dst; vgl. Ster. **De|zi|tex** *das;* -, -: Einheit für den ↑ Titer (2) einer textilen Faser od. eines Garnes; Zeichen dtex; vgl. Tex
Dhar|ma ['darma] *das* od. *der;* -[s], -s ⟨aus *sanskr.* dhárma „Stütze, Halt; Gesetz"⟩: 1. (ohne Plur.) Gesetz, Lehre (in ind. Religionen u. ind. Philosophie, bes. die ewige Lehre Buddhas). 2. Grundbestandteil der Welt (z. B. der Raum, das ↑ Nirwana). **Dhar|ma|ca|kra** [...tʃa...] *das;* -, - ⟨aus *sanskr.* dharmacakra „Rad der Lehre, des Gesetzes"⟩: Speichenrad als Symbol für die Ausbreitung der buddhistischen Lehre. **Dhar|ma|ca|kra|mu|dra** *die;* -, -s ⟨zu *sanskr.* mudrā „Siegel, Zeichen"⟩: Meditationsgeste (vgl. Mudra) der sitzenden Buddhafigur
Dhau [dau] vgl. Dau
d'Hondtsch [tɔntʃ] ⟨nach V. d'Hondt (1841–1907), einem Professor der Rechtswissenschaft in Gent⟩; in der Fügung d'Hondtsches System: Berechnungsmodus für die Verteilung der Sitze in Vertretungskörperschaften (z. B. in Parlamenten) bei der Verhältniswahl
Dho|ti ['do:ti] *der;* -[s], -s ⟨über *engl.* dhoti bzw. dhuti aus gleichbed. *Hindi* dhotī⟩: Lendentuch der Inder
^{1}di..., Di... ⟨aus *gr.* di- zu dís „zweimal, zweifach"⟩: Präfix, das die Verdopplung des im folgenden Genannten anzeigt, z. B. dimorph, Dijambus
^{2}di..., Di... vgl. dia..., Dia...
^{3}di..., Di... vgl. dis..., Dis...
Dia *das;* -s, -s ⟨verselbständigt aus ↑ dia...⟩: Kurzform von ↑ Diapositiv
dia..., Dia... ⟨aus gleichbed. *gr.* diá⟩, vor Vokalen meist di..., Di..., vor rh (*gr.* ǫ) diar..., Diar...: Präfix mit der Bedeutung „durch, hindurch, zwischen, auseinander", z. B. diaphan, Diegese, Diarrhö
Dia|ban|tit [auch ...'tɪt] *der;* -s, -e ⟨zu *gr.* diabaínein „hindurchgehen, überschreiten" (vgl. Diabas) u. ↑ ^{2}...it⟩: zu den ↑ Chloriten gehörendes eisenreiches Mineral. **Dia|bas** *der;* -es, -e ⟨zu *gr.* diábasis „das Hinübergehen, Übergang" (da sich das Gestein durch zahlreiche Schichten hindurchzieht)⟩: Grünstein (ein Ergußgestein)
Dia|bète mai|gre [dja'bɛ:t 'mɛ:grə] *der;* - -, -s -s [dja'bɛ:t 'mɛ:grə] ⟨aus gleichbed. *fr.* diabète maigre, eigtl. „magerer Diabetes"⟩: vor dem 30. Lebensjahr auftretende Zuckerkrankheit (Med.). **Dia|be|tes** *der;* - ⟨aus *gr.* diabḗtēs „Harnruhr", eigtl. „die Beine spreizend"⟩: a) Harnruhr; b) Kurzbezeichnung für Diabetes mellitus (Med.); - insipidus: Wasserharnruhr, übermäßige Harnausscheidung (ohne pathologische Beimengungen); - mellitus: Zuckerharnruhr, Zuckerkrankheit; - renalis: auf einer Störung der Nierenfunktion beruhende Zuckerausscheidung im Harn. **Dia|be|ti|ker** *der;* -s, -: Zuckerkranker (Med.). **Dia|be|ti|ke|rin** *die;* -, -nen: weibliche Form zu ↑ Diabetiker. **dia|be|tisch:** zuckerkrank (Med.). **dia|be|to|id** ⟨zu ↑ ...oid⟩: diabetesähnlich (von Krankheiten). **Dia|be|to|lo|ge** *der;* -n, -n ⟨zu ↑ ...loge⟩: Wissenschaftler, der sich mit der Erforschung der Zuckerkrankheit beschäftigt. **Dia|be-**

to|lo|gie *die;* - ⟨zu ↑...logie⟩: wissenschaftliche Erforschung der Zuckerkrankheit

dia|bla|stisch ⟨aus *gr.* diablástikos „ausschlagend, -keimend"⟩: sich einander durchdringend (von sich neu bildenden Mineralen in einem Gefüge ↑ metamorpher Gesteine)

Dia|ble ['djab(ə)l] *der;* -, -s ⟨aus *fr.* diable, dies aus *lat.* diabolus, vgl. Diabolus⟩: 1. franz. Bez. für Teufel. 2. (veraltet) Bösewicht. **Dia|ble|rie** *die;* -, ...ien ⟨aus gleichbed. *fr.* diablerie⟩: (veraltet) 1. svw. Diabolie. 2. mittelalterliches Schauspiel, in dem Teufel auftraten. **Dia|blesse** [dja'blɛs] *die;* -, -n [...sn] ⟨aus gleichbed. *fr.* diablesse⟩: (veraltet) boshafte Frau, Teufelin. **Dia|blo|tin** [...'tɛ̃:n] *das;* -s, -s ⟨aus gleichbed. *fr.* diablotin, eigtl. „Teufelchen"⟩: (veraltet) überzuckertes Schokoladenplätzchen. **Dia|blo|kul|tur** *die;* - ⟨zu *span.* diablo „Teufel" (dies aus *lat.* diabolus, vgl. Diabolus) u. ↑ Kultur⟩: prähistorische Indianerkultur in Nordostmexiko. **Dia|bo|lie** *die;* - ⟨aus *gr.* diabolía „Verleumdung; Haß"; vgl. Diabolus⟩: teuflische Bosheit, abgründiges Bösesein. **Dia|bo|lik** *die;* - ⟨zu ↑²...ik (3)⟩: teuflisch-boshaftes Wesen. **dia|bo|lisch** ⟨über *(kirchen)lat.* diabolicus „teuflisch-boshaft" aus *gr.* diabolikós „verleumderisch"⟩: teuflisch. **dia|bo|li|sie|ren** ⟨zu ↑...isieren⟩: (veraltet) teuflisch handeln. **Dia|bo|lis|mus** *der;* - ⟨zu ↑...ismus (2)⟩: (veraltet) Teufelswerk. **Dia|bo|lo** *das;* -s, -s ⟨Phantasiebezeichnung zu *it.* diavolo; vgl. Diabolus⟩: ein Geschicklichkeitsspiel mit einem Doppelkreisel. **Dia|bo|lus** *der;* - ⟨über gleichbed. *(kirchen)lat.* diabolus aus *gr.* diábolos, eigtl. „Verleumder", zu diabállein „entzweien, verleumden", eigtl. „auseinanderwerfen"⟩: der Teufel

Dia|bon Ⓦ *das;* -s ⟨Kunstw.⟩: säure-, hitze- u. korrosionsbeständiger Werkstoff aus porösem Graphit

Dia|bro|sis *die;* -, ...sen ⟨aus *gr.* diábrōsis „das Durchfressen"⟩: Zerstörung, das Durchbrechen (z. B. einer Gefäßwand; Med.). **dia|bro|tisch** ⟨aus gleichbed. *gr.* diabrōtikós⟩: (veraltet) zerfressend, zerstörend

Di|acet|ämie [...ts...] *die;* -, ...ien ⟨zu ↑¹di..., ↑Aceton u. ↑...ämie⟩: das Auftreten von ↑Ketonkörpern im Blut (Med.). **Di|acet|urie** *die;* -, ...ien ⟨zu ↑...urie⟩: das Auftreten von ↑Ketonkörpern im Urin (Med.)

dia|chron [...'kro:n] ⟨zu ↑dia... u. *gr.* chrónos „Zeit"⟩: a) die Diachronie betreffend; b) geschichtlich, entwicklungsmäßig betrachtet; Ggs. ↑synchron (3); vgl. ...isch/-. **Dia|chro|nie** *die;* - ⟨zu ↑²...ie⟩: Darstellung der geschichtlichen Entwicklung einer Sprache (Sprachw.); Ggs. ↑Synchronie. **dia|chro|nisch**: svw. diachron (a); Ggs. ↑synchronisch (1); vgl. ...isch/-

Dia|dem *das;* -s, -e ⟨über gleichbed. *lat.* diadema aus *gr.* diádēma, eigtl. „Umgebundenes"⟩: Stirn- od. Kopfreif aus Edelmetall, meist mit Edelsteinen od. Perlen besetzt

dia|doch ⟨aus *gr.* diádochos „(etwas) übernehmend, ablösend; (mit etwas) abwechselnd"⟩: die Fähigkeit bezeichnend, in einem Kristallgitter sich gegenseitig vertreten zu können (von Elementen; Mineral., Kristallographie). **Dia|do|chen** *die* (Plur.) ⟨aus *gr.* diádochos „Nachfolger" zu diadéchesthai „(von einem früheren Besitzer) übernehmen"⟩: um den Vorrang streitende Nachfolger einer bedeutenden, einflußreichen Persönlichkeit. **Dia|do|chen|kämp|fe** *die* (Plur.): Konkurrenzkampf zweier od. mehrerer Anwärter um die Nachfolge für ein bedeutendes, einflußreiches Amt. **Dia|do|chie** *die;* -, ...ien ⟨zu ↑²...ie⟩: Fähigkeit bestimmter Elemente, sich in einem Kristallgitter gegenseitig zu vertreten (Mineral., Kristallographie). **Dia|do|cho|ki|ne|se** *die;* -, -n ⟨zu *gr.* kínēsis „Bewegung"⟩: Fä-

higkeit, einander entgegengesetzte Bewegungen rasch hintereinander geordnet auszuführen (Med.)

Dia|ge|ne|se *die;* -, -n ⟨zu ↑dia... u. ↑Genese⟩: nachträgliche Veränderung eines ↑Sediments (1) durch Druck u. Temperatur (Geol.). **dia|ge|ne|tisch:** die Diagenese betreffend, durch sie bewirkt

dia|geo|trop ⟨zu ↑dia... u. ↑geotrop⟩: schrägstehend, herabhängend (durch die Schwerkraft bedingt bei früchtetragenden od. dichtbelaubten Zweigen; Bot.)

Dia|gly|phe *die;* -, -n ⟨zu ↑dia... u. *gr.* glyphé „das Ausmeißeln, Gravieren; das Ausgemeißelte"⟩: in eine Fläche vertieft geschnittene, gemeißelte od. gestochene Figur. **dia|gly|phisch:** vertieft geschnitten, gemeißelt, gestochen

Dia|gno|se *die;* -, -n ⟨über gleichbed. *fr.* diagnose aus *gr.* diágnōsis „unterscheidende Beurteilung, Erkenntnis" zu diagignóskein „durch und durch erkennen, beurteilen"⟩: 1. auf Grund genauerer Beobachtungen, Untersuchungen abgegebene Feststellung, Beurteilung über den Zustand, die Beschaffenheit von etw. (z. B. von einer Krankheit). 2. zusammenfassende Beschreibung der wichtigsten Merkmale für die Bestimmung der systematischen Stellung einer Pflanzen- od. Tierart (bzw. Gattung, Familie, Ordnung; Bot.; Zool.). **Dia|gno|se|zen|trum** *das;* -s, ...ren: Klinik, die auf die Früherkennung von Krankheiten u. Organstörungen spezialisiert ist. **Dia|gno|sis ex ju|van|ti|bus** [– – ...v...] *die;* - - - ⟨aus *lat.* diagnosis ex iuvantibus „Diagnose vom Heilerfolg her" zu iuvantia „Heilsamkeit, Förderung", dies zu iuvare „helfen"⟩: Stellen der Diagnose nach Behandlung eines Patienten (also von der angewandten u. erfolgreichen bzw. erfolglosen Therapie aus; Med.). **Dia|gno|stik** *die;* - ⟨zu *gr.* diagnōstikós „zum Unterscheiden gehörig"⟩: Fähigkeit u. Lehre, Krankheiten zu erkennen (Med.; Psychol.). **Dia|gno|sti|ker** *der;* -s, -: jmd., der eine Diagnose stellt. **Dia|gno|sti|kum** *das;* -s, ...ka ⟨über *nlat.* diagnosticum aus *mgr.* diagnōstikón „Unterscheidungsmerkmal"⟩: Hilfsmittel zur Erstellung einer Diagnose, z. B. Farbstoffe, Kontrastmittel. **dia|gno|stisch** ⟨aus gleichbed. *gr.* diagnōstikós⟩: 1. durch Diagnose festgestellt. 2. die Diagnose betreffend. **dia|gno|sti|zie|ren** ⟨zu ↑...ieren⟩: eine Krankheit [durch eingehende Untersuchung des Patienten] feststellen

dia|go|nal ⟨aus *spätlat.* diagonalis, eigtl. „durch die Winkel führend", zu ↑dia... u. *gr.* gōnía „Ecke, Winkel"⟩: a) zwei nicht benachbarte Ecken eines Vielecks verbindend (Geom.); b) schräg, quer verlaufend; -es Lesen: [oberflächliches] nicht alle Einzelheiten eines Textes beachtendes Lesen, durch das man sich einen allgemeinen Überblick verschafft. **Dia|go|nal** *der;* -[s], -s ⟨zu ↑¹...al (2)⟩: schräggestreifter Kleiderstoff in Köperbindung (eine Webart). **Dia|go|na|le** *die;* -, -n ⟨zu ↑...ale⟩: 1. Gerade, die zwei nicht benachbarte Ecken eines Vielecks miteinander verbindet (Geom.). 2. alle Schrägen beim Schach auf jeweils weißen od. schwarzen Feldern. 3. schräg liegender Verbindungsstab zwischen den beiden Gurten eines Fachwerkträgers (Bauw.)

Dia|gramm *das;* -s, -e ⟨über *lat.* diagramma aus *gr.* diágramma „Umriß, musikal. Schema" zu *gr.* diagráphein „mit Linien umziehen"⟩: 1. zeichnerische Darstellung von Größenverhältnissen in anschaulicher, leicht überblickbarer Form. 2. schematische Darstellung von Blütengrundrissen (Bot.). 3. Stellungsbild beim Schach. 4. magisches Zeichen (Drudenfuß); vgl. Pentagramm. **Dia|gramm|pa|pier** *das;* -s, -e (Plur. selten): mit Liniennetzen bedrucktes Spezialpapier für die Aufzeichnungen von Registrier- bzw. Kontrollgeräten. **Dia|gramm|stem|pel** *der;* -s, -: Stempel zur Aufzeichnung eines Stellungsbildes im Schach. **Dia|graph** *der;* -en, -en ⟨zu ↑ ...graph⟩: 1. Gerät zum Zeichnen von [Schädel]umrissen u. Kurven. 2. svw. Diphthong

Dia|hyp|onym *das;* -s, -e ⟨zu ↑ dia... u. ↑ Hyponym⟩: svw. Inkonym

Dia|kar|to|gramm *das;* -s, -e ⟨zu ↑ dia... u. ↑ Kartogramm⟩: svw. Kartodiagramm

Dia|kau|stik *die;* -, -en ⟨zu *gr.* diákausis „durchdringende Hitze" (dies zu diakaíein „durchbrennen") u. ↑²...ik⟩: die beim Durchgang von ↑ parallelem (1) Licht bei einer Linse entstehende Brennfläche (die im Idealfall ein Brennpunkt ist). **dia|kau|stisch:** auf die Diakaustik bezogen

Dia|ki|ne|se *die;* -, -n ⟨zu ↑ dia... u. *gr.* kínēsis „Bewegung"⟩: Stadium der Zellteilung, in dem die ↑ Chromosomen den größten Grad der Verkürzung erreichen (Genetik)

Dia|kla|se *die;* -, -n ⟨zu ↑ dia... u. *gr.* klásis „Bruch"⟩: 1. Gesteinskluft, deren Wände nicht gegeneinander verschoben sind (Geol.). 2. (veraltet) Brechung des Lichts

Dia|kon [süddt. u. österr. auch 'di:ako:n] *der;* Gen. -s u. -en, Plur. -e[n] ⟨über *kirchenlat.* diaconus aus *gr.* diákonos „Diener"⟩: 1. kath., anglikan. od. orthodoxer Geistlicher, der um einen Weihegrad unter dem Priester steht. 2. in der ev. Kirche Krankenpfleger, Pfarrhelfer od. Prediger ohne Hochschulausbildung; vgl. Diakonus. **Dia|ko|nat** *das,* auch *der;* -[e]s, -e ⟨aus gleichbed. *kirchenlat.* diaconatus⟩: 1. a) Amt eines Diakons; b) Wohnung eines Diakons. 2. Pflegedienst (in Krankenhäusern). **Dia|ko|nie** *die;* - ⟨über *kirchenlat.* diaconia aus *gr.* diakonía „Dienst"⟩: [berufsmäßiger] Dienst an Armen u. Hilfsbedürftigen (Krankenpflege, Gemeindedienst) in der ev. Kirche. **dia|ko|nie|ren** ⟨zu ↑ ...ieren⟩: (veraltet) das Amt eines Diakons ausüben. **Dia|ko|nik** *die;* - ⟨zu ↑²...ik (1)⟩: Lehrgebiet der ev. Theologie, das den diakonischen Dienst zum Inhalt hat. **Dia|ko|ni|kon** *das;* -[s], ...ka ⟨aus gleichbed. *mgr.* diakónikon, eigtl. „das zum Dienst Bereite"⟩: 1. der Sakristeiraum der orthodoxen Kirche. 2. Südtür in der ↑ Ikonostase. **Dia|ko|nin** *die;* -, -nen ⟨zu ↑ Diakon⟩: weibliche Form zu ↑ Diakon. **dia|konisch** ⟨über *kirchenlat.* diaconicus aus *gr.* diakonikós „zum Dienst bereit, dienstbeflissen"⟩: die Diakonie betreffend. **Dia|ko|nis|se** *die;* -, -n u. **Dia|ko|nis|sin** *die;* -, -nen ⟨aus *kirchenlat.* diaconissa „Kirchendienerin"⟩: in der Diakonie tätige, in Schwesterngemeinschaft lebende Frau. **Dia|ko|nus** *der;* -, ...one[n] ⟨aus *kirchenlat.* diaconus „Kirchendiener"⟩: (veraltet) zweiter od. dritter Pfarrer einer ev. Gemeinde; Hilfsgeistlicher

Dia|kri|se u. **Dia|kri|sis** *die;* -, ...isen ⟨aus *gr.* diákrisis „Trennung; Unterscheidung; Entscheidung"⟩: 1. svw. Differentialdiagnose. 2. entscheidende Krise einer Krankheit. **dia|kri|tisch** ⟨aus *gr.* diakritikós „zum Unterscheiden geeignet" zu diakrínein „trennen, (unter)scheiden"; vgl. kritisch⟩: unterscheidend (bes. Sprachw.); -es Zeichen: Zeichen, das die besondere Aussprache eines Buchstabens anzeigt (z. B. die ↑ Cedille [ç])

di|ak|tin ⟨zu ↑ dia... u. *gr.* aktís, Gen. aktĩnos „Strahl"⟩: Röntgenstrahlen durchlassend (Med.)

Dia|lekt *der;* -[e]s, -e ⟨über gleichbed. *lat.* dialectos aus *gr.* diálektos „Gespräch, Redeweise" zu dialégesthai „sich unterreden, sprechen"⟩: 1. Mundart, örtlich od. landschaftl. begrenzte sprachliche Sonderform; regionale Variante einer Sprache. 2. standortgebundene Sonderform der Lebensäußerung einer Tierart (Verhaltensforschung). 3. Abwandlung od. erweiterte Version einer Programmiersprache (EDV). **dia|lek|tal** ⟨zu ↑¹...al (1)⟩: den Dialekt betreffend, mundartlich. **Dia|lekt|geo|gra|phie** *die;* -: Mundartforschung, die die geographische Verbreitung von Dialek-

ten u. ihren Sprachformen untersucht. **Dia|lek|tik** *die;* - ⟨über *lat.* (ars) dialectica „Kunst der Gesprächsführung" aus gleichbed. *gr.* dialektiké (téchnē)⟩: 1. innere Gegensätzlichkeit. 2. a) philosophische Arbeitsmethode, die ihre Ausgangsposition durch gegensätzliche Behauptungen (↑These u. ↑ Antithese 1) in Frage stellt u. in der ↑ Synthese (4) beider Positionen eine Erkenntnis höherer Art zu gewinnen sucht; b) die sich in antagonistischen Widersprüchen bewegende Entwicklung von Geschichte, Ökonomie u. Gesellschaft (dialekt. Materialismus). 3. die Fähigkeit, den Diskussionspartner in Rede u. Gegenrede zu überzeugen; vgl. Sophistik (2). **Dia|lek|ti|ker** *der;* -s, -: 1. ein in der Dialektik (3) Erfahrener; jmd., der geschickt zu argumentieren versteht. 2. ein Vertreter der dialektischen (3) Methode. **¹dia|lek|tisch** ⟨zu ↑ Dialekt⟩: (veraltet) svw. dialektal. **²dia|lek|tisch** ⟨über *lat.* dialecticus aus gleichbed. *gr.* dialektikós⟩: 1. die Dialektik (1) betreffend, gegensätzlich. 2. in Gegensätzen, entsprechend der Methode der Dialektik (2 a) denkend; -er Materialismus: Lehre des Marxismus von den allgemeinen Bewegungs-, Entwicklungs- u. Strukturgesetzen der Natur u. der Gesellschaft. 3. haarspalterisch, spitzfindig. **Dia|lek|tis|mus** *der;* -, ...men ⟨zu ↑ Dialekt u. ↑ ...ismus (4)⟩: dialektale ↑ Variante (1) einer hochsprachlichen Form (z. B. österr. *Karfiol* = binnendeutsch *Blumenkohl*). **Dia|lek|to|lo|ge** *der;* -n, -n ⟨zu ↑ ...loge⟩: Wissenschaftler auf dem Gebiet der Dialektologie. **Dia|lek|to|lo|gie** *die;* - ⟨zu ↑ ...logie⟩: Mundartforschung. **dia|lek|to|lo|gisch** ⟨zu ↑ ...logisch⟩: die Dialektologie betreffend

Di|al|lag *der;* -s, -e ⟨aus *gr.* diallagḗ „Veränderung, Tausch"⟩: ein Mineral, Abart des ↑ Amphibols

Di|al|le|le *die;* -, -n ⟨zu *gr.* diállēlos „sich entsprechend"⟩: sich im Kreis bewegende Art des Denkens, Zirkelschluß; Fehlschluß (Philos.); vgl. Circulus vitiosus (1)

Dia|log *der;* -[e]s, -e ⟨aus gleichbed. *fr.* dialogue, dies über *lat.* dialogus aus *gr.* diálogos „Unterredung, Gespräch" zu dialégesthai, vgl. Dialekt⟩: 1. a) von zwei Personen abwechselnd geführte Rede u. Gegenrede, Wechselrede; Ggs. ↑ Monolog (b); b) Gespräch, das zwischen zwei Gruppierungen geführt wird, um sich u. die gegenseitigen Standpunkte kennenzulernen. 2. der gesamte Sprechteil eines Films (Filmw.). 3. direkter Austausch von Fragen u. Antworten zwischen Computer u. Benutzer, z. B. über Fernschreiber od. Sichtgeräte (EDV). **Dia|log|au|tor** *der;* -s, -en: Autor des Dialogs (2) im Drehbuch (Filmw.). **dia|log|de|fi|nit:** im Dialog (1) entscheidbar, nach eindeutigen Regeln mit eindeutigem Ausgang argumentierbar (von Aussagen). **dia|lo|gi|e|ren** ⟨zu ↑ ...ieren⟩: (veraltet) Personen redend, im Dialog (1) vorführen. **dia|lo|gisch:** in Dialogform. **dia|lo|gi|sie|ren** ⟨zu ↑ ...isieren⟩: in Dialogform gestalten. **Dia|lo|gis|mus** *der;* - ⟨zu ↑ ...ismus⟩: rhetor. Figur in Form von Fragen, die ein Redner gleichsam im Selbstgespräch an sich selbst richtig u. auch selbst beantwortet (Rhet.; Stilk.). **Dia|lo|gist** *der;* -en, -en ⟨zu ↑ ...ist⟩: Bearbeiter der Dialoge im Drehbuch (Filmw.). **Dia|log|regie** [...reʒi:] *die;* -, ...ien [...i:ən]: Regie, die sich nur auf den Dialog eines Films erstreckt. **Dia|log|ro|man** *der;* -s, -e: Form des Romans, bei der Dialoge (1) vorherrschen, so daß die Handlung aus dem Gespräch der Romanfiguren erschlossen werden muß

Dia|ly|pe|ta|le *die;* -, -n (meist Plur.) ⟨aus *nlat.* dialypetala „zweikeimblättrige Pflanze" zu *gr.* dialýein „trennen" u. pétalon „Blatt"⟩: Pflanze mit einer in Kelch u. [freiblättrige] Krone gegliederten Blüte. **Dia|ly|sat** *das;* -[e]s, -e ⟨zu ↑ Dialyse u. ↑ ...at (1)⟩: durch ↑ Dialyse gewonnener ↑ Extrakt (1) aus frischen Pflanzen. **Dia|ly|sa|tor** *der;* -s, ...oren ⟨zu ↑...ator⟩: Gerät zur Durchführung der Dialyse. **Dia|ly|se** *die;* -, -n ⟨aus *gr.* diálysis „Auflösung, Trennung" zu dialýein „auflösen, trennen"⟩: a) Blutreinigung mittels einer künstlichen Niere; Blutwäsche; b) Verfahren zur Trennung niedermolekularer von höhermolekularen Stoffen mittels tierischer, pflanzlicher od. künstlicher Membranen, die nur für erstere durchlässig sind. **Dia|ly|se|ap|pa|rat** *der;* -[e]s, -e: Gerät zur Reinigung des Blutes von Giftstoffen, das bei einem Versagen der Nieren deren Funktion übernimmt, künstliche Niere. **Dia|ly|se|zen|trum** *das;* -s, ...tren: Spezialklinik, in der Dialysen (1) vorgenommen werden. **dia|ly|sie|ren** ⟨zu ↑...ieren⟩: eine Dialyse durchführen. **dia|ly|tisch** ⟨aus *gr.* dialytós „auflöslich"⟩: a) auf Dialyse beruhend; b) auflösend; zerstörend

Dia|ma|gne|ti|kum *das;* -s, ...ka ⟨zu ↑dia..., ↑Magnet u. ↑...ikum⟩: diamagnetischer Stoff. **dia|ma|gne|tisch:** den Diamagnetismus betreffend. **Dia|ma|gne|tis|mus** *der;* -: a) Eigenschaft von Stoffen, deren ↑Moleküle kein magnetisches Moment enthalten; b) Wissenschaft von den Eigenschaften diamagnetischer Stoffe

¹Dia|mant *der;* -en, -en ⟨aus gleichbed. *fr.* diamant, dies aus *vulgärlat.* adiamas, Gen. adiamantis zu *lat.* adamas „der Unbezwingbare" aus *gr.* adámas⟩: 1. aus reinem Kohlenstoff bestehender wertvoller Edelstein von sehr großer Härte. 2. (meist Plur.) mit Diamanten besetzter Schmuck. **²Dia|mant** *die;* - ⟨zu ↑¹Diamant⟩: kleinster Schriftgrad (4 Punkt; Druckw.). **dia|man|ten** ⟨zu ↑¹Diamant⟩: a) aus Diamant; b) fest wie Diamant; -e Hochzeit: der 60., mancherorts auch der 75. Jahrestag der Hochzeit. **Dia|man|tie|rung** *die;* -, -en ⟨zu ↑...ierung⟩: Verzierung mit kleinen, edelsteinartig behauenen Gebilden (bes. in der spätromanischen Archit.). **Dia|man|tin** *das;* -s ⟨zu ↑...in (1)⟩: Schleifpulver aus gestoßenem Stahl od. geglühter Tonerde. **Dia|man|to|skop** *das;* -s, -e ⟨zu ↑...skop⟩: ↑binokulares Mikroskop mit ↑diffuser Dunkelfeldbeleuchtung u. zehn- bis hundertfacher Vergrößerung (zur Feststellung von Einschlüssen in Diamanten)

DIAMAT u. **Dia|mat** *der;* -[s]: Kurzform von ↑dialektischer Materialismus

Dia|me|ter *der;* -s, - ⟨über gleichbed. *lat.* diametros, diametrus aus *gr.* diámetros „Durchmesser"⟩: Durchmesser eines Kreises od. einer Kugel. **dia|me|tral** ⟨zu ↑¹...al (1)⟩: völlig entgegengesetzt. **dia|me|trisch** ⟨aus *gr.* diametrikós „durch die Mitte gehend"⟩: dem Durchmesser entsprechend

Di|amid *das;* -s ⟨zu *gr.* dís „zweifach" u. ↑Amid⟩: svw. Hydrazin. **Di|amin** *das;* -s, -e ⟨zu ↑Amin⟩: organische Verbindung mit zwei Aminogruppen (Chem.). **Di|amin|urie** *die;* -, ...jen ⟨zu ↑...urie⟩: Ausscheidung von ↑Diaminen im Harn (Med.)

Di|am|nio|ten *die* (Plur.) ⟨zu *gr.* dís „zweifach" u. ↑Amnioten; vgl. Amnion⟩: Zwillinge mit getrennten Eihäuten (Med.)

Dia|mor|pho|se *die;* -, -n ⟨zu ↑dia... u. ↑Morphose, eigtl. „Durchbildung"⟩: Gestaltung zu einer bestimmten [End]form

Dia|na *die;* -, ...nen ⟨aus gleichbed. *span.* diana, eigtl. „Weckruf", zu día „Tag", dies aus *lat.* dies⟩: (veraltet) 1. Bez. für die Wache von 4 bis 8 Uhr morgens. 2. Trommelsignal zum Wecken bei Tagesanbruch (Seemannsspr.).

Diane [djan] *die;* -, -n ['dja:nən] ⟨aus gleichbed. *fr.* diane, eigtl. „Weckruf", dies aus *span.* diana, vgl. Diana⟩: svw. Diana

Dia|ne|tik *die;* - ⟨amerik. Phantasiebildung zu ↑Dianoetik⟩: von dem amerik. Science-fiction-Autor L. R. Hubbard vertretene, umstrittene Lebensanschauung, die u. a. eine Theorie vertritt, daß alle Krankheiten mit psychotherapeutischen Mitteln geheilt werden können. **Dia|noe|tik** *die;* - ⟨aus *gr.* dianoētikḗ (téchnē) „Denkkunst"⟩: die Lehre vom Denken; die Kunst des Denkens (Philos.). **dia|noe|tisch** ⟨aus gleichbed. *gr.* dianoētikós⟩: denkend, den Verstand betreffend (Philos.). **Dia|noia** *die;* - ⟨aus gleichbed. *gr.* diánoia „das Nachdenken, der Verstand"⟩: Vernunft (als Tugend u. sittliche Kraft; Philos.)

Di|an|thus *der;* - ⟨aus gleichbed. *nlat.* dianthus zu *gr.* Zeús, Gen. Diós „des od. von Zeus" (wegen der Blütenpracht) u. ánthos „Blüte, Blume"⟩: Nelke (Gattungsbez.; Bot.)

Dia|pa|son *der;* -s, Plur. -s u. ...one ⟨über *lat.* diapason aus gleichbed. *gr.* diapasōn, eigtl. „durch alle (Töne)"⟩: 1. urspr. Name der altgriech. Oktave. 2. in Frankreich Bez. für die ↑Mensur (4) von Orgelpfeifen u. Blasinstrumenten. 3. Achtfußregister einer Orgel; vgl. ²Prinzipal (1)

Dia|pau|se *die;* -, -n ⟨aus *gr.* diápausis „das Dazwischenausruhen" zu diapaúestai „eine Pause machen"⟩: in seinem Verlauf meist erblich festgelegter, jedoch durch äußere Einflüsse ausgelöster Ruhezustand während der Entwicklung vieler Tiere (Biol.)

Dia|pe|de|se *die;* -, -n ⟨zu ↑dia..., *gr.* pēdān „springen, hüpfen" u. ↑...ese⟩: Durchtritt von Blutkörperchen durch eine unverletzte Gefäßwand (Med.)

Dia|pen|te *die;* -, -n ⟨aus gleichbed. *gr.* diápente⟩: das Intervall der Quinte in der altgriech. Musik

Dia|per ['daɪəpə] *der;* -s, -s ⟨aus gleichbed. *engl.* diaper zu älter *fr.* diapre, diaspre, dies aus *mlat.* diasprum, andere Form von iaspis „Jaspis"⟩: (veraltet) geblümte Leinwand, gemustertes [Jaquard]gewebe

dia|phan ⟨aus gleichbed. *gr.* diaphanḗs⟩: durchscheinend, durchsichtig. **Dia|phan|bild** *das;* -[e]s, -er: svw. Diaphanie (1). **Dia|pha|nie** *die;* -, ...ien ⟨aus *gr.* diapháneia „Durchsichtigkeit"⟩: 1. durchscheinendes Bild. 2. svw. Diaphanoskopie. **Dia|pha|ni|tät** *die;* - ⟨zu ↑diaphan u. ↑...ität⟩: Durchlässigkeit in bezug auf Lichtstrahlen (Meteor.). **Dia|pha|no|me|ter** *das;* -s, - ⟨zu ↑¹...meter⟩: (veraltet) Meßgerät zur Messung der Durchsichtigkeit (z. B. der Luft). **Dia|phan|ora|ma** *das;* -s, ...men ⟨zu *gr.* hórama „das Sehen, das Geschaute"⟩: durchsichtiges Gemälde. **Dia|pha|no|skop** *das;* -s, -e ⟨zu ↑...skop⟩: Instrument zum Durchführen einer Diaphanoskopie (Med.). **Dia|pha|no|sko|pie** *die;* -, ...ien ⟨zu ↑...skopie⟩: Untersuchung, bei der Körperteile u. Körperhöhlen (z. B. die Nasennebenhöhle) durch eine dahintergehaltene Lichtquelle durchleuchtet werden, um krankhafte Veränderungen an Hand von Schatten festzustellen. **Dia|phan|ra|die|rung** *die;* -, -en: Glasklischee, mit Radiernadel auf eine beschichtete Platte eingeritzte Zeichnung, die wie ein fotografisches Negativ auf lichtempfindliches Papier kopiert wird

Dia|pho|nem *das;* -s, -e ⟨zu ↑dia... u. ↑Phonem⟩: ↑Phonem, das sich in verschiedenen Dialekten (oder dialektal im Unterschied zur Hochsprache) nur in der Aussprache unterscheidet, z. B. norddt. [sp] gegenüber hochdt. [ʃp] für *sp*, ↑phonologisch jedoch identisch ist (Sprachw.). **Dia|pho|nie** *die;* -, ...ien ⟨aus *gr.* diaphōnía „Disharmonie, Verschiedenheit"⟩: 1. Mißklang, Dissonanz in der altgriech. Musik. 2. svw. Organum (1). **dia|pho|nisch:** nicht zusammenpassend, ↑dissonant (in der altgriech. Musik)

Dia|pho|ra *die;* - ⟨aus *gr.* diaphorá „Verschiedenheit"⟩: 1. Darlegung, Betonung des Unterschieds zweier Dinge (Rhet.). 2. Hervorhebung der Bedeutungsverschiedenheit eines im Text wiederholten Satzgliedes durch Emphase der

Zweitsetzung (z. B. O Kind, meine Seele und nicht mein Kind!; Shakespeare). **Dia|pho|ra|se** *die;* -, -n (meist Plur.) ⟨zu *gr.* diáphoros „verschieden" u. ↑...ase⟩: ↑ Enzym, das an der Übertragung von Wasserstoff auf Wasserstoffakzeptoren (vgl. Akzeptor, 1) beteiligt ist (Biochem.). **Dia|pho|re|se** *die;* -, -n ⟨über *spätlat.* diaphoresis aus gleichbed. *gr.* diaphórēsis, eigtl. „Zerstreuung"⟩: Schweißabsonderung (Med.). **Dia|pho|re|ti|kum** *das;* -s, ...ka ⟨zu ↑ diaphoretisch u. ↑...ikum⟩: schweißtreibendes Mittel. **dia|pho|retisch** ⟨über *spätlat.* diaphoreticus aus gleichbed. *gr.* diaphorētikós⟩: schweißtreibend

Dia|phrag|ma *das;* -s, ...men ⟨über *spätlat.* diaphragma „Zwerchfell" aus gleichbed. *gr.* diáphragma, Gen. diaphrágmatos „Zwischenwand; Zwerchfell"⟩: 1. Scheidewand zwischen einzelnen Körperteilen od. Organen, bes. das Zwerchfell (Med.). 2. durchlässige Scheidewand bei Trennverfahren (z. B. bei ↑ Osmose u. ↑ Filtration). 3. Empfängnisverhütungsmittel in Form eines kleinen, in die Scheide einzuführenden Spiralrings. 4. Austrittsstelle des Dampfstrahls bei ↑ Vakuumpumpen. 5. (veraltet) Blende (in der Optik). **Dia|phrag|mat|al|gie** *die;* -, ...ien ⟨zu ↑...algie⟩: Zwerchfellschmerz (Med.). **Dia|phrag|ma|to|ze|le** *die;* -, -n ⟨zu *gr.* kḗlē „Geschwulst, Bruch", eigtl. „Zwerchfellbruch"⟩: Ausstülpung von Eingeweideteilen durch eine abnorme Zwerchfelllücke in den Brustkorbraum (Med.).

Dia|phtho|re|se *die;* -, -n ⟨zu *gr.* diaphthorá „Zerstörung, Vernichtung" u. ↑...ese⟩: Umbildung durch rückschreitende ↑ Metamorphose (4) (Geol.). **Dia|phtho|rit** [auch ...'rɪt] *der;* -s, -e ⟨zu ↑²...it⟩: Gestein, das durch Diaphthorese entstanden ist (Geol.).

Dia|phy|se *die;* -, -n ⟨aus *gr.* diáphysis „Gelenk-, Gliederverbindung", eigtl. „das Durchwachsen"⟩: Teil der Röhrenknochen zwischen den beiden ↑ Epiphysen (2; Med.).

Dia|pir *der;* -s, -e ⟨zu *gr.* diapeírein „durchbohren"⟩: pfropfen- od. pilzförmiger Gesteinskörper, meist Salz. **Dia|pirfal|tung** *die;* -, -en: Verfaltung u. Durchknetung des Gesteins beim Emporsteigen eines Diapirs (Geol.).

dia|pla|zen|tar ⟨zu ↑dia... u. ↑plazentar⟩: die ↑Plazenta durchdringend (Med.).

Dia|po|ra|ma *das;* -s, - ⟨Kunstw. aus ↑ *Dia* u. ↑ *Panorama*⟩: Tonbildschau mit Ton- u. Geräuschuntermalungen, bei der mehrere Diaprojektoren u. oft mehrere Bildwände die Abfolge der Diapositive in einen bewegten Zusammenhang stellen

Dia|po|re|se *die;* -, -n ⟨aus gleichbed. *gr.* diapórēsis⟩: (veraltet) Verlegenheit, Unentschlossenheit

Dia|po|si|tiv [auch ...'tiːf] *das;* -s, -e [...və] ⟨zu ↑ dia... u. ↑ Positiv⟩: durchsichtiges Bild (zum ↑ Projizieren auf eine weiße Fläche). **Dia|pro|jek|tor** *der;* -s, -en ⟨zu ↑ Dia u. ↑ Projektor⟩: Gerät zum Vorführen von Diapositiven

di|ar..., **Di|ar...** vgl. dia..., Dia...

Di|arch *der;* -en, -en ⟨aus *gr.* diárchoi „die beiden Herrscher" zu árchein „der erste sein, herrschen"⟩: (veraltet) Doppelherrscher, d. h. zwei Regierende. **Di|ar|chie** *die;* -, ...ien ⟨zu ↑²...ie⟩: (veraltet) Doppelherrschaft, Regierung zweier Personen

Di|äre|se u. **Di|äre|sis** *die;* -, ...resen ⟨über *lat.* diaeresis aus gleichbed. *gr.* diaíresis zu diaireĩn „auseinandernehmen"⟩: 1. getrennte Aussprache zweier Vokale, die nebeneinander stehen u. eigentlich einen ↑ Diphthong ergäben (z. B. De̱ismus, nại̱v). 2. Einschnitt im Vers, an dem das Ende des Wortes u. des Versfußes (der rhythmischen Einheit) zusammenfallen (z. B. Du siehst, wohin Du siehst ‖ nur Eitelkeit auf Erden; Gryphius). 3. Aufgliederung eines Hauptbegriffs in mehrere Unterbegriffe (Rhet.). 4. Begriffszerlegung, Teilung eines Begriffs bis zum Unteilbaren (Philos.). 5. Zerreißung eines Gefäßes mit Blutaustritt in die Umgebung (Med.)

Dia|ri|um *das;* -s, ...ien [...i̯ən] ⟨aus gleichbed. *lat.* diarium zu dies „Tag"⟩: (veraltet) a) Buch, stärkeres Heft für [tägliche] Eintragungen; b) Kladde, Geschäftsbuch

di|ar|rhe|isch ⟨zu *gr.* diarrheĩn „durchfließen; zerfließen"⟩: durchströmt, durchflossen (von Flüssen, die ihren Ursprung in anderen Gebieten haben; Geol.). **Di|ar|rhö** *die;* -, -en u. **Di|ar|rhöe** [...'røː] *die;* -, -n [...'røːən] ⟨über *lat.* diarrhoea aus gleichbed. *gr.* diárrhoia, eigtl. „Durchfluß"⟩: Durchfall. **di|ar|rhö|isch**: mit Durchfall verbunden

Di|ar|thro|se *die;* -, -n ⟨aus *gr.* diárthrōsis „Gliederbildung"⟩: Kugelgelenk (Med.)

dia|schi|disch [...'sçiː..., ...'ʃiː...] ⟨zu *gr.* diaschízein „zerspalten, zerreißen"⟩: (veraltet) getrennt. **Dia|schi|se** *die;* -, -n ⟨aus *gr.* diáschisis „Trennung, Teilung"⟩: Ausfall der Tätigkeit eines Nervenabschnitts (Med.). **dia|schịst**: in der chem. Zusammensetzung von der verwandter Gesteine abweichend (Geol.)

Dia|skeu|ast *der;* -en, -en ⟨aus gleichbed. *gr.* diaskeuastḗs zu diaskeuázein „herrichten; umarbeiten"⟩: Bearbeiter eines literarischen Werkes, bes. der Homerischen Epen

dia|skle|ral ⟨zu ↑dia... u. ↑skleral⟩: durch die Lederhaut des Auges hindurch (z. B. von der Schnittführung bei Augenoperationen; Med.)

Dia|skop *das;* -s, -e ⟨zu ↑dia... u. ↑...skop⟩: svw. Diaprojektor. **Dia|sko|pie** *die;* -, ...ien ⟨zu ↑...skopie⟩: 1. Röntgendurchleuchtung (Med.). 2. medizinische Methode zur Untersuchung der Haut

Dia|spor *der;* -s, -e ⟨zu *gr.* diasporá; „zerstreut"; vgl. Diaspora⟩: ein Tonerdemineral. **Dia|spo|ra** *die;* - ⟨aus *gr.* diasporá „Zerstreuung" zu diaspeírein „ausbreiten, verteilen"⟩: a) Gebiet, in dem die Anhänger einer Konfession (auch Nation) gegenüber einer anderen in der Minderheit sind; b) eine konfessionelle (auch nationale) Minderheit. **Dia|sporen** *die* (Plur.): Verbreitungseinheiten der Pflanzen, z. B. Samen, Sporen, Ableger, Brutknospen (Bot.)

Dia|sta|se *die;* -, -n ⟨aus *gr.* diástasis „das Auseinanderstehen; Spaltung"⟩: 1. (ohne Plur.) svw. Amylase. 2. anatomische Lücke zwischen Knochen od. Muskeln, die durch Auseinanderklaffen zweier Gelenkflächen od. zweier Muskeln entsteht (Med.). **dia|sta|tisch** ⟨aus *gr.* diastatikós „trennend"⟩: stärkeumbildend (von Enzymen; Biol.). **Diastem** *das;* -s, -e ⟨zu ↑ Diastema⟩: Schichtlücke, die durch eine relativ kurze Unterbrechung der Ablagerung entstand (Geol.). **Dia|ste|ma** *das;* -s, ...stemata ⟨aus *gr.* diástēma, Gen. diastḗmatos „Zwischenraum, Abstand"⟩: angeborene Zahnlücke (bes. zwischen den oberen Schneidezähnen; Med.). **Dia|ste|ma|tie** *die;* - ⟨zu ↑²...ie⟩: in der Notenschrift die graphische Unterscheidung von Tonabständen nach Höhe u. Tiefe, mit der Entwicklung der Neumenschrift (vgl. Neume) im 10. u. 11. Jh. herausgebildet (Mus.). **Dia|ste|ma|tisch** ⟨aus *gr.* diastēmatikós „mit Intervallen"⟩: im Notenschriftbild nach Tonhöhenunterschied geordnet (Mus.). **Dia|ste|ma|to|chi|lie** *die;* -, ...ien ⟨zu *gr.* diástēma, Gen. diastḗmatos (vgl. Diastema), cheĩlos „Lippe" u. ↑²...ie⟩: angeborene Lippenspalte (Med.). **Dia|stema|to|mye|lie** ⟨zu *gr.* myelós „Mark" u. ↑²...ie⟩: angeborene Spaltung des Rückenmarks (Med.)

Di|aster *der;* -s, - ⟨aus *gr.* dís „zweifach" u. astḗr „Stern"⟩: Stadium der indirekten Zellteilung, in dem die ↑ Chromosomen einen Doppelstern bilden (Biol.)

dia|ste|reo[|iso]|mer ⟨aus ↑dia... u. ↑stereoisomer⟩: die gleiche chem. Struktur, jedoch verschiedene u. dabei nicht

Diastereo[iso]mer

spiegelbildliche ↑Konfiguration aufweisend (Chem.). **Dia|ste|reo[|iso]|mer** *das;* -s, -e, **Dia|ste|reo[|iso]|me|re** *das;* -n, -n: optisch aktive chem. Verbindung, die gegenüber anderen die gleiche Struktur, jedoch eine verschiedene u. dabei nicht spiegelbildliche ↑Konfiguration aufweist, z. B. Malzzucker gegenüber Traubenzucker (Chem.)

Dia|sto|le [di'astole, auch dia'sto:lə] *die;* -, ...olen ⟨über *lat.* diastole aus *gr.* diastolḗ „das Auseinanderziehen, Ausdehnen" zu diastéllein „auseinanderziehen"⟩: 1. mit der Zusammenziehung rhythmisch abwechselnde Erweiterung des Herzens (Med.). 2. Dehnung eines kurzen Vokals vor Verszwang (antike Metrik); Ggs. ↑Systole. **Dia|sto|lik** *die;* - ⟨zu ↑²...ik⟩: ältere Bez. für ↑Phrasierung. **dia|sto|lisch:** die Diastole betreffend, auf ihr beruhend, zur Diastole gehörend

dia|strat, dia|stra|tisch ⟨zu ↑dia... u. *lat.* stratum „(Straßen)decke"⟩: die schichtenspezifischen Unterschiede einer Sprache betreffend (Sprachw.); vgl. ...isch/-

Dia|syrm *der;* -s, -en, **Dia|syr|mus** *der;* -, ...men ⟨über *nlat.* diasyrmus aus *gr.* diasyrmós „das Durchziehen", dies zu diasýrein „durchziehen; durchhecheln, verspotten"⟩: 1. (veraltet) Verhöhnung, Spott. 2. übermäßige Verkleinerung (Rhet., Stilk.)

Dia|sy|stem *das;* -s, -e ⟨zu ↑dia... u. ↑System⟩: [übergeordnetes] System, in dem verschiedene Systeme in Abhängigkeit voneinander funktionieren (Sprachw.)

di|ät ⟨zu ↑Diät⟩: den Vorschriften einer Diät folgend. **Di|ät** *die;* - ⟨über *lat.* diaeta aus gleichbed. *gr.* díaita, eigtl. „Einteilung (der Speisen)"⟩: Krankenkost, Schonkost; auf die Bedürfnisse eines Kranken, Rekonvaleszenten, Übergewichtigen o. ä. abgestimmte Ernährungsweise; vgl. aber Diäten

dia|takt ⟨zu *gr.* diatáktēs „der Anordner", dies zu diatássein „gehörig ordnen"⟩: mit guter Korngrößensortierung u. scharfen Grenzen (von ↑Warven; Geol.); Ggs. ↑symmikt

Diä|tar *der;* -s, -e ⟨aus gleichbed. *mlat.* diaetarius, eigtl. „Tagelöhner"; vgl. Diäten⟩: (veraltet) [bei Behörden] auf Zeit Angestellter, Hilfsarbeiter. **diä|ta|risch:** gegen Tagegeld

Di|ät|as|si|stent *der;* -en, -en ⟨zu ↑Diät u. ↑Assistent⟩: Fachkraft, die bei der Aufstellung von Diätplänen beratend mitwirkt. **Di|ät|as|si|sten|tin** *die;* -, -nen: weibliche Form zu ↑Diätassistent

Diä|ten *die* (Plur.) ⟨wohl gekürzt aus Diätengelder, zu *fr.* diète „tagende Versammlung", dies über *mlat.* dieta, diaeta „festgesetzter Termin" zu *lat.* dies „Tag"⟩: a) Bezüge der Abgeordneten [im Bundestag] in Form von Tagegeld, Aufwandsentschädigung u. a.; b) Einkommen von Diätdozenten. **Diä|ten|do|zent** *der;* -en, -en: außerplanmäßige Fachkraft an [Volks]hochschulen, die Diäten (b) erhält

Dia|tes|sa|ron *das;* -s, -e ⟨zu ↑dia..., *gr.* téssares, Gen. tessárōn „vier"⟩: 1. altgriech. Quarte (Mus.). 2. (ohne Plur.) die älteste ↑Evangelienharmonie (von dem Syrer Tatian verfaßt)

Diä|te|tik *die;* -, -en ⟨über *lat.* (ars) diaeetica aus gleichbed. *gr.* diaitētikḗ (téchnē)⟩: Ernährungs-, Diätlehre (Med.). **Diä|te|ti|kum** *das;* -s, ...ka ⟨zu ↑...ikum⟩: für eine ↑Diät geeignetes Nahrungsmittel. **diä|te|tisch** ⟨aus *gr.* diaitētikós „zur Diät gehörig"⟩: der Diätetik gemäß. **Di|ät|feh|ler** *der;* -s, - ⟨zu ↑Diät⟩: Fehler in der Ernährungsweise

Dia|te|xis *die;* - ⟨zu *gr.* diatḗkesthai „zerschmelzen, sich durch Schmelzen auflösen", Analogiebildung zu ↑Anatexis⟩: fortgeschrittenes Stadium der ↑Anatexis, in dem auch dunkle Minerale (z. B. Biotit, Hornblende) aufgeschmolzen werden (Geol.)

Dia|thek *die;* -, -en ⟨zu ↑Dia(positiv) u. ↑...thek⟩: Sammlung von ↑Diapositiven (zur befristeten Ausleihe an Interessenten)

dia|ther|man ⟨zu ↑dia... u. *gr.* thermaínein „wärmen, erwärmen"⟩: wärmedurchlässig, Wärmestrahlen nicht absorbierend (z. B. Glas, Eis; Meteor., Phys., Med.). **Dia|ther|ma|ni|tät** *die;* - ⟨zu ↑...ität⟩: Durchlässigkeit (für Wärmestrahlen; Meteor.). **Dia|ther|man|sie** *die;* - ⟨zu *gr.* thérmansis „Erwärmung" u. ↑²...ie⟩: svw. Diathermanität. **Dia|ther|mie** *die;* - ⟨zu *gr.* thérmē „Wärme" u. ↑²...ie⟩: Heilverfahren, bei dem Hochfrequenzströme Gewebe im Körperinnern durchwärmen (Med.)

Dia|the|se *die;* -, -n ⟨aus *gr.* diáthesis „Zustand, Verfassung"⟩: 1. besondere Bereitschaft des Organismus zu bestimmten krankhaften Reaktionen (z. B. zu Blutungen); Veranlagung für bestimmte Krankheiten. 2. svw. Genus verbi

Di|äthy|len|gly|kol *das;* -s ⟨zu *gr.* dís „zweifach", ↑Äthylen u. ↑Glykol⟩: Bestandteil von Gefrierschutzmitteln u. a. (Chem.)

diä|tisch ⟨zu ↑Diät⟩: die Ernährung betreffend. **Diä|ti|stin** *die;* -, -nen: svw. Diätassistentin. **Di|ät|kur** *die;* -, -en: Krankenbehandlung durch Diät, die eine bestimmte Zeit einzuhalten ist

dia|tom ⟨aus *gr.* diátomos „zerschnitten, geteilt"⟩: (veraltet) nach einer Richtung hin leicht teilbar. **Dia|to|mee** *die;* -, ...meen (meist Plur.) ⟨aus *nlat.* diatomea, eigtl. „die Durchschnittene", zu *gr.* diatémnein „durchschneiden" (wegen der zwei Hälften des Kieselpanzers)⟩: Kieselalge (einzelliger pflanzlicher Organismus). **Dia|to|me|en|er|de** *die;* -: Kieselgur, Ablagerung von Diatomeen im Süßwasser bei niederen Temperaturen. **Dia|to|me|en|schlamm** *der;* -[e]s: Ablagerung von Diatomeen in meist kühlerem Wasser (z. B. in der Tiefsee). **Dia|to|mit** [auch ...'mɪt] *der;* -s ⟨zu ↑²...it⟩: ein Sedimentgestein aus verfestigtem Diatomeenschlamm

Dia|to|nik *die;* - ⟨zu ↑diatonisch u. ↑²...ik (2)⟩: Dur-Moll-Tonleitersystem mit 7 Stufen (Ganz- u. Halbtöne); Ggs. ↑Chromatik (1). **dia|to|nisch** ⟨über *spätlat.* diatonicus aus gleichbed. *gr.* diatonikós⟩: in der Tonfolge einer Dur- od. Molltonleiter folgend; Ggs. ↑chromatisch (1)

dia|to|pisch ⟨zu ↑dia... u. *gr.* tópos „Ort, Gegend"⟩: die landschaftlich bedingten Unterschiede sprachlicher Formen betreffend (Sprachw.)

Di|ät|plan *der;* -[e]s, ...pläne ⟨zu ↑Diät⟩: für eine bestimmte Diät aufgestellter Speiseplan

Dia|tre|ma *das;* -s, -s ⟨aus *gr.* diátrēma „das Durchbohrte, Loch"⟩: vulkanisch-explosiv entstandene u. mit Lockermassen gefüllte Durchschlagsröhre (Geol.). **Dia|tret|glas** *das;* -es, ...gläser ⟨zu *lat.* diatretus „durchbrochen", dies aus *gr.* diátrētos „durchbohrt, durchlöchert"⟩: Mantelglas, Prunkbecher der röm. Kaiserzeit, dessen Außenwand (Mantel) kunstvoll ausgeschliffen ist, wobei Innenwand u. Mantel durch Glasstege miteinander verbunden sind

Dia|tri|be *die;* -, -n ⟨über *lat.* diatriba aus gleichbed. *gr.* diatribḗ, eigtl. „das Zerreiben" zu diatríbein „zerreiben"⟩: moralische Schrift, die durch Dialoge auf Einwände eines (fiktiven) Zuhörers eingeht. **Dia|trim|ma** *das;* -s ⟨aus gleichbed. *gr.* diátrimma zu diatríbein „zerreiben"⟩: Wolf, Wundsein, entzündliche Rötung eng aneinanderliegender Hautflächen infolge Feuchtigkeit, Wärme u. Reibung (Med.)

Dia|try|ma *der;* -s, -s ⟨zu ↑dia... u. *gr.* trýmē „Loch"⟩: ausgestorbener, bis 2 m hoher flugunfähiger Riesenvogel aus dem ↑Eozän

Di|ät|salz *das;* -es, -e ⟨zu ↑ Diät⟩: natriumchloridarmes Salzgemisch als Ersatz für Kochsalz bei kochsalzarmer Diät

Di|au|los *der;* -, ...loi [...lɔy] ⟨aus gleichbed. *gr.* díaulos⟩: im alten Griechenland Laufwettbewerb über zwei Stadien, Doppellauf

Dia|vo|lo [...v...] *der;* -, ...li ⟨aus *it.* diavolo, dies aus *lat.* diabolus, vgl. Diabolus⟩: ital. Bez. für Teufel

Dia|vor|trag *der;* -[e]s, ...träge ⟨zu ↑ Dia⟩: Vortrag, bei dem Dias gezeigt werden

Dia|zed|pa|tro|ne ⓦ *die;* -, -n ⟨Kurzw. aus ↑ *dia*metral, ↑ *zen*trisch, *Edi*sonstöpsel u. ↑ *Patrone*⟩: früher verwendete Schmelzsicherungspatrone für niedrige Stromstärken

Di|azin *das;* -s, -e ⟨Kunstw. zu *gr.* dís „zweifach" u. ↑ Azine⟩: sechsgliedrige Ringverbindung mit zwei Stickstoffatomen im Ring (Chem.)

Dia|zo|ma *das;* -s, -ta ⟨aus *gr.* diázōma „Gürtel" zu diazōnnýnai „umgürten"; vgl. Zone⟩: gürtelförmiger Gang zwischen den Sitzreihen im Amphitheater

Di|azo|re|ak|ti|on *die;* - ⟨zu *gr.* dís „zweifach", ↑ Azo... u. ↑ Reaktion⟩: Harn- od. Serumprobe zum Nachweis krankhaft vermehrter aromatischer Stoffwechselprodukte u. von ↑ Bilirubin (z. B. bei Typhus u. Fleckfieber; Med.). **Di|azo|ty|pie** *die;* - ⟨zu ↑ ...typie⟩: Lichtpausverfahren (Fototechnik). **Di|azo|ver|bin|dung** *die;* -, -en: organisch-chemische Verbindung, die im Gegensatz zu den ↑ Azoverbindungen die ↑ Azogruppe an ein ↑ Aryl gebunden enthält

Dib|bel|ma|schi|ne *die;* -, -n ⟨zu ↑ dibbeln⟩: eine Sämaschine, die dibbelt. **dib|beln** ⟨aus *engl.* to dibble „pflanzen, säen"⟩: in Reihen mit größeren Abständen säen

Dib|buk *der;* -[s], -s ⟨zu *hebr.* dāvaq „anhaften, klebenbleiben" (von Krankheiten, Sünden)⟩: (in der Kabbalistik) sündige Seele eines Toten, die als böser Geist von einem Menschen Besitz ergreift u. ihn quält

Di|bo|thrio|ce|phal|lus [...'tse:...] *der;* -, ...li ⟨aus gleichbed. *nlat.* dibothriocephalus zu *gr.* dís „zweifach", bothríon „kleine Grube, Vertiefung" u. kephalḗ „Kopf"⟩: Fischbandwurm (auf Menschen übertragbar)

Di|bra|chys *der;* -, - ⟨über *lat.* dibrachys zu *gr.* díbrachys „aus zwei kurzen Silben bestehend"⟩: aus zwei Kürzen bestehender Versfuß

Di|cen|tra [di'tsɛntra] *die;* -, ...rae [...rɛ] ⟨aus gleichbed. *nlat.* dicentra, eigtl. „Doppelsporn", zu *gr.* dís „zweifach" u. kéntron „Sporn"⟩: Gattung aus der Familie der Mohngewächse (z. B. die Gartenpflanze Tränendes Herz)

Di|cha|si|um [dɪ'ça:...] *das;* -s, ...ien [...iən] ⟨aus *nlat.* dichasium „das Zweigablige" zu *gr.* dicházein „zerteilen"⟩: zweigabeliger ↑ zymöser (trugdoldiger) Blütenstand (vom Hauptsproß hergehend entspringen zwei Seitenzweige, die sich ihrerseits auf die gleiche Weise verzweigen; Bot.)

Di|chlor|äthan [diklo:ɐ...] *das;* -s ⟨zu *gr.* dís „zweifach", ↑ Chlor u. ↑ Äthan⟩: farblose Flüssigkeit mit chloroformartigem Geruch, die aus ↑ Äthylen durch Anlagerung von Chlor gewonnen wird, Verwendung z. B. als Lösungsmittel sowie als Begasungsmittel in der Schädlingsbekämpfung (Chem.). **Di|chlor|me|than** *das;* -s: Verbindung aus der Gruppe der Chlorkohlenwasserstoffe, die durch ↑ Chlorieren (1) von Methan gewonnen werden, Verwendung z. B. als Abbeizmittel für Lacke u. als Treibmittelbestandteil für Spraydosen (Chem.)

Di|cho|ga|mie [diço...] *die;* - ⟨aus gleichbed. *nlat.* dichogamia zu *gr.* dichōs „doppelt" u. ↑ ...gamie (1)⟩: zeitlich getrennte Reife der weiblichen u. männlichen Geschlechtsorgane, wodurch die Selbstbestäubung bei Zwitterblüten verhindert wird (Bot.)

Di|chord [di'kɔrt] *das;* -[e]s, -s, **Di|chor|di|um** *das;* -s, Plur. ...ien [...iən] u. ...ia ⟨über *nlat.* dichordium aus gleichbed. *gr.* díchordon zu díchordos „mit zwei Saiten"⟩: zweisaitiges Instrument des Altertums

Di|cho|re|us [diço...] *der;* -, ...een ⟨über *lat.* dichoreus aus gleichbed. *gr.* dichóreios; vgl. Choreus⟩: doppelter ↑ Trochäus (–∪–∪)

Di|cho|ri|al|ten [diko...] *die* (Plur.) ⟨zu *gr.* dís „zweifach", chórion „Haut, Fell; häutige Hülle der Frucht im Mutterleib" u. ↑ ...at (1)⟩: Zwillinge mit getrennter Zottenhaut (Med.)

di|cho|tom [dıço...] u. dichotomisch ⟨aus *gr.* dichótomos „halbiert, zweigeteilt"⟩: 1. gegabelt (von Pflanzensprossen). 2. in Begriffspaare eingeteilt; vgl. Dichotomie (2); vgl. ...isch/-. **Di|cho|to|mie** *die;* -, ...ien ⟨aus *gr.* dichotomía „das Halbieren, Zerschneiden"⟩: 1. Zweiteilung des Pflanzensprosses (die Hauptachse gabelt sich in zwei gleich starke Nebenachsen). 2. a) Zweiteilung, Gliederung (z. B. eines Gattungsbegriffs in zwei Arten); b) Gliederung eines Oberbegriffs in einen darin enthaltenen Begriff u. dessen Gegenteil. **di|cho|to|misch** vgl. dichotom

Di|chro|is|mus [dikro...] *der;* - ⟨zu *gr.* díchroos „zweifarbig" u. ↑ ...ismus (2)⟩: Eigenschaft vieler ↑ Kristalle (1), Licht nach verschiedenen Richtungen in zwei Farben zu zerlegen; vgl. Pleochroismus. **Di|chro|it** ⟨auch ...'ıt⟩ *der;* -s, -e ⟨zu ↑²...it⟩: svw. Cordierit. **di|chroi|tisch**: in verschiedenen Richtungen zwei Farben zeigend. **Di|chro|ma|sie** *die;* -, ...ien ⟨zu *gr.* dís „zweifach", chrõma „Farbe" u. ↑²...ie⟩: Farbenblindheit, bei der nur zwei der drei Grundfarben erkannt werden (Med.). **Di|chro|mat** *das;* -[e]s, -e ⟨zu ↑ ...at (2)⟩: Salz der Dichromsäure. **di|chro|ma|tisch**: zweifarbig. **Di|chro|mat|op|sie** *die;* -, ...ien ⟨zu ↑ ...opsie⟩: svw. Dichromasie. **Di|chro|mie** *die;* -, ...ien ⟨zu *gr.* dís „zweifach", chrõma „Farbe" u. ↑²...ie⟩: verschiedene Färbung von zwei Tieren der gleichen Art (meist in Abhängigkeit vom Geschlecht). **Di|chrom|säu|re** *die;* -, -n ⟨zu ↑ Chrom⟩: Säure mit zwei Atomen Chrom im Molekül

di|chro|nisch [di'kro:...] ⟨zu *gr.* dís „zweifach" u. chrónos „Zeit"⟩: zweizeitig, in zwei Zeiträumen [erfolgend]

Di|chro|skop [dikro...] *das;* -s, -e ⟨zu *gr.* díchroos „zweifarbig" u. ↑ ...skop⟩: besondere Lupe zur Erkennung des ↑ Diod. ↑ Pleochroismus bei Kristallen. **di|chro|sko|pisch**: a) das Dichroskop betreffend; b) mit Hilfe des Dichroskops

Dicker[1] *der;* -s, - ⟨aus gleichbed. *engl.* dicker, dies aus *lat.* decuria, vgl. Dekurie⟩: altes Zählmaß von je 10 Stück od. 10 Paar

Dickit[1] ⟨auch ...'kɪt⟩ *der;* -s ⟨nach dem *engl.* Mineralogen A. B. Dick († 1926) u. zu ↑²...it⟩: dem ↑ Kaolinit ähnliches Tonmineral

Dick|so|ni|en|ge|wäch|se [...iən...] *die* (Plur.) ⟨nach dem *engl.* Botaniker J. Dickson (1738-1822) u. zu ↑¹...ie⟩: weit verbreitete Farnfamilie, deren Vertreter häufig interessante Schopfbäume sind

Dic|tion|naire [dıksjo'nɛ:ɐ] *das,* auch *der;* -s, -s ⟨aus *fr.* dictionnaire „Wörterbuch", dies aus *mlat.* dictionarium, vgl. Diktionär u. Diktion⟩: svw. Diktionär. **dic|to lo|co** ['dıkto 'loko] ⟨*lat.*⟩: (veraltet) am erwähnten Ort (bei Zitaten); Abk.: d. l. **dic|tum fac|tum** [– 'fak...] ⟨*lat.*⟩: (veraltet) gesagt, getan

Dic|tyo|phyl|lum [dıktýo...] *das;* -s, ...llen ⟨aus gleichbed. *nlat.* dictyophyllum zu *gr.* díktyon „Netz" u. phýllon „Blatt"⟩: Netzblattfarn, Gattung fossiler Farne mit kriechenden ↑ Rhizomen u. langfiedrigen Wedeln

Di|cy|an|di|amid [ditsya:n...] *das;* -[e]s, -e ⟨zu *gr.* dís „zweifach", ↑ Cyan u. ↑ Diamid⟩: aus Kalkstickstoff erzeugter

Didache

weißer, wasserlöslicher Stoff zur Herstellung von Plasten (vgl. Plast) u. Kunstharzen

Di|da|chḗ *die;* - ⟨aus gr. didaché „Lehre, Unterricht"⟩: Apostellehre, Zwölfapostellehre, älteste urchristliche Gemeindeordnung mit Bestimmungen über Leben, Gottesdienst u. Leitung der Gemeinde

Di|dak|tik *die;* -, -en ⟨zu ↑didaktisch u. ↑²...ik (1)⟩: 1. (ohne Plur.) Lehre vom Lehren u. Lernen; Unterrichtslehre, -kunde. 2. a) Theorie der Bildungsinhalte, Methode des Unterrichtens; b) Abhandlung, Darstellung einer didaktischen Theorie. **Di|dak|ti|ker** *der;* -s, -: a) Fachvertreter der Unterrichtslehre; b) jmd., der einer Gruppe von Personen einen Lehrstoff vermittelt (z. B. ein guter, schlechter - sein). **di|dak|tisch** ⟨aus gr. didaktikós „unterrichtend, belehrend" zu didáskein „lehren"⟩: a) die Vermittlung von Lehrstoff, das Lehren u. Lernen betreffend; b) für Unterrichtszwecke geeignet; c) belehrend, lehrhaft (z. B. -es Spielzeug). **di|dak|ti|sie|ren** ⟨zu ↑...isieren⟩: einen Lehrstoff didaktisch aufbereiten. **Di|dak|ti|sie|rung** *die;* -, -en ⟨zu ↑...isierung⟩: das Didaktisieren. **Di|da|ska|lia** u. **Di|da|ska|lie** *die;* - ⟨über *mlat.* didaskalia aus *gr.* didaskalía „Lehre, Belehrung"⟩: Kirchenordnung der syrischen Kirche des 3. Jh.s mit sittlichen, rechtlichen u. gottesdienstlichen Bestimmungen. **Di|da|ska|li|en** [...iən] *die* (Plur.): 1. Regieanweisungen altgriech. Dramatiker für die Aufführung ihrer Werke. 2. in der Antike urkundliche Verzeichnisse der aufgeführten Dramen mit Angaben über Titel, Dichter, Schauspieler, Ort u. Zeit der Aufführung usw. **di|daska|lisch** ⟨über *lat.* didascalicus aus gleichbed. *gr.* didaskalikós⟩: belehrend, beweisend, unwiderleglich. **Di|da|xe** *die;* -, -n ⟨aus *gr.* dídaxis „das Lehren, Unterricht"⟩: Lehre, Lehrhaftigkeit, ↑Didaktik

Di|do|de|ka|eder *das;* -s, - ⟨zu *gr.* dís „zweifach" u. ↑Dodekaeder⟩: von 24 Dreiecken begrenzter Kristall

Di|dot|an|ti|qua [di'do:...] *die;* - ⟨nach den franz. Buchdruckern François Ambroise (1730–1804) u. Firmin Didot (1764–1836)⟩: eine Antiquadruckschrift. **Di|dot|sy|stem** *das;* -s: von François Ambroise Didot gegenüber älteren Verfahren wesentlich verbessertes typographisches Maßsystem

Di|drach|me *die;* -, -n ⟨zu *gr.* dís „zweifach" u. ↑Drachme⟩: das antike Zweidrachmenstück

Di|duk|ti|on *die;* - ⟨aus gleichbed. *lat.* diductio zu diducere, vgl. diduzieren⟩: Zerlegung, Trennung, Teilung. **di|du|zie|ren** ⟨aus gleichbed. *lat.* diducere, eigtl. „auseinanderführen", zu ↑dis... u. *lat.* ducere „führen"⟩: teilen, zerteilen

Di|dym *das;* -s ⟨zu *gr.* dídymos „doppelt, zwiefach"⟩: ein Seltenerdmetall (Gemisch aus den Elementen ↑Praseodym u. ↑Neodym). **Di|dym|al|gie** *die;* -, ...ien ⟨zu ↑Didymus u. ↑...algie⟩: Hodenschmerz (Med.). **di|dy|misch** ⟨aus gleichbed. *gr.* dídymos⟩: doppelt, zwiefach. **Di|dy|mi|tis** *die;* -, ...itiden ⟨zu ↑...itis⟩: Hodenentzündung (Med.). **Di|dy|mus** *der;* -, ...mi ⟨aus gleichbed. *nlat.* didymus zu *gr.* dídymos (Plur.) „die zwei Hoden", eigtl. „die Doppelten"⟩: Hoden (Med.)

di|dy|na|misch ⟨zu *gr.* dís „zweifach" u. ↑dynamisch⟩: zwei lange u. zwei kurze Staubblätter aufweisend (bei Zwitterblüten; Bot.)

Di|eder *das;* -s, - ⟨zu *gr.* dís „zweifach" u. hédra „Fläche"⟩: 1. eine aus zwei kristallographisch gleichwertigen Flächen bestehende Kristallform. 2. zweiflächiges regelmäßiges Vieleck, bei dem die Ober- u. Unterseite unterschieden werden

Di|ege|se *die;* -, -n ⟨aus *gr.* diḗgēsis „Erörterung"⟩: (veraltet) weitläufige Erzählung, Ausführung, Erörterung. **di-**

ege|tisch ⟨zu *gr.* diēgeīsthai „auseinandersetzen, erzählen"⟩: (veraltet) erzählend, erörternd

Die|hard ['daɪhɑ:d] *der;* -s, -s ⟨nach *engl.* die hard! „verkaufe dein Leben teuer!" (Wahlspruch des 57. engl. Regiments zu Fuß)⟩: Anhänger des äußersten rechten Flügels der Konservativen in England

Diel|drin *das;* -s ⟨nach dem Chemiker O. Diels (1876–1954) u. zu ↑...in (1)⟩: ein chloriertes Naphtalinderivat, das als Insektenbekämpfungsmittel gegen Bodenschädlinge (Malariamücken, Heuschrecken, Termiten u. a.) eingesetzt wird

Di|elek|tri|kum *das;* -s, ...ka ⟨aus gleichbed. *nlat.* dielectricum zu ↑dia... u. ↑elektrisch⟩: luftleerer Raum od. isolierende Substanz, in der ein ↑elektrisches Feld ohne Ladungszufuhr erhalten bleibt. **di|elek|trisch**: elektrisch nicht leitend (von bestimmten Stoffen). **Di|elek|tri|zi|täts|kon|stan|te** *die;* -[n], -n: Wert, der die elektrischen Eigenschaften eines Stoffes kennzeichnet; Zeichen ε. **Di|elek|tro|me|trie** *die;* - ⟨zu ↑...metrie⟩: Ermittlung der Dielektrizitätskonstanten von Stoffen einschließlich der gesamten Meßverfahren u. Meßgeräte

Di|en *das;* -s, -e ⟨zu *gr.* dís „zweifach" u. ↑...en⟩: ein ungesättigter Kohlenwasserstoff (Chem.). **Di|eno|phil** *das;* -s, -e ⟨zu ↑...phil⟩: Verbindung mit einer Doppelbindung, die an ein ↑Dien addiert werden kann (Chem.)

Di|en|ze|pha|lon *das;* -, ...la ⟨zu ↑dia... u. ↑Encephalon⟩: Zwischenhirn (Med.). **Di|en|ze|pha|lo|se** *die;* -, -n ⟨zu ↑¹...ose⟩: organische, nicht entzündliche Zwischenhirnerkrankung (Med.)

Di|er|gol|e *die* (Plur.) ⟨zu *gr.* dís „zweifach", érgon „Arbeit; Wirkung" u. ↑...ol⟩: aus zwei Komponenten bestehende Raketentreibstoffe

Di|es *der;* - ⟨aus *lat.* dies „Tag"⟩: Kurzform von ↑Dies academicus. **Di|es aca|de|mi|cus** [– aka...kʊs] *der;* - - ⟨aus *lat.* dies academicus „akademischer Tag"; vgl. akademisch⟩: vorlesungsfreier Tag an der Universität, an dem aus besonderem Anlaß eine Feier od. Vorträge angesetzt sind. **Di|es ater** *der;* - - ⟨aus *lat.* dies ater „schwarzer Tag"⟩: Unglückstag

Die|se vgl. Diesis

Di|es irae [– 'i:rɛ] *das;* - - ⟨*lat.;* „Tag des Zorns", nach dem Anfang eines lat. Hymnus auf das Weltgericht⟩: Bezeichnung u. Anfang der Sequenz der Totenmesse

Die|sis u. **Diē|se** *die;* -, Die͜sen ⟨über *lat.* diesis „Halbton" aus gleichbed. *gr.* díesis⟩: (veraltet) Erhöhungszeichen um einen halben Ton (Mus.)

Di|ete|ris *die;* -, ...res ⟨aus gleichbed. *gr.* dietērís zu dís „zweifach" u. étos „Jahr"⟩: Frist von zwei Jahren. **di|ete|risch**: zweijährig

Di|ethy|len|gly|kol vgl. Diäthylenglykol

Dieu et mon droit [djøemõ'drɔa] ⟨*fr.;* „Gott und mein Recht"⟩: Wahlspruch der brit. Krone im Königswappen.

Dieu le veut! [djøl'vø] ⟨*fr.;* „Gott will es!"⟩: Kampfruf der Kreuzfahrer auf dem ersten Kreuzzug (1096–99)

di|ex|odisch ⟨zu ↑Diexodos⟩: (veraltet) ausführlich, weitläufig. **Di|ex|odos** *die;* -, -doi ⟨aus *gr.* diéxodos „Durchzug, Durchgang"⟩: (veraltet) ausführliche Erläuterung

dif..., Dif... vgl. dis..., Dis...

Di|fe|ren|cia [...θia] *die;* -, -s (meist Plur.) ⟨aus *span.* diferencia „Unterschied", dies aus *lat.* differentia, vgl. Differenz⟩: Variation in der span. Lauten- u. Orgelmusik des 16. Jh.s

Dif|fal|co [...ko] *der;* -[s], Plur. -s u. ...chi [...ki] ⟨aus *it.* diffalco „Abzug"⟩: (veraltet) Preisnachlaß, Rabatt

Dif|fa|ma|ti|on *die;* -, -en ⟨aus *mlat.* diffamatio „Verleumdung" zu *lat.* diffamare, vgl. diffamieren⟩: svw. Diffamie-

difform

rung; vgl. ...[at]ion/...ierung. **dif|fa|ma|to|risch** ⟨aus gleichbed. *mlat.* diffamatorius⟩: ehrenrührig, verleumderisch. **Dif|fa|mie** *die;* -, ...ien ⟨Analogiebildung zu ↑Infamie⟩: 1. (ohne Plur.) verleumderische Bosheit. 2. Beschimpfung, verleumderische Äußerung. **dif|fa|mie|ren** ⟨über *fr.* diffamer aus gleichbed. *lat.* diffamare, dies zu ↑dis... u. *lat.* fama „Gerede"⟩: jmdn. in seinem Ansehen, etwas in seinem Wert herabsetzen, verunglimpfen; jmdn./etwas in Verruf bringen. **Dif|fa|mie|rung** *die;* -, -en ⟨zu ↑...ierung⟩: Verleumdung, Verbreitung übler Nachrede; vgl. ...[at]ion/...ierung

Dif|far|rea|ti|on *die;* -, -en ⟨aus gleichbed. *lat.* diffarreatio zu ↑dis... u. *lat.* farreatio „der Genuß des Speltbrotes bei der Konfarreation", vgl. Konfarreation⟩: die förmliche Trennung der Ehe, die durch die ↑Konfarreation geschlossen war (im antiken Rom)

dif|fe|rent ⟨aus *lat.* differens, Gen. differentis, Part. Präs. von differre, vgl. differieren⟩: verschieden, ungleich. **dif|fe|ren|ti|al** ⟨zu ↑¹...al (1)⟩: svw. differentiell; vgl. ...al/...ell. **Dif|fe|ren|ti|al** *das;* -s, -e ⟨zu ↑¹...al (2)⟩: 1. Zuwachs einer ↑Funktion (2) bei einer [kleinen] Änderung ihres ↑Arguments (3) (Math.). 2. Kurzform von ↑Differentialgetriebe. **Dif|fe|ren|ti|al...** ⟨aus *nlat.* differentialis „verschieden; unterschiedlich" zu *lat.* differentia, vgl. Differenz⟩: Wortbildungselement mit der Bedeutung „unterschiedlich, abweichend von, unterscheidend", z. B. Differentialdiagnose. **Dif|fe|ren|ti|al|ana|ly|sa|tor** *der;* -s, -en: mechanische od. elektrische Rechenmaschine zur Lösung von Differentialgleichungen. **Dif|fe|ren|ti|al|dia|gno|se** *die;* -, -n: a) Krankheitsbestimmung durch unterscheidende, abgrenzende Gegenüberstellung mehrerer Krankheitsbilder mit ähnlichen Symptomen; b) jede der bei der Differentialdiagnose (a) konkurrierenden ↑Diagnosen (1). **Dif|fe|ren|ti|al|dia|gno|stik** *die;* -: svw. Differentialdiagnose (a). **Dif|fe|ren|ti|al|dye|ing** [...daɪŋ] *das;* -s ⟨zu *engl.* dyeing „das Färben", dies zu to dye „färben"⟩: Färbeverfahren in ihrer Farbstoffaufnahme modifizierten Synthesefasern einer Fasergattung (z. B. ↑Polyamide). **Dif|fe|ren|ti|al|geo|me|trie** *die;* -: Gebiet der Mathematik, in dem die Differentialrechnung auf Flächen u. Kurven angewandt wird. **Dif|fe|ren|ti|al|ge|trie|be** *das;* -s, -: Ausgleichsgetriebe bei Kraftfahrzeugen. **Dif|fe|ren|ti|al|glei|chung** *die;* -, -en: Gleichung, in der Differentialquotienten auftreten. **Dif|fe|ren|ti|al|kon|den|sa|tor** *der;* -s, -en: Drehkondensator aus zwei festen u. einer beweglichen Platte, bei deren Drehung sich die beiden Teilkapazitäten gegenläufig ändern. **Dif|fe|ren|ti|al|ope|ra|tor** *der;* -s, -en: ↑Operator (2), der mit Hilfe von ↑Differentialquotienten definiert wird. **Dif|fe|ren|ti|al|quo|ti|ent** *der;* -en, -en: a) Grundgröße der Differentialrechnung; b) Grenzwert des ↑Quotienten, der den Tangentenwinkel bestimmt. **Dif|fe|ren|ti|al|rech|nung** *die;* -: 1. (ohne Plur.) das Rechnen mit Differentialen (1); Teilgebiet der höheren Mathematik. 2. Rechnung aus dem Gebiet der Differentialrechnung (1). **Dif|fe|ren|ti|al|ren|te** *die;* -, -n: Einkommen, das unter Voraussetzung unterschiedlicher Produktionskosten allen Produzenten mit niedrigeren Produktionskosten zufließt. **Dif|fe|ren|ti|at** *das;* -s, -e ⟨zu ↑Differenz u. ↑...at (1)⟩: durch Differentiation (1 b) entstandenes Mineral u. Gestein. **Dif|fe|ren|tia|ti|on** *die;* -, -en ⟨zu ↑...ation⟩: 1. a) Aufspaltung einer Stammschmelze in Teilschmelzen; b) Abtrennung von Mineralien aus Schmelzen während der Gesteinswerdung (Geol.). 2. [Anwendung der] Differentialrechnung (Math.). **Dif|fe|ren|tia|tor** *der;* -s, ...oren ⟨zu ↑...ator⟩: svw. Derivator. **dif|fe|ren|ti|ell** ⟨zu ↑...ell⟩: einen Unterschied begründend od. darstellend;

vgl. ...al/...ell; -e Psychologie: Erforschung des individuellen Seelenlebens (nach Geschlecht, Alter, Beruf, Rasse, Typ) von allgemeinen Gesetzen her (W. Stern). **Dif|fe|ren|tio|graph** *der;* -en, -en ⟨zu ↑...graph⟩: mathematisches Gerät, bei dem ein ↑Derivimeter od. ein Prismenderivator mit einem Zeichengerät verbunden ist. **Dif|fe|renz** *die;* -, -en ⟨aus *lat.* differentia „Verschiedenheit" zu differre, vgl. differieren⟩: 1. [Gewichts-, Preis]unterschied. 2. Ergebnis einer ↑Subtraktion (z. B. ist 7 die Differenz zwischen 20 u. 13; Math.). 3. (meist Plur.) Meinungsverschiedenheit, Unstimmigkeit, Zwist. **Dif|fe|ren|zen|quo|ti|ent** *der;* -en, -en: ↑Quotient aus der Differenz zweier Funktionswerte (vgl. Funktion 2) u. der Differenz der entsprechenden ↑Argumente (3; Math.). **Dif|fe|renz|ge|schäft** *das;* -[e]s, -e: Börsentermingeschäft, bei dem nicht Lieferung u. Bezahlung des Kaufobjekts, sondern nur die Zahlung der Kursdifferenz zwischen Vertragskurs u. Kurs am Erfüllungstag an den gewinnenden Partner vereinbart wird. **Dif|fe|ren|zier|bar|keit** *die;* - ⟨zu ↑differenzieren⟩: Eignung einer ↑Funktion (2) zur ↑Differentiation (2). **dif|fe|ren|zie|ren** ⟨zu ↑Differenz u. ↑...ieren⟩: 1. a) trennen, unterscheiden; b) sich -: sich aufgliedern, Konturen gewinnen. 2. eine ↑Funktion (2) nach den Regeln der Differentialrechnung behandeln (Math.). 3. Überfärbung von mikroskopischen Präparaten (Einzellern, Gewebeschnitten) mit Hilfe von Alkohol od. Säuren auf unterschiedliche Intensitätsstufen zurückführen (zum Zwecke besserer Unterscheidbarkeit einzelner Strukturen). 4. landwirtschaftliche Erzeugnisse unterschiedlich veranlagen (Landw.). **dif|fe|ren|ziert** ⟨zu ↑...iert⟩: aufgegliedert, vielschichtig, in die Einzelheiten gehend. **Dif|fe|ren|zie|rung** *die;* -, -en ⟨zu ↑...ierung⟩: 1. Unterscheidung, Sonderung, Abstufung, Abweichung, Aufgliederung. 2. a) Bildung verschiedener Gewebe aus ursprünglich gleichartigen Zellen; b) charakteristische Ausprägung eines Tumors mit weitgehender Angleichung an das ihn umgebende Ausgangsgewebe (Med.); c) Aufspaltung ↑systematischer Gruppen im Verlauf der Stammesgeschichte (Biol.). 3. unterschiedliche Veranlagung landwirtschaftlicher Erzeugnisse (Landw.). **Dif|fe|ren|zie|rungs|pla|stik** *die;* -, -en: Sammelbez. für plastische Operationen an Amputationsstümpfen, die deren Leistungsfähigkeit steigern (Med.). **Dif|fe|renz|ton** *der;* -[e]s, ...töne: svw. Kombinationston. **dif|fe|rie|ren** ⟨wohl über *fr.* différer aus gleichbed. *lat.* differre, eigtl. „auseinandertragen"⟩: verschieden sein, voneinander abweichen

Dif|fes|si|on *die;* -, -en ⟨aus gleichbed. *mlat.* diffessio zu *lat.* diffiteri „in Abrede stellen"⟩: (lat. Rechtsspr.) Ableugnung der od. Zweifel an der Echtheit einer gegnerischen Privaturkunde

Dif|fis|si|on *die;* -, -en ⟨aus gleichbed. *lat.* diffissio, eigtl. „Zerspaltung", zu diffindere „(zer)spalten"⟩: (lat. Rechtsspr.) Vertagung der Verhandlung

dif|fi|zil ⟨über *fr.* difficile aus gleichbed. *lat.* difficilis⟩: a) schwierig, schwer zu behandeln, zu bewältigen, zu handhaben auf Grund der komplizierten Gegebenheiten. b) peinlich genau, überaus korrekt; c) heikel. **Dif|fi|zi|li|tät** *die;* - ⟨zu ↑...ität⟩: a) Schwierigkeit; b) peinliche Genauigkeit; c) heikle Beschaffenheit

Dif|flu|enz *die;* -, -en ⟨aus *lat.* diffluentia „das Auseinanderfließen" zu diffluere, vgl. diffluieren⟩: Gabelung eines Gletschers (Geol.); Ggs. ↑Konfluenz. **dif|flu|ie|ren** ⟨aus gleichbed. *lat.* diffluere zu ↑dis... u. fluere „fließen"⟩: zer-, auseinanderfließen, sich auflösen (Geol.)

dif|form ⟨zu ↑dis... u. ↑...form⟩: mißgestaltet. **dif|for|mie-**

Difformität

ren: mißgestalten, verunstalten. **Dif|for|mi|tät** *die;* -, -en ⟨zu ↑...ität⟩: Mißbildung, Mißgeburt
dif|frakt ⟨aus gleichbed. *lat.* diffractus, Part. Perf. von diffringere „zerbrechen"⟩: zerbrochen (Bot.). **Dif|frak|ti|on** *die;* -, -en ⟨zu ↑¹...ion⟩: Beugung der Lichtwellen und anderer Wellen (Phys.)
Dif|fu|gi|tät *die;* - ⟨zu *lat.* diffugere „auseinanderstieben" u. ↑...ität⟩: in der Sozialpsychologie Bez. für Charakter- bzw. Personeneigenschaften, die einander ausschließen, z. B. Gutmütigkeit u. Verlogenheit
dif|fun|die|ren ⟨aus *lat.* diffundere „ausgießen; ausströmen, sich verbreiten"⟩: 1. eindringen, verschmelzen (Chem.). 2. zerstreuen (von Strahlen; Phys.). **dif|fus** ⟨aus *lat.* diffusus „ausgebreitet"⟩: 1. zerstreut, ohne genaue Abgrenzung (Chem.; Phys.); -es Licht: Streulicht, Licht ohne geordneten Strahlenverlauf; -e R e f l e x i o n : Lichtbrechung an rauhen Oberflächen. 2. unklar, verschwommen. **Dif|fu|sat** *das;* -s, -e ⟨zu ↑...at⟩: durch Diffusion entstandene Mischung; Produkt einer Verschmelzung verschiedener Stoffe (Chem.). **Dif|fu|seur** [...'zø:ɐ] *der;* -s, -e ⟨aus gleichbed. *fr.* diffuseur⟩: Apparat zum Auslaugen von Zuckerrübenschnitzeln. **Dif|fu|si|on** *die;* -, -en ⟨aus *lat.* diffusio „das Auseinanderfließen"⟩: 1. a) die auf der Wärmebewegung der Moleküle beruhende Vermischung von Gasen, Lösungen od. mischbaren Flüssigkeiten (Chem.); b) Streuung des Lichts (Phys.). 2. Wetteraustausch (Bergw.). 3. Auslaugung (bei der Zuckerherstellung). 4. Verbreitung von Kulturelementen zwischen Kulturen durch Übertragung od. Wanderung. **Dif|fu|sio|nis|mus** *der;* - ⟨zu ↑...ismus (1)⟩: ältere Richtung der Ethnologie, die das Auftreten einzelner Kulturelemente bei verschiedenen Völkern nicht auf parallele Entwicklung, sondern auf Diffusion (4) zurückführt. **Dif|fu|si|ons|po|ten|ti|al** *das;* -s, -e: Flüssigkeitspotential, infolge Teilchendiffusion hervorgerufenes ↑Potential eines Elektrolyten mit unterschiedlichen Lösungskonzentrationen im Anoden- u. Kathodenraum (Phys.). **Dif|fu|si|ons|ther|mik** *die;* -: Lehre von den bei der Diffusion (1 a) auftretenden Wärmeerscheinungen. **Dif|fu|si|tät** *die;* - ⟨zu ↑...ität⟩: ein die mehr od. minder gleichmäßige Erfüllung eines Raumes durch ein Schallfeld kennzeichnender Begriff (Raumakustik). **dif|fu|siv** ⟨zu ↑...iv⟩: sich ausbreitend. **Dif|fu|sor** *der;* -s, ...oren ⟨zu ↑...or⟩: 1. Rohrleitungsteil, dessen Querschnitt sich erweitert (Strömungstechnik). 2. transparente, lichtstreuende Plastikscheibe zur Erweiterung des Meßwinkels bei Lichtmessern (Fotogr.)
Di|gam|ma *das;* -[s], -s ⟨aus *gr.* dígamma, eigtl. „Doppelgamma"⟩: Buchstabe im ältesten griech. Alphabet: Ϝ
di|ga|strisch ⟨zu *gr.* dís „zweifach" u. gastḗr, Gen. gastrós „Magen, Bauch; Wölbung"⟩: zweibauchig (bes. von Muskeln; Anat.)
di|gen ⟨zu *gr.* dís „zweifach" u. ↑...gen⟩: durch Verschmelzung zweier Zellen gezeugt (Biol.). **Di|ge|nie** *die;* - ⟨zu ↑...genie⟩: zweigeschlechtliche Fortpflanzung (Biol.)
di|ge|rie|ren ⟨aus *lat.* digerere „auseinandertragen, ordnen, ein-, zerteilen"⟩: 1. lösliche Drogenanteile auslaugen, ausziehen (Chem.). 2. verdauen (Med.). **Di|gest** ['daɪdʒest] *der* od. *das;* -[s], -s ⟨aus *engl.* digest „Auszug, Auswahl", dies aus *lat.* digesta „geordnete Sammlung" zu digerere, vgl. digerieren⟩: a) bes. in den angelsächs. Ländern übliche Art von Zeitschriften, die Auszüge aus Büchern, Zeitschriften usw. bringen; b) Auszug [aus einem Buch od. Bericht]. **Di|ge|sten** [di'gɛ...] *die* (Plur.) ⟨aus gleichbed. *lat.* digesta, eigtl. „eingeteilte (Schriften)"⟩: Gesetzsammlung des Justinian, Bestandteil des ↑Corpus Juris Civilis. **di|ge|sti|bel** ⟨aus gleichbed. *lat.* digestibilis⟩: svw. digestiv. **Di-**
ge|stif [diʒɛs...] *der;* -s, -s ⟨aus gleichbed. *fr.* digestif zu digestif „die Verdauung fördernd", dies aus gleichbed. *mlat.* digestivus zu *lat.* digerere, vgl. digerieren⟩: die Verdauung anregendes alkoholisches Getränk, das nach dem Essen getrunken wird. **Di|ge|sti|on** [diges...] *die;* -, -en ⟨aus *lat.* digestio „Verdauung"⟩: 1. Auslaugung, Auszug (Chem.). 2. Verdauung (Med.). **di|ge|stiv** [diges...] ⟨aus gleichbed. *mlat.* digestivus zu *lat.* digerere, vgl. digerieren⟩: a) die Verdauung betreffend; b) die Verdauung fördernd (Med.). **Di|ge|sti|vum** [...v...] *das;* -s, ...va ⟨zu ↑...ivum⟩: verdauungsförderndes Mittel. **Di|ge|stor** *der;* -s, ...oren ⟨zu ↑...or⟩: 1. Raum od. Einrichtung mit erhöhtem Luftaustausch in einem ↑Laboratorium. 2. (veraltet) Dampfkochtopf. 3. Gefäß zum ↑Digerieren (1)
Dig|ger *der;* -s, - ⟨aus gleichbed. *engl.* digger zu to dig „ausgraben"⟩: Goldgräber
Di|gi|ma|tik *die;* - ⟨Kurzw. aus ↑²digital u. ↑Mathematik⟩: elektronische Zähltechnik; Wissenschaft von der digitalen Informationsverarbeitung. **Di|git** ['dɪdʒɪt] *das;* -[s], -s ⟨aus gleichbed. *engl.* digit, eigtl. „(zum Zählen benutzter) Finger", dies aus *lat.* digitus „Finger"⟩: Ziffer, Stelle (in der Anzeige eines elektronischen Geräts; Techn.). **¹di|gi|tal** [digi...] ⟨aus *lat.* digitalis „zum Finger gehörig" zu digitus „Finger, Zehe"⟩: a) mit dem Finger; b) die Finger od. Zehen betreffend (Med.). **²di|gi|tal** ⟨aus gleichbed. *engl.* digital zu digit, vgl. Digit⟩: a) in Stufen, Schritten erfolgend (EDV); b) Daten u. Informationen in Ziffern darstellend (bei ↑Computern; Techn.); Ggs. ↑analog (2). **Di|gi|tal-Ana|log-Kon|ver|ter** [...v...] *der;* -s, - ⟨zu ↑²digital⟩: elektronische Schaltung, die digitale Eingangssignale in analoge Ausgangssignale umsetzt (EDV); Ggs. ↑Analog-Digital-Konverter. **Di|gi|tal-Ana|log-Wand|ler** *der;* -s, - svw. Digital-Analog-Konverter. **Di|gi|tal|an|zei|ge** *die;* -, -n: Anzeige von Daten u. Informationen in Ziffern. **Di|gi|tal|auf|zeich|nung** *die;* -: Aufzeichnung u. Speicherung von digitalisierten akustischen u. optischen Signalen auf besonderen Trägern, auf denen sie in ↑analoger Form wiedergewonnen werden können. **Di|gi|tal|grö|ße** *die;* -, -n: zur Signaldarstellung u. -übermittlung verwendbare, ↑digitalisierte physikalische Größe, die durch die Digitalisierung nur eine endliche Zahl von diskreten Werten (vgl. diskrete Zahlenwerte) annehmen kann (EDV); Ggs. ↑Analoggröße. **¹Di|gi|ta|lis** *die;* - ⟨aus *mlat.* digitalis „Fingerring, Fingerhut" zu *lat.* digitalis, vgl. ¹digital⟩: Fingerhut. **²Di|gi|ta|lis** *das;* - ⟨zu ¹Digitalis⟩: aus den Blättern des Fingerhutes gewonnenes starkes Herzmittel (Med.). **Di|gi|ta|lis|gly|ko|si|de** *die* (Plur.): Sammelbez. für die in den Blättern der ¹Digitalis vorkommenden herzwirksamen Stoffe (Biochem.). **¹di|gi|ta|li|sie|ren** ⟨zu ↑²digital u. ↑...isieren⟩: 1. Daten u. Informationen in Ziffern darstellen (Techn.). 2. ein Analogsignal in ein Digitalsignal umsetzen (z. B. um einen sauberen Klang zu erreichen). **²di|gi|ta|li|sie|ren** ⟨zu ↑²Digitalis⟩: mit Digitalispräparaten (vgl. ²Digitalis) behandeln (Med.). **Di|gi|ta|li|sie|rer** *der;* -s, - ⟨zu ¹digitalisieren⟩: svw. Digitizer. **Di|gi|ta|li|sie|rung** *die;* -, -en ⟨zu ↑...isierung⟩: das ¹Digitalisieren. **Di|gi|tal|kom|pres|si|on** *die;* -, -en ⟨zu ↑¹digital⟩: Abdrücken eines blutenden Gefäßes mit dem Finger (Med.). **Di|gi|ta|lo|id** *das;* -[e]s, -e ⟨zu ↑²Digitalis u. ↑...oid⟩: Pflanzenglykosid mit digitalisähnlicher Wirkung (Med.). **Di|gi|tal|plot|ter** *der;* -s, - ⟨zu ↑²digital u. ↑Plotter⟩: von digitalen Signalen gesteuertes Gerät zur automatischen graphischen Darstellung (EDV). **Di|gi|tal|rech|ner** *der;* -s, -: mit nicht zusammenhängenden Einheiten (Ziffern, Buchstaben) arbeitende Rechenanlage; elektronischer Rechner, der mit ↑Binärziffern arbeitet; Ggs.

↑ Analogrechner. **Di|gi|tal re|cor|ding** ['dɪdʒɪtl rɪ'kɔːdɪŋ] *das;* - -s ⟨aus gleichbed. *engl.* digital recording⟩: Tonaufnahme, bei der die Töne nicht als Schwingungen, sondern digitalisiert aufgezeichnet werden. **Di|gi|tal|seis|mik** [digi'taːl...] *die;* -: Anwendung digitaler Verfahren u. Rechentechnik in der Seismik. **Di|gi|tal|si|gnal** *das;* -s, -e: durch eine ↑ Digitalgröße repräsentiertes u. mit ihr moduliertes Signal; Ggs. Analogsignal. **Di|gi|tal|tech|nik** *die;* -: Umsetzung von Zeigerausschlägen in Ziffern. **Di|gi|tal|uhr** *die;* -, -en: Uhr, die die Uhrzeit nicht mit Zeigern angibt, sondern als Zahl (z. B. 18.20); Ggs. ↑ Analoguhr. **Di|gi|ti:** Plur. von Digitus. **Di|gi|ti|gra|da** *die* (Plur.) ⟨aus gleichbed. *nlat.* digitigrada (Plur.) zu *lat.* digitus „Finger, Zehe" u. gradi „gehen, schreiten"⟩: Zehengänger (Zool.). **Di|gi|ti|zer** ['dɪdʒɪtaɪzə] *der;* -s, - ⟨aus gleichbed. *engl.* digitizer⟩: Gerät zum Umsetzen graphischer Daten (z. B. aus Diagrammen, Zeichnungen u. Karten) in digitale Signale zur weiteren Datenverarbeitung (oft Zusatzgerät von Computern; EDV). **Di|gi|to|xin** [digi...] *das;* -s ⟨Kurzw. aus ↑ ¹*Digi*talis u. ↑ *Toxin*⟩: wirksamster u. giftigster Bestandteil der Digitalisblätter. **Di|gi|tus** *der;* -, ...ti ⟨aus gleichbed. *lat.* digitus⟩: 1. Finger (Med.). 2. Zehe (Med.). 3. Fingerbreite, altröm. Längeneinheit (etwa 1,85 cm)

Di|glos|sie *die;* -, ...ien ⟨zu *gr.* dís „zweifach", glôssa „Sprache", eigtl. „Zunge", u. ↑ ²...ie⟩: 1. Form der intra- od. interlingualen Zweisprachigkeit, bei der die eine Sprachform die Standard- od. Hochsprache darstellt, während die andere im täglichen Gebrauch, in informellen Texten auftritt. 2. Vorkommen von zwei Sprachen in einem bestimmten Gebiet (z. B. Englisch u. Französisch in Kanada). 3. das Auftreten von zwei ausgebildeten Varianten der Schriftsprache in einem Land (z. B. Bokmål u. Nynorsk in Norwegen). ¹**Di|glot|te** *der;* -n, -n ⟨zu *gr.* (*attisch*) glôtta „Zunge, Stimme"⟩: (veraltet) svw. Dolmetscher. ²**Di|glot|te** *die;* -n, -n ⟨zu ↑ ¹Diglotte⟩: (veraltet) zweisprachiges Buch **Di|glyph** *der;* -s, -e ⟨zu *gr.* díglyphos „mit doppeltem Einschnitt"⟩: Platte mit zwei Schlitzen als Verzierung am Fries (bes. in der ital. Renaissance beliebte Abart des ↑ Triglyphs)

di|gnie|ren ⟨aus gleichbed. *lat.* dignari zu dignus „würdig"⟩: (veraltet) würdigen. **Di|gni|tar** u. **Di|gni|tär** *der;* -s, -e ⟨teilweise unter Einfluß von *fr.* dignitaire aus gleichbed. *mlat.* dignitarius, dies zu *lat.* dignita, vgl. Dignität⟩: geistl. Würdenträger der kath. Kirche. **Di|gni|tät** *die;* -, -en ⟨aus *lat.* dignitas, Gen. dignitatis „Würde; Rang"⟩: 1. (ohne Plur.) Wert, hoher Rang, Würde. 2. a) Amtswürde eines höheren kath. Geistlichen; b) hoher geistlicher Würdenträger (kath. Kirche). 3. Wert, Bedeutung (z. B. von Tumoren, entsprechend ihrem Charakter als gut- od. bösartig; Med.)

Di|gramm *das;* -s, -e ⟨zu *gr.* dís „zweifach" u. ↑ ...gramm⟩: svw. Digraph. **Di|graph** *das,* auch *der;* -s, -e[n] ⟨zu ↑ ...graph⟩: Verbindung von zwei Buchstaben zu einem Laut (z. B. dt. ‚ng' od. *gotisch* ‚ei' [gesprochen i̯]).

di|gre|die|ren ⟨aus *lat.* digredi „weggehen, sich entfernen"⟩: (veraltet) [in der Rede] abschweifen, vom Thema abweichen. **Di|gres|si|on** *die;* -, -en ⟨aus *lat.* digressio „das Weggehen, die Abweichung" zu digredi, vgl. digredieren⟩: 1. Abweichung, Abschweifung. 2. Winkel zwischen dem Meridian u. dem Vertikalkreis, der durch ein polnahes Gestirn geht (Astron.).

di|gyn ⟨zu *gr.* dís „zweifach" u. gyné „Weib, Frau"⟩: Bez. für eine Blüte mit zwei Griffeln (Bot.).

Di|ha|lo|ge|nid *das;* -[e]s, -e ⟨zu *gr.* dís „zweifach" u. ↑ Halogenid⟩: Verbindung, die zwei Halogenatome enthält (Chem.)

di|hy|brid [od. 'diː...] ⟨zu *gr.* dís „zweifach" u. ↑ hybrid⟩: sich in zwei erblichen Merkmalen unterscheidend (Biol.). **Di|hy|bri|de** *der;* -n, -n: 1. svw. ↑ Bastard (1). 2. Individuum, dessen Eltern zwei verschiedene Erbmerkmale haben, die das Individuum nun selbst in sich trägt (z. B. Vater schwarzhaarig, Mutter blond, so daß ein schwarzhaariger Sohn blonde Kinder haben kann)

di|jam|bisch ⟨zu ↑ Dijambus⟩: in der Art eines ↑ Dijambus, aus Dijamben bestehend. **Di|jam|bus** *der;* -, ...ben ⟨über *lat.* diiambus aus gleichbed. *gr.* diíambos⟩: doppelter ↑ Jambus (∪−∪−)

Di|ju|di|ka|ti|on *die;* -, -en ⟨aus gleichbed. *lat.* diiudicatio zu diiudicare, vgl. dijudizieren⟩: (veraltet) Entscheidung, Aburteilung. **di|ju|di|zie|ren** ⟨aus gleichbed. *lat.* diiudicare⟩: entscheiden, urteilen (Rechtsw.)

Di|kar|bon|säu|re *die;* -, -n ⟨zu *gr.* dís „zweifach" u. ↑ Karbon⟩: Karbonsäure mit zwei ↑ Karboxylgruppen im Molekül

Di|ka|ry|ont *das;* -s ⟨zu *gr.* dís „zweifach", káryon „Nuß, Fruchtschale" u. ↑ ...ont⟩: Zweikernstadium (Zelle enthält einen männlichen u. einen weiblichen ↑ haploiden Kern) vor der Befruchtung bei den höheren Pilzen (Bot.)

Di|ka|ste|ri|on u. **Di|ka|ste|ri|um** *das;* -s, ...ien [...iən] ⟨über *mlat.* dicasterium aus gleichbed. *gr.* dikastērion⟩: 1. altgriech. Gerichtshof. 2. (nur Plur.) Sammelbez. für die Zentralbehörden der röm. Kurie, bes. innerhalb der Vermögensverwaltung des Heiligen Stuhls

Di|ke|pha|lie vgl. Dizephalie

Di|ke|ri|on *das;* -s, ...ien [...iən] ⟨zu *gr.* dís „zweifach" u. kēríon „Wachslicht"⟩: die zwei Naturen Christi versinnbildlichender zweiarmiger Leuchter, ↑ Insignie des Bischofs in den Ostkirchen

Di|ke|ton *das;* -s, -e ⟨aus *gr.* dís „zweifach" u. ↑ Keton⟩: organische Verbindung, die die ↑ Ketogruppe (CO-Gruppe) zweimal im Molekül enthält

di|klin ⟨zu *gr.* dís „zweifach" u. klíne „Lager, Bett"⟩: eingeschlechtige Blüten aufweisend (von Pflanzen; Bot.). **Di|kli|nie** *die;* - ⟨zu ↑ ²...ie⟩: Getrenntl-, d. h. Eingeschlechtigkeit bei Blüten (Bot.).

di|kon|dyl ⟨zu *gr.* dís „zweifach" u. ↑ Condylus⟩: mit doppeltem Gelenkkopf (von Gelenken, z. B. bei Amphibien u. Insekten; Zool.)

di|ko|tyl ⟨zu *gr.* dís „zweifach" u. kótylos „kleine Schale"⟩: zweikeimblättrig (Bot.). **Di|ko|ty|le** u. **Di|ko|ty|le|do|ne** *die;* -, -n ⟨zu *gr.* kotylēdṓn, eigtl. „Saugwarze"⟩: zweikeimblättrige Pflanze (Bot.)

di|krot ⟨aus *gr.* díkrotos „zweimal schlagend"⟩: zweigipflig (von der Pulswelle; Med.). **Di|kro|tie** *die;* -, ...ien ⟨zu ↑ ²...ie⟩: Zweigipfligkeit (doppeltes Schlagen) des Pulses (Med.)

Dik|ta: Plur. von ↑ Diktum

Dik|tam *der;* -s ⟨aus *lat.* dictamnus, *gr.* díktamnos, vermutlich nach dem Berg Dikte auf Kreta u. zu thámnos „Staude, Strauch"⟩: svw. Diptam

dik|tan|do ⟨aus gleichbed. *lat.* dictando, Ablativ des Gerundiums von dictare, vgl. diktieren⟩: diktierend, beim Diktieren. **Dik|tant** *der;* -en, -en ⟨aus *lat.* dictans, Gen. dictantis, Part. Präs. von dictare, vgl. diktieren⟩: jmd., der diktiert. **Dik|tan|ten|se|mi|nar** *das;* -s, -e: Seminar, Übungskurs, in dem man sich mit der Ansagetechnik beim Phonodiktat beschäftigt. **Dik|ta|phon** *das;* -s, -e ⟨Kunstw. zu ↑ diktieren u. ↑ ...phon⟩: Diktiergerät, Tonbandgerät zum Diktieren. **Dik|tat** *das;* -[e]s, -e ⟨aus *lat.* dictatum, Part.

Diktator

Perf. von dictare, vgl. diktieren): 1. a) das Diktieren; b) das Diktierte; c) Nachschrift; vom Lehrer diktierte Sätze als Rechtschreibeübung in der Schule. 2. etw., was jmdm. von einem andern als Verpflichtung vorgeschrieben, auferlegt worden ist, etw., was er zu machen hat. **Dik|ta|tor** *der;* -s, ...oren (aus *lat.* dictator „Befehlshaber" zu dictare „(als Befehl) diktieren"): 1. unumschränkter Machthaber an der Spitze eines Staates; Gewaltherrscher. 2. (abwertend) herrischer, despotischer Mensch. 3. röm. Beamter, dem auf bestimmte Zeit die volle Staatsgewalt übertragen wurde (z. B. Cäsar). **dik|ta|to|ri|al** 〈aus gleichbed. *spätlat.* dictatorialis〉: a) gebieterisch, autoritär; b) absolut, unumschränkt. **dik|ta|to|risch** 〈aus *lat.* dictatorius „dem Diktator gemäß"〉: 1. unumschränkt, einem unumschränkten Gewaltherrscher unterworfen. 2. (abwertend) gebieterisch, keinen Widerspruch duldend. **Dik|ta|tur** *die;* -, -en 〈aus gleichbed. *lat.* dictatura〉: 1. (ohne Plur.) a) auf unbeschränkte Vollmacht einer Person od. Gruppe gegründete Herrschaft in einem Staat, z. B. - des Militärs; - des Proletariats: politische Herrschaft der Arbeiterklasse im Übergangsstadium zwischen der kapitalistischen u. der klassenlosen Gesellschaftsform (Marxismus); b) autoritär, diktatorisch regiertes Staatswesen. 2. (abwertend) autoritäre Führung, autoritärer Zwang, den eine Einzelperson, eine Gruppe od. Institution auf andere ausübt; Willkürherrschaft. **dik|tie|ren** 〈aus *lat.* dictare „sagen, vorsagen; befehlen"〉: 1. jmdm. etwas, was er [hin]schreiben soll, Wort für Wort sagen. 2. zwingend vorschreiben, festsetzen; auferlegen. **Dik|tier|ge|rät** *das;* -[e]s, -e: Gerät zur Aufnahme u. Wiedergabe eines gesprochenen Textes. **Dik|ti|on** *die;* -, -en 〈aus gleichbed. *lat.* dictio zu dicere „sagen"〉: mündliche od. schriftliche Ausdrucksweise; Stil (1). **Dik|tio|när** *das,* auch *der;* -s, -e 〈über gleichbed. *fr.* dictionnaire aus *mlat.* dictionarium, dies zu *lat.* dictio „das Sagen, Ausdruck"〉: (veraltet) Wörterbuch. **Dik|tum** *das;* -s, ...ta 〈aus *lat.* dictum, Part. Perf. von dicere „sagen"〉: Ausspruch **Dik|tyo|ge|ne|se** *die;* -, -n 〈zu *gr.* díktyon „Netz" u. ↑ Genese〉: Gerüstbildung, Bez. für ↑ tektonische Bewegungsformen (Geol.).
Di|ku|ma|rol *das;* -s, -e 〈Kunstw.〉: blutgerinnungshemmendes ↑ Antivitamin des Vitamins K
di|la|bie|ren 〈aus gleichbed. *lat.* dilabi〉: (veraltet) zerfallen, zergehen
Di|la|lie *die;* - 〈zu *gr.* dís „zweifach" u. laliá „Gerede, Erzählung", dies zu laleîn „schwatzen"〉: (veraltet) das Doppelsprechen, Bauchreden
Di|lap|si|on *die;* -, -en 〈aus gleichbed. *lat.* dilapsio zu dilabi „ver-, zerfallen"〉: (veraltet) Zerfall, Verwitterung
Di|la|pi|da|ti|on *die;* - 〈aus gleichbed. *lat.* dilapidatio zu dilapidare, vgl. dilapidieren〉: (veraltet) Verschwendung. **Di|la|pi|da|tor** *der;* -s, -en 〈aus gleichbed. *lat.* dilapidator〉: (veraltet) Verschwender. **di|la|pi|die|ren** 〈aus gleichbed. *lat.* dilapidare, eigtl. „wie Steine verschleudern", dies zu ↑ dis... u. lapis „Stein"〉: (veraltet) verschwenden
di|la|ta|bel 〈unter Einfluß von *fr.* dilatable zu *lat.* dilatare „breiter machen, ausbreiten" (dies zu ↑ dis... u. *lat.* latus „breit") u. ↑ ...abel〉: dehnbar. **Di|la|ta|bi|les** [...le:s] *die* (Plur.) 〈aus *nlat.* (litterae) dilatabiles „dehnbare Buchstaben"〉: hebräische Buchstaben, die zum Ausfüllen der Zeilen in die Breite gezogen wurden. **Di|la|ta|bi|li|tät** *die;* - 〈zu ↑ ...ität〉: Dehnbarkeit. **di|la|tant** 〈aus *lat.* dilatans, Gen. dilatantis „sich weit ausdehnend"〉: die Dilatanz betreffend. **Di|la|tanz** *die;* -, -en 〈zu ↑ ...anz〉: Verfestigung eines kolloiden Stoffes durch Einwirkung mechanischer Kräfte (Phys.). **Di|la|ta|ti|on** *die;* -, -en 〈aus *spätlat.* dilatatio „Erweiterung"〉: 1. Ausdehnung, ↑ spezifische (1) Volumenänderung, Verlängerung eines elastisch gedehnten Körpers (Phys.). 2. Erweiterungswachstum der Baumstämme (Bot.). 3. krankhafte od. künstliche Erweiterung von Hohlorganen (z. B. von Gefäßen des Herzens; Med.). **Di|la|ta|ti|ons|fu|ge** *die;* -, -n: Dehnungsfuge in Betonstraßen, Brücken, Talsperren usw., die Spannungen bei Temperatursteigerung verhindert. **Di|la|ta|ti|ons|spal|te** *die;* -, -n: durch Vergrößerung des Volumens entstandener Riß im Gestein (Geol.). **Di|la|ta|ti|ons|wachs|tum** *das;* -s: Dickenwachstum der Pflanzen. **Di|la|ta|tor** *der;* -s, ...oren 〈aus *spätlat.* dilatator „Erweiterer"; vgl. ...or〉: 1. erweiternder Muskel (Med.). 2. Instrument zur Erweiterung von Höhlen u. Kanälen des Körpers (Med.). **di|la|tie|ren** 〈aus *lat.* dilatare „ausbreiten, ausdehnen"〉: ein Hohlorgan mechanisch erweitern (Med.). **Di|la|ti|on** *die;* -, -en 〈aus gleichbed. *lat.* dilatio〉: Aufschub, Aufschubfrist (Rechtsw.). **Di|la|to|me|ter** *das;* -s, - 〈zu ↑ dilatieren u. ↑¹...meter〉: 1. Apparat zur Messung der Ausdehnung von Körpern bei Temperaturerhöhung (Phys.). 2. Apparat zur Bestimmung des Alkoholgehalts einer Flüssigkeit auf der Grundlage der sog. Schmelzausdehnung. **di|la|to|risch** 〈aus gleichbed. *lat.* dilatorius zu dilatum, Part. Perf. (Neutrum) von differre „auseinandertragen, verzögern", vgl. differieren〉: aufschiebend, verzögernd; vgl. ↑ Einrede: aufschiebende Einrede bei Gericht; Ggs. ↑ peremptorische Einrede (Rechtsw.)
Di|la|ze|ra|ti|on *die;* - 〈aus gleichbed. *lat.* dilaceratio zu dilacerare, vgl. dilazerieren〉: (veraltet) Zerreißung, Zerfleischung. **di|la|ze|rie|ren** 〈aus gleichbed. *lat.* dilacerare〉: (veraltet) zerreißen, zerfleischen
Dil|do *der;* -[s], -s 〈aus gleichbed. *engl.* dildo, weitere Herkunft unbekannt〉: Penis aus Latex
Di|lem|ma *das;* -s, Plur. s u. -ta 〈über *lat.* dilemma aus *gr.* dílēmma „Fangschluß", eigtl. „Doppelfang"〉: Wahl zwischen zwei [gleich unangenehmen] Dingen; Zwangslage, -entscheidung. **di|lem|ma|tisch** 〈aus *gr.* dilémmatos „aus zwei Sätzen bestehend"〉: zwei alternativ verbundene [sich gegenseitig ausschließende] Lösungen enthaltend
Di|let|tant *der;* -en, -en 〈aus *it.* dilettante „Liebhaber, der eine Kunst nur zum Vergnügen treibt" zu dilettarsi „sich ergötzen", dies aus gleichbed. *lat.* se delectare〉: 1. (oft abwertend) Nichtfachmann; jmd., der sich ohne fachmännische Schulung in Kunst od. Wissenschaft betätigt; Laie mit fachmännischem Ehrgeiz. 2. (veraltet) Kunstliebhaber. **di|let|tan|tisch**: (oft abwertend) a) unfachmännisch, laienhaft; b) stümperhaft, unzulänglich. **Di|let|tan|tis|mus** *der;* - 〈zu ↑ ...ismus (5)〉: (oft abwertend) a) Betätigung in Kunst od. Wissenschaft ohne Fachausbildung; b) Stümperhaftigkeit, Unzulänglichkeit. **di|let|tie|ren** 〈zu ↑ ...ieren〉: sich als Dilettant betätigen, sich versuchen
Di|li|gence [dili'ʒã:s] *die;* -, -[...sn] 〈aus gleichbed. *fr.* diligence, eigtl. „Emsigkeit", dies aus *lat.* diligentia, vgl. Diligenz〉: [Eil]postwagen. **Di|li|genz** [...'gɛnts] *die;* - 〈aus gleichbed. *lat.* diligentia〉: (veraltet) Sorgfalt, Umsicht, Achtsamkeit
Di|lo|gie *die;* - 〈zu *gr.* dís „zweifach", lógos „Rede, Sinn" u. ↑² ...ie〉: (veraltet) Zweideutigkeit, Doppelsinn. **di|lo|gisch**: (veraltet) doppelsinnig, zweideutig
di|lu|en|do 〈*it.*; zu diluire „(sich) auflösen", dies aus *lat.* diluere, vgl. diluieren〉: verlöschend, immer leiser werdend (Vortragsanweisung; Mus.). **di|lu|ie|ren** 〈aus *lat.* diluere „auflösen, verdünnen"〉: verdünnen (z. B. eine Säure durch Zusatz von Wasser; Med.). **di|lut** 〈aus gleichbed. *lat.* dilutus〉: verdünnt. **Di|lu|ti|on** *die;* -, -en 〈aus *nlat.* dilutio

dinarisch

„verdünntes Arzneimittel"): Verdünnung (Med.). **di|lu|vi|al** [...v...] ⟨aus gleichbed. *nlat.* diluvialis; vgl. ¹...al (1)⟩: das Diluvium betreffend, aus ihm stammend. **Di|lu|vi|um** *das;* -s ⟨aus *lat.* diluvium „Überschwemmung, Wasserflut"⟩: frühere Bezeichnung für ↑ Pleistozän
Di|lu|zi|da|ti|on *die;* - ⟨aus gleichbed. *nlat.* dilucidatio zu *lat.* dilucidare, vgl. diluzidieren⟩: (veraltet) Erklärung, Erläuterung. **di|lu|zi|die|ren** ⟨aus gleichbed. *lat.* dilucidare, eigtl. „deutlich machen"⟩: (veraltet) aufklären, ins rechte Licht setzen
Di|ma|chä|re [...ç...] *der;* -n, -n ⟨zu *gr.* dimáchairos „mit zwei Schwertern kämpfend", dies zu dís „zweifach" u. máchaira „Schlachtmesser"⟩: ↑ Gladiator, der mit zwei Schwertern od. mit Dolch u. Schwert kämpfte
Di|ma|fon *das;* -s, -e ⟨Kurzw. aus *Di*ktier-*Ma*gneto*f*(ph)*on*⟩: mit Magnetton arbeitendes Diktiergerät
Dime [daɪm] *der;* -s, -s (aber: 10 Dime) ⟨aus *engl.-amerik.* dime, dies über *fr.* dîme „Zehnt" aus *lat.* decima „der zehnte (Teil)"⟩: Silbermünze der USA im Wert von 10 Cents
Di|men|si|on *die;* -, -en ⟨aus *lat.* dimensio „Ausmessung, Ausdehnung" zu dimetiri „nach allen Seiten messen"⟩: Ausdehnung, Ausmaß, Abmessung (z. B. eines Körpers nach Länge, Breite, Höhe). **di|men|sio|nal** ⟨zu ↑¹...al (1)⟩: die Ausdehnung betreffend. **di|men|sio|nie|ren** ⟨zu ↑...ie-ren⟩: in seinen Dimensionen festlegen, aus-, abmessen. **Di|men|sio|nie|rung** *die;* - ⟨zu ↑...ierung⟩: Bemessung, bes. Querschnittsfestlegung bei tragenden Teilen. **Di|men|si|ons|ana|ly|se** *die;* -, -n: Analyse zur Überprüfung der formalen Richtigkeit von Beziehungen zwischen physikal. Größen
di|mer ⟨zu *gr.* dís „zweifach" u. ↑...mer⟩: zweiteilig, zweigliedrig (Chem., Med.). **Di|mer** *das;* -s, -e u. **Di|me|re** *das;* -n, -n (meist Plur.): aus zwei gleichen Grundmolekülen aufgebaute chem. Verbindung (Chem.). **Di|me|rie** *die;* -, ...rien ⟨zu *gr.* dís „zweifach" u. ↑...merie⟩: Zusammenwirken von zwei gleichsinnig wirkenden Genen als Ursache für ein bestimmtes Merkmal (Genetik). **Di|me|ri|sa|ti|on** *die;* -, -en ⟨zu ↑dimer u. ↑...isation⟩: Vereinigung zweier gleicher Teilchen (z. B. Atome, Moleküle; Chem.); vgl. ...at]ion/...ierung. **Di|me|ri|sie|rung** *die;* - ⟨zu ↑...isierung⟩: svw. Dimerisation; vgl. ...at]ion/...ierung
Di|me|ter *der;* -s, - ⟨über *lat.* dimeter aus *gr.* dímetros „aus zwei Maßen bestehend"⟩: aus zwei gleichen Metren bestehender antiker Vers; vgl. Metrum. **di|me|trisch**: in der Art eines Dimeters. **Di|me|tro|don** *das;* -s, ...donten ⟨zu *gr.* odoús, Gen. odóntos „Zahn"⟩: räuberisches Reptil der Permzeit
Di|mi|di|um *das;* -s, ...dien [...jən] ⟨aus gleichbed. *lat.* dimidium⟩: (veraltet) Hälfte
Di|mi|ka|ti|on *die;* - ⟨aus *lat.* dimicatio „Kampf" zu dimicare „kämpfen"⟩: (veraltet) Streit, Handgemenge
di|mik|tisch ⟨zu *gr.* dís „zweimal" u. miktós „gemischt"⟩: zweimalig durchmischt (von Seen, deren Wasser sich zu bestimmten Jahreszeiten umschichtet; Biol.)
Di|mi|ni|kul|tur *die;* - ⟨nach dem Siedlungshügel Dimini in Thessalien⟩: jungsteinzeitliche Periode Griechenlands
di|mi|nu|en|do ⟨*it.;* zu diminuire „vermindern" aus gleichbed. *lat.* di-, deminuere, vgl. diminuieren⟩: in der Tonstärke abnehmend, schwächer werdend; Abk.: dim. (Vortragsanweisung; Mus.). **Di|mi|nu|en|do** *das;* -s, Plur. -s u. ...di: allmähliches Nachlassen der Tonstärke (Mus.). **di|mi|nu|ie|ren** ⟨aus gleichbed. *lat.* di-, deminuere⟩: verkleinern, verringern, vermindern. **Di|mi|nu|ti|on** *die;* -, -en ⟨aus gleichbed. *lat.* di-, deminutio⟩: 1. Verkleinerung, Verringe-rung. 2. a) Verkleinerung des Themas durch Verwendung kürzerer Notenwerte; Ggs. ↑ Augmentation (a); b) variierende Verzierung durch Umspielen der Melodienoten; c) Tempobeschleunigung durch Verkürzung der Noten (Mus.). **di|mi|nu|tiv** ⟨aus gleichbed. *lat.* de-, diminutivus⟩: (in bezug auf den Inhalt eines Wortes) verkleinernd (Sprachw.). **Di|mi|nu|tiv** *das;* -s, -e [...və], **Di|mi|nu|tiv|form** *die;* -, -en u. Diminutivum [...v...] *das;* -s, ...va ⟨⟨zu ↑...ivum⟩⟩: Ableitungsform eines Substantivs, die im Vergleich zur Bedeutung des Grundwortes eine Verkleinerung ausdrückt, oft emotionale Konnotationen hat u. auch als Koseform gebraucht wird (z. B. Öfchen, Gärtlein, ein Pfeifchen rauchen; Sprachw.); Ggs. ↑ Augmentativum. **Di|mi|nu|tiv|suf|fix** *das;* -es, -e: Verkleinerungssilbe (Gramm.). **Di|mi|nu|ti|vum** [...vʊm] vgl. Diminutiv. **Di|mi|nu|tor** *der;* -s, -en ⟨zu *lat.* di-, deminutio „das Vermindern, Verringern, Schmälern" u. ↑...or⟩: svw. Subtrahend
Di|mis|si|on *die;* -, -en ⟨aus *lat.* dimissio „Entlassung" zu dimittere, vgl. dimittieren⟩: (veraltet) svw. Demission. **Di|mis|sio|när** *der;* -s, -e ⟨unter Einfluß von *fr.* démissionnaire zu *lat.* dimissio (vgl. Dimission) u. ↑...är⟩: (veraltet) svw. Demissionär. **Di|mis|so|ri|a|le** *das;* -s, ...alien [...jən] ⟨aus gleichbed. *kirchenlat.* dimissoriale, eigtl. „Entlassenes"⟩: Genehmigung, mit der der zuständige Amtsträger einen anderen Geistlichen zu Amtshandlungen (Taufe, Trauung o. ä.) ermächtigt. **di|mit|tie|ren** ⟨aus gleichbed. *lat.* dimittere⟩: (veraltet) entlassen, verabschieden
Dim|mer *der;* -s, - ⟨aus gleichbed. *engl.* dimmer zu to dim „(Licht) dämpfen"⟩: schalterähnliche Vorrichtung, mit der die Helligkeit des elektrischen Lichts in fließenden Übergängen reguliert werden kann
di mol|to vgl. molto
di|morph ⟨aus *gr.* dímorphos „doppelgestaltig"⟩: 1. zweigestaltig. 2. in zwei Kristallsystemen auftretend (von Kristallen). **Di|mor|phie** *die;* -, ...ien ⟨zu ↑...morphie⟩: Zweigestaltigkeit; das Nebeneinanderbestehen zweier verschiedener Formen (z. B. der gleichen Tier- od. Pflanzenart; z. B. ↑ Polyp (1) u. ↑ Meduse). **Di|mor|phin** *das;* -s, -e ⟨zu ↑...in (1)⟩: ein orangerotes Mineral. **Di|mor|phis|mus** *der;* -, ...men ⟨zu ↑...ismus (2)⟩: svw. ↑ Dimorphie
Di|mo|ti|on *die;* -, -en ⟨aus gleichbed. *nlat.* dimotio zu *lat.* dimovere, vgl. dimovieren⟩: (veraltet) Entfernung, das Wegbringen. **di|mo|vie|ren** [...v...] ⟨aus gleichbed. *lat.* dimovere zu ↑dis... u. movere „bewegen"⟩: (veraltet) entfernen, wegbringen
di|mya|risch ⟨zu *gr.* dís „zweifach" u. mŷs, Gen. myós „Muskel"⟩: (veraltet) zwei Muskeln aufweisend (Med.)
DIN ⓦ ⟨Kurzw. für *Deutsche Industrie-Norm[en]* (später gedeutet als *Das Ist Norm*)⟩: 1. Verbandszeichen des Deutschen Instituts für Normung e. V. (früher Deutscher Normenausschuß); Schreibweise mit einer Nummer zur Bez. einer Norm, z. B. DIN 16511. 2. Maßeinheit für die Lichtempfindlichkeit des Films
Di|nan|de|rie *die;* -, ...ien ⟨aus gleichbed. *fr.* dinanderie; nach der belg. Stadt Dinant, wo sie ursprünglich hergestellt wurde⟩: Messingarbeit aus dem Maastal, aus Brabant u. Flandern. **Di|nant** [di'nã:] *das;* -[s] ⟨nach der belg. Stadt Dinant⟩: Stufe im Unterkarbon (Geol.). **Di|nan|ti|en** [dinã'si̯ɛ̃:] *das;* -[s] ⟨*fr.*⟩: svw. Dinant. **Di|nan|ti|um** *das;* -s ⟨zu ↑... ium⟩: svw. Dinant
Di|nar *der;* -s, -e (aber: 6 Dinar) ⟨aus *arab.* dīnār, dies über *mgr.* dēnárion aus *lat.* denarius, vgl. Denar⟩: Währungseinheit in verschiedenen Ländern (z. B. in Iran; Abk.: D)
di|na|risch ⟨nach den Dinarischen Alpen⟩: einem bestimm-

Dinasstein

ten Menschentyp aus dem ↑europiden Rassenkreis angehörend

Di|nas|stein *der;* -[e]s, -e ⟨nach dem Dinasfelsen in Wales⟩: zuerst in England aus dem ↑Quarzit des Dinasfelsens in Wales hergestellter hochfeuerfester Stein mit Tonbindung, der heute durch Silikatstein mit Kalkbindung ersetzt wird

Di|ner [di'ne:] *das;* -s, -s ⟨aus *fr.* dîner „Hauptmahlzeit", eigtl. „das Dinieren", zu dîner, *altfr.* disner, eigtl. „aufhören zu fasten", dies zu *lat.* dis- (↑dis...) u. ieiunus „nüchtern, hungrig"⟩: 1. festliches Mittag- od. Abendessen. 2. (in Frankreich) Hauptmahlzeit des Tages, die am Abend eingenommen wird

Di|ne|se *die;* -, -n ⟨aus *gr.* dínesis „das Wirbeln, das Drehen im Kreise" zu dineîn „im Kreise herumdrehen"⟩: Auslösung der Plasmaströmung in Zellen durch Außenreize (z. B. durch Wärme; Biol.)

DIN-For|mat *das;* -[e]s, -e ⟨zu ↑DIN⟩: nach DIN (1) festgelegtes Papierformat

Din|gi u. **Din|ghi** ['dingi] *das;* -s, -s ⟨aus gleichbed. *engl.* dinghy, dies aus *Hindi* dīngī „kleines Boot"⟩: a) kleines Sportsegelboot; b) kleinstes Beiboot auf Kriegsschiffen

Din|go *der;* -s, -s ⟨aus gleichbed. *austr.* dingo⟩: austr. Wildhund von der Größe eines kleinen deutschen Schäferhunds

DIN-Grad *der;* -[e]s, -e ⟨zu ↑DIN⟩: (veraltet) svw. ↑DIN (2)

di|nie|ren ⟨aus gleichbed. *fr.* dîner, vgl. Diner⟩: [festlich] speisen. **Di|ning-car** ['daɪnɪŋkaː] *der;* -s, -s ⟨aus gleichbed. *engl.* dining-car⟩: Speisewagen (in England). **Di|ning-room** [...rʊm] *der;* -s, -s ⟨aus gleichbed. *engl.* dining-room⟩: Eßzimmer (in England)

Dink *der;* -s, -s (meist Plur.) ⟨Kurzw. aus *engl.* double income, *no* kids „doppeltes Einkommen, keine Kinder"⟩: jmd., der in einer Partnerschaft lebt, in der beide Partner einem Beruf nachgehen u. keine Kinder vorhanden sind.

Din|ner *das;* -s, -[s] ⟨aus *engl.* dinner, dies aus *fr.* dîner, vgl. Diner⟩: 1. Festmahl. 2. (in England) Hauptmahlzeit am Abend. **Din|ner|jacket¹** ['dɪnɐdʒɛkɪt] *das;* -s, -s ⟨zu *engl.* jacket „Jackett"⟩: Herrenjackett für halboffizielle gesellschaftliche Anlässe

Di|no *der;* -s, -s: Kurzform von ↑Dinosaurier

Di|no|pho|bie *die;* -, ...ien ⟨zu ↑Dinos u. ↑...phobie⟩: krankhafte Angst vor Schwindelerscheinungen (Psychol., Med.)

Di|nos *der;* - ⟨aus gleichbed. *gr.* dînos⟩: (veraltet) Schwindel (Med.)

Di|no|sau|ri|er [...iɐ] *der;* -s, - u. **Di|no|sau|rus** *der;* -, ...rier [...iɐ] ⟨aus *nlat.* dinosaurus zu *gr.* deinós „furchtbar, gewaltig" u. saûros „Eidechse"⟩: 1. ausgestorbene Riesenechse. 2. naturgetreue Nachbildung bestimmter Saurierarten. **Di|no|the|ri|um** *das;* -s, ...ien [...iən] ⟨zu *gr.* thēríon „Tier"⟩: ausgestorbenes riesiges Rüsseltier

DIN-Sen|si|to|me|ter *das;* -s, - ⟨zu ↑DIN u. ↑Sensitometer⟩: ↑Sensitometer zum Messen von ↑DIN-Graden

Di|nu|me|ra|ti|on *die;* -, -en ⟨aus gleichbed. *lat.* dinumeratio zu dinumerare, vgl. dinumerieren⟩: (veraltet) Aufzählung. **di|nu|me|rie|ren** ⟨aus gleichbed. *lat.* dinumerare zu ↑dis... u. *lat.* numerare „zählen"⟩: (veraltet) aufzählen

Di|ode *die;* -, -n ⟨zu *gr.* dís „zweifach" u. ↑...ode⟩: Zweipolröhre, Gleichrichterröhre (Elektrot.)

Di|odon *der;* -s, ...donten ⟨zu *gr.* dís „zweifach" u. odoús, Gen. odóntos „Zahn", eigtl. „Zweizähner"⟩: Igelfisch

Di|ol *das;* -s, -e (meist Plur.) ⟨zu *gr.* dís „zweifach" u. ↑...ol⟩: zweiwertiger ↑Alkohol. **Di|ole|fin** *das;* -s, -e: svw. Dien.

Dio|len ⓦ *das;* -s ⟨Kunstw.⟩: eine synthetische Textilfaser aus ↑Polyester; vgl. Trevira

Di|on *die;* -, -en: (österr.) kurz für a) Direktion; b) Divison

Dio|ny|si|en [...ien] *die* (Plur.) ⟨über *lat.* Dionysia aus *gr.* Dionýsia, nach dem Namen des Gottes Diónysos⟩: altgriech. Fest zu Ehren des Wein- u. Fruchtbarkeitsgottes Dionysos. **dio|ny|sisch**: 1. dem Dionysos zugehörend, ihn betreffend. 2. wildbegeistert, rauschhaft dem Leben hingegeben (nach Nietzsche); Ggs. ↑apollinisch; **-es Fest**: rauschhaft-ekstatisches Fest

dio|phan|tisch ⟨nach dem gr. Mathematiker Dióphantos aus Alexandria; 3. Jh. v. Chr.⟩; in der Fügung **-e Gleichung**: Gleichung mit mehreren Unbekannten, für die ganzzahlige Lösungen zu finden sind (Math.)

Di|op|sid *der;* -s, -e ⟨zu *gr.* dís „zweifach" u. ópsis „Anblick"; vgl. ²...id⟩: zur Gruppe der ↑Augite gehörendes Mineral. **Di|op|tas** *der;* -, -e ⟨zu ↑dia... u. *gr.* optasía „Gesicht, Anblick"⟩: ein smaragdgrünes, meist durchsichtiges Mineral. **Di|op|ter** *das;* -s, - ⟨über *lat.* dioptra aus *gr.* dióptra „Instrument zum Höhenmessen u. Nivellieren", eigtl. „etwas, durch das man hindurchsieht"⟩: 1. Zielgerät (bestehend aus Lochblende u. Zielmarke). 2. (veraltet) Sucher an Fotoapparaten. **Di|op|trie** *die;* -, ...ien ⟨zu ↑².....ie⟩: Einheit des Brechwertes optischer Systeme; Abk.: dpt, Dptr. u. dptr. (Physik). **Di|op|trik** *die;* - ⟨zu ↑²...ik⟩: (veraltet) Lehre von der Brechung des Lichts. **di|op|trisch**: a) zur Dioptrie gehörend, lichtbrechend; durchsichtig; b) nur lichtbrechende Elemente enthaltend (z. B. dioptrische Fernrohre). **Di|op|tro|me|ter** *das;* -s, - ⟨zu ↑¹...meter⟩: Gerät für die Bestimmung der Dioptrien. **Di|o|ra|ma** *das;* -s, ...men ⟨zu ↑dia... u. *gr.* hórama „das Geschaute", eigtl. „Durchschaubild"⟩: plastisch wirkendes Schaubild, bei dem Gegenstände vor einem gemalten od. fotografierten Rundhorizont aufgestellt sind u. teilweise in diesen übergehen

Di|orid ⓦ *das;* -s ⟨Kunstw. zu *gr.* diorízein „unterscheiden, abgrenzen" u. ↑³...id⟩: eine Kunstfaser. **Di|oris|mus** *der;* -, ...men ⟨aus *nlat.* diorismus zu *gr.* diorízein „unterscheiden" u. ↑...ismus⟩: Begriffsbestimmung. **dio|ri|stisch** ⟨zu ↑...istisch⟩: erklärend, bestimmend. **Di|orit** [auch ...'rɪt] *der;* -s, -e ⟨zu ↑²...it⟩: ein körniges Tiefengestein (aus ↑Plagioklas u. ↑Amphibol)

Di|os|ku|ren *die* (Plur.) ⟨aus *gr.* Dióskouroi „Söhne des Zeus" (Kastor u. Pollux)⟩: unzertrennliches Freundespaar

Di|oxan *das;* -s ⟨zu *gr.* dís „zweifach", ↑oxy... (2) u. ↑...an⟩: bes. als Lösungsmittel für Fette, Lacke u. a. verwendete farblose, ätherähnlich riechende Flüssigkeit. **Di|oxid** [auch ...'ksiːt] vgl. Dioxyd. **Di|oxin** *das;* -s, -e (meist Plur.) ⟨zu ↑...in (1)⟩: (als Abfallprodukt entstehende) hochgiftige Verbindung von Chlor u. Kohlenwasserstoff, die schwere Gesundheits- u. Entwicklungsschäden verursacht (Chem.). **Di|ox|sil** ⓦ *das;* -s ⟨zu *lat.* silex „Kiesel"⟩: säurefester Werkstoff aus geschmolzenem Quarzsand. **Di|oxyd** [auch ...'ksyːt], chem. fachspr. Di|oxid *das;* -s, -e: anorganische Verbindung aus einem Atom Metall od. Nichtmetall mit zwei Sauerstoffatomen (Chem.). **Di|oxy|phe|nyl|ala|nin** *das;* -s ⟨Kunstw. aus ↑¹di..., ↑oxy... (2), ↑Phenyl u. ↑Alanin⟩: ↑Aminosäure, aus der im Organismus durch Umwandlung ↑Adrenalin gebildet wird; Abk.: Dopa

di|öze|san ⟨aus gleichbed. *kirchenlat.* dioecesanus; vgl. Diözese⟩: zu einer Diözese gehörend, die Diözese betreffend. **Di|öze|san** *der;* -s, -en: Angehöriger einer Diözese. **Di|öze|san|sta|tu|ten** *die* (Plur.): allgemeine, für ein Bistum erlassene Verordnungen. **Di|öze|san|syn|ode** *die;* -, -n: Kirchenversammlung der Priester einer Diözese unter Leitung des Bischofs. **Di|öze|se** *die;* -, -n ⟨über *lat.* dioecesis aus *gr.* dioíkēsis „Distrikt, Provinz"⟩: a) Amtsgebiet eines kath. Bischofs; b) (früher auch:) ev. Kirchenkreis; vgl.

Dekanat (1). **Di|özie** *die;* - ⟨aus *nlat.* dioecia zu *gr.* dís „zweifach" u. oikía „Haus"⟩: Zweihäusigkeit bei Pflanzen (männliche u. weibliche Blüten stehen auf verschiedenen Individuen; Bot.). **di|özisch:** zweihäusig (von Pflanzen; Bot.). **Di|özis|mus** *der;* - ⟨zu ↑...ismus (2)⟩: svw. Diözie

Dip *der;* -s, -s ⟨aus gleichbed. *engl.* dip zu to dip „eintauchen"⟩: kalte, dickflüssige Soße zum Eintunken von kleinen Happen (z. B. Cracker 1, Chips 2), Fleischstücken od. geschnittenem Obst, Gemüse o. ä.

Di|pen|ten *das;* -s ⟨zu *gr.* dís „zweifach" u. ↑ Penten⟩: ↑ razemischer, zitronenartig riechender flüssiger Kohlenwasserstoff (Chem.)

Di|pep|tid *das;* -s, -e ⟨zu *gr.* dís „zweifach" u. ↑ Peptid⟩: ein aus zwei beliebigen ↑ Aminosäuren aufgebauter Eiweißkörper (Chem.). **Di|pep|ti|da|se** *die;* -, -n ⟨zu ↑...ase⟩: ↑ Enzym, das Dipeptide spaltet (Chem.)

Diph|the|rie *die;* -, ...ien ⟨unter Einfluß von gleichbed. *fr.* diphtérie zu *gr.* diphthéra „(Tier)haut, Membran"⟩: Infektionskrankheit im Hals- u. Rachenraum mit Bildung häutiger Beläge auf den Tonsillen u. Schleimhäuten. **diph|therisch:** durch Diphtherie hervorgerufen. **Diph|the|ri|tis** *die;* - ⟨zu ↑...itis⟩: (ugs.) svw. Diphtherie. **diph|the|ro|id** ⟨zu ↑...oid⟩: 1. diphtherieähnlich. 2. die Diphtherie betreffend. **Diph|the|ro|id** *das;* -[e]s, -e: der Diphtherie ähnliche Erkrankung, die nicht von den Erregern der Diphtherie hervorgerufen wird

Di|phthong *der;* -s, -e ⟨über *lat.* diphthongus aus gleichbed. *gr.* díphthoggos, eigtl. „zweimal tönend"⟩: aus zwei Vokalen gebildeter Laut, Doppellaut, Zwielaut (z. B. ei, au; Sprachw.); Ggs. ↑ Monophthong. **Di|phthon|gie** *die;* -, ...ien ⟨zu ↑ ²...ie⟩: gleichzeitige Bildung von zwei verschiedenen Tönen bei Stimmbanderkrankungen; Med.). **di|phthon|gie|ren** ⟨zu ↑...ieren⟩: einen Vokal zum Diphthong entwickeln (z. B. das *i* in mittelhochd. *wip* zu *ei* in neuhochd. *Weib;* Sprachw.); Ggs. ↑ monophthongieren. **Di|phthon|gie|rung** *die;* -, -en ⟨zu ↑...ierung⟩: Entstehung eines Diphthongs aus einem Vokal, das Diphthongieren, das Diphthongiertwerden (Sprachw.); Ggs. ↑ Monophthongierung. **di|phthon|gisch:** a) einen Diphthong enthaltend; b) als Diphthong lautend (Sprachw.); Ggs. ↑ monophthongisch

di|phyl|le|tisch ⟨zu *gr.* dís „zweifach" u. ↑ phyletisch⟩: stammesgeschichtlich von zwei Ausgangsformen ableitbar (von Tier- od. Pflanzeneinheiten)

di|phyl|lisch ⟨zu *gr.* dís „zweifach" u. phyllikós „blätterig", dies zu phýllon „Blatt"⟩: zweiblättrig (Biol.). **Di|phyl|lo|bo|thri|um** *das;* -s, ...rien [...jən] ⟨aus *nlat.* diphyllobothrium zu *gr.* bothríon „kleine Grube, Vertiefung"⟩: svw. Dibothriocephalus

di|phyl|odont ⟨zu *gr.* dís „zweifach", phýein „hervorbringen, wachsen lassen" u. odoús, Gen. odóntos „Zahn"⟩: einen Zahnwechsel durchmachend (von Lebewesen; Med.). **Di|phy|odon|tie** *die;* - ⟨zu ↑ ²...ie⟩: Zahnwechsel (Med.)

di|pl..., **Di|pl...** vgl. diplo..., Diplo...

Di|pla|ku|sis *die;* - ⟨zu ↑ diplo... u. *gr.* ákousis „das Hören", dies zu akoúein „hören"⟩: das Hören verschiedener Töne auf beiden Ohren beim Erklingen eines einzigen Tones (Med.)

Di|ple|gie *die;* -, ...ien ⟨zu *gr.* dís „zweifach", plēgé „Schlag" u. ↑ ²...ie⟩: doppelseitige Lähmung (Med.)

Di|plex|be|trieb vgl. Duplexbetrieb

di|plo..., **Di|plo...**, vor Vokalen meist dipl..., Dipl... ⟨aus *gr.* diplóos „zwiefach, doppelt"⟩: Wortbildungselement mit der Bedeutung „doppelt vorhanden, in doppelter Anordnung; aus zweien zu einem verschmolzen", z. B. Diplokokkus, Diplopie

Di|plo|bak|te|rie [...jə] *die;* -, -n ⟨zu ↑ diplo... u. ↑ Bakterie⟩: paarweise an den Enden zusammengelagerte Bakterien

Di|plo|do|kus *der;* -, ...ken ⟨zu ↑ diplo... u. *gr.* dokós „Balken"⟩: ausgestorbene Riesenechse

Di|ploe *die;* - ⟨aus *gr.* diplóē „Bruch, Spalte", eigtl. „Verdoppelung"⟩: zwischen den beiden Tafeln des Schädeldachs liegende schwammige Knochensubstanz (Med.)

Di|plo|ge|ne|se *die;* -, -n ⟨zu ↑ diplo... u. ↑ Genese⟩: Mißbildung in Form einer doppelten Anlage von Organen od. Körperteilen (Med.)

di|plo|id ⟨zu *gr.* diplóos „doppelt" u. ↑ ²...id⟩: einen doppelten (d. h. vollständigen) Chromosomensatz aufweisend (Biol.); Ggs. ↑ haploid. **Di|ploi|die** [diploi...] *die;* - ⟨zu ↑ ²...ie⟩: das Vorhandensein des vollständigen, d. h. des normalen (doppelten) Chromosomensatzes im Zellkern (Biol.)

Di|ploi|di|on *das;* -s, ...ien [...jən] ⟨aus *gr.* diploídion, Verkleinerungsform von diplois „doppelt um den Leib geschlagener Mantel"⟩: doppelt gelegtes Übergewand bei den Griechen in archaischer Zeit

Di|plo|kok|kus *der;* -, ...kken ⟨zu ↑ diplo... u. ↑ Kokke⟩: paarweise zusammenhängende ↑ Kokken (Krankheitserreger; Med.)

Di|plom *das;* -[e]s, -e ⟨über *lat.* diploma „Urkunde" aus *gr.* díplōma, eigtl. „zweifach Gefaltetes", dann „Handschreiben auf zwei zusammengelegten Blättern" (zu *gr.* diplóein „doppelt zusammenlegen")⟩: Urkunde über eine Auszeichnung, od. über eine abgelegte Prüfung bes. an einer Hochschule od. bei der Handwerkskammer; Abk.: Dipl. **Di|plo|mand** *der;* -en, -en ⟨zu ↑...and⟩: jmd., der sich auf eine Diplomprüfung vorbereitet. **Di|plo|mat** *der;* -en, -en ⟨aus gleichbed. *fr.* diplomate zu diplomatique „urkundlich; die Noten des zwischenstaatlichen Verkehrs betreffend"; vgl. Diplom u. ...at (1)⟩: 1. jmd., der im auswärtigen Dienst eines Staates steht u. bei anderen Staaten als Vertreter dieses Staates beglaubigt ist. 2. jmd., der geschickt u. klug taktiert, um seine Ziele zu erreichen, ohne andere zu verärgern, z. B. ein guter (schlechter) - sein. **Di|plo|ma|ti|um** *das;* -s, ...ien [...jən] ⟨zu ↑...arium⟩: Urkundensammlung. **Di|plo|ma|tie** *die;* - ⟨aus gleichbed. *fr.* diplomatie⟩: 1. völkerrechtliche Regeln für außenpolitische Verhandlungen, Verhandlungstaktik. 2. Gesamtheit der Diplomaten, die in einer Hauptstadt, in einem Land ↑ akkreditiert (1) sind. 3. kluge Berechnung. **Di|plo|ma|tik** *die;* - ⟨unter Einfluß von gleichbed. *fr.* diplomatique aus *nlat.* (res) diplomatica; vgl. Diplom⟩: Urkundenlehre. **Di|plo|ma|ti|ker** *der;* -s, -: Urkundenforscher u. -kenner. **Di|plo|ma|tin** *die;* -, -nen: weibliche Form zu ↑ Diplomat. **di|plo|ma|tisch** ⟨aus *nlat.* diplomaticus „die Urkunden betreffend" bzw. *fr.* diplomatique „die Diplomatie betreffend"⟩: 1. die Diplomatik betreffend, urkundlich. 2. a) die Diplomatie betreffend, auf ihr beruhend; b) den Diplomaten betreffend. 3. klug-berechnend. **di|plo|ma|ti|sie|ren** ⟨zu ↑...isieren⟩: (veraltet) diplomatisch vorgehen, diplomatisch verhandeln. **Di|plo|mie|ren** *die;* - ⟨zu ↑ Diplom u. ↑...ieren⟩: jmdm. auf Grund einer Prüfung ein Diplom erteilen. **di|plo|miert** ⟨zu ↑...iert⟩: mit einem Diplom versehen

Di|plo|mye|lie *die;* -, ...ien ⟨zu ↑ diplo..., *gr.* myelós „Mark" u. ↑ ²...ie⟩: angeborene Verdoppelung des Rückenmarks (Med.)

Di|plont *der;* -en, -en ⟨zu ↑ diplo... u. ↑...ont⟩: tierischer od. pflanzlicher ↑ Organismus (1 b), dessen Körperzellen zwei Chromosomensätze aufweisen (Biol.)

Diplophase

Di|plo|pha|se *die;* -, -n ⟨aus ↑ diplo... u. ↑ Phase⟩: Entwicklungsabschnitt einer Zelle, in der die Zahl der ↑ Chromosomen verdoppelt ist (Biol.).

Di|plo|pho|nie *die;* -, ...ien ⟨zu ↑ diplo..., *gr.* phōnḗ „Laut, Ton" u. ↑²...ie⟩: svw. Diphthongie

Di|plo|pie *die;* - ⟨zu ↑ diplo... u. ↑ ...opie⟩: gleichzeitiges Sehen zweier Bilder von einem einzigen Gegenstand (Med.)

Di|plo|po|den *die* (Plur.) ⟨zu ↑ diplo... u. ↑ ...pode⟩: Doppelfüßer, eine Gruppe der Tausendfüßer (Zool.)

Di|plo|skop *das;* -s, -e ⟨aus ↑ diplo... u. ↑ ...skop⟩: Gerät zur Erkennung der Komplementär- u. der Mischfarben

Di|plo|som *das;* -s, -en (meist Plur.) ⟨zu ↑ diplo... u. *gr.* sōma „Körper"⟩: Doppelbildung des Zentralkörperchens (vgl. Zentriol) der Zellen (Biol.). **Di|plo|so|mie** *die;* -, ...ien ⟨zu ↑²...ie⟩: Doppelmißbildung mit zwei völlig entwickelten, zusammenhängenden Körpern (Med.)

di|plo|ste|mon ⟨zu ↑ diplo... u. *gr.* stḗmōn „Faden, Kette"⟩: mit zwei Saubblattkreisen versehen (von Blüten, deren äußerer zu dem nächststehenden Blütenhüllkreis versetzt steht; Bot.)

Di|plo|tän *das;* -s, -e ⟨zu ↑ diplo... u. *lat.* taenia „Band, Binde", dies aus *gr.* tainía⟩: Stadium der Zellteilung, in dem unter Verkürzung der Fäden die Trennung der Chromosomen beginnt (Biol.)

Dip|me|ter *das;* -s, - ⟨zu ↑ dippen u. ↑¹...meter⟩: Prüfgerät zum Feststellen der Resonanzfrequenz elektrischer Schwingungskreise

Di|pnoi ['dipnɔy] *die* (Plur.) ⟨zu *gr.* dípnoos „doppelt atmend"⟩: kiemen- u. lungenatmende Knochenfische

Di|po|die *die;* -, ...ien ⟨über *lat.* dipodia aus *gr.* dipodía „Verbindung zweier Versfüße zu einem Takt", eigtl. „Doppelfüßigkeit"⟩: Verbindung zweier Versfüße (rhythmischer Einheiten) zu einem Verstakt; vgl. Monopodie u. Tripodie. **di|po|disch**: (bes. von jambischen u. trochäischen Versen) abwechselnd Haupt- u. Nebenton aufweisend

Di|pol *der;* -s, -e ⟨zu *gr.* dís „zweifach" u. ↑¹Pol⟩: 1. Anordnung zweier gleich großer elektrischer Ladungen od. magnetischer ↑¹Pole (5) entgegengesetzter ↑ Polarität (1) in geringem Abstand voneinander. 2. svw. Dipolantenne. **Di|pol|an|ten|ne** *die;* -, -n: Antennenanordnung mit zwei gleichen, elektrisch leitenden Teilen

dip|pen ⟨aus *engl.* to dip „eintauchen"⟩: 1. (Seemannsspr.) die Flagge zum Gruß halb niederholen u. wieder aufziehen. 2. in einen ↑ Dip eintunken

Di|pros|opus *der;* -, ...open ⟨aus *nlat.* diprosopus zu *gr.* dís „zweifach" u. prósōpon „Gesicht"⟩: Mißgeburt mit doppeltem Gesicht (Med.)

Dip|so|ma|ne *der* od. *die;* -n, -n ⟨zu *gr.* dípsa „Durst" u. ↑ ...mane⟩: jmd., der von periodischer Trunksucht befallen ist; Quartalssäufer[in]. **Dip|so|ma|nie** *die;* -, ...ien ⟨zu ↑ ...manie⟩: periodisches Auftreten von Trunksucht

Dip|tam *der;* -s ⟨zu *mlat.* diptamnus, umgebildet aus gleichbed. *lat.* dictamnus, vgl. Diktam⟩: zu den Rautengewächsen gehörende Staude, deren an ↑ ätherischen Ölen reiche Blätter entzündbar sind; Brennender Busch (Bot.)

Dip|te|ren *die* (Plur.) ⟨über gleichbed. *nlat.* dipterae (Plur.), eigtl. „Zweiflügler", zu *gr.* dípteros „zweiflügelig"⟩: Insektenordnung der Mücken u. Fliegen. **Dip|te|ros** *der;* -, ...roi [...rɔy] ⟨aus *gr.* dípteros (naós) „zweiflügelig(er Tempel)"⟩: griech. Tempel, der von einer doppelten Säulenreihe umgeben ist. **dip|te|ry|gisch** ⟨aus gleichbed. *gr.* diptérygos⟩: zweiflügelig

Dip|ty|chon *das;* -s, Plur. ...chen u. ...cha ⟨aus *gr.* díptychon „zweiteilige Schreibtafel" zu díptychos „doppelt zusammengelegt"⟩: 1. (im Altertum) zusammenklappbare Schreibtafel. 2. (im Mittelalter) zweiflügeliges Altarbild; vgl. Triptychon, Polyptychon. **Di|ptyk** *das;* -s, -s ⟨aus *fr.* diptyques (Plur.) „(doppelt) zusammengeklappte Schreibtafel", dies über gleichbed. *lat.* diptycha zu *gr.* dís „zweifach" u. ptyktós „gefaltet, zusammengelegt", dies zu ptýssein „(zusammen)falten, doppelt u. mehrfach zusammenlegen"⟩: zweiteilige Briefmarke, Briefmarke mit abtrennbarem Anhängsel

Di|py|gus *der;* -, ...pygen ⟨aus gleichbed. *nlat.* dipygus zu *gr.* dís „zweifach" u. pygḗ „Steiß", eigtl. „Doppelsteiß"⟩: Mißgeburt mit doppelter Anlage des Unterkörpers (Med.)

Di|py|lon|kul|tur *die;* - ⟨nach der Fundstelle vor dem Dipylon (*gr.* Dípylon „Doppeltor") in Athen⟩: eisenzeitliche Kultur in Griechenland. **Di|py|lon|stil** *der;* -s ⟨nach den Dipylonvasen⟩: geometrischer Stil der frühgriech. Vasenmalerei. **Di|py|lon|va|sen** *die* (Plur.): bis zu 2 m hohe Prachtvasen aus Ton im Dipylonstil

Di|pyr *der;* -s, -e ⟨zu *gr.* dís „zweifach" u. pŷr „Feuer"⟩: svw. Skapolith

Di|rae ['diːrɛ] *die* (Plur.) ⟨aus *lat.* dirae (Plur.) „unheilvolle Zeichen, Verwünschungen" zu dirus „unheilvoll, schrecklich"⟩: Verwünschungsgedichte u. Schmähverse (altröm. Literaturgattung); vgl. Arai. **di|ra ne|ces|si|tas** [– neˈtsɛ...] ⟨*lat.*⟩: furchtbare Notwendigkeit

Di|rect co|sting [dɪˈrɛkt ˈkɔstɪŋ] *das;* - -[s] ⟨aus gleichbed. *engl.* direct costing, vgl. direkt⟩: Sammelbez. für verschiedene Verfahren der Teilkostenrechnung (Wirtsch.). **Di|rec|teur** [dirɛkˈtøːɐ̯] *der;* -s, -s ⟨aus gleichbed. *fr.* directeur zu diriger „führen, leiten", dies aus *lat.* dirigere, vgl. dirigieren⟩: (veraltet) svw. Direktor. **Di|rect-mai|ling** [dɪˈrɛktˈmeɪlɪŋ] *das;* -[s], -s ⟨aus gleichbed. *engl.* direct mailing zu mail „Post(sendung)"⟩: Form der Direktwerbung, bei der Werbematerial (Briefumschlag u. Prospekt mit Rückantwortkarte) an eine bestimmte Zielgruppe mit der Post geschickt wird. **Di|rec|toire** [dirɛkˈtoaːɐ̯] *das;* -[s] ⟨nach dem Directoire, der höchsten Behörde der franz. Republik 1795–99⟩: franz. Kunststil zwischen ↑ Louisseize u. ↑¹Empire (b). **di|rekt** ⟨aus *lat.* directus „gerade (gerichtet)", Part. Perf. von dirigere, vgl. dirigieren⟩: 1. unmittelbar, ohne Umweg od. Verzögerung o. ä., ohne daß etw. anderes dazwischenliegt od. unternommen wird (in bezug auf das Verhältnis zwischen räumlichem od. zeitlichem Ausgangspunkt u. dem Zielpunkt); -e Rede: in Anführungsstrichen stehende, wörtliche, unabhängige Rede (z. B.: Er sagte: „Ich gehe nach Hause"); Ggs. ↑ indirekte Rede. 2. geradezu, ausgesprochen, regelrecht, z. B. es ist - ein Glück, daß ich dich getroffen habe. **Di|rek|ti|on** *die;* -, -en ⟨aus *lat.* directio „das Ausrichten"⟩: 1. [Geschäfts]leitung, Vorstand. 2. (veraltet) Richtung. **Di|rek|ti|ons|moment** *das;* -[e]s: in die Ruhelage zurücktreibendes Drehmoment bei der Verdrillung von Stäben (Phys.). **di|rek|tiv** ⟨unter Einfluß von *fr.* directif aus *nlat.* directivus „richtunggebend, lenkend"; vgl. direkt⟩: Verhaltensregeln gebend. **Di|rek|ti|ve** [...və] *die;* -, -n ⟨zu ↑ ...ive⟩: Weisung; Verhaltensregel. **Di|rekt|kan|di|dat** *der;* -en, -en ⟨zu ↑ direkt⟩: Politiker, der sich um ein Direktmandat bewirbt. **Di|rekt|man|dat** *das;* -[e]s, -e: ↑ Mandat (2) eines durch Persönlichkeitswahl direkt, d. h. nicht über eine Wahlliste, gewählten Abgeordneten. **Di|rekt|mar|ke|ting** *das;* -[s]: Ausrichtung des Angebots eines Unternehmens unmittelbar an den letzten Verbraucher (Wirtsch.). **Di|rek|tor** *der;* -s, ...oren ⟨aus *lat.* director „Lenker, Leiter" zu dirigere, vgl. dirigieren⟩: 1. a) Leiter (einer Schule); b) jmd., der einem Unternehmen, einer Behörde vorsteht; Vorsteher. 2. Zu-

Discountgeschäft

satzelement für die ↑Dipolantenne mit Richtwirkung. **Di|rek|to|rat** *das;* -[e]s, -e ⟨zu ↑...at (1)⟩: 1. a) Leitung; b) Amt eines Direktors od. einer Direktorin. 2. Dienstzimmer eines Direktors od. einer Direktorin. **di|rek|to|ri|al** ⟨zu ↑...ial⟩: a) einem Direktor od. einer Direktorin zustehend; b) von einem Direktor od. einer Direktorin veranlaßt; c) einem Direktor [in der Art des Benehmens] ähnlich, entsprechend. **Di|rek|to|ri|al|prin|zip** *das;* -s, ...ien [...i̯ən]: Einräumung einer Vormachtstellung für eine Person in einer mehrköpfigen Leitung eines Unternehmens (Wirtsch.). **Di|rek|to|ri|al|re|gie|rung** *die;* -, -en: von einem Kollegium, einem Direktorium geführte Regierung (Pol.). **Di|rek|to|rin** *die;* -, -nen: Leiterin, bes. einer Schule. **Di|rek|to|ri|um** *das;* -s, ...ien [...i̯ən] ⟨Analogiebildung zu ↑Konsistorium; vgl. ...ium⟩: 1. Vorstand, Geschäftsleitung, leitende Behörde. 2. (ohne Plur.) svw. Directoire. **Di|rek|tri|ce** [...'triːsə] *die;* -, -n ⟨aus *fr.* directrice „Leiterin"⟩: leitende Angestellte, bes. in der Bekleidungsindustrie. **Di|rek|trix** *die;* - ⟨feminine Bildung zu *lat.* director, vgl. Direktor⟩: Leitlinie von Kegelschnitten, Leitkurve von gekrümmten Flächen (Math.). **Di|rekt|stu|di|um** *das;* -s, ...ien [...i̯ən] ⟨zu ↑direkt⟩: Studium, das im Gegensatz zum Fernstudium unmittelbar an einer Universität durchgeführt wird
Di|rem|ti|on *die;* -, -en ⟨aus *lat.* diremptio „Trennung" zu dirimere, vgl. dirimieren⟩: (veraltet) Scheidung, Auflösung
Di|ret|tis|si|ma *die;* -, -s ⟨aus gleichbed. *it.* direttissima zu diretto „gerade, direkt", dies aus *lat.* directus, vgl. direkt⟩: Route, die ohne Umwege zum Gipfel eines Berges führt. **di|ret|tis|si|mo** (*it.*): den direkten Weg zum Gipfel nehmend. **Di|rex** *der;* -, -e u. *die;* -, -en ⟨Kurzbildung zu ↑Direktor, in Anlehnung an *lat.* rex „König, Herrscher"⟩: (Schülerspr.) Kurzw. für Direktor (1 a) u. Direktorin
Dirge [dəːdʒ] *das;* -s, -s ⟨aus gleichbed. *engl.* dirge, entstellt aus *lat.* Dirige, Domine „Lenke, Herr...", dem Anfangswort einer mittelalterlichen Totenklage⟩: engl. Bez. für Trauer-, Klagegedicht, Klagelied
Dir|ham u. **Dir|hem** *der;* -s, -s (aber: 5 -) ⟨aus gleichbed. *arab.* dirham, eigtl. „Drachme", vgl. Drachme⟩: 1. Währungseinheit in Marokko; Abk.: DH. 2. Gewichtseinheit in den islamischen Ländern
Di|ri|gat *das;* -[e]s, -e ⟨zu ↑dirigieren u. ↑...at (1)⟩: 1. Orchesterleitung, Dirigentschaft. 2. Tätigkeit, [öffentliches] Auftreten eines Dirigenten. **Di|ri|gent** *der;* -en, -en ⟨aus *lat.* dirigens, Gen. dirigentis, Part. Präs. von dirigere, vgl. dirigieren⟩: Leiter eines Orchesters od. Chores, einer musikalischen Aufführung. **Di|ri|gen|ten|po|di|um** *das;* -s, ...dien [...i̯ən]: Podium, von dem der Dirigent ein Orchester od. einen Chor leitet. **di|ri|gie|ren** ⟨aus *lat.* dirigere „ausrichten, die Richtung bestimmen, leiten"⟩: 1. ein Orchester od. einen Chor, eine musikalische Aufführung (Konzert, Oper) leiten. 2. die Leitung von etw. haben; den Gang, Ablauf von etw. steuern; durch Anweisungen o. ä. an ein bestimmtes Ziel, in eine gewünschte Richtung lenken. **Di|ri|gis|mus** *der;* - ⟨zu ↑...ismus (5)⟩: staatliche Lenkung der Wirtschaft. **di|ri|gis|tisch** ⟨zu ↑...istisch⟩: 1. den Dirigismus betreffend. 2. reglementierend, in der Bewegungsfreiheit einengend, Vorschriften machend
di|ri|mie|ren ⟨über gleichbed. *fr.* dirimer aus *lat.* dirimere „trennen, scheiden"⟩: trennen, entfremden, sich lösen
Dirt-Track-Ren|nen ['dəːt'træk...] *das;* -s, - ⟨zu *engl.* dirt track „Schlackenbahn", eigtl. „Schmutzbahn"⟩: ältere Bez. für Speedwayrennen. **Dir|ty tones** ['dəːtɪ 'toʊnz] *die* (Plur.) ⟨aus *engl.* dirty tones „schmutzige Töne"⟩: Bez. für eine Gesangsmanier in der afroamerikanischen Musik für unreine, häufig gepreßte vokale Tonbildung im Jazz, die auch mit Instrumenten ausgeübt wird
di|ru|ie|ren ⟨aus gleichbed. *lat.* diruere zu ↑dis... u. ruere „stürzen"⟩: (veraltet) zertrümmern, zerstören
di|rum|pie|ren ⟨aus gleichbed. *lat.* dirumpere zu ↑dis... u. rumpere „brechen"⟩: (veraltet) durch-, zerbrechen. **Di|rup|ti|on** *die;* -, -en ⟨aus gleichbed. *lat.* diruptio⟩: (veraltet) Durchbruch, Durchbrechung. **di|rup|tiv** ⟨zu ↑...iv⟩: (veraltet) durchbrechend
Di|ru|ti|on *die;* - ⟨aus gleichbed. *lat.* dirutio zu diruere, vgl. diruieren⟩: (veraltet) Zerstörung
dis..., Dis... ⟨aus gleichbed. *lat.* dis-, eigtl. „entzwei", vor f zu dif..., Dif... angeglichen, gelegentlich zu di..., Di... gekürzt⟩: Präfix mit der Bedeutung „zwischen, auseinander, hinweg" u. mit verneinendem Sinn, z. B. dispers, Differenz, disparat, Dimension
Di|sac|cha|rid [...saxa...] u. **Disacharid** *das;* -s, -e ⟨zu *gr.* dís „zweifach" u. ↑Saccharid⟩: ↑Kohlehydrat, das aus zwei Zuckermolekülen aufgebaut ist. **Di|sac|cha|ri|da|se** u. Disacharidase *die;* -, -n ⟨zu ↑...ase⟩: im Verdauungstrakt vorkommendes Enzym zur Zuckeraufspaltung. **Di|sa|cha|rid** usw. vgl. Disaccharid usw.
Dis|af|fek|ti|on *die;* -, -en ⟨zu ↑dis... u. ↑Affektion⟩: (veraltet) Abneigung, Widerwille
Dis|af|fir|ma|ti|on *die;* - ⟨zu ↑dis... u. ↑Affirmation⟩: (veraltet) Ableugnung. **dis|af|fir|mie|ren**: (veraltet) leugnen, in Abrede stellen
Dis|agio [...'aːdʒo] *das;* -s, Plur. -s u. ...ien [...i̯ən] ⟨aus gleichbed. *it.* disag(g)io zu dis- (vgl. dis...) u. ag(g)io, vgl. Agio⟩: Abschlag, um den der Preis od. Kurs hinter dem Nennwert od. der ↑Parität (2) eines Wertpapiers od. einer Geldsorte zurückbleibt
dis|ak|kor|die|ren ⟨zu *it.* disaccordare „nicht übereinstimmen", dies zu dis- (vgl. dis...) u. accordare „ab-, übereinstimmen", vgl. akkordieren⟩: abweichen, anderer Meinung sein
dis|am|bi|gu|ie|ren ⟨zu ↑dis... u. *lat.* ambigere „bezweifeln, unschlüssig sein"⟩: die ↑Ambiguität eines sprachlichen Ausdrucks durch Zuordnung mehrerer syntaktischer Strukturen od. semantischer Interpretationen aufheben, ihn eindeutig machen (Sprachw.)
Dis|ap|pro|ba|ti|on *die;* - ⟨zu ↑dis... u. ↑Approbation⟩: (veraltet) Mißbilligung
Dis|as|sem|bler ['dɪsəsɛmblə] *der;* -, - ⟨zu ↑dis... u. ↑Assembler⟩: Programm (4), das ein Maschinenprogramm in ein Assemblerprogramm umsetzt (EDV)
Dis|bor|so *der* u. *das;* -s ⟨aus gleichbed. *it.* disborso, eigtl. „Entnahme aus der Börse"⟩: (Kaufmannsspr.) Vorschuß, Auslage für andere
Dis|can|tus [...k...] vgl. Diskantus
Dis|ci|ples of Christ [dɪ'saɪplz əv 'kraɪst] *die* (Plur.) ⟨*engl.*; „Jünger Christi"⟩: Zweig der Baptisten in den USA u. in Kanada
Disc|jockey[1] ['dɪskdʒɔke, auch ...ki] vgl. Diskjockey. **Dis|co** vgl. Disko. **Dis|co|fox** vgl. Diskofox. **Dis|co|queen** [...kwiːn] vgl. Diskoqueen. **Dis|co|rol|ler** [...roʊlə] vgl. Diskoroller. **Dis|co|sound** [...saʊnd] vgl. Diskosound
Dis|count [dɪs'kaʊnt] *der;* -s, -s ⟨aus gleichbed. *engl.* discount, eigtl. „Preisnachlaß"; vgl. Diskonto⟩: Einkaufsmöglichkeit, bei der man in Selbstbedienung Waren verbilligt einkaufen kann. **Dis|coun|ter** [...tɐ] *der;* -s, -: 1. jmd., der eine Ware mit Preisnachlaß verkauft. 2. svw. Discountgeschäft. **Dis|count|ge|schäft** *das;* -[e]s, -e u. Discountladen *der;* -s, ...läden: Einzelhandelsgeschäft, in dem Markenartikel u. andere Waren zu einem hohen Rabattsatz (mitunter zu Groß-

handelspreisen) verkauft werden. **Dis|count House** [- haʊs] *das;* - -, - -s [...sɪz] ⟨zu *engl.* house „Haus"⟩: Spezialbank, die bes. das Diskontgeschäft betreibt. **Dis|count|la|den** vgl. Discountgeschäft

dis|cul|pie|ren [...k...] vgl. diskulpieren

Dis|dia|kla|sis *die;* -, ...sen ⟨zu *gr.* dís „zweifach" u. ↑ Diaklase⟩: (veraltet) doppelte Strahlenbrechung. **dis|dia|klastisch:** (veraltet) doppelt gebrochen (Phys.)

Dis|dia|pa|son *der,* auch *das;* -s, Plur. -s u. ...one ⟨zu *gr.* dís „zweifach" u. ↑ Diapason⟩: Doppeloktave im altgriech. Tonsystem

Dis|do|de|ka|eder *der;* -s, - ⟨zu *gr.* dís „zweifach" u. ↑ Dodekaeder⟩: von 24 Flächen begrenztes ↑ Polyeder (Kristallographie)

Di|segno [di'sɛnjo] *das;* -s, -s ⟨aus *it.* disegno „Zeichnung" zu disegnare „zeichnen", dies aus *lat.* designare, vgl. designieren⟩: die jedem Kunstwerk zugrundeliegende ursprüngliche künstlerische Idee in der ital. Renaissance

Dis|en|gage|ment [...ɪn'geɪdʒmənt] *das;* -s ⟨aus gleichbed. *engl.* disengagement, eigtl. „Loslösung, das Absetzen"⟩: das militärische Auseinanderrücken (bes. der Machtblöcke in Europa nach dem 2. Weltkrieg)

Dis|esta|blish|ment [...ɪs'tæblɪʃmənt] *das;* -s ⟨aus gleichbed. *engl.* disestablishment zu dis- (vgl. dis...) u. establishment, vgl. Establishment⟩: Entstaatlichung (der Kirche)

Di|sette [di'zɛt] *die;* - ⟨aus *fr.* disette „Mangel", weitere Herkunft unsicher⟩: (veraltet) Hungersnot, Teuerung

Di|seur [di'zø:ɐ̯] *der;* -s, -e ⟨aus gleichbed. *fr.* diseur zu dire „sagen", dies aus *lat.* dicere⟩: Sprecher, Vortragskünstler, bes. im Kabarett. **Di|seu|se** [di'zø:zə] *die;* -, -n ⟨aus gleichbed. *fr.* diseuse⟩: Vortragskünstlerin, bes. im Kabarett

Dis|fi|gu|ra|ti|on *die;* - ⟨zu ↑ dis... u. ↑ Figuration⟩: Entstellung, Verunstaltung

dis|gre|gie|ren ⟨aus gleichbed. *spätlat.* disgregare zu ↑ dis... u. *lat.* grex, Gen. gregis „Herde, Schar"⟩: (veraltet) zerstreuen

dis|gru|ent ⟨zu ↑ dis... u. ↑ kongruent⟩: nicht übereinstimmend; Ggs. ↑ kongruent (1)

Dis|gu|sto *der;* -s ⟨aus gleichbed. *it.* disgusto zu ↑ dis... u. *lat.* gustus „Geschmack"⟩: (veraltet) Ekel, Widerwillen

Dis|har|mo|nie [auch 'dis...] *die;* -, ...ien ⟨zu ↑ dis... u. ↑ Harmonie⟩: 1. Mißklang (Mus.). 2. Uneinigkeit, Unstimmigkeit, Mißton. **dis|har|mo|nie|ren:** nicht zusammenstimmen, uneinig sein. **dis|har|mo|nisch:** 1. einen Mißklang bildend (Mus.). 2. eine Unstimmigkeit aufweisend; uneinig. 3. unterschiedlich verformt (bei der Faltung von Gesteinen; Geol.).

Di|si|lan *das;* -s, -e ⟨Kunstw. aus *gr.* dís „zweifach" u. ↑ Silan⟩: eine Siliciumverbindung mit zwei Siliciumatomen im Molekül

Dis|in|fla|ti|on *die;* - ⟨zu ↑ dis... u. ↑ Inflation⟩: spürbare Verringerung des Inflationstempos

Dis|in|kli|na|ti|on *die;* - ⟨zu ↑ dis... u. ↑ Inklination⟩: (veraltet) Abneigung

dis|in|vol|to [...v...] ⟨*it.*; zu ↑ dis... u. *lat.* involutus, eigtl. „unverhüllt"⟩: ungezwungen, frei (Mus.)

Dis|in|zen|tiv *das;* -s, -e ⟨zu ↑ dis... u. ↑ Inzentiv⟩: auf privaten ökonomischen Leistungswillen negativ wirkende steuerliche Maßnahme

Dis|jek|ti|on *die;* -, -en ⟨aus gleichbed. *nlat.* disiectio zu *lat.* disiectus, Part. Perf. von disicere „auseinandertreiben, zerstreuen"⟩: Persönlichkeitsspaltung als Traumerlebnis, bei dem ein Trauminhalt in doppelter Gestalt erscheint (z. B. man sieht sich selbst u. ist zugleich als Zuschauer anwesend; Psychol.)

dis|junkt ⟨aus gleichbed. *lat.* disiunctus zu disiungere „auseinanderbinden"⟩: getrennt, geschieden (von gegensätzlichen Begriffen, die zu einem Gattungsbegriff gehören). **Dis|junk|ti|on** *die;* -, -en ⟨aus gleichbed. *lat.* disiunctio⟩: 1. a) Trennung, Sonderung; b) Verknüpfung zweier Aussagen durch das ausschließende „entweder-oder" (Logik); c) Verknüpfung zweier Aussagen durch das nicht ausschließende „oder" (Logik). 2. a) Trennung eines pflanzen- od. tiergeographischen Verbreitungsgebietes in mehrere nicht zusammenhängende Teilgebiete (z. B. die Verbreitung der Robben im Ozean u. in Binnenseen); b) Trennungsvorgang bei ↑ Chromosomen (Biol.). **Dis|junk|ti|ons|schaltung** *die;* -, -en: digitale Grundschaltung, deren Ausgangssignal anzeigt, daß mindestens eine der Aussagen der Eingangssignale wahr ist (EDV). **dis|junk|tiv** ⟨aus gleichbed. *lat.* disiunctivus⟩: a) einander ausschließend, aber zugleich eine Einheit bewirkend (von Urteilen od. Begriffen); Ggs. ↑ konjunktiv; b) eine Wahlmöglichkeit zwischen mehreren sprachlichen Formen aufweisend (die aber nicht frei ist, sondern von der jeweiligen Umgebung abhängt, z. B. Vergangenheitsform der schwachen Verben: er wend-et-e, er lach-t-e; Sprachw.); -e [...və] Konjunktion: ausschließendes Bindewort (z. B. *oder*). **Dis|junk|tiv|satz** *der;* -es, ...sätze: durch eine disjunktive Konjunktion eingeleiteter Satz

Disk... vgl. ¹Disko... **Disk|achat** *der;* -[e]s, -e ⟨zu ↑ ¹Disko... u. ↑ Achat⟩: (veraltet) Achat mit scheibenförmigen Einschlüssen

Dis|kant *der;* -s, -e ⟨zu ↑ Diskantus⟩: 1. die dem ↑ Cantus firmus hinzugefügte Gegenstimme; oberste Stimme, ↑ Sopran (Mus.). 2. sehr hohe, schrille Stimmlage beim Sprechen. 3. obere Hälfte der Tastenreihe beim Klavier. **Dis|kan|tist** *der;* -en, -en ⟨zu ↑ ...ist⟩: Sängerknabe mit Sopranstimme; b) Sänger, der in der Diskantstimmlage singt. **Dis|kant|schlüs|sel** *der;* -s: svw. Sopranschlüssel. **Dis|kan|tus**, Discantus [...k...] *der;* - ⟨aus *mlat.* discantus „Obersstimme", eigtl. „Gegengesang", zu ↑ dis... u. *lat.* cantare „singen"⟩: frühe Form der mittelalterlichen Mehrstimmigkeit (12./13. Jh.)

Disk|elek|tro|pho|re|se *die;* -, -n ⟨Kurzbildung aus diskontinuierliche Elektrophorese⟩: spezielle ↑ Elektrophorese zur Trennung von ↑ Proteinen, ↑ Proteiden u. ↑ Nukleinsäuren (Med.)

Dis|ken: Plur. von ↑ Diskus. **Dis|ket|te** *die;* -, -n ⟨aus gleichbed. *engl.* diskette, dies aus *fr.* disquette „kleine Scheibe", Verkleinerungsform von disque, dies aus *lat.* discus, vgl. Diskus⟩: Datenträger in Form einer kleinen, magnetisierbaren Kunststoffplatte, der direkten Zugang auf die gespeicherten Daten ermöglicht. **Dis|ket|ten|lauf|werk** *das;* -[e]s, -e: Teil eines Computers, in dem auf Disketten gespeicherte Programme gelesen od. Disketten mit neuen Programmen bzw. mit Daten beschrieben werden. **Disk|jockey**[1] u. Discjockey ['dɪskdʒɔke, auch ...ki] *der;* -s, -s ⟨aus gleichbed. *engl.* disc jockey zu disc „Schallplatte" u. jockey, vgl. Jockey⟩: jmd., der in Rundfunk od. Fernsehen u. bes. in Diskotheken [neue] Musiktitel in unterhaltender Form präsentiert. **Disk|ka|me|ra** *die;* -s ⟨zu ↑ Diskus (vgl. ¹Disko...) u. ↑ Kamera⟩: Kamera, bei der die Fotos auf einer runden Scheibe belichtet werden

Dis|kla|ma|ti|on *die;* -, -en ⟨aus *nlat.* disclamatio zu ↑ disklamieren⟩: (veraltet) Ver-, Ableugnung. **dis|kla|mie|ren** ⟨zu ↑ dis... u. *lat.* clamare „schreien, laut rufen"⟩: (veraltet) verwerfen, nicht anerkennen, ver-, ableugnen

Dis|ko *die;* -, -s ⟨wohl nach *engl.* disco bzw. verselbständigt aus ↑ ²Disko...⟩: 1. svw. Diskothek (2). 2. Tanzveranstaltung mit Schallplattenmusik od. einer Magnetbandanlage. **¹Dis|ko...**, vor Vokalen auch Disk... ⟨über *lat.* discus aus *gr.* dískos „Scheibe"⟩: Wortbildungselement mit der Bedeutung „Scheibe, scheibenförmiges Gebilde; Bandscheibe", z. B. Diskomyzet, Diskopathie, Diskachat. **²Dis|ko...** ⟨über *engl.* disc „(Schall)platte" bzw. *fr.* disque aus *lat.* discus, vgl. ¹Disko...⟩: Wortbildungselement mit der Bedeutung „Schallplatte, Magnetplatte", z. B. Diskothek. **Dis|ko|bol** *der;* -s, -e ⟨aus gleichbed. *gr.* diskobólos, vgl. Diskobolie⟩: Diskuswerfer (der Antike). **Dis|ko|bo|lie** *die;* - ⟨zu *gr.* diskoboleĩn „den Diskus werfen" (dies zu dískos, vgl. Diskus, u. bállein „werfen") u. ↑ ²...ie⟩: das Diskuswerfen. **Dis|ko|fox** *der;* -[es], -e ⟨zu ↑ ²Disko... u. ↑Fox⟩: moderne Form des ↑ Foxtrotts, der in Diskotheken (2) getanzt wird u. dementsprechend dem engen Raum angepaßt ist. **Dis|ko|gramm** *das;* -s, -e ⟨zu ↑Diskus (vgl. ¹Disko...) u. ↑...gramm⟩: Röntgenbild der Zwischenwirbelscheiben (Med.). **¹Dis|ko|gra|phie** *die;* -, ...ien ⟨aus gleichbed. *fr.* discographie zu disque „Scheibe, Schallplatte" (vgl. ²Disko...) u. ↑...graphie⟩: 1. Schallplattenverzeichnis, das (mehr od. weniger vollständig u. mit genauen Daten) die Plattenaufnahmen eines bestimmten ↑Interpreten (2) od. ↑Komponisten enthält. 2. (veraltet) Schallplattenkunde. **²Dis|ko|gra|phie** *die;* -, ...ien ⟨zu ↑Diskus (vgl. ¹Disko...) u. ↑...graphie⟩: röntgenologische Darstellung der Zwischenwirbelscheiben [nach Einspritzung eines Kontrastmittels] (Med.). **dis|ko|gra|phisch** ⟨zu ↑...graphisch⟩: a) die ¹,²Diskographie betreffend; b) auf Schallplatten aufgenommen. **dis|koi|dal** [...koi...] ⟨aus gleichbed. *nlat.* discoidalis, vgl. ...oid u. ¹...al (1)⟩: scheibenförmig; -e Furchung: Furchungsvorgang bei dotterreichen Eizellen, bei dem sich nur der Teilbezirk des Eies im Bereich des Zellkerns in ↑ Blastomeren teilt, die dann scheibenartig der unzerlegten Masse des Dotters aufliegen (Biol.). **dis|koi|disch**: svw. diskoidal. **Dis|ko|lith** [auch ...'lɪt] *der;* Gen. -s u. -en, Plur. -e[n] ⟨zu ↑¹Disko... u. ↑...lith⟩: linsenartige Versteinerung einer Schneckenart (Geol.). **Dis|ko|lo|gie** *die;* - ⟨zu ↑²Disko... u. ↑...logie⟩: Aufgabengebiet, das sich mit Möglichkeiten u. Grenzen der Musik u. ihrer Interpretation im Bereich der Tonträger befaßt. **Dis|ko|look** [...lʊk] *der;* -s, -s ⟨zu ↑²Disko... u. ↑Look⟩: Mode, die grelle Farben u. effektvoll glänzende Stoffe bevorzugt u. bes. in Diskotheken (2) getragen wird. **Dis|ko|my|zet** *der;* -en, -en (meist Plur.) ⟨zu ↑¹Disko... u. ↑Myzet⟩: Scheibenpilz (gehört zur Gruppe der Schlauchpilze)

Dis|kont *der;* -s, -e u. Diskonto *der;* -[s], Plur. -s u. ...ti ⟨aus *it.* disconto „Abrechnung, Abzug" zu *mlat.* discomputare „abrechnen", dies zu ↑dis... u. *lat.* computare „(be)rechnen"⟩: 1. von einer noch nicht fälligen Summe bei der Verrechnung im voraus abgezogener Betrag; Betrag (z. B. 20,- DM), den der Käufer (z. B. die Bank) beim Kauf einer erst später fälligen Summe (z. B. eines Wechsels über 1 000,- DM) abzieht (so daß der Verkäufer des Wechsels nur 980,- DM erhält). 2. svw. Diskontsatz, Diskontierung. **Dis|kon|ten** *die* (Plur.): inländische Wechsel. **Dis|kont|geschäft** *das;* -[e]s, -e: Wechselgeschäft. **dis|kon|tie|ren** ⟨zu ↑...ieren⟩: 1. eine später fällige Forderung (z. B. einen Wechsel) unter Abzug von Zinsen ankaufen. 2. den Diskont abziehen. **Dis|kon|tie|rung** *die;* -, -en ⟨zu ↑...ierung⟩: das Diskontieren

dis|kon|ti|nu|ier|lich ⟨zu ↑dis... u. ↑kontinuierlich⟩: aussetzend, unterbrochen, zusammenhanglos; Ggs. ↑kontinuierlich; -e Konstituente: sprachl. Konstruktion, die in der ↑linearen Redekette nicht als geschlossene, sondern als eine von anderen ↑Konstituenten unterbrochene Einheit auftritt (z. B. sie *macht* das Fenster *auf;* Sprachw.); -e Größen: veränderliche Größen, die sich räumlich od. zeitlich sprunghaft ändern, od. Größen, die bei physikalischen Vorgängen eines Stoffes den ↑Aggregatzustand ändern. **Dis|kon|ti|nui|tät** *die;* -, -en: 1. Ablauf von Vorgängen mit zeitlichen u./od. räumlichen Unterbrechungen; Ggs. ↑Kontinuität. 2. Grundsatz, nach dem im Parlament eingebrachte Gesetzesvorlagen, die nicht mehr vor Ablauf einer Legislaturperiode behandelt werden konnten, vom neuen Parlament neu eingebracht werden müssen. 3. Grenzfläche zwischen verschiedenen Gesteinskomplexen, die Erdbebenwellen reflektieren (Geol.). **Dis|kon|ti|nui|täts|flä|che** *die;* -, -n: Grenzfläche in der Erdatmosphäre, an der sich ein physikalischer Zustand, z. B. Temperatur od. Luftdichte, sprunghaft ändert (Met.). **Dis|kon|ti|nu|um** *das;* -s, Plur. ...nua u. ...nuen [...nuən]: etwas Unterbrochenes, nicht Zusammenhängendes

Dis|kon|to vgl. Diskont. **Dis|kont|satz** *der;* -es, ...sätze ⟨zu ↑Diskont⟩: Zinsfuß, der bei der Diskontberechnung zugrunde gelegt wird; vgl. Lombardsatz

Dis|kon|ve|ni|enz [...v...] *die;* -, -en ⟨zu ↑dis... u. ↑Konvenienz⟩: (veraltet) Nichtübereinstimmung, Unstatthaftigkeit, Ungehörigkeit. **dis|kon|ve|nie|ren**: (veraltet) nicht übereinstimmen, nicht passen, unstatthaft, ungehörig sein **dis|kon|zinn** ⟨aus gleichbed. *spätlat.* disconcinnus zu ↑dis... u. *lat.* concinnus „gefällig"⟩: svw. inkonzinn

Dis|ko|pa|thie *die;* -, ...ien ⟨zu ↑¹Disko... u. ↑...pathie⟩: Bandscheibenleiden, degenerative Veränderung an der Zwischenwirbelscheibe; vgl. Degeneration (1; Med.). **Dis|ko|phi|le** *der* u. *die;* -n, -n (zwei -[n]) ⟨zu ↑²Disko... u. ↑...phil⟩: Liebhaber[in], Sammler[in] von Schallplatten. **Dis|ko|plan** *der;* -[e]s, -e ⟨zu ↑¹Disko..., Analogiebildung zu ↑Aeroplan⟩: Flugzeug mit rundem Tragwerk. **Dis|ko|queen** [...kwiːn] *die;* -, -s ⟨zu ↑²Disko... u. *engl.* queen „Königin"⟩: 1. höchst erfolgreiche Interpretin von Liedern im Diskosound. 2. junge Frau, die in einer Diskothek durch ihr anziehendes Äußeres, durch ihre modisch schicke Kleidung u. durch ihr Tanzen auffällt u. von allen bewundert wird

dis|kor|dant ⟨aus *lat.* discordans, Gen. discordantis, Part. Präs. von discordare, vgl. diskordieren⟩: 1. nicht übereinstimmend. 2. ungleichförmig zueinander gelagert (von Gesteinen; Geol.); vgl. akkordant, konkordant. **Dis|kor|danz** *die;* -, -en ⟨aus *mlat.* discordantia „Widerspruch" zu *lat.* discordare, vgl. diskordieren⟩: 1. Uneinigkeit, Mißklang. 2. (meist Plur.) Unstimmigkeit in der Komposition od. in der Wiedergabe eines musikalischen Werkes. 3. ungleichförmige Lagerung zweier Gesteinsverbände (Geol.). 4. das Nichtübereinstimmen von Merkmalen u. Verhaltensweisen (z. B. bei Zwillingen; Biol.); vgl. Akkordanz, Konkordanz. **dis|kor|die|ren** ⟨aus gleichbed. *lat.* discordare⟩: (veraltet) uneins sein, nicht übereinstimmen

Dis|ko|rol|ler [auch ...roʊlə] *der;* -[s], - ⟨aus *engl.* disco roller zu ↑¹Disko... u. roller skate „Rollschuh"⟩: besonders schneller Rollschuh mit daran befindlichen Schuhen. **Dis|kos** *der;* -, ...ken ⟨aus *gr.* dískos „Scheibe, Wurfscheibe"⟩: svw. Diskus (3). **Dis|ko|sound** [...saʊnd] *der;* -s ⟨aus *engl.* disco sound zu ↑²Disko... u. sound „Klang"⟩: ↑Sound eines Liedes, der durch Einfachheit des ↑Arrangements (3 b) u. durch verstärkte Betonung einer einfachen Rhythmik gekennzeichnet ist u. der sich deshalb bes. als Tanzmusik eignet. **Dis|ko|thek** *die;* -, -en ⟨aus gleichbed. *fr.* discothèque, gebildet nach bibliothèque „Bibliothek" zu disque „Schallplatte", vgl. ²Disko... u. ...thek⟩: 1. a) (bes. beim Rundfunk) Schallplattensammlung, -archiv; b)

Diskothekar

Räumlichkeiten, in denen ein Schallplatten-, Tonbandarchiv untergebracht ist. 2. Tanzlokal, bes. für Jugendliche, mit Schallplatten- od. Tonbandmusik. **Dis|ko|the|kar** *der;* -s, -e ⟨gebildet nach ↑Bibliothekar; vgl. ...ar (2)⟩: Verwalter einer Diskothek (1 a) [beim Rundfunk]. **Dis|ko|the|ka̲rin** *die;* -, -nen: weibliche Form zu ↑Diskothekar. **Dis|koto|mie** *die;* -, ...i̲en ⟨zu ↑Diskus (vgl. ¹Disko...) u. ↑...tomie⟩: svw. Nukleotomie

Dis|kre|dit *der;* -[e]s ⟨über *fr.* discrédit aus *it.* discredito „Mißkredit"; vgl. Kredit⟩: übler Ruf. **dis|kre|di|tie|ren** ⟨aus gleichbed. *fr.* discréditer⟩: dem Ruf, Ansehen einer Person od. Sache schaden, abträglich sein

dis|kre|pant ⟨aus *lat.* discrepans, Gen. discrepantis, Part. Präs. von *lat.* discrepare, vgl. diskrepieren⟩: [voneinander] abweichend, zwiespältig. **Dis|kre|panz** *die;* -, -en ⟨zu ↑...anz⟩: Widersprüchlichkeit, Mißverhältnis zwischen zwei Sachen. **dis|kre|pie|ren** ⟨aus gleichbed. *lat.* discrepare, eigtl. „auseinander, verschieden tönen"⟩: (veraltet) nicht übereinstimmen, verschieden sein, abweichen

dis|kret ⟨über *fr.* discret „zurückhaltend, besonnen" aus *mlat.* discretus „abgesondert", Part. Perf. von *lat.* discernere „absondern, sich entfernen"⟩: 1. a) so unauffällig behandelt, ausgeführt o. ä., daß es von anderen kaum od. gar nicht bemerkt wird; vertraulich; b) taktvoll, rücksichtsvoll; Ggs. ↑indiskret. 2. a) (von sprachlichen Einheiten) abgegrenzt, abgetrennt, abgrenzbar, z. B. durch Substitution (Sprachw.); b) in einzelne Punkte zerfallend, vereinzelt, abzählbar (bezogen auf eine Folge von Ereignissen od. Symbolen; Techn.); -e Zahlenwerte: Zahlenwerte, die durch endliche ↑Intervalle (4) voneinander getrennt stehen (Math., Phys.). **Dis|kre|ti|on** *die;* - ⟨nach gleichbed. *fr.* discrétion aus *lat.* discretio „Absonderung, Unterscheidung"⟩: a) Rücksichtnahme, taktvolle Zurückhaltung; b) Vertraulichkeit, Verschwiegenheit. **dis|kre|tio|när** ⟨zu ↑...är⟩: dem Ermessen des Partners anheimstellend. **dis|kre|tio|nell** ⟨zu ↑...ell⟩: (veraltet) rücksichtsvoll

Dis|kri|mi|nan|te *die;* -, -n ⟨aus *lat.* discriminans, Gen. discriminantis, Part. Präs. von discriminare, vgl. diskriminieren⟩: mathematischer Ausdruck, der bei Gleichungen zweiten u. höheren Grades die Eigenschaft der Wurzel angibt (Math.). **Dis|kri|mi|nanz|ana|ly|se** *die;* -, -n ⟨zu ↑...anz⟩: ein statistisches Verfahren (Trennverfahren), das der Zuordnung von vorgefundenen Einheiten zu ihrer mutmaßlichen Ausgangsgruppe dient. **Dis|kri|mi|na|ti|on** *die;* -, -en ⟨aus *spätlat.* discriminatio „Unterscheidung"⟩: svw. Diskriminierung; vgl. ...[at]ion/...ierung. **Dis|kri|mi|na̲|tor** *der;* -s, ...o̲ren ⟨zu ↑...or⟩: bes. in der kernphysikalischen Meßtechnik verwendetes Bauteil zur Auswahl von Spannungsimpulsen (vgl. Impuls 2 a; Elektrot.). **dis|kri|mi|nie|ren** ⟨aus *lat.* discriminare „trennen, absondern"⟩: 1. durch [unzutreffende] Äußerungen, Behauptungen in der Öffentlichkeit jmds. Ansehen, Ruf schaden, ihn herabsetzen. 2. (durch unterschiedliche Behandlung) benachteiligen, zurücksetzen. 3. unterscheiden; gegeneinander abgrenzen (Fachspr.). **Dis|kri|mi|nie|rung** *die;* -, -en ⟨zu ↑...ierung⟩: das Diskriminieren; vgl. ...[at]ion/...ierung

Dis|kul|pa|ti|on *die;* -, -en ⟨über gleichbed. *fr.* disculpation aus *spätlat.* disculpatio, dies zu disculpare, vgl. diskulpieren⟩: (veraltet) Entschuldigung, Rechtfertigung. **dis|kul|pie|ren** ⟨über *fr.* disculper aus gleichbed. *spätlat.* disculpare⟩: (veraltet) entschuldigen, rechtfertigen

dis|kur|rie|ren ⟨über gleichbed. *fr.* discourir aus *lat.* discurrere „hin und her laufen; sich in Worten ergehen"⟩: a) [heftig] erörtern; verhandeln; b) sich unterhalten. **Dis|kurs** *der;* -es, -e ⟨über *fr.* discours „Rede, Gespräch" aus *lat.* discursus „das Hinundherlaufen, die Mitteilung"⟩: 1. methodisch aufgebaute Abhandlung über ein bestimmtes [wissenschaftliches] Thema. 2. a) Gedankenaustausch, Unterhaltung; b) heftiger Wortstreit, Wortwechsel. 3. die von einem Sprachteilhaber auf der Basis seiner sprachlichen Kompetenz tatsächlich realisierten sprachlichen Äußerungen (Sprachw.). **dis|kur|siv** ⟨über *fr.* discursif aus *mlat.* discursivus „fortschreitend erörternd"⟩: von einer Vorstellung zur anderen mit logischer Notwendigkeit fortschreitend (Philos.); Ggs. ↑intuitiv

Dis|kus *der;* Gen. - u. -ses, Plur. ...ken u. -se ⟨über *lat.* discus „Wurfscheibe" aus gleichbed. *gr.* dískos⟩: 1. scheibenförmiges Wurfgerät aus Holz mit Metallreifen u. Metallkern (Sport). 2. wulstförmige Verdickung des Blütenbodens, bes. bei Doldenblütlern (Bot.). 3. in der orthodoxen Kirche Opferteller (vgl. Patene) für das geweihte Brot. 4. Gelenk-, Zwischenknorpel-, Bandscheibe (Anat.). **Dis|kusher|nie** [...i̲ə] *die;* -, -n: Bandscheibenvorfall (Med.).

Dis|kus|si|on *die;* -, -en ⟨aus *spätlat.* discussio „Untersuchung", eigtl. „Erschütterung", zu discutere, vgl. diskutieren⟩: a) Erörterung, Aussprache, Meinungsaustausch; b) Auseinandersetzung. **Dis|kus|si|ons|fo|rum** *das;* -s, Plur. ...ren u. ...ra: Gruppe von Personen, die vor Zuschauern u. Zuhörern diskutieren. **dis|ku|ta|bel** ⟨aus *fr.* discutable „anfechtbar, bestreitbar" zu discuter „erörtern", dies aus *lat.* discutere, vgl. diskutieren⟩: so, daß man es in Erwägung ziehen kann, daß man es unter Umständen akzeptieren kann; erwägenswert; Ggs. ↑indiskutabel. **Dis|ku|tant** *der;* -en, -en ⟨zu ↑diskutieren u. ↑...ant⟩: Teilnehmer an einer Diskussion. **dis|ku|tie|ren** ⟨aus *spätlat.* discutere „untersuchen, erörtern", eigtl. „zerlegen, zerschlagen"⟩: a) etwas eingehend mit anderen erörtern, besprechen; b) Meinungen austauschen

Dis|lo|ka|ti|on *die;* -, -en ⟨aus *fr.* dislocation „Zerlegung, Verteilung" zu *mlat.* dislocatus, Part. Perf. von dislocare, vgl. dislozieren⟩: 1. räumliche Verteilung von Truppen. 2. Lageveränderung, Verschiebung der Bruchenden gegeneinander bei Knochenbrüchen (Med.). 3. Störung der normalen Lagerung von Gesteinsverbänden durch Faltung od. Bruch (Geol.). 4. räumliche Verschiebung, Versetzung von Atomen in einem Kristallgitter (Kristallographie). 5. Veränderung von Chromosomen durch Verlust od. Verlagerung von Chromosomensegmenten (Biol.); vgl. ...[at]ion/...ierung. **Dis|lo|ka|ti|ons|be|ben** *das;* -s, -: Erdbeben, das durch ↑tektonische Bewegungen verursacht wird (Geol.). **Dis|lo|ka|ti|ons|me|ta|mor|pho|se** *die;* -, -n: svw. Dynamometamorphose

dis|loy|al [...lo̲a'ja:l, auch 'dıs...] ⟨zu ↑dis... u. ↑loyal⟩: gegen die Regierung eingestellt; Ggs. ↑loyal (a)

dis|lo|zie|ren ⟨aus *mlat.* dislocare „verschieben" zu ↑dis... u. *lat.* locus „Ort, Stelle"⟩: 1. (veraltet) Truppen räumlich verteilen. 2. (schweiz.) umziehen. 3. sich verschieben, die Lage verändern (von Bruchenden bei Knochenbrüchen; Med.). **Dis|lo|zie|rung** *die;* -, -en ⟨zu ↑...ierung⟩: svw. Dislokation; vgl. ...[at]ion/...ierung

Dis|mem|bra|ti|on *die;* -, -en ⟨zu ↑dis..., *lat.* membrum „Glied, Teil" u. ↑...ation⟩: 1. Zerschlagung, Zerstückelung, bes. von Ländereien bei Erbschaften. 2. Zerfall eines Staates in verschiedene Teile (z. B. Österreich-Ungarn 1918). **Dis|mem|bra|tor** *der;* -s, ...o̲ren ⟨zu ↑...or⟩: Maschine zur Zerkleinerung halbharter Materialien (z. B. Ton, Gips). **dis|mem|brie|ren** ⟨zu ↑...ieren⟩: (veraltet) zergliedern, zerstückeln, vereinzeln

Dis|mu|ta|ti|on *die;* -, -en ⟨zu ↑dis... u. ↑Mutation⟩: svw. Disproportionierung

Dis|pa|che [...'paʃ(ə)] *die;* -, -n ⟨über gleichbed. *fr.* dispache aus älter *it.* dispaccio „Abmachung, Erledigung" zu dispacciare „abfertigen", dies verwandt mit *altfr.* despeechier, vgl. depeschieren⟩: Schadensberechnung u. -verteilung auf die Beteiligten bei Seeschäden. **Dis|pa|cheur** [...ʃøːɐ̯] *der;* -s, -e ⟨aus gleichbed. *fr.* dispacheur⟩: Sachverständiger für Seeschadensberechnung u. -verteilung. **dis|pa|chie|ren** [...ʃi...] ⟨aus gleichbed. *fr.* dispacher⟩: den Seeschadenanteil berechnen

dis|pan|die|ren ⟨aus gleichbed. *lat.* dispandere⟩: (veraltet) ausspannen, ausbreiten. **Dis|pan|si|on** *die;* -, -en ⟨aus gleichbed. *nlat.* dispansio⟩: (veraltet) Ausbreitung

Dis|par|agi|um *das;* -s, ...ien [...i̯ən] ⟨aus *mlat.* disparagium „Mißheirat" zu *lat.* dispar „ungleich, verschieden" u. agere „tun, treiben, handeln"⟩: (lat. Rechtsspr.) svw. Mesalliance. **dis|pa|rat** ⟨aus gleichbed. *lat.* disparatus, Part. Perf. von disparare „trennen, absondern"⟩: ungleichartig, unvereinbar, sich widersprechend. **Dis|pa|ra|ti|on** *die;* -, -en ⟨aus *lat.* disparatio „Absonderung, Trennung"⟩: Erzeugung von Doppelbildern infolge Reizung nicht korrespondierender Punkte der Augennetzhaut (Med.). **Dis|pa|ri|tät** *die;* -, -en ⟨zu *lat.* dispar „ungleich" u. ↑...ität⟩: Ungleichheit, Verschiedenheit

Dis|pat|chant [...'tʃant] *der;* -en, -en ⟨zu ↑Dispatcher u. ↑...ant⟩: Zollbefertiger im internationalen Speditionsverkehr. **Dis|pat|cher** [...'pɛtʃɐ] *der;* -s, - ⟨teilweise unter Einfluß von *russ.* dispetčer „Dienstleiter" aus gleichbed. *engl.* dispatcher zu to dispatch „abschicken", dies aus *it.* dispacciare „abfertigen" bzw. *span.* despachar „schnell befördern", beide zu *altfr.* despeechier „fertig werden, frei machen", vgl. depeschieren⟩: a) leitender Angestellter in der Industrie, der den Produktionsablauf überwacht; b) jmd., der für den reibungslosen Ablauf im Verkehrswesen verantwortlich ist

Dis|pa|thie *die;* -, ...ien ⟨zu ↑dis... u. ↑...pathie⟩: (veraltet) Verschiedenheit der Anschauungen u. Empfindungen

dis|pen|di|ös ⟨aus gleichbed. *lat.* dispendiosus, eigtl. „nachteilig", zu dispendium „Unkosten, Aufwand"⟩: (veraltet) kostspielig, mit großem Aufwand verbunden

Dis|pens *der;* -es, -e od. (österr. u. im kath. Kirchenrecht nur so) *die;* -, -en ⟨aus *kirchenlat.* dispensa „Erlaß, Befreiung" zu *lat.* dispensare, vgl. dispensieren⟩: a) Aufhebung einer Verpflichtung; Befreiung; b) Ausnahme[bewilligung], bes. die kirchliche Befreiung von Ehehindernissen. **dis|pen|sa|bel** ⟨zu ↑...abel⟩: (veraltet) verzeihlich. **Dispen|saire|me|tho|de** [...pãˈsɛːɐ̯...] *die;* -, -n ⟨zu *fr.* dispensaire „medizinische Versorgungsstelle", urspr. „Armenapotheke", zu *altfr.* dispenser „zuteilen", eigtl. „erlassen", dies aus *lat.* dispensare, vgl. dispensieren⟩: vorbeugendes Verfahren der Erfassung u. medizinischen Betreuung bestimmter gesundheitlich gefährdeter Bevölkerungsgruppen (z. B. von Versehrten im Zuge der Wiedereingliederung in den Arbeitsprozeß; Med., Sozialpsychol.). **Dis|pen|sa|ri|um** [...pən...] *das;* -s, ...ien [...i̯ən] ⟨aus *mlat.* dispensarium „Arzneibuch", eigtl. „Abzugebendes"⟩: svw. Dispensatorium. **Dis|pen|sa|ti|on** *die;* -, -en ⟨aus *lat.* dispensatio „genaue Einteilung"⟩: svw. Dispensierung; vgl. ...[at]ion/...ierung. **Dis|pen|sa|tor** *der;* -s, ...oren ⟨aus *lat.* dispensator „Hausverwalter; Kassierer"⟩: Hofbeamter, der für die Ausgaben der Hofhaltung zuständig war. **Dis|pen|sa|to|ri|um** *das;* -s, ...ien [...i̯ən] ⟨aus gleichbed. *mlat.* dispensatorium⟩: Arzneibuch. **Dis|pens|ehe** *die;* -, -n ⟨zu ↑Dispens⟩: Ehe, die mit kirchlichem Dispens [von bestehenden Ehehindernissen] geschlossen wird. **Dis|pen|ser** *der;* -s, - ⟨aus gleichbed. *engl.* dispenser, eigtl. „Austeiler", zu to dispense „verteilen, zuteilen", dies aus *lat.* dispensare, vgl. dispensieren⟩: 1. etw., was verkaufsunterstützend eingesetzt wird (z. B. Leerpackungen, Verkaufsständer, Warenautomaten). 2. Fahrzeug zur Betankung von Luftfahrzeugen. **dis|pen|sie|ren** ⟨über *mlat.* dispensare „Befreiung (von Verpflichtungen) gewähren, Strafe erlassen" aus *lat.* dispensare „austeilen, zuteilen", Intensivbildung zu dispendere „auswägen, austeilen"⟩: 1. jmdn. von etwas befreien, beurlauben. 2. Arzneien bereiten u. abgeben. **Dis|pen|sie|rung** *die;* -, -en ⟨zu ↑...ierung⟩: 1. Befreiung von einer Verpflichtung. 2. Bereitung u. Abgabe einer Arznei; vgl. ...[at]ion/...ierung

Di|sper|ga|tor *der;* -s, ...oren ⟨aus gleichbed. *nlat.* dispergator zu *lat.* dispergere, vgl. dispergieren⟩: grenzflächenaktiver Stoff, der die Verteilung von Feststoffteilchen in einer Flüssigkeit erleichtert. **Di|sper|gens** *das;* -, Plur. ...enzien [...i̯ən] u. ...entia ⟨aus *lat.* dispergens, Part. Präs. von dispergere, vgl. dispergieren⟩: gasförmiges od. flüssiges Lösungsmittel, in dem ein anderer Stoff in feinster Verteilung enthalten ist. **di|sper|gie|ren** ⟨aus gleichbed. *lat.* dispergere⟩: zerstreuen, verbreiten, fein verteilen. **Di|sper|gie|rung** *die;* -, -en ⟨zu ↑...ierung⟩: das Dispergieren

Di|sper|mie *die;* -, ...ien ⟨zu *gr.* dís „zweifach", spérma „Samen" u. ↑²...ie⟩: das Eindringen zweier ↑Spermatozoen in dieselbe Eizelle (Med.)

di|spers ⟨aus *lat.* dispersus, Part. Perf. von dispergere, vgl. dispergieren⟩: zerstreut; feinverteilt; -e Phase: der in einer Flüssigkeit verteilte Stoff, je nach seiner Größe grob-, fein- u. feinstverteilt (Phys., Chem.); vgl. Phase (3). **Di|sper|sant** [...'pəːsənt] *das;* -[s], -s (meist Plur.) ⟨aus *engl.* dispersant „Lösungsmittel" zu to disperse „zerstreuen, verteilen", dies über gleichbed. *fr.* disperser aus *lat.* dispersus, vgl. dispergieren⟩: dem Schmieröl zugefügtes ↑Additiv, das die Fremdkörper im Öl in der Schwebe halten u. verhindern soll, daß sie sich im Motor absetzen. **Di|sper|si|on** *die;* -, -en ⟨aus *lat.* dispersio „Zerstreuung"⟩: 1. feinste Verteilung eines Stoffes in einem anderen in der Art, daß seine Teilchen in dem anderen schweben. 2. a) Abhängigkeit der Fortpflanzungsgeschwindigkeit einer Wellenbewegung (z. B. Licht, Schall) von der Wellenlänge bzw. Frequenz; b) Zerlegung von weißem Licht in ein farbiges ↑Spektrum (Phys.). 3. Streuung der Einzelwerte vom Mittelwert (Statistik). 4. Ausbreitung, Ausdehnung des Lebensraums einer Art od. Rasse durch die Nachkommen während der Entwicklungsstadien bis zur Fortpflanzungsfähigkeit (Biol.). **Di|sper|si|ons|kol|lo|id** *das;* -[e]s, -e: fein verteiltes ↑Kolloid. **Di|sper|si|ons|mit|tel** *das;* -s, -: svw. Dispergens. **Di|sper|si|ons|pris|ma** *das;* -s, ...men: zur spektralen Zerlegung des Lichtes od. elektromagnetischer Wellen benachbarter Wellenlängenbereiche dienendes Prisma. **Di|sper|si|tät** *die;* -, -en ⟨zu *lat.* dispersus „zerstreut" u. ↑...ität⟩: Verteilungsgrad bei der Dispersion. **Di|sper|so|id** *das;* -s, -e ⟨zu ↑...oid⟩: disperses System aus Dispergens u. Dispersum; Gesamtheit einer Flüssigkeit u. des darin verteilten (↑dispersen) Stoffes (Phys., Chem.). **Di|sper|sum** *das;* -s, -sa ⟨aus *lat.* dispersum „das Zerstreute"⟩: Stoff in feinster Verteilung, der in einem ↑Dispergens schwebt

dis|per|tie|ren ⟨aus gleichbed. *lat.* dispertire zu ↑dis... u. partire „(ver)teilen"⟩: (veraltet) verteilen, austeilen. **Dispert|prä|pa|rat** *das;* -[e]s, -e: pulvergförmiger Extrakt aus Heilpflanzen, der nach einem die Wirkstoffe schonenden Trocknungsverfahren hergestellt wird

Di|spi|rem *das;* -s, -e ⟨zu *gr.* dís „zweifach" u. speírēma „das

Gewickelte, die Windung"): Doppelknäuel der Chromosomen bei der Zellteilung (Biol.).
Dis|placed per|son [...'pleɪst 'pə:sn] *die;* - -, - -s ⟨aus *engl.* displaced person „verschleppte Person"⟩: Bez. für eine nichtdeutsche Person, die im Zweiten Weltkrieg nach Deutschland verschleppt wurde; ausländischer Zwangsarbeiter; Abk.: D. P. **Dis|place|ment|be|hand|lung** [...'pleɪsmənt...] *die;* -, -en ⟨zu *engl.* displacement „Verschiebung, Verdrängung"⟩: Verfahren zur Behandlung der ↑ Sinusitis (1), bei dem durch Unterdruck in Nase u. Nasennebenhöhlen ein Saugeffekt mit Medikamentenaspiration erzeugt wird (Med.). **Dis|place|ment ef|fect** [– ɪ'fekt] *der;* - -s ⟨aus gleichbed. *engl.* displacement effect, eigtl. „Verschiebungseffekt"⟩: Bez. für den sprunghaften Anstieg öffentlicher Ausgaben in Zeiten sozialer od. wirtschaftlicher Krisen, ohne daß diese Ausgabenerhöhung nach Beendigung der Krise wieder zurückgeführt wird
Dis|plan|ta|ti|on *die;* -, -en ⟨aus gleichbed. *nlat.* displantatio zu ↑ dis... u. *lat.* plantare, vgl. displantieren⟩: (veraltet) Verpflanzung. **dis|plan|tie|ren** ⟨zu ↑ dis... u. *lat.* plantare „pflanzen"⟩: (veraltet) verpflanzen, versetzen
Dis|play [...'pleː, engl. ...'pleɪ] *das;* -s, -s ⟨aus *engl.* display „Auslage, Dekoration" zu to display „entfalten, zeigen"⟩: 1. a) werbewirksames Auf-, Ausstellen von Waren; b) Dekorationselement, das den ausgestellten Gegenstand in den Blickpunkt rücken soll. 2. Gerät, das Daten optisch darstellt; Bildschirmanzeigegerät (EDV). **Dis|play|er** [...'pleːɐ, engl. ...'pleɪə] *der;* -s, - ⟨Analogiebildung zu ↑ Designer⟩: Entwerfer von Dekorationen u. Verpackungen. **Dis|play|gra|phi|ker** *der;* -s, -: svw. Displayer
dis|pli|zie|ren ⟨aus gleichbed. *lat.* displicere zu ↑ dis... u. placere „gefallen"⟩: (veraltet) mißfallen
Di|spon|de|us *der;* -, ...een ⟨über *lat.* dispondeus aus gleichbed. *gr.* dispóndeios⟩: doppelter ↑ Spondeus (– – – –)
Dis|po|nen|de *die;* -, -n (meist Plur.) ⟨aus *lat.* disponenda, Feminum Sing. des Gerundivs von disponere, vgl. disponieren⟩: vom Sortimentsbuchhändler bis zum vereinbarten Abrechnungstermin nicht verkauftes Buch, das er mit Genehmigung des Verlages weiter bei sich lagert. **Dis|po|nent** *der;* -en, -en ⟨aus *lat.* disponens, Gen. disponentis, Part. Präs. von disponere, vgl. disponieren⟩: 1. kaufmännischer Angestellter, der mit besonderen Vollmachten ausgestattet ist u. einen größeren Unternehmensbereich leitet. 2. künstlerischer Vorstand, der für den Vorstellungs- u. Probenplan, für die Platzmieten u. für den Einsatz der Schauspieler u. Sänger verantwortlich ist (Theat.). **Dis|po|nen|tin** *die;* -, -nen: weibliche Form zu ↑ Disponent. **dis|po|ni|bel** ⟨über gleichbed. *fr.* disponible aus *spätlat.* disponibilis⟩: verfügbar. **Dis|po|ni|bi|li|tät** *die;* - ⟨zu ↑ ...ität⟩: Verfügbarkeit. **dis|po|nie|ren** ⟨aus *lat.* disponere „verteilen, einrichten, anordnen"⟩: 1. auf Grund der Gegebenheiten planen, kalkulieren, sich über zukünftige Möglichkeiten, über den ferneren Einsatz von jmdm./etw. Gedanken machen u. entsprechende Aktivitäten in Aussicht nehmen. 2. (veraltet) ordnen, einteilen. **dis|po|niert** ⟨zu ↑ ...iert⟩: 1. a) aufgelegt, gestimmt zu...; b) empfänglich [für Krankheiten]. 2. aus einer Anzahl von Orgelregistern kombiniert (beim Orgelbau). **Dis|po|si|ti|on** *die;* -, -en ⟨aus *lat.* dispositio „Aufstellung, Anordnung"⟩: 1. a) Anordnung, Gliederung, Planung; b) Verfügung über die Verwendung od. den Einsatz einer Sache. 2. a) Anlage zu einer immer wieder durchbrechenden Eigenschaft od. zu einem typischen Verhalten (Psychol.); b) Empfänglichkeit, Anfälligkeit für Krankheiten (Med.). 3. Anzahl u. Art der Register bei der Orgel. **dis|po|si|ti|ons|fä|hig**: geschäftsfähig. **Dis|po|si|ti-**
ons|fonds [...fõː] *der;* - [...fõː(s)], - [...fõːs]: Posten des Staatshaushalts, über dessen Verwendung die Verwaltung selbst bestimmen kann. **Dis|po|si|ti|ons|kre|dit** *der;* -[e]s, -e: Kredit, der dem Inhaber eines Lohn- od. Gehaltskontos erlaubt, sein Konto in bestimmter Höhe zu überziehen; Überziehungskredit. **Dis|po|si|ti|ons|ma|xi|me** *die;* -: Verfügungsgrundsatz, Grundsatz, daß die Prozeßparteien die Herrschaftsgewalt über das Verfahren haben, d. h. über Beginn, Gang, Inhalt u. Ende des Prozesses frei bestimmen können (Rechtsw.). **dis|po|si|tiv** ⟨zu ↑ ...iv⟩: anordnend, verfügend; -es [...vəs] Recht: rechtlich vorgeschriebene Regelung, die durch die daran Beteiligten geändert werden kann. **Dis|po|si|tor** *der;* -s, ...oren ⟨aus *spätlat.* dispositor „Ordner"⟩: Planet, der die in einem Tierkreiszeichen befindlichen Himmelskörper beherrscht (Astrol.).
dis|pos|ses|sie|ren ⟨aus gleichbed. *it.* dispossessare zu ↑ dis... u. *lat.* possessus „Besitz"⟩: (veraltet) aus dem Besitz vertreiben. **Dis|pos|ses|si|on** *die;* -, -en ⟨zu ↑ dis... u. *lat.* possessio „Besitzergreifung, Inbesitznahme"⟩: (veraltet) Vertreibung aus dem Besitz
dis|po|stie|ren ⟨aus ↑ dis... u. ↑ postieren⟩: (veraltet) in Posten zerlegen, aufteilen
Dis|pro|por|ti|on [auch 'dɪs...] *die;* -, -en ⟨zu ↑ dis... u. Proportion⟩: Mißverhältnis. **dis|pro|por|tio|nal** [auch 'dɪs...]: svw. disproportioniert. **Dis|pro|por|tio|na|li|tät** [auch 'dɪs...] *die;* -, -en: Mißverhältnis, bes. in der Konjunkturtheorie. **dis|pro|por|tio|niert** [auch 'dɪs...]: schlecht proportioniert, ungleich. **Dis|pro|por|tio|nie|rung** [auch 'dɪs...] *die;* -, -en: Aufspaltung einer chem. Verbindung in eine mit niederer u. eine mit höherer Oxydationsstufe
dis|pun|gie|ren ⟨aus gleichbed. *lat.* dispungere⟩: (veraltet) [Rechnungen u. a.] genau prüfen. **Dis|punk|ti|on** *die;* -, -en ⟨aus gleichbed. *spätlat.* dispunctio⟩: (veraltet) sorgfältige Prüfung
Dis|put *der;* -[e]s, -e ⟨aus gleichbed. *fr.* dispute zu disputer, dies aus *lat.* disputare, vgl. disputieren⟩: [erregtes] Gespräch, in dem widerstreitende Meinungen aufeinanderstoßen; Wortwechsel, Streitgespräch. **dis|pu|ta|bel** ⟨aus *lat.* disputabilis, eigtl. „worüber sich sprechen läßt"⟩: strittig; Ggs. ↑ indisputabel. **Dis|pu|tant** *der;* -en, -en ⟨aus *lat.* disputans, Gen. disputantis, Part. Präs. von disputare, vgl. disputieren⟩: jmd., der an einem Disput teilnimmt. **Dis|pu|ta|ti|on** *die;* -, -en ⟨aus *lat.* disputatio „Unterredung, Erörterung"⟩: [wissenschaftliches] Streitgespräch. **Dis|pu|ta|tor** *der;* -s, ...oren ⟨aus *lat.* disputator „Teilnehmer an einem Disput; wissenschaftlicher Forscher od. Denker"⟩: svw. Disputant. **Dis|pu|ta|to|ri|um** *das;* -s, ...ia ⟨zu ↑ ...ium⟩: (veraltet) Anleitung zu wissenschaftlichen Streitgesprächen, Übung im Disputieren. **dis|pu|tie|ren** ⟨aus *lat.* disputare „nach allen Seiten erwägen"⟩: ein [wissenschaftliches] Streitgespräch führen, seine Meinung einem anderen gegenüber vertreten. **Dis|pu|tie|rer** *der;* -s, -: jmd., der gern u. oft disputiert. 2. (abwertend) rechthaberischer Mensch
Dis|qua|li|fi|ka|ti|on *die;* -, -en ⟨aus gleichbed. *engl.* disqualification; vgl. dis... u. Qualifikation⟩: 1. Ausschließung vom Wettbewerb bei sportlichen Kämpfen wegen Verstoßes gegen eine sportliche Regel; vgl. ...[at]ion/...ierung. 2. Untauglichkeit, Untauglichkeitserklärung. **dis|qua|li|fi|zie|ren** ⟨nach gleichbed. *engl.* disqualify; vgl. qualifizieren⟩: a) einen Sportler wegen groben Verstoßes gegen eine sportliche Regel vom Kampf ausschließen; b) für untauglich erklären. **Dis|qua|li|fi|zie|rung** *die;* -, -en ⟨zu ↑ ...fizierung⟩: svw. Disqualifikation (1); vgl. ...[at]ion/...ierung
dis|qui|rie|ren ⟨aus gleichbed. *lat.* disquirere zu ↑ dis... u.

quaerere „suchen"⟩: (veraltet) genau untersuchen. **Dis|qui|si|ti|on** *die;* -, -en ⟨aus gleichbed. *lat.* disquisitio⟩: (veraltet) Untersuchung, Ergründung

Dis|re|kom|man|da|ti|on *die;* -, -en ⟨zu ↑dis... u. ↑Rekommandation: (veraltet) schlechte Empfehlung. **dis|re|kom|man|die|ren:** (veraltet) eine schlechte Empfehlung geben

Dis|re|nom|mee *das;* -s, -s ⟨zu ↑dis... u. ↑Renommee⟩: (veraltet) schlechter Ruf, üble Nachrede. **dis|re|nom|mie|ren:** (veraltet) in schlechten Ruf bringen. **dis|re|nom|miert:** (veraltet) berüchtigt

dis|re|pu|ta|bel ⟨zu ↑dis... u. ↑reputabel⟩: svw. disreputierlich. **Dis|re|pu|ta|ti|on** *die;* -: (veraltet) schlechter Ruf, böser Leumund. **dis|re|pu|tier|lich:** (veraltet) dem guten Ruf schadend, sich in schlechten Ruf bringend

dis|rum|pie|ren vgl. dirumpieren. **dis|rup|tiv** vgl. diruptiv

Diss *die;* -: (Jargon) Kurzform von ↑Dissertation

dis|se|cans [...k...] ⟨aus gleichbed. *lat.* dissecans, Part. Präs. von dissecare, vgl. dissezieren⟩: trennend, durchschneidend spaltend (Med.). **Dis|sek|ti|on** *die;* -, -en ⟨zu ↑dis... u. ↑Sektion⟩: a) Zerschneidung, Spaltung, Abtrennung; b) svw. Obduktion (Med.)

Dis|se|mi|na|ti|on *die;* -, -en ⟨aus *lat.* disseminatio „Aussaat" zu disseminare „aussäen, verbreiten"⟩: a) Verbreitung (z. B. von Krankheitserregern im Körper); b) Ausbreitung einer Seuche (Med.). **dis|se|mi|niert** ⟨zu ↑...iert⟩: ausgestreut, über ein größeres Gebiet hin verbreitet (von Krankheitserregern od. -erscheinungen; Med.)

Dis|sens *der;* -es, -e ⟨aus *lat.* dissensus „Meinungsverschiedenheit; Streit" zu dissentire, vgl. dissentieren⟩: Meinungsverschiedenheit [der Beteiligten bei Abschluß eines Vertrages]; Ggs. ↑Konsens. **Dis|sen|ter** *der;* -s, -[s] (meist Plur.) ⟨aus gleichbed. *engl.* dissenter, eigtl. „Andersdenker", zu to dissent „von der Staatskirche abweichen, anderer Meinung sein", dies aus *lat.* dissentire, vgl. dissentieren⟩: (in England) der nicht der ↑anglikanischen Kirche angehörende Gläubige einer ev. Sekte od. der röm.-kath. Kirche. **dis|sen|tie|ren** ⟨aus *lat.* dissentire „uneinig sein, streiten; in Widerspruch stehen"⟩: abweichender Meinung sein. 2. sich von einer Glaubensgemeinschaft trennen. **Dis|sen|ti|ment** [disãti'mã:] *das;* -s, -s ⟨aus gleichbed. *fr.* dissentiment⟩: (veraltet) svw. Dissens. **Dis|sen|ting opi|nion** [dɪˈsentɪŋ əˈpɪnɪən] *die;* - -, - -s ⟨aus gleichbed. *engl.* dissenting opinion⟩: abweichende Meinung eines von der Mehrheit seines Richterkollegiums überstimmten Richters. **Dis|sen|ting vote** [- vəʊt] *das;* - - ⟨aus gleichbed. *engl.* dissenting vote, eigtl. „abweichende Abstimmung"⟩: Veröffentlichung der abweichenden Meinung überstimmter Mitglieder eines Gerichts

Dis|se|pi|ment *das;* -s, -e u. **Dis|se|pi|men|tum** *das;* -s, ...ta ⟨aus *lat.* dissaepimentum „Scheidewand" zu dissaepire „abzäunen, trennen"⟩: Scheidewand im Innern von Blumentieren, Regenwürmern u. Armfüßern (Biol.)

dis|se|rie|ren ⟨aus gleichbed. *lat.* disserere⟩: (veraltet) svw. dissertieren. **Dis|ser|tant** *der;* -en, -en ⟨aus *lat.* dissertans, Gen. dissertantis, Part. Präs. von dissertare, vgl. dissertieren⟩: jmd., der eine Dissertation schreibt. **Dis|ser|ta|ti|on** *die;* -, -en ⟨aus *lat.* dissertatio „Erörterung"⟩: schriftliche wissenschaftliche Abhandlung zur Erlangung des Doktorgrads. **Dis|ser|ta|tor** *der;* -s, ...oren ⟨aus *lat.* dissertator „Erörterer, Disputierer"⟩: Verfasser einer Dissertation. **dis|ser|tie|ren** ⟨aus *lat.* dissertare „auseinandersetzen, erörtern"⟩: eine Dissertation schreiben, an einer Dissertation arbeiten

dis|se|zie|ren ⟨aus gleichbed. *lat.* dissecare zu ↑dis... u. se-

care, vgl. sezieren⟩: (veraltet) zerschneiden, zergliedern, zerlegen

dis|si|dent ⟨aus *lat.* dissidens, Gen. dissidentis, Part. Präs. von dissidere, vgl. dissidieren⟩: andersdenkend, mit seinen Ansichten außerhalb der Gemeinschaft stehend, von der herrschenden Meinung abweichend. **¹Dis|si|dent** *der;* -en, -en ⟨Substantivierung von ↑dissident, eigtl. „getrennt Sitzender"⟩: 1. a) jmd., der außerhalb einer staatlich anerkannten Religionsgemeinschaft steht; Konfessionsloser; b) jmd., der aus der Kirche ausgetreten ist. **²Dis|si|dent** *der;* -en, -en ⟨aus gleichbed. *russ.* dissident⟩; vgl. ¹Dissident⟩: jmd., der mit der offiziellen [politischen] Meinung nicht übereinstimmt; Andersdenkender, Abweichler. **Dis|si|denz** *die;* -, -en ⟨aus gleichbed. *mlat.* dissidentia, eigtl. „Riß"⟩: (veraltet) Spaltung von Religionen u. Religionsgemeinschaften. **Dis|si|di|en** [...jən] *die* (Plur.) ⟨aus gleichbed. *lat.* dissidia, Plur. von dissidium „Trennung; Scheidung"⟩: Streitpunkte. **dis|si|die|ren** ⟨aus *lat.* dissidere „getrennt sein", eigtl. „voneinander entfernt sitzen"⟩: a) anders denken; b) [aus der Kirche] austreten

dis|si|mi|lar ⟨aus gleichbed. *fr.* dissimilaire zu dis- (vgl. dis...) u. similaire „gleichartig", dies aus *lat.* similis; vgl. dissimilieren⟩: (veraltet) unähnlich, ungleichartig. **Dis|si|mi|la|ri|tät** *die;* - ⟨zu ↑...ität⟩: (veraltet) Unähnlichkeit, Ungleichartigkeit. **Dis|si|mi|la|ti|on** *die;* -, -en ⟨aus *lat.* dissimilatio „Entähnlichung" zu dissimilare, vgl. dissimilieren⟩: 1. Änderung eines von zwei gleichen od. ähnlichen Lauten in einem Wort od. Unterdrückung des einen von ihnen (z. B. Wechsel von *t* zu *k* in Kartoffel, aus früherem Tartüffel) od. Ausfall eines *n* in König, aus *ahd.* kuning); Ggs. ↑Assimilation (1 b). 2. Abbau u. Verbrauch von Körpersubstanz unter Verbrauch von Sauerstoff zur Energiegewinnung; Ggs. ↑Assimilation (2 a). 3. Wiedergewinnung einer eigenen Volks- od. Gruppeneigenart (Soziol.). **dis|si|mi|la|to|risch** ⟨aus gleichbed. *nlat.* dissimilatorius⟩: 1. die Dissimilation betreffend. 2. durch Dissimilation gewonnen. **dis|si|mi|lie|ren** ⟨aus *lat.* dissimilare „unähnlich machen" zu ↑dis... u. *spätlat.* similare „ähnlich machen", dies aus *lat.* similis „ähnlich; gleich(artig)"; vgl. dissimulieren⟩: 1. zwei ähnliche od. gleiche Laute in einem Wort durch den Wandel des einen Lautes unähnlich machen, stärker voneinander abheben (Sprachw.); vgl. Dissimilation (1). 2. höhere organische Verbindungen beim Stoffwechsel unter Freisetzung von Energie in einfachere zerlegen (Biol.). **Dis|si|mu|la|ti|on** *die;* -, -en ⟨aus *lat.* dissimulatio „Verstellung, Unkenntlichmachung" zu dissimulare, vgl. dissimulieren⟩: bewußte Verheimlichung von Krankheiten od. Krankheitssymptomen. **Dis|si|mu|la|tor** *der;* -s, ...oren ⟨aus gleichbed. *lat.* dissimulator, eigtl. „Verleugner"⟩: (veraltet) jmd., der bewußt etwas verheimlicht. **dis|si|mu|lie|ren** ⟨aus *lat.* dissimulare „unkenntlich machen, verbergen" zu ↑dis... u. *lat.* simulare, vgl. simulieren⟩: verbergen, verheimlichen (z. B. eine Krankheit od. ihre Symptome)

Dis|si|pa|ti|on *die;* -, -en ⟨aus *lat.* dissipatio „Zerstreuung, Zerteilung" zu dissipare, vgl. dissipieren⟩: 1. Übergang einer umwandelbaren Energieform in Wärmeenergie. 2. unerwünschter Teil einer empfangenen Information, z. B. Rauschen (Informatik). 3. (veraltet) Verschwendung. **Dis|si|pa|ti|ons|sphä|re** *die;* -: äußerste Schicht der Atmosphäre in über 800 km Höhe; vgl. Exosphäre. **Dis|si|pa|tor** *der;* -s, ...oren ⟨aus gleichbed. *lat.* dissipator, eigtl. „Zerstreuer, Zerteiler"⟩: (veraltet) Verschwender. **dis|si|pie|ren** ⟨aus *lat.* dissipare „auseinanderwerfen, zerstreuen"⟩: 1. zerstreuen. 2. umwandeln. 3. (veraltet) verschwenden

Dis|so|go|nie *die;* -, ...ien ⟨zu *gr.* dissós „doppelt" u. ↑...go-

nie〉: Fähigkeit einiger Tiere, sich zweimal (als Larven u. im ausgebildeten Zustand) fortzupflanzen (z. B. bei einer Rippenquallenart; Biol.).
dis|so|lu|bel 〈aus gleichbed. *lat.* dissolubilis〉: löslich, auflösbar, zerlegbar. **dis|so|lut** 〈aus gleichbed. *lat.* dissolutus, eigtl. „aufgelöst"〉: zügellos, haltlos. **Dis|so|lu|ti|on** *die;* -, -en 〈aus *lat.* dissolutio „Auflösung, Zerfall" zu dissolvere, vgl. dissolvieren〉: 1. Auflösung, Trennung (Med.). 2. Zügellosigkeit. **Dis|sol|vens** [...v...] *das;* -, Plur. ...ventia u. ...venzien [...jən] 〈aus *lat.* dissolvens, Part. Präs. von dissolvere, vgl. dissolvieren〉: auflösendes, zerteilendes [Arznei]mittel (Med.). **dis|sol|vie|ren** 〈aus *lat.* dissolvere „loslösen; auflösen"〉: auflösen, schmelzen
dis|so|nant 〈aus *lat.* dissonans, Gen. dissonantis, Part. Präs. von dissonare, vgl. dissonieren〉: 1. mißtönend, nach Auflösung strebend (Mus.). 2. unstimmig, unschön. **Dis|so|nanz** *die;* -, -en 〈aus gleichbed. *spätlat.* dissonantia〉: 1. Zusammenklang von Tönen, der als Mißklang empfunden wird u. nach der überlieferten Harmonielehre eine Auflösung fordert (Mus.). 2. Unstimmigkeit. **dis|so|nie|ren** 〈aus *lat.* dissonare „mißtönen"〉: 1. dissonant klingen, mißtönen; nicht gut, harmonisch zusammenklingen. 2. nicht übereinstimmen
Dis|sous|gas [dɪ'suːgaːs] *das;* -es 〈zu *fr.* dissous „aufgelöst", Part. Perf. von dissoudre „auflösen", dies aus *lat.* dissolvere, vgl. dissolvieren〉: in druckfester Stahlflasche aufbewahrtes, in ↑Aceton gelöstes ↑Acetylen
dis|so|zia|bel 〈aus gleichbed. *lat.* dissociabilis〉: (veraltet) unvereinbar, ungesellig. **Dis|so|zia|bi|li|tät** *die;* - 〈zu ↑...ität〉: (veraltet) Unvereinbarkeit, Ungeselligkeit. **dis|so|zi|al** 〈aus gleichbed. *engl.* dissocial zu dis- (vgl. dis...) u. social, vgl. sozial〉: auf Grund bestimmten Fehlverhaltens nicht od. nur bedingt in der Lage, sich in die Gesellschaft einzuordnen (Psychol.). **Dis|so|zia|li|tät** *die;* - 〈zu ↑...ität〉: dissoziales Verhalten (Psychol.). **Dis|so|zia|ti|on** *die;* -, -en 〈aus *lat.* dissociatio „Trennung" zu dissociare, vgl. dissoziieren〉: 1. krankhafte Entwicklung, in deren Verlauf zusammengehörende Denk-, Handlungs- od. Verhaltensabläufe in Einzelheiten zerfallen, wobei deren Auftreten weitgehend der Kontrolle des einzelnen entzogen bleibt (z. B. Gedächtnisstörungen, ↑Halluzinationen; Psychol.). 2. Störung des geordneten Zusammenspiels von Muskeln, Organteilen od. Empfindungen (Med.). 3. Zerfall von ↑Molekülen in einfachere Bestandteile (Chem.). **Dis|so|zia|ti|ons|kon|stan|te** *die;* -[n]: Gleichgewichtskonstante (vgl. Konstante) einer Aufspaltung von ↑Molekülen in ↑Ionen od. ↑Atome (Chem.). **dis|so|zia|tiv** 〈aus gleichbed. *lat.* dissociativus〉: a) die Dissoziation betreffend; b) durch Dissoziation bewirkt. **dis|so|zi|ie|ren** 〈aus *lat.* dissociare „vereinzeln, trennen" zu ↑dis... u. *lat.* socius „Gefährte, Genosse"〉: 1. trennen, auflösen. 2. a) in ↑Ionen od. ↑Atome aufspalten; b) in Ionen zerfallen (Chem.).
Dis|streß *der;* ...sses, ...sse 〈zu *gr.* dýs- „miß-, un-" u. ↑Streß〉: langandauernder, starker Streß (1); Ggs. ↑Eustreß
dis|sua|die|ren 〈aus gleichbed. *lat.* dissuadere zu ↑dis... u. suadere „raten, zureden"〉: (veraltet) abraten. **Dis|sua|si|on** *die;* -, -en 〈aus *lat.* dissuasio „das Abraten"〉: (veraltet) Abhaltung, Abschreckung. **dis|sua|so|risch** 〈zu *lat.* dissuasor „jmd., der (von etwas) abrät"〉: (veraltet) abratend
di|stal 〈aus *nlat.* distalis zu *lat.* distare „getrennt stehen"〉: weiter von der Körpermitte (bei Blutgefäßen: vom Herzen) bzw. charakteristischen Bezugspunkten entfernt liegend als andere Körper- od. Organteile (Biol., Med.); vgl. proximal. **Di|stanz** *die;* -, -en 〈aus *lat.* distantia „Abstand"

zu distare „getrennt stehen"〉: 1. Abstand, Entfernung. 2. a) zurückzulegende Strecke (Leichtathletik, Pferderennsport); b) Gesamtzeit der angesetzten Runden (Boxsport). 3. (ohne Plur.) Reserviertheit, abwartende Zurückhaltung. **Di|stanz|ge|schäft** *das;* -s, -e: Kaufvertrag, bei dem der Käufer die Ware nicht an Ort u. Stelle einsehen kann, sondern auf Grund eines Musters od. Katalogs bestellt; Ggs. ↑Lokogeschäft. **di|stan|zie|ren** 〈aus gleichbed. *fr.* distancer zu distance, dies aus *lat.* distantia, vgl. Distanz〉: 1. jmdn. [im Wettkampf] überbieten, hinter sich lassen. 2. sich -: von etwas od. jmdm. abrücken; jmds. Verhalten nicht billigen. **di|stan|ziert** 〈zu ↑...iert〉: Zurückhaltung wahrend; auf [gebührenden] Abstand bedacht. **Di|stanz|kom|po|si|ti|on** *die;* -, -en: unfeste Zusammensetzung bei Verben (z. B. einsehen – er sieht es ein; Sprachw.). **Di|stanz|re|lais** [...rə'lɛː] *das;* - [...rə'lɛː(s)], - [...rə'lɛːs]: ↑Relais (1), das bei Kurzschluß den Wechselstromwiderstand u. damit die Entfernung zwischen seiner Einbaustelle u. der Kurzschlußstelle mißt. **Di|stanz|ritt** *der;* -s, -e: Dauerritt, Ritt über eine sehr lange Strecke. **Di|stanz|wech|sel** *der;* -s, -: Wechsel, bei dem Ausstellungs- u. Zahlungsort verschieden sind (Wirtsch.). **Di|star|lin|se** *die;* -, -n 〈zu *lat.* distare „getrennt, auseinander stehen"〉: zerstreuende Vorsatzlinse zur Vergrößerung der Brennweite von fotografischen ↑Objektiven
dis|ten|die|ren 〈aus gleichbed. *lat.* distendere zu ↑dis... u. tendere „dehnen, spannen"〉: dehnen, ausdehnen (Med.). **Dis|ten|si|on** *die;* -, -en 〈aus gleichbed. *lat.* distensio〉: Ausdehnung, Überdehnung (z. B. einer Gelenkkapsel; Med.)
Dis|ter|mi|na|ti|on *die;* -, -en 〈aus gleichbed. *lat.* distermi­natio zu disterminare, vgl. disterminieren〉: (veraltet) Absonderung, Eingrenzung. **dis|ter|mi|nie|ren** 〈aus gleichbed. *lat.* disterminare zu ↑dis... u. terminare „begrenzen, abgrenzen"〉: (veraltet) absondern, eingrenzen
Di|sthen *der;* -s, -e 〈zu *gr.* dís „zweifach" u. sthénos „Kraft, Stärke"〉: ein meist blaues, ↑triklines Mineral, das vor allem in kristallinen Schiefern vorkommt
di|stich 〈über *lat.* distichus aus *gr.* dístichos „zwei Reihen habend, zweizeilig"〉: in zwei einander gegenüberstehenden Reihen angeordnet (von Blättern, z. B. bei den Farnen; Bot.); vgl. ...isch/-. **Di|sti|chia|sis** bzw. **Di|sti|chia|sis** *die;* -, ...iasen u. **Di|sti|chie** *die;* -, ...ien 〈aus *nlat.* distichiasis bzw. distichia, eigtl. „Doppelreihigkeit"〉: ↑Anomalie (1 b) des Augenlids in Form einer Art Doppelwuchs der Wimpern (hinter den Wimpern bildet sich eine zweite Reihe von kleinen Härchen; Med.). **di|sti|chisch** u. **di|sti|chi|tisch** 〈zu ↑distich〉: 1. das Distichon betreffend. 2. aus metrisch ungleichen Verspaaren bestehend; Ggs. ↑monostichisch; vgl. ...isch/-. **Di|sti|cho|my|thie** *die;* -, ...ien 〈zu *gr.* dís „zweifach" u. stichomythía „Dialogwechsel in Versen"〉: aus zwei Verszeilen (vgl. Distichon) bestehende Form des ↑Dialogs im Versdrama; vgl. Stichomythie. **Di|sti|chon** *das;* -s, ...chen 〈über *lat.* distichon aus gleichbed. *gr.* dístichon〉: aus zwei Verszeilen, bes. aus ↑Hexameter u. ↑Pentameter bestehende Verseinheit; vgl. Elegeion
Di|stin|gem [dɪstɪŋ'geːm] *das;* -s, -e 〈zu *lat.* distinguere (vgl. distinguieren) u. ↑...em〉: distinktives Sprachzeichen (z. B. ein Phonem, eine Phonemgruppe) im Unterschied zum signifikativen (Sprachw.). **di|stin|gu|ie|ren** [dɪstɪŋ'giː..., auch ...gu'iː...] 〈aus gleichbed. *lat.* distinguere〉: unterscheiden, in besonderer Weise abheben. **di|stin|gu|iert** 〈nach gleichbed. *fr.* distingué, Part. Perf. von distinguer, dies aus *lat.* distinguere, vgl. distinguieren〉: vornehm; sich durch betont gepflegtes Auftreten o. ä. von anderen abhebend. **di|stinkt** 〈aus gleichbed. *lat.* distinctus, Part. Perf.

disziplinell

von distinguere, vgl. distinguieren⟩: klar u. deutlich [abgegrenzt]. **Di|stink|ti|on** *die;* -, -en ⟨über gleichbed. *fr.* distinction aus *lat.* distinctio „Unterscheidung"⟩: 1. a) Auszeichnung, [hoher] Rang; b) (österr.) Rangabzeichen. 2. Unterscheidung. **di|stinktiv** ⟨aus gleichbed. *lat.* distinctive⟩: unterscheidend; -e [...və] Merkmale: bedeutungsunterscheidende Eigenschaften einer sprachlichen Einheit, die durch Vergleich mit anderen sprachlichen Einheiten festgestellt werden (Sprachw.).

Dis|to|kie *die;* -, ...ien ⟨zu *gr.* dís „zweifach", tókos „Geburt" u. ↑²...ie⟩: (veraltet) Doppel- od. Zwillingsgeburt (Med.)

Dis|tor|si|on *die;* -, -en ⟨aus *lat.* distorsio „Verdrehung" zu distorquere „auseinanderdrehen, verzerren"⟩: 1. Verstauchung eines Gelenks (Med.); vgl. Luxation. 2. Bildverzerrung, -verzeichnung (Optik)

dis|tra|hie|ren ⟨aus gleichbed. *lat.* distrahere⟩: a) auseinanderziehen, trennen; b) zerstreuen. **Dis|trak|ti|on** *die;* -, -en ⟨aus *lat.* distractio „Trennung, Zerwürfnis" zu distrahere, vgl. distrahieren⟩: 1. (veraltet) Zerstreuung. 2. Zerrung von Teilen der Erdkruste durch ↑ tektonische Kräfte. 3. das Auseinanderziehen von ineinander verschobenen Bruchenden (zur Einrichtung von Knochenbrüchen; Med.). **Dis|trak|tor** *der;* -s, ...oren ⟨aus gleichbed. *engl.* distractor, eigtl. „Ablenker", zu to distract „ablenken, zerstreuen", dies aus *lat.* distrahere, vgl. distrahieren⟩: (beim ↑ Multiple-choice-Verfahren) eine von den zur Auswahl angebotenen Antworten, die aber nicht richtig ist (z. B. bei den zur Wahl stehenden Antworten für die Erklärung des Wortes „Rappe" die Antworten „Schweizer Münze" u. „Verrücktheit")

Dis|tri|bu|ent *der;* -en, -en ⟨aus *lat.* distribuens, Gen. distribuentis, Part. Präs. von distribuere, vgl. distribuieren⟩: Verteiler. **dis|tri|bu|ie|ren** ⟨aus gleichbed. *lat.* distribuere⟩: verteilen, austeilen. **Dis|tri|bu|ti|on** *die;* -, -en ⟨unter Einfluß von gleichbed. *engl.* distribution aus *lat.* distributio „Verteilung"⟩: 1. Verteilung. 2. verallgemeinerte Funktion, die sich durch Erweiterung des math. Funktionsbegriffs ergibt (Math.). 3. Summe aller Umgebungen, in denen eine sprachliche Einheit vorkommt im Gegensatz zu jenen, in denen sie nicht erscheinen kann (Sprachw.). **dis|tri|bu|tio|nal** ⟨zu ↑¹...al (1)⟩: durch Distribution (3) bedingt; vgl. ...al/...ell. **Dis|tri|bu|tio|na|lis|mus** *der;* - ⟨zu ↑...ismus (1)⟩: linguistische Forschungsrichtung, die sprachliche Elemente nicht auf Grund bedeutungsdifferenzierender Funktionen, sondern durch Feststellung ihrer Umgebung u. Verteilung bestimmt. **dis|tri|bu|tio|nell** ⟨zu ↑...ell⟩: svw. distributional; vgl. ...al/...ell. **Dis|tri|bu|ti|ons|for|mel** *die;* -: die Worte, mit denen in den christlichen Kirchen die ↑ Eucharistie gespendet wird (Rel.). **Dis|tri|bu|ti|ons|me|tho|de** *die;* -: spezielles Verfahren für die Lösung von Transportproblemen im Rahmen der linearen ↑ Optimierung (Math.). **Dis|tri|bu|ti|ons|po|li|tik** *die;* -: Gesamtheit aller betrieblichen Maßnahmen von der Werbung bis zum Absatz. **dis|tri|bu|tiv** ⟨aus *lat.* distributivus „verteilend"⟩: 1. a) eine sich wiederholende Verteilung angebend (Sprachw.); b) in bestimmten Umgebungen vorkommend. 2. nach dem Distributivgesetz verknüpft (Math.). **Dis|tri|bu|tiv|ge|setz** *das;* -es: die Verknüpfungen math. Größen bei Addition u. Multiplikation regelndes Gesetz. **Dis|tri|bu|ti|vum** [...v...] *das;* -s, -va ⟨aus *lat.* (numerale) distributivum „einteilendes (Zahlwort)"⟩: Numerale, das das Verteilen einer bestimmten Menge auf gleichbleibende kleinere Einheiten ausdrückt; Verteilungszahlwort (im Deutschen: „je"; Sprachw.). **Dis|tri|bu|tiv|zahl** *die;* -, -en: svw. Distributivum

Di|strikt *der;* -[e]s, -e ⟨aus *spätlat.* districtus „Umgebung der Stadt" bzw. *engl.-amerik.* district „Bezirk" zu *lat.* distringere „fest umgeben, einengen"⟩: Bezirk, abgeschlossener Bereich

di|stro|phisch ⟨zu *gr.* dís „zweifach" u. ↑ Strophe⟩: zweistrophig (von Gedichten). **Di|stro|phon** *das;* -s, ...pha ⟨zu ↑¹...on⟩: zweistrophiges Gedicht

Dis|tur|ba|ti|on *die;* -, -en ⟨aus gleichbed. *lat.* disturbatio zu disturbare, vgl. disturbieren⟩: (veraltet) Beunruhigung, Störung, Verwirrung. **dis|tur|bie|ren** ⟨aus gleichbed. *lat.* disturbare zu ↑ dis... u. turbare „verwirren"⟩: (veraltet) beunruhigen, stören, verwirren

Di|sul|fit [auch ...'fit] *das;* -s, -e ⟨zu *gr.* dís „zweifach" u. ↑ Sulfit⟩: Salz der dischwefligen Säure

dis|ve|stie|ren [...v...] ⟨aus gleichbed. *mlat.* disvestire zu ↑ dis... u. *lat.* vestire „kleiden, bekleiden"; Gegenbildung zu ↑ investieren⟩: seines Amtes entheben (bes. Geistliche); Ggs. ↑ investieren

di|syl|la|bisch ⟨über *lat.* disyllabus aus gleichbed. *gr.* disýllabos⟩: (veraltet) zweisilbig (Sprachw.). **Di|syl|la|bum** *das;* -s, Plur. ...ba od. ...ben ⟨aus *nlat.* disyllabum⟩: (veraltet) zweisilbiges Wort (Sprachw.)

di|sym|me|trisch ⟨zu *gr.* dís „zweifach" u. ↑ symmetrisch⟩: zwei Symmetrieebenen aufweisend (von bestimmten Lebewesen, z. B. den Rippenquallen; Biol.)

dis|ze|die|ren ⟨aus gleichbed. *lat.* discedere zu ↑ dis... u. cedere „gehen, einhergehen"⟩: (veraltet) auseinandergehen, sich trennen, abweichen

dis|zep|ta|bel ⟨aus gleichbed. *lat.* disceptabilis⟩: (veraltet) strittig. **Dis|zep|ta|ti|on** *die;* -, -en ⟨aus gleichbed. *lat.* disceptatio zu disceptare, vgl. dszeptieren⟩: (veraltet) Erörterung, Untersuchung einer strittigen Sache. **Dis|zep|ta|tor** *der;* -s, ...oren ⟨aus gleichbed. *lat.* disceptator⟩: (veraltet) Schiedsrichter. **dis|zep|tie|ren** ⟨aus gleichbed. *lat.* disceptare⟩: (veraltet) erörtern, verhandeln

Dis|zer|nent *der;* -en, -en ⟨aus *lat.* discernens, Gen. discernentis, Part. Präs. von discernere, vgl. diszernieren⟩: (veraltet) jmd., der etwas entscheidet. **dis|zer|ni|bel** ⟨aus gleichbed. *lat.* discernibilis⟩: (veraltet) unterscheidbar, erkennbar. **Dis|zer|ni|bi|li|tät** *die;* -, -en ⟨zu ↑...ität⟩: (veraltet) Unterscheidbarkeit. **dis|zer|nie|ren** ⟨aus gleichbed. *lat.* discernere⟩: (veraltet) unterscheiden, erkennen

Dis|zes|si|on *die;* -, -en ⟨aus *lat.* discessio „Trennung" zu discedere „auseinandergehen"⟩: Weggang; Abzug; Übertritt zu einer anderen Partei

Dis|zi|plin *die;* -, -en ⟨aus *lat.* disciplina „Schule, Unterweisung; Wissenschaft; schulische Zucht" zu discipulus „Lehrling, Schüler"⟩: 1. (ohne Plur.) auf Ordnung bedachtes Verhalten; Unterordnung, bewußte Einordnung. 2. a) Wissenschaftszweig, Spezialgebiet einer Wissenschaft; b) Teilbereich, Unterabteilung einer Sportart. **dis|zi|pli|na|bel** ⟨unter Einfluß von gleichbed. *fr.* disciplinable aus *spätlat.* disciplinabilis⟩: (veraltet) erziehbar, disziplinierbar. **Dis|zi|pli|nar...** ⟨aus *nlat.* disciplinarius „Ordnungsvergehen betreffend; streng"; vgl. ...ar⟩: Wortbildungselement mit der Bedeutung „die Ordnung, Strafen betreffend", z. B. Disziplinargewalt. **dis|zi|pli|när** ⟨zu ↑...är⟩: die Disziplin betreffend. **Dis|zi|pli|nar|ge|walt** *die;* -: 1. Ordnungsgewalt. 2. Befugnis, Disziplinarmaßnahmen zu verhängen (Mil.). **dis|zi|pli|na|risch**: a) der Dienstordnung gemäß; b) streng; c) svw. disziplinär. **Dis|zi|pli|nar|stra|fe** *die;* -, -n: auf Grund einer Disziplinarordnung verhängte Strafe. **dis|zi|pli|nell** ⟨zu ↑...ell⟩: svw. disziplinarisch (a). **dis|zi|pli-**

355

diszipliniert

nie|ren ⟨zu ↑...ieren⟩: 1. a) zur bewußten Einordnung erziehen; b) sich -: sich einer ↑ Diszplin (1) unterwerfen. 2. maßregeln. **dis|zi|pli|niert** ⟨zu ↑...iert⟩: a) an bewußte Einordnung gewöhnt; b) zurückhaltend, beherrscht, korrekt; sich nicht gehenlassend. **Dis|zi|pli|nie|rung** *die;* -, -en ⟨zu ↑...ierung⟩: das Disziplinieren, Diszipliniertwerden. **diszi|plin|los**: ohne Disziplin (1)

Di|szis|si|on *die;* -, -en ⟨aus *lat.* discissio „das Zerreißen" zu discindere „zerreißen, zerspalten"⟩: operative Spaltung bzw. Zerteilung eines Organs od. Gewebes (Med.)

Dit [di:] *das;* -s, -s ⟨aus *fr.* dit „Spruch" zu dire „sagen", dies aus *lat.* dicere⟩: altfranz. belehrer.des Gedicht mit eingeflochtener Erzählung

Di|ta|ti|on *die;* -, -en ⟨aus gleichbed. *nlat.* ditatio zu *lat.* ditare „bereichern"⟩: (veraltet) Bereicherung

Di|te|tra|eder *das;* -s, - ⟨zu *gr.* dís „zweifach" u. ↑ Tetraeder, eigtl. „Doppelvierflächner"⟩: (veraltet) svw. Oktaeder. **dite|tra|go|nal** ⟨eigtl. „mit Achteck (als Grundfläche)"⟩: zwei Kristallklassen sowie zwei Kristallformen des ↑ tetragonalen Kristallsystems betreffend. **Di|te|tro|de** *die;* -, -n: Doppelvierpolröhre; Elektronenröhre mit zwei ↑ Tetroden

Di|the|is|mus *der;* - ⟨zu *gr.* dís „zweifach" u. ↑ Theismus, eigtl. „Zweigötterei"⟩: Verehrung zweier Götter. **Di|theist** *der;* -en, -en: Anhänger des Ditheismus

di|thio|nig ⟨zu *gr.* dís „zweifach" u. theîon „Schwefel"⟩: zwei Schwefelatome im Molekül enthaltend; -e Säure: eine unbeständige Schwefelsauerstoffsäure. **Di|thio|nit** [auch ...'nɪt] *das;* -s, -e (meist Plur.) ⟨zu ↑¹...it⟩: Salz der dithionigen Säure, das als Entfärbungs- u. Reduktionsmittel (vgl. Reduktion 5) verwendet wird (Chem.)

Di|thy|ram|be *die;* -, -n u. Dithyrambus bzw. Dithyrambos *der;* -, ...ben ⟨über *lat.* dithyrambus aus gleichbed. *gr.* dithýrambos⟩: a) kultisches Weihelied auf Dionysos; b) Loblied, begeisternde Würdigung. **di|thy|ram|bisch**: begeistert. **Di|thy|ram|bos** vgl. Dithyrambe. **Di|thy|ram|bus** vgl. Dithyrambe

di|to ⟨über *fr.* dito aus *it.* detto „besagt, genannt", Part. Perf. von dire „sagen", dies aus *lat.* dicere⟩: dasselbe, ebenso (in bezug auf ein vorher gerade Genanntes); Abk.: do., dto.; vgl. detto. **Di|to** *das;* -s, -s: Einerlei

Di|to|mie *die;* -, ...ien ⟨zu *gr.* dís „zweifach" u. ↑...tomie⟩: (veraltet) Zweiteilung, Halbierung

Di|to|nus *der;* -, ...ni ⟨über *nlat.* ditonus aus gleichbed. *gr.* dítonos zu dís „zweifach" u. tónos „Ton"⟩: Bez. für die große Terz im altgriech. Tonsystem, das Intervall von zwei Ganztönen (Mus.)

di|tri|go|nal ⟨zu *gr.* dís „zweifach" u. ↑ trigonal⟩: drei Kristallklassen sowie drei Kristallformen des ↑ trigonalen od. ↑ hexagonalen Kristallsystems betreffend

Di|tro|chä|us *der;* -, ...äen ⟨über gleichbed. *lat.* ditrochaeus aus *gr.* ditróchaios⟩: doppelter ↑ Trochäus (–◡–◡)

Dit|to|gra|phie *die;* -, ...ien ⟨aus *gr.* dittographía von dittós „doppelt" u. ↑...graphie⟩: 1. fehlerhafte Wiederholung von Buchstaben, Buchstabengruppen od. Wörtern in handgeschriebenen od. gedruckten Texten; Ggs. ↑ Haplographie. 2. doppelte Lesart od. Fassung einzelner Stellen in antiken Texten. **Dit|to|lo|gie** *die;* -, ...ien ⟨aus *gr.* dittología „das Doppeltsprechen" zu légein „sagen, sprechen"⟩: fehlerhaftes, doppeltes Aussprechen eines od. mehrerer Laute, bes. beim Stottern

Di|ure|se *die;* -, -n ⟨zu *gr.* dioureīn „Harn ausscheiden" u. ↑...ese⟩: Harnausscheidung (Med.). **Di|ure|ti|kum** *das;* -s, ...ka ⟨zu ↑ diuretisch u. ↑...ikum⟩: harntreibendes Mittel. **Di|ure|tin** Ⓦ *das;* -s ⟨zu ↑...in (1)⟩: ein wichtiges harntreibendes Arzneimittel. **di|ure|tisch** ⟨über *spätlat.* diureticus aus *gr.* diouretikós⟩: harntreibend (Med.)

Di|ur|nal *das;* -s, -e u. **Di|ur|na|le** *das;* -, ...lia ⟨aus *mlat.* diurnale, eigtl. „das Tägliche", Neutrum Sing. von diurnalis „täglich", dies zu *lat.* diurnus, vgl. diurnus⟩: Gebetbuch der kath. Geistlichen mit den Tagesgebeten; Auszug aus dem ↑ Brevier (1 a). **Di|ur|na|list** u. **Di|ur|nist** *der;* -en, -en ⟨zu ↑...ist⟩: svw. Diätar. **Di|ur|num** *das;* -s, ...nen ⟨aus *lat.* diurnum „tägliche Ration" zu diurnus „täglich"⟩: (österr.) Tagegeld. **di|ur|nus**: täglich, am Tage [auftretend] (von Schmerzen u. Krankheitserscheinungen; Med.)

Di|va ['di:va] *die;* -, Plur. -s u. ...ven [...vən] ⟨über *it.* diva aus *lat.* diva „die Göttliche", Femininum zu divus, vgl. Divus⟩: 1. Titel der röm. Kaiserinnen nach ihrem Tode. 2. a) Frau, die als öffentlichkeitsbezogene Künstlerin (Sängerin, Schauspielerin) von Erfolg u. Publikumsbegeisterung verwöhnt ist; b) jmd., der durch besondere Empfindlichkeit, durch eine gewisse Exzentrik o. ä. auffällt

Di|va|ga|ti|on [...v...] *die;* -, -en ⟨zu *lat.* divagari (vgl. divagieren) u. ↑...ation⟩: (veraltet) Abschweifung. **di|va|gieren** ⟨aus gleichbed. *lat.* divagari zu ↑ dis... u. vagari „(umher)schweifen"⟩: (veraltet) ab-, umherschweifen

Di|va|li [...v...] vgl. Diwali

Di|van [...v...] vgl. Diwan

Di|va|ri|ka|ti|on [...v...] *die;* -, -en ⟨aus *nlat.* divaricatio zu *lat.* divaricare „auseinanderspreizen"⟩: (veraltet) Aderverästelung, Gefäßgabelung (Med.)

di|vel|lie|ren [...v...] ⟨aus gleichbed. *lat.* divellere⟩: auseinanderreißen, zerreißen (Med.)

Di|ver|bia [...v...] *die* (Plur.) ⟨zu *lat.* diverbium „Zwiegespräch, Dialog"⟩: die gesprochenen Teile der altröm. Komödie (Dialog, Wechselgespräch); Ggs. ↑ Cantica (1)

di|ver|gent [...v...] ⟨aus *mlat.* divergens, Gen. divergentis, Part. Präs. von divergere, vgl. divergieren⟩: 1. entgegengesetzt, unterschiedlich; Ggs. ↑ konvergent; vgl. divergierend. 2. nicht einem endlichen Grenzwert zustrebend (Math.). **Di|ver|genz** *die;* -, -en ⟨zu ↑...enz⟩: 1. das Auseinandergehen von Meinungen, Zielen usw., Meinungsverschiedenheit; Ggs. ↑ Konvergenz (1). 2. unterschiedlich verlaufende, zur Artbildung führende Entwicklung bei Nachkommen einer gemeinsamen Stammform (Biol.); Ggs. ↑ Konvergenz (2). 3. Winkel zwischen zwei aufeinanderfolgenden Blättern bei wechselständiger Blattstellung (Bot.). 4. nach außen gerichtete Abweichung der Augenachsen von der normalen Parallellage bei ↑ Strabismus (Med.); Ggs. ↑ Konvergenz (3). 5. das Auseinanderstreben von Folgen u. Reihen, das Nichtvorhandensein von Grenzwerten (Math.); Ggs. ↑ Konvergenz (4). 6. das Auseinanderstreben von Lichtstrahlen (Phys.); Ggs. ↑ Konvergenz (5). 7. Strömungsgrenze, entlang der sich ein Strom teilt, aufspaltet (Meereskunde). **Di|ver|genz|hy|po|the|se** *die;* -: die Annahme, daß mit zunehmendem Intelligenzgrad die Differenziertheit der Intelligenzstruktur zunimmt. **Di|ver|genz|re|vi|si|on** *die;* -, -en: Revision wegen Abweichung des angefochtenen Urteils von der Entscheidung eines anderen Gerichts der gleichen od. höheren Instanz. **di|ver|gie|ren** ⟨aus gleichbed. *mlat.* divergere zu ↑ dis... u. *lat.* vergere „sich neigen, streben"⟩: 1. a) auseinandergehen, -streben; Ggs. ↑ konvergieren (b); b) von der Normallage nach außen abweichen (Med.). 2. anderer Meinung sein, voneinander abweichen. **di|ver|gie|rend** ⟨zu ↑...ierend⟩: auseinandergehend, in entgegengesetzter Richtung verlaufend; Ggs. ↑ konvergierend

di|vers [...v...] ⟨aus *lat.* diversus „verschieden" zu divertere, vgl. divertieren⟩: einige, mehrere [verschiedene]. **Di|ver|sa**

u. Di̱verse *die* (Plur.) ⟨aus gleichbed. *lat.* diversa, Neutrum Plur. von diversus, vgl. divers⟩: Vermischtes, Allerlei. **Di|ver|sạnt** *der;* -en, -en ⟨aus gleichbed. *russ.* diversant; vgl. ²Diversion⟩: Saboteur; jmd., der Diversionsakte verübt. **Di|veṟ|se** vgl. Diversa. **Di|veṟ|ses** ⟨Substantivierung von ↑divers⟩: einiges, verschiedenes (z. B. er hatte - zu beanstanden). **Di|ver|si|fi|ka|ti|ọn** *die;* -, -en ⟨teilweise unter Einfluß von *engl.* diversification „Auffächerung, Mannigfaltigkeit" zu *mlat.* diversificare (vgl. diversifizieren) u. ↑...ation⟩: 1. Veränderung, Abwechslung, Vielfalt. 2. Programm einer gezielten Unternehmenspolitik, die unter Berücksichtigung der Produktions- u. Absatzstruktur neue Produkte auf neuen Märkten einführen u. damit die Zukunft eines Unternehmens sichern will (Wirtsch.); vgl. ...[at]ion/...ierung. **di|ver|si|fi|zie̱|ren** ⟨aus *mlat.* diversificare „verteilen" zu *lat.* diversus (vgl. divers) u. facere „machen, tun"⟩: ein Unternehmen auf neue Produktions- bzw. Produktbereiche umstellen. **Di|ver|si|fi|zie̱|rung** *die;* -, -en ⟨zu ↑...fizierung⟩: svw. Diversifikation; vgl. ...[at]ion/...ierung. **di|ver|si|fọrm** ⟨zu ↑...form⟩: (veraltet) ungleichförmig, verschieden gestaltet. **¹Di|ver|si|ọn** *die;* -, -en ⟨aus *lat.* diversio „Ablenkung"; vgl. divers⟩: (veraltet) Angriff von der Seite, Ablenkung. **²Di|ver|si|ọn** *die;* -, -en ⟨nach gleichbed. *russ.* diversija, eigtl. „Ablenkungsangriff", zu ↑¹Diversion⟩: Störmanöver gegen den Staat mit Mitteln der ↑Sabotage. **Di|ver|si|tạ̈t** *die;* -, -en ⟨über gleichbed. *fr.* diversité aus *lat.* diversitas, Gen. diversitatis, eigtl. „Verschiedenheit, Unterschied, Widerspruch"⟩: Artenreichtum in einem ↑Biom (Biol.). **Di|ver|si|ty|emp|fang** [daɪˈvəːsɪtɪ...] *der;* -[e]s ⟨zu *engl.* diversity „Verschiedenheit, Mannigfaltigkeit"⟩: Verfahren im Überseefunkverkehr zur Verringerung der durch Schwund (vgl. Fading 1) verursachten Störungen beim Empfang, bes. im Kurzwellenbereich (Funkw.). **di|ver|tie̱|ren** [diver...] ⟨über *fr.* divertir, eigtl. „ablenken", aus *lat.* divertere „auseinandergehen, sich trennen; abweichen"⟩: (veraltet) ergötzen. **Di|ver|ti|kel** *das;* -s, - ⟨aus *lat.* diverticulum „Abweg, Seitenweg; Abweichung"⟩: Ausbuchtung eines Hohlorgans (z. B. am Darm; Med.). **Di|ver|ti|ku|li|tis** *die;* -, ...itiden ⟨zu ↑...itis⟩: Entzündung eines Divertikels (Med.). **Di|ver|ti|ku|lo̱|se** *die;* -, -n ⟨zu ↑¹...ose⟩: vermehrtes Auftreten von Divertikeln im Darm (Med.). **Di|ver|ti|men|to** *das;* -s, Plur. -s u. ...ti ⟨aus gleichbed. *it.* divertimento zu divertire „unterhalten, ablenken", dies aus *lat.* divertere, vgl. divertieren⟩: 1. einer Suite (4) ähnliche lose Folge von Instrumentalsätzen. 2. freier gearbeitete Episode zwischen den streng thematischen Teilen einer Fuge. 3. Tanzeinlage in Opern. 4. ↑Potpourri (1). 5. musikalisches Zwischenspiel. **Di|ver|tis|se|ment** [...tɪsəˈmãː] *das;* -s, -s ⟨aus gleichbed. *fr.* divertissement zu divertir, vgl. divertieren⟩: 1. Gesangs- od. Balletteinlage in franz. Opern des 17. u. 18. Jhs. 2. svw. Divertimento (1)

di|vi|de et im|pe|ra! [ˈdiːvide - -] ⟨*lat.;* „teile und herrsche!"⟩: säe Zwietracht, stifte Unfrieden unter deinen Gegnern durch unterschiedliche Behandlung, um sie einzeln leichter beherrschen zu können (legendäres, sprichwörtlich gewordenes Prinzip der altröm. Außenpolitik). **Di|vi|dend** *der;* -en, -en ⟨aus *lat.* dividendus (numerus) „die zu teilende (Zahl)" zu dividere „teilen"⟩: Zahl, die durch eine andere geteilt werden soll (bei der Rechnung 21 : 7 ist 21 der Dividend; Math.); Ggs. ↑Divisor. **Di|vi|dẹn|de** *die;* -, -n ⟨über *fr.* dividende „Anteil" aus *lat.* dividenda „die zu Verteilende" zu *lat.* dividere „teilen"⟩: der jährlich auf eine Aktie entfallende Anteil am Reingewinn. **di|vi|die̱|ren** ⟨aus gleichbed. *lat.* dividere⟩: teilen; Ggs. ↑multiplizieren (1). **Di|vi|dier|werk** *das;* -[e]s, -e: elektronische Schaltung eines Computers zur Ausführung von ¹Divisionen im Dualzahlensystem (EDV)

Di|vi|di|vi [diviˈdiːvi] *die* (Plur.) ⟨aus gleichbed. *span.* dividivi, dies aus einer südamerik. Indianersprache⟩: sehr gerbstoffreiche Schoten des amerik. Schlehdorns **Di|vi|dua|li|tạ̈t** [...v...] *die;* -, -en ⟨aus gleichbed. *lat.* dividualitas, Gen. dividualitatis zu dividere, vgl. dividieren⟩: (veraltet) Teilbarkeit. **Di|vi|du|um** *das;* -s, Plur. ...dua u. ...duen [...du̯ən] ⟨aus gleichbed. *lat.* dividuum⟩: (veraltet) Teilbares. **Di|vi|du|us** *der;* -, Plur. ...dui u. ...duen [...du̯ən] ⟨aus *lat.* dividuus „teilbar"⟩: (veraltet) teilbare Zahl **Di|vi|na|ti|ọn** [...v...] *die;* -, -en ⟨aus gleichbed. *lat.* divinatio zu divinare „göttliche Eingebung(en) haben, weissagen, prophezeien"⟩: Ahnung, Voraussage von Ereignissen; Wahrsagekunst. **di|vi|na|to̱|risch** ⟨zu *lat.* divinator „Seher, Weissager"⟩: vorahnend, seherisch. **Di|vi|ni|tạ̈t** *die;* - ⟨aus gleichbed. *lat.* divinitas, Gen. divinitatis⟩: Göttlichkeit, göttliches Wesen

Di|vis [diˈviːs] *das;* -es, -e ⟨aus *lat.* divisum „das Geteilte", substantiviertes Part. Perf. von dividere, vgl. dividieren⟩: 1. (veraltet) Teilungszeichen, 2. Bindestrich (Druckw.). **di|vi|si** [diˈviːzi] ⟨aus *it.* divisi, Plur. von diviso „geteilt", dies aus *lat.* divisus⟩: musikalisches Vortragszeichen, das Streichern bei mehrstimmigen Stellen vorschreibt, daß diese nicht mit Doppelgriffen, sondern geteilt zu spielen sind; Abk.: div. **di|vi|si|bel** ⟨über gleichbed. *fr.* divisible aus *lat.* divisibilis⟩: teilbar, dividierbar; Ggs. ↑indivisibel. **¹Di|vi|si|ọn** *die;* -, -en ⟨aus gleichbed. *lat.* divisio zu dividere „teilen"⟩: Teilung (Math.); Ggs. ↑Multiplikation (a). **²Di|vi|si|ọn** *die;* -, -en ⟨über *fr.* division „Abteilung" aus *lat.* divisio, vgl. ¹Division⟩: größere militärische Einheit, größerer Truppenverband (bei verschiedenen Waffengattungen). **³Di|vi|si|ọn** *die;* -, -en ⟨aus gleichbed. *engl.-amerik.* division, dies zu *fr.* division, vgl. ²Division⟩: 1. Spielklasse im Fußball (bes. in England); 2. mit weitgehenden Entscheidungsbefugnissen ausgestatteter Geschäftsbereich eines Konzerns (Wirtsch.). **Di|vi|sio|nạ̈r** *der;* -s, -e ⟨aus gleichbed. *fr.* divisionnaire⟩: (bes. schweiz.) Befehlshaber einer ²Division. **Di|vi|sio|nịs|mus** *der;* - ⟨aus gleichbed. *fr.* divisionnisme; vgl. ...ismus (1)⟩: Richtung der modernen franz. Malerei (Zerteilung der Farben in einzelne Tupfen), Vorstufe des ↑Pointillismus. **Di|vi|sio|nịst** *der;* -en, -en ⟨aus gleichbed. *fr.* divisionniste⟩: Vertreter des Divisionismus. **Di|vi|si|ons|kal|ku|la|ti|ọn** *die;* - ⟨zu ↑²Division⟩: Ermittlung der Selbstkosten je Leistungseinheit (Wirtsch.). **Di|vi|sor** *der;* -s, ...o̱ren ⟨aus gleichbed. *lat.* divisor zu dividere „teilen"⟩: Zahl, durch die eine andere geteilt wird (bei der Rechnung 21 : 7 ist 7 der Divisor; Math.); Ggs. ↑Dividend. **Di|vi|so̱|ri|um** *das;* -s, ...ien [...i̯ən] ⟨zu ↑...ium⟩: gabelförmige Blattklammer des Setzers zum Halten der Vorlage (Druckw.)

Di|vọr|ti|um [...v...] *das;* -s, ...ien [...i̯ən] ⟨aus gleichbed. *lat.* divortium zu divertere, vgl. divertieren⟩: Ehescheidung (im röm. Recht)

Di|vul|ga̱|tor [...v...] *der;* -s, ...o̱ren ⟨aus *spätlat.* divulgator „Ausbreiter" zu *lat.* divulgare, vgl. divulgieren⟩: Verbreiter, Propagandist. **di|vul|gie̱|ren** ⟨aus *lat.* divulgare „veröffentlichen, verbreiten"⟩: bekanntmachen, verbreiten **Di|vul|si|ọn** [...v...] *die;* -, -en ⟨aus gleichbed. *lat.* divulsio „Zerreißung, Trennung" zu divellere, vgl. divellieren⟩: gewaltsame Trennung, Zerreißung (Med.). **di|vul|siv** ⟨zu ↑...iv⟩: zerreißend

Di̱|vus [ˈdiːvʊs] ⟨aus *lat.* divus „der Göttliche" zu deus (*altlat.* deivos) „Gott"⟩: Titel röm. Kaiser

Di|wa|li *das;* - ⟨aus *sanskrit.* dipāvali „Lampenreihe"⟩: Fest der Lichter im Kalender der Hindus zu Ehren der Glücksgöttin Lakschmi (Ende Oktober)

Di|wan *der;* -s, -e ⟨über gleichbed. *fr.* divan, *it.* divano aus *türk.* divan „(Empfangsraum mit) Sitzkissen", dies aus *pers.* dīwān „Schreib-, Amtszimmer", eigtl. „Sammlung beschreibender Blätter"⟩: 1. niedrige gepolsterte Liege ohne Rückenlehne. 2. (früher) türk. Staatsrat. 3. orientalische Gedichtsammlung. **Di|wa|ni** *das;* - ⟨zu ↑Diwan⟩: arab. Schriftart mit kompliziertem ↑Duktus, die vor Nachahmung u. Fälschung schützte

Dix-hui|tième [dizyit'jɛm] *das;* -s ⟨aus *fr.* dix-huitième (siècle) „achtzehntes (Jahrhundert)"⟩: Kunststil des 18. Jh.s in Frankreich

di|xi ⟨*lat.;* „ich habe gesprochen"⟩: formelhafte Wendung am Schluß einer Rede

Di|xie ['dɪksɪ] *der;* -[s]: (ugs.) Kurzform von ↑Dixieland. **Di|xie|land** [...lænd] *der;* -[s] u. **Di|xie|land-Jazz** *der;* - ⟨nach gleichbed. *amerik.* Dixie(land), eigtl. Bez. für die Südstaaten der USA, wo er (in New Orleans) entstand⟩: eine aus der Nachahmung der afroamerikanischen Instrumentalmusik durch weiße Musiker entstandene Variante des Jazz

Di|ze|pha|lie *die;* -, ...ien ⟨aus *gr.* dís „zweifach", kephalḗ „Kopf" u. ↑²...ie⟩: Ausbildung eines Fetus mit zwei Köpfen durch Störung der embryonalen Entwicklung (Med.)

Di|zy|an|di|amid vgl. Dicyandiamid

di|zy|got ⟨zu *gr.* dís „zweifach" u. zygōtós „verbunden"; vgl. Zygote⟩: zweieiig; aus zwei befruchteten Eizellen stammend (von Zwillingen); vgl. monozygot. **Di|zy|go|tie** *die;* -, ...ien ⟨zu ↑²...ie⟩: Zweieiigkeit (Genetik)

Djak *der;* -en, -en (meist Plur.) ⟨aus gleichbed. *russ.* djak „(Staats)sekretär" zu *gr.* diákonos „Diener"⟩: bis zum Beginn des 18. Jh.s Schriftführer, Sekretär, gehobener Verwaltungsbeamter in der Verwaltungsorganisation Rußlands

Dja|ma|a [dʒa...] vgl. Dschamaa

Djan|na ['dʒana] vgl. Dschanna

Dje|bel ['dʒɛbl̩, 'dʒe:bl̩] vgl. Dschebel

Dji|git [dʒi...] vgl. Dschigit

Dji|had [dʒi...] vgl. Dschihad

Djinn [dʒɪn] vgl. Dschinn

Djo|she|gan [djoʃe'ga:n] vgl. Dschuscheghan

Dju|ma ['dʒu:ma] vgl. Dschuma

DNS [de|en'|ɛs]: Abk. für ↑Desoxyribonukleinsäure. **DNS-Kör|per** *der;* -s, -: svw. Nukleoide

do ⟨*it.*⟩: Silbe, auf die man den Ton c singen kann; vgl. Solmisation

Do|ab *das;* -, - ⟨über *pers.* dōāb „zwei (Flüsse)" zu *sanskr.* dvá „zwei"⟩: aus dem Persischen stammende Bez. für das zwischen zwei Strömen gelegene Land, bes. für das Gebiet zwischen Yamuna u. Ganges

Doc|cia|por|zel|lan ['dɔttʃa...] *das;* -s ⟨nach dem östlich von Florenz gelegenen Ort Doccia⟩: urspr. graues, später weißes Hartporzellan mit Barockskulpturen

do|cen|do dis|ci|mus [do'tsɛndo 'dɪstsɪmʊs] ⟨*lat.*⟩: durch Lehren lernen wir

doch|misch ⟨aus gleichbed. *gr.* dochmikós⟩: den Dochmius betreffend. vgl. Vers: svw. Dochmius. **Doch|mi|us** *der;* -, ...ien [...jən] ⟨über *lat.* dochmius aus *gr.* dóchmios, eigtl. „der Krumme, der Schiefe"⟩: altgriech. Versfuß (rhythmische Einheit) (◡−−◡−; mit vielen Varianten)

Dock *das;* -s, -s ⟨aus gleichbed. *niederl.* dok od. *engl.* dock, weitere Herkunft unbekannt⟩: Anlage zum Ausbessern von Schiffen. **do|cken**¹ ⟨nach gleichbed. *engl.* to dock⟩: 1. a) ein Schiff ins Dock bringen; b) im Dock liegen. 2. ein Docking vornehmen. **Do|cker**¹ *der;* -s, -: Hafenarbeiter in Großbritannien. **Docking**¹ *das;* -s, -s ⟨aus gleichbed. *engl.* docking⟩: Ankoppelung eines Raumfahrzeugs an ein anderes (z. B. der Mondfähre an das Raumschiff)

Doc|ta igno|ran|tia ['dɔkta –] *die;* ...tae ...tiae [...tɛ ...tsiɛ] ⟨aus *lat.* docta ignorantia „gelehrte Unwissenheit"⟩: Begriff der Scholastik, der besagt, daß der Mensch mit seinem begrenzten Wissen die Unendlichkeit Gottes u. der Schöpfung nicht erfassen kann. **Doc|tor iu|ris utri|us|que** *der;* -, -es - - [...'to:re:s – –] ⟨*lat.*⟩: Doktor beider Rechte (des weltlichen u. kanonischen Rechts); Abk.: Dr. j. u.

Do|cu|ment hu|main [dɔkymã'mɛ̃] *das;* - - ⟨aus *fr.* document humain „menschliches Dokument"⟩: Schlagwort der franz. Naturalisten zur Umschreibung des naturalistischen Programms

Do|da|ne *der;* -n, -n ⟨aus *fr.* dos d'âne „Satteldach", eigtl. „Eselsrücken", zu dos „Rücken" (dies zu *lat.* dorsum) u. âne „Esel" (dies aus *lat.* asinus)⟩: (veraltet) spitz zulaufender Gewölbebogen (Archit.). **Do|da|nie|rung** *die;* -, -en ⟨zu ↑...ierung⟩: (veraltet) Gewölbeabdeckung

Do|de|ka|dik *die;* - ⟨zu *gr.* dōdeka „zwölf" u. ↑²...ik⟩: svw. Duodezimalsystem. **do|de|ka|disch:** svw. duodezimal. **Do|de|ka|eder** *das;* -s, - ⟨aus gleichbed. *gr.* dōdekáedron zu dōdekáedros „mit zwölf Seitenflächen", zu hédra „Fläche, Basis"⟩: 1. ein von 12 Flächen begrenzter Körper. 2. kurz für ↑Pentagondodekaeder. **do|de|ka|go|nal** ⟨aus *gr.* gōnía „Ecke, Winkel" u. ↑¹...al (1)⟩: zwölfeckig. **Do|de|ka|log** *der;* -s ⟨aus gleichbed. *gr.* dōdekálogos, eigtl. „zwölf Worte"⟩: das Zwölfgebot (5. Mose 27, 15-26). **Do|de|kan** *der;* -s, -e ⟨zu ↑...an⟩: flüssiger, gesättigter Kohlenwasserstoff mit zwölf Kohlenstoffatomen im Molekül (Chem.). **Do|de|ka|pho|nie** *die;* - ⟨zu *gr.* dōdeka „zwölf" u. ↑...phonie⟩: Zwölftonmusik. **do|de|ka|pho|nisch:** die Dodekaphonie betreffend. **Do|de|ka|pho|nist** *der;* -en, -en ⟨zu ↑...ist⟩: Komponist od. Anhänger der Zwölftonmusik. **Do|de|ka|po|lis** *die;* - ⟨aus gleichbed. *gr.* dōdekápolis⟩: lockerer Städtebund im alten Griechenland

Do|do *der;* -s, -s ⟨zu älter *port.* doudo „dumm, einfältig"⟩: ausgestorbener, flugunfähiger Vogel

Doe|len|stück ['du:lən...] *das;* -[e]s, -e ⟨zu *niederl.* doele „Schützenhaus"⟩: Gemälde eines niederl. Malers des 16. u. 17. Jh.s (bes. Hals, Rembrandt u. van der Helst) mit der Darstellung einer festlichen Schützengesellschaft

Doe|skin ⓦ ['do:skɪn] *der;* -[s] ⟨aus gleichbed. *engl.* doeskin, eigtl. „Rehfell"⟩: kräftiger, glatter Wollstoff

Do|ga|res|sa *die;* -, ...ssen ⟨aus gleichbed. *venez.* dogaressa zu doge, vgl. Doge⟩: Gemahlin des ↑Dogen

Dog|cart ['dɔkart, *engl.* 'dɔgka:t] *der;* -s, -s ⟨aus gleichbed. *engl.* dogcart, eigtl. „Hundekarren"⟩: zweirädriger Einspänner [für die Jagd]

Do|ge ['do:ʒə] *der;* -n, -n ⟨aus *venez.* doge „Herzog", dies aus *lat.* dux „Führer"⟩: a) Titel des ehemaligen Staatsoberhauptes in Venedig u. Genua; b) Träger dieses Titels

Dog|ge *die;* -, -n ⟨aus *engl.* dog „Hund"⟩: Vertreter einer Gruppe von großen, schlanken Hunderassen

¹**Dog|ger** *der;* -s, - ⟨aus *niederl.* dogger „Boot für den Kabeljaufang"⟩: niederl. Fischereifahrzeug

²**Dog|ger** *der;* -s ⟨aus gleichbed. *engl.* Dogger, eigtl. volkstüml. Bezeichnung eines Eisensteins in der engl. Grafschaft Yorkshire⟩: mittlere ↑Formation (5 a) des Juras; Brauner Jura; vgl. ²Jura

Dog|ma *das;* -s, ...men ⟨über *lat.* dogma aus *gr.* dógma „Meinung, Lehrsatz" zu *gr.* dokeĩn „meinen, glauben"⟩: fester, als Richtschnur geltender [religiöser, kirchlicher] Lehr-, Glaubenssatz. **Dog|ma|tik** *die;* -, -en ⟨zu ↑dogmatisch u. ↑¹...ik⟩: wissenschaftliche Darstellung der [christl.] Glaubenslehre. **Dog|ma|ti|ker** *der;* -s, -: 1. starrer Verfechter einer Ideologie, Anschauung od. Lehrmeinung. 2. Lehrer der Dogmatik. **dog|ma|tisch** ⟨über *lat.* dogmaticus aus *gr.* dogmatikós „Lehrsätze aufstellend, auf Lehrsätze bezüglich"⟩: starr an eine Ideologie od. Lehrmeinung gebunden bzw. daran festhaltend. **dog|ma|ti|sie|ren** ⟨zu ↑...isieren⟩: zum Dogma erheben. **Dog|ma|tis|mus** *der;* - ⟨zu ↑...ismus (5)⟩: starres Festhalten an Anschauungen od. Lehrmeinungen. **dog|ma|ti|stisch** ⟨zu ↑...istisch⟩: in Dogmatismus befangen. **Dog|men:** Plur. von ↑ Dogma

Dog|skin *das;* -s ⟨aus gleichbed. *engl.* dogskin, eigtl. „Hundefell"⟩: Leder aus kräftigem Schaffell. **Dog|skins** *die* (Plur): Handschuhe aus Dogskin

Do-Gu|le *das;* - ⟨aus *pers.* do-gule, eigtl. „zwei (Rosen)blüten"⟩: pers. Teppichmuster, in dem sich zwei unterschiedliche kleine Blüten abwechseln

Doi|na ['dojnə] *die;* -, -s ⟨aus *rumän.* doină, weitere Herkunft umstritten⟩: lyrisches rumän. Volkslied

do it your|self! ['du: ɪt jɔ:'sɛlf] ⟨*engl.*⟩: mach es selbst! **Do-it-your|self-Be|we|gung** *die;* -: von den USA ausgehende Bewegung, die sich als eine Art Hobby die eigene Ausführung handwerklicher Arbeiten zum Ziel gesetzt hat

Do|ket *der;* -en, -en (meist Plur.) ⟨aus *gr.* Dokētaí (Plur.), eigtl. „Gläubige", zu dokeīn „scheinen; meinen"⟩: Anhänger des Doketismus. **do|ke|tisch:** auf den Anschein beruhend. **Do|ke|tis|mus** *der;* - ⟨aus *nlat.* docetismus zu *gr.* dókēsis „Glauben, Meinung"⟩: [frühchristliche] Sektenlehre, die Christus nur einen Scheinleib zuschreibt u. seinen persönlichen Kreuzestod leugnet. **Do|ki|ma|sie** *die;* - ⟨aus *gr.* dokimasía „Prüfung, Untersuchung", zu dokimázein „prüfen, beurteilen"⟩: 1. im alten Griechenland Prüfung aller Personen, die im Staatsdienst tätig sein wollten. 2. svw. Dokimastik. **Do|ki|ma|sio|lo|gie** *die;* - ⟨zu ↑...logie⟩: svw. Dokimastik. **Do|ki|ma|stik** *die;* - ⟨aus *gr.* dokimastikḗ (téchnē) „Untersuchungskunst"⟩: Prüfung eines Stoffes auf seinen Gehalt an [Edel]metall. **do|ki|ma|stisch** ⟨aus *gr.* dokimastikós „zum Prüfen gehörend"⟩: die Dokimastik betreffend; - e A n a l y s e : svw. Dokimastik

Dok|tor *der;* -s, ...oren ⟨aus *mlat.* doctor „Lehrer" zu *lat.* docere, vgl. dozieren⟩: 1. a) höchster akademischer Grad; Abk.: Dr.; b) jmd., der den Doktortitel hat; Abk.: Dr., im Plur. Dres. (d. h. doctores [...re:s]). 2. (ugs.) Arzt. **Dok|to|rand** *der;* -en, -en ⟨aus gleichbed. *mlat.* doctorandus, eigtl. „wem die Würde eines Doktors zu verleihen ist", Gerundivum von *mlat.* doctorare, vgl. doktorieren⟩: jmd., der sich mit einer Dissertation auf seine Promotion vorbereitet; Abk.: Dd. **Dok|to|rat** *das;* -[e]s, -e ⟨aus gleichbed. *mlat.* doctoratus⟩: 1. Doktorprüfung. 2. Doktorgrad. **dok|to|rie|ren** ⟨aus *mlat.* doctorare „die Doktorwürde verleihen, erlangen"⟩: 1. den Doktorgrad erlangen. 2. an der ↑ Dissertation arbeiten. **Dok|trin** *die;* -, -en ⟨aus *lat.* doctrina „Lehre" zu docere, vgl. dozieren⟩: etw., was als Grundsatz, programmatische Festlegung gilt. **dok|tri|när** ⟨aus gleichbed. *fr.* doctrinaire, vgl. Doktrin⟩: 1. a) auf einer Doktrin beruhend; b) in der Art einer Doktrin. 2. (abwertend) unduldsam eine Theorie verfechtend, gleich ob sie haltbar ist oder nicht. **Dok|tri|när** *der;* -s, -e ⟨zu ↑...är⟩: Verfechter, Vertreter einer Doktrin. **Dok|tri|na|ris|mus** *der;* - ⟨zu ↑...ismus (5)⟩: (abwertend) wirklichkeitsfremdes, starres Festhalten an bestimmten Theorien od. Meinungen. **dok|tri|nell** ⟨zu ↑...ell⟩: eine Doktrin betreffend

Do|ku|ment *der;* -[e]s, -e ⟨aus *spätlat.* documentum „beweisendes Schriftstück", eigtl. „das zur Belehrung über etwas od. zur Erhellung von etwas Dienliche", zu *lat.* docere, vgl. dozieren⟩: 1. Urkunde, Schriftstück. 2. Beweisstück, Beweis. **Do|ku|men|ta|list** *der;* -en, -en ⟨aus gleichbed. *engl.* documentalist bzw. *fr.* documentaliste⟩: svw. Dokumentar. **Do|ku|men|ta|li|stik** *die;* - ⟨zu ↑...istik⟩: fachwissenschaftliche Disziplin, die sich mit den Problemen bei der Mechanisierung des Prozesses der Informationssammlung, -speicherung u. -abrufung befaßt. **Do|ku|men|tar** *der;* -s, -e ⟨aus gleichbed. *nlat.* documentarius zu *lat.* documentum, vgl. Dokument⟩: jmd., der nach einer wissenschaftlichen Fachausbildung in einem Dokumentationszentrum od. in einer Spezialbibliothek tätig ist (Berufsbez.). **Do|ku|men|tar...** ⟨aus *spätlat.* documentarius „zur Belehrung bzw. zum Beweis dienend"⟩: Wortbildungselement mit der Bedeutung „auf Tatsachen beruhend, das tatsächliche Geschehen sachbezogen nachgestaltend", z. B. Dokumentarfilm. **Do|ku|men|tar|film** *der;* -[e]s, -e: Film, der Begebenheiten u. Verhältnisse möglichst genau, den Tatsachen entsprechend, zu schildern versucht. **do|ku|men|ta|risch:** amtlich, urkundlich. **Do|ku|men|ta|rist** *der;* -en, -en ⟨zu ↑...ist⟩: Autor von Dokumentarberichten, -filmen, -spielen, -literatur. **Do|ku|men|ta|ri|um** *das;* -s, ...ien [...jən] ⟨zu ↑...arium⟩: Dokumentensammlung, Dokumentenbestand. **Do|ku|men|tar|li|te|ra|tur** *die;* -: Sammelbez. für gesellschaftskritisch u. politisch orientierte Literatur, die sich ausdrücklich auf Fakten u. Dokumente stützt u. diese zitiert. **Do|ku|men|tar|spiel** *das;* -[e]s, -e: besondere Produktion des Fernsehens, in der ein historisches od. geschichtliches Ereignis in einer Spielhandlung nachgestaltet wird. **Do|ku|men|ta|ti|on** *die;* -, -en ⟨zu ↑...ation⟩: 1. a) Zusammenstellung, Ordnung u. Nutzbarmachung von Dokumenten u. [Sprach]materialien jeder Art (z. B. Urkunden, Akten, Zeitschriftenaufsätze); b) das Zusammengestellte; c) aus dokumentarischen Texten, Originalaufnahmen bestehende Sendung o. ä. 2. beweiskräftiges Zeugnis, anschaulicher Beweis. **Do|ku|men|ta|tor** *der;* -s, ...oren ⟨zu ↑...ator⟩: svw. Dokumentarist. **Do|ku|men|ta|ti|ons|ak|kre|di|tiv** *das;* -s, -e [...və] ⟨zu ↑ Dokument⟩: ↑ Akkreditiv, bei dem nur gegen Aushändigung bestimmter Dokumente gezahlt werden darf (Wirtsch.). **Do|ku|men|ten|ana|ly|se** *die;* -, -n: sekundäres Verfahren in der empirischen Sozialforschung, das auf der Analyse von Dokumenten beruht (Soziol.). **Do|ku|men|ten|film** *der;* -[e]s, -e: niedrigempfindlicher, feinstkörniger, sehr hart arbeitender (d. h. eine steile ↑ Gradation a besitzender) Film zur Herstellung von Fotokopien, bes. für die Mikroverfilmung. **Do|ku|men|ten|pa|pier** *das;* -s, -e: Papier mit hoher Alterungsbeständigkeit zur Herstellung von Schriftstücken, die lange aufbewahrt werden müssen. **do|ku|men|tie|ren** ⟨zu ↑...ieren⟩: 1. zeigen. 2. [durch Dokumente] beweisen; beurkunden. **Do|ku|men|to|lo|gie** *die;* - ⟨zu ↑...logie⟩: Wissenschaft von der Dokumentation

Do|kus vgl. Tokus

Dol *das;* -[s], - ⟨verkürzt aus *lat.* dolor„Schmerz"⟩: Meßeinheit für die ↑Intensität einer Schmerzempfindung; Zeichen dol (Med.)

Do|la|bra *die;* -, ...ren ⟨aus *lat.* dolabra „Hacke, Brechaxt"⟩: Hobelspanbinde, Bindenverband in Form eines Hobelspans (Med.)

Do|lan *das;* -[s] ⟨Kunstw.; vgl. ...an⟩: synthetische Faser, die bes. für Berufs- u. Schutzkleidung verwendet wird

Do|lan|tin Ⓦ *das;* -s ⟨Kunstw.; vgl. ...in (1)⟩: krampflösendes u. schmerzstillendes Mittel, das bei längerem Gebrauch suchtbildend wirkt

Dol|by [...bi] u. **Dol|by-Sy|stem** Ⓦ *das;* -s ⟨nach dem amerik. Elektrotechniker R. M. Dolby, *1933⟩: elektronisches

Verfahren zur Rauschunterdrückung bei Tonbandaufnahmen

dol|ce ['dɔltʃə] ⟨*it.;* aus *lat.* dulcis „süß"⟩: sanft, lieblich, süß, weich (Vortragsanweisung; Mus.). **dol|ce far ni|en|te** ⟨*it.;* „süß ist's, nichts zu tun"⟩: Wahlspruch eines müßiggängerischen Lebens. **Dol|ce|far|ni|en|te** *das; -:* süßes Nichtstun. **Dol|ce stil nuo|vo** [– 'stil 'nu̯o:vo] *der;* - - - ⟨aus *it.* dolce stil nuovo „süßer neuer Stil"⟩: besondere Art des Dichtens, durch die der provenzal.-sizilian. Minnesang im 13. Jh. in Mittel- u. Oberitalien unter dem Einfluß ↑platonischer (1) u. ↑scholastischer Elemente sowie der sozialen Umschichtung durch den Aufstieg des Bürgertums weiterentwickelt wurde. **Dol|ce vi|ta** [– 'vi:ta] *das od. die;* - - ⟨aus *it.* dolce vita „süßes Leben"⟩: ausschweifendes u. übersättigtes Müßiggängertum. **Dol|ci|an** [...tsi̯a:n] vgl. Dulzian. **dol|cis|si|mo** [...'tʃɪsimo] ⟨*it.*⟩: überaus sanft, süß, lieblich
Dol|drums *die* (Plur.) ⟨aus *engl.* doldrums (Plur.) „Flaute", eigtl. „Niedergeschlagenheit"⟩: (Seemannsspr.) Windstillen, bes. der ↑äquatoriale Windstillengürtel; vgl. Kalmenzone
dol|en|te, dolendo ⟨*it.*⟩: svw. doloroso
Dol|le|rit [auch ...'rɪt] *der;* -s, -e ⟨zu *gr.* dolerós „trügerisch" (wegen der Ähnlichkeit mit dem Diorit) u. ↑²...it⟩: eine grobkörnige Basaltart. **Dol|le|ro|pha|nit** [auch ...'nɪt] *der;* -s, -e ⟨zu *gr.* phaínein „sichtbar machen" u. ↑²...it⟩: ein braunes bis schwarzes Mineral
do|li|cho..., Do|li|cho... [...ço...] ⟨aus *gr.* dolichós „lang"⟩: Wortbildungselement mit der Bedeutung „lang, langgestreckt, länglich", z. B. Dolichozephalie. **do|li|cho|ke|phal** usw. vgl. dolichozephal usw. **Do|li|cho|ko|lie** *die;* - ⟨zu ↑Kolon u. ↑²...ie⟩: ungewöhnliche Länge des Dickdarms (Biol., Med.). **Do|li|cho|kra|nie** *die;* - ⟨zu *lat.* cranium (dies aus *gr.* kraníon „Hirnschale, Schädel") u. ↑²...ie⟩: ungewöhnliche Länge des Schädels (Biol., Med.). **Do|li|chos** *der;* -, ...oi [...ɔy] ⟨aus *gr.* dólichos „Wettlauf"⟩: im alten Griechenland Langlaufwettbewerb über maximal 24 Stadien. **Do|li|cho|ste|no|me|lie** *die;* -, ...ien ⟨zu ↑dolicho..., *gr.* sténos „Enge, Beklemmung; Verengung", mélos „Glied" u. ↑²...ie⟩: Mißbildung des Knochensystems mit grazilen, verlängerten Extremitäten (Biol., Med.). **do|li|cho|ze|phal** ⟨zu *gr.* kephalé „Kopf"⟩: langköpfig (Biol., Med.). **Do|li|cho|ze|pha|le** *der u. die;* -n, -n: jmd., der einen [abnorm] langen Kopf hat (Biol., Med.). **Do|li|cho|ze|pha|lie** *die;* - ⟨zu ↑²...ie⟩: [abnorme] Langköpfigkeit (Biol., Med.)
dol|lie|ren vgl. dollieren
Do|li|ne *die;* -, -n ⟨aus *slowen.* dolina „Tal"⟩: trichterförmige Vertiefung der Erdoberfläche, bes. im ↑Karst (Geogr.)
Dol|ja *die;* -, Doli ⟨aus *russ.* dolja „Teil; Schicksal", dies aus *sanskr.* dala „Stück, Teil, Hälfte"⟩: kleinstes, altes russ. Gewicht (= 0,044 g)
Dol|lar *der;* -[s], -s ⟨dän: 30 -⟩ ⟨aus *engl.-amerik.* dollar, dies aus *niederd., niederl.* däler „Taler"⟩: Währungseinheit in den USA, Kanada u. anderen Ländern (1 Dollar = 100 Cents); Zeichen $. **Dol|lar|di|plo|ma|tie** *die; -:* Schlagwort für die Außenpolitik der USA, die darauf abzielte, unterentwickelte Gebiete (bes. in Mittel- u. Ostasien) durch den Einsatz finanzieller Mittel in wirtschaftlicher bzw. politischer Abhängigkeit zu halten. **Dol|lar|kurs** *der;* -es: [Wechsel]kurs des Dollars. **Dol|lar|scrips** [...skrɪps] *die* (Plur.): Spezialgeld für die amerik. Besatzungstruppe nach 1945; vgl. Scrip
dol|lie|ren ⟨aus *fr.* doler „hobeln, abhobeln", dies aus *lat.* dolare „bearbeiten, behauen"⟩: die Fleischseite von Leder abschaben, abschleifen

Dol|ly [...li] *der;* -[s], -s ⟨aus gleichbed. *engl.* dolly zu doll „Puppe" (wohl nach der ähnlichen Form)⟩: a) fahrbares Stativ für eine Filmkamera; b) fahrbarer Kamerawagen mit aufmontierter Kamera
Dol|ma *das;* -[s], -s (meist Plur.) ⟨aus gleichbed. *türk.* dolma⟩: türk. Nationalgericht aus Kohl- u. Weinblättern, die mit gehacktem Hammelfleisch u. Reis gefüllt sind
Dol|man *der;* -s, -e ⟨aus gleichbed. *ung.* dolmány, dies aus *türk.* dolaman „roter Tuchmantel"⟩: 1. geschnürte Jacke der alttürk. Tracht. 2. mit Schnüren besetzte Jacke der Husaren. 3. kaftanartiges Frauengewand in den ehemals türk. Gebieten des Balkans
Dol|men *der;* -s, - ⟨aus gleichbed. *fr.* dolmen „Steintisch", dies aus *breton.* taol „Tisch" u. maen „Stein"⟩: tischförmig gebautes Steingrab der Jungsteinzeit u. frühen Bronzezeit
Dol|metsch *der;* -[e]s, -e ⟨über *ung.* tolmács aus *türk.* tilmaç „Mittelsmann" (zur Verständigung zweier Parteien)⟩: a) svw. Dolmetscher; b) Fürsprecher, z. B. sich zum - machen. **dol|met|schen:** etwas, was in fremder Sprache gesprochen od. geschrieben worden ist, übersetzen, damit es ein anderer versteht. **Dol|met|scher** *der;* -s, -: jmd., der [in Ausübung seines Berufes] Äußerungen in einer fremden Sprache übersetzt u. auf diese Weise die Verständigung zwischen zwei od. mehr Personen herstellt. **Dol|met|scher|di|plom** *das;* -[e]s, -e: Diplom, das den erfolgreichen Abschluß einer Dolmetscherausbildung bescheinigt. **Dol|met|sche|rin** *die;* -, -nen: weibliche Form zu ↑Dolmetscher
Do|lo|mit [auch ...'mɪt] *der;* -s, -e ⟨nach dem franz. Mineralogen D. Gratet de Dolomieu (1750–1801) u. zu ↑²...it⟩: 1. ein grauweißes, gesteinsbildendes Mineral. 2. ein Sedimentgestein, das überwiegend aus Dolomit (1) besteht
Do|lor *der;* -, ...ores ⟨aus gleichbed. *lat.* dolor⟩: Schmerz. **do|lo|ros** u. **do|lo|rös** ⟨über *mlat.* dolorosus „schmerzerfüllt" aus *lat.* dolorosus „schmerzhaft"; vgl. ²...os⟩: schmerzhaft, schmerzerfüllt. **Do|lo|ro|sa** *die;* - ⟨aus *lat.* (mater) dolorosa „die schmerzerfüllte (Mutter)"⟩: svw. Mater dolorosa. **do|lo|ro|so** ⟨*it.;* aus *lat.* dolorosus, vgl. doloros⟩: schmerzlich, klagend, betrübt, trauervoll (Vortragsanweisung; Mus.)
do|los ⟨aus *lat.* dolosus „trügerisch, arglistig" zu dolus, vgl. Dolus⟩: arglistig, mit bösem Vorsatz (Rechtsw.). **Do|lus** *der;* - ⟨aus *lat.* dolus „Betrug, List, Täuschung"⟩: Arglist, böser Vorsatz (Rechtsw.); - directus [di'rɛk...]: Vorsatz im vollen Bewußtsein der Folgen einer Tat u. ihrer strafrechtlich erfaßten Verwerflichkeit; - eventualis [eṿɛn...]: bedingter Vorsatz, d. h. das Inkaufnehmen einer (wenn auch unerwünschten) Folge einer Tat
Dolz|flö|te *die;* -, -n ⟨zu *it.* dolce „süß, sanft"⟩: 1. im 17. Jh. eine quer angeblasene Blockflöte. 2. Labialstimme in der Orgel mit offenen Pfeifen u. sanftem Klang
¹Dom *der;* -[e]s, -e ⟨aus gleichbed. *fr.* dôme, dies über *it.* duomo aus *kirchenlat.* domus (ecclesiae) „Haus (der Christengemeinde)"⟩: Bischofs-, Haupt-, Stiftskirche mit ausgedehntem ↑¹Chor (1)
²Dom *der;* -[e]s, -e ⟨über gleichbed. *fr.* dôme, *provenzal.* doma aus *gr.* dôma „Haus, (flaches) Dach"⟩: 1. Kuppel, gewölbte Decke. 2. gewölbter Aufsatz (Dampfsammler) eines Dampfkessels od. Destillierapparats; vgl. destillieren
³Dom *der;* - ⟨aus gleichbed. *port.* dom, dies aus *lat.* dominus „(Haus)herr"⟩: vor den Taufnamen gesetzter port. Titel
⁴Dom *die* (Plur.) ⟨aus *Hindi* dom, dies aus *sanskr.* ḍoma, ḍomba „Mann von niedrigem Stand"⟩: eine der niedersten ↑Kasten in Nordindien
Do|ma *das;* -s, ...men ⟨aus *gr.* dôma „(flaches) Dach"; vgl. ²Dom⟩: Kristallfläche, die zwei Kristallachsen schneidet

Do|mai|ne [dɔ'mɛ:nə] *die;* -, -s ⟨aus *fr.* domaine „Besitz(tum); Landgut, Ländereien"; vgl. Domäne⟩: in Frankreich Weingut, das ausschließlich Weine aus eigenen Trauben erzeugt. **Do|mä|ne** *die;* -, -n ⟨aus gleichbed. *fr.* domaine, dies aus *lat.* dominium „Herrschaftsgebiet" zu dominus „(Haus)herr"⟩: 1. a) (veraltet) Herrengut, bes. Krongut, Grundstück, dessen Erträge zur Bestreitung der Staatslasten u. bes. zum Unterhalt des Landesfürsten bestimmt sind; b) Staatsgut, -besitz. 2. Arbeits-, Wissensgebiet, auf dem jmd. besonders gut Bescheid weiß, auf dem er sich speziell u. besonders intensiv betätigt, das ihm dafür vorbehalten ist. **Do|mä|nen|spei|cher** *der;* -s, -: svw. Bubblespeicher. **do|ma|ni|al** ⟨aus gleichbed. *fr.* domanial zu domaine, vgl. Domäne⟩: zu einer Domäne gehörend, eine Domäne betreffend. **Do|ma|ni|al|be|sitz** *der;* -es, -e: staatlicher Besitz, Domäne (1 b). **do|ma|nia|li|sie|ren** ⟨aus gleichbed. *fr.* domanialiser⟩: (veraltet) zum Krongut schlagen

Do|ma|ti|um *das;* -s, ...ien [...jən] (meist Plur.) ⟨über *nlat.* domatium aus *gr.* dōmátion „kleines Haus, Zimmer"⟩: entsprechende Bildung an Pflanzenteilen (z. B. ein Hohlraum, ein Haarbüschel), die von anderen Organismen (z. B. Milben) bewohnt wird. **Do|ma|to|pho|bie** *die;* - ⟨zu *gr.* dōma, Gen. dōmatos „Haus" u. ↑...phobie⟩: krankhafte Angst vor einem Aufenthalt in umschlossenen Räumen (Med.)

¹Dom|chor *der;* -[e]s, ...chöre ⟨zu ↑¹Dom u. ↑²Chor⟩: aus Knaben- u. Männerstimmen gebildeter Sängerchor eines Domes. **²Dom|chor** *der,* selten *das;* -[e]s, Plur. -e u. ...chöre ⟨zu ↑¹Chor⟩: Chorraum eines Domes, einer Kathedrale, Stiftskirche. **Dom|de|chant** *der;* -en, -en: svw. Domdekan. **Dom|de|kan** *der;* -s, -e: Vorsteher eines Domkapitels (kath. Kirche)

Do|mes|day Book ['du:mzdeɪ 'buk] *das;* - -s ⟨aus gleichbed. *engl.* Domesday Book zu *altengl.* domesdaeg „Tag des Jüngsten Gerichts"⟩: volkstümliche Bez. für den im 11. Jh. unter Wilhelm I. angelegten Grundkataster für große Teile des angelsächsischen Englands als Grundlage der Besteuerung

Do|me|stik *der;* -en, -en ⟨aus gleichbed. *fr.* domestique, dies aus *lat.* domesticus „Hausfreund" zu domesticus „zum Hause (domus) gehörend"⟩: 1. (meist Plur.) (veraltet) Dienstbote. 2. Radrennfahrer, der dem besten Fahrer einer Mannschaft im Straßenrennen Hilfsdienste leistet (z. B. Getränke beschafft). **Do|me|sti|ka|ti|on** *die;* -, -en ⟨aus gleichbed. *fr.* domestication⟩: Zähmung u. [planmäßige] Züchtung von Haustieren u. Kulturpflanzen aus Wildtieren bzw. Wildpflanzen. **Do|me|sti|ke** *der;* -n, -n ⟨zu ↑Domestik⟩: svw. Domestik. **Do|me|sti|ken|stu|be** *die;* -, -n: (veraltet) Gesindestube. **Do|me|sti|kin** *die;* -, -nen ⟨zu ↑domestizieren⟩: (Jargon) Masochistin, die sadistische Handlungen an sich vornehmen läßt. **do|me|sti|zie|ren** ⟨über *engl.* to domesticate „eine wilde Art zähmen" aus *mlat.* domesticare⟩: 1. Haustiere u. Kulturpflanzen aus Wildformen züchten. 2. zähmen, heimisch machen. **Do|me|sti|zie|rung** *die;* -, -en ⟨zu ↑...ierung⟩: das Domestizieren

Do|mi|kal|ge|wöl|be *das;* -s, - ⟨zu ↑²Dom; vgl. *engl.* domicale „kuppelartig"⟩: ein Kreuzkuppelgewölbe

Do|mi|na *die;* -, Plur. ...nä u. - ⟨aus *lat.* domina „Herrin"⟩: 1. Stiftsvorsteherin. 2. (Plur. nur -s) Prostituierte, die sadistische Handlungen an einem Masochisten vornimmt. **do|mi|nal** ⟨zu ↑¹...al (1)⟩: in der Art einer Domina (2). **do|mi|nant** ⟨aus *lat.* dominans, Gen. dominantis, Part. Präs. von dominari, vgl. dominieren⟩: 1. vorherrschend, überdeckend (von Erbfaktoren; Biol.); Ggs. ↑ rezessiv (1). 2. a) beherrschend, bestimmend; b) svw. dominierend (b). **Do|mi|nant|ak|kord** u. **Do|mi|nan|ten|ak|kord** *der;* -[e]s, -e: Dreiklang auf der fünften Stufe (Dominante) der ↑ diatonischen Tonleiter (Mus.). **¹Do|mi|nan|te** *die;* -, -n ⟨Substantivierung zu ↑ dominant⟩: vorherrschendes Merkmal. **²Do|mi|nan|te** *die;* -, -n ⟨aus gleichbed. *it.* dominante⟩: 1. fünfte Stufe (= Quinte) der ↑ diatonischen Tonleiter. 2. svw. Dominantakkord. **Do|mi|nan|ten|ak|kord** *der;* vgl. Dominantakkord. **Do|mi|nant|sept|ak|kord** u. **Do|mi|nant|sep|ti|men|ak|kord** *der;* -[e]s, -e: Dreiklang auf der Dominante (Quinte) mit kleiner ↑ Septime (Mus.). **Do|mi|nanz** *die;* -, -en ⟨zu ↑ dominieren u. ↑...anz⟩: 1. Eigenschaft von Erbfaktoren, sich gegenüber schwächeren (↑ rezessiven) sichtbar durchzusetzen (Biol.); Ggs. ↑ Rezessivität. 2. Anteil einer Art innerhalb einer Tier- od. Pflanzengesellschaft (Biol.). 3. das Vorherrschen bestimmter Merkmale. **Do|mi|nat** *der* od. *das;* -[e]s, -e ⟨aus *lat.* dominatus „(Allein)herrschaft"⟩: absolutes Kaisertum seit Diokletian; vgl. Prinzipat (2). **Do|mi|na|ti|on** *die;* -, -en ⟨aus *lat.* dominatio „Herrschaft, Einfluß"⟩: das Dominieren, Beherrschung, Vormachtstellung. **Do|mi|ni|ca** [...ka] *die;* - ⟨verkürzt aus gleichbed. *lat.* (dies) dominica, eigtl. „der Tag des Herrn"⟩: Sonntag; - in albis: Weißer Sonntag (erster Sonntag nach Ostern, nach den bis dahin getragenen weißen Kleidern der Neugetauften in der alten Kirche). **do|mi|nie|ren** ⟨aus *lat.* dominari „herrschen" zu dominus „Herr"⟩: a) bestimmen, herrschen, vorherrschen; b) jmdn., etwas beherrschen. **do|mi|nie|rend** ⟨zu ↑...ierend⟩: a) an Stärke, Gewichtigkeit andere überragend, sie bestimmend; b) (Jargon) sadistische Handlungen an einem Masochisten (mit dessen Einverständnis) vornehmend. **do|mi|ni|kal** ⟨aus gleichbed. *mlat.* dominicalis⟩: (veraltet) den Herrn, Gebieter, Grundbesitzer betreffend. **Do|mi|ni|ka|lie** [...jə] *die;* -, -n ⟨zu ↑¹...ie⟩: svw. Perikope (1)

Do|mi|ni|ka|ner *der;* -s, - ⟨nach dem Ordensgründer, dem heiligen Dominikus (um 1170–1221), u. zu ↑...aner⟩: Angehöriger des im Jahre 1215 gegründeten Predigerordens; Abk.: O. P. od. O. Pr. 2. gestreiftes Lege- u. Fleischhuhn mit Rosenkamm. **Do|mi|ni|ka|ne|rin** *die;* -, -nen: Angehörige des weiblichen Zweigs des Dominikanerordens. **do|mi|ni|ka|nisch:** die Dominikaner betreffend

Do|mi|ni|kat *das;* -s, -e ⟨zu ↑ dominikal u. ↑...at (1)⟩: (veraltet) Herrenhof, Gut. **Do|mi|ni|kum** *das;* -s, ...ka ⟨aus gleichbed. *spätlat.* dominicum⟩: (veraltet) a) Kirche; b) Gottesdienst, Abendmahlsfeier; c) Kirchenvermögen. **Do|mi|nion** *das;* -s, Plur. -s u. ...ien [...jən] ⟨aus *engl.* dominion, dies über *altfr.* dominion zu *lat.* dominium „Herrschaft, Machtgebiet"⟩: ehemals Bezeichnung für ein der Verwaltung nach selbständiges Land des Brit. Reiches; heute ↑ Country of the Commonwealth. **Do|mi|ni|um** *das;* -s, ...ien [...jən] ⟨aus gleichbed. *lat.* dominium⟩: (veraltet) Herrschaft, Herrschaftsgebiet. **¹Do|mi|no** *der;* -s, -s ⟨z. T. über *fr.* domino aus gleichbed. *it.* domino, eigtl. „geistlicher Herr" (nach der alten Winterkleidung der Priester), dies zu *lat.* dominus „Herr"⟩: a) langer [seidener] Maskenmantel mit Kapuze u. weiten Ärmeln; b) Träger eines solchen Kostüms; c) (österr.) Dominostein. **²Do|mi|no** *das;* -s ⟨zu ↑¹Domino, vielleicht, weil sich der Gewinner Domino („Herr") nennen durfte⟩: a) Anlegespiel mit rechteckigen Steinen, die nach einem bestimmten System aneinandergelegt werden müssen; b) (österr.) Dominostein. **Do|mi|no|te|rie** *die;* -, ...ien ⟨aus gleichbed. *fr.* dominoterie⟩: (veraltet) a) Anfertigung von Dominospielen; b) Verfertigung von buntem Papier, Handel mit Bilderbogen u. bun-

tem Papier. Do|mi|no|tier [...'tie:] *der;* -s, -s ⟨aus gleichbed. *fr.* dominotier⟩: (veraltet) jmd., der Dominoterie betreibt.
Do|mi|nus *der;* -, ...ni ⟨aus *lat.* dominus „Herr"⟩: Herr, Gebieter. Do|mi|nus vo|bis|cum [– voˈbɪskʊm] ⟨*lat.;* „der Herr sei mit euch!"⟩: liturg. Gruß
Do|mi|zel|lar *der;* -s, -e ⟨zu *mlat.* domicellus „Knappe, Junker" u. ↑...ar (2)⟩: (veraltet) junger ↑ Kanoniker, der noch keinen Sitz u. keine Stimme im ↑ Kapitel (2) hat. Do|mi|zil *das;* -s, -e ⟨aus *lat.* domicilium „Wohnsitz" zu domus „Haus"⟩: 1. Wohnsitz, Wohnhaus. 2. Zahlungsort [von Wechseln]. 3. einem bestimmten Planeten zugeordnetes Tierkreiszeichen (Astrol.). Do|mi|zi|li|ant *der;* -en, -en ⟨zu ↑...ant (1)⟩: der zur Bezahlung des Domizilwechsels Verpflichtete (der Bezogene). do|mi|zi|lie|ren ⟨zu ↑...ieren⟩: 1. ansässig sein. 2. [Wechsel] an einem andern Ort als dem Wohnort des Bezogenen (= dessen, der den Scheck od. Wechsel zahlen muß) zur Zahlung anweisen. Do|mi|zil|wech|sel *der;* -s, -: 1. Wechsel, der nicht am Wohnort des Ausstellers eingelöst wird. 2. Wechsel, der am Wohnort des Ausstellers bei einem Dritten (Bank) eingelöst wird (daher meist die Bez. Zahlstellenwechsel). Dom|ka|pi|tel *das;* -s, - ⟨zu ↑ ¹Dom u. ↑ Kapitel (2 a)⟩: Gemeinschaft von Geistlichen an bischöflichen Kirchen, die für die Gestaltung des Gottesdienstes verantwortlich sind u. den Bischof beraten. Dom|ka|pi|tu|lar *der;* -s, -e: Mitglied des Domkapitels. Dom|ope|ra *die;* -, ...re ⟨zu ↑ ¹Dom u. ↑ ²Opera⟩: urspr. die Bauhütte eines ital. Domes, später Bez. für das dem Dom angegliederte Museum
Do|mo|stroi [...ˈstrɔy] *der;* -s ⟨aus *russ.* domostroj „Hausordnung", Lehnübersetzung aus gleichbed. *gr.* oikonomía⟩: 1547 zusammengestellte russ. Sammlung von Lebensregeln u. Verhaltensweisen gegenüber Obrigkeit u. Familie
Do|mo|therm|hei|zung *die;* -, -en ⟨zu ↑ ²Dom u. ↑ thermo...⟩: Dampf- od. Warmwasserheizgerät mit angeschlossenem Ventilator zur Beheizung von Kleinwohnungen
Do|mo|wi|na [auch ˈdo:..., ˈdɔ...] *die;* - ⟨aus *sorb.* domowina „Heimat"⟩: Organisation der sorb. Minderheit in Deutschland
Do|mo|woi [...ˈvɔy] *der;* -s, - ⟨aus gleichbed. *russ.*domovoj zu dom „Haus"⟩: Hausgeist der russ. Volksglaubens
Domp|teur [dɔmpˈtøːɐ̯] *der;* -s, -e ⟨aus gleichbed. *fr.* dompteur zu dompter „zähmen", dies aus gleichbed. *lat.* domitare⟩: Tierbändiger. Domp|teu|se [...ˈtøːzə] *die;* -, -n ⟨aus gleichbed. *fr.* dompteuse⟩: Tierbändigerin
Dom|ra *die;* -, -s u. ...ren ⟨aus *russ.* domra, dombra „eine Art Balalaika mit Drahtsaiten", dies aus *turkotat.* *domraˈčy*⟩: altes russ. Saiteninstrument in Form einer Laute
Dom|vi|kar [...v...] *der;* -s, -e ⟨zu ↑ ¹Dom u. ↑ Vikar⟩: Hilfsgeistlicher in einem ↑ Domkapitel
Don (ohne Artikel) ⟨aus *span.* don bzw. *it.* don „Herr", diese aus gleichbed. *lat.* dominus⟩: a) höfliche, auf eine männliche Person bezogene Anrede; nur vor Vornamen gebraucht (in Spanien); b) Titel der Priester u. der Angehörigen bestimmter Adelsfamilien in Italien, nur vor Vornamen gebraucht; z. B. Don Camillo. Do|ña [ˈdɔnja] (ohne Artikel) ⟨aus *span.* doña, dies aus *lat.* domina „Herrin"⟩: höfliche, auf eine weibliche Person bezogene Anrede; nur vor Vornamen gebraucht (in Spanien); vgl. Don (a)
Do|na|rit [auch ...ˈrɪt] *der;* -s ⟨nach dem germ. Gewittergott Donar u. zu ↑¹...it⟩: Sprengstoff, der ↑ Ammoniumnitrat enthält
Do|na|tar *der;* -s, -e ⟨aus gleichbed. *mlat.* donatarius zu *lat.* donare „schenken"⟩: der Beschenkte (Rechtsw.). Do|na|ta|rio *der;* -s, -s ⟨aus *port.* donatario „der Beschenkte"⟩: Inhaber eines der Erblehen, in die Brasilien unter portugiesischer Herrschaft im 16. Jh. eingeteilt wurde. Do|na|ti|on *die;* -, -en ⟨aus gleichbed. *lat.* donatio⟩: Schenkung (Rechtsw.). Do|na|tis|mus *der;* - ⟨nach dem Bischof Donatus von Karthago († um 355) u. zu ↑...ismus (1)⟩: ↑ rigoristische Richtung in der nordafrik. Kirche des 4. u. 5. Jh.s. Do|na|tist *der;* -en, -en ⟨zu ↑...ist⟩: Anhänger des Donatismus. Do|na|tor *der;* -s, ...oren ⟨aus *lat.* donator „Spender" zu donare „schenken"⟩: 1. (veraltet) Stifter, Geber, bes. eines Buches. 2. a) ↑ Atom od. ↑ Molekül, das ↑ Elektronen (1) od. ↑ Ionen abgibt (Phys., Chem.); b) durch ein Fremdatom gebildete Störstelle in einem Kristall, die Elektronen abgeben kann. 3. System, das Elemente od. Informationen an ein anderes System weitergibt (Kybern.); Ggs. ↑ Akzeptor (4). Do|na|tus *der;* -, ...ti ⟨aus *lat.* donatus „der Gegebene", Part. Perf. von donare „schenken"⟩: im Mittelalter einem Kloster zum späteren Eintritt übergebenes Kind od. Erwachsener, der sich einem geistlichen od. Ritterorden anschloß; vgl. ²Oblate
Do|ne|gal *der;* -[s], -s ⟨nach der gleichnamigen ir. Grafschaft⟩: locker gewebter Mantelstoff aus Noppenstreichgarn in Köper- od. Fischgratbindung (eine Webart)
Dö|ner|ke|bab *der;* -[s], -s ⟨aus gleichbed. *türk.* dönerkebap, zu döner „sich drehend, Dreh-" u. kebap „Spießbraten"; vgl. Kebab⟩: Kebab aus an einem senkrecht stehenden Spieß gebratenem, stark gewürztem Hammelfleisch
Dong *der;* -[s], -[s] (aber: 5 -) ⟨aus gleichbed. *vietnam.* dong⟩: Währungseinheit in Vietnam
Dong|son|kul|tur *die;* - ⟨nach dem Fundort Dongson in Vietnam⟩: spätbronzezeitliche Kultur im östlichen Hinterindien mit Auswirkung bis nach Indonesien, deren bekannteste Denkmäler kostbar verzierte Bronzepauken u. -trommeln sind
Don|ja *die;* -, -s ⟨aus *span.* doña „Herrin"⟩: (ugs. scherzh. od. abwertend; veraltend) weibliche Person (z. B. Freundin, Dienstmädchen); vgl. Doña
Don|jon [dõˈʒõ] *der;* -[s], -s ⟨aus gleichbed. *fr.* donjon, eigtl. „Herrenturm", dies über *vulgärlat.* *dominionem, Akk. von *dominio zu *lat.* dominus, vgl. Dominus⟩: Hauptturm einer mittelalterlichen Burg in Frankreich
Don Ju|an [dɔn ˈxuan, auch dõ ˈʒɥã:] *der;* - -, - -s ⟨nach der gleichnamigen Sagengestalt in der span. Literatur⟩: 1. Verführer, Frauenheld. 2. Typenfigur der europäischen Dichtung, bes. der Bühnendichtung, des der Sinnlichkeit nachjagenden Verführers. don|jua|nesk ⟨zu ↑...esk⟩: in der Art eines Don Juans. Don|jua|nis|mus *der;* - ⟨zu ↑...ismus (3)⟩: Störung im männlichen Sexualverhalten, die sich in hemmungslosem Verlangen, dem Zwang, häufig die Partnerin zu wechseln, äußert (aus neurotischer Angst vor der Bindung; Psychoanalyse)
Don|key [ˈdɔŋki] *der;* -s, -s ⟨aus gleichbed. *engl.* donkey, eigtl. „Esel"⟩: Hilfskessel zum Betrieb der Lade- u. Transportvorrichtungen auf Handelsschiffen
Don|na *die;* -, Plur. -s u. Donnen ⟨aus *it.* donna, dies aus *lat.* domina „Herrin"⟩: 1. (ohne Artikel) weibl. Form der Anrede für Angehörige bestimmter ital. Adelsfamilien, jeweils nur vor Vornamen gebraucht, z. B. Donna Maria. 2. (ugs. abwertend; veraltend) Hausangestellte, Dienstmädchen; vgl. Donja
Do|nor *der;* -s, Donoren ⟨zu *lat.* donare „schenken" u. ↑...or⟩: Organspender (Med.)
Don Qui|chotte [dɔŋkiˈʃɔt, auch dõ...] *der;* - -s, - -s ⟨franz. Schreibung von *span.* Don Quijote, dem Titelhelden eines Romans von M. de Cervantes Saavedra (1547–1616), ↑ Don (a) u. *span.* quijote „Beinschiene des Harnischs",

dies zu *lat.* coxa „Hüfte"⟩: lächerlich wirkender Schwärmer, dessen Tatendrang an den realen Gegebenheiten scheitert. **Don|qui|chot|te|rie** *die;* -, ...ien ⟨zu ↑².. .ie⟩: törichtes Unternehmen, das von Anfang an aussichtslos ist. **Don|qui|chot|tia|de** *die;* -, -n ⟨zu ↑ ...iade⟩: Erzählung im Stil des „Don Quichotte" von Cervantes. **Don|qui|chot|tis|mus** *der;* - ⟨zu ↑ ...ismus (3)⟩: (veraltet) abenteuerliche Gesinnung; Hang zu törichten, aussichtslosen Unternehmungen. **Don Qui|jo|te, Don Qui|xo|te** [dɔnkiˈxoːtə, span. dɔŋkiˈxote] ⟨*span.*⟩: svw. Don Quichotte
Dont|ge|schäft ['dõː...] *das;* -[e]s, -e ⟨zu *fr.* dont „von wo (an)", dies entstellt aus gleichbed. *(vulgär)lat.* de unde⟩: Börsengeschäft, bei dem die Erfüllung des Vertrages erst zu einem späteren Termin, aber zum Kurs des Abschlußtages erfolgt (Börsenwesen)
Do|num *das;* -s, Dọna ⟨aus *lat.* donum „Gabe, Geschenk"⟩: Schenkung [eines Buches]
doo|deln ['duː...] ⟨aus gleichbed. *engl.* to doodle⟩: nebenher in Gedanken kleine Männchen o. ä. malen, kritzeln (z. B. während man telefoniert)
Do|pa *das;* -[s]: Kurzform von ↑ Dioxyphenylalanin. **Dop|amin** *das;* -s, -e ⟨zu ↑ Dopa u. ↑ Amin⟩: die Muttersubstanz der Hormone ↑ Adrenalin u. ↑ Noradrenalin. **dop|amin|erg** ⟨zu *gr.* érgon „Werk; Arbeit"⟩: durch Dopamin bewirkt, auf Dopamin ansprechend (Med.). **dop|ami|no|mi|me|tisch**: die gleichen Erscheinungen wie Dopamin hervorrufend (von Arzneimitteln; Med.)
Dope [doːp, doːp] *das;* -s ⟨aus gleichbed. *engl.* dope, eigtl. „zähe Flüssigkeit, Schmiermittel", dies aus *niederl.* doop „Soße"⟩: Rauschgift, bes. Haschisch. **do|pen** ['dɔpn, 'doː...] ⟨aus gleichbed. *engl.* to dope zu dope, vgl. Dope⟩: [sich] durch (verbotene) Anregungsmittel zu einer vorübergehenden sportlichen Höchstleistung zu bringen versuchen. **Do|ping** ['dɔpɪŋ, 'doːpɪŋ] *das;* -s, -s ⟨aus gleichbed. *engl.* doping⟩: (unerlaubte) Anwendung von Anregungsmitteln zur vorübergehenden Steigerung der sportlichen Leistung. **Do|ping|kon|trol|le** *die;* -, -n: Untersuchung von Harn- od. Speichelproben auf Einnahme von Dopingmitteln. **Do|ping|mit|tel** *das;* -s, -: Reizmittel zur (unerlaubten) sportlichen Leistungssteigerung. **Do|ping|skan|dal** *der;* -s, -e: durch die unerlaubte Einnahme von Dopingmitteln von bekannten Sportlern ausgelöster Skandal
Dop|pel|an|astig|mat *der;* Gen. -s od. -en, Plur. -e[n], selten auch *das;* -s, -e ⟨zu ↑ Anastigmat⟩: [fotograf.] Linsensystem aus zwei zu einer eingebauten Blende symmetrischen Hälften, das besonders gute Bilder erzeugt. **Dop|pel|axel** *der;* -s, - ⟨zu ↑ Axel⟩: doppelter Axel. **Dop|pel|he|lix** *die;* -, ...ices [...tseːs] ⟨zu ↑ Helix⟩: Bez. für die besondere Struktur (gewendelter Doppelstrang) des DNS-Moleküls; vgl. DNS. **Dop|pel|nel|son** *der;* -[s], -[s] ⟨zu ↑ Nelson⟩: doppelter Nackenhebel, Griff beim Ringen u. Rettungsschwimmen. **Dop|pel|sal|chow** *der;* -[s], -s ⟨zu ↑ Salchow⟩: doppelter ↑ Salchow. **Dop|pik** *die;* - ⟨Kunstw.⟩: doppelte Buchführung. **dop|pio mo|vi|men|to** [- ...v...] ⟨*it.;* eigtl. „doppelte Bewegung"⟩: doppelte Bewegung, doppelt so schnell wie bisher (Vortragsanweisung; Mus.)
Dopp|ler|ef|fekt *der;* -[e]s ⟨nach dem österr. Physiker u. Mathematiker Chr. Doppler (1803–1853) u. zu ↑ Effekt⟩: Frequenzänderung je nach der abnehmenden od. zunehmenden Entfernung eines Erzeugers von Schall- od. Lichtwellen (Phys.)
Dopp|le|rit [auch ...ˈrɪt] *der;* -s, -e ⟨nach einem Bergrat Doppler u. zu ↑².. .it⟩: Gefügebestandteil der Braunkohle
Do|ra|de *die;* -, -n ⟨aus gleichbed. *fr.* dorade zu dorer, vgl. dorieren⟩: Goldmakrele (Speisefisch). **Do|ra|do** vgl. Eldorado. **Do|ra|ge** [doˈraːʒ(ə)] *die;* -, -n ⟨aus gleichbed. *fr.* dorage zu dorer, vgl. dorieren⟩: (veraltet) das Vergolden
Do|rant *der;* -[e]s, -e ⟨entstellt aus *mlat.* orontium zu *gr.* oróntion, nach dem Fluß Orontes (heute Nahr Al Asi) in Syrien⟩: Name verschiedener Pflanzen (z. B. Löwenmaul, Sumpfschafgarbe), nach altem Volksglauben zauberbrechend od. -abwehrend
Do|re|lo|te|rie *die;* -, ...ien ⟨zu *fr.* dorloter (vgl. dorlotieren) u. ↑².. .ie⟩: (veraltet) Zwirn- u. Seidenfransen
Do|re|ma *die;* - ⟨aus gleichbed. *nlat.* dorema zu *gr.* dóry „Lanze" (wegen des langen, schlanken Stengels)⟩: Doldenblütlergattung in den Trockengebieten Vorderasiens, deren eine Art das medizinisch verwendete Ammoniakharz liefert
Do|ré-Me|tall [doˈreː...] *das;* -s, -e ⟨zu *fr.* doré, Part. Perf. von dorer, vgl. dorieren⟩: goldhaltige Silberlegierung. **do|rie|ren** ⟨aus gleichbed. *fr.* dorer, dies aus *lat.* deaurare⟩: (veraltet) vergolden
Do|rik *die;* - ⟨zu ↑ dorisch u. ↑².. .ik (1)⟩: (veraltet) dorischer Stil. **do|risch** ⟨nach dem altgriech. Stamm der Dorer⟩: a) die [Kunst der] Dorer betreffend; b) aus der Landschaft Doris stammend, -e Tonart: eine der drei altgriech. Stammtonarten, aus der sich die auf dem Grundton d stehende Haupttonart im mittelalterlichen System der Kirchentonarten entwickelte (Mus.). **do|ri|sie|ren** ⟨zu ↑...isieren⟩: (veraltet) dem dorischen Stil anpassen. **Do|ris|mus** *der;* -, ...men ⟨zu ↑...ismus (2)⟩: Charakteristikum der dorischen Lebensweise u. Kultur. **Do|ri|zis|mus** *der;* -, ...men ⟨zu ↑...izismus⟩: dorische Eigentümlichkeit der griech. Sprache
Dor|kas|ga|zel|le *die;* -, -n ⟨verdeutlichende Bildung aus *gr.* dorkás „hirschartiges Tier, Gazelle" u. ↑ Gazelle⟩: nicht ganz rehgroße Gazelle aus den Steppen u. Wüsten Nordafrikas
Dor|king|huhn [engl. ˈdɔːkɪŋ...] *das;* -[e]s, ...hühner ⟨nach der engl. Stadt Dorking, County Surrey⟩: eine der ältesten Haushuhnrassen
dor|lo|tie|ren ⟨aus gleichbed. *fr.* dorloter, eigtl. „das Haar, den Bart kräuseln", zu *altfr.* dorelot, dorenlot „Haarlocke, -strähne; Haarband, Franse"⟩: (veraltet) verzärteln
Dor|mant [...ˈmãː] *der;* -s, -s ⟨Substantivierung von *fr.* dormant „stehend; unbeweglich; fest", eigtl. „schlafend"; vgl. Dormanz⟩: (veraltet) Tafelaufsatz. **Dor|manz** *die;* - ⟨zu *fr.* dormant, Part. Präs. von dormir „schlafen" (dies aus gleichbed. *lat.* dormire), u. ↑...anz⟩: Entwicklungsruhe bei Tieren u. Pflanzen zum Überdauern ungünstiger Umweltbedingungen u. zur jahreszeitlichen ↑ Synchronisation der Entwicklung. **Dor|ment** *das;* -s, -e ⟨aus gleichbed. *mlat.* dormentum⟩: (veraltet) svw. Dormitorium. **Dor|meu|se** [...ˈmøːzə] *die;* -, -n ⟨aus gleichbed. *fr.* dormeuse zu dormir, vgl. Dormanz⟩: 1. elegante Haube der Rokokozeit zum Schutz der kunstvollen Frisur. 2. bequemer Lehnstuhl [zum Schlafen]. 3. (veraltet) Reisezugwagen mit Liegemöglichkeit, Liegewagen. **Dor|mi|tiv** *das;* -s, -e [...və] ⟨nach gleichbed. *fr.* dormitif zu dormir, vgl. Dormanz u. ...iv⟩: (veraltet) Schlafmittel. **Dor|mi|to|ri|um** *das;* -s, ...ien [...jən] ⟨aus gleichbed. *mlat.* dormitorium, dies aus *lat.* dormitorium „Schlafzimmer" zu dormire „schlafen"⟩: a) Schlafsaal in Klöstern; b) Teil des Klostergebäudes mit den Einzelzellen der Mönche
Dor|no|strah|lung *die;* - ⟨nach dem dt. Bioklimatologen C. Dorno, 1865–1942⟩: Bereich der ultravioletten Strahlung, der die Vitamin-D-Bildung u. die Hautpigmentierung bewirkt
Do|ro|ma|nie *die;* - ⟨zu *gr.* dõron „Gabe, Geschenk" u.

Doronicum

↑...manie⟩: krankhafte Sucht, Dinge zu verschenken (Med., Psychol.)

Do|ro|ni|cum [...kʊm] *das;* -s ⟨über *mlat.* doronicum aus *arab.* däranaǧ „gelbblühende Pflanze"⟩: Gemswurz (gelbblühende Staude; Bot.)

dors..., Dors... vgl. dorso..., Dorso... **dor|sal** ⟨aus *nlat.* dorsalis „zum Rücken gehörig" zu *lat.* dorsum „Rücken"⟩: 1. a) zum Rücken, zur Rückseite gehörend; b) am Rücken, an der Rückseite gelegen; zur Rückseite, zum Rücken hin; rückseitig (Med.). 2. mit dem Zungenrücken gebildet (von Lauten; Sprachw.). **Dor|sal** *der;* -s, -e ⟨zu ↑¹...al (2)⟩: mit dem Zungenrücken gebildeter Laut (Sprachw.). **Dor|sal|am|pul|len** *die* (Plur.): bei vielen Fluginsekten für die Durchblutung der Flügel wichtige, blasenartige Auftreibungen der ↑Aorta des Rückengefäßes. **Dor|sal|dis|lo|ka|ti|on** *die;* -, -en: Verschiebung eines Wirbels in Richtung des Rückens (Med.). **Dor|sa|le** *das;* -s, - ⟨zu ↑...ale⟩: Rückwand des Chorgestühls. **Dor|sal|fle|xi|on** *die;* -, -en ⟨zu ↑dorsal⟩: Beugung der Hand od. des Fußes nach dem Hand- bzw. Fußrücken zu (Med.). **Dor|sal|laut** *der;* -[e]s, -e: svw. Dorsal. **Dor|sal|wir|bel** *der;* -s, -: svw. ↑Thorakalwirbel

Dor|set|kul|tur [engl. 'dɔːsɪt...] *die;* - ⟨nach Cape Dorset in den Nordwestterritorien Kanadas⟩: vorgeschichtliche Eskimokultur in der zentralen u. östlichen kanadischen Arktis sowie in Grönland, deren Hauptfundgegenstände Kleingeräte aus Knochen sind

dor|si|ven|tral [...v...] ⟨zu *lat.* dorsi, Gen. von dorsum „Rücken", u. ↑ventral⟩: einachsig ↑symmetrisch (2), d. h. mit spiegelbildlich gleichen Flanken, aber verschiedener Rücken- u. Bauchseite (von Pflanzenteilen u. Tieren). **dor|so..., Dor|so...,** vor Vokalen meist dors..., Dors... ⟨aus *lat.* dorsum „Rücken"⟩: Wortbildungselement mit der Bedeutung „den Rücken, die Rückseite betreffend, auf der Rückseite gelegen", z. B. dorsoplantar. **dor|so|an|te|ri|or:** mit dem Rücken nach vorn [liegend] (speziell von der Leibesfrucht bei Querlage; Med.). **Dors|ody|nie** *die;* -, ...ien ⟨zu ↑...odynie⟩: Rückenschmerz, Schmerzen im Bereich des Rückens (Med.). **dor|so|plan|tar** ⟨zu *lat.* planta „Fußsohle" u. ↑...ar (1)⟩: vom Fußrücken zur Fußsohle hin (Med.). **dor|so|po|ste|ri|or:** mit dem Rücken nach hinten (zum Rücken der Mutter hin) liegend (von der Leibesfrucht; Med.). **dor|so|ven|tral** [...v...]: vom Rücken zum Bauch hin gelegen (Biol., Med.). **dor|so|vo|lar:** vom Handrücken zur Hohlhand hin (Med.)

Dor|ste|nia *die;* -, ...ien [...iən] ⟨aus gleichbed. *nlat.* dorstenia, nach dem Arzt u. Botaniker T. Dorsten, 1492–1552⟩: Gattung der Maulbeergewächse in den Tropen

Do|ry|pho|ros *der;* - ⟨aus *gr.* doryphóros „Lanzenträger"⟩: berühmte Statue des griech. Bildhauers Polyklet

Dos *die;* -, Dotes [ˈdoːteːs] ⟨aus gleichbed. *lat.* dos, Gen. dotis, eigtl. „Gabe"⟩: Mitgift (Rechtsw.)

DOS ⟨Abk. für gleichbed. *engl.* disc operating system⟩: Diskettenverarbeitungssystem (Teilsystem des Computerbetriebssystems)

dos à dos [dozaˈdo] ⟨*fr.;* zu dos „Rücken", dies über *vulgärlat.* dossum aus gleichbed. *lat.* dorsum⟩: Rücken an Rücken (Ballett)

Do|sa|ge [doˈzaːʒ(ə)] *die;* -, -n ⟨aus *fr.* dosage „Dosierung, Zuteilung, Zubereitung" zu dose „Dosis", dies aus *mlat.* dosis, vgl. Dosis⟩: bei der Schaumweinbereitung Zusatz von gelöstem Zucker

Do|sar *der;* -s, -e ⟨aus dem Pers.⟩: Größenmaß (etwa 2,12 m) für einen pers. Vorleger u. Bez. für einen Teppich diesen Formats

do|sie|ren ⟨aus gleichbed. *fr.* doser zu dose „abgemessene Menge", dies aus *mlat.* dosis, vgl. Dosis⟩: [eine bestimmte Menge] ab-, zumessen. **Do|sie|rung** *die;* -, -en ⟨zu ↑...ierung⟩: Abgabe, Abmessung einer bestimmten Menge [eines Medikaments]. **Do|si|me|ter** *das;* -s, - ⟨zu ↑¹...meter⟩: Gerät zur Messung der vom Menschen aufgenommenen Menge an ↑ionisierenden Strahlen (z. B. Röntgenstrahlen). **Do|si|me|trie** *die;* - ⟨zu ↑...metrie⟩: 1. Messung der Energiemenge ↑ionisierender Strahlen (z. B. von Röntgenstrahlen). 2. Teilgebiet der Kernphysik, das sich [zum Strahlenschutz] mit der Dosimetrie (1) beschäftigt. **Do|si|me|trist** *der;* -en, -en ⟨zu ↑...ist⟩: Fachmann auf dem Gebiet der Dosimetrie. **Do|sis** *die;* -, ...sen ⟨über *mlat.* dosis „Gabe" aus gleichbed. *gr.* dósis⟩: 1. zugemessene [Arznei]menge. 2. kleine Menge. 3. Maß für die Menge der ↑ionisierenden Strahlen (z. B. Röntgenstrahlen). **Do|sis|äqui|va|lent** *das;* -[e]s, -e: Vergleichszahl für die relative Wirksamkeit verschiedener ↑ionisierender Strahlen

Dos|sier [dɔsˈjeː] *das,* veraltet *der;* -s, -s ⟨aus *fr.* dossier „Aktenbündel" zu dos „Rücken" (nach dem Rückenschild); vgl. dos à dos⟩: Akte, die alle zu einer Sache, einem Vorgang gehörenden Schriftstücke enthält, umfaßt. **Dos|sière** [dɔsˈjɛːr] *die;* -, -n [...rən] ⟨aus gleichbed. *fr.* dossière⟩: (veraltet) Trag-, Rückenriemen zum Tragen der Deichsel. **dos|sie|ren** ⟨zu *fr.* dossier „Rück(en)lehne" u. ↑...ieren⟩: abschrägen, böschen. **Dos|sie|rung** *die;* -, -en ⟨zu ↑...ierung⟩: flache Böschung

Do|tal|sy|stem *das;* -s ⟨zu *lat.* dotalis „zur Mitgift gehörig" u. ↑System⟩: System des ehelichen Güterrechts im röm. Recht, nach dem das Vermögen der Frau nach der Hochzeit in das des Mannes übergeht; vgl. Dos. **Do|tal|ver|mö|gen** *das;* -s, -: svw. Dos. **Do|tant** *der;* -en, -en ⟨zu *lat.* dotans, Gen. dotantis, Part. Präs. von dotare „ausstatten"⟩: chem. Element, das durch Dotierung (vgl. dotieren 2) in Halbleitermaterial eingebaut wird u. dessen elektrische Leitfähigkeit verändert. **Do|ta|ti|on** *die;* -, -en ⟨aus *mlat.* dotatio „Ausstattung" zu *lat.* dotare, vgl. dotieren⟩: 1. Schenkung, Ausstattung mit Vermögenswerten. 2. Mitgift; vgl. ...[at]ion/...ierung. **Do|tes** [...teːs]: Plur. von ↑Dos. **do|tie|ren** ⟨z. T. über gleichbed. *fr.* doter aus *lat.* dotare „ausstatten"⟩: 1. für etw. (z. B. für einen Preis, eine bestimmte gehobene Position od. Funktion) eine bestimmte Geldsumme ansetzen, geben. 2. (zur gezielten Veränderung der elektrischen Leitfähigkeit) Fremdatome in Halbleitermaterial einbauen (Phys.). **Do|tie|rung** *die;* -, -en ⟨zu ↑...ierung⟩: 1. das Dotieren. 2. Entgelt, Gehalt, bes. in gehobenen Angestelltenpositionen; vgl. ...[at]ion/...ierung

Dot|to|re *der;* -s, Plur. -s od. -n ⟨aus *it.* dottore „Doktor"⟩: komische Figur der ↑Commedia dell'arte, der pedantische Gelehrte. **Dot|to|rel|lo** *der;* -s, -s ⟨aus gleichbed. *it.* dottorello, eigtl. „Doktorchen", Verkleinerungsform von dottore⟩: (veraltet) Halbgebildeter, eingebildeter Mensch, der Bildung vortäuscht

Dou|aire [duɛr] *das;* -[s] ⟨aus gleichbed. *fr.* douaire, dies aus *mlat.* dotarium zu *lat.* dos, Gen. dotis (vgl. Dos) u. ↑...arium⟩: (veraltet) Wittum. **Dou|ai|rière** [duɛrˈjɛːr] *die;* -, -n [...rən] ⟨aus gleichbed. *fr.* douairière⟩: (veraltet) Frau mit Anspruch auf ein Wittum

Doua|ne [ˈduːa:nə] *die;* -, -n ⟨aus gleichbed. *fr.* douane, dies über älter *it.* doana aus *arab.* dīwān „Zollbüro" (vgl. Diwan)⟩: franz. Bez. für Zoll, Zollamt (auf Hinweisschildern an Grenzübergängen). **Doua|nier** [...ˈnjeː] *der;* -s, -s ⟨aus gleichbed. *fr.* douanier⟩: Zollaufseher, -beamter (in Frankreich)

dou|beln [ˈduːbl̩n] ⟨zu ↑Double⟩: a) die Rolle eines Filmschauspielers bei gefährlichen Szenen übernehmen; b) eine Szene mit einem Double (1 a) besetzen. **Dou|bla|ge** [du'blaːʒə] *die;* -, -n ⟨aus gleichbed. *fr.* doublage, eigtl. „das Verdoppeln", zu doubler, vgl. dublieren⟩: 1. Vorgang des filmischen ↑ Synchronisierens (3). 2. durch Synchronisieren (3) hergestelltes Werk. **Dou|ble** ['duːbl̩] *das;* -s, -s ⟨aus *fr.* double „doppelt; Doppelgänger", dies aus *lat.* duplus „doppelt"⟩: 1. a) Ersatzmann, der für den eigentlichen Darsteller eines Films bei Filmaufnahmen gefährliche Rollenpartien spielt; vgl. Stuntman, Stuntwoman; b) Doppelgänger. 2. Variation eines Satzes der ↑ Suite (4) durch Verdopplung der Notenwerte u. Verzierung der Oberstimme (Mus.). 3. svw. Doubleface (b). 4. Gewinn der Meisterschaft u. des Pokalwettbewerbs durch dieselbe Mannschaft in einem Jahr (Sport.). **Dou|blé** [du'bleː] vgl. Doublee. **Dou|ble-bind** ['dʌblbaɪnd] *das;* - ⟨aus *engl.* double bind „Zwickmühle", eigtl. „Doppelbindung"⟩: [Verwirrung u. Orientierungslosigkeit hervorrufende] Doppelbindung an widersprüchliche Informationen (Psychol.). **Dou|ble|face** ['duːblfaːs, auch 'dʌblfeɪs] *der* od. *das;* -, -s [...faːs, auch ...feɪsɪz] ⟨z. T. über *engl.* double-face aus gleichbed. *fr.* double-face, eigtl. „Doppelgesicht", zu face „Gesicht, Außenseite", dies aus *lat.* facies⟩: a) Gewebe aus [Halb]seide od. Chemiefasern mit verschiedenfarbigen Seiten, die beide nach außen getragen werden können; b) dickes Doppelgewebe aus Streichgarn für Wintermäntel. **Dou|ble time** ['dʌbl 'taɪm] *die;* - - ⟨aus gleichbed. *engl.* double time⟩: Verdoppelung des Tempos unter Beibehaltung der tatsächlichen Spieldauer im Jazz. **Dou|blet|te** [du...] vgl. Dublette. **Dou|bleur** [du'bløːɐ̯] *der;* -s, -e ⟨aus gleichbed. *fr.* doubleur zu doubler, vgl. dublieren⟩: svw. Dubliermaschine. **dou|blie|ren** [du...] vgl. dublieren. **Dou|blon** [du'blõ] *der;* -s, -s ⟨aus gleichbed. *fr.* doublon, dies aus *span.* doblón, eigtl. „Doppelstück", zu doble „doppelt"⟩: franz. Form von ↑ Dublone. **Dou|blu|re** [du'blyːra] vgl. Dublüre. **dou|ce|ment** [dusəˈmãː] ⟨*fr.;* zu ↑ doux⟩: sanft, weich, zart, lieblich. **Dou|ceur** [du'søːɐ̯] *das;* -s, -s ⟨aus *fr.* douceur „Süßigkeit" zu doux „süß", dies aus *lat.* dulcis „süß, lieblich"⟩: (veraltet) 1. Süßigkeit. 2. Geschenk, Trinkgeld. **Dou|glas|fich|te** ['duːglas...] *die;* -, -n: svw. Douglasie. **Dou|gla|sie** [duˈglaːzi̯ə] *die;* -, -n ⟨aus gleichbed. *nlat.* douglasia, nach dem schott. Botaniker D. Douglas, 1798 bis 1834⟩: schnellwachsender Nadelbaum Nordamerikas **Dou|glas|raum** ['daglas...] *der;* -s ⟨nach dem schott. Arzt J. Douglas, 1675–1742⟩: Bauchfellgrube zwischen Mastdarm u. Blase bzw. Gebärmutter (Med.). **Dou|glas|skop** [daglas...] *das;* -s, -e ⟨...skop⟩: ↑ Endoskop zur Betrachtung des Douglasraums (Med.). **Dou|glas|sko|pie** *die;* -, ...ien ⟨zu ↑ ...skopie⟩: Untersuchung des Douglasraums mittels ↑ Endoskops von der Scheide her (Med.) **Dou|glas|tan|ne** ['duːglas...] *die;* -, -n ⟨zu ↑ Douglasie⟩: svw. Douglasie **Douil|lette** [duˈjɛt] *die;* -, -n [...tn̩] ⟨aus gleichbed. *fr.* douillette zu älter *fr.* doille „weich; zart" (vgl. doux), dies aus *lat.* ductilis „ziehbar, dehnbar"⟩: (veraltet) wattierter, gesteppter Damenmantel, wattiertes Kleid. **douil|let|tie|ren** [dujɛ...] ⟨aus gleichbed. *fr.* douilletter, eigtl. „verweichlichen, verzärteln"⟩: (veraltet) weich einhüllen **Dou|pi|on** [duˈpi̯õ] *der* od. *das;* -[s] ⟨aus gleichbed. *fr.* doupion⟩: naturseidenähnliches Noppengewebe **Dou|ri|ne** [du'riːnə] u. (eindeutschend) Durine *die;* -, -n ⟨aus gleichbed. *fr.* dourine, weitere Herkunft unsicher⟩: durch ↑ Trypanosomen verursachte Geschlechtskrankheit von Pferd u. Esel; Beschälseuche **do ut des** ⟨*lat.;* „ich gebe, damit du gibst"⟩: 1. altröm.

Rechtsformel für gegenseitige Verträge od. Austauschgeschäfte. 2. man gibt etwas, damit man selbst etwas bekommt **Dou|teur** [duˈtøːr] *der;* -s, -e ⟨aus gleichbed. *fr.* douteur zu douter, vgl. doutieren⟩: (veraltet) Zweifler. **dou|tie|ren** [du...] ⟨aus gleichbed. *fr.* douter, dies aus *lat.* dubitare⟩: (veraltet) zweifeln **doux** [duː] ⟨*fr.;* aus gleichbed. *lat.* dulcis⟩: lieblich **Dow-Jones-In|dex** ['daʊˈdʒoʊnz...] *der;* -[es] ⟨nach den amerik. Wirtschaftsjournalisten Ch. H. Dow (1851–1902) u. E. D. Jones (1856–1920)⟩: Aufstellung der errechneten Durchschnittskurse von Aktien in den USA (Wirtsch.) **Dow|las** ['daʊləs] *das;* - ⟨aus gleichbed. *engl.* dowlas; nach der franz. Stadt Daoulas, wo es zuerst hergestellt wurde⟩: dichtes, gebleichtes Baumwollgewebe für Wäsche u. Schürzen **down** [daʊn] ⟨aus gleichbed. *engl.* down, eigtl. „hinunter"⟩: 1. (ugs.) a) niedergeschlagen, bedrückt; b) erschöpft, zerschlagen (nach einer Anstrengung). 2. nieder!, leg dich! (Befehl an Hunde). **Dow|ner** ['daʊnə] *der;* -s, - ⟨zu ↑ down⟩: (Jargon) svw. Tranquilizer **Down|hill|va|ri|zen** ['daʊnhilva...] *die* (Plur.) ⟨zu *engl.* downhill „bergab" u. ↑ Varix⟩: ↑ Varizen der Speiseröhre (Med.) **Dow|ning Street** ['daʊnɪŋ 'striːt] *die;* - - ⟨nach der gleichnamigen Straße in London; benannt nach dem engl. Diplomaten Sir George Downing, 1624–1684⟩: Amtssitz des brit. Premierministers u. des Außenministeriums **Down-Syn|drom** ['daʊn...] *das;* -s ⟨nach dem brit. Arzt J. L. H. Down, 1828–1896⟩: svw. Mongolismus **Down|town** ['daʊntaʊn] *die;* -, -s ⟨aus gleichbed. *amerik.* downtown zu ↑ down u. *engl.* town „Stadt"⟩: in Nordamerika Bez. für Stadtzentrum, Innenstadt **Do|xa** *die;* - ⟨aus *gr.* dóxa „Ansicht, Meinung; Glaube"⟩: 1. die Meinung als Mittlerin zwischen Wissen u. Nichtwissen (Philos.). 2. die überweltliche Majestät Gottes; die göttliche Wirklichkeit (Rel.). **Do|xa|le** *das;* -s, -s ⟨aus gleichbed. *mlat.* doxale⟩: Gitter zwischen Chor u. Mittelschiff, bes. in barocken Kirchen. **do|xo..., Do|xo...** ⟨zu *gr.* dóxa, vgl. Doxa⟩: Wortbildungselement mit der Bedeutung „Glaube, Meinung; Einbildung", z. B. doxogen, Doxographie. **do|xo|gen** ⟨zu ↑ ...gen⟩: durch Einbildung hervorgerufen, entstanden (von Krankheiten; Med.). **Do|xo|graph** *der;* -en, -en ⟨zu ↑ ...graph⟩: einer der griech. Gelehrten, die die Lehren der Philosophen nach Problemen geordnet sammelten. **Do|xo|gra|phie** *die;* -, ...ien ⟨zu ↑ ...graphie⟩: seit Aristoteles übliche Bez. für die systematische od. chronologische Darstellung der älteren griech. philosophischen Lehren. **Do|xo|lo|gie** *die;* -, ...ien ⟨über *kirchenlat.* doxologia aus *gr.* doxología „das Rühmen"⟩: Lobpreisung, Verherrlichung Gottes od. der Dreifaltigkeit, bes. im ↑ ²Gloria. **do|xo|lo|gisch**: die Doxologie betreffend. **Do|xo|ma|nie** *die;* - ⟨aus gleichbed. *gr.* doxomanía⟩: (veraltet) Ruhmsucht. **Do|xo|so|phie** *die;* - ⟨aus *gr.* doxosophía „Scheinweisheit"⟩: (veraltet) Weisheitsdünkel **Doy|en** [doaˈjɛ̃ː] *der;* -s, -s ⟨aus *fr.* doyen „Dekan, Ältester", dies aus *lat.* decanus vgl. Dekan⟩: 1. der Sprecher des diplomatischen Korps. **Doy|enne** [...jɛn] *die;* -, -n [...nən] ⟨aus gleichbed. *fr.* doyenne⟩: weibliche Form zu ↑ Doyen **Do|zẹnt** *der;* -en, -en ⟨aus *lat.* docens, Gen. docentis „Lehrender", Part. Präs. von docere, vgl. dozieren⟩: a) Lehrbeauftragter an hochschulähnlichen, nicht allgemeinbildenden Schulen; b) Lehrbeauftragter an einer Universität [der sich habilitiert hat, aber noch nicht zum Professor ernannt ist]. **Do|zẹn|tin** *die;* -, -nen: weibliche Form zu ↑ Dozent.

Do|zen|tur *die;* -, -en ⟨aus *nlat.* docentura „Lehrauftrag" zu *lat.* docere, vgl. dozieren⟩: a) akademischer Lehrauftrag; b) Stelle für einen Dozenten. **do|zie|ren** ⟨aus *lat.* docere „lehren, als Lehre vortragen"⟩: a) an einer Hochschule lehren; b) in belehrendem Ton reden. **do|zil** ⟨aus gleichbed. *lat.* docilis⟩: (veraltet) gelehrig. **Do|zi|li|tät** *die;* - ⟨aus gleichbed. *lat.* docilitas, Gen. docilitatis⟩: (veraltet) Gelehrigkeit, Folgsamkeit

Drach|me *die;* -, -n ⟨aus *gr.* drachmḗ (griech. Gewichts- u. Münzbezeichnung), eigtl. „eine Handvoll" (Münzen)⟩: 1. griech. Währungseinheit. 2. altes Apothekergewicht. 3. altgriech. Silbermünze

Dra|gée, Dra|gee [dra'ʒe:] *das;* -s, -s ⟨aus *fr.* dragée „Zuckerwerk", dies über *lat.* tragemata (Plur.) aus *gr.* tragḗmata (Plur.) „Naschwerk" zu *gr.* trṓgein „nagen, essen"⟩: 1. mit einem Glanzüberzug versehene Süßigkeit, die eine feste oder flüssige Masse enthält. 2. linsenförmige Arznei, die aus einem Arzneimittel mit einem geschmacksverbessernden Überzug besteht. **Dra|geoir** [...'ʒoa:ɐ̯] *der;* -s, -s ⟨aus gleichbed. *fr.* drageoir, eigtl. „Bonbonniere, Konfektbüchse"⟩: (veraltet) Schale od. Dose aus Silber, Kristall od. Porzellan für Süßigkeiten. **Dra|geur** [...'ʒøːɐ̯] *der;* -s, -e ⟨zu ↑...eur⟩: jmd., der Dragées herstellt. **dra|gie|ren** [...'ʒiː...] ⟨zu ↑...ieren⟩: Dragées herstellen. **Dra|gist** [...'ʒɪst] *der;* -en, -en ⟨zu ↑...ist⟩: svw. Drageur

Drag|line ['dræglaɪn] *der;* -, -s ⟨aus gleichbed. *engl.* dragline zu to drag „schleppen" u. line „Reihe, Linie"⟩: Schleppschaufel- od. Schürfkübelbagger

Dra|go|man [auch drago'maːn] *der;* -s, -e ⟨aus *it.* dragomanno „Dolmetscher", dies aus gleichbed. *arab.* targumān, turǧumān⟩: Dolmetscher, Übersetzer im Nahen Osten, bes. für Arabisch, Türkisch u. Persisch

Dra|gon u. **Dragun** *der* od. *das;* -s ⟨aus älter *fr.* targon zu *mlat.* tarc(h)on, vgl. Estragon⟩: svw. Estragon

Dra|go|na|de *die;* -, -n ⟨aus gleichbed. *fr.* dragonnade; vgl. Dragoner u. ...ade⟩: a) unter Ludwig XIV. angeordnete Gewaltmaßnahme zur Bekehrung der franz. Protestanten durch Einquartierung von Dragonern; b) gewaltsame Maßregel. **Dra|go|ner** *der;* -s, - ⟨aus *fr.* dragon „leichter Reiter" (urspr. Bez. einer Handfeuerwaffe), dies über *lat.* draco aus *gr.* drákōn „Drache"⟩: 1. a) Kavallerist auf leichterem Pferd, leichter Reiter; b) (ugs.) stämmige, energische Frau. 2. (österr.) Rückenspange am Rock od. am Mantel

Drag ra|cing ['dræg 'reɪsɪŋ] *das;* - -s ⟨aus gleichbed. *engl.* drag racing zu *amerik.* (Jargon) dragster „frisiertes Auto" u. *engl.* to race „rennen"⟩: Beschleunigungsrennen auf kurzen Strecken mit hochgezüchteten Fahrzeugen vor allem in den USA

Dra|gun vgl. Dragon

drail|lie|ren [dra'jiː...] ⟨französierende Bildung zu *dt.* drall; vgl. ...ieren⟩: (veraltet) Fäden verdrillen, zwirnen

Drain [drɛ:] u. **Drän** *der;* -s, -s ⟨über *fr.* drain aus gleichbed. *engl.* drain zu to drain „ableiten, abfließen lassen", eigtl. „austrocknen"⟩: 1. Röhrchen aus Gummi od. anderem Material mit seitlichen Öffnungen (Med.); vgl. Drainage (2). 2. svw. Drän (1). 3. sammelnde Ausgangsdiode für den Strom beim Feldeffekttransistor. **Drai|na|ge** u. **Dränage** [drɛ'naːʒə] *die;* -, -n ⟨aus gleichbed. *fr.* drainage⟩: 1. svw. Dränung. 2. Ableitung von Wundabsonderungen (z. B. Eiter) durch Drains od. einfache Gazestreifen (Med.). **Draineur** [...'nøːɐ̯] vgl. Dräneur. **drai|nie|ren** u. **dränieren** ⟨aus gleichbed. *fr.* drainer⟩: Wundabsonderungen durch Drains oder einfach Gazestreifen ableiten (Med.)

Drai|si|ne *die;* -, -n ⟨nach dem dt. Erfinder K. F. Drais Frh. v. Sauerbronn (1785–1851) u. zu ↑...ine⟩: 1. Vorläufer des Fahrrads, Laufrad. 2. kleines Schienenfahrzeug zur Streckenkontrolle

dra|ko|nisch ⟨nach dem altgriech. Gesetzgeber Drakon (gr. Drákōn, eigtl. „Drache"), der durch seine harte Gesetzgebung für Athen (621 v. Chr.) bekannt wurde⟩: sehr streng, hart (in bezug auf Maßnahmen u. ä., die von einer Instanz ausgehen)

Dra|ko|nit [auch ...'nɪt] *der;* -s, -e ⟨zu ↑drakonitisch; vgl. ²...it⟩: Drachenstein, Versteinerung mit sternförmigen Zeichnungen. **dra|ko|ni|tisch** ⟨aus gleichbed. *nlat.* draconiticus zu *lat.* draco „Drache, Wurm", dies aus *gr.* drákōn, Gen. drakóntos⟩: auf die Knoten der Mondbahn, die Drachenpunkte, bezogen; -er Monat: Zeit zwischen zwei aufeinanderfolgenden Durchgängen des Mondes durch seinen aufsteigenden Knoten. **Dra|kon|tia|sis** *die;* -, ...iasen ⟨zu ↑...iasis⟩: svw. Drakunkulose. **Dra|ko|ru|bin** *das;* -s: rotbrauner Farbstoff des Drachenbluts (Harz der Rohrpalme). **Dra|kun|ku|lo|se** *die;* -, -n ⟨zu *lat.* dracunculus „kleine Schlange" (Verkleinerungsform von draco, vgl. drakonitisch). u. ↑¹...ose⟩: Wurmkrankheit des Menschen, die durch einen (im Unterhautbindegewebe schmarotzenden) Fadenwurm hervorgerufen wird

Dra|lon ⓌⓏ *das;* -[s] ⟨Kunstw.; vgl. ³...on⟩: synthetische Faser

Dra|ma *das;* -s, ...men ⟨über *spätlat.* drama aus gleichbed. *gr.* drāma, eigtl. „Handlung, Geschehen"⟩: 1. a) (ohne Plur.) Bühnendichtung (Lustspiel, Trauerspiel) als literarische Kunstform; b) ernstes Schauspiel mit spannungsreichem Geschehen. 2. erschütterndes od. trauriges Geschehen. **Dra|ma|tik** *die;* - ⟨zu ↑²...ik (2)⟩: 1. dramatische Dichtkunst; vgl. Epik, Lyrik. 2. Spannung, innere Bewegtheit. **Dra|ma|ti|ker** *der;* -s, -: dramatischer Dichter, Verfasser eines Dramas (1b); vgl. Epiker, Lyriker. **dra|ma|tisch** ⟨über *spätlat.* dramaticos aus *gr.* dramatikós „zum Drama gehörend"⟩: 1. a) im Drama vorkommend; b) in Dramenform abgefaßt; c) das Drama (1 a) betreffend; vgl. episch, lyrisch. 2. aufregend, spannend. **dra|ma|ti|sie|ren** ⟨zu ↑...isieren⟩: 1. einen literarischen Stoff als Drama für die Bühne bearbeiten. 2. etwas lebhafter, aufregender darstellen, als es in Wirklichkeit ist. **Dra|ma|ti|sie|rung** *die;* -, -en ⟨zu ↑...isierung⟩: bühnengerechte Bearbeitung einer Dichtung, eines Dramas. **Dra|ma|tis per|so|nae** [- ...nɛ] *die* (Plur.) ⟨*lat.*⟩: die Personen, die in einem Drama (1 b) auftreten. **Dra|ma|turg** *der;* -en, -en ⟨aus *gr.* dramatourgós „Schauspielmacher, -dichter" zu drāma (vgl. Drama) u. érgon „Werk"⟩: literarischer Berater am Theater, bei Funk u. Fernsehen, zuständig für die Auswahl u. die Realisierung der Stücke. **Dra|ma|tur|gie** *die;* -, ...ien ⟨aus gleichbed. *gr.* dramatourgía⟩: 1. Lehre von der äußeren Bauform u. den Gesetzmäßigkeiten der inneren Struktur des Dramas, bes. im Hinblick auf die praktische Realisierung. 2. Bearbeitung u. Gestaltung eines Dramas, Hörspiels, [Fernseh]films o. ä. 3. Abteilung der beim Theater, Funk od. Fernsehen beschäftigten Dramaturgen u. Dramaturginnen. **Dra|ma|tur|gin** *die;* -, -nen: weibliche Form zu ↑Dramaturg. **dra|ma|tur|gisch**: die Bearbeitung eines Dramas betreffend. **Drame ly|rique** [dramli'rik] *das;* - -, -s -s ⟨aus *fr.* drame lyrique „lyrisches Drama"⟩: franz. Operntyp des 19. Jh.s. **Dram|ma gio|co|so** [- dʒo'koːso] *das;* - -, ...me ...se ⟨aus *it.* dramma giocoso „heiteres Schauspiel"⟩: im 18. Jh. häufige Bez. für eine Oper, in der ein komischer Inhalt mit tragischen Elementen durchsetzt ist. **Dram|ma per mu|si|ca** [- - ...ka] *das;* - - -, ...me - - ⟨aus *it.* dramma per musica, eigtl. „Drama für Musik"⟩: ital.

Bez. für Oper, musikalisches Drama. **Dram|ma sa|cro** [-...kro] *das;* - -, ...me sacri ⟨aus *it.* dramma sacro „heiliges (geistliches) Drama"⟩: die ital. geistliche Oper des 17. Jh.s. **Dra|mo|lẹtt** *das;* -s, Plur. -e auch -s ⟨französierende Bildung zu ↑Drama; vgl. ...ett⟩: kurzes, dramenartiges Theaterstück

Drän *der;* -s, Plur. -s u. -e ⟨eingedeutschte Form von ↑Drain⟩: 1. Entwässerungsgraben, -röhre. 2. svw. Drain (1). **Drä|na|ge** [...ʒə] *die;* -, -n ⟨zu ↑...age⟩: 1. svw. Dränung. 2. svw. Drainage (2). **Drä|neur** [...'nø:ɐ̯] *der;* -s, -e ⟨aus gleichbed. *fr.* draineur⟩: (veraltet) Dränierer, jmd., der Boden durch Dränung entwässert. **drä|nie|ren** ⟨zu ↑Drän u. ↑...ieren⟩: 1. Boden durch Dränung entwässern. 2. svw. drainieren. **Drä|nie|rung** *die;* -, -en ⟨zu ↑...ierung⟩: svw. Dränung. **Drän|sy|stem** *das;* -s, -e: System von Rohren, Gräben o. ä., das der Dränung dient. **Drä|nung** *die;* -, -en: Entwässerung des Bodens durch Röhren- od. Grabensysteme, die das überschüssige Wasser sammeln u. ableiten

Drap [dra] *der;* - ⟨aus *fr.* drap „Tuch", dies aus gleichbed. *vulgärlat.* drappus⟩: festes Wollgewebe

Dra|pa *die;* -, Drapur ⟨aus gleichbed. *altnord.* drapa⟩: altnord. Gedichtform (Lobgedicht) des 10.–13. Jh.s

Drap cuir [dra'kÿir] *der;* - - ⟨aus gleichbed. *fr.* drap cuir, eigtl. „Ledertuch", zu drap (vgl. Drap) u. cuir „Leder", dies aus *lat.* corium⟩: ein lederähnlich aussehendes Gewebe. **Dra|pé** [dra'pe:] *der;* -s, -s ⟨aus gleichbed. *fr.* drapé, eigtl. „dicht (gewebt)", zu drap, vgl. Drap⟩: Herrenanzugstoff aus Kammgarn od. Streichgarn in Atlasbindung (eine Webart). **Dra|peau** [...'po:] *das;* -s, -s ⟨aus gleichbed. *fr.* drapeau⟩: (veraltet) Fahne, Banner. **Dra|pe|rie** *die;* -, ...ien ⟨aus gleichbed. *fr.* draperie zu draper, vgl. drapieren⟩: 1. kunstvoller Faltenwurf eines Vorhangs od. Kleides. 2. strahlenförmiges Nordlicht. **Dra|pier** [drap'je:] *der;* -s, -s ⟨aus *fr.* drapier „Tuchmacher"⟩: Kleidermeister bei den Ritterorden, bes. der Gewandmeister für nichtmilitärische Bekleidung des Deutschen Ordens. **Dra|pière** [...'jɛ:r] *die;* -, -n [...rən] ⟨aus gleichbed. *fr.* drapière⟩: Tuchnadel, Packnadel. **dra|pie|ren** ⟨aus gleichbed. *fr.* draper zu drap, vgl. Drap⟩: 1. kunstvoll in Falten legen. 2. mit kunstvoll gefaltetem Stoff behängen, schmücken. **drapp|far|big**: sandfarben (von Stoffen)

Dra|pur: Plur. von ↑Drapa

Dra|stik *die;* - ⟨zu ↑drastisch u. ↑²...ik (3)⟩: derbe Anschaulichkeit u. Direktheit. **Dra|sti|kum** *das;* -s, ...ka ⟨zu ↑...ikum⟩: starkes Abführmittel. **dra|stisch** ⟨aus *gr.* drastikós „tatkräftig, wirksam" zu drän „tun, handeln"⟩: a) sehr anschaulich-derb [und auf diese Weise sehr wirksam]; b) sehr stark, deutlich in seiner [negativen] [Aus]wirkung spürbar

Dra|vit [...'vi:t, auch ...'vɪt] *der;* -s, -e ⟨nach dem Fundort an der Drava (Drau), einem Nebenfluß der Donau, u. zu ↑²...it⟩: magnesiumreiche Abart des ↑Turmalins

Draw-a-man-Test ['drɔː'mæn...] *der;* -s, Plur. -s, auch -e ⟨engl. draw a man „zeichne einen Menschen" u. ↑Test⟩: sprachfreier Intelligenztest für Kinder von 3–13 Jahren, der im thematischen Zeichnen eines Menschen ohne weitere Anweisung besteht u. dessen Darstellung nach einer standardisierten Liste ausgewertet wird (Psychol.)

Draw|back ['drɔːbæk] *der;* -[s], -s ⟨aus gleichbed. *engl.* drawback, eigtl. „Nachteil"⟩: Rückvergütung von zuviel bezahltem Zoll

dra|wi|disch ⟨nach der Völkergruppe der Drawida in Mittel- u. Südindien⟩: die Drawida betreffend, zu ihr gehörend; -e Sprachen: in Südvorderindien gesprochene ind. Sprachgruppe, z. B. Tamil

Draw|ing-room ['drɔːɪŋrʊm] *der;* -s, -s ⟨aus gleichbed. *engl.* drawing-room, eigtl. „Zimmer, in das man sich zurückzieht"⟩: Empfangs- u. Gesellschaftszimmer in England

Dra|zä|ne *die;* -, -n ⟨über gleichbed. *nlat.* dracaena aus *gr.* drákaina „weiblicher Drache"⟩: Drachenbaum (zu den Liliengewächsen gehörende Zimmerblattpflanze)

Dread|locks ['drɛd...] *die* (Plur.) ⟨aus gleichbed. *engl.* dread locks, eigtl. „schreckliche Haarsträhnen"⟩: aus dünnen Haarsträhnen geflochtene kleine Zöpfchen. **Dread|nought** [...nɔːt] *der;* -s, -s ⟨aus gleichbed. *engl.* dreadnought, eigtl. „Fürchtenichts"⟩: ehemaliges engl. Großkampfschiff

Dreamy-state ['driːmɪˈsteɪt] *der;* -[s], -s ⟨aus *engl.* dreamy state „träumerischer Zustand"⟩: träumerischer Zustand eines Kranken (z. B. bei ↑Epilepsie; Med.)

Dred|sche *die;* -, -n ⟨aus gleichbed. *engl.* dredge⟩: Schleppnetz zum Einsammeln von Austern o. ä.

Dre|pa|non *das;* -, ...na ⟨aus gleichbed. *gr.* drépanon⟩: (veraltet) Sichel, krummes Messer. **Dre|pa|no|zyt** *der;* -en, -en (meist Plur.) ⟨zu ↑...zyt⟩: Sichelzelle, krankhaft verändertes rotes Blutkörperchen (Med.)

Dreß *der;* Dresses, Dresse, österr. auch *die;* -, Dressen ⟨aus *engl.* dress „Kleidung" zu dress „herrichten, aufmachen"; vgl. dressieren⟩: besondere Kleidung (z. B. Sportkleidung). **Dres|sat** *das;* -[e]s, -e ⟨zu ↑dressieren u. ↑...at (1)⟩: 1. Ergebnis einer Tierdressur. 2. zur automat. Gewohnheit gewordene anerzogene Verhaltens-, Reaktionsweise (Psychol.). **Dres|seur** [...'sø:ɐ̯] *der;* -s, -e ⟨aus gleichbed. *fr.* dresseur⟩: jmd., der Tiere dressiert, abrichtet. **dres|sie|ren** ⟨aus *fr.* dresser „abrichten", eigtl. „aufrichten, aufmachen", dies aus *vulgärlat.* *directiare zu *lat.* dirigere „geraderichten"; vgl. dirigieren⟩: 1. a) Tiere abrichten; b) (abwertend) jmdn. durch ↑Disziplinierung zu einer bestimmten Verhaltensweise bringen. 2. Speisen, bes. Fleischgerichte, kunstvoll anrichten. 3. Hüte unter Dampf in der Hutpresse formen. 4. Schappeseide kämmen (Spinnerei). 5. nachwalzen (Techn.). 6. (ugs.) drängeln. **Dressing** *das;* -s, -s ⟨aus gleichbed. *engl.* dressing zu dress „herrichten"; vgl. Dreß⟩: 1. Soße od. [würzige] Zutat für bestimmte Gerichte (z. B. Salate). 2. Kräuter- od. Gewürzmischung für [Geflügel]bratenfüllungen. **Dres|sing-gown** [...gaʊn] *der,* auch *das;* -s, -s ⟨aus *engl.* dressing-gown „Bademantel"⟩: Morgenrock. **Dress|man** ['drɛsmən] *der;* -s, ...men ⟨anglisierende Bildung zu *engl.* dress „Kleidung" u. man „Mann"⟩: 1. a) männliche Person, die auf Modeschauen Herrenkleidung vorführt; vgl. Mannequin; b) männliches Fotomodell. 2. (verhüllend in Anzeigen) junger Mann, der sich homosexuell prostituiert. **Dres|soir** [drɛ'soaːr] *der;* -s, -s ⟨aus gleichbed. *fr.* dressoir⟩: Anrichte, meist reichgeschnitztes Möbelstück des 15. u. 16. Jh.s mit offenem Untergestell u. Kastenaufsatz zur Aufbewahrung des Tischgeräts. **Dres|sur** *die;* -, -en ⟨zu ↑dressieren u. ↑...ur⟩: 1. das Abrichten von Tieren. 2. Kunststück des dressierten Tieres

Drib|bel *der;* -s - ⟨zu ↑dribbeln⟩: svw. Dribbling. **drib|beln** ⟨aus gleichbed. *engl.* to dribble, eigtl. „tröpfeln, tröpfchenweise vorwärtsbringen"⟩: den Ball, die Scheibe (beim Hockey) durch kurze Stöße [über größere Strecken] vorwärts treiben [u. dabei zur Täuschung des Gegners die Richtung ändern, um den Gegner zu umspielen] (Sport). **Drib|b|ler** *der;* -s, -: Spieler, der [gut] zu dribbeln versteht. **Drib|b|ling** *das;* -s, -s ⟨zu ↑...ing⟩: das Dribbeln

Drink *der;* -[s], -s ⟨aus *engl.* drink „Getränk"⟩: alkoholisches [Misch]getränk

Drive [draɪf, engl. draɪv] *der;* -s, -s ⟨aus *engl.* drive zu drive „(an)treiben; fahren"⟩: 1. a) Schwung, Leben-

digkeit, Dynamik; b) Neigung, starker Drang, Tendenz. 2. besonderer Schlag (Treibschlag) beim Golfspiel u. Tennis. 3. Steigerung der rhythmischen Intensität u. Spannung im Jazz mittels Beat od. Break. **Drive-in-Ki|no** *das;* -s, -s ⟨zu *engl.* to drive in „(mit dem Auto) hineinfahren"; vgl. Drive⟩: svw. Autokino. **Drive-in-Re|stau|rant** *das;* -s, -s: Schnellgaststätte für Autofahrer mit Bedienung am Fahrzeug. **Drive-in-Store** *der;* -[s], -s ⟨zu ↑ ²Store⟩: vor allem in den USA verbreiteter Betriebstyp des Handels u. anderer Dienstleistungen. **dri|ven** ['draivən] ⟨aus *engl.* to drive „treiben, forttreiben"⟩: einen Treibball spielen (bes. Golf). **Dri|ver** ['draivɐ] *der;* -s, - ⟨aus gleichbed. *engl.* driver, eigtl. „Treiber"⟩: Golfschläger für Abschlag u. Treibschlag
Dro|ge *die;* -, -n ⟨aus gleichbed. *fr.* drogue, dies aus *niederl.* droge, *niederl.* droog „trocken"⟩: 1. Rauschgift. 2. (durch Trocknen haltbar gemachter) pflanzlicher od. tierischer Stoff, der als Arznei-, Gewürzmittel u. für technische Zwecke verwendet wird. **Dro|gen|ma|fia** *die;* -, -s ⟨zu ↑...mafia⟩: die Drogenszene beherrschende kriminelle Organisation. **Dro|gen|sze|ne** *die;* - ⟨zu ↑...szene⟩: Milieu der Rauschgiftsüchtigen u. -händler. **Dro|ge|rie** *die;* -, ...ien ⟨aus gleichbed. *fr.* droguerie⟩: Einzelhandelsgeschäft zum Verkauf von bestimmten, nicht apothekenpflichtigen Heilmitteln, Chemikalien u. kosmetischen Artikeln. **Dro|gist** *der;* -en, -en ⟨aus gleichbed. *fr.* droguiste⟩: Besitzer od. Angestellter einer Drogerie mit spezieller Ausbildung
Dro|le|rie *die;* -, ...ien ⟨aus *fr.* drôlerie „Spaß, Scherz, lustiger Streich" zu drôle „lustiger Bursche", dies aus *niederl.* drol „Spaßmacher", eigtl. „rundgedrehter Kegel"⟩: lustige Darstellung von Menschen, Tieren u. Fabelwesen in der ↑ Gotik
Dro|me|dar [auch ...'da:ɐ̯] *das;* -s, -e ⟨über *altfr.* dromedaire aus *lat.* dromedarius (camelus) „Renner, Rennkamel", dies zu dromas „laufend" aus *gr.* dromás⟩: einhöckeriges Kamel in Nordafrika u. Arabien
Drom|me|te *die;* -, -n ⟨Mischform aus *altfr.* trompete u. *mhd.* trumme „Trompete"; vgl. Trompete⟩: (veraltet) Trompete
Dro|mo|ma|nie *die;* -, ...ien ⟨zu *gr.* drómos „Lauf" u. ↑...manie⟩: krankhafter Lauftrieb (Psychol., Med.). **Dromo|ne** *die;* -, Plur. -n u. -s ⟨aus gleichbed. *spätgr.* drómōn, eigtl. „Läufer"⟩: schnelles Ruderkriegsschiff des früheren Mittelalters. **Dro|mos** *der;* -, ...moi [...mɔy] ⟨aus gleichbed. *gr.* drómos⟩: 1. a) Lauf, Wettlauf bei den altgriech. Kampfspielen; b) Rennbahn im antiken Griechenland. 2. Zugangsweg unterschiedlicher Länge u. Breite zu Kammer- u. Kuppelgräbern (z. B. bei mykenischen Grabanlagen)
Dron|go *der;* -s, -s ⟨aus gleichbed. *engl.* drongo, dies aus dem Malagassischen⟩: ein vor allem in Afrika, Madagaskar, Südostasien u. Australien verbreiteter Singvogel
Dron|te *die;* -, -n ⟨über gleichbed. *fr.* dronte aus dem Indones.⟩: (im 17. Jh. ausgestorbener) flugunfähiger Kranichvogel
Dro|pax *der;* -es, -e ⟨aus gleichbed. *gr.* drōpax, Gen. drōpakos zu drépein „herausziehen"⟩: (veraltet) Pechpflaster, Zugpflaster. **Dro|pa|zis|mus** *der;* -, ...men ⟨zu ↑...ismus (2)⟩: (veraltet) das Herausziehen mittels eines Zugpflasters (z. B. von Eiter)
Drop|kick *der;* -s, -s ⟨aus gleichbed. *engl.* drop-kick zu drop „das (Herab)fallen" u. kick „Schuß mit dem Ball"⟩: Schuß (bes. beim Fußball), bei dem der Ball in dem Augenblick gespielt wird, in dem er auf den Boden aufprallt. **Drop-out** [...aut] *der;* -[s], -s ⟨zu *engl.* to drop out „herausfallen, ausscheiden"⟩: 1. jmd., der aus der sozialen Gruppe ausbricht, in die er integriert war (z. B. Studienabbrecher od.

Jugendliche, die die elterliche Familie verlassen). 2. a) Signalausfall bei der Datenspeicherung auf Magnetband (EDV); b) durch unbeschichtete Stellen im Magnettonband od. Schmutz zwischen Band u. Tonkopf verursachtes Aussetzen in der Schallaufzeichnung (Techn.). **drop|pen** ⟨nach *engl.* to drop „(herab)tropfen lassen"⟩: einen neuen Ball ins Spiel bringen, indem man ihn in bestimmter Weise fallen läßt (Golf). **Drop|per** *der;* -s, - ⟨aus *engl.* dropper, eigtl. „Tropfer"⟩: svw. Dropshot. **¹Drops** *der,* auch *das;* -, Plur. - u. -e (meist Plur.) ⟨aus *engl.* drops „Fruchtbonbon", eigtl. „Tropfen"⟩: meist mit mehreren anderen in einer Rolle verpackter, [ungefüllter] kleiner, flacher, runder u. säuerlicher Fruchtbonbon. **²Drops** *der;* -, Plur. - u. -e ⟨zu ↑ ¹Drops⟩: (ugs.) jmd., der durch sein Wesen, Benehmen auffällt, z. B. das ist ein ulkiger -. **Dropshot** [...ʃɔt] *der;* -[s], -s ⟨aus *engl.* drop-shot „Stoppball", eigtl. „Tropfschuß"⟩: in Netznähe ausgeführter Schlag beim [Tisch]tennis, bei dem sich der Schläger leicht rückwärts bewegt, so daß der Ball kurz hinter dem Netz fast senkrecht herunterkommt
Drosch|ke *die;* -, -n ⟨aus *russ.* drožki „leichter Wagen"⟩: 1. leichtes ein- oder zweispänniges Mietfuhrwerk, das Personen beförderte. 2. (veraltet) Taxe, Autodroschke
Dro|se|ra *die;* -, ...rae [...rɛ] ⟨aus gleichbed. *nlat.* drosera zu *gr.* droserós „tauig, betaut" (wegen der Ähnlichkeit der klebigen Sekrettropfen an den Blättern mit Tautropfen)⟩: Sonnentau (fleischfressende Pflanze). **Dro|so|graph** *der;* -en, -en ⟨zu *gr.* drósos „Tau" u. ↑...graph⟩: automatisches Taumeßgerät (Meteor.). **Dro|so|me|ter** *das;* -s, - ⟨zu ↑¹...meter⟩: Taumeßgerät (Meteor.). **Dro|so|me|trie** *die;* - ⟨zu ↑...metrie⟩: Taumessung. **Dro|so|phi|la** *die;* -, ...lae [...lɛ] ⟨aus gleichbed. *nlat.* drosophila zu *gr.* drósos „Tau" u. phílos „lieb"⟩: Vertreter einer Gattung der Taufliegen (Versuchstier für die Vererbungsforschung)
Drous|set|te [dru...] *die;* -, -n ⟨aus gleichbed. *fr.* droussette zu drousser, vgl. droussieren⟩: Reißwolf, Maschine zur Gewinnung von Reißwolle. **Drous|seur** [...'sø:ɐ̯] *der;* -s, -e ⟨aus gleichbed. *fr.* drousseur⟩: Arbeiter an der Droussette. **drous|sie|ren** ⟨aus gleichbed. *fr.* drousser⟩: Reißwolle für die Streichgarnspinnerei aufbereiten
Drug|fe|ver ['drʌgfiːvə] *das;* -[s], -s ⟨aus *engl.* drug „Droge" u. fever „Fieber"⟩: Arzneimittelfieber, durch eine Arzneimittelallergie ausgelöste Fieberreaktion mit od. ohne ↑ Exanthem (Med.). **Drug|store** ['drʌgstɔː] *der;* -[s], -s ⟨aus *engl.-amerik.* drugstore zu drug „Drogerieware" u. store „Kaufhaus, Lager"⟩: (in den USA) Verkaufsgeschäft mit Schnellgaststätte, Schreibwaren-, Tabak- u. Kosmetikabteilung
Dru|i|de *der;* -n, -n ⟨aus gleichbed. *lat.* druidae, druides (Plur.); kelt. Wort⟩: kelt. Priester der heidnischen Zeit. **Dru|i|den|or|den** *der;* -s: nach Art einer ↑ Loge (3 a) aufgebauter, 1781 in England gegründeter Orden mit humanen, weltbürgerlichen Zielen. **Dru|i|din** *die;* -, -nen: weibliche Form zu ↑ Druide. **dru|i|disch**: zu den Druiden gehörend, die Druiden betreffend
Drum [dram, *engl.* drʌm] *die;* -, -s ⟨aus gleichbed. *engl.* drum⟩: Trommel; Schlagzeug. **Drum|band** ['drʌmbænd] *die;* -, -s: ↑ Band, die ausschließlich mit Schlaginstrumenten spielt
Drum|lin [*engl.* 'drʌmlɪn] *der;* -s, -s ⟨aus gleichbed. *engl.* drumlin zu *ir.-gäl.* druim „Kamm, Rücken"⟩: eiszeitliche Ablagerung aus Moränenmaterial (vgl. Moräne) in Form eines elliptisch geformten, langgestreckten Hügels, der in der Fließrichtung des Eises angeordnet ist
Drum|mer ['dramɐ, *engl.* 'drʌmə] *der;* -s, - ⟨aus gleichbed.

engl. drummer zu drum „Trommel"): Schlagzeuger in einer Band

Drum|mondsch [ˈdrʌməndʃ] ⟨nach dem engl. Ingenieur Th. Drummond, †1840⟩; in der Fügung -er **Brenner**: Kalkzylinder, der sich in einer Knallgasflamme langsam dreht, wobei der Kalk in starkes Glühen gerät u. ein blendend weißes Licht ausstrahlt (Phys.)

¹Drums [drams, engl. drʌmz] *die* (Plur.) ⟨aus *engl.* drums (Plur.) „Trommeln"; vgl. Drum⟩: Schlagzeug (im Jazz sowie in Rock- u. Popmusik)

²Drums [*engl.* drʌmz] *die* (Plur.) ⟨aus gleichbed. *engl.* drums zu *ir.-gäl.* druim „Kamm, Rücken"⟩: svw. die Drumlins

Drum|stick [ˈdrʌmstɪk] *das;* -s, -s ⟨aus *engl.* drumstick „Trommelschlegel"⟩: nur bei weiblichen Individuen vorkommender trommelschlegelähnlicher Auswuchs an den Zellkernen von ↑Leukozyten (Bestimmungsmerkmal für die Geschlechtsdiagnose; Biol., Med.)

Dru|schi|na [auch ...ˈʒiːna] *die;* - ⟨aus *russ.* družina „Kriegsschar, Leibwache"⟩: Schutztruppe russ. Fürsten

Dru|se *der;* -n, -n ⟨aus *arab.* drūz, Plur. von durzī; nach dem Gründer Ad-Darazī, †1019 n. Chr.⟩: Mitglied einer kleinasiatisch-syrischen Religionsgemeinschaft, die aus dem schiitischen Islam hervorgegangen ist

dry [draɪ] ⟨aus *engl.* dry „trocken"⟩: 1. herb, trocken (von [Schaum]weinen u. anderen alkohol. Getränken). 2. in den USA verwendeter Vorsatz vor den Hohlmaßen ↑Barrel, ↑Pint u. ↑Quart, wenn diese als Hohlmaß für Trockensubstanzen verwendet werden

Dry|a|de *die;* -, -n (meist Plur.) ⟨über *lat.* Dryas, Gen. Dryadis aus gleichbed. *gr.* Dryás, Gen. Dryádos zu drŷs „Baum, Eiche"⟩: weiblicher Baumgeist; Waldnymphe der griech. Sage. **Dry|as** *die;* - ⟨nach den ↑Dryaden⟩: Silberwurz (Rosengewächs). **Dry|as|flo|ra** *die;* -, ...ren: fossile, tundrenähnliche Pflanzenwelt des ↑Pleistozäns, für die bes. die weite Verbreitung der Gattung Silberwurz (Dryas) charakteristisch war. **Dry|as|zeit** *die;* -: durch Tundrenvegetation (Dryasfloren) gekennzeichneter Klimaabschnitt in der späten Eiszeit

Dry bar|rel [ˈdraɪ ˈbærəl] *das;* - -, - -s ⟨aus gleichbed. *engl.* dry barrel zu ↑dry u. ↑Barrel⟩: in den USA verwendetes Hohlmaß (z. B. für Getreide); vgl. Barrel. **Dry|dig|ging** [ˈdraɪ...] *das;* -[s] ⟨aus *engl.* dry digging „das Trockengraben"⟩: (veraltet) Gold- u. Diamantengräberei aus trockenem Boden (nicht aus Flüssen usw.). **Dry|dock** [ˈdraɪ...] *das;* -s, -s ⟨aus gleichbed. *engl.* drydock⟩: engl. Bez. für Trockendock. **Dry|far|ming** *das;* -[s] ⟨aus *engl.* dry farming „das Trockenfarmen"⟩: Nutzbarmachung des Brachlandes zur Wasserspeicherung in trockenen Ländern

Dryo|pi|the|kus *der;* - ⟨zu *gr.* drŷs, Gen. dryós „Baum" u. píthēkos „Affe"⟩: ausgestorbener Menschenaffe des ↑Tertiärs

Dscha|bal [dʒ...] *der;* -[s] ⟨aus gleichbed. *arab.* ǧabal⟩: svw. Dschebel

Dscha|han|nam [dʒ...] *der;* -[s] ⟨aus gleichbed. *arab.* ǧahannam⟩: islam. Bez. für die Hölle; vgl. Gehenna

Dscha|he|li|jah [dʒ...] *das;* -[s] ⟨aus *arab.* ǧahelijā „Unwissenheit"⟩: im Islam Bez. für die Zeit vor Mohammed

Dschai|na [dʒ...] u. Dschina *der;* -[s], -[s] ⟨aus *sanskr.* jina „Buddha"⟩: Anhänger des Dschainismus. **Dschai|nis|mus** u. Dschinismus *der;* - ⟨zu ↑...ismus (1)⟩: streng asketische, auf die Zeit Buddhas zurückgehende ind. Religion. **dschai|ni|stisch** u. dschinistisch ⟨zu ↑...istisch⟩: den Dschainismus betreffend

Dscha|maa [dʒ...] *die;* - ⟨aus *arab.* ǧamāʿa „Schar, Versammlung"⟩: Bez. für die Gemeinschaft der rechtgläubigen Moslems im Islam. **Dscha|mi** [dʒ...] *der;* -, -s ⟨aus *arab.* ǧāmiʿ „Versammlungshaus" zu ǧamāʿ „versammeln"⟩: im Islam Bez. für diejenige Moschee (meist die Hauptmoschee), in der am Freitag die Lobrede auf Allah u. Mohammed gehalten wird

Dscha|nna [dʒ...] *die;* - ⟨aus gleichbed. *arab.* ǧanna, eigtl. „Garten"⟩: islam. Bez. für das Paradies

Dscha|ta|ka [dʒ...] *die;* - ⟨aus *Pali* jātaka, eigtl. „Wiedergeburtsgeschichte"⟩: Sammlung von mehr als 500 in Pali abgefaßten Geschichten aus verschiedenen Existenzen des ↑Bodhisattva

Dsche|bel [dʒ..., auch ˈdʒeːbl] *der;* -[s] ⟨aus gleichbed. *arab.* ǧabel⟩: Berg, Gebirge (in arab. erdkundlichen Namen)

Dschel|la|ba [dʒ...] *die;* -, -s ⟨aus gleichbed. *arab.* ǧullāba⟩: weites arabisches Männergewand aus Wolle

Dschig|ge|tai [dʒ...] *der;* -s, -s ⟨aus gleichbed. *mong.* džiggetai⟩: wilder Halbesel in Asien

Dschi|git [dʒ...] *der;* -en, -en (meist Plur.) ⟨aus *russ.* džigit „kühner Reiter" zu džigitovat' „Lanzenbrechen, kühne Reiterstücke ausführen"⟩: berittener Krieger (bes. im Nordkaukasus)

Dschi|had [dʒ...] *der;* - ⟨aus *arab.* ǧihād⟩: der Heilige Krieg der ↑Moslems zur Verteidigung u. Ausbreitung des ↑Islams

Dschi|na [dʒ...] vgl. Dschaina. **Dschi|nis|mus** vgl. Dschainismus. **dschi|ni|stisch** vgl. dschainistisch

Dschinn [dʒ...] *der;* -, Plur. - u. -e ⟨aus gleichbed. *arab.* ǧinn (Plur.), eigtl. „Geister"⟩: böser Geist, Teufel (im [vor]islamischen Volksglauben)

Dschiu-Dschit|su [dʒ...dʒ...] vgl. Jiu-Jitsu

Dscho|do [dʒ...] *das;* - ⟨aus *jap.* jōdo „Reich ohne Makel"⟩: ideales Reich der Wiedergeburt im ↑Buddhismus des ↑Mahajana

Dschong [dʒ...] *das;* -s, -s (aber: 3 -) ⟨aus dem Ind.⟩: ostindisches Feldmaß (= 2,84 ha)

Dschon|ke [dʒ...] vgl. Dschunke

Dschu|ma [dʒ...] *die;* - ⟨aus *arab.* ǧumʿa „Vereinigung"⟩: 1. Zusammenkunft der Moslems zum rituellen Gebet am Freitag. 2. arab. Bez. für den Freitag

Dschun|gel [dʒ...] *der,* selten *das;* -s, - ⟨über gleichbed. *engl.* jungle aus *Hindi* jangal „Ödland, Wald", dies aus *sanskr.* jaṅgala „wüster, unbebauter Boden"⟩: undurchdringlicher tropischer Sumpfwald. **Dschun|gel|pfad** *der;* -[e]s, -e: Pfad im Dschungel

Dschun|ke [dʒ...] *die;* -, -n ⟨über *port.* junco aus *malai.* djuṅg, djong „(großes) Segelschiff", dies aus *chin.* chʼuan, *südchin.* chʼung⟩: chin. Segelschiff

Dschu|sche|ghan [dʒuʃeˈgaːn] u. Djosheghan [djo...] *der;* -[s], -s ⟨nach der gleichnamigen Stadt im Iran⟩: handgeknüpfter rot-, blau- oder elfenbeingrundiger Orientteppich

DTL [deːteːˈɛl, engl. diːtiːˈɛl] ⟨Abk. für *engl.* diode transistor logic „Dioden-Transistor-Logik"⟩: Schaltung zur digitalen Signalverarbeitung, die hauptsächlich Dioden u. Transistoren enthält (Informatik)

du|al ⟨aus *lat.* dualis „zwei enthaltend" zu duo „zwei"⟩: eine Zweiheit bildend. **Du|al** *der;* -s, Duale u. Dualis *der;* -, Duale ⟨aus *lat.* dualis (numerus) „eine Zweiheit bezeichnender Fall"⟩: 1. neben Singular u. Plural eine eigene sprachliche Form für zwei Dinge od. Wesen (heute nur noch in den slaw. u. balt. Sprachen; Sprachw.). 2. vom Verfasser nicht beabsichtigte [Teil]nebenlösung eines Schachproblems (Kunstschach). **du|al|bi|när**: aus einem ↑Code von nur zwei Zeichen aufgebaut (EDV). **Du|al|code** *der;* -s, -s: im Dualsystem (1) abgefaßter Code (EDV). **Du|a|lis** vgl. Dual. **du|a|li|sie|ren** ⟨zu ↑...isieren⟩: verzweifachen, verdoppeln.

Dua|lịs|mus *der;* - ⟨zu ↑ ...ismus⟩: 1. a) Zweiheit; b) Gegensätzlichkeit; Polarität zweier Faktoren. 2. philosophisch-religiöse Lehre, nach der es nur zwei voneinander unabhängige ursprüngliche Prinzipien im Weltgeschehen gibt (z. B. Gott – Welt; Leib – Seele; Geist – Stoff); Ggs. ↑ Monismus. 3. Rivalität zweier Staaten od. zwischen zwei Parteien. **Dua|lịst** *der;* -en, -en ⟨zu ↑ ...ist⟩: Vertreter des Dualismus (2). **dua|lị|stisch** ⟨zu ↑ ...istisch⟩: 1. den Dualismus betreffend. 2. zwiespältig, gegensätzlich. 3. eine [Teil]nebenlösung aufweisend (von Schachproblemen). **Dua|li|tät** *die;* - ⟨aus *lat.* dualitas, Gen. dualitatis „Zweiheit"⟩: 1. Zweiheit, Doppelheit; wechselseitige Zuordnung zweier Begriffe. 2. Eigenschaft zweier geometrischer Gebilde, die es gestattet, aus Kenntnissen über das eine Sätze über das andere abzuleiten (Math.). **Dua|li|täts|prin|zip** *das;* -s: Anwendung der Dualität (2). **Du|al|sy|stem** *das;* -s, -e ⟨zu ↑dual⟩: 1. a) (ohne Plur.) Zahlensystem, das nicht wie das ↑Dezimalsystem mit zehn, sondern mit zwei Ziffern auskommt; Dyadik; b) Zweiersystem; Zahlensystem, das auf der Basis 2 aufgebaut ist u. zur Darstellung von Zahlen nur die Ziffern 0 und 1 benutzt, bes. als Basis der digitalen Datenverarbeitung. 2. zweiseitiges Abstammungs-, Verwandtschaftsverhältnis (Soziol.). **Du|al|zahl** *die;* -, -en: Zahl, die im Dualsystem (1) dargestellt ist, d. h. als Summe von Potenzen der Zahl 2

Du|ant *der;* -en, -en ⟨zu *lat.* duo „zwei" u. ↑...ant (1)⟩: halbzylinderförmige, paarweise angeordnete Elektrode eines Elektrometers od. ↑Zyklotrons (Phys.). **Du|an|ten|elektro|me|ter** *das;* -s, -: Gerät zur Messung geringer elektrischer Ladungen (Phys.).

Du|ar *der;* -s, -s ⟨zu *arab.* dawwār „großes Haus"⟩: kreisförmiges Zeltlager der Beduinen, in dessen Mitte sich die Herden od. auch das Zelt des Anführers befinden

Du|bạs|se *die;* -, -n ⟨aus *russ.* dubas „Holzboot, Barke", dies wohl aus *türk.* tombaz⟩: flaches, barkenähnliches Ruderboot in Polen u. Rußland

Dụb|belt|je *das;* -s, -s (aber: 5 -) ⟨aus gleichbed. *niederl.* dubeltje, eigtl. „Doppelchen", Verkleinerungsform von dubbel „doppelt; das Doppelte"⟩: Beiname der niederl. 2-Stuiver-Stücke seit dem 17. Jh., später Bez. für das niederl. 10-Cents-Stück

Dub|bing ['dʌbɪŋ] *das;* -s, -s ⟨aus gleichbed. *engl.* dubbing zu to dub „synchronisieren"⟩: Synchronisation (von Filmen)

Du|bia u. **Du|bi|en** [...jən]: Plur. von ↑Dubium. **du|bi|ọs** u. **du|bi|ȫs** ⟨z. T. mit französierender Endung aus *lat.* dubiosus „zweifelhaft" zu dubium „Zweifel"⟩: von der Art, daß man in bezug auf die Solidität Zweifel hegt; fragwürdig; verdächtig. **Du|bio|sa** u. **Du|bi|ọsen** die (Plur.) ⟨aus *lat.* dubiosa „Zweifelhaftes"⟩: zweifelhafte Forderungen (Wirtsch.). **Du|bi|ta|tio** *die;* -, ...tiones [...ne:s] ⟨aus *lat.* dubitatio „Zweifel, Ungewißheit; Bedenken" zu dubitare, vgl. dubitieren⟩: die Darstellung einleitende zweifelnde Frage (Rhet.). **Du|bi|ta|ti|on** *die;* -, -en: (veraltet) Zweifel, Bedenken. **du|bi|ta|tiv** ⟨aus gleichbed. *lat.* dubitativus zu dubitare, vgl. dubitieren⟩: zweifelhaft, Zweifel ausdrückend. **Du|bi|ta|tiv** *der;* -s, -e [...və] ⟨aus *lat.* (modus) dubitativus, eigtl. „zum Zweifeln geeigne(er Modus)"⟩: Konjunktiv mit dubitativer Bedeutung (Sprachw.). **du|bi|tieren** ⟨aus *lat.* dubitare „(be)zweifeln, unschlüssig sein"⟩: (veraltet) zweifeln. **Du|bi|um** *das;* -s, Plur. Dubia u. Dubien [...jən] ⟨aus *lat.* dubium „Zweifel"⟩: Zweifelsfall

Du|blee u. Doublé [du'ble:] *das;* -s, -s ⟨aus gleichbed. *fr.* doublé, eigtl. „gedoppelt", zu doubler, vgl. dublieren⟩: 1. Metall mit Edelmetallüberzug. 2. Stoß beim Billardspiel. **Du|blẹtt** *das;* -s, -s ⟨aus *fr.* doublet „Elektronenpaar; Doppellinie"; vgl. Dublette⟩: zwei eng benachbarte ↑Energieniveaus od. Spektrallinien (Kernphys.). **Du|blẹt|te** *die;* -, -n ⟨aus gleichbed. *fr.* doublet zu double, vgl. Double⟩: 1. doppelt Vorhandenes; Doppelstück. 2. Doppelschuß, -treffer (Jagd.). 3. Edelstein aus zwei verkitteten Teilen. 4. Doppelschlag beim Boxen, Schlagfolge derselben Faust unmittelbar hintereinander. **du|blie|ren** ⟨aus gleichbed. *fr.* doubler, dies aus *spätlat.* duplare „verdoppeln"⟩: 1. Metall mit einem dünnen Überzug aus Edelmetall (bes. aus Gold) versehen. 2. zusammendrehen, doppeln (bes. von Garnen). 3. abschmecken (abfärben, wenn der Druckbogen aus der Maschine auf den Auslegetisch gelangt; Druckw.). 4. bei der Restaurierung eines Gemäldes die Rückseite durch ein Gewebe od. eine Holztafel verstärken (Kunstw.). **Du|blier|ma|schi|ne** *die;* -, -n: Maschine, die vor dem Zwirnen die Garne verdoppelt od. vervielfacht (Spinnerei). **Du|blọ|ne** *die;* -, -n ⟨über *fr.* doublon aus *span.* doblón, eigtl. „Doppelstück", zu doble „doppelt", dies aus *lat.* duplus⟩: frühere span. Goldmünze. **Du|blü|re** *die;* -, -n ⟨aus gleichbed. *fr.* doublure zu doubler, vgl. dublieren⟩: 1. a) Unterfutter; b) Aufschlag an Uniformen. 2. verzierte Innenseite des Buchdeckels; Spiegel (Buchw.).

Du-Bois-For|mel [dy'bo̯a...] *die;* - ⟨nach dem amerik. Physiologen E. F. Du Bois, 1882–1959⟩: Formel zur Berechnung der Körperoberfläche aus Körpergewicht u. Körperlänge

¹Duc [dyk] *der;* -[s], -s ⟨aus *fr.* duc „Herzog", dies aus *lat.* dux „Führer" zu ducere „ziehen, führen, leiten"⟩: höchste Rangstufe des Adels in Frankreich. **²Duc** [dyk] *der;* -s, -s ⟨aus gleichbed. *fr.* duc zu ↑¹Duc⟩: (veraltet) zweisitziges, vierrädriges Luxusgefährt für selbstkutschierende Damen. **Du|ca** ['du:ka] *der;* -s, -s ⟨aus *it.* duca „Herzog", dies aus *lat.* dux, vgl. ¹Duc⟩: ital. Adelstitel

Du|cen|to [du'tʃɛnto] vgl. Duecento

Du|ces ['du:tse:s]: Plur. von ↑Dux

Du|chesne-Pa|ra|graph [dy'ʃɛn...] *der;* -en ⟨nach einem Belgier namens Duchesne, der sich während des Kulturkampfes (1871–1887) zum Mord an Bismarck erboten hatte⟩: (strafrechtliche) Vorschrift, die die mißlungene Anstiftung u. die Verabredung zu einem Verbrechen unter Strafe stellt (Rechtsw.).

Du|chess ['dʌtʃɪs] *die;* -, -es [...sɪz] ⟨aus gleichbed. *engl.* duchess, dies aus *(alt)fr.* duchesse, vgl. Duchesse⟩: engl. Adelstitel, weibliche Form zu ↑Duke. **Du|ches|sa** [du'kɛsa] *die;* -, ...sse ⟨aus *it.* duchessa „Herzogin", dies aus *mlat.* ducissa, vgl. ¹Duc u. ...isse⟩: ital. Adelstitel, weibliche Form zu ↑Duca. **Du|chesse** [dy'ʃɛs] *die;* -, -n [...sn̩] ⟨aus *fr.* duchesse „Herzogin"⟩: 1. Herzogin (in Frankreich). 2. (ohne Plur.) schweres [Kunst]seidengewebe mit glänzender Vorder- u. matter Rückseite in Atlasbindung. **Duchesse|spit|ze** [dy'ʃɛs...]: Spitze, bei der die einzelnen geklöppelten Muster aneinandergenäht sind

Du|cho|bor|ze [dʊxo...] *der;* -n, -n ⟨aus *russ.* duchoborjez, Gen. duchoborza, eigtl. „Geisteskämpfer", zu duch „Geist" u. borjez „Kämpfer"⟩: Anhänger einer im 18. Jh. in Rußland entstandenen rein ↑rationalistischen Sekte (ohne Priesterstand)

Dụck|dal|be, seltener **Dụ̈ck|dal|be** *die;* -, -n, auch **Dụck|dal|ben**, **Dụ̈ck|dal|ben** *der;* -s, - (meist Plur.) ⟨Herkunft ungeklärt, vielleicht zu *niederl.* duiken (*niederd.* duken) „tauchen" u. *mittelniederd.* dolle, eigtl. „die Dicke"⟩: (Seemannsspr.) eingerammte Pfahlgruppe zum Festmachen von Schiffen im Hafen

Duc|tus ['dʊk...] *der;* -, - [...tu:s] ⟨aus *lat.* ductus „Führung,

Leitung"⟩: Gang, Kanal, Ausführungsgang von Drüsen (Med.); vgl. Duktus

due ⟨*it.;* aus gleichbed. *lat.* duo⟩: zwei (Mus.); a due (zu zweit). **Due|cen|to** [due'tʃɛnto], Dugento [du'dʒɛnto] u. Ducento [du'tʃɛnto] *das;* -[s] ⟨aus *it.* duecento, dugento, ducento, eigtl. „zweihundert" (verkürzt für 1200)⟩: das 13. Jh. in Italien als Stilbegriff

Du|ẹll *das;* -s, -e ⟨aus *mlat.* duellum „Kampf, Zweikampf", dies unter volksetymol. Anlehnung an *lat.* duo „zwei" aus *altlat.* duellum „Krieg" (Vorform von *lat.* bellum)⟩: Zweikampf. **Du|el|lạnt** *der;* -en, -en ⟨aus *mlat.* duellans, Gen. duellantis, Part. Präs. von duellare, vgl. duellieren⟩: jmd., der sich mit einem anderen duelliert. **du|el|lie|ren**, sich ⟨aus gleichbed. *mlat.* duellare⟩: ein Duell austragen

Du|ẹn|ja *die;* -, -s ⟨eingedeutschte Form von *span.* dueña „Herrin"⟩: (veraltet) Anstandsdame, Erzieherin

Du|ẹr|ne *die;* -, -n ⟨aus gleichbed. *mlat.* duerna (plaga) zu *lat.* duo „zwei"⟩: doppelte Bogenlage, Lage von zwei ineinandergehefteten Papierbogen. **Du|ẹtt** *das;* -[e]s, -e ⟨aus gleichbed. *it.* duetto, Verkleinerungsform von duo, vgl. Duo⟩: a) Komposition für zwei Singstimmen; b) zweistimmiger musikalischer Vortrag (Mus.); vgl. Duo. **Du|et|ti|no** *das;* -s, -s ⟨Verkleinerungsform von *it.* duetto, vgl. Duett⟩: kleines Duett (Mus.)

Duf|fle|coat ['dʌflkoʊt] *der;* -s, -s ⟨aus gleichbed. *engl.* duffle coat, dies aus duffle „flauschiger Halbwollstoff" (nach dem belg. Ort Duffel) u. zu *engl.* coat „Mantel"⟩: dreiviertellanger, meist mit Knebeln zu schließender Sportmantel

Du|four|kar|te [dy'fu:r...] *die;* -, -n ⟨nach dem schweiz. General G. H. Dufour, 1787–1875⟩: topographische Landeskarte der Schweiz

Du|fre|nit [auch ...'nɪt, auch dy...] *der;* -s, -e ⟨nach dem franz. Mineralogen P. A. Petit-Dufrénoy (1792–1857) u. zu ↑²...it⟩: ein dunkelgrünes, traubiges Mineral

Duf|tit [auch ...'tɪt] *der;* -s, -e ⟨nach dem südwestafrik. Minendirektor G. Duft (20. Jh.) u. zu ↑²...it⟩: ein olivgrünes basisches Mineral

Du|gen|to [du'dʒɛnto] vgl. Duecento

Du|gong *der;* -s, Plur. -e u. -s ⟨aus gleichbed. *malai.* dujung⟩: Seekuh der australischen u. philippinischen Küstengewässer u. des Roten Meeres

Duite [dyit] *die;* -, -n [...tn̩] ⟨aus gleichbed. *fr.* duite zu älter *fr.* duire „führen", dies aus *lat.* ducere⟩: Einschlagfaden, Schuß in der Weberei

du jour [dy'ʒu:ɐ̯] ⟨*fr.;* „vom Tage, heutig"; vgl. Jour⟩: (veraltet) vom Dienst; - - sein: mit dem für einen bestimmten, immer wiederkehrenden Tag festgelegten Dienst an der Reihe sein. **du|jou|rie|ren** [dyʒu...] vgl. dejourieren

Du|ka|ten *der;* -s, - ⟨aus gleichbed. *it.* ducato, dies aus *(m)lat.* ducatus „Herzogtum" zu *lat.* dux, vgl. Dux⟩: vom 13. bis 19. Jh. in ganz Europa verbreitete Goldmünze

Duk-Duk *der;* - ⟨aus *melanes.* duk-duk⟩: geheimer Männerbund auf den Inseln des Bismarckarchipels

Duke [dju:k] *der;* -s, -s ⟨aus *engl.* duke, dies aus *fr.* duc, vgl. ¹Duc⟩: höchste Rangstufe des Adels in England. **duk|til** [dʊk...] ⟨über gleichbed. *engl.* ductile aus *lat.* ductilis „ziehbar, dehnbar" zu ducere „ziehen"⟩: gut dehn-, streckbar, verformbar; plastisch (Techn.). **Duk|ti|li|tät** *die;* - ⟨zu ↑...ität⟩: Dehnbarkeit, Verformbarkeit (Techn.). **Duk|to|gramm** *das;* -s, -e ⟨zu ↑Duktus u. ↑...gramm⟩: bei der ↑Duktographie gewonnenes Röntgenbild (Med.). **Duk|to|gra|phie** *die;* -, ...ien ⟨zu ↑...graphie⟩: röntgenographische Kontrastdarstellung des Ausführungsgangs einer Drüse (Med.). **Duk|tor** *der;* -s, ...oren ⟨aus *lat.* ductor „Führer"⟩: Stahlwalze in der Schnellpresse, durch die die Regulierung der Farbe erfolgt (Druckw.). **Duk|tus** *der;* - ⟨aus *lat.* ductus „das Ziehen, der Zug" zu ducere „ziehen"⟩: a) Schriftzug, Linienführung der Schriftzeichen; b) charakteristische Art der [künstlerischen] Formgebung; vgl. Ductus

Dul|cin [...'tsi:n] u. Dulzin *das;* -s ⟨Kunstw. aus *lat.* dulcis „süß" u. ↑...in (1)⟩: künstlicher Süßstoff (auch für Zuckerkranke)

Dul|lie *die;* -, ...lien ⟨über *mlat.* dulia aus *gr.* douleía „Dienstbarkeit"⟩: Verehrung der Engel u. Heiligen in der kath. u. in der Ostkirche. **Du|lo|sis** *die;* - ⟨aus *gr.* doúlōsis „Unterjochung, Knechtung" zu doũlos „Knecht, Sklave"⟩: Form des Parasitismus bei bestimmten Ameisen, die Ameisenbrut aus fremden Nestern verschleppen u. als Sklaven aufziehen

Dul|zi|an u. Dolcian [...tsia:n] *das;* -s, -e ⟨über ital. Vermittlung aus gleichbed. *mlat.* dulciana, dies aus *lat.* dulcis „süß, lieblich"⟩: 1. ein Doppelrohrblattinstrument im 16. u. 17. Jh., Frühform des ↑Fagotts. 2. nasal klingendes Zungenregister der Orgel; vgl. Lingualpfeife. **Dul|zin** vgl. Dulcin. **Dul|zi|nea** *die;* -, Plur. ...een u. -s ⟨aus *span.* dulcinea zu dulce „süß", dies aus *lat.* dulcis; nach der Geliebten des Don Quichotte⟩: (scherzh. abwertend) Freundin, Geliebte

Du|ma *die;* -, -s ⟨aus gleichbed. *russ.* duma, eigtl. „Gedanke"⟩: 1. Rat der fürstlichen Gefolgsleute im alten Rußland. 2. russ. Stadtverordnetenversammlung seit 1870. 3. russ. Parlament (1906–1917 u. seit 1993)

Dumb show ['dʌm ʃoʊ] *die;* - - ⟨aus gleichbed. *engl.* dumb show, eigtl. „stumme Schau"⟩: ↑Pantomine im älteren engl. Drama, die vor der Aufführung die Handlung verdeutlichen sollte

Dum|dum *das;* -[s], -[s] ⟨aus gleichbed. *engl.* dumdum, dies aus *ind.* dāmdam „Hügel, erhöhte Batteriestellung" (in einer bengal. Artilleriestellung bei Kalkutta wurden diese Geschosse zuerst hergestellt)⟩: (völkerrechtlich verbotenes) wie ein Sprenggeschoß wirkendes Infanteriegeschoß mit abgekniffener Spitze u. dadurch freiliegendem Bleikern, das große Wunden verursacht

Dum|ka *die;* -, ...ki ⟨aus gleichbed. *tschech.* dumka⟩: schwermütiges slaw. Volkslied, meist in Moll

Dum|my ['dami] *der;* -s, Plur. -s u. Dummies ['damiːs] ⟨aus *engl.* dummy „Attrappe; Schaufensterpuppe" zu dumb „stumm"⟩: 1. lebensgroße, bei Unfalltests in Kraftfahrzeugen verwendete [Kunststoff]puppe. 2. (auch *das*) Attrappe, Schaupackung, Proband (für Werbezwecke). 3. Platzhalter für einen Programmteil od. für Daten, der nach außen die Eigenschaften des Originals vortäuscht, wenn z. B. beim Entwickeln u. Testen von ↑Programmen (4) noch nicht alle Bestandteile fertiggestellt sind (EDV).

Dum|my-head-Ste|reo|pho|nie [...'hɛd...] *die;* - ⟨zu *engl.* head „Kopf"⟩: Kunstkopfstereophonie, bei der zur Erzielung naturgetreuer Wiedergabe hochwertige Mikrophone innerhalb eines nachgebildeten menschlichen Kopfes verwendet werden

Du|mor|tie|rit [dymɔrtje..., auch ...'rɪt] *der;* -s, -e ⟨nach dem franz. Paläontologen E. Dumortier (19. Jh.) u. zu ↑²...it⟩: ein blaues od. rotes Mineral

Dump [dʌmp] *der;* -s, -s ⟨zu *engl.* to dump „hinfallen lassen, (um)kippen, ausschütten, abladen"⟩: Speicherauszug, das Sichtbarmachen eines zusammenhängenden Teils eines Speichers (EDV). **Dum|per** ['dampɐ, auch 'dʊmpɐ] *der;* -s, - ⟨aus gleichbed. *engl.* dumper zu dump, vgl. Dump⟩: Kippwagen, -karren für Erdtransport. **Dum|ping** ['dampɪŋ] *das;* -s ⟨aus gleichbed. *engl.* dumping zu to dump „hinfallen lassen; verschleudern"⟩: Preisunterbietung auf Auslandsmärkten mit dem Ziel, die Machtstellung der ausländischen Konkurrenz zu brechen. **Dum|ping|syn|drom** *das;* -s, -e: nach Magenoperationen auftretende Verdauungsbeschwerden mit Herz-Kreislauf- u. Magen-Darm-Störungen (Med.)

Dump|ling ['dʌmplɪŋ] *der;* -s, -s ⟨aus gleichbed. *engl.* dumpling⟩: Kloß, Knödel

Du|my ['du:mi] *die* (Plur.) ⟨aus gleichbed. *russ.* dumy, Plur. von duma, vgl. Duma⟩: ukrainische Volkslieder, die historische Ereignisse od. volkstümliche Helden besingen

Dun *der;* -s, -s ⟨aus dem Kelt. (ir.-gäl.)⟩: Hügel, Berg, Bergfeste (als Ortsnamensbestandteil in England u. Frankreich)

Dun|cia|de [...'tsɪa:də] *die;* -, -n ⟨nach der Satire „Dunciad" von A. Pope (1688–1744); zu *engl.* dunce „Dummkopf"; vgl. ...ade⟩: literarisch-satirisches Spottgedicht

Du|nit [auch ...'nɪt] *der;* -s ⟨nach dem neuseeländ. Bergen Dun Mountains (vgl. Dun) u. zu ↑²...it⟩: ein Tiefengestein

Dun|king ['dʌŋkɪŋ] *das;* -s, -s ⟨zu *engl.* to dunk „eintauchen"⟩: Korbwurf nach einem Sprung direkt von oben (Basketball)

Duo *das;* -s, -s ⟨aus gleichbed. *it.* duo, dies aus *lat.* duo „zwei"⟩: 1. Komposition für zwei meist ungleiche [Instrumental]stimmen. 2. a) zwei gemeinsam musizierende Solisten; b) (iron.) zwei Personen, die eine [strafbare] Handlung gemeinsam ausführen, z. B. ein Gaunerduo; vgl. Duett

duo|de|nal ⟨aus gleichbed. *nlat.* duodenalis zu *lat.* duodeni, vgl. Duodenum⟩: zum Duodenum gehörend, es betreffend (Med.). **Duo|de|nal|ul|kus** *das;* -, ...ulzera: Zwölffingerdarmgeschwür (Med.). **Duo|de|ni|tis** *die;* -, ...itiden ⟨zu ↑Duodenum u. ↑...itis⟩: Entzündung des Zwölffingerdarms (Med.). **Duo|de|no|sko|pie** *die;* -, ...ien ⟨zu ↑...skopie⟩: direkte Betrachtung des Zwölffingerdarms mit einem speziellen ↑Endoskop (Med.). **Duo|de|no|sto|mie** *die;* -, ...ien ⟨zu ↑Duodenum, ↑Stoma u. ↑²...ie⟩: operative Anlegung einer künstlichen Zwölffingerdarmöffnung durch die Bauchdecke nach außen (Med.). **Duo|de|num** *das;* -s, ...na ⟨aus gleichbed. *nlat.* duodenum zu *lat.* duodeni „je zwölf, zwölf zusammen"⟩: Zwölffingerdarm (Med.). **Duo|dez** *das;* -es ⟨zu *lat.* duodecimus „der zwölfte"⟩: Zwölftelbogengröße (Buchformat); Zeichen 12°. **¹Duo|dez...** ⟨zu ↑Duodez⟩: Wortbildungselement mit der Bedeutung „Format, Buchausgabe in Duodez", z. B. Duodezausgabe. **²Duo|dez...** ⟨nach der geringen Größe des Duodezformates⟩: Wortbildungselement mit der Bedeutung „besonders klein, lächerlich klein", z. B. Duodezstaat. **Duo|dez|aus|gabe** *die;* -, -n ⟨zu ↑¹Duodez...⟩: Buchausgabe in Duodez. **Duo|dez|band** *der;* -[e]s, ...bände: Buch in Duodez. **Duo|dez|for|mat** *das;* -[e]s: svw. Duodez. **Duo|dez|fürst** *der;* -en, -en ⟨zu ↑²Duodez...⟩: (iron.) Herrscher eines sehr kleinen Fürstentums. **Duo|dez|für|sten|tum** *das;* -s, ...tümer: (iron.) sehr kleines Fürstentum, dem weder Wichtigkeit noch Bedeutung beigemessen wird; vgl. Duodezstaat. **duo|de|zi|mal** ⟨zu *lat.* duodecim „zwölf" u. ↑¹...al (1)⟩: auf das Duodezimalsystem bezogen. **Duo|de|zi|mal|sy|stem** *das;* -s: Zahlensystem, bei dem die Einheiten nach ↑Potenzen (4) von 12 (statt 10 wie beim Dezimalsystem) fortschreiten. **Duo|de|zi|me** [auch ...'tsi:mə] *die;* -, -n ⟨aus gleichbed. *it.* duodecima, dies aus *lat.* duodecima „die zwölfte"⟩: a) zwölfter Ton einer ↑diatonischen Tonleiter vom Grundton an; b) ↑Intervall (2) von 12 ↑diatonischen Stufen (Mus.). **Duo|dez|staat** *der;* -[e]s, -en ⟨zu ↑²Duodez...⟩: sehr kleiner Staat, Ländchen in der Epoche des ↑Territorialstaates; vgl. Duodezfürstentum

Duo|dio|de *die;* -, -n ⟨zu *lat.* duo „zwei" u. ↑Diode⟩: Doppelzweipolröhre, zwei vereinigte ↑Dioden

Duo|dra|ma *das;* -s, ...men ⟨zu *lat.* duo „zwei" u. ↑Drama⟩: Drama, in dem nur zwei Personen auftreten; vgl. Monodrama

Duo|kul|tur *die;* -, -en ⟨zu *lat.* duo „zwei" u. ↑Kultur⟩: Doppelanbau von Kulturpflanzen auf demselben Feldstück (Landw.)

Duo|le *die;* -, -n ⟨italienisierende Bildung zu *lat.* duo „zwei"; Analogiebildung zu ↑Triole⟩: Folge von zwei Noten, die für drei Noten gleicher Gestalt bei gleicher Zeitdauer eintreten (Mus.)

Duo|lit ⓦ [auch ...'lɪt] *das;* -s ⟨Kunstw.; vgl. ¹...it⟩: Mittel gegen Ungeziefer

Duo|play [...pleɪ] *das;* -s ⟨zu *lat.* duo „zwei" u. *engl.* play „Spiel"⟩: Tonaufnahmeverfahren, bei dem zwei Teilaufnahmen nacheinander auf je eine gesonderte Spur desselben Tonbandes aufgezeichnet werden

Duo|pol ⟨zu *lat.* duo „zwei" u. *gr.* pōleīn „verkaufen"⟩: svw. Dyopol

Duo|trio|de *die;* -, -n ⟨zu *lat.* duo „zwei" u. ↑Triode⟩: Doppeldreipolröhre, zwei vereinigte ↑Trioden

du|pen ⟨Kurzw. aus ↑duplizieren⟩: von einer Positivkopie eine Negativkopie herstellen (Fotografie)

dü|pie|ren ⟨aus *fr.* duper „narren, täuschen" zu dupe „Narr, Betrogener"⟩: foppen, täuschen

Du|pla: Plur. von ↑Duplum. **Du|plet** [du'ple:] u. **Du|plett** *das;* -s, -s ⟨mit franz. Endung zu *lat.* duplex „doppelt"; vgl. ...ett⟩: Lupe aus zwei Linsen. **du|plex** ⟨*lat.;* „doppelt"⟩: Kennzeichnung für einen Datenverarbeitungskanal, bei dem beide Datenendeinrichtungen gleichzeitig Daten senden u. empfangen können. **Du|plex...** ⟨aus *lat.* duplex „doppelt (zusammengelegt)"⟩: Wortbildungselement mit der Bedeutung „doppelt". **Du|plex|au|to|ty|pie** *die;* -, ...ien: doppelte Rasterätzung (vgl. Autotypie) für Zweifarbendruck. **Du|plex|be|trieb** *der;* -[e]s, -e: 1. Telegrafieverfahren, bei dem zu gleicher Zeit über die gleiche Leitung in verschiedenen Richtungen telegrafiert wird. 2. Betrieb eines Computersystems in der Weise, daß bei seinem Ausfallen auf ein bereitstehendes gleichartiges System ausgewichen werden kann. **du|plie|ren** ⟨über gleichbed. *spätlat.* duplare aus *lat.* duplus, vgl. duplizieren⟩: verdoppeln. **Du|plie|rung** *die;* -, -en ⟨zu ↑...ierung⟩: das Duplieren. **Du|plik** *die;* -, -en ⟨aus gleichbed. *fr.* duplique; vgl. Duplikat⟩: (veraltet) Gegenerklärung des Beklagten auf eine ↑Replik (1 b; Rechtsw.). **Du|pli|kat** *das;* -[e]s, -e ⟨aus *lat.* duplicatum „zweifältig, verdoppelt", Part. Perf. von duplicare, vgl. duplizieren⟩: Zweitausfertigung, Zweitschrift, Abschrift, Durchschlag. **Du|pli|kat|film** *der;* -[e]s, -e: Negativduplikat des Originalfilms, von dem die Kopien für den Verleih hergestellt werden. **Du|pli|ka|ti|on** *die;* -, -en ⟨aus gleichbed. *lat.* duplicatio zu duplicare, vgl. duplizieren⟩: Verdoppelung. **Du|pli|ka|tur** *die;* -, -en ⟨aus gleichbed. *nlat.* duplicatura; vgl. ...ur⟩: Verdoppelung, Doppelbildung (Med.). **du|pli|zie|ren** ⟨aus gleichbed. *lat.* duplicare zu duplex „doppelt (zusammengelegt)"⟩: verdoppeln. **Du|pli|zi|tät** *die;* -, -en ⟨aus gleichbed. *spätlat.* duplicitas, Gen. duplicitatis⟩: 1. Doppelheit; doppeltes Vorkommen, Auftreten; z. B. -der Ereignisse. 2. (veraltet) Zweideutigkeit. **Du|plum** *das;* -s, ...pla ⟨aus *lat.* duplum „das Doppelte"⟩: svw. Duplikat

Du|pon|di|us *der;* -, - ⟨aus *lat.* dupondius, dies aus duo (asses) pondo „Zweipfünder", eigtl. „zwei (Asse) vom Pfund"⟩: 1. altröm. Gewicht (= 2 Asse; vgl. ⁴As). 2. antike röm. Bronze- bzw. Messingmünze

Düp|pel *der;* -s, - ⟨nach dem gleichnamigen Dorf in Däne-

Dy

mark, dem Ort des erstmaligen Abwurfs〉: Stanniolstreifen zur Störung von Radarpeilungen

Du|pren [dy...] *das;* -s 〈Kunstw.; vgl. ...en〉: synthetischer Kautschuk

Du|puy|trensch [dypÿi'trɛʃ] 〈nach dem franz. Chirurgen G. Dupuytren, 1777–1835〉; in der Fügung -e Kontraktur: fortschreitende Beugeversteifung eines od. mehrerer Finger durch eine Erkrankung des Bindegewebes der Hand (Med.)

Du|que ['duke] *der;* -, -s 〈aus gleichbed. *span.* duque, dies über *(alt)fr.* duc aus *lat.* dux „Führer"; vgl. ¹Duc〉: höchstes span. Adelsprädikat, dem Herzog entsprechend. **Du|que|sa** [du'kesa] *die;* -, -s 〈aus gleichbed. *span.* duquesa〉: span. Titel der Frau des Duque

Dur *das;* -, - 〈zu *lat.* durus „hart"〉: Tonart mit großer Terz (1); Ggs. ↑¹Moll. **Du|ra** *die;* -: kurz für Dura mater. **du|ra|bel** 〈aus gleichbed. *lat.* durabilis zu durus „hart"〉: dauerhaft, bleibend. **Du|ra|bi|li|tät** *die;* - 〈aus *lat.* durabilitas, Gen. durabilitatis „Dauerhaftigkeit"〉: durable Beschaffenheit, Dauerhaftigkeit, Beständigkeit

Du|rak *der;* -s, -s 〈aus *russ.* durak polosaty „besonders dummer Mensch", eigtl. „gestreifter Dummkopf" (nach dem gestreiften Anzug des Harlekins)〉: (veraltet) Narr (bes. als Schimpfwort)

Dur|ak|kord *der;* -[e]s, -e 〈zu ↑Dur u. ↑Akkord〉: Dreiklang mit großer ↑Terz (1). **du|ral** 〈aus gleichbed. *nlat.* duralis; vgl. Dura mater〉: zur Dura (mater) gehörend. **Du|ral** *das;* -s 〈Kunstw. aus *lat.* dur*us* „hart" u. *A*luminium〉: (österr.) svw. Duralumin. **Dur|alu|min** Ⓦ *das;* -s: sehr feste Aluminiumlegierung. **Du|ra ma|ter** *die;* - - 〈aus gleichbed. *lat.* dura mater (cerebri), eigtl. „harte Mutter" (des Gehirns)"〉: harte (äußere) Hirnhaut (Med.). **Du|ra|ti|on** *die;* -, -en 〈aus gleichbed. *nlat.* duratio zu *lat.* durare, vgl. durativ〉: (veraltet) Verhärtung. **du|ra|tiv** [auch ...'tiːf] 〈zu *lat.* durare „ausdauern", eigtl. „hart machen, hart werden"; vgl. ...iv〉: verlaufend, dauernd; -e [...və] Aktionsart: ↑Aktionsart eines Verbs, die die Dauer eines Seins od. Geschehens ausdrückt (z. B. schlafen); vgl. imperfektiv. **Du|rax** Ⓦ *das;* - 〈Kunstw.〉: härtbares Phenolharz

Dur|bar *der* od. *das;* -s, -s 〈über Vermittlung von *engl.* durbar aus gleichbed. *Hindi* darbār, dies aus *pers.* darbār〉: offizieller Empfang bei indischen Fürsten u. bei dem ehemaligen Vizekönig von Indien

du|res|zie|ren 〈aus gleichbed. *lat.* durescere zu durus „hart"〉: (veraltet) hart werden, sich verhärten. **Dure|té** [dyr'te:] *die;* - 〈aus gleichbed. *fr.* dureté zu dur „hart; streng; gefühllos", dies aus *lat.* durus〉: svw. Durität. **Dur|hä|ma|tom** [duːɛ...] *das;* -s, -e 〈zu ↑Dura (mater) u. ↑Hämatom〉: Blutgeschwulst auf der harten Hirnhaut (Med.)

Du|ri|an|baum *der;* -[e]s, ...bäume 〈zu gleichbed. *malai.* durian〉: malai. Wollbaumgewächs, dessen kopfgroße, stachelige, gelbbraune Kapselfrüchte kastaniengroße Samen mit weichem, weißlichem, wohlschmeckendem, aber übelriechendem Samenmantel enthalten

Du|ri|li|gno|sa *die* (Plur.) 〈aus gleichbed. *nlat.* durilignosa (Plur.) zu *lat.* durus „hart" u. lignum „Holz"〉: Pflanzengesellschaften, in denen Holzpflanzen mit ledrigen, immergrünen Blättern (Hartlaubgewächse) dominieren (bes. im Mittelmeergebiet)

Du|ri|ne vgl. Dourine

Du|rit [auch ...'rɪt] *der;* -s, -e 〈Kunstw. aus *lat.* durus „hart" u. ↑²...it〉: streifige Steinkohle mit hohem Ascherückstand. **Du|ri|tät** *die;* - 〈aus *lat.* duritas, Gen. duritatis „Härte, Unfreundlichkeit"〉: (veraltet) Härte, Festigkeit; Strenge, Gefühllosigkeit, Schroffheit. **Du|ro** *der;* -[s], -[s] 〈aus gleichbed. *span.* duro, dies zu *lat.* durus „hart"〉: span. Münze (Bez. für den span. ↑Peso). **Du|ro|chrom|gal|va|no** *das;* -s, -s 〈zu *lat.* durus „hart"〉: nach einem bestimmten Verfahren verchromtes ↑Galvano. **Du|ro|den|tin** *das;* -s: dem Zahnschmelz ähnliche Substanz der Zähne bei Fischen u. Amphibien. **Du|ro|plast** *der;* -[e]s, -e (meist Plur.): in Hitze härtbarer, aber nicht schmelzbarer Kunststoff. **du|ro|pla|stisch**: die Eigenschaften eines Duroplasts aufweisend

Dur|ra *die;* - 〈aus gleichbed. *arab.* ḍura〉: afrikanische Hirseart, die als Brotgetreide verwendet wird

Du|rum|wei|zen *der;* -s 〈zu *lat.* durum, Neutrum von durus „hart"〉: Hart- od. Glasweizen, Weizenart bes. des Mittelmeergebietes

du|se|mang 〈aus *fr.* doucement „gelinde, sachte, sanft"〉: (landsch.) gemächlich, sachte

Dust [dʌst] *der;* -[s] 〈aus *engl.* dust „Staub"〉: a) (veraltet) Staub, Kehricht; b) Teestaub

Du|tar *der;* -s, -s 〈aus *pers.* dutar „zwei Saiten"〉: Langhalslaute mit zwei Saiten u. beweglichen Bünden (im Vorderen Orient u. in Zentralasien)

Dutch|man ['dʌtʃmən] *der;* -s, ...men 〈aus gleichbed. *engl.* dutchman, eigtl. „Holländer"〉: Schimpfwort Englisch sprechender Matrosen für deutsche Seeleute

Dut|to|nit [dʌtə..., auch ...'nɪt] *der;* -s, -e 〈nach dem amerik. Geologen C. E. Dutton (1841–1912) u. zu ↑²...it〉: ein hellbraunes, krustiges Mineral

Du|ty-free-Shop ['dju:tɪ'fri:ʃɔp] *der;* -s, -s 〈zu *engl.* duty-free „abgabenfrei" u. ↑Shop〉: ladenähnliche Einrichtung im Bereich eines Flughafens o. ä., wo man Waren zollfrei kaufen kann

Du|um|vir [...v...] *der;* Gen. -s u. -n, Plur. -n 〈aus gleichbed. *lat.* duumvir zu duo „zwei" u. vir „Mann"〉: röm. Titel für die Beamten verschiedener Zweimannbehörden in Rom bzw. in röm. Kolonien u. ↑Munizipien. **Du|um|vi|rat** *das;* -[e]s, -e 〈aus gleichbed. *lat.* duumviratus〉: Amt u. Würde der Duumvirn

Du|vet ['dyvɛ] *das;* -s, -s 〈aus gleichbed. *fr.* duvet, eigtl. „Daune", zu *altfr.* dum, dun „Daune", dies aus *altnord.* dunn〉: (schweiz.) Daunendecke, Federbett. **Duve|tine** [dyf'tiːn] *der;* -s, -s 〈aus gleichbed. *fr.* duvetine zu duvet, vgl. Duvet〉: Samtimitation aus Wolle, Baumwolle od. Chemiefaser

Dux *der;* -, Duces ['du:tseːs] 〈aus *lat.* dux „Führer" zu ducere „ziehen, führen"〉: 1. a) Führer einer Heeresabteilung im Röm. Reich; b) im Mittelalter königlicher Amtsträger mit vorwiegend militärischen Aufgaben; Herzog. 2. Fugenthema in der Grundgestalt, das im ↑Comes (2) mündet (Mus.)

Dwai|ta *der;* - 〈aus *sanskr.* dvaitá „Zweiheit"〉: Lehre der indischen Wedantaphilosophie (vgl. Wedanta), die, alle Einheit negierend, nur die Zweiheit von Gott u. Welt gelten läßt

Dwan|dwa *das;* -[s], -[s] 〈aus *sanskr.* dvaṁdvá, eigtl. „Paar"〉: zusammengesetztes Wort, das aus zwei gleichwertigen Begriffen besteht, z. B. taubstumm (Sprachw.); vgl. Additionswort

Dwoj|ka ['dvɔẏka] *die;* -, -s 〈aus *serbokroat.* dvojka „die Zwei"〉: volkstümliche, auf dem Balkan verbreitete Doppel(block)flöte

Dwor|ja|ne *die;* - 〈zu *russ.* dvor „Hof"〉: in Rußland seit dem 12./13. Jh. die Dienstleute, die in der fürstlichen bzw. bojarischen Gefolgschaft den niederen Dienstadel bildeten u. teilweise unfreier Herkunft waren

Dy *der;* -s 〈aus *schwed.* dy „Schlamm"〉: ein aus Pflanzen-

Dyade

resten u. ausgeflocktem Humus gebildetes Sediment in Binnenseen, Braunschlammboden (Geol.).
Dya|de *die;* -, -n ⟨über *spätlat.* dyas aus *gr.* dyás, Gen. dyádos „Zweiheit" zu dýo „zwei"⟩: 1. Zusammenfassung zweier Einheiten (Vektorrechnung; Math.). 2. Paarverhältnis (Soziol.). **Dya|dik** *die;* - ⟨zu *gr.* dyadikós „zur Zweizahl gehörend"; vgl. ²...ik (1)⟩: auf dem Zweier- u. nicht auf dem Zehnersystem aufgebaute Arithmetik; vgl. Dualsystem. **dya|disch**: dem Zweiersystem zugehörend. **Dy|archie** *die;* -, ...ien ⟨zu *gr.* dýo „zwei", árchein „herrschen" u. ↑²...ie⟩: von zwei verschiedenen Gewalten bestimmte Staatsform. **Dy|as** *die;* - ⟨aus *spätlat.* dyas „Zweiheit", vgl. Dyade⟩: (veraltet) svw. ¹Perm. **dy|as|sisch**: die Dyas betreffend. **Dy|aster** *das;* -, -n ⟨zu *gr.* dýo „zwei" u. astḗr „Stern", eigtl. „Zweistern"⟩: Doppelstern bei der Zellteilung (Biol.)

Dyb|buk, Dy|buk vgl. Dibbuk

Dyn *das;* -s, - ⟨verkürzt aus *gr.* dýnamis „Kraft"⟩: (veraltet) Einheit der Kraft im ↑CGS-System; Zeichen dyn. **Dy|name|ter** *das;* -s, - ⟨zu *gr.* dýnamis „Kraft" u. ↑¹...meter⟩: Instrument zur Bestimmung der Vergrößerungsleistung von Fernrohren. **Dy|na|mik** *die;* - ⟨aus *gr.* dynamikḗ (téchnē) „Lehre von der Kraft"⟩: 1. Teilgebiet der ↑Mechanik, auf dem die Bewegungsvorgänge von Körpern auf einwirkende Kräfte zurückgeführt werden. 2. Schwung, Triebkraft, Bewegtheit in positiv empfundener Weise. 3. ↑Differenzierung (1) der Klangfülle (Tonstärke) in der Musik u. Akustik. **Dy|na|mi|ker** *der;* -s, -: svw. Dynamist. **Dy|na|mis** *die;* - ⟨aus gleichbed. *gr.* dýnamis zu dýnasthai „vermögen, können"; vgl. Dynast⟩: Kraft, Vermögen, Möglichkeit, Fähigkeit (Philos.); vgl. Energeia. **dy|na|misch** ⟨nach *gr.* dynamikós „wirksam, kräftig"⟩: 1. die von Kräften erzeugte Bewegung betreffend; Ggs. ↑statisch (2); -e Geologie: Wissenschaft von den Kräften, die das geogr. Bild der Erde bestimmten u. bestimmen; -e Viskosität: Quotient aus Schubspannung u. Geschwindigkeitsgefälle. 2. voll innerer Kraft; kraftgespannt; triebkräftig, bewegt, schwungvoll; -e Rente: Rente, deren Höhe nicht auf Lebenszeit festgesetzt, sondern periodisch der Entwicklung des Sozialprodukts angepaßt wird. 3. Veränderungen der Tonstärke betreffend (Mus.). **dy|na|mi|sie|ren** ⟨zu ↑...isieren⟩: a) etwas vorantreiben; b) bestimmte Leistungen an die Veränderungen [der allgemeinen Bemessungsgrundlage] anpassen, z. B. Renten -. **Dy|na|mi|sie|rung** *die;* -, -en ⟨zu ↑...isierung⟩: das Dynamisieren. **Dy|na|mis|mus** *der;* -, ...men ⟨zu ↑...ismus (1)⟩: 1. (ohne Plur.) philos. Lehre, nach der alle Wirklichkeit auf Kräfte u. deren Wirkungen zurückgeführt werden kann. 2. (ohne Plur.) Glaube mancher Naturvölker an die Wirkung unpersönlicher übernatürlicher Kräfte in Menschen u. Dingen. 3. a) (ohne Plur.) Dynamik (2); b) dynamisches (2) Element, dynamischer Zug. **Dy|na|mist** *der;* -en, -en ⟨zu ↑...ist⟩: Anhänger des Dynamismus (1, 2). **dy|na|mi|stisch** ⟨zu ↑...istisch⟩: den Dynamismus betreffend. **Dy|na|mit** [auch ...'mɪt] *das;* -s ⟨zu ↑¹...it⟩: auf der Grundlage des ↑Nitroglyzerins hergestellter Sprengstoff. **Dy|na|mo** [auch 'dy:...] *der;* -s, -s ⟨aus gleichbed. *engl.* dynamo zu *gr.*: dýnamis „Kraft"⟩: Kurzform von ↑Dynamomaschine. **dy|na|mo..., Dy|na|mo...** ⟨zu *gr.* dýnamis „Kraft"⟩: Wortbildungselement mit der Bedeutung „Kraft; kraftvoll, energiereich", z. B. Dynamometamorphose. **Dy|na|mo|graph** *der;* -en, -en ⟨zu ↑...graph⟩: registrierendes Dynamometer. **Dy|na|mo|logie** *die;* - ⟨zu ↑...logie⟩: a) Lehre von den Naturkräften; b) (veraltet) Lehre von der Heilkraft der Arzneien. **Dy|namo|ma|schi|ne** *die;* -, -n: Maschine zur Erzeugung elektrischen Stroms. **dy|na|mo|me|ta|morph**: durch Druck umgeformt (Geol.). **Dy|na|mo|me|ta|mor|phis|mus** *der;* -: svw. Dynamometamorphose. **Dy|na|mo|me|ta|mor|phose** *die;* -: durch ↑tektonische Vorgänge verursachte Umbildung des Gesteins (Geol.). **Dy|na|mo|me|ter** *das;* -s, - ⟨zu ↑¹...meter⟩: 1. Vorrichtung zum Messen von Kräften u. mechanischer Arbeit. 2. Meßgerät für Ströme hoher Frequenzen (Phys.). **Dy|na|mo|me|trie** *die;* - ⟨zu ↑...metrie⟩: Kraftmessung. **dy|na|mo|me|trisch** ⟨zu ↑...metrisch⟩: zur Dynamometrie gehörend, sie betreffend. **Dy|na|mo|theorie** *die;* -: Theorie, nach der das Magnetfeld der Erde u. die ↑Säkularvariation durch elektrische Ströme im flüssigen Erdkern verursacht sind (Geophys.). **Dy|nast** *der;* -en, -en ⟨über *lat.* dynastes aus *gr.* dynástēs „Machthaber, Herrscher" zu dýnasthai „vermögen, können"; vgl. dynamisch⟩: Herrscher, [kleiner] Fürst. **Dy|na|stie** *die;* -, ...ien ⟨aus *gr.* dynasteía „Herrschaft"⟩: Herrschergeschlecht, Herrscherhaus. **...dy|na|stie**: Wortbildungselement mit der Bedeutung „in einer bestimmten Beziehung hervorgehende, Einfluß ausübende Gruppe, Familie". **dy|na|stisch** ⟨nach *gr.* dynastikós⟩: die Dynastie betreffend. **Dy|na|tron** *das;* -s, Plur. ...one, auch -s ⟨Kurzw. aus *gr.* dýnamis „Kraft" u. ↑...tron⟩: ↑Triode, bei der am Gitter eine höhere ↑positive (4) Spannung liegt als an der ↑Anode. **Dyn|ode** *die;* -, -n ⟨Kurzw. aus *gr.* dýnamis „Kraft" u. ↑...ode⟩: zusätzliche, mehrfach eingebaute ↑Elektrode einer Elektronenröhre zur Beeinflussung des Stromes (Elektrot.)

Dyo|phy|sit *der;* -en, -en ⟨zu *gr.* dýo „zwei" u. phýsis „Natur"; vgl. ³...it⟩: Vertreter des Dyophysitismus. **dyo|phy|si|tisch**: den Dyophysitismus betreffend. **Dyo|phy|si|tis|mus** *der;* - ⟨zu ↑...ismus (1)⟩: Zweinaturenlehre, nach der Christus wahrer Gott u. wahrer Mensch zugleich ist; vgl. Monophysitismus

Dyo|pol *das;* -s, -e ⟨zu *gr.* dýo „zwei" u. pōleĩn „verkehren, Handel treiben"⟩: eine Marktform, bei der nur jeweils zwei Anbieter od. Nachfrager miteinander konkurrieren (Wirtsch.). **Dy|op|son** *das;* - ⟨zu *gr.* opsōnía „das Einkaufen der Zukost"⟩: einfachste Form des ↑Oligopsons, bei der auf einem Markt nur zwei Nachfrager vorhanden sind

dys..., Dys... ⟨aus gleichbed. *gr.* dys-⟩: Präfix mit der Bedeutung „abweichend von der Norm, übel, schlecht, krankhaft", z. B. dysenterisch, Dysfunktion

Dys|aku|sis *die;* - ⟨zu ↑dys... u. *gr.* ákousis „das Hören", dies zu akoúein „hören"⟩: 1. krankhafte Überempfindlichkeit des Gehörs (gegen bestimmte Töne; Med.). 2. Schwerhörigkeit (Med.)

Dys|ana|lyt [auch ...'lyt] *der;* -s, -e ⟨zu *gr.* dysanálysis „schwere Analyse"⟩: ein schwarzes Mineral, mit Seltenerdmetallen angereicherte Abart des ↑Perowskits

Dys|an|ge|li|um *das;* -s, ...ien [...jən] ⟨zu *gr.* dysággelos „Unglücksbotschaft bringend"; Analogiebildung zu ↑Evangelium⟩: üble Botschaft

Dys|ar|thrie *die;* -, ...ien ⟨zu ↑dys..., *gr.* arthroũn „gliedern" u. ↑²...ie⟩: mühsames Sprechen; Stammeln, Stottern (Med.). **Dys|ar|thro|se** *die;* -, -n: krankhafte Verformung od. Veränderung eines Gelenks (Med.)

Dys|äs|the|sie *die;* - ⟨zu ↑dys... u. ↑Ästhesie⟩: 1. der Wirklichkeit nicht entsprechende Wahrnehmung einer Sinnesempfindung (Physiol.). 2. das Erleben aller äußeren Eindrücke als unangenehm (Psychol.)

Dys|au|to|no|mie *die;* -, ...ien ⟨zu ↑dys... u. ↑Autonomie⟩: angeborene Entwicklungsstörung des ↑vegetativen (3) Nervensystems (Med.)

Dys|bak|te|rie *die;* -, ...ien ⟨zu ↑dys..., ↑Bakterie u. ↑²...ie⟩: Störung der normalen Bakterienflora des Darms (Med.)

Dys|ba|sie *die;* -, ...ien ⟨zu ↑dys..., *gr.* básis „Tritt, Gang" u. ↑²...ie⟩: Gehstörung; durch eine Durchblutungsstörung der Beine verursachtes erschwertes Gehen (Med.)

Dys|bu|lie *die;* - ⟨zu ↑dys..., *gr.* boulḗ „Wille" u. ↑²...ie⟩: Willensschwäche, krankhafte Fehlgerichtetheit des Willens (Psychol.)

Dys|cho|lie [...çọ...] *die;* - ⟨zu ↑dys..., *gr.* cholḗ „Galle" u. ↑²...ie⟩: krankhaft veränderte Zusammensetzung der Galle (Med.)

Dys|chro|mat|op|sie [...kro...] *die;* -, ...ien ⟨zu ↑dys... u. ↑Chromatopsie⟩: Störung der normalen Fähigkeit, Farben zu sehen, nicht vollkommen ausgeprägte Farbenblindheit (Med.). **Dys|chro|mie** [...kro...] *die;* -, ...ien ⟨zu *gr.* chrōma „Farbe" u. ↑²...ie⟩: Hautverfärbung, Störung der normalen Hautpigmentation (bei bestimmten Krankheiten; Med.); vgl. Chromatose

Dys|en|te|rie *die;* -, ...ien ⟨über *lat.* dysenteria aus gleichbed. *gr.* dysentería zu ↑dys... u. éntera „die Eingeweide"⟩: Durchfall, Ruhr (Med.). **dys|en|te|risch:** ruhrartig

Dys|en|zy|mie *die;* -, ...ien ⟨zu ↑dys..., ↑Enzym u. ↑²...ie⟩: Enzymschwäche, Störung in der Absonderung od. Zusammensetzung der Verdauungsenzyme mit der Folge von Stoffwechseldefekten (Med.)

Dys|er|gie *die;* -, ...ien ⟨zu ↑dys..., *gr.* érgon „Handlung; Tätigkeit" u. ↑²...ie⟩: verminderte Widerstandskraft; ungewöhnliche Krankheitsbereitschaft des Organismus gegenüber ↑Infekten (Med.)

Dys|fer|men|tie *die;* -, ...ien ⟨zu ↑dys..., ↑Ferment u. ↑²...ie⟩: svw. Dysenzymie

Dys|funk|ti|on *die;* -, -en ⟨zu ↑dys... u. ↑Funktion⟩: gestörte Tätigkeit (eines Organs; Med.)

Dys|glos|sie *die;* -, ...ien ⟨zu ↑dys..., *gr.* glōssa „Zunge, Sprache" u. ↑²...ie⟩: Sprachstörung, die durch Mißbildungen od. Erkrankungen der Artikulationsorgane (z. B. Lippen, Zähne) bedingt ist (Med.)

Dys|gna|thie *die;* -, ...ien ⟨zu ↑dys..., *gr.* gnáthos „Kinnbacke" u. ↑²...ie⟩: Fehlentwicklung, die zu einer abnormen Form u. Funktion des Oberkiefers u. bzw. od. Unterkiefers führt (Med.)

Dys|gram|ma|tis|mus *der;* - ⟨Analogiebildung mit ↑dys... zu ↑Agrammatismus⟩: Sprachstörung, Unfähigkeit eines Sprechers, grammatisch richtige Sätze zu bilden

Dys|hi|dro|se *die;* -, -n ⟨zu ↑dys... u. ↑Hidrose⟩: Störung der Schweißabsonderung (verminderte od. vermehrte Schweißabsonderung; Med.)

Dys|hor|mie *die;* -, ...ien ⟨zu ↑dys..., *gr.* hormān „erregen, antreiben" u. ↑²...ie⟩: Antriebsstörung, Abweichung vom normalen Antriebsverlauf (Med.)

Dys|ke|ra|to|se *die;* -, -n ⟨zu ↑dys..., *gr.* kéras, Gen. kératos „Horn" u. ↑¹...ose⟩: anomale Verhornung der Haut (Med.)

Dys|ki|ne|sie *die;* -, ...ien ⟨zu ↑dys..., *gr.* kínēsis „Bewegung" u. ↑²...ie⟩: schmerzhafte Fehlfunktion beim Ablauf von Bewegungsvorgängen (Med.)

Dys|ko|lie *die;* - ⟨aus gleichbed. *gr.* dyskolía⟩: Verdrießlichkeit; Unzufriedenheit; Schwermut (Psychol.)

Dys|kra|nie *die;* -, ...ien ⟨zu ↑dys..., *gr.* kraníon „Schädel" u. ↑²...ie⟩: Schädelmißbildung (Med.)

Dys|kra|sie *die;* -, ...ien ⟨aus *gr.* dyskrasía „schlechte Mischung"⟩: fehlerhafte Zusammensetzung der Körpersäfte, bes. des Blutes (Med.). **Dys|kra|sit** [auch ...'zɪt] *der;* -s, -e ⟨zu ↑²...it⟩: ein silberweißes, metallisch glänzendes, rhombisches Mineral

Dys|la|lie *die;* -, ...ien ⟨zu ↑dys..., *gr.* laleĩn „viel reden, schwatzen" u. ↑²...ie⟩: das Stammeln (Med.)

Dys|le|xie *die;* -, ...ien ⟨zu ↑dys..., *gr.* léxis „das Sprechen, Rede, Wort" u. ↑²...ie⟩: organisch od. seelisch bedingte Lesestörung: Minderung der Fähigkeit, Geschriebenes zu erfassen, geistig aufzunehmen u. zusammenhängend vorzulesen (Med.; Psychol.)

dys|mel ⟨zu ↑dys... u. *gr.* mélos „Glied"⟩: mit angeborenen Mißbildungen der Gliedmaßen behaftet (Med.). **Dys|me|lie** *die;* -, ...ien ⟨zu ↑²...ie⟩: angeborene Mißbildung der Gliedmaßen (Med.)

Dys|me|nor|rhö *die;* -, -en u. **Dys|me|nor|rhöe** [...'røː] *die;* -, -n [...'røːən] ⟨zu ↑dys... u. ↑Menorrhö⟩: gestörte, schmerzhafte Monatsblutung (Med.)

Dys|me|trie *die;* -, ...ien ⟨zu ↑dys... u. ↑...metrie⟩: Störung der Fähigkeit, gezielte Bewegungen zeitlich u. räumlich in der richtigen Weise auszuführen (Med.)

Dys|mor|phie *die;* -, ...ien ⟨zu ↑dys... u. ↑...morphie⟩: ↑morphologische Fehlbildung (Med.)

Dys|odil *das;* -s, -e ⟨zu *gr.* dysódēs „übelriechend" u. ↑...il (2)⟩: Blätter-, Papierkohle (Faulschlammgestein des ↑Tertiärs)

Dys|on|to|ge|nie *die;* -, ...ien ⟨zu ↑dys... u. ↑Ontogenie⟩: fehlerhafte Entwicklung, Fehlbildung (Med.)

Dys|op|sie *die;* -, ...ien ⟨zu ↑dys..., *gr.* ópsis „das Sehen" u. ↑²...ie⟩: Sehstörung (Med.). **dys|op|tisch:** (veraltet) schwachsichtig

Dys|os|mie *die;* -, ...ien ⟨zu ↑dys..., *gr.* osmḗ „Geruch" u. ↑²...ie⟩: Störung od. Beeinträchtigung des Geruchssinns (Med.). **Dys|os|phre|sie** *die;* -, ...ien ⟨zu *gr.* ósphrēsis „Geruch" u. ↑²...ie⟩: Störung des Geruchssinns (Med.)

Dys|os|to|se *die;* -, -n ⟨zu ↑dys..., *gr.* ostéon „Knochen" u. ↑¹...ose⟩: Störung des Knochenwachstums, mangelhafte Verknöcherung bzw. Knochenbildung (Med.)

Dys|par|eu|nie *die;* -, ...ien ⟨zu *gr.* dyspáreunos „unglücklich verheiratet", eigtl. „schlecht nebeneinander gebettet", u. ↑²...ie⟩: a) körperliches od. seelisches Nichtzusammenpassen von Geschlechtspartnern; b) Störung des sexuellen Verhaltens der Frau, insbes. das Ausbleiben des Orgasmus (Med.)

Dys|pep|sie *die;* -, ...ien ⟨aus gleichbed. *gr.* dyspepsía⟩: Verdauungsstörung, -schwäche (Med.). **dys|pep|tisch** ⟨aus *gr.* dýspeptos „schwer zu verdauen"⟩: a) schwer verdaulich; b) schwer verdauend; c) (veraltet) magenkrank

Dys|phagie *die;* -, ...ien ⟨zu ↑dys... u. ↑...phagie⟩: schmerzhafte Störung des normalen Schluckvorgangs (Med.)

Dys|pha|sie *die;* -, ...ien ⟨zu ↑dys..., *gr.* phásis „das Sprechen" u. ↑²...ie⟩: Störung, Erschwerung des Sprechens (Med.); vgl. Aphasie (1; Med.)

Dys|pho|nie *die;* -, ...ien ⟨zu ↑dys... u. ↑...phonie⟩: Stimmstörung (z. B. bei Heiserkeit; Med.)

Dys|pho|rie *die;* -, ...ien ⟨aus *gr.* dysphoría „Unbehaglichkeit"⟩: krankhafte Verstimmung allgemeiner Art, Übellaunigkeit, Gereiztheit (Med.; Psychol.); Ggs. ↑Euphorie (b). **dys|pho|risch** ⟨aus *gr.* dysphorós „unbehaglich"⟩: bedrückt, freudlos, gereizt u. leicht reizbar (in bezug auf die Gemütslage); Ggs. ↑euphorisch

dys|pho|tisch ⟨zu ↑dys... u. *gr.* phōs, Gen. phōtós „Licht"⟩: lichtarm (von tieferen Gewässerschichten)

Dys|phra|sie *die;* -, ...ien ⟨zu ↑dys..., *gr.* phrásis „das Sprechen, Sprache" u. ↑²...ie⟩: durch eine Störung der Intelligenzfunktionen bedingte Sprachhemmung (Psychol.)

Dys|phre|nie *die;* -, ...ien ⟨zu ↑dys..., *gr.* phrēn „Zwerchfell; Geist, Gemüt" u. ↑²...ie⟩: seelische Störung (Med.)

Dys|pla|sie *die;* -, ...ien ⟨zu ↑dys..., *gr.* plásis „das Bilden;

dysplastisch

Form" u. ↑²...ie⟩: Fehl-, Unterentwicklung (Med.). **dys|pla|stisch:** fehlentwickelt, von den normalen Körperwachstumsformen stark abweichend (Med.)

Dys|pnoe *die;* - ⟨über *lat.* dyspnoea aus gleichbed. *gr.* dýspnoia⟩: gestörte Atmung mit vermehrter Atemarbeit, Atemnot, Kurzatmigkeit (Med.)

Dys|pro|si|um *das;* -s ⟨aus gleichbed. *nlat.*dysprosium zu *gr.* dysprósitos „schwer zugänglich"⟩: chem. metallisches Element aus der Gruppe der ↑Lanthanide; Zeichen Dy

Dys|re|gu|la|ti|on *die;* -, -en ⟨zu ↑dys... u. ↑Regulation⟩: Regulationsstörung (vgl. Regulation), z. B. Störung im Blutkreislauf (Med.)

Dys|rha|phie *die;* -, ...ien ⟨zu ↑dys..., *gr.* rhaphḗ „Naht" u. ↑²...ie⟩: mangelhafte Schließung embryonaler Verwachsungslinien (Med.)

Dys|te|leo|lo|gie *die;* - ⟨zu ↑dys... u. ↑Teleologie⟩: philos. Lehre von der Unzweckmäßigkeit u. Ziellosigkeit biol. Bildungskräfte in der Natur (Philos.)

Dys|thy|mie *die;* -, ...ien ⟨zu ↑dys..., *gr.* thymós „Gemüt, Sinn" u. ↑²...ie⟩: Neigung Gemütskranker zu traurigen Verstimmungen (Med.)

Dys|thy|reo|se *die;* -, -n ⟨zu ↑dys..., ↑Thyreoidea u. ↑¹...ose⟩: gestörte Schilddrüsenfunktion (Med.)

Dys|to|kie *die;* -, ...ien ⟨aus gleichbed. *gr.* dystokía⟩: erschwerte Geburt (Med.); Ggs. ↑Eutokie

Dys|to|nie *die;* -, ...ien ⟨zu ↑dys..., *gr.* tónos „das Spannen, die Spannung" u. ↑²...ie⟩: Störung des normalen Spannungszustandes der Muskeln u. Gefäße; Ggs. ↑Eutonie; **vegetative -**: zusammenfassende Bez. für alle durch Erkrankung des vegetativen Nervensystems (des Eingeweidenervensystems) bedingten Symptomenkomplexe (Med.)

dys|top ⟨zu ↑dys... u. *gr.* tópos „Platz, Stelle"⟩: svw. dystopisch; vgl. ...isch/-. **Dys|to|pie** *die;* -, ...ien ⟨zu ↑²...ie⟩: Fehllagerung; das Vorkommen von Organen an ungewöhnlichen Stellen; Ggs. ↑Eutopie (Med.). **dys|to|pisch:** an ungewöhnlichen Stellen vorkommend (von Organen; Med.); vgl. ...isch/-

dys|troph ⟨zu ↑dys... u. ↑...troph⟩: die Ernährung störend (Med.). **Dys|tro|phie** *die;* -, ...ien ⟨zu ↑...trophie⟩: a) Ernährungsstörung; b) mangelhafte Versorgung eines Organs mit Nährstoffen (Med.); Ggs. ↑Eutrophie. **Dys|tro|phi|ker** *der;* -s, -: jmd., der an Dystrophie leidet (Med.)

Dys|tro|pie *die;* -, ...ien ⟨zu ↑dys... u. ↑...tropie⟩: wechselseitige negative Beeinflussung von Krankheiten (Med.)

Dys|ty|chie *die;* - ⟨aus gleichbed. *gr.* dystychía⟩: (veraltet) Unglück

Dys|urie *die;* -, ...ien ⟨über *spätlat.* dysuria aus *gr.* dysouría „Harnzwang"⟩: schmerzhafte Störung der Harnentleerung (Med.)

Dys|ze|pha|lie *die;* -, ...ien ⟨zu ↑dys..., *gr.* kephalḗ „Kopf" u. ↑²...ie⟩: Sammelbez. für die verschiedenen Formen der Schädelmißbildung (Med.)

dys|ze|re|bral ⟨zu ↑dys... u. ↑zerebral⟩: auf einer Gehirnstörung beruhend (Med.)

Dy|tis|cus [...kʊs] *der;* -, ...ci [...tsi] ⟨aus gleichbed. *nlat.* dytiscus, eigtl. „Tauchkäfer", zu *gr.* dýein „tauchen, versinken"⟩: Gelbrandkäfer (Gattung der Schwimmkäfer)

e..., E... vgl. ¹ex..., Ex...

Ea|gle ['i:gl] *der;* -s, -s ⟨aus *engl.-amerik.* eagle „Adler", dies über *altfr.* egle, aigle aus gleichbed. *lat.* aquila⟩: 1. Goldmünze der USA mit dem Adler als Prägebild, meist zu 10 Dollar. 2. das Treffen des Loches mit zwei Schlägen weniger als durch ↑ Par vorgesehen (Golf)

EAN-Code [e:a:'|ɛnko:t] *der;* -s ⟨Abk. für *E*uropäische *A*rtikel-*N*umerierung bzw. *engl.* *E*uropean *A*rticle *N*umbering u. ↑ Code⟩: [an Kassen praktiziertes] Verfahren, bei dem man mit einem ↑ Scanner über auf Waren aufgedruckte Striche fährt, wodurch die Daten an die Kasse übermittelt werden, die dann den Preis anzeigt

Earl [ə:l] *der;* -s, -s ⟨aus gleichbed. *engl.* earl⟩: Graf (bis in die Mitte des 14. Jh.s höchste Stufe des engl. Adels)

Ear|ly-Ef|fekt ['ə:lı...] *der;* -[e]s, -e ⟨zu *engl.* early „früh, zeitig" u. ↑ Effekt⟩: spezieller Transistoreffekt, bei dem sich die Transistorkennwerte durch eine Sperrspannung ändern (Elektrot.). **Ear|ly Eng|lish** ['ə:lı 'ɪŋglɪʃ] *das;* - - ⟨aus gleichbed. *engl.* Early English (style), eigtl. „früher englischer (Stil)"⟩: Frühstufe der engl. Gotik (etwa 1170 bis 1270)

EAROM [i'rɔm] *der;* -, -s ⟨Kurzw. aus *engl.* *e*lectrically *a*lterable *r*ead-*o*nly *m*emory „elektrisch änderbarer Nur-Lese-Speicher"⟩: Festwertspeicher, der im Gegensatz zum ↑ EPROM nicht mit UV-Licht, sondern nur mit elektrischen Impulsen gelöscht werden kann (EDV)

East [i:st] ⟨aus gleichbed. *engl.* east⟩: Osten; Abk.: E

East-Coast-Jazz ['i:st 'kɔʊst 'dʒæz] *der;* - ⟨aus *engl.* east „Ost[en]", coast „Küste" u. ↑ Jazz⟩: seit etwa 1953 an der Ostküste der USA von farbigen Musikern geprägte Richtung des Jazz

Ea|ster|ling ['i:stəlɪŋ] *der;* -, -e ⟨aus gleichbed. *engl.* easterling, eigtl. „Bewohner östlicher Länder"⟩: im Mittelalter meist von Münzmeistern aus östlich von England liegenden Ländern geprägte Silbermünze in England, auf die der Sterling zurückgeht

Ea|ster|ly waves ['i:stəlɪ 'weɪvz] *die* (Plur.) ⟨zu *engl.* easterly „östlich" u. waves (Plur.) „Wellen"⟩: aus Osten kommende Wellenstörungen in der Passatzirkulation, die über warmen Meeren tropische Wirbelstürme auslösen können (Meteor.)

ea|sy-care ['i:zɪkɛə] ⟨*engl.*; eigtl. „leichte Mühe"⟩: pflegeleicht (von Textilien)

Ea|sy-go|ing Girl ['i:zɪ 'gɔʊɪŋ 'gə:l] *das;* -s, -s ⟨zu *engl.* easy going „leichtlebig" u. ↑ Girl⟩: Mädchen od. junge Frau, die sich nicht durch moralische od. gesellschaftliche Konventionen gebunden fühlt

Ea|sy-ri|der ['i:zɪraɪdə] *der;* -s, -[s] ⟨aus gleichbed. *amerik.* easy-rider⟩: a) Motorrad mit hohem, geteiltem Lenker u. einem Sattel mit hoher Rückenlehne; b) Jugendlicher, der einen Easyrider (a) fährt

Eat-art ['i:t 'ɑ:t] *die;* - ⟨zu *engl.* to eat „essen" u. art „Kunst", dies über *fr.* art aus gleichbed. *lat.* ars, Gen. artis⟩: Kunstrichtung, die Kunstobjekte als Gegenstände zum Verzehr produziert

Eau de Co|lo|gne ['o: də ko'lɔnjə] *das* od. *die;* - - -, -x - - ['o: - -] ⟨aus *fr.* eau de Cologne „Wasser von Köln"⟩: Kölnischwasser. **Eau de Ja|vel** [- - ʒa'vɛl] *das* od. *die;* - - -, -x - - ['o: - -] ⟨aus *fr.* eau de Javel „Wasser von Javel" (bei Paris)⟩: Bleich- u. Desinfektionsmittel. **Eau de La|bar|raque** [- - laba'rak] *das* od. *die;* - - -, -x - - ['o: - -] ⟨aus *fr.* eau de Labarraque; nach dem franz. Chemiker A. G. Labarraque, der die Chemikalie 1820 erstmals herstellte⟩: Natronbleichlauge, ein Bleichmittel. **Eau de parfum** [- - par'fœ̃] *das;* - - -, -x - - ['o: - -] ⟨aus gleichbed. *fr.* eau de parfum⟩: Duftwasser, dessen Duftstärke zwischen Eau de toilette u. Parfum liegt. **Eau de toi|lette** [- - tɔa'lɛt] *das;* - - -, -x - - ['o: - -] ⟨aus gleichbed. *fr.* eau de toilette (zu *fr.* toilette „Putztisch")⟩: Duftwasser, dessen Duftstärke zwischen Eau de parfum u. Eau de Cologne liegt. **Eau de vie** [- - 'vi:] *das* od. *die;* - - - ⟨aus gleichbed. *fr.* eau-de-vie, eigtl. „Wasser des Lebens"⟩: Weinbrand, Branntwein. **Eau for|te** [- 'fɔrt] *das* od. *die;* - - ⟨aus gleichbed. *fr.* eau-forte, eigtl. „starkes Wasser"⟩: (selten) Salpetersäure

ebar|bie|ren ⟨aus *fr.* ébarber „das Rauhe wegschneiden, verputzen" zu é- „aus..., heraus..., weg..." u. barbe „Bart", dies aus *lat.* barba⟩: (veraltet) die Bogen des Buchblocks einzeln mit der Papierschere beschneiden

Ebau|chage [ebo'ʃa:ʒ] *die;* - ⟨aus gleichbed. *fr.* ébauchage zu ébaucher, vgl. ebauchieren⟩: (veraltet) das Entwerfen. **Ebauche** [e'bo:ʃ] *die;* -, -n [...ʃn] ⟨aus *fr.* ébauche „Skizze, Entwurf"⟩: erster Entwurf eines Gemäldes, eines Gedichtes od. einer wissenschaftlichen Arbeit. **ebau|chie|ren** [ebo'ʃi:...] ⟨aus gleichbed. *fr.* ébaucher zu é- „aus..., heraus..., weg..." u. bau, älter bauch u. balc „(Quer-, Deck)balken", dies aus *fränk.* *balk (*ahd.* balko) „Balken"⟩: (veraltet) entwerfen, skizzieren

ebe|nie|ren ⟨zu *lat.* ebenus „Ebenholz(baum)" (dies über *gr.* ébenos aus *altägypt.* hbnj) u. ↑ ...ieren⟩: a) mit Ebenholz auslegen; b) kunsttischlern; vgl. Ebenist. **Ebe|nist** *der;* -en, -en ⟨aus gleichbed. *fr.* ébéniste zu ébène „Ebenholz", dies aus *lat.* ebenus, vgl. ebenieren⟩: Kunsttischler des 18. Jh.s, der Möbel mit Ebenholz- u. anderen Einlagen anfertigte

ebi|bie|ren ⟨aus gleichbed. *lat.* ebibere zu ↑ ¹ex... u. bibere „trinken"⟩: (veraltet) austrinken, vertrinken

Ebio|nit *der;* -en, -en ⟨zu *hebr.* evyôn „arm" u. ↑ ³...it⟩: Anhänger einer judenchristlichen Sekte des 1. u. 2. nachchristlichen Jh.s, die am mosaischen Gesetz festhielt

Ebo|nit ⓦ [auch ...'nɪt] *das;* -s ⟨aus gleichbed. *engl.* ebonite zu ebony „Ebenholz", dies über *altfr.* ebaine aus *lat.* ebenus; vgl. ebenieren⟩: Hartgummi aus Naturkautschuk

Ebrie|tät *die;* - ⟨aus gleichbed. *lat.* ebrietas, Gen. ebrietatis⟩: (veraltet) Trunkenheit

Ebul|lio|skop *das;* -s, -e ⟨zu *lat.* ebullire „heraussprudeln" u. ↑ ...skop⟩: Gerät zur Durchführung der Ebullioskopie.

Ebullioskopie

Ebul|lio|sko|pie die; - ⟨zu ↑...skopie⟩: Bestimmung des ↑Molekulargewichts aus der ↑molekularen Siedepunktserhöhung (Dampfdruckerniedrigung einer Lösung gegenüber dem reinen Lösungsmittel). **ebul|lio|sko|pisch**: auf dem Verfahren der Ebullioskopie beruhend. **Ebul|lis|mus** der; -, ...men ⟨zu ↑...ismus (3)⟩: durch den Druck im Gewebe freiwerdender Gasblasen entstehender Schmerz bei schnellem Aufstieg in große Höhen (Med.)

Ebur das; -s ⟨aus gleichbed. lat. ebur⟩: Elfenbein. **Ebu|rin** das; -s ⟨zu ↑...in (1)⟩: aus Knochenmehl u. Eiweiß durch hohen Druck u. Erhitzen hergestellte elfenbeinähnliche Masse. **Ebur|nea|ti|on** die; -, -en ⟨zu lat. eburn(e)us „aus Elfenbein; elfenbeinartig" u. ↑...ation⟩: svw. Eburnifikation. **Ebur|ni|fi|ka|ti|on** die; -, -en ⟨zu ↑...fikation⟩: Verknöcherung, übermäßige elfenbeinartige Verhärtung der Knochen (Med.)

Ecaille|ma|le|rei [e'kaj...] die; -, -en ⟨zu fr. écaille „Schuppe", dies aus altfränk. *skalja „Rinde, Ziegel"⟩: schuppenartige Malerei auf Porzellan

Ecart [e'ka:ɐ̯] vgl. Ekart. **Ecar|té** [ekar'te:] vgl. Ekarté

ec|ce! ['ɛktsə] ⟨lat.⟩: siehe da! **Ęc|ce** das; -, - ⟨verkürzt aus lat. ecce, quomodo moritur iustus „sieh, wie der Gerechte stirbt" (nach der Vulgataübersetzung von Jesaja 57,1)⟩: (veraltend) jährliches Totengedächtnis eines Gymnasiums. **Ęc|ce ho|mo** ⟨lat.; eigtl. „siehe da. der Mensch" (nach der Vulgataübersetzung von Johannes 19,5)⟩: Sehet, welch ein Mensch! (Ausruf des Pilatus, mit dem er den gegeißelten u. dornengekrönten Jesus dem Volk vorstellte). **Ec|ce-Ho|mo** das; -[s], -[s]: Darstellung des dornengekrönten Christus in der Kunst

Ec|cle|sia [ɛ'kle:...] die; - ⟨über lat. ecclesia „Versammlung; christliche Gemeinde, Kirche" aus gleichbed. gr. ekklēsía⟩: 1. svw. Ekklesia. 2. in der bildenden Kunst die Verkörperung des Neuen Testaments in Gestalt einer Frau mit Krone, Kelch u. Kreuzstab (immer zusammen mit der ↑Synagoge 3 dargestellt; Kunstw.); - militans ⟨lat.⟩: die in der Welt kämpfende Kirche, die Kirche auf Erden; - patiens: die leidende Kirche, die Seelen der Verstorbenen im Fegefeuer; - triumphans: die triumphierende Kirche, die Kirche im Stande der Vollendung, die Heiligen im Himmel (entsprechend der [kath.] Ekklesiologie)

Ec|dy|son [ɛk...] vgl. Ekdyson

Echa|las [eʃa'la] der; -, - ⟨aus gleichbed. fr. échalas, dies über vulgärlat. *caracium aus gr. chárax⟩: (veraltet) Spitz-, Baum-, Rebenpfahl. **echa|las|sie|ren** ⟨aus gleichbed. fr. échalasser⟩: (veraltet) Wein mit Pfählen versehen, anpfählen

Echan|til|lon [eʃãti'jõ:] das; -s, -s ⟨aus gleichbed. fr. échantillon⟩: (veraltet) Material-, Warenprobe, Muster

Echap|pé [eʃa'pe:] das; -s, -s ⟨aus fr. échappé „Entlaufene(r), Entsprungene(r)" zu échapper, vgl. echappieren⟩: Positionswechsel beim Tanz mit gleichzeitigem Erheben auf die Fußspitzen. **Echap|pe|ment** [eʃapə'mã:] das; -s, -s ⟨aus gleichbed. fr. échappement⟩: 1. (veraltet) das Entweichen, Flucht. 2. Ankerhemmung der Uhr. 3. Mechanik zum Zurückschnellen der angeschlagenen Hämmerchen beim Klavier. **echap|pie|ren** ⟨aus gleichbed. fr. échapper, eigtl. „aus dem Mantel schlüpfen", dies aus vulgärlat. *excappare zu ↑¹ex... u. lat. cappa „Mantel"⟩: (veraltet) entweichen, entwischen

Echarpe [e'ʃarp] die; -, -s ⟨aus gleichbed. fr. écharpe⟩: a) Schärpe, Schal (im 19. Jh.); b) (bes. schweiz.) gemustertes Umschlagtuch

Echau|dé [eʃo'de:] der; -s, -s ⟨aus gleichbed. fr. échaudé zu échauder „(ab)brühen", dies aus spätlat. excaldare⟩: Windbeutel, Spritzkuchen

echauf|fie|ren, sich [eʃɔ'fi:...] ⟨aus fr. échauffer „erwärmen, erhitzen", dies über das Vulgärlat. aus gleichbed. lat. excalefacere; vgl. Chauffeur⟩: a) sich erhitzen; b) sich aufregen. **echauf|fiert** ⟨zu ↑...iert⟩: a) erhitzt; b) aufgeregt

Eché|ance [eʃe'ã:s] die; - ⟨aus fr. échéance „Verfall(stag), Fälligkeit(stag)" zu échoir „verfallen", dies über vulgärlat. *excadere aus lat. excidere⟩: (veraltet) Verfallszeit eines Wechsels

Echec [e'ʃɛk] der; -s, -s ⟨aus gleichbed. fr. échec, dies über das Span. aus pers. šāh (māta) „der König (ist tot)"; vgl. Schah⟩: a) franz. Bez. für Schach; b) Niederlage

Echelle [e'ʃɛl] die; -, -n [...lən] ⟨aus fr. échelle „Leiter", dies über altfr. eschiele aus lat. scalae (Plur.) „Treppe, Leiter"⟩: (veraltet) 1. Leiter. 2. a) Maßstab; b) gleitende Lohnskala. 3. Tonleiter. **Echel|le|git|ter** [e'ʃɛla...] das; -s, -: svw. Echelettegitter. **Eche|let|te|git|ter** das; -s, - ⟨zu fr. échelette „kleine Leiter"⟩: ein optisches Gitter in Spektralapparaten. **Eche|lon** [eʃa'lõ:] der; -s, -s ⟨aus gleichbed. fr. échelon, eigtl. „Leitersprosse"⟩: (veraltet) Staffelstellung von Truppen; Mil.). **eche|lo|nie|ren** [eʃəlo'ni:...] ⟨aus fr. écheloner „staffeln"⟩: (veraltet) gestaffelt aufstellen (von Truppen; Mil.)

Eche|my|thie die; - ⟨aus gleichbed. gr. echemythía zu echemythein „verschwiegen sein"⟩: (veraltet) Kunst des Schweigens, Verschwiegenheit

Eche|ve|ria [ɛtʃe've:...] die; -, ...ien [...iən] ⟨aus gleichbed. nlat. echeveria, nach dem mex. Pflanzenzeichner Echeverría (19. Jh.)⟩: dickfleischiges, niedriges Blattgewächs (beliebte Zimmerpflanze aus Südamerika)

echin..., Echin... vgl. echino..., Echino. **Echi|nit** [auch ...'nɪt] der; Gen. -s u. -en, Plur. -e[n] ⟨zu ↑echino... u. ↑²...it⟩: versteinerter Seeigel. **echi|no..., Echi|no...**, vor Vokalen meist echin..., Echin... ⟨aus gr. echīnos „Igel, Seeigel"⟩: Wortbildungselement mit der Bedeutung „Stachel, spitzer Auswuchs, Haken", z. B. Echinoderme, Echinit. **Echi|no|der|me** der; -n, -n (meist Plur.) ⟨zu gr. dérma „Haut"⟩: Stachelhäuter (z. B. Seestern, Seeigel, Seelilie, Seegurke, Schlangenstern). **Echi|no|kak|tus** der; Gen. -, ugs. u. österr. auch -ses, Plur. ...teen, ugs. u. österr. auch -se: Igelkaktus. **Echi|no|kok|ko|se** die; -, -n ⟨zu ↑Kokke u. ↑¹...ose⟩: Echinokokkenkrankheit; vgl. Echinokokkus. **Echi|no|kok|kus** der; -, ...kken: Hundebandwurm, Finne (Frühstadium des Hülsenbandwurms). **Echin|oph|thal|mie** die; -, ...ien: Igeläugigkeit, Rauheit u. Entzündung der Augen (Med.). **Echi|no|zyt** der; -en, -en (meist Plur.) ⟨zu ↑...zyt⟩: Stechapfelzelle, krankhaft veränderte Zelle mit rauher Oberfläche (Med.). **Echi|nus** der; -, - ⟨über lat. echinus aus gr. echīnos „Igel, Seeigel"⟩: 1. Seeigel (Zool.). 2. Wulst des ↑Kapitells einer ↑dorischen Säule zwischen der Deckplatte u. dem Säulenstamm

Echo das; -s, -s ⟨über lat. echo aus gr. ēchṓ „Widerhall" zu ēchḗ „Ton, Schall"; vgl. Katechismus⟩: 1. Widerhall. 2. Resonanz, Reaktion auf etwas (z. B. auf einen Aufruf); oft in Verbindungen: ein - (= Anklang, Zustimmung) finden, kein - haben. 3. Wiederholung eines kurzen ↑Themas (3) in geringerer Tonstärke (Mus.). **echo..., Echo...** ⟨zu ↑Echo⟩: Wortbildungselement mit der Bedeutung „Widerhall; Wiederholung", z. B. echographisch, Echothymie. **Echo|ef|fekt** der; -[e]s, -e: 1. [fehlerhafte] Wiederholung od. [unbeabsichtigter] Nachhall auf Grund bestimmter technischer [Neben]effekte (Techn.). 2. [Stil]effekt durch echoartige Wirkung (Mus.). **echo|en** [...oən]: 1. widerhallen. 2. wiederholen. **Echo|en|ze|pha|lo|gra|phie** die; -,

...ien: neurologisches Untersuchungsverfahren, das das Echo von Ultraschallimpulsen zur Diagnostik raumfordernder Krankheitsprozesse im Gehirn nutzt (Med.). **Echo|ge|dicht** *das;* -[e]s, -e: Gedicht, auch Lied mit Echoreim. **Echo|gramm** *das;* -s, -e ⟨zu ↑...gramm⟩: Meßergebnis der Echographie (Med.). **Echo|graph** *der;* -en, -en ⟨zu ↑...graph⟩: elektroakustisches Instrument zur Durchführung der Echographie (Med.). **Echo|gra|phie** *die;* -, ...ien ⟨zu ↑...graphie⟩: ↑elektroakustische Prüfung u. Aufzeichnung der Dichte eines Gewebes mittels Schallwellen (Med.). **echo|gra|phisch** ⟨zu ↑...graphisch⟩: die Echographie betreffend; durch Echographie bestimmt (Med.). **Echo|ki|ne|sie** *die;* -, ...ien ⟨zu *gr.* kínēsis „Bewegung" u. ↑²...ie⟩: Trieb gewisser Geisteskranker, gesehene Bewegungen mechanisch nachzuahmen (Med.). **Echo|la|lie** *die;* -, ...ien ⟨zu *gr.* laliá „Gerede"⟩: 1. sinnlos-mechanisches Nachsprechen vorgesprochener Wörter oder Sätze bei Geisteskranken (Med.). 2. Wiederholung eines Wortes od. von Wortteilen bei Kindern vom 9. bis 12. Lebensmonat (Sprachpsychol.). **Echo|lot** *das;* -[e]s, -e: Apparat zur Messung von Meerestiefen durch ↑akustische Methoden. **Echo|ma|tis|mus** *der;* - ⟨zu *gr.* matán „vergeblich tun, töricht sein" u. ↑...ismus (3)⟩: Sammelbez. für alle Formen sinnlos-mechanischer Nachahmung von Bewegungen, Gebärden sowie das Nachsprechen von Wörtern und Sätzen (Med.). **Echo|matt** *das;* -s, -s: parallel od. spiegelbildlich verschobene Wiederholung einer Mattstellung in Schachproblemen. **Echo|me|ter** *das;* -s, - ⟨zu ↑...¹meter⟩: zur Echolotanlage gehörendes Gerät, das die gemessene Wassertiefe auf einer Skala durch Lichtblitz anzeigt. **Echo|mi|mie** *die;* - ⟨zu *gr.* mīmeīsthai „nachahmen" u. ↑²...ie⟩: nachahmendes Gebärdenspiel. **echo|nisch:** (veraltet) widerhallend. **Echo|ori|en|tie|rung** *die;* -, -en: Orientierung mancher Tiere durch selbstausgesandte Schallimpulse, die von den Gegenständen ihrer Umgebung zurückgeworfen werden (Zool.). **Echo|patt** *das;* -s, -s: parallel od. spiegelbildlich verschobene Wiederholung einer Pattstellung in Schachproblemen. **Echo|phra|sie** *die;* -, ...ien ⟨zu *gr.* phrásis „das Reden, das Sprechen" u. ↑²...ie⟩: svw. Echolalie (1, 2)

Echoppe [e'ʃɔp] *die;* -, -n [...pṇ] ⟨aus gleichbed. *fr.* échoppe, dies aus *lat.* scalprum „Messer, Meißel"⟩: breite Radiernadel mit scharfer Kante

Echo|pra|xie *die;* -, ...ien ⟨zu ↑echo..., *gr.* prãxis „Tat, Handlung" u. ↑²...ie⟩: svw. Echokinesie. **Echo|thy|mie** *die;* - ⟨zu *gr.* thymós „Gemüt, Gemütswallung" u. ↑²...ie⟩: Fähigkeit des Gefühls, die Gefühle u. ↑Affekte anderer Menschen mitzuempfinden (Psychol.). **Echo|tier** [...'tie̯:] *der;* -s, -s ⟨aus gleichbed. *fr.* échotier⟩: (veraltet) Horcher, Berichterstatter [von Stadtklatschgeschichten]. **Echo|ven|tri|ku|lo|gra|phie** [...v...] *die;* -, ...ien ⟨zu ↑echo...⟩: das Darstellen der Hirnkammern unter Verwendung von Ultraschallwellen (Med.)

Ecker|man|nit¹ [auch ...'nɪt] *der;* -s, -e ⟨nach dem schwed. Mineralogen Claes W. H. von Eckermann u. zu ↑²...it⟩: ein Mineral, blaugrüne bis schwarze Hornblende

Eclair [e'klɛːɐ̯] *das;* -s, -s ⟨aus gleichbed. *fr.* éclair, eigtl. „Blitz", zu éclairer „erleuchten", dies aus *vulgärlat.* *exclariare zu *lat.* clarus „hell"⟩: mit Krem gefülltes u. mit Zucker od. Schokolade überzogenes, längliches Gebäck

Eco|no|mics [iːkə'nɔmɪks] *die* (Plur.) ⟨aus gleichbed. *engl.* economics (Plur.) zu economy, eigtl. „Sparsamkeit", dies über *(alt)fr.* économie aus *lat.* oeconomia, vgl. Ökonomie⟩: an amerik. Hochschulen gelehrte, der Volkswirtschaftslehre vergleichbare Disziplin. **Eco|no|mi|ser** [ɪ'kɔnɔmaɪ̯zɐ] *der;* -s, - ⟨aus gleichbed. *engl.* economizer, eigtl. „Sparer", vgl. Economics⟩: Wasservorwärmer bei Dampfkesselanlagen. **Eco|no|my|klas|se** [ɪ'kɔnəmi...] *die;* -, -n ⟨zu *engl.* economy „Sparsamkeit"⟩: billigste Tarifklasse im Flugverkehr

e con|tra|rio [– kɔn...] ⟨*lat.*⟩: auf Grund eines Umkehrschlusses, eines Schlusses aus einem gegenteiligen Sachverhalt auf entsprechend gegenteilige Folgen (Rechtsw.)

Ecor|ché [ɛkɔrˈʃeː] *das;* -s, -s ⟨aus gleichbed. *fr.* écorché zu écorcher, vgl. ecorchieren⟩: Muskelfigur (für Studienzwecke; Kunstw.). **Ecor|che|rie** [ɛkɔrʃə...] *die;* -, ...ien ⟨aus gleichbed. *fr.* écorcherie⟩: (veraltet) 1. Abdeckerei. 2. Prellerei. **ecor|chie|ren** [ɛkɔrˈʃiː...] ⟨aus gleichbed. *fr.* écorcher, dies aus *spätlat.* excorticare zu ↑¹ex... u. *lat.* cortex „Rinde"⟩: (veraltet) 1. abhäuten, schinden. 2. überteuern, prellen

ecor|nie|ren [ɛkɔr...] ⟨aus gleichbed. *fr.* écorner zu é-„aus..., hinaus..., weg..." u. corne „Horn", dies aus *lat.* cornu⟩: (veraltet) 1. Hörner abstoßen. 2. verringern, schmälern

Ecos|sais [ɛkɔ'sɛ] *der;* - [...'sɛ(s)] ⟨aus gleichbed. *fr.* écossais, eigtl. „schottisch", zu Écosse „Schottland", dies aus *lat.* Scotia⟩: großkarierter Kleider- u. Futterstoff. **Ecos|sai|se** [ɛkɔ'sɛːzə] *die;* -, -n ⟨aus gleichbed. *fr.* écossaise⟩: a) schottischer Volkstanz im Dreiertakt; b) Gesellschaftstanz des 18. u. 19. Jh.s in raschem ²∕₄-Takt (auch als Komposition der klassisch-romantischen Klaviermusik)

Ecoute [e'kut] *die;* -, -s ⟨aus gleichbed. *fr.* écoute zu écouter „horchen"⟩: (früher) Horchwinkel, Horchgang der Verteidiger von Festungen (Milit.). **Ecou|tille** [...'tiːj] *die;* -, -n [...jən], *fr.* écoutille⟩: (veraltet) Luke im Schiffsverdeck. **Ecou|toir** [...'toa̯ːɐ̯] *der;* -s, -s ⟨aus gleichbed. *fr.* écoutoir⟩: (veraltet) Hörrohr

Ecra|sé [ɛkraˈzeː] *das;* -s, -s ⟨aus *fr.* écrasé, Part. Perf. von écraser „mit gebeugtem Knie ausfallen", eigtl. „zerdrücken", weitere Herkunft unsicher, wohl aus dem Germ.⟩: (veraltet) a) weiter Tanzschritt; b) Ausfallstellung (beim Fechten). **Ecra|sé|le|der** *das;* -s, - ⟨zu *fr.* écraser „zerdrücken, glätten, satinieren", vgl. Ecrasé⟩: farbiges, pflanzlich gegerbtes, grobnarbiges Ziegenleder. **écra|sez l'in|fâme!** [ɛkrazɛˈfaːm] ⟨*fr.*⟩: „Rottet den niederträchtigen (Aberglauben) aus!"⟩: Schlagwort Voltaires gegen die kath. Kirche

ecru [e'kryː] vgl. ekrü

¹Ecu, ECU [e'kyː] *der;* -[s], -[s] od. *die;* -, - ⟨aus *fr.* écu, Abk. von *engl.* European Currency Unit⟩: europäische Rechnungseinheit

²Ecu [e'kyː] *der;* -s, -s ⟨aus gleichbed. *fr.* écu, dies aus *lat.* scutum „Schild" (nach dem Münzbild)⟩: frühere franz. Silbermünze

Ecu|meur [ekyˈmœːɐ̯] *der;* -s, -s ⟨aus *fr.* écumeur „Abschäumer" zu écume „Schaum", dies aus dem Germ.⟩: (veraltet) 1. Schmarotzer. 2. Seeräuber

Ecu|yer [ekɥi'jeː] *der;* -[s], -s ⟨aus gleichbed. *fr.* écuyer, dies aus *spätlat.* scutarius „Schildträger, Knappe" zu *lat.* scutum „Schild"⟩: 1. Schildknappe im mittelalterlichen Frankreich. 2. Titel des Stallmeisters

ed. ⟨Abk. für *lat.* edidit „herausgegeben hat es..."⟩: Abkürzung, die zusammen mit einem folgenden Eigennamen den Namensträger als Herausgeber des zuvor genannten Buches benennt, z. B. Die Geschichte Roms, ed. Reumont; vgl. edd.

eda|phisch ⟨zu *gr.* édaphos „(Erd)boden"⟩: a) auf den Erdboden bezüglich; b) bodenbedingt. **Eda|phon** *das;* -s ⟨zu ↑¹...on⟩: Gesamtheit der in u. auf dem Erdboden lebenden

Edaphosaurier

Kleinlebewesen (Pflanzen u. Tiere; Biol.). **Eda|pho|sau|ri|er** […i̯ɐ] *der;* -s, - u. **Eda|pho|sau|rus** *der;* -, …rier […i̯ɐ] ⟨zu *gr.* saũros „Eidechse"⟩: Gattung bis zu 3 m langer, kurzschnäuziger, eidechsenartiger, urtümlicher Saurier

edd. ⟨Abk. für *lat.* ediderunt „herausgegeben haben es…"⟩: Abkürzung, die zusammen mit folgenden Eigennamen die Namensträger als Herausgeber des zuvor genannten Buches benennt, z. B. Deutsche Kunstdenkmäler, edd. Mader, Hirschfeld u. Neugebauer; vgl. ed.

Eden *das;* -s ⟨aus gleichbed. *hebr.* 'ēden (eigtl. Name einer Landschaft am Euphrat)⟩: das Paradies [der Bibel], meist in der Fügung: der Garten -

Eden|tate *der;* -n, -n ⟨zu *lat.* edentatus, Part. Perf. von edentare „zahnlos machen"⟩: zahnarmes Säugetier (Gürtel-, Schuppen-, Faultier u. Ameisenbär; Zool.)

edie|ren ⟨aus *lat.* edere „herausgeben" zu ↑¹ex… u. dare „geben"⟩: 1. Bücher herausgeben, veröffentlichen. 2. svw. editieren (EDV)

Edikt *das;* -[e]s, -e ⟨aus gleichbed. *lat.* edictum zu edicere „ansagen, bekanntmachen"⟩: a) amtlicher Erlaß von Kaisern u. Königen (Gesch.); b) (österr.) [amtliche] Anordnung, Vorschrift

edi|tie|ren ⟨nach *engl.* to edit „herausgeben", dies über *fr.* éditer aus *lat.* edere, vgl. edieren⟩: Daten eingeben, löschen, ändern o. ä. (EDV). **Edi|tio ca|sti|ga|ta** [- k…] *die;* - -, Editiones castigatae […ne:s …te] ⟨aus *mlat.* editio castigata „tadelnswerte Ausgabe"⟩: Buchausgabe, bei der religiös, politisch od. erotisch anstößige Stellen vom Herausgeber od. von der Zensur gestrichen wurden. **Edi|ti|on** *die;* -, -en ⟨aus *lat.* editio „Ausgabe, herausgegebene Schrift" zu edere, vgl. edieren⟩: 1. a) Ausgabe von Büchern, bes. Neuherausgabe von älteren klassischen Werken; b) Verlag. 2. Herausgabe von ↑ Musikalien, bes. in laufenden Sammlungen; Abk.: Ed. **Edi|tio prin|ceps** [- …tseps] *die;* - -, Editiones principes […ne:s …pe:s] ⟨aus gleichbed. *lat.* editio princeps⟩: Erstausgabe alter [wiederentdeckter] Werke. **¹Edi|tor** [auch e'di…] *der;* -s, …oren ⟨aus *lat.* editor „Erzeuger, Veranstalter"⟩: Herausgeber eines Buches. **²Edi|tor** ['ɛdɪtɐ] *der;* -s, -s ⟨aus gleichbed. *engl.* editor zu *lat.* editor, vgl. ¹Editor⟩: Komponente eines Datenverarbeitungssystems zur Bearbeitung von Texten, Graphiken im Dialog (EDV). **Edi|to|ri|al** [engl. ɛdɪ'tɔːrɪəl] *das;* -[s], -s ⟨aus *engl.* editorial „Leitartikel" zu editor „Herausgeber; Leitartikler"; vgl. ¹Editor⟩: 1. Vorwort des Herausgebers in einer [Fach]zeitschrift. 2. Leitartikel des Herausgebers od. des Chefredakteurs einer Zeitung. 3. a) Redaktionsverzeichnis, -impressum; b) Verlagsimpressum. **edi|to|risch** ⟨aus gleichbed. *mlat.* editorius⟩: a) die Herausgabe eines Buches betreffend, ihr eigentümlich; b) verlegerisch

Edu|ka|ti|on *die;* -, -en ⟨aus gleichbed. *lat.* educatio zu educare „aufziehen, erziehen"⟩: Erziehung. **Edukt** *das;* -[e]s, -e ⟨aus *lat.* eductum, Part. Perf. von educere „herausführen, herausziehen"⟩: 1. aus Rohstoffen abgeschiedener Stoff (z. B. Öl aus Sonnenblumenkernen). 2. Ausgangsgestein bei der ↑ Metamorphose (4; Geol.)

EDV [e:de:'faʊ]: Abk. für ↑ elektronische Datenverarbeitung

ef…, Ef… vgl. ¹ex…, Ex…

Efen|di u. Effendi *der;* -s, -s ⟨aus *türk.* efendi „Herr", dies über *neugr.* aphentés aus *gr.* authentés „unumschränkter Herr"⟩: (veraltet) Anrede u. Titel für höhere Beamte in der Türkei

Ef|fekt *der;* -[e]s, -e ⟨aus *lat.* effectus „Wirksamkeit, Wirkung" zu efficere, vgl. effizieren⟩: a) Wirkung, Erfolg; b) (meist Plur.) auf Wirkung abzielendes Ausdrucks- u. Gestaltungsmittel; c) Ergebnis, sich aus etwas ergebender Nutzen. **…ef|fekt**: Wortbildungselement, das ausdrückt, daß etwas das Aussehen od. die Wirkung des im ersten Bestandteil der Zusammensetzung Genannten hat, z. B. Holzeffekt, Fotoeffekt. **Ef|fek|ten** *die* (Plur.) ⟨aus *fr.* les effets „Sachen, Vermögensstücke"; vgl. Effet⟩: Wertpapiere, die an der Börse gehandelt werden (z. B. ↑ Obligationen 2 u. ↑ Aktien). **Ef|fek|ten|bör|se** *die;* -, -n: Börse, an der Effekten gehandelt werden. **Ef|fekt|ge|rä|te** *die* (Plur.) ⟨zu ↑ Effekt⟩: Sammelbez. für alle Geräte in der Pop- u. Rockelektronik, die akustische Signale verändern, selbst aber keine Signale erzeugen. **ef|fek|tiv** ⟨aus *lat.* effectivus „bewirkend" zu effectus, vgl. Effekt⟩: a) tatsächlich, wirklich; b) wirkungsvoll (im Verhältnis zu den aufgewendeten Mitteln); c) (ugs.) überhaupt, ganz u. gar, z. B. - nichts leisten; d) lohnend. **Ef|fek|tiv** *das;* -s, -e […və] ⟨aus *lat.* (verbum) effectivum „bewirkendes (Verb)"⟩: Verb des Verwandelns (z. B. knechten = zum Knecht machen; Sprachw.); vgl. Faktitiv. **Ef|fek|tiv…** ⟨zu *lat.* effectivus „bewirkend"⟩: Wortbildungselement mit der Bedeutung „mengenmäßig wirksam; tatsächlich vorhanden", z. B. Effektivlohn. **Ef|fek|tiv|do|sis** *die;* -, …dosen: diejenige Menge von Substanzen (z. B. Medikamenten, Gift), die bei einem Menschen od. bei Versuchstieren wirksam ist (Med.). **Ef|fek|ti|vi|tät** […v…] *die;* - ⟨aus *mlat.* effectivitas, Gen. effectivitatis „bewirkende Kraft"⟩: Wirksamkeit, Durchschlagskraft, Leistungsfähigkeit. **Ef|fek|tiv|lohn** *der;* -s, …löhne ⟨zu ↑ Effektiv…⟩: der im Verhältnis zur jeweiligen Kaufkraft des Geldes tatsächliche Lohn. **Ef|fek|tiv|wert** *der;* -[e]s, -e: der tatsächlich wirkende Durchschnittswert des von Null bis zum Maximalwert (Scheitelwert) dauernd wechselnden Stromwertes (bes. bei Wechselstrom; Elektrot.). **Ef|fekt|ka|nal** *der;* -s, …äle ⟨zu ↑ Effekt⟩: auf der Filmkopie zusätzlich zu den Haupttonspuren angebrachte Tonspur für besondere akustische Effekte (z. B. Gewitter; Filmw.). **Ef|fekt|koh|le** *die;* -: Dochtkohle von Bogenlampen mit Leuchtsalzzusatz. **Ef|fek|tor** *der;* -s, …oren (meist Plur.) ⟨aus *lat.* effector „Urheber"⟩: 1. a) Nerv, der einen Reiz vom Zentralnervensystem zu den Organen weiterleitet u. dort eine Reaktion auslöst; b) Körperorgan, das auf einen aufgenommenen u. weitergeleiteten Reiz ausführend reagiert (Physiol.). 2. Stoff, der eine Enzymreaktion (vgl. Enzym) hemmt od. fördert, ohne an deren Auslösung mitzuwirken (Biol.). 3. Gerät, mittels dessen in einem Regelkreis der Regler auf die Regelgröße einwirkt (Kybern.). 4. Teil eines Roboters (z. B. der Greifer), mit dem dieser unmittelbar auf die Umgebung einwirken kann. **ef|fek|to|risch**: den Effektor betreffend, als Effektor funktionierend. **ef|fek|tu|ie|ren** ⟨aus gleichbed. *fr.* effectuer, dies aus *mlat.* effectuare „wirksam machen, verwirklichen"; vgl. Effekt⟩: einen Auftrag ausführen, eine Zahlung leisten

Ef|fe|mi|na|ti|on *die;* -, -en ⟨aus *spätlat.* effeminatio „Verweiblichung" zu *lat.* effeminare, vgl. effeminieren⟩: a) das Vorhandensein ↑ psychisch u. ↑ physisch weiblicher Eigenschaften beim Mann; b) höchster Grad entgegengesetzter Geschlechtsempfindung beim Mann (passive ↑ Homosexualität). **ef|fe|mi|nie|ren** ⟨unter Einfluß von *fr.* efféminer „verweichlichen" aus *lat.* effeminare „verweiblichen"⟩: sich weiblich fühlen, verhalten (in bezug auf einen Mann). **ef|fe|mi|niert** ⟨zu ↑…iert⟩: verweichlicht, weiblich in seinen Empfindungen u. seinem Verhalten (in bezug auf einen Mann gesagt)

Ef|fen|di vgl. Efendi

ef|fe|rent ⟨aus *lat.* efferens, Gen. efferentis, Part. Präs. von effere „herausbringen, fortführen"⟩: herausführend, von einem Organ herkommend (Med.); Ggs. ↑ afferent. **Ef|fe-**

Egalitär

renz *die;* -, -en ⟨zu ↑...enz⟩: Erregung, die über die efferenten Nervenfasern vom Zentralnervensystem zur Peripherie geführt wird u. die ↑ Motorik (1 a) in Gang setzt; Ggs. ↑ Afferenz. **Ef|fe|renz|ko|pie** *die;* -, -n: kurzfristig im Gedächtnis gespeicherte Kopie eines Handlungsbefehls
ef|fer|ves|zie|ren [...v...] ⟨aus gleichbed. *lat.* effervescere⟩: [infolge heftiger Gasentwicklung] aufbrausen, aufwallen (Phys.)
Ef|fe|stu|ka|ti|on *die;* -, -en ⟨aus gleichbed. *mlat.* effestucatio zu ↑ 'ex... u. *lat.* festuca „(Gras)halm, Stab" (der als Symbol bei Freilassung u. Besitzergreifung fungierte)⟩: (lat. Rechtsspr.) sinnbildliche Übergabe eines Grundstückes durch Überreichung eines abgeschnittenen Halmes od. Zweiges
Ef|fet [ɛˈfeː, auch ɛˈfɛː] *der*, selten *das;* -s, -s ⟨aus *fr.* effet „Wirkung", dies aus *lat.* effectus, vgl. Effekt⟩: einer [Billard]kugel od. einem Ball beim Stoßen, Schlagen, Treten o. ä. durch seitliches Anschneiden verliehener Drall. **ef|fet|tu|o|so** ⟨*it.;* dies aus gleichbed. *spätlat.* effectuosus⟩: effektvoll, mit Wirkung (Vortragsanweisung; Mus.). **Ef|fi|cien|cy** [ɪˈfɪʃənsɪ] *die;* - ⟨aus gleichbed. *engl.* efficiency, zu efficient „wirtschaftlich; leistungsfähig", dies aus *lat.* efficientem, Akkusativ von efficiens, vgl. effizient⟩: 1. Wirtschaftlichkeit, bestmöglicher Wirkungsgrad (wirtschaftspolitisches Schlagwort, bes. in den USA u. in England). 2. Leistungsfähigkeit
Ef|fi|gi|es [...giːs] *die;* - ⟨aus gleichbed. *lat.* effigies zu effingere „abbilden; darstellen, veranschaulichen"⟩: (veraltet) Bild, Bildnis, Abbildung; vgl. in effigie
Ef|fi|lé [ɛfiˈleː] *das;* -s, -s ⟨aus gleichbed. *fr.* effilés (Plur.) „Fransen", dies aus gleichbed. effilé, Part. Perf. von effiler, vgl. effilieren⟩: Borte mit Fransenkante. **ef|fi|lie|ren** ⟨aus gleichbed. *fr.* effiler, eigtl. „ausfasern", zu fil „Faser, Faden", dies aus gleichbed. *lat.* filum⟩: die Haare beim Schneiden ausdünnen, gleichmäßig herausschneiden [wenn sie sehr dicht sind]. **Ef|fi|lo|chés** [...ˈʃeː] *die* (Plur.) ⟨aus gleichbed. *fr.* effilochés (Plur.) zu effilocher „ausfasern"⟩: Reißbaumwolle. **Ef|fi|lure** [...ˈlyːr] *die;* -, -n [...rən] ⟨aus gleichbed. *fr.* effilure⟩: Ausfaserung, Ausfransung, zerfasertes, ausgefranstes Material
ef|fi|zi|ent ⟨aus *lat.* efficiens, Gen. efficientis „bewirkend", Part. Präs. von efficere, vgl. effizieren⟩: besonders wirtschaftlich; leistungsfähig, Wirksamkeit habend; Ggs. ↑ ineffizient. **Ef|fi|zi|enz** *die;* -, -en ⟨aus gleichbed. *lat.* efficientia⟩: 1. Wirksamkeit, Wirkkraft; Ggs. ↑ Ineffizienz. 2. svw. Efficiency. **ef|fi|zie|ren** ⟨aus *lat.* efficere „hervorbringen, zustande bringen"⟩: hervorrufen, bewirken. **ef|fi|ziert** ⟨zu ↑...iert⟩: bewirkt; -es **O b j e k t**: Objekt, das durch das im Verb ausgedrückte Verhalten hervorgerufen od. bewirkt wird (z. B. *Kaffee* kochen; Sprachw.); Ggs. ↑ affiziertes Objekt
Ef|fla|ti|on *die;* -, -en ⟨aus gleichbed. *nlat.* efflatio zu *lat.* efflare „herausblasen"⟩: das Aufstoßen (Med.); vgl. Eruktation
Ef|fleu|rage [ɛflœˈraːʒ] *die;* -, -n [...ʒn̩] ⟨aus gleichbed. *fr.* effleurage zu effleurer „leicht berühren, streifen", vgl. effleurieren⟩: Massage in Form von Streichungen mit den Händen (Med.). **Ef|fleu|ré** [...ˈreː] *das;* -s, -s ⟨aus *fr.* effleuré, Part. Perf. von effleurer „(Häute) abnarben", vgl. effleurieren⟩: Leder mit Narbung, bei dem erhabene Stellen leicht angeschliffen sind. **ef|fleu|rie|ren** ⟨aus gleichbed. *fr.* effleurer zu fleur „Oberfläche"; vgl. Fleur⟩: (veraltet) a) leicht an bzw. auf der Oberfläche berühren; b) oberflächlich behandeln
Ef|flo|res|zenz *die;* -, -en ⟨zu *lat.* efflorescere (vgl. efflores-

zieren) u. ↑...enz⟩: 1. krankhafte Hautveränderung (z. B. Pusteln, Bläschen, Flecken; Med.). 2. Bildung von Mineralüberzügen auf Gesteinen u. Böden (Ausblühung; Geol.); vgl. Exsudation (2). **ef|flo|res|zie|ren** ⟨aus *lat.* efflorescere „aufblühen"⟩: 1. krankhafte Hautveränderungen zeigen (Med.). 2. Mineralüberzüge bilden (von Gesteinen; Geol.)
ef|flu|ie|ren ⟨aus *lat.* effluere „ausfließen, ausströmen" zu ↑ 'ex... u. fluere „fließen, strömen"⟩: ausfließen (z. B. von Ejakulat); b) ausfallen (z. B. von Haaren; Med.). **Ef|flu|vi|um** [...v...] *das;* -s, ...ien [...iən] ⟨aus *lat.* effluvium „Ausfluß"⟩: Erguß, Ausfluß, Ausdünstung (Med.). **Ef|flux** *der;* -[es], -e ⟨aus *lat.* effluxio „das Hervorfließen, Ausströmen" zu effluere, vgl. effluieren⟩: das Ausfließen, Teilvorgang der Teilchenflüsse an Zellmembranen (Biol.)
ef|fo|die|ren ⟨aus gleichbed. *lat.* effodere zu ↑ 'ex... u. fodere „graben"⟩: (veraltet) ausgraben
Ef|fo|ra|ti|on *die;* - ⟨aus *nlat.* efforatio „das Ausbohren" zu ↑ 'ex... u. *lat.* forare „(durch)bohren"⟩: Erosion unter hohem Wasserdruck (Geol.)
ef|for|cie|ren [ɛfɔrˈsiː...] ⟨aus gleichbed. *fr.* (s')efforcer zu forcer, vgl. forcieren⟩: (veraltet) erzwingen; s i c h - : sich anstrengen, sich bemühen. **Ef|fort** [ɛˈfoːr] *der;* -s, -s ⟨aus gleichbed. *fr.* effort⟩: (veraltet) Anstrengung, Bemühung. **Ef|fort|syn|drom** *das;* -s, -e ⟨zu *engl.* effort „Anstrengung" u. ↑ Syndrom⟩: funktionelle Gefäßregulationsstörungen mit Atmungs- u. Herzbeschwerden (Med.)
Ef|fos|si|on *die;* -, -en ⟨aus gleichbed. *lat.* effossio zu effodere, vgl. effodieren⟩: (veraltet) Ausgrabung
ef|fray|ant [ɛfraˈjãː] ⟨*fr.;* vgl. effrayieren⟩: (veraltet) entsetzlich, erschreckend. **ef|fray|ie|ren** [ɛfraˈjiː...] ⟨aus gleichbed. *fr.* effrayer, älter esfreer, dies aus *gallorom.* *exfridare, eigtl. „aus dem Frieden bringen", zu *fränk.* *fridu (*ahd.* fridu) „Frieden"⟩: (veraltet) erschrecken, ängstigen
Ef|fron|te|rie [ɛfrõ...] *die;* -, ...ien ⟨aus gleichbed. *fr.* effronterie zu effronté, vgl. effrontiert⟩: (veraltet) Unverschämtheit, Frechheit. **ef|fron|tiert** ⟨aus gleichbed. *fr.* effronté zu front „Stirn", vgl. Front⟩: (veraltet) unverschämt, frech
ef|froy|abel [ɛfroaˈja...] ⟨aus gleichbed. *fr.* effroyable zu effroi „Schrecken, Entsetzen", dies zu effrayer, vgl. effrayieren⟩: (veraltet) entsetzlich, furchtbar, gräßlich
Ef|fu|sio|me|ter *das;* -s, - ⟨zu *lat.* effusio (vgl. Effusion) u. ↑ '...meter⟩: Apparat zur Messung der Gasdichte. **Ef|fu|si|on** *die;* -, -en ⟨aus gleichbed. *lat.* effusio „das Ausgießen; das Herausströmen" zu effundere „ausgießen"⟩: 1. das Ausfließen von ↑ Lava (Geol.). 2. das Austreten von Gasen durch kleine Öffnungen (Techn.). **ef|fu|siv** ⟨aus gleichbed. *nlat.* effusivus zu *lat.* effusus „(durch Ausströmen) verbreitet"⟩: durch Ausfließen von ↑ Lava gebildet (Geol.). **Ef|fu|siv|ge|stein** *das;* -s: Ergußgestein, das sich bei der Erstarrung des ↑ Magmas an der Erdoberfläche bildet (Geol.)
EFTA *die;* - ⟨Kurzw. aus *engl.* European Free Trade Association⟩: Europäische Freihandelsassoziation (Freihandelszone)
¹egal ⟨aus gleichbed. *fr.* égal, dies aus *lat.* aequalis „gleich beschaffen"⟩: 1. gleich, gleichartig, gleichmäßig. 2. (ugs.) gleichgültig, einerlei. **²egal** ⟨zu ↑ ¹egal⟩: (landsch.) immer [wieder, noch], z. B. er kommt - zu spät. **ega|li|sie|ren** ⟨aus *fr.* égaliser „gleichmachen, ebnen" zu egal, vgl. ¹egal⟩: 1. etwas Ungleichmäßiges ausgleichen, gleichmachen. 2. den Vorsprung des Gegners aufholen, ausgleichen; (einen Rekord) einstellen (Sport). **Ega|li|taire** [...ˈtɛːr] vgl. Egalitär. **ega|li|tär** ⟨aus gleichbed. *fr.* égalitaire⟩: auf politische, bürgerliche od. soziale Gleichheit gerichtet. **Ega|li|tär** *der;* -s, -e ⟨aus gleichbed. *fr.* égalitaire⟩: Anhänger des Egalitaris-

Egalitarismus

mus. **Ega|li|ta|ris|mus** *der;* - ⟨zu ↑ ...ismus (1)⟩: 1. Sozialtheorie von der [möglichst] vollkommenen Gleichheit in der menschlichen Gesellschaft bzw. von ihrer Verwirklichung. 2. (abwertend) Gleichmacherei, Verwischung von sozialen Unterschieden. **Ega|li|tät** *die;* - ⟨zu ↑'egal u. ↑...ität⟩: Gleichheit. **Éga|li|té** [egali'te:] *die;* - ⟨aus *fr.* égalité, dies aus *lat.* aequalitas „Gleichheit"⟩: Gleichheit (eines der Schlagworte der Franz. Revolution); vgl. Liberté, Égalité, Fraternité

Egard [e'ga:r] *der;* -s ⟨aus gleichbed. *fr.* égard zu garder „schützen, warten, pflegen", dies aus dem Germ. ⟩: (veraltet) Ansehen, Achtung, Rücksicht

Egare|ment [egar'mã:] *das;* -s, -s ⟨aus gleichbed. *fr.* égarement zu égarer, vgl. egarieren⟩: (veraltet) Verwirrung, Irrtum. **ega|rie|ren** ⟨aus gleichbed. *fr.* égarer, eigtl. „nicht achthaben", zu é- „aus..., heraus..., weg..." u. garer „in Sicherheit bringen, achthaben"⟩: (veraltet) irreführen, irremachen, verwirren. **ega|riert** ⟨aus gleichbed. *fr.* égaré, Part. Perf. von égarer, vgl. egarieren u. ...iert⟩: (veraltet) verwirrt, zerstreut

egay|ie|ren [egε'ji:...] ⟨aus gleichbed. *fr.* égayer zu gai „heiter, fröhlich"⟩: (veraltet) aufheitern, ermuntern, belustigen

Ege|sta *die* (Plur.) ⟨zu *lat.* egestus „ausgeworfen", Part. Perf. von egerere „auswerfen, von sich geben"⟩: Körperausscheidungen (z. B. Erbrochenes, Stuhl; Med.). **Ege|sti|on** *die;* -, -en ⟨aus *lat.* egestio „Entleerung", eigtl. „das Herausschaffen"⟩: Stuhlgang (Med.)

Egg|head [ɛghɛd] *der;* -s, -s ⟨aus gleichbed. *amerik.* egghead, eigtl. „Eierkopf"⟩: (meist abwertend) Intellektueller. **Egg|nog** [ɛgnɔg] *der;* -s, -s ⟨aus *engl.* eggnog „Eierpunsch"⟩: ein ↑Longdrink, der hauptsächlich unter Verwendung von Milch u. Eiern bereitet wird. **Egg-shell-Por|zel|lan** ['ɛgʃɛl...] *das;* -s, -e ⟨zu *engl.* egg-shell „Eierschale"⟩: hauchdünnes Porzellan

Eglise [e'gli:z] *die;* -, -n [...zn̩] ⟨aus gleichbed. *fr.* église, dies über *(kirchen)lat.* ecclesia aus *gr.* ekklēsía, vgl. Ecclesia⟩: franz. Bez. für Kirche

Eglo|mi|sé [...'ze:] *das;* -, -[s] ⟨aus *fr.* verre églomisé „eglomisiertes Glas", vgl. eglomisieren⟩: Sonderform der Hinterglasmalerei, bei der schwarzer Lack so auf eine Glastafel aufgetragen wird, daß Aussparungen entstehen, die mit spiegelnder Materie hinterlegt werden. **eglo|mi|sie|ren** ⟨aus gleichbed. *fr.* églomiser, nach dem franz. Kunsthändler J.-B. Glomi (18. Jh.).⟩: eine Glastafel o. ä. auf der Rückseite so mit Lack bemalen, daß Aussparungen entstehen, die mit spiegelnder Materie hinterlegt werden

Ego *der;* -, -s ⟨aus *lat.* ego „ich"⟩: das Ich (Philos.). vgl. Alter ego. **Ego-Ide|al** *das;* -s, -e: für die eigene Person gültiges Leitbild, das durch seinen Grundsatzcharakter zur Persönlichkeitsentwicklung beiträgt (Psychol.). **Ego-In|volve|ment** [...invɔlvmənt] *das;* -s ⟨zu *engl.* involvement „Verwicklung"⟩: Bez. für alle Einstellungen, die den Status eines Menschen bestimmen bzw. ihm eine Rolle in bezug auf andere Personen, Gruppen od. Institutionen zuordnen. **Ego|is|mus** *der;* -, ...men ⟨aus gleichbed. *fr.* égoïsme zu *lat.* ego; vgl. ...ismus (5)⟩: 1. (ohne Plur.) Selbstsucht, Eigenliebe, Ichsucht, Eigennutz; Ggs. ↑Altruismus. 2. (meist Plur.) selbstsüchtige Handlungen o. ä. **Ego|ist** *der;* -en, -en ⟨zu ↑...ist⟩: jmd., der sein Ich u. seine persönlichen Interessen in den Vordergrund stellt; Ggs. ↑Altruist. **ego|istisch** ⟨aus gleichbed. *fr.* égoïste⟩: ichsüchtig, nur sich selbst gelten lassend; Ggs. ↑altruistisch. **Ego|ma|nie** *die;* - ⟨zu ↑...manie⟩: krankhafte Selbstbezogenheit

Egor|geur [egɔr'ʒø:ɐ̯] *der;* -s, -e ⟨aus gleichbed. *fr.* égorgeur, eigtl. „Halsabschneider", zu égorger, vgl. egorgieren⟩: (veraltet) Mörder. **egor|gie|ren** [...'ʒi:...] ⟨aus gleichbed. *fr.* égorger zu é- „aus..., heraus..., weg..." u. gorge „Kehle, Gurgel", dies über *vulgärlat.* gurga aus *lat.* gurges „Schlund, Abgrund"⟩: (veraltet) erwürgen, erdrosseln

Ego|tis|mus *der;* - ⟨aus *engl.* egotism bzw. *fr.* égotisme „Selbstgefälligkeit, Selbstsucht"; vgl. ...ismus (2)⟩: philosophisch begründete Form des Egoismus, die das Glück der Menschheit dadurch herbeizuführen trachtet, daß der einzelne (einer Elite) auf ein Höchstmaß persönlichen diesseitigen Glücks hinarbeitet. **Ego|tist** *der;* -en, -en ⟨aus *engl.* egotist bzw. *fr.* égotiste „selbstgefälliger Mensch"⟩: 1. Anhänger des Egotismus. 2. Autor eines ↑autobiographischen Romans in der Ich-Form. **Ego|trip** *der;* -s, -s ⟨aus gleichbed. *engl.* ego-trip zu ↑Ego u. ↑Trip⟩: (Jargon) jmds. augenblickliche Lebenshaltung, -gestaltung, bei der das Denken u. Verhalten fast ausschließlich auf die eigene Person, die eigene Erlebensweise gerichtet ist

Egout [e'gu:] *der;* -s, -s ⟨aus gleichbed. *fr.* égout zu é- „aus..., heraus..., weg..." u. goutte „Tropfen", dies aus *lat.* gutta⟩: (veraltet) Abfluß, Dachrinne, Abwasserkanal. **Egou|tier** [egu'tje:] *der;* -s, -s ⟨aus gleichbed. *fr.* égoutier⟩: (veraltet) Abfluß-, Kanalreiniger, -arbeiter. **Egout|teur** [egu'tø:ɐ̯] *der;* -s, -e ⟨aus gleichbed. *fr.* (rouleau) égoutteur, eigtl. „Rollenabtropfer"⟩: Vorpreßwalze bei der Papierherstellung (auch zur Erzeugung der Wasserzeichen)

Ego|zen|trik *die;* - ⟨zu *lat.* ego „ich", ↑Zentrum u. ↑²...ik (3)⟩: Einstellung od. Verhaltensweise, die die eigene Person als Zentrum allen Geschehens betrachtet u. alle Ereignisse nur in ihrer Bedeutung für u. in ihrem Bezug auf die eigene Person wertet. **Ego|zen|tri|ker** *der;* -s, -: jmd., der egozentrisch ist. **ego|zen|trisch**: ichbezogen; sich selbst in den Mittelpunkt stellend (im Unterschied zu egoistisch aber nicht auf das Handeln zielend, sondern Ausdruck einer Weltauffassung, die alles in bezug auf die eigene Person wertet). **Ego|zen|tri|zi|tät** *die;* - ⟨zu ↑...izität⟩: svw. Egozentrik

Egre|nage [egre'na:ʒ] *die;* -, - [...ʒn̩] ⟨aus gleichbed. *fr.* égrenage, eigtl. „Entkörnung", zu égrener, vgl. egrenieren⟩: Trennung der Baumwollfasern von den Samen. **egre|nie|ren** ⟨aus *fr.* égrener „entkernen, entsamen" zu graine „Samen(korn)", dies aus *lat.* grana, Plur. von granum „Korn"⟩: Baumwollfasern von den Samen trennen. **Egre|nier|ma|schi|ne** *die;* -, -n: Maschine, die die Baumwollfasern vom Samen trennt

Egreß *der;* ...sses, ...sse ⟨aus *lat.* egressus „das Herausgehen" zu ↑¹ex... u. gressus „Schritt, Gang"⟩: (veraltet) Ausgang, Austritt, das Weggehen. **egres|siv** ⟨zu ↑...iv⟩: 1. das Ende eines Vorgangs od. Zustands ausdrückend (von Verben; z. B. *verblühen, platzen;* Sprachw.). Ggs. ↑ingressiv (1); -e [...və] Aktionsart: svw. ↑resultative Aktionsart. 2. den Luftstrom bei der Artikulation nach außen richtend (Phon.); Ggs. ↑ingressiv (2)

Egyp|ti|enne [eʒipˈsjɛn] *die;* - ⟨aus gleichbed. *fr.* égyptienne, eigtl. „ägyptische (Schrift)"⟩: besondere Art der Antiquaschrift, bei der die Buchstaben gleichmäßig stark sind

eh bien! [eˈbjɛ̃] ⟨*fr.*⟩: wohlan!, nun gut!

Ei|de|tik *die;* - ⟨zu *gr.* eídēsis „Wissen, Einsicht" bzw. eidētikós; vgl. eidetisch u. ²...ik (1)⟩: 1. Fähigkeit, sich Objekte od. Situationen so anschaulich vorzustellen, als ob sie realen Wahrnehmungscharakter hätten (Psychol.). 2. svw. Eidologie. **Ei|de|ti|ker** *der;* -s, -: jmd., der die Fähigkeit hat, sich Objekte od. Situationen anschaulich, wie wirklich vorhanden vorzustellen. **Ei|de|ti|kon** *das;* -s, ...ka (meist Plur.) ⟨zu *gr.* eidētikós (vgl. eidetisch) u. ↑¹...on⟩: Rauschgift, das Visionen u. Gehörtäuschungen erzeugt; vgl. Phantasti-

ekchymosiert

ka. **ei|de|tisch** ⟨aus gleichbed. *gr.* eidētikós⟩: a) die Eidetik betreffend; b) anschaulich, bildhaft. **Ei|do|graph** *der;* -en, -en ⟨zu *gr.* eĩdos „Gestalt, Bild" (vgl. Eidos) u. ↑...graph*,* eigtl. „Bilderschreiber"⟩: eine 1821 in Edinburgh erfundene Bildabdruckmaschine. **Ei|do|gra|phie** *die;* -, ...ien ⟨zu ↑...graphie⟩: 1. (ohne Plur.) Verfahren zum Abdrucken von Bildern. 2. durch dieses Verfahren abgedrucktes Bild. **Ei|do|lo|gie** *die;* -, ...ien ⟨zu ↑...logie⟩: Theorie, auf dem Weg der Gestaltbeschreibung das Wesen eines Dinges zu erforschen (Philos.). **Ei|do|lon** *das;* -[s], ...la ⟨aus gleichbed. *gr.* eídolon, Verkleinerungsform von eĩdos, vgl. Eidos⟩: Abbild, kleines Bild, Nach-, Spiegel-, Trugbild (Philos.); vgl. Idol. **Ei|do|phor** ⓦ *das;* -s, -e ⟨zu *gr.* eĩdos „Gestalt, Bild" (vgl. Eidos) u. ↑...phor, eigtl. „Bildträger"⟩: Fernsehgroßbild-Projektionsanlage. **Ei|do|phor|ver|fahren** *das;* -s: Verfahren, bei dem an einen Fernsehempfänger ein Projektor angeschlossen ist, der das Bild auf die Größe einer Kinoleinwand bringt (z. B. bei gemeinsamem Fernsehempfang auf einer Großveranstaltung). **Ei|dos** *das;* - ⟨aus *gr.* eĩdos „Ansehen, Gestalt" zu eídein „sehen"⟩: 1. Gestalt, Form, Aussehen. 2. Idee (bei Plato). 3. Gegensatz zur Materie (bei Aristoteles) 4. Art im Gegensatz zur Gattung (Logik). 5. Wesen (bei Husserl)
Ei|ko|nal *das;* -s, -e ⟨zu *gr.* eikṓn „Bild" u. ↑¹...al (2)⟩: mathematische Funktion für die optische Weglänge zwischen Ausgangs- u. Endpunkt eines Lichtstrahls in der geometrischen Optik
Ei|ko|san *das;* -s, -e ⟨zu *gr.* eikosás „zwanzig" u. ↑...an⟩: gesättigter ↑ aliphatischer Kohlenwasserstoff mit 20 Kohlenstoffatomen im Molekül (Chem.).
ein|ato|mig ⟨zu ↑ Atom⟩: aus einzelnen, nicht miteinander verbundenen Atomen bestehend
ein|bal|sa|mie|ren ⟨zu ↑ balsamieren⟩: (einen Leichnam) zum Schutz vor Verwesung mit bestimmten konservierenden Mitteln behandeln
ein|checken¹ [...tʃɛkn̩] ⟨zu ↑ checken⟩: a) abfertigen (z. B. Passagiere od. Gepäck); b) sich abfertigen lassen (Flugw.)
Ein|chip|pro|zes|sor [...tʃɪp...] *der;* -s, -en ⟨zu ↑ Chip u. ↑ Prozessor⟩: Mikroprozessor, dessen sämtliche Baugruppen auf einem Chip (3) untergebracht sind
Ein|he|ri|er [...jɐ] *der;* -s, - ⟨aus *altisländ.* einherjar, Plur. von einheri „vortrefflicher Kämpfer"⟩: gefallener Kämpfer (nord. Mythologie)
ein|kal|ku|lie|ren ⟨zu ↑ kalkulieren⟩: 1. in die ↑ Kalkulation einbeziehen, mitberechnen. 2. im voraus mit jmdm., etwas rechnen; in seine Erwägungen, Pläne einbeziehen
ein|kla|rie|ren ⟨zu ↑ klarieren⟩: Schiff u. Güter bei der Einfahrt verzollen. **Ein|kla|rie|rung** *die;* -, -en ⟨zu ↑...ierung⟩: Verzollung von Gütern bei der Einfahrt in den Hafen
ein|ko|pie|ren ⟨zu ↑ kopieren⟩: mit Hilfe eines zusätzlichen Negativs in den Film einfügen (z. B. Untertitel; Filmw.)
ein|ma|nua|lig ⟨zu ↑ Manual⟩: mit nur einem ↑ Manual ausgestattet (von Orgeln u. Cembali; Mus.).
ein|pro|gram|mie|ren ⟨zu ↑ programmieren⟩: in einen Computer als Programm (4) eingeben
ein|quar|tie|ren ⟨zu ↑ Quartier⟩: [Soldaten] in einem ↑ Quartier (1) unterbringen
ein|re|gi|strie|ren ⟨zu ↑ registrieren⟩: registrieren u. einordnen, in ein Register einordnen
ein|re|gu|lie|ren ⟨zu ↑ regulieren⟩: genau auf einen bestimmten Wert, ein bestimmtes Maß einstellen (Techn.); s i c h - : sich regeln, in Ordnung gehen
Eins|ope|ra|tor *der;* -s, -en ⟨zu ↑ Operator⟩: linearer ↑ Operator (2), der jeden ↑ Vektor des betrachteten Vektorraums unverändert läßt (Math.).

Ein|stei|ni|um *das;* -s ⟨nach dem Physiker A. Einstein (1879–1955) u. zu ↑...ium⟩: chem. Element, ein ↑ Transuran; Zeichen Es
ein|trai|nie|ren [...trɛ..., ...tre...] ⟨zu ↑ trainieren⟩: durch systematisches Üben beibringen; einüben
Ei|ro|me|ter *das;* -s, - ⟨zu *gr.* eĩros „Wolle" u. ↑¹...meter⟩: altes Werkzeug zum Messen der Wollstärke
Ei|zes vgl. Ezzes
Eja|cu|la|tio prae|cox [...ku... ...kɔks] *die;* - - ⟨aus gleichbed. *(n)lat.* ēiaculatio praecox zu ēiaculare, vgl. ejakulieren⟩: vorzeitig (entweder vor od. unmittelbar nach Einführung des ↑ Penis in die ↑ Vagina) erfolgender Samenerguß (Med.). **Eja|ku|lat** *das;* -[e]s, -e ⟨aus *lat.* ēiaculatum „das Herausgeschleuderte"⟩: bei der Ejakulation ausgespritzte Samenflüssigkeit (Med.). **Eja|ku|la|ti|on** *die;* -, -en ⟨zu ↑...ation⟩: Ausspritzung der Samenflüssigkeit beim ↑ Orgasmus; Samenerguß (Med.). **eja|ku|lie|ren** ⟨aus *lat.* ēiaculare „hinauswerfen"⟩: Samenflüssigkeit ausspritzen (Med.). **Ejek|ti|on** *die;* -, -en ⟨aus *lat.* ēiectio „das Auswerfen; Verbannung"⟩: 1. explosionsartiges Ausschleudern von Materie (Schlacken, Asche) aus einem Vulkan (Geol.). 2. (veraltet) das Hinauswerfen; das Vertreiben [aus dem Besitz]. **Ejek|tiv** *der;* -s, -e [...ve] u. **Ejek|tiv|laut** *der;* -[e]s, -e ⟨zu *lat.* ēiectivus „ausströmend", eigtl. „auswerfend"⟩: Verschlußlaut, bei dem Luft aus der Mundhöhle strömt; Ggs. ↑ Injektiv. **Ejek|tor** *der;* -s, ...oren ⟨aus *lat.* ēiector „Auswerfer"⟩: 1. automatisch arbeitender Patronenauswerfer bei Jagdgewehren. 2. Strahlpumpe mit Absaugvorrichtung. **eji|zie|ren** ⟨aus *lat.* ēicere „hinauswerfen"⟩: 1. (Materie) ausschleudern (Phys.). 2. (veraltet) jmdn. hinauswerfen, [aus dem Besitz] vertreiben
Eju|ra|ti|on *die;* -, -en ⟨aus gleichbed. *lat.* ēiuratio zu ēiurare, vgl. ejurieren⟩: (veraltet) Abschwörung. **eju|rie|ren** ⟨aus gleichbed. *lat.* ēiurare zu ↑¹ex... u. iurare „schwören"⟩: (veraltet) abschwören
ejus|dem men|sis ⟨aus gleichbed. *lat.* ēiusdem mensis⟩: (veraltet) desselben Monats; Abk.: e. m.
ek..., Ek... ⟨aus gleichbed. *gr.* ek-; vgl. ²ex...⟩: Präfix (vor folgendem Konsonanten) mit der Bedeutung „aus, aus – heraus", z. B. ekdemisch, Eklipse
Eka-Ele|ment *das;* -[e]s, -e ⟨zu *sanskr.* éka „eins" u. ↑ Element⟩: zur frühere Bez. für die chem. Elemente, deren Existenz D. I. Mendelejew (vgl. Mendelevium) auf Grund von Lücken im Periodensystem bereits 1871 als gesichert annahm, z. B. Eka-Aluminium für ↑ Gallium
Ekart [eˈkaːɐ̯] *der;* -s, -s ⟨aus gleichbed. *fr.* écart, eigtl. „Entfernung", by écarter „auseinandertreiben, entfernen", dies aus *vulgärlat.* *exquartare „vierteilen" zu *lat.* quartus „der vierte"⟩: Unterschied zwischen ↑ Basiskurs (Tageskurs) u. Prämienkurs (Basiskurs + Prämie)
¹Ekar|té [ekarˈteː] *das;* -s, -s ⟨aus *fr.* écarté, Part. Perf. von écarter „Karten ablegen", zu carte „(Spiel)karte"⟩: franz. Kartenspiel
²Ekar|té [ekarˈteː] *das;* -s, -s ⟨aus *fr.* (pose) écartée „gespreizte (Haltung)" zu écarter „auseinandertreiben; (die Beine) spreizen"; vgl. Ekart⟩: (im klassischen Ballett) Position schräg zum Zuschauer
Ek|chon|drom [...ç...] *das;* -s, -e ⟨zu ↑ ek..., *gr.* chóndros „Korn, Graupe, Knorpel" u. ↑...om⟩: Knorpelgeschwulst (Med.). **Ek|chon|dro|se** *die;* -, -n ⟨zu ↑¹...ose⟩: gutartige Wucherung von Knorpelgewebe (Med.)
Ek|chy|mo|se [...ç...] *die;* -, -n ⟨aus gleichbed. *gr.* ekchýmōsis, eigtl. „das Herausströmen"⟩: flächenhafter Bluterguß, blutunterlaufene Stelle in der Haut (Med.). **ek|chy|mo|siert** ⟨zu ↑...iert⟩: (veraltet) blutunterlaufen

Ekdemiomanie

Ek|de|mio|ma|nie *die;* - ⟨zu *gr.* ekdēmeĩn „auswandern, in die Fremde ziehen" u. ↑...manie⟩: (veraltet) Auswanderungslust, Reisesucht. **ek|de|misch** ⟨aus gleichbed. *gr.* ekdēmos⟩: (veraltet) auswärts befindlich, abwesend

Ek|dy|son *das;* -s ⟨zu *gr.* ékdysis „das Herauskriechen" u. ↑²...on⟩: Häutungshormon der Insekten (Zool.)

Ek|echei|rie [...ç...] *die;* -, ...ien ⟨aus gleichbed. *gr.* ekecheiría⟩: (veraltet) Waffenstillstand, Gottesfriede

Ek|kle|sia *die;* - ⟨über *lat.* ecclesia aus gleichbed. *gr.* ekklēsía, vgl. Ecclesia⟩: christliche Kirche (Theol.); vgl. Ecclesia. **Ek|kle|si|arch** *der;* -en, -en ⟨zu *gr.* árchein „herrschen"⟩: Kirchenvorsteher in der griech. Kirche. **Ek|kle|si|ar|chie** *die;* - ⟨zu ↑²...ie⟩: Kirchenherrschaft, -aufsicht. **Ek|kle|sia|stes** *der;* - ⟨aus gleichbed. *gr.* ekklēsiastés, eigtl. „Redner in der Volksversammlung"⟩: griech. Bez. des alttest. Buches „Prediger Salomo". **Ek|kle|sia|stik** *die;* - ⟨zu *spätgr.* ekklēsiastikós „zur christlichen Kirche gehörig"⟩: svw. Ekklesiologie. **Ek|kle|sia|sti|kus** *der;* - ⟨über *lat.* ecclesiasticus aus gleichbed. *spätgr.* ekklēsiástikós⟩: Titel des alttest. Buches „Jesus Sirach" in der ↑ Vulgata (1). **Ek|klesie** *die;* - ⟨zu ↑ Ekklesia⟩: Volksversammlung der altgriech. Stadtstaaten. **ek|kle|sio|gen** ⟨zu *gr.* ekklēsía „Kirche" u. ↑...gen⟩: durch Einfluß von Kirche u. Religion entstanden (z. B. von Neurosen; Psychol.). **Ek|kle|sio|lo|gie** *die;* - ⟨zu ↑...logie⟩: theologische Lehre von der christlichen Kirche

Ek|kli|sis *die;* -, ...sen ⟨aus *gr.* ékklisis „das Ausweichen" zu ekklínein „ausbiegen"⟩: (veraltet) Verrenkung, Austritt des Knochens aus der natürlichen Lage (Med.)

ek|krin ⟨zu ↑ek... u. *gr.* krínein „scheiden, trennen"⟩: svw. exokrin

Ek|ky|kle|ma *das;* -s, ...emen ⟨aus gleichbed. *gr.* ekkýklēma⟩: kleine fahrbare Bühne des altgriech. Theaters für Szenen, die sich eigtl. innerhalb eines Hauses abspielten

ekla|bous|sie|ren [eklabʊˈsiː...] ⟨aus gleichbed. *fr.* éclabousser, eigtl. „mit Kot bespritzen", zu älter *fr.*esclaboter, weitere Herkunft unsicher⟩: (veraltet) in niedriger Weise schmähen

Eklai|reur [eklɛˈrøːɐ̯] *der;* -s, -e ⟨aus gleichbed. *fr.* éclaireur zu éclairer, vgl eklairieren⟩: (veraltet) Kundschafter, Aufklärer (im Krieg). **eklai|rie|ren** ⟨aus gleichbed. *fr.* éclairer, eigtl. „erleuchten", dies über *vulgärlat.* *exclariare aus *lat.* exclarare zu ↑¹ex... u. clarus „hell"⟩: (veraltet) kundschaften, aufklären (im Krieg)

Ek|lamp|sie *die;* -, ...ien ⟨über *nlat.* eclampsia aus *gr.* éklampsis „das Hervorleuchten" zu eklámpein „aufleuchten"⟩: plötzlich auftretende, lebensbedrohende Krämpfe während der Schwangerschaft, Geburt od. im Wochenbett (Med.). **Ek|lamp|sis|mus** *der;* - ⟨zu ↑...ismus (3)⟩: Bereitschaft des Organismus für eine Eklampsie (Med.). **ek|lamp|tisch** ⟨aus *gr.* éklamptos „hervorleuchtend"⟩: die Eklampsie betreffend, auf ihr beruhend (Med.)

Eklat [eˈkla(ː)] *der;* -s, -s ⟨aus gleichbed. *fr.* éclat zu éclater, vgl. eklatieren⟩: Aufsehen, Knall, Skandal; [in der Öffentlichkeit] starkes Aufsehen erregender Vorfall. **ekla|tant** ⟨aus gleichbed. *fr.* éclatant⟩: 1. offenkundig. 2. aufsehenerregend; auffallend. **ekla|tie|ren** ⟨aus gleichbed. *fr.* éclater „platzen, splittern"⟩: (veraltet) a) losbrechen, zerspringen; b) einen Eklat erregen

Ek|lek|ti|ker *der;* -s, - ⟨zu *gr.* eklektikós, eigtl. „auswählend, auslesend"⟩: a) jmd., der weder ein eigenes philos. System aufstellt noch ein anderes übernimmt, sondern aus verschiedenen Systemen das ihm Passende auswählt; b) (abwertend) jmd., der (z. B. in einer Theorie) fremde Ideen nebeneinanderstellt, ohne eigene Gedanken dazu zu entwickeln. **ek|lek|tisch:** a) (abwertend) in unschöpferischer Weise nur Ideen anderer (z. B. in einer Theorie) verwendend; b) aus bereits Vorhandenem auswählend u. übernehmend. **Ek|lek|ti|zis|mus** *der;* - ⟨zu ↑...izismus⟩: 1. (abwertend) unoriginelle, unschöpferische geistige Arbeitsweise, bei der Ideen anderer übernommen od. zu einem System zusammengetragen werden. 2. Rückgriff auf die Stilmittel verschiedener Künstler früherer Epochen mangels eigenschöpferischer Leistung (in der bildenden Kunst u. Literatur). **ek|lek|ti|zi|stisch** ⟨zu ↑...istisch⟩: nach der Art des Eklektizismus (1, 2) verfahrend

Ek|lip|se *die;* -, -n ⟨aus *gr.* ékleipsis „das Ausbleiben, Verschwinden" zu ekleípein „verlassen"⟩: Verfinsterung (in bezug auf Mond od. Sonne; Astron.). **Ek|lip|se|ri|um** *das;* -s, ...ien [...i̯ən] ⟨aus gleichbed. *nlat.* ekleiptikós „zur Sonnen- od. Mondfinsternis gehörig"⟩: altes Gerät zur Veranschaulichung von Sonnen- u. Mondfinsternissen. **ek|lip|sie|ren** ⟨zu ↑...ieren⟩: (veraltet) a) verfinstern, verdunkeln; b) verschwinden, sich wegschleichen. **Ek|lip|tik** *die;* -, -en ⟨aus *lat.* (linea) ecliptica, eigtl. „zur Eklipse gehörende Linie" (weil in der Ekliptik Finsternisse auftreten)⟩: der größte Kreis, in dem die Ebene der Erdbahn um die Sonne die als unendlich groß gedachte Himmelskugel schneidet (Astron.). **ek|lip|ti|kal** ⟨zu ↑¹...al (1)⟩: auf die Ekliptik bezogen, mit ihr zusammenhängend. **Ek|lip|ti|kal|kar|te** *die;* -, -n: Kartenwerk, das nur die Sternörter in einem mehrere Grad breiten Streifen um die Ekliptik herum darstellt (Astron.). **Ek|lip|ti|kal|strom** *der;* -[e]s, ...ströme: ein Meteorstrom, dessen Bahn nur wenig gegenüber der Ekliptik geneigt ist (Astron.). **ek|lip|tisch** ⟨über *lat.* eclipticus aus gleichbed. *gr.* ekleiptikós⟩: auf die Eklipse bezogen

Ek|lo|ge *die;* -, -n ⟨über *lat.* ecloga aus *gr.* eklogé „Auswahl"⟩: 1. a) altröm. Hirtenlied; vgl. Idylle; b) kleineres, ausgewähltes Gedicht; c) (ohne Plur.) byzantinische Rechtssammlung. 2. kurzes, zwei- bis dreiteiliges Instrumentalstück pastoralen Inhalts. **Ek|lo|gen|dich|tung** *die;* -: Hirten-, Schäferdichtung. **Ek|lo|git** [auch ...ˈgɪt] *der;* -s, -e ⟨zu ↑²...it⟩: durch ↑ Metamorphose (4) erzeugtes Gestein (Geol.). **Ek|lo|git|schal|le** *die;* -: tiefere Zone des ↑²Simas (Geol.)

Ek|mne|sie *die;* -, ...ien ⟨zu ↑ek..., *gr.* mnḗsis „das Erinnern, Andenken" u. ↑²...ie⟩: krankhafte Vorstellung, in einen früheren Lebensabschnitt zurückversetzt zu sein (Med.)

Ek|noia [ɛkˈnɔya] *die;* - ⟨aus *gr.* éknoia „Sinnlosigkeit"⟩: krankhaft gesteigerte Erregbarkeit im Pubertätsalter (Med.)

Eko|no|mi|ser [ɪˈkɔnɔmaɪzɐ] vgl. Economiser

Ekos|sai|se [ekɔˈsɛːzə] vgl. Ecossaise

Ek|pho|ne|se *die;* -, -n ⟨zu ↑ek..., *gr.* phōné „Laut, Ton" u. ↑...ese⟩: (veraltet) Ausruf (Rhet.)

Ek|pho|rie *die;* -, ...ien ⟨zu *gr.* ekphoreĩn „heraustragen, hervorbringen" u. ↑²...ie⟩: durch Reizung des Zentralnervensystems hervorgerufene Reproduktion von Dingen od. Vorgängen; Vorgang des Sicherinnerns (Med.)

Ek|phra|sis *die;* -, ...phrasen ⟨aus *gr.* ékphrasis „genaue Beschreibung"⟩: die detaillierte Beschreibung von Personen, Sachen, Ereignissen nach eigener Anschauung (Rhet.)

Ek|phym *das;* -s, -e ⟨aus *gr.* ékphyma zu ekphýein „herauswachsen"⟩: Auswuchs, Höcker (Med.)

Ek|ple|xie *die;* -, ...ien ⟨aus *gr.* ékplēxis „Erschütterung" (dies zu ekplḗssein „herausschlagen; erschrecken, verwirren, betäuben") u. ↑²...ie⟩: (veraltet) Erstarrung vor Erschrecken, Betäubung

Ek|py|ro|sis *die;* - ⟨aus *gr.* ékpýrōsis „Zerstörung durch Feuer"⟩: Weltbrand, Wiederauflösung der Welt in Feuer, das Urelement, aus dem sie entstand (philos. Lehre bei Heraklit u. den Stoikern)

Ekra|sit [auch ...'zt] *das;* -s ⟨zu *fr.* écraser „zermalmen, vernichten" u. ↑¹...it⟩: ein Sprengstoff, der ↑ Pikrinsäure enthält

ekrü, fachspr. ecru [e'kry:] ⟨aus *fr.* écru „roh, ungebleicht", zu cru „roh", dies aus *lat.* crudus⟩: a) ungebleicht; b) weißlich, gelblich. **Ekrü|sei|de** *die;* -: nicht vollständig entbastete Naturseide von gelblicher Farbe

Ek|sar|kom *das;* -s, -e ⟨zu ↑ Eksarkoma; vgl. Sarkom⟩: (veraltet) wildes Fleisch (Med.). **Ek|sar|ko|ma** *das;* -s, -ta ⟨aus gleichbed. *gr.* eksárkōma⟩: svw. Eksarkom

Ek|sta|se *die;* -, -n ⟨über *kirchenlat.* ecstasis aus gleichbed. *gr.* ékstasis, eigtl. „das Aussichherausgetretensein"⟩: [religiöse] Verzückung, rauschhafter Zustand, in dem der Mensch der Kontrolle des normalen Bewußtseins entzogen ist. **Ek|sta|tik** *die;* - ⟨zu *gr.* ekstatikós „verzückt, außer sich"; vgl. ²...ik (3)⟩: Ausdruck[sform] der Ekstase. **Ek|sta|ti|ker** *der;* -s, -: jmd., der in Ekstase geraten ist; verzückter, rauschhafter Schwärmer. **ek|sta|tisch** ⟨aus gleichbed. *gr.* ekstatikós⟩: in Ekstase, außer sich, schwärmerisch, rauschhaft

Ek|stro|phie *die;* -, ...ien ⟨aus *gr.* ekstrophé „das Herausdrehen" (dies zu ekstréphein „herausreißen, -drehen") u. ↑²...ie⟩: svw. Ektopie

Ek|ta|se *die;* -, -n ⟨über *spätlat.* ectasis aus gleichbed. *gr.* éktasis, vgl. Ektasis⟩: Dehnung eines Vokals (antike Metrik). **Ek|ta|sie** *die;* -, ...ien ⟨zu ↑²...ie⟩: Erweiterung, Ausdehnung eines Hohlorgans (Med.). **Ek|ta|sis** *die;* - ⟨aus *gr.* éktasis „Ausdehnung"⟩: svw. Ektase. **ek|ta|tisch**: krankhaft erweitert (Med.)

Ek|te|nie *die;* -, ...ien ⟨aus *gr.* ekténeia „Anstrengung (der Kräfte); Dienstfertigkeit, Ausdauer"⟩: großes Fürbittegebet im Gottesdienst der orthodoxen Kirchen

Ek|the|sis *die;* -, ...sen ⟨aus gleichbed. *spätgr.* ékthesis zu *gr.* ektithénai „aussetzen; darlegen"⟩: 1. (veraltet) Darlegung, Auslegung, Erklärung. 2. eine Glaubenserklärung des oström. orthodoxen Kaisers Heraklius im Monotheletenstreit (vgl. Monothelet) vom Jahre 638

Ek|thlip|sis *die;* -, ...ipsen ⟨aus *gr.* ékthlipsis „Herausdrängung" zu ekthlíbein „herausdrücken, -drängen"⟩: svw. Elision

Ek|thym *das;* -s, -e ⟨aus *gr.* ékthyma „Hautausschlag"⟩: Hauteiterung mit nachfolgender Geschwürbildung (Med.)

ek|to..., **Ek|to...** ⟨zu gleichbed. *gr.* ektós; vgl. ¹ex..., Ex...⟩: Präfix mit der Bedeutung „außen, außerhalb", z. B. ektodermal, Ektoparasit

Ek|to|bio|lo|gie *die;* - ⟨zu ↑ekto... u. ↑ Biologie⟩: svw. Kosmobiologie

Ek|to|blast *das;* -[e]s, -e ⟨zu ↑ekto... u. *gr.* blastós „Keim, Sproß"⟩: svw. Ektoderm

Ek|to|derm *das;* -s, -e ⟨zu ↑ekto... u. *gr.* dérma „Haut"⟩: die äußere Hautschicht des tierischen u. menschlichen Keims, die bei der Gastrulabildung (vgl. Gastrula) entsteht (Med.); vgl. Entoderm. **ek|to|der|mal**: vom äußeren Keimblatt abstammend bzw. ausgehend (Med.); vgl. entodermal. **Ek|to|der|mo|se** *die;* -, -n ⟨zu ↑¹...ose⟩: Erkrankung von Organen, die aus dem Ektoderm hervorgegangen sind (bes. Erkrankung der Haut; Med.)

Ek|to|des|men *die* (Plur.) ⟨zu ↑ekto... u. *gr.* desmós „Bande, Fessel"⟩: die Außenwände von Epidermiszellen durchziehende Plasmastränge, die zur Reizleitung u. vermutlich auch als Transportbahnen zwischen Außenwelt u. Pflanzeninnerem dienen (Bot.)

ek|to|gen ⟨zu ↑ekto... u. ↑...gen⟩: svw. exogen

ek|to|gnath ⟨zu ↑ekto... u. *gr.* gnáthos „Kinnbacke"⟩: die Mundwerkzeuge außen, frei sichtbar tragend (von den meisten Insekten u. deren Larven gesagt; Zool.)

Ek|to|hor|mon *das;* -s, -e ⟨zu ↑ekto... u. ↑Hormon⟩: svw. Pheromon

Ek|to|kar|die *die;* -, ...ien ⟨zu ↑ekto... u. *gr.* kardía „Herz"⟩: angeborenes Freiliegen des Herzens bei Defekten der vorderen Brustwand (Med.)

Ek|to|karp *das;* -s, -e ⟨zu ↑ekto... u. *gr.* karpós „Frucht"⟩: svw. Exokarp

ek|to|le|zi|thal ⟨zu ↑ekto..., *gr.* lékithos „Eigelb" u. ↑¹...al (1)⟩: Bez. für Eier mit gesonderten Dotterzellen, z. B. bei Saugwürmern, Bandwürmern, Strudelwürmern (Zool.)

Ek|to|mi|as *der;* -, -se ⟨aus *gr.* ektomías „der Verschnittene"⟩: svw. Ektomos. **Ek|to|mie** *die;* -, ...ien ⟨zu *gr.* ektomé „das Ausschneiden, der Ausschnitt" (zu ektémnein „herausschneiden") u. ↑²...ie⟩: operatives Herausschneiden, vollständige Entfernung eines Organs im Unterschied zur ↑Resektion (Med.). **...ek|to|mie**: Wortbildungselement mit der Bedeutung „operative Entfernung eines Organs", z. B. Appendektomie, Gastrektomie. **ek|to|mie|ren** ⟨zu ↑...ieren⟩: ein Organ operativ entfernen (Med.)

ek|to|morph ⟨zu ↑ekto... u. ↑...morph⟩: eine hagere, hoch aufgeschossene Konstitution aufweisend (Anat.). **Ek|to|mor|phie** *die;* - ⟨zu ↑...morphie⟩: Konstitution eines bestimmten Menschentyps, der ungefähr dem ↑ Leptosomen entspricht; vgl. Endomorphie u. Mesomorphie

Ek|to|mos *der;* -, ...moi [...mɔy] ⟨aus *gr.* gleichbed. éktomos zu ektomé „Entmannung", dies zu ektémnein „herausschneiden"⟩: (veraltet) Entmannter, Kastrat

ek|top ⟨aus *gr.* éktopos „entfernt von seinem Ort liegend"⟩: nach außen verlagert (z. B. von Organen; Med.); vgl. ...isch/-

Ek|to|pa|ra|sit *der;* -en, -en ⟨zu ↑ekto... u. ↑Parasit⟩: pflanzlicher od. tierischer Schmarotzer, der auf der Körperoberfläche lebt (z. B. blutsaugende Insekten; Biol., Med.); Ggs. ↑Endoparasit

ek|to|phy|tisch ⟨zu ↑ekto... u. *gr.* phytón „Pflanze"⟩: nach außen herauswachsend (Med.)

Ek|to|pie *die;* -, ...ien ⟨zu ↑ektop u. ↑²...ie⟩: meist angeborene Lageveränderung eines Organs (z. B. Wanderniere; Med.). **ek|to|pisch**: an falscher Stelle liegend (von Organen; Med.); vgl. ...isch/-

Ek|to|plas|ma *das;* -s, ...men ⟨zu ↑ekto... u. ↑Plasma⟩: äußere Schicht des ↑Protoplasmas bei Einzellern (Biol.); Ggs. ↑Entoplasma

Ek|to|sit *der;* -en, -en ⟨zu ↑ekto... u. *gr.* sītos „Speise"⟩: svw. Ektoparasit

Ek|to|ske|lett *das;* -[e]s, -e ⟨zu ↑ekto... u. ↑Skelett⟩: den Körper umschließendes Skelett bei Wirbellosen und Wirbeltieren; Außen-, Hautskelett (z. B. die chitinöse Hülle der Insekten); Ggs. ↑Endoskelett

Ek|to|sko|pie *die;* -, ...ien ⟨zu ↑ekto... u. ↑...skopie⟩: Untersuchung u. Erkennung von Krankheitserscheinungen mit bloßem Auge (Med.)

Ek|to|spo|re *die;* -, -n (meist Plur.) ⟨zu ↑ekto... u. ↑Spore⟩: svw. Exospore

ek|to|thrix ⟨zu ↑ekto... u. *gr.* thríx „Haar"⟩: an der Oberfläche der Haare vorkommend (Med.). **Ek|to|thrix** *die;* -: Parasitenbefall der Haare (Med.)

Ek|to|to|xin *das;* -s, -e (meist Plur.) ⟨zu ↑ekto... u. ↑Toxin⟩: von lebenden Bakterien ausgeschiedenes Stoffwechselprodukt, das im Körper von Mensch u. Tier als Gift wirkt (Med.)

ek|to|troph ⟨zu ↑ekto... u. ↑...troph, eigtl. „sich außen ernährend"⟩: außerhalb der Wirtspflanze lebend (von ↑symbiotisch an Pflanzenwurzeln lebenden Pilzen, bei denen die Pilzfäden nicht ins Innere der Wurzelzellen eindringen, sondern auf den Wurzeln bleiben)

Ek|to|tu|mor *der;* -s, ...oren ⟨zu ↑ekto... u. ↑Tumor⟩: vom ↑Ektoderm ausgehender Tumor (Med.)

Ek|to|zo|on *das;* -s, ...zoen (meist Plur.) ⟨zu ↑ekto... u. *gr.* zōon „Tier"⟩: auf der Körperoberfläche (des Wirtsorganismus) lebender tierischer Schmarotzer (Med., Zool.)

Ek|tro|dak|ty|lie *die;* -, ...ien ⟨zu *gr.* éktrōma „Frühgeburt", dáktylos „Finger; Zehe" u. ↑²...ie⟩: angeborene Mißbildung der Hände u. Füße, die durch Fehlen von Fingern od. Zehen gekennzeichnet ist (Med.). **Ek|tro|me|lie** *die;* -, ...ien ⟨zu *gr.* mélos „Glied" u. ↑²...ie⟩: angeborene Mißbildung mit Verstümmelung der Gliedmaßen (Med.)

Ek|tro|pi|on u. Ektropium *das;* -s, ...ien [...iən] ⟨teilweise über *nlat.* ectropium aus *gr.* ektrópion „das Nachaußengekehrtsein des Augenlids" zu ektrépein „nach außen wenden"⟩: Auswärtskehrung, Umstülpung einer Schleimhaut (z. B. der Lippen, des Augenlides; Med.). **ek|tro|pio|nie|ren** ⟨zu ↑...ieren⟩: die Augenlider zur Untersuchung od. Behandlung des Auges nach außen umklappen (Med.). **Ek|tro|pi|um** vgl. Ektropion

Ek|ty|po|gra|phie *die;* -, ...ien ⟨zu ↑Ektypon u. ↑...graphie⟩: erhabene Metallätzung; Reliefdruck, Hochdruck für Blinde. **Ek|ty|pon** *das;* -s, ...pa ⟨aus *gr.* éktypon „Umriß, Entwurf" zu ektypoũn „abbilden, gestalten"⟩: Abdruck in erhabener Arbeit (bes. von geschnittenen Steinen). **Ek|ty|pus** [auch ɛk'ty:pʊs] *der;* -, ...pen ⟨zu *gr.* éktypos „abgedrückt"; vgl. Typus⟩: Nachbildung, Abbild, Kopie (Fachspr.); Ggs. ↑Prototyp (1)

Ek|zem *das;* -s, -e ⟨aus *gr.* ékzema, Gen. ekzématos „durch Hitze herausgetriebener Ausschlag" zu ekzeĩn „herauskochen"⟩: nicht ansteckende, in vielen Formen auftretende juckende Entzündung der Haut (Med.). **ek|ze|ma|ti|form** ⟨zu ↑...form⟩: ekzemähnlich (Med.). **Ek|ze|ma|ti|ker** *der;* -s, - ⟨vgl. ²...ik (3)⟩: jmd., der zu Ekzemen neigt (Med.). **ek|ze|ma|tisch**: ein Ekzem hervorrufend (Med.). **ek|ze|ma|to|gen** ⟨zu ↑...gen⟩: ein Ekzem auslösend (Med.). **Ek|ze|ma|to|id** *das;* -s, -e ⟨zu ↑...oid⟩: ekzemartige Hauterkrankung (Med.). **ek|ze|ma|tös** ⟨zu ↑...ös⟩: von einem Ekzem befallen, hervorgerufen (Med.)

El *der;* -, Elim ⟨aus gleichbed. *semit.* ēl⟩: semit. Bez. für Gott; vgl. Eloah

ela|bie|ren ⟨aus gleichbed. *lat.* elabi⟩: (veraltet) entschlüpfen, entwischen; verfließen

Ela|bo|rat *das;* -[e]s, -e ⟨aus *lat.* elaboratum, Part. Perf. von elaborare „sorgfältig ausarbeiten"⟩: a) (abwertend) flüchtig zusammengeschriebene Arbeit, die weiter keine Beachtung verdient; Machwerk; b) (selten) schriftliche Arbeit, Ausarbeitung. **ela|bo|riert** ⟨zu *engl.* to elaborate „herausarbeiten, entwickeln" aus *lat.* elaborare, vgl. Elaborat u. ...iert⟩: differenziert ausgebildet; -er Code: hochentwickelter sprachlicher ↑Code (1) eines Sprachteilhabers (Sprachw.); Ggs. ↑restringierter Code

Ela|idin *das;* -s, -e ⟨Erweiterungsbildung zu ↑Elain; vgl. ³...id⟩: fettartige chem. Verbindung, die durch Einwirkung ↑salpetriger Säuren auf Elain entsteht (Chem.). **Ela|idin|säu|re** *die;* -, -n: durch Umlagerung von Ölsäure entstehende ungesättigte ↑aliphatische Karbonsäure. **Ela|in** *das;* -s ⟨zu *gr.* élaion „Öl, Fettigkeit" u. ↑...in (1)⟩: in tierischen u. nicht trocknenden pflanzlichen Fetten u. Ölen vorkommende chem. Verbindung (Chem.). **Ela|in|säu|re** *die;* -: Ölsäure. **elaio...**, **Elaio...** [...aio...] vgl. eläo..., Eläo... **Elaio|plast** vgl. Eläoplast. **Elaio|som** *das;* -s, -en (meist Plur.) ⟨zu *gr.* sōma „Körper"⟩: besonders fett- u. eiweißreiches Gewebeanhängsel an pflanzlichen Samen (Bot.)

Elan [auch e'lã:] *der;* -s ⟨aus gleichbed. *fr.* élan zu s'élancer „vorschnellen, sich aufschwingen", dies zu lancer, vgl. lancieren⟩: innerer, zur Ausführung von etwas vorhandener Schwung; Spannkraft, Begeisterung

ELAN *das;* -s ⟨Kurzw. aus *engl.* elementary language⟩: imperative Programmiersprache zur strukturierten Programmierung (EDV)

Élan vi|tal [elãvi'tal] *der;* - - ⟨aus gleichbed. *fr.* élan vital⟩: die schöpferische Lebenskraft bzw. die metaphysische Urkraft, die die biologischen Prozesse steuert; die die Entwicklung der Organismen vorantreibende Kraft (nach H. Bergson; Philos.)

eläo..., **Eläo...**, auch elaio..., Elaio... [...aio...] ⟨zu *gr.* élaion „Öl, Fettigkeit"⟩: Wortbildungselement mit der Bedeutung „öl-, fetthaltig; ölartig", z. B. eläodorisch, Elaiosom. **eläo|do|risch** ⟨zu *gr.* dōron „Gabe", eigtl. „dem Öl beigegeben"⟩: (veraltet) mit Ölfarbe gemischt. **Eläo|gra|phie** *die;* - ⟨zu ↑...graphie⟩: (veraltet) Ölmalerei. **Eläo|lith** [auch ...'lɪt] *der;* -s, -e ⟨zu ↑...lith⟩: ein gesteinsbildendes Mineral, Abart des ↑Nephelins. **Eläo|me|ter** *das;* -s, - ⟨zu ↑¹...meter⟩: (veraltet) Gerät zur Messung des spezifischen Gewichts fetter Öle. **Eläo|stea|rin|säu|re** *die;* -: dreifach ungesättigte Fettsäure in Pflanzenölen, bes. im chines. Holzöl. **Eläo|plast** *der;* -en, -en ⟨zu *gr.* plastós „gebildet, geformt"⟩: Ölkörperchen in pflanzlichen Zellen (Bot.)

elar|gie|ren [elar'ʒi:...] ⟨aus gleichbed. *fr.* élargir zu é-...aus..., heraus..., weg..." u. large „breit", dies aus *lat.* largus „reich, reichlich"⟩: (veraltet) verbreitern, erweitern, ausdehnen

Elas|mo|sau|ri|er [...iɐ] *der;* -s, - u. **Elas|mo|sau|rus** *der;* -, ...rier [...iɐ] ⟨zu *gr.* élasma „Platte, Wandung" u. saũros „Eidechse"⟩: Angehöriger einer ↑marinen Gattung der ↑Plesiosaurier in der Oberkreide. **Elas|mo|the|ri|um** *das;* -s, ...ien [...iən] ⟨zu *gr.* thēr „Tier" u. ↑...ium⟩: nashornähnliches Tier des ↑Pleistozäns

Elast *der;* -[e]s, -e (meist Plur.) ⟨Kunstw.; vgl. elastisch⟩: Kunststoff von gummiartiger Elastizität. **Ela|stance** [ɪ'læstəns] *die;* - ⟨zu *engl.* elastic „elastisch"⟩: Bez. für den elastischen Widerstand des Brustkorbs (Med.). **Ela|sta|se** [ela...] *die;* -, -n ⟨Kurzw. aus ↑elastisch u. ↑...ase⟩: Enzym, das die Kittsubstanzen der elastischen Muskelfasern abbaut (Biochem.). **ela|sti|fi|zie|ren** ⟨zu ↑...fizieren⟩: elastisch machen. **Ela|stik** *das;* -s, -e, auch *die;* -, -s ⟨zu ↑elastisch; vgl. ²...ik (3)⟩: 1. (ohne Plur.) Zwischenfutterstoff aus Rohleinen. 2. Gewebe aus sehr dehnbarem Material. **Ela|sti|ka** *die;* -, ...ken: Bindegewebsmembran aus vorwiegend elastischen Fasern in den Gefäßwänden (Med.). **Ela|stin** *das;* -s ⟨zu ↑...in (1)⟩: Gerüsteiweißstoff, Grundsubstanz elastischen Gewebes, z. B. der Sehnen u. der Blutgefäßwände (Biochem.). **ela|stisch** ⟨aus *nlat.* elasticus zu *gr.* elastós „getrieben, dehnbar, biegbar", dies zu elaúnein „treiben, ziehen"⟩: 1. dehnbar, biegsam. 2. Elastizität (2) besitzend. **Ela|sti|zi|tät** *die;* - ⟨zu ↑...izität⟩: 1. Fähigkeit eines Körpers, eine aufgezwungene Formänderung nach Aufhebung des Zwangs rückgängig zu machen (Phys.). 2. Spannkraft [eines Menschen], Beweglichkeit, Geschmeidigkeit. **Ela|sti|zi|täts|ko|ef|fi|zi|ent** *der;* -en, -en: svw. Elastizitätsmodul. **Ela|sti|zi|täts|mo|dul** *der;* -s, -n: Meßgröße der Elastizität, Quotient aus der durch Belastung bewirkten Spannungszunahme u. der zugehörigen

Dehnungszunahme. **ela|sto..., Ela|sto...** ⟨zu ↑elastisch⟩: Wortbildungselement mit der Bedeutung „elastische Eigenschaften besitzend, dehnbar, biegsam", z. B. Elastomer. **Ela|sto|fi|bro|se** *die;* -, -n: svw. Fibroelastose. **Ela|stogramm** *das;* -s, -e ⟨zu ↑...gramm⟩: Beugungsbild einer Lichtquelle, deren Licht einen durch Ultraschall zu elastischen Schwingungen angeregten Körper durchsetzt. **Ela|sto|id** *das;* -[e]s, -e ⟨vgl. ...oid⟩: Grundsubstanz des elastischen Gewebes, die infolge von Altersveränderungen ihre Elastizität verloren hat (Med.). **Ela|sto|kla|sis** *die;* -, ...asen ⟨zu *gr.* klásis „das Zerbrechen; Bruch"⟩: ↑degenerativer Zerfall elastischer Fasern (Med.). **Ela|sto|me|chanik** *die;* -: Teilgebiet der Mechanik, das sich mit der Elastizität (1) befaßt. **Ela|sto|mer** *das;* -s, -e u. **Ela|sto|me|re** *das;* -n, -n (meist Plur.) ⟨zu ↑...mer⟩: ↑synthetischer (2) Kautschuk u. gummiähnlicher Kunststoff (Chem.). **Ela|stome|ter** *das;* -s, - ⟨zu ↑¹...meter⟩: Gerät zur Messung der Elastizität (1) von Werkstoffen. **Ela|sto|op|tik** *die;* -: Lehre von den optischen Verfahren, die angewendet werden, um Spannungsverhältnisse in komplizierten Bau- od. Geräteteilen mit Hilfe der Spannungsdoppelbrechung an durchsichtigen Modellen dieser Teile zu untersuchen. **Ela|te|re** *die;* -, -n (meist Plur.) ⟨aus *gr.* elatér „Treiber"⟩: Schleuderzelle bei Lebermoosen, die die Sporen aus den Kapseln befördert (Bot.). **Ela|te|rit** [auch ...'rɪt] *der;* -s ⟨zu ↑²...it⟩: elastisches Erdpech, ein Kohlenwasserstoff
Ela|ti|on *die;* - ⟨aus gleichbed. *lat.* elatio; vgl. Elativ⟩: (veraltet) Erhebung, Hochmut, Stolz. **Ela|tiv** *der;* -s, -e [...və] ⟨aus gleichbed. *lat.* (gradus) elativus zu *lat.* elatus „erhaben, hoch", Part. Perf. von efferre „heraus-, emporheben"⟩: 1. absoluter ↑Superlativ (ohne Vergleich; z. B. modernste Maschinen = sehr moderne Maschinen, höflichst = sehr höflich; Sprachw.). 2. in den ↑finnougrischen Sprachen Kasus zur Bezeichnung der Wegbewegung von einem Ort (Sprachw.)
El|ba|it [auch ...'ɪt] *der;* -s, -e ⟨nach der ital. Insel Elba u. zu ↑²...it⟩: ein Mineral, lithiumhaltige Abart des ↑Turmalins
El|der states|man [– 'steɪtsmən] *der;* - -, - ...men ⟨aus *engl.* elder statesman „(alt)erfahrener Staatsmann"⟩: Politiker, der nach seinem Ausscheiden aus einem hohen Staatsamt weiterhin große Hochachtung genießt
El|do|ra|do, auch Dorado *das;* -s, -s ⟨aus *span.* el dorado (país) „das vergoldete (Land)" zu *lat.* deaurare „vergolden"⟩: Gebiet, das ideale Gegebenheiten, Voraussetzungen für jmdn. bietet (z. B. in bezug auf eine bestimmte Betätigung); Traumland, Wunschland, Paradies, das jmdm. ausreichende Entfaltungsmöglichkeiten bietet
Elea|te *der;* -n, -n (meist Plur.) ⟨über *lat.* Eleates aus *gr.* Eleátēs, nach dem von Griechen besiedelten Ort Elea in Unteritalien⟩: Vertreter der von Xenophanes um 500 v. Chr. in Elea gegründeten griech. Philosophenschule. **eleatisch**: die Eleaten betreffend. **Elea|tis|mus** *der;* - ⟨zu ↑...ismus (1)⟩: philos. Lehre, die von einem absoluten, nur durch Denken zu erfassenden Sein ausgeht u. ihm das Werden u. die sichtbare Welt als Schein entgegensetzt
Elec|tric Jazz [ɪ'lɛktrɪk 'dʒæz] *der;* - - ⟨aus gleichbed. *engl.* electric jazz, eigtl. „elektrischer Jazz"⟩: Richtung des Jazz in den 1970er Jahren, die durch elektroakustische Verstärkung u. Verfremdung des Instrumentalklangs gekennzeichnet ist. **Elec|tro|cal-Trans|fer** [ɪ'lɛktrəkəl'trɛnsfə] *das;* -[s], -s ⟨Kurzw. aus *engl.* electro- „elektro-", caloric „Wärme-" u. transfer „Übertragung"⟩: im Siebdruckverfahren hergestelltes Etikett, dessen Druckbild durch einen beheizten Prägestempel auf thermoplastische Oberflächen übertragen wird (Druckw.). **Elec|tro|cal-Ver|fah|ren** *das;* -s: das Aufbringen mehrfarbiger, im Siebdruck spiegelverkehrt hergestellter Dekordrucke mit Prägestempel auf Plastikteile bei hoher Temperatur (Druckw.). **Elec|tron prin|ting** [ɪ'lɛktrɔn –] *das;* - -[s] ⟨aus gleichbed. *engl.* electron printing, eigtl. „das Elektronendrucken"⟩: das Herstellen von Kopien mittels Elektronenstrahlen (Druckw.). **Elec|tro|nic ban|king** [ɪlɛk'trɔnɪk 'bæŋkɪŋ] *das;* - -[s] ⟨aus gleichbed. *engl.* electronic banking, eigtl. „elektronischer Bankverkehr"⟩: Bez. für alle kundenbezogenen, EDV-gestützten Bankdienstleistungen, z. B. mit Hilfe von ↑Bankomaten. **Elec|tro|nic-Cam-Ver|fah|ren** [...'kɛm...] *das;* -s ⟨zu *engl.* electronic camera „elektronische Kamera"⟩: Filmaufnahmeverfahren mit mehreren Filmkameras unter Koppelung mit mehreren Fernsehkameras, deren jeweils für den Blickwinkel am geeignetsten erscheinende eingeschaltet wird (Fernsehen, Filmw.). **Elec|tro|nic cash** [– 'kæʃ] *das;* - -[s] ⟨zu *engl.* to cash „(Scheck) einlösen"⟩: bargeld- u. scheckloses Zahlungsverfahren, bei dem Rechnungsbeträge für Einkäufe mit Hilfe von Eurocheque-, Kunden- od. Kreditkarten über eine elektronische Kasse direkt vom Kundenkonto abgebucht werden. **Elec|tro|nic drum** [– 'drʌm] *die;* - -, - -s ⟨aus gleichbed. *engl.* electronic drum⟩: elektronisches Schlagzeug, das wie ein akustisches Drum-Set (vgl. Drum, b) aufgebaut ist. **Elec|tro|nic pu|blishing** [– 'pʌblɪʃɪŋ] *das;* - -[s] ⟨aus *engl.* electronic publishing „elektronisches Publizieren"⟩: Herausgabe von Verlagserzeugnissen auf elektronischen Medien, z. B. auf Disketten (als PC-Bibliothek), auf CD-ROM u. ä.
Elec|tua|ri|um [elɛk...] *das;* -s ⟨aus gleichbed. *spätlat.* electuarium⟩: Latwerge, ein breiförmiges Arzneimittel, Abführmittel
Ele|fant *der;* -en, -en ⟨über gleichbed. *lat.* elephantus aus *gr.* eléphas, Gen. eléphantos „Elfenbein, Elefant", dies aus *ägypt.* ābu, *kopt.* eb(o)u „Elfenbein, Elefant"⟩: sehr großes Rüsseltier mit dicker Haut u. langen Stoßzähnen. **Ele|fantia|sis** u. Elephantiasis *die;* -, ...iasen ⟨zu ↑...iasis⟩: durch Lymphstauungen bedingte, unförmige Verdickung der Haut- u. Unterhautzellgewebes mit Bindegewebswucherung (Med.). **ele|fan|tös** ⟨zu ↑...ös⟩: (ugs. scherzh.) außergewöhnlich, großartig
ele|gant ⟨aus *fr.* élégant „fein, zierlich, schick", dies aus *lat.* elegans „wählerisch, geschmackvoll", Nebenform von eligens, Part. Präs. von eligere „auslesen, auswählen"⟩: a) (von der äußeren Erscheinung) durch Vornehmheit, erlesenen Geschmack, bes. der Kleidung od. ihrer Machart, auffallend; b) in gewandt u. harmonisch wirkender Weise ausgeführt, z. B. eine -e Lösung; c) so, daß es hohe Ansprüche in vollendeter Weise erfüllt, z. B. ein -er Salat, Wein; sie sprach ein -es Französisch. **Ele|gant** [ele'gã:] *der;* -s, -s ⟨aus *fr.* élégant „Stutzer, Geck"; vgl. elegant⟩: (meist abwertend) auffällig modisch gekleideter Mann. **Ele|ganz** *die;* - ⟨unter Einfluß von *fr.* élégance aus *lat.* elegantia „feiner Geschmack"⟩: a) (in bezug auf die äußere Erscheinung) geschmackvolle Vornehmheit; b) äußerst sichtbare Art könnerhafter Gewandtheit
Ele|gei|on *das;* -s ⟨aus gleichbed. *gr.* elegeîon (métron)⟩: elegisches Versmaß, d. h. Verbindung von ↑Hexameter u. ↑Pentameter; vgl. Distichon. **Ele|gie** *die;* -, ...ien ⟨über *lat.* elegia aus gleichbed. *gr.* elegeía⟩: 1. a) in ↑Elegeion abgefaßtes Gedicht; b) wehmütiges Gedicht, Klagelied. 2. Schwermut. **Ele|gi|ker** *der;* -s, - ⟨zu ↑elegisch⟩: 1. Elegiendichter. 2. jmd., der zu elegischen, schwermütigen Stimmungen neigt. **ele|gisch** ⟨aus *gr.* elegeiakós⟩: 1. a) die Gedichtform der Elegie betreffend; b) in Elegieform gedichtet. 2. voll Wehmut, Schwermut; wehmütig. **Eleg|jam|bus**

der; -, ...ben ⟨über *mlat.* elegiambus aus gleichbed. *spätgr.* elegíambos⟩: aus dem ↑ Hemiepes u. dem jambischen ↑ Dimeter bestehendes altgriech. Versmaß (antike Metrik)

Elei|son *das;* -s, -s ⟨aus *gr.* eléēson „erbarme dich" zu eleeĩn „sich erbarmen"⟩: gottesdienstlicher Gesang; vgl. Kyrie eleison

Elek|ti|on *die;* -, -en ⟨aus gleichbed. *lat.* electio zu eligere „auswählen"; vgl. eligieren⟩: Auswahl, Wahl; vgl. Selektion. **elek|tiv** ⟨aus gleichbed. *spätlat.* electivus⟩: auswählend; vgl. selektiv (1). **Elek|tor** *der;* -s, ...oren ⟨aus *mlat.* elector „Wähler; Kurfürst" zu *lat.* eligere, vgl. eligieren⟩: 1. Wähler, Wahlherr (z. B. Kurfürst bei der Königswahl). 2. [Aus]wählender. **elek|to|ral** ⟨zu ↑¹...al (1)⟩: (veraltet) die [kurfürstliche] Wahl bzw. die Wähler betreffend. **Elekto|rat** *das;* -[e]s, -e ⟨aus gleichbed. *mlat.* electoratum⟩: a) Kurfürstentum; b) Kurfürstenwürde

Elek|tra|kom|plex *der;* -es ⟨nach der griech. Sagengestalt Elektra⟩: bei weiblichen Personen auftretende, zu starke Bindung an den Vater (Psychol.); vgl. Ödipuskomplex

Elek|tret *der,* auch *das;* -s, -e ⟨aus gleichbed. *engl.* electret, verkürzt aus *electr*icity u „Elektrizität" u. magn*et* „Magnet"⟩: elektrischer ↑ Isolator mit entgegengesetzten elektrischen Ladungen an zwei gegenüberliegenden Flächen. **Elek|tri|fi|ka|ti|on** *die;* -, -en ⟨zu ↑elektrisch u. ↑...fikation⟩: (schweiz.) svw. Elektrifizierung; vgl. ...[at]ion/...ierung. **elek|tri|fi|zie|ren** ⟨zu ↑...fizieren⟩: 1. auf elektrischen Betrieb umstellen (bes. Eisenbahnen). 2. mit elektrischen Geräten ausstatten. **Elek|tri|fi|zie|rung** *die;* -, -en ⟨zu ↑...fizierung⟩: Umstellung auf elektrischen Betrieb [bei Eisenbahnen]; vgl. ...[at]ion/...ierung. **Elek|trik** *die;* - ⟨zu ↑²...ik (1)⟩: a) Gesamtheit einer elektrischen Anlage od. Einrichtung (z. B. Autoelektrik); b) (ugs.) Elektrizitätslehre. **Elek|tri|ker** *der;* -s, -: Handwerker im Bereich der Elektrotechnik; Elektroinstallateur, -mechaniker. **elek|trisch** ⟨zu *lat.* electrum aus *gr.* élektron „Bernstein" (weil Reibungselektrizität zuerst nur am Bernstein beobachtet wurde)⟩: 1. auf der Anziehungs- bzw. Abstoßungskraft geladener Elementarteilchen beruhend; durch [geladene] Elementarteilchen hervorgerufen. 2. a) die Elektrizität betreffend, sie benutzend; b) durch elektrischen Strom angetrieben; mit Hilfe des elektrischen Stroms erfolgend. -e Induktion: Erscheinung, bei der durch ein sich änderndes Magnetfeld in einem Leiter eine elektrische Spannung erzeugt wird; -es Potential: bestimmte Größe, die die elektrische Wirkung in den einzelnen Punkten eines elektrischen Feldes zahlenmäßig kennzeichnet. **Elek|tri|sche** *die;* -n, -n: (ugs. veraltet) Straßenbahn. **elek|tri|sie|ren** ⟨aus gleichbed. *fr.* électriser⟩: 1. elektrische Ladungen erzeugen, übertragen. 2. den Organismus mit elektrischen Stromstößen behandeln. 3. sich -: seinen Körper unabsichtlich mit einem Stromträger in Kontakt bringen u. dadurch einen elektrischen Schlag bekommen. 4. aufschrecken, aufrütteln, begeistern. **Elek|tri|sier|ma|schi|ne** *die;* -, -n: Maschine, die den elektrischen Strom zum Elektrisieren durch Reibungselektrizität erzeugt. **Elek|tri|zi|tät** *die;* - ⟨unter Einfluß von *engl.* electricity u. *fr.* électricité aus gleichbed. *nlat.* electricitas; vgl. ...izität⟩: 1. auf der Anziehung bzw. Abstoßung elektrisch geladener Teilchen beruhendes Grundphänomen der Natur. 2. elektrische Energie. **elek|tro...,** **Elektro...** ⟨zu *gr.* élektron, vgl. elektrisch⟩: Wortbildungselement mit der Bedeutung „elektrisch, die Elektrizität betreffend", z. B. elektrotechnisch; Elektrotechnik. **Elek|tro|ae|ro|sol** [...aero...] *das;* -s, -e: ein ↑Aerosol, dessen Teilchen (z. B. Nebeltröpfchen) elektrisch geladen sind. **Elek|tro|aku|stik** [auch e'lɛktro...] *die;* -: Wissenschaft, die sich mit der Umwandlung der Schallschwingungen in elektrische Spannungsschwankungen u. umgekehrt befaßt. **elek|tro|aku|stisch** [auch e'lɛktro...]: die Elektroakustik betreffend. **Elek|tro|an|al|ge|sie** [auch e'lɛktro...] *die;* -, ...ien: Aufhebung der Schmerzempfindung durch elektrischen Strom (Med.). **Elek|tro|ana|ly|se** [auch e'lɛktro...] *die;* -: chem. Untersuchungsmethode mit Hilfe der ↑Elektrolyse. **Elek|tro|an|äs|the|sie** [auch e'lɛktro...] *die;* -, ...ien: Erzeugung einer lokalen bzw. allgemeinen Schmerzunempfindlichkeit mit Hilfe des elektrischen Stroms (Med.). **Elek|tro|atrio|gramm** *das;* -s, -e ⟨zu ↑Atrium u. ↑...gramm⟩: Erregungsbild vom Verlauf der Aktionsströme der Herzvorhöfe (Teil des Elektrokardiogramms; Med.); Abk.: Eag. **Elek|tro|au|to** *das;* -s, -s: Auto, das nicht mit Benzin, sondern mit einer Batterie angetrieben wird. **Elek|tro|bio|lo|gie** [auch e'lɛktro...] *die;* -: Teilbereich der Biologie, der sich mit den elektrischen Vorgängen im Organismus von Lebewesen befaßt. **Elek|tro|che|mie** [auch e'lɛktro...] *die;* -: die Wissenschaft von den Zusammenhängen zwischen elektrischen Vorgängen u. chemischen Reaktionen. **elek|tro|che|misch** [auch e'lɛktro...]: die Elektrochemie betreffend; -es Äquivalent: Quotient aus Molekulargewicht u. Wertigkeit eines Stoffes od. seiner ↑Ionen. **Elek|tro|chir|ur|gie** [auch e'lɛktro...] *die;* -: Sammelbez. für die verschiedenen Formen der Anwendung elektrischer Energie zu chirurgischen Zwecken. **elek|tro|chir|ur|gisch** [auch e'lɛktro...]: die Elektrochirurgie betreffend. **Elek|tro|chord** [...'kɔrt] *das;* -s, -e ⟨zu *lat.* chorda „Darmsaite"; vgl. Chorda⟩: elektrisches Klavier. **Elek|tro|chro|mie** [...kro..., auch e'lɛktro...] *die;* - ⟨zu *gr.* chrõma „Farbe" u. ↑²...ie⟩: Eigenschaft bestimmter Stoffe, bei Stromdurchgang in Gegenwart von Wasserstoffionen ihre Farbe zu ändern, was für Anzeigeelemente genutzt wird. **Elek|tro|co|lor|ver|fah|ren** [...k...] *das;* -s: elektrolytisches Verfahren zum Färben von Metallen. **Elek|tro|de** *die;* -, -n ⟨aus gleichbed. *engl.* electrode (von Faraday 1834 eingeführt); vgl. ¹...ode⟩: elektrisch leitender, meist metallischer Teil, der den Übergang des elektrischen Stroms in ein anderes Leitermedium (Flüssigkeit, Gas u. a.) vermittelt. **Elek|tro|den|po|ten|ti|al** *das;* -s: elektrisches ↑Potential, das sich an der Grenzfläche zwischen einem metallischen Leiter u. einer Elektrolytlösung od. -schmelze einstellt. **Elek|tro|der|ma|to|gramm** *das;* -e ⟨zu ↑elektro-...⟩: bei der Elektrodermatographie gewonnenes Messungsergebnis (Med.). **Elek|tro|der|ma|to|gra|phie** *die;* -, ...ien ⟨zu ↑...graphie⟩: Messung u. Aufzeichnung des elektrischen Widerstandes der Haut mittels zweier Elektroden (Med.). **Elek|tro|de|sik|ka|ti|on** [auch e'lɛktro...] *die;* -, -en: Austrocknung, Zerstörung von biologischem Gewebe durch Übergang elektrischer Hochfrequenzfunken von einer Elektrode. **Elek|tro|dia|gno|stik** [auch e'lɛktro...] *die;* -: medizinisches Verfahren zur Prüfung der Funktion von Muskeln u. Nerven mittels elektrischen Stroms (Med.). **elek|tro|dia|gno|stisch** [auch e'lɛktro...]: die Elektrodiagnostik betreffend, mit Hilfe der Elektrodiagnostik. **Elek|tro|dia|ly|se** [auch e'lɛktro...] *die;* -: Verfahren zur Entsalzung wäßriger Lösungen nach dem Prinzip der ↑Dialyse (z. B. Entsalzen von Wasser). **Elek|tro|di|sper|si|on** [auch e'lɛktro...] *die;* -, -en: ↑Dispersion dünner Metalldrähte in einer Flüssigkeit mittels starker elektrischer Felder. **Elek|tro|dy|na|mik** [auch e'lɛktro...] *die;* -: im allgemeinsten Sinne die Theorie der Elektrizität bzw. sämtlicher elektromagnetischer Erscheinungen; Wissenschaft von der bewegten (strömenden) Elektrizität u. ihren Wirkungen. **elek|tro|dy|na|misch**: die Elektrodynamik betreffend. **Elek|tro|dy|na-**

Elektrometer

mo|me|ter *das;* -s, -: Meßgerät für elektrische Stromstärke u. Spannung. **Elek|tro|eja|ku|la|ti|on** [auch e'lɛktro...] *die;* -, -en: Ausstoßung von ↑ Sperma nach elektrischer Reizung der Samenampullen (Med.). **Elek|tro|end|os|mo|se** u. **Elektroosmose** *die;* -, -n: durch elektrische Spannung bewirkte ↑ osmotische Flüssigkeitswanderung. **El**ẹ**k|tro|energie** *die;* -, ...ien [...iːən]: Energie des elektrischen Feldes, bes. als Nutz- od. Gebrauchsenergie. **el**ẹ**k|tro|ener|getisch:** die Elektroenergie betreffend. **Elek|tro|en|ze|phalo|gramm** *das;* -s, -e: Aufzeichnung des Verlaufs der Hirnaktionsströme; Abk.: EEG (Med.). **Elek|tro|en|ze|pha|lograph** *der;* -en, -en: Gerät zur Aufzeichnung eines Elektroenzephalogramms (Med.). **Elek|tro|en|ze|pha|lo|gra|phie** *die;* -: Verfahren, die Aktionsströme des Gehirns zu ↑ diagnostischen Zwecken graphisch darzustellen (Med.); vgl. Enzephalogramm. **elek|tro|en|ze|pha|lo|gra|phisch:** den Verlauf der Aktionsströme des Gehirns registrierend (Med.). **elek|tro|ero|die|ren:** durch Elektroerosion bearbeiten (Techn.). **Elek|tro|ero|si|on** *die;* -, -en: spanloses Bearbeitungsverfahren für Hartmetalle u. gehärtete Werkstoffe, bei dem durch Erzeugung örtlich sehr hoher Temperaturen durch elektrische Lichtbogen od. periodische Funkenüberschläge kleine Teilchen vom Werkstück abgetragen werden (Techn.). **elek|tro|ero|siv:** die Elektroerosion betreffend, mit Hilfe der Elektroerosion (Techn.). **Elek|tro|ga|stro|gramm** *das;* -s, -e ⟨zu ↑ gastro... u. ↑ ...gramm⟩: Aufzeichnung des Verlaufs der Aktionsströme des Magens (Med.). **Elek|tro|ga|stro|gra|phie** *die;* - ⟨zu ↑ ...graphie⟩: Verfahren, die Aktionsströme des Magens zu diagnostischen Zwecken graphisch darzustellen (Med.). **Elek|tro|gra|phie** *die;* - ⟨zu ↑ ...graphie⟩: bes. im Schnelldruck in Großcomputern sowie bei der Datenfernübertragung angewandtes elektrotechnisches Kopierverfahren, bei dem die Vorlage ohne Belichtung u. Photoleiterschicht abgebildet wird (EDV). **Elek|tro|gra|vi|me|trie** [...v...] *die;* -: Verfahren der Elektroanalyse, das auf der quantitativen Abscheidung von Metallen aus wäßrigen Lösungen an einer Elektrode beruht (Chem.). **Elek|tro|gravur** *die;* -, -en: 1. (ohne Plur.) Verfahren für die elektronisch gesteuerte Gravur zur Herstellung von Druckformen für den Hoch- od. Tiefdruck. 2. die so hergestellte Druckform. **Elek|tro|gym|nạ|stik** [auch e'lɛktro...] *die;* -: Auslösung automatischer u. rhythmischer Muskelkontraktionen durch elektrische Reizung mit Schwellströmen zur Kräftigung funktionsschwacher Muskulatur (Med.). **Elẹktro|in|ge|nieur** *der;* -s, -e: auf dem Gebiet der Elektronik ausgebildeter Ingenieur (Berufsbez.). **Elẹk|tro|in|stal|lateur** *der;* -s, -e: jmd., der elektrische Geräte u. Einrichtungen installiert (Berufsbez.). **Elẹk|tro|jet** [...dʒɛt] *der;* -s, -s ⟨zu *engl.* jet „Strom, Strahl"; vgl. ²Jet⟩: gebündelter elektrischer Ringstrom, der das normale Stromsystem der ionisierten (vgl. Ion) hohen Atmosphäre überlagert. **elek|tro|ka|lo|risch** [auch e'lɛktro...]: die Wärmeerzeugung durch elektrischen Strom betreffend. **Elek|tro|kar|dio|gramm** *das;* -s, -e: Aufzeichnung des Verlaufs der Aktionsströme des Herzens; Abk.: EKG u. Ekg (Med.). **Elek|tro|kar|dio|graph** *der;* -en, -en: Gerät zur Aufzeichnung eines Elektrokardiogramms. **Elek|tro|kar|dio|gra|phie** *die;* -: Verfahren, die Aktionsströme des Herzens zu diagnostischen Zwecken graphisch darzustellen. **Elẹk|tro|kar|ren** *der;* -s, -: kleines, durch ↑ Akkumulatoren (1) gespeistes Transportfahrzeug. **Elek|tro|ka|ta|ly|se** *die;* -, -n: durch elektrischen Strom bewirkte Aufnahme von Arzneimitteln durch die Haut. **Elek|tro|ka|ta|pho|rẹ|se** *die;* -, -n: Form der Elektrotherapie, bei der ↑ Ionen mit Hilfe eines ↑ galvanischen Stroms durch die Haut od. Schleimhaut in den Körper eingeführt werden (Med.). **Elek|tro|kau|stik** *die;* -: Operationsmethode mit Hilfe des Elektrokauters. **Elek|tro|kau|ter** *der;* -s, -: chirurgisches Instrument zur elektrischen Verschorfung kranken Gewebes. **Elek|tro|ki|ne|tik** *die;* -: Lehre von der Erzeugung elektrischen Stroms durch bewegte ↑ Isolatoren. **elek|tro|ki|ne|tisch:** die Elektrokinese betreffend, auf ihr beruhend. **Elek|tro|ko|agu|la|ti|on** *die;* -, -en: chirurgische Behandlung (Zerstörung) von Gewebe durch Hochfrequenzströme (Med.). **elek|tro|ko|agu|lie|ren:** mit Hilfe elektrischen Stroms zerstören (Med.). **Elek|tro|kor|ti|ko|gramm** *das;* -s, -e: Aufzeichnung des Verlaufs der Aktionsströme der Hirnrinde (Med.). **Elek|tro|kor|ti|ko|gra|phie** *die;* -: Verfahren, die Aktionsströme der Hirnrinde (nach operativer Freilegung der Hirnrinde) zu diagnostischen Zwecken graphisch darzustellen (Med.). **Elek|tro|ky|mo|gramm** *das;* -s, -e: bei der Elektrokymographie gewonnenes Röntgenbild (Med.). **Elek|tro|ky|mo|gra|phie** *die;* -: röntgenographische Aufzeichnung der Herzrandbewegungen (Med.). **Elek|tro|lu|mi|nes|zẹnz** *die;* -, -en: Leuchterscheinung unter der Einwirkung elektrischer Entladungen. **Elek|tro|ly|se** *die;* -, -n ⟨aus gleichbed. *engl.* electrolysis (von Faraday 1834 eingeführt); vgl. ...lyse⟩: durch elektrischen Strom bewirkte chem. Zersetzung von Salzen, Säuren od. Laugen. **Elek|tro|ly|seur** [...'zøːɐ̯] *der;* -s, -e ⟨aus gleichbed. *fr.* électrolyseur⟩: Vorrichtung zur Gasgewinnung durch Elektrolyse. **elek|tro|ly|sie|ren** ⟨zu ↑ Elektrolyse u. ↑ ...ieren⟩: eine chem. Verbindung durch elektrischen Strom aufspalten. **Elek|tro|lyt** *der;* Gen. -en, selten -s, Plur. -e, selten -en ⟨aus gleichbed. *engl.* electrolyte (von Faraday 1834 eingeführt), zu *gr.* lytikós „lösbar", dies zu lýein „(auf)lösen"⟩: den elektrischen Strom leitende u. sich durch ihn zersetzende Lösung, z. B. Salz, Säure, Base. **elek|tro|ly|tisch:** den elektrischen Strom leitend u. sich durch ihn zersetzend (von [wäßrigen] Lösungen); -e Dissoziation: teilweise, eventuell auch vollständige Aufspaltung der Moleküle eines lösbaren Stoffes im Lösungsmittel in entgegengesetzt geladene ↑ Ionen. **Elek|tro|lyt|kon|dẹn|sa|tor** *der;* -s, -en: Kondensator hoher Kapazität bei kleinen Abmessungen, zwischen dessen beiden Belägen sich elektrolytisch aufgebrachte dünne Oxydschichten als ↑ Dielektrikum befinden. **Elek|tro|lyt|me|tall** *das;* -s, -e: durch Elektrolyse gereinigtes Metall. **Elek|tro|ma|gnẹt** [auch e'lɛktro...] *der;* Gen. -[e]s, u. -en, Plur. -e[n] ⟨zu ↑ elektro...⟩: Spule mit einem Kern aus Weicheisen, durch die elektr. Strom geschickt u. ein Magnetfeld erzeugt wird. **elek|tro|ma|gne|tisch** [auch e'lɛktro...]: den Elektromagnetismus betreffend, auf ihm beruhend; -e Induktion: Entstehung eines elektrischen Stroms durch das Bewegen eines Magnetpols. **Elek|tro|ma|gne|tịs|mus** [auch e'lɛktro...] *der;* -: durch Elektrizität erzeugter ↑ Magnetismus (1). **Elek|tro|me|cha|nik** [auch e'lɛktro...] *die;* -: Teilgebiet der Elektrotechnik bzw. Feinmechanik, das sich mit der Umsetzung von elektrischen Vorgängen in mechanische u. umgekehrt befaßt. **Elek|tro|me|cha|ni|ker** [auch e'lɛktro...] *der;* -s, -: Handwerker od. Industriearbeiter, der aus Einzelteilen elektromechanische Anlagen u. Geräte montiert (Berufsbez.). **elek|tro|me|cha|nisch** [auch e'lɛktro...]: die durch Elektrizität erzeugte mechanische Energie betreffend. **Elẹk|tro|me|di|zin** *die;* -: Lehre von der Verwendung des elektrischen Stroms zur Krankheitsfeststellung u. -behandlung. **Elẹk|tro|me|tall** *das;* -s, -e: durch Elektrolyse gewonnenes Metall. **Elek|tro|me|tall|ur|gie** [auch e'lɛktro...] *die;* -: Anwendung der Elektrolyse bei der Metallgewinnung. **Elek|tro|me|ter** *das;*

389

Elektrometrie

-s, - ⟨zu ↑¹...meter⟩: Gerät zum Messen elektrischer Ladungen u. Spannungen. **Elek|tro|me|trie** *die;* - ⟨zu ↑ ...metrie⟩: Teilbereich der Elektroanalyse, der alle Methoden umfaßt, mit denen der Ablauf u. das Ende einer chemischen Reaktion auf physikalischem Weg bestimmt werden können. **Elek|tro|mo|bil** *das;* -s, -e: svw. Elektroauto. **Elektro|mon|teur** *der;* -s, -e: svw. Elektroinstallateur. **Elęk|tromo|tor** *der;* -s, -en: Motor, der elektrische Energie in mechanische Energie umwandelt. **elek|tro|mo|to|risch**: auf den Elektromotor bezüglich; -e K r a f t : die durch magnetische, elektrostatische, thermoelektrische od. elektrochemische Vorgänge hervorgerufene Spannung. **Elek|tromyo|gramm** *das;* -s, -e: Registrierung der Aktionsströme der Muskeln (Med.). **Elek|tro|myo|gra|phie** *die;* -: Verfahren, die Aktionsströme der Muskeln zu diagnostischen Zwecken graphisch darzustellen (Med.). **¹Elęk|tron** [auch e'lɛktrɔn, elɛk'troːn] *das;* -s, ...onen ⟨nach *gr.* élektron „Bernstein"; vgl. elektrisch⟩: negativ geladenes Elementarteilchen; Abk.: e od. e⁻. **²Elęk|tron** *das;* -s ⟨über gleichbed. *engl.* electron aus *gr.* élektron „mit Silber gemischtes Gold; Bernstein"⟩: 1. natürlich vorkommende Gold-Silber-Legierung. 2. Ⓦ Magnesiumlegierung [mit wechselnden Zusätzen]. **Elęk|tro|nar|ko|se** *die;* -, -n ⟨zu ↑ elektro...⟩: Narkose mittels elektrischen Stroms (Med.). **elektro|ne|ga|tiv**: die Elektronegativität betreffend. **Elek|trone|ga|ti|vi|tät** [...v...] *die;* -: Maß für die Fähigkeit eines Atoms, Elektronen anzuziehen. **Elek|tro|nen|af|fi|ni|tät** *die;* -, -en ⟨zu ↑¹Elektron⟩: 1. (ohne Plur.) Neigung von Atomen mit nicht abgeschlossenen Elektronenschalen, Elektronen zusätzlich aufzunehmen u. sich dadurch zu ↑ ionisieren. 2. die bei der Elektronenanlagerung freiwerdende Energie. **Elek|tro|nen|ak|zep|tor** *der;* -s, -en: Atom, das auf Grund seiner Ladungsverhältnisse ein Elektron aufnehmen kann. **Elek|tro|nen|bom|bar|de|ment** *das;* -s, -s: Beschuß von Atomen mit schnellen Elektronen (Kernphys.). **Elek|tro|nen|brücke¹** *die;* -, -n: die auf der Verbindungslinie zweier Atome paarweise auftretenden Valenzelektronen (Chem.). **Elek|tro|nen|do|na|tor** *der;* -s, -en: Atom, das auf Grund seiner Ladungsverhältnisse ein Elektron abgeben kann. **Elek|tro|nen|emis|si|on** *die;* -, -en: ↑ Emission, Ausstrahlung von Elektronen (Kernphys.). **elek|tro|nen|iso|mer**: svw. mesomer. **Elek|tro|nen|kon|figu|ra|ti|on** *die;* -, -en: Gesamtheit der Elektronenanordnung innerhalb eines Atoms od. Moleküls. **Elek|tro|nenmi|kro|skop** *das;* -s, -e: Mikroskop, das nicht mit Lichtstrahlen, sondern mit Elektronen arbeitet. **Elek|tro|nenmi|kro|sko|pie** *die;* -: Mikroskopie mit Hilfe von Elektronenstrahlen. **elek|tro|nen|mi|kro|sko|pisch**: a) mittels eines Elektronenmikroskops durchgeführt (von Vergrößerungen); b) die Elektronenmikroskopie betreffend. **Elektro|nen|op|tik** *die;* -: Abbildung mit Hilfe von Elektronenlinsen (z. B. beim Elektronenmikroskop). **elek|tro|nen|optisch**: a) mittels von Elektronenlinsen abgebildet; b) die Elektronenoptik betreffend. **Elek|tro|nen|or|gel** *die;* -, -n: elektronisch betriebenes orgelartiges Instrument. **Elęk|tronen|ra|di|us** *der;* -, ...ien [...iən]: bei der Annahme einer kugelförmigen, räumlichen Ausdehnung des Elektrons sich ergebende Größe für den Radius des Elektrons; halber Durchmesser des Elektrons. **Elek|tro|nen|re|so|nanz** *die;* -, -en: ↑ Resonanzabsorption von Hochfrequenzenergie eines ↑ paramagnetischen Materials, das sich in einem homogenen statischen Magnetfeld befindet (Kernphys.). **Elek|tro|nen|röh|re** *die;* -, -n: luftleeres Gefäß mit Elektrodenanordnung zum Gleichrichten, zur Verstärkung u. Erzeugung von elektromagnetischen Schwingungen. **Elektro|nen|schleu|der** *die;* -, -n: svw. Betatron. **Elek|tro|nenson|de** *die;* -, -n: Gerät zur Röntgenspektralanalyse mikroskopisch kleinster Oberflächenbereiche. **Elek|tro|nenspek|tro|sko|pie** *die;* -: Anregung von Elektronenübergängen in den Atomen u. Messung der ↑ absorbierten elektromagnetischen Strahlung bzw. Auslösung von [Foto]elektronen mit Röntgenstrahlung, UV-Licht od. mit Synchrotronstrahlung (vgl. Synchrotron; Kernphys.). **Elek|tronen|spin** *der;* -s: [Meßgröße für den] Eigendrehimpuls eines Elektrons. **Elek|tro|nen|spin|re|so|nanz** vgl. Elektronenresonanz. **Elek|tro|nen|stoß** *der;* -es, ...stöße: Stoß eines Elektrons auf Atome. **Elek|tro|nen|strah|ler** *der;* -s, -: unter Ausstrahlung von Elektronen zerfallendes radioaktives ↑ Isotop (Kernphys.). **Elek|tro|nen|theo|rie** *die;* -, ...jen: Theorie vom Wesen u. der Wirkung des Elektrons. **Elek|tro|nen|volt** vgl. Elektronvolt. **Elek|tro|nen|wel|le** *die;* -, -n: elektromagnetische Welle beim bewegten Elektron; den Elektronen zugeordnete Materiewelle. **Elek|tronen|zer|fall** *der;* -, ...fälle: der mit Elektronenemission verbundene ↑ Betazerfall (Kernphys.). **Elek|tro|nen|zer|trümme|rung** *die;* -, -en: Sammelbez. für die bei Beschuß von Atomkernen mit hochenergetischen Elektronen auftretenden Kernreaktionen, die zur ↑ Emission eines ↑ Protons, eines ↑ Neutrons od. eines ↑ Alphateilchens führen (Kernphys.). **Elek|tro|neu|ro|gramm** *das;* -s, -e ⟨zu ↑ elektro...⟩: Aufzeichnung der Aktionsströme der Nerven (Med.). **Elek|tro|neu|ro|gra|phie** *die;* -: Verfahren zur Aufzeichnung der Aktionsströme von Nerven (Med.). **elektro|neu|tral**: nach außen ungeladen, da die Anzahl der positiven u. negativen Ladungen gleich groß ist (Phys.). **Elektro|neu|tra|li|tät** *die;* -: elektroneutrales Verhalten eines Stoffes (Phys.). **Elek|tro|nik** *die;* - ⟨zu ↑¹Elektron u. ↑²...ik (1)⟩: a) Zweig der Elektrotechnik, der sich mit der Entwicklung u. Verwendung von Geräten mit Elektronenröhren, Photozellen, Halbleitern u. ä. befaßt; b) Gesamtheit einer elektronischen Anlage od. Ausstattung. **Elek|tro|niker** *der;* -s, -: Techniker der Elektronik. **elek|tro|nisch**: die Elektronik betreffend; -e Datenverarbeitung: das Erfassen, Aufbereiten, Berechnen, Auswerten u. Aufbewahren von Daten (2 b) mittels Computer; Abk.: EDV; -e Fernsehkamera: Fernsehkamera, die Lichtwerte in elektrische Signale umwandelt und an einen Sender od. eine Aufzeichnungsanlage weitergibt; -e Musik: Sammelbegriff für jede Art von Musik, bei deren Entstehung, Wiedergabe od. Interpretation elektronische Hilfsmittel eingesetzt werden. **Elek|tro|ni|um** Ⓦ *das;* -s, ...ien [...iən] ⟨Analogiebildung zu ↑ Harmonium⟩: Instrument mit elektronischer Klangerzeugung. **elek|tro|no|gra|phisch** ⟨zu ↑¹Elektron u. ↑...graphisch⟩: mit Hilfe von Elektronen aufgezeichnet. **Elek|tron|volt** [auch e'lɛktrɔn..., elɛk'troːn...] *das;* -s, -: Energieeinheit der Kernphysik; Abk.: eV. **Elektro|ny|stag|mo|gra|phie** *die;* - ⟨zu ↑ elektro...⟩: elektrische Aufzeichnung des Augenzitterns (Med.). **Elek|tro|oku|logramm** *das;* -s, -e ⟨zu *lat.* oculus „Auge" u. ↑ ...gramm⟩: das bei der Elektrookulographie gewonnene Bild; Abk.: EOG u. Eog (Med.). **Elek|tro|oku|lo|gra|phie** *die;* - ⟨zu ↑ ...graphie⟩: apparative Aufzeichnung des Verlaufs der Aktionsströme der Augen (Med.). **elek|tro|oku|lo|graphisch**: mit Hilfe der Elektrookulographie erfolgend (Med.). **Elek|tro|op|tik** [auch e'lɛktro...] *die;* -: Teilgebiet der Physik, das sich mit dem Zusammenhang zwischen elektrischen u. optischen Erscheinungen befaßt. **elek|troop|tisch** [auch e'lɛktro...]: die Elektrooptik betreffend; -er Effekt: Änderung der Brechungsindizes in einem Kristall od. in einer Flüssigkeit unter Einwirkung einer elektrischen Feldstärke. **Elek|tro|os|mo|se** vgl. Elektroendosmose. **Elek|tro|pa|tho|lo|gie** [auch e'lɛktro...] *die; -*: Lehre von den Schäden in lebenden Organismen, die durch den Einfluß elektrischen Stroms verursacht werden. **elek|trophil** ⟨zu ↑...phil⟩: zur Anlagerung elektrischer Ladungen neigend (Eigenschaft kleinster Teilchen, z. B. in ↑ Kolloiden); Ggs. ↑ elektrophob. **elek|tro|phob** ⟨zu ↑...phob⟩: nicht zur Anlagerung elektrischer Ladung neigend (Eigenschaft kleinster Teilchen, z. B. in ↑ Kolloiden); Ggs. ↑ elektrophil. **Elek|tro|phon** *das; -s, -e* ⟨zu ↑...phon⟩: elektrisches bzw. elektronisches Musikinstrument. **Elek|tro|phor** *der; -s, -e* ⟨zu ↑...phor⟩: Elektrizitätserzeuger; vgl. Influenzmaschine. **Elek|tro|pho|re|se** *die; -* ⟨zu ↑...ese⟩: Bewegung elektrisch geladener Teilchen in nichtleitender Flüssigkeit unter dem Einfluß elektrischer Spannung. **elek|tro|pho|retisch**: die Elektrophorese betreffend. **Elek|tro|pho|to|graphie** *die; -*: Vervielfältigungs- u. Druckverfahren mit photoelektrischen u. elektrostatischen Mitteln. **Elek|tro|physio|lo|gie** [auch e'lɛktro...] *die; -*: Teilgebiet der Physik, das sich mit den von Lebewesen selbst erzeugten elektrischen Strömen befaßt. **elek|tro|pla|tie|ren**: svw. galvanisieren. **elek|tro|po|lie|ren**: Metallteile bei gleichzeitiger Oberflächenaktivierung im ↑ galvanischen Bad reinigen (Techn.). **elek|tro|po|si|tiv**: die Elektropositivität betreffend. **Elektro|po|si|ti|vi|tät** [...v...] *die; -* ⟨zu ↑ positiv u. ↑...ität⟩: Maß für die Fähigkeit eines Atoms, Elektronen abzugeben. **Elek|tro|punk|tur** [auch e'lɛktro...] *die; -, -en*: Ausführung der ↑ Akupunktur mit Hilfe einer nadelförmigen Elektrode. **Elek|tro|re|sek|ti|on** [auch e'lɛktro...] *die; -, -en*: operative Entfernung krankhaften Gewebes mittels elektrischen Stroms (mit dem sogenannten elektrischen Messer; Med.). **Elek|tro|re|ti|no|gramm** *das; -s, -e* ⟨zu ↑ Retina u. ↑...gramm⟩: elektrische Aufzeichnung der bei Belichtung des Auges vom Auge ableitbaren Aktionsströme; Abk.: ERG u. Erg (Med.). **Elek|tro|re|ti|no|gra|phie** *die; -* ⟨zu ...graphie⟩: Verfahren zur Herstellung eines Elektroretinogramms (Med.). **Elek|tro|re|zep|tor** *der; -s, -en* (meist Plur.): Sinnesorgan, das Veränderungen in einem bestimmte Tiere (z. B. elektrische Fische) umgebenden elektrischen Feld anzeigt (Biol.). **Elek|tro|rheo|gra|phie** [auch e'lɛktro...] *die; -*: Messung der elektrischen Leitfähigkeit einzelner Körperteile zur Beurteilung ihrer Durchblutung (Med.). **Elek|tro|schock** *der; -s, -s*: durch elektrische Stromstöße erzeugter Schock zur Behandlung von Gemüts- u. Geisteskrankheiten (z. B. Schizophrenie). **Elek|tro|skop** *das; -s, -e* ⟨zu ↑...skop⟩: Gerät zum Nachweis elektrischer Ladungen. **Elek|tro|smog** *der;* -[s]: Bez. für gesundheitsgefährdende elektromagnetische Felder, Funkwellen u. ä. **Elek|tro|sta|tik** *die; -*: Wissenschaft von den unbewegten elektrischen Ladungen. **Elek|tro|strik|ti|on** *die; -, -en*: Dehnung od. Zusammenziehung eines Körpers durch Anlegen einer elektrischen Spannung. **Elek|tro|tech|nik** [auch e'lɛktro...] *die; -*: Technik, die sich mit Erzeugung u. Anwendung der elektrischen Energie befaßt. **Elek|tro|tech|ni|ker** [auch e'lɛktro...] *der; -s, -*: a) Elektroingenieur; b) Facharbeiter auf dem Gebiet der Elektrotechnik. **elek|tro|tech|nisch** [auch e'lɛktro...]: die Elektrotechnik betreffend. **Elek|tro|the|ra|pie** [auch e'lɛktro...] *die; -*: Heilbehandlung mit Hilfe elektrischer Ströme. **Elek|tro|ther|mie** *die; -* ⟨zu *gr.* thermē „Wärme, Hitze" u. ↑²...ie⟩: 1. Wissenschaft von der Erwärmung mit Hilfe der Elektrizität. 2. Erwärmung mit Hilfe der Elektrizität. **elek|tro|ther|misch**: die Elektrothermie betreffend. **Elek|tro|to|mie** *die; -, ...ien* ⟨zu ↑...tomie⟩: Entfernung von Gewebswucherungen mit der elektrischen Schneidschlinge (Med.). **Elek|tro|to|nus**

Elementarmembran

der; -: veränderter Zustand eines vom elektrischen Strom durchflossenen Nervs. **Elek|tro|trau|ma** *das; -s,* Plur. ...men u. -ta: Schädigung od. Verletzung des Organismus durch Elektrizität (z. B. Strom od. Blitzschlag; Med.). **Elek|tro|tro|pis|mus** [auch e'lɛktro...] *der; -*: durch ein elektrisches Feld bedingter ↑ Tropismus bei Pflanzen (Bot.). **Elek|tro|ty|pie** *die; -* ⟨zu ↑...typie⟩: svw. Galvanoplastik. **Elek|tro|va|lenz** [...v..., auch e'lɛktro...] *die; -, -en*: Ionenwertigkeit, durch überschüssige od. fehlende Elektronen bedingte Wertigkeit eines Atoms od. einer Atomgruppe (Kernphys.). **Elek|tro|ven|tri|ku|lo|gramm** [...v...] *das; -s, -e*: Aufzeichnung des Verlaufs der Aktionsströme in den Herzkammern (Teil des ↑ Elektrokardiogramms; Abk.: EVG u. Evg (Med.). **Elek|trum** *das; -s* ⟨aus *(m)lat.* electrum „mit Silber gemischtes Gold", dies aus *gr.* ḗlektron⟩: svw. ²Elektron (1)

Ele|ment *das; -[e]s, -e* ⟨aus *lat.* elementum „Grundstoff, -bestandteil"⟩: 1. [Grund]bestandteil, Komponente; typisches Merkmal, Wesenszug. 2. (ohne Plur.) Kraft, Faktor. 3. (Plur.) Grundbegriffe, Grundgesetze, Anfangsgründe. 4. (ohne Plur.) [idealer] Lebensraum; Umstände, in denen sich ein Individuum [am besten] entfalten kann. 5. a) (in der antiken u. mittelalterlichen Naturphilosophie) einer der vier Urstoffe Feuer, Wasser, Luft u. Erde; b) (meist Plur.) Naturgewalt, Naturkraft. 6. mit chemischen Mitteln nicht weiter zerlegbarer Stoff (Chemie). 7. Stromquelle, in der chemische Energie in elektrische umgewandelt wird (Elektrot.). 8. (meist Plur.; abwertend) Person als Bestandteil einer nicht geachteten od. für schädlich angesehenen sozialen od. politischen Gruppe. 9. eines von mehreren Einzelteilen, aus denen sich etw. zusammensetzt, aus denen etw. konstruiert, aufgebaut wird; Bauteil. **ele|men|tar** ⟨aus *lat.* elementarius „zu den Anfangsgründen gehörend"⟩: 1. a) grundlegend, wesentlich; b) selbst einem Anfänger, einem Unerfahrenen bekannt, geläufig [u. daher einfach, primitiv]. 2. naturhaft[-ungebändigt], ungestüm. 3. als reines Element vorhanden (z. B. -er Schwefel; Chem.); vgl. ...isch/-. **Ele|men|tar...**: Wortbildungselement mit der Bedeutung „den Grund, den Anfang, die Natur betreffend", z. B. Elementarteilchen. **Ele|men|tar|ana|ly|se** *die; -, -n*: mengenmäßige Bestimmung der Elemente von organischen Substanzen. **Ele|men|tar|di|ät** *die; -*: Kostformen, die aus natürlichen Aminosäuren, einfachen Kohlenhydraten u. Fetten mit ↑ essentiellen Fettsäuren, Vitaminen u. Mineralstoffen zusammengesetzt sind. **Ele|men|tar|fa|ser** *die; -, -n*: bei Bastfasern die isolierte einzelne Zelle der Bastfaserbündel. **Ele|men|tar|fi|bril|le** *die; -, -n* (meist Plur.): 1. aus Proteinen bestehendes Bauelement der Muskelfasern. 2. strukturelle Grundeinheit der pflanzlichen Zellwand. **Ele|men|tar|ge|dan|ke** *der; -ns, -n*: Begriff der Völkerkunde für gleichartige Grundvorstellungen im Glauben u. Brauch verschiedener Völker ohne gegenseitige Beeinflussung (nach A. Bastian, †1905). **Ele|men|tar|gei|ster** *die* (Plur.): die in den vier Elementen (Erde, Wasser, Luft, Feuer) nach Meinung des Volksglaubens vorkommenden Geister. **ele|men|ta|risch** ⟨zu ↑ elementar⟩: naturhaft; vgl. ...isch/-. **Ele|men|ta|ri|tät** *die; -* ⟨zu ↑...ität⟩: Ursprünglichkeit, Urgewalt. **Ele|men|tar|la|dung** *die; -, -en* ⟨zu ↑ Elementar...⟩: kleinste nachweisbare elektrische Ladung; Zeichen e. **Ele|men|tar|ma|gnet** *der; Gen.* -[e]s u. -en, *Plur.* -e[n]: ↑ hypothetisch angenommener kleiner Magnet mit konstantem magnetischem ²Moment als Baustein magnetischer Stoffe. **Ele|men|tar|ma|the|ma|tik** *die; -*: unterste Stufe der Mathematik. **Ele|men|tar|membran** *die; -, -en*: Grundtyp zellulärer Membranen (Biol.).

Elementarquantum

Ele|men|tar|quan|tum *das;* -s: kleinste quantenhaft auftretende Wirkung; Zeichen *h*. **Ele|men|tar|teil|chen** *das;* -s, -: Sammelbez. für alle Sorten von kleinsten nachweisbaren geladenen u. ungeladenen Teilchen, aus denen Atome aufgebaut sind. **Ele|men|tar|un|ter|richt** *der;* -[e]s: a) Anfangs-, Einführungsunterricht; b) Grundschulunterricht (Päd.). **Ele|men|tar|zel|le** *die;* -, -n: kleinste Einheit, aus der ein Kristallgitter aufgebaut ist (Kristallographie). **Ele|men|ten|paar** *das;* -[e]s, -e ⟨zu ↑ Element⟩: zwei sich gegeneinander bewegende Teile eines mechanischen Getriebes, die miteinander verbunden sind. **ele|ment|or|ga|nisch**: ein an ein Kohlenstoffatom gebundenes Metall-, Siliciumod. Boratom enthaltend (Chem.). **Ele|ment|sym|bol** *das;* -s, -e: Buchstabe als Symbol für ein chem. Element
Ele|mi *das;* -s ⟨aus gleichbed. *span.* elimí, dies aus *arab.* al-lāmī⟩: Harz einer bestimmten Gruppe tropischer Bäume
Elen|chus *der;* -, Plur. ...chi od. ...chen ⟨über *spätlat.* elenchus aus gleichbed. *gr.* élegchos⟩: 1. Gegenbeweis, Widerlegung (Philos.). 2. Register, Verzeichnis (Buchw.). **Elenk|tik** *die;* - ⟨aus gleichbed. *gr.* elegktikḗ (téchnē)⟩: Kunst des Beweisens, Widerlegens, Überführens (Philos.)
Ele|phan|tia|sis vgl. Elefantiasis
Eleu|dron *das;* -s ⟨Kunstw.⟩: ein ↑ Sulfonamid
Eleu|si|ni|en [...i̯ən] *die* (Plur.) ⟨über *lat.* Eleusinia aus gleichbed. *gr.* Eleusinía; nach dem altgriech. Ort Eleusis bei Athen⟩: altgriech. Fest mit ↑ Prozession zu Ehren der griech. Fruchtbarkeitsgöttin Demeter. **eleu|si|nisch**: aus Eleusis stammend; Eleusinische Mysterien: nur Eingeweihten zugängliche kultische Feiern zu Ehren der griech. Fruchtbarkeitsgöttin Demeter
Eleu|the|rio|lo|gie *die;* - ⟨zu *gr.* eleuthería „Freiheit" u. ↑...logie⟩: Freiheitslehre (Philos.). **Eleu|the|rio|ma|nie** *die;* - ⟨zu ↑...manie⟩: (veraltet) Freiheitsrausch, Freiheitstaumel. **Eleu|the|ro|no|mie** *die;* - ⟨zu *gr.* eleútheros „frei, freiheitlich" u. -nomía, dies zu nómos „Gesetz"⟩: das Freiheitsprinzip der inneren Gesetzgebung (Kant). **eleu|the|ro|pe|tal** ⟨zu *gr.* pétalon „Blatt" u. ↑¹...al (1)⟩: freiblättrig (Bot.). **Eleu|the|ro|zoa** *die* (Plur.) ⟨zu *gr.* zōon „Lebewesen, Tier"⟩: Unterstamm der Stachelhäuter (z. B. Seeigel, Seestern; Zool.)
Ele|va|teur [eleva'tø:ɐ̯] *der;* -s, -e ⟨aus *fr.* élévateur „Aufheber" zu *fr.* élever „emporheben", dies über älter *fr.* eslever u. *vulgärlat.* *exlevare aus *lat.* elevare, vgl. elevieren⟩: ärztliches Instrument zum Offenhalten der Augenlider. **Ele|va|ti|on** [...v...] *die;* -, -en ⟨aus *lat.* elevatio „das Aufheben, Hebung" zu elevare, vgl. elevieren⟩: 1. Erhöhung, Erhebung. 2. Höhe eines Gestirns über dem Horizont. 3. das Emporheben der Hostie u. des Kelches [vor der Wandlung] in der Messe. 4. [physikalisch unerklärbare] Anhebung eines Gegenstandes in Abhängigkeit von einem Medium (Parapsychol.). 5. Sprungkraft, die den Tänzer befähigt, Bewegungen in der Luft auszuführen (Ballett). **Ele|va|ti|ons|theo|rie** *die;* -: Theorie, nach der Vulkankegel durch Emportreiben von Gesteinsschichten entstanden sind (Geol.). **Ele|va|ti|ons|win|kel** *der;* -s, -: Erhöhungswinkel (Math., Ballistik). **Ele|va|tor** *der;* -s, ...oren ⟨aus *lat.* elevator „der Emporheber"⟩: Fördereinrichtung, die Güter weiterbefördert (z. B. Getreide, Sand, Schotter). **Ele|va|to|ri|um** *das;* -s, ...rien [...i̯ən] ⟨zu ↑...ium⟩: chirurgisches Instrument zum Abheben der Knochenhaut od. zum Anheben eingedrückter Knochenteile (Med.). **Ele|ve** *der;* -n, -n ⟨aus *fr.* élève „Schüler" zu élever, vgl. Elevateur⟩: jmd., der sich als Anfänger in der praktischen Ausbildungszeit, z. B. am Theater od. als Forst-, Landwirt, befindet. **ele|vie|ren** ⟨aus *lat.* elevare „emporheben"⟩: 1. einen eingedrück-

ten Knochen anheben (Med.). 2. (veraltet) einen zurückgewiesenen Wechsel erneut umlaufen lassen
Ele|von [ˈɛlɪvɔn] *das;* -s, -s ⟨Kunstw.⟩: Klappenruder an Flugzeugen, das die Funktionen von Quer- u. Höhenruder vereint
eli|die|ren ⟨aus *lat.* elidere „herausstoßen"⟩: a) eine ↑ Elision vornehmen; b) streichen, tilgen
eli|gi|bel ⟨aus gleichbed. *lat.* eligibilis⟩: (veraltet) wählbar, wahlfähig. **Eli|gi|bi|li|tät** *die;* - ⟨aus gleichbed. *lat.* eligibilitas, Gen. eligibilitatis⟩: (veraltet) Wählbarkeit, Wahlfähigkeit. **eli|gie|ren** ⟨aus gleichbed. *lat.* eligere zu ↑¹ex... u. *lat.* legere „lesen"⟩: (veraltet) auswählen, erwählen
Elim: Plur. von ↑ El
Eli|mi|na|ti|on *die;* -, -en ⟨aus gleichbed. *fr.* élimination zu éliminer, vgl. eliminieren⟩: 1. Ausschaltung, Beseitigung, Entfernung. 2. rechnerische Beseitigung einer unbekannten Größe, die in mehreren Gleichungen vorkommt (Math.). 3. das Verlorengehen bestimmter Erbmerkmale im Laufe der stammesgeschichtlichen Entwicklung (Biol.); vgl. ...[at]ion/...ierung. **Eli|mi|na|ti|ons|di|ät** *die;* -: Kost, bei der Nahrungsmittel vom Speiseplan abgesetzt sind, die am häufigsten Allergien auslösen. **eli|mi|nie|ren** ⟨über gleichbed. *fr.* éliminer aus *lat.* eliminare „über die Schwelle (*lat.* limen) aus dem Hause treiben"⟩: a) aus einem größeren Komplex herauslösen u. auf diese Weise beseitigen, unwirksam werden lassen; b) etwas aus einem größeren Komplex herauslösen, um es isoliert zu behandeln. **Eli|mi|nie|rung** *die;* -, -en ⟨zu ...ierung⟩: das Eliminieren; vgl. ...[at]ion/...ierung. **Eli|mi|nie|rungs|re|ak|ti|on** *die;* -, -en: chem. Reaktion, bei der jeweils zwei Atome od. Atomgruppen aus einem Molekül entfernt u. nicht durch andere ersetzt werden
Eli|qua|ti|on *die;* - ⟨aus gleichbed. *lat.* eliquatio zu eliquare, vgl. eliquieren⟩: (veraltet) Schmelzung, Läuterung. **eli|quie|ren** ⟨aus gleichbed. *lat.* eliquare⟩: (veraltet) flüssig machen, schmelzen, läutern
eli|sa|be|tha|nisch ⟨nach Elisabeth I., Königin von England (1558–1603)⟩: aus dem Zeitalter Elisabeths I. stammend, sich darauf beziehend
Eli|si|on *die;* -, -en ⟨aus *lat.* elisio „das Herausstoßen" zu elidere, vgl. elidieren⟩: 1. Ausstoßung eines unbetonten Vokals im Inneren eines Wortes (z. B. Wand[e]rung; Sprachw.). 2. Ausstoßung eines Vokals am Ende eines Wortes vor einem folgenden mit Vokal beginnenden Wort (z. B. Freud[e] und Leid, sagt[e] er; Sprachw.)
eli|tär ⟨französierende Ableitung von ↑ Elite; vgl. ...är⟩: a) einer Elite angehörend, auserlesen; b) auf die [vermeintliche] Zugehörigkeit zu einer Elite begründet [u. daher dünkelhaft-eingebildet]. **Eli|te** *die;* -, -n ⟨aus *fr.* élite „Auslese" zu élire „auswählen", dies über *altfr.* eslire „aus(er)wählen" u. *vulgärlat.* *exligere aus *lat.* eligere „auslesen, auswählen"; vgl. elegant⟩: 1. a) Auslese der Besten; b) Führungsschicht. 2. (ohne Plur.) genormte Schriftgröße bei Schreibmaschinen (früher Perlschrift). **Eli|te|trup|pen** *die* (Plur.): besonders leistungsfähige u. speziell geschulte militärische Truppenteile. **Eli|ti|sie|rung** *die;* -, -en ⟨zu ↑ ...isierung⟩: a) Aufwertung als zur Elite gehörend; b) Entwicklung, die dahin geht, daß etwas nur von einer Elite getragen wird
Eli|xa|ti|on *die;* - ⟨aus gleichbed. *nlat.* elixatio zu *lat.* elixare „auswaschen", dies zu ↑¹ex... u. lix „Lauge"⟩: (veraltet) langsames Auskochen, Erweichen durch Kochen
Eli|xier *das;* -s, -e ⟨aus gleichbed. *mlat.* elixirium, dies über *arab.* al-iksīr „der Stein der Weisen" aus *gr.* xēríon „trok-

kenes Heilmittel" zu xērós „trocken"): Heiltrank; Zaubertrank; Verjüngungsmittel (Lebenselixier)

eli|zi|tie|ren ⟨unter Einfluß von engl. to elicit „entlocken, hervorrufen" aus lat. elicere „herauslocken"⟩: jmdm. etwas entlocken, jmdn. zu einer Äußerung bewegen

el|jen! ⟨ung. éljen⟩: er lebe hoch!

El|ke|sa|iten die (Plur.) ⟨nach dem Stifter Elkesai u. ↑³...it⟩: Anhänger einer judenchristlichen Taufreligion im Ostjordanland u. in Syrien vom 2. bis 7. Jh.

El|ko der; -s, -s: Kurzform von ↑Elektrolytkondensator

...ell ⟨aus fr. -el, Fem. -elle, dies aus lat. -alis⟩: Endung von Adjektiven, z. B. partiell, reell, visuell

...ell/...al vgl. ...al/...ell

...elle ⟨aus fr. -elle bzw. it. -ella⟩: oft verkleinernde Endung von weiblichen Substantiven, z. B. Bagatelle, Morelle

El|lip|se die; -, -n ⟨über lat. ellipsis „Auslassung eines Wortes" aus gr. élleipsis „Auslassung, Mangel" zu elleípein „darin zurücklassen; mangeln, fehlen" (der Ellipse fehlt die volle Rundung des Kreises)⟩: 1. Kegelschnitt; geometrischer Ort aller Punkte, die von zwei festen Punkten, den Brennpunkten, die gleiche Summe der Abstände haben (Math.). 2. a) Ersparung, Auslassung von Redeteilen, die für das Verständnis entbehrlich sind, z. B. der [Täter] oder die Täter sollen sich melden; Karl fährt nach Italien, Wilhelm [fährt] an die Nordsee; b) Auslassungssatz; Satz, in dem Redeteile erspart sind, z. B. keine Zeit (= ich habe keine Zeit)! El|lip|sen|zir|kel der; -s, -: Gerät zum Zeichnen einer Ellipse. el|lip|so|id ⟨zu ↑...oid⟩: ellipsenähnlich. El|lip|so|id das; -s, -e: Körper, der von einer Ebene in Form einer Ellipse geschnitten wird; geschlossene Fläche zweiter Ordnung (bzw. der von ihr umschlossene Körper), deren ebene Schnittflächen Ellipsen sind, im Grenzfall Kreise. El|lip|so|me|trie die; - ⟨zu ↑...metrie⟩: Untersuchungsmethode der Oberflächen- u. Festkörperphysik. el|lip|tisch ⟨nach gr. elleiptikós „mangelhaft"; vgl. Ellipse⟩: 1. in der Form einer Ellipse (1) (Math.); -e Geometrie: svw. nichteuklidische Geometrie. 2. die Ellipse (2) betreffend, unvollständig (Sprachw.). El|lip|ti|zi|tät die; - ⟨zu ↑...izität⟩: Abplattung, Unterschied zwischen dem Äquatordurchmesser u. dem Poldurchmesser eines Planeten. El|lip|to|zyt der; -en, -en (meist Plur.) ⟨zu ↑...zyt⟩: ovales rotes Blutkörperchen (Med.). El|lip|to|zy|to|se die; -, -n ⟨zu ↑...ose⟩: abnorme Vermehrung der Elliptozyten (Med.)

El|ma|rid das; -[e]s ⟨Kunstw.; vgl. ...id⟩: ein Hartmetall, Wolframlegierung

Elo|ah der; -[s], Elohim ⟨aus hebr. ʾelôah „Gott"⟩: 1. alttest. Bezeichnung für Gottheit, Gott. 2. vgl. ¹Elohim

Elo|dea u. Helodea die; - ⟨aus gleichbed. nlat. elodea, helodea, dies zu gr. helódēs „sumpfig"⟩: bes. in stehenden Gewässern vorkommendes Froschbißgewächs; Wasserpest

Elo|ge [e'lo:ʒə] die; -, -n ⟨aus gleichbed. fr. éloge, dies aus lat. elogium, vgl. Elogium⟩: an einen anderen gerichtete Äußerung, mit der jmd. in betonter [überschwenglicher] Weise Lob u. Anerkennung zum Ausdruck bringt; Lobeserhebung. Elo|gi|ast [...g...] der; -en, -en ⟨aus gleichbed. nlat. elogiastus⟩: (veraltet) Lobredner, Lobhudler. Elo|gi|um das; -s, ...ia ⟨aus lat. elogium „Grabschrift", dies unter Einfluß von gr. lógos „Wort, Rede" aus gr. elegeîon „Inschrift", vgl. Elegie⟩: 1. in der röm. Antike Inschrift auf Grabsteinen, Statuen u. a. 2. Lobrede

¹Elo|him der; - ⟨aus gleichbed. hebr. ʾelōhîm, Pluralis majestatis von ↑Eloah⟩: alttest. Bez. für ↑Jahwe. ²Elo|him: Plur. von Eloah. Elo|hist der; -en ⟨zu ↑...ist⟩: eine der Quellenschriften des ↑Pentateuchs (nach ihrem Gebrauch von ¹Elohim für Gott); vgl. Jahwist

Elo|ka|ti|on die; -, -en ⟨zu lat. elocare „ausleihen, verpachten, ausstatten" u. ↑...ation⟩: (veraltet) 1. Verpachtung. 2. Ausstattung einer Braut

Elon|ga|ti|on die; -, -en ⟨aus mlat. elongatio „Verlängerung, Ausdehnung" zu elongare „entfernen, fernhalten"⟩: 1. Winkel zwischen Sonne u. Planet. 2. der Betrag, um den ein Körper aus einer stabilen Gleichgewichtslage entfernt wird (z. B. bei Schwingung um diese Lage). Elon|ga|tions|syn|drom das; -s, -e: durch Elastizitätsverlust des Arterienrohrs entstehende Schlängelung od. Knotung von Gefäßen (Med.). elon|gie|ren ⟨zu lat. longus „lang" u. ↑...ieren⟩: verlängern, ausdehnen

elo|quent ⟨aus gleichbed. lat. eloquens, Gen. eloquentis zu eloqui „heraussagen, vortragen"⟩: beredsam, beredt. Elo|quenz die; - ⟨aus gleichbed. lat. eloquentia⟩: Beredsamkeit

Elo|xal ⓦ das; -s ⟨Kurzw. aus elektrolytisch oxydiertes Aluminium⟩: Schutzschicht aus Aluminiumoxyd. elo|xie|ren ⟨zu ↑...ieren⟩: die Oberfläche von Aluminium elektrolytisch oxydieren (als Schutzschicht)

El|pa|so|lith [auch ...'lɪt] der; Gen. -s od. -en, Plur. -e[n] ⟨nach dem Fundort El Paso in Texas u. zu ↑...lith⟩: Abart des ↑Kryoliths

Elu|ant der; -[e]s, -e ⟨zu lat. eluere „auswaschen" u. ↑...ant⟩: Mittel, durch das adsorbierte Stoffe aus einem Adsorptionsmittel herausgelöst werden. Elu|at das; -[e]s, -e ⟨zu ↑...at (1)⟩: durch Elution herausgelöster Stoff. elu|ie|ren ⟨aus lat. eluere „auswaschen, ausspülen"⟩: einen Stoff von einem ↑Adsorbens ablösen (Chem.)

Elu|ku|bra|ti|on die; -, -en ⟨zu lat. elucubratus, Part. Perf. von elucubrare (vgl. elukubrieren), u. ↑¹...ion⟩: (veraltet) a) wissenschaftliche Nachtarbeit; b) gelehrte, in der Nacht bei Lampenlicht geschaffene Arbeit. elu|ku|brie|ren ⟨aus lat. elucubrare „bei Licht (der Studierlampe) ausarbeiten"⟩: (veraltet) 1. nachts wissenschaftlich arbeiten. 2. eingehend darlegen

Elul der; - ⟨aus gleichbed. hebr. ʾelûl, eigtl. „Ernte"⟩: 12. Monat im jüd. Kalender (August/September)

Elu|ti|on die; -, -en ⟨aus lat. elutio „das Abspülen" zu eluere, vgl. eluieren⟩: das Herauslösen von adsorbierten Stoffen (vgl. adsorbieren) aus festen Adsorptionsmitteln (Chem.).

elu|vi|al [...v...] ⟨aus nlat. eluvialis „ausgewaschen"⟩: durch Auslaugung u. Ausschwemmung verarmte Böden betreffend, von ihnen stammend (Geol.). Elu|vi|al|ho|ri|zont der; -[e]s: Verwitterungsboden, der sich unmittelbar aus dem darunter noch zutage liegenden Gestein entwickelt hat; Oberboden, oberste Schicht; Auslaugungshorizont (vgl. Horizont 3) eines Bodenprofils (Geol.). Elu|vi|um das; -s ⟨aus nlat. eluvium „das Ausgewaschene"; Analogiebildung zu ↑Alluvium⟩: svw. Eluvialhorizont

Elu|xa|ti|on die; -, -en ⟨aus gleichbed. nlat. eluxatio zu lat. luxatus, Part. Perf. von luxare „verrenken"⟩: (veraltet) Verrenkung (Med.)

Elu|zi|da|ti|on die; -, -n ⟨aus gleichbed. nlat. elucidatio zu spätlat. elucidare, vgl. eluzidieren⟩: Erläuterung, Erklärung. elu|zi|die|ren ⟨aus gleichbed. spätlat. elucidare, eigtl. „ins Licht setzen", zu lat. lucidus „hell"⟩: erhellen, beleuchten, erläutern

ely|sä|isch vgl. elysisch. Ely|see [eli...] das; -s ⟨aus fr. Élysée, eigtl. „Elysium"⟩: Kurzform von Elysee-Palast. Ely|see-Pa|last der; -[e]s: Sitz des Präsidenten der Franz. Republik

ely|sie|ren ⟨Kunstw. aus ↑Elektrolyse u. ↑...ieren⟩: Hartmetalle elektrolytisch schleifen (Techn.)

ely|sisch u. elysäisch ⟨über lat. Elysius aus gr. Ēlýsios⟩: zum Elysium gehörend; paradiesisch, himmlisch. Ely|si|um das;

-s ⟨über *lat.* Elysium aus *gr.* Ēlýsion pedíon „die Ebene Elysiens"⟩: in der griech. Sage das Land der Seligen in der Unterwelt

Ely|tri|tis *die;* -, ...iti̱den ⟨zu ↑ Elytron u. ↑ ...itis⟩: Scheidenentzündung (Med.). **Ely|tron** *das;* -s, ...tren (meist Plur.) ⟨aus *gr.* élytron „Hülle"⟩: zur Schutzdecke umgewandelter Vorderflügel der Käfer, Wanzen, Grillen u. a.

El|ze|vir [ˈɛlzəviːɐ̯] *die;* - ⟨nach dem Namen einer holländ. Buchdruckerfamilie des 17. Jh.s⟩: eine Antiquadruckschrift. **El|ze|vi|ri|a|na** *die* (Plur.) ⟨zu ↑ ...ana⟩: von der holländ. Buchdruckerfamilie Elzevir herausgegebene röm. u. griech. Klassikerausgaben im Duodezformat; vgl. Duodez

em..., **Em...** vgl. ¹en..., En... u. ²en..., En... **...em** [...eːm] ⟨teilweise über *engl.* -eme aus *gr.* -ēma (Gen. -ēmatos)⟩: Endung sächlicher Substantive, die bestimmte [sprachliche] Einheiten bezeichnen od. [krankhafte] Erscheinungen kennzeichnen, z. B. Emphysem, Empirem, Graphem, Semem

Email [eˈmai, eˈmaːj] *das;* -s, -s ⟨aus gleichbed. *fr.* émail, dies über *altfr.* esmal aus dem Germ.⟩: glasharter, korrosionsu. temperaturwechselbeständiger Schmelzüberzug als Schutz auf metallischen Oberflächen od. als Verzierung. **Email brun** [emajˈbrœ̃] *das;* - - ⟨aus gleichbed. *fr.* émail brun⟩: Firnisbrand (im 12. u. 13. Jh. geübte Technik, Kupfer teilweise zu vergolden). **Email cham|ple|vé** [...ʃaləˈve] *das;* - - ⟨aus gleichbed. *fr.* émail champlevé zu champlever „(mit der Reißnadel) anreißen"⟩: Grubenschmelz, bei dem die Glasmasse in ausgestochene Vertiefungen des Metalls eingeschmolzen wird (Kunstw.). **Email cloi|son|né** [...klo̯azɔˈne] *das;* - - ⟨aus gleichbed. *fr.* émail cloisonné zu cloisonner „durch eine Scheidewand trennen"⟩: Zellenschmelz, bei dem die Glasmasse in kleine, aus Stegen gebildete Zellen gegossen wird (Kunstw.). **Email|le** [eˈmaljə, eˈmai, eˈmaːj] *die;* -, -n [eˈmaljən, eˈmai̯ən, eˈmaːjən] ⟨zu ↑ Email⟩: svw. Email. **Email|leur** [emaˈjøːɐ̯, emalˈjøːɐ̯] *der;* -s, -e ⟨aus gleichbed. *fr.* émailleur⟩: Emaillierer; jmd., der Schmuck, Industriewaren usw. mit Emailglasurfarben überzieht. **email|lie|ren** [emaˈjiː..., emalˈjiː...] ⟨aus gleichbed. *fr.* émailler⟩: mit Email überziehen. **Email|lure** [emaˈjyːr] *die;* -, -n [...rən] ⟨aus gleichbed. *fr.* émaillure⟩: Schmelzarbeit (Kunstw.). **Email|ma|le|rei** [eˈmaljə..., eˈmai..., eˈmaːj...] *die;* -, -en: a) (ohne Plur.) das Malen mit farbigem Glas, das als flüssige Masse auf Metall, zuweilen auch auf Glas od. Ton aufgetragen u. eingebrannt wird; b) einzelne Arbeit in der Technik der Emailmalerei (a). **Email|tom|bak** *der;* -s: Messing, das als Unterlage für Email, insbes. im Kunsthandwerk, verwendet wird

Ema|ki *das;* -[s] ⟨aus dem Japan.⟩: japan. Bildformat, lange Bildrolle im Querformat aus Papier od. Seide

Eman *das;* -s, -[s] (aber: 5 Eman) ⟨verkürzt aus ↑ Emanation⟩: Maßeinheit für den radioaktiven Gehalt, bes. im Quellwasser (1 Eman = 10^{-10} Curie/Liter). **Ema|na|ti|on** *die;* -, -en ⟨aus *lat.* emanatio „Ausfluß" zu emanare, vgl. emanieren⟩: 1. das Hervorgehen aller Dinge aus dem unveränderlichen, vollkommenen, göttlichen Einen (bes. in der neuplatonischen u. gnostischen Lehre). 2. Ausstrahlung psychischer Energie (Psychol.). 3. (veraltet) Bez. für das chem. Element ↑ Radon; Zeichen Em. **Ema|na|ti|ons|theo|rie** *die;* -: von antiken Philosophen vertretene Wahrnehmungslehre, nach der Sinneseindrücke dadurch entstehen, daß sogenannte Ausflüsse von den Gegenständen die Sinnesorgane ↑ affizieren. **Ema|na|ti|ons|the|ra|pie** *die;* -, ...ien [...iːən]: Bade-, Trink- od. Inhalationsbehandlung (v. a. bei Rheuma, Gicht u. Ischias) mit radioaktiven Gasen, die aus einer in Quellen od. Heilschlamm enthaltenen Muttersubstanz austreten (Med.). **Ema|na|tis|mus** *der;* - ⟨zu ↑ ...ismus (1)⟩: durch die Idee der Emanation (1) bestimmtes Denken der spätgriech. Philosophen. **Ema|na|to|ri|um** *das;* -s, ...ien [...iən] ⟨Analogiebildung zu ↑ Sanatorium⟩: Raum, in dem die Emanationstherapie angewendet wird. **ema|nie|ren** ⟨aus *lat.* emanare „ausströmen"⟩: a) ausstrahlen, ausströmen; b) durch natürliche od. künstliche Radioaktivität Strahlen aussenden. **Ema|no|me|ter** *das;* -s, - ⟨zu ↑¹...meter⟩: Gerät zum Messen des Radongehalts der Luft (Meteor.)

Eman|ze *die;* -, -n ⟨Kurzbildung aus emanzipierte Frau⟩: (ugs., oft abwertend) [junge] Frau, die sich bewußt emanzipiert gibt u. sich aktiv für die Emanzipation (2) einsetzt. **Eman|zi|pa|ti|on** *die;* -, -en ⟨aus *lat.* emancipatio „Freilassung" zu emancipare, vgl. emanzipieren⟩: 1. Befreiung aus einem Zustand der Abhängigkeit; Verselbständigung. 2. rechtliche u. gesellschaftliche Gleichstellung [der Frau mit dem Mann]. **eman|zi|pa|tiv** ⟨zu ↑ ...iv⟩: die Emanzipation betreffend; vgl. ...iv/...orisch. **Eman|zi|pa|tor** *der;* -s, ...oren ⟨aus gleichbed. *lat.* emancipator⟩: (veraltet) Befreier [aus Abhängigkeit]. **eman|zi|pa|to|risch** ⟨aus gleichbed. *nlat.* emancipatorius⟩: auf Emanzipation (1, 2) gerichtet; vgl. ...iv/...orisch. **eman|zi|pie|ren** ⟨aus *lat.* emancipare „(einen Sohn od. Sklaven) in die Selbständigkeit entlassen" zu ↑¹ex... u. mancipium „Eigentumserwerb durch Handauflegen"⟩: a) (selten) aus einer bestehenden Abhängigkeit lösen; selbständig, unabhängig machen; b) sich -: sich aus einer bestehenden, die eigene Entfaltung hemmenden Abhängigkeit lösen; sich selbständig, unabhängig machen. **eman|zi|piert** ⟨zu ↑ ...iert⟩: a) die traditionelle Rolle [der Frau] nicht akzeptierend; Gleichberechtigung anstrebend; selbständig, frei, unabhängig; b) (veraltend, abwertend) betont vorurteilsfrei, selbständig und daher nicht in herkömmlicher Weise fraulich, sondern männlich wirkend (von Frauen)

Emar|gi|na|ti|on *die;* -, -en ⟨aus gleichbed. *nlat.* emarginatio zu *lat.* emarginare, vgl. emarginieren⟩: Ausrandung, zackiger Ausschnitt. **emar|gi|nie|ren** ⟨aus gleichbed. *lat.* emarginare⟩: ausranden, am Rande auszacken

Emas|ku|la|ti|on *die;* -, -en ⟨aus *nlat.* emasculatio „Entmannung" zu *lat.* emasculare, vgl. emaskulieren⟩: 1. a) operative Entfernung von Penis u. Hoden; b) Entfernung der Keimdrüsen; vgl. Kastration. 2. a) Verweichlichung; b) Verwässerung; vgl. ...[at]ion/...ierung. **Emas|ku|la|tor** *der;* -s, ...oren ⟨zu ↑ ...or⟩: Gerät zum Kastrieren von Hengsten. **emas|ku|lie|ren** ⟨aus gleichbed. *lat.* emasculare⟩: 1. entmannen. 2. verweichlichen. **Emas|ku|lie|rung** *die;* -, -en ⟨zu ↑ ...ierung⟩: svw. Emaskulation; vgl. ...[at]ion/...ierung

Ema|ze|ra|ti|on *die;* -, ...onen ⟨aus gleichbed. *nlat.* emaceratio zu *lat.* emacerare, vgl. emazerieren⟩: (veraltet) Ausmergelung, Abmagerung. **ema|ze|rie|ren** ⟨aus gleichbed. *lat.* emacerare zu ↑¹ex... u. macer „mager"⟩: (veraltet) ausmergeln, abmagern

Em|bal|la|ge [ãbaˈlaːʒə] *die;* -, -n ⟨aus gleichbed. *fr.* emballage zu emballer, vgl. emballieren⟩: Umhüllung od. Verpackung einer Ware. **em|bal|lie|ren** ⟨aus gleichbed. *fr.* emballer zu ↑²en... u. balle „(Waren)ballen", dies aus *altfränk.* *balla* „Ballen; Kugel"⟩: [ver]packen, einballen

Em|bar|go *das;* -s, -s ⟨aus *span.* embargo „Beschlagnahme" zu embargar „in Beschlag nehmen"⟩: 1. Beschlagnahme od. das Zurückhalten fremden Eigentums (meist von Schiffen od. Schiffsladungen) durch einen Staat. 2. staatliches Waren- u. Kapitalausfuhrverbot, Auflage- u. Emissionsverbot für ausländische Kapitalanleihen

Em|ba|ril|la|ge [ãbari'ja:ʒ(ə)] *die;* -, -n ⟨aus gleichbed. *fr.* embarillage zu embariller, vgl. embarillieren⟩: (veraltet) das Verpacken (bes. von Pulver) in Fässer. **em|ba|ril|lie|ren** [ãbari'ji:...] ⟨aus gleichbed. *fr.* embariller zu ↑²en... u. baril „Faß"⟩: (veraltet) in Fässer verpacken
Em|bar|que|ment [ãbarkə'mã:] *das;* -s, -s ⟨aus gleichbed. *fr.* embarquement zu embarquer, vgl. embarquieren⟩: (veraltet) Einschiffung, das Einladen auf ein Schiff. **em|bar|quie|ren** [ãbar'ki:...] ⟨aus gleichbed. *fr.* embarquer zu ↑²en... u. barque „Barke, kleineres Schiff"⟩: (veraltet) einschiffen, an Bord bringen
Em|bar|ras [ãba'ra] *der* od. *das;* -, - ⟨aus gleichbed. *fr.* embarras zu embarrasser, vgl. embarrassieren⟩: (veraltet) Verlegenheit, Verwirrung, Hindernis. **em|bar|ras|sant** [ãbara'sã:] ⟨aus gleichbed. *fr.* embarrassant⟩: (veraltet) beschwerlich, in Verlegenheit setzend. **em|bar|ras|sie|ren** ⟨aus gleichbed. *fr.* embarrasser, dies vermutlich über *span.* embarazar aus *port.* embaraçar zu baraça „(Fang)schlinge, Strick"⟩: (veraltet) 1. hindern. 2. in Verlegenheit, Verwirrung setzen
Em|ba|te|ri|en [...jən] *die* (Plur.) ⟨zu *gr.* embatérios „zum Marsch gehörig"⟩: Marschlieder der spartanischen Soldaten
em|bel|lie|ren [ãbɛ...] ⟨aus gleichbed. *fr.* embellir zu ↑²en... u. beau, bel „schön", dies aus *lat.* bellus⟩: (veraltet) verschönern. **Em|bel|lisse|ment** [ãbɛlıs'mã:] *das;* -s, -s ⟨aus gleichbed. *fr.* embellissement⟩: (veraltet) Ausschmückung, Verschönerung
Em|bete|ment [ãbɛt'mã:] *das;* -s ⟨aus gleichbed. *fr.* embêtement zu embêter, vgl. embetieren⟩: (veraltet) Langeweile. **em|be|tie|ren** [ãbe...] ⟨aus *fr.* embêter „langweilen" zu bête „Tier" (als Schimpfwort), dies über *vulgärlat.* besta aus *lat.* bestia⟩: (veraltet) dumm machen, langweilen
Em|blem [auch ã'ble:m] *das;* -s, Plur. -e, bei dt. Aussprache auch -ata ⟨über gleichbed. *fr.* emblème aus *lat.* emblema „Eingesetztes, eingelegte (Metall)arbeit", dies aus *gr.* émblēma⟩: 1. Kennzeichen, Hoheitszeichen [eines Staates]. 2. Sinnbild (z. B. Schlüssel u. Schloß für Schlosserhandwerk, Ölzweig für Frieden). **Em|ble|ma|tik** *die;* - ⟨zu ↑²...ik (1)⟩: Forschungsrichtung, die sich mit der Herkunft u. Bedeutung von Emblemen (2) befaßt. **em|ble|ma|tisch** ⟨⟨über gleichbed. *fr.* emblématique) aus *spätlat.* emblematicus⟩: sinnbildlich
Em|boite|ment [ãbo̯at'mã:] *das;* -s, -s ⟨aus gleichbed. *fr.* emboîtement zu emboîter, vgl. emboitieren⟩: (veraltet) Einschachtelung, verschlungener Satzbau. **em|boi|tie|ren** [ãbo̯a'ti:...] ⟨aus gleichbed. *fr.* emboîter zu ↑²en... u. boîte „Schachtel"⟩: (veraltet) einschachteln, einfügen
Em|bol|ek|to|mie *die;* -, ...ien ⟨zu ↑Embolus u. ↑...ektomie⟩: operative Entfernung eines Gefäßpfropfes (Med.). **Ẹm|bo|li:** Plur. von ↑Embolus. **Em|bo|lie** *die;* -, ...ien ⟨aus gleichbed. *nlat.* embolia zu *gr.* embolé „das Hineindringen"⟩: Verstopfung eines Blutgefäßes durch in die Blutbahn geratene körpereigene od. körperfremde Substanzen (Embolus; Med.). **em|bo|li|form** ⟨zu ↑...form⟩: pfropfenförmig, -artig. **Em|bo|li|sat** *das;* -[e]s, -e ⟨zu ↑...at (1)⟩: ↑Medium (3), das über einen beweglichen ↑Katheter in krankhafte Gefäßverbindungen eingebracht wird, um diese dauerhaft zu verschließen (Med.). **em|bo|lisch** ⟨zu ↑...isch⟩: auf einer Embolie beruhend (Med.). **Em|bo|lis|mus** *der;* - ⟨zu ↑...ismus (2)⟩: die Einschaltung von Schaltmonaten im Julianischen Kalender, um eine geordnete Relation von Sonnenjahr u. Mondumlauf herzustellen (im Kalenderwesen des Mittelalters). **Em|bo|lit** [auch ...'lıt] *der;* -s, -e ⟨zu ↑²...it⟩: ein in Silbererzen vorkommendes Mineral. **Ẹm|bolus** *der;* -, ...li ⟨über *lat.* embolus aus *gr.* émbolos „Pflock, Pfropf", eigtl. „das Hineingeschobene"⟩: Gefäßpfropf; in der Blutbahn befindlicher Fremdkörper (z. B. Blutgerinnsel, Fetttropfen, Luftblase; Med.)
Em|bon|point [ãbõ'pɔɛ̃:] *das* od. *der;* -s ⟨aus gleichbed. *fr.* embonpoint, eigtl. „in gutem Zustand"⟩: a) Wohlbeleibtheit, Körperfülle; b) (scherzh.) dicker Bauch
Em|bou|chu|re [ãbu'ʃy:rə] *die;* -, -n ⟨aus gleichbed. *fr.* embouchure zu emboucher „an den Mund setzen", dies zu ↑²en... u. bouche „Mund" (aus *lat.* bucca, eigtl. „Backe")⟩: a) Mundstück von Blasinstrumenten; b) Mundstellung, Ansatz beim Blasen eines Blasinstruments (Mus.)
em|bras|sie|ren [ãbra...] ⟨aus gleichbed. *fr.* embrasser zu ↑²en... u. bras „Arm", dies aus *lat.* brachium⟩: (veraltet) umarmen, küssen
Ẹm|bros *das;* - ⟨*roman.*⟩: Bez. für Lammfell aus Italien od. Spanien (im Rauchwarenhandel)
em|brouil|lie|ren [ãbru'ji:...] ⟨aus gleichbed. *fr.* embrouiller zu ↑²en... u. brouiller „durcheinandermengen", weitere Herkunft unsicher⟩: (veraltet) verwirren
em|bru|nie|ren [ãbry...] ⟨aus *fr.* embrunir „braun färben" zu ↑²en... u. brun „braun, dunkel", dies aus dem Germ.⟩: (veraltet) a) bräunen, mit dunkler Farbe übermalen; b) nachdunkeln
Ẹm|bryo *der,* österr. auch *das;* -s, Plur. ...onen u. -s ⟨über *spätlat.* embryo aus *gr.* émbryon „ungeborene Leibesfrucht, neugeborenes Lamm" zu *gr.* en „in, darin" u. brýein „sprossen, treiben"⟩: 1. im Anfangsstadium der Entwicklung befindlicher Keim; in der Keimesentwicklung befindlicher Organismus, beim Menschen die Leibesfrucht von der vierten Schwangerschaftswoche bis zum Ende der vierten Schwangerschaftsmonats (oft auch gleichbedeutend mit ↑Fetus gebraucht). 2. Teil des Samens der Samenpflanzen, der aus Keimachse, Keimwurzel u. Keimblättern besteht (Bot.). **em|bryo..., Em|bryo...** ⟨zu ↑Embryo⟩: Wortbildungselement mit der Bedeutung „die Keimesentwicklung betreffend; während der Keimesentwicklung auftretend", z. B. embryotoxisch, Embryogenie. **Em|bryo|ge|ne|se u. Em|bryo|ge|nie** *die;* - ⟨zu *gr.* génesis „Entstehung, Entwicklung" bzw. ↑...genie⟩: Keimesentwicklung, Entstehung u. Entwicklung des Embryos (Med.). **Em|bryo|gra|phie** *die;* -, ...ien ⟨zu ↑...graphie⟩: Beschreibung des Embryos in den verschiedenen Entwicklungsstadien. **Em|bryo|kar|die** *die;* -, ...ien ⟨zu *gr.* kardía „Herz"⟩: 1. angeborener Herzfehler, das Verharren des Herzens auf einem embryonalen Entwicklungsstand. 2. Herzfunktionsstörung, Pendelrhythmus des Herzens (Med.). **Em|bryo|lo|gie** *die;* - ⟨zu ↑...logie⟩: Lehre u. Wissenschaft von der vorgeburtlichen Entwicklung der Lebewesen (Med.). **em|bryo|lo|gisch** ⟨zu ↑...logisch⟩: zur Embryologie gehörend, auf ihr beruhend, mit ihrer Hilfe (Med.). **Em|bry|om** *das;* -s, -e ⟨zu ↑...om⟩: ↑Teratom aus Gewebe, das sich noch im Zustand der Embryonie befindet (Med.). **em|bryo|nal** ⟨zu ↑¹...al (1)⟩: a) zum Keimling gehörend; im Keimlingszustand, unentwickelt; b) unreif; c) ungeboren. **Em|bryo|nal...:** Wortbildungselement mit der Bedeutung „den Embryo betreffend; im Keimlingszustand befindlich", z. B. Embryonalanlage. **Em|bryo|nal|an|la|ge** *die;* -, -en: embryonale Vorform der späteren Gewebe u. Organe. **Em|bryo|nal|ka|ta|rakt** *die;* -, -e ⟨zu ↑²Katarakt⟩: feine, punktförmige Trübung an den Nähten der embryonalen Anlage der Augenlinse (Med.). **Em|bryo|nal|or|gan** *das;* -s, -e (meist Plur.): Keimorgan, vergängliche Organbildung, die nur im embryonalen Leben mancher Tiere eine funktionelle Bedeutung hat, z. B. der Dot-

Embryonalzeit

tersack bei Vögeln (Zool.). **Em|bryo|nal|zeit** *die;* -, -en: Zeitraum der Entwicklung des Embryos. **em|bryo|nisch** ⟨zu ↑embryo...⟩: svw. embryonal. **Em|bryo|pa|thie** *die;* - ⟨zu ↑...pathie⟩: zusammenfassende Bez. für Krankheiten u. Defekte, die für den Embryo charakteristisch sind, z. B. die durch Erkrankung der Mutter in den ersten Schwangerschaftsmonaten eingetretene Schädigung des Keimlings u. daraus entstandene Organmißbildung. **Ẹm|bryosack** *der;* -s, ...säcke: innerer Teil der Samenanlage einer Blüte (Biol.). **Em|bryo|to|mie** *die;* - ⟨zu ↑...tomie⟩: operative Zerstückelung des Kindes während der Geburt bei unüberwindlichen Geburtshindernissen. **em|bryo|to|xisch:** schädlich für den Embryo (z. B. von Arzneimitteln). **Ẹmbryo|trans|fer** *der;* -s, -s: Übertragung u. ↑Implantation eines Embryos in die Gebärmutter der ihn austragenden Frau (Med.).

Em|bus|cade [ãbys'ka:d] *die;* -, -n [...dn̩] ⟨aus gleichbed. *fr.* embuscade zu embusquer, vgl. embusquieren⟩: (veraltet) Hinterhalt. **em|bus|quie|ren** [ãbys'ki:...] ⟨aus gleichbed. *fr.* embusquer⟩: (veraltet) sich in einen Hinterhalt legen

Emen|da|ti|on *die;* -, -en ⟨aus gleichbed. *lat.* emendatio zu emendare, vgl. emendieren⟩: Verbesserung, Berichtigung (bes. von Texten). **Emen|da|tor** *der;* -s, ...oren ⟨aus gleichbed. *lat.* emendator⟩: (veraltet) Verbesserer, Berichtiger. **Emen|da|tum** *das;* -s, ...ta ⟨aus gleichbed. *lat.* emendatum, Part. Perf. (Neutrum) von emendare, vgl. emendieren⟩: (veraltet) das Verbesserte. **emen|die|ren** ⟨aus *lat.* emendare⟩: verbessern, berichtigen

Emer|genz *die;* -, -en ⟨zum Teil unter Einfluß von *engl.* emergence aus *mlat.* emergentia „das Hervorkommende", dies zu *lat.* emergere, vgl. emergieren⟩: 1. (ohne Plur.) Begriff der neueren engl. Philosophie, wonach höhere Seinsstufen durch neu auftauchende Qualitäten aus niederen entstehen. 2. Auswuchs einer Pflanze, an dessen Aufbau nicht nur die ↑Epidermis, sondern auch tieferliegende Gewebe beteiligt sind (z. B. Stachel der Rose). **emer|gie|ren** ⟨aus gleichbed. *lat.* emergere⟩: (veraltet) auftauchen, emporkommen, sich hervortun

eme|rie|ren ⟨aus *lat.* emereri „ausdienen, zu Ende dienen"⟩: (veraltet) sich verdient machen. **Eme|rit** *der;* -en, -en ⟨aus *lat.* emeritus, vgl. Emeritus⟩: im Alter dienstunfähig gewordener Geistlicher (im kath. Kirchenrecht). **Eme|ri|ti:** Plur. von ↑Emeritus. **eme|ri|tie|ren** ⟨zu ↑...ieren⟩: jmdn. in den Ruhestand versetzen, entpflichten (z. B. einen Professor). **eme|ri|tiert** ⟨zu ↑...iert⟩: in den Ruhestand versetzt (in bezug auf Hochschullehrer). **Eme|ri|tie|rung** *die;* -, -en ⟨zu ↑...ierung⟩: Entbindung eines Hochschullehrers von der Verpflichtung, Vorlesungen zu halten (entsprechend der Versetzung in den Ruhestand bei anderen Beamten). **eme|ri|tus** ⟨*lat.;* Part. Perf. von emereri „ausdienen, zu Ende dienen"⟩: (in Verbindung mit dem davorstehenden Titel) von seiner Lehrtätigkeit entbunden; Abk.: em. **Eme|ri|tus** *der;* -, ...ti ⟨aus *lat.* emeritus „der Ausgediente"⟩: im Ruhestand befindlicher, entpflichteter Hochschullehrer

emers ⟨aus *lat.* emersus, Part. Perf. von emergere „auftauchen, sichtbar werden"⟩: über der Wasseroberfläche lebend (z. B. in bezug auf Organe einer Wasserpflanze, die über das Wasser hinausragen); Ggs. ↑submers. **Emer|si|on** *die;* -, -en ⟨zu ↑¹...ion⟩: 1. Heraustreten eines Mondes aus dem Schatten seines Planeten. 2. durch ↑Epirogenese verursachtes Aufsteigen des Landes bei Rückzug des Meeres

emer|veil|liert [emɛrvɛ'ji:ɐt] ⟨aus *fr.* emerveillé „entzückt, verwundert", Part. Perf. von emerveiller „entzücken, Bewunderung erregen", dies zu merveille „Wunder"⟩: (veraltet) verwundert

Eme|sie *die;* - ⟨aus gleichbed. *gr.* emesía zu emeĩn „ausspeien; ausbrechen"⟩: Neigung zum Erbrechen (Med.). **Emesis** *die;* - ⟨aus gleichbed. *gr.* émesis⟩: Erbrechen (Med.); vgl. Vomitus. **Eme|ti|kum** *das;* -s, ...ka ⟨zu *spätlat.* emeticus (vgl. emetisch) u. ↑...ikum⟩: Brechmittel. **Eme|tin** *das;* -s ⟨zu ↑...in (1)⟩: ein Alkaloid aus der Wurzel der ↑Ipekakuanha, früher als Brechmittel, inzwischen in kleinen Dosen als ↑Expektorans verwendet (Biochem.). **eme|tisch** ⟨über *spätlat.* emeticus aus gleichbed. *gr.* emetikós⟩: Brechreiz erregend. **Eme|to|ka|thar|sis** *die;* -: Erbrechen u. Durchfall zugleich (Med.)

Emeu|te [e'mø:t(ə)] *die;* -, -n [...tn̩] ⟨aus gleichbed. *fr.* émeute zu émouvoir „fortbewegen; erregen", dies über *vulgärlat.* *exmovere aus *lat.* emovere „erschüttern"⟩: (veraltet) Aufstand, Meuterei, Aufruhr. **Emeu|tier** [emø'tje:] *der;* -s, -s ⟨aus gleichbed. *fr.* émeutier⟩: (veraltet) Aufständischer, Meuterer, Aufrührer

Emi|grant *der;* -en, -en ⟨aus *lat.* emigrans, Gen. emigrantis, Part. Präs. von emigrare, vgl. emigrieren⟩: Auswanderer; jmd., der [aus politischen, wirtschaftlichen od. religiösen Gründen] sein Heimatland verläßt; Ggs. ↑Immigrant. **Emi|gran|ten|li|te|ra|tur** *die;* -: svw. Exilliteratur. **Emi|gran|tin** *die;* -, -nen: weibliche Form zu ↑Emigrant. **Emi|gra|ti|on** *die;* -, -en ⟨aus *spätlat.* emigratio „das Ausziehen, Wegziehen" zu emigrare, vgl. emigrieren⟩: 1. Auswanderung (bes. aus politischen, wirtschaftlichen od. religiösen Gründen); Ggs. ↑Immigration. 2. svw. Diapedese. **Emi|gré** [...'gre:] *der;* -s, -s ⟨aus gleichbed. *fr.* émigré, Part. Perf. von émigrer „auswandern", dies aus *lat.* emigrare⟩: (veraltet) svw. Emigrant. **emi|grie|ren** ⟨aus *lat.* emigrare „ausziehen, auswandern"⟩: [aus politischen, wirtschaftlichen od. religiösen Gründen] auswandern; Ggs. ↑immigrieren

Emin *der;* -s, -e ⟨aus *türk.* emin „Vertrauensmann, Leiter bzw. zu *arab.* amīn „zuverlässig, treu"⟩: türk. u. arab. Aufseher, Vorsteher, Direktor

Emin|cé [emẽ'se:] *der;* -s, -s ⟨aus gleichbed. *fr.* émincé, eigtl. Part. Perf. von émincer „(Fleisch) in dünne Scheiben schneiden", zu mince „dünn, fein, schmal", dies zu *lat.* minutus „klein, winzig"⟩: (veraltet) dünne Fleischschnitte

Émine [e'mi:n] *die;* -, - ⟨über das Roman. aus *gr.* hēmína „kleines attisches Getreidemaß"⟩: altes Hohlmaß für Getreide (in Frankreich, Italien u. in der franz. Schweiz)

emi|nẹnt ⟨über gleichbed. *fr.* éminent aus *lat.* eminens „hervortretend, hochliegend, außerordentlich", Part. Präs. von eminere, vgl. eminieren⟩: außerordentlich, äußerst [groß] (bes. in bezug auf eine als positiv empfundene Qualität, Eigenschaft, die in hohem Maße vorhanden ist). **Emi|nen|tia** *die;* -, ...tiae [...tsiɛ] ⟨aus *lat.* eminentia „die Heraus-, Hervorragende" zu eminere, vgl. eminieren⟩: Erhöhung, Vorsprung, Wulst, z. B. von Knochen (als Ansatzstelle von Muskeln; Med.). **Emi|nẹnz** *die;* -, -en ⟨aus gleichbed. *spätlat.* eminentia zu *lat.* eminentia „Erhöhung; Vorzug", eigtl. „das Herausragen"; vgl. ...enz⟩: a) (ohne Plur.) Hoheit (Titel der Kardinäle); b) Träger dieses Titels; graue -: nach außen kaum in Erscheinung tretende, aber einflußreiche [politische] Persönlichkeit. **emi|nie|ren** ⟨aus *lat.* eminere „herausragen; sichtbar sein; sich auszeichnen"⟩: (veraltet) hervorragen; sich auszeichnen

Emir [auch e'mi:ɐ] *der;* -s, -e ⟨aus *arab.* amīr „Befehlshaber" zu amara „befehlen"; vgl. Admiral⟩: Befehlshaber, Fürst, Gebieter (bes. in islamischen Ländern). **Emi|rat** *das;* -[e]s, -e ⟨zu ↑...at (1)⟩: orientalisches Fürstentum

emisch ⟨aus *engl.* emic (nach Bildungen wie phonemic)⟩: bedeutungsunterscheidend, distinktiv (Sprachw.); Ggs. ↑etisch

Emis|sär *der;* -s, -e ⟨aus gleichbed. *fr.* émissaire, dies aus *lat.* emissarius „Sendbote, Spion" zu emittere „ausschicken", vgl. emittieren⟩: Abgesandter mit einem bestimmten Auftrag. **Emis|si|on** *die;* -, -en ⟨aus *lat.* emissio „das Herausschicken, Ausströmenlassen" (Bed. 1 über *fr.* émission „Ausgabe einer Anleihe") zu *lat.* emittere „herausgehen lassen"⟩: 1. Ausgabe von Wertpapieren (Bankwesen). 2. Aussendung von elektromagnetischen Teilchen od. Wellen (Phys.). 3. Entleerung (z. B. der Harnblase; Med.). 4. das Ausströmen luftverunreinigender Stoffe in die Außenluft; Luftverunreinigung; vgl. Immission. 5. (schweiz.) Rundfunksendung. **Emis|si|ons|ana|ly|se** *die;* -, -n: chem. Analyse von Elementen auf Grund ihrer Strahlenemission. **Emis|si|ons|grenz|wer|te** *die* (Plur.): Höchstmengen des Schadstoffausstoßes von Anlagen, Einrichtungen u. Kraftfahrzeugmotoren. **Emis|si|ons|ka|ta|ster** *der* od. *das;* -s, -: Bestandsaufnahme der Luftverschmutzung in einem Gebiet. **Emis|si|ons|kon|sor|ti|um** *das;* -s, ...ien [...iən]: Zusammenschluß von Banken zur gemeinsamen Emission neuer Wertpapiere (Wirtsch.). **Emis|si|ons|kurs** *der;* -es, -e: Ausgabekurs von Wertpapieren. **Emis|si|ons|li|nie** [...iə] *die;* -, -n: ↑Spektrallinie eines Emissionsspektrums (Kernphys.). **Emis|si|ons|spek|trum** *das;* -s, Plur. ...tren u. ...tra: Spektrum eines Atoms od. Moleküls, das durch Anregung zur Ausstrahlung gebracht wird. **Emis|si|ons|stopp** *der;* -s, -s: Ausgabestopp von Aktien u. Wertpapieren (Wirtsch.). **Emis|si|ons|theo|rie** *die;* -: Theorie, nach der das Licht nicht eine Wellenbewegung ist, sondern aus ausgesandten Teilchen besteht. **Emis|si|ons|wer|te** *die* (Plur.): die Emission betreffende [Meß]werte. **Emi|tron** *das;* -s, Plur. ...one, auch -s ⟨Kunstw. aus *lat. emi*ttere „(aus)senden" u. ↑...*tron*⟩: Teil des Fernsehaufnahmegerätes. **Emit|tent** *der;* -en, -en ⟨aus *lat.* mittens, Gen. emittentis, Part. Präs. von emittere, vgl. emittieren⟩: 1. jmd., der Wertpapiere ausstellt und ausgibt (Bank). 2. Verursacher einer Emission (4). **Emit|ter** *der;* -s, - ⟨aus gleichbed. *engl.* emitter zu to emit"), dies aus *lat.* emittere, vgl. emittieren⟩: Emissionselektrode eines ↑Transistors. **emit|tie|ren** ⟨aus *lat.* emittere „ausschicken, -senden, herausgehen lassen" (Bed. 1 nach *fr.* émettre; vgl. Emission)⟩: 1. ausgeben, in Umlauf setzen (von Wertpapieren). 2. aussenden (z. B. Elektronen; Phys.). 3. (umweltgefährdende Stoffe) in die Luft ablassen

Em|men|ago|gum *das;* -s, ...ga (meist Plur.) ⟨zu *gr.* émmēnos „jeden Monat erfolgend, monatlich" u. agōgós „führend, treibend"⟩: den Eintritt der Monatsregel förderndes Arzneimittel (Med.)

em|me|trop ⟨zu *gr.* émmetros „im (richtigen) Maß" u. ōps, Gen. ōpós „Auge"⟩: normalsichtig. **Em|me|tro|pie** *die;* - ⟨zu ↑²...ie⟩: Normalsichtigkeit (Med.)

Emol|li|ens [...liɛns] *das;* -, Plur. ...ienzien [...iən] u. ...ientia ⟨aus *lat.* emolliens, Part. Präs. von emollire, vgl. emollieren⟩: Arzneimittel, das die Haut weich u. geschmeidig macht (z. B. Leinsamenumschlag). **emol|lie|ren** ⟨aus gleichbed. *lat.* emollire⟩: (veraltet) erweichen, mildern

Em|mon|sit [auch ...'zɪt] *das;* -s, -e ⟨nach dem amerik. Geologen S. F. Emmons (†1911) u. zu ↑²...it⟩: ein gelblichgrünes Mineral

Emo|lu|ment *das;* -s, -e ⟨aus gleichbed. *lat.* emolumentum zu emoliri „heraus-, hervorbringen"⟩: (veraltet) 1. Nutzen, Vorteil. 2. Nebeneinnahme

Emo|ti|on *die;* -, -en ⟨aus gleichbed. *fr.* émotion zu émouvoir „in Bewegung setzen, erregen", dies über *exmovere aus *lat.* emovere „heraus bewegen, emporwühlen, erschüttern"⟩: Gemütsbewegung, seelische Erregung, Gefühlszustand; vgl. Affekt. **emo|tio|nal** ⟨zu ↑¹...al (1)⟩: mit Emotionen verbunden; aus einer Emotion, einer inneren Erregung erfolgend; gefühlsmäßig; vgl. affektiv; vgl. ...al/...ell. **Emo|tio|na|le** *das;* -n ⟨zu ↑...ale⟩: das dem Gefühl Zugehörende, das Gefühlsmäßige. **emo|tio|na|li|sie|ren** ⟨zu ↑...isieren⟩: Emotionen wecken, Emotionen einbauen (z. B. in ein Theaterstück). **Emo|tio|na|lis|mus** *der;* - ⟨zu ↑...ismus (2)⟩: Auffassung, nach der alle seelischen u. geistigen Tätigkeiten durch ↑Affekt u. Gefühl bestimmt sind (Vorherrschaft des Emotionalen vor dem Rationalen). **Emo|tio|na|li|tät** *die;* - ⟨zu ↑...ität⟩: inneres, gefühlsmäßiges Beteiligtsein an etwas; vgl. Affektivität. **emo|tio|nell** ⟨zu ↑...ell⟩: svw. emotional; vgl. ...al/...ell. **emo|tiv** ⟨aus gleichbed. *engl.* emotive zu *lat.* emotus, Part. Perf. von emovere, vgl. Emotion⟩: Emotionen enthaltend (Psychol.). **Emo|ti|vi|tät** [...v...] *die;* -, -en ⟨zu ↑...ität⟩: erhöhte Gemütserregbarkeit (Psychol.)

Emou|chette [emu'ʃɛt] *die;* -, -n [...tn̩] ⟨aus gleichbed. *fr.* émouchette zu émoucher „Fliegen abwehren", dies zu é- „aus..., heraus..., weg..." u. mouche „Fliege" (aus *lat.* musca)⟩: (veraltet) Fliegennetz für Pferde. **Emou|choir** [emu'ʃoaːɐ̯] *der;* -s, -s ⟨aus gleichbed. *fr.* émouchoir⟩: (veraltet) Fliegenwedel

em|pail|lie|ren [ãpaˈjiː...] ⟨aus gleichbed. *fr.* empailler zu ↑²en... u. paille „Stroh", dies aus *lat.* palea⟩: (veraltet) mit Stroh umwickeln, in Stroh einpacken

em|pa|que|tie|ren [ãpak(ə)...] ⟨aus gleichbed. *fr.* empaqueter zu ↑²en... u. paquet, vgl. Paket⟩: (veraltet) paketieren

Em|pa|te|ment [ãpatˈmã:] *das;* -s, -s ⟨aus gleichbed. *fr.* empâtement zu empâter „(Farben) dick auftragen", dies zu ↑²en... u. pâte „Paste" (*lat.* pasta, vgl. Paste)⟩: (veraltet) dicker Farbauftrag (Malerei)

Em|pa|thie *die;* - ⟨aus gleichbed. *engl.* empathy, dies zu *spätgr.* empátheia „heftige Leidenschaft" (wohl gräzisierende Lehnübersetzung von *dt.* Einfühlung)⟩: Bereitschaft u. Fähigkeit, sich in die Einstellung anderer Menschen einzufühlen (Psychol.). **em|pa|thisch** ⟨zu *gr.* empathḗs „leidenschaftlich"⟩: bereit u. fähig, sich in die Einstellung anderer Menschen einzufühlen (Psychol.)

Em|peche|ment [ãpɛʃˈmã:] *das;* -s, -s ⟨aus gleichbed. *fr.* empêchement zu empêcher, vgl. empechieren⟩: (veraltet) Hindernis. **Em|pe|cheur** [ãpɛˈʃøːɐ̯] *der;* -s, -e ⟨aus gleichbed. *fr.* empêcheur⟩: (veraltet) jmd., der etwas verhindert. **em|pe|chie|ren** [ãpɛˈʃiː...] ⟨aus gleichbed. *fr.* empêcher, dies aus *spätlat.* impedicare, *lat.* impedire „verhindern"⟩: (veraltet) verhindern

Em|pe|reur [ãpəˈrøːɐ̯] *der;* -[e]s, -s ⟨aus gleichbed. *fr.* empereur, dies aus *lat.* imperator⟩: Herrscher, Kaiser (Titel Napoleons I. u. Napoleons III.); vgl. ¹Empire

Em|pe|ri|po|le|sis *die;* - ⟨zu ↑¹en... u. *gr.* peripólēsis „das Umhergehen, Umgehen"⟩: das Eindringen von ↑Histiozyten u. ↑Lymphozyten in das ↑Zytoplasma (Med.)

Em|pha|se *die;* -, -n ⟨über *fr.* emphase u. *lat.* emphasis aus gleichbed. *gr.* émphasis, eigtl. „Verdeutlichung", dies zu *gr.* emphaínein „darin sichtbar machen, aufzeigen"⟩: Nachdruck, Eindringlichkeit [im Reden]. **Em|pha|tik** *die;* - ⟨zu ↑²...ik (2)⟩: Neigung zu emphatischem Ausdruck. **em|pha|tisch** ⟨nach gleichbed. *fr.* emphatique aus *gr.* emphatikós „bezeichnend, nachdrücklich"⟩: mit Nachdruck, stark, eindringlich (Rhet., Sprachw.)

Em|phy|sem *das;* -s, -e ⟨aus *gr.* emphýsēma, Gen. emphysḗmatos „das Eingeblasene, die Aufblähung"⟩: Luftan-

emphysematisch

sammlung im Gewebe; Aufblähung von Organen od. Körperteilen, bes. bei einem vermehrten Luftgehalt in den Lungen (Med.). **em|phy|se|ma|tisch:** durch eingedrungene Luft aufgebläht (Med.). **em|phy|se|ma|tös** ⟨zu ↑ ...ös⟩: svw. emphysematisch

Em|phy|teu|se *die;* -, -n ⟨über *lat.* emphyteusis aus *gr.* emphýteusis „Verpachtung eines Gutes" zu emphýteuma „Erbpachtgut"⟩: spätrömischer, der dt. Erbpacht ähnlicher Rechtsbegriff. **Em|phy|teut** *der;* -en, -en ⟨aus gleichbed. *gr.* emphyteutḗs⟩: spätrömischer Erbpächter. **em|phy|teu|tisch** ⟨aus gleichbed. *gr.* emphyteutikós⟩: die spätrömische Erbpacht betreffend

¹Em|pire [ã'piːr] *das;* -[s] ⟨aus *fr.* empire „Kaisertum", dies aus *lat.* imperium „Befehlsgewalt, Reich", vgl. Imperium⟩: a) franz. Kaiserreich unter Napoleon I. (Premier -, 1804–1815) u. unter Napoleon III. (Second -, 1852–1870); b) Stil[epoche] zur Zeit Napoleons I. u. der folgenden Jahre (etwa 1809–1830). **²Em|pire** ['ɛmpaɪə] *das;* -[s] ⟨aus gleichbed. *engl.* empire, dies aus *fr.* empire, vgl. ¹Empire⟩: das brit. Weltreich (im Zeitalter des Kolonialismus)

Em|pi|rem *das;* -s, -e ⟨zu ↑ Empirie u. ↑ ...em⟩: Erfahrungstatsache. **Em|pi|rie** *die;* - ⟨aus gleichbed. *gr.* empeiría zu émpeiros „erfahren, kundig", vgl. empirisch⟩: [wissenschaftliche] Erfahrung im Unterschied zur ↑ Theorie, Erfahrungswissen. **Em|pi|rik** *die;* - ⟨zu ↑ ²...ik (2)⟩: das Empirische, Art u. Wesen des Erfahrbaren. **Em|pi|ri|ker** *der;* -s, - ⟨aus gleichbed. *lat.* empiricus, vgl. empirisch⟩: jmd., der auf Grund von Erfahrung denkt u. handelt; jmd., der die Empirie als einzige Erkenntnisquelle gelten läßt. **Em|pi|rio|kri|ti|zis|mus** *der;* - ⟨zu *gr.* empeiría (vgl. Empirie) u. ↑ Kritizismus⟩: (von R. Avenarius begründete) erfahrungskritische Erkenntnistheorie, die sich unter Ablehnung der Metaphysik allein auf die kritische Erfahrung beruft. **Em|pi|rio|kri|ti|zist** *der;* -en, -en ⟨zu ↑ ...ist⟩: Vertreter der Lehre des Empiriokritizismus. **em|pi|risch** ⟨über gleichbed. *lat.* empiricus aus *gr.* empeirikós zu émpeiros „erfahren, kundig", eigtl. „im Versuch, im Wagnis stehend", dies zu *gr.* peîra „Versuch, Wagnis"; vgl. Pirat⟩: erfahrungsgemäß; aus der Erfahrung, Beobachtung [erwachsen]; dem Experiment entnommen. **Em|pi|ris|mus** *der;* - ⟨zu ↑ ...ismus (1)⟩: 1. philos. Lehre, die als einzige Erkenntnisquelle die Sinneserfahrung, die Beobachtung, das Experiment gelten läßt. 2. Sammelbez. für psychologische Theorien, die das Verhalten allein auf Lernprozesse zurückführen. **Em|pi|rist** *der;* -en, -en ⟨zu ↑ ...ist⟩: Vertreter der Lehre des Empirismus (1) bzw. des Empirismus (2). **em|pi|ri|stisch** ⟨zu ↑ ...istisch⟩: den Grundsätzen des Empirismus entsprechend

Em|place|ment [ãplas'mã:] *das;* -s, -s ⟨aus *fr.* emplacement „Platz, Ort; Standort" zu place „Platz", dies unter *vulgärlat.* platea aus *lat.* platea „Straße"⟩: Aufstellung; [Geschütz]stand (Mil.). **em|pla|cie|ren** [ãpla'siː...] ⟨aus gleichbed. *fr.* emplacer⟩: (veraltet) aufstellen (Mil.)

Em|pla|strum *das;* -[s], ...stra ⟨über *lat.* emplastrum aus *gr.* émplastron „Heilpflaster; Salbe zum Aufschmieren"⟩: medizinisches Pflaster

Em|plette [ã'plɛt] *die;* -, -n [...tn̩] ⟨aus gleichbed. *fr.* emplette zu employer, vgl. employieren⟩: (veraltet) Einkauf von Waren. **Em|ploi** [ã'ploa] *der;* -s, -s ⟨aus gleichbed. *fr.* emploi⟩: (veraltet) An-, Verwendung; Gebrauch; Anstellung, Geschäft. **Em|ployé** [ãploa'jeː] *der;* -s, -s ⟨aus gleichbed. *fr.* employé zu employer, vgl. employieren⟩: (veraltet) Angestellter, Gehilfe. **em|ploy|ie|ren** [ãploa'jiː...] ⟨aus gleichbed. *fr.* employer, dies über *vulgärlat.* implicare „heranziehen; kaufen" aus *lat.* (se) implicare „sich auf etwas einlassen"⟩: (veraltet) anwenden

em|plu|mie|ren [ãply...] ⟨aus gleichbed. *fr.* emplumer zu ↑²en... u. plume „Feder", vgl. Plumeau⟩: (veraltet) a) mit Federn versehen; b) bekielen (z. B. ein Cembalo)

em|po|chie|ren [ãpɔ'ʃiː...] ⟨aus gleichbed. *fr.* empocher zu ↑²en... u. poche „Tasche"⟩: (veraltet) in die Tasche stecken, einstecken

em|poi|son|nie|ren [ãpoazɔ...] ⟨aus gleichbed. *fr.* empoisonner zu ↑²en... u. poison „Gift"⟩: (veraltet) a) vergiften; b) verführen

Em|po|ri|um *das;* -s, ...ien [...jən] ⟨über *lat.* emporium aus gleichbed. *gr.* empórion⟩: (in der Antike) zentraler Handelsplatz, Markt

em|por|tie|ren [ãpɔr...] ⟨aus gleichbed. *fr.* emporter, eigtl. „wegtragen", zu porter „tragen", dies aus *lat.* portare⟩: (veraltet) erobern (Mil.); **sich -:** sich ereifern

Em|pres|se|ment [ãprɛsə'mã:] *das;* -s ⟨aus gleichbed. *fr.* empressement zu (s')empresser, vgl. empressieren, sich⟩: (veraltet) Eifer, Bereitwilligkeit, Diensteifer. **em|pres|sie|ren** [ã...], **sich** ⟨aus gleichbed. *fr.* s'empresser zu presser „dringend, eilig sein", dies aus *lat.* pressare „drücken"⟩: (veraltet) sich beeilen, sich anstrengen. **em|pres|siert** ⟨aus gleichbed. *fr.* empressé, Part. Perf. von (s')empresser, vgl. empressieren u. ...iert⟩: (veraltet) eifrig

Em|pres|sit [auch ...'sit] *der;* -s, -e ⟨nach dem amerik. Fundort, der Empress-Josephine-Grube in Colorado, u. zu ↑² ...it⟩: ein schwarzes Mineral

em|pri|son|nie|ren [ãprizɔ...] ⟨aus gleichbed. *fr.* emprisonner zu ↑²en... u. prison „Gefängnis"⟩: (veraltet) verhaften, ins Gefängnis werfen

Em|pro|stho|to|nus *der;* - ⟨zu *gr.* émprosthen „vorn, voran" u. ↑ Tonus⟩: Spannung des Körpers in Vorwärtsbeugung bei Krampf der Beugemuskulatur (Med.)

em|prun|tie|ren [ãprœ'tiː...] ⟨aus gleichbed. *fr.* emprunter, dies aus *vulgärlat.* *impromutare zu *lat.* promutuum „Darlehen"⟩: (veraltet) borgen, [ent]leihen, Anleihen machen

Em|py|em *das;* -s, -e ⟨aus *gr.* empýēma „Eitergeschwür"⟩: Eiteransammlung in natürlichen Körperhöhlen (Med.)

em|py|re|isch ⟨über *spätlat.* empyrius aus *gr.* empýrios „feurig"⟩: zum Empyreum gehörend; lichtstrahlend, himmlisch. **Em|py|re|um** *das;* -s ⟨aus *spätlat.* empyreum, Neutrum von empyrius, vgl. empyreisch⟩: im Weltbild der antiken u. scholastischen Philosophie der oberste Himmel, der sich über der Erde wölbt, der Bereich des Feuers od. des Lichtes, die Wohnung der Seligen. **em|py|reu|ma|tisch** ⟨zu *gr.* empýreuma „Anzündung; Kohlen, die unter der Asche glimmen"⟩: durch Verkohlung entstanden. **Em|py|rie** *die;* - ⟨aus gleichbed. *gr.* empyría⟩: (veraltet) das Wahrsagen aus dem Feuer, aus dem Brandopfer. **Em|py|ro|man|tie** *die;* - ⟨zu *gr.* manteía „Weissagung"⟩: svw. Empyrie

Emu *der;* -s, -s ⟨aus gleichbed. *engl.* emu, dies verkürzt aus *port.* ema di gei „Kranich der Erde" (wegen der Flugunfähigkeit des Vogels)⟩: in Australien beheimateter, großer straußenähnlicher Laufvogel

Emu|la|ti|on *die;* - ⟨unter Einfluß von *engl.* emulation aus gleichbed. *lat.* aemulatio, dies zu aemulari „wetteifern"⟩: 1. Wetteifer. 2. Eifersucht, Neid. 3. Verfahren zur Nachbildung eines Computers auf einem anderen (EDV). **Emu|la|tor** *der;* -s, ...oren ⟨aus *engl.* emulator „Nacheiferer"⟩: Programm (4) zur Emulation (3; EDV)

Emul|ga|tor *der;* -s, ...toren ⟨aus gleichbed. *nlat.* emulgator zu *lat.* emulgere, vgl. emulgieren⟩: Mittel (z. B. ↑ Gummiarabikum), das die Bildung einer ↑ Emulsion (1) erleichtert. **emul|gie|ren** ⟨aus *lat.* emulgere „ab-, ausmelken"⟩: a) eine Emulsion herstellen; b) einen [unlöslichen] Stoff in einer Flüssigkeit verteilen

emu|lie|ren ⟨aus *engl.* to emulate „nacheifern; nachahmen"; vgl. Emulation u. ...ieren⟩: die Funktionen eines Computers auf einem anderen nachbilden (EDV)

Emul|sin *das;* -s ⟨zu *lat.* emulsus, Part. Perf. von emulgere (vgl. emulgieren), u. ↑...in (1)⟩: ein in bitteren Mandeln enthaltenes ↑ Enzym. **Emul|si|on** *die;* -, -en ⟨zu ↑¹...ion⟩: 1. ↑ kolloide Verteilung zweier nicht miteinander mischbarer Flüssigkeiten (z. B. Öl in Wasser). 2. lichtempfindliche Schicht fotografischer Platten, Filme u. Papiere. **Emul|so|id** *das;* -[e]s, -e ⟨zu ↑...oid⟩: Gemisch aus zwei Flüssigkeiten, wobei eine in die andere emulgiert ist

Emun|dan|tia *die* (Plur.) ⟨aus *lat.* emundantia, Neutrum Plur. von emundans, Part. Präs. von emundare „völlig reinigen"⟩: äußerlich anzuwendende Reinigungsmittel (Med.)

¹en..., En... [ɛn...] ⟨aus gleichbed. *gr.* en⟩, vor Lippenlauten **em..., Em...**: Präfix mit der Bedeutung „ein..., hinein, innerhalb", z. B. Engramm, empirisch, Emphase

²en..., En... [ã..., auch ɛn...] ⟨aus gleichbed. *fr.* en, dies aus *lat.* in⟩, vor Lippenlauten **em..., Em...** [ã..., auch ɛm...]: Präfix mit der Bedeutung „ein..., hinein", z. B. Enklave, Emballage

...en [...eːn] ⟨über *engl.* -ene aus *gr.* -ēnē (Zugehörigkeitssuffix)⟩: Suffix von Benennungen ungesättigter Kohlenwasserstoffe, z. B. Butadien

Ena|ki|ter u. **Enaks|kin|der** u. **Enaks|söh|ne** *die* (Plur.) ⟨Lehnübersetzung von *hebr.* bĕnê 'ănāqîm „Söhne der Riesen"; nach dem riesengestaltigen Volk in Kanaan, 5. Mose 1, 28 u. öfter⟩: riesenhafte Menschen

En|al|la|ge [auch e'nalage] *die;* - ⟨über *lat.* enallage aus *gr.* enallagḗ „Vertauschung", eigtl. „Verwechslung"⟩: Setzung eines beifügenden Adjektivs vor ein anderes Substantiv, als zu dem es logisch gehört (z. B. mit einem blauen Lächeln seiner Augen, statt: mit einem Lächeln seiner blauen Augen; Sprachw.)

Ena|mel, fachspr. **Ena|me|lum** *das;* -s ⟨aus *engl.* enamel „Emaille, Glasur, Schmelzüberzug; Zahnschmelz" bzw. *nlat.* enamelum⟩: Zahnschmelz, Bez. für die äußerst harte, weiße Substanz, die das ↑ Dentin der Zahnkrone überzieht (Med.)

En|an|them *das;* -s, -e ⟨aus gleichbed. *nlat.* enanthema zu ↑¹en... u. *gr.* ánthēma „das Blühen", dies zu antheīn „hervorsprießen, aufblühen"⟩: dem ↑ Exanthem der Haut entsprechender Schleimhautausschlag (Med.)

en|an|tio..., En|an|tio... ⟨aus *gr.* enantíos „entgegengesetzt; feindlich"⟩: Wortbildungselement mit der Bedeutung „entgegengesetzt; gegensätzliche Eigenschaften aufweisend", z. B. enantiomer, Enantiotropie. **En|an|tio|lo|gie** *die;* -, ...ien ⟨aus gleichbed. *gr.* enantiología⟩: (veraltet) Gegenrede, Widerspruch. **en|an|tio|mer** ⟨enantio... u. ↑...mer⟩: die Eigenschaft der Enantiomeren aufweisend (Chem.). **En|an|tio|mer** *das;* -s, -e, auch **En|an|tio|me|re** *das;* -n, -n (meist Plur.): Verbindung, die das genaue Spiegelbild zu einer anderen Verbindung ist, aber mit dieser nicht zur Deckung gebracht werden kann (Chem.). **En|an|tio|me|rie** *die;* -, ...ien ⟨zu ↑²...ie⟩: Spiegelbildisomerie (vgl. Isomerie 2; Chem.). **en|an|tio|morph** ⟨zu ↑...morph⟩: in zwei spiegelbildlichen Modifikationen vorkommend. **En|an|tio|mor|phie** *die;* -, ...ien ⟨zu ↑...morphie⟩: Erscheinung, daß zwei Kristalle sich wie Bild u. Spiegelbild verhalten, jedoch durch keine Symmetrieoperation miteinander zur Deckung gebracht werden können. **en|an|tio|trop** ⟨↑...trop⟩: zur Enantiotropie fähig. **En|an|tio|tro|pie** *die;* - ⟨zu ↑...tropie⟩: wechselseitige Überführbarkeit eines Stoffes von einer Zustandsform in eine andere (z. B. von ↑ rhombischem zu ↑ monoklinem (1) Schwefel; Form der ↑ Allotropie)

En|ar|git [auch ...'gɪt] *der;* -s, -e ⟨zu *gr.* enargḗs „sichtbar, deutlich" (wegen der deutlich erkennbaren Spaltbarkeit) u. ↑²...it⟩: ein dunkelgraues bis schwarzes, metallisch glänzendes Mineral

En|ar|thron *das;* -s, ...thren ⟨zu ↑¹en... u. *gr.* árthron „Gelenk"⟩: Fremdkörperchen im Gelenk (Med.). **En|ar|thro|se** *die;* -, -n ⟨zu ↑¹...ose⟩: Nußgelenk (eine Form des Kugelgelenks, bei der die Gelenkpfanne mehr als die Hälfte des Gelenkkopfes umschließt; z. B. Hüftgelenk; Med.)

En|ata *die* (Plur.) ⟨zu *gr.* énatos „der neunte Tag"⟩: im antiken Griechenland am neunten Tag nach einer Bestattung am Grab dargebrachten Totenopfer

Ena|ti|on *die;* -, -en ⟨aus gleichbed. *nlat.* enatio zu *lat.* enatus, Part. Perf. von enasci „emporwachsen"⟩: Bildung von Auswüchsen auf der Oberfläche pflanzlicher Organe (Bot.)

en at|ten|dant [ãnatã'dã] ⟨*fr.*⟩: unterdessen, inzwischen

en|au|ral ⟨zu ↑¹en... u. ↑ aural⟩: im Ohr gelegen od. befindlich (Med.)

en avant! [ãna'vã] ⟨*fr.*⟩: vorwärts!

en bas [ã 'ba] ⟨*fr.;* „(nach) unten"⟩: niedrig (Ballett)

en bloc [ã 'blɔk] ⟨*fr.*⟩: im ganzen, in Bausch u. Bogen. **En-bloc-Ab|stim|mung** *die;* -, -en: Abstimmung über eine Vorlage in ihrer Gesamtheit od. über mehrere zur Wahl stehende Kandidaten in einem Wahlgang

en ca|bo|chon [ã kabɔ'ʃõ] ⟨*fr.*⟩: glattgeschliffen mit gewölbter Oberseite u. flacherer Unterseite (von Edelsteinen); vgl. Cabochon

En|ca|dre|ment [ãkadrə'mã:] *das;* -s, -s ⟨aus gleichbed. *fr.* encadrement zu encadrer, vgl. enkadrieren⟩: (veraltet) Einfassung, Einrahmung. **en|ca|drie|ren** vgl. enkadrieren

en ca|naille [ã ka'naj] ⟨*fr.*⟩: verächtlich, wegwerfend. **en|ca|naill|lie|ren** [ãkanaˈjiː...], sich ⟨aus gleichbed. *fr.* s'encanailler⟩: (veraltet, abwertend) sich mit Menschen der unteren sozialen Schicht abgeben, sich zu ihnen hinunterbegeben

en car|rière [ã ka'rjɛːr] ⟨*fr.*⟩: in vollem Laufe

En|ceinte [ã'sɛ̃ːt] *die;* -, -n [...tn̩] ⟨aus gleichbed. *fr.* enceinte, eigtl. „Umschließung", zu enceindre „einschließen", dies aus *lat.* incingere „umgeben; umgürten"⟩: Umwallung, Außenwerk einer Festung (Mil.)

En|cel|lu|le|ment [ãselyl'mã:] *das;* -s, -s ⟨aus gleichbed. *fr.* encellulement zu ↑²en... u. cellule „Zelle", dies aus *lat.* cellula, Verkleinerungsform von cella⟩: (veraltet) Einzelhaft

En|ce|pha|li|tis [...ts...] vgl. Enzephalitis. **En|ce|pha|lon** *das;* -, ...la ⟨zu *gr.* egképhalos „Gehirn", eigtl. „was im Kopf ist", u. ↑¹...on⟩: svw. Cerebrum

En|chaine|ment [ãʃɛnˈmã:] *das;* -s, -s ⟨aus *fr.* enchaînement „Verkettung" zu enchaîner „verketten, verknüpfen", dies zu ↑²en... u. chaîne „Kette" (aus *lat.* catena)⟩: Folge von mehreren Bewegungen, die zu einer größeren Ballettfigur zusammengeschlossen sind

en|chan|tiert [ãʃãˈtiːɐ̯t] ⟨aus gleichbed. *fr.* enchanté, eigtl. Part. Perf. von enchanter „entzücken, bezaubern", dies aus *lat.* incantare, eigtl. „durch Singen einer Zauberformel auf jmdn. einwirken"; vgl. ...iert⟩: (veraltet) bezaubert, entzückt

en|chas|sie|ren [ãʃa...] ⟨aus gleichbed. *fr.* enchâsser zu ↑²en... u. châsse „Fassung", dies aus *lat.* capsa „Behältnis"⟩: (veraltet) einen Edelstein einfassen. **En|chas|su|re**

[ãʃa'sy:rə] *die;* -, -n ⟨aus gleichbed. *fr.* enchâssure⟩: (veraltet) Einfassung von Edelsteinen

En|chei|re|se *die;* -, -n ⟨aus *gr.* egcheírēsis „das Angreifen, Behandeln"⟩: Handgriff; Operation (Med.). **En|chei|re|sis na|tu|rae** [– ...rɛ] *die;* - - ⟨aus gleichbed. *nlat.* encheiresis naturae, zu *lat.* natura „Natur"⟩: Handhabung, Bezwingung der Natur (z. B. in Goethes „Faust")

En|chère [ãˈʃɛːr] *die;* -, -n [...rən] ⟨aus gleichbed. *fr.* enchère zu cher „teuer", dies aus lat. carus⟩: (veraltet) höheres Gebot [bei Versteigerungen]. **en|che|rie|ren** [ãʃeˈri:...] ⟨aus gleichbed. *fr.* enchérir⟩: (veraltet) steigern, überbieten

En|chi|ri|di|on *das;* -s, ...ien [...iən] ⟨über gleichbed. *spätlat.* enchiridion aus gr. egcheirídion, eigtl. „das in der Hand Seiende"⟩: (veraltet) kurzgefaßtes Handbuch

en|chon|dral [...çɔn...] ⟨zu ↑'en..., *gr.* chóndros „Knorpel" u. ↑¹...al (1)⟩: im Knorpel liegend (Med.). **En|chon|drom** *das;* -s, -e ⟨zu ↑...om⟩: Knorpelgeschwulst (Med.)

En|chy|träe [...çy...] *die;* -, -n (meist Plur.) ⟨aus *nlat.* enchytraea zu ↑¹en... u. *gr.* chýtra „irdener Topf", weil diese Würmer u. a. in Blumen(topf)erde vorkommen⟩: gelblichweißer, in feuchtem Boden lebender Ringelwurm, beliebtes Aquarienfischfutter

En|co|der [ɪnˈkoʊdə] *der;* -s, - ⟨aus gleichbed. *engl.* encoder zu to encode, vgl. enkodieren⟩: Einrichtung zum Verschlüsseln von Daten usw.; [Daten]verschlüsseler in einem ↑Computer; Ggs. ↑Decoder. **en|co|die|ren** [enko...] vgl. enkodieren. **En|co|die|rung** vgl. Enkodierung. **En|co|ding** [ɪnˈkoʊ...] *das;* -[s], -s ⟨aus gleichbed. *engl.* encoding⟩: Verschlüsselung einer Nachricht (Techn.; Kommunikationsforschung); Ggs. ↑Decoding

En|coi|gnure [ãkɔˈnjy:r] *die;* -, -n [...rən] ⟨aus gleichbed. *fr.* enco(i)gnure zu ↑²en... u. coin „Ecke, Winkel", dies aus *lat.* cuneus „Keil; Pflock"⟩: Eckschränkchen (des 18. Jh.s)

En|co|mi|en|da [...k...] *die;* -, -s ⟨aus *span.* encomienda „Auftrag; Schutz" zu encomendar „empfehlen; beauftragen, anvertrauen"⟩: Landbesitz, der den span. Eroberern Amerikas von der Krone verliehen wurde, verbunden mit der Leibeigenschaft über die dort lebenden Indianer u. der Verpflichtung, diese zu christianisieren

En|coun|ter [ɪnˈkaʊntə] *das od. der;* -s, - ⟨aus *engl.* encounter „(unerwartete) Begegnung, Zusammentreffen" zu *(alt)fr.* encontre „gegen", dies aus *spätlat.* incontra zu ↑²en... u. *lat.* contra „gegen"⟩: 1. Begegnung, Zusammenstoß. 2. Gruppentraining zur Steigerung der ↑Sensitivität (Sensitivitätstraining), bei dem die spontane Äußerung von ↑Aggressionen, ↑Sympathien u. ↑Antipathien eine besondere Rolle spielt (Psychol.). **En|coun|ter|grup|pe** *die;* -, -n: Personenkreis, der an einem ↑Sensitivitätstraining teilnimmt (Psychol.)

en|cou|ra|gie|ren [ãkuraˈʒi:...] ⟨aus gleichbed. *fr.* encourager zu ↑²en... u. courage, vgl. Courage⟩: ermutigen, anfeuern

en cou|ronne [ã kuˈrɔn] ⟨*fr.;* „als Krone"⟩: die Arme kronenartig über dem Kopf kreuzend (Ballett)

En|cri|er [ãkriˈje:] *der;* -s, -s ⟨aus gleichbed. *fr.* encrier zu encre „Tinte"⟩: (veraltet) Tintenfaß

En|cri|nus [ɛnˈkri:...] *der;* -, ...ni ⟨aus gleichbed. *nlat.* encrinus zu ↑¹en... u. *gr.* krínon „Lilie"⟩: ausgestorbene Gattung der Seelilien

end..., End... vgl. endo..., Endo...

...end ⟨aus der lat. Gerundivendung -endus; vgl. ...and⟩: bei männlichen Substantiven auftretende Endung mit passivischer Bedeutung, z. B. Dividend = Zahl, die geteilt werden soll

End|aor|ti|tis *die;* -, ...itiden ⟨zu ↑endo... u. ↑Aortitis⟩: Entzündung der inneren Gefäßwandschicht der ↑Aorta (Med.)

End|ar|te|ri|ek|to|mie *die;* -, ...jen ⟨zu ↑endo..., ↑Arterie u. ↑...ektomie⟩: operative Entfernung der krankhaft verdickten Innenwand einer Arterie (Med.). **End|ar|te|ri|i|tis** *die;* -, ...itiden: Entzündung der innersten Gefäßwandschicht der Schlagadern (Med.)

En|de|ca|sil|la|bo [...ka...] *der;* -[s], ...bi ⟨aus gleichbed. *it.* endecasillabo zu *lat.* hendecasyllabus „elfsilbig; elfsilbiger Vers", dies aus *gr.* hendekasýllabos⟩: ital. elfsilbiger Vers (des ↑Sonetts, der ↑Stanze u. der ↑Terzine); vgl. Hendekasyllabus

En|de|cha [ɛnˈdetʃa, span. ɛnˈdetʃa] *die;* -, -s ⟨aus gleichbed. *span.* endecha, dies vermutlich zu *lat.* indicta „Angesagtes", Part. Perf. von indicere „ansagen"⟩: span. Strophenform, bes. in Klageliedern u. Trauergedichten

En|deix|is *die;* -, ...xen ⟨aus gleichbed. *gr.* éndeixis zu *gr.* endeiknýnai „anzeigen"⟩: (veraltet) a) Anzeige, Anklage; b) Anzeichen

En|de|mie *die;* -, ...jen ⟨zu *gr.* éndēmos „im Volke, einheimisch; an einem Ort verweilend" (Analogiebildung zu ↑Epidemie)⟩: örtlich begrenztes Auftreten einer Infektionskrankheit (z. B. der Malaria in [sub]tropischen Sumpfgebieten; Med.); vgl. Epidemie. **en|de|misch** ⟨aus gleichbed. *gr.* éndēmos⟩: a) [ein]heimisch; b) örtlich begrenzt auftretend (von Infektionskrankheiten; Med.); c) in einem bestimmten Gebiet verbreitet (Biol.). **En|de|mismus** *der;* - ⟨zu ↑...ismus (2)⟩: Vorkommen von Tieren u. Pflanzen in einem bestimmten begrenzten Bezirk (Biol.). **En|de|mi|ten** *die* (Plur.) ⟨zu ↑³...it⟩: Pflanzen- bzw. Tiergruppe, die in einem begrenzten Lebensraum vorkommt (Biol.)

en|den|tie|ren [ãdã...] ⟨aus gleichbed. *fr.* endenter zu ↑²en... u. dent „Zahn; Zacke", dies aus *lat.* dens, Gen. dentis⟩: (veraltet) mit Zähnen versehen, auszacken

end|er|go|nisch ⟨zu ↑endo... u. *gr.* érgon „Werk, das Wirken"⟩: Energie (2) verbrauchend

en|der|mal ⟨zu ↑'en... u. ↑dermal⟩: in der Haut [befindlich], in die Haut [eingeführt] (Med.)

En|de|run *das;* -s, -e ⟨über *türk.* enderun aus dem Pers.⟩: für Frauen bestimmter Raum des [alt]pers. Hauses

en|des|mal ⟨zu ↑'en..., *gr.* desmós „Band, Gelenkband" u. ↑¹...al (1)⟩: im Bindegewebe [vorkommend, liegend] (Med.)

en dé|tail [ã deˈtaj] ⟨*fr.;* vgl. Detail⟩: im kleinen, einzeln; im Einzelverkauf; Ggs. ↑en gros. **En|de|tail|han|del** *der;* -s: (veraltet) Einzelhandel

En|dio|me|ter *das;* -s, - ⟨zu *gr.* éndios „mittäglich" u. ↑¹...meter⟩: altes Gerät zur Bestimmung des Meridians

En|di|vie [...viə] *die;* -, -n ⟨über *fr.* endive u. *mlat., it.* endivia aus *spätlat.* intiba zu *lat.* intubus „Zichorie, Endivie", dies aus *gr.* entýbion, eigtl. „im Januar wachsende Pflanze" (zu *ägypt.* tōbi „Januar")⟩: eine Salatpflanze (Korbblütler)

en|do..., En|do..., vor Vokalen meis. end..., End... ⟨aus gleichbed. *gr.* éndon⟩: Präfix mit der Bedeutung „innen, innerhalb", z. B. endogen, Endaortitis

En|do|al|ler|gie *die;* -, ...jen ⟨zu ↑endo... u. ↑Allergie⟩: Allergie, bei der die ↑Allergene im Körper selbst entstehen (Med.)

En|do|bi|ont *der;* -en, -en ⟨zu ↑endo... u. ↑...biont⟩: Lebewesen, das in einem anderen lebt; Ggs. ↑Epibiont. **En|do|bio|se** *die;* -, -n ⟨zu ↑...biose⟩: Gemeinschaft meist verschiedenartiger Lebewesen, von denen eines der beiden im anderen lebt (z. B. Bakterien im Darm der Tiere; Biol.);

Endophlebitis

Ggs. ↑Epibiose. **en|do|bio|tisch:** die Endobiose betreffend, auf ihr beruhend (Biol.)

En|do|bla|ste|se *die;* -, -n ⟨zu ↑endo..., *gr.* blastós „Sproß, Trieb" u. ↑...ese⟩: durch Ausscheidung aus Restlösungen bewirkte spät- bzw. nachmagnetische Veränderung von Tiefengesteinen (Geol.)

en|do|bron|chi|al ⟨zu ↑endo... u. ↑bronchial⟩: in eine Bronchie hinein, innerhalb einer Bronchie (z. B. von krankhaften Veränderungen; Med.)

En|do|car|di|tis [...k...] vgl. Endokarditis. **En|do|car|di|um** *das;* -s, ...dia ⟨aus *nlat.* endocardium „Herzinnenhaut" zu ↑endo... u. *gr.* kardía „Herz"⟩: svw. Endokard

en|do|chon|dral [...çon...] vgl. enchondral

En|do|cra|ni|um [...k...] vgl. Endokranium

En|do|der|mis *die;* -, ...men ⟨zu ↑endo... u. *gr.* dérma „Haut"; Analogiebildung zu ↑Epidermis⟩: innerste Zellschicht der Pflanzenrinde, hauptsächlich bei Wurzeln (Bot.)

End|odon|tie *die;* - ⟨zu ↑endo..., *gr.* odoús, Gen. odóntos „Zahn" u. ↑²...ie⟩: Wissenschaft vom normalen Aufbau u. von den Krankheiten des Zahninneren

En|do|en|zym *das;* -s, -e ⟨zu ↑endo... u. ↑Enzym⟩: ↑Enzym, das im ↑Protoplasma lebender Zellen entsteht u. den organischen Stoffwechsel steuert

En|do|fo|to|gra|fie *die;* -, ...ien ⟨zu ↑endo... u. ↑Fotografie⟩: Dokumentation von Befunden der ↑Endoskopie

En|do|gai|on *das;* - ⟨zu ↑endo..., *gr.* gaĩa „Erde" u. ốn, Part. Präs. von eĩnai „sein"⟩: Lebensraum der unter der Erdoberfläche im Erdboden lebenden Organismen (Biol.)

En|do|ga|mie *die;* - ⟨zu ↑endo... u. ↑...gamie (2)⟩: Heiratsordnung, nach der nur innerhalb eines bestimmten sozialen Verbandes (z. B. Stamm eines Naturvolkes, Kaste) geheiratet werden darf; Ggs. ↑Exogamie

en|do|gen ⟨aus *gr.* endogenḗs „innen, im Hause geboren" zu ↑endo... u. ↑...gen⟩: 1. a) im Körper selbst, im Körperinnern entstehend, von innen kommend (von Stoffen, Krankheitserregern od. Krankheiten; Med.); Ggs. ↑exogen (1 a); b) innen entstehend (von Pflanzenteilen, die nicht aus Gewebeschichten der Oberfläche, sondern aus dem Innern entstehen u. die unbeteiligten äußeren Gewebeschichten durchstoßen; Bot.); Ggs. ↑exogen (1 b). 2. von Kräften im Erdinneren erzeugt (Geol.); Ggs. ↑exogen (2)

En|do|kan|ni|ba|lis|mus *der;* - ⟨zu ↑endo... u. ↑Kannibalismus⟩: das Verzehren von Angehörigen des eigenen Stammes; Ggs. ↑Exokannibalismus

En|do|kard *das;* -[e]s, -e ⟨zu ↑endo... u. *gr.* kardía „Herz"⟩: Herzinnenhaut (Med.). **En|do|kar|di|tis** *die;* -, ...itiden ⟨zu ↑...itis⟩: Herzinnenhautentzündung, bes. an den Herzklappen (Med.). **En|do|kar|do|se** *die;* -, -n ⟨zu ↑¹...ose⟩: Entartungserscheinung an der Herzinnenhaut (Med.). **En|do|kard|skle|ro|se** *die;* -, -n: bindegewebige Veränderung der Herzinnenhaut im Bereich der Herzhöhlen od. Herzklappen (Med.)

En|do|karp *das;* -[e]s, -e ⟨zu ↑endo... u. *gr.* karpós „Frucht"⟩: bei Früchten die innerste Schicht der Fruchtwand (z. B. harte Schale des Steins bei Pfirsichen od. Aprikosen; Bot.); vgl. Exokarp u. Mesokarp

En|do|kra|ni|um u. Endocranium [...k...] *das;* -s, ...ien [...jən] ⟨aus *nlat.* endocranium, eigtl. „Schädelinneres", zu ↑endo... u. *gr.* kraníon „Schädel"⟩: svw. Dura (mater)

en|do|krin ⟨zu endo... u. *gr.* krínein „scheiden, trennen, sondern"⟩: mit innerer ↑Sekretion verbunden (von Drüsen; Med.); Ggs. ↑exokrin. **En|do|kri|nie** *die;* - ⟨zu ↑²...ie⟩: durch Störung der inneren ↑Sekretion verursachter Krankheitszustand (Med.). **En|do|kri|ni|um** *das;* -s ⟨zu ↑...ium⟩: das funktionelle System der innersekretorischen Drüsen, einschließlich der regulatorischen Zentren (Med.). **en|do|kri|no|gen** ⟨zu ↑...gen⟩: von Drüsen mit innerer ↑Sekretion ausgehend od. hervorgerufen (Med.). **En|do|kri|no|lo|ge** *der;* -n, -n ⟨zu ↑...loge⟩: Wissenschaftler auf dem Gebiet der Endokrinologie. **En|do|kri|no|lo|gie** *die;* - ⟨zu ↑...logie⟩: Lehre von den endokrinen Drüsen (Med.). **en|do|kri|no|lo|gisch** ⟨zu ↑...logisch⟩: die Endokrinologie bzw. die innere ↑Sekretion betreffend (Med.)

En|do|lith [auch ...'lɪt] *der;* Gen. -s u. -en, Plur. -e[n] (meist Plur.) ⟨zu ↑endo... u. ↑...lith⟩: niedere Pflanze (vor allem Flechten u. Blaualgen), deren ↑Thallus tief in Steine einwächst (Bot.)

En|do|lym|phe *die;* -, -n ⟨zu ↑endo... u. ↑Lymphe⟩: Flüssigkeit im häutigen Labyrinth des Innenohrs der Wirbeltiere u. des Menschen (Biol.; Med.)

En|do|ly|sin *das;* -s, -e (meist Plur.) ⟨zu ↑endo... u. ↑Lysin⟩: weißen Blutkörperchen entstammender, bakterienabtötender Stoff

en|do|me|tri|al ⟨zu ↑endo..., *gr.* métra „Gebärmutter" u. ↑¹...al (1)⟩: das Endometrium betreffend, von ihm ausgehend (Med.). **En|do|me|trio|se** *die;* -, -n ⟨zu ↑¹...ose⟩: das Auftreten verschleppten Gebärmutterschleimhautgewebes außerhalb der Gebärmutter (Med.). **En|do|me|tri|tis** *die;* -, ...itiden ⟨zu ↑...itis⟩: Entzündung der Gebärmutterschleimhaut (Med.). **En|do|me|tri|um** *das;* -s, ...trien [...jən] ⟨zu ↑...ium⟩: Gebärmutterschleimhaut (Med.)

En|do|mi|to|se *die;* -, -n ⟨zu ↑endo... u. ↑Mitose⟩: Chromosomenverdopplung im Zellkern ohne Spindelbildung u. ohne anschließende Zellteilung (Biol.)

en|dom|ma|gie|ren [ãdɔma'ʒi:...] ⟨aus gleichbed. *fr.* endommager zu ↑²en... u. *fr.* dommage „Schaden, Beschädigung"⟩: (veraltet) beschädigen; Schaden zufügen

en|do|morph ⟨zu ↑endo... u. ↑...morph⟩: 1. die Endomorphose betreffend, durch sie hervorgerufen (Geol.); Ggs. ↑exomorph. 2. die Endomorphie betreffend, ↑pyknisch. **En|do|mor|phie** *die;* - ⟨zu ↑...morphie⟩: Konstitution eines bestimmten Menschentyps, der ungefähr dem ↑Pykniker entspricht; vgl. Ektomorphie u. Mesomorphie. **En|do|mor|phis|mus** *der;* -, ...men ⟨zu ↑...ismus (2)⟩: Abbildung einer algebraischen Struktur in sich, Sonderform des ↑Homomorphismus (Math.). **En|do|mor|pho|se** *die;* -, -n: innere Umwandlung eines Erstarrungsgesteins unter Einfluß der Umgebung (Geol.)

En|do|my|ces [...'my:tse:s] u. Endomyzes *die* (Plur.) ⟨aus gleichbed. *nlat.* endomyces (Plur.) zu ↑endo... u. *gr.* mýkēs „Pilz"⟩: den Hefen nahestehende Pilzgattung (Krankheitserreger; Med.)

En|do|myo|kar|di|tis *die;* -, ...itiden ⟨Kurzw. aus ↑Endokard, ↑*Myokard* u. ↑...itis⟩: Entzündung der Herzinnenhaut u. des Herzmuskels (Med.)

En|do|my|si|um *das;* -s, ...ien [...jən] ⟨aus gleichbed. *nlat.* endomysium zu ↑endo... u. *gr.* mỹs „Muskel"⟩: zwischen den Muskelfasern befindliches, lockeres Bindegewebe (Med.)

En|do|my|zes [...tse:s] vgl. Endomyces

En|do|neu|ri|um *das;* -s, ...ien [...jən] ⟨aus gleichbed. *nlat.* endoneurium zu ↑endo... u. *gr.* neũron „Sehne, Nerv"⟩: an Blutgefäßen reiches, zwischen den Nervenfasern eines Nervs befindliches Bindegewebe (Med.)

En|do|pa|ra|sit *der;* -en, -en ⟨zu ↑endo... u. ↑Parasit⟩: Parasit (1), der im Innern anderer Tiere bzw. Pflanzen lebt (Biol., Med.); Ggs. ↑Ektoparasit

En|do|phle|bi|tis *die;* -, ...itiden ⟨zu ↑endo... u. ↑Phlebitis⟩: Entzündung der Innenhaut einer Vene (Med.)

En|do|phyt *der;* -en, -en (meist Plur.) ⟨zu ↑endo... u. ↑...phyt⟩: in anderen Pflanzen oder Tieren lebende Bakterien od. [niedere] Pflanzen (Biol.). **En|do|phy|tie** *der;* -, ...ien ⟨zu ↑²...ie⟩: nach innen gerichtetes Wachstum (von Geweben, Tumoren; Med.). **en|do|phy|tisch:** nach innen wachsend (Med.)

En|do|plas|ma *das;* -s, ...men ⟨zu ↑endo... u. ↑Plasma⟩: svw. Entoplasma. **en|do|plas|ma|tisch:** innerhalb des Zellplasmas gelegen; -es Retikulum: mit ↑Ribosomen besetzte Netzstruktur in einer Zelle (Biol.)

En|do|pro|the|se *die;* -, -n ⟨zu ↑endo... u. ↑Prothese⟩: aus Kunststoff, Metall o. ä. gefertigtes Ersatzstück, das im ↑Organismus den geschädigten Körperteil ganz od. teilweise ersetzt (Med.)

En|do|ra|dio|gra|phie *die;* - ⟨zu ↑endo... u. ↑Radiographie⟩: Sammelbez. für Röntgenuntersuchungsmethoden, die mit ↑Kontrastmitteln arbeiten

En|dor|phin *das;* -s, -e (meist Plur.) ⟨Kunstw. aus ↑*endo*gen u. M*orphin*⟩: körpereigener Eiweißstoff (Hormon), der schmerzstillend wirkt

En|do|ske|lett *das;* -[e]s, -e ⟨zu ↑endo... u. ↑Skelett⟩: knorpeliges od. aus Knochen bestehendes Innenskelett der Wirbeltiere (Biol.); Ggs. ↑Ektoskelett

¹En|do|skop *das;* -s, -e ⟨zu ↑endo... u. ↑...skop⟩: in eine Lichtquelle eingeschlossenes optisches Instrument zur Untersuchung von Hohlorganen u. Körperhöhlen sowie zur gezielten Gewebsentnahme (Med.). **²En|do|skop** *der;* -en, -en ⟨zu *gr.* skopós „Späher, Wächter"⟩: (selten) Facharzt für Endoskopie (Med.). **En|do|sko|pie** *die;* -, ...ien ⟨zu ↑...skopie⟩: Ausleuchtung u. Ausspiegelung einer Körperhöhle mit Hilfe des ¹Endoskops (Med.). **en|do|sko|pisch:** a) das ¹Endoskop betreffend; b) die Endoskopie betreffend; c) mittels ¹Endoskop

End|os|mo|se *die;* -, -n ⟨zu ↑endo... u. ↑Osmose⟩: 1. im Gegensatz zur ↑Exosmose die von außen nach innen gerichtete osmotische Bewegung eines Stoffes durch eine Membran in das Innere eines geschlossenen Systems (Biol.). 2. svw. Kataphorese

en|do|so|ma|tisch ⟨zu ↑endo... u. ↑somatisch⟩: innerhalb des Körpers (Med.)

En|do|sperm *das;* -s, -e ⟨zu ↑endo... u. *gr.* spérma „Samen"⟩: Nährgewebe im Pflanzensamen (Bot.)

En|do|spo|re *die;* -, -n (meist Plur.) ⟨zu ↑endo... u. *gr.* sporá „Saat; Frucht"⟩: im Innern eines Sporenbehälters entstehende Spore (bes. bei Pilzen; Bot.)

En|dosse|ment [ãdɔsˈmã:] *das;* -s, -s ⟨aus gleichbed. *fr.* endossement zu endosser, vgl. endossieren⟩: (veraltet) svw. Indossament. **En|dos|seur** [ãdɔˈsøːɐ] *der;* -s, -e ⟨aus gleichbed. *fr.* endosseur⟩: (veraltet) svw. Indossant. **en|dos|sie|ren** [ã...] ⟨aus gleichbed. *fr.* endosser zu dos „Rücken", dies über *vulgärlat.* dossum aus gleichbed. *lat.* dorsum⟩: (veraltet) svw. indossieren

End|ost *das;* -[e]s ⟨zu ↑endo... u. *gr.* osteón „Knochen"⟩: faserige Haut über dem Knochenmark an der Innenfläche der Knochenhöhlen (Med.)

En|do|sym|bio|se *die;* -, -n ⟨zu ↑endo... u. ↑Symbiose⟩: lebensnotwendige Form des ständigen Zusammenlebens verschiedener Organismen (z. B. Bakterien im Vormagen der Wiederkäuer; Zool.)

En|do|thel *das;* -s, -e ⟨zu ↑endo... u. *gr.* thēlḗ „Brustwarze"⟩: Zellschicht an der Innenfläche der Blut- u. Lymphgefäße (Med.). **En|do|the|li|om** *das;* -s, -e ⟨zu ↑...om⟩: geschwulstförmige Neubildung aus Endothelzellen (Med.). **En|do|the|li|o|se** *die;* -, -n ⟨zu ↑¹...ose⟩ svw. Retikulose.

En|do|the|li|um *das;* -s, ...ien [...i̯ən] ⟨zu ↑↑...ium⟩: svw. Endothel

en|do|therm ⟨zu ↑endo... u. ↑...therm⟩: wärmebindend; -e Prozesse: Vorgänge, bei denen von außen Wärme zugeführt werden muß (Phys., Chem.)

En|do|thrix *die;* - ⟨zu ↑endo... u. *gr.* thríx „Haar"⟩: Gattung der Fadenpilze (Erreger von Haar- u. Nagelkrankheiten; Biol., Med.)

en|do|thym ⟨zu ↑endo... u. *gr.* thymós „Gemüt, Gemütsregung"⟩: die Schicht des Psychischen betreffend, die das Unbewußte, die Affekte, die Gefühle umfaßt (Psychol.)

en|do|tok ⟨zu ↑endo... u. *gr.* tókos „das Gebären"⟩: sich im mütterlichen Körper entwickelnd (von Eiern [vor allem der Insekten] gesagt, deren Entwicklung schon vor ihrer Ablage beginnt u. bis zur Larve od. Puppe fortschreiten kann; Zool.)

En|do|to|xin *das;* -s, -e ⟨zu ↑endo... u. ↑Toxin⟩: Bakteriengift, das erst mit dem Zerfall der Bakterien frei wird

en|do|troph ⟨zu ↑endo... u. ↑...troph⟩: sich innen ernährend (Eigenschaft von Pilzen, deren Wurzelfäden in das Innere der Wurzelzellen höherer Pflanzen eindringen; Bot.)

en|do|zen|trisch ⟨zu ↑endo... u. ↑zentrisch⟩: zur gleichen Formklasse gehörend (von einer sprachlichen Konstruktion, die der gleichen Kategorie angehört wie eines ihrer konstituierenden Glieder; z. B. großes Haus – Haus; Sprachw.); Ggs. ↑exozentrisch

¹En|du|ro *die;* -, -s ⟨aus gleichbed. *span.* enduro zu endurecer „abhärten, hart machen", dies aus *lat.* indurescere „hart werden" zu durus „hart"⟩: geländegängiges Motorrad. **²En|du|ro** *das;* -s, -s ⟨zu ↑¹Enduro⟩: Zuverlässigkeitswettbewerb für Motorräder auf Geländerundkursen mit Sonderprüfungen

en écart [ãneˈkaːr] ⟨*fr.;* „im Spagat"⟩: die Beine während des Sprungs betont spreizend (Ballett)

En|echem *das;* -s ⟨aus *gr.* enéchēma „der in einem Körper erzeugte od. tönende Schall"⟩: Ohrenklingen, Ohrenbrausen (Med.)

en effet [ãneˈfɛ] ⟨*fr.;* zu effet, vgl. Effet⟩: tatsächlich, in der Tat

en égard [ãneˈgaːr] ⟨*fr.;* zu *fr.* égard, vgl. Egard⟩: (veraltet) in Anbetracht, in Betreff

Ener|geia *die;* - ⟨aus gleichbed. *gr.* enérgeia⟩: (in der Aristotelischen Philosophie gleichbedeutend mit) Tätigkeit, Tatkraft, Bereitschaft zum Handeln; vgl. Dynamis. **Ener|ge|tik** *die;* - ⟨zu *gr.* energētikós „wirksam, kräftig"; vgl. ¹...ik (1)⟩: 1. Wissenschaft von allen industriell genutzten Formen der Energie u. ihrer Umwandlung. 2. philosophische Lehre, die die Energie als Wesen u. Grundkraft aller Dinge erklärt (W. Ostwald). **Ener|ge|ti|ker** *der;* -s, -: 1. Fachmann auf dem Gebiet der Energetik (1). 2. Vertreter der Lehre der Energetik (2). **Ener|ge|ti|kum** *das;* -s, ...ka ⟨zu ↑...ikum⟩: Droge, die leistungssteigernd wirkt (Pharm.). **ener|ge|tisch** ⟨aus *gr.* energētikós „wirksam, kräftig"; vgl. Energie⟩: 1. die Energie betreffend, auf ihr beruhend (Phys.). 2. die Energetik betreffend; -er Imperativ: „Verschwende keine Energie, verwerte sie!" (Grundsatz der Philosophie von W. Ostwald); -e Sprachbetrachtung: Auffassung, die Sprache nicht als einmal Geschaffenes, sondern als ständig wirkende Kraft zu betrachten (Sprachw.). **ener|gi|co** [...dʒiko] ⟨*it.;* vgl. Energie⟩: energisch, entschlossen (Vortragsanweisung; Mus.). **Ener|gi|de** [...ˈgiːdə] *die;* -, -n ⟨zu ↑...ide⟩: die Funktionseinheit eines einzelnen Zellkerns mit dem ihn umgebenden u. von ihm beeinflußten Zellplasma (Biol.). **Ener|gie** *die;* -, ...ien

⟨über *fr.* énergie „Tatkraft, Wirkung" aus *spätlat.* energia, *gr.* enérgeia „wirkende Kraft", dies zu *gr.* energós „einwirkend" (zu en „hinein" u. érgon „Werk, Wirken")⟩: 1. (ohne Plur.) a) mit Nachdruck, Entschiedenheit [u. Ausdauer] eingesetzte Kraft, um etw. durchzusetzen; b) starke geistige u. körperliche Spannkraft. 2. Fähigkeit eines Stoffes, Körpers od. Systems, Arbeit zu verrichten, die sich aus Wärme, Bewegung o. ä. herleitet (Phys.). **ener|gie|in|tensiv:** bei der Herstellung von etwas viel Energie verbrauchend. **Ener|gie|kri|se** *die;* -, -n: ↑ Krise (2) in der Versorgung mit Energie. **Ener|gie|ni|veau** *das;* -s, -s: Kennzeichnung der Energie, die ein ↑ quantenmechanisches System (Kern, Atom, Molekül, Festkörper) haben kann (Kernphys.). **Ener|gie|po|li|tik** *die;* -: Gesamtheit der Maßnahmen, durch die der Staat auf die strukturelle Entwicklung des Energiesektors hinzuwirken versucht. **energiepo|li|tisch:** die Energiepolitik betreffend. **Ener|gie|prinzip** *das;* -s: Prinzip von der Erhaltung der Energie (Phys.). **Ener|gie|re|ser|ve** *die;* -, -n (meist Plur.): Reserve an Energie. **Ener|gie|ver|sor|gung** *die;* -: Einrichtungen und Vorgänge, die der Erzeugung und Verteilung von Energie, bes. elektrischer Energie, dienen. **Ener|gi|kus** *der;* - ⟨aus gleichbed. *nlat.* (modus) energicus zu *gr.* energós „einwirkend"; vgl. Energie⟩: Modus des Verbs in den semit. Sprachen zur Bezeichnung einer kategorischen Behauptung (z. B. bei Aufforderung, Verbot, nachdrücklicher Bestätigung; Sprachw.). **ener|gisch** ⟨nach gleichbed. *fr.* énergique⟩: a) starken Willen u. Durchsetzungskraft habend u. entsprechend handelnd, zupackend, tatkräftig; b) von starkem Willen und Durchsetzungskraft zeugend; c) entschlossen, nachdrücklich. **ener|gi|sie|ren** ⟨zu ↑ ...isieren⟩: (veraltet) tatkräftig machen; nachdrücklich wirken. **ener|go|chemisch:** durch chemische Reaktionen erzeugt (Energie). **Ener|gu|men** *der;* -, ...menen u. **Ener|gu|me|nos** *der;* -, ...noi [...nɔy] ⟨aus *gr.* energoúmenos, Part. Präs. von energeĩn „(be)wirken, tätig sein"⟩: (veraltet) Besessener, Schwärmer, unter dem Einfluß eines Dämons stehender Mensch. **ener|gu|misch:** (veraltet) schwärmerisch, rasend

Ener|va|ti|on [...v...] *die;* -, -en ⟨aus *lat.* enervatio „Entnervung" zu enervare, vgl. enervieren⟩: svw. Enervierung; vgl. ...[at]ion/...ierung. **ener|vie|ren** ⟨aus *lat.* enervare „entkräften, schwächen", eigtl. „die Nerven herausnehmen"⟩: 1. jmds. Nerven überbeanspruchen; auf Nerven u. seelische Kräfte zerstörerisch wirken. 2. die Verbindung zwischen Nerv u. dazugehörigem Organ ausschalten (Med.). **Ener|vie|rung** *die;* -, -en ⟨zu ↑ ...ierung⟩: 1. Überbeanspruchung der Nerven; Belastung der seelischen Kräfte. 2. Ausschaltung der Verbindung zwischen Nerv u. dazugehörigem Organ (Med.); vgl. ...[at]ion/...ierung

en face [ã 'fas] ⟨*fr.;* zu face „Gesicht", dies über *spätlat.* facia aus *lat.* facies „äußere Beschaffenheit, Gesicht"⟩: von vorn [gesehen]; in gerader Ansicht (bes. von Bildnisdarstellungen).

en fa|mille [ã fa'mij] ⟨*fr.;* eigtl. „in der Familie"; zu famille „Familie", dies aus *lat.* familia⟩: in engem, vertrautem Kreise

En|fant ter|ri|ble [ãfãtɛ'ribl] *das;* - -, - -s [ãfãtɛ'ribl] ⟨aus gleichbed. *fr.* enfant terrible, eigtl. „schreckliches Kind"⟩: jmd., der seine Umgebung durch unangebrachte Offenheit in Verlegenheit bringt od. sie durch sein Verhalten schockiert. **En|fants per|dus** [ãfɑ̃pɛr'dy:] *die* (Plur.) ⟨aus *fr.* enfants perdus, eigtl. „verlorene Kinder"⟩: (veraltet) leichte Fußtruppen, die zuerst angreifen, gefährdete Vorposten (Mil.).

En|fi|la|de [ãfi...] *die;* -, -n ⟨aus *fr.* enfilade „Aneinanderreihung" zu enfiler, vgl. enfilieren⟩: Raumfolge, Zimmer- od. Gebäudeflucht. **en|fi|lie|ren** ⟨aus gleichbed. *fr.* enfiler zu ↑ ²en... u. fil „Faden", dies aus *lat.* filum⟩: 1. (veraltet) einfädeln, aneinanderreihen. 2. ein Gelände [in seiner ganzen Ausdehnung] beschießen (Mil.)

en|flam|mie|ren [ãfla...] ⟨aus gleichbed. *fr.* enflammer, dies aus *lat.* inflammare⟩: (veraltet) entflammen, begeistern, entzücken

En|fle [ãfl] *das;* -s, -s ⟨aus gleichbed. *fr.* enfle zu enfler „aufblähen", dies aus *lat.* inflare⟩: franz. Kartenspiel

En|fleu|ra|ge [ãflœ'ra:ʒə] *die;* - ⟨aus gleichbed. *fr.* enfleurage zu enfleurer „Blumenduft geben", dies zu ↑ ²en... u. fleur, vgl. Fleur⟩: Verfahren zur Gewinnung feiner Blumendüfte in der Parfümindustrie

En|fonce|ment [ãfõs'mã:] *das;* -s, -s ⟨aus *fr.* enfoncement „Vertiefung; zurückspringender Teil der Fassade; abgelegener Ort" zu enfoncer, vgl. enfoncieren⟩: (veraltet) a) Vertiefung; b) Hintergrund (von Gemälden). **en|fon|cieren** [ãfõ'si:...] ⟨aus gleichbed. *fr.* enfoncer zu ↑ ²en... u. fond „Grund, Boden, Tiefe", dies aus *lat.* fundus⟩: (veraltet) einsenken, einschlagen; einbrechen, durchbrechen; einsinken

En|ga|gean|tes [ãga'ʒãt] *die* (Plur.) ⟨aus *fr.* engageantes „Spitzenärmel" zu engageant „verlockend, reizend, verführerisch"⟩: meist dreistufige Spitzen od. Leinenrüschen, die den ellbogenlangen Ärmel der Rokokokleider abschlossen

En|ga|ge|ment [ãgaʒə'mã:] *das;* -s, -s ⟨aus gleichbed. *fr.* engagement zu engager, vgl. engagieren⟩: 1. (ohne Plur.) weltanschauliche Verbundenheit mit etwas; innere Bindung an etwas; Gefühl des inneren Verpflichtetseins zu etwas; persönlicher Einsatz. 2. Anstellung, Stellung, bes. eines Künstlers. 3. Aufforderung zum Tanz. 4. Verpflichtung, zur festgesetzten Zeit gekaufte Papiere abzunehmen, zu bezahlen od. die für diese Zeit verkauften zu liefern (Börsenw.). **en|ga|gie|ren** [ãga'ʒi:...] ⟨aus *fr.* engager „verpflichten, in Dienst nehmen" zu ↑ ²en... u. gage „Pfand, Löhnung", vgl. Gage⟩: 1. jmdn. (bes. einen Künstler) unter Vertrag nehmen, für eine Aufgabe verpflichten. 2. (veraltend) zum Tanz auffordern. 3. sich -: sich binden, sich verpflichten; einen geistigen Standort beziehen. 4. die Klingen aneinander anlehnen, den Kontakt zwischen den Klingen herstellen (Fechten). **en|ga|giert** ⟨zu ↑ ...iert⟩: a) entschieden für etwas eintretend; b) ein starkes persönliches Interesse an etwas habend

en garde! [ã 'gard] ⟨*fr.;* vgl. Garde⟩: Kommando, mit dem die Fechter aufgefordert werden, Fechtstellung einzunehmen

En|ga|stri|mant *der;* -en, -en ⟨aus gleichbed. *gr.* eggastrímantis zu ↑ ¹en..., gastér, Gen. gastrós „Magen; Bauch" u. mántis „Seher"⟩: mit Hilfe des Bauchredens Wahrsagender. **En|ga|stri|man|tie** *die;* - ⟨zu *gr.* manteía „Weissagung"⟩: (veraltet) das Wahrsagen mit Hilfe des Bauchredens. **En|ga|stri|us** *der;* -, ...ien [...iən] ⟨aus gleichbed. *nlat.* engastrius zu *gr.* gastér, Gen. gastrós „Magen; Bauch"⟩: parasitäre Doppelmißgeburt, bei der die eine Frucht verkümmert in der Bauchhöhle der anderen liegt (Med.)

En|ge|lure [ãʒ(ə)'ly:r] *die;* -, -n [...rən] ⟨aus gleichbed. *fr.* engelure zu ↑ ²en... u. *fr.* geler „erfrieren", dies aus *lat.* gelare „ge-, einfrieren"⟩: (veraltet) Frostbeule

En|gi|nee|ring [ɛndʒɪ'nɪərɪŋ] *das;* -[s] ⟨aus gleichbed. *engl.* engineering zu engineer „Ingenieur"; vgl. Ingenieur⟩: 1. Ingenieurwesen. 2. svw. Industrial engineering

En|gi|schi|ki *das;* -[s] ⟨aus gleichbed. *jap.* engi-shiki⟩: wichtigstes Ritualbuch des japan. ↑Schintoismus aus dem 10. Jh.

Eng|lish-Match [ˈɪŋglɪʃˈmætʃ] *das,* auch *der;* -[e]s, Plur. -s, auch -e ⟨aus *engl.* English match „englischer Wettkampf"⟩: Wettbewerb mit Kleinkalibergewehren, der im liegenden Anschlag ausgeführt wird. **Eng|lish spo|ken** [ˈɪŋglɪʃˈspoʊkən] ⟨*engl.;* eigtl. „Englisch gesprochen"⟩: hier wird Englisch gesprochen, hier spricht man Englisch (als Hinweis z. B. für Kunden in einem Geschäft). **Eng|lish-Waltz** [...ˈwɔ(ː)l(t)s] *der;* -, - ⟨aus gleichbed. *engl.* English waltz (selten für slow waltz)⟩: langsamer Walzer. **eng|li|sie|ren** [ɛŋli...] ⟨zu ↑...isieren⟩: 1. etwas nach engl. Art umgestalten; vgl. anglisieren (1). 2. einem Pferd die niederziehenden Schweifmuskeln durchschneiden, damit es den Schwanz hoch trägt

en|glou|tie|ren [ãglu...] ⟨aus gleichbed. *fr.* engloutir, dies aus *spätlat.* ingluttire „in sich schlürfen" zu ↑in... u. *lat.* gluttire „verschlucken, verschlingen"⟩: (veraltet) verschwenden, durchbringen

En|go|be [ãˈgoːbə] *die;* -, -n ⟨aus gleichbed. *fr.* engobe zu engober, vgl. engobieren⟩: dünne keramische Überzugsmasse. **en|go|bie|ren** [ãgo...] ⟨aus gleichbed. *fr.* engober zu ↑²en... u. *fr.* gober „verschlingen", dies zu *galloroman.* *gob „Mund"⟩: Tonwaren mit einer keramischen Gußmasse überziehen

En|gom|mage [ãgɔˈmaːʒ] *die;* -, -n [...ʒən] ⟨aus gleichbed. *fr.* engommage zu engommer, vgl. engommieren⟩: (veraltet) a) Gummierung; b) Glasierung von Töpferwaren. **en|gom|mie|ren** [ãgo...] ⟨aus gleichbed. *fr.* engommer zu ↑²en... u. *fr.* gomme „Gummi", dies aus *lat.* gummi, cummi(s), vgl. Gummi⟩: (veraltet) a) gummieren; b) mit einer Glasur versehen

En|gor|ge|ment [ãgɔrʒəˈmaː] *das;* -s, -s ⟨aus gleichbed. *fr.* engorgement, eigtl. „Verstopfung", zu gorge „Kehle; Schlund", dies über *vulgärlat.* *gurga aus *lat.* gurges „Wasserstrudel, Schlund"⟩: Stockung im Wirtschaftsleben

En|goue|ment [ãguˈmaː] *das;* -s, -s ⟨aus *fr.* engouement „Verstopfung", weitere Herkunft unsicher⟩: Stadium vermehrter Ansammlung von Blut in den ↑Kapillaren (Anschoppung) bei einer Lungenentzündung (Med.)

en|gour|die|ren [ãgur...] ⟨aus gleichbed. *fr.* engourdir zu ↑²en... u. *fr.* gourd „steif(gefroren)", dies aus *(spät)lat.* gurdus „stumpfsinnig; dumm, tölpelhaft"⟩: (veraltet) betäuben, einschläfern

En|grais|se|rie [ãgrɛsə...] *die;* -, ...ien ⟨zu *fr.* engraisser „mästen", dies zu ↑²en... u. *fr.* graisse, gras „dick, fett" (aus *lat.* crassus)⟩: (veraltet) Mastanstalt. **En|grais|seur** [...ˈsøːʁ] *der;* -s, -e ⟨aus gleichbed. *fr.* engraisseur⟩: (veraltet) Viehmäster

En|gramm *das;* -s, -e ⟨zu ↑¹en... u. ↑...gramm⟩: im Zentralnervensystem hinterlassene Spur eines Reiz- od. Erlebniseindrucks, die dessen Reproduktion zu einem späteren Zeitpunkt möglich macht; Erinnerungsbild (Med.)

en grande te|nue [ã grãtəˈny] ⟨*fr.;* eigtl. „in großer Haltung"⟩: im Festanzug, in vollem Staat. **en grande toi|lette** [ã grãtɔaˈlɛt] ⟨*fr.*⟩: in großer Toilette (1), in großer Aufmachung

En|gra|phie *die;* - ⟨zu ↑¹en... u. ↑...graphie⟩: Aufbewahrung der Gedächtniseindrücke (Med.)

En|gre|lure [ãgrəˈlyːr] *die;* -, -n [...rən] ⟨aus gleichbed. *fr.* engrêlure zu engrêler „am Rand mit Zierat ausschmücken", dies zu ↑²en... u. *fr.* grêle „Hagel"⟩: (veraltet) Rundverzierung mit runden Zäckchen, Spitzenrand

en gros [ã ˈgro] ⟨*fr.*⟩: im großen; Ggs. ↑en détail. **En|gros-han|del** *der;* -s: Großhandel. **En|gros|sist** [ãgrɔ...] *der;* -en, -en ⟨zu ↑²en... u. ↑Grossist⟩: (österr.) svw. Grossist

En|hance|ment [ɪnˈhaːnsmənt] *das;* -s, -s ⟨zu *engl.* to enhance „erhöhen, übertreiben", dies über *altfr.* enhaucer (wohl verderbt aus enhaucer) zu *vulgärlat.* *inaltiare, dies zu ↑in... u. *lat.* altiare „erheben, erhöhen"⟩: Effekt spezifischer Immunseren, das Wachstum von Tumoren zu fördern, wenn zuvor mit Tumorgewebe od. Tumorantigen (vgl. Antigen) gegen das ↑maligne Gewebe desensibilisiert wurde (Med.)

En|har|mo|nik *die;* - ⟨zu ↑enharmonisch u. ↑²...ik (2)⟩: verschiedene Notierung u. Benennung von Tönen u. Akkorden bei gleichem Klang (z. B. cis = des; Mus.). **en|har|mo|nisch** ⟨aus *gr.* enharmonikós „übereinstimmend"⟩: mit einem anders benannten u. geschriebenen Ton den gleichen Klang habend, harmonisch vertauschbar (in bezug auf die Tonhöhe; Mus.); -e Verwechslung: Vertauschung u. musikalische Umdeutung enharmonisch gleicher Töne od. Akkorde

en haut [ãˈno] ⟨*fr.;* „in der Höhe"⟩: die Arme über den Kopf haltend (Ballett)

ENIAC [ˈeːni̯ak] *der;* -s, -s ⟨Kurzw. aus *engl.* Electronic Numerical Integrator and Calculator bzw. Computer „elektronischer numerischer Integrator u. (Be)rechner"⟩: erster elektronischer Rechenautomat

enig|ma|tisch ⟨aus *engl.* enigmatic „rätselhaft", dies über *spätlat.* aenigmaticus aus *gr.* ainigmatikós zu aínigma „Rätsel"⟩: svw. änigmatisch

en|ivrie|ren [ãniˈvri...] ⟨aus gleichbed. *fr.* enivrer zu ↑²en... u. *fr.* ivre „betrunken", dies aus *lat.* ebrius⟩: (veraltet) [sich] berauschen; betören, verblenden

En|jam|be|ment [ãʒãbəˈmaː] *das;* -s, -s ⟨aus gleichbed. *fr.* enjambement zu enjamber „überschreiten"⟩: Übergreifen des Satzes in den nächsten Vers; Nichtzusammenfall von Satz- u. Versende (Metrik)

En|jeu [ãˈʒøː] *der;* -s, -s ⟨aus gleichbed. *fr.* enjeu zu ↑²en... u. *fr.* jeu „Spiel"; vgl. Jeu⟩: (veraltet) Spieleinsatz

en|ka|drie|ren [ãka...] ⟨aus gleichbed. *fr.* encadrer zu ↑²en... u. *fr.* cadre „Rahmen"; vgl. Kader⟩: (veraltet) einfassen, einrahmen

En|kan|this *die;* -, ...thiden ⟨zu ↑¹en... u. *gr.* kanthós „Augenwinkel"⟩: Vergrößerung der Tränenwärzchen bei Bindehautentzündung des Auges (Med.)

en|kau|stie|ren ⟨zu ↑Enkaustik u. ↑...ieren⟩: das Malverfahren der Enkaustik anwenden. **En|kau|stik** *die;* - ⟨aus *gr.* egkaustiké (téchné) „Einbrennkunst"; vgl. Kaustik⟩: Malverfahren, bei dem die Farben durch Wachs gebunden sind. **en|kau|stisch** ⟨nach *gr.* egkaustikós „zum Einbrennen gehörig"⟩: die Enkaustik betreffend, mit dieser Technik arbeitend, nach diesem Verfahren ausgeführt

En|ke|pha|lin vgl. Enzephalin

En|kla|ve [...və] *die;* -, -n ⟨aus gleichbed. *fr.* enclave zu enclaver, dies zu ↑²en... u. *lat.* clavis „Schlüssel"⟩: vom eigenen Staatsgebiet eingeschlossener Teil eines fremden Staatsgebietes; Ggs. ↑Exklave (1)

En|kli|se u. **En|kli|sis** *die;* -, ...isen ⟨aus *gr.* égklisis „das Hinneigen"⟩: Verschmelzung eines unbetonten Wortes [geringeren Umfangs] mit einem vorangehenden betonten (z. B. ugs. „denkste" aus: denkst du od. „zum" aus: zu dem; Sprachw.); Ggs. ↑Proklise. **En|kli|ti|kon** *das;* -s, ...ka ⟨aus gleichbed. *spätlat.* encliticum zu encliticus, vgl. enklitisch⟩: unbetontes Wort, das sich an das vorhergehende betonte anlehnt (z. B. ugs. „kommste" aus: kommst du; Sprachw.). **en|kli|tisch** ⟨über *spätlat.* encliticus aus gleichbed. *gr.* egklitikós, eigtl. „sich neigend"⟩: sich an ein vorhergehendes betontes Wort anlehnend (Sprachw.); Ggs. ↑proklitisch

en|ko|die|ren ⟨aus gleichbed. *engl.* to encode zu code, vgl. Kode⟩: [eine Nachricht] mit Hilfe eines ↑Kodes verschlüsseln; Ggs. ↑dekodieren. **En|ko|die|rung** *die;* -, -en ⟨zu ↑...ierung⟩: Verschlüsselung [einer Nachricht] mit Hilfe eines ↑Kodes

En|kol|pi|on *das;* -s, ...pien [...i̯ɔn] ⟨aus gleichbed. *mgr.* egkólpion zu *gr.* egkólpios „auf der Brust"⟩: 1. auf der Brust getragene Reliquienkapsel; vgl. Amulett. 2. Brustkreuz kirchlicher Würdenträger der orthodoxen Kirche; vgl. Pektorale (1)

En|ko|mi|ạst *der;* -en, -en ⟨aus gleichbed. *gr.* egkōmiastḗs⟩: Lobredner. **En|ko|mi̯ạ|stik** *die;* - ⟨zu *gr.* egkōmiastikós „zur Lobrede gehörig" u. ↑²...ik (1)⟩: die Kunst, bedeutende u. verdiente Männer in einer Lobrede od. einem Lobgedicht zu preisen. **En|ko|mi|on** u. **En|ko|mi|um** *das;* -s, ...ien [...i̯ən] ⟨über *spätlat.* encomium aus gleichbed. *gr.* egkṓmion, dies zu kō̂mos, vgl. Komödie⟩: Lobrede, -gedicht

En|ko|pre|sis *die;* - ⟨zu ↑¹en... u. *gr.* kópros „Mist, Dünger; Schmutz, Kot"⟩: das Einkoten (bei schwachsinnigen Kindern)

En|kra|ni|us *der;* -, ...ien [...i̯ən] ⟨aus gleichbed. *nlat.* encranius zu ↑¹en... u. ↑Cranium⟩: parasitäre Doppelmißbildung der Form, daß die eine (parasitierende) Frucht in der Schädelhöhle der anderen liegt (Med.)

En|kri|nit [auch ...'nɪt] *der;* -en, -en ⟨zu ↑¹en..., *gr.* krínon „Lilie" u. ↑²...it⟩: Versteinerung einer fossilen Seeliliengattung

En|kul|tu|ra|ti|on *die;* - ⟨aus gleichbed. *engl.-amerik.* enculturation, dies zu ↑²en... u. ↑Kultur u. ↑...ation⟩: das Hineinwachsen des einzelnen in die Kultur der ihn umgebenden Gesellschaft; vgl. Akkulturation

en|lai|die|ren [ãlɛ...] ⟨aus gleichbed. *fr.* enlaidir zu ↑²en... u. *fr.* laid „häßlich", dies aus *fränk.* *laid (ahd.* leid) „widerwärtig, unangenehm"⟩: (veraltet) häßlich machen, entstellen

en l'air [ã 'lɛːr] ⟨*fr.*⟩: in der Luft [auszuführen] (von einer Ballettbewegung)

En|le|vage [ãlə'vaːʒ] *die;* -, -n [...ʒn̩] ⟨aus gleichbed. *fr.* enlevage, eigtl. „das Wegnehmen", zu enlever „wegnehmen, beseitigen"⟩: (veraltet) a) Zerstörung; b) das Wegätzen (der Farbe)

en masse [ã 'mas] ⟨*fr.*⟩: „in Masse"⟩: (ugs. emotional) in großer Menge, Zahl [vorhanden, vorkommend]; überaus viel

en mi|nia|ture [ã minja'tyːr] ⟨*fr.;* vgl. Miniatur⟩: kleinem Maßstab; einem Vorbild in kleinerem Ausmaß ungefähr entsprechend; im kleinen dargestellt, vorhanden, und zwar in bezug auf etwas, was eigentlich als Größeres existiert, z. B. das ist Schloß Sanssouci - -

en|no|blie|ren [ãnɔ...] ⟨aus gleichbed. *fr.* ennoblir zu ↑²en... u. *fr.* noble, vgl. nobel⟩: (veraltet) veredeln. **En|no|blissement** [ãnɔblɪs'mãː] *das;* -s, -s ⟨aus gleichbed. *fr.* ennoblissement⟩: (veraltet) Veredlung

En|nui [ã'nÿi:] *der* od. *das;* -s ⟨aus gleichbed. *fr.* ennui zu ennuyer, vgl. ennuyieren⟩: a) Langeweile; b) Verdruß; Überdruß. **en|nu|yant** [ãny'ant, an..., ãny'jãː] ⟨aus gleichbed. *fr.* ennuyant⟩: a) langweilig; b) verdrießlich, lästig. **en|nu|yie|ren** [ãny'ji:..., an...] ⟨aus gleichbed. *fr.* ennuyer, dies aus *spätlat.* inodiare „hassen" zu *lat.* odium „Haß"⟩: a) langweilen; b) ärgern; lästig werden

Enol *das;* -s, -e (meist Plur.) ⟨Kunstw.; vgl. ...ol⟩: chemische Verbindung mit einer alkoholischen Hydroxylgruppe aus einem doppelt gebundenen Kohlenstoffatom. **Eno|la|se**

die; -, -n ⟨zu ↑...ase⟩: zu den ↑Hydratasen gehörendes ↑Enzym

en|oph|thal|misch ⟨zu ↑Enophthalmus⟩: den Enophthalmus betreffend (Med.). **En|oph|thal|mus** *der;* - ⟨zu ↑¹en... u. *gr.* óphthalmos „Auge"⟩: abnorme Tieflage des Augapfels in der Augenhöhle (Med.)

enọrm ⟨über gleichbed. *fr.* énorme aus *lat.* enormis „unverhältnismäßig groß"; vgl. normal⟩: von außergewöhnlich großem Ausmaß, außerordentlich; erstaunlich. **Enor|mi|tät** *die;* -, -en ⟨zu ↑...ität⟩: erstaunliche Größe; Übermaß

En|osto|se *die;* -, -n ⟨zu ↑¹en..., *gr.* ostéon „Knochen" u. ↑¹...ose⟩: Knochengeschwulst, die vom Knocheninnern ausgeht (Med.)

en pas|sant [ã pa'sã] ⟨*fr.;* Part. Präs. von passer „(vorbei)gehen", vgl. passieren⟩: nebenher (in bezug auf etw., was neben dem Eigentlichen mehr am Rande noch mit erledigt, gemacht wird); - - s c h l a g e n : einen gegnerischen Bauern, der aus der Grundstellung in einem Zug zwei Felder vorrückt u. neben einem eigenen Bauern zu stehen kommt, im nächsten Zug so schlagen, als ob er nur ein Feld vorgerückt wäre (Schach)

en pleine car|rière [ã plɛn ka'rjɛːr] ⟨*fr.*⟩: in gestrecktem Galopp

en pro|fil [ã prɔ'fil] ⟨*fr.*⟩: im Profil, von der Seite

En|quete [ã'kɛːt, auch ã'keːt] *die;* -, -n ⟨aus *fr.* enquête „Untersuchung, Befragung" zu *vulgärlat.* *inquaesitus, Part. Perf. von *inquaerere, dies aus *lat.* inquirere „nachforschen"; vgl. Inquisition⟩: 1. amtliche Untersuchung, Erhebung, die bes. zum Zweck der Meinungs-, Bevölkerungs-, Wirtschaftsforschung u. ä. durchgeführt wird. 2. (österr.) Arbeitstagung. **En|quete|kom|mis|si|on** *die;* -, -en: Kommission, die eine Enquete durchführt

En|ra|gés [ãra'ʒe:] *die* (Plur.) ⟨aus *fr.* enragés, Plur. von enragé, vgl. enragiert⟩: Gruppe radikaler ↑Sansculotten während der Französischen Revolution, die für Zwangsbewirtschaftung eintraten. **en|ra|giert** [ãra'ʒiːɐ̯t] ⟨aus gleichbed. *fr.* enragé, eigtl. „toll, wütend", Part. Perf. von enrager „toll werden", dies zu ↑²en... u. rage, vgl. Rage; vgl. ...iert⟩: a) leidenschaftlich für etwas eingenommen; b) leidenschaftlich erregt

en|ray|ie|ren [ãrɛ'ji:...] ⟨aus gleichbed. *fr.* enrayer, eigtl. „in die Speichen greifen", zu ↑²en... u. *fr.* rai „Speiche", dies aus *lat.* radius⟩: (veraltet) hemmen, aufhalten

En|re|gi|stre|ment [ãrəʒɪstrə'mãː] *das;* -s, -s ⟨aus gleichbed. *fr.* enregistrement zu enregistrer, vgl. enregistrieren⟩: (veraltet) Einschreibung, Eintragung ins Register. **en|re|gi|strie|ren** [ãrəʒɪ...] ⟨aus gleichbed. *fr.* ↑²en... u. registre „Register, Verzeichnis", dies aus *spätlat.* regesta zu *lat.* regerere „zurückbringen; eintragen, einschreiben"⟩: (veraltet) einschreiben, ins Register eintragen

en|rhü|miert [ãry...] ⟨aus gleichbed. *fr.* enrhumé, Part. Perf. von s'enrhumer „Schnupfen bekommen" zu rhume „Schnupfen", dies aus *lat.* rheuma „das Strömen"; vgl. ...iert⟩: (veraltet) verschnupft, erkältet

en|ri|chie|ren [ãri'ʃi:...] ⟨aus gleichbed. *fr.* enrichir zu ↑²en... u. *fr.* riche „reich", dies aus *fränk.* *rīki (ahd.* rīhhi)⟩: (veraltet) a) bereichern; b) verzieren

en|rol|lie|ren [ãrɔ...] ⟨aus gleichbed. *fr.* enrôler zu rôle „Rolle", dies aus *(m)lat.* rotula „Rädchen", Verkleinerungsform von *lat.* rota „Rad"⟩: anwerben (von Truppen, Mil.)

en|rou|iert [ãru...] ⟨aus gleichbed. *fr.* enroué, Part. Perf. von enrouer „heiser machen", dies zu ↑²en... u. älter *fr.* rou aus *lat.* raucus „rauh; heiser"; vgl. ...iert⟩: (veraltet) heiser

En|roule|ment [ãrul'mã:] *das;* -s, -s ⟨aus gleichbed. *fr.* enroulement zu enrouler, vgl. enroulieren⟩: (veraltet) a) (ohne Plur.) das Aufrollen, -wickeln; b) Schnörkel. **en|rou|lie|ren** [ãru...] ⟨aus gleichbed. *fr.* enrouler zu ↑²en... u. rouler „rollen", dies zu *spätlat.* rotella „Rädchen", Verkleinerungsform von *lat.* rota „Rad"⟩: (veraltet) auf-, zusammenwickeln, -rollen

en route [ã 'rut] ⟨*fr.;* vgl. Route⟩: unterwegs

Ens *das;* - ⟨aus *spätlat.* ens, eigtl. „seiend", Part. Präs. von *lat.* esse „sein"⟩: das Seiende, Sein, Wesen, Idee (Philos.)

En|sei|gne [ã'sɛnjə] *die;* -, -n ⟨aus gleichbed. *fr.* enseigne, dies aus *spätlat.* insignia (Plur.) „Zeichen, Merkmale"⟩: a) (veraltet) Kennzeichen, Wirtshausschild; Feldzeichen; b) (schweiz.) Unternehmenskennzeichnung in Form eines Zusatzes (in Worten od. als Symbol). **En|sei|gne|ment** [...'mã:] *das;* -s, -s ⟨aus gleichbed. *fr.* enseignement, eigtl. „das Zeigen"⟩: (veraltet) Unterricht

En|sem|ble [ã'sã:bl] *das;* -s, -s ⟨aus gleichbed. *fr.* ensemble, eigtl. „zusammen", dies aus *lat.* insimul „zusammen, miteinander"; vgl. in... (1) u. simulieren⟩: 1. zusammengehörende, aufeinander abgestimmte Gruppe von Schauspielern, Tänzern, Sängern od. Orchestermusikern. 2. kleine Besetzung in der Instrumental- u. Unterhaltungsmusik. 3. Szene mit mehreren Solostimmen od. mit Solo u. Chor. 4. Kleid mit passender Jacke od. passendem Mantel. 5. künstlerische Gruppierung städtischer Bauten. **En|sem|ble|mu|sik** *die;* -: Unterhaltungs- u. Tanzmusik

En|si|la|ge [ãsi'la:ʒə] *die;* - ⟨aus *fr.* ensilage „das Einbringen in ein Silo"; vgl. Silo⟩: svw. Silage

En|sta|tit [auch ...'tɪt] *der;* -s, -e ⟨zu *gr.* enstátēs „Widersacher" (vermutlich auf die geringe Schmelzbarkeit bezogen) u. ↑²...it⟩: ein grauweißes bis grünliches Mineral

en suite [ã 'sɥit] ⟨*fr.;* zu suivre „folgen"⟩: 1. im folgenden, demzufolge. 2. ununterbrochen

ent..., Ent... vgl. ento..., Ento...

...ent ⟨aus *lat.* -ens, Gen. -entis (Endung des Part. Präs. der konsonant. u. der e-Konjugation)⟩: bei Adjektiven und Substantiven auftretende Endung, die die Bedeutung des Präsenspartizips ausdrückt, z. B. indifferent, Referent (= der Referierende)

En|ta|ble|ment [ãtablə'mã:] *das;* -s, -s ⟨aus gleichbed. *fr.* entablement zu table „Tisch", dies aus *lat.* tabula⟩: (veraltet) Gebälk, Gesims

En|tail [ɪn'teɪl] *das;* -s, -s ⟨aus gleichbed. *engl.* entail⟩: Vererbung, Erbfolge in England

en|ta|mie|ren [ãta...] ⟨aus gleichbed. *fr.* entamer, eigtl. „anschneiden, -brechen", dies aus *spätlat.* intaminare „antasten, besudeln"⟩: (veraltet) [ein Gespräch] einleiten od. anfangen

Ent|amö|ben *die* (Plur.) ⟨zu ↑ento... u. ↑Amöbe⟩: ↑Amöben, die im Innern des menschlichen od. tierischen Körpers ↑parasitisch leben

ent|an|ony|mi|sie|ren ⟨zu ↑anonymisieren⟩: die Anonymität personenbezogener Daten aufheben (EDV). **Ent|an|ony|mi|sie|rung** *die;* -, -en ⟨zu ↑...isierung⟩: das Entanonymisieren

En|ta|ri *das;* -[s], -s ⟨aus gleichbed. *türk.* entari⟩: altes orientalisches, dem ↑Kaftan ähnliches, langes Gewand

En|ta|se u. **En|ta|sis** *die;* -, ...asen ⟨aus *gr.* éntasis „das Hineinspannen"⟩: das kaum merkliche Dickerwerden des sich bogenförmig verjüngenden Schaftes antiker Säulen nach der Mitte zu (Archit.)

En|tasse|ment [ãtas'mã:] *das;* -s, -s ⟨aus gleichbed. *fr.* entassement zu entasser, vgl. entassieren⟩: (veraltet) 1. Anhäufung. 2. Wortschwall. **en|tas|sie|ren** ⟨aus gleichbed. *fr.* entasser, dies zu ↑²en... u. tas „Haufen"⟩: (veraltet) anhäufen, dicht zusammendrängen

En|te|le|chie *die;* -, ...jen ⟨über *lat.* entelechia aus *gr.* entelécheia „Vollendung, Vollkommenheit" (Zusammenrückung aus entelés échein „vollständig haben")⟩: etwas, was sein Ziel in sich selbst hat; die sich im Stoff verwirklichende Form (Aristoteles); die im Organismus liegende Kraft, die seine Entwicklung u. Vollendung bewirkt (Philos.). **en|te|le|chisch** ⟨zu *gr.* entelés „vollständig, ganz"⟩: die Entelechie betreffend, auf ihr beruhend, durch sie bewirkt

En|tente [ã'tã:t] *die;* -, -n [...tn̩] ⟨aus *fr.* entente „Einverständnis", eigtl. „Absicht", dies über *vulgärlat.* *intenditus zu *lat.* intendere „anspannen, auf etwas achten"⟩: Einverständnis, Bündnis; - cordiale [kɔrd'jal] ⟨*fr.;* eigtl. „herzliches Einverständnis"⟩: das französisch-englische Bündnis nach 1904 (Pol.)

en|ter..., En|ter... vgl. entero..., Entero... **en|te|ral** ⟨aus gleichbed. *nlat.* enteralis zu *gr.* énteron „Darm" u. ↑¹...al (1)⟩: auf den Darm bzw. die Eingeweide bezogen (Med.). **En|ter|al|gie** *die;* -, ...jen ⟨zu ↑entero... u. ↑...algie⟩: svw. Enterodynie. **En|ter|amin** *das;* -s, -e: svw. Serotonin. **En|te|ri|tis** *die;* -, ...itiden ⟨zu ↑...itis⟩: Entzündung des Dünndarms, Darmkatarrh (Med.). **en|te|ro..., En|te|ro...**, vor Vokalen meist enter..., Enter... ⟨aus *gr.* énteron „Darm"⟩: Wortbildungselement mit der Bedeutung „Darm; Eingeweide", z. B. Enterolith; Enteralgie. **En|te|ro|ana|sto|mo|se** *die;* -, -n: künstlicher, operativ hergestellter Verbindungsweg zwischen zwei Darmstücken (Med.). **En|te|ro|bak|te|ri|en** [...jən] *die* (Plur.): alle in den Eingeweiden von Mensch u. Tier vorkommenden Bakterien (Med.). **En|ter|ody|nie** *die;* -, ...jen ⟨zu ↑...odynie⟩: Darmschmerz, Leibschmerz. **En|te|ro|ga|stron** *das;* -s ⟨zu *gr.* gastér, Gen. gastrós „Bauch, Magen" u. ↑¹...on⟩: Hormon der Zwölffingerdarmschleimhaut, das die Magensekretion unterdrückt u. einen Rückgang der Darmbewegungen bewirkt (Biochem.). **En|te|ro|gen** ⟨zu ↑...gen⟩: im Darm entstanden, von ihm ausgehend (Med.). **En|te|ro|hor|mon** *das;* -s, -e (meist Plur.): in den inneren Organen gebildetes Hormon (Biochem.). **En|te|ro|ki|na|se** *die;* - ⟨zu *gr.* kineĩn „bewegen" u. ↑...ase⟩: in der Darmschleimhaut gebildetes ↑Enzym, das inaktive ↑Proenzyme der Bauchspeicheldrüse in aktive Enzyme umwandelt (Biochem.). **En|te|ro|kly|se** *die;* -, -n u. **En|te|ro|klys|ma** *das;* -s, Plur. ...men u. ...mata ⟨zu *gr.* klýsis „das Abspülen, Reinigen" bzw. klýsma „Spülflüssigkeit"⟩: Darmspülung (Med.). **En|te|ro|kok|ken** *die* (Plur.): zur normalen Darmflora des Menschen gehörende Darmbakterien (Med.). **En|te|ro|ko|li|tis** *die;* -, ...itiden: Entzündung des Dünn- u. Dickdarms (Med.). **En|te|ro|lith** [auch ...'lɪt] *der;* Gen. -s u. -en, Plur. -e[n] ⟨zu ↑...lith⟩: krankhaftes, festes Gebilde (Konkrement) im Darm aus verhärtetem Kot oder aus Ablagerungen, die sich um Fremdkörper (z. B. verschluckte Knochensplitter) herum gebildet haben; Kotstein (Med.). **En|te|ro|myi|a|se** *die;* -, -n: Madenkrankheit des Darmes (Med.). **En|te|ron** *das;* -s, ...ra ⟨aus gleichbed. *gr.* énteron, eigtl. „das Innere"⟩: Darm (bes. Dünndarm); Eingeweide (Med.). **En|te|ro|neu|ro|se** *die;* -, -n ⟨zu ↑entero...⟩: nervöse Darmstörung (Med.). **En|te|ro|pa|thie** *die;* -, ...jen ⟨zu ↑...pathie⟩: Sammelbez. für alle Darmerkrankungen (Med.). **En|te|ro|pe|xie** *die;* -, ...jen ⟨zu *gr.* pēxis „das Befestigen, Verbinden, Festmachen" u. ↑²...ie⟩: operative Annähung gesenkter Eingeweideteile an fixe Stellen (Med.). **En|te|ro|pto|se** *die;* -, -n ⟨zu *gr.* ptõsis „das Fallen; Fall"⟩: Eingeweidesenkung durch verminderte Spannung der Gewebe (z. B. bei Abmagerung; Med.). **En|te|ror|rha|gie** *die;*

entomologisch

-, ien 〈zu *gr.* rhagḗ „Riß" u. ↑²...ie〉: Darmblutung (Med.). **En|te|ro|sit** *der;* -en, -en 〈verkürzt aus ↑entero... u. ↑Parasit〉: Darmschmarotzer (Med.). **En|te|ro|skop** *das;* -s, -e 〈zu ↑...skop〉: mit elektrischer Lichtquelle u. Spiegel versehenes Instrument zur Untersuchung des Dickdarms (Med.). **En|te|ro|sko|pie** *die;* -, ...ien 〈zu ↑...skopie〉: Untersuchung mit dem Enteroskop (Med.). **En|te|ro|spas|mus** *der;* -, ...men: Krampf der Darmmuskulatur (Med.). **En|te|ro|ste|no|se** *die;* -, -n: Darmverengung (Med.). **En|te|ro|sto|mie** *die;* -, ...ien 〈zu *gr.* stóma „Mund(öffnung)" u. ↑²...ie〉: Anlegung eines künstlichen Afters (Med.). **En|te|ro|to|mie** *die;* -, ...ien 〈zu ↑...tomie〉: operatives Öffnen des Darms, Darmschnitt (Med.). **En|te|ro|to|xin** *das;* -s, -e: Bakteriengift, das zu schweren Vergiftungserscheinungen mit Brechdurchfällen u. ↑Kollaps führt (Med.). **En|te|ro|vi|rus** [...v...] *das,* auch *der;* -, ...viren (meist Plur.): Erreger von Darmkrankheiten (Med.). **En|te|ro|zel|le** *die;* -, -n 〈aus gleichbed. *gr.* enterokḗlē〉: Darmbruch; Eingeweidebruch (Med.). **En|te|ro|zo|on** *das;* -s, Plur. ...zoen u. ...zoa (meist Plur.) 〈zu *gr.* zōon „Lebewesen, Tier"〉: tierischer Darmschmarotzer

En|ter|tai|ner ['ɛtətɛɪnɐ] *der;* -s, - 〈aus gleichbed. *engl.* entertainer zu to entertain „unterhalten, amüsieren", dies aus gleichbed. *fr.* entretenir, eigtl. „zusammenhalten"〉: a) Unterhalter; jmd., der vor allem auf angenehme, heitere Weise unterhält (z. B. als Conférencier, Showmaster); b) Unterhaltungskünstler; jmd., der es versteht, ein größeres Publikum mit einer eigenständigen Show zu unterhalten (z. B. durch Gesang, spritzige Zwischentexte, schauspielerische Einlagen u. ä.). **En|ter|tain|ment** [ɛtə'tɛɪnmənt] *das;* -s 〈aus gleichbed. *engl.* entertainment〉: berufsmäßig gebotene Unterhaltung

En|tete|ment [ãtɛt'mã:] *das;* -s, -s 〈aus gleichbed. *fr.* entêtement zu s'entêter, vgl. entetiert〉: (veraltet) Starrköpfigkeit, Eigensinn. **en|te|tiert** [ãtɛ'ti:ɐ̯t] 〈aus gleichbed. *fr.* entêté, eigtl. Part. Perf. von s'entêter „sich etwas in den Kopf setzen", zu ↑²en... u. tête „Kopf", dies aus *spätlat.* testa „Hirnschale, Schädel", eigtl. „(Ton)scherbe"〉: (veraltet) starrköpfig, eigensinnig

ent|glo|ri|fi|zie|ren 〈zu ↑glorifizieren〉: jmdm. od. etw. den Heiligenschein nehmen

En|thal|pie *die;* - 〈zu *gr.* enthálpein „darin erwärmen" u. ↑²...ie〉: a) bei konstantem Druck vorhandene Wärme (Phys.); b) die gesamte in der feuchten Luft vorhandene Wärmeenergie (Meteor.)

Ent|hel|min|then *die* (Plur.) 〈zu ↑ento... ↑Helminthe〉: Eingeweidewürmer (Med.)

En|theo|ma|nie *die;* - 〈zu *gr.* éntheos „gottbegeistert" (vgl. Enthusiasmus) u. ↑...manie〉: religiöser Wahnsinn

En|the|si|tis *die;* -, ...itiden 〈zu *gr.* énthesis „das Hineinsetzen, Hineinschieben" u. ↑...itis〉: Entzündung eines Sehnen- od. Muskelansatzes am Knochen (Med.)

En|thro|ni|sti|kum *das;* -s, ...ka 〈aus gleichbed. *kirchenlat.* enthronisticum zu *gr.* enthronízein „auf den Thron setzen"〉: Antrittsgeld bei Übernahme einer Pfründe (Rel.)

en|thu|si|as|mie|ren 〈nach gleichbed. *fr.* enthousiasmer zu enthousiasme, dies aus *gr.* enthusiasmós, vgl. Enthusiasmus〉: begeistern, in Begeisterung versetzen, entzücken. **En|thu|si|as|mus** *der;* - 〈aus gleichbed. *gr.* enthusiasmós zu enthusiázein „gottbegeistert, verzückt sein", dies zu éntheos „gottbegeistert" aus en „in" u. theós „Gott"〉: leidenschaftliche Begeisterung, Schwärmerei. **En|thu|si|ast** *der;* -en, -en 〈aus gleichbed. *gr.* enthusiastḗs〉: begeisterter, leidenschaftlicher Bewunderer, Schwärmer. **En|thu|si|astin** *die;* -, -nen: weibliche Form zu ↑Enthusiast. **en|thu|si|a|stisch** 〈nach gleichbed. *gr.* enthousiastikós〉: begeistert, schwärmerisch

En|thy|mem *das;* -s, -e 〈über *lat.* enthymema aus gleichbed. *gr.* enthýmēma, eigtl. „das Überlegte; Gedanke"〉: Wahrscheinlichkeitsschluß, unvollständiger Schluß (bei dem eine Prämisse fehlt, aber in Gedanken zu ergänzen ist; Philos.)

En|ti|sol *der;* - 〈Kunstw. zu *engl.* recent „jung" u. *lat.* solum „Boden, Erde"〉: Bez. für sehr wenig od. unterentwickelte Böden (in der amerik. Bodenklassifikation)

En|ti|tät *die;* -, -en 〈aus gleichbed. *mlat.* entitas, Gen. entitatis zu *spätlat.* ens, Gen. entis „das Sein"; vgl. Ens〉: 1. Dasein im Unterschied zum Wesen eines Dinges (Philos.). 2. [gegebene] Größe

ent|kof|fei|nie|ren [...fei...] 〈zu ↑Koffein u. ↑...ieren〉: Kaffee das ↑Koffein teilweise od. vollständig entziehen

ent|ko|lo|nia|li|sie|ren 〈zu ↑kolonialisieren〉: vom wirtschaftlichen, politischen u. kulturellen Einfluß der [ehemaligen] Kolonialmacht lösen

ent|ma|gne|ti|sie|ren 〈zu ↑magnetisieren〉: in den unmagnetischen Zustand versetzen

ent|ma|te|ria|li|sie|ren 〈zu ↑materialisieren〉: von der Materie loslösen, entstofflichen

ent|mi|li|ta|ri|sie|ren 〈zu ↑militarisieren〉: aus einem Gebiet die Truppen abziehen u. die militärischen Anlagen abbauen. **Ent|mi|li|ta|ri|sie|rung** *die;* -, -en: das Entmilitarisieren

ent|my|tho|lo|gi|sie|ren 〈zu ↑mythologisieren〉: von Mythen befreien, mythische od. irrationale Züge in etwas beseitigen. **Ent|my|tho|lo|gi|sie|rung** *die;* -, -en 〈zu ↑...isierung〉: 1. Versuch, die christliche Botschaft von alten Mythen zu befreien u. modernem Verständnis zu erschließen (nach R. Bultmann). 2. Denkprozeß, der auf die Beseitigung mythischer od. irrationaler ↑Implikationen in Wörtern, Begriffen und Aussagen abzielt

ent|na|zi|fi|zie|ren 〈zu ↑Nazi u. ↑...fizieren〉: 1. Maßnahmen zur Ausschaltung nationalsozialistischer Einflüsse aus dem öffentlichen Leben durchführen. 2. einen ehemaligen Nationalsozialisten politisch überprüfen u. ihn [durch Sühnemaßnahmen] entlasten

en|to..., En|to..., vor Vokalen ent..., Ent... 〈aus *gr.* entós „innerhalb"〉: Präfix mit der Bedeutung „innerhalb", z. B. Entoparasit, Entamöben

En|to|blast *das;* -[e]s, -e 〈zu ↑ento... u. *gr.* blastós „Sproß, Trieb"〉: svw. Entoderm

En|to|derm *das;* -s, -e 〈zu ↑ento... u. *gr.* dérma „Haut"〉: das innere Keimblatt in der Entwicklung der Vielzeller (Med.); vgl. Ektoderm. **en|to|der|mal** 〈aus dem inneren Keimblatt entstehend (Med.); vgl. ektodermal

En|toi|la|ge [ãtoa'la:ʒ(ə)] *die;* -, -n 〈aus gleichbed. *fr.* entoilage zu entoiler „auf Leinwand aufziehen, mit Stoff bespannen", dies zu ↑²en... u. toile „Leinwand"〉: feines, spitzenartig durchbrochenes Gewebe

En|t|ö|kie *die;* - 〈zu ↑ento... u. *gr.* oikeĩn „wohnen, bewohnen" u. ↑²...ie〉: Beziehungssystem zwischen Einmietern (Lebewesen, die in Bauten od. Hohlräumen anderer Organismen leben) u. Wirt (Ökologie)

en|to|mo|gam 〈zu *gr.* (zōon) éntomon „Insekt" (dies zu éntomos „eingeschnitten") u. ↑...gam (1)〉: insektenblütig, auf die Bestäubung durch Insekten eingerichtet (von Pflanzen; Bot.). **En|to|mo|ga|mie** *die;* - 〈zu ↑...gamie (1)〉: Insektenblütigkeit; Art der Beschaffenheit von Blüten, die auf Übertragung des Pollens durch Insekten eingerichtet sind (Bot.). **En|to|mo|lo|ge** *der;* -n, -n 〈zu ↑...loge〉: Insektenforscher. **En|to|mo|lo|gie** *die;* - 〈zu ↑...logie〉: Insektenkunde. **en|to|mo|lo|gisch** 〈zu ↑...logisch〉: die Entomologie betreffend. **en|to|mo|phil** ⟨zu ↑...phil⟩: insektenliebend (von Pflanzen, die durch Insekten bestäubt werden)

En|to|pa|ra|sit *der;* -en, -en ⟨zu ↑ento... u. ↑Parasit⟩: svw. Endoparasit

En|to|phyt *der;* -en, -en (meist Plur.) ⟨zu ↑ento... u. ↑...phyt⟩: svw. Endophyt

en|to|pisch ⟨aus gleichbed. *gr.* éntopos⟩: am Ort befindlich, einheimisch, örtlich

En|to|plas|ma *das;* -s, ...men ⟨zu ↑ento... u. ↑Plasma⟩: innere Schicht des ↑Protoplasmas bei Einzellern (Biol.); Ggs. ↑Ektoplasma

ent|op|tisch ⟨zu ↑ento... u. ↑optisch⟩: im Augeninnern [gelegen] (Med.). **Ent|op|to|skop** *das;* -s, -e ⟨zu ↑...skop⟩: Apparat zur Sichtbarmachung entoptischer Erscheinungen (Med.)

en|tor|til|lie|ren [ãtɔrti'ji:...] ⟨aus gleichbed. *fr.* entortiller zu entort, Part. von älter *fr.* entordre, dies zu ↑²en... u. tordre „(ver)drehen" (aus *lat.* torquere)⟩: (veraltet) a) umwickeln, umgarnen, umstricken; b) verwirren

En|to|sko|pie vgl. Endoskopie

ent|otisch ⟨zu ↑ento... u. *gr.* ōtikós „zum Ohr gehörig", dies zu oûs, Gen. ōtós „Ohr"⟩: im Ohr entstehend, im Ohr gelegen (Med.)

En|tour [ã'tu:r] *der;* -s, -s ⟨aus gleichbed. *fr.* entour zu ↑²en... u. tour „Drehung, Wendung", vgl. Tour⟩: (veraltet) Umgebung. **En|tou|ra|ge** [ãtu'ra:ʒə] *die;* - ⟨aus gleichbed. *fr.* entourage zu entourer, vgl. entourieren⟩: (veraltet) Umgebung, Gefolge. **en|tou|rie|ren** ⟨aus gleichbed. *fr.* entourer⟩: (veraltet) umgeben, einfassen

en tous cas [ã tu'ka] ⟨*fr.;* „in jedem Fall"⟩: für jede Gelegenheit passend (von Kleidungsstücken). **En-tout-cas** [ãtu'ka] *der;* - [...'ka(s)], - [...'kas] ⟨aus *fr.* en-tout-cas „Sonnen- u. Regenschirm (zugleich)"⟩: 1. großer Schirm gegen Sonne u. Regen. 2. überdeckter Tennisplatz, auf dem bei Sonne u. Regen gespielt werden kann

En|to|xis|mus *der;* -, ...men ⟨zu ↑¹en..., *gr.* toxikón „Pfeilgift" u. ↑...ismus (3)⟩: 1. (ohne Plur.) Vergiftung (Med.). 2. Vergiftungserscheinung (Med.)

En|to|zo|on *das;* -s, Plur. ...zoen u. ...zoa ⟨zu ↑ento... u. *gr.* zōon „Lebewesen, Tier"⟩: tierischer Schmarotzer im Körperinneren (Med.)

ent|per|so|na|li|sie|ren ⟨zu ↑personalisieren⟩: von der Person, von Personen unabhängig machen. **Ent|per|so|na|li|sie|rung** *die;* -, -en ⟨zu ↑...ierung⟩: das Entpersonalisieren

ent|per|sön|li|chen ⟨zu ↑Person⟩: der Persönlichkeitswerte berauben, das Persönliche von jmdm. bei etwas ausschalten. **Ent|per|sön|li|chung** *die;* -, -en: das Entpersönlichen, das Entpersönlichtwerden

Ent|pho|no|lo|gi|sie|rung *die;* - ⟨zu ↑Phonologie u. ↑...isierung⟩: Verlust der ↑phonologischen Opposition, d. h. der bedeutungsdifferenzierenden Funktion von Lauten (Sprachw.)

ent|poe|ti|sie|ren [...poe...] ⟨zu ↑poetisieren⟩: seines poetischen Charakters berauben

ent|po|li|ti|sie|ren ⟨zu ↑politisieren⟩: 1. [jmdm.] die politische Anteilnahme, das politische Interesse verringern, nehmen. 2. das politische Element einer Sache verringern, ausschalten. **Ent|po|li|ti|sie|rung** *die;* -: das Entpolitisieren

En|tra|da vgl. Intrada

en train [ã 'trɛ:] ⟨*fr.*⟩: im Zuge, in der Stimmung, aufgelegt.

en|trai|nie|ren [ãtrɛ...] ⟨aus gleichbed. *fr.* entraîner; vgl. Train⟩: (veraltet) nach sich ziehen, mit sich fortreißen

en|trant [ã'trã:] ⟨aus gleichbed. *fr.* entrant, eigtl. Part. Präs. zu entrer, vgl. Entree⟩: (veraltet) einschmeichelnd

en|tre..., En|tre... [ãtrə...] ⟨aus *fr.* entre (vor Vokalen entr') „zwischen, unter", dies aus *lat.* intra⟩: Präfix mit der Bedeutung „zwischen", z. B. Entreakt

En|tre|akt [ãtrə'|akt, ã'trakt] *der;* -[e]s, -e ⟨aus *fr.* entr'acte „Pause, Zwischenakt" zu ↑entre... u. acte „Aufzug, Akt", dies aus *lat.* actus, vgl. Akt⟩: (auch selbständig aufgeführte) Zwischenaktmusik von Opern u. Schauspielen

En|tre|chat [ãtrə'ʃa] *der;* -s, -s ⟨aus *fr.* entrechat „Luft-, Kreuzsprung", dies aus *it.* (capriola) intrecciata „verflochtener (Sprung)" zu intrecciare „verflechten"⟩: Kreuzsprung, bei dem man die Füße sehr schnell über- u. aneinanderschlägt (Ballett)

En|tre|cote [ãtrə'ko:t] *das;* -[s], -s ⟨aus gleichbed. *fr.* entrecôte zu ↑entre... u. côte „Rippe", dies aus *lat.* costa; vgl. Kotelett⟩: Rippenstück beim Rind

En|tre|deux [ãtrə'dø:] *der;* -, - ⟨aus gleichbed. *fr.* entre-deux, eigtl. „zwischen zweien"⟩: (veraltet) Zwischenraum, -stück, z. B. Spitzeneinsatz zwischen zwei Gewebestreifen

En|tree [ã'tre:] *das;* -s, -s ⟨aus gleichbed. *fr.* entrée zu entrer „eintreten", dies aus *lat.* intrare⟩: 1. Eintrittsgeld. 2. a) Eintritt, Eingang; b) Eingangsraum, Vorzimmer. 3. Vorspeise od. Zwischengericht. 4. a) Eröffnungsmusik bei einem ↑Ballett; b) Eintrittslied od. -arie, bes. in Singspiel u. Operette (Mus.)

En|tre|fi|let [ãtrəfi'le:] *das;* -s, -s ⟨aus gleichbed. *fr.* entrefilet zu ↑entre... u. filet „Druckzeile", eigtl. „kleiner Faden"; vgl. ²Filet⟩: eingeschobene [halbamtliche] Zeitungsnachricht

En|tre|gent [ãtrə'ʒã:] *das;* -s ⟨aus gleichbed. *fr.* entregent zu ↑entre... u. *fr.* gens (Plur.) „Menschen", dies aus *lat.* gens, vgl. Gens⟩: (veraltet) Lebensart, Takt, Gewandtheit

En|tre|lacs [ãtrə'la] *das;* - [...'la(s)], - [...'las] (meist Plur.) ⟨aus gleichbed. *fr.* entrelacs (Plur.) zu entrelacer „verflechten", dies zu ↑entre... u. lacer „(ein)schnüren" (aus *lat.* laqueare „verstricken")⟩: (selten) Flechtwerk; einander kreuzende od. ineinander verschlungene Linien u. Bänder im Kunstgewerbe u. in der Baukunst

En|tre|més [ɛntrə'mɛs] *das;* -, - ⟨aus gleichbed. *span.* entremés, eigtl. „Zwischenspiel", dies vermutlich über *altfr.* entremès aus *lat.* intermissus, Part. Perf. von intermittere „dazwischenlegen, einschieben"⟩: (ursprünglich possenhafter) Einakter des span. Theaters, der zwischen zwei Aufzügen eines Schauspiels aufgeführt wurde. **En|tre|me|tier** [ãtrəmɛt'je:] *der;* -s, -s ⟨zu *fr.* entremets (vgl. Entremets) u. ↑²...ier⟩: Spezialkoch für Suppen u. kleinere Zwischengerichte (Gastr.). **Entre|mets** [ãtrə'me:] *das;* - [...'me:(s)], - [...'me:s] ⟨aus gleichbed. *fr.* entremets zu ↑entre... u. mets „Gericht"⟩: [leichtes] Zwischengericht

En|tre|met|teur [ãtrəmɛ'tø:ɐ̯] *der;* -s, -e ⟨aus gleichbed. *fr.* entremetteur zu entremettre „vermitteln", dies zu ↑entre... u. mettre „setzen, stellen, legen" (aus *lat.* mittere „schicken, senden; gehen lassen")⟩: (veraltet) Vermittler, Unterhändler. **En|tre|mise** [ãtrə'mi:z] *die;* -, -n [...zn̩] ⟨aus gleichbed. *fr.* entremise⟩: (veraltet) Vermittlung

en|tre nous [ãtrə 'nu] ⟨*fr.;* eigtl. „unter uns", dies zu entre „zwischen, unter" u. nous „uns" (aus *lat.* nos)⟩: ohne die Gegenwart eines Fremden u. daher in der nötigen Atmosphäre der Vertraulichkeit; z. B. das müssen wir einmal - - besprechen

En|tre|pas [ãtrə'pa] *der;* - [...'pa(s)], - [...'pas] ⟨aus gleichbed. *fr.* entrepas zu ↑entre... u. ↑Pas⟩: (veraltet) Halbtrab, Gangart des Pferdes, bei der es mit den beiden linken bzw. rechten Hufen gleichzeitig auftritt

En|tre|pont [ãtrə'põ:] *das;* -s, -s ⟨aus gleichbed. *fr.* entrepont

Enzephalomalazie

zu ↑entre... u. pont „Decke", dies aus *lat.* pons, Gen. pontis „Brücke"⟩: (veraltet) Zwischendeck

En|tre|po|seur [ātrəpo'zø:ɐ̯] *der;* -s, -e ⟨aus gleichbed. *fr.* entreposeur zu entreposer „(ein)lagern, stapeln", vgl. Entrepot⟩: (veraltet) Verwalter eines Entrepots. **En|tre|pot** [ātrə'po:] *das;* -, -s ⟨aus gleichbed. *fr.* entrepôt zu älter *fr.* entreposer „dazwischenlegen, einschieben", dies aus *lat.* interponere⟩: zollfreier Stapelplatz, Speicher

en|tre|pre|nant [ātrəprə'nā:] ⟨*fr.*; Part. Präs. zu entreprendre, vgl. entreprenieren⟩: (veraltet) unternehmend, unternehmungslustig, tollkühn. **En|tre|pre|neur** [...'nø:ɐ̯] *der;* -s, -e ⟨aus gleichbed. *fr.* entrepreneur zu entreprendre, vgl. entreprenieren⟩: Unternehmer, Veranstalter, Agent (z. B. von Konzerten, Theateraufführungen). **en|tre|pre|nie|ren** ⟨aus gleichbed. *fr.* entreprendre zu ↑entre... u. prendre „nehmen, annehmen, ergreifen", dies aus *lat.* prehendere⟩: (veraltet) unternehmen, veranstalten. **En|tre|prise** [ātrə'pri:z] *die;* -, -n [...zn̩] ⟨aus gleichbed. *fr.* entreprise⟩: Unternehmung

En|tre|sol [ātrə'sɔl] *das;* -s, -s ⟨*fr.* entresol zu ↑entre... u. sole „Sohle, Balkenlage"⟩: Zwischengeschoß, Halbgeschoß

en|tre|te|nie|ren [ātrətə...] ⟨aus gleichbed. *fr.* entretenir zu ↑entre... u. tenir „(fest)halten, fassen", dies aus *lat.* tenere⟩: (veraltet) a) unterhalten, versorgen; b) [sich] unterhalten

En|tre|vue [ātrə'vy:] *die;* -, -n [...'vy:ən] ⟨aus gleichbed. *fr.* entrevue zu ↑entre... u. voir „sehen"⟩: (veraltet) Zusammenkunft, Unterredung (bes. von Monarchen)

en|trie|ren [ā'tri:...] ⟨aus *fr.* entrer „eintreten", dies aus *lat.* intrare, vgl. Entree⟩: (veraltet) a) beginnen, einleiten; b) versuchen

ent|ro|man|ti|sie|ren ⟨zu ↑romantisieren⟩: [einer Sache] den romantischen Charakter nehmen

En|tro|pie *die;* -, ...ien ⟨zu *gr.* entrépein „umkehren"; vgl. ¹en... u. ...tropie⟩: 1. physikalische Größe, die die Verlaufsrichtung eines Wärmeprozesses kennzeichnet. 2. Größe des Nachrichtengehalts einer nach statistischen Gesetzen gesteuerten Nachrichtenquelle; mittlerer Informationsgehalt der Zeichen eines bestimmten Zeichenvorrats (Informationstheorie). 3. Maß für den Grad der Ungewißheit über den Ausgang eines Versuchs. **En|tro|pi|um** *das;* -s, ...ien [...iən] ⟨*nlat.* entropium, eigtl. „das Umgekehrte", zu *gr.* entrépein „umkehren"⟩: krankhafte Umstülpung des Augenlides nach innen (Med.)

ent|ta|bu|ie|ren usw. vgl. enttabuisieren usw. **ent|ta|bui|sie|ren**, enttabu**ie**ren ⟨zu *lat.* tabu u. ↑...(is)ieren: [einer Sache] den Charakter des Tabus (2) nehmen. **Ent|ta|bui|sie|rung**, Enttabuierung *die;* -, -en ⟨zu ↑...(is)ierung⟩: das Enttabuisieren, das Enttabuisiertwerden

Enu|klea|ti|on *die;* -, -en ⟨aus gleichbed. *nlat.* enucleatio zu *lat.* enucleare, vgl. enukleieren⟩: operative Ausschälung (z. B. einer Geschwulst od. des Augapfels; Med.). **enu|klei|e|ren** ⟨aus *lat.* enucleare „aus-, entkernen"⟩: 1. entwickeln, erläutern. 2. eine Enukleation ausführen (Med.)

Enu|me|ra|ti|on *die;* -, -en ⟨*lat.* enumeratio zu enumerare, vgl. enumerieren⟩: Aufzählung. **Enu|me|ra|ti|ons|prin|zip** *das;* -s: Beschränkung der Zuständigkeit, bes. der Verwaltungsgerichte auf die vom Gesetz ausdrücklich aufgeführten Fälle; vgl. Generalklausel (2). **enu|me|ra|tiv** ⟨aus gleichbed. *lat.* enumerativus⟩: aufzählend. **enu|me|rie|ren** ⟨aus gleichbed. *lat.* enumerare⟩: aufzählen

Enun|zia|ti|on *die;* -, -en ⟨aus gleichbed. *lat.* enuntiatio zu enuntiare „aussagen"⟩: Aussage, Erklärung; Satz

Enu|re|se *die;* -, -n ⟨aus gleichbed. *nlat.* enuresis zu *gr.* enourein „hineinpissen"⟩: unwillkürliches Harnlassen, Bettnässen, bes. bei Kindern (Med.). **En|ure|ti|ker** *der;* -s, - ⟨vgl. ²...ik⟩: Bettnässer (Med.). **en|ure|tisch**: die Enurese betreffend, bettnässend (Med.)

En|ve|lop|pe [āvə'lɔp(ə)] *die;* -, -n ⟨aus *fr.* enveloppe „Umhüllung" zu envelopper, vgl. enveloppieren⟩: 1. (veraltet) a) Hülle; b) Futteral; c) Decke; d) [Brief]umschlag. 2. bestimmte (einhüllende) Kurve einer gegebenen Kurvenschar; Kurve, die alle Kurven einer gegebenen Schar (einer Vielzahl von Kurven) berührt u. umgekehrt in jedem ihrer Punkte von einer Kurve der Schar berührt wird (Math.). 3. Anfang des 19. Jh.s übliches schmales, mantelähnliches Kleid. **en|ve|lop|pie|ren** [āvəlɔ...] ⟨aus gleichbed. *fr.* envelopper, dies aus *altfr.* voloper, weitere Herkunft unbekannt⟩: (veraltet) einhüllen, -wickeln

En|vers [ã've:ɐ̯] *der;* - [...ɐ̯(s)], - [...ɐ̯s] ⟨aus gleichbed. *fr.* envers, eigtl. „verkehrt", zu *lat.* inversus, vgl. invers⟩: (veraltet) Kehrseite

En|vie [ã'vi:] *die;* - ⟨aus gleichbed. *fr.* envie, Französierung von *lat.* invidia⟩: (veraltet) a) Neid, Mißgunst; b) Verlangen, Lust. **en|vi|ös** ⟨aus gleichbed. *fr.* envieux⟩: (veraltet) neidisch, mißgünstig

En|vi|ron|ment [ɛn'vaɪərənmənt] *das;* -s, -s ⟨aus *engl.* environment „Umgebung, Milieu" zu *fr.* environ „um – herum", dies zu ↑²en... u. virer „(sich) drehen, wenden" (aus *galloroman.* *virare)⟩: Kunstform, die eine räumliche Situation durch Anordnung verschiedener Objekte u. Materialien (z. B. Sand, Blütenstaub) herstellt (Kunstw.). **en|vi|ron|men|tal** [ɛnvirənmɛn...] ⟨aus gleichbed. *engl.* environmental; vgl. ¹...al (1)⟩: in der Form, Art eines Environments. **En|vi|rons** [ãvi'rõ:] *die* (Plur.) ⟨aus gleichbed. *fr.* environs (Plur.) zu environ „um – herum", vgl. Environment⟩: (veraltet) Umgebung. **En|vi|ron|to|lo|gie** [ɛnvirən...] *die;* - ⟨zu ↑...logie⟩: Umweltforschung

en vogue [ã 'vo:k] ⟨*fr.*⟩: zur Zeit gerade beliebt, modern, in Mode, im Schwange; vgl. Vogue

En|voi [ã'voa] *der;* -s, -s ⟨aus *fr.* envoi „Zueignungsstrophe", eigtl. „Absendung, Abschicken, Versand", zu envoyer, vgl. envoyieren⟩: kurze Schlußstrophe der romanischen Ballade mit Widmung od. Schlußfolgerung. **En|voyé** [āvoa'je:] *der;* -s, -s ⟨aus gleichbed. *fr.* envoyé, substantiviertes Part. Perf. von envoyer, vgl. envoyieren⟩: Gesandter. **en|voy|ie|ren** [āvoa'ji:...] ⟨aus gleichbed. *fr.* envoyer, dies aus *spätlat.* inviare „auf den Weg bringen" zu ↑¹in... u. *lat.* via „Weg"⟩: (veraltet) [ab]senden, [ver]schicken, abordnen

...enz ⟨aus *lat.* -entia⟩: bei weiblichen Substantiven auftretende Endung, die Eigenschaften, Beschaffenheiten o. ä. bezeichnet, z. B. Existenz, Konsequenz

En|ze|pha|lin *das;* -s, -e ⟨zu *gr.* egképhalon „Gehirn" u. ↑...in (1)⟩: Peptidhormon (vgl. Peptid) des Zentralnervensystems, das vor allem eine ↑analgetische Wirkung hat (Med.). **En|ze|pha|li|sie|rung** *die;* - ⟨zu ↑...isierung⟩: die Zunahme der relativen Gehirngröße sowie Bedeutung u. Differenzierung der Hirnfunktion im Laufe der ↑phylogenetischen Entwicklung (Biol.). **En|ze|pha|li|tis** *die;* -, ...itiden ⟨zu ↑...itis⟩: Gehirnentzündung (Med.). **en|ze|pha|lo...**, **En|ze|pha|lo...** ⟨zu *gr.* egképhalon „was im Kopf ist, Gehirn"⟩: Wortbildungselement mit der Bedeutung „Gehirn", z. B. Enzephalogramm. **En|ze|pha|lo|gramm** *das;* -s, -e ⟨zu ↑...gramm⟩: Röntgenbild der Gehirnkammern (Med.). **En|ze|pha|lo|gra|phie** *die;* -, ...ien ⟨zu ↑...graphie⟩: 1. svw. Elektroenzephalographie. 2. ↑Röntgenographie des Gehirns (Med.). **En|ze|pha|lo|ma|la|zie** *die;* -, ...ien: Gehirnerweichung (Med.). **En|ze|pha|lo|mye-**

Enzephalomyokarditis

li|tis *die;* -, ...it|den: Entzündung von Gehirn u. Rückenmark (Med.). **En|ze|pha|lo|myo|kar|di|tis** *die;* -, ...it|den: akute fieberhafte Enzephalomyelitis mit Reiz- u. Lähmungserscheinungen, Herzinsuffizienz u. meist erheblicher Störung des Allgemeinbefindens (Med.). **En|ze|phalon** vgl. Encephalon. **En|ze|pha|lo|pa|thie** *die;* -, ...jen ⟨zu ↑ ...pathie⟩: [organische] Gehirnerkrankung, Gehirnleiden (Med.). **En|ze|pha|lor|rha|gie** *die;* -, ...jen ⟨zu *gr.* rhagé „Riß" u. ↑²...ie⟩: Hirnblutung (Med.). **En|ze|pha|lo|sko|pie** *die;* -, ...jen ⟨zu ↑ ...skopie⟩: Verfahren zur Einsichtnahme in das Schädelinnere, bei dem ein optisches System mit Lichtquelle durch ein kleines Bohrloch im Schädelknochen eingeführt wird (Med.). **En|ze|pha|lo|ze|le** *die;* -, -n ⟨zu *gr.* kélē „Geschwulst; Bruch"⟩: Hirnbruch; das Hervortreten von Hirnteilchen durch Lücken des Schädels (Med.).
En|zo|on *das;* -s, Plur. Enzoen u. Enzoa (meist Plur.) ⟨zu ↑¹en... u. *gr.* zōon „Lebewesen, Tier"⟩: svw. Entozoon. **En|zoo|tie** [ɛntsoo...] *die;* -, ...jen ⟨zu *gr.* zōótēs „das Tiersein" u. ↑²...ie⟩: Tierseuche mit beschränkter Ausbreitung. **en|zoo|tisch**: von Schmarotzern ausgehend, die im Körperinnern leben
En|zy|kli|ka [auch ...'tsyk...] *die;* -, ...ken ⟨substantiviertes Fem. von *spätlat.* encyclicus „zirkulierend, Rund...", zu *gr.* egkýklios, vgl. enzyklisch⟩: [päpstliches] Rundschreiben. **en|zy|klisch** [auch ...'tsyk...] ⟨aus *gr.* egkýklios „rund, im Kreise gehend" zu en „in" u. kýklos „Kreis"⟩: einen Kreis durchlaufend; -e Bildung: die Bildung, die sich der Mensch des Mittelalters durch das Studium der Sieben Freien Künste erwarb, des ↑ Triviums u. des ↑ Quadriviums. **En|zy|klo|pä|die** *die;* -, ...jen ⟨über gleichbed. *fr.* encyclopédie aus *mlat.* encyclopaedia „(Grund)lehre aller Wissenschaften und Künste (die dem Spezialstudium vorausgeht)", dies aus gleichbed. *gr.* egkyklopaideía, richtiger egkýklios paideía, zu egkýklios „im Kreise herumgehend, wiederkehrend, gewöhnlich" u. paideía „Lehre, (Aus)bildung"⟩: übersichtliche u. umfassende Darstellung des gesamten vorliegenden Wissensstoffs aller Disziplinen od. nur eines Fachgebiets in alphabetischer od. systematischer Anordnung; vgl. Konversationslexikon. **En|zy|klo|pä|diker** *der;* -s, - ⟨vgl. ²...ik⟩: Verfasser einer Enzyklopädie. **en|zy|klo|pä|disch**: 1. a) allumfassende Kenntnisse habend; b) allumfassende Kenntnisse vermittelnd. 2. nach Art der Enzyklopädie. **En|zy|klo|pä|dist** *der;* -en, -en ⟨aus gleichbed. *fr.* encyclopédiste⟩: Herausgeber u. Mitarbeiter der großen franz. „Encyclopédie", die unter Diderots und d'Alemberts Leitung 1751–1780 erschien
En|zym *das;* -s, -e ⟨zu ↑¹en... u. *gr.* zýmē „Sauerteig"⟩: in der lebenden Zelle gebildete organische Verbindung, die den Stoffwechsel des Organismus steuert (Biochem.); vgl. Ferment. **en|zy|ma|tisch** ⟨aus gleichbed. *nlat.* encymaticus⟩: von Enzymen bewirkt. **En|zym|de|fekt** *der;* -[e]s, -e ⟨zu ↑ Enzym⟩: Fehlen eines für den Stoffwechsel notwendigen Enzyms infolge ↑ Mutation (1) des zugehörigen Gens (Biol.). **En|zym|dia|gno|sti|ka** *die* (Plur.) ⟨zu ↑ Diagnostikon⟩: Mittel zum Feststellen von Enzymaktivitäten im Blutserum od. in anderen Körperflüssigkeiten sowie Enzymzubereitungen, die für diagnostische Zwecke eingesetzt werden (Med.). **En|zym|dia|gno|stik** *die;* -: Untersuchung der Enzyme im Blutserum od. in anderen Körperflüssigkeiten zur Feststellung krankheitsbedingter Organu. Gewebsschäden (Med.). **En|zym|im|mun|as|say**, **En|zym|im|mu|no|as|say** [...ɛseɪ] *der* od. *das;* -s, -s: quantitative Bestimmung biologisch aktiver Substanzen (z. B. ↑ Pharmaka) in Körperflüssigkeiten mit ↑ Antigenen, die mit Enzymen markiert sind (Med.). **En|zy|mo|gen** *das;* -s, -e (meist Plur.) ⟨zu ↑...gen⟩: ↑ inaktive Vorstufe des Enzyms. **En|zy|mo|lo|ge** *der;* -n, -n ⟨zu ↑ ...loge⟩: Wissenschaftler auf dem Gebiet der Enzymologie. **En|zy|mo|lo|gie** *die;* - ⟨zu ↑ ...logie⟩: Teilbereich der Medizin, der die Wirkungsweise von Enzymen untersucht. **En|zy|mo|pa|thie** *die;* -, ...jen ⟨zu ↑ ...pathie⟩: Schädigung (Erkrankung) des Organismus, die auf einem angeborenen Mangel od. auf einem Nichtvorhandensein bzw. auf einer blockierten Funktion der Enzyme beruht (Med.).
en|zy|stie|ren ⟨zu ↑¹en..., ↑ Zyste u. ↑ ...ieren⟩: eine ↑ Zyste (2) bilden, sich einkapseln (Biol.)
eo..., Eo... ⟨aus *gr.* ēós „Morgenröte, Tagesanbruch"⟩: Wortbildungselement mit der Bedeutung „früh, vorgeschichtlich; rot", z. B. Eobiont; Eosin. **Eo|bi|ont** *der;* -en, -en ⟨zu ↑ ...biont⟩: Urzelle als erstes Lebewesen mit Zellstruktur (Biol.). **Eo|hip|pus** *der;* -, ...pi ⟨zu *lat.* hippus, dies aus *gr.* híppos „Pferd"⟩: ausgestorbenes Urpferd aus dem unteren ↑ Eozän
eo ip|so ⟨*lat.*⟩: 1. eben dadurch. 2. von selbst, selbstverständlich
Eo|li|enne [eo'lɪɛn] *die;* - ⟨aus *fr.* éolienne, eigtl. „das Hauchzarte", Substantivierung von éolien „äolisch"; nach Äolus, dem latinisierten Namen des griech. Windgottes Aíolos⟩: [Halb]seidengewebe in Taftbindung (einer Webart)
Eo|lith [auch ...'lɪt] *der;* Gen. -s u. -en, Plur. -e[n] ⟨zu ↑ eo... u. ↑ ...lith⟩: Feuerstein mit natürlichen Absplitterungen, die an vorgeschichtliche Steinwerkzeuge erinnern. **Eo|li|thi|kum** [auch ...'lɪ...] *das;* -s ⟨zu ↑ ...lithikum⟩: vermeintliche, auf Grund der Eolithenfunde (vgl. Eolith) angenommene früheste Periode der Kulturgeschichte. **Eo|phy|ti|kum** *das;* -s ⟨zu ↑ ...phytikum⟩: ältester, vor dem ↑ Silur liegender Entwicklungsabschnitt der Pflanzenwelt (Geol.). **Eos** *die;* - ⟨nach Ēós, der griech. Göttin der Morgenröte⟩: Morgenröte. **Eo|sin** *das;* -s ⟨zu ↑ eo... u. ↑ ...in (1)⟩: roter Farbstoff. **eo|si|nie|ren** ⟨zu ↑ ...ieren⟩: mit Eosin rot färben. **Eo|si|no|pe|nie** *die;* - ⟨Kurzbildung zu ↑ eosinophil, *gr.* pénēs „arm" u. ↑²...ie⟩: abnormer Schwund der ↑ eosinophilen weißen Blutkörperchen (Med.). **eo|si|no|phil** ⟨zu ↑ ...phil⟩: mit Eosin färbbar. **Eo|si|no|phi|lie** *die;* - ⟨zu ↑ ...philie⟩: Anfärbbarkeit von Zellen u. Geweben durch ↑ Eosin. **Eo|sit** [auch ...'zɪt] *der;* -s, -e ⟨zu ↑²...it⟩: ein Mineral, Abart des ↑ Wulfenits
Eöt|vös ['øtvøʃ] *das;* -, - ⟨nach dem ung. Physiker Baron von Eötvös, 1848–1919⟩: in der Geophysik verwendete Einheit der Fallbeschleunigung bei Schweremessungen; Zeichen E. **Eöt|vös-Dreh|waa|ge** *die;* -, -n: Bez. für mehrere von Baron Eötvös konstruierte Drehwaagen zur Messung von sehr kleinen räumlichen Schwereänderungen u. Massenunterschieden
eo|zän ⟨zu ↑ eo... u. *gr.* kainós „neu"⟩: das Eozän betreffend. **Eo|zän** *das;* -s: zweitälteste Stufe des ↑ Tertiärs (Geol.). **Eo|zo|en**: Plur. von ↑ Eozoon. **Eo|zoi|kum** *das;* -s ⟨zu ↑ ...zoikum⟩: svw. Archäozoikum. **eo|zo|isch**: das Eozoikum betreffend. **Eo|zo|on** *das;* -s, Eozoen (meist Plur.) ⟨zu *gr.* zōon „Lebewesen"⟩: eigenartige Form aus unreinem Kalk als Einschluß in Gesteinen der Urzeit, die man früher irrtümlich für Reste tierischen Lebens hielt
ep..., Ep... vgl. epi..., Epi...
Ep|ac|ta|lia [...k...] *die* (Plur.) ⟨aus gleichbed. *nlat.* epactalia (Plur.) zu *gr.* epaktós „herbeigeholt, fremd"⟩: Schaltknochen, überzählige Knochen, die sich zuweilen in den Schädelnähten entwickeln (eine harmlose Anomalie; Med.)
Epa|gneul [epan'jœl] *der;* -s, -s ⟨aus gleichbed. *fr.* épagneul

Ephemeride

aus espagnole „spanisch", dies aus *span.* español, eigtl. „spanischer Hund"⟩: ein franz. Stöber- u. Haushund

Ep|ago|ge *die;* - ⟨aus *gr.* epagōgḗ, eigtl. „das Herbeiführen"⟩: Denkvorgang vom Einzelnen zum Allgemeinen (Logik); vgl. Induktion (1). **ep|ago|gisch** ⟨aus *gr.* epagōgós, eigtl. „herbeiführend"⟩: zum Allgemeinen führend (Logik); vgl. induktiv (1); -er Beweis: Beweis, der die Wahrheit eines Satzes dadurch zeigt, daß die Folgen des Satzes als wahr bewiesen werden (Logik)

Ep|ak|me *die;* -, - ...een ⟨zu ↑epi... u. ↑Akme⟩: in der Stammesgeschichte der Anfang der Entwicklung einer Organismengruppe (z. B. der Saurier; Zool.); Ggs. ↑Akme u. ↑Parakme

Ep|akris *die;* - ⟨aus gleichbed. *nlat.* epacris zu ↑epi... u. *gr.* ákros „Bergspitze"⟩: Bergheide, Pflanzengattung mit beliebten Zierpflanzen (hauptsächlich aus Australien u. dem Kapland)

Ep|ak|te *die;* -, -n ⟨über *spätlat.* epactae (Plur.) „Schalttage" aus *gr.* epaktaí (hēmérai), eigtl. „herbeigeführte Tage"⟩: Anzahl der Tage, die vom letzten Neumond des alten Jahres bis zum Beginn des neuen Jahres vergangen sind

Ep|ana|di|plo|sis *die;* -, ...sen ⟨aus gleichbed. *gr.* epanadíplōsis⟩: 1. Verdopplung, Wiederholung des Anfangswortes eines Satzes am Schluß (Rhet.). 2. Übergang einer einfachen Krankheit in ein kompliziertes Stadium (Med.)

Ep|ana|lep|se u. **Ep|ana|lep|sis** *die;* -, ...epsen ⟨aus *lat.* epanalepsis aus gleichbed. *gr.* epanálēpsis⟩: a) Wiederholung eines gleichen Wortes od. einer Wortgruppe im Satz; b) svw. Anadiplose (Rhet.; Stilk.)

Ep|ana|pho|ra *die;* -, ...rä ⟨aus *gr.* epanaphorá „Wortwiederholung am Satzanfang"⟩: svw. Anapher

Epanche|ment [epãʃ'mã:] *das;* -s, -s ⟨aus *fr.* épanchement „Erguß" zu épancher, vgl. epanchieren⟩: (veraltet) freimütige Äußerung; offene Aussprache. **epan|chie|ren** [epã'ʃi:...] ⟨aus *fr.* épancher „ausgießen", dies über *vulgärlat.* *expandicare aus *lat.* expandere „ausbreiten"⟩: (veraltet) sein Herz ausschütten, sich offen aussprechen

epä|ne|tisch ⟨aus *gr.* epainetikós „zum Loben geneigt" zu epaineīn „loben"⟩: (veraltet) lobrednerisch, preisend

Ep|an|odos *die;* -, ...doi [...dɔy] ⟨aus *gr.* epánodos „Rückkehr", eigtl. „Rückweg", zu ↑epi... u. ánodos, vgl. Anode⟩: Wiederholung eines Satzes, aber in umgekehrter Wortfolge (z. B. Ich preise den Herrn, den Herrn preise ich; Rhet., Stilk.)

epa|nou|ie|ren [epa'nui:...] ⟨aus gleichbed. *fr.* épanouir, eigtl. „entfalten, aufblühen", andere Form von *altfr.* espanir, dies zu *fränk.* *spannjan „ausbreiten, -strecken"⟩: (veraltet) aufheitern. **Epa|nou|isse|ment** [epanuis'mã:] *das;* -s, -s ⟨aus gleichbed. *fr.* épanouissement⟩: (veraltet) Heiterkeit

Ep|arch *der;* -en, -en ⟨aus *gr.* éparchos „Befehlshaber, Statthalter" zu epárchein „der Erste über etwas sein"⟩: Statthalter einer Provinz im Byzantinischen Reich. **Ep|ar|chie** *die;* -, ...ien ⟨aus *gr.* eparchía „Herrschaftsgebiet eines Eparchen"⟩: byzantinische Provinz. 2. ↑Diözese der Ostkirche

Epar|gne [e'parɲə] *die;* - ⟨aus gleichbed. *fr.* épargne zu épargner, vgl. epargnieren⟩: Sparsamkeit, Ersparnis. **epar|gnie|ren** [eparˈɲiː...] ⟨aus gleichbed. *fr.* épargner, dies aus *germ.* *sparanjan „sparen"⟩: (veraltet) sparen, erübrigen

Ep|ar|ma *das;* -s, ...men ⟨aus gleichbed. *gr.* éparma, eigtl. „Anschwellung"⟩: (veraltet) Geschwulst, Ausschlag (Med.)

Epau|lett [epo...] *das;* -s, -s u. **Epau|let|te** *die;* -, -n ⟨aus gleichbed. *fr.* épaulette zu épaule „Schulter", dies aus *lat.* spatula „Schulterblatt"⟩: Achsel-, Schulterstück auf Uniformen

Ep|ei|ro|ge|ne|se vgl. Epirogenese. **Ep|ei|ro|pho|re|se** *die;* -, -n ⟨zu *gr.* épeiros „Festland; Kontinent" u. phórēsis „das Tragen, Befördern"⟩: horizontale Verschiebung der Kontinente (Geol.)

Ep|eis|odi|on *das;* -s, ...ia ⟨aus *gr.* epeisódion, eigtl. „das noch Dazukommende", vgl. Episode⟩: Dialogszene des altgriech. Dramas, die zwischen zwei Chorliedern eingeschaltet war; vgl. Stasimon

Epen: Plur. von ↑Epos

Ep|en|dym *das;* -s ⟨aus *gr.* epéndyma „Oberkleid"⟩: feinhäutige Auskleidung der Hirnhöhlen u. des Rückenmarkkanals (Med.). **Ep|en|dy|mi|tis** *die;* -, ...itiden ⟨zu ↑...itis⟩: Entzündung des Ependyms (Med.). **Ep|en|dy|mom** *das;* -s, -e ⟨zu ↑...om⟩: Hirntumor aus Ependymzellen (Med.)

Ep|en|the|se u. **Ep|en|the|sis** *die;* -, ...thesen ⟨über *spätlat.* epenthesis aus *gr.* epénthesis „das Einschieben"⟩: Einschub von Lauten, meist zur Erleichterung der Aussprache (z. B. *t* in namen/lich; Sprachw.); vgl. Anaptyxe u. Epithese. **ep|en|the|tisch** ⟨aus *gr.* epenthetikós „eingeschoben"⟩: die Epenthese betreffend

Epe|ron [ep'rõ:] *der;* -s, -s ⟨aus gleichbed. *fr.* éperon zu *germ.* *sporo „Sporn"⟩: (veraltet) 1. Widerlager der Strebepfeiler (Archit.). 2. Eisbrecher, Buhne. 3. kleines, vorspringendes Außenwerk bei Befestigungen (Milit.)

Ep|ex|ege|se *die;* -, -n ⟨über *spätlat.* epexegesis aus *gr.* epexḗgēsis „beigefügte Erklärung"⟩: in der Art einer ↑Apposition (1) hinzugefügte Erklärung (z. B. drunten *im Unterland* (Rhet., Stilk.). **ep|ex|ege|tisch:** in Form einer Epexegese abgefaßt

eph..., Eph... vgl. epi..., Epi...

Ephah [ɛ'fa:] *das;* - ⟨aus gleichbed. *hebr.* ʾēfā⟩: altes hebr. Hohlmaß, das etwa 40 Litern entsprach

Ephe|be *der;* -n, -n ⟨über *lat.* ephebus aus gleichbed. *gr.* éphēbos zu ↑epi... u. hḗbē „Jugend"⟩: wehrfähiger junger Mann im alten Griechenland. **Ephe|bei|on** *das;* -s, ...beien ⟨aus gleichbed. *gr.* ephēbeīon⟩: für die Waffenübungen der Epheben bestimmter Saal in den ↑Gymnasien (2). **Ephe|bie** *die;* - ⟨zu ↑²...ie⟩: Pubertät [des jungen Mannes] (Med.). **ephe|bisch** ⟨aus gleichbed. *gr.* ephēbikós⟩: in der Art eines Epheben; Ggs. ↑anebisch. **ephe|bo|phil** ⟨zu ↑Ephebe u. ↑...phil⟩: eine homosexuelle Neigung zu jungen Männern empfindend (Med., Psychol.). **Ephe|bo|phi|lie** *die;* - ⟨zu ↑...philie⟩: homosexuelle Neigung zu jungen Männern

Ephe|dra *die;* -, Plur. ...drae [...drɛ] u. ...edren ⟨über *lat.* ephedra aus *gr.* ephédra zu ↑epi... u. hédra „Sitz"⟩: schachtelhalmähnliche Pflanze, aus der Ephedrin gewonnen wird; Meerträubchen. **Ephe|drin** Ⓦ *das;* -s ⟨zu ↑...in (1)⟩: dem ↑Adrenalin verwandtes ↑Alkaloid (als Heilmittel vielfältig verwendet)

Eph|eli|den *die* (Plur.) ⟨aus gleichbed. *gr.* ephēlídes⟩: Sommersprossen (Med.)

eph|emer ⟨aus gleichbed. *gr.* ephḗmeros zu epí „darauf" u. hēméra „Tag"⟩: 1. nur kurze Zeit bestehend, flüchtig, rasch vorübergehend [u. daher ohne bleibende Bedeutung]. 2. (von kurzlebigen Organismen) nur einen Tag lang lebend, bestehend (Bot., Zool.); vgl. ...isch/-. **Eph|eme|ra** *die* (Plur.) ⟨aus *gr.* ephḗmera, Neutrum Plur. von ephḗmeros, vgl. ephemer⟩: Eintagsfieber (Med.). **¹Eph|eme|ri|de** *die;* -, -n ⟨zu *gr.* ephḗmeros „einen Tag dauernd" u. ↑...ide⟩: Eintagsfliege (Zool.). **²Eph|eme|ri|de** *die;* -, -n (meist Plur.) ⟨aus *gr.* ephēmerís, Gen. ephēmerídos „Tagebuch"⟩: Tafel, in der die täglichen Stellungen von Sonne, Mond u. Planeten vorausberechnet sind; Tabelle des täglichen Gestirnstandes (Astron., Astrol.). **Eph|eme|ri|den** *die* ⟨Plur.⟩ ⟨aus gleichbed. *gr.* ephēmerídes⟩: (veraltet) Tagebücher, periodische Schriften, Zeitschriften. **eph|eme|risch** ⟨aus *gr.* ephémeros „für einen Tag"⟩: svw. ephemer; vgl. ...isch/-. **Eph|eme|ro|phyt** *der;* -en, -en ⟨zu ↑...phyt⟩: Pflanze, die nur vorübergehend u. vereinzelt in einem Gebiet vorkommt (z. B. verwilderte Gartenpflanzen; Bot.)

Eph|idro|se *die;* -, -n ⟨aus *gr.* ephídrōsis „Schweiß am Oberkörper"⟩: svw. Hyperidrose

Eph|ip|pi|um *das;* -s, ...pien [...jən] ⟨über *lat.* ephippium aus *gr.* ephíppion „Satteldecke"⟩: sattelähnliche Schutzhülle der Wintereier von Wasserflöhen (Biol.).

Ephod *das;* -s, -im ⟨aus gleichbed. *hebr.* 'ēfôd zu 'āfad „überziehen, bekleiden"⟩: kultisches Gewand im alten Israel

Epho|dus *der;* -, ...den ⟨über *nlat.* ephodus aus *gr.* éphodos „Zugang, Weg" zu ↑epi... u. hodós „Weg"⟩: (veraltet) gewinnender od. einnehmender Redebeginn (Reth.)

Ephor *der;* -en, -en ⟨über *lat.* ephorus aus *gr.* éphoros „Aufseher" zu ep ephorān „auf etwas sehen"⟩: einer der fünf jährlich gewählten höchsten Beamten im antiken Sparta. **Epho|rat** *das;* -[e]s, -e ⟨zu ↑...at (1)⟩: 1. Amt eines Ephoren. 2. Amt eines Ephorus. **Epho|rie** *die;* -, ...ien ⟨über *kirchenlat.* ephoria aus *gr.* ephoreía „Amtsbezirk eines Ephoren"⟩: [kirchlicher] Aufsichtsbezirk, Amtsbezirk. **Epho|rus** *der;* -, ...oren ⟨über gleichbed. *kirchenlat.* ephorus aus *gr.* éphoros, vgl. Ephor⟩: a) ↑Dekan (1) in der reformierten Kirche; b) Leiter eines ev. Predigerseminars od. Wohnheims

Eph|ydria|den *die* (Plur.) ⟨aus gleichbed. *gr.* ephydriás zu ↑epi... u. hýdōr „Wasser"⟩: Quell- od. Wassernymphen der griech. Sage

epi..., Epi... ⟨aus gleichbed. *gr.* epí, vor Vokalen ep..., Ep..., vor h eph..., Eph...: Präfix mit der Bedeutung „darauf (örtlich u. zeitlich), daneben, bei, darüber", z. B. Epigramm, epagogisch, ephemer

Epi|bi|ont *der;* -en, -en ⟨zu ↑epi... u. ↑...biont⟩: Lebewesen, das auf einem anderen lebt; Ggs. ↑Endobiont. **Epi|bio|se** *die;* - ⟨zu ↑...biose⟩: Gemeinschaft meist verschiedenartiger Lebewesen, von denen ein Partner auf dem anderen lebt (z. B. Wachstum von Bakterien auf der Haut des Menschen; Biol.); Ggs. ↑Endobiose. **epi|bio|tisch:** die Epibiose betreffend

Epi|bo|lie *die;* - ⟨über gleichbed. *nlat.* epibolia zu *gr.* epibolḗ „Überwurf"⟩: Umwachsung von Zellschichten bei der Keimentwicklung (Biol.)

Epi|ce|di|um [...'tsɛ:...] *das;* -s, ...dia ⟨aus *nlat.* epicedium zu *lat.* epicedion, *gr.* epikḗdeion, vgl. Epikedeion⟩: lat. Schreibung von ↑Epikedeion

Epi|ce|rie [episə...] *die;* -, ...ien ⟨aus gleichbed. *fr.* épicerie zu épice „Gewürz", dies aus *lat.* species⟩: (veraltet) Kolonialwaren-, Gewürzhandlung. **Epi|cier** [epis'je:] *der;* -s, -s ⟨aus gleichbed. *fr.* épicier⟩: (veraltet) 1. Kolonialwaren-, Gewürzhändler, Krämer. 2. Spießbürger

Epi|con|dy|lus [...'kon...] *der;* -, ...li ⟨aus gleichbed. *nlat.* epicondylus zu ↑epi... u. *gr.* kóndylos „Knochengelenk"⟩: Knochenvorsprung od. Knochenfortsatz, der auf einem ↑Condylus liegt (Med.)

Epi|cö|num [...'tsø:...] *das;* -s, ...na ⟨über *lat.* epicoenum aus *gr.* epíkoinon „Wort, das für beide Geschlechter gilt", eigtl. „gemeinsam"⟩: Substantiv, das ein Wesen mit natürlichem Geschlecht (ein Tier) bezeichnet, aber mit einem Genus sowohl vom männlichen als vom weiblichen Tier gebraucht wird (z. B. Affe, Giraffe)

Epi|deik|tik *die;* - ⟨aus gleichbed. *gr.* epideiktikḗ (téchnē), eigtl. „aufzeigende (Kunst)"⟩: Prunk-, Festrede; bei Fest- u. Gelegenheitsreden üblicher Redestil (Rhet., Stilk.). **epi|deik|tisch** ⟨aus *gr.* epideiktikós „aufzeigend, zur Rede stellend"⟩: die Epideiktik betreffend, in den Vordergrund stellend; prahlend, prunkend

Epi|de|mie *die;* -, ...ien ⟨über *mlat.* epidemia aus *gr.* epidēmía nósos „im ganzen Volk (*gr.* dēmos) verbreitete Krankheit"⟩: zeitlich u. örtlich in besonders starkem Maße auftretende Infektionskrankheit; Seuche, ansteckende Massenerkrankung in einem begrenzten Gebiet. **Epi|de|mio|lo|ge** *der;* -n, -n ⟨zu ↑...loge⟩: Wissenschaftler, der auf dem Gebiet der Epidemiologie arbeitet. **Epi|de|mio|lo|gie** *die;* - ⟨zu ↑...logie⟩: Wissenschaft von der Entstehung, Verbreitung, Bekämpfung u. den sozialen Folgen von Epidemien, zeittypischen Massenerkrankungen u. Zivilisationsschäden. **epi|de|mio|lo|gisch** ⟨zu ↑...logisch⟩: die Epidemiologie betreffend. **epi|de|misch** ⟨über *mlat.* epidemius aus *gr.* epidḗmios „im ganzen Volk verbreitet"⟩: in Form einer Epidemie auftretend

Epi|den|drum *das;* -s, ...dren ⟨aus *nlat.* epidendrum zu ↑epi... u. *gr.* déndron „Baum"⟩: Baumwurzler, eine tropische u. subtropische Orchideengattung

epi|der|mal ⟨zu ↑Epidermis u. ↑¹...al (1)⟩: von der Oberhaut stammend, zu ihr gehörend (Med.). **Epi|der|mis** *die;* -, ...men ⟨über *lat.* epidermis aus *gr.* epidermís „Oberhaut" zu ↑epi... u. *gr.* dérma „Haut"⟩: 1. Oberhaut, äußere Schicht der Haut (Med.). 2. Abschlußgewebe der höheren Pflanzen (Bot.). **epi|der|misch:** svw. epidermal. **Epi|der|mo|id** *das;* -s, -e ⟨zu ↑...oid⟩: ↑Zyste (1) mit oberhautähnlicher Auskleidung (Med.). **epi|der|moi|dal** [...moi...] ⟨zu ↑¹...al (1)⟩: svw. epidermal. **Epi|der|mo|ly|se** *die;* -, -n ⟨zu ↑...lyse⟩: krankhafte Ablösung der Oberhaut (Med.). **Epi|der|mo|phyt** *der;* -en, -en ⟨zu ↑...phyt⟩: krankheitserregender Hautpilz (Med.). **Epi|der|mo|phy|tie** *die;* -, ...ien ⟨zu ↑²...ie⟩: Pilzkrankheit der Haut (Med.).

Epi|dia|skop *das;* -s, -e ⟨Kurzw. aus ↑*Epi*skop u. ↑*Diaskop*⟩: optisches Gerät, das als ↑Diaskop u. ↑Episkop verwendet werden kann

Epi|di|dym|ek|to|mie *die;* -, ...ien ⟨zu ↑Epididymis u. ↑...ektomie⟩: operative Entfernung eines Nebenhodens (Med.). **Epi|di|dy|mis** *die;* -, ...didymoi ⟨zu ↑epi... u. *gr.* dídymoi (Plur.) „Hoden", eigtl. „die Doppelten", zu dídymos „doppelt"⟩: Nebenhoden (Med.). **Epi|di|dy|mi|tis** *die;* -, ...mitiden ⟨zu ↑...itis⟩: Nebenhodenentzündung (Med.)

Epi|dot *der;* -s, -e ⟨zu *gr.* epídosis „Zugabe"⟩: ein grünes, gesteinsbildendes Mineral

epi|du|ral ⟨zu ↑epi..., ↑Dura mater u. ↑¹...al (1)⟩: auf der harten Hirnhaut gelegen (Med.). **Epi|du|ral|an|äs|the|sie** *die;* -, ...ien [...i:ən]: Betäubung durch Einspritzen von Betäubungsmitteln in den Raum zwischen harter Hirnhaut u. Wirbelkanal (Med.).

Epi|fau|na [auch 'e:pi...] *die;* - ⟨zu ↑epi... u. ↑Fauna⟩: Gesamtheit der Wassertiere, die auf der Oberfläche des Grundes od. auf Pflanzen u. schwimmenden Gegenständen leben; Ggs. ↑Infauna

Epi|gai|on *das;* -s ⟨aus *gr.* epígaion „das auf der Erde Befindliche" zu epígaios, vgl. epigäisch⟩: Lebensraum der auf dem Erdboden lebenden Organismen. **epi|gä|isch** ⟨aus *gr.* epígaios „auf der Erde befindlich; zu ebener Erde"⟩: oberirdisch (von Keimblättern, die bei der Keimung aus der Erde hervortreten u. grün werden; Bot.)

epi|gam ⟨zu ↑epi... u. ↑...gam (1)⟩: nach der Befruchtung stattfindend (Biol.). **Epi|ga|mie** *die;* - ⟨aus *gr.* epigamía „Wechselheiratsrecht"⟩: 1. nach antikem griech. Recht die

Ehegemeinschaft für die Bürger verschiedener Poleis (vgl. Polis). 2. svw. Epitokie

Epi|ga|stral|gie *die;* -, ...ien ⟨zu ↑ Epigastrium u. ↑ ...algie⟩: Schmerzen im Epigastrium (Med.). **epi|ga|strisch**: zum Epigastrium gehörend, im Epigastrium liegend (Med.). **Epi|ga|stri|um** *das;* -s, ...ien [...jən] ⟨über *nlat.* epigastrium aus *gr.* epigástrion „Oberbauch" (bis zum Nabel)⟩: Oberbauchgegend, Magengrube (Med.)

Epi|ge|ne|se *die;* -, -n ⟨zu ↑epi... u. ↑Genese⟩: 1. Entwicklung eines jeden Organismus durch aufeinanderfolgende Neubildungen (nach der Entwicklungstheorie von C. F. Wolff, 1679–1754); vgl. Präformationstheorie. 2. a) spätere Entstehung (von geologischen Lagerstätten); b) Neuanlage eines Flußtales unter Laufverlegung des Flusses. **epi|ge|ne|tisch**: 1. auf die Epigenese bezogen, durch Epigenese entstanden (Biol.). 2. später entstanden, jünger als das Nebengestein (von geologischen Lagerstätten); Ggs. ↑syngenetisch (2); -es Tal: Tal, das durch Einsenkung eines Flusses entstanden ist, der sich in altes Gestein eingeschnitten hat u. das darüberliegende jüngere Gestein nachträglich völlig ausgeräumt hat

Epi|glot|tis *die;* -, ...tiden ⟨aus gleichbed. *gr.* (attisch) epiglōttís zu ↑epi... u. (attisch) glōtta „Zunge"⟩: Kehldeckel. **Epi|glot|ti|tis** *die;* -, ...itiden ⟨zu ↑ ...itis⟩: Entzündung des Kehldeckels (Med.)

Epi|gna|thus *der;* -, ...gnathen ⟨aus gleichbed. *nlat.* epignathus zu ↑epi... u. *gr.* gnáthos „Kinnbacken"⟩: parasitäre Doppelmißgeburt der Art, daß die eine Frucht am Gaumen bzw. an der Schädelbasis der anderen liegt (Med.)

epi|go|nal ⟨zu ↑Epigone u. ↑¹...al (1)⟩: epigonenhaft, nachgemacht

Epi|go|na|ti|on *das;* -s, ...ien [...jən] ⟨aus gleichbed. *ngr.* epigonátion zu *gr.* epigonatís „bis auf die Knie reichendes Kleid", eigtl. „Kniescheibe"⟩: auf die Knie herabhängendes Tuch in der Bischofstracht der orthodoxen Kirche

Epi|go|ne *der;* -n, -n ⟨aus *gr.* epígonos „Nachgeborener" zu epigígnesthai „danach entstehen"⟩: unschöpferischer, unbedeutender Nachfolger bedeutender Vorgänger; Nachahmer ohne eigene Ideen (bes. in Literatur u. Kunst). **epi|go|nen|haft**: in der Art eines Epigonen, nachahmend. **Epi|go|nen|tum** *das;* -s: Geisteshaltung u. Kunstrichtung, die unschöpferisch Werke der Vergangenheit (bes. in Literatur u. Kunst) nachahmt. **epi|go|nisch**: svw. epigonal. **Epi|go|nis|mus** *der;* - ⟨zu ↑...ismus (5)⟩: svw. Epigonentum

Epi|gramm *das;* -s, -e ⟨über *lat.* epigramma aus *gr.* epígramma „Aufschrift" zu *gr.* epigráphein „darauf schreiben"⟩: Sinn-, Spottgedicht, meist in Distichen (vgl. Distichon) abgefaßt. **Epi|gram|ma|tik** *die;* - ⟨aus gleichbed. *mgr.* epigrammatiké (téchnē)⟩: Kunst des Verfassens von Epigrammen. **Epi|gram|ma|ti|ker** *der;* -s, -: Verfasser von Epigrammen. **epi|gram|ma|tisch** ⟨über gleichbed. *spätlat.* epigrammaticus aus *mgr.* epigrammatikós⟩: a) das Epigramm betreffend; b) kurz, treffend, witzig, geistreich, scharf pointiert. **Epi|gram|ma|tist** *der;* -en, -en ⟨zu ↑²...ist⟩: (veraltet) Epigrammatiker. **Epi|gram|ma|to|lo|gie** *die;* -, ...ien ⟨zu ↑ ...logie⟩: (veraltet) a) (ohne Plur.) Lehre von den Epigrammen; b) Sammlung von Epigrammen. **Epi|graph** *das;* -s, -e ⟨zu *gr.* epigraphé „Aufschrift", vgl. Epigramm⟩: antike Inschrift (als Teil der Altertumswissenschaft). **Epi|gra|phi|ker** *der;* -s, -: Inschriftenforscher

epi|gyn ⟨zu ↑epi... u. *gr.* gyné „Weib; Frau"⟩: über dem Fruchtknoten stehend (von Blüten; Bot.); Ggs. ↑hypogyn

Epik *die;* - ⟨zu *gr.* epikós, vgl. episch u. ²...ik (2)⟩: erzählende Dichtung; vgl. Lyrik, Dramatik (1)

Epi|kan|thus *der;* - ⟨aus gleichbed. *nlat.* epicanthus zu ↑epi... u. *gr.* kanthós „Augenwinkel"⟩: Hautfalte am inneren Rand des oberen Augenlids; Mongolenfalte (Med.)

Epi|kard *das;* -[e]s ⟨zu ↑epi... u. *gr.* kardía „Herz"⟩: dem Herzen der Wirbeltiere u. des Menschen aufliegendes Hautblatt des Herzbeutels (Med.). **epi|kar|di|al** ⟨zu ↑¹...al (1)⟩: das Epikard betreffend (Med.)

Epi|karp *das;* -s, -e ⟨zu ↑epi... u. ↑...karp⟩: äußerste Schicht der Fruchtschale von Pflanzen. **Epi|kar|pi|um** *das;* -s, ...ien [...jən] ⟨zu ↑ ...ium⟩: (veraltet) svw. Epikarp

Epi|ke|dei|on *das;* -s, ...deia ⟨aus gleichbed. *gr.* epikédeion⟩: [antikes] Trauer- u. Trostgedicht; vgl. Epicedium

Epi|ker *der;* -s, - ⟨zu ↑Epik; vgl. episch⟩: Dichter, der sich der Darstellungsform der ↑Epik bedient; vgl. Lyriker, Dramatiker

Epi|kie *die;* - ⟨verkürzt aus *gr.* epieíkeia „Angemessenheit, Nachsichtigkeit", dies zu epieikés „annehmbar, (moralisch) anständig"⟩: Prinzip der kath. Moraltheologie zur Interpretation menschlicher Gesetze, das besagt, daß ein menschliches (auch kirchliches) Gesetz nicht unbedingt in jedem Fall verpflichtend ist

Epi|kle|se *die;* -, -n ⟨aus *gr.* epíklēsis „Anrufung", zu epikaleĩn „anrufen", eigtl. „herbeirufen"⟩: Anrufung des Heiligen Geistes in der Liturgie der orthodoxen Kirche

Epi|koi|non [...'kɔy...] vgl. Epicönum

Epi|kon|dy|li|tis *die;* -, ...itiden ⟨zu ↑Epicondylus u. ↑ ...itis⟩: Entzündung eines ↑Epicondylus (Tennisarm; Med.). **Epi|kon|dy|lus** vgl. Epicondylus

epi|kon|ti|nen|tal ⟨zu ↑epi... u. ↑kontinental⟩: in der ↑kontinentalen Randzone liegend (von Epikontinentalmeeren; Geol.). **Epi|kon|ti|nen|tal|meer** *das;* -[e]s, -e: ein festländisches Gebiet einnehmendes Meer, Überspülungsmeer, Flachmeer (Geol.)

Epi|ko|tyl *das;* -s, -e ⟨zu ↑epi... u. *gr.* kotýlē „Höhlung"⟩: erster, blattloser Sproßabschnitt der Keimpflanze (Bot.)

epi|kra|ni|al ⟨zu ↑epi... u. ↑kranial⟩: dem Schädel aufliegend (Med.)

Epi|kri|se *die;* -, -n ⟨aus *gr.* epíkrisis „Beurteilung; Entscheidung" zu epikrínein „urteilen, entscheiden"⟩: abschließende kritische Beurteilung eines Krankheitsverlaufs von seiten des Arztes (Med.). **epi|kri|tisch**: die Epikrise betreffend, einen abgeschlossenen Krankheitsfall kritisch analysierend

Epi|ku|re|er *der;* -s, - ⟨aus *lat.* Epicurei, *gr.* Epikoúreioi (Plur.), nach dem Philosophen Epikur, *gr.* Epíkouros⟩: 1. Vertreter der Lehre des griech. Philosophen Epikur. 2. jmd., der die materiellen Freuden des Daseins unbedenklich genießt. **epi|ku|re|isch**: epikurisch ⟨über *lat.* Epicurius aus gleichbed. *gr.* Epikoúreios⟩: 1. nach der Lehre des griech. Philosophen Epikur lebend. 2. genießerisch; auf Genuß gerichtet; die materiellen Freuden des Daseins unbedenklich genießend. **Epi|ku|re|is|mus** *der;* - ⟨zu ↑ ...ismus (1)⟩: 1. Lehre des griech. Philosophen Epikur. 2. auf Genuß der materiellen Freuden des Daseins gerichtetes Lebensprinzip. **epi|ku|risch** vgl. epikureisch

Epi|ku|tan|pro|be *die;* -, -n, **Epi|ku|tan|test** *der;* -[e]s, Plur. -s, auch -e ⟨zu ↑epi... u. ↑kutan⟩: Läppchenprobe, Test zur Feststellung von ↑Allergenen, bei dem die Testsubstanz mit Hilfe eines Leinenläppchens auf die Haut aufgebracht wird (Med.). **Epi|ku|ti|ku|la** *die;* -, Plur. -s u. ...lae [...lɛ] ⟨zu ↑epi... u. ↑Kutikula⟩: Schicht der ↑Kutikula der Gliedertiere (Biol.)

Epi|la|ti|on *die;* -, -en ⟨aus *nlat.* epilatio „Enthaarung" zu ↑¹ex... u. *lat.* pilum „Haar"⟩: Entfernung von Körperhaaren (Med.). **Epi|la|to|ri|um** *das;* -s, ...ien [...jən] ⟨aus *nlat.*

Epilepsie

epilatorium⟩: Haarentfernungsmittel; Instrument zum Entfernen von Körperhaaren (Med.)
Epi|lep|sie *die;* -, ...ien ⟨über *fr.* épilepsie u. *lat.* epilepsia aus gleichbed. *gr.* epilēpsía, eigtl. „das Anfassen; Anfall"⟩: Sammelbez. für eine Gruppe erblicher od. traumatisch bedingter od. auf organischen Schädigungen beruhender Erkrankungen mit meist plötzlich einsetzenden starken Krämpfen u. kurzer Bewußtlosigkeit; Fallsucht (Med.). **epi|lep|ti|form** ⟨zu ↑...form⟩: einem epileptischen Anfall od. seinen Erscheinungsformen vergleichbar (Med.). **Epi|lep|ti|ker** *der;* -s, - ⟨zu *lat.* epilepticus, dies aus *gr.* epilēptikós „an Epilepsie leidend"⟩: jmd., der an Epilepsie leidet. **epi|lep|tisch:** a) durch Epilepsie verursacht; b) zur Epilepsie neigend, an Epilepsie leidend. **epi|lep|to|id** ⟨zu ↑...oid⟩: svw. epileptiform. **Epi|lep|to|lo|gie** *die;* - ⟨zu ↑...logie⟩: medizinisches Forschungsgebiet, das sich mit den epileptischen Krankheiten befaßt
epi|lie|ren ⟨aus gleichbed. *nlat.* epilare zu ↑¹ex... u. *lat.* pilum „Haar"⟩: Körperhaare entfernen (Med.)
Epi|lim|ni|on u. **Epi|lim|ni|um** *das;* -s, ...ien [...i̯ən] ⟨zu ↑epi... und *gr.* limníon „kleiner See"; vgl. ...ium⟩: obere Wasserschicht eines Sees mit ↑thermischen Ausgleichsbewegungen
Epi|log *der;* -[e]s, -e ⟨über *lat.* epilogus aus gleichbed. *gr.* epílogos, eigtl. „das, was zusätzlich gesagt wird"⟩: a) Schlußrede, Nachspiel im Drama; Ggs. ↑Prolog (1 a); b) abschließendes Nachwort [zur Erläuterung eines literarischen Werkes]; Ggs. ↑Prolog (1 b). **epi|lo|gie|ren** ⟨zu ↑...ieren⟩: (veraltet) ein Nachwort sprechen
epi|lo|phisch ⟨zu ↑epi... u. *gr.* lóphos „Hügel, Anhöhe"⟩: auf ↑submarinen Schwellen in der Tiefsee abgelagert (Geol.)
Epi|ma|ni|ki|en [...i̯ən] *die* (Plur.) ⟨aus gleichbed. *nlat.* epimanicae (Plur.) zu ↑epi... u. *lat.* manica „(langer) Ärmel"⟩: kleine farbige Stoffstücke, mit denen die ↑Kleriker der Ostkirchen die Ärmel der ↑Tunika festbinden
Epi|me|le|te *der;* -n, -n ⟨aus *gr.* epimelētḗs⟩: Staatsbeamter für kultische u. wirtschaftliche Aufgaben im alten Griechenland
Epi|me|ta|bo|lie *die;* -, ...ien ⟨zu ↑epi... u. ↑Metabolie⟩: Form der unvollkommenen Verwandlung bei Tieren
epi|me|the|isch ⟨aus gleichbed. *gr.* epimēthikós, nach Epimetheus, eigtl. „der Nachherüberlegende", dem Bruder des Prometheus⟩: a) erst später mit dem Denken einsetzend; b) erst handelnd, dann denkend; unbedacht; vgl. prometheisch
Epi|mor|pho|se *die;* - ⟨zu ↑epi... u. ↑Morphose⟩: Regeneration bei einigen niederen Tieren (z. B. Pantoffeltierchen), wobei sich der verlorengegangene Körperteil direkt an der Stelle des Verlustes neu bildet
Epi|na|stie *die;* -, ...ien ⟨zu ↑epi... u. ↑Nastie⟩: verstärktes Wachstum der Blattoberseite gegenüber der -unterseite bei Pflanzen. **epi|na|stisch:** ein verstärktes Wachstum der Blattoberseite zeigend
Epi|ne|phrek|to|mie *die;* -, ...ien ⟨zu ↑epi..., *gr.* nephrós „Niere" u. ↑...ektomie⟩: operative Entfernung der Nebennieren (Med.). **Epi|ne|phrin** *das;* -s ⟨zu ↑...in (1)⟩: internationale Bez. für ↑Adrenalin. **Epi|ne|phri|tis** *die;* -, ...itiden ⟨zu ↑...itis⟩: Entzündung der Nierenfettkapsel (Med.). **Epi|ne|phron** *das;* -s, Plur. ...phra u. ...phren ⟨zu ↑¹...on⟩: Nebenniere (Med.)
Epi|nette [epi'nɛt] *die;* -, -s ⟨aus gleichbed. *fr.* épinette zu épine „Dorn", dies aus *lat.* spina⟩: franz. Bez. für ↑Spinett
epi|neu|ral ⟨zu ↑epi... u. ↑neural⟩: die bindegewebige Hülle der Nervenstämme betreffend (Med.). **Epi|neu|ri|um** *das;*

-s, ...ien [...i̯ən] ⟨zu ↑...ium⟩: bindegewebige Hülle der Nervenstämme (Med.)
Epin|glé [epɛ̃'gle:] *der;* -[s], -s ⟨aus *fr.* (velours) épinglé „gerippt(es Samtgewebe)", Part. Perf. von épingler „mit Nadeln anstecken", dies zu épingle „Nadel" aus älter *fr.* *espindle (zu *lat.* spinula „kleiner Dorn", Verkleinerungsform von spina „Dorn")⟩: 1. Ripsgewebe mit abwechselnd starken u. schwachen Schußrippen. 2. Möbelbezugsstoff, dessen Schlingen nicht aufgeschnitten sind
Epi|ni|ki|on *das;* -s, ...ien [...i̯ən] ⟨aus gleichbed. *gr.* epiníkion zu níkē „Sieg"⟩: altgriech. Siegeslied zu Ehren eines Wettkampfsiegers
Epi|pa|läo|li|thi|kum *das;* -s ⟨zu ↑epi... u. ↑Paläolithikum⟩: svw. Mesolithikum
Epi|pe|don *das;* -s, Plur. ...da od. ...peden ⟨aus gleichbed. *gr.* epípedon⟩: ebene Fläche
Epi|pe|la|gi|al *das;* -s ⟨zu ↑epi... u. ↑Pelagial⟩: gut durchlichtete Wasserschicht des Meeres (Geol.)
Epi|pe|lon *das;* -s ⟨zu ↑epi... u. *gr.* pēlós „Schlamm, Lehm"⟩: Lebensbereich der in Süßgewässern od. Meeren auf Weichböden od. Schlamm lebenden Organismen
Epi|pha|nia vgl. Epiphanie. **Epi|pha|ni|as** *das;* - ⟨über gleichbed. *spätlat.* epiphania (Plur.) aus *gr.* epipháneia „Erscheinung", dies zu epiphaínein „sich sehen lassen, erscheinen"⟩: Fest der „Erscheinung des Herrn" am 6. Januar, Dreikönigsfest. **Epi|pha|nie** u. Epiphania *die;* - ⟨über *spätlat.* epiphania (Sing.) aus gleichbed. *gr.* epipháneia⟩: Erscheinung einer Gottheit (bes. Christi) unter den Menschen. **Epi|pha|ni|en|fest** [...i̯ən...] *das;* -es, -e: svw. Epiphanias. **Epi|pha|nit** [auch ...'nɪt] ⟨zu ↑²...it⟩: zu den ↑Chloriten gehörendes Silikatmineral. **Epi|phä|no|men** *das;* -s, -e ⟨aus *gr.* epiphainómenon „hinzutretender Umstand" zu epiphaínesthai „zum Vorschein kommen, sich zeigen"⟩: Begleiterscheinung (Philos.)
Epi|pha|ryn|gi|tis *die;* -, ...itiden ⟨zu ↑epi... u. ↑Pharyngitis⟩: Entzündung des nasalen Abschnitts des Rachenraumes (Med.). **Epi|pha|rynx** *der;* -: nasaler Abschnitt des Rachenraumes; Nasen-Rachen-Raum (Med.)
Epi|pher *die;* -, -n ⟨zu *gr.* epiphérein „hinzufügen"⟩: svw. Epiphora (2). **Epi|pho|ra** *die;* -, ...rä ⟨aus *gr.* epiphorá „das Hinzufügen; der Andrang"⟩: 1. Tränenfluß (Med.). 2. Wiederholung eines od. mehrerer Wörter am Ende aufeinanderfolgender Sätze od. Satzteile; Ggs. ↑Anapher (Rhet., Stilk.).
Epi|phrag|ma *das;* -s, ...men ⟨zu ↑epi... u. *gr.* phrágma „das Eingeschlossene, Verschluß"⟩: vom Mantelrand ausgeschiedener, poröser Kalkdeckel bei vielen einheimischen Lungenschnecken (Zool.)
Epi|phra|se *die;* -, -n ⟨zu ↑epi... u. ↑Phrase⟩: Nachtrag zu einem an sich abgeschlossenen Satz, z. B. zur ↑emphatischen Steigerung od. Verdeutlichung, z. B. da kommt er, *der unglückliche Mensch* (Rhet.)
epi|phre|nisch ⟨zu ↑epi... u. *gr.* phrḗn „Zwerchfell"⟩: über dem Zwerchfell gelegen (Med.)
Epi|phyl|lum *das;* -s, ...llen ⟨aus gleichbed. *nlat.* epiphyllum zu ↑epi... u. *gr.* phýllon „Blatt"⟩: Blätterkaktus aus Brasilien
Epi|phy|se *die;* -, -n ⟨aus *gr.* epíphysis „Zuwachs, Ansatz"⟩: 1. Zirbeldrüse der Wirbeltiere (Med., Biol.). 2. Gelenkstück der Röhrenknochen von Wirbeltieren u. vom Menschen (Med., Biol.). **Epi|phy|seo|de|se** u. Epiphysiodese *die;* -, -n ⟨zu *gr.* deīn „binden"; vgl. ...ese⟩: (u. a. zur Korrektur von X-Beinen angewandte) operative Methode zur Unterbindung des Wachstums der ↑Epiphyse (2; Med.)
Epi|phy|seo|ly|se u. Epiphysiolyse *die;* -, -n ⟨zu ↑...lyse⟩:

entzündliche, mechanische od. ↑traumatische Ablösung einer ↑Epiphyse (2) vom Röhrenknochen (Med.). **Epi|phy|sio|de|se** usw. vgl. Epiphyseodese usw. **Epi|phyt** *der;* -en, -en (meist Plur.) 〈zu ↑epi... u. ↑...phyt〉: Pflanze, die auf anderen Pflanzen wächst, sich aber selbständig ernährt; Überpflanze (Bot.)
Epi|plo|en|te|ro|ze|lle *die;* -, -n 〈zu ↑Epiploon, ↑Enteron u. *gr.* kélē „Geschwulst, Bruch"〉: Bauchbruch mit Netz- u. Darmteilen im Bruchsack (Med.). **Epi|plo|itis** *die;* -, ...iti̱den 〈zu ↑Epiploon u. ↑...itis〉: Entzündung des ↑Epiploons (Med.). **Epi|plo|on** [...ploọn] *das;* -s, ...ploa 〈aus *gr.* epíploon „Netz um die Eingeweide"〉: svw. Omentum. **Epi|plo|ze|lle** *die;* -, -n 〈zu *gr.* kélē „Geschwulst, Bruch", eigtl. „Netzbruch"〉: Bauchbruch mit Netzteilen im Bruchsack (Med.).
Epi|py|gus *der;* -, Plur. ...pygen u. ...pygi 〈aus gleichbed. *nlat.* epipygus zu ↑epi... u. *gr.* pygḗ „der Hintere, Steiß"〉: Doppelmißgeburt der Art, daß die eine (verkümmerte) Frucht am Steiß der anderen (normal entwickelten) sitzt (Med.)
epi|ro|gen 〈zu *gr.* épeiros „Festland; Kontinent" u. ↑...gen〉: durch Epirogenese entstanden. **Epi|ro|ge|ne|se** u. Epeirogene̱se *die;* -, -n: langsame, in großen Zeiträumen ablaufende Hebungen u. Senkungen größerer Erdkrustenteile; Kontinentaldrift (Geol.). **epi|ro|ge|ne|tisch**: svw. epirogen
Epir|rhem u. **Epir|rhe|ma** *das;* -s, ...e̱mata 〈aus *gr.* epírrhēma, eigtl. „das Dazugesprochene"〉: Dialogverse des Chors in der attischen Komödie; Ggs. ↑Antepirrhem
episch 〈über gleichbed. *lat.* epicus aus *gr.* epikós zu épos, vgl. Epos〉: a) die Epik betreffend; vgl. lyrisch, dramatisch; b) erzählerisch, erzählend; c) sehr ausführlich [berichtend]; nichts auslassend, alle Einzelheiten enthaltend
Epis|co|pus [...k...] vgl. Episkopus
Epi|sem *das;* -s, -e 〈zu ↑epi... u. ↑Sem〉: die Inhaltsseite eines ↑Grammems (Sprachw.). **Epi|se|mem** *das;* -s, -e: die Bedeutung eines ↑Tagmems, der kleinsten bedeutungstragenden grammatischen Form (Sprachw.)
Epi|sior|rha|phie *die;* -, ...i̱en 〈zu *gr.* epísion „Schamgegend", rhaphḗ „Naht" u. ↑²...ie〉: operative Verengerung der Schamspalte durch Vernähung der großen Schamlippen (Med.). **Epi|si|o|to|mie** *die;* -, ...i̱en 〈zu ↑¹...tomie〉: Scheidendammschnitt (operativer Eingriff bei der Entbindung zur Vermeidung eines Dammrisses; Med.)
Epi|sit *der;* -en, -en 〈zu ↑epi... u. *gr.* sītos „Speise"; Analogiebildung zu ↑Parasit〉: Tier, das sich von anderen Tieren ernährt (z. B. Greifvögel; Zool.). **Epi|si|tie** *die;* - 〈zu ²...ie〉: räuberische Lebensweise (von Tieren; Zool.)
Epi|skle|ra *die;* -, ...ren 〈zu ↑epi... u. ↑Sklera〉: Bindegewebe zwischen Bindehaut u. Lederhaut des Auges (Anat.). **epi|skle|ral** 〈zu ↑¹...al (1)〉: zur Episklera gehörend (Anat.). **Epi|skle|ri|tis** *die;* -, ...iti̱den 〈zu ↑...itis〉: Entzündung des Bindegewebes an der ↑Sklera (Med.)
Epi|skop *das;* -s, -e 〈zu ↑epi... u. ↑...skop〉: Bildwerfer für nichtdurchsichtige Bilder (z. B. aus Büchern)
epi|sko|pal 〈aus *lat.* episcopalis „bischöflich" zu episcopus „Bischof", dies aus *gr.* epískopos, eigtl. „Aufseher", daher auch *dt.* Bischof〉: bischöflich. **Epi|sko|pa|le** *der;* -n, -n: Anhänger einer der protestantischen Kirchengemeinschaften mit bischöflicher Verfassung in England od. Amerika. **Epi|sko|pa|lis|mus** *der;* - 〈zu ↑...ismus (1)〉: kirchenrechtliche Auffassung, nach der das ↑Konzil der Bischöfe über dem Papst steht; Ggs. ↑Kurialismus u. ↑Papalismus. **Epi|sko|pa|list** *der;* -en, -en 〈zu ↑...ist〉: Verfechter des Episkopalismus. **Epi|sko|pal|kir|che** *die;* -: 1. nichtkatholische Kirche mit bischöflicher Verfassung u. ↑apostolischer Sukzession (z. B. die ↑orthodoxe u. die anglikanische Kirche). 2. jede nichtkatholische Kirche mit bischöflicher Leitung (z. B. die lutherischen Landeskirchen). **Epi|sko|pat** *der* od. *das;* -[e]s, -e 〈aus gleichbed. *lat.* episcopatus, vgl. episkopal〉: a) Gesamtheit der Bischöfe [eines Landes]; b) Amt u. Würde eines Bischofs. **epi|sko|pisch**: svw. episkopal. **Epi|sko|pus** *der;* -, ...pi 〈aus gleichbed. *lat.* episcopus, dies aus *gr.* epískopos〉: Bischof
Epi|so|de *die;* -, -n 〈aus *fr.* épisode „Nebenhandlung", dies aus *gr.* epeisódion „zwischen die Chorgesänge eingeschobene Dialogteile"〉: 1. a) Begebenheit, Ereignis von kurzer Dauer innerhalb eines größeren Zeitabschnitts; b) kleinerer Zeitabschnitt innerhalb eines größeren in bezug auf das darin enthaltene Geschehen. 2. literarische Nebenhandlung. 3. eingeschobener Teil zwischen erster u. zweiter Durchführung des Fugenthemas (Mus.). 4. svw. Epeisodion. **epi|so|disch**: dazwischengeschaltet, vorübergehend, nebensächlich; -e Flüsse: Wasserläufe in Trockengebieten, die nur nach längeren Regenfällen Wasser führen. **Epi|so|dist** *der;* -en, -en 〈zu ↑...ist〉: Darsteller von Episodenrollen (Theat., Filmw.)
Epi|som *das;* -s, -en 〈zu ↑epi... u. *gr.* sōma „Leib, Körper"〉: Partikel, die dem Hauptkörper eines Gens zugeordnet ist (Biol.)
Epi|spa|die *die;* -, ...i̱en 〈zu ↑epi..., *gr.* spadṓn „Riß, Spalte" u. ↑²...ie〉: Mißbildung der Harnröhre mit Öffnung an der Penisoberseite (Med.)
Epi|spa|sti|kum *das;* -s, ...ka 〈zu *gr.* epispastikós „anziehend"; vgl. ...ikum〉: a) Hautreizmittel; b) Mittel, um Eiter od. Gewebeflüssigkeit nach außen abzuleiten (Zugmittel; Med.)
Epi|sta|se *die;* -, -n 〈aus *gr.* epístasis „das Anhalten"〉: das Zurückbleiben in der Entwicklung bestimmter Merkmale bei einer Art od. einer Stammeslinie gegenüber verwandten Formen (Biol.). **Epi|sta|sie** *die;* -, ...i̱en u. **Epi|sta|sis** *die;* -, ...a̱sen 〈aus *gr.* epistasía, epístasis „Aufsicht, Leitung", eigtl. „das Darüberstellen"〉: Überdeckung der Wirkung eines Gens durch ein anderes, das nicht zum gleichen Erbanlagenpaar gehört; vgl. Hypostase (5) (Med.). **epi|sta|tisch** 〈aus *gr.* epistatikós „die Aufsicht betreffend"〉: die Wirkung eines Gens durch ein anderes überdeckend (Med.)
Epi|sta|xis *die;* - 〈aus gleichbed. *gr.* epístaxis, eigtl. „das Darauftröpfeln", zu epistáxein „darauftröpfeln"〉: Nasenbluten (Med.)
Epi|stel *die;* -, -n 〈aus *lat.* epistula, epistola „Brief", dies aus gleichbed. *gr.* epistolḗ, eigtl. „Zugesandtes, Nachricht"〉: 1. Sendschreiben, Apostelbrief im Neuen Testament. 2. vorgeschriebene gottesdienstliche Lesung aus den neutestamentlichen Briefen u. der Apostelgeschichte; vgl. Perikope (1). 3. (ugs.) [kunstvoller] längerer Brief. 4. (ugs.) kritisch ermahnende Worte, Strafpredigt
epi|ste|misch 〈zu *gr.* epistḗmōn „wissend, kundig"〉: svw. epistemologisch. **Epi|ste|mo|lo|gie** *die;* - 〈aus gleichbed. *engl.* epistemology zu *gr.* epistḗmē „das Verstehen; Wissenschaft" u. ↑...logie〉: Wissenschaftslehre, Erkenntnistheorie (bes. in der angelsächsischen Philosophie). **epi|ste|mo|lo|gisch** 〈nach gleichbed. *engl.* epistemological, vgl. ...logisch〉: die Epistemologie betreffend, erkenntnistheoretisch. **Epi|ste|mon|arch** *der;* -en, -en 〈zu *gr.* epistḗmē „Wissenschaft" u. árchein „regieren, leiten"〉: Geistlicher in der griech. Kirche, der über die Reinheit der Glaubenslehre zu wachen hat
Epi|stil|bit [auch ...'bɪt] *der;* -s, -e 〈zu ↑epi... u. ↑Stilbit〉: ein

farbloses bis weißes, zu den ↑Zeolithen gehörendes Mineral

Epi|sto|lae ob|scu|ro|rum vi|ro|rum [...lɛ ...sku... v...] *die* (Plur.) ⟨*lat.*⟩: Dunkelmännerbriefe (Sammlung erdichteter mittellat. Briefe ungenannter Verfasser, z. B. Ulrich v. Huttens, die zur Verteidigung des Humanisten Reuchlin das Mönchslatein u. die scholastische Gelehrsamkeit verspotteten). **Epi|sto|lar** *das;* -s, -e u. **Epi|sto|la|ri|um** *das;* -s, ...ien [...i̯ən] ⟨aus gleichbed. *mlat.* epistolarium zu *lat.* epistula, vgl. Epistel⟩: 1. liturgisches Buch (↑Lektionar 1) mit den gottesdienstlichen ↑Episteln (2) der Kirche. 2. Sammlung von Briefen bekannter Personen. **Epi|sto|lo|gra|phie** *die;* -, ...ien ⟨zu *gr.* epistolḗ (vgl. Epistel) u. ↑...graphie⟩: Kunst des Briefschreibens

epi|sto|ma|tisch ⟨zu ↑epi... u. *gr.* stóma, Gen. stómatos „Mund"⟩: auf der Oberseite mit Spaltöffnungen versehen (von bestimmten Pflanzenöffnungen; Bot.)

Epi|stro|phe *die;* -, ...ophen ⟨aus *gr.* epistrophḗ „Umwendung", eigtl. „das Herumdrehen", zu epistréphein „umdrehen"⟩: 1. (veraltet) Rückkehr von Krankheiten, Rückfall (Med.). 2. svw. Epiphora (2). **Epi|stro|pheus** [...fɔʏs, auch ...'strɔ:fɛʊs] *der;* - ⟨aus gleichbed. *gr.* epistropheús, eigtl. „der Umdreher"⟩: zweiter Halswirbel bei Reptilien, Vögeln, Säugetieren u. Menschen (Med., Zool.)

Epi|stu|la *die;* -, ...lae [...lɛ] ⟨aus gleichbed. *lat.* epistula, vgl. Epistel⟩: in Briefform abgefaßtes Schriftstück (bes. bei antiken u. mittelalterlichen Schriftstellern)

Epi|styl *das;* -s, -e u. **Epi|sty|li|on** *das;* -s, ...ien [...i̯ən] ⟨aus gleichbed. *gr.* epistýlion zu ↑epi... u. stýlos „Säule"⟩: svw. Architrav

Epi|syl|lo|gis|mus *der;* -, ...men ⟨zu ↑epi... u. ↑Syllogismus⟩: logische Schlußkette (↑Syllogismus), die den Schlußsatz (↑Konklusion) eines vorhergehenden Schlusses (↑Prosyllogismus) als erste ↑Prämisse verwendet (Philos.)

Epi|taph *das;* -s, -e u. **Epitaphium** *das;* -s, ...ien [...i̯ən] ⟨über *lat.* epitaphium aus *gr.* epitáphion „Grabschrift"; vgl. Kenotaph⟩: 1. a) Grabschrift; b) Gedenktafel mit Inschrift für einen Verstorbenen an einer Kirchenwand od. an einem Pfeiler. 2. in der orthodoxen Kirche das am Karfreitag aufgestellte Christusbild. **Epi|ta|phi|os** *der;* -, ...oi [...ɔy] ⟨aus gleichbed. *gr.* epitáphios (lógos)⟩: öffentliche Leichenrede, bes. zur Ehrung Gefallener (im alten Griechenland). **Epi|ta|phist** *der;* -en, -en ⟨zu ↑...ist⟩: Verfasser von Grabschriften. **Epi|ta|phi|um** vgl. Epitaph

Epi|ta|sis *die;* -, ...asen ⟨über *lat.* epitasis aus gleichbed. *gr.* epítasis, eigtl. „Anspannung"⟩: der ↑Protasis folgende Steigerung der Handlung zur dramatischen Verwicklung, bes. im dreiaktigen Drama

Epi|ta|xie *die;* -, ...ien ⟨zu ↑epi... u. *gr.* -taxía „das (An)ordnen", dies zu taktós „(an)geordnet"⟩: 1. Kristallabscheidung einer Kristallart auf einem gleichartigen anderen Kristall (Chem.). 2. (ohne Plur.) Verfahren zur Herstellung von dünnen Halbleiterschichten (Elektronik)

Epi|tha|la|mi|on u. **Epi|tha|la|mi|um** *das;* -s, ...ien [...i̯ən] ⟨über *lat.* epithalamium aus gleichbed. *gr.* epithalámion⟩: [antikes] Hochzeitslied, -gedicht

Epi|thel *das;* -s, -e ⟨zu ↑epi... u. *gr.* thēlḗ „Brustwarze"; vgl. Epithelium⟩: oberste Zellschicht des tierischen u. menschlichen Haut- u. Schleimhautgewebes. **epi|the|li|al** ⟨zu ↑¹...al (1)⟩: zum Epithel gehörend. **Epi|the|li|en** [...i̯ən] *die* (Plur.) ⟨zu ↑Epithelium⟩: abgeschuppte Schleimhautepithelzellen (Med.). **Epi|the|li|om** *das;* -s, -e ⟨zu ↑...om⟩: Hautgeschwulst aus Epithelzellen (Med.). **Epi|the|li|sa|ti|on** *die;* - ⟨zu ↑...isation⟩: Bildung von Epithelgewebe (Med.). **Epi|the|li|um** *das;* -s, ...ien [...i̯ən] ⟨aus *nlat.* epithelium „Hautpapille, papillenreiche Zellschicht"⟩: svw. Epithel. **Epi|thel|kör|per|chen** *die* (Plur.): Nebenschilddrüsen. **Epi|thel|per|len** *die* (Plur.): in der Struktur einer Perle vergleichbare gutartige Anhäufungen aus verhornten Epithelzellen. **Epi|thel|zel|le** *die;* -, -n (meist Plur.): einzelne Zelle des Epithels

Epi|them *das;* -s, -e ⟨aus *gr.* epíthema „das Daraufgelegte"⟩: pflanzliches Gewebe (unterhalb der ↑Hydathoden; Bot.)

epi|ther|mal ⟨zu ↑epi... u. ↑thermal⟩: Lagerstätten betreffend. von ihnen stammend, die Mineralien enthalten, die sich zwischen 100 u. 200° C abscheiden (Geol.)

Epi|the|se *die;* -, -n ⟨aus *gr.* epíthesis „Zusatz", eigtl. „das Darauflegen"⟩; Anfügung eines Lautes an ein Wort, meist aus Gründen der Sprecherleichterung (z. B. eines *d* in niemand; *mhd.* nieman; Sprachw.); vgl. Epenthese. **Epi|the|ta or|nan|tia:** Plur. von ↑Epitheton ornans. **epi|the|ti|sie|ren** ⟨zu ↑...isieren⟩: (veraltet) Beinamen geben. **Epi|the|ton** *das;* -s, ...ta ⟨über *lat.* epitheton aus *gr.* epítheton „Beiwort", eigtl. „Hinzugefügtes"⟩: 1. als Attribut gebrauchtes Adjektiv od. Partizip (z. B. das *große* Haus; Sprachw.). 2. in der biologischen Systematik der zweite Teil des Namens, der die Unterabteilungen der Gattung bezeichnet. **Epi|the|ton or|nans** *das;* - -, ...ta ...antia ⟨aus gleichbed. *llat.* epitheton ornans zu ↑Epitheton u. ornans „schmückend", Part. Präs. von ornare „schmücken"⟩: nur schmückendes, d. h. typisierendes, formelhaftes, immer wiederkehrendes Beiwort (z. B. *grüne* Wiese, *rotes* Blut, *brennendes* Problem)

epi|tok ⟨zu ↑epi... u. *gr.* tókos „das Gebären"⟩: durch Epitokie verwandelt (Zool.). **Epi|to|kie** *die;* - ⟨zu ↑²...ie⟩: Umwandlung mancher Borstenwürmer zu anders gestalteten geschlechtsreifen Individuen (Zool.)

Epi|to|ma|tor *der;* -s, ...oren ⟨aus gleichbed. *nlat.* epitomator zu *lat.* epitome, vgl. Epitome⟩: Verfasser einer Epitome. **Epi|to|me** [...me] *die;* -, ...omen ⟨über *lat.* epitome aus gleichbed. *gr.* epitomḗ, eigtl. „Einschnitt"⟩: Auszug aus einem Schriftwerk; wissenschaftlicher od. geschichtlicher Abriß (in der altröm. u. humanistischen Literatur)

Epi|to|nie *die;* - ⟨zu ↑epi..., ↑Tonus u. ↑²...ie⟩: Förderung des Wachstums der Oberseite von Pflanzenorganen (z. B. eine stärkere Entwicklung der Knospen auf der Oberseite waagerecht od. bogig verlaufender Äste; Bot.)

Epi|tra|che|li|on *das;* -s, ...ien [...i̯ən] ⟨aus gleichbed. *mgr.* epitrachélion zu ↑epi... u. *gr.* tráchēlos „Hals, Nacken"⟩: stolaartiges Band, das Priester u. Bischöfe der Ostkirche beim Gottesdienst um den Hals tragen; vgl. Stola

Epi|trit *der;* -en, -en ⟨über *lat.* epitritus aus gleichbed. *gr.* epítritos, eigtl. „ein Ganzes u. ein Drittel enthaltend"⟩: aus sieben Moren (vgl. ²Mora 1) bestehender altgriech. Versfuß (rhythmische Einheit, z. B. - ∪ - -)

Epi|tro|chas|mus [...'xas...] *der;* -, ...men ⟨über *nlat.* epitrochasmus aus gleichbed. *gr.* epitrochasmós zu epitrocházein „darüber hinlaufen, (in der Rede) hastig berühren", dies zu ↑epi... u. tréchein „laufen"⟩: oberflächliches Berühren der Gegenstände, Häufung vieler Gedanken in einem Satz (Rhet.). **Epi|tro|choi|de** *die;* -, -n ⟨zu ↑epi... u. ↑Trochoide⟩: eine ↑Trochoide, bei der der rollende Kreis außerhalb des festen Kreises abrollt (Math.)

Epi|tro|pe *die;* -, -n ⟨aus *gr.* epitropḗ „das Anheimstellen, das Überlassen"⟩: 1. a) Vollmacht; b) das Erlauben, Anheimgeben. 2. scheinbares Zugeben, einstweiliges Einräumen (Rhet.)

Epi|tro|phie *die;* - ⟨zu ↑epi... u. ↑...trophie⟩: svw. Epitonie

epi|tro|pisch ⟨aus gleichbed. *gr.* epitropikós⟩: 1. die Vormundschaft, die Erlaubnis betreffend. 2. scheinbar zugestehend (Rhet.)

epi|tu|ber|ku|lös ⟨zu ↑epi... u. ↑tuberkulös⟩: im Gefolge einer Tuberkulose sich entwickelnd (von unspezifischen Veränderungen der Lunge; Med.)

Epi|zen|tral|ent|fer|nung *die;* -, -en ⟨zu ↑epi... u. ↑zentral⟩: Entfernung zwischen einem Erdbebenherd u. seinem Epizentrum. **Epi|zen|trum** *das;* -s, ...ren ⟨zu *gr.* epíkentros „über dem Mittelpunkt"⟩: senkrecht über einem Erdbebenherd liegendes Gebiet der Erdoberfläche

Epi|zeu|xis *die;* -, ...xes ⟨aus *gr.* epízeuxis, eigtl. „Verbindung"⟩: svw. Epanalepse

epi|zo|isch ⟨zu ↑Epizoon⟩: a) auf Tieren vorkommend, lebend (von Schmarotzern; Biol.); b) sich durch Anheften an Menschen u. Tiere verbreitend (von Samen; Biol.)

Epi|zo|ne *die;* -⟨zu ↑epi... u. ↑Zone⟩: obere Tiefenzone bei der ↑Metamorphose (4) der Gesteine (Geol.)

Epi|zo|on *das;* -s Plur. ...zoen u. ...zoa (meist Plur.) ⟨zu ↑epi... u. *gr.* zōon „Lebewesen, Tier"⟩: Tier, das auf anderen Lebewesen siedelt, meist ohne an ihnen zu schmarotzen (Biol.). **Epi|zoo|no|se** [...tsoo...] *die;* -, -n ⟨zu ↑¹...ose⟩: durch Epizoen hervorgerufene Hautkrankheit (Med.)

Epi|zoo|tie *die;* -, ...ien ⟨zu *gr.* zōótēs „das Tiersein" u. ↑²...ie⟩: 1. a) svw. Epidemie; b) epidemisches Auftreten seuchenhafter Erkrankungen bei Tieren. 2. Hautkrankheit, die durch tierische Parasiten hervorgerufen wird (Med.). **epi|zo|otisch**: durch Epizoen hervorgerufen (Med.)

Epi|zy|kel *der;* -s, - ⟨über *lat.* epicyclus aus *gr.* epíkyklos „Nebenkreis"⟩: Kreis, dessen Mittelpunkt sich auf einem anderen Kreis bewegt od. der auf einem anderen Kreis abrollt (in der Antike u. von Kopernikus zur Erklärung der Planetenbahnen benutzt; Math., Astron.). **Epi|zy|kel|theorie** *die;* -: bis zum Mittelalter vertretene Theorie, die die beobachteten scheinbaren Bewegungen des Mondes u. der Planeten durch die Bewegung auf Epizykeln zu erklären versuchte (Astron.). **epi|zy|klisch**: einen Epizykel beschreibend. **epi|zy|kloi|dal** ⟨zu ↑Epizykloide u. ↑¹...al (1)⟩: sich in Form einer Epizykloide bewegend. **Epi|zy|kloi|de** *die;* -, -n ⟨zu ↑epi... u. ↑Zykloide⟩: Kurve, die von einem Punkt auf dem Umfang eines auf einem festen Kreis rollenden Kreises beschrieben wird (Math.)

epo|chal ⟨zu ↑¹Epoche u. ↑¹...al (1)⟩: 1. a) über den Augenblick hinaus bedeutsam, in die Zukunft hineinwirkend; b) (ugs.) aufsehenerregend; bedeutend. 2. die einzelnen Fächer nicht nebeneinander, sondern nacheinander zum Gegenstand habend. (Päd.). **Epo|chal|stil** *der;* -[e]s, -e: bestimmte Stilzüge, die den Künsten einer Epoche unabhängig vom Individualstil des Künstlers gemeinsam sind. **Epochal|un|ter|richt** *der;* -[e]s: Unterricht in einem Fach während eines längeren Zeitraums bei entsprechender Aufteilung der Jahresstundenzahl auf einzelne Fächer u. Epochen. **¹Epo|che** *die;* -, -n ⟨über *mlat.* epocha „markanter Zeitpunkt" aus gleichbed. *gr.* epochḗ, eigtl. „das Anhalten (in der Zeit)"⟩: 1. größerer Zeitabschnitt. 2. Zeitpunkt des Standortes eines Gestirns (Astron.). **²Epo|che** *die;* - ⟨aus *gr.* epochḗ „Zurückhaltung seines Urteils"⟩: 1. das Ansichhalten, Zurückhalten des Urteils (bei den Skeptikern). 2. Abschaltung der Außenwelteinflüsse durch den Philosophen Husserl). **epo|che|ma|chend** ⟨zu ↑¹Epoche⟩: eine neue ¹Epoche begründend, besonders wichtig für eine weitere Entwicklung; aufsehenerregend. **Epo|chen|stil** *der;* -[e]s, -e: svw. Epochalstil. **Epo|chen|un|ter|richt** *der;* -[e]s: svw. Epochalunterricht

Ep|ode *die;* -, -n ⟨über *lat.* epodos aus *gr.* epōidós, eigtl. „Nach-, Schlußgesang"⟩: 1. [antike] Gedichtform, bei der auf einen längeren Vers ein kürzerer folgt. 2. in antiken Gedichten u. bes. in den Chorliedern der altgriech. Tragödie auf ↑Strophe (1) u. ↑Antistrophe (2) folgender dritter Kompositionsteil, Abgesang. **ep|odisch** ⟨aus gleichbed. *gr.* epōidós⟩: die Epode (1, 2) betreffend

Ep|oma|di|on *das;* -s, ...ien [...i̯ən] ⟨aus gleichbed. *mgr.* epōmádion zu ↑epi..., *gr.* ōmos „Schulter" u. ↑²...ion⟩: von der Schulter herabhängendes langes Band als Teil des Ornats der griech. Geistlichen

Ep|onym *das;* -s, -e ⟨zu *gr.* epónymos „zubenannt, mit Zunamen, nach etwas benannt"⟩: Gattungsbezeichnung, die auf einen Personennamen zurückgeht (z. B. *Zeppelin* für Luftschiff). **Ep|ony|mos** *der;* -, ...oi [...ɔy̯] ⟨aus gleichbed. *gr.* epṓnymos, vgl. Eponym⟩: jmd., nach dem etwas benannt wird (in der Antike z. B. der Stadtgründer, dessen Namen die Stadt erhielt, od. der ↑Archon, nach dem das laufende Jahr benannt wurde)

Epo|pöe [auch ...'pøː] *die;* -, -n ⟨aus gleichbed. *gr.* epopoiía, eigtl. „Verfertigung eines epischen Gedichts" (zu *gr.* poieīn „machen, herstellen")⟩: (veraltet) svw. Epos

Ep|op|sie *die;* -, ...ien ⟨aus *gr.* epopsía, épopsis „Gesichtskreis", eigtl. „Anblick"⟩: (veraltet) eigene Ansicht, Anschauung. **Ep|opt** *der;* -en, -en ⟨aus gleichbed. *gr.* epóptēs, eigtl. „Beschauer, Zeuge"⟩: höchster Grad der Eingeweihten in den ↑Eleusinischen Mysterien

Epos *das;* -, Epen ⟨über *lat.* epos aus *gr.* épos „Wort, Rede, Erzählung; Heldendichtung"⟩: erzählende Versdichtung; Heldengedicht, das häufig Stoffe der Sage od. Geschichte behandelt

epou|van|ta|bel [epuvã...] ⟨aus gleichbed. *fr.* épouvantable zu épouvanter „erschrecken, in Schrecken, Angst versetzen", dies über *vulgärlat.* *expaventare aus *lat.* expavere⟩: (veraltet) schrecklich, entsetzlich

Ep|oxid usw. vgl. Epoxyd usw. **Ep|oxyd**, chem. fachspr. Epoxid *das;* -s, -e ⟨zu ↑epi... u. ↑Oxyd⟩: durch Anlagerung von Sauerstoff an Olefine gewonnene chem. Verbindung. **Ep|oxyd|grup|pe**, chem. fachspr. Epoxidgruppe *die;* -, -n: reaktionsfähige Atomgruppe, in der ein Sauerstoffatom zwei unmittelbar miteinander verbundene Kohlenstoffatome verknüpft. **Ep|oxyd|harz**, chem. fachspr. Epoxidharz *das;* -es, -e: flüssiges od. schmelzbares festes, hellgelb bis dunkelbraun gefärbtes Kunstharz, das u. a. in der Elektrotechnik, als Klebstoff u. als härtbare Formmasse verwendet wird

Epreu|ve [eˈprøːv(ə)] *die;* -, -n ⟨aus *fr.* épreuve „Probe, Versuch", älter *fr.* esprove, zu *altfr.* esprover (*fr.* éproúver), „versuchen, erproben", dies aus *vulgärlat.* *exprobare zu ↑¹ex... u.. *lat.* probare⟩: Probeabzug (Graphik)

EPROM *der;* -, -s ⟨Kurzw. aus *engl.* erasable programmable read-only memory „löschbarer (u. wieder) programmierbarer Nur-Lese-Speicher"⟩: ein als integrierte Schaltung eingeführter Datenspeicher, den der Speicherinhalt auch bei Stromausfall nicht verlärt. nur unter sehr speziellen Umständen gelöscht u. dann neu beschrieben werden kann (EDV)

Eprou|vette [epruˈvɛt] *die;* -, -n [...tn̩] ⟨aus gleichbed. *fr.* éprouvette zu éprouver, vgl. Epreuve⟩: (österr.) Glasröhrchen (z. B. für chem. Versuche)

Ep|si|lon *das;* -[s], -s ⟨aus *gr.* è psilón „bloßes e"⟩: fünfter Buchstabe des griech. Alphabets (kurzes e): E, ε. **Ep|si|lon|al|ko|ho|li|ker** *der;* -s, - ⟨zu ↑Epsilon, hier zur Kennzeichnung einer Abstufung⟩: episodischer Trinker mit Kontrollverlust

Ep|so|mit [auch ...ˈmɪt] *der;* -s, -e ⟨nach dem Fundort Ep-

Epulis

som (and Ewell) südlich von London u. zu ↑²...it⟩: ein farbloses bis weißes, bitter schmeckendes u. leicht wasserlösliches Mineral

Ep|u̱|lis *die;* -, ...iden ⟨aus gleichbed. *gr.* epoulís zu ↑epi... u. oũlon, oũlis „Zahnfleisch"⟩: Zahnfleischgeschwulst (Med.)

Epyl|li|on *das;* -, Plur. ...lien [...jən] od. ...lia ⟨aus *gr.* epýllion „kleines Epos", Verkleinerungsform von épos, vgl. Epos⟩: in hellenistischer Zeit dem großen ↑Epos gegenübergestellte epische Kleinform oft mythologischen Inhalts

Equa|li|zer ['iːkwəlaɪzə] *der;* -s, - ⟨aus gleichbed. *engl.* equalizer, eigtl. „Ausgleicher", zu to equalize „an-, ausgleichen", dies zu *lat.* aequus „gleich"⟩: Zusatzgerät an elektroakustischen Übertragungssystemen, das aus einer speziellen Kombination von Filtern besteht u. durch das man gezielt das Klangbild verändern kann

Equer|re [ˈɛkɛrə] *die;* -, -s ⟨aus *fr.* équerre „Winkelmaß" zu altfr. escarrer „viereckig zuschneiden", dies aus gleichbed. *vulgärlat.* *exquadrare zu ↑¹ex... u. *lat.* quadrare „viereckig machen"⟩: (schweiz.) Geodreieck

Eque̱|strik *die;* - ⟨zu *lat.* equester, Gen. equestris „zum Pferd od. Reiter gehörend", dies zu equus „Pferd"; vgl. ²...ik (1)⟩: Reitkunst (bes. im Zirkus). **Equi|dae** [...dɛ] u. **Equi|den** *die* (Plur.) ⟨aus *nlat.* equidae „Pferdeartige" zu *lat.* equus „Pferd"⟩: pferdeartige Tiere (Pferd, Esel u. a.)

equi|li|brie|ren usw. vgl. äquilibrieren usw.

Equi|li̱n *das;* -s, -e ⟨zu *lat.* equus, Gen. equi „Pferd" u. ↑...in (1)⟩: aus Stutenharn gewonnenes ↑Östrogen (Med.). **Equi|pa̱|ge** [ekviˈpaːʒə, seltener eki...] *die;* -, -n ⟨aus gleichbed. *fr.* équipage zu équiper, vgl. equipieren⟩: 1. elegante Kutsche. 2. (veraltet) Schiffsmannschaft. 3. (veraltet) Ausrüstung [eines Offiziers]. **Equipe** [eˈkɪp] *die;* -, -n [...pn̩] ⟨aus gleichbed. *fr.* équipe⟩: a) Reitermannschaft; b) [Sport]mannschaft. **Equi|peur** [ekiˈpøːɐ̯] *der;* -s, -e ⟨aus gleichbed. *fr.* équipeur⟩: (veraltet) Gewehrhersteller, jmd., der Handfeuerwaffen montiert. **equi|pie|ren** [ekvi..., seltener eki...] ⟨aus gleichbed. *fr.* équiper, dies aus *altnord.* *skipa „ein Schiff ausrüsten"⟩: (veraltet) ausrüsten, ausstatten. **Equi|pie|rung** *die;* -, -en ⟨zu ↑...ierung⟩: (veraltet) Ausrüstung, Ausstattung. **Equip|ment** [ɪˈkwɪpmənt] *das;* -s, -s ⟨aus *engl.* equipment „Ausrüstung, Ausstattung" zu to equipe „ausrüsten, ausstatten", dies aus *fr.* equiper, vgl. equipieren⟩: Ausrüstung einer Band. **Equi|se|tit** [ekvise..., auch ...ˈtɪt] *der;* -s, -e ⟨zu *lat.* equus, Gen. equi „Pferd", seta „Borste" u. ↑²...it⟩: Versteinerung eines fossilen Schachtelhalmes. **Equi|se̱|tum** *das;* -s, ...ten ⟨aus gleichbed. *(n)lat.* equisetum, eigtl. „Pferdeschwanz"⟩: Schachtelhalm (einzige heute noch vorkommende Gattung der Schachtelhalmgewächse). **Equi|tes** [...teːs] *die* (Plur.) ⟨aus *lat.* equites, Plur. von eques „Reiter, Ritter; Pferd"⟩: mit besonderen Vorrechten ausgestatteter röm. Stand, deren Angehörige innerhalb von Reiterzenturien (vgl. Zenturie) mit Pferden auf Staatskosten ausgestattet wurden

équi|voque [ekiˈvɔk] ⟨*fr.*⟩: franz. Form von ↑äquivok

Era|di|ka|ti|on *die;* -, -en ⟨aus gleichbed. *lat.* eradicatio zu eradicare „mit der Wurzel herausreißen"⟩: Ausrottung einer Krankheit (Med.). **era|di|ka|tiv** ⟨zu ↑...iv⟩: ausrottend (von Arzneimitteln)

Era|nos *der;* -, ...noi [...nɔy] ⟨aus gleichbed. *gr.* éranos⟩: a) im antiken Griechenland gemeinschaftliche Mahlzeit, deren Kosten gemeinsam getragen wurden; b) Bez. für Zirkel mit bestimmter Zielsetzung, z. B. als politischer Klub

Er|bi|um *das;* -s ⟨nach dem schwed. Ort Ytterby u. zu ↑...ium⟩: chem. Element aus der Gruppe der Seltenerdmetalle; Zeichen Er

ere̱|bisch ⟨zu ↑Erebos⟩: a) zum ↑Erebos gehörend, aus ihm stammend; b) höllisch, schaurig. **E̱|re|bos** u. **E̱|re|bus** *der;* -⟨über *lat.* Erebus aus gleichbed. *gr.* Érebos⟩: Unterwelt, Reich der Toten in der griech. Sage

erek|ti̱l ⟨aus gleichbed. *fr.* érectile zu *lat.* erectus, Part. Perf. von erigere, vgl. erigieren⟩: schwellfähig, erektionsfähig (Med.). **Erek|ti|on** *die;* -, -en ⟨aus *lat.* erectio „Aufrichtung"⟩: durch Blutstauung entstehende Versteifung u. Aufrichtung von Organen, die mit Schwellkörpern versehen sind (wie z. B. das männliche Glied). **Erek|to|me̱|ter** *das;* -s, - ⟨zu ↑¹...meter⟩: Gerät, das die Erektion des männlichen Gliedes aufzeichnet (Med., Psychol.)

Ere|mi̱|al *das;* -s, -e ⟨zu *gr.* erēmía „Wüste" u. ↑¹...al (2)⟩: Lebensraum u. Lebensgemeinschaft in Trockensteppen, Halbwüsten u. Wüsten. **Ere|mi̱t** *der;* -en, -en ⟨über *lat.* eremita aus gleichbed. *gr.* erēmítēs zu erēmos „einsam; Wüste"⟩: 1. aus religiösen Motiven von der Welt abgeschieden lebender Mensch; Klausner, Einsiedler; Ggs. ↑Zönobit. 2. Einsiedlerkrebs. **Ere|mi̱|ta|ge** [...ʒə] *die;* -, -n ⟨aus gleichbed. *fr.* ermitage⟩: a) Einsiedelei; b) Nachahmung einer Einsiedelei in Parkanlagen des 18. Jh.s; einsam gelegenes Gartenhäuschen; intimes Lustschlößchen. **Ere|mi|tei̱** *die;* -, -en ⟨zu ↑Eremit⟩: Einsiedelei. **ere|mi̱|tisch**: in der Art eines Eremiten (1), ihn betreffend. **Ere|mo|phyt** *der;* -en, -en (meist Plur.) ⟨zu ↑...phyt⟩: Trockenheit liebende Pflanzen der Steppen, Halbwüsten u. Wüsten. **Ere|mu̱|rus** *der;* -, - ⟨aus gleichbed. *nlat.* eremurus zu *gr.* erēmía „Einsamkeit, Öde" u. ourá „Schwanz, Schweif"⟩: Liliengewächs, Steppenkerze (Liliengewächs; asiatische Zierpflanze)

Erep|si̱n *das;* -s ⟨Kunstw. zu *gr.* erépsesthai „rupfen; fressen"; Analogiebildung zu ↑Pepsin⟩: eiweißspaltendes Enzymgemisch des Darm- u. Bauchspeicheldrüsensekrets

Ere|thi̱|ker *der;* -s, - ⟨zu *gr.* erethízein „reizen"⟩: leicht reizbarer Mensch. **ere̱|thisch**: reizbar, leicht erregbar (Med.). **Ere|thi̱s|mus** *der;* - ⟨über *nlat.* erethismus aus gleichbed. *gr.* erethismós zu eréthisma „Reizung, Aufreizung"⟩: Gereiztheit, krankhaft gesteigerte Erregbarkeit (Med.)

Erf|tal ⓦ *das;* -s ⟨Kunstw.⟩: Markenbezeichnung einer sehr reinen Aluminiumqualität (Chem.)

E̱rg *das;* -s, - ⟨zu *gr.* érgon „Werk, Wirken"⟩: alte physik. Einheit der Energie u. der Arbeit im ↑CGS-System; Zeichen erg. **erg...**, **Erg...** vgl. ergo..., Ergo... **Er|ga|sio|li|po̱phyt** *der;* -en, -en (meist Plur.) ⟨zu *gr.* ergasía „das Geschaffene, Verfertigte", lipareĩn „festhalten, ausharren" u. ↑...phyt⟩: ehemalige Kulturpflanze, die Teil der natürlichen Flora geworden ist. **Er|ga|sio|phy|go|phyt** *der;* -en, -en (meist Plur.) ⟨zu *gr.* phygás „flüchtig" (dies zu pheúgein „fliehen") u. ↑...phyt⟩: verwilderte Kulturpflanze. **Er|ga|sio|phyt** *der;* -en, -en (meist Plur.) ⟨zu ↑...phyt⟩: Kulturpflanze. **Er|ga|ste̱|ri|on** u. **Er|ga|ste̱|ri|um** *das;* -s, ...ien [...jən] ⟨über *lat.* ergasterium aus gleichbed. *gr.* ergastḗrion⟩: altgriechische bzw. altrömische Werkstatt. **Er|ga|sto|pla̱s|ma** *das;* -s, ...men ⟨zu *gr.* ergastikós „arbeitsam, tätig" u. ↑Plasma⟩: Bestandteil des Zellplasmas einer Drüsenzelle, in dem intensive Eiweißsynthesen stattfinden. **Er|ga|tiv** [auch ...ˈtiːf] *der;* -s, -e [...və] ⟨aus *nlat.* (casus) ergativus „handelnd(er Fall)" zu *gr.* ergátēs „der Tätige", eigtl. „arbeitsam"⟩: Kasus, der bei zielenden Verben den Handelnden bezeichnet (bes. in den kaukasischen Sprachen).

...er|gie ⟨aus *gr.* -ergía zu érgon „Arbeit, Werk"⟩: Wortbildungselement mit der Bedeutung „wirksame Funktion, wirksamer Bestandteil", z. B. Energie. **Er|gi̱n** *das;* -s, -e

(meist Plur.) ⟨Kurzw. aus ↑*ergo*... u. ↑Vitam*in*⟩: svw. Ergon
er|go ⟨*lat.*⟩: also, folglich
er|go..., Er|go..., vor Vokalen auch erg..., Erg... ⟨aus *gr.* érgon „Arbeit, Werk"⟩: Wortbildungselement mit der Bedeutung „Arbeit, Arbeitsleistung; funktionelle Tätigkeit von Organen od. Körperteilen", z. B. ergometrisch, Ergonomie
er|go bi|ba|mus! ⟨*lat.*⟩: also laßt uns trinken! (Kehrreim von [mittelalterlichen] Trinkliedern)
Er|go|di|zi|tät *die;* - ⟨zu *gr.* ergṓdēs „mühsam, schwierig" (dies zu érgon „Arbeit, Werk") u. ↑...izität⟩: Eigenschaft ↑stochastischer Prozesse, die es ermöglicht, die Anfangsbedingungen nach gewisser Zeit zu vernachlässigen (Kybern.). Er|go|graph *der;* -en, -en ⟨zu ↑ergo... u. ↑...graph⟩: Gerät zur Aufzeichnung der Muskelarbeit (Med.). Er|go|gra|phie *die;* -, ...ien ⟨zu ↑...graphie⟩: Aufzeichnung der Arbeitsleistung von Muskeln mittels eines Ergometers (Med.). Er|go|lo|gie *die;* - ⟨zu ↑...logie⟩: a) Arbeits- u. Gerätekunde; b) Erforschung der volkstümlichen Arbeitsbräuche u. Arbeitsgeräte sowie deren kultureller Bedeutung. er|go|lo|gisch ⟨zu ↑...logisch⟩: die Ergologie betreffend. Er|go|me|ter *das;* -s, - ⟨zu ↑¹...meter⟩: Apparat zur Messung der Arbeitsleistung von Muskeln (Med.). Er|go|me|trie *die;* -, ...ien ⟨zu ↑...metrie⟩: Messung der körperlichen Leistungsfähigkeit eines Menschen mittels eines Ergometers (Med.). er|go|me|trisch ⟨zu ↑...metrisch⟩: a) die Ergometrie betreffend; b) zum Ergometer gehörend. Er|gon *das;* -s, -e (meist Plur.) ⟨Kurzw. aus ↑*ergo*... u. ↑Horm*on*⟩: hochwirksamer biologischer Wirkstoff (Hormon, Vitamin, Enzym). Er|go|nom *der;* -en, -en ⟨zu ↑ergo... u. ↑²...nom⟩: jmd., der sich wissenschaftlich mit Ergonomie befaßt. Er|go|no|mie u. Er|go|no|mik *die;* - ⟨unter Einfluß von *engl.* ergonomics zu ↑ergo... u. ↑²...nomie⟩: Wissenschaft von den Leistungsmöglichkeiten u. -grenzen des arbeitenden Menschen sowie der besten wechselseitigen Anpassung zwischen dem Menschen u. seinen Arbeitsbedingungen. er|go|no|misch: die Ergonomie betreffend. Erg|oph|thal|mo|lo|gie *die;* -: Augenheilkunde in arbeitsmedizinischer Sicht (z. B. Sehen am Arbeitsplatz). Er|go|spi|ro|me|trie *die;* -, ...ien: svw. Spiroergometrie. Er|go|stat *der;* -en, -en ⟨zu ↑...stat⟩: svw. Ergometer
Er|go|ste|rin *das;* -s ⟨zu *fr.* ergot „Mutterkorn" u. ↑Sterin⟩: Vorstufe des Vitamins D₂. Er|go|ste|rol *das;* -s ⟨zu *engl.* sterol „Sterin"⟩: engl. Bez. für Ergosterin. Er|got|amin *das;* -s ⟨zu *fr.* ergot „Mutterkorn" u. ↑Amin⟩: ↑Alkaloid des Mutterkorns (eines Getreideparasiten), das bes. bei der Geburtshilfe verwendet wird
Er|go|te|rie *die;* -, ...ien ⟨aus gleichbed. *fr.* ergoterie zu ergoter, vgl. ergotieren⟩: (veraltet) Rechthaberei. Er|go|teur [...'tøːɐ̯] *der;* -s, -e ⟨aus gleichbed. *fr.* ergoteur⟩: (veraltet) rechthaberischer Mensch
Er|go|the|ra|peut *der;* -en, -en ⟨zu ↑ergo... u. ↑Therapeut⟩: jmd., der mit einer ärztlich verordneten Ergotherapie betraut ist. Er|go|the|ra|pie *die;* -, ...ien: die um einen Teil der Arbeitstherapie erweiterte Beschäftigungstherapie (Soziol., Med.)
er|go|tie|ren ⟨aus gleichbed. *fr.* ergoter, eigtl. „alles mit *ergo* = also, folglich beweisen wollen"⟩: (veraltet) über Kleinigkeiten streiten, nörgeln
Er|go|tin *das;* -s ⟨zu *fr.* ergot „Mutterkorn" u. ↑...in (1)⟩: bei der Geburtshilfe verwendetes Präparat aus dem Mutterkorn (einem Getreideparasiten); vgl. Ergotren. Er|go|tis|mus *der;* - ⟨zu ↑...ismus (3)⟩: Vergiftung durch Mutterkorn (einen Getreideparasiten); Kribbelkrankheit. Er|go|to|xin *das;* -s: ↑Alkaloid des Mutterkorns (eines Getreideparasiten); vgl. Ergotamin. Er|go|tren ⓌⓏ *das;* -s ⟨Kunstw.⟩: aus dem Ergotin weiterentwickeltes Präparat (zur raschen Blutstillung bei der Geburtshilfe)
er|go|trop ⟨zu ↑ergo... u. ↑...trop⟩: leistungssteigernd (Med.). Er|go|tro|pi|kum *das;* -s, ...ka ⟨zu ↑...ikum⟩: wachstumsförderndes u. gesundheitsstabilisierendes Mittel für die Tieraufzucht
eri|gi|bel ⟨aus gleichbed. *nlat.* erigibilis zu *lat.* erigere, vgl. erigieren⟩: svw. erektil. eri|gie|ren ⟨zu *lat.* erigere „aufrichten"⟩: a) sich aufrichten, versteifen (von Organen, die mit Schwellkörpern – wie der Penis – versehen sind); vgl. Erektion; b) eine Erektion haben
Eri|ka *die;* -, Plur. -s u. ...ken ⟨über *lat.* erice aus gleichbed. *gr.* ereíkē, eríkē zu ereíkein „zerbrechen"⟩: Heidekraut. Eri|ka|zee *die;* -, -n, ...zeen (meist Plur.) ⟨aus gleichbed. *nlat.* ericacea zu *lat.* erice, vgl. Erika⟩: Vertreter der Familie der Heidekrautgewächse (Heidekraut, Alpenrose, Azalee)
Eri|nit [auch ...'nɪt] *der;* -s, -e ⟨nach Erin „Irland" u. zu ↑²...it⟩: svw. Cornwallit
Erin|no|phi|lie *die;* - ⟨zu *dt.* erinnern u. ↑...philie⟩: das Sammeln nichtpostalischer Gedenkmarken (Teilgebiet der ↑Philatelie)
Erin|nye [...nyə] u. Erin|nys *die;* -, ...yen [...nyən] (meist Plur.) ⟨über *lat.* Erinnys aus *gr.* Erinnýs⟩: griech. Rachegöttin; vgl. Furie (1)
Eris|ap|fel *der;* -s ⟨nach *gr.* Eris, *gr.* Éris, der griech. Göttin der Zwietracht⟩: Zankapfel, Gegenstand des Streites
erisch ⟨nach dem Urkontinent Eria⟩; in der Fügung -e Phase: zur kaledonischen Faltungsära gehörende geologische Faltungsphase
Eri|stik *die;* - ⟨aus *gr.* eristikḗ (téchnē), eigtl. „zum Streit geneigt(e Kunst)"⟩: Kunst u. Technik des [wissenschaftlichen] Redestreits. Eri|sti|ker *der;* -s, - (meist Plur.) ⟨aus gleichbed. *gr.* Eristikós⟩: Philosoph aus der Schule des Eukleides von Megara mit dem Hang zum Disputieren, wissenschaftlichen Streiten. eri|stisch: die Eristik betreffend
eri|tis sic|ut De|us [– 'ziːkʊt –] ⟨*lat.*⟩: ihr werdet sein wie Gott (Worte der Schlange beim Sündenfall, 1. Mose 3, 5)
ero|die|ren ⟨aus *lat.* erodere „aus-, wegnagen"⟩: auswaschen u. zerstören (Geol.)
ero|gen ⟨zu ↑Eros u. ↑...gen⟩: a) geschlechtliche Erregung auslösend; b) geschlechtlich leicht erregbar, reizbar; -e Zonen: Stellen der Körperoberfläche, deren Berührung od. Reizung Lustgefühle auslöst. Ero|ge|ni|tät *die;* - ⟨zu ↑...ität⟩: Eigenschaft, erogen zu sein
eroi|co [...ko] ⟨*it.*; aus *lat.* heroicus, vgl. heroisch⟩: heldisch, heldenmäßig (Vortragsanweisung; Mus.)
Eros *der;* - ⟨aus *gr.* érōs „Liebe(sverlangen)" bzw. Érōs (griech. Gott der Liebe)⟩: 1. das der geschlechtlichen Liebe innewohnende Prinzip [ästhetisch-]sinnlicher Anziehung. 2. (verhüllend) Sexualität, geschlechtliche Liebe; pädagogischer -: eine das Verhältnis zwischen Erzieher u. Schüler beherrschende geistig-seelische Liebe (Päd.); philosophischer -: Drang nach Erkenntnis u. schöpferischer geistiger Tätigkeit; vgl. Eroten. Eros-Cen|ter [...sɛntɐ] *das;* -, -: Haus, moderne Anlage für Zwecke der Prostitution
Ero|si|on *die;* -, -en ⟨aus *lat.* erosio „das Zerfressenwerden" zu erodere, vgl. erodieren⟩: 1. Zerstörungsarbeit von Wasser, Eis u. Wind an der Erdoberfläche. 2. a) Gewebeschaden an der Oberfläche der Haut u. der Schleimhäute (z. B. Abschürfung); b) das Fehlen od. Abschleifen des Zahnschmelzes (Med.). 3. mechanische Zerstörung feuerfester Baustoffe (Techn.). Ero|si|ons|ba|sis *die;* -, ...sen: tiefster

erosiv

Punkt eines Flusses bei seiner Mündung. **ero|siv** ⟨aus gleichbed. *nlat.* erosivus zu *lat.* erodere, vgl. erodieren⟩: a) die Erosion betreffend; b) durch Erosion entstanden
Ero|steß *die;* -, -en ⟨Kunstw. aus ↑*Eros* u. ↑Hos*teß*⟩: svw. Prostituierte. **Ero|tel** *das;* -s, -s ⟨Kunstw. aus ↑*Eros* u. ↑Ho*tel*⟩: Stundenhotel, Bordell
Ero|te|ma *das;* -s, ...temata ⟨aus gr. erṓtēma „Frage" zu erōtān „(be)fragen"⟩: Frage, Fragesatz. **Ero|te|ma|tik** *die;* - ⟨aus gleichbed. gr. erōtēmatikḗ (téchnē)⟩: a) Kunst der richtigen Fragestellung; b) Unterrichtsform, bei der gefragt u. geantwortet wird. **ero|te|ma|tisch** ⟨aus gr. erōtēmatikós „zur Frage gehörend"⟩: hauptsächlich auf Fragen des Lehrers beruhend (vom Unterricht); vgl. akroamatisch (3)
Ero|ten *die* (Plur.) ⟨aus gr. Érōtes „Liebesgötter"⟩: kleine Erosfiguren, die in der Kunst in dekorativem Sinne verwendet wurden; ↑allegorische Darstellungen geflügelter Liebesgötter, meist in Kindergestalt; vgl. Eros. **Ero|tes|se** *die;* -, -n ⟨Kunstw. aus ↑*Eros* u. ↑Hos*teß*⟩: svw. Prostituierte. **Ero|ti|cal** [...tikl] *das;* -s, -s ⟨Kunstw. aus ↑*Eroti*k u. ↑Mus*ical*⟩: Bühnenstück, Film mit erotischem Inhalt. **Ero|tik** *die;* - ⟨zu ↑erotisch; vgl. ²...ik (2)⟩: a) mit sensorischer Faszination erlebte, den geistig-seelischen Bereich einbeziehende sinnliche Liebe; b) (verhüllend) svw. Sexualität. **Ero|ti|ka**: Plur. von ↑Erotikon. **Ero|ti|ker** *der;* -s, -: a) Verfasser von Erotika; b) sinnlicher Mensch. **Ero|ti|kon** *das;* -s, Plur. ...ka u. ...ken ⟨aus gr. erōtikón „die Liebe Betreffendes"⟩: 1. Werk, Dichtung mit erotischem Inhalt. 2. erotischer Gegenstand. **ero|tisch** ⟨über gleichbed. *fr.* érotique aus gr. erōtikós „zur Liebe gehörig"⟩ : a) die Liebe betreffend in ihrer [ästhetisch-]sinnlichen Anziehungskraft; b) (verhüllend) svw. sexuell. **ero|ti|sie|ren** ⟨nach *fr.* érotiser „erotisch machen"; vgl. erotisch⟩: durch ästhetisch-sinnliche Reize Sinnlichkeit, zärtlich-sinnliches Verlangen hervorrufen, wecken. **Ero|ti|sie|rung** *die;* -, -en ⟨zu ↑...isierung⟩: das Erotisieren, das Erotisiertwerden. **Ero|tis|mus** u. **Ero|ti|zis|mus** *der;* - ⟨zu ↑...ismus bzw. ↑...izismus⟩: Überbetonung des Erotischen. **ero|to...**, **Ero|to...** ⟨aus gleichbed. gr. érōs, Gen. érōtos⟩: Wortbildungselement mit der Bedeutung „Liebe; sexuelles Verlangen", z. B. Erotologie. **Ero|to|gra|pho|ma|ne** *der;* -n, -n ⟨zu gr. gráphein „(ein)ritzen, schreiben" u. ↑...mane⟩: männliche Person, die an Erotographomanie leidet (Psychol.). **Ero|to|gra|pho|ma|nie** *die;* - ⟨zu ↑...manie⟩: krankhafte Neigung, erotische, meist pornographische Briefe zu schreiben u. zu verschicken (Psychol.). **Ero|to|gra|pho|ma|nin** *die;* -, -nen: weibliche Person, die an Erotographomanie leidet (Psychol.). **Ero|to|lo|gie** *die;* - ⟨zu ↑...logie⟩: a) wissenschaftliche Beschäftigung mit den verschiedenen Erscheinungsformen der Erotik u. ihren inneren Voraussetzungen; b) Liebeslehre. **Ero|to|ma|ne** *der;* -n, -n ⟨zu ↑...mane⟩: männliche Person, die an Erotomanie leidet (Med., Psychol.). **Ero|to|ma|nie** *die;* - ⟨aus gr. erōtomanía „rasende Liebe"; vgl. ...manie⟩: krankhaft übersteigertes sexuelles Verlangen (Med., Psychol.). **Ero|to|ma|nin** *die;* -, -nen: weibliche Person, die an Erotomanie leidet (Med., Psychol.)

Er|ran|ten *die* (Plur.) ⟨aus *lat.* errantes „die Umherirrenden", substantivierter Plur. von errans, Part. Präs. von errare „(umher)irren"⟩: Bez. für (niedere) Pflanzen, die nicht im Untergrund wurzeln od. fest an ihm haften, z. B. frei im Wasser lebende Algen (Bot.). **er|ra|re hu|ma|num est** [*lat.*]: Irren ist menschlich (als eine Art Entschuldigung, wenn jmd. irrtümlich etw. Falsches gemacht hat). **Er|ra|ta**: Plur. von ↑Erratum. **er|ra|tisch** ⟨aus *lat.* erraticus

„umherirrend, verirrt" zu errare „irren, den Weg verfehlen"⟩: vom Ursprungsort weit entfernt; -er Block: Gesteinsblock (Findling) in ehemals vergletscherten Gebieten, der während der Eiszeit durch das Eis dorthin transportiert wurde (Geol.). **Er|ra|tum** *das;* -s, ...ta ⟨aus *lat.* erratum „Irrtum"⟩: Druckfehler
Er|rhi|num *das;* -s, ...rhina (meist Plur.) ⟨über gleichbed. *nlat.* errhinum aus gr. érrhinon „Niesmittel"⟩: Nasen-, Schnupfenmittel
er|ror ['ɛrɐ] ⟨*engl.;* „Fehler", dies aus *lat.* error „Irrtum"⟩: Fehlermeldung bei Computern (EDV). **er|ror in obiec|to** [– – ɔp'jɛkto] ⟨*lat.;* „Irrtum bezüglich des Objekts"⟩: Irrtum des Straftäters über die Identität des Tatobjekts (Rechtsw.). **er|ror in per|so|na** ⟨*lat.;* „Irrtum bezüglich der Person"⟩: Irrtum des Straftäters über die Identität der Person (Rechtsw.)
Eru|di|ti|on *die;* - ⟨aus *lat.* eruditio, eigtl. „Aufklärung, Unterricht", zu erudire „ausbilden, unterrichten"⟩: (veraltet) Gelehrsamkeit
eru|ie|ren ⟨aus *lat.* eruere „herausgraben, zutage fördern"⟩: a) durch Überlegen feststellen, erforschen; b) jmdn./etwas herausfinden; ermitteln. **Eru|ie|rung** *die;* -, -en ⟨zu ↑...ierung⟩: das Eruieren
Eru|ka|säu|re *die;* - ⟨zu *lat.* eruca „Raupe" (weil die Moleküle eine raupenähnliche Anordnung aufweisen)⟩: einfach ungesättigte Fettsäure mit 22 Kohlenstoffatomen im Molekül
Eruk|ta|ti|on *die;* -, -en ⟨aus *lat.* eructatio „das Ausrülpsen" zu eructare, vgl. eruktieren⟩: [nervöses] Aufstoßen, Rülpsen (Med.); vgl. Efflation. **eruk|tie|ren** ⟨aus *lat.* eructare „ausrülpsen, ausspeien"⟩: aufstoßen, rülpsen (Med.)
erup|tie|ren ⟨zu *lat.* eruptus, Part. Perf. von erumpere (vgl. Eruption) u. ↑...ieren⟩: ausbrechen (z. B. von Asche, Lava, Gas, Dampf; Geol.). **Erup|ti|on** *die;* -, -en ⟨aus *lat.* eruptio „das Hervorbrechen" zu erumpere „heraus-, hervorbrechen"⟩: 1. a) vulkanischer Ausbruch von Lava, Asche, Gas, Dampf (Geol.); b) Gasausbruch auf der Sonne. 2. a) Ausbruch eines Hautausschlages; b) Hautausschlag (Med.). **erup|tiv** ⟨aus gleichbed. *nlat.* eruptivus zu *lat.* eruptus, vgl. eruptieren⟩: 1. durch Eruption entstanden (Geol.). 2. aus der Haut hervortretend (Med.). **Erup|tiv|ge|stein** *das;* -[e]s, -e: Ergußgestein (Geol.)
Er|ve ['ɛrvə] *die;* -, -n ⟨zu *lat.* ervum „Wicke"⟩: Linsenwicke, ein besonders in Südeuropa als Futterpflanze angebauter Schmetterlingsblütler
Ery|cin Ⓦ [ery'tsi:n] *das;* -s ⟨Kunstw.⟩: svw. Erythromycin
ery|man|thisch ⟨nach Erýmanthos, einem Gebirge auf dem Peloponnes⟩: in der Fügung -er Eber: riesiger, am Berg Erymanthos lebender Eber der griech. Sage, dessen Fang zu den 12 Arbeiten gehörte, die Herakles ausführen mußte
Ery|si|pel *das;* -s, -e u. **Ery|si|pe|las** *das;* -, ...pelata ⟨über *lat.* erysipelas aus gleichbed. gr. erysípelas⟩: Rose, Wundrose, durch ↑Streptokokken verursachte ansteckende Entzündung der Haut (Med.). **Ery|si|pe|lo|id** *das;* -s, -e ⟨zu ↑...oid⟩: [Schweine]rotlauf, akute infektiöse Hauterkrankung von Schweinen, die auch auf Menschen übertragbar ist (meist durch Wunden; Med.)
Ery|thea *die;* -, ...theen ⟨aus gleichbed. *nlat.* erythea; nach der aus der griech. Heraklessage bekannten Insel Erytheia (Südspanien)⟩: Palmengattung aus Mittelamerika (auch als Zimmerpflanze)
Ery|them *das;* -s, -e ⟨aus gr. erýthēma „Errötung, Röte"⟩: Hautröte infolge ↑Hyperämie, oft auch krankheitsbedingt, mit vielen, z. T. infektiösen Sonderformen (Med.). **Ery|the|ma|to|des** *der;* - ⟨aus gleichbed. *nlat.* erythematodes zu

Esculenta

gr. erýthēma, Gen. erythḗmatos (vgl. Erythem) u. -eidés „gestaltet, ähnlich"): Zehrrose, Schmetterlingsflechte (erythemähnliche entzündliche Hauterkrankung; Med.). **Ery|therm|al|gie** *die;* -, ...ien ⟨Kurzbildung aus ↑erythro..., ↑thermo... u. ↑...algie⟩: zusammenfassende Bez. für ↑Erythromelalgie u. ↑Erythralgie (Med.). **erythr..., Erythr...** vgl. erythro..., Erythro... **Ery|thral|gie** *die;* -, ...ien ⟨zu ↑erythro... u. ↑...algie⟩: mit Schmerzen verbundene Rötung der Haut (Med.). **Ery|thrä|mie** *die;* -, ...ien ⟨zu ↑...ämie⟩: schwere Blutkrankheit (Med.). **Ery|thras|ma** *das;* -s, ...men ⟨zu *gr.* erythrós „rot"⟩: Zwergflechte (bräunlichrote Flecken bildende Pilzerkrankung der Haut; Med.). **¹Ery|thrin** *das;* -s, -e ⟨zu ↑erythro... u. ↑...in (1)⟩: 1. ein organischer Farbstoff. 2. in verschiedenen Flechtenarten vorkommender ↑Ester des ↑Erythrits. **²Ery|thrin** *der;* -s ⟨nach *(n)lat.* erythrina „Korallenstrauch" zu *gr.* erythrós „rot"⟩: Kobaltblüte, ein pfirsichblütenrotes Mineral. **Ery|thris|mus** *der;* -, ...men ⟨zu ↑erythro... u. ↑...ismus (3)⟩: 1. Rotfärbung bei Tieren. 2. Rothaarigkeit beim Menschen (Med.). **Ery|thrit** [auch ...'trɪt] *der;* -[e]s, -e ⟨zu ↑¹...it⟩: einfachster vierwertiger Alkohol. **ery|thro..., Ery|thro...,** vor Vokalen meist erythr..., Erythr... ⟨aus *gr.* erythrós „rot"⟩: Wortbildungselement mit der Bedeutung „rot, rotgefärbt, rötlich", z. B. Erythrämie, Erythroblast. **Ery|thro|blast** *der;* -en, -en ⟨zu *gr.* blastós „Sproß, Trieb"⟩: kernhaltige Jugendform (unreife Vorstufe) der roten Blutkörperchen (Med.). **Ery|thro|bla|sto|se** *die;* -, -n ⟨zu ↑¹...ose⟩: auf dem Auftreten von Erythroblasten im Blut beruhende Erkrankung (bei ↑Anämie, ↑Leukämie; Med.). **Ery|thro|der|mie** *die;* -, ...ien ⟨zu ↑...dermie⟩: länger dauernde, oft schwere, ausgedehnte Hautentzündung mit Rötung, Verdickung u. Schuppung (Med.). **ery|thro|gen** ⟨zu ↑...gen⟩: in den roten Blutkörperchen entstanden, gebildet (Med.). **Ery|thro|kon|ten** *die* (Plur.) ⟨zu *gr.* kontós „Stecken, Stab"⟩: bei schwerer ↑Anämie nachweisbare stäbchenförmige Gebilde in roten Blutkörperchen (Med.). **Ery|thro|ly|se** *die;* - ⟨zu ↑...lyse⟩: Auflösung der roten Blutkörperchen (Med.). **Ery|thro|mel|al|gie** *die;* -, ...ien ⟨zu *gr.* mélos „Glied" u. ↑...algie⟩: schmerzhafte Schwellung u. Rötung der Gliedmaßen, bes. der Füße (Med.). **Ery|thro|me|lie** *die;* -, ...ien ⟨zu *gr.* mélos „Glied" u. ↑²...ie⟩: mit Venenerweiterung verbundene Hautentzündung (Med.). **Ery|thro|mit** *der;* -en, -en (meist Plur.) ⟨verkürzt aus ↑Erythroblast u. *gr.* mítos „Faden"⟩: bei schwerer ↑Anämie in roten Blutkörperchen nachweisbares fadenförmiges Gebilde (Med.). **Ery|thro|my|cin** ⓌⓇ [...'tsiːn] *das;* -s ⟨zu ↑erythro..., *gr.* mýkēs „Pilz" u. ↑...in (1)⟩: ↑Antibiotikum mit breitem Wirkungsbereich. **Ery|thron** *das;* -s, ...onen ⟨zu ↑¹...on⟩: Sammelbez. für alle Vorstufen der roten Blutkörperchen (Med.). **Ery|thro|pa|ra|sit** *der;* -en, -en (meist Plur.) ⟨Kurzw. aus ↑*Erythrozit* u. ↑*Parasit*⟩: parasitärer Erreger, der sich bes. in roten Blutkörperchen ansiedelt (Med.). **Ery|thro|pa|thie** *die;* -, ...ien (meist Plur.) ⟨zu ↑erythro... u. ↑...pathie⟩: Krankheit des Blutes, bes. die ↑hämolytische (allgemeine Bez.; Med.). **Ery|thro|pha|ge** *der;* -n, -n (meist Plur.) ⟨zu ↑...phage⟩: den Abbau der roten Blutkörperchen einleitender ↑Makrophage (Med.). **ery|thro|phil** ⟨zu ↑...phil⟩: sich leicht mit roten Farbstoffen anfärbend (Med.). **Ery|thro|pho|bie** *die;* - ⟨zu ↑...phobie⟩: 1. krankhafte Angst zu erröten (Psychol.). 2. krankhafte Angst vor roten Gegenständen (Med.). **Ery|thro|pla|sie** *die;* -, ...ien ⟨zu *gr.* plássein „bilden, gestalten" u. ↑²...ie⟩: auf Wucherung beruhende rötlichbraune Verdickung mit höckeriger, zur Verhornung neigender Oberfläche, die auf verschiedenen Schleimhäuten auftreten kann (Med.). **Ery|thro|poe|se** *die;* - ⟨verkürzt aus ↑Erythrozyt u. *gr.* poíēsis „das Machen, Hervorbringen"⟩: Bildung od. Entstehung der roten Blutkörperchen (Med.). **Ery|thro|poe|tin** [...poe...] *das;* - ⟨zu ↑erythro..., *gr.* poieĩn „machen, hervorbringen" u. ↑...in (1)⟩: in der Niere gebildeter Stoff für die ↑humorale Steuerung der Erythropoese (Med.). **ery|thro|poe|tisch:** die Bildung od. Entstehung der roten Blutkörperchen betreffend (Med.). **Ery|throp|sie** *die;* -, ...ien ⟨zu ↑...opsie⟩: das Rotsehen, krankhaftes Wahrnehmen roter Farberscheinungen (Med.). **Ery|thro|si|de|rit** [auch ...'rɪt] *der;* -s, -e: ein rotes Mineral. **Ery|thro|sin** *das;* -s ⟨verkürzt aus *gr.* erythrós „rot" u. ↑Eosin⟩: künstlicher Farbstoff, der als ↑Sensibilisator verwendet wird. **Ery|thro|zin|kit** [auch ...'kɪt] *der;* -s, -e ⟨zu ↑erythro...⟩: ein Mineral (manganhaltiges Zinksulfid). **Ery|thro|zyt** *der;* -en, -en ⟨zu ↑...zyt⟩: rotes Blutkörperchen (Med.). **Ery|thro|zy|to|ly|se** *die;* - ⟨zu ↑...lyse⟩: svw. Erythrolyse. **Ery|thro|zy|to|se** *die;* - ⟨zu ↑¹...ose⟩: krankhafte Vermehrung der roten Blutkörperchen (Med.).

Es|ca|blon [ɛskaˈbloː] *das;* -s, -s ⟨aus gleichbed. *fr.* escabelon, dies wohl über *it.* scabellone, Vergrößerungsform von scabello, sgabello „Schemel", aus *lat.* scabellum⟩: Fußgestell [für eine Büste]

Es|ca|lopes [ɛskaˈlɔp(s)] *die* (Plur.) ⟨aus gleichbed. *fr.* escalopes zu *altfr.* escalope „Muschel"⟩: dünne, gebratene Fleisch-, Geflügel- od. Fischscheibchen

Es|cape|klau|sel [ɪsˈkeɪp...] *die;* -, -n ⟨zu *engl.* escape „das Ausweichen, Entrinnen" (dies über *altfr.* eschaper „entlaufen, entrinnen" zu *vulgärlat.* *excappare, zu ↑¹...ex u. *mlat.* cappa „Umhang, Mantel") u. ↑Klausel⟩: handelspolitische Klausel in internationalen Abkommen, die den vertragschließenden Ländern bei ernsthafter Gefahr für die einheimische Produktion die Errichtung von Handelsschranken gestattet

Es|car|pin [...k...] vgl. Eskarpin

Es|cha|ra [ˈɛsçara] *die;* - ⟨aus *gr.* eschára „Herd, Wundschorf"⟩: Brandschorf, Kruste aus abgestorbenem Gewebe (nach Verbrennungen, Erfrierungen, Verätzungen; Med.)

Es|cha|to|koll [ɛsça...] *das;* -s, -e ⟨zu *gr.* éschatos „der äußerste, letzte" u. kólla „Leim"⟩: Gesamtheit der auf den rechtsverbindlichen Text folgenden Schlußformeln in mittelalterlichen Urkunden (z. B. Datum, Unterschriften u. ä.). **Es|cha|to|lo|gie** *die;* - ⟨zu ↑...logie⟩: Lehre von den Letzten Dingen, d. h. vom Endschicksal des einzelnen Menschen u. der Welt. **es|cha|to|lo|gisch** ⟨zu ↑...logisch⟩: die Letzten Dinge, die Eschatologie betreffend

Esch|scholt|zia [ɛˈʃɔl...] *die;* -, ...ien [...jən] ⟨aus gleichbed. *nlat.* eschscholtzia; nach dem deutschbaltischen Naturforscher J. F. Eschscholtz, 1793–1831⟩: Goldmohn (Mohngewächs)

Es|cla|vi|ne [ɛsklaˈviːnə] *die;* -, -n ⟨zu *fr.* esclave „Sklave, Knecht" (dies aus *mlat.* sclavus) u. ↑...ine⟩: Überrock mit Kapuze, der vom 13.–17. Jh. als Arbeits-, Reise- u. Pilgerkleidung getragen wurde

Es|cof|fion [ɛskɔˈfjõː] *der;* -s, -s ⟨aus *fr.* escoffion „Haube", dies aus *it.* scuffione, Vergrößerungsform von gleichbed. scuffia (vgl. aus einem Netz aus Gold od. Seide bestehende Kopfbedeckung für Frauen (in der Renaissance)

Es|cu|do [ɛsˈkuːdo] *der;* -[s], -[s] ⟨aus *port.* escudo, eigtl. „Schild", dies aus gleichbed. *lat.* scutum⟩: port. u. chilen. Währungseinheit; Abk.: Es, Esc

es|cu|lent [...k...] ⟨aus gleichbed. *lat.* esculentus zu esca „Speise"⟩: (veraltet) eßbar. **Es|cu|len|ta** *die* (Plur.) ⟨aus gleichbed. *lat.* esculenta (Plur.)⟩: (veraltet) Speisen

...ese ⟨über *lat.* -esis aus *gr.* -esis bzw. -ēsis⟩: Wortbestandteil von Substantiven aus dem Griechischen u. Lateinischen, bes. zur Bezeichnung eines Vorgangs, z. B. Anamnese, Synthese

...esk ⟨aus *it.* -esco, -esca⟩: bei Adjektiven auftretendes Suffix mit der Bedeutung „in der Art von"; meist in Verbindung mit einem Namen, z. B. dantesk = in der Art Dantes

Es|ka|der *die;* -, -s ⟨aus gleichbed. *fr.* escadre aus *it.* squadra, eigtl. „viereckige Schlachtordnung"; vgl. Eskadron⟩: (veraltet) [Schiffs]geschwader, -verband. **Es|ka|dra** *die;* - ⟨über gleichbed. *russ.* eskadra aus *fr.* escadre, vgl. Eskader⟩: die russ. Flotte im Mittelmeer. **Es|ka|dron** *die;* -, -en ⟨aus gleichbed. *fr.* escadron, dies aus *it.* squadrone, vgl. Schwadron⟩: svw. Schwadron. **es|ka|dro|nie|ren** ⟨zu ↑ ...ieren⟩: (veraltet) in Schwadronen ordnen

Es|ka|la|de *die;* -, -n ⟨aus gleichbed. *fr.* escalade, dies aus *it.* scalata zu scalare „mit Hilfe einer Leiter ersteigen", dies zu *lat.* scala „Leiter, Treppe"⟩: (veraltet) Erstürmung einer Festung mit Sturmleitern. **es|ka|la|die|ren** ⟨aus gleichbed. *fr.* escalader zu escalade, vgl. Eskalade⟩: 1. (veraltet) eine Festung mit Sturmleitern erstürmen. 2. eine Eskaladierwand überwinden. **Es|ka|la|dier|wand** *die;* -, ...wände: Hinderniswand für Kletterübungen. **Es|ka|la|ti|on** *die;* -, -en ⟨aus gleichbed. *engl.* escalation zu escalade „Mauerersteigung", dies aus *fr.* escalade, vgl. Eskalade⟩: der jeweiligen Notwendigkeit angepaßte allmähliche Steigerung, Verschärfung, insbesondere beim Einsatz militärischer od. politischer Mittel; Ggs. ↑ Deeskalation; vgl. ...[at]ion/...ierung. **es|ka|lie|ren** ⟨nach gleichbed. *engl.* to escalate⟩: a) stufenweise steigern, verschärfen; b) sich ausweiten, an Umfang od. Intensität zunehmen auf Grund der Tatsache, daß die Beteiligten in ihren Maßnahmen rigoroser werden, z. B. der Arbeitskampf eskaliert; c) sich steigern, z. B. die Musik eskaliert; sich -: das hat sich immer weiter eskaliert; Ggs. ↑ deeskalieren. **Es|ka|lie|rung** *die;* -, -en ⟨zu ↑ ...ierung⟩: svw. Eskalation; vgl. ...[at]ion/...ierung

Es|ka|mo|ta|ge [...'ta:ʒə] *die;* -, -n ⟨aus gleichbed. *fr.* escamotage zu escamoter, vgl. eskamotieren⟩: (veraltet) Taschenspielerei, Zauberkunststück. **Es|ka|mo|teur** [...'tøːɐ̯] *der;* -s, -e ⟨aus gleichbed. *fr.* escamoteur⟩: (veraltet) Taschenspieler, Zauberkünstler. **es|ka|mo|tie|ren** ⟨aus gleichbed. *fr.* escamoter zu *südfr.* escamar „abschuppen", dies zu *altprovenzal.* escama „Schuppe" aus *lat.* squama⟩: (veraltet) [etwas, was einem gewünschten Denksystem nicht entspricht] heimlich verschwinden lassen; wegzaubern

es|kam|pie|ren ⟨aus gleichbed. *fr.* escamper zu ↑ ¹ex... u. *lat.* campus „Feld"⟩: (veraltet) davonlaufen (bes. von Soldaten)

Es|ka|pa|de *die;* -, -n ⟨aus gleichbed. *fr.* escapade, dies aus *it.* scappata „Sprung" (zu scappare „weglaufen, durchgehen") od. *span.* escapada (aus *vulgärlat.* *excappare, vgl. echappieren⟩: 1. falscher Sprung eines Schulpferdes. 2. mutwilliger Streich, Seitensprung, Abenteuer, abenteuerlich-eigenwillige Unternehmung. **Es|ka|pis|mus** *der;* - ⟨aus gleichbed. *engl.* escapism zu to escape „entfliehen", dies über älter *nordfr.* escaper aus *vulgärlat.* *excappare, vgl. Eskapade u. ...ismus⟩: a) [Hang zur] Flucht vor der Wirklichkeit u. den realen Anforderungen des Lebens in eine imaginäre Scheinwirklichkeit; b) Zerstreuungs- u. Vergnügungssucht, bes. in der Folge einer bewußten Abkehr von eingefahrenen Gewohnheiten u. Verhaltensmustern (Psychol.). **es|ka|pi|stisch** ⟨zu ↑ ...istisch⟩: a) vor der Wirklichkeit u. den realen Anforderungen des Lebens in eine imaginäre Scheinwelt flüchtend; b) zerstreuungs- u. vergnügungssüchtig im Sinne des Eskapismus (b; Psychol.)

Es|ka|ri|ol *der;* -s ⟨aus gleichbed. *fr.* escarole bzw. *it.* scariola, diese aus *spätlat.* escariola „Endivie"⟩: Winterendivie (Bot.)

Es|kar|pe *die;* -, -n ⟨aus gleichbed. *fr.* escarpe aus *it.* scarpa, eigtl. „Schuh", dies wohl aus *got.* *skarpa „Stütze"⟩: innere Grabenböschung bei Befestigungen. **es|kar|pie|ren** ⟨aus gleichbed. *fr.* escarper⟩: steil machen (von Böschungen bei Befestigungen). **Es|kar|pin** [ɛskar'pɛ̃:] *der;* -s, -s ⟨aus gleichbed. *fr.* escarpin, dies aus *it.* scarpino, Verkleinerungsform von scarpa, vgl. Eskarpe⟩: leichter Schuh, bes. der zu Seidenhosen u. Strümpfen getragene Schnallenschuh der Herren im 18. Jh.

Es|ker *der;* -s, - ⟨aus *ir.* eiscir „Hügelkamm"⟩: svw. Ås

Es|ki|mo *der;* -s, -s ⟨über *engl.* Eskimo aus *indian.* (nordamerik.) eskimantsik, eigtl. „Rohfleischesser"⟩: 1. Angehöriger eines Mongolenstammes im arktischen Norden u. auf der Tschuktschenhalbinsel. 2. (ohne Plur.) schwerer Mantelstoff. 3. Getränk aus Milch, Ei, Zucker u. Weinbrand. **es|ki|mo|isch**: nach Art des Eskimos (1). **es|ki|mo|tie|ren** ⟨zu ↑ ...ieren⟩: nach Art der Eskimos im Kajak unter dem Wasser durchdrehen u. in die aufrechte Lage zurückkehren

Es|kompte [ɛs'kõ:t] *der;* -s, -s ⟨aus gleichbed. *fr.* escompte, älter esconte, dies aus *it.* sconto, vgl. Skonto⟩: 1. Rabatt, Preisnachlaß bei Barzahlung. 2. svw. Diskont. **es|komp|tie|ren** [ɛskõ'ti:...] ⟨aus gleichbed. *fr.* escompter, älter esconter, dies aus *it.* scontare, vgl. skontieren⟩: 1. Preisnachlaß gewähren. 2. den Einfluß eines Ereignisses auf den Börsenkurs im voraus einkalkulieren u. den Kurs entsprechend gestalten

Es|ko|ri|al|schaf *das;* -[e]s, -e ⟨nach dem *span.* Schloß Escorial⟩: span. Tuchwollschaf, von dem die bekannten Merino- u. Negrettischafe abstammen

Es|kor|te *die;* -, -n ⟨aus gleichbed. *fr.* escorte, dies aus *it.* scorta „Geleit" zu scorgere, vgl. eskortieren⟩: Geleit, [militärische] Schutzwache, Schutz, Gefolge. **es|kor|tie|ren** ⟨aus gleichbed. *fr.* escorter, dies über *it.* scorgere „geleiten" aus *vulgärlat.* *excorrigere zu ↑ ¹ex... u. *lat.* corrigere, vgl. korrigieren⟩: als Schutz[wache] begleiten, geleiten

Es|ku|do vgl. Escudo

Es|me|ral|da *die;* -s ⟨aus *span.* esmeralda „Smaragd"⟩: spanischer Tanz

Es|naf|ti *die* (Plur.) ⟨aus gleichbed. *türk.* esnafti⟩: Kleinhändler (in der Türkei)

Eso|pho|rie *die;* -, ...ien ⟨zu *gr.* éso „hinein, nach innen hin", phorein „tragen, bringen" u. ↑ ²...ie⟩: äußerlich nicht wahrnehmbares, ↑ latentes Einwärtsschielen der Augen (Med.)

Eso|te|rik *die;* - ⟨zu *gr.* esōterikós „innerlich"⟩: 1. esoterische Geisteshaltung, esoterisches Denken. 2. esoterische Beschaffenheit einer Lehre o. ä. **Eso|te|ri|ker** *der;* -s, -: jmd., der in die Geheimlehren einer Religion, Schule od. Lehre eingeweiht ist; Ggs. ↑ Exoteriker. **eso|te|risch:** a) nur für Eingeweihte, Fachleute bestimmt u. verständlich; b) geheim; Ggs. ↑ exoterisch

Es|pa|da *der;* -s, -s ⟨aus *span.* espado, eigtl. „Degen", dies über *lat.* spatha „Degen, Schwert" aus *gr.* spáthē „breites Schwert"⟩: spanischer Stierkämpfer

Es|pa|dril|le [...'drɪljə] *die;* -, -s (meist Plur.) ⟨aus gleichbed. *fr.* espadrille, dies über *provenzal.* espardi(l)ho zu espart; vgl. Esparto⟩: Leinenschuh mit einer Sohle aus Espartogras [der urspr. mit Bändern kreuzweise um den unteren Teil der Waden geschnürt wurde]

Es|pa|gnol [ɛspan'jɔl] *der;* -s, -s ⟨aus *fr.* espagnol „spanisch"⟩: spanischer Schnupftabak. **Es|pa|gno|le** [...'joːlə] *die;* -, ...olen ⟨aus gleichbed. *fr.* danse espagnole⟩: spanischer Tanz. **Es|pa|gno|let|te** [...joˈlɛtə] *die;* -, -n u. **Es|pagno|let|te|ver|schluß** *der;* ...schlusses, ...schlüsse ⟨zu *fr.* espagnolette „Drehriegel", eigtl. Verkleinerungsform von espagnol „spanisch" (da der Verschluß wahrscheinlich aus Spanien stammt)⟩: Drehstangenverschluß für Fenster
Es|par|set|te *die;* -, -n ⟨aus gleichbed. *fr.* esparcet(te), dies aus *provenzal.* esparceto, weitere Herkunft unsicher⟩: kleeartige Futterpflanze auf kalkreichen Böden
Es|par|to *der;* -s, -s u. **Es|par|to|gras** *das;* -es, ...gräser ⟨aus gleichbed. *span.* esparto, dies über *lat.* spartum aus *gr.* spárton „Strauch; Seil"⟩: a) in Spanien u. Algerien wild wachsendes Steppengras; b) das zähe Blatt des Espartograses, das bes. zur Papierfabrikation verwendet wird; vgl. Alfa, Halfa
Es|pé|rance [espeˈrãːs] *die;* -, -n [...sn̩] ⟨aus gleichbed. *fr.* espérance, eigtl. „Hoffnung", zu espérer „hoffen", dies aus *lat.* sperare⟩: Glücksspiel mit zwei Würfeln. **Es|pe|ran|tist** *der;* -en, -en ⟨zu ↑ Esperanto u. ↑...ist⟩: jmd., der Esperanto sprechen kann. **Es|pe|ran|to** *das;* -[s] ⟨aus dem Esperantowort esperanto „der Hoffende", substantiviertes Part. Präs. von esperi „hoffen" (in Anlehnung an *span.* bzw. *port.* esperar); nach dem Pseudonym Dr. Esperanto, unter dem der poln. Augenarzt L. Zamenhof (1859–1917) den Plan zu dieser Sprache 1887 vorlegte⟩: übernationale, künstliche Weltsprache. **Es|pe|ran|to|lo|ge** *der;* -n, -n ⟨zu ↑...loge⟩: Wissenschaftler, der sich mit Sprache und Literatur des Esperanto beschäftigt. **Es|pe|ran|to|lo|gie** *die;* - ⟨zu ↑...logie⟩: Wissenschaft von Sprache und Literatur des Esperanto. **Es|pe|ran|to|lo|gin** *die;* -, -nen: weibl. Form zu ↑ Esperantologe
Es|pi|na|les *die* (Plur.) ⟨zu *span.* espina „Dorn", dies aus *lat.* spina⟩: mit struppigen Dornbüschen bewachsene Gebiete in Argentinien. **es|pi|nar** ⟨zu *span.* espinar „Dorngebüsch", vgl. ...ar (1)⟩: aus Dorngestrüpp bestehend, damit bewachsen
Es|pi|ne|la *die;* -, -s ⟨aus *span.* espinela; nach dem span. Dichter V. Espinel, 1550–1624⟩: span. Gedichtform (Form der ↑ Dezime 2)
Es|pin|go|le [ɛspɛ̃ˈgɔl(ə)] *die;* -, -n ⟨aus *fr.* espingole „Donnerbüchse", altfr. espringale, zu espringuer „tanzen", dies aus *fränk.* *springan „(auf)springen"⟩: Schrotfeuerwaffe, meist Pistole, mit trichterförmig erweiterter Mündung (bis Mitte des 19. Jh.s)
es|pi|ran|do ⟨*it.*; Part. Präs. von espirare „aushauchen", dies aus *lat.* exspirare⟩: verhauchend, ersterbend, verlöschend (Vortragsanweisung; Mus.)
Es|pla|na|de *die;* -, -n ⟨aus gleichbed. *fr.* esplanade, dies aus *it.* spianata zu spianare „ebnen" aus *lat.* explanare „eben ausbreiten"⟩: freier Platz, der meist durch Abtragung alter Festungswerke entstanden ist
Es|pres|si Plur. von ↑ 'Espresso. **es|pres|si|vo** [...vo] ⟨*it.*; zu esprimere „ausdrücken", dies aus *lat.* exprimere⟩: ausdrucksvoll (Vortragsanweisung; Mus.). **Es|pres|si|vo** *das;* -s, Plur. -s od. ...vi [...vi]: ausdrucksvolle Gestaltung in der Musik. **¹Es|pres|so** *der;* -[s], Plur. -s od. ...ssi ⟨aus gleichbed. *it.* (caffè) espresso „Schnellkaffee" zu espresso „eilig, Schnell...", vgl. expreß⟩: 1. (ohne Plur.) sehr dunkel gerösteter Kaffee. 2. in einer Spezialmaschine zubereiteter, sehr starker Kaffee. **²Es|pres|so** *das;* -[s], -s ⟨zu ↑ ¹Espresso⟩: kleine Kaffeestube, kleines Lokal, in dem [u. a.] ¹Espresso (2) serviert wird
Es|prit [ɛsˈpriː] *der;* -s ⟨aus gleichbed. *fr.* esprit, eigtl. „Geist", dies aus *lat.* spiritus, vgl. ¹Spiritus⟩: geistreiche Art; feine witzig-einfallsreiche Geistesart. **Es|prit de corps** [ɛspridˈkɔːr] *der;* - - - ⟨aus gleichbed. *fr.* esprit de corps⟩: Korpsgeist, Standesbewußtsein
Es|pun|dia *die;* - ⟨aus *amerik.-span.* espundia „Geschwür (bei Pferden)"⟩: bösartige Form der Aleppobeule in Mittel- u. Südamerika (Med.)
Es|qui|re [ɪsˈkwaɪə] *der;* -s, -s ⟨aus *engl.* esquire, eigtl. „Edelmann", dies über *altfr.* escuier aus *lat.* scutarius „Schildträger"⟩: engl. Höflichkeitstitel; Abk.: Esq.
Es|quisse [ɛsˈkis] *die;* -, -n [...sn̩] ⟨aus gleichbed. *fr.* esquisse, dies aus *it.* schizzo zu schizzare, vgl. skizzieren⟩: (veraltet) Entwurf, Skizze
Es|rar *der* od. *das;* -s ⟨aus *türk.* esrar „Haschisch", eigtl. „Geheimnisse", zu *arab.* sitara „(Pferde)decke, Vorhang"⟩: aus indischem Hanf gewonnenes Rauschgift
Es|rom *der;* -s, -s ⟨nach der dänischen Insel Esrom⟩: ziegelförmiger dänischer Butterkäse
Es|sä|er *die* (Plur.) ⟨zu ↑ Essener⟩: svw. Essener
Es|sai [ɛˈsɛ] *der* od. *das;* -s, -s ⟨aus *fr.* essai, vgl. Essay⟩: franz. Form von Essay
Es|sä|is|mus *der;* - ⟨zu ↑ Essener (vgl. Essäer) u. ↑...ismus (1)⟩: Lehre der ↑ Essener
Es|sa|ul vgl. Jessaul
Es|say [ˈɛsɛ, ɛˈseː] *der* od. *das;* -s, -s ⟨aus gleichbed. *engl.* essay, eigtl. „Versuch", dies über *fr.* essai „Versuch, Abhandlung" aus *lat.* exagium „das Abwägen"⟩: Abhandlung, die eine literarische od. wissenschaftliche Frage in knapper u. anspruchsvoller Form behandelt. **Es|saye|rie** [esejə...] *die;* -, ...ien ⟨aus gleichbed. *fr.* essayerie; vgl. Essay⟩: (veraltet) Prüfstätte für Münzen. **Es|say|eur** [esɛˈjøː] *der;* -s, -e ⟨aus gleichbed. *fr.* essayeur⟩: (veraltet) Münzprüfer. **Es|say|is|mus** [ɛsɛˈɪs...] *der;* - ⟨zu ↑ Essay u. ↑...ismus (5)⟩: Bez. für unsystematische, subjektive Darstellungsweise. **Es|say|ist** *der;* -en, -en ⟨aus gleichbed. *engl.* essayist⟩: Verfasser von Essays. **Es|say|is|tik** *die;* - ⟨zu ↑...istik⟩: Kunstform des Essays. **Es|say|is|tin** *die;* -, -nen: weibliche Form zu ↑ Essayist. **es|say|is|tisch** ⟨zu ↑...istisch⟩: a) den Essay betreffend; b) für den Essay charakteristisch; von der Form, Art eines Essays
Ess|bou|quet [ɛsbuˈkeː] *das;* -s ⟨Kurzw. aus *fr.* essence de bouquet, eigtl. „Blumen-, Blütenessenz"⟩: Parfüm, Mischung feiner Parfümöle
Es|se *das;* - ⟨Substantivierung von *lat.* esse „sein"⟩: Sein, Wesen (Philos.)
Es|se|da|rii *die* (Plur.) ⟨aus *lat.* essedarius „Wagenkämpfer" zu *kelt.* essédum („zweirädriger Wagen")⟩: kelt. Wagenkämpfer in Gallien u. Britannien zur Römerzeit
es|se est per|ci|pi [– – ...tsipi] ⟨*lat.*; „Sein ist Wahrgenommenwerden"⟩: philos. Grundsatz Berkeleys, daß außerhalb des wahrnehmenden Bewußtseins nichts existiert
Es|se|ner *die* (Plur.) ⟨vermutlich zu *aram.* ḥasên „Frommer"⟩: altjüdische Sekte (etwa von 150 v. Chr. bis 70 n. Chr.) mit einem Gemeinschaftsleben nach Art von Mönchen
Es|sen|tia *die;* - ⟨aus gleichbed. *lat.* essentia zu esse „sein" (Lehnübersetzung von *gr.* ousía „Sein, Wesen")⟩: Wesen (Philos.); Ggs. ↑ Existentia. **es|sen|ti|al** ⟨aus gleichbed. *mlat.* essentialis⟩: svw. essentiell (bes. Philos.); vgl. ...al/ ...ell. **Es|sen|tial** [ɪˈsɛnʃəl] *das;* -s, -s (meist Plur.) ⟨zu *engl.* essential „notwendig, wesentlich"⟩: wesentlicher Punkt; unentbehrliche Sache. **Es|sen|tia|li|en** [ɛsɛnˈtsiaːliən] *die* (Plur.) ⟨aus gleichbed. *mlat.* essentialia (Plur.) zu essentialis, vgl. essential⟩: Hauptpunkte bei einem Rechtsgeschäft; Ggs. ↑ Akzidentalien. **Es|sen|tia|lis|mus** *der;* - ⟨zu ↑...is-

Essentialität

mus (1)⟩: philos. Richtung, die den Vorrang des Wesens gegenüber der ↑ Existenz zum Inhalt hat. **Es|sen|tia|li|tät** *die;* - ⟨zu ↑...ität⟩: Wesentlichkeit, Wesenheit. **es|sen|ti|ell** ⟨über gleichbed. *fr.* essentiel aus *mlat.* essentialis⟩: 1. a) wesentlich, hauptsächlich; b) wesensmäßig (Philos.). 2. lebensnotwendig (Chem., Biol.). 3. selbständig (von Krankheitserscheinungen, die nicht symptomatisch für bestimmte Krankheiten sind, sondern ein eigenes Krankheitsbild darstellen; Med.); vgl. ...al/...ell. **Es|senz** *die;* -, -en ⟨aus *lat.* essentia „Wesen(tliches)", in der alchimist. Bed. „konzentrierter Auszug"; vgl. Essentia⟩: 1. wesentlichster Teil, Kernstück. 2. konzentrierter Duft- od. Geschmacksstoff aus pflanzlichen od. tierischen Substanzen. 3. stark eingekochte Brühe von Fleisch, Fisch od. Gemüse zur Verbesserung von Speisen. 4. Wesen, Wesenheit einer Sache
Es|se|xit [auch ...'ksɪt] *der;* -s, -e ⟨nach der Landschaft Essex County in Massachusetts (USA) u. zu ↑²...it⟩: ein Tiefengestein
Es|sig|äther *der;* -s ⟨zu ↑ Äther⟩: technisch vielfach verwendete organische Verbindung (Äthylacetat), eine angenehm u. erfrischend riechende, klare Flüssigkeit. **Es|sig|spi|nell** *der;* -s, -e: gelber Spinell, ein Schmuckstein
Es|siv *der;* -s ⟨aus *nlat.* (casus) essivus „Zustandsfall" zu *lat.* esse „sein"⟩: Kasus in den finnougrischen Sprachen, der ausdrückt, daß sich etwas in einem Zustand befindet
Est [ɛst] (ohne Artikel) ⟨aus gleichbed. *fr.* est⟩: Osten; Abk.: E
Esta|blish|ment [ɪsˈtɛblɪʃmənt] *das;* -s, -s ⟨aus gleichbed. *engl.* establishment zu establish „festsetzen, einrichten", dies aus *altfr.* establir, vgl. etablieren⟩: a) Oberschicht der politisch, wirtschaftlich od. gesellschaftlich einflußreichen Personen; b) (abwertend) etablierte bürgerliche Gesellschaft, die auf Erhaltung des ↑ Status quo bedacht ist
Esta|fet|te *die;* -, -n ⟨aus gleichbed. *fr.* estafette, dies aus *it.* staffetta, vgl. Stafette⟩: (veraltet) [reitender] Eilbote
Esta|ka|de *die;* -, -n ⟨über *fr.* estacade aus *provenzal.* estacado „Pfahlwerk" zu estaca „Pfahl, Balken", dies aus *altfränk.* *staka⟩: 1. Rohr-, Gerüstbrücke. 2. Pfahlwerk zur Sperrung von Flußeingängen od. Häfen
Esta|min *das;* -[s] ⟨zu ↑ Etamin⟩: svw. Etamin
Esta|mi|net [...'ne:] *das;* -[s], -s ⟨aus gleichbed. *fr.* estaminet aus *wallonisch* staminê, dies zu stamon „Pflock" (an dem man das Vieh im Stall anbindet)⟩: (veraltet) a) kleines Kaffeehaus; b) Kneipe
Estam|pe [ɛsˈtãːp(ə)] *die;* -, -n [...pn̩] ⟨aus gleichbed. *fr.* estampe, dies aus *it.* stampa „(Druck)presse" zu stampare „drucken, prägen" aus *altfränk.* *stampōn „stampfen"⟩: Abdruck eines Kupfer-, Stahl- od. Holzstichs
Estam|pie [ɛstãˈpi:] *die;* -, ...ien ⟨über das Franz. wohl aus *provenzal.* estampida⟩: mittelalterliche instrumentale Kompositionsform
Estan|zia *die;* -, -s ⟨aus gleichbed. *span.* estancia, eigtl. „Aufenthalt, Wohnung", zu estar „sich befinden, bleiben", dies aus *lat.* stare „stehen"⟩: südamerik. Landgut [mit Viehwirtschaft]. **Estan|zie|ro** *der;* -s, -s ⟨aus *span.* estanciero „Farmer"⟩: Großgrundbesitzer in Südamerika, Besitzer einer Estanzia
Esta|vel|le [...ˈvɛljə] *die;* -, -n ⟨roman. Ursprungs⟩: Wasserspeiloch in den ↑ Poljen der südosteurop. Karstgebiete, das nur nach starken Regenfällen in Erscheinung tritt
Este|kul|tur *die;* - ⟨nach der ital. Stadt Este⟩: mehrphasige eisenzeitliche Kulturgruppe in Italien u. Slowenien
Ester *der;* -s, - ⟨Kunstw. aus Essigäther⟩: organische Verbindung aus der Vereinigung von Säuren mit Alkoholen unter Abspaltung von Wasser (Chem.)

Este|ras *die* (Plur.) ⟨aus gleichbed. *span.* estera „Matte", dies aus *lat.* storea⟩: aus Binsenhalmen geflochtene Matten
Este|ra|se *die;* -, -n ⟨zu ↑ Ester u. ↑...ase⟩: fettspaltendes ↑ Enzym (Chem.)
Estil ⓦ *das;* -s ⟨Kunstw.⟩: intravenöses Kurznarkotikum
estin|guen|do [ɛstɪŋˈgu̯ɛndo] ⟨*it.*; Part. Präs. von estinguere „erlöschen, ausgehen", dies aus *lat.* exstinguere⟩: verlöschend, ausgehend, ersterbend (Vortragsanweisung; Mus.). **estin|to** ⟨*it.*; Part. Perf. von estinguere, vgl. estinguendo⟩: erloschen, verhaucht (Vortragsanweisung; Mus.)
Esto|fa|do|skulp|tur *die;* -, -en ⟨zu *span.* estofar „bekleiden, ausstaffieren, vergolden" u. ↑ Skulptur⟩: naturalistische Richtung der span. Plastik des 17. Jh.s
Esto|mi|hi ⟨aus *lat.* esto mihi „sei mir (ein starker Fels)"; nach dem Eingangsvers des Gottesdienstes, Psalm 31,3⟩: in der ev. Kirche Name des letzten Sonntags vor der Passionszeit (siebenter Sonntag vor Ostern); vgl. Quinquagesima
Esto|pil|la [...ˈpilja] *die;* -, -s ⟨aus *span.* estopilla „Leinengaze, Baumwollstoff", Verkleinerungsform von estopa „Werg, grobe Leinwand", dies aus *lat.* stuppa⟩: Schleiertuch
Estra|de *die;* -, -n ⟨aus *fr.* estrade „erhöhter Platz, Bühne" (Bed. 2 über gleichbed. *russ.* estrada), dies über gleichbed. *span.* estrado aus *lat.* stratum „Pflaster, Fußboden"⟩: 1. erhöhter Teil des Fußbodens (z. B. vor einem Fenster). 2. volkstümliche künstlerische Veranstaltung mit gemischtem musikalischem u. artistischem Programm. **Estra|den|kon|zert** *das;* -[e]s, -e: svw. Estrade (2)
Estra|gon *der;* -s ⟨aus gleichbed. *fr.* estragon, dies über *mlat.* tarc(h)on aus *arab.* ṭarḫūn⟩: a) Gewürzpflanze mit langen, schmalen Blättern (Korbblütler); b) aus [getrockneten] Blättern des Estragons (a) bestehendes Gewürz
Estran|ge|lo *die;* - ⟨unter Einfluß von *gr.* straggós „gedreht, gewunden" aus *syr.* estrangelāyē, eigtl. „gerundete (Buchstaben)"⟩: alte kursive syr. Schrift
Estre|ma|du|ra|garn *das;* -s ⟨nach der span. Landschaft Estremadura⟩: glattes Strick- od. Häkelgarn aus Baumwolle
Estro|pié [...ˈpi̯e:] *der;* -s, -s ⟨aus *fr.* estropié, substantiviertes Part. Perf. von estropier, vgl. estropieren⟩: (veraltet) Verkrüppelter, Verstümmelter. **estro|pie|ren** ⟨aus gleichbed. *fr.* estropier zu *it.* stroppiare, weitere Herkunft unsicher⟩: (veraltet) häßlich machen, verstümmeln, entstellen
et ⟨*lat.*⟩: und; &; vgl. Et-Zeichen
Eta *das;* -[s], -s ⟨aus *gr.* ēta⟩: siebenter Buchstabe des griech. Alphabets (langes E): H, η
Eta|bla|ge [...ʒə] *die;* -, -n ⟨aus gleichbed. *fr.* établage zu étable „Stall", dies aus *lat.* stabulum⟩: (veraltet) 1. Stallgeld. 2. Standgeld von Händlern. **eta|blie|ren** ⟨aus gleichbed. *fr.* établir, dies aus *lat.* stabilire „befestigen", vgl. stabil⟩: 1. einrichten, gründen (z. B. eine Fabrik). 2. sich -: a) sich niederlassen, sich selbständig machen (als Geschäftsmann); b) sich irgendwo häuslich einrichten, sich eingewöhnen; c) einen sicheren Platz innerhalb einer Ordnung od. Gesellschaft einnehmen, sich breitmachen (z. B. von politischen Gruppen). **Eta|blis|se|ment** [...blɪs(ə)ˈmãː, schweiz. ...ˈmɛnt] *das;* -s, Plur. -s, schweiz. -e ⟨aus gleichbed. *fr.* établissement zu établir, vgl. etablieren⟩: 1. Unternehmen, Niederlassung, Geschäft, Betrieb. 2. a) kleineres, gepflegtes Restaurant; b) Vergnügungsstätte, [zweifelhaftes] [Nacht]lokal; c) (verhüllend) svw. Bordell
Eta|ge [eˈtaːʒə] *die;* -, -n ⟨aus gleichbed. *fr.* étage, eigtl. „Aufenthalt, Zustand, Rang", dies aus *vulgärlat.* *staticum „Standort" zu *lat.* stare „stehen"⟩: Stockwerk, [Ober]ge-

schoß. **Eta|ge|re** [...'ʒeːrə] *die;* -, -n ⟨aus *fr.* étagère „Brettergestell" zu étage, vgl. Etage⟩: 1. a) Gestell für Bücher od. für Geschirr; b) aus meist drei übereinander befindlichen Schalen in unterschiedlicher Größe bestehender Gegenstand, durch den in der Mitte ein Stab verläuft, an dem die Schalen befestigt sind. 2. aufhängbare, mit Fächern versehene Kosmetiktasche. **eta|gie|ren** [...ʒiː...] ⟨aus gleichbed. *fr.* étager⟩: [ab]stufen, stufenförmig anordnen (bes. von den Haaren)

Etain [eˈtɛ̃] *der;* -s ⟨aus gleichbed. *fr.* étain, dies aus *(spät)lat.* stagnum⟩: (veraltet) Zinn

Eta|la|ge [...ʒə] *die;* -, -n ⟨aus gleichbed. *fr.* étalage zu étaler, vgl. etalieren⟩: (veraltet) das Ausstellen, Aufbauen von Ware [im Schaufenster]. **eta|lie|ren** ⟨aus gleichbed. *fr.* étaler zu étal, altfr. estal „Verkaufstisch", dies aus *altfränk.* *stal „Standort"⟩: (veraltet) ausstellen

et alii ⟨*lat.*⟩: und andere

Eta|lon [...ˈlõː] *der;* -s, -s ⟨aus gleichbed. *fr.* étalon, älter estal(i)on, dies wohl aus *altfränk.* *stalo „Muster, Probe"⟩: 1. Normalmaß, Eichmaß. 2. in der ↑Interferometrie zwei genau parallel montierte ebene Spiegel (Phys.). **Eta|lon|na|ge** [...lɔˈnaːʒə] *die;* -, -n ⟨aus *fr.* étalonnage „das Eichen" zu étalonner, vgl. etalonnieren⟩: Steuerung der Stärke u. der Zusammensetzung des Kopierlichtes in der Kopiermaschine (Filmw.). **eta|lon|nie|ren** ⟨aus gleichbed. *fr.* étalonner⟩: (veraltet) eichen

Eta|mage [...ˈmaːʒ] *die;* -, -n [...ʒn] ⟨aus gleichbed. *fr.* étamage zu étamer, vgl. etamieren⟩: (veraltet) Verzinnung. **Eta|meur** [...ˈmøːɐ̯] *der;* -s, -e ⟨aus gleichbed. *fr.* étameur⟩: (veraltet) Verzinner. **eta|mie|ren** ⟨aus gleichbed. *fr.* étamer zu étain, vgl. Etain⟩: (veraltet) verzinnen, mit Zinn belegen

Eta|min *das,* bes. österr. auch *der;* -[s] u. **Eta|mi|ne** *die;* - ⟨aus *fr.* étamine „Schleiertuch, Seihtuch", dies über *altfr.* estamine zu *lat.* stamineus „voll Fäden, faserig", dies zu stamen „Faden"⟩: gitterartiges, durchsichtiges Gewebe [für Vorhangstoffe]

Etan|çon [etãˈsõː] *der;* -s, -s ⟨aus gleichbed. *fr.* étançon zu *lat.* stare „stehen"⟩: (veraltet) Stütze (Bauw.). **etan|çon|nie|ren** [etãsɔˈniː...] ⟨aus gleichbed. *fr.* étançonner⟩: (veraltet) [ab]stützen, [ab]steifen (Bauw.)

Etang [eˈtã] *der;* -s, -s ⟨aus gleichbed. *fr.* étang, weitere Herkunft unsicher⟩: (veraltet) Teich, Weiher, See

Eta|pier [...ˈpi̯eː] *der;* -s, -s ⟨aus gleichbed. *fr.* étapier zu étape, vgl. Etappe⟩ : (veraltet) Proviantverwalter, Verwalter einer Etappe (2). **Etap|pe** *die;* -, -n ⟨aus *fr.* étape, eigtl. „Warenniederlage", dies aus *mniederl.* stapel „Warenlager, geschichteter Haufen"⟩: 1. a) Teilstrecke, Abschnitt eines Weges; b) [Entwicklungs]stadium, Stufe. 2. [Nachschub]gebiet hinter der Front (Mil.)

Etat [eˈtaː] *der;* -s, -s ⟨aus *fr.* état „Staat, Staatshaushalt", eigtl. „Zustand, Beschaffenheit", dies aus *lat.* status „Stand, Zustand" zu stare „stehen"⟩: 1. a) [Staats]haushaltsplan; b) [Geld]mittel, die über einen begrenzten Zeitraum für bestimmte Zwecke zur Verfügung stehen. 2. durch einen Probedruck festgehaltener Zustand der Platte während der Entstehung eines Kupferstichs. **eta|ti|sie|ren** ⟨aus gleichbed. *fr.* étatiser; vgl. Etat⟩: einen Posten in den Staatshaushalt aufnehmen. **Eta|tis|mus** *der;* - ⟨aus gleichbed. *fr.* étatisme; vgl. ...ismus (2)⟩: 1. bestimmte Form der Planwirtschaft, in der die staatliche Kontrolle nur in den wichtigsten Industriezweigen (z. B. Tabakindustrie) wirksam wird. 2. eine ausschließlich auf das Staatsinteresse eingestellte Denkweise. 3. (schweiz.) Stärkung der Zentralgewalt des Bundes gegenüber den Kantonen. **eta|tis|tisch** ⟨zu ↑...istisch⟩: a) den Etatismus betreffend; b) in der Art des Etatismus. **Etat ma|me|lon|né** [etamaməlɔˈne] *der;* - - ⟨aus gleichbed. *fr.* état mamelonné zu ↑Etat u. *fr.* mamelon „(Brust)warze", dies zu mamelle ↑Etat u. *fr.* mamilla⟩: grobfaltige, warzige Beschaffenheit der Magenschleimhaut (bei chronischer ↑Gastritis; Med.). **Etats gé|né|raux** [etaʒeneˈro] *die* (Plur.) ⟨aus gleichbed. *fr.* les états généraux⟩: die franz. Generalstände (Adel, Geistlichkeit, Bürgertum) bis zum 18. Jh. **Etats pro|vin|ciaux** [etaprɔvɛ̃ˈsjo] *die* (Plur.) ⟨aus *fr.* gleichbed. les états provinciaux⟩: die franz. Provinzialstände (Ständevertretung der einzelnen Provinzen) bis zum 18. Jh.

Eta|zis|mus *der;* - ⟨zu ↑Eta u. ↑...ismus (4)⟩: Aussprache des griech. Eta wie langes e

et ce|te|ra [– ˈtseː...] ⟨*lat.*; „und das übrige"⟩: und so weiter; Abk.: etc. **et ce|te|ra pp.** [– – peˈpe] ⟨pp. = Abk. für *lat.* perge, perge „fahre fort, fahre fort", Imperativ von pergere „fortsetzen, fortfahren"⟩: (verstärkend) und so weiter, und so weiter. **et cum spi|ri|tu tuo** [– kʊm – –] ⟨*lat.*; „und mit deinem Geiste"⟩: Antwort der Gemeinde im kath. Gottesdienst auf den Gruß ↑Dominus vobiscum

Eteig|noir [etɛˈnjoaːɐ̯] *der;* -s, -s ⟨aus gleichbed. *fr.* éteignoir zu éteindre „(Feuer) löschen", über *vulgärlat.* *extingere aus *lat.* exstinguere⟩: (veraltet) Kerzenlöscher

Eten|dard [etãˈdaːɐ̯] *der;* -s, -s ⟨aus gleichbed. *fr.* étendard zu étendre, vgl. etendieren⟩: (veraltet) Standarte, Fahne, Feldzeichen. **eten|die|ren** [etã...] ⟨aus gleichbed. *fr.* étendre, dies aus *lat.* extendere⟩: (veraltet) ausbreiten, ausdehnen. **Eten|doir** [...ˈdoaːɐ̯] *der;* -s, -s ⟨aus gleichbed. *fr.* étendoir⟩: (veraltet) Wäscheleine, -trockner. **Eten|due** [...ˈdyː] *die;* -, -n [...ˈdyːən] ⟨aus gleichbed. *fr.* étendue⟩ (veraltet) Weite, Ausdehnung, Raum

Eteo|gramm *das;* -s, -e ⟨zu *gr.* eteós „wahr, wirklich" u. ↑...gramm⟩: Schreibweise fremdsprachlicher Wortformen mit Hilfe des Schriftsystems, in das sie übernommen werden, wenn daneben ↑Heterogramme vorkommen

ete|pe|te|te ⟨wohl zu *niederd.* ete, öte „geziert" u. (umgeformtem) *fr.* peut-être „vielleicht"⟩: (ugs.) a) geziert, zimperlich, übertrieben empfindlich; b) steif u. konventionell, nicht ungezwungen-aufgeschlossen

Eter|nelle [...ˈnɛl] *die;* -, -n [...lən] ⟨zu *fr.* éternel, éternelle „ewig; unendlich, nicht enden wollend", dies aus *lat.* aeternalis⟩: Häkelspitze mit fortlaufend wiederkehrendem Muster. **eter|ni|sie|ren** ⟨aus gleichbed. *fr.* éterniser zu *lat.* aeternus „ewig (dauernd)"⟩: verewigen, in die Länge ziehen. **Eter|nit** Ⓦ [auch ...ˈnit] *das, der;* -s ⟨aus *lat.* aeternus „ewig", unvergänglich" u. ↑²...it⟩: wasserundurchlässiges u. feuerfestes Material (bes. im Baugewerbe verwendet)

Ete|si|en [...i̯ən] *die* (Plur.) ⟨über *lat.* etesiae (Plur.) aus *gr.* etēsíai (ánemoi), eigtl. „(all)jährliche (Winde)"⟩: von April bis Oktober gleichmäßig wehende, trockene Nordwestwinde im östlichen Mittelmeer. **Ete|si|en|kli|ma** *das;* -s, Plur. -s u. (fachspr.) ...mate: Klima mit trockenem, heißem Sommer u. mildem Winter mit Niederschlägen

Ethan *das;* -s ⟨aus *engl.* ethan, vgl. Äthan⟩: fachspr. für ↑Äthan. **Etha|no|graph** *der;* -en, -en ⟨zu *engl.* ethanol (vgl. Äthanol) u. ↑...graph⟩: Gerät zum Messen des Alkoholspiegels im Blut. **Etha|nol** *das;* -s ⟨aus *engl.* ethanol, vgl. Äthanol⟩: fachspr. für ↑Äthanol

Ether *der;* -s ⟨aus *engl.* ether, vgl. Äther⟩: fachspr. für ↑Äther (2)

Ethik *die;* -, -en ⟨über *lat.* ethice, (res) ethica aus gleichbed. *gr.* ēthikḗ zu ēthikós „sittlich", vgl. ethisch⟩: 1. a) Lehre vom sittlichen Wollen u. Handeln des Menschen in verschiedenen Lebenssituationen (Philos.); b) die Ethik (1 a)

Ethiker

darstellendes Werk. 2. (ohne Plur.) [allgemeingültige] Normen u. Maximen der Lebensführung, die sich aus der Verantwortung gegenüber anderen herleiten. **Ethi|ker** *der;* -s, -: a) Lehrer der philos. Ethik; b) Begründer od. Vertreter einer ethischen Lehre; c) jmd., der in seinem Wollen u. Handeln von ethischen Grundsätzen ausgeht. **Ethi|ko|theo|lo|gie** *die;* -: Schluß von den Grundlagen u. Forderungen sittlichen Verhaltens der Menschen auf die Existenz Gottes. **ethisch** ⟨über *lat.* ethicus „sittlich" aus *gr.* ēthikós zu ēthos, vgl. Ethos⟩: 1. die Ethik betreffend. 2. die von Verantwortung u. Verpflichtung anderen gegenüber getragene Lebensführung, -haltung betreffend, auf ihr beruhend; sittlich; -e Indikation: ↑Indikation für einen Schwangerschaftsabbruch aus ethischen Gründen (z. B. nach einer Vergewaltigung); -es Produkt ⟨nach *engl.* ethical product(s)⟩: rezeptpflichtiges Arzneimittel
eth|mo|id ⟨zu *gr.* ēthmós „Sieb" u. ↑...oid⟩: siebförmig, zum Siebbein gehörig (Med.). **Eth|mo|id** *das;* -[e]s, -e ⟨verkürzt aus *lat.* os ethmoidale, dies zu ↑³Os u. *gr.* ēthmós „Sieb"⟩: Siebbein (Med.). **eth|mo|i|dal** ⟨zu ↑¹...al (1)⟩: svw. ethmoid (Med.). **Eth|mo|i|dal|kno|chen** *der;* -s, -: svw. Ethmoid (Med.). **Eth|mo|i|di|tis** *die;* -, ...itiden ⟨zu ↑...itis⟩: Siebbeinhöhlenentzündung, Entzündung der Siebbeinzellen (Med.). **Eth|mo|i|do|gramm** *das;* -s, -e ⟨zu *lat.* ethmoidalis (in der Fügung os ethmoidale; vgl. Ethmoid) u. ↑...gramm⟩: Röntgenbild der Siebbeinzellen (Med.). **Eth|mo|i|do|gra|phie** *die;* -, ...ien ⟨zu ↑...graphie⟩: röntgenographische Darstellung der Siebbeinzellen nach Kontrastmittelgabe (Med.). **Eth|mo|lith** [auch ...'lɪt] *der;* Gen. -s u. -en, Plur. -he[n] ⟨zu *gr.* ēthmós „Sieb" u. ↑...lith⟩: trichterartig nach unten verjüngter Gesteinskörper ↑subvulkanischer Herkunft (Geol.). **Eth|mo|ze|pha|lie** *die;* -, ...ien ⟨zu *gr.* kephalē „Kopf" u. ↑²...ie⟩: menschliche Mißbildung mit fast zusammenfallenden Augen u. mit einem rüsselförmigen Nasenfortsatz (Med.)

ethn..., **Ethn...** vgl. ethno..., Ethno... **Eth|narch** *der;* -en, -en ⟨aus *gr.* ethnárchēs „Statthalter, Fürst"⟩: 1. subalterner Fürst (in röm. Zeit, bes. in Syrien u. Palästina). 2. Führer der griech. Volksgruppe auf Zypern. **Eth|nar|chie** *die;* -, ...ien ⟨aus gleichbed. *gr.* ethnarchía⟩: Amtsbezirk eines Ethnarchen. **Eth|nie** *die;* -, ...ien ⟨aus gleichbed. *nlat.* ethnia zu *gr.* éthnos „Volk, Volksstamm"⟩: Menschengruppe mit einheitlicher Kultur. **Eth|ni|ker** *die;* -s, - ⟨vgl. ²...ik (2)⟩: (veraltet) Heide, Religionsloser. **Eth|ni|kon** *das;* -s, ...ka ⟨aus *gr.* ethnikón (ónyma) „einem Volk eigen(er Name)"⟩: Völkername, Personengruppenname. **Eth|ni|kum** *das;* -s, ...ka ⟨aus gleichbed. *nlat.* ethnicum zu ↑Ethnikon⟩: volk- od. stammartige Gruppe u. die eine solche Gruppe kennzeichnende Eigentümlichkeit. **eth|nisch** ⟨über *lat.* ethnicus aus *gr.* ethnikós „zum Volk gehörig, auf ein bestimmtes Volk beschränkt"⟩: a) einer sprachlich u. kulturell einheitlichen Volksgruppe angehörend; b) die Kultur- u. Lebensgemeinschaft einer Volksgruppe betreffend; c) (veraltet) heidnisch, religionslos. **Eth|ni|zis|mus** *der;* - ⟨zu ↑...izismus⟩: (veraltet) Heidentum, Religionslosigkeit. **eth|no...**, **Eth|no...**, vor Vokalen meist ethn..., Ethn... ⟨aus *gr.* éthnos „Volk, Volksstamm"⟩: Wortbildungselement mit der Bedeutung „Volk, Völker; das Volk, die Völker betreffend", z. B. Ethnarch, Ethnographie. **Eth|no|bo|ta|nik** *die;* -: Wissenschaft von den Beziehungen der Menschen zur Pflanzenwelt. **Eth|no|ge|ne|se** *die;* -: Teilgebiet der Völkerkunde, das sich mit den Fragen nach dem Ursprung eines Volkes od. anderer ethnischer Einheiten beschäftigt. **eth|no|ge|ne|tisch**: die Ethnogenese betreffend, von ihr erforscht. **Eth|no|graph** *der;* -en, -en ⟨zu ↑...graph⟩: svw.

Ethnologe. **Eth|no|gra|phie** *die;* - ⟨zu ↑...graphie⟩: Disziplin, in der man sich ohne ausgeprägte theoretische Erkenntnisinteressen der Beschreibung primitiver Gesellschaften widmet; beschreibende Völkerkunde. **eth|no|gra|phisch** ⟨zu ↑...graphisch⟩: die Ethnographie betreffend. **Eth|no|hi|sto|rie** [...i̯ə] *die;* -: Teilgebiet der Ethnologie, das bes. die Geschichte ethnischer Einheiten erforscht. **Eth|no|lin|gu|i|stik** *die;* -: linguistische Disziplin, die Sprache im Zusammenhang mit der Geschichte der Kultur untersucht, der die jeweiligen Sprachträger angehören. **Eth|no|lo|ge** *der;* -n, -n ⟨zu ↑...loge⟩: Fachmann auf dem Gebiet der Ethnologie, Völkerkundler. **Eth|no|lo|gie** *die;* - ⟨zu ↑...logie⟩: 1. Völkerkunde; Ethnographie. 2. Wissenschaft, die sich mit Sozialstruktur u. Kultur der primitiven Gesellschaften beschäftigt. 3. in den USA betriebene Wissenschaft, die sich mit Sozialstruktur u. Kultur aller Gesellschaften beschäftigt. **eth|no|lo|gisch** ⟨zu ↑...logisch⟩: völkerkundlich. **Eth|no|me|di|zin** *die;* -: die Heilkunde bes. der Naturvölker u. deren besondere Heilmittel. **Eth|no|psy|cho|lo|gie** *die;* -: Zweig der Psychologie, der sich mit der Untersuchung des seelischen u. geistigen Gepräges (Sprache, Sitten, Mythos, Religion) von Völkern od. anderen ethnischen Einheiten mit Hilfe vergleichender Methoden beschäftigt. **Eth|no|so|zio|lo|gie** *die;* -: ↑interdisziplinäre, Soziologie, Ethnologie u. Kultur- bzw. Sozialanthropologie verbindende wissenschaftliche Teildisziplin. **Eth|no|zen|tris|mus** *der;* -: eine besondere Form des ↑Nationalismus, bei der das eigene Volk (die eigene Nation) als Mittelpunkt u. zugleich als gegenüber anderen Völkern überlegen angesehen wird. **Eth|no|zid** *der* od. *das;* -[e]s, -e ⟨zu ↑...zid⟩: Zerstörung des traditionellen Sozial- u. Wertgefüges einer bodenständigen Kultur infolge von Kolonialisierung u. Industrialisierung

Etho|gramm *das;* -s, -e ⟨zu *lat.* ethos (dies aus *gr.* ēthos) „gewohnte Handlungsweise" u. ↑...gramm⟩: katalogmäßiges Erfassen aller Instinkthandlungen einer Tierart sowie gegebenenfalls Angaben über Lernfähigkeit u. Herausbildung von Gewohnheiten (Verhaltensforschung). **Etho|lo|ge** *der;* -n, -n ⟨zu ↑...loge⟩: Verhaltensforscher; Wissenschaftler auf dem Gebiet der Ethologie. **Etho|lo|gie** *die;* - ⟨aus *lat.* ethologia „Sitten- od. Charakterdarstellung", dies aus gleichbed. *gr.* ēthologia; vgl. Ethos⟩: Wissenschaft vom Verhalten der Tiere; Verhaltensforschung. **etho|lo|gisch** ⟨zu ↑...logisch⟩: die Ethologie betreffend. **Ethos** *das;* - ⟨über *lat.* ethos aus *gr.* ēthos „Sitte, Moral"⟩: moralische Gesamthaltung; sittliche Lebensgrundsätze eines Menschen, einer Gesellschaft, die die Grundlage des Wollens u. Handelns bilden; Gesamtheit ethisch-moralischer Normen, Ideale usw. als Grundlage subjektiver Motive u. innerer Maßstäbe

Ethyl *das;* -s, -e ⟨aus *engl.* ethyl, vgl. Äthyl⟩ usw.: fachspr. für ↑Äthyl usw.

Eti|enne [e'tjɛn] *die;* - ⟨nach der franz. Buchdruckerfamilie Étienne⟩: eine Antiquadruckschrift

Eti|kett *das;* -[e]s, Plur. -e[n], auch -s ⟨aus gleichbed. *fr.* étiquette, eigtl. „an einem Pfahl befestigtes Zeichen", zu *altfr.* estiqu(i)er „feststecken", dies aus *mniederl.* stikken): mit einer Aufschrift versehenes [Papier]schildchen [zum Aufkleben]. **Eti|ket|te** *die;* -, -n ⟨aus gleichbed. *fr.* étiquette, eigtl. „Zettel, auf dem das Hofzeremoniell festgelegt ist"; vgl. Etikett⟩: 1. a) zur bloßen Förmlichkeit erstarrte offizielle Umgangsform; b) Gesamtheit der allgemein od. in einem bestimmten Bereich geltenden gesellschaftlichen Umgangsformen. 2. svw. Etikett. **Eti|ket|ten|schwin|del** *der;* -s ⟨zu ↑Etikett⟩: betrügerische Verwendung bekannter

Bezeichnungen, Markennamen o. ä. zur Kennzeichnung einer anderen, minderwertigeren Ware. **eti|ket|tie|ren** ⟨aus gleichbed. *fr.* étiqueter⟩: mit einem Etikett versehen. **Eti|ket|tie|rung** *die;* -, -en ⟨zu ↑...ierung⟩: 1. das Etikettieren. 2. svw. Etikett

Eti|ma|sia *die;* - ⟨aus *gr.* etoimasía „Bereitschaft, Zubereitung" zu etoimázein „bereitsetzen, zurechtmachen"⟩: Darstellung des für Christus bereiteten Thrones als Symbol des erhöhten Christus (in der frühchristlichen u. byzantinischen Kunst)

Etio|le|ment [etjɔlə'mã:] *das;* -s ⟨aus *fr.* étiolement „das Verkümmern" zu étioler, vgl. etiolieren⟩: übernormales Längenwachstum von Pflanzenteilen bei Lichtmangel, verbunden mit nicht grüner, sondern nur gelblich-blasser Färbung. **etio|lie|ren** ⟨aus *fr.* étioler „verkümmern, vergeilen" zu éteule „Stoppel"⟩: im Dunkeln od. bei zu geringem Licht wachsen u. dadurch ein nicht normales Wachstum (z. B. zu lange, dünne, bleichgrüne Stiele) zeigen (Gartenbau)

etisch ⟨aus *engl.* etic (nach Bildungen wie phonetic)⟩: nicht bedeutungsunterscheidend, nicht ↑ distinktiv (Sprachw.); Ggs. ↑ emisch

etof|fie|ren ⟨aus gleichbed. *fr.* étoffer, dies über *altfr.* estofer „ausstopfen" wohl aus dem Germ.⟩: (veraltet) ausstatten, ausstaffieren

Etoile [e'tŏal] *die;* -, -s ⟨aus gleichbed. *fr.* étoile, eigtl. „Stern", dies über *altfr.* esteile u. *vulgärlat.* *stela aus *lat.* stella⟩: (veraltet) sternartiger Sprung im Glas

eton|nant ⟨aus gleichbed. *fr.* étonnant zu étonner „erstaunen, in Erstaunen setzen"⟩: (veraltet) erstaunlich, wunderbar

etouf|fé [etu'fe:] ⟨aus *fr.* étouffé „erstickt", Part. Perf. von étouffer, dies vermischt aus *altfr.* estofer (vgl. etoffieren) u. estoper (vgl. etoupieren)⟩: a) gestopft (von Blechblasinstrumenten); b) sofort abzudämpfen (bei Schlaginstrumenten u. Harfe; Vortragsanweisung; Mus.)

etou|pie|ren [etu...] ⟨aus gleichbed. *fr.* étouper, dies über *altfr.* estoper „vollstopfen" aus *lat.* stuppa „Werg"⟩: (veraltet) mit Werg ausstopfen, verstopfen

Etour|de|rie [etur...] *die;* -, ...ien ⟨aus gleichbed. *fr.* étourderie zu étourdier, vgl. etourdieren⟩: (veraltet) Unbesonnenheit, Leichtsinn. **etour|die|ren** ⟨aus gleichbed. *fr.* étourdir, dies über *altfr.* estordir aus *vulgärlat.* *exturdire „vor Geschwätz betäuben" zu *lat.* turdus „Drossel"⟩: (veraltet) betäuben, verblüffen. **Etour|dis|se|ment** [...'mã:] *das;* -s, -s ⟨aus gleichbed. *fr.* étourdissement⟩: (veraltet) Betäubung, Bestürzung

Etrenne [e'trɛn] *das;* -s, -s ⟨aus gleichbed. *fr.* étrenne, dies über älter *fr.* estreine aus *lat.* strena⟩: Neujahrsgeschenk, Handgeld

Etrus|ko|lo|gie *die;* - ⟨nach dem Volk der Etrusker u. zu ↑ ...logie⟩: Wissenschaft von der Sprache u. Kultur der Etrusker

...ett ⟨aus *fr.* -et⟩: oft verkleinernde Endung von männlichen u. sächlichen Substantiven, z. B. Kadett, Billett; vgl. ...ette. **...et|te** ⟨aus *fr.* -ette⟩: oft verkleinernde Endung von weiblichen Substantiven, z. B. Facette, Rosette

Etü|de *die;* -, -n ⟨aus *fr.* étude „Studie, Übungsstück", dies über *altfr.* estudie aus *lat.* studium „eifriges Streben, intensive Beschäftigung"; vgl. Studium⟩: Übungs-, Vortrags-, Konzertstück, das spezielle Schwierigkeiten enthält

Etui [ɛt'vi:, e'tỹi:] *das;* -s, -s ⟨aus gleichbed. *fr.* étui zu *altfr.* estuier „schützend einschließen"⟩: kleines [flaches] Behältnis zum Aufbewahren kostbarer od. empfindlicher Gegenstände (z. B. von Schmuck, einer Brille)

Etuve [e'ty:v] *die;* -, -n [...vŋ] ⟨aus gleichbed. *fr.* étuve zu étuver „schmoren", vgl. Etuvée⟩: (veraltet) Raum für Schwitzbäder, Schwitzkasten, Wärmeschrank. **Etu|vée** [ety've:] *die;* -, -s ⟨aus gleichbed. *fr.* etuvée, substantiviertes Part. Perf. (Fem.) von étuver „schmoren", dies aus *vulgärlat.* *extufare „ausdünsten" zu *tufus „Dunst", dies aus *gr.* tỹphos⟩: (veraltet) das Dämpfen, Gedämpftes (Gastr.)

ety|misch ⟨aus *gr.* étymos „wahrhaft, wirklich"; vgl. Etymologie⟩: das Etymon, die wahre, eigentliche Bedeutung betreffend. **Ety|mo|lo|ge** *der;* -n, -n ⟨über *lat.* etymologos aus gleichbed. *gr.* etymológos⟩: Wissenschaftler, der die Herkunft u. Geschichte von Wörtern untersucht. **Ety|mo|lo|gie** *die;* -, ...ien ⟨über *lat.* etymologia aus *gr.* etymología „Ableitung u. Erklärung eines Wortes", eigtl. „Untersuchung des wahren (= ursprünglichen) Sinnes" zu *gr.* étymos „wahrhaft, wirklich" (vgl. Etymon) u. ↑...logie⟩: a) (ohne Plur.) Wissenschaft von der Herkunft, Geschichte u. Grundbedeutung der Wörter; b) Herkunft, Geschichte u. Grundbedeutung eines Wortes. **ety|mo|lo|gisch** ⟨über *lat.* etymologicus aus gleichbed. *gr.* etymologikós⟩: die Etymologie (b) betreffend. **ety|mo|lo|gi|sie|ren** ⟨zu ↑...isieren⟩: nach Herkunft u. Wortgeschichte untersuchen. **Ety|mon** [auch 'e:...] *das;* -s, ...ma ⟨über *lat.* etymon aus *gr.* étymon „die wahre Bedeutung eines Wortes", eigtl. „das Wahre", zu *gr.* étymos „wahrhaft, wirklich"⟩: die sogenannte ursprüngliche Form u. Bedeutung eines Wortes; Wurzelwort, Stammwort (Sprachw.)

Et-Zei|chen *das;* -s, - ⟨zu *lat.* et „und"⟩: Und-Zeichen (&)

eu..., Eu... ⟨aus gleichbed. *gr.* eũ⟩: Präfix mit der Bedeutung „wohl, gut, schön, reich", z. B. eucharistisch, Eudoxie

eu|an|thisch ⟨zu ↑ eu... u. *gr.* ánthos „Blüte"⟩: (veraltet) schön blühend

Eu|bak|te|rie *die;* -, ...ien ⟨zu ↑ eu..., ↑ Bakterie u. ↑² ...ie⟩: normale Besiedlung des Organismus (insbesondere des Darmtraktes) mit ↑ Mikroben (Med.)

Eu|bio|tik *die;* - ⟨zu ↑ eu... u. *gr.* biōtiké (téchnē) „die Kunst des Lebens"⟩: Lehre vom gesunden [körperlichen u. geistigen] Leben

Eu|bu|lie *die;* - ⟨aus gleichbed. *gr.* euboulía⟩: Vernunft, Einsicht

Eu|cha|ri|stie [...ç...] *die;* -, ...ien ⟨über *kirchenlat.* eucharistia aus *gr.* eucharistía „Danksagung, hl. Abendmahl" zu *gr.* eucharisteĩn „dankbar sein, Dank sagen"⟩: a) (ohne Plur.) das ↑ Sakrament des Abendmahls, Altar[s]sakrament; b) die Feier des heiligen Abendmahls als Mittelpunkt des christlichen Gottesdienstes; c) die eucharistische Gabe (Brot u. Wein). **Eu|cha|ri|stie|fei|er** *die;* -, -n: die kath. Feier der Messe. **eu|cha|ri|stisch** ⟨nach *gr.* eucháristos „dankbar"⟩: auf die Eucharistie bezogen; Eucharistischer Kongreß: [internationale] kath. Tagung zur Feier u. Verehrung der Eucharistie

Eu|che|lai|on [...ç...] *das;* -, ...laia ⟨aus gleichbed. *mgr.* euchélaion zu *gr.* euché „Gebet" u. élaion „Öl"⟩: Krankensalbung der orthodoxen Kirche

Eu|chlo|rin [...klo...] *das;* -s ⟨zu ↑ eu..., ↑ Chlor u. ↑...in (1)⟩: Gemisch aus Salz- u. Chlorsäure zur Zerstörung organischer Substanzen (Chem.)

Eu|cho|lo|gi|on [...ço...] *das;* -s, ...gia ⟨aus gleichbed. *mgr.* euchológion zu *gr.* euché „Gebet" u. légein „lesen, sammeln"⟩: wichtigste Gebetsammlung der orthodoxen Kirche

Eu|chröe [...ç...] *die;* - ⟨aus gleichbed. *gr.* eúchroia⟩: (veraltet) gute, gesunde Hautfarbe, gesundes Aussehen

Eu|chro|mat|op|sie [...kro...] *die;* - ⟨zu ↑ eu... u. ↑ Chromat-

Eudämonie

opsie⟩: normal ausgeprägte Fähigkeit, Farben zu sehen u. zu unterscheiden (Med.)

Eu|dä|mo|nie *die;* - ⟨aus gleichbed. *gr.* eudaimonía zu eudaímōn „glücklich", eigtl. „von einem guten Dämon geleitet"; vgl. Dämon⟩: Glückseligkeit, seelisches Wohlbefinden (Philos.). **Eu|dä|mo|nis|mus** *der;* - ⟨über *nlat.* eudaemonismus aus *gr.* eudaimonismós, eigtl. „das Glücklichpreisen"; vgl. ...ismus (1)⟩: philos. Lehre, die im Glück des einzelnen od. der Gemeinschaft die Sinnerfüllung menschlichen Daseins sieht. **Eu|dä|mo|nist** *der;* -en, -en ⟨zu ↑...ist⟩: Vertreter des Eudämonismus. **eu|dä|mo|ni|stisch** ⟨zu ↑...istisch⟩: a) auf den Eudämonismus bezogen; b) dem Eudämonismus entsprechend

Eu|dio|me|ter *das;* -s, - ⟨zu *gr.* eudía „schönes Wetter, Windstille" u. ↑¹...meter⟩: Glasröhre zum Abmessen von Gasen. **Eu|dio|me|trie** *die;* - ⟨zu ↑...metrie⟩: Messung des Sauerstoffgehaltes der Luft als Güteprobe

Eu|do|xie *die;* -, ...ien ⟨aus gleichbed. *gr.* eudoxía⟩: 1. guter Ruf. 2. richtiges Urteil

Eu|epie *die;* - ⟨aus gleichbed. *gr.* euépeia, euepía zu ↑eu... u. *gr.* épos „Wort, Rede"⟩: Beredsamkeit

Eu|er|gie *die;* - ⟨Kurzw. aus ↑eu... u. ↑Energie⟩: unverminderte Leistungsfähigkeit u. Widerstandskraft des gesunden Organismus (Med.)

Eu|exie *die;* - ⟨aus gleichbed. *gr.* euexía, zu ↑eu... u. *gr.* échein „sich befinden"⟩: (veraltet) Wohlbefinden (Med.)

Eu|ge|ne|tik *die;* - ⟨zu *gr.* eugenétēs (vgl. eugenetisch) u. ↑²...ik (1)⟩: svw. Eugenik. **eu|ge|ne|tisch** ⟨aus *gr.* eugenétēs „wohlgeboren, von guter Art"⟩: svw. eugenisch. **Eu|ge|nik** *die;* - ⟨zu *gr.* eugenḗs „wohlgeboren, edel, von guter Art" u. ↑²...ik (1)⟩: Erbgesundheitsforschung, -lehre, -pflege mit dem Ziel, erbschädigende Einflüsse u. die Verbreitung von Erbkrankheiten zu verhüten. **eu|ge|nisch**: die Eugenik betreffend

Eu|ge|nol *das;* -s ⟨zu *nlat.* eugenia „Gewürznelkenbaum (ein Myrtengewächs)" u. ↑...ol⟩: Nelkenriechstoff, Hauptbestandteil des Nelkenöls (Chem.)

Eu|glyk|ämie *die;* -, ...ien ⟨zu ↑eu... u. ↑Glykämie⟩: normale physiologische Blutzuckerkonzentration (Med.)

Eu|gna|thie *die;* - ⟨zu ↑eu..., *gr.* gnáthos „Kinnbacken" u. ↑²...ie⟩: normale Ausbildung u. Funktion des Kausystems (Kiefer u. Zähne)

eu|he|dral ⟨zu *gr.* eúhedros „gut, fest sitzend" u. ↑¹...al (1)⟩: svw. idiomorph

Eu|he|me|ris|mus *der;* - ⟨nach dem griech. Philosophen Euhḗmeros (um 300 v. Chr.) u. zu ↑...ismus (1)⟩: [rationalistische] Deutung von Mythen u. Religionen. **eu|he|me|ri|stisch** ⟨zu ↑...istisch⟩: Religion u. Götterverehrung im Sinne des Euhemerismus deutend

Eu|ka|lyp|tus *der;* -, Plur. ...ten u. - ⟨aus gleichbed. *nlat.* eucalyptus, dies zu ↑eu... u. *gr.* kalyptós „verhüllt" (zu kalýptein „verhüllen"), eigtl. „der Wohlverhüllte" (wegen der haubenartig geschlossenen Blütenknospen)⟩: aus Australien stammende Gattung immergrüner Bäume u. Sträucher

Eu|kä|rie *die;* - ⟨aus gleichbed. *gr.* eukairía zu ↑eu... u. *gr.* kairós „rechter Augenblick"⟩: (veraltet) günstige Gelegenheit zum Handeln

Eu|ka|ry|on|ten *die* (Plur.) ⟨aus *nlat.* eucaryontes zu ↑eu... u. *gr.* káryon „Nuß, Kern"⟩: zusammenfassende Bez. für alle Organismen, deren Zellen durch einen typischen Zellkern charakterisiert sind (Biol.); Ggs. ↑Prokaryonten

eu|ke|phal vgl. euzephal

Eu|ki|ne|tik *die;* - ⟨zu *gr.* eukínētos „leicht beweglich, behend" u. ↑²...ik (1)⟩: Lehre von der schönen u. harmonischen Bewegung (Tanzkunst)

Eu|klas *der;* -es, -e ⟨zu ↑eu... u. *gr.* klásis „das Zerbrechen, Bruch"⟩: ein farbloses bis hellgrünes od. hellblaues, meist durchsichtiges, ↑monoklines Mineral

eu|kli|disch ⟨nach dem griech. Mathematiker Euklid (*gr.* Eukleídēs), um 365 bis um 300 v. Chr.⟩; in der Fügung -e Geometrie: Geometrie, die auf den von Euklid festgelegten Axiomen beruht (Math.); Ggs. ↑nichteuklidische Geometrie

Eu|ko|lie *die;* - ⟨aus gleichbed. *gr.* eukolía, eigtl. „Genügsamkeit"⟩: heitere, zufriedene Gemütsverfassung

Eu|kra|sie *die;* - ⟨aus *gr.* eukrasía „gute Mischung"⟩: normale Zusammensetzung der Körpersäfte (Med.)

Eu|kryp|tit [auch ...'tɪt] *der;* -s, -e ⟨zu ↑eu..., *gr.* kryptós „verborgen" u. ↑²...it⟩: ein farbloses od. weißes Mineral, das zur Herstellung von Glaskeramik sowie von Supraionenleitern verwendet wird

Eu|lan ⓦ *das;* -s ⟨Kurzw. aus ↑eu... u. *lat.* lana „Wolle"⟩: Mittel, das verwendet wird, um Wolle, Federn od. Haare vor Motten zu schützen. **eu|la|ni|sie|ren** ⟨zu ↑...isieren⟩: durch Eulan vor Motten schützen

Eu|li|to|ral *das;* -s, -e ⟨zu ↑eu... u. ↑litoral⟩: im Bereich von Wasserstandsschwankungen u. Wellenschlag liegende Uferzone stehender Gewässer u. der Gezeitenzone des Meeres (Geogr.)

Eu|lo|gie *die;* -, ...ien ⟨über *mlat.* eulogia aus gleichbed. *gr.* eulogía, eigtl. „Schönrednerei"⟩: 1. kirchlicher Segensspruch, Weihegebet. 2. in der orthodoxen Kirche das nicht zur ↑Eucharistie benötigte Brot, das als „Segensbrot" nach dem Gottesdienst verteilt wird. **eu|lo|gisch**: die Eulogie betreffend

Eu|me|la|nin *das;* -s, -e ⟨zu ↑eu... u. ↑Melanin⟩: ↑Melanin (bei Tier u. Mensch), das z. B. die dunkleren Haarfarben bewirkt (Biol.)

Eu|me|ni|de *die;* -, -n (meist Plur.) ⟨über *lat.* Eumenis, Gen. Eumenidis aus *gr.* Eumenís, Gen. Eumenídos „die Wohlwollende"⟩: verhüllender Name der ↑Erinnye. **Eu|me|nie** *die;* - ⟨aus gleichbed. *gr.* euméneia, eumenía⟩: (veraltet) Wohlwollen (veraltet) wohlwollend

Eu|me|nor|rhö *die;* -, -en u. **Eu|me|nor|rhöe** [...'røː] *die;* -, -n [...'røːən] ⟨zu ↑eu... u. ↑Menorrhö⟩: normal einsetzende u. verlaufende, beschwerdefreie Monatsblutung der Frau (Med.)

Eu|mor|phie *die;* - ⟨aus gleichbed. *gr.* eumorphía zu ↑eu... u. *gr.* morphḗ „Gestalt"⟩: (veraltet) schöne Gestalt, schön Gestaltetes. **eu|mor|phisch**: (veraltet) wohlgestaltet

Eu|mu|sie *die;* - ⟨aus gleichbed. *gr.* eumousía zu ↑eu... u. ↑Muse⟩: (veraltet) Kunstsinn. **eu|mu|sisch**: (veraltet) kunstsinnig

Eu|my|ze|ten *die* (Plur.) ⟨zu ↑eu... u. ↑Myzet⟩: echte od. höhere Pilze mit den beiden Klassen Schlauchpilze u. Ständerpilze

Eu|nuch *der;* -en, -en ⟨über *lat.* eunuchus aus *gr.* eunoûchos „Verschnittener", eigtl. „Betthalter, -schützer", zu *gr.* eunḗ „Bett" u. échein „halten, bewahren"⟩: durch ↑Kastration (1) zeugungsunfähig gemachter Mann [als Haremswächter]. **Eu|nu|chis|mus** *der;* - ⟨zu ↑...ismus (3)⟩: Gesamtheit der charakteristischen Veränderungen im Erscheinungsbild eines Mannes nach der ↑Kastration (1). **Eu|nu|choi|dis|mus** [...xoi...] *der;* - ⟨zu ↑...oid u. ↑...ismus (3)⟩: auf Unterfunktion der Keimdrüsen beruhende Form des ↑Infantilismus mit unvollkommener Ausbildung der Geschlechtsmerkmale (Med.)

Euo|ny|mus vgl. Evonymus

Eu|os|mie *die;* -, ...ien ⟨aus gleichbed. *gr.* euosmía zu ↑eu... u. *gr.* osmḗ „Geruch"⟩: angenehme Geruchsempfindung (Med.)

Eu|pa|the[o]|skop *das;* -s, -e ⟨zu ↑Eupathie u. ↑...skop⟩: Klimameßgerät, das Temperatur, Strahlung u. Ventilation berücksichtigt. **Eu|pa|thie** *die;* - ⟨aus gleichbed. *gr.* eupátheia⟩: (veraltet) Wohlbefinden, Wohlbehagen, Geduld im Leiden. **eu|pa|thisch:** (veraltet) leicht für äußere Eindrücke od. für Krankheiten empfänglich

eu|pe|la|gisch ⟨zu ↑eu... u. ↑pelagisch⟩: dauernd im freien Seewasser lebend (von Pflanzen u. Tieren; Biol.)

Eu|pep|sie *die;* - ⟨zu ↑eu..., *gr.* pépsis „Verdauung" u. ↑²...ie⟩: (veraltet) gute Verdauung, leichte Verdaulichkeit (Med.). **eu|pep|tisch** ⟨aus gleichbed. *gr.* eúpeptos⟩: (veraltet) gut verdauend, leicht verdaulich (Med.)

Eu|phe|mis|mus *der;* -, ...men ⟨unter Einfluß von *fr.* euphémisme aus gleichbed. *gr.* euphēmismós zu euphēmeĩn „Worte von guter Vorbedeutung gebrauchen, Unangenehmes angenehm sagen"⟩: mildernde od. beschönigende Umschreibung für ein anstößiges od. unangenehmes Wort (z. B. verscheiden = sterben). **eu|phe|mi|stisch** ⟨zu ↑...istisch⟩: beschönigend, verhüllend

Eu|pho|nie *die;* -, ...ien ⟨über *lat.* euphonia aus gleichbed. *gr.* euphōnía⟩: sprachlicher Wohlklang, Wohllaut (bes. Sprachw.; Mus.). **eu|pho|nisch** ⟨über *lat.* euphonos aus *gr.* eúphōnos „wohlklingend"⟩: a) wohllautend, -klingend (bes. Sprachw.; Mus.); b) die Aussprache erleichternd (von Lauten, z. B. t in eigen/lich). **Eu|pho|ni|um** *das;* -s, ...ien [...jən] ⟨über *nlat.* euphonium aus *gr.* euphōníon, eigtl. „das Wohlklingende", zu eúphōnos, vgl. euphonisch⟩: 1. Glasröhrenspiel, das durch Bestreichen mit den Fingern zum Klingen gebracht wird. 2. Baritonhorn

Eu|phor|bia u. **Eu|phor|bie** [...jə] *die;* -, ...ien [...jən] ⟨über *lat.* euphorbia aus gleichbed. *gr.* euphórbion⟩: Gattung der Wolfsmilchgewächse (Zierstaude). **Eu|phor|bi|um** *das;* -s ⟨aus gleichbed. (*n*)*lat.* euphorbium, dies aus *gr.* euphórbion, vgl. Euphorbia⟩: Gummiharz einer marokkanischen Euphorbiapflanze (in der Tierheilkunde verwendet)

Eu|pho|rie *die;* -, ...ien ⟨aus *gr.* euphoría „leichtes Tragen, Geduld" zu ↑eu... u. *gr.* phoreĩn „tragen"⟩: a) augenblickliche, heiter-zuversichtliche Gemütsstimmung, Hochgefühl, Hochstimmung; b) (ohne Plur.) subjektives Wohlbefinden Schwerkranker; Ggs. ↑Dysphorie (Med., Psychol.). **Eu|pho|ri|kum** *das;* -s, ...ka ⟨zu ↑...ikum⟩: Rauschmittel mit euphorisierender Wirkung. **eu|pho|risch** ⟨nach *gr.* eúphoros „leicht zu tragen, leicht erträgend"⟩: a) in heiterer Gemütsverfassung, hochgestimmt; b) die Euphorie (b) betreffend; Ggs. ↑dysphorisch. **eu|pho|ri|sie|ren** ⟨zu ↑...isieren⟩: [durch Drogen u. Rauschmittel] ein inneres Glücks- od. Hochgefühl erzeugen

eu|pho|tisch ⟨zu ↑eu... u. *gr.* phōs, Gen. phōtós „Licht"⟩: lichtreich (in bezug auf die obersten Schichten von Gewässern); Ggs. ↑aphotisch

Eu|phu|is|mus *der;* -, ...men ⟨aus *engl.* euphuism, nach dem Roman „Euphues" des Engländers J. Lyly von 1579; vgl. ...ismus (4)⟩: 1. (ohne Plur.) Schwulststil in der engl. Literatur der Barockzeit. 2. Stilelement des Euphuismus (1). **eu|phu|i|stisch** ⟨zu ↑...istisch⟩: in der Art des Euphuismus (1)

eu|plo|id ⟨verkürzt aus ↑eu... u. ↑diploid⟩: ausschließlich vollständige Chromosomensätze (vgl. Chromosom) aufweisend (von den Zellen eines Organismus; Biol.); Ggs. ↑aneuploid. **Eu|plo|die** [...ploi...] *die;* - ⟨zu ↑²...ie⟩: das Vorliegen ausschließlich vollständiger Chromosomensätze in den Zellen von Organismen, wobei jedes ↑Chromosom jeweils einmal vorhanden ist (Biol.)

Eu|pnoe *die;* - ⟨zu ↑eu... u. *gr.* pnoế „Atem, das Atemholen"⟩: regelmäßiges ruhiges Atmen (Med.)

Eu|pra|xie *die;* - ⟨aus gleichbed. *gr.* eupraxía, eigtl. „das Guthandeln"⟩: das sittlich richtige Handeln

eur..., Eur... vgl. euro..., Euro...

...eur [...ø:ɐ̯], eingedeutscht **...ör** ⟨aus *fr.* -eur, dies aus *lat.* -or⟩: Endung von männlichen Substantiven, meist in Personenbezeichnungen, z. B. Ingenieur, Amateur, Frisör

eu|ra|fri|ka|nisch ⟨Kurzw. aus europäisch u. afrikanisch⟩: Europa u. Afrika gemeinsam betreffend. **eu|ra|sia|tisch** ⟨Kurzw. aus europäisch u. asiatisch⟩: über das Gesamtgebiet Europas und Asiens verbreitet (z. B. von Tieren und Pflanzen). **Eu|ra|si|en** [...jən] (ohne Artikel); -s (in Verbindung mit Attributen: *das;* -[s]): Festland von Europa u. Asien, größte zusammenhängende Landmasse der Erde. **Eu|ra|si|er** [...ziɐ̯] *der;* -s, -: 1. Bewohner Eurasiens. 2. europäisch-indischer Mischling in Indien. 3. eine Haushundrasse. **Eu|ra|sie|rin** [...jə...] *die;* -, -nen: weibliche Form zu ↑Eurasier (1 u. 2). **eu|ra|sisch:** a) Eurasien betreffend; b) die Eurasier betreffend. **Eu|ra|tom** *die;* - ⟨Kurzw. aus *Euro*päische *Atom*(energie)gemeinschaft⟩: gemeinsame Organisation der Länder der Europäischen Gemeinschaft zur friedlichen Nutzung der Atomenergie u. zur Gewährleistung einer friedlichen Atomentwicklung

Eu|rhyth|mie *die;* - ⟨über *lat.* eurhythmia aus *gr.* eurhythmía „richtiges Verhältnis, Ebenmaß"⟩: 1. Gleichmaß von Bewegungen. 2. Regelmäßigkeit des Pulses (Med.). 3. svw. Eurythmie. **Eu|rhyth|mik** *die;* - ⟨zu ↑²...ik (2)⟩: svw. Eurhythmie (1). **eu|rhyth|misch:** gleich-, regelmäßig gegliedert

eu|ro..., Eu|ro..., vor Vokalen meist **eur..., Eur...** ⟨nach dem Erdteil Europa⟩: Wortbildungselement mit der Bedeutung „Europa betreffend, in Europa befindlich", z. B. Eurovision. **Eu|ro|cheque** *der;* -[ʃɛk] *der;* -s ⟨zu *fr.* cheque, vgl. Scheck⟩: offizieller, bei den Banken fast aller europäischen Länder einlösbarer Scheck. **Eu|ro|ci|ty** [...'siti] *der;* -s, -s ⟨Kurzw. aus ↑euro... u. ↑Intercity⟩: Intercity-Zug im Fernverkehr mit dem Ausland; Abk.: EC. **Eu|ro|con|trol** [...kəntroʊl] *der;* - ⟨zu *engl.* to control „überwachen, prüfen" (für *engl.* European Organization for the Safety of Air Navigation)⟩: europäische Organisation zur Sicherung des Luftverkehrs im oberen Luftraum. **Eu|ro|dol|lars** *die* (Plur.): Dollarguthaben bei nichtamerikanischen Banken, die von diesen an andere Banken od. Wirtschaftsunternehmen ausgeliehen werden (Wirtsch.). **Eu|ro equi|ties** ['jʊərəʊ 'ekwɪtɪz] *die* (Plur.) ⟨engl. Kurzw. für European equities „europäische Wertpapiere" zu European „europäisch" u. equity „Gerechtigkeit, Billigkeit, Unparteilichkeit", dies über *altfr.* equite aus *lat.* aequitatem, Akk. von aequitas⟩: Bez. für international ↑emittierte u. gehandelte Aktien multinationaler Unternehmen. **Eu|ro|kom|mu|nis|mus** *der;* -: [in den kommunistischen Parteien Frankreichs, Italiens u. a. vertretene] politische Richtung der 1970er Jahre, die den damaligen sowjetischen Führungsanspruch nicht akzeptierte u. nationalen Sonderformen des Kommunismus Platz einzuräumen versuchte (Pol.). **Eu|ro|kom|mu|nist** *der;* -en, -en: Vertreter des Eurokommunismus. **Eu|ro|krat** *der;* -en, -en ⟨aus *fr.* eurocrate, Kurzw. aus ↑euro... u. technocrate „Technokrat"⟩: Politiker, der den Interessen der Europäischen Gemeinschaft (besonders gegenüber den USA) Vorrang einräumt. **Eu|ro|pa|cup** [...kap] *der;* -s, -s ⟨nach dem Erdteil Europa⟩: 1. Wettbewerb im Sport für Mannschaften aus europäischen Län-

europäid

dern um einen Pokal als Siegestrophäe. 2. die Siegestrophäe dieses Wettbewerbs. **eu|ro|pä|id** ⟨zu Europäer u. ↑...oid⟩: den Europäern ähnlich (Rassenkunde). **Eu|ro|päi|de** *der* u. *die;* -n, -n ⟨zu ↑...oide⟩: dem Europäer ähnliche[r] Angehörige[r] einer nichteuropäischen Rasse. **eu|ro|päi|sie|ren** ⟨zu europäisch u. ↑...isieren⟩: nach europäischem Vorbild umgestalten. **Eu|ro|päi|sie|rung** *die;* - ⟨zu ↑...isierung⟩: das Europäisieren. **Eu|ro|pa|po|kal** *der;* -s, -e ⟨nach dem Erdteil Europa⟩: svw. Europacup. **Eu|ro|pean Re|co|ve|ry Pro|gram** [jʊərə'pi:ən rɪ'kʌvərɪ 'proʊgræm] *das;* - - - ⟨engl.⟩: ↑Marshallplan, US-amerikanisches Wiederaufbauprogramm für die westeuropäischen Staaten nach dem 2. Weltkrieg; Abk.: ERP. **eu|ro|pid** [ɔyro...] ⟨zu Europäer u. ↑²...id⟩: zum europäisch-südeurasischen Rassenkreis gehörend, dessen Angehörige z. B. durch helle Hautfarbe, Schlankwüchsigkeit, hohe schmale Nase gekennzeichnet sind. **Eu|ro|pi|de** *der* u. *die;* -n, -n ⟨zu ↑...ide⟩: Angehörige[r] des europiden Rassenkreises. **Eu|ro|pi|um** *das;* -s ⟨nach dem Erdteil Europa u. zu ↑...ium⟩: chem. Element, Seltenerdmetall; Zeichen Eu. **eu|ro|po|id** ⟨zu ↑...oid⟩: dem europäisch-südeurasischen Rassenkreis nahestehend. **Eu|ro|poi|de** *der* u. *die;* -n, -n ⟨zu ↑...oide⟩: Angehörige[r] einer dem europäisch-südeurasischen Rassenkreis nahestehenden Rasse. **Eu|ro|pol** *die;* - ⟨Kurzw. für *Europa-Polizei*⟩: (geplantes) europäisches Kriminalamt. **eu|ro|si|bi|risch** ⟨Kurzw. aus *euro*päisch u. *sibirisch*⟩: über Europa u. die Nordhälfte Asiens verbreitet (von Tieren u. Pflanzen). **Eu|ro|vi|si|on** *die;* - ⟨Kurzw. aus *euro*... u. ↑Tele*vision*⟩: Zusammenschluß [west]europäischer Rundfunk- u. Fernsehorganisationen zum Zwecke des Austauschs von Fernsehprogrammen; vgl. Intervision. **eu|ro|zentrisch** ⟨zu ↑Zentrum⟩: Europa als Mittelpunkt u. Maßstab betrachtend

eu|ry..., Eu|ry... ⟨aus *gr.* eurýs „breit, weit"⟩: Wortbildungselement mit der Bedeutung „breit; breite Schwankungen vertragend" (bes. in bezug auf Umwelteinflüsse), z. B. euryhalin, Euryökie. **eu|ry|bath** ⟨zu *gr.* bathýs „tief"⟩: zum Leben in sehr verschiedenen Meerestiefen geeignet (von Pflanzen u. Tieren); Ggs. ↑stenobath. **eu|ry|chor** [...çoːɐ̯] ⟨zu *gr.* chõros „Platz, Ort", dies zu chōrízein „absondern, trennen"⟩: vw. eurytop. **eu|ry|ha|lin** ⟨zu *gr.* háls, Gen. halós „Salz" u. ↑...in (2)⟩: gegen Schwankungen des Salzgehaltes im Boden u. im Wasser unempfindlich (von Pflanzen u. Tieren); Ggs. ↑stenohalin. **eu|ry|ök** ⟨zu *gr.* oĩkos „Haus; Haushaltung"⟩: gegen größere Schwankungen der Umweltfaktoren unempfindlich (von Pflanzen u. Tieren); Ggs. ↑stenök. **Eu|ry|ökie** *die;* - ⟨zu ↑²...ie⟩: Fähigkeit, unter unterschiedlichen Bedingungen gedeihen zu können (von Pflanzen u. Tieren); Ggs. ↑Stenökie. **eu|ry|oxy|bi|ont** ⟨zu ↑oxy... u. ↑...biont⟩: gegen Schwankungen des Sauerstoffgehalts im Milieu (2) unempfindlich (von Pflanzen u. Tieren). **eu|ry|phag** ⟨zu ↑...phag⟩: nicht auf bestimmte Nahrung angewiesen (von Tieren); Ggs. ↑stenophag. **eu|ry|phot** ⟨zu *gr.* phõs, Gen. phōtós „Licht"⟩: unabhängig gegen Veränderlichkeit der Lichtintensität (von Pflanzen u. Tieren); Ggs. ↑stenophot. **Eu|ry|pros|opie** *die;* - ⟨zu *gr.* prósōpon „Gesicht" u. ↑²...ie⟩: Breitgesichtigkeit (Med.). **eu|ry|som** ⟨zu *gr.* sõma „Körper"⟩: breitwüchsig (Med.). **Eu|ry|so|mie** *die;* - ⟨zu ↑²...ie⟩: Breitwüchsigkeit (Med.). **eu|ry|therm** ⟨zu ↑...therm⟩: unabhängig von Temperaturschwankungen (von Lebewesen); Ggs. ↑stenotherm. **Eu|ry|ther|mie** *die;* - ⟨zu ↑²...ie⟩: Fähigkeit, unabhängig von Temperaturschwankungen zu leben (von Lebewesen); Ggs. ↑Stenothermie.

Eu|ryth|mie *die;* - ⟨vom Begründer der ↑Anthroposophie, R. Steiner, gebrauchte Schreibung für ↑Eurhythmie⟩: in der ↑Anthroposophie gepflegte Bewegungskunst u. -therapie, bei der Gesprochenes, Vokal- u. Instrumentalmusik in Ausdrucksbewegungen umgesetzt werden. **eu|ryth|misch**: die Eurythmie betreffend, zu ihr gehörend. **Eu|ryth|mist** *der;* -en, -en ⟨zu ↑...ist⟩: Lehrer der Eurythmie. **Eu|ryth|mistin** *die;* -, -nen: weibliche Form zu ↑Eurythmist **eu|ry|top** ⟨zu ↑eury... u. *gr.* tópos „Ort, Gegend"⟩: weitverbreitet (von Pflanzen u. Tieren)

...eu|se [...øːzə], eingedeutscht ...öse ⟨aus *fr.* -euse, dies aus *lat.* -osa⟩: Endung von weiblichen Substantiven, die meist weibliche Personen bezeichnen, z. B. Friseuse, Masseuse

Eu|se|bie *die;* - ⟨aus gleichbed. *gr.* eusébeia⟩: Gottesfurcht, Frömmigkeit; Ggs. ↑Asebie. **eu|se|bisch**: (veraltet) gottesfürchtig, fromm; Ggs. ↑asebisch

Eu|sta|chi|sche Röh|re u. **Eu|sta|chi|sche Tu|be** *die;* -n -, fachspr. Eustachi-Röhre *die;* - ⟨nach dem it. Arzt B. Eustachi[o], 1520–1574⟩: Ohrtrompete (Verbindungsgang zwischen Mittelohr u. Rachenraum; Med., Biol.)

Eu|sta|sie *die;* -, ...ien ⟨zu *gr.* stásis „das (Fest)stehen" u. ↑²...ie⟩: durch Veränderungen im Wasserhaushalt der Erde hervorgerufene Meeresspiegelschwankung. **eu|sta|tisch** ⟨zu *gr.* statikós „stellend"⟩: durch ↑Tektonik (1) räumlich verändert (z. B. von Meeresbecken)

Eu|streß *der;* ...esses, ...esse ⟨zu ↑eu... u. ↑Streß⟩: anregender, leistungs- u. lebensnotwendiger ↑Streß; Ggs. ↑Disstreß

Eu|tek|ti|kum *das;* -s, ...ka ⟨aus gleichbed. *nlat.* eucteticum zu *gr.* eútēktos „leicht zu schmelzen", dies zu ↑eu... u. *gr.* tékein „schmelzen"⟩: feines kristallines Gemisch zweier od. mehrerer Kristallarten, das aus einer erstarrten, einheitlichen Schmelze entstanden ist u. den niedrigsten möglichen Schmelz- bzw. Erstarrungspunkt (eutektischer Punkt) zeigt. **eu|tek|tisch** ⟨aus *gr.* eútēktos „leicht zu schmelzen"⟩: dem Eutektikum entsprechend, auf das Eutektikum bezüglich; -er Punkt: tiefster Schmelz- bzw. Erstarrungspunkt von Gemischen. **Eu|tek|to|id** *das;* -s, -e ⟨zu ↑...oid⟩: Stoff, der aus zwei od. mehreren im eutektischen Punkt zusammengeschmolzenen Stoffen besteht

Eu|tha|na|sie *die;* - ⟨aus *gr.* euthanasía „leichter Tod" zu ↑eu... u. thánatos „Tod"⟩: 1. Erleichterung des Sterbens, bes. durch Schmerzlinderung mit Narkotika (Med.). 2. beabsichtigte Herbeiführung des Todes bei unheilbar Kranken durch Anwendung von Medikamenten (Med.)

Eu|thy|mie *die;* - ⟨aus gleichbed. *gr.* euthymía zu ↑eu... u. thymós „Gemüt, Sinn"⟩: (veraltet) Heiterkeit, Frohsinn. **eu|thy|misch** ⟨aus gleichbed. *gr.* eúthymos⟩: (veraltet) heiter, wohlgemut

Eu|thyn|te|rie *die;* -, ...ien ⟨aus *gr.* euthyntēría, eigtl. „Steuerlager, Ort, wo das Steuer(ruder) befestigt ist"⟩: das Fundament (↑Stereobat) ausgleichende Steinlage in der griech. Baukunst

Eu|thy|skop *das;* -s, -e ⟨zu *gr.* euthýs „gerade" u. ↑...skop⟩: Spezialaugenspiegel, mit dem die Stelle der falschen Fixation auf der Netzhaut geblendet u. anschließend die Netzhautmitte (der normale Ort für die Fixation) mit Nachbildern von Lichtzeichen gereizt wird (Med.)

Eu|to|kie *die;* - ⟨aus gleichbed. *gr.* eutokía⟩: leichte Geburt (Med.); Ggs. ↑Dystokie

Eu|to|nie *die;* - ⟨aus *gr.* eutonía „Kraft, Stärke" zu ↑eu... u. *gr.* tónos „das Spannen, die Spannung"⟩: normaler Spannungszustand der Muskeln u. Gefäße (Med.); Ggs. ↑Dystonie

Eu|to|pie *die;* - ⟨zu ↑eu..., *gr.* tópos „Ort, Lage" u. ↑²...ie⟩: normale Lage [von Organen] (Med.); Ggs. ↑Dystopie

Evangelistensymbole

eu|trop ⟨zu ↑eu... u. *gr.* tropé „Hinwendung"; vgl. Tropen⟩: auf Pflanzen bezogen, deren Blüten verborgenen, für Insekten u. Vögel schwer zugänglichen Honig besitzen **eu|troph** ⟨aus *gr.* eútrophos „gut nährend, nahrhaft"⟩: a) nährstoffreich (von Böden od. Gewässern); -e **Pflanzen**: an nährstoffreichen Boden gebundene Pflanzen; b) zuviel Nährstoffe enthaltend, überdüngt (von Gewässern). **Eu|tro|phie** *die;* - ⟨aus *gr.* eutrophía „Wohlgenährtheit"⟩: a) guter Ernährungszustand des Organismus (bes. von Säuglingen); b) regelmäßige u. ausreichende Versorgung eines Organs mit Nährstoffen (Med.); Ggs. ↑Dystrophie. **eu|tro|phie|ren** ⟨zu ↑eutroph ↑...ieren⟩: eutroph machen, werden. **Eu|tro|phie|rung** *die;* -, -en ⟨zu ↑...ierung⟩: unerwünschte Zunahme von Nährstoffen in einem Gewässer u. damit verbundenes nutzloses u. schädliches Pflanzenwachstum. **Eu|tro|phi|kum** *das;* -s, ...ka ⟨zu ↑...ikum⟩: Arzneimittel zur Wiederherstellung des normalen Ernährungszustandes eines Organs od. des Organismus (Med.). **Eu|tro|pho|lo|gie** *die;* - ⟨zu ↑...logie⟩: die Lehre von der richtigen u. damit gesunden Ernährung **eu|xi|nisch** ⟨zu *lat.* Pontus Euxinus „Schwarzes Meer", in dem diese Erscheinung heute auftritt⟩: tiefere Meeresschichten betreffend, die sauerstoffarm sind, aber einen hohen Schwefelwasserstoffgehalt aufweisen **eu|ze|phal** ⟨zu ↑eu..., *gr.* kephalé „Kopf" u. ↑¹...al(1)⟩: mit vollständig entwickelter Kopfkapsel versehen (von bestimmten Insektenlarven) **Eu|zo|ne**, Evzone [ɛf...] *der;* -n, -n ⟨aus gleichbed. *ngr.* eúzōnos, dies zu *gr.* eúzōnos „zum Kampf gerüstet", eigtl. „wohlgegürtet", zu ↑eu... u. zṓnē „Gürtel"⟩: Soldat einer Infanterieelitetruppe der griech. Armee **Eu|zy|te** *die;* -, -n ⟨zu ↑eu... u. *gr.* kýtos „Höhlung"⟩: Zelle mit membranumgrenztem Zellkern u. ↑Organellen, Organisationsform aller ↑Eukaryonten (Biol.) **eva|die|ren** [eva...] ⟨aus gleichbed. *lat.* evadere⟩: (veraltet) entkommen, entwischen **Eva|ga|ti|on** [...v...] *die;* -, -en ⟨aus gleichbed. *lat.* evagatio zu evagari, vgl. evagieren⟩: (veraltet) Ab-, Ausschweifung, Zerstreuung. **eva|gie|ren** ⟨aus gleichbed. *lat.* evagari⟩: (veraltet) ab-, ausschweifen **Eva|gi|na|ti|on** [...v...] *die;* -, -en ⟨aus *lat.* evaginatio zu evaginare „aus der Scheide ziehen"⟩: operative Beseitigung eines ↑Invaginats (Med.) **Eva|ku|ant** [...v...] *der;* -en, -en ⟨zu ↑evakuieren u. ↑...ant (1)⟩: Ventil, durch das nach beendetem Spiel der noch im Gebläse der Orgel vorhandene Wind entweichen kann. **Eva|kua|ti|on** *die;* -, -en ⟨über gleichbed. *fr.* évacuation aus spätlat. evacuatio „Ausleerung; Entkräftung", dies zu evacuare, vgl. evakuieren⟩: 1. Absaugung von Steintrümmern, Blutgerinnseln u. a. aus Körperorganen od. -höhlen mit Hilfe eines kombinierten ↑Zystoskops (Med.). 2. svw. Evakuierung; vgl. ...[at]ion/...ierung. **eva|ku|ie|ren** ⟨über gleichbed. *fr.* évacuer aus *lat.* evacuare „ausleeren"⟩: 1. a) die Bewohner eines Gebietes oder Hauses [vorübergehend] aussiedeln, wegbringen; b) wegen einer drohenden Gefahr ein Gebiet [vorübergehend] von seinen Bewohnern räumen. 2. ein ↑Vakuum herstellen; luftleer machen (Techn.). 3. Steintrümmer, Blutgerinnsel u. a. aus einem Organ absaugen (Med.). 4. (veraltet) ausleeren, entleeren. **Eva|ku|ie|rung** *die;* -, -en ⟨zu ↑...ierung⟩: 1. a) Gebietsräumung; b) Aussiedlung von Bewohnern. 2. Herstellung eines ↑Vakuums; vgl. ...[at]ion/...ierung **eva|les|zie|ren** [...v...] ⟨aus gleichbed. *lat.* evalescere⟩: (veraltet) erstarken, zunehmen **Eva|lua|ti|on** [...v...] *die;* -, -en ⟨aus *fr.* évaluation bzw. *engl.* evaluation „Berechnung, Bewertung" zu *fr.* évaluer, vgl. evaluieren⟩: a) Bewertung, Bestimmung des Wertes; b) sach- u. fachgerechte Einschätzung u. Beurteilung [von Lehrplänen u. Unterrichtsprogrammen bzw. von Forschungsvorhaben]; vgl. ...[at]ion/...ierung. **eva|lua|tiv** ⟨zu ↑...iv⟩: wertend. **eva|lu|ie|ren** ⟨aus *fr.* évaluer „(ab)schätzen, berechnen" zu é- „aus..., heraus..., weg... u. altfr. value „Wert", dies zu *lat.* valere „stark sein; wert sein, gelten"⟩: a) bewerten; b) [Lehrpläne, Unterrichtsprogramme, Forschungsvorhaben] fachgerecht einschätzen u. beurteilen. **Eva|lu|ie|rung** *die;* -, -en ⟨zu ↑...ierung⟩: 1. svw. Evaluation. 2. svw. Evalvation; vgl. ...[at]ion/...ierung. **Eval|va|ti|on** [...va...] *die;* -, -en ⟨Latinisierung von *fr.* évaluation, vgl. Evaluation⟩: Schätzung, Wertbestimmung; vgl. ...[at]ion/...ierung. **eval|vie|ren** ⟨zu ↑...ieren⟩: abschätzen **Evan|ge|le** [...v...] *der;* -n, -n ⟨zu ↑evangelisch (2)⟩: (ugs. abwertend) ↑Protestant (1); vgl. Kathole. **Evan|ge|li|ar** *das;* -s, Plur. -e u. -ien [...jən] u. **Evan|ge|lia|ri|um** *das;* -s, ...ien [...jən] ⟨aus gleichbed. *mlat.* evangeliarum zu *kirchenlat.* euangelium, vgl. Evangelium⟩: liturgisches Buch (↑Lektionar) mit dem vollständigen Text der vier Evangelien u. meist einem Verzeichnis der bei der Messe zu lesenden Abschnitte. **Evan|ge|li|en|har|mo|nie** [...jən...] *die;* -, ...ien: eine vor allem im Altertum u. Mittelalter vorkommende, aus dem Wortlaut der vier Evangelien zusammengefügte Erzählung vom Leben u. Wirken Jesu. **evan|ge|li|kal** ⟨aus gleichbed. *engl.* evangelical zu *kirchenlat.* euangelicus, vgl. evangelisch⟩: 1. dem Evangelium gemäß. 2. zur englischen ↑Low-Church gehörend. 3. die unbedingte Autorität des Neuen Testaments im Sinne des ↑Fundamentalismus vertretend (von der Haltung ev. Freikirchen). **Evan|ge|li|ka|le** *der;* -n, -n: jmd., der der evangelikalen (vgl. evangelikal 3) Richtung angehört. **Evan|ge|li|sa|ti|on** *die;* -, -en ⟨aus *kirchenlat.* euangelizatio „das Predigen des Evangeliums" zu euangelizare, vgl. evangelisieren⟩: das Evangelisieren. **evan|ge|lisch** ⟨über *kirchenlat.* euangelicus aus *gr.* euaggelikós „zum Evangelium gehörig"⟩: 1. das Evangelium betreffend, auf dem Evangelium fußend; -e **Räte**: nach der kath. Moraltheologie die drei Ratschläge Christi zu vollkommenem Leben (Armut, Keuschheit, Gehorsam), Grundlage der Mönchsgelübde. 2. svw. protestantisch; Abk.: ev. **evan|ge|lisch-lu|the|risch** [veraltet ...lu̯te:...]: einer protestantischen Bekenntnisgemeinschaft angehörend, die sich ausschließlich an Dr. Martin Luther (1483–1546) u. seiner Theologie orientiert; Abk.: ev.-luth. **evan|ge|lisch-re|for|miert**: einer protestantischen Bekenntnisgemeinschaft angehörend, die auf die schweizerischen ↑Reformatoren Ulrich Zwingli (1484–1531) u. Johann Calvin (1509–1564) zurückgeht; Abk.: ev.-ref. **evan|ge|li|sie|ren** ⟨nach gleichbed. *kirchenlat.* euangelizare, dies aus *gr.* euaggelízesthai⟩: dem christlichen Leben bzw. Glauben Fernstehende mit dem Evangelium (1, 2 a) vertraut machen, ihnen das Evangelium (1) verkünden, nahebringen, sie für das Evangelium (1) gewinnen, sie dazu bekehren. **Evan|ge|li|sie|rung** *die;* -, -en ⟨zu ↑...isierung⟩: das Evangelisieren. **Evan|ge|list** *der;* -en, -en ⟨über *kirchenlat.* euangelista aus gleichbed. *gr.* euaggelistḗs⟩: 1. Verfasser eines der vier Evangelien (2 a). 2. das Evangelium verlesender Diakon. 3. evangelisierender [Wander]prediger, bes. einer ev. Freikirche. **Evan|ge|li|star** *das;* -s, -e u. **Evan|ge|li|sta|ri|um** *das;* -s, ...ien [...jən] ⟨aus *nlat.* evangelistarium zu *kirchenlat.* euangelista, vgl. Evangelist⟩: liturgisches Buch, das die in der Messe zu lesenden Abschnitte aus den Evangelien (2 a) enthält; vgl. Evangeliar. **Evan|ge|li|sten|sym|bo|le** *die* (Plur.): die den Darstellungen der vier Evan-

Evangelium

gelisten beigegebenen od. sie vertretenden Sinnbilder Engel od. Mensch (Matthäus), Löwe (Markus), Stier (Lukas), Adler (Johannes). **Evan|ge|li|um** *das;* -s, ...ien [...i̯ən] ⟨über *kirchenlat.* euangelium aus *gr.* euaggélion, eigtl. „gute Botschaft", zu euággelos „gute Botschaft bringend", dies zu ↑eu... u. ággelos „Bote"⟩: 1. (ohne Plur.) die Frohe Botschaft von Jesus Christus, Heilsbotschaft Christi. 2. a) von einem der vier Evangelisten (1) verfaßter Bericht über das Leben u. Wirken Jesu (eins der vier Bücher des Neuen Testaments; Abk.: Ev.; b) für die gottesdienstliche Lesung vorgeschriebener Abschnitt aus einem Evangelium (2 a) **Evan|sit** [...v..., auch ...'zɪt] *der;* -s, -e ⟨nach dem Engländer B. Evans († 1862) u. zu ↑²...it⟩: ein farbloses bis weißes Mineral

eva|po|ra|bel [...v...] ⟨zu ↑evaporieren u. ↑...abel⟩: verdunstbar. **Eva|po|rat** *das;* -[e]s, -e ⟨zu *lat.* evaporatus, Part. Perf. von evaporare, vgl. evaporieren⟩: eingedampfte Lösung. **Eva|po|ra|ti|on** *die;* -, -en ⟨aus *lat.* evaporatio „Ausdampfung" zu evaporare, vgl. evaporieren⟩: Verdampfung, Verdunstung, Ausdünstung [von Wasser]. **Eva|po|ra|tor** *der;* -s, ...oren ⟨zu *lat.* evaporatus (vgl. Evaporat) u. ↑...or⟩: Gerät zur Gewinnung von Süßwasser [aus Meerwasser]. **eva|po|rie|ren** ⟨aus *lat.* evaporare „ausdampfen, ausdünsten" zu ↑¹ex... u. vapor „Dunst, Dampf"⟩: a) verdunsten; b) Wasser aus einer Flüssigkeit (bes. Milch) verdampfen lassen u. sie auf diese Weise eindicken. **Eva|po|ri|me|ter** *das;* -s, - ⟨zu ↑¹...meter⟩: Verdunstungsmesser (Phys., Meteor.). **Eva|po|rit** [auch ...'rɪt] *der;* -s, -e ⟨zu ↑²...it⟩: ein durch Evaporation gebildetes Gestein, z. B. Gips u. Steinsalz. **Eva|po|ro|gra|phie** *die;* - ⟨zu ↑...graphie⟩: fotografisches Verfahren, das zur Abbildung eines Gegenstandes die von diesem ausgehenden Wärmestrahlen benutzt

Eva|si|on [...v...] *die;* -, -en ⟨aus *spätlat.* evasio „das Entrinnen" zu *lat.* evadere, vgl. evadieren⟩: 1. das Entweichen, Flucht; vgl. Invasion (1). 2. Ausflucht. **eva|siv** ⟨zu ↑...iv⟩: Ausflüchte enthaltend; vgl. ...iv/...orisch. **eva|so|risch** ⟨aus *nlat.* evasorius⟩: ausweichend, Ausflüchte suchend; vgl. ...iv/...orisch

Evek|ti|on [...v...] *die;* - ⟨aus *lat.* evectio „das Herausfahren" zu evehere „herausführen, -fahren"⟩: durch die Sonne hervorgerufene Störung der Mondbewegung (Astron.)

Eve|ne|ment [evənəˈmã:] *das;* -s, -s ⟨aus gleichbed. *fr.* événement, dies zu *lat.* evenire, vgl. evenieren⟩: 1. Begebenheit, Ereignis. 2. Erfolg, Ausgang einer Sache. **eve|nie|ren** ⟨aus *lat.* evenire „herauskommen"⟩: (veraltet) sich ereignen, sich zutragen

Even|tail [evãˈta:j] *das;* -s, -s ⟨aus *fr.* éventail „Fächer" zu éventer „Luft zufächeln", dies aus *spätlat.* *exventare zu *lat.* ventus „Wind"⟩: Fächermuster auf Bucheinbänden. **even|tail|lie|ren** [...ta(l)ˈjiː...] ⟨zu ↑...ieren⟩: fächerförmig aufmarschieren (Milit.).

Even|tra|ti|on [...v...] *die;* -, -en ⟨aus gleichbed. *nlat.* eventratio zu ↑¹ex... u. *lat.* venter, Gen. ventris „Bauch, Leib"⟩: 1. das Heraustreten der Baucheingeweide nach operativem Bauchschnitt od. nach schwerer Verletzung der Bauchdecke; größerer Bauchbruch (Med.). 2. svw. Eviszeration. **even|trie|ren** ⟨zu ↑...ieren⟩: eine ↑Eviszeration vornehmen (Med.).

even|tu|al [...v...] ⟨aus *mlat.* eventualis „möglicherweise (eintretend)"⟩: svw. eventuell; vgl. ...al/...ell. **Even|tu|al...** ⟨aus gleichbed. *mlat.* eventualis zu *lat.* eventus „Ausgang; Ereignis" zu evenire „herauskommen, sich ereignen"⟩: Wortbildungselement mit der Bedeutung: „möglicherweise eintretend, davon Gebrauch machend", z. B. Eventualfall, Eventualhaushalt. **Even|tu|al|an|trag** *der;* -[e]s, ...anträge: Neben-, Hilfsantrag, der für den Fall gestellt wird, daß der Hauptantrag abgewiesen wird (Rechtsw.). **Even|tu|al|bud|get** [...bʏdʒe] *das;* -s, -s: Haushaltsplan, der bei zusätzlichen Einnahmen zusätzliche Ausgaben vorsieht. **Even|tu|al|do|lus** vgl. Dolus eventualis. **Even|tu|a|li|tät** *die;* -, -en ⟨unter Einfluß von *fr.* éventualité zu ↑eventual u. ↑...ität⟩: Möglichkeit, möglicher Fall. **even|tu|a|li|ter** ⟨*nlat.*⟩: vielleicht, eventuell (2). **Even|tu|al|quo|te** *die;* -, -n: ↑Quote bei Pferdewetten für ein Pferd, das hätte Sieger werden können (Lotterie). **even|tu|ell** ⟨aus gleichbed. *fr.* éventuel, dies aus *mlat.* eventualis, vgl. Eventual...⟩: 1. möglicherweise eintretend. 2. gegebenenfalls, unter Umständen, vielleicht; Abk.: evtl.; vgl. ...al/...ell

Ever|dur ⓦ [...v...] *das;* -s ⟨Kunstw. aus *engl.* ever „immer, beständig" u. *lat.* durus „hart, fest"⟩: säurebeständige Bronze von hoher Festigkeit. **Ever|glaze** ⓦ [ˈɛvəɡleɪz] *das;* -, - ⟨aus gleichbed. *engl.* everglaze, eigtl. „Immerglanz"⟩: durch bestimmtes Verfahren krumpf- u. knitterfrei gemachtes [Baumwoll]gewebe mit erhaben geprägter Kleinmusterung. **Ever|green** [...griːn] *der,* auch *das;* -s, -s ⟨aus gleichbed. *engl.* evergreen, eigtl. „immergrün"⟩: 1. Schlager od. Musikstück, das längere Zeit hindurch beliebt ist u. daher immer wieder gespielt wird. 2. einstudiertes Stück, Repertoirestück des modernen Jazz

Ever|nia [...v...] *die;* - ⟨aus gleichbed. *nlat.* evernia zu *gr.* euernés „blühend"⟩: Gattung strauchförmiger Flechten, deren Inhaltsstoffe in Parfüms verwendet werden

Evers-Di|ät [...v...] *die;* - ⟨nach dem deutschen Arzt J. Evers, *1894⟩: Rohkostdiät zur Behandlung der multiplen Sklerose

Ever|si|on [...v...] *die;* -, -en ⟨aus *lat.* eversio „Zerstörung, Zerrüttung" zu evertere, vgl. evertieren⟩: Auswärtsdrehung des Fußes od. der Hand (Med.). **Ever|si|ons|bruch** *der;* -[e]s, ...brüche: durch ↑Eversion verursachter Knöchelbruch (Med.)

Ever|te|brat [...v...] *der;* -en, -en (meist Plur.) ⟨zu ↑¹ex... u. ↑Vertebrat⟩: wirbelloses Tier; Ggs. ↑Vertebrat

ever|tie|ren [...v...] ⟨aus *lat.* evertere „verdrehen, verdrängen"⟩: nach außen stülpen od. wenden (z. B. bei chirurg. Nähten die Wundränder nach außen wenden)

Evi|de|ment [evidəˈmã:] *das;* -s, -s ⟨aus gleichbed. *fr.* évidement, eigtl. „Aushöhlung", zu évider „aushauen, ausbohren", dies über *altfr.* esvuidier „gänzlich leeren" zu ↑¹ex... u. *lat.* vacuare „leeren"⟩: Auskratzung von Knochenteilen od. der Gebärmutterschleimhaut (Med.)

evi|dent [...v...] ⟨aus gleichbed. *lat.* evidens, Gen. evidentis, zu ↑¹ex... u. videre „sehen"⟩: offenkundig u. klar ersichtlich; offen zutage liegend; überzeugend, offenbar. **Evi|denz** *die;* - ⟨aus *lat.* evidentia „Veranschaulichung"⟩: Deutlichkeit; vollständige, überwiegende Gewißheit; einleuchtende Erkenntnis; etwas in - halten: (österr.) etwas im Auge behalten. **Evi|denz|zen|tra|le** *die;* -: Stelle der Zentralbank, wo alle Millionenkredite gemeldet u. eine Liste der Schuldner geführt wird, die bei mehreren Banken verschuldet sind

Evik|ti|on [...v...] *die;* -, -en ⟨aus gleichbed. *spätlat.* evictio, eigtl. „völlige Besiegung", zu evictus, Part. Perf. von *lat.* evincere, vgl. evinzieren⟩: Entziehung eines Besitzes durch richterliches Urteil, weil ein anderer ein größeres Recht darauf hat (Rechtsw.). **evin|zie|ren** ⟨aus *lat.* evincere „gänzlich besiegen"⟩: jmdm. durch richterliches Urteil einen Besitz entziehen, weil ein anderer ein größeres Recht darauf hat (Rechtsw.)

Evi|pan ⓌⓏ [...v...] *das;* -s ⟨Kunstw.⟩: Handelsname für ein Barbitursäurederivat, das zur Narkotisierung dient

Evi|ra|ti|on [...v...] *die;* - ⟨aus *lat.* eviratio „Entmannung" zu evirare, vgl. evirieren⟩: Verlust des männlichen Gefühlslebens u. Charakters u. deren Ersatz durch entsprechende weibliche Eigenschaften (Psychol.). **evi|rie|ren** ⟨aus gleichbed. *lat.* evirare⟩: (veraltet) entmannen

Evis|ze|ra|ti|on [...v...] *die;* -, -en ⟨aus gleichbed. *nlat.* evisceratio zu *lat.* eviscerare, vgl. eviszerieren⟩: Entleerung des Körpers von Brust- u. Baucheingeweiden (bei der Leibesfrucht im Rahmen einer ↑Embryotomie; Med.). **evis|ze|rie|ren** ⟨aus *lat.* eviscerare „der Eingeweide berauben, ausweiden"⟩: svw. evertieren

evo|ka|bel [...v...] ⟨aus gleichbed. *nlat.* evocabilis zu *lat.* evocare, vgl. evozieren⟩: aufrufbar, vorladbar, abrufbar.
Evo|ka|ti|on *die;* -, -en ⟨aus *lat.* evocatio „das Herausrufen, die Aufforderung" zu evocare, vgl. evozieren⟩: 1. Erweckung von Vorstellungen od. Erlebnissen bei der Betrachtung eines Kunstwerkes. 2. das Recht eines Königs bzw. des Papstes, eine nicht erledigte Rechtssache unter Umgehung der Instanzen vor sein [Hof]gericht zu bringen. 3. Vorladung eines Beklagten vor ein Gericht. 4. Herausrufung der Götter einer belagerten Stadt, um sie auf die Seite der Belagerer zu ziehen (altröm. Kriegsbrauch). **evo|ka|tiv** ⟨zu ↑...iv⟩: bestimmte Vorstellungen enthaltend; vgl. ...iv/...orisch. **evo|ka|to|risch** ⟨aus *lat.* evocatorius „herausrufend, auffordernd"⟩: bestimmte Vorstellungen erweckend; vgl. ...iv/...orisch. **Evo|ka|to|ri|um** *das;* -s, ...rien [...i̯ən] ⟨aus *mlat.* evocatorium „Vorladung"⟩: Vorladungsschreiben (Rechtsw.)

evo|lut [...v...] ⟨zu *lat.* evolutus, Part. Perf. von evolvere, vgl. evolvieren⟩: eng aneinanderliegend gewunden (von Schneckenhäusern). **Evo|lu|te** *die;* -, -n ⟨aus *lat.* (linea) evoluta „herausgewickelte (Linie)" zu evolutus, vgl. evolut⟩: Kurve, die aus einer aufeinanderfolgenden Reihe von Krümmungsmittelpunkten einer anderen Kurve (der Ausgangskurve) entsteht. **Evo|lu|ti|on** *die;* -, -en ⟨über gleichbed. *fr.* évolution aus *lat.* evolutio „das Aufwickeln (einer Buchrolle)"⟩: a) allmählich fortschreitende Entwicklung; Fortentwicklung im Geschichtsablauf; b) die stammesgeschichtliche Entwicklung der Lebewesen von niederen zu höheren Formen. 3. svw. Präformation. **evo|lu|tio|när** ⟨zu ↑...är⟩: a) auf Evolution beruhend; b) sich allmählich u. stufenweise entwickelnd. **Evo|lu|tio|nis|mus** *der;* - ⟨zu ↑...ismus (1)⟩: naturphilosophische Richtung des 19. Jh.s, in deren Mittelpunkt der Evolutionsgedanke stand. **Evo|lu|tio|nist** *der;* -en, -en ⟨zu ↑...ist⟩: Anhänger des Evolutionismus. **evo|lu|tio|ni|stisch** ⟨zu ↑...istisch⟩: auf dem Evolutionismus beruhend. **Evo|lu|ti|ons|ge|ne|tik** *die;* -: Teil der Vererbungslehre, der sich speziell mit der Stammesentwicklung der Organismen befaßt (Biol.). **Evo|lu|ti|ons|me|cha|nis|mus** *der;* -, ...men: Zusammenwirken verschiedener Faktoren bei der Stammesentwicklung der Lebewesen (Biol.). **Evo|lu|ti|ons|theo|rie** *die;* -, -n: 1. Theorie von der Entwicklung aller Lebewesen aus niederen, primitiven Organismen. 2. Theorie, nach der das Weltall in ständiger ↑Expansion begriffen ist (Astron.). **Evol|ven|te** [evolv...] *die;* -, -n ⟨aus *lat.* (linea) evolvens „herauswickelnde (Linie)", zu evolvens, Gen. evolventis, Part. Präs. von evolvere, vgl. evolvieren⟩: Ausgangskurve einer Evolute. **Evol|ven|ten|ver|zah|nung** *die;* -, -en: Verzahnungsart von Zahnrädern, bei denen das Zahnprofil als Evolvente ausgebildet ist. **evol|vie|ren** ⟨aus *lat.* evolvere „herauswickeln, aufrollen; klar darstellen"⟩: entwickeln, entfalten, entfaltend, entwickelnd darstellen; vgl. involvieren

Evo|ny|mus [...v...] *der,* auch *die;* - ⟨über gleichbed. *lat.* evonymus aus *gr.* euónymos, eigtl. „mit gutem Namen" (euphemistischer Name, da der Strauch für Weidetiere giftig ist)⟩: Gattung der Spindelbaumgewächse (Zierstäucher), deren bekanntester Vertreter das Pfaffenhütchen ist

Evor|si|on [...v...] *die;* -, -en ⟨aus gleichbed. *nlat.* evorsio zu *lat.* evorsus, Part. Perf. von evortere, evertere „umwerfen; emporwenden, aufwühlen"⟩: a) wirbelnde Bewegung des Steine u. Sand mitführenden Wassers, wodurch Strudellöcher (z. B. in Bächen) entstehen (Geol.); b) ein durch diese wirbelnde Bewegung des Wassers entstandenes Strudelloch (Geol.)

evo|zie|ren [...v...] ⟨aus gleichbed. *lat.* evocare, eigtl. „herausrufen"; vgl. Evokation⟩: 1. durch ↑Evokation (1) hervorrufen, bewirken. 2. [einen Beklagten] vorladen. **evoziert** ⟨zu ↑...iert⟩: hervorgerufen, bewirkt

Evul|si|on [...v...] *die;* -, -en ⟨aus gleichbed. *lat.* evulsio zu evulsus, Part. Perf. von evellere „ausrupfen, herausreißen"⟩: (veraltet) das Herausreißen; Ausrottung

ev|vi|va! [ɛˈviːva] ⟨*it.;* „er lebe hoch", eigtl. „und lebe", zu *lat.* et „und" u. vivere „leben"⟩: ital. Hochruf

Ev|zo|ne [ef...] vgl. Euzone

ex ⟨*lat.;* „aus"⟩: 1. Aufforderung, ein Glas ganz zu leeren, auszutrinken. 2. (ugs.) vorbei, aus, zu Ende. 3. (salopp) tot. **Ex** *das;* -, -: (bayr., schweiz. veraltet) Kurzform von ↑Extemporale

¹ex..., Ex... ⟨aus gleichbed. *lat.* ex-⟩, vor Konsonanten oft auch e..., E..., vor f zu ef... angeglichen⟩: Präfix mit der Bedeutung „aus, aus – heraus, weg, ent..., ehemalig", z. B. exklusiv, Exminister, evident, Evakuierung, effilieren, Effusion

²ex..., Ex... ⟨aus gleichbed. *gr.* ex-; vgl. ek...⟩: Präfix (vor folgendem Vokal u. vor h) mit der Bedeutung „aus, aus – heraus", z. B. exegetisch, Exergie, Exhärese

Exa... ⟨zu *gr.* héx „sechs"⟩: Vorsatz vor Maßeinheiten mit der Bedeutung „das Trillionenfache (10^{18}fache)" der genannten Maßeinheit; Zeichen E (z. B. Exabecquerel). **Exa|bec|que|rel** [...bɛkaˈrɛl] *das;* -s, -: eine Trillion (10^{18}) Becquerel; Zeichen EBq

ex ab|rup|to ⟨*lat.;* vgl. abrupt⟩: unversehens

ex ae|quo [– ˈɛːkvo] ⟨*lat.;* zu aequus „gleich"⟩: in derselben Weise, gleichermaßen

Ex|ag|ge|ra|ti|on *die;* -, -en ⟨aus *lat.* exaggeratio „Anhäufung; Steigerung (des Ausdrucks)" zu exaggerare, vgl. exaggerieren⟩: unangemessen übertriebene Darstellung von Krankheitserscheinungen (Med.). **ex|ag|ge|ra|to|risch** ⟨zu *lat.* exaggerator, eigtl. „Vergrößerer"⟩: übertrieben. **ex|ag|ge|rie|ren** ⟨aus *lat.* exaggerare „aufhäufen, vermehren"⟩: Krankheitserscheinungen unangemessen übertrieben darstellen (Med.)

Ex|ai|re|se vgl. Exhärese

ex|akt ⟨aus gleichbed. *lat.* exactus, eigtl. „genau zugewogen", Part. Perf. von exigere „abwägen, abmessen"⟩: 1. genau [u. sorgfältig]. 2. pünktlich; -e Wissenschaften: Wissenschaften, deren Ergebnisse auf logischen od. mathematischen Beweisen od. auf genauen Messungen beruhen (z. B. Mathematik, Physik). **Ex|akt|heit** *die;* -: Genauigkeit, Sorgfältigkeit. **Ex|ak|tor** *der;* -s, ...oren ⟨aus *lat.* exactor „Eintreiber"⟩: Titel röm. Beamter, die in der Kaiserzeit nicht regelmäßige Steuern erhoben, sondern später Steuerrückstände eintrieben

Ex|al|ta|ti|on *die;* -, -en ⟨aus gleichbed. *fr.* exaltation, dies aus *lat.* exaltatio „Erhöhung" zu exaltare, vgl. exaltieren, sich⟩: a) Zustand des Exaltiertseins; b) Vorgang des Exaltiertseins. **ex|al|tie|ren, sich** ⟨aus *fr.* exalter „erheben, erhitzen,

exaltiert

erregen", dies aus *lat.* exaltare „erhöhen" zu altus „hoch"⟩: 1. sich überschwenglich benehmen. 2. sich hysterisch erregen. **ex|al|tiert** ⟨zu ↑...iert⟩: 1. aufgeregt. 2. überspannt

Ex|amen *das;* -s, Plur. - u. ...mina ⟨aus *lat.* examen „Untersuchung, Prüfung"⟩: Prüfung (bes. als Studienabschluß). **Ex|ami|nand** *der;* -en, -en ⟨aus *lat.* examinandus „ein zu Prüfender", Gerundivum von examinare, vgl. examinieren⟩: Prüfling. **Ex|ami|na|ti|on** *die;* -, -en ⟨aus gleichbed. *lat.* examinatio⟩: das Examinieren. **Ex|ami|na|tor** *der;* -s, ...oren ⟨aus gleichbed. *spätlat.* examinator⟩: Prüfer. **Ex|ami|na|to|ri|um** *das;* -s, ...ien [...i̯ən] ⟨aus gleichbed. *nlat.* examinatorium zu *lat.* examinatorius „eine Untersuchung betreffend"⟩: 1. (veraltet) Prüfungskommission. 2. Vorbereitung auf eine Prüfung. **ex|ami|nie|ren** ⟨aus *lat.* examinare „abwägen, untersuchen"⟩: 1. im Rahmen eines Examens prüfen, befragen. 2. prüfend ausfragen, ausforschen. 3. prüfend untersuchen

Ex|anie *die;* -, ...ien ⟨zu ↑ ¹ex..., *lat.* anus „After" u. ↑²...ie⟩: Mastdarmvorfall (Med.)

Ex|ani|ma|ti|on *die;* -, -en ⟨aus *lat.* exanimatio „Entsetzen, Mutlosigkeit", eigtl. „Entseelung", zu ↑¹ex... u. *lat.* animatio „Beseelung"⟩: [tiefe] Ohnmacht. **ex|ani|mie|ren** ⟨aus *lat.* exanimare „außer Atem bringen"⟩: (veraltet) entseelen, entmutigen

ex an|te ⟨*lat.*⟩: im vorhinein (Wirtsch.); Ggs. ↑ ex post (2)

Ex|an|them *das;* -s, -e ⟨über *lat.* exanthema aus *gr.* exánthēma, Gen. exanthḗmatos „Hautausschlag", eigtl. „das Aufgeblühte"⟩: ausgedehnter, meist entzündlicher Hautausschlag (Med.). **ex|an|the|ma|tisch**: mit einem Exanthem verbunden (Med.). **Ex|an|the|se** *die;* - ⟨zu ↑¹...ese⟩: plötzlicher Beginn eines Hautausschlages (Med.)

Ex|an|thro|pie *die;* - ⟨zu ↑²ex..., *gr.* ánthrōpos „Mensch" u. ↑²...ie⟩: Menschenscheu. **ex|an|thro|pisch**: menschenscheu

Ex|ara|ti|on *die;* -, -en ⟨aus *lat.* exaratio „das Auspflügen" zu exarare „ausspflügen, aufackern"⟩: durch die schleifende Wirkung vordringenden Gletschereises bewirkte Gesteinsabtragung (Geol.); vgl. Erosion (1)

Ex|arch *der;* -en, -en ⟨über *lat.* exarchus aus *gr.* éxarchos „Vorsteher", zu árchein „der erste sein, herrschen"⟩: 1. byzantinischer (oströmischer) Statthalter. 2. in der orthodoxen Kirche der Vertreter des ↑ Patriarchen (3) für ein bestimmtes Gebiet (↑ Diaspora a). **Ex|ar|chat** *das,* auch *der;* -[e]s, -e ⟨aus gleichbed. *mlat.* exarchatus; vgl. Exarch⟩: Amt u. Verwaltungsgebiet eines Exarchen

ex|ar|mie|ren ⟨aus gleichbed. *lat.* exarmare zu ↑¹ex... u. *lat.* armare „bewaffnen, ausrüsten", dies zu arma (Plur.) „Waffen, Gerät"⟩: (veraltet) entwaffnen

Ex|ar|ti|ku|la|ti|on *die;* -, -en ⟨zu ↑¹ex..., *lat.* articulus „kleines Gelenk; Glied" u. ↑...ation⟩: operative Abtrennung eines Gliedes im Gelenk (Med.). **ex|ar|ti|ku|lie|ren** ⟨zu ↑...ieren⟩: eine Exartikulation vornehmen (Med.)

Ex|au|di ⟨aus *lat.* exaudi „erhöre!", Imp. Sing. von exaudire; nach dem Eingangsvers des Gottesdienstes, Psalm 27, 7⟩: in der ev. Kirche Name des sechsten Sonntags nach Ostern

Ex|au|gu|ra|ti|on *die;* -, -en ⟨aus gleichbed. *lat.* exauguratio zu exaugurare, vgl. exaugurieren⟩: (veraltet) Entweihung, Aufhebung der Weihe; Verweltlichung. **ex|au|gu|rie|ren** ⟨aus gleichbed. *lat.* exaugurare (Gegenbildung zu inaugurare, vgl. inaugurieren)⟩: (veraltet) entweihen, die Weihe aufheben; verweltlichen

Ex|azer|ba|ti|on *die;* - ⟨zu ↑¹ex..., *lat.* acerbare „verschlimmern, verschärfen" u. ↑...ation⟩: Verschlimmerung, zeitweise Steigerung, Wiederaufleben einer Krankheit (Med.)

ex be|ne pla|ci|to [– – ...t͡sito] ⟨*lat.*⟩: nach Gefallen, nach Gutdünken

ex ca|pi|te [– k...] ⟨*lat.*;* „aus dem Kopf, aus dem Gedächtnis"⟩: (lat. Rechtsspr.) aus dem einen Rechtsgrund

ex ca|the|dra [– k...] ⟨*lat.*;* „vom (Päpstlichen) Stuhl"; vgl. Katheder⟩: a) aus päpstlicher Vollmacht u. daher unfehlbar; b) von maßgebender Seite, so daß etwas nicht angezweifelt werden kann; vgl. Infallibilität u. Katheder

Ex|cep|tio [...t͡s...] *die;* -, ...tiones [...ne:s] ⟨aus gleichbed. *lat.* exceptio, eigtl. „Ausnahme", zu excipere „eine gerichtliche Einwendung machen", eigtl. „ausnehmen, (mit etwas) eine Ausnahme machen"⟩: Einspruch, Einrede (aus dem antiken römischen Zivilprozeßrecht; Rechtsw.); - do|li: Einrede der Arglist; vgl. Dolus; - plu|ri|um: Einrede des Vaters eines unehelichen Kindes, daß die Mutter in der Zeit der Empfängnis mit mehreren Männern verkehrt habe; vgl. Exzeption

Ex|ces|sus in ve|ne|re [...t͡s... – v...] *der;* - - -, - [...su:s] - ⟨zu *lat.* excessus „das Herausgehen, die Ausschweifung" u. *lat.* Venus, Gen. Veneris, dem Namen der Liebesgöttin, übertragen „Beischlaf"⟩: Ausschweifung im Geschlechtsleben

Ex|change [ıksˈtʃeɪndʒ] *die;* -, -n [...dʒn] ⟨aus gleichbed. *engl.* exchange zu exchange „aus-, umtauschen"; vgl. changieren⟩: 1. Tausch, Kurs (im Börsengeschäft). 2. a) Börsenkurs; b) Börse

Ex|che|quer [ıksˈtʃɛkɐ] *das;* - ⟨aus gleichbed. *engl.* exchequer, dies über *altfr.* eschequier zu *mlat.* scaccarium „Schachbrett"; nach dem schachbrettartig gemusterten Brett, auf dem die Rechenpfennige ausgelegt wurden⟩: Schatzamt, Staatskasse in England

Ex|ci|ton [...t͡s...] vgl. Exziton

ex com|mis|sio|ne [– k...] ⟨*lat.*⟩: kraft eines Auftrages

ex con|sen|su [– k...] ⟨*lat.*⟩: nach Zustimmung, nach Übereinstimmung

ex|cu|dit [...k...] ⟨*lat.*;* „hat es gebildet, verlegt od. gedruckt", 3. Pers. Perf. Sing. von excudere⟩: Vermerk hinter dem Namen des Verlegers (Druckers) bei Kupferstichen; Abk.: exc. u. excud.

ex|cu|sez! [ekskyˈze] ⟨*fr.*⟩: entschuldigen Sie!, Verzeihung!

ex de|cre|to [– k...] ⟨*lat.*⟩: nach [richterlichem] Bescheid

ex de|fi|ni|ti|o|ne ⟨*lat.*⟩: wie es die Definition beinhaltet

Ex|eat *das;* -s ⟨aus *lat.* exeat „er gehe hinaus!", 3. Pers. Präs. Konj. Sing. von exire „hinausgehen"⟩: Erlaubnisschein des Bischofs für einen Geistlichen, in einem anderen Sprengel bzw. einer anderen Diözese Amtshandlungen vorzunehmen

exe|cu|tio in ef|fi|gie [...k... – ...giə] ⟨*lat.*;* „Hinrichtung im Bilde"; vgl. Exekution⟩: sinnbildliche Hinrichtung eines in Abwesenheit Verurteilten, meist durch öffentliche Verkündigung des Urteils durch Anschlag od. in Nachahmung der Hinrichtung mit Hilfe von Puppen bis zum 19. Jh.

Ex|edra *die;* -, Ex|edren ⟨über *lat.* exedra aus gleichbed. *gr.* exédra, eigtl. „Außensitz"⟩: 1. halbrunder od. rechteckiger nischenartiger Raum als Erweiterung eines Saales od. einer Säulenhalle (in der antiken Architektur). 2. Apsis (1) in der mittelalt. Baukunst

Ex|ege|se *die;* -, -n ⟨aus *gr.* exḗgēsis „das Erzählen, Erklären" zu exēgeîsthai „ausführen, auseinandersetzen, lehren"⟩: Wissenschaft der Erklärung u. Auslegung eines Textes, bes. der Bibel. **Ex|eget** *der;* -en, -en ⟨aus *gr.* exēgētḗs „Ausleger"⟩: Fachmann für Bibelauslegung. **Ex|ege|tik** *die;* - ⟨aus *gr.* exēgētikḗ (téchnē) „Auslegung(skunst)"⟩:

ex falso quodlibet

(veraltet) Wissenschaft der Bibelauslegung (Teilgebiet der Theologie). **ex|ege|tisch** ⟨aus *gr.* exēgētikós „erklärend"⟩: [die Bibel] erklärend. **ex|egie|ren** ⟨zu ↑...ieren⟩: (veraltet) [die Bibel] erklären
Exe|kra|ti|on usw. vgl. Exsekration usw.
Exe|ku|tant *der;* -en, -en ⟨zu *lat.* ex(s)ecutus, Part. Perf. von ex(s)equi (vgl. Exekution), u. ↑...ant⟩: jmd., der etwas ausübt, vollzieht, durchführt. **exe|ku|tie|ren** ⟨zu ↑...ieren⟩: 1. a) an jmdm. ein Urteil vollstrecken, vollziehen; jmdn. hinrichten; b) (veraltet) jmdn. bestrafen. 2. (österr.) pfänden.
Exe|ku|ti|on *die;* -, -en ⟨aus *lat.* ex(s)ecutio „Ausführung, Vollstreckung" zu ex(s)equi „verfolgen, einer Sache nachgehen, sie ausführen"⟩: 1. a) Vollstreckung eines Todesurteils, Hinrichtung; b) (veraltet) Vollziehung einer Strafe. 2. Durchführung einer besonderen Aktion. 3. (österr.) Pfändung. **Exe|ku|ti|ons|kom|man|do** *das;* -s, -s: ↑ Kommando (3), das die Exekution (1 a) durchführt. **exe|ku|tiv** ⟨aus gleichbed. *nlat.* executivus; vgl. ...iv⟩: ausführend; vgl. ...iv/...orisch. **Exe|ku|ti|ve** [...və] *die;* -, -n ⟨zu ↑...ive⟩: 1. vollziehende, vollstreckende Gewalt im Staat; vgl. Judikative, Legislative (a). 2. (österr.) Gesamtheit der Organe zur Ausübung der vollziehenden Gewalt, bes. Polizei u. Gendarmerie. **Exe|ku|tiv|ko|mi|tee** *das;* -s, -s: vollziehendes u. verfügendes Organ (3 a) einer Körperschaft, einer Organisation usw. **Exe|ku|tor** *der;* -s, ...oren ⟨aus *lat.* ex(s)ecutor „Vollzieher, Vollstrecker"⟩: 1. (bes. Rechtsspr.) Vollstrecker [einer Strafe]. 2. (österr.) Gerichtsvollzieher. **exe|ku|to|risch**: (selten) durch [Zwangs]vollstreckung erfolgend; vgl. ...iv/...orisch
Ex|em|pel *das;* -s, - ⟨aus *lat.* exemplum „Probe, Muster, Beispiel" zu eximere „herausnehmen, hervorheben"⟩: 1. [abschreckendes] Beispiel, Lehre. 2. kleine Erzählung mit sittlicher od. religiöser Nutzanwendung im Rahmen einer Rede od. Predigt. 3. [Rechen]aufgabe. **Ex|em|plar** *das;* -s, -e ⟨aus *lat.* exemplar „Vorbild, Muster, Ebenbild" zu exemplum, vgl. Exempel⟩: [durch besondere Eigenschaften od. Merkmale auffallendes] Einzelstück (bes. Schriftwerk) od. Einzelwesen aus einer Reihe von gleichartigen Gegenständen od. Lebewesen; Abk.: Expl. **ex|em|pla|risch** ⟨aus *lat.* exemplaris „als Beispiel dienend"⟩: a) beispielhaft, musterhaft; b) warnend, abschreckend; hart u. unbarmherzig vorgehend, um abzuschrecken. **Ex|em|pla|ris|mus** *der;* - ⟨zu ↑...ismus (1)⟩: 1. Lehre, nach der alle Geschöpfe – was ihre Inhaltlichkeit betrifft – Spiegelbilder ihres göttlichen Urbildes sind (Philos.). 2. Lehre, daß die Erkenntnis der Dinge durch ihre in Gott seienden Urbilder ermöglicht wird (Philos.). **Ex|em|pla|ri|tät** *die;* - ⟨aus gleichbed. *mlat.* exemplaritas, Gen. exemplaritatis⟩: (veraltet) Beispiel-, Musterhaftigkeit. **ex|em|pli cau|sa** [– k...] ⟨*lat.*; vgl. Exempel⟩: beispielshalber; Abk.: e. c. **Ex|em|pli|fi|ka|ti|on** *die;* -, -en ⟨zu ↑exemplifizieren; vgl. Exempel u. ...fikation⟩: Erläuterung durch Beispiele. **ex|em|pli|fi|ka|to|risch** ⟨aus *nlat.* exemplificatorius⟩: zum Zwecke der Erläuterung an Beispielen. **ex|em|pli|fi|zie|ren** ⟨aus *mlat.* exemplificare „als Beispiel anführen"⟩: an Beispielen erläutern. **Ex|em|pli|fi|zie|rung** *die;* -, -en ⟨zu ↑...fizierung⟩: das Exemplifizieren, das Exemplifiziertwerden. **ex|em|pli gra|tia** ⟨*lat.*⟩: beispielshalber, -weise
ex|emt ⟨aus *lat.* exemptus „befreit", Part. Perf. von eximere, vgl. eximieren⟩: von bestimmten allgemeinen Lasten od. gesetzlichen Pflichten befreit. **Ex|em|ti|on** *die;* -, -en ⟨aus gleichbed. *lat.* exemptio, eigtl. „das Herausnehmen"⟩: Befreiung von bestimmten allgemeinen Lasten od. gesetzlichen Pflichten
exen ⟨zu *lat.* ex „(her)aus"⟩: 1. (Schülerspr., Studentenspr.) von der [Hoch]schule weisen. 2. (Schülerspr.) eine Unterrichtsstunde unentschuldigt versäumen
Ex|en|te|ra|ti|on *die;* -, -en ⟨aus gleichbed. *nlat.* exenteratio zu ↑²ex... u. *gr.* énteron „Darm, Eingeweide"⟩: 1. vorübergehende Vorverlagerung von Organen, bes. der Eingeweide bei Bauchoperationen (Med.). 2. Entfernung des Augapfels od. der Eingeweide (Med.). **ex|en|te|rie|ren** ⟨zu ↑...ieren⟩: 1. die Eingeweide [bei Operationen] vorverlagern (Med.). 2. den Augapfel od. die Eingeweide entfernen (Med.)
Exe|qua|tur *das;* -s, ...uren ⟨aus *lat.* ex(s)equatur „er vollziehe", 3. Pers. Präs. Konj. Sing. von ex(s)equi, vgl. exequieren⟩: 1. Zulassung eines ausländischen Konsuls, Bestätigung im Amt. 2. staatliche Genehmigung zur Publikation kirchlicher Akte. 3. im Prozeßrecht der gerichtliche Anspruch darüber, daß ein ausländisches Urteil im Inland vollstreckbar ist. **Exe|qui|en** [...kviən] *die* (Plur.) ⟨aus *lat.* ex(s)equiae (Plur.) „Leichenbegängnis" zu ex(s)equi „nachfolgen, das Geleit geben"⟩: a) kath. Begräbnisfeier, Totenmesse; b) Musik bei Begräbnisfeiern. **exe|quie|ren** ⟨aus *lat.* ex(s)equi „vollziehen, vollstrecken"⟩: (veraltet) Schulden eintreiben, pfänden. **Exe|quie|rung** *die;* -, -en ⟨zu ↑...ierung⟩: (veraltet) das Exequieren, das Exequiertwerden
Ex|er|cice [...'si:s] *das;* -n [...sn] ⟨aus *fr.* exercice „(Bewegungs)übung" zu exercer „üben", dies aus *lat.* exercere⟩: genau festgelegtes Training der klassischen Balletterziehung. **Ex|er|ci|ti|um** [...'tsi:...] vgl. Exerzitium
ex|er|ge|tisch ⟨Analogiebildung zu ↑energetisch; vgl. ²ex...⟩: die Exergie betreffend. **Ex|er|gie** *die;* -, ...ien ⟨zu ↑²ex... u. *gr.* érgon „Werk, Tätigkeit" (Analogiebildung zu ↑Energie)⟩: der Anteil der Energie, der in die gewünschte, wirtschaftlich verwertbare Form (z. B. elektrische Energie) umgewandelt wird (Phys.). **ex|er|gon** u. **ex|er|go|nisch** ⟨zu ↑²ex... u. *gr.* érgon „Tätigkeit"⟩: Energie abgebend; vgl. ...isch/-; exergonische Reaktion: chem. Reaktion, in deren Verlauf Energie freigesetzt wird (Chem.)
Ex|ergue [ɛg'zɛrg] *der;* -[s], -s ⟨aus *fr.* exergue „(Raum für) Jahreszahl, Inschrift", dies über das Vulgärlat. zu *gr.* exergeîn „ausschließen"⟩: auf Münzen der durch eine Linie unter dem Münzbild abgesonderte Abschnitt
ex|er|zie|ren ⟨aus gleichbed. *lat.* exercere⟩: 1. militärische Übungen machen. 2. etwas [wiederholt] einüben. **Ex|er|zier|kno|chen** *der;* -s, -: Verknöcherung von Muskelteilen infolge mechanischer Überbeanspruchung, bes. des Brustmuskels durch häufigen Gewehrdruck (Med.). **Ex|er|zier|platz** *der;* -es, ...plätze: Platz zum Exerzieren (1). **Ex|er|zi|ta|ti|on** *die;* -, -en ⟨aus *lat.* exercitatio „Übung"⟩: (veraltet) Übung, gelehrte Untersuchung. **Ex|er|zi|ta|to|ri|um** *das;* -s, ...ien [...jən] ⟨aus gleichbed. *mlat.* exercitatorium zu *lat.* exercitatorius „zur Übung gehörig"⟩: Anleitung zu geistlichen Übungen, Exerzitienbuch. **Ex|er|zi|ti|en** [...jən], österr. auch Exerzizien [...jən] *die* (Plur.) ⟨aus *lat.* exercitia, Plur. von exercitium, vgl. Exerzitium⟩: geistl. Übungen des Katholiken (nach dem Vorbild des hl. Ignatius v. Loyola). **Ex|er|zi|ti|um** *das;* -s, ...ien [...jən] ⟨aus *lat.* exercitium „Übung" zu exercere, vgl. exerzieren⟩: (veraltet) Übung[sstück]; Hausarbeit. **Ex|er|zi|zi|en** [...jən] vgl. Exerzitien

ex est ⟨*lat.*⟩: es ist aus
ex|eunt [...eʊnt] ⟨*lat.*;⟩ „sie gehen hinaus", 3. Pers. Präs. Plur. von exire „hinausgehen"⟩: sie gehen, treten ab (als Regieanweisung beim Theater)
ex fal|so quod|li|bet ⟨*lat.*;⟩ „aus Falschem (folgt) Beliebi-

Exfoliation

ges"): aus einer falschen Aussage darf jede beliebige Aussage logisch gefolgert werden (Grundsatz der scholastischen Logik)

Ex|fo|lia|ti|on *die;* - ⟨aus gleichbed. *nlat.* exfoliatio zu *lat.* exfoliare, vgl. exfoliieren⟩: Abblätterung, Abstoßung abgestorbener Gewebe u. Knochen (Med.). **ex|fo|li|ie|ren** ⟨aus gleichbed. *lat.* exfoliare zu ↑ ¹ex... u. folium „Blatt"⟩: (veraltet) abblättern, abstoßen

Ex|hai|re|se vgl. Exhärese

Ex|ha|la|ti|on *die;* -, -en ⟨aus gleichbed. *lat.* exhalatio zu exhalare, vgl. exhalieren⟩: 1. Ausatmung, Ausdünstung (Med.). 2. das Ausströmen vulkanischer Gase u. Dämpfe (Geol.). **Ex|ha|la|ti|ons|la|ger|stät|ten** *die* (Plur.): Abscheidungen nutzbarer Minerale (z. B. Schwefel, Borate, Hämatit) aus Exhalationen (Geol.). **ex|ha|lie|ren** ⟨aus *lat.* exhalare „aushauchen, ausdünsten"⟩: 1. ausatmen, ausdünsten (Med.). 2. vulkanische Gase u. Dämpfe ausströmen

Ex|hä|re|se, Exairese *die;* -, -n ⟨aus *gr.* exaíresis „das Herausnehmen" zu ↑ ²ex... u. haíresis „das Wegnehmen", dies zu haireĩn „nehmen, greifen"⟩: operative Entfernung od. Herausschneidung von Organteilen, bes. von Nerven (Med.)

Ex|hau|sti|on *die;* - ⟨aus *spätlat.* exhaustio „Ausschöpfung" zu *lat.* exhaustus, Part. Perf. von exhaurire „(her)ausschöpfen; erschöpfen"⟩: Erschöpfung (Med.). **Ex|hau|sti|ons|me|tho|de** *die;* -: antikes Rechenverfahren, math. Probleme der Integralrechnung ohne ↑ Integration (4) zu lösen. **ex|hau|stiv** ⟨aus *nlat.* exhaustivus zu *lat.* exhaustus, vgl. Exhaustion⟩: vollständig. **Ex|hau|sti|vi|tät** [...v...] *die;* - ⟨zu ↑...ität⟩: exhaustive Beschaffenheit, Vollständigkeit. **Ex|hau|stor** *der;* -s, ...oren ⟨aus gleichbed. *(n)lat.* exhaustor zu *lat.* exhaustus, vgl. Exhaustion⟩: Entlüfter; Gebläse zum Absaugen von Dampf, Staub, Spreu

Ex|he|re|dat *der;* -en, -en ⟨aus gleichbed. *lat.* exheredatus, Part. Perf. von exheredare, vgl. exheredieren⟩: (veraltet) Enterbter. **Ex|he|re|da|ti|on** *die;* -, -en ⟨aus gleichbed. *lat.* exheredatio zu exheredare, vgl. exheredieren⟩: (veraltet) Enterbung. **ex|he|re|die|ren** ⟨aus gleichbed. *lat.* exheredare⟩: (veraltet) enterben

ex|hi|bie|ren ⟨aus gleichbed. *lat.* exhibere⟩: a) (veraltet) herausgeben, vorlegen, übergeben; b) zur Schau stellen, vorzeigend darbieten; c) exhibitionistisch (b) zur Schau stellen. **Ex|hi|bit** *das;* -[e]s, -e u. Exhibitum *das;* -s, Plur. ...biten u. ...hibita ⟨aus *lat.* exhibitum „Dargebrachtes, Vorgezeigtes", substantiviertes Part. Perf. (Neutrum) von exhibere, vgl. exhibieren⟩: a) Eingabe; b) Ausstellungsstück. **¹Ex|hi|bi|ti|on** *die;* -, -en ⟨aus *lat.* exhibitio „das Vorzeigen"⟩: 1. (veraltet) Herausgabe, Vorlegung, Einreichung. 2. Zurschaustellung, bes. das Entblößen der Geschlechtsteile in der Öffentlichkeit. **²Ex|hi|bi|tion** [ɛksɪ'bɪʃn] *die;* -, -s ⟨aus *engl.* exhibition „Ausstellung, Schau", dies aus *lat.* exhibitio, vgl. ¹Exhibition⟩: [Welt]ausstellung. **ex|hi|bi|tio|nie|ren** [ɛkshɪ...] ⟨zu ↑...ieren⟩: svw. exhibieren. **Ex|hi|bi|tio|nis|mus** *der;* - ⟨zu ↑...ismus (3)⟩: [bei Männern auftretende] Neigung zur Entblößung u. Zurschaustellung der Geschlechtsteile in Gegenwart einer anderen od. anderer Personen zum Zwecke sexueller Befriedigung, oft in Verbindung mit Masturbation. **Ex|hi|bi|tio|nist** *der;* -en, -en ⟨zu ↑...ist⟩: jmd., der an Exhibitionismus leidet. **ex|hi|bi|tio|nistisch** ⟨zu ↑...istisch⟩: a) an Exhibitionismus leidend; b) den Exhibitionismus betreffend. **Ex|hi|bi|ti|ons|kla|ge** *die;* -, -n: Klage auf Aushändigung einer Sache (Rechtsw.). **Ex|hi|bi|tum** vgl. Exhibit

Ex|hor|ta|ti|on *die;* -, -en ⟨aus gleichbed. *lat.* exhortatio zu exhortari, vgl. exhortieren⟩: (veraltet) Ermahnung, Aufmunterung. **Ex|hor|ta|tiv|satz** *der;* -es, ...sätze ⟨zu *lat.* exhortativus „ermunternd, aufmunternd"⟩: Satz, der eine Aufforderung zum Ausdruck bringt (z. B. „Machen wir doch eine Pause!"; Sprachw.). **Ex|hor|ta|to|ri|um** *das;* -s, ...ien [...i̯ən] ⟨zu *lat.* exhortatorius „aufmunternd, ermunternd"⟩: (veraltet) Ermahnungsschreiben. **Ex|hor|te** *die;* -, -n ⟨verkürzt aus *lat.* exhortatio „Aufmunterung"⟩: (veraltet) Ermahnungsrede. **ex|hor|tie|ren** ⟨aus gleichbed. *lat.* exhortari⟩: (veraltet) ermahnen, ermuntern

Ex|hu|ma|ti|on *die;* -, -en ⟨aus gleichbed. *mlat.* exhumatio zu exhumare, vgl. exhumieren⟩: svw. Exhumierung; vgl. ...[at]ion/...ierung. **ex|hu|mie|ren** ⟨aus *mlat.* exhumare „wiederausgraben" zu ↑ ¹ex... u. *lat.* humare „beerdigen"⟩: eine bestattete Leiche wieder ausgraben. **Ex|hu|mie|rung** *die;* -, -en ⟨zu ↑ ...ierung⟩: das Wiederausgraben einer bestatteten Leiche od. von Leichenteilen (z. B. zum Zweck einer gerichtsmedizinischen Untersuchung); vgl. ...[at]ion/...ierung

Exi *der;* -[s], -[s] ⟨vermutlich Kurzw. aus ↑ Existentialist⟩: (im Sprachgebrauch der Rocker; abwertend) Jugendlicher, der auf übliche bürgerliche Weise ↑ existiert (2)

ex|i|geant [ɛgzi'ʒã:] ⟨aus gleichbed. *fr.* exigeant, Part. Präs. von exiger „fordern", dies aus *lat.* exigere, vgl. exigieren⟩: (veraltet) fordernd, anspruchsvoll; ungestüm, dringlich. **Ex|i|genz** [ɛksi'gɛnts] *die;* - ⟨aus gleichbed. *spätlat.* exigentia⟩: (veraltet) Bedarf, Erfordernis. **ex|i|gi|bel** ⟨aus gleichbed. *fr.* exigible⟩: (veraltet) eintreibbar, einklagbar. **ex|i|gie|ren** ⟨aus gleichbed. *lat.* exigere, eigtl. „heraustreiben", zu ↑ ¹ex... u. agere „treiben"⟩: (veraltet) fordern; [eine Schuld] eintreiben. **Ex|i|gui|tät** [...gui...] *die;* - ⟨aus *lat.* exiguitas, Gen. exiguitatis „Knappheit, Kürze"⟩: (veraltet) Geringfügigkeit

Exil *das;* -s, -e ⟨aus gleichbed. *lat.* ex(s)ilium zu ex(s)ul „in der Fremde weilend, verbannt", dies aus ↑ ¹ex... u. solum „Boden": a) Verbannung; b) Verbannungsort. **exi|lie|ren** ⟨aus gleichbed. *spätlat.* ex(s)iliare⟩: ins Exil schicken, verbannen. **exi|lisch**: a) während des Exils geschehen; b) vom Geist der Exilzeit geprägt. **Exil|li|te|ra|tur** *die;* -, -en ⟨zu ↑ Exil⟩: während eines aus politischen od. religiösen Gründen erzwungenen od. freiwilligen Exils verfaßte Literatur, bes. zur Zeit des ↑ Nationalsozialismus in Deutschland. **Exil|po|li|ti|ker** *der;* -s, -: im Exil lebender Politiker. **Exil|re|gie|rung** *die;* -, -en: eine Regierung, die gezwungen ist, ihren Sitz ins Ausland zu verlegen, od. die sich dort gebildet hat

ex|i|mie|ren ⟨aus *lat.* eximere „herausnehmen; befreien, entheben"⟩: von einer Verbindlichkeit, bes. von der Gerichtsbarkeit eines anderen Staates, befreien; vgl. Exemtion

Exi|ne *die;* -, -n ⟨zu *lat.* exin „hierauf, sich anreihend, von da aus"⟩: äußere, derbe Zellwand der Sporen der Moose u. Farnpflanzen sowie des Pollenkorns der Blütenpflanzen (Bot.); Ggs. ↑ Intine. **Exi|nit** [auch ...'nɪt] *der;* -s, -e ⟨zu ↑ ²...it⟩: ein Gefügebestandteil der Steinkohle (vor allem aus Sporen u. Blatthautteilen)

exi|stent ⟨aus *lat.* ex(s)istens, Gen. ex(s)istentis, Part. Präs. von ex(s)istere, vgl. existieren⟩: wirklich, vorhanden. **Exi|sten|tia** *die;* - ⟨aus *spätlat.* ex(s)istentia „Dasein"⟩: Sein, Dasein (Philos.); Ggs. ↑ Essentia. **exi|sten|ti|al** ⟨zu ↑¹...al (1)⟩: die Existenz, das [menschliche] Dasein hinsichtlich seines Seinscharakters betreffend; vgl. existentiell. **Exi|sten|ti|al** *das;* -s, ...ien [...i̯ən] ⟨zu ↑¹...al (2)⟩: (einzelner) Seinscharakter des [menschlichen] Daseins (Philos.). **Exi|sten|tia|lis|mus** *der;* - ⟨aus gleichbed. *fr.* existentialisme; vgl. ...ismus (1)⟩: a) (bes. auf Sartre zurückgehende) Form

436

der Existenzphilosophie, die u. a. von der Absurdität des Daseins, von der Existenzangst sowie Vereinzelung des Menschen u. der Freiheit des Menschen, sich selbst zu entwerfen, ausgeht u. Begriffe wie Freiheit, Tod, Entscheidung in den Mittelpunkt stellt; b) vom Existenzialismus (a) geprägte nihilistische Lebenseinstellung. **Exi|sten|tia|list** *der;* -en, -en ⟨aus gleichbed. *fr.* existentialiste⟩: a) Vertreter des Existentialismus; b) Anhänger einer von der Norm abweichenden Lebensführung außerhalb der geltenden bürgerlichen, gesellschaftlichen u. moralischen Konvention. **exi|sten|tia|li|stisch** ⟨zu ↑...istisch⟩: den Existentialismus betreffend. **Exi|sten|ti|al|phi|lo|so|phie** *die;* - ⟨zu ↑ Existential bzw. ↑existential⟩: svw. Existenzphilosophie. **exi|sten|ti|ell** ⟨aus *fr.* existentiel, existenciel zu existence „Existenz"⟩: auf das unmittelbare und wesenhafte Dasein bezogen, daseinsmäßig; vgl. existential. **Exi|stenz** *die;* -, -en ⟨aus *spätlat.* ex(s)istentia „Dasein" zu ex(s)istere, vgl. existieren⟩: 1. a) (Plur. selten) Dasein, Leben; b) Vorhandensein, Wirklichkeit. 2. (Plur. selten) materielle Lebensgrundlage, Auskommen, Unterhalt. 3. (in Verbindung mit einem Attribut; meist abwertend) Mensch, z. B. eine verkrachte, dunkle -. **Exi|stenz|ana|ly|se** *die;* -, -n: ↑psychoanalytisches Verfahren, bei der die Geschichte eines ↑Individuums (1) unter dem Gesichtspunkt von Sinn- u. Wertbezügen durchforscht wird (Psychol.). **Exi|stenz|angst** *die;* -, ...ängste: allgemeine, unbestimmte Lebensangst, die zur Aktivitätshemmung führen kann (Psychol.). **exi|stenz|be|dro|hend**: die Existenz bedrohend. **Exi|stenz|be|rech|ti|gung** *die;* -: Daseinsberechtigung. **Exi|stenz|be|weis** *der;* -es, -e: Beweis für das tatsächliche Vorhandensein, z. B. einer mathematisch festgelegten Größe. **Exi|stenz|grund|la|ge** *die;* -, -n: Grundlage für die [materiell, finanziell] gesicherte Existenz (2). **Exi|sten|zi|al**... usw. vgl. Existential... usw. **Exi|stenz|mi|ni|mum** *das;* -s, ...ma: Mindesteinkommen, das zur Lebenserhaltung eines Menschen erforderlich ist. **Exi|stenz|phi|lo|so|phie** *die;* -: neuere philos. Richtung, die das Dasein des Menschen in einer von ihm nicht gewählten Weise zum Thema hat. **exi|stie|ren** ⟨aus *lat.* ex(s)istere „heraus-, hervortreten, vorhanden sein"⟩: 1. vorhanden sein, dasein, bestehen. 2. leben **Ex|isti|ma|ti|on** *die;* -, -en ⟨aus gleichbed. *lat.* existimatio zu existimare, vgl. existimieren⟩: (veraltet) Schätzung, Meinung; öffentliche Achtung. **ex|isti|mie|ren** ⟨aus *lat.* existimare „meinen, glauben; entscheiden; schätzen" zu ↑¹ex... u. aestimare „(ab)schätzen, würdigen"⟩: (veraltet) schätzen, achten
ex|it ⟨*lat.;* „er, sie geht hinaus, tritt ab", 3. Pers. Sing. von exire „hinausgehen"⟩: er, sie geht hinaus, tritt ab (als Regieanweisung beim Theater). **Ex|itus** *der;* - ⟨aus *lat.* exitus „Ausgang, (Lebens)ende" zu exire „herausgehen"⟩: 1. Tod, tödlicher Ausgang eines Krankheitsfalles od. Unfalls (Med.). 2. Ausgang (Anat.)
ex ju|van|ti|bus [- ...v...] vgl. Diagnosis ex juvantibus
Ex|ka|pi|tu|lant *der;* -en, -en ⟨zu ↑¹ex... u. ↑Kapitulant⟩: (veraltet) Ausgedienter, um Entlassung Nachsuchender. **Ex|ka|pi|tu|la|ti|on** *die;* -, -en: (veraltet) das Nachsuchen um Entlassung aus dem Kriegsdienst. **ex|ka|pi|tu|lie|ren** ⟨aus *nlat.* excapitulare zu ↑¹ex... u. *mlat.* capitulare, vgl. kapitulieren⟩: (veraltet) ausgedient haben, Entlassung suchen
Ex|kar|di|na|ti|on *die;* -, -en ⟨Analogiebildung zu ↑Inkardination; vgl. ¹ex...⟩: Entlassung eines kath. Geistlichen aus seiner ↑Diözese
Ex|ka|va|ti|on [...v...] *die;* - ⟨aus *lat.* excavatio „Aushöhlung" zu excavare, vgl. exkavieren⟩: 1. Aushöhlung, Ausbuchtung [eines Organs] (krankhaft od. normal; Med.). 2. Entfernung ↑kariösen Zahnbeins mit dem Exkavator (2; Zahnmed.). 3. (fachspr.) Ausschachtung, Ausbaggerung, Auswaschung. **Ex|ka|va|tor** *der;* -s, ...oren ⟨aus *nlat.* excavator, eigtl. „Aushöhler", zu *lat.* excavare, vgl. exkavieren⟩: 1. Maschine für Erdarbeiten. 2. löffelartiges Instrument zur Entfernung kariösen Zahnbeins (Zahnmed.). **ex|ka|vie|ren** ⟨aus *lat.* excavare „aushöhlen" zu ↑¹ex... u. cavus „hohl"⟩: 1. aushöhlen, ausschachten. 2. kariöses Zahnbein mit dem Exkavator entfernen (Zahnmed.)
Ex|kla|ma|ti|on *die;* -, -en ⟨aus gleichbed. *lat.* exclamatio zu exclamare, vgl. exklamieren⟩: Ausruf. **ex|kla|ma|to|risch**: ausrufend; marktschreierisch. **ex|kla|mie|ren** ⟨aus *lat.* exclamare „aufschreien, ausrufen" zu ↑¹ex... u. clamare „rufen"⟩: ausrufen
Ex|kla|ve [...və] *die;* -, -n ⟨Analogiebildung zu ↑Enklave; vgl. ¹ex...⟩: 1. von fremdem Staatsgebiet eingeschlossener Teil eines eigenen Staatsgebietes; Ggs. ↑Enklave. 2. gelegentliches Auftreten einer Pflanzen- od. Tierart außerhalb ihres üblichen Verbreitungsgebietes
ex|klu|die|ren ⟨aus gleichbed. *lat.* excludere zu ↑¹ex... u. claudere „(ein)schließen"⟩: ausschließen; Ggs. ↑inkludieren. **Ex|klu|si|on** *die;* -, -en ⟨aus gleichbed. *lat.* exclusio⟩: Ausschließung. **ex|klu|siv** ⟨aus gleichbed. *engl.* exclusive, dies über *mittelfr.* exclusif aus *mlat.* exclusivus zu *lat.* excludere „ausschließen"⟩: 1. a) sich gesellschaftlich abschließend, abgrenzend, abhebend [u. daher hochstehend in der allgemeinen Wertschätzung]; b) den Ansprüchen der vornehmen Gesellschaft, höchsten Ansprüchen genügend; [vornehm u.] vorzüglich, anspruchsvoll. 2. ausschließlich einem bestimmten Personenkreis od. bestimmten Zwecken, Dingen vorbehalten, anderen [Dingen] nicht zukommend, z. B. einer Zeitung - über etw. berichten. **Ex|klu|siv**...: Wortbildungselement mit der Bedeutung „ausschließlich einer bestimmten Person, Zeitung o. ä. zur Veröffentlichung überlassen", z. B. Exklusivbericht. **Ex|klu|siv|be|richt** *der;* -[e]s, -e: Bericht, der nur von einer Zeitschrift o. ä. veröffentlicht wird, für den nur die eine Zeitschrift o. ä. das Recht der Veröffentlichung hat. **ex|klu|si|ve** [...və] ⟨*mlat.;* Adverb zu exclusivus, vgl. exklusiv⟩: ohne, ausschließlich; Abk.: exkl.; Ggs. ↑inklusive. **Ex|klu|si|ve** *die;* - ⟨zu ↑...ive⟩: früher von kath. Monarchen beanspruchtes Recht, unerwünschte Bewerber von der Papstwahl auszuschließen (1904 von Papst Pius X. abgeschafft). **Ex|klu|siv|fo|to** *das;* -s, -s ⟨zu ↑Exklusiv...⟩: nur einem bestimmten Fotografen gestattete, nur einer einzigen Zeitung usw. zur Veröffentlichung freigegebene Aufnahme. **Ex|klu|siv|in|ter|view** *das;* -s, -s: nur einer bestimmten Person (z. B. einem Reporter) gewährtes ↑Interview. **Ex|klu|si|vi|tät** [...v...] *die;* - ⟨zu ↑exklusiv u. ↑...ität⟩: das Exklusivsein, exklusiver Charakter, exklusive Beschaffenheit
Ex|koch|lea|ti|on *die;* -, -en ⟨zu ↑¹ex..., *lat.* cochlea „Schnecke, schneckenförmiges Gebilde" u. ↑...ation⟩: Auskratzung, Ausschabung eines Hohlraums mit einem scharfen, löffelartigen Instrument (Med.)
Ex|ko|gi|ta|ti|on *die;* -, -en ⟨aus gleichbed. *lat.* excogitatio zu excogitare, vgl. exkogitieren⟩: (veraltet) das Ersinnen. **ex|ko|gi|tie|ren** ⟨aus gleichbed. *lat.* excogitare zu ↑¹ex... u. cogitare „(be)denken, überlegen"⟩: (veraltet) ausdenken, ersinnen
Ex|kok|ti|on *die;* -, -en ⟨zu *lat.* excoctus (Part. Perf. von excoquere „auskochen") u. ↑¹...ion⟩: (veraltet) das Auskochen
Ex|kom|mu|ni|ka|ti|on *die;* -, -en ⟨aus *kirchenlat.* excommunicatio zu excommunicare, vgl. exkommunizieren⟩: Aus-

exkommunizieren

schluß aus der Gemeinschaft der kath. Kirche; Kirchenbann. **ex|kom|mu|ni|zie|ren** ⟨aus *kirchenlat.* excommunicare „in den Bann tun" zu ↑ ¹ex... u. *lat.* communis „allen gemeinsam"⟩: aus der kath. Kirchengemeinschaft ausschließen

Ex|ko|ria|ti|on *die;* -, -en ⟨aus gleichbed. *nlat.* excoriatio zu *spätlat.* excoriatus, Part. Perf. von excoriare, vgl. exkoriieren⟩: Hautabschürfung (Med.). **ex|ko|ri|ie|ren** ⟨aus gleichbed. *spätlat.* excoriare, dies zu ↑ ¹ex... u. *lat.* corium „Fell, Haut"⟩: (veraltet) abhäuten, ausbalgen, abdecken

Ex|kor|ti|ka|ti|on *die;* -, -en ⟨aus gleichbed. *nlat.* excorticatio zu *lat.* excorticare, vgl. exkortizieren⟩: (veraltet) das Ausschälen. **ex|kor|ti|zie|ren** ⟨aus gleichbed. *lat.* excorticare zu ↑ ¹ex... u. *lat.* cortex, Gen. corticis „Rinde"⟩: (veraltet) ausschälen

Ex|kre|ment *das;* -[e]s, -e (meist Plur.) ⟨aus gleichbed. *lat.* excrementum zu excernere „aussondern, ausscheiden"⟩: Ausscheidung (Kot, Harn)

Ex|kres|zenz *die;* -, -en ⟨zu *lat.* excrescens, Gen. excrescentis, Part. Präs. von excrescere (vgl. exkreszieren); vgl. ...enz⟩: krankhafter Auswuchs, Gewebewucherung (Med.). **ex|kres|zie|ren** ⟨aus *lat.* excrescere „hervorwachsen" zu ↑ ¹ex... u. crescere „wachsen"⟩: herauswachsen, wuchern (von Gewebe; Med.)

Ex|kret *das;* -[e]s, -e ⟨aus *lat.* excretum „das Ausgeschiedene", substantiviertes Part. Perf. (Neutrum) von excernere „aussondern, ausscheiden"⟩: Stoffwechselprodukt, das vom Körper nicht weiter zu verwerten ist u. daher ausgeschieden wird, z. B. Schweiß, Harn, Kot; vgl. ¹Sekret (1), Inkret. **Ex|kre|ti|on** *die;* -, -en ⟨zu ↑ ¹...ion⟩: Ausscheidung nicht weiter verwertbarer Stoffwechselprodukte (Med.). **ex|kre|to|risch** ⟨aus gleichbed. *nlat.* excretorius⟩: ausscheidend, absondernd (Med.)

Ex|kru|zia|ti|on *die;* -, -en ⟨aus gleichbed. *lat.* excruciatio zu excruciare, vgl. exkruziieren⟩: (veraltet) Folter, Marter, Qual. **ex|kru|zi|ie|ren** ⟨aus gleichbed. *lat.* excruciare zu ↑ ¹ex... u. *lat.* crux, Gen. crucis „Kreuz"⟩: (veraltet) foltern, martern, quälen

Ex|ku|ba|ti|on *die;* -, -en ⟨aus gleichbed. *lat.* excubatio zu excubare „im Freien liegen, schlafen" zu ↑ ¹ex... u. cubare „liegen"⟩: (veraltet) das Wachen, Nachtwache

Ex|kul|pa|ti|on *die;* -, -en ⟨aus *mlat.* exculpatio „Schuldbefreiung" zu exculpare, vgl. exkulpieren⟩: Rechtfertigung, Entschuldigung, Schuldbefreiung (Rechtsw.). **ex|kul|pie|ren** ⟨aus gleichbed. *mlat.* exculpare zu ↑ ¹ex... u. *lat.* culpare „beschuldigen"⟩: rechtfertigen, entschuldigen, von einer Schuld befreien (Rechtsw.)

Ex|kurs *der;* -es, -e ⟨aus *lat.* excursus „das Herauslaufen, der Streifzug" zu excurrere „herauslaufen", dies zu ↑ ¹ex... u. currere „laufen"⟩: a) kurze Erörterung eines Spezial- od. Randproblems im Rahmen einer wissenschaftlichen Abhandlung; b) vorübergehende Abschweifung vom Hauptthema (z. B. während eines Vortrags). **Ex|kur|si|on** *die;* -, -en ⟨über *fr.* excursion aus *lat.* excursio „Streifzug, Ausflug", eigtl. „das Herauslaufen"⟩: wissenschaftlich vorbereitete u. unter wissenschaftlicher Leitung durchgeführte Lehr- od. Studienfahrt. **ex|kur|siv** ⟨zu ↑ ...iv⟩: abschweifend

Ex|ku|sa|ti|on *die;* -, -en ⟨aus gleichbed. *lat.* excusatio zu excusare „entschuldigen"⟩: (veraltet) Entschuldigung. **ex|ku|sa|to|risch** ⟨aus gleichbed. *lat.* excusatorius⟩: (veraltet) entschuldigend

Ex|kus|si|on *die;* -, -en ⟨aus *spätlat.* excussio „das Abschütteln, Herausstoßen" zu excutere, vgl. exkutieren⟩: Ein- od. Ausklagung von Schulden (Rechtsw.). **Ex|kus|sus** *der;* -, ...si ⟨zu *lat.* excussus „herausgestoßen", Part. Perf. von excutere, vgl. exkutieren⟩: (veraltet) jmd., der wegen Überschuldung aus dem Land gewiesen wird (Rechtsw.). **ex|ku|tie|ren** ⟨aus *lat.* excutere „herausstoßen, herausklagen"⟩: Schulden einklagen (Rechtsw.)

ex|lex ⟨*lat.;* aus ex lege „außerhalb des Gesetzes, aus dem Gesetz (heraus)"⟩: (veraltet) recht- u. gesetzlos, vogelfrei, geächtet

Ex|li|bris [...bri:s] *das;* -, - ⟨aus *lat.* ex libris „aus den Büchern"⟩: meist kunstvoll ausgeführter, auf die Innenseite des vorderen Buchdeckels geklebter Zettel mit dem Namen od. Monogramm des Eigentümers

Ex|ma|tri|kel *die;* -, -n ⟨zu ↑ ¹ex... u. ↑ Matrikel⟩: Bescheinigung über das Verlassen der Hochschule. **Ex|ma|tri|ku|la|ti|on** *die;* -, -en ⟨zu ↑ ...ation⟩: Streichung aus dem Namenverzeichnis einer Hochschule; Ggs. ↑ Immatrikulation. **ex|ma|tri|ku|lie|ren** ⟨zu ↑ ...ieren⟩: jmdn. aus dem Namenverzeichnis einer Hochschule streichen; Ggs. ↑ immatrikulieren

Ex|mi|ni|ster *der;* -s, - ⟨zu ↑ ¹ex... u. ↑ Minister⟩: [noch lebender] ehemaliger Minister

Ex|mis|si|on *die;* -, -en ⟨aus gleichbed. *nlat.* exmissio zu *lat.* emissio, eigtl. „das Herausschicken", dies zu e(x)mittere, vgl. exmittieren⟩: gerichtl. Ausweisung aus einer Wohnung od. einem Grundstück. **ex|mit|tie|ren** ⟨aus *lat.* e(x)mittere „fortschicken, herauswerfen"⟩: zwangsweise aus einer Wohnung od. von einem Grundstück weisen (Rechtsw.). **Ex|mit|tie|rung** *die;* -, -en ⟨zu ↑ ... ierung⟩: Ausweisung aus einer Wohnung

ex mo|re ⟨*lat.*⟩: nach Sitte (und Herkommen)

ex|na|tu|ra|li|sie|ren ⟨zu ↑ ¹ex... u. ↑ naturalisieren⟩: jmdm. die Staatsbürgerschaft aberkennen

ex ne|xu ⟨*lat.;* eigtl. „aus der Verschlingung"⟩: aus dem Zusammenhang. **Ex|ne|xua|ti|on** *die;* -, -en ⟨zu ↑ ex nexu u. ↑ ...ation⟩: das Aufheben eines Zusammenhanges, Trennung. **ex|ne|xu|ie|ren** ⟨zu ↑ ...ieren⟩: aus dem Zusammenhang lösen, trennen

ex ni|hi|lo ni|hil [fit] ⟨*lat.;* eigtl. „aus nichts (entsteht) nichts"⟩: philos. These, die die Ewigkeit der materiellen Welt u. die Unvergänglichkeit von Stoff u. Form belegen soll

Ex|no|va [...va] *die;* -, ...vae [...vɛ] ⟨zu ↑ ¹ex... u. ↑ Nova⟩: ↑ Fixstern im Zustand nach einem Novaausbruch (Astron.)

ex nunc ⟨*lat.;* „von jetzt an"⟩: Zeitpunkt für den Eintritt der Wirkung einer Bestimmung od. Vereinbarung (Rechtsw.); vgl. ex tunc

exo..., Exo... ⟨aus *gr.* éxō „außen, draußen"⟩: Präfix mit der Bedeutung „(nach) außen, außerhalb", z. B. exogen, Exogamie

Exo|al|ler|gie *die;* -, ...ien ⟨zu ↑ exo... u. ↑ Allergie⟩: Allergie, bei der die ↑ Allergene von außen her auf den Organismus einwirken (Med.)

Exo|bio|lo|ge *der;* -n, -n ⟨zu ↑ exo... u. ↑ Biologe⟩: Wissenschaftler auf dem Gebiet der Exobiologie. **Exo|bio|lo|gie** *die;* -: Wissenschaft vom außerirdischen Leben. **exo|bio|lo|gisch**: die Exobiologie betreffend

Exo|der|mis *die;* -, ...men ⟨zu ↑ exo... u. *gr.* dérma „Haut"; Analogiebildung zu ↑ Epidermis⟩: äußeres [verkorktes] Abschlußgewebe der Pflanzenwurzel

Ex|odos *der;* -, - ⟨aus gleichbed. *gr.* éxodos, eigtl. „Ausgang, Auszug"⟩: a) Schlußlied des Chors im altgriech. Drama; Ggs. ↑ Parodos; b) Schlußteil des altgriech. Dramas. **Ex|odus** *der;* -, -se ⟨über *lat.* exodus aus gleichbed. *gr.* éxodos; nach dem Auszug der Juden aus Ägypten⟩: 1. (ohne Plur.)

Titel des 2. Buchs Mose. 2. Auszug, das Verlassen eines Raumes, eines bestimmten Gebietes usw. (in bezug auf eine größere Anzahl von Menschen)

Exo|elek|tron *das;* -s, -en ⟨zu ↑exo... u. ↑ ¹Elektron⟩: ↑ ¹Elektron, das ohne äußere Energiezufuhr auf Grund ↑ exothermer Reaktionen aus einer Festkörperoberfläche austritt (Chem.)

ex of|fi|cio [– ...tsio] ⟨*lat.;* zu officium „Pflicht, Dienst, Amt"⟩: von Amts wegen, amtlich (Rechtsw.)

Exo|ga|mie *die;* - ⟨zu ↑exo... u. ↑...gamie (2)⟩: Heiratsordnung, nach der nur außerhalb des eigenen sozialen Verbandes (z. B. Stamm, Sippe) geheiratet werden darf; Ggs. ↑ Endogamie

exo|gen ⟨zu ↑exo... u. ↑...gen⟩: 1. a) außerhalb des Organismus entstehend; von außen her in den Organismus eindringend (von Stoffen, Krankheitserregern od. Krankheiten; Med.); Ggs. ↑ endogen (1 a); b) außen entstehend (vor allem in bezug auf Blattanlagen u. Seitenknospen; Bot.); Ggs. ↑ endogen (1 b). 2. von Kräften ableitbar, die auf die Erdoberfläche einwirken, wie Wasser, Atmosphäre, Organismen u. a. (Geol.); Ggs. ↑ endogen (2). **Exo|ge|nie** *die;* -, ...ien ⟨zu ↑...genie⟩: Abhängigkeit eines Erbmerkmals von Umweltfaktoren (Med.)

Exo|gy|ra *die;* -, ...ren ⟨zu ↑exo... u. *gr.* gyrós „rund, gekrümmt"⟩: Angehörige einer fossilen, im ↑ Mesozoikum verbreiteten Gattung der Austern, deren Schalen je einen spiraligen Wirbel aufweisen

Exo|kan|ni|ba|lis|mus *der;* - ⟨zu ↑exo... u. ↑Kannibalismus⟩: das Verzehren von Angehörigen eines fremden Stammes; Ggs. ↑ Endokannibalismus

Exo|ka|renz *die;* -, -en ⟨zu ↑exo... u. ↑Karenz⟩: Mangel an bestimmten, mit der Nahrung zuzuführenden Stoffen (Med.)

Exo|karp *das;* -s, -e ⟨zu ↑exo... u. *gr.* karpós „Frucht"⟩: bei Früchten die äußerste Schicht der Fruchtwand (z. B. der Haarüberzug bei Pfirsich u. Aprikose; Bot.); vgl. Mesokarp u. Endokarp

exo|krin ⟨zu ↑exo... u. *gr.* krínein „scheiden, ausscheiden"⟩: nach außen absondernd (von Drüsen; Med.); Ggs. ↑ endokrin

exo|morph ⟨zu ↑exo... u. ↑...morph⟩: das Nebengestein beeinflussend (bei Erstarrung einer Schmelze; Geol.); Ggs. ↑ endomorph (1)

Ex|om|pha|lus *der;* -, Plur. ...li u. ...len ⟨zu ↑exo... u. *nlat.* omphalus „Nabel", dies zu gleichbed. *gr.* omphalós⟩: Form des Nabelbruchs (Med.)

Ex|on *das;* -s, Plur. -s od. ...onen ⟨Kunstw.; Analogiebildung zu ↑Codon⟩: kodierender Bereich eines Gens (Genetik); Ggs. ↑ Intron

Ex|one|ra|ti|on *die;* -, -en ⟨aus gleichbed. *spätlat.* exoneratio zu *lat.* exonerare, vgl. exonerieren⟩: (veraltet) Entlastung.

ex|one|rie|ren ⟨aus *lat.* exonerare „entlasten, entladen" zu ↑ ¹ex... u. onus, Gen. oneris „Last"⟩: (veraltet) entlasten

Exo|nu|klea|se *die;* -, -n ⟨zu ↑exo... u. ↑Nuklease⟩: Enzym für die Spaltung von Nukleinsäuren (Chem.)

Ex|onym *das;* -s, -e u. **Ex|ony|mon** *das;* -s, ...ma ⟨zu ↑exo... u. *gr.* ónyma „Name"⟩: von dem amtlichen Namen abweichende, aber in anderen Ländern gebrauchte Ortsnamenform (z. B. dt. *Mailand* für ital. *Milano*)

ex ope|re ope|ra|to ⟨*lat.*⟩ „durch die vollzogene Handlung"⟩: Ausdruck der kath. Theologie für die Gnadenwirksamkeit der Sakramente, unabhängig von der sittlichen ↑ Disposition des spendenden Priesters

Exo|pho|rie *die;* - ⟨zu ↑exo..., *gr.* phoreĩn „tragen, bringen" u. ↑ ²...ie⟩: äußerlich nicht wahrnehmbare, latente Veranlagung zum Auswärtsschielen (Med.). **exo|pho|risch:** verweisend

ex|oph|thal|misch ⟨zu ↑Exophthalmus⟩: aus der Augenhöhle heraustretend (Med.). **Ex|oph|thal|mus** *der;* - ⟨aus gleichbed. *nlat.* exophthalmus zu ↑ ²ex... u. *gr.* ophthalmós „Auge"⟩: krankhaftes Hervortreten des Augapfels aus der Augenhöhle (Med.)

Exo|phy|tie *die;* -, ...ien ⟨zu ↑exo..., *gr.* phytón „Gewächs, Pflanze" u. ↑...ie⟩: nach außen gerichtetes Wachstum, bes. von Tumoren. **exo|phy|tisch** vgl. ektophytisch

Exo|plas|ma *das;* -s, ...men ⟨zu ↑exo... u. ↑Plasma⟩: svw. Ektoplasma

ex|op|ta|bel ⟨aus gleichbed. *lat.* exoptabilis zu exoptare, vgl. exoptieren⟩: (veraltet) erwünscht, wünschenswert. **ex|op|tie|ren** ⟨aus gleichbed. *lat.* exoptare zu ↑ex... u. optare „wählen, wünschen"⟩: (veraltet) herbeiwünschen, ersehnen

ex|ora|bel ⟨aus gleichbed. *lat.* exorabilis zu exorare, vgl. exorieren⟩: (veraltet) erflehbar, nachgiebig

ex|or|bi|tant ⟨aus *spätlat.* exorbitans, Gen. exorbitantis, Part. Präs. von exorbitare „von der Bahn abweichen", dies zu ↑ ¹ex... u. orbita „Wagenspur, Bahn"⟩: außergewöhnlich; übertrieben; gewaltig. **Ex|or|bi|tanz** *die;* -, -en ⟨zu ↑...anz⟩: Übermaß; Übertreibung. **ex|or|bi|tie|ren** ⟨aus gleichbed. *spätlat.* exorbitare, vgl. exorbitant⟩: abweichen

ex|or|die|ren ⟨aus gleichbed. *lat.* exordiri⟩: anfangen, anzetteln. **Ex|or|di|um** *das;* -s, ...ia ⟨aus *lat.* exordium „Anfang, Einleitung"⟩: [kunstgerechte] Einleitung [einer Rede] (Rhet.)

exo|rhe|isch ⟨zu ↑exo... u. *gr.* rheĩn „strömen, fließen"⟩; in der Fügung -e Gebiete: Gebiete mit Abfluß zum Weltmeer

ex ori|en|te lux ⟨*lat.*⟩: aus dem Osten (kommt) das Licht (zunächst auf die Sonne bezogen, dann übertragen auf Christentum u. Kultur)

ex|orie|ren ⟨aus *lat.* exorare „erflehen, durch Bitten bewegen" zu ↑ ¹ex... u. *lat.* orare „vortragen, beten, bitten"⟩: erbitten, erflehen

Ex|or|na|ti|on *die;* -, -en ⟨aus gleichbed. *lat.* exornatio zu exornare „ausrüsten; ausschmücken, verherrlichen"⟩: (veraltet) Verzierung, Ausschmückung

ex|or|zie|ren u. **ex|or|zi|sie|ren** ⟨über *lat.* exorcizare aus gleichbed. *gr.* exorkízein⟩: Dämonen u. Geister durch Beschwörung austreiben. **Ex|or|zis|mus** *der;* -, ...men ⟨über *lat.* exorcismus aus gleichbed. *gr.* exorkismós⟩: Beschwörung von Dämonen u. Geistern durch Wort [u. Geste]. **Ex|or|zist** *der;* -en, -en ⟨über *spätlat.* exorcista aus gleichbed. *gr.* exorkistḗs⟩: 1. Geisterbeschwörer. 2. (veraltet) jmd., der den dritten Grad der katholischen niederen Weihen besitzt

Exo|ske|lett vgl. Ektoskelett

Ex|os|mo|se *die;* -, -n ⟨zu ↑ ²ex... u. ↑Osmose⟩: im Gegensatz zur ↑Endosmose die osmotische Bewegung eines Stoffes durch eine Membran aus einem geschlossenen System nach außen (von Orten höherer zu Orten geringerer Konzentration; Biol.)

Exo|sphä|re *die;* - ⟨zu ↑exo... u. ↑Sphäre⟩: oberste Schicht der ↑ Atmosphäre (1 b); vgl. Dissipationssphäre

Exo|spor *das;* -s ⟨zu ↑exo... u. *nlat.* sporium „Samenkeimkorn", dies zu *gr.* spóros „Samen, Saat"; vgl. Spore⟩: äußere Schicht der Sporenzellwand (Bot.). **Exo|spo|re** *die;* -, -n (meist Plur.): nach außen abgeschnürte Spore einer Zelle od. eines Organs, bes. bei Pilzen (Biol.)

Ex|os|to|se *die;* -, -n ⟨zu ↑ ²ex..., *gr.* ostéon „Knochen" u.

Exot

↑¹...ose⟩: sich von der Knochenoberfläche aus entwickelnder knöcherner Zapfen (Med.)

Exọt, auch **Exo̱te** *der;* ...ten, ...ten ⟨Substantivierung zu ↑exotisch⟩: 1. Mensch, Tier od. Pflanze aus fernen, meist überseeischen, tropischen Ländern; 2. vgl. Excten. **Exo|ta̱|ri|um** *das;* -s, ...ien [...jən] ⟨zu ↑...arium⟩: Anlage, in der exotische Tiere zur Schau gestellt werden. **Exo̱|te** vgl. Exot. **Exo|ten** *die* (Plur.): 1. Plur. von ↑Exot. 2. überseeische Wertpapiere, die im Telefonhandel od. ungeregelten Freiverkehr gehandelt werden. **Exo|te̱|ri|ker** *der;* -s, - ⟨Substantivierung zu ↑exoterisch⟩: Außenstehender, Nichteingeweihter; Ggs. ↑Esoteriker. **exo|te̱|risch** ⟨über *lat.* exotericus aus *gr.* exōterikós zu exō „außerhalb"; vgl. exo...⟩: für Außenstehende, für die Öffentlichkeit bestimmt; allgemein verständlich; Ggs. ↑esoterisch. **Exo|te̱ro|ma|nie** *die;* - ⟨zu *gr.* exóteros „der äußere" u. ↑...manie⟩: übertriebene Schwärmerei für das Ausländische

exo|therm ⟨zu ↑exo... u. ↑...therm⟩: mit Freiwerden von Wärme verbunden, unter Freiwerden von Wärme ablaufend (von chem. Vorgängen)

Exo|tik *die;* - ⟨zu ↑exotisch u. ↑²...ik (3)⟩: Anziehungskraft, die vom Fremdländischen od. von etw., was in seiner Art als ungewöhnlich u. daher selten empfunden wird, ausgeht. **Exo̱|ti|ka** *die* (Plur.) ⟨aus *lat.* exotica (Plur.) „Ausländisches"; vgl. exotisch⟩: aus fernen Ländern stammende Kunstwerke. **Exo̱|tin** *die;* -, -nen: weibliche Form zu ↑Exot. **exo̱|tisch** ⟨über *lat.* exoticus aus *gr.* exōtikós „ausländisch" zu exō „außerhalb"; vgl. exo...⟩: a) fremdländisch, überseeisch; b) einen fremdartigen Zauber habend od. ausstrahlend; aus dem Üblichen herausfallend u. daher auffallend, bestaunenswert. **Exo̱|tis|mus** *der;* -, ...men ⟨zu ↑...ismus (4)⟩: fremdsprachiges Wort, das auf einen Begriff der fremdsprachigen Umwelt beschränkt bleibt (z. B. Kolchos, Lord, Cowboy)

exo|tok ⟨zu ↑exo... u. *gr.* tókos „das Gebären, die Geburt, Nachkommenschaft"⟩: die Entwicklung nach der Eiablage beginnend (Zool.)

Exo|to|xin *das;* -s, -e (meist Plur.) ⟨zu ↑exo... u. ↑Toxin⟩: svw. Ektotoxin

ex ovo [- 'o:vo] vgl. ab ovo

Exo|zen|tri|kum *das;* -s, ...ka ⟨aus gleichbed. *nlat.* (compositum) exocentricum zu ↑exo... u. ↑Zentrum⟩: svw. exozentrisches Kompositum. **exo|zen|trisch**: nicht zur gleichen Formklasse gehörend (von einer sprachlichen Konstruktion, die nicht zur Kategorie eines ihrer konstituierenden Glieder gehört (z. B. *auf dich*; weder die Präposition „auf" noch das Pronomen „dich" können die Funktion der Fügung „auf dich" übernehmen; Sprachw.); Ggs. ↑endozentrisch; **-es Kompositum**: Zusammensetzung, bei der das Bezeichnete außerhalb der Zusammensetzung liegt, d. h., es wird nicht von den einzelnen Kompositionsgliedern genannt (z. B. „Löwenmäulchen" = Blume mit Blüten, die wie kleine Löwenmäuler aussehen); vgl. Bahuwrihi

exo|zy|tär ⟨zu ↑exo..., *gr.* kýtos „Rundung, Wölbung, Höhlung" u. ↑...är⟩: außerhalb einer Zelle gelegen (Med.)

Exo|zy|to|se *die;* -, -n ⟨zu ↑¹...ose⟩: Austritt von Zellen aus den Blutgefäßen (Med.)

Ex|pan|der *der;* -s, - ⟨aus gleichbed. *engl.* expander zu to expand „ausspannen, dehnen", dies aus *lat.* expandere, vgl. expandieren⟩: auseinanderziehbares Trainingsgerät zur Kräftigung der Arm- u. Oberkörpermuskulatur (Sport). **ex|pan|die|ren** ⟨aus *lat.* expandere „ausspannen, sich ausdehnen"⟩: [sich] ausdehnen. **ex|pan|si|bel** ⟨aus gleichbed. *fr.* expansible zu expansion, vgl. Expansion⟩: ausdehnbar. **Ex|pan|si|bi|li|tät** *die;* - ⟨zu ↑...ität; vgl. Expansion⟩: Ausdehnbarkeit, expansible Beschaffenheit. **Ex|pan|si|on** *die;* -, -en ⟨über *fr.* expansion „Ausdehnung (von Gasen)" aus *lat.* expansio „Ausdehnung, Ausstreckung" zu expandere, vgl. expandieren⟩: das Expandieren, räumliche Ausdehnung [verbunden mit mehr Einfluß u. Macht]. **Ex|pan|sio|nịs|mus** *der;* - ⟨zu ↑...ismus (5)⟩: das Bestreben [eines Staates], den Einfluß- u. Herrschaftsbereich zu erweitern. **Ex|pan|sio|nịst** *der;* -en, -en ⟨zu ↑...ist⟩: 1. Anhänger, Vertreter des Expansionismus. 2. jmd., der auf stärkeres wirtschaftlich-materielles Wachstum (mit Großtechnologie) ausgerichtet ist, ohne Rücksicht auf die Beeinträchtigung der natürlichen u. sozialen Lebensgrundlagen. **Ex|pan|si|ons|ko|ef|fi|zi|ent** *der;* -en, -en: thermischer Ausdehnungskoeffizient. **Ex|pan|si|ons|ma|schi|ne** *die;* -, -n: Kraftmaschine, die ihre Energie aus der Expansion des Energieträgers gewinnt (z. B. die Kolbendampfmaschine). **Ex|pan|si|ons|po|li|tik** *die;* -: 1. auf Erweiterung des Macht- od. Einflußbereichs gerichtete Politik. 2. auf eine kräftige Steigerung des Umsatzes u. des Marktanteils gerichtete Unternehmensführung (Wirtsch.). **Ex|pan|si|ons|theo|rie** *die;* -: ↑Hypothese, nach der die ↑tektonische Formung der Erde infolge Vergrößerung der Erdkruste erfolgt sein soll (Geol.). **ex|pan|siv** ⟨zu ↑...iv⟩: sich ausdehnend, auf Ausdehnung u. Erweiterung bedacht od. gerichtet, starke Expansion aufweisend

Ex|pa|tria|ti|on *die;* -, -en ⟨zu *mlat.* expatriatus „aus der Heimat fortgegangen" (Part. Perf. von expatriare, vgl. expatriieren) u. ↑¹...ion⟩: Ausbürgerung, Verbannung, vgl. ...[at]ion/...ierung. **ex|pa|tri|ie|ren** ⟨aus *mlat.* expatriare „aus der Heimat fortgehen" zu ↑¹ex... u. *mlat.* patriare „heimkehren", dies zu *lat.* patria „Heimat"⟩: ausbürgern, verbannen. **Ex|pa|tri|ie|rung** *die;* -, -en ⟨zu ↑...ierung⟩: das Expatriieren; vgl. ...[at]ion/...ierung

ex|pe|dia|tur ⟨*lat.;* „es möge ausgefertigt werden", 3. Pers. Konj. Präs. Pass. von expedire, vgl. expedieren⟩: Ausfertigungsvermerk. **Ex|pe|di|ẹnt** *der;* -en, -en ⟨aus *lat.* expediens, Gen. expedientis, Part. Präs. von expedire, vgl. expedieren⟩: a) Abfertigungsbeauftragter in der Versandabteilung einer Firma; b) Angestellter in einem Reisebüro, Reisebürokaufmann. **ex|pe|die|ren** ⟨aus *lat.* expedire „losmachen; bereit-, fertigmachen"⟩: absenden, abfertigen, befördern (von Gütern u. Personen). **Ex|pe|dit** *das;* -[e]s, -e ⟨verkürzt aus ↑Expedition (3 a)⟩: (österr.) Versandabteilung (z. B. in einem Kaufhaus). **Ex|pe|di|ti|on** *die;* -, -en ⟨aus *lat.* expeditio „Erledigung, Abfertigung; Feldzug"; vgl. Spedition⟩: 1. a) Forschungsreise [in unbekannte Gebiete]; b) Personengruppe, die eine Expedition (1 a) unternimmt; c) (veraltet) Kriegszug, militärisches Unternehmen. 2. Gruppe zusammengehörender Personen, die von einem Land, einem Verband od. einem Unternehmen zur Wahrnehmung bestimmter (bes. sportlicher) Aufgaben ins Ausland geschickt werden. 3. a) Versand- od. Abfertigungsabteilung (z. B. einer Firma); b) das Expedieren. 4. (veraltet) Anzeigenabteilung. **ex|pe|di|tiv** ⟨zu ↑...iv⟩: zur Expedition gehörend. **Ex|pe|di|tor** *der;* -s, ...oren ⟨zu ↑...or⟩: svw. Expedient

Ex|pek|to|rans *das;* -, Plur. ...ranzien [...jən] u. ...rantia ⟨aus *lat.* expectorans, Gen. expectorantis, eigtl. „das aus der Brust Verscheuchende", Part. Präs. von expectorare, vgl. expektorieren⟩: schleimlösendes Mittel, Hustenmittel (Med.). **Ex|pek|to|rạn|ti|um** *das;* -s, ...tia ⟨zu ↑...ium⟩: svw. Expektorans. **Ex|pek|to|ra|ti|on** *die;* -, -en ⟨aus gleichbed. (n)*lat.* expectoratio zu *lat.* expectorare, vgl. expektorieren⟩: 1. das Sichaussprechen, Erklärung [von Gefühlen]. 2. Auswurf (Med.). **ex|pek|to|rie|ren** ⟨aus *lat.* expec-

torare „aus der Brust verscheuchen"⟩: 1. seine Gefühle aussprechen. 2. Schleim auswerfen, aushusten (Med.)
Ex|pel|ler *der;* -s, - (meist Plur.) ⟨zu *engl.* to expel „(hin)ausstoßen, vertreiben", dies aus *lat.* expellere, vgl. expellieren⟩: nach dem Abpressen des Öls entstehender Rückstand bei der Ölgewinnung. **ex|pel|lie|ren** ⟨aus gleichbed. *lat.* expellere zu ↑ ¹ex... u. pellere „(fort)stoßen"⟩: (veraltet) austreiben, verjagen

ex|pen|die|ren ⟨aus gleichbed. *lat.* expendere zu ↑ ¹ex... u. pendere „(be)zahlen"⟩: (veraltet) auszahlen, auslegen, bezahlen. **Ex|pen|sa|ri|um** *das;* -s, ...ien [...i̯ən] ⟨aus gleichbed. *nlat.* expensarium zu *lat.* expensus, Part. Perf. von expendere (vgl. expendieren), u. ↑ ...arium⟩: (veraltet) Kostenverzeichnis. **Ex|pen|sen** *die* (Plur.) ⟨zu *spätlat.* expensa (pecunia) „Ausgabe, Aufwand", substantiviertes Part. Perf. (Femininum) von expendere, vgl. expendieren⟩: [Gerichts]kosten. **Ex|pen|si|on** *die;* -, -en ⟨aus gleichbed. *lat.* expensio⟩: (veraltet) Auszahlung. **ex|pen|siv** ⟨zu ↑ ...iv⟩: kostspielig

Ex|pe|ri|en|cing [ɪksˈpɪərɪənsɪŋ] *das;* -[s] ⟨aus *engl.* experiencing, Gerundium von to experience „erfahren, erleben", dies zu *lat.* experiens, Part. Präs. von experiri „in Erfahrung bringen; versuchen, prüfen"⟩: Bez. für das Erleben eines Menschen, wenn er sich mit einer Sache beschäftigt, die für ihn persönlich wichtig ist (Psychol.). **Ex|pe|ri|enz** [ɛkspe...] *die;* - ⟨aus *lat.* experientia „Erfahrung; Versuch"⟩: (veraltet) [Klugheit durch] Erfahrung. **Ex|pe|ri|ment** *das;* -[e]s, -e ⟨aus *lat.* experimentum „Versuch, Probe" zu experiri „versuchen, erproben"⟩: 1. wissenschaftlicher Versuch, durch den etw. entdeckt, bestätigt od. gezeigt werden soll. 2. [gewagter] Versuch, Wagnis; gewagtes, unsicheres Unternehmen; Unternehmung, von der man noch nicht weiß, wie sie ausgehen wird, ob gut od. schlecht. **ex|pe|ri|men|tal** ⟨aus gleichbed. *nlat.* experimentalis; vgl. ¹...al (1)⟩: (selten) svw. experimentell; vgl. ...al/ ...ell. **Ex|pe|ri|men|tal|...:** Wortbildungselement mit der Bedeutung „auf Experimenten beruhend, mit Experimenten verknüpft", z. B. Experimentalphysik. **Ex|pe|ri|men|tal|film** *der;* -s, -e: svw. Studiofilm. **Ex|pe|ri|men|tal|phy|sik** *die;* -: Teilgebiet der Physik, das mit Hilfe von Experimenten die Naturgesetze zu erforschen sucht. **Ex|pe|ri|men|ta|tor** *der;* -s, ...oren ⟨aus *mlat.* experimentator⟩: jmd., der Experimente macht od. vorführt. **ex|pe|ri|men|tell** ⟨französierende Bildung; vgl. ...ell⟩: 1. auf Experimenten beruhend; mit Hilfe von Experimenten [erfolgend]. 2. mit ungewöhnlichen [künstlerischen] Mitteln gestaltet, frei komponiert; vgl. ...al/...ell. **ex|pe|ri|men|tie|ren** ⟨nach gleichbed. *fr.* expérimenter aus *mlat.* experimentare; vgl. Experiment⟩: Experimente anstellen, durchführen. **Ex|pe|ri|men|tum cru|cis** [– ˈkruːtsɪs] *das;* - - ⟨aus *lat.* experimentum crucis „Versuch des Kreuzes"⟩: Experiment, dessen Ausgang eine endgültige Entscheidung über mehrere Möglichkeiten herbeiführt. **ex|pert** ⟨aus gleichbed. *fr.* expert, vgl. Experte⟩: (veraltet) erfahren, sachverständig. **Ex|per|te** *der;* -n, -n ⟨zu *fr.* expert „erfahren, sachkundig" aus *lat.* expertus „erprobt, bewährt", Part. Perf. von experiri, vgl. Experiment⟩: jmd., der auf dem in Frage kommenden Gebiet besonders gut Bescheid weiß; Sachverständiger, Kenner. **Ex|per|ten|sy|stem** *das;* -s, -e: Programmsystem, das Wissen über ein spezielles Gebiet speichert u. ansammelt, aus dem Wissen Schlußfolgerungen zieht u. zu konkreten Problemen des Gebietes Lösungen anbietet (EDV). **Ex|per|tin** *die;* -, -nen: weibliche Form zu ↑ Experte. **Ex|per|ti|se** *die;* -, -n ⟨aus gleichbed. *fr.* expertise zu expert, vgl. Experte⟩: Gutachten eines Experten. **ex|per|ti|sie|ren** ⟨aus gleichbed. *fr.* expertiser⟩: (selten) in einer Expertise begutachten. **ex|per|to cre|de** [– k...] ⟨*lat.;* „glaube einem Erfahrenen"⟩: glaube einem, der es selbst erfahren hat

ex|pia|bel ⟨aus gleichbed. *fr.* expiable zu expier „büßen, versöhnen", dies aus *lat.* expiare, vgl. expiieren⟩: (veraltet) sühnbar. **Ex|pia|ti|on** *die;* -, -en ⟨aus gleichbed. *lat.* expiatio⟩: (veraltet) Sühne, Versöhnung. **ex|pia|to|risch** ⟨aus gleichbed. *lat.* expiatorius⟩: (veraltet) versöhnend, sühnend. **ex|pi|ie|ren** ⟨aus gleichbed. *lat.* expiare zu ↑ ¹ex... u. piare „fromm verehren; besänftigen; (ent)sühnen", dies zu pius „fromm"⟩: (veraltet) versöhnen, sühnen

Ex|pi|la|tor *der;* -s, ...oren ⟨aus *lat.* expilator „Plünderer" zu expilare, vgl. expilieren⟩: (veraltet) a) jmd., der sich unrechtmäßig eine Erbschaft aneignet; b) Straßenräuber. **ex|pi|lie|ren** ⟨aus gleichbed. *lat.* expilare (eigtl. „der Haare berauben") zu ↑ ¹ex... u. pilare „rupfen, Haare entfernen, plündern", dies zu pilus „Haar"⟩: (veraltet) rupfen, ausplündern, berauben

ex|pin|gie|ren ⟨aus gleichbed. *lat.* expingere zu ↑ ¹ex... u. pingere „(be)malen, (aus)schmücken"⟩: (veraltet) ausmalen, bemalen; malerisch ausschmücken, schildern

Ex|pla|na|ti|on *die;* -, -en ⟨aus *lat.* explanatio „Erklärung, Auslegung" zu explanare, vgl. explanieren⟩: Auslegung, Erläuterung, Erklärung von Texten in sachlicher Hinsicht (Literaturw.). **ex|pla|na|tiv** ⟨aus gleichbed. *spätlat.* explanativus aus *lat.* explanatus, Part. Perf. von explanare, vgl. explanieren⟩: auslegend, erläuternd (Literaturw.). **ex|pla|nie|ren** ⟨aus *lat.* explanare „eben ausbreiten, verdeutlichen, erklären" zu ↑ ¹ex... u. planus „eben; deutlich, klar"⟩: auslegen, erläutern (Literaturw.).

Ex|plan|tat *das;* -[e]s, -e ⟨aus *nlat.* explantatus, substantiviertes Part. Perf. von explantare, vgl. explantieren⟩: das bei einer Explantation Ausgepflanzte (Gewebe od. Organstück); Gewebekultur (Med., Zool.). **Ex|plan|ta|ti|on** *die;* -, -en ⟨aus gleichbed. *nlat.* explantatio⟩: Auspflanzung; Entnahme von Zellen, Geweben od. Organen aus dem lebenden Organismus zum Zwecke der Weiterzüchtung des Gewebes in Nährflüssigkeiten od. der Übertragung auf einen anderen Organismus (Med., Zool.). **ex|plan|tie|ren** ⟨aus *nlat.* explantare „herausreißen, herausheben" zu ↑ ¹ex... u. *lat.* planta „Gewächs, Pflanze"⟩: eine Explantation vornehmen (Med., Zool.)

ex|ple|tiv ⟨aus *spätlat.* expletivus „ergänzend, füllend" zu *lat.* explere „füllen, vervollständigen"⟩: ergänzend, ausfüllend. **Ex|ple|tiv** *das;* -s, -e [...və]: für den Sinn des Satzes entbehrliches Wort; Gesprächspartikel (früher Füll-, Flick-, Würzwort genannt); z. B. „Ob er wohl Zeit hat?"

ex|pli|cit [...tsɪt] ⟨aus *spätlat.* explicit liber „das Buch ist zu Ende" (vermutlich verkürzt aus explicitus est „es ist vollzogen, es ist zu Ende", 3. Pers. Perf. Passiv von *lat.* explicare, vgl. explizieren)⟩: Hinweis gewöhnlich am Ende von Handschriften u. Frühdrucken; Ggs. ↑ incipit; vgl. explizit. **Ex|pli|cit** *das;* -s, -s: die Schlußworte einer mittelalterlichen Handschrift od. eines Frühdrucks. **ex|pli|ka|bel** ⟨aus gleichbed. *fr.* explicable, dies aus *lat.* explicabilis⟩: erklärbar, verständlich. **Ex|pli|kan|dum** *das;* -s, ...da ⟨aus gleichbed. *lat.* explicandum, Gerundivum von explicare, vgl. explizieren⟩: der bei der Explikation (2) nicht genau abgegrenzte Begriff (Logik). **Ex|pli|kat** *das;* -[e]s, -e ⟨aus gleichbed. *lat.* explicatum, substantiviertes Part. Perf. (Neutrum) von explicare, vgl. explizieren⟩: der bei der Explikation (2) scharf abgegrenzte Begriff (Logik). **Ex|pli|ka|ti|on** *die;* -, -en ⟨aus gleichbed. *lat.* explicatio zu explicare, vgl. explizieren⟩: 1. (selten) Darlegung, Erklärung, Erläuterung. 2. Verfahren der Begriffsbestimmung, bei dem ein intuitiver,

explizieren

nicht genau abgegrenzter Begriff (Explikandum) durch einen scharf abgegrenzten Begriff (Explikat) ersetzt wird (Logik). **ex|pli|zie|ren** ⟨aus *lat.* explicare „auseinanderfalten, erklären" zu ↑¹ex... u. plicare „zusammenfalten"⟩: darlegen, erklären, erläutern. **ex|pli|zit** ⟨aus *lat.* explicitus, Part. Perf. von explicare, vgl. explizieren⟩: a) ausdrücklich, deutlich; Ggs. ↑implizit (1); b) ausführlich u. differenziert dargestellt; vgl. explicit; -e Funktion: math. Funktion, deren Werte sich unmittelbar (d. h. ohne Umformung der Funktion) berechnen lassen. **Ex|pli|zi|tät** *die;* -, -en ⟨zu ↑...ität⟩: formale Eindeutigkeit sowie Vollständigkeit als notwendige Voraussetzung für die Erstellung von Grammatikregeln u. die Bedingungen ihrer Anwendung (Sprachw.). **ex|pli|zi|te** ⟨aus gleichbed. *lat.* explicite⟩: in aller Deutlichkeit

ex|plo|die|ren ⟨unter Einfluß von ↑Explosion aus *lat.* explodere „klatschend heraustreiben, ausklatschen", dies zu ↑¹ex... u. plaudere „klatschen, schlagen"⟩: 1. durch heftigen inneren [Gas]druck plötzlich auseinandergetrieben werden, mit Knall [zer]platzen, bersten. 2. einen heftigen Gefühlsausbruch zeigen

ex|ploi|ta|bel [ɛksploa...] ⟨aus gleichbed. *fr.* exploitable zu exploiter, vgl. exploitieren⟩: (veraltet) 1. nutzbar. 2. verpfändbar. **Ex|ploi|ta|ti|on** *die;* -, -en ⟨aus gleichbed. *fr.* exploitation⟩: (veraltet) 1. Ausbeutung. 2. Nutzbarmachung (z. B. eines Bergwerks). **Ex|ploi|teur** [...'tøːɐ̯] *der;* -s, -e ⟨aus gleichbed. *fr.* exploiteur⟩: (veraltet) jmd., der eine Sache od. Person exploitiert. **ex|ploi|tie|ren** ⟨aus gleichbed. *fr.* exploiter, eigtl. „ausführen", dies über das Vulgärlat. zu *lat.* explicitus, vgl. explizit⟩ (veraltet) 1. aus der Arbeitskraft eines andern Gewinn ziehen, dessen Arbeitskraft für sich ausnutzen, ausbeuten. 2. [Bodenschätze] nutzbar machen

Ex|plo|rand *der;* -en, -en ⟨aus *lat.* explorandus, Gerundivum von explorare, vgl. explorieren⟩: jmd., der exploriert wird. **Ex|plo|ra|teur** [...'tøːɐ̯] *der;* -s, -e ⟨aus *fr.* explorateur „Forscher, Entdecker", dies aus *lat.* explorator, vgl. Explorator⟩: (veraltet) Kundschafter, Späher. **Ex|plo|ra|ti|on** *die;* -, -en ⟨aus *lat.* exploratio „das Ausspähen; Untersuchung, Erforschung"⟩: Untersuchung u. Befragung; Nachforschung; das Explorieren. **Ex|plo|ra|ti|ons|geo|phy|sik** *die;* -: Anwendung geophysikalischer Verfahren u. Methoden bei der praktischen Lagerstättensuche. **Ex|plo|ra|tor** *der;* -s, ...oren ⟨aus *lat.* explorator „(Aus)späher; Untersucher, Erforscher"⟩: jmd., der exploriert. **Ex|plo|ra|to|ren|verfah|ren** *der;* -s, -: Erforschung der Volkskultur (Sprache, Brauchtum, Geräte u. a.) durch persönl. Befragung von Gewährsleuten. **ex|plo|ra|to|risch** ⟨aus *lat.* exploratorius „zum Aufklären, Untersuchen gehörend"⟩: [aus]forschend, prüfend. **Ex|plo|ra|to|ri|um** *das;* -s, ...ien [...iən] ⟨aus gleichbed. *nlat.* exploratorium zu *lat.* exploratorius (vgl. exploratorisch) u. ↑...ium⟩: (veraltet) Prüfungsarbeit. **ex|plo|rie|ren** ⟨aus *lat.* explorare „ausspähen, erforschen"⟩: 1. erforschen, untersuchen, erkunden (z. B. Boden, Gelände). 2. [Personen]gruppen zu Untersuchungs-, Erkundungszwecken befragen, ausforschen; (Verhältnisse) durch Befragung u. Gespräche untersuchen, erkunden (Psychol., Med.)

ex|plo|si|bel ⟨zu *lat.* explosus, Part. Perf. von explodere (vgl. explodieren) u. ↑...ibel⟩: 1. explosionsfähig, -gefährlich. 2. zu unvermittelten Gewalthandlungen u. plötzlichen Kurzschlußreaktionen neigend (von Psychopathen; Med., Psychol.). **Ex|plo|si|bi|li|tät** *die;* - ⟨zu explosibel u. ↑...ität⟩: Fähigkeit zu explodieren (1). **Ex|plo|si|on** *die;* -, -en ⟨über gleichbed. *fr.* explosion aus *lat.* explosio „das Herausklatschen" zu explodere, vgl. explodieren⟩: 1. mit einem heftigen Knall verbundenes Zerplatzen u. Zerbersten eines Körpers. 2. heftiger Gefühlsausbruch, bes. Zornausbruch. **Ex|plo|si|ons|ka|ta|stro|phe** *die;* -, -n: durch eine Explosion verursachte Katastrophe. **Ex|plo|si|ons|kra|ter** *der;* -s, -: durch explosionsartige Vulkanausbrüche entstandener Krater (z. B. Maar). **Ex|plo|si|ons|mo|tor** *der;* -s, Plur. -en, auch -e: Motor, der seine Energie aus der Explosion eines Treibstoff-Luft-Gemisches gewinnt. **ex|plo|siv** ⟨aus gleichbed. *nlat.* explosivus zu *lat.* explosus, Part. Perf. von explodere, vgl. explodieren⟩: 1. a) leicht explodierend (1); b) zu Gefühlsausbrüchen neigend. 2. a) explosionsartig; b) sehr temperamentvoll, heftig. **Ex|plo|siv** *der;* -s, -e [...və]: Kurzform von ↑Explosivlaut. **Ex|plo|si|vi|tät** [...v...] *die;* - ⟨zu ↑...ität⟩: explosive Beschaffenheit, Art [u. Weise]. **Ex|plo|siv|laut** *der;* -[e]s, -e: Laut, der durch die plötzliche Öffnung eines Verschlusses entsteht (z. B. *b*, *k*); vgl. Tenuis u. Media

Ex|po|nat *das;* -[e]s, -e ⟨aus gleichbed. *russ.* eksponat zu *lat.* exponere „offen aufstellen"; vgl. exponieren⟩: Ausstellungsstück, Museumsstück. **Ex|po|nent** *der;* -en, -en ⟨aus *lat.* exponens, Gen. exponentis, Part. Präs. von exponere „herausstellen"; vgl. exponieren⟩: 1. herausgehobener Vertreter einer Richtung, einer Partei usw. 2. Hochzahl, bes. in der Wurzel- u. Potenzrechnung (z. B. ist *n* bei a^n der Exponent). **Ex|po|nen|ti|al...** ⟨zu ↑Exponent u. ↑¹...al (1)⟩: Wortbildungselement mit der Bedeutung „mit einem Exponenten (2) zusammenhängend, exponentiell verlaufend", z. B. Exponentialfunktion. **Ex|po|nen|ti|al|funk|ti|on** *die;* -, -en: math. Funktion, bei der die unabhängige Veränderliche als ↑Exponent (2) einer konstanten Größe (meist e) auftritt. **Ex|po|nen|ti|al|glei|chung** *die;* -, -en: Gleichung mit einer Unbekannten im Exponenten. **Ex|po|nen|ti|al|röh|re** *die;* -, -n: Röhre, die in Rundfunkempfängern automatisch den Schwund regelt. **ex|po|nen|ti|ell** ⟨zu ↑Exponent u. ↑...ell⟩: gemäß einer (speziellen) Exponentialfunktion verlaufend, z. B. -er Abfall einer physik. Größe. **ex|po|nie|ren** ⟨aus *lat.* exponere „herausstellen; offen aufstellen; aussetzen, preisgeben"⟩: 1. a) darstellen, zur Schau stellen; b) (veraltet) belichten (Fotogr.). 2. sich -: die Aufmerksamkeit auf sich lenken, sich durch sein Handeln sichtbar herausheben, herausstellen [u. sich dadurch auch der Kritik, Angriffen aussetzen]. **ex|po|niert** ⟨zu ↑...iert⟩: (durch räumliche Lage, Stellung od. persönliche Situation) herausgehoben u. dadurch Gefährdungen od. Angriffen in erhöhtem Maß ausgesetzt

¹Ex|port *der;* -[e]s, -e ⟨aus gleichbed. *engl.* export zu to export „ausführen", vgl. exportieren⟩: 1. Ausfuhr, Absatz von Waren im Ausland. 2. das Ausgeführte; Ggs. ↑Import. **²Ex|port** *das;* -, -: Kurzform von ↑Exportbier. **Ex|port|ar|ti|kel** *der;* -s, -: Artikel, der exportiert wird. **Ex|port|bier** *das;* -[e]s, -e ⟨zu ↑¹Export (weil urspr. das für den Export nach Übersee stärker eingebraute Bier von besonderer Haltbarkeit war)⟩: ein qualitativ gutes, geschmacklich abgerundetes (nicht sehr bitteres) Bier. **Ex|por|ten** die (Plur.) ⟨veralteter Plur. von ↑Export⟩: Ausfuhrwaren. **Ex|por|teur** [...'tøːɐ̯] *der;* -s, -e ⟨französierende Bildung zu ↑exportieren u. ↑...eur⟩: jmd. (auch ein Unternehmen), der (bzw. das) exportiert. **ex|por|tie|ren** ⟨aus gleichbed. *engl.* to export, dies aus *lat.* exportare „hinaustragen"⟩: Waren ins Ausland ausführen. **Ex|port|in|du|strie** *die;* - ⟨zu ↑¹Export⟩: Gesamtheit der Betriebe, Firmen usw., die [vorwiegend] für den Export produzieren. **ex|port|in|ten|siv**: viel für den Export produzierend. **ex|port|ori|en|tiert**: am Export, an der Möglichkeit des Exports orientiert. **Ex|port|re|strik|ti**-

Exquisition

on *die;* -, -en (meist Plur.): meist durch den Staat verordnete Beschränkung des Exports
Ex|po|sé *das;* -s, -s ⟨aus gleichbed. *fr.* exposé, substantiviertes Part. Perf. von exposer „darlegen", eigtl. „öffentlich ausstellen", dies zu *lat.* exponere, vgl. exponieren⟩: a) Denkschrift, Bericht, Darlegung, zusammenfassende Übersicht; b) Entwurf, Plan, Handlungsskizze (bes. für ein Filmdrehbuch). **Ex|po|si|ti|on** *die;* -, -en ⟨aus *lat.* expositio „Darlegung, Entwicklung" zu exponere, vgl. exponieren⟩: 1. Darlegung, Erörterung. 2. einführender, vorbereitender Teil des Dramas (meist im 1. Akt od. als ↑ Prolog). 3. a) erster Teil des Sonaten(haupt)satzes mit der Aufstellung der Themen; b) Kopfteil bei der Fuge mit der ersten Themadurchführung. 4. Ausstellung, Schau. 5. in der kath. Kirche im Mittelalter aufgekommener Brauch, das Allerheiligste in der ↑ Monstranz od. im ↑ Ziborium zur Anbetung zu zeigen. 6. Lage eines bewachsenen Berghanges in bezug auf die Einfallsrichtung der Sonnenstrahlen (Biol.). 7. (veraltet) Belichtung (Fotogr.). 8. Grad der Gefährdung für einen Organismus, der sich aus der Häufigkeit u. Intensität aller äußeren Krankheitsbedingungen ergibt, denen der Organismus ausgesetzt ist (Med.). **ex|po|si|to|risch** ⟨aus gleichbed. *engl.* expository, dies aus *mlat.* expositorius zu *lat.* expositus, Part. Perf. von exponere, vgl. exponieren⟩: erklärend, darlegend (z. B. -e Texte). **Ex|po|si|tur** *die;* -, -en ⟨aus gleichbed. *nlat.* expositura zu ↑¹ex... u. *lat.* positus „gestellt, gelegt", dies zu ponere „stellen, legen"⟩: 1. abgegrenzter selbständiger Seelsorgebezirk einer Pfarrei. 2. (österr.) a) in einem anderen Gebäude untergebrachter Teil einer Schule; b) auswärtige Zweigstelle eines Geschäftes. **Ex|po|si|tus** *der;* -, ...ti ⟨aus *lat.* expositus, eigtl. der Herausgestellte", substantiviertes Part. Perf. von exponere, vgl. exponieren⟩: Geistlicher als Leiter einer Expositur (1)
ex post ⟨*lat.*⟩: 1. nach geschehener Tat; hinterher. 2. im nachhinein (Wirtsch.); Ggs.: ↑ ex ante. **ex post fac|to** [- - 'fakto] ⟨*lat.*⟩: svw. ex post (1)
Ex|po|stu|la|ti|on *die;* -, -en ⟨aus gleichbed. *lat.* expostulatio zu expostulare, vgl. expostulieren⟩: Beschwerde, Forderung. **ex|po|stu|lie|ren** ⟨aus gleichbed. *lat.* expostulare zu ↑¹ex... u. postulare „verlangen"⟩: sich beschweren, fordern
ex|preß ⟨aus *lat.* expressus „ausgedrückt, ausdrücklich", z. T. über *engl.* express „ausdrücklich, eilig", vgl. Expreß⟩: 1. eilig. 2. (landsch.) eigens, ausdrücklich, zum Trotz. **Ex|preß** *der;* ...presses, ...presse ⟨Kurzw. für Expreßzug aus gleichbed. *engl.* express (train), eigtl. „Zug mit genau festgelegtem Fahrplan", zu *lat.* expressus „ausdrücklich"⟩: Schnellzug. **Ex|preß...** ⟨über *engl.* express „eilig", eigtl. „ausdrücklich", aus *lat.* expressus, vgl. expreß⟩: Wortbildungselement mit der Bedeutung „eilig, schnell", z. B. Expreßgut. **...Expreß:** alte bahnamtliche Schreibung im ↑ Expreß, z. B. Hellas-Express. **Ex|preß|bo|te** *der;* -n, -n: (veraltet) Eilbote (Postw.). **Ex|preß|gut** *das;* -[e]s, ...güter: Versandgut, das auf dem schnellsten Weg zum Bestimmungsort gebracht wird. **Ex|pres|si|on** *die;* -, -en ⟨aus *lat.* expressio „Ausdruck" zu exprimere „(her)ausdrücken"; vgl. exprimieren⟩: 1. Ausdruck. 2. besonderes Register beim Harmonium. 3. das Herauspressen (z. B. der Nachgeburt; Med.). **Ex|pres|sio|nis|mus** *der;* - ⟨zu *lat.* expressio „das Ausdrücken, der Ausdruck u. ↑ ...ismus (1), z. T. unter Einfluß von *fr.* expressionisme⟩: 1. Ausdruckskunst, Kunstrichtung des frühen 20. Jhs, die im bewußten Gegensatz zum ↑ Impressionismus (1 u. 2) steht. 2. musikalischer Ausdrucksstil um 1920. **Ex|pres|sio|nist** *der;* -en, -en ⟨zu ↑...ist⟩: Vertreter des Expressionismus. **Ex|pres|sio|ni|stin** *die;* -, -nen: weibliche Form zu ↑ Expressionist. **ex|pres|sio|ni|stisch** ⟨zu ↑ ...istisch⟩: a) im Stil des Expressionismus; b) den Expressionismus betreffend. **ex|pres|sis ver|bis** [...si:s ...bi:s] ⟨*lat.;* vgl. expreß⟩: ausdrücklich, mit ausdrücklichen Worten. **ex|pres|siv** ⟨aus gleichbed. *fr.* expressif zu expression „Ausdruck", dies aus *lat.* expressio, vgl. Expression⟩: ausdrucksstark, mit Ausdruck, ausdrucksbetont. **Ex|pres|si|vi|tät** [...v...] *die;* - ⟨aus gleichbed. *fr.* expressivité; vgl. ...ität⟩: 1. Fülle des Ausdrucks, Ausdrucksfähigkeit. 2. Ausprägungsgrad einer Erbanlage im Erscheinungsbild (Biol.). **Ex|pri|mat** *das;* -[e]s, -e ⟨zu ↑ exprimieren u. ↑ ...at⟩: durch Druck entfernter Inhalt eines Hohlorgans (z. B. Sekret aus der Prostata; Med.). **ex|pri|mie|ren** ⟨aus gleichbed. *lat.* exprimere⟩: etwas durch Druck entleeren, herausdrücken (z. B. einen Mitesser)
Ex|pro|bra|ti|on *die;* -, -en ⟨aus gleichbed. *lat.* exprobratio zu exprobrare, vgl. exprobrieren⟩: (veraltet) Vorwurf, Tadel. **ex|pro|brie|ren** ⟨aus gleichbed. *lat.* exprobrare zu ↑¹ex... u. probrum „Schandtat; Beschimpfung"⟩: vorwerfen, tadeln
ex pro|fes|so ⟨*lat.*; „absichtlich"; vgl. Profession⟩: berufsmäßig, von Amts wegen, absichtlich
Ex|pro|mis|si|on *die;* -, -en ⟨aus gleichbed. *nlat.* expromissio zu *lat.* expromissus, Part. Perf. von expromittere, vgl. expromittieren⟩: der ursprünglichen Schuldner befreiende Schuldübernahme durch einen Dritten (Rechtsw.). **Ex|pro|mis|sor** *der;* -s, ...oren ⟨aus *lat.* expromissor „Zusager, Versprecher (für sich od. einen anderen)"⟩: jmd., der die Schuld für od. einen anderen übernimmt (Rechtsw.). **ex|pro|mit|tie|ren** ⟨aus *lat.* expromittere „etwas durch einen anderen zusagen"⟩: für einen anderen die Schuld übernehmen (Rechtsw.)
Ex|pro|pria|teur [...'tø:ɐ̯] *der;* -s, -e ⟨aus gleichbed. *fr.* expropriateur zu ex- (vgl. ¹ex...) u. propre „eigen", dies aus *lat.* proprius⟩: (veraltet) Enteigner, Ausbeuter. **Ex|pro|pria|ti|on** *die;* -, -en ⟨aus gleichbed. *fr.* expropriation⟩: (veraltet) Enteignung. **ex|pro|pri|ie|ren** ⟨aus gleichbed. *fr.* exproprier⟩: (veraltet) enteignen
Ex|pu|gna|ti|on *die;* -, -en ⟨aus gleichbed. *lat.* expugnatio zu expugnare, vgl. expugnieren⟩: (veraltet) Eroberung. **Ex|pu|gna|tor** *der;* -s, ...oren ⟨aus gleichbed. *lat.* expugnator⟩: (veraltet) Eroberer. **ex|pu|gnie|ren** ⟨aus gleichbed. *lat.* expugnare zu ↑¹ex... u. *lat.* pugnare „kämpfen", dies zu pugna „Schlacht, Kampf"⟩: (veraltet) erobern, erkämpfen
Ex|pul|si|on *die;* -, -en ⟨aus *spätlat.* expulsio „Vertreibung" zu *lat.* expellere „herausreiben"⟩: Entfernung, Abführung (z. B. von Eingeweidewürmern; Med.). **ex|pul|siv** ⟨aus *nlat.* expulsivus „heraustreibend"⟩: die Expulsion betreffend (Med.)
ex|pun|gie|ren ⟨aus gleichbed. *lat.* expungere⟩: (veraltet) tilgen, streichen. **Ex|punk|ti|on** *die;* -, -en ⟨aus gleichbed. *lat.* expunctio⟩: (veraltet) Tilgung, Streichung
Ex|pur|gans *das;* -, Plur. ...gantien [...iən] u. ...gantia ⟨aus *lat.* expurgans, Part. Präs. von expurgare, vgl. expurgieren⟩: (veraltet) reinigendes, abführendes Mittel (Med.). **Ex|pur|ga|ti|on** *die;* -, -en ⟨aus gleichbed. *lat.* expurgatio⟩: (veraltet) 1. Reinigung, Rechtfertigung. 2. das Abführen (Med.). **ex|pur|gie|ren** ⟨aus gleichbed. *lat.* expurgare⟩: (veraltet) 1. reinigen, säubern. 2. rechtfertigen, entschuldigen, berichtigen
ex|qui|rie|ren ⟨aus gleichbed. *lat.* exquirere⟩: (veraltet) aussuchen, ausforschen, nachsuchen. **ex|qui|sit** ⟨aus gleichbed. *lat.* exquisitus, Part. Perf. von exquirere, vgl. exquirieren⟩: ausgesucht, erlesen, vorzüglich. **Ex|qui|si|ti|on** *die;* -,

-en ⟨aus gleichbed. *lat.* exquisitio⟩: (veraltet) Auswahl, Untersuchung

Ex|rex *der;* -, Exreges [...ge:s] ⟨zu ↑¹ex... u. *lat.* rex „König"⟩: (veraltet) ehemaliger König

Ex|se|kra|ti|on u. Exekration *die;* -, -en ⟨aus *lat.* ex(s)ecratio „Verfluchung" zu ex(s)ecrare, vgl. exsekrieren⟩: 1. Entweihung. 2. feierliche Verwünschung, Fluch (kath. Kirche).

ex|se|krie|ren u. exekrieren ⟨aus *lat.* ex(s)ecrare „verfluchen, verwünschen" zu ↑¹ex... u. sacer „verflucht", eigtl. „heilig"⟩: 1. entweihen. 2. verwünschen, verfluchen (kath. Kirche)

Ex|sek|ti|on *die;* -, -en ⟨aus gleichbed. *lat.* exsectio zu exsecare, vgl. exsezieren⟩: (veraltet) Ausschneidung, Verschneidung

Ex|se|qui|en [...kviən] vgl. Exequien

ex|se|zie|ren ⟨aus gleichbed. *lat.* exsecare zu ↑¹ex... u. *lat.* secare „schneiden"⟩: (veraltet) ausschneiden, verschneiden

Ex|sik|kans *das;* -, Plur. ...kkanzien [...jən] u. ...kkantia ⟨aus *lat.* exsiccans, Part. Präs. von exsiccare „austrocknen"⟩: austrocknendes, Flüssigkeit ↑absorbierendes Mittel (Med.). **Ex|sik|kat** *das;* -[e]s, -e ⟨zu *lat.* exsiccatus „trocken", Part. Perf. von exsiccare, vgl. Exsikkans⟩: getrocknete Pflanzenprobe (Bot.). **Ex|sik|ka|ti|on** *die;* -, -en ⟨aus gleichbed. *lat.* exsiccatio⟩: das Austrocknen, die Austrocknung (Chem.). **ex|sik|ka|tiv** ⟨aus gleichbed. *nlat.* exsiccativus; vgl. ...iv⟩: austrocknend (Chem.). **Ex|sik|ka|tor** *der;* -s, ...oren ⟨aus gleichbed. *nlat.* exsiccator; vgl. ...or⟩: Gerät zum Austrocknen od. zum trockenen Aufbewahren von Chemikalien. **Ex|sik|ko|se** *die;* -, -n ⟨zu ↑¹...ose⟩: Austrocknung des Körpers bei starkem Flüssigkeitsverlust (z. B. Durchfall)

ex si|len|tio ⟨*lat.;* eigtl. „aus dem Schweigen"⟩: svw. ex tacendo

ex|skri|bie|ren ⟨aus gleichbed. *lat.* exscribere zu ↑¹ex... u. *lat.* scribere „schreiben"⟩: (veraltet) abschreiben

Ex|spek|tant *der;* -en, -en ⟨aus *lat.* exspectans, Gen. exspectantis, Part. Präs. von exspectare „entgegensehen, erwarten", dies zu ↑¹ex... u. spectare „(an)schauen; prüfen, beurteilen"⟩: (veraltet) jmd., der eine Expektanz besitzt, Anwärter. **Ex|spek|tanz** *die;* -, -en ⟨zu ↑...anz⟩: (veraltet) Anwartschaft auf noch besetzte Stellen im Staat od. in der Kirche. **ex|spek|ta|tiv** ⟨zu ↑...iv⟩: 1. (veraltet) eine Exspektanz gewährend. 2. abwartend (von einer Krankheitsbehandlung; Med.)

Ex|spi|ra|ti|on *die;* - ⟨aus *lat.* expiratio „Ausdünstung, Ausblasung" zu exspirare, vgl. exspirieren⟩: Ausatmung (Med.). **ex|spi|ra|to|risch** ⟨aus gleichbed. *(n)lat.* expiratorius⟩: auf Exspiration beruhend, mit ihr zusammenhängend; Ggs. ↑inspiratorisch (2); -e Artikulation: Lautbildung beim Ausatmen; -er Akzent: den germ. Sprachen eigentümlicher Akzent, der auf der Stärke des Gesprochenen beruht, Druckakzent. **ex|spi|rie|ren** ⟨aus gleichbed. *lat.* exspirare, eigtl. „herausblasen", zu ↑¹ex... u. spirare „hauchen, blasen, atmen"⟩: ausatmen (Med.)

Ex|spo|lia|ti|on *die;* -, -en ⟨aus gleichbed. *spätlat.* exspoliatio zu *lat.* exspoliare, vgl. exspoliieren⟩: (veraltet) Beraubung. **ex|spo|li|ie|ren** ⟨aus gleichbed. *lat.* exspoliare zu ↑¹ex... u. spolium „Raub, Beute"⟩: (veraltet) ausrauben, plündern

ex|spu|ie|ren ⟨aus gleichbed. *lat.* exspuere zu ↑¹ex... u. *lat.* spuere „speien, spucken"⟩: (veraltet) ausspeien. **Ex|spui|ti|on** [...spui...] *die;* - ⟨aus gleichbed. *lat.* exspuitio⟩: (veraltet) das Ausspeien

Ex|stan|ti|en [...jən] *die* (Plur.) ⟨aus *lat.* exstantia, Plur. von exstans, Gen. exstantis, Part. Präs. von exstare „ausstehen, vorhanden sein"⟩: (veraltet) ausstehende Geldbeträge, Außenstände

ex|stin|gu|ie|ren ⟨aus gleichbed. *lat.* extinguere zu ↑¹ex... u. *lat.* stinguere „auslöschen, ersticken"⟩: auslöschen, vernichten, vertilgen. **Ex|stink|ti|on** *die;* - ⟨aus gleichbed. *lat.* exstinctio⟩: das Auslöschen, Vernichten, Vertilgen. **exstink|tiv** ⟨zu ↑...iv⟩: auslöschend, vernichtend, vertilgend

Ex|stir|pa|ti|on *die;* -, -en ⟨aus *lat.* exstirpatio „Ausrottung" zu exstirpare, vgl. exstirpieren⟩: völlige Entfernung [eines erkrankten Organs] (Med.). **Ex|stir|pa|tor** *der;* -s, ...oren ⟨aus gleichbed. *nlat.* exstirpator; vgl. ...or⟩: besondere Art eines ↑Grubbers. **ex|stir|pie|ren** ⟨aus *lat.* exstirpare „ausrotten, (mit der Wurzel) herausreißen" zu ↑¹ex... u. stirps „Stamm; Wurzel"⟩: ein erkranktes Organ od. eine Geschwulst völlig entfernen (Med.)

Ex|su|dat *das;* -[e]s, -e ⟨aus *lat.* exsudatum „das Ausgeschwitzte", Part. Perf. (Neutrum) von exsudare, vgl. exsudieren⟩: 1. entzündliche Ausschwitzung (eiweißhaltige Flüssigkeit, die bei Entzündungen aus den Gefäßen austritt; Med.). 2. Drüsenabsonderung bei Insekten (Biol.). **Ex|su|da|ti|on** *die;* -, -en ⟨aus *spätlat.* exsudatio „Ausschwitzung"⟩: 1. Ausschwitzung, Absonderung eines Exsudats (Med., Biol.). 2. Ausscheidung von Mineralstoffen aus ↑kapillar aufsteigenden u. verdunstenden Bodenlösungen; vgl. Effloreszenz (2). **ex|su|da|tiv** ⟨aus gleichbed. *nlat.* exsudativus; vgl. ...iv⟩: mit der Exsudation (1) zusammenhängend, auf ihr beruhend. **ex|su|die|ren** ⟨aus gleichbed. *lat.* exsudare zu ↑¹ex... u. *lat.* sudare „schwitzen"⟩: ausschwitzen

Ex|sul|tet *das;* -s ⟨aus *lat.* exsultet „er möge frohlocken", 3. Pers. Präs. Konj. von exsultare „frohlocken"⟩: Lobgesang auf die brennende Osterkerze in der kath. Osternachtsfeier

Ex|su|pe|ranz *die;* - ⟨aus gleichbed. *lat.* exsuperantia zu exsuperare, vgl. exsuperieren⟩: Vorzüglichkeit. **ex|su|pe|rie|ren** ⟨aus gleichbed. *lat.* exsuperare zu ↑¹ex... u. *lat.* superare „hervorragen"⟩: hervorragen, übertreffen

ex ta|cen|do [– ...'tsɛndo] ⟨*lat.;* eigtl. „aus dem Schweigenden"⟩: aus dem Nichtvorkommen (von Belegen etwas schließen)

Ex|tem|po|ra|le *das;* -s, ...lien [...jən] ⟨zu *lat.* extemporalis „unvorbereitet", dies zu ↑ex tempore⟩: (veraltet) unvorbereitet anzufertigende [Klassen]arbeit. **ex tem|po|re** ⟨*lat.;* „sogleich, aus dem Stegreif", eigtl. „aus dem Zeitabschnitt heraus"⟩: aus dem Stegreif. **Ex|tem|po|re** *das;* -s, -s: a) improvisierte Einlage [auf der Bühne]; b) Stegreifspiel, Stegreifrede. **ex|tem|po|rie|ren** ⟨zu ↑...ieren⟩: a) eine improvisierte Einlage [auf der Bühne] geben; b) aus dem Stegreif reden, schreiben, musizieren usw.

Ex|ten|ded [ɪks'tɛndɪd] *die;* - ⟨aus *engl.* extended „ausgedehnt; breit (von Buchstaben)", Part. Perf. von to extend „ausdehnen", dies aus *lat.* extendere, vgl. extendieren⟩: aus England stammende, breite Antiquadruckschrift (Druckw.). **ex|ten|die|ren** ⟨aus gleichbed. *lat.* extendere⟩: (veraltet) ausweiten, ausdehnen, erweitern. **ex|ten|si|bel** ⟨zu *lat.* extensus, Part. Perf. von extendere (vgl. extendieren), u. ↑...ibel⟩: (veraltet) ausdehnbar. **Ex|ten|si|bi|li|tät** *die;* -, -en ⟨zu ↑...ität⟩: (veraltet) Ausdehnbarkeit. **Ex|ten|si|on** *die;* -, -en ⟨aus gleichbed. *lat.* extensio zu extendere, vgl. extendieren⟩: 1. Ausdehnung, Streckung, z. B. in der Med. zur Einrichtung von Knochenbrüchen u. Verrenkungen od. zur Entlastung eines entzündeten Gelenks. 2. Umfang eines Begriffs; Gesamtheit der Gegenstände, die unter diesen Begriff fallen (z. B. Obst = Äpfel, Birnen...; Logik); Ggs. ↑Intension (2). **ex|ten|sio|nal** ⟨zu ↑¹...al (1)⟩: 1. auf die Extension (2) bezogen; Ggs. ↑intensional (1). 2.

(bes. in der Mengenlehre) umfangsgleich; vgl. intensional (2). **Ex|ten|si|ons|be|hand|lung** *die;* -, -en: spezielle Technik der Bewegungstherapie zur Behandlung orthopädischer Erkrankungen od. nach chirurgischen Eingriffen (Med.). **Ex|ten|si|ons|ver|band** *der;* -[e]s, ...bände: Streckverband (Med.). **Ex|ten|si|tät** *die;* - ⟨zu *lat.* extensus, Part. Perf. von extendere (vgl. extendieren), u. ↑ ...ität⟩: Ausdehnung, Umfang. **ex|ten|siv** ⟨aus *spätlat.* extensivus „ausdehnend, verlängernd"⟩: 1. ausgedehnt, umfassend, in die Breite gehend (z. B. -e Beeinflussung). 2. auf großen Flächen, aber mit verhältnismäßig geringem Aufwand betrieben (z. B. -e Nutzung des Bodens). 3. ausdehnend, erweiternd (von der Auslegung eines Gesetzes; Rechtsw.). **ex|ten|si|vie|ren** [...v...] ⟨zu ↑ ...ieren⟩: ausdehnen, in die Breite gehen od. wirken lassen. **Ex|ten|si|vi|tät** *die;* - ⟨zu ↑ ...ität⟩: (selten) svw. Extensität. **Ex|ten|so|me|ter** *das;* -, -s ⟨zu ↑ ¹...meter⟩: Meßordnung zur Feststellung von Zugspannungen im Gesteinsverband, bes. an erdbebengefährdeten Verwerfungslinien (Geol.). **Ex|ten|sor** *der;* -s, ...oren ⟨aus *nlat.* extensor „Strecker" zu *lat.* extensus, Part. Perf. von extendere, vgl. extendieren⟩: Streckmuskel (Med.). **Ex|te|rieur** [...'ri̯øːɐ̯] *das;* -s, Plur. -s u. -e ⟨aus gleichbed. *fr.* extérieur, dies aus *lat.* exterior, vgl. exterior⟩: 1. Äußeres; Außenseite; Erscheinung. 2. die Körperform eines Tieres im Hinblick auf einen bestimmten Zweck (z. B. beim Pferd als Zug- od. Reittier; Landw.). **ex|te|ri|or** ⟨*lat.;* Komparativ von exter „außen befindlich"; vgl. extrem⟩: an der Außenseite gelegen, in der Nähe der Außenseite, weiter außen gelegen (Anat.). **Ex|te|rio|ri|sa|ti|on** *die;* - ⟨zu ↑ ...isation⟩: Veräußerlichung; Normsetzung (Psych.); Ggs. ↑ Interiorisation. **Ex|te|rio|ri|tät** *die;* -, -en ⟨zu ↑ ...ität⟩: (veraltet) Äußeres, Außenseite, Oberfläche **Ex|ter|mi|na|ti|on** *die;* -, -en ⟨aus gleichbed. *spätlat.* exterminatio zu *lat.* exterminare, vgl. exterminieren⟩: (veraltet) a) Vertreibung; Landesverweisung; b) Zerstörung. **ex|ter|mi|nie|ren** ⟨aus gleichbed. *lat.* exterminare, eigtl. „über die Grenze treiben", zu ↑ ¹ex... u. terminus „Grenze"⟩: (veraltet) ausrotten, vertreiben

ex|tern ⟨aus gleichbed. *lat.* externus zu exter „außen befindlich"⟩: 1. auswärtig, fremd; draußen befindlich. 2. nicht im Internat wohnend; vgl. Externe. **Ex|ter|na:** Plur. von ↑ Externum. **Ex|ter|na|li|sa|ti|on** *die;* -, -en ⟨aus gleichbed. *engl.* externalization zu external, vgl. externalisieren u. ...ation⟩: das Externalisieren; vgl. Projektion (4). **ex|ter|na|li|sie|ren** ⟨aus gleichbed. *engl.* to externalize zu external „außen befindlich"; dies aus *lat.* externus, vgl. extern⟩: nach außen verlagern (z. B. Ängste; Psychol.); vgl. internalisieren. **Ex|ter|nat** *das;* -[e]s, -e ⟨Gegenbildung zu ↑ Internat⟩: Lehranstalt, deren Schüler außerhalb der Schule wohnen. **Ex|tern|code** [...koːt] *der;* -s, -s ⟨zu ↑ extern⟩: bei der Programmierung eines Computers benutzte Schreibweise der Maschinenbefehle, die mittels eines Leseprogramms in den ↑ Interncode der Anlage übersetzt werden kann (EDV). **Ex|ter|ne** *der* u. *die;* -n, -n ⟨Substantivierung von ↑ extern⟩: 1. Schüler[in], der bzw. die nicht im Internat wohnt. 2. Schüler[in], der bzw. die die Abschlußprüfung an einer Schule ablegt, ohne diese zuvor besucht zu haben. **Ex|ter|nist** *der;* -en, -en ⟨zu ↑ ...ist⟩: 1. (österr.) svw. Externe (1, 2). 2. (selten) Facharzt für äußere Krankheiten; Ggs. ↑ Internist (1). 3. Schauspieler, der an einem Theater spielt, dort aber nicht fest verpflichtet ist. **Ex|ter|ni|stin** *die;* -, -nen: weibliche Form zu ↑ Externist. **Ex|tern|spei|cher** *der;* -s, -: außerhalb der Zentraleinheit eines Computers angeordneter Datenspeicher (EDV); Ggs. ↑ Internspeicher. **Ex|ter|num** *das;* -s, ...na ⟨zu *lat.* externum „das Äußerliche" zu

externus, vgl. extern⟩: äußerlich anzuwendendes Arzneimittel (Med.); Ggs. ↑ Internum (3) **Ex|te|ro|re|zep|ti|on** *die;* -, -en ⟨zu *lat.* exterus „außen, außerhalb" u. ↑ ¹Rezeption⟩: Aufnahme von Reizen aus der Umwelt durch Exterorezeptoren (Biol., Med.). **Ex|te|ro|re|zep|tor** *der;* -s, ...oren (meist Plur.)⟩: Sinnesorgan, das an der Körperoberfläche liegt u. auf Reize aus der Umwelt reagiert (Biol., Med.). **ex|te|ro|zep|tiv** ⟨zu ↑ rezeptiv⟩: Reize wahrnehmend, die von außerhalb des Organismus kommen (z. B. mittels Augen, Ohren; Psychol., Med.); Ggs. ↑ propriozeptiv **ex|ter|re|strisch** ⟨zu ↑ ¹...ex u. ↑ terrestrisch⟩: (selten) svw. extraterrestrisch. **ex|ter|ri|to|ri|al**: außerhalb der Landeshoheit stehend. **ex|ter|ri|to|ria|li|sie|ren** ⟨zu ↑ ...isieren⟩: jmdm. Exterritorialität gewähren. **Ex|ter|ri|to|ria|li|tät** *die;* - ⟨zu ↑ ...ität⟩: a) Unabhängigkeit bestimmter ausländischer Personen (z. B. Gesandter) von der Gerichtsbarkeit des Aufenthaltsstaates; b) Unverletzlichkeit u. Unantastbarkeit von Diplomaten im Gastland **ex the|ra|pia** ⟨*lat.;* zu ex „aus, aus – heraus" u. ↑ Therapie⟩: auf der Basis der erfolgten erfolgreichen Behandlung (auf die Diagnose einer Krankheit im nachhinein bezogen) **Ex|tink|teur** [...'tøːɐ̯] *der;* -s, -e ⟨aus gleichbed. *fr.* extincteur zu extinction „das (Feuer)löschen", dies aus *lat.* ex(s)tinctio, vgl. Extinktion⟩: (veraltet) Feuerlöscher. **Ex|tink|ti|on** *die;* -, -en ⟨aus *lat.* ex(s)tinctio „das Auslöschen, Vernichten" zu ex(s)tinguere „auslöschen"⟩: 1. (veraltet) Auslöschung, Tilgung. 2. Schwächung einer Wellenbewegung (Strahlung) beim Durchgang durch ein ↑ ¹Medium (3; Phys., Astron., Meteor.). 3. Erlöschen eines bedingten Reflexes durch das Fehlen des unbedingten Auslösers (Psych.). **Ex|tink|ti|ons|ko|ef|fi|zi|ent** *der;* -en: Maß für die Extinktion (2) **ex|tol|lie|ren** ⟨aus *lat.* extollere „auf-, erheben"⟩: (veraltet) erheben, preisen, rühmen **ex|tor|quie|ren** ⟨aus *lat.* extorquere, eigtl. „herausdrehen", zu ↑ ¹ex... u. torquere „drehen, wenden"⟩: (veraltet) abpressen, erzwingen. **Ex|tor|si|on** *die;* -, -en ⟨aus gleichbed. *lat.* extorsio⟩: (veraltet) Erpressung **ex|tra** ⟨*lat.;* „außerhalb, über – hinaus", dies aus extera parte „im äußeren Teil"; vgl. extern⟩: a) besonders, für sich, getrennt; b) zusätzlich, dazu; c) ausdrücklich; d) absichtlich; e) zu einem bestimmten Zweck; f) besonders, ausgesucht. **¹Ex|tra** *das;* -s, -s (meist Plur.): Zubehörteil (speziell zu Autos), das über die übliche Ausstattung hinausgeht. **²Ex|tra** *der;* -s, -s od. *die;* -, -s: Komparse bzw. Komparsin, der bzw. die zusätzlich eingesetzt wird u. mit dem Hauptdarsteller bzw. der Hauptdarstellerin eine kurze Spielepisode darzustellen hat (Theat., Filmw.) **ex|tra..., Ex|tra...** ⟨aus gleichbed. *lat.* extra⟩: Präfix mit der Bedeutung „außer, außerhalb, außerdem, besonders", z. B. extragalaktisch, Extraordinarius **ex|tra|ana|to|misch** ⟨zu ↑ extra... u. ↑ anatomisch⟩: unter Umgehung der normalen Blutgefäßbahnen (z. B. von einem Bypass; Med.) **Ex|tra|blatt** *das;* -[e]s, ...blätter ⟨zu ↑ extra...⟩: Sonderausgabe einer Zeitung mit besonders aktuellen Nachrichten **ex|tra brut** [- bryt] ⟨*fr.;* „sehr roh"⟩: besonders herb (Geschmacksbezeichnung für franz. Schaumwein) **Ex|tra|chor** *der;* -[e]s, ...chöre ⟨zu ↑ extra... u. ↑ ²Chor⟩: zusätzlicher, nur in bestimmten Opern eingesetzter Theaterchor **ex|tra cul|pam** [- k...] ⟨*lat.*⟩: außer Schuld, schuldlos **Ex|tra|dos** [...'doː] *der;* -, - ⟨aus gleichbed. *fr.* extrados zu ↑ extra... u. *fr.* dos „Rücken", dies über *vulgärlat.* dossum

extradossiert

aus gleichbed. *lat.* dorsum⟩: (veraltet) Bogen-, Gewölberücken (Archit.). **ex|tra|dos|siert** ⟨aus gleichbed. *fr.* extradossé, Part. Perf. von extradosser „mit einem Gewölberücken versehen"; vgl. ...iert⟩: (veraltet) mit Oberbogen gewölbt (Archit.)

ex|tra dry [– draɪ] ⟨*engl.*⟩: trocken, herb, nicht süß (von Sekt u. Schaumweinen)

ex|tra|du|ral ⟨zu ↑extra... u. ↑dural⟩: außerhalb der harten Hirnhaut gelegen (Anat.)

ex|tra ec|cle|si|am nul|la sa|lus [– ɛ'kle:... – –] ⟨*lat.*; „außerhalb der Kirche [ist] kein Heil"⟩: altkirchlicher Grundsatz, nach dem außerhalb der Kirche keiner sein Heil erwirken könne (Ausspruch des hl. Cyprian, † 258)

ex|tra|es|sen|ti|ell ⟨zu ↑extra... u. ↑essentiell⟩: (veraltet) a) außerweltlich; b) unwesentlich

ex|tra|flo|ral ⟨zu ↑extra... u. ↑floral⟩: außerhalb der Blüte befindlich (Bot.)

ex|tra|ga|lak|tisch ⟨zu ↑extra... u. ↑galaktisch⟩: außerhalb der Milchstraße (vgl. Galaxie) liegend (Astron.)

ex|tra|ge|ni|tal ⟨zu ↑extra... u. ↑genital⟩: 1. außerhalb der Geschlechtsteile (Med.). 2. unabhängig von den Geschlechtsteilen (bes. in bezug auf die Übertragung von Geschlechtskrankheiten; Med.)

Ex|tra|hent *der;* -en, -en ⟨aus *lat.* extrahens, Gen. extrahentis, Part. Präs. von extrahere, vgl. extrahieren⟩: 1. (veraltet) jmd., auf dessen Antrag eine gerichtliche Verfügung erlassen wird (Rechtsw.). 2. jmd., der etwas extrahiert. **ex|tra|hie|ren** ⟨aus *lat.* extrahere „herausziehen" zu ↑¹ex... u. trahere „ziehen"⟩: 1. a) einen Körperteil, insbesondere einen Zahn, operativ herausziehen; b) ein Kind aus dem Mutterleib herausziehen (geburtshilflicher Eingriff; Med.). 2. eine Extraktion (1 a) vornehmen. 3. (veraltet) eine Vollstreckungsmaßregel erwirken (Rechtsw.)

ex|tra|in|te|sti|nal ⟨zu ↑extra... u. ↑intestinal⟩: außerhalb des Darmes erfolgend (z. B. von der Verdauung bei Insekten, Spinnen u. Seesternen; Biol.)

ex|tra|ju|di|zi|al ⟨zu ↑extra..., ↑Judizium u. ↑¹...al (1)⟩: (veraltet) außergerichtlich

ex|tra|kap|su|lär ⟨zu ↑extra..., *lat.* capsula (Verkleinerungsform von capsa „Kapsel, Behältnis") u. ↑...är⟩: außerhalb der Gelenkkapsel gelegen (Med.)

ex|tra|kar|di|al ⟨zu ↑extra... u. ↑kardial⟩: außerhalb des Herzens gelegen; vom Herzen unabhängig (Med.)

Ex|tra|klas|se *die;* -, -n (Plur. selten) ⟨zu ↑extra...⟩: Klasse von Dingen, Personen mit außergewöhnlicher Qualität

ex|tra|kor|po|ral ⟨zu ↑extra... u. ↑korporal⟩: außerhalb des Körpers erfolgend, verlaufend (Med.). **Ex|tra|korps** [...koːɐ̯] *das;* - [...koːɐ̯(s)], - [...koːɐ̯s]: (früher) bes. in Österreich-Ungarn Nebentruppen, bes. für technische Zwecke

ex|tra|kra|ni|ell ⟨zu ↑extra..., ↑kranio... u. ↑...ell⟩: außerhalb des Schädelinnenraumes gelegen (z. B. in der Kopfschwarte; Med.)

Ex|trakt *der;* -[e]s, -e ⟨aus *lat.* extractum „das Herausgezogene", Part. Perf. von extrahere, vgl. extrahieren⟩: 1. (fachspr. auch *das*) Auszug aus tierischen od. pflanzlichen Stoffen. 2. konzentrierte Zusammenfassung der wesentlichsten Punkte eines Buches, Schriftstücks od. einer Rede. **Ex|trak|teur** [...'tøːɐ̯] *der;* -s, -e ⟨aus gleichbed. *fr.* extracteur zu extraction „das Herausziehen", dies aus *spätlat.* extractio, vgl. Extraktion⟩: Gerät zur Vornahme einer Extraktion (2). **Ex|trak|ti|on** *die;* -, -en ⟨aus *spätlat.* extractio „das Herausziehen, das Heraustretenlassen"⟩: 1. Herauslösung einzelner Bestandteile aus einem flüssigen od. festen Stoffgemisch mit einem geeigneten Lösungsmittel (Chem.). 2. das Ziehen eines Zahnes (Med.). 3. das Herausziehen des Kindes aus dem Mutterleib (geburtshilflicher Eingriff). 4. Herstellung eines Extraktes (1). **ex|trak|tiv** ⟨aus gleichbed. *nlat.* extractivus zu *lat.* extractus, Part. Perf. von extrahere, vgl. extrahieren⟩: ausziehend; auslaugend; löslich ausziehbar; durch Extraktion erfolgend. **Ex|trak|tiv|stof|fe** *die* (Plur.): in Pflanzen od. Tieren vorkommende Stoffe, die durch Wasser od. Alkohol ausgezogen werden können (Biol.)

ex|tra|ku|tan ⟨zu ↑extra... u. ↑kutan⟩: auf der äußeren Haut befindlich (Med.)

ex|tra|lin|gu|al ⟨zu ↑extra... u. ↑lingual⟩: außersprachlich, nicht zur Sprache gehörend (Sprachw.); Ggs. ↑intralingual

ex|tra|me|dul|lär ⟨zu ↑extra... u. ↑medullär⟩: außerhalb des Knochenmarks vorkommend u. geschehend (Med.)

ex|tra|men|tal ⟨zu ↑extra... u. ↑²mental⟩: außerhalb des Bewußtseins [vorhanden]

ex|tra|mun|dan ⟨aus gleichbed. *spätlat.* extramundanus zu ↑extra... u. ↑mundan⟩: außerweltlich, ↑transzendent (1; Philos.); Ggs. ↑intramundan

ex|tra|mu|ral ⟨zu ↑extra... u. *lat.* muralis „zur Mauer, Wand gehörig", dies zu murus „Mauer"⟩: 1. außerhalb der Stadtmauern befindlich. 2. außerhalb der Wand eines Hohlraums (z. B. des Darmes) gelegen (Med.). **ex|tra mu|ros** [– ...roːs] ⟨*lat.*⟩: außerhalb der Mauern

ex|tran ⟨aus gleichbed. *lat.* extraneus⟩: (veraltet) ausländisch, fremd. **Ex|tra|ne|er** [...neɐ̯] *der;* -s, - u. **Ex|tra|ne|us** [...neʊs] *der;* -, ...neer [...neɐ̯] ⟨aus *lat.* extraneus „Fremder"⟩: svw. Externe

ex|tra|or|di|när ⟨über *fr.* extraordinaire aus gleichbed. *lat.* extraordinarius⟩: außergewöhnlich, außerordentlich. **Ex|tra|or|di|na|ri|at** *das;* -[e]s, -e ⟨zu *lat.* extraordinarius „außerordentlich" u. ↑...at (1)⟩: Amt eines Extraordinarius. **Ex|tra|or|di|na|ri|um** *das;* -s, ...ien [...i̯ən] ⟨aus *lat.* extraordinarium „das Außerordentliche", Neutrum von extraordinarius, vgl. Extraordinarius⟩: außerordentliche Haushalt[splan] eines Staates. **Ex|tra|or|di|na|ri|us** *der;* -, ...ien [...i̯ən] ⟨Substantivierung von *lat.* extraordinarius „außerordentlich"⟩: außerordentlicher, nicht ordentlicher, nicht planmäßiger Professor. **ex|tra or|di|nem** ⟨*lat.*⟩: außerhalb der Reihe

ex|tra|os|sär ⟨zu ↑extra... u. ↑ossär⟩: außerhalb des Knochens gelegen (Med.)

ex|tra|par|ochi|al ⟨zu ↑extra... u. ↑parochial⟩: nicht zur ↑Parochie gehörend

ex|tra|pe|ri|kar|di|al ⟨zu ↑extra... u. ↑perikardial⟩: außerhalb des Herzbeutels gelegen (Med.)

ex|tra|pe|ri|to|nä|al usw. vgl. extraperitoneal usw. **ex|tra|pe|ri|to|ne|al** ⟨zu ↑extra..., *gr.* peritónaion „Bauchfell" u. ↑¹...al (1)⟩: außerhalb des Bauchfells gelegen (Med.). **Ex|tra|pe|ri|to|nea|li|sie|rung** *die;* -, -en ⟨zu ↑...isierung⟩: operative Verlagerung eines innerhalb des Bauchfellraumes gelegenen Organs nach außerhalb (Med.)

ex|tra|pleu|ral ⟨zu ↑extra... u. ↑pleural⟩: außerhalb des Brustfellraums gelegen (Med.)

Ex|tra|po|la|ti|on *die;* -, -en ⟨Analogiebildung zu ↑Interpolation; vgl. extra...⟩: näherungsweise Bestimmung von Funktionswerten außerhalb eines ↑Intervalls (4) auf Grund der Kenntnis von Funktionswerten innerhalb dieses Intervalls. **ex|tra|po|lie|ren** ⟨verkürzt aus ↑extra... u. ↑interpolieren⟩: aus dem Verhalten einer Funktion innerhalb eines math. Bereichs auf ihr Verhalten außerhalb dieses Bereichs schließen

Ex|tra|po|si|ti|on *die;* -, -en ⟨zu ↑extra... u. ↑Position⟩: Herausstellung eines Gliedsatzes (Subjekt- od. Objektsatz) an das Ende des Satzgefüges, wobei ein stellvertretendes „es"

vorangestellt wird, z. B. „Es ist schön, daß du kommst" für „Daß du kommst, ist schön" (Sprachw.)

Ex|tra|pro|fit *der;* -[e]s, -e ⟨zu ↑extra... u. ↑Profit⟩: Über-, [Zusatz]verdienst des Kapitalisten (aus marxistischer Sicht)

Ex|tra|pu|ni|ti|vi|tät [...v...] *die;* -, -en ⟨zu ↑extra..., ↑punitiv u. ↑...ität⟩: Wunsch od. Wille, andere Personen für eigene moralische Unzulänglichkeit od. eigene Schuld büßen zu lassen (Sozialpsychol.)

ex|tra|py|ra|mi|dal ⟨zu ↑extra... u. ↑pyramidal⟩: außerhalb der Pyramidenbahn (vgl. Pyramide 5) des Nervensystems gelegen (Med.); -es Syndrom: durch Störungen des Muskeltonus u. der Bewegungsabläufe gekennzeichneter Komplex von krankhaften Veränderungen im extrapyramidalen System; -es System: im Mittel- u. Zwischenhirn gelegener Nervenkomplex, der die unwillkürlichen Körperbewegungen u. den Muskeltonus steuert

Ex|tra|sen|so|ry per|cep|tion [ɛkstrə'sɛnsərɪ pə'sɛpʃn] *die;* - - ⟨aus gleichbed. *engl.* extra-sensory perception⟩: außersinnliche Wahrnehmung (als Begriff der Parapsychologie)

Ex|tra|sy|sto|le [auch ...'zystole] *die;* -, -n ⟨zu ↑extra... u. ↑Systole⟩: auf einen ungewöhnlichen Reiz hin erfolgende vorzeitige Zusammenziehung des Herzens innerhalb der normalen Herzschlagfolge (Med.). **Ex|tra|sy|sto|lie** *die;* -, ...ien ⟨zu ↑²...ie⟩: Form einer Herzrhythmusstörung, die durch vorzeitig einsetzende Erregungsbildung im Herzen zu gehäuften Extrasystolen führt (Med.)

Ex|tra|ta|ra *die;* -, ...ren ⟨zu ↑extra... u. ↑Tara⟩: für längere Transportdauer erforderliche Zusatzverpackung, z. B. beim Seetransport

ex|tra|ten|siv ⟨zu ↑extra..., *lat.* tensus, Part. Perf. von tendere „spannen, ausdehnen", u. ↑...iv⟩: 1. nach außen wirkend. 2. sozial anpassungsfähig

Ex|tra|ter|re|strik *die;* - ⟨zu ↑extraterrestrisch u. ↑²...ik (1)⟩: Fachgebiet der Physik, das die physik. Vorgänge u. Gegebenheiten untersucht, die sich außerhalb der Erde u. ihrer Atmosphäre abspielen. **ex|tra|ter|re|strisch** ⟨zu ↑extra... u. ↑terrestrisch⟩: außerhalb der Erde (einschließlich ihrer Atmosphäre) gelegen (Astron., Phys.)

Ex|tra|tour *die;* -, -en ⟨zu ↑extra... u. ↑Tour⟩: (ugs.) eigenwilliges u. eigensinniges Verhalten od. Vorgehen innerhalb einer Gruppe

ex|tra|ute|rin ⟨zu ↑extra... u. ↑uterin⟩: außerhalb der Gebärmutter (Med.). **Ex|tra|ute|rin|gra|vi|di|tät** [...v...] *die;* -, -en: Schwangerschaft, bei der sich der Keim außerhalb der Gebärmutter entwickelt (Med.)

ex|tra|va|gant [...v...], auch 'ɛkstra...] ⟨aus *fr.* extravagant „ab-, ausschweifend", dies aus *mlat.* extravagans, Gen. extravagantis, Part. Präs. von extravagari „unstet sein", eigtl. „ausschweifen"; vgl. Vagant⟩: 1. a) ausgefallenen Geschmack habend, zeigend; b) von ungewöhnlichem u. ausgefallenem Geschmack zeugend u. dadurch auffallend. 2. überspannt, verstiegen, übertrieben. **Ex|tra|va|gan|ten** *die* (Plur.) ⟨aus *mlat.* extravagantes „ausschweifende (Bestandteile)"⟩: dem ↑Corpus Iuris Canonici beigefügte Sammlung päpstlicher ↑Dekretalen. **Ex|tra|va|ganz** [auch 'ɛkstra...] *die;* -, -en ⟨nach gleichbed. *fr.* extravagance⟩: 1. etwas, was aus dem Rahmen des Üblichen herausfällt; ausgefallenes Verhalten, Tun. 2. (ohne Plur.) Ausgefallenheit. 3. Überspanntheit, Verstiegenheit. **ex|tra|va|gie|ren** ⟨aus *mlat.* extravagari „unstet sein"⟩: (veraltet) überspannt handeln

ex|tra|va|sal [...v...] ⟨zu ↑extra... u. ↑vasal⟩: außerhalb der Blutgefäße gelegen od. erfolgend (Med.). **Ex|tra|va|sat** *das;* -[e]s, -e ⟨zu ↑...at (1)⟩: aus einem Gefäß ins Gewebe ausgetretene Flüssigkeit wie Blut od. Lymphe (Med.). **Ex|tra|va|sa|ti|on** *die;* -, -en ⟨zu ↑¹...ion⟩: Blut- od. Lympherguß in das Zellgewebe (Med.). **ex|tra|va|sie|ren** ⟨zu ↑...ieren⟩: aus einem verletzten Gefäß austreten (von Blut od. Lymphe; Med.)

Ex|tra|ver|si|on [...v...] *die;* -, -en ⟨Analogiebildung zu ↑Introversion zu ↑extra... u. *lat.* vertere „drehen, wenden"⟩: seelische Einstellung, die durch Konzentration der Interessen auf äußere Objekte gekennzeichnet ist; Ggs. ↑Introversion. **ex|tra|ver|tiert** ⟨zu ↑...iert⟩: nach außen gerichtet, für äußere Einflüsse leicht empfänglich; Ggs. ↑introvertiert (Psychol.)

ex|tra|ve|si|kal [...v...] ⟨zu ↑extra...u. ↑vesikal⟩: außerhalb der Harnblase

ex|tra|zel|lu|lär ⟨zu ↑extra... u. ↑zellulär⟩: außerhalb der Zelle (Med.)

ex|trem ⟨aus *lat.* extremus „der äußerste", Superlativ von exter „außen befindlich"; vgl. Exterieur⟩: 1. äußerst [hoch, niedrig]; ungewöhnlich. 2. radikal; -er Wert: a) Hoch- od. Tiefpunkt einer Funktion od. einer Kurve; b) größter od. kleinster Wert einer Meßreihe. **Ex|trem** *das;* -s, -e ⟨aus *lat.* extremum „das Äußerste"⟩: 1. höchster Grad, äußerster Standpunkt. 2. Übertreibung. **ex|tre|mal** ⟨zu ↑¹...al (1)⟩: einen Extremwert annehmend od. betreffend (Math.). **Ex|tre|ma|le** *die;* -, -n ⟨zu ↑...ale⟩: Funktion, für die ein Integral ein ↑Maximum od. ↑Minimum annimmt (Math.). **Ex|trem|bio|top** *der* od. *das;* -s, -e: außergewöhnlicher Lebensraum von Pflanzen u. Tieren. **ex|tre|mi|sie|ren** ⟨zu ↑...isieren⟩: zu einer extremen Haltung bringen, gelangen, lassen, ins Extrem treiben. **Ex|tre|mi|sie|rung** *die;* - ⟨zu ↑...isierung⟩: die Neigung, Gedanken u. Taten bis zum Äußersten zu treiben. **Ex|tre|mis|mus** *der;* -, ...men ⟨zu ↑...ismus (5)⟩: 1. (ohne Plur.) extreme, radikale [politische] Haltung od. Richtung. 2. einzelne radikale Handlung. **Ex|tre|mist** *der;* -en, -en ⟨zu ↑...ist⟩: radikal eingestellter Mensch. **Ex|tre|mi|stin** *die;* -, -nen: weibliche Form zu ↑Extremist. **ex|tre|mi|stisch** ⟨zu ↑...istisch⟩: eine extreme, radikale [politische] Einstellung zeigend; den Extremismus verfechtend. **Ex|tre|mi|tät** *die;* -, -en ⟨aus gleichbed. *lat.* extremitas, Gen. extremitatis; vgl. extrem⟩: 1. äußerste Begrenzung, äußerstes Ende. 2. (ohne Plur.) das Extremsein, z. B. eine Idee od. eines Planes. **Ex|tre|mi|tä|ten** *die* (Plur.): Gliedmaßen (Med.). **Ex|trem|ther|mo|me|ter** *das;* -s, - ⟨zu ↑Extrem⟩: Thermometer, an dem Höchst- u. Tiefstwerte (eines bestimmten Zeitraums) abgelesen werden können. **Ex|tre|mum** *das;* -s, ...ma ⟨aus *lat.* extremum „das Äußerste"⟩: svw. Extremwert. **Ex|trem|wert** *der;* -[e]s, -e ⟨zu ↑Extrem⟩: a) höchster od. tiefster Wert einer Funktion od. einer Kurve; b) größter od. kleinster Wert einer Meßreihe

ex|trin|sisch ⟨nach gleichbed. *engl.* extrinsic, dies aus *lat.* extrinsecus „von außen"⟩: von außen her [angeregt], nicht aus eigenem inneren Anlaß erfolgend, sondern auf Grund äußerer Antriebe; Ggs. ↑intrinsisch (Psychol.); -e Motivation: durch äußere Zwänge, Strafen verursachte ↑Motivation (1); Ggs. ↑intrinsische Motivation

Ex|tro|phie *die;* -, ...ien ⟨zu ↑²ex..., *gr.* strophein „drehen, wenden" u. ↑²...ie⟩: svw. Ektopie

ex|trors ⟨aus gleichbed. *(n)lat.* extrorsus⟩: nach außen gewendet (in bezug auf die Stellung der Staubbeutel zur Blütenachse; Bot.); Ggs. ↑intrors

ex|tro|spek|tiv ⟨zu ↑extra... (in Anlehnung an ↑intro...) u. *lat.* spicere „sehen"⟩: auf Fremdbeobachtung beruhend; Fremdbeobachtung durchführend (Psychol.). **ex|tro|ver|tiert** [...v...] vgl. extravertiert

Extrudat

Ex|tru|dat *das;* -[e]s, -e ⟨zu *lat.* extrudere (vgl. extrudieren) u. ↑...at (1)⟩: durch einen Extruder hergestelltes Formstück (Techn.). **Ex|tru|der** *der;* -s, - ⟨aus gleichbed. *engl.* extruder zu to extrude, vgl. extrudieren⟩: Maschine zur Herstellung von Formstücken (Rohre, Drähte, Bänder usw.) aus ↑ thermoplastischem Material, das im formbaren Zustand durch Düsen gepreßt wird (Techn.). **ex|tru|die|ren** ⟨über *engl.* to extrude „ausstoßen, herauspressen" aus gleichbed. *lat.* extrudere⟩: Formstücke aus ↑ thermoplastischem Material mit dem Extruder herstellen (Techn.). **Ex|tru|si|on** *die;* -, -en ⟨aus gleichbed. *nlat.* extrusio zu *lat.* extrusus, Part. Perf. von extrudere „ausstoßen"⟩: 1. Ausfluß von Lava u. Auswurf von Lockermaterial an Vulkanen (Geol.). 2. das Überstehen eines Zahnes über die Bißebene (Zahnmed.). **ex|tru|siv** ⟨zu ↑...iv⟩: an der Erdoberfläche erstarrt (von Gesteinen; Geol.). **Ex|tru|siv|ge|stein** *das;* -s: an der Erdoberfläche erstarrtes Ergußgestein (Geol.)
ex|tu|be|rie|ren ⟨aus *lat.* extuberare „emporwölben"⟩: (veraltet) anschwellen, dick werden
Ex|tu|mes|zenz *die;* -, -en ⟨aus gleichbed. *nlat.* extumescentia zu *lat.* extumescere, vgl. extumeszieren⟩: (veraltet) Geschwulst. **ex|tu|mes|zie|ren** ⟨aus gleichbed. *lat.* extumescere⟩: (veraltet) aufschwellen
ex tunc ⟨*lat.;* „von damals an"⟩: Zeitpunkt für den Eintritt der Rückwirkung einer Bestimmung od. Vereinbarung; vgl. ex nunc
ex|ube|rans ⟨aus *lat.* exuberans, Gen. exuberantis, Part. Präs. von exuberare „reichlich, hervorkommen, überströmen"⟩: stark wuchernd (Med.). **ex|ube|rant** ⟨zu ↑...ant⟩: (veraltet) überschwenglich, üppig. **Ex|ube|ranz** *die;* -, -en ⟨aus *lat.* exuberantia „Überfluß"⟩: (veraltet) Üppigkeit, Überfluß, Überschwenglichkeit
Ex|ude|nis|mus *der;* - ⟨über *nlat.* exudenismus aus *gr.* exoudenismós „Verachtung", dies zu exoudenízein „für nichts halten"⟩: (veraltet) spöttische Widerlegung od. geringschätzige Übergehung der Gründe des Gegners
Ex|ulant *der;* -en, -en ⟨aus *lat.* ex(s)ulans, Gen. ex(s)ulantis, Part. Präs. von ex(s)ulare, vgl. exulieren⟩: (veraltet) Verbannter, Vertriebener, bes. Bez. der um ihres Glaubens willen vertriebenen Böhmen (17. Jh.) u. Salzburger (18. Jh.). **ex|ulie|ren** ⟨aus *lat.* ex(s)ulare „verbannt sein"⟩: (veraltet) in der Verbannung leben
Ex|ul|ze|ra|ti|on *die;* -, -en ⟨aus *lat.* exulceratio „Vereiterung" zu exulcerare, vgl. exulzerieren⟩: Geschwürbildung (Med.). **ex|ul|ze|rie|ren** ⟨aus *lat.* exulcerare „wundmachen; verschlimmern", zu ulcus, Gen. ulceris „Geschwür"⟩: sich geschwürartig verändern (Med.)
Ex|um|brel|la *die;* - ...llen ⟨zu ↑ ¹ex... u. *lat.* umbrella „(Sonnen)schirm, Schattendach"⟩: Außenwand des Schirms der ↑ Medusen (Biol.)
Ex|un|da|ti|on *die;* -, -en ⟨aus gleichbed. *lat.* exundatio zu exundare, vgl. exundieren⟩: (veraltet) Überschwemmung. **ex|un|die|ren** ⟨aus gleichbed. *lat.* exundare zu ↑ ¹ex... u. undare „wallen, wogen", dies zu unda „Welle, Strom"⟩: (veraltet) über die Ufer treten
ex un|gue leo|nem [- 'oŋguǝ -] ⟨*lat.;* „den Löwen nach der Klaue (malen)"⟩: aus einem Glied od. Teil auf die ganze Gestalt, auf das Ganze schließen
Ex|user ['ɛksjuːsɐ] *der;* -s, - ⟨zu ↑ ¹ex... u. ↑ User; vgl. ex usu⟩: jmd., der aufgehört hat, Rauschgift zu nehmen. **ex usu** ⟨*lat.;* „aus dem Gebrauch heraus"⟩: aus der Erfahrung, durch Übung, nach dem Brauch
Ex|uto|ri|um *das;* -s, Plur. ...torien [...jǝn] u. ...toria ⟨aus gleichbed. *nlat.* exutorium zu *lat.* exutus, Part. Perf. von exuere „hervorziehen"; vgl. ...or u. ...ium⟩: Zugmittel,

Hautreizmittel (Med.). **Ex|uvie** [...viǝ] *die;* -, -n ⟨aus *lat.* exuviae (Plur.) „abgelegte Haut, Hülle" zu exuere „abnehmen; ablegen"⟩: 1. tierische Körperhülle, die beim Wachstumsprozeß von Zeit zu Zeit abgestreift wird (z. B. Schlangenhaut). 2. als Reliquie aufbewahrtes Gewand (eines Heiligen). **Ex|uvi|en** [...jǝn] *die* (Plur.) ⟨aus gleichbed. *lat.* exuviae (Plur.)⟩: (veraltet) Siegesbeute
ex vo|to [- 'vo:to] ⟨*lat.*⟩: auf Grund eines Gelübdes (Inschrift auf ↑ Votivgaben). **Ex|vo|to** *das;* -s, Plur. -s od. Exvoten: Weihegabe, Votivbild od. -tafel
ex work [- 'wǝ:k] ⟨*engl.;* zu *lat.* ex „aus, von – her" u. *engl.* work „Arbeit; Betrieb"⟩: ab Werk (als Vertragsformel; Wirtsch.)
Ex|ze|dent *der;* -en, -en ⟨aus *lat.* exzedens, Gen. excedentis, Part. Präs. von excedere, vgl. exzedieren⟩: 1. (veraltet) Übeltäter, Unfugstifter. 2. über eine selbstgewählte Versicherungssumme hinausgehender Betrag (Versicherungswesen). **Ex|ze|den|ten|ver|trag** *der;* -s, ...verträge: Vertrag, in dem der Erstversicherer den Rückversicherer nur an einzelnen, über ein gewisses Maß hinausgehenden Objekten beteiligt (Versicherungswesen). **ex|ze|die|ren** ⟨aus *lat.* excedere „herausgehen, überschreiten"⟩: (veraltet) a) Unfug stiften; b) ausschweifen, übertreiben
ex|zel|lent ⟨über gleichbed. *fr.* excellent aus *lat.* excellens, Gen. excellentis, Part. Präs. von excellere, vgl. exzellieren⟩: hervorragend, ausgezeichnet, vortrefflich. **Ex|zel|lenz** *die;* -, -en ⟨über gleichbed. *fr.* excellence, eigtl. „Vortrefflichkeit, Erhabenheit", aus *lat.* excellentia „Vortrefflichkeit"⟩: 1. Anrede im diplomatischen Verkehr. 2. Titel von Ministern u. hohen Beamten; Abk.: Exz. **ex|zel|lie|ren** ⟨aus gleichbed. *lat.* excellere⟩: hervorragen, glänzen. **ex|zel|si|or!** ⟨aus *lat.* excelsior „höher", Komparativ von excelsus „hochragend"⟩: höher hinauf! **Ex|zel|si|or|marsch** *der;* -es, ...märsche: Vorrücken eines Bauern vom Ausgangs- zum Umwandlungsfeld (Kunstschach)
Ex|zen|ter *der;* -s, - ⟨rückgebildet aus ↑ exzentrisch (2)⟩: auf einer Welle angebrachte Steuerungsscheibe, deren Mittelpunkt exzentrisch, d. h. außerhalb der Wellenachse liegt (Techn.). **Ex|zen|ter|pres|se** *die;* -, -n: Werkzeugmaschine, bes. zum Stanzen u. Pressen von Blechen, Kunststoffen usw., bei der die Auf- u. Abwärtsbewegung durch einen auf der Antriebswelle sitzenden Exzenter erzeugt wird. **Exzen|ter|theo|rie** *die;* -: eine Theorie der vorkeplerschen Astronomie zur Deutung der ungleichförmigen Bewegungen der Sonne u. der Planeten innerhalb der ↑ siderischen Periode mittels gleichförmiger Kreisbewegungen. **Ex|zen|trik** *die;* - ⟨zu ↑ exzentrisch u. ↑ ²...ik (3)⟩: 1. von üblichen Verhaltensweisen abweichendes, überspanntes Benehmen. 2. mit stark übertriebener Komik dargebotene ↑ Artistik. **Ex|zen|tri|ker** *der;* -s, -: 1. überspannter, verschrobener Mensch. 2. Artist in der Rolle eines Clowns. **Ex|zen|tri|ke|rin** *die;* -, -nen: weibliche Form zu ↑ Exzentriker. **ex|zen|trisch** ⟨aus *nlat.* excentricus „außerhalb des Mittelpunktes" zu gleichbed. *spätlat.* eccentros aus *gr.* ékkentros; vgl. Zentrum⟩: 1. überspannt, verschroben. 2. außerhalb des Mittelpunktes liegend. **Ex|zen|tri|zi|tät** *die;* -, -en ⟨zu ↑...izität⟩: 1. das Abweichen, Abstand vom Mittelpunkt. 2. Überspanntheit
Ex|zep|ti|on *die;* -, -en ⟨aus gleichbed. *lat.* exceptio zu excipere, vgl. exzipieren⟩: (veraltet) 1. Ausnahme. 2. juristische Einrede; vgl. Exceptio. **ex|zep|tio|na|bel** ⟨zu ↑...abel⟩: (veraltet) strittig, Einwendungen unterworfen. **Ex|zep|tio|na|lis|mus** *der;* -,...men ⟨zu *nlat.* exceptionalis „die Ausnahme betreffend" u. ↑...ismus (1)⟩: 1. (ohne Plur.) Lehrmeinung, daß bestimmte Gesteine, Gebirge u.

a. durch außergewöhnliche, heute nicht mehr beobachtbare Prozesse gebildet worden sind (Geol.). 2. außergewöhnlicher Prozeß der Bildung bestimmter Gesteine, Gebirge u. a. **ex|zep|tio|nell** ⟨aus gleichbed. *fr.* exceptionnel zu exception „Ausnahme", dies aus *lat.* exceptio⟩: ausnahmsweise eintretend, außergewöhnlich. **ex|zep|tiv** ⟨aus gleichbed. *nlat.* exceptivus zu *lat.* exceptus, Part. Perf. von excipere, vgl. exzipieren⟩: (veraltet) ausschließend, ausnehmend. **Ex|zep|tiv|satz** *der;* -es, ...sätze: bedingender Gliedsatz, der eine Ausnahme ausdrückt (z. B. es sei denn) **ex|zer|pie|ren** ⟨aus gleichbed. *lat.* excerpere, eigtl. „herausklauben, auslesen"⟩: ein Exzerpt anfertigen. **Ex|zerpt** *das;* -[e]s, -e ⟨aus gleichbed. *lat.* excerptum⟩: schriftlicher, mit dem Text der Vorlage übereinstimmender Auszug aus einem Werk. **Ex|zerp|ti|on** *die;* -, -en ⟨aus *spätlat.* excerptio „Auszug, Auslese"⟩: 1. das Exzerpieren. 2. (selten) das Exzerpierte. **Ex|zerp|tor** *der;* -s, ...oren ⟨zu ↑...or⟩: jmd., der Exzerpte anfertigt
Ex|zeß *der;* ...zesses, ...zesse ⟨aus *lat.* excessus „das Abweichen, Herausgehen", eigtl. Part. Perf. von excedere „herausgehen"⟩: Ausschreitung; Ausschweifung; Maßlosigkeit. **ex|zes|siv** ⟨aus gleichbed. *nlat.* excessivus zu *lat.* excessus, vgl. Exzeß⟩: außerordentlich; das Maß überschreitend; ausschweifend; -es [...vəs] Klima: Landklima mit jährlichen Temperaturschwankungen über 40°C. **Ex|zes|siv** *der;* -s, -e [...və] ⟨aus *nlat.* (gradus) excessivus⟩: Steigerungsstufe, z. B. im Baskischen, zum Ausdruck des Übermaßes einer Eigenschaft (Sprachw.). **Ex|zes|siv|bil|dung** *die;* -, -en: extreme Ausbildung einzelner Organe od. Körperteile als Ausdruck günstiger Lebensbedingungen od. durch Überspezialisierung im Lauf der stammesgeschichtlichen Evolution (Biol.).
Ex|zi|dat *das;* -[e]s, -e ⟨aus *lat.* excidatum, Part. Perf. (Neutrum) von excidere, vgl. exzidieren⟩: aus einem Gewebe herausgeschnittenes Stück (Med.). **ex|zi|die|ren** ⟨aus *lat.* excidere „herausschneiden" zu ↑¹ex... u. caedere „(ab)hauen; schlachten, opfern"⟩: Gewebe (z. B. eine Geschwulst) aus dem Körper herausschneiden (Med.) **ex|zi|pie|ren** ⟨aus gleichbed. *lat.* excipere, eigtl. „herausnehmen"⟩: (veraltet) ausnehmen, als Ausnahme hinstellen **Ex|zi|si|on** *die;* -, -en ⟨aus *lat.* excisio „das Ausschneiden" zu excidere, vgl. exzidieren⟩: das Herausschneiden von Gewebe (z. B. einer Geschwulst; Med.). **Ex|zi|sur** *die;* -, -en ⟨aus gleichbed. *spätlat.* excisura⟩: (veraltet) Ausschnitt (an Kleidungsstücken)
ex|zi|ta|bel ⟨aus gleichbed. *nlat.* excitabilis zu *lat.* excitare, vgl. exzitieren⟩: reizbar, erregbar, nervös (Med., Psychol.). **Ex|zi|ta|bi|li|tät** *die;* - ⟨aus gleichbed. *nlat.* excitabilitas, Gen. excitabilitatis; vgl. ...ität⟩: Reizbarkeit, Erregbarkeit, Nervosität (Med., Psychol.). **Ex|zi|tans** *das;* -, Plur. ...tanzien [...iən] u. ...tantia ⟨aus *lat.* excitans, Gen. excitantis, Part. Präs. von excitare, vgl. exzitieren⟩: Herz, Kreislauf, Atmung od. Nerven anregendes, belebendes Arzneimittel (Med.). **Ex|zi|tan|ti|um** *das;* -s, ...tia ⟨zu ↑...ium⟩: svw. Exzitans. **Ex|zi|tat** *der;* -en ⟨aus *lat.* excitatus, substantiviertes Part. Perf. von excitare, vgl. exzitieren⟩: (veraltet) 1. aufgeregter Mensch. 2. zur Zahlung Aufgeforderter, Gemeinschuldner (Rechtsw.). **Ex|zi|ta|ti|on** *die;* -, -en ⟨aus *spätlat.* excitatio „Erregung, Ermunterung"⟩: Erregungszustand des Organismus (Med.). **ex|zi|ta|tiv** ⟨aus gleichbed. *nlat.* excitativus zu *lat.* excitatus, Part. Perf. von excitare, vgl. exzitieren⟩: erregend, anregend (von Arzneimitteln; Med.). **Ex|zi|ta|to|ri|um** *das;* -s, ...ien [...iən] ⟨aus gleichbed. *nlat.* excitatorium, substantiviertes Neutrum von *mlat.* excitatorius „ermahnend, ermunternd", dies zu *lat.* excitare, vgl. exzitieren⟩: (veraltet) schriftliche Aufforderung, amtliches Mahnschreiben. **ex|zi|tie|ren** ⟨aus *lat.* excitare „antreiben, erregen, ermuntern", eigtl. „heraustreiben"⟩: [durch Arzneimittel] anregen (Med.). **Ex|zi|ton** *das;* -s, ...onen ⟨zu ↑⁴...on⟩: Ladungsträgerpaar in Festkörpern, das durch optische Anregung gebildet wird u. nicht zur elektrischen Leitfähigkeit beiträgt (Phys.). **Ex|zi|tron** *das;* -s, -s ⟨zu ↑...tron⟩: Quecksilberdampfgleichrichter, dessen Kathode durch eine Erregerwicklung dauernd emissionsbereit gehalten wird (Phys.)
Eye|cat|cher [ˈaikɛtʃɐ, engl. ˈaikætʃə] *der;* -s, - ⟨aus gleichbed. *engl.* eye-catcher zu eye „Auge" u. to catch „fangen"⟩: Blickfang (z. B. in der Werbung). **Eye|li|ner** [ˈailainɐ] *der;* -s, -[s] ⟨aus gleichbed. *engl.* eye-liner, zu liner, vgl. Liner⟩: flüssiges Kosmetikum zum Ziehen eines Lidstriches. **Eye|stop|per** [...stopɐ] *der;* -s, - ⟨zu *engl.* to stop „anhalten"⟩: svw. Eyecatcher. **Eye-word** [ˈaiwəːd] *das;* -s, -s ⟨zu *engl.* word, eigtl. „Augenwort"⟩: Fremdwort mit schwieriger Aussprache u. Schreibung, das hauptsächlich in der geschriebenen Sprache vorkommt (Sprachw.); vgl. Hard word
Ey|rir [ˈairɪr] *der* od. *das;* -s, Aurar ⟨isländ.⟩: isländ. Währungseinheit
Ezan *der;* -s, -e ⟨aus gleichbed. *arab.* ezān⟩: Aufforderung zum Gebet durch den ↑ Muezzin (bei den Moslems)
Ez|zes, Eizes *die* (Plur.) ⟨zu *jidd.* ezo „Rat", dies aus gleichbed. *hebr.* ʿēṣâ⟩: (österr. ugs.) Tips, Ratschläge

fa ⟨*it.*⟩: Silbe, auf die man den Ton f singen kann; vgl. Solmisation

Fa|ba|ri|er [...i̯ər] *die* (Plur.) ⟨zu *lat.* faba „Bohne"⟩: ehemals scherzhafte Bez. für Sänger, die Bohnen aßen, um ihre Stimme rein zu erhalten, sogenannte Bohnenesser

Fa|ber *der;* -s, Fabri ⟨aus *lat.* faber „Handwerker, Künstler"⟩: (veraltet) a) Schmied; b) Holz- od. Steinbearbeiter

Fa|bia|nis|mus *der;* - ⟨aus gleichbed. *engl.* fabianism, dies zu ↑ Fabian Society; vgl. ...ismus (1)⟩: die von der Fabian Society vertretene Theorie zum Erreichen einer klassenlosen Gesellschaft u. sozialer Gleichheit auf evolutionärem Weg. **Fa|bi|an So|cie|ty** [ˈfeɪbjən səˈsaɪətɪ] *die;* - - ⟨*engl.*, „Fabier-Gesellschaft"; nach dem röm. Feldherrn Fabius Cunctator (d. h. der Zauderer), um 280–203 v. Chr.⟩: Vereinigung linksliberaler engl. Intellektueller, die Ende des 19. Jh.s durch friedliche soziale Reformarbeit eine klassenlose Gesellschaft u. soziale Gleichheit anstrebten. **Fa|bi|er** [ˈfaːbi̯ɐ] *der;* -s, - ⟨nach gleichbed. *engl.* Fabian⟩: Mitglied der Fabian Society

Fa|bis|mus *der;* - ⟨zu *lat.* faba „Bohne" u. ↑ ...ismus (3)⟩: Erkrankung nach dem Genuß von Saubohnen od. infolge Einatmung ihres Blütenstaubs (Med.)

Fa|bleau [faˈbloː] *das;* -, -x [faˈbloː] ⟨zu ↑ Fabliau⟩: svw. Fabliau. **Fa|ble con|ve|nue** [fabləkõvˈny] *die;* - -, -s -s [...ˈny] ⟨aus *fr.* fable convenue „verabredete Fabel"; vgl. Fabliau⟩: etwas Erfundenes, das man als wahr gelten läßt. **Fa|bli|au** [fabliˈjoː] *das;* -, -x [...ˈjoː] ⟨aus gleichbed. *fr.* fabliau, pikardische Form von *altfr.* fableau, zu *(alt)fr.* fable „Fabel", dies aus *lat.* fabula⟩: altfranz. Verserzählung mit komischem, vorwiegend erotischem Inhalt

Fa|bri *die* (Plur.) ⟨aus gleichbed. *lat.* fabri (Plur.), eigtl. „Handwerker"⟩: 1. Plur. von ↑ Faber. 2. mit einer heutigen Pioniereinheit vergleichbarer militärischer Verband im alten Rom. **Fa|brik** [...ˈriːk] *die;* -, -en ⟨über gleichbed. *fr.* fabrique aus *lat.* fabrica „Künstler-, Handwerksarbeit; Werkstätte" zu faber, vgl. Faber⟩: a) gewerblicher, mit Maschinen ausgerüsteter Produktionsbetrieb; b) Gebäude[komplex], in dem ein Industriebetrieb untergebracht ist; c) (ohne Plur.; ugs.) die Belegschaft eines Industriebetriebs. **...fa|brik**: Wortbildungselement mit der Bedeutung „Ort, Einrichtung, wo etwas serienmäßig in großen Mengen hergestellt wird (was eigentlich individuelle Gestaltung verlangt)", z. B. Buchfabrik. **Fa|bri|kant** *der;* -en, -en ⟨nach gleichbed. *fr.* fabricant⟩: a) Besitzer einer Fabrik; b) Hersteller einer Ware. **Fa|bri|kat** *das;* -[e]s, -e ⟨aus gleichbed. *lat.* fabricatus, Part. Perf. von fabricare, vgl. fabrizieren⟩: 1. fabrikmäßig hergestelltes Erzeugnis der Industrie. 2. bestimmte Ausführung eines Fabrikats (1), Marke. **Fa|bri|ka|ti|on** *die;* -, -en ⟨über *fr.* fabrication aus *lat.* fabricatio „das Verfertigen, Bauen; Herstellung"⟩: Herstellung von Gütern in einer Fabrik. **Fa|bri|ka|ti|ons|feh|ler** *der;* -s, -: Fehler an einem Produkt, der während der Herstellung entstanden ist. **Fa|bri|ka|ti|ons|me|tho|de** *die;* -, -n: Herstellungsmethode, Produktionsverfahren. **Fa|bri|ka|ti|ons|pro|gramm** *das;* -s, -e: zeitlich geordnete Zusammenstellung vorliegender Fertigungsaufträge innerhalb eines bestimmten Zeitabschnittes. **fa|bri|ka|to|risch** ⟨aus *lat.* fabricatorius⟩: herstellungsmäßig. **fa|brik|neu** ⟨zu ↑ Fabrik⟩: ungebraucht, nach der Herstellung noch nicht genutzt. **Fa|brik|schiff** *das;* -[e]s, -e: Schiff für den Fischfang, auf dem die Fische gleich nach dem Fang verarbeitet werden. **fa|bri|zie|ren** ⟨teilweise unter Einfluß von gleichbed. *fr.* fabriquer aus *lat.* fabricare „verfertigen, bauen, herstellen"⟩: 1. (ugs. scherzhaft od. abwertend) a) etwas zusammenbasteln; b) etwas anstellen, anrichten. 2. (veraltet) serienmäßig in einer Fabrik herstellen

Fa|bu|la *die;* -, Plur. ...lae [...lɛ] u. ...len ⟨aus *lat.* fabula „Gespräch, Erzählung; Schauspiel", dies zu idg. *bha „sprechen"⟩: a) Erzählung, Sage, Fabel; b) Schauspiel im antiken Rom. **fa|bu|la do|cet** [- ...tsɛt] ⟨*lat.;* „die Fabel lehrt"⟩: die Moral von der Geschichte ist..., diese Lehre soll man aus der Geschichte ziehen. **Fa|bu|lant** *der;* -en, -en ⟨aus *lat.* fabulans, Gen. fabulantis, Part. Präs. von fabulari, vgl. fabulieren⟩: a) Erfinder od. Erzähler von Fabeln, von phantastisch ausgeschmückten Geschichten; b) Schwätzer; Schwindler. **fa|bu|lie|ren** ⟨aus *lat.* fabulari „reden, plaudern, schwatzen" zu fabula, vgl. Fabula⟩: a) phantastische Geschichten erzählen; b) munter drauflosplaudern; schwätzen; c) schwindeln. **Fa|bu|lie|rer** *der;* -s, -: jmd., der zu fabulieren versteht. **Fa|bu|list** *der;* -en, -en ⟨zu ↑ ...ist⟩: (veraltet) Fabeldichter. **Fa|bu|lös** ⟨über gleichbed. *fr.* fabuleux aus *lat.* fabulosus „zur Sage gehörend, märchenhaft"⟩: (ugs. scherzh.) 1. märchenhaft. 2. unwirklich, unwahrscheinlich

Fa|bur|den [ˈfæbədn] *der;* -s, -s ⟨aus gleichbed. älter *engl.* faburdoun, dies aus älter *fr.* faux-bourdon, vgl. Fauxbourdon⟩: improvisierte Unterstimme in der engl. mehrstimmigen Musik des 15. u. 16. Jh.s (Mus.)

fac [fak] ⟨*lat.;* „mach(e)!", Imperativ Sing. von facere „machen, tun"⟩: Anweisung auf Rezepten. **Face** [faːs] *die;* -, -n [ˈfaːsn̩] ⟨aus gleichbed. *fr.* face, dies über *vulgärlat.* facia aus *lat.* facies „Gesicht, Gestalt"⟩: (veraltet) 1. Gesicht, Vorderseite; b) en face. 2. svw. Avers. **Face|lif|ting** [ˈfeɪslɪftɪŋ] *das;* -s, -s ⟨aus gleichbed. *engl.-amerik.* face-lift(ing) zu *engl.* lifting, vgl. Lifting⟩: 1. Gesichtsoperation, bei der altersbedingte Hautfalten durch Herausschneiden von Hautstreifen operativ beseitigt werden. 2. Veränderung meist äußerlicher Merkmale bei von Produkten, um den Absatz mit relativ geringem Mehraufwand zu erhöhen, wenn der Umsatz in die Sättigungsphase getreten ist. **Fa|cet|te** [faˈsɛtə] *die;* -, -n ⟨aus gleichbed. *fr.* facette, Verkleinerungsform von face, vgl. Face⟩: 1. kleine eckige Fläche, die durch das Schleifen eines Edelsteins od. eines Körpers aus Glas od. Metall entsteht. 2. abgeschrägte Kante an ↑ Klischees (1) u. Ätzungen (Druckw.). 3. Verblendteil bei Zahnersatz (z. B. bei einer Brücke). 4. Bestandteil des Facettenauges (Zool.). **Fa|cęt|ten|au|ge** *das;* -s, -n: Sehorgan der Insekten u. anderer Gliederfüßer, das aus zahlreichen Einzelaugen zusammengesetzt ist (Zool.). **Fa|cęt|ten|klas|si|fi|ka|ti|on** *die;* -: analytisch-synthetische Methode der Klassifikation, z. B. zur sachlichen Erschließung des Inhalts von Büchern u. sonstigen Dokumenten. **fa|cet|tie|ren** ⟨aus gleichbed. *fr.* facetter⟩: mit Facetten versehen

Fa|che|rie [faʃ(ə)'riː] *die;* -, …ien ⟨aus gleichbed. *fr.* fâcherie zu fâcher, vgl. fachieren⟩: (veraltet) a) (ohne Plur.) Ärger, Verdruß; b) Ärgernis. **fa|cheux** [fa'ʃøː] ⟨aus gleichbed. *fr.* fâcheux⟩: (veraltet) ärgerlich, verdrießlich

Fạch|idi|ot *der;* -en, -en ⟨zu ↑ Idiot⟩: (abwertend) Wissenschaftler, der sich nur mit seinem Fachgebiet befaßt u. sich mit Problemen u. Fragen aus anderen Bereichen nicht auseinandersetzt

fa|chie|ren [fa'ʃiː…] ⟨aus gleichbed. *fr.* fâcher, weitere Herkunft unsicher⟩: (veraltet) ärgern, erzürnen, verdrießen

Fa|cia|lis […ts…] vgl. Fazialis. **Fa|ci|es** ['faːtsiɛs] *die;* -, - […eːs] ⟨aus *lat.* facies „Gestalt, Gesicht; Aussehen, Erscheinung"⟩: 1. a) Gesicht; b) Außenfläche an Organen u. Knochen; c) ein für bestimmte Krankheiten typischer Gesichtsausdruck (Med.); - abdominalis: verfallener Gesichtsausdruck bei Kranken mit schweren Bauchfellentzündungen; - gastrica […ka]: Gesichtsausdruck Magenleidender mit tiefer Nasen-Lippen-Falte; - hippocratica […k…ka]: ängstlicher, verfallener Gesichtsausdruck bei Sterbenden; - leonina ⟨…, „Löwengesicht"⟩: das entstellte Gesicht mancher Leprakranker. 2. svw. Fazies (2)

fa|cile [fa'sil] ⟨*fr.;* aus *lat.* facilis⟩: leicht, ungezwungen (Vortragsanweisung; Mus.)

facio, ut des ['faːtsi̯o – 'deːs] ⟨*lat.*⟩: (röm. Rechtsspr.) ich tue, damit du gebest. **facio, ut facias** [– – 'faːtsi̯as] ⟨*lat.*⟩: (röm. Rechtsspr.) ich tue, damit du tuest

Fa|çon [fa'sõː] vgl. Fasson. **Fa|çon de par|ler** [fasõdpar'le] *die;* - - -, -s - - [fasõd…] ⟨aus *fr.* façon de parler „Redensart" zu façon (vgl. Fasson) u. parler (vgl. parlieren)⟩: (veraltet) a) bestimmte Art zu reden; b) bloße Redensart, leere Worte. **Fa|çon|né** [fasɔ'neː] *der;* -[s], -s ⟨aus gleichbed. *fr.* façonné, substantiviertes Part. Perf. von façonner, vgl. façonnieren⟩: modisches Gewebe mit kleiner Musterung, die durch verschiedene Bindung zustande kommt. **Fa|çon|nier** […'ni̯eː] *der;* -s, -s ⟨aus gleichbed. *fr.* façonnier⟩: (veraltet) jmd., der überhöflich Komplimente macht. **fa|çon|nie|ren** ⟨aus gleichbed. *fr.* façonner zu façon, vgl. Fasson⟩: (veraltet) bearbeiten, gestalten, formen. **fa|çon|niert** ⟨zu ↑ …iert⟩: (veraltet) gemustert, geblümt

Fact [fækt] *der;* -s, -s (meist Plur.) ⟨aus gleichbed. *engl.* fact, dies aus *lat.* factum, vgl. Faktum⟩: Tatsache, Tatsachenmaterial. **Fac|tion-Pro|sa** ['fækʃən…] *die;* - ⟨zu *engl.* faction „Partei(nahme)" mit Anlehnung an fact, vgl. Fact⟩: amerik. Dokumentarliteratur (seit Mitte der 60er Jahre). **Fac|to|ring** ['fæktərɪŋ] *das;* -s ⟨aus gleichbed. *engl.-amerik.* factoring zu *engl.* factor „Agent, Vertreter", dies über *fr.* facteur „Hersteller, Agent" aus *lat.* factor (vgl. Faktor) zu facere „machen, tun"⟩: aus den USA stammende Methode der Absatzfinanzierung, bei der die Lieferfirma ihre Forderungen aus Warenlieferungen einem Finanzierungsinstitut verkauft, das meist auch das volle Kreditrisiko übernimmt (Wirtsch.). **Fac|tu|re** [fak'tyːrə] *die;* -, -n ⟨aus *fr.* facture, eigtl. „Ausarbeitung", dies aus *mlat.* factura „Bau(art)"; vgl. ²Faktur⟩: svw. Faktur (2 b). **Fa|cul|tas do|cen|di** […'kʊl… do'tsɛndi] ⟨aus *lat.* facultas docendi „die Fähigkeit zu lehren" zu facultas (vgl. Fakultas) u. docendi, Gerundium von docere „lehren"⟩: a) Lehrauftrag an einer höheren Schule im Angestelltenverhältnis; b) (veraltet) Lehrbefähigung

Fa|dai|se [fa'dɛːzə] *die;* -, -n ⟨aus gleichbed. *fr.* fadaise, dies aus *provenzal.* fadeza „Dummheit" zu fat „einfältig, dumm, töricht", dies aus *lat.* fatuus⟩: (veraltet) Albernheit, Geschmacklosigkeit

Fạd|da *die;* -, -s (aber: 5 -) ⟨aus *arab.* fidda „Silber"⟩: alte ägyptische Silbermünze

Fa|den|mo|le|kül *das;* -s, -e ⟨zu ↑ Molekül⟩: ein langgestrecktes ↑ Makromolekül

Fader ['feɪdə] *der;* -s, - ⟨zu *engl.* to fade, vgl. Fading⟩: Zusatzeinrichtung an CD-Playern, mit der man Musiktitel stufenlos ein- bzw. ausblenden kann

Fa|desse [fa'dɛs] *die;* - ⟨französierende Bildung zu *fr.* fade, vgl. fadisieren⟩: (österr. ugs.) langweilige Art. **Fa|deur** [fa'døːɐ̯] *die;* - ⟨aus gleichbed. *fr.* fadeur⟩: svw. Fadaise

Fade-out [feɪd'aʊt] *das;* - ⟨Substantivierung von gleichbed. *engl.* to fade out „ausblenden"; vgl. Fading⟩: das Ausblenden von Musiktiteln der Unterhaltungsmusik. **Fa|ding** ['feɪdɪŋ] *das;* -s, -s (Plur. selten) ⟨aus gleichbed. *engl.* fading zu to fade „verblassen, schwinden"⟩: 1. das An- u. Abschwellen der Empfangsfeldstärke elektromagnetischer Wellen (Schwund; Elektrot.). 2. das Nachlassen der Bremswirkung bei Kraftfahrzeugen infolge Erhitzung der Bremsen. **Fa|ding-out** ['feɪdɪŋ'aʊt] *das;* - ⟨aus *engl.* fading out; vgl. Fade-out⟩: gezieltes, schrittweises Absetzen von zunächst für notwendig erachteten Hilfsmaßnahmen durch den Psychotherapeuten, um das erwünschte Verhalten von diesen Maßnahmen unabhängig zu machen (Psychol.)

fa|di|sie|ren ⟨zu *fr.* fade „schal, abgeschmackt, reizlos" (dies über *galloroman.* *fatidus aus *lat.* fatuus „dumm, töricht") u. ↑ …isieren⟩: (österr. ugs.) sich langweilen

Fa|do [port. 'faðu] *der;* -[s], -s ⟨aus *port.* fado „Geschick, Verhängnis"⟩: traurig gestimmtes, gitarrebegleitetes zweiteiliges port. Lied

Fae|ces ['fɛːtseːs] vgl. Fäzes

Fa|en|za|ma|jo|li|ka *die;* -, …ken (meist Plur.) ⟨nach der ital. Stadt Faenza u. zu ↑ Majolika⟩: besonders behandelte Tonware; vgl. Fayence

Fa|ga|ra|sei|de *die;* - ⟨Herkunft ungeklärt; vielleicht zu *arab.* fağār „eine Baumart"⟩: eine Wildseide

Fa|go|py|ris|mus *der;* -, …men ⟨zu *nlat.* fagopyrum „Buchweizen" (dies zu *lat.* fagus „Buche" u. *gr.* pyrós „Weizen") u. ↑ …ismus (3)⟩: Vergiftung durch den Genuß von Buchweizen (Med.)

Fa|go|tail|le […'ta(l)jə] *die;* -, -n ⟨aus gleichbed. *fr.* fagotaille zu fagot „Reisigbündel; Bund, Bündel", weitere Herkunft unsicher⟩: (veraltet) Befestigung, Einfassung eines Weges, eines Dammes mit Reisigbündeln, ↑ Faschinen. **Fa|gott** *das;* -[e]s, -e ⟨aus gleichbed. *it.* fagotto, weitere Herkunft unsicher⟩: Holzblasinstrument in tiefer Tonlage mit U-förmig geknickter Röhre u. Doppelrohrblatt. **Fa|got|tịst** *der;* -en, -en ⟨zu ↑ …ist⟩: Fagottbläser, -spieler

Fai|ble ['fɛːbl] *das;* -s, -s ⟨aus gleichbed. *fr.* faible, eigtl. „Schwäche, schwache Stelle", zu faible „schwach", dies aus *lat.* flebilis „beweinenswert, kläglich" zu flere „weinen"⟩: Vorliebe, Neigung. **fai|blie|ren** [fɛ…] ⟨aus gleichbed. *fr.* faiblir⟩: (veraltet) schwach werden, nachlassen

Fail|le [faːj, 'faljə] *die;* - ⟨aus *fr.* faille „grober schwarzer Seidenstoff", weitere Herkunft unsicher⟩: Seidengewebe mit feinen Querrippen (Ripsseide)

Fail|li [fa'ji] *das;* -s, -s ⟨aus gleichbed. *fr.* failli, eigtl. Part. Perf. von faillir „sich versehen; einen Fehltritt tun", dies über *vulgärlat.* *fallire zu *lat.* fallere „eine Leistung nicht

faillible

erfüllen; enttäuschen"): Figur, bei der sich das Spielbein von der offenen zur geschlossenen u. wieder zur offenen Position bewegt (Ballett). **fail|lible** [fa'jiːbl] ‹aus gleichbed. *fr.* faillible›: (veraltet) fehlbar, sich irrend. **fail|lie|ren** [faˈjiː...] ‹aus gleichbed. *fr.* faillir›: svw. fallieren

Fai|né|ant [feneˈãː] *der;* -s, -s ‹aus gleichbed. *fr.* fainéant zu faire „machen, tun" u. néant „nichts"›: (veraltet) Müßiggänger, Faulpelz, Nichtsnutz. **fai|né|an|tie|ren** [feneanˈtiː...] ‹aus gleichbed. *fr.* fainéanter›: (veraltet) faulenzen

fair [fɛːɐ̯] ‹aus gleichbed. *engl.* fair, eigtl. „schön", dies aus *altengl.* fæger; vgl. *altnord.* fagr „geeignet, passend"›: a) anständig, ehrlich, gerecht; b) den [Spiel]regeln entsprechend, sie beachtend, kameradschaftlich (Sport)

Fair|bairn|stil [ˈfɛəbɛən...] *der;* -s ‹nach dem Australier S. Fairbairn (1862–1938) u. zu ↑ Stil›: [natürlicher] Ruderstil

Fair|chil|dit [fɛːrtʃail..., auch ...ˈdɪt] *der;* -s, -e ‹nach dem amerik. Chemiker J. G. Fairchild (*1882) u. zu ↑²...it›: in der Holzasche vorkommendes Mineral

Fair|neß [ˈfɛːɐ̯nɛs] *die;* - ‹aus gleichbed. *engl.* fairness zu fair, vgl. fair›: 1. ehrliches, anständiges Verhalten in einem sportlichen Wettkampf (Sport). 2. gerechtes, anständiges Verhalten [im Geschäftsleben]. **Fair|neß|po|kal** *der;* -s, -e: Pokal für die fairste Mannschaft, den fairsten Spieler, bes. bei Turnieren. **Fair play** [ˈfɛːɐ̯ ˈple , engl. ˈfɛə ˈpleɪ] *das;* - - ‹aus *engl.* fair play „ehrliches Spiel"›: svw. Fairneß. **Fair trial** [- ˈtraɪəl] *das;* - -s ‹aus *engl.* fair trial „faires Verfahren"›: aus dem angloamerik. Prozeßrecht stammender, im Rechtsstaatsprinzip verankerter Grundsatz, insbesondere dem Beschuldigten im Strafprozeß die zur wirksamen Wahrung seiner Rechte notwendigen Mittel zur Verfügung zu stellen. **Fair|way** [ˈfɛəweɪ] *das;* -s, -s ‹aus gleichbed. *engl.* fairway, eigtl. „offener, unbehinderter Weg"›: kurz gemähte Spielbahn zwischen Abschlag u. Grün beim Golf

Fai|ry chess [ˈfɛːri tʃɛs, engl. ˈfɛəri tʃɛs] *das;* - - ‹aus *engl.* fairy chess „Zauberschach" zu fairy „Fee" u. chess „Schach(spiel)"›: modernes Teilgebiet des ↑ Problemschachs (z. B. Hilfsmatt, Selbstmatt usw.) mit z. T. neuerfundenen Figuren (wie Nachtreiter, Kamelreiter, Grashüpfer) od. mit verändertem Schachbrett (Kunstschach)

fai|sable [fəˈzaːbl] ‹aus gleichbed. *fr.* faisable zu faire „machen, tun", dies aus *lat.* facere›: (veraltet) möglich, ausführbar. **Fai|seur** [fɛˈzøːɐ̯] *der;* -s, -e ‹aus *fr.* faiseur „Schwindler, Intrigant", eigtl. „Macher"›: (veraltet) jmd., der ein geplantes [übles] Unternehmen durchführt, Anstifter

Fais|se|rie [fɛsə...] *die;* -, ...ien ‹aus gleichbed. *fr.* faisserie zu faisse „geflochtener Rand", dies aus *lat.* fascia „Band"›: durchbrochene Korbmacherarbeit

Fait ac|com|pli [fɛtakõˈpli] *das;* - -, -s -s [fɛta...] ‹aus gleichbed. *fr.* fait accompli zu fait „Tat(sache)" (dies aus *lat.* factum, vgl. Faktum) u. accompli, Part. Perf. von accomplir „vollenden", dies aus gleichbed. *lat.* complere, eigtl. „(aus-, an-, er)füllen"›: vollendeter Tatbestand, Tatsache

Faith and Or|der [ˈfeɪθ ənd ˈɔːdə] ‹aus *engl.* faith and order „Glaube und Gesetz"›: ökumenische Einigungsbewegung, deren Ziel es ist, die Trennung der Christenheit ↑ dogmatisch u. rechtlich zu überwinden

Fa|ja [ˈfaxa] *die;* -, -s ‹aus gleichbed. *span.* faja zu *lat.* fascia „Band"›: breite rote Wollschärpe der span. Nationaltracht, die sich die Männer zweifach um den Leib schlingen

fä|kal ‹zu *lat.* faex, Gen. faecis „Bodensatz, Hefe; Abschaum, Auswurf"; vgl. ¹...al (1); vgl. Fäzes›: kotig (Med.). **Fä|kal|dün|ger** *der;* -s, -: Dünger aus menschlichen Ausscheidungsstoffen. **Fä|ka|li|en** [...i̯ən] *die* (Plur.) ‹zu ↑¹...ie›: der von Menschen u. Tieren ausgeschiedene Kot u. Harn (Med.). **Fä|kal|sta|se** *die;* -, -n ‹zu *gr.* stásis „das Stehen"›: svw. Koprostase

Fa|kir [österr. faˈkiːɐ̯] *der;* -s, -e ‹aus *arab.* faqīr „arm; der Arme"›: a) Bettelmönch, frommer Asket [in islamischen Ländern]; b) Gaukler, Zauberkünstler [in Indien]

Fak|si|mi|le *das;* -s, -s ‹wohl über gleichbed. *engl.* facsimile aus *lat.* fac simile „mache ähnlich!"›: mit einem Original in Größe u. Ausführung genau übereinstimmende Nachbildung oder ↑ Reproduktion (2 b; z. B. einer alten Handschrift). **fak|si|mi|lie|ren** ‹zu ↑...ieren›: eine Vorlage getreu nachbilden. **Fak|si|mi|lie|rung** *die;* -, -en ‹zu ↑ ...ierung›: Herstellung eines Faksimiledruckes. **Fakt**, auch *der;* -[e]s, Plur. -en, auch -s (meist Plur.) ‹wohl unter Einfluß von *engl.* fact „Tatsache" aus *lat.* factum, vgl. Faktum›: svw. Faktum. **Fak|ta**: Plur. von ↑ Faktum. **Fak|ta|ge** [...ʒə] *die;* -, -n ‹aus gleichbed. *fr.* factage, eigtl. „das Ausliefern, Anfuhr", zu facteur aus *lat.* factor, vgl. Faktor›: (veraltet) Beförderungsgebühr. **Fak|ten**: Plur. von ↑ Fakt u. ↑ Faktum. **Fak|ti|on** *die;* -, -en ‹aus *lat.* factio „Partei, Gruppe" zu *lat.* facere „machen, tun"›: (veraltet) 1. a) [kämpferische] parteiähnliche Gruppierung; b) sezessionistisch tätige, militante Gruppe, die sich innerhalb einer Partei gebildet hat und deren Ziele u. Ansichten von der Generallinie der Partei abweichen. 2. im alten Rom die Renngesellschaft, die Pferde, Ausrüstung u. Wagen stellte. **fak|ti|ös** ‹aus gleichbed. *fr.* factieux, dies aus *lat.* factiosus „parteisüchtig"›: a) vom Parteigeist beseelt; b) aufrührerisch, aufwiegelnd

Fak|tis *der;* - ‹Kunstw.›: künstlich hergestellter, kautschukähnlicher Füllstoff

fak|tisch ‹zu ↑ Faktum›: a) tatsächlich, wirklich, auf Tatsachen gegründet; b) (österr. ugs.) praktisch, quasi. **fak|ti|tiv** ‹zu *lat.* factitare „oft tun, betreiben, hervorbringen" u. ↑...iv›: a) das Faktitiv betreffend; b) bewirkend. **¹Fak|ti|tiv** [auch ˈfak...] *das;* -s, -e [...və] ‹aus gleichbed. *lat.* (verbum) factitivum›: abgeleitetes Verb, das ein Bewirken zum Ausdruck bringt (z. B. schärfen = scharf machen); vgl. Kausativ. **²Fak|ti|tiv** [auch ˈfak...] *der;* -s, -e [...və] ‹aus gleichbed. *lat.* (casus) factitivus›: Kasus, der ein Objekt od. ein Lebewesen als durch eine Handlung od. ein Geschehen entstanden bezeichnet, z. B. der Dativ in *zum Präsidenten gewählt*. **Fak|ti|ti|vum** [...v...] *das;* -s, ...va ‹aus *lat.* (verbum) factitivum „bewirkendes (Verb)"›: (veraltet) Faktitiv. **Fak|ti|zi|tät** *die;* -, -en ‹zu ↑ Faktum u. ↑...izität›: Tatsächlichkeit, Gegebenheit, feststellbare Wirklichkeit; Ggs. ↑ Logizität (Philos.). **Fak|to|gra|phie** *die;* - ‹zu ↑ ...graphie›: svw. Faction-Prosa. **fak|to|lo|gisch** ‹zu ↑ ...logisch›: die Fakten betreffend. **Fak|tor** *der;* -s, ...oren ‹aus *lat.* factor „Macher, Verfertiger" zu facere „machen, tun"›: 1. wichtiger Umstand; mitwirkende, mitbestimmende Ursache, Gesichtspunkt. 2. technischer Leiter einer Setzerei, Buchdruckerei, Buchbinderei. 3. Zahl od. Größe, die mit einer anderen multipliziert wird (Vervielfältigungszahl). **Fak|to|rei** *die;* -, -en ‹aus *mlat.* factoria›: (veraltet) größere Handelsniederlassung, bes. in Kolonien. **Fak|to|ren|ana|ly|se** *die;* -, -n ‹zu ↑ Faktor›: statistische Forschungsmethode zur Ermittlung der Faktoren, die einer großen Menge verschiedener Eigenschaften zugrunde liegen (Psychol.). **fak|to|ri|ell** ‹zu ↑ ...ell›: nach Faktoren aufgeschlüsselt, in Faktoren zerlegt. **Fak|to|ri|sie|rung** *die;* - ‹zu ↑...isierung›: Darstellung einer Summe als Produkt. **Fak|to|tum** *das;* -s, Plur. -s u. ...ten ‹über gleichbed. *mlat.* factotum zu *lat.* fac totum „mach(e) alles!"›: jmd., der in einem Haushalt od.

Betrieb alle nur möglichen Arbeiten und Besorgungen erledigt; Mädchen für alles. **Fak|tum** *das;* -s, Plur. ...ta u. ...ten ⟨aus *lat.* factum „Tat, Handlung", substantiviertes Part. Perf. von facere „machen, tun"⟩: [nachweisbare] Tatsache, Ereignis. **¹Fak|tur** *die;* -, -en ⟨relativisiert aus gleichbed. *it.* fattura, dies aus *lat.* factura „das Machen, die Bearbeitung" zu facere, vgl. Faktum⟩: Warenrechnung; Lieferschein. **²Fak|tur** *die;* -, -en ⟨aus *fr.* facture, eigtl. „Ausarbeitung", dies aus *mlat.* factura „Bau(art)"; vgl. ¹Faktur⟩: a) (veraltet) handwerkliche Arbeit; b) kunstgerechter Aufbau [einer Komposition]. **Fak|tu|ra** *die;* -, ...ren ⟨zu ↑ ¹Faktur⟩: (österr., sonst veraltet) svw. ¹Faktur. **Fak|tu|rier** [...tyr'je:] *der;* -s, -s ⟨aus *fr.* facturier „Buchhalter"⟩: (veraltet) Handlungsgehilfe, der das Einkaufsbuch führt. **fak|tu|rie|ren** [...tu...] ⟨aus gleichbed. *fr.* facturer⟩: ¹Fakturen ausschreiben, Waren berechnen. **Fak|tu|rier|ma|schi|ne** *die;* -, -n: Büromaschine zum Erstellen von Rechnungen in einem Arbeitsgang. **Fak|tu|rist** *der;* -en, -en ⟨zu ↑ ...ist⟩: Angestellter eines kaufmännischen Betriebes, der mit der Aufstellung und Prüfung von Fakturen betraut ist
fä|ku|lent ⟨aus *lat.* faeculentus „voll Hefe, voll Unreinigkeiten" zu faex, vgl. Fäzes⟩: kotartig, kotig (Med.). **Fä|ku|lom** *das;* -s, -e ⟨aus *lat.* faex (vgl. Fäzes) u. ↑ ...om⟩: svw. Koprom
Fa|kul|tas *die;* - ⟨aus *lat.* facultas „Möglichkeit; Fähigkeit" zu facere „machen, tun"⟩: Lehrbefähigung; vgl. Facultas docendi. **Fa|kul|tät** *die;* -, -en ⟨aus *mlat.* facultas, Gen. facultatis „Wissenszweig, Forschungsgebiet" zu *lat.* facultas, vgl. Fakultas⟩: 1. a) eine Gruppe zusammengehörender Wissenschaften umfassende Abteilung an einer Universität od. Hochschule (z. B. Philosophie, Medizin); b) die Gesamtheit der Lehrer u. Studenten, die zu einer Fakultät gehören. 2. svw. Fakultas. 3. die Rechte, die eine höhere kirchliche Stelle einer untergeordneten überträgt (kath. Kirchenrecht). 4. ↑ Produkt, dessen Faktoren (3) durch die Gliederung der natürlichen Zahlenreihe, von 1 beginnend, gebildet werden, z. B. 1 · 2 · 3 · 4 · 5 (geschrieben = 5!, gesprochen: 5 Fakultät; Math.). **fa|kul|ta|tiv** ⟨aus gleichbed. *fr.* facultatif zu faculté „Möglichkeit, Fähigkeit", dies aus *lat.* facultas, vgl. Fakultas⟩: freigestellt, wahlfrei; dem eigenen Ermessen, Belieben überlassen; Ggs. ↑ obligatorisch
fa|kund ⟨aus gleichbed. *lat.* facundus zu fari „sprechen"⟩: (veraltet) beredt. **Fa|kun|di|tät** *die;* - ⟨aus gleichbed. *lat.* facunditas, Gen. facunditatis⟩: (veraltet) Beredsamkeit
Fa|laises [fa'lɛ:z], auch Falaisen [...zn̩] *die* (Plur.) ⟨aus *fr.* (normannisch) falaises, Plur. von falaise „Steilküste, Klippe"⟩: Steilküsten [der Normandie u. Picardie]
Fa|lak *der;* -s, -s ⟨aus gleichbed. *arab.* falaka⟩: Holzblock mit einem Strick zum Anbinden der Füße bei der ↑ Bastonade
Fa|lan|ge [fa'laŋge, span. fa'laŋxe] *die;* - ⟨span.; eigtl. „Stoßtrupp", dies aus *lat.* phalanx, Gen. phalangis; vgl. Phalanx⟩: (1977 im Zuge der Demokratisierung aufgelöste) faschistische, totalitäre Staatspartei Spaniens unter Franco. **Fa|lan|gist** *der;* -en, -en ⟨zu ↑ ...ist⟩: Mitglied der Falange
Fal|di|sto|ri|um *das;* -s, ...ien [...iən] ⟨aus gleichbed. *mlat.* faldistorium, faldestolium, dies zu *ahd.* faltistuol „Faltstuhl"⟩: [faltbarer] Armlehnstuhl des Bischofs od. Abtes für besondere kirchliche Feiern
Fa|ler|ner *der;* -s, - ⟨nach *lat.* ager Falernus „Landgut im Falernergebiet"⟩: ein schwerer, trockener, weißer od. roter Tischwein aus Kampanien
Fal|ko|ne|rie *die;* -, ...ien ⟨aus gleichbed. *it.* falconeria zu falcone „Falke", eigtl. Vergrößerungsform von falco „Falke", dies aus *lat.* falco⟩: (veraltet) Falknerei, Falkenjagd, Falkenbeize. **Fal|ko|nett** *das;* -s, -e ⟨aus gleichbed. *it.* falco-

netto, eigtl. Verkleinerungsform von falco, vgl. Falkonerie⟩: (im 16. u. 17. Jh.) Feldgeschütz von kleinem Kaliber. **Fal|ko|nier** *der;* -s, -e ⟨aus gleichbed. *it.* falconiere⟩: (veraltet) jmd., der bestimmte Greifvögel, meist Falken, für die Jagd abrichtet, Falkner
Fal|la|zi|en [...iən] *die* (Plur.) ⟨aus *lat.* fallacia „Täuschung, Betrügerei"⟩: Täuschungen; formal unrichtige Schlüsse, Fehl- u. Trugschlüsse (Philos.). **fal|li|bel** ⟨aus gleichbed. *mlat.* fallibilis zu *lat.* fallere, vgl. ¹fallieren⟩: (veraltet) dem Irrtum unterworfen. **Fal|li|bi|lis|mus** *der;* - ⟨zu ↑ ...ismus (1)⟩: Anschauung der kritisch-rationalistischen Schule, nach der es keine unfehlbare Erkenntnisinstanz gibt (Philos.). **Fal|li|bi|li|tät** *die;* -, -en ⟨zu ↑ ...ität⟩: (veraltet) Fehlbarkeit. **¹fal|lie|ren** ⟨aus gleichbed. *it.* fallire, dies aus *lat.* fallere „betrügen, täuschen"⟩: in Konkurs gehen. **²fal|lie|ren** ⟨über *altfr.* fa(i)lir aus gleichbed. *lat.* fallere, vgl. ¹fallieren⟩: (landsch.) mißraten, mißlingen. **Fal|li|ment** *das;* -s, -e ⟨aus gleichbed. *it.* fallimento zu fallire, vgl. ¹fallieren⟩: (veraltet) Bankrott, Zahlungseinstellung. **Fal|lis|se|ment** [falisǝ'mãː] *das;* -s ⟨französierend zu ↑ Falliment⟩: svw. Falliment. **fal|lit** ⟨aus gleichbed. *it.* fallito, eigtl. Part. Perf. von fallire, vgl. ¹fallieren⟩: (veraltet) zahlungsunfähig. **Fal|lit** *der;* -en, -en ⟨aus *it.* fallito „Bankrotteur"⟩: (veraltet) jmd., der zahlungsunfähig ist
Fal|lot vgl. Falott
Fall|out [fɔːl'aut] *der;* -s, -s ⟨aus gleichbed. *engl.* fall-out, eigtl. „das Herausfallen"⟩: radioaktiver Niederschlag [nach Kernwaffenexplosionen]
Fa|lott u. Fallot *der;* -en, -en ⟨zu älter *fr.* falot „schnurrig, närrisch"; weitere Herkunft unsicher⟩: (österr.) Gauner, Betrüger
Fal|sa: Plur. von ↑ Falsum. **Fal|sa de|mon|stra|tio** *die;* - - ⟨aus *lat.* falsa demonstratio (non nocet) „eine falsche Erklärung (schadet nicht)"⟩: eine fehlerhafte Ausdrucksweise gewährt keinen Anfechtungsgrund (juristischer Grundsatz). **False tra|ding** [fɔːls 'treɪdɪŋ] *das;* - -[s] ⟨aus gleichbed. *engl.* false trading „falscher Handel"⟩: Bez. für Transaktionen auf Märkten zu Preisen, die nicht den Marktbedingungen entsprechen. **Fal|sett** *das;* -[e]s, -e ⟨aus gleichbed. *it.* falsetto, eigtl. „falsche Stimme", zu falso „falsch", dies aus gleichbed. *lat.* falsus⟩: [durch Brustresonanz verstärkte] Kopfstimme bei Männern, svw. Fistelstimme. **fal|set|tie|ren** ⟨zu ↑...ieren⟩: Falsett singen. **Fal|set|tist** *der;* -en, -en ⟨zu ↑...ist⟩: Sänger für Diskant- od. Altpartien [im 16. u. 17. Jh.]. **Fal|sett|stim|me** *die;* -, -n: 1. svw. Falsett. 2. svw. Fistelstimme. **Fal|si|fi|kat** *das;* -[e]s, -e ⟨zu *mlat.* falsificatum „Verfälschtes", Part. Perf. (Neutrum) von falsificare, vgl. falsifizieren⟩: Fälschung, gefälschter Gegenstand. **Fal|si|fi|ka|ti|on** *die;* -, -en ⟨aus gleichbed. *mlat.* falsificatio⟩: 1. Widerlegung einer wissenschaftlichen Aussage durch ein Gegenbeispiel (Wissenschaftstheorie). 2. (veraltet) Fälschung. **fal|si|fi|zie|ren** ⟨aus *mlat.* falsificare „(ver)fälschen" zu *lat.* falsus „falsch" u. facere „machen, tun"⟩: 1. eine Hypothese durch empirische Beobachtung widerlegen; Ggs. ↑ verifizieren (1). 2. (veraltet) [ver]fälschen. **Fal|so bor|do|ne** *der;* - -, ...si ...ni ⟨aus gleichbed. *it.* falso bordone, dies aus älter *fr.* faux-bourdon, vgl. Fauxbourdon⟩: svw. Fauxbourdon
Fall|staff *der;* -s, -s ⟨nach dem Namen einer komischen Dramenfigur bei Shakespeare⟩: dicker Prahlhans, Schlemmer
Fal|sum *das;* -s, ...sa ⟨aus gleichbed. *lat.* falsum⟩: (veraltet) 1. Betrug, Fälschung. 2. Irrtum. **Fal|sus pro|cu|ra|tor** [-...ku...] *der;* - -s ⟨aus *lat.* falsus procurator, eigtl. „fälschlicher Stellvertreter"⟩: Person, die ohne Vollmacht als Vertreter handelt (Rechtsw.)

Fama

Fa|ma *die;* - ⟨aus *lat.* fama „Gerücht; öffentliche Meinung"⟩: etw., was gerüchtweise über jmdn., etw. verbreitet, erzählt wird; Gerücht

Fa|mes *der;* - ⟨aus *lat.* fames „Hunger, Hungersnot"⟩: die ↑ Personifikation des Hungers als Ungeheuer in der altröm. Dichtung

fa|mi|li|al ⟨zu ↑ Familie u. ↑ ¹...al (1)⟩: die Familie als soziale Gruppe betreffend. **fa|mi|li|är** ⟨unter Einfluß von *fr.* familier aus *lat.* familiaris „zum Haus gehörig; vertraut"⟩: a) die Familie betreffend; b) ungezwungen, vertraulich. **Fa|mi|lia|re** *der* od. *die;* -n, -n (meist Plur.) ⟨aus *lat.* familiaris „Hausgenosse; Sklave"⟩: 1. Mitglied des päpstlichen Hauses. 2. Bedienstete[r] eines Klosters, der bzw. die zwar in der Hausgemeinschaft lebt, aber nicht zum betreffenden Orden gehört. **fa|mi|lia|ri|sie|ren**, sich ⟨aus gleichbed. *fr.* se familiariser zu familier „zur Familie gehörend; vertraut", dies aus *lat.* familiaris, vgl. familiär⟩: (veraltet) sich vertraut machen. **Fa|mi|lia|ris|mus** *der;* -s ⟨zu ↑ ...ismus (2)⟩: gesellschaftliches Ordnungssystem, das alle sozialen Bereiche auf dem Fundament u. nach dem Vorbild der Familie aufbauen will. **Fa|mi|lia|ri|tät** *die;* -, -en ⟨aus *lat.* familiaritas, Gen. familiaritatis „vertrauter Umgang"⟩: familiäres (b) Verhalten, Vertraulichkeit. **Fa|mi|lie** [...i̯ə] *die;* -, -n ⟨aus *lat.* familia „Hausgenossenschaft, Familie", eigtl. „Gesamtheit der Dienerschaft, Gesinde", zu famulus „Diener"⟩: 1. a) Gemeinschaft der in einem gesetzlichen Eheverhältnis lebenden Eltern u. ihrer Kinder; b) Gruppe der nächsten Verwandten; Sippe. 2. systematische Kategorie, in der näher verwandte Gattungen zusammengefaßt werden (Biol.). **Fa|mi|li|en|clan** [...kla:n, engl. ...klæn] *der;* -s, Plur. -e u. (bei engl. Aussprache) -s: [Groß]familie mit besonders starkem Zusammenhalt. **Fa|mi|li|en|po|li|tik** *die;* -: staatliche Maßnahmen zur Unterstützung, Sicherung u. Entwicklung der Familien. **Fa|mi|li|en|zy|klus** *der;* -, ...zyklen: idealtypische Beschreibung u. Analyse der familiären Ereignisse u. Lebensphasen in einer stabilen Erstehe. **Fa|mi|lis|mus** *der;* - ⟨wohl aus gleichbed. *engl.* familism zu family „Familie"; vgl. ...ismus⟩: bestimmte Sozialstruktur, bei der das Verhältnis von Familie u. Gesellschaft durch weitgehende Identität gekennzeichnet ist (z. B. bei den chines. Großfamilien; Soziol.).

fa|mos ⟨unter Einfluß von *fr.* fameux „berühmt" aus *lat.* famosus „viel besprochen; berüchtigt; ehrenrührig" zu fama, vgl. Fama⟩: 1. (ugs.) durch seine frische o. ä. Art (den Sprecher) beeindruckend, Gefallen, Bewunderung erweckend; großartig, prächtig, ausgezeichnet. 2. (veraltet) berüchtigt, verrufen; vgl. Famosschrift. **Fa|mo|si|tät** *die;* - ⟨aus gleichbed. *fr.* famosité; vgl. ...ität⟩: (veraltet) traurige Berühmtheit. **Fa|mos|schrift** *die;* -, -en ⟨zu ↑ famos⟩: Schmähschrift im Zeitalter des Humanismus u. der Reformation

Fa|mu|la *die;* -, ...lä ⟨aus *lat.* famula „Dienerin"⟩: Medizinstudentin, die ihr Krankenhauspraktikum ableistet. **Fa|mu|lant** *der;* -en, -en ⟨zu ↑ Famulus u. ↑ ...ant (1)⟩: (Jargon) svw. Famulus. **Fa|mu|la|tur** *die;* -, -en ⟨aus *nlat.* famulatura; vgl. ...ur⟩: Krankenhauspraktikum, das ein Medizinstudent im Rahmen der klinischen Ausbildung ableisten muß. **fa|mu|lie|ren** ⟨aus *lat.* famulari „dienstbar sein" zu famulus, vgl. Famulus⟩: als Medizinstudent[in] ein Krankenhauspraktikum ableisten. **Fa|mu|lus** *der;* -, Plur. -se u. ...li ⟨aus *lat.* famulus „Diener"⟩: a) Medizinstudent, der sein Krankenhauspraktikum ableistet; b) (veraltet) studentische Hilfskraft

Fan [fɛn] *der;* -s, -s ⟨aus gleichbed. *engl.-amerik.* fan, verkürzt aus *engl. fan*atic „Fanatiker" zu fanatic „fanatisch"⟩: dies aus *lat.* fanaticus, vgl. fanatisch⟩: a) jmd., der sich für etwas (bes. für Musik od. Sport) bzw. für jmdn. sehr begeistert; b) jmd., der eine besondere Vorliebe für etwas hat. **...fan** ⟨zu ↑ Fan⟩: Wortbildungselement mit der Bedeutung „begeisterter Anhänger für etwas/jmdn.", z. B. Autofan, Blumenfan, Beatles-Fan

Fa|nal *das;* -s, -e ⟨aus *fr.* fanal „Schiffslaterne, Leuchtfeuer", dies aus gleichbed. *it.* fanale zu *spätgr.* phanárion, Verkleinerungsform von phanós „Leuchte, Fackel"⟩: 1. Feuer-, Flammenzeichen. 2. Ereignis, Tat, Handlung als weithin erkennbares u. wirkendes, Aufmerksamkeit erregendes Zeichen, das eine Veränderung, den Aufbruch zu etw. Neuem ankündigt

Fa|na|ti|ker *der;* -s, - ⟨zu ↑ fanatisch⟩: jmd., der sich für eine Überzeugung, eine Idee fanatisch einsetzt, sie fanatisch verficht; Eiferer; dogmatischer Verfechter einer Überzeugung od. einer Idee; vgl. Fan. **fa|na|tisch** ⟨unter Einfluß von gleichbed. *fr.* fanatique aus *lat.* fanaticus „von der Gottheit ergriffen, schwärmerisch, rasend" zu fanum „geweihter Ort, Tempel"; vgl. profan⟩: sich mit Fanatismus, mit einer Art Verbohrtheit, blindem Eifer [u. rücksichtslos] für etw. einsetzend. **fa|na|ti|sie|ren** ⟨aus gleichbed. *fr.* fanatiser⟩: jmdn. aufhetzen, fanatisch machen. **Fa|na|tis|mus** *der;* - ⟨zu ↑ ...ismus (5)⟩: rigoroses, unduldsames Eintreten für eine Sache od. Idee als Ziel, das kompromißlos durchzusetzen versucht wird

¹Fan|cy ['fɛnsi, engl. 'fænsi] *der* od. *das;* -[s] ⟨aus *engl.* fancy, gekürzt aus fantasy „Phantasie", dies über *altfr.* fantasie, *lat.* phantasia aus *gr.* phantasía „Erscheinung; Bild; Vorstellung"; vgl. Phantasie⟩: beidseitig gerauhter ↑ Flanell in Leinen- od. Köperbindung (einer Webart). **²Fan|cy** *die;* -, ...ies ⟨zu ↑ ¹Fancy⟩: kurze Instrumentalfantasie (Mus.). **Fan|cy-Cock|tail** [...kɔkteil] *der;* -s, -s ⟨aus gleichbed. *engl.* fancy cocktail, eigtl. „Phantasiecocktail", zu ↑ ¹Fancy u. ↑ Cocktail⟩: Bez. für Mixgetränk ohne festes Rezept. **Fan|cy-dress** [...drɛs] *der;* -, -es [...siz] ⟨aus gleichbed. *engl.* fancy dress, eigtl. „Phantasiekleidung"; vgl. Dreß⟩: Maskenkostüm. **Fan|cy-Drink** [...drɪŋk] *der;* -[s], -s ⟨aus gleichbed. *engl.* fancy drink; vgl. Drink⟩: svw. Fancy-Cocktail. **Fan|cy-work** [...wə:k] *das;* -s, -s ⟨aus gleichbed. *engl.* fancywork, eigtl. „Phantasiearbeit"⟩: aus Tauwerk hergestellte Zierknoten u. Flechtereien

Fan|dan|go *der;* -s, -s ⟨aus *span.* fandango, weitere Herkunft unsicher⟩: schneller span. Volkstanz im ¾- od. ⁶⁄₈-Takt mit Kastagnetten- u. Gitarrenbegleitung

Fan|da|ro|le vgl. Farandole

Fa|ne|ga *die;* -, -s (aber: 5 -) ⟨aus gleichbed. *span.* fanega, dies aus *arab.* faníqa „Sack"⟩: a) früheres span. u. lateinamerik. Volumenmaß (in Mexiko 21,21 l, in Spanien 55,5 l, in Argentinien 137,2 l); b) früheres span. u. lateinamerik. Flächenmaß. (in Haiti 6400 m², in Spanien 6425 m², in Venezuela bis zu 6987 m²)

Fan|fa|re *die;* -, -n ⟨aus gleichbed. *fr.* fanfare, weitere Herkunft unsicher⟩: 1. Dreiklangtrompete ohne Ventile. 2. Trompetensignal. 3. kurzes Musikstück [für Trompeten u. Pauken] in der Militär- u. Kunstmusik. 4. eine Folge von schrillen Tönen erzeugende Signalhornanlage in Kraftfahrzeugen. **Fan|fa|ren|ein|band** *der;* -s, ...bände: bestimmte Form des Bucheinbands im 16. u. 17. Jh. **Fan|fa|ron** [fãfa'rõ:] *der;* -s, -s ⟨aus gleichbed. *fr.* fanfaron, dies über *span.* fanfarrón zu *arab.* farfar „schwatzhaft, flüchtig, übereilt"⟩: (veraltet) Großsprecher, Prahler. **Fan|fa|ro|na|de** [fanfaron...] *die;* -, -en ⟨aus gleichbed. *fr.* fanfaronnade⟩: (veraltet) Großsprecherei, Prahlerei. **fan|fa|ron|nie-**

ren ⟨aus gleichbed. *fr.* fanfaronner⟩: (veraltet) aufschneiden, prahlen

Fan|fre|luche [fãfrə'lyʃ] *die;* - ⟨aus gleichbed. *fr.* fanfreluche, dies über *altfr.* fanfelue, fanfeluce aus *mlat.* famfaluca, dies aus *gr.* pomphólyx „Luftblase"⟩: (veraltet) a) Flitterkram, Firlefanz; b) kleine böse Fee in den mittelalterlichen franz. Märchen

Fan|glo|me|rat *das;* -[e]s, -e ⟨zu *engl.* fan „Schwemmkegel", eigtl. „Fächer", dies über *altengl.* fann zu *lat.* vannus „Getreideschwinge (flacher Korb zum Getreidereinigen)", Analogiebildung zu ↑ Konglomerat⟩: ungeschichtete Ablagerung aus Schlammströmen zeitweilig Wasser führender Flüsse in Trockengebieten (Geol.)

Fan|go *der;* -s ⟨aus *it.* fango „Schlamm, Schmutz", dies aus dem Germ.⟩: ein vulkanischer Mineralschlamm, der zu Heilzwecken verwendet wird

fa|nie|ren ⟨aus gleichbed. *fr.* faner zu foin, älter fein „Heu(ernte)", dies aus *lat.* fenum „Heu"⟩: (veraltet) a) Heu machen, dörren; b) verblühen, welken

Fan-in ['fæn..., fæn'ın] *das;* -[s], -s ⟨aus *engl.* fan in „Eingangsfächerung" zu fan „Fächer" u. in „innen, darin"⟩: Eingangslastfaktor einer ↑ Digitalschaltung (Mikroelektronik); Ggs. ↑ Fan-out

Fan|klub ['fɛn...] *der;* -s, -s ⟨zu ↑ Fan u. ↑ Klub⟩: ↑ Klub (a) für die Fans einer bekannten Persönlichkeit, eines [bekannten] Sportvereins o. ä.

Fan|nings ['fænɪŋz] *die* (Plur.) ⟨aus gleichbed. *engl.* fannings, Plur. von fanning, dies zu to fan „(Getreide) schwingen"⟩: durch Sieben gewonnene kleinblättrige, feine handelsübliche Teesorte (in Deutschland fast ausschließlich für Aufgußbeutel verwendet); vgl. Dust

Fa|non [fa'nõ:] *der;* -s, -s u. **Fa|no|ne** [fa'no:nə] *der;* -[s], ...oni über *it.* fanone aus gleichbed. *fr.* fanon, dies aus *altfränk.* *fano „Tuch"⟩: 1. zweiteiliger ↑ liturgischer Schulterkragen des Papstes. 2. (früher) kleine Flasche, die zur Bezeichnung von Richtungspunkten beim Exerzieren in den Gewehrlauf gesteckt wurde

Fan-out ['fænaʊt, fæn'aʊt] *das;* -[s], -s ⟨aus *engl.* fan out „Ausgangsfächerung" zu fan „Fächer" u. out „außen, aus"⟩: Ausgangslastfaktor einer ↑ Digitalschaltung (Mikroelektronik); Ggs. ↑ Fan-in

Fan|ta|sia *die;* -, -s ⟨aus gleichbed. *it.* fantasia, dies über *lat.* phantasia aus *gr.* phantasía, vgl. Phantasie⟩: 1. wettkampfartiges Reiterspiel [der Araber u. Berber]. 2. ital. Bez. für Fantasie (Mus.). **Fan|ta|sie** *die;* -, ...ien ⟨zu ↑ Fantasia⟩: Instrumentalstück mit freier, improvisationsähnlicher Gestaltung ohne thematische Bindung (Mus.); vgl. Phantasie. **fan|ta|sti|co** [...ko] ⟨*it.*⟩: phantastisch (Vortragsanweisung; Mus.). **Fan|ta|sy** ['fæntəzɪ] *die;* - ⟨aus *engl.* fantasy „Phantasie"; vgl. ¹Fancy⟩: bestimmte Gattung von Romanen, Filmen u. a., die märchen- u. mythenhafte Traumwelten voller Magie u. Zauber darstellen. **Fan|zine** [fɛ'ziːn] *das;* -s, -s ⟨aus *engl.* fanzine, Kurzw. aus *fan*tasie „Phantasie" u. maga*zine* „Magazin"⟩: mit phantastischen u. abenteuerlichen Bildfolgen illustriertes Jugendmagazin

Fa|quin [fa'kɛ̃:] *der;* -s, -s ⟨aus gleichbed. *fr.* faquin, weitere Herkunft unsicher⟩: (veraltet) a) hölzerner Mann, Attrappe zum Lanzenstechen (zu Übungszwecken genutzt); b) Schuft, nichtswürdiger Mensch; c) Geck, Stutzer. **Fa|qui|ne|rie** [faki...] *die;* -, ...ien ⟨aus gleichbed. *fr.* faquinerie⟩: (veraltet) Schelmenstreich, Schurkerei

Fa|rad *das;* -[s], - ⟨nach dem engl. Physiker M. Faraday, 1791–1867⟩: physikalische Maßeinheit der elektrischen ↑ Kapazität; Zeichen F (Phys.). **Fa|ra|day|kä|fig** ['færadı...] *der;* -s, -e ⟨zu ↑ Farad⟩: ↑ metallene Umhüllung zur Abschirmung eines begrenzten Raumes gegen äußere ↑ elektrische (1) Felder u. zum Schutz empfindlicher [Meß]geräte gegen elektrische Ströme (Phys.). **Fa|ra|di|sa|ti|on** [fara...] *die;* - ⟨zu ↑ ...isation⟩: Anwendung des faradischen Stroms zu Heilzwecken (Med.). **fa|ra|disch**; in der Fügung -er Strom: unsymmetrischer, durch Unterbrecherschaltung erzeugter Wechselstrom. **fa|ra|di|sie|ren** ⟨zu ↑ ...isieren⟩: mit faradischem Strom behandeln (Med.). **Fa|ra|do|the|ra|pie** *die;* -: svw. Faradisation

Fa|ran|do|le u. Fandarole *die;* -, -n ⟨aus gleichbed. *fr.* farandole, dies aus gleichbed. *provenzal.* farandoulo, weitere Herkunft unsicher⟩: ein schneller Paartanz aus der Provence

Far|ben|sko|tom *das;* -s, -e ⟨zu ↑ Skotom⟩: auf einen Teil des Gesichtsfeldes beschränkte Störung od. Unfähigkeit der Farbenerkennung (Med.)

Far|ce ['farsə] *die;* -, -n ⟨aus gleichbed. *fr.* farce, dies zu *lat.* farcire „hineinstopfen"; vgl. Infarkt⟩: 1. derb-komisches Lustspiel. 2. abgeschmacktes Getue, billiger Scherz. 3. Füllung für Fleisch od. Fisch [aus gehacktem Fleisch] (Gastr.). **Far|ceur** [far'søːɐ] *der;* -s, -e ⟨aus gleichbed. *fr.* farceur⟩: (veraltet) Possenreißer. **far|cie|ren** [...'siː...] ⟨aus gleichbed. *fr.* farcir⟩: mit einer Farce (3) füllen (Gastr.)

Fard [faːr] *der;* -s, -s ⟨aus gleichbed. *fr.* fard zu farder, vgl. fardieren⟩: (veraltet) a) Schminke; b) Verstellung, Heuchelei. **far|die|ren** ⟨aus gleichbed. *fr.* farder, wohl zu fränk. *farwidhon (*ahd.* farawen) „färben"⟩: (veraltet) a) schminken; b) beschönigen, verstellen, verheimlichen

Fa|re|ghan *der;* -s, -e ⟨nach einer Landschaft im Iran⟩: ein rot- od. blaugrundiger Teppich mit dichter Musterung

fare|well [fɛə'wɛl] ⟨*engl.*⟩: leb[t] wohl! (engl. Abschiedsgruß). **Fare|well** *das;* -s, -s: (veraltet) Lebewohl, Abschiedsgruß

Fa|ri|bo|le [fari'bɔl] *die;* -, -n [...'boːlən] ⟨aus gleichbed. *fr.* faribole, weitere Herkunft unsicher⟩: (veraltet) Posse, Streich, Albernheit

Fa|rin *der;* -s ⟨aus *lat.* farina „Mehl"⟩: a) gelblich-brauner, feuchter Zucker; b) Puderzucker. **Fa|ri|na|de** *die;* -, -n ⟨zu ↑ ...ade⟩: Farin[zucker]. **Fa|ri|no|gramm** *das;* -s, -e ⟨zu ↑ ...gramm⟩: Zustandskurve des Untersuchungsergebnisses beim Farinographen. **Fa|ri|no|graph** *der;* -en, -en ⟨zu ↑ ...graph⟩: altes Gerät zur Untersuchung des Mehls auf Backfähigkeit. **Fa|ri|no|me|ter** *das;* -s, - ⟨zu ↑ ¹...meter⟩: svw. Farinograph. **Fa|rin|zucker¹** *der;* -s: svw. Farin

Farm *die;* -, -en ⟨aus gleichbed. *engl.-amerik.* farm, eigtl. „feste jährliche Pachtzahlung", dies aus *(alt)fr.* ferme „Pacht, Pachtvertrag" zu fermer „festsetzen", dies aus *lat.* firmare, vgl. firmen⟩: 1. größerer landwirtschaftlicher Betrieb in angelsächsischen Ländern. 2. Landwirtschaftsbetrieb mit Geflügel- od. Pelztierzucht. **Far|mer** *der;* -s, -: Besitzer einer Farm. **Far|mer|lun|ge** *die;* -, -n: allergische Entzündung der Lungenbläschen durch ↑ Antigene von schimmeligem Heu (Med.)

Fa|ro *der;* -s, -s ⟨aus *it.* faro „Leuchtturm"; vgl. Pharus⟩: svw. Pharus

fa|rouche [fa'ruʃ] ⟨*fr.*; wohl aus *mlat.* forasticus „fremd"⟩: (veraltet) wild, scheu

Far|thing ['faːðɪŋ] *das;* -s, -s ⟨aus gleichbed. *engl.* farthing zu *altengl.* fēorða „der vierte (Teil)"⟩: engl. u. irische Viertelpennymünze bis 1961

Fas *das;* - ⟨aus gleichbed. *lat.* fas zu fari „sprechen"⟩: in der röm. Antike das von den Göttern Erlaubte; Ggs. ↑ Nefas; vgl. per nefas

Fa|san *der;* -[e]s, -e[n] ⟨über *(alt)fr.* faisan aus gleichbed. *lat.* (avis) phasianus, dies aus *gr.* (órnis) Phasianós, eigtl. „in

Fasanerie

der Gegend des Flusses Phasis heimischer Vogel"; nach dem Fluß Phasis, dem antiken Namen für den russ. Fluß Rioni am Schwarzen Meer⟩: ein Hühnervogel. **Fa|sa|ne|rie** *die;* -, ...ien ⟨nach gleichbed. *fr.* faisanderie⟩: a) Gartenanlage zur Aufzucht von Fasanen; b) (bes. im 17. u. 18. Jh.) Gebäude in einer Fasanerie (a)
Fas|ces ['fastse:s] vgl. Faszes
Fa|sche ['faʃ(ə)] *die;* -, -n ⟨aus *lat.-it.* fascia „Binde, Band"⟩: (österr.) 1. lange Binde zum Umwickeln verletzter Gliedmaßen o. ä. 2. weiße Umrandung an Fenstern u. Türen (bei bunt verputzten Häusern). 3. Eisenband zum Befestigen von Angeln an einer Tür, von Haken o. ä. **fa|schen** ⟨nach gleichbed. *lat.-it.* fasciare⟩: (österr.) mit einer Fasche (1) umwickeln
fa|schie|ren ⟨zu *österr.* mdal. Fasch „Farce", vgl. Farce (3), u. ↑...ieren⟩: (österr.) durch den Fleischwolf drehen. **Fa|schier|te** *das;* -n: (österr.) Hackfleisch, Gehacktes
Fa|schi|ne *die;* -, -n ⟨aus *it.* fascina „Reisigbündel", dies zu *lat.* fascis „Bündel"; vgl. Faszes⟩: Reisiggeflecht für [Ufer]befestigungsbauten. **fa|schi|nie|ren** ⟨zu ↑...ieren⟩: mit Faschinen befestigen, ausrüsten. **Fa|schi|sie|rung** *die;* -, -en ⟨zu ↑ Faschismus u. ↑...ierung⟩: das Eindringen faschistischer Tendenzen [in eine Staatsform]. **Fa|schis|mus** *der;* - ⟨aus *it.* Fascismo zu fascio „(Ruten)bündel" aus gleichbed. *lat.* fasces, vgl. Faszes (das Rutenbündel mit Beil wurde vom Faschismus als röm. Herrschaftssymbol übernommen)⟩: 1. das von Mussolini errichtete Herrschaftssystem in Italien (1922–1945). 2. (abwertend) eine nach dem Führerprinzip organisierte, nationalistische, antidemokratische, antisozialistische u. antikommunistische rechtsradikale Bewegung, Herrschaftsform. **Fa|schist** *der;* -en, -en ⟨nach gleichbed. *it.* fascista⟩: Anhänger des Faschismus. **fa|schi|stisch:** a) den Faschismus betreffend; zum Faschismus gehörend; b) vom Faschismus geprägt. **fa|schi|sto|id** ⟨zu ↑...oid⟩: dem Faschismus ähnlich, faschistische Züge zeigend. **Fa|scho** *der;* -s, -s ⟨italianisierende Bildung⟩: (ugs.) mit dem Neofaschismus sympathisierender, ihn vertretender [u. in einer Clique organisierter], meist gewalttätiger Jugendlicher
Fas|ci|num [...tsi...] *das;* -, ...na ⟨aus *lat.* fascinum „männliches Glied; Zauber", dies aus *gr.* báskanon zu baskaínein „behexen"⟩: Amulett in Form eines männlichen Gliedes, das im röm. Altertum als Abwehrmittel gegen den bösen Blick galt
Fa|shion ['fɛʃn̩, engl. 'fæʃən] *die;* - ⟨aus gleichbed. *engl.* fashion, dies aus *(alt)fr.* façon, vgl. ¹Fasson⟩: a) Mode; b) Vornehmheit; gepflegter Lebensstil. **fa|shio|na|bel** [faʃio'na:bl̩] u. **fa|shio|na|ble** ['fɛʃənəbl̩, engl. 'fæʃnəbl̩] ⟨aus gleichbed. *engl.* fashionable⟩: modisch, elegant, vornehm. **Fa|shio|na|ble no|vels** ['fæʃnəbl̩ 'nɔvəlz] *die* (Plur.) ⟨aus *engl.* Fashionable Novels, eigtl. „Moderomane"⟩: engl. Romane der Übergangszeit zwischen Romantik u. Realismus im 19. Jh., die die Welt des Dandyismus [kritisch] behandeln
Fas|sa|de *die;* -, -n ⟨aus gleichbed. *fr.* façade aus *it.* facciata, eigtl. „Gesichtsseite", zu faccia „Gesicht", dies über *vulgärlat.* *facia aus *lat.* facies, vgl. Face⟩: Vorderseite, Stirnseite [eines Gebäudes, die oft ansprechend, z. B. mit Ornamenten, geschmückt ist]
Fas|sa|it [auch ...'ɪt] *der;* -s, -e ⟨nach dem Fassatal in den Dolomiten u. zu ↑²...it⟩: ein grünes Augitmineral (vgl. Augit)
Fas|si|on *die;* -, -en ⟨aus gleichbed. *mlat.* fassio zu *lat.* fassus, Part. Perf. von fateri „gestehen, bekennen"⟩: (veraltet) 1. Bekenntnis, Geständnis. 2. Steuererklärung

¹Fas|son [fa'sõ:, schweiz. u. österr. meist fa'so:n] *die;* -, Plur. -s, schweiz. u. österr. -en ⟨aus gleichbed. *fr.* façon, dies aus *lat.* factio „das Machen, Handeln" zu facere „machen, tun"⟩: 1. a) die bestimmte Art u. Weise (des Zuschnitts, Sitzes usw.) von etw.; b) kurz für Fassonschnitt. 2. Lebensart. **²Fas|son** *das;* -s, -s ⟨zu ↑¹Fasson⟩: (veraltet) svw. ¹Revers. **fas|so|nie|ren** [faso'ni:...] ⟨zu ↑¹Fasson u. ↑...ieren⟩: 1. in Form bringen, formen (bes. von Speisen). 2. (österr.) die Haare in der Fassonschnitt schneiden. **Fas|son|nu|deln** [fa'sõ:...] *die* (Plur.): Teigwaren in Form von Sternchen, Buchstaben o. ä. **Fas|son|schnitt** *der;* -[e]s, -e: mittellanger Haarschnitt für Herren, bei dem die Haare an der Seite u. im Nacken stufenlos geschnitten werden
Fa|sta|ge [...ʒə] vgl. Fustage
¹Fast|back ['fɑ:stbæk] *das;* -s, -s ⟨aus gleichbed. *engl.* fastback, eigtl. „schneller Rücken"⟩: Autodach, das in ein schräg abfallendes Heck übergeht, Fließheck. **²Fast|back** *das;* -s, -s ⟨zu *engl.* fast back „schnell rückwärts, schnell zurück"⟩: Filmtrick, mit dem ein eben gezeigter Vorgang in umgekehrter Reihenfolge vorgeführt werden kann. **Fast Break** ['fɑ:st 'breɪk] *der od. das;* - -, - - ⟨aus gleichbed. *engl.-amerik.* fast break, eigtl. „schneller Durchbruch"⟩: äußerst schnell ausgeführter Durchbruch aus der Verteidigung, Steilangriff (beim ↑ Basketball). **Fast food** [- 'fu:d] *das;* -[s] ⟨aus *engl.* fast food, eigtl. „schnelles Essen"⟩: kleineres Schnellgericht; Schnellimbiß
Fas|ti *die* (Plur.) ⟨aus gleichbed. *lat.* (dies) fasti, eigtl. „(die Tage,) an denen gesprochen werden durfte"⟩: Tage des altröm. Kalenders, an denen staatliche u. gerichtliche Angelegenheiten erledigt werden durften
fas|ti|die|ren ⟨aus gleichbed. *lat.* fastidire⟩: (veraltet) verschmähen, verachten; Abneigung, Widerwillen haben. **fa|sti|di|ös** ⟨aus gleichbed. *fr.* fastidieux, dies aus *lat.* fastidiosus „überdrüssig, widerwillig"⟩: (veraltet) widerwärtig, langweilig. **Fa|sti|di|um** *das;* -s ⟨aus gleichbed. *lat.* fastidium⟩: Abneigung, Widerwille (z. B. gegen Essen; Med.)
Fa|sti|gi|um *das;* -s, ...gia ⟨aus *lat.* fastigium „Neigung, Steigung; Abdachung; Spitze; Gipfel; Giebel"⟩: 1. Dach des vierten Hirnventrikels (vgl. Ventrikel; Anat.). 2. Höhepunkt einer Krankheit (insbesondere des Fiebers; Med.)
fa|stu|ös ⟨aus gleichbed. *fr.* fastueux, dies aus *lat.* fast(u)osus⟩: (veraltet) prunkvoll, prächtig
Fas|zes ['fastse:s] *die* (Plur.) ⟨aus gleichbed. *lat.* fasces, Plur. von fascis „Bündel"⟩: Rutenbündel mit Beil (Abzeichen der altröm. Liktoren als Symbol der Amtsgewalt der römischen Magistrate u. ihres Rechts, zu züchtigen u. die Todesstrafe zu vollziehen). **fas|zi|al** ⟨zu ↑...ial⟩: bündelweise. **Fas|zia|ti|on** *die;* -, -en ⟨zu *lat.* fasciatus (Part. Perf. von fasciare „umbinden, (um)wickeln") u. ↑¹...ion⟩: 1. Bildung von bandähnlichen Querschnittsformen bei Pflanzenwurzeln (Verbänderung; Bot.). 2. das Anlegen eines Verbandes (Med.). **Fas|zie** [...jə] *die;* -, -n ⟨aus *lat.* fascia „Binde; Streifen; Bandage"⟩: 1. dünne, sehnenartige Muskelhaut. 2. Binde, Bindenverband. 3. in der antiken Baukunst einer der drei (seltener zwei) von unten nach oben leicht vorspringenden Streifen, die den Hauptbalken der ionischen u. der korinthischen Ordnung waagerecht unterteilen. **Fas|zi|itis** *die;* -, ...itiden ⟨zu ↑...itis⟩: Entzündung einer Faszie (1) od. Sehne, bes. der Sehnenansätze (Med.).
Fas|zi|kel *der;* -s, - ⟨aus *lat.* fasciculus „kleines Bündel, Päckchen", Verkleinerungsform von fascis, vgl. Faszes⟩: 1. a) [Akten]bündel, Heft; b) Lieferung, vor allem eines in Fortsetzungen erscheinenden wissenschaftlichen Werkes. 2. kleines Bündel von Muskel- od. Nervenfasern (Med.). 3. Leitbündel (strangförmig zusammengefaßte Verbände des

Leitgewebes) von Farn- u. Samenpflanzen (Bot.). **fas|zi-ku|lär** ‹aus gleichbed. *nlat.* fascicularius›: büschelförmig, den Faszikel betreffend. **Fas|zi|ku|la|ti|on** *die;* -, -en ‹zu ↑ Faszikel u. ↑ ...ation›: regellose Zuckungen von Muskelfasern od. -bündeln (Med.). **fas|zi|ku|lie|ren** ‹zu ↑ ...ieren›: (veraltet) aktenmäßig bündeln, heften

Fas|zi|na|ti|on *die;* -, -en ‹aus *lat.* fascinatio „Beschreiung, Behexung" zu fascinare, vgl. faszinieren›: fesselnde Wirkung, die von einer Person od. Sache ausgeht. **fas|zi|nie|ren** ‹aus *lat.* fascinare „beschreien, behexen"›: eine fesselnde Wirkung auf jmdn. ausüben, [jmdn.] bezaubern. **Fas|zi|no|sum** *das;* -s ‹aus gleichbed. *nlat.* fascinosum›: auf seltsame, geheimnisvolle Weise Faszinierendes, Fesselndes, Anziehendes

Fas|zio|lo|se *die;* -, -n ‹aus *lat.* fasciola „kleine Binde, Band" (Verkleinerungsform von fascia, vgl. Faszie) u. ↑¹...ose›: Erkrankung der Gallenwege (Leberegelkrankheit; Med.)

Fat [fa(t)] *der;* -s ‹...(s)›, -s ‹...s› ‹aus gleichbed. *fr.* fat zu *lat.* fatuus „einfältig, albern"›: (veraltet) Laffe, Geck

¹Fa|ta *die;* (Plur.) ‹aus gleichbed. *lat.* Fata „Schicksalsgöttinnen"›: svw. Parzen u. svw. Moiren. **²Fa|ta** ‹zu ↑ Fatum›: Plur. von ↑ Fatum. **fa|tal** ‹aus *lat.* fatalis „vom Schicksal bestimmt; verhängnisvoll" zu fatum, vgl. Fatum›: a) sehr unangenehm u. peinlich; Unannehmlichkeiten, Ärger verursachend; in Verlegenheit bringend; mißlich; b) unangenehme, schlimme Folgen nach sich ziehend, verhängnisvoll, verderblich, folgenschwer. **Fa|ta|lis|mus** *der;* - ‹zu ↑ ...ismus (5)›: völlige Ergebenheit in die als unabänderlich hingenommene Macht des Schicksals; Schicksalsgläubigkeit. **Fa|ta|list** *der;* -en, -en ‹zu ↑ ...ist›: jmd., der sich dem Schicksal ohnmächtig ausgeliefert fühlt; Schicksalsgläubiger. **fa|ta|lis|tisch** ‹zu ↑ ...istisch›: sich dem Schicksal ohnmächtig ausgeliefert fühlend, schicksalsgläubig. **Fa|ta|li|tät** *die;* -, -en ‹über *fr.* fatalité aus gleichbed. *lat.* fatalitas, Gen. fatalitatis›: Verhängnis, Mißgeschick, peinliche Lage

Fa|ta Mor|ga|na *die;* - -, Plur. - ...nen u. - -s ‹aus gleichbed. *it.* fata morgana (eigtl. „Fee Morgana"), dies aus *it.* fata „Fee" u. *arab.* morgāna „eine Koralle", dies aus *gr.* margarítes „Perle"; nach dem Namen einer in arab. Märchen vorkommenden Sagengestalt, auf die der Volksglaube die in der Straße von Medina besonders häufigen Luftspiegelungen zurückführt›: a) durch Luftspiegelung hervorgerufene Sinnestäuschung, bes. in Wüstengebieten, bei der entfernte Teile einer Landschaft nähergerückt scheinen od. bei der man Wasserflächen zu sehen meint; b) Hirngespinst, Trugbild, realitätsferne Vorstellung

Fa|thom ['fæðəm] *das;* -s, -[s] ‹aus *engl.-amerik.* fathom „Faden"›: engl. u. nordamerik. Längenmaß (1,828 m), bes. bei der Schiffahrt

fa|tie|ren ‹aus gleichbed. *lat.* fateri›: 1. (veraltet) bekennen, angeben. 2. (österr.) eine Steuererklärung abgeben. **Fa|tie|rung** *die;* -, -en ‹zu ↑ ...ierung›: (österr.) Steuererklärung

fa|ti|gant ‹*fr.;* zu fatiguer, vgl. fatigieren›: (veraltet) ermüdend, langweilig; lästig. **Fa|ti|ga|tio** *die;* - ‹aus gleichbed. *lat.* fatigatio zu fatigare, vgl. fatigieren›: Ermüdung, allgemeine Erschlaffung (bes. Med.). **Fa|ti|ge** u. **Fatigue** [fa'ti:g] *die;* -, -n [...gn] ‹über *fr.* fatigue aus gleichbed. *lat.* fatigatio›: (veraltet) Ermüdung. **fa|ti|gie|ren** ‹aus *fr.* fatiguer „ermüden", dies aus gleichbed. *lat.* fatigare›: (veraltet) ermüden; langweilen. **Fa|tigue** [fa'ti:g] *die;* - vgl. Fatige

Fa|ti|ha *die;* - ‹aus *arab.* fātiha „die Eröffnende"›: die erste ↑ Sure des ↑ Korans, Grundgebet des Islams

Fa|ti|mi|den *die* (Plur.) ‹nach Fatima, der jüngsten Tochter Mohammeds, u. zu ↑ ...ide›: vom 10. bis 12. Jh. regierende mohammedanische Dynastie in Ägypten

Fat|sia, Fat|sie [...i̯ə] *die;* -, ...ien [...i̯ən] ‹aus *nlat.* fatsia, dies aus dem Japan.›: ein Araliengewächs (eine Zimmerpflanze)

fa|tu|lie|ren ‹aus *lat.* fatuari „albern, einfältig schwatzen"›: (veraltet) albern sein. **Fa|tui|tät** *die;* - ‹aus *lat.* fatuitas, Gen. fatuitatis „Albernheit, Einfalt"›: Blödsinn (Med.)

Fa|tum *das;* -s, ...ta ‹aus gleichbed. *lat.* fatum, eigtl. „Götterspruch", zu fari „sprechen"›: Schicksal, Geschick, Verhängnis; vgl. Fata

Fau|bourg [fo'bu:r] *der;* -s, -s ‹über *fr.* faubourg aus gleichbed. *altfr.* forsbourc zu fors „außerhalb" (dies aus gleichbed. *lat.* foris) u. bourc „Burg, Marktflecken", vgl. Bourgeoisie›: Vorstadt [einer franz. Stadt]

Fau|ces [...tse:s] *die* (Plur.) ‹aus *lat.* faux, Plur. fauces „Schlund, Kehle"›: Sammelbez. für Schlundenge, Gaumensegel u. Rachenmandel (Med.)

Fau|da|ge [fo'da:ʒ(ə)] *die;* -, -n ‹aus gleichbed. *fr.* faudage zu fauder „zusammenlegen, falten", dies zu *altfr.* faude „Falte" aus *fränk.* *falda (*ahd.* fald)›: (veraltet) das Einschlagen, Falten (des Tuches)

fau|fi|lie|ren [fo...] ‹aus gleichbed. *fr.* (se) faufiler zu faux „falsch" (aus *lat.* falsus) u. fil „Faden" (aus *lat.* filum), eigtl. „falsch zusammenfalten"›: (veraltet) a) anreihen; b) Bekanntschaften knüpfen

Fau|ja|sit [auch ...'zit] *der;* -s, -e ‹nach dem franz. Geologen u. Paläontologen B. Faujas de Saint-Fond (1741–1819) u. zu ↑² ...it›: dem ↑ Chabasit verwandtes Mineral

Faun *der;* -[e]s, -e ‹aus *lat.* Faunus; nach dem altröm. Feld- u. Waldgott›: geiler, lüsterner Mensch. **Fau|na** *die;* -, ...nen ‹aus *lat.* Fauna; nach der altröm. Fruchtbarkeitsgöttin Fauna (Schwester od. Frau des Faunus), vgl. Faun›: 1. Tierwelt eines bestimmten Gebiets (z. B. eines Erdteils, eines Landes). 2. systematische Zusammenstellung der in einem bestimmten Gebiet vorkommenden Tierarten. **Fau|nen|kun|de** *die;* - ‹zu ↑ Fauna›: svw. Faunistik. **fau|nisch** ‹zu ↑ Faun›: lüstern, geil. **Fau|nist** *der;* -en, -en ‹zu ↑ Fauna u. ↑ ...ist›: Zoologe, der auf dem Gebiet der Faunistik arbeitet. **Fau|ni|stik** *die;* - ‹zu ↑ ...istik›: Teilbereich der Zoologie, der sich auf die Erforschung der Tierwelt eines bestimmten Gebiets beschränkt. **fau|ni|stisch** ‹zu ↑ ...istisch›: die Tierwelt od. ihre Erforschung betreffend

Faus|saire [fo'sɛːr] *der;* -s, -s ‹aus gleichbed. *fr.* faussaire, dies aus *lat.* falsarius›: (veraltet) Betrüger, Fälscher. **Fausse** [fo:s] *die;* -, -n [...sən] ‹aus *fr.* (carte) fausse, eigtl. „falsche (Karte)", vgl. Foße›: (veraltet) svw. Foße. **Fausse|té** [fos'te:] *die;* - ‹aus gleichbed. *fr.* fausseté›: (veraltet) Falschheit. **faute de mieux** [fotdə'mjø] ‹*fr.*›: in Ermangelung eines Besseren; im Notfall

Fau|teuil [fo'tœ:i̯] *der;* -s, -s ‹aus gleichbed. *fr.* fauteuil, dies aus *altfr.* faldestueil, faldestoel „Faltstuhl"; germ. Herkunft›: Armstuhl, Lehnsessel

Faut|fracht *die;* - ‹zu *fr.* faux „falsch", dies aus *lat.* falsus›: a) abmachungswidrig nicht genutzter [Schiffs]frachtraum; b) Abstandssumme, die ein Befrachter an eine Spedition od. Reederei bei Rücktritt vom Frachtvertrag zahlen muß

Fauves [fo:v] *die* (Plur.) ‹aus *fr.* fauves (Plur.), eigtl. „wilde Tiere"; nach der 1905 von der franz. Kunstkritik geprägten Bez. dieser Malergruppe›: Gruppe von (Pariser) Malern, die sich auf die Ausdrucksmittel der reinen Farben berief. **Fau|vis|mus** *der;* - ‹aus gleichbed. *fr.* fauvisme; vgl. ↑ ...ismus (1)›: Richtung innerhalb der franz. Malerei des frühen 20. Jh.s, die im Gegensatz zum ↑ Impressionismus steht (Kunstw.). **Fau|vist** *der;* -en, -en ‹zu

fauvistisch

↑...ist⟩: Vertreter des Fauvismus. **fau|vi|stisch** ⟨zu ↑...istisch⟩: a) den Fauvismus betreffend, zu ihm gehörend; b) im Stil des Fauvismus gestaltet

Faux ami [foza'mi] *der;* - -, - -s [...'mi] ⟨aus *fr.* faux ami „falscher Freund"⟩: a) in einer Sprache gebräuchliches Fremdwort, das, auf Grund äußerer Übereinstimmung od. Ähnlichkeit mit einem Wort einer anderen Sprache aus Unkenntnis od. Unachtsamkeit leicht falsch (in der Bedeutung, in der Schreibung od. im Genus verschieden) gebraucht, zu Interferenzfehlern führen kann (z. B. *aktuell* für engl. *actually* statt *tatsächlich;* dt. *aggressiv,* aber fr. *agressif;* dt. *ein Alarm,* aber fr. *une alarme*); b) Fehler, der durch einen Faux ami (a) entstanden ist. **Faux|bour|don** [fobʊr'dõ:] *der;* -s, -s ⟨aus gleichbed. (älter) *fr.* faux-bourdon zu faux „falsch" u. bourdon „Schnarrwerk (der Orgel)"⟩: 1. franz. Bezeichnung für ↑ Faburden. 2. Tonsatz mit einfachem Kontrapunkt in konsonanten ↑ Akkorden (Mus.). 3. Sprechton in der ↑ Psalmodie. **Faux frais** [fo'frɛ:] *die* (Plur.) ⟨aus *fr.* faux frais, eigtl. „falsche Kosten"⟩: Unkosten, kleine, unvorhergesehene Ausgaben. **Faux|pas** [fo'pa] *der;* - [...'pa(s)], - [...'pas] ⟨aus *fr.* faux pas „Fehltritt", zu pas „Schritt", dies aus *lat.* passus⟩: Taktlosigkeit, Verstoß gegen gesellschaftliche Umgangsformen

Fa|ve|la [...v...] *die;* -, -s ⟨aus gleichbed. *port.* favela⟩: Elendsquartier, Slum [in südamerik. Großstädten]; vgl. Bariada

Fa|ven [...v...]: Plur. von ↑ Favus (2)

Fave|rolles|huhn [fa'vrɔl...] *das;* -s, ...hühner ⟨nach dem franz. Ort Faverolles⟩: eine Haushuhnrasse

Fa|vi ['fa:vi]: Plur. von ↑ Favus (2)

Fa|vis|mus [...v...] *der;* - ⟨zu *it.* fava „Bohne" (aus gleichbed. *lat.* faba) u. ↑...ismus (3)⟩: svw. Fabismus

Fa|vo|ni|us [...v...] *der;* - ⟨aus gleichbed. *lat.* favonius zu favere „günstig, geneigt sein"⟩: Bez. für den frühlingverheißenden lauen Westwind bei den Römern

fa|vo|ra|bel [...v...] ⟨aus gleichbed. *fr.* favorable, dies aus *lat.* favorabilis „begünstigt; empfehlend"⟩: (veraltet) günstig, geneigt; vorteilhaft. **Fa|vo|ris** [...'ri:] *die* (Plur.) ⟨aus gleichbed. *fr.* favoris, substantivierter Plur. von favori „beliebt"; vgl. Favorit⟩: (veraltet) schmaler, knapp bis an das Kinn reichender Backenbart. **favo|ri|sie|ren** ⟨aus gleichbed. *fr.* favoriser⟩: 1. begünstigen, bevorzugen. 2. als voraussichtlichen Sieger in einem sportlichen Wettbewerb ansehen, nennen; zum Favoriten erklären. **Fa|vo|rit** *der;* -en, -en ⟨unter Einfluß von *engl.* favo(u)rite aus *fr.* favori, fem. favorite „beliebt; Günstling", dies aus *it.* favorito „Begünstigter" zu favore „Gunst", dies aus *lat.* favor⟩: 1. a) jmd., der bevorzugt, anderen vorgezogen wird; begünstigte Person; b) (veraltet) Günstling, Geliebter. 2. jmd. (z. B. ein Teilnehmer an einem sportlichen Wettbewerb), der die größten Aussichten hat, den Sieg davonzutragen. **Fa|vo|ri|te** *die;* -, -n ⟨aus *fr.* favorite „die Beliebte"; vgl. Favorit⟩: 1. Name mehrerer Lustschlösser des 18. Jh.s. 2. svw. Favoritin (1 b). **Fa|vo|ri|tin** *die;* -, -nen: 1. a) weibliche Person, die bevorzugt, anderen vorgezogen wird; begünstigte Person; b) (veraltet) Geliebte [eines Herrschers]. 2. weibliche Person (z. B. eine Wettkampfteilnehmerin), die die größten Erfolgsaussichten hat. **Fa|vo|ri|tis|mus** *der;* -s ⟨unter Einfluß von *engl.* favouritism „Begünstigung" aus gleichbed. *fr.* favoritisme zu *fr.* favori „Günstling, Liebling"; vgl. ...ismus (5)⟩: Günstlingswirtschaft, Beeinflussung durch Günstlinge

Fa|vus [...v...] *der;* -, Plur. ...ven u. ...vi ⟨aus *lat.* favus „Wachsscheibe, Honigwabe"⟩: 1. ansteckende chronische Pilzerkrankung der Haut (Erbgrind). 2. Wachsscheibe im Bienenstock (Zool.)

Fax *das;* -, -[e] ⟨Kurzform von ↑ Telefax⟩: 1. Fernkopie. 2. Fernkopierer. **fa|xen** ⟨Kurzform von ↑ telefaxen⟩: fernkopieren

Fa|ya|lit [faja..., auch ...'lɪt] *der;* -s, -e ⟨nach dem Fundort, der Insel Fayal (Azoren), u. zu ↑²...it⟩: ein dunkelgelbes bis dunkelgrünes Mineral

Fa|yence [fa'jã:s] *die;* -, -n [...sn̩] ⟨aus gleichbed. *fr.* faïence, älter fayence, nach der *ital.* Stadt Faenza⟩: eine mit Zinnglasur bemalte Tonware; vgl. Majolika. **Fa|yence|rie** *die;* -, ...ien ⟨aus gleichbed. *fr.* faïencerie⟩: Fabrik, in der Fayencen hergestellt werden

Fa|ze|let u. Fazenet *das;* -s, -s ⟨aus *it.* fazzoletto „Taschentuch"⟩: (veraltet) [Zier]taschentuch

Fa|zen|da [fa'tsɛnda, fa'zɛnda] *die;* -, -s ⟨aus *port.* fazenda „Besitz, Vermögen" zu *lat.* facienda (Plur.) „Dinge, die getan werden müssen", Gerundivum von facere „machen, tun"⟩: Landgut in Brasilien. **Fa|zen|dei|ro** [...'deiru] *der;* -s, -s ⟨aus gleichbed. *port.* fazendeiro⟩: Plantagenbesitzer, Farmer, Pächter

Fa|ze|net vgl. Fazelet

Fä|zes u. Faeces ['fɛ:tse:s] *die* (Plur.) ⟨aus *lat.* faex, Plur. faeces „Bodensatz, Hefe"⟩: Stuhl, Kot (Med.)

Fa|ze|tie [...jə] *die;* -, -n (meist Plur.) ⟨aus *lat.* facetiae (Plur.) „Scherz, Witz; Spottreden"⟩: witzige Erzählung erotischen od. satirischen Inhalts [im Italien des 15. u. 16. Jh.s]. **Fa|ze|ti|en** [...jən] *die* (Plur.): (veraltet) drollige Einfälle, Spottreden. **fa|ze|ti|ös** ⟨aus gleichbed. *fr.* facétieux zu *lat.* facetus „spaßig, witzig"; vgl. ...ös⟩: witzig, lustig

fa|zi|al ⟨aus gleichbed. *mlat.* facialis zu *lat.* facies, vgl. Fazies⟩: zum Gesicht gehörend (Med.). **Fa|zia|lis** *der;* - ⟨aus gleichbed. *nlat.* (nervus) facialis⟩: Gesichtsnerv (Med.). **Fa|zia|lis|tic** [...tɪk] *der;* -s, -s ⟨zu ↑ Tic⟩: blitzartiges Zukken im Bereich des Gesichtsnervs (Med.). **fa|zi|ell** (französierende Bildung zu ↑ Fazies u. ↑...ell⟩: die verschiedenartige Ausbildung gleichaltriger Gesteinsschichten betreffend (Geol.). **Fa|zi|es** ['fa:tsjes] *die;* -, - [...e:s] ⟨aus *lat.* facies „Gestalt; Gesicht"⟩: 1. die verschiedene Ausbildung von Sedimentgesteinen gleichen Alters (Geol.). 2. kleinste unterscheidbare Einheit der Vegetation, die durch gehäuftes Auftreten einer Art od. weniger Arten gekennzeichnet ist (Bot.); vgl. Facies. **Fa|zi|li|tät** *die;* -, -en ⟨z. T. unter Einfluß von *engl.* facility aus *lat.* facilitas, Gen. facilitatis „Leichtigkeit; Gefälligkeit", dies zu facere „machen, tun"⟩: 1. (veraltet) Leichtigkeit, Gewandtheit; Umgänglichkeit. 2. Kreditmöglichkeit, die bei Bedarf in Anspruch genommen werden kann; Erleichterung von Zahlungsbedingungen (Wirtsch.). **Fa|zi|li|tä|ten** *die* (Plur.) ⟨über gleichbed. *engl.* facilities aus *lat.* facilitates⟩: Möglichkeiten, Einrichtungen, Ausstattung. **Fa|zi|li|ta|ti|on** *die;* - ⟨aus *fr.* facilitation „Erleichterung" zu facile „leicht", eigtl. „tunlich", dies aus *lat.* facilis⟩: (veraltet) Erleichterung, Förderung, Beförderung. **Fa|zit** *das;* -s, -s ⟨aus *lat.* facit, „es macht", 3. Pers. Sing. Präs. von facere „machen"⟩: 1. [Schluß]summe einer Rechnung. 2. Ergebnis; Schlußfolgerung

FCKW: Abk. für Fluorchlorkohlenwasserstoffe

Fea|si|bi|li|ty-Stu|die [fi:zə'bɪlɪti...] *die;* -, -n ⟨zu *engl.* feasibility „Eignung, Durchführbarkeit" (dies zu feasible aus *altfr.* faisible „durchführbar" zu *lat.* facere „machen, tun") u. ↑ Studie⟩: Untersuchung über die Durchführbarkeit eines technischen Projekts

Fea|ture ['fi:tʃɐ] *das;* -s, -s, auch *die;* -, -s ⟨aus gleichbed. *engl.* feature, eigtl. „Aussehen, charakteristischer Grundzug", dies über *altfr.* faiture aus *lat.* factura „das Machen, Formen"⟩: 1. a) Sendung in Form eines aus Reportagen, Kommentaren u. Dialogen zusammengesetzten [Dokumentar]berichtes; b) zu einem aktuellen Anlaß herausgegebener, besonders aufgemachter Text- od. Bildbeitrag. 2. Hauptfilm einer Filmvorstellung

Fe|ber *der;* -s, - ⟨zu ↑Februar⟩: (österr.) svw. Februar

Fe|bri|cu|la [...k...] *die;* - ⟨aus gleichbed. *lat.* febricula, Verkleinerungsform von febris „Fieber"⟩: leichtes Fieber (Med.). **fe|bril** ⟨aus gleichbed. *(n)lat.* febrilis⟩: fieberhaft, fiebrig (Med.). **Fe|bris** *die;* - ⟨aus gleichbed. *lat.* febris⟩: Fieber (Med.)

Fe|bru|ar *der;* -[s], -e ⟨aus *lat.* mensis Februarius „Reinigungsmonat"⟩: der zweite Monat des Jahres (Hornung); Abk.: Febr.

fe|cit ['fe:tsɪt] ⟨aus *lat.* fecit, 3. Pers. Sing. Perf. von facere „machen"⟩: hat (es) gemacht (häufige Aufschrift auf Kunstwerken hinter dem Namen des Künstlers); Abk.: f. od. fec.; vgl. ipse fecit

Fe|da|jin *der;* -[s], - ⟨aus gleichbed. *arab.* Fidā'iyūn, eigtl. „die sich Opfernden"⟩: a) arab. Freischärler; b) Angehöriger einer arab. politischen Untergrundorganisation

Fed|dan *der;* -s, - ⟨aus gleichbed. *arab.* faddān⟩: Flächenmaß in Ägypten von 42 Ar

Fe|de|ra|tion-Cup [fɛdəˈreɪʃn kʌp] *der;* -s ⟨zu *engl.* federation „Vereinigung, Verband" u. ↑Cup⟩: dem ↑Davis-Cup entsprechender Tenniswettbewerb für Frauen

Feed|back ['fi:dbæk] *das;* -s, -s ⟨aus gleichbed. *engl.* feedback zu to feed back „zurück-, weiterleiten" (dies zu feed „füttern, ernähren" u. back „zurück")⟩: 1. Rückkopplung, zielgerichtete Steuerung eines technischen, biologischen od. sozialen Systems durch Rückmelden der Ergebnisse, wobei die Eingangsgröße durch Änderung der Ausgangsgröße beeinflußt werden kann (Kybern.). 2. sinnlich wahrnehmbare Rückmeldung (z. B. durch Gestik od. Mimik), die dem Kommunikationspartner anzeigt, daß ein Verhalten od. eine sprachliche Äußerung verstanden wurde (Psychol.). **Fee|der** ['fi:dɐ] *der;* -s, - ⟨aus gleichbed. *engl.* feeder, eigtl. „Fütterer"⟩: elektr. Leitung, die der Energiezuführung dient (Funkw.)

Fee|lie ['fi:lɪ] *das;* -[s], -s ⟨zu *engl.* to feel „(be)fühlen"⟩: Kunstobjekt, das der Betrachter sehen, hören, betasten u. schmecken kann. **Fee|ling** ['fi:lɪŋ] *das;* -s, -s ⟨aus gleichbed. *engl.* feeling zu to feel, vgl. Feelie⟩: a) [den ganzen Körper erfüllendes] Gefühl; b) Gefühl für etwas; c) Stimmung, Atmosphäre

Fee|rie [feəˈri:, feˈri:] *die;* -, ...jen ⟨aus gleichbed. *fr.* féerie zu fée „Fee", dies aus *vulgärlat.* Fata „Schicksalsgöttin"; vgl. Fatum⟩: Feenstück, szenische Aufführung einer Feengeschichte unter großem bühnentechnischem u. ausstattungsmäßigem Aufwand

Feet [fi:t]: Plur. von ↑Foot

fe|kund ⟨aus gleichbed. *lat.* fecundus⟩: fruchtbar (Biol.). **Fe|kun|da|ti|on** *die;* -, -en ⟨aus gleichbed. *nlat.* fecundatio zu *lat.* fecundatus, Part. Perf. von fecundare „befruchten"⟩: Befruchtung. **Fe|kun|di|tät** *die;* - ⟨aus gleichbed. *lat.* fecunditas, Gen. fecunditatis⟩: Fruchtbarkeit

Fel *das;* - ⟨aus gleichbed. *lat.* fel⟩: Galle, von der Leber produziertes Sekret zur Fettverdauung (Med.)

Fel|bel *der;* -s, - ⟨aus gleichbed. *it.* felpa, weitere Herkunft ungeklärt⟩: hochfloriger [Kunst]seidenplüsch mit glänzender Oberfläche [für Zylinderhüte]

Fe|li|den *die* (Plur.) ⟨aus gleichbed. *nlat.* felidae (Plur.) zu *lat.* feles, Gen. felis „Katze"⟩: Familie der Katzen u. katzenartigen Raubtiere. **Fe|li|no|se** *die;* -, -n ⟨zu *gr.* nósos „Krankheit"⟩: Viruskrankheit, die von erkrankten Katzen auf den Menschen übertragbar ist (Med.)

fe|lix cul|pa [- k...] ⟨*lat.;* „glückliche Schuld"⟩: Bez. für einen Mißgriff od. Fehltritt, aus dem Gutes erwächst. **Fe|li|zi|ta|ti|on** *die;* -, -en ⟨aus gleichbed. *it.* felicitazione zu felicitare, vgl. felizitieren⟩: (veraltet) Glückwunsch, Gratulation. **fe|li|zi|tie|ren** ⟨aus gleichbed. *it.* felicitare⟩: (veraltet) beglückwünschen, glücklich machen, beglücken

Fel|la|che *der;* -n, -n ⟨aus *arab.* fallāḥ „Pflüger"⟩: Angehöriger der ackerbautreibenden Landbevölkerung in den arab. Ländern; vgl. Beduine. **Fel|la|chin** *die;* -, -nen: weibliche Form zu ↑Fellache. **fel|la|chisch**: in der Art der Fellachen. **Fel|lah** *der;* -s, -s: svw. Fellache

Fel|la|tio *die;* -, ...ones [...ne:s] ⟨aus gleichbed. *nlat.* fellatio zu *lat.* fellatus, Part. Perf. von fellare „saugen"⟩: Form des oral-genitalen Kontaktes, bei der der Penis mit Lippen, Zähnen u. Zunge gereizt wird; vgl. Cunnilingus. **fel|la|tio|nie|ren** ⟨zu ↑...ieren⟩: einen Geschlechtspartner durch Fellatio befriedigen. **Fel|la|trix** *die;* -, ...trizen ⟨aus gleichbed. *(n)lat.* fellatrix, eigtl. „Saugerin"⟩: weibliche Person, die Fellatio ausübt. **fel|lie|ren** ⟨aus *lat.* fellare „saugen"⟩: svw. fellationieren

Fel|lin|säu|re *die;* -, -n ⟨zu *lat.* fel, Gen. fellis „Galle" u. ↑...in (1)⟩: (veraltet) Gallensäure. **fel|lös** ⟨zu ↑...ös⟩: (veraltet) gallig, voll Galle; bitter

Fel|low ['fɛloʊ] *der;* -s, -s ⟨aus gleichbed. *engl.* fellow, eigtl. „Gefährte", dies über *altengl.* fēolaga aus *altnord.* fēlagi „Partner"⟩: 1. a) ein mit Rechten u. Pflichten ausgestattetes Mitglied eines ↑College (a); b) Inhaber eines Forschungsstipendiums; c) Mitglied einer [brit.] wissenschaftlichen Gesellschaft. 2. Student höheren Semesters (in den USA). **Fel|low|ship** [...ʃɪp] *die;* -, -s ⟨aus gleichbed. *engl.* fellowship, eigtl. „Kameradschaft"⟩: 1. Status eines Fellows (1). 2. Stipendium für graduierte Studenten an engl. u. amerik. Universitäten. **Fel|low-tra|vel|ler** [...ˈtrævələ] *der;* -s, -[s] ⟨aus gleichbed. *engl.* fellow travel(l)er, eigtl. „Mitreisender, Reisegefährte"⟩: a) Anhänger u. Verfechter [kommunistischer] politischer Ideen, der nicht eingeschriebenes Parteimitglied ist; b) politischer Mitläufer

Fe|lo|nie *die;* -, -ien ⟨aus gleichbed. *fr.* félonie zu félon „eidbrüchig; Verräter", dies aus gleichbed. *mlat.* fello zu *lat.* fallere „täuschen, betrügen"⟩: vorsätzlicher Bruch des Treueverhältnisses zwischen Lehnsherr u. Lehnsträger im Mittelalter

Fe|lu|ke *die;* -, -n ⟨vermutlich über gleichbed. *fr.* felouque aus *span.* faluca, falucho „Boot", die wohl aus *arab.* felūka⟩: a) zweimastiges Küstenfahrzeug des Mittelmeers mit einem dreieckigen Segel (Lateinsegel); b) früher verwendetes kleines Kriegsschiff in Galeerenform

Fe|mel u. **Fimmel** *der;* -s, - ⟨aus *lat.* femella „Weibchen" (da man die kleineren männlichen Pflanzen zuerst für die weiblichen hielt)⟩: männliche Pflanze bei Hanf u. Hopfen. **Fe|mel|be|trieb** *der;* -[e]s, -e: forstwirtschaftliche Form des Hochwaldbetriebs, die durch gezieltes Abholzen möglichst viele Altersstufen im Baumbestand erhalten will. **fe|meln** u. fimmeln: die reife männliche Hanfpflanze ernten. **Fe|mi|dom** *das;* -s, -e ⟨Kurzw. aus *lat.* femina „Frau" u. ↑Kondom⟩: Kondom für Frauen. **Fe|mi|nat** *das;* -[e]s, -e ⟨zu *lat.* femina „Weib, Frau" u. ↑...at (1)⟩: System, in dem die Frau die bevorzugte Stellung innehat. **fe|mi|nie|ren** ⟨zu ↑...ieren⟩: infolge eines Eingriffs in den Hormonhaushalt verweiblichen (von Männern bzw. männlichen Tieren; Med., Biol.). **fe|mi|nin** ⟨aus gleichbed. *lat.* femininus⟩: 1. a) für die Frau charakteristisch, weiblich; b) (selten) das Weibliche betonend; c) (abwertend) [als Mann] nicht die

Femininum

charakteristischen Eigenschaften eines Mannes habend, nicht männlich, zu weich, weibisch. 2. mit weiblichem Geschlecht (Sprachw.). **Fe|mi|ni|num** *das;* -s, ...na ⟨aus gleichbed. *lat.* (genus femininum⟩: a) weibliches Geschlecht eines Substantivs; b) weibliches Substantiv (z. B. die Uhr); Abk.: f., F., Fem. (Sprachw.). **Fe|mi|ni|sa|ti|on** *die;* -, -en ⟨zu ↑feminin u. ↑...isation⟩: svw. Feminisierung; vgl. ...[at]ion/...ierung. **fe|mi|ni|sie|ren** ⟨zu ↑...isieren⟩: (eine männliche Person) verweiblichen. **Fe|mi|ni|sie|rung** *die;* -, -en ⟨zu ↑...isierung⟩: a) das Feminisieren; b) das Feminisiertsein; vgl. ...[at]ion/...ierung. **Fe|mi|nis|mus** *der;* -, ...men ⟨aus gleichbed. *fr.* féminisme; vgl. ...ismus⟩: 1. (ohne Plur.) Richtung der Frauenbewegung, die, von den Bedürfnissen der Frau ausgehend, eine grundlegende Veränderung der gesellschaftlichen ↑Normen (z. B. der traditionellen Rollenverteilung) u. der ↑patriarchalischen Kultur anstrebt. 2. das Vorhandensein od. die Ausbildung weiblicher Geschlechtsmerkmale beim Mann od. bei männlichen Tieren (Med., Biol.). **Fe|mi|nist** *der;* -en, -en ⟨zu ↑...ist⟩: jmd., der sich zu den Überzeugungen u. Forderungen des Feminismus (1) bekennt. **Fe|mi|ni|stin** *die;* -, -nen: Anhängerin, Vertreterin des Feminismus (1). **fe|mi|ni|stisch** ⟨zu ↑...istisch⟩: 1. den Feminismus (1) betreffend. 2. den Feminismus (2) betreffend; weibisch
fe|misch ⟨Kunstw. zu *lat.* f*errum* „Eisen" u. ↑*Magnesium*⟩: reich an Eisen und Magnesium (von gesteinsbildenden Mineralien wie ↑Olivin, ↑Biotit u. a.); Ggs. ↑salisch
Femme fa|tale [famfa'tal] *die;* - -, -s -s [famfa'tal] ⟨aus *fr.* femme „Frau" (dies aus gleichbed. *lat.* femina) u. fatal „verhängnisvoll" (dies aus *lat.* fatalis, vgl. fatal), eigtl. „verhängnisvolle Frau"⟩: (veraltet, aber noch ugs. scherzh.) verführerische Frau mit Charme u. Intellekt, die durch ihren extravaganten Lebenswandel u. ihr verführerisches Wesen ihren Partnern häufig zum Verhängnis wird
Fe|mo|ra: Plur. von ↑Femur. **fe|mo|ral** ⟨zu *lat.* femur, Gen. femoris „Oberschenkel" u. ↑¹...al (1)⟩: zum Oberschenkel gehörend (Med.)
Fem|to... ⟨zu *schwed.* femton, *norweg.* femten „fünfzehn" (weil es den 10¹⁵ten Teil einer Maßeinheit bezeichnet)⟩: Vorsatz vor Maßeinheiten mit der Bedeutung (ein Billiardstel der 10¹⁵te Teil)" der genannten Maßeinheit; Zeichen f (z. B. Femtometer). **Fem|to|fa|rad** [auch 'fɛm...] *das;* -[s], -: ein billiardstel (der 10¹⁵te) Teil eines ↑Farad; Zeichen fF. **Fem|to|me|ter** [auch 'fɛm...] *der,* schweiz. nur so, od. *das;* -s, -: ein billiardstel (der 10¹⁵te) Teil eines ↑Meters; Zeichen fm
Fe|mur *das;* -s, Femora ⟨aus *lat.* femur „Oberschenkel"⟩: 1. Oberschenkel[knochen] (Med.). 2. drittes Glied eines Insekten- od. Spinnenbeins (Zool.)
Fen *der;* -[s], -[s] (aber: 5 -) ⟨aus *chin.* fen⟩: kleinste Währungseinheit in China
Fench u. Fennich *der;* -[e]s, -e ⟨entstellt aus *mlat.* panicium zu *lat.* panicum „Hirse"⟩: eine Hirseart
Fen|chel *der;* -s ⟨aus gleichbed. *lat.* feniculum zu fenum „Heu" (nach dem Heugeruch dieser Pflanze)⟩: 1. ein Gemüse. 2. eine Gewürz- u. Heilpflanze (Doldengewächs)
Fen|dant [fã'dã:] *der;* -s ⟨zu *fr.* fendant, Part. Präs. von fendre „(zer)platzen, spalten"; nach den Beeren der gleichnamigen Traubensorte, die unter den Zähnen zerplatzen⟩: Weißwein aus dem Kanton Wallis (Schweiz)
Fen|der *der;* -s, - ⟨aus *engl.* fender, eigtl. „Schutzvorrichtung, Puffer", zu to fend „abhalten, abwehren", dies gekürzt aus gleichbed. *lat.* defendere⟩: mit Kork od. Tauwerk gefülltes Kissen zum Schutz der Schiffsaußenseite beim Anlegen am Kai u. ä.

Fe|nek vgl. Fennek
Fe|ne|stra|ti|on *die;* -, -en ⟨aus *nlat.* fenestratio „Fensterung" zu *lat.* fenestra „Fenster"⟩: Fensterungsoperation, operative Herstellung eines neuen Schallwegs zum Ohrlabyrinth durch Entfernung der knöchernen Kapsel am horizontalen Bogengang (Med.). **Fe|ne|tra|ge** [...ʒə] *die;* -, -n ⟨aus gleichbed. *fr.* fenêtrage, fenestrage zu fenêtre „Fenster", dies aus *lat.* fenestra⟩: (veraltet) Fensterwerk, sämtliche Fenster eines Gebäudes
Fe|nia|nis|mus *der;* - ⟨zu ↑Fenier u. ↑...ismus (1)⟩: die von den ↑Feniern vertretene Politik. **Fe|ni|er** [...iɐ] *der;* -s, - ⟨aus gleichbed. *engl.* Fenian; nach dem Namen des ir. Sagenhelden Fionu od. Finn⟩: Mitglied eines ir. Geheimbundes, der Ende des 19. u. Anfang des 20. Jh.s für die Trennung Irlands von Großbritannien kämpfte. **fe|nisch:** die Fenier betreffend
Fen|nek u. Fenek *der;* -s, Plur. -s u. -e ⟨aus gleichbed. *arab.* fanak⟩: Wüstenfuchs
Fen|nich vgl. Fench
Fen|no|sar|ma|tia *die;* - ⟨zu *lat.* Fenni „Finnen" u. Sarmatia „polnisch-russisches Tiefland"⟩: ↑präkambrischer gefalteter Kontinentkern (Ureuropa; Geol.). **fen|no|sar|ma|tisch:** Fennosarmatio betreffend (Geol.). **Fen|no|skan|dia** *die;* - ⟨zu *lat.* Scandia „Schweden"⟩: 1. zusammenfassende Bez. für die skandinavischen Länder u. Finnland (Geol.). 2. zusammenfassende Bez. für den Baltischen Schild u. die ↑Kaledoniden (Geol.). **fen|no|skan|disch:** Fennoskandia betreffend (Geol.)
Fenz *die;* -, -en ⟨aus gleichbed. *engl.* fence, gekürzt aus defence „Verteidigung", dies über *(alt)fr.* défense aus *vulgärlat.* defensa zu *lat.* defendere „abwehren; verteidigen"⟩: [von Deutschamerikanern verwendete Bez. für] Zaun, Einfriedung. **fen|zen:** mit einer Fenz umgeben, einfrieden
Fe|ra|han *der;* -s, -s ⟨nach der pers. Provinz Ferahan⟩: Perserteppich, der sich durch besondere Schönheit des ↑Heratimusters auszeichnet
fe|ral ⟨aus gleichbed. *lat.* feralis⟩: a) die Feralien betreffend; b) auf die Toten od. die Unterwelt bezüglich. **Fe|ra|li|en** [...iən] *die* (Plur.) ⟨aus gleichbed. *lat.* feralia, Neutrum Plur. von feralis, vgl. feral⟩: öffentliche Totenfeier am Schlußtag der altröm. ↑Parentalien
Fer|be|rit [auch ...'rɪt] *der;* -s, -e ⟨nach dem dt. Mineralogen R. Ferber (1805–1875) u. zu ↑²...it⟩: ein Mineral, das am Aufbau des ↑Wolframits beteiligt ist
Fe|ren|ta|ri|er [...iɐ] *der;* -s, - ⟨aus gleichbed. *lat.* ferentarius⟩: Leichtbewaffneter, Wurfschütze im altröm. Heer
Fer|gu|sit [auch ...'zɪt] *der;* -s, -e ⟨nach dem Bezirk Fergus County, Montana (USA), u. zu ↑²...it⟩: ein Tiefengestein ↑magmatischen Ursprungs
Fe|ria *die;* -, ...iae [...iɛ] ⟨aus *mlat.* feria „Gebetsfeiertag; Wochentag", Sing. von *lat.* feriae, vgl. Ferien⟩: Wochentag im Gegensatz zum Sonn- u. Feiertag in der kath. ↑Liturgie. **fe|ri|al** ⟨aus *mlat.* ferialis „auf die Festtage bezüglich"⟩: (österr.) zu den Ferien gehörend; frei, unbeschwert. **Fe|ri|al|da|tie|rung** *die;* -: vom 13. bis zum 16. Jh. übliche Datierungsart, bei der die Wochentage auf ein Heiligenfest bezogen wurden, z. B. Montag vor Lukas. **Fe|ri|al|tag** *der;* -[e]s, -e: (österr.) Ferientag. **Fe|ri|en** [...iən] *die* (Plur.) ⟨aus *lat.* feriae „Festtage, geschäftsfreie Tage"⟩: a) mehrere zusammenhängende Tage od. Wochen dauernde, der Erholung dienende, turnusmäßig wiederkehrende Arbeitspause einer Institution (z. B. der Schule, Hochschule, des Gerichts, Parlaments); b) Urlaub. **Fe|ri|en|ko|lo|nie** *die;* -, -n [...i:ən]: Einrichtung für Ferienaufenthalte auf dem Land od. an der See, in der Kinder u. Jugendliche betreut

werden. **Fe|ri|en|kurs** *der;* -es, -e: 1. an einer Hochschule während der vorlesungsfreien Zeit stattfindende [Lehr]veranstaltungen für ausländische Studenten. 2. im Ausland stattfindender Sprachkurs
fe|rin ⟨aus gleichbed. *lat.* ferinus zu fera „wildes Tier"⟩: (veraltet) wild, grausam. **Fe|ri|tät** *die;* - ⟨aus gleichbed. *lat.* feritas, Gen. feritatis⟩: (veraltet) Wildheit, Grausamkeit
ferm vgl. firm. **Fer|ma|ge** [...ʒə] *die;* -, -n ⟨aus gleichbed. *fr.* fermage zu ferme, vgl. Ferme⟩: (veraltet) Pachtgeld. **Fermail** [...'maːj] *das;* -s, -s ⟨aus gleichbed. *fr.* fermail, dies aus galloroman. *firmaculum „Werkzeug zum Befestigen" zu *lat.* firmare „befestigen"⟩: (veraltet) Gürtelschnalle, Agraffe (1). **fer|mail|lie|ren** [...ma'jiː...] ⟨zu ↑...ieren⟩: (veraltet) mit einem Fermail versehen, befestigen. **fer|ma|men|te** ⟨*it.;* „fest", zu fermare „anhalten, befestigen", dies aus *lat.* firmare „festmachen; stärken"⟩: sicher, fest, kräftig (Vortragsanweisung; Mus.)
Fer|man *der;* -s, -e ⟨über *türk.* ferman aus gleichbed. *pers.* farmān⟩: (früher) Erlaß islamischer Herrscher
Fer|ma|te *die;* -, -n ⟨aus *it.* fermata, eigtl. „Halt, Aufenthalt", zu fermare, vgl. fermamente⟩: 1. Haltezeichen; Ruhepunkt (Mus.); Zeichen ↷ über der Note. 2. Dehnung der [vor]letzten Silbe eines Verses, die das metrische Schema sprengt. **Ferme** [fɛrm] *die;* -, -n [...mən] ⟨aus gleichbed. *fr.* ferme, eigtl. „Pachtvertrag", zu fermer „schließen, bindend vereinbaren", dies aus *lat.* firmare „festmachen"⟩: [Bauern]hof, Pachtgut (in Frankreich)
Fer|ment *das;* -s, -e ⟨aus *lat.* fermentum, eigtl. „Sauerteig", zu fermentare, vgl. fermentieren⟩: 1. (veraltet) svw. Enzym. 2. als Biokatalysator wirkender Stoff, bes. im biochem. Verarbeitungsverfahren. **Fer|men|ta|ti|on** *die;* -, -en ⟨zu ↑...ation⟩: 1. chem. Umwandlung von Stoffen durch Bakterien u. ↑Enzyme (Gärung). 2. biochem. Verarbeitungsverfahren zur Aromaentwicklung in Lebens- u. Genußmitteln (z. B. Tee, Tabak). **fer|men|ta|tiv** ⟨zu ↑...iv⟩: 1. (veraltet) svw. enzymatisch. 2. durch Fermente (2) hervorgerufen. **Fer|men|ter** *der;* -s, - ⟨zu ↑Ferment⟩: meist geschlossener Behälter unterschiedlicher Größe zur Durchführung biochemischer Reaktionen, bes. für die Massenproduktion von Mikroorganismen in Forschung u. Industrie. **fer|men|tie|ren** ⟨aus *lat.* fermentare „gären machen"⟩: durch Fermentation (2) veredeln. **Fer|ment|urie** *die;* -, ...ien ⟨zu ↑Ferment u. ↑...urie⟩: das Ausscheiden von Enzymen im Harn (Med.)
Ferme-porte [fɛrm'pɔrt] *der;* -[s], -s ⟨aus gleichbed. *fr.* ferme-porte (eigtl. „er schließt die Tür") zu fermer (vgl. Ferme) u. porte „Tür", dies aus *lat.* porta⟩: (veraltet) selbsttätiger Türschließer
Fer|mi *der;* -[s], - ⟨nach dem ital. Physiker E. Fermi, 1901–1954⟩: eine in der Kernphysik verwendete Längeneinheit (entspricht einem ↑Femtometer); Zeichen f. **Fer|mi|on** *das;* -s, ...ionen ⟨zu ↑⁴...on⟩: Elementarteilchen mit halbzahligem ↑Spin (Phys.). **Fer|mi|um** *das;* -s ⟨zu ↑...ium⟩: chem. Element, ein Transuran; Zeichen Fm
Fer|mo|se|rum *das;* -s ⟨aus ↑Ferment u. ↑Serum⟩: durch ↑enzymatische Behandlung mittels ↑Proteinasen hergestelltes Immunserum mit stark vermindertem Gehalt an tierischem Eiweiß (Pharm.)
Fer|nam|buk|holz vgl. Pernambukholz
Fer|net ⓌⓏ *der;* - ⟨Kunstw., von dem Hersteller Bernardino Branca zu Beginn des 19. Jh.s geprägt⟩: ein ital. Magenbitterlikör
fe|ro|ce [fe'roːtʃə] ⟨*it.;* dies aus *lat.* ferox „wild, unbändig"⟩: wild, ungestüm, stürmisch (Vortragsanweisung; Mus.). **Fe|ro|zi|tät** *die;* -, -en ⟨aus gleichbed. *lat.* ferocitas, Gen. ferocitatis⟩: (veraltet) Wildheit, Rohheit, Grausamkeit
Fer|ra|ghan [...'gaːn] *der;* -[s], -s ⟨nach dem gleichnamigen iran. Gebiet südöstlich von Teheran⟩: ein meist rot- od. blaugrundiger Teppich
Fer|ra|li|ti|sie|rung *die;* - ⟨Kunstw. aus *lat.* ferrum „Eisen", ↑A/uminium, ↑¹...it u. ↑...isierung⟩: durch Kieselsäureauswaschung verursachte Anreicherung von Eisen- u. Aluminiumoxyden in tropischen Böden, die zur Rot- od. Gelbfärbung führt (Geol.). **Fer|ral|sol** *der;* - ⟨zu *lat.* solum „Boden"⟩: durch Ferralitisierung entstandener, silikatarmer, sehr stark verwitterter Boden in den wechselfeuchten Tropen. **Fer|rat** *das;* -[e]s, -e (meist Plur.) ⟨zu ↑...at (2)⟩: Verbindung mit komplexen ↑Anionen, in denen Eisen das Zentralatom bildet (Chem.). ²**Fer|ri...** ⟨zu *lat.* ferrum „Eisen"⟩: (veraltet) Namensbestandteil von chem. Verbindungen, die dreiwertiges Eisen enthalten; vgl. ²Ferro...
Fer|rie|rit [...rie..., auch ...'rɪt] *der;* -s, -e ⟨zu ↑²...it⟩: ein weißes, zu den ↑Zeolithen gehörendes Mineral. **Fer|ri|mag|ne|tis|mus** *der;* - ⟨zu ↑Ferrit⟩: eine vorwiegend beim ↑Magnetit u. allen ↑Ferriten auftretende magnetische Erscheinung. **Fer|ri|na|trit** [auch ...'trɪt] *der;* -s, -e ⟨zu ↑Ferri..., ↑Natrium u. ↑²...it⟩: ein grauweißes Mineral. **Fer|rit** [auch ...'rɪt] *der;* -s, -e (meist Plur.) ⟨zu ↑²...it⟩: 1. reine, weiche, fast kohlenstofffreie Eisenkristalle (α-Eisen). 2. einer der magnetischen (1), zur Herstellung nachrichtentechnischer Bauteile verwendeten Werkstoffe. **Fer|rit|an|ten|ne** [auch ...'rɪt...] *die;* -, -n: Richtantenne mit hochmagnetischem Ferritkern (z. B. in Rundfunkempfängern). **Fer|ri|tin** *das;* -s, -e ⟨zu ↑...in (1)⟩: eisenspeicherndes ↑Protein im Körper (Med.). **Fer|rit|kern** [auch ...'rɪt...] *der;* -[e]s, -e ⟨zu ↑Ferrit⟩: [ringförmiges] Bauelement aus ferromagnetischem Eisen zur Informationsspeicherung (EDV). **Fer|ri|tung|stit** [auch ...'stɪt] *der;* -s, -e ⟨zu ↑Ferri... u. ↑Tungstit⟩: ein gelbes Mineral. **fer|ro...,** ¹**Fer|ro...** ⟨zu *lat.* ferrum „Eisen"⟩: Wortbildungselement mit der Bedeutung „Eisen als überwiegenden Bestandteil enthaltend", z. B. Ferromangan. ²**Fer|ro...:** (veraltet) Namensbestandteil von chem. Verbindungen, die zweiwertiges Eisen enthalten; vgl. Ferri... **Fer|ro|an|ti|go|rit** [auch ...'rɪt] *der;* -s, - ⟨zu ↑ferro...⟩: ein Mineral, eisenreicher ↑Serpentin. **Fer|ro|cart** ⓌⓏ [...'kart] *das;* -s ⟨Kunstw.⟩: Handelsname eines Hochfrequenzeisens für Massekerne. **Fer|ro|chrom** [...kroːm] *das;* -s ⟨zu ↑ferro...⟩: eine Ferrolegierung mit bis zu 90% Chrom. **Fer|ro|elek|tri|zi|tät** *die;* -: dem Ferromagnetismus analoges Verhalten einiger weniger Stoffe auf Grund bestimmter ↑elektrischer (1) Eigenschaften. **Fer|ro|gos|la|rit** [auch ...'rɪt] *der;* -s, -e: ein Mineral, eisenhaltiger ↑Goslarit. **Fer|ro|graph** *der;* -en, -en ⟨zu ↑...graph⟩: Gerät zur Messung der magnetischen Eigenschaften eines Werkstoffs. **Fer|ro|le|gie|rung** *die;* -, -en: Eisenlegierung mit Begleitelementen. **Fer|ro|ma|gnet** [auch ...'zɪt] *der;* -s, -e: eisenhaltiger ↑Magnesit. **Fer|ro|ma|gne|ti|kum** *das;* -s, ...ka ⟨zu spätlat. magneticum „das Magnetische", Neutrum von magneticus, vgl. magnetisch⟩: eine ferromagnetische Substanz. **fer|ro|ma|gne|tisch:** sich wie Eisen magnetisch verhaltend. **Fer|ro|ma|gne|tis|mus** *der;* -: Magnetismus des Eisens (Kobalts, Nickels u. a.), der durch eine besonders hohe ↑Permeabilität (2) gekennzeichnet ist. **Fer|ro|man|gan** *das;* -s: Legierung des Eisens mit ↑Mangan
Fer|ro|nière [fɛro'njɛːr] *die;* -, -n [...rən] ⟨aus gleichbed. *fr.* ferronnière, benannt nach La Belle Ferronnière († um 1540), der Geliebten König Franz' I. von Frankreich⟩: Stirnschmuck der Frauen mit Edelstein in der Mitte (in Renaissance u. Biedermeierzeit)

Ferrosalit

Fer|ro|sa|lit [auch ...'lɪt] *der;* -s, -e ⟨zu ↑ferro... u. ↑Salit⟩: ein Mineral, ↑Diopsid enthaltendes Mischkristall. **Fer|ro|se|lit** [auch ...'lɪt] *der;* -s, -e ⟨zu ↑Selen u. ↑²...it⟩: ein weißes Mineral von metallischem Glanz. **Fer|ro|si|lit** [auch ...'lɪt] *das;* -s, -e ⟨zu ↑Silikat u. ↑²...it⟩: ein Eisen enthaltendes, gesteinsbildendes Mineral. **Fer|ro|skop** *das;* -s, -e ⟨zu ↑...skop⟩: tiermedizinisches Instrument, mit dem verschluckte Metallteile nachgewiesen werden können. **Fer|ro|tin** *der;* -s, -e ⟨zu ↑...in (2)⟩: ein Mineral, ↑Pseudomorphose aus Blutstein u. ↑Magnetit. **Fer|ro|ty|pie** *die;* -, ...ien ⟨zu ↑...typie⟩: fotografisches Verfahren zur Herstellung von Bildern auf lichtempfindlich beschichteten, schwarzgelackten Eisenblechen

Fer|ruc|cit [...'tʃiːt, auch ...'tʃɪt] *der;* -s, -e ⟨nach dem ital. Mineralogen Ferruccio Zamboníni (†1932) u. zu ↑²...it⟩: ein farbloses Mineral

Fer|rum *das;* -s ⟨aus *lat.* ferrum „Eisen"⟩: Eisen, chem. Element; Zeichen Fe

fer|til ⟨aus gleichbed. *lat.* fertilis zu ferre „tragen"⟩: fruchtbar (Biol., Med.); Ggs. ↑steril (2). **Fer|ti|li|sa|ti|on** *die;* -, -en ⟨aus gleichbed. *nlat.* fertilisatio⟩: Befruchtung (Med.). **Fer|ti|li|tät** *die;* - ⟨aus *lat.* fertilitas, Gen. fertilitatis „Fruchtbarkeit"⟩: Fähigkeit von Organismen, Nachkommen hervorzubringen; Fruchtbarkeit (Biol., Med.); Ggs. ↑Sterilität (2)

Fe|ru|la *die;* -, ...lae [...lɛ] ⟨aus *spätlat.* ferula „Rute", dies aus *lat.* ferula „Pfriemenkraut" (weil dessen Stengel als Stab od. Rohrstock verwendet wurden)⟩: im Mittelalter gebräuchlicher, heute nur noch bei besonderen liturgischen Handlungen vorgeschriebener Hirtenstab der Päpste

Fer|va|nit [...va..., auch ...'nɪt] *der;* -s, -e ⟨zu ↑Ferrum, ↑Vanadin u. ↑²...it⟩: ein goldbraunes, stark glänzendes Mineral

fer|vent [...'vɛnt] ⟨aus *lat.* fervens, Gen. ferventis, Part. Präs. von *lat.* fervere „brausen, sieden, glühen"; vgl. ferveszieren⟩: (veraltet) hitzig, glühend, eifrig. **fer|ves|zie|ren** [...v...] ⟨aus *lat.* fervescere „kochen, sieden"⟩: (veraltet) sich erhitzen, zornig werden. **Fer|veur** [...'vøːɐ̯] *der;* -s, -s ⟨aus gleichbed. *fr.* ferveur⟩: (veraltet) Glut, Eifer, Inbrunst. **fer|vid** ⟨aus *lat.* fervidus „kochend, siedend"⟩: (veraltet) leidenschaftlich erregt

Fes *der;* -[es], -[e] ⟨aus gleichbed. *türk.* fes; nach der marokkanischen Stadt Fes (*arab.* Fās), wo diese Kopfbedeckung vermutlich zuerst hergestellt wurde⟩: bes. in islamischen Ländern getragene kegelstumpfförmige rote Filzkappe

Fes|cen|ni|nen [...ts...] vgl. Feszenninen

fesch [österr. feːʃ] ⟨verkürzt aus *engl.* fashionable, vgl. fashionabel⟩: a) (österr. u. ugs.) schick, schneidig, flott, elegant; b) (österr.) nett, freundlich. **Fe|schak** [auch 'fɛː...] *der;* -s, -s ⟨zu ↑fesch u. *slaw.* -ak (Suffix zur Charakterisierung von Personen)⟩: (österr. ugs.) fescher [junger] Mann. **Fe|schak|tum** *das;* -s: (österr.) Benehmen, Lebensform eines Feschaks; ↑Snobismus (2)

fe|sti|na len|te! ⟨*lat.*⟩: Eile mit Weile! (nach Sueton ein häufiger Ausspruch des röm. Kaisers Augustus). **Fe|sti|na|ti|on** *die;* - ⟨aus *lat.* festinatio „Hast, Eile" zu festinare; vgl. festinieren⟩: unwillkürliche Gangbeschleunigung (bei bestimmten Nervenkrankheiten; Med.). **fe|sti|nie|ren** ⟨aus gleichbed. *lat.* festinare⟩: (veraltet) eilen, sich beeilen

Fe|sti|val ['fɛstivəl, ...val] *das;* schweiz. auch *der;* -s, -s ⟨aus gleichbed. *engl.* festival, dies über *altfr.* festival ⟨französisch⟩ aus gleichbed. *lat.* festivus⟩: [in regelmäßigen Abständen wiederkehrende] kulturelle Großveranstaltung. **Fe|sti|va|lier** [...va'lieː] *der;* -s, -s (meist Plur.) ⟨aus gleichbed. *fr.* festivalier⟩: Teilnehmer an einem [Film]festival. **Fe|sti|vi|tät** [...v...] *die;* -, -en ⟨aus gleichbed. *spätlat.* festivitas, Gen. festivitatis zu *lat.* festivus „festlich"⟩: (ugs.) Festlichkeit. **fe|sti|vo** ⟨aus gleichbed. *it.* festivo⟩: festlich, feierlich (Vortragsanweisung; Mus.). **Fe|ston** [fɛs'tõː] *das;* -s, -s ⟨über *fr.* feston „Girlande, Blumengehänge" aus gleichbed. *it.* festone, eigtl. „Festschmuck", zu festa „Fest"; vgl. Fete⟩: 1. Schmuckmotiv von bogenförmig durchhängenden Gewinden aus Blumen, Blättern od. Früchten an Gebäuden od. in der Buchkunst. 2. mit Zierstichen gestickter bogen- od. zackenförmiger Rand eines Stückes Stoff. **fe|sto|nie|ren** [fɛstɔ'niː...] ⟨aus gleichbed. *fr.* festonner⟩: 1. mit Festons (1) versehen. 2. Stoffkanten mit Festonstich versehen. **fe|sto|so** ⟨aus *it.* festoso „freudig, fröhlich" zu festa „Fest"⟩: svw. festivo

Fes|zen|ni|nen *die* (Plur.) ⟨aus gleichbed. *lat.* Fescennini (versus), wahrscheinlich nach der etrusk. Stadt Fescennium⟩: altitalische Festlieder voll derben Spotts

fe|tal u. fötal ⟨zu ↑Fetus u. ↑¹...al (1)⟩: zum ↑Fetus gehörend, den Fetus betreffend (Med.). **Fe|tal di|stress** ['fiːtl dɪ'strɛs] *das;* - - ⟨aus gleichbed. *engl.* fetal distress, eigtl. „fetale Not"⟩: zusammenfassende Bez. für die Gefährdungen, die dem Fetus bzw. Neugeborenen vor, während u. nach der Geburt drohen (Med.)

Fe|te (auch 'fɛːtə] *die;* -, -n ⟨aus *fr.* fête „Fest", dies aus gleichbed. *vulgärlat.* festa zu *lat.* festus „festlich, feierlich"⟩: (ugs.) Fest, Party, ausgelassene Feier. **Fêtes ga|lantes** [fɛːtga'lãːt] *die* (Plur.) ⟨aus *fr.* fêtes galantes „galante Feste"⟩: 1. höfische Feste (im Frankreich des 18. Jh.s. 2. Gemäldegattung, die die Fêtes galantes (1) in der Art der Genremalerei darstellt

Fe|tia|len *die* (Plur.) ⟨aus gleichbed. *lat.* fetiales, Plur. von fetialis „zu den Rechtsaufgaben gehörig", dies zu *fetis „Satzung, Gesetz"⟩: Priesterkollegium im alten Rom, das die für den völkerrechtlichen Verkehr bestehenden Vorschriften überwachte

fe|tie|ren ⟨aus gleichbed. *fr.* fêter, eigtl. „feiern", zu fête, vgl. Fete⟩: (veraltet) jmdn. durch ein Fest ehren

Fe|tisch *der;* -[e]s, -e ⟨aus gleichbed. *fr.* fétiche, dies aus *port.* feitiço „Zauber(mittel)" zu *lat.* facticius „nachgemacht, künstlich" (zu facere „machen")⟩: Gegenstand, dem helfende od. schützende Zauberkraft zugeschrieben wird (Völkerk.); vgl. Amulett u. Talisman. **fe|ti|schi|sie|ren** ⟨zu ↑...isieren⟩: etwas zum Fetisch, Abgott machen. **Fe|ti|schis|mus** *der;* - ⟨zu ↑...ismus⟩: 1. Glaube an einen Fetisch, Fetischverehrung [in primitiven Religionen] (Völkerk.). 2. sexuelle Fehlhaltung, bei der bestimmte Körperteile od. Gegenstände (z. B. Strümpfe, Wäschestücke) von Personen des gleichen od. anderen Geschlechts als einzige od. bevorzugte Objekte sexueller Erregung u. Befriedigung dienen (Psychol.). **Fe|ti|schist** *der;* -en, -en ⟨zu ↑...ist⟩: 1. Fetischverehrer (Völkerk.) 2. Person mit fetischistischen Neigungen (Psychol.). **Fe|ti|schi|stin** *die;* -, -nen: weibliche Form zu ↑Fetischist. **fe|ti|schi|stisch** ⟨zu ↑...istisch⟩: den Fetischismus (1, 2) betreffend

Fe|to|ge|ne|se *die;* -, -n ⟨zu ↑Fetus u. ↑Genese⟩: letzte Periode der ↑intrauterinen Entwicklung der Leibesfrucht (Med.). **Fe|to|gra|phie** *die;* -, ...ien ⟨zu ↑...graphie⟩: Röntgenaufnahme der Leibesfrucht mit Hilfe von Kontrastmitteln (Med.). **Fe|to|me|trie** *die;* -, ...ien ⟨zu ↑...metrie⟩: das Ausmessen des Fetus im Mutterleib mit Hilfe der Ultraschalldiagnostik (Med.). **Fe|to|pa|thie** *die;* -, ...ien ⟨zu ↑...pathie⟩: Schädigung der Leibesfrucht nach Abschluß der Organentwicklung (vom Beginn des vierten Schwangerschaftsmonats an; Med.). **Fe|tus** u. Fötus *der;* Gen. - u.

-ses, Plur. -se u. ...ten 〈aus gleichbed. *lat.* fetus, foetus〉: [menschliche] Leibesfrucht vom dritten Schwangerschaftsmonat an (Med.)

Fęt|wa *das;* -s, -s 〈aus gleichbed. *arab.* fetwa, fatwa〉: Rechtsgutachten des ↑ Muftis, in dem festgestellt wird, ob eine Handlung mit den Grundsätzen des islamischen Rechts vereinbar ist

feu|dal 〈aus *mlat.* feudalis „zum Lehnswesen gehörend" zu feudum, feodum „Lehngut", dies unter Einfluß von al(l)odium „Eigengut" umgebildet aus gleichbed. *mlat.* feum, dies zu *germ.* *fehu „Vieh, Besitz" (*ahd.* fihu)〉: 1. das Lehnswesen betreffend. 2. a) aristokratisch, vornehm, herrschaftlich; b) reichhaltig ausgestattet. **feu|dal...**, **Feu|dal...**: Wortbildungselement mit der Bedeutung „zum Lehnswesen bzw. zum Feudalismus gehörend", z. B. Feudalsystem. **Feu|dal|herr|schaft** *die;* -: svw. Feudalismus. **feu|da|li|sie|ren** 〈zu ↑ ...isieren〉: in ein Feudalsystem mit einbeziehen. **Feu|da|lis|mus** *der;* - 〈zu ↑ ...ismus (2)〉: 1. auf dem Lehnsrecht aufgebaute Wirtschafts- u. Gesellschaftsform, in der alle Herrschaftsfunktionen von der über den Grundbesitz verfügenden aristokratischen Oberschicht ausgeübt werden. 2. a) System des Lehnswesens im mittelalterlichen Europa; b) Zeit des Feudalismus (2 a). **feu|da|li|stisch** 〈zu ↑ ...istisch〉: zum Feudalismus gehörend. **Feu|da|li|tät** *die;* - 〈zu ↑ ...ität〉: 1. Lehnsverhältnis im Mittelalter. 2. herrschaftliche Lebensform. **Feu|dal|system** *das;* -s: svw. Feudalismus. **Feu|dum** *das;* -s, ...da 〈aus gleichbed. *mlat.* feudum, vgl. feudal〉: Lehngut

Feuil|la|ge [fœ'ja:ʒə] *die;* -, -n 〈aus gleichbed. *fr.* feuillage zu feuille „Blatt"; vgl. Feuilleton〉: geschnitztes od. gemaltes Laub- od. Blattwerk. **Feuil|lan|ten** [fœ'jan...] u. **Feuil|lants** [fœ'jã] *die* (Plur.) 〈aus gleichbed. *fr.* Feuillants; nach der Abtei Feuillant bei Toulouse〉: 1. ↑ Kongregation franz. ↑ Zisterzienser. 2. Mitglieder eines gemäßigt-monarchistischen Klubs während der Franz. Revolution, die im Kloster der Feuillanten in Paris tagten. **Feuil|le|ton** [fœjə'tõ:] *das;* -s, -s 〈aus gleichbed. *fr.* feuilleton, eigtl. „Beiblättchen", zu feuille „Blatt", dies aus gleichbed. *vulgärlat.* folia, vgl. Folie〉: 1. kultureller Teil einer Zeitung. 2. literarischer Beitrag im Feuilletonteil einer Zeitung. 3. (österr.) populärwissenschaftlicher, im Plauderton geschriebener Aufsatz. **feuil|le|to|ni|sie|ren** [...toni...] 〈zu ↑ ...isieren〉: einen nicht zum Feuilleton gehörenden Beitrag in der Zeitung feuilletonistisch gestalten. **Feuil|le|to|nis|mus** *der;* - 〈zu ↑ ...ismus (5)〉: (oft abwertend) in der literarischen Form des Feuilletons ausgeprägte Sprach- u. Stilhaltung; vgl. ...ismus/...istik. **Feuil|le|to|nist** *der;* -en, -en 〈aus gleichbed. *fr.* feuilletoniste; vgl. ...ist〉: jmd., der Feuilletons schreibt. **Feuil|le|to|ni|stik** *die;* - 〈zu ↑ ...istik〉: svw. Feuilletonismus; vgl. ...ismus/...istik. **feuil|le|to|ni|stisch** 〈zu ↑ ...istisch〉: a) das Feuilleton betreffend; b) in der Art eines Feuilletons geschrieben. **Feuil|le|ton|re|dak|teur** [fœjə'tõ:...] *der;* -s, -e: Redakteur des Feuilletons. **Feuil|le|ton|stil** *der;* -[e]s: unterhaltender, geistreich-witziger Stil. **Feuil|le|ton|teil** *der;* -[e]s, -e: Teil einer Zeitung, der das Feuilleton enthält

Feuil|lette [fœ'jɛt] *die;* -, -s (aber: 3 -) 〈aus *fr.* feuillette „Fäßchen (als Weinmaß)", dies wohl aus dem Germ.〉: altes franz. Flüssigkeitsmaß (= 134 bis 137 l)

¹Fęz *der;* - 〈wohl aus *fr.* fêtes (Plur.) „Feste", vgl. Fete〉: (ugs.) Spaß, Vergnügen, Ulk, Unsinn

²Fez [auch fɛːs] *der;* -[es], -[e] 〈aus *türk.* fes „Filzkappe", vgl. Fes〉: svw. Fes

Fia|ker *der;* -s, - 〈aus gleichbed. *fr.* fiacre, dies nach dem Hôtel Saint-Fiacre in Paris, wo um 1650 die ersten Mietkutschen standen〉: (österr.) a) [zweispännige] Pferdedroschke; b) Kutscher, der einen Fiaker fährt

Fia|le *die;* -, -n 〈wohl aus *it.* fiala „Flasche mit engem Hals", dies über *lat.* phiala aus *gr.* phiálē „Schale, Urne"〉: schlankes, spitzes Türmchen an gotischen Bauwerken, das als Bekrönung von Strebepfeilern dient (Archit.)

fi|an|chet|tie|ren [fjaŋkɛ'ti:...] 〈zu ↑ Fianchetto u. ↑ ...ieren〉: die Schachpartie mit einem Fianchetto eröffnen. **Fi|an|chet|to** [fjaŋ'kɛto] *das;* -[s], Plur. ...etti, auch -s 〈aus gleichbed. *it.* fianchetto zu fianco „Seite, Flanke"〉: Schacheröffnung mit einem od. mit beiden Springerbauern zur Vorbereitung eines Flankenangriffs der Läufer (Schach)

fi|ant vgl. ²fiat

Fiąs|co [...ko] *der;* -s, Plur. -s u. ...ci [...tʃi] 〈aus gleichbed. *it.* fiasco, eigtl. „Flasche", dies aus *spätlat.* flasco „(Wein)flasche"; aus dem Germ.〉: mit einer Strohhülle umflochtene ital. Weinflasche, meist für Chianti. **Fi|ąs|ko** *das;* -s, -s 〈wohl über *fr.* faire fiasco „einen Fehler machen", zu *it.* fiasco, vgl. Fiasco〉: Mißerfolg, Reinfall; Zusammenbruch

¹fi|at 〈aus gleichbed. *lat.* fiat zu fieri „werden, geschehen" (nach dem Schöpfungsspruch „fiat lux!" = es werde Licht, 1. Mose 1, 3)〉: es geschehe! **²fi|at** 〈aus *lat.* fiat „es werde"〉: man verarbeite zu... (auf Rezepten; Med.); Abk.: f. **Fi|at** *das;* -s, -s 〈Substantivierung von ↑ ¹fiat; veraltet〉 Zustimmung, Genehmigung. **fi|at ju|sti|tia, et per|eat mun|dus** 〈*lat.*, „es geschehe Recht, und sollte die Welt zugrunde gehen"〉: das Recht muß seinen Gang gehen, und sollte die Welt darüber zugrunde gehen (angeblicher Wahlspruch Kaiser Ferdinands I.

¹Fi|bel *die;* -, -n 〈wohl aus *spätmhd.* fibele, kindersprachl. für ↑ Bibel (nach den Bibelstücken in den alten Fibeln)〉: 1. bebildertes Lesebuch für Schulanfänger. 2. Lehrbuch, das das Grundwissen eines Fachgebietes vermittelt

²Fi|bel *die;* -, -n 〈aus *lat.* fibula „Klammer, Spange"〉: frühgeschichtliche Spange od. Nadel aus Metall zum Zusammenstecken der Kleidungsstücke

Fi|ber *die;* -, -n 〈aus *lat.* fibra „Pflanzen-, Muskelfaser"〉: 1. [Muskel]faser. 2. (ohne Plur.) künstlich hergestellter Faserstoff

Fi|bo|nac|ci|sche Zah|len|fol|ge [...'nattʃiʃə –] *die;* -n 〈nach dem ital. Mathematiker L. Fibonacci, 1175−1250〉: Folge der Zahlen 1, 1, 2, 3, 5, 8, 13..., wobei jedes Glied gleich der Summe der beiden vorausgegangenen Glieder ist

fi|bril|lär 〈zu ↑ Fibrille u. ↑ ...är〉: aus Fibrillen bestehend, faserig (Med.). **Fi|bril|le** *die;* -, -n 〈Verkleinerungsbildung zu *lat.* fibra „Faser"〉: sehr feine Muskel- od. Nervenfaser (Med.). **fi|bril|lie|ren** 〈zu ↑ ...ieren〉: Papierrohstoff zerfasern u. mahlen. **Fi|brin** *das;* -s 〈zu *lat.* fibra „Faser" u. ↑ ...in (1)〉: Eiweißstoff des Blutes, der bei der Blutgerinnung aus Fibrinogen entsteht (Med.). **fi|brin...**, **Fi|brin...** vgl. fibrino..., Fibrino... **Fi|brin|kle|ber** *der;* -s: zur Blutstillung, Verklebung von Organrissen (z. B. Milzruptur) od. Veröðung von Hohlräumen verwendeter Gewebekleber aus menschlichem Fibrinogenkonzentrat (Med.). **fi|bri|no...**, **Fi|bri|no...**, vor Vokalen meist fibrin..., ↑ Fibrin〉: Wortbildungselement mit der Bedeutung „Fibrin enthaltend, mit Fibrin verbunden", z. B. Fibrinogen, Fibrinurie. **Fi|bri|no|gen** *das;* -s 〈zu ↑ ...gen〉: im Blut enthaltener Eiweißstoff, die lösliche Vorstufe des Fibrins (Med.). **Fi|bri|no|pe|nie** *die;* - 〈zu *gr.* penía „Armut, Mangel"〉: Mangel an Fibrinogen im Blut (mit der Folge einer verzögerten Blutgerinnung; Med.). **fi|bri|no|id** 〈zu ↑ ...oid〉: fibrinähnlich (Med.). **Fi|bri|no|ly|se** *die;*

Fibrinolysin

-, -n ⟨zu ↑...lyse⟩: Auflösung eines Fibringerinnsels durch Enzymeinwirkung (Med.). **Fi|bri|no|ly|sin** *das;* -s, -e: mit Hilfe aktivierender ↑Enzyme gebildete fibrinauflösende Substanz im Körper (Med.). **Fi|bri|no|ly|ti|kum** *das;* -s, ...ka ⟨zu ↑lytisch u. ↑...ikum⟩: Arzneimittel, das Fibringerinnsel auflöst (Med.). **fi|bri|no|ly|tisch:** die Fibrinolyse betreffend (Med.). **fi|bri|nös** ⟨zu ↑...ös⟩: fibrinhaltig, fibrinreich (z. B. von krankhaften Ausscheidungen; Med.). **Fi|brin|urie** *die;* - ⟨zu ↑...urie⟩: das Auftreten von Fibrin im Harn (Med.). **fi|bro...**, **Fi|bro...** ⟨aus *lat.* fibra „Pflanzen-, Muskelfaser"⟩: Wortbildungselement mit der Bedeutung „das Bindegewebe betreffend", z. B. Fibroblast. **Fi|bro|ade|nom** *das;* -s, -e: gutartige Geschwulst aus Drüsengewebe (Med.). **Fi|bro|blast** *der;* -en, -en (meist Plur.) ⟨zu *gr.* blastós „Sproß, Trieb"⟩: Bildungszelle des faserigen Bindegewebes (Med.). **Fi|bro|bla|stom** *das;* -s, -e: gutartige Bindegewebsgeschwulst (Med.). **Fi|bro|car|ti|la|go** [...k...] *die;* -, ...gines [...ne:s]: Faserknorpel, Bindegewebe aus Faserknorpel (Med.). **Fi|bro|chon|drom** [...ç...] *das;* -s, -e: gutartige Knorpelgeschwulst (Med.). **Fi|bro|ela|sto|se** *die;* -, -n ⟨zu ↑elastisch u. ↑¹...ose⟩: übermäßiges Wachstum des faserigen u. elastischen Bindegewebes (Med.). **Fi|bro|in** *das;* -s ⟨zu ↑...in (1)⟩: Eiweißstoff der Naturseide. **Fi|bro|li|pom** *das;* -s, -e: gutartige Geschwulst aus Binde- u. Fettgewebe (Med.). **Fi|brom** *das;* -s, -e ⟨zu ↑...om⟩: gutartige Geschwulst aus Bindegewebe (Med.). **Fi|bro|ma|to|se** *die;* -, -n ⟨zu *nlat.* fibroma (vgl. Fibrom) u. ↑¹...ose⟩: 1. geschwulstartige Wucherung des Bindegewebes (Med.). 2. das gehäufte Auftreten von Fibromen (Med.). **Fi|bro|musku|lär:** eine im Bindegewebe veränderte Muskelschicht betreffend (Med.). **Fi|bro|my|om** *das;* -s, -e: gutartige Geschwulst aus Binde- u. Muskelgewebe (Med.). **Fi|bro|my|xom** *das;* -s, -e: gutartige Geschwulst aus Bindegewebe u. Schleimgewebe (Med.). **fi|brös** ⟨aus *nlat.* fibrosus⟩: „faserreich"; vgl. ...ös⟩: aus derbem Bindegewebe bestehend; faserreich (Med.). **Fi|bro|sar|kom** *das;* -s, -e: bösartige Form des Fibroms (Med.). **Fi|bro|se** *die;* -, -n ⟨zu ↑¹...ose⟩: meist entzündlich bedingte Vermehrung des Bindegewebes (Med.). **Fi|bro|skop** *das;* -s, -e ⟨zu ↑...skop⟩: Gerät zur Ausleuchtung von Körperinnenräumen mittels optischer Systeme, die aus Bündeln feinster Glasfasern bestehen (Med.). **Fi|bro|zyt** *der;* -en, -en (meist Plur.) ⟨zu ↑...zyt⟩: spindelförmige Zelle im lockeren Bindegewebe (Med.). **¹Fi|bu|la** *die;* -, ...lae ⟨aus *lat.* fibula „Klammer, Spange"⟩: svw. ²Fibel. **²Fi|bu|la** *die;* -, ...lae [...lε] ⟨zu ↑¹Fibula⟩: Wadenbein (hinter dem Schienbein gelegener Unterschenkelknochen; Anat.).

Fi|ca|ria [fi'ka:...] *die;* -, ...iae [...riε] ⟨aus *lat.* ficaria „Feigwurz" zu ficus „Feige" (wegen der feigenähnlichen Wurzelknollen)⟩: Scharbockskraut (Hahnenfußgewächs).

Fi|celle [fi'sεl] *die;* -, -n [...lən] ⟨aus gleichbed. *fr.* ficelle aus *vulgärlat.* *filicella, Verkleinerungsbildung zu *lat.* filum „Faden"⟩: (veraltet) Bindfaden. **fi|cel|lie|ren** [fisə'li:...] ⟨aus gleichbed. *fr.* ficeler⟩: (veraltet) mit Bindfaden zusammenbinden, umwickeln, verschnüren

¹Fiche [fi:ʃ] *die;* -, -s ⟨aus *fr.* fiche, eigtl. „Rammpflock, Kennzeichen", zu ficher „einrammen, festmachen", dies aus *lat.* figere „(an)heften"⟩: 1. Spielmarke. 2. (veraltet) Pflock zum Lagerabstecken. **²Fiche** *das* od. *der;* -s, -s ⟨aus gleichbed. *engl.* fiche, dies aus *fr.* fiche, vgl. ¹Fiche⟩: mit einer lichtempfindlichen Schicht überzogene Karte, auf der in Form fotografischer Verkleinerungen Daten von Originalen gespeichert sind, die mit speziellen Lesegeräten gelesen werden. **fi|chie|ren** [fi'ʃi:...] ⟨aus gleichbed. *fr.* ficher, vgl. ¹Fiche⟩: (veraltet) einbohren, einrammen, einschlagen. **Fi|chu** [fi'ʃy:] *das;* -s, -s ⟨aus gleichbed. *fr.* fichu, Substantivierung von fichu „(schlecht) gekleidet", Part. Perf. von ficher, vgl. ¹Fiche⟩: großes dreieckiges, auf der Brust gekreuztes Schultertuch, dessen Enden vorn od. auf dem Rücken verschlungen werden

Fic|tion ['fɪkʃən] *die;* - ⟨aus gleichbed. *engl.* fiction, vgl. Fiktion⟩: Sammelbez. für fiktive Erzählliteratur, Prosadichtungen, Romane, Science-fiction; Ggs. ↑Non-fiction

Fi|cus ['fi:kʊs] *der;* -, ...ci ['fi:tsi] ⟨aus *lat.* ficus „Feige"⟩: Feigenbaum (Maulbeergewächs)

Fi|dal|go [...gu] *der;* -s, -s ⟨aus *port.* fidalgo „Edelmann, Junker"⟩: Angehöriger des niederen Adels in Portugal

fi|de bo|na ⟨*lat.*⟩: in gutem Glauben [handeln]

Fi|dei|kom|miß [fidei...] *das;* ...misses, ...misse ⟨aus *lat.* fideicommissum „zu treuen Händen überlassen", Part. Perf. von fideicommittere „jmdm. etwas auf seine Ehrlichkeit hin anvertrauen; testamentarisch verfügen"⟩: unveräußerliches u. unteilbares Vermögen einer Familie (Rechtsw.). **Fi|de|is|mus** *der;* - ⟨zu *lat.* fides „Glaube, Vertrauen" (vgl. Fides) u. ↑...ismus (1)⟩: 1. erkenntnistheoretische Haltung, die den Glauben als einzige Erkenntnisgrundlage betrachtet u. ihn über die Vernunft setzt (Philos.). 2. evangelisch-reformierte Lehre, nach der nicht der Glaubensinhalt, sondern nur der Glaube an sich entscheidend sei. **Fi|de|ist** *der;* -en, -en ⟨zu ↑...ist⟩: Anhänger des Fideismus. **fi|dei|stisch** ⟨zu ↑...istisch⟩: den Fideismus betreffend

fi|del ⟨im 18. Jh. studentensprachl. scherzh. aus *lat.* fidelis⟩: lustig, heiter, gut gelaunt, vergnügt

Fi|del *die;* -, -n ⟨Herkunft unsicher⟩: Saiteninstrument des Mittelalters

Fi|de|lis|mo *der;* -[s] ⟨aus *span.* Fidelismo, nach dem kuban. Ministerpräsidenten Fidel Castro (*1926)⟩: revolutionäre politische Bewegung in Kuba [u. in Südamerika] auf marxistisch-leninistischer Grundlage; vgl. Castrismus. **Fi|de|list** *der;* -en, -en ⟨zu ↑...ist⟩: Anhänger Fidel Castros; Vertreter des Fidelismos

Fi|de|li|tas u. **Fi|de|li|tät** *die;* - ⟨nach *lat.* fidelitas, Gen. fidelitatis „Treue"; vgl. fidel⟩: svw. Fidulität. **Fi|des** *die;* - ⟨aus *lat.* fides „Vertrauen, Treue"⟩: in altem Rom das Treueverhältnis zwischen ↑¹Patron (1) u. Klient

Fi|di|bus *der;* Gen. - u. -ses, Plur. - u. -se ⟨Herkunft unsicher; vielleicht nach dem Horazvers: Et ture et fidibus iuvat placare... deos, bei dem man die Worte et ture et fidibus „mit Weihrauch und Saitenspiel" im Scherz als „mit Tabakrauch und Pfeifenanzünder" übersetzte⟩: Holzspan od. gefalteter Papierstreifen zum Feuer- od. Pfeifenanzünden

FIDO, **Fi|do** ['faɪdoʊ] *die;* -, -s ⟨Kurzw. aus *amerik.* Fog Investigation Dispersal Operations „Verfahren zur Untersuchung und Auflösung von Nebelfeldern"⟩: Entnebelungsanlage auf Flugplätzen

Fi|du|li|tät *die;* -, -en ⟨studentensprachl. für *lat.* fidelitas, Gen. fidelitatis „Zuverlässigkeit, Treue"; vgl. fidel⟩: der inoffizielle, zwanglosere zweite Teil eines studentischen ↑Kommerses. **Fi|duz** *das;* -es ⟨aus *lat.* fiducia „Vertrauen, Zuversicht"⟩; in der Wendung kein - zu etw. haben: (ugs.) 1. keinen Mut zu etw. haben. 2. keine Lust zu etw. haben. **Fi|du|zi|al|wahr|schein|lich|keit** *die;* - ⟨zu *spätlat.* fiducialis „zuversichtlich"⟩: Sonderform der Wahrscheinlichkeit, die Aussagen über feste, aber unbekannte Zustände macht (Statistik). **Fi|du|zi|ant** *der;* -en, -en ⟨zu ↑fiduziarisch u. ↑...ant (1)⟩: Treugeber bei einem ↑fiduziarischen Geschäft (Rechtsw.). **Fi|du|zi|ar** *der;* -s, -e ⟨zu ↑...ar (2)⟩: Treuhänder bei einem ↑fiduziarischen Geschäft (Rechtsw.). **fi|du|zia|risch** ⟨aus *lat.* fiduciarius „auf Treu und Glauben anvertraut"⟩: als Treuhänder auftretend (Rechtsw.); -es **Geschäft**: Treuhandgeschäft, bei dem der Fiduziant dem Fiduziar ein Mehr an Rechten überträgt, als er selbst aus einer vorher getroffenen schuldrechtlichen Vereinbarung hat. **fi|du|zit!** [fidu'tsi:t] ⟨aus *lat.* fiducia sit „vertraue darauf!"⟩: Antwort des Studenten auf den Bruderschafts- u. Trinkzuruf „Schmollis!" **Fi|du|zit** *das;* -: der Zuruf „fiduzit!"

Fief|fant [fjɛ'fã:] *der;* -s, -s ⟨aus gleichbed. *fr.* fieffant zu fief „Lehen, Lehngut", weitere Herkunft unsicher⟩: (veraltet) Lehnsherr. **fief|fie|ren** [fjɛ...] ⟨aus gleichbed. *fr.* fieffer⟩: (veraltet) belehnen

Fiel|di|stor ['fi:l..., auch ...'dɪs...] *der;* -s, ...oren ⟨aus gleichbed. *amerik.* fieldistor, Kurzw. aus *engl.-amerik.* field effect trans*istor*⟩: Feldtransistor, bei dem das elektrische Feld den Stromfluß steuert. **Field-Re|search** ['fi:ldrɪ'sə:tʃ] *das;* -[s] ⟨aus *engl.-amerik.* field research „Feldforschung, Primärerhebung"⟩: Verfahren in der Markt- u. Meinungsforschung zur Erhebung statistischen Materials durch persönliche Befragung od. durch Fragebogen (Soziol.); Ggs. ↑ Desk-Research. **Field-Spa|niel** [...'ʃpa:nɪəl, ...'spɛnɪəl] *der;* -s, -s ⟨aus gleichbed. *engl.* field spaniel, eigtl. „Feldspaniel", vgl. Spaniel⟩: kleiner engl. Jagdhund. **Field-work** [...wə:k] *das;* -s ⟨aus gleichbed. *engl.-amerik.* field-work, eigtl. „Feldarbeit"⟩: Verfahren in der Markt- u. Meinungsforschung zur Erhebung statistischen Materials durch persönliche Befragung von Testpersonen durch Interviewer (Soziol.). **Field-wor|ker** [...wə:kə] *der;* -s, - ⟨aus gleichbed. *engl.-amerik.* field-worker⟩: ↑ Interviewer, der zur Erhebung statistischen Materials Befragungen durchführt

fie|ra|men|te [fiera...] ⟨*it.*⟩: svw. fiero

Fie|rant [fiə..., fie...] *der;* -en, -en ⟨aus *it.* fiera „(Jahr)markt" (dies aus *lat.* feria, vgl. Feria) u. ↑...ant (1)⟩: (österr.) Markthändler

fie|ro ⟨*it.;* aus *lat.* ferus „ungezähmt, wild"⟩: stolz, wild, heftig (Vortragsanweisung; Mus.)

Fie|sta *die;* -, -s ⟨aus *span.* fiesta „Fest; Feiertag", dies aus *vulgärlat.* festa „Fest"; vgl. Fete⟩: spanisches [Volks]fest

Fiè|vre bou|ton|neu|se ['fjɛ:vrə butɔ'nø:zə] *die;* - -, -s -s [...vrə ...zə] ⟨aus *fr.* fièvre boutonneuse „Bläschenfieber" zu fièvre „Fieber" (aus *lat.* febris) u. boutonneux, boutonneuse „pickelig, voller Ausschlag", dies zu boutonner „sich mit Pickeln, Ausschlag überziehen"⟩: akute, nicht ansteckende Infektionskrankheit mit 8–14 Tagen dauerndem Fieber, hervorgerufen durch Zeckenbiß (Med.)

FIFO-Spei|cher *der;* -s, - ⟨Abk. für *engl.* first in, first out „als erstes hinein, als erstes hinaus"⟩: Datenspeicherstruktur, aus der Daten in genau der Reihenfolge ausgelesen werden müssen, in der sie eingegeben worden sind (EDV)

fif|ty-fif|ty ['fɪftɪ'fɪftɪ] ⟨aus *engl.-amerik.* fifty-fifty „halb und halb, zu gleichen Teilen", eigtl. „fünfzig-fünfzig"⟩: (ugs.): üblich in den Verbindungen - machen: so teilen, daß jeder die Hälfte erhält; - ausgehen/stehen: unentschieden ausgehen, stehen

Fi|ga|ro *der;* -s, -s ⟨nach Figaro, der Dienergestalt in Beaumarchais' Lustspiel „Der Barbier von Sevilla"⟩: a) (scherzh.) Friseur; b) (selten) gewitzter, redegewandter Mann

Fight [faɪt] *der;* -s, -s ⟨aus *engl.* fight, eigtl. „Kampf", zu to fight, vgl. fighten⟩: hart geführter Kampf, Wettkampf (bes. beim Boxen). **figh|ten** ['faɪtn̩] ⟨aus gleichbed. *engl.* to fight⟩: kämpfen, angreifen (bes. beim Boxen). **Figh|ter** ['faɪtɐ] *der;* -s, - ⟨aus *engl.* fighter, eigtl. „Kämpfer, Streiter"⟩: offensiver Kämpfer (bes. beim Boxen)

Fi|gur *die;* -, -en ⟨über *(alt)fr.* figure „Gebilde, Gestalt, Erscheinung" aus gleichbed. *lat.* figura zu fingere „formen, gestalten", vgl. fingieren⟩: 1. Körperform, Gestalt, äußere Erscheinung eines Menschen im Hinblick auf ihre Proportioniertheit. 2. [künstlerische] Darstellung eines menschlichen, tierischen od. abstrakten Körpers. 3. Spielstein, bes. beim Schachspiel. 4. a) [geometrisches] Gebilde aus Linien od. Flächen, Umrißzeichnungen o. ä.; b) Abbildung, die als Illustration einem Text beigegeben ist. 5. a) Persönlichkeit, Person (in ihrer Wirkung auf ihre Umgebung, auf die Gesellschaft; b) (ugs.) Person, Mensch (meist männlichen Geschlechts), Typ, z. B. an der Theke standen ein paar -en; c) handelnde Person, Gestalt in einem Werk der Dichtung. 6. (beim Tanz, Eistanz, Kunstflug, Kunstreiten u. a.) in sich geschlossene [tänzerische] Bewegungsfolge, die Teil eines größeren Ganzen ist. 7. in sich geschlossene Tonfolge als schmückendes u. vielfach zugleich textausdeutendes Stilmittel (Mus.). 8. von der normalen Sprechweise abweichende sprachliche Form, die als Stilmittel eingesetzt wird (Sprachw.); ↑ Allegorie, ↑ Anapher, ↑ Chiasmus. **Fi|gu|ra** *die;* - ⟨aus gleichbed. *lat.* figura, vgl. Figur⟩: Bild, Figur; wie - zeigt: wie klar vor Augen liegt, wie an diesem Beispiel klar zu erkennen ist. **fi|gu|ra|bel** ⟨aus gleichbed. *fr.* figurable⟩: (veraltet) gestaltbar, bildbar. **Fi|gu|ra ety|mo|lo|gi|ca** [- ...ka] *die;* - -, ...rae ...cae [...rɛ ...tsɛ] ⟨aus *lat.* figura etymologica, eigtl. „etymologische Figur", vgl. etymologisch⟩: Redefigur, bei der sich ein intransitives Verb mit einem Substantiv gleichen Stamms od. verwandter Bedeutung als Objekt verbindet (z. B. einen [schweren] Kampf kämpfen; Rhet., Stilk.). **fi|gu|ral** ⟨zu ↑ Figur u. ↑¹...al (1)⟩: mit Figuren versehen. **Fi|gu|ral|deu|tung** *die;* -: typische Form mittelalterlicher ↑ Exegese, bei der Geschehnisse od. Gestalten nicht allein aus sich verstanden, sondern als Vorausdeutung im Rahmen der Heilsgeschichte aufgefaßt werden. **Fi|gu|ra|li|tät** *die;* - ⟨zu ↑ ...ität⟩: figürliche Beschaffenheit, Form (Kunstw.). **Fi|gu|ral|mu|sik** *die;* -: mehrstimmiger ↑ kontrapunktischer Tonsatz in der Kirchenmusik des Mittelalters; Ggs. ↑ Gregorianischer Choral. **Fi|gu|rant** *der;* -en, -en ⟨aus *lat.* figurans, Gen. figurantis, Part. Präs. von figurare, vgl. figurieren⟩: 1. (veraltet) Gruppentänzer im Gegensatz zum Solotänzer (Ballett). 2. (veraltet) Statist, stumme [Neben]rolle (Theat.). 3. Nebenperson, Lückenbüßer. **Fi|gu|ran|tin** *die;* -, -nen: weibliche Form zu ↑ Figurant. **Fi|gu|ra pi|ra|mi|da|le** *die;* - - ⟨aus *it.* figura piramidale „pyramidenförmige Gestalt" zu ↑ Figura u. *lat.* pyramidalis (vgl. pyramidal)⟩: Kompositionsschema in Malerei u. Bildhauerkunst, bei dem der Aufbau einer Figurengruppe der Gestalt einer gleichseitigen Pyramide entspricht. **Fi|gu|ra ser|pen|ti|na|ta** *die;* - - ⟨aus *it.* figura serpentinata „schlangenförmige Gestalt" zu serpente „Schlange", dies aus *lat.* serpens, Gen. serpentis⟩: Kompositionsschema in der ↑ manieristischen Plastik (u. der Malerei u. des Kupferstichs), bei dem sich der Aufbau einer Figurengruppe vom Sockel her spiralförmig nach oben entwickelt. **Fi|gu|ra|ti|on** *die;* -, -en ⟨über *spätlat.* figuratio „Darstellung" aus *lat.* figuratio „äußere Gestalt; Vorstellung"⟩: 1. Auflösung einer Melodie od. eines Akkords in rhythmische [melodisch untereinander gleichartige] Notengruppen (Mus.). 2. a) figürliche Darstellung; b) Formgebilde (Kunstw.); vgl. ...[at]ion/...ierung. **fi|gu|ra|tiv** ⟨*spätlat.* figurativus „zur bildlichen Darstellung geeignet"⟩: 1. a) graphisch od. als Figur wiedergebend od. wiedergegeben; b) (etwas Abstraktes) gegensätzlich darstellend; 2. (veraltend) svw. figürlich (3). **Fi|gu|ren|ka|pi|tell** *das;* -s, -e ⟨zu ↑ Figur⟩: ein mit Figuren geschmücktes ↑ Kapitell [an romanischen Bauwerken] (Archit.). **fi|gu|rie|ren** ⟨aus *lat.*

figurare „gestalten, darstellen, bilden"⟩: 1. eine Rolle spielen; in Erscheinung treten. 2. einen Akkord mit einer Figuration versehen (Mus.). **fi|gu|riert** ⟨zu ↑ ...iert⟩: a) gemustert (von Textilien); b) ausgeschmückt; -er Choral: mehrstimmiger Choralsatz mit bewegter, verzierter Mittelstimme (Mus.). **Fi|gu|rie|rung** *die;* -, -en ⟨zu ↑ ...ierung⟩: svw. Figuration; vgl. ...[at]ion/...ierung. **Fi|gu|ri|ne** *die;* -, -n ⟨über *fr.* figurine aus gleichbed. *it.* figurina zu figura „Gestalt", dies aus *lat.* figura, vgl. Figur⟩: 1. kleine Figur, kleine Statue. 2. Nebenfigur auf [Landschafts]gemälden. 3. Kostümzeichnung od. Modellbild für Theateraufführungen. **Fi|gu|rist** *der;* -en, -en ⟨aus gleichbed. *fr.* figuriste⟩: (veraltet) Gipsfigurenbildner. **fi|gür|lich** ⟨zu ↑ Figur⟩: 1. in bezug auf die Figur (1). 2. eine Figur (2), Figuren (2) darstellend (Kunstw.). 3. (veraltend) in einem bildlichen, übertragenen Sinn gebraucht (von Wortbedeutungen) **...fi|ka|ti|on** ⟨aus gleichbed. *lat.* -ficatio, Gen. -ficationis, zu facere „machen"; vgl. ...fizieren⟩: Wortbildungselement mit der Bedeutung „das Machen, Herstellen", z. B. Elektrifikation
Fi|kel|lu|ra|va|sen *die* (Plur.) ⟨nach dem Fundort Fikellura bei Kamiros auf Rhodos u. zu ↑ Vase⟩: vor allem auf Rhodos u. Samos gefundene Vasengattung des 6. Jh.s v. Chr.
Fikh [fɪk] *das;* - ⟨aus *arab.* fiqh „Kenntnis, Gelehrsamkeit"⟩: die Rechtswissenschaft des Islams
fik|til ⟨aus gleichbed. *lat.* fictilis zu fingere, vgl. fingieren⟩: (veraltet) tönern. **Fik|ti|lien** [...i̯ən] *die* (Plur.): Töpferwaren, Tongefäße. **Fik|ti|on** *die;* -, -en ⟨aus gleichbed. *lat.* fictio, Gen. fictionis, zu fingere, vgl. fingieren⟩: 1. etw., was nur in der Vorstellung existiert; etw. Vorgestelltes, Erdachtes. 2. bewußt gesetzte widerspruchsvolle od. falsche Annahme als methodisches Hilfsmittel bei der Lösung eines Problems (Philos.). **fik|tio|nal** ⟨zu ↑¹...al (1)⟩: auf einer Fiktion beruhend. **fik|tio|na|li|sie|ren** ⟨zu ↑...isieren⟩: als Fiktion darstellen. **Fik|tio|na|lis|mus** *der;* - ⟨zu ↑...ismus (1)⟩: philos. Theorie, daß jede wissenschaftliche Erkenntnis von Fiktionen Gebrauch macht od. auf ihnen beruht. **Fik|tio|na|list** *der;* -en, -en ⟨zu ↑...ist⟩: Vertreter des Fiktionalismus. **fik|tio|na|li|stisch** ⟨zu ↑...istisch⟩: in der Art des Fiktionalismus, auf ihm beruhend. **fik|tiv** ⟨nach gleichbed. *fr.* fictif, fictive⟩: eingebildet, erdichtet; angenommen, auf einer Fiktion (1) beruhend
Fi|la: Plur. von ↑ Filum. **fi|la|bel** ⟨aus gleichbed. *fr.* filable zu fil „Faden", dies aus *lat.* filum⟩: (veraltet) spinnbar, -fähig. **Fil-à-fil** [fila'fil] *das;* - ⟨aus *fr.* fil-à-fil, eigtl. „Faden an Faden"⟩: Kleiderstoff mit karoähnlichem Gewebebild. **Fi|la|ge** [...ʒə] *die;* -, -n ⟨aus *fr.* filage, eigtl. „das Spinnen", zu filer „(ver)spinnen", dies aus gleichbed. *spätlat.* filare⟩: 1. das Zusammendrehen von Seidenfäden. 2. das Abziehen der gezinkten Karten beim Falschspiel. **Fi|la|ment** *das;* -s, -e ⟨aus *spätlat.* filamentum „Fadenwerk" zu *lat.* filum „Faden"⟩: 1. Staubfaden der Blüte (Bot.). 2. (meist Plur.) dunkles, fadenförmiges Gebilde in der ↑ Chromosphäre (Astron.). 3. auf chemisch-technischem Wege erzeugte, fast endlose Faser als Bestandteil von Garnen u. Kabeln. **fi|la|men|tös** ⟨zu ↑...ös⟩: fadenförmig. **Fi|lan|da** *die;* -, ...den ⟨aus *it.* filanda „Spinnerei", dies aus *spätlat.* filanda „Gesponnenes", Neutrum Plur. des Gerundivums von filare „spinnen"⟩: (veraltet) Gerät zum Abhaspeln von Seidenkokons. **Fi|la|ria** *die;* -, Plur. ...iae [...ɛ] u. ...ien [...i̯ən] (meist Plur.) ⟨aus *nlat.* filaria, eigtl. „Fadenartige", zu *lat.* filum „Faden"⟩: Fadenwurm (Krankheitserreger). **Fi|la|ri|en|krank|heit** *die;* -, -en: svw. Filariose. **fi|lar** *it.* il tuo̯|no ⟨*it.*⟩: den Ton gleichmäßig ausströmen, sich entwickeln lassen (Vortragsanweisung bei Gesang u. Streichinstrumenten; Mus.). **Fi|la|rio|se** *die;* -, -n ⟨zu ↑ Filaria u. ↑¹...ose⟩: durch Filariaarten hervorgerufene Krankheit (Med.). **Fi|la|to|ri|um** *das;* -s, ...ien [...i̯ən] ⟨aus *mlat.* filatorium „Ort, an dem Seile gefertigt werden" zu *lat.* filum „Faden"⟩: (veraltet) Zwirnereibetrieb. **Fi|la|ture** [...'ty:r] *die;* -, -n [...rən] ⟨aus gleichbed. *fr.* filature⟩: (veraltet) Spinnereibetrieb. **Fil d'Ecosse** [...de'kɔs] *das;* - - ⟨aus *fr.* fil d'Écosse „Schottengarn" zu fil „Faden" (aus *lat.* filum) u. Écosse „Schottland" (aus *lat.* Scotia)⟩: Baumwollgarn, das durch Auskämmen der kurzen Fasern, ↑ Merzerisieren u. vielfaches Zwirnen besonders hochwertig ist. **File** [faɪl] *das;* -s, -s ⟨aus *engl.* file, eigtl. „(Akten-, Brief)ordner", urspr. „Schnur, mit der Akten o. ä. zusammengehalten werden", dies aus *fr.* fil „Faden" (aus *lat.* filum)⟩: in sich geschlossener Teil einer Datenmenge als eine bestimmte Art von Datei (EDV). **¹Fi|let** [fi'le:] *das;* -s, -s ⟨aus gleichbed. *fr.* filet, eigtl. „Netz", dies über gleichbed. älter *fr.* filé aus *altprovenzal.* filat „aus Fäden gemacht", dies zu *lat.* filum „Faden"⟩: 1. netzartig gewirkter Stoff. 2. a) Handarbeitstechnik, bei der ein Gitterwerk aus quadratisch verknüpften Fäden hergestellt wird; b) Handarbeit, die durch ¹Filet (2 a) entstanden ist. 3. Abnehmerwalze an der Auflockerungsmaschine (Krempel) in der Baumwollspinnerei. **²Fi|let** *das;* -s, -s ⟨aus gleichbed. *fr.* filet, eigtl. „dünner Faden", Verkleinerungsform zu fil „Faden", dies aus gleichbed. *lat.* filum; vermutlich nach dem früheren Brauch, die Stücke in Fäden eingerollt zu verkaufen⟩: a) Lendenstück von Schlachtvieh u. Wild; b) Geflügelbrust[fleisch]; c) entgrätetes Rückenstück bei Fischen. **Fi|let|ar|beit** *die;* -, -en ⟨zu ↑¹Filet⟩: Handarbeit, die aus dem Knüpfen eines Filetgrundes (eine Art Netzknüpfen) u. dem Besticken dieses Grundes besteht. **Fi|le|te** *die;* -, -n ⟨aus gleichbed. *fr.* filet bzw. *span.* filete⟩: a) Stempel der Buchbinder mit bogenförmiger Prägefläche zum Aufdrucken von Goldverzierungen; b) mit der Filete hergestellte Verzierung auf Bucheinbänden. **fi|le|tie|ren** u. filieren ⟨nach gleichbed. *fr.* fileter bzw. filer⟩: aus Fleisch Filetstücke herauslösen. **Fi|let|spit|ze** [fi'le:...] *die;* -, -n ⟨zu ↑¹Filet⟩: Spitze mit geknüpftem Netzgrund. **Fi|let|steak** [...ste:k] *das;* -s, -s ⟨zu ↑²Filet⟩: aus Rinder- od. Schweinefilet geschnittenes Steak
Fil-fil *das;* -s ⟨*afrik. (hottentottisch)*⟩: Pfefferkornhaar, bei den Khoisanvölkern (Hottentotten) charakteristische Form der Kopfbehaarung mit scheinbar spiralig zusammengedrehten Haarbüscheln, zwischen denen die Kopfhaut sichtbar ist
Fi|lia hos|pi|ta|lis *die;* -, ...ae ...les [...ɛ ...le:s] ⟨aus *lat.* filia „Tochter" u. hospitalis „gastfreundlich"⟩: (scherzh.) Tochter der Wirtsleute des Studenten. **Fi|li|al...** ⟨aus *nlat.* filiale „Tochterkirche", substantiviertes Neutrum von *kirchenlat.* filialis „kindlich (abhängig)", dies zu *lat.* filia „Tochter"⟩: Wortbildungselement mit der Bedeutung „im Abhängigkeitsverhältnis stehend; Zweig-, Nebenstelle", z. B. Filialgeneration, Filialprokura. **Fi|li|a|le** *die;* -, -n ⟨verkürzt aus älter Filialhandlung, vgl. Filial...⟩: Zweiggeschäft eines Unternehmens. **Fi|li|al|ge|ne|ra|ti|on** *die;* -, -en: die direkten Nachkommen eines Elternpaares bzw. eines durch ↑ Parthenogenese (2) fortpflanzenden Lebewesens (Genetik). **Fi|li|a|list** *der;* -en, -en ⟨zu ↑...ist⟩: 1. Leiter einer Filiale (Wirtsch.). 2. Seelsorger einer Filialgemeinde. **Fi|li|al|kir|che** *die;* -, -n: von der Pfarrkirche der Hauptgemeinde aus betreute Kirche mit einer Filialgemeinde; vgl. Expositus. **Fi|li|al|pro|ku|ra** *die;* -, ...ren: ↑ Prokura, die auf eine od. mehrere Filialen eines Unternehmens beschränkt ist. **Fi|li|al|re|gres|si|on** *die;* -, -en: Angleichung an den durchschnittlichen Arttypus bei den

Nachkommen extremer Elterntypen (Genetik). **fi|lia|ri|sieren** ⟨zu *lat.* filia „Tochter" u. ↑ ...isieren⟩: svw. metastasieren. **Fi|lia|ti|on** *die;* -, -en ⟨aus *spätlat.* filiatio „Kindwerdung" zu *lat.* filius „Sohn, Kind"⟩: Verhältnis von Mutter- u. Tochterkloster im Ordenswesen des Mittelalters (Rel.). 2. [Nachweis der] Abstammung einer Person von einer anderen (Geneal.). 3. legitime Abstammung eines Kindes von seinen Eltern (Rechtsw.). 4. Gliederung des Staatshaushaltsplanes ¹**Fi|li|bu|ster** vgl. Flibustier. ²**Fi|li|bu|ster** [...'bastɐ] *das;* -[s], - ⟨aus gleichbed. *engl.-amerik.* filibuster, eigtl. „jmd., der in seinen Aktionen einem Freibeuter od. Partisan vergleichbar ist"; vgl. Flibustier⟩: im amerik. Senat von Minderheiten geübte Praktik, durch Marathonreden die Verabschiedung eines Gesetzes zu verhindern. **fi|li|bu|stern** [...'bastɐn] ⟨aus gleichbed. *engl.* to filibuster; vgl. ²Filibuster⟩: durch Marathonreden im Parlament, Senat eine Verschleppungstaktik betreiben, die Verabschiedung eines Gesetzes verhindern **Fi|liè|re** [fi'ljɛːrə] *die;* -, -n ⟨aus gleichbed. *fr.* filière, eigtl. „fadenförmiger Gegenstand", zu fil, vgl. filieren⟩: (veraltet) Drahtzieheisen, Gewindeschneideisen. **fi|lie|ren** ⟨nach *fr.* filer „spinnen" zu fil „Faden" aus gleichbed. *lat.* filum⟩: 1. eine ↑ Filetarbeit anfertigen. 2. vgl. filetieren. 3. Karten beim Kartenspielen unterschlagen; vgl. Filage (2). **fi|liform** ⟨zu *lat.* filum „Faden" u. ↑ ...form⟩: fadenförmig (Med.). **fi|li|gran** ⟨zu ↑ Filigran⟩: aus Filigran bestehend; filigranähnliche Formen aufweisend; sehr fein, feingliedrig. **Fi|li|gran** *das;* -s, -e u. **Fi|li|gran|ar|beit** *die;* -, -en ⟨aus gleichbed. *it.* filigrana, eigtl. „Faden und Korn", zu filo „Faden" (dies aus gleichbed. *lat.* filum) u. grana „Korn" (dies aus gleichbed. *lat.* granum)⟩: Goldschmiedearbeit aus feinem Gold-, Silber- od. versilbertem Kupferdraht. **Fi|li|gran|glas** *das;* -es: durch eingeschmolzene, Gitter u. Muster bildende weiße Glasfäden verziertes Kunstglas; Fadenglas. **fi|li|gra|nie|ren** ⟨zu ↑ ...ieren⟩ Filigranarbeit anfertigen. **fi|li|gra|ni|sie|ren** ⟨zu ↑ ...isieren⟩: svw. filigranieren. **Fi|li|gra|nist** *der;* -en, -en ⟨zu ↑ ...ist⟩: (veraltet) jmd., der Filigranarbeiten ausführt. **Fi|li|gran|pa|pier** *das;* -s: feines Papier mit netzartigen od. linienförmigen Wasserzeichen **Fi|li|us** *der;* -, Plur. ...lii u. -se ⟨aus gleichbed. *lat.* filius⟩: (scherzh.) Sohn **Fi|li|zit** [auch ...'tsɪt] *der;* -s, -e ⟨zu *lat.* filix, Gen. filicis „Farnkraut" u. ↑²...it⟩: Versteinerung von Farnkraut **Fil|lage** [fi'jaːʒ] *die;* - ⟨zu *fr.* fille „Mädchen" (dies aus *lat.* filia „Tochter") u. ↑ ...age⟩: (veraltet) Stand unverheirateter Mädchen, Jungfernstand **Fil|lér** ['fɪlɐ, 'fɪlɛːɐ̯] *der;* -[s], - ⟨aus *ung.* fillér⟩: ung. Währungseinheit (= 0,01 Forint) **Film|gro|tes|ke** *die;* -, -n ⟨zu ↑ Groteske⟩: svw. Groteskfilm. **Film|mu|si|cal** [...mjuːzɪkl] *das;* -s, -s: 1. speziell für eine filmische Darstellung komponiertes Musical. 2. verfilmtes Musical. **fil|mo|gen** ⟨zu *dt.* Film aus gleichbed. *engl.* film (mit dem Bindevokal -o-) u. ↑ ...gen⟩: als Filmstoff für eine Verfilmung, eine filmische Darstellung geeignet. **Fil|mogra|phie** *die;* -, ...ien ⟨zu ↑ ...graphie⟩: Verzeichnis, Zusammenstellung aller Filme eines ↑ Regisseurs, Schauspielers o. ä. **fil|mo|gra|phisch** ⟨zu ↑ ...graphisch⟩: die Filmographie betreffend, auf ihr beruhend. **Fil|mo|thek** *die;* -, -en ⟨zu ↑ ...thek⟩: svw. Kinemathek

Fi|lo *der;* -s, -s ⟨aus *it.* filo „(dünner) Faden, Schneide", dies aus *lat.* filum „Faden"⟩: Art des Fechtangriffs, bei dem die angreifende Klinge die gegnerische aus der Stoßrichtung zu drängen sucht, indem sie an ihr entlanggleitet

Fi|loche [fi'lɔʃ] *die;* - ⟨aus gleichbed. *fr.* filoche zu fil „Faden", dies aus *lat.* filum⟩: (veraltet) musselinähnliches dünnes, großmaschiges Gewebe aus Leinen od. Seide. **fi|lochiert** ⟨zu ↑ ...iert⟩: (veraltet) musselinähnlich gewebt **Fi|lou** [fi'luː] *der;* -s, -s ⟨aus *fr.* filou „Gauner"; weitere Herkunft unsicher⟩: (scherzh.) jmd., der andere mit Schläue, Raffinesse [in harmloser Weise] zu übervorteilen versteht. **Fi|lou|te|rie** *die;* -, ...ien ⟨aus gleichbed. *fr.* filouterie⟩: (veraltet) Gaunerstreich. **fi|lou|tie|ren** ⟨aus gleichbed. *fr.* filouter⟩: (veraltet) [mit Raffinesse] betrügen, stehlen **Fils** *der;* -, - ⟨aus *arab.* fils, fals⟩: irakische, jordanische u. kuwaitische Währungseinheit (= 0,001 Dinar) **Fil|trat** *das;* -[e]s, -e ⟨aus *mlat.* filtratum „Gefiltertes", substantiviertes Part. Perf. von filtrare, vgl. filtrieren⟩: die bei der Filtration anfallende geklärte Flüssigkeit. **Fil|tra|ti|on** *die;* -, -en ⟨zu ↑¹...ion⟩: Verfahren zum Trennen von festen Stoffen u. Flüssigkeiten; vgl. ...[at]ion/...ierung. **fil|trie|ren** ⟨aus gleichbed. *mlat.* filtrare zu filtrum „Durchseihgerät aus Filz"⟩: eine Flüssigkeit od. ein Gas von darin enthaltenen Bestandteilen mit Hilfe eines Filters trennen; filtern. **Fil|trie|rer** *der;* -s, -: Vertreter von Tiergruppen, die einen auf sie gerichteten Wasserstrom erzeugen u. die darin befindlichen Nahrungspartikel herausfiltern (z. B. Schwämme, Weichtiere u. Kleinkrebse). **Fil|trier|pa|pier** *das;* -s ⟨zu ↑ filtrieren⟩: ungeleimtes, saugfähiges Papier [in Trichterform] zum Filtrieren. **Fil|trie|rung** *die;* -, -en ⟨zu ...ierung⟩: das Filtrieren, das Filtriertwerden; vgl. ...[at]ion/...ierung **Fi|lum** *das;* -s, Fila ⟨aus *lat.* filum „Faden"⟩: Faden, [Nerven]faser (Anat.). **Fi|lü|re** *die;* -, -n ⟨aus gleichbed. *fr.* filure zu fil, vgl. filieren⟩: (veraltet) Gewebe, Gespinst **Fil|zo|krat** *der;* -en, -en ⟨zu ↑ Filzokratie⟩: zu einer Filzokratie gehörender Mensch. **Fil|zo|kra|tie** *die;* -, ...ien ⟨zu *dt.* Filz „filzartig Verwobenes, Verfilztes" u. ↑ ...kratie (in Anlehnung an Bürokratie usw. gebildet)⟩: verfilzte, ineinander verflochtene Machtverhältnisse, die durch Begünstigung o. ä. bei der Ämterverteilung zustande kommen. **fil|zo|kra|tisch**: auf Filzokratie beruhend, zu ihr gehörend **Fim|brie** [...i̯ə] *die;* -, -n ⟨aus gleichbed. *lat.* fimbria⟩: Franse, Faser (Anat.)

Fim|bul|win|ter *der;* -s ⟨zu *anord.* fimbul, eigtl. „der gewaltige (Winter)"; nach der nordischen Mythologie beginnt mit ihm die ↑ Ragnarök⟩: dreijähriger schrecklicher Winter der germ. Sage vom Weltuntergang

Fim|mel usw. vgl. Femel usw.

fin [fɛ̃] ⟨*fr.;* zu *lat.* finitus, Part. Perf. von finire „beenden"⟩: fein; erlesen; vgl. à la fin. **fi|nal** ⟨aus *lat.* finalis, vgl. final...⟩: 1. das Ende, den Schluß von etwas bildend. 2. den Zweck, die Absicht angebend (Sprachw., Rechtsw.); -e Konjunktion: den Zweck, die Absicht angebendes Bindewort (z. B. damit; Sprachw.). **Fi|nal** ['faɪnl] *das;* -s, -s ⟨aus *engl.* final, dies aus *lat.* finalis, vgl. final...⟩: engl. Bez. für Finale (2). **fi|nal..., Fi|nal...** [fina:l...] ⟨aus *lat.* finalis „die Grenze, das Ende betreffend" zu finis „Grenze, Ende; Zweck"⟩: Wortbildungselement mit der Bedeutung „den Schluß betreffend, zweckgerichtet, am Ende befindlich", z. B. Finalstadium. **Fi|nal de|cay** ['faɪnl dɪ'keɪ] *das;* - -s ⟨aus gleichbed. *engl.* final decay, vgl. Decay⟩: Zeit des Abfallens des Tons im Maximum bis zu einem vorbestimmbaren Niveau u. endgültiges Abfallen von diesem Niveau auf 0 nach Loslassen der Taste (beim Synthesizer; Mus.). **Fi|nale** [fi...] *das;* -s, - ⟨z. T. unter franz. Einfluß aus gleichbed. *it.* finale, dies zu *lat.* finalis, vgl. final...⟩: 1. ein besonderer Höhepunkt darstellender, glanzvoller, aufsehenerregender Abschluß von etwas; Ende, Schlußteil. 2. a) Endkampf, Endspiel, Endrunde eines aus mehreren Teilen bestehenden sportlichen Wettbewerbs; b) Endspurt. 3. a) letzter (meist der vierte) Satz eines größeren Instrumentalwerkes; b) Schlußszene der einzelnen Akte eines musikalischen Bühnenwerks. **Fi|na|lis** *die;* -, ...les [...le:s] ⟨zu *lat.* finalis, vgl. final...⟩: Schlußnote; Endton in den Kirchentonarten (Mus.). **Fi|na|lis|mus** *der;* - ⟨zu ↑...ismus (1)⟩: philos. Lehre, nach der alles Geschehen von Zwecken bestimmt ist bzw. zielstrebig verläuft (Philos.). **Fi|na|list** *der;* -en, -en ⟨aus gleichbed. *fr.* finaliste bzw. *it.* finalista; vgl. Finale⟩: Teilnehmer an einem Finale (2 a). **Fi|na|li|tät** *die;* -, -en ⟨zu ↑final... u. ↑...ität⟩: Bestimmung eines Geschehens od. einer Handlung nicht durch ihre Ursachen, sondern durch ihre Zwecke; Ggs. ↑Kausalität. **Fi|nal|satz** *der;* -es, ...sätze: Gliedsatz, der die Absicht, den Zweck eines Verhaltens angibt, z. B. er beeilte sich, *damit/daß er pünktlich war* (Sprachw.). **Fi|nan|cier** [finã'si̯e:] vgl. Finanzier. **Fi|nanz** *die;* - ⟨rückgebildet aus ↑Finanzen; vgl. finanz...⟩: a) Geldwesen; b) Gesamtheit der Geld- u. Bankfachleute; vgl. Finanzen. **fi|nanz..., Fi|nanz...** ⟨aus *fr.* finance(s) „Zahlungen, Geldmittel", dies aus *mlat.* finantia „fällige Zahlung" (urspr. Neutrum Plur. des Part. Präs. von finare „endigen, zum Ende kommen", eigtl. „was zu Ende kommt, was zum Termin steht") zu *lat.* finis „Grenze, Ende"⟩: Wortbildungselement mit der Bedeutung „Geldwesen, -mittel, Vermögenslage, Staatshaushalt", z. B. finanzpolitisch, Finanzpolitik. **Fi|nanz|aus|gleich** *der;* -[e]s ⟨zu ↑finanz...⟩: Aufteilung bestimmter Steuerquellen od. Steuererträge zwischen verschiedenen Gebietskörperschaften. **Fi|nanzen** *die* (Plur.) ⟨aus *fr.* finance(s), vgl. finanz...⟩: 1. Geldwesen. 2. a) Einkünfte od. Vermögen des Staates bzw. einer Körperschaft des öffentlichen Rechts; b) (ugs.) private Geldmittel, Vermögensverhältnisse. **Fi|nan|zer** *der;* -s, - ⟨nach gleichbed. *it.* finanziere zu finanza „Geldwesen", dies aus *fr.* finance, vgl. finanz...⟩: (österr. ugs.) Zollbeamter. **Fi|nanz|ex|per|te** *der;* -n, -n ⟨zu ↑finanz...⟩: Experte in finanziellen Angelegenheiten. **Fi|nanz|hedg|ing** [...hɛdʒɪŋ] *das;* -s, -s ⟨zu *engl.* hedging „das Absichern", substantiviertes Part. Präs. zu to hedge „schützen, absichern", dies zu hedge „Schutz, Absicherung, Hecke" aus *ahd.* hegga „Hecke"⟩: svw. Hedgegeschäft. **fi|nan|zi|ell** ⟨nach gleichbed. *fr.* financiel(le)⟩: geldlich, wirtschaftlich. **Fi|nan|zier** [...'tsi̯e:], auch Financier [finã'si̯e:] *der;* -s, -s ⟨aus gleichbed. *fr.* financier⟩: jmd., der über ein Vermögen verfügt, das ihm Einfluß verleiht u. ihm erlaubt, als Geldgeber aufzutreten, bestimmte Dinge zu finanzieren. **fi|nan|zie|ren** ⟨nach gleichbed. *fr.* financer⟩: 1. die für die Durchführung eines Unternehmens nötigen Geldmittel bereitstellen. 2. a) mit Hilfe eines Kredits kaufen, bezahlen; b) einen Kredit aufnehmen. **Fi|nan|zie|rung** *die;* -, -en (Plur. selten) ⟨zu ↑finanz... u. ↑...ierung⟩: a) Gesamtheit der Maßnahmen zur Beschaffung von Kapital, das Finanzieren, das Finanziertwerden; b) Gewährung eines Kredits. **Fi|nanz|in|no|va|ti|on** *die;* -, -en: Bez. für moderne Finanzierungsinstrumente, die mit der Ausweitung internationaler Kapitalmarktemissionen entwickelt wurden, z. B. Doppelwährungsanleihen, Devisenoptionen, auch für Geschäftsformen wie ↑Leasing u. ↑Factoring. **Fi|nanz|po|li|tik** *die;* -: Gesamtheit aller staatlichen Maßnahmen, die unmittelbar auf die Finanzwirtschaft einwirken. **fi|nanz|po|li|tisch**: die Finanzpolitik betreffend, auf ihr beruhend. **Fi|nanz|wirt|schaft** *die;* -: Wirtschaft der öffentlichen Körperschaften, bes. des Bundes, der Länder u. Gemeinden. **Fi|nanz|wis|sen|schaft** *die;* -: Gebiet der Wirtschaftswissenschaften, das sich mit der Wirtschaft der öffentlichen Körperschaften u. deren Beziehungen zu anderen Bereichen der Volkswirtschaft beschäftigt

Fi|nas|se|rie *die;* -, ...ien ⟨aus gleichbed. *fr.* finasserie zu finasser, vgl. finassieren⟩: (veraltet) Kniff, Spitzfindigkeit. **Fi|nas|seur** [...'sø:ɐ̯] *der;* -s, -e ⟨aus gleichbed. *fr.* finasseur⟩: (veraltet) jmd., der spitzfindige Ausflüchte sucht. **fi|nas|sie|ren** ⟨aus gleichbed. *fr.* finasser zu fin „durchtrieben", eigtl. „fein"⟩: Ränke schmieden; Kniffe, Tricks, Kunstgriffe anwenden

Fin|ca [...ka] *die;* -, -s ⟨aus gleichbed. *span.* finca zu fincar „Land aufteilen", dies aus *lat.* figere „(an)heften"⟩: Landhaus mit Garten, Landgut in Südamerika, ↑Hazienda

Fin de siècle [fɛ̃d'sjɛkl] *das;* - - - ⟨aus *fr.* fin de siècle „Ende des Jahrhunderts"; nach dem gleichnamigen Titel eines Lustspiels von Jouvenot u. Micard, 1888⟩: Epochenbegriff als Ausdruck eines dekadenten bürgerlichen Lebensgefühls in Gesellschaft, Kunst u. Literatur am Ende des 19. Jahrhunderts. **¹Fi|ne** ['fi:nə] *das;* -s, -s ⟨aus gleichbed. *it.* fine, dies aus *lat.* finis „Ende"⟩: Schluß eines Musikstückes (Mus.); vgl. al fine

²Fine [fin] ⟨aus *fr.* fin, fine „fein", vgl. fin⟩: franz. Bez. für besonders feinen Weinbrand (Gastr.). **Fine|li|ner** ['fainlainɐ] *der;* -s, - ⟨zu *engl.* fine „fein" (aus *altfr.* fin) u. liner „jmd., der Linien zieht" zu to line „linieren, Linien ziehen" (zu line „Schnur; Linie", dies aus *lat.* linea)⟩: Kugel- od. Faserschreiber mit besonders feiner Spitze. **Fines herbes** [fin'zɛrb] *die* (Plur.) ⟨aus *fr.* fines herbes „feine Kräuter"⟩: fein gehackte Kräuter [mit Champignons od. Trüffeln] (Gastr.). **Fi|nes|se** *die;* -, -n ⟨aus gleichbed. *fr.* finesse zu fin „durchtrieben"⟩: 1. a) (meist Plur.) Kunstgriff, Trick, besondere Technik in der Arbeitsweise; b) Schlauheit, Durchtriebenheit. 2. (meist Plur.) [dem neuesten Stand der Technik entsprechende] Besonderheit, Feinheit in der Beschaffenheit. 3. (ohne Plur.) reiches ↑Bukett (2) (von Weinen). **Fi|nette** [fi'nɛt] *die;* - ⟨aus gleichbed. *fr.* finette zu fin „fein"⟩: feiner Baumwollflanell mit angerauhter linker Seite

Fin|ger|agno|sie *die;* - ⟨zu ↑Agnosie⟩: Unvermögen, die eigenen Finger bei geschlossenen Augen richtig zu bezeichnen (Psychol., Med.)

fin|gie|ren ⟨aus *lat.* fingere „formen, gestalten, ersinnen, vortäuschen"⟩: a) erdichten; b) vortäuschen, unterstellen

fi|ni ⟨*fr.;* eigtl. Part. Perf. von finir „beenden, beschließen", dies aus *lat.* finire⟩: fertig. **fi|nie|ren** ⟨aus gleichbed. *lat.* finire⟩: (veraltet) beenden, abschließen. **Fi|ni|gla|zi|al** *das;* -s ⟨zu *lat.* finis „Ende"⟩: ältester Abschnitt des ↑Postglazials in Skandinavien (Geol.). **Fi|ni|me|ter** *das;* -s, - ⟨zu ↑¹...meter⟩: Apparat, der bei Gasschutzgeräten zur Überwachung des Sauerstoffvorrats dient. **Fi|nis** *das;* -, - ⟨aus *lat.* finis „Ende"⟩: (veraltet) Schlußvermerk in Druckwerken. **Fi|nish** ['fɪnɪʃ] *das;* -s, -s ⟨aus gleichbed. *engl.* finish zu to finish „(be)enden", dies über *altfr.* fenir aus *lat.* finire, vgl. finit⟩: 1. letzter Arbeitsgang, der einem Produkt die endgültige Form gibt; letzter Schliff, Vollendung. 2. Endkampf, Endspurt; letzte entscheidende Phase eines sportlichen Wettkampfs. **fi|ni|shen** [...ʃn] ⟨nach *engl.* to finish, vgl. Finish⟩: 1. abschließende Arbeiten an einem Produkt durchführen; den letzten Schliff geben. 2. bei einem Pferderennen im Finish das Letzte aus einem Pferd herausholen. **Fi|nis|sa|ge** [...'sa:ʒə] *die;* -, -n ⟨aus *fr.* finissage, eigtl. „Beendigung, Fertigstellung", zu finir, vgl. fini⟩: Veranstaltung zum Abschluß einer Kunstausstellung. **Fi|nis|seur** [...'sø:ɐ̯] *der;* -s, -e ⟨aus gleichbed. *fr.* finisseur⟩: Rennsportler (Läufer, Radfahrer u. a.) mit starkem Endspurt. **fi|nis|si|mo** ⟨*it.;* Superlativ von fino „fein"⟩: sehr fein, von feinster, bester Beschaffenheit. **fi|nit** ⟨aus gleichbed. *lat.* finitus „begrenzt, bestimmt", eigtl. Part. Perf. von finire „begrenzen, bestimmen; (be)enden"): bestimmt (Sprachw.); -e Form: Verbform, die Person u. Numerus angibt u. die grammatischen Merkmale von Person, Numerus, Tempus u. Modus **Fi|ni|tis|mus** *der;* - ⟨zu ↑...ismus (1)⟩: Lehre von der Endlichkeit der Welt u. des Menschen (Philos.). **Fi|ni|tum** *das;* -s, ...ta ⟨zu ↑finit⟩: svw. finite Form

Finn-Din|gi, auch **Finn-Din|ghi** [...gi] *das;* -s, -s ⟨vermutlich gekürzt aus *engl. finn*ish „finnisch" u. *Hindi* dīngī „kleines Boot", vgl. Dingi; nach seinem Konstruktionszweck, dem Einsatz bei den Olympischen Spielen 1952 in Helsinki⟩: kleines Einmannboot für den Rennsegelsport

Fin|ne|ma|nit [auch ...'nɪt] *der;* -s, -e ⟨nach dem schwed. Wissenschaftler K. J. Finneman u. zu ↑²...it⟩: ein grauschwarzes Mineral

Fin|ney-Ope|ra|ti|on ['fɪnɪ...] *die;* -, -en ⟨nach dem amerik. Chirurgen J. M. T. Finney, 1863–1942⟩: operative Herstellung einer breiten Verbindung zwischen Magen u. Zwölffingerdarm (bei ↑Stenose des Magenausgangs; Med.)

Finn|lan|di|sie|rung *die;* - ⟨zum Ländernamen Finnland u. ↑...isierung⟩: (abwertend) zunehmende Einflußnahme auf ein nach außen hin unabhängiges, scheinbar völlig selbständig Politik treibendes Land entsprechend dem Abhängigkeitsverhältnis, in dem Finnland zur Sowjetunion Mitte des 20. Jh.s stand (Pol.). **Finn|mark** *die;* -, - ⟨aus gleichbed. *schwed.* finnmark⟩: finn. Währungseinheit; Abk.: Fmk; vgl. Markka. **fin|no|ugrisch** ⟨aus finnisch u. *altruss.* ugre (Plur. von ugra) „die Ungarn"⟩: die Sprachfamilie betreffend, deren Sprecher heute auf der finn. Halbinsel, im nordwestlichen Sibirien u. in der ung. Steppe beheimatet sind. **Fin|no|ugrist** *der;* -en, -en ⟨zu ↑...ist⟩: Fachmann für finnougrische Sprachen. **Fin|no|ugris|tik** *die;* - ⟨zu ↑²...ik (1)⟩: Wissenschaft von den finnougrischen Sprachen

Fin|te *die;* -, -n ⟨aus *it.* finta, eigtl. „List", substantiviertes Part. Perf. von fingere „heucheln", dies aus *lat.* fingere, vgl. fingieren⟩: 1. Vorwand, Lüge, Ausflucht. 2. Scheinhieb beim Boxen; Scheinhieb od. -stoß beim Fechten. **fin|tie|ren** ⟨zu ↑...ieren⟩: eine Finte (2) ausführen

fio|co ['fjo:ko] ⟨*it.*⟩: schwach, matt (Vortragsanweisung; Mus.)

Fio|ret|ten u. **Fio|ri|tu|ren** *die* (Plur.) ⟨aus *it.* fioretto, eigtl. „Blümchen" (Verkleinerungsform von fiore „Blume", dies aus gleichbed. *lat.* flos, Gen. floris), bzw. aus *it.* fioritura „Blüte(zeit)" (zu fiorire „mit Blumen schmücken, blühen", dies aus gleichbed. *spätlat.* florire)⟩: Gesangsverzierungen in Opernarien des 18. Jh.s (Mus.); vgl. Koloratur

Fir|le|fanz *der;* -es, -e ⟨Herkunft unsicher⟩ (ugs. abwertend) 1. überflüssiges Zubehör. 2. Unsinn, Torheit. 3. (selten) jmd., der nur Torheiten im Sinn hat, mit dem nicht viel anzufangen ist. **Fir|le|fan|ze|rei** *die;* -, -en: Possenreißerei. **fir|le|fan|zisch**: (veraltet) geckenhaft

firm, österr. auch **ferm** ⟨aus *lat.* firmus „fest, stark, beständig" bzw. *it.* fermo, dies aus *lat.* firmus⟩: bes. in der Verbindung in etw. - sein: [in einem bestimmten Fachgebiet, Bereich] sicher, sattelfest, beschlagen sein. **Fir|ma** *die;* -, ...men ⟨aus gleichbed. *it.* firma, eigtl. „bindende, rechtskräftige Unterschrift eines Kaufmanns unter einem Vertrag", zu firmare „einen Vertrag, eine Abmachung durch Unterschrift rechtskräftig machen", dies aus *lat.* firmare „befestigen; bekräftigen, bestätigen" zu firmus, vgl. firm⟩: kaufmännischer Betrieb, gewerbliches Unternehmen; Abk.: Fa. **Fir|ma|ment** *das;* -[e]s, -e ⟨aus gleichbed. *spätlat.* firmamentum, dies aus *lat.* firmamentum „Befestigungsmittel, Stütze"⟩: der sichtbare Himmel, das Himmelsgewölbe. **fir|meln**: svw. firmen. **Fir|me|lung** *die;* -, -en ⟨zu ↑firmen⟩: svw. Firmung. **fir|men** ⟨aus *lat.* firmare „festmachen, bestärken"; vgl. konfirmieren⟩: jmdm. die Firmung erteilen. **fir|men|in|tern** ⟨zu ↑Firma⟩: nur für den Bereich der betreffenden Firma bestimmt, nach außen geheim. **fir|mie|ren** ⟨zu ↑...ieren⟩: (von Firmen o. ä.) unter einem bestimmten Namen bestehen, einen bestimmten Namen führen [u. mit diesem unterzeichnen]. **Fir|mung** *die;* -, -en ⟨zu ↑firmen⟩: vom Bischof durch Salbung u. Handauflegen vollzogenes kath. Sakrament, das der Kräftigung im Glauben dienen u. Standhaftigkeit verleihen soll. **Firm|ware** ['fə:mwɛə] *die;* -, -s ⟨aus gleichbed. *engl.* firmware⟩: die einem Computer fest zugeordneten Mikroprogramme (Festwertspeicher), die den Befehlsvorrat des ↑Prozessors bestimmen (EDV)

Fir|nis *der;* -[ses], -se ⟨vermutlich über *it.* vernice aus *altfr.* verniz „Firnis, Lack", dies über *mlat.* veronice aus *gr.* beronikē „(ein spezielles) Harz (zur Herstellung des Lacks)"; wohl nach dem Namen der Stadt Berenikē (heute Bengasi) in der Kyrenaika⟩: Schutzanstrich für Metall, Holz u. a. **fir|nis|sen**: einen Gegenstand mit Firnis behandeln

first class ['fə:st 'kla:s] ⟨aus gleichbed. *engl.* first class⟩: der ersten Klasse, Spitzenklasse zugehörend, von hohem ↑Niveau (2). **First-class-Ho|tel** *das;* -s, -s: Hotel der Spitzenklasse, Luxushotel

First-day-Co|ver ['fə:st'deɪ'kʌvə] *der;* -, - ⟨aus gleichbed. *engl.* first-day cover, vgl. Cover⟩: Ersttagsbrief (Liebhaberstück für Briefmarkensammler)

First-flight-Co|ver ['fə:st'flaɪt'kʌvə] *der;* -, - ⟨aus gleichbed. *engl.* first-flight cover, vgl. Cover⟩: Erstflugbrief (Liebhaberstück für Briefmarkensammler)

First-in-First-out-Prin|zip ['fə:st'ɪn'fə:st'aʊt...] *das;* -s ⟨zu *engl.* first in, first out „als erstes hinein, als erstes hinaus" u. ↑Prinzip⟩: Organisationsform eines Lagers, dem die Güter in der Reihenfolge entnommen werden, in der sie eingelagert wurden; vgl. FIFO-Speicher

First La|dy ['fə:st 'leɪdɪ] *die;* - -, Plur. - -s, auch - -...dies [...dɪz] ⟨aus gleichbed. *engl.* first lady, eigtl. „Erste Dame"⟩: Frau eines Staatsoberhauptes

First-pass-ef|fect ['fə:st'pɑ:s|ɪ'fɛkt] *der;* -, -s ⟨zu *engl.* first „erster", pass „Zugang, Durchgang" u. effect „Wirkung"⟩: teilweise od. vollständige Verminderung der Bioverfügbarkeit eines durch den Mund verabreichten Arzneimittels durch Veränderungen im Stoffwechselprozeß (Med.)

Firth [fə:θ] *der;* -, -s ⟨aus *engl.* firth „Meeresarm, (weite) Mündung, Förde"⟩: fjordähnliche [Meeres]bucht (in engl. geographischen Namen)

Fi|sett|holz *das;* -es ⟨Herkunft ungeklärt⟩: das einen gelben Farbstoff enthaltende Holz des Färbermaulbeerbaumes u. des Perückenstrauches

Fi|shing for com|pli|ments ['fɪʃɪŋ fə 'kɒmplɪmənts] *das;* - - - ⟨*engl.*⟩: das Aussein auf Komplimente

Fi|si|ma|ten|ten *die* (Plur.) ⟨Herkunft ungeklärt⟩: Versuche, einer unangenehmen Sache auszuweichen, das Eintreten von etw., das Beginnen von od. mit etw. hinauszögern; Ausflüchte, Winkelzüge

Fis|kal *der;* -s, -e ⟨Substantivierung zu *lat.* fiscalis „die Staatskasse betreffend", vgl. fiskalisch⟩: (veraltet) Vertreter der Staatskasse. **fis|ka|lisch** ⟨aus gleichbed. *lat.* fiscalis zu fiscus, vgl. Fiskus⟩: den Fiskus betreffend; Rechtsverhältnisse des Staates betreffend, die nicht nach öffentlichem, sondern nach bürgerlichem Recht zu beurteilen sind. **fis|ka|li|sie|ren** ⟨zu ↑...isieren⟩: (veraltet) 1. zum

Fiskalismus

Staatseigentum machen. 2. als öffentlicher Ankläger untersuchen u. bestrafen. **Fis|ka|lis|mus** *der;* - ⟨zu ↑...ismus (2)⟩: das Bestreben der staatlichen Finanzwirtschaft, die staatliche Verfügungsgewalt über das Volksvermögen übermäßig auszudehnen. **Fis|kal|po|li|tik** *die; -*: der Einsatz der Instrumente der ↑ Finanzpolitik für konjunkturstabilitätspolitische Zwecke. **Fịs|kus** *der;* -, Plur. ...ken u. -se ⟨aus gleichbed. *lat.* fiscus, eigtl. „(Geld)korb"⟩: der Staat als Eigentümer des Staatsvermögens; Staatskasse

Fi|so̱|le *die;* -, -n ⟨Nebenform zu *mhd.* phasōl aus *lat.* phaseolus, phaselus, *gr.* pháseolos, pháselos „Bohne"⟩: (österr.) Bohne

fis|sil ⟨aus gleichbed. *lat.* fissilis zu findere „spalten"⟩: spaltbar. **Fis|si|li|tät** *die;* - ⟨zu ↑...ität⟩: Spaltbarkeit. **¹Fis|si|on** *die;* -, -en ⟨aus *lat.* fissio „das Spalten, Zerteilen"⟩: Teilung einzelliger pflanzlicher u. tierischer Organismen in zwei gleiche Teile (Biol.). **²Fis|si|on** *die;* -, -en ⟨aus gleichbed. *engl.* (nuclear) fission, dies aus *lat.* fissio, vgl. ¹Fission⟩: Atomkernspaltung (Kernphys.). **Fịs|si|um** *das;* -s ⟨aus *nlat.* fissium zu ↑²Fission⟩: eine Legierung von ↑ Uran mit Elementen, die als Spaltprodukte bei der Kernspaltung frei werden. **Fis|sur** *die;* -, -en ⟨aus *lat.* fissura „Spalte, Ritz"⟩: Spalt, Furche; Hauteinriß, Knochenriß (Med.)

Fị|stel *die;* -, -n u. Fistula *die;* -, ...lɛ ⟨aus *lat.* fistula „Röhre, röhrenförmiges Geschwür"⟩: 1. durch Gewebszerfall entstandener od. operativ angelegter röhrenförmiger Kanal, der ein Organ mit der Körperoberfläche od. einem anderen Organ verbindet (Med.). 2. svw. Fistelstimme. **Fị|stel|stim|me** *die;* -, -n: Kopfstimme (ohne Brustresonanz); vgl. Falsett

Fị|sting *das;* -s ⟨aus gleichbed. *engl.-amerik.* fisting zu *engl.* fist „Faust"⟩: (Jargon) Bez. für bestimmte homosexuelle Praktiken, die mit der Hand vorgenommen werden

Fị|stu|la *die;* -, ...ae [...lɛ] ⟨aus *lat.* fistula „Röhre; (helltönende) Rohrpfeife"; vgl. Fistel⟩: 1. Hirtenflöte, Panflöte. 2. ein Orgelregister. 3. svw. Fistel (1). **fi|stu|lie|ren** ⟨zu ↑...ieren⟩: mit ungestützter Kopfstimme singen (Mus.). **fi|stu|lös** ⟨aus gleichbed. *lat.* fistulosus⟩: in der Art einer Fistel (1; Med.)

fit ⟨*engl.-amerik.;* eigtl. „passend, geeignet"⟩: tauglich, gut trainiert, in Form, fähig zu Höchstleistungen. **Fịt|ness** usw. vgl. Fitneß usw. **Fịt|neß** *die;* - ⟨aus gleichbed. *engl.-amerik.* fitness, vgl. fit⟩: gute körperliche Gesamtverfassung, Bestform (besonders von Sportlern). **Fịt|neß|center** [...sɛntɐ] *das;* -s, -: mit Sportgeräten ausgestattete Einrichtung zur Erhaltung od. Verbesserung der körperlichen Leistungsfähigkeit. **Fịt|neß|stu|dio** *das;* -s, -s: svw. Fitneßcenter. **Fịt|neß|trai|ning** *das;* -s, -s: sportliches ↑ Training zur Erhaltung od. Verbesserung der körperlichen Leistungsfähigkeit. **fịt|ten** ⟨aus *engl.* to fit „passend machen"⟩: anpassen; eine mathematische Kurve an Meßwerte; Techn.). **Fịt|ting** *das;* -s, -s (meist Plur.) ⟨aus gleichbed. *engl.* fitting, eigtl. „das Anpassen, der Paßteil", zu to fit, vgl. fitten⟩: Verbindungsstück bei Rohrleitungen

Fitz... ⟨aus gleichbed. *engl.* fitz-, dies über *altfr.* fiz, fils aus *lat.* filius „Sohn"⟩: Bestandteil engl., auch amerik. Namen, z. B. Fitzgerald

Fiu|ma̱|ra u. **Fiu|ma̱|re** *die;* -, ...re[n] ⟨aus gleichbed. *it.* fiumara, eigtl. „Sturzbach", zu fiume „Fluß", dies aus *lat.* flumen⟩: Flußlauf, der im regenlosen Sommer kaum od. kein Wasser führt (Geogr.)

Five o'clock ['faivəˈklɔk] *der;* - -, - -s ⟨*engl.*⟩: Kurzform von Five o'clock tea. **Five o'clock tea** [...'tiː] *der;* - - -, - - -s ⟨aus gleichbed. *engl.* five-o'clock (tea)⟩: Fünfuhrtee. **Fives** [faɪvz] *das;* - ⟨aus gleichbed. *engl.* fives, eigtl. Plur. von five „fünf"⟩: engl. Ballspiel, bei dem der gegen eine Wand geworfene Ball vom Gegner aufgefangen werden muß

fịx ⟨aus *lat.* fixus „angeheftet, fest", Part. Perv. von figere „(an)heften" (Bed. 2 seit dem 17. Jh. „beständig, geschickt, gewandt")⟩: 1. fest, feststehend; -e **Idee**: Zwangsvorstellung. 2. (ugs.) a) geschickt, anstellig, gewandt, pfiffig; b) flink, schnell. **Fị|xa**: Plur. von ↑ Fixum. **Fi|xa̱|ge** [...ʒə] *die;* -, -n ⟨aus gleichbed. *fr.* fixage zu fixe „fest", dies aus *lat.* fixus⟩: fototechnisches Verfahren, bei dem das entwickelte Bild mit Hilfe von Chemikalien lichtbeständig gemacht wird (Fotogr.). **Fi|xa|teur** [...'tøːɐ] *der;* -s, -e ⟨aus gleichbed. *fr.* fixateur zu fixer, vgl. fixieren⟩: 1. Mittel zum Haltbarmachen von Parfümdüften. 2. Zerstäuber zum Auftragen eines Fixativs. **Fi|xa|teur ex|ter|ne** [– eksˈtɛrn] *der;* - -, -s -s ⟨zu *fr.* externe „äußerlich" aus *lat.* externus⟩: auf einer ↑ Extremität (1) befestigte Metallstäbe zur Stabilisierung von Knochenbrüchen (Med.). **Fi|xa|ti|on** *die;* -, -en ⟨aus *fr.* fixation zu fixer, vgl. fixieren⟩: 1. gefühlsmäßige Bindung an jmdn., an etwas (Psychol.). 2. svw. Fixierung. 3. (veraltet) Festigung; vgl. ...[at]ion/...ierung. **Fi|xa|tiv** *das;* -s, -e [...və] ⟨aus *fr.* fixatif „Fixiermittel"⟩: Mittel, das Zeichnungen in Blei, Kohle, Kreide usw. unverwischbar macht. **Fi|xa̱|tor** *der;* -s, ...o̱ren ⟨latinisierte Bildung zu ↑ Fixateur; vgl. ...or⟩: svw. Fixateur (1). **Fị|xe** *die;* -, -n ⟨Substantivierung zu ↑fixen⟩: (Jargon) Spritze, mit der eine Droge (1) gespritzt wird. **fị|xen** ⟨aus *engl.-amerik.* to fix „festmachen, (einen Termin) festsetzen; Rauschgift spritzen", dies aus *fr.* fixer, vgl. fixieren⟩: 1. ein Spekulationsgeschäft vornehmen in der Weise, daß man Papiere verkauft, die man noch nicht besitzt, von denen man aber hofft, sie vor dem Termin der Vertragserfüllung billiger, als man sie verkauft hat, zu bekommen (Börsenw.). 2. (Jargon) dem Körper durch Injektionen Rauschmittel zuführen. **Fị|xer** *der;* -s, - ⟨aus gleichbed. *engl.-amerik.* fixer zu to fix, vgl. fixen⟩: 1. Börsenspekulant, der mit Kursrückgang rechnet, den er durch Abschluß von Fixgeschäften auszunutzen sucht. 2. (Jargon) jmd., der harte Drogen (z. B. Opium od. Heroin) spritzt. **Fịx|fo|kus|ob|jek|tiv** *das;* -s, -e [...və] ⟨zu *lat.* fixus, vgl. fix⟩: Objektiv einer Kamera, das fest auf den Nah-Unendlich-Punkt seiner größten Blendenöffnung eingestellt ist. **Fịx|ge|schäft** *das;* -[e]s, -e: Vertrag mit genau festgelegter Leistungszeit od. -frist (Rechtsw.). **fi|xie|ren** ⟨unter Einfluß von *fr.* fixer „festmachen, starr ansehen" aus *mlat.* fixare „festmachen" zu *lat.* fixus, vgl. fix⟩: 1. a) schriftlich niederlegen, in Wort od. Bild dokumentarisch festhalten; b) [schriftlich] festlegen, formulieren; verbindlich bestimmen. 2. a) an einer Stelle befestigen, festmachen, -heften; b) das Gewicht mit gestreckten Armen über dem Kopf halten u. damit die Beherrschung des Gewichts demonstrieren (Gewichtheben); c) den Gegner so festhalten, daß er sich nicht befreien kann (Ringen). 3. sich emotional an jmdn., etw. binden [in der Weise, die die Überwindung einer bestimmten frühkindlichen Entwicklungsstufe nicht mehr zuläßt] (Psychol., Verhaltensforschung). 4. a) die Augen fest auf ein Objekt richten, heften [um es genau zu erkennen]; b) jmdn. in einer für ihn unangenehmen, irritierenden Weise mit starrem Blick unverwandt ansehen, anstarren, mustern. 5. a) (fotografisches Material) im Fixierbad lichtbeständig machen (Fotogr.); b) etwas mit einem Fixativ behandeln, um es unempfindlich, bes. um es wischfest zu machen (Fachspr.); c) (pflanzliche od. organische Gewebeteile) zum Zwecke mikroskopischer Untersuchung o. ä. mit geeigneten Stoffen haltbar machen (Fachspr.); d) [bei der Dauerwelle] durch Auftrag bestimmter Fixiermittel das Haar in der gewünschten Form verfestigen. 6. die äußere Form von Textilien festigen; Farbstoffbindung auf textilen Faserstoffen festigen. **Fi|xier|na|tron** *das;* -s u. **Fixier|salz** *das;* -es: Natriumthiosulfat, das in der Fotografie zum Fixieren verwendet wird. **Fi|xie|rung** *die;* -, -en ⟨zu ↑...ierung⟩: 1. das Fixieren. 2. das Steckenbleiben in einer bestimmten Entwicklungsphase, das zu nicht altersgemäßen Verhaltensweisen führt; vgl. ...[at]ion/...ierung. **Fi-xing** *das;* -s, -s ⟨aus gleichbed. *engl.-amerik.* fixing zu to fixe, vgl. fixen⟩: an der Börse (dreimal täglich) erfolgende Feststellung der Devisenkurse (Börsenw.). **Fi|xis|mus** *der;* - ⟨zu *lat.* fixus „fest" u. ↑...ismus (1)⟩: wissenschaftliche Theorie, die besagt, daß die Erdkruste als Ganzes od. in ihren Teilen fest mit ihrem Untergrund verbunden ist (Geol.); Ggs. ↑Mobilismus. **Fi|xi|tät** *die;* - ⟨zu ↑...ität⟩: (veraltet) 1. Bestimmtheit. 2. Gewandtheit, Schnelligkeit. 3. Feuerbeständigkeit (Chem.). **Fix|ko|sten** *die* (Plur.): diejenigen Kosten, deren Höhe sich bei Variation einer Kosteneinflußgröße (z. B. Beschäftigung) nicht verändert (Wirtsch.). **Fix|lau|don** ⟨wohl verkürzt aus ↑ Kruzifixus (als Fluch) u. nach dem Feldherrn Laudon⟩: (österr. ugs.) verflucht! **Fix|punkt** *der;* -[e]s, -e ⟨zu *lat.* fixus „fest"⟩: fester Bezugspunkt für eine Messung, Beobachtung o. ä. **Fixstern** *der;* -[e]s, -e ⟨nach *(n)lat.* fixa stella „befestigter Stern"⟩: scheinbar feststehender u. seine Lage zu anderen Sternen nicht verändernder, selbststrahlender Stern (Astron.). **Fi|xum** *das;* -s, ...xa ⟨aus *lat.* fixum „das Feste", substantiviertes Neutrum von *lat.* fixus „fest"; vgl. fixieren⟩: festes Gehalt, festes Einkommen

...fi|zie|ren ⟨aus gleichbed. *lat.* -ficere, -ficare zu facere „machen"⟩: Wortbildungselement mit der Bedeutung „machen", z. B. elektrifizieren. **...fi|zie|rung**: Endung weiblicher Substantive, die von Verben auf ...fizieren gebildet wurden, z. B. Elektrifizierung

Fizz [fɪs] *der;* -[es], -e ⟨aus gleichbed. *engl.* fizz zu to fizz „zischen, sprühen"⟩: alkoholisches Mischgetränk mit Früchten od. Fruchtsäften

Fjäll u. **Fjell** *der;* -s, -s ⟨aus *schwed.* fjäll, *norw.* fjell „Berg, Fels"⟩: weite, baumlose Hochfläche in Skandinavien oberhalb der Waldgrenze

Fjärd *der;* -[e]s, -e ⟨aus gleichbed. *schwed.* fjärd⟩: tief ins Land eingreifender Meeresarm an der schwed. u. finn. Küste; vgl. Fjord

Fjeld *der;* -[e]s, -s ⟨aus *dän.* fjeld „Felsen, Berg"⟩: (veraltet) svw. Fjäll. **Fjell** vgl. Fjäll

Fjord *der;* -[e]s, -e ⟨aus gleichbed. *schwed., norw.* fjord⟩: [an einer Steilküste] tief ins Landinnere hineinreichender, langgestreckter Meeresarm

Fla|bel|la|ti|on *die;* -, -en ⟨zu ↑ Flabellum u. ↑...ation⟩: (veraltet) das Kühlen eines gebrochenen Gliedes durch Zufächeln von Luft (Med.). **fla|bel|lie|ren** ⟨zu ↑...ieren⟩: (veraltet) fächeln, wedeln. **Fla|bel|lum** *das;* -[s], ...la ⟨aus gleichbed. *lat.* flabellum⟩: (veraltet) Fächer, Wedel

Fla|con [fla'kõ:] vgl. Flakon

Flag [flæg] *die;* -, -s ⟨aus gleichbed. *engl.* flag, eigtl. „Flagge"⟩: Zustandssignal bei Computern, das bestimmte Ergebnisse od. Zustände im Umfang von einem ↑ ¹Bit anzeigt (EDV)

Fla|gel|lant *der;* -en, -en (meist Plur.) ⟨aus *lat.* flagellans, Gen. flagellantis „Geißler", Part. Präs. von flagellare, vgl. flagellieren; vgl. Flagellum⟩: 1. Angehöriger religiöser Bruderschaften des Mittelalters, die durch Selbstgeißelung Sündenvergebung erreichen wollten. 2. sexuell abnorm veranlagter Mensch, der in Züchtigung u. Geißelung geschlechtliche Erregung u. Triebbefriedigung sucht (Med., Psychol.). **Fla|gel|lan|tis|mus** *der;* - ⟨zu ↑...ismus (3)⟩: abnormer Trieb zur sexuellen Lustgewinnung durch Flagellation. **Fla|gel|lat** *der;* -en, -en (meist Plur.) ⟨aus *lat.* flagellatus, Part. Perf. von flagellare, vgl. flagellieren u. ...at (1)⟩: Einzeller mit einer od. mehreren Fortbewegungsgeißeln am Vorderende; Geißeltierchen (Biol.). **Fla|gel|la|ti|on** *die;* -, -en ⟨aus gleichbed. *nlat.* flagellatio zu *lat.* flagellatus, vgl. Flagellat⟩: geschlechtliche Erregung u. Triebbefriedigung durch aktive od. passive Züchtigung mittels einer Riemen- od. Strickpeitsche (Med.); vgl. Masochismus, Sadismus. **Fla|gel|la|tor** *der;* -s, ...oren ⟨zu ↑ Flagellat u. ↑...or⟩: svw. Flagellant. **Fla|gel|le** vgl. Flagellum. **fla|gel|lie|ren** ⟨aus gleichbed. *lat.* flagellare⟩: (veraltet) geißeln, schlagen. **Fla|gel|lin** *das;* -s, -e ⟨zu ↑...in (1)⟩: als ↑ Antigen wirkendes ↑ Protein des Flagellums (1; Biol.). **Fla|gel|lo|ma|nie** *die;* - ⟨zu ↑ Flagellum u. ↑...manie⟩: svw. Flagellantismus. **Fla|gel|lum** *das;* -s, ...llen u. Flagelle *die;* -, -n ⟨aus *lat.* flagellum „Geißel, Peitsche"⟩: 1. Fortbewegungsorgan vieler einzelliger Tiere u. Pflanzen. 2. Riemen- od. Strickpeitsche eines Flagellanten

Fla|geo|lett [flaʒo'lɛt] *das;* -s, Plur. -e od. -s ⟨aus gleichbed. *fr.* flageolet, dies über *vulgärlat.* *flabeolum „Flöte" zu *lat.* flare „blasen"⟩: 1. besonders hohe Flöte, kleinster Typ der Schnabelflöte. 2. Flötenton bei Streichinstrumenten u. Harfen. 3. Flötenregister der Orgel. **Fla|geo|let|tist** *der;* -en, -en ⟨zu ↑...ist⟩: jmd., der das Flageolett (1) bläst

fla|grant ⟨unter Einfluß von *fr.* flagrant „offenbar" aus *lat.* flagrans „brennend, flammend"⟩: deutlich u. offenkundig [im Gegensatz zu etw. stehend], ins Auge fallend; vgl. in flagranti

Flair [flɛːɐ̯] *das;* -s ⟨aus *fr.* flair „Witterung, Spürsinn" zu flairer „riechen, wittern", dies aus *lat.* flagrare „stark riechen, duften"⟩: 1. die einen Menschen od. eine Sache umgebende, als positiv, angenehm empfundene persönliche Note, Atmosphäre, Fluidum. 2. (bes. schweiz.) feiner Instinkt, Gespür

Fla|kon [fla'kõ:] *der* od. *das;* -s, -s ⟨aus gleichbed. *fr.* flacon, dies aus *spätlat.* flasco „Flasche" (*germ.* *flaska)⟩: Fläschchen [zum Aufbewahren von Parfum]

Flam|beau [flã'bo:] *der;* -s, -s ⟨aus *fr.* flambeau „Fackel, Leuchter" zu *altfr.* flambe „Flamme" aus *lat.* flamma⟩: a) Fackel; b) mehrarmiger Leuchter mit hohem Fuß. **Flambee** [flã'be:] *das;* -s, -s ⟨aus *fr.* flambée, Part. Perf. (Fem.) von flamber, vgl. flambieren⟩: flambierte Speise

Flam|berg *der;* -[e]s, -e ⟨aus gleichbed. *fr.* flamberge (in Anlehnung an flambe „Flamme") nach Floberge, dem Namen des Schwerts von R. de Montauban, der Hauptgestalt des gleichnamigen altfranz. Heldenepos⟩: mit beiden Händen zu führendes Landsknechtsschwert mit wellig-geflammter Klinge, Flammenschwert

flam|bie|ren ⟨aus gleichbed. *fr.* flamber, dies über *altfr.* flammer aus *lat.* flammare „flammen, brennen"⟩: 1. Speisen (z. B. Früchte, Eis o. ä.) zur Geschmacksverfeinerung mit Alkohol (z. B. Weinbrand) übergießen u. diesen anzünden. 2. (veraltet) absengen, abflammen. **flam|boy|ant** [flãbŏa'jant] ⟨aus gleichbed. *fr.* flamboyant⟩: 1. a) flammend, geflammt; b) farbenprächtig, grellbunt. 2. heftig, energisch. **Flam|boy|ant** [flãbŏa'jã:] *der;* -s, -s: in den Tropen u. Subtropen vorkommender, prächtig blühender Zierbaum (Bot.). **Flam|boy|ant|stil** *der;* -[e]s ⟨nach gleichbed. *fr.* style flamboyant, eigtl. „geflammter Stil" (nach den Schmuckformen)⟩: der spätgotische Baustil in England u. Frankreich

Fla|men *der;* -, ...mines [...neːs] (meist Plur.) ⟨aus gleichbed.

Flamenco

lat. flamen, Gen. flaminis, eigtl. „Opferhandlung"): eigener Priester eines einzelnen Gottes im Rom der Antike

Fla|men|co [...ko] *der;* -[s], -s ‹aus gleichbed. *span.* flamenco, eigtl. „flämisch", zu *mniederl.* Vlaminc „Flame"›: Zigeunertanz u. Tanzlied aus Andalusien

Fla|men|ga u. **Fla|men|go** u. Flamingo *der;* -s, - ‹Herkunft ungeklärt›: Stoff in Leinwandbindung (Webart), eine Art ↑Crêpe marocain

Flame-out ['fleım'aʊt] *der;* -, -s ‹aus gleichbed. *engl.* flame-out, eigtl. „das Zuendeflammen"›: durch Treibstoffmangel bedingter Ausfall eines Flugzeugstrahltriebwerks

¹**Fla|min|go** *der;* -s, -s ‹aus gleichbed. älter *span.* flamengo (jetzt flamenco), wohl zu *lat.* flamma „Flamme" (nach dem Gefieder)›: rosafarbener Wasserwatvogel

²**Fla|min|go** vgl. Flamengo

Fla|mi|sol *der;* -s ‹Kunstw.›: Kreppgewebe aus Mischfasern

Flam|mé [fla'me:] *der;* -s, -s ‹aus *fr.* flammé „geflammt" zu flamme „Flamme", dies aus *lat.* flamma): leinwandbindiger Kleider- u. Dekorationsstoff mit Flammengarn im Schuß

Flam|me|ri *der;* -[s], -s ‹aus gleichbed. *engl.* flummery, eigtl. „Haferbrei", dies aus *walisisch* llymru „Haferbrei"›: eine kalte Süßspeise

Fla|nell *der;* -s, -e ‹über *fr.* flanelle aus gleichbed. *engl.* flannel, dies aus *kelt. (kymrisch)* gwlân „Wolle"›: [gestreiftes od. bedrucktes] gerauhtes Gewebe in Leinen- od. Köperbindung (Webart). **fla|nel|len**: aus, wie Flanell

Fla|neur [...'nø:ɐ̯] *der;* -s, -e ‹aus gleichbed. *fr.* flâneur zu flâner, vgl. flanieren›: Müßiggänger

Flan|ger ['flændʒə] *der;* -s, - ‹zu *engl.* to flange „krempen, flanschen"›: elektroakustisches Effektgerät zur Klangfarbenänderung (Mus.)

fla|nie|ren ‹aus gleichbed. *fr.* flâner, eigtl. „ziellos umherlaufen"›: umherschlendern

Flan|ken|erup|ti|on *die;* -, -en ‹zu Flanke (vgl. flankieren) u. ↑Eruption›: an den Flanken eines Vulkans stattfindende Eruption (Geol.). **Flan|ken|me|teo|ris|mus** *der;* -s: Vorwölbung der seitlichen Bauchgegend infolge von Gasansammlung in Darmschlingen (Med.). **flan|kie|ren** ‹aus gleichbed. *fr.* flanquer zu flanc „Seite, Flanke" (verwandt mit *dt.* Gelenk)›: a) in einer bestimmten Ordnung um etwas herumstehen, etwas begrenzen; b) von der Seite decken, schützen. **Flan|ko|nade** [flãkoʹnaːd] *die;* -, -n [...dn̩] ‹aus *fr.* flanconade „Quartstoß (in die Flanke des Gegners)"›: Flankengleitstoß beim Fechten

Flap [flæp] *das;* -s, -s ‹aus *engl.* flap „Klappe"›: an der Unterseite der Tragflächen von Flugzeugen anliegender klappenähnlicher Teil als Start- u. Landehilfe. **Flap|per** ['flæpə] *der;* -s, - ‹aus gleichbed. *engl.-amerik.* flapper zu *engl.* to flap „flattern"›: Bez. für ein selbstbewußtes junges Mädchen. **Flap|ping-Tre|mor** ['flæpıŋ...] *der;* -s ‹zu *engl.* to flap „flattern"›: Zittern in Form rascher Beuge- u. Streckbewegungen in den Fingergelenken bei drohendem Koma (Med.)

Flare [flɛːɐ̯, *engl.* flɛə] *das;* -s, -s ‹aus *engl.* flare „Ausbruch", eigtl. „flackerndes Licht"›: ein in einem Störungsgebiet der Sonne plötzlich auftretender Temperaturanstieg (Astron.)

Flash [flɛʃ, *engl.* flæʃ] *der;* -s, -s ‹aus gleichbed. *engl.* flash, eigtl. „Blitz"›: 1. a) kurze Einblendung in eine längere Bildfolge; b) Rückblick, Rückblende (Film). 2. svw. Flashlight. 3. (Jargon) Augenblick, in dem sich das gespritzte Rauschmittel mit dem Blut verbindet. **Flash|back** ['flæʃbæk] *der* od. *das;* -[s], -s ‹aus gleichbed. *engl.* flashback›: durch ↑Konditionierung bedingter Rauschzustand wie nach der Einnahme von Drogen, ohne daß eine Einnahme von Drogen erfolgte. **Flash|light** [...laıt] *das;* -s, -s ‹aus gleichbed. *engl.* flashlight›: 1. aufeinanderfolgende Lichtblitze, aufblitzendes Licht (z. B. in Diskotheken). 2. Anlage, die Flashlights (1) erzeugt. **Flash-Spek|trum** *das; -s*: Spektrum der Sonnenchromosphäre, das nur im Moment des Aufblitzens dieser Schicht beim Eintritt einer totalen Sonnenfinsternis aufgenommen werden kann (Astron.)

flat [flɛt] ‹aus gleichbed. *engl.* flat, eigtl. „flach"›: das Erniedrigungszeichen in der Notenschrift, z. B. a flat (= as; Mus.). **Flat** *das;* -s, -s ‹aus *engl.* flat „Mietwohnung", eigtl. „Boden, Stockwerk"›: [Klein]wohnung

Flat|te|rie *die;* -, ...ien ‹aus gleichbed. *fr.* flatterie zu flatter, vgl. flattieren): (veraltet) Schmeichelei. **Flat|teur** [...'tøːɐ̯] *der;* -s, -e ‹aus gleichbed. *fr.* flatteur›: (veraltet) Schmeichler. **Flat|teu|se** [...'tøːzə] *die;* -, -n ‹aus gleichbed. *fr.* flatteuse›: (veraltet) Schmeichlerin. **flat|tie|ren** ‹aus gleichbed. *fr.* flatter, weitere Herkunft ungeklärt›: (veraltet) schmeicheln

Fla|tu|lenz *die;* -, -en ‹aus gleichbed. *nlat.* flatulentia zu *lat.* flatus, vgl. Flatus›: 1. Gasbildung im Magen od. Darm, Blähsucht (Med.). 2. Abgang von Blähungen (Med.). **Fla|tus** *der;* -, - [...tuːs] ‹aus *lat.* flatus „das Blasen" zu flare „blasen"›: Blähung (Med.). **flau|tan|do** u. **flau|ta|to** ‹aus *it.* flautando bzw. flautato „flötenartig", eigtl. Part. Präs. bzw. Perf. von flautare „flöten", dies zu flauto „Flöte"›: Vorschrift für Streicher, nahe am Griffbrett zu spielen, um eine flötenartige Klangfarbe zu erzielen (Mus.). **Flau|to** *der;* -, ...ti ‹aus gleichbed. *it.* flauto›: [Block- od. Schnabel]flöte. **Flau|to tra|ver|so** [– ...v...] *der;* - -, ...si ‹aus gleichbed. *it.* flauto traverso›: Querflöte (Mus.)

fla|ves|zie|ren [...v...] ‹aus gleichbed. *lat.* flavescere zu flavus „goldgelb"›: (veraltet) gelblich werden. **Fla|vin** *das;* -s, -e (meist Plur.) ‹zu ↑...in (1)›: Trivialname einer Gruppe natürlicher, wasserlöslicher Farbstoffe. **Fla|vin|ik|te|rus** *der;* -: Gelbfärbung der Haut durch Blutfarbstoffe bei krankhaftem Blutzerfall (Med.). **Fla|von** *das;* -s, -e ‹Kunstw. zu *lat.* flavus „goldgelb"›: ein gelblicher Pflanzenfarbstoff

fle|bi|le ‹it.; aus *lat.* flebilis zu flere „weinen"›: weinerlich, kläglich, klagend (Mus.)

Flèche [flɛːʃ] *die;* -, -n [...ʃn̩] ‹aus *fr.* flèche „Geschoß, Pfeil" zu *fränk.* *fliugika (*ahd.* fliuca) „das Fliegende"›: blitzartiger Angriff beim Fechten aus weitem od. mittlerem Abstand zum Gegner

flek|tie|ren ‹aus gleichbed. *lat.* flectere, eigtl. „biegen, beugen"›: ein Wort ↑deklinieren od. ↑konjugieren. **flek|tie|rend** ‹zu ↑...ierend); in der Fügung -e Sprachen: Sprachen, die die Beziehungen der Wörter im Satz zumeist durch ↑Flexion der Wörter ausdrücken (Sprachw.); Ggs. ↑agglutinierende u. ↑isolierende Sprachen

Fle|sche *die;* -, -n ‹aus *fr.* flèche, vgl. Flèche›: Pfeilschanze, gewinkelte Feldschanze

fle|trie|ren ‹aus gleichbed. *fr.* flétrir, weitere Herkunft unsicher›: (veraltet) a) entmutigen; b) beschimpfen, brandmarken

flet|schern ‹nach dem amerik. Soziologen H. Fletcher, 1849–1919›: Speisen langsam u. gründlich kauen, wodurch eine bessere Ausnutzung der Nahrung erreicht werden soll

Flett|ner|ro|tor *der;* -s, -en ‹nach dem amerik. Ingenieur A. Flettner, 1885–1961›: Antriebsvorrichtung in Form eines rotierenden Zylinders unter Ausnutzung eines besonderen ↑aerodynamischen Auftriebs bei Schiffen

Fleur [fløːɐ̯] *die;* -, -s ⟨aus gleichbed. *fr.* fleur, eigtl. „Blume, Blüte", dies aus *lat.* flos, Gen. floris „Blume"⟩: 1. das Beste von etwas, Zierde, Glanz. 2. dünner, gegerbter Narbenspalt von Schaffellen. **Fleu|ret** [fløˈreː] vgl. Florett. **Fleurette** [fløˈrɛt] *die;* - ⟨wohl zu *fr.* fleuret „Florettseide"⟩: durchsichtiges Kunstseidengewebe mit Kreppeffekt. **fleuriert** ⟨zu ↑...iert⟩: geblümt, mit Blumen geschmückt. **Fleurin** *der;* -s, -[s] ⟨zu *fr.* fleur „Blume"; wohl Analogiebildung zu ↑ Florin⟩: Verrechnungseinheit der internationalen Organisation der Blumengeschäfte. **Fleu|rist** *der;* -en, -en ⟨aus gleichbed. *fr.* fleuriste⟩: (veraltet) Blumenfreund, Blumenkenner. **Fleu|ron** [fløˈrõː] *der;* -s, -s ⟨aus gleichbed. *fr.* fleuron zu fleur, vgl. Fleur⟩: Blumenverzierung [in der Baukunst u. im Buchdruck]. **Fleu|rons** [fløˈrõːs] *die* (Plur.): zur Garnierung von Speisen verwendete ungesüßte Blätterteigstückchen. **Fleu|rop** [ˈfløy..., auch ˈfløːrɔp] *die;* - ⟨Kurzw. für *lat. fl*ores *Eur*opae „Blumen Europas"⟩: internationale Blumengeschenkvermittlung. **Fleurs** [fløːɐ̯s] *die* (Plur.) ⟨aus *fr.* fleurs (Plur.), eigtl. „Blumen"; vgl. Fleur⟩: dünnes Narbenspaltleder von Schafen, bes. für Bucheinbände

Fleu|te [ˈfløːtə] vgl. Flüte

Fle|xa|ton *das;* -s, -e ⟨aus *engl.* to flex a tone „einen Ton biegen"⟩: ein im Jazz der 20er Jahre benutztes Schüttelinstrument, vgl. flektieren⟩: 1. biegsam, elastisch. 2. beweglich, anpassungsfähig, geschmeidig. 3. beugbar (von einem Wort, das man ↑ flektieren kann; Sprachw.). **Fle|xi|bi|li|tät** *die;* - ⟨zu ↑...ität⟩: 1. Biegsamkeit. 2. Fähigkeit des Menschen, sich im Verhalten wechselnden Situationen rasch anzupassen (Psychol.). **Fle|xio|le** ⓦ *die;* -, -n ⟨Kunstw.⟩: Tropfflasche od. -ampulle aus unzerbrechlichem Kunststoff (Med.). **Fle|xi|on** *die;* -, -en ⟨aus *lat.* flexio „Biegung" zu flectere, vgl. flektieren⟩: 1. ↑ Deklination od. ↑ Konjugation eines Wortes (Sprachw.). 2. Beugung, Abknickung (z. B. der Gebärmutter; Med.). 3. svw. Flexur (2). **Fle|xiv** *das;* -s, -e […və] ⟨aus *nlat.* flexivus, vgl. flexivisch⟩: Flexionsmorphem; ↑ Morphem, das zur Beugung eines Wortes verwendet wird (z. B. die Endung -e bei: die Flexive; Sprachw.). **fle|xi|visch** […vɪʃ] ⟨aus gleichbed. *nlat.* flexivus zu *lat.* flexus „gebogen, gekrümmt", Part. Perf. von flectere, vgl. flektieren⟩: die Flexion (1) betreffend, Flexion zeigend (Sprachw.). **Fle|xo|druck** *der;* -[e]s ⟨zu ↑ Flexion⟩: besonderes Druckverfahren, bei dem die flexiblen Druckformen auf dem Druckzylinder befestigt werden (Druckw.). **Fle|xo|lei|tung** *die;* -, -en: verschleißarme u. wenig störanfällige Anschlußleitung für elektr. Geräte. **Fle|xo|me|ter** *das;* -s, - ⟨zu ↑¹...meter⟩: Gerät zur Prüfung des Dauerbiegeverhaltens, bes. von Leder u. synthetischen Schuhmaterialien. **Fle|xor** *der;* -s, ...oren ⟨aus *nlat.* flexor zu *lat.* flectere, vgl. flektieren u. ...or⟩: Beugemuskel (Med.). **Fle|xur** *die;* -, -en ⟨aus *lat.* flexura „Biegung, Krümmung"⟩: 1. Biegung, gebogener Abschnitt eines Organs (z. B. des Dickdarms; Med.). 2. bruchlose Verbiegung von Gesteinsschichten (Geol.).

Fli|bu|stier […i̯ɐ] u. **Filibuster** *der;* -s, - ⟨aus gleichbed. *fr.* flibustier, *engl.* filibuster, dies wohl über älter *engl.* flibutor, freebooter aus *niederl.* vrijbuiter „Freibeuter"⟩: (früher) a) Seeräuber, gesetzloser Abenteurer; b) Angehöriger einer westind. Seeräubervereinigung in der zweiten Hälfte des 17. Jh.s

Flic [flɪk] *der;* -s, -s ⟨aus gleichbed. *fr.* flic, weitere Herkunft unsicher⟩: (ugs.) franz. Polizist

Flic|flac [flɪkˈflak] u. **Flick|flack** *der;* -s, -s ⟨aus *fr.* flic flac „klipp, klapp" (lautmalend)⟩: [in schneller Folge geturnter] meist rückwärts ausgeführter Handstandüberschlag (Sport)

Flie|boot *das;* -s, -e ⟨aus gleichbed. älter *niederl.* vlieboot⟩: a) kleines Fischerboot; b) Beiboot

Flip|fis *der;* -, - ⟨Herkunft unsicher⟩: zweifacher ↑ Salto mit Schraube (beim Trampolinturnen)

Flight-Re|cor|der [ˈflaɪtrɪˈkɔːdə] *der;* -s, - ⟨aus gleichbed. *engl.* flight-recorder zu flight „Flug" u. ↑ Recorder⟩: Flugschreiber, Flugdatenregistriergerät

Flim|mer|epi|thel *das;* -s, -e ⟨zu ↑ Epithel⟩: mit Wimpern (Flimmerhärchen) versehene oberste Zellschicht vieler Schleimhäute (Med.)

Flin|kit [auch ...ˈkɪt] *der;* -s, -e ⟨nach dem schwed. Mineralogen G. Flink († 1931) u. zu ↑²...it⟩: ein grünlich-braunes Mineral

Flip *der;* -s, -s ⟨aus gleichbed. *engl.* flip zu flip „leicht schlagen" bzw. Kurzform von flip (jump) zu to flip „schnellen"⟩: 1. alkoholisches Mischgetränk mit Ei. 2. ein Drehsprung im Eiskunstlauf. **Flip-chart** […tʃɑːt] *das;* -s, -s ⟨aus gleichbed. *engl.* flip chart⟩: auf einem Gestell befestigter großer Papierblock, dessen Blätter nach oben umgeschlagen werden können. **Flip|flop** *das;* -s, -s u. **Flip|flop|schal|tung** *die;* -, -en ⟨nach gleichbed. *engl.* flip-flop (circuit)⟩: besondere Art der Schaltung in elektronischen Geräten (Informatik). **flip|pen** vgl. flippern. **Flip|per** *der;* -s, - ⟨zu *engl.* to flip „schnipsen, schnellen"⟩: a) Spielautomat; b) im Innern des Spielautomaten angebrachte, von außen zu bedienende Vorrichtung, mit deren Hilfe die Kugel im Spielfeld hin- u. hergeschnipst werden kann. **flip|pern**: an einem Flipper spielen

Flirt [flœrt, auch flɪrt] *der;* -s, -s ⟨Substantivierung zu *engl.* to flirt, vgl. flirten⟩: 1. Bekundung von Zuneigung durch das Verhalten, durch Blicke u. Worte in scherzender, verspielter Form. 2. unverbindliches Liebesabenteuer, Liebelei. **flir|ten** [ˈflœrtn̩, auch ˈflɪrtn̩] ⟨aus gleichbed. *engl.* to flirt, weitere Herkunft unsicher⟩: jmdm. durch sein Verhalten, durch Blicke u. Worte scherzend u. verspielt seine Zuneigung zu erkennen geben; in netter, harmloser Form ein Liebesverhältnis anzubahnen suchen

Float [floʊt] *der;* -s, -s ⟨Substantivierung zu *engl.* to float, vgl. floaten⟩: Summe der schwebenden, d. h. abgebuchten, aber noch nicht gutgeschriebenen Zahlungen im bargeldlosen Zahlungsverkehr (Wirtsch.). **floa|ten** [ˈfloʊtn̩] ⟨aus gleichbed. *engl.* to float, eigtl. „schwimmen, treiben"⟩: durch Freigabe des Wechselkurses schwanken (vom Außenwert einer Währung; Wirtsch.). **Float|glas** *das;* -es, ...gläser: Flachglas, das auf einer Metallschmelze schwimmend erstarrt u. dabei eine blanke Oberfläche erhält. **Floa|ting** *das;* -s, -s ⟨aus gleichbed. *engl.* floating, eigtl. „schwimmend, treibend"⟩: durch die Freigabe des Wechselkurses eingeleitetes Schwanken des Außenwertes einer Währung in einem System fester Wechselkurse

Flo|bert|ge|wehr [auch floˈbɛːr..., floˈbɛːɐ̯...] *das;* -[e]s, -e ⟨nach dem Namen des franz. Waffentechnikers N. Flobert, 1819–1894⟩: Kleinkalibergewehr

Floc|ci|le|gi|um [flɔkˈtsi...] *das;* -s ⟨zu *lat.* floccus „Flocke", legere „auflesen, sammeln" u. ↑...ium, eigtl. „das Flockenlesen"⟩: im ↑ Delirium bei bestimmten Krankheiten vorkommende Bewegungsautomation der oberen Extremitäten derart, daß die Arme u. Hände in ständiger Bewegung nach imaginären Gegenständen greifen (Med.). **Floc|cu|li** […k...] *die* (Plur.) ⟨aus *lat.* flocculi, Plur. von flocculus, vgl. Flocculus⟩: in hellen Strukturelemente der netzförmigen Hell-Dunkel-Struktur der obersten Sonnenchromosphäre (Astron.). **Floc|cu|lus** *der;* -, ...li ⟨aus *lat.* flocculus, Verkleinerungsform von floccus „Flocke"): kleiner Lappen des Kleinhirns (Med.)

Flock|print *der;* -[s] ⟨aus gleichbed. *engl.* flock printing, dies aus flock „Flocke" u. printing „das Drucken"⟩: Flockdruck, bei dem das Muster durch aufgeklebten Faserstaub gebildet wird (Textilkunde)

Flo|con|né [flokɔ'ne:] *der;* -[s], -s ⟨aus *fr.* floconné, Part. Perf. von floconner „in Flocken fallen" zu flocon „Flocke", dies aus gleichbed. *(m)lat.* floccus⟩: weicher Mantelstoff mit flockiger Außenseite

Flo|ka|ti *der;* -[s], -s ⟨aus *ngr.* phlok(k)atḗ „wollene Decke"⟩: heller, schaffellartig zottiger Teppich [aus Schurwolle] in Art der griech. Hirtenteppiche

Flok|ku|la|ti|on *die;* -, -en ⟨aus gleichbed. *engl.* flocculation zu floccus „Flocke", dies aus *lat.* floccus⟩: Zusammenballung u. Ausfällung [von Pigmentpartikeln]

Flon|flon [flõ'flõ] *das;* -s, -s ⟨aus gleichbed. *fr.* flonflon, lautmalendes Wort⟩: (veraltet) Straßenlied, Gassenhauer, Bumsmusik

Floor [flɔ:] *der;* -s, -s ⟨aus *engl.* floor „Fußboden; Stockwerk; Sitzungssaal", dies wie *mhd.* vluor „Boden(fläche), Saatfeld" zur *idg.* Wurzel *pel(ə)- „platt, eben, breit"⟩: a) Börsensaal; b) vereinbarter Mindestzins bei Krediten

Flop *der;* -s, -s ⟨aus gleichbed. *engl.* flop zu to flop „(hin)plumpsen"⟩: 1. Kurzform von ↑Fosbury-Flop. 2. Angelegenheit od. Sache, die keinen Anklang findet u. deshalb nicht den erwarteten [finanziellen] Erfolg bringt. **flop|pen**: 1. im Fosbury-Flop springen; 2. ein Mißerfolg, Flop (2) sein. **Flop|py** *die;* -, ...pies [...pi:z]: Kurzform von ↑Floppy disk. **Flop|py disk** *die;* - -, - -s ⟨aus gleichbed. *engl.* floppy disc, dies zu floppy „schlapp, schwach" u. disc „Scheibe, Platte"; vgl. Diskus⟩: 1. svw. Diskette. 2. svw. Diskettenlaufwerk

¹Flor *der;* -s, -e ⟨verkürzt aus *nlat.* in flore esse „in Blüte stehen", dies zu *lat.* flos, Gen. floris „Blume, Blüte"⟩: 1. Blumen-, Blütenfülle, Blütenpracht; b) Menge blühender [schöner] Blumen [der gleichen Art]; Fülle von Blüten [einer Pflanze]. 2. Wohlstand, Gedeihen

²Flor *der;* -s, -e ⟨vermutlich über *fr.* fleuret „Florettseide" (eigtl. „Stoßdegen") aus *niederl.* floers „hauchdünnes Gewebe" zu *mniederl.* floers „Samt", dies über gleichbed. *altfr.* velo(u)s zu *lat.* villosus; vgl. ¹Velours⟩: a) feines, zartes durchsichtiges Gewebe; b) Trauerflor; schwarzes Band, das als Zeichen der Trauer am Ärmel od. Rockaufschlag getragen wird. 2. aufrechtstehende Faserenden bei Samt, Plüsch u. Teppichen

Flo|ra *die;* -, ...ren ⟨nach der altitalischen Frühlingsgöttin Flora (zu *lat.* flos, Gen. floris „Blume")⟩: 1. a) Pflanzenwelt eines bestimmten Gebietes; b) Bestimmungsbuch für die Pflanzen eines bestimmten Gebietes. 2. Gesamtheit der natürlich vorkommenden Bakterien in einem Körperorgan, z. B. Darmflora (Med.). **flo|ral** ⟨zu *lat.* flos (vgl. ¹Flor) u. ↑...al (1)⟩: a) mit Blumen, geblümt; b) Blüten betreffend, darstellend. **Flo|ra|li|en** [...jən] *die* (Plur.): Ende April u. Anfang Mai gefeiertes altröm. Fest der Frühlingsgöttin Flora. **Flo|re|al** *der;* -, -s ⟨aus gleichbed. *fr.* floréal, eigtl. „Blütenmonat"⟩: der achte Monat des franz. Revolutionskalenders (20. April bis 19. Mai). **flo|re|as!** ⟨*lat.*⟩; 2. Pers. Konj. Präs. von *lat.* florere „blühen, gedeihen"⟩: mögest du, mögen deine Unternehmungen blühen, gedeihen. **flo|re|at!** ⟨*lat.*⟩; 3. Pers. Konj. Präs. von *lat.* florere⟩: er (sie, es) möge blühen, gedeihen

Flo|rence-Ver|fah|ren [flo'rã:s...] *das;* -s ⟨nach dem franz. Arzt A. Florence (1851–1927)⟩: Methode zum Nachweis von ↑Sperma (z. B. auf Kleidungsstücken) mittels einer Jod-Jodkali-Lösung (Med.)

Flo|ren|ele|ment *das;* -[e]s, -e ⟨Plur. von ↑Flora u. zu ↑Element⟩: Gruppe von Pflanzenarten, -gattungen usw., die bestimmte Gemeinsamkeiten besitzen, insbesondere Artengruppe etwa gleicher geographischer Verbreitung, die am Aufbau der Pflanzendecke eines bestimmten Gebietes beteiligt ist. **Flo|ren|re|gi|on** *die;* -, -en: Gebiet, das sich durch bestimmte Florenelemente auszeichnet u. eine mehr od. weniger einheitliche Flora aufweist

Flo|ren|tine [...'ti:n] *die;* - ⟨*fr.;* nach der ital. Stadt Florenz⟩: Atlasseide aus Florenz. **Flo|ren|ti|ner** *der;* -s, -: 1. Damenstrohhut mit breitem, schwingendem Rand. 2. ein Mandelgebäck. **Flo|ren|ti|um** *das;* -s ⟨nach dem lat. Namen Florentina der ital. Stadt Florenz u. zu ↑...ium⟩: (veraltet) svw. Promethium

flo|re ple|no ⟨*lat.*⟩: mit gefüllter Blüte; mit üppigem Blütenstand (von Blumen; Gartenbau); Abk.: fl. pl. **Flo|res** [...re:s] *die* (Plur.) ⟨aus *lat.* flores (Plur. von flos), vgl. ¹Flor⟩: 1. getrocknete Blüten[teile] als Bestandteile von ↑Drogen. 2. in der Musik des Mittelalters Bez. für gesungene, meist improvisierte Verzierungen; vgl. Fioretten. **Flo|res|zenz** *die;* -, -en ⟨aus *nlat.* florescentia zu *lat.* florescens, Gen. florescentis, Part. Perf. von florescere „aufblühen"⟩: a) Blütezeit; b) Gesamtheit der Blüten einer Pflanze, Blütenstand. **Flo|rett** *das;* -[e]s, -e u. Fleuret [flø:'re:] *das;* -s, -s ⟨über gleichbed. *fr.* fleuret aus *it.* fioretto „Stoßdegen", eigtl. „Blümchen, Knospe" (nach dem knospenähnlichen Knopf, der bei Fechtübungen auf die Spitze gesteckt wurde); vgl. Fioretten⟩: Stoßwaffe zum Fechten. **flo|ret|tie|ren** ⟨zu ↑...ieren⟩: mit dem Florett fechten. **Flo|rett|sei|de** *die;* ⟨nach *it.* fioretta di seta „Auswahlseide"⟩: Abfall der Naturseide. **flo|rid** ⟨aus *lat.* floridus „blühend"⟩: voll entwickelt, stark ausgeprägt, rasch fortschreitend (von Krankheiten; Med.). **Flo|ri|di|tät** *die;* - ⟨zu ↑...ität⟩: (veraltet) blühender Zustand, Blumenreichtum. **Flo|ri|do|stil** *der;* -[e]s ⟨aus *span.* estilo florido „blühender Stil"⟩: span. Form des ↑Flamboyantstils. **flo|rie|ren** ⟨aus *lat.* florere „blühen"⟩: sich [geschäftlich] günstig entwickeln, gedeihen. **flo|ri|fe|risch** ⟨zu *lat.* ferre „tragen"⟩: (veraltet) blütentragend. **Flo|ri|gen** *das;* -s, -e ⟨zu ↑...gen⟩: physiologisch nachgewiesenes, chemisch noch unbekanntes Blühhormon, das die Blütenbildung in Pflanzen anregt (Bot.). **Flo|ri|leg** *das;* -s, -e u. **Flo|ri|le|gi|um** *das;* -s, ...ien [...iən] ⟨aus *nlat.* florilegium, eigtl. „Blütenlese", zu *lat.* florilegus „Blüten sammelnd"⟩: 1. svw. Anthologie. 2. a) Auswahl aus den Werken von Schriftstellern der Antike; b) Sammlung von Redewendungen. **Flo|ri|ma|nie** *die;* -, ...ien ⟨zu *lat.* flos, Gen. floris „Blume, Blüte" u. ↑...manie⟩: (veraltet) übertriebene Blumenliebhaberei. **Flo|rin** *der;* -s, Plur. -e u. -s ⟨aus *mlat.* florinus „(Florentiner) Gulden" zu *lat.* flos, Gen. floris „Blume" (nach der florentinischen Wappenlilie auf der Rückseite dieser Münze)⟩: 1. niederl. Gulden, mittelalterliche Goldmünze. 2. ehemalige engl. Silbermünze

Flo|rin|do *der;* -, Plur. -s u. ...di ⟨aus gleichbed. *it.* florindo, zum ital. Eigennamen Florindo⟩: Typenfigur der Commedia dell'arte, Liebhaber, der nach der jeweiligen Mode gekleidet ist u. ohne Maske auftritt

Flo|rist *der;* -en, -en ⟨zu ↑Flora bzw. unter Einfluß von *fr.* fleuriste „Blumenhändler" aus *lat.* flos, Gen. floris (vgl. ¹Flor) u. ...ist⟩: 1. Kenner u. Erforscher der ↑Flora (1 a). 2. Blumenbinder. **Flo|ri|stik** *die;* - ⟨zu ↑...istik⟩: Zweig der Pflanzengeographie, der sich mit den verschiedenen Florengebieten der Erde befaßt. **Flo|ri|stin** *die;* -, -nen: weibliche Form zu ↑ Florist. **flo|ri|stisch** ⟨zu ↑ ...istisch⟩: die Flora od. die Floristik betreffend

Flor|post|pa|pier *das;* - ⟨zu ↑ ²Flor⟩: dünnes, durchsichtiges, aber festes Papier für Luftpost u. a.

Flos|kel *die;* -, -n ⟨zu *lat.* flosculus „Blümchen", Verkleinerungsform von flos, vgl. ¹Flor (hier schmückender Ausdruck)⟩: nichtssagende Redensart, formelhafte Redewendung

Flo|ta|ti|on *die;* -, -en ⟨aus *engl.* flo(a)tation „Schwimmaufbereitung" zu to float „schwimmen (lassen)"⟩: Aufbereitungsverfahren zur Anreicherung von Mineralien, Gesteinen u. chem. Stoffen (Techn.). **Flo|ta|ti|ons|mit|tel** *die* (Plur.): chem. Substanzen, die die Flotation erleichtern, indem sie die Benetzbarkeit verschiedener Minerale verbessern (Techn.). **flo|ta|tiv** ⟨zu ↑ ...iv⟩: die Flotation betreffend. **flo|tie|ren** ⟨zu ↑ ...ieren⟩: Erz aufbereiten (Techn.).

Flo|ti|gol u. **Flo|tol** *das;* -s, -e ⟨Kunstw.⟩: Flotationszusatz (Mittel, um die Oberflächenspannung herabzusetzen)

flot|tant ⟨aus gleichbed. *fr.* flottant, Part. Präs. von flotter „schwimmen, treiben", vgl. flottieren⟩: schwimmend (Börsenw.). **Flot|te** *die;* -, -n ⟨unter Einfluß von gleichbed. *it.* flotta u. *fr.* flotte aus *mittelniederd.* vlōte, *mittelniederl.* vlōte, vloot⟩: 1. a) Gesamtheit der Schiffe eines Staates (Handels- od. Kriegsflotte); b) größerer [Kriegs]schiffsverband. 2. Flüssigkeit, in der Textilien gebleicht, gefärbt od. imprägniert werden. **Flot|ten|ba|sis** *die;* -, ...basen: Hafen mit Versorgungseinrichtungen für eine Flotte (Mil.). **Flot|ten|pa|ra|de** *die;* -, -n: feierliche Vorbeifahrt einer Flotte. **flot|tie|ren** ⟨aus gleichbed. *fr.* flotter zu flot „Welle", dies wohl aus *fränk.* *flōd*⟩: 1. (fachspr.) schwimmen, schweben, schwanken. 2. sich verwickeln (von Kettfäden in der Weberei). **flot|tie|rend** ⟨zu ↑ ...ierend⟩; in den Fügungen. -er Faden: im Gewebe freiliegender Kett- od. Schußfaden; -e Schuld: schwebende, nicht fundierte Schuld (Rechtsw.). **Flot|til|le** [...'tıl(j)ə] *die;* -, -n ⟨aus *span.* flotilla, Verkleinerungsform von flota „Flotte", dies aus gleichbed. *fr.* flotte, vgl. Flotte⟩: 1. Verband kleinerer Kriegsschiffe. 2. kleine Fischfangflotte

flou [flu] ⟨aus gleichbed. *fr.* flou, dies aus *lat.* flavus „gelb; bleich"⟩: weich, verschwimmend (Malerei)

Flow [flou] *der;* -s, -s ⟨aus *engl.* flow „das Fließen, Strömen" zu to flow „fließen, strömen"⟩: Durchfluß von Flüssigkeiten (z. B. Blut, Harn) in entsprechenden Gefäßen des Körpers (Med.). **Flow-chart** ['flouʧɑ:t] *das;* -s, -s ⟨aus gleichbed. *engl.* flow chart⟩: engl. Bez. für Flußdiagramm (Informatik)

Flow|er-pow|er ['flauəpauə] *die;* - ⟨aus *engl.-amerik.* flower power, eigtl. „Blumengewalt"⟩: Schlagwort der ↑ Hippies, die in der Konfrontation mit dem bürgerlichen ↑ Establishment Blumen als Symbol für ihr Ideal einer humanisierten Gesellschaft verwendeten

Flu|at *das;* -[e]s, -e ⟨Kurzw. für ↑ *Fluorsilikat*⟩: Mittel zur Härtung von Baustoffen gegen Verwitterung (Fluorsilikat). **flua|tie|ren** ⟨zu ↑ ...ieren⟩: mit Fluaten behandeln.

Flud *das;* -s, -s ⟨verkürzt aus ↑ Fluid⟩: svw. Fluid (2). **Flu|el|lit** [flu*ɛ*..., auch ...'lɪt] *das;* -s, -e ⟨Kunstw. aus ↑¹*Fluor* u. ↑ W*avellit*⟩: ein Mineral, das in farblosen od. weißen Kristallen vorkommt. **flu|id** ⟨aus gleichbed. *lat.* fluidus zu fluere „fließen"⟩: flüssig, fließend (Chem.). **Flu|id** *das;* -s, -s, auch Fluid *das;* -s, -e: 1. flüssiges Mittel, Flüssigkeit (Chem., Phys.). 2. Getriebeflüssigkeit, die Druckkräfte übertragen kann. **Flui|da**: Plur. von ↑ Fluidum. **flui|dal** ⟨aus gleichbed. *nlat.* fluidalis, vgl. ...'al (1)⟩: Fließstrukturen aufweisend (vom Gefüge erstarrter Schmelzen; Geol.).

Flui|dal|struk|tur u. **Flui|dal|tex|tur** *die;* -, -en: Fließgefüge von Mineralien, die in Fließrichtung der ↑ Lava erstarrt sind (Geol.). **Flu|id|ex|trakt** *der,* naturwiss. fachspr. auch *das;* -[e]s, -e ⟨zu *lat.* extractum fluidum „flüssiges Extrakt"⟩: dünnflüssiger alkoholischer Auszug aus pulverisierten getrockneten Pflanzenteilen. **Flui|dics** [...dɪks] *die* (Plur.) ⟨aus gleichbed. *engl.* fluidics (Plur.) zu fluidic „flüssig", dies aus *lat.* fluidus, vgl. fluid⟩: mit Flüssigkeiten od. Gasen arbeitende Steuerelemente in technischen Geräten. **flui|di|fi|zie|ren** ⟨zu ↑ fluid u. ↑ ...fizieren⟩: flüssig machen. **Flui|dik** *die;* - ⟨zu ↑² ...ik (1)⟩: (Lehre von der) Verwendung strömungstechnischer Bauelemente (Fluidics) in Analog- u. Digitalschaltungen für Steuer- u. Verknüpfungsaufgaben. **Flui|di|sa|ti|on** *die;* -, -en ⟨zu ↑ ...isation⟩: Bildung eines Gas-Feststoff-Gemisches, das sich wie eine Flüssigkeit verhält (bei vulkanischen Prozessen; Geol.). **Flui|di|tät** *die;* -, -en ⟨zu ↑ ...ität⟩: 1. (ohne Plur.) Fließvermögen, Fließfähigkeit. 2. Kehrwert der dynamischen ↑ Viskosität (Chem.). **Fluid-meat** ['flu:ɪd'mi:t] *das;* -s ⟨aus *engl.* fluid meat, eigtl. „flüssiges Fleisch"⟩: (veraltet) aus magerem Fleisch hergestellte Art von Fleischextrakt. **Flu|id|tech|nik** *die;* - ⟨zu ↑ fluid⟩: Sammelbez. für die technischen Bereiche der Hydraulik u. Pneumatik. **Flui|dum** *das;* -s, ...da ⟨aus *lat.* fluidum, eigtl. „das Fließende" (für einen hypothetischen flüchtigen Stoff, der angeblich Eigenschaften u. Wirkungen übertragen könne), zu fluidus, vgl. fluid⟩: besondere von einer Person od. Sache ausgehende Wirkung, die eine bestimmte [geistige] Atmosphäre schafft

Flu|ke *die;* -, -n ⟨aus gleichbed. *engl.* fluke, weitere Herkunft ungeklärt⟩: querstehende Schwanzflosse des Wales

Fluk|tua|ti|on *die;* -, -en ⟨aus *lat.* fluctuatio „unruhige Bewegung, Schwanken" zu fluctuare, vgl. fluktuieren⟩: 1. a) das Schwanken, Schwankung; b) das häufige, schnelle Wechseln, z. B. der Angestellten eines Unternehmens. 2. das mit dem Finger spürbare Schwappen einer Flüssigkeitsansammlung unter der Haut (Med.). **fluk|tu|ie|ren** ⟨aus *lat.* fluctuare „wogen, umhertreiben" zu fluctus „Strömung, Flut"⟩: 1. schnell wechseln, schwanken. 2. hin- u. herschwappen (von abgekapselten Körperflüssigkeiten (Med.). **fluk|tu|ös** ⟨aus *fr.* fluctueux „heftig bewegt" zu fluctuar „schwanken", dies aus *lat.* fluctuare, vgl. fluktuieren⟩: wogend, schwankend

Flun|ky ['flʌŋkı, auch 'flœŋkı] *der;* -s, ...kies [...kıs, ...kız] ⟨aus *engl.* flunk(e)y „Diener; Speichellecker"⟩: (veraltet) Diener, Lakai

¹Flu|or *das;* -s ⟨zu *lat.* fluor „das Fließen, Strömen", dies zu fluere „fließen"⟩: chem. Element, Nichtmetall; Zeichen F.
²Flu|or *der;* - ⟨zu ↑ ¹Fluor⟩: Ausfluß aus der Scheide u. der Gebärmutter (Med.). **Flu|or|apa|tit** *der;* -s, -e: fluorhaltiger Apatit. **Flu|or|chlor|koh|len|was|ser|stof|fe** *die* (Plur.): (früher bes. als Treibgas verwendete) chem. Verbindungen, die eine schädigende Wirkung auf die Ozonschicht der Erdatmosphäre ausüben; Abk.: FCKW. **Fluo|ren** *das;* -s ⟨zu ↑ ...en⟩: im Steinkohlenteer vorkommender ↑ aromatischer Kohlenwasserstoff. **Fluo|res|ce|in** u. **Fluo|res|cin** [...ʦ...] *das;* -s ⟨zu ↑ Fluoreszenz u. ↑ ...in (1)⟩: gelbroter Farbstoff, dessen verdünnte Lösung stark grün fluoresziert. **Fluo|res|zenz** *die;* - ⟨aus gleichbed. *engl.* fluorescence zu fluor „Flußspat" (an dem diese Erscheinung zuerst beobachtet wurde); vgl. ¹Fluor⟩: Eigenschaft bestimmter Stoffe, bei Bestrahlung durch Licht-, Röntgen- od. Kathodenstrahlen selbst zu leuchten. **Fluo|res|zenz|ana|ly|se** *die;* -, -en: Analyse chem. Verbindungen an Hand ihres Fluoreszenzspektrums (Phys., Chem.). **Fluo|res|zenz|li|nie** [...jə] *die;* -, -n: bei der Fluoreszenz eines Stoffes infolge eines Elektronenübergangs von höherer zu niedriger Ener-

Fluoreszenzmikroskop

gie auftretende ↑Spektrallinie. **Fluo|res|zẹnz|mi|kro|skop** *das;* -s, -e: Mikroskop, bei dem das Präparat mit ultraviolettem Licht zum Fluoreszieren im sichtbaren Licht angeregt u. in diesem Licht betrachtet wird. **Fluo|res|zẹnz|mi|kro|sko|pie** *die;* -: Mikroskopie, bei der das Fluoreszieren vieler organischer Stoffe ausgenutzt wird. **Fluo|res|zẹnz|spek|trum** *das;* -s, Plur. ...tren u ...tra: Gesamtheit der Fluoreszenzlinien od. Fluoreszenzbande eines Atoms od. Moleküls (Phys., Chem.). **fluo|res|zie|ren** ⟨zu ↑...ieren⟩: bei Bestrahlung (z. B. mit Licht) aufleuchten (von Stoffen). **Fluo|rid** *das;* -[e]s, -e ⟨zu ↑¹Fluor u. ↑³...id⟩: Salz der Flußsäure. **fluo|ri|die|ren** vgl. fluorieren. **fluo|rie|ren** u. **fluo|ri|sie|ren** ⟨zu ↑...ieren bzw. ...isieren⟩: a) Fluor in chem. Verbindungen einführen (Chem.); b) etwas mit ↑¹Fluor anreichern (z. B. Trinkwasser). **Fluo|rit** [auch ...'rɪt] *der;* -s, -e ⟨zu ↑²...it⟩: ein Mineral (Flußspat). **fluoro..., Fluoro...** ⟨verkürzt aus ↑Fluoreszenz⟩: Wortbildungselement mit der Bedeutung „mit Fluoreszenz verbunden, auf Fluoreszenz beruhend", z. B. fluorogen, Fluorophor. **fluo|ro|gen** ⟨zu ↑...gen⟩: die Eigenschaft der Fluoreszenz besitzend; -e Gruppen: organische Gruppen, die in fluoreszierenden Stoffen als Träger der Fluoreszenz angesehen werden; vgl. Fluorophor. **Fluo|ro|me|ter** *das;* -s, - ⟨zu ↑¹...meter⟩: Gerät zur Messung der Fluoreszenz. **Fluo|ro|me|trie** *die;* - ⟨zu ↑...metrie⟩: Fluoreszenzmessung. **fluo|ro|me|trisch** ⟨zu ↑...metrisch⟩: durch Fluorometrie ermittelt. **fluo|ro|phor** ⟨zu ↑...phor⟩: svw. fluorogen; -e Gruppen: svw. fluorogene Gruppen. **Fluo|ro|phor** *der;* -s, -e: Fluoreszenzträger; vgl. fluorogen. **Fluo|ro|se** *die;* - ⟨zu ↑¹Fluor u. ↑¹...ose⟩: Gesundheitsschädigung durch Fluor[verbindungen]. **Flu|or|si|li|kat** *das;* -[e]s, -e: svw. Fluat. **Flu|or|test** *der;* -[e]s, Plur. -s, auch -e: chem. Verfahren zur Bestimmung des relativen Alters von ↑Fossilien (vgl. Fossil) nach ihrem Fluorgehalt

Flush [flʌʃ] *der,* auch *das;* -s, -s ⟨aus *engl.* flush „das Erröten; Aufwallung" zu to flush, vgl. flushen⟩: anfallsweise auftretende Hitzewallung mit Hautrötung (Med.). **flu|shen** ['flaʃn̩] ⟨aus *engl.* to flush „sich ergießen; ausströmen; (aus)spülen"⟩: ein Lösungsmittel durch ein anderes verdrängen, das mit dem ersten nicht mischbar ist (z. B. bei der Bereitung nichtwäßriger Lacke aus wäßrigen Pigmentpasten; Chem.)

Flü|te u. Fleute ['fløːtə] *die;* -, -n ⟨über *fr.* flûte bzw. *niederd.* Fleute „Lastschiff" aus *niederl.* fluit, eigtl. „Flöte"⟩: Dreimaster des 17. u. 18. Jh.s

flu|vi|al [...v...] u. **flu|via|til** ⟨aus *lat.* fluvialis bzw. fluviatilis „am od. im Fluß befindlich" zu fluvius „fließendes Wasser, Fluß"⟩: von fließendem Wasser abgetragen od. abgelagert (Geol.). **flu|vio|gla|zi|al** ⟨zu *lat.* fluvius (vgl. fluvial) u. ↑glazial⟩: von eiszeitlichem Schmelzwasser abgetragen od. abgelagert (Geol.). **Flu|vio|graph** *der;* -en, -en ⟨zu ↑...graph⟩: selbstregistrierender Pegel. **flu|vio|ma|rin:** von Flüssen unmittelbar ins Meer gebracht (Geol.). **Flu|vi|sol** *der;* -s ⟨zu *lat.* solum „Boden, Erde"⟩: Bodentyp der internationalen Bodenklassifikation, entspricht vor allem den Auenböden. **Flu|vo|gra|phie** *die;* -, ...ien ⟨zu ↑...graphie⟩: Messung der Wärmeleitzahl der Haut zur Bestimmung der Hautdurchblutung (Med.). **Flux** *der;* -es, -e ⟨Rückbildung aus *lat.* fluxio, vgl. Fluxion⟩: 1. Materie- od. Teilchenströmung, speziell für den Neutronenfluß (Phys.). 2. (meist Plur.) Stoffverlagerungen durch die Membran lebender Zellen u. ihrer ↑Organellen (Biol.). **Flu|xi|on** *die;* -, -en ⟨aus *lat.* fluxio „das Fließen"⟩: 1. (veraltet) Fluß, Wallung. 2. Blutandrang (Med.). **Flu|xio|nen|rech|nung** u. **Flu|xi|ons|rech|nung** *die;* - ⟨nach *engl.* (method of) fluxions zu flu-

xion „Differentialquotient", eigtl. „das Fließen", dies aus *lat.* fluxio⟩: (veraltet) svw. Differentialrechnung (bei Newton). **Flu|xus** *der;* - ⟨aus *lat.* fluxus „das Fließen"⟩: 1. vermehrte, gesteigerte Flüssigkeitsabsonderung (z. B. von Blut od. Eiter; Med.). 2. neodadaistische Kunstrichtung um 1960, die im Zusammenspiel von Musik, Theater u. bildender Kunst die Grenzen zwischen den Künstlern, aber auch zwischen Künstler u. Publikum aufheben will

Fly|boat ['flaɪboʊt] *das;* -s, -s ⟨aus gleichbed. *engl.* flyboat, eigtl. „Fliegboot"⟩: zweimastiger Schnellsegler. **Fly-by** ['flaɪ'baɪ] *das;* -[s], -s ⟨aus *engl.-amerik.* fly-by „Vorbeiflug" zu *engl.* to fly by „vorbeifliegen"⟩: Raumflugmanöver, bei dem die Freiflugbahn eines Raumflugkörpers [zu Forschungszwecken] an einen Planeten angenähert wird (Raumfahrt); vgl. Swing-by. **Fly|er** ['flaɪɐ] *der;* -s, - ⟨aus *engl.* flyer, eigtl. „Flieger", zu to fly „fliegen, eilen"⟩: 1. Vorspinn-, Flügelspinnmaschine. 2. Arbeiter an einer Vorspinnmaschine. 3. Prospektblatt; ↑Stuffer. **Fly|ing Dutch|man** ['flaɪɪŋ 'dʌtʃmən] *der;* - -, - - ...men ⟨*engl.;* „fliegender Holländer", vielleicht in Anspielung darauf, daß das Boot von einem Holländer konstruiert wurde⟩: Zweimann-Sportsegelboot. **Fly|mo|bil** ['flai...] *das;* -s, -e ⟨Kurzw. für *engl.* flying auto*mobile*⟩: Kleinflugzeug, das nach einfachem Umbau auch als Auto verwendet werden kann. **Fly-over** [flaɪ'oːvə, engl. 'flaɪoʊvə] *der;* -s, -s ⟨aus gleichbed. *engl.* fly-over zu to fly over „hinüberfliegen"⟩: Straßenüberführung

fob: Abk. für free on board. **Fob|klau|sel** *die;* - : ↑Klausel (1), die in der Bestimmung ↑fob besteht

Fod *der;* -s, - ⟨aus *dän.* fod „Fuß (auch als Maß)"⟩: früheres dän. u. norw. Längenmaß (= 31,4 cm)

Fod|der *das;* -s, - ⟨aus gleichbed. *engl.* fodder, eigtl. „Last; Fuhre, Wagenladung"⟩: Maßeinheit der Masse für Blei in Großbritannien (= 990,06 kg)

Fö|de|ra: Plur. von Födus. **fö|de|ral** ⟨nach gleichbed. *fr.* fédéral zu *lat.* foedus, Gen. foederis „Bündnis"⟩: svw. föderativ. **fö|de|ra|li|sie|ren** ⟨aus gleichbed. *fr.* fédéraliser⟩: die Form einer Föderation geben. **Fö|de|ra|lis|mus** *der;* - ⟨aus gleichbed. *fr.* fédéralisme; vgl. ...ismus⟩: das Streben nach Errichtung od. Erhaltung eines Bundesstaates mit weitgehender Eigenständigkeit der Einzelstaaten; Ggs. ↑Zentralismus. **Fö|de|ra|list** *der;* -en, -en ⟨aus gleichbed. *fr.* fédéraliste⟩: Anhänger des Föderalismus. **fö|de|ra|li|stisch** ⟨zu ↑...istisch⟩: den Föderalismus erstrebend, fördernd, erhaltend. **Fö|de|ral|theo|lo|gie** *die;* - ⟨zu ↑föderal⟩: eine Auffassung der Reformationszeit, die das gesamte biblische Glaubensgut als Bündnisgeschichte Gottes mit den Menschen auffaßt. **Fö|de|rat** *der;* -en, -en ⟨aus *lat.* foederatus „Verbündeter", substantiviertes Part. Perf. von foederare, vgl. föderieren⟩: Bündnispartner. **Fö|de|ra|ti|on** *die;* -, -en ⟨aus *lat.* foederatio „Vereinigung"⟩: a) Verband; b) Verbindung, Bündnis [von Staaten]. **fö|de|ra|tiv** ⟨aus *fr.* fédératif zu *lat.* foederatus „verbündet"⟩: bundesmäßig. **Fö|de|ra|tiv|staat** *der;* -[e]s, -en: Bundesstaat. **Fö|de|ra|tiv|sy|stem** *das;* -s, -e: föderative Gliederung, Verfassung eines Staates. **fö|de|rie|ren** ⟨aus gleichbed. *lat.* foederare zu foedus „Bündnis"⟩: sich verbünden. **Fö|de|rier|te** *der* u. *die;* -n, -n (meist Plur.) ⟨vgl. ...iert⟩: der verbündete Staat, die verbündete Macht. **Fö|dus** *das;* -, Födera ⟨aus *lat.* foedus „Bündnis, Vertrag"⟩: im alten Rom der beschworene, zur Verhinderung seiner Nichteinhaltung mit einer Fluchformel belegte Vertrag (Bündnis- od. Friedensvertrag).

Foe|dus ['føː...] vgl. Födus

Foe|tor ['føː...] vgl. Fötor

Fog *der;* -s ⟨aus gleichbed. *engl.* fog⟩: dichter Nebel

Fog|ga|ra *die;* -, - ⟨aus gleichbed. *arab.* foggāra⟩: System unterirdischer Stollen mit Entwässerungsschächten zur Bewässerung tiefer gelegener Flächen in Nordafrika

Fo|gli|et|ta [fɔl'jɛtta] *die;* -, ...te (aber: 3 -) ⟨aus *it.* foglietta „halber Liter"⟩: früheres ital. Flüssigkeitsmaß (= 0,46 l)

Fo|gosch *der;* -[e]s, -e ⟨aus *ung.* fogas, eigtl. „gezahnt" (nach seinen langen, spitzen Zähnen)⟩: (österr.) eine Fischart (Schill, Zander)

Foire [foaːr] *die;* -, -s ⟨aus gleichbed. *fr.* foire, dies aus *lat.* feria „Feiertag" (weil in früherer Zeit Jahrmärkte an religiösen Feiertagen stattfanden)⟩: (veraltet) Jahrmarkt, Messe

fo|kal ⟨zu ↑ Fokus u. ↑¹...al (1)⟩: 1. den Brennpunkt, die Brennweite betreffend (Phys.). 2. von einem infektiösen Krankheitsherd ausgehend, ihn betreffend (Med.). **Fo|kal|di|stanz** *die;* -, -en: Brennweite (Phys.). **Fo|kal|in|fek|ti|on** *die;* -, -en: von einer Stelle im Körper dauernd od. zeitweise ausgehende ↑ Infektion (Med.). **Fo|kal|sa|nie|rung** *die;* -, -en: operative Beseitigung eines Krankheitsherdes im Körper (Med.)

Fo|ka|ra *der;* -s, ⟨aus gleichbed. *arab.* fokāra⟩: Schrift-, Lese- u. Zauberkundiger im alten Ägypten

Fo|ko|me|ter *das;* -s, - ⟨zu ↑ Fokus u. ↑¹...meter⟩: Gerät zur Bestimmung der Brennweite (Phys.)

Fo|kosch *der;* -[e]s, -e ⟨aus *ung.* fokos „Stock mit Axtgriff"⟩: Beilhammer der ung. Hirten, Stock, dessen Griff Beil u. Hammer trägt

Fo|kus *der;* -, -se ⟨aus *lat.* focus „Feuerstätte, Herd"⟩: 1. Brennpunkt (Phys.). 2. Streuherd einer ↑ Infektion (Med.). **fo|kus|sie|ren** ⟨zu ↑...ieren⟩: 1. a) optische Linsen ausrichten (Phys.); b) etwas (z. B. Lichtstrahlen) auf einen zentralen Punkt richten. 2. Strahlen, die aus geladenen Teilchen bestehen, durch geeignete elektrische od. magnetische Felder sammeln

Fol|der ['foʊldə] *der;* -s, - ⟨aus gleichbed. *engl.* folder, dies aus dem *Germ.*⟩: Faltprospekt, Faltbroschüre

¹Fo|lia: Plur. von ↑ Folium

²Fo|lia *die;* -, Plur. -s u. ...ien ⟨aus gleichbed. *span.* folía, dies aus *provenzal.* folia „Narrheit" zu fol „Narr", dies aus *lat.* follis, vgl. ²Folie⟩: a) span. Tanzmelodie, der ein volkstümliches Thema zugrunde liegt; b) Variation über ein solches Tanzthema

Fo|li|ant *der;* -en, -en ⟨zu ↑ Folio⟩: 1. Buch im Folioformat. 2. (ugs.) großes, unhandliches [altes] Buch. **¹Fo|lie** [...jə] *die;* -, -n ⟨aus *vulgärlat.* folia, eigtl. Plur. von *lat.* folium „Blatt (einer Pflanze)", für *spätlat.* folium „Blatt (eines Buches), Blatt Papier"⟩: 1. a) aus Metall od. Kunststoff in Bahnen hergestelltes, sehr dünnes Material zum Bekleben od. Verpacken; b) beschriftbares, durchsichtiges Blatt zum Auflegen auf den ↑ Overheadprojektor. 2. auf einer dünnen Haut aufgebrachte u. auf Buchdeckel aufgepreßte Farbschicht (Druckw.). 3. [geistiger] Hintergrund (von dem sich etwas abhebt)

²Fo|lie *die;* -, ...ien ⟨aus gleichbed. *fr.* folie zu fou, Fem. folle, „toll, verrückt; Narr", dies aus *lat.* follis „(aufgeblasener) Schlauch"⟩: (veraltet) Torheit, Narrheit, Tollheit

Fo|li|en [...jən]: Plur. von ↑ ¹Folie. **fo|li|ie|ren** ⟨zu ↑ ¹Folie u. ↑...ieren⟩: 1. die Blätter eines Druckbogens numerieren. 2. etwas mit einer ¹Folie unterlegen. 3. gegenüberliegende Bogenseiten gleich beziffern (in Geschäftsbüchern; Wirtsch.)

Fo|lin|säu|re vgl. Folsäure

fo|lio (*lat.*): auf dem Blatt [einer mittelalterlichen Handschrift]; Abk.: fol., z. B. fol. 3b. **Fo|lio** *das;* -s, Plur. ...ien [...jən] u. -s ⟨gekürzt aus *nlat.* in folio „in einem Blatt" zu *lat.* folium, vgl. ¹Folie⟩: 1. (veraltet) Buchformat in der Größe eines halben Bogens (gewöhnlich mehr als 35 cm); Zeichen 2°; Abk.: fol., Fol. 2. Doppelseite des Geschäftsbuches. **Fo|lio|tage** [...'taːʒ] *die;* -, -n [...ʒn] ⟨aus gleichbed. *fr.* foliotage; vgl. ...age⟩: (veraltet) Bezifferung der Blattseiten. **Fo|lio|thek** *die;* -, -en ⟨zu ↑ ¹Folie u. ↑...thek⟩: Sammlung von ¹Folien (1 b) für den unterrichtspraktischen Einsatz mit dem ↑ Overheadprojektor. **Fo|li|um** *das;* -s, Plur. ...ia u. ...ien [...jən] (meist Plur.) ⟨aus *lat.* folium „Blatt"⟩: Pflanzenblatt (bes. als Bestandteil von Drogen u. Heilmitteln; Pharm.)

Folk [foʊk] *der;* -s ⟨aus gleichbed. *engl.* folk, gekürzt aus folk music, eigtl. „Volksmusik"⟩: meist vokale englischsprachige Volksmusik od. an deren Traditionen anknüpfende, oft vom ²Rock beeinflußte populäre Musik. **fol|ken** [ˈfoʊkn̩]: (Jugendspr.) Folkmusic machen, spielen. **Folk|e|ting** [ˈfɔlkə...] *das;* -s ⟨aus *dän.* folketing, eigtl. „Volksversammlung"⟩: a) bis 1953 die zweite Kammer des dän. Reichstags; b) ab 1953 das dän. Parlament. **Fol|ke|vi|se** [...viːzə] *die;* -, -r (meist Plur.) ⟨aus *dän.* folkevise, -lied"⟩: skand. Ballade des Mittelalters (13.–16. Jh.); vgl. Kämpevise. **Folk|lo|re** *die;* - ⟨aus gleichbed. *engl.* folklore, eigtl. „Wissen des Volkes"⟩: 1. a) Sammelbez. für die Volksüberlieferungen (z. B. Lied, Tracht, Brauchtum) als Gegenstand der Volkskunde; b) Volkskunde. 2. a) Volkslied, -tanz u. -musik [als Gegenstand der Musikwissenschaft]; b) volksmusikalische Züge in der Kunstmusik. 3. Moderichtung, der volkstümliche Trachten u. bäuerliche Kleidung (auch anderer Länder) als Vorlage dienen. **Folk|lo|ri|sie|rung** *die;* -, -en ⟨zu ↑...isierung⟩: Vermischung literarischer Schöpfungen mit überlieferten Formen der Folklore (1) u. die Aufnahme solcher Schöpfungen in die mündliche Tradition. **Folk|lo|ris|mus** *der;* - ⟨zu ↑...ismus (2)⟩: Aneignung bzw. bewußte Pflege von Inhalten u. Formen der Folklore (1); vgl. ...ismus/...istik. **Folk|lo|rist** *der;* -en, -en ⟨zu ↑...ist⟩: Kenner der Folklore, Volkskundler. **Folk|lo|ri|stik** *die;* - ⟨zu ↑...istik⟩: Wissenschaft von den Volksüberlieferungen, bes. Volksliedforschung; vgl. ...ismus/...istik. **Folk|lo|ri|stin** *die;* -, -nen: weibliche Form zu ↑ Folklorist. **folk|lo|ri|stisch** ⟨zu ↑...istisch⟩: 1. die Folklore betreffend. 2. volksliedhaft, nach Art der Volksmusik (von Werken der Kunstmusik). **Folk|mu|sic** [ˈfoʊkmjuːzɪk] *die;* - ⟨aus *engl.* folk-music, vgl. Folk⟩: svw. Folk. **Folk-Rock** [ˈfoʊk...] *der;* -[s] ⟨aus gleichbed. *engl.* folk-rock, vgl. ²Rock⟩: seit Mitte der 1960er Jahre verbreitete Musikform, die durch Übertragung des Folksongs u. a. folkloristischer Formen auf die Rockmusik entstand. **Folk-So|cie|ty** [...səˈsaɪətɪ] *die;* - ⟨zu *engl.* society „Gesellschaft", dies über *altfr.* societe (*fr.* société) aus *lat.* societatem, Akk. von societas⟩: typisierte Gesellschaftsform einer ursprünglichen, ländlich-einfachen Bevölkerung, die nicht von hochentwickelter Technokratie beeinflußt ist (Soziol.). **Folk|song** *der;* -s, -s ⟨aus gleichbed. *engl.* folk-song⟩: Lied in Art u. Stil eines Volkslieds. **Folk|ways** [...weɪs] *die* (Plur.) ⟨aus gleichbed. *engl.-amerik.* folkways (Plur.), eigtl. „traditionelle Lebensweise", zu folk „Volk" u. way „Weg"⟩: durch Brauch u. öffentliche Meinung geregelte Verhaltens- u. Umgangsformen

Fol|let|te *die;* -, -n ⟨wohl zu *fr.* follett „töricht, albern"⟩: großes Halstuch in Dreieckform in der Mode des 18. Jh.s

Fol|li|kel *der;* -s, - ⟨aus *lat.* folliculus „kleiner Ledersack, -schlauch", Verkleinerungsform von follis, vgl. Follis⟩: 1. Drüsenbläschen, kleiner [Drüsen]schlauch, Säckchen (z. B. Haarbalg, Lymphknötchen; Med.). 2. Zellhülle des gereiften Eis des Eierstocks (Med.). **Fol|li|kel|epi|thel** *das;* -s, Plur. -e u. -ien [...jən]: Zellschicht, die die Eizelle im Ei-

Follikelhormon

erstock umgibt (Med.). **Fol|li|kel|hor|mon** *das;* -s, -e: weibliches Geschlechtshormon. **Fol|li|kel|ka|tarrh** *der;* -s, -e: Katarrh der Augenbindehaut mit Ausbildung von Follikeln od. Körnern, die der Augenbindehaut eine höckerige Beschaffenheit verleihen (Med.). **Fol|li|kel|sprung** *der;* -[e]s, ...sprünge: svw. Ovulation. **fol|li|kel|sti|mu|lie|rend** ⟨zu ↑stimulieren⟩: die Follikelbildung anregend (Med.). **fol|li|ku|lar** u. **fol|li|ku|lär** *nlat.* follicularius zu *lat.* follis, vgl. Follis⟩: a) follikelartig, schlauchartig; b) den Follikel betreffend; von einem Follikel ausgehend (Med.). **Fol|li|ku|lär** *der;* -s, -e ⟨aus gleichbed. *fr.* folliculaire⟩: (veraltet, abwertend) Zeitungsjournalist, Vertreter der ↑Journaille. **Fol|li|ku|li|tis** *die;* -, ...itiden ⟨zu ↑Follikel u. ↑...itis⟩: Entzündung der Haarbälge (Med.). **Fol|lis** *der;* -, - ⟨aus *lat.* follis „lederner Schlauch, Beutel, Geldsack"⟩: a) urspr. Bez. für den versiegelten Geldbeutel, dann für das kupferne Kleingeld, bis zum 5. Jh. n. Chr. Sammelbez. für verschiedene Kupferprägungen im alten Rom; b) alte byzantinische Kupfermünze

Fol|säu|re u. **Fo|in|säure** *die;* - ⟨Kunstw.; nach dem Vorkommen in grünen Blättern gebildet zu *lat.* folium „Blatt (einer Pflanze)"⟩: zum Vitamin-B-Komplex gehörendes Vitamin (z. B. in Hefe, Leber, Niere, Milch vorkommend)

Fo|ment *das;* -[e]s, -e u. **Fo|men|ta|ti|on** *die;* -, -en ⟨aus gleichbed. *lat.* fomentum bzw. fomentatio zu fovere „wärmen"⟩: warmer Umschlag um einen erkrankten Körperteil (Med.). **fo|men|ta|tiv** ⟨zu ↑...iv⟩: (veraltet) zum Warmhalten geeignet. **fo|men|tie|ren** ⟨zu ↑...ieren⟩: (veraltet) [einen erkrankten Körperteil] warm halten, mit einem warmen Umschlag versehen

fon|cé [fõ'se:] ⟨*fr.;* eigtl. Part. Perf. von foncer, vgl. foncieren⟩: (veraltet) dunkel (von einer Farbe). **Fon|cé|garn** *das;* -[e]s, -e: ungebleichtes Wachs- od. Werggarn. **fon|cie|ren** [fõ'si:...] ⟨aus gleichbed. *fr.* foncer, dies zu fond, vgl. Fond⟩: (veraltet) 1. den Grund legen, den Boden bereiten. 2. dunkel färben (Malerei). **Fond** [fõ:] *der;* -s, -s ⟨aus gleichbed. *fr.* fond, eigtl. „Grund, Unterstes", dies aus *lat.* fundus, vgl. Fundus⟩: 1. Rücksitz im Auto. 2. a) Hintergrund (z. B. eines Gemäldes od. einer Bühne); b) Stoffgrund, von dem sich ein Muster abhebt. 3. Grundlage, Hauptsache. 4. beim Braten od. Dünsten zurückgebliebener Fleischsaft (Gastr.)

Fon|da|co [...ko] *der;* -, Plur. ...chi [...ki] u. -s ⟨über *it.* fondaco „Warenlager" aus *arab.* funduq „Magazin, Herberge", dies aus *gr.* pandocheĩon „Gasthaus, Karawanserei"⟩: Kaufhaus im Orient u. im Mittelmeergebiet

Fon|dant [fõ'dã:] *der,* auch, österr. nur *das;* -s, -s ⟨aus gleichbed. *fr.* fondant, eigtl. „schmelzend", substantiviertes Part. Präs. von fondre „schmelzen", dies aus *lat.* fundere „gießen; schmelzen"⟩: unter Zugabe von Farb- u. Geschmacksstoffen hergestellte Zuckermasse od. -ware. **Fon|de|rie** [fõd(ə)...] *die;* -, ...ien ⟨aus gleichbed. *fr.* fonderie⟩: (veraltet) Gießerei, Schmelzhütte. **Fon|deur** [fõ'dø:ɐ̯] *der;* -s, -e ⟨aus gleichbed. *fr.* fondeur⟩: (veraltet) Gießer, Schmelzer. **Fond|por|zel|lan** [fõ...] *das;* -s, -e ⟨zu ↑Fond⟩: Porzellan mit einfarbigem Grund (Fond) u. ausgesparten Flächen (Reserven), die mit Malereien ausgefüllt sind

Fonds [fõ:] *der;* - [fõ:(s)], - [fõ:s] ⟨aus gleichbed. *fr.* fonds, eigtl. „Grund", dies über *vulgärlat.* fundus (Neutrum) aus *lat.* fundus, vgl Fundus⟩: 1. Geld- od. Vermögensreserve für bestimmte Zwecke. 2. Schuldverschreibungen öffentlicher Körperschaften

Fon|due [fõ'dy:] *das;* -s, -s od. *die;* -, -s ⟨aus gleichbed. *fr.* fondue, eigtl. „geschmolzen", substantiviertes Part. Perf. Fem. von fondre; vgl. Fondant⟩: 1. Schweizer Spezialgericht aus geschmolzenem Käse, Wein u. Gewürzen. 2. Fleischgericht, bei dem das in Würfel geschnittene Fleisch am Tisch in heißem Öl gegart wird

fo|no..., Fo|no... vgl. phono..., Phono...

Font|ak|to|skop *das;* -s, -e ⟨Kunstw. aus *lat.* fons, Gen. fontis „Quelle, Quellwasser", ↑Radioaktivität u. ↑...skop⟩: Instrument zur Messung der Radioaktivität des Wassers. **Fon|tä|ne** *die;* -, -n ⟨aus *fr.* fontaine „Springbrunnen", dies über *altfr.* fontaine bzw. *vulgärlat.* fontana „Quelle" aus *spätlat.* fontana (aqua) zu fons, Gen. fontis „Quelle"⟩: aufsteigender [Wasser]strahl (bes. eines Springbrunnens). **Fon|ta|nel|le** *die;* -, -n ⟨aus *nlat.* fontanella „künstliches Geschwür, Knochenlücke am Schädel", dies über *it.* fontanella aus gleichbed. *mfr.* fontenelle (eigtl. „kleine Quelle") zu *spätlat.* fontana, vgl. Fontäne⟩: Knochenlücke am Schädel von Neugeborenen (Med.)

Fon|tan|ge [fõ'tã:ʒə] *die;* -, -n ⟨nach dem Namen der Mademoiselle de Fontange, einer Mätresse Ludwigs des XIV.⟩: hochgetürmte, mit Schmuck u. Bändern gezierte Haartracht des ausgehenden 17. Jh.s

Fon|ti|cu|lus [...k...] *der;* -, ...li ⟨aus *lat.* fonticulus, Verkleinerungsform von fons, Gen. fontis „Quelle"⟩: svw. Fontanelle

Food-Ab|tei|lung ['fu:d...] *die;* -, -en ⟨zu *engl.* food „Nahrung, Speise, Lebensmittel", dies zur *idg.* Wurzel *pa(-t)- „füttern, nähren, weiden"⟩: Lebensmittelabteilung eines Betriebes, Geschäfts. **Food|de|si|gner** [...dizaɪnɐ] *der;* -s, -: jmd., der berufsmäßig Fotos von Speisen für Kochbücher u. Zeitschriften macht

Foot [fʊt] *der;* -, Feet [fi:t] ⟨aus gleichbed. *engl.* foot (Plur. feet), dies über *altengl.* fōt wohl aus *got.* fōtus⟩: Fuß (*engl.* Längenmaß von 1/3 Yard, geteilt in 12 Zoll = 0,3048 m); Abk.: ft. **Foot|ball** ['fʊtbɔ:l] *der;* -[s] ⟨aus gleichbed. *engl.-amerik.* football⟩: in Amerika aus dem ↑Rugby entwickeltes Kampfspiel; vgl. Soccer. **Foot|candle** [...kændl] *die;* -, -s ⟨aus gleichbed. *engl.* foot-candle, vgl. ferre „Fußkerze"⟩: engl. u. nordamerik. physik. Einheit der Beleuchtungsstärke (10,76 Lux; Phys.). **Foo|ting** ['fʊtɪŋ] *das;* -[s], -s ⟨aus *engl.* footing, eigtl. „das Aufsetzen der Füße"⟩: Dauerlaufgeschwindigkeit, bei der die Pulsfrequenz gleichbleibend bei 130/min liegt

Fo|ra: Plur. von ↑Forum

Fo|ra|men *das;* -s, Plur. - u. ...mina ⟨aus gleichbed. *lat.* foramen zu forare „bohren"⟩: Loch, Lücke, Öffnung (Med.). **Fo|ra|mi|ni|fe|re** *die;* -, -n (meist Plur.) ⟨aus gleichbed. *nlat.* foraminifera⟩ zu ↑Foramen u. *lat.* ferre „tragen"⟩: einzelliges Wassertier mit Kalkschale (Wurzelfüßer). **fo|ra|mi|nös** ⟨aus gleichbed. *lat.* foraminosus⟩: (veraltet) durchlöchert

Force [fɔrs] *die;* -, -n [...sn̩] ⟨aus gleichbed. *fr.* force, dies über *vulgärlat.* fortia „Kraft, Macht" zu *lat.* fortis „stark"⟩: (veraltet) Stärke, Gewalt, Zwang; vgl. par force. **Force de frappe** [fɔrsdə'frap] *die;* - - - ⟨aus gleichbed. *fr.* force de frappe, eigtl. „Schlagkraft"⟩: die Gesamtheit der mit Atomwaffen eigener Herstellung ausgerüsteten [geplanten] franz. militärischen Einheiten. **Force ma|jeure** [fɔrsma'ʒœ:r] *die;* - - ⟨aus gleichbed. *fr.* force majeure (zu *lat.* major)⟩: höhere Gewalt

For|ceps [...tsɛps] *der* od. *die;* -, Forcipes [...tsipe:s] ⟨aus *lat.* forceps, Gen. forcipis „Zange"⟩: 1. svw. Forzeps. 2. U-förmiger Teil eines Organs (bes. der Faserzüge im Gehirn; Anat.)

for|cie|ren [...'si:...] ⟨aus gleichbed. (*alt*)*fr.* forcer, dies aus *vulgärlat.* *fortiare „zwingen" zu *lat.* fortis, vgl. Force⟩: 1. etwas mit Nachdruck betreiben, vorantreiben, beschleunigen, steigern. 2. [ein Hindernis, z. B. einen Fluß] gewaltsam, kraftvoll überwinden (Mil.). **for|ciert** ⟨zu ↑ ...iert⟩: gewaltsam, erzwungen, gezwungen, unnatürlich; -er Marsch: (veraltet) Eilmarsch. **For|cie|rung** *die;* -, -en ⟨zu ↑ ...ierung⟩: das Forcieren

For|ci|pes [...tsipe:s]: Plur. von ↑ Forceps

For|dis|mus *der;* - ⟨aus gleichbed. *engl.* fordism; nach dem amerik. Großindustriellen H. Ford, 1863 bis 1947; vgl. ...ismus (1)⟩: industriepolitische Konzeption (Rationalisierung der Fertigungskosten durch Massenproduktion, sogenannte Fließfertigung)

Fore|cad|die ['fɔːkædɪ] *der;* -s, -s ⟨zu *engl.* fore „vorder, Vorder-, Vor-" u. ↑ Caddie⟩: ↑ Caddie (1), der den Flug des Balles beobachten soll od. vorausgeschickt wird, um ein Zeichen zu geben, daß der Platz frei ist (Golf)

Fö|re *die;* - ⟨aus gleichbed. *schwed.* före, *norw.* føre⟩: Eignung des Schnees zum [Ski]fahren, Geführigkeit

Fore|checking[1] ['fɔːtʃɛkɪŋ] *das;* -s, -s ⟨aus gleichbed. *engl.* forechecking zu fore „vorder(e), Vorder-" u. checking „das Hemmen, Aufhalten"⟩: das Stören des gegnerischen Angriffs in der Entwicklung, besonders bereits im gegnerischen Verteidigungsdrittel (Eishockey) bzw. in der gegnerischen Spielhälfte (Fußball). **Fore|hand** ['fɔːhænd] *die;* -, -s, auch *der;* -[s], -s ⟨aus gleichbed. *engl.* forehand⟩: Vorhandschlag im Tennis, Tischtennis, Federball u. [Eis]hockey; Ggs. ↑ Backhand

Fo|reign Of|fice ['fɔrɪn 'ɔfɪs] *das;* - - ⟨*engl.;* zu foreign „ausländisch, auswärtig" (dies über *altfr.* forain aus *mlat.* foranus „auswärts wohnend" zu *lat.* foras „auswärts") u. ↑ Office⟩: das britische Außenministerium. **fo|ren|sal** ⟨zu *lat.* forensis „äußerlich, außen befindlich" u. ↑ ¹...al (1); vgl. Forum⟩: (veraltet) einen Forensen betreffend, ihm gehörend. **Fo|ren|sal|be|sitz** *der;* -es, -e: (veraltet) Grundbesitz eines Auswärtigen, nicht in der Gemeinde Ansässigen. **Fo|ren|se** *der;* -n, -n: (veraltet) Auswärtiger, der in einer Gemeinde Grundbesitz hat. **fo|ren|sisch** ⟨aus gleichbed. *lat.* forensis, eigtl. „zum Forum gehörend"; vgl. Forum⟩: 1. (veraltet) zur wortgewandten Rede gehörend, ↑ rhetorisch. 2. die Gerichtsverhandlung betreffend, gerichtlich: -e Chemie: Teilgebiet der Chemie im Bereich der Gerichtsmedizin, die sich mit dem Nachweis von Vergiftungen u. der Aufklärung von Verbrechen durch eine chem. Spurenanalyse beschäftigt; -e Medizin: Gerichtsmedizin; -e Pädagogik: zusammenfassende Bez. für die Bereiche Kriminalpädagogik, Gefängniserziehung u. Jugendstrafvollzug; -e Psychologie: Psychologie, die sich mit den in der Gerichtspraxis auftretenden psychologischen Problemen befaßt

Fo|rest|agi|um *das;* -s, ...ien [...iən] ⟨aus gleichbed. *mlat.* forestagium, wohl zu foresta „Forst"⟩: (veraltet) Forstnutzungsrecht od. dafür zu leistende Zahlung

For|fait [fɔr'fɛ] *das;* -[s], -s ⟨aus *fr.* forfait, eigtl. „Vertragsstrafe, Reugeld (bei Wettrennen), dies über *engl.* forfeit aus *(alt)fr.* forfait „Verbrechen", substantiviertes Part. Perf. von forfaire „pflichtwidrig handeln", dies Zusammensetzung aus *altfr.* for- „ver-, darüber hinaus..." u. faire (aus *lat.* facere) „handeln, tun"⟩: Niederlage od. Ausscheiden durch Nichtantreten od. vorsätzlichen Abbruch eines Wettkampfes (Sport)

for|fai|tie|ren [fɔrfɛ...] ⟨zu *fr.* vendre à forfait „in Bausch und Bogen verkaufen", dies zu *altfr.* a for fait „zu abgemachtem Preis" aus fuer, for „Marktpreis" u. faire „machen"⟩: (eine Forderung) nach überschlägiger Berechnung verkaufen. **For|fai|tie|rung** *die;* -, -en ⟨zu ↑ ...ierung⟩: Art der Exportfinanzierung, bei der ein Exporteur Forderungen aus einem Exportgeschäft an ein Kreditinstitut verkauft

For|fan|te|rie *die;* -, ...ien ⟨aus gleichbed. *fr.* forfanterie zu älter *fr.* forfant(e) „Schuft, Schurke", weitere Herkunft unsicher⟩: (veraltet) a) Schurkerei; b) Prahlerei, Aufschneiderei

For|feit ['fɔːfɪt] *das;* -[s], -s ⟨aus *engl.* forfeit „Geldbuße", dies aus *(alt)fr.* forfait, vgl. Forfait⟩: (Kaufmannsspr.) Abstandssumme bei Vertragsrücktritt, Reugeld

For|ge|rie [fɔrʒə...] *die;* -, ...ien ⟨aus gleichbed. *fr.* forgerie zu forger „schmieden", dies über *vulgärlat.* *fabricare aus *lat.* fabricari „verfertigen; schmieden"⟩: (veraltet) a) (ohne Plur.) Schmiedehandwerk; b) Schmiedearbeit

Fo|rint [auch fo'rɪnt] *der;* -s, österr. -e (aber: 10 -) ⟨aus *ung.* forint, dies aus *it.* fiorino „Gulden", vgl. Florin⟩: ung. Währungseinheit; Abk.: Ft.

For|la|na, For|la|ne u. Furlana, Furlane *die;* -, ...nen ⟨aus *it.* furlana „friaulischer Tanz"; nach dem Namen der oberit. Landschaft Friuli, *dt.* Friaul⟩: alter, der ↑ Tarantella ähnlicher ital. Volkstanz im %-(%-)Takt, in der Kunstmusik (z. B. bei Bach) der Gigue ähnlich

...form ⟨zu *lat.* forma „Form, Gestalt"⟩: Wortbildungselement mit der Bedeutung „in Form von, eine bestimmte Form aufweisend", z. B. akuleiform. **For|mag|gio** [...'madʒo] *der;* -[s] ⟨aus gleichbed. *it.* formaggio, eigtl. „Formkäse"⟩: ital. Bez. für Käse. **for|mal** ⟨aus *lat.* formalis „die Form betreffend, äußerlich" zu forma „Form, Gestalt"⟩: 1. die äußere Form betreffend; auf die äußere Form, Anlage o. ä. bezüglich. 2. nur der Form nach [vorhanden], ohne eigentliche Entsprechung in der Wirklichkeit; vgl. ...al/...ell

For|mal *das;* -s: Kurzform von ↑ Formaldehyd

for|mal|äs|the|tisch ⟨zu ↑ formal u. ↑ ästhetisch⟩: die reine Form eines Kunstwerks in Betracht ziehend

Form|al|de|hyd [auch ...'hyːt] *der;* -s ⟨Kurzw. aus *nlat.* Acidum *form*icum „Ameisensäure" u. ↑ Aldehyd⟩: zur Desinfektion von Räumen verwendetes, farbloses, stechend riechendes Gas

for|mal|de|mo|kra|tisch ⟨zu ↑ formal u. ↑ demokratisch⟩: (abwertend) nur der Form nach, nicht dem Inhalt nach demokratisch. **For|ma|lie** [...iə] *die;* -, -n (meist Plur.) ⟨aus *lat.* formalia, Neutrum Plur. von formalis, vgl. formal⟩: Formalität, Förmlichkeit, Äußerlichkeit

For|ma|lin ⓦ *das;* -s ⟨Kunstw. aus ↑ *Formal*dehyd u. ↑ ...in (1)⟩: gesättigte Lösung von ↑ Formaldehyd in Wasser (ein Konservierungs- u. Desinfektionsmittel)

for|ma|li|sie|ren ⟨zu ↑ formal u. ↑ ...isieren⟩: 1. etwas in bestimmte [strenge] Formen bringen; sich an gegebene Formen halten. 2. ein [wissenschaftliches] Problem mit Hilfe von Formeln allgemein formulieren u. darstellen. 3. a) zur bloßen bzw. festen, verbindlichen Form machen; b) sich -: (selten) zur bloßen bzw. festen, verbindlichen Form werden. **For|ma|lis|mus** *der;* -, ...men ⟨zu ↑ ...ismus (2 u. 5)⟩: 1. a) (ohne Plur.) Bevorzugung der Form vor dem Inhalt, Überbetonung des rein Formalen, übertriebene Berücksichtigung von Äußerlichkeiten; b) etwas mechanisch Ausgeführtes; c) in der ehemaligen DDR als abwertende Bez. gebrauchter Vorwurf, die subjektive Kunstauffassung über den politisch-ideologischen Inhalt zu stellen u. somit im Widerspruch zum propagierten sozialistischen Realismus zu stehen. 2. Auffassung der Mathematik als Wissenschaft von rein formalen ↑ Strukturen (1), d. h. von den Zusammenhängen zwischen Zeichen. **For|ma|list** *der;* -en, -en ⟨zu ↑ ...ist⟩: Anhänger des Formalismus. **for|ma|li|stisch** ⟨zu ↑ ...istisch⟩: das Formale überbetonend. **For|ma|li|tät**

formaliter

die; -, -en ⟨aus gleichbed. *mlat.* formalitas, Gen. formalitatis⟩: 1. Förmlichkeit, Äußerlichkeit, Formsache. 2. [amtliche] Vorschrift. **for|ma|li|ter** ⟨*lat.*⟩: der äußeren Form nach. **for|mal|ju|ri|stisch** ⟨zu ↑ formal⟩: der Form nach das Recht, das Gesetz betreffend
Form|am|id *das;* -[e]s ⟨Kurzw. aus *nlat.* Acidum *form*icum „Ameisensäure" u. ↑*Amid*⟩: als Lösungsmittel verwendete farblose Flüssigkeit, das ↑Amid der Ameisensäure
For|ma|nit [auch ...'nɪt] *der;* -s, -e ⟨nach dem austr. Geologen F. G. Forman (20. Jh.) u. zu ↑² ...it⟩: ein schwarzes Mineral
For|mans *das;* -, Plur. ...anzien [.. i̯ən] u. ...antia ⟨aus *lat.* formans, Part. Präs. von formare „gestalten, bilden", vgl. formieren⟩: grammatisches Bildungselement, das sich mit der Wurzel eines Wortes verbindet, gebundenes Morphem (z. B. lieb*lich;* Sprachw.); Ggs. ↑ Determinativ (2); vgl. Affix und Infix. **For|mant** *der;* -en, -en ⟨zu ↑ ...ant⟩: 1. svw. Formans (Sprachw.). 2. einer der charakteristischen Teiltöne eines Lautes (Akustik). **For|man|tia** u. **For|man|zi|en** [...i̯ən]: Plur. von ↑ Formans. **For|mat** *das;* -[e]s, -e ⟨aus *lat.* formatum „Geformtes", substantiviertes Part. Perf. (Neutrum) von formare „formen, (an)ordnen", vgl. formieren⟩: 1. [genormtes] Größenverhältnis eines [Handels]gegenstandes nach Länge u. Breite (bes. bei Papierbogen). 2. außergewöhnlicher Rang, besonderes Niveau von jmdm./etw., z. B. ein Politiker, eine Theateraufführung von -. 3. aus dem beim Schließen einer Buchdruckform zwischen die einzelnen Schriftkolumnen gelegten Eisen- od. Kunststoffstegen (Formatstegen) gebildeter Rahmen, der den gleichmäßigen Abstand der Druckseiten voneinander sichert (Druckw.). 4. Anordnung von Daten, Festlegung ihrer Struktur für Ein- u. Ausgabe an Computern (EDV). **for|ma|tie|ren** ⟨zu ↑ ...ieren⟩: genau bestimmen, die Struktur von vornherein festlegen, fest zuordnen (von Daten; EDV). **For|ma|ti|on** *die;* -, -en ⟨aus *lat.* formatio „Gestaltung, Bildung, Anordnung" zu formare, vgl. formieren⟩: 1. Herausbildung durch Zusammenstellung. 2. a) bestimmte Anordnung, Aufstellung, Verteilung; b) für einen bestimmten militärischen Zweck od. Auftrag gebildete Truppe, Gruppe, Verband. 3. a) Gruppe, zu der man sich zusammengeschlossen hat, z. B. gemeinsam spielende u. auftretende Gruppe in der Jazz- u. Rockmusik; b) in bestimmter Weise strukturiertes, soziales, ökonomisches o. ä. Gebilde. 4. Pflanzengesellschaft ohne Berücksichtigung der Artenzusammensetzung (z. B. Laubwald, Steppe). 5. a) Zeitabschnitt in der Erdgeschichte, der sich hinsichtlich ↑ Fauna oder ↑ Flora von anderen unterscheidet; b) Folge von Gesteinsschichten, die sich in einem größeren erdgeschichtlichen Zeitraum gebildet hat (Geol.). **For|ma|ti|ons|gram|ma|tik** *die;* -: svw. Phrasenstrukturgrammatik. **For|ma|ti|ons|grup|pe** *die;* -, -n: Gruppe einander nahestehender Formationen (5 a), z. B. Kreide, Jura, Trias (Geol.). **For|ma|tio re|ti|cu|la|ris** [- ...ku...] *die;* - - ⟨*lat.;* vgl. ↑retikulär⟩: maschenförmig angeordnetes Nervengewebe im Rückenmark u. im Hirnstamm (Med.). **for|ma|tiv** ⟨aus gleichbed. *nlat.* formativus zu *lat.* formatus, Part. Perf. von formare „gestalten", vgl. formieren⟩: die Gestaltung betreffend, gestaltend. **For|ma|tiv** *das;* -s, -e [...və]: 1. svw. Formans. 2. kleinstes Element mit syntaktischer Funktion innerhalb einer Kette (Sprachw.). 3. Zeichenform, -gestalt (im Unterschied zum bezeichneter. Inhalt (Sprachw.).
Forme fruste [fɔrm'fryst] *die;* - - ⟨aus *fr.* forme fruste „unklare, verwischte Form"; vgl. fruste⟩: nicht voll ausgeprägtes Krankheitsbild, milder Verlauf einer Krankheit (Med.). **For|mel** *die;* -, -n ⟨aus *lat.* formula „Regel, Vorschrift, Maßstab", eigtl. „kleine Form", Verkleinerungsform von forma „Form, Gestalt"⟩: 1. feststehender Ausdruck, ausdrücklich vorgeschriebene Wendung od. Redensart. 2. Folge von Buchstaben, Zahlen od. Worten zur verkürzten Bez. eines math., chem. od. physik. Sachverhalts (z. B. H_2O = Wasser). 3. kurzgefaßter Satz od. Ausdruck, in dem sich ein gedanklicher Zusammenhang erhellend fassen läßt. 4. durch eine Kommission des Internationalen Automobilverbandes od. durch einen Motorsportverband festgelegte Merkmale des Rennwagens einer bestimmten Klasse; Rennformel (z. B. Formel 1, 2, 3, 5, Super-5). **For|mel|di|ät** *die;* -: kohlenhydrat- u. fettarmes Nährstoffkonzentrat mit definierter u. konstanter Zusammensetzung (zur Behandlung des Übergewichts; Med.). **For|mel-1-Klas|se** [...'ains...] *die;* -: Klasse von Rennwagen der Formel 1. **For|mel|kom|pro|miß** *der;* ...misses, ...misse: Kompromiß zur Überbrückung gegensätzlicher politischer Positionen durch allgemeine, für beide Seiten annehmbare Formulierungen. **for|mell** ⟨über gleichbed. *fr.* formel aus *lat.* formalis, vgl. formal⟩: 1. a) dem Gesetz od. der Vorschrift nach, offiziell; b) bestimmten gesellschaftlichen Formen, den Regeln der Höflichkeit genau entsprechend. 2. a) auf Grund festgelegter Ordnung, aber nur äußerlich, ohne eigentlichen Wert, um dem Anschein zu genügen; b) auf Distanz haltend, engeren persönlichen Kontakt meidend u. sich nur auf eine unverbindliche Umgangsform beschränkend; vgl. ...al/...ell. **Form|fak|tor** *der;* -s, ...oren: für atomare Teilchen eine Größe, die berücksichtigt, daß die Teilchen nicht punktförmig sind, sondern eine räumliche Ausdehnung haben (Kernphys.).
For|mi|at *das;* -[e]s, -e ⟨Kunstw. aus *nlat.* Acidum *form*icum „Ameisensäure" u. ↑ ...*at* (2)⟩: Salz der Ameisensäure.
For|mi|ca|tio [...'ka:...] vgl. Formikatio
for|mi|da|bel ⟨über *fr.* formidable aus gleichbed. *lat.* formidabilis zu formidare „sich grausen"⟩: 1. außergewöhnlich, erstaunlich; großartig. 2. (veraltet) furchtbar
for|mie|ren ⟨z. T. über gleichbed. *fr.* former aus *lat.* formare „gestalten, bilden" zu forma „Gestalt, Umriß"⟩: 1. a) bilden, gestalten; b) sich - sich zusammenschließen, sich nach einem bestimmten Plan organisieren. 2. a) jmdn. od. etwas in einer bestimmten Reihenfolge aufstellen; b) sich -: sich in einer bestimmten Weise ordnen. 3. die Funktionstüchtigkeit von Bauelementen bzw. elektrotechnischen Geräten herbeiführen od. verbessern (Elektrot.).
For|mi|ka|ri|um *das;* -s, ...ien [...i̯ən] ⟨zu *lat.* formica „Ameise" u. ↑ ...*arium*⟩: zum Studium des Verhaltens der Tiere künstlich angelegtes Ameisennest. **For|mi|ka|tio** *die;* - ⟨aus gleichbed. *lat.* formicatio, eigtl. „das Ameisenlaufen", zu formicare „jucken, kribbeln" (als wenn Ameisen auf der Haut liefen)⟩: Hautjucken, Hautkribbeln (Med.). **for|mi|kol** ⟨zu *lat.* colere „wohnen, bewohnen"⟩: in den Nestern von Ameisen lebend (z. B. auf Insekten bezogen; Biol.). **For|mol** ⓦ *das;* -s ⟨Kunstw. aus *nlat.* Acidum *form*icum „Ameisensäure" u. ↑Alkoh*ol*⟩: svw. Formalin
for|mos ⟨aus gleichbed. *lat.* formosus zu forma „Form, Gestalt"⟩: (veraltet) wohlgestaltet, schön. **For|mo|si|tät** *die;* - ⟨aus gleichbed. *lat.* formositas, Gen. formositatis⟩: (veraltet) Schönheit. **form|sta|bil:** gegen Druck, Wärme o. ä. widerstandsfähig in der Form. **For|mu|la|di|ät** *die;* - ⟨zu *lat.* formula (vgl. Formel) u. ↑Diät⟩: svw. Formeldiät. **For|mu|lar** *der;* -s, -e ⟨zu *lat.* formularius „die Rechtsformeln (*lat.* formulae) betreffend"⟩: [amtlicher] Vordruck; Formblatt, Muster. **for|mu|la|risch:** (veraltet) vorschriftsmäßig. **for|mu|lie|ren** ⟨aus gleichbed. *fr.* formuler zu formule „For-

mel"⟩: etwas in eine sprachliche Form bringen, ausdrücken; etwas aussprechen, abfassen

For|myl *das;* -s ⟨Kunstw. aus *nlat.* Acidum *form*icum „Ameisensäure" u. ↑ ...*yl*⟩: Säurerest der Ameisensäure (Chem.). **For|my|lie|rung** *die;* -, -en ⟨zu ↑ ...ierung⟩: Einführung der Formylgruppe in organische Verbindungen (Chem.)

Form|zy|lin|der *der;* -s, - ⟨zu ↑Zylinder⟩: zylindrischer Druckformträger in der Druckmaschine, der in seiner Oberfläche auch schon die Druckform enthalten kann (Druckw.)

For|nix *der;* -, ...nices [...ts̯e:s] ⟨aus *lat.* fornix „Wölbung, Bogen"⟩: Gewölbe, Bogen (in bezug auf die Form von Organen od. Organteilen; Med.)

For|ste|rit [auch ...'rit] *der;* -s, -e ⟨nach dem Naturforscher J. R. Forster (1729–1798) u. zu ↑² ...it⟩: zur Gruppe der ↑Olivine gehörendes farbloses bis hellgrünes rhombisches Mineral

For|sy|thie [...'zy:ts̯iə, auch ...tiə] *die;* -, -n ⟨aus *nlat.* forsythia; nach dem engl. Botaniker W. Forsyth, 1737–1804⟩: frühblühender Strauch (Ölbaumgewächs, Zierstrauch) mit vor den Blättern erscheinenden leuchtendgelben, viergeteilten Blüten

Fort [fo:ɐ̯] *das;* -s, -s ⟨aus gleichbed. *fr.* fort zu fort „stark", dies aus *lat.* fortis „stark, tapfer"⟩: abgeschlossenes, räumlich begrenztes Festungswerk. **for|te** ⟨*it.;* aus *lat.* fortis „stark"⟩: laut, stark, kräftig (Vortragsanweisung; Mus.); Abk.: f. **For|te** *das;* -s, Plur. -s u. ...ti: große Lautstärke, starke Klangfülle (Mus.). **for|te|pia|no:** laut u. sofort danach leise (Vortragsanweisung; Mus.); Abk.: fp. **For|te|pia|no** *das;* -s, Plur. -s u. ...ni: 1. die laute u. sofort danach leise Tonstärke (Mus.). 2. (veraltet) Klavier; vgl. Pianoforte. **For|tes** [...te:s]: Plur. von ↑ Fortis. **for|tes for|tu|na ad|ju|vat** [...tes – ...vat] ⟨*lat.*⟩: den Mutigen hilft das Glück (lat. Sprichwort). **For|ti:** Plur. von ↑ Forte. **For|ti|fi|ka|ti|on** *die;* -, -en ⟨aus gleichbed. *fr.* fortification, dies aus *spätlat.* fortificatio „das Starkmachen" zu *lat.* fortificare, vgl. fortifizieren⟩: (veraltet) a) Befestigung, Befestigungswerk; b) Befestigungskunst. **for|ti|fi|ka|to|risch** ⟨aus *nlat.* fortificatorius⟩: die Fortifikation betreffend. **for|ti|fi|zie|ren** ⟨aus *lat.* fortificare „stark machen, stärken"⟩: befestigen. **For|tin** [...'tɛ̃] *das;* -s, -s ⟨aus gleichbed. *fr.* fortin⟩: (veraltet) kleines Fort. **For|tis** *die;* -, Fortes [...te:s] ⟨zu *lat.* fortis „stark"⟩: mit großer Intensität gesprochener u. mit gespannten Artikulationsorganen gebildeter Konsonant (z. B. p, t, k, ß; Sprachw.). Ggs. ↑ ¹Lenis. **for|tis|si|mo** ⟨*it.*⟩: sehr laut, äußerst stark u. kräftig (Vortragsanweisung; Mus.); Abk.: ff. **For|tis|si|mo** *das;* -s, Plur. -s u. ...mi: sehr große Lautstärke, sehr starke Klangfülle (Mus.)

FORTRAN *das;* -s ⟨Kurzw. für *engl.* formula *tran*slator⟩: problemorientierte Programmiersprache für vorwiegend technische u. mathematisch-wissenschaftliche Aufgaben (EDV)

For|tu|na *die;* - ⟨aus gleichbed. *lat.* fortuna, nach der röm. Glücksgöttin Fortuna⟩: Erfolg, Glück. **For|tune** [...'ty:n], eingedeutscht **For|tü|ne** *die;* - ⟨aus gleichbed. *fr.* fortune, dies aus *lat.* fortuna „Glück"⟩: Erfolg; Glück, das man bei od. mit etwas hat

Fo|rum *das;* -s, Plur. ...ren u. ...ra ⟨aus *lat.* forum „Marktplatz"⟩: 1. Markt- u. Versammlungsplatz in den röm. Städten der Antike (bes. im alten Rom). 2. öffentliche Diskussion, Aussprache. 3. geeigneter Ort für etwas, Plattform. 4. a) Öffentlichkeit; b) geeigneter Personenkreis, der eine sachverständige Erörterung von Problemen od. Fragen garantiert. **Fo|rums|dis|kus|si|on** *die;* -, -en: öffentliche Diskussion, bei der ein anstehendes Problem von Sachverständigen u. Betroffenen erörtert wird

For|ward ['fɔ:wəd] *der;* -s, -s ⟨aus gleichbed. *engl.* forward, eigtl. „vorwärts, vorn"⟩: (bes. schweiz.) Stürmer (Fußball; Eishockey)

for|zan|do vgl. sforzando. **for|za|to** vgl. sforzato

For|zeps u. **For|ceps** [...ts̯...] *der* od. *die;* -, Plur. ...zipes u. ...cipes [...ts̯ipes] ⟨aus *lat.* forceps, Gen. forcipis „Zange"⟩: [geburtshilfliche] Zange (Med.). **For|zi|pres|sur** *die;* -, -en ⟨durch Vermittlung von gleichbed. *engl.* forcipressure zu *lat.* forceps (vgl. Forzeps) u. pressura „das Drücken, Druck"⟩: Verschluß blutender Gefäße durch zangenartige Instrumente (bes. beim Operieren; Med.)

Fos|bu|ry-Flop ['fɔsbəri...] *der;* -s, -s ⟨nach dem amerik. Leichtathleten R. Fosbury (*1947) u. zu *engl.* flop „das Hinplumpsen", vgl. Flop⟩: besondere Sprungtechnik beim Hochsprung, bei der sich der Springer nach dem Absprung so dreht, daß er die Latte mit dem Rücken überquert

Fos|sa *die;* -, Fossae [...sɛ] ⟨aus *lat.* fossa „Graben"⟩: Grube, Vertiefung (Med.). **Fos|sette** [fɔ'sɛt] *die;* -, -n [...tn̩] ⟨aus gleichbed. *fr.* fossette, Verkleinerungsform von fosse „Grube", dies aus *lat.* fossa⟩: Grübchen; vgl. Fossula

Fo|ße *die;* -, -n ⟨aus *fr.* (carte) fausse „schlecht(e Karte)"⟩: Fehlfarbe, leere Karte (im Kartenspiel)

fos|sil ⟨aus *lat.* fossilis „ausgegraben" zu fodere „graben"⟩: a) vorweltlich, urzeitlich; als Versteinerung erhalten; Ggs. ↑ rezent (1); b) in früheren Zeiten entstanden [u. von jüngeren Ablagerungen überlagert], z. B. -e Brennstoffe. **Fos|sil** *das;* -s, -ien [...iən] ⟨als Abdruck, Versteinerung o. ä. erhaltener Überrest von Tieren od. Pflanzen aus früheren Epochen der Erdgeschichte. **Fos|si|li|sa|ti|on** *die;* -, -en ⟨zu ↑ ...isation⟩: Vorgang des Entstehens von Fossilien. **fos|si|li|sie|ren** ⟨zu ↑ ...isieren⟩: versteinern, zu Fossilien werden. **Fos|si|list** *der;* -en, -en ⟨zu ↑ ...ist⟩: (veraltet) Kenner von Fossilien, bes. Mineralen. **Fos|su|la** *die;* -, ...lae [...lɛ] ⟨aus gleichbed. *lat.* fossula, Verkleinerungsform von fossa, vgl. Fossa⟩: Grübchen, kleine Vertiefung (Med.)

Fo|ste|rage ['fɔstərɪdʒ] *die;* - ⟨aus gleichbed. *engl.* fosterage zu foster „pflegen, aufziehen"⟩: die aus vielen historischen Gesellschaften bekannte Sitte, Kinder zur Erziehung, zum Sprachenlernen, zur Festigung politischer Beziehungen u. a. in andere Familien zu geben (z. B. im mittelalterlichen Pagenwesen)

fö|tal vgl. fetal

fö|tid ⟨aus gleichbed. *lat.* foetidus⟩: übelriechend, stinkend (Med.)

Fo|to *das;* -s, -s, schweiz. *die;* -, -s: Kurzform von ↑Fotografie (2). **fo|to..., Fo|to...** ⟨zu *gr.* phōs, Gen. phōtós „Licht"⟩: Wortbildungselement mit der Bedeutung „Licht, Lichtbild", z. B. fotogen, Fotografie; vgl. auch photo..., Photo... **Fo|to|fi|nish** [...fɪnɪʃ] *das;* -s, -s: Zieleinlauf, bei dem der Abstand zwischen den Wettkämpfern so gering ist, daß der Sieger durch eine Fotografie des Einlaufs ermittelt werden muß (Sport). **fo|to|gen** ⟨nach gleichbed. *engl.* photogenic, vgl. ...gen⟩: zum Filmen od. Fotografieren besonders geeignet, bildwirksam (bes. von Personen). **Fo|to|ge|ni|tät** *die;* - ⟨zu ↑...ität⟩: Bildwirksamkeit (z. B. eines Gesichts). **Fo|to|graf** *der;* -en, -en ⟨aus gleichbed. *engl.* photograph zu *gr.* phōs, Gen. phōtós „Licht" u. gráphein „schreiben"⟩: jmd., der [berufsmäßig] Fotografien macht. **Fo|to|gra|fie** *die;* -, ...ien ⟨aus *engl.* photography; vgl. ...graphie⟩: 1. (ohne Plur.) Verfahren zur Herstellung dauerhafter, durch elektromagnetische Strahlen od. Licht erzeugter Bilder. 2. einzelnes Lichtbild, Foto. **fo|to-**

Fotografik

gra|fie|ren ⟨zu ↑ ...ieren⟩: mit dem Fotoapparat Bilder machen. **Fo|to|gra|fik** [auch 'fo:...] *die;* -, -en: 1. (ohne Plur.) Teilbereich der künstlerischen Fotografie, in dem mittels fotografischer Technik bzw. durch gezielte Lichteinwirkung graphische Effekte erzielt werden. 2. einzelnes Produkt der Fotografik (1). **Fo|to|gra|fin** *die;* -, -nen: weibliche Form zu ↑ Fotograf. **fo|to|gra|fisch** ⟨vgl. ...graphisch⟩: a) mit Hilfe der Fotografie [erfolgend], die Fotografie betreffend; b) das Fotografieren betreffend. **Fo|to|gra|fis|mus** *der;* - ⟨zu ↑ ...ismus (5)⟩: übertriebene Naturtreue bei Werken der bildenden Kunst ohne künstlerische Umsetzung. **Fo|to|gramm** *das;* -s, -e ⟨zu ↑ ...gramm⟩: durch bestimmte fotografische Techniken erfolgte direkte Abbildung von Gegenständen auf lichtempfindlichem Material, Meßbild. **Fo|to|gramme|trie**[1] *die;* - ⟨zu ↑ ...metrie⟩: a) Verfahren zum Konstruieren von Grund- u. Aufrissen aus fotografischen Bildern von Gegenständen; b) in der Meßtechnik u. in der Kartographie das Herstellen von Karten aus der Fotografie des darzustellenden Gebietes. **fo|to|grammetrisch**[1] ⟨zu ↑ ...metrisch⟩: durch Fotogrammetrie gewonnen. **Fo|to|in|du|strie** *die;* -, ...ien [...i:ən]: Industriezweig, der all das herstellt, was zur Fotografie benötigt wird. **Fo|to|ko|pie** *die;* -, ...ien: fotografisch hergestellte Kopie eines Schriftstücks, einer Druckseite o. ä. eines Bildes, Ablichtung. **fo|to|ko|pie|ren**: ein Schriftstück, eine Druckseite o. ä. fotografisch vervielfältigen, ablichten. **Fo|to|la|bor** *das;* -s, Plur. -s, auch -e: Labor zum Entwickeln u. Vergrößern fotografischen Materials. **Fo|to|li|tho|gra|fie** *die;* -, ...ien: 1. (ohne Plur.) Verfahren zur Herstellung einer Druckform für den Stein-, Offset-, Zink- od. Aluminiumdruck durch Übertragen einer Fotografie auf das Material der Druckform. 2. einzelnes Produkt dieses Verfahrens. **Fo|to|ma|te|ri|al** *das;* -s, ...lien [...iən]: zum Fotografieren u. im Fotolabor benötigtes Material, z. B. Filme, Fotopapier. **Fo|to|mo|dell** *das;* -s, -e: fotogene Person, die als ↑ Modell (8) für [Mode]fotos o. ä. tätig ist. **Fo|to|mon|tage** [...ʒə] *die;* -, -n: 1. Zusammensetzung verschiedener Bildausschnitte zu einem neuen Gesamtbild. 2. ein durch Fotomontage hergestelltes Bild. **Fo to|ob|jek|tiv** *das;* -s, -e [...və]: Linsenkombination an Fotoapparaten zur Bilderzeugung. **Fo|to|op|tik** *die;* -, -en: Kameraobjektiv. **Fo|topla|stik** *die;* -, -en: nach fotografischen Vorlagen gestaltete Plastik

Fö|tor *der;* -s ⟨aus gleichbed. *lat.* foetor⟩: übler Geruch (Med.)

Fo|to|rea|lis|mus *der;* - ⟨zu ↑foto... u. ↑Realismus⟩: 1. Stilrichtung in der künstlerischen Fotografie (1), die die Welt kritisch-realistisch zu erfassen sucht. 2. Stilrichtung in der [modernen] Malerei, bei der dem Maler Fotografien als Vorlagen für seine Bilder dienen. **Fo|to|rea|list** *der;* -en, -en: Maler, der seine Bilder nach fotografischen Vorlagen malt. **Fo|to|re|por|ter** *der;* -s, -: Reporter, der für eine Zeitung o. ä. fotografiert. **Fo|to|sa|fa|ri** *die;* -, -s: [Gesellschafts]reise bes. nach Afrika, um Tiere zu beobachten u. zu fotografieren. **Fo|to|set|ter** *der;* -s, - ⟨zu ↑ ¹Set⟩: svw. Intertype-Fotosetter. **Fo|to|ter|min** *der;* -s, -e: festgesetzter Zeitpunkt (für Fotografen u. ä.) zum Fotografieren, z. B. bei Treffen von Persönlichkeiten aus der Politik. **Fo|tothek** *die;* -, -en ⟨zu ↑ ...thek⟩: geordnete Sammlung von Fotografien (2) od. Lichtbildern. **fo|to|trop** vgl. phototrop. **Fo|to|zel|le** vgl. Photozelle. **Fo|to|zin|ko|gra|fie** *die;* -, ...ien ⟨zu *dt.* Zink u. ↑ ...graphie⟩: Herstellung von Strichätzungen mit Hilfe der Fotografie

Fö|tus vgl. Fetus

Fou|cault-Pen|del [fu'ko...] *das;* -s, - ⟨nach dem franz. Physiker L. Foucault, 1819–1868⟩: langes Pendel, mit dessen Hilfe die Drehung der Erde um ihre Achse nachgewiesen werden kann

fou|droy|ant [fudroa'jã:, ...'jant] ⟨aus gleichbed. *fr.* foudroyant, eigtl. „blitzend", zu foudre „Blitz(strahl)", dies aus *lat.* fulgur⟩: blitzartig entstehend, schnell u. heftig verlaufend (Med.)

foul [faul] ⟨aus gleichbed. *engl.* foul, eigtl. „schmutzig, häßlich", dies über *altengl.* fūl (wie *dt.* faul) zu *idg.* *pū̆- „faulen, stinken"⟩: regelwidrig, gegen die Spielregeln verstoßend (Sport). **Foul** *das;* -s, -s ⟨aus gleichbed. *engl.* foul⟩: regelwidrige Behinderung eines gegnerischen Spielers, Regelverstoß (Sport)

¹Fou|lard [fu'la:ɐ̯] *der;* -s, -s ⟨aus gleichbed. *fr.* foulard, vielleicht zu fouler „walken"; vgl. Foulé⟩: 1. a) Maschine zum Färben, ↑Appretieren u. ↑Imprägnieren von Geweben; b) leichtes [Kunst]seidengewebe mit kleinen Farbmustern (bes. für Krawatten u. Schals). **²Fou|lard** *das;* -s, -s ⟨zu ↑¹Foulard⟩: (schweiz.) Halstuch aus Kunstseide. **fou|lardie|ren** ⟨zu ↑¹Foulard u. ↑ ...ieren⟩: Stoffe mit Farbstofflösungen behandeln. **Fou|lar|dine** [...'di:n] *die;* - ⟨zu ↑ ...ine⟩: bedrucktes, feinfädiges Baumwollgewebe in Atlasbindung (Webart). **Foule** [fu:l] *die;* -, -s [fu:l] ⟨aus gleichbed. *fr.* foule zu fouler „walken, zerdrücken"⟩, vgl. Foulé⟩: (veraltet) Gedränge, Menschenmenge. **Fou|lé** [fu'le:] *der;* -[s], -s ⟨zu *fr.* foulé „gewalkt", Part. Perf. von fouler „walken", dies über *vulgärlat.* *fullare zu *lat.* fullo „Walker, Tuchmacher"⟩: weicher, kurz gerauhter Wollstoff

fou|len ['faulən] ⟨aus *engl.* to foul, eigtl. „beschmutzen"; vgl. foul⟩: einen gegnerischen Spieler regelwidrig behindern (Sport). **Fou|ling** ['faulɪŋ] *das;* -s ⟨aus *engl.* fouling „Verunreinigung" zu foul „schmutzig, verdorben", vgl. foul⟩: nachträgliche Veränderung von Farben, Lacken u. a. auf Holz od. Metall (z. B. durch den Einfluß von Bakterien, Pilzen od. Meeresorganismen)

Fou|loir [fu'loa:ɐ̯] *der;* -s, -e ⟨aus gleichbed. *fr.* fouloir zu fouler, vgl. Foulé⟩: (veraltet) 1. Walkstock. 2. Kelterfaß. 3. beim Plombieren gebrauchtes Stäbchen des Zahnarztes, Stopfer

Fou|ra|ge [fu'ra:ʒə] vgl. Furage

Fourbe [furb] *der;* -s, -s ⟨aus gleichbed. *fr.* fourbe, dies zu *it.* furbo „verschlagen; Schlaukopf"⟩: (veraltet) Betrüger, Schurke. **Four|be|rie** [fur...] *die;* -, ...ien ⟨aus gleichbed. *fr.* fourberie⟩: (veraltet) Betrügerei, Schurkenstreich

Four|gon [fur'gõ:] *der;* -s, -s ⟨aus gleichbed. *fr.* fourgon, weitere Herkunft ungeklärt⟩: 1. (veraltet) Packwagen, Vorratswagen. 2. (schweiz.) Militärlastwagen. 3. (österr. veraltet) Leichenwagen

Fou|rier [fu'ri:ɐ̯] *der;* -s, -e ⟨aus *fr.* fourrier, vgl. Furier⟩: 1. (österr.) ein Unteroffiziersdienstgrad bzw. dessen Inhaber. 2. (schweiz.) a) ein höherer Unteroffiziersdienstgrad bzw. dessen Inhaber; b) Rechnungsführer. 3. svw. Furier

Fou|rie|ris|mus [furje...] *der;* - ⟨nach dem franz. Frühsozialisten F. M. C. Fourier (1772–1837) u. zu ↑ ...ismus (1)⟩: auf eine glückliche Gesellschaft zielende Lehre, die eine Neuorganisation der Wirtschaftsverfassung durch genossenschaftliche Produktions- u. Lebenseinheiten beinhaltete

Four-in-hand ['fɔ:ɪn'hænd] *das;* -s, -s ⟨aus gleichbed. *engl.* four-in-hand, eigtl. „vier in der Hand"⟩: (veraltet) Viergespann, das vom Bock herab gelenkt wird. **Four-let|terword** ['fɔ:lɛtəwə:d] *das;* -s, -s ⟨aus gleichbed. *engl.* four-letter word, eigtl. „Vierbuchstabenwort", nach *engl.* (to) fuck „Geschlechtsverkehr ausüben"⟩: vulgäres [Schimpf]wort [aus dem Sexualbereich]

Fraktionsdisziplin

Four|mil|le|ment [furmijə'mã:] *das;* -s ⟨aus gleichbed. *fr.* fourmillement zu fourmiller, vgl. fourmillieren⟩: (veraltet) das Ameisenlaufen, Kribbeln (Med.). **four|mil|lie|ren** [...mi'ji:...] ⟨aus gleichbed. *fr.* fourmiller zu fourmi „Ameise", dies aus *lat.* formica⟩: (veraltet) wimmeln

Four|nis|seur [furni'sø:ɐ̯] *der;* -s, -e ⟨aus *fr.* fournisseur „Lieferant; Zulieferer" zu fournir, vgl. furnieren⟩: Fadenzubringer für die Arbeitsstellen an Werk- u. Strickmaschinen (Techn.). **Four|ni|ture** [...'ty:r] *die;* -, -n [...rən] ⟨aus *fr.* fourniture „Zutat", eigtl. „Lieferung"⟩: Speisezutat, bes. Kräuter u. Gewürze

Four|rure [fu'ry:r] *die;* - ⟨aus gleichbed. *fr.* fourrure zu fourrer „überziehen", dies über *altfr.* fuerre „Überzug" aus dem Germ.⟩: (veraltet) Pelzwerk

Fo|vea ['fo:vea] *die;* -, Foveae ['fo:veɛ] ⟨aus *lat.* fovea „Grube; Lücke"⟩: rundliche Grube (Med.). **Fo|veo|la** *die;* -, ...lae [...lɛ] ⟨Verkleinerungsbildung zu *lat.* fovea, vgl. Fovea⟩: Grübchen, kleine Vertiefung (Med.)

fow: Abk. für free on waggon

Fow|le|rit [faʊlə..., auch ...'rɪt] *der;* -s, -e ⟨nach dem amerik. Physiker u. Mineralogen S. Fowler († 1844) u. zu ↑²...it⟩: Begleitmineral des Kalkspats, Abart des ↑ Rhodonits

Fow|ler-Lö|sung ['faʊlə...] *die;* - ⟨nach dem engl. Arzt Th. Fowler, 1736–1801⟩: Lösung von Kaliumarsenit, früher als Kräftigungsmittel verwendet

Fox *der;* -[e]s, -e: Kurzform von ↑ Foxterrier u. ↑ Foxtrott. **Fox|hound** [...haʊnt] *der;* -s, -s ⟨aus gleichbed. *engl.* foxhound, eigtl. „Fuchshund"⟩: schneller, großer engl. Jagdhund (bes. für Fuchsjagden). **Fox|ter|ri|er** [...i̯ɐ] *der;* -s, - ⟨aus gleichbed. *engl.* fox terrier; vgl. Terrier⟩: rauhhaariger engl. Jagd- u. Erdhund. **Fox|trott** *der;* -[e]s, Plur. -e u. -s ⟨aus gleichbed. *engl.-amerik.* foxtrot, eigtl. „Fuchsschritt"⟩: Gesellschaftstanz im ⁴⁄₄-Takt (um 1910 in den USA entstanden)

Foy|er [foa'je:] *das;* -s, -s ⟨aus gleichbed. *fr.* foyer, eigtl. „Herd(raum)", zu *lat.* focus „Herd, Feuerstätte"; vgl. Fokus⟩: Wandelhalle, Wandelgang [im Theater]

Fra ⟨ital. Kurzform von ↑ Frate⟩: Anrede u. Bezeichnung italienischer Klosterbrüder (meist vor konsonantisch beginnenden Namen, z. B. Fra Bartolomeo)

Fra|cas [...'ka] *der;* - ⟨aus gleichbed. *fr.* fracas aus *it.* fracasso, dies zu fracassare „zertrümmern", weitere Herkunft unsicher⟩: (veraltet) Lärm, Getöse

Frack *der;* -[e]s, Plur. Fräcke u. -s ⟨aus *engl.* frock „Rock", dies über *altfr.* froc „Mönchskutte" aus dem Germ. (vielleicht aus *fränk.* *hrok)⟩: a) festlicher, meist schwarzer Gesellschaftsanzug für Herren u. Berufskleidung der Kellner (vorn kurz, hinten mit bis zu den Knien reichenden Schößen); b) das Jackett des Gesellschaftsanzugs

Frac-Verfahren ['frak..., engl. 'fræk...] *das;* -s ⟨Kurzbildung aus *engl.* fracturing „das Zerbrechen" zu fracture „Bruch", dies aus *lat.* fractura, vgl. Fraktur⟩: ein Verfahren zur Erschließung von Erdgasvorkommen in größerer Tiefe. **fra|gil** [fra...] ⟨aus gleichbed. *lat.* fragilis zu frangere „brechen"⟩: zerbrechlich; zart. **Fra|gi|li|tas** *die;* - ⟨aus *lat.* fragilitas „Zerbrechlichkeit"⟩: Brüchigkeit (Med.). **Fra|gi|li|tät** *die* ⟨zu ↑...ität⟩: Zartheit, Zerbrechlichkeit. **Frag|ment** *das;* -[e]s, -e ⟨aus *lat.* fragmentum „Bruchstück" zu frangere „brechen"⟩: 1. Bruchstück, Überrest. 2. unvollständiges [literarisches] Werk. 3. Knochenbruchstück (Med.). **frag|men|tär** ⟨aus gleichbed. *fr.* fragmentaire⟩: (selten) svw. fragmentarisch. **frag|men|ta|risch** ⟨aus gleichbed. *nlat.* fragmentatio zu ↑ Fragment u. ↑ ...ation⟩: 1. direkte Kernteilung (Durchschnürung des Kerns ohne genaue Chromosomenverteilung; Biol.). 2. ungeschlechtliche Vermehrung von Pflanzen aus Pflanzenteilen (z. B. durch Zerteilung einer Mutterpflanze; Biol.). 3. Chromosomenzerfall in zwei od. mehrere Teile (z. B. durch Röntgenstrahlung; Genetik); vgl. ...[at]ion/...ierung. **frag|men|tie|ren** ⟨zu ↑...ieren⟩: (veraltet) in Bruchstücke zerlegen. **frag|men|tiert** ⟨zu ↑...iert⟩: in Bruchstücke zerlegt (z. B. bei menschlichen Gestalten auf ↑ kubistischen u. ↑ futuristischen Bildern). **Frag|men|tie|rung** *die;* -, -en ⟨zu ↑...ierung⟩: 1. (veraltet) das Fragmentieren. 2. ungeordnete Zergliederung eines Speichers in Bereiche, die von Programmen od. Daten belegt od. nicht belegt sind (EDV); vgl. ...[at]ion/...ierung. **Frag|men|tist** *der;* -en, -en ⟨zu ↑ ...ist⟩: Verfasser eines in Fragmenten überlieferten Werkes

fra|grant ⟨aus gleichbed. *lat.* fragrans, Gen. fragrantis, Part. Präs. von fragrare „duften"⟩: (veraltet) duftend, wohlriechend. **Fra|granz** *die;* -, -en ⟨aus gleichbed. *lat.* fragrantia⟩: (veraltet) Duft, Wohlgeruch

Frai|cheur [frɛ'ʃø:ɐ̯] *die;* - ⟨aus gleichbed. *fr.* fraîcheur zu frais, fraîche „frisch, kühl", dies über *altfr.* fres aus dem Germ.⟩: (veraltet) Frische, angenehme Kühle

frais, fraise [frɛːs, frɛːz] ⟨zu *fr.* fraise „Erdbeere", dies aus *lat.* fragum⟩: erdbeerfarbig

¹Frai|se ['frɛːzə], eingedeutscht auch Fräse *die;* -, -n ⟨aus *fr.* fraise „Halskrause" zu fraiser „ausweiten"⟩: 1. im 16. u. 17. Jh. getragene Halskrause. 2. Backenbart

²Frai|se ['frɛːzə] *das;* -, - ⟨Substantivierung von ↑ frais⟩: der erdbeerfarbige Farbton

frak|tal ⟨aus gleichbed. *engl.* fractal, vermutlich gekürzt aus fractional „gebrochen"⟩: vielfältig gegliedert, stark strukturiert; -e Geometrie: eine Geometrie, die sich im Gegensatz zur euklidischen Geometrie nicht mit „einfachen" Formen (Gerade, Kreis, Würfel u. a.) befaßt, sondern mit Fraktalen. **Frak|tal** *das;* -s, -e: bestimmtes komplexes Gebilde bzw. bestimmte komplexe Erscheinung, wie es bzw. sie ähnlich auch in der Natur vorkommt (z. B. das Adernetz der Lungen, die Oberfläche von Gebirgen). **Frak|ti|on** *die;* -, -en ⟨aus *lat.* fractio „das Brechen" zu frangere „brechen", in Bed. 1 über *fr.* fraction unter Einfluß von *lat.* factio „Partei"⟩: 1. a) organisatorische Gliederung im Parlament, in der alle Abgeordneten einer Partei od. befreundeter Parteien zusammengeschlossen sind; b) Zusammenschluß einer Sondergruppe innerhalb einer Organisation; c) (österr.) [einzeln gelegener] Ortsteil. 2. bei einem Trennbzw. Reinigungsverfahren anfallender Teil eines Substanzgemischs (Chem.). **frak|tio|nell** ⟨zu ↑...ell⟩: a) eine Fraktion betreffend; b) eine Fraktion bildend. **Frak|tio|nier|ap|pa|rat** *der;* -[e]s, -e ⟨zu ↑ fraktionieren⟩: Gerät zur Ausführung einer fraktionierten Destillation (Chem.). **frak|tio|nie|ren** ⟨zu ↑ Fraktion u. ↑ ...ieren⟩: Flüssigkeitsgemische aus Flüssigkeiten mit verschiedenem Siedepunkt durch Verdampfung isolieren (Chem.). **Frak|tio|nier|ko|lon|ne** *die;* -, -n: Anordnung von Geräten zur fraktionierten Destillation (Chem.). **frak|tio|niert** ⟨zu ↑...iert⟩: aufgeteilt, unterteilt, in Abständen erfolgend (Med.); -e Destillation: Destillation, bei der verschiedene Anteile eines flüssigen Gemischs gleichzeitig od. nacheinander aufgefangen werden (Chem.). **Frak|tio|nie|rung** *die;* -, -en ⟨zu ↑...ierung⟩: 1. Zusammenschluß zu Fraktionen (1 a, b). 2. Zerlegung eines chem. Prozesses in mehrere Teilabschnitte (Chem.). **Frak|ti|ons|au|to|no|mie** *die;* -, ...ien [...i:ən]: Recht einer Fraktion (1 a), über bestimmte Sachverhalte selbst zu entscheiden. **Frak|ti|ons|chef** *der;* -s, -s: Vorsitzender einer ↑ Fraktion (1 a). **Frak|ti|ons|dis|zi|plin** *die;* -:

Fraktionszwang

politisch begründete Verpflichtung, sich bei wichtigen Entscheidungen der Mehrheitsentscheidung in der Fraktion (1 a) zu unterwerfen. **Frak|ti|ons|zwang** *der;* -[e]s: Pflicht der Mitglieder einer Fraktion (1 a), einheitlich zu stimmen. **Frak|tur** *die;* -, -en ⟨aus *lat.* fractura „Bruch" zu frangere „brechen"⟩: 1. Knochenbruch (Med.). 2. eine Schreib- u. Druckschrift; - reden: deutlich u. unmißverständlich seine Meinung sagen. **frak|tu|riert** ⟨zu ↑ ...iert⟩: gebrochen (z. B. von Knochen). **Fram|bö|sie** *die;* -, ...ien ⟨zu *fr.* framboise „Himbeere" (nach dem Aussehen des Ausschlags) u. ↑² ...ie⟩: ansteckende Hautkrankheit der Tropen mit himbeerartigem Hautausschlag (Med.). **Frame** [fre:m] *der;* -n [...mən], Plur. -n [...mən] u. -s ⟨aus gleichbed. *engl.* frame zu to frame „zusammenpassen, -setzen"⟩: Rahmen, Träger [in Eisenbahnfahrzeugen]. 2. Lernschritt innerhalb eines Lernprogramms. **Fra|na** *die;* -, Frane ⟨aus gleichbed. *it.* frana, dies vermutlich aus *lat.* vorago „Abgrund" zu vorare „verschlingen"⟩: Erdrutsch [im Apennin] (Geol.). **Franc** [frã:] *der;* -, -s (aber: 100 -) ⟨aus gleichbed. *fr.* franc, dies verkürzt aus Francorum rex „König der Franken"; nach der Aufschrift auf der ersten Münze dieser Art (1360)⟩: Währungseinheit verschiedener europäischer Länder, Abk.: fr, Plur. frs; französischer -, Abk.: FF, franz. F; belgischer -, Abk.: bfr, Plur. bfrs; Luxemburger -, Abk.: lfr, Plur. lfrs; Schweizer -, Abk.: sfr, Plur. sfrs. **Fran|çai|se** [frã:sɛ:zə] *die;* -, -n ⟨aus *fr.* (danse) française „französischer Tanz"⟩: älterer franz. Tanz, vorwiegend im ⅔-Takt. **Fran|çais fon|da|men|tal** [frãsɛfõdamã'tal] *das;* - - ⟨aus *fr.* français fondamental, eigtl. „grundlegendes Französisch"⟩: Grundwortschatz der franz. Sprache (Sprachw.). **¹Fran|chi|se** [frã'ʃi:zə] *die;* -, -n ⟨aus *fr.* franchise „Freiheit (von Abgaben)" zu *(alt)fr.* franc „frei", dies aus *mlat.* Francus, vgl. franko⟩: 1. (veraltet) Freiheit, Freimütigkeit. 2. Abgaben-, Zollfreiheit. 3. Haftungseintritt einer Versicherung beim Überschreiten einer bestimmten Schadenshöhe. **²Fran|chise** ['fræntʃaɪz] *das;* - ⟨aus *engl.* franchise „Konzession", dies aus *fr.* ¹Franchise⟩: 1. spezielle Form der Zusammenarbeit zwischen rechtlich u. wirtschaftlich selbständigen Unternehmen, z. B. bei der Herstellung u. dem Vertrieb von [Marken]produkten. 2. Vertriebsform im Einzelhandel, bei der ein Unternehmer seine [Marken]produkte durch einen Einzelhändler in Lizenz verkaufen läßt. **Fran|chi|see** ['fræntʃɪzɪ] *der;* -s, -s ⟨aus gleichbed. *engl.* franchisee⟩: Nehmer einer ²Franchise. **Fran|chi|sing** ['fræntʃaɪzɪŋ] *das;* -s ⟨aus *engl.* franchising, eigtl. „das Vorrechtgeben"⟩: das Zusammenarbeiten von Unternehmen bzw. Handelsbetrieben in Form einer ²Franchise. **Fran|chi|sor** ['fræntʃɪzə] *der;* -s, -s ⟨aus gleichbed. *engl.* franchisor⟩: Geber einer ²Franchise. **Fran|ci|um** [...tsi̯ʊm] *das;* -s ⟨nach dem mlat. Namen Francia für Frankreich u. zu ↑ ...ium⟩: radioaktives Element aus der Gruppe der Alkalimetalle; Zeichen Fr. **Franc-ma|çon** [frãma'sõ] *der;* -s, -s ⟨aus gleichbed. *fr.* franc-maçon zu *(alt)fr.* franc „frei" (vgl. ¹Franchise) u. *fr.* maçon „Maurer", dem englischen free mason nachgebildet⟩: (veraltet) Freimaurer. **Franc|ma|çon|ne|rie** [...sɔnə...] *die;* - ⟨aus gleichbed. *fr.* franc-maçonnerie⟩: (veraltet) Freimaurerei. **fran|co** ['franko] vgl. franko. **Fra|ne:** Plur. von ↑ Frana. **Fran|ge** ['frã:ʒə] *die;* -, -n ⟨aus gleichbed. *fr.* frange, dies über dialektale Vermittlung zu gleichbed. *lat.* fimbria⟩: (veraltet) Franse. **Fran|ka|tur** *die;* -, -en ⟨aus gleichbed. *it.* francatura zu franco, vgl. franko⟩: a) das Freimachen einer Postsendung; b) die zur Frankatur (a) bestimmten Briefmarken. **fran|kie|ren** ⟨nach gleichbed. *it.* francare⟩: Postsendungen freimachen. **Frank|li|nit** [auch ...'nɪt] *der;* -s, -e ⟨nach dem Fundort Franklin in New Jersey (USA) u. zu ↑² ...it⟩: zum Teil als Eisenerz verwendeter schwarzer ↑ Spinell. **fran|ko** u. franco ['franko] ⟨aus gleichbed. *it.* franco (di porto) „(porto)frei", dies aus *mlat.* Francus „fränkisch" zu *spätlat.* Franci „Franken" (nach derem Stand als Freie), dies aus dem Germ.⟩: frei (d. h. die Transportkosten, bes. im Postverkehr, werden vom Absender bezahlt). **Fran|ko|ka|na|di|er** [...i̯ɐ] *der;* -s, - ⟨zu *mlat.* Francus, vgl. franko⟩: französisch sprechender Bewohner Kanadas. **Fran|ko|ma|ne** *der;* -n, -n ⟨zu ↑ ...mane⟩: jmd., der mit einer Art von Besessenheit alles Französische liebt, bewundert u. nachahmt. **Fran|ko|ma|nie** *die;* - ⟨zu ↑ ...manie⟩: Nachahmung alles Französischen mit einer Art von Besessenheit. **fran|ko|phil** ⟨zu ↑ ...phil⟩: Frankreich, seinen Bewohnern u. seiner Kultur besonders aufgeschlossen gegenüberstehend. **Fran|ko|phi|lie** *die;* - ⟨zu ↑ ...philie⟩: Vorliebe für Frankreich, seine Bewohner u. seine Kultur. **fran|ko|phob** ⟨zu ↑ ...phob⟩: Frankreich, seinen Bewohnern u. seiner Kultur ablehnend gegenüberstehend. **Fran|ko|pho|bie** *die;* - ⟨zu ↑ ...phobie⟩: Abneigung gegen Frankreich, seine Bewohner u. seine Kultur. **fran|ko|phon** ⟨zu ↑ ...phon⟩: französischsprachig. **Fran|ko|pho|ne** *der;* -n, -n: jmd., der Französisch (als seine Muttersprache) spricht. **Fran|ko|pho|nie** *die;* - ⟨zu ↑ ...phonie⟩: Französischsprachigkeit. **Frank|ti|reur** [frãti'rø:ɐ̯, auch frãŋk...] *der;* -s, Plur. -e u. (bei franz. Aussprache) -s ⟨aus gleichbed. *fr.* franc-tireur, eigtl. „Freischütze"⟩: (veraltet) Freischärler. **Fran|zis|ka|ner** *der;* -s, - ⟨nach dem Ordensgründer, dem heiligen Franz(iskus) von Assisi, 1181/82 bis 1226⟩: Angehöriger des vom hl. Franz v. Assisi 1209/10 gegründeten Bettelordens (Erster Orden, Abk.: O. F. M.); vgl. Kapuziner, Konventuale, Klarisse, Terziar. **Fran|zis|ka|ner|bru|der** *der;* -s, ...brüder: Laienbruder des klösterlichen Dritten Ordens (↑ Terziar) des hl. Franz. **Fran|zis|ka|ne|rin** *die;* -, -nen: 1. Angehörige des Zweiten Ordens des hl. Franz, ↑ Klarisse. 2. Angehörige des Dritten Ordens (vgl. Terziar), klösterlich lebende Schul- u. Missionsschwester. **Fran|zi|um** vgl. Francium. **fran|zö|sie|ren** ⟨zu französisch u. ↑ ...isieren⟩: a) auf franz. Art, nach franz. Geschmack gestalten; b) französisch, zu französisch Sprechenden machen. **frap|pant** ⟨aus gleichbed. *fr.* frappant, Part. Präs. von frapper, vgl. frappieren⟩: a) auffallend in die Augen fallend; b) schlagend, treffend, überraschend. **¹Frap|pé** [fra'pe:] *der;* -s, -s ⟨verkürzt aus *fr.* drap frappé „dichtes, geprägtes Tuch" zu frapper, vgl. frappieren⟩: Gewebe mit eingepreßter Musterung. **²Frap|pé** *das;* -s, -s ⟨zu *fr.* frappé, eigtl. „geschlagen", Part. Perf. von frapper, vgl. frappieren⟩: 1. ein mit kleingeschlagenem Eis serviertes [alkoholisches] Getränk. 2. leichtes, schnelles Anschlagen der Ferse des Spielbeins gegen das Standbein vor u. hinter dem Spann des Fußes (Ballett). **frap|pie|ren** ⟨aus gleichbed. *fr.* frapper, eigtl. „schlagen, treffen", dies vermutlich aus dem Germ.⟩: 1. jmdn. überraschen, in Erstaunen versetzen. 2. Wein od. Sekt in Eis kalt stellen. **Frä|se** vgl. ¹Fraise. **Frasne** [fra:n] *das;* -s, **Fras|nien** [fra'njɛ:] *das;* Gen. - od. -s u. **Fras|ni|um** ['fra:ni̯ʊm] *das;* -s ⟨nach der Ortschaft Frasne

in Brabant (Belgien)⟩: unterste Stufe des Oberdevons (Geol.).
Fra|te *der; -, ...ti* ⟨über *it.* frate aus *lat.* frater „Bruder"⟩: Anrede u. Bezeichnung italienischer Klosterbrüder (meist vor vokalisch beginnenden Namen, z. B. Frate Elia, Frat' Antonio). **Fra|ter** *der; -s, Fratres* [...re:s] ⟨aus *lat.* frater, vgl. Frate⟩: 1. [Kloster]bruder vor der Priesterweihe; vgl. Pater. 2. Laienbruder eines Mönchsordens; Abk.: Fr. **Fra|ter|her|ren** *die* (Plur.): kath. Schulgenossenschaft des späten Mittelalters, deren Gelehrtenschulen durch die der ↑Jesuiten abgelöst wurden. **fra|ter|nal** ⟨aus *mlat.* fraternalis zu *lat.* fraternus „brüderlich"⟩: auf mehrere Brüder bzw. auf eine Bruderschaft bezogen; -e Großfamilie: Gemeinschaft von Familien mehrerer Brüder, die unter der Autorität eines (meist des ältesten) Bruders steht; -e Polyandrie: in Tibet u. Hinterindien Form der Vielehe, bei der mehrere Brüder dieselbe Frau heiraten; vgl. ...al/...ell. **fra|ter|nell** ⟨aus gleichbed. *fr.* fraternel(le); vgl. ...ell⟩: (veraltet) brüderlich; vgl. ...al/...ell. **Fra|ter|ni|sa|ti|on** *die; -, -en* ⟨aus gleichbed. *fr.* fraternisation zu fraterniser, vgl. fraternisieren⟩: Verbrüderung; vgl. ...[at]ion/...ierung. **fra|ter|ni|sie|ren** ⟨aus gleichbed. *fr.* fraterniser, dies zu *lat.* fraternus „brüderlich"⟩: sich verbrüdern, vertraut werden. **Fra|ter|ni|sie|rung** *die; -, -en* ⟨zu ↑...ierung⟩: svw. Fraternisation; vgl. ...[at]ion/...ierung. **Fra|ter|ni|tät** *die; -, -en* ⟨aus gleichbed. *lat.* fraternitas, Gen. fraternitatis zu frater, vgl. Frate⟩: 1. a) Brüderlichkeit; b) Verbrüderung. 2. [kirchliche] Bruderschaft. **Fra|ter|ni|té** [...'te:] *die; -* ⟨aus *fr.* fraternité⟩: Brüderlichkeit (eines der Schlagworte der Franz. Revolution); vgl. Liberté, Égalité, Fraternité. **Fra|ti** Plur. von ↑Frate. **Fra|tres** [...re:s]: Plur. von ↑Frater. **Fra|tres mi|no|res** [...re:s ...re:s] *die* (Plur.) ⟨aus gleichbed. *mlat.* fratres minores „Minoritenbrüder", eigtl. „geringere Brüder"⟩: svw. Franziskaner. **Fra|tri|agi|um** *das; -s, ...ien* [...jǝn] ⟨aus gleichbed. *mlat.* fratriagium, eigtl. freragium fraternitas „Teilung der Erbschaft zwischen den Brüdern einer Bruderschaft"⟩: (lat. Rechtsspr.) beim Erstgeburtsrecht Erbteil für die nachgeborenen Söhne. **Fra|tri|ci|di|um** [...ts...] *das; -s, ...ien* [...jǝn] ⟨aus gleichbed. *lat.* fratricidium zu fratricida „Brudermörder", dies zu ↑Frater u. *lat.* caedere „erschlagen"⟩: (veraltet) Brudermord
Frau|da|ti|on *die; -, -en* ⟨aus gleichbed. *lat.* fraudatio zu fraudere, vgl. fraudieren⟩: (veraltet) Betrügerei. **Frau|da|tor** *der; -s, ...oren* ⟨aus gleichbed. *lat.* fraudator⟩: (veraltet) Betrüger. **frau|die|ren** ⟨aus gleichbed. *lat.* fraudere⟩: (veraltet) betrügen
Fra|wa|schi *die; -, -* (meist Plur.) ⟨aus *awest.* fravaši, wohl „die Erwählte", weitere Herkunft ungeklärt⟩: im ↑Parsismus der persönliche Schutzgeist (auch die Seele) eines Menschen
Freak [fri:k] *der; -s, -s* ⟨aus gleichbed. *engl.* freak, weitere Herkunft ungeklärt⟩: 1. jmd, der sich nicht in das normale bürgerliche Leben einfügt. 2. jmd., der sich in übertriebener Weise für etwas begeistert. **...freak** ⟨zu ↑Freak (2)⟩: Wortbildungselement mit der Bedeutung „[übertrieben] Begeisterter", z. B. Computerfreak
Fre|daine [frǝ'dɛ:n] *die; -, -n* [...nǝn] ⟨aus gleichbed. *fr.* fredaine zu fr. fredain „schlecht, übel", dies aus *altprovenzal.* *fraidin⟩: (veraltet) mutwilliger, toller Jugendstreich
Fre|donne|ment [frǝdɔnˈmã:] *das; -s* ⟨aus gleichbed. *fr.* fredonnement zu fredon „Triller"⟩: (veraltet) a) das Trillern, Summen; b) Gemurmel. **fre|don|nie|ren** ⟨aus gleichbed. *fr.* fredonner⟩: (veraltet) zwitschern, trillern
free along|side ship [ˈfriː əˈlɔŋsaɪd ˈʃɪp] ⟨*engl.*⟩: frei längsseits Schiff (Klausel, die dem Verkäufer auferlegt, alle Kosten u. Risiken bis zur Übergabe der Ware an das Seeschiff zu tragen); Abk.: f. a. s. **Free clim|bing** [- ˈklɪm...] *das; - -s* ⟨aus *engl.* free climbing, eigtl. „freies Klettern"⟩: Bergsteigen ohne Hilfsmittel (wie Seil, Haken u. a.). **Free Con|cert** [- ˈkɔnsǝt] *das; - -s, - -s* ⟨aus *engl.* free concert „freies Konzert"⟩: seit etwa 1966 Bez. für ein Rockkonzert, bei dem die Gruppen ohne Gage auftreten u. kein Eintritt erhoben wird. **Free|dom rides** [ˈfriːdǝm ˈraɪdz] *die* (Plur.) ⟨aus gleichbed. *engl.* freedom rides, eigtl. „Freiheitsfahrten"⟩: in der amerik. Bürgerrechtsbewegung entwickelte Form der Massendemonstration, bei der sich Demonstrationszüge aus verschiedenen Richtungen sternförmig zu einer Massenkundgebung vereinigen. **Free|hol|der** [ˈfriːhoʊldǝ] *der; -s, -s* ⟨aus *engl.* freeholder „Freisasse"⟩: lehnsfreier Grundeigentümer in England. **Free Jazz** [ˈfriː ˈdʒæz] *der; - -* ⟨aus *engl.-amerik.* free jazz, eigtl. „freier Jazz"⟩: auf freier Improvisation beruhendes Spielen von Jazzmusik. **Free|lance** [ˈfriːlɑːns] *der; -s, -s* [...sɪz] ⟨aus *engl.* freelance „Freiberufler"⟩: engl. Bez. für a) freier Musiker (ohne Bindung an ein bestimmtes Ensemble); b) freier Schriftsteller, freier Journalist; c) freier Mitarbeiter. **free of cap|ture and sei|zure** [ˈfriː əv ˈkæptʃ ənd ˈsiːʒǝ] ⟨*engl.*⟩: frei von Kaperung u. Beschlagnahme (Klausel, nach der das Beschlagnahmerisiko ausgeschlossen wird). **free of charge** [- - ˈtʃɑːdʒ] ⟨*engl.*⟩: kosten-, gebührenfrei (Klausel, nach der alle etwaigen Kosten zu Lasten des Partners gehen). **free of da|mage** [- - ˈdæmɪdʒ] ⟨*engl.*⟩: schadenfrei (Klausel, nach der alle etwaigen Schäden zu Lasten des Partners gehen). **free on board** [- ɔn ˈbɔːd] ⟨*engl.*⟩: frei an Bord (Klausel, die besagt, daß der Verkäufer die Ware auf dem Schiff zu übergeben u. bis dahin alle Kosten u. Risiken zu tragen hat); Abk.: fob. **free on quai** [- - ˈkeɪ] ⟨*engl.*⟩: frei (bis zum) Kai (Klausel, nach der der Verkäufer Kosten u. Risiko des Transports einer Ware bis zum Kai übernimmt). **free on rail** [- - ˈreɪl] ⟨*engl.*⟩: frei (bis zur) Schiene (Klausel, nach der der Verkäufer Kosten u. Risiko des Transports bis auf den Güterbahnhof übernimmt). **free on truck** [- - ˈtrʌk] ⟨*engl.*⟩: frei (bis zum) ↑Truck (Klausel, nach der der Verkäufer Kosten u. Risiko des Transports bis zum Lastwagen übernimmt). **free on wag|gon** [- - ˈwægǝn] ⟨*engl.*⟩: frei Waggon; vgl. free on board; Abk.: fow
Free|sie [...iǝ] *die; -, -n* ⟨nach dem Kieler Arzt F. H. Th. Freese († 1876) u. zu ↑¹...ie⟩: als Schnittblume (Schwertliliengewächs aus Südafrika) beliebte Zierpflanze mit großen, glockigen, duftenden Blüten
Freeze [fri:z] *das; -* ⟨zu *engl.* to freeze „fest-, einfrieren"⟩: das Einfrieren aller atomaren Rüstung. **Free|zer** [ˈfriːzɐ] *der; -s, -* ⟨aus gleichbed. *engl.* freezer zu to freeze, vgl. Freeze⟩: 1. Gerät zum Einfrieren von Speisen u. zum Lagern von tiefgefrorenen Lebensmitteln. 2. Gerät zur Speiseeisherstellung
Fre|gat|te *die; -, -n* ⟨vermutlich aus gleichbed. *it.* fregata, weitere Herkunft ungeklärt⟩: schwerbewaffnetes, ursprünglich dreimastiges, heute hauptsächlich zum Geleitschutz eingesetztes Kriegsschiff. **Fre|gat|ten|ka|pi|tän** *der; -s, -e*: Marineoffizier im Range eines Oberstleutnants. **Fre|gatt|vo|gel** *der; -s, ...vögel*: fluggewandter Vogel in tropischen Küstengebieten (Ruderfüßer)
Fre|la|te|rie *die; -* ⟨aus gleichbed. *fr.* frelaterie zu frelater, vgl. frelatieren⟩: (veraltet) Verfälschung (von Wein). **fre|la|tie|ren** ⟨aus gleichbed. *fr.* frelater zu *mniederl.* verlaten „(Wein) umfüllen, verladen"⟩: (veraltet) Wein verfälschen, panschen. **Fre|la|ti|on** *die; -* ⟨zu ↑...ation⟩: svw. Frelaterie

Frelimo

¹Fre|li|mo *die,* auch *der;* - ⟨Kurzw. aus *port. Fre*nte de *Li*bertação de *Mo*çambique⟩: 1. (bis 1975) Befreiungsbewegung in Moçambique. 2. (seit 1975) Einheitspartei in Moçambique. **²Fre|li|mo** *der;* -[s], -s ⟨zu ↑¹Frelimo⟩: Angehöriger der ¹Frelimo

fre|mie|ren ⟨aus gleichbed. *lat.* fremere⟩: (veraltet) brummen, murren; rauschen. **Fre|misse|ment** [frɛmɪs'maː] *das;* -s ⟨aus gleichbed. *fr.* frémissement zu frémir „brausen; rauschen", dies aus *lat.* fremere, vgl. fremieren⟩: a) das Rauschen; b) das Beben, Schaudern. **Fre|mi|tus** *der;* - ⟨aus *lat.* fremitus „dumpfes Geräusch, Rauschen; Dröhnen" zu fremere, vgl. fremieren⟩: beim Sprechen fühlbare, schwirrende Erschütterung des Brustkorbes über verdichteten Lungenteilen (Med.).

French dres|sing ['frɛntʃ –] *das;* - -s, - -s ⟨aus gleichbed. *engl.* French dressing zu French „französisch" u. ↑Dressing⟩: svw. Vinaigrette (1). **French knicker¹** [– 'nɪkə] *der;* - -s, - -s ⟨aus gleichbed. *engl.* French knickers (Plur.), eigtl. „französischer Schlüpfer"⟩: lose fallende Damenunterhose aus glänzendem Stoff, meist mit spitzenverzierten Beinen

Fren|ek|to|mie *die;* -, ...ien ⟨zu *lat.* frenum „Zaum, Zügel; Band" (vgl. Frenulum) u. ↑...ektomie⟩: Durchtrennung od. operative Entfernung des Lippenbändchens im Ober- u. Unterkiefer od. des Zungenbändchens (Med.)

fre|ne|tisch ⟨nach *fr.* applaudissements frénétiques (Plur.) „frenetischer (rasender, tobender) Beifall", dies über *lat.* phreneticus „wahnsinnig, geisteskrank" aus gleichbed. *gr.* phrenētikós, phrenitikós, dies zu phrenĩtis „Wahnsinn, Geisteskrankheit", zu phrḗn „Zwerchfell (als Sitz des Gemüts u. des Verstandes)"; vgl. phrenetisch⟩: stürmisch, rasend, tobend (bes. von Beifall, Applaus); vgl. phrenetisch

Fre|nu|lum *das;* -s, ...la ⟨aus *lat.* frenulum, Verkleinerungsform von frenum „Zaum, Zügel, Band"⟩: 1. kleines Bändchen, kleine Haut-, Schleimhautfalte (Med.). 2. die Eichel des männlichen Gliedes mit der Vorhaut verbindende Hautfalte; Vorhautbändchen (Med.)

fre|quent ⟨aus gleichbed. *lat.* frequens, Gen. frequentis⟩: 1. (veraltet) häufig, zahlreich. 2. beschleunigt (vom Puls; Med.). 3. häufig vorkommend, häufig gebraucht (Sprachw.). **Fre|quen|ta** ⓦ *das;* -[s] ⟨Kunstw.⟩: keramischer Isolierstoff der Hochfrequenztechnik. **Fre|quen|tant** *der;* -en, -en ⟨aus *lat.* frequentans, Gen. frequentantis, Part. Präs. von frequentare, vgl. frequentieren⟩: (veraltet) regelmäßiger Besucher. **Fre|quen|ta|ti|on** *die;* -, -en ⟨aus *lat.* frequentatio „Häufung"⟩: (veraltet) 1. häufiges Besuchen. 2. häufige Benutzung. **Fre|quen|ta|tiv** *das;* -s, -e [...və] u. **Fre|quen|ta|ti|vum** [...v...] *das;* -s, ...va ⟨aus gleichbed. *lat.* (verbum) frequentativum⟩: svw. Iterativ[um]. **fre|quen|tie|ren** ⟨aus gleichbed. *lat.* frequentare zu frequens, vgl. frequent⟩: zahlreich besuchen, aufsuchen; häufig stark in Anspruch nehmen. **Fre|quenz** *die;* -, -en ⟨aus *lat.* frequentia „zahlreiches Vorhandensein, Häufigkeit"⟩: 1. Höhe der Besucherzahl; Zustrom, Verkehrsdichte. 2. Schwingungs-, Periodenzahl von Wellen in der Sekunde (Phys.). 3. Anzahl der Atemzüge od. der Herz- bzw. Pulsschläge in der Minute (Med.). 4. Anteil einer bestimmten Tier- od. Pflanzenart innerhalb eines Biotops (Ökologie). **Fre|quenz|ana|ly|sa|tor** *der;* -s, -en: Gerät zur Messung der Amplitude u. Frequenz von Schwingungen. **Fre|quenz|mo|du|la|ti|on** *die;* -, -en: Änderung der Frequenz der Trägerwelle entsprechend dem Nachrichteninhalt (Funkw.); Abk.: FM. **Fre|quenz|mo|du|la|tor** *der;* -s, -en: Gerät zur Frequenzmodulation. **Fre|quenz|mul|ti|plex|ver|fah|ren** *das;* -, - ⟨zu ↑multiplex⟩: svw. Multiplexverfahren. **Fre|quenz|nor|mal** *das;* -s, -e: Gerät mit stabilisierter reproduzierbarer Frequenz, z. B. Quarzuhr. **Fre|quenz|spek|tro|me|ter** *das;* -s, -: 1. svw. Frequenzanalysator. 2. Gerät zur Schallanalyse. **Fre|quenz|spek|trum** *das;* -s, ...tren: Gesamtheit der Frequenzen einer Grundschwingung u. der dazugehörigen Oberschwingungen

Frer|agi|um *das;* -s, ...ien [...jən] ⟨aus gleichbed. *mlat.* freragium (fraternitas)⟩: svw. Fratriagium. **Frère** [frɛːr] *der;* -s, -s ⟨aus gleichbed. *fr.* frère, dies aus *lat.* frater⟩: (veraltet) Bruder, bes. Ordensbruder

Fres|ke *die;* -, -n ⟨aus *fr.* fresque⟩: svw. ¹Fresko. **¹Fres|ko** *das;* -s, ...ken ⟨nach *it.* (dipingere) a fresco „auf frischen (Kalkputz malen)" zu *it.* fresco „frisch", dies aus dem Germ.⟩: auf frischem, noch feuchtem Kalkmörtel ausgeführte Malerei (Kunstw.). **²Fres|ko** *der;* -s ⟨Phantasiezeichnung zu ↑¹Fresco⟩: poröses, im Griff hartes Wollgewebe. **Fres|ko|ma|le|rei** *die;* -: Malerei auf feuchtem Putz; Ggs. ↑Seccomalerei

Fres|nel|lin|se [frɛ'nɛl...] *die;* -, -n ⟨nach dem franz. Physiker A. J. Fresnel, 1788–1827⟩: aus Teilstücken zusammengesetzte Linse für Beleuchtungszwecke

Fres|sa|li|en [...jən] *die* (Plur.) ⟨scherzhafte latinisierende Bildung zu *dt.* fressen⟩: (ugs.) Eßwaren, Verpflegung

Fret *der;* -s ⟨aus gleichbed. *fr.* fret, dies über *mniederl.* vraecht au dem Germ.⟩: Schiffsfracht. **Fre|teur** [...'tøːɐ] *der;* -s, -e ⟨aus gleichbed. *fr.* fréteur⟩: Reeder, der Frachtgeschäfte abschließt. **fre|tie|ren** ⟨aus gleichbed. *fr.* fréter⟩: Frachtgeschäfte (für Schiffe) abschließen

fre|til|lant [freti'jã:] ⟨aus gleichbed. *fr.* frétillant zu frétiller, vgl. fretillieren⟩: (veraltet) unruhig, zappelig. **Fre|tille|ment** [...tij'mã:] *das;* -s ⟨aus gleichbed. *fr.* frétillement⟩: (veraltet) das Unruhigsein, Zappeln. **fre|til|lie|ren** [...ti'jiː...] ⟨aus gleichbed. *fr.* frétiller zu *altfr.* freter „reiben, frottieren", dies aus *lat.* frictare⟩: (veraltet) unruhig sein, zappeln. **Fre|til|lon** [...ti'jõː] *der;* -s, -s ⟨aus gleichbed. *fr.* frétillon⟩: (veraltet) zappeliger, unruhiger Mensch

Frett *das;* -[e]s, -e u. **Frett|chen** *das;* -s, - ⟨über *niederl.* fret aus gleichbed. *(alt)fr.*-*mniederl.* furet, dies aus *vulgärlat.* *furittus „Räuberchen" zu *spätlat.* furo „Iltis", eigtl. „Räuber", zu *lat.* fur „Dieb"⟩: Vertreter einer halbzahmen Art des Iltis, die zum Kaninchenfang verwendet wird. **fret|tie|ren** ⟨zu ↑...ieren⟩: mit dem Frett[chen] jagen

Fre|tum *das;* -s, ...ta ⟨aus *lat.* fretum „Strömung, Brandung; Meerenge, Kanal"⟩: Kanal, Verengung (Anat.)

Friand [fri'ã:] *der;* -s, -s ⟨aus gleichbed. *fr.* friand zu frire „backen, braten", dies aus *lat.* frigere „rösten, dörren"⟩: (veraltet) Feinschmecker, Leckermaul. **Frian|di|se** [friã'diːzə] *die;* -, -n ⟨aus gleichbed. *fr.* friandise⟩: (veraltet) Leckerei, Naschwerk; Leckerbissen

fri|de|ri|zia|nisch ⟨nach Fridericus, der latinisierten Form von Friedrich; vgl. ...aner⟩: auf die Zeit König Friedrichs II. von Preußen bezogen

Fri|gen ⓦ *das;* -s ⟨Kunstw.⟩: Kältemittel (Fluor-Chlor-Methan-Verbindung). **fri|gid, fri|gi|de** ⟨vermutlich unter Einfluß von *fr.* frigide aus *lat.* frigidus „kalt, frostig; lau, matt" zu frigere „frieren, kalt sein"⟩: 1. in bezug auf sexuelle Erregbarkeit ohne Empfindung, geschlechtskalt (von Frauen; Med.). 2. (veraltet) kühl, nüchtern. **Fri|gi|daire** ⓦ [friʒi'dɛːɐ, auch frigi..., fridʒi...] *der;* -s, -[s] ⟨aus gleichbed. *fr.* frigidaire; vgl. Frigidarium⟩: Kühlschrank[marke]. **Fri|gi|da|ri|um** [frigi...] *das;* -s, ...ien [...jən] ⟨aus gleichbed. *lat.* frigidarium zu frigidus, vgl. frigid⟩: 1. Abkühlungsraum in altröm. Bädern. 2. kaltes Gewächshaus. **fri|gi|die|ren** ⟨zu ↑...ieren⟩: (veraltet) abkühlen. **Fri|gi|di|tät** *die;* - ⟨aus *spätlat.* frigiditas, Gen. frigiditatis

„Kälte"⟩: 1. Empfindungslosigkeit der Frau in bezug auf den Geschlechtsverkehr. 2. (veraltend) Kühle, Frostigkeit. **Fri|go|pflan|ze** *die;* -, -n ⟨Kunstw. zu *lat.* frigidus „kalt"⟩: Jungpflanze, die luftdicht eingeschweißt in Kühlräumen gelagert werden kann, um durch Vorziehen des normalen Pflanztermins im Folgejahr frühere u. höhere Ernten zu erzielen, z. B. bei Erdbeeren. **Fri|go|ri|me|ter** *das;* -s, - ⟨zu *lat.* frigus, Gen. frigoris „Kälte" u. ↑¹...meter⟩: Gerät zum Bestimmen der Abkühlungsgröße (Wärmemenge, die ein Körper unter dem Einfluß bestimmter äußerer Bedingungen abgibt; Meteor.)

Fri|ka|del|le *die;* -, -n ⟨vermutlich dissimiliert aus *it.* frittatella bzw. frittadella „Gebratenes, kleiner Pfannkuchen", Verkleinerungsform von frittata, vgl. Frittate⟩: gebratener Kloß aus Hackfleisch, „deutsches Beefsteak". **Fri|kan|deau** [...'do:] *das;* -s, -s ⟨aus gleichbed. *fr.* fricandeau⟩: zarter Fleischteil an der inneren Seite der Kalbskeule (Kalbsnuß). **Fri|kan|del|le** *die;* -, -n ⟨Mischbildung aus ↑ Frikadelle u. ↑ Frikandeau⟩: 1. Schnitte aus gedämpftem Fleisch. 2. svw. Frikadelle. **Fri|kas|see** *das;* -s, -s ⟨aus gleichbed. *fr.* fricassé zu fricasser, vgl. frikassieren⟩: Gericht aus hellem Geflügel-, Kaninchen-, Lamm- od. Kalbfleisch in einer hellen Soße. **fri|kas|sie|ren** ⟨aus gleichbed. *fr.* fricasser zu frire „braten, rösten" (dies aus gleichbed. *lat.* frigere) u. casser „(zer)brechen, zerkleinern" (dies aus gleichbed. *lat.* quassare)⟩: 1. als Frikassee zubereiten. 2. (ugs.) übel zurichten, arg verprügeln

fri|ka|tiv ⟨zu *lat.* fric(a)tum (Part. Perf. von fricare „reiben") u. ↑...iv⟩: durch Reibung hervorgebracht (von Lauten; Sprachw.). **Fri|ka|tiv** *der;* -s, -e [...və]: Reibelaut (z. B. sch, f; Sprachw.). **Fri|ka|ti|vum** [...v...] *das;* -s, ...iva ⟨aus gleichbed. *lat.* fricativum⟩: (veraltet) svw. Frikativ

Fri|kot [...'ko:] *das;* -s, -s ⟨aus gleichbed. *fr.* fricot zu fricasser, vgl. frikassieren⟩: a) ein Ragout; b) svw. Frikandeau. **fri|ko|tie|ren** ⟨aus gleichbed. *fr.* fricoter zu fricot, vgl. Frikot⟩: (veraltet) sich betrinken; auch: trinken, schmausen

Frik|tio|graph *der;* -en, -en ⟨zu ↑ Friktion u. ↑...graph⟩: physik. Gerät zur Messung der Reibung. **Frik|ti|on** *die;* -, -en ⟨aus *lat.* frictio „das Reiben" zu fricare „reiben"⟩: 1. Reibung. 2. a) Einreibung (z. B. mit Salben); b) eine Form der Massage (kreisförmig reibende Bewegung der Fingerspitzen; Med.). 3. Widerstand, Verzögerung, die der sofortigen Wiederherstellung des wirtschaftlichen Gleichgewichts beim Überwiegen von Angebot od. Nachfrage entgegensteht (Wirtsch.). 4. (veraltet) Zwist, Mißhelligkeit, Unstimmigkeit. **Frik|ti|ons|in|stru|ment** *das;* -[e]s, -e: Musikinstrument, das durch Reibung zum Erklingen gebracht wird, z. B. Glasharmonika. **Frik|ti|ons|ka|lan|der** *der;* -s, -: Walzwerk zur ↑ Satinage des Papiers. **Frik|to|ri|um** *das;* -s, ...ien [...jən] ⟨aus gleichbed. *lat.* frictorium zu fricare „reiben, frottieren"⟩: Raum in altröm. Bädern, in dem die Badenden frottiert u. massiert wurden

Fri|maire [...'mɛ:ɐ̯] *der;* -[s], -s ⟨aus *fr.* frimaire „Reifmonat" zu frimas „Reif"⟩: der dritte Monat im franz. Revolutionskalender (21. Nov. bis 20. Dez.)

Fri|pe|rie *die;* -, ...ien ⟨aus gleichbed. *fr.* friperie zu friper „(zer)knittern", dies über älter *fr.* frepe, ferpe, felpe „Streifen, alte Kleidungsstücke" zu *mlat.* faluppa „Faser, Sache ohne Wert"⟩: (veraltet) Trödelkram, -handel, Plunder. **Fri|pier** [...'pi̯e:] *der;* -s, -s ⟨aus gleichbed. *fr.* fripier⟩: (veraltet) Trödler. **Fri|piè|re** [...'pi̯ɛ:rə] *die;* -, -n ⟨aus gleichbed. *fr.* fripière⟩: (veraltet) Trödlerin. **Fri|pon** [...'põ:] *der;* -s, -s ⟨aus gleichbed. *fr.* fripon zu friponner, vgl. friponnieren⟩: (veraltet) Gauner, Spitzbube. **Fri|pon|ne|rie** [...pɔnə...] *die;* -, ...ien ⟨aus gleichbed. *fr.* friponnerie⟩: (veraltet) Gaunerei, Schurkerei. **fri|pon|nie|ren** ⟨aus gleichbed. *fr.* friponner zu älter *fr.* friper „rauben, bestehlen"; vgl. Friperie⟩: (veraltet) stehlen, ergaunern

Fris|bee ⓦ ['frɪzbɪ] *das;* -, -s ⟨aus gleichbed. *engl.* frisbee, weitere Herkunft ungeklärt⟩: kleine, runde Wurfscheibe aus Plastik (Sportgerät)

Fri|sé [...'ze:] *das;* - ⟨zu *fr.* frisé „gekräuselt", Part. Perf. von friser, vgl. frisieren⟩: Kräusel- od. Frottierstoff aus [Kunst]seide. **Fri|sée** *der;* -s ⟨weibliche Form zu ↑ Frisé⟩: eine Salatpflanze. **Fri|sett** *das;* -s, -s ⟨wohl zu *fr.* frisette „Löckchen", dies zu friser, vgl. frisieren u. Frisons⟩: Haarersatz bei Frauen für den Vorderkopf. **Fri|seur** [...'zø:ɐ̯], eingedeutscht Frisör *der;* -s, -e ⟨zu ↑ frisieren u. ↑...eur⟩: männliche Person, die berufsmäßig Kunden das Haar schneidet u. pflegt. **Fri|seu|rin** [...'zø:...], eingedeutscht Frisörin *die;* -, -nen: svw. Friseuse. **Fri|seu|se** [...'zø:zə], eingedeutscht Frisöse *die;* -, -n ⟨zu ↑...euse⟩: weibliche Person, die berufsmäßig Kunden das Haar schneidet u. pflegt. **fri|sie|ren** ⟨vermutlich über *niederl.* friseeren aus *fr.* friser „kräuseln", dies wohl zu frise „flauschiger Wollstoff"⟩: 1. jmdn. od. sich kämmen; jmdm. od. sich selbst die Haare [kunstvoll] herrichten. 2. (ugs.) etwas [in betrügerischer Absicht] so herrichten, daß es eine [unerlaubte] Veränderung darstellt, z. B. einen Motor, eine Bilanz -. **Fri|sons** [...'zõ:] *die* (Plur.) ⟨aus gleichbed. *fr.* frisons (Plur.) zu frison „Löckchen", dies zu friser, vgl. frisieren⟩: (veraltet) an die Frisur angeheftete kleine Löckchen. **Fri|sör** vgl. Friseur. **Fri|sö|rin** vgl. Friseurin. **Fri|sö|se** vgl. Friseuse

Friss [frɪʃ] *der;* -, - ⟨aus *ung.* friss „frisch, munter"⟩: der schnelle Paartanz des ↑ Csárdás

Fris|sonne|ment [...sɔn'mãː] *das;* -s ⟨aus gleichbed. *fr.* frissonnement zu frissonner „(Kälte)schauer, das Frösteln; Schüttelfrost", dies über *vulgärlat.* frictione zu *lat.* frictio, Gen. frictionis „das Reiben, Frottieren"⟩: (veraltet) Schauder, das Frösteln. **fris|son|nie|ren** ⟨aus gleichbed. *fr.* frissonner⟩: (veraltet) schaudern, frösteln

Fri|sur *die;* -, -en ⟨aus gleichbed. *fr.* frisure zu ↑ friser, vgl. frisieren⟩: 1. Art und Weise, in der das Haar gekämmt, gelegt, gesteckt, geschnitten, frisiert ist. 2. das Frisieren (2). 3. gekräuselter Kleiderbesatz

Fri|tel|li|no *der;* -s, Plur. -s ⟨aus gleichbed. *it.* fritellino, älter gianfritello „Arlecchino"⟩: fröhlicher, unbefangener Bursche, Typenfigur der Commedia dell'arte

Fri|teu|se [...'tøːzə] *die;* -, -n ⟨französierende Bildung zu ↑ fritieren; vgl. ...euse⟩: elektr. Gerät zum Fritieren von Speisen. **fri|tie|ren** ⟨zu *fr.* frit „gebraten, gebacken", Part. Perf. von frire, dies aus *lat.* frigere „rösten"⟩: Speisen od. Gebäck in heißem Fett schwimmend garen (Gastr.)

Fri|til|la|ria *die;* -, ...ien [...jən] ⟨aus *nlat.* fritillaria, eigtl. „Schachbrettblume", zu *lat.* fritillus „Würfelbecher"⟩: Kaiserkrone (Liliengewächs)

Frit|ta|te *die;* -, -n ⟨aus gleichbed. *it.* frittata zu fritto „gebakken, gebraten", Part. Perf. von friggere, dies aus *lat.* frigere „rösten"⟩: in dünne Streifen geschnittener Eierkuchen als Suppeneinlage. **Frit|te** *die;* -, -n ⟨aus gleichbed. *fr.* fritte zu frire, vgl. fritieren⟩: 1. aus dem Glasur- od. Emaillegemenge hergestelltes Zwischenprodukt bei der Glasfabrikation. 2. (nur Plur.) Kurzform von ↑ Pommes frites. **frit|ten** ⟨aus gleichbed. *engl.* to frit, eigtl. „zusammenbacken", dies über *fr.* frire aus *lat.* frigere, vgl. fritieren⟩: 1. eine pulverförmige Mischung bis zum losen Aneinanderhaften der Teilchen erhitzen. 2. sich durch Hitze verändern (von Sedimentgesteinen beim Emporsteigen von ↑ Magma 1; Geol.). 3. (ugs.) svw. fritieren. **Frit|ter** *der;* -s, - ⟨zu ↑ fritten⟩: svw. Kohärer. **Frit|tung** *die;* -, -en: das Umschmelzen

Fritüre

von Sedimentgesteinen durch Hitzeeinwirkung von aufsteigendem ↑Magma (1; Geol.). **Fri|tü|re** *die;* -, -n ⟨aus gleichbed. *fr.* friture; vgl. fritieren⟩: 1. heißes Fett- od. Ölbad zum Ausbacken von Speisen. 2. eine in heißem Fett ausgebackene Speise. 3. svw. Friteuse
fri|vol [...v...] ⟨aus gleichbed. *fr.* frivole, eigtl. „nichtig, unbedeutend", dies aus *lat.* frivolus „zerbrechlich; wertlos" zu friare „zerbrechen, zerbröckeln"⟩: 1. a) leichtfertig, bedenkenlos; b) das sittliche Empfinden, die geltenden Moralbegriffe verletzend; schamlos, frech. 2. (veraltet) eitel, nichtig. **fri|vo|li|sie|ren** ⟨zu ↑...isieren⟩: (veraltet) leichtfertig behandeln. **Fri|vo|li|tät** *die;* -, -en ⟨aus gleichbed. *fr.* frivolité; vgl. ...ität⟩: 1. a) Bedenkenlosigkeit, Leichtfertigkeit; b) Schamlosigkeit, Schlüpfrigkeit. 2. (nur Plur.) Schiffchenspitze, ↑Okkispitze (eine Handarbeit)
friz|zan|te ⟨*it.;* Part. Präs. von frizzare „prickeln; beißen", dies zu *lat.* frictus, Part. Perf. von frigere „rösten"⟩: ital. Bez. für perlend, leicht schäumend (von Weinen)
Froi|deur [froa'dø:ɐ̯] *die;* - ⟨aus gleichbed. *fr.* froideur zu froid „kalt", dies aus *lat.* frigidus⟩: (veraltet) Kälte, Frostigkeit
Frois|sé [froa'se:] *der* od. *das;* -s, -s ⟨aus *fr.* froissé, substantiviertes Part. Perf. zu froisser, vgl. froissieren⟩: ein künstlich geknittertes Gewebe. **frois|sie|ren** ⟨aus *fr.* froisser, eigtl. „(sich) wund reiben, zerbrechen", dies über *vulgärlat.* *frustiare zu *lat.* frustum „Brocken"⟩: (veraltet) kränken, verletzen
Fro|mage [fro'ma:ʒ] *der;* -, -s ⟨aus gleichbed. *fr.* fromage, dies über *vulgärlat.* formaticus „zur (Käse)form gehörig" zu *lat.* forma „Form (zur Käseherstellung)"⟩: franz. Bez. für Käse. **Fro|mage de Brie** [fro'ma:ʒ də 'bri:] *der;* - - -, -s [fro'ma:ʒ] - - ⟨nach der franz. Landschaft Brie⟩: ein Weichkäse
Fron|de ['frõ:də] *die;* - ⟨aus gleichbed. *fr.* fronde, eigtl. „Schleuder", dies über gleichbed. *altfr.* flondre aus *vulgärlat.* *fundula zu *lat.* funda „Schleuder, Schleudergeschoß"⟩: 1. a) Oppositionspartei des franz. Hochadels im 17. Jh.; b) der Aufstand des franz. Hochadels gegen das ↑absolutistische Königtum (1648-1653). 2. scharfe politische Opposition, oppositionelle Gruppe innerhalb einer Partei od. einer Regierung
Fron|des|zenz *die;* - ⟨aus gleichbed. *nlat.* frondescentia zu *lat.* frondescere, vgl. frondeszieren⟩: das Auswachsen gewisser Pflanzenorgane (z. B. Staubblätter) zu Laubblättern (Bot.). **fron|des|zie|ren** ⟨aus gleichbed. *lat.* frondescere zu frons, Gen. frondis „Laub(werk)"⟩: sich belauben, ausschlagen (von Bäumen)
Fron|deur [frõ'dø:ɐ̯] *der;* -s, -e ⟨aus gleichbed. *fr.* frondeur, eigtl. „Schleuderer", zu fronde, vgl. Fronde⟩: 1. Anhänger der Fronde (1). 2. scharfer politischer Opponent u. Regierungsgegner. **fron|die|ren** [frõ...] ⟨aus gleichbed. *fr.* fronder, eigtl. „schleudern, werfen"⟩: 1. als Frondeur tätig sein. 2. sich heftig gegen etwas auflehnen, sich widersetzen
fron|dos ⟨aus *lat.* frondosus „laubreich, belaubt" zu frons, Gen. frondis „Laub"⟩: zottenreich (z. B. von der Darmschleimhaut. **fron|dös** ⟨zu ↑frondos; vgl. ...ös⟩: (veraltet) stark, dicht belaubt
Frons *die;* -, Frontes [...te:s] ⟨aus *lat.* frons, Gen. frontis „Stirn"⟩: Stirn, Stirnbein (Anat., Med.). **Front** *die;* -, -en ⟨aus *fr.* front „Stirn, Vorderseite, vordere Linie", dies aus gleichbed. *lat.* frons⟩: 1. a) Vorder-, Stirnseite; b) die ausgerichtete vordere Reihe einer angetretenen Truppe. 2. Gefechtslinie, an der feindliche Streitkräfte miteinander in Feindberührung kommen; Kampfgebiet. 3. geschlossene Einheit, Block. 4. (meist Plur.) Trennungslinie, gegensätz-

liche Einstellung. 5. Grenzfläche zwischen Luftmassen von verschiedener Dichte u. Temperatur (Meteor.). **front à front** [frõta'frõ] ⟨*fr.;* eigtl. „Stirn an Stirn"⟩: Mann gegen Mann. **fron|tal** [fron...] ⟨aus gleichbed. *fr.* frontal; vgl. ¹...al (1)⟩: a) an der Vorderseite befindlich, von der Vorderseite kommend, von vorn; b) unmittelbar nach vorn gerichtet. **¹Fron|ta|le** *das;* -[s], ...lien [...jən] ⟨aus *spätlat.* frontale „Stirnband"⟩: 1. svw. Antependium. 2. kurz für Os frontale (Stirnbein; Med.). 3. (veraltet) Stirnbinde, auf die Stirn gelegtes Kissen mit Heilkräutern (Med.). **²Fron|ta|le** *die;* -, -n ⟨zu ↑...ale⟩: Ansicht, Darstellung von vorn. **Fron|ta|li|tät** *die;* - ⟨zu ↑frontal u. ↑...ität⟩: eine in der archaischen, ägypt. u. vorderasiat. Kunst beobachtete Gesetzmäßigkeit, nach der jeder menschliche Körper unabhängig von seiner Stellung od. Bewegung stets frontal dargestellt ist. **Fron|tal|zo|ne** *die;* -, -n: Übergangsschicht zwischen kalten u. warmen Luftmassen in der ↑Troposphäre (Meteor.). **Front-Fan-Trieb|werk** ['frʌnt'fæn...] *das;* -s, -e ⟨zu *engl.* front fan „Vordergebläse", dies zu front „Vorderseite" (vgl. Front) u. fan „Ventilator"⟩: ein Turboluftstrahltriebwerk. **Front|fi|xie|rung** *die;* - ⟨zu ↑Front⟩: Verfahren der Konfektion, bei dem Oberstoff u. Einlagestoff ganzflächig miteinander fixiert (vgl. fixieren b) werden. **Fron|tier** ['frʌntɪə] *die;* - ⟨aus *engl.-amerik.* frontier „Grenze", dies aus *altfr.* frontier (fr. frontière); vgl. Frontière⟩: Bez. für die Siedlungsgrenze zwischen dem von Indianern, Jägern u. Fallenstellern beherrschten Gebiet u. der nachfolgenden, durch Besiedlung u. Verdrängung erfolgenden „Zivilisation" in Nordamerika im 19. Jh. **Fron|tiè|re** [frõ'tjɛ:r(ə)] *die;* -, -n ⟨aus gleichbed. *fr.* frontière⟩: (veraltet) [Landes]grenze. **Fron|ti|spiz** [fron...] *das;* -es, -e ⟨über gleichbed. *fr.* frontispice aus *mlat.* frontispicium „Vordergiebel" zu *lat.* frons (vgl. Frons) u. spicere „sehen"⟩: 1. Giebeldreieck [über einem Gebäudevorsprung] (Archit.). 2. Verzierung eines Buchtitelblatts (Buchw.). **Fron|to|ge|ne|se** *die;* -, -n ⟨zu ↑Front⟩: Bildung von Fronten (5; Meteor.). **fron|to|ge|ne|tisch:** frontenbildend (Meteor.). **Fron|to|ly|se** *die;* -, -n ⟨zu ↑...lyse⟩: Auflösung von Fronten (5; Meteor.). **fron|to|ly|tisch:** frontenauflösend (Meteor.). **Fron|ton** [frõ'tõ:] *das;* -s, -s ⟨aus gleichbed. *fr.* fronton⟩: svw. Frontispiz (1). **Fron|to|to|mie** [fronto...] *die;* -, ...ien ⟨zu ↑Frons u. ↑...tomie⟩: svw. Leukotomie
Fro|ster *der;* -s, - ⟨anglisierende Bildung zu *dt.* Frost⟩: Tiefkühlteil eines Kühlapparats. **Frost|ery|them** *das;* -s, -e ⟨zu ↑Erythem⟩: vorübergehende Rötung der Haut infolge Frost- bzw. Kälteeinwirkung (Med.).
Fro|thing|ver|fah|ren ['froθɪŋ...] *das;* -s ⟨zu *engl.* frothing „Schaumbildung; das Schäumen" zu to froth „schäumen"⟩: Vorschäumung bei der Herstellung von Polyurethanschaumstoffen (vgl. Polyurethan) durch Zusatz eines Treibmittels
Frot|ta|ge [...ʒə] *die;* -, -n ⟨aus *fr.* frottage „das Reiben" zu frotter, vgl. frottieren⟩: 1. Erzeugung sexueller Lustempfindungen durch Reiben der Genitalien am [bekleideten] Partner (Med., Psychol.). 2. a) (ohne Plur.) graphisches Verfahren, bei dem Papier auf einen prägenden Untergrund (z. B. Holz) gedrückt wird, um dessen Struktur sichtbar zu machen, Durchreibung; b) Graphik, die diese Technik aufweist. **Frot|tee**, fachspr. auch Frotté [...'te:] *das* od. *der;* -[s], -s ⟨französierende Bildung zu ↑frottieren⟩: stark saugfähiges [Baum]wollgewebe mit noppiger Oberfläche. **Frot|te|ment** [frɔt'mã:] *das;* -s, -s ⟨aus gleichbed. *fr.* frottement⟩: (veraltet) das Frottieren (1). **Frot|teur** [frɔ'tø:ɐ̯] *der;* -s, -e ⟨aus *fr.* frotteur, eigtl. „der Bohnerer", zu frotter, vgl. frottieren⟩: 1. jmd., der auf Grund einer psy-

chischen Fehlhaltung nur durch Reiben der Genitalien am [bekleideten] Partner sexuelle Lustempfindung erlebt (Med., Psychol.). 2. (veraltet) Bohner[bürste]. 3. (veraltet) jmd., der Badenden die Haut mit Tüchern od. Bürsten trockenreibt. **Frot|teu|se** [...'tø:zə] *die;* -, -n ⟨zu ↑ ...euse⟩: weibliche Form zu ↑ Frotteur (3). **frot|tie|ren** ⟨aus *fr.* frotter „reiben, frottieren", weitere Herkunft unsicher⟩: 1. die Haut [nach einem Bad] mit Tüchern od. Bürsten [ab]reiben. 2. (veraltet) bohnern. **Frot|toir** [...'tǫa:ɐ̯] *der;* -s, -s ⟨aus gleichbed. *fr.* frottoir⟩: (veraltet) 1. Frottiertuch. 2. Bohner[bürste]

Frot|tol|la *die;* -, Plur. -s u. ...olen ⟨aus *it.* frottola „Scherzlied"⟩: weltliches Lied der zweiten Hälfte des 15. Jh.s u. des frühen 16. Jh.s [in Norditalien]

Frou|frou [fru'fru:] *der* od. *das;* - ⟨aus gleichbed. *fr.* froufrou, lautmalende Bildung⟩: das Rascheln u. Knistern der eleganten (bes. für die Zeit um 1900 charakteristischen) weiblichen Unterkleidung

Fruc|ti|dor [frʏkti...] vgl. Fruktidor. **Fruc|to|se** [frʊk...], eingedeutscht Fruktose *die;* - ⟨zu *lat.* fructus „Frucht" u. ↑²...ose⟩: Fruchtzucker. **Fruc|to|sid**, eingedeutscht Fruktosid *das;* -[e]s, -e (meist Plur.) ⟨zu ↑³...id⟩: ↑ Glykosid, das Fructose als Zuckerbestandteil enthält. **Fruc|tus** *der;* -, - [...tu:s] ⟨aus *lat.* fructus „Ertrag, Frucht"⟩: Frucht einer Pflanze, die ganz od. in Teilen medizinisch verwendet wird (Pharm.). **fru|gal** ⟨über *fr.* frugal „einfach, sparsam, mäßig" aus *lat.* frugalis „nutzbar, sparsam", dies aus frugi „tauglich, brav", eigtl. Dativ von *lat.* frux, Gen. frugis „Frucht, Tauglichkeit"⟩: 1. einfach (von Speisen). 2. (öfter – aus Unkenntnis – auch) svw. opulent. **Fru|ga|li|tät** *die;* - ⟨aus *fr.* frugalité „Genügsamkeit, Einfachheit" aus *lat.* frugalitas, Gen. frugalitatis, eigtl. „Vorrat an Früchten"⟩: Einfachheit (von Speisen). **fru|gi|fe|risch** ⟨zu *lat.* ferre „tragen"⟩: (veraltet) fruchtbringend, früchtetragend. **Fru|gi|vo|re** [...'vo:rə] *der;* -n, -n (meist Plur.) ⟨zu *lat.* frux, Gen. frugis „Frucht" u. vorare „fressen, verschlingen"⟩: svw. Fruktivore. **Frui|tier** [fryi'tje:] *der;* -s, -s ⟨aus gleichbed. *fr.* fruitier zu fruit „Frucht", dies aus *lat.* fructus⟩: (veraltet) Obsthändler. **Frui|tiè|re** [...'tjɛ:r(ə)] *die;* -, -n ⟨aus gleichbed. *fr.* fruitière⟩: (veraltet) Obsthändlerin. **Fruk|ti|dor** [frʏkti...] *der;* -[s], -s ⟨aus *fr.* fructidor „Fruchtmonat"⟩: der zwölfte Monat des franz. Revolutionskalenders (18. Aug. bis 16. Sept.). **Fruk|ti|fi|ka|ti|on** [frʊk...] *die;* -, -en ⟨aus *lat.* fructificatio „das Früchtetreiben"⟩: 1. (veraltet) Nutzbarmachung, Verwertung. 2. Ausbildung von Fortpflanzungskörpern in besonderen Behältern (z. B. Ausbildung der Sporen bei Farnen; Bot.); vgl. ...[at]ion/...ierung. **fruk|ti|fi|zie|ren** ⟨aus *lat.* fructificare „Früchte treiben, tragen"⟩: 1. (veraltet) aus etwas Nutzen ziehen. 2. Früchte ansetzen od. ausbilden (Bot.). **Fruk|ti|fi|zie|rung** *die;* -, -en ⟨zu ↑ ...ierung⟩: svw. Fruktifikation; vgl. ...[at]ion/...ierung. **Fruk|ti|vo|re** [...'vo:rə] *der;* -n, -n (meist Plur.) ⟨zu *lat.* fructus „Frucht" u. vorare „fressen, verschlingen"⟩: sich hauptsächlich von Früchten ernährendes Tier; Früchtefresser (Zool.). **Fruk|to|se** vgl. Fructose. **Fruk|to|sid** vgl. Fructosid. **Fruk|tos|urie** *die;* -, ...ien ⟨zu ↑ Fructose u. ↑...urie⟩: Ausscheidung von Fruchtzucker durch den Harn (Med.). **fruk|tu|ös** ⟨aus gleichbed. *lat.* fructuosus⟩: (veraltet) fruchtbar. **Fruk|tu|o|si|tät** *die;* - ⟨aus gleichbed. *mlat.* fructuositas, Gen. fructuositatis⟩: (veraltet) Fruchtbarkeit

Fru|men|ta|ri|er [...i̯ɐ] *der;* -s, - ⟨aus gleichbed. *lat.* frumentarius zu frumentum „Getreide"⟩: altröm. Beamter, der das Heer mit Getreide zu versorgen hatte

Frust *der;* -[e]s, -e ⟨Kurzform von ↑ Frustration⟩: (ugs.) 1. (ohne Plur.) das Frustriertsein; Frustration. 2. frustrierendes Erlebnis

fruste [frʏst, fr. fryst] ⟨aus *fr.* fruste „verwischt", dies aus *it.* frusto „abgenutzt" zu *lat.* frustum „Bruchstück"⟩: unvollkommen, wenig ausgeprägt (von Symptomen einer Krankheit; Med.); vgl. Forme fruste

fru|stran ⟨zu *lat.* frustra „getäuscht; irrtümlich"⟩: a) vergeblich, irrtümlich, z. B. -e Herzkontraktion (Herzkontraktion, die zwar zu hören ist, deren Puls aber wegen zu geringer Stärke nicht gefühlt werden kann; Med.); b) zur Frustration führend, Frustration bewirkend. **Fru|stra|ti|on** *die;* -, -en ⟨aus *lat.* frustratio „Täuschung einer Erwartung" zu frustrare, vgl. frustieren⟩: Erlebnis einer wirklichen od. vermeintlichen Enttäuschung u. Zurücksetzung durch erzwungenen Verzicht od. Versagung von Befriedigung (Psychol.). **Fru|stra|ti|ons|to|le|ranz** *die;* -: Umleitung einer Frustration in Wunschvorstellungen; [erlernbare] ↑ Kompensation, ↑ Sublimierung einer Frustration ohne Aggressionen od. Depressionen (Psychol.). **fru|stra|to|risch** ⟨aus *lat.* frustratorius „täuschend"⟩: (veraltet) auf Täuschung bedacht. **fru|strie|ren** ⟨aus *lat.* frustrare „vergebens, erfolglos"⟩: 1. die Erwartung von jmdm. enttäuschen, jmdm. bewußt od. unbewußt ein Bedürfnis od. die Befriedigung versagen. 2. (veraltet) vereiteln, täuschen

Fru|stum *das;* -s, ...ta ⟨aus gleichbed. *lat.* frustum⟩: (veraltet) Stück, Brocken, Bissen

Frut|ti di ma|re *die* (Plur.) ⟨aus gleichbed. *it.* frutti di mare, eigtl. „Früchte des Meeres"⟩: mit dem Netz gefangene kleine Meerestiere (z. B. Muscheln, Austern)

Fych|sie [...i̯ə] *die;* -, -n ⟨aus *nlat.* fuchsia; nach dem Botaniker L. Fuchs (1501–1566) u. zu ↑¹...ie⟩: Strauch od. kleines Bäumchen mit dunkelgrünen Blättern u. hängenden, krugförmigen, mehrfarbig gefärbten roten, rosa, weißen od. violetten Blüten, die als Park-, Balkon- od. Zimmerpflanze gehalten werden (Nachtkerzengewächs). **Fuch|sin** *das;* -s ⟨Kurzw. aus ↑ *Fuchs*ie u. ↑ *...in* (1)⟩: synthetisch hergestellter roter Farbstoff

Fuch|sit [auch ...'ksɪt] *der;* -s, -e ⟨nach dem Chemiker u. Mineralogen J. N. von Fuchs (1774–1856) u. zu ↑²...it⟩: ein smaragdgrünes Mineral aus der Gruppe der Glimmer, ein chromhaltiger ↑ Muskowit

Fu|co|se [...k...] *die;* - ⟨zu *lat.* fucus „Tang" (dies aus gleichbed. *gr.* phȳkos) u. ↑²...ose⟩: ein ↑ Monosaccharid, das in zwei optisch aktiven Formen auftritt u. u. a. Bestandteil des Seetangs bzw. mehrerer Antibiotika ist. **Fu|co|ste|rin** *das;* -s: eine in Braunalgen vorkommende chemische Verbindung. **Fu|co|xan|thin** *das;* -s: braunroter Farbstoff in Braunalgen

fu|dit ⟨aus *lat.* fudit „hat (es) gegossen", 3. Pers. Sing. Perf. von fundere „gießen"; vgl. Fusion⟩: Aufschrift auf gegossenen Kunstwerken u. Glocken hinter dem Namen des Künstlers od. Gießers; Abk.: fud.

Fue|ro *der;* -[s], -s ⟨aus *span.* fuero „Satzung, Gerichtsbarkeit", dies aus *lat.* forum „Gerichtssitzung", eigtl. „Markt(platz)"⟩: Gesetzessammlung, Grundgesetz, Satzung im spanischen Recht

Fu|fu *der;* -[s] ⟨aus einer afrik. Eingeborenensprache⟩: westafrik. Speise (zu Brei zerstampfte, gekochte, zu kleinen Kugeln geformte Maniok- od. Jamsknollen, die mit stark gewürzter, öliger Suppe übergossen werden)

fu|gal ⟨zu ↑ Fuge u. ↑¹...al (1)⟩: fugenartig, im Fugenstil (Mus.). **fu|ga|to** ⟨*it.*⟩: fugenartig, frei nach der Fuge komponiert. **Fu|ga|to** *das;* -s, Plur. -s u. ...ti: Fugenthema mit freien kontrapunktischen Umspielungen ohne die Gesetz-

Fuge

mäßigkeit der Fuge (Mus.). **Fu|ge** *die;* -, -n ⟨aus *mlat.* fuga „Kanon" bzw. *it.* fuga „Fuge", diese aus *lat.* fuga „Flucht" (weil eine Stimme gleichsam vor der folgenden flieht)⟩: nach strengen Regeln durchkomponierte kontrapunktische Satzart (mit nacheinander in allen Stimmen durchgeführtem, festgeprägtem Thema; Mus.). **Fu|get|te** u. **Fu|ghet|ta** [fu'gɛta] *die;* -, ...tten ⟨aus gleichbed. *it.* fughetta, Verkleinerungsform von fuga, vgl. Fuge⟩: nach Fugenregeln gebaute, aber in allen Teilen verkürzte kleine Fuge. **fu|gie|ren** ⟨zu ↑...ieren⟩: ein Thema nach Fugenart durchführen (Mus.). **fu|gi|tiv** ⟨zu ↑...iv⟩: (veraltet) flüchtig
Fu|gu *das;* -[s], -s ⟨aus gleichbed. *jap.* fugu⟩: japan. Gericht aus Kugelfischen
Fugue [fy:g] *die;* - ⟨aus gleichbed. *fr.* fugue, dies aus *lat.* fuga „Flucht"⟩: Wandertrieb, krankhafter Trieb zum Fortlaufen (im epileptischen Dämmerzustand; Med.)
Fu|ka|ze|en *die* (Plur.) ⟨aus gleichbed. *nlat.* fucaceae (Plur.) zu *lat.* fucus „Tang", dies aus gleichbed. *gr.* phŷkos⟩: zu den Braunalgen gehörende Blasentange. **Fu|koi|de** *die* (Plur.) ⟨zu *lat.* fucus „Tang" u. ↑...oide⟩: in Tonen u. Mergeln auftretende algenähnliche Abdrücke, die wahrscheinlich Tierspuren sind. **Fu|ko|lo|ge** *der,* -n, -n ⟨zu ↑...loge⟩: Algenkenner. **Fu|ku|lo|gie** *die;* - ⟨zu ↑...logie⟩: Lehre von den Algen. **Fu|ko|se** usw. vgl. Fucose usw.
Ful|gu|rant *der;* -[s] u. **Ful|gu|ran|te** *die;* - ⟨aus *lat.* fulgurans, Gen. fulgurantis, Part. Präs. von fulgurare „blitzen, strahlen"⟩: Atlasgewebe mit glänzender rechter Seite. **Ful|gu|ra|ti|on** *die;* -, -en ⟨aus *lat.* fulguratio „das Blitzen" zu fulgurare „blitzen", dies zu fulgur „Blitz"⟩: Anwendung von Hochfrequenzströmen zur Gewebsdurchtrennung (Med.). **Ful|gu|rit** [auch ...'rɪt] *der;* -s, -e ⟨zu *lat.* fulgur „Blitz" u. ↑²...it⟩: 1. durch Blitzschlag röhrenförmig zusammengeschmolzene Sandkörner (Blitzröhre). 2. ein Sprengstoff. 3. ⓦ früher asbesthaltiger, heute asbestfrei hergestellter Zementbaustoff. **Ful|gu|ro|me|ter** *der;* -s, - ⟨zu ↑¹...meter⟩: Meßgerät für Blitze
fu|li|gi|nös ⟨aus gleichbed. *lat.* fuliginosus zu fuligo, vgl. Fuligo⟩: rußig, rußartig (z. B. vom Belag der Mundschleimhaut; Med.). **Fu|li|go** *die,* auch *der;* -[s], ...gines [...ne:s] ⟨aus *lat.* fuligo, Gen. fuliginis „Ruß"⟩: bräunlichschwarzer Belag der Mundhöhle bei schwer Fiebernden (Med.)
Full dress *der;* - - ⟨aus gleichbed. *engl.* full dress, eigtl. „volle Kleidung"⟩: großer Gesellschaftsanzug, Gesellschaftskleidung. **Full house** [- haʊs] *das;* - -, - -s [- 'haʊzɪz] ⟨aus gleichbed. *engl.* full house, eigtl. „volles Haus"⟩: Kartenkombination beim ↑ Poker. **Full Ser|vice** [- 'sə:vɪs] *der;* - - ⟨aus *engl.* full service „volle Dienstleistung", vgl. ²Service⟩: Kundendienst, der alle anfallenden Arbeiten übernimmt. **Full-slice-Tech|nik** [...'slaɪs...] *die;* -, -en ⟨zu *engl.* full slice „volle Scheibe"⟩: Verfahren der Mikroelektronik zur Herstellung von ↑ Chips (3). **Full speed** [- 'spi:d] *die;* - - ⟨aus *engl.* full speed „volle Geschwindigkeit"⟩: das Entfalten der Höchstgeschwindigkeit [eines Autos]. **Full-time-Job** ['fʊltaɪm...] *der;* -s, -s ⟨aus gleichbed. *engl.* full-time-job⟩: Tätigkeit, Beschäftigung, die jmds. ganze Zeit beansprucht, ihn voll ausfüllt; Ganztagsarbeit. **ful|ly fa|shioned** ['fʊlɪ 'fæʃənd] ⟨*engl.;* „mit voller Paßform"⟩: formgestrickt, formgearbeitet (von Kleidungsstücken)
ful|mi|nant ⟨aus *lat.* fulminans, Gen. fulminantis, Part. Präs. von fulminare, vgl. fulminieren⟩: 1. sich in seiner außergewöhnlichen Wirkung od. Qualität in auffallender Weise mitteilend; glänzend, großartig, ausgezeichnet. 2. blitzartig auftretend, schnell u. heftig verlaufend (von Krankheiten; Med.). **Ful|mi|nat** *das;* -[e]s, -e ⟨zu *lat.* fulmen, Gen. fulminis „Blitz" u. ↑...at (2)⟩: hochexplosives Salz der Knallsäu-

re. **Ful|mi|na|ti|on** *die;* -, -en ⟨aus gleichbed. *lat.* fulminatio zu fulminare, vgl. fulminieren⟩: das Blitzen, Knallen. **ful|mi|nie|ren** ⟨aus gleichbed. *lat.* fulminare⟩: blitzen, knallen, donnern. **Ful|min|säu|re** *die;* - ⟨zu ↑...in (1)⟩: Knallgas
Ful|ve|ne [...v...] *die* (Plur.) ⟨zu *lat.* fulvus „erzfarben, bräunlich" u. ↑...en⟩: eine Gruppe von ungesättigten, stark gefärbten Kohlenwasserstoffen
Fu|ma|ra|te *die* (Plur.) ⟨zu ↑ Fumarsäure u. ↑...at (2)⟩: Salze u. ↑ Ester der Fumarsäure (Chem.). **Fu|ma|ria** *die* (Plur.) ⟨zu *lat.* fumarium „Rauchkammer" (weil die Blätter der Pflanze oft wie angeräuchert erscheinen), dies zu fumare „rauchen"⟩: Erdrauch, eine Pflanzengattung. **Fu|ma|ro|le** *die;* -, -n ⟨aus gleichbed. *it.* fumarole, eigtl. „Mündung eines Schornsteins", zu *spätlat.* fumariolum „Rauchloch", dies zu *lat.* fumus „Rauch"⟩: das Ausströmen von Gas u. Wasserdampf aus Erdspalten in vulkanischen Gebieten. **Fu|mar|säu|re** *die;* - ⟨nach ihrem Vorkommen in der Pflanzengattung Fumaria⟩: farblos kristallisierende, ungesättigte ↑ Dikarbonsäure. **Fu|mé** [fy'me:] *der;* -[s], -s ⟨aus gleichbed. *fr.* fumé, eigtl. „gerußt", Part. Perf. von fumer, vgl. fumieren⟩: 1. Rauch- od. Rußabdruck beim Stempelschneiden. 2. erster Druck, Probeabzug eines Holzschnittes mit Hilfe feiner Rußfarbe. **Fu|meur** [fy'mœ:ɐ] *der;* -s, -s ⟨aus gleichbed. *fr.* fumeur⟩: (veraltet) Raucher. **fu|mie|ren** [fy...] ⟨aus *fr.* fumer „rauchen, schwärzen", dies aus *lat.* fumare „rauchen" zu fumus „Rauch"⟩: (veraltet) rauchen. **Fu|mi|gans** [fu...] *das;* -, ...ntien [...iən] ⟨aus *lat.* fumigans, Part. Präs. von fumigare „Rauchwerk (gegen schädliche Tiere) anzünden"⟩: zur Schädlingsbekämpfung durch Begasung verwendete Substanz. **Fu|mi|ga|ti|on** *die;* -, -en ⟨aus *lat.* fumigatio „Räucherung"⟩: Desinfektion durch Räucherung, Begasung. **Fu|moir** [fy'mɔa:ɐ] *das;* -s, -s ⟨aus gleichbed. *fr.* fumoir zu fumer, vgl. fumieren⟩: (veraltet) Rauchzimmer, Raucherabteil eines Zuges. **fu|mös** [fu...] ⟨über *fr.* fumeuse aus gleichbed. *lat.* fumosus⟩: (veraltet) rauchig, dunstig
Fu|nam|bu|le [fynã'by:l, auch funam'bu:lə] *der;* -n, -n [...lən] ⟨aus gleichbed. *fr.* funambule, dies aus *lat.* funambulus zu funis „Seil" u. ambulare „gehen, umhergehen"⟩: (veraltet) Seiltänzer. **Fu|nam|bu|list** [funam...] *der;* -en, -en ⟨zu ↑...ist⟩: svw. Funambule
Fun|board ['fʌnbo:d] *das;* -s, -s ⟨aus gleichbed. *engl.* funboard zu fun „Spaß, Freude" u. board „Brett"⟩: bes. langes u. leichtes Segelsurfbrett
Fun|da *die;* -, ...dae [...dɛ] ⟨aus *lat.* funda „Schleuder" (wegen der Ähnlichkeit mit einer Steinschleuder)⟩: Bindenverband für Teilabdeckungen am Kopf (Med.)
Fun|da|ment *das;* -[e]s, -e ⟨aus *lat.* fundamentum „Grund(lage)" zu fundare, vgl. fundieren⟩: 1. Unterbau, Grundbau, Sockel (Bauw.). 2. die Druckform tragende Eisenplatte bei einer Buchdruckerschnellpresse (Druckw.). 3. a) Grund, Grundlage; b) Grundbegriff, Grundlehre (Philos.). **fun|da|men|tal** ⟨aus gleichbed. *spätlat.* fundamentalis⟩: grundlegend; schwerwiegend. **Fun|da|men|tal...** ⟨zu ↑ fundamental⟩: Wortbildungselement mit der Bedeutung „auf einer bestimmten Grundlage beruhend bzw. aufbauend", z. B. Fundamentalontologie. **Fun|da|men|tal|baß** *der;* ...basses: der ideelle Baßton, der zwar die Harmonie aufbaut, aber nicht selbst erklingen muß (Mus.). **Fun|da|men|ta|lis|mus** *der;* - ⟨aus gleichbed. *engl.-amerik.* fundamentalism zu *engl.* fundamental, dies aus *spätlat.* fundamentalis; vgl. fundamental u. ...ismus (1, 2, 5)⟩: 1. geistige Haltung, die durch kompromißloses Festhalten an [ideologischen, religiösen] Grundsätzen gekennzeichnet ist. 2. eine streng bibelgläubige, theologische

Richtung im Protestantismus in den USA, die sich gegen Bibelkritik u. moderne Naturwissenschaft wendet. 3. Bewegung im ↑Islam, die die ursprüngliche u. reine islamische Religion zur Grundlage des politischen u. sozialen Lebens zu machen sucht. **Fun|da|men|ta|list** *der;* -en, -en ⟨zu ↑...ist⟩: 1. Anhänger, Vertreter des Fundamentalismus. 2. jmd., der kompromißlos an seinen [ideologischen, religiösen] Grundsätzen festhält. **fun|da|men|ta|li|stisch** ⟨zu ↑...istisch⟩: 1. den Fundamentalismus betreffend. 2. die Fundamentalisten (2) betreffend, ihnen eigen. **Fun|da|men|tal|on|to|lo|gie** *die;* -: ↑Ontologie des menschlichen Daseins. **Fun|da|men|tal|phi|lo|so|phie** *die;* -: Philosophie als Prinzipienlehre. **Fun|da|men|tal|punkt** *der;* -[e]s, -e: svw. Fixpunkt. **Fun|da|men|tal|theo|lo|gie** *die;* -: Untersuchung der Grundlagen, auf denen die kath. Lehre aufbaut; vgl. Apologetik. **fun|da|men|tie|ren** ⟨zu ↑Fundament u. ↑...ieren⟩: ein Fundament (1) legen; gründen. **Fun|da|ment|in|stru|ment** *das;* -[e]s, -e (meist Plur.): ältere Bez. für ein den Generalbaß ausführendes Instrument (Mus.). **Fun|da|ti|on** *die;* -, -en ⟨aus *lat.* fundatio „Gründung" zu fundare, vgl. fundieren⟩: 1. (schweiz.) Fundament[ierung] (Bauw.). 2. [kirchliche] Stiftung. **Fun|da|tist** *der;* -en, -en ⟨zu ↑...ist⟩: jmd., der die Vorteile einer [kirchlichen] Stiftung genießt, Inhaber einer Freistelle. **Fun|da|tor** *der;* -s, ...oren ⟨aus gleichbed. *lat.* fundator⟩: Gründer, Stifter. **Fun|di** *der;* -s, -s: Kurzform von ↑Fundamentalist (2). **fun|die|ren** ⟨aus *lat.* fundare „den Grund legen (für etwas)" zu fundus, vgl. Fundus⟩: 1. etwas mit dem nötigen Fundus (2) ausstatten, mit den nötigen Mitteln versehen. 2. [be]gründen, untermauern (z. B. von Behauptungen). **fun|diert** ⟨zu ↑...iert⟩: 1. [fest] begründet, untermauert (von Ansichten). 2. durch Grundbesitz gedeckt, sichergestellt (z. B. von einer Schuld). **Fun|dus** *der;* -, - ⟨aus *lat.* fundus „Boden, Grund, Grundlage"⟩: 1. Grund u. Boden, Grundstück; - dotalis: Grundstück im Rom der Antike, das zu einer Mitgift gehörte; - instructus [ın'strʊk...] mit Geräten u. Vorräten ausgestattetes Landgut im Rom der Antike. 2. Grundlage, Unterbau, Bestand, Mittel. 3. Gesamtheit der Ausstattungsmittel in Theater u. Film. 4. Grund, Boden eines Hohlorgans (Med.). **Fun|dus|drü|sen** *die* (Plur.): ↑tubulöse Drüsen im Fundus (4) des Magens der Wirbeltiere u. des Menschen (Zool., Med.). **fu|ne|bre** [fy'nɛbr] u. **fu|ne|ra|le** [fune...] ⟨aus gleichbed. *fr.* funèbre bzw. *it.* funerale, eigtl. „zum Leichenbegängnis gehörend", aus *lat.* funebris bzw. funeralis zu funus „Bestattung"⟩: traurig, ernst (Vortragsanweisung; Mus.). **Fu|ne|ra|li|en** [...ǝn] *die* (Plur.) ⟨aus *mlat.* funeralia (Plur.) zu *(spät)lat.* funeralia „zum Leichenbegängnis gehörend"⟩: Feierlichkeiten bei einem Begräbnis **Fünf|li|ber** *der;* -s, - ⟨zu *fr.* livre „Pfund", dies aus *lat.* libra⟩: (schweiz. mdal.) Fünffrankenstück **Fun-fur** ['fʌnfɜː] *der;* -s, -s ⟨aus gleichbed. *engl.* fun fur⟩: Kleidungsstück aus einem od. mehreren weniger kostspieligen [Imitat]pelzen **Fun|gi** *die* (Plur.) ⟨aus *lat.* fungi (Plur.) „Erdschwämme" zu fungus, vgl. Fungus⟩: 1. Plur. von ↑Fungus. 2. Bezeichnung der echten Pilze in der Pflanzensystematik (Bot.). **fun|gi|bel** ⟨aus gleichbed. *mlat.* fungibilis zu *lat.* fungi, vgl. fungieren⟩: 1. austauschbar, ersetzbar (Rechtsw.); fungible Sache: vertretbare Sache, d. h. eine bewegliche Sache, die im Verkehr nach Maß, Zahl u. Gewicht bestimmt zu werden pflegt (Rechtsw.). 2. in beliebiger Funktion einsetzbar; ohne festgelegten Inhalt u. daher vor verschiedene Weise verwendbar. **Fun|gi|bi|li|en** [...jǝn] *die* (Plur.) ⟨aus gleichbed. *nlat.* fungibilia, vgl. ²...ia⟩: svw. fungible Sa-

chen. **Fun|gi|bi|li|tät** *die;* - ⟨zu ↑fungibel u. ↑...ität⟩: 1. Austauschbarkeit, Ersetzbarkeit (Rechtsw.). 2. die beliebige Einsetzbarkeit, Verwendbarkeit. **fun|gie|ren** ⟨aus *lat.* fungi „verrichten, verwalten, vollbringen, leisten"⟩: eine bestimmte Funktion ausüben, eine bestimmte Aufgabe haben, zu etwas dasein **Fun|gi|sta|ti|kum** *das;* -s, ...ka ⟨zu *lat.* fungus, Gen. fungi (vgl. Fungus), *gr.* statikós „zum Stillstand bringend" u. ↑...ikum⟩: Wachstum u. Vermehrung von [krankheitserregenden] Kleinpilzen hemmendes Mittel (Med.). **fun|gi|sta|tisch**: Wachstum u. Vermehrung von [krankheitserregenden] Kleinpilzen hemmend. **Fun|git** [auch ...'gıt] *der;* -s, -e ⟨zu ↑²...it⟩: pilzförmige Versteinerung, Korallenschwamm. **fun|gi|zid** ⟨zu ↑...zid⟩: pilztötend (von chem. Mitteln; Med.). **Fun|gi|zid** *das;* -[e]s, -e: im Garten- u. Weinbau sowie in der Landwirtschaft verwendetes Mittel zur Bekämpfung pflanzenschädigender Pilze. **fun|go|id** ⟨zu ↑...oid⟩: schwammähnlich, einer schwammigen Geschwulst ähnlich (z. B. von Gewebswucherungen; Med.). **fun|gös** ⟨aus gleichbed. *lat.* fungosus; vgl. ...ös⟩: schwammig (z. B. von Gewebe, von einer Entzündung; Med.). **Fun|go|si|tät** *die;* - ⟨zu ↑...ität⟩: schwammige Wucherung tuberkulösen Gewebes (bes. im Kniegelenk; Med.). **Fungus** *der;* -, ...gi ⟨aus *lat.* fungus „Erdschwamm, Pilz"⟩: 1. *lat.* Bez. für Pilz. 2. a) schwammige Geschwulst; b) (veraltet) Kniegelenktuberkulose (Med.)

Fu|ni: Kurzform von ↑Skifuni. **Fu|ni|cu|laire** [fyniky'lɛːʁ] *das;* -[s], -s ⟨aus gleichbed. *fr.* funiculaire zu *lat.* funiculus, vgl. Funikulus⟩: (veraltet) Drahtseilbahn. **Fu|ni|cu|lus** [fu'niːku...] *der;* -, ...li ⟨aus *lat.* funiculus „dünnes Seil, Strick", Verkleinerungsform von funis „Seil, Strick, Strang"⟩: 1. Stiel, durch den die Samenanlage mit dem Fruchtblatt verbunden ist (Bot.). 2. Gewebestrang (z. B. Samenstrang, Nabelschnur; Med.). **fu|ni|ku|lär** ⟨vgl. ...är⟩: einen Gewebestrang betreffend, zu einem Gewebestrang gehörend (Med.). **Fu|ni|ku|lar|bahn** *die;* -, -en ⟨aus gleichbed. *it.* funicolare bzw. *fr.* funiculaire zu *lat.* funiculus, vgl. Funiculus⟩: (veraltet) Drahtseilbahn; vgl. Funiculaire. **Fu|ni|ku|li|tis** *die;* -, ...itiden ⟨zu ↑Funiculus u. ↑...itis⟩: Entzündung des Samenstrangs (Med.). **Fu|ni|ku|lo|ly|se** *die;* -, -n ⟨zu ↑...lyse⟩: operative Beweglichmachung des Samenstrangs bei Hodenhochstand (Med.). **Fu|ni|ku|lo|or|chi|do|ly|se** *die;* -, -n ⟨zu *gr.* órchis, Gen. órchios (fälschlich órchidos) „Hoden" u. ↑...lyse⟩: operative Verlagerung von Samenstrang u. Hoden in den Hodensack (bei ausgebliebener Senkung; Med.). **Fu|ni|ku|lus** vgl. Funiculus. **Fu|ni|si|tis** *die;* -, ...itiden ⟨zu *lat.* funis „Seil, Strick, Strang" u. ↑...itis⟩: bakterielle Infektion der Nabelschnur (Med.)

Funk [fʌŋk] *der;* -s ⟨zu *engl.-amerik.* funky „irre, toll", eigtl. „stinkend, stinkig"⟩: a) bluesbetonte u. auf Elemente der Gospelmusik zurückgreifende Spielweise im Jazz; b) meist von Schwarzen in Amerika gespielte Popmusik, die eine Art Mischung aus Rock u. Jazz darstellt. **Funk-art** ['fʌŋkɑːt] *die;* - ⟨zu *engl.* art „Kunst"⟩: ↑environmentale Kunst, bei der Kitschiges, Schäbiges o. ä. benutzt wird, um beim Betrachter Ekel an der eigenen kleinbürgerlich-schäbigen Existenz hervorzurufen **Fun|kie** [...jǝ] *die;* -, -n ⟨aus gleichbed. *nlat.* funkia; nach dem dt. Apotheker H. Chr. Funck (1771–1839) u. zu ↑¹...ie⟩: Gartenzierpflanze (Liliengewächs) mit weißen, blauen od. violetten Blütentrauben **Funk|kol|leg** *das;* -s, Plur. -s u. -ien [...jǝn] ⟨zu ↑Kolleg⟩: wissenschaftliche Vorlesungsreihe im Hörfunk. **Funk|oper** *die;* -, -n: eigens für den Hörfunk geschriebene u. dessen technische Möglichkeiten u. Beschränkungen berücksichtigende Oper

Funk|tio|lekt *der;* -[e]s, -e ⟨zu ↑ Funktion, Analogiebildung zu ↑ Dialekt⟩: Sprache als Ausdrucksweise mit bestimmter Funktion (z. B. in Predigten). **Funk|ti|on** *die;* -, -en ⟨aus *lat.* functio „Verrichtung, Geltung" zu fungi, vgl. funktionieren⟩: 1. a) (ohne Plur.) Tätigkeit, das Arbeiten (z. B. eines Organs); b) Amt, Stellung (von Personen); c) [klar umrissene] Aufgabe innerhalb eines größeren Zusammenhanges, Rolle. 2. veränderliche Größe, die in ihrem Wert von einer anderen abhängig ist (Math.). 3. auf die drei wesentlichen Hauptakkorde ↑ 'Tonika, ↑ Dominante, ↑ Subdominante zurückgeführte harmonische Beziehung (Mus.). 4. eindeutige Zuordnung von Elementen (1) einer Menge zu denen einer anderen Menge (Informatik). **funk|tio|nal** ⟨aus gleichbed. *mlat.* functionalis⟩: die Funktion betreffend, auf die Funktion bezogen, der Funktion entsprechend; vgl. ...al/...ell; -e G r a m m a t i k : Richtung innerhalb der Sprachwissenschaft, die grammatische Formen nicht nur formal, sondern auch hinsichtlich ihrer Funktion im Satz untersucht (Sprachw.); -e S a t z p e r s p e k t i v e : Gliederung des Satzes nicht nach der formalen, sondern nach der informationstragenden Struktur (Sprachw.). **Funk|tio|nal** *das;* -s, -e: eine ↑ Funktion (2) mit beliebigem Definitionsbereich, deren Werte ↑ komplexe od. ↑ reelle Zahlen sind (Math.). **Funk|tio|nal|ana|ly|sis** *die;* -: Zweig der ↑ Analysis (1), bei dem die Funktionen als Punkte mathematischer Räume aufgefaßt werden. **Funk|tio|na|lis** *die;* - ⟨aus *mlat.* functionalis, eigtl. „die für eine Funktion Vorgesehene"⟩: oberste Schicht der Gebärmutterschleimhaut, an der sich die hormonabhängigen periodischen Veränderungen des Menstruationszyklus abspielen (Med.). **funk|tio|na|li|sie|ren** ⟨zu ↑...isieren⟩: dem Gesichtspunkt der Funktion entsprechend gestalten. **Funk|tio|na|li|sie|rung** *die;* -, -en ⟨zu ↑...isierung⟩: das Funktionalisieren, das Funktionalisiertwerden. **Funk|tio|na|lis|mus** *der;* - ⟨zu ↑...ismus (1)⟩: 1. ausschließliche Berücksichtigung des Gebrauchszweckes bei der Gestaltung von Gebäuden unter Verzicht auf jede zweckfremde Formung (Architekt.). 2. philos. Lehre, die das Bewußtsein als Funktion der Sinnesorgane u. die Welt als Funktion des Ich betrachtet. 3. Richtung in der Psychologie, die die Bedeutung psychischer Funktionen für die Anpassung des Organismus an die Umwelt betont. 4. Richtung der Völkerkunde, die das Ziel der Völkerkunde in Erforschung u. Darstellung der inneren Abhängigkeiten der einzelnen Elemente einer Kultur voneinander u. der daraus abzuleitenden allgemeingültigen Gesetze sieht. 5. Theorie, die gesellschaftliche Vorgänge als Ergebnis der Wechselwirkung elementarer Funktionen erklärt (Logik). **Funk|tio|na|list** *der;* -en, -en ⟨zu ↑...ist⟩: Vertreter u. Verfechter des Funktionalismus. **funk|tio|na|li|stisch** ⟨zu ↑...istisch⟩: den Funktionalismus betreffend. **Funk|tio|nal|stil** *der;* -[e]s, -e: Verwendungsweise sprachlicher Mittel, die je nach gesellschaftlicher Tätigkeit od. sprachlich-kommunikativer Funktion differieren (Sprachw.). **Funk|tio|nar** *der;* -s, -e ⟨zu ↑ Funktionär; vgl. ...ar⟩: (schweiz.) Funktionär. **Funk|tio|när** *der;* -s, -e ⟨nach *fr.* fonctionnaire „Beamter" zu fonction „Funktion", dies aus *lat.* functio; vgl. ...är⟩: offizieller Beauftragter eines wirtschaftlichen, sozialen od. politischen Verbandes od. einer Sportorganisation. **funk|tio|nell** ⟨nach gleichbed. *fr.* fonctionnel; vgl. ...ell⟩: 1. a) auf die Leistung bezogen, durch Leistung bedingt; b) wirksam; c) die Funktion (1 c) erfüllen, im Sinne der Funktion wirksam, die Funktion betreffend. 2. die Beziehung eines Tones (Klanges) hinsichtlich der drei Hauptakkorde betreffend. 3. die Leistungsfähigkeit eines Organs betreffend; vgl. ...al/...ell; -e E r k r a n k u n g : Erkrankung, bei der nur die Funktion eines Organs gestört, nicht aber dieses selbst krankhaft verändert ist (Med.); -e G r u p p e n : Atomgruppen in organischen ↑ Molekülen, bei denen charakteristische Reaktionen ablaufen können (Chem.); -e S t ö r u n g : Krankheitssymptome, die als organische Beschwerden in Erscheinung treten, aber ↑ psychosomatische Ursachen haben (Med.). **Funk|tio|nen|theo|rie** *die;* - ⟨zu ↑ Funktion⟩: allgemeine Theorie der Funktionen (2) (Math.). **funk|tio|nie|ren** ⟨nach gleichbed. *fr.* fonctionner; vgl. ...ieren⟩: in [ordnungsgemäßem] Betrieb sein; reibungslos ablaufen; vorschriftsmäßig erfolgen. **Funk|ti|ons|kreis** *der;* -es, -e ⟨zu ↑ Funktion⟩: rückgekoppelte funktionale Zuordnung einer bestimmten Verhaltensweise eines Tieres od. eines bestimmten Organs zu bestimmten Teilen seiner Umgebung (Verhaltensforschung). **Funk|ti|ons|psy|cho|lo|gie** *die;* -: Wissenschaft von den Erscheinungen u. Funktionen der seelischen Erlebnisse. **Funk|ti|ons|theo|rie** *die;* -: 1. Theorie der ↑ Harmonielehre (b) zur Darstellung der Akkordverbindungen, die im Spannungsverhältnis zu einem ↑ tonalen Zentrum stehen (Mus.). 2. Erklärungstheorie für die Stellung von Angestellten in Wirtschaft u. Gesellschaft (Soziol.). **Funk|ti|ons|verb** *das;* -s, -en: ein Verb, das in einer festen Verbindung mit einem Substantiv gebraucht wird, wobei das Substantiv den Inhalt der Wortverbindung bestimmt (z. B. in Verbindung *treten;* in Gang *bringen;* Sprachw.). **Funk|ti|ons|verb|ge|fü|ge** *das;* -s, -: Verbalform, die aus der festen Verbindung von Substantiv u. Funktionsverb besteht (z. B. *in Verbindung treten; in Betrieb sein;* Sprachw.). **Funk|tiv** *das;* -s, -e [...və] ⟨zu *lat.* functus, Part. Perf. von fungere (vgl. fungieren), u. ↑...iv⟩: jedes der beiden Glieder einer Funktion (in der ↑ Glossematik L. Hjelmslevs). **Funk|tor** *der;* -s, ...oren ⟨zu ↑...or⟩: 1. a) ein Ausdruck, der einen anderen Ausdruck näher bestimmt (moderne Logik); b) Zeichen für eine Verknüpfung bzw. Funktion (Math.). 2. Ergänzung einer Leerstelle im Satz (Sprachw.)

Fuor|usci|to [fuoruˈʃiːto] *der;* -[s], ...ti ⟨aus *it.* fuoruscito „Vertriebener" zu fuori „nach außen" (dies aus gleichbed. *lat.* foris) u. uscire „hinausgehen" (dies aus gleichbed. *lat.* exire)⟩: ital. politischer Flüchtling während der Zeit des ↑ Risorgimento u. ↑ Faschismus

Fu|ra|ge [...ʒə] *die;* - ⟨aus gleichbed. *fr.* fourrage zu altfr. fuerre „Viehfutter", dies aus dem Germ.⟩: a) Lebensmittel, Mundvorrat (für die Truppe); b) Futter der Militärpferde. **fu|ra|gie|ren** [...ˈʒiː...] ⟨aus *fr.* fourrager „Viehfutter holen"⟩: Furage beschaffen (Mil.)

Fu|ran *das;* -s ⟨zu *lat.* furfur „Kleie" u. ↑...an⟩: eine fünfgliedrige ↑ heterozyklische chem. Verbindung mit einem Sauerstoffatom. **Fu|ra|no|se** *die;* -, -n ⟨zu ↑²...ose⟩: Zucker, dessen Molekül das Ringsystem des Furans enthält; vgl. Monosaccharid

Fur|ca [...ka] vgl. Furka

Fur|fu|ral *das;* -s ⟨aus *lat.* furfur „Kleie" u. ↑²...al⟩: ein sich von ↑ Furan ableitender, aus Kleie herstellbarer ↑ Aldehyd. **Fur|fu|rol** *das;* -s ⟨zu ↑...ol⟩: svw. Furfural. **Fur|fu|ryl|al|ko|hol** *der;* -s ⟨zu ↑...yl⟩: aus Furfural durch ↑ Reduktion (5) entstehender Alkohol

Fu|ri|ant *der;* -[s], -s ⟨aus *tschech.* furiant, eigtl. „der Begeisternde", dies zu *lat.* furians, Part. Präs. von furiare „in Raserei versetzen; begeistern"; vgl. Furie⟩: böhmischer Nationaltanz im schnellen ¾-Takt mit scharfen rhythmischen Akzenten. **fu|ri|bund** ⟨aus gleichbed. *lat.* furibundus⟩: rasend, tobsüchtig (Med.). **Fu|rie** [...i̯ə] *die;* -, -n ⟨aus gleichbed. *lat.* Furia, eigtl. „Wut, Raserei"⟩: 1. röm. Rachegöttin; vgl. Erinnye. 2. eine in Wut geratene Frau. **Fu|rier** *der;* -s, -e ⟨aus gleichbed. *fr.* fourrier zu *altfr.* fuerre, vgl. Furage⟩: der für Verpflegung u. Unterkunft einer Truppe sorgende Unteroffizier; vgl. Fourier. **fu|ri|os** ⟨aus *lat.* furiosus „wütend, rasend"; vgl. Furie⟩: a) wütend, hitzig; b) mitreißend, glänzend. **fu|ri̯o|so** ⟨*it.*⟩: wild, stürmisch, leidenschaftlich (Vortragsanweisung; Mus.). **Fu|ri̯o|so** *das;* -[s], Plur. ...si u. -s: einsätziges Musikstück od. musikalischer Satz von wild-leidenschaftlichem Charakter (Mus.)

Fu̱r|ka *die;* -, ...ken, **Fu̱r|ca** [...ka] *die;* -, ...cae [...kɛ] ⟨aus *lat.* furca „(zweizinkige) Gabel"⟩: a) paariger, mitunter vielgliedriger Anhang an der Schwanzplatte vieler Krebse; b) Sprunggabel der Springschwänze (Biol.)

Fur|la|na u. **Fur|la̱|ne** vgl. Forlana

Fur|long ['fɔːlɔŋ] *das;* -s, -s ⟨aus gleichbed. *engl.* furlong aus *altengl.* furlang, dies zusammengezogen aus furh „Furche" u. lang „Länge", eigtl. „Länge einer Furche"⟩: in Großbritannien u. in den USA verwendete Längeneinheit in der Landwirtschaft (= 201,17 m)

Fur|nier *das;* -s, -e ⟨Rückbildung zu ↑furnieren⟩: dünnes Deckblatt (aus gutem, meist auch gut gemasertem Holz), das auf weniger wertvolles Holz aufgeleimt wird. **fur|nie|ren** ⟨aus *fr.* fournir „mit etwas versehen", dies über *altfr.* fornir „ausführen, vollenden" aus dem Germ.⟩: mit Furnier belegen. **Fur|nie|rung** *die;* -, -en ⟨zu ↑...ierung⟩: 1. das Furnieren. 2. svw. Furnier. **Fur|ni|tur** *die;* -, -en ⟨aus *fr.* fourniture „Ausstattung, Zubehör" zu fournir, vgl. furnieren⟩: Furnierüberzug [eines Möbels]

Fur|no|lo|gie *die;* - ⟨zu *lat.* furnus „Ofen" u. ↑...logie⟩: (veraltet) Ofenbaulehre

Fu̱|ror *der;* -s ⟨aus gleichbed. *lat.* furor⟩: Wut, Raserei. **Fu̱|ro|re** *die;* - od. *das;* -s ⟨über *it.* furore ⟨aus gleichbed. *lat.* furor⟩: rasender Beifall; Leidenschaftlichkeit; - machen: Aufsehen erregen, Beifall erringen. **Fu̱|ror poe̱|ti|cus** [- ...kʊs] *der;* - - ⟨aus *lat.* furor poeticus „dichterische Begeisterung"⟩: rauschhafter Zustand des inspirierten Dichters. **Fu̱|ror teu|to̱|ni|cus** [- ...kʊs] *der;* - - ⟨aus gleichbed. *lat.* furor teutonicus; nach einem bei Lukan (39–65 n. Chr.) gebrauchten Ausdruck zur Charakterisierung des Kampfesmuts germanischer Krieger⟩: 1. germanischer Angriffsgeist. 2. Aggressivität als den Deutschen unterstelltes Wesensmerkmal

Fu|run|kel *der,* auch *das;* -s, - ⟨aus gleichbed. *lat.* furunculus, eigtl. „kleiner Dieb" (weil die Blutkonzentration um den Eiterherd dem Körper Säfte entzieht)⟩: akut-eitrige Entzündung eines Haarbalgs u. seiner Talgdrüse, Eitergeschwür (Med.). **Fu|run|ku|lo̱|se** *die;* -, -n ⟨zu ↑¹...ose⟩: ausgedehnte Furunkelbildung (Med.)

Fu̱|sa *die;* -, Plur. ...ae [...zɛ] u. ...sen ⟨aus *it.* fusa „eine Spindel voll Faden" (nach der Gestalt der Note) zu *lat.* fusus „Spindel"⟩: Achtelnote in der ↑Mensuralnotation. **Fu|sain** [fy'zɛ̃] *der;* -s, -s ⟨aus *fr.* fusain „Spindelbaum; Zeichenkohle" zu *lat.* fusus, vgl. Fusa⟩: (veraltet) aus dem Holz des Spindelbaumes gewonnene u. zum Zeichnen benutzte Kohle. **Fu|sa|ri̯o̱|se** [fuza...] *die;* -, -n ⟨zu ↑Fusarium u. ↑¹...ose⟩: durch Fusarien erzeugte Pflanzenkrankheit (Bot.). **Fu|sa̱|ri|um** *das;* -s, ...ien [...i̯ən] ⟨aus gleichbed. *nlat.* fusarium zu *lat.* fusus „Spindel" (nach der Form der Sporen)⟩: ein Schlauchpilz (Pflanzenschädling; Bot.)

Fu|se|ki *das;* -s, -s ⟨aus gleichbed. *jap.* fuseki⟩: die über das ganze Brett verteilte Partieeröffnung beim Gospiel

fu|si|fo̱rm ⟨zu *lat.* fusus, Gen. fusi „Spindel" u. ↑...form⟩: spindelförmig (Biol., Med.); -e Bakterien: spindel- od. lanzettförmige Bakterien

Fu|sil [fy'ziːl] *der* od. *das;* -s, -s ⟨aus *fr.* fusil „Gewehr; Flinte; Büchse", dies über älter *fr.* foisil u. *vulgärlat.* *focilis (petra) „feuererzeugend(er Stein)" zu *lat.* focus, vgl. Fokus⟩: (veraltet) Feuerwaffe, Gewehr. **Fü|si|lier** *der;* -s, -e ⟨aus gleichbed. *fr.* fusilier zu fusil, vgl. Fusil⟩: (schweiz., sonst veraltet) Infanterist. **fü|si|lie|ren** ⟨aus gleichbed. *fr.* fusiller zu fusil, vgl. Fusil⟩: nach Kriegs- od. Ausnahmerecht durch ein Erschießungskommando hinrichten, standrechtlich erschießen. **Fü|si|lier|re|gi|ment** *das;* -s, -er: (schweiz., sonst veraltet) Regiment der leichten Infanterie. **Fü|sil|la|de** [fyzi'jaːdə] *die;* -, -n ⟨aus gleichbed. *fr.* fusillade⟩: (veraltet) [massenweise] standrechtliche Erschießung von Soldaten

Fu|si̯o̱n *die;* -, -en ⟨aus *lat.* fusio „das Gießen, Schmelzen" zu fundere „gießen, fließen lassen"⟩: 1. Vereinigung, Verschmelzung (z. B. zweier od. mehrerer Unternehmen od. politischer Organisationen). 2. Vereinigung der Bilder des rechten u. des linken Auges zu einem einzigen Bild (Optik, Med.). 3. Verschmelzung von Zellen od. Chromosomen (Biol.). 4. Kernverschmelzung, Verschmelzung zweier leichter Atomkerne zu einem schweren, wobei Energie freigesetzt wird (Kernphys.). **fu|si̯o|nie|ren** ⟨zu ↑...ieren⟩: verschmelzen (von zwei od. mehreren [großen] Unternehmen). **Fu|si̯o|nie|rung** *die;* -, -en ⟨zu ↑...ierung⟩: das Fusionieren (Wirtsch.). **Fu|si̯o̱ns|ener|gie** *die;* -, ...ien [...i̯ən] bei einer Kernschmelzung freiwerdende Energie (Kernphys.). **Fu|si̯o̱ns|re|ak|tor** *der;* -s, -en: ↑Reaktor zur Energiegewinnung durch Atomkernfusion. **Fu|si̱t** [auch ...zɪt] *der;* -s, -e ⟨zu *lat.* fusio (vgl. Fusion) u. ↑²...it⟩: Steinkohle, deren einzelne Lagen aus verschieden zusammengesetztem Material bestehen

Fu|so|bak|te|ri|en [...i̯ən] *die* (Plur.) ⟨zu *lat.* fusus „Spindel" u. ↑Bakterie⟩: spindelförmige Bakterien, die gewöhnlich auf Schleimhäuten zu finden sind

Fu|sta|ge u. Fastage [...ʒə] *die;* -, -n ⟨französierende Bildung zu *fr.* fût (älter *fr.* fust) „Baumstamm; Schaft; Weinfaß" ⟨aus *lat.* fustis „Stock"⟩ u. ↑...age⟩: 1. Frachtverpackung (Kisten, Säcke u. anderes Leergut). 2. Preis für Leergut

Fu|sta|nel|la *die;* -, ...llen ⟨über *it.* fustanella aus gleichbed. *ngr.* phoustanélla⟩: kurzer Männerrock der griech. Nationaltracht (Albaneserhemd)

Fu̱s|ti *die* (Plur.) ⟨aus *it.* fusti, Plur. von fusto „Stengel, Stiel", dies aus *lat.* fustis „Stock"⟩: 1. Unreinheiten einer Ware, Unbrauchbares (z. B. Blätter, Stengel, Steine). 2. Preisnachlaß für das Unbrauchbare an einer Ware. **Fu|sti|ba̱|lus** *der;* -, ...li ⟨aus gleichbed. *lat.* fustibalus⟩: Stock mit Schleuder, eine altröm. Handschleuderwaffe. **Fu|sti|ga|ti̯o̱n** *die;* -, -en ⟨aus gleichbed. *nlat.* fustigatio zu *spätlat.* fustigare, vgl. fustigieren⟩: 1. (veraltet) Auspeitschung. 2. Hautgeißelung zu therapeutischen Zwecken (Med.). **fu|sti|gie|ren** ⟨aus *spätlat.* fustigare „mit dem Stock prügeln" zu *lat.* fustis, vgl. Fusti⟩: (veraltet) auspeitschen

Fu|stik|holz *das;* -es ⟨zu *engl.* fustic „Gelbholz", dies über älter *fr.* fustoc aus gleichbed. *arab.* fustuq, fustaq⟩: tropische, zur Farbstoffgewinnung geeignete Holzart (Gelbholz)

Fu|su̱|ma *die;* -, -s ⟨aus gleichbed. *jap.* fusuma⟩: die undurchsichtige Schiebewand, die im japan. Haus die einzelnen Räume voneinander trennt u. vor Wandschränken verwendet wird

Fus|zi̱n *das;* -s ⟨zu *lat.* fuscus „dunkelbraun, schwarzgelb"

Fut

u. ↑ ...in (1)⟩: gelbbrauner Farbstoff der Farbstoffzellen der Netzhaut

Fut *der;* -, Plur. -, auch **Futi** ⟨aus gleichbed. *russ.* fut, dies aus *engl.* foot, vgl. Foot⟩: früheres russ. Längenmaß (= 30,48 cm)

Fu|thark ['fu:θark] *das;* -s, -e ⟨nach den ersten sechs Runenzeichen⟩: das älteste germ. Runenalphabet

Fu|ti: Plur. von ↑ Fut

fu|tie|ren ⟨aus *fr.* foutre, eigtl. „stoßen, werfen", dies aus *lat.* futuere „Geschlechtsverkehr mit einer Frau haben"⟩: (schweiz.) 1. jmdn. beschimpfen, tadeln. 2. sich -: sich um etwas nicht kümmern, sich über etwas hinwegsetzen

fu|til ⟨aus *lat.* futilis „unsicher, durchlässig; nichtig", eigtl. „leicht ausgießbar"⟩: (veraltet) nichtig, unbedeutend, läppisch. **Fu|ti|li|tät** *die;* -, -en ⟨aus gleichbed. *lat.* futilitas, Gen. futilitatis⟩: (veraltet) Nichtigkeit, Unbedeutendheit

Fu|ton *der;* -s, -s ⟨aus *jap.* futon „Matte"⟩: als Matratze dienende, relativ hart gepolsterte Matte eines japanischen Bettes

Fut|te|ral *das;* -s, -e ⟨aus *mlat.* fotrale, futrale zu fotrum „Überzug" (germ. Wort; vgl. *dt.* Futter)⟩: [eng] der Form angepaßte Hülle für einen Gegenstand (z. B. für eine Brille)

Fu|tur *das;* -s, -e ⟨aus gleichbed. *lat.* (tempus) futurum, eigtl. „das Zukünftige"⟩: 1. Zeitform, mit der ein verbales Geschehen od. Sein aus der Sicht des Sprechers als Vorhersage, Vermutung, als fester Entschluß, als Aufforderung o. ä. charakterisiert wird. 2. Verbform des Futurs (1). **Fu|tu|ra** *die;* - ⟨aus *(n)lat.* futura, eigtl. „die Künftige"⟩: eine Schriftart (Druckw.). **Fu|tures** ['fju:tʃəz] *die* (Plur.) ⟨aus gleichbed. *engl.* futures (Plur.) zu future „Zukunft", dies aus *lat.* futurum, vgl. Futur⟩: Sammelbez. für standardisierte Terminkontrakte, die an Börsen gehandelt werden (Börsenw.). **fu|tu|risch** [fu'tu:...] ⟨zu ↑ Futur⟩: a) das Futur betreffend; b) im Futur auftretend (Sprachw.). **Fu|tu|ris|mus** *der;* - ⟨aus gleichbed. *it.* futurismo zu futuro „Zukunft"; vgl. Futur u. ...ismus (1)⟩: von Italien ausgehende literarische, künstlerische u. politische Bewegung des beginnenden 20. Jh.s, die den völligen Bruch mit der Überlieferung u. ihren Traditionswerten forderte. **Fu|tu|rist** *der;* -en, -en ⟨aus gleichbed. *it.* futurista; vgl. ...ist⟩: Anhänger des Futurismus. **Fu|tu|ri|stik** *die;* - ⟨zu ↑ Futur u. ↑ ...istik⟩: svw. Futurologie. **fu|tu|ri|stisch** ⟨zu ↑ ...istisch⟩: zum Futurismus gehörend. **Fu|tu|ro|lo|ge** *der;* -n, -n ⟨zu ↑ ...loge⟩: Wissenschaftler auf dem Gebiet der Futurologie. **Fu|tu|ro|lo|gie** *die;* - ⟨zu ↑ ...logie⟩: Zukunftsforschung, interdisziplinäre Wissenschaft, die sich mit den erwartbaren zukünftigen Entwicklungen auf technischem, wirtschaftlichem u. sozialem Gebiet beschäftigt. **fu|tu|ro|lo|gisch** ⟨zu ↑ ...logisch⟩: die Futurologie betreffend. **Fu|tu|rum** *das;* -s, ...ra ⟨aus *lat.* futurum, vgl. Futur⟩: (veraltet) svw. Futur. **Fu|tu|rum ex|ak|tum** *das;* - -, ...ra ...ta ⟨zu *lat.* exactum „vollendet", Part. Perf. (Neutrum) von exigere „vollenden"⟩: vollendetes Futur (z. B. er *wird gegangen sein;* Sprachw.)

Fu|yard [fy'ja:ɐ̯] *der;* -s, -s ⟨aus gleichbed. *fr.* fuyard zu fuir „fliehen", dies über *vulgärlat.* fugire aus *lat.* fugere⟩: (veraltet) Flüchtling, Ausreißer

Fylg|ja *die;* -, ...jur ⟨aus gleichbed. *altnord.* fylgja⟩: der persönliche Schutzgeist eines Menschen in der altnord. Religion (Folgegeist)

Fyl|ke *das;* -[s], -r ⟨aus *norw.* fylke „Regierungsbezirk"⟩: norw. Bez. für Provinz, Verwaltungsgebiet

Ga|bar|dine ['gabardi:n, auch ...'di:n(ə)] *der;* -s, Plur. (Sorten) -, auch *die;* -, Plur. (Sorten) - ⟨aus gleichbed. *fr.* gabardine, dies aus *span.* gabardina „enganliegender Männerrock"⟩: Gewebe mit steillaufenden Schrägrippen (für Kleider, Mäntel u. Sportkleidung). **Ga|bar|dine|man|tel** *der;* -s, ...mäntel: Mantel aus Gabardine

Gab|bro *der;* -s ⟨nach dem Hügelland von Gabbro in der mittelital. Provinz Livorno⟩: ein körniges, schwarzgrünes Tiefengestein (Geol.). **Gab|bro|peg|ma|tit** *der;* -s, -e: ein seltenes, grobkörniges magmatisches Gestein (Geol.)

Ga|bel|le *die;* -, -n ⟨aus *fr.* gabelle „(Salz)steuer", dies über *it.* gabella (*altprovenzal.* gabela) aus *arab.* al-qabāla „Abgabe"⟩: Steuer, Abgabe, bes. Salzsteuer in Frankreich 1341–1790

Ga|bun|vi|per [...v...] *die;* -, -n ⟨nach dem zentralafrikanischen Staat Gabun u. zu ↑Viper⟩: in den Regenwäldern Zentralafrikas lebende, über 1,5 m lange Viper mit langen Giftzähnen u. geometrischer Musterung der Haut, die lebende Junge gebärt

Gad|get ['gædʒɪt] *das;* -s, -s ⟨aus gleichbed. *engl.* gadget, weitere Herkunft ungeklärt⟩: kleine Werbebeigabe

Ga|do|li|nit [auch ...'nɪt] *der;* -s, -e ⟨nach dem finn. Chemiker J. Gadolin (1760–1852) u. zu ↑²...it⟩: ein schwarzes bis grünlichbraunes, meist radioaktives Mineral. **Ga|do|li|nium** *das;* -s ⟨zu ↑...ium⟩: zu den Seltenerdmetallen gehörendes chem. Element; Zeichen Gd

Ga|dul|ka *die;* -, -s ⟨aus gleichbed. *bulg.* gadulka⟩: birnenförmiges drei- od. viersaitiges Streichinstrument der Balkanvölker

Gag [gɛk] *der;* -s, -s ⟨aus gleichbed. *engl.-amerik.* gag, eigtl. „Knebel"⟩: 1. (im Theater, Film, Kabarett) [durch technische Tricks herbeigeführte] komische Situation, witziger Einfall. 2. etw., was als eine überraschende Besonderheit angesehen wird, z. B. dieser Apparat hat einige Gags

ga|ga ⟨aus *fr.* gaga „kindisch" (lautmalend)⟩: (selten) trottelig

Ga|ga|ku *das;* -s ⟨aus gleichbed. *jap.* gagaku⟩: aus China übernommene Kammer-, Orchester- od. Chormusik am japan. Kaiserhof (8.–12. Jh. n. Chr.)

Ga|gat *der;* -[e]s, -e ⟨über *lat.* gagates aus gleichbed. *gr.* gagátēs; nach dem Fluß u. der Stadt Gagas in Kleinasien⟩: als Schmuckstein verwendete Pechkohle

Ga|ge ['ga:ʒə] *die;* -, -n ⟨aus *fr.* gage „Pfand, Sold, Löhnung", dies aus dem Germ.⟩: a) Bezahlung, Gehalt von Künstlern; b) (österr. veraltet) Gehalt eines Offiziers. **Ga|geur** [ga'ʒø:ɐ̯] *der;* -s, -e ⟨aus gleichbed. *fr.* gageur zu gager, vgl. gagieren⟩: (veraltet) Wetter, Wettender. **Ga|geure** [ga'ʒy:r] *die;* -, -n [...'ʒy:rən] ⟨aus gleichbed. *fr.* gageure⟩: (veraltet) Wette. **ga|gie|ren** [ga'ʒi:...] ⟨aus gleichbed. *fr.* gager zu gage, vgl. Gage⟩: (veraltet) wetten. **Ga|gist** [ga'ʒɪst] *der;* -en, -en ⟨zu ↑...ist⟩: 1. jmd., der Gage bezieht. 2. (österr. veraltet) Angestellter des Staates od. des Militärs (in der österr.-ung. Monarchie)

Gag|ger ['gægə] *der;* -s, - ⟨aus gleichbed. *engl.-amerik.* gagger zu gag, vgl. Gag⟩: svw. Gagman

Ga|gli|ar|de [gal'jardə] vgl. Gaillarde

Gag|man ['gægmən] *der;* -[s], ...men [...mən] ⟨aus gleichbed. *engl.-amerik.* gagman, zu ↑Gag u. *engl.* man „Mann"⟩: jmd., der Gags erfindet

ga|gné [gan'je:] ⟨aus gleichbed. *fr.* gagné, Part. Perf. von gagner „(durch Zufall) gewinnen", dies aus *fränk.* *waidanjan „sich Nahrung verschaffen, erbeuten" (*ahd.* weidanōn „weiden")⟩: (veraltet) gewonnen. **Ga|gneur** [...'jø:ɐ̯] *der;* -s, -e ⟨aus gleichbed. *fr.* gagneur⟩: (veraltet) Gewinner

Gah|nit [auch ...'nɪt] *der;* -s, -e ⟨nach dem schwed. Chemiker J. G. Gahn (1745–1818) u. zu ↑²...it⟩: ein dunkelgrünes bis schwarzes metamorphes Mineral

Gai|da vgl. Gajda

gaie|ment [gɛ'mã:] vgl. gaîment. **Gaie|té** [...'te:] *die;* - ⟨aus gleichbed. *fr.* gaieté zu gai „fröhlich" (germ. Wort)⟩: (veraltet) Heiterkeit, Fröhlichkeit

Gail|lard [ga'ja:r] *der;* -s, -s ⟨aus gleichbed. *fr.* gaillard, eigtl. „munter; lustig, ausgelassen"; vgl. Gaillardise⟩: franz. Bez. für Bruder Lustig. **Gail|lar|de** [ga'jardə] *die;* -, -n ⟨aus gleichbed. *fr.* gaillarde, eigtl. Fem. zu gaillard, vgl. Gaillard⟩: 1. (früher) lebhafter, gewöhnlich als Nachtanz zur ↑Pavane getanzter Springtanz im ¾-Takt. 2. bestimmter Satz der ↑Suite (4) (bis etwa 1600)

Gail|lar|dia [ga'jardi̯a] u. **Gail|lar|die** [...i̯ə] *die;* -, ...ien [...i̯ən] ⟨aus *nlat.* gaillardia; nach dem Namen des franz. Botanikers Gaillard de Marentonneau; vgl. ¹...ia bzw. ¹...ie⟩: Kokardenblume (Korbblütler; Zierstaude)

Gail|lar|dise [gajar'di:z] *die;* - ⟨aus gleichbed. *fr.* gaillardise zu gaillard „munter; gesund, kräftig", dies wohl zu *galloroman.* *galia „Kraft, Stärke"⟩: (veraltet) ausgelassene Lustigkeit, derbe Heiterkeit

gaî|ment [gɛ'mã:] ⟨aus gleichbed. *fr.* gaîment, gaiement zu gai „fröhlich", dies aus dem Germ.⟩: lustig, fröhlich, heiter (Vortragsanweisung; Mus.). **gaio** ['gai̯o] ⟨aus gleichbed. *it.* gaio, dies aus *fr.* gai, vgl. gaîment⟩: svw. gaîment

Gai|ta *die;* -, -s ⟨aus gleichbed. *span.* gaita, dies vermutlich zu *got.* gaits „Ziegenleder"⟩: Bez. für verschiedenartige span. Blasinstrumente (z. B. Dudelsack aus Ziegenleder, Hirtenflöte). **Gaj|da** ['gai̯da] *die;* -, -s ⟨aus gleichbed. *bulgar.* gajda, *serb.* gajde, *türk.* gayda; vgl. Gaita⟩: in der Türkei, in Bulgarien, den mittleren Karpaten u. in Polen gebräuchlicher Dudelsack mit zwei Pfeifen

Gal *das;* -s, - ⟨Kurzw. für Galilei; nach dem ital. Naturforscher Galileo Galilei, 1564–1642⟩: ältere physik. Einheit der Beschleunigung

Ga|la [auch 'ga:la] *die;* -, -s ⟨aus gleichbed. *span.* gala, dies vermutlich aus *altfr.* gale, vgl. galant⟩: 1. (ohne Plur.) für einen besonderen Anlaß vorgeschriebene festliche Kleidung; großer Gesellschaftsanzug. 2. Hoftracht. 3. in festlichem Rahmen stattfindende Theater-, Opernaufführung o. ä. **Ga|la...** [auch 'ga:la...] ⟨zu ↑Gala⟩: Wortbildungsele-

Galabiya

ment mit den Bedeutungen: a) „festlich, in festlichem Rahmen veranstaltet", z. B. Galaempfang, Galavorstellung, u. b) „für festliche Gelegenheiten bestimmt", z. B. Galauniform

Ga|la|bi|ya [...'bi:ja] *die;* -, -s ⟨aus gleichbed. *arab.* galābiyah⟩: weites wollenes Gewand, das von den ärmeren Schichten der arabischsprachigen Bevölkerung Vorderasiens getragen wird

Ga|la|go *der;* -s, -s ⟨aus einer afrik. Eingeborenensprache⟩: eine Familie nachtaktiver afrikan. Halbaffen

ga|lakt..., **Ga|lakt...** vgl. galakto..., Galakto... **Ga|lakt|ago|gum** *das;* -s, ...ga ⟨zu ↑galakto... u. *gr.* agōgós „(herbei)führend"⟩: milchtreibendes Mittel für Wöchnerinnen (Med.). **Ga|lakt|idro|sis** *die;* - ⟨zu *gr.* hídrōsis „das Schwitzen", zu hidreīn „schwitzen", eigtl. „das Milchschwitzen"⟩: Ausschwitzung einer milchähnlichen Flüssigkeit (insbesondere bei Wöchnerinnen; Med.). **ga|lak|tisch** ⟨zu ↑Galaxie⟩: zum System der Milchstraße (↑Galaxis) gehörend; -e Koordinaten: ein astronomisches Koordinatensystem; -es Rauschen: ältere Bez. für im Ursprung nicht lokalisierbare Radiowellen aus dem Milchstraßensystem. **ga|lak|to...**, **Ga|lak|to...**, vor Vokalen auch galakt..., Galakt... u. galaktos..., Galaktos... ⟨aus *gr.* gála, Gen. gálaktos „Milch"⟩: Wortbildungselement mit der Bedeutung „Milch, milchartige Flüssigkeit; Milchstraße", z. B. Galaktologie, Galaktidrosis, Galaktosämie. **Ga|lak|to|gramm** *das;* -s, -e ⟨zu ↑...gramm⟩: bei der Galaktographie gewonnenes Röntgenbild. **Ga|lak|to|gra|phie** *die;* -, ...ien ⟨zu ↑...graphie⟩: röntgenographische Darstellung des Milchgangsystems der weiblichen Brust nach Kontrastmittelgabe (Med.). **Ga|lak|to|lo|gie** *die;* - ⟨zu ↑...logie⟩: Wissenschaft von der Zusammensetzung u. Beschaffenheit der Milch u. ihrer Verbesserung. **Ga|lak|to|me|ter** *das;* -s, - ⟨zu ↑¹...meter⟩: Meßgerät zur Bestimmung des spezifischen Gewichts der Milch. **Ga|lak|to|pho|ri|tis** *die;* -, ...itiden ⟨zu *gr.* galaktophóros „Milch tragend bzw. habend" u. ↑...itis⟩: Entzündung der Milchgänge der weiblichen Brust (Med.). **Ga|lak|tor|rhö** *die;* -, -en u. **Ga|lak|tor|rhöe** [...'rø:] *die;* -, -n [...'rø:ən] ⟨zu ↑galakto... u. *gr.* rheīn „fließen"⟩: Milchabsonderung, die nach dem Stillen od. auch bei Hypophysenerkrankungen eintritt (Med.). **ga|lak|tos...**, **Ga|lak|tos...** vgl. galakto..., Galakto... **Ga|lak|tos|ämie** *die;* - ⟨zu ↑...ämie⟩: angeborene Stoffwechselstörung des Säuglings, bei der auf Grund eines Enzymdefekts die mit der Milch aufgenommene Galaktose nicht in ↑Glucose umgewandelt werden kann, sich in Blut u. Gewebe anreichert u. mit dem Harn ausgeschieden wird (Med.); vgl. Galaktosurie. **Ga|lak|to|se** *die;* -, -n ⟨zu ↑²...ose⟩: Bestandteil des Milchzuckers. **Ga|lak|to|sid** *das;* -[e]s, -e (meist Plur.) ⟨zu ↑³...id⟩: ↑Glykosid, das Galaktose als Zuckerbestandteil enthält. **Ga|lak|to|si|da|se** *die;* -, -n ⟨zu ↑...ase⟩: milchzuckerspaltendes ↑Enzym. **Ga|lak|to|sta|se** *die;* -, -n ⟨zu *gr.* stásis „das Stehen, Stillstand"⟩: Milchstauung (z. B. bei Brustdrüsenentzündung od. Saugschwäche des Neugeborenen; Med.). **Ga|lak|tos|urie** *die;* -, ...ien ⟨zu ↑...urie⟩: das Auftreten von Milchzucker im Harn (Med.). **Ga|lak|to|ze|le** *die;* -, -n ⟨zu *gr.* kḗlē „Geschwulst"⟩: Milchzyste (der Brustdrüse); ↑Hydrozele mit milchigem Inhalt (Med.). **Ga|lak|to|ze|mie** *die;* -, ...ien ⟨zu *gr.* zēmía „Verlust, Schaden"⟩: Milchverlust (Med., Tiermed.). **Ga|la|lith** ⓦ [auch ...'lɪt] *das;* -s ⟨zu *gr.* gála „Milch" u. ↑...lith⟩: harter, hornähnlicher, nicht brennbarer Kunststoff

Ga|lam|but|ter *die;* - ⟨nach Galam, dem Namen eines alten, bis 1858 bestehenden Reiches am Senegal⟩: aus den Nüssen des afrik. Butterbaumes gewonnenes Pflanzenfett

Ga|lan *der;* -s, -e ⟨aus gleichbed. *span.* galán zu galano „hübsch, elegant", dies aus älter *fr.* galant, vgl. galant⟩: a) Mann, der sich mit besonderer Höflichkeit, Zuvorkommenheit um seine Dame bemüht; b) (iron.) Liebhaber, Freund. **ga|la|ni|sie|ren** ⟨zu ↑...isieren⟩: (veraltet) a) sich mit besonderer Höflichkeit, Zuvorkommenheit um seine Dame bemühen; b) (iron.) als Liebhaber jmdm. den Hof machen. **ga|lant** ⟨aus gleichbed. *fr.* galant, dies aus älter *fr.* galant „lebhaft, munter, lustig" (eigtl. Part. Präs. von *altfr.* galer „sich erfreuen, sich vergnügen") zu gale „Freude, Vergnügen"⟩: a) (von Männern) betont höflich u. gefällig gegenüber Damen; b) ein Liebeserlebnis betreffend; amourös; vgl. Roman (galanter Roman), Stil (galanter Stil); -e Dichtung: geistreich-spielerische Gesellschaftspoesie als literarische Mode in Europa 1680–1720. **Ga|lan|te|rie** *die;* -, ...ien ⟨aus gleichbed. *fr.* galanterie⟩: a) sich bes. in geschmeidigen Umgangsformen ausdrückendes höfliches, zuvorkommendes Verhalten gegenüber dem weiblichen Geschlecht; b) galantes ↑Kompliment. **Ga|lan|te|ri|en** *die* (Plur.): svw. Galanteriewaren. **Ga|lan|te|rie|wa|ren** *die* (Plur.): (veraltet) Mode-, Putz-, Schmuckwaren; modisches Zubehör wie Tücher, Fächer usw. **Ga|lant|homme** [...'tɔm] *der;* -s, -s ⟨aus gleichbed. *fr.* galanthomme zu ↑galant u. homme „Mann"⟩: franz. Bez. für Ehrenmann, Mann von feiner Lebensart, bes. gegenüber dem weiblichen Geschlecht. **ga|lan|ti|sie|ren** ⟨aus gleichbed. *fr.* galantiser⟩: (veraltet) übertrieben galant sein

Ga|lan|ti|ne *die;* -, -n ⟨aus gleichbed. *fr.* galantine, dies wohl aus *mlat.* galatina zu *vulgärlat.* gelata, vgl. Gelee⟩: Pastete aus Fleisch od. Fisch, die mit Aspik überzogen ist u. kalt aufgeschnitten wird

Ga|lant|uo|mo *der;* -s, ...mini ⟨aus gleichbed. *it.* galantuomo, dies aus galante „höflich; elegant" u. uomo „Mensch; Mann"⟩: ital. Bez. für Ehrenmann

Ga|la|xi|as *die;* - ⟨aus *lat.* galaxias „Milchstraße", dies aus gleichbed. *gr.* galaxías (kýklos) zu gála, Gen. gálaktos „Milch" (u. kýklos „Kreis")⟩: (veraltet) svw. Milchstraße. **Ga|la|xie** *die;* -, ...ien ⟨vermutlich unter Einfluß von gleichbed. *fr.* galaxie aus *mlat.* galaxia, dies aus *lat.* galaxias, vgl. Galaxias⟩: a) großes Sternsystem außerhalb der Milchstraße; b) Spiralnebel (Astron.). **Ga|la|xis** *die;* -, ...ien ⟨zu ↑Galaxias⟩: a) (ohne Plur.) die Milchstraße (Astron.); b) svw. Galaxie

Ga|la|xit [auch ...'ksɪt] *der;* -s, -e ⟨nach dem Fundort Galax in Virginia (USA) u. zu ↑²...it⟩: ein Mineral, Manganspinell (vgl. Spinell)

Gal|ban u. **Gal|ba|num** *das;* -s ⟨aus *lat.* galbanum, dies aus *gr.* chalbánē, dies vermutlich aus dem Semit.⟩: Galbensaft (Heilmittel aus dem Milchsaft pers. Doldenblütler)

Ga|lea *die;* -, Galeae [...leɛ] ⟨aus *lat.* galea „(lederner) Helm, Haube"⟩: 1. Helm, Mütze, Haube (Med.). 2. Außenlade der Mundgliedmaßen bei Insekten (Zool.)

Ga|le|as|se u. **Galjaß** *die;* -, ...assen ⟨über *niederl.* galeas, galjas aus gleichbed. älter *fr.* galéace aus *it.* galeazza „große Galeere" zu galea, vgl. Galeere⟩: 1. Küstenfrachtsegler mit Kiel u. plattem Heck, mit Großmast u. kleinem Besanmast (vgl. Besan). 2. größere Galeere. **Ga|lee|re** *die;* -, -n ⟨aus gleichbed. *it.* gale(r)a, dies über *mlat.* galea u. *mgr.* galéa „Ruderschiff" aus *gr.* galéē „Schwertfisch", eigtl. „Wiesel"⟩: mittelalterliches zweimastiges Ruderschiff des Mittelmeerraums mit 25 bis 50 Ruderbänken, meist von Sklaven, Sträflingen gerudert

Ga|le|nik *die;* - ⟨nach dem Namen des griech.-röm. Arztes (Claudius) Galen(us), 129–199 n. Chr., u. zu ↑²...ik (1)⟩: Lehre von den natürlichen (pflanzlichen) Arzneimitteln.

Gallerte

Ga|le|ni|kum *das;* -s, ...ka ⟨zu ↑ ...ikum⟩: in der Apotheke aus ↑ Drogen (2) zubereitetes Arzneimittel (im Gegensatz zum Erzeugnis der Pharmaindustrie). **ga|le|nisch:** aus Drogen (2) zubereitet; vgl. Galenikum. **Ga|le|nist** *der;* -en, -en ⟨zu ↑ ...ist⟩: (veraltet) Arzt, der natürlich zubereitete Arzneimittel bevorzugt u. verordnet

Ga|le|nit [auch ...'nɪt] *der;* -s, -e ⟨aus gleichbed. *lat.* galena (dies aus gleichbed. *gr.* galḗnē, eigtl. „die Glänzende") u. zu ↑² ...it⟩: Bleiglanz, ein wichtiges Bleierz. **Ga|le|no|bis|mu|tit** [auch ...'tɪt] *der;* -s, -e: ein weißes Mineral von metallischem Glanz, Mischkristall aus Galenit u. ↑ Bismutit

Ga|le|o|ne u. Galione *die;* -, -n ⟨aus gleichbed. *it.* galeone bzw. *fr.* galion, diese über *span.* galeón aus *mlat.* galea, vgl. Galeere⟩: großes span. u. port. Kriegs- u. Handelssegelschiff des 15.–18. Jh.s mit 3–4 Decks übereinander. **Ga|le|ot** *der;* -en, -en ⟨über *it.* galetto bzw. *altfr.* galiot aus gleichbed. *mlat.* galeotus, galiotus zu *mlat.* galea, vgl. Galeere⟩: Galeerensklave. **Ga|le|o|te** u. Galiote *die;* -, -n ⟨aus gleichbed. *fr.* galiote bzw. *it.* galeotta⟩: der Galeasse (1) ähnliches kleineres Küstenfahrzeug. **Ga|le|ra** *die;* -, -s ⟨aus gleichbed. *span.* galera, älter galea, das aus *mgr.* galéa, vgl. Galeere⟩: größerer span. Planwagen als Transport- u. Reisefahrzeug

Ga|le|rie *die;* -, ...ien ⟨aus *it.* galleria bzw. *fr.* galerie „langer bedeckter Gang", diese aus *mlat.* galeria „bedeckter Vorbau" (vermutlich aus *mlat.* galilaea (Vorhalle einer Kirche")⟩: 1. a) mit Fenstern, Arkaden u. ä. versehener Gang als Laufgang an der Fassade einer romanischen od. gotischen Kirche; b) umlaufender Gang, der auf der Innenhofseite um das Obergeschoß eines drei- od. vierflügeligen Schlosses, Palastes o. ä. geführt ist; c) außen an Bauernhäusern angebrachter balkonartiger Umgang (Archit.). 2. in den alten Schlössern ein mehrere Räume verbindender Gang od. ein großer langgestreckter, für Festlichkeiten od. auch zum Aufhängen od. Aufstellen von Bildwerken benutzter Raum (Archit.). 3. a) kurz für Gemäldegalerie; b) Kunst-, insbes. Gemäldehandlung, die auch Ausstellungen veranstaltet. 4. a) Empore [in einem Saal, Kirchenraum]; b) (veraltend, noch scherzh.) oberster Rang im Theater; c) (veraltend, noch scherzh.) das auf der Galerie sitzende Publikum. 5. Orientteppich in der Form eines Läufers. 6. (bes. österr., schweiz.) Tunnel an einem Berghang mit fensterartigen Öffnungen nach der Talseite. 7. mit Schießscharten versehener, bedeckter Gang im Mauerwerk einer Befestigungsanlage. 8. (selten) glasgedeckte Passage (2) mit Läden. 9. (veraltend) um das Heck laufender Rundgang an [alten Segel]schiffen (Seemannsspr.). 10. (meist scherzh.) größere Anzahl gleichartiger Dinge, Personen, z. B. sie besitzt eine ganze - schöner Hüte. 11. (österr. veraltend) Unterwelt, Verbrecherwelt. **Gale|rie cou|verte** [galriku'vɛrt] *die;* - -, - -s [galriku'vɛrt] ⟨aus gleichbed. *fr.* galerie couverte, eigtl. „gedeckte Galerie"⟩: vor allem in Frankreich verbreiteter Typ von jungsteinzeitlichen ↑ Megalithgräbern mit unterirdisch angelegten schmalen Gängen. **Ga|le|rie|ton** *der;* -[e]s ⟨zu ↑ Galerie⟩: durch ↑ Oxydation des Öls entstandene dunkelbräunliche Tönung alter Ölgemälde. **Ga|le|rie|wald** *der;* -[e]s, ...wälder: schmaler Waldstreifen an Flüssen u. Seen afrik. Savannen u. Steppengebiete. **Ga|le|rist** *der;* -en, -en ⟨aus gleichbed. *it.* gallerista⟩: Besitzer einer Galerie (3 b). **Ga|le|ri|stin** *die;* -, -nen: Besitzerin einer Galerie (3 b)

Ga|ler|ne *die;* -, -n ⟨aus gleichbed. *fr.* galerne, Herkunft unsicher, vermutlich zu *gall.* *galerna „stürmischer Wind"⟩: kalter Nordwestwind

Ga|ler|o|pie *die;* - ⟨zu *gr.* galerós „heiter" u. ↑ ...opie⟩: gesteigerte Lichtempfindlichkeit des Auges, so daß man nur bei schwachem Licht gut sehen kann (Med.)

Ga|let [ga'le:, fr. ...'lɛ] *der;* -s ⟨aus gleichbed. *fr.* galet (Dialektwort) aus *altfr.* gal „flacher Uferkiesel", weitere Herkunft unsicher⟩: Uferkiesel, Kies, Geröll. **Ga|lets** [ga'le:(s), ...'lɛ(s)] *die* (Plur.): Glasperlen, Glaskorallen. **Ga|let|te** *die;* -, -n ⟨aus gleichbed. *fr.* galette, Verkleinerungsform von galet, vgl. Galet⟩: flacher Kuchen [aus Blätterteig]

Gal|gant|wur|zel *die;* -, -n ⟨zu *mlat.* galanga, dies über *mgr.* galágka aus *arab.* ḫalanǧān „ingwerähnliche Pflanze" (aus Indien u. China)⟩: zu Heilzwecken u. als Gewürz verwendete Wurzel eines ursprünglich südchines. Ingwergewächses

Gal|go Es|pa|ñol [- ...n'jol] *der;* - -, - - ⟨aus *span.* galgo español „spanischer Windhund"⟩: span. Windhund mit langem, sehr schmalem Kopf u. kurzem Haar

Ga|li|lei *das;* -, - ⟨nach dem ital. Naturforscher Galileo Galilei, 1564–1642⟩: svw. Gal. **Ga|li|lei|trans|for|ma|ti|on** *die;* -: Umrechnungsbeziehung zwischen den Ortskoordinaten zweier gleichförmig gegeneinander bewegter Bezugssysteme in der klassischen Mechanik

Ga|li|ma|free [...'fre:] *die;* -, -s ⟨aus gleichbed. *fr.* galimafrée, weitere Herkunft unsicher⟩: (veraltet) 1. a) eine Art ↑ Frikassee von Fleischresten; b) schlechtes Essen. 2. verworrene Rede

Ga|li|ma|thi|as *der* od. *das;* - ⟨aus gleichbed. *fr.* galimatias, dies vielleicht aus *nlat.* gallimathia zu galli (Gen. von *lat.* gallus „Hahn") „Disputant bei den Doktordissertationen der Pariser Universität" u. *gr.* -máthia „Wissen", eigtl. „Wissen eines Gallus"⟩: sinnloses, verworrenes Gerede

Ga|li|on *das;* -s, -s ⟨über gleichbed. *mittelniederl.* galjoen aus *(alt)fr.* galion, dies aus *span.* galeón, vgl. Galeone⟩: Vorbau am Bug älterer Schiffe. **Ga|li|o|ne** vgl. Galeone. **Ga|li|ons|fi|gur** *die;* -, -en: 1. aus Holz geschnitzte Verzierung des Schiffsbugs (meist in Form einer Frauengestalt) [auf die der Blick fällt, die die Blicke auf sich lenkt]. 2. (abwertend) als Aushängeschild einer Partei o. ä. benutzte [bekannte] Persönlichkeit, die keine Einflußmöglichkeiten od. Machtbefugnisse besitzt. **Ga|li|o|te** vgl. Galeote

Ga|li|pot [...'po:] *der;* -s ⟨aus gleichbed. *fr.* galipot, dies wohl aus älter *fr.* garipot „Weißtanne"⟩: Fichtenharz, gelblichweißes bis goldgelbes, wohlriechendes Harz von Nadelhölzern

Ga|li|um *das;* -s ⟨über *lat.* galium aus gleichbed. *gr.* gálion, dies zu gála „Milch" (wegen des Milchsaftes der Pflanze)⟩: Labkraut (Gattung der Rötegewächse mit etwa 200 Arten kahler od. rauhhaariger Kräuter mit sehr kleinen Blüten, die als Zierpflanzen od. Unkräuter vorkommen)

Ga|li|va|ten [...'va:...] *die* (Plur.) ⟨aus gleichbed. *engl.* galivats, gallivats, vermutlich entstellt aus älter *port.* galeota, vgl. Galeote⟩: ind. Transportschiffe [für Kolonialwaren]

Gal|jak *der;* -s ⟨aus gleichbed. *slaw.* galjak⟩: Fell von frühgeborenen Fohlen

Gal|jaß *die;* -, ...assen ⟨aus *niederl.* galjas, vgl. Galeasse⟩: svw. Galeasse. **Gal|jon** vgl. Galion. **Gal|jons|fi|gur** vgl. Galionsfigur. **Gal|jot** *die;* -, -en ⟨aus *fr.* galiote, vgl. Galeote⟩: svw. Galeote

Gal|lat *das;* -s, -e ⟨zu *lat.* galla „Gallapfel" u. ↑ ...at (2)⟩: Salz der ↑ Gallussäure (Chem.)

Gal|lé|glas [ga'le:...] *das;* -es, ...gläser ⟨nach dem franz. Kunsthandwerker É. Gallé, 1846–1904⟩: zartfarbiges Glas mit pflanzlichem Dekor im Jugendstil

Gal|lert [auch ga'lɛrt] *das;* -[e]s, -e u. **Gal|ler|te** *die;* -, -n ⟨zu *mlat.* galatria „Gefrorenes, Sülze", dies zu *lat.* gelare „ge-

gallertig

frieren, gerinnen"; vgl. Gelatine): steif gewordene, durchsichtige, gelatineartige Masse aus eingedickten pflanzlichen u. tierischen Säften. **gal|ler|tig** [auch 'galɛtɪç]: aus Gallerte od. gallertähnlichem Stoff bestehend

Gal|li|ar|de [ga'jardə] vgl. Gaillarde

gal|lie|ren ‹zu *lat.* galla „Gallapfel" u. ↑ ...ieren›: ein Textilgewebe für die Aufnahme von Farbstoff mit Flüssigkeiten behandeln, die ↑Tannin od. Galläpfelauszug enthalten (Färberei)

gal|li|ka|nisch ‹nach *fr.* gallican aus *(m)lat.* Gallicanus „gallisch, französisch"; nach dem *lat.* Namen Gallia für Frankreich›: dem Gallikanismus entsprechend; -e K i r c h e : die mit Sonderrechten ausgestattete kath. Kirche in Frankreich vor 1789; -e L i t u r g i e : Sonderform der vorkarolingischen ↑Liturgie in Gallien; vgl. Confessio Gallicana. **Gal|li|ka|nis|mus** *der;* - ‹aus gleichbed. *fr.* gallicanisme; vgl. ...ismus (1)›: a) franz. Staatskirchentum mit Sonderrechten gegenüber dem Papst (vor 1789); b) nationalkirchliche Bestrebungen in Frankreich bis 1789

Gal|li|on vgl. Galion. **Gal|li|ons|fi|gur** vgl. Galionsfigur

gal|li|sie|ren ‹nach dem dt. Chemiker L. Gall (1791–1863) u. zu ↑...isieren›: bei der Weinherstellung dem Traubensaft Zuckerlösung zusetzen, um den Säuregehalt abzubauen od. den Alkoholgehalt zu steigern

Gal|li|ty|pie *die;* - ‹nach dem Baumeister u. Maler A. Galli da Bibiena (1700–1774) u. zu ↑...typie›: altes Verfahren, bei dem auf Holzplatten graviert wurde, die vorher mit Kreide u. Kleister überzogen worden waren

Gal|li|um *das;* -s ‹zu *lat.* Gallia „Gallien" (d. h. Frankreich) bzw. zu gallus „Hahn", latinisiert aus *fr.* le coq „der Hahn", mit Bezug auf den Namen des franz. Chemikers P. E. Lecoq de Boisbaudran (1828–1912), der es 1875 entdeckte, u. ↑...ium›: chem. Element, Metall; Zeichen Ga. **Gal|li|zis|mus** *der;* -, ...men ‹aus gleichbed. *fr.* gallicisme, zu *(m)lat.* Gallicus „gallisch" in der Bedeutung „französisch"; vgl. ...ismus (4)›: Übertragung einer für das Französische charakteristischen sprachlichen Erscheinung auf eine nichtfranzösische Sprache im lexikalischen od. syntaktischen Bereich, sowohl fälschlicherweise als auch bewußt (Sprachw.); vgl. Interferenz (3)

Gall|jam|bus *der;* -, ...ben ‹aus *lat.* galliambus, eigtl. „Jambus der Galli, d. h. der Kybelepriester"›: antiker Vers aus ↑katalektischen ionischen ↑Tetrametern

Gal|lo|ma|ne *der;* -n, -n ‹zu *lat.* Gallus „Gallier" in der Bed. „Franzose" u. ↑...mane›: jmd., der alles Französische in einer Art von Besessenheit bewundert, liebt u. nachahmt. **Gal|lo|ma|nie** *die;* - ‹zu ↑...manie›: Nachahmung alles Französischen in einer Art von Besessenheit

Gal|lon ['gælən] *der* od. *das;* -[s], -s ‹aus *engl.(-amerik.)* gallon „Gallone"›: svw. Gallone. **Gal|lo|ne** *die;* -, -n ‹über gleichbed. *engl.* gallon (vgl. Gallon) aus *nordwestfr.* galon, weitere Herkunft unsicher›: a) engl. Hohlmaß (= 4,546 l); Abk.: gal, gall; b) amerik. Hohlmaß (= 3,785 l); Abk.: gal, gall

gal|lo|phil ‹zu *lat.* Gallus „Gallier" in der Bed. „Franzose" u. ↑...phil›: svw. frankophil; Ggs. ↑gallophob. **Gal|lo|phi|lie** *die;* - ‹zu ↑...philie›: svw. Frankophilie; Ggs. ↑Gallophobie. **gal|lo|phob** ‹zu ↑...phob›: svw. frankophob; Ggs. ↑gallophil. **Gal|lo|pho|bie** *die;* - ‹zu ↑...phobie›: svw. Frankophobie; Ggs. ↑Gallophilie. **gal|lo|ro|ma|nisch** ‹zu *lat.* Romanicus „römisch"›: das Galloromanische betreffend. **Gal|lo|ro|ma|nisch** *das;* -[en]: der aus dem Vulgärlatein hervorgegangene Teil des Westromanischen, der sprachgeographisch auf das ehemalige römische Gallien beschränkt ist u. die unmittelbare Vorstufe des Altprovenzalischen u. Altfranzösischen bildet

Gal|lup-In|sti|tut [auch 'gɛləp...] *das;* -[e]s ‹nach seinem Begründer, dem amerik. Statistiker G. H. Gallup, 1901 bis 1984›: amerik. Forschungsinstitut zur Erforschung der öffentlichen Meinung

Gal|lus|säu|re *die;* - ‹zu *lat.* galla „Gallapfel"›: in zahlreichen Pflanzenbestandteilen (z. B. Galläpfeln, Teeblättern, Rinden) vorkommende organische Säure

Gal|mei [auch 'gal...] *der;* -s, -e ‹aus gleichbed. älter *fr.* calamine, *mlat.* calamina, dies aus *gr.* kadmeía „Galmei"; vgl. Kadmium›: Gemenge verschiedener Zinkminerale, Zinkspat, wichtiges Zinkerz

Ga|lon [ga'lõ:] *der;* -s, -s u. **Ga|lo|ne** *die;* -, -n ‹aus gleichbed. *fr.* galon bzw. *it.* gallone; rückgebildet aus *fr.* galonner, *it.* galonieren›: Tresse, Borte, Litze. **ga|lo|nie|ren** ‹aus gleichbed. *fr.* galonner, weitere Herkunft ungeklärt›: a) mit Galons besetzen; b) langhaarige, dichte Felle durch Dazwischensetzen schmaler Lederstreifen o. ä. verlängern

Ga|lo|pin [...'pɛ̃:] *der;* -s, -s ‹aus *fr.* galopin „Laufbursche; Straßenjunge" zu galoper, vgl. galoppieren›: (veraltet) 1. Ordonnanzoffizier. 2. heiterer, unbeschwerter junger Mensch. **Ga|lopp** *der;* -s, Plur. -s u. -e ‹z. T. über *it.* galoppo aus gleichbed. *fr.* galop zu galoper „Galopp reiten" (germ. Wort)›: 1. Gangart, Sprunglauf des Pferdes; im -: (ugs.) sehr schnell, in großer Eile, z. B. er hat den Aufsatz im - geschrieben. 2. um 1825 aufgekommener schneller Rundtanz im ¾-Takt. **Ga|lop|pa|de** *die;* -, -n ‹aus gleichbed. *fr.* galopade›: (veraltet) svw. Galopp. **Ga|lop|per** *der;* -s, - ‹nach gleichbed. *engl.* galopper›: für Galopprennen gezüchtetes Pferd. **ga|lop|pie|ren** ‹über *it.* galoppare aus gleichbed. *fr.* galoper, vgl. Galopp›: (von Pferden) im Sprunglauf gehen. **ga|lop|pie|rend** ‹zu ↑...ierend›: sich schnell verschlimmernd, negativ entwickelnd, z. B. galoppierende Schwindsucht, eine galoppierende Geldentwertung

Ga|lo|sche *die;* -, -n ‹aus gleichbed. *fr.* galoche, dies vermutlich aus *spätlat.* gallicula, Verkleinerungsform von *lat.* gallica „ländliche Männersandale, Holzschuh", dies aus *lat.* solea Gallica „gallische Sandale"›: Gummiüberschuh

Ga|lou|bet [galu'bɛ] *der;* -s, -s [...'bɛ(s)] ‹aus gleichbed. *provenzal.* galoubet›: provenzal. Einhandflöte mit 3 Grifflöchern, die zum einhändig geschlagenen ↑¹Tambourin geblasen wird

Gal|to|nie [...iə] *die;* -, -n ‹nach dem engl. Naturforscher u. Schriftsteller Sir F. Galton (1822–1911) u. zu ↑¹...ie›: südafrik. Liliengewächs mit hängenden, glockenförmigen Blüten (Bot.)

Ga|luth *die;* - ‹aus *hebr.* gālūt „Exil", eigtl. Part. Passiv von gālā „ins Exil gehen"›: das Leben des jüd. Volkes außerhalb Israels, als es keinen jüd. Staat gab (70 n. Chr.–1948)

Gal|va|nik [...v...] *die;* - ‹nach dem ital. Anatomen L. Galvani (1737–1798) u. zu ↑²...ik (2)›: svw. Galvanotechnik. **Gal|va|ni|sa|ti|on** *die;* -, -en ‹zu ↑galvanisieren; vgl. ...ation›: Anwendung des elektrischen Gleichstroms zu Heilzwecken; vgl. ...[at]ion/...ierung. **gal|va|nisch** ‹aus gleichbed. *fr.* galvanique›: auf der elektrolytischen Erzeugung von elektrischem Strom beruhend; -e P o l a r i s a t i o n : elektrische Gegenspannung bei galvanischen Vorgängen; -es Element: Vorrichtung zur Erzeugung von elektrischem Strom auf galvanischer Grundlage; -e Hautreaktion: Veränderung der elektrischen Leitfähigkeit, des Widerstandes der Haut (z. B. bei gefühlsmäßigen Reaktionen; Psychol.); -er Nystagmus: das Auftreten von Augenzittern beim Durchleiten von galvanischem

Strom durch den Kopf (Med.). **Gal|va|ni|seur** [...'zøːɐ̯] *der;* -s, -e ⟨aus gleichbed. *fr.* galvanis(at)eur; vgl. ...eur⟩: Facharbeiter für Galvanotechnik. **gal|va|ni|sie|ren** ⟨aus gleichbed. *fr.* galvaniser⟩: 1. durch Elektrolyse mit Metall überziehen. 2. elektrischen Gleichstrom zu Heilzwecken anwenden. **Gal|va|ni|sie|rung** *die;* -, -en ⟨zu ↑...ierung⟩: das Galvanisieren; vgl. ...[at]ion/...ierung. **Gal|va|nis|mus** *der;* - ⟨zu gleichbed. *it.* galvanismo; vgl. ...ismus (1)⟩: Lehre vom galvanischen Strom. **Gal|va|no** *das;* -s, -s ⟨Kurzform für Galvanoklischee u. Galvanoplastik⟩: auf galvanischem Wege hergestellte Abformung von einer ↑Autotypie, einer Strichätzung, einem Schriftsatz u. a. **gal|va|no...**, **Gal|va|no...**: Wortbildungselement mit der Bedeutung „durch galvanische Elektrizität hervorgerufen, mit galvanischer Elektrizität arbeitend", z. B. galvanotechnisch, Galvanoplastik. **Gal|va|no|chro|mie** *die;* - ⟨zu *gr.* chrōma „Farbe" u. ↑²...ie⟩: Herstellung von färbenden Überzügen [auf Metalle] durch Elektrolyse. **Gal|va|no|gra|phie** *die;* - ⟨zu ↑...graphie⟩: Verfahren zur Herstellung von Kupferdruckplatten. **Gal|va|no|kau|stik** *die;* -: 1. das Ausbrennen kranken Gewebes mit dem Galvanokauter (Med.). 2. galvanische Ätzung radierter Kupferplatten (Graphik). **gal|va|no|kau|stisch**: die Galvanokaustik betreffend. **Gal|va|no|kau|ter** *der;* -s, -: ärztl. Instrument mit einem durch galvanischen Strom erhitzten Platindraht zur Vornahme von Operationen (Med.). **Gal|va|no|kli|schee** *das;* -s, -s: svw. Galvanoplastik. **gal|va|no|ma|gne|tisch**: den Galvanomagnetismus betreffend. **Gal|va|no|ma|gne|tis|mus** *der;* -: der von beweglichen Ladungsträgern innerhalb eines ruhenden Leiters erzeugte Magnetismus. **Gal|va|no|me|ter** *das;* -s, - ⟨zu ↑¹...meter⟩: elektromagnetisches Meßinstrument zur Messung u. zum Nachweis schwacher elektrischer Ströme u. Spannungen. **gal|va|no|me|trisch** ⟨zu ↑...metrisch⟩: mit Hilfe des Galvanometers erfolgend. **Gal|va|no|nar|ko|se** *die;* -, -n: Narkoseverfahren, durch das mit Hilfe von elektrischem Gleichstrom die Erregbarkeit des Rückenmarks vollständig ausgeschaltet wird. **Gal|va|no|pla|stik** *die;* -: Verfahren zum Abformen von Gegenständen durch galvanisches Auftragen dicker, abziehbarer Metallschichten, wobei man von den Originalen Wachsod. andere Negative anfertigt, die dann in Kupfer, Nickel od. anderem Metall abgeformt werden können, wodurch z. B. Druckplatten (Galvanos) hergestellt werden. **Gal|va|no|pla|sti|ker** *der;* -s, -: jmd., der galvanoplastische Arbeiten ausführt. **gal|va|no|pla|stisch**: die Galvanoplastik betreffend, auf ihr basierend. **Gal|va|no|punk|tur** *die;* -, -en: elektrische Entfernung von Haaren. **Gal|va|no|skop** *das;* -s, -e ⟨zu ↑...skop⟩: elektrisches Meßgerät zum Nachweis eines elektrischen Stroms. **gal|va|no|sko|pisch**: mit Hilfe des Galvanoskops [erfolgend]. **Gal|va|no|ste|gie** *die;* - ⟨zu *gr.* stégein „bedecken, schützen"⟩: galvanisches (elektrolytisches) Überziehen von Metallflächen mit Metallüberzügen. **gal|va|no|tak|tisch**: die Galvanotaxis betreffend. **Gal|va|no|ta|xis** *die;* -, ...xen ⟨zu ↑²Taxis⟩: durch elektrische Reize ausgelöste Bewegung bei Tieren, die positiv (zur Reizquelle hin) oder negativ (von der Reizquelle weg) verlaufen kann. **Gal|va|no|tech|nik** *die;* -: Sammelbez. für verschiedene Verfahren des ↑Galvanisierens. **gal|va|no|tech|nisch**: die Galvanotechnik betreffend, mit ihrer Hilfe. **Gal|va|no|the|ra|pie** *die;* -, ...ien: svw. Galvanisation. **gal|va|no|tro|pisch** ⟨vgl. ...trop⟩: den Galvanotropismus betreffend (Biol.). **Gal|va|no|tro|pis|mus** *der;* -, ...men: durch elektrischen Strom experimentell beeinflußte Wachstumsbewegung bei Pflanzen (Biol.). **Gal|va|no|ty|pie** *die;* - ⟨zu ↑...typie⟩: (veraltet) svw. Galvanoplastik

gam..., **Gam...** vgl. gamo..., Gamo... **...gam** ⟨zu *gr.* gámos „Ehe"⟩: Wortbildungselement mit folgenden Bedeutungen: 1. „Befruchtung, Bestäubung betreffend", z. B. anemogam „vom Wind bestäubt". 2. „die Ehe betreffend", z. B. monogam; vgl. ...gamie

Ga|man|der *der;* -s, - ⟨aus gleichbed. *mlat.* gamandrea, chamandrea, dies über *lat.* chamaedrys aus *gr.* chamaídrys⟩: bes. auf kalkhaltigem Boden vorkommendes Kraut od. Strauch, dessen Arten z. T. als Heilpflanzen gelten (Gattung der Lippenblütler)

Ga|ma|sche *die;* -, -n ⟨aus älter *fr.* gamache „lederner Überstrumpf", dies über *altprovenzal.* galamacha aus *span.* guadamecí „weiche Lederart", dies aus *arab.* (ǧild) ġadāmasīy „(Leder) aus Ghamades"; nach dem Namen einer Stadt in Libyen⟩: über Strumpf u. Schuh getragene [knöpfbare] Beinbekleidung aus Stoff od. Leder; aus Bändern gewickelte Beinbekleidung. **Ga|ma|schen|dienst** *der;* -[e]s ⟨wegen der zahlreichen Knöpfe u. wegen des unbequemen Sitzes der Militärgamaschen des 18. Jh.s⟩: (abwertend) pedantischer, sinnloser [Kasernen]drill

Ga|ma|si|di|o|se *die;* -, -n ⟨zu *nlat.* gamasidae (Plur.), dem Namen einer Familie der Milben, u. ↑¹...ose⟩: auf den Menschen übertragbare Vogelmilbenkrätze (Med.)

Gam|ba|de [auch gã'b...] *die;* -, -n ⟨aus gleichbed. *fr.* gambade, dies aus *it.* gambata „Stoß mit dem Bein" zu gamba, vgl. Gambe⟩: (veraltet) 1. a) Luftsprung; b) Kapriole, närrischer Einfall. 2. schneller Entschluß. **gam|ba|die|ren** ⟨aus gleichbed. *fr.* gambader⟩: (veraltet) a) Luftsprünge machen; b) närrische Possen treiben. **Gam|be** *die;* -, -n ⟨verkürzt aus älter Viol(di)gamb(e), dies aus *it.* viola da gamba zu viola (vgl. Violine) u. gamba „Bein, Schenkel", dies aus *spätlat.* gamba zu *gr.* kampé „Gelenk, Biegung"⟩: ↑Viola da gamba, mit den Knien gehaltenes Streichinstrument [des 16. bis 18. Jh.s]

Gam|be|son [gãbˈzõː] *das;* -s, -s ⟨aus gleichbed. *mittelfr.* gambeison, gambeson, dies aus *fränk.* *wamba „Bauch, Leib, Magen" (*ahd.* wamba)⟩: mittelalterliche Schutzkleidung einfacher Kriegsknechte sowie unter dem Kettenhemd getragenes gestepptes Oberteil aus wattiertem Tuch od. Leder

Gam|bir *der;* -s ⟨*malai.*⟩: als Gerb- u. Heilmittel verwendeter Saft eines ostasiat. Kletterstrauches

Gam|bist *der;* -en, -en ⟨zu ↑Gambe u. ↑...ist⟩: Musiker, der Gambe spielt

Gam|bit *das;* -s, -s ⟨über gleichbed. *span.* gambito aus *it.* gambetto, eigtl. „das Beinstellen", zu gamba, vgl. Gambe⟩: Schacheröffnung mit einem Bauernopfer zur Erlangung eines Stellungsvorteils

...ga|me ⟨zu *gr.* gámos „Ehe"⟩: Wortbildungselement mit der Bedeutung „Pflanze od. Tier mit bestimmter Befruchtungsweise", z. B. Kryptogame „blütenlose Pflanze"; vgl. ...gamie

Ga|me|lan *das;* -s, -s ⟨*malai.*⟩: auf einheimischen Schlag-, Blas- u. Saiteninstrumenten spielendes Orchester auf Java u. Bali, das vor allem Schattenspiele und rituelle Tänze musikalisch begleitet. **Ga|me|lang** vgl. Gamelan

Ga|mel|le *die;* -, -n ⟨aus gleichbed. *fr.* gamelle, dies über *it.* gamella aus *lat.* camella „Schale"⟩: (schweiz.) Koch- u. Eßgeschirr der Soldaten

Game-Show [ˈgeɪmʃoʊ] *die;* -, -s ⟨aus gleichbed. *engl.* game show zu game „Spiel" u. ↑Show⟩: Unterhaltungssendung im Fernsehen, in deren Mittelpunkt Spiele [mit Gewinnmöglichkeiten] stehen, Spielschau

Ga|met *der;* -en, -en ⟨aus *gr.* gamétēs „Gatte"⟩: geschlechtlich differenzierte Fortpflanzungszelle von Pflanze, Tier u.

gamet..., Gamet...

Mensch (Biol.). **ga|met..., Ga|met...** vgl. gameto..., Gameto... **Ga|met|an|gio|ga|mie** *die;* - ⟨zu ↑angio... u. ↑...gamie⟩: bei Pilzen vorkommende Art der Befruchtung, bei der die Gametangien verschmelzen, ohne Geschlechtszellen zu entlassen (Bot.). **Ga|met|an|gi|um** *das;* -s, ...ien [...iən] ⟨zu *gr.* aggeĩon „Behältnis, Gefäß"⟩: Pflanzenorgan, das eine od. mehrere Geschlechtszellen bildet (Bot.). **ga|me|to..., Ga|me|to...,** vor Vokalen gamet..., Gamet... ⟨zu ↑Gamet⟩: Wortbildungselement mit den Bedeutungen „Befruchtung, Bestäubung; Fortpflanzung", z. B. gametopathisch, Gametophyt, Gametangium. **Ga|me|to|ga|mie** *die;* -, ...ien ⟨zu ↑...gamie (1)⟩: Vereinigung zweier einkerniger, verschiedengeschlechtlicher Gameten (Biol.). **Ga|me|to|ge|ne|se** *die;* -, -n: Entstehung der Gameten u. ihre Wanderung im Körper bis zur Befruchtung (Biol.). **Ga|me|to|go|nie** *die;* - ⟨zu ↑...gonie⟩: svw. Gamogenese. **Ga|me|to|id** *der;* -en, -en ⟨zu ↑...oid⟩: biologische Struktur, die sich wie ein Gamet verhält. **Ga|me|to|pa|thie** *die;* -, ...ien ⟨zu ↑...pathie⟩: Keimschäden, die von der Zeit der Reifung der Gameten bis zur Befruchtung auftreten (Med.). **Ga|me|to|phyt** *der;* -en, -en ⟨zu ↑...phyt⟩: Pflanzengeneration, die sich geschlechtlich fortpflanzt (im Wechsel mit dem ↑Sporophyten). **Ga|me|to|zid** *das;* -[e]s, -e ⟨zu ↑...zid⟩: Mittel, das die Geschlechtsformen von Parasiten (besonders bei Malaria) vernichtet (Med.). **Ga|me|to|zyt** *der;* -en, -en ⟨zu ↑...zyt⟩: noch undifferenzierte Zelle, aus der im Verlauf der Gametenbildung die Gameten hervorgehen. **Ga|me|to|zy|to|zid** *das;* -[e]s, -e ⟨zu ↑zyto... u. ↑...zid⟩: svw. Gametozid
...ga|mie ⟨zu *gr.* gámos „Ehe" u. ↑²...ie⟩: Wortbildungselement mit folgenden Bedeutungen 1. „Befruchtung, Bestäubung", z. B. Allogamie. 2. „Ehe", z. B. Polygamie; vgl. ...gam u. ...game
Ga|min [ga'mɛ:] *der;* -s, -s ⟨aus gleichbed. *fr.* gamin; weitere Herkunft ungeklärt⟩: (veraltet) Straßen-, Gassenjunge, Bursche
Gạm|ma *das;* -[s], -s ⟨aus gleichbed. *gr.* gámma, dies aus *hebr.-phönik.* gīmél „Kamel" (wegen der Ähnlichkeit des hebr. Buchstabens mit einem Kamelhals)⟩: dritter Buchstabe des griech. Alphabets: Γ, γ. **Gam|ma...** ⟨zu ↑Gamma⟩: Wortbildungselement zur Kennzeichnung einer Abstufung. **Gạm|ma|al|ko|ho|li|ker** *der;* -s: süchtiger Trinker mit psychischer Abhängigkeit u. Kontrollverlust (Med.). **Gạm|ma|astro|no|mie** *die;* - ⟨Kurzw. aus ↑*Gamma*strahlen u. ↑*Astronomie*⟩: svw. Röntgenastronomie. **Gạm|ma|de|fek|to|sko|pie** *die;* - ⟨Kurzw. aus ↑*Gamma*strahlen u. ↑*Defektoskopie*⟩: Feststellung innerer Werkstoffen mittels Gammastrahlen. **Gạm|ma|en|ze|pha|lo|gra|phie** *die;* -, ...ien [...i:ən] ⟨Kurzw. aus ↑*Gamma*strahlen u. ↑*Enzephalographie*⟩: medizinisches Untersuchungsverfahren zur Lokalisation u. Artbestimmung von Geschwülsten (z. B. im Gehirn) mittels radioaktiver ↑Isotope. **Gạm|ma|funk|ti|on** *die;* - ⟨zu ↑Gamma...⟩: Verallgemeinerung des mathemat. Ausdrucks ↑Fakultät auf nichtnatürliche Zahlen. **Gạm|ma|glo|bu|lin** *das;* -s, -e: Eiweißbestandteil des Blutplasmas (zur Vorbeugung u. Behandlung bei verschiedenen Krankheiten verwendet; Med.). **Gạm|ma|gra|phie** *die;* -, ...ien ⟨Kurzw. aus ↑*Gamma*strahlen u. ↑...*graphie*⟩: Werkstoffprüfung starkwandiger Werkstücke mittels Gammastrahlen. **Gạm|ma|log** *das;* -s, -e ⟨Kurzw. aus ↑*Gamma*strahlen u. ↑*Log*⟩: bei geophysikalischen Bohrlochmessungen angewendetes Verfahren zur Messung der von radioaktiven Substanzen im Gestein abgegebenen Gammastrahlung. **Gạm|ma|me|tall** *das;* - ⟨zu ↑Gamma...⟩: Legierung aus Kupfer u. Zinn. **Gạm|ma|pa|thie** *die;* -, ...ien ⟨Kurzw. aus ↑*Gamma*globulin u. ↑...*pathie*⟩: krankhafte Vermehrung od. Verminderung der Gammaglobuline (Med.). **Gạm|ma|quant,** γ-**Quant** *das;* -s, -en ⟨zu ↑Gamma...⟩: den ↑Gammastrahlen zugeordnetes Elementarteilchen
Gạm|ma|rus *der;* - ⟨aus *lat.* gammarus, cammarus „Hummer", dies aus *gr.* kámmaros „eine bestimmte Krebsart"⟩: in fließenden Süßgewässern vorkommende Gattung der Flohkrebse, wertvolle Fischnahrung
Gạm|ma|spek|tro|me|ter *das;* -s, - ⟨zu ↑Gamma...⟩: Gerät zur Aufzeichnung der Linien eines Gammaspektrums. **Gam|ma|spek|tro|me|trie** *die;* -: experimentelle Technik zur Bestimmung des Gammaspektrums mittels verschiedener Spektrometer. **Gạm|ma|spek|trum** *das;* -s, Plur. ...tren u. ...tra: Energiespektrum der Gammastrahlen. **Gạm|ma|strah|len,** γ-**Strah|len** *die* (Plur.): vom Ehepaar Curie entdeckte radioaktive Strahlung, physikalisch eine kurzwellige Röntgenstrahlung. **Gam|ma|zis|mus** *der;* - ⟨zu ↑Gamma u. ↑...izismus⟩: Schwierigkeit bei der Aussprache von g u. k, die fälschlich wie j, d od. t ausgesprochen werden (häufig in der Kindersprache, als Dialektfehler od. auch infolge Krankheit). **Gạm|me** *die;* -, -n ⟨über *fr.* gamme aus gleichbed. *it.* gamma; nach dem Namen des griech. Buchstabens gámma (Gamma), mit dem im Mittelalter der erste Ton der Tonleiter bezeichnet wurde⟩: Tonleiter, Skala. **Gam|mo|pa|thie** *die;* -, ...ien ⟨Kurzw. aus ↑*Gamma*globulin u. ↑...*pathie*⟩: zusammenfassende Bez. für krankhafte Veränderungen der Immunglobuline (Med.); vgl. Paraproteinämie
ga|mo..., Ga|mo..., häufig verkürzt zu gam..., Gam... ⟨zu *gr.* gameīn „heiraten"⟩: Wortbildungselement mit den Bedeutungen „Befruchtung, Bestäubung; Fortpflanzung", z. B. Gamont, gamotrop. **Ga|mo|ga|mie** *die;* - ⟨zu ↑...gamie⟩: svw. Merogamie. **Ga|mo|ge|ne|se** *die;* -: geschlechtliche Fortpflanzung durch Gameten, geschlechtliche Vermehrung. **Ga|mo|go|nie** *die;* - ⟨zu ↑...gonie⟩: svw. Gamogenese. **Ga|mọn** *das;* -s, -e (meist Plur.) ⟨aus *gr.* gamōn, Part. Präs. von gameīn „heiraten"⟩: von den Geschlechtszellen abgegebene (für den Befruchtungsvorgang wichtige) chem. Stoffe. **Ga|mọnt** *der;* -en, -en ⟨zu ↑gamo... u. ↑...ont⟩: bei Einzellern die gametenbildende Zelle (vgl. Gametozyt), bei mehrzelligen Pflanzen die ↑haploide Geschlechtsgeneration (vgl. Gametophyt; Biol.). **ga|mo|phob** ⟨zu ↑...phob⟩: ehescheu. **Ga|mo|phyl|lie** *die;* - ⟨zu *gr.* phýllon „Blatt, Laub" u. ↑²...ie⟩: Verwachsung von Blättern eines Wirtels (Bot.). **Ga|mo|phyt** *der;* -en, -en ⟨zu ↑...phyt⟩: svw. Gametophyt. **ga|mo|trop** ⟨zu ↑...trop⟩: auf den Schutz der Geschlechtsorgane gerichtet (Bot.); -e Bewegungen: Bewegungen der Blüten zum Schutz od. zur Unterstützung der Geschlechtsorgane, z. B. Schließen vor Regenfällen)
Gamp|so|dak|ty|lie *die;* -, ...ien ⟨zu *gr.* gampsós „gebogen, krumm", dáktylos „Finger" u. ↑²...ie⟩: Unfähigkeit, den kleinen Finger zu strecken (Med.)
Ga|na|che [ga'naʃ] *die;* - ⟨aus gleichbed. *fr.* (crème) ganache, weitere Herkunft ungeklärt⟩: cremige Nachspeise, die hauptsächlich aus einer Mischung von süßer Sahne u. geriebener Schokolade hergestellt wird. **Ga|nache|creme** *die;* -, Plur. -s u. (schweiz., österr.) -n: svw. Ganache
Ga|na|sche *die;* -, -n ⟨aus *fr.* ganache „untere Kinnlade des Pferdes", dies über *it.* ganascia „Kinnbacke" aus gleichbed. *gr.* gnáthos⟩: breiter Seitenteil des Pferdeunterkiefers
Gan|dha|ra|kunst [...'da:...] *die;* - ⟨nach dem Namen der historischen ind. Provinz Gandhara⟩: griech.-buddhistische

garantieren

Kunst aus der Schule der in Afghanistan gelegenen Landschaft Gandhara

Gan|dhar|wa [...'darva] *die* (Plur.) ⟨aus *sanskr.* gandharvá; nach dem Namen einer mythischen Gestalt⟩: Halbgötter (in Luft u. Wasser) des ↑Hinduismus

Gan|din [gã'dɛ̃:] *der;* -s, -s ⟨aus gleichbed. *fr.* gandin, nach dem Boulevard de Gand in Paris (Gand = franz. Name für Gent)⟩: (veraltet) Stutzer, Modegeck

Ga̱|neff *der;* -[s], -e ⟨über *Rotwelsch* ganef(f) „Dieb" aus gleichbed. *jidd.* gánew, dies aus *hebr.* gannāv; vgl. Ganove⟩: (österr.) svw. Ganove

Gang [gɛŋ] *die;* -, -s ⟨aus *engl.-amerik.* gang „Gruppe, Trupp; (Verbrecher)bande", eigtl. „das Gehen, Zusammengehen, gemeinsames Handeln"⟩: organisierte Gruppe von [jungen] Menschen, die sich kriminell, gewalttätig verhält. **Gang|chef** *der;* -s, -s: Anführer einer Gang

Gan|gli|en ['gaŋ(g)li̯ɛn]: Plur. von ↑Ganglion. **Gan|gli|en|blocka|de¹** *die;* -, -n ⟨zu ↑Ganglion u. ↑Blockade⟩: Hemmung der Reizübertragung im Nervensystem durch Arzneimittel (Med.). **Gan|gli|en|blocker** *der;* -s, - ⟨zu ↑blockieren⟩: die Reizübertragung im Nervensystem hemmendes Mittel (Med.). **Gan|gli|en|ple|xus** *der;* -, - [...ksu:s]: Nervengeflecht (Med.). **Gan|gli|en|sy|stem** *das;* -s, -e: Zentralnervensystem (Biol., Med.). **Gan|gli|en|zel|le** *die;* -, -n: Nervenzelle. **Gan|gli|om** *das;* -s, -e ⟨zu ↑...om⟩: bösartige Geschwulst, die von Ganglien des ↑Sympathikus ihren Ausgang nimmt (Med.). **Gan|gli|on** *das;* -s, ...ien [...i̯ən] ⟨aus *gr.* gagglíon „Geschwulst, Überbein"⟩: 1. Nervenknoten (Anhäufung von Nervenzellen). 2. Überbein (Med.). **gan|glio|när** ⟨zu ↑...är⟩: zu einem Ganglion gehörend; ganglienartig (Med.). **Gan|glio|neu|rom** *das;* -s, -e: gutartige Geschwulst aus Ganglienzellen u. Nervenfasern [im Bereich des Zentralnervensystems u. des peripheren Nervensystems] (Med.). **Gan|glio|ni|tis** *die;* -, ...itiden ⟨zu ↑...itis⟩: svw. Ganglitis. **Gan|glio|ple|gi|kum** *das;* -s, ...ka (meist Plur.) ⟨zu *gr.* plēgḗ „Stoß, Schlag" u. ↑...ikum⟩: svw. Ganglienblocker (Med.). **Gan|glio|sid** *das;* -[e]s, -e (meist Plur.) ⟨Kunstw. aus ↑*Ganglion* u. ↑Glykosid⟩: zuckerhaltige ↑Lipoide der Ganglienzellen (Biochem.). **Gan|glio|si|do|se** *die;* -, -n ⟨zu ↑¹...ose⟩: auf erblichem Mangel an Enzymen beruhende Stoffwechselkrankheit, die schon im frühen Kindesalter zu schweren Schädigungen des Nervensystems mit geistigem Abbau u. Erblindung, auch Muskelstörungen u. Krämpfen führt (Med.). **Gan|glio|zy|tom** *das;* -s, -e ⟨zu ↑...zyt u. ↑...om⟩: seltene Geschwulst, die wahrscheinlich von Keimversprengungen ausgeht u. im Groß- u. Kleinhirn sowie im Hirnstamm vorkommt (Med.). **Gan|gli|tis** *die;* -, ...itiden ⟨zu ↑...itis⟩: Nervenknotenentzündung (Med.)

Gan|grän *die;* -, auch *das;* -s, -e ⟨über *lat.* gangraena aus gleichbed. *gr.* gággraina⟩: [bes. feuchter] Brand, Absterben des Gewebes (Med.). **Gan|grä|ne** *die;* -, -n: (selten) svw. Gangrän. **gan|grä|nes|zie|ren** ⟨zu ↑...ieren⟩: mit Gangrän einhergehen (Med.). **gan|grä|nös** ⟨zu ↑...ös⟩: mit Gangränbildung einhergehend (Med.)

Gang|spill *das;* -[e]s, -e ⟨aus gleichbed. *niederl.* gangspil⟩: Ankerwinde

Gang|ster ['gɛŋstɐ] *der;* -s, - ⟨aus gleichbed. *engl.-amerik.* gangster; vgl. Gang⟩: (meist in einer Gruppe organisierter) [Schwer]verbrecher. **Gang|ster|me|tho|de** *die;* -, -n (meist Plur.): Art u. Weise des Handelns, Verhaltens, wie man sie [eigentlich nur] von Gangstern erwartet

Gang|way ['gæŋweɪ] *die;* -, -s ⟨aus gleichbed. *engl.* gangway, eigtl. „Durchgang"⟩: an ein Schiff od. Flugzeug heranzuschiebende, einem Steg od. einer Treppe ähnliche Vorrichtung, über die die Passagiere ein- u. aussteigen

Ga|no|blast *der;* -en, -en (meist Plur.) ⟨zu *gr.* gános „Glanz, Zierde" u. blastós „Sproß, Trieb"⟩: zahnschmelzbildende Zelle (Med.). **Ga|no|i|den** *die* (Plur.) ⟨zu ↑...iden⟩: Schmelzschupper (zusammenfassende Bez. für Störe, Hechte u. ↑Kaimanfische). **Ga|no|id|schup|pe** *die;* -, -n ⟨zu ↑²...id⟩: rhombenförmige Fischschuppe (charakteristisch für die Ganoiden). **Ga|no|in** *das;* -s ⟨zu ↑...in (1)⟩: perlmutterglänzender Überzug der Ganoidschuppen. **Ga|no|phyl|lit** [auch ...'lɪt] *der;* -s, -e: ein Mineral, brauner Sprödglimmer. **Ga|no|sis** *die;* -, ...osen ⟨aus *gr.* gánōsis „das Schmücken"⟩: Imprägnierung von Bildwerken aus Gips od. Marmor

Ga|no|ve [...və] *der;* -n, -n ⟨Rückbildung aus *jidd.* ganówem, ganówen (Plur.) „Diebe", dies aus gleichbed. *hebr.* gannāvīm zu gānav „stehlen, etwas entziehen"⟩: (ugs. abwertend) jmd., der in betrügerischer Absicht u. mehr im verborgenen andere zu täuschen, zu schädigen sucht; Gauner, Spitzbube, Dieb

Ganse [gɑ̃s] *die;* -, -n [...sn̩] ⟨aus gleichbed. *fr.* ganse, eigtl. „Band, Schnur", wohl zu *provenzal.* ganso⟩: (veraltet) a) Schnur; b) Schleife einer Schnur. **Gan|sette** [gɑ̃'sɛt] *die;* -, -n [...tn̩] ⟨aus gleichbed. *fr.* gansette, Verkleinerungsform von ganse, vgl. Ganse⟩: (veraltet) a) kleine Schnur; b) kleine Schleife. **Gan|seur** [...'søːʀ] *der;* -s, -e ⟨aus gleichbed. *fr.* ganseur⟩: (veraltet) Bandaufnäher an der Nähmaschine

Ga|ny|med [auch 'ga:...] *der;* -s, -e ⟨nach dem Mundschenk des Zeus in der griech. Mythologie (gr. Ganymḗdēs)⟩: junger Kellner, Diener

Gap [gæp] *das;* -[s], -s ⟨aus *engl.* gap „Lücke", dies aus *altnord.* gap „Kluft, Abgrund"⟩: 1. Lücke in der wissenschaftlichen u. technischen Entwicklung. 2. Bez. für Chromosomenlücke (Genetik). **Gap|ping** ['gæpɪŋ] *das;* -s ⟨aus gleichbed. *engl.* gapping zu to gap „eine Lücke lassen"; vgl. Gap⟩: Bez. für das mögliche Weglassen eines Verbs bei wiederholtem Vorkommen in komplexen Sätzen, z. B. *A trinkt Wein, B Bier u. C Limonade* statt *A trinkt Wein, B trinkt Bier, C trinkt Limonade* (Sprachw.)

Ga|ra|ge [...ʒə] *die;* -, -n ⟨aus gleichbed. *fr.* garage, eigtl. „das Ausweichen, Ausweichstelle", zu garer „ausweichen", dies aus dem Germ.⟩: 1. Einstellraum für Kraftfahrzeuge. 2. Autowerkstatt. **ga|ra|gie|ren** [...'ʒi:...] ⟨zu ↑...ieren⟩: (österr. u. schweiz.) in einer Garage einstellen. **Ga|ra|gist** [...'ʒɪst] *der;* -en, -en ⟨zu ↑...ist⟩: (schweiz.) Besitzer einer Autowerkstatt, Mechaniker

Ga|ra|mond [...'mõ:] *die;* - ⟨zu ↑Garmond⟩: eine Antiquadruckschrift; vgl. Garmond

Ga|rance [ga'rɑ̃:s] *die;* - ⟨aus gleichbed. *fr.* garance, dies über das Galloroman. aus *fränk.* *wratja⟩: (veraltet) Krapp, Farbstoff aus Krapp, Krapprot. **ga|ran|cie|ren** [garanˈsi:...] ⟨aus gleichbed. *fr.* garancer⟩: (veraltet) mit Krapp [rot] färben

Ga|rant *der;* -en, -en ⟨aus gleichbed. *fr.* garant zu *altfr.* g(u)arant „Bürge, Zeuge", dies aus dem Germ.⟩: eine Person, Institution o. ä., die (durch ihr Ansehen) Gewähr für die Sicherung, Erhaltung o. ä. von etw. bietet. **Ga|ran|tie** *die;* -, ...ien ⟨aus gleichbed. *fr.* garantie zu garantir, vgl. garantieren⟩: 1. Gewähr, Sicherheit. 2. vom Hersteller schriftlich gegebene Zusicherung, innerhalb eines bestimmten begrenzten Zeitraums auftretende Defekte an einem gekauften Gegenstand kostenlos zu beheben. 3. a) einen bestimmten Sachverhalt betreffende verbindliche Zusage, [vertraglich festgelegte] Sicherheit; b) Haftungsbetrag, Sicherheit, Bürgschaft (Bankw.). **ga|ran|tie|ren** ⟨aus gleichbed. *fr.* garantir⟩: bürgen, verbürgen, gewährleisten. **ga|ran|tiert** ⟨zu ↑...iert⟩: (ugs.) mit Sicherheit, bestimmt

Gar|bha|gri|ha [...ba...] *das;* -[s] ⟨aus gleichbed. *sanskr.* garbhagrha, eigtl. „Ort der Empfängnis"⟩: das Allerheiligste des ind. Tempels, der fensterlose Raum für das Hauptkultbild, über dem sich der Turmaufbau erhebt

Gar|bure [gar'by:r] *die;* -, -n [...rən] ⟨aus gleichbed. *fr.* garbure, dies aus *gaskogn.* garburo⟩: (veraltet) eine Art Kohlsuppe

Gar|çon [gar'sõ:] *der;* -s, -s ⟨aus gleichbed. *fr.* garçon, dies aus dem Germ.⟩: 1. franz. Bez. für Kellner. 2. (veraltet) junger Mann; Junggeselle. **Gar|çon|lo|gis** [...loʒi:] *das;* -[...i:(s)], -[...i:s] ⟨veraltet) Junggesellenwohnung, möblierte Mietwohnung. **Gar|çonne** [gar'sɔn] *die;* -, -n [...nən] ⟨aus gleichbed. *fr.* garçonne zu garçon, vgl. Garçon⟩: 1. (veraltet) ledige Frau, Junggesellin. 2. (ohne Plur.) knabenhafte Mode um 1925 u. wieder um 1950. **Gar|con|nière** [...'niɛ:ɐ] *die;* -, -n ⟨aus *fr.* garçonnière „Junggesellenwohnung"⟩: (österr.) Einzimmerwohnung

Gar|de *die;* -, -n ⟨aus *(alt)fr.* garde „Wache, Bewachung" zu garder „bewachen, hüten", dies aus dem Germ.⟩: 1. Leibwache eines Fürsten. 2. Kern-, Elitetruppe. 3. Fastnachtsgarde; [meist friderizianisch] uniformierte, in Karnevalsvereinen organisierte [junge] Frauen u. Männer. **Gardebou|tique** [gardbu'tik] *der;* -s, -s ⟨aus gleichbed. *fr.* gardeboutique; vgl. Boutique⟩: (veraltet) Ladenhüter. **Garde|dukorps** [gard(ə)dy'ko:ɐ] *das;* - [...ɐ(s)] ⟨aus *fr.* garde du corps „Leibwache"⟩: 1. Leibgarde eines Monarchen. 2. früher in Potsdam stationiertes Gardekavallerieregiment. **Garde|feu** [gard'fø:] *der;* -[s], -s ⟨aus gleichbed. *fr.* gardefeu, eigtl. „Feuerwärter"⟩: (veraltet) Kamingitter, Ofenschirm. **Garde|fou** [...'fu:] *der;* -[s], -s ⟨aus gleichbed. *fr.* garde-fou, eigtl. „Narren-, Torenschützer"⟩: (veraltet) Geländer. **Gar|de|korps** [...ko:ɐ] *das;* - [...ɐ(s)], -...ɐs] ⟨zu ↑Garde⟩: Gesamtheit der Garden (2). **Garde|manche** [gard'mã:ʃ] *der;* -[s], -s ⟨aus gleichbed. *fr.* garde-manche⟩: (veraltet) Ärmelschützer, -schoner. **Garde|man|ger** [...mã'ʒe:] *der;* -s, -s ⟨aus gleichbed. *fr.* garde-manger, eigtl. „Speiseverwahrung"⟩: 1. (veraltet) Speisekammer. 2. Spezialkoch für kalte Speisen (Gastr.). **Garde|nappe** [...'nap] *der;* -[s], -s ⟨aus gleichbed. *fr.* garde-nappe, eigtl. „Tischtuch-, Deckenschützer"⟩: (veraltet) Untersetzer

Gar|de|nie [...iə] *die;* -, -n ⟨aus *nlat.* gardenia; nach dem schott. Botaniker A. Garden, †1719; vgl. ¹...ie⟩: immergrüner trop. Strauch mit duftenden Blüten

Gar|den|par|ty ['gɑ:dn'pɑ:tɪ] *die;* -, ...ties [...tɪz] ⟨aus gleichbed. *engl.* garden party⟩: [sommerliches] Fest im Garten

Gar|de|re|gi|ment *das;* -[e]s, Plur. -e u. -er ⟨zu ↑Garde u. ↑Regiment⟩: svw. Garde (1, 2). **Gar|de|ro|be** *die;* -, -n ⟨aus gleichbed. *fr.* garde-robe, eigtl. „Kleiderverwahrung", zu garder „behüten" u. ↑Robe⟩: 1. gesamter Kleiderbestand einer Person. 2. Kleiderablage[raum]. 3. Ankleideraum (z. B. von Schauspielern). **Gar|de|ro|bier** [...'bje:] *der;* -s, -s ⟨zu ↑²...ier⟩: 1. männl. Person, die im Theater Künstler ankleidet u. ihre Garderobe in Ordnung hält (Theat.). 2. (veraltet) Angestellter, der in der Kleiderablage tätig ist, der auf die Garderobe achtet. **Gar|de|ro|bie|re** *die;* -, -n ⟨zu ↑¹...iere⟩: 1. weibl. Form zu ↑Garderobier (1). 2. (veraltet) Garderobenfrau, Angestellte, die in der Garderobe tätig ist. **Gar|de|vue** [gardə'vy:] *der;* -[s], -s ⟨aus gleichbed. *fr.* garde-vue, eigtl. „Blick-, Sehschutz"⟩: (veraltet) Licht-, Augenschirm. **gar|dez!** [gar'de:] ⟨aus *fr.* gardez! (Imperativ von garder „behüten") „schützen Sie (Ihre Dame)!"⟩: ein (von Laien bei privaten Schachpartien manchmal verwendeter) höflicher Hinweis für den Gegner, daß seine Dame geschlagen werden kann

Gar|di|ne *die;* -, -n ⟨über *mniederl.* gordine „Bettvorhang" aus gleichbed. *altfr.* cortine, dies aus *spätlat.* cortina „Vorhang" zu *lat.* cohors, Gen. cohortis „Hof(raum), Gehege"⟩: a) [durchsichtiger] Fenstervorhang; b) (veraltet) Bettvorhang

Gar|dist *der;* -en, -en ⟨zu ↑Garde u. ↑...ist⟩: Angehöriger der Garde

gare! [ga:r] ⟨*fr.;* Imperativ zu (se) garer „(sich) hüten", dies zu *got.* *warōn (*ahd.* bi-warōn) „beobachten, in Obhut nehmen"⟩: Achtung!, vorgesehen!, aufgepaßt!

gar|ga|ri|sie|ren ⟨aus gleichbed. *fr.* gargariser, dies über *lat.* gargarizare aus *gr.* gargarízein⟩: gurgeln (Med.). **Gar|ga|ris|ma** *das;* -s, -ta ⟨aus gleichbed. *lat.* gargarisma, zu *gr.* gargarismós „das Gurgeln"⟩: Gurgelmittel (Med.)

Gar|go|tage [...'ta:ʒə] *die;* -, -n ⟨zu ↑gargotieren u. ↑...age⟩: (veraltet) schlechtes Essen. **Gar|go|te** *die;* -, -n ⟨aus gleichbed. *(alt)fr.* gargote (Wort der Gaunerspr.) zu gargoter, vgl. gargotieren⟩: (veraltet) Garküche, billiges Speiselokal. **gar|go|tie|ren** ⟨aus gleichbed. *fr.* gargoter zu *altfr.* gargate „Hals, Schlund, Kehle", dies zu einem das Geräusch herunterfließenden Wassers lautmalend nachempfindenden Wortteil garg-⟩: (veraltet) [in einer Gargote] schlecht u. billig essen

Gar|gouille [gar'gu:j] *die;* -, -n [...jən] ⟨aus gleichbed. *fr.* gargouille⟩: (veraltet) Wasserspeier [bei Springbrunnen], Traufe, Abflußrohr. **Gar|gouil|lette** [...gu'jɛt] *die;* -, -n [...tn] ⟨aus gleichbed. *fr.* gargouillette, eigtl. Verkleinerungsform von ↑Gargouille⟩: (veraltet) Wasserkrug, Gießkanne. **gar|gouil|lie|ren** ⟨aus gleichbed. *fr.* gargouiller⟩: (veraltet) plätschern

Gar|gousse [gar'gus] *die;* -, -n [...sn] ⟨aus gleichbed. *fr.* gargousse, dies wohl aus *provenzal.* cargousso⟩: (veraltet) Treibladung, Kartusche (2). **Gar|gous|siè|re** [...'jɛ:rə] *die;* -, -n ⟨aus *fr.* gargoussière, weibliche Bildung zu gleichbed. gargoussier⟩: (veraltet) Patronentasche, Kartuschenbüchse

Gar|goy|lis|mus [...gɔy...] *der;* -, ...men ⟨zu *engl.* gargoyle „Wasserspeier" u. ↑...ismus (3)⟩: angeborene Krankheit mit Störungen der Knochenbildung, Knochendeformierungen u. Intelligenzdefekten (Med.)

Ga|rigue u. Garrigue [ga'rig] *die;* -, -s ⟨aus gleichbed. *fr.* gar(r)igue, dies aus *provenzal.* garriga⟩: strauchige, immergrüne Heide, offene ↑mediterrane Gebüschformation in Südfrankreich

Gar|mond [gar'mõ:] *die;* - ⟨nach dem franz. Stempelschneider C. Garamond, um 1480–1561⟩: (südd., österr.) svw. ³Korpus; vgl. Garamond

Gar|nasch *der;* -s, -en ⟨aus *altfr.* garnache, dies aus *lat.* gaunacum, *gr.* kaunakē „Pelz von Fell einer Maus- u. Wieselart, wie ihn Perser u. Babylonier trugen"⟩: im Mittelalter von Männern getragenes langes Oberkleid mit halblangen, weiten angeschnittenen Ärmeln

Gar|ne|le *die;* -, -n ⟨aus gleichbed. *mniederl.* gheenaert, vermutlich zu *mlat.* grano „Barthaar" (wegen der langen bartähnlichen Fühler)⟩: Krebs mit langen Fühlern, schlankem, seitlich abgeflachtem, meist durchsichtigem Körper u. langem, kräftigem Hinterleib (mehrere Arten von wirtschaftl. Bedeutung, z. B. Krabbe, ↑²Granat)

gar|ni vgl. Hotel garni. **Gar|nier** *das;* -s ⟨zu ↑garnieren⟩: Boden- u. Seitenverkleidung der Laderäume eines Frachtschiffs. **gar|nie|ren** ⟨aus gleichbed. *(alt)fr.* garnir, eigtl. „zum Schutz mit etwas versehen, (aus)rüsten", dies aus dem Germ.⟩: 1. a) mit Zubehör, Zutat versehen; b) schmücken, verzieren. 2. mit Garnier versehen

Gar|nie|rit […ˈnie̯…, auch …ˈrɪt] *der;* -s, -e ⟨nach dem franz. Geologen J. Garnier (1839–1904) u. zu ↑²…it⟩: ein hellgrünes Mineral, das zur Nickelgewinnung dient

Gar|ni|saire […ˈsɛːɐ̯] *der;* -s, -s ⟨aus gleichbed. *fr.* garnisaire zu ↑ Garnison; vgl. …är⟩: (veraltet) Soldat, der als Zwangsvollstrecker bei jmdm. ins Quartier gelegt wurde, bis die geschuldete Summe ausgezahlt wurde. **Gar|ni|son** *die;* -, -en ⟨aus *(alt)fr.* garnison "Besatzung", eigtl. "Schutzausrüstung", zu garnir, vgl. garnieren⟩: 1. Standort militärischer Verbände u. ihrer Einrichtungen. 2. Gesamtheit der Truppen eines gemeinsamen Standorts. **gar|ni|so|nie|ren** ⟨zu ↑ …ieren⟩: a) in der Garnison [als Besatzung] liegen; b) in Garnison legen. **Gar|ni|tur** *die;* -, -en ⟨aus gleichbed. *fr.* garniture zu garnir, vgl. garnieren⟩: 1. a) mehrere zu einem Ganzen gehörende Stücke (z. B. Wäsche-, Polster-, Schreibtischgarnitur); die erste, zweite -: (ugs.) die besten, weniger guten Vertreter aus einer Gruppe; b) zu einem Eisenbahnzug zusammengestellte Wagen, die mehrere Fahrten gemeinsam machen. 2. Verzierung, Besatz. 3. Gesamtheit der Beschläge (z. B. an Türen)

Ga|rot|te usw. vgl. Garrotte usw.

Ga|rouil|le [gaˈruːjə] *die;* - ⟨aus gleichbed. *fr.* garouille⟩: Wurzelrinde der Kermeseiche aus Algerien (Gerbmittel)

Gar|rigue [gaˈrig] *die;* Garigue

Gar|rot|te *die;* -, -n ⟨aus gleichbed. *span.* garrote, eigtl. "Knüttel, Knebel", weitere Herkunft unsicher⟩: Halseisen, Würgschraube, mit der früher in Spanien die Todesstrafe (durch Erdrosselung) vollstreckt wurde. **Gar|rot|teur** […ˈtøːɐ̯] *der;* -s, -e ⟨zu ↑ …eur⟩: (veraltet) jmd., der Verurteilte garrottierte; b) Straßenräuber, der sein Opfer mit einer übergeworfenen Schlinge würgt u. bewußtlos macht. **gar|rot|tie|ren** ⟨aus gleichbed. *fr.* garrotter⟩: mit der Garrotte erdrosseln

Ga|rúa [gaˈrua] *die;* - ⟨aus *span.* garúa "Sprühregen"⟩: dichter Küstennebel im Bereich des kalten Peruströms an der mittleren Westküste Südamerikas (Meteor.). **Ga|rúa|klima** *das;* -s: Klima im Einflußbereich kalter Meere

Ga|ry|ver|fah|ren [ˈgɛrɪ…] *das;* -s ⟨nach der nordamerik. Industriestadt Gary (USA)⟩: Prüfung natürlicher u. künstlicher Steine auf Abrieb u. Abnutzung durch Quarzsand, der mit Preßluft aufgeschleudert wird

Ga|sel *das;* -s, -e u. **Ga|se|le** *die;* -, -n ⟨aus *arab.* ġazal "verliebte Worte, Liebespoesie", eigtl. "Gespinst"⟩: [oriental.] Gedichtform mit wiederkehrenden gleichen od. "rührenden" Reimen; vgl. Bait

ga|sie|ren ⟨nach gleichbed. *fr.* gazer, eigtl. "sengen", dies zu gaz "Gas"⟩: Garne durch Absengen über Gasflammen von Faserenden befreien. **ga|si|fi|zie|ren** ⟨zu *dt.* Gas u. ↑ …fizieren⟩: für Gasbetrieb herrichten

Gas|ko|na|de *die;* -, -n ⟨aus gleichbed. *fr.* gasconnade zu gascon "gaskognisch" (nach dem Namen der Landschaft Gascogne im südwestl. Frankreich) u. zu ↑ …ade⟩: (veraltet) Prahlerei, Aufschneiderei

Gas|ödem *das;* -s, -e ⟨zu *dt.* Gas u. *gr.* oídēma "Geschwulst"⟩: durch Gasbrandbazillen erregte schwere Infektion (Med.). **Ga|so|gen** *das;* -s, -e ⟨zu ↑ …gen⟩: Stoff, aus dem Gas erzeugt werden kann (Chem.). **Ga|so|hol** *der;* -s ⟨Kurzw. aus ↑ *Gas*olin u. ↑ Alk*ohol*⟩: Gemisch aus 10–20% reinem Alkohol u. bleifreiem Benzin, das bessere Brenneigenschaften als gewöhnliches Benzin hat. **Ga|sol** *das;* -s ⟨zu *dt.* Gas u. ↑ …ol⟩: bei der technischen Kohlenwasserstoffsynthese entstehendes, vorwiegend aus ↑ Propan u. ↑ Butan bestehendes Heiz- u. Treibgas. **Ga|so|lin** *das;* -s ⟨aus *engl.(-amerik.)* gasoline "Benzin", dies Kunstw. aus gas "Gas", -ol (zu *lat.* oleum "Öl"; vgl. …ol) u. -ine (chem. Suffix, vgl. …in)⟩: Leichtbenzin, bei sehr niedriger Temperatur siedendes Benzin. **Ga|so|me|ter** *der;* -s, - ⟨aus *fr.* gazomètre "Gasbehälter", eigtl. "Luft-, Gasmesser"; vgl. ¹…meter⟩: Behälter für Leuchtgas. **Gas|ther|me** *die;* -, -n: gasbeheizter Durchlauf- u. Umlaufwasserheizer

gastr…, Gastr… vgl. gastro…, Gastro… **Ga|sträa** *die;* -, …äen ⟨aus *gr.* gastraía "Bauch (eines Gefäßes)" zu gastḗr, Gen. gastrós "Bauch, Magen"⟩: hypothetisches, einer Gastrula ähnelndes Lebewesen als Stammform aller mehrzelligen Tiere, Urdarmtier (Zool.). **Ga|sträa|theo|rie** *die;* -: von Haeckel aufgestellte Theorie über die Abstammung aller Tiere, die eine ↑ Gastrulation durchlaufen, von einer gemeinsamen Urform, der Gasträa. **ga|stral** ⟨zu ↑ gastro… u. ↑¹…al (1)⟩: zum Magen gehörend, den Magen betreffend (Med.). **Ga|stral|gie** *die;* -, …ien ⟨zu ↑ …algie⟩: Magenkrampf (Med.). **Ga|stral|go|ke|no|se** *die;* -, -n ⟨zu ↑ Gastralgie, *gr.* kenós "leer" u. ↑¹…ose⟩: [nervös bedingte] Schmerzen bei Magenleere (Med.). **Ga|strek|ta|sie** *die;* -, …ien ⟨zu ↑ gastro… u. ↑ Ektasie⟩: Magenerweiterung (Med.). **Ga|strek|to|mie** *die;* -, …ien ⟨zu ↑ …ektomie⟩: operative Entfernung des Magens (Med.). **Ga|strin** *das;* -s ⟨zu ↑ …in (1)⟩: die Absonderung von Magensaft anregendem hormonähnlichem Stoff, dessen Bildung durch den Nahrungsreiz ausgelöst wird (Med.). **Ga|stri|nom** *das;* -s, -e ⟨zu ↑ …om⟩: Gastrin absondernder Tumor der Bauchspeicheldrüse (Med.). **ga|strisch**: zum Magen gehörend, vom Magen ausgehend (Med.). **Ga|stri|tis** *die;* -, …itiden ⟨zu ↑ …itis⟩: Magenschleimhautentzündung, Magenkatarrh. **Ga|stri|zis|mus** *der;* - ⟨zu ↑ …izismus; vgl. …ismus (3)⟩: Magenverstimmung (Med.). **ga|stro…, Gastro…**, vor Vokalen meist gastr…, Gastr… ⟨aus *gr.* gastḗr, Gen. gastrós "Bauch, Magen"⟩: Wortbildungselement mit der Bedeutung "den Magen(-Darm)-Bereich, den Bauch betreffend", bauchig", z. B. gastral, Gastralgie, gastroenterisch, Gastroskop. **Ga|stro|ade|ni|tis** *die;* -, …itiden: Entzündung der Magendrüsen (Med.). **Ga|stro|ana|sto|mo|se** *die;* -, -n: operative Verbindung zweier getrennter Magenabschnitte. **Ga|stro|bi|op|sie** *die;* -, …ien: ↑ histologische Untersuchung von Schleimhautteilchen, die mittels einer Sonde dem Magen entnommen werden (Med.). **ga|stro|duo|de|nal**: Magen u. Zwölffingerdarm betreffend (Med.). **Ga|stro|duo|de|ni|tis** *die;* -, …itiden: Entzündung der Schleimhaut von Magen u. Zwölffingerdarm (Med.). **Ga|stro|duo|de|no|sto|mie** *die;* -, …ien ⟨zu *gr.* stóma "Mund; Mündung" u. ↑²…ie⟩: operative Herstellung einer [künstlichen] Verbindung zwischen Magen u. Zwölffingerdarm (Med.). **Ga|stro|dy|nie** *die;* -, …ien ⟨zu ↑ …odynie⟩: Magenschmerzen, Magenkrampf (Med.). **ga|stro|en|te|risch**: Magen u. Darm betreffend (Med.). **Ga|stro|en|te|ri|tis** *die;* -, …itiden: Magen-Darm-Entzündung (Med.). **Ga|stro|en|te|ro|ko|li|tis** *die;* -, …itiden: Entzündung des gesamten Verdauungskanals vom Magen bis zum Dickdarm (Med.). **Ga|stro|en|te|ro|lo|ge** *der;* -n, -n ⟨zu ↑ Enteron u. ↑…loge⟩: Arzt mit speziellen Kenntnissen auf dem Gebiet der Magen- u. Darmkrankheiten (Med.). **Ga|stro|en|te|ro|lo|gie** *die;* - ⟨zu ↑ …logie⟩: Wissenschaft von den Krankheiten des Magens u. Darms (Med.). **Ga|stro|en|te|ro|pa|thie** *die;* -, …ien: allgemeine Bez. für Magen- u. Darmleiden (Med.). **Ga|stro|en|te|ro|sto|mie** *die;* -, …ien: operativ geschaffene Verbindung zwischen Magen u. Dünndarm (Med.). **ga|stro|gen** ⟨zu ↑ …gen⟩: vom Magen ausgehend (Med.). **Ga|stro|hy|dror|rhö** *die;* -, -en u. **Ga|stro|hy|dror|rhöe** […ˈrøː] *die;* -, …rrhöen […ˈrøːən]: Absonderung eines wäßrigen Magensaftes mit vermindertem Gehalt an Salzsäure u. Enzymen (Med.). **ga|stro|in|te|sti|nal:** Magen u. Darm betreffend (Med.). **Ga|stro|lith** [auch ...'lɪt] *der;* Gen. -s u. -en, Plur. -e[n] ⟨zu ↑...lith⟩: Magenstein, Konkrement im Magen aus verschluckten Haaren, Pflanzenfasern u. ä. (Med.). **Ga|stro|lo|gie** *die;* - ⟨zu ↑...logie⟩: Teilgebiet der Gastroenterologie (Med.). **Ga|stro|ly|se** *die;* -, -n ⟨zu ↑...lyse⟩: operatives Herauslösen des Magens aus Verwachsungssträngen (Med.). **Ga|stro|ma|la|zie** *die;* -, ...ien: Magenerweichung (infolge Selbstverdauung des Magens; Med.). **Ga|stro|mant** *der;* -en, -en ⟨zu *gr.* mántis „Seher"⟩: svw. Engastrimant. **Ga|stro|me|ga|lie** *die;* -, ...ien ⟨zu *gr.* mégas, Gen. megálou „groß" u. ↑²...ie⟩: abnorme Vergrößerung des Magens (Med.). **Ga|stro|my|xor|rhö** *die;* -, -en u. **Ga|stro|my|xor|rhöe** [...'rø:] *die;* -, ...rrhöen [...'rø:ən] ⟨zu *gr.* mýxa „Schleim" u. rheĩn „fließen"⟩: vermehrte Schleimabsonderung des Magens (Med.). **Ga|stro|my|zet** *der;* -en, -en (meist Plur.): Bauchpilz (z. B. Bovist; Bot.). **Ga|stro|nom** *der;* -en, -en ⟨aus *fr.* gastronome „Feinschmecker" zu gastronomie, vgl. Gastronomie⟩: Gastwirt mit besonderen Kenntnissen auf dem Gebiet der Kochkunst. **Ga|stro|no|mie** *die;* - ⟨aus *fr.* gastronomie „Feinschmeckerei, feine Kochkunst", dies aus *gr.* gastronomía „Vorschrift zur Pflege des Bauches"; nach einem Buchtitel des Archestratos (um 350 v. Chr.); vgl. gastro... u. ...nomie⟩: 1. Gaststättengewerbe. 2. feine Kochkunst. **ga|stro|no|misch** ⟨nach gleichbed. *fr.* gastronomique⟩: 1. das Gaststättengewerbe betreffend. 2. die feine Kochkunst betreffend. **Ga|stro|pa|re|se** *die;* -, -n ⟨zu ↑gastro...⟩: Erschlaffung des Magens (Med.). **Ga|stro|pa|thie** *die;* -, ...ien ⟨zu ↑...pathie⟩: Magenleiden (Med.). **Ga|stro|pe|xie** *die;* -, ...ien ⟨zu *gr.* pēxis „das Befestigen, Verbinden" u. ↑²...ie⟩: Annähen des Magens an die Bauchwand (bei Magensenkung; Med.). **Ga|stro|pla|stik** *die;* -, -en: operative Wiederherstellung der normalen Magenform (Med.). **Ga|stro|ple|gie** *die;* -, ...ien ⟨zu *gr.* plēgḗ „Schlag, Stoß" u. ↑²...ie, eigtl. „Magenlähmung"⟩: Schwäche der Magenmuskulatur (Med.). **Ga|stro|po|de** *der;* -n, -n (meist Plur.) ⟨zu ↑...pode⟩: Schnecke (Gattungsbezeichnung einer Klasse der Weichtiere od. ↑Mollusken; Zool.). **Ga|stro|pto|se** *die;* -, -n ⟨zu *gr.* ptōsis „der Fall, das Fallen"⟩: Magensenkung (Med.). **Ga|stror|rha|gie** *die;* -, ...ien ⟨zu *gr.* rhēgnýnai „reißen, bersten"; Analogiebildung zu ↑Hämorrhagie⟩: Magenbluten (Med.). **Ga|stror|rha|phie** *die;* -, ...ien ⟨zu *gr.* rhaphḗ „Naht", eigtl. „Magennaht", u. ↑²...ie⟩: Schließung des operativ eröffneten Magens durch Anlegen einer Naht (Med.). **Ga|stror|rhe|xis** *die;* -, ...xen ⟨zu *gr.* rhḗxis „das Reißen, Durchbrechen", eigtl. „Magenzerreißung"⟩: Magenriß, z. B. durch Gewalteinwirkung (Med.). **Ga|stror|rhö** *die;* -, -en u. **Ga|stror|rhöe** [...'rø:] *die;* -, ...rrhöen [...'rø:ən] ⟨zu *gr.* rheĩn „fließen"⟩: verstärkte Absonderung von Magensaft (Med.). **Ga|stro|se** *die;* -, -n ⟨zu ↑¹...ose⟩: (veraltend) nicht entzündliche ↑organische (1 a) u. ↑funktionelle Veränderung des Magens (Med.). **Ga|stro|skop** *das;* -s, -e ⟨zu ↑...skop⟩: mit Spiegel versehenes, durch die Speiseröhre eingeführtes Metallrohr zur Untersuchung des Mageninneren (Med.). **Ga|stro|sko|pie** *die;* -, ...ien ⟨zu ↑...skopie⟩: Magenspiegelung mit dem Gastroskop (Med.). **ga|stro|sko|pie|ren** ⟨zu ↑...ieren⟩: eine Gastroskopie durchführen (Med.). **Ga|stro|soph** *der;* -en, -en ⟨zu *gr.* sophós „klug"⟩: Anhänger der Gastrosophie. **Ga|stro|so|phie** *die;* - ⟨zu *gr.* sophía „Weisheit"⟩: Kunst, Tafelfreuden [weise] zu genießen. **ga|stro|so|phisch:** Tafelfreuden [weise] genießend. **Ga|stro|spas|mus** *der;* -, ...men: Magensteifung, -krampf, brettharte Zusammenziehung der Magenmuskeln (Med.). **Ga|stro|sto|mie** *die;* -, ...ien ⟨zu *gr.* stóma „Mund; Mündung" u. ↑²...ie⟩: operatives Anlegen einer Magenfistel (bes. zur künstl. Ernährung; Med.). **Ga|stro|to|mie** *die;* -, ...ien ⟨zu ↑...tomie⟩: Magenschnitt, operative Öffnung des Magens (Med.). **Ga|stro|tri|chen** *die* (Plur.) ⟨zu *gr.* thríx, Gen. trichós „Haar"⟩: mikroskopisch kleine, wurmähnliche, bewimperte Tiere (Wasserbewohner; Zool.). **Ga|stro|tym|pa|ni|tis** *die;* -, ...itiden ⟨zu *gr.* týmpanon „Handpauke, Handtrommel" u. ↑...itis⟩: Auftreiben des Magens durch Gase (Med.). **Ga|stro|vas|ku|lar|sy|stem** *das;* -s: der oft sehr fein gefäßartig verzweigte Innenraum bei Hohltieren, bei den Korallentieren u. bei den Plattwürmern. **Ga|stro|xie** *die;* -, ...ien ⟨zu *gr.* oxýs „scharf" u. ↑²...ie⟩: durch übermäßiges Ausscheiden von Magensäure verursachtes Unwohlsein (Med.). **Ga|stro|zöl** *das;* -s, -e ⟨zu *gr.* koĩlos „hohl, ausgehöhlt"⟩: Darmhöhle, der von Darm u. Magen umschlossene Hohlraum (Med.; Biol.). **Ga|stru|la** *die;* -, ...lae [...lɛ] ⟨aus gleichbed. *nlat.* gastrula zu *gr.* gastḗr, Gen. gastrós „Bauch, Magen"⟩: zweischichtiger Becherkeim (Entwicklungsstadium vielzelliger Tiere; Biol.). **Ga|stru|la|ti|on** *die;* - ⟨zu ↑...ation⟩: Bildung der ↑Gastrula aus der ↑Blastula in der Entwicklung mehrzelliger Tiere (Biol.)

Gate [geɪt] *das;* -s, -s ⟨aus *engl.* gate „Tür, Tor" (wegen der Vorstellung einer sich öffnenden u. schließenden Tür)⟩: spezielle Elektrode zur Steuerung eines Elektronenstroms (Phys.). **Gate-Ar|ray-Bau|stei|ne** ['geɪt.ə'reɪ...] *die* (Plur.) ⟨zu *engl.* gate „Gatter" u. array „Ordnung, Aufstellung"⟩: aus einer regelmäßigen Anordnung von Logikgattern bestehende ↑Chips (3), die in großen Stückzahlen u. somit kostengünstig hergestellt werden (Mikroelektronik). **Gatefold** ['geɪtfoʊld] *das;* -s, -s ⟨aus gleichbed. *engl.* gate fold zu gate „Klappe, beweglicher Rahmen" u. fold „Faltung, Falz"⟩: Seite in einem Buch, einer Zeitschrift o. ä., die größer ist als die anderen u. daher in die passende Form gefaltet ist

Gate|me|tier [gatmet'je:] *der;* -s, -s ⟨aus gleichbed. *fr.* gâte-métier zu gâter „verderben, beschädigen" (aus *lat.* vastare) u. métier „Beruf"⟩: (veraltet) Pfuscher, Preisverderber

Ga|thas *die* (Plur.) ⟨aus *awest.* gāthā „Gesänge"⟩: ältester Teil des ↑Awesta, von Zarathustra selbst stammende strophische Lieder

gat|tie|ren ⟨zu *dt.* gatten „vereinigen" u. ↑...ieren⟩: Ausgangsstoffe für Gießereiprodukte (z. B. Roheisen, Stahlschrott, Gußbruch) in bestimmten Mengenverhältnissen fachgemäß mischen

gauche [goʃ] ⟨*fr.;* zu *mittelfr.* gauchir „abweichen", dies aus *fränk.* *wankjan „zum Wanken bringen"⟩: (veraltet) links, linkisch, verkehrt. **Gauche|rie** [...'ri:] *die;* -, ...ien ⟨aus gleichbed. *fr.* gaucherie⟩: (veraltet) linkisches Benehmen, Ungeschicklichkeit, Tölpelei. **Gau|chis|mus** [go'ʃis...] *der;* - ⟨aus gleichbed. *fr.* gauchisme zu gauche „links; Linke"; vgl. ...ismus (1)⟩: (links von der Kommunistischen Partei Frankreichs stehende) linksradikale politische Bewegung, Ideologie in Frankreich. **Gau|chist** *der;* -en, -en ⟨aus gleichbed. *fr.* gauchiste⟩: Anhänger des Gauchismus. **gau|chi|stisch:** den Gauchismus betreffend, dazu gehörend, darauf beruhend

Gau|cho ['gautʃo] *der;* -[s], -s ⟨aus gleichbed. *span.* gaucho (wohl indian. Wort)⟩: berittener südamerik. Viehhirt

Gau|dea|mus *das;* - ⟨aus *lat.* gaudeamus „wir wollen uns freuen", 1. Pers. Plur. Konj. Präs. von *lat.* gaudere, vgl. gaudieren; eigtl. Gaudeamus igitur „Freuen wir uns also"⟩: Anfang eines mittelalterlichen Studentenliedes (Neufassung 1781 von C. W. Kindleben). **Gau|di** *die;* -, auch *das; -s:* (ugs.) Kurzform von ↑ Gaudium. **gau|die|ren** ⟨aus gleichbed. *lat.* gaudere⟩: (veraltet) sich freuen. **Gau|di|um** *das; -s* ⟨aus *lat.* gaudium „Freude, Vergnügen"⟩: Spaß, Belustigung, Vergnügen. **Gau|di|um et spes** ⟨*lat.;* „Freude u. Hoffnung"⟩: nach ihren Anfangsworten bezeichnete Pastoralkonstitution des 2. Vatikanischen Konzils von 1965 über die Kirche in der Welt von heute

Gau|fra|ge [goˈfraːʒə] *die;* -, -n ⟨aus gleichbed. *fr.* gaufrage zu gaufrer, vgl. gaufrieren⟩: Narbung od. Musterung von Papier u. Geweben. **Gau|fré** [goˈfreː] *das; -[s],* -s ⟨aus gleichbed. *fr.* gaufré, eigtl. Part. Perf. von gaufrer, vgl. gaufrieren⟩: Gewebe mit eingepreßtem Muster. **gau|frie|ren** ⟨aus *fr.* gaufrer „Figuren auf etwas pressen" zu gaufre „Waffel", dies über *altfr.* walfre aus *mniederl.* wâfel⟩: mit dem Gaufrierkalander prägen od. mustern. **Gau|frier|ka|lan|der** *der; -s, -:* ↑ Kalander zur Narbung od. Musterung von Papier u. Geweben

Gauge [geɪdʒ] *das;* - ⟨aus *engl.* gauge „Normalmaß" zu *altfr.* gauger „messen", dies vermutlich aus *galloroman.* *galicare „(mit dem Meßstab) messen"⟩: in der Strumpffabrikation Maß zur Angabe der Maschenzahl u. damit zur Feinheit des Erzeugnisses; Abk.: gg

Gaul|lis|mus [goˈlɪs...] *der;* - ⟨aus *fr.* gaullisme; nach dem franz. Staatspräsidenten General Ch. de Gaulle, 1890 bis 1970; vgl. ...ismus (1)⟩: politische Bewegung in Frankreich nach dem Zweiten Weltkrieg, die für eine starke Staatsgewalt u. für die nationale Unabhängigkeit Frankreichs auf wirtschaftlichem, außen- u. militärpolitischem Gebiet eintrat. **Gaul|list** *der;* -en, -en ⟨aus gleichbed. *fr.* gaulliste⟩: Verfechter u. Anhänger des Gaullismus. **gaul|li|stisch**: den Gaullismus betreffend, zu ihm gehörend

Gault [gɔːlt] *der; -[e]s* ⟨aus gleichbed. *engl.* gault (nach einem Gestein aus der Gegend von Cambridge)⟩: zweitälteste Stufe der Kreide (Geol.)

Gaul|the|ria [gɔl...] *die;* -, ...ien [...jən] ⟨aus *nlat.* gaultheria; nach dem französisch-kanadischen Botaniker J.-F. Gaultier, 1708–1756⟩: Gattung der Erikagewächse, aus deren Blättern das als Heilmittel verwendete Gaultheriaöl gewonnen wird

Gaur *der; -[s], -[s]* ⟨über *engl.* gaur aus gleichbed. *Hindi* gaur, dies aus *sanskr.* gaurá⟩: in den Wäldern Vorderindiens heimisches, sehr großes u. kräftiges Wildrind

Gau|sa|pe *das;* -, ...pes [...peːs] ⟨über *lat.* gausapa, gausape aus *gr.* gausápēs „dicker Stoff"⟩: altröm. Friesmantel. **Gau|sa|pum** *das; -s,* ...pen ⟨aus gleichbed. *lat.* gausapum⟩: svw. Gausape

Ga|vi|al [...v...] *der; -s, -e* ⟨über *engl.* gavial aus gleichbed. *Hindi* ghariyāl⟩: Schnabelkrokodil

Ga|vot|te [gaˈvɔt(ə)] *die;* -, -n [...tn̩] ⟨aus gleichbed. *fr.* gavotte, dies aus *provenzal.* gavoto „Tanz der gavots, d. h. der Alpenbewohner"⟩: Tanz im ¾-Takt; in der Suite (4) nach der Sarabande gespielt

gay [geɪ] ⟨aus gleichbed. *engl.* gay, eigtl. „lustig, fröhlich", dies aus *altfr.* gai, gay, weitere Herkunft unbekannt⟩: (offen u. selbstbewußt) homosexuell. **Gay** *der; -s, -s:* Homosexueller. **Ga|ya cien|cia** [ˈgaːja ˈtsi̯entsi̯a] *die;* - - ⟨aus *provenzal.* gaya ciencia, eigtl. „fröhliche Wissenschaft"⟩: Dichtung der Toulouser Meistersingerschule im 14. Jh. (vorwiegend Mariendichtung)

Ga|ya|ha|sta [ˈgaja...] *die;* -, -[s] ⟨aus *sanskr.* gāya hásta, eigtl. „schreitende Hand"⟩: eine bestimmte Geste tanzender Figuren, in der ein Arm des Tänzers in Nachahmung eines Elefantenrüssels quer vor der Brust gehalten wird

Ga|yal [ˈgaːjal, auch gaˈjaːl] *der; -s* ⟨aus gleichbed. *Hindi* gayāl⟩: hinterindisches leicht zähmbares Wildrind (Haustierform des ↑Gaur)

Ga|ya|tri [ˈgaːja...] *die;* - ⟨aus gleichbed. *sanskr.* gāyatrī⟩: Metrum von 3 × 8 Silben

Gay|lus|sit [ge..., auch ...ˈsɪt] *der; -s, -e* ⟨nach dem franz. Physiker u. Chemiker J. L. Gay-Lussac (1778–1850) u. zu ↑² ...it⟩: ein farbloses, weißes od. gelbes Mineral

Ga|yo|mart [ˈgajo...] *der;* - ⟨aus *awest.* gáya mārtan „sterbliches Leben"⟩: der prototypische Urmensch, der zugleich der Erstling der erwarteten Auferstehung ist (in der altiran. Religion)

Ga|ze [ˈgaːzə] *die;* -, -n ⟨aus gleichbed. *fr.* gaze, dies über *span.* gasa wohl aus *arab.* qazz (eine Rohseide)⟩: 1. [als Stickgrundlage verwendetes weitmaschiges [gestärktes] Gewebe aus Baumwolle, Seide o. ä. 2. Verbandmull

Ga|zel|le *die;* -, -n ⟨aus gleichbed. *it.* gazzella, dies aus *arab.* ġazāla „weibl. Gazelle"⟩: Antilopenart der Steppengebiete Nordafrikas und Asiens

Ga|zet|te [auch gaˈzɛta] *die;* -, -n ⟨aus *fr.* gazette „Zeitung", dies über *it.* gazzetta aus gleichbed. *venez.* gazeta, eigtl. Name einer Münze, für die im 16. Jh. ein Nachrichtenblatt verkauft wurde⟩: (oft iron.) Zeitung

Ga|zi [ˈgaːzi] vgl. Ghasi

ga|zie|ren [gaˈziː...] ⟨zu ↑Gaze u. ↑...ieren⟩: verschleiern, mit Gaze überziehen

Ga|zon [gaˈzõː] *der; -s, -s* ⟨aus gleichbed. *fr.* gazon, dies aus *fränk.* *waso (*ahd.* waso)⟩: (veraltet) Rasen, Rasenplatz. **ga|zon|nie|ren** [gazoˈniː...] ⟨aus gleichbed. *fr.* gazonner⟩: (veraltet) mit Rasen bedecken

Ga|zo|phy|la|ci|um [...tsi̯ʊm] *das; -s,* ...ien ⟨über *lat.* gazophylacium aus gleichbed. *gr.* gazophylákion zu gaza (*pers.* ganj) „königlicher Schatz" u. phylássein „bewachen"⟩: (veraltet) Schatzkammer, bes. im Mittelalter Aufbewahrungsort des Kirchenschatzes

Gaz|pa|cho [gasˈpatʃo] *der; -[s], -s* ⟨aus gleichbed. *span.* gazpacho⟩: a) kalt angerichtete span. Gemüsesuppe; b) als Brotbelag verwendetes Gericht aus Bröckchen eines in der Asche od. auf offenem Feuer gebackenen Eierkuchens

ge..., **Ge...** vgl. geo..., Geo...

Ge|an|ti|kli|na|le vgl. Geoantiklinale

Geb *der; -[s]* ⟨aus gleichbed. *ägypt.* gēb⟩: ägypt. Erdgott, der den Menschen die verborgenen Schätze des Erdinneren spendet

Gecko[1] *der; -s, Plur. -s u.* ...onen ⟨aus gleichbed. *engl.* gecko od. *niederl.* gekko, diese aus *malai.* gekok (lautmalend)⟩: tropisches u. subtropisches eidechsenartiges Kriechtier (Insektenvertilger)

Ge|da|nit [auch ...ˈnɪt] *der; -s, -e* ⟨nach Gedanum, dem latinisierten Namen von Gdańsk (Danzig), u. zu ↑² ...it⟩: fossiles, aber schwefelfreies Harz, das zusammen mit Bernstein vorkommt u. diesem ähnlich ist (als Schmuckstein von geringem Wert)

Ge|dek|li *die* (Plur.) ⟨zu *türk.* gedikli „im Besitz einer amtlichen Konzession"⟩: türk. berittene Ehrengarde des Sultans

ge|fluxt ⟨zu *engl.* to flux „flüssig machen"⟩: mit einem Öl von geringer Flüchtigkeit versetzt (Chem.)

Ge|gen|kon|di|tio|nie|rung *die;* - ⟨zu ↑Konditionierung⟩: Lernvorgang mit dem Ergebnis der Umkehrung eines ↑konditionierten Verhaltens (z. B. wenn Furchtreaktionen bei einem harmlosen Reiz abgebaut werden, indem man den Reiz gleichzeitig mit der Auslösung positiver Spontanreaktionen erfolgen läßt; Psychol.); vgl. Konditionierung

Ge|gen|kul|tur *die;* -, -en ⟨zu ↑Kultur⟩: Kulturgruppierung, die in Ablehnung der bürgerlichen Gesellschaft eigene Kulturformen entwickelt (Soziol.); vgl. Subkultur

Ge|gen|re|for|ma|ti|on *die;* - ⟨zu ↑ Reformation⟩: innere Erneuerung u. neue Ausbreitung des Katholizismus im 16. u. 17. Jh. als Gegenbewegung gegen die ↑ Reformation

Ge|gen|re|vo|lu|ti|on *die;* -, -en ⟨zu ↑ Revolution⟩: gegen eine siegreiche Revolution gerichtete politisch-soziale Bewegung, die im wesentlichen auf die ↑ Restauration der vorrevolutionären Verhältnisse hinzielt

ge|han|di|kapt [gəˈhɛndikɛpt] ⟨nach gleichbed. *engl.* handicapped⟩: durch etwas behindert, benachteiligt; vgl. handikapen

Ge|hen|na *die;* - ⟨über *(kirchen)lat.* gehenna, *gr.* géenna aus *hebr.* gê(ven)hinnōm, eigtl. „Tal (des Sohnes) Hinnoms" (bei Jerusalem), weil dort ursprünglich dem Moloch Menschenopfer dargebracht worden sein sollen⟩: spätjüd.-neutestamentliche Bez. für Hölle

Geh|le|nit [auch …ˈnɪt] *der;* -s, -e ⟨nach dem dt. Chemiker A. F. Gehlen (1775–1815) u. zu ↑²…it⟩: ein weißgraues od. grünlichgraues Mineral in Kalken

Gei|kie|lith [auch …ˈlɪt] *der;* Gen. -s u. -en, Plur. -e[n] ⟨nach dem schott. Geologen Sir A. Geikie (1835–1924) u. zu ↑…lith⟩: ein bräunlichschwarzes, metallglänzendes, mit ↑ Ilmenit ↑ isotopes Mineral

Ge|in *das;* -s ⟨zu *gr.* gẽ, Nebenform von gaĩa „Erde" u. ↑…in (1)⟩: 1. der (schwarzbraune) Hauptbestandteil der Ackererde. 2. ↑ Glykosid aus der Wurzel der Nelkenwurz (Bot.)

Gei|sa: Plur. von ↑ Geison

Gei|ser *der;* -s, - ⟨aus *isländ.* geysir⟩: svw. Geysir

Gei|sha [ˈgeːʃa, auch ˈgaiʃa] *die;* -, -s ⟨über *engl.* geisha aus gleichbed. *jap.* geisha, zu gei „unterhaltende Kunst" u. sha „Person"⟩: in Musik u. Tanz ausgebildete Gesellschafterin, die zur Unterhaltung der Gäste in japan. Teehäusern o. ä. beiträgt

Gei|son *das;* -s, Plur. -s u. …sa ⟨aus *gr.* geĩson „Sims"⟩: Kranzgesims des antiken Tempels

Gei|to|no|ga|mie *die;* - ⟨zu *gr.* geítōn, Gen. geítonos „benachbart; Nachbar" u. ↑…gamie (1)⟩: Übertragung von Blütenstaub zwischen Blüten, die auf derselben Pflanze stehen (Bot.)

ge|kan|tert [auch gəˈkɛn…] vgl. kantern

Gel *das;* -s, -e ⟨Kurzform von ↑ Gelatine⟩: 1. gallertartiger Niederschlag aus einer feinzerteilten Lösung. 2. gallertartiges Kosmetikum

Gel|ar *das;* -s ⟨Kunstw.⟩: agarähnliches (vgl. Agar-Agar) Präparat aus Ostseealgen

Ge|las|ma *das;* -s, Plur. -ta u. …men ⟨aus *gr.* gélasma „das Lachen"⟩: Lachkrampf (Med.)

Ge|la|ti|ne [ʒe…] *die;* - ⟨über *fr.* gélatine aus gleichbed. *it.* gelatina, dies zu *lat.* gelatus „gefroren, erstarrt"; vgl. Gelee⟩: geschmack- u. farblose, aus Knochen u. Häuten hergestellte leimartige Substanz, die vor allem zum Eindicken u. Binden von Speisen Verwendung findet. **Ge|la|ti|ne|kapsel** *die;* -, -n: dünnwandige Kapsel aus Gelatine u. ↑ Glyzerin, die sich erst im Magen auflöst. **ge|la|ti|nie|ren** ⟨zu ↑…ieren⟩: a) zu Gelatine erstarren; b) eine feinzerteilte Lösung in Gelatine verwandeln. **ge|la|ti|nös** ⟨nach gleichbed. *fr.* gélatineux⟩: gelatineartig. **Ge|la|ti|on** [ge…] *die;* -, -en ⟨aus gleichbed. *lat.* gelatio zu gelare, vgl. gelieren⟩: (veraltet) das Gefrieren, Frost. **Ge|la|tit** [ʒe…, auch …ˈtɪt] *das;* -s ⟨Kunstw.; vgl. ¹…it⟩: ein Gesteinssprengstoff. **Gel-coat** [ˈgeːlkoʊt] *der;* -s ⟨aus gleichbed. *engl.* gel coat zu gel (vgl. Gel) u. coat „Hülle, Mantel"⟩: oberste Schicht der Außenhaut eines Bootes, das aus glasfaserverstärktem Kunststoff gebaut ist. **Ge|lee** [ʒeˈleː, auch ʒəˈleː] *das* od. *der;* -s, -s ⟨aus gleichbed. *fr.* gelée zu geler „gefrieren, steif werden", dies aus *lat.* gelare „gefrieren"⟩: a) süßer Brotaufstrich aus gallertartig eingedicktem Fruchtsaft; b) gallertartige, halbsteife Masse, z. B. aus Fleisch- od. Fischsaft. **Ge|lée roy|ale** [ʒəleroaˈjal] *das;* - - ⟨aus *fr.* gelée royale, eigtl. „königliches Gelee"⟩: Futtersaft für die Larven der Bienenköniginnen, der in der kosmetischen u. pharmazeutischen Industrie verwendet wird. **Ge|li|di|tät** [ge……] *die;* - ⟨zu *lat.* gelidus „eiskalt, kühl" u. ↑…ität⟩: (veraltet) eisige Kälte. **Ge|li|di|um** *das;* -s ⟨aus *lat.* gelidium, eigtl. „das Starre" zu gelidus „starr, steif"⟩: Gattung meist fiederig verzweigter Rotalgen mit in allen Meeren verbreiteten Arten (Bot.). **ge|lie|ren** [ʒe…, auch ʒə…] ⟨aus *fr.* geler „zum Gefrieren bringen; steif werden", dies aus *lat.* gelare „gefrieren machen, zum Erstarren bringen"⟩: zu Gelee werden. **Ge|li|frak|ti|on** [ge…] *die;* -, -en ⟨Kunstw. zu *lat.* gelu „Kälte, Frost" u. fractio „das Brechen; Bruch"⟩: Frostsprengung, durch Spaltenfrost verursachte Gesteinszerkleinerung

Ge|lo|lep|sie *die;* -, …ien ⟨zu *gr.* gelãn „lachen", lẽpsis „Anfall (einer Krankheit)" u. ↑²…ie⟩: mit Bewußtlosigkeit verbundenes, plötzliches Hinstürzen bei Affekterregungen (z. B. Lachkrampf; Med.)

Ge|lo|me|ter *das;* -s, - ⟨zu ↑ Gel u. ↑¹…meter⟩: Gerät zum Bestimmen der mechanischen Beschaffenheit von ↑ Gallerten

Ge|lo|ple|gie *die;* -, …ien ⟨zu *gr.* gelãn „lachen", plēgē̂ „Schlag" u. ↑²…ie⟩: svw. Gelolepsie

Ge|lo|trip|sie *die;* -, …ien ⟨zu *lat.* gelare „gefrieren machen, zum Erstarren bringen", *gr.* trĩpsis „das Reiben; Reibung" (dies zu tríbein „reiben") u. ↑²…ie⟩: punktförmige Massage zur Behebung von Muskelhärten (Med.)

Gel|per|mea|ti|on *die;* - ⟨zu ↑ Gel u. ↑ Permeation⟩: ein Verfahren zur Trennung hochmolekularer Stoffe verschiedener Molekülgröße (Phys.)

Ge|ma|ra *die;* - ⟨aus *aram.* gemārā „Vervollständigung"⟩: zweiter Teil des ↑ Talmuds, Erläuterung der ↑ Mischna

Ge|ma|trie *die;* - ⟨unter Einfluß von *gr.* geōmetría (vgl. Geometrie) aus *spätebr.* gīmatrīyā⟩: Deutung u. geheime Vertauschung von Wörtern mit Hilfe des Zahlenwertes ihrer Buchstaben (bes. in der ↑ Kabbala)

Ge|mel|lus *der;* -, …lli ⟨aus *lat.* gemellus „zugleich geboren; Zwilling"⟩: Zwilling (Med.). **Ge|mi|na|ta** *die;* -, …ten ⟨aus *lat.* geminata „die Verdoppelte", Fem. des Part. Perf. von geminare, vgl. geminieren⟩: Doppelkonsonant, dessen Bestandteile auf zwei Sprechsilben verteilt werden (z. B. *it.* freddo, gesprochen: fred-do; im Deutschen nur noch orthograph. Mittel; Sprachw.). **Ge|mi|na|ti|on** *die;* -, -en ⟨aus *lat.* geminatio „Verdoppelung"⟩: 1. Konsonantenverdoppelung, vgl. Geminata. 2. svw. Epanalepse. **ge|mi|nie|ren** ⟨aus *lat.* geminare „verdoppeln, wiederholen"⟩: einen Konsonanten od. ein Wort verdoppeln. **Ge|mi|ni|programm** *das;* -s ⟨zu *lat.* gemini (Plur.) „Zwillinge"⟩: amerik. Programm des Zweimannraumflugs in den 60er Jahren (auf Bahnen um die Erde). **Ge|mi|nus** *der;* -, …ni ⟨aus *lat.* geminus „doppelt (geboren); Zwilling"⟩: svw. Gemellus

Gemm|an|gi|om *das;* -s, -e ⟨zu ↑ Gemme u. ↑ Angiom⟩: gutartige Kapillargeschwulst aus Gefäßsprossen, die einem Granulationsgewebe ähneln (Med.). **Gem|ma|ti|on** *der;* - ⟨aus *nlat.* gemmatio „das Knospen" zu *lat.* gemmare „Knospen ansetzen, treiben"⟩: das Ausschlagen der Knospen (Bot.). **Gem|me** *die;* -, -n ⟨unter Einfluß von *it.* gemma aus *lat.* gemma „Edelstein, Perle", eigtl. „Knospe" (am Weinstock)⟩: 1. bes. im Altertum beliebter Edelstein mit vertieft od. erhaben eingeschnittenen Figuren. 2. Brutkörper niederer Pflanzen (Form der ungeschlechtlichen Vermehrung; Biol.). **gem|mi|par** ⟨zu *lat.* parere „hervorbringen, gebären"⟩: sich durch Knospen fortpflanzend (Bot.). **Gem|mo|glyp|tik** *die;* -: svw. Glyptik. **Gem|mo|lo|ge** *der;* -en, -en ⟨zu ↑ ...loge⟩: Edelsteinprüfer. **Gem|mo|lo|gie** *die;* - ⟨zu ↑...logie⟩: Edelsteinkunde. **gem|mo|lo|gisch** ⟨zu ↑...logisch⟩: die Edelsteinkunde betreffend. **Gem|mu|la** *die;* -, ...lae [...lɛ] (meist Plur.) ⟨aus *lat.* gemmula „kleine Knospe", Verkleinerungsform von gemma, vgl. Gemme⟩: widerstandsfähiger Fortpflanzungskörper der Schwämme, der es ermöglicht, ungünstige Lebensverhältnisse zu überdauern (Biol.)

Gen *das;* -s, -e (meist Plur.) ⟨aus *gr.* génos „Geschlecht, Gattung"; von dem dän. Botaniker W. Johannsen (1857 bis 1927) geprägt⟩: in den ↑ Chromosomen lokalisierter Erbfaktor. **...gen** ⟨aus *gr.* -genēs „hervorbringend, verursachend; hervorgebracht, verursacht"⟩: bei Substantiven u. Adjektiven auftretendes Suffix mit der Bedeutung „erzeugend, bildend, liefernd; erzeugt", z. B. Kollagen, hämatogen, lithogen. **Gen|ak|ti|vie|rung** *die;* - ⟨zu ↑ Gen⟩: die in Abhängigkeit von Umwelteinflüssen od. von dem biophysikalischen u. biochemischen Zustand der Zelle wirksam werdende ↑ Transkription bestimmter Gene, z. B. für die Neusynthese von ↑ Enzymen. **Gen|am|pli|fi|ka|ti|on** *die;* -: die bei Differenzierungsprozessen im Verlauf der Entwicklung beobachtbare Vervielfachung einzelner Gene durch ↑ Replikation

ge|nant [ʒe...] ⟨aus *fr.* gênant „beschwerlich, lästig", Part. Präs. von gêner, vgl. genieren⟩: a) lästig, unangenehm, peinlich; b) (landsch.) gehemmt u. unsicher, schüchtern; leicht durch belanglose Dinge in Verlegenheit zu bringen; etwas als peinlich empfindend

Ge|nan|tin Ⓦ *das;* -s ⟨Kunstw.⟩: svw. Glysantin

Gen|bank *die;* -, -en ⟨zu ↑ Gen u. ↑ Bank⟩: Einrichtung zur Aufbewahrung von ausgewähltem Genmaterial, z. B. von Nutz- od. Futterpflanzen, um deren Genbestand zu sammeln, zu erhalten u. zu nutzen. **Gen|bi|blio|thek** *die;* -, -en: svw. Genbank. **Gen|chir|ur|gie** *die;* -: eine spezielle Form der Genmanipulation

Gen|darm [ʒan..., auch ʒã'd...] *der;* -en, -en ⟨aus *fr.* gendarme „Polizeisoldat" zu älter *fr.* gens d'armes „bewaffnete Reiter (eigtl. Männer)"⟩: (österr., schweiz., sonst veraltet) [bes. auf dem Land eingesetzter] Polizist. **Gen|dar|me|rie** *die;* -, ...jen ⟨aus gleichbed. *fr.* gendarmerie⟩: (österr., schweiz., sonst veraltet) staatliche Polizei in Landbezirken; Gesamtheit der Gendarmen

Gen|de|fekt *der;* -[e]s, -e ⟨zu ↑ Gen u. ↑ Defekt⟩: Störung in der Struktur eines Gens

¹Gene [ʒɛːn] *die;* - ⟨aus *fr.* gêne „Störung, Zwang" (älter *fr.* gêne „Folter") ‹u *altfr.* gehine „das durch Folter erpreßte Geständnis", dies zu gehir, jehir „zum Geständnis zwingen"⟩: (veraltet) [selbstauferlegter] Zwang; Unbehagen, Unbequemlichkeit; vgl. sans gêne

²Ge|ne: Plur. von ↑ Gen

Ge|nea|lo|ge *der;* -n, -n ⟨über *lat.* genealogus aus *gr.* geneálogos „jmd., der ein Geschlechtsregister anfertigt"⟩: Forscher auf dem Gebiet der Genealogie. **Ge|nea|lo|gie** *die;* -, ...jen ⟨über *lat.* genealogia aus *gr.* genealogía „Geschlechtsregister", dies zu geneá „Geburt, Abstammung" u. ↑...logie⟩: Wissenschaft von Ursprung, Folge u. Verwandtschaft der Geschlechter; Ahnenforschung. **ge|nea|lo|gisch** ⟨zu ↑...logisch⟩: die Genealogie betreffend

Gen|epi|sta|se *die;* - ⟨zu ↑ Gen u. ↑ Epistase⟩: das Stehenbleiben mehrerer Lebewesen auf derselben Entwicklungsstufe (Biol.)

Ge|ne|ra [auch 'geː...]: Plur. von ↑ Genus

Ge|ne|ral *der;* -s, Plur. -e u. ...räle ⟨z. T. über gleichbed. *fr.* général zu *lat.* generalis „allgemein" in Fügungen wie *kirchenlat.* generalis abbas „Oberhaupt eines Mönchsordens"⟩: 1. a) (ohne Plur.) [höchster] Dienstgrad der höchsten Rangklasse der Offiziere; b) Offizier dieses Dienstgrades. 2. a) oberster Vorsteher eines kath. geistlichen Ordens od. einer ↑ Kongregation; b) oberster Vorsteher der Heilsarmee. **Ge|ne|ral...** ⟨aus *lat.* generalis „zur Gattung gehörend, allgemein"; vgl. Genus⟩: Wortbildungselement mit der Bedeutung „oberster Vertreter, Hauptvertreter; erstrangige Angelegenheit; allgemein, alle betreffend", z. B. Generalagentur. **Ge|ne|ral|ab|so|lu|ti|on** *die;* -, -en: 1. sakramentale Lossprechung ohne Einzelbeichte (in Notfällen; kath. Rel.). 2. vollkommener Ablaß, Nachlaß der Sündenstrafe in Verbindung mit den Sakramenten der Buße u. ↑ Eucharistie (für Sterbende od. Ordensmitglieder; kath. Rel.). **Ge|ne|ral|ad|mi|ral** *der;* -s, Plur. -e u. ...räle: 1. Offizier der Kriegsmarine im Range eines Generalobersten. 2. (ohne Plur.) Titel der ältesten Admirale (im 17. u. 18. Jh.). **Ge|ne|ral|agent** *der;* -en, -en: Hauptvertreter. **Ge|ne|ral|agen|tur** *die;* -, -en: Hauptgeschäftsstelle. **Ge|ne|ral|amnes|tie** *die;* -, ...jen: eine größere Anzahl von Personen betreffende Amnestie. **Ge|ne|ra|lat** *das;* -[e]s, -e ⟨zu ↑ General u. ↑...at (1)⟩: 1. Generalswürde. 2. a) Amt eines kath. Ordensgenerals (vgl. General 2a); b) Amtssitz eines kath. Ordensgenerals (vgl. General 2a). **Ge|ne|ral|baß** *der;* ...basses, ...bässe: unter einer Melodiestimme stehende fortlaufende Baßstimme mit den Ziffern der für die harmonische Begleitung zu greifenden Akkordtöne (in der Musik des 17. u. 18. Jh.s). **Ge|ne|ral|beich|te** *die;* -, -n: Beichte über das ganze Leben od. einen größeren Lebensabschnitt vor wichtigen persönlichen Entscheidungen. **Ge|ne|ral|di|rek|tor** *der;* -s, -en: Leiter eines größeren Unternehmens. **Ge|ne|ra|le** *das;* -s, Plur. ...lien [...jən], auch ...lia ⟨aus gleichbed. *(m)lat.* generale zu generalis „zum Geschlecht, zur Gattung gehörend, allgemein"⟩: allgemein Gültiges; allgemeine Angelegenheiten. **Ge|ne|ral|gou|ver|ne|ment** [...guvɛrnəmãː] *das;* -s, -s ⟨zu ↑ General...⟩: 1. Statthalterschaft. 2. größeres Gouvernement. 3. das Verwaltungsgebiet, das von 1939–1944 aus dem von der dt. Wehrmacht besetzten Polen gebildet wurde. **Ge|ne|ral|gou|ver|neur** [...nøːɐ] *der;* -s, -e: 1. Statthalter. 2. Leiter eines Generalgouvernements. **Ge|ne|ra|lia** u. **Ge|ne|ra|li|en** [...jən]: Plur. von ↑ Generale. **Ge|ne|ral|in|spek|teur** [...tøːɐ] *der;* -s, -e: unmittelbar dem Verteidigungsminister unterstehender ranghöchster Soldat u. höchster militärischer Repräsentant der Bundeswehr; vgl. Inspekteur (2). **Ge|ne|ral|in|spek|ti|on** *die;* -, -en: gründliche, umfassende ↑ Inspektion (1). **Ge|ne|ral|in|ten|dant** *der;* -en, -en: 1. Leiter mehrerer Theater, eines Staatstheaters od. einer Rundfunkanstalt. 2. bis 1945 oberster Beamter der Heeresverwaltung. **Ge|ne|ral|in|ten|dan|tur** *die;* -, -en: a) Amt eines Generalintendanten; b) Amtsräume eines Generalintendanten. **Ge|ne|ra|li|sa|ti|on** *die;* -, -en ⟨nach *fr.* généralisation „Verallgemeinerung" zu généraliser, vgl. generalisieren⟩: 1. Gewinnung des Allgemeinen, der allgemeinen Regel, des Begriffs, des Gesetzes durch ↑ Induktion aus Einzelfällen (Philos.). 2. Vereinfachung bei der Verkleinerung einer Landkarte (Geogr.). 3. svw. Generalisierung (2); vgl. ...[at]ion/...ierung. **Ge|ne|ra|li|sa|tor** *der;* -s, ...oren ⟨zu ↑ generalisieren u. ↑...ator⟩: ↑ Quantor, der vor eine Aussage gestellt, diese für alle Subjekte einer vereinbarten Menge als wahr kenn-

generalisieren

zeichnet (Math.). **ge|ne|ra|li|sie|ren** ⟨aus gleichbed. *fr.* généraliser zu général „allgemein", dies aus *lat.* generalis⟩: verallgemeinern, aus Einzelfällen das Allgemeine (Begriff, Satz, Regel, Gesetz) gewinnen. **ge|ne|ra|li|siert** ⟨zu ↑...iert⟩: über den ganzen Körper verbreitet (bes. von Hautkrankheiten; Med.). **Ge|ne|ra|li|sie|rung** *die;* -, -en ⟨zu ↑...isierung⟩: 1. das Generalisieren; Verallgemeinerung. 2. Fähigkeit, eine ursprünglich an einen bestimmten Reiz gebundene Reaktion auch auf nur ähnliche Reize folgen zu lassen (Psychol.); vgl. ...[at]ion/...ierung. **Ge|ne|ra|lis|si|mus** *der;* -, Plur. ...mi u. ...musse ⟨nach gleichbed. *it.* generalissimo (Superlativbildung zu generale „General"); vgl. General⟩: oberster Befehlshaber (Titel Stalins, Francos u. a.). **Ge|ne|ra|list** *der;* -en, -en ⟨Analogiebildung zu ↑Spezialist⟩: jmd., der in seinen Interessen nicht auf ein bestimmtes Gebiet festgelegt ist. **¹Ge|ne|ra|li|tät** *die;* -, -en (Plur. selten) ⟨zu ↑General u. ↑...ität⟩: Gesamtheit der Generale. **²Ge|ne|ra|li|tät** *die;* - ⟨aus gleichbed. *lat.* generalitas, Gen. generalitatis⟩: (veraltet) Allgemeinheit. **ge|ne|ra|li|ter** ⟨*lat.*⟩: (veraltend) im allgemeinen, allgemein betrachtet. **Ge|ne|ral|ka|pi|tel** *das;* -s, - ⟨zu ↑General...⟩: Versammlung der Oberen u. Bevollmächtigten eines kath. Ordens, bes. zur Neuwahl des Vorstehers. **Ge|ne|ral|klau|sel** *die;* -, -n: 1. allgemeine, nicht mit bestimmten Tatbestandsmerkmalen versehene Rechtsbestimmung. 2. Übertragung aller öffentlich-rechtlichen Streitigkeiten an die Verwaltungsgerichte (soweit vom Gesetz nichts anderes bestimmt ist); vgl. Enumerationsprinzip. **Ge|ne|ral|kom|man|do** *das;* -s, -s: oberste Kommandostelle u. Verwaltungsbehörde eines Armeekorps. **Ge|ne|ral|kon|gre|ga|ti|on** *die;* -, -en: Vollsitzung einer kirchlichen Körperschaft (z. B. ↑Konzil, ↑Synode). **Ge|ne|ral|kon|sul** *der;* -s, -n: ranghöchster ↑Konsul (2). **Ge|ne|ral|kon|su|lat** *das;* -[e]s, -e: a) Amt eines Generalkonsuls; b) Sitz eines Generalkonsuls. **Ge|ne|ral|leut|nant** *der;* -s, -s ⟨zu ↑General⟩: a) (ohne Plur.) zweithöchster Dienstgrad in der Rangklasse der Generale; b) Inhaber dieses Dienstgrades. **Ge|ne|ral|li|nie** [...i̯ə] *die;* -, -n ⟨zu ↑General...⟩: allgemeingültige Richtlinie. **Ge|ne|ral|ma|jor** *der;* -s, -e ⟨zu ↑General⟩: a) (ohne Plur.) dritthöchster Dienstgrad in der Rangklasse der Generale; b) Inhaber dieses Dienstgrades. **Ge|ne|ral|marsch** *der;* -[e]s, ...märsche (Plur. selten) ⟨zu ↑General...⟩: ursprünglich als militärisches Alarmsignal dienendes altes Musikstück für Pfeife u. Trommel, das heute nur noch bei Staatsempfängen gespielt wird. **Ge|ne|ral|mu|sik|di|rek|tor** *der;* -s, -en: a) erster Dirigent; b) (ohne Plur.) Amt u. Titel des leitenden Dirigenten (z. B. eines Opernhauses); Abk.: GMD. **Ge|ne|ral|päch|ter** *der;* -s, -: jmd., der eine Pauschalsumme an Steuern an den Staat abgibt u. diese seinerseits wieder eintreibt (im Röm. Reich u. in Frankreich bis 1790). **Ge|ne|ral|par|don** [...dõ, österr. ...do:n] *der;* -s, -s: a) (veraltet) allgemeiner Straferlaß; b) pauschale Vergebung. Nachsicht gegenüber jmds. Verfehlungen. **Ge|ne|ral|pau|se** *die;* -, -n ⟨zu ↑¹Pause⟩: für alle Sing- u. Instrumentalstimmen geltende Pause; Abk.: G. P. **Ge|ne|ral|prä|ven|ti|on** [...v...] *die;* -, -en: allgemeine Abschreckung von der Neigung zur strafbaren Tat durch Strafandrohung; vgl. Spezialprävention. **Ge|ne|ral|prä|ven|tiv:** allgemein abschreckend. **Ge|ne|ral|pro|be** *die;* -, -n: letzte Probe vor der ersten Aufführung eines Musik- od. Bühnenwerkes. **Ge|ne|ral|pro|fos** *der;* Gen. -es u. -en, Plur. -e[n]: 1. mit Polizeibefugnissen u. dem Recht über Leben u. Tod ausgestatteter Offizier (in den mittelalterlichen Söldnerheeren). 2. Leiter der Militärpolizei in Österreich (bis 1866). **Ge|ne|ral|pro|ku|ra|tor** *der;* -s, -en: Vertreter eines

geistlichen Ordens beim ↑Vatikan. **Ge|ne|ral|quar|tier|mei|ster** *der;* -s, -: 1. wichtigster ↑Adjutant des Feldherrn (im ehemaligen preußischen Heer); engster Mitarbeiter des Generalstabschefs. 2. Verantwortlicher für die Verpflegung aller Fronttruppen im 2. Weltkrieg. **Ge|ne|ral|re|si|dent** *der;* -en, -en: oberster Vertreter Frankreichs in den früheren franz. Protektoraten Marokko u. Tunis. **Ge|ne|ral|se|kre|tär** *der;* -s, -e: mit ↑exekutiven Vollmachten ausgestatteter hoher amtlicher Vertreter [internationaler] politischer, militärischer, wissenschaftlicher u. ä. Vereinigungen (z. B. der UNO od. NATO). **Ge|ne|ral|se|kre|ta|ri|at** *das;* -s, -e: a) Amt eines Generalsekretärs; b) Sitz eines Generalsekretärs. **Ge|ne|rals|rang** *der;* -[e]s ⟨zu ↑General⟩: Rang eines Generals. **Ge|ne|ral|staa|ten** *die* (Plur.) ⟨nach *niederl.* Staten-Generaal aus *fr.* états généraux⟩: 1. das niederl. Parlament. 2. im 15. Jh. der vereinigte Landtag der niederl. Provinzen. 3. 1593 bis 1795 die Abgeordnetenversammlung der sieben niederl. Nordprovinzen. **Ge|ne|ral|staats|an|walt** *der;* -[e]s, ...wälte ⟨zu ↑General...⟩: oberster Staatsanwalt beim Oberlandesgericht. **Ge|ne|ral|stab** *der;* -s, ...stäbe ⟨zu ↑General⟩: zur Unterstützung des obersten militärischen Befehlshabers eingerichtetes zentrales Gremium, in dem besonders ausgebildete Offiziere (aller Ränge) die Organisation der militärischen Kriegsführung planen u. durchführen. **Ge|ne|ral|stäb|ler** *der;* -s, -: Offizier im Generalstab. **Ge|ne|ral|stabs|chef** *der;* -s, -s: Chef des Generalstabs. **Ge|ne|ral|stän|de** *die* (Plur.) ⟨Lehnsübersetzung von *fr.* états généraux⟩: die franz. Reichsstände (Adel, Geistlichkeit u. Bürgertum). **Ge|ne|ral|streik** *der;* -s, -s ⟨zu ↑General...⟩: [politischen Zielen dienender] allgemeiner Streik der Arbeitnehmer eines Landes. **Ge|ne|rals|uni|form** *die;* -, -en ⟨zu ↑General⟩: Uniform eines Generals. **Ge|ne|ral|su|per|in|ten|dent** *der;* -en, -en ⟨zu ↑General...⟩: dem Bischof od. ↑Präses rangmäßig entsprechender leitender Geistlicher einer ev. Kirchenprovinz od. Landeskirche (heute noch in Berlin-Brandenburg). **Ge|ne|ral|syn|ode** *die;* -, -n: 1. oberste ↑Synode der ev. Kirche. 2. (veraltet) allgemeines ↑Konzil der röm.-kath. Kirche. **Ge|ne|ral|ver|trag** *der;* -[e]s: 1952 abgeschlossener Vertrag, der das Besatzungsstatut in der Bundesrepublik Deutschland ablöste. **Ge|ne|ral|vi|kar** [...v...] *der;* -s, -e: Stellvertreter des kath. [Erz]bischofs für die Verwaltungsaufgaben. **Ge|ne|ral|vi|ka|ri|at** *das;* -s, -e: Verwaltungsbehörde einer kath. ↑Diözese od. Erzdiözese. **Ge|ne|ral|voll|macht** *die;* -, -en: Vollmacht, die zur Vornahme aller Rechtsgeschäfte, für die eine Vertretung zulässig ist, berechtigt

Ge|ne|ra|tia|nis|mus *der;* - ⟨zu *lat.* generatio „Zeugung" (dies zu generare, vgl. generieren) u. ↑...ismus (1)⟩: Lehre im altchristlichen ↑Traduzianismus von der Entstehung der menschlichen Seele durch elterliche Zeugung; vgl. Kreatianismus. **Ge|ne|ra|tio ae|qui|vo|ca** [– ɛˈkvi:voka] *die;* - ⟨aus *lat.* generatio aequivoca „mehrdeutige Zeugung"⟩: Urzeugung (Hypothese von der Entstehung des Lebens auf der Erde ohne göttlichen Schöpfungsakt). **Ge|ne|ra|ti|on** *die;* -, -en ⟨aus gleichbed. *lat.* generatio, eigtl. „Zeugung(sfähigkeit)", zu generare, vgl. generieren u. Genus⟩: 1. a) die einzelnen Glieder der Geschlechterfolge (Eltern, Kinder, Enkel usw.); vgl. Parentalgeneration u. Filialgeneration; b) in der Entwicklung einer Tier- od. Pflanzenart die zu einem Fortpflanzungs- od. Wachstumsprozeß gehörenden Tiere bzw. Pflanzen. 2. ungefähr die Lebenszeit eines Menschen umfassender Zeitraum. 3. alle innerhalb eines bestimmten kleineren Zeitraumes geborenen Menschen, bes. im Hinblick auf ihre Ansichten zu Kultur,

Moral u. ihre soziale Orientierung u. Einstellung. 4. Gesamtheit der durch einen bestimmten Stand in der technischen Entwicklung o. ä. gekennzeichneten Geräte. **Ge|ne|ra|tio|nen|ab|stand,** auch Generationsabstand *der;* -[e]s, ...stände: mittlerer Abstand zwischen den Geburtsjahren der Eltern u. deren Kindern. **Ge|ne|ra|tio|nen|kon|flikt** vgl. Generationskonflikt. **Ge|ne|ra|tio|nen|ver|trag** *der;* -[e]s: Art u. Weise, in der in der Rentenversicherung jeweils die im Arbeitsleben stehende Generation die Renten für die Generation der Rentner erarbeitet. **Ge|ne|ra|ti|ons|ab|stand** vgl. Generationenabstand. **Ge|ne|ra|ti|ons|kon|flikt,** auch Generationenkonflikt *der;* -[e]s, -e: Konflikt zwischen Angehörigen verschiedener Generationen, bes. zwischen Jugendlichen u. Erwachsenen, der aus den unterschiedlichen Auffassungen in bestimmten Lebensfragen erwächst. **Ge|ne|ra|ti|ons|wech|sel** *der;* -s: 1. Wechsel zwischen geschlechtlicher u. ungeschlechtlicher Fortpflanzung bei Pflanzen u. wirbellosen Tieren (Biol.). 2. Ablösung von Angehörigen der älteren Generation durch Angehörige der jüngeren. **Ge|ne|ra|tio pri|ma|ria** u. **Ge|ne|ra|tio spon|ta|nea** *die;* - - ⟨aus *lat.* generatio primaria u. generatio spontanea "freiwillige Zeugung"⟩ bzw. generatio spontanea "freiwillige Zeugung"⟩: svw. Generatio aequivoca. **ge|ne|ra|tiv** ⟨aus *spätlat.* generativus zu *lat.* generatus, Part. Perf. von generare, vgl. generieren; Bed. 2 über *engl.-amerik.* generative⟩: 1. die geschlechtliche Fortpflanzung betreffend (Biol.). 2. die Erzeugung von komplexen sprachlichen Einheiten (z. B. Sätzen) betreffend (Sprachw.). -e [...və] Grammatik: sprachwissenschaftliche Forschungsrichtung, die das Regelsystem beschreibt, durch dessen unbewußte Beherrschung der Sprecher in der Lage ist, alle in der betreffenden Sprache vorkommenden Äußerungen zu bilden u. zu verstehen. **Ge|ne|ra|ti|vist** [...v...] *der;* -en, -en ⟨zu ↑...ist⟩: Vertreter der generativen Grammatik. **Ge|ne|ra|ti|vi|tät** *die;* - ⟨zu ↑...ität⟩: Fortpflanzungs-, Zeugungskraft. **Ge|ne|ra|tor** *der;* -s, ...oren ⟨aus *lat.* generator "Erzeuger"⟩: 1. Gerät zur Erzeugung einer elektrischen Spannung od. eines elektrischen Stroms. 2. Schachtofen zur Erzeugung von Gas aus Kohle, Koks od. Holz. 3. svw. Generatorprogramm. **Ge|ne|ra|tor|gas** *das;* -es: Treibgas (Industriegas), das beim Durchblasen von Luft durch glühende Kohlen entsteht. **Ge|ne|ra|tor|pro|gramm** *das;* -s, -e: Grundprogramm, das mit Hilfe von Anweisungen u. Parametern, die in den Computer eingegeben werden, ein Benutzerprogramm erzeugt (EDV). **ge|ne|rell** ⟨französierende Neubildung von älter *fr.* general aus *lat.* generalis; vgl. General u. ↑...ell⟩: allgemein, allgemeingültig, im allgemeinen, für viele Fälle zutreffend; Ggs. ↑speziell. **Generic name** [dʒɪˈnɛrɪk ˈneɪm] *der;* - -, - -s ⟨aus gleichbed. *engl.* generic name, eigtl. "Gattungsname", zu *lat.* genus, Gen. generis, vgl. Genus⟩: wissenschaftlicher Kurzname, internationale, nicht geschützte u. nicht schutzfähige Kurzbezeichnung einer chem. Verbindung. **ge|ne|rie|ren** [ge...] ⟨aus *lat.* generare "zeugen, hervorbringen"⟩: 1. erzeugen, produzieren. 2. (sprachliche Äußerungen) in Übereinstimmung mit einem grammatischen Regelsystem erzeugen, bilden (Sprachw.). **Ge|ne|rie|rung** *die;* - ⟨zu ↑...ierung⟩: 1. das Generieren (von sprachlichen Äußerungen; Sprachw.). 2. Anpassung eines Programms (4) an die konkrete Rechenanlage bzw. den Computer des Anwenders (EDV). **Ge|ne|ri|fi|ka|ti|on** *die;* -, -en ⟨zu ↑...fikation⟩: (veraltet) a) Bildung von Gattungsbegriffen; b) das Zurückführen von [biologischen] Arten auf die Gattung. **ge|ne|ri|fi|zie|ren** ⟨zu ↑...fizieren⟩: (veraltet) auf die Gattung zurückführen. **Ge|ne|ri|kum** *das;* -s, ...ka ⟨zu

↑...ikum⟩: Arzneimittel, das einem bereits auf dem Markt befindlichen, als Markenzeichen eingetragenen Präparat in der Zusammensetzung gleicht, in der Regel billiger angeboten wird als dieses und als ↑Generic name die chem. Kurzbezeichnung trägt. **ge|ne|risch** ⟨zu *lat.* genus, vgl. Genus⟩: a) das Geschlecht od. die Gattung betreffend; b) in allgemeingültigem Sinne gebraucht (Sprachw.); c) die Herkunft betreffend. **Gé|ne|ro chi|co** [ˈxenero ˈtʃiko] *der;* - - ⟨aus *span.* género chico "kleine Gattung"⟩: volkstümliche einaktige Komödie mit Musik [im operettenartigem Stil]. **ge|ne|rös** [ge..., auch ʒe...] ⟨über *fr.* généreux aus gleichbed. *lat.* generosus, eigtl. "von (guter) Art, Rasse" ; vgl. ...ös⟩: a) großzügig, nicht kleinlich im Geben, im Gewähren von etw.; b) edel, großmütig denkend u. handelnd; von großherziger Gesinnung [zeugend]. **Ge|ne|ro|si|tät** *die;* -, -en ⟨über gleichbed. *fr.* générosité aus *lat.* generositas, Gen. generositatis, eigtl. "edle Art"⟩: a) Freigebigkeit; b) Großmut. **Ge|ne|se** [ge...] *die;* -, -n ⟨vielleicht unter Einfluß von gleichbed. *fr.* genèse aus *lat.* genesis, vgl. Genesis⟩: Entstehung, Entwicklung [einer Krankheit]; entwicklungsgeschichtlicher Vorgang (Biol., Med.); vgl. Genesis (1). **Ge|ne|sis** [auch ˈgeː...] *die;* -, ...nesen ⟨über *lat.* genesis aus *gr.* génesis "Zeugung, Schöpfung"⟩: 1. das Werden, Entstehen, Ursprung; vgl. Genese. 2. (ohne Plur.) das 1. Buch Mose mit der Schöpfungsgeschichte. **Ge|neth|li|a|kon** *das;* -s, ...ka ⟨aus gleichbed. *gr.* genethlíakon⟩: antikes Geburtstagsgedicht. **Ge|ne|tic en|gi|nee|ring** [dʒɪˈnɛtɪk ɛndʒɪˈnɪərɪŋ] *das;* - -[s] ⟨aus gleichbed. *engl.* genetic engineering⟩: svw. Gentechnologie. **Ge|ne|tik** [ge...] *die;* - ⟨zu ↑Genesis u. ↑²...ik (1)⟩: Vererbungslehre. **Ge|ne|ti|ker** *der;* -s, -: Wissenschaftler auf dem Gebiet der Genetik. **ge|ne|tisch:** a) die Entstehung, Entwicklung der Lebewesen betreffend, entwicklungsgeschichtlich; b) auf der Genetik beruhend, zu ihr gehörend; -e Philologie: Erforschung der [sprachlichen] Entstehung von Werken der Dichtkunst; -er Code: Schlüssel für die Übertragung genetischer ↑Information in den ↑Nukleinsäuren beim ↑Proteine beim Proteinaufbau; -er Fingerabdruck: Muster des persönlichen Erbgutes, das durch molekularbiologische Genanalyse gewonnen wird. **Ge|ne|tiv** *der;* -s, -e [...və]: (selten) svw. Genitiv

Ge|nette [ʒ(ə)ˈnɛt] *die;* -, Plur. -s u. -n [...tn] ⟨aus gleichbed. *fr.* genette, dies von *span.* gineta aus gleichbed. *arab.* ǧarnaiṭ⟩: Ginsterkatze; Schleichkatze der afrik. Steppen (auch in Südfrankreich u. den Pyrenäen)

Ge|ne|ver [ʒeˈneːvɐ, auch ʒəˈn..., geˈn...] *der;* -s, - ⟨über älter *niederl.* genever aus *altfr.* gene(i)vre "Wacholder", dies aus gleichbed. *lat.* iuniperus⟩: niederl. Wacholderbranntwein; vgl. Gin

ge|ni|al ⟨zu ↑¹Genie u. ↑¹...al (1)⟩: a) hervorragend begabt; b) großartig, vollendet; vgl. ...isch/-. **ge|nia|lisch:** nach Art eines ¹Genies, genieähnlich; vgl. ...isch/-. **Ge|nia|li|tät** *die;* - ⟨zu ↑...ität⟩: schöpferische Veranlagung des ¹Genies. **¹Ge|nie** [ʒe...] *das;* -s, -s ⟨aus gleichbed. *fr.* génie, dies aus *lat.* genius, vgl. Genius⟩: 1. (ohne Plur.) überragende schöpferische Geisteskraft. 2. hervorragend begabter, schöpferischer Mensch. **²Ge|nie** *die;* -, -s ⟨zu ↑¹Genie⟩: (schweiz. ugs.) Kurzform von ↑Genietruppe

...ge|nie ⟨aus *gr.* -genía zu gígnesthai "werden, entstehen"⟩: Wortbildungselement mit der Bedeutung "Entstehung, Entwicklung, z. B. Phylogenie

Ge|ni|en [ˈgeːni̯ən]: Plur. von ↑Genius. **Ge|nie|korps** [ʒeˈniːkoːɐ̯] *das;* - [...koːɐ̯(s)], - [...koːɐ̯s] ⟨zu ↑²Genie⟩: (schweiz.) svw. Genietruppe. **Ge|nie|of|fi|zier** *der;* -s, -e: (schweiz.) Offizier der ↑Genietruppen. **Ge|nie|pe|ri|ode**

genieren

die; - ⟨zu ↑¹Genie⟩: zeitgenössische Bezeichnung der ↑Geniezeit

ge|nie|ren [ʒe...] ⟨aus gleichbed. *fr.* (se) gêner zu gêne, vgl. ¹Gene⟩: a) sich -: gehemmt sein, sich unsicher fühlen, sich schämen; b) stören, verlegen machen, z. B. ihre Anwesenheit genierte ihn

Ge|nie|trup|pe [ʒe...] *die;* -, -n ⟨zu ↑²Genie⟩: (schweiz.) technische Kriegstruppe, ↑Pioniere (eine der Truppengattungen, aus denen sich die schweiz. Armee zusammensetzt).

Ge|nie|we|sen *das;* -s: (schweiz.) militärisches Ingenieurwesen. **Ge|nie|zeit** *die;* - ⟨zu ↑¹Genie⟩: die Sturm-und-Drang-Zeit (Zeitabschnitt der dt. Literaturgeschichte von 1767 bis 1785; Literaturw.)

Ge|nio|spas|mus *der;* -, ...men ⟨zu *gr.* géneion „Kinn" u. ↑Spasmus⟩: Krampf in den Kinnmuskeln (Med.)

Ge|ni|sa u. Ge|ni|za [...za] *die;* -, -s ⟨aus *hebr.* genîzā „Versteck, Aufbewahrungsort"⟩: Raum in der ↑Synagoge zur Aufbewahrung schadhaft gewordener Handschriften u. Kultgegenstände

Ge|ni|sta *die;* - ⟨aus gleichbed. *lat.* genista⟩: wiss. Name der Pflanzengattung Ginster (gelbblühender Strauch; Schmetterlingsblütler)

ge|ni|tal ⟨aus gleichbed. *lat.* genitalis⟩: zu den Geschlechtsorganen gehörend, von ihnen ausgehend, sie betreffend (Med.); vgl. ...isch/-; -e Phase: mit der ↑Pubertät beginnende Phase der Sexualität (Med., Psychol.). **Ge|ni|tal|ap|pa|rat** *der;* -[e]s, -e: die Geschlechsorgane (bes. des Mannes). **Ge|ni|ta|le** *das;* -s, ...lien [...i̯ən] (meist Plur.) ⟨aus gleichbed. *lat.* (membrum) genitale zu genere, gignere „zeugen, gebären, hervorbringen"⟩: das männl. od. weibl. Geschlechtsorgan (Med.). **Ge|ni|tal|ero|tik** *die;* - ⟨zu ↑genital⟩: 1. (im frühkindlichen Alter) Interesse an den eigenen Genitalien. 2. Ausrichtung der erotischen Wünsche auf den Genitalbereich (Psychol.). **ge|ni|tal|ero|tisch:** die Genitalerotik betreffend. **ge|ni|ta|lisch:** sich auf das Genitale beziehend, dazu gehörend; vgl. ...isch/-. **Ge|ni|ta|li|tät** *die;* - ⟨zu ↑...ität⟩: mit dem Eintreten des Menschen in die genitale Phase beginnende Stufe der Sexualität (Psychol.). **Ge|ni|tal|tu|ber|ku|lo|se** *die;* -, -n: Tuberkulose der Genitalien, hauptsächlich des Nebenhodens bzw. der Eileiter (Med.). **Ge|ni|tal|zy|klus** *der;* -, ...klen: svw. Menstruation. **Ge|ni|tiv** *der;* -s, -e [...və] ⟨aus *lat.* (casus) genitivus „Fall, der die Abkunft, Herkunft bezeichnet" zu genere, gignere, vgl. Genitale; falsche *lat.* Übersetzung von *gr.* (ptōsis) genikḗ „die Gattung bezeichnend(er), allgemein(er) Fall"⟩: 1. zweiter Fall, Wesfall; Abk.: Gen. 2. Wort, das im Genitiv (1) steht. **Ge|ni|tiv|at|tri|but** *das;* -[e]s, -e: Substantiv im Genitiv, das einem anderen Substantiv als nähere Bestimmung zugeordnet ist (z. B. der Mantel *meines Vaters*). **ge|ni|ti|visch** [...v...]: zum Genitiv gehörend. **Ge|ni|tiv|kom|po|si|tum** *das;* -s, ...ta: zusammengesetztes Substantiv, dessen Bestimmungswort aus einem Substantiv im Genitiv besteht (z. B. *Bundes*kanzler). **Ge|ni|tiv|ob|jekt** *das;* -[e]s, -e: Ergänzung eines Verbs im 2. Fall (z. B. ich bedarf *seines Rates*). **Ge|ni|ti|vus** [...v...] *der;* -, ...vi ⟨aus gleichbed. *lat.* (casus) genitivus⟩: *lat.* Form von Genitiv; - definitivus [...'ti:vʊs] u. - explicativus [...ka'ti:vʊs]: bestimmender, erklärender Genitiv (z. B. das Vergehen des *Diebstahls* [Diebstahl = Vergehen]); - obiectivus [...ɔpjɛk'ti:vʊs]: Genitiv als Objekt einer Handlung (z. B. der Entdecker *des Atoms* [er entdeckte das Atom]); - partitivus [...'ti:vʊs]: Genitiv als Teil eines übergeordneten Ganzen (z. B. die Hälfte *seines Vermögens*); - possessivus [...'si:vʊs]: Genitiv des Besitzes, der Zugehörigkeit (z. B. das Haus *des Vaters*); - qualitatis: Genitiv der Eigenschaft (z. B. ein Mann *mittleren Alters*); - subiectivus [...jɛk'ti:vʊs]: Genitiv als Subjekt eines Vorgangs (z. B. die Ankunft *des Zuges* [der Zug kommt an]). **Ge|ni|us** *der;* -, ...ien [...i̯ən] ⟨aus *spätlat.* genius „Schöpfergeist, natürliche Begabung" zu *lat.* genius „Schutzgeist", eigtl. „Erzeuger"; vgl. Genie⟩: 1. im röm. Altertum Schutzgeist, göttliche Verkörperung des Wesens eines Menschen, einer Gemeinschaft, eines Ortes; - epidemicus [...kʊs]: vorherrschender Charakter einer [gerade herrschenden] Epidemie; - loci ['lo:tsi]: [Schutz]geist eines Ortes; geistiges Klima, das an einem bestimmten Ort herrscht; - morbi: Charakter einer Krankheit. 2. a) (ohne Plur.) schöpferische Kraft eines Menschen; b) schöpferisch begabter Mensch, Genie. 3. (meist Plur.) geflügelt dargestellte niedere Gottheit der röm. Mythologie (Kunstw.).

Ge|ni|za [...za] vgl. Genisa

Gen|lo|ka|li|sa|ti|on *die;* -, -en ⟨zu ↑Gen u. ↑Lokalisation⟩: lineare Anordnung der ↑Gene im ↑Chromosom (Biol.). **Gen|ma|ni|pu|la|ti|on** *die;* -, -en: Neukombination von Genen durch direkten Eingriff in die Erbsubstanz mit biochemischem Verfahren, durch Übertragung von ↑Genen durch Einpflanzung von Trägern eines bestimmten Erbgutes (z. B. Gene für Insulin) in einen neuen Organismus, wo diese entsprechend ihrem Erbgut zu produzieren beginnen (Biol., Med.). **Gen|ma|te|ri|al** *das;* -s: Träger der genetischen Information (Biol.). **Gen|mu|ta|ti|on** *die;* -, -en: erbliche Veränderung eines ↑Gens (Biol.). **gen|ne|ma|tisch** u. **gen|ne|misch** ⟨zu *gr.* génnēma „das Erzeugen, Hervorbringen"⟩: Sprachlaute als akustische Erscheinung betreffend (Sprachw.). **ge|no...**, **Ge|no...** ⟨zu *gr.* génos „Geschlecht, Gattung, Nachkommenschaft"⟩: Wortbildungselement mit der Bedeutung „Geschlecht", z. B. genotypisch, Genotyp. **Ge|no|der|ma|to|se** *die;* -, -n: Bez. für Hautkrankheiten, bei denen Erbfaktoren eine Rolle spielen (Med.). **Ge|n|öko|lo|gie** *die;* - ⟨zu ↑Gen⟩: die Lehre von den Beziehungen zwischen ↑Genetik u. ↑Ökologie. **Ge|nom** *das;* -s, -e ⟨Kunstw. aus ↑*Gen* u. ↑Chromos*om*⟩: der einfache Chromosomensatz einer Zelle, der deren Erbmasse darstellt. **Ge|nom|mu|ta|ti|on** *die;* -, -en: erbliche Veränderung eines ↑Genoms (Biol.). **Ge|no|pa|thie** *die;* -, ...ien ⟨zu *geno*... u. ↑...pathie⟩: allg. Bez. für Erbkrankheiten. **ge|no|spe|zi|fisch:** charakteristisch für das Erbgut. **Ge|no|typ** [auch 'ge:...] *der;* -s, -en u. Genotypus [auch 'ge:...] *der;* -, ...pen: die Gesamtheit der Erbfaktoren eines Lebewesens (Biol.); vgl. Phänotyp. **ge|no|ty|pisch** [auch 'ge:...]: auf den Genotyp bezogen (Biol.). **Ge|no|ty|pus** [auch 'ge:...] vgl. Genotyp

Ge|nouil|liè|re [ʒ(ə)nu'jɛːr] *die;* -, -n [...rən] ⟨aus gleichbed. *fr.* genouillère zu genou „Knie", dies aus *lat.* genu⟩: (veraltet) 1. Knieschutz, Kniestück eines Harnischs. 2. Brüstung einer Schießscharte

Ge|no|zid *der,* auch *das;* -[e]s, Plur. -e u. -ien [...i̯ən] ⟨zu ↑geno... u. ↑...zid⟩: Mord an nationalen, rassischen od. religiösen Gruppen. **Gen|pool** [...puːl] *der;* -s ⟨zu ↑Gen u. ↑²Pool⟩: Gesamtheit der genetischen Informationen einer ↑Population. **Gen|re** ['ʒãːrə, auch 'ʒaŋʀ] *das;* -s, -s ⟨aus gleichbed. *fr.* genre, dies aus *lat.* genus, Gen. generis, vgl. Genus⟩: Gattung, Wesen, Art (bes. in der Kunst). **Gen|re|bild** *das;* -[e]s, -er: Bild im Stil der Genremalerei. **gen|re|haft:** im Stil, in der Art der Genremalerei gestaltet. **Gen|re|ma|le|rei** *die;* -: Malerei, die typische Zustände aus dem täglichen Leben einer bestimmten Berufsgruppe od. einer sozialen Schicht darstellt. **Gen|re|ser|ve** ['geːn...] *die;* -, -n ⟨zu ↑Gen⟩: genotypisch relativ einheitlicher Tierbestand für bestimmte Kreuzungsverfahren in der Tierzucht

Gen|ro *der;* - ⟨aus *jap.* genro „die Ältesten"⟩: vom jap. Kaiser eingesetzter Staatsrat

Gens *die;* -, **Gen|tes** [...te:s] ⟨aus *lat.* gens, Gen. gentis „Geschlechtsverband, Sippe"⟩: altröm. Familienverband

Gent [dʒɛnt] *der;* -s, -s ⟨aus *engl.* gent, Kurzform von gentleman, vgl. Gentleman⟩: (iron.) Geck, feiner Mann

Gen|tech|nik *die;* -, -en ⟨zu ↑ Gen u. ↑ Technik⟩: 1. (Plur. selten) Technik der Erforschung u. Manipulation der Gene. 2. svw. Gentechnologie. **gen|tech|nisch**: die Gentechnik betreffend. **Gen|tech|no|lo|gie** *die;* -: Teilgebiet der Molekularbiologie, das sich mit der Erforschung u. der Manipulation von Genen befaßt, um Gene mit bekannten Eigenschaften, die aus therapeutischen od. züchterischen Gründen ähnliche Eigenschaften erhalten sollen, gezielt zu verändern. **gen|tech|no|lo|gisch**: die Gentechnologie betreffend

Gen|tes [...te:s]: Plur. von ↑ Gens

Gen|the|ra|pie *die;* -, -n [...i:ən] ⟨zu ↑ Gen u. ↑ Therapie⟩: Therapieform, bei der körpereigenen Zellen ein fremdes Gen übertragen wird, das diese Zellen auf Grund eines Gendefekts nicht [mehr] selbst herstellen können (Med.)

Gen|tia|na *die;* - ⟨aus gleichbed. *lat.* gentiana⟩: Enzian. **Gen|tia|na|vio|lett** [...v...] *das;* -s: basisch reagierender violetter Farbstoff, der für die Färbung ↑ histologischer Präparate, als ↑ Desinfiziens u. als ↑ Anthelmintikum verwendet wird (Med.)

gen|til [ʒɛn'ti:l, ʒã'ti:l] ⟨aus *fr.* gentil „nett, freundlich", älter *fr.* auch „adelig, einem edlen Geschlecht angehörig", dies aus *lat.* gentilis „aus demselben Geschlecht" zu gens, vgl. Gens⟩: (veraltet) fein, nett, wohlerzogen. **Gen|ti|len** [gɛn...] *die* (Plur.) ⟨aus gleichbed. *lat.* gentiles (Plur.)⟩: die Angehörigen der altröm. Gentes (vgl. Gens). **Gen|til|homme** [ʒãti'jɔm] *der;* -s, -s ⟨aus *fr.* gentilhomme, eigtl. „Edelmann", zu gentil „adelig, edel, anmutig" (vgl. gentil) u. homme „Mann" (dies aus *lat.* homo „Mensch, Mann")⟩: franz. Bez. für Mann von vornehmer Gesinnung, Gentleman. **Gen|til|na|me** [gɛn...] *der;* -ns, -n ⟨zu ↑ gentil⟩: svw. Nomen gentile. **Gen|tle|man** ['dʒɛntlmən] *der;* -s, ...men [...mən] ⟨aus gleichbed. *engl.* gentleman, dies nach *fr.* gentilhomme, vgl. Gentilhomme⟩: Mann von Lebensart u. Charakter; ↑ Gentilhomme; vgl. Lady. **gen|tle|man|like** [...laɪk] ⟨aus gleichbed. *engl.* gentlemanlike⟩: nach Art eines Gentlemans, vornehm, höchst anständig. **Gen|tle|man's** od. **Gen|tle|men's Agree|ment** ['dʒɛntlmənz ə'gri:mənt] *das;* - -, - -s ⟨aus gleichbed. *engl.* gentleman's bzw. gentlemen's (Plur.) agreement; vgl. Agreement⟩: [diplomatisches] Übereinkommen ohne formalen Vertrag; Übereinkunft auf Treu u. Glauben. **Gen|trans|fer** ['ge:n...] *der;* -s, -s ⟨zu ↑ Gen⟩: Übertragung fremder Erbanlagen in die befruchtete Eizelle. **Gen|try** ['dʒɛntrɪ] *die;* - ⟨aus gleichbed. *engl.* gentry, dies über *altfr.* genterise, gentelise zu *lat.* gentilis, vgl. gentil⟩: niederer engl. Adel u. die ihm sozial Nahestehenden

Ge|nu *das;* -, Genua ⟨aus *lat.* genu „Knie"⟩: 1. Knie. 2. knieartige Biegung, Knick (z. B. in Gefäßen od. Nervenkanälen; Med.)

¹Ge|nua *die;* -, -: Kurzform von ↑ Genuafock

²Ge|nua: Plur. von ↑ Genu

Ge|nua|fock *die;* -, -en ⟨nach der ital. Stadt Genua (in der dieses Segel 1927 erstmalig bei einer Regatta gesetzt wurde)⟩: großes, den Mast u. das Großsegel stark überlappendes Vorsegel. **Ge|nua|kord** u. **Ge|nua|samt** *der;* -[e]s: Rippensamt für Möbelbezüge

ge|nu|al ⟨zu ↑ Genu u. ↑¹...al (1)⟩: das Knie betreffend (Med.)

Ge|nua|samt vgl. Genuakord

ge|nu|in ⟨aus *lat.* genuinus, eigtl. „angeboren, natürlich"⟩: 1. echt, naturgemäß, rein, unverfälscht. 2. angeboren, erblich (Med., Psychol.)

Ge|nu re|cur|va|tum [- rekʊr'va:...] *das;* - - ⟨zu ↑ Genu u. *lat.* recurvatum, Part. Perf. (Neutrum) von recurvare „zurückbeugen"⟩: überstreckbares Knie, das einen nach vorne offenen Winkel bildet (Med.)

Ge|nus [auch 'ge:...] *das;* -, Genera ⟨aus *lat.* genus „Abstammung, Geschlecht; Art, Gattung"⟩: 1. Art, Gattung; - pro|xi|mum: nächsthöherer Gattungsbegriff. 2. eine der verschiedenen Klassen (männlich, weiblich, sächlich), in die die Substantive (danach Adjektive u. Pronomen) eingeteilt sind; grammatisches Geschlecht; - ver|bi [v...]: Verhaltensrichtung des Verbs; vgl. Aktiv, Medium, Passiv u. Verbum. **Ge|nus|kauf** *der;* -[e]s, ...käufe: Kaufvertrag, bei dem nur die Gattungsmerkmale der zu liefernden Sache, nicht aber ihre Besonderheiten bestimmt werden (Rechtsw.)

geo..., Geo..., vor Vokalen gelegentlich **ge..., Ge...** ⟨aus gleichbed. *gr.* geō- zu gē (gaîa) „Erde, Erdboden"⟩: Wortbildungselement mit der Bedeutung „Erde", z. B. geochemisch, Geosphäre, Gein

geo|an|ti|kli|nal [auch 'ge:o...] ⟨zu ↑ geo... u. ↑ antiklinal⟩: die Geoantiklinale betreffend. **Geo|an|ti|kli|na|le** [auch 'ge:o...] u. Geantiklinale *die;* -, -n: weiträumiges Aufwölbungsgebiet der Erdkruste (Geol.)

Geo|bio|lo|gie [auch 'ge:o...] *die;* - ⟨zu ↑ geo... u. ↑ Biologie⟩: Wissenschaft, die sich mit den Beziehungen zwischen ↑ Geosphäre u. Menschen befaßt. **geo|bio|lo|gisch** [auch 'ge:o...]: die Geobiologie betreffend

geo|bi|ont ⟨zu ↑ geo... u. ↑ ...biont⟩: während des gesamten Lebenszyklus im Erdboden lebend. **Geo|bi|ont** *der;* -en, -en (meist Plur.): während des gesamten Lebenszyklus im Erdboden lebender Organismus (Biol.)

Geo|bo|ta|nik [auch 'ge:o...] *die;* - ⟨zu ↑ geo... u. ↑ Botanik⟩: Pflanzengeographie, Wissenschaft von der geographischen Verbreitung der Pflanzen. **geo|bo|ta|nisch** [auch 'ge:o...]: die Geobotanik betreffend

Geo|che|mie [auch 'ge:o...] *die;* - ⟨zu ↑ geo... u. ↑ Chemie⟩: Wissenschaft von der chem. Zusammensetzung der Erde als Ganzes. **Geo|che|mi|ker** [auch 'ge:o...] *der;* -s, -: Wissenschaftler auf dem Gebiet der Geochemie. **geo|che|misch** [auch 'ge:o...]: die Geochemie betreffend

Geo|chro|no|lo|gie [auch 'ge:o...] *die;* - ⟨zu ↑ geo... u. ↑ Chronologie⟩: Wissenschaft von der absoluten geologischen Zeitrechnung (Geol.). **geo|chro|no|lo|gisch** [auch 'ge:o...]: die Geochronologie betreffend

Geo|dä|sie *die;* - ⟨aus *gr.* geōdaisía „Erd-, Landverteilung"⟩: [Wissenschaft von der] Erdvermessung; Vermessungswesen. **Geo|dät** *der;* -en, -en ⟨aus *gr.* geōdaítēs „Landvermesser"⟩: Fachmann, Wissenschaftler auf dem Gebiet der Geodäsie, Landvermesser. **geo|dä|tisch**: die Geodäsie betreffend

Geo|de *die;* -, -n ⟨zu *gr.* geódēs „erdartig, erdig"⟩: 1. Blasenhohlraum (Mandel) eines Ergußgesteins, der mit Kristallen gefüllt sein kann (z. B. Achatmandel; Geol.). 2. svw. Konkretion (3)

Geo|de|pres|si|on [auch 'ge:o...] *die;* -, -en ⟨zu ↑ geo... u. ↑ Depression⟩: svw. Geosynklinale

Geo|di|me|ter *das;* -s, - ⟨zu ↑ geo..., *gr.* dís „zweifach" u. ↑¹...meter⟩: Gerät zur elektrooptischen Entfernungsmessung

Geo|dreieck *das;* -s, Plur. -e, auch -s ⟨Kunstw. aus ↑ *Geo*metrie u. *Dreieck*⟩: mathematisches Hilfsmittel in Form eines

Geodynamik

(transparenten) Dreiecks zum Ausmessen u. Zeichnen von Winkeln, Parallelen o. ä.

Geo|dy|na|mik [auch 'ge:o...] *die;* - ⟨zu ↑geo... u. ↑Dynamik⟩: allgemeine Geologie, die die ↑exogenen (2) u. ↑endogenen (2) Kräfte behandelt. **geo|dy|na|misch** [auch 'ge:o...]: die Geodynamik betreffend

Geo|elek|trik [auch 'ge:o...] *die;* - ⟨zu ↑geo... u. ↑Elektrik⟩: Teilgebiet der angewandten Geophysik, das sich mit der Erforschung der natürlichen elektrischen Erdströme befaßt u. diese od. künstlich erzeugte zur Lagerstättensuche benutzt. **Geo|elek|tro|dy|na|mik** [auch 'ge:o...] *die;* -: Teilgebiet der angewandten Geophysik, das sich mit elektrodynamischen Vorgängen im Erdkörper befaßt

Geo|fak|tor [auch 'ge:o...] *der;* -s, ...toren (meist Plur.) ⟨zu ↑geo... u. ↑Faktor⟩: einer der in enger wechselseitiger Beziehung stehenden geographischen, geologischen, klimatischen sowie Boden u. Vegetation betreffenden Faktoren einer bestimmten Landschaft

Geo|frak|tur [auch 'ge:o...] *die;* -, -en ⟨zu ↑geo... u. ↑Fraktur⟩: alte, innerhalb der Erdgeschichte immer wieder aufbrechende Schwächezone der Erdkruste (Geol.)

Geo|ge|ne|se [auch 'ge:o...] u. **Geo|ge|nie** *die;* - ⟨zu ↑geo... u. ↑Genese bzw. ↑...genie⟩: Wissenschaft von der Entstehung der Erde

Geo|gno|sie *die;* - ⟨zu ↑geo..., *gr.* gnōsis „Erkennen, Kenntnis" u. ↑²...ie⟩: (veraltet) svw. Geologie. **Geo|gnost** *der;* -en, -en ⟨zu *gr.* gnōstēs „Kenner"⟩: (veraltet) svw. Geologe. **geo|gno|stisch** ⟨zu *gr.* gnōstikós „erkennend"⟩: (veraltet) svw. geologisch

Geo|go|nie *die;* - ⟨zu ↑...gonie⟩: svw. Geogenese

Geo|graph *der;* -en, -en ⟨aus *spätlat.* geographus „Erdbeschreiber" zu *gr.* geōgráphos „erdbeschreibend"⟩: Wissenschaftler auf dem Gebiet der Geographie. **Geo|gra|phie** *die;* - ⟨über *lat.* geographia aus gleichbed. *gr.* geōgraphía, eigtl. „Erdbeschreibung"⟩: a) Erdkunde; Wissenschaft von der Erde u. ihrem Aufbau, von der Verteilung u. Differenzierung der Erdoberfläche, bes. im Hinblick auf Wechselwirkungen zwischen Erde u. Mensch; b) geographische Lage, Beschaffenheit; [örtliche] Gegebenheit. **geo|graphisch** ⟨über *spätlat.* geographicus aus gleichbed. *spätgr.* geōgraphikós⟩: a) die Geographie betreffend, erdkundlich; b) die Lage, das Klima usw. eines Ortes, Gebietes betreffend; c) sich auf einen bestimmten Punkt o. ä. der Erdoberfläche beziehend

geo|hi|sto|risch [auch 'ge:o...] ⟨zu ↑geo... u. ↑historisch⟩: die Geschichte der Erde u. Gesteine betreffend

Geo|hy|dro|lo|gie [auch 'ge:o...] *die;* - ⟨zu ↑geo... u. ↑Hydrologie⟩: svw. Hydrogeologie

Geo|id *das;* -[e]s ⟨zu ↑geo... u. ↑²...id⟩: der von der tatsächlichen Erdgestalt abweichende theoretische Körper, dessen Oberfläche die Feldlinien der Schwerkraft überall im rechten Winkel schneidet (Geophys.). **Geo|id|un|du|la|ti|on** *die;* -, -en: Abweichung des Geoids von einer mathematisch definierten, sogenannten normalen Erdgestalt

Geo|iso|ther|me [auch 'ge:o...] *die;* -, -n ⟨zu ↑geo... u. ↑Isotherme⟩: Kurve, die Bereiche gleicher Temperatur des Erdinnern verbindet

geo|karp ⟨zu ↑geo... u. ↑...karp⟩: unter der Erde reifend (von Pflanzenfrüchten). **Geo|kar|pie** *die;* - ⟨zu ↑...karpie⟩: das Reifen von Pflanzenfrüchten unter der Erde (Biol.)

Geo|ko|ro|na [auch 'ge:o...] *die;* - ⟨zu ↑geo... u. ↑Korona⟩: überwiegend aus Wasserstoff bestehende Gashülle der Erde oberhalb 1000 km Höhe (Geophys.)

geo|krat ⟨zu ↑geo... u. ↑...krat⟩: die Geokratie betreffend; vgl. ...isch/-. **Geo|kra|tie** *die;* -, ...ien ⟨zu ↑...kratie⟩: Erdperiode, in denen die Festländer größere Ausdehnung hatten als die Meere (Geol.). **geo|kra|tisch**: svw. geokrat; vgl. ...isch/-

Geo|kro|nit [auch ...'nɪt] *der;* -s, -e ⟨zu ↑geo..., Kronos (*gr.* Krónos), dem Vater des Zeus, u. ↑²...it⟩: bleifarbenes, sulfidisches Mineral der Spießglanzgruppe

Geo|lo|ge *der;* -n, -n ⟨zu ↑geo... u. ↑...loge⟩: Wissenschaftler auf dem Gebiet der Geologie. **Geo|lo|gie** *die;* - ⟨aus gleichbed. *nlat.* geologia, vgl. ...logie⟩: Wissenschaft von der Entwicklung[sgeschichte] u. vom Bau der Erde. **Geo|lo|gin** *die;* -, -nen: weibliche Form zu ↑Geologe. **geo|lo|gisch** ⟨zu ↑...logisch⟩: die Geologie betreffend; -e Formation: bestimmter Zeitraum der Erdgeschichte

Geo|ma|gne|tik [auch 'ge:o...] *die;* - ⟨zu ↑geo... u. ↑Magnetik⟩: Teilgebiet der Geophysik, das die Beobachtung erdmagnetischer Erscheinungen zur Erforschung der geologischen Verhältnisse benutzt. **Geo|ma|gne|ti|ker** [auch 'ge:o...] *der;* -s, -: Fachmann auf dem Gebiet der Geomagnetik. **geo|ma|gne|tisch** [auch 'ge:o...]: die Geomagnetik betreffend, nach den Methoden der Geomagnetik verfahrend

Geo|mant *der;* -en, -en ⟨zu ↑geo... u. *gr.* mántis „Seher, Wahrsager"⟩: jmd., der Geomantie betreibt. **Geo|man|tie** *die;* - ⟨zu *gr.* manteía „das Weissagen"⟩: Kunst (bes. der Chinesen u. Araber), aus Linien u. Figuren im Sand Wahrzusagen. **Geo|man|tik** *die;* - ⟨zu *gr.* mantikḗ (téchnē) „Kunst des Weissagens"⟩: svw. Geomantie. **geo|mantisch** ⟨zu *gr.* mantikós „weissagend; das Weissagen betreffend"⟩: die Geomantie betreffend

Geo|me|cha|nik [auch 'ge:o...] *die;* - ⟨zu ↑geo... u. ↑Mechanik⟩: Teilgebiet der Geologie, das sich mit dem mechanischen Verhalten der Gebirge gegenüber ↑tektonischen od. technischen Kräften befaßt. **geo|me|cha|nisch** [auch 'ge:o...]: die Geomechanik betreffend

Geo|me|di|zin [auch 'ge:o...] *die;* - ⟨zu ↑geo... u. ↑Medizin⟩: Teilgebiet der Medizin, das sich mit Vorkommen, Ausbreitung u. Verlauf von Krankheiten in ihrer Abhängigkeit von geographischen u. klimatischen Bedingungen befaßt. **geo|me|di|zi|nisch** [auch 'ge:o...]: die Geomedizin betreffend

Geo|mer *das;* -s, -e ⟨zu ↑geo... u. *gr.* méros „Teil"⟩: beliebig begrenzter Ausschnitt der Erdoberfläche bzw. der Landschaft

Geo|me|ter *der;* -s, - ⟨über *lat.* geometres aus *gr.* geōmétrēs „Land-, Feldmesser"⟩: (veraltet) svw. Geodät. **Geo|me|trie** *die;* -, ...ien ⟨über *altfr.* geometrie aus gleichbed. *lat.* geometria, dies aus *gr.* geōmetría, eigtl. „Feldmeßkunst"⟩: Zweig der Mathematik, der sich mit den Gebilden der Ebene u. des Raumes befaßt. **geo|me|trisch** ⟨aus *lat.* geometricus „zur Feldmeßkunst gehörig", dies aus gleichbed. *gr.* geōmetrikós⟩: die Geometrie betreffend, durch Begriffe der Geometrie darstellbar; -er Ort: geometrisches Gebilde, dessen sämtliche Punkte die gleiche Bedingung erfüllen; -er Stil: nach seiner Linienornamentik benannter Stil der griech. Vasenmalerei; -es Mittel: n-te Wurzel aus dem Produkt von n Zahlen. **geo|me|tri|sie|ren** ⟨zu ↑...isieren⟩: die Erkenntnisse, Regeln u. Arbeitsweisen der Geometrie auf etwas, das einem anderen Gebiet der Mathematik angehört, übertragen

Geo|mon|to|gra|phie [auch 'ge:o...] *die;* - ⟨zu ↑geo..., *lat.* mons, Gen. montis „Berg" u. ↑...graphie⟩: Herstellung von Reliefkarten. **geo|mon|to|gra|phisch** [auch 'ge:o...] ⟨zu ↑...graphisch⟩: die Geomontographie betreffend

Geo|mor|pho|lo|ge [auch 'ge:o...] *der;* -n, -n ⟨aus ↑geo... u. ↑Morphologe⟩: Wissenschaftler auf dem Gebiet der Geomorphologie. **Geo|mor|pho|lo|gie** [auch 'ge:o...] *die; -*: Wissenschaft von den Formen der Erdoberfläche u. deren Veränderungen (Geol.). **geo|mor|pho|lo|gisch** [auch 'ge:o...]: die Geomorphologie betreffend

Geo|no|mie *die; -* ⟨zu *gr.* geōnómēs „Land verteilend"; vgl. ¹...nomie⟩: Wissenschaftszweig, der alle zur Erforschung des Erdaufbaus in Betracht kommenden Wissenschaften komplex anwendet

Geo|no|se *die; -, -n* ⟨zu ↑geo... u. *gr.* nósos „Krankheit"⟩: Krankheit, die nicht nur durch direkten Kontakt mit einem Kranken übertragen wird, sondern auch durch Aufnahme der Erreger aus Erde, Staub o. ä. (Med.)

Ge|onym *das; -s, -e* ⟨zu ↑geo... u. *gr.* ónyma „Name"⟩: Deckname, der aus einem geographischen Namen od. Hinweis besteht (z. B. Stendhal)

Geo|pa|ra|si|to|lo|gie [auch 'ge:o...] *die; -* ⟨zu ↑geo... u. ↑Parasitologie⟩: Lehre vom Auftreten u. von der Verbreitung von Parasiten in ihrer Abhängigkeit von geographischen Bedingungen (z. B. vom Klima)

geo|pa|thisch [auch 'ge:o...] ⟨zu ↑geo... u. ↑Pathos⟩: in Zusammenhang mit geographischen, klimatischen, meteorologischen Bedingungen Krankheiten verursachend

geo|phag ⟨zu ↑geo... u. ↑...phag⟩: a) Erde essend (von Menschen; vgl. Geophagie 1); b) Erde fressend, um sich von darin enthaltenen organischen Stoffen zu ernähren (von Würmern; vgl. Geophagie 2). **Geo|pha|ge** *der u. die; -n, -n* ⟨zu ↑...phage⟩: 1. a) jmd., der Erde ißt; vgl. Geophagie (a); b) jmd., der an Geophagie (b) leidet. 2. vornehmlich Erde fressendes Tier (vgl. Geophagie 2). **Geo|pha|gie** *die; -* ⟨zu ↑...phagie⟩: 1. a) Sitte, bes. bei Naturvölkern, tonige od. fette Erde zu essen; b) krankhafter Trieb, Erde zu essen. 2. Ernährungsweise, die vornehmlich durch das Fressen von Erde charakterisiert ist (von Würmern)

geo|phil ⟨zu ↑geo... u. ↑...phil⟩: 1. vorzugsweise in Erde u. Staub vorkommend (bes. von Bakterien). 2. nur einen Teil des Lebens im Erdboden lebend (von Bodentieren, z. B. dem Maikäfer im Stadium des Engerlings)

Geo|phon *das; -s, -e* ⟨zu ↑geo... u. ↑...phon⟩: Instrument für geophysikalische Untersuchungen

Geo|phy|sik [auch 'ge:o...] *die; -* ⟨zu ↑geo... u. ↑Physik⟩: Wissenschaft von den physik. Vorgängen u. Erscheinungen auf, über u. in der Erde. **geo|phy|si|ka|lisch** [auch 'ge:o...]: die Geophysik betreffend. **Geo|phy|si|ker** [auch 'ge:o...] *der; -s, -*: Wissenschaftler auf dem Gebiet der Geophysik

Geo|phyt *der; -en, -en* (meist Plur.) ⟨zu ↑geo... u. ↑...phyt⟩: Erdpflanze, mehrjährige Pflanze, die ungünstige Jahreszeiten, bes. den Winter, mit Hilfe unterirdischer Organe (z. B. Zwiebel, Knolle, ↑Rhizom) überdauert (Bot.)

Geo|pla|stik [auch 'ge:o...] *die; -, -en* ⟨zu ↑geo... u. ↑Plastik⟩: räumliche Darstellung von Teilen der Erdoberfläche

Geo|po|li|tik [auch 'ge:o...] *die; -* ⟨zu ↑geo... u. ↑Politik⟩: Wissenschaft von der Einwirkung geographischer Faktoren auf politische Vorgänge u. Kräfte. **geo|po|li|tisch** [auch 'ge:o...]: die Geopolitik betreffend

Geo|po|ten|ti|al [auch 'ge:o...] *das; -s* ⟨zu ↑geo... u. ↑Potential⟩: 1. ↑Potential (2 b) der Schwerkraft der Erde, diejenige Energie, die nötig ist, um eine Masseneinheit gegen die Schwerkraft vom Meeresniveau bis zu einem bestimmten Punkt zu heben. 2. Potential des elektrischen Feldes der Erde

Geo|psy|che [auch 'ge:o...] *die; -* ⟨zu ↑geo... u. ↑Psyche⟩: Gesamtheit der Einwirkungen von geographischen, klimatischen u. meteorologischen Faktoren auf die ↑Psyche (1 a). **Geo|psy|cho|lo|gie** [auch 'ge:o...] *die; -*: Wissenschaft von der Beeinflussung der Psyche (1 a) durch Klima, Wetter, Jahreszeiten u. Landschaft. **geo|psy|cho|lo|gisch** [auch 'ge:o...]: die Geopsychologie betreffend

Geor|gette [ʒɔr'ʒɛt] *der; -s, -s* ⟨*fr.*⟩: Kurzform von ↑Crêpe Georgette

Ge|or|gi|kon *das; -s, ...ka* ⟨zu *gr.* geōrgikós „Landbau betreibend"⟩: Lehrgedicht über den Landbau

Ge|or|gi|ne *die; -, -n* ⟨aus *nlat.* georgina; nach dem russ. Botaniker J. G. Georgi, 1729–1802⟩: Seerosendahlie (Korbblütler)

Geo|sau|ri|er [...iɐ] *der; -s, -* u. **Geo|sau|rus** *der; -, ...rier* [...iɐ] ⟨zu ↑geo... u. *gr.* saũros „Eidechse"⟩: eine Gattung ausgestorbener ungepanzerter Krokodile der Jura- u. Kreidezeit

Geo|skop *das; -s, -e* ⟨zu ↑geo... u. ↑...skop⟩: geophysik. Meßgerät, das mit Hilfe hochfrequenter Ströme Erzlagerstätten lokalisiert. **Geo|sko|pie** *die; -* ⟨zu ↑...skopie⟩: Lokalisierung von Erzlagerstätten mit Hilfe eines Geoskops

Geo|sphä|re [auch 'ge:o...] *die; -* ⟨zu ↑geo... u. ↑Sphäre⟩: Raum, in dem die Gesteinskruste der Erde, die Wasser- u. Lufthülle aneinandergrenzen

Geo|sta|tik [auch 'ge:o...] *die; -* ⟨zu ↑geo... u. ↑Statik⟩: Erdgleichgewichtslehre. **geo|sta|tisch** [auch 'ge:o...]: die Geostatik betreffend

geo|sta|tio|när [auch 'ge:o...] ⟨zu ↑geo... u. ↑stationär⟩: immer über dem gleichen Punkt des Erdäquators stehend u. dabei über dem Äquator mit der Erdrotation mitlaufend (von bestimmten Satelliten od. Synchronsatelliten)

geo|stro|phisch [auch 'ge:o...] ⟨zu ↑geo... u. *gr.* stréphein „(sich) drehen, wenden"⟩; in der Fügung -er Wind: Wind in hohen Luftschichten bei geradlinigen ↑Isobaren (Meteor.)

Geo|su|tur [auch 'ge:o...] *die; -, -en* ⟨zu ↑geo... u. ↑Sutur⟩: svw. Geofraktur

geo|syn|kli|nal [auch 'ge:o...] ⟨zu ↑geo... u. ↑synklinal⟩: die Geosynklinale betreffend (Geol.). **Geo|syn|kli|na|le** [auch 'ge:o...] u. **Geo|syn|kli|ne** [auch 'ge:o...] *die; -, -n*: weiträumiges Senkungsgebiet der Erdkruste (Geol.)

geo|tak|tisch [auch 'ge:o...] ⟨zu ↑geo... u. ↑taktisch⟩: die Geotaxis betreffend. **Geo|ta|xis** [auch 'ge:o...] *die; -, ...taxen* ⟨zu ↑²Taxis⟩: Orientierungsbewegung bestimmter Pflanzen u. Tiere, die in der Richtung durch die Erdschwerkraft bestimmt ist

Geo|tech|nik [auch 'ge:o...] *die; -* ⟨zu ↑geo... u. ↑Technik⟩: svw. Ingenieurgeologie

Geo|tek|to|nik [auch 'ge:o...] *die; -* ⟨zu ↑geo... u. ↑Tektonik⟩: Lehre von den allgemeinen Gesetzmäßigkeiten in der Entwicklung der gesamten Erdkruste (Geol.). **geo|tek|to|nisch** [auch 'ge:o...]: die Geotektonik betreffend

Geo|tex|ti|li|en [...iən, auch 'ge:o...] *die* (Plur.) ⟨zu ↑geo... u. ↑Textilien⟩: aus synthetischen Fasern hergestellte, wasserdurchlässige Vliesstoffe, Gewebe u. Verbundstoffe für den Erd- u. Wasserbau

Geo|the|ra|pie [auch 'ge:o...] *die; -* ⟨zu ↑geo... u. ↑Therapie⟩: klimatische Heilbehandlung (Med.)

geo|ther|mal [auch 'ge:o...] ⟨zu ↑geo... u. ↑thermal⟩: die Erdwärme betreffend. **Geo|ther|mik** *die; -*: Wissenschaft von der Temperaturverteilung u. den Wärmeströmen innerhalb des Erdkörpers. **geo|ther|misch**: die Erdwärme betreffend; -e Tiefenstufen: Stufen der Wärmezunahme in der Erde (normal um 1 °C auf 33 m). **Geo|ther|mo|me|ter** [auch 'ge:o...] *das; -s, -*: Meßgerät zur Bestimmung der Temperatur in verschiedenen tiefen Erdschichten

Geo|tor|si|on [auch 'ge:o...] *die; -, -en* ⟨zu ↑geo... u. ↑Torsion⟩: die durch Schwerkraftreize ausgelöste, wachstumsbedingte Drehung von Organen (z. B. Blütenteilen), um ihre natürliche Position wieder einzunehmen (Biol.)

Geo|tri|cho|se *die;* -, -n ⟨zu ↑Geotrichum u. ↑¹...ose⟩: Infektionskrankheit infolge Überhandnehmens von Geotrichumarten (Med.). **Geo|tri|chum** *das;* -s, ...cha ⟨aus *nlat.* geotrichum zu ↑geo... u. *gr.* thríx, Gen. trichós „Haar"⟩: Gattung hefeähnlicher niederer Pilze, die in sauren Lebensmitteln u. auf der Mundschleimhaut Gesunder vorkommen, unter besonderen Umständen jedoch auch ↑pathogen werden können (vgl. Geotrichose)

geo|trop u. **geo|tro|pisch** ⟨zu ↑geo... u. ↑...trop⟩: auf die Schwerkraft ansprechend (von Pflanzen); vgl. ...isch/-. **Geo|tro|pis|mus** *der;* -: Erdwendigkeit; Vermögen der Pflanzen, sich in Richtung der Schwerkraft zu orientieren (Bot.). **Geo|tro|po|skop** *das;* -s, -e ⟨zu ↑...skop⟩: svw. Gyroskop

Geo|tu|mor *der;* -s, ...oren ⟨zu ↑geo... u. ↑Tumor⟩: svw. Geoantiklinale

Geo|wis|sen|schaf|ten *die* (Plur.) ⟨zu ↑geo...⟩: alle sich mit der Erforschung der Erde befassenden Wissenschaften

Geo|zen|trik [auch 'geːo...] *die;* - ⟨zu ↑geo..., ↑Zentrum u. ↑²...ik (2)⟩: Weltsystem, das die Erde als Mittelpunkt betrachtet (z. B. bei den griech. Astronomen Ptolemäus). **geo|zen|trisch** [auch 'geːo...]: 1. auf die Erde als Mittelpunkt bezogen; Ggs. ↑heliozentrisch. 2. auf den Erdmittelpunkt bezogen; vom Erdmittelpunkt aus gerechnet, z. B. der -e Ort eines Gestirns

Geo|zoo|lo|gie [...tsoo...], auch 'geːo...] *die;* - ⟨zu ↑Zoologie⟩: Wissenschaft von der geographischen Verbreitung der Tiere, Zoogeographie. **geo|zoo|lo|gisch** [auch 'geːo...]: die Geozoologie betreffend

geo|zy|klisch [auch ...'tsʏk..., 'geːo...] ⟨zu ↑geo... u. ↑zyklisch⟩: den Umlauf der Erde um die Sonne betreffend

Ge|pard *der;* -s, -e ⟨aus gleichbed. *fr.* guépard, älter gapard, dies über *it.* gattopardo aus *mlat.* gattus pardus „Pardelkatze, kleiner Leopard"⟩: sehr schlankes, hochbeiniges, schnelles katzenartiges Raubtier (in Indien u. Afrika)

Ge|phy|ro|pho|bie *die;* -, ...ien ⟨zu *gr.* géphyra „Erdwall; Damm, Brücke" u. ↑...phobie⟩: Angst vor dem Betreten einer Brücke (Med.)

Ger|agog|ge *der;* -n, -n ⟨zu *gr.* géras „das Alter" u. agōgós „führend, leitend" (zu ágein „führen, treiben")⟩: jmd., der auf dem Gebiet der Geragogik ausgebildet, tätig ist. **Ger|ago|gik** *die;* - ⟨zu ↑²...ik (1)⟩: Teilgebiet der Pädagogik, das sich mit Bildungsfragen u. -hilfen für ältere Menschen befaßt

Ge|ra|nie [...iə] *die;* -, -n u. **Ge|ra|ni|um** *das;* -s, ...ien [...iən] ⟨über *nlat.* geranium u. *lat.* geranion aus *gr.* geránion „Storchschnabel", dies zu géranos „Kranich"⟩: Storchschnabel; Zierstaude mit zahlreichen Arten. **Ge|ra|ni|ol** *das;* - ⟨Kurzw. aus ↑*Geran*ium u. ↑Alkohol⟩: aromatische, in zahlreichen Pflanzenölen (z. B. Rosenöl) enthaltene Alkohollösung. **Ge|ra|ni|um** vgl. Geranie. **Ge|ra|ni|um|öl** *das;* -s: ätherisches Öl mit feinem Rosenduft (aus Pelargonienblättern)

Ge|rant [ʒe...] *der;* -en, -en ⟨aus gleichbed. *fr.* gérant zu gérer „verwalten", dies aus *lat.* gerere „verwalten, ausführen"⟩: (veraltet) Geschäftsführer, Herausgeber einer Zeitung od. Zeitschrift

Gerbe [ʒɛrb] *die;* -, -s ⟨aus gleichbed. *fr.* gerbe (de feu), dies aus *fränk.* *garba (*ahd.* garba)⟩: Feuergarbe bei Feuerwerken

Ger|be|ra *die;* -, -[s] ⟨aus *nlat.* gerbera; nach dem dt. Arzt u. Naturforscher T. Gerber, 1823–1891⟩: margeritenähnliche Schnittblume in roten u. gelben Farbtönen (Korbblütler)

ger|bu|lie|ren ⟨über *it.* garbellare aus *mlat.* garbellare „aussondern, sichten"⟩: (veraltet) aus trockener Ware Verunreinigungen auslesen. **Ger|bu|lur** *die;* -, -en ⟨zu ↑...ur⟩: (veraltet) 1. aus trockener Ware ausgelesene Verunreinigungen. 2. Abzug wegen Verunreinigung der Ware

Ge|re|nuk *der;* -[s], -s ⟨über *engl.* gerenuk, gerenuc aus gleichbed. *Somali* garanug⟩: eine Gazellenart (im Buschwald von Äthiopien bis Tansania)

Ge|renz *die;* -, -en ⟨zu *lat.* gerere „tragen, ausführen" u. ↑...enz⟩: (veraltet) Ausführung, Ausübung, Verwaltung, Vertretung

Ger|go ['dʒɛrgo] *das;* -[s] ⟨aus gleichbed. *it.* gergo, weitere Herkunft unsicher⟩: Jargon, Sondersprache, Gaunersprache in Italien

Ger|hard|tit [auch ...'tɪt] *der;* -s, -e ⟨nach dem franz. Chemiker Ch. F. Gerhardt († 1856) u. zu ↑²...it⟩: ein dunkelgrünes Mineral

Ger|ia|ter *der;* -s, - ⟨zu *gr.* géras „das Alter" u. ↑...iater⟩: Arzt mit Spezialkenntnissen auf dem Gebiet der Geriatrie. **Ger|ia|trie** *die;* - ⟨zu ↑...iatrie⟩: Altersheilkunde, Zweig der Medizin, der sich mit den Krankheiten des alternden u. alten Menschen beschäftigt. **Ger|ia|tri|kum** *das;* -s, ...ka ⟨zu ↑...ikum⟩: Mittel zur Behandlung von Alterserscheinungen. **ger|ia|trisch**: die Geriatrie betreffend

ge|rie|ren, sich ⟨aus gleichbed. *lat.* se gerere (pro)⟩: sich benehmen, auftreten als ...

Ger|ma|nia *die;* - ⟨aus *lat.* Germania, dem altröm. Namen für das Land der Germanen⟩: Frauengestalt [im Waffenschmuck], die das ehemalige Deutsche Reich (Germanien) symbolisch verkörpert. **Ger|ma|ni|gla|zi|al** *das;* -s ⟨zu *lat.* Germania „Deutschland"⟩: eiszeitlicher Abschnitt des mittleren ↑Quartärs im norddt. Raum. **Ger|ma|nin** ⓌZ *das;* -s ⟨zu ↑...in (1)⟩: Mittel gegen die Schlafkrankheit. **ger|ma|ni|sie|ren** ⟨zu ↑...isieren⟩: eindeutschen. **Ger|ma|nis|mus** *der;* -, ...men ⟨zu ↑...ismus (4)⟩: 1. sprachliche Besonderheit des Deutschen. 2. Übertragung einer für die deutsche Sprache charakteristischen Erscheinung auf eine nichtdeutsche Sprache im lexikalischen od. syntaktischen Bereich, sowohl fälschlicherweise (z. B. die Übersetzung von *dt.* „bekommen" als *engl.* „to become" statt „to get") als auch bewußt (z. B. le leitmotiv im Französischen); vgl. Interferenz (3). **Ger|ma|nist** *der;* -en, -en ⟨Gegenbildung zu ↑Romanist, urspr. „Kenner des deutschen Rechts"; vgl. ...ist⟩: 1. jmd., der sich wissenschaftlich mit der Germanistik befaßt (z. B. Hochschullehrer, Student). 2. (veraltet) Jurist auf dem Gebiet des deutschen u. germ. Rechts. **Ger|ma|nis|tik** *die;* - ⟨zu ↑...istik⟩: 1. Wissenschaft von den germanischen Sprachen. 2. deutsche Sprach- u. Literaturwissenschaft, Deutschkunde im weiteren Sinne (unter Einschluß der deutschen Volkskunde u. Altertumskunde). **Ger|ma|ni|stin** *die;* -, -nen: weibliche Form zu ↑Germanist (1). **ger|ma|ni|stisch** ⟨zu ↑...istisch⟩: die Germanistik betreffend. **Ger|ma|nit** [auch ...'nɪt] *der;* -s, -e ⟨zu *lat.* Germania (vgl. Germania) u. ↑²...it⟩: ein rosaviolettes, metallisch glänzendes ↑ kubisches Mineral. **Ger|ma|ni|um** *das;* -s ⟨nach *lat.* Germania „Deutschland", dem Vaterland seines Entdeckers C. Winkler (1838–1904), u. zu ↑...ium⟩: chem. Element, Metall; Zeichen Ge. **ger|ma|no...**, **Ger|ma|no...** ⟨aus *lat.* Germanus „germanisch; deutsch"⟩: Wortbildungselement mit der Bedeutung „Deutschland betreffend; das Deutsche, die Deutschen betreffend", z. B. germanophil, Germanophobie. **ger|ma|no|phil** ⟨zu ↑...phil⟩: deutschfreundlich. **Ger|ma|no|phi|lie** *die;* - ⟨zu

↑ ...philie〉: Deutschfreundlichkeit. **ger|ma|no|phob** 〈zu ↑ ...phob〉: deutschfeindlich. **Ger|ma|no|pho|bie** *die;* - 〈zu ↑ ...phobie〉: Deutschfeindlichkeit. **ger|ma|no|typ** 〈zu *gr.* týpos „Schlag, Muster, Gepräge"〉: einen für Mitteldeutschland kennzeichnenden Typ der Gebirgsbildung betreffend, bei dem der ↑ orogenetische Druck nicht zur Faltung, sondern zur Bruchbildung führt (Geol.); Ggs. ↑ alpinotyp

Ger|ma|ri|um *das;* -s, ...ien [...i̯ən] 〈aus gleichbed. *nlat.* germarium zu *lat.* germen „Sproß, Keim"; vgl. ...arium〉: Keimstock, bes. bei Insekten, in dem die Keimzellen gebildet werden (Zool.). **ger|mi|nal** 〈zu *lat.* germen, Gen. germinis „Sproß, Keim" u. ↑¹...al (1)〉: den Keim betreffend. **Ger|mi|nal** [ʒɛr...] *der;* -[s], -s 〈aus gleichbed. *fr.* germinal, eigtl. „Keimmonat"〉: siebenter Monat des franz. Revolutionskalenders (21. März bis 19. April). **Ger|mi|nal|apla|sie** [gɛr...] *die;* - 〈zu ↑ germinal〉: Unterentwicklung der Keimdrüsen (Med.). **Ger|mi|nal|drü|sen** *die* (Plur.): Keim- od. Geschlechtsdrüsen. **Ger|mi|na|lie** [...i̯ə] *die;* -, -n (meist Plur.) 〈zu ↑¹...ie〉: Germinaldrüse. **Ger|mi|na|ti|on** *die;* -, -en 〈aus *lat.* germinatio „das Sprossen" zu germinare, vgl. germinieren〉: Keimungsperiode der Pflanzen. **ger|mi|na|tiv** 〈zu ↑...iv〉: die Keimung betreffend. **ger|mi|nie|ren** 〈aus gleichbed. *lat.* germinare〉: keimen, sprossen. **Ger|mi|nom** *das;* -s, -e 〈zu ↑...om〉: vom Keimepithel ausgehende Geschwulst in ↑ Ovarien od. Hoden (Med.). **Ger|mi|zid** *das;* -s, -e 〈zu ↑...zid〉: ein keimtötendes Mittel (Chem.)

ge|ro..., Ge|ro... 〈aus *gr.* gēro- zu gēras „hohes Alter"〉: Wortbildungselement mit der Bedeutung „das Alter betreffend, im Alter auftretend", z. B. Geroderma. **Ge|ro|der|ma** *das;* -s, -ta: schlaffe, welke, runzlige Haut (Med.). **Ge|ro|hy|gie|ne** *die;* -: Hygiene im Alter (Med.). **Ge|ro|ko|mie** *die;* - 〈aus *gr.* gērokomía, zu komeĩn „besorgen, warten, pflegen"〉: Altershygiene, medizinische Altersfürsorge; Behandlung von Alterskrankheiten. **Ge|ro|mor|phis|mus** *der;* -, ...men 〈zu *gero* ..., *gr.* morphḗ „Gestalt" u. ↑ ...ismus (3)〉: durch Störungen des Gewebestoffwechsels verursachte Vergreisung der Haut bei Jugendlichen (Med.). **Ge|ront** *der;* -en, -en 〈aus *gr.* gérōn, Gen. gérontos „Greis", eigtl. „der Geehrte"〉: Mitglied der ↑ Gerusia. **ge|ron|to..., Ge|ron|to...** 〈zu *gr.* gérōn, Gen. gérontos „alter Mensch, Greis"〉: Wortbildungselement mit der Bedeutung „alte Menschen betreffend, auf Alter [u. Erfahrung] beruhend", z. B. Gerontokratie, gerontologisch. **Ge|ron|to|kra|tie** *die;* -, ...i̯en 〈zu ↑...kratie〉: 1. Altenherrschaft, Herrschaftsform eines sozialen u. politischen Systems, bei dem die Entscheidungsbefugnisse in den Händen älterer, erfahrener Personen liegen (Gesch.; Völkerk.). 2. durch Erstarrung u. politische Unbeweglichkeit gekennzeichnete Herrschaft einer überalterten, privilegierten Führungsschicht. **Ge|ron|to|lo|ge** *der;* -n, -n 〈zu ↑...loge〉: Forscher od. Arzt mit Spezialkenntnissen auf dem Gebiet der Gerontologie. **Ge|ron|to|lo|gie** *die;* - 〈zu ↑...logie〉: Fachgebiet, auf dem die Alterungsvorgänge im Menschen hinsichtlich ihrer biologischen, medizinischen, psychologischen u. sozialen Aspekte erforscht werden. **ge|ron|to|lo|gisch** 〈zu ↑...logisch〉: die Gerontologie betreffend. **Ge|ron|to|phi|lie** *die;* - 〈zu ↑ ...philie〉: die sexuelle Fixierung eines jüngeren Menschen ausschließlich auf ältere Menschen. **Ge|ron|to|psy|cho|lo|gie** *die;* -: psychologische Disziplin, die sich mit der Erforschung der seelischen Begleiterscheinungen des Alterns befaßt. **Ge|ron|to|so|zio|lo|gie** *die;* -: Teilbereich der Soziologie, der sich mit den sozialen Aspekten des Alterns befaßt. **Ge|ron|to|xon** *das;* -s, ...xa 〈zu *gr.* gérōn „Greis" u. tóxon „Bogen"〉: bogenförmige Trübung des Hornhautrandes durch Cholesterineinlagerung (im höheren Lebensalter; Med.). **Ge|ro|pro|phy|lak|ti|kum** *das;* -s, ...ka 〈zu ↑ gero ...〉: Substanz, die Alterungsvorgänge verzögert u. altersbedingte Beschwerden lindert (Med.). **Ge|ro|pro|phy|la|xe** *die;* -, -n: Vorbeugung gegen Alterskrankheiten (Med.). **Ge|ro|the|ra|peu|ti|kum** *das;* -s, ...ka: svw. Geriatrikum

Gers|dorf|fit [auch ...'fit] *der;* -s, -e 〈nach dem österr. Bergbauunternehmer u. Metallurgen J. R. Gersdorff (1781 bis 1849) u. zu ↑²...it〉: ein sprödes, graues Mineral, Nickelglanz

Ge|run|di|um *das;* -s, ...dien [...i̯ən] 〈aus gleichbed. *spätlat.* gerundium zu *lat.* gerere „tragen, ausführen"〉: gebeugter Infinitiv im Lat. Verbs (z. B. *lat.* gerendi „des Vollziehens"). **ge|run|div** 〈aus *spätlat.* gerundivus „vollziehend"〉: svw. gerundivisch; vgl. ...isch/-. **Ge|run|div** *das;* -s, -e [...və]: 〈aus *spätlat.* (modus) gerundivus〉: Partizip des Passivs des Futurs, das die Notwendigkeit eines Verhaltens ausdrückt (z. B. *lat.* laudandus „der zu Lobende, jmd., der gelobt werden muß"). **ge|run|di|visch** [...v...]: das Gerundiv betreffend, in der Art des Gerundivs; vgl. ...isch/-. **Ge|run|di|vum** *das;* -s, ...va 〈aus *lat.* gerundivum, Neutrum von gerundivus, vgl. gerundiv〉: svw. Gerundiv

Ge|rus *der;* -, - 〈aus dem Pers.〉: dicht gewebter, rot- od. blaugrundiger iran. Teppich, im Fond mit Blüten u. Bordüren in stark kontrastierenden Farben mit Blumen zwischen Blattranken

Ge|ru|sia u. **Ge|ru|sie** *die;* - 〈aus gleichbed. *gr.* gerousía; vgl. Geront〉: Rat der Alten (in Sparta)

Ger|vais Ⓦ [ʒɛrˈvɛː] *der;* - [...ˈvɛː(s)], - [...ˈvɛːs] 〈nach der franz. Herstellerfirma bzw. deren Begründer Ch. Gervais, 1830–1892〉: ein Frischkäse

Ge|sa|rol *das;* -s 〈Kunstw.〉: ein Pflanzenschutzmittel gegen Insekten

Ge|sei|er u. **Ge|sei|re** *das;* -s u. **Ge|sei|res** (ohne Artikel) 〈gaunersprachl. aus *jidd.* gesera „Bestimmung, Verordnung"〉: (ugs.) wehleidiges Klagen, überflüssiges Gerede

Ge|span *der;* -[e]s, -e 〈über *ung.* ispán aus *slaw.* župan, eigtl. „Burggraf"〉: Verwaltungsbeamter in Ungarn. **Ge|span|schaft** *die;* -, -en: Grafschaft, Amt[sbereich] eines Gespans

Ges|so|pain|ting [ˈdʒɛsoʊpeɪntɪŋ] *das;* -s 〈aus gleichbed. *engl.* gessopainting zu *it.* gesso „Gips" u. *engl.* painting „das Malen, Malerei"〉: von engl. Malern des 19. Jh.s aufgenommene Maltechnik des Mittelalters, die eine Verbindung von Malerei u. Flachrelief darstellt

Ge|sta *die* (Plur.) 〈aus *lat.* gesta „Taten", urspr. Neutrum Plur. von gestus, Part. Perf. von gerere „verrichten, vollbringen, tun"〉: Titel lat. Geschichtsquellen des Mittelalters in Prosa od. in Versen, Sammlung von Heldentaten. **Ge|sta|gen** *das;* -s, -e (meist Plur.) 〈zu ↑ ...gen〉: weibliches Keimdrüsenhormon des ↑ Corpus luteum, das der Vorbereitung u. Erhaltung der Schwangerschaft dient (Biol.; Med.). **Ge|sta Ro|ma|no|rum** *die* (Plur.) 〈*lat.*; „Taten der Römer"〉: Titel eines lat. Novellenbuches aus dem Mittelalter. **Ge|sta|ti|on** *die;* -, -en 〈aus *lat.* gestatio „das Tragen" zu gerere, vgl. Gesta〉: svw. Gravidität. **Ge|sta|to|ria** *die;* - 〈aus gleichbed. *lat.* (sella) gestatoria〉: Tragsessel, auf dem früher bei feierlichen Anlässen der Papst getragen wurde. **¹Ge|ste** [auch ˈgeːstə] *die;* -, -n 〈aus *lat.* gestus „Gebärdenspiel (des Redners od. Schauspielers)" zu gerere, vgl. Gesta〉: Gebärde, die Rede begleitende Ausdrucksbewegung des Körpers, bes. der Arme u. Hände. **²Geste** [ʒɛst] *die;* -, -s 〈aus gleichbed. *fr.* geste (verkürzt aus chanson de geste), dies aus *lat.* gesta, vgl. Gesta〉: 1. Bez. für das franz.

Heldenepos des Mittelalters, in dem Ereignisse bes. aus der Karolingerzeit dargestellt werden. 2. svw. Chançon de geste. **Ge|stik** [auch 'ge:...] *die;* - ⟨zu ↑ ¹Geste u. ↑²...ik (2)⟩: Gesamtheit der Gesten als Ausdruck der Psyche. **Ge|sti|ku|la|ti|on** *die;* -, -en ⟨aus *lat.* gesticulatio „pantomimische Bewegung" zu gesticulari, vgl. gestikulieren⟩: Gebärdenspiel, Gebärde[nsprache]. **Ge|sti|ku|la|tor** *der;* -s, ...oren ⟨aus gleichbed. *lat.* gesticulator⟩: (veraltet) a) Gebärdenredner; b) Gaukler. **ge|sti|ku|la|to|risch**: durch Gebärden[sprache] veranschaulicht. **ge|sti|ku|lie|ren** ⟨aus gleichbed. *lat.* gesticulari⟩: Gebärden machen. **Ge|sti|on** *die;* -, -en ⟨aus *lat.* gestio „Ausführung" zu gerere, vgl. Gesta⟩: Führung, Verwaltung. **Ge|sti|ons|be|richt** *der;* -[e]s, -e: (österr. Amtsspr.) Geschäftsbericht. **ge|stisch** [auch 'ge:...]: die Gestik betreffend. **Ge|sto|se** *die;* -, -n ⟨Kurzw. aus *Ges*tationstoxik*ose*⟩: krankhafte Schwangerschaftsstörung jeder Art. **Ge|stus** *der;* - ⟨aus gleichbed. *lat.* gestus⟩: a) svw. Gestik; b) Ausdruck, geistiges Gebaren

Get|ter *der;* -s, - ⟨aus gleichbed. *engl.* getter zu to get „bekommen; fangen"⟩: Fangstoff zur Bindung von Gasen (bes. in Elektronenröhren zur Aufrechterhaltung des Vakuums verwendet). **get|tern**: Gase durch Getter binden; mit einem Getter versehen. **Get|te|rung** *die;* -, -en: Bindung von Gasen durch Getter

Get|to u. Ghetto ['gɛto] *das;* -s, -s ⟨aus gleichbed. *it.* ghetto, weitere Herkunft unsicher⟩: a) von den übrigen Vierteln der Stadt [durch Mauern usw.] abgetrenntes Wohnviertel, in dem die jüdische Bevölkerung (im Anfang freiwillig, später zwangsweise) lebte; b) Stadtbezirk, in dem eine rassische od. religiöse Minderheit zwangsweise lebt. **get|toi|sie|ren** [gɛtoi...] ⟨zu ↑...isieren⟩: 1. zu einem Getto machen. 2. in ein Getto bringen

Geu|se *der;* -n, -n ⟨aus gleichbed. *niederl.* geus, dies aus *fr.* gueux „Bettler"⟩: niederl. Freiheitskämpfer in der Zeit der span. Herrschaft (im 16. Jh.)

Gey|se|rit [gai..., auch ...'rɪt] *der;* -s, -e ⟨zu ↑ Geysir (weil sich dicke Schichten von Kieselsinter oft als Quellabsatz von Geysiren bildet) u. ↑²...it⟩: Kieselsinter, ein Mineral, das sich in warmen Quellen als Kruste aus Kieselsäure bildet. **Gey|sir** ['gai...] *der;* -s, -e ⟨aus gleichbed. *isländ.* geysir zu geysa „in heftige Bewegung bringen"⟩: durch Vulkanismus entstandene heiße Springquelle; vgl. Geiser

Ghan|ta ['ganta] *der;* -, -s ⟨aus gleichbed. *sanskr.* ghaṇṭā⟩: als Kultgerät im Ritual aller ind. Religionen verwendete [Bronze]glocke

Gha|sel [ga...] u. **Gha|se|le** vgl. Gasel u. Gasele

Gha|si ['ga:zi] u. Gazi ['ga:zi] *der;* - ⟨aus *arab.* ġāzī bzw. *türk.* gazi „Kämpfer im heiligen Krieg"⟩: Ehrentitel türk. Herrscher. **Gha|si|jeh** [ga...] *die;* -, Ghawasi ⟨aus *arab.* ġāzīye „die Strebende, Lernende" zu ġazā „erstreben, erobern"⟩: Bez. für die auf Straßen auftretende Sängerin u. Tänzerin im Orient

Ghee [gi:] *das;* - ⟨aus gleichbed. *engl.* ghee zu *Hindi* ghi, dies aus *altind.* ghytám „gereinigte Butter"⟩: in Indien zum Kochen verwendetes, aus Büffel- u. Kuhmilch hergestelltes butterschmalzähnliches Fett

Ghet|to ['gɛto] vgl. Getto

Ghi [gi:] vgl. Ghee

Ghi|bel|li|ne [gi...] vgl. Gibelline

Ghib|li ['gɪblɪ] vgl. Gibli

Ghil|ly|schnü|rung ['gɪli...] *die;* -, -en ⟨zu *schott.-engl.* g(h)illy, g(h)illie „Diener, Page"⟩: Schuhschnürung, bei der die Schnürsenkel nicht durch Ösen, sondern durch Lederschlaufen gezogen sind

Ghost [goʊst] *der;* -s, -s ⟨aus *engl.* ghost „Geist", dies aus dem Germ.⟩: 1. den Lebenden feindlich erscheinendes u. von ihnen gefürchtetes Totengespenst. 2. leere Proteinhülle (vgl. Protein) eines Bakteriophagen (Biol.). 3. leeres rotes Blutkörperchen, das seinen Inhalt durch Platzen in einer Unterdrucklösung verloren u. sich anschließend wieder geschlossen hat (Biol., Med.). **Ghost|word** ['goʊstwə:d] *das;* -s, -s ⟨aus gleichbed. *engl.* ghost-word, eigtl. „Geisterwort"⟩: Wort, das seine Entstehung einem Schreib-, Druck- od. Aussprachefehler verdankt, ↑ Vox nihili (z. B. der Name Hamsun aus dem eigtl. Pseudonym Hamsund). **Ghost|wri|ter** [...raɪtə] *der;* -s, - ⟨aus gleichbed. *engl.* ghost-writer, eigtl. „Geisterschreiber"⟩: Autor, der für eine andere Person schreibt u. nicht als Verfasser genannt wird

G. I. u. **GI** [dʒi:'aɪ] *der;* -[s], -[s] ⟨aus gleichbed. *amerik.* G. I., GI, eigtl. Abk. für government issue „Staatseigentum" (weil die Ausrüstung der Soldaten vom Staat kommt)⟩: (ugs.) amerik. Soldat

Gial|lo ['dʒa...] *der;* -[s] ⟨aus *it.* giallo „gelb", dies aus *lat.* galbus, galbinus „gelblich, grüngelb"⟩: gelber, polierter Kalkstein

Gi|aur *der;* -s, -s ⟨über gleichbed. *türk.* gâvur, eigtl. „Christ", aus *arab.* kāfir⟩: Ungläubiger (im Islam übliche Bez. für die Nichtmoslems)

Gib|be|rel|lin *das;* -s, -e (meist Plur.) ⟨nach dem Pilz Gibberella fujikuroi u. zu ↑...in (1)⟩: Vertreter einer Gruppe von Pflanzenwuchsstoffen (Bot.)

Gib|bon *der;* -s, -s ⟨aus gleichbed. *fr.* gibbon, weitere Herkunft unsicher⟩: südostasiat. schwanzloser Langarmaffe

Gibb|sit [auch ...'zɪt] *der;* -s, -e ⟨nach dem amerik. Mineralogen G. Gibbs (1776–1833) u. zu ↑²...it⟩: svw. Hydrargillit

Gib|bus *der;* - ⟨aus gleichbed. *lat.* gibbus⟩: Buckel, spitzwinklige Verkrümmung der Wirbelsäule (Med.)

Gi|bel|li|ne *der;* -n, -n ⟨aus gleichbed. *it.* ghibellino, dies zu *mhd.* wibeling zu Wibelingen (nach dem Namen des Stammsitzes der Staufer, heute Waiblingen)⟩: Anhänger der Hohenstaufenkaiser in Italien, Gegner der ↑ Guelfen

Gibe|lotte [ʒibˈlɔt] *die;* -, -n [...tn̩] ⟨aus gleichbed. *fr.* gibelotte zu *altfr.* gibelet „Fleischgericht, Wildbraten"⟩: (veraltet) Kaninchenfrikassee

Gi|bli *der;* - ⟨über *it.* ghibli „Wüstenwind" aus *arab.* qiblī „Süd(wind)"⟩: trockenheißer, staub- u. sandführender Wüstenwind in Libyen (bes. an der Küste); vgl. Kamsin u. Schirokko

Gi|bus [ʒiˈbys] *der;* -, - ⟨aus gleichbed. *fr.* gibus, nach dem franz. Hutmacher Gibus⟩: (veraltet) Klappzylinder[hut]

Gien *das;* -s, -e ⟨gleichbed. *niederl.* gijn aus *engl.* „Hebezeug; Spill", dies über *altfr.* engin „Werkzeug, Vorrichtung" aus *lat.* ingenium „sinnreiche Erfindung"⟩: (Seemannsspr.) schweres Takel. **gie|nen**: (Seemannsspr.) mit dem Gien schleppen, heben

¹Gig *die;* -, -s, seltener *das;* -s, -s ⟨aus gleichbed. *engl.* gig, weitere Herkunft ungeklärt⟩: 1. als Beiboot mitgeführtes leichtes, schnelles Ruderboot, bes. zur Benutzung für den Schiffskapitän. 2. Sportboot für Trainings- u. Wanderfahrten. **²Gig** *das;* -s, -s ⟨zu ↑ ¹Gig⟩: (früher) leichter, offener zweirädriger Wagen. **³Gig** *der;* -s, -s ⟨zu ↑ ¹Gig⟩: bezahlter Auftritt einer ↑ Band od. eines Einzelmusikers in einem Konzert, einem [Nacht]lokal, einem Plattenstudio

Gi|ga ['ʒi:ga] *die;* -, Gigen ⟨aus gleichbed. *it.* giga, weitere Herkunft unsicher⟩: 1. unter dem Einfluß der ↑ Gigue stehender, äußerst schneller Instrumentalsatz des 17./18. Jh.s im ¹²/₈- od. ⁶/₈-Takt (Mus.). 2. svw. Gigue

Gi|ga... ⟨zu *gr.* gígas „Riese"⟩: Vorsatz vor Maßeinheiten mit der Bedeutung „das Milliardenfache (10⁹fache; in der

EDV das 2³⁰fache [= 1.073.741.824])" der genannten Maßeinheit; Zeichen G (z. B. Gigameter). **Gi|ga|bit** *das;* -[s], -[s] ⟨zu ↑¹Bit⟩: 1.073.741.824 Bit (EDV); Zeichen GBit. **Gi|ga|byte** [...'bait] *das;* -[s], -[s]: 1.073.741.824 ↑ Byte; Zeichen Mbyte. **Gi|ga|elek|tron|volt** *das;* Gen. - u. -[e]s, Plur. -: eine Milliarde ↑ Elektronvolt; Zeichen GeV. **Gi|ga|hertz** *das;* -, - ⟨nach dem dt. Physiker H. Hertz, 1857–1894⟩: Maßeinheit für die Frequenz, entspricht einer Milliarde (10⁹) Hertz; Zeichen GHz. **Gi|ga|me|ter** *der, schweiz. nur so, auch das;* -s, -: eine Milliarde (10⁹) Meter; Zeichen Gm. **Gi|gant** *der;* -en, -en ⟨aus *gr.* gígas, Gen. gígantos „Riese"; nach den riesenhaften Söhnen der Gäa (= Erde) in der griech. Mythologie⟩: jmd., der riesig, hünenhaft, beeindruckend groß ist in seiner Ausmaßen bzw. in seiner [Leistungs]kraft ist. **gi|gant...**, **Gi|gant...** vgl. giganto..., Giganto... **gi|gan|tesk** ⟨über gleichbed. *fr.* gigantesque aus *it.* gigantesco; vgl. Gigant u. ...esk⟩: ins Riesenhafte übersteigert; übertrieben groß, riesig. **Gig|an|thropus** *der;* -, ...pi ⟨latinisierte Form zu *gr.* gígas (vgl. Gigant) u. ánthrōpos „Mensch"⟩: Urmenschenform mit übergroßen Körpermaßen. **gi|gan|tisch** ⟨nach gleichbed. *gr.* gigantikós⟩: riesenhaft, außerordentlich, von ungeheurer Größe. **Gi|gan|tis|mus** *der;* - ⟨zu ↑ ...ismus (3, 5)⟩: 1. krankhafter Riesenwuchs (Med.). 2. Gesamtheit der Erscheinungsformen, in denen ↑ Gigantomanie offenbar wird. **Gi|gan|to** *das;* -s, -s ⟨zu ↑ Gigant⟩ (Werbespr.) bogengroßer Abzug als Teil eines Großflächenplakats. **gi|gan|to...**, **Gi|gan|to...**, vor Vokalen auch gigant..., Gigant... ⟨zu *gr.* gígas, Gen. gígantos „Riese", vgl. Gigant⟩: Wortbildungselement mit der Bedeutung „sehr groß, riesig", z. B. Gigantomanie, gigantomanisch, Gigantophthalmus. **Gi|gan|to|blast** *der;* -en, -en (meist Plur.) ⟨zu *gr.* blastós „Sproß, Trieb"⟩: abnorm große, kernhaltige rote Blutkörperchen (bes. bei Anämie; Med.). **Gi|gan|to|gra|phie** *die;* -, ...ien ⟨zu ↑ ...graphie⟩: Verfahren zur Vergrößerung von Bildern für Plakate durch Rasterübertragung [auf ein Offsetblech], wobei ungewöhnliche Rasterweiten entstehen. **Gi|gan|to|lith** [auch ...'lɪt] *der,* Gen. -s u. -en, Plur. -e[n] ⟨zu ↑ ...lith⟩: Mineral, das als Zersetzungsprodukt des ↑ Cordierits entsteht. **Gi|gan|to|ma|chie** [...ma'xi:] *die;* - ⟨aus gleichbed. *gr.* gigantomachía⟩: der Kampf der Giganten gegen Zeus in der griech. Mythologie (dargestellt im Fries am Pergamonaltar). **Gi|gan|to|ma|nie** *die;* - ⟨zu ↑ giganto... u. ↑ ...manie⟩: Sucht, Bestreben, alles ins Riesenhafte zu übersteigern, mit riesenhaften Ausmaßen zu gestalten (z. B. in der Baukunst). **gi|gan|to|ma|nisch**: die Gigantomanie betreffend, auf ihr beruhend. **Gi|gant|oph|thal|mus** *der;* - ⟨zu *gr.* ophthalmós „Auge"⟩: abnorm großer Augapfel, im Unterschied zur Augachsenverlängerung (vgl. Myopie) allseitig vergrößert (Med.). **Gi|gan|to|pi|thekus** *der;* - ⟨über *nlat.* gigantopithecus zu ↑ giganto... u. *gr.* píthēkos „Affe"⟩: ausgestorbener Menschenaffe aus dem ↑ Pleistozän Südchinas. **Gi|gan|to|so|mie** *die;* - ⟨zu *gr.* sōma „Leib, Körper" u. ↑² ...ie⟩: svw. Gigantismus. **Gi|gan|to|zyt** *der;* -en, -en (meist Plur.) ⟨zu ↑ ...zyt⟩: abnorm große, kernlose rote Blutkörperchen (Med.). **Gi|glia|to** [dʒi'ja:to] *der;* -[s], -s (aber: 10 -) ⟨aus gleichbed. *it.* gigliato, eigtl. „mit Lilien besät, geschmückt", zu giglio „Lilie"⟩: Liliendukaten, ehemalige florentinische Goldmünze mit Prägebild einer Lilie. **Gi|go|lo** ['ʒi:golo, auch 'ʒɪ...] *der;* -s, -s ⟨aus *fr.* gigolo „junger Mann, der Tanzlokale aufsucht", weitere Herkunft unsicher⟩: 1. Eintänzer. 2. (ugs.) junger Mann, der sich von Frauen aushalten läßt. **Gi|got** [ʒi'go:] *das;* -s, -s ⟨aus *fr.* gigot „Schenkel, Hinterkeule", dies aus *altfr.* gigue „span. Saiteninstrument; Bein"⟩: 1. (schweiz.) Hammelkeule. 2. im 19. Jh. der sog. Schinken- od. Hammelkeulenärmel. **Gigue** [ʒi:k] *die;* -, -n ['ʒi:gn] ⟨aus gleichbed. *fr.* gigue, dies über *engl.* jig „Tanz", dies vermutl. zu *altfr.* giguer „springen, tanzen"⟩: a) nach 1600 entwickelter heiterer Schreittanz im Dreiertakt; b) seit dem 17. Jh. Satz einer Suite (4)

Gi||la|tier [auch 'hi:lə...] *das;* -[e]s, -e ⟨nach dem Fluß Gila River in Arizona (USA) u. zu dt. Tier⟩: eine sehr giftige Krustenechse

Gi||ber|tit [auch ...'tɪt] *der;* -s, -e ⟨nach dem amerik. Geologen G. K. Gilbert (1843–1918) u. zu ↑² ...it⟩: ein feinschuppiger ↑ Muskovit

Gi||den|so|zia|lis|mus *der;* - ⟨zu *dt.* Gilde u. ↑ Sozialismus⟩: in England entstandene Lehre von der Verwirklichung des praktischen Sozialismus (Anfang des 20. Jh.s)

Gi||let [ʒi'le:] *das;* -s, -s ⟨aus gleichbed. *fr.* gilet, dies über älter *span.* gileco, jileco aus *arab.* ǧalika „Gewand der Christen in maurischer Gefangenschaft", dies aus *türk.* yelek „Weste"⟩: (veraltet) Weste

Gi||ka ⓌⒷ *der;* -s, -s ⟨Kunstw., nach dem Namen des Herstellers, J. A. Gilka⟩: ein Kümmellikör

Gilles ['gɪlɛs, *fr.* ʒil] *der;* -, - ⟨nach Gille le Niais „Gille der Einfältige", dem Namen eines Komödianten, Possenreißer der franz. Straßentheaters im 17. Jh.⟩: einfältige Typenfigur im franz. Theater

Gil|lo|tage [ʒilo'ta:ʒ] *die;* - ⟨nach dem franz. Erfinder des Verfahrens, F. Gillot (19. Jh.), u. zu ↑ ...age⟩: (veraltet) Strichätzverfahren

Gim|mick *der,* auch *das;* -s, -s ⟨aus *engl.-amerik.* gimmick, eigtl. „verborgene Vorrichtung", weitere Herkunft unsicher⟩: etwas möglichst Ungewöhnliches, Auffallendes, was die Aufmerksamkeit auf etw. lenken soll, z. B. auf ein bestimmtes ↑ Produkt, auf eine wichtige Aussage der Werbung für ein Produkt (z. B. ein Werbegeschenk) od. in der Musik z. B. durch elektronische Verfremdung, Einblendung von Geräuschen

Gin [dʒɪn] *der;* -s, -s ⟨aus *engl.* gin, älter geneva, dies über älter *niederl.* genever aus *altfr.* gene(i)vre, vgl. Genever⟩: engl. Wacholderbranntwein. **Gin-Fizz** ['dʒɪnfɪs] *der;* -, - ⟨zu ↑ Fizz⟩: Mixgetränk aus Gin, Mineralwasser, Zitrone u. Zucker

Gin|gan *der;* -s, -s ⟨aus gleichbed. *engl.* gingham, gingan, zu *malai.* ginggang, eigtl. „gestreift"⟩: gemustertes Baumwollgewebe in Leinenbindung (Webart)

Gin|ger ['dʒɪndʒɐ] *der;* -s, - ⟨aus gleichbed. *engl.* ginger, dies aus *engl.* „Ingwer"⟩: svw. Ingwer. **Gin|ger-ale** [...eɪl] *das;* -s, -s (aber: 3 -) ⟨aus gleichbed. *engl.* ginger-ale⟩: alkoholfreies Erfrischungsgetränk mit Ingwergeschmack. **Gin|ger-beer** [...bɪɐ] *das;* -s, -s (aber: 3 -) ⟨aus gleichbed. *engl.* ginger-beer⟩: Ingwerbier

Ging|ham ['gɪŋəm] *der;* -s, -s ⟨aus gleichbed. *engl.* gingham, vgl. Gingan⟩: svw. Gingan

Gin|gi|ras *die* (Plur.) ⟨aus dem Ind.⟩: ostind. Seidenstoffe

Gin|gi|va [...va] *die;* -, ...vae [...vɛ] ⟨aus *lat.* gingiva „Zahnfleisch"⟩: Zahnfleisch, Teil der Mundschleimhaut, der die Zahnhälse umfaßt (Zahnmed.). **gin|gi|va|lis** [...v...] ⟨aus gleichbed. *nlat.* gingivalis⟩: zum Zahnfleisch gehörend, das Zahnfleisch betreffend (Zahnmed.). **Gin|gi|vek|to|mie** *die;* -, ...ien ⟨zu ↑ ...ektomie⟩: operative Abtragung des Zahnfleischs (Zahnmed.). **Gin|gi|vi|tis** [...v...] *die;* -, ...itiden ⟨zu ↑ ...itis⟩: Zahnfleischentzündung (Zahnmed.)

gin|gly|mo|disch ⟨aus *gr.* gigglymṓdēs „nach Art eines Gelenks"⟩: wechselseitig od. scharnierartig eingefügt (Med.). **Gin|gly|mus** *der;* -, ...mi ⟨über *nlat.* ginglymus aus *gr.*

gígglymos „Gelenk, Türangel, Knochengelenk"〉: Scharniergelenk, Knochengelenk, das Bewegungen nur um eine Achse zuläßt (Med.)

Gink|go ['gɪŋko], auch **Gink|jo** ['gɪŋkjo] *der;* -s, -s 〈aus gleichbed. *jap.* ginkyo〉: den Nadelhölzern verwandter, in Japan u. China heimischer Zierbaum mit fächerartigen Blättern

Gin|nus *der;* -, ...ni 〈über *lat.* ginnus, hinnus aus gleichbed. *gr.* gínnos, hínnos〉: Maulesel

Gi|no|rit [dʒi..., auch ...'rɪt] *der;* -s, -e 〈nach dem ital. Forscher Piero Ginori-Conti († 1939) u. zu ↑²...it〉: ein weißes, tafeliges Mineral

Gin|seng [auch 'ʒɪn...] *der;* -s, -s 〈aus gleichbed. *chin.* jēn-shēn〉: Wurzel eines ostasiat. Araliengewächses (Anregungsmittel; Allheilmittel der Chinesen, das als lebensverlängernd gilt)

Gin To|nic [dʒɪn 'tɔnɪk] *der;* - -[s], - -s 〈aus gleichbed. *engl.* gin and tonic〉: Gin mit Tonic [u. Zitronensaft o. ä.]

gio|con|do [dʒoˈkondo] 〈*it.;* aus *spätlat.* iucundus „scherzhaft" zu iucundari „sich vergnügen"〉: fröhlich, anmutig, heiter (Vortragsanweisung; Mus.). **gio|co|so** [...ˈkoːzo] 〈*it.;* aus *lat.* iocosus „scherzhaft" zu iocus „Scherz"〉: scherzend, spaßhaft, fröhlich, lustig (Vortragsanweisung; Mus.)

Gior|na|ta [dʒor...] *die;* -, ...te 〈aus gleichbed. *it.* giornata, eigtl. „Tagewerk", zu giorno „Tag", dies aus *lat.* diurnum (tempus) „täglich(e) Zeit"〉: altes ital. Flächenmaß, das ungefähr einem Tagewerk entsprach (= 3800 m²). **Gior|nea** *die;* -, ...een 〈aus älter *it.* giornea „Tagesgewand"〉: männliches Obergewand des ital. ↑ Quattrocento, das gegürtet od. weit in losen Falten fallend getragen wurde

Gip|sy [ˈdʒɪpsɪ] *der;* -, ...ies [...sɪz] 〈aus gleichbed. *engl.* gipsy zu Egyptian „Ägypter"〉: engl. Bez. für einen Angehörigen der Volksgruppe der Sinti u. Roma

Gi|pü|re *die;* -, -n 〈aus gleichbed. *fr.* guipure zu guiper „mit Seide überspinnen", dies aus *mniederl.* wippen „bekränzen"〉: Klöppelspitze aus Gimpen (mit Seide übersponnenen Baumwollfäden)

Gi|raf|fe *die;* -, -n 〈über *it.* giraffa aus gleichbed. *arab.* zarāfa, zurāfa〉: Säugetier der mittelafrik. Steppe mit 2 bis 3 m langem Hals (Wiederkäuer)

Gi|ral|da [xi...] *die;* -, -s 〈aus gleichbed. *span.* giralda zu giro „Kreis, Umlauf", vgl. ¹Giro〉: Wetterfahne in Form einer menschlichen Gestalt. **Gi|ral|geld** [ʒi...] *das;* -[e]s, -er 〈zu ↑¹Giro u. ↑¹...al (1)〉: [Buch]geld des Giroverkehrs, des bargeldlosen Zahlungsverkehrs der Banken. **Gi|ran|do|la** [dʒi...] u. **Gi|ran|do|le** [ʒi..., ʒirã...] *die;* -, ...olen 〈aus gleichbed. *it.* girandola bzw. *fr.* girandole zu *it.* girare, vgl. girieren〉: 1. Feuergarbe beim Feuerwerk. 2. mehrarmiger Leuchter. 3. mit Edelsteinen besetztes Ohrgehänge. **Gi|rant** [ʒi...] *der;* -en, -en 〈aus gleichbed. *it.* girante zu giro; vgl. ¹Giro〉: jmd., der einen Wechsel od. ein sonstiges Orderpapier durch ↑ Indossament überträgt (Wirtsch.); vgl. Indossant

Gi|rar|di|hut [ʒi...] *der;* -[e]s, ...hüte 〈nach dem Wiener Schauspieler Girardi, 1850–1918〉: flacher Herrenstrohhut; vgl. Canotier

Gi|ra|sol *der;* -s, -e 〈zu ↑¹Giro u. *lat.* sol „Sonne"〉: eine fast farblose, durchsichtige Abart des ↑Opals (1) mit bläulich wogendem Lichtschein. **Gi|rat** [ʒi...] *der;* -en, -en u. **Gi|ra|tar** *der;* -s, -e 〈aus *it.* giratario „Wechselübernehmer" zu giro, vgl. ¹Giro〉: jmd., für den bei der Übertragung eines Orderpapiers im ↑ Indossament erteilt wurde (Wirtsch.); vgl. Indossat. **gi|rie|ren** 〈aus gleichbed. *it.* girare, eigtl. „im Kreise bewegen, drehen", dies aus gleichbed. *spätlat.* gyra-

re zu *lat.* gyrus, vgl. ¹Giro〉: einen Wechsel od. ein sonstiges Orderpapier mit einem ↑¹Giro (2) versehen

Girl [gøːɐ̯l, gœrl] *das;* -s, -s 〈aus *engl.* girl „Mädchen"〉: 1. junges Mädchen. 2. einer Tanzgruppe, einem Ballett angehörende Tänzerin

Gir|lan|de *die;* -, -n 〈aus gleichbed. *fr.* guirlande, dies aus *it.* ghirlanda, weitere Herkunft ungeklärt〉: langes, meist in durchhängenden Bogen angeordnetes Gebinde aus Blumen, Blättern, Tannengrün o. ä. od. aus buntem Papier zur Dekoration an Gebäuden, in Räumen usw.

¹Gi|ro [ˈʒi:...] *das;* -s, Plur. -s, österr. auch Giri 〈aus *it.* giro „Kreis; Umlauf (von Geld od. Wechseln)", dies über *lat.* gyrus aus *gr.* gŷros „Kreis"〉: 1. Überweisung im bargeldlosen Zahlungsverkehr. 2. Indossament; Vermerk, durch den ein Wechsel od. ein sonstiges Orderpapier auf einen anderen übertragen wird. **²Gi|ro** [ˈdʒiːro] *der;* - 〈aus *it.* giro „Rundfahrt", vgl. ¹Giro〉: Kurzform von ↑ Giro d'Italia. **Gi|ro|bank** [ˈʒi:...] *die;* -, -en 〈zu ↑¹Giro〉: Bank, die den Giroverkehr betreibt. **Gi|ro d'Ita|lia** [ˈdʒiːro –] *der;* - - 〈*it.;* vgl. ²Giro〉: Etappenrennen in Italien für Berufsfahrer im Radsport. **Gi|ro|kas|se** [ˈʒi:...] *die;* -, -en 〈zu ↑¹Giro〉: svw. Girobank. **Gi|ro|kon|to** *das;* -s, Plur. ...ten u. ...ti: Konto bei einem Kreditinstitut, das dem Giroverkehr dient

Gi|ron|dist [ʒirõˈdɪst] *der;* -en, -en 〈nach *fr.* girondin; nach dem franz. Departement Gironde; vgl. ...ist (1)〉: Anhänger der Gironde, des gemäßigten Flügels der Republikaner zur Zeit der Französischen Revolution

Gi|ro|scheck [ˈʒi:...] *der;* -s, -s 〈zu ↑¹Giro u. ↑Scheck〉: Scheck, der durch Belastung des Girokontos des Ausstellers u. durch Gutschrift auf dem Konto des Zahlungsempfängers beglichen wird. **Gi|rou|ette** [ʒiˈrʊɛt] *die;* -, -n [...tn̩] 〈aus *fr.* girouette „Wetterfahne"〉: (veraltet) wetterwendischer, wankelmütiger Mensch. **Gi|rou|ette|rie** [ʒirʊɛˈtriː] *die;* - 〈zu *fr.* girouetter „sich wie eine Wetterfahne drehen, wenden; häufig seine Meinung ändern" u. ↑²...ie〉: (veraltet) Unbeständigkeit, wetterwendischer Sinn. **Gi|ro|verkehr** [ˈʒi:...] *der;* -s 〈zu ↑¹Giro〉: bargeldloser Zahlungsverkehr, Verrechnungsverkehr

Gi|ta *die;* - 〈aus *sanskr.* gītā „Gesang, Lied"〉: Bez. für die ↑ Bhagawadgita, manchmal auch für andere ind. Lieddichtungen

Gi|ta|na [x...] *die;* - 〈aus *span.* (danza) gitana zu gitano „Zigeuner"〉: feuriger Tanz mit Kastagnettenbegleitung

Gi|tar|re *die;* -, -n 〈aus gleichbed. *span.* guitarra, dies über *arab.* qītāra aus *gr.* kithára „Zither"〉: sechssaitiges Zupfinstrument mit flachem Klangkörper, offenem Schalloch, Griffbrett u. 12 bis 22 Bünden. **Gi|tar|rist** *der;* -en, -en 〈zu ↑...ist〉: Musiker, der Gitarre spielt. **Gi|tar|ri|stin** *die;* -, -nen: weibliche Form zu ↑ Gitarrist

Giu|lio [ˈdʒuːlio] *der;* -s, -s 〈nach Giulio, der ital. Form des Namens Julius〉: eine Silbermünze des Kirchenstaates, die erstmals unter Papst Julius II. (1443–1513) ausgegeben wurde

Giuo|co pia|no [ˈdʒuoːko –] *das;* - -, Giuochi piani [ˈdʒuoːki –] 〈aus *it.* giuoco piano, eigtl. „leises Spiel"〉: eine bestimmte Eröffnung im Schachspiel

Giu|sti|na [dʒus...] *die;* -, ...nen 〈nach Giustina, der ital. Form des Namens Justina〉: Name verschiedener venezianischer Silbermünzen des 15. u. 16. Jh.s, deren Rückseite jeweils die heilige Justina zeigt

giu|sto [ˈdʒʊsto] 〈*it.;* aus *lat.* iustus „gerecht, gehörig"〉: richtig, angemessen (Vortragsanweisung; Mus.); allegro -: in gemäßigtem Allegro

Gi|ve|tien [ʒivəˈtjɛ̃] *das;* -s 〈nach dem franz. Ort Givetien〉: mittlere Stufe des ↑ Devons (Geol.)

Giv|rine [ʒi'vri:n] *der;* -[s] ⟨zu *fr.* givre „Rauhreif" (wegen des durch Gaufrieren erzielten schillernden Aussehens)⟩: krepppartiges Ripsgewebe für Damenmäntel

Gla|bel|la *die;* -, ...llen ⟨aus *nlat.* glabella „unbehaarte Stelle" zu *lat.* glaber „glatt, unbehaart"⟩: 1. als ↑anthropologischer Meßpunkt geltende unbehaarte Stelle zwischen den Augenbrauen. 2. Kopfmittelstück der ↑Trilobiten

Glace [gla:s] *die;* -, -s [gla:s] ⟨aus gleichbed. *fr.* glace, eigtl. „Eis, Gefrorenes", dies über *vulgärlat.* glacia aus *lat.* glacies „Eis, Kälte"⟩: a) aus Zucker hergestellte ↑Glasur (1); b) ↑Gelee aus Fleischsaft. **²Gla|ce** ['glasə] *die;* -, -n ⟨zu ¹Glace⟩: (schweiz.) Speiseeis, Gefrorenes. **Gla|cé** [gla'se:] *der;* -[s], -s ⟨aus *fr.* glacé „Glanz" zu glacer „vereisen", vgl. glacieren⟩: 1. glänzendes, ↑changierendes Gewebe aus Naturseide od. Reyon. 2. Glacéleder. **Gla|cé|le|der** *das;* -s, -: feines, glänzendes Zickel- od. Lammleder. **gla|cie|ren** [gla'si:...] ⟨aus gleichbed. *fr.* glacer, eigtl. „gefrieren lassen", dies aus *lat.* glaciare „zu Eis machen"⟩: 1. (veraltet) zum Gefrieren bringen. 2. mit geleeartigem Fleischsaft überziehen, überglänzen (Kochk.). **Gla|cis** [gla'si:] *das;* - [...'si:(s)], - [...'si:s] ⟨aus gleichbed. *fr.* glacis, eigtl. „Abhang", zu *altfr.* glacier „gleiten", dies aus *lat.* glaciare, vgl. glacieren⟩: 1. Erdaufschüttung vor einem Festungsgraben, die keinen toten Winkel entstehen läßt. 2. der untere Teil der Fußfläche eines Gebirges (Geol.). **Gla|çon** [...'sõ:] *der;* -s, -s ⟨aus *fr.* glaçon „Eisscholle, Eiszapfen": eiszapfenförmige Verzierung (Archit.)

Gla|dia|tor *der;* -s, ...oren ⟨aus gleichbed. *lat.* gladiator zu gladius „Schwert"; vgl. Gladius⟩: altröm. Schwertkämpfer, der in Zirkusspielen auf Leben u. Tod gegen andere Gladiatoren od. gegen wilde Tiere kämpfte. **gla|dia|to|risch** ⟨aus gleichbed. *lat.* gladiatorius⟩: in der Art eines Gladiators. **Gla|dio|le** *die;* -, -n ⟨aus gleichbed. *lat.* gladiolus, eigtl. „kleines Schwert", Verkleinerungsform von gladius „Schwert"⟩: als Schnittblume beliebte Gartenpflanze mit hohem Stiel, breiten, schwertförmigen Blättern u. trichterförmigen Blüten, die in einem dichten Blütenstand auf eine Seite ausgerichtet sind. **Gla|dius** *der;* -, ...dii ⟨aus *lat.* gladius „Schwert"⟩: Kurzschwert der röm. Legionäre

gla|go|li|tisch ⟨zu *altslaw.* glagolu „Wort"⟩: altslawisch; -es Alphabet: auf die griech. Minuskel zurückgehendes altslaw. Alphabet, in dem kirchenslaw. Texte geschrieben sind; vgl. kyrillisch. **Gla|go|li|za** *die;* - ⟨aus *kirchenslaw.* glagoljica zu *altslaw.* glagolu, vgl. glagolitisch⟩: die glagolitische Schrift

Gla|mour ['glæmə] *der* od. *das;* -s ⟨aus *engl.-schott.* glamour „Blendwerk, Zauber"⟩: blendender Glanz; auffällige, betörende Aufmachung. **Gla|mour|girl** [...gə:l] *das;* -s, -s: auffällig attraktives, die Blicke auf sich ziehendes, blendend aufgemachtes Mädchen; Film-, Reklameschönheit. **glamou|rös** [glamu...] ⟨zu ↑...ös⟩: bezaubernd aufgemacht; von äußerlicher, blendender Schönheit

Glan|del vgl. Glandula. **Glan|des** [...de:s]: Plur. von ↑Glans. **glan|do|trop** ⟨zu ↑Glandula u. ↑...trop⟩: auf eine Drüse einwirkend (Med.). **Glan|du|la** *die;* -, ...lae [...lɛ] u. Glandel *die;* -, -n ⟨aus *lat.* glandulae (Plur.) „Halsmandeln, -drüsen"⟩: Drüse (Med.). **glan|du|lär** ⟨zu ↑...är⟩: zu einer Drüse gehörend (Med.). **Glan|du|lo|gra|phie** *die;* -, ...ien ⟨zu ↑...graphie⟩: röntgenologische Darstellung von Drüsen mit Hilfe von Kontrastmitteln (Med.). **glan|du|lös** ⟨zu ↑...ös⟩: svw. glandulär. **Glans** *die;* -, Glandes [...de:s] ⟨aus gleichbed. *lat.* glans, Gen. glandis, eigtl. „Kernfrucht, Eichel"⟩: Eichel; vorderer verdickter Teil des ↑Penis, der ↑Klitoris (Med.)

Gla|se|rit [auch ...'rɪt] *der;* -s, -e ⟨nach dem schweiz. Chemiker Ch. Glaser († 1678) u. zu ↑²...it⟩: ein Mineral in Salzlagerstätten

Glas|har|mo|ni|ka *die;* -, Plur. -s u. ...ken ⟨zu *dt.* Glas u. ↑Harmonika⟩: Instrument, bei dem eine Anzahl von drehbaren Glasschalen, mit feuchten Fingern berührt, zartklingende Töne erzeugt. **gla|sie|ren** ⟨zu ↑...ieren⟩: mit Glasur überziehen. **Glas|kli|schee** *das;* -s, -s: svw. Diaphanradierung

Glas|nost *die;* - ⟨aus *russ.* glasnost „Öffentlichkeit" zu glasnij „öffentlich, der Allgemeinheit zugänglich"⟩: das Offenlegen der politischen u. wirtschaftlichen Entscheidungsprozesse, um der Bevölkerung die Möglichkeit einer besseren Durchschaubarkeit der Zielsetzungen der Regierung zu geben (bes. in der ehemaligen Sowjetunion ab Mitte der 1980er Jahre)

Gla|sur *die;* -, -en ⟨zu *dt.* Glas u. ↑...ur⟩: 1. glänzender Überzug, Zuckerguß auf Speisen u. Gebäck. 2. glasartige Schicht auf keramischen Erzeugnissen

Glau|be|rit [auch ...'rɪt] *der;* -s, -e ⟨nach dem dt. Chemiker J. R. Glauber (1604–1668) u. zu ↑²...it⟩: ein tafeliges, farbloses, meist aber graues, zuweilen bis ziegelrot verfärbtes, glas- bis fettglänzendes Mineral

Glau|ko|chro|it [...kro..., auch ...'ɪt] *der;* -s, -e ⟨zu *gr.* glaukós „bläulich glänzend, grünlichblau", chrōs „Farbe" u. ↑²...it⟩: ein gelb- od. blaugrünes Mineral. **Glau|ko|dot** *das;* -[e]s, -e ⟨zu *gr.* dotḗr „Geber"⟩: ein zinnweißes Mineral, das neben Eisen auch Kobalt enthält. **Glau|kom** *das;* -s, -e ⟨aus *gr.* glaúkōma „Augenfehler, bläuliche Haut über der Linse"⟩: durch erhöhten Augeninnendruck verursachte Augenkrankheit, die zum Erblinden führen kann; grüner Star (Med.). **Glau|ko|nit** [auch ...'nɪt] *der;* -s, -e ⟨zu *gr.* glaukós (vgl. Glaukochroit) u. ↑²...it⟩: ein grünes, körniges Mineral. **Glau|ko|nit|sand** [auch ...'nɪt...] *der;* -[e]s: Grünsand; Ablagerung im Schelfmeer (Geol.). **Glau|ko|phan** *der;* -s, -e ⟨zu *gr.* diaphanḗs „durchscheinend"⟩: ein blaugraues bis schwärzlichblaues Mineral. **Glau|kos|urie** *die;* -, ...ien ⟨zu ↑...urie⟩: Ausscheidung eines grünlich gefärbten Harns (Med.)

Gläve ['glɛ:fə] vgl. Gleve

gla|zi|al ⟨aus *lat.* glacialis „eisig, voll Eis" zu glacies „Eis"⟩: a) eiszeitlich; b) Eis, Gletscher betreffend. **Gla|zi|al** *das;* -s, -e: Eiszeit. **Gla|zi|al...** ⟨aus *lat.* glacialis, vgl. glazial⟩: Wortbildungselement mit der Bedeutung „die Eiszeit betreffend; durch Eis u. Gletscher bedingt", z. B. Glazialrelikte. **Gla|zi|al|ero|si|on** *die;* -, -en: die abtragende Wirkung eines Gletschers u. des Eises (Geol.). **Gla|zi|al|eu|sta|sie** *die;* -, ...ien [...i̯ən]: ↑Eustasie während der Eiszeiten durch die Vereisung großer Wassermassen u. ihr Abtauen in den Zwischenzeiten (Geol.). **Gla|zi|al|fau|na** *die;* -: Tierwelt der unvereisten Nachbargebiete der eiszeitlichen Gletscher. **Gla|zi|al|flo|ra** *die;* -: Pflanzenwelt der unvereisten Nachbargebiete der eiszeitlichen Gletscher. **Gla|zi|al|iso|sta|sie** *die;* -: durch erhebliche Eisbelastung verursachte, lokal begrenzte Senkungen der Erdkruste sowie deren Heraushebung nach dem Abschmelzen der Eislast (Geol.). **Gla|zia|list** *der;* -en, -en ⟨zu ↑...ist⟩: (veraltet) Gletscherkenner. **Gla|zi|al|kos|mo|go|nie** *die;* -: Welteislehre; kosmogonische Hypothese, nach der durch den Zusammenprall von riesenhaften Eis- u. Glutmassen die Gestirne entstanden sein sollen. **Gla|zi|al|land|schaft** *die;* -, -en: Landschaft, deren Oberfläche weitgehend durch Eis- u. Gletschereinwirkung gestaltet wurde (z. B. das Norddeutsche Tiefland). **Gla|zi|al|re|fu|gi|um** *das;* -s, ...ien [...i̯ən]: Gebiet, in dem sich voreiszeitliche Fauna u. Flora erhalten haben. **Gla|zi|al|re|lik|te** *die* (Plur.): durch die Eiszeit ver-

Glazialtektonik

drängte Tier- u. Pflanzengruppen, die auch nach Rückzug der Gletscher in wärmeren Gebieten verblieben. **Gla|zi|altek|to|nik** *die;* -: durch die Druckwirkung von Gletscher- u. Inlandeis bewirkte Störung der unterlagernden Gesteinsschichten (Stauchung, Faltung, Abscherung, Überschiebung; Geol.). **Gla|zi|al|zeit** *die;* -, -en: svw. Glazial. **gla|ziäo|lisch** ⟨zu *lat.* glacies „Eis" u. ↑äolisch⟩: durch Eis u. Wind entstanden (Geol.). **gla|zi|är** ⟨aus *fr.* glaciaire „eiszeitlich" zu glace „Eis", dies aus *lat.* glacies⟩: im Umkreis eines Gletschers od. des Inlandeises entstanden (z. B. von Schmelzwasserablagerungen od. Löß; Geol.). **gla|zi|flu|vial** [...v...] ⟨zu *lat.* glacies „Eis" u. ↑fluvial⟩: svw. fluvioglazial. **gla|zi|gen** ⟨zu ↑...gen⟩: unmittelbar vom Eis geschaffen (von Ablagerungen u. Abtragungen, z. B. Moränen; Geol.). **Gla|zio|lo|ge** *der;* -n, -n ⟨zu ↑...loge⟩: Wissenschaftler auf dem Gebiet der Glaziologie. **Gla|zio|lo|gie** *die;* - ⟨zu ↑...logie⟩: Wissenschaft von der Entstehung u. Wirkung des Eises u. der Gletscher; Gletscherkunde. **gla|zio|lo|gisch** ⟨zu ↑...logisch⟩: die Glaziologie betreffend

Gle|ba *die;* -, ...ben ⟨aus *lat.* gleba „(Erd)scholle, Klumpen"⟩: ↑Basidiosporen bildendes Hyphengeflecht (vgl. Hyphe) mancher Pilze (Bot.)

Gle|dit|schie [...iə] *die;* -, -n ⟨aus gleichbed. *nlat.* gleditsia; nach dem dt. Botaniker J. G. Gleditsch, 1714–1786⟩: zu den Hülsenfrüchten gehörender akazienähnlicher Zierbaum mit dornigen Zweigen

Glee [gli:] *der;* -s, -s ⟨aus gleichbed. *engl.* glee, eigtl. „Fröhlichkeit"⟩: einfaches Lied für drei oder mehr Stimmen (meist Männerstimmen) ohne instrumentale Begleitung in der Musik des 17. bis 19. Jh.s, das bes. in Herrenklubs beliebt war

Gle|fe vgl. Gleve

Glei *der;* -s, -e ⟨aus *russ.* glej „Lehm, Ton", dies zu *gr.* glía, vgl. Glia⟩: durch Grundwassereinfluß vernäßter, überwiegend mineralischer Bodentyp (Geol.). **Glei|bo|den** *der;* -s, ...böden: feuchter, mineralischer Boden (Geol.)

Glen *das;* -s, -s ⟨aus *schott.-engl.* glen „Tal, enge Bergschlucht"⟩: schott. Bez. für ein ↑glazial überformtes Tal. **Glen|check** ['glɛntʃɛk] *der;* -[s], -s ⟨aus gleichbed. *engl.* glencheck, eigtl. „Glen-Karo", bezeichnet hier die schott. Herkunft des Musters⟩: [Woll]gewebe mit großer Karomusterung

Glen|do|nit [auch ...'nɪt] *der;* -s, -e (meist Plur.) ⟨nach dem Glendontal in Südaustralien u. zu ↑²...it⟩: ein sternförmiges, walnuß- bis faustgroßes Kristallaggregat

Gleu|ko|me|ter *das;* -s, - ⟨zu *gr.* gleũkos „Most, süßer Wein" u. ↑...meter⟩: altes Gerät zur Prüfung des Zuckergehaltes im Most, Mostmesser

Gle|ve [...fə] *die;* -, -n ⟨über *altfr.* glaive aus gleichbed. *provenzal.* glavi, dies Vermischung von *lat.* gladius „Schwert" mit clava „Keule"⟩: 1. einschneidiges mittelalterliches Stangenschwert. 2. kleinste Einheit der mittelalterlichen Ritterheere. 3. obere Hälfte einer Lilie (in der Heraldik)

Gley [glai] vgl. Glei

Glia *die;* - ⟨aus *gr.* glía „Leim"⟩: Kurzform von ↑Neuroglia. **Glia|din** *das;* -s ⟨zu ↑...in (1)⟩: einfacher Eiweißkörper im Getreidekorn (bes. im Weizen)

Gli|der ['glaidɐ] *der;* -s, ⟨aus *engl.* glider „Segelflugzeug" zu to glide „gleiten"⟩: Lastensegler (ohne eigenen motorischen Antrieb)

Gli|ma *die;* - ⟨aus gleichbed. *isländ.* glíma⟩: alte, noch heute übliche Form des Ringkampfes in Island

Glio|bla|stom *das;* -s, -e ⟨zu *gr.* glía (vgl. Glia) u. ↑Blastom⟩: bösartiges Gliom des Großhirns (Med.). **Glio|fi|brom** *das;* -s, -e: knotige Wucherung der Nervenscheiden u. des Nervenbindegewebes (Med.). **Gli|om** *das;* -s, -e ⟨zu ↑...om⟩: Geschwulst im Gehirn, Rückenmark od. Auge (Med.). **Glio|sar|kom** *das;* -s, -e: (veraltet) svw. Glioblastom

Glis|sa|de *die;* -, -n ⟨aus gleichbed. *fr.* glissade zu glisser „gleiten", dies gebildet aus *altfr.* glier (zu *fränk.* *glîdan) u. glacer (vgl. glacieren)⟩: Gleitschritt in der Tanzkunst (im Bogen nach vorn od. hinten). **glis|san|do** ⟨*it.;* zu *fr.* glisser „gleiten"⟩: a) schnell mit der Nagelseite des Fingers über die Klaviertasten gleitend (Mus.); b) bei Saiteninstrumenten mit dem Finger auf einer Saite gleitend (Mus.). **Glis|san|do** *das;* -s, Plur. -s u. ...di: der Vorgang des Glissandospieles (Mus.)

Glis|son|schlin|ge ['glɪsn...] *die;* - ⟨nach dem engl. Anatomen Glisson, 1597–1677⟩: Zugvorrichtung zur Streckung der Wirbelsäule bei der Behandlung von Wirbelsäulenerkrankungen (Med.)

Glitch [glɪtʃ] *der;* -, -es [...ɪz] ⟨aus *engl.* glitch „Panne"⟩: störende Spannungsspitze, die beim Betrieb von schnellen Digital-Analog-Umsetzern auftreten kann (Elektronik)

glo|bal ⟨zu ↑Globus u. ↑¹...al (1)⟩: 1. auf die gesamte Erdoberfläche bezüglich; weltumspannend. 2. a) umfassend, gesamt; b) allgemein, ungefähr. **Glo|bal|strah|lung** *die;* -: Summe aus Sonnen- u. Himmelsstrahlung (Meteor.). **Glo|bal|stra|te|gie** *die;* -, ...ien [...i:ən]: umfassende [politische] Strategie. **Glo|bal|zes|si|on** *die;* -, -en: [Sicherungs]abtretung aller gegenwärtigen u. künftigen Forderungen des Abtretenden gegen seine Kunden an den Abtretungsempfänger, meist zur Sicherung eines Bankkredits (Rechtsw.). **Glo|be|trot|ter** [auch 'gloː:p..., engl. 'gloʊbtrɒtə] *der;* -s, - ⟨aus gleichbed. *engl.* globe-trotter zu globe „Erdball" u. to trot „traben"⟩: Weltenbummler. **Glo|bi|ge|ri|ne** [globi...] *die;* -, -n (meist Plur.) ⟨zu *lat.* globus „Kugel, gerere „an sich tragen, haben" (nach dem kugelförmigen Aussehen) u. ↑...ine⟩: freischwimmendes Meerestierchen, dessen Gehäuse aus mehreren [stachligen] Kugeln besteht. **Glo|bi|ge|ri|nen|schlamm** *der;* -[e]s, Plur. -e u. ...schlämme: aus den Schalen der Globigerinen entstandenes kalkreiches ↑Sediment (1) in der Tiefsee. **Glo|bin** *das;* -s, -e ⟨zu *lat.* globus „Kugel" u. ↑...in (1)⟩: Eiweißbestandteil des ↑Hämoglobins. **Glo|bo|gra|phie** *die;* -, ...ien ⟨zu ↑...graphie⟩: (veraltet) Anfertigung u. Zeichnung eines Globus. **glo|bo|id** ⟨zu ↑...oid⟩: kugelförmig (von Zellen; Biol.). **Glo|bo|id** *das;* -s, -e: 1. (meist Plur.) glasiges Kügelchen, das bei der Bildung des ↑Aleurons entsteht (Biol.). 2. Fläche, die von einem um eine beliebige Achse rotierenden Kreis erzeugt wird (Math.). **Glo|bu|la|ria** *die;* -, ...ien [...iən] ⟨aus gleichbed. *nlat.* globularia zu *lat.* globus, vgl. Globulus⟩: Kugelblume; niedrige blaublühende Voralpen- u. Alpenpflanze. **Glo|bu|le** *die;* -, -n ⟨aus gleichbed. *fr.* globule, dies aus *lat.* globulus, vgl. Globulus⟩: sehr kleine runde Dunkelwolke, die vor einem hellen ↑galaktischen Nebel als dunkler Punkt sichtbar wird (Astron.). **Glo|bu|lin** *das;* -s, -e ⟨zu ↑...in (1)⟩: wichtiger Eiweißkörper des menschlichen, tierischen u. pflanzlichen Organismus (vor allem in Blut, Milch, Eiern u. Pflanzensamen; Med., Biol.). **Glo|bu|lin|ämie** *die;* -, ...ien ⟨zu ↑...ämie⟩: vermehrtes Auftreten von Globulinen im Blut (Med.). **Glo|bu|lus** *der;* -, ...li ⟨aus *lat.* globulus „Kügelchen", Verkleinerungsform von globus, vgl. Globus⟩: kügelchenförmiges Arzneimittel (Med.). **Glo|bus** *der;* Gen. - u. ...busses, Plur. ...ben u. ...busse ⟨aus *lat.* globus „Kugel"⟩: Kugel mit dem Abbild der Oberfläche eines Himmelskörpers (bes. der Erde) od. der scheinbaren Himmelskugel auf ihrer Oberfläche

Glo|chi|di|um [...'xiː...] *das;* -s, ...ien [...iən] ⟨aus gleichbed. *nlat.* glochidium zu *gr.* glōchís, Gen. glōchĩnos „Stachel"⟩:

Glossoptose

1. auf Fischen parasitierende Larve der Fluß- u. Teichmuscheln. 2. (meist Plur.) borstenartiger Stachel bei Kaktusgewächsen **glo|me|ru|lär** ⟨zu ↑ Glomerulus u. ↑ ...är⟩: den Glomerulus betreffend. **Glo|me|ru|li:** Plur. von ↑ Glomerulus. **Glo|me|ru|lo|ne|phri|tis** *die;* -, ...itiden: Nierenentzündung mit vorwiegender Beteiligung der Nierenkörperchen (Glomeruli; Med.). **glo|me|ru|lös** ⟨zu ↑ ...ös⟩: reich an [Gefäß]knäueln (Med.). **Glo|me|ru|lus** *der;* -, ...li ⟨aus gleichbed. *nlat.* glomerulus, Verkleinerungsform von *lat.* glomus, Gen. glomeris „Knäuel"⟩: Blutgefäßknäuelchen der Nierenrinde (Med.). **Glo|mus** *das;* -, ...mera ⟨aus gleichbed. *lat.* glomus⟩: Knäuel, Knoten, Anschwellung, Geschwulst (Med.). ¹**Glo|ria** *das;* -s od. *die;* - ⟨aus *lat.* gloria „Ruhm, Ehre"⟩: (iron.) Ruhm, Herrlichkeit; mit Glanz und -: (ugs. iron.) ganz und gar. ²**Glo|ria** *das;* -s ⟨zu ↑ ¹Gloria, nach dem Anfangswort⟩: Lobgesang in der christlichen Liturgie; - in excelsis [...'tsɛlzi:s] Deo: Ehre sei Gott in der Höhe (großes Gloria, Luk. 2,14); - Patri et Filio et Spiritu Sancto: Ehre sei dem Vater und dem Sohne und dem Hl. Geiste (kleines Gloria); vgl. Doxologie. ³**Glo|ria** *das* od. *der;* -s, -s ⟨nach *fr.* gloria „Kaffee mit Weinbrand", dies aus *lat.* gloria (weil eine gute Tasse Kaffee das Essen so abrunde wie ein ²Gloria einen Psalm)⟩: süßer, starker Kaffee, auf dem ein Löffel Kognak abgebrannt wird (Gastr.). **Glo|ria|sei|de** *die;* - ⟨Phantasiebezeichnung⟩: feiner Futter- u. Schirmstoff in Leinenbindung. **Glo|rie** [...iə] *die;* -, -n ⟨zu ↑ ¹Gloria⟩: 1. Ruhm, Herrlichkeit [Gottes]. 2. Lichtkreis, Heiligenschein. 3. helle farbige Ringe um den Schatten eines Körpers (z. B. Flugzeug, Ballon) auf einer von Sonne od. Mond beschienenen Nebelwand od. Wolkenoberfläche, die durch Beugung des Lichtes an den Wassertröpfchen od. Eiskristallen der Wolken entstehen. **Glo|ri|en|schein** [...riən...] *der;* -s, -e: Heiligenschein. **Glo|ri|et|te** *die;* -, -n ⟨aus gleichbed. *fr.* gloriette zu *mlat.* glorieta „kleines Haus", weitere Herkunft ungeklärt⟩: offener Gartenpavillon im barocken od. klassizistischen Park. **Glo|ri|fi|ka|ti|on** *die;* -, -en ⟨aus gleichbed. *kirchenlat.* glorificatio zu glorificare, vgl. glorifizieren⟩: Verherrlichung; vgl. ...[at]ion/...ierung. **glo|ri|fi|zie|ren** ⟨aus *kirchenlat.* glorificare „preisen, rühmen"⟩: verherrlichen. **Glo|ri|fi|zie|rung** *die;* -, -en ⟨zu ↑ ...ierung⟩: das Glorifizieren; Verherrlichung; vgl. ...[at]ion/...ierung. **glo|ri|ie|ren** ⟨aus gleichbed. *lat.* gloriari⟩: (veraltet) sich rühmen, prahlen. **Glo|ri|o|le** *die;* -, -n ⟨aus *lat.* gloriola, Verkleinerungsform von gloria „Ruhm"⟩: Heiligenschein. **glo|ri|os** ⟨aus gleichbed. *lat.* gloriosus⟩: 1. glorreich, ruhmvoll, glanzvoll. 2. (veraltet) großsprecherisch, prahlerisch. **Glo|rio|si|tät** *die;* - ⟨zu ↑ ...ität⟩: (veraltet) 1. Berühmtheit. 2. Prahlerei

gloss..., Gloss... vgl. glosso..., Glosso... **Glos|sa** *die;* - ⟨über *lat.* glossa aus gleichbed. *gr.* glõssa⟩: Zunge (Med.). **Gloss|al|gie** *die;* -, ...ien ⟨zu ↑ ...algie⟩: svw. Glossodynie. **Gloss|an|thrax** *der;* -: Milzbrandkarbunkel der Zunge (Med.). **Glos|sar** *das;* -s, -e ⟨aus *lat.* glossarium „Wörterbuch", dies aus *gr.* glōssárion, eigtl. Verkleinerungsform von glõssa, vgl. Glosse⟩: 1. Sammlung von Glossen (1 , 2). 2. Wörterverzeichnis [mit Erklärungen]. **Glos|sa|ri|um** *das;* -s, ...ien [...iən]: (veraltet) svw. Glossar. **Glos|sa|tor** *der;* -s, ...oren ⟨aus gleichbed. *mlat.* glossator⟩: Verfasser von Glossen (1, 4), bes. zu Rechts- u. Gesetzestexten. **glos|sa|to|risch**: die Glossen (1, 4) betreffend. **Glos|se** [fachspr. auch 'glo:sə] *die;* -, -n ⟨aus gleichbed. *lat.* glossa, eigtl. „schwieriges Wort", dies aus *gr.* glõssa „Zunge; Sprache"⟩: 1. Erläuterung eines erklärungsbedürftigen Ausdrucks (als ↑ Interlinearglosse zwischen den Zeilen, als ↑ Kontextglosse im Text selbst od. als ↑ Marginalglosse am Rand). 2. a) spöttische Randbemerkung; b) kurzer Kommentar in Tageszeitungen mit [polemischer] Stellungnahme zu Tagesereignissen. 3. span. Gedichtform, bei der jede Zeile eines vorangestellten vierzeiligen Themas als jeweiliger Schlußvers von vier Strophen wiederkehrt. 4. erläuternde Randbemerkung zu einer Gesetzesvorlage (im Mittelalter bes. die den Inhalt aufhellenden Anmerkungen in ↑ Corpus juris civilis). **Glos|sem** *das;* -s, -e ⟨z. T. unter Einfluß von *engl.* glosseme zu ↑ Glosse (1) u. ↑ ...em⟩: 1. (nach der Kopenhagener Schule) aus dem ↑ Plerem u. dem ↑ Kenem bestehende kleinste sprachliche Einheit, die nicht weiter analysierbar ist (Sprachw.). 2. (veraltet) svw. Glosse (1). **Glos|se|ma|tik** *die;* - ⟨aus gleichbed. *engl.* glossematics (Analogiebildung zu ↑ Graphematik)⟩: Richtung des ↑ Strukturalismus (1; der Kopenhagener Schule), bei der unter Einbeziehung formallogischer u. wissenschaftsmethodologischer Grundsätze die Ausdrucks- u. Inhaltsseite der Sprache untersucht wird (Sprachw.). **Glos|se|ma|tist** *der;* -en, -en ⟨zu ↑ ...ist⟩: Anhänger der Glossematik (Sprachw.). **glos|sie|ren** ⟨aus *spätlat.* glossari „mit Glossen versehen"⟩: 1. durch Glossen (1) erläutern. 2. mit spött. Randbemerkungen versehen, begleiten. **Glos|si|na** *die;* -, ...nae [...nɛ] ⟨aus gleichbed. *nlat.* glossina zu *lat.* glossa, vgl. Glossa⟩: Vertreter einer Fliegengattung mit z. T. durch Seuchenübertragung gefährlichen Stechfliegenarten; - palpalis: svw. Tsetsefliege. **Glos|si|tis** *die;* -, ...itiden ⟨zu ↑ glosso... u. ↑ ...itis⟩: Zungenentzündung (Med.). **glos|so..., Glos|so...,** vor Vokalen meist gloss..., Gloss... u. glotto..., Glotto..., vor Vokalen meist glott..., Glott... ⟨aus *gr.* glõssa bzw. (attisch) glõtta „Zunge; Sprache"⟩: Wortbildungselement mit der Bedeutung „Zunge, zungenähnliches Gebilde; Sprache, Wort", z. B. Glossalgie, Glossographie, Glottis, glottogon. **Gloss|ody|nie** *die;* -, ...ien ⟨zu ↑ ...odynie⟩: brennender u. stechender Zungenschmerz (Med.). **Glos|so|graph** *der;* -en, -en ⟨zu *gr.* glōssográphos „fremde od. schwierige Wörter aufzeichnend"; vgl. ↑ ...graph⟩: antiker od. mittelalterlicher Verfasser von Glossen (1). **Glos|so|gra|phie** *die;* - ⟨zu ↑ ...graphie⟩: das Erläutern von Glossen (1) in der Antike u. im Mittelalter. **Glos|so|la|le,** Glottolale *der* u. *die;* -n, -n ⟨zu ↑ glosso... u. laleīn „(unartikuliert) sprechen"⟩: Zungenredner[in]. **Glos|so|la|lie,** Glottolalie *die;* - ⟨zu *gr.* laliá „Geschwätz"⟩: a) das Zungenreden, ekstatisches Reden in fremden Sprachen in der Urchristengemeinde (Apostelgesch. 2; 1. Kor. 14); b) Hervorbringung von fremdartigen Sprachlauten u. Wortneubildungen, bes. in der ↑ Ekstase (Psychol.). **Glos|so|lo|ge** *der;* -n, -n ⟨zu ↑ ...loge⟩: (veraltet) Sprachenkundiger, Sprachforscher. **Glos|so|lo|gie** *die;* - ⟨zu ↑ ...logie⟩: (veraltet) Sprachlehre. **Glos|so|ma|ne** *der;* -n, -n ⟨zu ↑ ...mane⟩: (veraltet) jmd., der übertrieben für Fremdsprachen schwärmt. **Glos|so|ma|nie** *die;* - ⟨zu ↑ ...manie⟩: (veraltet) übertriebene Vorliebe für Fremdsprachen. **Glos|so|ma|nin** *die;* -, -nen: weibliche Form zu ↑ Glossomane. **Glos|so|pha|ryn|ge|us** *der;* - ⟨aus *nlat.* (nervus) glossopharyngeus „zu Zunge u. Schlund gehörend/ner"; vgl. Pharynx⟩: ein Hirnnerv, der mit seinen Verzweigungen die Zunge, die Rachenmuskulatur, die Paukenhöhle, die hintere Rachenschleimhaut u. die Ohrspeicheldrüse versorgt (Med.). **Glos|so|ple|gie** *die;* -, ...ien ⟨zu ↑ glosso..., *gr.* plēgé „Stoß, Schlag" u. ↑ ²...ie⟩: Zungenlähmung (Med.). **Glos|so|pte|ris|flo|ra** *die;* - ⟨zu *gr.* ptéris „Farn"⟩: farnähnliche Flora des ↑ Gondwanalandes (nach der das alte Festland rekonstruiert wurde). **Glos|so|pto|se**

Glossoschisis

die; -, -n ⟨zu *gr.* ptōsis „das Fallen; Fall"⟩: das Zurücksinken der Zunge bei tiefer Bewußtlosigkeit (Med.). **Glos|so|schi|sis** [...'sçi:zɪs] *die;* -, ...sen ⟨zu *gr.* schísis „das Spalten, Trennen"⟩: Spaltzunge (Med.). **Glos|so|spas|mus** *der;* -: Zungenkrampf (Med.). **Glos|so|to|mie** *die;* -, ...ien ⟨zu ↑...tomie⟩: operative Entfernung [von Teilen] der Zunge (Med.). **Glos|so|ze|le** *die;* -, -n ⟨zu *gr.* kḗlē „Geschwulst; Bruch"⟩: das Hervortreten der Zunge aus dem Mund bei krankhafter Zungenvergrößerung (Med.). **glott...**, **Glott...** vgl. glosso..., Glosso... **glot|tal** ⟨zu ↑¹...al (1)⟩: durch die Stimmritze im Kehlkopf erzeugt (von Lauten). **Glot|tal** *der;* -s, -e ⟨zu ↑¹...al (2)⟩: Kehlkopf-, Stimmritzenlaut. **Glot|tis** *die;* -, Glottides [...de:s] ⟨aus gleichbed. *gr.* glōttís, eigtl. „Mundstück der Flöte"⟩: a) das aus den beiden Stimmbändern bestehende Stimmorgan im Kehlkopf (Med.); b) die Stimmritze zwischen den beiden Stimmbändern im Kehlkopf. **Glot|tis|schlag** *der;* -[e]s, ...schläge: beim Gesang als harter, unschöner Tonansatz empfundener Knacklaut vor Vokalen. **glot|to...**, **Glot|to...** vgl. glosso..., Glosso... **Glot|to|chro|no|lo|gie** [...kro...] *die;* -: Wissenschaft (Teilgebiet der ↑diachronischen Linguistik), die anhand etymologisch nachweisbarer Formen das Tempo sprachlicher Veränderungen, die Trennungszeiten von miteinander verwandten Sprachen zu bestimmen sucht (Sprachw.). **glot|to|gon** ⟨zu *gr.* goné „Erzeugung, Abstammung"⟩: den Ursprung der Sprache betreffend; vgl. ...isch/-. **Glot|to|go|nie** *die;* - ⟨zu ↑...gonie⟩: (veraltend) wissenschaftliche Erforschung der Entstehung einer Sprache, insbesondere ihrer ↑formalen Ausdrucksmittel. **glotto|go|nisch**: svw. glottogon; vgl. ...isch/-. **Glot|to|la|le** vgl. Glossolale. **Glot|to|la|lie** vgl. Glossolalie

Glou|ton [glu'tõ:] *der;* -s, -s ⟨aus gleichbed. *fr.* glouton, dies aus *lat.* glutto, Gen. gluttonis „Schlemmer" zu gluttire „verschlucken, verschlingen"⟩: (veraltet) jmd., der schnell u. viel ißt, Vielfraß. **Glou|ton|ne|rie** [...tɔnə...] *die;* - ⟨aus gleichbed. *fr.* gloutonnerie⟩: (veraltet) Gefräßigkeit, Freßsucht. **glou|ton|nie|ren** ⟨zu ↑...ieren⟩: (veraltet) prassen, schlemmen, sich überfressen

Glove-box ['glʌv...] *die;* -, Plur. -es [...bɔksɪz, ...bɔksəs] od. -en ⟨aus *engl.* glove box „Handschuhkasten"⟩: hermetisch abgeschlossene Kabine, in der Arbeiten (z. B. an radioaktiven Substanzen) mit Hilfe eingebauter, von außen überziehbarer Handschuhe ausgeführt werden

Glo|xi|nie [...i̯ə] *die;* -, -n ⟨aus *nlat.* gloxinia; nach dem elsässischen Arzt B. P. Gloxin, †1784⟩: 1. im tropischen Südamerika vorkommende Pflanze mit glocken- bis röhrenförmigen Blüten. 2. aus Südbrasilien stammende Zierpflanze mit großen, glockenförmigen, leuchtenden Blüten

Glu [gly:] *die;* - ⟨aus gleichbed. *fr.* glu, dies aus *lat.* glus (Nebenform von gluten), vgl. Gluten⟩: (veraltet) Vogelleim. **gluant** [gly'ã:] ⟨aus gleichbed. *fr.* gluant⟩: (veraltet) klebrig **gluc...**, **Gluc...** vgl. gluko..., Gluko... **Gluc|agon** [gluk...] vgl. Glukagon. **Glu|ci|ni|um** [...'tsi:...] *das;* -s ⟨*nlat.;* zu *gr.* glykýs „süß" (wegen des süßen Geschmacks einiger Berylliumverbindungen); vgl. ...ium⟩: ursprüngliche Bez. für ↑Beryllium. **glu|co...**, **Glu|co...** [...k...] vgl. gluko..., Gluko... **Glu|co|cor|ti|co|id** vgl. Glukokortikoid. **glu|cos...**, **Glu|cos...** vgl. gluko..., Gluko... **Glu|co|se** *die;* - ⟨aus gleichbed. *fr.* glucose zu *gr.* glykýs „süß"; vgl. ²...ose⟩: Traubenzucker. **Glu|co|si|de** *die* (Plur.) ⟨zu ↑³...id⟩: ↑Glykoside des Traubenzuckers

Glue-ears [glu:'i:rs] *die* (Plur.) ⟨zu *engl.* glue „Leim" u. ear „Ohr"⟩: Verklebung der Ohren durch Sekretausfluß bei Mittelohrentzündung (Med.)

gluk..., **Gluk...** vgl. gluko..., Gluko... **Gluk|agon** *das;* -s ⟨zu *gr.* ágōn, Part. Präs. von ágein „führen, holen"⟩: in der Bauchspeicheldrüse zusammen mit ↑Insulin gebildetes Peptidhormon, das im Gegensatz zu Insulin blutzuckersteigernd wirkt u. die Zuckerreserven des Glykogens mobilisiert. **Gluk|ago|nom** *das;* -s, -e ⟨zu ↑...om⟩: Tumor der (Glukagon produzierenden) A-Zellen in der Bauchspeicheldrüse (Med.). **glu|ko...**, **Glu|ko...** (chem. fachspr. gluco..., gluco...), vor Vokalen gluk..., Gluk... od. erweitert zu glukos..., Glukos... (chem. fachspr. gluc[os]..., Gluc[os]...) ⟨unter Einfluß von *fr.* glucose „Traubenzucker" zu *gr.* glykýs „süß"⟩: Wortbildungselement mit der Bedeutung „Traubenzucker enthaltend", z. B. Glucose, Glukosurie; vgl. glyko..., Glyko... **glu|kos...**, **Glu|kos...** vgl. gluko..., Gluko... **Glu|kos|amin** *das;* -s, -e: sich von Glukose ableitender Aminozucker, ein Baustein des ↑Chitins. **Glu|ko|se** vgl. Glucose. **Glu|ko|si|de** vgl. Glucoside. **Glu|kos|urie** *die;* -, ...ien ⟨zu ↑...urie⟩: Ausscheidung von Traubenzucker im Harn (Med.); vgl. Glykosurie

Glut|amat *das;* -[e]s, -e ⟨zu ↑Glutamin u. ↑...at (2)⟩: 1. geruchlose Substanz von würzigem, fleischbrühartigem Geschmack, die kochfertigen Suppen od. Konserven zur Geschmacksverfeinerung zugesetzt wird. 2. Mittel gegen mangelnde Konzentrationsfähigkeit (Med.). 3. (meist Plur.) Salz der Glutaminsäure (Chem.). **Glut|amin** *das;* -s, -e ⟨zu ↑Gluten u. ↑Amin⟩: bes. im Pflanzenreich weitverbreitete, von allem beim Keimen auftretende ↑Aminosäure. **Glut|amin|säu|re** *die;* -: in sehr vielen Eiweißstoffen enthaltene ↑Aminosäure, die sich u. a. reichlich in der Hirnsubstanz findet u. daher therapeutisch zur Erhöhung der geistigen Leistungsfähigkeit verwendet wird (Med.). **Glu|ten** *das;* -s ⟨aus *lat.* gluten „Leim"⟩: Eiweißstoff der Getreidekörner, der für die Backfähigkeit des Mehles wichtig ist; Kleber. **Glu|tin** *das;* -s ⟨aus *lat.* glutinum „Leim"⟩: Eiweißstoff, Hauptbestandteil der ↑Gelatine. **Glu|ti|na|ti|on** *die;* -, -en ⟨aus gleichbed. *lat.* glutinatio zu glutinare, vgl. glutinieren⟩: (veraltet) a) das Zusammenleimen; b) festes Zusammenwachsen, Verheilen (Med.). **gluti|nie|ren** ⟨aus gleichbed. *lat.* glutinare⟩: (veraltet) leimen, kleben

glyc..., **Glyc...** vgl. glyko..., Glyko... **Gly|ce|rid** [...ts...] *das;* -s, -e ⟨zu ↑Glyzerin u. ↑³...id⟩: Ester des ↑Glyzerins (Chem.). **Gly|ce|rin** vgl. Glyzerin. **Gly|ce|rol** *das;* -s ⟨zu ↑...ol⟩: svw. Glyzerin. **Gly|cin** *das;* -s ⟨zu ↑...in (1)⟩: 1. svw. Glykokoll. 2. Ⓦ ein fotografischer Entwickler. **glyco...**, **Gly|co...** vgl. glyko..., Glyko... **glyk...**, **Glyk...** vgl. glyko..., Glyko... **Glyk|ämie** *die;* - ⟨zu ↑glyko... u. ↑...ämie⟩: normaler Zuckergehalt des Blutes (Med.). **Gly|kan** *das;* -s, -e (meist Plur.) ⟨zu ↑...an⟩: ↑Polysaccharid, das aus gleichartigen ↑Monosacchariden aufgebaut ist. **gly|ko...**, **Gly|ko...** (chem. fachspr. glyco..., Glyco...), vor den Vokalen a, o, und u glyk..., Glyk... od. erweitert zu glykos..., Glykos..., vor e und i glyz..., Glyz... (chem. fachspr. glyc..., Glyc...) ⟨zu *gr.* glykýs „süß"⟩: Wortbildungselement mit der Bedeutung „süß (schmeckend); Zucker enthaltend", z. B. Glykämie, Glycin, Glykokoll, Glykosurie, Glyzerin; vgl. gluko..., Gluko... **Gly|ko|cho|lie** [...ço...] *die;* - ⟨zu *gr.* cholḗ „Galle" u. ↑²...ie⟩: Auftreten von Zucker in der Gallenflüssigkeit (Med.). **Gly|ko|chol|säu|re** *die;* - ⟨Kurzw. aus ↑*Glyko*koll u. ↑*Chol*säure⟩: von den Leberzellen gebildeter Bestandteil der Gallenflüssigkeit, der aus Cholsäure u. Glykokoll besteht (Med.). **Gly|ko|gen** *das;* -s ⟨zu ↑glyko... u. ↑...gen⟩: tierische Stärke, energiereiches ↑Kohlenhydrat in fast allen Körperzellen (bes. in Muskeln u. in der Leber; Med., Biol.). **Gly|ko|ge|nie** *die;* - ⟨zu ↑...genie⟩: Aufbau des Glykogens in der Leber (Med., Biol.). **Gly|ko|ge|no|ly|se** *die;* - ⟨zu ↑ Glykogen u. ↑...lyse⟩: Abbau des Glykogens im Körper (Med., Biol.). **gly|ko|ge|no|ly|tisch:** die Glykogenolyse betreffend. **Gly|ko|ge|no|se** *die;* -, -n ⟨zu ↑¹...ose⟩: Glykogenspeicherkrankheit; Stoffwechselerkrankung im Kindesalter mit übermäßiger Ablagerung von Glykogen, bes. in Leber u. Niere (Med.). **Gly|ko|geu|sie** *die;* -, ...ien ⟨zu ↑ glyko..., *gr.* geũsis „Geschmack" u. ↑²...ie⟩: subjektive süße Geschmacksempfindung, die bei Lähmung des VII. Hirnnervs, im Spätstadium der Syphilis u. ä. auftritt (Med.). **Gly|ko|koll** *das;* -s ⟨zu *gr.* kólla „Leim"⟩: Aminoessigsäure, einfachste ↑ Aminosäure, Leimsüß (Chem.). **Gly|kol** *das;* -s, -e ⟨zu ↑...ol⟩: 1. zweiwertiger giftiger Alkohol von süßem Geschmack. 2. Äthylenglykol, ein Frostschutz- u. Desinfizierungsmittel. **Gly|kol|säu|re** *die;* -: in der Gerberei verwendete Oxyessigsäure, die u. a. in unreifen Weintrauben vorkommt. **Gly|ko|ly|se** *die;* -, -n ⟨zu ↑...lyse⟩: Aufspaltung des Traubenzuckers in Milchsäure. **gly|ko|lytisch:** Traubenzucker in Milchsäure aufspaltend. **Gly|koneo|ge|ne|se** *die;* - ⟨zu *gr.* néos „neu"⟩: svw. Glykoneogenie. **Gly|ko|neo|ge|nie** *die;* - ⟨zu ↑...genie⟩: Zuckerneubildung aus Nichtzuckerstoffen

Gly|ko|ne|us *der;* -, ...neen ⟨aus *lat.* Glyconium (metrum); nach dem altgriech. Dichter Glykon⟩: achtsilbiges antikes Versmaß

Gly|ko|pro|te|id vgl. Glykoprotein. **Gly|ko|pro|te|in,** früher Glykoproteid *das;* -[e]s, -e ⟨zu ↑ glyko... u. ↑ Protein bzw. Proteid⟩: Verbindung aus einem Eiweißbestandteil u. einem nicht eiweißartigen Anteil (Chem.). **gly|kos..., Glykos...** vgl. glyko..., Glyko... **Gly|ko|se** *die;* - ⟨unter Einfluß von *gr.* glykýs „süß" abgewandelt von ↑ Glucose⟩: nicht fachspr., ältere Form für Glucose. **Gly|ko|sid** *das;* -[e]s, -e (meist Plur.) ⟨zu ↑³...id⟩: Pflanzenstoff, der in Zucker u. a. Stoffe, bes. Alkohole, spaltbar ist. **Gly|ko|si|da|se** *die;* -, -n (meist Plur.) ⟨zu ↑²...id u. ↑...ase⟩: Enzym, das Glykosid ↑ hydrolytisch spaltet (Biochem.). **Gly|kos|urie** *die;* -, ...ien ⟨zu ↑...urie⟩: Ausscheidung von Zucker im Harn (Med.); vgl. Glukosurie. **Gly|oxal** *das;* -s ⟨Kurzw. aus ↑ *Gly*kol u. ↑ *Oxal*säure⟩: der einfachste zweiwertige Aldehyd (Chem.). **Gly|phe** *die;* -, -n ⟨aus *gr.* glyphḗ „das Ausmeißeln, Gravieren; das Ausgemeißelte"⟩: svw. Glypte. **Gly|phik** *die;* - ⟨aus gleichbed. *gr.* glyphikḗ (téchnē) zu glyphikós „ausgemeißelt"⟩: (veraltet) svw. Glyptik. **Gly|pho|gra|phie** *die;* - ⟨zu *gr.* glyphós „geschnitzt, graviert" u. ↑...graphie⟩: svw. Glyptographie. **Glyp|te** *die;* -, -n ⟨aus gleichbed. *gr.* glyptḗ (líthos)⟩: geschnittener Stein; Skulptur. **Glyp|tik** *die;* - ⟨aus gleichbed. *gr.* glyptikḗ (téchnē) zu glyptikós „geschnitzt, graviert"⟩: die Kunst, mit Meißel od. Grabstichel in Stein od. Metall zu arbeiten; Steinschneidekunst; das Schneiden der Gemmen; vgl. Glyphik u. Gemmoglyptik. **Glypt|odon|ten** *die* (Plur.) ⟨zu *gr.* glyptós „ausgemeißelt, geschnitzt" u. odoús, Gen. odóntos „Zahn"⟩: Riesengürteltiere, eine fossile Säugetierfamilie in [Süd]amerika. **Glyp|to|gra|phie** *die;* - ⟨zu ↑...graphie⟩: Beschreibung der Glypten, Gemmenkunde. **Glyp|to|thek** *die;* -, -en ⟨zu ↑...thek⟩: Sammlung von Glypten

Gly|san|tin ⓦ *das;* -s ⟨Kunstw.⟩: Gefrierschutzmittel aus ↑ Glykol u. Glyzerin. **glyz...,** vgl. glyk..., **Glyko... Gly|ze|rid** vgl. Glycerid. **Gly|ze|rin,** chem. fachspr. Glycerin u. Glycerol [...ts...] *das;* -s ⟨aus gleichbed. *fr.* glycérine zu *gr.* glykerós (Nebenform von glykýs) „süß"⟩: dreiwertiger, farbloser, sirupartiger Alkohol. **Gly|ze|rin|tri|ni|trat** *das;* -s ⟨zu *gr.* trís „dreifach" u. ↑ Nitrat⟩: ölige, farblose bis gelbliche, geruchlose Flüssigkeit, die als brisanter Sprengstoff mit Sprenggelatine u. Dynamit verarbeitet u. in der Medizin als gefäßerweiterndes Arzneimittel verwendet wird. **Gly|zi|ne** u. **Gly|zi|nie** [...i̯ə] *die;* -, -n ⟨aus gleichbed. *nlat.* glycina, glycinia, dies zu *gr.* glykýs „süß"⟩: sich in die Höhe windender Zierstrauch mit blauvioletten Blütentrauben; ↑ Wistaria. **Gly|zyr|rhi|zin** *das;* -s ⟨zu *gr.* rhíza „Wurzel" u. ↑...in (1)⟩: Süßholzzucker; Glykosid mit farblosen, sehr süß schmeckenden Kristallen, die sich in heißem Wasser u. Alkohol lösen

G-man ['dʒi:mæn] *der;* -[s], G-men [...mən] ⟨aus gleichbed. *engl.-amerik.* g-man, Kurzw. für *government man* „Regierungsmann"⟩: Sonderagent des FBI, der Bundeskriminalpolizei der USA

gnath..., Gnath... vgl. gnatho..., Gnatho... **Gnath|al|gie** ⟨zu ↑ gnatho... u. ↑...algie⟩: (veraltet) Kiefer-, Kinnbackenschmerz. **Gna|thi|tis** *die;* -, ...itiden ⟨zu ↑...itis⟩: (veraltet) Kieferentzündung. **gna|tho..., Gna|tho...,** vor Vokalen meist gnath..., Gnath... ⟨aus gleichbed. *gr.* gnathós⟩: Wortbildungselement mit der Bedeutung „Kiefer; Kinnbacken", z. B. Gnathalgie, gnathodont, Gnathoschisis. **gnath|odont** ⟨zu *gr.* odoús, Gen. odóntos „Zahn"⟩: nur auf den Kiefern Zähne tragend (Biol.). **gna|tho|gen** ⟨zu ↑...gen⟩: vom Kiefer herrührend (z. B. von Krankheiten; Med.). **Gna|tho|lo|gie** *die;* - ⟨zu ↑...logie⟩: im Bereich der Zahnmedizin Lehre von der Kaufunktion, bes. von deren Wiederherstellung. **Gna|tho|neur|al|gie** *die;* -, ...ien: nervöser Gesichtsschmerz (Med.). **Gna|tho|schi|sis** [...sçi:zɪs] *die;* -, ...sen ⟨zu *gr.* schísis „das Spalten, Trennen"⟩: angeborene [Ober]kieferspalte (Med.). **Gna|thosto|men** *die* (Plur.) ⟨zu *gr.* stóma „Mund, Mundöffnung"⟩: alle Wirbeltiere mit Kiefern

Gnoc|chi ['njɔki] *die* (Plur.) ⟨zu *it.* gnocco, Plur. gnocchi „Mehlklößchen, Knödel", aus dem Venez.⟩: Klößchen, Nockerln

Gnom *der;* -en, -en ⟨auf Paracelsus (um 1493–1541) zurückgehende Wortneuschöpfung, ohne sichere Deutung⟩: jmd., der sehr klein ist; Kobold, Zwerg

Gno|me *die;* -, -n ⟨über *lat.* gnome aus gleichbed. *gr.* gnṓmē, dies zu gignṓskein „erkennen, kennen"⟩: lehrhafter [Sinn-, Denk]spruch in Versform od. in Prosa; ↑ Sentenz (1 b). **Gno|mi|ker** *der;* -s, - ⟨aus gleichbed. *gr.* gnōmikós (poiētḗs)⟩: Verfasser von Gnomen. **gno|misch** ⟨aus gleichbed. *gr.* gnōmikós⟩: die Gnome betreffend, in der Art der Gnome; -er Aorist: in Gnomen zeitlos verwendeter ↑ Aorist (Sprachw.); -es Präsens: in Sprichwörtern u. Lehrsätzen zeitlos verwendetes Präsens (z. B. Gelegenheit *macht* Diebe; Sprachw.). **Gno|mo|lo|ge** *der;* -n, -n ⟨zu ↑...loge⟩: Sammler von Weisheitssprüchen u. Anekdoten. **Gno|molo|gie** *die;* -, ...ien ⟨zu *gr.* gnōmología „das Reden in Denksprüchen"⟩: Sammlung von Weisheitssprüchen u. Anekdoten; vgl. Florilegium (1). **gno|mo|lo|gisch** ⟨aus gleichbed. *gr.* grōmologikós⟩: die Gnomologie betreffend. **Gnomon** *der;* -s, ...mone ⟨über *lat.* gnomon „Zeiger (an der Sonnenuhr)" aus *gr.* gnṓmōn „Richtschnur"⟩: senkrecht stehender Stab, dessen Schattenlänge zur Bestimmung der Sonnenhöhe gemessen wird (für Sonnenuhren). **Gno|monik** *die;* - ⟨zu ↑²...ik (1)⟩: Kunst der Konstruktion von Sonnenuhren. **gno|mo|nisch;** in der Fügung - e Projektion: svw. Zentralprojektion. **Gno|seo|lo|gie** *die;* - ⟨zu *gr.* gnōsis (vgl. Gnosis) u. ↑...logie⟩: Erkenntnislehre, -theorie. **gnoseo|lo|gisch** ⟨zu ↑...logisch⟩: die Gnoseologie betreffend. **...gno|sie** ⟨aus gleichbed. *gr.* -gnōsía zu gnōsis, vgl. Gnosis⟩: Wortbildungselement mit der Bedeutung „Kunde, Erkenntnis; Wissenschaft", z. B. Geognosie. **Gno|sis** *die;* - ⟨aus *gr.* gnōsis „das Erkennen, Kenntnis, (höhere) Einsicht"⟩: [Gottes]erkenntnis; in der Schau Gottes erfahrene

Gnostik

Welt des Übersinnlichen (↑hellenistische, jüdische u. bes. christliche Versuche der Spätantike, die im Glauben verborgenen Geheimnisse durch philos. ↑Spekulation zu erkennen u. so zur Erlösung vorzudringen; vgl. Gnostizismus u. Pneumatiker. **Gno|stik** *die;* - ⟨zu *lat.* gnosticus „die Gnostiker betreffend, gnostisch", dies aus *gr.* gnōstikós „das Erkennen betreffend"; vgl. ²...ik (1)⟩: (veraltet) die Lehre der Gnosis. **Gno|sti|ker** *der;* -s, -: Vertreter der Gnosis od. des Gnostizismus. **gno|stisch** ⟨über *lat.* gnosticus aus gleichbed. *gr.* gnōstikós⟩: die Gnosis od. den Gnostizismus betreffend. **Gno|sti|zis|mus** *der;* - ⟨zu *lat.* gnosticus (vgl. Gnostik) u. ↑...izismus⟩: 1. Sammelbez. für alle religiösen Richtungen, die die Erlösung durch [philos.] Erkenntnis Gottes u. der Welt suchen. 2. Gesamtheit der ↑synkretistischen religiösen Strömungen u. Sekten (↑Gnosis) der späten Antike. **Gno|sto|lo|gie** *die;* - ⟨zu ↑...logie⟩: (veraltet) svw. Gnostik. **Gno|to|bio|lo|gie** *die;* - ⟨zu *gr.* gnōtós „erkennbar"⟩: Forschungsrichtung, die sich mit der keimfreien Aufzucht von Tieren für die Immunologie beschäftigt. **Gno|to|bi|ont** *der;* -en, -en ⟨zu ↑...biont⟩: keimfrei zur Welt gebrachtes u. keimfrei aufgezogenes Versuchstier; auch Bez. für ein nur von ganz bestimmten, bekannten Keimen besiedeltes Tier. **Gno|to|bio|tik** *die;* - ⟨zu *gr.* biotikós „zum Leben gehörend"⟩: Wissenschaft von keimfrei aufgezogenen Versuchstieren. **gno|to|biotisch**: die Gnotobiotik bzw. den Gnotobionten betreffend; -es Tier: svw. Gnotobiont

Gnu *das;* -s, -s ⟨aus gleichbed. *hottentott.* ngu⟩: süd- u. ostafrik. ↑Antilope

Go *das;* - ⟨aus gleichbed. *jap.* go⟩: japan. Brettspiel

Goal [go:l] *das;* -s, -s ⟨aus gleichbed. *engl.* goal, eigtl. „Ziel"⟩: (österr. u. schweiz.) Tor, Treffer (z. B. beim Fußballspiel). **Goal|get|ter** ['go:l...] *der;* -s, - ⟨anglisierende Bildung zu *engl.* to get a goal „ein Tor schießen"⟩: besonders erfolgreicher Torschütze (Sport). **Goal|kee|per** [...ki:pɐ] *der;* -s, - ⟨aus gleichbed. *engl.* goalkeeper zu to keep „(be)wahren"⟩: (bes. österr. u. schweiz.) Torhüter (Sport)

Go|bang [goʊ'bæŋ] *das;* -[s] ⟨aus gleichbed. *engl.* gobang, dies aus *jap.* goban⟩: eine engl. Variante des ↑Go

Go|be|let [gobə'le:, fr. gɔ'blɛ] *der;* -s, - [...'le:(s), fr. ...'lɛ(s)] ⟨aus *fr.* gobelet „Becher"⟩: Becher od. Pokal auf einem Fuß aus Gold, Silber od. Glas (vom Mittelalter bis zum 18. Jh.). **Go|be|le|te|rie** *die;* -, ...jen ⟨aus gleichbed. *fr.* gobeleterie⟩: (veraltet) Herstellung von u. Handel mit Bechern u. Glaswaren

Go|be|lin [gobə'lɛ̃:, fr. gɔ'blɛ̃] *der;* -s, -s ⟨aus gleichbed. *fr.* gobelin, nach der gleichnamigen franz. Färberfamilie⟩: Wandteppich mit eingewirkten Bildern. **go|be|li|nie|ren** [gobəli...] ⟨zu ↑...ieren⟩: (veraltet) gobelinartig weben. **Go|be|lin|ma|le|rei** [gobə'lɛ̃:...] *die;* -: Nachahmung gewirkter Gobelins durch Malerei

Go-cart ['go:kart, engl. 'goʊkɑ:t] vgl. Go-Kart

Go|de *der;* -n, -n ⟨aus *altnord.* goði „Priester"⟩: Priester u. Gauvorsteher im alten Island u. in Skandinavien

Gode|mi|ché [go:tmi'ʃe:] *der;* -, -s ⟨aus gleichbed. *fr.* godemiché, weitere Herkunft unsicher (vielleicht aus *lat.* gaudium mihi „mir zur Freude")⟩: künstliche Nachbildung des erigierten Penis, die von Frauen zur Selbstbefriedigung od. bei der Ausübung gleichgeschlechtlichen Verkehrs benutzt wird

Go|det [gɔ'dɛ] *das;* -s, -s [gɔ'dɛ(s)] ⟨aus *fr.* godet „falsche Falte"⟩: 1. in einem Kleidungsstück eingesetzter Keil. 2. (veraltet) kleiner Becher

Go|de|tie [...iə] *die;* -, -n ⟨aus *nlat.* godetia; nach dem Schweizer Botaniker C. H. Godet (1797–1879)⟩: Atlasblume, eine amerik. Gattung der Nachtkerzengewächse

Go|di|veau [...'vo:] *das;* -s, -s ⟨aus gleichbed. *fr.* godiveau⟩: (veraltet) Fleischklößchen, Pastete von gehacktem Kalbfleisch

Go|dron [go'drõ:] *das;* -s, -s ⟨aus gleichbed. *fr.* godron, wohl zu godet „zylindrisches Gefäß"⟩: ausgeschweifter Rand, Buckel an Metallgegenständen. **go|dron|nie|ren** [godrɔ'ni:...] ⟨aus gleichbed. *fr.* godronner⟩: ausschweifen, fälteln

God save the King (Queen) ['gɔd 'seɪv ðə 'kɪŋ ('kwi:n)] ⟨engl.; „Gott schütze den König (die Königin)"⟩: Anfang u. Titel der engl. Nationalhymne

Goe|thea|na [gø...] *die* (Plur.) ⟨nach dem dt. Dichter J. W. Goethe (1749–1832) u. nach ↑...ana⟩: Werke von u. über Goethe. **Goe|thit** [auch ...'tɪt] *der;* -s, -e ⟨zu ↑²...it⟩: Nadeleisenerz, ein Mineral

Go-go-... ['go:go...] ⟨aus *amerik.* go-go „aufreizend, begeisternd" (von der Musik in Diskotheken u. Nachtclubs), Verdoppelung von engl. go „los!, vorwärts!", zu *engl.* to go „gehen"⟩: Wortbildungselement mit den Bedeutungen: a) „Vortänzer", z. B. Go-go-Girl, u. b) „aktiv, unternehmend; riskant", z. B. Go-go-Funds. **Go-go-Boy** [...bɔy] *der;* -s, -s ⟨aus gleichbed. *amerik.* go-go boy⟩: Vortänzer in einem Beat- od. anderen Tanzlokal. **Go-go-Funds** [...fʌndz] *die* (Plur.) ⟨aus *amerik.* go-go funds „riskante, spekulative Kapitalanlagen"⟩: besonders gewinnbringende ↑Investmentfonds (Wirtsch.). **Go-go-Girl** [...gəːl] *das;* -s, -s ⟨aus gleichbed. *amerik.* go-go girl⟩: Vortänzerin in einem Beat- od. anderen Tanzlokal. **Go-go-Show** [...ʃoʊ] *die;* -, -s ⟨aus gleichbed. *amerik.* go-go show⟩: von Go-go-Girls od. Go-go-Boys getanzte Show. **Go-go-Stil** u. **Go-go-Style** [...staɪl] *der;* -s ⟨aus gleichbed. *amerik.* go-go style⟩: Tanzstil der Go-go-Girls od. Go-go-Boys

Go|guette [gɔ'gɛt] *die;* -, -s ⟨aus gleichbed. *fr.* goguette zu gogue „Scherz" (lautmalendes Wort)⟩: 1. (veraltet) Scherzrede. 2. Gericht aus gehacktem Schweinefleisch (Gastr.)

Gog und Ma|gog ⟨nach König Gog aus dem „Land des Magog" (Ezechiel 38 f.), dem apokalyptischen Führer der gottfeindlichen Völker des Nordens⟩: barbarisches Volk der Bibel, das in der Endzeit herrscht u. untergeht (Offenb. 20, 8)

Goh|let *die;* - ⟨aus gleichbed. *hebr.* gōlet zu gālūt „das Weilen im Exil"⟩: jüd. Verbannung

Goi *der;* -[s], Gojim [auch go'ji:m] ⟨aus gleichbed. *hebr.* gōy, eigtl. „Leute, Volk"⟩: jüd. Bez. für Nichtjude

Go-in *das;* -[s], -s ⟨zu *engl.* to go in „hineingehen"⟩: unbefugtes [gewaltsames] Eindringen demonstrierender Gruppen in einen Raum od. ein Gebäude [um eine Diskussion zu erzwingen]

Goin|frade [gɔɛ̃'fra:d] *die;* -, -s ⟨aus gleichbed. *fr.* goinfrade zu ↑Goinfre⟩: (veraltet) Schlemmerei. **Goinfre** [gɔɛ̃fr] *der;* -s, -s ⟨aus gleichbed. *fr.* goinfre (Dialektwort)⟩: (veraltet) Schlemmer. **Goin|fre|rie** *die;* -, ...jen ⟨aus gleichbed. *fr.* goinfrerie⟩: (veraltet) Schlemmerei

Go|ing pu|blic ['goʊɪŋ 'pʌblɪk] *das;* - - ⟨zu *engl.* to go „(in einen anderen Zustand) übergehen" u. public „öffentlich"⟩: die Umwandlung einer Personengesellschaft in eine Aktiengesellschaft, die mit der Börsenzulassung für die Aktien verbunden ist

Go|jim [auch go'ji:m]: Plur. von ↑Goi

Go-Kart *der;* -[s], -s ⟨über gleichbed. *amerik.* go-kart aus *engl.* gocart „Laufwagen (für Kinder)"⟩: niedriger, unverkleideter kleiner Sportrennwagen

Gongorismus

Go|lat|sche vgl. Kolatsche

Gol|den De|li|cious ['goʊldən dɪ'lɪʃəs] *der;* - -, - - ⟨aus *engl.* Golden Delicious, eigtl. „goldener Köstlicher", vgl. deliziös⟩: eine Apfelsorte. **Gol|den Twen|ties** [– 'twɛntɪz] *die* (Plur.) ⟨aus gleichbed. *engl.* golden twenties⟩: die [goldenen] zwanziger Jahre. **Gold rush** ['goʊld 'rʌʃ] *der;* - -[s], - -s ⟨aus gleichbed. *engl.* gold rush zu gold „Gold" u. rush „Ansturm"⟩: die rasche Zuwanderung von Abenteurern in Gebiete mit neu gefundenen Goldvorkommen (z. B. in Australien in der Mitte des 19. Jh.s)

Gol|lem *der;* -s ⟨aus *hebr.* gōlem „formlose Masse; ungeschlachter Mensch"⟩: durch Zauber zum Leben erweckte menschl. Tonfigur (↑ Homunkulus) der jüd. Sage

¹Golf *der;* -[e]s, -e ⟨aus gleichbed. *it.* golfo, dies über *vulgärlat.* colphus aus *gr.* kólpos, eigtl. „Busen"⟩: größere Meeresbucht, Meerbusen

²Golf *das;* -s ⟨aus gleichbed. *engl.* golf (Herkunft unsicher)⟩: (schottisch-engl.) Rasenspiel mit Hartgummiball u. Schläger. **Gol|fer** *der;* -s, - ⟨aus gleichbed. *engl.* golfer⟩: Golfspieler. **Gol|fe|rin** *die;* -, -nen: weibliche Form zu ↑ Golfer

Gol|gas *der;* - ⟨aus dem Türk.⟩: buntgemusterter Flanell, buntbedruckter leichter Wollstoff

Gol|ga|tha *das;* -[s] ⟨über *kirchenlat.* golgatha aus *gr.* golgothā „Schädelstätte" zu *hebr.* gulgōlet „Schädel, Kopf"; nach dem als Hinrichtungsstätte benutzten Hügel bei Jerusalem, der Kreuzigungsstätte Christi⟩: tiefster Schmerz, tiefstes Leid, das jmd. zu erleiden hat

Gol|gi-Ap|pa|rat ['gɔldʒi...] *der;* -[e]s ⟨nach dem ital. Histologen C. Golgi, 1844–1926⟩: am Zellstoffwechsel beteiligte Lamellen- od. Bläschenstruktur in der tierischen u. menschlichen Zelle

Go|li|ar|d[e] *der;* ...den, ...den ⟨über gleichbed. *fr.* goliard aus *altfr.* goliart, wohl zu gole „Schnauze", dies aus *lat.* gula „Kehle, Gurgel"⟩: umherziehender franz. Kleriker u. Scholar, bes. des 13. Jh.s; vgl. Vagant

Go|li|ath *der;* -s, -s ⟨über *gr.* Góliath aus *hebr.* golyat, nach dem riesenhaften Krieger der Philister, der nach 1. Samuel 17 von David im Zweikampf mit einer Steinschleuder getötet wurde⟩: Riese, riesiger Mensch

Gol|li|la [gɔ'lɪlja] *die;* -, -s ⟨aus gleichbed. *span.* golilla, Verkleinerungsform von gola „Halskrause; Kehle", dies aus *lat.* gula „Kehle, Gurgel"⟩: kleiner, runder, steifer Männerkragen des 17. Jh.s

Go|lu|bez *der;* - ⟨aus gleichbed. *russ.* golubec⟩: ein russ. Volkstanz

Gom|bo *die;* -, -s ⟨über das Amerik. aus einer Bantuspr.⟩: unreife Frucht einer in Mittelamerika heimischen Eibischart

Go|mor|rha [...ra] vgl. Sodom und Gomorrha

Gom|pho|se *die;* -, -n ⟨zu *gr.* gómphos „keilförmiger Nagel"⟩: Einzapfung, Befestigung nach Art eines Nagels (hauptsächlich von der Befestigung der Zähne im Kiefer; Med.)

Gon *das;* -s, -e (aber 5 -) ⟨zu *gr.* gōnía „Winkel, Ecke"⟩: Maßeinheit für [ebene] Winkel, der 100. Teil eines rechten Winkels (auch Neugrad genannt); Zeichen gon (Geodäsie)

¹gon..., Gon... ⟨zu *gr.* góny „Knie"⟩: Wortbildungselement mit der Bedeutung „das Knie betreffend", z. B. Gonagra

²gon..., Gon..., vor Vokalen meist gon..., Gon...

...gon ⟨zu *gr.* gōnía „Winkel, Ecke"⟩: Wortbildungselement mit der Bedeutung „...eck", z. B. Polygon, Oktogon

go|nad..., Go|nad... vgl. gonado..., Gonado... **Go|nad|ar|che** *die;* - ⟨zu ↑ gonado... u. *gr.* arché „Anfang, Beginn"⟩: Beginn der Keimdrüsenfunktion im Pubertätsalter (Med., Biol.). **Go|na|de** *die;* -, -n ⟨zu *gr.* goné „Erzeugung" (vgl. gono...) u. adén „Drüse"⟩: Geschlechts-, Keimdrüse (Med., Biol.). **Go|na|den|age|ne|sie** *die;* -: vollständiges Fehlen der Geschlechtsdrüsenanlage (Med.). **Go|na|den|dys|ge|ne|sie** *die;* -: [durch die Erbanlagen bedingte] Unterentwicklung der Geschlechtsdrüsen (Med.). **go|na|do..., Go|na|do...,** vor Vokalen meist gonad..., Gonad... ⟨zu ↑ Gonade⟩: Wortbildungselement mit der Bedeutung „die Keimdrüsen betreffend", z. B. Gonadarche, gonadotrop. **Go|na|do|bla|stom** *das;* -s, -e: Geschwulst der Keimdrüsen (Med.). **go|na|do|trop** ⟨zu ↑ ...trop⟩: auf die Keimdrüsen wirkend (bes. von Hormonen; Med., Biol.). **Go|na|do|tro|pin** *das;* -s, -e ⟨zu ↑ ...in (1)⟩: die Keimdrüsenfunktion anregendes Hormon (Med.)

Gon|agra *das;* -s ⟨zu ↑ ¹gon... u. *gr.* -ágra „Gicht"⟩: Kniegicht. **Gon|al|gie** *die;* -, ...ien ⟨zu ↑ ...algie⟩: Schmerz im Knie (Med.)

Gon|apo|phy|sen *die* (Plur.) ⟨zu ↑ gono... u. ↑ Apophyse⟩: bei vielen Insekten an der Unterseite bestimmter Hinterleibssegmente befindliche Anhänge, die als Hilfsorgane bei der Begattung u. Eiablage dienen (Biol.)

Gon|ar|thri|tis *die;* -, ...itiden ⟨zu ↑ ¹gon... u. ↑ Arthritis⟩: Kniegelenkentzündung (Med.). **Gon|ar|thro|se** *die;* -, -n: degenerative Erkrankung des Kniegelenks (Med.)

Gon|del *die;* -, -n ⟨aus *venezian.-it.* gondola „kleines Schiffchen, Nachen" (Herkunft unsicher)⟩: 1. langes, schmales venezianisches Boot. 2. Korb am Ballon; Kabine am Luftschiff. 3. längerer, von allen Seiten zugänglicher Verkaufsstand in einem Kaufhaus. 4. Hängegefäß für Topfpflanzen. 5. (landsch.) einem Hocker ähnlicher Stuhl mit niedrigen Armlehnen. **gon|deln:** (ugs.) gemächlich fahren

Gon|dit [auch ...'dɪt] *das;* -s ⟨nach dem Gond, einem Volk in Indien (vgl. Gondwana) u. zu ↑ ²...it⟩: ein ↑ metamorphes, manganreiches Quarzmineral

Gon|do|let|ta *die;* -, -s ⟨aus gleichbed. *it.* gondoletta, Verkleinerungsform von gondola, vgl. Gondel⟩: in bestimmtem Abstand zu anderen über ein Band laufendes, kleines, überdachtes Boot (z. B. auf Parkseen). **Gon|do|lie|ra** *die;* -, ...ren ⟨aus gleichbed. *it.* gondoliera⟩: ital. Schifferlied im ⁶⁄₈- od. ¹²⁄₈-Takt (auch in die Kunstmusik übernommen). **Gon|do|lie|re** *der;* -, ...ri ⟨aus gleichbed. *it.* gondoliere⟩: Führer einer Gondel (1)

Gond|wa|na *das;* -[s] ⟨nach dem gleichnamigen Reich der Gond in Indien (südlich des Ganges)⟩: Kurzform von ↑ Gondwanaland. **Gond|wa|na|fau|na** *die;* -: für das Gondwanaland typische Fauna. **Gond|wa|na|flo|ra** *die;* -: für das Gondwanaland typische Flora, ↑ Glossopterisflora. **Gond|wa|na|land** *das;* -[e]s: großer Kontinent der Südhalbkugel im ↑ Paläozoikum u. ↑ Mesozoikum

Go|nen *die* (Plur.) ⟨zu *gr.* goné „Erzeugung"⟩: die aus der ↑ Meiose hervorgehenden ↑ haploiden Zellen (Biol.)

Gon|fa|lo|nie|re *der;* -s, ...ri ⟨aus *it.* gonfaloniere „Bannerträger, Schutzherr"⟩: in Italien bis 1859, in den Provinzhauptstädten des Kirchenstaates bis 1870 gebräuchliche Bezeichnung für das Stadtoberhaupt; - della chiesa ['kje:za] ⟨„Bannerträger der Kirche"⟩: vom Papst an einen Fürsten verliehener Titel; - della giustizia [dʒʊs...] ⟨„Bannerträger der Gerechtigkeit"⟩: Beamter in den ital. Städten des Mittelalters

Gong *der,* selten *das;* -s, -s ⟨über gleichbed. *angloind.* gong aus *malai.* (e)gung „Schallbecken aus Metall" (wie es die Einwohner von Java verwenden)⟩: mit einem Klöppel geschlagener, an Schnüren aufgehängter, dickwandiger Metallteller. **gon|gen:** a) ertönen (vom Gong); b) den Gong schlagen

Gon|go|ris|mus *der;* - ⟨aus gleichbed. *span.* gongorismo, nach dem span. Dichter Luis de Góngora y Argote,

1561-1627; vgl. ...ismus (1)⟩: span. literarischer Stil des 17. Jh.s, der durch häufige Verwendung von Fremdwörtern, Nachbildungen der lat. Syntax, durch bewußt gesuchte u. überraschende Metaphern, rhetorische Figuren u. zahlreiche Anspielungen auf die antike Mythologie gekennzeichnet ist; vgl. Euphuismus u. Marinismus. **Gon|go|rist** *der;* -en, -en ⟨zu ↑...ist⟩: Vertreter des Gongorismus

Go|nia|tit [auch ...'tɪt] *der;* -en, -en ⟨zu *gr.* gōnía „Winkel" u. ↑²...it⟩: versteinerter Kopffüßer (wichtig als Leitfossil im ↑Silur)

...go|nie ⟨aus *gr.* -gōnía zu goné „Erzeugung; Abstammung, Geschlecht; Samen"⟩: Wortbildungselement mit der Bedeutung „Fortpflanzung; Entwicklung", z. B. Heterogonie, Sporogonie

go|nio..., Go|nio... ⟨zu *gr.* gōnía „Winkel"⟩: Wortbildungselement mit der Bedeutung „Winkel...", z. B. Goniometrie. **Go|nio|me|ter** *das;* -s, - ⟨zu ↑¹...meter⟩: 1. Gerät zum Messen der Winkel zwischen [Kristall]flächen durch Anlegen zweier Schenkel. 2. Winkelmesser für Schädel u. Knochen. **Go|nio|me|trie** *die;* - ⟨zu ↑...metrie⟩: Winkelmessung; Teilgebiet der ↑Trigonometrie, das sich mit den Winkelfunktionen befaßt (Math.). **go|nio|me|trisch** ⟨zu ↑...metrisch⟩: das Messen mit dem Goniometer, die Goniometrie betreffend; zur Goniometrie gehörend (Math.). **Go|ni|on** *das;* -s, ...ia ⟨zu *gr.* gōnía „Winkel" u. ↑¹...on⟩: Unterkieferwinkel (ein anthropometrischer Meßwinkel; Med.). **Go|nio|sko|pie** *die;* -, ...ien ⟨zu ↑...skopie⟩: Untersuchung des Augenkammerwinkels durch Ausleuchtung (Med.)

Go|ni|tis *die;* -, ...itiden ⟨zu *gr.* góny „Knie" (vgl. ¹gon...) u. ↑...itis⟩: svw. Gonarthritis

Gon|nar|dit [auch ...'dɪt] *der;* -s, -e ⟨nach dem franz. Mineralogen Ferdinand Gonnard (19. Jh.) u. zu ↑²...it⟩: ein zu den ↑Zeolithen zählendes Mineral

go|no..., Go|no..., vor Vokalen meist gon..., Gon... ⟨zu *gr.* goné „Erzeugung; Abstammung, Geschlecht; Samen"⟩: Wortbildungselement mit der Bedeutung „Geschlecht, Fortpflanzung", z. B. Gonochorismus. **Go|no|blen|nor|rhö** *die;* -, -en u. **Go|no|blen|nor|rhöe** [...'rø:] *die;* -, -n [...'rø:ən]: eitrige, durch Gonokokken hervorgerufene Bindehautentzündung; Augentripper (Med.). **Go|no|cho|ris|mus** [...ç...] *der;* - ⟨zu *gr.* chorismós „Trennung"; vgl. ...ismus (2)⟩: Getrenntgeschlechtigkeit (Biol.). **Go|no|cho|ri|sten** *die* (Plur.) ⟨zu ↑...ist⟩: getrenntgeschlechtige Tiere. **Go|no|duk|te** *die* (Plur.) ⟨zu *lat.* ductus „Leitung"⟩: die Ausfuhrgänge der ↑Gonaden (Biol.). **Go|no|kok|kus** *der;* -, ...kken ⟨zu *spätlat.* *gr.* kókkos „Kern, Beere"⟩: Tripperereger (eine Bakterienart). **Go|no|phor** *das;* -s, -en ⟨zu ↑...phor⟩: männliches Geschlechtsindividuum bei Röhrenquallen. **Go|no|po|den** *die* (Plur.) ⟨zu ↑...pode⟩: zu Begattungsorganen umgewandelte Extremitäten von Gliederfüßern (Biol.). **Go|nor|rhö** *die;* -, -en u. **Go|nor|rhöe** [...'rø:] *die;* -, -n [...'rø:ən] ⟨aus *gr.* gonórrhoia „Samenfluß" (der eitrige Ausfluß wurde für Samenfluß gehalten)⟩: Tripper (Geschlechtskrankheit). **go|nor|rho|isch:** a) den Tripper betreffend; b) auf Tripper beruhend. **Go|no|som** *das;* -, -en ⟨zu *gr.* sōma „Körper"⟩: ein ↑Chromosom, das an der Geschlechtsbildung beteiligt ist (Biol.). **Go|no|so|mie** *die;* -, -ien ⟨zu ↑²...ie⟩: Sammelbez. für alle Störungen im Bereich der Geschlechtschromosomen, durch die es zu ↑intersexuellen Krankheitsbildern kommt (Biol.)

good bye! ['gʊd 'baɪ] ⟨aus *engl.* good bye, zusammengesetzt aus God be with you „Gott sei mit dir"⟩: engl. Gruß (svw. leb[t] wohl!)

Good|will ['gʊd'wɪl] *der;* -s ⟨aus gleichbed. *engl.* goodwill, eigtl. „Wohlwollen"⟩: a) ideeller Firmenwert, Geschäftswert; b) Ansehen, guter Ruf einer Institution o. ä.; c) Wohlwollen, freundliche Gesinnung. **Good|will|rei|se** *die;* -, -n: Reise eines Politikers, einer einflußreichen Persönlichkeit od. Gruppe, um freundschaftliche Beziehungen zu einem anderen Land od. das eigene Ansehen wiederherzustellen od. zu stärken. **Good|will|tour** [...tu:ɐ̯] *die;* -, -en: svw. Goodwillreise

Go|pak u. **Hopak** *der;* -s, -s ⟨aus gleichbed. *russ.* gopak bzw. *ukrainisch* hopak, eigtl. „Hopser"⟩: bes. in der Ukraine u. in Weißrußland üblicher, schneller Tanz im ¾-Takt für einen od. mehrere Tänzer

Go|pu|ra *das;* -[s], -s ⟨aus *sanskr.* gopura „Tor, Stadttor"⟩: turmartiger, reich dekorierter Torbau südind. Tempelanlagen

Go|ra|le *der;* -n, -n ⟨zu *poln.* góra „Berg"⟩: Angehöriger der poln. Bergbevölkerung in den Beskiden u. der Tatra

Gor|ding *die;* -, -s ⟨aus gleichbed. *niederl.* gording zu gorden „gürten"⟩: Leine zum Auf- u. Zusammenholen von Rahsegeln, die auch zum Festmachen an der Rah dient

gor|disch ⟨nach dem sagenhaften König Gordios in Gordion⟩: in der Fügung - er Knoten ⟨nach dem zu einem unlöslichen Knoten verschlungenem Riemenwerk am Streitwagen Gordios', wobei die Herrschaft über Asien dem verheißen war, der ihn lösen könne (Alexander der Große durchhieb ihn mit dem Schwert)⟩: schwieriges Problem, z. B. den -n - durchhauen (eine schwierige Aufgabe verblüffend einfach lösen)

Gor|do|nit [auch ...'nɪt] *der;* -s, -e ⟨nach dem amerik. Mineralogen Samuel G. Gordon (*1897) u. zu ↑²...it⟩: ein farbloses od. weißes Mineral

Gor|don Set|ter ['gɔ:dn –] *der;* -s, - ⟨nach Gordon Castle in Schottland, wo der Hund erstmals gezüchtet wurde, u. zu ↑Setter⟩: ein ausdauernder Vorsteh- u. Apportierhund

Gorge po|stiche [gɔrʒ pɔ'sti:ʃ] *die;* - -, -s - ⟨aus gleichbed. *fr.* gorge postiche, eigtl. „falscher Busen"⟩: ein Polster, das unter dem Brusttuch getragen wurde (in der Frauenmode um 1790)

Gor|gia ['gɔrdʒa] *die;* - ⟨aus gleichbed. *it.* gorgia, eigtl. „Kehle"⟩: ↑improvisatorischer Koloraturgesang des 16. Jh.s (Mus.)

Gor|go|nen|haupt *das;* -[e]s, ...häupter ⟨nach dem weiblichen Ungeheuer Gorgo in der griech. Sage, zu *gr.* gorgós „furchtbar, schrecklich"⟩: unheilabwehrendes [weibliches] Schreckgesicht, bes. auf Waffen u. Geräten der Antike (z. B. auf der ↑Ägis)

Gor|gon|zo|la *der;* -s, -s ⟨nach dem gleichnamigen ital. Ort östlich von Mailand⟩: in Laibform hergestellter, mit Schimmelpilzen durchsetzter ital. Weichkäse

Gor|go|sau|ri|er [...iɐ̯] *der;* -s, - u. **Gor|go|sau|rus** *der;* -, ...rier [...iɐ̯] ⟨zu *gr.* gorgós „furchtbar, schrecklich" u. saûros „Eidechse"⟩: eine Gattung der ↑Dinosaurier aus der Oberkreide Nordamerikas u. Australiens

Go|ril|la *der;* -s, -s ⟨aus gleichbed. *engl.* gorilla, dies aus *gr.* Gorillai, eigtl. „behaarte Wilde in Afrika" (westafrik. Wort)⟩: 1. größter Menschenaffe (in Kamerun u. im Kongogebiet). 2. (Jargon) Leibwächter (der üblicherweise von kräftig-robuster Statur ist)

Go|ro|disch|tsche *die;* -, -n ⟨aus gleichbed. *russ.* gorodišče zu gorodit „einzäunen", dies zu gorod „Festung, Stadt"⟩: russ. Bez. für eine durch Wall u. Graben gesicherte vorgeschichtliche Siedlung. **Go|rod|ki** *die* (Plur.) ⟨aus *russ.* gorodki (Plur.) „Knüttelspiel"⟩: eine Art Kegelspiel in Rußland

Go|sa|in *der;* -s, -s ⟨aus dem Sanskr.⟩: in religiöser ↑ Meditation lebender Mensch in Indien
Gösch *die;* -, -en ⟨aus *niederl.* geus(je) „kleine Fahne"⟩: a) kleine rechteckige (an Feiertagen im Hafen gesetzte) Landesflagge; b) andersfarbige obere Ecke am Flaggenstock als Teil der Landesflagge
Go|she|nit [gɔʃə..., auch ...'nɪt] *der;* -s, -e ⟨nach dem Ort Goshen in Massachusetts (USA) u. zu ↑²...it⟩: beryllartiger Schmuckstein, ein Mineral
Gos|la|rit [auch ...'rɪt] *der;* -s, -e ⟨nach dem Fundort Goslar im Harz u. zu ↑²...it⟩: Zinkvitriol, ein Mineral
Go-slow [goʊ'sloʊ] *der* od. *das;* -s, -s ⟨aus gleichbed. *engl.* go-slow, dies aus go slow! „geh langsam!"⟩: Bummelstreik, Dienst nach Vorschrift [im Flugwesen]
Gọs|pel *das* od. *der;* -s, -s ⟨aus gleichbed. *engl.* gospel, eigtl. „Evangelium", gekürzt aus gospel song „Evangelienlied"⟩: svw. Gospelsong. **Gọs|pel|sän|ger** *der;* -s, - u. **Gọs|pel|sin|ger** *der;* -s, -[s]: jmd., der Gospelsongs vorträgt. **Gọs|pel|song** *der;* -s, -s ⟨aus gleichbed. *engl.* gospel song, eigtl. „Evangelienlied"⟩: jüngere, seit 1940 bestehende verstädterte Form des ↑ Negro Spirituals, bei der die jazzmäßigen Einflüsse zugunsten einer europäischen Musikalität zurückgedrängt sind
Gos|po|dar vgl. Hospodar. **Gos|po|din** *der;* -s, ...dạ ⟨aus gleichbed. *russ.* gospodin⟩: Herr (russ. Anrede). **Gos|su|dạr** *der;* -s ⟨aus *russ.* gosudar' „Herrscher, Fürst"⟩: russ. Bez. für Herr, Herrscher, Teil des Titels des russ. Großfürsten, des Zaren, entspricht der Anrede „Majestät"
Gos|sy|pi|um *das;* - ⟨zu *lat.* gossypium „Baumwolle"⟩: Malvengewächs, das die Baumwolle liefert. **Gos|sy|pol** *das;* -s ⟨zu *lat.* oleum „Öl"⟩: in Samen u. Wurzelrinde der Baumwollpflanze enthaltene giftige Substanz, die beim Menschen die ↑ Spermiogenese u. Befruchtungsfähigkeit der ↑ Spermien hemmt
GỌST ⟨Kurzw. aus *russ.* gosudarstvennyj obščestvennyj standart „Staatlicher Allunionsstandard"⟩: gesamtstaatliche Normvorschrift in der ehemaligen Sowjetunion (heute noch in Rußland üblich)
Go|tik *die;* - ⟨nach *fr.* gothique, *engl.* gothic „barbarisch, roh" (mit Bezug auf den im Italien der Renaissance als barbarisch empfundenen mittelalterlichen Baustil, der die Goten = „Germanen" zurückgeführt wurde)⟩: a) europ. Kunststil von der Mitte des 12. bis zum Ende des 15. Jh.s; b) Zeit des gotischen Stils. **go|tisch:** 1. den (german.) Stamm der Goten betreffend. 2. die Gotik betreffend; -e **Schrift:** (seit dem 12. Jh. aus der karolingischen ↑ Minuskel gebildete) Schrift mit spitzbogiger Linienführung u. engem Zusammenschluß der Buchstaben (Druckw.). 3. eine Faltungsphase der obersilurischen Gebirgsbildung betreffend. **Go|tisch** *das;* -[s]: 1. gotische (1) Sprache. 2. svw. gotische Schrift. **Gọ|ti|sche** *das;* -n: a) die gotische Sprache im allgemeinen; b) das die Gotik Kennzeichnende. **Go|ti|zịs|mus** *der;* -, ...men ⟨zu ↑ ...izismus⟩: 1. Übertragung einer für das Gotische charakteristischen sprachlichen Erscheinung auf eine nichtgotische Sprache (Sprachw.). 2. Nachahmung des gotischen (2) Stils. **go|ti|zị|stisch** ⟨zu ↑ ...istisch⟩: den gotischen (2) Stil nachahmend
Got|lạn|di|um *das;* -[s] ⟨nach der schwed. Insel Gotland u. zu ↑ ...ium⟩: a) Unterabteilung des ↑ Silurs (Obersilur); b) ältere Bez. für ↑ Silur. **Gọt|land|po|ny** *das;* -s, -s ⟨zu ↑ ¹Pony⟩: alte, mittelgroße Ponyrasse auf Gotland
GOTO ['goʊtu:] ⟨nach *engl.* go to „gehe zu"⟩: in imperativen Programmiersprachen verwendetes Sprachelement für einen unbedingten Sprung (EDV)
Gou|ache [gu̯a(:)ʃ] *die;* -, -n [...ʃn̩] ⟨über *fr.* gouache aus gleichbed. *it.* guazzo, eigtl. „Wasserlache", dies aus *lat.* aquatio „das Wasserholen"⟩: 1. (ohne Plur.) deckende Malerei mit Wasserfarben in Verbindung mit Bindemitteln u. Deckweiß, deren dicker Farbauftrag nach dem Trocknen eine dem ↑ Pastell ähnliche Wirkung ergibt. 2. Bild in der Technik der Gouache (1)
Gou|da ['gau̯da] *der;* -s, -s ⟨nach der niederländ. Stadt Gouda⟩: ein [holländischer] Hartkäse. **Gou|da|kä|se** *der;* -s, -: svw. Gouda
Gou|dron [gu'drõ:] *der,* auch *das;* -s ⟨aus *fr.* goudron „Teer", dies aus gleichbed. *arab.* qaṭrān⟩: wasserdichter Anstrich. **Gou|dron|nage** [gudrɔ'naːʒ] *die;* -, -n [...ʒn̩] ⟨aus gleichbed. *fr.* goudronnage⟩: (veraltet) das Teeren, Einteeren [von Holzzäunen od. Dächern]
Gou|lasch ['guː..., 'gʊ...] vgl. Gulasch
Gou|let [gu'leː, gu'lɛ] *der;* -s, -s [gu'leː(s), ...'lɛ(s)] ⟨aus gleichbed. *fr.* goulet zu goule „Öffnung, Loch", dies aus *lat.* gula „Schlund, Kehle"⟩: (veraltet) a) Dachkehle; b) enge Hafeneinfahrt. **Gou|lẹt|te** [gu...] *die;* -, -n ⟨aus gleichbed. *fr.* goulette, Verkleinerungsform von goulet, vgl. Goulet⟩: (veraltet) kleine Hohlkehle. **Gou|lọt|te** *die;* -, -n ⟨aus *fr.* goulotte „Wasserrinne"⟩: (veraltet) kleine Abflußrinne an Gebäuden
Gourde [gurd] *der;* -, -s [gurd] (aber: 10 -) ⟨aus *fr.* gourde, eigtl. „steif, starr", wohl nach der scherzh. Bez. (piastre) gourde, *span.* (perra) gorda für die Eindollarmünze in den südlichen USA u. in der Karibik⟩: Währungseinheit auf Haiti (= 100 Centimes)
Gour|gan|dine [gurgãˈdiːn] *die;* -, -n [...nən] ⟨aus gleichbed. *fr.* gourgandine, eigtl. „vorn offenes Korsett"⟩: (veraltet) Dirne, Straßenmädchen
Gour|mand [gʊrˈmã:] *der;* -s, -s ⟨aus gleichbed. *fr.* gourmand, weitere Herkunft unsicher⟩: 1. jmd., der gern gut u. zugleich viel ißt, Schlemmer. 2. svw. Gourmet. **Gour|man|di|se** [...mãˈdiːzə] *die;* -, -n ⟨aus gleichbed. *fr.* gourmandise⟩: besondere ↑ Delikatesse; Leckerbissen. **Gour|met** [...ˈmɛ, ...ˈmeː] *der;* -s, -s [...ˈmɛ(s), ...ˈmeː(s)] ⟨aus gleichbed. *fr.* gourmet, dies aus *altfr.* gormet „Gehilfe des Weinhändlers", weitere Herkunft unsicher⟩: jmd., der ein Kenner ↑ in bezug auf Speisen u. Getränke ist u. gern ausgesuchte ↑ Delikatessen ißt; Feinschmecker; vgl. Gourmand
Gour|mẹt|te [gur...] *die;* -, -n [...tn̩] ⟨aus gleichbed. *fr.* gourmette zu gourme „Druse" (katarrhalische Pferdekrankheit)⟩: Kinnkette beim Pferd am Gebißzaum
Gout [guː] *der;* -s, -s ⟨aus gleichbed. *fr.* goût, dies aus *lat.* gustus „das Kosten"⟩: Geschmack, Wohlgefallen; vgl. Hautgout. **gou|tie|ren** [guˈtiː...] ⟨aus gleichbed. *fr.* goûter, dies aus *lat.* gustare⟩: „kosten, schmecken"⟩: Geschmack an etwas finden; gutheißen
Goutte [gʊt] *die;* - ⟨aus gleichbed. *fr.* goutte, dies aus *lat.* gutta „Tropfen"⟩: (veraltet) Gicht (Med.). **Gout|tière** [gʊˈtjɛːr] *die;* -, -n [...rən] ⟨aus gleichbed. *fr.* gouttière⟩: (veraltet) Dachtraufe, Dachrinne
gou|ver|na|bel [guvɛr...] ⟨aus gleichbed. *fr.* gouvernable zu gouverner, vgl. gouvernieren⟩: (veraltet) lenkbar. **Gou|ver|nạn|te** *die;* -, -n ⟨aus gleichbed. *fr.* gouvernante, substantiviertes Part. Präs. (Fem.) von gouverner „lenken, leiten", vgl. gouvernieren⟩: [altjüngferliche, bevormundende, belehrende] Erzieherin, Hauslehrerin. **gou|ver|nạn|ten|haft:** in der Art einer Gouvernante. **Gou|ver|ne|ment** [...ˈmãː] *das;* -s, -s ⟨aus gleichbed. *fr.* gouvernement⟩: a) Regierung; Verwaltung; b) Verwaltungsbezirk (militärischer od. ziviler Behörden). **gou|ver|ne|men|tal** [...mã...] ⟨aus gleichbed. *fr.* gouvernemental⟩: (veraltet) regierungsfreundlich; die Regierung betreffend. **Gou|ver|ne|men|ta|lịs|mus**

Gouverneur

[...mɛn...] *der;* -s ⟨zu ↑...ismus (2)⟩: Anteil der Regierung an der Wahrnehmung öffentlicher Aufgaben. **Gou|ver|neur** [...'nøːɐ̯] *der;* -s, -e ⟨aus gleichbed. *fr.* gouverneur, dies aus *lat.* gubernator „Steuermann (eines Schiffes); Lenker, Leiter"⟩: 1. Leiter eines Gouvernements; Statthalter (einer Kolonie). 2. Befehlshaber einer größeren Festung. 3. oberster Beamter eines Bundesstaates in den USA. **gou|ver|nie|ren** ⟨aus gleichbed. *fr.* gouverner, dies aus *lat.* gubernare „lenken, steuern"⟩: (veraltet) steuern, lenken, leiten, verwalten

Graaf-Fol|li|kel *der;* -s, - ⟨nach dem holländ. Anatomen R. de Graaf, 1641–1673⟩: sprungreifes, das reife Ei enthaltendes Bläschen im Eierstock (Biol., Med.)

Gra|beau [graˈboː] *das;* -s, -s ⟨aus gleichbed. *fr.* grabeau zu grabeler „reinigen", dies über *it.* garbellare aus *arab.* ġarbāl, ġirbāl „Sieb"⟩: (veraltet) beim Sieben entstehender Abfall. **Gra|be|lage** [grabəˈlaːʒ] *die;* -, -n [...ʒn̩] ⟨aus gleichbed. *fr.* grabelage⟩: (veraltet) das Reinigen (eines Ausgangsstoffes für pharmazeutische Präparate)

Gracht *die;* -, -en ⟨aus gleichbed. *niederl.* gracht zu *mhd., ahd.* graft „(Wasser)graben"⟩: Wassergraben, Kanal innerhalb einer Stadt in Holland

Gra|cio|so [...ts...] *der;* -s, -s ⟨aus gleichbed. *span.* gracioso, eigtl. „anmutig, witzig", dies aus *lat.* gratiosus, vgl. graziös⟩: die komische Person im span. Lustspiel (der lustige, seinen Herrn parodierende Bediente)

Grad *der;* -[e]s, -e ⟨aus *lat.* gradus „Schritt; Stufe"⟩: 1. a) Rang, Rangstufe, akademische Würde; b) Maß, Stärke; Abstufung [in der Verwandtschaft]. 2. Einheit für Skalen, z. B. Thermometergrad, Winkelgrad. **gra|da|tim** *lat.;* zu gradus, vgl. Grad⟩: (veraltet) schritt-, stufenweise, nach u. nach. **Gra|da|ti|on** *die;* -, -en ⟨aus *lat.* gradatio „Steigerung", eigtl. „das Errichten von Stufen"⟩: 1. stufenweise Steigerung, Aneinanderreihung steigender (vgl. Klimax 1) od. abschwächender (vgl. Antiklimax) Ausdrucksmittel (z. B. Goethe, groß als Forscher, größer als Dichter, am größten als Mensch). 2. Bez. für die Abstufung der Helligkeitswerte eines Bildes (Fotografie). 3. Massenvermehrung, starke Häufigkeitszunahme einer Tierart in einem bestimmten Gebiet (bes. von Insekten; Biol.). **Gra|der** ['greɪdə] *der;* -s, - ⟨aus *engl.* grader „Planierraupe" zu to grade „ebnen, planieren"⟩: a) Erdbaumaschine zur Herstellung ebener Flächen; b) Straßenhobel. **Gra|di|ent** [gra...] *der;* -en, -en ⟨aus *lat.* gradiens, Gen. gradientis, Part. Präs. von gradi „(einher)schreiten"⟩: 1. Steigungsmaß einer Funktion (2) in verschiedenen Richtungen; Abk.: grad (Math.). 2. Gefälle (z. B. des Luftdruckes od. der Temperatur) auf einer bestimmten Strecke (Meteor.). **Gra|di|en|te** *die;* -, -n: von Gradienten gebildete Neigungslinie. **Gra|di|ent|wind** *der;* -[e]s, -e: Wind der freien Atmosphäre, der eigentlich in Richtung des Luftdruckgradienten weht, jedoch infolge der ↑Corioliskraft nahezu parallel zu den ↑Isobaren verläuft (Meteor.). **gra|die|ren** ⟨zu ↑Grad u. ↑...ieren⟩: 1. in Grade einteilen. 2. gradweise abstufen. 3. verstärken, auf einen höheren Grad bringen, bes. Salzsolen in Gradierwerken allmählich (gradweise) konzentrieren. **Gra|die|rung** *die;* -, -en ⟨zu ↑...ierung⟩: 1. das Gradieren (1 u. 2), das Gradiertwerden. 2. Bez. für eine Ablagerungsform von Sedimenten, bei der die Korngröße von unten nach oben abnimmt (Geol.). **Gra|dier|werk** *das;* -[e]s, -e: Rieselwerk, luftiger Holzgerüstbau mit Reisigbündeln zur Salzgewinnung. **Gra|ding** ['greɪdɪŋ] *das;* -s, -s ⟨aus *engl.* grading zu to grade „einteilen, abstufen"⟩: Grad der ↑Malignität eines Tumors (Med.). **Gra|do|lo|gie** [gra...] *die;* - ⟨zu ↑Grad u. ↑...logie⟩: Lehre vom Massenwechsel vieler Tierarten, der von Klima, Nahrung, Parasiten usw. gesteuert wird (Biol., Ökologie). **gra|du|al** ⟨aus gleichbed. *mlat.* gradualis⟩: den Grad, Rang betreffend. **Gra|dua|le** *das;* -s, ...lien [...i̯ən] ⟨aus gleichbed. *mlat.* graduale⟩: 1. kurzer Psalmgesang nach der ↑Epistel in der kath. Messe (urspr. auf den Stufen des ↑²Ambos). 2. liturg. Gesangbuch mit den Meßgesängen. **Gra|du|al|lied** *das;* -[e]s, -er: anbetendes u. lobpreisendes Gemeindelied zwischen den Schriftlesungen im ev. Gottesdienst. **Gra|du|al|psalm** *der;* -s, -en: svw. Graduale (1). **Gra|du|al|sy|stem** *das;* -s ⟨zu ↑gradual⟩: Erbfolge nach dem Grade der Verwandtschaft zum Erblasser durch Eintritt der übrigen Erben der gleichen Ordnung in die Erbfolge eines ausfallenden Erben (gesetzlich geregelt für Erben vierter u. höherer Ordnung); vgl. Parentelsystem. **Gra|dua|ti|on** *die;* -, -en ⟨aus gleichbed. *fr.* graduation zu graduer „abstufen", dies aus *mlat.* graduare, vgl. graduieren⟩: Gradeinteilung auf Meßgeräten, Meßgefäßen u. dgl.; vgl. ...[at]ion/...ierung. **gra|du|ell** ⟨aus gleichbed. *fr.* graduel⟩: grad-, stufenweise, allmählich. **gra|du|ie|ren** ⟨aus gleichbed. *mlat.* graduare⟩: 1. mit Graden versehen (z. B. ein Thermometer). 2. a) einen akademischen Grad verleihen; b) einen akademischen Grad erwerben. **gra|du|iert** ⟨zu ↑...iert⟩: a) mit einem akademischen Titel versehen; b) mit dem Abschlußzeugnis einer Fachhochschule versehen; Abk.: grad., z. B. Ingenieur (grad.), Betriebswirt (grad.). **Gra|du|ier|te** *der u. die;* -n, -n: Träger[in] eines akademischen Titels. **Gra|du|ier|ten|sti|pen|di|um** *das;* -s, ...dien [...i̯ən]: Stipendium für bereits graduierte Studenten zur wissenschaftlichen Weiterqualifizierung (z. B. Promotion). **Gra|du|ie|rung** *die;* -, -en ⟨zu ↑...ierung⟩: a) das Graduieren; b) svw. Graduation; vgl. ...[at]ion/...ierung. **Gra|dus** *der;* -, - [...duːs] ⟨aus *lat.* gradus „Schritt"⟩: antikes römisches Längenmaß (73,9 cm). **Gra|dus ad Par|nas|sum** *der;* ---, - [...duːs] -- ⟨aus *lat.* gradus ad Parnassum „Stufe zum Parnaß", nach dem Musenberg u. Dichtersitz in der griech. Mythologie⟩: a) Titel von Werken, die in die lat. od. griech. Verskunst einführen; b) (nach dem Titel der Kontrapunktlehre von J. J. Fux, 1660–1741, aus dem Jahr 1725) Titel von Etüdenwerken

Grae|cum [ˈɡrɛːkʊm] *das;* -s ⟨aus *lat.* Graecum „das Griechische, griech. Sprache u. Literatur" zu Graecus, *gr.* Graikós „Grieche"⟩: a) an einem humanistischen Gymnasium vermittelter Wissensstoff der griech. Sprache; b) durch eine Prüfung nachgewiesene, für ein bestimmtes Studium vorgeschriebene Kenntnisse in der griech. Sprache; vgl. Latinum

Grä|en *die* (Plur.) ⟨aus gleichbed. *gr.* Graĩai, eigtl. „Greisinnen", zu graĩa (geraiá) „die Alte, alte Frau"⟩: in Sagen vorkommende, schönwangige, aber von Geburt an mit Haaren von Greisinnen ausgestattete Göttinnen, die zusammen nur ein Auge u. einen Zahn besitzen

Graf|fa|ge [...ʒə] *die;* -, -n ⟨entstellt aus ↑Gaufrage⟩: svw. Gaufrage

Graf|fia|to u. **Sgraffiato** *der;* -s, ...ti ⟨aus gleichbed. *it.* (s)graffiato, eigtl. Part. Perf. von (s)graffiare „kratzen"⟩: Verzierung von Tonwaren durch Anguß einer Farbschicht, in die ein Ornament eingegraben wird. **Graf|fi|to** *der,* auch *das;* -[s], ...ti ⟨aus gleichbed. *it.* graffito zu graffiare, vgl. Graffiato⟩: a) in Stein geritzte Inschrift; b) in eine Marmorfliese eingeritzte zweifarbige ornamentale od. figurale Dekoration; c) (meist Plur.) auf Wände, Mauern, Fassaden usw. meist mit Spray gesprühte, gespritzte od. gemalte Parole, Spruch od. Figur mit kämpferischem od. witzigem Charakter (z. B. wer ARD sagt, muß auch BRD sagen); vgl. Sgraffito

Gra|fik usw.: eindeutschende Schreibung von ↑Graphik usw. **Gra|fo|thek** vgl. Graphothek
Gra|ham|brot *das;* -[e]s, -e ⟨nach dem Amerikaner S. Graham (1794–1851), dem Verfechter einer auf Diät abgestellten Ernährungsreform⟩: ohne Gärung aus Weizenschrot hergestelltes Brot
Gra|ha|mit [auch ...'mɪt] *der;* -s, -e ⟨nach den amerik. Minenbesitzern J. A. und J. L. Graham (19. Jh.) u. zu ↑²...it⟩: in Amerika stellenweise vorkommender pechschwarzer natürlicher Asphalt
Gra|ham|salz *das;* -es, -e ⟨nach dem engl. Chemiker T. Graham, 1805–1869⟩: wasserlösliches Natriumpolyphosphat, das vor allem zur Wasserenthärtung verwendet wird
Grai|en vgl. Gräen
¹Grain [greɪn] *der;* -s, -s (aber: 10 -) ⟨aus *engl.* grain „Korn", dies über *fr.* grain aus gleichbed. *lat.* granum⟩: älteres Gewicht für feine Wiegungen (Gold, Silber, Diamanten u. Perlen). **²Grain** [grɛ:] *das;* -s, -s ⟨aus *fr.* grain „Köper", eigtl. „Korn" (wegen der aufgerauhten Oberfläche), vgl. ¹Grain⟩: bes. für Kleider verwendetes, zweischüssiges Ripsgewebe. **grai|nie|ren** [grɛ...] ⟨aus gleichbed. *fr.* grainer, eigtl. „eine Oberfläche aufrauhen", vgl. ²Grain⟩: (fachspr.) Papier, Karton, Pappe einseitig narben, aufrauhen
Grais|sa|ge [grɛˈsaːʒə] *die;* -, -n ⟨aus gleichbed. *fr.* graissage zu graisser, vgl. graissieren⟩: (veraltet) das [Ab]schmieren, Einfetten. **grais|sie|ren** ⟨aus gleichbed. *fr.* graisser zu graisse „Fett", dies aus *vulgärlat.* *crassia, substantivierte Form zu *lat.* crassus „fett"⟩: (veraltet) [ab]schmieren, einfetten
grä|ko|la|tei|nisch ⟨zu *lat.* Graecus „griechisch"; vgl. Graecum⟩: griechisch-lateinisch. **Grä|ko|ma|ne** *der;* -n, -n ⟨zu ↑...mane⟩: jmd., der mit einer Art von Besessenheit alles Griechische liebt, bewundert u. nachahmt. **Grä|ko|ma|nie** *die;* - ⟨zu ↑...manie⟩: Nachahmung alles Griechischen mit einer Art von Besessenheit. **Grä|ko|phi|lie** *die;* - ⟨zu ↑...philie⟩: Vorliebe für das Altgriechische (Kultur u. Sprache). **Grä|kum** *das;* -s ⟨zu ↑Graecum⟩: eindeutschend für ↑Graecum
Gral *der;* -s ⟨aus *altfr.* graal, greal „Gefäß", weitere Herkunft unsicher⟩: in der mittelalterlichen Dichtung (in Verbindung mit den Sagen des Artus- u. Parzivalkreises) wundertätiger Stein od. Gefäß mit heilender Wirkung, in dem Christi Blut aufgefangen worden sein soll
Gra|lit [auch ...'lɪt] *das;* -s ⟨Kunstw.; vgl. ¹...it⟩: Kalkarsenat enthaltendes Pflanzenschutzmittel gegen fressende Insekten
Gra|ma|gras *das;* -es, ...gräser ⟨zu *lat.* gramen „Gras, Kraut, Pflanze"⟩: Weidegras in den Prärien der südwestlichen USA
Gram|fär|bung *die;* -, -en ⟨nach dem dän. Bakteriologen H. Ch. J. Gram, 1853–1938⟩: wichtigste diagnostische Färbung in der Bakteriologie, Verfahren, das die Bakterien auf Grund eines unterschiedlichen Zellwandaufbaus in ↑grampositiv u. ↑gramnegativ einteilt. **gram|fest**: svw. grampositiv. **gram|frei**: svw. gramnegativ
Gra|min *das;* -s ⟨zu *lat.* gramen „Gras" u. ↑...in (1)⟩: das erste in Gräsern entdeckte ↑Alkaloid (vor allem in der Gerste u. in Blättern des Pfahlrohrs enthalten). **Gra|mi|ne|en** *die* (Plur.) ⟨aus gleichbed. *nlat.* gramineae zu *lat.* gramen, vgl. Gramin⟩: zusammenfassende, systematische Bezeichnung der Süßgräser. **gra|mi|nös** ⟨aus gleichbed. *lat.* gramineus; vgl. ...ös⟩: (veraltet) voll Gras, grasbedeckt
Gramm *das;* -s, -[e] (aber: 5 -) ⟨aus gleichbed. *fr.* gramme, dies über *lat.* gramma aus *gr.* grámma „Gewicht von ¹⁄₂₄ Unze", eigtl. „Buchstabe, Geschriebenes", vgl. ...gramm⟩: Grundeinheit des metrischen Gewichtssystems; Zeichen g.
...gramm ⟨aus gleichbed. *gr.* grámma zu gráphein „einritzen, schreiben"⟩: Wortbildungselement mit der Bedeutung „Schrift, Geschriebenes; Darstellung, Abbildung, Bild", z. B. Autogramm. **Gramm|äqui|va|lent** *das;* -[e]s, -e: Einheit der Stoffmenge (Chem.); 1 Grammäquivalent ist die dem ↑Äquivalentgewicht zahlenmäßig entsprechende Grammenge; Zeichen ↑Val. **Gram|mar school** ['græmə 'skuːl] *die;* - -, - -s ⟨aus gleichbed. *engl.* grammar school⟩: in Großbritannien u. Nordirland Bez. für (den deutschen Gymnasien entsprechende) Schulen, die das Hochschulstudium vorbereiten. **Gram|ma|tik** [gra...] *die;* -, -en ⟨aus *lat.* (ars) grammatica aus *gr.* grammatikḗ (téchnē) „Sprachlehre" zu grámma, vgl. ...gramm⟩: 1. a) Beschreibung der Struktur einer Sprache als Teil der Sprachwissenschaft; inhaltsbezogene -: primär auf das Feststellen der sprachlichen Inhalte abgestellte Grammatik; vgl. Dependenzgrammatik, deskriptiv (deskriptive Grammatik), funktional (funktionale Grammatik), generativ (generative Grammatik), Konstituentenstrukturgrammatik, kontrastiv (kontrastive Grammatik), stratifikationell (stratifikationelle Grammatik), Stratifikationsgrammatik, transformationell (transformationelle Grammatik), Transformationsgrammatik; b) einer Sprache zugrunde liegendes Regelsystem. 2. Werk, in dem Sprachregeln aufgezeichnet sind; Sprachlehre. 3. etw., was zu jmdm./etw. als etw. Gesetzmäßiges, Wesensbestimmendes, als eine innewohnende Struktur gehört, z. B. die - der Gefühle. **Gram|ma|ti|ka|li|sa|ti|on** *die;* -, -en ⟨zu ↑grammatikalisch u. ↑...isation⟩: das Absinken eines Wortes mit selbständigem Bedeutungsgehalt zu einem bloßen grammatischen Hilfsmittel (bes. bei den Bindewörtern); vgl. ...[at]ion/...ierung. **gram|ma|ti|ka|lisch** ⟨aus gleichbed. *lat.* grammaticalis⟩: a) die Grammatik betreffend; vgl. grammatisch (a); b) sprachkundlich. **gram|ma|ti|ka|li|sie|ren** ⟨zu ↑...isieren⟩: der Grammatikalisation unterwerfen. **Gram|ma|ti|ka|li|sie|rung** *die;* -, -en ⟨zu ↑...isierung⟩: a) das Grammatikalisieren; b) svw. Grammatikalisation; vgl. ...[at]ion/...ierung. **Gram|ma|ti|ka|li|tät** *die;* - ⟨zu ↑...ität⟩: grammatikalische Korrektheit, Stimmigkeit der Segmente eines Satzes; vgl. Akzeptabilität (b). **Gram|ma|ti|kas|ter** *der;* -s, - ⟨zu ↑Grammatiker, Analogiebildung zu *lat.* philosophaster „Scheinphilosoph"⟩: grammatisch unzuverlässiger bzw. unsicherer Lehrer, Schüler, Scheingrammatiker. **Gram|ma|ti|ker** *der;* -s, - ⟨zu ↑grammatisch⟩: Wissenschaftler auf dem Gebiet der Grammatik. **Gram|ma|tik|theo|rie** *die;* -, ...ien [...iːən]: Theorie der Grammatik (1). **gram|ma|tisch** ⟨über *lat.* grammaticus aus *gr.* grammatikós, eigtl. „des Lesens und Schreibens kundig"⟩: a) die Grammatik betreffend; vgl. grammatikalisch; b) der Grammatik gemäß; sprachrichtig; nicht ungrammatisch. **Gram|ma|tis|mus** *der;* -, ...men ⟨zu ↑...ismus (2, 5)⟩: 1. (veraltet) grammatische Regel. 2. (ohne Plur.) starres Festhalten an grammatischen Regeln. **Gram|ma|tit** [auch ...'tɪt] *der;* -s, -e ⟨zu *gr.* grámma „Geschriebenes, Buchstabe" u. ↑²...it⟩: ein Amphibolmineral, svw. ↑Tremolit. **Gram|ma|ti|zi|tät** *die;* - ⟨zu ↑...izität⟩: das Grammatische in der Sprache. **Gram|ma|to|lo|gie** *die;* - ⟨zu ↑...logie⟩: (veraltet) 1. Schriftkunde. 2. philosophische Grammatik. **Gramm|atom** *das;* -s, -e ⟨zu ↑Gramm⟩: so viele Gramm eines chem. Elementes, wie dessen Atomgewicht angibt. **Gram|mem** *das;* -s, -e ⟨zu ↑Grammatik u. ↑...em⟩: nach Zierer die aus ↑Episem u. ↑Tagmem bestehende kleinste grammatische Einheit.

Gramm|ka|lo|rie vgl. Kalorie. **Grammol**[1] u. **Grammo|le|kül**[1] *das;* -s, -e ⟨zu ↑Gramm u. ↑Molekül⟩: Masse in Gramm, deren Zahlenwert gleich der relativen Molekularmasse ist. **Gram|mo|phon** Ⓦ *das;* -s, -e ⟨zu *gr.* grámma „Geschriebenes, Schrift" u. ↑...phon⟩: in den 20er u. 30er Jahren übliche Bez. für einen mechanischen Plattenspieler. **Gram|my** ['græmɪ] *der;* -s, -s ⟨aus gleichbed. *engl.-amerik.* grammy, wohl Kurzform von gramophone „Grammophon"⟩: amerikanischer Schallplattenpreis
gram|ne|ga|tiv ⟨nach dem dän. Bakteriologen H. Ch. J. Gram (1853–1938) u. zu ↑negativ⟩: nach dem Gramschen Färbeverfahren sich rot färbend (von Bakterien; Med.); vgl. grampositiv
Gra|mo|la|ta *die;* -, -s ⟨aus gleichbed. *it.* gramolata, eigtl. Part. Perf. von gramolare „kneten, geschmeidig machen"⟩: ital. Bez. für halbgefrorene Limonade
gram|po|si|tiv ⟨nach dem dän. Bakteriologen H. Ch. J. Gram (1853–1938) u. zu ↑positiv⟩: nach dem Gramschen Färbeverfahren sich dunkelblau färbend (von Bakterien; Med.); vgl. gramnegativ
Gran *das;* -[e]s, -e (aber: 100 -) ⟨aus *lat.* granum „Korn; Kern; Beere"⟩: 1. svw. ¹Grain. 2. alte, sehr kleine Gewichtseinheit für Arzneien (ca. 0,06 g). **¹Grän** vgl. ¹Grain. **²Grän** *das;* -[e]s, -e (aber: 100 -) ⟨aus *fr.* grain „Korn"; vgl. ¹Grain⟩: svw. Gran. **Gra|na** *die* (Plur.) ⟨aus *lat.* grana, Nom. Plur. von granum, vgl. Gran⟩: farbstoffhaltige Körnchen in der farbstofflosen Grundsubstanz der ↑Chromatophoren (Biol.). **Gra|na|di|lle** vgl. Grenadille. **Gra|na|kä|se** *der;* -s, - ⟨aus *it.* (formaggio) grana „Parmesankäse", aus grana „Korn" (wegen des körnigen Teigs)⟩: zu den Parmesankäsen gehörender ital. Hartkäse. **Gra|na|li|en** [...i̯ən] *die* (Plur.) ⟨zu *lat.* grana (vgl. Grana u. Granulum) u. ↑¹...ie⟩: durch Granulieren (Körnen) gewonnene [Metall]körner. **¹Gra|nat** *der;* -[e]s, -e, österr. *der;* -en, -en ⟨aus gleichbed. *mlat.* granatus zu *lat.* (lapis) granatus „körniger, kornförmiger Edelstein", dies zu granum „Korn"⟩: Mineral, das in mehreren Abarten u. verschiedenen Farben vorkommt (am bekanntesten als dunkelroter Halbedelstein)
²Gra|nat *der;* -[e]s, -e ⟨aus gleichbed. *fläm.* grenat; vgl. Garnele⟩: kleines Krebstier (Garnelenart)
Gra|nat|ap|fel *der;* -s, ...äpfel ⟨nach *lat.* malum granatum, eigtl. „kernreicher Apfel"⟩: apfelähnliche Beerenfrucht des Granatbaums. **Gra|nat|ap|fel|baum, Gra|nat|baum** *der;* -s, ...bäume: zu den Myrtenpflanzen gehörender Strauch od. Baum des Orients (auch eine Zierpflanzenart). **Gra|na|te** *die;* -, -n ⟨aus gleichbed. *it.* granata, eigtl. „Granatapfel", vgl. Granatapfel⟩: 1. mit Sprengstoff gefülltes, explodierendes Geschoß. 2. eine warme Pastete (Gastr.)
Grand [grã:, auch graŋ] *der;* -s, -s ⟨aus *fr.* grand (jeu) „großes (Spiel)", dies aus *lat.* grandis „groß, bedeutend, vornehm"⟩: höchstes Spiel im Skat, bei dem nur die Buben Trumpf sind; - Hand: Grand aus der Hand, bei dem der Skat nicht aufgenommen werden darf (verdeckt bleibt). **Grand chœur** [grã'kœːr] *der;* -[s] ⟨aus gleichbed. *fr.* grand chœur, eigtl. „großer Chor"⟩: 1. franz. Bez. für die Gesamtheit des Chores im Ggs. zum Solochor (vgl. Ripieno). 2. bei franz. Orgeln des 19. Jh.s Bez. für volles Werk. **Gran|de** ['grandə] *der;* -n, -n ⟨aus gleichbed. *span.* grande, eigtl. „groß", dies aus *lat.* grandis, vgl. Grand⟩: bis 1931 mit besonderen Privilegien u. Ehrenrechten verbundener Titel der Angehörigen des höchsten Adels in Spanien. **Grande Ar|mée** [grãdar'me] *die;* - - ⟨*fr.*⟩: [die] Große Armee (Napoleons I.). **Grande Na|tion** [grãdna'sjõ] *die;* - - ⟨*fr.*⟩: [die] Große Nation (seit Napoleon I. Selbstbezeichnung des franz. Volkes). **Gran|deur** [grã'døːɐ̯] *die;* - ⟨aus gleichbed. *fr.* grandeur zu grand, vgl. Grand⟩: strahlende Größe; Großartigkeit. **Gran|dez|za** [gran...] *die;* - ⟨aus gleichbed. *it.* grandezza, *span.* grandeza zu grande, vgl. Grande⟩: feierlich-hoheitsvolle Art u. Weise, in der jmd. (bes. ein Mann) etwas ausführt. **Grand Fleet** ['grænd 'fliːt] *die;* - - ⟨*engl.;* eigtl. „große Flotte"⟩: die im 1. Weltkrieg in der Nordsee eingesetzte engl. Flotte. **Grand|ho|tel** ['grã:...] *das;* -s, -s ⟨aus *fr.* grand hôtel, vgl. Grand⟩: großes, komfortables Hotel. **gran|dig** ['gran...] ⟨zu *lat.* grandis, vgl. Grand⟩: (landsch.) groß, stark; großartig. **gran|di|os** ⟨aus gleichbed. *it.* grandioso zu grande „groß, berühmt", dies aus *lat.* grandis, vgl. Grand⟩: großartig, überwältigend, erhaben. **Gran|dio|si|tät** *die;* - ⟨zu ↑...ität⟩: Großartigkeit, überwältigende Pracht. **gran|dio|so** ⟨*it.*⟩: großartig, erhaben (Mus.). **Grand jeu** [grã'ʒø] *das;* - - ⟨aus gleichbed. *fr.* grand jeu, eigtl. „großes Spiel"⟩: Angabe an franz. Orgeln, die eine besondere Verbindung mehrerer Register anweisen (Mus.). **Grand lit** [grã'liː] *das;* - -, -s -s [...'liː(s)] ⟨aus gleichbed. *fr.* grand lit, eigtl. „großes Bett"⟩: breiteres Bett für zwei Personen. **Grand-maître** [grã'mɛtrə] *der;* -, -s ⟨aus gleichbed. *fr.* grand maître, eigtl. „großer Meister"⟩: Großmeister eines Ordens. **Grand mal** [grã'mal] *das;* - - ⟨aus gleichbed. *fr.* grand mal, eigtl. „großes Übel, großer Schmerz"⟩: Typ des epileptischen Anfalls mit schweren Krämpfen, Bewußtlosigkeit u. Gedächtnisverlust (auch Haut mal genannt; Med.). **Grand Mar|nier** Ⓦ [grãmar'nie:] *der;* - -[s] ⟨aus gleichbed. *fr.* grand marnier⟩: franz. klarer Fruchtsaftlikör auf der Basis von Cognac od. Weingeist mit Curaçaoorangen u. feinen Kräutern. **Grand Old La|dy** ['grænd 'oʊld 'leɪdɪ] *die;* - - -, - Ladies [...dɪz] ⟨aus gleichbed. *engl.* grand old lady, eigtl. „große alte Dame"⟩: älteste bedeutende weibliche Persönlichkeit auf einem bestimmten Gebiet. **Grand Old Man** [– – 'mæn] *der;* - - -, - - Men ['mɛn] ⟨aus gleichbed. *engl.* grand old man, eigtl. „großer alter Mann"⟩: älteste bedeutende männliche Persönlichkeit auf einem bestimmten Gebiet. **Grand opé|ra** [grãtɔpe'ra] *die;* - - ⟨aus *fr.* grand opéra „große Oper"⟩: die effektvolle franz. Oper um die Mitte des 19. Jh.s. **Grand ou|vert** ['grã: uˈveːɐ̯, – uˈvɛːɐ̯] *der;* - -[s] [...(s)], - -s [...s] ⟨zu ↑Grand u. *fr.* ouvert „offen"⟩: Grand aus der Hand, bei dem der Spieler seine Karten offen hinlegen muß. **Grand Pas** [grã'pa] *der;* - -, -s - [grã'pa] ⟨aus *fr.* grand pas, „großer Tanz", eigtl. „großer Schritt"⟩: Ballettnummernfolge, die aus ↑Entrée (4), ↑Adagio, ↑Variationen u. ↑Koda (1) besteht. **Grand Prix** [grã'priː] *der;* - - [...'priː(s)], - - [...'priː(s)] ⟨*fr.*;* vgl. Grand⟩: franz. Bez. für großer Preis, Hauptpreis. **Grand|sei|gneur** [grãsɛn'jøːɐ̯] *der;* -s, Plur. -s u. -e ⟨aus gleichbed. *fr.* grand seigneur, vgl. Grand⟩: vornehmer, weltgewandter Mann. **Grand Slam** ['grænd 'slæm] *der;* - -[s], - -s ⟨aus *engl.* grand slam „Sieg in Serie", eigtl. „das große Zuschlagen"⟩: Gewinn der Einzelwettbewerbe bei den internationalen Tennismeisterschaften von Großbritannien, Frankreich, Australien u. den USA innerhalb eines Jahres durch einen Spieler od. eine Spielerin. **Grand-Tou|ris|me-Ren|nen** [grãtu'rism...] *das;* -s, - ⟨zu *fr.* grand tourisme „großer Reisesport", vgl. Grand u. Tourismus⟩: internationales Sportwagenrennen mit Wertungsläufen, Rundrennen, Bergrennen u. ↑Rallyes
Gran|gie [...i̯ə] *die;* -, -n [...i̯ən] ⟨zu *mlat.* grangium „Getreidespeicher, Scheune", dies zu *lat.* granum „Korn"⟩: bei den Zisterziensern der vom Kloster unmittelbar verwaltete klösterliche Wirtschaftshof. **gra|nie|ren** ⟨⟨wohl unter Einfluß von *it.* granire „körnen"⟩ zu *lat.* granum „Korn" u. ↑...ieren⟩: 1. die Platte beim Kupferstich aufrauhen. 2. Papier körnen, aufrauhen. 3. (selten) svw. granulieren. **Gra-**

nier|stahl *der;* -s: bogenförmiges, mit gezähnter Schneide versehenes Stahlinstrument („Wiege"), mit dem beim Kupferstich die Platte aufgerauht („gewiegt") wird. **Gra|nit** [auch ...'nɪt] *der;* -s, -e ⟨aus gleichbed. *it.* granito, eigtl. „gekörnt(es Marmorgestein)", zu *lat.* granum „Korn, Kern"; vgl. ²...it⟩: sehr hartes Gestein aus körnigen Teilen von Feldspat, Quarz u. Glimmer. **Gra|ni|ta** ⟨aus *it.* granita „Halbgefrorenes", eigtl. „Gekörntes"⟩: svw. Gramolata. **gra|ni|ten** [auch ...'nɪtn̩]: 1. svw. granitisch. 2. hart wie Granit. **Gra|ni|ti|sa|ti|on** *die;* -, -en ⟨zu ↑...isation⟩: Entstehung der verschiedenen ↑ Granite; vgl. ...[at]ion/...ierung. **gra|ni|tisch** [auch ...'nɪtɪʃ]: den Granit betreffend. **Gra|ni|ti|sie|rung** *die;* -, -en ⟨zu ↑...isierung⟩: svw. Granitisation; vgl. ...[at]ion/...ierung. **Gra|ni|tit** [auch ...'tɪt] *der;* -s, -e ⟨zu ↑²...it⟩: eine Art des ↑ Granits, die hauptsächlich dunklen Glimmer enthält. **Gra|nit|por|phyr** [auch ...'nɪt...] *der;* -s: eine Art des ↑ Granits mit großen Feldspatkristallen in der feinkörnigen Grundmasse. **Gra|nit|tek|to|nik** [auch ...'nɪt...] *die;* -: aus der Einregelung der Kristalle u. Lage der Klüfte rekonstruierte Entstehungsgeschichte von ↑ Plutonen (Geol.).

Gran|ny Smith ['grænɪ 'smɪθ] *der;* - -, - - ⟨*engl.;* eigtl. „Oma Smith", nach M. A. Smith, † 1870⟩: glänzendgrüner, saftiger Apfel aus Australien

gra|no|bla|stisch ⟨zu *lat.* granum „Korn" u. *gr.* blastós „Sproß, Trieb"⟩: ↑ metamorphe Gesteine mit annähernd gleich großen Kristallen betreffend. **Gra|no|dio|rit** [auch ...'rɪt] *der;* -s, -e: ein kieselsäurereiches Tiefengestein. **Gra|no|phyr** *der;* -s, -e ⟨verkürzt aus ↑ Granit u. ↑ Porphyr⟩: dem Granit ähnliches Ergußgestein

Grant|ga|zel|le ['graːnt...] *die;* -, -n ⟨nach dem brit. Afrikareisenden J. A. Grant (1827–1892) u. zu ↑ Gazelle⟩: eine in Ostafrika lebende, überwiegend rötlichbraun gefärbte Gazellenart

gra|nul..., Gra|nul... vgl. granulo..., Granulo... **Gra|nu|la:** Plur. von ↑ Granulum. **gra|nu|lär** ⟨aus *nlat.* granularis „gekörnt" zu *lat.* granulum, vgl. granulo...⟩: svw. granulös. **Gra|nu|lar|atro|phie** *die;* -, ...ien: svw. Zirrhose. **Gra|nu|lat** *das;* -[e]s, -e ⟨zu ↑ granulieren u. ↑...at (1)⟩: durch Granulieren in Körner zerkleinerte Substanz. **Gra|nu|la|ti|on** *die;* -, -en ⟨zu ↑...ation⟩: 1. Herstellung u. Bildung eines körnigen [Oberflächen]struktur. 2. körnige [Oberflächen]struktur; vgl. ...[at]ion/...ierung. **Gra|nu|la|ti|ons|ge|schwulst** *die;* -, ...ülste: geschwulstartige Wucherung von Granulationsgewebe (Med.). **Gra|nu|la|ti|ons|ge|we|be** *das;* -s: a) sich bei der Heilung von Wunden u. Geschwüren neu bildendes gefäßreiches Bindegewebe, das nach einiger Zeit in Narbengewebe übergeht; b) Gewebe, das sich bei bestimmten Infektionen u. chronischen Entzündungen im Gewebsinneren bildet (Med.). **Gra|nu|la|tor** *der;* -s, ...oren ⟨zu ↑...or⟩: Vorrichtung zum Granulieren (1). **Gra|nu|len** *die* (Plur.) ⟨zu *lat.* granula (Plur.) „Körnchen"⟩: auf der nicht gleichmäßig hellen Oberfläche der Sonne als körnige Struktur sichtbare auf- u. absteigende Gasmassen, deren Anordnung sich innerhalb weniger Minuten ändert u. deren helle Elemente eine Ausdehnung von etwa 1 000 km haben. **gra|nu|lie|ren** ⟨zu *lat.* granulum „Körnchen" u. ↑...ieren⟩: 1. (Fachspr.) [an der Oberfläche] körnig machen, in körnige, gekörnte Form bringen. 2. Körnchen, Granulationsgewebe bilden (Med.). **gra|nu|liert** ⟨zu ↑...iert⟩: körnig zusammengeschrumpft (z. B. bei Schrumpfniere; Med.). **Gra|nu|lie|rung** *die;* -, -en ⟨zu ↑...ierung⟩: 1. das Granulieren; Granulation (1). 2. (selten) svw. Granulation (2), vgl. ...[at]ion/...ierung. **Gra|nu|lit** [auch ...'lɪt] *der;* -s, -e ⟨zu ↑²...it⟩: Weißstein, hellfarbiger kristalliner Schiefer aus Quarz, Feldspat, Granat u. ↑ Rutil. **gra|nu|li|tisch** [auch ...'lɪ...]: den Granulit betreffend. **gra|nu|lo..., Gra|nu|lo...,** vor Vokalen meist granul..., Granul... ⟨zu *lat.* granulum „Körnchen", Verkleinerungsform von granum „Korn, Kern"⟩: Wortbildungselement mit der Bedeutung „mit Körnchenbildung einhergehend, eine körnige Struktur aufweisend", z. B. Granulometrie, Granulozyt. **Gra|nu|lom** *das;* -s, -e ⟨zu ↑...om⟩: Granulationsgeschwulst (bes. an der Zahnwurzelspitze; vgl. Granulationsgewebe (b; Med.). **gra|nu|lo|ma|tös** ⟨zu ↑...ös⟩: mit der Bildung von Granulomen einhergehend; zu einer Granulomatose gehörend (Med.). **Gra|nu|lo|ma|to|se** *die;* -, -n ⟨zu ↑¹...ose⟩: Bildung zahlreicher Granulome; Erkrankung, die mit der Bildung von Granulomen einhergeht (Med.). **Gra|nu|lo|me|trie** *die;* - ⟨zu granulo... u. ↑...metrie⟩: Gesamtheit der Methoden zur prozentualen Erfassung des Kornaufbaus von Sand, Kies, Böden od. Produkten der Grob- u. Feinzerkleinerung mit Hilfe von Sichtung, Siebung od. ↑ Sedimentation (1). **gra|nu|lös** ⟨zu ↑¹...ose⟩: körnig, gekörnt. **Gra|nu|lo|se** *die;* -n ⟨zu ↑¹...ose⟩: svw. Trachom. **Gra|nu|lo|si|tät** *die;* - ⟨zu ↑...ität⟩: körniges Aussehen. **Gra|nu|lo|zyt** *der;* -en, -en (meist Plur.) ⟨zu ↑...zyt⟩: weißes Blutkörperchen von körniger Struktur. **Gra|nu|lo|zy|to|pa|thie** *die;* -, ...ien ⟨zu ↑...pathie⟩: Funktionsstörung der weißen Blutkörperchen (bei normaler Zellzahl; Med.). **Gra|nu|lo|zy|to|pe|nie** *die;* -, ...ien ⟨zu *gr.* penía „Armut, Mangel"⟩: Mangel an Granulozyten im Blut als Krankheitssymptom (Med.). **Gra|nu|lum** *das;* -s, ...la ⟨aus *lat.* granulum „Körnchen"⟩: 1. Arzneimittel in Körnchenform, Arzneikügelchen (Med.). 2. Teilchen der mikroskopischen Kornstruktur der lebenden Zelle (Biol.). 3. beim ↑ Trachom vorkommende körnige Bildung unter dem Oberlid (Med.). 4. Gewebeknötchen im Granulationsgewebe (Med.).

Grape|fruit ['greːpfruːt, engl. 'greɪp...] *die;* -, -s ⟨aus gleichbed. *engl.* grapefruit, dies zu grape „Weintraube, Weinbeere" u. fruit „Frucht" (da sie in Büscheln wächst)⟩: eine Art ↑ Pampelmuse

¹Graph *der;* -en, -en ⟨zu *gr.* gráphein „(ein)ritzen, schreiben"⟩: graphische Darstellung, bes. von Relationen [von Funktionen] in Form von Punktmengen, bei denen gewisse Punktpaare durch Kurven (meist Strecken) verbunden sind (Math., Phys., EDV, Sprachw.). **²Graph** *das;* -s, -e ⟨zu ↑ ¹Graph⟩: Schriftzeichen, kleinste, nicht bedeutungskennzeichnende Einheit in schriftl. Äußerungen (Sprachw.). **graph..., Graph...** vgl. grapho..., Grapho... **...graph** ⟨aus gleichbed. *gr.* -graphos zu gráphein „(ein)ritzen, schreiben"⟩: Wortbildungselement mit der Bedeutung „Schreiber, Beschreibender; Schrift, Geschriebenes", z. B. Biograph, Stenograph; Autograph. **Gra|phem** *das;* -s ⟨aus gleichbed. *engl.-amerik.* grapheme zu *gr.* gráphēma „Schrift"; vgl. ...em⟩: kleinstes bedeutungsunterscheidendes graphisches Symbol, das ein od. mehrere ↑ Phoneme wiedergibt (Sprachw.). **Gra|phe|ma|tik** *die;* - ⟨zu *gr.* gráphēma, Gen. graphḗmatos „Schrift" u. ↑²...ik (1)⟩: svw. Graphemik (Sprachw.). **gra|phe|ma|tisch**: die Graphematik betreffend (Sprachw.). **Gra|phe|mik** *die;* - ⟨aus gleichbed. *engl.-amerik.* graphemics zu ↑ Graphem u. ↑²...ik (1)⟩: Wissenschaft von den Graphemen unter dem Aspekt ihrer Unterscheidungsmerkmale u. ihrer Stellung im Alphabet (Sprachw.). **gra|phe|misch**: die Graphemik betreffend (Sprachw.). **Gra|pheo|lo|gie** *die;* - ⟨zu *gr.* graphḗ „Schrift" u. ↑...logie⟩: 1. Wissenschaft von der Verschriftung von Sprache u. von den Schreibsystemen. 2. svw. Graphemik. **gra|pheo|lo|gisch** ⟨zu ↑ ...logisch⟩: die Gra-

Graphetik

pheologie betreffend. **Gra|phe|tik** *die;* - ⟨zu ↑²...ik⟩: Hilfswissenschaft der ↑ Graphemik, die unterschiedliche Systeme der Verschriftung (z. B. unter sozialem, individuellem od. typographischem Aspekt) analysiert. **Gra|phie** *die;* -, ...ien ⟨zu *gr.* graphḗ „Schrift" u. ↑²...ie⟩: Schreibung, Schreibweise (Sprachw.). **...gra|phie** ⟨aus gleichbed. *gr.* -graphía zu gráphein „(ein)ritzen, schreiben"⟩: Wortbildungselement mit der Bedeutung „das Schreiben, Beschreiben; das graphische od. fotografische Darstellen", z. B. Geographie, Röntgenographie. **Gra|phik** *die;* -, -en ⟨über *(n)lat.* graphice aus *gr.* graphikḗ (téchnē) „Zeichenkunst, Malerei", substantiviertes Fem. von graphikós, vgl. graphisch⟩: 1. (ohne Plur.) Kunst u. Technik des Holzschnitts, Kupferstichs, der ↑ Radierung, ↑ Lithographie, Handzeichnung. 2. einzelner Holzschnitt, Kupferstich, einzelne Radierung, Lithographie, Handzeichnung. **Graphik|de|sign** [...dizain] *das;* -s, -s: Sammelbez. für graphische Arbeitsgebiete, die durch Schrift, Farbe, Form gezielte Informationen in eine Bildsprache übersetzen. **Gra|phi|ker** *der;* -s, -: Künstler u. Techniker auf dem Gebiet der Graphik (1). **Gra|phi|ke|rin** *die;* -, -nen: weibliche Form zu ↑ Graphiker. **gra|phisch** ⟨aus *gr.* graphikós „zeichnerisch, zum Malen geeignet"⟩: a) die Graphik betreffend; b) durch Graphik dargestellt; -e K ü n s t e : zusammenfassende Bez. für alle Formen der Graphik (1). **...gra|phisch** ⟨aus gleichbed. *gr.* -graphikós zu gráphein „(ein)ritzen, schreiben"⟩: Wortbildungselement mit der Bedeutung „(be)schreibend, darstellend; der Darstellung dienend", z. B. geographisch, röntgenographisch. **Gra|phis|mus** *der;* -, ...men ⟨zu ↑...ismus (2)⟩: Gestaltungselement in der ↑ Graphik. **Gra|phit** [auch ...'fɪt] *der;* -s, -e ⟨zu *gr.* gráphein „schreiben" (weil das Mineral urspr. vornehmlich zum Schreiben verwendet wurde) u. ↑²...it⟩: vielseitig in der Industrie verwendetes, weiches schwarzes Mineral aus reinem Kohlenstoff. **Gra|phit|elek|tro|de** [auch ...'fɪt...] *die;* -, -n: Elektrode aus Graphit, z. B. für Lichtbogenöfen. **gra|phi|tie|ren** ⟨zu ↑...ieren⟩: mit Graphit überziehen. **Gra|phi|tie|rung** *die;* - ⟨zu ↑...ierung⟩: Korrosion von Gußeisen durch Zersetzung des Eisenanteils bei Erhalt des Graphitanteils. **gra|phi|tisch** [auch ...'fɪ...]: aus Graphit bestehend. **gra|phi|ti|sie|ren** ⟨zu ↑...isieren⟩: durch Erhitzen (z. B. von Ruß) in Graphit umwandeln (Chem.). **Gra|phit|mi|ne** [auch ...'fɪt...] *die;* -, -n: Bleistiftmine aus Graphit. **gra|pho...,** **Gra|pho...,** vor Vokalen meist graph..., Graph... ⟨zu *gr.* gráphein „(ein)ritzen, schreiben"⟩: Wortbildungselement mit der Bedeutung „Schrift, Geschriebenes; das Schreiben betreffend", z. B. Graphologie, Graphothek. **Gra|pho|lo|ge** *der;* -n, -n ⟨zu ↑...loge⟩: Wissenschaftler auf dem Gebiet der Graphologie. **Gra|pho|lo|gie** *die;* - ⟨zu ↑...logie⟩: Wissenschaft von der Deutung der Handschrift als Ausdruck des Charakters. **Gra|pho|lo|gin** *die;* -, -nen: weibl. Form zu Graphologe. **gra|pho|lo|gisch** ⟨zu ↑...logisch⟩: die Graphologie betreffend. **Gra|pho|ma|nie** *die;* - ⟨zu ↑...manie⟩: Schreibwut. **Gra|pho|me|trie** *die;* - ⟨zu ↑...metrie⟩: 1. Bestimmung der durch ↑ Medikamente od. Krankheiten hervorgerufenen Veränderungen der Handschrift (Med.). 2. Bez. für Untersuchungen der Handschrift durch Messen bestimmter Schriftmerkmale. **Gra|pho|spas|mus** *der;* -, ...men: Schreibkrampf (Med.). **Gra|pho|sta|tik** *die;* -: zeichnerische Methode zur Lösung statischer Aufgaben. **Gra|pho|thek** *die;* -, -en ⟨zu ↑...thek⟩: Kabinett, das graphische Originalblätter moderner Kunst ausleiht. **Gra|pho|the|kar** *der;* -s, -e ⟨zu ↑...ar (2)⟩: Angestellter in einer ↑ Graphothek. **Gra|pho|the|ra|pie** *die;* -: Befreiung von Erlebnissen od. Träumen durch Aufschreiben (Psychol.).

Grap|pa *der;* -s, -s od. *die;* -, -s ⟨aus gleichbed. *it.* grappa zu älter *it.* grappo „Traube"⟩: ital. alkoholisches Getränk aus Trester (Traubenpreßrückstände). **Grap|to|lith** [auch ...'lɪt] *der;* Gen. -s u. -en, Plur. -e[n] ⟨zu *gr.* graptós „geschrieben" (weil die Abdrücke der Ablagerungen Schriftzeichen gleichen) u. ↑...lith⟩: koloniebildendes, ↑ fossiles, sehr kleines Meerestier aus dem Silur. **Grasch|da|nin** [graʒ...] ⟨aus gleichbed. *russ.* graždanin, kirchenslawisch grazdanin (*russ.* eigtl. gorožanin), Lehnübersetzung von *gr.* polítēs⟩: Bürger (als Anrede in Rußland). **Grasch|dan|ka**: weibl. Form zu ↑ Graschdanin. **Grass** *das;* - ⟨aus *engl.-amerik.* grass „Gras"⟩: (ugs. verhüllend) svw. Marihuana. **gras|sie|ren** ⟨aus gleichbed. *lat.* grassari, eigtl. „schreiten"⟩: um sich greifen; wüten, sich ausbreiten (z. B. von Seuchen). **Gra|tia** *die;* - ⟨aus gleichbed. *lat.* gratia⟩: (veraltet) Gunst, Gnade, Dank. **Gra|ti|al** *das;* -s, -e u. **Gra|tia|le** *das;* -s, ...lien [...jən] ⟨zu *mlat.* gratialis „Gunst erweisend, gefällig", dies zu *lat.* gratia „Dank"⟩: (veraltet) a) Dankgebet; b) Geschenk (Trinkgeld). **Gra|ti|as** *das;* - ⟨nach dem *lat.* Anfangswort des Gebetes Gratias agamus Deo „Laßt uns Gott danken!"⟩: [klösterliches] Dankgebet nach Tisch. **gra|tia sup|po|nit na|tu|ram** ⟨*lat.*; „die Gnade setzt die Natur voraus"⟩: ↑ Axiom der ↑ Scholastik zur Verdeutlichung der Beziehung von Mensch u. Gnade. **Gra|ti|fi|ka|ti|on** *die;* -, -en ⟨aus *lat.* gratificatio „Gefälligkeit" zu gratificari, vgl. gratifizieren⟩: zusätzliches [Arbeits]entgelt zu besonderen Anlässen (z. B. zu Weihnachten). **gra|ti|fi|zie|ren** ⟨aus *lat.* gratificari „sich gefällig erweisen"⟩: (veraltet) vergüten. **gra|ti|ku|lie|ren** ⟨aus *fr.* graticuler, dies aus *it.* graticolare zu graticola, *lat.* craticula, Verkleinerungsform von cratis „Rost"⟩: (veraltet) übergittern, mit Hilfe eines Gitters od. Quadratnetzes abzeichnen. **Gra|tin** [gra'tɛ̃] *das;* -s, -s ⟨aus gleichbed. *fr.* gratin zu gratter, vgl. gratinieren⟩: überbackenes Gericht (z. B. Apfel-, Käse-, Kartoffelgratin). **Grä|ting** *die;* -, Plur. -e od. -s ⟨aus *engl.* grating „Gitter(werk)" zu grate „Gitter", dies über *mlat.* grata zu *lat.* cratis, vgl. gratikulieren⟩: Holz- od. Metallrost als Laufsteg auf Schiffen. **gra|ti|nie|ren** ⟨aus *fr.* gratiner „am Rand des Kochtopfs festbacken" zu gratter „abkratzen" (germ. Wort)⟩: [Speisen] heiß mit einer Kruste überbacken (Gastr.); vgl. au gratin. **gra|tis** ⟨*lat.;* eigtl. „um den bloßen Dank"⟩: unentgeltlich, frei, unberechnet, kostenlos. **Gra|tis|ak|tie** [...jə] *die;* -, -n: neue ↑ Aktie, die statt einer ↑ Dividende an den ↑ Aktionär ausgegeben wird. **Gra|tis|exem|plar** *das;* -s, -e: kostenloses Exemplar, Freiexemplar (Werbung). **Gra|to|nit** [auch ...'nɪt] *der;* -s, -e ⟨nach dem amerikan. Geologen L. C. Graton (20. Jh.) u. zu ↑²...it⟩: bleigrauer Bleiarsenspießglanz, ein Mineral. **Grat|ta|ge** [...ʒə] *die;* - ⟨aus gleichbed. *fr.* grattage zu gratter „abkratzen" (germ. Wort)⟩: Maltechnik, bei der die dick aufgetragene Farbe an den Stellen von der Leinwand abgeschabt wird, an denen sich unter die Leinwand gelegte Gegenstände durchdrücken. **Gra|tu|lant** *der;* -en, -en ⟨aus *lat.* gratulans, Gen. gratulantis, Part. Präs. von gratulari, vgl. gratulieren⟩: jmd., der jmdm. gratuliert. **Gra|tu|lan|tin** *die;* -, -nen: weibl. Form zu ↑ Gratulant. **Gra|tu|la|ti|on** *die;* -, -en ⟨aus gleichbed. *lat.* gratulatio⟩: 1. das Gratulieren. 2. Glückwunsch. **Gra|tu|la|ti|ons|cour** [...kuːɐ] *die;* -, -en: Glückwunschzeremoniell zu Eh-

gräzistisch

ren einer hochgestellten Persönlichkeit. **gra|tu|lie|ren** ⟨aus gleichbed. *lat.* gratulari⟩: beglückwünschen, Glück wünschen
Gra|va|men [...v...] *das;* -s, ...mina (meist Plur.) ⟨aus *lat.* gravamen, Gen. gravaminis „Beschwerlichkeit"⟩: Beschwerde, bes. die Vorwürfe gegen Kirche u. Klerus im 15. u. 16. Jh. **gra|va|mi|nie|ren** ⟨zu ↑ ...ieren⟩: (Rechtsspr.) Beschwerde führen, sich beschweren. **Gra|van|tia** *die* (Plur.) ⟨zu *lat.* gravans, Gen. gravantis, Part. Präs. von gravare „beladen, beschweren"⟩: (Rechtsspr.) erschwerende Umstände für die Strafzumessung. **Gra|va|ti|on** *die;* -, -en ⟨aus gleichbed. *lat.* gravatio⟩: (veraltet) Beschwerung, Belastung. **gra|ve** ⟨*it.;* aus gleichbed. *lat.* gravis⟩: schwer, feierlich, ernst (Vortragsanweisung; Mus.). **Gra|ve** *das;* -s, -s: langsamer Satz od. Satzteil von ernstem, schwerem, majestätischem Charakter seit dem frühen 17. Jh. (Mus.). **Gra|ve|do** *die* - ⟨aus *lat.* gravedo „Schwere der Glieder, Stockschnupfen"⟩: (veraltet) Bez. für Schnupfen, Nasenschleimhautentzündung. **gra|veo|lent** ⟨aus gleichbed. *lat.* graveolens, Gen. graveolentis zu gravis „abstoßend, lästig" u. olere „riechen"⟩: (veraltet) übelriechend, stinkend
Gra|vet|ti|en [gravɛˈtjɛ̃] *das;* -[s] ⟨*fr.;* nach der Felsnische La Gravette in Frankreich⟩: Kulturstufe der jüngeren Altsteinzeit
Gra|veur [...ˈvøːɐ̯] *der;* -s, -e ⟨aus gleichbed. *fr.* graveur zu graver, vgl. ¹gravieren⟩: Metall-, Steinschneider, Stecher
gra|vi..., Gra|vi... [...v...] ⟨zu *lat.* gravis „schwer"⟩: Wortbildungselement mit der Bedeutung „die Schwerkraft betreffend", z. B. gravimetrisch, Gravisphäre. **gra|vid** ⟨aus gleichbed. *lat.* gravidus, eigtl. „schwerfällig"⟩: schwanger (Med.). **Gra|vi|da** *die;* -, ...dae [...dɛ] ⟨aus gleichbed. *(n)lat.* gravida, substantiviertes Fem. von *lat.* gravidus, vgl. gravid⟩: schwangere Frau (Med.). **gra|vi|de** vgl. gravid. **Gra|vi|di|tät** *die;* -, -en ⟨aus gleichbed. *lat.* graviditas, Gen. graviditatis zu gravidare „schwängern"⟩: Schwangerschaft (Med.)
¹gra|vie|ren [...v...] ⟨aus gleichbed. *fr.* graver, urspr. „eine Furche ziehen, einen Scheitel ziehen", dies aus *mittelniederd.-niederl.* graven „graben"⟩: in Metall, Stein [ein]schneiden
²gra|vie|ren [...v...] ⟨aus *lat.* gravare „schwer machen" zu gravis „schwer"⟩: (veraltet) beschweren, belasten. **gra|vie|rend** ⟨zu ↑ ...ierend⟩: ins Gewicht fallend, schwerwiegend u. sich nachteilig auswirken können
Gra|vie|rung *die;* -, -en ⟨zu ↑ ¹gravieren⟩: 1. das Gravieren. 2. eingravierte Schrift, Verzierung o. ä.
Gra|vi|me|ter *das;* -s, - ⟨zu ↑ gravi... u. ↑ ¹...meter⟩: Instrument zur Messung der Veränderlichkeit der Schwerkraft (Geol.). **Gra|vi|me|trie** *die;* - ⟨zu ↑ ...metrie⟩: 1. Meßanalyse, Verfahren zur quantitativen Bestimmung von Elementen u. Gruppen in Stoffgemischen (Chem.). 2. Messung der Veränderlichkeit der Schwerkraft (Geol.). **gra|vi|metrisch** ⟨zu ↑ ...metrisch⟩: die Erdschwere betreffend. **Gra|vi|re|zep|tor** *der;* -s, ...oren (meist Plur.): ↑Rezeptor als Teil der Gleichgewichtsorgane, der durch Schwerkraft- u. Beschleunigungskräfte erregt wird (Med.). **Gra|vis** *der;* -, - ⟨Substantivierung von *lat.* gravis „schwer"⟩: Betonungszeichen für den „schweren", fallenden Ton (z. B. à); vgl. Accent grave. **Gra|vi|sphä|re** *die;* -, -n ⟨zu ↑ gravi...⟩: Bereich des Weltraums, in dem die Schwerkraft eines Weltkörpers die Schwerkraft anderer Weltkörper überwiegt. **Gra|vi|tät** *die;* - ⟨aus gleichbed. *lat.* gravitas, Gen. gravitatis, eigtl. „Schwere"⟩: (veraltet) [steife] Würde. **Gra|vi|ta|ti|on** *die;* - ⟨unter Einfluß von *fr.* gravitation aus *nlat.* gravitatio „Schwerkraft", dies zu *lat.* gravitas „Schwere"⟩:

Schwerkraft, Anziehungskraft, bes. die zwischen der Erde u. den in ihrer Nähe befindlichen Körpern. **Gra|vi|ta|ti|ons|dif|fe|ren|tia|ti|on** *die;* -: das Absinken von Kristallen durch die Schwerkraft bei Erstarrung einer Schmelze (Geol.). **Gra|vi|ta|ti|ons|ener|gie** *die;* -: die durch die Schwerkraft aufbringbare Energie. **Gra|vi|ta|ti|ons|in|sta|bi|li|tät** *die;* -: Störung des Gleichgewichtszustandes infolge hoher Massenanziehung innerhalb eines kosmischen Objektes (Astron.). **Gra|vi|ta|ti|ons|kol|laps** *der;* -es, -e: Zusammenfallen eines Sternes am Ende seiner Entwicklung, nachdem seine inneren Energiereserven aufgebraucht sind (Astron.). **Gra|vi|ta|ti|ons|kon|stan|te** *die;* -: Naturkonstante, die zahlenmäßig der Kraft entspricht, die zwei 1 g schwere punktförmige Massen in 1 cm Abstand aufeinander ausüben. **Gra|vi|ta|ti|ons|quant** *das;* -s, -en: svw. Graviton. **gra|vi|tä|tisch** ⟨zu ↑Gravität⟩: ernst, würdevoll, gemessen. **gra|vi|tie|ren** ⟨unter Einfluß von *fr.* graviter aus gleichbed. *nlat.* gravitare, dies zu *lat.* gravitas „Schwere"⟩: a) vermöge der Schwerkraft auf einen Punkt hinstreben; b) sich zu etwas hingezogen fühlen. **Gra|vi|ti|no** *das;* -s, -s ⟨zu ↑Graviton, Analogiebildung zu ↑Neutrino⟩: hypothetisches Elementarteilchen des Gravitationsfeldes (Phys.). **Gra|vi|ton** *das;* -s, ...onen ⟨Kunstw. zu *lat.* gravis „schwer" u. ↑⁴...on⟩: Feldquant, Elementarteilchen des Gravitationsfeldes (Phys.); vgl. Quant
Gra|vur [...v...] *die;* -, -en ⟨latinisierte Form von ↑Gravüre; vgl. ...ur⟩: Darstellung, Zeichnung auf Metall od. Stein. **Gra|vü|re** *die;* -, -n ⟨aus gleichbed. *fr.* gravure zu graver, vgl. gravieren⟩: a) Erzeugnis der Gravierkunst (Kupfer-, Stahlstich); b) auf photomechanischem Wege hergestellte Tiefdruckform; c) Druck von einer auf photomechanischem Wege hergestellten Tiefdruckform
Gray [greɪ] *das;* -[e]s, - ⟨nach dem engl. Physiker L. H. Gray, 1905–1965⟩: Maßeinheit der Energiedosis; Zeichen Gy. **Gray-Code** [ˈgreɪkoːt] *der;* -s, -s ⟨zu ↑Code⟩: Bez. für eine Zahlenverschlüsselung (EDV)
Gra|zie [...i̯ə] *die;* -, -n ⟨aus gleichbed. *lat.* gratia bzw. Gratia⟩: 1. (ohne Plur.) Anmut, Liebreiz. 2. (meist Plur.) (in der röm. Mythologie eine der drei (den Chariten in der griech. Mythologie entsprechenden) Göttinnen der Anmut u. Schönheit
gra|zil ⟨unter Einfluß von gleichbed. *fr.* gracile aus *lat.* gracilis „schlank, mager"⟩: fein gebildet, zartgliedrig, zierlich. **Gra|zi|li|tät** *die;* - ⟨unter Einfluß von gleichbed. *fr.* gracilité aus *lat.* gracilitas, Gen. gracilitatis „Schlankheit"⟩: feine Bildung, Zartgliedrigkeit, Zierlichkeit
gra|zi|ös ⟨aus gleichbed. *fr.* gracieux, dies aus *lat.* gratiosus „wohlgefällig, lieblich"; vgl. Grazie u. ...ös⟩: anmutig, mit Grazie. **gra|zi|o|so** ⟨*it.;* zu *lat.* gratiosus; vgl. Grazie⟩: anmutig, mit Grazie (Vortragsanweisung; Mus.). **Gra|zi|o|so** *das;* -s, Plur. -s u. ...si: Satz von anmutigem, graziösem Charakter (Mus.)
grä|zi|sie|ren ⟨aus gleichbed. *lat.* graecissare, graecizare, dies aus *gr.* graikízein „Griechisch sprechen" zu Graikós „Grieche"⟩: in [alt]griech. Sprachform bringen. **Grä|zi|sie|rung** *die;* - ⟨zu ↑ ...ierung⟩: das Gräzisieren, das Gräzisiertwerden. **Grä|zis|mus** *der;* -, ...men ⟨aus *nlat.* graecismus, eigtl. „Gebrauch der griechischen Sprache"; vgl. ...ismus (4)⟩: altgriech. Spracheigentümlichkeit in einer nichtgriech. Sprache, bes. in der lateinischen; vgl. ...ismus/...istik. **Grä|zist** *der;* -en, -en ⟨zu ↑ ...ist⟩: jmd., der sich wissenschaftlich mit dem Altgriechischen befaßt [hat] (z. B. Hochschullehrer, Student). **Grä|zi|stik** *die;* - ⟨zu ↑ ...istik⟩: Wissenschaft von der altgriech. Sprache [u. Kultur]; vgl. ...ismus/...istik. **grä|zi|stisch** ⟨zu ↑ ...istisch⟩: a) das Ge-

Gräzität

biet des Altgriechischen betreffend; b) in der Art, nach dem Vorbild des Altgriechischen. **Grä|zi|tät** *die;* - ⟨aus *lat.* graecitas, Gen. graecitatis „das Griechische"⟩: Wesen der altgriech. Sprache u. Sitte. **Greek re|vi|val** ['griːk rɪ'vaɪvl] *das;* - -[s] ⟨aus gleichbed. *engl.* Greek revival zu Greek „griechisch" (dies zu *lat.* Graecus) u. revival „Wieder-, Neubelebung"⟩: klassizistische Richtung der engl. Architektur im frühen 19. Jh., die sich an Vorbildern des klassischen Griechenland orientierte

Green|ager ['griːneɪdʒɐ] *der;* -s, - ⟨Kunstw. aus *Green*horn u. Teen*ager*⟩: Kind zwischen Kleinkind- u. Teenageralter.

Gree|na|lith [griːna'lɪt] *der;* Gen. -s u. -en, Plur. -e[n] ⟨zu *engl.* green „grün" u. ↑...lith⟩: ein grünes Mineral aus der Gruppe der Sprödglimmer. **Green|back** ['griːnbæk] *der;* -[s], -s ⟨aus gleichbed. *engl.-amerik.* greenback, eigtl. „grüner Rücken"⟩: a) 1862 ausgegebene amerik. Schatzanweisung mit Banknotencharakter mit grünem Rückseitenaufdruck; b) (volkstümlich in den USA) US-Dollarnote.

Green|horn [...hɔːn] *das;* -s, -s ⟨aus gleichbed. *engl.* greenhorn, eigtl. „Tier mit grünem Gehörn"⟩: jmd., der auf einem für ihn neuen Gebiet zu arbeiten begonnen hat u. noch ohne einschlägige Erfahrungen ist; Neuling, Grünschnabel

Green|ockit[1] [griːnɔ'kɪt] *der;* -s, -e ⟨nach dem Entdecker des Minerals, Ch. M. Cathart, Lord Greenock (1783–1859), u. zu ↑[2]...it⟩: ein orangegelbes bis bräunliches Mineral, Kadmiumblende

Gree|no|vit [griːno'vɪt] *der;* -s, -e ⟨nach dem engl. Geologen G. B. Greenough († 1855) u. zu ↑[2]...it⟩: ein Mineral, manganartige Abart des ↑Titanits (1)

Green|peace ['griːnpiːs] *der;* - ⟨aus gleichbed. *engl.* Greenpeace, eigtl. „grüner Frieden"⟩: internationale Organisation von Umweltschützern, die sich aktiv-gewaltfrei mit spektakulären, das eigene Leben u. die Gesundheit nicht schonenden Aktionen gegen Walfischfang, Umweltverschmutzung, atomare Verseuchung u. Ä. zur Wehr setzen, z. B. indem sie mit Schiffen in die Schußlinie der Harpunen fahren od. sich an Giftmüllschiffe anhängen. **Greenroom** [...ruːm] *der;* -s, -s ⟨aus gleichbed. *engl.* green-room, eigtl. „grünes Zimmer"⟩: (veraltet) Konversationszimmer im engl. Theater für Schauspieler, Publikum u. Verfasser von Bühnenstücken

Green|wi|cher Zeit ['grɪnɪdʒɐ –, 'grɪnɪtʃɐ –] *die;* - - ⟨nach dem Londoner Stadtteil Greenwich⟩: westeurop. Zeit, bezogen auf den Nullmeridian, der durch Greenwich geht

Gre|ga|ri|nen *die* (Plur.) ⟨zu *lat.* gregarius „zur Herde gehörig", dies zu grex, Gen. gregis „Herde; Schar" (da diese Einzeller meist in großer Zahl vorkommen) u. ↑...ine⟩: einzellige tierische Schmarotzer im Innern von wirbellosen Tieren (Zool.). **gre|ga|ri|nös** ⟨zu ↑...ös⟩: von Gregarinen befallen

Grège [grɛːʒ] *die;* - ⟨aus *fr.* (soie) grège „ungezwirnt(e Seide)" zu *it.* greggio „roh", weitere Herkunft ungeklärt⟩: Rohseide[nfaden] aus 3–8 Kokonfäden, die nur durch den Seidenleim zusammengehalten werden

Gregg-Syn|drom *das;* -s ⟨nach dem austral. Ophthalmologen Sir N. McAllister Gregg (1892–1966) u. zu ↑Syndrom⟩: angeborener Defekt (Mißbildungskombination) bei Kindern, deren Mütter in den ersten Schwangerschaftsmonaten an Röteln erkrankt waren (Med.).

Gre|go|ria|nik *die;* - ⟨nach Papst Gregor I. (um 540–604) u. zu ↑...ik (3)⟩: a) die Kunst des Gregorianischen Gesangs; b) die den Gregorianischen Choral betreffende Forschung. **[1]Gre|go|ria|nisch** ⟨zu ↑Gregorianik⟩: von Gregor[ius] herrührend; -er Choral od. Gesang: einstimmiger, rhythmisch freier, unbegleiteter liturg. Gesang der kath. Kirche; Ggs. ↑Figuralmusik. **[2]Gre|go|ria|nisch** ⟨nach Papst Gregor XIII., 1502–1585⟩; in der Fügung -er Kalender: der von Papst Gregor XIII. 1582 eingeführte, noch heute gültige Kalender. **gre|go|ria|ni|sie|ren** ⟨zu ↑Gregorianik u. ↑...isieren⟩: in der Manier des Gregorianischen Gesangs komponieren. **Gre|gors|mes|se** *die;* - ⟨nach Papst Gregor I., vgl. Gregorianik⟩: im Spätmittelalter häufige Darstellung in der bildenden Kunst, auf der Christus dem vor dem Altar knienden Papst Gregor I. erscheint

Gre||lots [grə'loː] *die* (Plur.) ⟨aus *fr.* grelot „Schelle, Glocke", nach dem Aussehen der Verzierungen⟩: [als Randverzierung angebrachte] plastische Posamentenstickerei in Form von Knötchen u. kleinen Schlingen

Gre|mia|le *das;* -s, ...lien [...jən] ⟨aus gleichbed. *kirchenlat.* gremiale zu *mlat.* gremialis „zum Schoß gehörig"⟩: Schoßtuch des kath. Bischofs beim Messelesen. **Gre|mi|um** *das;* -s, ...ien [...jən] ⟨aus *spätlat.* gremium „Armvoll, Bündel" zu *lat.* gremium „Schoß"⟩: a) Gemeinschaft, beratende od. beschlußfassende Körperschaft; Ausschuß; b) (österr.) Berufsvereinigung

Gre|na|dier *der;* -s, -e ⟨aus gleichbed. *fr.* grenadier, urspr. „Handgranatenwerfer", zu grenade „Granate", eigtl. „Granatapfel(baum)"; dies *altfr.* (pome bzw. pume) grenate; vgl. Granatapfel⟩: a) Soldat der Infanterie (besonderer Regimenter); b) (ohne Plur.) unterster Dienstgrad eines Teils der Infanterie. **Gre|na|di||le** u. Granadille *die;* -, -n ⟨aus *fr.* grenadille „Passionsblume", dies aus *span.* granadilla „Blüte der Passionsblume" zu granada „Granatapfel"; vgl. Granatapfel⟩: eßbare Frucht verschiedener Arten von Passionsblumen

Gre|na|din [grəna'dɛ̃ː] *das* od. *der;* -s, -s ⟨aus gleichbed. *fr.* grenadin, nach der span. Stadt Granada⟩: kleine gebratene Fleischschnitte

[1]Gre|na|di||ne *die;* - ⟨aus gleichbed. *fr.* grenadine zu grenade; vgl. Grenadier⟩: Saft aus Granatäpfeln [Orangen u. Zitronen]

[2]Gre|na|di||ne *die;* - ⟨aus gleichbed. *fr.* grenadine, eigtl. „das aus (der span. Stadt) Granada Kommende"⟩: a) hart gedrehter Naturseidenzwirn; b) durchbrochenes Gewebe aus [2]Grenadine (a) in Leinenbindung (Webart)

Gre|nage [grə'naːʒ] *die;* -, -n [...ʒn̩] ⟨aus *fr.* grenage „das Körnen, Granulieren; das Aufrauhen einer glatten Fläche" zu grain „Korn, Körnchen", dies aus *lat.* granum⟩: (veraltet) matte Vergoldung [von Uhren]. **Gre|nail|len** [grə'na(l)jən] *die* (Plur.) ⟨aus gleichbed. *fr.* grenaille „Metallkörner, Kornabfall" zu grain, vgl. Grenage⟩: svw. Granalien

Grève [grɛːv] *die;* -, -n [...vən] ⟨aus gleichbed. *fr.* grève, eigtl. urspr. „Sand" (aus einem *frühlat.* Wort *grava), später im Namen eines Platzes in Paris (Place de Grève), auf dem sich Streikende u. Arbeitslose versammelten⟩: (veraltet) Streik, Ausstand. **Gre|vist** [gre'vɪst] *der;* -en, -en ⟨aus gleichbed. *fr.* gréviste⟩: (veraltet) Arbeitsloser, Streikender

Gré|vy|ze|bra [gre'vi...] *das;* -s, -s ⟨nach dem franz. republikanischen Präsidenten J. Grévy (1807–1891) u. zu ↑Zebra⟩: größte wildlebende Art der Zebras

Grey|hound ['greɪhaʊnd] *der;* -[s], -s ⟨aus gleichbed. *engl.* greyhound zu *altengl.* grīghund, dies aus grīg „Hund" u. hund „Jagdhund"⟩: 1. engl. Windhund. 2. Kurzform von ↑Greyhoundbus. **Grey|hound|bus** *der;* -ses, -se ⟨zu ↑[1]Bus⟩: ↑Omnibus des amerik. Konzerns The Greyhound Corp., der in den Vereinigten Staaten das wichtigste öffentliche Verkehrsmittel im Überlandverkehr darstellt

Gri|ba|ne *die;* -, -n ⟨aus gleichbed. *fr.* gribane, *normannisch* gribanne „eine Art Kasten"⟩: kleines, flaches Küstenschiff, zweimastige Barke der Normandie

Gri|blet|te *die;* -, -n ⟨aus gleichbed. *fr.* griblette, gebildet aus gril „Rost" u. riblette „Fleischschnitte"⟩: (veraltet) kleine, gespickte Fleischschnitte

Gri|bouil|lage [gribu'ja:ʒ] *die;* -, -n [...ʒn̩] ⟨aus gleichbed. *fr.* gribouillage zu gribouiller, vgl. gribouillieren⟩: svw. Griffonnage. **gri|bouil|lie|ren** [gribu'ji:...] ⟨aus gleichbed. *fr.* gribouiller, gebildet aus *gri*f(f)onner (vgl. griffonnieren) u. bar*bouiller* (vgl. barbouillieren)⟩: svw. griffonnieren

Grid|sy|stem *das;* -s, -e ⟨zu *engl.* grid „Gitter(netz)", Versorgung(snetz)" u. ↑ System⟩: Laufschienensystem in Film- u. Fernsehateliers zum Aufhängen von Scheinwerfern

grie|chisch-ka|tho|lisch ⟨zu *lat.* Graecus (dies aus gleichbed. *gr.* Graikós, nach dem ursprüngl. Verbreitungsgebiet) u. ↑katholisch⟩: 1. einer mit Rom ↑unierten orthodoxen Nationalkirche angehörend (die bei eigenen Gottesdienstformen in Lehre u. Verfassung den Papst anerkennt). 2. (veraltet) svw. griechisch-orthodox. **grie|chisch-or|tho|dox**: der von Rom (seit 1054) getrennten Ostkirche u. einer ihrer ↑autokephalen Nationalkirchen angehörend. **grie|chisch-rö|misch**: 1. (beim Ringen) nur Griffe oberhalb der Gürtellinie gestattend. 2. vgl. griechisch-katholisch. **grie|chisch-uniert** ⟨zu ↑unieren⟩: svw. griechisch-katholisch (1)

Grief [gri:f] *das;* -s, -s ⟨aus gleichbed. *fr.* grief zu grever „(jmdn.) belasten", dies aus *lat.* gravare, vgl. gravieren⟩: (veraltet) 1. Schaden. 2. Beschwerde

Grieve [gri:v] vgl. James Grieve

Grif|fon [grɪ'fõ:] *der;* -s, -s ⟨aus gleichbed. *fr.* griffon, eigtl. „Greif", dies aus (*spät*)*lat.* gryphus zu *gr.* grýps⟩: als Jagd- od. Schutzhund gehaltener, mittelgroßer, kräftiger Vorstehhund mit rauhem bis struppigem Fell

Grif|fon|nage [...'na:ʒ] *die;* -, -n [...ʒn̩] ⟨aus gleichbed. *fr.* griffonnage zu griffoner, vgl. griffonnieren⟩: (veraltet) Gekritzel, Geschreibsel. **Grif|fon|ne|ment** [...fɔn'mã:] *das;* -s, -s ⟨aus gleichbed. *fr.* griffonnement⟩: (veraltet) flüchtiger Entwurf. **Grif|fon|neur** [...'nø:ɐ̯] *der;* -s, -e ⟨aus gleichbed. *fr.* griffonneur⟩: (veraltet) a) Kritzler, jmd., der unleserlich schreibt; b) Vielschreiber, schlechter Schriftsteller. **grif|fon|nie|ren** ⟨aus gleichbed. *fr.* griffoner zu griff „Klaue, Kralle"⟩: (veraltet) a) kritzeln, schmieren; b) viel [u. minderwertig] schreiben

gri|gnar|die|ren [grinjar...] ⟨nach dem franz. Chemiker F. A. V. Grignard (1871–1935) u. zu ↑...ieren⟩: nach einem bestimmten Verfahren ↑Synthesen organische Stoffe bilden. **Gri|gnard|re|ak|ti|on** [grin'ja:r...] *die;* -, -en: Reaktion zur Synthese organischer Verbindungen mit Hilfe magnesiumorganischer Verbindungen. **Gri|gnard|ver|bin|dung** *die;* -, -en: Gruppe magnesiumorganischer chem. Verbindungen, die in der organischen Chemie für viele Synthesen Bedeutung hat

Grill *der;* -s, -s ⟨über *engl.* grill aus gleichbed. *fr.* gril (neben grille), zu *altfr.* graille, greille, dies aus *lat.* craticulum „Flechtwerk, kleiner Rost"⟩: Bratrost. **Grill|la|de** [gri'ja:də] *die;* -, -n ⟨aus gleichbed. *fr.* grillade⟩: gegrilltes Fleischstück. **Grill|lage** [gri'ja:ʒ] *die;* -, -n [...ʒn̩] ⟨aus gleichbed. *fr.* grillage⟩: 1. das Rösten von Erzen. 2. (veraltet) Gitterrost, Drahtgitter, Maschendraht. **gril|len**, **grillieren** [auch gri'ji:...] ⟨über *engl.* to grill aus gleichbed. *fr.* griller⟩: auf dem Grill braten. **Grill|et|te** *die;* -, -n ⟨zu ↑...ette⟩: (landsch.) gegrilltes Hacksteak. **gril|lie|ren** [gri'ji:...] ⟨zu ↑...ieren⟩: svw. grillen. **Grill|par|ty** *die;* -, Plur. -s u. ...ties: [im Freien veranstaltete] Party, bei der [gemeinsam] gegrillt wird. **Grill|re|stau|rant** *das;* -s, -s: Restaurant, in dem hauptsächlich Grillgerichte serviert werden. **Grill-room** [...ru:m] *der;* -s, -s ⟨aus gleichbed. *engl.* grill-room⟩: Restaurant od. Speiseraum in einem Hotel, in dem hauptsächlich Grillgerichte [zubereitet u.] serviert werden

Gri|mas|se *die;* -, -n ⟨aus gleichbed. *fr.* grimace zu *altfr.* grimuc(h)e „Fratze, groteske Figur", vermutlich aus dem Germ.⟩: eine bestimmte innere Einstellung, Haltung o. ä. durch verzerrte Züge wiedergebender Gesichtsausdruck; Fratze. **gri|mas|sie|ren** ⟨zu ↑...ieren⟩: das Gesicht verzerren, Fratzen schneiden

Grime|lin [grim'lɛ:] *der;* -s, -s ⟨aus gleichbed. älter *fr.* grimelin, eigtl. „kleiner Junge, Schüler"⟩: (veraltet) knauseriger Spieler. **Grime|li|nage** [grimli'na:ʒ] *die;* -, -n [...ʒn̩] ⟨aus gleichbed. *fr.* grimelinage⟩: (veraltet) a) Knauserei, Geiz beim Spiel; b) durch Knauserei, Geiz erworbener Gewinn

Grim|shaw ['grɪmʃɔ:] *der;* -[s], -s ⟨*engl.;* nach dem Namen des Erstdarstellers⟩: durch Lenkung erzwungene Verstellung eines [schwarzen] Langschrittlers (Dame, Turm o. ä.) als thematische Idee in Schachaufgaben

Grin|go *der;* -s, -s ⟨aus gleichbed. *span.* gringo zu griego „Grieche" (zu hablar en griego „unverständlich reden", eigtl. „griechisch reden"), dies aus *lat.* Graecus „griechisch, Grieche"⟩: (abwertend) Bezeichnung des Nichtromanen im span. Südamerika

Gri|ot [gri'o:] *der;* -s, -s ⟨aus gleichbed. *fr.* griot, weitere Herkunft unsicher⟩: eine Art Zauberer in Westafrika

grip|pal ⟨zu ↑Grippe u. ↑'...al (1)⟩: a) die Grippe betreffend; b) von einer Grippe herrührend; mit Fieber u. ↑Katarrh verbunden; **-er Infekt**: mit Schnupfen, Husten u. erhöhter Temperatur einhergehende Infektion. **Grip|pe** *die;* -, -n ⟨aus gleichbed. *fr.* grippe, eigtl. „Grille, Laune", zu gripper „nach etwas haschen, greifen" (weil die Krankheit einen plötzlich u. launenhaft befällt), dies wohl aus *altfränk.* *grīpan „greifen"⟩: mit Fieber u. Katarrh verbundene [epidemisch auftretende] Virusinfektionskrankheit. **Grip|pe|epi|de|mie** *die;* -, ...ien [...i:ən]: epidemisch auftretende Grippe. **Grip|pe|pneu|mo|nie** *die;* -, ...ien [...i:ən]: gefährliche, durch Grippe hervorgerufene Lungenentzündung (Med.). **grip|po|id** ⟨zu ↑Grippe u. ↑...oid⟩: svw. grippös. **grip|pös** ⟨zu ↑...ös⟩: grippeartig (Med.)

Gri|qua|it [auch ...'ɪt] *der;* -s, -e ⟨nach den Griqua, einem Volk in Südafrika, u. zu ↑²...it⟩: ein aus ↑¹Granat u. ↑ Diopsid bestehendes Gestein (Geol.)

Gri|saille [gri'za:j] *die;* -, -n [...jən] ⟨aus gleichbed. *fr.* grisaille zu gris „grau" (germ. Wort)⟩: 1. a) Malerei in grauen (auch braunen od. grünen) Farbtönen; b) Gemälde in grauen (auch braunen od. grünen) Farbtönen. 2. (ohne Plur.) Seidenstoff aus schwarzem u. weißem Garn. **Gri|seo|ful|vin** [...'vi:n] *das;* -s ⟨zu *mlat.* griseus „grau", *lat.* fulvus „rötlichgelb" u. ↑...in⟩: von verschiedenen Schimmelpilzarten gebildetes ↑ Antibiotikum. **Gri|set|te** *die;* -, -n ⟨aus gleichbed. *fr.* grisette, eigtl. „Kleid aus grauem Stoff" (wie es von den Näherinnen getragen wurde)⟩: 1. a) junge [Pariser] Näherin, Putzmacherin; b) leichtfertiges junges Mädchen. 2. eine Pastetenart

Gris|ly|bär u. **Grizzlybär** ['grɪsli...] *der;* -en, -en ⟨aus gleichbed. *engl.-amerik.* grizzly (bear), eigtl. „Graubär", zu grizzle „grau", dies aus *altfr.* grisel⟩: dunkelbrauner amerik. Bär (bis 2,30 m Körperlänge). **Gri|son** [gri'zõ:] *der;* -s, -s ⟨aus *fr.* grison, eigtl. „Grautier", zu gris „grau"⟩: in Mittel- u. Südamerika heimischer, einem Dachs ähnlicher Marder mit oberseits hellgrauem Fell

Gris|si|no *der;* -, ...ni (meist Plur.) ⟨aus gleichbed. *it.* grissi-

Grit

no, weitere Herkunft unsicher⟩: kleine, knusprige Weizenbrotstange nach ital. Art

Grit *der;* -s, -e ⟨aus gleichbed. *engl.* grit, eigtl. „Grobes, Körniges" (idg. Wort)⟩: a) [Mühlen]sandstein; b) grober Sand

gri|ve|liert [...v...] ⟨nach gleichbed. *fr.* grivelé zu grive „Drossel", weitere Herkunft unsicher⟩: weiß u. grau gesprenkelt. **Gri|vet** [...'vɛ] *der;* -s, -s [...'vɛ(s)] ⟨aus gleichbed. *fr.* grivet⟩: ein meerkatzenartiger Affe mit grauem Fell

Gri|wen|nik *der;* -[s], -i ⟨aus gleichbed. *russ.* grivennik zu grivnja „Geldstück"⟩: a) russ. silbernes 10-Kopeken-Stück (geprägt ab 1699); b) allg. Bez. für alle 10-Kopeken-Münzen. **Gri̯w|na** *die;* -, ...ni ⟨aus gleichbed. *russ.* grivnja zu griva „Schmuck, Gewicht, Geldstück"⟩: älteste russ. Gewichts-, Rechen- u. Geldeinheit

Grizz|ly|bär ['grɪslɪ...] vgl. Grislybär

Groat [groʊt] *der;* -s, -s ⟨aus gleichbed. *engl.* groat, dies aus *spätlat.* grossus, vgl. ¹Gros⟩: [brit.] Silbermünze im Wert von 4 Pence

Gro|bi|an *der;* -[e]s, -e ⟨Scherzbildung zu *dt.* grob u. der lat. Namensendung -ian(us), in Anlehrung an Heiligennamen wie Cyprian(us), Damian(us)⟩: ungehobelter, rücksichtsloser Kerl. **gro|bi̯a|nisch**: in der Art eines Grobians; **-e Dichtung**: Dichtung des 15. u. 16. Jh.s, die grobes, unflätiges Verhalten (bes. bei Tisch) ironisch u. satirisch darstellte. **Gro|bi̯a|nis|mus** *der;* - ⟨zu ↑...ismus (1)⟩: svw. grobianische Dichtung

Gro|cha|nit [auch ...'nɪt] *der;* -s, -e ⟨nach dem Fundort Grochan bei Frankenstein in Schlesien u. zu ↑²...it⟩: aluminiumreicher ↑ Klinochlor

Grog *der;* -s, -s ⟨aus gleichbed. *engl.* grog, nach dem Spitznamen des engl. Admirals Vernon „Old Grog"⟩: heißes Getränk aus Rum (auch Arrak od. Weinbrand), Zucker u. Wasser. **grog|gy** ['grɔgi] ⟨aus gleichbed. *engl.-amerik.* groggy, eigtl. „vom Grog betrunken"⟩: a) schwer angeschlagen, nicht mehr zu etw. (z. B. zum Kämpfen) fähig; b) (ugs.) angeschlagen; müde, erschöpft

Gro|gneur [grɔn'jøːɐ] *der;* -s, -s ⟨aus gleichbed. *fr.* grogneur zu grogner, vgl. grognieren⟩: (veraltet) Brummbär, mürrischer Mensch. **gro|gnie|ren** [grɔn'jiː...] ⟨aus gleichbed. *fr.* grogner, dies aus *lat.* grunnire, andere Form von grundire⟩: (veraltet) grunzen, brummen, murren

gro|lie|resk [grolje...] ⟨nach dem franz. Bibliophilen Grolier de Servières (1479–1565) u. zu ↑...esk⟩: in der Art eines Grolier-Einbandes (Maroquin- od. Kalbsledereinband mit farbigen od. goldenen Verzierungen)

Gro|ma *die;* -, ...mae [...mɛ] ⟨aus gleichbed. *lat.* groma zu *gr.* gnōma „Feldmeßgerät", eigtl. „Kennzeichen"⟩: Nivellier- u. Meßgerät der röm. ↑ Agrimensoren. **Gro|ma|tik** *die;* - ⟨zu ↑²...ik (1)⟩: die altröm. Feldmeßkunst. **Gro|ma|ti|ker** *der;* -s, -: altröm. Feldvermesser

Groom [gru:m] *der;* -s ⟨aus gleichbed. *engl.* groom, dies aus *mittelengl.* grome, eigtl. „Knabe", weitere Herkunft ungeklärt⟩: engl. Bez. für: a) Reitknecht u. b) (veraltet) junger Diener, Page

Groo|ving ['gruːvɪŋ] *das;* -[s] ⟨aus gleichbed. *engl.* grooving, Gerundium von to groove „furchen, (auf)rillen"⟩: Herstellung einer aufgerauhten Fahrbahn mit Rillen (auf Startpisten, Autobahnen)

¹Gros [groː] *das;* - [groː(s)], - [groːs] ⟨aus gleichbed. *fr.* gros zu gros „groß, dick", dies aus *spätlat.* grossus „dick"⟩: überwiegender Teil einer Personengruppe

²Gros *das;* Grosses, Grosse (aber: 6 -) ⟨über *niederl.* gros aus gleichbed. *fr.* grosse (douzaine) „großes (Dutzend)"; vgl. ¹Gros⟩: 12 Dutzend = 144 Stück

Groß|ad|mi|ral *der;* -s, Plur. -e u. ...äle ⟨zu ↑ Admiral⟩: höchster dt. Seeoffiziersrang der früheren dt. Marinen, der dem des Generalfeldmarschalls entsprach. **Groß|al|mo|se|nier** *der;* -s, -e ⟨zu ↑ Almosenier⟩: oberster Geistlicher des ↑ Klerus am franz. Hof (seit dem 15. Jh.). **Groß|dyn** *das;* -s, - ⟨zu ↑ Dyn⟩: svw. Dyn

Gros|sesse ner|veuse [grosɛnɛr'vøːz] *die;* - -, -s -s [...'vøːz] ⟨aus gleichbed. *fr.* grossesse nerveuse zu gros „schwanger", eigtl. „dick" (vgl. ¹Gros) u. nerveux, vgl. nervös⟩: eingebildete Schwangerschaft (Med.)

Gros|si vgl. Grosso

Groß|in|qui|si|tor *der;* -s, -en ⟨zu ↑ Inquisitor⟩: oberster Richter der span. ↑ Inquisition

Gros|sist *der;* -en, -en ⟨für älteres Grossierer, dies aus gleichbed. *fr.* marchand grossier; vgl. ¹Gros u. ...ist⟩: Großhändler

groß|ka|li|brig ⟨zu ↑ Kaliber⟩: einen großen Durchmesser habend (von Geschützrohren od. Geschossen). **Groß|koph|ta** [...kɔfta] *der;* -s ⟨nach dem angeblichen Gründer der ägypt. Freimaurerei; Herkunft unsicher⟩: Leiter des von Cagliostro [kal'jɔstro] gestifteten Freimaurerbundes (um 1770). **Groß|kor|don** [...dõː, auch ...'doːn] *der;* -s ⟨zu ↑ Kordon⟩: höchste Klasse der Ritter- u. Verdienstorden. **Groß|mo|gul** *der;* -s, -n ⟨zu ↑ Mogul⟩: 1. Titel nordindischer Herrscher (16. bis 19. Jh.). 2. (ohne Plur.) einer der größten Diamanten. **Groß|muf|ti** *der;* -s, -s ⟨zu ↑ Mufti⟩: Titel des Rechtsgelehrten Husaini von Jerusalem

Gros|so *der;* -, ...si ⟨aus gleichbed. *it.* grosso zu *mlat.* grossus (denarius) „Dick(pfennig)", dies aus *lat.* grossus „dick, grob"⟩: Bez. für ital. Vor- u. Frühformen von Groschenmünzen. **Gros|so|han|del** *der;* -s ⟨zu *it.* in grosso „im Großen"⟩: (veraltet) Großhandel. **gros|so mo|do** (*spätlat.;* „auf grobe Weise"⟩: im großen ganzen

Gros|su|lar *der;* -s, -e ⟨aus *nlat.* grossularia „Stachelbeere" (wegen der stachelbeerähnlichen Färbung) zu *lat.* grossulus „kleine, unreife Feige"⟩: grüne u. gelbgrüne Abart des ↑ ¹Granats

Groß|we|sir *der;* -s, -e ⟨zu ↑ Wesir⟩: 1. hoher islam. Beamter, der nur dem Sultan unterstellt ist. 2. (ohne Plur.) Titel des türk. Ministerpräsidenten (bis 1922)

Grosz [grɔʃ] *der;* -, -e (aber: 10 -y) ⟨aus *poln.* grosz „Groschen"⟩: Untereinheit des ↑ Zloty, poln. Münzeinheit (= 0,01 Zloty)

gro|tesk ⟨über *fr.* grotesque aus gleichbed. *it.* grottesco, zunächst in Fügungen wie grottesca pittura „Malerei, wie man sie in Grotten u. Kavernen gefunden hat", zu grotta, vgl. Grotte⟩: a) durch eine Übersteigerung od. Verzerrung absonderlich, phantastisch wirkend; b) absurd, lächerlich. **Gro|tesk** *die;* - ⟨Phantasiebildung; vermutlich wegen ihres ungewöhnlich wirkenden Schriftbildes⟩: gleichmäßig starke Antiquaschrift ohne ↑ Serifen. **Gro|tes|ke** *die;* -, -n ⟨Substantivierung zu ↑ grotesk⟩: 1. phantastisch geformtes Tier- u. Pflanzenornament der Antike u. Renaissance. 2. Erzählform, die Widersprüchliches, z. B. Komisches u. Grauenerregendes, verbindet. 3. svw. Grotesktanz. **Gro|tesk|film** *der;* -[e]s, -e: Lustspielfilm mit oft völlig sinnloser ↑ Situationskomik (z. B. Pat u. Patachon). **Gro|tesk|tanz** *der;* -es, ...tänze: karikierender Tanz mit drastischen Übertreibungen u. verzerrenden Bewegungen

Grot|te *die;* -, -n ⟨aus *it.* grotta „Höhle", dies über *vulgärlat.* crupta „unterirdisches Gewölbe, Gruft" aus *lat.* crypta, vgl. Krypta⟩: malerische, oft in Renaissance- u. Barockgärten künstlich gebildete Felsenhöhle. **Grot|to** *das;* -s, Plur. ...ti, auch -s ⟨aus *lombardisch* grotto „Weinkeller", dies aus *it.* grotta, vgl. Grotte⟩: Tessiner Weinschenke

Ground|ho|stess ['graʊnt...] *die;* -, -en ⟨aus gleichbed.

engl.-amerik. groundhostess zu *engl.* ground „(Erd)boden" u. ↑Hosteß⟩: Angestellte einer Fluggesellschaft, der die Betreuung der Fluggäste auf dem Flughafen obliegt **Grou|pie** ['gru:pi] *das;* -s, -s ⟨aus gleichbed. *engl.* groupie zu group „(Musik)gruppe", dies über *fr.* groupe „Gruppe" zu *it.* gruppo „Ansammlung, Schar, Gruppe", weitere Herkunft ungeklärt⟩: a) weiblicher ↑Fan, der immer wieder versucht, in möglichst engen Kontakt mit der von ihm bewunderten Person zu kommen; b) zu einer Gruppe, Organisation außerhalb der etablierten Gesellschaft gehörendes Mädchen. **Group|ware** ['gru:pwɛɐ] *die;* -, -s ⟨zu *engl.* group (vgl. Groupie); Analogiebildung zu ↑Software⟩: durch Gruppenbefragung bzw. Anwendererfahrung erzielte Problemlösung (EDV) **Growl** [graul] *der* od. *das;* -s, -s ⟨aus *engl.* growl „das Brummen" zu to growl „brummen, knurren"⟩: (im Jazz) spezieller Klangeffekt, bei dem vokale Ausdrucksmittel auf Instrumenten nachgeahmt werden **grub|ben** ⟨aus *engl.* to grub „graben, wühlen"⟩: svw. grubbern. **Grub|ber** *der;* -s, - ⟨aus gleichbed. *engl.* grubber⟩: mit einer ungeraden Anzahl von Zinken versehenes, auf vier Rädern laufendes Gerät zur Bodenbearbeitung (Eggenpflug); vgl. Kultivator. **grub|bern:** a) mit dem Grubber arbeiten; b) mit dem Grubber bearbeiten, lockern **Gru|mes|zenz** *die;* - ⟨aus gleichbed. *nlat.* grumescentia zu *lat.* grumus (vgl. Grumus) u. ↑...enz⟩: (veraltet) das Gerinnen. **gru|mös** ⟨zu ↑...ös⟩: (veraltet) geronnen, dick, klumpig. **Gru|mus** *der;* -, ...mi ⟨aus *lat.* grumus „Erdhaufen"⟩: (veraltet) Geronnenes **Grund|baß** *der;* ...basses ⟨zu ↑Baß⟩: 1. Reihe der tiefsten Töne eines Musikwerkes als Grundlage seiner Harmonie. 2. svw. Fundamentalbaß. **grun|die|ren** ⟨zu *dt.* Grund u. ↑...ieren⟩: auf etw. den ersten Anstrich, die erste Farb- od. Lackschicht als Untergrund auftragen **Grü|ne|rit** [auch ...'rɪt] *der;* -s, -e ⟨nach dem franz. Chemiker E. L. Gruner (1809–1883) u. zu ↑²...it⟩: ein Mineral aus der Gruppe der ↑Amphibole **Grunge** [grʌndʒ] *der;* -s ⟨aus gleichbed. *amerik.* grunge zu grungy „schmutzig, ungewaschen, stinkend"⟩: (Jargon) a) extreme Richtung des Hard Rock, die sich durch einen bes. lauten u. aggressiven Sound auszeichnet; b) durch bewußt schlampige u. nachlässige Kleidung auffallendes Äußeres **Grupp** *der;* -s, -s ⟨aus *fr.* group „versiegelter Geldsack", dies aus *it.* gruppo „Ansammlung, Schar"⟩: aus Geldrollen bestehendes, zur Versendung bestimmtes Paket. **Grup|pen|dy|na|mik** *die;* - ⟨zu ↑Dynamik⟩: a) koordiniertes Zusammenwirken, wechselseitige Steuerung des Verhaltens der Mitglieder einer Gruppe bzw. Verhältnis des Individuums zur Gruppe; b) Wissenschaft von der Gruppendynamik (a). **grup|pen|dy|na|misch:** die Gruppendynamik betreffend, zu ihr gehörend. **Grup|pen|päd|ago|gik** *die;* -: wissenschaftliche Erforschung u. pädagogische Methode der Gruppenerziehung. **Grup|pen|sex** *der;* -[es]: sexuelle Betätigung von mehr als zwei Personen gleichzeitig, häufig mit wechselnden Partnern. **Grup|pen|the|ra|pie** *die;* -, ...ien [...i:ən]: a) gleichzeitige Behandlung mehrerer Patienten (Med.); b) ↑psychotherapeutische Behandlung einer Gruppe von Patienten unter gruppendynamischen Aspekten (Psychol.). **grup|pie|ren** ⟨zu *dt.* Gruppe u. ↑...ieren⟩: nach Gruppen, in Gruppen ordnen, wirkungsvoll zusammenstellen. **Grup|po|id** *das;* -s, -e ⟨zu ↑...oid⟩: eine Menge, in der eine zweistellige Verknüpfung definiert ist (Math.)

Gru|si|cal ['gru:zikl] *das;* -s, -s ⟨anglisierende Neubildung zu *dt.* gruseln nach dem Vorbild von ↑Musical⟩: nach Art eines Musicals aufgemachter Gruselfilm

Gruy|ère [gry'jɛ:r] *der;* -s ⟨nach der Schweizer Landschaft Gruyère (*dt.* Greyerz)⟩: ein dem Emmentaler ähnlicher Hartkäse. **Gruy|ère|kä|se** *der;* -s, -: svw. Gruyère

Gry|po|the|ri|um *das;* -[s], ...ien [...jən] ⟨aus gleichbed. *nlat.* grypotherium zu *gr.* grypós „gekrümmt" u. thēríon „Tier"⟩: ein ausgestorbenes Riesenfaultier

G-String ['dʒi:strɪŋ] *die;* -, -s od. *der;* -s, -s ⟨aus gleichbed. *engl.* G-string, eigtl. „G-Saite" (einer Geige)⟩: oft von [Striptease]tänzerinnen als Slip getragenes Kleidungsstück, das aus einem nur die Geschlechtsteile bedeckenden Stoffstreifen besteht, der an einer um die Hüften geschlungenen Schnur befestigt ist

Gua|jak|baum *der;* -[e]s, ...bäume ⟨aus gleichbed. *span.* guayaco, dies aus dem Taino (karib. Indianersprache)⟩: im tropischen Mittelamerika beheimateter Baum. **Gua|jak|harz** *das;* -es: als Heilmittel verwendetes Harz des Guajakbaumes. **Gua|jak|holz** *das;* -es: hartes, harzhaltiges, olivbraunes bis schwarzgrünes steifiges Holz des Guajakbaumes, das für den Schiffbau u. Drechslerarbeiten verwendet wird. **Gua|ja|kol** *das;* -s ⟨Kurzw. aus Guajak u. ↑Alkohol⟩: ein aromatischer Alkohol, der als ↑Antiseptikum u. ↑Expektorans verwendet wird. **Gua|jak|pro|be** *die;* -, -n: Untersuchung auf Blut in Stuhl, Urin u. Magensaft (Med.). **Gua|jak|tink|tur** *die;* -, -en: svw. Guajakol

Gua|ja|ve [...və], auch Guave [...və] *die;* -, -n ⟨aus gleichbed. *span.* guayaba, dies aus einer mittelamerik. Indianersprache⟩: tropische Frucht in Apfel- od. Birnenform

Gua|na|ko u. Huanaco *das,* älter *der;* -s, -s ⟨über *span.* guanaco aus gleichbed. *Ketschua* (einer südamerik. Indianersprache) huanaco⟩: Stammform des ↑Lamas, zur Familie der Kamele gehörendes Tier mit langem, dichtem Haarkleid (in Südamerika)

Gua|ni|din *das;* -s ⟨zu ↑Guano, ↑²...id u. ↑...in (1)⟩: zur Herstellung von Kunstharzen, Arzneimitteln, Farbstoffen u. Sprengstoffen verwendete, stärkste basische Stickstoffverbindung. **Gua|nin** *das;* -s ⟨zu ↑Guano u. ↑...in (1)⟩: Bestandteil der ↑Nukleinsäuren. **Gua|no** *der;* -s ⟨über *span.* guano aus gleichbed. *Ketschua* (einer südamerik. Indianersprache) huanu⟩: an den regenarmen Küsten von Peru u. Chile abgelagerter Vogelmist, der als Phosphatdünger verwendet wird

Gua|ra|cha [gua'ratʃa] *die,* auch *der;* -, -s ⟨aus gleichbed. *amerik.-span.* guaracha, weitere Herkunft unsicher⟩: span.-kuban. Volkstanz im lebhaft wechselnden ¾- u. ²/₄-Takt, dessen Tempo sich bis zum Schluß ständig steigert **Gua|ra|ni**, offizielle Schreibung Guaraní *der;* -, - ⟨nach der indian. Volksgruppe der Tupí-Guaraní⟩: Währungseinheit in Paraguay

Guar|da|in|fan|te [guarda...] *der;* -s, -[s] ⟨*span.;* aus guarda „Wache" u. infante „kleiner Junge; Infant" bzw. „kleines Mädchen; Infantin"⟩: vorn u. hinten abgeflachte, seitlich ausladende Form des Reifrockes, der bis ins 18. Jh. die span. Hofmode bestimmte. **Guar|dia ci|vil** [– si'vɪl] *die;* - - ⟨aus gleichbed. *span.* guardia civil⟩: spanische ↑Gendarmerie. **Gu|ar|di|an** *der;* -s, -e ⟨aus *mlat.* guardianus „Wächter"; vgl. Garde⟩: Vorsteher eines Konvents der ↑Franziskaner u. ↑Kapuziner

Guar|ne|ri *die;* -, -s ⟨nach der ital. Geigenbauerfamilie Guarneri aus Cremona⟩: Geige aus der Werkstatt der Guarneri **Gu|asch** vgl. Gouache

Gua|ve [...və] vgl. Guajave

Gu|ba *die;* -, -s ⟨aus gleichbed. *ung.* guba, eigtl. „langwolliges, grobes Zeug"⟩: mantelartiges Übergewand mit od.

Gubernator

ohne Ärmel aus grobem Wollstoff in Schwarz, Grün od. Weiß in der ung.-rumän. Bauerntracht seit dem 18. Jh.

Gu|ber|na|tor *der;* -s, ...oren ⟨aus *lat.* gubernator „Steuermann, Lenker, Leiter" zu gubernare „steuern, lenken"⟩: im zaristischen Rußland oberster Beamter eines Guberniums, Gouverneur. **Gu|ber|ni|um** *das;* -s, ...ien [...i̯ən] ⟨aus spätlat. gubernium „Verwaltungsbezirk"⟩: (veraltet) svw. Gouvernement

Gud|mun|dit [auch ...'dɪt] *der;* -s, -e ⟨nach dem schwed. Fundort Gudmundstorp u. zu ↑²...it⟩: ein weißes Mineral von metallischem Glanz

Gu|dok *der;* -s, -s ⟨aus gleichbed. *russ.* gudok, eigtl. „Hupe, Sirene"⟩: altes russ. Streichinstrument mit 3 Saiten

Gu|dscha|ra|ti [gʊdʒa...] *das;* -s ⟨aus *Hindi* gujarati⟩: moderne indische Sprache

Gué [ge:] *der;* -s ⟨aus gleichbed. *fr.* gué, dies aus *lat.* vadum⟩: (veraltet) Furt, seichte Stelle, Untiefe

Gue|del|tu|bus ['gju:dl...] *der;* -, Plur. ...ben u. -se ⟨nach dem amerik. Anästhesisten A. E. Guedel (1883–1956) u. zu ↑Tubus⟩: aus Gummi gefertigter, gekrümmter Tubus mit scheibenförmigem Mundstück, der zur Freihaltung der Luftwege z. B. bei Bewußtlosigkeit od. Narkosebeatmung in den Rachen eingeführt wird (Med.)

Guel|fe [auch 'gɛlfə] *der;* -n, -n ⟨aus *it.* guelfo, eigtl. „Welfe"; nach dem it. Fürstengeschlecht der Welfen⟩: Anhänger päpstl. Politik, Gegner der ↑Gibellinen

Guê|piè|re [gɛ'pjɛ:r] *die;* -, -n [...rən] ⟨aus gleichbed. *fr.* guêpière, eigtl. „Schnürkorsett", zu guêpe „Wespe", dies aus *lat.* vespa⟩: korsettartiger Miedergürtel zum Einengen der Taille

Gue|ri|don [geri'dõ:] *der;* -s, -s ⟨aus gleichbed. *fr.* guéridon, nach dem Namen einer Figur in einer Posse von 1644, die einen Leuchter trug⟩: (veraltet) kleiner runder Tisch mit einem Fuß

¹Gue|ril|la [ge'rɪlja] *die;* -, -s ⟨über *fr.* guérilla aus gleichbed. *span.* guerrilla zu guerra „Krieg", dies aus *altfränk.* *werra „Verwirrung, Streit"⟩: a) Kleinkrieg, den irreguläre Einheiten der einheimischen Bevölkerung gegen eine Besatzungsmacht od. im Rahmen eines Bürgerkriegs führen; b) einen Kleinkrieg führende Einheit. **²Gue|ril|la** *der;* -[s], -s (meist Plur.) ⟨zu ¹Guerilla⟩: Angehöriger einer ¹Guerilla (b). **Gue|ril|le|ro** [...'je:ro] *der;* -s, -s ⟨über *fr.* guérillero aus gleichbed. *span.* guerrillero⟩: Untergrundkämpfer in Südamerika

Gué|rin|frak|tur [ge'rɛ̃...] *die;* -, -en ⟨nach dem franz. Chirurgen A. F. M. Guérin (um 1817 bis 1895) u. zu ↑Fraktur⟩: ein- od. beidseitige Fraktur des Oberkiefers in Höhe des harten Gaumens infolge Gewalteinwirkung im Bereich der Nasenöffnung (Med.)

Guern|sey|li|lie ['gɜ:nzɪ...] *die;* -, -n ⟨nach der engl. Insel Guernsey im Ärmelkanal, an deren Küste sich diese Gewächse verbreiteten, nachdem ein mit Blumenzwiebeln beladenes Schiff aus Afrika Schiffbruch erlitt u. die Zwiebeln an die Insel angeschwemmt wurden⟩: ein [afrik.] Narzissengewächs mit roten Blüten

Guer|ri|glie|ro [guɛril'je:ro] *der;* -, ...ri ⟨aus gleichbed. *it.* guerrigliero, dies aus *span.* guerrillero, vgl. Guerillero u. ¹Guerilla⟩: ital. Partisan (des 2. Weltkriegs)

Guet [ge:, fr. gɛ] *der;* -[s], -s [ge:(s), gɛ(s)] ⟨aus gleichbed. *fr.* guet zu guetter „(auf jmdn.) lauern, aufpassen", dies aus *fränk.* *wahtôn (*ahd.* wachēn) „wachen"⟩: (veraltet) Wache. **Guet|teur** [gɛ'tø:r] *der;* -s, -e ⟨aus gleichbed. *fr.* guetteur⟩: (veraltet) Wächter, Aufseher

Gui|chet [gi'ʃe:, fr. gi'ʃɛ] *der;* -[s], -s [gi'ʃe:(s), gi'ʃɛ(s)] ⟨aus gleichbed. *fr.* guichet, weitere Herkunft unsicher⟩: (veraltet) a) Pforte, kleine Tür in einer großen (bes. in Gefängnissen); b) Schalter; c) Schiebefenster. **Guiche|tier** [giʃ'tje:] *der;* -s, -s ⟨aus gleichbed. *fr.* guichetier⟩: (veraltet) Pförtner, Gefängniswärter

Guide [gi:t, fr. gid, engl. gaɪd] *der;* -s, -s ⟨aus gleichbed. *fr.* bzw. *engl.* guide (germ. Wort)⟩: 1. Reisebegleiter; jmd., der Touristen führt. 2. Reiseführer, -handbuch. **Guide-main** [gid'mɛ̃:] *der;* -s, -s ⟨aus gleichbed. *fr.* guide-main, eigtl. „Handführer"⟩: (veraltet) Vorrichtung zum Geradehalten der Hände u. Arme beim Klavierspiel. **Gui|don** [gi'dõ:] *der;* -s, -s ⟨aus gleichbed. *fr.* guidon⟩: (veraltet) 1. a) Standarte; b) Standartenträger. 2. Visierkorn. 3. Handbuch, Leitfaden. 4. Hinweis-, Korrekturzeichen (Buchw.)

Gui|do|ni|sche Hand [gui... –] *die;* -n ⟨nach dem ital. Musiktheoretiker Guido von Arezzo, 980–1060⟩: Darstellung der Solmisationssilben (vgl. Solmisation) durch Zeigen auf bestimmte Stellen der offenen linken Hand zur optischen Festlegung einer Melodie (Mus.)

Gui|gnol [gin'jɔl] *der;* -s, - ⟨aus gleichbed. *fr.* guignol⟩: Kasperle des franz. Puppentheaters, Hanswurst des Lyoner Puppenspiels

Gui|gnon [gin'jõ:] *das;* -s ⟨aus gleichbed. *fr.* guignon zu guigner „mit etw. liebäugeln, nach etw. schielen"⟩: (veraltet) Pech, Unglück [im Spiel]

Guild|hall ['gɪldhɔ:l] *die;* - ⟨aus gleichbed. *engl.* guildhall, eigtl. „Gildenhalle"⟩: Rathaus in England (bes. in London)

Guil|dive [gil'di:v] *die;* - ⟨aus gleichbed. *fr.* guildive, weitere Herkunft unbekannt⟩: (veraltet) eine Art Zuckerbranntwein

Guille|met [gij'mɛ] *das;* -s, -s [...'mɛ(s)] ⟨aus gleichbed. *fr.* guillemet, nach dem angeblichen Erfinder dieses Zeichens, Guillemet (16. Jh.)⟩: (veraltet) Anführungszeichen, Gänsefüßchen

Guil|loche [gi'jɔʃ, gɪl'jɔʃ] *die;* -, -n [...ʃn] ⟨aus *fr.* guilloche „Grabstichel" zu guillocher, vgl. guillochieren⟩: 1. verschlungene Linienzeichnung auf Wertpapieren od. zur Verzierung auf Metall, Elfenbein, Holz. 2. Werkzeug zum Anbringen verschlungener [Verzierungs]linien. **Guil|lo|cheur** [...'ʃø:r] *der;* -s, -e ⟨aus gleichbed. *fr.* guillocheur⟩: Linienstecher. **guil|lo|chie|ren** [...'ʃi:...] ⟨aus *fr.* guillocher „mit verschlungenen Windungen verzieren"⟩: Guillochen stechen

Guil|lo|ti|na|de [gijo...] *die;* -, -n ⟨zu ↑Guillotine u. ↑...ade⟩: (veraltet) Hinrichtung durch das Fallbeil. **Guil|lo|ti|ne** [gijo..., gɪljo...] *die;* -, -n ⟨aus gleichbed. *fr.* guillotine, nach dem franz. Arzt J. I. Guillotin, 1738–1814⟩: mit einem Fallbeil arbeitendes Hinrichtungsgerät. **guil|lo|ti|nie|ren** ⟨aus gleichbed. *fr.* guillotiner⟩: durch die Guillotine hinrichten. **Guil|lo|ti|nie|rung** *die;* -, -en ⟨zu ↑...ierung⟩: das Guillotinieren, das Guillotiniertwerden

Gui|nea [gi...] *die;* -, -s u. Guinee [gi'ne:(ə)] *die;* -, ...neen ⟨über *engl.* guinea aus gleichbed. *fr.* Guinée (zuerst aus Gold geprägt, das aus Guinea stammte)⟩: a) frühere engl. Goldmünze; b) brit. Rechnungseinheit von 21 Schilling

Gui|nea|gras *das;* -es: im tropischen Afrika als Futtergras verwendete Hirseart. **Gui|nea|pfef|fer** *der;* -s: svw. Cayennepfeffer. **Gui|nee** [gi'ne:(ə)] vgl. Guinea

Guin|guet [gɛ̃'ge:, fr. gɛ̃'gɛ] *der;* -s, -s [gɛ̃'ge:(s), gɛ̃'gɛ(s)] ⟨aus gleichbed. *fr.* guinguet zu *altfr.* guinget „eng, schmal"⟩: (veraltet) 1. Stoff aus Kämmelgarn. 2. minderwertiger Landwein. **Guin|guette** [gɛ̃'gɛt] *die;* -, -n [...tn] ⟨aus gleichbed. *fr.* guinguette⟩: (veraltet) 1. Kneipe, Schenke außerhalb der Stadt. 2. Landhaus

Gui|nier|ver|fah|ren [gi'nje...] *das;* -s ⟨nach dem franz. Kristallographen A. Guinier, *1911⟩: ein bes. in der Kristallographie angewendetes Verfahren zur Röntgenfeinstrukturuntersuchung von Kristallpulvern

Gui|pure|spit|ze [gi'py:ʀ...] *die;* -, -n ⟨zu *fr.* guipure „Klöppelspitze"; vgl. Gipüre⟩: reliefartiger Spitzenstoff; vgl. Gipüre

Guir|lan|de [gɪr...] vgl. Girlande

Gui|ro ['gi(:)ro] *der;* -[s], -s ⟨aus *amerik.-span.* güiro „Flaschenkürbis"⟩: lateinamerik. Instrument aus einem länglichen ausgehöhlten, getrockneten Flaschenkürbis (od. nachgebildet aus Holz od. Kunststoff) mit eingekerbten kleinen Querrillen, über die mit Stäbchen gestrichen wird

Gui|tar|re [gi...] vgl. Gitarre

Gu|ja|ra|ti [gʊdʒa...] vgl. Gudscharati

Gül *das;* -s, -s ⟨aus *pers.* gyl „Rose"⟩: achteckiges od. rankenförmiges Ornament bei turkmenischen Teppichen

Gu|lag *der;* -[s] ⟨Kurzw. aus *russ. G*lavnoje *U*pravlenije *La*gerej⟩: Hauptverwaltung des Straflagersystems in der ehemaligen Sowjetunion (1930–1955)

Gu|lasch [auch 'gʊ...] *das,* auch *der;* -[e]s, Plur. -e u. -s ⟨aus gleichbed. *ung.* gulyás (hús) zu gulyás „Rinderhirt"⟩: scharf gewürztes Fleischgericht. **Gu|lasch|ka|no|ne** *die;* -, -n: (scherz.) Feldküche

Gul|ly ['gʊli] *der,* auch *das;* -s, -s ⟨aus gleichbed. *engl.* gully wohl zu gullet „Schlund", dies über *altfr.* goulet aus *lat.* gula „Kehle"⟩: in die Fahrbahndecke eingelassener abgedeckter kastenförmiger Schacht, durch den das Straßenabwasser in die Kanalisation abfließen kann

Gul|yas ['gʊlaʃ] *das;* -, - ⟨aus *ung.* gulyás (hús)⟩: (österr.) svw. Gulasch

Gum|ma *das;* -s, Plur. Gummata u. Gummen ⟨aus gleichbed. *nlat.* gumma zu *lat.* gummi, vgl. ¹Gummi⟩: gummiartige Geschwulst im Tertiärstadium der Syphilis (Med.).

¹Gum|mi *der* u. *das;* -s, -[s] ⟨über *lat.* gummi, cummi(s) aus gleichbed. *gr.* kómmi (ägypt. Wort)⟩: a) Vulkanisationsprodukt aus ↑Kautschuk; b) aus schmelzbaren Harzen gewonnener Klebstoff, z. B. ↑Gummiarabikum. **²Gum|mi** *der;* -, -s ⟨zu ↑¹Gummi⟩: 1. Radiergummi. 2. (ugs.) Kondom; Präservativ. **³Gum|mi** *das;* -s, -s ⟨zu ↑¹Gummi⟩: kurz für Gummiband. **Gum|mi|ara|bi|kum** *das;* -s ⟨zu ↑¹Gummi u. *lat.* Arabicus „arabisch"; vgl. ...ikum⟩: bereits erhärteter Milchsaft nordafrikan. Gummiakazien, der für Klebstoff, Aquarellfarben u. a. verwendet wird. **Gum|mi|baum** *der;* -[e]s, ...bäume: Maulbeergewächs Ostindiens (wichtigster Kautschuklieferant; in Europa beliebte Zimmerpflanze). **Gum|mi|ela|sti|kum** *das;* -s ⟨zu *nlat.* elasticus „elastisch", vgl. ...ikum⟩: svw. Kautschuk. **gum|mi|ela|stisch:** durch eingearbeitete Gummifäden elastisch; -er Zustand: hochelastischer, auch bei steigender Temperatur gleichbleibend elastischer Zustand des Gummis od. eines anderen Materials. **gum|mie|ren** ⟨zu ↑...ieren⟩: mit Gummi[arabikum] bestreichen. **Gum|mie|rung** *die;* -, -en ⟨zu ↑...ierung⟩: 1. das Gummieren. 2. Beschichtung von Papier (z. B. Briefmarken) mit Klebstoff. **Gum|mi|gutt** *das;* -s ⟨zu *malai.* getah „Gummi"⟩: giftiges Harz südasiat. Pflanzen, das gelbe Aquarellfarbe liefert. **Gum|mi|lin|se** *die;* -, n: fotogr. Objektiv mit stetig veränderbarer Brennweite, Zoomobjektiv (vgl. ¹Zoom). **Gum|mi|pa|ra|graph** *der;* -en, -en: (ugs.) Gesetzesvorschrift, die so allgemein od. unbestimmt formuliert ist, daß sie die verschiedensten Auslegungen zuläßt. **Gum|mit** [auch ...'mɪt] *der;* -s, -e ⟨zu ↑²...it⟩: ein rötlichgelbes Mineral, gelartiges Verwitterungsprodukt des Uranpecherzes. **gum|mös** ⟨zu ↑Gumma u. ↑...ös⟩: gummiartig, Gummen bildend (Med.). **Gum|mo|se** *die;* -, -n ⟨zu ↑¹...ose⟩: Gummifluß, krankhafter Harzfluß bei Steinobstgewächsen (Bot.)

Gun [gan, *engl.* gʌn] *die;* -, -s, auch *das* od. *der;* -s, -s ⟨aus *engl.-amerik.* gun „Injektionsnadel, -spritze", eigtl. „Schußwaffe, Revolver"⟩: (Jargon) Spritze, mit der Rauschgift in die ↑Vene gespritzt wird. **Gun|man** ['gʌnmən] *der;* -s, ...men ⟨aus gleichbed. *engl.-amerik.* gunman, eigtl. „Pistolenmann"⟩: bewaffneter Gangster, Killer

Gunn-Dio|de ['gʌn...] *die;* -, -n ⟨nach dem brit. Physiker J. B. Gunn (*1928)⟩: Bauelement, das die Wirkung des Gunn-Effekts zur Erzeugung bzw. Verstärkung von Mikrowellen nutzt. **Gunn-Ef|fekt** *der;* -[e]s: Erscheinung, bei der in bestimmten Halbleitern oberhalb einer kritischen Spannung Stromschwankungen im Mikrowellenbereich entstehen. **Gunn-Ele|ment** *das;* -[e]s, -e: svw. Gunn-Diode

Gup|py [...pi] *der;* -s, -s ⟨aus gleichbed. *engl.* guppy, nach dem Namen des brit.-westind. Missionars u. Naturforschers R. J. L. Guppy, 19. Jh.⟩: zu den Zahnkarpfen gehörender beliebter Aquarienfisch

Gur|de *die;* -, -n ⟨aus *fr.* gourde „Kürbis(flasche)", dies über älter *fr.* co(h)orde aus *lat.* cucurbita „Kürbis"⟩: Pilgerflasche im Mittelalter (aus getrocknetem Kürbis, dann auch aus Glas, Ton od. Metall)

Gur|kha [...ka] *der;* -[s], -[s] ⟨aus gleichbed. *angloind.* Gurkha, nach dem gleichnamigen ostindischen Volk in Nepal⟩: Soldat einer nepalesischen Spezialtruppe in der indischen bzw. in der britischen Armee

Gu|ru *der;* -s, -s ⟨über *Hindi* gurū aus gleichbed. *sanskr.* gurú, eigtl. „gewichtig, ehrwürdig"⟩: a) [als Verkörperung eines göttlichen Wesens verehrter] religiöser Lehrer im ↑Hinduismus; b) Idol; von einer Anhängerschaft als geistiger Führer verehrte u. anerkannte Persönlichkeit

Gus|la *die;* -, Plur. -s u. ...len u. **Gus|le** *die;* -, Plur. -s u. -n ⟨aus *serbokroat.* gusle⟩: südslawisches Streichinstrument mit einer Roßhaarsaite, die über eine dem Tamburin ähnliche Felldecke gespannt ist. **Gus|lar** *der;* -en, -en ⟨aus gleichbed. *serbokroat.* guslar⟩: Guslaspieler. **Gus|le** vgl. Gusla. **Gus|li** *die;* -, -s ⟨aus gleichbed. *russ.* gusli⟩: ein im 18. Jh. in Rußland gebräuchl. harfenähnliches Klavichord mit 5 bis 32 Saiten

Gu|sta|ti|on *die;* -, -en ⟨aus gleichbed. *lat.* gustatio zu gustare „kosten, schmecken"⟩: (veraltet) Vorspeise. **gu|sta|tiv** ⟨zu ↑...iv⟩: den Geschmackssinn betreffend, auf ihm beruhend, mit ihm zusammenhängend; vgl. ...iv/...orisch. **gu|sta|to|risch** ⟨aus *nlat.* gustatorius⟩: svw. gustativ; vgl. ...iv/...orisch. **gu|stie|ren** ⟨aus *it.* gustare; vgl. goutieren⟩: (ugs.) svw. goutieren. **gu|sti|ös** ⟨aus gleichbed. *it.* gustoso; vgl. gustoso⟩: (österr.) lecker, appetitanregend (von Speisen). **Gus|to** *der;* -s, -s ⟨aus gleichbed. *it.* gusto; vgl. Gout⟩: Geschmack, Neigung; nach jmds. - sein: nach jmds. Geschmack sein, jmdm. gefallen. **Gu|sto|me|ter** *das;* -s, - ⟨zu ↑¹...meter⟩: Gerät zur Prüfung des Geschmackssinnes (Med.). **Gu|sto|me|trie** *die;* -, ⟨zu ↑...metrie⟩: Prüfung des Geschmackssinnes (Med.). **gu|sto|so** ⟨*it.*⟩: mit Geschmack, zurückhaltend (Vortragsanweisung; Mus.)

Gut|tae [...tɛ] *die* (Plur.) ⟨aus *lat.* guttae, Plur. von gutta „Tropfen"⟩: an den Mutuli (vgl. Mutulus) herabhängende nagelkopfartige Stifte (meist drei Reihen von je sechs zylindrischen Stiften) am Kranzgesims dorischer Tempel

Gut|ta|per|cha *die;* - od. *das;* -[s] ⟨aus *malai.* getah „Pflanzenleim, Gummi" u. percha „Baum, der Guttapercha absondert"⟩: kautschukähnlicher Milchsaft einiger Bäume Südostasiens, der technisch vor allem für Kabelumhüllungen verwendet wird

Guttation

Gut|ta|ti|on *die;* -, -en ⟨aus gleichbed. *nlat.* guttatio zu *lat.* gutta „Tropfen"⟩: Wasserausscheidung von Pflanzen durch ↑ Hydathoden

Gut|ti *das;* -s ⟨aus *malai.* getah „Pflanzenleim, Gummi"⟩: svw. Gummigutt

gut|tie|ren ⟨zu *lat.* gutta „Tropfen" u. ↑...ieren⟩: Wasser in Tropfenform abscheiden (von Pflanzen)

Gut|ti|fe|ren *die* (Plur.) ⟨zu ↑ Gutti u. *lat.* ferre „tragen", eigtl. „die Gummitragenden" (Analogiebildung zu ↑ Koniferen)⟩: Guttibaumgewächse, Pflanzenfamilie, zu der z. B. der Butterbaum gehört

Gut|tio|le Ⓦ *die;* -, -n ⟨Kurzw. aus *lat.* gutta „Tropfen" u. ↑ Ph*iole*⟩: Fläschchen, mit dem man Medizin einträufeln kann; Tropfflasche

gut|tu|ral ⟨zu *lat.* guttur „Kehle" u. ↑¹...al (1)⟩: die Kehle betreffend (Sprachw.). **Gut|tu|ral** *der;* -s, -e ⟨zu ↑¹...al (2)⟩: Gaumen-, Kehllaut, zusammenfassende Bez. für ↑ Palatal, ↑ Velar u. ↑ Labiovelar (Sprachw.). **Gut|tu|ra|lis** *die;* -, ...les [...le:s]: (veraltet) svw. Guttural

Gut|tus *der;* -, ...tti ⟨aus gleichbed. *lat.* gut(t)us, vermutlich zu *gr.* kóthōn „irdenes Tongeschirr mit gewundenem Hals"⟩: (veraltet) enghalsiger Krug

Gü|wetsch *das;* -es, -e ⟨aus gleichbed. *bulgar.* gjuveč, dies aus *türk.* güveç „Schmorgemüse"⟩: überbackenes Gericht aus verschiedenen Gemüsearten

Gu|yot [gÿi'jo:] *der;* -s, -s ⟨nach dem Namen des amerik. Geographen u. Geologen schweizerischer Abstammung A. H. Guyot, 1807–1884⟩: vulkanisch entstandene tafelbergähnliche Tiefseekuppe

Guz|ma|nie [gʊs'ma:niə] *die;* -, -n ⟨aus *nlat.* guzmania, nach dem span. Naturforscher A. Guzmán, 18./19. Jh.⟩: ein Bromeliengewächs Mittel- u. Südamerikas, Rosettenpflanze mit sehr schönen, leuchtend gefärbten Blütenständen

Gym|kha|na [...'ka:na] *das;* -s, -s ⟨aus gleichbed. *angloind.* gymkhana, dies verkürzt aus *engl. gym*nasium „Sporthalle, -schule" u. *Hindi* geind-*khāna* „Tennisplatz" (urspr. nach ind. Vorbild treu engl. Soldaten ausgetragener Wettkampf)⟩: Geschicklichkeitswettbewerb (bes. für Motorsportler)

gymn..., Gymn... vgl. gymno..., Gymno... **Gym|nae|stra|da** [...nɛ...] *die;* -, Plur. -s u. ...den ⟨zu ↑ Gymnastik u. *span.* estrada „Straße, Weg"⟩: internationales Turnfest (ohne Wettkämpfe) mit gymnastischen u.turnerischen Schaudarbietungen. **gym|na|si|al** ⟨zu ↑ Gymnasium u. ↑¹...al (1)⟩: das Gymnasium betreffend. **Gym|na|si|arch** *der;* -en, -en ⟨aus gleichbed. *gr.* gymnasíarchos⟩: Leiter eines antiken Gymnasiums (2). **Gym|na|si|ast** *der;* -en, -en ⟨zu ↑...ast⟩: Schüler eines Gymnasiums (1). **Gym|na|si|a|stin** *die;* -, -nen: Schülerin eines Gymnasiums (1). **Gym|na|si|um** *das;* -s, ...ien [...jən] ⟨über *lat.* gymnasium aus gleichbed. *gr.* gymnásion, auch „Versammlungsstätte der Philosophen u. Sophisten"; vgl. Gymnastik⟩: 1. a) zur Hochschulreife führende höhere Schule; b) (früher) höhere Schule mit Latein- und Griechischunterricht (= humanistisches Gymnasium); c) das Gebäude dieser Schulen. 2. im Altertum, bes. in Griechenland, eine öffentliche Anlage, in der Jünglinge u. Männer nackt ihren Körper unter der Leitung von Gymnasiarchen ausbildeten. **Gym|nast** *der;* -en, -en ⟨aus gleichbed. *gr.* gymnastés⟩: Trainer der Athleten in der altgriech. Gymnastik. **Gym|na|stik** *die;* - ⟨aus gleichbed. *gr.* gymnastiké (téchnē) zu gymnázesthai „mit nacktem Körper Leibesübungen machen"⟩: rhythmische Bewegungsübungen zu sportlichen Zwecken, zur Körperertüchtigung od. zur Heilung bestimmter Körperschäden. **Gym|na|stiker** *der;* -s, -: jmd., der körperliche Bewegungsübungen ausführt. **Gym|na|stin** *die;* -, -nen: 1. Gymnastik betreibende Sportlerin. 2. medizinische Fachkraft, die mit Patienten Bewegungsübungen durchführt. **gym|na|stisch** ⟨nach *gr.* gymnastikós „Leibesübungen zugeneigt"⟩: die Gymnastik betreffend. **gym|na|sti|zie|ren** ⟨zu ↑...ieren⟩: die Muskeln des Pferdes [u. Reiters] für höchste Anforderungen systematisch durchbilden. **Gym|net** *der;* -en, -en ⟨aus gleichbed. *gr.* gymnés, Gen. gymnétos zu gymnós „nackt"⟩: leichtbewaffneter Fußsoldat im altgriech. Heer. **gym|no..., Gym|no...**, vor Vokalen meist gymn..., Gymn... ⟨aus *gr.* gymnós „nackt"⟩: Wortbildungselement mit der Bedeutung „nackt, unbedeckt", z. B. gymnokarp, Gymnosperme. **gym|no|karp** ⟨zu ↑...karp⟩: nacktfrüchtig; frei an der Oberfläche erfolgend (von der Sporenbildung bei Pilzen; Bot.). **Gym|no|lo|gie** *die;* - ⟨verkürzt aus ↑ Gymnastik u. ↑...logie⟩: Lehre von den Körperübungen u. der Bewegungstherapie. **Gym|no|so|phist** *der;* -en, -en ⟨aus *gr.* gymnosophistés, eigtl. „nackter Weiser"⟩: griech. Bez. für einen indischen ↑ Asketen (↑ Jogi). **Gym|no|sper|me** *die;* -, -n (meist Plur.) ⟨zu ↑ gymno... u. *gr.* spérma „Samen"⟩: nacktsamige Pflanze (deren Samen nicht von einem Fruchtknoten umschlossen sind; Bot.)

gyn..., Gyn... vgl. gyno..., Gyno... **Gy|nae|ce|um** [gynɛ'tse:ʊm] *das;* -s, ...ceen ⟨aus *nlat.* gynaeceum zu ↑ Gynözeum⟩: svw. Gynözeum. **Gyn|ago|gie** *die;* - ⟨zu ↑ gyno..., *gr.* agōgē „Führung, Leitung" u. ↑²...ie⟩: Teilgebiet der Gynäkologie, das sich mit der psychotherapeutischen Behandlung ↑ psychogener Frauenleiden beschäftigt. **gynäk..., Gy|näk...** vgl. gynäko..., Gynäko... **Gy|nä|kei|on** *das;* -s, ...eien ⟨aus gleichbed. *gr.* gynaikeĩon⟩: Frauengemach des altgriech. Hauses. **Gy|nä|kis|mus** *der;* - ⟨über *nlat.* gynaecismus aus gleichbed. *gr.* gynaikismós⟩: (veraltet) weibisches Gebaren. **gy|nä|ko..., Gy|nä|ko...**, vor Vokalen auch gynäk..., Gynäk... ⟨aus *gr.* gynḗ, Gen. gynaikós „Frau"⟩: Wortbildungselement mit der Bedeutung „die Frau betreffend; weiblich", z. B. gynäkologisch, Gynäkophobie; vgl. gyno..., Gyno... **Gy|nä|ko|gra|phie** *die;* -, ...ien ⟨zu ↑...graphie⟩: röntgenographische Darstellung der Gebärmutter u. der Eileiter (Med.). **Gy|nä|ko|kra|tie** *die;* -, ...ien ⟨aus *gr.* gynaikokratía „Frauenherrschaft"⟩: svw. Matriarchat. **Gy|nä|ko|lo|ge** *der;* -n, -n ⟨zu ↑ gynäko... u. ↑...loge⟩: Frauenarzt, Wissenschaftler auf dem Gebiet der Frauenheilkunde. **Gy|nä|ko|lo|gie** *die;* - ⟨zu ↑...logie⟩: Frauenheilkunde; vgl. Andrologie. **Gy|nä|ko|lo|gin** *die;* -, -nen: weibliche Form zu ↑ Gynäkologe. **Gy|nä|ko|lo|gi|kum** *das;* -s, ...ka ⟨zu ↑...ikum⟩: Arzneimittel zur Behandlung von Frauenkrankheiten (Med.). **gy|nä|ko|lo|gisch** ⟨zu ↑...logisch⟩: die Frauenheilkunde betreffend. **gy|nä|ko|ma|stie** *die;* -, ...ien ⟨zu *gr.* mastós „Brust, Mutterbrust" u. ↑²...ie⟩: weibl. Brustbildung bei Männern (Med.). **gy|nä|ko|morph** ⟨zu ↑...morph⟩: der Gestalt nach weiblich (Biol., Med.). **Gy|nä|ko|no|men** *die* (Plur.) ⟨aus gleichbed. *gr.* gynaikonómoi (Plur.)⟩: in manchen altgriech. Staaten Staatsbedienstete, die Benehmen, Kleidung u. öffentliches Erscheinen von Frauen, aber auch Trauersitten, Gastmähler u. Festlichkeiten überwachten. **Gy|nä|ko|pho|bie** *die;* - ⟨zu ↑ gynäko... u. ↑...phobie⟩: Abneigung gegen alles Weibliche (Psychol.). **Gy|nä|ko|sper|mi|um** *das;* -s, ...ien [...jən] (meist Plur.): Samenfaden, der ein X-Chromosom enthält u. damit das Geschlecht als weiblich bestimmt; vgl. Androspermium. **gy|nä|ko|trop** ⟨zu ↑...trop⟩: bevorzugt bei Frauen auftretend bzw. vorkommend (von Krankheiten, Todesursachen u. ä.; Med.). **Gyn|an|der** *der;* -s, - ⟨zu *gr.* gýnandros „zwitterhaft"⟩: Tier mit der Erscheinung des Gynandromorphismus. **Gyn|an-**

drie *die;* - ⟨zu ↑²...ie⟩: 1. Verwachsung der männlichen u. weiblichen Blütenorgane (Bot.). 2. Scheinzwittrigkeit bei Tieren (durch Auftreten von Merkmalen des anderen Geschlechtes; Zool.). 3. Ausbildung von Körpermerkmalen des weiblichen Geschlechts bei männlichen Personen; vgl. Androgynie (1). **gyn|an|drisch** ⟨aus *gr.* gýnandros „zwitterhaft"⟩: scheinzwitterartig (von Tieren). **Gyn|an|drismus** *der;* - ⟨zu ↑...ismus (3)⟩: (selten) svw. Gynandrie. **Gyn|an|dro|mor|phis|mus** *der;* -, ...men ⟨zu *gr.* morphḗ „Gestalt" u. ↑...ismus (3)⟩: bei Insekten [u. Vögeln] auftretendes Scheinzwittertum, wobei weder die männl. noch die weibl. Geschlechtsorgane voll ausgebildet sind. **Gyn|an|thro|pos** *der;* -, Plur. ...thrōpen u. ...poi [...pɔy] ⟨zu ↑ gyno... u. *gr.* ánthrōpos „Mensch"⟩: (veraltet) menschl. Zwitter. **Gyn|atre|sie** *die;* -, ...ien: angeborenes Fehlen der weibl. Geschlechtsöffnung od. Verschluß der Mündungen einzelner Geschlechtsorgane (Med.). **Gy|nä|ze|um** *das;* -s, ...een ⟨über gleichbed. *(n)lat.* gynaeceum aus *gr.* gynaikaĩon, eigtl. „Frauengemach"⟩: 1. svw. Gynäkeion. 2. svw. Gynözeum. **Gyn|er|gen** Ⓦ *das;* -s ⟨Kunstw. aus ↑ *gyno*..., *fr.* erg*ot* „Mutterkorn" u. ↑...*en*⟩: vielfach (z. B. in der ↑ Gynäkologie, bei Migräne) verwendetes Präparat aus dem Mutterkorn (Med.). **gy|no..., Gy|no...,** vor Vokalen meist gyn..., Gyn... ⟨zu *gr.* gynḗ „Frau, weibliches Wesen"⟩: Wortbildungselement mit der Bedeutung „das weibliche Geschlecht betreffend; weiblich", z. B. gynandrisch, Gynogenese; vgl. gynäko..., Gynäko... **Gy|no|diö|zie** *die;* -: das Auftreten von Zwitterblüten u. weiblichen Blüten auf jeweils verschiedenen Individuen derselben Art (z. B. bei der Esche; Bot.); vgl. Gynomonözie. **Gy|no|ga|met** *der;* -en, -en (meist Plur.): Eizelle, weibliche Geschlechtszelle; Ggs. ↑ Androgamet. **Gy|no|ge|ne|se** *die;* -, -n: Entwicklung durch Scheinbefruchtung, bei der der männliche ↑ Gamet zwar in die Eizelle eindringt, eine Verschmelzung der Geschlechtskerne aber unterbleibt u. die Eizelle sich ↑ parthenogenetisch zum ↑ Embryo weiterentwickelt. **Gy|no|me|ro|go|nie** *die;* -: Entwicklung einer Eizelle allein mit dem weiblichen Vorkern (nur dem mütterlichen Chromosomensatz; Biol.). **Gy|no|mon|özie** *die;* -: das Vorkommen von Zwitterblüten u. weiblichen Blüten auf ein u. demselben Individuum einer Art (z. B. bei der Kamille; Bot.); vgl. Gynodiözie. **Gy|no|phor** *der;* -s, -en ⟨zu ↑...phor⟩: Verlängerung der Blütenachse zwischen ↑ Gynözeum u. ↑ Andrözeum (Bot.). **Gy|no|ste|mi|um** *das;* -s, ...ien [...jən] ⟨aus gleichbed. *nlat.* gynostemium zu ↑ gyno... u. *gr.* stḗmōn „Aufzug am Webstuhl, (Kett)faden"⟩: durch Verwachsen mit Staubblättern entstandene Griffelsäule der Orchideenblüte (Bot.). **Gy|nö|ze|um** *das;* -s, ...een [...tseən] ⟨latinisierte Kreuzbildung von *gr.* gynaikeĩon „Frauengemach" u. oikíon „Haus, Wohnung"⟩: Gesamtheit der Fruchtblätter einer Blüte (Bot.)

gyr..., Gyr... vgl. gyro..., Gyro... **Gy|ra|ti|on** *die;* -, -en (Plur. selten) ⟨zu ↑ gyro... u. ↑...ation⟩: das Kreisen von elektromagnetischen Teilchen um die magnetischen Feldlinien (Phys.). **Gy|re** *die;* -, -n ⟨zu *gr.* gỹros „Kreis"⟩: Bez. für eine Drehachse (Symmetrieachse; Kristallographie). **gy|rie|ren** ⟨zu ↑...ieren⟩: um die magnetischen Feldlinien kreisen (von elektromagnetischen Teilchen; Phys.). **gy|ro..., Gyro...,** vor Vokalen meist gyr..., Gyr... ⟨aus *gr.* gỹros „Kreis"⟩: Wortbildungselement mit der Bedeutung „Kreis, kreisförmige Bewegung, Drehung", z. B. gyromagnetisch, Gyrometer. **Gy|ro|bus** *der;* -ses, -se ⟨zu ↑¹Bus⟩: bes. in der Schweiz verwendeter ¹Bus, der durch Speicherung der kinet. Energie seines rotierenden Schwungrades angetrieben wird. **gy|ro|ma|gne|tisch:** kreiselmagnetisch, auf der Wechselwirkung von Drehimpuls u. magnetischem Moment beruhend (Phys.). **Gy|ro|mant** *der;* -en, -en ⟨zu *gr.* mántis „Seher, Wahrsager, Prophet"⟩: mittelalterlicher Wahrsager, der sich in einem mit Buchstaben beschriebenen Kreis drehte. **Gy|ro|me|ter** *das;* -s, - ⟨zu ↑¹...meter⟩: Drehungsmesser für Drehgeschwindigkeit, Tourenschreiber. **Gy|ros** *das;* -, - ⟨aus gleichbed. *ngr.* gỹros, eigtl. „Drehung, Kreis"⟩: griech. Gericht aus Schweine-, Rind- u. Hackfleisch, das an einem senkrecht stehenden Spieß außen geröstet u. von oben nach unten in Schichten abgeschabt wird (Gastr.). **Gy|ro|skop** *das;* -s, -e ⟨zu gyro... u. ↑...skop⟩: Meßgerät für den Nachweis der Achsendrehung der Erde. **Gy|ro|tron** *das;* -s, Plur. ...onen u. -s ⟨engl. Kurzbildung zu ↑ gyro... u. ↑ Elektron⟩: ein Mikrowellengenerator bzw. -verstärker mit sehr hoher Leistung. **Gy|ro|trop** *der;* -s, -e ⟨zu ↑ ...trop⟩: Vorrichtung, die die Richtung eines elektr. Stromes in einem Stromkreis umkehrt. **Gy|ro|va|ge** [...v...] *der;* -n, -n ⟨aus *mlat.* gyrovagus „Umherschweifender" zu ↑ gyro... u. *lat.* vagus „unstet, umherschweifend"⟩: (veraltet) a) Landstreicher; b) Bettelmönch. **Gy|rus** *der;* -, ...ri ⟨über *lat.* gyrus aus *gr.* gỹros „Kreis"⟩: Gehirnwindung (Med.).

Gytt|ja *die;* -, ...jen ⟨aus *schwed.* gyttja „Schlamm, Morast"⟩: in Seen u. Mooren abgelagerter Faulschlamm organischer Herkunft (Geol.).

H

Hab *das;* -[s] ⟨*Thai*⟩: Massemaß (= 60,47 kg) in Thailand
Ha|ba|ner *die* (Plur.) ⟨nach den Habanern, der Bez. für die Nachkommen der Hutterer, einer nach J. Hut(t)er († 1536) benannten Sekte⟩: Nachkommen dt. Wiedertäufer des 16. Jh.s in der Slowakei u. in Siebenbürgen (später katholisiert); vgl. Habanerfayencen
Ha|ba|ne|ra *die;* -, -s ⟨aus gleichbed. *span.* (danza) habanera, eigtl. „(Tanz) aus Havanna", vom Namen der kuban. Hauptstadt Havanna⟩: kubanischer Tanz in ruhigem ¾-Takt (auch in Spanien heimisch)
Ha|ba|ner|fa|yen|cen [...fa'jã:sn] *die* (Plur.) ⟨zu ↑ Habaner u. ↑ Fayence⟩: volkstümliche ↑ Fayencen, die bes. im 17. u. 18. Jh. von den ↑ Habanern hergestellt wurden
Ha|ba|rah *der;* -[s], -s ⟨aus gleichbed. *arab.* ḫabarāh⟩: weiter, den ganzen Körper einhüllender Seidenmantel für Frauen
Hab|da|la *die;* -, -s ⟨aus gleichbed. *hebr.* havdalâ, eigtl. „Unterscheidung"⟩: vom jüdischen Hausherrn in der häuslichen Feier am Ausgang des ↑ Sabbats od. eines Feiertags gesprochenes lobpreisendes Gebet
Ha|be|as cor|pus [– 'kɔr...] ⟨*lat.;* „du habest den Körper"⟩: Anfangsworte des mittelalterl. Haftbefehls. **Ha|be|as|kor|pus|ak|te** *die;* -: 1679 vom engl. Oberhaus erlassenes Gesetz zum Schutz der persönlichen Freiheit (kein Mensch darf ohne richterl. Haftbefehl verhaftet od. in Haft gehalten werden); rechtsstaatl. Prinzip (auch im Grundgesetz der Bundesrepublik verankert). **ha be|mus Pa|pam** ⟨*lat.;* „wir haben einen Papst"⟩: Ausruf nach vollzogener Papstwahl. **ha|bent sua fa|ta li|bel|li** ⟨*lat.*⟩: Bücher haben [auch] ihre Schicksale (nach Terentianus Maurus)
Ha|ber|da|scher ['hæbədæʃə] *die* (Plur.) ⟨aus gleichbed. *engl.* haberdasher aus älter *fr.* hapertas (Bez. für ein Gewebe unbekannten Ursprungs)⟩: (veraltet) Kurzwarenhändler
ha|bil ⟨aus gleichbed. *lat.* habilis⟩: (veraltet) geschickt, fähig, gewandt. **habil.** ⟨Abk. für habilitatus⟩: svw. habilitiert (vgl. habilitieren a); Dr. habil.: Abk. für doctor habilitatus (habilitierter Doktor). **Ha|bi|li|tand** *der;* -en, -en ⟨aus *mlat.* habilitandus, Gerundivum von habilitare, vgl. habilitieren⟩: jmd., der zur Habilitation zugelassen ist. **Ha|bi|li|tät** *die;* - ⟨aus gleichbed. *lat.* habilitas, Gen. habilitatis⟩: (veraltet) Geschicklichkeit, Gewandtheit. **Ha|bi|li|ta|ti|on** *die;* -, -en ⟨aus gleichbed. *mlat.* habilitatio⟩: Erwerb der Lehrberechtigung an Hochschulen u. Universitäten durch Anfertigung einer schriftlichen Arbeit. **ha|bi|li|ta|tus** ⟨aus gleichbed. *mlat.* habilitatus, Part. Perf. von habilitare, vgl. habilitieren⟩: habilitiert, mit Lehrberechtigung (an Hochschule u. Universität); Abk.: habil. **ha|bi|li|tie|ren** ⟨aus *mlat.* habilitare „geschickt, fähig machen" zu *lat.* habilis, vgl. habil⟩: a) sich -: die Lehrberechtigung an einer Hochschule od. Universität erwerben; b) jmdm. die Lehrberechtigung erteilen. **ha|bi|li|tiert** ⟨zu ↑ ...iert⟩: im Besitz der Lehrberechtigung, z. B. ein -er Doktor
Ha|bil|le|ment [abij(ə)'mã:] *das;* -s, -s ⟨aus gleichbed. *fr.* habillement zu habiller, vgl. habillieren⟩: (veraltet) Kleidung, Art u. Weise des Sichkleidens. **ha|bil|lie|ren** [abi'ji:...] ⟨aus gleichbed. *fr.* habiller, dies aus *mittelfr.* abillier „zurechtmachen"⟩: (veraltet) 1. bekleiden, sich [be]kleiden. 2. geschlachtetes Geflügel zum Braten od. Kochen vorbereiten
¹Ha|bit [auch ha'bɪt, 'habɪt] *das,* auch *der;* -s, -e ⟨aus gleichbed. *fr.* habit, dies aus *lat.* habitus, vgl. Habitus⟩: Kleidung, die einer beruflichen Stellung, einer bestimmten Gelegenheit od. Umgebung entspricht. **²Ha|bit** ['hæbɪt] *das,* auch *der;* -s, -s ⟨aus gleichbed. *engl.* habit, vgl. ¹Habit⟩: Gewohnheit, Erlerntes, Anerzogenes, Erworbenes (Psychol.). **ha|bi|ta|bel** [ha...] ⟨aus gleichbed. *lat.* habitabilis zu habitare „bewohnen"⟩: bewohnbar. **Ha|bi|ta|bi|li|tät** *die;* - ⟨zu ↑ ...ität⟩: Bewohnbarkeit. **Ha|bi|tant** *der;* -en, -en ⟨zum Teil unter Einfluß von *fr.* habitant „Be-, Einwohner" aus *lat.* habitans, Gen. habitantis, Part. Präs. von habitare „wohnen"⟩: Bewohner. **Ha|bi|tat** *das;* -s, -e ⟨aus *lat.* habitatio „das Wohnen, die Wohnung", Bed. 2 über gleichbed. *engl.* habitat⟩: 1. a) Standort, an dem eine Tier- od. Pflanzenart regelmäßig vorkommt; b) Wohnplatz von Ur- u. Frühmenschen. 2. a) Wohnstätte, Wohnraum, Wohnplatz; b) kapselförmige Unterwasserstation, in der die ↑ Aquanauten wohnen können. **Ha|bi|tat|in|seln** *die* (Plur.): kleinräumige Habitate (1 a), die inselartig in [andersartige] Großlebensräume eingebettet sind (z. B. Fichtenstämme für Borkenkäfer). **Ha|bi|ta|ti|on** *die;* - ⟨aus gleichbed. *lat.* habitatio⟩: Wohnung; das Wohnen. **ha|bi|tie|ren** ⟨aus gleichbed. *lat.* habitare⟩: bewohnen. **ha|bi|tua|li|sie|ren** ⟨zu ↑ Habitus, ↑¹...al (1) u. ↑ ...isieren⟩: 1. zur Gewohnheit werden. 2. zur Gewohnheit machen. **Ha|bi|tua|li|sie|rung** *die;* -, -en ⟨zu ↑...isierung⟩: das Habitualisieren. **Ha|bi|tua|ti|on** *die;* -, -en ⟨aus *engl.* habituation „Gewöhnung" zu habituate „sich gewöhnen", dies zu *lat.* habitus, vgl. Habitus⟩: a) Gewöhnung (Med., Psychol.); b) physische u. psychische Gewöhnung an Drogen. **Ha|bi|tué** [(h)abi'tỹe:] *der;* -s, -s ⟨aus gleichbed. *fr.* habitué zu habituer, vgl. habituieren⟩: ständiger Besucher, Stammgast. **ha|bi|tu|ell** ⟨aus gleichbed. *fr.* habituel⟩: 1. gewohnheitsmäßig; ständig. 2. verhaltenseigen; zur Gewohnheit geworden, zum Charakter gehörend (Psychol.). -e Krankheiten: ständig vorkommende od. häufig wiederkehrende Krankheiten (Med.). **ha|bi|tu|ie|ren** ⟨aus gleichbed. *fr.* habituer⟩: gewöhnen. **Ha|bi|tus** *der;* - ⟨aus *lat.* habitus „Gehabe, äußere Erscheinung; Kleidung; persönliche Eigenschaft"⟩: 1. Gesamterscheinungsbild einer Person nach Aussehen u. Verhalten. 2. Besonderheiten im Erscheinungsbild eines Menschen, die einen gewissen Schluß auf Krankheitsanlagen zulassen (Med.). 3. Körperbeschaffenheit, äußere Gestalt (von Lebewesen u. Kristallen). 4. auf einer Disposition aufgebaute, erworbene sittliche Haltung, z. B. guter - (Tugend), böser - (Laster; kath. Theologie)
Ha|ble|rie [ablə...] *die;* - ⟨aus gleichbed. *fr.* hâblerie zu hâbler, vgl. Hableur⟩: (veraltet) Prahlerei, Aufschneiderei.

Ha|bleur [aˈbløːɐ̯] *der;* -s, -s ⟨aus gleichbed. *fr.* hâbleur zu hâbler „fabeln, prahlen", dies aus *lat.* fabulari⟩: (veraltet) Prahler, Aufschneider, Schwätzer

Ha|bo|ku *das;* -s ⟨aus *jap.* haboku „verspritzte Tusche"⟩: jap. Bez. für die aus China übernommene Technik der einfarbigen Tuschelavierung ohne Konturlinien

Ha|boob [həˈbuːb] u. **Habu̱b** [ha...] *der;* -[s] ⟨teilweise über *engl.* haboob aus gleichbed. *arab.* habūb⟩: heftiger Sandsturm in Nordafrika u. Indien

Ha|bro̱|ne vgl. Abrone

Ha|bu̱b vgl. Haboob

Ha|bu|tai *der;* -[s], -s ⟨aus gleichbed. *jap.* habutai⟩: zartes Gewebe aus Japanseide in Taftbindung (einer Webart); vgl. Japon

Há|ček [ˈhaːtʃɛk], auch eingedeutscht **Ha̱tschek** *das;* -s, -s ⟨aus gleichbed. *tschech.* háček, eigtl. „Häkchen"⟩: ↑ diakritisches Zeichen in Form eines Häkchens, das, bes. in den slawischen Sprachen, einen Zischlaut od. einen stimmhaften Reibelaut angibt, z. B. tschech. č [tʃ], ž [ʒ]

Ha|ché [(h)aˈʃe:] vgl. Haschee

Ha|chi-Dan [ˈhatʃidaːn] *der;* -, - ⟨aus *jap.* hachi-dan zu hachi „acht" u. dan, vgl. Dan⟩: achter ↑ Dan

Ha|ci|en|da [aˈsi̯ɛnda] *die;* -, -s ⟨aus *span.* hacienda⟩: svw. Hazienda. **Ha|ci|en|de̱|ro** [asi̯ɛn...] *der;* -s, -s ⟨nach *span.* hacendero, vgl. Hacienda⟩: svw. Haziendero

Hack [hɛk, engl. hæk] *der;* -[s], -s ⟨Kurzform von *engl.* hackney, vgl. Hackney⟩: keiner bestimmten Rasse angehörendes Reitpferd

ha̱cken¹ [auch ˈhɛkn̩] ⟨nach *engl.* to hack „(zer)hacken"⟩: sich als Hacker betätigen. **Ha̱cker¹** [auch ˈhɛkə] *der;* -s, - ⟨aus gleichbed. *engl.* hacker⟩: jmd., der durch geschicktes Ausprobieren u. Anwenden verschiedener Computerprogramme mit Hilfe eines Personalcomputers über eine spezielle Telefonleitung unberechtigt in andere Computersysteme eindringt

Hack|ney [ˈhæknɪ] *der;* -[s], -s ⟨aus gleichbed. *engl.* hackney, nach der Stadt Hackney in der ehemaligen engl. Grafschaft Middlesex (heute nach London eingemeindet)⟩: ein Warmblutpferd, starkes, kurzbeiniges Reitpferd

Ha|da̱l *das;* -s ⟨Analogiebildung zu ↑ Batyal nach ↑ Hades (1)⟩: Lebensraum im Meer u. am Meeresgrund unterhalb von 6000 m Tiefe

Had|dock [ˈhædək] *der;* -[s], -s ⟨aus gleichbed. *engl.* haddock, weitere Herkunft ungeklärt⟩: kaltgeräucherter Schellfisch ohne Kopf u. Gräten

Ha̱|des *der;* - ⟨aus gleichbed. *gr.* Háidēs, Aídēs, nach dem gleichnamigen griech. Gott der Unterwelt⟩: 1. Unterwelt, Totenreich. 2. jenseits des Pluto vermuteter Planet

Ha|dith *der,* auch *das;* -, -e ⟨aus *arab.* hadīt „Mitteilung, Bericht"⟩: Überlieferung angeblicher Aussprüche Mohammeds, Hauptquelle der islam. Religion neben dem ↑ Koran

Ha|do̱n *das;* -s ⟨zu ↑ Hades (1) u. *gr.* ṓn, Gen. óntos, Part. Präs. von eīnai „sein"⟩: die Lebensgemeinschaft der das ↑ Hadal bewohnenden Organismen. **Ha|do|zö̱n** *das;* -s ⟨zu *gr.* koinós „gemeinsam"⟩: Ökosystem im Bereich der marinen Tiefseegräben im ↑ Hadal mit der Lebensgemeinschaft des ↑ Hadons (Biol.)

Ha|dra|va̱|sen *die* (Plur.) ⟨nach dem Fundort Hadra (Nekropole bei Alexandria)⟩: dekorierte Aschenurnen in Form einer ↑ Hydria mit abgesetzter Schulter

Ha̱|drom *das;* -s, -e ⟨aus gleichbed. *nlat.* hadroma zu *gr.* hadrós „ausgewachsen, reif; stark, kräftig"⟩: das leitende u. speichernde Element des wasserleitenden Gefäßbündels bei Pflanzen (Holzfaser; Bot.). **Ha̱|dron** *das;* -s, ...onen ⟨aus *gr.* hádron „das Starke, Kräftige" zu hadrós, vgl. Hadrom⟩: Elementarteilchen, das starker Wechselwirkung mit anderen Elementarteilchen unterliegt (Phys.). **ha|dro̱zen|trisch** ⟨zu ↑ Hadrom u. ↑ zentrisch⟩: konzentrisch um ein leitendes Gefäßbündel angeordnet (Bot.)

Ha̱dsch [...dʒ] *der;* - ⟨aus gleichbed. *arab.* ḥaǧǧ⟩: Wallfahrt nach Mekka zur ↑ Kaaba, die jeder volljährige Mohammedaner einmal unternehmen soll

Ha|dschar [ˈhadʒar] *der;* -s ⟨aus *arab.* ḥağar (aswad) „(schwarzer) Stein"⟩: der schwarze Stein an der ↑ Kaaba, den die Mekkapilger küssen

Ha|dschi [ˈhaːdʒi] *der;* -s, -s ⟨aus gleichbed. *arab.* ḥāǧǧī⟩: 1. Mekkapilger. 2. christlicher Jerusalempilger im Orient

Haem|an|thus [hɛm...] *der;* -, ...thi ⟨aus gleichbed. *nlat.* haemanthus zu *gr.* haīma „Blut" u. ánthos „Blume" (weil einige Arten blutrot blühen)⟩: ein Narzissengewächs (Blutblume). **hae|mat[o]..., Hae|mat[o]...** vgl. hämato..., Hämato... **haem[o]..., Haem[o]...,** vgl. hämo..., Hämo...

Haem|oc|cult-Test ⓦ [...ɔˈkʊlt...] *der;* -[e]s, Plur. -s, auch -e ⟨zu *lat.* occultus „verborgen" u. ↑ Test⟩: besonderes Verfahren zur Früherkennung von Darmkrebs, bei dem Stuhlproben auf das Vorhandensein von Blut im Stuhl untersucht werden (Med.)

Ha̱|fis *der;* - ⟨aus *arab.* ḥāfiẓ „Hüter, Bewahrer"⟩: Ehrentitel eines Mannes, der den ↑ Koran auswendig weiß

Ha̱f|ni|um *das;* -s ⟨nach Ha̱fnia, dem nlat. Namen für Kopenhagen u. zu ↑ ...ium⟩: chem. Element, Metall; Zeichen Hf

Haf|ta̱|ra *die;* -, ...rot ⟨aus *hebr.* hafṭārā „Abschluß"⟩: Lesung aus den Propheten beim jüdischen Gottesdienst als Abschluß des Wochenabschnitts; vgl. Parasche

Ha|ga|na *die;* - ⟨aus *hebr.* haganná, eigtl. „Schutz, Verteidigung", zu gānan „schützen, bewahren"⟩: jüdische militärische Organisation in Palästina zur Zeit des britischen Mandats (1920–48), aus der sich die reguläre Armee Israels entwickelte

Ha̱|gard [aˈgaːr] *der;* -s, -s ⟨zu *fr.* hagard „scheu, wild, verstört", wohl dialektalen Ursprungs⟩: (veraltet) Wildling, schwer zähmbares Tier, bes. Falke

Hag|ga̱|da *die;* -, ...do̱th ⟨aus *hebr.* haggādâ „Sage, Märchen; Erzählung"⟩: erbaulich-belehrende Erzählung biblischer Stoffe in der ↑ talmudischen Literatur; vgl. Midrasch

ha|gi..., Ha|gi..., Ha|gi̱|as|ma *das;* -s ⟨aus *gr.* hagíasma „heiliger Ort"⟩: Weihwasser. **Ha|gi|as|mo̱s** *der;* - ⟨aus *gr.* hagiasmós „Heiligung, Weihe"⟩: Wasserweihe der orthodoxen Kirche (zur Erinnerung an die Taufe Jesu). **ha|gio..., Ha|gio...,** vor Vokalen meist hagi..., Hagi... ⟨aus *gr.* hágios „heilig"⟩: Wortbildungselement mit der Bedeutung „heilig; die Heiligen od. etwas Heiliges betreffend", z. B. Hagiasmos, Hagiographie. **Ha|gio|graph** *der;* -en, -en ⟨zu ↑ ...graph⟩: Verfasser von Heiligenleben. **Ha|gio|gra|pha** u. **Ha|gio|gra|phen** *die* (Plur.) ⟨aus *gr.* hagiógrapha „heilige Schriften"⟩: griech. Bezeichnung des dritten (vor allem poetischen) Teils des Alten Testaments; vgl. Ketubim. **Ha|gio|gra|phie** *die;* -, ...i̱en ⟨zu ↑ hagio... u. ↑ ...graphie⟩: Erforschung u. Beschreibung von Heiligenleben; vgl. Bollandisten. **ha|gio|gra|phisch** ⟨aus gleichbed. *gr.* hagiógraphos⟩: die Hagiographie betreffend. **Ha|gio|la|trie** *die;* -, ...i̱en ⟨zu ↑ hagio... u. *gr.* latreía „(Gottes)dienst, Gottesverehrung"⟩: Verehrung der Heiligen. **Ha|gio|lo|gie** *die;* - ⟨zu ↑ ...logie⟩: Lehre von den Heiligen. **Ha|gio|lo|gion** *das;* -, ...ien [...i̯ən] ⟨aus gleichbed. *mgr.* hagiológion zu ↑ hagio... u. *gr.* lógion „Erzählung, Legende"⟩: liturgisches Buch mit Lebensbeschreibungen der Heiligen in der orthodoxen Kirche. **ha|gio|lo̱gisch** ⟨zu ↑ ...logisch⟩: svw. hagiographisch. **Ha|gio|lo|gi-**

um *das;* -s 〈aus gleichbed. *mlat.* hagiologium zu ↑ Hagiologion〉: Heiligenkalender. **Ha|gi|onym** *das;* -s, -e 〈zu ↑ hagio... u. *gr.* ónyma „Name"〉: Deckname, der aus dem Namen eines Heiligen od. einer kirchlichen Persönlichkeit besteht. **Ha|gio|si|de|ron** vgl. Agiosideron

Hah|ni|um *das;* -s 〈nach dem dt. Chemiker O. Hahn (1879–1968), dem Entdecker der Kernspaltung, u. zu ↑...ium〉: von einer amerik. Forschungsgruppe vorgeschlagener Name für das chem. Element ↑ Nielsbohrium; Zeichen Ha

Hai *der;* -[e]s, -e 〈über *niederl.* haai aus gleichbed. *isländ.* hai, dies zu *altnord.* hār, eigtl. „Pflock, Haken" (wegen der charakteristischen Flosse)〉: spindelförmiger, meist räuberischer Knorpelfisch

Hai|da|ma|ken *die* (Plur.) 〈über *russ.* gajdamak „Räuber, Plünderer, Wegelagerer" aus *türk.* haidamak „Räuber, Plünderer"〉: Bez. der zumeist ukrainischen Bauern u. Kosaken, die sich im 18. Jh. gegen die polnischen Gutsbesitzer erhoben. **Hai|duck** vgl. Heiduck

Haik *das* od. *der;* -[s], -s 〈aus gleichbed. *arab.* ḥāʾik〉: mantelartiger Überwurf in Nordafrika, bes. der Berber[frauen]

Hai|kai u. **Hai|ku** *das;* -[s], -s 〈aus gleichbed. *jap.* hai-kai, haiku〉: aus drei Zeilen mit zusammen 17 Silben bestehende japanische Gedichtform

Hai|man *der;* -s, -e 〈zu *türk.* hajmana „scheu, wild, ungebildet" bzw. zu *arab.* haimān „Tollheit"〉: türkischer Wanderhirt, Nomade

Hair|seal ['hɛːɐ̯siːl] *der* od. *das;* -s, -s 〈zu *engl.* hair seal „Haarseehund"〉: (veraltet) bes. als Tornisterüberzug verwendetes Seehundfell. **Hair-Shop** [...ʃɔp] *der;* -s, -s 〈zu *engl.* hair „Haar" u. shop „Laden, Geschäft"〉: Friseurgeschäft, in dem man Perücken kaufen kann. **Hair-Sty|list** [...staɪlɪst] *der;* -en, -en: Friseur mit künstlerischem Anspruch, der modische, individuelle Frisuren entwirft

Hai|ti|enne [haiˈtiɛn] *die;* - 〈aus gleichbed. *fr.* haïtienne, nach der Insel Haiti〉: taftartiger Seidenrips

Ha|ji|me [ˈhadʒime] 〈*jap.*〉: Kommando des Kampfrichters (beim ↑ Budo), mit dem er die Kämpfer auffordert, den Kampf zu beginnen

Ha|ka|ma *der;* -[s], -s 〈aus gleichbed. *jap.* ha-kama〉: schwarzer Hosenrock (beim ↑ Aikido u. ↑ Kendo)

Ha|ka|phos ⓦ *das;* - 〈Kurzw. aus *H*arnstoff, ↑ *Ka*li u. ↑ *Phos*phor〉: Düngemittel für Topf- u. Gartenpflanzen

¹Ha|kim *der;* -s, -s 〈aus gleichbed. *arab.* ḥakīm〉: Arzt; Weiser, Philosoph (im Orient). **²Ha|kim** *der;* -s, -s 〈zu ↑ ¹Hakim〉: Herrscher; Gouverneur; Richter (im Orient)

Ha|ku|schi *der;* -s 〈aus gleichbed. *jap.* ha-kushi〉: 1. älterer Titel japan. Professoren. 2. akademischer Grad in Japan, dem Doktorgrad vergleichbar

Hal|la|cha [...ˈxaː] *die;* -, ...choth 〈aus *hebr.* halākā „zu gehende Richtung, Gesetz", eigtl. „Weg", zu hālak „gehen"〉: 1. rabbinische Gesetzesbelehrung in Anlehnung an die ↑ Thora. 2. die danach von Schriftgelehrten verfaßten Einzelvorschriften der ↑ Mischna u. ↑ Tosefta. **hallachisch**: a) die Halacha betreffend; b) der Halacha gemäß

Hal|lage [aˈlaːʒ] *die;* -, -n [...ʒn̩] 〈aus gleichbed. *fr.* halage zu haler „ziehen" (germ. Wort)〉: (veraltet) Schleppen, Treideln der Schiffe an Tauen

Hal|la|li *das;* -s, -[s] 〈aus gleichbed. *fr.* hallali, weitere Herkunft umstritten (vielleicht zu älter *fr.* haler „die Hunde durch Schreie antreiben")〉: Jagdruf am Ende einer Treibjagd

Halb|ad|der [...ɛdɐ] *der;* -s, - 〈zu ↑ Adder〉: elektronische Schaltung zur Addition zweier Dualzahlen, wobei im Gegensatz zum ↑ Adder der Übertrag der vorhergehenden Stelle nicht verarbeitet wird. **Halb|af|fix** *das;* -es, -e: als Wortbildungsmittel in der Art eines Präfixes od. Suffixes verwendetes, weitgehend noch als selbständig empfundenes, wenn auch semantisch verblaßtes Wort; Präfixoid od. Suffixoid (z. B. *stein*- in *stein*reich, -*geil* in erfolgs*geil*; Sprachw.). **halb|du|plex**: Kennzeichnung für einen Datenverarbeitungskanal, bei dem die eine Datenendeinrichtung als Sender u. die andere als Empfänger verwendet werden kann (EDV). **Halb|fa|bri|kat** *das;* -[e]s, -e: zwischen Rohstoff u. Fertigerzeugnis stehendes ↑ Produkt. **Halb|fi|na|le** *das;* -s, -: vorletzte Spielrunde in einem sportlichen Wettbewerb (z. B. im Fußball; Sport). **Halb|for|mat** *das;* -[e]s, -e: ein Bildformat in der Größe 18 × 24 mm (Fotogr.). **Halb|hy|drat** *das;* -[e]s, -e: chemische Verbindung, die mit einem halben ↑ Mol Kristallwasser je Mol kristallisiert. **Halb|nel|son** *der;* -[s], -[s] 〈zu ↑ Nelson〉: Nackenhebel (Spezialgriff), bei dem nur ein Arm eingesetzt wird (Ringen). **halb|part** 〈zu ↑ Part〉: zu zwei gleichen Teilen. **Halb|prä|fix** *das;* -es, -e: svw. Präfixoid; vgl. Halbaffix. **Halb|suf|fix** *das;* -es, -e: svw. Suffixoid; vgl. Halbaffix. **Halb|vo|kal** *der;* -s, -e: 1. unsilbisch gewordener, als ↑ Konsonant gesprochener Vokal (z. B. *j*; Sprachw.). 2. unsilbischer ↑ Vokal (z. B. das *i* in dem ↑ Diphthong *ai*; Sprachw.)

Ha|léř [ˈhalɛːrʃ] *der;* -, - (aber: 2 Haléře, 10 Haléřů) 〈aus gleichbed. *tschech.* haléř, dies zu *dt.* Heller〉: Untereinheit der tschech. Krone

Half [haːf] *der;* -s, -s 〈aus gleichbed. *engl.* half, kurz für halfback, vgl. Half-Back〉: (österr.) Läufer in einer [Fuß]ballmannschaft

Hal|fa *die;* - 〈aus *arab.* ḥalfa „Gras"〉: svw. Esparto

Half-Back [ˈhaːfbɛk] *der;* -s, -s 〈aus gleichbed. *engl.* halfback, dies aus half „halb" u. ↑ Back〉: (schweiz.) svw. Half. **Half-court** [...kɔːt] *der;* -s, -s 〈aus *engl.* half „halb" u. court „Hof; Feld, Abteilung"〉: zum Netz hin gelegener Teil des Spielfeldes beim Tennis. **Half|dreß** *der;* ...dresses, ...dresse 〈zu *engl.* dress, vgl. Dreß〉: (veraltet) Halbkleidung. **Half|pen|ny** [ˈheɪpnɪ] *der;* -[s], ...nies [...nɪz] 〈aus *engl.* halfpenny, dies aus half „halb" u. ↑ Penny〉: engl. Münze (0,5 p). **Half|rei|he** [ˈhaːf...] 〈zu *engl.* half „halb"〉: (österr.) Läuferreihe in einer [Fuß]ballmannschaft. **Half-Time** [...taɪm] *die;* -, -s 〈aus gleichbed. *engl.* halftime〉: Halbzeit (Sport). **Half-vol|ley** [...vɔli] *der;* -s, -s u. **Half|vol|ley|ball** *der;* -[e]s, ...bälle 〈zu *engl.* half volley „halb volley"; vgl. volley〉: (beim [Tisch]tennis) im Augenblick des Abprallens (z. B. vom Boden) geschlagener Ball

hal..., Hal... u. **ha|li..., Ha|li...** vgl. halo..., Halo... **Ha|lid** *das;* -[e]s, -e 〈zu *gr.* háls „Salz" (vgl. halo...) u. ↑ ³...id〉: svw. Halogenid. **ha|lin** 〈aus *gr.* hálinos „aus Salz bestehend" zu háls „Salz"〉: den Salzgehalt des Meeres betreffend. **Ha|li|plank|ton** *das;* -s 〈zu ↑ halo...〉: Plankton des Meeres. **Ha|li|ste|re|se** *die;* - 〈zu *gr.* stérēsis „Beraubung"〉: Abnahme der Kalksalze in den Knochen, Knochenerweichung (Med.). **Ha|lit** [auch haˈlɪt] *der;* -s, -e 〈zu ↑²...it〉: 1. Steinsalz (ein Mineral). 2. Salzgestein. **Ha|li|the|ri|um** *das;* -s, ...rien [...i̯ən] 〈aus *nlat.* halitherium zu *gr.* háls, Gen. halós „Salz" u. thēríon „Tier"〉: fossile Seekuh des ↑ Oligozäns, die völlig an das Wasserleben angepaßt war

Ha|li|to|se *die;* - 〈zu *lat.* halitus (vgl. Halitus) u. ↑¹...ose〉: übler Mundgeruch (Med.). **Ha|li|tus** *der;* - 〈aus *lat.* halitus „Hauch; Dunst"〉: Hauch, Atem, Ausdünstung, Geruch (Med.)

hal|kyo|nisch vgl. alkyonisch

Hal|lel *das;* -s 〈aus *hebr.* hallel „preise!", Imp. von hillēl „preisen, loben"〉: jüdischer Lobgesang an hohen Festta-

gen (Psalm 113−118). **hal|le|lu|ja!** u. alleluja! ⟨aus gleichbed. *kirchenlat.* halleluja, alleluia, dies aus *hebr.* hallūyâh „preiset Jahwe!"⟩: lobet den Herrn! (aus den Psalmen übernommener) gottesdienstlicher Freudenruf. **Hal|le|lu|ja** u. Alleluja *das;* -s, -s: liturgischer Freudengesang
Hall|ge|ne|ra|tor ['hɔ:l...] *der;* -s, -en ⟨nach dem nordamerik. Physiker E. H. Hall, 1855−1938⟩: Gerät zum Messen magnetischer Gleich- u. Wechselfelder
Hal|ling *der;* -s, -e ⟨nach einem Tal in Norwegen⟩: volkstümlicher norwegischer Tanz im ¾- od. %-Takt
Hal|lo|ween ['hæləwi:n, ...'wi:n] *das;* -[s], -s ⟨*engl.;* zu älter *engl.* hallow „Heilige(r)" u. eve „(Vor)abend"⟩: Tag vor Allerheiligen (der bes. in den USA gefeiert wird)
Hal|loy|sit [halɔy..., auch ...'zɪt] *der;* -s, -e ⟨nach dem belg. Geologen d'Halloy (1783−1875) u. zu ↑²...it⟩: wasserhaltiges Aluminiumsilikat, ein weißes Mineral
Häll|rist|nin|gar vgl. Helleristninger
Hal|lux *der;* -, ...luces [...tse:s] ⟨nlat. Bildung aus gleichbed. *lat.* hallex u. hallus⟩: große Zehe (Med.)
Hal|lu|zi|nant *der;* -en, -en ⟨aus *lat.* (h)al(l)ucinans, Gen. (h)al(l)ucinantis, Part. Präs. von (h)al(l)ucinare; vgl. halluzinieren⟩: jmd., der an Halluzinationen leidet. **Hal|lu|zi|na|ti|on** *die;* -, -en ⟨aus *lat.* (h)al(l)ucinatio „gedankenloses Reden, Träumerei"⟩: Sinnestäuschung, Trugwahrnehmung, Wahrnehmungserlebnis, ohne daß der wahrgenommene Gegenstand in der Wirklichkeit existiert. **hal|lu|zi|na|tiv** ⟨unter Einfluß von *engl.* hallucinative aus *nlat.* hallucinativus⟩: svw. halluzinatorisch; vgl. ...iv/...orisch. **hal|lu|zi|na|to|risch** ⟨aus gleichbed. *(n)lat.* (h)al(l)ucinatorius⟩: auf Halluzination beruhend, in Form einer Halluzination; vgl. ...iv/...orisch. **hal|lu|zi|nie|ren** ⟨aus *lat.* (h)al(l)ucinari „gedankenlos sein", dies wohl aus *gr.* alýein „außer sich sein"⟩: a) eine Halluzination haben, einer Sinnestäuschung unterliegen; b) Nichtexistierendes als existierend vortäuschen, sich vorstellen, z. B. Onanie halluziniert Geschlechtsverkehr. **hal|lu|zi|no|gen** ⟨zu ↑...gen⟩: Halluzinationen hervorrufend, zu Halluzinationen führend. **Hal|lu|zi|no|gen** *das;* -s, -e: Medikament od. Droge, die halluzinationsartige Erscheinungen hervorruft (Med.). **Hal|lu|zi|no|se** *die;* -, -n ⟨zu ↑¹...ose⟩: Sinnestäuschung, die bei klarem Bewußtsein auftritt
Hal|ma *das;* -s ⟨aus *gr.* hálma, Gen. hálmatos „Sprung"⟩: ein Brettspiel für 2 bis 4 Personen. **Hal|ma|to|ge|ne|sis** *die;* -: (veraltet) sprunghafte Entwicklung von einer Art (Qualität) zur neuen
hal|my|ro|gen ⟨zu *gr.* halmyrós „salzig" u. ↑...gen⟩: aus dem Meerwasser ausgeschieden (z. B. von Salzlagerstätten; Geol.). **Hal|my|ro|ly|se** *die;* - ⟨zu ↑...lyse⟩: Verwitterung von Gestein auf dem Meeresgrund unter dem Einfluß von Meerwasser (Geol.). **hal|my|ro|ly|tisch:** die Halmyrolyse betreffend, durch Halmyrolyse entstehend
Ha|lo *der;* -[s], Plur. -s od. Halonen ⟨aus *lat.* halo, Akk. von halos „Hof um die Sonne od. Mond", dies aus gleichbed. *gr.* hálōs, eigtl. „(runde) Tenne"⟩: 1. Hof um eine Lichtquelle, hervorgerufen durch Reflexion, Beugung u. Brechung der Lichtstrahlen an kleinsten Teilchen. 2. Ring um die Augen (Med.). 3. Warzenhof (Med.)
ha|lo..., Ha|lo..., auch hali..., Hali..., vor Vokalen meist hal..., Hal... ⟨aus gleichbed. *gr.* háls, Gen. halós⟩: Wortbildungselement mit der Bedeutung „Salz", z. B. halogen, Halophyt; Haliplankton; Halit. **ha|lo|bi|ont** ⟨zu ↑...biont⟩: svw. halophil. **Ha|lo|bi|ont** *der;* -en, -en: Lebewesen, das vorzugsweise in salzreicher Umgebung gedeiht (Biol.). **Ha|lo|bi|os** *der;* -: Gesamtheit der Organismen salzreicher Orte (Salzgewässer, -böden). **Ha|lo|che|mie** *die;* -: Chemie der Salze. **ha|lo|che|misch:** die Halochemie betreffend. **Ha|lo|chro|mie** [...kro...] *die;* - ⟨zu *gr.* chrōma „Farbe" u. ↑²...ie⟩: das Auftreten gefärbter Lösungen bei salzähnlichen Verbindungen starker Säuren mit gewissen farblosen organischen Verbindungen
Ha|lo|ef|fekt [auch 'heɪloʊ...] *der;* -[e]s, -e ⟨zu ↑ Halo u. ↑ Effekt⟩: positive od. negative Beeinflussung bei der Beurteilung bestimmter Einzelzüge einer Person durch den ersten Gesamteindruck od. die bereits vorhandene Kenntnis von anderen Eigenschaften (Psychol.)
ha|lo|gen ⟨zu ↑halo... u. ↑...gen⟩: salzbildend. **Ha|lo|gen** *das;* -s, -e: Salzbildner (Fluor, Chlor, Brom, Jod), chem. Element, das ohne Beteiligung von Sauerstoff mit Metallen Salze bildet. **Ha|lo|ge|na|ti|on** *die;* -, -en ⟨zu ↑...ation⟩: svw. Halogenierung; vgl. ...[at]ion/...ierung. **Ha|lo|ge|nid** *das;* -[e]s, -e ⟨zu ↑³...id⟩: Verbindung aus Halogen u. einem chem. Element (meist Metall), Salz einer Halogenwasserstoffsäure. **ha|lo|ge|nie|ren** ⟨zu ↑...ieren⟩: ein Halogen in eine organische Verbindung einführen, Salz bilden. **Ha|lo|ge|nie|rung** *die;* -, -en ⟨zu ↑...ierung⟩: das Halogenieren von Elementen u. Verbindungen; vgl. ...[at]ion/...ierung. **Ha|lo|gen|koh|len|was|ser|stoff** *der;* -[e]s, -e (meist Plur.): Kohlenwasserstoff, bei dem die Wasserstoffatome ganz od. teilweise durch Halogene ersetzt sind. **Ha|lo|gen|lam|pe** *die;* -, -n: sehr helle Glühlampe mit einer Füllung aus Edelgas, der eine geringe Menge von Halogen beigemischt ist. **Ha|lo|gen|was|ser|stoff** *der;* -[e]s, -e (meist Plur.): aus einem Halogen u. Wasserstoff gebildete Verbindung, z. B. Fluorwasserstoff. **Ha|lo|gen|was|ser|stoff|säu|ren** *die* (Plur.): Säuren, die aus einem Halogen u. Wasserstoff bestehen (z. B. Salzsäure). **Ha|lo|id** *das;* -[e]s, -e ⟨zu halo... u. ↑³...id⟩: Kurzform von ↑ Halogenid. **Ha|lo|ki|ne|se** *die;* - ⟨zu *gr.* kínēsis „Bewegung"⟩: schwerkraftbedingte Bewegung des Salzes in der Erdkruste, die z. B. zur Bildung von Salzstöcken führt (Geol.). **Ha|lo|man|tie** *die;* - ⟨zu *gr.* manteía „Weissagung"⟩: (veraltet) Wahrsagerei aus Salzhäufchen. **Ha|lo|me|ter** *der;* -s, - ⟨zu ↑¹...meter⟩: Meßgerät zur Bestimmung der Konzentration von Salzlösungen. **ha|lo|morph** ⟨zu ↑...morph⟩; in der Fügung -er Boden: Salzboden, Bodentyp mit hohem Salzgehalt
Ha|lo|nen: Plur. von ↑Halo. **ha|lo|niert** ⟨zu ↑Halo u. ↑...iert⟩: von einem Hof umgeben, umrändert (z. B. vom Auge; Med.)
Ha|lo|pe|ge *die;* -, -n ⟨zu ↑halo... u. *gr.* pēgé „Quelle"⟩: kalte Salzquelle. **ha|lo|phil** ⟨zu ↑...phil⟩: salzreiche Umgebung bevorzugend (von Lebewesen; Biol.). **Ha|lo|phyt** *der;* -en, -en ⟨zu ↑...phyt⟩: Pflanze auf salzreichem Boden (vor allem an Meeresküsten), Salzpflanze
Ha|lo|po|pu|la|ti|on *die;* - ⟨zu ↑ Halo u. ↑ Population⟩: Sammelbez. für die ältesten Objekte des Milchstraßensystems (auch anderer ↑ Galaxien), die dieses in der Art eines ↑ Halos (1) umgeben
Ha|lo|skop *das;* -s, -e ⟨zu ↑halo... u. ↑...skop⟩: svw. Halometer. **Ha|lo|tech|nik** *die;* -: (veraltet) [Kunst der] Salzgewinnung. **ha|lo|tech|nisch:** die Halotechnik betreffend. **Ha|lo|ther|me** *die;* -, -n: warme Salzquelle. **Ha|lo|tri|chit** [auch ...'ɪçıt] *der;* -s, -e: zu den Alaunen gehörendes weißes, asbestartiges Mineral. **ha|lo|xen** ⟨zu *gr.* xénios „gastlich, gastfreundlich"⟩: salzreiche Umgebung als Lebensraum duldend (von Lebewesen; Biol.)
Hal|te|ren *die* (Plur.) ⟨über *lat.* halteres aus gleichbed. *gr.* haltḗres⟩: 1. [beim Weitsprung zur Steigerung des Schwunges benutzte] hantelartige Stein- oder Metallgewichte im alten Griechenland. 2. zu Schwingkölbchen umgewandelte

Halunke

Hinterflügel der Zweiflügler u. Vorderflügel der Männchen der Fächerflügler (Zool.)

Ha|lun|ke *der;* -n, -n ⟨aus *tschech.* holomek „nackter Bettler", eigtl. „(Henkers)knecht"⟩: a) (abwertend) jmd., dessen Benehmen od. Tun als gemein od. hinterhältig angesehen wird; Gauner; b) (scherzh.) kleiner, frecher Junge

Hal|wa *das;* -[s] ⟨aus gleichbed. *arab.* ḥalwā⟩: orientalische Süßigkeit, die aus einer flockigen Mischung von zerstoßenem Sesamsamen u. Honig od. Sirup besteht

Häm *das;* -s ⟨aus *gr.* haīma „Blut"⟩: der Farbstoffanteil im ↑ Hämoglobin. **häm...**, **Häm...** vgl. hämo..., Hämo...

Ha|mac [a'mak] *der;* -s, -s ⟨aus gleichbed. *fr.* hamac zu *span.* hamaca, dies aus *hait.* (Eingeborenensprache) (h)amaca⟩: (veraltet) Hängematte

Ha|ma|da vgl. Hammada

Ha|ma|dan *der;* -[s], -s ⟨nach der gleichnamigen Stadt im Iran⟩: dauerhafter handgeknüpfter Teppich [aus Kamelwolle] mit stilisierter Musterung

Ha|ma|drya|de *die;* -, -n ⟨aus *gr.* hamadryás, Gen. hamadryádos „Baumnymphe"⟩: svw. Dryade

Häm|ag|glu|ti|na|ti|on *die;* -, -en ⟨zu ↑ hämo... u. ↑ Agglutination⟩: Zusammenballung, Verklumpung von roten Blutkörperchen (Med.). **Häm|ag|glu|ti|nin** *das;* -s, -e: Schutzstoff des Serums, der eine ↑ Agglutination von roten Blutkörperchen bewirkt (Med.). **Häm|ago|gum** *das;* -s, ...ga ⟨aus gleichbed. *nlat.* haemagogum zu ↑ hämo... u. *gr.* agōgós „(herbei)führend"⟩: Mittel, das Blutungen herbeiführt od. fördert (Med.). **Häm|alaun** *das;* -s, -e: Gemisch aus ↑ Hämatoxylin u. ↑ Alaun zur Färbung von Gewebeschnitten (Med.). **Hä|mal|ka|nal** *der;* -s ⟨zu ↑ ¹...al (1) u. ↑ Kanal⟩: durch Vereinigung der unteren Wirbelbögen entstehender, große Blutgefäße einschließender Kanal (2; Med.). **Hä|mal|ops** *der;* - ⟨aus gleichbed. *gr.* haimálōps zu haimaléos „blutig" u. ṓps „Auge"⟩: Bluterguß ins Auge (Med.)

Ha|mam *der;* -[s], -s ⟨aus gleichbed. *türk.* hamam⟩: türkisches Bad

Ha|ma|me|lis *die;* - ⟨aus *gr.* hamamēlis „Mispel"⟩: haselnußähnliches Gewächs (in Amerika u. Asien), aus dessen Rinde ein zu pharmazeutischen u. kosmetischen Präparaten verwendeter Extrakt gewonnen wird u. dessen Äste als Wünschelruten verwendet werden; Zauberknuß

Ham and eggs ['hæm ənd 'ɛgz] *die* (Plur.) ⟨aus *engl.* ham and eggs „Schinken u. Eier"⟩: engl. Bez. für gebratene Schinken[speck]scheiben mit Spiegeleiern

Häm|an|gio|en|do|the|li|om *das;* -s, -e ⟨zu ↑ Hämangiom u. ↑ Endotheliom⟩: häufig bösartige Geschwulst aus Gefäßepithelien (Med.). **Häm|an|gi|om** *das;* -s, -e ⟨zu ↑ hämo... u. ↑ Angiom⟩: gutartige Blutgefäßgeschwulst, Blutschwamm (Med.). **Häm|apo|phy|se** *die;* -, -n: unterer Wirbelbogen (Med.). **Häm|ar|thros** *der;* -, ...roi [...trɔy] ⟨zu *gr.* árthron „Gelenk"⟩: mit Blut gefülltes Gelenk, insbesondere Blutergelenk (Med.). **Häm|ar|thro|se** *die;* -, -n: Bluterguß in ein Gelenk (Med.)

¹Ha|mar|tie *die;* - ⟨aus *gr.* hamartía zu hamartánein „sich irren; sündigen", eigtl. „(das Ziel) verfehlen"⟩: Irrtum, Sünde als Ursache für die Verwicklungen in der altgriech. Tragödie (Aristoteles). **²Ha|mar|tie** *die;* -, ...ien ⟨zu ↑ ¹Hamartie; vgl. ²...ie⟩: örtlicher Gewebsdefekt als Folge einer embryonalen Fehlentwicklung des Keimgewebes (Med.). **Ha|mar|to|bla|stom** *das;* -s, -e: selbständige, mitunter bösartige Geschwulst, die sich aus fehlgebildetem Keimgewebe entwickelt (Med.). **Ha|mar|tom** *das;* -s, -e ⟨zu ↑ ¹Hamartie u. ↑ ...om⟩: geschwulstartige Wucherung defekten Gewebes, das durch eine ↑ ²Hamartie entstanden ist (Med.). **ha|mar|to|ma|tös** ⟨zu ↑ ...ös⟩: geschwulstartig wuchernd (Med.). **Ha|mar|to|ma|to|se** *die;* -, -n ⟨zu ↑ ¹...ose⟩: das Auftreten multipler Hamartome (Med.)

Ha|mas *die;* - ⟨aus *arab.* ḥamās „Eifer"⟩: islam. Widerstandsbewegung in den von Israel besetzten Gebieten. **Ha|ma|sa** *die;* -, -s ⟨aus *arab.* ḥamāsa „Tapferkeit"⟩: Titel berühmter arab. Anthologien

Häm|as|kos *der;* - ⟨zu ↑ hämo... u. *gr.* askós „lederner Schlauch; abgezogene Tierhaut"⟩: blutiger Erguß in der Bauchhöhle (Med.). **hä|mat...**, **Hä|mat...** vgl. hämato..., Hämato... **Hä|ma|te|in** *das;* -s ⟨Kunstw.⟩; vgl. hämato... u. ...in (1)⟩: svw. Hämatoxylin. **Hä|mat|eme|sis** *die;* - ⟨zu ↑ hämato... u. *gr.* émesis „das Erbrechen" (dies zu emeīn „ausspeien")⟩: das Blutbrechen (z. B. bei Magengeschwüren; Med.). **Hä|mat|[h]i|dro|se** *die;* -, -n: svw. Häm[h]idrose. **Hä|ma|tin** *das;* -s ⟨zu ↑ ...in (1)⟩: eisenhaltiger Bestandteil des roten Blutfarbstoffs. **Hä|ma|ti|non** *das;* -s ⟨zu *gr.* haimátinos „(blutig)rot"⟩: in der Antike häufig verwendete kupferhaltige rote Glasmasse, deren Färbung erst nach öfterem Erwärmen u. Kühlen auftritt. **Hä|ma|tit** [auch ...'tɪt] *der;* -s, -e ⟨über *lat.* haematites aus gleichbed. *gr.* haimatítēs (líthos), eigtl. „blutiger (Stein)"⟩: Eisenglanz, Roteisenstein, ein rotes Eisenerz. **hä|ma|to...**, **Hä|ma|to...**, vor Vokalen meist hämat..., Hämat... ⟨aus gleichbed. *gr.* haīma, Gen. haímatos⟩: Wortbildungselement mit der Bedeutung „Blut", z. B. Hämatogen, Hämatologie, Hämaturie; vgl. hämo..., Hämo... **Hä|ma|to|blast** *der;* -en, -en (meist Plur.) ⟨zu *gr.* blastós „Sproß, Trieb"⟩: svw. Hämoblast. **Hä|ma|to|chyl|urie** *die;* -, ...ien: Auftreten von Blut u. Darmlymphe im Harn (Med.). **hä|ma|to|gen** ⟨zu ↑ ...gen⟩: 1. aus dem Blut stammend (Med.). 2. blutbildend (Med.). **Hä|ma|to|gramm** *das;* -s, -e ⟨zu ↑ ...gramm⟩: Blutbild, tabellarische Zusammenfassung der zur Beurteilung eines Blutbildes wichtigen Befunde (Med.). **Hä|ma|toi|din** [...toi...] *das;* -s ⟨zu ↑ ...oid u. ↑ ...in (1)⟩: sich bei Blutaustritt aus Gefäßen bildender eisenfreier Farbstoff des ↑ Hämoglobins. **hä|ma|to|ka|thar|ti|kum** *das;* -s, ...ka: (veraltet) blutreinigendes Mittel (Med.). **hä|ma|to|ka|thar|tisch**: (veraltet) blutreinigend (Med.). **Hä|ma|to|kok|kus** *der;* -, ...kken: eine Grünalgengattung, von der einige Arten rot gefärbte ↑ Plastiden haben (Biol.). **Hä|ma|to|kol|pos** *der;* -: Ansammlung von Menstrualblut in der Scheide (bei Scheidenverschluß; Med.). **Hä|ma|to|ko|ni|en** [...jən] *die* (Plur.) ⟨zu *gr.* kónis „Staub"⟩: svw. Hämokonien. **Hä|ma|to|krit** *der;* -en, -en ⟨zu *gr.* kritós „getrennt", dies zu krínein „scheiden, trennen"⟩: Glasröhrchen mit Gradeinteilung zur Bestimmung des Verhältnisses von roten Blutkörperchen zum Blutplasma. **Hä|ma|to|krit|wert** *der;* -[e]s, -e: prozentualer Volumenanteil der Blutzellen an der Gesamtblutmenge (Med.). **Hä|ma|to|lith** [auch ...'lɪt] *der;* Gen. -s u. -en, Plur. -e[n] ⟨zu ↑ ...lith⟩: ein dunkelrotes Mineral. **Hä|ma|to|lo|ge** *der;* -n, -n ⟨zu ↑ ...loge⟩: Arzt mit Spezialkenntnissen auf dem Gebiet der Blutkrankheiten (Med.). **Hä|ma|to|lo|gie** *die;* - ⟨zu ↑ ...logie⟩: Teilgebiet der Medizin, das sich mit dem Blut u. den Blutkrankheiten befaßt (Med.). **hä|ma|to|lo|gisch** ⟨zu ↑ ...logisch⟩: die Hämatologie betreffend. **Hä|ma|tom** *das;* -s, -e ⟨aus gleichbed. *nlat.* haematoma zu ↑ hämato... u. ↑ ...om⟩: Ansammlung von Blut außerhalb der Blutbahn in den Weichteilen; Blutbeule, Bluterguß (Med.). **Hä|ma|to|man|tie** *die;* -, ...ien ⟨zu *gr.* manteía „Weissagung"⟩: (veraltet) das Vorhersagen eines Krankheitsverlaufes aus der Beschaffenheit des Blutes. **Hä|ma|to|me|tra** *die;* - ⟨zu *gr.* métra „Gebärmutter"⟩: Ansammlung von Menstrualblut in der Gebärmutter bei Verschluß des Muttermundes (Med.). **Hä|mat|om|pha|los** *der;* - ⟨zu *gr.* omphalós „Nabel"⟩: hämatomartig blauverfärbter Nabel als Zeichen einer Blutung in die Bauchhöhle (Med.). **Hä|ma|to|mye|lie** *die;* -, ...ien ⟨zu *gr.* myelós „Mark" u. ↑²...ie⟩: Rückenmarksblutung (Med.). **Häma|to|pe|ri|kard** *das;* -[e]s, -e: svw. Hämoperikard. **Hä|ma|to|pha|gen** *die* (Plur.) ⟨zu ↑ ...phage⟩: blutsaugende Parasiten (Biol.). **Hä|ma|to|pho|bie** *die;* -, ...ien ⟨zu ↑ ...phobie⟩: krankhafte Angst vor Blut (Psychol.). **Hä|ma|to|pneu|mo|tho|rax** *der;* -[es]: Bluterguß u. Luftansammlung im Brustfellraum (Med.). **Hä|ma|to|poe|se** *die;* - ⟨zu *gr.* poíēsis „das Bilden, Verfertigen", dies zu poieīn „machen, bilden"⟩: Blutbildung, bes. Bildung der roten Blutkörperchen (Med.). **hä|ma|to|poe|tisch** ⟨zu *gr.* poiētikós „schaffend, bildend"⟩: blutbildend (Med.). **Hä|ma|tor|rha|chis** *die;* - ⟨zu *gr.* rháchis „Rücken, Rückgrat"⟩: Blutung im Bereich der Rückenmarkshäute (als Folge von Verletzungen; Med.). **Hä|ma|tor|rhö** *die;* -, -en u. **Hä|ma|tor|rhöe** [...'rø:] *die;* -, -n [...'rø:ən] ⟨zu *gr.* rheīn „fließen"⟩: Blutsturz (Med.). **Hä|ma|to|sal|pinx** *die;* -: Blutansammlung im Eileiter (Med.). **Hä|ma|to|se** *die;* -, -n ⟨zu ↑¹...ose⟩: svw. Hämatopoese. **Hä|ma|to|sko|pie** *die;* -, ...ien ⟨zu ↑ ...skopie⟩: Blutuntersuchung (Med.). **Hä|ma|to|sper|mie** *die;* - ⟨zu *gr.* spérma „Samen" u. ↑²...ie⟩: svw. Hämospermie. **Hä|ma|to|tho|rax** *der;* -[es]: Bluterguß in die Brusthöhle (Med.). **Hä|ma|to|to|xi|ko|se** *die;* -, -n: svw. Hämotoxikose. **Hä|ma|to|tym|pa|non** *das;* -s, ...na ⟨zu *gr.* týmpanon „Handpauke, Handtrommel"⟩: Blutfüllung der Paukenhöhle nach Verletzungen (Med.). **Hä|ma|to|xy|lin** *das;* -s ⟨zu *gr.* xýlon „Holz" u. ↑ ...in (1)⟩: in der ↑ Histologie zur Zellkernfärbung verwendeter Farbstoff aus dem Holz des südamerik. Blutholzbaumes. **Hä|ma|to|ze|le** *die;* -, -n ⟨zu *gr.* kélē „Geschwulst; Bruch"⟩: geschwulstartige Ansammlung von geronnenem Blut in einer Körperhöhle, bes. in der Bauchhöhle (z. B. als Folge einer Verletzung; Med.). **Hä|ma|to|ze|pha|lus** *der;* - ⟨zu *gr.* kephalḗ „Kopf"⟩: Bluterguß im Gehirn (Med.). **Hä|ma|to|zo|on** *das;* -s, ...zoen (meist Plur.) ⟨zu *gr.* zōon „Lebewesen; Tier"⟩: tierischer ↑ Parasit, der im Blut anderer Tiere od. des Menschen lebt (Biol., Med.). **Hä|ma|to|zyt** *der;* -en, -en (meist Plur.) ⟨zu ↑ ...zyt⟩: svw. Hämozyt. **Hä|ma|to|zy|to|ly|se** *die;* - ⟨zu ↑ ...lyse⟩: Auflösung der roten Blutkörperchen (Med.). **Hä|mat|urie** *die;* -, ...ien ⟨zu ↑ ...urie⟩: Ausscheidung nicht zerfallener (nicht aufgelöster) roter Blutkörperchen mit dem Urin (Med.)

Ham|ber|git [auch ...'gɪt] *der;* -s, -e ⟨nach dem schwed. Mineralogen A. Hamberg († 1933) u. zu ↑²...it⟩: ein farbloses Mineral

Ham|bur|ger [auch 'hæmbə:gə] *der;* -s, Plur. - u. (bei engl. Aussprache) -s ⟨aus gleichbed. *engl.-amerik.* hamburger, nach der Stadt Hamburg⟩: aufgeschnittenes weiches Brötchen, zwischen dessen Hälften gebratenes Hackfleisch mit Zutaten (Tomaten, Zwiebeln, Senf, Ketchup usw.) gelegt ist

Häm|ery|thrin *das;* -s ⟨zu ↑hämo... u. ↑erythro... u. ↑ ...in (1)⟩: braunroter, eisenhaltiger Blutfarbstoff verschiedener wirbelloser Tiere (Biol.). **Häm|hi|dro|se** u. **Häm|idro|se** *die;* - ⟨zu *gr.* hídrōsis „das Schwitzen"; vgl. ¹...ose⟩: Absonderung rot gefärbten Schweißes (Blutschwitzen; Med.). **Hä|mi|glo|bin** *das;* -s ⟨zu ↑Hämin u. ↑Globin⟩: svw. Methämoglobin

Ha|mil|ton|ope|ra|tor ['hæmɪltən...] *der;* -s, -en ⟨nach dem ir. Mathematiker u. Physiker Sir W. R. Hamilton, 1805 bis 1865⟩: Operator, der die klassischen Größen Impuls u. Gesamtenergie in der Quantenmechanik beschreibt

Hä|min *das;* -s, -e ⟨zu ↑Häm u. ↑ ...in (1)⟩: Porphyrin-Eisenkomplexsalz, ein Oxydationsprodukt des Häms (Med.)

Ham|ma|da u. **Hamada** *die;* -, -s ⟨aus *arab.* ḥammāda „die Unfruchtbare"⟩: Stein- u. Felswüste, die dadurch entstanden ist, daß lockeres Gestein vom Wind weggetragen wurde (Geogr.); vgl. Deflation (2)

Ham|mal *der;* -s, -s ⟨aus gleichbed. *arab.* ḥammāl⟩: Lastträger im Vorderen Orient

Ham|mam *der;* -[s], -s ⟨aus *arab.* ḥammām⟩: Badehaus im Vorderen Orient

Ham|ming|di|stanz ['hæmɪŋ...] *die;* - ⟨nach dem amerik. Informationstheoretiker R. W. Hamming (20. Jh.)⟩: für einen Code (1) charakteristische Größe, deren Maßzahl sich aus den unterschiedlich markierten Binärstellen von zwei Codewörtern ergibt (EDV)

Ham|mond|or|gel ['hæmənd...] *die;* -, -n ⟨nach dem amerik. Erfinder L. Hammond, 1895–1973⟩: elektroakustische Orgel

hä|mo..., Hä|mo..., vor Vokalen meist häm..., Häm... ⟨zu *gr.* haīma „Blut"⟩: Wortbildungselement mit der Bedeutung „Blut; blutartig", z. B. Hämoglobin, hämostatisch; Hämagogum; vgl. hämato..., Hämato... **Hä|mo|bi|lie** *die;* -, ...ien ⟨zu ↑hämo..., ↑Bilis u. ↑²...ie⟩: durch Verletzung hervorgerufene Blutung aus dem Gallengangsystem in den Verdauungstrakt (Med.). **Hä|mo|blast** *der;* -en, -en (meist Plur.) ⟨zu *gr.* blastós „Sproß, Trieb"⟩: blutbildende Zelle im Knochenmark (Stammzelle; Med.). **Hä|mo|bla|sten|leuk|ämie** *die;* -, -n [...i:ən]: bösartige ↑ Leukämie mit akutem Verlauf u. starker Entartung der Blutstammzellen (Med.). **Hä|mo|bla|sto|se** *die;* -, -n ⟨zu ↑¹...ose⟩: Sammelbez. für bösartige Bluterkrankungen, Blutkrebs (Med.). **Hä|mo|chrom** [...'kro:m] *das;* -s ⟨zu *gr.* chrōma „Farbe"⟩: svw. Hämoglobin. **Hä|mo|chro|ma|to|se** *die;* -, -n: bräunliche Verfärbung von Haut u. Gewebe durch eisenhaltige ↑ Pigmente infolge Zerstörung roter Blutkörperchen (Med.). **Hä|mo|chro|mo|me|ter** *das;* -s, -: svw. Hämometer. **Hä|mo|dia|ly|se** *die;* -, -n: Reinigung des Blutes von krankhaften Bestandteilen (z. B. in der künstlichen Niere; Med.). **Hä|mo|dia|ly|sa|tor** *der;* -s, ...oren: Gerät zur Durchführung der Hämodialyse. **Hä|mo|di|lu|ti|on** *die;* -, -en: Entnahme u. Verdünnung von Eigenblut zur späteren Transfusion (vor Operationen mit zu erwartenden hohen Blutverlusten; Med.). **Hä|mo|dro|mo|me|ter** *das;* -s, - ⟨zu *gr.* drómos „Lauf" u. ↑¹...meter⟩: Apparat zur Bestimmung der Umlaufgeschwindigkeit des Blutes (Med.). **Hä|mo|dy|na|mik** *die;* -: Lehre von den physikalischen Grundlagen der Blutbewegung. **hä|mo|dy|na|misch**: die Bewegung des Blutes betreffend. **Hä|mo|dy|na|mo|me|ter** *das;* -s, -: Blutdruckmeßapparat (Med.). **Hä|mo|fil|tra|ti|on** *die;* -, -en: Reinigung des Blutes von krankhaften Bestandteilen mittels kleinporiger Filter (Med.). **hä|mo|gen** ⟨zu ↑ ...gen⟩: svw. hämatogen. **Hä|mo|gen** *das;* -s: Vitamin B₁₂. **Hä|mo|glo|bin** *das;* -s: Farbstoff der roten Blutkörperchen; Zeichen Hb. **Hä|mo|glo|bin|ämie** *die;* -, ...ien ⟨zu ↑ ...ämie⟩: das Auftreten freien Hämoglobins im Blut bei ↑ Hämolyse (Med). **Hä|mo|glo|bi|no|gen** ⟨zu ↑ ...gen⟩: aus Hämoglobin entstanden, Hämoglobin bildend (Med.). **Hä|mo|glo|bi|no|me|ter** *das;* -s, - ⟨zu ↑¹...meter⟩: svw. Hämometer. **Hä|mo|glo|bi|no|pa|thie** *die;* -, ...ien ⟨zu ↑ ...pathie⟩: erbliche Blutkrankheit, bei der das ↑ Globulin eine gegenüber dem normalen Blutfarbstoff abnorme Zusammensetzung aufweist (Med.). **Hä|mo|glo|bin|urie** *die;* -, ...ien ⟨zu ↑ ...urie⟩: Ausscheidung von rotem Blutfarbstoff im Harn (Med.). **Hä|mo|gramm** *das;* -s, -e ⟨zu ↑ ...gramm⟩: tabellarische Zusammenfassung der zur Beurteilung eines Blutbildes wichtigen Befunde (Med.). **Hä|mo|ko|ni|en** [...i̯ən] *die* (Plur.) ⟨zu *gr.* kónis „Staub"⟩: kleinste Kern-

Hämokrinie

od. Fetteilchen im Blut (Med.). **Hä|mo|kri|nie** *die;* - ⟨zu *gr.* krínein „scheiden, sondern, trennen" u. ↑²...ie⟩: Transport von Hormonen auf dem Blutwege (Med.). **Hä|mo|li|po|krit** *der;* -en, -en ⟨zu *gr.* lípos „Fett" u. *gr.* krités „Beurteiler, Richter"⟩: Gerät zur Messung des Anteils der Fettkörper im Blut (Med.). **Hä|mo|lym|phe** *die;* -, -n: Blutflüssigkeit wirbelloser Tiere mit offenem Blutgefäßsystem (Biol.). **Hä|mo|ly|se** *die;* -, -n ⟨zu ↑...lyse⟩: Auflösung der roten Blutkörperchen durch Austritt des roten Blutfarbstoffs; Abbau des roten Blutfarbstoffs (Med.). **hä|mo|ly|sie|ren** ⟨zu ↑...ieren⟩: Hämolyse bewirken (z. B. von Streptokokken; Med.). **Hä|mo|ly|sin** *das;* -s, -e: ↑ Antikörper, der artfremde Blutkörperchen auflöst (Med.). **Hä|mo|ly|ti|kum** *das;* -s, ...ka ⟨zu *gr.* lytikós „lösend" u. ↑...ikum⟩: Stoff, der eine Hämolyse bewirkt (Med.). **hä|mo|ly|tisch**: roten Blutfarbstoff auflösend, mit Hämolyse verbunden (Med.). **Hä|mo|me|ta|ki|ne|sie** *die;* -, ...ien ⟨zu *gr.* metakínēsis „Umstellung" u. ↑²...ie⟩: Blutentzugssymptom durch Blutumlagerung infolge Weitstellung u. dadurch vermehrter Blutfüllung gesunder Blutgefäßabschnitte (Med.). **Hä|mo|me|ter** *das;* -s, - ⟨zu ↑¹...meter⟩: Gerät zur Bestimmung des Hämoglobingehaltes des Blutes (Med.). **Hä|mo|pa|thie** *die;* -, ...ien ⟨zu ↑...pathie⟩: Blutkrankheit (Med.). **Hä|mo|pe|ri|kard** *das;* -[e]s, -e: Bluterguß in den Herzbeutel (Med.). **Hä|mo|pe|xin** *das;* -s, -e ⟨zu *gr.* pēxis „das Festmachen" (dies zu pēgnýnai „festmachen, befestigen") u. ↑...in (1)⟩: Eiweißkörper, der den Farbstoffanteil des Hämoglobins zu binden vermag (Med.). **Hä|mo|pha|gen** *die* (Plur.) ⟨zu ↑...phage⟩: svw. Hämatophagen. **hä|mo|phil** ⟨zu ↑...phil⟩: 1. im Blut lebend, auf bluthaltigen Nährböden gedeihend (von Mikroorganismen). 2. an Bluterkrankheit leidend, im Zusammenhang mit Bluterkrankheit stehend (Med.). **Hä|mo|phi|lie** *die;* -, ...ien ⟨zu ↑...philie⟩: Bluterkrankheit (Med.). **Häm|oph|thal|mus** *der;* - ⟨zu *gr.* ophthalmós „Auge"⟩: svw. Hämalops. **Hä|mo|poe|se** *die;* - ⟨zu *gr.* poíēsis „das Bilden, Verfertigen" zu poieīn „machen, bilden"⟩: svw. Hämatopoese. **Hä|mo|ptoe** *die;* - ⟨Rückbildung aus ↑hämoptoisch⟩: svw. Hämoptyse. **hä|mo|pto|isch** ⟨entstellt aus *gr.* haimoptyikós „Blut speiend"⟩: die Hämoptyse betreffend, durch Hämoptyse bedingt. **Hä|mo|pty|se** u. **Hä|mo|pty|sis** *die;* - ⟨zu ↑hämo... u. *gr.* ptýsis „das Spukken", dies zu ptýein „spucken, ausspeien"⟩: Bluthusten, Blutspucken infolge Lungenblutung (Med.). **Hä|mo|rheo|lo|gie** *die;* -: Wissenschaft u. Lehre vom Fließverhalten des Blutes unter physiologischen u. pathologischen Bedingungen (Med.). **Hä|mor|rha|gie** *die;* -, ...ien ⟨aus *gr.* haimorrhagía „Blutfluß, Blutsturz"⟩: Blutung (Med.). **Hä|mor|rha|gin** *das;* -s, -e ⟨zu ↑...in (1)⟩: Stoff, der durch Aufquellung der Kapillarwände Hämorrhagien verursacht (in Schlangengift enthalten; Biochem.). **hä|mor|rha|gisch** ⟨zu *gr.* haimorrhagés „von Blut fließend"⟩: zu Blutungen führend, mit ihnen zusammenhängend (Med.). **Hä|mor|rheo|lo|gie** vgl. Hämorheologie. **hä|mor|rhoi|dal** [...roi...] ⟨aus gleichbed. *nlat.* haemorrhoidalis zu ↑ Hämorrhoide u. ↑¹...al (1)⟩: die Hämorrhoiden betreffend, durch sie hervorgerufen (Med.). **Hä|mor|rhoi|de** *die;* -, -n (meist Plur.) ⟨über *lat.* haemorrhois, Gen. haemorrhoidis aus gleichbed. *gr.* haimorrhoís, Gen. haimorrhoídos, eigtl. „Blutsturz"⟩: knotenförmig hervortretende Erweiterung der Mastdarmvenen um den After herum (Med.). **Hä|mo|si|de|rin** *das;* -s ⟨zu ↑hämo..., *gr.* sídēros „Eisen" u. ↑...in (1)⟩: eisenhaltiger, gelblicher Blutfarbstoff, der aus zerfallenden (sich auflösenden) roten Blutkörperchen stammt (Med.). **Hä|mo|si|de|ro|se** *die;* -, -n ⟨zu ↑¹...ose⟩: vermehrte Ablagerung von Hämosiderin in inneren Organen (Med.). **Hä|mo|sit** *der;* -en, -en (meist Plur.) ⟨zu *gr.* sītos „Speise"⟩: tierischer, pflanzlicher od. bakterieller Blutparasit. **Hä|mo|spa|sie** *die;* - ⟨zu *griech.* spásis „das Saugen" u. ↑²...ie⟩: [trockenes] Schröpfen (örtliche Ansaugung des Blutes in die Haut mittels einer luftleer gemachten Glas- od. Gummiglocke; Med.). **Hä|mo|sper|mie** *die;* - ⟨zu *gr.* spérma „Samen" u. ↑²...ie⟩: Entleerung von blutiger Samenflüssigkeit (Med.). **Hä|mo|spo|ri|di|um** *das;* -s, Plur. ...ien [...iən] u. ...ia (meist Plur.) ⟨aus gleichbed. *nlat.* haemosporidium zu ↑hämo... u. *gr.* spóros „Saat, Samen"⟩: einzelliger Blutparasit (Biol., Med.). **Hä|mo|sta|se** *die;* -, -n ⟨zu *gr.* stásis „das Stehen, Stillstand"⟩: 1. Stockung der Blutzirkulation (z. B. im Bereich von Entzündungsherden; Med.). 2. Blutstillung (Med.). **Hä|mo|sta|seo|lo|gie** *die;* - ⟨zu ↑...logie⟩: interdisziplinäre Wissenschaft, die sich mit der Physiologie u. Pathologie der Gerinnung, der Blutstillung, der ↑ Fibrinolyse u. der Gefäßwandung beschäftigt (Med.). **Hä|mo|sta|ti|kum** *das;* -s, ...ka ⟨zu *gr.* statikós „hemmend, zum Stillstehen bringend" u. ↑...ikum⟩: svw. Hämostyptikum. **hä|mo|sta|tisch**: svw. hämostyptisch. **Hä|mo|styp|ti|kum** *das;* -s, ...ka ⟨zu *gr.* styptikós „verstopfend" u. ↑...ikum⟩: blutstillendes Mittel (Med.). **hä|mo|styp|tisch**: blutstillend (Med.). **Hä|mo|ta|chy|gramm** [...taxy...] *das;* -s, -e ⟨zu ↑tachy... u. ↑...gramm⟩: apparative Aufzeichnung der Strömungsrichtung u. der Geschwindigkeit des Blutflusses (Med.). **Hä|mo|the|ra|pie** *die;* -, ...ien: Form der Reizkörpertherapie, bei der eine bestimmte Menge körpereigenes Blut nach Entnahme wieder in einen Muskel injiziert wird (Med.). **Hä|mo|tho|rax** *der;* -[es]: svw. Hämatothorax. **Hä|mo|to|xi|ko|se** *die;* -, -n: auf Vergiftung beruhende Schädigung der blutbildenden Zentren im Knochenmark (Med.). **Hä|mo|to|xin** *das;* -s, -e (meist Plur.): die roten Blutkörperchen schädigendes bakterielles od. chemisches Blutgift (Med.). **Hä|mo|zya|nin** *das;* -s ⟨zu ↑Zyan u. ↑...in (1)⟩: blauer Blutfarbstoff mancher wirbelloser Tiere (Biol.). **Hä|mo|zyt** *der;* -en, -en (meist Plur.) ⟨zu ↑...zyt⟩: Blutkörperchen, den Blutfarbstoff tragende Zelle in im Blutplasma (Med.). **Hä|mo|zy|to|blast** *der;* -en, -en (meist Plur.) ⟨zu *gr.* blastós „Sproß, Trieb"⟩: Stammzelle der Hämozyten. **Hä|mo|zy|to|me|ter** *das;* -s, - ⟨zu ↑¹...meter⟩: Zählkammer mit Volumeneinteilung zur Auszählung von Blutkörperchen unter dem ↑Mikroskop. **Hä|mo|zy|to|pe|nie** *die;* -, ...ien ⟨zu *gr.* penía „Armut, Mangel"⟩: krankhafte Verminderung der Blutkörperchen (Med.)

Hamp|shire|schaf ['hæmpʃɪə...] *das;* -[e]s, -e ⟨nach der Landschaft Hampshire in Südengland⟩: schwarzköpfiges Fleischschaf

Ham|sa *der;* -s ⟨aus *sanskr.* haṃsá „(Wild)gans, Schwan"⟩: der indische Ganter als Reittier der Gottheiten Brahma u. Sarasvati

Ha|mu|lus *der;* -, ...li ⟨aus gleichbed. *lat.* hamulus, Verkleinerungsform von hamus „Haken"⟩: kleiner Haken, hakenförmiger Fortsatz eines Knochens (Med.)

Ha|mun *der;* -s, -e ⟨aus gleichbed. *pers.* hamûn⟩: Salzsumpf, Ebene, Wüste

Han vgl. ¹Chan

Ha|na|fi|te vgl. Hanefite

Ha|na-ike *die* (Plur.) ⟨zu *jap.* hana-ike zu hana „Blume" u. ikeru „stellen, hineinstellen"⟩: Blumenvasen od. -schalen aus Keramik od. korbartige Behälter aus Bambus, die zum Ikebana benutzt werden

Ha|na|per ['hɛnɛpɐ, engl. 'hænəpə] *das;* -s, - ⟨aus *engl.* hanaper „Behälter zur Aufbewahrung von Dokumenten"⟩: (veraltet) Schatzkammer, Staatskasse

Han|di|cap, eingedeutscht auch Handikap ['hɛndikɛp] *das;*

-s, -s ⟨aus gleichbed. *engl.* handicap (Herkunft unsicher)⟩: 1. etw., was für jmdn., etw. eine Behinderung od. ein Nachteil ist. 2. der durch eine Vorgabe für den leistungsschwächeren Spieler, für das weniger leistungsfähige Pferd entstehende Ausgleich gegenüber dem Stärkeren (Sport). **han|di|ca|pen,** eingedeutscht auch **handikapen** [ˈhɛndikɛpn̩] ⟨aus gleichbed. *engl.* to handicap⟩: 1. eine Behinderung, einen Nachteil für jmdn., etw. darstellen. 2. jmdm. ein Handicap auferlegen; vgl. gehandikapt. **han|di|ca|pieren** [handika...] ⟨zu ↑...ieren⟩: (schweiz.) svw. handicapen. **Han|di|kap** [ˈhɛndikɛp] usw. vgl. Handicap usw. **Han|di|cap|per,** eingedeutscht auch **Handikapper** [ˈhɛndikɛpɐ] *der;* -s, - ⟨aus gleichbed. *engl.* handicapper⟩: jmd., der bei Rennen mit der Festsetzung der Handicaps (2) beauftragt ist; Ausgleicher (Sport)
Han|dies [ˈhændɪz]: Plur. von ↑ Handy. **Hand|kom|mu|ni|on** [ˈhant...] *die;* -, -en ⟨zu ↑ Kommunion⟩: ↑ Kommunion (1), bei der die ↑ Hostie dem Gläubigen in die Hand, nicht in den Mund gelegt wird. **Hand|ling** [ˈhændlɪŋ] *das;* -[s] ⟨aus gleichbed. *engl.* handling zu to handle „handhaben" u. ↑...ing⟩: Handhabung, Gebrauch. **Hand|out** [ˈhɛndaʊt] *das;* -s, -s ⟨aus gleichbed. *engl.* handout zu to hand out „austeilen, ausgeben"⟩: ausgegebene Informationsunterlage, Informationsschrift (z. B. bei Tagungen, Sitzungen). **Hands** [hɛnts, auch hændz] *das;* -, - ⟨aus *engl.* hands „Hände"⟩: (österr.) Handspiel (beim Fußball)
Han|dschar u. **Kandschar** *der;* -s, -e ⟨aus gleichbed. *arab.* ḥangar⟩: (früher) messerartige Waffe der Orientalen
Hand|sha|king [ˈhændʃeɪkɪŋ] *das;* -s, -s ⟨aus *engl.* handshaking, eigtl. „Händeschütteln"⟩: Verfahren zur Datenübertragung, bei dem die beteiligten Datenstationen die Absendung u. den Empfang der Daten gegenseitig durch ein [vereinbartes] Signal bestätigen müssen, um weiterarbeiten zu können (EDV). **Han|dy** [ˈhændɪ] *das;* -s, Handies [...dɪz] ⟨zu *engl.* handy „zur Hand; handlich"⟩: kleines, handliches Gerät, z. B. miniaturisiertes Funktelefon. **Han|dyman** [...mæn] *der;* -s, ...men [...mən] ⟨aus *engl.* handyman „Handwerker"⟩: Bastler, Heimwerker
Ha|ne|fi|te *der;* -n, -n (meist Plur.) ⟨nach dem Gründer Abu Hanifa, 699–767⟩: Anhänger einer der Rechtsschulen im sunnitischen Islam, die in den ostarabischen u. den mittelasiatischen Ländern, der Türkei, Afghanistan u. Pakistan verbreitet ist u. in der Auslegung des Moralgesetzes am großzügigsten verfährt
Han|gar [auch ...ˈgaːɐ] *der;* -s, -s ⟨aus gleichbed. *fr.* hangar, eigtl. „Schuppen, Schirmdach" (germ. Wort)⟩: Flugzeug-, Luftschiffhalle
Hän|ge|par|tie *die;* -, ...ien ⟨zu ↑ Partie⟩: abgebrochene Schachpartie, die zu einem späteren Zeitpunkt fortgesetzt wird
Hang-over [ˈhæŋˌoʊvə] *der;* -s ⟨aus gleichbed. *engl.* hang-over zu to hang over „überhängen, übrigbleiben"⟩: Katerstimmung nach dem Genuß von Alkohol od. Drogen
Han|gul *der;* -s, -s ⟨über gleichbed. *engl.* hangul aus dem Hindi⟩: Kaschmirhirsch (nordindischer Hirsch mit fünfendigem Geweih)
Ha|ni|fe *der;* -n, -n ⟨aus *arab.* ḥanīf „Rechtgläubiger"⟩: nach dem Koran ein Gottsucher, der schon in vorislamischer Zeit den reinen Glauben bewahrt hat (z. B. Abraham)
Ha|ni|wa *die* (Plur.) ⟨aus *jap.* ha-niwa „Tonringe"⟩: aus rotem Ton gebrannte Grabbeigaben im frühgeschichtlichen Japan
Hank [hɛŋk] *das;* -[s], -s ⟨aus *engl.* hank „Knäuel, Dogge, Strähne", weitere Herkunft unsicher⟩: ein Längenmaß in der Spinnerei
Han|nay|it [hænɛɪ..., auch ...ˈɪt] *der;* -s, -e ⟨nach dem schottischen Chemiker J. B. Hannay (19. Jh.) u. zu ↑²...it⟩: ein gelbliches Mineral
Han|ni|bal ad por|tas! [– – (–) ...taːs] ⟨*lat.;* „Hannibal an (vor) den Toren"; nach dem Schreckensruf der Römer im 2. Punischen Krieg⟩: (scherzh.) Achtung! Sei[d] vorsichtig! (er kommt gerade, von dem etw. Unangenehmes o. ä. zu erwarten ist)
Han|so|ku-Ma|ke *das;* -, -[s] ⟨aus gleichbed. *jap.* hansokumake⟩: Disqualifikation (eines Budokämpfers)
Han|som [ˈhɛnzəm, *engl.* ˈhænsəm] *der;* -s, -s ⟨nach dem engl. Erfinder J. A. Hansom, 1803–1882⟩: zweirädrige engl. Kutsche mit zwei Sitzplätzen u. Verdeck, bei der sich der Kutschbock erhöht hinter den Sitzen befindet
han|tie|ren ⟨aus gleichbed. *mniederl.* hantēren, dies aus *(alt)fr.* hanter „häufig besuchen, umgehen mit"⟩: a) (mit einem Gegenstand in der Hand) sichtbar, hörbar tätig, beschäftigt sein, wirtschaften; b) etw. handhaben, einen Gegenstand benutzen, mit etw. umgehen
Ha|nu̱m *die;* - ⟨über *türk.* hanım (efendi) aus *pers.* ḫānūm „Dame"⟩: Höflichkeitsanrede an Frauen im Türkischen u. Persischen
Hao [haːu] *der;* -s, Plur. -s (aber: 5 -) ⟨aus gleichbed. *vietnames.* hao⟩: Untereinheit des ↑ Dong (= 0,1 Dong)
Hao̱|ma u. **Hau̱ma** *der;* - ⟨über *awest.* Awest.⟩: heiliges Opfergetränk (aus einer heilkräftigen Pflanze) der ↑ Parsen; vgl. ¹Soma
Ha|ori *der;* -s, -s ⟨aus gleichbed. *jap.* ha-ori⟩: weite Jacke mit angeschnittenen Ärmeln als Teil der traditionellen japan. Tracht
Ha|pal|ony|chie *die;* -, ...ien ⟨zu *gr.* hapalós „weich", ónyx, Gen. ónychos „Kralle, Nagel", u. ↑²...ie⟩: abnorm weiche Beschaffenheit der Finger- u. Zehennägel (Med.)
ha|pax|anth u. **ha|pax|an|thisch** ⟨zu *gr.* hápax „einmal" u. antheīn „blühen"⟩: nur einmal blühend u. danach absterbend (von Pflanzen; Bot.); Ggs. ↑ pollakanth. **Ha|pax|le|go|me|non** *das;* -s, ...mena ⟨aus *gr.* hápax legómenon „einmal Gesagtes"⟩: nur einmal belegtes, in seiner Bedeutung oft nicht genau zu bestimmendes Wort einer [heute nicht mehr gesprochenen] Sprache
Haph|al|ge|sie *die;* - ⟨zu *gr.* haphé „Berührung" u. ↑ Algesie⟩: übermäßige Schmerzempfindlichkeit der Haut bei jeder Berührung (z. B. bei ↑ Hysterie; Med.)
Haph|ta|ra vgl. Haftara
hapl..., **Hapl...** vgl. haplo..., Haplo... **ha|plo...,** **Ha|plo...,** vor Vokalen meist hapl..., Hapl... ⟨aus gleichbed. *gr.* haplóos⟩: Wortbildungselement mit der Bedeutung „nur aus einem Teil bestehend, einfach", z. B. haplodont, Haplologie. **ha|plo|dont** ⟨zu *gr.* odoús, Gen. odóntos „Zahn"⟩: wurzellos u. kegelförmig (in bezug auf die Zähne niederer Wirbeltiere u. einiger Nagetiere; Biol.). **Ha|plo|dont** *der;* -en, -en: einfacher kegelförmiger Zahn (vermutlich die Urform des Zahns; Med.). **Ha|plo|gra|phie** *die;* -, ...ien ⟨zu ↑...graphie⟩: fehlerhafte Auslassung eines von zwei gleichen od. ähnlichen Lauten od. Silben in geschriebenen od. gedruckten Texten; Ggs. ↑ Dittographie. **ha|plo|id** ⟨aus *gr.* haploeidḗs „einfach"⟩: nur einen einfachen Chromosomensatz enthaltend (in bezug auf Zellkerne; Biol.); Ggs. ↑ diploid. **Ha|ploi|die** [haploi...] *die;* - ⟨zu ↑²...ie⟩: Phase im Lebenszyklus eines Organismus, die durch das Vorhandensein eines einfachen ↑ Chromosomensatzes gekennzeichnet ist (Biol.). **Ha|ploi|di|sie|rung** *die;* - ⟨zu ↑...isierung⟩: Herstellung von haploiden Zellen od. Individuen

haplokaulisch

durch ↑Stimulation der Zellteilung unbefruchteter Eizellen. **ha|plo|kau|lisch** ⟨zu ↑haplo... u. *gr.* kaulós „Stiel"⟩: einachsig (von Pflanzen, bei denen der Stengel mit einer Blüte abschließt; Bot.). **Ha|plo|lo|gie** *die;* -, ...ien ⟨zu ↑...logie⟩: Verschmelzung zweier gleicher od. ähnlicher Silben (z. B. Zaube*r*in statt Zaube*rer*in, Ad*a*ption statt Ad*apta*tion; Sprachw.). **Ha|plom** *das;* -s, -e ⟨Kunstw. aus *gr.* hapl*óos* „einfach" u. ↑Chromos*om*⟩: svw. Genom. **Ha|plont** *der;* -en, -en ⟨zu ↑haplo... u. ↑...ont⟩: Lebewesen, dessen Zellen einen einfachen Chromosomensatz aufweisen (Biol.). **Ha|plo|pha|se** *die;* -, -n: die beim geschlechtlichen Fortpflanzungsprozeß regelmäßig auftretende Phase mit nur einem einfachen Chromosomensatz (Biol.). **ha|plo|ste|mon** ⟨zu *gr.* stémōn „Faden"⟩: nur einen Staubblattkreis habend (von Blüten; Bot.)

Happe|lourde [ap'lurd] *die;* -, -s ⟨aus gleichbed. *fr.* happelourde zu happer „schnappen" (lautmalendes Wort) u. lourd „schwerfällig, plump"⟩: (veraltet) Glasstein, falscher Edelstein

Hap|pe|ning ['hɛpənɪŋ] *das;* -s, -s ⟨aus gleichbed. *engl.* happening, eigtl. „Ereignis"⟩: [öffentliche] Veranstaltung von Künstlern, die – unter Einbeziehung des Publikums – ein künstlerisches Erlebnis [mit überraschender od. schockierender Wirkung] übermitteln will. **Hap|pe|nist** [hɛpə...] *der;* -en, -en ⟨zu ↑...ist⟩: Künstler, der Happenings veranstaltet

hap|py ['hɛpi] ⟨*engl.*⟩: in glückseliger, zufriedener Stimmung. **Hap|py-End,** österr. auch **Hap|py|end** ['hɛpil'ɛnt] *das;* -[s], -s ⟨aus *engl.* happy end „glückliches Ende"⟩: [unerwarteter] glücklicher Ausgang eines Konfliktes, einer Liebesgeschichte. **hap|py|en|den:** (ugs.) [doch noch] einen glücklichen Ausgang nehmen, ein Happy-End finden. **Hap|py-few** ['hɛpi'fju:] *die* (Plur.) ⟨zu *engl.* few „wenige"⟩: glückliche Minderheit

hapt..., Hapt... vgl. hapto..., Hapto... **Hap|ten** *das;* -s, -e (meist Plur.) ⟨zu *gr.* háptein „heften, berühren, angreifen" u. ↑...en⟩: organische, eiweißfreie Verbindung, die die Bildung von ↑Antikörpern im Körper verhindert, Halbantigen; vgl. Antigen. **Hap|te|re** *die;* -, -n (meist Plur.) ⟨aus *nlat.* haptera „die Haftende" zu *gr.* háptein, vgl. Hapten⟩: Haftorgan bei Pflanzen. **Hap|tik** *die;* - ⟨zu ↑hapto... u. ↑²...ik (1)⟩: Lehre vom Tastsinn (Psychol.). **hap|tisch** ⟨aus *gr.* haptós „zu fassen, greifbar"⟩: den Tastsinn betreffend; vgl. taktil. **hap|to..., Hap|to...,** vor Vokalen meist hapt..., Hapt... ⟨zu *gr.* háptein „heften, berühren, anfassen"⟩: Wortbildungselement mit der Bedeutung „Bindung, Haftung; Berührung", z. B. Haptik, Haptonastie. **Hap|to|gen|mem|bran** *die;* -, -en ⟨zu ↑...gen u. ↑Membran⟩: Eiweißhäutchen um Fettkügelchen in ↑Emulsionen, das dem Entmischen entgegenwirkt (Biol.). **Hap|to|glo|bin** *das;* -s, -e: ↑Protein, das beim Transport u. Abbau von ↑Hämoglobin mitwirkt (Med.). **Hap|to|na|stie** *die;* -, ...ien: durch Berührungsreiz ausgelöste Pflanzenbewegung (Bot.). **Hap|to|tro|pis|mus** *der;* -, ...men: durch Berührungsreiz ausgelöste Krümmungsbewegung, bes. bei Kletterpflanzen (Bot.).

Haque|née [ak'ne:] *die;* -, -s ⟨aus *fr.* haquenée „Zelter" zu *engl.* hackney, vgl. Hackney⟩: 1. Zelter, Paßgänger; vgl. Hackney. 2. farbige, über die Streitrosse gelegte Decke (im Mittelalter)

Ha|quet [a'ke:, fr. a'kɛ] *der;* -s, -s [a'ke:(s), a'kɛ(s)] ⟨aus gleichbed. *fr.* haquet zu *altfr.* haque „Pferd" (bildlich gebraucht)⟩: 1. (veraltet) kleiner Karren. 2. Brückenwagen, Pontonkarren (Mil.)

Ha|ra *die;* - ⟨aus gleichbed. *jap.* hara⟩: aus Sträuchern u. Kräutern bestehende Vegetationsform in Japan, bes. auf Vulkanhängen

Ha|rai [hara'i] *das;* - ⟨zu *türk.* haraç „Tribut, Kopfsteuer"⟩: früher der von allen ↑Giaurs an die ↑Moslems zu zahlende Tribut

Ha|ra|ki|ri *das;* -[s], -s ⟨aus gleichbed. *jap.* harakiri zu hara „Bauch" u. kiru „schneiden"⟩: ritueller Selbstmord durch Bauchaufschlitzen (in Japan); Seppuku

Ha|ram *der;* -s, -s ⟨aus gleichbed. *arab.* ḥaram, eigtl. „unverletzlich, heilig"⟩: heiliger, verbotener Bezirk im islamischen Orient; vgl. Harem

ha|ran|gie|ren ⟨aus gleichbed. *fr.* haranguer zu harangue, vgl. Harangue⟩: (veraltet) 1. a) eine langweilige, überflüssige Rede halten; b) jmdn. mit einer Rede, mit einer Unterhaltung langweilen. 2. anreden, ansprechen. **Ha|rangue** [(h)a'rãg] *die;* -, -s ⟨aus gleichbed. *fr.* harangue, dies wohl aus *mlat.* harenga, weitere Herkunft ungeklärt⟩: (veraltet) feierliche Ansprache. **Ha|ran|gueur** [(h)arã'gø:ɐ̯] *der;* -s, -s ⟨aus gleichbed. *fr.* harangueur⟩: (veraltet) Wortführer, Lobredner

Ha|rap|pa|kul|tur *die;* - ⟨nach dem zuerst erforschten Hauptausgrabeplatz Harappa (Pandschab, Pakistan)⟩: eine Hochkultur, die vom 4. bis Anfang des 2. Jahrtausends v. Chr. hauptsächlich im Industal verbreitet war

Ha|ras [a'ra:] *der;* -, - ⟨aus gleichbed. *fr.* haras, weitere Herkunft unsicher⟩: (veraltet) Gestüt

Ha|raß *der;* -rasses, -rasse ⟨aus gleichbed. *(alt)fr.* harasse, dies vielleicht aus *fränk.* *hrāta „Flechtwerk"⟩: Lattenkiste od. Korb zum Verpacken zerbrechlicher Waren wie Glas, Porzellan o. ä.

Harce|leur [arsˈløːɐ̯] *der;* -s, -s ⟨aus gleichbed. *fr.* harceleur zu harceler, vgl. harcelieren⟩: (veraltet) Plagegeist. **harce|lie|ren** [arsˈliː...] ⟨aus gleichbed. *fr.* harceler, älter *fr.* *herceler, dies aus *altfr.* hercer „übel zurichten", eigtl. „mit der Egge bearbeiten"⟩: (veraltet) 1. necken. 2. durch häufige Angriffe [den Feind] beunruhigen

Har|dan|ger|ar|beit *die;* -, -en ⟨nach der norw. Landschaft Hardanger⟩: Durchbrucharbeit (Stickerei, bei der Fäden aus dem Gewebe gezogen werden u. die entstandenen Löcher umstickt werden) in grobem Gewebe mit quadratischer Musterung. **Har|dan|ger|fie|del** *die;* -, -n: volkstümliches norw. Streichinstrument mit vier Griff- u. vier Resonanzsaiten

Hard|bop ['hɑːdˈbɔp] *der;* -[s], -s ⟨aus gleichbed. *amerik.* hardbop zu hard „fest; hart"; Analogiebildung zu ↑Bebop⟩: (zu Beginn der 1950er Jahre entstandener) Jazzstil, der stilistisch eine Fortsetzung, gleichzeitig jedoch eine Verflachung des ↑Bebop darstellt (Mus.). **Hard|co|py** ['hɑːdkɔpi] *das;* -s, Plur. -s u. ...ies ⟨aus *engl.* hard copy „feste Aufzeichnung"⟩: schriftliche Fixierung der ausgetauschten Informationen in der Datenübertragungstechnik; Ggs. ↑Softcopy. **Hard|core** ['hɑːdkɔ] *der;* -s, -s ⟨aus *engl.* hard core „harter Kern"⟩: harter innerer Kern von Elementarteilchen. **Hard|core|film** *der;* -[e]s, -e: svw. Hardcoreporno. **Hard|core|por|no** *der;* -s, -s: pornographischer Film, in dem geschlechtliche Vorgänge z. T. in Großaufnahme u. mit genauen physischen Details gezeigt werden. **Hard co|ver** ['hɑːd ˈkʌvə] *das;* - -s, - -s ⟨aus *engl.* hard cover „fester Einbanddeckel"⟩: Buch mit festem Einbanddeckel; Ggs. ↑Paperback. **Hard disk** [- ˈdɪsk] *der;* - -, - -s ⟨aus *engl.* hard disk „harte Magnetplatte"⟩: Magnetplattenspeicher, der fest in das Computersystem integriert ist. **Hard Drink** [- ˈdrɪŋk] *der;* - -s, - -s ⟨aus gleichbed. *engl.-amerik.* hard drink⟩: ein hochprozentiges alkoholisches Getränk; Ggs. ↑Soft Drink. **Hard drug** [- ˈdrʌg] *die;* - -, - -s ⟨aus *engl.* hard

Harmonische

drug „harte Droge"⟩: (Jargon) starkes Rauschgift, das süchtig macht (z. B. Heroin); Ggs. ↑Soft drug. **Hard edge** [– 'ɛdʒ] *die;* - - ⟨aus gleichbed. *engl.-amerik.* hardedge, eigtl. „harte Kante"⟩: Richtung in der modernen Malerei, die klare geometrische Formen u. kontrastreiche Farben verwendet. **Hard fail** [– 'feɪl] *der;* - -s, - -s ⟨aus *engl.* hard fail „schwerer Fehler"⟩: auf einem Systemfehler beruhendes Versagen einer elektron. Anlage; Ggs. ↑Soft fail. **Hard|liner** ['hɑːdlaɪnə] *der;* -s, - ⟨aus gleichbed. *engl.* hard-liner⟩: Vertreter eines harten [politischen] Kurses. **Hard Rock** ['hɑːd –] *der;* - -[s] ⟨aus gleichbed. *engl.* hard rock, eigtl. „harter Rock"⟩: Stilbereich der Rockmusik, der durch eine sehr einfache harmonische Struktur, durch starke Hervorhebung des Rhythmus, durch ausgiebige Verwendung von Verzerrern u. Überlautstärke gekennzeichnet ist (Mus.). **Hard se̲l|ling** *das;* - - ⟨aus gleichbed. *engl.-amerik.* hard selling, eigtl. „hartes Verkaufen"⟩: Anwendung von aggressiven Verkaufsmethoden. **Hard stuff** [– 'stʌf] *der;* - -s, - -s ⟨aus gleichbed. *engl.-amerik.* hard stuff, eigtl. „Hartstoff"⟩: svw. Hard drug. **Hard|top** ['hɑːdtɔp] *das* od. *der;* -s, -s ⟨aus gleichbed. *engl.* hardtop⟩: 1. abnehmbares Verdeck von [Sport]wagen. 2. Sportwagen mit einem Hardtop (1). **Hard|ware** ['hɑːdwɛə] *die;* -, -s ⟨aus gleichbed. *engl.-amerik.* hardware, eigtl. „harte Ware"⟩: alle technisch-physikalischen Teile eines Computers unter dem speziellen Gesichtspunkt der unveränderlichen, konstruktionsbedingten Eigenschaften; die durch die Technik zur Verfügung gestellten Möglichkeiten eines Rechners (EDV); Ggs. ↑Software. **Hard word** ['hɑːd 'wəːd] *das;* - -s, - -s ⟨aus gleichbed. *engl.* hard word, eigtl. „hartes Wort"⟩: Wort, das aus dem einheimischen, angestammten Wortschatz nicht abgeleitet werden kann u. deshalb schwerer erlernbar ist u. dem Gedächtnis eher entfällt (z. B. engl. Mund „mouth", mündlich „oral"; Sprachw.)

Ha̲r|dy|brem|se [...di...] *die;* -, -n ⟨nach dem engl. Ingenieur J. G. Hardy, 1851–1914⟩: Saugluftbremse für Eisenbahnfahrzeuge

Ha̲|rem *der;* -s, -s ⟨über *türk.* harem aus gleichbed. *arab.* haram, eigtl. „verboten, unverletzlich, heilig"⟩: 1. (in den Ländern des Islams) die abgetrennte Frauenabteilung der Wohnhäuser, zu der kein fremder Mann Zutritt hat. 2. a) große Anzahl von Ehefrauen eines reichen orientalischen Mannes; b) alle im Harem (1) wohnenden Frauen

Hä|re|si|arch *der;* -en, -en ⟨über *kirchenlat.* haeresiarcha aus gleichbed. *gr.* hairesiárchēs⟩: Begründer u. geistliches Oberhaupt einer [altkirchlichen] Häresie. **Hä|re|sie** *die;* -, ...ien ⟨über *kirchenlat.* haeresis aus gleichbed. *gr.* hairesis, eigtl. „das Nehmen, Wahl"⟩: von der offiziellen Kirchenmeinung abweichende Lehre, Irrlehre, Ketzerei. **Hä|re|tiker** *der;* -s, - ⟨aus gleichbed. *kirchenlat.* haereticus zu *gr.* hairetikós, vgl. häretisch⟩: jmd., der von der offiziellen Lehre abweicht; Ketzer. **hä|re|tisch** ⟨aus gleichbed. *kirchenlat.* haereticus, dies aus *gr.* hairetikós „auswählend; ketzerisch"⟩: vom Dogma abweichend, ketzerisch

Har|fe|ne̲tt *das;* -[e]s, -e ⟨zu *dt.* Harfe u. ↑...ett⟩: Spitzharfe, zitherartiges Instrument, das beim Spielen wie eine Harfe gehalten wird

Ha̲|ri|dschan u. **Ha̲|ri|jan** [...dʒa(ː)n] *der;* -s, -s ⟨über *engl.* harijan aus *Hindi* harijana, dies zu *sanskr.* hári (Beiname mehrerer Götter, bes. Wischnus) u. jána „Person"⟩: Inder, der keiner Kaste angehört; vgl. Paria (1)

Ha̲|rie̲|ro *der;* -s, -s ⟨aus gleichbed. *span.* arriero⟩: Maultiertreiber, Lohnkutscher

Ha|rio|la|ti|on *die;* -, -en ⟨aus gleichbed. *lat.* hariolatio zu hariolari, vgl. hariolieren⟩: (veraltet) Weissagung, unbegründete Vermutung. **ha|rio|lie|ren** ⟨aus gleichbed. *lat.* hariolari⟩: (veraltet) weissagen, vermuten

Ha̲r|ka *die;* - ⟨aus gleichbed. *arab.* harka⟩: Aufgebot der waffenfähigen Männer im Kriegsfall (in Marokko)

Har|le|kin [...kiːn] *der;* -s, -e ⟨über *fr.* harlequin aus gleichbed. *it.* arlecchino, dies zu *altfr.* maisnie Hellequin „Hexenjagd; wilde lustige Teufelsschar" (Herkunft unsicher)⟩: 1. Hanswurst, Narrengestalt [der ital. Bühne]. 2. Bärenschmetterling (ein lebhaft gefärbter Nachtfalter). 3. Sprungspinne. 4. Zwergpinscher. **Har|le|ki|na̲|de** *die;* -, -n ⟨zu ↑...ade⟩: Possenspiel. **har|le|ki|nisch** [auch ...'kiːnɪʃ]: nach Art eines Harlekins, [lustig] wie ein Harlekin

Har|lem-Jump ['hɑːləm dʒʌmp] *der;* -[s] ⟨nach Harlem, dem Stadtteil von New York, u. zu ↑Jump⟩: ein um 1930 in Harlem entwickelter Jazzstil, für den Sprungeffekte charakteristisch sind

Har|mat|tan *der;* -s ⟨aus gleichbed. *afrik.* haramata (aus einer nordwestafrik. Eingeborenensprache)⟩: trockener, von der Sahara zur atlantischen Küste Afrikas wehender Nordostwind (Meteor.)

Har|min *das;* -s ⟨nach dem *lat.* Namen der Steppenraute, Peganum harmala, u. zu ↑...in (1)⟩: ↑Alkaloid aus einer in Südeuropa u. Asien beheimateten Steppenraute u. einigen südamerik. ↑Malpighiengewächsen

Har|mo|nie̲ *die;* -, ...ien ⟨über *lat.* harmonia aus gleichbed. *gr.* harmonía, eigtl. „Fügung"⟩: 1. als wohltuend empfundene innere u. äußere Übereinstimmung; Einklang; Eintracht, Einmütigkeit, Einigkeit. 2. ausgewogenes, ausgeglichenes, gesetzmäßiges Verhältnis der Teile zueinander; Ebenmaß (Archit.; bild. Kunst). 3. wohltönender Zusammenklang mehrerer Töne od. Akkorde; schöner, angenehmer Klang (Mus.). **Har|mo|nie|leh|re** *die;* -, -n: a) (ohne Plur.) Teilgebiet der Musikwissenschaft, das sich mit den harmonischen Verbindungen von Tönen u. Akkorden im musikalischen Satz befaßt; b) von einem Musikwissenschaftler od. Komponisten aufgestellte Theorie, die sich mit den harmonischen Verbindungen von Tönen u. Akkorden befaßt. **Har|mo|nie|mu|sik** *die;* -: 1. nur durch Blasinstrumente ausgeführte Musik. 2. aus Blasinstrumenten bestehendes ↑Orchester (1). **Har|mo|nie|or|che|ster** *das;* -s, -: Blasorchester. **har|mo|nie|ren** ⟨zu ↑...ieren⟩: gut zu jmdm. od. zu etwas passen, so daß keine Unstimmigkeiten entstehen; gut zusammenpassen, übereinstimmen. **Har|mo̲|nik** *die;* - ⟨über *spätlat.* harmonice aus *gr.* harmonikḗ⟩: Lehre von der Harmonie (3; Mus.). **Har|mo̲|ni|ka** *die;* -, Plur. -s u. ...ken ⟨aus *engl.* harmonica „Glasharmonika", dies aus *lat.* harmonica, substantiviertes Fem. von harmonicus, vgl. harmonisch⟩: Musikinstrument, dessen Metallzungen durch Luftzufuhr (durch den Mund bzw. einen Balg) in Schwingung versetzt werden (z. B. Mund-, Zieh- od. Handharmonika). **har|mo|ni|kal** ⟨zu ↑¹...al (1)⟩: den (festen) Gesetzen der Harmonie folgend, entsprechend (Mus.). **Har|mo|ni|ka|tür** *die;* -, -en: besonders konstruierte Tür, die sich wie eine Ziehharmonika zusammengeschoben werden kann; Falttür. **Har|mo|ni|ker** *der;* -s, - ⟨über *lat.* harmonicus aus *gr.* harmonikós „Musikkundiger"⟩: Musiktheoretiker im alten Griechenland (Mus.). **har|mo|nisch** ⟨über *lat.* harmonicus aus gleichbed. *gr.* harmonikós⟩: 1. übereinstimmend, ausgeglichen, gut zusammenpassend. 2. den Harmoniegesetzen entsprechend; schön, angenehm klingend (Mus.); -e Teilung: Teilung einer Strecke durch einen Punkt auf der Strecke u. einen außerhalb, so daß gleiche Teilungsverhältnisse entstehen (Math.). **Har|mo̲|ni|sche** *die;* -n, -n: Schwingung, deren ↑Frequenz ein ganzzahliges Vielfaches einer Grund-

harmonisieren

schwingung ist (Phys.). **har|mo|ni|sie|ren** ⟨aus gleichbed. *fr.* harmoniser; vgl. harmonisch⟩: 1. in Einklang, in Übereinstimmung mit jmdm. bringen, harmonisch gestalten. 2. eine Melodie mit passenden Akkorden od. Figuren begleiten (Mus.). **Har|mo|ni|sie|rung** *die;* -, -en ⟨zu ↑ ...isierung⟩: Abstimmung verschiedener Dinge aufeinander, gegenseitige Anpassung (z. B. von der Wirtschaftspolitik verschiedener Länder). **har|mo|ni|stisch** ⟨zu ↑ ...istisch⟩: 1. die gegenseitige Anpassung, Harmonisierung betreffend; nach einem Harmonisierungsplan in Einklang bringend. 2. nach den Gesetzen der Harmonielehre gestaltet. **Har|mo|ni|um** *das;* -s, Plur. ...ien [...jən] od. -s ⟨aus gleichbed. *fr.* harmonium (im Jahr 1840 geprägt von dem franz. Instrumentenmacher A. F. Debain, 1809–1877); vgl. Harmonie u. ...ium⟩: Tasteninstrument, dessen Töne von saugluftbewegten Durchschlagzungen erzeugt werden. **Har|mo|no|gramm** *das;* -s, -e ⟨zu ↑ Harmonisierung u. ↑ ...gramm⟩: graphische Darstellung von zwei od. mehr voneinander abhängigen Arbeitsabläufen, als Hilfe zur Koordination (Wirtsch.).
Har|mo|sten *die* (Plur.) ⟨aus gleichbed. *gr.* harmostés⟩: von den alten Spartanern in den unterworfenen Gebieten eingesetzte Befehlshaber, Statthalter
Har|mo|tom *der;* -s, -e ⟨zu *gr.* harmós „Fuge, Zusammenfügung" u. tomé „Schnitt; das Abgeschnittene"⟩: durchscheinendes bis milchig trübes, bariumreiches Mineral der Zeolithgruppe (vgl. Zeolith)
Har|pa|gon [auch arpa'gõ:] *der;* -s, -s ⟨aus gleichbed. *fr.* harpagon; nach der Hauptfigur in Molières Lustspiel „Der Geizige"⟩: Geizhals
Har|po|lith [auch ...'lɪt] *der;* Gen. -s u. -en, Plur. -e[n] ⟨zu *lat.* harpe „Sichel" (dies aus *gr.* hárpē) u. ↑ ...lith⟩: Sichelstock, konvex u. konkav gekrümmter subvulkanischer Gesteinskörper (von Tiefengesteinskörpern; Geol.)
Harp|si|chord [...'kɔrt] *das;* -[e]s, -e ⟨aus gleichbed. *engl.* harpsichord, dies über älter *fr.* harpechorde aus *it.* arpicordo zu arpa „Harfe" u. corda „Saite", eigtl. „Seil"⟩: engl. Bez. für Cembalo
Har|pu|nage [...'na:ʒ] *die;* -, -n [...ʒn] ⟨nach gleichbed. *fr.* harponnage zu ↑ Harpune u. ↑ ...age⟩: das Harpunieren.
Har|pu|ne *die;* -, -n ⟨über *niederl.* harpoen aus gleichbed. *fr.* harpon, eigtl. „Eisenklammer", zu harpe „Klaue, Kralle", dies vermutlich aus dem Germ.⟩: 1. zum [Wal]fischfang benutzter Wurfspeer od. pfeilartiges Geschoß mit Widerhaken u. Leine. 2. an Webautomaten Hilfsmittel zum Einweben der Querfäden (Textiltechnik). **Har|pu|nen|ka|no|ne** *die;* -, -n: kanonenartiges Gerät zum Abschießen von Harpunen. **Har|pu|nier** *der;* -s, -e ⟨zu ↑¹...ier⟩: Harpunenwerfer. **har|pu|nie|ren** ⟨aus gleichbed. *niederl.* harpoeneren; vgl. ...ieren⟩: mit der Harpune fischen
Har|py|ie [...'py:jə] *die;* -, -n ⟨über *lat.* Harpyia aus gleichbed. *gr.* Hárpyia, eigtl. „Räuberin"⟩: 1. (meist Plur.) Sturmdämon in Gestalt eines Mädchens mit Vogelflügeln in der griech. Mythologie. 2. großer süd- u. mittelamerik. Greifvogel. 3. Jungfrauenadler; Wappentier, das den Oberkörper einer Frau hat
Har|ras [a'ra] *der;* - ⟨nach der franz. Stadt Arras⟩: ein leichtes Kammgarngewebe
Har|ri|son-Fur|che ['hærɪsn...] *die;* - ⟨nach dem engl. Arzt E. Harrison, 1766–1838⟩: horizontale Einbuchtung am unteren Brustkorbrand in Höhe des Zwerchfellansatzes als Folge übermäßigen Zwerchfellzugs u. Gegendrucks der Bauchmuskulatur (z. B. bei Rachitis; Med.)
Har|ris-Tweed ['hærɪstwi:d] *der;* - ⟨aus gleichbed. *engl.* Harris Tweed, nach der schott. Landschaft Harris⟩: handgesponnener u. handgewebter ↑ Tweed
Har|ry ['hærɪ] *der;* -[s] ⟨vermutlich nach *engl.* to harry „verwüsten, verheeren"⟩: (Jargon) Heroin
Har|sti|git [auch ...'gɪt] *der;* -s, -e ⟨nach dem Fundort, der Harstiggrube in Schweden, u. zu ↑²...it⟩: ein farbloses Mineral
Har|tal *das;* -s ⟨Kunstw. aus *dt.* hart u. dem Zeichen Al für Aluminium⟩: feste, leicht bearbeitbare Aluminiumlegierung
Har|te|beest *das;* -s, -s ⟨aus dem *Afrikaans* (heute hartbeest), dies aus *niederl.* hert „Hirsch" u. beest „Tier"⟩: Kuhantilope der südafrik. Steppe
Hart|schier *der;* -s, -e ⟨aus *it.* arcire „Bogenschütze" zu arco „Bogen" (dies aus *lat.* arcus) u. ↑¹...ier⟩: Leibwächter
Ha|ru|spex *der;* -, Plur. -e u. Haruspizes [...tse:s] ⟨aus gleichbed. *lat.* haruspex, eigtl. „Eingeweideschauer"⟩: jmd., der aus den Eingeweiden von Opfertieren wahrsagt (bei Etruskern u. Römern). **Ha|ru|spi|zi|um** *das;* -s, ...ien [...jən] ⟨aus *lat.* haruspicium „Eingeweideschau"⟩: Wahrsagerei aus den Eingeweiden
Ha|sard *das;* -s ⟨aus *fr.* (jeu de) hasard „Glück(sspiel)" zu *altfr.* hasart „Würfelspiel", dies wohl über *span.* azar „(schlechter) Wurf beim Würfeln" zu *vulgärarab.* az-zahr „Spielwürfel"⟩: svw. Hasardspiel. **Ha|sar|deur** [...'døːɐ̯] *der;* -s, -e ⟨zu ↑ hasardieren u. ↑ ...eur⟩: (abwertend) jmd., der leichtsinnig Risiken im Vertrauen auf sein Glück in Kauf nimmt u. alles aufs Spiel setzt ohne Rücksicht auf andere. **Ha|sar|deu|se** [...'døːzə] *die;* -, -n ⟨zu ↑ ...euse⟩: weibliche Form zu ↑ Hasardeur. **ha|sar|die|ren** ⟨aus gleichbed. *fr.* hasarder⟩: alles aufs Spiel setzen, wagen. **Ha|sard|spiel** *das;* -[e]s ⟨Lehnübersetzung von gleichbed. *fr.* jeu de hasard⟩: Glücksspiel [bei dem ohne Rücksicht auf andere od. sich selbst alles aufs Spiel gesetzt wird]
Hasch *das;* -s: (ugs.) Kurzform von ↑ Haschisch
Ha|schee *das;* -s, -s ⟨zu *fr.* hachée, Part. Perf. (Fem.) von hacher, vgl. haschieren⟩: Gericht aus feingehacktem Fleisch
Ha|sche|mi|ten vgl. Haschimiden
ha|schen ⟨zu ↑ Hasch⟩: (ugs.) Haschisch rauchen od. in anderer Form zu sich nehmen. **Ha|scher** *der;* -s, -: (ugs.) jmd., der hascht, der [gewohnheitsmäßig] Haschisch zu sich nimmt
ha|schie|ren ⟨aus *fr.* hacher, *altfr.* hachier „(zer)hacken; zerstückeln" zu hache „Axt, Beil", dies aus dem Germ.⟩: fein hacken, zu ↑ Haschee verarbeiten
Ha|schi|mi|den *die* (Plur.) ⟨nach dem arab. Stammesführer Haschim (um 500) u. zu ↑ ...ide⟩: von Mohammed abstammende arab. Dynastie im Irak u. in Jordanien
Ha|schisch *das,* auch *der;* -[s] ⟨aus gleichbed. *arab.* ḥašīš, eigtl. „Gras, Heu"⟩: aus dem Blütenharz des ind. Hanfs gewonnenes Rauschgift. **Hasch|joint** [...dʒɔɪnt] *der;* -s, -s ⟨zu ↑ Hasch u. ↑ Joint⟩: selbstgedrehte Zigarette, deren Tabak mit Haschisch vermischt ist
Ha|se|lant *der;* -en, -en ⟨zu ↑ haselieren u. ↑ ...ant (1)⟩: (veraltet) Spaßmacher, Narr. **ha|se|lie|ren** ⟨vermutlich nach *(alt)fr.* harceler „plagen, necken"⟩: (veraltet) Possen machen; lärmen, toben
Hä|si|ta|ti|on *die;* - ⟨über *fr.* hésitation aus gleichbed. *lat.* haesitatio zu haesitare, vgl. häsitieren⟩: das Zögern, Zaudern. **hä|si|tie|ren** ⟨über *fr.* hésiter aus gleichbed. *lat.* haesitare, eigtl. „steckenbleiben"⟩: zögern, zaudern
Has|ka|la *die;* - ⟨aus *jidd.* haskole „Aufklärung" zu *hebr.* śāḳal „klug werden, Einsicht gewinnen"⟩: Aufklärungsbewe-

gung unter den Ostjuden im 18. Jh., die das Talmudstudium zurückdrängte u. über das Verlassen des Gettos u. der Hinwendung zu weltlichen Wissenschaften u. damit einer Assimilation zur Emanzipation zu gelangen suchte
Has|si|um *das;* -s ⟨nach der nlat. Namensform Hassia für das dt. Bundesland Hessen u. zu ↑ ...ium⟩: chem. Element, ein Transuran; Zeichen Hs
Ha|sting|sit [hɛɪstɪŋ'ziːt, auch ...'zɪt] *der;* -s, -e ⟨nach dem Vorkommen in Hastings (Provinz Ontario, Kanada) u. zu ↑²...it⟩: ein ↑ monokliner Alkaliamphibol, Abart der Hornblende
Hâte|lette [aːt'lɛt] *die;* -, -n [...tn̩] ⟨aus gleichbed. *fr.* hâtelette zu hâte „Spieß", dies aus *lat.* hasta⟩: am Spieß gebratene Fleischschnitte. **Hâte|reau** [aːt'roː] *das;* -[s], -s ⟨aus gleichbed. *fr.* hâtereau⟩: [geröstetes] Leberklößchen
Ha|tschek vgl. Háček
Hat-Trick, auch **Hat|trick** ['hættrɪk] *der;* -s, -s ⟨aus gleichbed. *engl.* hat trick, eigtl. „Huttrick", nach einem früher beim Kricket geübten Brauch, den Vollbringer dieser Leistung mit einem neuen Hut zu beschenken⟩: dreimaliger Erfolg, z. B. drei in unmittelbarer Folge vom gleichen Spieler im gleichen Spielabschnitt erzielte Tore
Hau|bit|ze *die;* -, -n ⟨aus älter *tschech.* haufnicě (*tschech.* houfnice) „Geschütz für unterschiedlich große Granatkugeln", eigtl. „Steinschleuder"⟩: Flach- u. Steilfeuergeschütz
Hau|ma vgl. Haoma
Hau|sa vgl. Haussa
hau|sie|ren ⟨zu *dt.* Haus u. ↑...ieren⟩: [mit etw.] handeln, indem man von Haus zu Haus geht u. Waren zum Kauf anbietet
Haus|sa u. **Hausa** *das;* - ⟨nach dem Volk im mittleren Sudan⟩: afrikanische Sprache, die in West- u. Zentralafrika als Verkehrssprache verwendet wird
Haus|se ['hoːs(ə), oːs] *die;* -, -n [...sn̩] ⟨aus gleichbed. *fr.* hausse, eigtl. „Erhöhung", zu hausser „erhöhen", dies aus gleichbed. *vulgärlat.* *altiare zu *lat.* altus „hoch"⟩: 1. a) allgemeiner Aufschwung [in der Wirtschaft]; b) Steigen der Börsenkurse; Ggs. ↑ Baisse. 2. Griff am unteren Bogenende bei Streichinstrumenten, Frosch. **Haus|sier** [(h)oˈsi̯eː] *der;* -s, -s ⟨aus gleichbed. *fr.* haussier⟩: Börsenspekulant, der Kurssteigerungen erwartet u. deshalb Wertpapiere ankauft; Ggs. ↑ Baissier. **haus|sie|ren** [(h)o...] ⟨aus gleichbed. *fr.* hausser⟩: im Kurswert steigen (von Wertpapieren)
Hau|sto|ri|um *das;* -s, ...ien [...i̯ən] (meist Plur.) ⟨aus gleichbed. *nlat.* haustorium zu *lat.* haustor „Schöpfer, Sauger" (dies zu haurire „schöpfen, saugen") u. ↑ ...ium⟩: 1. Saugwarze u. -wurzel pflanzlicher Schmarotzer. 2. zu einem Saugorgan umgewandelte Zelle im Embryosack der Samenpflanze, die Nährstoffe zum wachsenden ↑ Embryo (2) leitet (Bot.)
hau|tain [oˈtɛ̃ː] ⟨*fr.;* zu haut „hoch", dies aus *lat.* altus⟩: (veraltet) hochmütig, eingebildet. **Haut|bois** [(h)oˈbo̯a] *die;* -, - ⟨aus gleichbed. *fr.* hautbois, eigtl. „hohes (hoch klingendes) Holz"⟩: franz. Bez. für Oboe. **Haut|bo|ist** [(h)oboˈɪst] *der;* -en, -en ⟨zu ↑ ...ist⟩: Bez. für Militärmusiker der dt. Infanterie bis zum Ersten Weltkrieg. **Haut-de-chausses** [odəˈʃoːs] *die* (Plur.) ⟨aus gleichbed. älter *fr.* haut-de-chausses, eigtl. „hohe Hosen"⟩: (veraltet) Kniehosen. **Haut-des|sus** [odəˈsyː] *der;* -, - ⟨zu *fr.* dessus „oben(drauf)", eigtl. „hoher Diskant"⟩: (veraltet) a) hohe bzw. erste Sopranstimme; b) Sopran-, Diskantsänger (Mus.). **Haute Coif|fure** [(h)oːtko̯aˈfyːɐ̯] *die;* - - ⟨aus gleichbed. *fr.* haute coiffure, vgl. Coiffure⟩: Frisierkunst, die für die Mode tonangebend ist (bes. in Paris u. Rom). **Haute-con|tre** [otˈkõːtr(ə)] *die;* -, Hautes-contre [ot...] ⟨aus gleichbed. *fr.* haute-contre, eigtl. „hohe Gegenstimme"⟩: (veraltet) a) Altstimme; b) Altsänger, ↑ Countertenor. **Haute Cou|ture** [(h)oːtkuˈtyːɐ̯] *die;* - - ⟨aus gleichbed. *fr.* haute couture, vgl. Couture⟩: Schneiderkunst, die für die elegante Mode tonangebend ist (bes. in Paris u. Rom). **Haute-Cou|ture-Mo|dell** *das;* -s, -e: [auf einer Modenschau vorgeführtes] Kleidungsstück der Haute Couture. **Haute Cou|tu|rier** [(h)oːtkutyˈri̯eː] *der;* - -s, - -s ⟨aus gleichbed. *fr.* haute couturier zu couturier „Damenschneider"⟩: Modeschöpfer. **Haute|fi|nance** [(h)oːtfiˈnãːs] *die;* - ⟨aus gleichbed. *fr.* haute finance zu finance, vgl. Finanz⟩: Hochfinanz; Finanzgruppe, die politische u. wirtschaftliche Macht besitzt. **Haute|lisse** [(h)oːtˈlɪs] *die;* -, -n [...sn̩] ⟨aus *fr.* haute lice „Schaft mit senkrecht aufgezogener Kette" zu lice „Weberaufzug" (dies aus gleichbed. *lat.* licium)⟩: 1. Webart mit senkrechter Kette (Längsfäden). 2. Wand- od. Bildteppich, der mit senkrechter Kette (Längsfäden) gewebt ist. **Haute|lisse|stuhl** *der;* -[e]s, ...stühle: Webstuhl für Gobelins u. Teppiche, auf dem die Kette (Längsfäden) senkrecht läuft; Hochwebstuhl. **Haute|ri|vi|en** [(h)oːtriˈvi̯ɛ̃ː] *das;* -[s] ⟨*fr.;* nach dem Ort Hauterive im Kanton Neuenburg (Schweiz)⟩: Stufe der unteren Kreide (Erdzeitalter; Geol.). **Hau|tesse** [oˈtɛs] *die;* -, -n [...sn̩] ⟨aus gleichbed. *fr.* hautesse⟩: 1. (veraltet) Hoheit, Herrlichkeit. 2. (ohne Plur.) Anrede für hochgestellte Persönlichkeiten. **Haute-tail|le** [otˈtaːjə] *die;* -, -n ⟨aus gleichbed. älter *fr.* haute-taille, vgl. Taille⟩: (veraltet) a) hohe bzw. erste Tenorstimme; b) Tenorsänger. **Haute tra|gé|die** [otraʒeˈdi] *die;* - - ⟨aus gleichbed. *fr.* haute tragédie, eigtl. „hohe Tragödie"⟩: klassische Form der franz. Tragödie in der zweiten Hälfte des 17. Jh.s. **Hau|teur** [oˈtøːɐ̯] *die;* -, -s ⟨aus gleichbed. *fr.* hauteur⟩: (veraltet) a) Höhe; b) Hoheit, Würde, Stolz. **Haute-vo|lee** [(h)oːtvoˈleː] *die;* - ⟨aus *fr.* (des gens) de haute volée „(Leute) von hohem Rang", zu volée „Rang, Stand; Vogelschwarm", eigtl. „(Auf)flug" (zu voler „fliegen", dies aus gleichbed. *lat.* volare)⟩: (oft iron.) gesellschaftliche Oberschicht; die feine, bessere Gesellschaft. **Haut|gout** [oˈguː] *der;* -s ⟨aus gleichbed. *fr.* haut-goût, vgl. Gout⟩: 1. eigentümlich scharfer, würziger Geschmack u. Geruch, den das Fleisch von Wild nach dem Abhängen annimmt. 2. Anrüchigkeit. **Haut mal** [oˈmal] *das;* - - ⟨aus gleichbed. *fr.* haut mal, zu mal „das Schlechte, Übel; Schmerz, Krankheit" (aus gleichbed. *lat.* malum): svw. Grand mal. **Haut|re|li|ef** [(h)oː...] *das;* -s, Plur. -s u. -e ⟨aus gleichbed. *fr.* haut-relief, vgl. Relief⟩: Hochrelief (stark aus der Fläche heraustretendes Relief). **Haut-Sau|ternes** [osoˈtɛrn] *der;* -s ⟨nach der südwestfranz. Stadt Sauternes⟩: weißer Bordeauxwein
Ha|va|mal ['haːvamaːl] *das;* -s ⟨*altnord.;* „Sprüche des Hohen" (gemeint ist Odin)⟩: Sammlung von Lebensregeln in Sprüchen Odins (Teil der ↑ Edda)
¹Ha|van|na [...v...] *der;* -[s] ⟨nach der gleichnamigen kuban. Hauptstadt⟩: kuban. Tabaksorte. **²Ha|van|na** *die;* -, -s ⟨zu ↑ ¹Havanna⟩: Zigarre aus einer bestimmten kuban. Tabaksorte
Ha|va|rie [...v...] *die;* -, ...ien ⟨über *niederl.* averij, *fr.* avarie aus gleichbed. *it.* avaria, dies aus *arab.* ʿawārīya „durch Seewasser beschädigte Ware" zu ʿawār „Fehler, Schaden"⟩: 1. a) durch Unfall verursachter Schaden od. Beschädigung an Schiffen od. ihrer Ladung u. an Flugzeugen; b) (österr.) Schaden, Unfall bei einem Kraftfahrzeug. 2. Beschädigung an Maschinen u. technischen Anlagen. **ha|va|rie|ren** ⟨zu ↑ ...ieren⟩: a) durch eine Havarie (1 a, 2) beschädigt werden; b) (österr.) einen Autounfall haben.

havariert

ha|va|riert ⟨zu ↑...iert⟩: a) durch Havarie (1 a, 2) beschädigt; b) (österr.) durch einen Unfall beschädigt (von Kraftfahrzeugen). **Ha|va|rie|sy|stem** *das;* -s, -e: Einrichtung, die bei gefährlichem Anschwellen der Kettenreaktion in einem Kernreaktor automatisch stark neutronenabsorbierende Sicherheitsstäbe in die Spaltzone befördert u. damit ein sogenanntes Durchgehen des Reaktors verhindert. **Ha|va|rist** *der;* -en, -en ⟨zu ↑...ist⟩: 1. der Eigentümer eines havarierten Schiffes. 2. beschädigtes Schiff

Ha|ve|lock ['ha:vəlɔk] *der;* -s, -e ⟨nach dem engl. General Sir H. Havelock, 1795–1857⟩: langer Herrenmantel ohne Ärmel, aber mit pelerineartigem Umhang

ha|ve, pia ani|ma! ['ha:ve - -] ⟨*lat.;* „sei gegrüßt, fromme Seele!"⟩: Inschrift auf Grabsteinen o. ä.; vgl. Ave

Ha|ve|rei [...v...] *die;* -, -en ⟨über *fr.* avarie aus *niederl.* haverij, dies volksetymologisch angeglichen an haven „Hafen"; vgl. Havarie⟩: svw. Havarie (1a)

Ha|waii|gi|tar|re *die;* -, -n ⟨nach den Hawaii-Inseln, wo sie zuerst gebräuchlich war⟩: große Gitarre mit leicht gewölbter Decke u. 6–8 Stahlsaiten; vgl. Ukulele. **Ha|wai|it** [auch ...'ɪt] *der;* -s, -e ⟨zu ↑²...it⟩: ein ↑ Basalt, der vor allem aus ↑ Andesin, ↑ Augit u. ↑ Olivin besteht. **Ha|wai|i|toast** *der;* -[e]s, Plur. e u. -s: mit gekochtem Schinken, Ananas u. einer Käsescheibe belegte, überbackene Weißbrotscheibe

Haw|thorne-Ef|fekt ['hɔ:θɔ:n...] *der;* -[e]s, -e ⟨nach einer zwischen 1927 u. 1932 durchgeführten Untersuchung in den Hawthorne-Werken (Chicago) u. zu ↑ Effekt⟩: Einfluß, den die bloße Teilnahme an einem Experiment auf die Versuchsperson u. damit auf das Experimentergebnis auszuüben vermag (Soziol., Psychol.)

Ha|zi|en|da *die;* -, Plur. -s, auch ...den ⟨aus gleichbed. *span.* hacienda, dies aus *lat.* facienda „Dinge, die getan werden müssen", Gerundivum von facere „tun, machen"⟩: Landgut, Farm in Süd- u. Mittelamerika. **Ha|zi|en|de|ro** *der;* -s, -s ⟨nach *span.* hacendero, vgl. Hazienda⟩: Besitzer einer Hazienda

HDTV-Sy|stem [ha:de:te:'fau..., engl. eɪtʃdi:ti:'vi:...] *das;* -s ⟨Abk. für *engl.* High Definition Television „hochauflösendes Fernsehen" u. zu ↑ System⟩: Fernsehsystem, das durch doppelt so viele Zeilen wie bisher ein hochauflösendes u. brillantes Fernsehbild wie im Kino ermöglicht

Head [hɛd] *der;* -[s], -s ⟨aus *engl.* head „Kopf"⟩: Wort als Trägerelement einer [Satz]konstruktion (Sprachw.). **Head ar|range|ment** ['hɛd ə'reɪndʒmənt] *das;* - -s, - -s ⟨aus gleichbed. *engl.* head arrangement, zu arrangement „Anordnung"⟩: im Jazz Bez. für eine lockere, meist nur mündliche Vereinbarung über den formalen Ablauf eines Stükkes. **Head|hun|ter** ['hɛdhʌntə] *der;* -s, - ⟨aus gleichbed. *engl.* headhunter, eigtl. „Kopfjäger"⟩: jmd., der Führungskräfte abwirbt. **Head|line** ['hɛdlaɪn] *die;* -, -s ⟨aus gleichbed. *engl.* headline, dies zu head „Kopf, Überschrift" u. line „Linie, Zeile"⟩: Schlagzeile; Überschrift in einer Zeitung, Anzeige o. ä.

Head-Zo|nen ['hɛd...] *die* (Plur.) ⟨nach dem engl. Neurologen H. Head, 1861–1940⟩: segmentale Bezirke der Körperhaut, die bestimmten inneren Organen zugeordnet u. bei Erkrankung dieser Organe in charakteristischer Weise schmerzempfindlich sind (Med.)

Heap|sort ['hi:psɔ:t] *das;* -s, -s ⟨aus gleichbed. *engl.* heap sort zu heap „Haufen" u. to sort „sortieren; trennen"⟩: schnelles internes Sortierverfahren (EDV)

Hea|ring ['hɪərɪŋ] *das;* -[s], -s ⟨aus gleichbed. *engl.-amerik.* hearing, eigtl. „das Hören", zu *engl.* to hear „hören"⟩: öffentliche [parlamentarische] Anhörung von Sachverständigen, Zeugen zu einem bestimmten Fall, z. B. durch einen Untersuchungsausschuß

Heat pipes ['hi:t'paɪps] *die* (Plur.) ⟨aus *engl.* heat pipes „Wärmerohre"⟩: Vorrichtung für den Wärmetransport zur Rückgewinnung von Abwärme od. zur automatischen Kühlung

He|au|to|gno|mie *die;* - ⟨zu *gr.* heautoũ „sich selbst", gnṓmē „Erkenntnis" u. ↑²...ie⟩: Selbsterkenntnis (Philos.). **He|au|to|no|mie** *die;* - ⟨zu ↑¹...nomie⟩: Selbstgesetzgebung (Philos.). **He|au|to|sko|pie** *die;* - ⟨zu ↑...skopie⟩: Doppelgängerwahn, eine Form der Persönlichkeitsspaltung mit Wahrnehmung der eigenen Person in der realen Außenwelt (halluzinatorisch od. leibhaftig in einer anderen Person; Psychol., Med.)

Hea|vi|side|schicht ['hɛvɪsaɪd...] *die;* - ⟨nach dem engl. Physiker O. Heaviside, 1850–1929⟩: elektrisch leitende Schicht in der Atmosphäre in etwa 100 km Höhe über dem Erdboden, die mittellange u. kurze elektr. Wellen reflektiert

Hea|vy me|tal ['hɛvɪ 'mɛtl] *das;* - -[s] ⟨aus gleichbed. *engl.* heavy metal, eigtl. „schweres Metall"⟩: svw. Hard Rock. **Hea|vy Rock** [- 'rɔk] *der;* -[s] ⟨aus gleichbed. *engl.* heavy rock, eigtl. „schwerer Rock"⟩: svw. Hard Rock

Heaz|le|woo|dit [hi:zəlwu'di:t, auch ...'dɪt] *der;* -s, -e ⟨nach dem Vorkommen bei Heazlewood auf Tasmanien u. zu ↑²...it⟩: ein weißes Mineral von metallischem Glanz

Heb|do|ma|dar *der;* -s, -e u. **Heb|do|ma|da|ri|us** *der;* -, ...ien [...jən] ⟨aus gleichbed. *mlat.* hebdomadarius zu *lat.* hebdomas „Anzahl von sieben (Tagen)", dies aus *gr.* hebdomás; vgl. ...arius⟩: kath. Geistlicher, der im ↑ Kapitel (2 a) od. Kloster den Wochendienst hat

he|be|phren ⟨zu *gr.* hḗbē „Mannbarkeit; Jugend" u. phrḗn „Geist"⟩: die Hebephrenie betreffend, von Hebephrenie betroffen; vgl. ...isch/-. **He|be|phre|nie** *die;* -, ...ien ⟨zu ↑²...ie⟩: Jugendirresein, Form der ↑ Schizophrenie, die in der Pubertät auftritt (Med.; Psychol.). **he|be|phre|nisch**: svw. hebephren; vgl. ...isch/-

Hé|ber|ti|sten [he...] *die* (Plur.) ⟨nach dem Publizisten u. Wortführer dieser Gruppe J. R. Hébert (1757–1794) u. zu ↑...ist⟩: Angehörige der radikalsten Gruppe des Nationalkonvents während der Terrorphase der Französischen Revolution

he|be|tie|ren ⟨aus gleichbed. *lat.* hebetare⟩: (veraltet) stumpf machen, abstumpfen

He|be|to|mie *die;* - ⟨zu *gr.* hḗbē „Mannbarkeit; Jugend; Schamgegend" u. ↑...tomie⟩: svw. Pubeotomie

He|be|tu|do *die;* - ⟨aus *lat.* hebetudo „Stumpfheit" zu hebetare, vgl. hebetieren⟩: Schwäche, verminderte Leistungsfähigkeit der Sinnesorgane (Med.)

He|bo|i|do|phre|nie *die;* -, ...ien ⟨zu *gr.* hḗbē (vgl. hebephren), ↑...oid, *gr.* phrḗn „Geist" u. ↑²...ie⟩: leichte Form der Jugendirreseins (Med.). **Heb|osteo|to|mie** *die;* -, ...ien ⟨zu ↑ osteo... u. ↑...tomie⟩: svw. Pubeotomie. **He|bo|to|mie** *die;* -, ...ien ⟨zu ↑...tomie⟩: svw. Pubeotomie

He|brai|cum [...kʊm] *das;* -s ⟨aus *mlat.* Hebraicum „das Hebräische", Neutrum von Hebraicus „hebräisch", dies aus gleichbed. *gr.* Hebraikós⟩: Nachweis bestimmter Hebräischkenntnisse, die für das Theologiestudium erforderlich sind. **He|brai|ka** *die* (Plur.) ⟨zu ↑...ika⟩: Werke über die hebr. Geschichte u. Kultur. **He|bra|ikum** vgl. Hebraicum. **he|brai|sie|ren** [hebrai...] ⟨zu ↑...isieren⟩: der hebr. Sprache, Kultur angleichen, nach hebr. Vorbild umgestalten. **He|bra|is|mus** *der;* -, ...men ⟨zu *lat.* Hebraeus „hebräisch" u. ↑...ismus (4)⟩: stilistisches u. syntaktisches Charakteristikum der hebr. Sprache in einer anderen Sprache, bes.

im griech. Neuen Testament; vgl. ...ismus/...istik. **He|bra|ist** *der;* -en, -en ⟨zu ↑...ist⟩: jmd., der sich wissenschaftlich mit der hebr. Geschichte u. Sprache beschäftigt. **He|bra|istik** *die;* - ⟨zu ↑...istik⟩: Wissenschaft von der hebr. Sprache [u. Kultur], bes. als wissenschaftliche Beschäftigung christlicher Gelehrter mit der hebr. Sprache des Alten Testaments; vgl. ...ismus/...istik. **He|bra|istin** *die;* -, -nen: weibliche Form zu ↑Hebraist. **he|bra|istisch** ⟨zu ↑...istisch⟩: die Erforschung der hebr. Sprache u. Kultur betreffend. **He|bra|zi|tät** [hebrai...] *die;* - ⟨zu ↑...izität⟩: Eigenart der hebr. Sprache u. Kultur

He|de|bo|sticke|rei[1] *die;* -, -en ⟨zu *dän.* hedebo „Heidebewohner"⟩: zwei in Dänemark heimische Stickereiarten auf grobem Leinen

He|den|ber|git [auch ...'gɪt] *der;* -s, -e ⟨nach dem schwed. Chemiker L. Hedenberg (19. Jh.) u. zu ↑[2]...it⟩: in schwarzgrünen, tafeligen Kristallen auftretendes Mineral

Hedge|ge|schäft ['hɛdʒ...] *das;* -[e]s, -e ⟨zu gleichbed. *engl.* hedge, eigtl. „Schutz; Absicherung, Hecke"; vgl. *ahd.* hegga „Hecke"⟩: besondere Art eines Warentermingeschäfts (z. B. Rohstoffeinkauf), das zur Absicherung gegen Preisschwankungen mit einem anderen, auf den gleichen Zeitpunkt terminierten Geschäft (z. B. Produktverkauf) gekoppelt wird

Hed|ley|it [hɛdli'iːt, auch ...'ɪt] *der;* -s, -e ⟨nach dem Vorkommen bei Hedley (Britisch Kolumbien, Kanada) u. zu ↑[2]...it⟩: ein weißes Mineral von metallischem Glanz

He|do|nik *die;* - ⟨aus *gr.* hēdonikós „zum Vergnügen gehörend" zu hēdoné „Freude, Vergnügen, Lust"; vgl. [2]...ik (2)⟩: svw. Hedonismus. **He|do|ni|ker** *der;* -s, -: svw. Hedonist. **He|do|nis|mus** *der;* - ⟨zu ↑...ismus (1)⟩: in der Antike begründete philos. Lehre, nach welcher das höchste ethische Prinzip das Streben nach Sinnenlust u. Genuß ist. **He|do|nist** *der;* -en, -en ⟨zu ↑...ist⟩: Vertreter der Lehre des Hedonismus. **he|do|ni|stisch** ⟨zu ↑...istisch⟩: 1. den Hedonismus betreffend, auf ihm beruhend. 2. das Lustprinzip befolgend (Psychol.)

He|dro|ze|le *die;* -, -n ⟨zu *gr.* hédra „Sitz, Sitzfläche; Gesäß" u. kḗlē „Geschwulst; Bruch"⟩: Bruch, der durch eine Lücke im Beckenboden zwischen After u. ↑Skrotum bzw. ↑Vagina (1 b) austritt (Med.)

He|dschra ['hɛdʒra] *die;* - ⟨aus *arab.* hiǧra, eigtl. „Auswanderung"⟩: Übersiedlung Mohammeds im Jahre 622 von Mekka nach Medina (Beginn der islam. Zeitrechnung)

He|ge|lia|ner *der;* -s, - ⟨nach dem dt. Philosophen G. W. F. Hegel (1770–1831) u. zu ↑...aner⟩: Anhänger des Philosophen Hegel bzw. seiner Philosophie. **He|ge|lia|nis|mus** *der;* - ⟨zu ↑...ismus (1)⟩: Sammelbez. für die sich an die philos. Anschauungen Hegels anschließenden od. sich darauf berufenden philos. Strömungen im 19. u. 20. Jh.

He|ge|mon *der;* -en, -en ⟨aus *gr.* hēgemṓn „Führer" zu hēgeīsthai „vorangehen, führen"⟩: Fürst, der über andere Fürsten herrscht. **he|ge|mo|ni|al** ⟨zu ↑...ial⟩: a) die Vormachtstellung habend; b) zur Vormachtstellung erstrebend. **He|ge|mo|ni|al...**: Wortbildungselement mit der Bedeutung „Vorherrschaft", z. B. Hegemonialanspruch. **He|ge|mo|nie** *die;* -, ...ien ⟨aus gleichbed. *gr.* hēgemonía „Heerführung, Oberbefehl", eigtl. „das Anführen"⟩: Vorherrschaft [eines Staates]; Vormachtstellung, Überlegenheit [kultureller, wirtschaftlicher, politischer u. a. Art]. **He|ge|mo|ni|kon** *das;* - ⟨aus gleichbed. *gr.* hēgemonikón zu hēgemonikós (vgl. hegemonisch) u. ↑[1]...on⟩: 1. der herrschende Teil der Seele, die Vernunft (stoische Lehre). 2. Gott (stoische Lehre). **he|ge|mo|nisch** ⟨aus gleichbed. *gr.* hēgemonikós⟩: die Hegemonie betreffend. **He|gu|me|nos**

der; -, ...noi [...nɔy] ⟨aus *gr.* hēgoúmenos „Vorsteher", Part. Präs. von hēgeīsthai „vorangehen, führen"⟩: Vorsteher eines orthodoxen Klosters

Hei|duck u. **Hai|duck** *der;* -en, -en ⟨aus gleichbed. *ung.* hajdúk, Plur. von hajdú „Fußsoldat"⟩: 1. ung. Söldner, Grenzsoldat. 2. ung. Gerichtsdiener. 3. (auf dem Balkan) Freischärler im Kampf gegen die Türken

Heil|an|äs|the|sie *die;* -, -n ⟨zu *dt.* heilen u. ↑Anästhesie⟩: örtliche Betäubung bestimmter Körperregionen zur Linderung rheumatischer u. neuralgischer Schmerzen. **Heil|gym|na|stik** *die;* -: ältere Bez. für Krankengymnastik (nach einem bestimmten Plan durchgeführte Gymnastik zur Besserung von Haltungs- u. Körperschäden od. zur Kräftigung nach Operationen o. ä.)

Heil|mar|me|ne [...ne] *die;* - ⟨aus gleichbed. *gr.* heimarménē⟩: das unausweichliche Verhängnis, Schicksal (in der griech. Philosophie); vgl. Moira

Heim|com|pu|ter *der;* -s, - ⟨zu *dt.* Heim u. ↑Computer⟩: svw. Homecomputer. **Heim|trai|ner** *der;* -s, -: svw. Hometrainer

Hei|ti *das;* -[s], -s ⟨aus *altnord.* heiti „Name, Benennung"⟩: in der altnord. Dichtung die bildliche Umschreibung eines Begriffes durch eine einfache eingliedrige Benennung (z. B. „Renner" statt „Roß"); vgl. ↑Kenning

He|ka|tom|be *die;* -, -n ⟨über *lat.* hecatombe aus gleichbed. *gr.* hekatómbē, eigtl. „Opfer von 100 Stieren", zu hekatón „hundert" u. boūs „Stier, Rind"⟩: einem unheilvollen Ereignis o. ä. zum Opfer gefallene, erschütternd große Zahl, Menge von Menschen. **He|ka|tom|pe|don** *das;* -s, ...den ⟨aus *gr.* hekatómpedon „hundert Fuß langes (Gebäude)"⟩: griech. Tempeltypus aus archaischer Zeit, dessen Cella hundert Fuß lang ist; auch Bez. für die Cella des Parthenons in Athen. **he|ka|tom|py|lisch** ⟨aus gleichbed. *gr.* hekatómpylos⟩: hunderttorig, mit hundert Toren versehen. **He|ka|ton|chei|ren** *die* (Plur.) ⟨aus *gr.* hekatóncheires „Hunderthändige"⟩: in der griech. Mythologie erdgeborene Riesen mit hundert Armen u. fünfzig Köpfen. **He|ka|to|styl|lon** *das;* -s, ...len ⟨zu ↑hekato... u. *gr.* stýlos „Säule"⟩: Hundertsäulenhalle, Gebäude mit einem Umgang von hundert Säulen. **hekt...**, **Hekt...** vgl. hekto..., Hekto...

Hekt|ar [auch hɛk'taːɐ] *das,* auch *der;* -s, -e (aber: 4 -) ⟨zu ↑[2]Hekto... u. ↑Ar⟩: Flächen-, bes. Feldmaß (= 100 Ar = 10 000 Quadratmeter); Zeichen ha. **Hekt|are** *die;* -, -n: (schweiz.) svw. Hektar. **Hekt|ar|er|trag** *der;* -[e]s, ...träge (meist Plur.) Ertrag pro Hektar (Landw.)

Hek|tik *die;* - ⟨zu ↑hektisch u. ↑[2]...ik (3)⟩: 1. übersteigerte Betriebsamkeit, fieberhafte Eile. 2. (veraltet) krankhafte Abmagerung mit fortschreitendem Kräfteverfall (bes. bei Schwindsucht; Med.). **Hek|ti|ker** *der;* -s, -: 1. (ugs.) jmd., der voller Hektik (1) ist. 2. (veraltet) Lungenschwindsüchtiger (Med.). **hek|tisch** ⟨aus *mlat.* hecticus „an chronischer Brustkrankheit leidend, schwindsüchtig", dies aus *gr.* hektikós „den Zustand, die Körperbeschaffenheit betreffend; chronisch (bes. vom Fieber)"⟩: 1. fieberhaft-aufgeregt, von unruhig-nervöser Betriebsamkeit. 2. (veraltend) in Begleitung der Lungentuberkulose auftretend (Med.); -e Röte: [fleckige] Wangenröte des Schwindsüchtigen

hekto..., [1]**Hekto...**, vor Vokalen meist hekt..., Hekt... ⟨über *fr.* hecto- aus *gr.* hekatón „hundert"⟩: Wortbildungselement mit der Bedeutung „hundertfach, vielfach", z. B. Hektographie. [2]**Hekto...**, vor Vokalen meist Hekt...: Vorsatz vor Maßeinheiten mit der Bedeutung „das Hundertfache (10^2fache)" der genannten Maßeinheit; Zeichen h (z. B. Hektoliter; Zeichen hl). **Hek|to|gramm** *das;* -s, -e (aber: 5 -) ⟨zu ↑[2]Hekto...⟩: 100 Gramm; Zeichen hg. Hek-

Hektographie

to|graph *der;* -en, -en ⟨zu ↑hekto... u. ↑...graph, eigtl. „Hundertschreiber"⟩: ein älteres Vervielfältigungsgerät. **Hek|to|gra|phie** *die;* -, ...ien ⟨zu ↑...graphie⟩: 1. (ohne Plur.) ein Vervielfältigungsverfahren. 2. eine mit dem Hektographen hergestellte Vervielfältigung. **hek|to|gra|phie|ren** ⟨zu ↑...ieren⟩: [mit dem Hektographen] vervielfältigen. **hek|to|gra|phisch** ⟨zu ↑...graphisch⟩: mit Hilfe des Hektographen. **Hek|to|li|ter** [auch 'hɛk...] *der* (schweiz. nur so), auch *das;* -s, - ⟨zu ↑²Hekto...⟩: 100 Liter; Zeichen hl. **Hek|to|me|ter** [auch 'hɛk...] *der* od. *das;* -s, -: 100 Meter; Zeichen hm. **Hek|to|pas|cal** [...'kal, auch 'hɛk...] *das;* -s, -: Maßeinheit des Luftdrucks; 100 Pascal; Zeichen hPa. **Hek|to|ster** [auch 'hɛk...] *der;* -s, Plur. -e u. -s (aber: 10 -): (veraltet) Raummaß für Holz, entspricht 100 Kubikmeter; Zeichen hs; vgl. Ster. **Hek|to|watt** [auch 'hɛk...] *das;* -s, -: 100 Watt; Zeichen hW

He|ku|ba ⟨aus *lat.* Hekuba, nach der griech. mythologischen Gestalt Hekábē (Gemahlin des Königs Priamos, Mutter von Hektor u. a.)⟩; in der Wendung jmdm. - sein, werden: jmdm. gleichgültig sein; jmdn. nicht [mehr] interessieren (nach Shakespeares „Hamlet", in dem auf die Stelle bei Homer angespielt wird, wo Hektor zu seiner Gattin Andromache sagt, ihn bekümmere seiner Mutter Hekuba Leid weniger als das ihre)

Hel *die;* - ⟨aus *altnord.* hel, wahrscheinlich „die Bergende" (verwandt mit „hehlen")⟩: in der germ. Mythologie eines der Totenreiche, das unter der Weltesche ↑Yggdrasil gelegen u. Wohnstätte aller auf dem Land Gestorbenen ist

He|lan|ca ⓦ [...ka] *das;* - ⟨Kunstw.⟩: hochelastisches Kräuselgarn aus Nylon

He|leo|plank|ton *das;* -s ⟨zu *gr.* hélos, Gen. héleos „Sumpf" u. ↑Plankton⟩: Bez. für die Planktonorganismen in kleinen stehenden Gewässern

he|li..., He|li... vgl. helio..., Helio... **He|li|äa** vgl. Heliaia. **He|li|aia** u. **He|li|äa** *die;* - ⟨über *nlat.* heliaea aus gleichbed. *gr.* heliaía, eigtl. „der sonnige (Versammlungsort)"⟩: auf dorischem Gebiet Bez. für die Volksversammlung, im alten Athen für das Volksgericht, dann für die einzelnen Geschworenengerichtshöfe. **he|li|a|kisch** u. **helisch** ⟨zu *gr.* hēliakós „die Sonne betreffend, zur Sonne gehörend"⟩: zur Sonne gehörend; -er Aufgang: Aufgang eines Sternes in der Morgendämmerung; -er Untergang: Untergang eines Sternes in der Abenddämmerung. **He|li|an|the|mum** *das;* -s, ...themen ⟨aus gleichbed. *nlat.* helianthemum; vgl. Helianthus⟩: Sonnenröschen (Zierstaude mit zahlreichen Arten; Bot.). **He|li|an|thus** *der;* -, ...then ⟨aus gleichbed. *nlat.* helianthus zu *lat.* heliantheus, *gr.* hēliantheús „Sonnenblume" (Name einer Pflanze mit myrtenähnlichen Blättern), dies zu ↑helio... u. *gr.* ánthos „Blume, Blüte"⟩: Sonnenblume (Korbblütler mit großen Blüten; Bot.). **He|li|ar** ⓦ *das;* -s, -e ⟨Kunstw.⟩: fotografisches Objektiv

He|li|ces [...tse:s]: Plur. von ↑Helix. **He|li|kes** [...ke:s] *die* (Plur.) ⟨über *lat.* helices aus gleichbed. *gr.* hélikes, Plur. von hélix „Windung, Spirale", vgl. Helix⟩: Volutenranken des korinthischen ↑Kapitells, die nach innen eingerollt sind. **He|li|ko|gy|re** *die;* -, -n ⟨zu *gr.* gýros „Kreis"⟩: Schraubenachse; symmetr. Form der Kristallbildung (Kristallographie). **He|li|ko|id** *das;* -[e]s, -e ⟨zu ↑...oid⟩: Fläche, die durch Schraubenbewegung einer ebenen Kurve um eine feste Achse erzeugt wird (Math.). **He|li|koi|de** *die;* -n, -n ⟨zu ↑...oide, eigtl. „die ähnlich einer Spirale Gewundene"⟩: Spirallinie. **He|li|koi|disch**: spiralförmig. **He|li|kon** *das;* -s, -s ⟨zu *gr.* hélix, Gen. hélikos „Windung, Spirale" u. ↑¹...on⟩: Musikinstrument; Kontrabaßtuba mit kreisrunden Windungen (bes. in der Militärmusik verwendet). **He-li|ko|po|die** *die;* -, ...ien ⟨zu *gr.* poús, Gen. podós „Fuß" u. ↑²...ie⟩: seitlich schleifendes Vorschieben der Beine bei einer Muskellähmung der unteren Extremitäten (Med.). **He|li|ko|pter** *der;* -s, - ⟨über *engl.* helicopter aus gleichbed. *fr.* hélicoptère, dies zu *gr.* hélix, Gen. hélikos „Windung, Spirale" u. pterón „Flügel"⟩: Hubschrauber

he|lio..., He|lio..., vor Vokalen meist heli..., Heli... ⟨aus gleichbed. *gr.* hélios⟩: Wortbildungselement mit der Bedeutung „Sonne", z. B. heliozentrisch, Heliotrop; Helianthus. **He|lio|bio|lo|gie** *die;* -: Teilbereich der Biologie, der sich mit dem Einfluß der Sonne auf die ↑Biosphäre befaßt. **he|lio|bio|lo|gisch**: die Heliobiologie betreffend. **He|lio|dor** *der;* -s, -e ⟨zu *gr.* dōron „Geschenk"⟩: eine grünlichgelbe Abart des ↑Berylls. **He|lio|gnost** *der;* -en, -en u. **He|lio|gno|sti|ker** *der;* -s, - ⟨zu *gr.* gignōskein „erkennen"⟩: (veraltet) Sonnenanbeter. **He|lio|graph** *der;* -en, -en ⟨zu ↑...graph⟩: 1. astronomisches Fernrohr mit fotografischem Gerät für Aufnahmen von der Sonne. 2. Blinkzeichengerät zur Nachrichtenübermittlung mit Hilfe des Sonnenlichtes. **He|lio|gra|phie** *die;* - ⟨zu ↑...graphie⟩: 1. ein Druckverfahren, das sich der Fotografie bedient. 2. das Zeichengeben mit dem Heliographen (2). **he|lio|gra|phisch** ⟨zu ↑...graphisch⟩: den Heliographen betreffend. **He|lio|gra|vü|re** [...v..., auch 'he:...] *die;* -, -n: 1. (ohne Plur.) ein Tiefdruckverfahren zur hochwertigen Bildreproduktion auf fotografischer Grundlage. 2. im Heliogravüreverfahren hergestellter Druck. **He|lio|me|ter** *das;* -s, - ⟨zu ↑¹...meter⟩: Spezialfernrohr zur Bestimmung bes. kleiner Winkel zwischen zwei Gestirnen. **He|lio|pa|thie** *die;* -, ...ien ⟨zu ↑...pathie⟩: durch übermäßige Sonnenbestrahlung verursachte Krankheit (z. B. Sonnenstich; Med.). **he|lio|phil** ⟨zu ↑...phil⟩: sonnenliebend; photophil (von Tieren od. Pflanzen; Biol.); Ggs. ↑heliophob. **He|lio|phi|lie** *die;* - ⟨zu ↑...philie⟩: heliophiles Verhalten (von Tieren u. Pflanzen; Biol.). **he|lio|phob** ⟨zu ↑...phob⟩: den Sonnenschein meidend; photophob (von Tieren od. Pflanzen; Biol.); Ggs. ↑heliophil. **He|lio|pho|bie** *die;* - ⟨zu ↑...phobie⟩: heliophobes Verhalten (von Tieren u. Pflanzen; Biol.). **He|lio|phyt** *der;* -en, -en (meist Plur.) ⟨zu ↑...phyt⟩: Sonnen- od. Starklichtpflanze, Pflanze sonniger Standorte (Bot.). **He|lio|sis** *die;* - ⟨zu ↑¹...ose⟩: 1. Sonnenstich, Übelkeit u. Kopfschmerz infolge längerer Sonnenbestrahlung (Med.). 2. Hitzschlag, Wärmestau im Körper (Med.). **He|lio|skop** *das;* -s, -e ⟨zu ↑...skop⟩: Gerät zur direkten Sonnenbeobachtung, das die Strahlung abschwächt (Astron.). **He|lio|sphä|re** *die;* -: weit über die Bahnen der äußeren Planeten hinaus sich erstreckender Bereich des Weltalls, in dem das ↑interplanetare Magnetfeld nachweisbar ist (Astron.). **He|lio|stat** *der;* Gen. -[e]s u. -en, Plur. -e[n] ⟨zu ↑...stat⟩: Gerät mit Uhrwerk u. Spiegel, das dem Sonnenlicht für Beobachtungszwecke stets die gleiche Richtung gibt (Astron.). **He|lio|the|ra|pie** *die;* -: Heilbehandlung mit Sonnenlicht u. -wärme (Med.). **he|lio|trop** ⟨zu ↑...trop⟩: von der Farbe des ¹Heliotrops (1). **¹He|lio|trop** *das;* -s, -e ⟨über *lat.* heliotropium aus gleichbed. *gr.* hēliotrópion, eigtl. „was sich zur Sonne hin wendet"⟩: 1. Sonnenwende, Zimmerpflanze, deren Blüten nach Vanille duften. 2. (ohne Plur.) blauviolette Farbe (nach den Blüten des Heliotrops). 3. Sonnenspiegel zur Sichtbarmachung von Geländepunkten. **²He|lio|trop** *der;* -s, -e ⟨zu ↑¹Heliotrop (weil er nach alter Vorstellung das Sonnenlicht blutrot zurückwirft)⟩: Blutjaspis, dunkelgrüne Abart des ↑Chalzedons mit blutroten Jaspiseinsprenglingen. **He|lio|tro|pin** *das;* -s ⟨zu ↑¹Heliotrop u. ↑...in (1)⟩: organ. Verbindung, die zur Duftstoff- u. Seifenherstellung verwendet wird. **he|lio|tro-**

helvetisch

pisch: (veraltet) phototropisch, lichtwendig (von Pflanzen). **He|lio|tro|pis|mus** *der;* - ⟨zu ↑ ...ismus (2)⟩: (veraltet) svw. Phototropismus. **he|lio|zen|trisch:** die Sonne als Weltmittelpunkt betrachtend; Ggs. ↑ geozentrisch; -es Weltsystem: von Kopernikus entdecktes u. aufgestelltes Planetensystem mit der Sonne als Weltmittelpunkt. **He|lio|zo|on** *das;* -s, ...zoen (meist Plur.) ⟨zu *gr.* zōon „Lebewesen; Tier"⟩: Sonnentierchen (einzelliges, wasserbewohnendes Lebewesen)

He|li|port *der;* -s, -s ⟨aus gleichbed. *engl.* heliport; Kurzw. aus *heli*copter „Hubschrauber" u. air*port* „Flughafen"⟩: Landeplatz für Hubschrauber

he|lisch vgl. heliakisch

He|li-Ski|ing [...'ski:ɪŋ] *das;* -[s] ⟨Kurzw. aus *engl. heli*copter „Flugplatz" u. *skiing* „das Skilaufen"⟩: Skilauf nach Inanspruchnahme eines Hubschraubers, der den Skiläufer auf den Berggipfel gebracht hat

He|li|um *das;* -s ⟨zu *gr.* hḗlios „Sonne" u. ↑ ...ium⟩: chem. Element, Edelgas; Zeichen He. **He|li|um|ion** *das;* -s, -en: Ion des Heliumatoms. **He|li|um|me|tho|de** *die;* -: Methode zur Altersbestimmung von Gesteinen durch Vergleich des Urangehalts od. des Thoriumgehalts mit der Menge des durch radioaktiven Zerfall gebildeten Thoriums (Geol.)

He|lix *die;* -, ...ices [...tse:s] ⟨über *lat.* helix, Gen. helicis, aus *gr.* hélix „Windung, Spirale"⟩: 1. der umgebogene Rand der menschlichen Ohrmuschel (Med.). 2. Schnirkelschnecke (z. B. Weinbergschnecke; Zool.). 3. spiralige Molekülstruktur (Chem.). **He|li|zi|tät** *die;* -, -en ⟨zu ↑ ...ität⟩: 1. (ohne Plur.) spiralige Bauart (bei Molekülen; Chem.). 2. Projektion des ↑ Spins eines Elementarteilchens auf seine Impulsrichtung (Phys.). **hel|ko|gen** ⟨zu *gr.* hélkos „Geschwür" u. ↑ ...gen⟩: aus einem Geschwür entstanden (Med.). **Hel|ko|lo|gie** *die;* - ⟨zu ↑ ...logie⟩: Wissenschaft u. Lehre von den Geschwüren (Med.). **Hel|ko|ma** *das;* -[s], -ta ⟨aus gleichbed. *gr.* hélkōma; vgl. ...om⟩: Geschwür, Eiterung (Med.). **Hel|ko|se** *die;* -, -n ⟨zu ↑¹ ...ose⟩: Geschwürbildung (Med.)

Hel|la|di|ker *der;* -s, - ⟨aus *nlat.* Helladicus zu *gr.* Hellás, Gen. Helládos „Griechenland"⟩: Bewohner Griechenlands während des Helladikums. **Hel|la|di|kum** *das;* -s ⟨zu ↑ ...ikum⟩: bronzezeitliche Kultur auf dem griech. Festland. **hel|la|disch:** das Helladikum betreffend. **Hel|la|no|di|ken** *die* (Plur.) ⟨aus gleichbed. *gr.* Hellanodíkai⟩: Kampfordner u. -richter bei den Olympischen Spielen im alten Griechenland

Hel|le|bo|ris|mus *der;* - ⟨zu ↑ Helleborus u. ↑ ...ismus (3)⟩: (veraltet) Nervenlähmung durch eine Überdosis von Nieswurz (als Abführmittel; Med.). **Hel|le|bo|rus** *der;* -, ...ri ⟨über *lat.* helleborus aus *gr.* helléboros „Nieswurz", vermutlich nach dem Fluß Helléboros in Kleinasien, an dessen Ufern die Pflanze besonders häufig vorkam⟩: 1. Vertreter der Gattung der Hahnenfußgewächse (mit Christrose u. Nieswurz; Bot). 2. im Altertum aus Nieswurz gewonnenes Heilmittel gegen Nervenleiden

hel|le|nisch ⟨aus *gr.* hellēnikós „griechisch" zu Hellás „Griechenland"⟩: a) das antike Hellas (Griechenland) betreffend; b) griechisch (in bezug auf die heutige Republik). **hel|le|ni|sie|ren** ⟨aus gleichbed. *gr.* hellēnízein; vgl. ...isieren⟩: nach griech. Vorbild gestalten; griech. Sprache u. Kultur nachahmen. **Hel|le|nis|mus** *der;* - ⟨zu ↑ hellenisch u. ↑ ...ismus (1); Bed. 1 b von dem Historiker J. G. Droysen (1808–1884) geprägt⟩: 1. a) Griechentum; b) die Kulturepoche von Alexander dem Gr. bis Augustus (Verschmelzung des griech. mit dem oriental. Kulturgut). 2. die griech. nachklassische Sprache dieser Epoche; Ggs. ↑ Attizismus (1). **Hel|le|nist** *der;* -en, -en ⟨zu ↑ ...ist⟩: 1. jmd., der sich wissenschaftlich mit dem nachklassischen Griechentum befaßt. 2. im N. T. griechisch sprechender, zur hellenistischen Kultur neigender Jude der Spätantike. **Hel|le|nis|tik** *die;* - ⟨zu ↑ ...istik⟩: Wissenschaft, die sich mit der hellenischen Sprache u. Kultur befaßt. **hel|le|ni|stisch** ⟨zu ↑ ...istisch⟩: den Hellenismus (1, 2) betreffend. **Hel|le|no|phi|lie** *die;* - ⟨zu ↑ ...philie⟩: Vorliebe für die hellenistische Kultur. **Hel|le|no|ta|mi|en** *die* (Plur.) ⟨aus gleichbed. *gr.* hellēnotamíai⟩: Verwalter des Attisch-Delischen Seebundes u. des athenischen Staatsschatzes

Hel|le|rist|nin|ger *die* (Plur.) ⟨aus gleichbed. *norweg.* helleristningar zu helle „Stein, Fels" u. riste „ritzen, zeichnen"⟩: Felsenzeichnungen, -bilder der Jungstein- u. Bronzezeit in Schweden u. Norwegen

hel|minth..., Hel|minth... vgl. helmintho..., Helmintho... **Hel|minth|ago|gum** *das;* -s, -ga ⟨aus gleichbed. *nlat.* helminthagogum zu ↑ helmintho... u. *gr.* agōgós „führend, treibend"⟩: Mittel gegen Wurmkrankheiten (Med.). **Hel|min|then** *die* (Plur.) ⟨aus *gr.* hélmi(n)s, Gen. hélminthos „Wurm, Eingeweidewurm"⟩: Sammelbez. für alle in den Eingeweiden von Mensch u. Tier schmarotzenden Würmer (Med.). **Hel|min|thia|sis** *die;* -, ...thiasen ⟨zu ↑ ...iasis⟩: Wurmkrankheit (Med.). **hel|min|tho..., Hel|min|tho...,** vor Vokalen meist helminth..., Helminth... ⟨aus *gr.* hélmi(n)s, Gen. hélminthos „Wurm, Eingeweidewurm"⟩: Wortbildungselement mit der Bedeutung „Wurm; Würmer betreffend", z. B. Helminthagogum, Helminthologie. **Hel|min|tho|chor|ton** [...'çorton] *das;* -s ⟨zu *gr.* chórtos „Futter" u. ↑¹ ...on⟩: früher gegen die Wurmkrankheit verwendetes Wurmmoos. **Hel|min|tho|lo|ge** *der;* -n, -n ⟨zu ↑ ...loge⟩: Wissenschaftler auf dem Gebiet der ↑ Helminthologie. **Hel|min|tho|lo|gie** *die;* - ⟨zu ↑ ...logie⟩: Wissenschaft von den Eingeweidewürmern (Med.). **hel|min|tho|lo|gisch** ⟨zu ↑ ...logisch⟩: die ↑ Helminthologie betreffend. **Hel|min|tho|se** *die;* -, -n ⟨zu ↑¹ ...ose⟩: svw. Helminthiasis

He|lo|biae [...bi̯ɛ] *die* (Plur.) ⟨aus *nlat.* helobiae zu *gr.* hélos „Sumpf" u. bíos „Leben"⟩: Pflanzenordnung der Sumpflilien (mit Froschlöffel, Wasserpest u. a.; Bot.). **He|lo|dea** vgl. Elodea. **He|lo|des** *die;* - ⟨zu *gr.* helṓdēs „sumpfig"⟩: Sumpffieber, Malaria (Med.). **He|lo|kre|ne** *die;* -, -n ⟨zu *gr.* hélos „Sumpf" u. krḗnē „Quelle, Brunnen"⟩: Sicker- u. Sumpfquelle. **He|lo|phyt** *der;* -en, -en ⟨zu ↑ ...phyt⟩: Sumpfpflanze (unter Wasser wurzelnde, aber über die Wasseroberfläche herausragende Pflanze)

He|lot *der;* -en, -en u. **He|lo|te** *der;* -n, -n ⟨aus gleichbed. *gr.* heílōs, Gen. heílōtos⟩: Staatssklave im alten Sparta. **he|lo|tisch** ⟨aus gleichbed. *gr.* heilōtikós⟩: die Heloten betreffend, zu ihnen gehörend, von ihnen stammend. **He|lo|tis|mus** *der;* - ⟨zu ↑ ...ismus (2)⟩: Ernährungssymbiose, aus der ein Tier (od. Pflanze) mehr Nutzen hat als das andere

Help *das;* -s ⟨aus *engl.* help „Hilfe" zu to help „helfen"⟩: Einrichtung zur Unterstützung des richtigen Programmablaufs im Computer (EDV)

Hel|vet [...v...] *das;* -s u. Helvetien [...'sjɛ̃] *das;* -s ⟨aus *fr.* Helvétien, eigtl. „das Schweizerische, zu *lat.* Helvetia „Schweiz"⟩: mittlere Stufe des ↑ Miozäns (Erdzeitalter; Geol.). **Hel|ve|ti|den** *die* (Plur.) ⟨zu ↑² ...id⟩: kalkreiche Gesteinsablagerung in den nördlichen Schweizer Alpen (Geol.). **Hel|ve|tien** [...'sjɛ̃] vgl. Helvet. **Hel|ve|ti|ka** [...ti̯ka] *die* (Plur.) ⟨aus gleichbed. *nlat.* Helvetica zu *lat.* Helveticus, vgl. helvetisch⟩: Werke über die Schweiz (= Helvetien). **hel|ve|tisch** ⟨zu *lat.* Helveticus „schweizerisch"⟩: schweizerisch; Helvetische Konfession, Helvetisches Bekenntnis: Bekenntnis[schriften] der evange-

557

lisch-reformierten Kirche von 1536 u. bes. 1562/66; Abk.: H. B. **Hel|ve|tis|mus** *der;* -, ...men ⟨zu ↑ ...ismus (4)⟩: eine innerhalb der deutschen Sprache nur in der Schweiz (= Helvetien) übliche sprachliche Ausdrucksweise (z. B. Blocher = Bohnerbesen)

Hel|vin [...v...] *der;* -s, -e ⟨vermutlich zu *lat.* helvus „honiggelb, isabellfarben" u. ↑ ...in⟩: ein gelbes bis braunes, seltener grünes, kubisches Mineral

He-man ['hi:mæn] *der;* -[s], He-men [...mən] ⟨aus gleichbed. *engl.* he-man zu *he* „männlich, männliches Wesen" u. man „Mann"⟩: Mann, der sehr männlich aussieht u. sich so gibt u. daher auch eine entsprechende Wirkung auf seine Umgebung in bezug auf die Erotik ausübt

he|mer..., He|mer... vgl. ¹,²hemero..., Hemero...

he|mer|adia|phor ⟨zu ↑¹hemero... u. *gr.* adiáphoros „unentschieden, gleichgültig"⟩: kulturindifferent, menschlichen Kultureinflüssen gegenüber unbeeinflußbar (von Lebewesen)

He|mer|al|opie *die;* - ⟨zu ↑²hemero..., *gr.* alaós „blind" u. ↑ ...opie⟩: Nachtblindheit (Med.). **he|mer|al|opisch**: nachtblind (Med.)

¹he|me|ro..., He|me|ro..., vor Vokalen meist hemer..., Hemer... ⟨aus *gr.* hḗmeros „kultiviert, gezähmt; veredelt"⟩: Wortbildungselement mit der Bedeutung „mit dem menschlichen Kulturbereich in Wechselbeziehung stehend" (von Lebewesen), z. B. hemeradiaphor, Hemerophyt

²he|me|ro..., He|me|ro..., vor Vokalen meist hemer..., Hemer... ⟨zu *gr.* hēméra „Tag"⟩: Wortbildungselement mit der Bedeutung „den Tag, die Helligkeit betreffend", z. B. Hemeralopie, Hemerodrom. **He|me|ro|cal|lis** [...k...] *die;* - ⟨aus gleichbed. *nlat.* hemerocallis zu ↑²hemero... u. *gr.* kállos „Schönheit"⟩: Gattung der Taglilien. **He|me|ro|drom** *der;* -s, -e ⟨aus *gr.* hēmerodrómos, eigtl. „Tagläufer"⟩: Eilbote im alten Griechenland. **He|me|ro|lo|gi|um** *das;* -s, ...ien [...jən] ⟨über gleichbed. *nlat.* hemerologium aus *gr.* hēmerológion, dies zu ↑²hemero... u. *gr.* légein „sagen, nennen"⟩: (veraltet) Kalender

he|me|ro|phil ⟨zu ↑¹hemero... u. ↑ ...phil⟩: kulturliebend (von Tieren u. Pflanzen, die Kulturbereiche bevorzugen).

he|me|ro|phob ⟨zu ↑ ...phob⟩: kulturmeidend (von Tieren u. Pflanzen, die nur außerhalb des menschlichen Kulturbereichs optimal zu leben vermögen). **He|me|ro|phyt** *der;* -en, -en ⟨zu ↑ ...phyt⟩: Pflanze, die nur im menschlichen Kulturbereich richtig gedeiht. **He|me|ro|se** *die;* - ⟨aus *gr.* hēmérōsis „Zähmung"⟩: (veraltet) Veredlung, Selbstzucht, Bezähmung der Leidenschaften

he|mi..., He|mi... ⟨aus gleichbed. *gr.* hēmi-⟩: Wortbildungselement mit der Bedeutung „halb", z. B. Hemipteren. **He|mi|achro|mat|op|sie** [...akro...] *die;* -, ...ien: halbseitige Farbenblindheit (Med.). **He|mi|al|gie** *die;* -, ...ien ⟨zu ↑ ...algie⟩: Kopfschmerz auf einer Kopfseite, Migräne (Med.). **He|mi|an|äs|the|sie** *die;* -, ...ien: Empfindungslosigkeit einer Körperhälfte (Med.). **He|mi|an|opie, He|mi|an|op|sie** *die;* -, ...ien: Halbsichtigkeit, Ausfall einer Hälfte des Gesichtsfeldes (Med.). **He|mi|ata|xie** *die;* -, ...ien: Bewegungsstörungen einer Körperhälfte (Med.). **He|mi|atro|phie** *die;* -, ...ien: Schwund von Organen, Geweben u. Zellen der einen Körperhälfte (Med.). **He|mi|do|ma** *das;* -s, -s ⟨zu *gr.* dōma „Haus, Wohnung", eigtl. „Halbdach"⟩: eine Kristallform. **He|mi|eder** *der;* -s, - ⟨zu *gr.* hédra „Fläche, Basis"⟩: Kristall, bei dem nur die Hälfte der nach dem Kristallsystem möglichen Flächen ausgebildet ist, z. B. Tetraeder statt Oktaeder (Mineral.). **He|mi|edrie** *die;* - ⟨zu ↑²...ie⟩: Kristallklasse, bei der nur die Hälfte der möglichen Flächen ausgebildet ist (Mineral.). **he|mi|edrisch**: halbflächig; die ↑ Hemiedrie betreffend. **He|mi|epes** *der;* -, - ⟨aus gleichbed. *gr.* hēmiepḗs⟩: [unvollständiger] halber Hexameter. **He|mi|epi|phyt** *der;* -en, -en ⟨zu ↑ hemi...⟩: zunächst am Boden keimende, später als ↑ Epiphyt lebende Pflanze (Bot.). **He|mi|glos|si|tis** *die;* -, ...tiden: Entzündung nur einer Zungenhälfte (Med.). **He|mi|gna|thie** *die;* -, ...ien ⟨zu *gr.* gnáthos „Kinnbacken" u. ↑²...ie⟩: Fehlen einer Kieferhälfte (Mißbildung; Med.). **He|mi|hy|per|äs|the|sie** *die;* -, ...ien: halbseitige Überempfindlichkeit (der Haut) gegen Berührung (Med.). **He|mi|hy|per|tro|phie** *die;* -, ...ien: angeborene halbseitige ↑ Hypertrophie einer ganzen Körperhälfte od. einzelner Teile davon (Med.). **He|mi|kra|nie** *die;* -, ...ien ⟨aus *gr.* hēmikranía „Kopfschmerzen an einer Kopfhälfte"⟩: svw. Hemialgie. **He|mi|kra|nio|se** *die;* -, -n ⟨zu ↑ hemi..., *gr.* kraníon „Schädel" u. ↑¹...ose⟩: halbseitige Schädelvergrößerung (Mißbildung; Med.). **He|mi|kryp|to|phyt** *der;* -en, -en ⟨zu *gr.* kryptós „versteckt, verborgen" u. ↑ ...phyt⟩: Pflanze, deren Überwinterungsknospen am Erdboden od. an Erdsprossen sitzen (z. B. Erdbeeren, Alpenveilchen; Bot.). **He|mi|me|lie** *die;* -, ...ien ⟨zu *gr.* mélos „Glied" u. ↑²...ie⟩: Mißbildung, bei der die Gliedmaßen der einen Körperhälfte mehr od. weniger verkümmert sind (Med.). **He|mi|me|ta|bo|len** *die* (Plur.) ⟨zu *gr.* metabolḗ „Veränderung, Umwandlung"⟩: Insekten mit unvollständiger Verwandlung (↑ Metamorphose 2; Zool.). **He|mi|me|ta|bo|lie** *die;* - ⟨zu ↑²...ie⟩: Verwandlung der Insektenlarve zum fertigen Insekt ohne die sonst übliche Einschaltung eines Puppenstadiums (Zool.). **he|mi|morph** ⟨zu ↑ ...morph⟩: an zwei entgegengesetzten Enden verschieden ausgebildet (von Kristallen; Mineral.). **He|mi|mor|phie** *die;* - ⟨zu ↑ ...morphie⟩: das Vorkommen von Kristallformen, die an zwei entgegengesetzten Enden unterschiedliche Kristallgestalt aufweisen (Mineral.). **He|mi|mor|phit** [auch ...'fit] *der;* -s, -e ⟨zu ↑²...it⟩: svw. Kalamin. **He|mi|ne|phrek|to|mie** *die;* -, ...ien: operative Entfernung eines krankhaft veränderten Nierenanteils (Med.). **He|mi|o|le** *die;* -, -n ⟨zu *gr.* hēmiolos „anderthalb"⟩: 1. in der ↑ Mensuralnotation die Einführung schwarzer Noten zu den seit dem 15. Jh. üblichen weißen (zum Ausdruck des Verhältnisses 2:3; Mus.). 2. das Umschlagen des zweimal dreiteiligen Taktes in den dreimal zweiteiligen Takt (Mus.). **he|mi|o|lisch**: in der Art einer Hemiole (Mus.). **He|mi|opie, He|mi|op|sie** *die;* -, ...ien ⟨zu ↑ hemi... u. ↑ ...opie bzw. ↑ ...opsie⟩: svw. Hemianopie. **He|mi|pan|kre|at|ek|to|mie** *die;* -, ...ien: operative Entfernung eines Teils der Bauchspeicheldrüse (Med.). **He|mi|pa|ra|si|ten** *die* (Plur.): Pflanzen, die mit grünen Blättern zu eigener ↑ Photosynthese befähigt sind, ihren Wasser- u. Mineralbedarf aber mit Saugwurzeln aus Wirtspflanzen decken müssen (Bot.). **He|mi|pa|re|se** *die;* -, -n: halbseitige leichte Lähmung (Med.). **he|mi|pe|la|gisch**: 1. dem 200 bis 2700 m tiefen Meer entstammend (von Meeresablagerungen, z. B. Blauschlick). 2. nicht immer freischwimmend (von Wassertieren, die im Jungstadium das Wasser bewohnen u. sich später am Meeresgrund ansiedeln; Zool.). **He|mi|ple|gie** *die;* -, ...ien ⟨zu *gr.* plēgḗ „Schlag" u. ↑²...ie⟩: Lähmung einer Körperseite (z. B. bei Schlaganfall; Med.); vgl. Monoplegie. **He|mi|ple|gi|ker** *der;* -s, -. **He|mi|ple|gi|sche** *der* u. *die;* -n, -n: halbseitig Gelähmte[r] (Med.). **He|mi|pte|ren** *die* (Plur.) ⟨zu *gr.* pterón „Feder, Flügel"⟩: Halbflügler (Insekten, z. B. Wanzen; Zool.). **He|mi|spas|mus** *der;* -, ...men: halbseitiger Krampf (Med.). **He|mi|sphä|re** *die;* -, -n ⟨über *lat.* hemisphaerium aus *gr.* hēmisphaírion „Halbkugel"⟩: a) eine der beiden bei einem gedachten Schnitt durch den Erdmittelpunkt entstehenden Hälften der Erde; Erdhälfte, Erdhalbkugel; b) Himmelshalbkugel; c) rechte bzw. linke Hälfte des Großhirns u. des Kleinhirns (Med.). **He|mi|sphär|ek|to|mie** *die;* -, ...jen: operative Entfernung einer Großhirnhemisphäre (Med.). **he|mi|sphä̱|risch:** die Hemisphäre betreffend. **He|mi|sphyg|mie** *die;* -, ...i̱en ⟨zu ↑ hemi..., *gr.* sphygmós „Puls" u. ↑². ..ie⟩: das Auftreten von doppelt so vielen Pulsschlägen wie Herzkontraktionen (Med.). **He|mi|sti|chi|on** u. **He|mi|sti|chi|um** *das;* -s, ...ien [...jən] ⟨über *lat.* hemistichium aus gleichbed. *gr.* hēmistíchion, dies zu ↑hemi... u. stíchion „kleiner Vers"⟩: Halbzeile eines Verses, Halb-, Kurzvers in der altgriech. Metrik. **He|mi|sti|cho|my|thie** *die;* - ⟨zu ↑hemi...⟩: aus Hemistichien bestehende Form des Dialogs im Versdrama; vgl. Stichomythie. **He|mi|to|nie** *die;* -, ...ien ⟨zu *gr.* tónos „das Spannen, die Spannung" u. ↑². ..ie⟩: halbseitiger Krampf mit schnellem Wechsel des Muskeltonus (Med.). **he|mi|to|nisch:** mit Halbtönen versehen (Mus.). **He|mi|zel|lu|lo|se** *die;* -, -n: Kohlenhydrat (Bestandteil pflanzlicher Zellwände). **he|mi|zy|got** ⟨zu *gr.* zygōtós „durch ein Joch verbunden"⟩: ↑Gene betreffend, die nicht in Form eines Allelenpaars (vgl. Allel), sondern in Einzahl vorliegen (Biol.). **He|mi|zy|kel** [auch ...'tsʏkl] *der;* -s, - ⟨zu *spätlat.* cyclus, dies aus *gr.* kýklos „Kreis, Ring, Rad"⟩: Halbrund, Halbkreis. **he|mi|zy|klisch** [auch ...'tsʏk...]: kreisförmig od. spiralig (von der Anordnung der [Blüten]blätter bei Pflanzen). **He|mi|zyst|ek|to|mie** *die;* -, ...ien: operative Entfernung eines Teils der Harn- od. Gallenblase (Med.)

Hem|lock|tan|ne *die;* -, -n ⟨zu *engl.* hemlock „Schierling(stanne)", weitere Herkunft unsicher⟩: svw. Tsuga

He|na|de *die;* -, -n ⟨zu *gr.* hén „eins" u. ↑...ade (Analogiebildung zu ↑Monade)⟩: Einheit im Gegensatz zur Vielheit, ↑Monade (Philos.). **Hen|de|ka** *die* (Plur.) ⟨aus *gr.* héndeka (ándres) „elf (Männer)"⟩: Beamtengremium aus elf gewählten Mitgliedern im alten Athen, das die Aufsicht über Strafvollzug u. Gefängnisse hatte. **Hen|de|ka|gon** *das;* -s, -e ⟨zu *gr.* héndeka „elf" u. gōnía „Ecke, Winkel"⟩: Elfeck. **Hen|de|ka|syl|la|bus** *der;* -, Plur. ...syllaben u. ...syllabi ⟨über *lat.* hendecasyllabus aus gleichbed. *gr.* hendekasýllabos, eigtl. „elfsilbig"⟩: elfsilbiger Vers; vgl. Endecasillabo. **Hen|dia|dy|oin** [...dy'ɔyn] *das;* -[s], -, seltener **Hen|dia|dys** *das;* -, - ⟨aus gleichbed. *mlat.* hendiadyoin, hendiadys, dies aus *gr.* hèn dià dyoîn „eins durch zwei"⟩: 1. die Ausdruckskraft verstärkende Verbindung zweier synonymer Substantive od. Verben, z. B. bitten u. flehen (Stilk.). 2. das bes. in der Antike beliebte Ersetzen eines Attributs durch eine reihende Verbindung mit „und" (z. B. die Masse *und die hohen Berge* statt die Masse *der hohen Berge;* Stilk.). **Hen|ding** *die;* -, -ar ⟨aus gleichbed. *altnord.* hending⟩: Silbenreim der nord. Skaldendichtung, zunächst als Binnenreim neben dem Stabreim, später Endreim (bei den isländ. Skalden)

Henge|mo|nu|men|te [ˈhɛndʒ...] *die* (Plur.) ⟨Rückbildung aus Stonehenge, einer Ansammlung bronzezeitlicher Monumente nahe der engl. Stadt Salisbury⟩: vorgeschichtliche Anlagen, die aus konzentrischen Steinkreisen angelegt sind

He|nis|mus *der;* - ⟨zu *gr.* hén „eins" u. ↑...ismus (1)⟩: Weltdeutung von einem Urprinzip aus (Philos.)

Hen kai pan ⟨aus *gr.* hén kaì pân „eins u. alles"⟩: das Eine ist das All (antike Formel für die Einheit u. Ewigkeit des Kosmos)

Hen|na *das;* -[s], auch *die;* - ⟨aus gleichbed. *arab.* ḥennā'⟩: 1. Kurzform für Hennastrauch (in Asien u. Afrika heimischer Strauch mit gelben bis ziegelroten Blüten). 2. aus Blättern u. Stengeln des Hennastrauches gewonnenes rotgelbes Färbemittel für kosmetische Zwecke

Hen|nin [ɛˈnɛ̃:] *der,* auch *das;* -s, -s ⟨aus gleichbed. *fr.* hennin, weitere Herkunft unsicher⟩: (bis ins 15. Jh. von Frauen getragene) hohe, kegelförmige Haube, von deren Spitze ein Schleier herabhing; burgundische Haube

He|no|the|is|mus *der;* - ⟨zu *gr.* hén, Gen. henós „eins, einer" u. ↑Theismus⟩: religiöse Haltung, die die Hingabe an nur einen Gott fordert, ohne allerdings die Existenz anderer Götter zu leugnen od. ihre Verehrung zu verbieten; vgl. Monotheismus. **he|no|thei|stisch:** den Henotheismus betreffend

Hen|ri-deux-Stil [ãriˈdø...] *der;* -[e]s ⟨zu *fr.* Henri „Heinrich", deux „der Zweite; zwei" u. ↑Stil⟩: zweite Stilperiode der franz. Renaissance während der Regierung Heinrichs II. (1547–1559). **Hen|ri|dor** [hɛn...] *der;* -s, -e ⟨aus *fr.* Henri d'or, eigtl. „goldener Heinrich"⟩: franz. Goldmünze unter Heinrich II., die bis ins 17. Jh. geprägt wurde. **Hen|ri|quatre** [ãriˈkatrə] *der;* -[s] [...tr(ə)], -s [...tr(ə)] ⟨zu *fr.* quatre „der Vierte; vier"⟩: nach Heinrich IV. von Frankreich (1589–1610) benannter Spitzbart

Hen|ry [ˈhɛnri] *das;* -, - ⟨nach dem nordamerik. Physiker J. Henry, 1797–1878⟩: Maßeinheit für die Selbstinduktion (1 Voltsekunde/Ampere); Zeichen H

He|or|to|lo|gie *die;* - ⟨zu *gr.* heortḗ „Fest, Festtag" u. ↑...logie⟩: die kirchlichen Feste betreffender Teil der ↑Liturgik. **He|or|to|lo|gi|um** *das;* -s, ...ien [...jən] ⟨über *kirchenlat.* heortologium aus *gr.* heortológion „Festkalender"⟩: kirchlicher Festkalender

He|par *das;* -s, Hepata ⟨über *lat.* hepar aus gleichbed. *gr.* hē̱par⟩: Leber (Med.). **He|pa|rin** *das;* -s ⟨zu ↑...in (1)⟩: aus der Leber gewonnene, die Blutgerinnung hemmende Substanz (Med.). **he|pa|ri|ni|sie|ren** ⟨zu ↑...isieren⟩: mit Heparin versetzen (Med.). **He|par|re|ak|ti|on** *die;* -, -en u. **He|par|pro|be** *die;* -, -n: Verfahren zum Nachweis von Schwefel in Schwefelverbindungen. **he|pat...,** **He|pat...** vgl. hepato..., Hepato... **He|pa|ta:** Plur. von ↑Hepar. **He|pat|al|gie** *die;* -, ...ien ⟨zu ↑hepato... u. ↑...algie⟩: Leberschmerz, -kolik (Med.). **he|pat|al|gisch:** die Hepatalgie betreffend; mit Leberschmerzen verbunden (Med.). **He|pat|ar|gie** *die;* -, ...ien ⟨zu *gr.* argía „Untätigkeit"⟩: Funktionsschwäche der Leber mit Bildung giftiger Stoffwechselprodukte (Med.). **He|pat|ek|to|mie** *die;* -, ...ien ⟨zu ↑...ektomie⟩: operative Entfernung defekter Leberpartien (Med.). **He|pa|ti|cae** [...tsɛ] *die* (Plur.) ⟨aus gleichbed. *nlat.* hepaticae zu *lat.* hepaticus „leberbraun; leberartig", dies aus *gr.* hē̱patikós⟩: zusammenfassende systemat. Bez. für die Lebermoose (Bot.). **He|pa|ti|ca** *die;* -, ...ken ⟨aus gleichbed. *nlat.* hepatica⟩: Leberblümchen (Bot.). **He|pa|ti|kum** *das;* -s, ...ka ⟨zu ↑hepato... u. ↑...ikum⟩: leberwirksames Mittel (Med.). **He|pa|ti|sa|ti|on** *die;* -, -en ⟨zu *lat.* hepatia „Leber" u. ↑...isation; vgl. hepatisch⟩: leberähnliche Beschaffenheit der Lunge bei entzündlichen Veränderungen in der Lunge (Med.). **he|pa|tisch** ⟨aus gleichbed. *lat.* hepaticus, dies aus *gr.* hē̱patikós⟩: a) zur Leber gehörend; b) die Leber betreffend (Med.). **He|pa|tis|mus** *der;* -, ...men (Plur. selten) ⟨zu ↑hepato... u. ↑...ismus (3)⟩: Gesamtheit der Auswirkungen einer Lebererkrankung auf den Organismus. **He|pa|ti|tis** *die;* -, ...itiden ⟨zu ↑...itis⟩: Leberentzündung (Med.). **he|pa|to..., He|pa|to...,** vor Vokalen meist hepat..., Hepat... ⟨aus gleichbed. *gr.* hē̱par, Gen. hē̱patos⟩: Wortbildungselement mit der Bedeutung „Leber", z. B. hepatogen, Hepatolith, Hepatalgie. **he|pa|to|bi|li|är:** Leber u. Galle betreffend (Med.). **He|pa|to|bla|stom** *das;* -s, -e: Mißbildungsgeschwulst der Leber (Med.). **he|pa|to-**

hepatogen

fu|gal ⟨zu *lat.* fugere „fliehen" u. ↑¹...al (1)⟩: von der Leber wegführend (von Gefäßen; Med.). **he|pa|to|gen** ⟨zu ↑...gen⟩: 1. in der Leber gebildet (z. B. von der Gallenflüssigkeit; Med.). 2. von der Leber ausgehend (von Krankheiten). **He|pa|to|gramm** *das;* -s, -e ⟨zu ↑...gramm⟩: Röntgenbild der Leber (Med.). **He|pa|to|gra|phie** *die;* -, ...ien ⟨zu ↑...graphie⟩: röntgenologische Darstellung der Leber nach Injektion von Kontrastmitteln (Med.). **he|pa|to|lie|nal** [...lie...]: Leber u. Milz betreffend (Med.). **He|pa|to|lie|no|gramm** *das;* -s, -e ⟨zu *lat.* lien „Milz" u. ↑...gramm⟩: Röntgenbild von Leber u. Milz (Med.). **He|pa|to|lie|no|gra|phie** *die;* -, ...ien ⟨zu ↑...graphie⟩: röntgenographische Darstellung von Leber u. Milz nach Injektion von Kontrastmitteln (Med.). **He|pa|to|lith** [auch ...'lɪt] *der;* Gen. -s u. -en, Plur. -e[n] ⟨zu ↑... lith⟩: Gallenstein in den Gallengängen der Leber, Leberstein (Med.). **He|pa|to|lo|ge** *der;* -n, -n ⟨zu ↑...loge⟩: Arzt mit speziellen Kenntnissen auf dem Gebiet der Leberkrankheiten (Med.). **He|pa|to|lo|gie** *die;* - ⟨zu ↑...logie⟩: Lehre von der Leber (einschließlich der Gallenwege), ihren ↑ Funktionen (1 a) u. Krankheiten (Med.). **he|pa|to|lo|gisch** ⟨zu ↑...logisch⟩: die Hepatologie betreffend. **He|pa|to|ly|se** *die;* -, -n ⟨zu ↑...lyse⟩: Zerfall der Leberzellen, der z. B. ↑toxisch bedingt sein kann (Med.). **He|pa|tom** *das;* -s, -e ⟨zu ↑...om⟩: Geschwulst der Leber (Med.). **He|pa|to|me|ga|lie** *die;* -, ...ien ⟨zu *gr.* mégas, Gen. megálou „groß, dick" u. ↑²...ie⟩: Lebervergrößerung (Med.). **He|pa|to|pan|kre|as** *das;* -: Anhangdrüse des Darms, die bei manchen Wirbellosen die Funktion der Leber u. Bauchspeicheldrüse gleichzeitig ausübt (Zool.). **He|pa|to|pa|thie** *die;* -, ...ien ⟨zu ↑...pathie⟩: Leberleiden (Med.). **He|pa|to|phle|bi|tis** *die;* -, ...itiden: Entzündung der Venen in der Leber (Med.). **He|pa|to|pto|se** *die;* -, -n ⟨zu *gr.* ptōsis „das Fallen; Fall"⟩: Senkung der Leber; Wanderleber (Med.). **he|pa|to|re|nal**: Leber u. Nieren betreffend (Med.). **He|pa|to|se** *die;* -, -n ⟨zu ↑¹...ose⟩: Erkrankung mit degenerativer Veränderung der eigentlichen Leberzellen (Med.). **He|pa|to|sko|pie** *die;* - ⟨zu ↑...skopie⟩: (veraltet) Wahrsagerei aus der Beschaffenheit der Leber. **He|pa|to|to|mie** *die;* -, ...ien ⟨zu ↑...tomie⟩: (veraltet) Zergliederung der Leber (Med.). **He|pa|to|tox|ämie** *die;* -, ...ien: Blutvergiftung durch Zerfallsprodukte der erkrankten Leber (Med.). **he|pa|to|trop** ⟨zu ↑...trop⟩: auf die Leber gerichtet (Med.). **He|pa|to|zyt** *der;* -en, -en (meist Plur.) ⟨zu ↑...zyt⟩: Leberzelle (Med.)

He|phäst *der;* -s, -e ⟨nach dem griech. Gott des Feuers u. der Schmiedekunst Héphaistos⟩: (scherzh.) kunstfertiger Schmied

Heph|the|mi|me|res *die;* -, - ⟨aus gleichbed. *gr.* hephthēmimerés⟩: Einschnitt (↑ Zäsur) nach sieben Halbfüßen bzw. nach der ersten Hälfte des vierten Fußes im ↑ Hexameter; vgl. Penthemimeres, Trithemimeres. **hept...**, **Hept...** vgl. hepta..., Hepta... **hep|ta...**, **Hep|ta...**, vor Vokalen meist hept..., Hept... ⟨aus gleichbed. *gr.* heptá⟩: Wortbildungselement mit der Bedeutung „sieben", z. B. heptaedrisch, Heptameter. **Hep|ta|chord** [...'kɔrt] *der* od. *das;* -[e]s, -e ⟨aus *lat.* heptachordus „siebensaitig", dies aus gleichbed. *gr.* heptáchordos⟩: Folge von sieben ↑ diatonischen Tonstufen (große Septime; Mus.). **Hep|ta|eder** *das;* -s, - ⟨zu ↑ hepta... u. *gr.* hédra „Fläche, Basis"⟩: von sieben Flächen (drei Quadraten u. vier Dreiecken) begrenzter Körper. **hep|ta|edrisch**: siebenflächig. **Hep|ta|gon** *das;* -s, -e ⟨aus *gr.* heptágōnos „siebeneckig"⟩: Siebeneck. **Hep|ta|me|ron** *das;* -s ⟨zu *gr.* heptà hēmerōn „der sieben Tage" (Analogiebildung zu ↑Dekameron)⟩: dem ↑Dekameron nachgebildete Erzählungen der „Sieben Tage" der Margarete von Navarra; vgl. Hexameron. **Hep|ta|me|ter** *der;* -s, - ⟨aus gleichbed. *spätlat.* heptameter, dies zu ↑hepta... u. ↑³...meter⟩: siebenfüßiger Vers. **Hep|tan** *das;* -s, -e ⟨zu ↑ hepta... u. ↑...an⟩: zu den ↑ Alkanen zählender Kohlenwasserstoff mit sieben Kohlenstoffatomen im Molekül. **Hep|ta|nal** *das;* -s ⟨zu ↑¹...al (1)⟩: svw. Önanthaldehyd. **Hept|ar|chie** *die;* - ⟨zu *gr.* árchein „herrschen" u. ↑²...ie⟩: Staatenbund der sieben angelsächsischen Kleinkönigreiche (Essex, Sussex, Wessex, Northumberland, Ostanglien, Mercien, Kent). **Hep|ta|teuch** *der;* -s ⟨aus gleichbed. *spätlat.* heptateuchus, dies aus *gr.* heptáteuchos „siebenbändiges Buch"⟩: die ersten sieben Bücher des Alten Testaments (1.–5. Buch Mose, Josua, Richter); vgl. Pentateuch. **Hep|ta|to|nik** *die;* - ⟨zu *gr.* heptátonos „siebentönig" u. ↑²...ik (2)⟩: System der Siebentönigkeit (Mus.). **Hep|ten** *das;* -s, -e ⟨zu ↑ hepta... u. ↑...en⟩: zu den ↑ Alkenen zählender ungesättigter ↑ alipathischer Kohlenwasserstoff mit sieben Kohlenstoffatomen im Molekül. **Hept|ode** *die;* -, -n ⟨zu ↑...ode⟩: Elektronenröhre mit sieben Elektroden. **Hep|to|se** *die;* -, -n ⟨zu ↑²...ose⟩: ↑ Monosaccharid mit sieben Kohlenstoffatomen im Molekül (Chem.)

He|rai|on [he'raɪɔn] u. **Heräon** *das;* -s ⟨aus *gr.* Hēraîon⟩: Tempel, Heiligtum der griech. Göttin Hera, bes. in Olympia u. auf Samos

He|ra|kli|de *der;* -n, -n ⟨nach dem griech. Sagenhelden Herakles (*gr.* Hēraklẽs) u. zu ↑³...ide⟩: Nachkomme des Herakles

He|ra|kli|te|er *der;* -s, - ⟨nach dem altgriech. Philosophen Heraklit (*gr.* Herákleitos), um 550–480 v. Chr.⟩: Schüler u. Anhänger des Heraklit

He|ra|klith ⓦ [auch ...'klɪt] *der;* -s ⟨Kunstw.; vgl. ...lith⟩: ein Material für Leichtbauplatten

He|ra|kli|tis|mus *der;* - ⟨nach dem altgriech. Philosophen Heraklit (vgl. Herakliteer) u. zu ↑...ismus (1)⟩: Lehre der griech. Philosophie, die nicht im Sein, sondern im andauernden Werden die Wahrheit zu finden meint

He|ral|dik *die;* - ⟨aus gleichbed. *fr.* (science) héraldique, eigtl. „Heroldskunst", zu héraut, vgl. Herold (weil der Herold die Aufgabe hatte, bei Ritterturnieren die Wappen der einzelnen Kämpfer zu prüfen)⟩: Wappenkunde, Heroldskunst (von den Herolden 1 entwickelt). **He|ral|di|ker** *der;* -s, - ⟨zu ↑...iker⟩: Wappenforscher, -kundiger. **he|ral|disch** ⟨aus gleichbed. *nlat.* heraldicus⟩: die Heraldik betreffend. **He|ral|do|phil|ate|lie** *die;* -: das Sammeln von Briefmarken mit Wappenbildern od. allegorischen Darstellungen. **He|ral|do|phi|lie** *die;* - ⟨zu ↑...philie⟩: das Sammeln von Briefmarken, Bildern, Stichen usw., auf denen Wappen abgebildet sind. **He|ral|do|phi|list** *der;* -en, -en ⟨zu ↑...ist⟩: Sammler von Wappen, Wappenbildern, -briefmarken usw.

He|rä|on vgl. Heraion

He|rat *der;* -[s], -s ⟨nach der gleichnamigen afghan. Stadt⟩: dichter, kurz geschorener Teppich in Rot od. Blau. **He|ra|ti|mu|ster** *das;* -s, - ⟨zu ↑ Herat⟩: aus Rosetten, Blüten u. Blättern in geometrischer Anordnung bestehendes Teppichmuster

Her|ba *die;* ...bae [...bɛ], ...bae [...bɛ] ⟨aus *lat.* herba „Pflanze, Gras"⟩: während od. kurz nach der Blüte gesammelte oberirdische Triebe meist krautartiger Pflanzen, die getrocknet als Droge (2) verwendet werden. **Her|ba|list** *der;* -en, -en ⟨zu *nlat.* herbalis „die (Heil)kräuter betreffend" (vgl. Herba) u. ↑...ist⟩: Heilkundiger, der auf Kräuterheilkunde spezialisiert ist. **Her|bar** vgl. Herbarium. **Her|ba|ri|sa|ti|on** *die;* -, -en ⟨zu ↑ Herbarium u. ↑...isation⟩: (veraltet) das Herbarisieren. **her|ba|ri|sie|ren** ⟨zu ↑...isieren⟩: (Pflanzen) präparieren, trocknen, pressen u. in einem Her-

Hermetismus

barium anordnen, sammeln. **Her|ba|rist** *der;* -en, -en ⟨zu ↑...ist⟩: (veraltet) Pflanzensammler. **Her|ba|ri|stin** *die;* -, -nen: (veraltet) Pflanzensammlerin. **Her|ba|ri|um** *das;* -s, ...rien [...iən] ⟨aus *spätlat.* herbarium „Kräuterbuch", substantiviertes Neutrum von herbarius „zu den Kräutern gehörig"; vgl. Herba⟩: systematisch angelegte Sammlung gepreßter u. getrockneter Pflanzen u. Pflanzenteile. **Her|bar|pflan|ze** *die;* -, -n: herbarisierte od. zu herbarisierende Pflanze. **her|bi|fe|risch** ⟨zu ↑ Herba u. *lat.* ferre „tragen"⟩: (veraltet) Kräuter hervorbringend. **her|bi|kol** ⟨zu *lat.* colere „(be)wohnen"⟩: kräuterbewohnend (von Tieren, die auf grünen Pflanzen leben). **her|bi|vor** [...v...] ⟨zu *lat.* vorare „fressen, verschlingen"⟩: kräuterfressend (von Tieren, die nur von pflanzlicher Nahrung leben). **Her|bi|vo|re** *der;* -n, -n: Tier, das nur pflanzliche Nahrung zu sich nimmt. **her|bi|zid** ⟨zu ↑...zid⟩: pflanzentötend. **Her|bi|zid** *das;* -s, -e: chem. Mittel zur Abtötung von Pflanzen. **her|bös** ⟨aus gleichbed. *fr.* herbeux, herbeuse; vgl. ...ös⟩: (veraltet) grasbewachsen, kräuterreich

Her|cy|nit [...ts..., auch ...'nɪt] vgl. Herzynit

he|re|die|ren ⟨aus gleichbed. *lat.* hereditare⟩: erben. **he|re|di|tär** ⟨über *fr.* héréditaire aus gleichbed. *lat.* hereditarius⟩: 1. die Erbschaft, das Erbe, die Erbfolge betreffend. 2. erblich, die Vererbung betreffend (Biol.; Med.). **He|re|di|tät** *die;* -, -en ⟨aus gleichbed. *lat.* hereditas, Gen. hereditatis⟩: (veraltet) 1. Erbschaft. 2. Erbfolge (Rechtsw.). **He|re|do|ata|xie** *die;* -, ...ien ⟨zu *lat.* heres, Gen. heredis „Erbe" u. ↑ Ataxie⟩: angeborene, erbliche Koordinationsstörung mit stoßweisen, überschüssigen, schleudernden u. ungeschickten Arm- u. Beinbewegungen (Med.). **He|re|do|de|ge|ne|ra|ti|on** *die;* -: erbliche ↑ Degeneration (2) in bestimmten Geschlechterfolgen (Med.). **he|re|do|de|ge|ne|ra|tiv**: ein degeneratives Erlebnis betreffend (Med.). **He|re|do|pa|thie** *die;* -, ...ien ⟨zu ↑...pathie⟩: Erbkrankheit (Med.)

He|re|ford ['hɛrɪfəd] *das;* -[s], -s u. **He|re|ford|rind** *das;* -[e]s, -er ⟨nach der County Hereford and Worcester in Westengland⟩: ein anpassungsfähiges mittelgroßes Fleischrind von vorwiegend roter Farbe

He|re|ke *der;* -s, -s ⟨nach dem türk. Ort Hereke⟩: sehr fein geknüpfter türk. Teppich

He|ris *der;* -, - ⟨nach dem iran. Ort Heris⟩: Sammelbez. für verschiedenartige handgeknüpfte pers. Gebrauchsteppiche

He|ris|son [eri'sõ:] *der;* -s, -s ⟨aus gleichbed. *fr.* hérisson, dies aus *lat.* ericius „Igel; spanischer Reiter"⟩: (veraltet) 1. Igel. 2. eiserne Spitzen (auf einem Zaun od. einer Mauer). 3. Nadelwalzenstrecke in der Spinnerei. **he|ri|son|nie|ren** [erisɔ'ni:...] ⟨aus gleichbed. älter *fr.* hérissonner⟩: (veraltet) mittels Herisson (3) von Fasern befreien

He|ri|ta|bi|li|tät *die;* - ⟨aus *engl.* heritability „Erblichkeit, Vererbbarkeit" zu heritable „erblich", dies aus *fr.* héritable zu hériter, vgl. heritieren⟩: Erblichkeitsgrad (bei Tier- u. Pflanzenzüchtungen). **He|ri|tage** [eri'ta:ʒ] *die;* -, -n [...ʒn] ⟨aus gleichbed. *fr.* héritage⟩: (veraltet) Erbe, Erbschaft, Erbteil. **he|ri|tie|ren** [he...] ⟨aus gleichbed. *fr.* hériter, dies aus *lat.* hereditare⟩: svw. heredieren

Her|ko|ga|mie *die;* - ⟨zu *gr.* hérkos „Trennwand, Zaun" u. ↑...gamie⟩: besondere Anordnung der Staubblätter u. Narben zur Verhinderung der Selbstbestäubung bei Pflanzen (Bot.). **Her|ko|tek|to|nik** *die;* -: (veraltet) Kunst des Baus von Befestigungsanlagen

Her|ku|les *der;* -, -se ⟨über gleichbed. *lat.* Hercules aus *gr.* Hēraklḗs; nach dem Halbgott der griech. Sage⟩: Mensch mit großer Körperkraft. **Her|ku|les|ar|beit** *die;* -, -en: anstrengende, schwere Arbeit. **her|ku|lisch**: riesenstark (wie Herkules)

Her Ma|je|sty [hə: 'mædʒɪstɪ] ⟨*engl.*⟩: Ihre Majestät ([Anrede für] die engl. Königin); Abk.: H. M.

Her|man|dad [span. ɛrman'dað] *die;* - ⟨nach *span.* (Santa) Hermandad „(Heilige) Bruderschaft" zu hermano „Bruder", dies aus *lat.* germanus „(leiblicher) Bruder"⟩: a) im 13.–15. Jh. Bündnis kastilischer u. aragonesischer Städte gegen Übergriffe des Adels u. zur Wahrung des Landfriedens; b) seit dem 16. Jh. eine span. Gendarmerie; die h ei l i g e - (veraltet, iron.) die Polizei

Her|mä|on *das;* -s ⟨aus gleichbed. *gr.* hérmaion, eigtl. „Geschenk des Hermes"⟩: (veraltet) Fund, Glücksfall. **Hermaphro|dis|mus** *der;* - ⟨zu ↑ Hermaphrodit u. ↑...ismus (3)⟩: svw. Hermaphroditismus. **Herm|aphro|dit** *der;* -en, -en ⟨über *lat.* hermaphroditus aus gleichbed. *gr.* hermaphródítos, nach Hermaphródítos, dem zum Zwitter gewordenen Sohn der griech. Gottheiten Hermes u. Aphrodite⟩: Zwitter; Individuum (Mensch, Tier od. Pflanze) mit Geschlechtsmerkmalen von beiden Geschlechtern (Biol.; Med.). **herm|aphro|di|tisch**: zweigeschlechtig, zwittrig. **Herm|aphro|di|tis|mus** *der;* - ⟨zu ↑...ismus (3)⟩: Zweigeschlechtigkeit, ↑ Zwittrigkeit (Biol., Med.); psychischer -: Bisexualität. **Her|me** *die;* -, -n ⟨über *lat.* Herma, Hermes aus *gr.* Hermḗs, eigtl. „(Statue des) Hermes"⟩: Pfeiler od. Säule, die mit einer Büste gekrönt ist (urspr. des Gottes Hermes)

Her|me|neu|tik *die;* - ⟨aus gleichbed. *gr.* hermēneutikḗ (téchnē)⟩: 1. wissenschaftliches Verfahren der Auslegung u. Erklärung von Texten, Kunstwerken od. Musikstücken. 2. metaphysische Methode des Verstehens menschlichen Daseins (Existenzphilosophie). **Her|me|neu|ti|ker** *der;* -s, -: Fachmann für hermeneutische Methoden u. Verfahren. **her|me|neu|tisch** ⟨aus gleichbed. *gr.* hérmēneutikós⟩: einen Text o. ä. erklärend, auslegend

Her|me|tik *die;* - ⟨zu ↑ hermetisch u. ↑²...ik (2); Bed. 2 nach *engl.* hermetic „luftdicht"⟩: 1. veraltete Bez. für Alchimie (1, 2) u. Magie (1, 3). 2. luftdichte ↑ Apparatur. **Her|me|ti|ker** *der;* -s, - ⟨zu ↑ hermetisch; Bed. 2 zu ↑ hermetisch (2)⟩: 1. Anhänger des Hermes Trismegistos, des ägypt.-spätantiken Gottes der Magie u. Alchimie. 2. Schriftsteller mit vieldeutiger dunkler Ausdrucksweise (bes. in der alchimistischen, astrologischen u. magischen Literatur). **her|me|tisch** ⟨aus gleichbed. *nlat.* hermetice zu (sigillum) Hermetis „Siegel des Hermes", nach dem sagenhaften altägypt. Weisen Hermes Trismegisto (*gr.* Hermḗs trìs mégistos „Hermes, der dreimal Größte"), der die Kunst erfunden haben soll, eine Glasröhre mit einem geheimnisvollen Siegel luftdicht zu verschließen; Bed. 2 nach dem Schrifttum einer spätantiken religiösen Geheimlehre, als deren Urheber Hermes Trismegisto gilt⟩: 1. a) dicht verschlossen, so daß nichts ein- od. herausdringen kann, z. B. - verschlossene Ampullen; b) durch eine Maßnahme od. einen Vorgang so beschaffen, daß nichts od. niemand eindringen od. hinausgelangen kann, z. B. ein Gebäude - abriegeln. 2. vieldeutig, dunkel, eine geheimnisvolle Ausdrucksweise bevorzugend; nach Art der Hermetiker; -e L i t e r a t u r: die philosophisch-okkultische Literatur der Hermetiker (2). **her|me|ti|sie|ren** ⟨zu ↑ hermetisch (1) u. ↑...isieren⟩: dicht verschließen, luft- u. wasserdicht machen. **Her|me|tis|mus** *der;* - ⟨nach gleichbed. *it.* ermetismo; vgl. ...ismus (1); Bed. 2 nach gleichbed. *fr.* hermétisme zu ↑ hermetisch (2)⟩: 1. Richtung der modernen ital. Lyrik. 2. Dunkelheit, Vieldeutigkeit der Aussage als Wesenszug der modernen Poesie

Hermitage

Her|mi|ta|ge [ɛrmi'ta:ʒ(ə)] *der;* - ⟨nach dem Anbaugebiet um die Gemeinde Train-l'Ermitage im Rhonetal⟩: franz. Wein (vorwiegend Rotwein)
her|mi|tesch, her|mi|tisch ⟨nach dem franz. Mathematiker C. Hermite, 1822–1901⟩: bestimmte Symmetrieeigenschaften der Elemente aufweisend (Math.)
Her|mo|glyph *der;* -en, -en ⟨zu ↑ Herme u. *gr.* glyphḗ „das Ausmeißeln; das Ausgemeißelte", eigtl. „Hermenhauer"⟩: (veraltet) Bildhauer. **Her|mo|gly|phik** *die;* -: (veraltet) Bildhauerkunst. **her|mo|gly|phisch:** (veraltet) die Bildhauerkunst betreffend
Her|nie [...jə] *die;* -, -n ⟨aus *lat.* hernia „Bruch (als Körperschaden)"⟩: 1. das Heraustreten von Organteilen od. von Gewebe durch eine abnorme Lücke, bes. Eingeweidebruch (Med.). 2. krankhafte Veränderungen an Kohlpflanzen (durch parasitische Schleimpilze hervorgerufen; Bot.). **Her|nio|gramm** *das;* -s, -e ⟨zu ↑ ...gramm⟩: Röntgenbild einer Hernie (1; Med.). **Her|nio|gra|phie** *die;* -, ...ien ⟨zu ↑ ...graphie⟩: röntgenographische Darstellung einer Hernie (1) nach Verabreichung eines Kontrastmittels (Med.). **Her|nio|lo|gie** *die;* - ⟨zu ↑ ...logie⟩: (veraltet) Lehre von den Hernien (1). **her|ni|ös** ⟨zu ↑ ...ös⟩: mit einer Hernie (1) behaftet (Med.). **Her|nio|to|mie** *die;* -, ...ien ⟨zu ↑ ...tomie⟩: Bruchoperation (Med.)
He|roa: Plur. von ↑ Heroon. **He|roe** *der;* -n, -n ⟨aus *lat.* heroem, Akk. von heros, vgl. Heros⟩: svw. Heros. **He|ro|en|kult** *der;* -[e]s, -e (Plur. selten): Heldenverehrung. **He|ro|i|de** *die;* -, -n (meist Plur.) ⟨über *lat.* heroides (Plur.) aus gleichbed. *gr.* hērōídes, eigtl. „Heldenartige"; vgl. ...oide⟩: Heldenbrief, von Ovid geschaffene Literaturgattung (Liebesbrief eines Heroen od. einer Heroin). **He|ro|ik** *die;* - ⟨zu ↑ ²...ik (3)⟩: Heldenhaftigkeit. **¹He|ro|in** *die;* -, -nen ⟨über *lat.* heroine aus gleichbed. *gr.* hērōínē⟩: 1. Heldin. 2. svw. Heroine. **²He|ro|in** *das;* -s ⟨zu *gr.* hḗrōs „Held" u. ↑ ...in (1)⟩: aus einem weißen, pulverförmigen Morphinderivat bestehendes, sehr starkes, süchtig machendes Rauschgift. **He|ro|i|ne** *die;* -, -n ⟨zu ↑ ¹Heroin u. ↑ ...ine⟩: Darstellerin einer Heldenrolle auf der Bühne. **He|ro|i|nis|mus** [heroi...] *der;* - ⟨zu ↑ ²Heroin u. ↑ ...ismus (3)⟩: Heroinsucht. **he|ro|isch** ⟨über *lat.* heroicus aus gleichbed. *gr.* hērōikós⟩: heldenmütig, heldenhaft; -e Landschaft: 1. großes Landschaftsbild mit Gestalten der antiken Mythologie (17. Jh.). 2. Bild, das eine dramatisch bewegte, monumentale Landschaft darstellt (19. Jh.); -er Vers: Vers des Epos; vgl. Hexameter, ²Alexandriner, Endecasillabo, Blankvers. **he|ro|i|sie|ren** [heroi...] ⟨zu ↑ Heros u. ↑ ...isieren⟩: jmdn. als Helden verherrlichen, zum Helden erheben. **He|ro|i|sie|rung** *die;* -, -en ⟨zu ↑ ...isierung⟩: das Heroisieren, das Heroisiertwerden. **He|ro|is|mus** *der;* - ⟨zum Teil unter Einfluß von älter *fr.* héroïsme zu ↑ Heros u. ↑ ...ismus (2)⟩: Heldentum, Heldenmut
He|rold *der;* -[e]s, -e ⟨aus gleichbed. älter *fr.* heraut bzw. dessen latinisierter Form *mlat.* heraldus, dies aus dem Germ.⟩: 1. jmd., der eine Botschaft überbringt, der etw. verkündet. 2. wappenkundiger Hofbeamter im Mittelalter. **He|rolds|kunst** *die;* -: (veraltet) svw. Heraldik. **He|rolds|li|te|ra|tur** *die;* -: mittelalterliche Literatur, in der die Beschreibung fürstlicher Wappen mit der Huldigung ihrer gegenwärtigen od. früheren Träger verbunden wird; Wappendichtung (Literaturw.)
He|rons|ball *der;* -s, ...bälle ⟨nach dem altgriech. Mathematiker Heron (*gr.* Hḗrōn), um 100 v. Chr.⟩: Gefäß mit Röhre, in dem Wasser mit Hilfe des Druckes zusammengepreßter Luft hochgetragen od. ausgespritzt wird (genutzt im Prinzip z. B. beim Parfümzerstäuber)

He|ro|on *das;* -s, ...roa ⟨aus gleichbed. *gr.* hērōion⟩: Grabmal u. Tempel eines Heros. **He|ros** *der;* Gen. - u. ...oen, Plur. ...oen ⟨über *lat.* heros aus gleichbed. *gr.* hḗrōs⟩: 1. Held in der griech. Mythologie, der a) ein Halbgott (Sohn eines Gottes u. einer sterblichen Mutter od. umgekehrt) ist od. b) wegen seiner Taten als Halbgott verehrt wird. 2. heldenhafter Mann, Held
He|ro|strat *der;* -en, -en ⟨nach dem Griechen Hēróstratos, der 356 v. Chr. den Artemistempel zu Ephesus in Brand steckte, um berühmt zu werden⟩: Verbrecher aus Ruhmsucht. **He|ro|stra|ten|tum** *das;* -s: durch Ruhmsucht motiviertes Verbrechertum. **he|ro|stra|tisch:** aus Ruhmsucht Verbrechen begehend
He|ro-Trick|ster ['hɪərəʊ'trɪkstə] *der;* -s, - ⟨zu *engl.* hero „Held" u. trickster „Gauner"⟩: 1. listiger, oft selbst betrogener Widersacher des Himmelsgottes in vielen Regionen. 2. der Teufel im Märchen
Hé|roult|ofen [e'ruːo:fn] *der;* -s, ...öfen ⟨nach dem franz. Metallurgen P. L. T. Héroult, 1863–1914⟩: Lichtbogenofen zur Stahlerzeugung
Herp|an|gi|na *die;* -, ...nen ⟨zu ↑ Herpes u. ↑ Angina⟩: Entzündung der Mundhöhle mit Bläschenbildung (Med.). **Her|pes** *der;* - ⟨über *lat.* herpes aus gleichbed. *gr.* hérpēs, eigtl. „schleichender Schaden"⟩: Bläschenausschlag (Med.). **Her|pes zo|ster** *der;* - - ⟨zu *gr.* zōstḗr „Leibgurt"⟩: Viruserkrankung mit Hautbläschen in der Gürtelgegend; Gürtelrose (Med.). **her|pe|ti|form** ⟨zu ↑ herpetisch u. ↑ ...form⟩: einem Bläschenausschlag ähnlich, herpesartig (Med.). **her|pe|tisch** ⟨aus gleichbed. *nlat.* herpeticus⟩: a) den Herpes betreffend; b) die für einen Herpes charakteristischen Bläschen aufweisend (Med.). **Her|pe|to|lo|gie** *die;* - ⟨zu *gr.* herpetón „kriechendes Tier" u. ↑ ...logie⟩: Teilgebiet der Zoologie, das sich mit der Erforschung der Lurche u. Kriechtiere befaßt. **Herp|oti|tis** *die;* -, ...itiden ⟨zu ↑ Herpes u. ↑ Otitis⟩: durch Viren verursachte Ohrenentzündung (Med.)
Herse [ɛrs] *die;* -, -n [...sn̩] ⟨aus gleichbed. *fr.* herse, dies aus *lat.* hirpex „Egge"⟩: (veraltet) Fallgatter zum Schutz von Befestigungsanlagen (Mil.)
Hertz|sprung-Rus|sell-Dia|gramm [...'rʌsl...] *das;* -s ⟨nach dem dän. Astronomen E. Hertzsprung (1873–1967), dem amerik. Astronomen H. N. Russell (1877 bis 1957) u. zu ↑ Diagramm⟩: Zustandsdiagramm der Sterne, das den Zusammenhang zwischen absoluter Helligkeit u. Spektralklasse veranschaulicht (Astron.)
Herz|asth|ma *das;* -s ⟨zu *dt.* Herz u. ↑ Asthma⟩: anfallsweise auftretende Atemnot infolge mangelnder Herztätigkeit (Med.). **Herz|in|farkt** *der;* -[e]s, -e: svw. Myokardinfarkt. **Herz|in|suf|fi|zi|enz** [...tsiɛnts] *die;* -: Herz[muskel]schwäche (Med.). **Herz|tam|po|na|de** *die;* -: tamponartiger Verschluß der Herzhöhle durch Blutgerinnsel (Med.)
her|zy|nisch ⟨nach dem *lat.* antiken Namen Hercynia silva „Herzynischer Wald" für das dt. Mittelgebirge⟩: parallel zum Harznordrand von Nordwesten nach Südosten verlaufend (von ↑ tektonischen Strukturen; Geogr.). **Her|zy|nit** [auch ...'nɪt], fachspr. Hercynit [...ts..., auch ...'nɪt] *der;* -s, -e ⟨zu ↑ ²...it⟩: ein Mineral, schwarzer, im Dünnschliff tiefgrüner ↑ Spinell
He|spe|re|tin *das;* -s ⟨Kunstw.; vgl. Hesperidin⟩: zu den Flavonen gehörender Pflanzenfarbstoff. **He|spe|ri|den** *die* (Plur.) ⟨aus *gr.* Hesperídes, eigtl. „Töchter des Abends"⟩: 1. weibliche Sagengestalten in der griech. Mythologie. 2. Dickkopffalter (Biol.). **He|spe|ri|din** *das;* -s ⟨nach den goldenen Äpfeln der ↑ Hesperiden u. zu ↑ ...in⟩: Glykosid aus [unreifen] Orangenschalen. **he|spe|ri|disch:** (in der Litera-

tur, die sich der klassischen Antike verbunden fühlt) westlich. **He|spe|ri|en** [...i̯ən] *die* (Plur.) ⟨aus gleichbed. *lat.* Hesperia, dies aus *gr.* hespéria „Westen" zu hespérios „abendlich, westlich"⟩: in der antiken Literatur Land im Westen (= gegen Abend), bes. Italien u. Spanien. **He|sper|or|nis** *der;* -, ...iden ⟨zu *gr.* órnis „Vogel"⟩: ausgestorbener flugunfähiger, bis 1,50 m großer Tauchvogel der Kreidezeit. **He|spe|ros** u. **He|spe|rus** *der;* - ⟨über *lat.* Hesperus aus gleichbed. *gr.* hésperos⟩: der Abendstern in der griech. Mythologie

Hes|si|an ['hɛsɪən] *das* od. *der;* -[s] ⟨aus gleichbed. *engl.* Hessian, eigtl. „hessisch, Hesse"⟩: grobes, naturfarbenes Jutegewebe in Leinenbindung für Säcke u. a.

Hes|sit [auch ...'sɪt] *der;* -s, -e ⟨nach dem schweiz.-russ. Chemiker G. H. Hess (1802–1850) u. zu ↑²...it⟩: ein bleigraues Mineral, Silbertellurid

Hes|so|nit [auch ...'nɪt] *der;* -s, -e ⟨zu *gr.* hêssōn „geringer, weniger" (weil es weniger wert ist als andere Granate) u. ↑²...it⟩: ein rötlichbraunes Mineral, eisenhaltige Abart des ↑ Grossulars

He|sy|chas|mus [...ç...] *der;* - ⟨aus gleichbed. *nlat.* hesychasmus zu *gr.* hēsycházein „ruhen, (bei etwas) verharren", dies zu hēsychḗ „ruhig, still"⟩: im orthodoxen Mönchtum der Ostkirche eine mystische Bewegung, die durch stille Konzentration das göttliche Licht (↑ Taborlicht) zu schauen sucht. **He|sy|chast** *der;* -en, -en ⟨aus gleichbed. *gr.* hēsychastḗs, eigtl. „Einsiedler"⟩: Anhänger des Hesychasmus

¹He|tä|re *die;* -, -n ⟨aus gleichbed. *gr.* hetaíra, eigtl. „Gefährtin"⟩: a) in der Antike [hochgebildete, politisch einflußreiche] Freundin, Geliebte bedeutender Männer; b) ↑ Prostituierte, Freudenmädchen. **²He|tä|re** *der;* -n, -n ⟨aus *gr.* hetaíros „Gefährte, Genosse", vgl. ¹Hetäre⟩: a) freier Gefolgsmann, Adliger am makedonischen Hof, der dem König beratend zur Seite stand; b) im makedonischen Heer Angehöriger der Adelsreiterei, die maßgeblich zu den Erfolgen Alexander des Großen beitrug. **He|tä|rie** *die;* -, ...jen ⟨aus gleichbed. *gr.* hetaireía; [alt]griech. (meist geheime) polit. Verbindung; - der Befreundeten: griech. Geheimbund zur Befreiung von den Türken

he|ter..., **Heter...** vgl. hetero..., Hetero... **He|ter|ar|chie** *die;* -, ...jen ⟨zu ↑ hetero..., *gr.* árchein „herrschen" u. ↑²...ie⟩: Fremdherrschaft. **he|te|ro** ⟨aus *gr.* héteros „der andere; der eine von beiden; von anderer Art"⟩: Kurzform von ↑ heterosexuell; Ggs. ↑ homo. **He|te|ro** *der;* -s, -s: heterosexueller Mann; Ggs. ↑ Homo. **he|te|ro...**, **He|te|ro...**, vor Vokalen gelegentlich heter..., Heter... ⟨aus gleichbed. *gr.* héteros, vgl. hetero⟩: Wortbildungselement mit der Bedeutung „anders, fremd, ungleich, verschieden", z. B. heterogen, Heterogramm. **He|te|ro|an|ti|gen** *das;* -s, -e: Antigen, das Antikörperbildung verursacht, durch die nicht nur das ↑ homologe Antigen, sondern darüber hinaus auch noch andere Antigene gebunden werden können. **He|te|ro|atom** *das;* -s, -e: Atom, das an Stelle eines Kohlenstoffatoms in eine organische Verbindung eingebaut ist, z. B. Stickstoff, Sauerstoff, Schwefel od. Phosphor. **He|te|ro|au|xin** *das;* -s: β-Form der Indolylessigsäure, wichtigster Wuchsstoff der höheren Pflanzen (Biochem.). **he|te|ro|bla|stisch** ⟨zu *gr.* blastós „Sproß, Trieb"⟩: 1. unterschiedlich ausgebildet (von Jugend- u. Folgeformen von Blättern; Bot.). 2. unterschiedlich entwickelt (in bezug auf die Korngröße bei metamorphen Gesteinen). **he|te|ro|chla|my|de|isch** [...cla...] ⟨zu *gr.* chlamýs, Gen. chlamýdos „Oberkleid"⟩: verschieden ausgebildet (von Blüten mit verschiedenartigen Blütenhüllblättern, d. h. mit einem Kelch u. andersfarbigen Kronenblättern; Bot.). **he|te|ro|chrom** [...'kro:m] ⟨zu *gr.* chrôma „Farbe"⟩: andersfarbig. **He|te|ro|chro|ma|tin** [...kro...] *das;* -s, -e: stärker anfärbbare Zonen der ↑ Chromosomen. **He|te|ro|chro|mie** *die;* -, ...ien ⟨zu *gr.* chrôma „Farbe" u. ↑²...ie⟩: verschiedene Färbung, z. B. der Iris der Augen (Biol.). **He|te|ro|chro|mo|som** *das;* -s, -en: geschlechtsbestimmendes ↑ Chromosom. **He|te|ro|chy|lie** [...çy...] *die;* - ⟨zu ↑ Chylus u. ↑²...ie⟩: wechselnder Salzsäuregehalt des Magensaftes (Med.). **he|te|ro|cy|clisch** [...'tsy:k..., auch ...'tsyk...] vgl. heterozyklisch (2). **he|te|ro|dont** ⟨zu *gr.* odoús, Gen. odóntos „Zahn"⟩: 1. mit verschieden gestalteten Zähnen (vom Gebiß der Säugetiere mit Schneide-, Eck- u. Backenzähnen); Ggs. ↑ homodont. 2. Haupt- u. Nebenzähne besitzend (vom Schalenverschluß mancher Muscheln). **He|ter|odon|tie** *die;* - ⟨zu ↑²...ie⟩: das Ausgestattetsein mit verschieden gestalteten Zähnen (z. B. beim Gebiß des Menschen; Biol., Med.); Ggs. ↑ Homodontie. **he|te|ro|dox** ⟨aus gleichbed. *gr.* heteródoxos, eigtl. „von anderer Meinung"⟩: 1. andersgläubig, von der herrschenden [Kirchen]lehre abweichend. 2. Schachprobleme betreffend, die nicht den normalen Spielbedingungen entsprechen, dem Märchenschach (vgl. Fairy chess) angehörend. **He|te|ro|do|xie** *die;* -, ...ien ⟨aus *gr.* heterodoxía „verschiedene, irrige Meinung"⟩: Lehre, die von der offiziellen, kirchlichen abweicht (Rel.). **he|te|ro|dy|na|misch**: ungleichwertig in bezug auf die Entwicklungstendenz (von zwittrigen Blüten, deren weibliche od. männliche Organe so kräftig entwickelt sind, daß sie äußerlich wie eingeschlechtige Blüten erscheinen; Bot.). **He|te|ro|dys|tro|phie** *die;* -, ...ien: Ernährungsstörung beim Säugling, die beim Übergang von der Muttermilchernährung auf künstliche Ernährung auftritt (Med.). **he|te|ro|fi|nal**: durch einen anderen als den ursprünglichen Zweck bestimmt (Philos.). **he|te|ro|ga|me|tisch** ⟨zu ↑ Gamet⟩: verschiedengeschlechtige ↑ Gameten bildend (Biol.); Ggs ↑ homogametisch. **He|te|ro|ga|mie** *die;* -, ...ien ⟨zu ↑...gamie (2)⟩: Ungleichartigkeit der Gatten bei der Partnerwahl (z. B. in bezug auf Alter, Gesellschaftsklasse, Konfession; Soziol.); Ggs. ↑ Homogamie. **he|te|ro|gen** ⟨über *mlat.* heterogeneus aus gleichbed. *gr.* heterogenḗs⟩: nicht gleichartig im inneren Aufbau; uneinheitlich, aus Ungleichartigem zusammengesetzt; ungleichmäßig aufgebaut; ungleichartig; Ggs. ↑ homogen. **He|te|ro|ge|ne|se** *die;* - ⟨zu ↑ hetero...⟩: anormale, gestörte Gewebebildung (Med.). **He|te|ro|ge|ni|tät** *die;* - ⟨zu ↑...ität⟩: Ungleichartigkeit, Verschiedenartigkeit, Uneinheitlichkeit im Aufbau, in der Zusammensetzung. **He|te|ro|go|nie** *die;* - ⟨zu ↑...gonie⟩: 1. die Entstehung aus Andersartigem; Ggs. ↑ Homogonie (Philos.). 2. das Entstehen von anderen Wirkungen als den ursprünglich beabsichtigten, die wiederum neue Motive verursachen können (nach Wundt; Philos.). 3. besondere Form des ↑ Generationswechsels bei Tieren (z. B. bei Wasserflöhen), wobei auf eine sich geschlechtlich fortpflanzende Generation eine andere, die sich aus unbefruchteten Eiern entwickelt, folgt (Biol.). **he|te|ro|grad** ⟨zu *lat.* gradus „Schritt; Stufe"⟩: auf ↑ quantitative Unterschiede gerichtet (Statistik); Ggs. ↑ homograd. **He|te|ro|gramm** *das;* -s, -e ⟨zu ↑...gramm⟩: Schreibweise mit andersartigen Schriftzeichen (z. B. Zahlzeichen an Stelle des ausgeschriebenen Zahlwortes). **he|te|ro|graph** ⟨zu ↑...graph⟩: ↑ orthographisch verschieden geschrieben, besonders bei gleichlautender Aussprache (z. B. *viel* – *fiel;* Sprachw.); vgl. ...isch/-. **He|te|ro|gra|phie** *die;* - ⟨zu ↑...graphie⟩: 1. unterschiedliche Schreibung für Wörter mit gleichlautender Aussprache (Sprachw.); vgl. heterograph. 2. Verwendung gleicher

heterographisch

Schriftzeichen für unterschiedliche Laute (z. B. *ch* im Deutschen für den ach-Laut u. den ich-Laut; Sprachw.). **he|te|ro|gra|phisch** ⟨zu ↑...graphisch⟩: 1. die Heterographie betreffend; vgl. ...isch/-. 2. (veraltet) abweichend, ungewöhnlich geschrieben. **He|te|ro|hyp|no|se** [auch 'hɛ...] *die;* -, -n: Versenkung in ↑ Hypnose durch Fremde; Ggs. ↑ Autohypnose. **he|te|ro|karp** ⟨zu ↑...karp⟩: Heterokarpie aufweisend; vgl. ...isch/-. **He|te|ro|kar|pie** *die;* - ⟨zu ↑...karpie⟩: das Auftreten verschiedengestalteter Früchte bei einem Pflanzenindividuum (Bot.). **he|te|ro|kar|pisch:** svw. heterokarp; vgl. ...isch/-. **he|te|ro|klin** ⟨aus gr. heteroklinḗs „sich nach verschiedenen Seiten wendend"⟩: sich durch Fremdbestäubung fortpflanzend (von Pflanzen; Bot.). **He|te|ro|kli|sie** *die;* - ⟨zu ↑ hetero..., gr. klísis „Beugung" u. ↑²...ie⟩: ↑ Deklination (1) eines ↑ Substantivs mit wechselnden Stämmen (z. B. griech. *hḗpar,* Gen. *hḗpatos* „Leber"; Sprachw.). **he|te|ro|kli|tisch** ⟨zu gr. heteróklitos „von verschiedener Beugung"⟩: in den Deklinationsformen verschiedene Stämme aufweisend (von Substantiven; Sprachw.). **He|te|ro|kli|ton** *das;* -s, ...ta ⟨aus gr. heteróklitōn „verschieden gebeugtes (Wort)", substantiviertes Neutrum von heteróklitos, vgl. heteroklitisch⟩: Nomen, das eine, mehrere od. alle Kasusformen nach mindestens zwei verschiedenen Deklinationstypen bildet od. bei dem sich verschiedene Stammformen zu einem Paradigma ergänzen, z. B. der Staat, des Staates (stark), die Staaten (schwach); vgl. Heteroklisie (Sprachw.). **He|te|ro|ko|ty|lie** *die;* - ⟨zu ↑ hetero..., gr. kotýlē „Höhlung, das Hohle" u. ↑²...ie⟩: Einkeimblättrigkeit bei Pflanzen (durch Rückbildung des zweiten Keimblattes; Bot.); Ggs. ↑ Synkotylie. **He|te|ro|la|lie** *die;* -, ...ien ⟨zu gr. laleῖn „sprechen; schwatzen" u. ↑²...ie⟩: (veraltet) unrichtiges Sprechen, häufiges Sichversprechen. **he|te|ro|log** ⟨zu ↑²...log⟩: abweichend, nicht übereinstimmend, artfremd (Med.); -e Insemination: künstliche Befruchtung mit nicht vom Ehemann stammendem Samen; Ggs. homologe Insemination. **He|te|ro|lo|gie** *die;* - ⟨zu ↑²...ie⟩: krankhafte Abweichung von der Norm (Med.). **He|te|ro|ly|se** *die;* -, -n ⟨zu ↑²...lyse⟩: 1. Spaltung einer Atombildung in zwei entgegengesetzt geladene Ionen (Chem.). 2. Zellzerfall u. Abbau organischer Substanz in einem Organismus, hervorgerufen durch körperfremde Substanzen (Med.). **He|te|ro|ly|sin** *das;* -s, -e (meist Plur.): ↑ Lysin, das artfremde Zellen aufzulösen vermag (Med.). **he|te|ro|mer** ⟨zu ↑...mer⟩: verschieden gegliedert (von Blüten, in deren verschiedenen Blattkreisen die Zahl der Glieder wechselt; Bot.); Ggs. ↑ isomer. **he|te|ro|me|sisch** ⟨zu gr. mésos „mitten"⟩: in verschiedenen ¹Medien (3) gebildet (von Gestein; Geol.); Ggs. ↑ isomesisch. **He|te|ro|me|ta|bo|lie** *die;* -, ...ien: schrittweise ↑ Metamorphose bei Insekten ohne Puppenstadium. **He|te|ro|me|trie** *die;* -, ...ien ⟨zu ↑...metrie⟩: mengenmäßige Störung einer Gewebsentwicklung, Unterform der ↑ Heterogenese (Med.). **he|te|ro|morph** ⟨aus gr. heterómorphos⟩: anders-, verschiedengestaltig, auf andere od. verschiedene Weise gebildet, gestaltet (Chem., Phys.). **He|te|ro|mor|phie** *die;* - ⟨zu ↑ hetero... u. ↑...morphie⟩: 1. Eigenschaft mancher Stoffe, verschiedene Kristallformen zu bilden (Chem.). 2. das Auftreten verschiedener Lebewesen innerhalb einer Art: a) bei einem Tierstock (z. B. Freß-, Geschlechts- u. Schwimmpolypen bei Nesseltieren); b) bei einem Tierstaat (z. B. Königin, Arbeiterin, Soldat bei Ameisen); c) im ↑ Generationswechsel (Biol.). **He|te|ro|mor|phis|mus** *der;* - ⟨zu ↑...ismus (2)⟩: svw. Heteromorphie. **He|te|ro|morph|op|sie** *die;* -, ...ien ⟨zu ↑...opsie⟩: Wahrnehmungsstörung, bei der ein Gegenstand von jedem Auge anders wahrgenommen wird (Med.). **He|te|ro|mor|pho|se** *die;* -, -n: Form der ↑ Regeneration, bei der an Stelle eines verlorengegangenen Organs ein anderes Organ gebildet wird (z. B. ein Fühler an Stelle eines Augenstiels bei Zehnfußkrebsen; Biol.). **he|te|ro|nom** ⟨zu ↑¹...nom⟩: 1. fremdgesetzlich, von fremden Gesetzen abhängend (Philos.). 2. ungleichwertig (von den einzelnen Abschnitten bei Gliedertieren, z. B. bei Insekten; Zool.); Ggs. ↑ homonom. **He|te|ro|no|mie** *die;* - ⟨zu ↑¹...nomie⟩: 1. Fremdgesetzlichkeit, von außen her bezogene Gesetzgebung. 2. Abhängigkeit von anderer als der eigenen sittl. Gesetzlichkeit; Ggs. ↑ Autonomie (2; Philos.). 3. Ungleichwertigkeit, Ungleichartigkeit (z. B. der einzelnen Abschnitte bei Gliedertieren; Zool.); Ggs. ↑ Homonomie. **he|ter|onym** ⟨zu gr. heterṓnymos „mit einem anderen Namen"⟩: die Heteronymie (1, 2) betreffend. **He|ter|onym** *das;* -s, e: 1. Wort, das von einer anderen Wurzel (einem anderen Stamm) gebildet ist als das Wort, mit dem es (sachlich) eng zusammengehört, z. B. *Schwester: Bruder* im Gegensatz zu griech. *adelphḗ* „Schwester": *adelphós* „Bruder". vgl. Heteronymie (1). 2. Wort, das in einer anderen Sprache, Mundart od. einem anderen Sprachsystem dasselbe bedeutet (z. B. dt. *Bruder*/franz. *frère,* südd. *Samstag*/nordd. *Sonnabend*. **He|ter|ony|mie** *die;* - ⟨aus gr. heterōnymía „ein anderer Name, verschiedene Benennung"⟩: 1. Bildung sachlich zusammengehörender Wörter von verschiedenen Wurzeln (Stämmen). 2. das Vorhandensein mehrerer Wörter aus verschiedenen Sprachen, Mundarten od. Sprachsystemen bei gleicher Bedeutung. **he|te|ro|phag** ⟨zu ↑ hetero... u. ↑...phag⟩: 1. sowohl pflanzliche als auch tierische Nahrung fressend (von Tieren; Biol.). 2. auf verschiedenen Wirtstieren od. Pflanzen schmarotzend (von Parasiten; Biol.); Ggs. ↑ homophag. **He|te|ro|phe|mie** *die;* - ⟨zu gr. phḗmē „Wort, Sprache", eigtl. „Offenbarung", u. ↑²...ie⟩: svw. Paraphasie. **He|te|ro|pho|bie** *die;* -, ...ien ⟨zu ↑...phobie⟩: Angst vor dem anderen Geschlecht. **he|te|ro|phon** ⟨aus gr. heteróphōnos „verschiedenstimmig"⟩: 1. im Charakter der Heterophonie (Mus.). 2. verschieden lautend, besonders bei gleicher Schreibung (z. B. *Schoß* = „Mitte des Leibes" gegenüber *Schoß* = „junger Trieb"; Sprachw.). **He|te|ro|pho|nie** *die;* - ⟨aus gr. heterophōnía „Verschiedenheit des Tones, der Stimme"⟩: auf der Grundlage eines bestimmten ↑ Themas ↑ improvisiertes Zusammenspiel von zwei od. mehreren Stimmen, die tonlich u. rhythmisch völlig selbständig spontan durch bestimmte Verzierungen vom Thema abweichen (Mus.); Ggs. ↑ Unisono. **He|te|ro|pho|rie** *die;* - ⟨zu hetero..., gr. phoreῖn, phérein „tragen, bringen" u. ↑²...ie⟩: Neigung zum Schielen infolge einer Veränderung in der Spannung der Augenmuskeln (Med.). **He|ter|oph|thal|mie** *die;* -, ...ien ⟨zu gr. ophthalmós „Auge" u. ↑²...ie⟩: svw. Heterochromie. **He|te|ro|phyl|lie** *die;* - ⟨zu gr. phýllon „Blatt" u. ↑²...ie⟩: das Auftreten verschiedengestalteter Laubblätter bei einem Pflanzenindividuum (Bot.). **he|ter|opisch** ⟨zu gr. ópsis „das Aussehen, Erscheinung"⟩: in verschiedener ↑ Fazies vorkommend (von Gestein; Geol.); Ggs. ↑ isopisch. **He|te|ro|pla|sie** *die;* -, ...ien ⟨zu gr. plásis „Bildung, Form" u. ↑²...ie⟩: Neubildung von Geweben von anderer Beschaffenheit als der des Ursprungsgewebes, bes. bei bösartigen Tumoren (Med.). **He|te|ro|pla|stik** *die;* -, -en: Überpflanzung von artfremdem (tierischem) Gewebe auf den Menschen (Med.); Ggs. ↑ Homöoplastik. **he|te|ro|plo|id** ⟨zu gr. -plóos „-fach" u. ↑²...id (Analogiebildung zu ↑ diploid)⟩: abweichend (von Zellen, deren Chromosomenzahl von der einer normalen, ↑ diploiden

heureka!

Zelle abweicht; Biol.). **He|te|ro|ploi|die** [...ploi...] *die;* - ⟨zu ↑²...ie⟩: das Auftreten von heteroploiden Zellen (Biol.). **he|te|ro|po|lar**: entgegengesetzt elektrisch geladen; **-e Bindung**: Zusammenhalt zweier Moleküle durch entgegengesetzte elektr. Ladung (Anziehung) beider Teile (Phys.). **He|te|ro|pte|ra** *die* (Plur.) u. **He|te|ro|pte|ren** *die* (Plur.) - ⟨zu gr. pterón „die Feder, der Flügel"⟩: wissenschaftlicher Name der Wanzen (Zool.). **He|te|ro|rhi|zie** *die;* - ⟨zu gr. rhíza „Wurzel" u. ↑²...ie⟩: Verschiedenwurzeligkeit, das Auftreten verschiedenartiger Wurzeln mit verschiedenen Funktionen an einer Pflanze (Bot.). **He|te|ro|se** vgl. Heterosis. **He|te|ro|se|mie** *die;* -, ...ien ⟨zu gr. sēma „Zeichen, Merkmal" u. ↑²...ie⟩: abweichende, unterschiedliche Bedeutung des gleichen Wortes in verschiedenen Sprachsystemen (z. B. bedeutet *schnuddelig* im Obersächsischen *unsauber*, im Berlinischen *lecker*; Sprachw.). **He|te|ro|se|xua|li|tät** [auch 'hɛ...] *die;* -: das sich auf das andere Geschlecht richtende Geschlechtsempfinden; Ggs. ↑ Homosexualität (Med.). **he|te|ro|se|xu|ell** [auch 'hɛ...]: geschlechtlich auf das andere Geschlecht bezogen; Ggs. ↑ homosexuell (Med.). **He|te|ro|sis** u. Heterose *die;* - ⟨aus gr. heterōsis „Veränderung"⟩: das Auftreten einer im Vergleich zur Elterngeneration [in bestimmten Merkmalen] leistungsstärkeren ↑ Filialgeneration (Biol.). **He|te|ro|sis|ef|fekt** *der;* -[e]s: nach Kreuzungen auftretende besondere Wüchsigkeit der Hybriden (zur Ertragssteigerung angewendet; Biol.). **He|te|ro|sit** [auch ...'zɪt] *der;* -s, -e ⟨zu ↑²...it⟩: ein rötliches Mineral. **He|ter|os|mie** *die;* -, ...ien ⟨zu ↑ hetero..., gr. osmḗ „Geruch(sinn)" u. ↑²...ie⟩: eine Störung des Geruchssinns, bei der bestimmte Gerüche qualitativ abweichend empfunden werden (Med.). **He|te|ro|som** *das;* -s, -en ⟨zu gr. sōma „Leib, Körper"⟩: svw. Heterochromosom. **He|te|ro|sper|mie** *die;* - ⟨zu gr. spérma „Samen" u. ↑²...ie⟩: verschiedenartige Samenausbildung bei derselben Art (z. B. bei Schnecken; Biol.). **He|te|ro|sphä|re** *die;* -: der obere Bereich der ↑ Atmosphäre (1 b; etwa ab 100 km Höhe); Ggs. ↑ Homosphäre. **He|te|ro|spo|ren** *die* (Plur.): der Größe u. dem Geschlecht nach ungleich differenzierte Sporen (Biol.). **He|te|ro|spo|rie** *die;* - ⟨zu ↑ ²...ie⟩: Ausbildung von Heterosporen (Biol.). **He|te|ro|ste|reo|typ** *das;* -s, -e (meist Plur.) ⟨zu ↑ hetero...⟩: Vorstellung, Vorurteil, das Mitglieder einer Gruppe od. Gemeinschaft von anderen Gruppen besitzen; vgl. Autostereotyp (Soziol.). **he|te|ro|styl** ⟨zu gr. stýlos, eigtl. „Schreibgriffel"⟩: verschiedene Blütentypen auf Pflanzenindividuen derselben Art aufweisend, verschiedengriffelig (Bot.); Ggs. ↑ homostyl. **He|te|ro|sty|lie** *die;* - ⟨zu ↑²...ie⟩: das Vorkommen mehrerer Blütentypen auf verschiedenen Pflanzenindividuen derselben Art, Verschiedengriffeligkeit (Bot.); Ggs. ↑ Homostylie. **he|te|ro|syl|la|bisch**: zu unterschiedlichen Silben gehörig (von Lauten; Sprachw.); Ggs. ↑ homosyllabisch. **He|te|ro|ta|xie** *die;* -, ...ien ⟨zu gr. táxis „Ordnung" u. ↑²...ie⟩: spiegelbildliche Umlagerung der Eingeweide im Bauch (Med.). **He|te|ro|te|leo|lo|gie** *die;* -: Unterordnung unter fremde, durch anderes bestimmte Zwecke (Philos.). **He|te|ro|te|lie** *die;* - ⟨zu gr. télos „Ende; Zweck, Ziel" u. ↑²...ie⟩: svw. Heteroteleologie. **he|te|ro|therm** ⟨zu ↑...therm⟩: wechselwarm, die eigene Körpertemperatur der Temperatur der Umgebung angleichend (von Kriechtieren; Biol.). **He|te|ro|to|nie** *die;* -, ...ien ⟨zu gr. tónos „das Spannen, Spannung" u. ↑²...ie⟩: ständiges Schwanken des Blutdrucks zwischen normalen u. erhöhten Werten (Med.). **He|te|ro|top** ⟨zu gr. tópos „Ort, Stelle"⟩: an atypischer Stelle, am falschen Ort vorkommend od. entstehend (Med.); vgl. ...isch/-. **He|te|ro|to|pie** *die;* -, ...ien ⟨zu ↑²...ie⟩: Entstehung von Geweben am falschen Ort (z. B. von Knorpelgeweben im Hoden; Med.). **he|te|ro|to|pisch**: in verschiedenen Räumen gebildet (von Gestein; Geol.); vgl. ...isch/-; Ggs. ↑ isotopisch. **He|te|ro|trans|plan|ta|ti|on** [auch 'hɛ...] *die;* -, -en: svw. Heteroplastik. **he|te|ro|trop** ⟨zu ↑...trop⟩: svw. anisotrop. **he|te|ro|troph** ⟨zu ↑...troph⟩: auf organische Nahrung angewiesen (in bezug auf nichtgrüne Pflanzen, Tiere u. den Menschen; Biol.); Ggs. ↑ autotroph. **He|te|ro|tro|phie** *die;* - ⟨zu ↑...trophie⟩: Ernährungsweise durch Aufnahme organischer Nahrung (Biol.). **He|te|ro|vak|zin** [...v...] *das;* -s, -e (meist Plur.): svw. Heterovakzine. **He|te|ro|vak|zi|ne** *die;* -, -n (meist Plur.): Impfstoff, der aus anderen Krankheitserregern hergestellt wurde als aus denen, die die Krankheit verursachten, zu deren Behandlung der Impfstoff angewandt wird (Med.). **He|te|ro|zerk** ⟨zu gr. kérkos „Schwanz"⟩: ungleich ausgebildet (von der Schwanzflosse bei Haien u. Stören; Biol.). **He|te|ro|ze|te|sis** *die;* - ⟨zu gr. zḗtēsis „das Nachforschen; Erwägung, (geistige) Erforschung"⟩: 1. falsche Beweisführung mit beweisfremden Argumenten. 2. verfängliche Frage mit verschiedenen Antwortmöglichkeiten. **He|ter|özie** *die;* - ⟨zu gr. oikía „Haus"⟩: Getrenntgeschlechtigkeit, Zweihäusigkeit (Biol.). **he|ter|özisch**: zweihäusig (in bezug auf Pflanzen, bei denen sich männliche u. weibliche Blüten auf verschiedenen Individuen befinden, diözisch (Biol.); **-e Parasiten**: Schmarotzer, die eine Entwicklung in verschiedenen Wirtsorganismen durchmachen; Ggs. ↑ autözisch. **he|te|ro|zön** ⟨zu gr. koinós „gemeinsam"⟩: in verschiedenen Lebensräumen aufwachsend (von Lebewesen, z. B. dem Frosch; Biol.). **he|te|ro|zy|got** ⟨zu gr. zygōtós „verbunden; vgl. Zygote⟩: mischerbig, ungleicherbig (in bezug auf die Erbanlagen von Eizellen od. Individuen, die durch Artkreuzung entstanden sind; z. B. rosa Blüte, entstanden aus einer roten u. einer weißen; Biol.); Ggs. ↑ homozygot. **He|te|ro|zy|go|tie** *die;* - ⟨zu ↑²...ie⟩: Mischerbigkeit, Ungleicherbigkeit einer befruchteten Eizelle od. eines Individuums, das durch Artkreuzung entstanden ist (Biol.); Ggs. ↑ Homozygotie. **He|te|ro|zy|klen** [auch ...'tsʏk...] *die* (Plur.): in der Technik übliche Bez. für heterozyklische Verbindung (Chem.). **he|te|ro|zy|klisch** [auch ...'tsʏk...]: 1. verschiedenquirlig (von Blüten, deren Blattkreise unterschiedlich viele Blätter enthalten; Bot.). 2. chem. fachspr. heterocyclisch [auch ...'tsʏk...]: im Kohlenstoffring auch andere Atome enthaltend (Chem.).

He|thi|to|lo|ge *der;* -n, -n ⟨nach dem indogerman. Volk der Hethiter (etwa 1700–1200 v. Chr.) u. zu ↑...loge⟩: Wissenschaftler auf dem Gebiet der Hethitologie. **He|thi|to|lo|gie** *die;* - ⟨zu ↑...logie⟩: Wissenschaft von den Hethitern u. den Sprachen u. Kulturen des alten Kleinasiens

Het|man *der;* -s, Plur. -e, auch -s ⟨aus gleichbed. *poln. (slaw.)* hetman, weitere Herkunft unsicher⟩: 1. Oberhaupt der Kosaken. 2. in Polen (bis 1792) vom König eingesetzter Oberbefehlshaber

Het|tan|ge [ɛ'tãʒ] u. **Het|tan|gien** [ɛtã'ʒɛ̃] *das;* -[s] ⟨fr.; nach dem Ort Hettange in Lothringen⟩: eine Stufe des Lias (Geol.)

Heu|lan|dit [auch ...'dɪt] *der;* -s, -e ⟨nach dem engl. Mineraliensammler H. Heuland (1777–1856) u. zu ↑²...it⟩: zur Gruppe der ↑ Zeolithe gehörendes durchscheinendes, farbloses Mineral

heu|re|ka! ⟨aus gr. heúrēka „ich habe (es) gefunden", 1. Pers. Sing. Perf. von heurískein „finden, entdecken", nach dem angebl. Ausruf des griech. Mathematikers Archimedes bei der Entdeckung des hydrostatischen Grundgesetzes, d. h. des Auftriebs)⟩: freudiger Ausruf bei Lösung eines schweren Problems. **Heu|ri|stik** *die;* - ⟨zu *gr.* heurískein (vgl. heureka!) u. ↑...istik⟩: Lehre, Wissenschaft von den Verfahren, Probleme zu lösen; methodische Anleitung, Anweisung zur Gewinnung neuer Erkenntnisse. **heu|ri̯stisch** ⟨zu ↑...istisch⟩: die Heuristik betreffend; **-es Prinzip**: Arbeitshypothese als Hilfsmittel der Forschung; vorläufige Annahme zum Zweck des besseren Verständnisses eines Sachverhalts

He|vea ['he:vea] *die;* -, Plur. ...veae [...veɛ] u. ...vɛen ⟨aus einer südamerik. Indianersprache⟩: tropischer Baum, aus dem Kautschuk gewonnen wird (Bot.)

hex..., Hex... vgl. hexa..., Hexa... **he|xa..., He|xa...**, vor Vokalen oft hex..., Hex... ⟨aus gleichbed. *gr.* héx⟩: Wortbildungselement mit der Bedeutung „sechs", z. B. hexagonal, Hexameter. **He|xa|chlor|äthan**, chem. fachspr. Hexachlorethan *das;* -s: eine Chlorkohlenwasserstoffverbindung, die u. a. zur Herstellung von Nebelmunition u. als Zusatz zu Mottenpulver verwendet wird. **He|xa|chlor|zyklo|he|xan**, chem. fachspr. Hexachlorcyclohexan *das;* -s: eine Chlorkohlenwasserstoffverbindung, die besonders als Insektenbekämpfungsmittel verwendet wird. **He|xa|chord** [...'kɔrt] *der* od. *das;* -[e]s, -e ⟨zu *lat.* hexachordos „sechssaitig, -stimmig", dies aus *gr.* hexáchordos⟩: Aufeinanderfolge von sechs Tönen der ↑ diatonischen Tonleiter (nach G. v. Arezzo als Grundlage der ↑ Solmisation benutzt; Mus.). **he|xa|dak|tyl** ⟨aus gleichbed. *gr.* hexadáktylos⟩: sechs Finger bzw. Zehen an einer Hand bzw. an einem Fuß aufweisend (Med.). **He|xa|dak|ty|lie** *die;* - ⟨zu ↑²...ie⟩: Mißbildung der Hand bzw. des Fußes mit sechs Fingern bzw. Zehen (Med.). **He|xa|de|zi|mal|sy|stem** *das;* -s, -e ⟨zu ↑ hexa...⟩: Zahlensystem mit der Grundzahl 16 (Math.; EDV). **he|xa|disch** ⟨zu *gr.* hexás, Gen. hexádos „die Zahl Sechs"⟩: auf der Zahl Sechs als Grundzahl aufbauend (Math.). **He|xa|eder** *das;* -s, - ⟨aus gleichbed. *gr.* hexáedron⟩: Sechsflächner, Würfel. **he|xa|edrisch**: sechsflächig. **He|xa|eme|ron** *das;* -s ⟨über *lat.* hexaemeron aus gleichbed. *gr.* hexaémeron, eigtl. „das Sechstägige", zu hexaémeros „sechstägig"⟩: Sechstagewerk der Schöpfung (1. Mose, 1 ff.); vgl. Hexameron. **He|xa|gon** *das;* -s, -e ⟨über *lat.* hexagonum aus gleichbed. *gr.* hexágōnon⟩: Sechseck. **he|xa|go|nal** ⟨zu *gr.* hexágōnos „sechseckig" u. ↑¹...al (1)⟩: sechseckig. **He|xa|gramm** *das;* -s, -e ⟨zu ↑ hexa... u. ↑...gramm⟩: sechsstrahliger Stern aus zwei gekreuzten gleichseitigen Dreiecken; Sechsstern (Davidsstern der Juden). **He|xa|hy|drit** [auch ...'drɪt] *der;* -s, -e ⟨zu *gr.* hýdōr „Wasser" u. ↑²...it⟩: ein weißes Mineral von perlmutterartigem Glanz. **He|xa|kis|ok|ta|eder** *das;* -s, - ⟨aus *gr.* hexákis „sechsmal" u. ↑ Oktaeder⟩: Achtundvierzigflächner, von 48 ungleichseitigen ↑ kongruenten Dreiecksflächen begrenzter Kristall. **He|xa|kis|te|tra|eder** *das;* -s, -: Vierundzwanzigflächner, von 24 ungleichseitigen kongruenten Dreiecksflächen begrenzter Kristall. **he|xa|mer** ⟨aus gleichbed. *gr.* hexamerḗs⟩: sechsteilig, sechszählig (z. B. von Blüten). **He|xa|me|ron** *das;* -s, -s ⟨zu *gr.* héx hēmérōn „der sechs Tage" (Analogiebildung zu ↑ Dekameron)⟩: Titel für Sammlungen von Novellen, die an sechs Tagen erzählt werden; vgl. Hexaemeron, Dekameron u. Heptameron. **He|xa|me|ter** *der;* -s, - ⟨aus gleichbed. *lat.* hexameter zu *gr.* hexámetros, vgl. hexametrisch⟩: aus sechs ↑ Versfüßen (meist ↑ Daktylen) bestehender epischer Vers (letzter Versfuß um eine Silbe gekürzt). **he|xa|me|trisch** ⟨aus gleichbed. *gr.* hexámetros⟩: in Hexametern verfaßt, auf den Hexameter bezüglich. **Hex|amin** *das;* -s ⟨zu ↑ hexa... u. ↑ Amin⟩: ein hochexplosiver Sprengstoff. **He|xan**

das; -s, -e ⟨zu ↑...an⟩: zu den ↑ Alkanen gehörender Kohlenwasserstoff mit sechs Kohlenstoffatomen, der sich leicht verflüchtigt (Bestandteil des Benzins u. des Petroleums; Chem.). **hex|an|gu|lär** ⟨zu *lat.* angularis „winklig, eckig"⟩: sechswinklig. **He|xa|pla** *die;* - ⟨zu *gr.* hexaplásios „sechsfach"⟩: Ausgabe des Alten Testaments mit hebr. Text, griech. Umschrift u. vier griech. Übersetzungen in sechs Spalten. **he|xa|plo|id** ⟨zu *gr.* hexaplóos „sechsfältig" u. ↑²...id⟩: sechszählig; einen sechsfachen Chromosomensatz habend (von Zellen; Biol.). **He|xa|ploi|die** [...ploi...] *die;* - ⟨zu ↑²...ie⟩: das Vorhandensein von sechs ↑ haploiden Chromosomensätzen in Zellen (Biol.). **He|xa|po|de** *der;* -n, -n (meist Plur.) ⟨zu *gr.* hexápous, Gen. hexápodos „sechsfüßig"⟩: Sechsfüßer; Insekt. **He|xa|po|lis** *die;* - ⟨aus *gr.* hexápolis „Sechsstadt, Sechsstädtebund"⟩: Bez. für altgriech. Städtebünde. **He|xa|sti|chon** [...çɔn] *das;* -s, ...chen ⟨zu *gr.* hexástichos „aus sechs Reihen, Versen bestehend"⟩: Versgruppe od. Strophe aus sechs Verszeilen. **He|xa|sty|los** *der;* -, ...stylen ⟨zu *gr.* hexástylos „mit sechs Säulen"⟩: Tempel mit sechs Säulen [an der Vorderfront]. **He|xa|teuch** *der;* -s ⟨zu *gr.* teûchos „Buch(rolle)" (Analogiebildung zu ↑ Pentateuch)⟩: die ersten sechs Bücher des Alten Testaments (1.–5. Buch Mose, Buch Josua); vgl. Pentateuch. **He|xen** *das;* -s, -e (meist Plur.) ⟨zu ↑...en⟩: zu den ↑ Alkenen gehörender Kohlenwasserstoff mit sechs Kohlenstoffatomen im Molekül (Chem.). **He|xin** *das;* -s, -e (meist Plur.) ⟨zu ↑...in (1)⟩: zu den ↑ Alkinen gehörender Kohlenwasserstoff mit sechs Kohlenstoffatomen im Molekül (Chem.).

He|xis *die;* - ⟨aus gleichbed. *gr.* héxis⟩: das Haben, Beschaffenheit, Zustand (z. B. bei Aristoteles die Tugend als Hexis der Seele; Philos.)

He|xit [auch ...'ksɪt] *der;* -s, -e ⟨zu *gr.* héx „sechs" (vgl. hexa...) u. ↑⁴...it⟩: sechswertiger, der Hexose verwandter Alkohol (Chem.). **Hex|ode** *die;* -, -n ⟨zu ↑¹...ode⟩: Elektronenröhre mit sechs Elektroden. **He|xo|gen** *das;* -s ⟨zu ↑...gen⟩: ein explosiver Sprengstoff. **He|xo|ki|na|se** *die;* -, -n ⟨Kurzw. aus ↑ *Hex*ose u. ↑ *Kin*ase⟩: Enzym, das den Abbau der Dextroseeinheiten (vgl. Dextrose) im ↑ Glykogen einleitet (Biol.). **He|xo|san** *das;* -s, -e (meist Plur.) ⟨zu ↑ hexa... u. ↑...an⟩: zelluloseähnlicher, zu den ↑ Hemizellulosen gehörender ↑ Polysaccharid. **He|xo|se** *die;* -, -n ⟨zu ↑²...ose⟩: ↑ Monosaccharid mit sechs Kohlenstoffatomen im Molekül (Chem.). **He|xyl** *das;* -s ⟨zu ↑...yl⟩: svw. Hexamin

Hi|at *der;* -s, -e ⟨verkürzt aus ↑ Hiatus⟩: svw. Hiatus. **hia|tal** ⟨zu ↑ Hiatus u. ↑¹...al (1)⟩: einen Hiatus (1) bildend (Med.). **Hia|tus** *der;* - [...tu:s] ⟨aus gleichbed. *lat.* hiatus, eigtl. „Kluft, Schlund"⟩: 1. Öffnung, Spalt in Knochen od. Muskeln (Med.). 2. a) das Aufeinanderfolgen zweier Vokale in der Fuge zwischen zwei Wörtern, z. B. sagte *er* (Sprachw.); b) das Aufeinanderfolgen zweier verschiedenen Silben angehörender Vokale im Wortinnern, z. B. K*o*operation (Sprachw.). 3. zeitliche Lücke bei der ↑ Sedimentation eines Gesteins (Geol.). **Hia|tus|her|nie** [...i̯ə] *die;* -, -n: Zwerchfellbruch (Med.)

Hia|wa|tha [engl. Ausspr. haɪə'wɔθə] *der;* -[s], -s ⟨nach einem sagenhaften nordamerik. Indianerhäuptling⟩: Gesellschaftstanz in den 1920er Jahren

Hi|ba|chi [...tʃi] *der;* -s ⟨aus gleichbed. *jap.* hi-bachi, eigtl. „Feuerbecken"⟩: Kohlebecken zum Wärmen der Hände u. zum Kochen des Teewassers

Hi|ber|na|kel *das;* -s, -[n] (meist Plur.) ⟨aus *lat.* hibernaculum „Winterquartier"⟩: im Herbst gebildete Überwinterungsknospen zahlreicher Wasserpflanzen (Bot.). **hi|ber-**

n**al** ⟨aus gleichbed. *lat.* hibernalis⟩: winterlich; den Winter, die Wintermonate betreffend. **Hi|ber|na|ti|on** *die;* -, -en ⟨aus *lat.* hibernatio „das Überwintern" zu hibernare „überwintern"⟩: künstl. herbeigeführter Tiefschlaf (als Narkoseergänzung od. Heilschlaf; Med.); vgl. ...[at]ion/ ...ierung. **hi|ber|ni|sie|ren** ⟨zu ↑...isieren⟩: in einen künstlichen Tiefschlaf versetzen (Med.). **Hi|ber|ni|sie|rung** *die;* -, -en ⟨zu ↑...isierung⟩: svw. Hibernation; vgl. ...[at]ion/ ...ierung. **Hi|ber|nom** *das;* -s ⟨zu ↑...om⟩: gutartige Fettgeschwulst (der tierischen Winterschlafdrüse entsprechend; Med.)

Hi|bis|kus *der;* -, ...ken ⟨aus gleichbed. *lat.* hibiscus⟩: Eibisch; Malvengewächs, das viele Arten von Ziersträuchern u. Sommerblumen aufweist

hic et nunc ['hi:k ɛt 'nʊŋk] ⟨*lat.;* „hier und jetzt"⟩: sofort, im Augenblick, augenblicklich, ohne Aufschub, auf der Stelle (in bezug auf etwas, was getan werden bzw. geschehen soll oder ausgeführt wird)

¹Hi̱cko|ry¹ [...ri, auch 'hɪkərɪ] *der;* -s, -s, auch *die;* -, -s ⟨aus gleichbed. *engl.-amerik.* hickory, kurz für pokahickory, dies aus *indian.* (*Algonkin*) pawcohiccora „Brei aus zerstampften Nüssen des Hickorybaums"⟩: nordamerik. Walnußbaum mit glatten, eßbaren Nüssen u. wertvollem Holz. **²Hi̱cko|ry¹** *das;* -s ⟨zu ↑ ¹Hickory⟩: Holz des Hickorybaumes

hic Rho|dus, hic sal|ta! ['hi:k – 'hi:k –] ⟨*lat.;* „Hier ist Rhodos, hier springe!"; nach einer Äsopischen Fabel⟩: hier gilt es; hier zeige, was du kannst

¹Hi|dal|go *der;* -s, -s ⟨aus gleichbed. *span.* hidalgo, eigtl. „Sohn von etwas, Sohn des Vermögens", zu hijo „Sohn" u. algo „etwas"⟩: Mitglied des niederen iberischen Adels. **²Hi|dal|go** *der;* -[s], -[s] ⟨zu ↑¹Hidalgo⟩: mexikan. Goldmünze

Hid|de|nit [auch ...'nɪt] *der;* -s, -e ⟨nach dem amerik. Mineralogen W. H. Hidden († 1918) u. zu ↑²...it⟩: smaragdgrün od. gelb gefärbtes Mineral, ein Schmuckstein

hidr..., Hidr... vgl. hidro..., Hidro... **Hi|dra|de|ni|tis** u. Hidro[s]adenitis *die;* -, ...itiden ⟨zu ↑hidro..., *gr.* adén, Gen. adénos „Drüse" u. ↑...itis⟩: Entzündung einer Schweißdrüse (Med.). **Hi|dra|de|nom** *das;* -s, -e: meist gutartige Schweißdrüsengeschwulst (Med.). **hi|dro..., Hi|dro...,** vor Vokalen meist hidr..., Hidr... ⟨aus gleichbed. *gr.* hidrós⟩: Wortbildungselement mit der Bedeutung „Schweiß", z. B. Hidradenitis, Hidrozysten. **Hi|droa** *die* (Plur.) ⟨aus gleichbed. *nlat.* hidroa zu *gr.* hidrós „Schweiß"⟩: Schwitzbläschen, Lichtpocken (Med.). **Hi|dro[s]|ade|ni|tis** vgl. Hidradenitis. **Hi|dro|se** *die;* - ⟨zu ↑hidro... u. ↑¹...ose⟩: 1. Schweißbildung u. -ausscheidung. 2. Erkrankung der Haut infolge krankhafter Schweißabsonderung (Med.). **Hi|dro|sis** *die;* - ⟨aus *gr.* hidrōsis „das Schwitzen"⟩: svw. Hidrose. **Hi|dro|ti|kum** *das;* -s, ...ka ⟨zu *gr.* hidrōs, Gen. hidrōtos „Schweiß" u. ↑...ikum⟩: schweißtreibendes Mittel (Med.). **hi|dro|tisch** ⟨aus gleichbed. *gr.* hidrōtikós⟩: schweißtreibend (Med.). **Hi|dro|zy|sten** *die* (Plur.): blasenartige Erweiterungen von Schweißdrüsen (Med.)

Hi|dschan [...dʒ...] *das;* -s, -s ⟨aus gleichbed. *arab.* hiǧān⟩: [weißes] Reitkamel

Hi|dschra vgl. Hedschra

Hi|du|mi|ni|um *das;* -s ⟨Kunstw.⟩: eine Aluminiumlegierung für hochbeanspruchte Rennmotorenkolben

hie|mal [hie̯'ma:l] ⟨aus gleichbed. *lat.* hiemalis zu hiems „Winter"⟩: svw. hibernal

Hi|en|fong-Es|senz Ⓦ [hiɛn'fɔŋ...] *die;* - ⟨zu *chin.* hi(e)nfong⟩ u. ↑Essenz⟩: kampfhaltiges, alkoholisches Hausmittel (Auszug aus Lorbeerblättern mit ätherischen Ölen)

hier..., Hier... [hier...] vgl. hiero..., Hiero... **Hier|arch** [hier..., auch hɪr...] *der;* -en, -en ⟨aus gleichbed. *gr.* hierárchēs⟩: oberster Priester im antiken Griechenland. **Hier|ar|chie** *die;* -, ...ien ⟨aus *gr.* hierarchía „Amt des obersten Priesters"⟩: 1. [pyramidenförmige] Rangordnung, Rangfolge, Über- u. Unterordnungsverhältnisse. 2. Gesamtheit derer, die in der kirchlichen Rangordnung stehen. **Hier|ar|chie|sy|stem** *das;* -s, -e: Struktur eines Mehrrechnersystems (EDV). **hier|ar|chisch** ⟨aus gleichbed. *gr.* hierarchikós⟩: 1. einer pyramidenförmigen Rangordnung entsprechend, in der Art einer Hierarchie streng gegliedert. 2. den Priesterstand u. seine Rangordnung betreffend. **hier|ar|chi|sie|ren** ⟨zu ↑...isieren⟩: Rangordnungen entwickeln (Soziol.). **Hie|ra|tik** [hie...] *die;* - ⟨verkürzt aus *gr.* hieratiké (téchnē) „heilige Kunst"⟩: religiös gebundener Kunststil. **Hie|ra|ti|kon** *das;* -s, ...ka ⟨*gr.* hieratikón „das Geweihte"⟩: (veraltet) Heiligtum, Aufenthaltsort der Priester. **hie|ra|tisch** ⟨über *lat.* hieraticus aus gleichbed. *gr.* hieratikós⟩: priesterlich, heilige Gebräuche od. Heiligtümer betreffend; -e Schrift: von den Priestern vereinfachte Hieroglyphenschrift, die beim Übergang vom Stein zum Papyrus (als Schreibmaterial) entstand; vgl. demotische Schrift **Hie|ra|tit** [auch ...'tɪt] *der;* -s, -e ⟨nach dem Fundort, der Insel Hiera bei Italien, u. zu ↑²...it⟩: ein farbloses Mineral

hie|ro..., Hie|ro... [hiero...], vor Vokalen meist hier..., Hier... ⟨aus gleichbed. *gr.* hierós⟩: Wortbildungselement mit der Bedeutung „heilig", z. B. hierarchisch, Hierogramm. **Hie|ro|bo|ta|non** *das;* -s, ...na ⟨aus gleichbed. *mgr.* hierobótanon (biblíon), eigtl. „heiliges Kräuterbüchlein", zu *gr.* botánē „Gras, Kraut"⟩: (veraltet) Erklärung u. Beschreibung der in der Bibel genannten Pflanzen. **Hie|ro|dra|ma** *das;* -s, ...men ⟨zu ↑hiero...⟩: (veraltet) Schauspiel, das einen biblischen Stoff bearbeitet. **¹Hie|ro|du|le** *der;* -n, -n ⟨über *lat.* hierodulus aus gleichbed. *gr.* hieródoulos⟩: Tempelsklave des griech. Altertums. **²Hie|ro|du|le** *die;* -, -n ⟨aus gleichbed. *gr.* hieródoulḗ⟩: Tempelsklavin (des Altertums), die der Gottheit gehörte u. deren Dienst u. a. in sakraler Prostitution bestand; bes. im Kult der Göttinnen Astarte u. Aphrodite. **Hie|ro|gly|phe** [hiero..., auch hɪr...] *die;* -, -n (meist Plur.) ⟨aus *gr.* hieroglyphiká (grámmata) „heilige Schriftzeichen (der altägypt. Bilderschrift)", vgl. Glypte⟩: Zeichen der altägypt., altkret. u. hethit. Bilderschrift. **Hie|ro|gly|phen** *die* (Plur.): (iron.) schwer od. nicht lesbare Schriftzeichen. **Hie|ro|gly|phik** *die;* - ⟨zu ↑Hieroglyphe u. ↑²...ik (1)⟩: Wissenschaft von den Hieroglyphen. **hie|ro|gly|phisch** ⟨aus gleichbed. *gr.* hieroglyphikós⟩: 1. in der Art der Hieroglyphen. 2. die Hieroglyphen betreffend. **Hie|ro|gramm** [hiero...] *das;* -s, -e ⟨zu ↑hiero... u. ↑...gramm⟩: Zeichen einer geheimen altägypt. Priesterschrift, die ungewöhnliche Hieroglyphen aufweist. **Hie|ro|krat** *der;* -en, -en ⟨zu ↑...krat⟩: 1. Angehöriger der Hierokratie. 2. Geistlicher, der die Hierokratie anstrebt. **Hie|ro|kra|tie** *die;* -, ...ien ⟨zu ↑...kratie⟩: Priesterherrschaft, Regierung eines Staates durch Priester (z. B. in Tibet vor der chines. Besetzung). **hie|ro|kra|tisch**: die Hierokratie betreffend, auf ihr beruhend. **Hie|ro|mant** *der;* -en, -en ⟨aus gleichbed. *gr.* hieromántis⟩: jmd., der aus Opfern (bes. geopferten Tieren) weissagt; vgl. Haruspex. **Hie|ro|man|tie** *die;* - ⟨aus gleichbed. *gr.* hieromantía⟩: Weissagung aus Opfern. **hie|ro|man|tisch**: die Hieromantie betreffend, auf ihr beruhend. **Hie|ro|mo|na|chos** [...xɔs] *der;* -, ...choi [...xɔy̆] ⟨aus gleichbed. *mgr.* hieromónachos zu ↑hiero... u. *gr.* monachós „Einsiedler, Mönch"⟩: zum Priester geweih-

Hieronym

ter Mönch in der orthodoxen Kirche. **Hier|onym** *das;* -s, -e ⟨zu ↑hiero... u. *gr.* ónyma „Name"⟩: heiliger Name, der jmdm. beim Eintritt in eine Kultgemeinschaft gegeben wird. **Hier|ony|mie** *die;* - ⟨zu ↑². ..ie⟩: Namenswechsel beim Eintritt in eine Kultgemeinschaft. **Hier|ony|mit** *der;* -en, -en ⟨nach dem heiligen Hieronymus (347–419/420) u. zu ↑³...it⟩: Einsiedler, Mitglied einer der verschiedenen Eremitenkongregationen. **Hie|ro|phant** *der;* -en, -en ⟨über *lat.* hierophantes aus gleichbed. *gr.* hierophántēs⟩: Oberpriester u. Lehrer der heiligen Bräuche, bes. in den ↑Eleusinischen Mysterien. **Hie|ro|sko|pie** *die;* - ⟨zu hiero... u. ↑...skopie⟩: svw. Hieromantie. **Hie|ro|thek** *die;* -, -en ⟨zu *gr.* thḗkē „Behälter, Lade"⟩: (veraltet) Heiligenschrein, Reliquienkästchen

Hi-Fi ['haifi, auch 'haɪ'faɪ]: Abk. für High-Fidelity. **high** [haɪ] ⟨aus gleichbed. *engl.-amerik.* high, eigtl. „hoch", dies in to be high on „unter dem Einfluß (eines Rauschgifts) stehen"⟩: (Jargon) in einem rauschhaften Zustand, in begeisterter Hochstimmung, z. B. nach dem Genuß von Rauschgift. **High|ball** ['haibɔ:l] *der;* -s, -s ⟨aus gleichbed. *engl.-amerik.* highball⟩: ↑Longdrink auf der Basis von Whisky mit zerkleinerten Eisstücken, Zitronenschale u. anderen Zusätzen. **High|board** [...bɔ:d] *das;* -s, -s ⟨zu *engl.* high „hoch" u. board „Brett, Tisch"⟩: halbhohes Möbelstück mit Schubfach- u. Vitrinenteil; vgl. Sideboard. **High-brow** [...braʊ] *der;* -s, -s ⟨aus gleichbed. *engl.* highbrow, eigtl. „hohe Stirn"⟩: Intellektueller; jmd., der sich übertrieben intellektuell gibt; vgl. Egghead. **High-Church** [...'tʃə:tʃ] *die;* - ⟨aus gleichbed. *engl.* High Church⟩: Hochkirche, Richtung der engl. Staatskirche, die eine Vertiefung der liturgischen Formen anstrebt; vgl. Broad-Church, Low-Church. **High-Com-Sy|stem** [...'kɒm...] *das;* -s ⟨Kurzw. aus High-Fidelity-Compander-System; vgl. Kompander⟩: Verfahren zur Rauschunterdrückung in der Elektroakustik. **high end** ['haɪ ɛnd] ⟨*engl.*; eigtl. „hohes Ende"⟩: (ugs.) in höchster Vollendung; mit technischer Perfektion. **High-Fi|de|li|ty** ['haɪfɪ'dɛlətɪ] *die;* - ⟨aus gleichbed. *engl.* high fidelity zu fidelity „Treue, genaue Wiedergabe"⟩: 1. größtmögliche Wiedergabetreue bei elektroakustischen Übertragungssystemen u. Tonträgern. 2. Lautsprechersystem, das eine originalgetreue Wiedergabe ermöglichen soll; Abk.: Hi-Fi. **High-jacker¹** ['haɪdʒɛkɐ] vgl. Hijacker. **High-key-Stil** ['haɪ'ki:...] *der;* -[e]s ⟨zu *engl.* high-key „von hoher Intensität"⟩: Stil von Filmaufnahmen mit überwiegend hellen Tönen. **High-key-Technik** *die;* -: fotografische Technik, mit der hell in hell abgestufte Bilder mit nur akzenthaft gesetzten dunkleren Tonwerten u. Schwärzen erzielt werden. **High|land-Po|ny** [...lənd...] *das;* -s, -s ⟨zu *engl.* highland „hochländisch", Hochland-" u. ↑¹Pony⟩: größte britische Berg- u. Moorlandponyrasse aus dem westlichen Hochland Schottlands. **High|life** [...laɪf] *das;* -[s] ⟨aus gleichbed. *engl.* high life, eigtl. „hohes Leben"⟩: 1. exklusives Leben der vornehmen Gesellschaftsschicht. 2. Hochstimmung, Ausgelassenheit. **High|light** [...laɪt] *das;* -[s], -s ⟨aus gleichbed. *engl.* highlight, eigtl. „helles Licht"⟩: 1. Höhepunkt, Glanzpunkt eines [kulturellen] Ereignisses. 2. Lichteffekt auf Bildern od. Fotografien (bild. Kunst). **High|ness** [...nɪs] *die;* - ⟨aus gleichbed. *engl.* highness, eigtl. „Hoheit"⟩: Titel, der bis zu Heinrich VIII. dem engl. König vorbehalten war. **High-noon** [...'nu:n] *der;* -[s], -s ⟨aus *amerik.* High noon (nach dem Titel eines Wildwestfilms), zu noon „Mittag"⟩: spannungsgeladene Atmosphäre (wie im Wildwestfilm). **High-ri|ser** [...raɪzə] *der;* -[s], - ⟨aus gleichbed. *amerik.* high-riser, zu riser „(die Höhe vergrößerndes) Zwischenstück"⟩: Fahrrad od. Moped mit hohem, geteiltem Lenker u. Sattel mit Rückenlehne. **High-School** [...'sku:l] *die;* -, -s ⟨aus gleichbed. *amerik.* high school⟩: amerik. höhere Schule. **High-Sno|bie|ty** [...snɔ'baɪətɪ] *die;* - ⟨scherzhafte Analogiebildung zu ↑High-Society; vgl. Snob⟩: ↑snobistische, sich vornehm gebärdende Gruppe in der Gesellschaft. **High-So|cie|ty** [...səˈsaɪətɪ] *die;* - ⟨aus gleichbed. *engl.-amerik.* high society⟩: die vornehme Gesellschaft, die oberen Zehntausend. **High-speed-Film** [...'spi:d...] *der;* -[e]s, -e ⟨zu *engl.* high-speed „schnell; hochempfindlich"⟩: Film mit extrem hoher Empfindlichkeit (bes. für Nachtaufnahmen). **High-speed-Fo|to|gra|fie** *die;* -: fotografisches Aufzeichnen von Phasen sehr schneller Bewegungen in einer Serie von Aufnahmen auf demselben Negativ. **High-Tea** [...'ti:] *der;* -s ⟨aus gleichbed. *engl.* high tea⟩: leichter Imbiß mit Tee am frühen Abend. **¹High-Tech** [...'tɛk] *das;* -[s], auch *die;* - ⟨aus gleichbed. *engl.* high tech, verkürzt aus high technology „Hochtechnologie"⟩: 1. zusammenfassende Bez. für alle Wissenschafts- u. Technikbereiche, von denen man einen entscheidenden Beitrag für die Zukunft der Industriegesellschaften erwartet, z. B. Automatisierungstechnik, Bio- u. Gentechnologie, Mikro- u. Optoelektronik, Computertechnologie, Weltraumtechnik. 2. Technologie, in der neueste Forschungsergebnisse angewandt u. neuentwickelte Verfahren bzw. Materialien eingesetzt werden; Hochtechnologie. **²High-Tech** *der;* -[s] ⟨verkürzt aus *engl.* high-style u. technology „Technologie"⟩: Stil der Innenarchitektur, bei dem industrielle Materialien u. Einrichtungsgegenstände für das Wohnen verwendet werden. **High|way** [...weɪ] *der;* -s, -s ⟨aus gleichbed. *engl.-amerik.* highway, eigtl. „Hochstraße"⟩: [engl.] Haupt-, Landstraße; [amerik.] Fernstraße. **High|way|man** [...mən] *der;* -s, ...men [...mən] ⟨aus gleichbed. *engl.-amerik.* highwayman⟩: [engl.] Straßenräuber (im 18. Jh.)

Hi-hat-Ma|schi|ne ['haɪ'hæt...] *die;* -, -n ⟨zu *engl.* high hat „Zylinder", eigtl. „hoher Hut"⟩: aus zwei auf einem Ständer horizontal angebrachten Becken bestehendes Schlaginstrument im Jazzorchester

Hi|jacker¹ ['haɪdʒɛkɐ] *der;* -s, - ⟨aus gleichbed. *engl.-amerik.* hijacker, eigtl. „Straßenräuber"⟩: jmd., der ein Flugzeug o. ä. während des Fluges in seine Gewalt bringt u. den Piloten zu einer Kursänderung zwingt; Luftpirat. **Hi|jak-king¹** [...dʒɛkɪŋ] *das;* -[s], -s ⟨aus gleichbed. *engl.-amerik.* hijacking⟩: Flugzeugentführung

Hi|ki-Wa|ke *das;* -, -[s] ⟨aus gleichbed. *jap.* hiki-wake⟩: das Unentschieden (beim ↑Budo)

Hi|la: Plur. von ↑Hilum.

Hi|la|ni *das;* - ⟨zu *hethitisch* hilamar „Hof"⟩: Haustyp im alten Syrien, bei dem dem Empfangsraum ein breiter Raum vorgelagert ist

hi|lär ⟨zu ↑Hilus u. ↑...är⟩: einen ↑Hilus betreffend (Med.). **Hi|la|ri|tät** *die;* - ⟨aus gleichbed. *lat.* hilaritas, Gen. hilaritatis zu hilaris, hilarus „heiter", dies aus *gr.* hilarós⟩: (veraltet) Heiterkeit, Fröhlichkeit. **Hi|lar|odie** *die;* -, ...ien ⟨aus gleichbed. *gr.* hilarōidía⟩: antiker Freudengesang

Hi|li: Plur. von ↑Hilus. **Hi|li|tis** *die;* -, ...itiden ⟨zu ↑Hilus u. ↑...itis⟩: Entzündung der Lungenhilusdrüsen (Med.).

Hill|bil|ly ['hɪlbɪlɪ] *der;* -s, ...billies [...lɪz, auch li:s] ⟨aus gleichbed. *amerik.* hillbilly, dies aus hill „Hügel" u. Billy, Koseform von William⟩: (abwertend) Hinterwäldler [aus den Südstaaten der USA]. **Hill|bil|ly|mu|sic** [...'mju:zɪk] *die;* - ⟨aus gleichbed. *amerik.* hillbilly music⟩: 1. ländliche Musik der nordamerik. Südstaaten. 2. kommerzialisierte volkstümliche Musik der Cowboys

Hil|le|bran|dit [auch ...'dɪt] *der;* -s, -e ⟨nach dem amerik.

Chemiker W. F. Hillebrand († 1925) u. zu ↑²...it⟩: ein weißes, faseriges Mineral

Hi|lum *das;* -s, ...la ⟨aus *lat.* hilum „kleines Ding", eigtl. „Fäserchen"⟩: Nabel des Pflanzensamens; Stelle, an der der Samen angewachsen war (Bot.). **Hi|lus** *der;* -, Hili ⟨aus gleichbed. *nlat.* hilus zu *lat.* hilum, vgl. Hilum⟩: vertiefte Stelle an der Oberfläche eines Organs, wo Gefäße, Nerven u. Ausführungsgänge strangförmig ein- od. austreten (Med.). **Hi|lus|tu|ber|ku|lo|se** *die;* -, -n: tuberkulöse Erkrankung der Lymphknoten im Bereich des Lungenhilus (Med.)

Hi|ma|ti|on *das;* -[s], ...ien [...i̯ən] ⟨aus *gr.* himátion „Gewand"⟩: mantelartiger Überwurf der Griechen in der Antike, der aus einem rechteckigen Stück Wollstoff bestand

Hin *das;* -s, -s ⟨aus gleichbed. *hebr.* hîn, eigtl. „Topf"⟩: biblisches Volumenmaß (= 6,5 l)

Hi|na|ja|na, Hi|na|ya|na *das;* - ⟨aus *sanskr.* hīna-yāna „kleines Fahrzeug (der Erlösung)"⟩: strenge, nur mönchische Richtung des ↑Buddhismus; vgl. Mahajana, Wadschrajana

hinc il|lae la|cri|mae ['hɪŋk 'ɪlɛ 'lakrimɛ] ⟨*lat.*⟩; „daher jene Tränen": das ist also der eigentliche Grund

Hin|di *das;* - ⟨aus gleichbed. *Hindi* Hindī zu Hind „Indien", vgl. Hindu⟩: Amtssprache in Indien. **Hin|du** *der;* -[s], -s ⟨aus gleichbed. *pers.* Hindū zu Hind „Indien"⟩: Anhänger des Hinduismus. **Hin|du|is|mus** *der;* - ⟨zu ↑...ismus (1)⟩: 1. aus dem ↑Brahmanismus entwickelte ind. Volksreligion. 2. (selten) svw. Brahmanismus. **hin|du|is|tisch** ⟨zu ↑...istisch⟩: den Hinduismus betreffend. **Hin|du|sta|ni** *das;* - ⟨nach Hindustan, dem früheren Namen für Nordindien⟩: dem ↑Urdu u. ↑Hindi eng verwandte Umgangssprache Nordindiens mit starken pers. Einflüssen

Hink|jam|bus *der;* -, ...ben ⟨zu *dt.* hinken u. ↑Jambus⟩: svw. Choliambus

Hi|obs|bot|schaft *die;* -, -en ⟨nach der Titelgestalt des biblischen Buches Hiob⟩: Unglücksbotschaft

hip ⟨*engl.;* vgl. Hippie⟩: (Jargon) eingeweiht, informiert; in Ordnung; auf der Höhe der Zeit

hipp..., Hipp... vgl. hippo..., Hippo... **Hipp|an|thro|pie** *die;* -, ...ien ⟨zu *gr.* ánthrōpos „Mensch" u. ↑²...ie⟩: Wahnvorstellung, ein Pferd zu sein (Psychol., Med.). **Hipp|arch** *der;* -en, -en ⟨aus gleichbed. *gr.* hípparchos⟩: Befehlshaber der Reiterei in der griech. Antike. **Hip|pa|ri|on** *das;* -s, ...ien [...i̯ən] ⟨aus *gr.* hippárion „Pferdchen"⟩: ausgestorbene dreizehige Vorform des heutigen Pferdes (Biol.). **Hip|peis** *die* (Plur.) ⟨aus gleichbed. *gr.* hippeîs (Plur.)⟩: in der Antike Sammelbez. für die Reiterei des griech. Heeres. **Hipp|ia|ter** *der;* -s, - ⟨aus *gr.* hippíatros „Pferdearzt"⟩: Spezialist auf dem Gebiet der Hippiatrie. **Hipp|ia|trie** u. **Hipp|ia|trik** *die;* - ⟨aus gleichbed. *gr.* hippiatr(e)ía zu hippiatrikós „die Pferdeheilkunde betreffend"⟩: Pferdeheilkunde. **hipp|ia|trisch**: die Hippiatrie betreffend

Hip|pie ['hɪpi] *der;* -s, -s ⟨aus gleichbed. *amerik.* hippie zu hip „in Ordnung, informiert, eingeweiht, unter dem Einfluß von Drogen stehend"⟩: [jugendlicher] Anhänger einer bes. in den USA u. Großbritannien in den 1960er Jahren ausgebildeten betont antibürgerlichen Lebensform, der für ein einfaches naturnahes Leben u. friedliches Zusammenleben eintrat; Blumenkind. **Hip|pie-Look** [...lʊk] *der;* -s: unkonventionelle Kleidung, die derjenigen der Hippies ähnelt

Hip|pi|kon *das;* -s, ...ka ⟨aus gleichbed. *gr.* hippikón, eigtl. „was die Reiterei betrifft", weil das Längenmaß für Reitwettbewerbe galt⟩: altgriech. Längenmaß (= 4 Stadien).

hip|po..., Hip|po..., vor Vokalen meist hipp..., Hipp... ⟨aus gleichbed. *gr.* híppos⟩: Wortbildungselement mit der Bedeutung „Pferd", z. B. Hipparch, Hippodrom. **Hip|po|cam|pus** [...'kam...] *der;* -, ...pi ⟨aus *lat.* hippocampus „Seepferdchen", dies aus *gr.* hippókampos, vgl. Hippokamp⟩: 1. a) Teil des Großhirns bei Säugetieren u. beim Menschen (Anat.); b) Ammonshorn (Zool.). 2. Seepferdchen (Fisch mit pferdekopfähnlichem Schädel); vgl. Hippokamp. **hip|po|da|misch** ⟨aus *gr.* hippódamos „rossebändigend"⟩: (veraltet) die Pferdebändigung, das Zureiten betreffend. **Hip|po|da|mos** *der;* -, ...moi [...mɔy] ⟨aus gleichbed. *gr.* hippódamos⟩: (veraltet) jmd., der Pferde zureitet; Reiter. **Hip|po|drom** *der* od. *das;* -s, -e ⟨über *lat.* hippodromus aus gleichbed. *gr.* hippódromos⟩: 1. Pferde- u. Wagenrennbahn (bes. in der Antike). 2. Reitbahn. **Hip|po|gryph** *der;* Gen. -s u. -en, Plur. -e[n] ⟨aus gleichbed. *it.* ipogrifo zu *gr.* híppos „Pferd" u. grýps „Greif, Fabeltier"⟩: von Ariost u. Bojardo (ital. Dichtern der Renaissancezeit) erfundenes geflügeltes Fabeltier mit Pferdeleib u. Greifenkopf; bei neueren Dichtern dem ↑Pegasus gleichgestellt. **Hip|po|kamp** *der;* -en, -en ⟨aus gleichbed. *gr.* hippókampos⟩: fischschwänziges Seepferd der antiken Sage; vgl. Hippocampus. **Hip|po|kom** *der;* -s, -e ⟨aus gleichbed. *gr.* hippokómos⟩: (veraltet) Pferdeknecht. **Hip|po|kra|ti|ker** *der;* -s, - ⟨nach dem altgriech. Arzt Hippokrates, um 460 bis um 370 v. Chr.⟩: Anhänger des Arztes Hippokrates u. seiner Schule. **¹hip|po|kra|tisch**: auf den Arzt Hippokrates bezüglich, seiner Lehre gemäß; -er Eid: a) moralisch-ethische Grundlage des Arzttums (z. B., immer zum Wohle des Kranken zu handeln); b) Schwur auf die Satzung der Ärztezunft; -es Gesicht: Gesichtsausdruck Schwerkranker u. Sterbender (Med.) **²hip|po|kra|tisch** ⟨nach dem altgriech. Mathematiker Hippokrates, 5. Jh. v. Chr.⟩: auf den Mathematiker Hippokrates bezüglich, seiner Lehre entsprechend; -e Möndchen: zwei mondsichelförmige Flächen, die aus den drei Halbkreisen über den Seiten eines rechtwinkligen Dreiecks entstehen (die Flächen haben zusammen den gleichen Inhalt wie das Dreieck). **Hip|po|kra|tis|mus** *der;* - ⟨zu ¹hippokratisch u. ↑...ismus (1)⟩: Lehre des altgriech. Arztes Hippokrates **Hip|po|kre|ne** *die;* - ⟨aus *gr.* hippokrḗnē „Roßquelle" zu ↑hippo... u. krḗnē „Quelle"⟩: Quelle der Inspiration für den Dichter im alten Griechenland (nach der Sage durch den Hufschlag des ↑Pegasus entstanden). **Hip|po|lo|ge** *der;* -n, -n ⟨zu ↑...loge⟩: jmd., der sich [wissenschaftlich] mit der Hippologie befaßt. **Hip|po|lo|gie** *die;* - ⟨zu ↑...logie⟩: [wissenschaftl.] Pferdekunde. **hip|po|lo|gisch** ⟨zu ↑...logisch⟩: die Pferdekunde betreffend. **Hip|po|ma|chie** *die;* -, ...ien ⟨aus gleichbed. *gr.* hippomachía⟩: (veraltet) Kampf zu Pferde. **Hip|po|ma|ne** *der;* -n, -n ⟨zu ↑hippo... u. ↑...mane⟩: (veraltet) leidenschaftlicher Pferdeliebhaber. **Hip|po|ma|nes** *das;* -, - ⟨über *lat.* hippomanes aus gleichbed. *gr.* hippomanés⟩: Masse auf der Stirn neugeborener Pferde od. Schleim aus der Scheide von Stuten (wurde im Altertum als ↑Aphrodisiakum verwendet). **Hip|po|ma|nie** *die;* - ⟨aus gleichbed. *gr.* hippomanía⟩: (veraltet) leidenschaftliche Pferdeliebhaberei. **Hip|po|nak|te|us** *der;* -, ...teen ⟨zu *lat.* Hipponacteus „nach Art des Hipponax"; nach dem altgriech. Dichter Hipponax, 6. Jh. v. Chr.⟩: antiker Vers, Sonderform des ↑Glykoneus. **Hip|po|pa|tho|lo|gie** *die;* - ⟨zu ↑hippo...⟩: Lehre von den Pferdekrankheiten. **Hip|po|pha|ge** *der;* -n, -n ⟨zu ↑...phage⟩: (veraltet) Pferdefleischesser. **Hip|po|pha|gie** *die;* - ⟨zu ↑...phagie⟩: (veraltet) das Pferdefleischessen. **hip|po|po|disch** ⟨zu *gr.* poús, Gen. podós „Fuß"⟩: (veraltet) pferdefüßig. **Hip|po-**

Hippotherapie

po|ta|mus *der;* -, ...mi ⟨über *lat.* hippopotamus aus gleichbed. *gr.* hippopótamos⟩: Fluß- od. Nilpferd (Paarhufer; Biol.). **Hip|po|the|ra|pie** *die;* - ⟨zu ↑hippo...⟩: Therapie, bei der bestimmte körperliche Schäden, Behinderungen durch Reiten behandelt werden (Med.). **Hip|po|to|xot** *der;* -en, -en ⟨aus gleichbed. *gr.* hippotoxótēs⟩: Bogenschütze zu Pferde (in der Antike). **Hip|po|tro|phie** *die;* - ⟨zu ↑hippo... u. ↑...trophie⟩: (veraltet) Pferdezucht. **Hipp|urie** *die;* -, ...ien ⟨Kurzw. aus ↑*Hipp*ursäure u. ↑...*urie*⟩: vermehrte Ausscheidung von Hippursäure im Harn (Med.). **Hip|pu|rit** [auch ...'rɪt] *der;* -en, -en ⟨zu *gr.* híppouris "mit einem Pferdeschwanz versehen" (wohl wegen der länglichen Form der Muschelschale) u. ↑². it⟩: ausgestorbene Muschel der Kreidezeit. **Hip|pur|säu|re** *die;* - ⟨zu *gr.* híppos "Pferd" u. oûron "Harn, Urin"⟩: eine organische Säure, Stoffwechselprodukt von Pflanzenfressern. **Hip|pus** *der;* - ⟨aus *nlat.* hippus, dies aus *gr.* híppos „Pferd" (vermutlich wegen der springenden Bewegungen der Pupille)⟩: plötzlich auftretende, rhythmische Schwankungen der Pupillenweite (Med.) **Hip|ster** *der;* -[s], - ⟨aus gleichbed. *engl.-amerik.* hipster zu hip, vgl. Hippie⟩: (Jargon) 1. Jazzmusiker, -fan. 2. jmd., der über alles, was modern ist, Bescheid weiß u. ↑hip ist
Hi|ra|do|por|zel|lan *das;* - ⟨nach der japan. Insel Hirado⟩: in nicht sehr kräftigem Unterglasurblau bemaltes wertvolles japan. Porzellan
Hi|ra|ga|na *das;* -[s] od. *die;* - ⟨aus gleichbed. *jap.* hira-gana zu hira „glatt" u. kana „Silbenschrift"⟩: japan. Silbenschrift, die zur Darstellung grammatischer Beugungsendungen verwendet wird; vgl. Katakana
Hir|su|ti|es [...tsi̯ɛs] *die;* - ⟨aus gleichbed. *nlat.* hirsuties zu *lat.* hirsutus „struppig, stachlig"⟩: abnorm starke Behaarung (Med.). **Hir|su|tis|mus** *der;* - ⟨zu ↑...ismus (3)⟩: übermäßig starker Haar-, bes. Bartwuchs (Med.)
Hi|ru|din *das;* -[s] ⟨zu *lat.* hirudo „Blutegel" u. ↑...in (1)⟩: aus den Speicheldrüsen der Blutegel gewonnener, die Blutgerinnung hemmender Stoff
Hir|zis|mus *der;* - ⟨zu *lat.* hircus „Ziegenbock, Bocksgestank" u. ↑...ismus (3)⟩: der von der Achselhöhle ausgehende Schweißgeruch (Med.)
His|bol|lah u. **His|bul|lah** *die;* - ⟨aus *arab.* ḥizbullāh, eigtl. „Partei Gottes"⟩: schiitische Milizen im Nahen Osten, bes. in Südlibanon
His Ma|je|sty [hɪz 'mædʒɪstɪ] ⟨*engl.*⟩: Seine Majestät (der engl. König); Abk.: H. M.
Hi|spa|ni|dad [ispani'ðað] *die;* - ⟨aus gleichbed. *span.* hispanidad zu hispanico „spanisch", dies aus gleichbed. *lat.* hispanicus⟩: svw. Hispanität. **hi|spa|ni|sie|ren** [hɪs...] ⟨zu ↑...isieren⟩: spanisch machen, gestalten. **Hi|spa|nis|mus** *der;* -, ...men ⟨zu ↑...ismus (4)⟩: fälschlicherweise od. bewußt vorgenommene Übertragung einer für die spanische Sprache charakteristischen Erscheinung auf eine nichtspanische Sprache im lexikalischen od. syntaktischen Bereich; vgl. Germanismus, Interferenz. **Hi|spa|nist** *der;* -en, -en ⟨zu ↑...ist⟩: jmd., der sich wissenschaftlich mit der Hispanistik befaßt. **Hi|spa|ni|stik** *die;* - ⟨zu ↑...istik⟩: Wissenschaft von der spanischen Sprache u. Literatur (Teilgebiet der ↑Romanistik). **Hi|spa|ni|tät** *die;* - ⟨aus gleichbed. *nlat.* hispanitas, Gen. hispanitatis, Latinisierung von *span.* hispanidad, vgl. Hispanidad⟩: Spaniertum, das Bewußtsein aller Spanisch sprechenden Völker von ihrer gemeinsamen Kultur; vgl. Hispanidad. **Hi|spa|no|mo|res|ke** *die;* -, -n: span.-maurische ↑Majolika mit Goldglanzüberzug (spätes Mittelalter u. Renaissance). **Hi|spa|nos** *die* (Plur.)

⟨aus *span.* hispano „spanisch"⟩: Bez. für Einwanderer aus spanischsprachigen Ländern in die USA
His|sar *der;* -s, -e ⟨aus gleichbed. *türk.* hiṣār⟩: Burg, fester Platz (oft als Ortsnamenbestandteil). **His|sar|lik** *der;* -s, -s ⟨aus gleichbed. *türk.* hiṣarlik⟩: Burgplatz, Ruinenstätte (z. B. Troja)
hist..., **Hist...** vgl. histo..., Histo... **Hist|amin** *das;* -s, -e ⟨Kurzw. aus ↑*Hist*idin u. ↑*Amin*⟩: Gewebehormon, das im Körper aus Histidin gebildet wird u. gefäßerweiternd wirkt (Med.). **Hi|sti|da|se** *die;* -, -n ⟨zu ↑Histidin u. ↑...ase⟩: ein Leberenzym, das Histidin aufspaltet (Med.). **Hi|sti|din** *das;* -s ⟨zu *gr.* histíon „Gewebe" u. ↑...in (1)⟩: eine essentielle ↑Aminosäure, Baustein vieler ↑Proteine. **hi|sti[o]...**, **Hi|sti[o]...** vgl. histo..., Histo... **Hi|stio|ge|ne|se** vgl. Histogenese. **hi|stio|id** u. histoid ⟨zu ↑histo... u. ↑...oid⟩: gewebeähnlich, gewebeartig (Med.). **Hi|stio|zyt** *der;* -en, -en ⟨zu ↑...zyt⟩: Wanderzelle des Bindegewebes, Blutzelle (Med.). **hi|stio|zy|tär** ⟨zu ↑...är⟩: die ↑Histiozyten betreffend. **Hi|stio|zy|tom** *das;* -s, -e ⟨zu ↑...om⟩: Wucherung, die aus fett- u. eisenspeichernden ↑Histiozyten besteht (Med.). **Hi|stio|zy|to|se** *die;* -, -n ⟨zu ↑¹...ose⟩: krankhafte Wucherung der ↑Histiozyten (Med.). **hi|sto...**, **Hi|sto...**, vor Vokalen meist hist..., Hist..., seltener auch histi[o]..., Histi[o]... ⟨aus *gr.* histós „Gewebe; Webbaum" bzw. aus der Verkleinerungsform histíon „Gewebe"⟩: Wortbildungselement mit der Bedeutung „Gewebe (des menschlichen u. tierischen Körpers)", z. B. histogen, Histologie; Histiozyt. **Hi|sto|che|mie** *die;* - : Wissenschaft vom chem. Aufbau der Gewebe u. von den chem. Vorgängen darin. **hi|sto|che|misch**: die Histochemie betreffend. **hi|sto|gen** ⟨zu ↑...gen⟩: vom Gewebe herstammend. **Hi|sto|gen** *das;* -s, -e: im Bildungsgewebe bereits erkennbares Bildungszentrum der Dauergewebe (Biol.). **Hi|sto|ge|ne|se** *die;* -: a) Ausbildung des Organgewebes aus undifferenziertem Embryonalgewebe (Biol.; Med.); b) Entstehung von krankhaftem Gewebe bei Tumoren (Med.). **hi|sto|ge|ne|tisch**: die Histogenese (a) betreffend. **Hi|sto|ge|nie** *die;* - ⟨zu ↑...genie⟩: svw. Histogenese. **Hi|sto|gramm** *das;* -s, -e ⟨zu ↑¹...gramm⟩: graphische Darstellung einer Häufigkeitsverteilung in Form von Säulen, die den Häufigkeiten der Meßwerte entsprechen. **hi|sto|id** vgl. histioid. **hi|sto|kom|pa|ti|bel**: völlig od. weitgehend übereinstimmend in bezug auf die Gewebsantigene (Biol., Med.). **Hi|sto|kom|pa|ti|bi|li|tät** *die;* -: Gewebsverträglichkeit, Verträglichkeit zwischen Spender- u. Empfängergewebe auf Grund geringer od. fehlender ↑Antigen-Antikörper-Reaktion (Biol., Med.). **Hi|sto|lo|ge** *der;* -n, -n ⟨zu ↑...loge⟩: Forscher u. Lehrer auf dem Gebiet der Histologie. **Hi|sto|lo|gie** *die;* - ⟨zu ↑...logie⟩: Gewebelehre, Teilgebiet der Biologie u. Medizin, das den Aufbau u. spezielle Funktionen menschlicher, tierischer u. pflanzlicher Gewebe erforscht. **Hi|sto|lo|gin** *die;* -, -nen: weibliche Form zu ↑Histologe. **hi|sto|lo|gisch** ⟨zu ↑...logisch⟩: die Histologie betreffend, zu ihr gehörend (Biol., Med.). **Hi|sto|ly|se** *die;* - ⟨zu ↑...lyse⟩: Auflösung (Einschmelzung) des Gewebes unter Einwirkung von ↑Enzymen (bei eitrigen Prozessen; Med.). **hi|sto|ly|tisch**: ↑Histolyse bewirkend (Med.). **Hi|sto|me|trie** *die;* -, ...ien ⟨zu ↑...metrie⟩: Erfassung u. Charakterisierung der verschiedenen Anteile eines Gewebes (Med.). **Hi|sto|mor|pho|lo|gie** *die;* -: Lehre vom histologischen Aufbau der Gewebe. **hi|sto|nal** ⟨zu ↑¹...al (1)⟩: die Histone betreffend. **Hi|sto|ne** *die* (Plur.) ⟨zu ↑²...on⟩: zu den ↑Proteinen gehörende Eiweißkörper. **Hi|sto|no|mie** *die;* - ⟨zu ↑²...nomie⟩: (veraltet) Lehre von den Gesetzen der Entwicklung u. Erhaltung der Körpergewebe. **Hi|sto|pa|tho|lo|gie** *die;* -

Wissenschaft von den krankhaften Gewebeveränderungen bei Mensch, Tier u. Pflanze. **Hi|sto|phy|sik** *die;* -: Nachweisverfahren von Bestandteilen bzw. Produkten der Zellen u. Gewebe in histologischen Schnittpräparaten durch physik. Methoden. **Hi|sto|phy|sio|lo|gie** *die;* -: Lehre von der Funktion pflanzlicher u. tierischer Zellen od. Gewebe. **Hi|sto|plas|ma** *das;* -s, Plur. ...men u. -ta: Gattung sporenartiger, beim Menschen ↑pathogener Pilze (Biol., Med.). **Hi|sto|plas|mo|se** *die;* -, -n ⟨zu ↑¹...ose⟩: eine vorwiegend in den Tropen vorkommende Pilzerkrankung bei Mensch u. Tier (Med.). **Hi|sto|ra|dio|gra|phie** *die;* -, ...ien: Röntgenaufnahme von mikroskopisch dünnen Gewebeschnitten bzw. Präparaten (Biol., Med.)
Hi|stör|chen *das;* -s, - ⟨zu ↑ Historie⟩: anekdotenhafte, kurze Geschichte; kleine [scherzhafte] Erzählung; Klatschgeschichte; vgl. Anekdote. **Hi|sto|rie** [...jə] *die;* -, -n ⟨über *lat.* historia eu gleichbed. *gr.* historía, eigtl. „Wissen"⟩: 1. (ohne Plur.) [Welt]geschichte. 2. (veraltet, ohne Plur.) Geschichtswissenschaft. 3. (veraltet) [abenteuerliche, erdichtete] Erzählung; Bericht. **Hi|sto|ri|en|bi|bel** *die;* -, -n: im Mittelalter volkstümlich bebilderte Darstellung der biblischen Erzählungen. **Hi|sto|ri|en|ma|le|rei** *die;* -, -en: Geschichtsmalerei (bildliche Darstellung von Ereignissen aus der Geschichte, der ↑ Mythologie u. der Dichtung). **Hi|sto|rik** *die;* - ⟨zu *lat.* historicus „geschichtlich", dies aus gleichbed. *gr.* historikós; vgl. ²...ik (1)⟩: a) Geschichtswissenschaft; b) Lehre von der historischen Methode der Geschichtswissenschaft. **Hi|sto|ri|ker** *der;* -s, - ⟨über *lat.* historicus aus *gr.* historikós „Geschichtsschreiber"⟩: Geschichtsforscher, -kenner, -wissenschaftler. **Hi|sto|ri|ke|rin** *die;* -, -nen: weibliche Form zu ↑Historiker. **Hi|sto|rio|graph** *der;* -en, -en ⟨über *lat.* historiographus aus gleichbed. *gr.* historiográphos⟩: Geschichtsschreiber. **Hi|sto|rio|gra|phie** *die;* - ⟨zu ↑Historie u. ↑...graphie⟩: Geschichtsschreibung. **hi|sto|rio|gra|phisch** ⟨zu ↑...graphisch⟩: zur Historiographie gehörend, auf ihr beruhend. **Hi|sto|rio|lo|gie** *die;* - ⟨zu ↑...logie⟩: Studium u. Kenntnis der Geschichte. **Hi|sto|rio|ma|thie** *die;* - ⟨zu *gr.* máthos, máthēsis „das Lernen" (dies zu manthánein „lernen") u. ↑²...ie⟩: (veraltet) ↑Methode zum Erlernen der Geschichte. **hi|sto|risch** ⟨über *lat.* historicus aus gleichbed. *gr.* historikós⟩: 1. geschichtlich, der Geschichte gemäß, überliefert. 2. der Vergangenheit angehörend; -e G e o l o g i e: Wissenschaft von der geschichtl. Entwicklung der Gesteine, Pflanzen u. Tiere; -e G r a m m a t i k: Sprachlehre, die die geschichtl. Entwicklung einer Sprache untersucht u. beschreibt; -e r M a t e r i a l i s m u s: die von Marx u. Engels begründete Lehre, nach der die Geschichte von den ökonomischen Verhältnissen bestimmt wird (Philos.); -es P r ä s e n s: Präsensform des Verbs, die zur Schilderung eines vergangenen Geschehens eingesetzt wird (Sprachw.). **hi|sto|ri|sie|ren** ⟨zu ↑...isieren⟩: in geschichtlicher Weise darstellen, geschichtliche Elemente in stärkerem Maße mit einbeziehen, Historisches stärker hervorheben, ein historisches Aussehen geben, in ein historisches Gewand kleiden. **Hi|sto|ris|mus** *der;* -, ...men ⟨zu ↑...ismus (2, 5)⟩: 1. (ohne Plur.) eine Geschichtsbetrachtung, die alle Erscheinungen aus ihren geschichtl. Bedingungen heraus zu verstehen u. zu erklären sucht. 2. Überbewertung des Geschichtlichen. 3. svw. Eklektizismus (Kunstw.). **Hi|sto|rist** *der;* -en, -en ⟨zu ↑...ist⟩: Vertreter des Historismus. **hi|sto|ri|stisch** ⟨zu ↑...istisch⟩: a) den Historismus betreffend; b) in der Art des Historismus. **Hi|sto|ri|zis|mus** *der;* -, ...men ⟨zu ↑...izismus⟩: svw. Historismus (2). **Hi|sto|ri|zi|tät** *die;* - ⟨zu ↑...izität⟩: Geschichtlichkeit, Geschichtsbewußtsein. **Hi-**

sto|ry ['hɪstəri] *das;* -[s] ⟨aus *engl.* history „Geschichte, Chronik"⟩: ↑Genre der engl. Renaissancedramatik, dessen Gegenstand Ereignisse u. Personen der engl. Geschichte sind
Hi|sto|sol *der;* -[s] ⟨zu ↑histo... u. *lat.* solum „Boden"⟩: mit organischen Stoffen stark angereicherter Boden. **Hi|sto|spek|tro|me|trie** *die;* -: Messung der Durchlässigkeit eines Gewebeschnittes für verschiedene Lichtwellenlängen. **Hi|sto|the|ra|pie** *die;* -, ...ien: svw. Organotherapie. **Hi|sto|to|mie** *die;* - ⟨zu ↑...tomie⟩: Zergliederung pflanzlicher od. tierischer Gewebe. **Hi|sto|zoa** *die* (Plur.) ⟨zu *gr.* zōon „Lebewesen, Tier"⟩: Gewebetiere, Vielzeller (Biol.)
Hi|stri|o|ne *der;* -n, -n ⟨aus *lat.* histrio, Gen. histrionis⟩: Schauspieler im Rom der Antike
Hist|urie *die;* -, ...ien ⟨zu ↑histo... u. ↑...urie⟩: Ausscheidung von Körpergewebsbestandteilen mit dem Harn (Med.)
Hit *der;* -[s], -s ⟨aus gleichbed. *engl.-amerik.* hit, eigtl. „Stoß, Treffer"⟩: 1. Musikstück aus der Rock-, Pop- od. Tanzmusik, das innerhalb eines bestimmten Zeitraums einen hohen Grad von Beliebtheit erreicht hat. 2. etw., was sehr erfolgreich, beliebt, begehrt ist, bes. ein Verkaufsschlager. 3. (Jargon) für einen Trip (2) vorgesehene Rauschgiftmenge
Hitch|cock ['hɪtʃkɔk] *der;* -, -s ⟨nach dem engl. Regisseur u. Autor A. Hitchcock, 1899–1980⟩: spannender, Angst u. Schauder hervorrufender Film [von Hitchcock]; Thriller
hitch|hi|ken ['hɪtʃhaɪkṇ] ⟨aus gleichbed. *amerik.* to hitchhike, dies aus hitch „das Festhalten" u. to hike „wandern, reisen"⟩: (ugs.) Autos anhalten u. sich umsonst mitnehmen lassen. **Hitch|hi|ker** [...kɐ] *der;* -s, - ⟨aus gleichbed. *amerik.* hitchhiker⟩: (ugs.) jmd., der Autos anhält u. sich umsonst mitnehmen läßt
Hitch-kick ['hɪtʃkɪk] *der;* -s, -s ⟨aus gleichbed. *engl.* hitchkick zu hitch „Ruck, Zug" u. kick „Schwung, Kraft"⟩: Laufsprung, eine Stilart beim Weitsprung
Hit|li|ste *die;* -, -n ⟨zu ↑Hit⟩: Verzeichnis der (innerhalb eines bestimmten Zeitraums) beliebtesten od. meistverkauften Aufnahmen aus der Rock-, Pop- od. Tanzmusik
Hi|to|pa|de|sa *das;* - ⟨aus *sanskr.* hitopadeśa, eigtl. „guter, freundlicher Rat"⟩: altindische Fabelsammlung
Hit|pa|ra|de *die;* -, -n ⟨zu ↑Hit⟩: 1. svw. Hitliste. 2. Radio-, Fernsehsendung o. ä., in der Hits (1) vorgestellt werden
HIV [ha:|i:'fau] *das;* -[s], -[s] (Plur. selten) ⟨Kurzw. aus *engl.* *h*uman *i*mmunodeficiency *v*irus „menschliches Immundefektvirus"⟩: Aidserreger (Med.). **HIV-In|fek|ti|on** *die;* -, -en: Ansteckung mit Aidserregern. **HIV-ne|ga|tiv**: ↑ serologisch nachweislich nicht von ↑HIV befallen (Med.). **HIV-po|si|tiv**: ↑ serologisch nachweislich von ↑ HIV befallen (Med.)
Hoax [hoʊks] *der;* - ⟨aus gleichbed. *engl.* hoax, dies aus älter *engl.* hocus, vgl. Hokuspokus⟩: (veraltet) 1. Täuschung, Fopperei. 2. Börsenschwindel
Hob|be|sia|nis|mus *der;* - ⟨aus *nlat.* hobbesianismus; nach dem engl. Philosophen Th. Hobbes (1588–1679) u. zu ↑...ismus (1)⟩: staatsphilosophische Lehre mit dem ausdrücklichen Grundsatz zum ↑Absolutismus
Hob|bock *der;* -s, -s ⟨wohl nach der engl. Firma Hubbuck⟩: Gefäß zum Versand von Fetten, Farben o. ä.
Hob|by ['hɔbi] *das;* -s, -s ⟨aus gleichbed. *engl.* hobby (Herkunft unsicher)⟩: Beschäftigung, der man aus Freude an der Sache [u. zum Ausgleich für die Berufs- od. Tagesarbeit] in seiner Freizeit nachgeht. **Hob|by|ist** *der;* -en, -en ⟨zu ↑...ist⟩: jmd., der ein Hobby hat, betreibt
Ho|bo ['hoʊboʊ] *der;* -s, -[e]s ⟨aus *amerik.* hobo „Landstreicher"⟩: umherwandernder Arbeiter in den USA zu Beginn des 20. Jh.s

Ho|boe usw. vgl. Oboe usw. **Ho|bo|ist** *der;* -en, -en: eindeutschende Schreibung von ↑ Hautboist
hoc an|no [ho:k –] ⟨*lat.*⟩: in diesem Jahre; Abk.: h. a.
hoc est [hɔɔ –] ⟨*lat.*⟩: (veraltet) das ist; Abk.: h. e.
Hoche|pot [ɔʃ'po] *das;* -, -s [ɔʃ'po] ⟨aus *fr.* hochepot „Fleischragout mit Rüben" zu hocher „schütteln" u. pot „Topf"⟩: svw. Hotchpotch
hoch|fre|quent ⟨zu ↑ Frequenz⟩: aus dem Bereich der Hochfrequenz. **Hoch|fre|quenz** *die;* -, -en: Gebiet der elektrischen Schwingungen oberhalb der Mittelfrequenz (etwa 20 000 Hertz) bis zum Gebiet der Höchstfrequenz (etwa ab 100 Millionen Hertz); Abk.: HF. **Hoch|fre|quenz|ge|ne|ra|tor** *der;* -s, -en: Gerät zur Erzeugung von elektrischen Hochfrequenzströmen bzw. -feldern (Phys.). **Hoch|fre|quenz|ki|ne|ma|to|gra|phie** *die;* -, ...ien: Hochgeschwindigkeitsfotografie. **Hoch|fre|quenz|tech|nik** *die;* -: Teilgebiet der Elektrotechnik, das sich mit der Erzeugung, Weiterleitung u. technischen Anwendung von hochfrequenten Wellen befaßt
hoch|sti|li|sie|ren ⟨zu ↑ stilisieren⟩: einer Sache durch übertriebenes Lob, unliebsame Hervorhebung o. ä. unangemessene Wichtigkeit od. übermäßigen Wert verleihen od. zu etwas Besserem machen, als sie in Wirklichkeit ist
Hockey[1] ['hɔke, auch 'hɔki] *das;* -s ⟨aus gleichbed. *engl.* hockey (Herkunft unsicher)⟩: zwischen zwei Mannschaften ausgetragenes Ballspiel, bei dem ein kleiner Ball nach bestimmten Regeln mit gekrümmten Schlägern in das gegnerische Tor zu spielen ist
hoc lo|co ['ho:k ...ko] ⟨*lat.*⟩: (veraltet) hier, an diesem Ort; Abk.: h. l.
hoc men|se ['ho:k –] ⟨*lat.*⟩: in diesem Monat
hoc si|gno vin|ces ['ho:k – 'vɪntsɛs] vgl. in hoc signo vinces
Hod|ege|sis, Hod|ege|tik *die;* - ⟨aus *gr.* hodēgēsis „das Wegweisen, Führen" (zu hodēgeĩn „den Weg weisen") bzw. zu hodēgētikós „anleitend, wegweisend", vgl. [2]...ik (2)⟩: (veraltet) Anleitung zum Studium eines Wissens- od. Arbeitsgebietes. **Hod|ege|tria** *die;* -, ...rien [...iən] ⟨aus *gr.* hodēgētria „(Weg)führerin"⟩: stehende Muttergottes (auch als Halbfigur) mit dem Kind auf dem linken Arm (byzantinischer Bildtypus). **Ho|do|graph** *der;* -en, -en ⟨zu *gr.* hodós „Weg" u. ↑...graph⟩: graphische Darstellung der Geschwindigkeitsvektoren bei einem Bewegungsablauf. **Ho|do|me|ter** *das;* -s, - ⟨aus gleichbed. *gr.* hodómetron; vgl. [1]...meter⟩: Wegmesser, Schrittzähler. **Ho|do|skop** *das;* -s, -e ⟨zu *gr.* hodós „Weg" u. ↑...skop⟩: Gerät zur Bestimmung der Bahn energiereicher Teilchen (Kernphys.)
Ho|dscha [...dʒa] *der;* -[s], -s ⟨aus *türk.* hoca „Meister, Lehrer", dies aus dem Pers.⟩: 1. [geistl.] Lehrer. 2. (nur Plur.) Zweig der ↑ Ismailiten (unter dem ↑ Aga Khan)
ho|fie|ren ⟨zu *dt.* Hof u. ↑...ieren⟩: sich [mit dem Ziel, etw. Bestimmtes zu erreichen] mit besonderer [unterwürfiger] Höflichkeit u. Dienstbarkeit um jmds. Gunst bemühen
Ho|gan *der;* -s, -s ⟨vermutlich aus dem Indian.⟩: aus Baumstämmen hergestellte, mit Erde bedeckte achteckige Winterhütte der Navaho-Indianer
Ho|jal|dre [ɔ'xaldre] *der;* -[s], -s ⟨aus gleichbed. *span.* hojaldre, eigtl. „Blätterteig"⟩: span. Mürbeteigkuchen
Ho|ke|tus u. Hoquetus *der;* - ⟨aus gleichbed. *mlat.* hoquetus⟩: Kompositionsart vom 12. bis 15. Jh. (Verteilung der Melodie auf verschiedene Stimmen, so daß bei Pausen der einen die andere die Melodie übernimmt)
Hok|ku *das;* -[s], -s ⟨aus *jap.* hokku, vgl. Haikai⟩: svw. Haikai
Ho|kus|po|kus *der;* - ⟨aus gleichbed. *engl.* hocus-pocus zu älter *engl.* hocas pocas, hokos pokos „Taschenspieler",

weitere Herkunft unsicher⟩: 1. Zauberformel der Taschenspieler. 2. etwas, bei dem hinter viel äußerem Aufwand nichts weiter steckt
hol..., Hol... vgl. holo..., Holo... **hol|an|drisch** ⟨zu ↑ holo... u. *gr.* anér, Gen. andrós „Mann"⟩: ausschließlich im männlichen Geschlecht, d. h. vom Vater auf den Sohn vererbt (von bestimmten Merkmalen od. Genen; Genetik). **Hol|ark|tis** *die;* -: pflanzen- u. tiergeographisches Gebiet, das die ganze nördliche gemäßigte u. kalte Zone bis zum nördlichen Wendekreis umfaßt. **hol|ark|tisch:** die Holarktis betreffend
Hol|ding ['hoʊldɪŋ] *die;* -, -s u. **Hol|ding|ge|sell|schaft** *die;* -, -en ⟨nach gleichbed. *engl.* holding company zu holding „das (Fest)halten; Besitz", Gerundium von to hold „(fest)halten", u. company „Gesellschaft"⟩: Gesellschaft, die nicht selbst produziert, die aber Aktien anderer Gesellschaften besitzt u. diese dadurch beeinflußt od. beherrscht
Hole [hoʊl] *das;* -s, -s ⟨aus gleichbed. *engl.* hole, eigtl. „Loch"⟩: Golfloch (Sport)
Ho|li|days ['hɔlɪdeɪz] *die* (Plur.) ⟨aus gleichbed. *engl.* holidays (Plur.)⟩: Ferien, Urlaub
Hol|is|mus *der;* - ⟨zu *gr.* hólos „ganz vollständig" u. ↑...ismus (1)⟩: Lehre, die alle Erscheinungen des Lebens aus einem ganzheitlichen Prinzip ableitet (Philos.). **ho|li|stisch** ⟨zu ↑...istisch⟩: das Ganze betreffend
Holk vgl. Hulk
Hol|lan|daise [ɔlã'dɛːz] *die;* - ⟨aus *fr.* hollandaise „holländisch"⟩: Kurzform von ↑ Sauce hollandaise
hol|le|ri|thie|ren ⟨nach dem deutsch-amerik. Erfinder H. Hollerith (1860–1929) u. zu ↑...ieren⟩: auf Hollerithkarten bringen. **Hol|le|rith|kar|te** [auch 'hɔlərɪt...] *die;* -, -n: Karte, auf der Informationen durch bestimmte Lochungen festgehalten sind; Lochkarte. **Hol|le|rith|ma|schi|ne** [auch 'hɔlərɪt...] *die;* -, -n: früher übliche Lochkartenmaschine zum Buchen kaufmännischer, technischer, statistischer, wirtschaftlicher u. wissenschaftlicher Daten
Hol|ly|wood|schau|kel ['hɔlɪwʊd...] *die;* -, -n ⟨nach der amerik. Filmstadt Hollywood⟩: Gartenmöbel in Form einer breiten, gepolsterten [u. überdachten] Bank, die frei aufgehängt ist u. wie eine Schaukel hin- u. herschwingen kann
Hol|mi|um *das;* -s ⟨nach Holmia, dem latinisierten Namen der Stadt Stockholm, u. ↑...ium⟩: chem. Element, ein Seltenerdmetall; Zeichen Ho
ho|lo..., Ho|lo..., vor Vokalen auch hol..., Hol... ⟨aus gleichbed. *gr.* hólos⟩: Wortbildungselement mit der Bedeutung „ganz, völlig, unversehrt", z. B. holoedrisch, Hologramm. **Ho|lo|akar|di|us** *der;* -, ...ien [...iən]: Zwillingsmißgeburt, bei der dem einen Fetus das Herz, zum Teil auch die Eingeweide fehlen (Med.). **ho|lo|ark|tisch** vgl. holarktisch. **ho|lo|bla|stisch** ⟨zu ↑ holo... u. *gr.* blastikós „keimend"⟩: vollständig gefurcht (von der Eizelle im Blastomerenstadium; vgl. Blastomere). **Ho|lo|caust** [...kaʊst, *engl.* 'hɔləkɔːst] *der;* -[s], -s ⟨aus gleichbed. *engl.-amerik.* (the) Holocaust zu *engl.* holocaust „Massenvernichtung, (Brand)katastrophe", eigtl. „Brandopfer", dies aus gleichbed. *spätlat.* holocaustum, vgl. Holokaustum⟩: durch Entsetzen, Unterdrückung, Schrecken, Zerstörung u. [Massen]vernichtung gekennzeichnetes Geschehen, Tun, bes. die Judenvernichtung während des Nationalsozialismus. **Ho|lo|eder** *der;* -s, - ⟨zu ↑ holo... u. *gr.* hédra „Sitzfläche"⟩: holoedrischer Kristall. **Ho|lo|edrie** *die;* - ⟨zu ↑ [2]...ie⟩: Vollflächigkeit, volle Ausbildung aller Flächen eines Kristalls. **ho|lo|edrisch:** vollflächig (von Kristallen). **Ho|lo|en|zym** *das;* -s, -e: vollständiges, aus ↑ Apoenzym u. ↑ Koenzym zusammengesetztes ↑ Enzym. **Ho|lo|fer|ment** *das;* -s, -e: (ver-

altet) svw. Holoenzym. **Ho|lo|ga|mie** *die;* - ⟨zu ↑ ...gamie⟩: Verschmelzung ganzer Individuen bei der geschlechtlichen Fortpflanzung der ↑ Protozoen (Biol.). **Ho|lo|ge|nie** *die;* - ⟨zu ↑ ...genie⟩: aus allen Individualentwicklungen (vgl. Ontogenese) zusammengesetzte stammesgeschichtliche Entwicklung (vgl. Phylogenie) eines Lebewesens (Biol.). **Ho|lo|gramm** *das;* -s, -e ⟨aus gleichbed. *engl.* hologram; vgl. ...gramm⟩: Speicherbild; dreidimensionale Aufnahme eines Gegenstandes, die bei der Holographie entsteht. **Ho|lo|gra|phie** *die;* - ⟨zu ↑holo... u. ↑...graphie⟩: Technik zur Speicherung u. Wiedergabe von Bildern in dreidimensionaler Struktur, die (in zwei zeitlich voneinander getrennten Schritten) durch das kohärente Licht von Laserstrahlen erzeugt sind; akustische -: dreidimensional wiedergegebene Musik, die die Unzulänglichkeiten der ↑Stereophonie beseitigen soll, die praktisch ein zweidimensionales Hören geblieben ist, weil sie die einzelnen Musikinstrumente im Raum nicht deutlich auffächert, also ohne Tiefenstaffelung ist. **Ho|lo|gra|phie|ge|ne|ra|tor** *der;* -s, -en: Generator (1), der die im herkömmlichen Stereoverfahren aufgenommene Musik als dreidimensionalen Raumklang wiedergibt. **ho|lo|gra|phie|ren** ⟨zu ↑...ieren⟩: 1. (veraltet) völlig eigenhändig schreiben. 2. mit Holographie ausrüsten. **ho|lo|gra|phisch** ⟨zu ↑ ...graphisch⟩: 1. völlig eigenhändig geschrieben (Bibliothekswesen, Rechtsw.). 2. mit der Technik der Holographie hergestellt. **Ho|lo|gra|phon** u. **Ho|lo|gra|phum** *das;* -s, ...pha ⟨über *lat.* holographum aus *gr.* hológraphon „das ganz Geschriebene"⟩: (veraltet) völlig eigenhändig geschriebene Urkunde. **ho|lo|gyn** ⟨zu ↑holo... u. *gr.* gynḗ „Weib, Frau"⟩: ausschließlich im weiblichen Geschlecht, d. h. von der Mutter auf die Tochter vererbt (von bestimmten Merkmalen od. Genen; Genetik). **Ho|lo|kau|stum** *das;* -s, ...sta ⟨aus *spätlat.* holocaustum, dies aus *gr.* holókauston zu holókaustos „völlig verbrannt"⟩: zur Verehrung der Toten u. der Götter im alten Griechenland dargebrachtes Brandopfer, bei dem alle opferbaren Teile des Opfertieres auf dem Altar verbrannt wurden. **Ho|lo|ko|pie** *die;* -: Verfahren zur vollständigen Erfassung des Informationsgehaltes fotografischer Schwarzweißnegative, das u. a. in der Astronomie u. in der Spektroskopie angewendet wird. **ho|lo|krin** ⟨aus *nlat.* holocrinus „ganz abscheidend", zu *gr.* krínein „scheiden, trennen"⟩: Sekrete absondernd, in denen sich die Zellen der Drüse völlig aufgelöst haben; Ggs. ↑merokrin (Biol., Med.). **ho|lo|kri|stal|lin**: ganz kristallin (von Gesteinen; Geol.). **Ho|lo|me|ta|bo|len** *die* (Plur.) ⟨zu ↑holo... u. *gr.* metabolḗ „Veränderung, Umwandlung"⟩: Insekten mit vollständiger ↑Metamorphose (2; Biol.). **Ho|lo|me|ta|bo|lie** *die;* - ⟨zu ↑²...ie⟩: vollkommene ↑Metamorphose (2) in der Entwicklung der Insekten (unter Einschaltung eines Puppenstadiums; Biol.). **ho|lo|me|ta|bo|lisch**: Holometabolie aufweisend (Biol.). **ho|lo|mik|tisch** ⟨zu *gr.* miktós „gemischt"⟩: ganz durchmischt; -er See: bei winterlicher Abkühlung bis zum Seeboden durchmischter See. **ho|lo|morph** ⟨zu ↑...morph⟩; in der Fügung -e Funktion: Funktion komplexer Variabler, die beliebig oft differenzierbar ist (Math.). **Ho|lo|pa|ra|sit** *der;* -en, -en: Vollschmarotzer; Pflanze ohne Blattgrün, die sämtliche Nährstoffe von der Wirtspflanze bezieht. **ho|lo|pe|la|gisch**: ausschließlich im ↑Pelagial (1) lebend (Biol.). **ho|lo|phra|stisch** ⟨aus gleichbed. *engl.* holophrastic, zu *gr.* phrastikós „zum Reden gehörend"; vgl. Phrase⟩: aus einem Wort bestehend (von Sätzen); -e Rede: Einwortsatz (z. B. Komm! od. Feuer!). **Ho|lo|rha|chi|schi|sis** [...'sçi...] *die;* -, ...schisen ⟨zu ↑holo... u. ↑Rhachischisis⟩: mangelhafter Verschluß des Wirbelkanals im Bereich der ganzen Wirbelsäule (angeborene Mißbildung der Wirbelsäule; Med.). **Ho|lo|si|de|rit** [auch ...'rɪt] *der;* -s, -e: ↑Meteorit, der ganz aus Nickeleisen besteht. **Ho|lo|sym|phy|se** *die;* -, -n: vollständige Verwachsung (Med.). **Ho|lo|sy|sto|le** *die;* -, ...olen: vollständiger Ablauf einer Herzsystole (vgl. Systole; Med.). **Ho|lo|thu|rie** [...i̯ə] *die;* -, -n ⟨zu gleichbed. *gr.* holothoúrion u. ↑¹...ie⟩: Seewalze od. Seegurke (Stachelhäuter des Atlantiks u. des Mittelmeers; Zool). **ho|lo|tisch** ⟨zu *gr.* holótēs „Ganzheit, Gesamtheit"⟩: ganz, völlig, vollständig. **Ho|lo|to|pie** *die;* - ⟨zu ↑holo..., *gr.* tópos „Ort, Gegend" u. ↑²...ie⟩: Lage eines Organs in Beziehung zum Gesamtkörper (Med.). **Ho|lo|ty|pus** [auch 'ho...] *der;* -, ...pen: in der zoologischen Nomenklatur das Einzelstück einer Tierart, nach dem diese erstmals wissenschaftlich beschrieben wurde. **ho|lo|zän** ⟨aus gleichbed. *fr.* holocène (geprägt von dem franz. Paläontologen P. Gervais, 1816–1879), zu *gr.* kainós „neu, ungewöhnlich"⟩: zum Holozän gehörend, es betreffend. **Ho|lo|zän** *das;* -s: jüngste Abteilung des Quartärs (Geol.). **Ho|lo|zön** *das;* -s, -e ⟨zu ↑holo... u. *gr.* koinós „gemeinsam"⟩: svw. Ökosystem.
Hol|ster *das;* -s, - ⟨über gleichbed. *engl.* holster, *niederl.* holster aus *mittelniederl.* holfter, dies aus *mittelniederl.* hulfte „Köcher für Pfeil u. Bogen"⟩: 1. offene Ledertasche für eine griffbereit getragene Handfeuerwaffe. 2. Jagdtasche (Jägerspr.)
hom..., **Hom...** vgl. homo..., Homo...
Ho|ma vgl. Haoma
hom|agi|al ⟨zu ↑Homagium u. ¹...al (1)⟩: (veraltet) das Lehnsverhältnis betreffend. **Hom|agi|um** *das;* -s, ...gien [...i̯ən] ⟨aus gleichbed. *mlat.* homagium⟩: (lat. Rechtsspr.) Formalakt, durch den ein Lehnsverhältnis begründet wurde, Huldigung des Lehnsmanns mit Leistung des Treueeids
Hom|atro|pin *das;* -s ⟨zu ↑homo... u. ↑Atropin⟩: dem ↑Atropin verwandter chem. Stoff aus Mandelsäure u. Tropin, der zur kurzfristigen Pupillenerweiterung verwendet wird (Med.).
Home|base ['hoʊm'beɪs] *das;* -, -s [...sɪz] ⟨aus gleichbed. *engl.-amerik.* home base zu *engl.* home „Heim, Haus" u. base, vgl. ²Base⟩: im Baseball Markierung zwischen den beiden Schlägerboxen. **Home|com|pu|ter** *der;* -s, - ⟨aus gleichbed. *engl.* home computer⟩: kleiner Computer für den häuslichen Anwendungsbereich (EDV). **Home|dreß** *der;* Gen. - u. ...dresses, Plur. ...dresse ⟨zu *engl.* dress „Kleid; Anzug"⟩: Hauskleid, Hausanzug. **Home|figh|ter** [...'faɪtɐ] *der;* -s, - ⟨aus gleichbed. *engl.-amerik.* home fighter, eigtl. „Heimkämpfer"⟩: im heimischen Boxring, vor heimischem Publikum besonders starker u. erfolgreicher Boxer. **Home|land** [...lænd] *das;* -[s], -s ⟨aus gleichbed. *engl.* homeland, eigtl. „Heimatland"⟩: (meist Plur.) in der Republik Südafrika den verschiedenen farbigen Bevölkerungsgruppen zugewiesenes Siedlungsgebiet. **Home plate** [...'pleɪt] *das;* -[s], -s ⟨aus gleichbed. *engl.-amerik.* home plate, eigtl. „Heimplatte, -mal"⟩: svw. Homebase
Ho|me|ri|de *der;* -n, -n ⟨nach dem altgriech. Dichter Homer (8. Jh. v. Chr.) u. zu ↑...ide⟩: 1. Angehöriger einer altgriech. Rhapsodengilde auf der Insel Chios, die sich von Homer herleitete. 2. Rhapsode, der die Homerischen Gedichte vortrug. **ho|me|risch**: typisch für den griech. Dichter Homer, in seinen Werken häufig anzutreffen; -es Gelächter ⟨nach Stellen bei Homer, wo von dem „unauslöschlichen Gelächter der seligen Götter" die Rede ist⟩: schallendes Gelächter. **Ho|me|risch**: zum dichterischen Werk Homers gehörend, von Homer stammend. **Ho|me-**

ris|mus *der;* -, ...men ⟨zu ↑ ...ismus (4)⟩: homerischer Ausdruck, homerisches Stilelement im Werk eines anderen Dichters
Home|rule ['hoʊm'ruːl] *die;* - ⟨aus *engl.* home rule „Selbstregierung, -verwaltung"⟩: Schlagwort der irischen Unabhängigkeitsbewegung. **Home|ru|lers** *die* (Plur.) ⟨aus gleichbed. *engl.* home rulers⟩: Anhänger einer, bes. der irischen Unabhängigkeitsbewegung. **Home|run** [...'rʌn] *der;* -[s], -s ⟨aus gleichbed. *engl.-amerik.* home run, eigtl. „Heim-, Mallauf"⟩: im Baseball Treffer, der es dem Schläger ermöglicht, nach Berühren des ersten, zweiten u. dritten ²Base das Schlagmal wieder zu erreichen (Sport). **Home|spun** [...spʌn] *das* od. *der;* -s, -s ⟨aus gleichbed. *engl.* homespun, eigtl. „Hausgesponnenes"⟩: grobfädiger, früher handgesponnener noppiger Wollstoff. **Home|trai|ner** *der;* -s, - ⟨zu *engl.* home „Heim" u. ↑Trainer⟩: feststehendes Heimübungsgerät (in der Art eines Fahrrades od. eines Rudergerätes) zum Konditions- u. Ausgleichstraining od. für heilgymnastische Zwecke. **Home|wear** [...weə] *der;* -s, -s ⟨zu *engl.* wear „Kleidung"⟩: svw. Homedreß
Ho|mi|let *der;* -en, -en ⟨aus *mlat.* homileta „Prediger" zu *gr.* homilētḗs „Gesellschafter"⟩: 1. Fachmann auf dem Gebiet der Homiletik. 2. Prediger. **Ho|mi|le|tik** *die;* - ⟨zu *gr.* homilētikḗ (téchnē) „die Rede(kunst) betreffend"⟩: Geschichte u. Theorie der Predigt. **Ho|mi|le|ti|ker** *der;* -s, -: a) Homiletik als Studiendisziplin Vermittelnder; b) svw. Homilet (1). **ho|mi|le|tisch** ⟨über gleichbed. *spätlat.* homileticus aus *gr.* homilētikós „gesellig, unterhaltsam"⟩: die Gestaltung der Predigt betreffend. **ho|mi|le|ti|sie|ren** ⟨zu ↑...isieren⟩: (veraltet) predigend, in der Art eines Predigers sprechen. **Ho|mi|li|ar** *das;* -s, -e ⟨aus gleichbed. *mlat.* (liber) homiliarius zu *gr.* homilía, vgl. Homilie⟩: mittelalterliche Predigtsammlung. **Ho|mi|lia|ri|um** *das;* -s, ...ien [...jən] ⟨aus gleichbed. *mlat.* homiliarium, Neutrum von homiliarius, vgl. Homiliar⟩: (selten) svw. Homiliar. **Ho|mi|lie** *die;* -, ...ien ⟨aus *kirchenlat.* homilia „Predigt", eigtl. „Rede zum Volk", zu *gr.* homilía „das Zusammensein, Gemeinschaft, Unterhaltung"⟩: erbauliche Bibelauslegung; Predigt über einen Abschnitt der Bibel (1). **Ho|mi|lo|pa|thie** *die;* - ⟨zu *gr.* homileîn „zusammen sein" u. ↑...pathie⟩: krankhafte Angst beim Umgang mit Menschen, meist als Folge einer Isolierung (Psychol.; Med.). **Ho|mi|lo|pho|bie** *die;* - ⟨zu ↑...phobie⟩: svw. Homilopathie
Ho|mi|nes [...neːs]: Plur. von ↑¹Homo. **Ho|mi|nid** vgl. Hominide. **Ho|mi|ni|de** *der;* -n, -n, auch Hominid *der;* -en, -en ⟨zu *lat.* homo, Gen. hominis „Mensch" u. ↑...ide⟩: Vertreter einer Familie von Lebewesen, die aus dem heutigen Menschen u. seinen Vorläufern sowie den Menschenaffen besteht (Biol.). **Ho|mi|nin** vgl. Hominine. **Ho|mi|ni|ne** *der;* -n, -n, auch Hominin *der;* -en, -en ⟨aus gleichbed. *nlat.* homininae (Plur), eigtl. „Echtmenschen"⟩: der heutige Mensch als Angehöriger einer Unterfamilie der Hominiden mit Umformung des Schädels u. Vergrößerung des Gehirns (Anthropol.). **Ho|mi|ni|sa|ti|on** *die;* - ⟨zu ↑¹Homo u. ↑...isation⟩: Menschwerdung (im Hinblick auf die Stammesgeschichte). **ho|mi|ni|sie|ren** ⟨zu ↑...isieren⟩: zum Menschen entwickeln. **Ho|mi|nis|mus** *der;* - ⟨zu ↑...ismus (1)⟩: philos. Lehre, die alle Erkenntnis u. Wahrheit nur in bezug auf den Menschen u. nicht an sich gelten läßt. **ho|mi|ni|stisch** ⟨zu ↑...istisch⟩: 1. den Hominismus betreffend, auf ihm beruhend. 2. auf den Menschen bezogen, nur für den Menschen geltend
Hom|mage [ɔ'maːʃ] *die;* -, -n [...ʒn] ⟨aus gleichbed. *fr.* hommage zu homme „Mensch; (Lehns)mann", dies aus *lat.* homo „Mensch, Mann"⟩: a) Huldigung, Ehrerbietung; b) Veranstaltung, Darbietung als Huldigung für einen Menschen, bes. einen Künslter; - à ...: Huldigung für ... **Homme à femmes** [ɔma'fam] *der;* - - -, -s - [ɔma'fam] ⟨aus *fr.* homme à femmes „Mann für Frauen"⟩: Mann, der von Frauen geliebt wird, bei ihnen sehr beliebt ist; Frauentyp. **Homme d'af|faires** [ɔmda'fɛr] *der;* - -, -s - [ɔmda'fɛr] ⟨aus gleichbed. *fr.* homme d'affaire, zu affaire „Geschäft", vgl. Affaire⟩: (veraltet) Geschäftsführer, Haushofmeister. **Homme de lett|res** [ɔmdə'lɛtr(ə)] *der;* - - -, -s - - [ɔmdə'lɛtr(ə)] ⟨aus gleichbed. *fr.* homme de lettres, eigtl. „Mann der Literatur"⟩: Schriftsteller. **Homme de qua|li|té** [ɔmdəkali'te] *der;* - - -, -s - - [ɔmdəkali'te] ⟨aus gleichbed. *fr.* homme de qualité, zu qualité „Stand, Rang, Würde" (dies aus *lat.* qualitas „Beschaffenheit, Verhältnis, Eigenschaft", vgl. Qualität)⟩: (veraltet) Mann von Stand, Adliger. **Homme d'es|prit** [ɔmdɛs'pri] *der;* - -, -s - [ɔmdɛs'pri] ⟨aus gleichbed. *fr.* homme d'esprit⟩: (veraltet) geistvoller, geistreicher Mann. **Homme d'État** [ɔmde'ta] *der;* - -, -s - [ɔmde'ta] ⟨aus gleichbed. *fr.* homme d'État⟩: (veraltet) Staatsmann
ho|mo ⟨zu *gr.* homós „gleich, gleichartig, entsprechend"⟩: Kurzform von ↑homosexuell; Ggs. ↑hetero
¹Ho|mo *der;* -, ...mines [...neːs] ⟨aus *lat.* homo, Gen. hominis „Mensch"⟩: Frühform des Menschen; der Mensch selbst als Angehöriger einer Gattung der Hominiden (Biol.); - erectus [...k...]: Vertreter einer ausgestorbenen Art der Gattung ¹Homo; - faber: der Mensch mit seiner Fähigkeit, für sich Werkzeuge u. technische Hilfsmittel zur Naturbewältigung herzustellen; - ludens: der Mensch als Spielender; - novus [...vʊs]: Neuling; Emporkömmling; - oeconomicus [øko'noːmikʊs]: der ausschließlich von wirtschaftlichen Zweckmäßigkeitserwägungen geleitete Mensch; gelegentlich Bez. des heutigen Menschen schlechthin (Psychol., Soziol.); - sapiens ['zaːpjɛns] ⟨*lat.;* eigtl. „vernunftbegabter Mensch"⟩: wissenschaftl. Bez. des heutigen Menschen
²Ho|mo *der;* -s, -s ⟨verkürzt aus Homosexueller, vgl. homo⟩: homosexueller Mann; Ggs. ↑Hetero. **ho|mo..., Homo...**, vor Vokalen hom..., Hom... ⟨aus gleichbed. *gr.* homós⟩: Wortbildungselement mit der Bedeutung „gleich, gleichartig, entsprechend", z. B. homogen, homorgan, Homophonie, Homonymie; vgl. homöo..., Homöo... **ho|mö..., Homö...**, vor Vokalen hom..., Hom..., **ho|mö|ark|ton** vgl. Homöoarkton. **ho|mo|bla|stisch** ⟨zu ↑homo... u. *gr.* blastikós „keimend"⟩: gleichartig ausgebildet (von Jugend- u. Folgeformen pflanzlicher Organe, vor allem von Blättern; Biol.). **Ho|mo|chro|mie** [...k...] *die;* -, ...ien ⟨zu *gr.* chrôma „Farbe" u. ↑²...ie⟩: gleiche Färbung, Gleichfarbigkeit (z. B. eines Tiers mit der Umwelt; Biol.). **Ho|mo|chro|nie** [...k...] *die;* -, ...ien ⟨zu *gr.* homóchronos „gleichzeitig" u. ↑²...ie⟩: gleichzeitiges Auftreten od. Einsetzen einer Erscheinung an verschiedenen Punkten der Erde (z. B. das gleichzeitige Eintreten der Flut in räumlich getrennten Gebieten; Geogr., Meteor., Meereskunde). **hom|odont** ⟨zu ↑homo... u. *gr.* odoús, Gen. odóntos „Zahn"⟩: mit gleichartigen Zähnen ausgestattet (vom Gebiß der Amphibien, Reptilien u. a. Wirbeltierklassen; Biol.); Ggs. ↑heterodont. **Hom|odon|tie** *die;* - ⟨zu ↑²...ie⟩: das Ausgestattetsein mit gleichgestalteten Zähnen (vom Gebiß der Amphibien, Reptilien u. anderer Wirbeltierklassen; Biol.); Ggs. ↑Heterodontie. **Ho|mo|emo|tio|na|li|tät** *die;* -: das emotionale Sichhingezogenfühlen zum gleichen Geschlecht. **Ho|mo|erot** *der;* -en, -en ⟨zu ↑Eroten⟩: svw. Homoerotiker, Homosexueller. **Ho|mo|ero|tik** *die;* -: auf das eigene Geschlecht gerichtete ↑Erotik; vgl. Homosexualität. **Ho|mo-**

homöoblastisch

ero|ti|ker *der;* -s, -: jmd., dessen erotisch-sexuelle Empfindungen auf Partner des gleichen Geschlechts gerichtet sind. **ho|mo|ero|tisch:** a) sich zum gleichen Geschlecht auf Grund sinnlich-ästhetischer Reize hingezogen fühlend; b) svw. homosexuell. **Ho|mo|ero|tis|mus** *der;* -: Empfindungsweise, deren libidinöse Wünsche gleichgeschlechtlich bezogen, aber oft so gut sublimiert sind, daß sie unbewußt, latent bleiben. **ho|mo|ga|me|tisch** ⟨zu ↑Gamet⟩: Gameten mit stets gleichem Chromosomensatz erzeugend (Biol.); Ggs. heterogametisch. **Ho|mo|ga|mie** *die;* - ⟨zu *gr.* homógamos „zusammen verheiratet"; vgl. ...gamie⟩: 1. gleichzeitige Reife von männlichen u. weiblichen Blütenorganen bei einer zwittrigen Blüte (Bot.). 2. Gleichartigkeit der Gatten bei der Partnerwahl (z. B. in bezug auf Alter, Klasse, Konfession; Soziol.); Ggs. ↑Heterogamie. **ho|mo|gen** ⟨über *mlat.* homogeneus aus *gr.* homogenḗs „von gleichem Geschlecht"⟩: gleich[artig]; gleichmäßig aufgebaut, einheitlich, aus Gleichartigem zusammengesetzt; Ggs. ↑heterogen; -e G l e i c h u n g : Gleichung, in der alle Glieder mit der Unbekannten gleichen Grades sind u. auf einer Seite der Gleichung stehen (die andere Seite hat den Wert Null; Math.). **Ho|mo|ge|nat** *das;* -[e]s, -e ⟨zu ...at (1)⟩: Substanz von gleichartiger Beschaffenheit. **Ho|mo|ge|ni|sa|ti|on** *die;* -, -en ⟨zu ↑...isation⟩: svw. Homogenisierung; vgl. ...[at]ion/...ierung. **ho|mo|ge|ni|sie|ren** ⟨zu ↑...isieren⟩: 1. nicht mischbare Flüssigkeiten (z. B. Fett u. Wasser) durch Zerkleinerung der Bestandteile mischen (Chem.). 2. Metall glühen, um ein gleichmäßiges Gefüge zu erhalten. 3. Organe od. Gewebe zerkleinern (Physiol.). 4. homogen machen. **Ho|mo|ge|ni|sie|rung** *die;* -, -en ⟨zu ↑...isierung⟩: das Homogenisieren, das Homogenisiertwerden; vgl. ...[at]ion/...ierung. **ho|mo|ge|ni|tät** *die;* - ⟨zu ↑...ität⟩: Gleichartigkeit, Einheitlichkeit, Geschlossenheit. **Ho|mo|go|nie** *die;* - ⟨zu ↑homo... u. ↑...gonie⟩: Entstehung aus Gleichartigem (Philos.); Ggs. ↑Heterogonie. **ho|mo|grad** ⟨zu *lat.* gradus „Schritt; Stufe"⟩: auf qualitative Unterschiede gerichtet (Statistik); Ggs. ↑heterograd. **Ho|mo|gramm** *das;* -s, -e ⟨zu ↑...gramm⟩: (selten) svw. Homograph. **ho|mo|graph** ⟨zu *gr.* gráphein „(ein)ritzen, schreiben"⟩: gleich geschrieben, aber anders ausgesprochen, ein Homograph darstellend (Sprachw.). **Ho|mo|graph** *das;* -s, -e ⟨zu ↑...graph⟩: Wort, das sich in der Aussprache von einem anderen gleichgeschriebenen unterscheidet, z. B. Tenor „Haltung" neben Tenọr „hohe Männerstimme"; vgl. Homonym (1 b)

ho̱|mo ho̱|mi|ni lu̱|pus ⟨*lat.;* „der Mensch (ist) dem Menschen ein Wolf"⟩: der Mensch ist der gefährlichste Feind des Menschen (Grundprämisse der Staatstheorie des engl. Philosophen Th. Hobbes im „Leviathan". **ho|moi|o|..., Ho|moi|o|...** vgl. homöo..., Homöo... **ho|mo|log** ⟨aus *gr.* homólogos „übereinstimmend"⟩: gleichliegend, gleichlautend; übereinstimmend; entsprechend; -e I n s e m i n a t i o n : künstliche Befruchtung mit vom Ehemann stammendem Samen (Medizin); Ggs. ↑heterologe Insemination; -e O r g a n e : Organe von entwicklungsgeschichtlich gleicher Herkunft, aber mit verschiedener Funktion (z. B. Schwimmblase der Fische u. Lunge der Landwirbeltiere; Biol.); -e S t ü c k e : sich entsprechende Punkte, Seiten od. Winkel in kongruenten od. ähnlichen geometrischen Figuren (Math.); -e R e i h e : Gruppe chemisch nahe verwandter Verbindungen, für die sich eine allgemeine Reihenformel aufstellen läßt. **Ho|mo|log** *das;* -s, -e: chem. Verbindung einer ↑homologen Reihe. **Ho|mo|lo|ga|ti|on** *die;* -, -en ⟨zu ↑...ation⟩: (vom Internationalen Automobil-Verband festgelegtes) Reglement, wonach ein Wagenmodell für Wettbewerbszwecke in bestimmter Mindeststückzahl gebaut sein muß, um in eine bestimmte Wettbewerbskategorie eingestuft zu werden. **Ho|mo|lo|gie** *die;* -, ...ien ⟨aus *gr.* homología „Übereinstimmung, Eintracht"⟩: 1. Übereinstimmung des Handelns, mit der Vernunft u. damit mit der Natur (stoische Lehre). 2. Übereinstimmung, Entsprechung von biolog. Organen hinsichtlich ihrer Entwicklungsgeschichte, nicht aber hinsichtlich der Funktion. 3. Übereinstimmung von Instinkten u. Verhaltensformen bei verschiedenen Tieren od. Tier u. Mensch. **ho|mo|lo|gie|ren** ⟨zu ↑...ieren⟩: 1. einen Serienwagen in die internationale Zulassungsliste zur Klasseneinteilung für Rennwettbewerbe aufnehmen (Automobilsport). 2. eine Skirennstrecke nach bestimmten Normen anlegen (Skisport). **Ho|mo|lo|gu|me|non** *das;* -s, ...mena (meist Plur.) ⟨aus *gr.* homologoúmenos „das Übereinstimmende" zu homologoúmenos „übereinstimmend", zu homologeĩn „dasselbe sagen"⟩: unbestritten zum ↑Kanon (5) gehörende Schrift des Neuen Testaments; vgl. Antilegomenon. **Ho|mo|ly|se** *die;* -, -n ⟨zu ↑homo... u. ↑...lyse⟩: Spaltung einer Atombindung in zwei reaktionsfähige ↑Radikale (3; Chem.).

Ho̱|mo|mas|se *die;* - ⟨zu *lat.* homo „Mensch"; vgl. ¹Homo⟩: ↑Biomasse des Menschen (Biol.). **ho|mo|morph** ⟨zu ↑homo... ↑...morph⟩: Homomorphismus aufweisend (von algebraischen Strukturen; Math.). **Ho|mo|mor|phis|mus** *der;* -, ...men ⟨zu ↑...ismus (2)⟩: spezielle Abbildung einer ↑algebraischen Struktur in od. auf eine andere (Math.). **ho|mo|nom** ⟨zu ↑¹...nom⟩: gleichwertig (hinsichtlich der einzelnen Abschnitte bei Gliedertieren, z. B. bei Regenwürmern; Zool.); Ggs. ↑heteronom. **Ho|mo|no|mie** *die;* - ⟨zu ↑¹...nomie⟩: gleichartige Gliederung eines Tierkörpers mit gleichartigen Segmenten (Biol.); Ggs. ↑Heteronomie (3). **hom|onym** ⟨über *lat.* homonymus aus *gr.* homṓnymos „gleichnamig"⟩: (in bezug auf zwei Wörter) in Lautung u. Schreibung übereinstimmend, aber mit stark abweichender Bedeutung; ein Homonym darstellend (Sprachw.); vgl. ...isch/-. **Hom|onym** *das;* -s, -e: 1. a) Wort, das ebenso wie ein anderes geschrieben u. gesprochen wird, aber verschiedene Bedeutung hat u. sich grammatisch, z. B. durch Genus, Plural, Konjugation, von diesem unterscheidet, z. B. der/das Gehalt; die Bänke/Banken; *hängen* mit den starken od. schwachen Formen *hing/hängte*, sieben (Verb)/sieben (Zahl); vgl. Polysem; Homograph; Homophon; b) (früher) Wort, das ebenso wie ein anderes lautet u. geschrieben wird, aber einen deutlich anderen Inhalt [u. eine andere Herkunft] hat, z. B. Schloß (Türschloß u. Gebäude), Ball (Spielzeug u. Tanzveranstaltung; Sprachw.). 2. Deckname, der aus einem klassischen Namen besteht, z. B. Cassandra = William Neil Connor (Literaturw.). **Hom|ony|mie** *die;* - ⟨aus *gr.* homōnymía „Gleichnamigkeit"⟩: die Beziehung zwischen Wörtern, die Homonyme sind (Sprachw.). **hom|ony|misch** ⟨aus *gr.* homōnymós „gleichnamig"⟩: auf die Homonymie bezogen; vgl. ...isch/-. **ho|möo..., Ho|möo...,** vor Vokalen meist homö..., Homö... ⟨aus gleichbed. *gr.* homoĩos⟩: Wortbildungselement mit der Bedeutung „ähnlich, gleichartig", z. B. homöopathisch, Homöostase; Homöonym. **Ho|möo|ark|ton** *das;* -s, ...ta ⟨zu *gr.* homoióarktos „gleich/anfangend"⟩: Stilfigur, bei der die Anlautsilben aufeinanderfolgender Wörter, Satzglieder od. Sätze gleichlauten, z. B. *Mä*dchen *mä*hen..., *per vi*tem ad *vi*tam (Rhet., Stilk.). **ho|möo|bla|stisch** ⟨zu ↑homöo... u. *gr.* blastós „Sproß, Trieb"⟩: ↑metamorphe Gesteine bezeichnend, deren Gefüge durch Mineralneubildungen von

575

homöomer

annähernd gleicher Größe bestimmt ist (Geol.). **ho|möo|mer** ⟨zu ↑...mer⟩: Flechten bezeichnend, bei denen die Algen regellos im ↑Thallus verteilt sind (Biol.). **Ho|möo|me|ri|en** *die* (Plur.) ⟨aus gleichbed. *gr.* homoioméraiai (Plur.)⟩: gleichartige, qualitativ fest bestimmte ähnliche Teilchen der Urstoffe (bei dem altgriech. Philosophen Anaxagoras). **ho|möo|morph** ⟨zu ↑homöo... u. ↑...morph⟩: gleichgestaltig, von gleicher Form u. Struktur (von Organen bzw. Organteilen; Med.). **Ho|möo|morphis|mus** *der*; - ⟨zu ↑...ismus (2)⟩: umkehrbar eindeutige, stetige Abbildung eines ↑topologischen Raumes in einen anderen, so daß auch die Umkehrabbildung stetig ist (Geometrie). **Ho|mö|onym** *das*; -s, -e ⟨zu *gr.* ónyma „Name"⟩: 1. ähnlich lautendes Wort od. ähnlich lautender Name, z. B. *Schmied – Schmidt*. 2. Wort, das mit einem anderen partiell synonym ist, das die gleiche Sache wie ein anderes bezeichnet, im Gefühlswert aber verschieden ist (z. B. *Haupt/Kopf*; Sprachw.); vgl. Homonym. **Ho|möo|path** *der*; -en, -en ⟨zu ↑Homöopathie; vgl. ...path⟩: homöopathisch behandelnder Arzt. **Ho|möo|pa|thie** *die*; - ⟨nach *gr.* homoiopátheia „ähnliches Verhalten, ähnliche Empfindlichkeit für etwas" (entsprechend dem Grundsatz, daß etwas durch Gleiches geheilt wird); vgl. ...pathie⟩: Heilverfahren, bei dem die Kranken mit solchen Mitteln in hoher Verdünnung behandelt werden, die in größerer Menge bei Gesunden ähnliche Krankheitserscheinungen hervorrufen; Ggs. ↑Allopathie. **ho|möo|pa|thisch** ⟨nach *gr.* homoiopathḗs „in ähnlichem Zustand, ähnlich empfindend"⟩: die Homöopathie anwendend. **Ho|möo|pla|sie** *die*; - ⟨zu ↑homöo..., *gr.* plássein „formen, bilden" u. ↑²...ie⟩: organähnliche Neubildung (Med.). **Ho|möo|plastik** u. Homoplastik *die*; -, -en: operativer Ersatz verlorengegangenen Gewebes durch arteigenes (z. B. Verpflanzen von einem Menschen auf den anderen; Med.); Ggs. ↑Heteroplastik; vgl. Autoplastik. **ho|möo|po|lar**: gleichartig elektrisch geladen; -e Bindung: Zusammenhalt von Atomen in Molekülen, der nicht auf der Anziehung entgegengesetzter Ladung beruht (Phys.). **Ho|möo|pro|pho|ron** *das*; -s, ...ra ⟨aus *gr.* homoioprópshoron „gleich (An)lautendes"⟩: Redefigur, bei der aufeinanderfolgende Wörter ähnlich- od. gleichklingende Laute haben (z. B. O *du, die du die* Tugend liebst; Rhet.). **Ho|möo|pto|ton** *das*; -s, ...ta ⟨aus *gr.* homoióptōton „das gleich Deklinierte" zu homoióptōtos „im gleichen Kasus stehend"⟩: Redefigur, bei der ein Wort mit anderen aufeinanderfolgenden in der Kasusendung übereinstimmt, z. B. lat. omn*ibus* vir*ibus* (Rhet.). **Ho|möo|se** *die*; - ⟨zu ↑homöo... u. ↑¹...ose⟩: das Entstehen von Organen od. Organteilen an atypischer Stelle während der Embryonalentwicklung od. bei Regenerationsvorgängen (Biol.). **Ho|mö|os|mie** *die*; - ⟨zu *gr.* ōsmós „Stoß, Schub" u. ↑²...ie⟩: das Gleichbleiben des ↑osmotischen Druckes im Innern eines Organs bei schwankendem osmotischen Druck der Umgebung. **Ho|möo|sta|se** *die*; -, -n, **Ho|möo|sta|sie** *die*; -, ...ien u. **Ho|möo|sta|sis** *die*; -, ...sen ⟨aus *gr.* homoióstasis „Gleichgewicht"; vgl. ²...ie⟩: Gleichgewicht der physiologischen Körperfunktionen; (u. a. durch Regulationshormone der Nebennierenrinde aufrechterhaltene) Stabilität des Verhältnisses von Blutdruck, Körpertemperatur, pH-Wert des Blutes u. a. (Med.). **Ho|möo|stat** *der*; -en, -en ⟨zu ↑homöo... u. ↑...stat⟩: technisches System, das sich der Umwelt gegenüber in einem stabilen Zustand halten kann (Kybernetik). **ho|möo|statisch**: die Homöostase betreffend, dazu gehörend. **Homöo|te|leu|ton** *das*; -s, ...ta ⟨aus *gr.* homoiotéleuton „gleich Endendes"⟩: Redefigur, bei der aufeinanderfol-

gende Wörter od. Wortgruppen gleich klingen (z. B. tr*au*, sch*au* [wem]). **ho|möo|therm** ⟨zu ↑homöo... u. ↑...therm⟩: warmblütig, gleichbleibend warm (von Tieren, deren Körpertemperatur bei schwankender Umwelttemperatur gleichbleibt, z. B. Vögel u. Säugetiere); Ggs. ↑poikilotherm. **Ho|möo|ther|mie** *die*; - ⟨zu ↑²...ie⟩: Warmblütigkeit (Zool.). **ho|mo|phag** ⟨zu ↑homo... u. ↑...phag⟩: a) nur pflanzliche od. tierische Nahrung fressend (von Tieren); b) auf nur einem Wirtsorganismus schmarotzend (von Parasiten; Biol.); Ggs. ↑heterophag. **ho|mo|phan** ⟨zu *gr.* phanerós „sichtbar; offenbar"⟩: gleichkörnig von Gesteinsgefügen mit ungefähr gleicher Korngröße ihrer Gemengeteile; Geol.). **ho|mo|phil** ⟨zu ↑...phil⟩: svw. homosexuell. **Ho|mo|phi|le** *der* u. *die*; -n, -n: svw. Homosexuelle. **Ho|mo|phi|lie** *die*; - ⟨zu ↑...philie⟩: svw. Homosexualität. **ho|mo|phob** ⟨zu ↑...phob⟩: die Homophobie betreffend. **Ho|mo|pho|bie** *die*; -, ...ien ⟨zu ↑...phobie⟩: krankhafte Angst vor u. Abneigung gegen ↑Homosexualität. **ho|mo|phon** ⟨aus *gr.* homóphōnos „gleichstimmig"⟩: 1. gleichstimmig, melodiebetont, in der Kompositionsart der Homophonie; Ggs. ↑polyphon (2). 2. gleichlautend (von Wörtern od. Wortsilben; Sprachw.); vgl. ...isch/-. **Ho|mo|phon** *das*; -s, -e: Wort, das mit einem anderen gleich lautet, aber verschieden geschrieben wird (z. B. *Lehre – Leere*); vgl. Homograph, Homonym. **Ho|mo|pho|nie** *die*; - ⟨aus *gr.* homophōnía „Gleichklang"⟩: Satztechnik, bei der die Melodiestimme hervortritt, alle anderen Stimmen begleitend zurücktreten (Musik); Ggs. ↑Polyphonie; vgl. Harmonie u. Monodie. **ho|mo|pho|nisch**: auf die Homophonie bezogen; vgl. ...isch/-. **Ho|mo|pla|sie** *die*; - ⟨zu ↑homo..., *gr.* plássein „bilden, formen" u. ↑²...ie⟩: falsche ↑Homologie (2); Übereinstimmung von Organen, die auf gleichartiger Anpassung an ähnliche Lebensbedingungen beruht. **Ho|mo|pla|stik** vgl. Homöoplastik. **Ho|mo|ple|ro|te** *die*; -, -n ⟨zu *gr.* plērōtḗs „der Füllende"⟩: Linie, die Orte mit gleichzeitigem Eintritt des Hochwassers verbindet (Meteor.). **ho|mo|po|lar**: magnetisch gleichpolig (auf elektrische Maschinen bezogen). **Ho|mo|pte|ren** *die* (Plur.) ⟨aus *gr.* homóptera „Gleichflügler"⟩: Pflanzensauger, eine Gruppe der Insekten (z. B. Blattläuse u. Zikaden; Zool.). **hom|or|gan** ⟨zu ↑homo... u. ↑organisch⟩: mit dem gleichen Artikulationsorgan gebildet (von Lauten, z. B. *b, p*). **Hom|or|ga|ni|tät** *die*; - ⟨zu ↑...ität⟩: ↑Assimilation (1), Angleichung der Artikulation eines Lautes an die eines folgenden, z. B. mittelhochdt. i*nbiȝ* gegenüber neuhochdt. *Imbiß*. **Ho|mor|rhi|zie** *die*; - ⟨zu *gr.* rhíza „Wurzel" u. ↑²...ie⟩: Bildung der ersten Wurzeln seitlich am Sproß (Hauptwurzel wird nicht gebildet; bei Farnpflanzen; Bot.); Ggs. ↑Allorrhizie. **Ho|mo|sei|ste** *die*; -, -n (meist Plur.) ⟨zu *gr.* seistós „erschüttert"⟩: Linie, die Orte gleichzeitiger Erschütterung an der Erdoberfläche (bei Erdbeben) verbindet. **ho|mo|sem** ⟨zu *gr.* sēma „Zeichen"⟩: svw. synonym. **Ho|mo|se|xua|li|tät** [auch ′ho:...] *die*; -: sich auf das eigene Geschlecht richtendes Geschlechtsempfinden, gleichgeschlechtl. Liebe (bes. von Männern). Ggs. ↑Heterosexualität. **ho|mo|se|xu|ell** [auch ′ho:...]: a) gleichgeschlechtlich empfindend (bes. von Männern), zum eigenen Geschlecht hinneigend; Ggs. ↑heterosexuell; b) für Homosexuelle u. deren Interessen bestimmt, z. B. eine -e Bar, -e Bücher. **Ho|mo|se|xu|el|le** [auch ′ho:...] *der* u. *die*; -n, -n: homosexuelle männliche bzw. weibliche Person. **Ho|mo|sphä|re** *die*; -: sich von den darüberliegenden Luftschichten abgrenzende untere Erdatmosphäre, die durch eine nahezu gleiche Zusammensetzung der Luft gekennzeichnet ist (Meteor.); Ggs. ↑Heterosphäre. **ho|mo|sta|di|al**: geographisch unterschiedliche

Funde in gerätekundlicher Hinsicht betreffend (ohne Rücksicht auf ihre absolute Zeitstellung; Archäol.). **ho|mo|styl** ⟨zu *gr.* stýlos „Säule; Stiel"⟩: die Blütennarben aller Individuen einer Art auf der gleichen Höhe wie die Staubbeutel aufweisend, gleichgriffelig (von Blüten; Bot.); Ggs. ↑heterostyl. **Ho|mo|styl|lie** *die;* - ⟨zu ↑²...ie⟩: Blütenausbildung, bei der die Narben der Blüten aller Individuen einer Art immer auf der gleichen Höhe wie die Staubbeutel stehen, Gleichgriffeligkeit (Bot.); Ggs. ↑ Heterostylie. **ho|mo|syl|la|bisch**: derselben Silbe angehörend (von Lauten; Sprachw.); Ggs. ↑ heterosyllabisch. **ho|mo|tax** ⟨zu *gr.* táxis „Anordnung, Aufstellung"⟩: gleichwertig, aber nicht gleichzeitig entstehend (Geol.). **ho|mo|the|tisch** ⟨zu *gr.* tithénai „setzen, stellen, legen"⟩: svw. synthetisch. **ho|mo|thym** ⟨zu *gr.* thymós „Gemüt"⟩: seelisch ausgeglichen (von einem Verhaltenstyp; Anthropol.). **Ho|mo|to|pie** *die;* -, ...jen ⟨zu *gr.* tópos „Ort" u. ↑²...ie⟩: spezielle stetige Abbildung in topologischen Räumen (Math.). **Ho|mo|transplan|tat** *das;* -[e]s, -e: von einem in bezug auf den Empfänger homologen Spender stammendes Transplantat (Med.). **Ho|mo|trans|plan|ta|ti|on** *die;* -, -en: svw. Homöoplastik. **ho|mo|trop** ⟨zu ↑ ...trop⟩: 1. homoerotisch, homosexuell, zum eigenen Geschlecht hingewendet (Psychol.). 2. gleichgerichtet, in die gleiche Richtung verlaufend (von chem. Eigenschaften; Chem.). **Ho|mo|tro|pie** *die;* - ⟨zu ↑ ...tropie⟩: 1. das homoerotische, homosexuelle Hingewendetsein zum eigenen Geschlecht (Psychol.). 2. gleiche Ausrichtung von chem. Eigenschaften (Chem.). **ho|mo|typ** ⟨zu *lat.* typus, vgl. Typ⟩: mit einem Gegenstück auf der anderen Körperseite (von Organen; Biol.). **Ho|mo|usia|ner** *der;* -s, - ⟨zu ↑ Homousie u. ↑ ...aner⟩: Anhänger der Homousie. **Ho|mö|usia|ner** *der;* -s, - ⟨zu ↑ Homöusie u. ↑ ...aner⟩: Anhänger der Homöusie. **Ho|mo|usie** *die;* - ⟨aus gleichbed. *spätgr.* homoousía zu *gr.* homoousios „wesensgleich"⟩: Wesensgleichheit von Gottvater u. Gott Sohn. **Ho|möusie** *die;* - ⟨aus gleichbed. *spätgr.* homoiousía zu *gr.* homoioúsios „wesensähnlich"⟩: Wesensähnlichkeit zwischen Gottvater u. Gott Sohn (Kompromißformel im Streit gegen den ↑ Arianismus). **ho|mo|usi|os** ⟨aus *gr.* homoousios „wesensgleich"⟩: zentraler Begriff der christologischen Auseinandersetzungen des 2./3. Jh.s, der die Wesensidentität von Gottvater u. Gott Sohn aussagt. **ho|mo|vi|tal** [...v...] ⟨zu ↑ homo- u. ↑ vital⟩: aus lebender homologer Materie bestehend (z. B. von Transplantaten; Biol., Med.). **ho|mo|zel|lu|lär**: svw. homovital. **ho|mo|zen|trisch**: von einem Punkt ausgehend od. in einem Punkt zusammenlaufend (von Strahlenbündeln). **ho|mo|zerk** ⟨zu *gr.* kérkos „Schwanz"⟩: eine äußerlich symmetrisch, anatomisch jedoch unsymmetrisch ausgebildete Schwanzflosse (bei den meisten Knochenfischen) bezeichnend (Zool.). **ho|mo|zygot** ⟨zu *gr.* zygōtós „verbunden"; vgl. Zygote⟩: mit gleichen Erbanlagen versehen; reinerbig (von Individuen, bei denen gleichartige mütterliche u. väterliche Erbanlagen zusammentreffen; Biol.); Ggs. ↑heterozygot. **Ho|mo|zygo|tie** *die;* - ⟨zu ↑²...ie⟩: Erbgleichheit von Organismen, die aus einer ↑ Zygote von Keimzellen mit gleichen Erbfaktoren hervorgegangen sind (Biol.); Ggs. ↑ Heterozygotie. **ho|mo|zy|klisch** [auch ...'tsyk...]: svw. isozyklisch (2) **Ho|mun|ku|lus** *der;* -, Plur. ...lusse od. ...li ⟨aus *lat.* homunculus „Menschlein", Verkleinerungsform von homo, vgl. ¹Homo⟩: künstlich erzeugter Mensch

Ho|nan|sei|de *die;* -, -n ⟨nach der chines. Provinz Honan⟩: Rohseide, Seidengewebe aus Tussahseide mit leichten Fadenverdickungen

ho|nen ⟨aus gleichbed. *engl.* to hone⟩: ziehschleifen (Verfahren zur Feinbearbeitung von zylindrischen Bohrungen, das die Oberfläche bei hoher Meß- u. Formgenauigkeit glättet)

ho|ne|stas pu|bli|ca [– ...ka] ⟨*lat.;* „öffentliche Achtbarkeit"⟩: guter Ruf, hohes Ansehen. **ho|nett** ⟨über *fr.* honnête aus gleichbed. *lat.* honestus⟩: anständig, ehrenhaft, rechtschaffen

Ho|ney ['hʌnɪ] *der;* -[s], -s ⟨aus gleichbed. *engl.* honey, eigtl. „Honig"⟩: Schätzchen, Liebling, Süße[r]. **Ho|ney|moon** [...mu:n] *der;* -s, -s ⟨aus gleichbed. *engl.* honeymoon, eigtl. „Honigmond"⟩: Flitterwochen

Hong *das;* -[s], -s ⟨aus gleichbed. *chin.* hong⟩: 1. chines. Gilde, Kaufmannszunft. 2. chines. Bez. für Waren- od. Handelshaus, bes. für den Geschäftsverkehr mit Fremden

Hon|groise [õgʀ'οaz] *die;* -, -n [...zn̩] ⟨aus gleichbed. *fr.* hongroise, eigtl. „Ungarin"⟩: ein ungarischer Tanz

ho|ni (bzw. honni, honny) **soit qui mal y pense** [ɔnisoakimali'pã:s] ⟨*fr.(-engl.);* „Verachtet sei, wer Arges dabei denkt" (nach dem Wahlspruch des Hosenbandordens, des höchsten engl. Ordens, der seine Stiftung angeblich einem galanten Zwischenfall verdankt)⟩: nur ein Mensch, der etwas Schlechtes dabei denkt, wird hierbei etwas Anstößiges finden

Hon|ky-tonk ['hɔŋkɪtɔŋk] *das;* -[s], -s ⟨aus *amerik.* honkytonk „Spelunke"⟩: Bez. für kleine Kneipen in den Südstaaten der USA, in denen die unteren Bevölkerungsschichten verkehrten. **Hon|ky-tonk-Stil** *der;* -[e]s: Spielweise der in den Honky-tonk-Lokalen beschäftigten Blues- u. Ragtimepianisten

Hon|nête|homme [ɔnɛ'tɔm] *der;* -s, -s ⟨aus gleichbed. *fr.* honnête homme⟩: (veraltet) ehrenhafter Mann. **Honneurs** [(h)ɔ'nœ:ɐ̯s] *die* (Plur.) ⟨aus gleichbed. *fr.* honneurs, Plur von honneur „Ehre", dies aus gleichbed. *lat.* honor⟩: 1. Ehrenbezeigungen, Ehrenerweisungen; die - machen: die Gäste willkommen heißen (bei Empfängen). 2. das Umwerfen der mittleren Kegelreihe beim Kegeln. 3. höchste Karten bei ↑ Whist u. ↑ Bridge

hon|ni (bzw. **honny**) **soit qui mal y pense** vgl. honi soit ...
ho|no|ra|bel ⟨aus gleichbed. *lat.* honorabilis⟩: (veraltet) ehrenvoll, ehrbar. **Ho|no|rant** *der;* -en, -en ⟨aus gleichbed. *it.* onorante, Part. Präs. von onorare, dies aus *lat.* honorare, vgl. honorieren⟩: jmd., der einen Wechsel an Stelle des Bezogenen annimmt od. zahlt (vgl. honorieren); vgl. Intervention. **Ho|no|rar** *das;* -s, -e ⟨aus *lat.* honorarium „Ehrensold"⟩: Vergütung für frei- od. nebenberufliche wissenschaftliche, künstlerische o. ä. Tätigkeit. **Ho|no|rar|profes|sor** *der;* -s, -en: a) (ohne Plur.) Ehrentitel für einen nichtbeamteten Universitätsprofessor; Abk.: Hon.-Prof.; b) Träger dieses Titels. **Ho|no|rat** *der;* -en, -en ⟨aus gleichbed. *it.* onorato, Part. Perf. von onorare, dies aus *lat.* honorare, vgl. honorieren; Bed. 2 aus gleichbed. *nlat.* honoratus⟩: 1. jmd., für den ein Wechsel bezahlt wird; vgl. Intervention. 2. (veraltet) Gelehrter, Inhaber eines Ehrenamtes. **Ho|no|ra|tio|ren** ⟨aus *lat.* honoratiores (Plur.) zu honoratior, Komparativ von honoratus „geehrt"⟩: 1. Personen, die unentgeltlich Verwaltungsaufgaben übernehmen u. auf Grund ihres sozialen Status Einfluß ausüben. 2. angesehene Bürger, bes. in kleineren Orten. **Ho|no|ra|tio|ren|demo|kra|tie** *die;* -: Demokratie (im 19. Jh.), in der die Politiker vorwiegend dem Besitz- bzw. dem Bildungsbürgertum entstammten. **Ho|no|ra|tio|ren|par|tei** *die;* -: (im 19. Jh. in Deutschland) politische Partei, deren Mitglieder od. maßgebliche Führungsgruppen vorwiegend dem Besitz- bzw. Bildungsbürgertum entstammten. **ho|no|rie|ren** ⟨aus *lat.* honorare „ehren; belohnen"⟩: 1. ein Honorar

Honorierung

zahlen; vergüten. 2. anerkennen, würdigen, durch Gegenleistungen abgelten. 3. einen Wechsel annehmen, bezahlen (Wechselrecht). **Ho|no|rie|rung** *die;* -, -en (Plur. selten) ⟨zu ↑...ierung⟩: das Honorieren, das Honoriertwerden. **ho|no|rig** ⟨zu *lat.* honor „Ehre"⟩: 1. ehrenhaft. 2. freigebig. **ho|no|ris cau|sa** [- 'kauza] ⟨*lat.*⟩: ehrenhalber; Abk.: h. c.; Doktor -: Doktor ehrenhalber; Abk.: Dr. h. c. (z. B. Dr. phil. h. c.). **Ho|no|ri|tät** *die;* -, -en ⟨zu ↑...ität⟩: 1. (ohne Plur.) Ehrenhaftigkeit. 2. Ehrenperson. **Ho|nor|ta|ge** [...ʒə] *die;* -, -n ⟨französierende Bildung zu *fr.* honorer „bezahlen; Wechsel einlösen" u. ↑...age⟩: nach dem Verfall eines Wechsels gewährte Zahlungsfrist. **Ho|nou|ra|ble** [ˈɔnərəbl] ⟨zu *engl.* honourable „ehrenwert", dies über *(alt)fr.* honorable aus *lat.* honorabilis⟩: Hochwohlgeboren (engl. Ehrentitel); Abk.: Hon.

¹Hon|ved u. **Hon|véd** [ˈhɔnveːd] *der;* -s, -s ⟨aus *ung.* honvéd „Vaterlandsverteidiger"⟩: ungarischer (freiwilliger) Landwehrsoldat. **²Hon|ved** u. **Hon|véd** *die;* - ⟨zu ↑¹Honved⟩: (1919–1945) die ungarische Armee

Hook [hʊk] *der;* -s, -s ⟨aus gleichbed. *engl.* hook, eigtl. „Haken"⟩: 1. a) Haken (im Boxsport); b) Schlag, bei dem der Ball in einer der Schlaghand entgegengesetzten Kurve fliegt (Golf); c) Technik im ↑ Bowling, bei der die Kugel zuerst gerade läuft u. dann links vor dem Kegelstand einschwenkt. 2. hakenartiges Ansatzstück an Kunstarmen zum Greifen u. Halten (Med.). **hooked** [hʊkt] ⟨*engl.;* eigtl. „festgehakt", Part. Perf. von to hooke, vgl. hooken⟩: (Jargon) von einer harten ↑ Droge (1) abhängig. **hoo|ken** [ˈhʊkn] ⟨aus gleichbed. *engl.* to hooke, eigtl. „(fest)haken"⟩: einen Hook (1b) spielen

¹Hoo|ker [ˈhʊkə] *der;* -s, - ⟨aus gleichbed. *engl.* hooker zu *niederl.* hoeker „Huker, Boot mit Angeln"⟩: kleines flaches Fischerboot

²Hoo|ker [ˈhʊkə] *der;* -s, - ⟨aus gleichbed. *engl.* hooker zu hook, vgl. Hook⟩: 1. Golfspieler, dessen Spezialität der Hook (1b) ist. 2. der zweite u. dritte Stürmer (beim ↑ Rugby), der beim Gedränge in der vorderen Reihe steht. **Hook|shot** [ˈhʊkˈʃɔt] *der;* -s, -s ⟨aus gleichbed. *engl.-amerik.* hook shot, eigtl. „Hakenwurf"⟩: meist im Sprung ausgeführter Korbwurf (beim ↑ Basketball 1), bei dem der Ball mit seitlich ausgestrecktem Arm über dem Kopf aus dem Handgelenk geworfen wird

Hoo|li|gan [ˈhuːlɪgn] *der;* -s, -s ⟨aus gleichbed. *engl.* hooligan⟩: gewalttätiger, roher Mensch, Rowdy; Randalierer (bes. bei Massenveranstaltungen). **Hoo|li|ga|nis|mus** *der;* - ⟨aus gleichbed. *engl.* hooliganism; vgl. ...ismus (5)⟩: Rowdytum

Hoo|te|nan|ny [ˈhuːtənænɪ] *die;* -, -s, auch *der* od. *das;* -[s], -s ⟨aus gleichbed. *engl.-amerik.* hootenanny (Herkunft unsicher)⟩: [improvisiertes] gemeinsames Volksliedersingen

¹Hop *der;* -s, -s ⟨aus *engl.* hop „Hüpfer"⟩: in der Leichtathletik erster Sprung beim Dreisprung; vgl. Jump (1), Step (1). **²Hop** *das;* -[s], -s ⟨aus *engl.-amerik.* hop⟩: kurze Reise, Trip"; vgl. ¹Hop⟩: Dosis ↑ Morphium od. ↑ ²Heroin

Ho|pak vgl. Gopak

Ho|pe|lit [auch ...ˈlɪt] *der;* -s, -e ⟨nach dem schottischen Chemiker Th. C. Hope (†1844) u. zu ↑²...it⟩: ein farbloses bis hellgelbes Mineral

Hope|well|kul|tur [ˈhoʊpwəl...] *die;* - ⟨nach dem Fundort, der Farm von C. Hopewell in Ohio (USA)⟩: vorgeschichtliche indianische Kultur Nordamerikas, 200 v. Chr. bis 400 n. Chr.

Hop|kins-Test [ˈhɔpkɪnz...] *der;* -[e]s, Plur. -s, auch -e ⟨nach dem engl. Biochemiker F. G. Hopkins (1861–1947) u. zu ↑ Test⟩: Untersuchungsmethode zum Nachweis u. zur quantitativen Bestimmung von Harnsäure im Urin (Med.).

Ho|ple|tik *die;* - ⟨zu *gr.* hopleῖn „ausrüsten" u. ↑²...ik (1)⟩: (veraltet) Waffen-, Bewaffnungslehre. **Ho|plit** *der;* -en, -en ⟨über *lat.* hoplites aus gleichbed. *gr.* hoplítēs, eigtl. „Schildträger"⟩: schwerbewaffneter Fußsoldat im alten Griechenland. **Ho|pli|tes** *der;* -, ...ten ⟨aus *nlat.* hoplites, nach der Ähnlichkeit mit einem Schild; vgl. Hoplit⟩: versteinerter ↑ Ammonit (wichtiges Leitfossil der Kreidezeit; Geol.). **Ho|plo|mach** *der;* -[e]s, -en ⟨zu *gr.* hóplon „Rüstzeug, Kriegsgerät" u. máchesthai „kämpfen"⟩: in voller Rüstung kämpfender Gladiator im alten Rom. **Ho|plo|ma|chie** *die;* - ⟨zu ↑²...ie⟩: Kampf in voller Rüstung (in der Antike)

Ho|plo|me|ter *das;* -s, - ⟨zu *gr.* hoplē „Huf" u. ↑¹...meter, eigtl. „Hufmesser"⟩: (veraltet) Gerät zum genauen Messen des Pferdehufes. **Ho|plo|me|trie** *die;* - ⟨zu ↑¹...metrie⟩: (veraltet) Hufmessung

Ho|plo|thek *die;* -, -en ⟨zu *gr.* hópla (Plur. von hóplon, vgl. Hoplomach) „Waffen" u. ↑...thek⟩: (veraltet) Waffenlager, Rüstkammer

Hoque|ton [ɔkˈtõː] *der;* -s, -s [...ˈtõːs] ⟨aus gleichbed. *fr.* hoqueton, dies aus *arab.* al-quṭun „Baumwolle"; vgl. Cotton⟩: (veraltet) gestickter Waffenrock

Ho|que|tus vgl. Hoketus

ho|ra ⟨*lat.;* „Stunde"⟩: als Zeichen (h) in Abkürzungen von Maßeinheiten, z. B. kWh [= Kilowattstunde], u. als Zeitangabe, z. B. 6 h od 6ʰ [= 6 Uhr]. **¹Ho|ra**, auch **Hore** *die;* -, Horen (meist Plur.) ⟨aus gleichbed. *kirchenlat.* hora, eigtl. „Zeit, Stunde", vgl. ²Horen⟩: a) Gebetsstunde, bes. eine der acht Gebetszeiten des Stundengebets in der kath. Kirche; vgl. Brevier; b) kirchliches Gebet zu verschiedenen Tageszeiten

²Ho|ra *die;* -, -s ⟨aus gleichbed. *rumän.* horă, dies aus *gr.* chorós „Reigen"⟩: 1. vgl. Horra. 2. a) rumänischer Volkstanz; b) ländliche Tanzveranstaltung mit rumänischen Volkstänzen

Ho|rá|kov|kul|tur [ˈhɔraːkɔf...] *die;* - ⟨nach Funden aus einem Grabhügel bei Horákov in der Nähe der tschech. Stadt Brünn⟩: südmährische Kulturgruppe der östlichen Hallstattkultur (Kultur der älteren Eisenzeit, etwa 7.–5. Jh. v. Chr.)

Ho|ra|ri|um *das;* -s, ...ien [...jən] ⟨aus gleichbed. *kirchenlat.* horarium zu *lat.* hora, vgl. ¹Hora⟩: Stundenbuch, Gebetbuch für Laien

Hor|de|in *das;* -s ⟨zu *lat.* hordeum „Gerste" u. ↑...in (1)⟩: Eiweißkörper in der Gerste. **Hor|de|nin** *das;* -s ⟨Kunstw.⟩: bes. in Malzkeimen enthaltenes Alkaloid (Herzanregungsmittel). **Hor|deo|lum** *das;* -s, ...la ⟨aus *mlat.* hordeolum „Gerstenkorn", Verkleinerungsform zu *lat.* hordeum „Gerste"⟩: Gerstenkorn; Drüsenabszeß am Augenlid (Med.)

Ho|re vgl. ¹Hora. **¹Ho|ren:** Plur. von ↑¹Hora. **²Ho|ren** *die* (Plur.) ⟨über *lat.* Horae aus *gr.* Hōrai, personifizierter Plur. von hṓra „Jahreszeit, Stunde, rechte Zeit"⟩: griech. Göttinnen der Jahreszeiten u. der [sittlichen] Ordnung

Ho|ris|mus *der;* - ⟨zu *gr.* horízein „begrenzen" (dies zu hóros „Grenze") u. ↑...ismus (2)⟩: (veraltet) Begrenzung, Begriffsbestimmung. **Ho|ri|zont** *der;* -[e]s, -e ⟨über *lat.* horizon, Gen. horizontis, aus gleichbed. *gr.* horízōn, eigtl. „begrenzend(er Kreis)"⟩: 1. Begrenzungslinie zwischen dem Himmel u. der Erde; wahrer -: Schnittlinie einer senkrecht zum Lot am Beobachtungsort durch den Erdmittelpunkt gelegten Ebene mit der (unendlich groß gedachten) Himmelskugel (Astron.); natürlicher -: sichtbare

Grenzlinie zwischen Himmel u. Erde; künstlicher -: spiegelnde Fläche (Quecksilber) zur Bestimmung der Richtung zum Zenit (Astron.). 2. Gesichtskreis; geistiger Bereich, den jmd. überblickt u. in dem er ein Urteilsvermögen hat; geistiges Fassungsvermögen. 3. kleinste Einheit innerhalb einer ↑ Formation (5), räumlich die kleinste Schichteinheit, zeitlich die kleinste Zeiteinheit (Geol.). 4. Schnittgerade der vertikalen Zeichenebene mit der Ebene, die zur abzubildenden horizontalen Ebene parallel verläuft (in der Perspektive). **ho|ri|zon|tal** ⟨zu ↑¹...al (1)⟩: 1. waagerecht; 2. liegend; das -e Gewerbe: (ugs.) Prostitution. **Ho|ri|zon|ta|le** *die;* -, -n (drei -n, auch: -) ⟨zu ↑...ale⟩: 1. a) waagerechte Gerade; Ggs. ↑ Vertikale; b) waagerechte Lage. 2. (ugs.) Prostituierte. **Ho|ri|zon|tal|fre|quenz** *die;* -, -en: Anzahl der in einer Sekunde übertragenen Zeilen (Fernsehtechnik). **Ho|ri|zon|tal|in|ten|si|tät** *die;* -: Stärke des Erdmagnetfeldes in waagerechter Richtung. **Ho|ri|zon|ta|li|tät** *die;* - ⟨zu ↑...ität⟩: waagerechte Lage. **Ho|ri|zon|tal|kon|zern** *der;* -[e]s, -e: Konzern, der Unternehmen der gleichen Produktionsstufe umfaßt; Ggs. ↑ Vertikalkonzern. **Ho|ri|zon|tal|pen|del** *das;* -s, -: Pendel, das um eine nahezu vertikale Drehachse in einer nahezu horizontalen Ebene schwingt. **Ho|ri|zon|tal|pro|jek|ti|on** *die;* -, -en: Art des Kartennetzentwurfs (Kartographie). **Ho|ri|zon|tal|seis|mo|me|ter** *das;* -s, -: Gerät zur automatischen Aufzeichnung der horizontalen ↑ Komponente einer Bodenbewegung. **Ho|ri|zon|tal|sy|stem** *das;* -s: den Längen- u. Breitengraden auf der Erde vergleichbare Art, durch Zahlenpaare den astronomischen Ort eines Gestirns an der Himmelskugel festzulegen. **Ho|ri|zon|ta|ri|um** *das;* -s, ...ien [...iən] ⟨zu ↑ Horizont u. ↑...arium⟩: waagerecht durchschnittene Halbkugel als Anschauungsgegenstand in der ↑ Geographie. **ho|ri|zon|tie|ren** ⟨zu ↑...ieren⟩: 1. a) die verschiedene Höhenlage eines Horizonts (3) einmessen; b) einen Horizont (3) mittels Leitfossilien u. a. zeitlich einstufen (Geol.). 2. die Achsen von geodätischen Meßinstrumenten in waagerechte u./od. senkrechte Lage bringen (Geodäsie).

hor|misch ⟨zu *gr.* hormḗ „Antrieb, Drang; Eifer"⟩: triebhaft zielgerichtet, zweckgeleitet (vom menschlichen u. tierischen Verhalten; Psychol.). **Hor|mon** *das;* -s, -e ⟨zu *gr.* hormãn „in Bewegung setzen, antreiben, anregen"⟩: körpereigener, von den Drüsen mit innerer Sekretion gebildeter u. ins Blut abgegebener Wirkstoff (Med.); vgl. Inkret. **hor|mo|nal**, auch **hor|mo|nell** ⟨zu ↑...al (1) bzw. ...ell⟩: aus Hormonen bestehend, auf sie bezüglich (Med.); vgl. ...al/ ...ell. **Hor|mon|im|plan|ta|ti|on** *die;* -, -en: Einpflanzung kleiner Hormontabletten unter die Haut (Med.). **Hor|mon|prä|pa|rat** *das;* -s, -e: Medikament aus künstlich gewonnenem Hormon als Ersatz bei fehlender od. unzureichender Produktion von Hormonen (Med.). **Hor|mon|pro|duk|ti|on** *die;* -, -en: Produktion von Hormonen in innersekretorischen Drüsen, in Zellen u. Geweben (Physiol.). **Hor|mon|the|ra|pie** *die;* -, -n: medizinische Behandlung mit Hormonpräparaten zum Ausgleich überschüssiger od. mangelnder eigener Hormone, auch bei Entzündungen u. a. **Hor|mo|pa|thie** *die;* -, ...ien ⟨zu *gr.* hormḗ „Antrieb, Drang" u. ↑...pathie⟩: organisch od. psychisch-funktionell bedingte Störung um Antrieb u. ↑ Affekt (Psychol.)

Horn|back [ˈhɔːnbæk] *das* od. *der;* -s, -s ⟨aus *engl.* horn back, eigtl. „Hornrücken"⟩: verhornter Rücken einer Krokodilhaut, der durch Abschleifen eine besonders ausgeprägte Maserung zutage treten läßt u. hauptsächlich für Luxusartikel der Lederwarenindustrie verwendet wird

Hör|ne|sit [auch ...'zɪt] *der;* -s, -e ⟨nach dem österr. Paläontologen M. Hoernes († 1868) u. zu ↑²...it⟩: ein weißes, wasserhaltiges Mineral

Hor|ni|to *der;* -s, -s ⟨aus gleichbed. *span.* hornito, eigtl. „Öfchen", Verkleinerungsform von horno „Ofen" (von dem dt. Naturforscher A. v. Humboldt, 1769–1859, eingeführt)⟩: kegelförmige Aufwölbung über Austrittsstellen dünnflüssiger Lava

Horn|pipe [ˈhɔːnpaɪp] *die;* -, -s ⟨aus gleichbed. *engl.* hornpipe, eigtl. „Hornpfeife"⟩: 1. Blasinstrument, dessen beide Enden (Schallbecher u. Windbehälter) aus Horn bestehen. 2. alter engl. Tanz im ¾- oder ⁴⁄₄-Takt

Ho|ro|log *das;* -s, -e ⟨zu ↑ Horologion⟩: svw. Horologion (1). **Ho|ro|lo|gi|on** *das;* -s, ...ien [...iən] ⟨aus gleichbed. *gr.* hōrológion⟩: 1. [antiker] Stundenanzeiger (z. B. Sonnen-, Sanduhr). 2. liturgisches Buch mit den Texten für die Stundengebete der orthodoxen Kirche. **Ho|ro|lo|gi|um** *das;* -s, ...ien [...iən] ⟨aus *spätlat.* horologium „Stundenanzeiger, Uhr"⟩: svw. Horologion. **Ho|ro|me|ter** *das;* -s, - ⟨zu *gr.* hōra bzw. *lat.* hora „Stunde" u. ↑¹...meter⟩: (veraltet) Stundenmesser. **Ho|ro|me|trie** *die;* - ⟨zu ↑...metrie⟩: (veraltet) Stundenmessung. **ho|ro|me|trisch** ⟨zu ↑...metrisch⟩: (veraltet) der Stundenmessung dienend, zu ihr gehörend

Ho|rop|ter *der;* -s ⟨zu *gr.* hóros „Grenze" u. optḗr „Späher"⟩: kreisförmige horizontale Linie, auf der alle Punkte liegen, die bei gegebener Augenstellung mit beiden Augen nur einfach gesehen werden (Med.)

Ho|ro|skop *das;* -s, -e ⟨aus *spätlat.* horoscopium „Instrument zur Ermittlung der Planetenkonstellation bei der Geburt eines Menschen", dies aus gleichbed. *gr.* hōroskopeĩon, eigtl. „Stundenseher"⟩: a) schematische Darstellung der Stellung der Gestirne zu einem bestimmten Zeitpunkt als Grundlage zur Schicksalsdeutung; b) Voraussage über kommende Ereignisse auf Grund von Sternkonstellationen; c) Aufzeichnung des Standes der Sterne bei der Geburt, Kosmogramm (Astrol.). **ho|ro|sko|pie|ren** ⟨zu ↑...ieren⟩: ein Horoskop stellen. **ho|ro|sko|pisch**: das Horoskop betreffend, darauf beruhend

Hor|ra u. **Ho|ra** *die;* -, -s ⟨über gleichbed. *neuhebr.* hōrā aus *gr.* chorós „Reigen"⟩: jüdischer Volkstanz

hor|rend ⟨aus gleichbed. *lat.* horrendus⟩: 1. (emotional) jedes normale Maß überschreitend, so daß es entsprechende Kritik hervorruft. 2. (veraltet) durch seinen geistigen Gehalt Entsetzen erregend. **hor|ri|bel** ⟨aus gleichbed. *lat.* horribilis⟩: (veraltet) 1. als Erlebnis, Mitteilung grauenerregend, grausig, furchtbar. 2. svw. horrend (1). **hor|ri|bi|le dic|tu** [...le ˈdɪktu] ⟨*lat.;* „schrecklich zu sagen"⟩: es ist furchtbar, dies sagen zu müssen; Gott sei's geklagt. **Hor|ri|bi|li|tät** *die;* -, -en (Plur. selten) ⟨aus gleichbed. *spätlat.* horribilitas, Gen. horribilitatis⟩: (veraltet) Schrecklichkeit, Furchtbarkeit. **Hor|ri|pi|la|tio** *die;* - ⟨aus gleichbed. *spätlat.* horripilatio zu *lat.* horrere „emporstarren, sich emporsträuben" u. pilus „Haar"⟩: das Sichaufrichten, Emporsträuben der kleinen Haarhaare (z. B. bei Gänsehaut; Med.). **Hor|ror** *der;* -s ⟨aus gleichbed. *lat.* horror⟩: auf Erfahrung beruhender, schreckerfüllter Schauder, Abscheu, Widerwille [sich mit etw. zu befassen]. **Hor|ror|film** *der;* -[e]s, -e: Kinofilm mit sehr grausamem od. gruseligem Inhalt. **Hor|ror|li|te|ra|tur** *die;* -, -en: literarische Werke aller Gattungen, die Unheimliches, Greueltaten u. ä. darstellen. **Hor|ror|trip** *der;* -s, -s: 1. a) Reise voller Schrecken; Schreckensfahrt; b) schrecklicher Vorgang; schreckliches Ereignis. 2. Drogenrausch nach dem Genuß von starken Drogen (LSD, Heroin o. ä.) mit Angst- u. Panikgefühlen. **Hor|ror va|cui** [- ˈvaːkui] *der;* - - ⟨aus gleichbed. *nlat.* hor-

hors

ror vacui (zu *lat.* vacuus „leer"): Angst vor dem Leeren (von Aristoteles ausgehende Annahme, die Natur sei überall um Auffüllung eines leeren Raumes bemüht; Philos.)
hors [ɔr] ⟨*fr.;* aus *lat.* deforis „von außen", foris „draußen"⟩: (veraltet) außerhalb; ausgeschlossen, ausgenommen. **hors con|cours** [ɔrkõ'ku:r] ⟨*fr.*⟩: außer Wettbewerb. **hors de com|bat** [ɔrdəkõ'ba] ⟨*fr.;* „außer Kampf"⟩: (veraltet) kampfunfähig. **hors de la loi** [ɔrdəla'lɔa] ⟨*fr.;* „außerhalb des Gesetzes"⟩: (veraltet) vogelfrei. **Hors|d'œu|vre** [(h)ɔr'dø:vrə, fr. ɔr'dœ:vr] *das;* -s [...vrə, fr. ...vr], -s [...vrə, fr. ...vr] ⟨aus gleichbed. *fr.* hors-d'œuvre, eigtl. „Beiwerk", zu hors (dies aus *lat.* deforis) „von außen" u. *lat.* opera „Arbeit, Werk"⟩: appetitanregendes kaltes od. warmes Vor- od. Beigericht
Horse [hɔ:s] *das;* - ⟨aus gleichbed. *engl.-amerik.* horse, eigtl. „Pferd"⟩: (Jargon) Heroin. **Horse|pow|er** ['hɔ:spaʊə] *die;* -, - ⟨aus *engl.* horsepower „Pferdestärke"⟩: in Großbritannien verwendete Einheit der Leistung (= 745,7 Watt), Pferdestärke; Abk.: h. p. (früher HP). **Horse|po|wer hour** [- 'aʊə] *die;* - -, - -s ⟨zu *engl.* hour „Stunde"⟩: in Großbritannien übliche Einheit der mechanischen Arbeit (= 1,013 Pferdestärken je Stunde); Abk.: h. p. hr.
Hors|for|dit [auch ...'dɪt] *der;* -s, -e ⟨nach dem amerik. Chemiker E. N. Horsford († 1893) u. zu ↑²...it⟩: ein silberweißes Mineral
Hor|ta|ti|on *die;* -, -en ⟨aus gleichbed. *lat.* hortatio zu hortare, vgl. hortieren⟩: (veraltet) Ermunterung, Ermahnung. **hor|ta|tiv** ⟨aus gleichbed. *lat.* hortatīvus⟩: (veraltet) aufmunternd, ermahnend. **Hor|ta|tiv** *der;* -s, -e [...və] ⟨aus gleichbed. *lat.* (modus) hortatīvus⟩: svw. Adhortativ
Hor|ten|sie [...i̯ə] *die;* -, -n ⟨aus *nlat.* hortensia; wohl nach Hortense Lepaute, der Reisegefährtin des franz. Botanikers Commerson, 18. Jh.⟩: als Strauch- u. Topfpflanze verbreitetes Steinbrechgewächs mit kleinen weißen, grünlichen, roten od. blauen Blüten in Rispen od. [kugeligen] doldenähnlichen Blütenständen
hor|tie|ren ⟨aus gleichbed. *lat.* hortare⟩: (veraltet) ermuntern, ermahnen
Hor|ti|kul|tur *die;* - ⟨zu *lat.* hortus, Gen. horti „Garten" u. ↑Kultur⟩: Gartenbau. **Hor|ti|kul|tu|rist** *der;* -en, -en ⟨zu ↑...ist⟩: Gartenbauer, Gartenbaukünstler. **Hor|ti|sol** *der;* -s ⟨zu *lat.* solum „Boden"⟩: stark ↑humoser Bodentyp, der u. a. durch intensive organische Düngung, tiefgründige Bodenbearbeitung u. Bewässerung entstanden ist. **Hor|ti|therm** *das;* -s ⟨zu ↑...therm⟩: Verfahren zur Nutzung von Abwärme aus technischen Wärmeprozessen zur wirtschaftlichen Beheizung von Gewächshäusern. **Hor|to|lo|ge** *der;* -n, -n ⟨zu ↑...loge⟩: Gartenbaukundiger, Fachmann auf dem Gebiet des Gartenbaus. **Hor|to|lo|gie** *die;* - ⟨zu ↑...logie⟩: Gartenbaukunde. **hor|to|lo|gisch** ⟨zu ↑...logisch⟩: die Gartenbaukunde betreffend
Hor|to|no|lith [auch ...'lɪt] *der;* Gen. -s u. -en, Plur. -e[n] ⟨nach dem amerik. Mineralogen S. R. Horton (19. Jh.) u. zu ↑...lith⟩: ein Mineral, eisenreiche Abart des ↑Olivins
Hor|tu|lus ani|mae [- ...mɛ] *der* od. *das;* - -, ...li - ⟨aus *lat.* hortulus animae „Seelengärtlein"⟩: häufiger Titel von spätmittelalterlichen Gebetbüchern
ho|san|na usw. vgl. hosianna usw. **ho|si|an|na!** ⟨über spätlat. hosanna u. *gr.* hōsanná aus *hebr.* hōšī'ānnâ, eigtl. „hilf doch"⟩: alttestamentl. Gebets- u. Freudenruf, der in die christliche Liturgie übernommen wurde. **Ho|si|an|na** *das;* -s, -s: mit dem ↑²Sanctus verbundener Teil der kath. Messe vor der ↑Eucharistie. **Ho|si|an|na|ruf** *der;* -[e]s, -e: lauter öffentlicher Beifall, Sympathiekundgebung, die einer prominenten Persönlichkeit zuteil wird

Hos|pi|tal *das;* -s, Plur. -e u. ...täler ⟨aus gleichbed. *mlat.* hospitale zu *lat.* hospitalis „gastlich, gastfreundlich"⟩: 1. [kleineres] Krankenhaus. 2. (veraltet) Armenhaus, Altersheim. **hos|pi|ta|li|sie|ren** ⟨zu ↑...isieren⟩: in ein Krankenhaus od. Pflegeheim einliefern. **Hos|pi|ta|li|sie|rung** *die;* -, -en ⟨zu ↑...isierung⟩: das Hospitalisieren. **Hos|pi|ta|lis|mus** *der;* - ⟨zu ↑...ismus (3)⟩: 1. das Auftreten körperlicher od. seelischer Veränderungen nach einem längeren Krankenhausaufenthalt (Psychol., Med.). 2. das Auftreten von Entwicklungsstörungen u. -rückständen bei Kindern als Folge eines Heimaufenthaltes im Säuglingsalter (Psychol., Päd.); vgl. Deprivationssyndrom. 3. Infektion von Krankenhauspatienten od. -personal durch im Krankehaus resistent gewordene Keime (Med.). **Hos|pi|ta|lit** *der;* -en, -en ⟨zu ↑³...it⟩: (veraltet) in ein Hospital Aufgenommener. **Hos|pi|ta|li|tät** *die;* - ⟨zu ↑...ität⟩: (veraltet) Gastfreundschaft. **Hos|pi|ta|li|ter** *der;* -s, - ⟨zu *mlat.* hospitalis, Nebenform von gleichbed. hospitalarius „Mitglied eines Krankenpflegeordens"⟩: Mitglied einer mittelalterlichen religiösen Genossenschaft (von Laienbrüdern, Mönchen od. Ordensrittern) für Krankenpflege. **Hos|pi|ta|li|te|rin** *die;* -, -nen: weibliche Form zu ↑Hospitaliter. **Hos|pi|tant** *der;* -en, -en ⟨zu *lat.* hospitari (vgl. hospitieren) u. ↑...ant⟩: a) Gasthörer an Hochschulen u. Universitäten; b) unabhängiger od. einer kleinen Partei angehörender Abgeordneter, der als Gast Mitglied einer nahestehenden parlamentarischen Fraktion ist. **Hos|pi|tan|tin** *die;* -, -nen: weibliche Form zu ↑Hospitant. **Hos|pi|tanz** *die;* - ⟨zu ↑...anz⟩: Gastmitgliedschaft in einer parlamentarischen Fraktion. **Hos|pi|ta|ti|on** *die;* - ⟨zu ↑...ation⟩: das Teilnehmen am Unterricht u. dem Besuch von pädagogischen Einrichtungen als Teil der praktischen Ausbildung (Päd.). **Hos|pi|tes** [...te:s] *die* (Plur.) ⟨aus *lat.* hospites, Plur. von hospes „Gastfreund, Fremdling"⟩: biotopfremde Arten, Pflanzen- od. Tierarten, die normalerweise in anderen Lebensräumen angesiedelt sind (Biol.). **Hos|pi|tes|se** *die;* -, -n ⟨Kunstw. aus ↑Hospital u. ↑Hosteß⟩: Frau mit einer Ausbildung als Krankenschwester u. zugleich als Sozialarbeiterin, die im Krankenhaus zur Betreuung bestimmter Patientengruppen eingesetzt wird. **hos|pi|tie|ren** ⟨aus *lat.* hospitari „zu Gast sein, als Gast einkehren"⟩: als Gast zuhören od. teilnehmen. **Hos|pi|ti|um pu|bli|cum** [- ...kʊm] *das;* ...tii ...tsi ⟨aus *lat.* hospitium publicum „öffentliches Gastrecht"⟩: im alten Rom durch Senatsbeschluß an auswärtige Gemeinden u. einzelne Freunde verliehener Rechtsschutz im röm. Gebiet. **Hos|piz** *das;* -es, -e ⟨aus *lat.* hospitium „Gastfreundschaft, Herberge"⟩: 1. [groß]städtisches Gasthaus od. Hotel, das im christlichen Geist geführt wird. 2. von Mönchen errichtete Unterkunft für Reisende od. wandernde Mönche im Mittelalter (z. B. auf dem St.-Bernhard-Paß)
Hos|po|dar, Gospodar *der;* Gen. -s u. -en, Plur. -e[n] ⟨aus gleichbed. *rumän.* hospodar, *ukrain.* gospodar bzw. *serb.* gospòdār, eigtl. „Herr"⟩: 1. (ohne Plur.) *slaw.* Fürstentitel in Montenegro, der Moldau u. der Walachei (seit dem 14. Jh.). 2. Träger dieses Titels
Host|com|pu|ter ['hoʊstkəmpju:tə] *der;* -s, - ⟨zu *engl.* host „Gastgeber" u. ↑Computer⟩: Computer in einem Netzwerk, der netzwerkunabhängige Aufgaben ausführt (EDV). **Ho|steß** [hɔ'stɛs, auch 'hɔ...] *die;* ...tessen ⟨aus gleichbed. *engl.* hostess, eigtl. „Gastgeberin"⟩: 1. a) junge weibliche Person, die auf Messen, in Hotels o. ä. zur Betreuung od. Beratung der Besucher, Gäste od. Reisegruppen angestellt ist; b) Angestellte einer Fluggesellschaft, die im Flugzeug od. auf dem Flughafen die Reisenden betreut.

Huitain

2. (verhüllend) ↑ Prostituierte, die ihre Dienste bes. über Zeitungsannoncen anbietet

Ho|stie [...i̯ə] *die;* -, -n 〈aus gleichbed. *mlat.* hostia, dies aus *lat.* hostia „Opfer, Opfertier"〉: beim Abendmahl in der lutherischen Kirche od. bei der ↑ Kommunion (1) in der kath. Kirche dem Gläubigen gereichte ↑ ¹Oblate (1), die den Leib Christi darstellt

ho|stil 〈aus gleichbed. *lat.* hostilis〉: (veraltet) feindlich. **Ho|sti|li|tät** *die;* -, -en 〈aus gleichbed. *spätlat.* hostilitas, Gen. hostilitatis〉: (veraltet) Feindseligkeit. **Ho|sti|li|ti|um** *das;* -s, ...ia 〈aus gleichbed. *mlat.* hostilitium〉: Kriegssteuer im Mittelalter

Hot *der;* -s, -s 〈zu *engl.-amerik.* hot „heiß, scharf, heftig"〉: 1. (ohne Plur.) scharf akzentuierende u. synkopierende Spielweise im Jazz. 2. Kurzform von ↑ Hot Jazz. **Hot brines** ['hɔt'braɪnz] *die* (Plur.) 〈aus gleichbed. *engl.* hot brines, zu brine „Salzwasser"〉: am Meeresboden austretende heiße Lösungen vulkanischen Ursprungs (Geol.)

Hotch|potch ['hɔtʃpɔtʃ] *das;* -, -es 〈über *engl.* hotchpotch aus gleichbed. *fr.* hochepot, dies aus hocher „schütteln" u. pot „Topf"〉: Eintopfgericht aus Gemüse mit Fleisch

Hot dog *das,* auch *der;* - -s, - -s 〈aus gleichbed. *amerik.* hot dog, eigtl. „heißer Hund"〉: in ein aufgeschnittenes Brötchen gelegtes heißes Würstchen mit Ketchup o. ä.

Ho|tel *das;* -s, -s 〈aus gleichbed. *fr.* hôtel, dies aus *spätlat.* hospitale „Gast(schlaf)zimmer", vgl. Hospital〉: (als Gewerbebetrieb geführtes) Haus mit einem gewissen Mindestkomfort, in dem Gäste übernachten bzw. für eine bestimmte Zeit wohnen können u. verpflegt werden. **Ho|tel|di|rek|tor** *der;* -s, -en: 1. Direktor eines Hotels. 2. svw. Hotelier. **Ho|tel gar|ni** *das;* - -, -s -s [ho'tɛl gar'ni:] 〈aus *fr.* hôtel garni „Logierhaus", dies aus hôtel (vgl. Hotel) u. garni „Logierhaus, möbliertes Zimmer" zu garnir „ausstatten", vgl. garnieren〉: Hotel[betrieb], in dem es nur Frühstück gibt. **Ho|te|lier** [hotə'li̯e:] *der;* -s, -s 〈aus gleichbed. *fr.* hôtelier〉: Hotelbesitzer. **Ho|te|liè|re** [...'li̯ɛ:rə] *die;* -, -n 〈aus gleichbed. *fr.* hôtelière〉: (veraltet) Hotelbesitzerin. **Ho|tel|ket|te** *die;* -, -n: Reihe von Hotels desselben Unternehmens. **Ho|tel|le|rie** *die;* - 〈aus *fr.* hôtellerie „Gasthaus"〉: Gast-, Hotelgewerbe

Hot in|to|na|tion ['hɔt ɪntə'neɪʃən] *die;* - - 〈aus *engl.-amerik.* hot intonation, eigtl. „heiße Intonation", zu hot, vgl. Hot〉: Bez. für die spezifische Tonbildung des [klassischen] Jazz. **Hot Jazz** [- 'dʒæz] *der;* - - 〈aus *engl.-amerik.* hot jazz, eigtl. „heißer Jazz"〉: Bez. für die frühen Jazzstile bis zum ↑ Swing (2). **Hot line** [- 'laɪn] *die;* - -, - -s 〈aus *engl.* hot line, eigtl. „heißer Draht"〉: Bez. für einen telefonischen Notfallservice, der z. B. bei Problemen mit der ↑ Hardware, ↑ Software od. Gesamtanwendung von Computern hilft. **Hot|melts** ['hɔtmɛlts] *die* (Plur.) 〈zu *engl.* to melt „schmelzen"〉: Sammelname für Werkstoffe u. Klebstoffe auf der Grundlage von ↑ Paraffinen. **Hot mo|ney** ['hɔt 'mʌnɪ] *das;* - - 〈aus gleichbed. *engl.-amerik.* hot money, eigtl. „heißes Geld"〉: Geld, das kurzfristig von Land zu Land transferiert wird, um Währungsgewinne zu erzielen. **Hot pants** [- 'pɛnts] *die* (Plur.) 〈aus gleichbed. *engl.* hot pants, eigtl. „heiße Hosen"〉: sehr kurze u. enge Damenshorts. **Hot shots** [- 'ʃɔts] *die* (Plur.) 〈aus gleichbed. *engl.* hot shots, eigtl. „heiße Schüsse"〉: schnelle Folge von Gags (1). **Hot-So|lo** *das;* -s, Plur. -s u. ...li 〈zu ↑ Solo〉: in den zwanziger Jahren des 20. Jh.s Bez. für den Stil der instrumentalen Soloimprovisation des Chicago-Jazz. **Hot spot** [- 'spɔt] *der;* - -s, - -s 〈aus *engl.* hot spot, eigtl. „heiße Stelle"〉: 1. einzelne Stelle od. Bereich eines ↑ Gens, an dem bes. häufig ↑ Mutationen (1) auftreten (Biol.). 2. hypothetisch begrenzte Schmelzregion im Erdmantel unterhalb der ↑ Lithosphäre (Geol.). **hot|ten** 〈zu ↑ Hot〉: 1. (ugs.) zu Jazzmusik tanzen. 2. Hot Jazz spielen

Hot|to|nia *die;* -, ...ien [...i̯ən] 〈aus *nlat.* hottonia; nach dem holländ. Botaniker Peter Hotton, † 1709〉: Wasserprimel; Zierpflanze für Aquarien u. Uferbepflanzungen

Houppe|lande [u'plɑ̃:d] *die;* -, -s [...ɑ̃:d] 〈aus gleichbed. *(mittel)fr.* houppelande (Herkunft unsicher)〉: im 14. Jh. aufgekommenes langes, glockenförmig geschnittenes Obergewand des Mannes

Hour|di [ʊr'di:] *der;* -s, -s (meist Plur.) 〈aus gleichbed. *fr.* hourdi zu hourder „grob ausmauern"〉: Hohlstein aus gebranntem Ton mit ein- od. zweireihiger Lochung, der bes. für Decken u. zwischen Stahlträgern verwendet wird

House of Com|mons ['haʊs əv 'kɔmənz] *das;* - - - 〈aus *engl.* House of Commons, eigtl. „Haus der Gemeinen"〉: das engl. Unterhaus. **House of Lords** [- - 'lɔ:dz] *das;* - - - 〈aus *engl.* House of Lords, eigtl. „Haus der Lords"〉: das engl. Oberhaus. **House of Re|pre|sen|ta|tives** [- - rɛprɪ'zɛntətɪvz] *das;* - - - 〈aus *engl.* House auf Representatives, eigtl. „Haus der Abgeordneten"〉: das amerikan. ↑ Repräsentantenhaus

Ho|ver|craft ['hɔvɛkra:ft] *das;* -[s], -s 〈aus gleichbed. *engl.* hovercraft, eigtl. „Schwebefahrzeug"〉: Luftkissenfahrzeug (Auto, Schiff)

Ho|wea *die;* -, ...we̯en 〈aus *nlat.* howea; nach der austr. Lord-Howe-Insel〉: ein Palmengewächs; Zierpalme (Bot.)

How|to ['haʊtʊ] *das;* -[s], -s 〈zu *engl.* how „wie" u. to (make) „zu (machen)"〉: Anleitungsbuch zum selbständigen Basteln, Reparieren usw.

Hua|ca ['u̯aka] *die;* -, -s 〈über gleichbed. älter *span.* huaca, *span.* guaca, eigtl. „Grabstätte", aus *indian.* (Ketschua) wáka〉: bei den Indianern der südamerik. Anden Bez. für heilige Orte (z. B. Bauten, Berge, Quellen); heute vor allem Bez. für vorspanische Ruinenstätten

Hua|na|co [u̯a...ko] vgl. Guanako

Hubble-Ef|fekt ['hʌbl...] *der;* -[e]s 〈nach dem nordamerik. Astronomen E. P. Hubble, 1889–1953〉: die Tatsache, daß die Rotverschiebung der Spektren ↑ extragalaktischer Sternsysteme linear mit der Entfernung zunimmt (Astron.)

Hüb|ne|rit [auch ...'rɪt] *der;* -s, -e 〈nach dem dt. Gießereiinspektor A. Hübner (19. Jh.) u. zu ↑ ²...it〉: Bestandteil des ↑ Wolframits

Hue|mul *der;* -s 〈aus *span.* huemul, „Gabelhirsch" (aus einer südamerik. Indianersprache)〉: Südandenhirsch

Huer|ta ['u̯ɛrta] *die;* -, -s 〈aus gleichbed. *span.* huerta zu huerto „Garten", dies aus gleichbed. *lat.* hortus〉: fruchtbare, künstlich bewässerte Ebene in Spanien

Hu|ge|not|te *der;* -n, -n 〈aus gleichbed. *fr.* Huguenot, dies entstellt aus *dt.* „Eidgenosse"〉: 1. Anhänger des Kalvinismus in Frankreich. 2. Nachkomme eines zur Zeit der Verfolgung aus Frankreich geflohenen Kalvinisten. **Hu|ge|not|ten|stil** *der;* -[e]s: durch vertriebene Hugenotten im 17. Jh. in Deutschland u. Holland verbreitete klassizistisch nüchterne Umbildung des Barockstils (Archit.). **hu|ge|not|tisch**: die Hugenotten betreffend, zu ihnen gehörend

Hughes|te|le|graf ['hju:z...] *der;* -en, -en 〈nach dem engl. Physiker D. E. Hughes, 1831–1900〉: Fernschreiber zur Telegrammübermittlung, der am Empfänger direkt Buchstaben ausdruckt

Huile [ɥi:l] *der;* -[s], -s 〈aus gleichbed. *fr.* huile, dies aus *lat.* oleum〉: franz. Bez. für Öl

Hui|tain [ɥi'tɛ̃:] *der;* -[s], -s 〈aus gleichbed. *fr.* huitain zu huit

„acht"⟩: in der franz. Verslehre Bez. für ein einstrophiges Gedicht aus acht gleich gebauten Zeilen

hu|ius an|ni [...jʊs –] ⟨*lat.*⟩: dieses Jahres; Abk.: h. a. **hu|ius men|sis** ⟨*lat.*⟩: dieses Monats; Abk.: h. m.

Huk *die;* -, -en ⟨aus gleichbed. niederl. hoek, eigtl. „Haken"⟩: Landzunge, die den geradlinigen Verlauf einer Küste unterbricht (Seemannsspr.)

Hu|ka *die;* -, -s ⟨aus gleichbed. *arab.* ḥuqqa⟩: ind. Wasserpfeife

Huk|boot *das;* -[e]s, -e ⟨aus gleichbed. niederl. hoekboot⟩: kleines Beiboot des Hukers. **Hu|ker** *der;* -s, - ⟨aus gleichbed. niederl. hoeker⟩: breites, flaches Segelschiff, das im 18./19. Jh. in der Hochseefischerei eingesetzt wurde

Hu|la *die;* -, -s, auch *der;* -s, -s ⟨aus *hawaiisch* hula(-hula)⟩: [↑kultischer] Gemeinschaftstanz der Eingeborenen auf Hawaii. **Hu|la-Hoop** [...'hʊp] u. **Hu|la-Hopp** *der* od. *das;* -s ⟨aus gleichbed. engl. Hula-Hoop, dies aus ↑Hula u. hoop „Reif(en)"⟩: Reifenspiel, bei dem man einen Reifen um die Hüfte kreisen läßt. **Hu|la-Hoop-Rei|fen** *der;* -s, -: größerer Reifen, den man um die Hüften durch kreisende Bewegungen des Körpers schwingen läßt

Hulk, **Holk** *die;* -, -e[n] od. *der;* -[e]s, -e[n] ⟨über engl. hulk aus *(m)lat.* holcas „Lastkahn", dies aus gleichbed. *(m)gr.* holkás⟩: abgetakelter, für Kasernen- u. Magazinzwecke verwendeter Schiffskörper

Hul|ly-Gul|ly ['halɪˈgali] *der;* - ⟨anglisierende Bildung, Herkunft unbekannt⟩: in den 1960er Jahren aufgekommener geselliger Tanz in einer Reihe od. im Kreis

Hul|man *der;* -, -s ⟨aus dem Hindi⟩: meerkatzenähnlicher Schlankaffe Vorderindiens

hu|ma|jun ⟨aus gleichbed. *türk.* hümayun⟩: gesegnet, kaiserlich (in der Zeit der türkischen Sultane). **Hu|ma|jun** *der;* -s, -e: Kaiser, Titel der türkischen Sultane

hu|man ⟨aus gleichbed. *lat.* humanus, eigtl. „irdisch", zu humus „Erde, Erdboden"⟩: 1. a) die Menschenwürde achtend, menschenwürdig; Ggs. ↑inhuman; b) ohne Härte, nachsichtig, nicht streng im Umgang mit anderen. 2. zum Menschen gehörend, ihn betreffend. **hu|man...**, **Hu|man...** ⟨zu ↑human⟩: Wortbildungselement mit der Bedeutung „den Menschen betreffend, zum Menschen gehörend", z. B. humangenetisch, Humanmedizin. **Hu|man|bio|lo|ge** *der;* -n, -n: Wissenschaftler auf dem Gebiet der Humanbiologie. **Hu|man|bio|lo|gie** *die;* -: Teilgebiet der naturwissenschaftlichen Anthropologie, das sich bes. mit der Entstehung der menschlichen Rassen beschäftigt. **hu|man|bio|lo|gisch:** die Humanbiologie betreffend. **Hu|man coun|ter** ['hju:mən 'kaʊntə] *der;* - -[s], - -[s] ⟨aus gleichbed. *engl.* human counter, zu counter „Zählmaschine, Zählwerk"⟩: in einem abgeschirmten Raum aufgestelltes Meßgerät zur Bestimmung der Strahlenmenge, die vom menschlichen Körper aufgenommen u. wieder abgestrahlt wird (bei der Strahlenschutzüberwachung). **Hu|man en|gi|nee|ring** [– ɛndʒɪˈnɪərɪŋ] *das;* - - ⟨aus gleichbed. engl.-amerik. human engineering u. engineering „Bedienung von Maschinen"⟩: Berücksichtigung der psychologischen u. sozialen Voraussetzungen des Menschen bei der Gestaltung u. Einrichtung von Arbeitsplätzen u. maschinellen Einrichtungen; Sozialtechnologie (Sozialpsychol.). **Hu|man|etho|lo|gie** [hu...] *die;* - ⟨zu ↑human...⟩: Teilgebiet der Verhaltensforschung, das die Sitten u. Gebräuche eines Volkes od. den Charakter einzelner Menschen untersucht. **Hu|ma|net|te** *die;* -, -n ⟨französierende Bildung zu *lat.* humanus „menschlich" u. ↑...ette⟩: im Figurentheater meist lebensgroße Figur, die als Körperfigur den Spieler verdeckend vor diesem bewegt wird. **Hu|man|ge|ne|tik** *die;* - ⟨zu ↑human...⟩: Teilgebiet der Genetik, das sich bes. mit der Erblichkeit der körperlichen Merkmale u. der geistigseelischen Eigenschaften des Menschen befaßt. **Hu|man|ge|ne|ti|ker** *der;* -s, -: Wissenschaftler auf dem Gebiet der Humangenetik. **hu|man|ge|ne|tisch:** die Humangenetik betreffend. **Hu|man|in|su|lin** *das;* -s; biosynthetisch bzw. semisynthetisch hergestelltes Insulin. **Hu|ma|nio|ra** *die* (Plur.) ⟨aus *nlat.* (studia) humaniora, eigtl. „die feineren (Studien)", zu *lat.* humaniora, Komp. Plur. (Neutrum) von humanus „fein gebildet"; vgl. human⟩: (veraltet) das griechisch-römische Altertum als Grundlage der Bildung u. als Lehr- u. Prüfungsfächer. **hu|ma|ni|sie|ren** ⟨zu ↑human... u. ↑...isieren⟩: (bes. in bezug auf die Lebens- u. Arbeitsbedingungen des Menschen) humaner, menschenwürdiger, menschlicher, sozialer gestalten. **Hu|ma|ni|sie|rung** *die;* -, -en ⟨zu ↑...isierung⟩: das Humanisieren. **Hu|ma|nis|mus** *der;* - ⟨zu ↑Humanist u. ↑...ismus (1)⟩: 1. (auf das Bildungsideal der griechisch-römischen Antike gegründetes) Denken u. Handeln im Bewußtsein der Würde des Menschen; Streben nach einer echten Menschlichkeit. 2. literarische u. philologische Neuentdeckung u. Wiedererweckung der antiken Kultur, ihrer Sprachen, ihrer Kunst u. Geisteshaltung vom 13. bis zum 16. Jh. **Hu|ma|nist** *der;* -en, -en ⟨aus gleichbed. *it.* umanista zu umano „menschlich", dies aus gleichbed. *lat.* humanus⟩: 1. jmd., der die Ideale des Humanismus (1) in seinem Denken u. Handeln zu verwirklichen sucht, vertritt. 2. Vertreter des Humanismus (2). 3. jmd., der über eine humanistische [Schul]bildung verfügt; Kenner der alten Sprachen. **Hu|ma|ni|stin** *die;* -, -nen: weibliche Form zu ↑Humanist. **hu|ma|ni|stisch** ⟨zu ↑...istisch⟩: 1. a) im Sinne des Humanismus (1) handelnd; b) an klassischem Altertum orientiert. 2. altsprachlich gebildet; -es Gymnasium: höhere Schule mit vorwiegend altsprachlichen Lehrfächern. **hu|ma|ni|tär** ⟨aus gleichbed. *fr.* humanitaire zu humanité „Menschlichkeit, Menschheit", dies aus gleichbed. *lat.* humanitas⟩: menschenfreundlich, wohltätig, speziell auf das Wohl des Menschen gerichtet. **Hu|ma|ni|ta|ris|mus** *der;* - ⟨nach dem Namen einer nach dem „Journal humanitaire" benannten, in Frankreich seit 1839 bestehenden Gruppe, die soziale Mißstände beseitigen wollte⟩: menschenfreundliche Gesinnung, Denkhaltung. **Hu|ma|ni|tas** *die;* - ⟨aus gleichbed. *lat.* humanitas⟩: Menschlichkeit, Menschenliebe (als Grundlage des Denkens u. Handelns). **Hu|ma|ni|tät** *die;* - ⟨zu ↑...ität⟩: Menschlichkeit, die auf die Würde des Menschen u. auf Toleranz gegenüber anderen Gesinnungen ausgerichtet ist; edle Gesinnung im Verhalten zu den Mitmenschen. **Hu|ma|ni|täts|apo|stel** *der;* -s, - ⟨(iron.) jmd., der die Ideen u. Inhalte der Humanität mit rigorosem Engagement durchzusetzen, zu verwirklichen trachtet. **Hu|ma|ni|täts|ide|al** *das;* -s, -e: auf den Ideen der Humanität beruhendes Ideal. **Hu|man|ka|pi|tal** *das;* -s ⟨aus gleichbed. *engl.* human capital⟩: Arbeitsvermögen, die Gesamtheit der wirtschaftlich verwertbaren Fähigkeiten, Kenntnisse u. Verhaltensweisen von Personen od. Personengruppen. **Hu|man|me|di|zin** *die;* - ⟨zu ↑human...⟩: Bereich der medizinischen Wissenschaft, der den Menschen u. dessen Krankheiten betrifft. **Hu|man|me|di|zi|ner** *der;* -s, -: Arzt der Humanmedizin. **hu|man|me|di|zi|nisch:** die Humanmedizin betreffend, auf ihr beruhend, zu ihr gehörend. **Hu|man|öko|lo|ge** *der;* -n, -n: Wissenschaftler auf dem Gebiet der Humanökologie. **Hu|man|öko|lo|gie** *die;* -: Teilgebiet der Ökologie, das die Beziehungen zwischen Mensch u. Umwelt untersucht. **hu|man|öko|lo|gisch:** die Humanökologie betreffend, auf ihr beruhend. **Hu|man|phy|sio|lo-**

gie *die;* -: Wissenschaft von den normalen Lebensvorgängen beim Menschen. **Hu|man|psy|cho|lo|ge** *der;* -n, -n: Wissenschaftler auf dem Gebiet der Humanpsychologie. **Hu|man|psy|cho|lo|gie** *die;* -: Wissenschaft, die sich mit der ↑Psyche (1) des Menschen befaßt. **hu|man|psy|cho|logisch:** die Humanpsychologie betreffend, auf ihr beruhend. **Hu|man Re|la|tions** ['hju:mən rɪ'leɪʃənz] *die* (Plur.) ⟨aus *engl.-amerik.* human relations, eigtl. „menschliche Beziehungen", zu *engl.* relation „Beziehung"; vgl. Relation⟩: (in den 1930er Jahren von den USA ausgegangene) Richtung der betrieblichen Personal- u. Sozialpolitik, die die Bedeutung der zwischenmenschlichen Beziehungen im Betrieb betont. **Hu|man|wis|sen|schaft** [hu...] *die;* -, -en ⟨zu ↑human...⟩: Wissenschaft, die sich mit dem Menschen beschäftigt (z. B. Anthropologie, Soziologie, Psychologie) **Hu|mat** *das;* -[e]s, -e (meist Plur.) ⟨zu ↑Humus u. ↑...at (2)⟩: Salz der Huminsäure. **Hu|ma|ti|on** *die;* -, -en ⟨aus gleichbed. *lat.* humatio⟩: (veraltet) Beerdigung

Hum|bug *der;* -s ⟨aus gleichbed. *engl.* humbug (Herkunft unsicher)⟩: etw., was als unsinnig, töricht angesehen wird

Hu|me|ra|le *das;* -s, Plur. ...lien [...jən] u. ...lia ⟨aus *(kirchen)lat.* humerale „Schultertuch"⟩: 1. in der Liturgie der Eucharistie verwendetes Schultertuch des kath. Priesters, Amikt. 2. am Vorderende gelegener Hornschild des Bauchpanzers bei Schildkröten (Zool.). **hu|me|ro|ra|di|al** ⟨zu ↑Humerus u. ↑radial⟩: zu Oberarm u. Speiche gehörend (Med.). **hu|me|ro|ul|nar** ⟨zu ↑Ulna u. ↑...ar (1)⟩: zu Oberarm u. Elle gehörig (Med.). **Hu|me|rus** *der;* -, ...ri ⟨aus gleichbed. *lat.* (h)umerus⟩: Oberarmknochen (Med.)

hu|mid, hu|mi|de ⟨unter Einfluß von gleichbed. *fr.* humide aus *lat.* (h)umidus „feucht, wässerig"⟩: feucht, naß; -e Gebiete: Landstriche mit einer jährlichen Niederschlagsmenge von über 600 l pro m² (Meteor.). **hu|mi|die|ren** ⟨zu ↑...ieren⟩: benetzen, anfeuchten. **Hu|mi|di|tät** *die;* - ⟨aus gleichbed. *fr.* humidité; vgl. ...ität⟩: Feuchtigkeit

Hu|mi|fi|ka|ti|on *die;* - ⟨zu ↑Humus u. ↑...fikation⟩: Vermoderung, Humusbildung (bes. durch Bakterien, Pilze, Würmer u. a.); vgl. ...[at]ion/...ierung. **hu|mi|fi|zie|ren** ⟨zu ↑...fizieren⟩: zu Humus umwandeln; vermodern. **Hu|mi|fi|zie|rung** *die;* - ⟨zu ↑...fizieren⟩: svw. Humifikation; vgl. ...[at]ion/...ierung

hu|mil ⟨aus gleichbed. *lat.* humilis⟩: (veraltet) niedrig; demütig. **hu|mi|li|ant** ⟨aus gleichbed. *fr.* humiliant, Part. Präs. von humilier, vgl. humiliieren⟩: (veraltet) demütigend. **Hu|mi|li|a|ten** *die* (Plur.) ⟨zu *mlat.* humiliatus, eigtl. „der Gedemütigte", Part. Perf. von *lat.* humiliare „erniedrigen, demütigen"⟩: Anhänger einer Bußbewegung des 11. u. 12. Jh.s. **Hu|mi|li|a|ti|on** *die;* -, -en ⟨über *fr.* humiliation aus gleichbed. *lat.* humiliatio⟩: (veraltet) Demütigung. **hu|mi|li|ie|ren** ⟨über *fr.* humilier aus gleichbed. *lat.* humiliare⟩: (veraltet) erniedrigen, demütigen. **Hu|mi|li|tät** *die;* - ⟨über *fr.* humilité aus gleichbed. *lat.* humilitas, Gen. humilitatis⟩: (veraltet) Demut

Hu|min *das;* -s, -e (meist Plur.) ⟨zu ↑Humus u. ↑...in (1)⟩: schwarze, schwachsaure Bodensubstanz mit hohem Kohlenstoffgehalt. **Hu|mi|nit** [auch ...'nɪt] *das;* -s, -e ⟨zu ↑²...it⟩: Gefügebestandteil der Braunkohle. **Hu|min|säu|re** *die;* -, -n: aus Resten abgestorbener Lebewesen sich im Boden bildende Säure

¹Hu|mit [auch ...'mɪt] *der;* -s, -e ⟨nach dem *engl.* Geologen A. Hume (1748–1838) u. zu ↑²...it⟩: ein rhombisches, olivinähnliches Silikatmineral

²Hu|mit [auch ...'mɪt] *der;* -s, -e ⟨zu ↑Humus u. ↑²...it⟩: svw. Humolith. **Hu|mo|lith** [auch ...'lɪt] *der;* Gen. -s u. -en, Plur.

-e[n] ⟨zu ↑...lith⟩: Humuskohle, ↑Sediment pflanzlicher Herkunft (z. B. Torf, Braunkohle)

¹Hu|mor *der;* -s, -e (Plur. selten) ⟨aus älter *engl.* humour „literarische Stilgattung des Komischen", eigtl. „Stimmung, Laune", dies aus gleichbed. *altfr.* humour zu *lat.* (h)umores (Plur.) „(Temperament u. Charakter bestimmende) Körpersäfte" zu (h)umor „Feuchtigkeit"⟩: 1. (ohne Plur.) Fähigkeit, Gabe eines Menschen, der Unzulänglichkeit der Welt u. der Menschen, den Schwierigkeiten u. Mißgeschicken des Alltags mit heiterer Gelassenheit zu begegnen, sie nicht so tragisch zu nehmen u. über sie u. sich lachen zu können. 2. sprachliche, künstlerische o. ä. Äußerung einer von Humor (1) bestimmten Geisteshaltung, Wesensart, z. B. der rheinische -; **schwarzer** -: das Grauen einbeziehender Humor

²Hu|mor *der;* -s, ...ores [...re:s] ⟨aus *lat.* (h)umor „Flüssigkeit, Feuchtigkeit"⟩: Körperflüssigkeit (Med.). **hu|mo|ral** ⟨zu ↑¹...al (1)⟩: den ²Humor, die Körperflüssigkeiten betreffend, auf sie bezüglich (Med.). **Hu|mo|ral|dia|gno|stik** *die;* -: medizinische Methode der Krankheitserkennung durch Untersuchung der Körperflüssigkeiten. **Hu|mo|ral|pa|tho|lo|gie** *die;* -: antike Lehre, nach der alle Krankheiten auf die fehlerhafte Zusammensetzung des Blutes u. anderer Körpersäfte zurückzuführen seien; Säftelehre; vgl. Solidarpathologie. **Hu|mo|res** [...re:s] Plur. von ↑²Humor

hu|mo|resk ⟨zu ¹Humor u. ↑...esk⟩: humorvoll, heiter, spritzig. **Hu|mo|res|ke** *die;* -, -n ⟨Analogiebildung zu Groteske, Burleske⟩: 1. kleine humoristische Erzählung. 2. Musikstück von komischem od. erheiterndem Charakter. **hu|mo|rig** ⟨zu ↑¹Humor⟩: launig, mit Humor. **hu|mo|ri|sie|ren** ⟨zu ↑...isieren⟩: launig darstellen, mit liebenswürdigem Scherz behandeln. **Hu|mo|rist** *der;* -en, -en ⟨aus gleichbed. *engl.* humorist⟩: 1. jmd. (Schriftsteller, Künstler), dessen Werke sich durch eine humoristische Behandlungsweise des Stoffes auszeichnen. 2. Vortragskünstler, der witzige Sketche o. ä. darbietet. **Hu|mo|ris|ti|kum** *das;* -s, ...ka ⟨zu ↑...ikum⟩: etwas Humorvolles. **hu|mo|ristisch:** den ¹Humor betreffend; scherzhaft, launig, heiter

hu|mos ⟨zu ↑Humus u. ↑²...os⟩: reich an Humus

Hu|mu|lon *das;* -s, -e ⟨zu ↑Humulus u. ↑²...on⟩: Bitterstoff des Hopfens (Bot.). **Hu|mu|lus** *der;* - ⟨aus gleichbed. *mlat.* humulus, Verkleinerungsform von *vulgärlat.* „Hopfen", dies vermutlich aus *slaw.* chmel⟩: Hopfen (Hanfgewächs; Brauerei- u. Heilpflanze)

Hu|mus *der;* - ⟨aus *lat.* humus „Erde, Erdboden"⟩: fruchtbarer Bodenbestandteil von dunkelbrauner Färbung, der sich in einem ständigen Umbauprozeß befindet. **Hu|musak|ku|mu|la|ti|on** *die;* -: Anreicherung der im Boden vorhandenen Humusmenge. **Hu|mus|kar|bo|nat|bo|den** *der;* -s, ...böden: dunkler Bodentyp, der sich besonders auf Kalkstein bildet (Geol.)

Hun|dred|weight ['hʌndrədweɪt] *das;* -[s], -s ⟨aus *engl.* hundredweight, eigtl. „Hundertgewicht"⟩: engl. Handelsgewicht; Abk.: cwt, cwt. (eigtl. für *centweight*)

Hun|ga|ri|ka *die* (Plur.) ⟨zu *nlat.* Hungaria „Ungarn" u. ↑...ika⟩: Werke über Ungarn. **Hun|ga|ri|stik** *die;* - ⟨zu ↑...istik⟩: Wissenschaft von der ungarischen Sprache u. Literatur

Hun|ter ['hantɐ, *engl.* 'hʌntə] *der;* -s, - ⟨aus gleichbed. *engl.* hunter, eigtl. „Jäger"⟩: 1. ursprünglich in England u. Irland gezüchtetes Jagdpferd. 2. engl. Jagdhund

Hun|ter-Glos|si|tis ['hantɐ...] *die;* -, ...tiden ⟨nach dem *engl.* Internisten W. Hunter (1861–1937) u. zu ↑Glossitis⟩: entzündliche Zungenveränderungen mit zu Streifen zusammenfließenden rundlichen roten Flecken (Med.)

Hurdy-gurdy

Hur|dy-gur|dy ['hə:dɪgə:dɪ] *das;* -s, -s ⟨aus gleichbed. *engl.* hurdy-gurdy, weitere Herkunft unbekannt⟩: englische Drehleier (Mus.)

Hu|réau|lith [yreo..., auch ...'lɪt] *der;* Gen. -s u. -en, Plur. -e[n] ⟨nach dem nördlich von Limoges gelegenen Fundort Huréaux (Frankreich) u. zu ↑...*lith*⟩: durchscheinend rötlichgelbes od. rötlichbraunes Mineral

Hu|ri *die;* -, -s ⟨über *pers.* hūrīy aus *arab.* ḥūrīya „(Paradies)jungfrau; Nymphe"⟩: schönes Mädchen im Paradies des ↑Islams

Hur|ling ['hə:lɪŋ] *das;* -s ⟨aus gleichbed. *engl.* hurling zu to hurl „schleudern, werfen"⟩: dem Hockey verwandtes, in Irland noch gespieltes Schlagballspiel (Sport)

Hu|ron *das;* -s ⟨nach dem Huronsee in Nordamerika⟩: das mittlere ↑Algonkium in Nordamerika (Geol.)

Hur|ri|kan ['hʌrɪkən, 'hʊrikan] *der;* -s, Plur. -e u. (bei *engl.* Ausspr.) -s ⟨über *engl.* hurricane, *span.* huracán aus gleichbed. *indian.* (*Taino*) hurakán zu hura „Wind; wegblasen"⟩: Orkan; heftiger tropischer mittelamerik. Wirbelsturm; vgl. Taifun

Hu|ru|fis *die* (Plur.) ⟨zu *arab.* ḥurūf „die Buchstaben"⟩: schiitisch-islamische Sektierer, die den Buchstaben mystische Bedeutungen beimaßen

Hu|sar *der;* -en, -en ⟨aus gleichbed. *ung.* huszár, dies aus *serbokroat.* husar, gusar „(See)räuber", aus gleichbed. *it.* corsaro, vgl. Korsar⟩: (früher) Angehöriger der leichten Reiterei in ung. Nationaltracht

Hus|ky ['haski] *der;* -s, Plur. ...kies [...ki:s] od. ...kys ⟨aus gleichbed. *engl.* husky, vielleicht entstellt aus ↑Eskimo⟩: Eskimohund (mittelgroße, spitzähnliche Hunderasse)

Hus|le *die;* -, -n ⟨aus gleichbed. *slaw.* husle, gusle; vgl. Gusla⟩: altertümliche Geige der Lausitzer Wenden; vgl. Gusla

Hus|sit *der;* -en, -en ⟨nach dem tschech. Reformator J. Hus (um 1370–1415) u. zu ↑³...*it*⟩: Anhänger der religiössozialen Aufstandsbewegung im 15. u. 16. Jh. in Böhmen, die durch die Verbrennung des Reformators Hus auf dem Konzil zu Konstanz 1415 hervorgerufen wurde. **Hus|si|tis|mus** *der;* - ⟨zu ↑¹...*ismus* (1)⟩: Lehre u. Bewegung der Hussiten

Hu|stle [hʌsl] *der;* -[s], -s ⟨aus gleichbed. *engl.* hustle zu to hustle „(sich) drängen, treiben", dies aus *(mittel)niederl.* husselen „sich schwingend bewegen"⟩: a) moderner Linientanz, bei dem die Tänzer in Reihen stehen u. bestimmte Schrittfolgen ausführen; b) svw. Diskofox. **Hust|ler** ['hʌslə] *der;* -s, - ⟨aus gleichbed. *engl.* hustler⟩: jmd., der Hustle tanzt

Hut|to|nit [auch ...'nɪt] *der;* -s, -e ⟨nach dem amerik. Geologen C. O. Hutton (*1910) u. zu ↑²...*it*⟩: ↑monokline farblose Abart des ↑Thorits

Hwan [xvan] *der;* -[s], -[s] ⟨aus gleichbed. *korean.* hwan⟩: südkorean. Währungseinheit (= 100 Chon)

Hya|den *die* (Plur.) ⟨aus gleichbed. *gr.* Hyádes (Herkunft unsicher)⟩: 1. Gruppe von Nymphen in der griech. Mythologie. 2. Sternanhäufung im Sternbild Stier (Astron.)

hyal..., **Hyal...** vgl. hyalo..., Hyalo... **hya|lin** ⟨aus *lat.* hyalinus „gläsern", dies aus gleichbed. *gr.* hyálinos⟩: durchscheinend, glasartig, glasig (Med.). **Hya|lin** *das;* -s, -e ⟨zu ↑hyalo... u. ↑...*in* (1)⟩: aus Geweben umgewandelte glasige Eiweißmasse. **Hya|li|no|se** *die;* -, -n ⟨zu ↑¹...*ose*⟩: Ablagerung von Hyalin in Geweben u. an Gefäßwänden (Med.). **Hya|lit** [auch ...'lɪt] *der;* -s, -e ⟨zu ↑hyalo... u. ↑²...*it*⟩: wasserheller, wie Glas glänzender Opal, der oft als krustenartiger Überzug auf vulkanischen Gesteinen vorkommt, Glasopal (Geol.). **Hya|lit|glas** *das;* -es: (veraltet) undurchsichtige, glänzend schwarze Glasart. **Hya|li|tis** *die;* -, ...itiden ⟨zu ↑...*itis*⟩: Entzündung des Glaskörpers des Auges (Med.). **hya|lo...**, **Hya|lo...**, vor Vokalen meist hyal..., Hyal... ⟨aus gleichbed. *gr.* hýalos⟩: Wortbildungselement mit der Bedeutung „Glas", z. B. Hyalographie, Hyalit. **Hya|lo|gra|phie** *die;* - ⟨zu ↑...*graphie*⟩: Glasradierung. **Hya|lo|id** ⟨zu ↑...*oid*⟩: a) glasartig; b) den Glaskörper des Auges betreffend (Med.). **hya|lo|kla|stisch**: aus zerbrochener glasiger Lava bestehend (Geol.). **Hya|lo|kla|stit** [auch ...'stɪt] *der;* -s, -e ⟨zu ↑²...*it*⟩: Gestein aus kantigen, splittrigen Bruchstücken erstarrter glasiger Lava (Geol.). **Hya|lo|mer** *das;* -s, -e ⟨zu *gr.* méros „Teil"⟩: durchsichtiger Rundbezirk bzw. nur schwach färbbare Oberflächenschicht der Blutplättchen (Med.). **Hya|lo|phan** *der;* -s, -e ⟨zu *gr.* phanós „hell, leuchtend"⟩: ein farbloses, gesteinsbildendes Mineral. **hya|lo|pi|li|tisch** ⟨zu *lat.* pilare „zusammendrücken"⟩: durch besonders ausgebildete Kristalle in einer glasigen Grundmasse gekennzeichnet (von magmatischen Gesteinen; Geol.). **Hya|lo|plas|ma** *das;* -s: flüssige, klare, fein granulierte Grundsubstanz des Zellplasmas (Med.). **Hya|lo|zyt** *der;* -en, -en (meist Plur.) ⟨zu ↑...*zyt*⟩: durchscheinende tote Zellen bei Torfmoosen, die zur Wasserspeicher- u. Saugfähigkeit der Pflanzen dienen. **Hyl|urg** *der;* -en, -en ⟨aus gleichbed. *gr.* hyalourgós zu ↑hyalo... u. érgon „Werk, Tätigkeit"⟩: (veraltet) Glasmacher, Glasarbeiter. **Hy|al|ur|gie** *die;* - ⟨zu ↑²...*ie*⟩: (veraltet) Glasherstellung, Glasmacherkunst. **Hy|al|uro|ni|da|se** *die;* -, -n (meist Plur.) ⟨zu *gr.* oúron „Harn", ↑³...*id* u. ↑...*ase*⟩: Enzyme zur ↑hydrolytischen Spaltung von ↑Polysacchariden

Hy|ang|ga ['hȳaŋa] *die* (Plur.) ⟨*korean.*; „heimische Lieder"⟩: altkorean. Lieder volkstümlichen, religiösen od. magischen Charakters

Hyä|ne *die;* -, -n ⟨über *lat.* hyaena aus gleichbed. *gr.* hýaina zu hỹs „Schwein"; wohl mit Bezug auf den borstigen Rücken⟩: (in Afrika u. Asien heimisches) hundeähnliches, sehr gefräßiges Raubtier

¹Hya|zinth *der;* -[e]s, -e ⟨über *lat.* hyacinthus aus gleichbed. *gr.* hyákinthos, vgl. ²Hyazinth⟩: Edelstein, Abart des Zirkons. **²Hya|zinth** *der;* -s, -e ⟨nach der griech. Sagengestalt Hyákinthos⟩: schöner Jüngling. **Hya|zin|the** *die;* -, -n ⟨zu ↑²Hyazinth⟩: winterharte Zwiebelpflanze (Liliengewächs) mit stark duftenden, farbenprächtigen Blüten

¹hy|brid ⟨zu ↑Hybris u. ↑¹...*id*⟩: hochmütig, überheblich, übersteigert, vermessen

²hy|brid ⟨zu ↑Hybride⟩: gemischt, von zweierlei Herkunft, aus Verschiedenem zusammengesetzt; durch Kreuzung, Mischung entstanden; -e Bildung: Zwitterbildung, Mischbildung, zusammengesetztes od. abgeleitetes Wort, dessen Teile verschiedenen Sprachen angehören (z. B. Automobil ⟨aus *gr.* autós u. *lat.* mobilis⟩, Büro-kratie ⟨aus *fr.* bureau u. *gr.* krateĩn⟩, Intelligenz-ler ⟨aus *lat.* intelligens u. *dt.* -ler⟩; Sprachw.); vgl. ...*isch*/-. **Hy|brid** *das;* -[e]s, -e (meist Plur.): Arzneistoffe, die trotz einheitlicher chem. Struktur eine große ↑Affinität zu zwei od. mehreren ↑Rezeptoren haben u. dadurch mehrere pharmakologische Wirkungen erzielen (Med.). **hy|brid...**, **Hy|brid...**: Wortbildungselement mit der Bedeutung „Mischung; aus Verschiedenartigem zusammengesetzt; Bastard", z. B. hybridisch, Hybridrakete. **Hy|bri|de** *die;* -, -n, auch *der;* -n, -n ⟨aus *lat.* hybrida „Mischling, Bastard", weitere Herkunft unsicher⟩: aus Kreuzungen hervorgegangenes pflanzliches od. tierisches Individuum, dessen Eltern sich in mehreren erblichen Merkmalen unterscheiden (Biol.); vgl. Bastard (1). **Hy|bri|di|sa|ti|on** *die;* -, -en ⟨zu ↑...*isation*⟩: Kreuzung genetisch verschiedener Individuen; vgl. Hy-

bridzüchtung. **hy|bri|disch:** sich auf Mischung, Kreuzung beziehend, sie betreffend; vgl. ...isch/-. **hy|bri|di|sie|ren** ⟨zu ↑ ...isieren⟩: kreuzen, um Hybriden zu züchten (Biol.). **Hy|bri|di|sie|rung** *die;* -, -en ⟨zu ↑ ...isierung⟩: 1. a) svw. Hybridzüchtung; b) Kreuzung von durch Inzucht geprägten Pflanzen od. Tieren, um Steigerungen des Wachstums u. der Leistung zu erzielen (Biol.); vgl. Heterosis. 2. bei der chem. Bindung eintretender quantenmechanischer Vorgang, bei dem sich die ↑ Orbitale der beteiligten Atome zu neuen, durch ihre besondere räumliche Ausrichtung für die Bindungen im Molekül günstigeren Orbitalen umordnen (Chem.). **Hy|bri|dom** *das;* -s, -e ⟨Kurzw. aus ↑²*hybrid* u. ↑ Myel*om*⟩: künstlich erzeugte Myelomzelle (vgl. Myelom), die reine Antikörper bildet (Med.). **Hy|bri|dom|technik, Hy|bri|do|ma|tech|nik** *die;* -: spezielle Hybridisierungsmethode zur Herstellung ↑ monoklonaler Antikörper (Biotechnologie; Med.). **Hy|brid|ra|ke|te** *die;* -, -n ⟨zu ↑ hybrid...⟩: Rakete, die zum Antrieb sowohl feste als auch flüssige Brennstoffe verwendet. **Hy|brid|rech|ner** *der;* -s, -: elektronische Rechenanlage, die eine Mischung aus ↑ Analogrechner u. ↑ Digitalrechner darstellt. **Hy|brid|system** *das;* -s: umweltfreundliche Kfz-Antriebseinheit, die neben dem Verbrennungsmotor einen Elektromotor aufweist, der wahlweise den abgasfreien Antrieb des Fahrzeuges auf (innerstädtischen) Teilstrecken übernehmen kann. **Hybrid|tech|nik** *die;* -: Verfahren zur Herstellung elektron. Schaltkreise aus Einzelbauelementen auf einer Trägersubstanz. **Hy|brid|züch|tung** *die;* -, -en: Zuchtverfahren zur Erzeugung hochwertiger Nachkommen durch Kreuzung tierischer od. pflanzlicher Individuen, die sich in mehreren erblichen Merkmalen unterscheiden (Biol.).
Hy|bris *die;* - ⟨aus gleichbed. *gr.* hýbris⟩: [in der Antike] frevelhafter Übermut, Selbstüberhebung (besonders gegen die Gottheit); Vermessenheit
hyd..., Hyd... vgl. hydato..., Hydato... **Hyd|ar|thro|se** *die;* -, -n ⟨zu ↑ hydato... u. ↑ Arthrose⟩: krankhafte Ansammlung von Flüssigkeit in Gelenken; Gelenkerguß (Med.). **hydat..., Hy|dat...** vgl. hydato..., Hydato... **Hy|da|tho|de** *die;* -, -n (meist Plur.) ⟨zu ↑ hydato... u. ↑¹...ode⟩: Blattöffnung bei Pflanzen zur Abgabe von Wasser (Bot.). **Hy|da|ti|de** *die;* -, -n ⟨aus *gr.* hydatís, Gen. hydatídos „Wasserblase"⟩: 1. (meist Plur.) Finne des Hülsenbandwürmers (Biol.). 2. Bläschen am oberen Pol des Hodens (Med.). **hy|da|to..., Hy|da|to...,** vor Vokalen meist hydat..., Hydat..., auch verkürzt hyd..., Hyd... ⟨aus gleichbed. *gr.* hýdōr, Gen. hýdatos⟩: Wortbildungselement mit der Bedeutung „Wasser", z. B. hydatogen, Hydatochorie, Hydathode, Hydathrose; vgl. hydro..., Hydro... **Hy|da|to|cho|rie** [...ko...] *die;* - ⟨zu *gr.* chōreīn „sich fortbewegen". ↑²...ie⟩: svw. Hydrochorie. **hy|da|to|chro|isch** [...'kro:...] ⟨zu *gr.* chrōs „Haut, Farbe"⟩: (veraltet) wasserfarbig. **hy|da|to|disch** ⟨zu *gr.* eídos „Form, Gestalt"⟩: (veraltet) wäßrig, wasserartig. **hy|da|to|gen** ⟨zu ↑ ...gen⟩: 1. aus einer wäßrigen Lösung gebildet (von Mineralien). 2. durch Wasser zusammengeführt od. aus Wasser abgeschieden (von Schichtgesteinen). 3. svw. hydatopyrogen. **Hy|da|to|ge|ne|se** *die;* -: (veraltet) Wasserbildung. **hy|da|to|py|ro|gen:** aus einer mit Wasserdampf gesättigten Schmelze entstanden (von Gesteinen; Geol.). **Hy|da|to|se** *die;* -, -n ⟨zu ↑¹...ose⟩: (veraltet) Wassersucht (Med.). **hydr..., Hydr...** vgl. hydro..., Hydro... **Hy|dra** *die;* -, ...dren ⟨über *lat.* hydra aus *gr.* hýdra „Wassertier, Wasserschlange" zu hýdōr „Wasser"⟩: 1. (in der griech. Mythologie von Herakles getötetes) neunköpfiges Seeungeheuer, dessen abgeschlagene Köpfe doppelt nachwuchsen. 2. Süßwasserpolyp. **Hy|dra|go|gie** *die;* - ⟨zu ↑ hy-

dro..., *gr.* agōgē „Leitung, Führung" u. ↑²...ie⟩: Entziehung des Wassers aus dem Körper (durch erhöhte Ausscheidung; Med.). **hy|dra|go|gisch** ⟨zu *gr.* agōgós „leitend, (herbei)führend"⟩: stark abführend (von Arzneimitteln; Med.). **Hy|dra|go|gum** *das;* -s, ...ga ⟨aus gleichbed. *nlat.* hydragogum; vgl. hydragogisch⟩: Arzneimittel, das dem Körper (durch erhöhte Ausscheidung) Wasser entzieht (Med.). **Hy|drä|mie** *die;* -, ...ien ⟨zu ↑ hydro... u. ↑ ...ämie⟩: erhöhter Wassergehalt des Blutes (Med.). **Hy|dram|ni|on** *das;* -s, ...ien [...jən] ⟨zu ↑ Amnion⟩: übermäßige Fruchtwassermenge (Med.). **Hy|dran|en|ze|pha|lie** *die;* -, ...ien ⟨zu ↑ hydro..., ↑¹a... u. ↑ Enzephalie⟩: vollständiger Abbau des Hirngewebes, an dessen Stelle ein liquorhaltiger Hohlraum entsteht (Med.). **Hy|dran|gea** *die;* -, ...eae [...ee] ⟨aus gleichbed. *nlat.* hydrangea, dies zu ↑ hydro... u. *gr.* aggeīon „Gefäß"⟩: wissenschaftliche Bez. für ↑ Hortensie. **Hy|dran|gio|lo|gie** *die;* - ⟨zu ↑ Hydrangium u. ↑ ...logie⟩: (veraltet) medizinisches Teilgebiet, das sich mit den Lymphgefäßen befaßt. **Hy|dran|gi|um** *das;* -s, ...ien [...jən] ⟨aus *nlat.* hydrangium, dies aus *gr.* hydrággeion, eigtl. „Wassergefäß"⟩: (veraltet) Lymphgefäß (Med.). **Hy|drant** *der;* -en, -en ⟨aus gleichbed. *engl.-amerik.* hydrant, eigtl. „der Wassergebende", zu *gr.* hýdōr „Wasser"; vgl. ...ant⟩: größere Zapfstelle zur Wasserentnahme aus Rohrleitungen. **Hy|dranth** *der;* -en, -en ⟨zu ↑ hydro... u. *gr.* ánthos „Blume"⟩: Einzelpolyp eines Polypenstockes (z. B. bei Korallen; Zool.). **Hy|dra|pul|per** [...palpɐ] *der;* -s, - ⟨zu ↑ Hydra u. *engl.* pulper „Holländer" (eine Maschine in der Papierverarbeitung) zu to pulp „zermahlen, (Papier) einstampfen"⟩: Stofflöser; Maschine zur Aufbereitung (zum Auflösen) von Altpapier u. Rohstoffen in der Papierherstellung. **Hy|drar|gil|lit** [auch ...'lɪt] *der;* -s, -e ⟨zu ↑ hydro..., *lat.* argilla „weißer Ton" (dies aus gleichbed. *gr.* árgillos) u. ↑² ...it⟩: farbloses, weißes od. grünliches, glasig glänzendes Mineral, das besonders bei der Gewinnung von ↑ Aluminium u. zur Herstellung feuerfester Steine verwendet wird. **Hy|drar|gy|ro|se** *die;* -, -n ⟨zu ↑ Hydrargyrum u. ↑¹...ose⟩: Quecksilbervergiftung; Vergiftung durch eingeatmete Quecksilberdämpfe (Med.). **Hy|drar|gy|rum** *das;* -s ⟨zu *lat.* hydrargyrus, dies aus *gr.* hydrárgyros, eigtl. „Wassersilber"⟩: Quecksilber, chem. Element; Zeichen Hg. **Hy|drar|thro|se** *die;* -, -n ⟨zu ↑ hydro...⟩: svw. Hydarthrose. **Hy|dra|sy|stem** *das;* -s ⟨zu ↑ Hydra⟩: Verkaufsverfahren, bei dem der Verkauf der Ware gegen Anzahlung u. die Verpflichtung des Käufers erfolgt, die Restschuld durch Ratenzahlung u. Vermittlung neuer Kunden abzutragen; Schneeballsystem. **Hy|drat** *das;* -[e]s, -e ⟨zu *gr.* hýdōr „Wasser" u. ↑ ...at (2)⟩: Verbindung von Oxyden od. wasserfreien Säuren mit Wasser (Chem.). **Hy|dra|ta|se** *die;* -, -n ⟨zu ↑ ...ase⟩: Enzym, das bei der Anlagerung von Wasser im Organismus wirksam ist (Chem.). **Hy|dra|ta|ti|on** *die;* -, -en ⟨zu ↑ ...ation⟩: 1. Bildung von Hydraten (Chem.). 2. durch Absorption von Wasser verursachte Quellung u. Volumenvergrößerung von Mineralien u. die dadurch hervorgerufene Sprengung der Gesteine (Geol.). 3. Verfestigung von Zement durch Wasserabgabe (Bauw.). **Hy|dra|ta|ti|ons|ener|gie** *die;* -: bei der Hydratation von Ionen als Wärme freigesetzte Energie. **Hy|dra|ti|on** *die;* -, -en ⟨zu ↑¹...ion⟩: svw. Hydratation. **hy|dra|tisch:** svw. allitisch. **hy|dra|ti|sie|ren** ⟨zu ↑ ...isieren⟩: Hydrate bilden (Chem.). **Hy|dra|ti|sie|rung** *die;* -, -en ⟨zu ↑ ...isierung⟩: das Hydratisieren, das Hydratisiertwerden. **Hy|dra|tur** *die;* -, -en ⟨zu ↑ ...ur⟩: Quellungszustand des Protoplasmas, bes. bei Pflanzen. **Hy|drat|zel|lu|lo|se** *die;* -, -n: aus ihrer Lösung ausgefällte Zellulose mit etwas veränderten physikalischen Eigenschaften u. erhöhter chemischer Reaktionsbereitschaft. **Hy|drau|lik** *die;* - ⟨zu ↑hydraulisch u. ↑²...ik (1)⟩: 1. Theorie u. Wissenschaft von den Strömungen der Flüssigkeiten (z. B. im Wasserbau). 2. Gesamtheit der Steuer-, Regel-, Antriebs- u. Bremsvorrichtungen eines Fahrzeugs, Flugzeugs od. Geräts, dessen Kräfte mit Hilfe des Drucks einer Flüssigkeit erzeugt od. übertragen werden. **Hy|drau|li|ker** *der;* -s, -: Fachmann, der sich mit der Hydraulik (1) befaßt bzw. hydraulische Anlagen konstruiert. **Hy|drau|lis** *die;* - ⟨aus *gr.* hýdraulis „Wasserorgel" zu hýdōr „Wasser" u. aulós „Flöte; Röhre"⟩: Orgel der Antike, bei der die Luftzuführung durch Wasserdruck reguliert wurde. **hy|drau|lisch** ⟨über *lat.* hydraulicus aus *gr.* hydraulikós „zur Wasserorgel gehörig"; vgl. Hydraulis⟩: mit Flüssigkeitsdruck arbeitend, mit Wasserantrieb; -e Arbeitsmaschine: mit Druckwasser angetriebene Arbeitsmaschine; -e Bremse: Vorrichtung zum Abbremsen rotierender Räder durch flüssigkeitsgefüllte Druckzylinder, die über Bremsbacken einen Druck auf das Bremsgehäuse (u. damit auf das Rad) ausüben; -e Presse: Wasserdruckpresse, Vorrichtung zur Erzeugung hohen Druckes, bei der die Erscheinung der allseitigen Ausbreitung des Drucks in einer Flüssigkeit genutzt wird; -er Abbau: Gold- u. Silbergewinnung durch Wasserschwemmung; -er Mörtel: besondere Art von Mörtel, die auch unter Wasser erhärtet; -er Wandler: svw. hydraulisches Getriebe; -er Widder: mit Wasserdruck getriebene Hebevorrichtung; -es Gestänge: Gestänge, bei dem die Druckübertragung durch eine Flüssigkeitssäule erfolgt; -es Getriebe: Getriebe, in dem Flüssigkeiten zur Übertragung von Kräften u. Bewegungen dienen; -er Zusatzstoff: svw. Hydraulit. **Hy|drau|lit** [auch ...'lɪt] *der;* -[e]s, -e ⟨zu ↑hydraulisch u. ↑¹...it⟩: Zusatzstoff zur Erhöhung der Bindefähigkeit von Baustoffen. **Hy|dra|zi|de** *die* (Plur.) ⟨zu ↑Hydrazin u. ↑³...id⟩: Salze des Hydrazins. **Hy|dra|zin** *das;* -s ⟨zu ↑ Hydrogen, *fr.* azote „Stickstoff" (vgl. Azo...) u. ↑...in (1)⟩: chem. Verbindung von Stickstoff mit Wasserstoff (Diamid), farblose, stark rauchende Flüssigkeit. **Hy|dra|zi|ne** *die* (Plur.): organische Basen des Hydrazins, als Reduktions- u. Lösemittel in der chem. Industrie verwendete Verbindungen. **Hy|dra|zin|gelb** *das;* -s: gelber Teerfarbstoff. **Hy|dra|zo|ne** *die* (Plur.) ⟨zu ↑²...on⟩: chem. Verbindungen von Hydrazin mit ↑Aldehyden od. ↑Ketonen. **Hy|dra|zo|ver|bin|dun|gen** *die* (Plur.) ⟨zu ↑Hydrazin⟩: svw. Hydrazine. **Hy|dria** *die;* -, ...ien [...jən] ⟨aus gleichbed. *gr.* hydría⟩: altgriech. Wasserkrug. **Hy|dria|trie** *die;* - ⟨zu ↑hydro... u. ↑...iatrie⟩: svw. Hydrotherapie. **Hy|drid** *das;* -[e]s, -e ⟨zu ↑³...id⟩: chem. Verbindung des Wasserstoffs mit einem od. mehreren anderen chem. Elementen, wobei diese Verbindungspartner metallischen od. nichtmetallischen Charakters sein können. **...hy|drie** ⟨zu *gr.* hýdor „Wasser"⟩: Wortbildungselement mit der Bedeutung „[Vorhandensein von] Wasser", z. B. Achlorhydrie. **hy|drie|ren** ⟨zu ↑...ieren⟩: Wasserstoff an ungesättigte Verbindungen anlagern (Chem.). **hy|dro..., Hy|dro...,** vor Vokalen auch hydr..., Hydr... ⟨aus gleichbed. *gr.* hýdōr⟩: Wortbildungselement mit der Bedeutung „Wasser", z. B. hydrogam, Hydrologie, Hydriatrie; vgl. hydato..., Hydato... **Hy|dro|aro|ma|ten** *die* (Plur.): durch partielle od. vollständige Hydrierung von ↑Aromaten entstandene chem. Verbindungen. **Hy|dro|bi|en|schich|ten** [...jən...] *die* (Plur.) ⟨zu *gr.* bíos „Leben"⟩: versteinerungsreiche, bituminöse Mergelschiefer im Oberrheingebiet (aus dem Tertiär stammend). **Hy|dro|bio|lo|ge** *der;* -n, -n: Wissenschaftler, der sich mit den im Wasser lebenden Organismen befaßt. **Hy|dro|bio|lo|gie** *die;* -: Teilgebiet der Biologie, das sich mit den im Wasser lebenden Organismen befaßt. **hy|dro|bi|ont** ⟨zu ↑...biont⟩: im Wasser od. auf bzw. im Grund von Gewässern lebend (von Organismen; Biol.). **Hy|dro|bi|ont** *der;* -en, -en: hydrobionter Organismus (Biol.). **Hy|dro|bio|tit** [auch ...'tɪt] *der;* -s, -e: ein Verwitterungsprodukt des ↑Biotits (Geol.). **Hy|dro|bo|ra|zit** [auch ...'tsɪt] *das;* -s, -e: ein farbloses od. weißes, nadeliges Mineral. **Hy|dro|bo|rie|rung** *die;* - ⟨zu ↑Bor u. ↑...ierung⟩: Syntheseverfahren der organischen Chemie mit Hilfe von Borverbindungen, das z. B. zur Herstellung von Alkoholen u. ↑Estern aus ↑Alkenen angewendet wird. **Hy|dro|bul|bie** *die;* -, ...ien ⟨zu ↑Bulbus u. ↑²...ie⟩: Flüssigkeitsansammlung im verlängerten Mark (Med.). **Hy|dro|che|mie** *die;* -: Teilgebiet der Chemie, das sich mit dem ↑Chemismus der Wasservorkommen der Erde befaßt. **Hy|dro|che|mi|ker** *der;* -s, -: Wissenschaftler auf dem Gebiet der Hydrochemie. **Hy|dro|chi|non** *das;* -s: stark ↑ reduzierende organische Verbindung, die als fotografischer Entwickler verwendet wird. **Hy|dro|cho|rie** [...k...] *die;* - ⟨zu *gr.* chorós „Ort, Stelle (zu chōrízein „absondern, trennen") u. ↑²...ie⟩: Verbreitung von Pflanzenfrüchten u. -samen durch das Wasser (Bot.). **Hy|dro|chy|lus** [...ç...] *der;* -: enzymfreier ↑Chylus (Med.). **Hy|dro|co|pter** [...k...] *der;* -s, - ⟨Analogiebildung zu ↑Helikopter⟩: Fahrzeug, das mit einem Propeller angetrieben wird u. sowohl im Wasser als auch auf dem Eis eingesetzt werden kann. **Hy|dro|cor|ti|son** [...k...] vgl. Hydrokortison. **Hy|dro|dy|na|mik** *die;* -: Wissenschaft von den Bewegungsgesetzen der Flüssigkeiten (Strömungslehre; Phys.). **hy|dro|dy|na|misch**: sich nach den Gesetzen der ↑Hydrodynamik verhaltend. **hy|dro|elek|trisch**: elektrische Energie mit Wasserkraft erzeugend. **Hy|dro|elek|tri|zi|tät** *die;* -: durch Wasserkraft erzeugte Elektrizität. **Hy|dro|elek|tro|sta|ti|on** *die;* -, -en: Station, in der elektrische Energie durch Wasserkraft erzeugt wird. **hy|dro|ener|ge|tisch**: vom Wasser angetrieben. **Hy|dro|ex|trak|teur** [...tøːɐ̯] *der;* -, -e: Vorrichtung zum Entwässern, Schleuderapparat zum Trocknen. **Hy|dro|foil** ['haɪdrɔʊfɔɪl] *das;* -[s], -s ⟨aus gleichbed. *engl.* hydrofoil⟩: engl. Bez. für Tragflächenboot. **hy|dro|gam** [hydro...] ⟨zu ↑hydro... u. ↑...gam⟩: wasserblütig, die Pollen durch Wasser übertragend (Bot.). **Hy|dro|ga|mie** *die;* - ⟨zu ↑...gamie (1)⟩: Wasserblütigkeit (Bestäubung von Blüten unter Wasser bzw. Übertragung des Pollens durch Wasser; Bot.). **Hy|dro|ga|ster** *der;* -s, - ⟨zu *gr.* gastḗr „Bauch, Magen"⟩: (veraltet) Bauchwassersucht (Med.). **Hy|dro|gel** *das;* -s, -e: aus wäßriger ↑kolloidaler Lösung ausgeschiedener Stoff. **Hy|dro|gen** u. Hydrogenium *das;* -s ⟨latinisiert aus gleichbed. *fr.* hydrogène, eigtl. „Wasserbildner"; vgl. ...gen u. ...ium⟩: Wasserstoff, chem. Element; Zeichen H. **Hy|dro|gen|bom|be** *die;* -, -n: Wasserstoffbombe. **Hy|dro|gen|ion** *das;* -s, -en: Wasserstoffion. **Hy|dro|ge|ni|um** vgl. Hydrogen. **Hy|dro|gen|kar|bo|nat** *das;* -[e]s, -e: doppeltkohlensaures Salz mit Säurewasserstoffrest. **Hy|dro|gen|ok|sa|las** *das;* -es, -e: Salz mit Säurewasserstoff im Molekül. **Hy|dro|gen|sul|fat** *das;* -[e]s, -e: saures Salz der Schwefelsäure. **Hy|dro|gen|sul|fit** *das;* -s, -e: saures Salz der schwefligen Säure. **Hy|dro|geo|lo|ge** *der;* -n, -n ⟨zu ↑hydro...⟩: Wissenschaftler, der auf dem Gebiet der Hydrogeologie arbeitet. **Hy|dro|geo|lo|gie** *die;* -: Teilgebiet der angewandten Geologie, das sich mit dem Wasserhaushalt des Bodens u. der Wasserversorgung befaßt (Geol.). **hy|dro|geo|lo|gisch**: die Hydrogeologie betreffend; -e Karten: Gewässerkarten, die die Grundwasserverhältnisse eines bestimmten Gebietes darstellen. **Hy|dro|graph** *der;* -en, -en ⟨zu ↑...graph⟩: Wissenschaftler, der auf dem Gebiet der Hydrographie arbeitet. **Hy|dro|gra|phie** *die;* - ⟨zu ↑...graphie⟩: Teilgebiet der Hydrologie, das sich mit den Gewässern im natürlichen Wasserkreislauf zwischen dem Niederschlag auf das Festland u. dem Rückfluß ins Meer befaßt (Gewässerkunde). **hy|dro|gra|phisch** ⟨zu ↑...graphisch⟩: die Hydrographie betreffend. **Hy|dro|ha|lit** [auch ...'lɪt] *der;* -s, -e: wasserhaltiges ↑ Natriumchlorid (Mineral.). **Hy|dro|ho|nen** *das;* -s ⟨zu *engl.* to hone „ziehschleifen"⟩: Verfahren zur Oberflächenveredelung von Metallen; vgl. honen. **Hy|dro|hyp|sen** *die* (Plur.) ⟨zu *gr.* hýpsos „Höhe"⟩: Grundwasserhöhenlinien, Linien gleicher Höhe der Grundwasseroberfläche im Baugrund. **Hy|dro|kar|bon|gas** *das;* -es, -e: Schwelgas. **Hy|dro|kar|die** *die;* - ⟨zu *gr.* kardía „Herz"⟩: (veraltet) Herzwassersucht (Med.). **Hy|dro|kar|pie** *die;* - ⟨zu ↑...karpie⟩: das Ausreifen von Früchten im Wasser (Bot.). **Hy|dro|kas|si|te|rit** [auch ...'rɪt] *der;* -s, -e: hydratisierter Zinnstein. **Hy|dro|kel|lo|me|ter** *das;* -s, - ⟨zu *gr.* kéllein „bewegen" u. ↑¹...meter⟩: ein früher übliches Gerät zum Messen der Wasser- bzw. Stromgeschwindigkeit. **Hy|dro|ke|ra|men** *die* (Plur.) ⟨zu *gr.* kéramos „Ton, Tongefäß", vgl. Keramik⟩: irdene Gefäße, die Flüssigkeiten durch poröse Gefäßwände rasch verdunsten lassen u. dadurch stark abkühlen. **Hy|dro|ki|ne|ter** *der;* -s, - ⟨zu *gr.* kinētēs „der Bewegende", dies zu kineīn „in Bewegung setzen"⟩: Dampfstrahlapparat, der Kesselwasser durch Einführen von Dampf aus einem anderen Kessel erwärmt. **Hy|dro|kor|ti|son** u. Hydrocortison [...k...] *das;* -s: Hormon der Nebennierenrinde (Med.). **Hy|dro|kracken¹** [auch ...'krɛkn̩] *das;* -s ⟨zu ↑kracken⟩: Verfahren zur Spaltung hochsiedender Wachsdestillate aus Erdöl in Gegenwart von Wasserstoff zur Herstellung von (niedrigsiedendem) Benzin (Chem.). **Hy|dro|kul|tur** *die;* -, -en: Kultivierung von Nutz- u. Zierpflanzen in Nährlösung statt auf natürlichem Boden. **Hy|dro|lak|ko|lith** [auch ...'lɪt] *der;* Gen. -s u. -en, Plur. -e[n]: linsenförmige Ansammlung von Eis im Boden heutiger Tundragebiete, die manchmal einige Meter hoch ist u. beim Auftauen runde Seen bildet (Geol.). **Hy|dro|la|sen** *die* (Plur.) ⟨verkürzt aus ↑*Hydroly*se u. ↑...*ase*⟩: ↑Enzyme, die Verbindungen durch Anlagerung von Wasser spalten. **Hy|dro|lo|ge** *der;* -n, -n ⟨zu ↑...hydro... u. ↑...loge⟩: Wissenschaftler, der auf dem Gebiet der Hydrologie arbeitet. **Hy|dro|lo|gie** *die;* - ⟨zu ↑...logie⟩: Wissenschaft vom Wasser, seinen Arten, Eigenschaften u. seiner praktischen Verwendung. **hy|dro|lo|gisch** ⟨zu ↑...logisch⟩: die Hydrologie betreffend. **Hy|dro|lo|gi|um** *das;* -s, ...ien [...i̯ən] ⟨über *spätlat.* hydrologium aus *gr.* hydrológion⟩: antike Wasseruhr (bis ins 17. Jh. in Gebrauch). **Hy|dro|ly|sa|te** *die* (Plur.) ⟨zu ↑Hydrolyse u. ↑...at⟩: Verwitterungsprodukte von Gesteinen, die als feinste Teilchen meist durch Wasser transportiert u. wieder abgelagert werden (z. B. Tonminerale; Geol.). **Hy|dro|ly|se** *die;* -, -n ⟨zu ↑hydro... u. ↑...lyse⟩: Spaltung chem. Verbindungen durch Wasser (meist unter Mitwirkung eines ↑Katalysators u. ↑Enzyms). **hy|dro|ly|sie|ren** ⟨zu ↑...ieren⟩: durch Hydrolyse spalten, zerlegen. **Hy|dro|lyt** *der;* -en, -en ⟨zu *gr.* lytós „lösbar", dies zu lýein „(auf)lösen"⟩: in Wasser lösliches Mineral. **hy|dro|ly|tisch**: die Hydrolyse betreffend, auf sie bezogen. **Hy|drom** *das;* -s, -e ⟨zu ↑...om⟩: eiweißreicher, klarer Erguß [ohne Blutbeimengung] (Med.). **Hy|dro|ma|gne|sit** [auch ...'zɪt] *der;* -s, -e: ein kreidiges Mineral. **hy|dro|ma|gne|tisch**: den Magnetismus flüssiger u. gasförmiger Stoffe mit elektrischem Leitvermögen betreffend (Phys.). **Hy|dro|ma|nie** *die;* - ⟨zu ↑...manie⟩: 1. krankhafter Durst (Med.). 2. krankhafter Trieb, sich zu ertränken (Med.). **Hy|dro|man|tie** *die;* - ⟨aus gleichbed. *gr.* hydromanteía⟩: Zukunftsdeutung aus Erscheinungen in u. auf glänzendem Wasser (bes. im Vorderen Orient). **Hy|dro|me|cha|nik** *die;* - ⟨zu ↑hydro...⟩: Mechanik der Flüssigkeiten (aufgeteilt in ↑Hydrodynamik u. ↑Hydrostatik). **hy|dro|me|cha|nisch**: die Hydromechanik betreffend. **Hy|dro|me|du|se** *die;* -, -n: Qualle aus der Gruppe der ↑Hydrozoen. **Hy|dro|me|tall|ur|gie** *die;* -: [Technik der] Metallgewinnung aus wäßrigen Metallsalzlösungen. **Hy|dro|me|teo|re** *die* (Plur.): durch Verdichtung von Wasserdampf in der ↑Atmosphäre entstehende Niederschläge (z. B. Regen, Schnee, Tau). **Hy|dro|me|teo|ro|lo|gie** *die;* -: Wissenschaft vom Verhalten des Wasserdampfs in der ↑Atmosphäre (Meteor.). **Hy|dro|me|ter** *das;* -s, - ⟨zu ↑¹...meter⟩: Gerät zur Messung der Geschwindigkeit fließenden Wassers, des Wasserstandes od. des spezifischen Gewichts von Wasser. **Hy|dro|me|tra** *die;* -, ...ren ⟨zu *gr.* métra „Gebärmutter"⟩: Wassersucht der Gebärmutter (Med.). **Hy|dro|me|trie** *die;* - ⟨zu ↑...metrie⟩: Wassermessung. **hy|dro|me|trisch** ⟨zu ↑...metrisch⟩: die Flüssigkeitsmessung betreffend. **Hy|dro|mi|kro|bio|lo|gie** *die;* -: Forschungsgebiet der Meeres- u. Binnengewässerökologie, Teilgebiet der Hydrobiologie. **Hy|dro|mo|ni|tor** *der;* -s, ...oren: Gerät für Erdarbeiten mit Wasserstrahl. **hy|dro|morph** ⟨zu ↑...morph⟩: die Hydromorphie betreffend. **Hy|dro|mor|phie** *die;* - ⟨zu ↑...morphie⟩: besondere Ausbildung von Organen, die unter Wasser vorkommen (z. B. Stengel u. Blätter bei Wasserpflanzen). **Hy|dro|mo|tor** *der;* -s, ...oren: ein alter Schiffsmotor. **Hy|dro|mus|ko|vit** [...'viːt, auch ...'vɪt] *der;* -s, -e: zu den Hydroglimmern zählendes Mineral veränderlicher Zusammensetzung. **Hy|dro|mye|lie** *die;* - ⟨zu *gr.* myelós „Mark" u. ↑²...ie⟩: angeborene Erweiterung des mit Flüssigkeit gefüllten Zentralkanals in der Rückenmark (Med.). **hy|dro|na|li|sie|ren** ⟨zu ↑Hydronalium u. ↑...isieren⟩: mit Hydronalium überziehen. **Hy|dro|na|li|um** *das;* -s ⟨Kunstw. zu ↑hydro... u. ↑Aluminium⟩: eine wasserbeständige Aluminium-Magnesium-Legierung. **Hy|dro|naut** *der;* -en, -en ⟨zu ↑...naut⟩: svw. Aquanaut. **Hy|dro|ne|phro|se** *die;* -, -n: durch Harnstauung verursachte Erweiterung des Nierenbeckens (Sackniere, Stauungsniere; Med.). **Hy|dro|net|te** *die;* -, -n ⟨französierende Bildung; vgl. ...ette⟩: früher übliche Gartenspritze mit Saugschlauch. **Hy|dron|farb|stoff** *der;* -[e]s, -e ⟨zu Hydron, dem Namen einer Legierung aus Natrium u. Blei, die in Verbindung mit Wasser reines Wasserstoffgas abscheidet⟩: Schwefelfarbstoff (z. B. Hydronblau). **Hy|dron|kus** *der;* -, ...ki ⟨aus *nlat.* hydroncus zu ↑hydro... u. *gr.* ógkos „Schwellung"⟩: (veraltet) Wassergeschwulst (Med.). **Hy|dro|ny|mie** *die;* - ⟨zu ↑hydro..., *gr.* ónyma „Name" u. ↑²...ie⟩: vorhandener Bestand an Gewässernamen. **Hy|dro|pa|ra|go|nit** [auch ...'nɪt] *der;* -s, -e: natriumhaltiger ↑Hydromuskowit. **Hy|dro|path** *der;* -en, -en ⟨zu ↑...path⟩: Wasserheilkundiger. **Hy|dro|pa|thie** *die;* - ⟨zu ↑...pathie⟩: svw. Hydrotherapie. **hy|dro|pa|thisch**: auf die Wasserheilkunde bezogen, sie betreffend. **Hy|dro|pe|ri|kard** *das;* -[e]s, -e u. **Hy|dro|pe|ri|kar|di|um** *das;* -s, ...ien [...i̯ən]: Ansammlung größerer Flüssigkeitsmengen im Herzbeutelraum (Med.). **Hy|dro|per|oxyd**, chem. fachspr. Hydroperoxid *das;* -[e]s, -e: organ. Verbindung mit einer Sauerstoffbrücke (Chem.). **Hy|dro|phan** *der;* -s, -e ⟨zu *gr.* phanós „leuchtend"⟩: Abart des Opals (Schmuckstein). **hy|dro|phil** ⟨zu ↑...phil⟩: 1. wasserliebend u. im Wasser lebend (von Pflanzen u. Tieren; Bot., Zool.); Ggs. ↑hydrophob (1). 2. wasseranziehend, -aufnehmend (Chem.); Ggs. ↑hydrophob (2). **Hy|dro|phi|lie** *die;* - ⟨zu ↑...philie⟩: das Bestreben, Wasser aufzunehmen (von Stoffen; Chem.). **hy|dro|phob**

Hydrophobie

⟨über *lat.* hydrophobus aus gleichbed. *gr.* hydrophóbos⟩: 1. wassermeidend (von Pflanzen u. Tieren; Bot., Zool.); Ggs. ↑hydrophil (1). 2. wasserabstoßend, nicht in Wasser löslich (Chem.); Ggs. ↑hydrophil (2). **Hy|dro|pho|bie** *die;* -, ...ien ⟨aus gleichbed. *gr.* hydrophobía⟩: 1. krankhafte Wasserscheu (von Menschen u. Tieren, bes. als Begleitsymptom bei Tollwut; Med.). 2. das Meiden des Wassers bei Pflanzen u. Tieren (Bot., Zool.). **hy|dro|pho|bie|ren** ⟨zu ↑...ieren⟩: Textilien wasserabweisend machen. **Hy|dro|pho|bie|rung** *die;* -, -en (Plur. selten) ⟨zu ↑...ierung⟩: 1. das Hydrophobieren. 2. ↑Appretur, durch die Textilien wasserabweisend werden. **Hy|dro|phon** *das;* -s, -e ⟨zu ↑hydro... u. ↑...phon⟩: Gerät zur Aufnahme der Schwingungen von Schallwellen bei ↑seismischen Messungen in Gewässern, auch zur Ortung von Fischschwärmen verwendet. **Hy|dro|phor** *der;* -s, -e ⟨zu ↑...phor⟩: Druckkessel in Wasserversorgungsanlagen u. Feuerspritzen. **Hy|dro|pho|ren** *die* (Plur.) ⟨zu *gr.* hydrophóros „Wasserträger"⟩: Wasserträger[innen] (häufiges Motiv der griech. Kunst). **Hy|droph|thal|mus** *der;* -, ...mi ⟨zu ↑hydro... u. *gr.* ophthalmós „Auge", eigtl. „Wasserauge"⟩: Vergrößerung des Augapfels infolge übermäßiger Ansammlung von Kammerflüssigkeit, vergrößerter Augapfel; Ochsenauge (Med.). **Hy|dro|phyt** *der;* -en, -en ⟨zu ↑...phyt⟩: Wasserpflanze (Bot.). **hy|dro|pi|gen** ⟨zu ↑Hydrops u. ↑...gen⟩: Wassersucht erzeugend (von Krankheiten; Med.). **Hy|dro|pi|kum** *das;* -s, ...ka ⟨zu ↑...ikum⟩: harntreibendes, entquellendes, die Wasserausscheidung förderndes Arzneimittel (Med.). **hy|dro|pisch**: wassersüchtig, an Wassersucht leidend (Med.). **Hy|dro|plan** *der;* -s, -e ⟨Analogiebildung zu ↑Aeroplan⟩: 1. Wasserflugzeug. 2. Gleitboot. **Hy|dro|plas|mie** *die;* -, ...ien ⟨zu ↑hydro..., *gr.* plásma „das Gebildete, Geformte" (vgl. Plasma) u. ↑²...ie⟩: svw. Hydrämie. **hy|dro|pneu|ma|tisch**: gleichzeitig durch Luft u. Wasser angetrieben. **Hy|dro|pneu|mo|nie** *die;* -, ...ien: (veraltet) Lungenwassersucht (Med.). **Hy|dro|pol|ly|pen** *die* (Plur.) u. svw. Hydrozoen. **Hy|dro|po|nik** *die;* - ⟨zu *gr.* pónos „Arbeit" u. ↑²...ik (2)⟩: svw. Hydrokultur. **hy|dro|po|nisch**: die Hydroponik betreffend, auf ihr beruhend, zu ihr gehörend, mit ihrer Hilfe. **Hy|dro|po|te** *die;* -, -n ⟨zu *lat.* potare „trinken"⟩: Oberhautgebilde an Wasserpflanzen zur Nahrungsaufnahme (Bot.). **Hy|drops** *der;* - ⟨aus gleichbed. *gr.* hýdrōps⟩: Wassersucht; ↑Ödem (Med.). **Hy|drop|sie** *die;* - ⟨zu ↑²...ie⟩: svw. Hydrops. **Hy|drop|ti|kum** *das;* -, ...ka ⟨aus *nlat.* hydropticum zu ↑Hydrops u. ↑...ikum⟩: (veraltet) svw. Hydropikum. **Hy|dro|pul|sa|tor** *der;* -s, ...oren ⟨zu ↑hydro..., ↑Pulsator⟩: Pumpe, bei der ein Treibflüssigkeitsstrom die Pumpleistung erbringt. **Hy|dro|pul|sor** *der;* -s, ...oren ⟨zu *lat.* pulsare „stoßen, schlagen" u. ↑...or⟩: svw. Hydropulsator. **Hy|dro|pye|lon** *das;* -s ⟨zu *gr.* pýelos „Becken"⟩: Erweiterung des Nierenbeckens infolge Harnstauung (bei Hindernissen in den ableitenden Harnwegen; Med.). **Hy|dror|rha|chie** *die;* -, ...ien ⟨zu *gr.* rháchis „Rücken" u. ↑²...ie⟩: svw. Hydromyelie. **Hy|dror|rhö** *die;* -, -en u. **Hy|dror|rhöe** [...'rø:] *die;* -, -n [...'rø:ən] ⟨zu *gr.* rheīn „fließen"⟩: wäßriger Ausfluß (z. B. bei Schwangeren; Med.). **Hy|dro|sal|pinx** *die;* -, ...pingen: Ansammlung ↑seröser Flüssigkeit im Eileiter (bei Eileiterverklebung infolge entzündlicher Prozesse im Eileiter; Med.). **Hy|dro|salz** *das;* -es, -e: svw. Hydrogensalz. **Hy|dro|ske|lett** *das;* -[e]s, -e ⟨zu ↑¹Skelett⟩: im Körper weichhäutiger Tiere vorkommendes Flüssigkeitspolster, das analog zum Skelett der Wirbeltiere od. dem Chitinpanzer der Gliederfüßer eine Stützfunktion für den Körper hat. **Hy|dro|skop** *das;* -s, -e ⟨zu ↑...skop⟩: (veraltet) Wasseruhr. **Hy|dro|sol** *das;* -s, -e

⟨Kunstw. aus ↑Hydrogen u. ↑²Sol⟩: kolloidale Lösung mit Wasser als Lösungsmittel (Chem.). **Hy|dro|sphä|re** *die;* - ⟨zu ↑hydro...⟩: Wasserhülle der Erde (Meere, Binnengewässer, Grundwasser). **Hy|dro|sta|tik** *die;* -: Wissenschaft von den Gleichgewichtszuständen bei ruhenden Flüssigkeiten (Phys.). **hy|dro|sta|tisch**: sich nach den Gesetzen der Hydrostatik verhaltend (Phys.); -er Druck: Druck einer ruhenden Flüssigkeit gegen die von ihr berührten Flächen (z. B. gegen eine Gefäßwand); -es Paradoxon: Phänomen, daß in ↑kommunizierenden Gefäßen die Wasserstandshöhe unabhängig von der Gefäßform ist; -e Waage: Waage, bei der durch den Auftrieb einer Flüssigkeit sowohl das Gewicht der Flüssigkeit als auch das des Eintauchkörpers bestimmt werden kann. **Hy|dro|sul|fit** *das;* -s, -e: ältere Bez. für ↑Dithionit. **Hy|dro|ta|xis** *die;* -, ...xen ⟨zu ↑²Taxis⟩: durch Feuchtigkeit ausgelöste ²Taxis (Biol.). **Hy|dro|tech|nik** *die;* -: Technik des Wasserbaues. **hy|dro|tech|nisch**: die Hydrotechnik betreffend, auf ihr beruhend; mit den Mitteln der Hydrotechnik. **hy|dro|the|ra|peu|tisch**: zur Wasserbehandlung gehörend (Med.). **Hy|dro|the|ra|pie** *die;* -: Wasserheilkunde, -verfahren (Med.). **hy|dro|ther|mal**: aus verdünnten Lösungen ausgeschieden (von Erzen u. anderen Mineralien). **Hy|dro|tho|rax** *der;* -[es]: Ansammlung einer serös-wäßrigen Flüssigkeit im Brustfellraum (Med.). **Hy|dro|trea|ting** ['haɪdroʊtriːtɪŋ] *das;* -s ⟨zu *engl.* to treat „behandeln"⟩: hydrierende ↑²Raffination von Erdöl (zur Entschwefelung; Chem.). **hy|dro|trop** ⟨zu ↑...trop⟩; in der Fügung -e Stoffe: Stoffe, die an sich wasserunlöslich sind, aber in chemischer Bindung mit anderen Stoffen wasserlöslich werden (Chem.). **Hy|dro|tro|pie** *die;* - ⟨zu ↑...tropie⟩: die Eigenschaft hydrotroper Stoffe. **Hy|dro|tro|pis|mus** *der;* - ⟨zu ↑...ismus (2)⟩: die Fähigkeit mancher im Wachstum begriffenen Pflanzenorgane, sich feuchteren Bereichen zuzuwenden od. von ihnen wegzuwachsen (Bot.). **Hy|dro|ure|ter** *der;* -s, Plur. ...teren, auch -: durch Harnstauung verursachte Erweiterung des Harnleiters (z. B. bei Nierensteinen; Med.). **Hy|dro|xid** usw. vgl. Hydroxyd usw. **Hy|dro|xy...** ⟨zu ↑hydro... u. ↑Oxyd⟩: Wortbildungselement, das das Vorhandensein einer an ein Kohlenstoffatom gebundenen Hydroxylgruppe anzeigt, z. B. Hydroxybenzoesäure. **Hy|dro|xy|ben|zoe|säu|re** [...tsoe...] *die;* -: Konservierungsmittel für saure u. neutrale Lebensmittel, auch in Form ihrer Ester bzw. Salze verwendet. **Hy|dro|xy|ben|zol** *das;* -s, -e: svw. Phenol. **Hy|dro|xyd**, chem. fachspr. Hydroxid *das;* -[e]s, -e ⟨zu ↑Hydrogen u. ↑Oxyd⟩: anorganische Verbindung, die eine od. mehrere Hydroxydionen (OH⁻) enthält. **Hy|dro|xyd|ion**, chem. fachspr. Hydroxidion *das;* -s, -en: in Hydroxyden enthaltenes einwertiges ↑Anion. **hy|dro|xy|disch**, chem. fachspr. hydroxidisch: Hydroxyde enthaltend (von chem. Verbindungen). **Hy|dro|xy|kar|bon|säu|re** *die;* -, -n ⟨zu ↑Hydroxy...⟩: svw. Hydroxysäure. **Hy|dro|xyl...** ⟨verkürzt aus ↑Hydroxylgruppe⟩: Wortbildungselement, das das Vorhandensein einer ↑kovalent gebundenen Hydroxylgruppe anzeigt (bei organischen Verbindungen nur, wenn die Hydroxylgruppe nicht an ein Kohlenstoffatom gebunden ist), z. B. Hydroxylamin. **Hy|dro|xyl|amin** *das;* -s: ↑hygroskopische, leicht explosive chem. Verbindung, die in farblosen, giftigen Blättchen kristallisiert u. bes. bei der Herstellung von ↑Polyamiden u. als Fotoentwickler verwendet wird. **Hy|dro|xyl|apa|tit** *der;* -s, -e: ↑Apatit mit einer Hydroxylgruppe anstelle eines Chlorid- bzw. Fluorions, der als anorganischer Hauptbestandteil von Zähnen u. Knochen auftritt. **Hy|dro|xyl|grup|pe** *die;* -, -n ⟨zu ↑Hydrogen, ↑Oxygen u. ↑...yl⟩: OH-Gruppe (Wasserstoff-Sauerstoff-Gruppe) in chem. Verbindungen. **Hy|dro|xy|säu|re** *die;* -, -n ⟨zu ↑ Hydroxy...⟩: Karbonsäure mit Hydroxylgruppen im Molekül. **Hy|dro|xy|zi|tro|nel|lal** *das;* -s: farblose, nach Maiglöckchen riechende Flüssigkeit, die in der Parfümerie verwendet wird. **Hy|dro|ze|le** *die;* -, -n ⟨über *lat.* hydrocele aus gleichbed. *gr.* hydrokḗlē⟩: 1. Ansammlung seröser Flüssigkeit zwischen Gewebsschichten; Med.). 2. Wasserbruch (seröse Flüssigkeitsansammlung am Hoden; Med.). **¹Hy|dro|ze|pha|le** *der* od. *die;* -n, -n ⟨zu ↑ hydro... u. *gr.* kephalḗ „Kopf"⟩: Mensch mit Wasserkopf (Med.). **²Hy|dro|ze|pha|le** *der;* -n, -n ⟨zu ↑ ¹Hydrozephale⟩: svw. Hydrozephalus. **Hy|dro|ze|pha|lus** *der;* -, Plur. ...alen od. ...li ⟨aus gleichbed. *nlat.* hydrocephalus zu ↑ hydro... u. *gr.* kephalḗ „Kopf"⟩: Wasserkopf, abnorm vergrößerter Schädel infolge übermäßiger Flüssigkeitsansammlung in den Hirnhöhlen (Med.). **Hy|dro|zin|kit** [auch ...'kɪt] *der;* -s, -e: Zinkblüte, ein erdiges, farbloses Mineral. **Hy|dro|zo|en** *die* (Plur.) ⟨zu *gr.* zōon „Lebewesen, Tier"⟩: Klasse der Hohltiere (z. B. ↑ Hydra). **Hy|dro|zy|klon** *der;* -s, -e: Vorrichtung zur Abwasserreinigung (Wirbelsichter; Techn.). **Hy|dru|rie** *die;* - ⟨zu ↑ ...urie⟩: vermehrter Wassergehalt des Urins (Med.)

Hye|to|graph [hyeto...] *der;* -en, -en ⟨zu *gr.* hyetós „Regen" u. ↑ ...graph⟩: (veraltet) Regenmesser (Meteor.). **Hye|to|gra|phie** *die;* - ⟨zu ↑ ...graphie⟩: Messung der Menge u. Verteilung von Niederschlägen (Meteor.). **hye|to|graphisch** ⟨zu ↑ ...graphisch⟩: die Niederschlagsverhältnisse auf der Erde betreffend (Meteor.). **Hye|to|me|ter** *das;* -s, - ⟨zu ↑ ¹...meter⟩: (veraltet) Regenmesser (Meteor.). **hye|to|me|trisch** ⟨zu ↑ ...metrisch⟩: (veraltet) zur Regenmessung dienend (Meteor.)

Hy|gie|ne *die;* - ⟨über gleichbed. *fr.* hygiène aus *gr.* hygieinḗ (téchnē) „der Gesundheit zuträglich(e Kunst, Wissenschaft)", dies zu hygieinós „heilsam, gesund, kräftig"⟩: 1. Bereich der Medizin, der sich mit der Erhaltung u. Förderung der Gesundheit (der einzelnen Menschen od. der gesamten Bevölkerung) u. ihren natürlichen u. sozialen Vorbedingungen befaßt sowie mit der Vorbeugung, der Entstehung u. Ausbreitung von Krankheiten; Gesundheitslehre. 2. Gesamtheit der [privaten u.] öffentlichen Maßnahmen in den verschiedensten Bereichen (wie dem der Ernährung, der Arbeit, des Städtebaus, des Verkehrs, der Landschaft, des Klimas u. a.) zur Erhaltung u. Hebung des Gesundheitsstandes u. zur Verhütung u. Bekämpfung von Krankheiten; Gesundheitspflege. 3. Sauberkeit, Reinlichkeit; Maßnahmen zur Sauberhaltung. **Hy|gie|ni|ker** *der;* -s, - ⟨vgl. ²...ik (2)⟩: 1. Mediziner, der sich auf Hygiene (1) spezialisiert hat. 2. Fachmann für einen Bereich der Hygiene (2). **hy|gie|nisch:** 1. die Hygiene (1, 2) betreffend, ihr entsprechend, auf ihr beruhend, zu ihr gehörend. 2. hinsichtlich der Sauberkeit, Reinlichkeit einwandfrei den Vorschriften der Sauberkeit entsprechend; sehr sauber, appetitlich. **hy|gie|ni|sie|ren** [...gie...] ⟨zu ↑ ...isieren⟩; sich -: (ugs. scherzh.) sich säubern, waschen

hygr..., Hygr... vgl. hygro..., Hygro... **hy|grisch** ⟨zu *gr.* hygrós „naß, feucht"⟩: den Niederschlag bzw. die Luftfeuchte betreffend. **hy|gro..., Hy|gro...,** vor Vokalen meist hygr..., Hygr... ⟨aus *gr.* hygrós „naß, feucht"⟩: Wortbildungselement mit der Bedeutung „Feuchtigkeit", z. B. hygroskopisch, Hygrometer. **Hy|gro|bi|on** *das;* -s ⟨zu *gr.* hygróbios „im Wasser lebend", zu bíos „Leben"⟩: Wasser als Lebensraum (Biol.). **Hy|gro|cha|sie** [...ç...] *die;* - ⟨zu ↑ hygro..., *gr.* chásis „Spalt, Öffnung" u. ↑ ²...ie⟩: das Sichöffnen von Fruchtständen bei Befeuchtung durch Regen od. Tau, das die Verbreitung der Sporen od. Samen ermög-

licht (Bot.). **Hy|gro|gramm** *das;* -s, -e ⟨zu ↑ ...gramm⟩: Aufzeichnung eines Hygrometers (Meteor.). **Hy|gro|graph** *der;* -en, -en ⟨zu ↑ ...graph⟩: Gerät, das die in Gasen enthaltene Feuchtigkeit mißt u. aufzeichnet; vgl. Hygrometer. **hy|gro|gra|phisch** ⟨zu ↑ ...graphisch⟩: die Feuchtigkeit(smenge) aufzeichnend. **Hy|grom** *das;* -s, -e ⟨zu ↑ ...om⟩: Wasser- od. Schleimgeschwulst in Schleimbeuteln u. Sehnenscheiden (Med.). **Hy|gro|ma|nie** *die;* -, ...ien ⟨zu ↑ ...manie⟩: krankhaft gesteigertes Verlangen nach feuchter Kühlung zur Linderung von Schmerzen (Med.). **Hy|gro|ma|to|se** *die;* -, -n ⟨zu *nlat.* hygroma (med. fachspr. für ↑ Hygrom) u. ↑ ¹...ose⟩: vermehrtes Auftreten von Hygromen (Med.). **Hy|gro|me|ter** *das;* -s, - ⟨zu ↑ hygro... u. ↑ ¹...meter⟩: Luftfeuchtigkeitsmesser (Meteor.). **Hy|gro|me|trie** *die;* - ⟨zu ↑ ...metrie⟩: Luftfeuchtigkeitsmessung (Meteor.). **hy|gro|me|trisch** ⟨zu ↑ ...metrisch⟩: a) die Hygrometrie betreffend, zu ihr gehörend; b) mit Hilfe eines Hygrometers (Meteor.). **Hy|gro|mor|phie** *die;* - ⟨zu ↑ ...morphie⟩: besondere Ausgestaltung von Pflanzenteilen zur Förderung der ↑ Transpiration (2). **Hy|gro|mor|pho|se** *die;* - ⟨zu *gr.* mórphōsis „das Gestalten, das Abbilden"; vgl. ¹...ose⟩: Anpassung von Teilen feucht wachsender Pflanzen an die feuchte Umgebung (Bot.). **Hy|gro|na|stie** *die;* -: Krümmungsbewegungen bei Pflanzen auf Grund von Luftfeuchtigkeit (Bot.). **hy|gro|phil** ⟨zu ↑ ...phil⟩: feuchtigkeitsliebend (von Pflanzen; Bot.). **Hy|gro|phi|lie** *die;* - ⟨zu ↑ ...philie⟩: Vorliebe von Pflanzen für feuchte Standorte (Bot.). **Hy|gro|phyt** *der;* -en, -en (meist Plur.) ⟨zu ↑ ...phyt⟩: Landpflanze an feuchten Standorten mit hohem Wasserverbrauch (Bot.). **Hy|gro|skop** *das;* -s, -e ⟨zu ↑ ...skop⟩: Gerät zur annäherungsweisen Bestimmung des Luftfeuchtigkeitsgehaltes (Meteor.). **hy|gro|sko|pisch:** 1. Wasser an sich ziehend, bindend (von Stoffen; Chem.). 2. sich auf Grund von Quellung od. Entquellung bewegend (von toten Pflanzenteilen; Bot.). **Hy|gro|sko|pi|zi|tät** *die;* - ⟨zu ↑ ...izität⟩: Fähigkeit mancher Stoffe, Luftfeuchtigkeit aufzunehmen u. an sich zu binden (Chem.). **Hy|gro|stat** *der;* Gen. -[e]s u. -en, Plur. -e[n] ⟨zu ↑ hygro... u. ↑ ...stat⟩: Gerät zur Aufrechterhaltung einer bestimmten Luftfeuchtigkeit. **Hy|gro|ta|xis** *die;* - ⟨zu ↑ ²Taxis⟩: Fähigkeit mancher Tiere (z. B. Schildkröten, Asseln), [über weite Entfernungen] Wasser, das ihnen zuträgliche feuchte Milieu zu finden (Biol.)

hyl..., Hyl... vgl. hylo..., Hylo... **Hyl|läa** *die;* - ⟨über *nlat.* hylaea aus *gr.* hylaía, eigtl. „die Waldige", dies zu hýlē, vgl. Hyle; geprägt vom dt. Naturforscher A. v. Humboldt, 1769–1859⟩: tropisches Regenwaldgebiet am Amazonas. **Hy|le** *die;* - ⟨über *lat.* hyle aus gleichbed. *gr.* hýlē, eigtl. „Gehölz, Wald"⟩: Stoff, Materie, der formbare Urstoff (bes. bei den ionischen Naturphilosophen). **Hy|le|mor|phis|mus** *der;* - ⟨zu *gr.* morphḗ „Gestalt, Form" u. ↑ ...ismus (1)⟩: philos. Lehre, nach der alle körperlichen Substanzen aus Stoff u. Form bestehen (Aristoteles). **Hy|li|ker** *der;* -s, - ⟨zu *gr.* hylikós „stofflich, körperlich"⟩: in der ↑ Gnosis Angehöriger der niedersten, stoffgebundenen, der Erlösung verschlossenen Menschenklasse; vgl. Pneumatiker (2), Psychiker. **hy|lisch:** materiell, stofflich, körperlich (Philos.). **Hy|lis|mus** *der;* - ⟨zu ↑ ...ismus (1)⟩: philos. Lehre, nach der der Stoff die einzige Substanz der Welt ist. **Hy|lit** [auch ...'lɪt] *der;* -s, -e ⟨zu ↑ ²...it⟩: svw. Lignit bzw. Xylit. **hy|lo..., Hy|lo...,** vor Vokalen meist hyl..., Hyl... ⟨zu gleichbed. *gr.* hýlē, eigtl. „Gehölz, Wald"⟩: Wortbildungselement mit der Bedeutung „Stoff, Materie", z. B. hylotrop, hylisch, Hylotropie, Hylismus. **Hy|lo|man|tie** *die;* - ⟨zu ↑ hylo... u. *gr.* manteía „Weissagung"⟩:

Hylophage

Hellsehen durch Vermittlung eines Gegenstandes, der mit der Vorhersage in Beziehung steht (Parapsychol.). **Hy|lo|pha|ge** *der; -n, -n* ⟨zu ↑...phage⟩: Holzfresser (Zool.). **Hy|lo|the|is|mus** *der; -*: Abart des ↑Hylozoismus, die vom Einssein Gottes mit dem belebten Urstoff ausgeht. **Hy|lo|the|ist** *der; -en, -en*: Anhänger des Hylotheismus. **hy|lo|trop** ⟨zu ↑...trop⟩: bei gleicher chem. Zusammensetzung in andere Formen überführbar. **Hy|lo|tro|pie** *die; -* ⟨zu ↑...tropie⟩: Überführbarkeit eines Stoffes in einen anderen ohne Änderung der chem. Zusammensetzung. **Hy|lo|zo|is|mus** *der; -* ⟨zu *gr.* zōḗ „Leben" u. ↑...ismus (1)⟩: Lehre der ionischen Naturphilosophen, die als Substanz aller Dinge einen belebten Urstoff, die ↑Hyle, annahmen; Lehre von der Beseeltheit der Materie. **Hy|lo|zo|ist** *der; -en, -en* ⟨zu ↑...ist⟩: Anhänger des Hylozoismus. **hy|lo|zo|istisch** ⟨zu ↑...istisch⟩: den Hylozoismus betreffend

¹**Hy|men** *das,* auch *der; -s, -* ⟨aus *gr.* hymḗn „Haut, Häutchen"⟩: dünnes Häutchen am Scheideneingang bei der Frau, das im allgemeinen beim ersten Geschlechtsverkehr (unter leichter Blutung) zerreißt; Jungfernhäutchen (Anat.). ²**Hy|men** *der; -s, -* ⟨aus gleichbed. *gr.* hymḗn, Nebenform von hyménaios, vgl. Hymenaios⟩: altgriech., der Braut von einem [Mädchen]chor gesungenes Hochzeitslied. **Hy|me|nai|os** [auch hy'me:naiɔs] *der; -, ...aioi* [...ɔy, auch ...'me:naiɔy] ⟨aus *gr.* hyménaios „Hochzeitsgesang"⟩: svw. ²Hymen. **hy|me|nal** ⟨aus gleichbed. *nlat.* hymenalis zu ↑¹Hymen u. ↑¹...al (1)⟩: zum ¹Hymen gehörend, es betreffend (Med.). **Hy|me|nä|us** [...'nɛ:ʊs] *der; -, ...ai* ⟨über *lat.* hymenaeus aus *gr.* hyménaios, vgl. Hymenaios⟩: svw. ²Hymen. **Hy|me|ni|tis** *die; -, ...itiden* ⟨zu ↑¹Hymen u. ↑...itis⟩: (veraltet) Entzündung des ¹Hymens (Med.). **Hy|me|ni|um** *das; -s, ...ien* [..jən] ⟨aus gleichbed. *nlat.* hymenium zu ¹Hymen u. ↑...ium⟩: Fruchtschicht der Ständerpilze (Bot.). **Hy|me|no|my|ze|ten** *die* (Plur.): Ordnung der Ständerpilze, zu der die meisten eßbaren Wald- u. Wiesenpilze gehören (Bot.). **Hy|me|no|pte|ren** *die* (Plur.) ⟨zu *gr.* pterós „Flügel"⟩: Hautflügler (Insektenordnung)

hymn..., Hymn... vgl. hymno..., Hymno... **Hym|nar** *das; -s,* Plur. -e u. -ien [...jən] u. **Hym|na|ri|um** *das; -s, ...ien* [...jən] ⟨aus gleichbed. *kirchenlat.* hymnarium zu *lat.* hymnus, vgl. Hymne⟩: liturgisches Buch mit den kirchlichen Hymnen. **Hym|ne** *die; -, -n* u. Hymnus *der; -, ...nen* ⟨über *spätlat.* hymnus aus *gr.* hýmnos „(Hochzeits)gesang; (Lob)lied"⟩: 1. feierlicher Festgesang; Lobgesang [für Gott], Weihelied. 2. kirchliches od. geistliches Gesangs- u. Instrumentalwerk von betont feierlichem Ausdruck. 3. Preisgedicht. 4. kurz für Nationalhymne. **Hym|nik** *die; -* ⟨zu *gr.* hymnikós „zur Hymne gehörig"⟩: Kunstform der Hymne. **Hym|ni|ker** *der; -s, -*: Hymnendichter. **hym|nisch**: in der Form od. Art der Hymne abgefaßt. **hym|ni|sie|ren** ⟨zu ↑...isieren⟩: (veraltet) Hymnen dichten, in Hymnen verherrlichen. **hymno..., Hym|no...,** vor Vokalen meist hymn..., Hymn... ⟨zu gleichbed. *gr.* hýmnos, vgl. Hymne⟩: Wortbildungselement mit der Bedeutung „Hymne", z. B. hymnologisch, Hymnologe. **Hym|no|de** *der; -n, -n* ⟨aus gleichbed. *gr.* hymnōidós⟩: altgriech. Verfasser u. Sänger von Hymnen. **Hym|no|die** *die; -* ⟨aus gleichbed. *gr.* hymnōidía⟩: Hymnendichtung. **Hym|no|dik** *die; -* ⟨zu ↑²...ik (1)⟩: svw. Hymnodie. **Hym|no|graph** *der; -en, -en* ⟨aus *gr.* hymnográphos „Hymnen schreibend"; vgl. ...graph⟩: altgriech. Hymnenschreiber. **Hym|no|lo|ge** *der; -n, -n* ⟨zu ↑hymno... u. ↑...loge⟩: Wissenschaftler auf dem Gebiet der Hymnologie. **Hym|no|lo|gie** *die; -* ⟨zu ↑...logie⟩: Wissenschaft von den [christlichen] Hymnen; Hymnenkunde. **hym|no|lo|gisch** ⟨zu ↑...logisch⟩: die Hymnologie betreffend. **Hym|nos** *der; -, ...nen* ⟨aus *gr.* hýmnos, vgl. Hymne⟩: svw. Hymne. **Hymnus** vgl. Hymne

Hyo|id *das; -s* ⟨gekürzt aus gleichbed. *lat.* os hyoideum zu ↑³Os u. *lat.* hyoideus „zum Zungenbein gehörend", eigtl. „schweinsrüsselähnlich" (wegen der Gestalt des Zungenbeins), dies aus *gr.* hyoeidés „sauähnlich, dem Rüssel einer Sau ähnlich"⟩: anatomische Kurzbez. für Zungenbein **Hyos|cin** [...ts...] usw. vgl. Hyoszin usw. **Hyos|zin**, chem. fachspr. Hyoscin [...ts...] *das; -s* ⟨gekürzt aus ↑Hyoszyamin⟩: svw. Skopolamin. **Hyos|zya|min,** chem. fachspr. Hyoscyamin [...ts...] *das; -s* ⟨zu *gr.* hyoskýamos „Bilsenkraut" u. ↑...in (1)⟩: ↑Alkaloid einiger Nachtschattengewächse, Arzneimittel (vgl. Atropin)

hyp..., Hyp... vgl. hypo..., Hypo...

hyp|abys|sisch ⟨zu ↑hypo... u. ↑abyssisch⟩: in geringer Tiefe zwischen schon festen Gesteinen erstarrt (von magmatischen Schmelzen; Geol.)

hyp|acid [...ts...] u. hypazid ⟨zu ↑hypo... u. ↑Acidum⟩: svw. subacid. **Hyp|aci|di|tät** u. Hypazidität *die; -*: svw. Subacidität

Hyp|aku|sie u. **Hyp|aku|sis** *die; -* ⟨zu ↑hypo... u. *gr.* ákousis „das Hören"; vgl. ².. .ie⟩: [nervös bedingte] Schwerhörigkeit (Med.)

Hyp|al|bu|min|ämie *die; -, ...ien* ⟨zu ↑hypo..., ↑Albumen, ↑...in (1) u. ↑...ämie⟩: Verminderung des ↑Albumins im Blutplasma (z. B. bei Infektionen; Med.); Ggs. ↑Hyperalbuminämie. **Hyp|al|bu|mi|no|se** *die; -* ⟨zu ↑¹...ose⟩: verminderter Eiweißgehalt des Blutes (Med.)

Hyp|al|ga|tor *der; -s, ...oren* ⟨zu ↑hypo..., *gr.* álgesis „Schmerz" u. ↑...ator⟩: altes Narkosegerät. **Hyp|al|ge|sie** *die; -*: verminderte Schmerzempfindlichkeit (Med.); Ggs. ↑Hyperalgesie. **hyp|al|ge|tisch**: vermindert schmerzempfindlich (Med.); Ggs. ↑hyperalgetisch

Hyp|al|la|ge [auch hyp'alage] *die; -* ⟨über *spätlat.* hypallage aus *gr.* hypallagḗ „Vertauschung, Verwechslung" zu hypalláttein „(heimlich) vertauschen"⟩: 1. svw. Enallage. 2. svw. Metonymie. 3. Vertauschung eines attributiven Genitivs mit einem attributiven Adjektiv u. umgekehrt (z. B. *jagdliche Ausdrücke* statt *Ausdrücke der Jagd*; Sprachw.)

Hyp|amau|ro|sis *die; -, ...sen* ⟨zu ↑hypo... u. ↑Amaurose⟩: unvollständige Erblindung (Med.)

Hyp|apo|ple|xie *die; -, ...ien* ⟨zu ↑hypo... u. ↑Apoplexie⟩: leichter Schlaganfall (Med.)

Hyp|äs|the|sie *die; -, ...ien* ⟨zu ↑hypo... u. ↑Ästhesie⟩: herabgesetzte Empfindlichkeit, bes. gegen Berührung (Med.); Ggs. ↑Hyperästhesie. **hyp|äs|the|tisch**: unterempfindlich für Berührungsreize (Med.); Ggs. ↑hyperästhetisch

hyp|äthral ⟨zu *gr.* hýpaithros „unter freiem Himmel" u. ↑¹...al (1)⟩: unter freiem Himmel, nicht überdacht. **Hyp|äthral|tem|pel** *der; -s, -*: großer antiker Tempel mit nicht überdachtem Innenraum

hyp|azid vgl. hypacid. **Hyp|azi|di|tät** vgl. Hypacidität

Hyp|azot|urie *die; -, ...ien* ⟨zu ↑hypo... u. ↑Azoturie⟩: herabgesetzte Stickstoffausscheidung im Harn (Med.)

Hyp|epi|ne|phrie *die; -, ...ien* ⟨zu ↑hypo..., ↑epi..., *gr.* nephrós „Niere" u. ↑²...ie⟩: herabgesetzte Ausscheidungsfunktion der Nebennieren (Med.)

hy|per..., Hy|per... ⟨aus gleichbed. *gr.* hypér⟩: Präfix mit der Bedeutung „über, übermäßig, über – hinaus", in Medizin u. Biologie die Überfunktion (z. B. eines Organs) bezeichnend, z. B. hypermodern, Hypertrophie; Ggs. ↑hypo..., Hypo...

hy|per|acid [...ts...] u. hyperazid ⟨zu ↑hyper... u. ↑Acidum⟩: svw. superacid. **Hy|per|aci|di|tät** u. Hyperazidität *die; -*: svw. Superacidität

Hy|per|ad|re|na|lis|mus *der; -,* ...men ⟨zu ↑hyper..., ↑adrenal u. ↑...ismus (3)⟩: Überfunktionszustände der Nebenniere (Med.)

Hy|per|aku|sie u. **Hy|per|aku|sis** *die; -* ⟨zu ↑hyper... u. *gr.* ákousis „das Hören"⟩: krankhaft verfeinertes Gehör infolge gesteigerter Erregbarkeit des Hörnervs (Med.)

hy|per|akut ⟨zu ↑hyper... u. ↑akut⟩: mit extremer Heftigkeit einsetzend (von Krankheiten; Med.)

Hy|per|al|bu|min|ämie *die; -,* ...ien ⟨zu ↑hyper..., ↑Albumen, ↑...in (1) u. ↑...ämie⟩: abnorm hoher Albumingehalt des Blutes (Med.); Ggs. ↑Hypalbuminämie

Hy|per|al|do|ste|ro|nis|mus *der; -,* ...men ⟨zu ↑hyper..., ↑Aldosteron u. ↑...ismus (3)⟩: Krankheitsbild, das durch eine Überproduktion von ↑Aldosteron gekennzeichnet ist (Med.)

Hy|per|al|ge|sie *die; -* ⟨zu ↑hyper... u. ↑Algesie⟩: gesteigertes Schmerzempfinden (Med.). **hy|per|al|ge|tisch:** schmerzüberempfindlich (Med.); Ggs. ↑hypalgetisch

Hy|per|ali|men|ta|ti|on *die; -* ⟨zu ↑hyper... u. ↑Alimentation⟩: Überernährung (Med.)

Hy|per|ämie *die; -* ⟨zu ↑hyper... u. ↑...ämie⟩: vermehrte Blutfülle in einem begrenzten Körperbezirk; Wallung (Med.). **hy|per|ämisch:** vermehrt durchblutet (Med.). **hy|per|ämi|sie|ren** ⟨zu ↑...isieren⟩: erhöhte Durchblutung bewirken (Med.)

Hy|per|aph|ro|di|sie *die; -,* ...ien ⟨zu ↑hyper... u. ↑Aphrodisie⟩: abnorm gesteigerte geschlechtliche Erregbarkeit (Med.)

Hy|per|asthe|nie *die; -,* ...ien ⟨zu ↑hyper... u. ↑Asthenie⟩: gänzliche Entkräftung (Med.). **hyper|asthe|nisch:** gänzlich entkräftet (Med.)

Hy|per|äs|the|sie *die; -,* ...ien ⟨zu ↑hyper... u. ↑Ästhesie⟩: Überempfindlichkeit (bes. der Gefühls- u. Sinnesnerven; Med.); Ggs. ↑Hypästhesie. **hy|per|äs|the|tisch:** überempfindlich (Med.); Ggs. ↑hypästhetisch

Hy|per|au|xe|sis *die; -* ⟨zu ↑hyper... u. ↑Auxesis⟩: übermäßiges Wachstum eines Körperteils (Med.)

hy|per|azid vgl. hyperacid. **Hy|per|azi|di|tät** vgl. Hyperacidität

hy|per|bar ⟨zu ↑hyper... u. *gr.* barýs „schwer"⟩: ein größeres spezifisches Gewicht habend als eine andere Flüssigkeit (von Flüssigkeiten); -e S a u e r s t o f f t h e r a p i e : Überdruckbeatmung eines Patienten mit reinem Sauerstoff (z. B. bei einem Herzinfarkt; Med.). **Hy|per|ba|sis** *die; -,* ...basen ⟨aus *gr.* hypérbasis, eigtl. „das Darüberhinwegschreiten"⟩: svw. Hyperbaton. **Hy|per|ba|ton** *das; -s, ...*ta ⟨über *lat.* hyperbaton aus gleichbed. *gr.* hypérbaton zu hyperbatós „umgestellt", dies zu hyperbaínein „überschreiten"⟩: jede Abweichung von der üblichen Wortstellung (z. B.: Wenn er ins Getümmel mich von Löwenkriegern reißt... [Goethe]; Sprachw.)

Hy|per|bel *die; -, -n* ⟨über *lat.* hyperbole aus gleichbed. *gr.* hyperbolḗ, eigtl. „das Darüberhinauswerfen", zu hyperbállein „über ein Ziel hinauswerfen"⟩: 1. mathematischer Kegelschnitt, geometrischer Ort aller Punkte, die von zwei festen Punkten (Brennpunkten) gleichbleibende Differenz der Entfernungen haben. 2. Übertreibung des Ausdrucks (z. B. himmelhoch; Rhet., Stilk.). **Hy|per|bel|funk|ti|on** *die; -, -en*: eine aus Summe od. Differenz zweier Exponentialfunktionen entwickelte Größe (Math.). **Hy|per|bo|li|ker** *der; -s,* ⟨zu *spätlat.* hyperbolicus „übertrieben", dies aus gleichbed. *gr.* hyperbolikós⟩: jmd., der zu Übertreibungen im Ausdruck neigt. **hy|per|bo|lisch:** 1. hyperbelartig, hyperbelförmig, als Hyperbel darstellbar; -e G e o m e t r i e : svw. nichteuklidische Geometrie. 2. im Ausdruck übertreibend. **hy|per|bo|li|sie|ren** ⟨zu ↑...isieren⟩: [im Ausdruck] übertreiben. **Hy|per|bo|lo|id** *das; -[e]s, -e* ⟨zu ↑Hyperbel u. ↑...oid⟩: Körper, der durch Drehung einer Hyperbel (1) um ihre Achse entsteht (Math.)

Hy|per|bo|re|er *die* (Plur.) ⟨aus gleichbed. *gr.* Hyperbóreoi (Plur.), eigtl. „jenseits des Boreas (Nordwinds) Wohnende"⟩: (nach der griech. Sage) ein Volk in Thrakien, bei dem sich der Gott Apoll im Winter aufhielt. **hy|per|bo|re|isch** ⟨aus gleichbed. *gr.* hyperbóreos⟩: (veraltet) im hohen Norden gelegen, wohnend

Hy|per|bu|lie *die; -* ⟨zu ↑hyper..., *gr.* boulḗ „Wille" u. ↑²...ie⟩: krankhafter Betätigungsdrang (bei verschiedenen psychischen Erkrankungen; Med.); Ggs. ↑Hypobulie

Hy|per|cha|rak|te|ri|sie|rung *die; -, -en* ⟨zu ↑hyper... u. ↑Charakterisierung⟩: Charakterisierung durch mehr als nur ein Element, z. B. die dreifache Pluralkennzeichnung in *die Männer* (Artikel, Umlaut, -er-Endung; Sprachw.)

Hy|per|chlor|ämie [...k...] *die; -,* ...ien ⟨Kurzbildung zu ↑hyper..., ↑Chlorid u. ↑...ämie⟩: vermehrter Kochsalzgehalt des Blutes (bei Nierenerkrankungen; Med.); Ggs. ↑Hypochlorämie. **Hy|per|chlor|hy|drie** *die; -* ⟨Kurzbildung zu ↑hyper..., *lat.* acidum hydrochloricum „Salzsäure" u. ↑...hydrie⟩: svw. Superacidität

Hy|per|cho|le|ste|rin|ämie [...ç..., auch ...k...] *die; -,* ...ien ⟨zu ↑hyper..., ↑Cholesterin u. ↑...ämie⟩: erhöhter Gehalt des Blutserums an ↑Cholesterin auf Grund einer Fettstoffwechselstörung (Med.); Ggs. ↑Hypocholesterinämie. **Hy|per|cho|lie** [...ç...] *die; -,* ...ien ⟨zu *gr.* cholḗ „Galle" u. ↑²...ie⟩: krankhaft gesteigerte Gallensaftbildung (Med.); Ggs. ↑Hypocholie

hy|per|chrom [...k...] ⟨zu ↑hyper... u. *gr.* chrōma „Farbe"⟩: zuviel Blutfarbstoff besitzend; überstark gefärbt (Med.); Ggs. ↑hypochrom. **Hy|per|chro|ma|to|se** *die; -*: vermehrte ↑Pigmentation der Haut (Med.). **Hy|per|chro|mie** *die; -,* ...ien ⟨zu ↑²...ie⟩: vermehrter Farbstoffgehalt der roten Blutkörperchen (Med.); Ggs. ↑Hypochromie

Hy|per|dak|ty|lie *die; -,* ...ien ⟨zu ↑hyper..., *gr.* dáktylos „Finger; Zehe" u. ↑²...ie⟩: angeborene Mißbildung der Hand od. des Fußes mit mehr als je fünf Fingern od. Zehen (Med.)

Hy|per|du|lie *die; -* ⟨aus *gr.* hyperdouleía „besondere Verehrung"⟩: Verehrung Marias als Gottesmutter (im Unterschied zur Anbetung, die nur Gott zukommt; kath. Rel.)

Hy|per|eme|sis *die; -* ⟨zu ↑hyper... u. ↑Emesis⟩: übermäßig starkes Erbrechen (Med.)

Hy|per|er|gie *die; -,* ...ien ⟨verkürzt aus ↑hyper... u. ↑Allergie⟩: allergische Überempfindlichkeit des Körpers gegen Bakteriengifte (Med.). **hy|per|er|gisch:** die Hyperergie betreffend (Med.)

Hy|per|ero|sie *die; -,* ...ien ⟨zu ↑hyper..., *gr.* érōs „Liebe" u. ↑²...ie⟩: Liebeswahn; krankhafte Steigerung des Geschlechtstriebes (Med.); vgl. Erotomanie

Hy|per|fil|tra|ti|on *die; -* ⟨zu ↑hyper... u. ↑Filtration⟩: die auf umgekehrter ↑Osmose beruhende Gewinnung eines Lösungsmittels (z. B. Wasser) aus einer Lösung mit Hilfe von ↑semipermeablen Membranen, die bes. für die Meerwasserentsalzung Bedeutung hat

Hy|per|frag|ment *das; -[e]s, -e* ⟨zu ↑hyper... u. ↑Fragment⟩: Atomkern, bei dem eines der normalerweise in ihm enthaltenen ↑Neutronen durch ein ↑Hyperon ersetzt ist (Kernphys.)

Hy|per|funk|ti|on *die; -, -en* ⟨zu ↑hyper... u. ↑Funktion⟩:

Hypergalaktie

Überfunktion, gesteigerte Tätigkeit eines Organs (Med.); Ggs. ↑Hypofunktion

Hy|per|ga|lak|tie *die;* -, ...ien ⟨zu ↑hyper..., *gr.* gála, Gen. gálaktos „Milch" u. ↑²...ie⟩: übermäßige Milchabsonderung bei stillenden Frauen (Med.); Ggs. ↑Hypogalaktie

Hy|per|ga|mie *die;* - ⟨zu ↑hyper... u. ↑...gamie (2)⟩: Heirat einer Frau aus einer niederen Schicht od. Kaste mit einem Mann aus einer höheren (Soziol.); Ggs. ↑Hypogamie

Hy|per|ge|ni|ta|lis|mus *der;* - ⟨zu ↑hyper..., ↑Genitale u. ↑...ismus (3)⟩: übermäßige u. frühzeitige Entwicklung der Geschlechtsorgane (Med.); Ggs. ↑Hypogenitalismus

Hy|per|geu|sie *die;* -, ...ien ⟨zu ↑hyper..., *gr.* geũsis „Geschmack" u. ↑²...ie⟩: abnorm verfeinerter Geschmackssinn (Med.); Ggs. ↑Hypogeusie

Hyp|er|gie *die;* -, ...ien ⟨verkürzt aus ↑hypo... u. ↑Allergie⟩: krankhaft schwache Reaktion des Organismus auf allergisierende Reize (Med.)

Hy|per|glo|bu|lie *die;* -, ...ien ⟨zu ↑hyper..., ↑Globulin u. ↑²...ie⟩: svw. Polyglobulie. **Hy|per|glo|bu|lin|ämie** *die;* -, ...ien ⟨zu ↑...ämie⟩: erhöhter Globulingehalt des Blutserums, z. B. bei Entzündungen u. Tumoren (Med.)

Hy|per|glyk|ämie *die;* -, ...ien ⟨zu ↑hyper... u. ↑Glykämie⟩: vermehrter Blutzuckergehalt (Med.); Ggs. ↑Hypoglykämie. **hy|per|glyk|ämisch**: die Hyperglykämie betreffend, auf ihr beruhend (Med.)

hy|per|gol ⟨Kunstw. zu ↑hyper..., *gr.* érgon „Werk, Arbeit" u. *lat.* oleum „Öl"⟩: spontan u. unter Flammenbildung miteinander reagierend (von zwei chem. Substanzen); vgl. ...isch/-; **-er Treibstoff**: [Raketen]treibstoff, der spontan zündet, wenn er mit einem Sauerstoffträger in Berührung kommt. **Hy|per|gol** *das;* -s, -e: svw. hypergoler Treibstoff. **hy|per|go|lisch**: svw. hypergol; vgl. ...isch/-

Hy|per|he|do|nie *die;* - ⟨zu ↑hyper..., *gr.* hēdonḗ „Freude; Wollust" u. ↑²...ie⟩: krankhaft übersteigertes Lustgefühl (Psychol., Med.)

Hy|per|he|pa|rin|ämie *die;* -, ...ien ⟨zu ↑hyper..., ↑Heparin u. ↑...ämie⟩: vermehrte Bildung gerinnungshemmender Stoffe im Blut (Med.)

Hy|per|hi|dro|se u. **Hy|per|idro|se** *die;* - ⟨zu ↑hyper... u. ↑Hidrose⟩: übermäßige Schweißabsonderung (Med.); Ggs. ↑Hyphidrose

Hy|per|ino|se *die;* -, -n ⟨zu ↑hyper..., *gr.* ís, Gen. inós „Muskel, Sehne, Faser" u. ↑¹...ose⟩: vermehrte Bildung von ↑Fibrinogen im Blut (z. B. bei fieberhaften Erkrankungen wie ↑Pneumonie; Med.); Ggs. ↑Hypinose

Hy|per|in|su|li|nis|mus *der;* - ⟨zu ↑hyper..., ↑Insulin u. ↑...ismus (3)⟩: vermehrte Insulinbildung (vgl. Insulin) u. dadurch bewirkte Senkung des Blutzuckers (Med.); Ggs. ↑Hypoinsulinismus

Hy|per|in|vo|lu|ti|on [...v...] *die;* -, -en ⟨zu ↑hyper... u. ↑Involution⟩: abnorm starke Rückbildung eines Organs (Med.)

Hy|per|jod|ämie *die;* -, ...ien ⟨zu ↑hyper..., ↑Jod u. ↑...ämie⟩: vermehrter Jodgehalt des Blutes (z. B. bei ↑Hyperthyreose; Med); Ggs. ↑Hypojodämie

Hy|per|kal|ämie, **Hy|per|ka|li|ämie** *die;* -, ...ien ⟨zu ↑hyper..., ↑...ämie⟩: erhöhter Kaliumspiegel im Blut (Med.); Ggs. ↑Hypokaliämie

Hy|per|kalz|ämie *die;* -, ...ien ⟨zu ↑hyper..., ↑Kalzium u. ↑...ämie⟩: Erhöhung des Kalziumgehaltes des Blutes (Med.); Ggs. ↑Hypokalzämie. **Hy|per|kalz|urie** *die;* -, ...ien ⟨zu ↑...urie⟩: vermehrte Ausscheidung von ↑Kalzium im Urin infolge Stoffwechselstörungen (Med.)

Hy|per|kap|nie *die;* -, ...ien ⟨zu ↑hyper..., *gr.* kapnós „Rauch, Dampf" u. ↑²...ie⟩: übermäßiger Kohlensäuregehalt des Blutes (Med.); Ggs. ↑Hypokapnie

hy|per|ka|ta|lęk|tisch ⟨aus gleichbed. *spätlat.* hypercatalecticus, dies über *lat.* hypercatalectus aus gleichbed. *gr.* hyperkatálēktos⟩: Hyperkatalexe aufweisend (von Versen); vgl. katalektisch, brachykatalektisch u. akatalektisch. **Hy|per|ka|ta|lę|xe** *die;* -, -n: die Verlängerung des Verses um eine od. mehrere Silben

Hy|per|ke|ra|to|se *die;* -, -n ⟨zu ↑hyper... u. ↑Keratose⟩: übermäßig starke Verhornung der Haut (Med.)

Hy|per|ki|ne|se *die;* -, -n ⟨zu ↑hyper... u. ↑Kinese⟩: motorischer Reizzustand des Körpers mit Muskelzuckungen u. unwillkürlichen Bewegungen (Med.); Ggs. ↑Hypokinese. **hy|per|ki|ne|tisch**: die Hyperkinese betreffend, auf ihr beruhend; mit Muskelzuckungen u. unwillkürlichen Bewegungen einhergehend

Hy|per|ko|agu|la|bi|li|tät *die;* - ⟨zu ↑hyper..., *lat.* coagulare „gerinnen machen" u. ↑...ität⟩: erhöhte Gerinnbarkeit des Blutes (Med.)

hy|per|kor|rękt [auch 'hy:...] ⟨zu ↑hyper... u. ↑korrekt⟩: übertrieben korrekt; **-e Bildung**: irrtümlich nach dem Muster anderer hochsprachlich korrekter Formen gebildeter Ausdruck, den ein Mundartsprecher gebraucht, wenn er Hochsprache sprechen muß, z. B. in bezug auf die Aussprache: für das Berliner Gebäck *Knüppel, Schrippe* fälschlich *Knüpfel, Schripfe*, weil *pp (Kopp* für *Kopf)* als nichthochsprachlich gilt (Sprachw.)

Hy|per|kor|ti|zis|mus *der;* - ⟨zu ↑hyper..., ↑Kortex u. ↑...ismus (3)⟩: durch Überfunktion der Nebennierenrinde hervorgerufene Krankheitsbilder; Ggs. ↑Hypokortizismus

Hy|per|kri|nie *die;* -, ...ien ⟨zu ↑hyper..., *gr.* krínein „scheiden, trennen, sondern" u. ↑²...ie⟩: übermäßige Drüsenabsonderung (z. B. von Speichel; Med.)

Hy|per|kri|tik *die;* -, -en (Plur. selten) ⟨zu ↑hyper... u. ↑Kritik⟩: allzu scharfe Kritik. **hy|per|kri|tisch** [auch 'hy:...]: überstreng, tadelsüchtig

Hy|per|kul|tur *die;* -, -en ⟨zu ↑hyper... u. ↑Kultur⟩: Überfeinerung, Überbildung

Hy|per|lak|tat|ämie *die;* -, ...ien ⟨zu ↑hyper..., ↑Lactat u. ↑...ämie⟩: vermehrter Milchsäuregehalt des Blutes (Med.)

Hy|per|leu|ko|zy|to|se *die;* -, -n ⟨zu ↑hyper... u. ↑Leukozytose⟩: verstärkte ↑Leukozytose als Abwehrreaktion des Organismus bei Infektionen (Med.); Ggs. ↑Hypoleukozytose

Hy|per|li|pid|ämie *die;* -, ...ien ⟨zu ↑hyper..., ↑Lipid u. ↑...ämie⟩: erhöhter Gehalt des Blutes an Fetten u. ↑Cholesterin auf Grund einer Fettstoffwechselstörung (Med.)

Hy|per|ma|stie *die;* -, ...ien ⟨zu ↑hyper..., *gr.* mastós „Brust(warze)" u. ↑²...ie⟩: abnorm starke Entwicklung der weiblichen Brust; vgl. Polymastie

Hy|per|me|nor|rhö *die;* -, -en u. **Hy|per|me|nor|rhöe** [...'rø:] *die;* -, -n [...'rø:ən] ⟨zu ↑hyper... u. ↑Menorrhö⟩: verstärkte Regelblutung (Med.); Ggs. ↑Hypomenorrhö

Hy|per|me|ta|bo|lie *die;* -, ...ien ⟨zu ↑hyper... u. ↑Metabolie⟩: eine Form der ↑Holometabolie, wobei dem Puppenstadium ein Scheinpuppenstadium vorausgeht (Biol.)

Hy|per|me|ter *der;* -s, - ⟨zu *gr.* hypérmetros „übermäßig; über das Versmaß hinausgehend"; vgl. ³...meter⟩: Vers, dessen letzte, auf einen Vokal ausgehende unzählige Silbe mit der mit einem Vokal beginnenden Anfangssilbe des nächsten Verses durch ↑Elision des Vokals verbunden wird (antike Metrik). **Hy|per|me|trie** *die;* - ⟨zu ↑hyper... u. ↑...metrie⟩: Bewegungsübermaß, das Hinausschießen der Bewegung über das angestrebte Ziel hinaus (Med.). **hy|per|me|trisch** ⟨aus *gr.* hypérmetros, vgl. Hypermeter⟩: in

Hyperpselaphesie

Hypermetern verfaßt, den Hypermeter betreffend. **Hy|per|me|tron** *das;* -s, ...tra ⟨aus *gr.* hypérmetron, eigtl. „das Übermäßige"⟩: svw. Hypermeter. **Hy|per|me|tro|pie** *die;* - ⟨zu hyper..., *gr.* métron „Maß" u. ↑...opie⟩: Über-, Weitsichtigkeit (Med.); Ggs. ↑ Myopie. **hy|per|me|tro|pisch:** weitsichtig (Med.); Ggs. ↑ myop

Hy|per|mne|sie *die;* -, ...ien ⟨zu ↑ hyper..., *gr.* mnẽsis „das Erinnern" u. ↑²...ie⟩: abnorm gesteigerte Gedächtnisleistung (z. B. in Hypnose; Med.); Ggs. ↑ Amnesie

hy|per|mo|dern [auch 'hy:...] ⟨zu ↑ hyper... u. ↑ modern⟩: übermodern, übertrieben neuzeitlich

hy|per|morph ⟨zu ↑ hyper... u. ↑...morph⟩: (das Merkmal) verstärkt ausprägend (von einem ↑ mutierten Gen; Biol.); Ggs. ↑ hypomorph

Hy|per|mo|ti|li|tät *die;* - ⟨zu ↑ hyper... u. ↑ Motilität⟩: svw. Hyperkinese

Hy|per|na|tri|ämie *die;* -, ...ien ⟨zu ↑ hyper..., ↑ Natrium u. ↑...ämie⟩: erhöhter Natriumgehalt des Blutes (Med.); Ggs. ↑ Hyponatriämie

Hy|per|ne|phri|tis *die;* -, ...itiden ⟨zu ↑ hyper... u. ↑ Nephritis⟩: Entzündung der Nebennieren (Med.). **Hy|per|ne|phrom** *das;* -s, -e ⟨unter Einfluß von *engl.* hyperon zu ↑ hyper... u. ↑⁴...on⟩: Nierentumor, dessen Gewebestruktur der des Nebennierengewebes ähnlich ist (Med.)

hy|per|ner|vös [...v..., auch 'hy:...] ⟨zu ↑ hyper... u. ↑ nervös⟩: übertrieben nervös

Hy|per|ocha *die;* -, ...chen ⟨aus *gr.* hypérochos „hervorragend, vorzüglich"⟩: (veraltet) 1. Überschuß aus dem Verkauf eines verpfändeten Gegenstandes. 2. Übersteigen des Vermögens durch die Schulden

Hy|per|odon|tie *die;* - ⟨zu ↑ hyper..., *gr.* odoús, Gen. odóntos „Zahn" u. ↑²...ie⟩: das Vorhandensein von überzähligen Zähnen (Med.); vgl. Hypodontie

Hy|pe|ron *das;* -s, ...onen ⟨unter Einfluß von *engl.* hyperon zu ↑ hyper... u. ↑⁴...on⟩: Elementarteilchen, dessen Masse größer ist als die eines ↑ Nukleons (Phys.)

Hy|per|ony|chie [...'çi:] *die;* -, ...ien ⟨zu ↑ hyper..., *gr.* ónyx, Gen. ónychos „Nagel" u. ↑²...ie⟩: abnorm starke Nagelbildung an Händen u. Füßen (Med.)

Hy|per|onym *das;* ⟨zu ↑ hyper... u. *gr.* ónyma „Name"⟩: übergeordneter Begriff; Wort, Lexem, das in einer übergeordneten Beziehung zu einem bzw. mehreren anderen Wörtern, Lexemen steht, aber inhaltlich allgemeiner, weniger merkmalhaltig ist, z. B. *zu sich nehmen* zu *essen, Medikament* zu *Pille, Tablette, Dragee, Kapsel;* Superonym (Sprachw.); Ggs. ↑ Hyponym. **Hy|per|ony|mie** *die;* - ⟨zu ↑²...ie⟩: in Übergeordnetheit sich ausdrückende semantische Relation, wie sie zwischen Hyperonym u. Hyponym besteht (Sprachw.); Ggs. ↑ Hyponymie

Hy|pe|ro|on *das;* -s, ...oa ⟨aus gleichbed. *gr.* hyperõion⟩: das obere Stockwerk des altgriech. Hauses

Hy|per|opie *die;* -, ...ien ⟨zu ↑ hyper... u. ↑...opie⟩: svw. Hypermetropie

Hy|per|ore|xie *die;* -, ...ien ⟨zu ↑ hyper..., *gr.* órexis „das Streben, Verlangen" u. ↑²...ie⟩: Heißhunger (Med.)

Hy|per|os|mie *die;* - ⟨zu ↑ hyper..., *gr.* osmḗ „Geruch" u. ↑²...ie⟩: abnorm gesteigertes Geruchsvermögen (Med.); Ggs. ↑ Hyposmie

Hy|per|osto|se *die;* -, -n ⟨zu ↑ hyper..., *gr.* ostéon „Knochen" u. ↑¹...ose⟩: Wucherung des Knochengewebes (Med.). **hy|pe|ro|sto|tisch:** die ↑ Hyperostose betreffend, auf ihr beruhend

Hy|per|oxyd, chem. fachspr. Hyperoxid *das;* -[e]s, -e (meist Plur.) ⟨zu ↑ hyper... u. ↑ Oxyd⟩: salzartige Verbindungen der Alkali- u. Erdalkalimetalle mit Sauerstoff (Chem.). **Hy|per|oxy|da|ti|on** *die;* -, -en: Übersättigung mit Sauerstoff. **hy|per|oxy|diert** ⟨zu ↑...iert⟩: mit Sauerstoff übersättigt

Hy|per|pa|ra|pro|te|in|ämie [...te|i:n...] *die;* -, ...ien ⟨zu ↑ hyper..., ↑ Paraprotein u. ↑...ämie⟩: stark vermehrte Bildung von anomalen Eiweißkörpern im Blutplasma (Med.)

Hy|per|pa|ra|si|tis|mus *der;* - ⟨zu ↑ hyper... u. ↑ Parasitismus⟩: Befall eines Parasiten durch wiederum einen Parasiten (Biol.)

Hy|per|pa|ra|thy|reo|idis|mus *der;* - ⟨zu ↑ hyper..., ↑ para..., ↑ Thyreoidea u. ↑...ismus (3)⟩: Überfunktion der Nebenschilddrüsen (Med.); Ggs. ↑ Hypoparathyreoidismus

Hy|per|pa|thie *die;* -, ...ien ⟨zu ↑ hyper... u. ↑...pathie⟩: Schmerzüberempfindlichkeit bei bestimmten Nerven- u. Thalamusschädigungen (Med.). **hy|per|pa|thisch:** schmerzüberempfindlich (Med.)

Hy|per|phal|an|gie *die;* -, ...ien ⟨zu ↑ hyper..., *gr.* phálagx, Gen. phálaggos „Glied an Händen u. Füßen" (eigtl. „Balken") u. ↑²...ie⟩: Vorkommen von überzähligen Mittelgliedern am Daumen u. an der großen Zehe (Med.)

Hy|per|pho|rie *die;* -, ...ien ⟨zu ↑ hyper..., *gr.* phoreĩn, phérein „tragen, bringen" u. ↑²...ie⟩: ↑ latentes Aufwärtsschielen, eine Form der ↑ Heterophorie (Med.); Ggs. Hypophorie

Hy|per|phos|phat|ämie *die;* -, ...ien ⟨zu ↑ hyper..., ↑ Phosphat u. ↑...ämie⟩: erhöhter Gehalt von anorganischen ↑ Phosphaten im Blutserum (Med.)

Hy|per|phy|sik *die;* - ⟨zu ↑ hyper... u. ↑ Physik⟩: Erklärung von Naturerscheinungen vom Übersinnlichen her. **hy|per|phy|sisch:** übernatürlich

Hy|per|pig|men|tie|rung *die;* - ⟨zu ↑ hyper... u. ↑ Pigmentierung⟩: vermehrte fleckförmige od. diffuse Melanineinlagerung (vgl. Melanin) in der Haut (Med.)

Hy|per|pi|tui|ta|ris|mus *der;* - ⟨zu ↑ hyper..., *lat.* pituita „zähe Flüssigkeit, Schleim" u. ↑...ismus (3)⟩: durch Überfunktion der ↑ Hypophyse ausgelöste Störungen u. Erkrankungen (Med.); Ggs. ↑ Hypopituitarismus

Hy|per|pla|sie *die;* -, ...ien ⟨zu ↑ hyper..., *gr.* plásis „Bildung, Form" u. ↑²...ie⟩: Vergrößerung von Geweben u. Organen durch abnorme Vermehrung der Zellen (Med., Biol.); Ggs. ↑ Hypoplasie; vgl. Hypertrophie. **hy|per|pla|stisch:** Hyperplasie aufweisend

Hy|per|ploi|die [...ploi...] *die;* - ⟨zu ↑ hyper..., Analogiebildung zu diploid bzw. haploid, u. ↑²...ie⟩: Vorkommen überzähliger ↑ Chromosomen od. Chromosomensegmente (Genetik)

Hy|per|pnoe *die;* - ⟨zu ↑ hyper... u. *gr.* pnoẽ „Hauch, Atem"⟩: vertiefte Atmung, bes. nach körperlicher Anstrengung (Med.)

Hy|per|po|la|ri|sa|ti|on *die;* -, -en ⟨zu ↑ hyper... u. ↑ Polarisation⟩: die Erhöhung des Membranpotentials einer Nerven- od. Muskelzelle (Physiol.)

Hy|per|pro|lak|tin|ämie *die;* -, ...ien ⟨zu ↑ hyper..., ↑ Prolaktin u. ↑...ämie⟩: abnorme Erhöhung des Prolaktinspiegels (vgl. Prolaktin) im Blutserum, z. B. bei ↑ Hypophysentumor (Med.)

Hy|per|pros|exie *die;* -, ...ien ⟨zu ↑ hyper..., *gr.* prósexis „Aufmerksamkeit" u. ↑²...ie⟩: Zustand krankhaft gesteigerter Aufmerksamkeit (Psychol., Med.); Ggs. ↑ Hypoprosexie

Hy|per|pro|te|in|ämie [...te|i:n...] *die;*-, ...ien ⟨zu ↑ hyper..., ↑ Protein u. ↑...ämie⟩: abnorme Erhöhung des Eiweißgehalts im Blutplasma (Med.); Ggs. ↑ Hypoproteinämie

Hy|per|pse|la|phe|sie *die;* -, ...ien ⟨zu ↑ hyper..., *gr.* pseláphēsis „Berührung, Betastung" u. ↑²...ie⟩: krankhaft gesteigerte Reizempfindlichkeit des Tastsinnes (Med.)

hy|per|py|re|tisch ⟨zu ↑hyper... u. ↑pyretisch⟩: abnorm hohes Fieber habend (Med.). **Hy|per|pyr|exie** *die;* -, ...ien: übermäßig hohes Fieber (Med.)

Hy|per|rea|lis|mus *der;* - ⟨zu ↑hyper... u. ↑Realismus⟩: Richtung der zeitgenössischen Kunst

Hy|per|re|fle|xie *die;* -, ...ien ⟨zu ↑hyper..., ↑Reflex u. ↑²...ie⟩: gesteigerte Reflexbereitschaft des Nervensystems (Med.)

Hy|per|sal|ämie *die;* -, ...ien ⟨zu ↑hyper..., *lat.* sal „Salz" u. ↑...ämie⟩: Steigerung des Salzgehaltes im Blut (Med.)

Hy|per|sar|ko|se *die;* -, -n ⟨zu ↑hyper..., *gr.* sárx, Gen. sarkós „Fleisch" u. ↑¹...ose⟩: vermehrte Bildung von Hautod. Muskelgewebe (Med.)

Hy|per|se|kre|ti|on *die;* -, -en ⟨zu ↑hyper... u. ↑Sekretion⟩: vermehrte Absonderung von Drüsensekret (Med.)

hy|per|sen|si|bel [auch 'hy:...] ⟨zu ↑hyper... u. ↑sensibel⟩: überaus sensibel (1, 2), empfindsam. **hy|per|sen|si|bi|li|sie|ren**: 1. die Empfindlichkeit, Sensibilität stark erhöhen. 2. die Empfindlichkeit von fotografischem Material durch bestimmte Maßnahmen vor der Belichtung erhöhen (Fotogr.)

Hy|per|se|xua|li|tät *die;* - ⟨zu ↑hyper... u. ↑Sexualität⟩: abnorm gesteigerter Geschlechtstrieb

Hy|per|si|der|ämie *die;* -, ...ien ⟨zu ↑hyper..., *gr.* sídēros „Eisen" u. ↑...ämie⟩: erhöhter Eisengehalt des Blutes, z. B. bei Lebererkrankungen (Med.)

hy|per|som ⟨zu ↑hyper... u. *gr.* sōma „Körper"⟩: riesenwüchsig, an ↑Hypersomie leidend (Med.); Ggs. ↑hyposom. **Hy|per|so|mie** *die;* - ⟨zu ↑²...ie⟩: Riesenwuchs (Med.); Ggs. ↑Hyposomie; vgl. Gigantismus (1)

Hy|per|som|nie *die;* - ⟨zu ↑hyper..., *lat.* somnus „Schlaf" u. ↑²...ie⟩: krankhaft gesteigertes Schlafbedürfnis (Med.)

hy|per|so|nisch ⟨aus gleichbed. *engl.* hypersonic zu ↑hyper... u. *lat.* sonus „Ton, Schall"⟩: den Überschallbereich betreffend, mit mehr als fünffacher Schallgeschwindigkeit.

hy|per|so|nor ⟨zu ↑hyper... u. ↑sonor⟩: sehr laut tönend (Med.)

Hy|per|spa|die *die;* -, ...ien ⟨zu ↑hyper..., *gr.* spadōn „Riß, Spalte" u. ↑²...ie⟩: svw. Epispadie

Hy|per|sper|mie *die;* -, ...ien ⟨zu ↑hyper..., *gr.* spérma „Samen" u. ↑²...ie⟩: vermehrte Samenbildung (Med.); Ggs. ↑Hypospermie

Hy|per|sple|nie *die;* -, ...ien ⟨zu ↑hyper..., *gr.* splēn „Milz" u. ↑²...ie⟩: Überfunktion der Milz (Med.)

Hy|per|stea|to|se *die;* -, ...osen ⟨zu ↑hyper... u. ↑Steatose⟩: 1. übermäßige Talgdrüsenausscheidung (Med.). 2. abnorme Fettsucht (Med.)

Hy|per|sthen *der;* -s, -e ⟨zu ↑hyper... u. *gr.* sthénos „Stärke, Kraft"⟩: ein schwärzlich grünes bis braunes Augitmineral.

Hy|per|sthen|urie *die;* -, ...ien ⟨zu ↑...urie⟩: Ausscheidung eines hochkonzentrierten Harns (Med.); Ggs. ↑Hyposthenurie

Hy|per|su|pra|re|na|lis|mus *der;* - ⟨zu ↑hyper..., ↑supra..., ↑renal u. ↑...ismus (3)⟩: Überfunktionszustand der Nebenniere (Med.)

Hy|per|te|lie *die;* - ⟨zu ↑hyper... u. *gr.* télos „Vollendung" u. ↑²...ie⟩: Überentwicklung eines Körperteils (Biol.)

Hy|per|te|lo|ris|mus *der;* - ⟨zu ↑hyper..., *gr.* tēle „fern, weit", horízein „be-, abgrenzen" u. ↑...ismus (3)⟩: durch abnorm großen Augenabstand gekennzeichnete Schädelanomalie (Med.)

Hy|per|ten|sin *das;* -s, -e ⟨zu ↑Hypertension u. ↑...in (1)⟩: svw. Angiotensin. **Hy|per|ten|si|on** *die;* -, -en ⟨zu ↑hyper... u. ↑Tension⟩: svw. Hypertonie

Hy|per|the|lie *die;* -, ...ien ⟨zu ↑hyper..., *gr.* thēlē „Mutterbrust; Brustwarze" u. ↑²...ie⟩: Ausbildung überzähliger Brustwarzen bei Frauen u. Männern (Med.); vgl. Polymastie

Hy|per|ther|mie *die;* -, ...ien ⟨zu ↑hyper..., *gr.* thérmē „Wärme" u. ↑²...ie⟩: 1. (ohne Plur.) Wärmestauung im Körper, ungenügende Abfuhr der Körperwärme bei hoher Außentemperatur. 2. (ohne Plur.) sehr hohes Fieber. 3. künstliche Überwärmung des Körpers zur Steigerung der Durchblutung (Med.); vgl. Hypothermie

Hy|per|thy|mie *die;* -, ...ien ⟨zu ↑hyper..., *gr.* thymós „Gemüt" u. ↑²...ie⟩: ungewöhnlich gehobene seelische Stimmung, erhöhte Betriebsamkeit (Psychol.); Ggs. ↑Hypothymie. **Hy|per|thy|mi|ker** *der;* -s, - ⟨Analogiebildung zu Choleriker⟩: der lebhafte, reizbare, explosive Psychopath; Ggs. ↑Hypothymiker

Hy|per|thy|reo|idis|mus *der;* - ⟨zu ↑hyper..., ↑Thyreoidea u. ↑...ismus (3)⟩: svw. Hyperthyreose. **Hy|per|thy|reo|se** *die;* - ⟨zu ↑¹...ose⟩: Überfunktion der Schilddrüse (Med.); Ggs. ↑Hypothyreose. **hy|per|thy|reo|tisch**: die Hyperthyreose betreffend

Hy|per|to|nie *die;* -, ...ien ⟨zu ↑hyper..., ↑Tonus u. ↑²...ie⟩: 1. gesteigerte Muskelspannung; Ggs. ↑Hypotonie (1). 2. erhöhter Blutdruck; Ggs. ↑Hypotonie (2). 3. erhöhte Spannung im Augapfel (Med.); Ggs. ↑Hypotonie (3). **Hy|per|to|ni|ker** *der;* -s, -: jmd., der an zu hohem Blutdruck leidet (Med.); Ggs. ↑Hypotoniker. **hy|per|to|nisch**: 1. Hypertonie zeigend; Ggs. ↑hypotonisch (1). 2. höheren ↑osmotischen Druck als das Blutplasma besitzend (Med.); Ggs. ↑hypotonisch (2). **Hy|per|to|nus** *der;* -: 1. kurzfristige Blutdruckerhöhung (Med.); Ggs. ↑Hypotonus. 2. svw. Hypertonie (2)

Hy|per|tri|cho|se *die;* -, -n ⟨zu ↑hyper... u. ↑Trichose⟩: krankhaft vermehrte Körperbehaarung (Med.); Ggs. ↑Hypotrichose; vgl. Hirsutismus. **Hy|per|tri|cho|sis** *die;* -, ...oses [...ze:s] ⟨zu ↑¹...ose⟩: svw. Hypertrichose

hy|per|troph ⟨zu ↑hyper... u. ↑...troph⟩: 1. durch Zellenwachstum vergrößert (von Geweben u. Organen; Med.). 2. überspannt, überzogen; vgl. ...isch/-. **Hy|per|tro|phie** *die;* -, ...ien ⟨zu ↑...trophie⟩: übermäßige Vergrößerung von Geweben u. Organen infolge Vergrößerung der Zellen, meist bei erhöhter Beanspruchung (Med., Biol.); Ggs. ↑Hypothrophie; vgl. Hyperplasie. **hy|per|tro|phiert** ⟨zu ↑...iert⟩: svw. hypertroph. **hy|per|tro|phisch**: svw. hypertroph; vgl. ...isch/-

Hy|per|ur|ba|nis|mus *der;* -, ...men ⟨zu ↑hyper..., *lat.* urbanus „verfeinert" (eigtl. „städtisch") u. ↑...ismus (4)⟩: hyperkorrekte Bildung (vgl. hyperkorrekt; Sprachw.)

Hy|per|urik|ämie *die;* - ⟨zu ↑hyper... u. ↑Urikämie⟩: Harnsäurevermehrung im Blut (Med.)

Hy|per|ven|ti|la|ti|on [...v...] *die;* -, -en ⟨zu ↑hyper... u. ↑Ventilation⟩: übermäßige Steigerung der Atmung, zu starke Beatmung der Lunge (Med.); Ggs. ↑Hypoventilation

Hy|per|vit|ami|no|se [...v...] *die;* -, -n ⟨zu ↑hyper..., ↑Vitamin u. ↑¹...ose⟩: Schädigung des Körpers durch zu reichliche Vitaminzufuhr (Med.); Ggs. ↑Hypovitaminose

Hy|per|vol|ämie [...v...] *die;* -, ...ien ⟨zu ↑hyper..., ↑Volumen u. ↑...ämie⟩: Vermehrung der Gesamtblutmenge im Verhältnis zum Körpergewicht (Med.); Ggs. ↑Hypovolämie. **hy|per|vol|ämisch**: die Hypervolämie betreffend (Med.)

Hy|per|zyk|lus [auch ...'tsy...] *der;* -, ...len ⟨zu ↑hyper... u. ↑Zyklus⟩: Bez. für eine zyklische Verknüpfung sich selbst reproduzierender Einzelzyklen (Biol.)

hyph..., **Hyph...** vgl. hypo..., Hypo...

Hypochondrium

Hyph|äma *das;* -s, -ta ⟨zu ↑hypo... u. *gr.* haíma „Blut"⟩: Bluterguß in die vordere Augenkammer (Med.). **hyph|ämisch:** 1. blutunterlaufen. 2. blutarm (Med.)

Hyph|äre|se *die;* -, -n ⟨zu *gr.* hyphaíresis „das Entwenden, Entziehen"⟩: Ausstoßung eines kurzen Vokals vor einem anderen Vokal (Sprachw.); vgl. Aphärese

Hy|phe *die;* -, -n ⟨aus *gr.* hyphḗ „das Weben, Gewebte"⟩: Pilzfaden; fadenförmige, oft zellig gegliederte Grundstruktur der Pilze (Bot.)

Hyph|edo|nie *die;* - ⟨zu ↑hypo..., *gr.* hēdoné „Freude, Wollust" u. ↑²...ie⟩: krankhafte Verminderung des natürlichen Lustgefühls (Med.)

Hyph|en *das;* -[s], - ⟨über *lat.* hyphen aus gleichbed. *gr.* hyphén, eigtl. „in eins (zusammen)"⟩: 1. in der antiken Grammatik die Zusammenziehung zweier Wörter zu einem ↑Kompositum. 2. der bei einem Kompositum verwendete Bindestrich

Hyph|idro|se *die;* - ⟨zu ↑hypo... u. ↑Hidrose⟩: verminderte Schweißabsonderung (Med.); Ggs. ↑Hyperhidrose

hyp|idio|morph ⟨zu ↑hypo... u. ↑idiomorph⟩: nur teilweise eigengestaltig ausgebildet (von Mineralen in magmatischen Gesteinen)

Hyp|ino|se *die;* -, -n ⟨zu ↑hypo..., *gr.* ís, Gen. inós „Muskel, Sehne, Faser" u. ↑¹...ose⟩: (veraltet) verminderter Faserstoffgehalt des Blutes (Med.); Ggs. ↑Hyperinose

hypn..., **Hypn...** vgl. hypno..., Hypno..., **hypn|agog, hypn|ago|gisch** ⟨zu ↑hypno... u. *gr.* agōgós „(herbei)führend"⟩: a) zum Schlaf führend, einschläfernd; b) den Schlaf betreffend; vgl. ...isch/-. **Hypn|ago|gum** *das;* -s, ...ga ⟨aus gleichbed. *nlat.* hypnagogum⟩: Schlafmittel (Med.). **Hypn|al|gie** *die;* -, ...ien ⟨zu ↑hypno... u. ↑...algie⟩: Schmerz, der nur im Schlaf auftritt (Med.). **hyp|no...**, **Hyp|no...**, vor Vokalen meist hypn..., Hypn... ⟨aus gleichbed. *gr.* hýpnos⟩: Wortbildungselement mit der Bedeutung „Schlaf", z. B. hypnopädisch, hypnagog, Hypnopädie, Hypnalgie. **Hyp|no|ana|ly|se** *die;* -: Psychoanalyse eines hypnotisch gelenkten Unbewußten. **hyp|no|id** ⟨zu ↑...oid⟩: dem Schlaf bzw. der Hypnose ähnlich (von Bewußtseinszuständen). **Hyp|no|lep|sie** *die;* - ⟨zu *gr.* lēpsis „das Nehmen; Anfall" u. ↑²...ie⟩: abnorme, krankhafte Schläfrigkeit, die anfallsweise auftritt (Med.). **Hyp|no|lo|gie** *die;* - ⟨zu ↑...logie⟩: (veraltet) Lehre vom Schlaf. **Hyp|no|nar|ko|se** *die;* -, -n: durch Hypnose geförderte od. eingeleitete Narkose (Med.). **Hyp|no|pä|die** *die;* - ⟨zu *gr.* paideía „Lehre, (Aus)bildung"⟩: Schlaflernmethode, Methode, um während des Schlafes Gedächtnisinhalte zu fixieren. **hyp|no|pä|disch** die Hypnopädie betreffend, auf ihr beruhend. **Hyp|no|pa|thie** *die;* - ...ien ⟨zu ↑...pathie⟩: krankhafte Veränderung des Schlafes, Schlafkrankheit (Med.). **Hyp|no|se** *die;* -, -n ⟨zu ↑hypnotisch u. ↑¹...ose⟩: schlafähnlicher, eingeschränkter Bewußtseinszustand, der vom Hypnotiseur durch Suggestion herbeigeführt werden kann u. in dem die Willens- u. teilweise auch die körperlichen Funktionen leicht zu beeinflussen sind (Med., Psychol.). **Hyp|no|sie** *die;* -, ...ien ⟨zu ↑²...ie⟩: 1. Schlafkrankheit. 2. krankhafte Schläfrigkeit. **Hyp|no|the|ra|peut** *der;* -en, -en: jmd., der Hypnotherapie anwendet. **hyp|no|the|ra|peu|tisch:** die Hypnotherapie betreffend, Hypnotherapie anwendend. **Hyp|no|the|ra|pie** *die;* -, ...ien: ↑Psychotherapie, bei der die Hypnose zu Hilfe genommen wird. **Hyp|no|tik** *die;* - ⟨zu ↑hypnotisch u. ↑²...ik (1)⟩: Wissenschaft von der Hypnose. **Hyp|no|ti|kum** *das;* -s, ...ka ⟨zu ↑...ikum⟩: svw. Hypnagogum. **Hyp|no|ti|sa|ti|on** *die;* -, -en ⟨zu ↑...isation⟩: auf verschiedene Weise zu erreichende Bewußtseinseinengung, durch die jmd. in Hypnose versetzt wird. **hyp|no-**

tisch ⟨aus *lat.* hypnoticus „einschläfernd", dies aus gleichbed. *gr.* hypnōtikós⟩: 1. a) zur Hypnose gehörend; b) zur Hypnose führend; einschläfernd. 2. den Willen lähmend. **Hyp|no|ti|seur** [...'zøːɐ̯] *der;* -s, -e ⟨aus gleichbed. *fr.* hypnotiseur⟩: jmd., der andere hypnotisieren kann. **hyp|no|ti|sie|ren** ⟨über *fr.* hypnotiser aus gleichbed. *engl.* to hypnotize zu *lat.* hypnoticus, vgl. hypnotisch⟩: 1. in Hypnose versetzen. 2. [durch Blick od. Bewegung] willenlos, widerstandslos machen. **Hyp|no|tis|mus** *der;* - ⟨zu ↑...ismus⟩: 1. Wissenschaft von der Hypnose. 2. Beeinflussung

hy|po..., **Hy|po...**, vor Vokalen meist hyp..., Hyp..., vor h hyph..., Hyph... [hyf...] ⟨aus gleichbed. *gr.* hypó⟩: Präfix mit der Bedeutung „unter, darunter", in Medizin u. Biologie die Unterfunktion (z. B. eines Organs) bezeichnend, z. B. hypochondrisch, Hypothese, Hyponym

Hy|po|aci|di|tät [...ts...] *die;* - ⟨zu ↑hypo... u. ↑Acidität⟩: svw. Subacidität

Hy|po|al|do|ste|ro|nis|mus *der;* -, ...men ⟨zu ↑hypo..., ↑Aldosteron u. ↑...ismus (3)⟩: Krankheitsbild, das durch einen Mangel an ↑Aldosteron gekennzeichnet ist (Med.)

hy|po|bar ⟨zu ↑hypo... u. *gr.* barýs „schwer"⟩: eine Flüssigkeit bezeichnend, deren spezifisches Gewicht gegenüber dem einer anderen leichter ist (Phys.)

Hy|po|blast *das;* -[e]s, -e ⟨zu ↑hypo... u. *gr.* blastós „Sproß, Trieb"⟩: svw. Entoderm

Hy|po|bo|li|ker *der;* -s, - ⟨zu ↑hypo..., Analogiebildung zu ↑Hyperboliker⟩: jmd., der sich sachlich u. klar ausdrückt

Hy|po|bro|mit [auch ...'mɪt] *das;* -s, -e ⟨zu ↑hypo... u. ↑Bromit⟩: Salz der unterbromigen Säure (Chem.)

Hy|po|bu|lie *die;* - ⟨zu ↑hypo..., *gr.* boulé „Wille" u. ↑²...ie⟩: herabgesetzte Willenskraft, Willensschwäche (bei verschiedenen psychischen Krankheiten). Ggs. ↑Hyperbulie

Hy|po|chlor|ämie [...k...] *die;* -, ...ien ⟨Kurzbildung zu ↑hypo..., ↑Chlorid u. ↑...ämie⟩: Chlor- bzw. Kochsalzmangel im Blut (Med.); Ggs. ↑Hyperchlorämie. **Hy|po|chlor|hy|drie** *die;* -, ...ien ⟨Kurzbildung zu ↑hypo..., *lat.* acidum hydrochloricum „Salzsäure" u. ↑...hydrie⟩: verminderte Salzsäureabsonderung des Magens (Med.). **Hy|po|chlo|rit** [auch ...'rɪt] *das;* -s, -e ⟨zu ↑¹Chlorit⟩: Salz der unterchlorigen Säure (Chem.)

Hy|po|cho|le|ste|rin|ämie [...ç..., auch ...k...] *die;* -, ...ien ⟨zu ↑hypo..., ↑Cholesterin u. ↑...ämie⟩: Verminderung des ↑Cholesterins im Blut (Med.); Ggs. ↑Hypercholesterinämie. **Hy|po|cho|lie** [...ç...] *die;* -, ...ien ⟨zu *gr.* cholḗ „Galle" u. ↑²...ie⟩: Verminderung der Gallenabsonderung (meist mit Verdauungsstörungen verbunden; Med.); Ggs. ↑Hypercholie

Hy|po|chon|der [...x...] *der;* -s, - ⟨zu ↑hypochondrisch⟩: Mensch, der aus ständiger Angst, krank zu sein od. zu werden, sich fortwährend selbst beobachtet u. schon geringfügige Beschwerden als Krankheitssymptome deutet; eingebildeter Kranker. **Hy|po|chon|drie** *die;* -, ...ien ⟨zu ↑²...ie⟩: Gefühl einer körperlichen od. seelischen Krankheit ohne pathologische Grundlage. **hy|po|chon|drisch** ⟨aus *gr.* hypochondriakós „am Hypochondrion leidend" zu hypochóndria (Plur. von hypochóndrion) „der weiche Teil des Leibes unter dem Brustknorpel u. den Rippen bis an die Weichen, Unterleib u. Eingeweide", in denen nach antiker Vorstellung die Gemütskrankheiten lokalisiert sind⟩: an Hypochondrie leidend; schwermütig, trübsinnig. **hy|po|chon|dri|sie|ren** ⟨zu ↑...isieren⟩: (veraltet) wie ein Hypochonder handeln. **Hy|po|chon|dri|um** *das;* -s, ...ien [...jən] ⟨aus *nlat.* hypochondrium zu *gr.* hypochóndrion, vgl. hypochondrisch⟩: seitlich unter den Rippenknorpeln befindliche Oberbauchregion (Med.)

hy|po|chrom [...k...] ⟨zu ↑hypo... u. *gr.* chrõma „Farbe"⟩: zu wenig Blutfarbstoff besitzend; zu schwach gefärbt (Med.); Ggs. ↑hyperchrom. **Hy|po|chro|mie** *die;* -, ...ien ⟨zu ↑²...ie⟩: 1. Mangel an Blutfarbstoff (Med.); Ggs. ↑Hyperchromie. 2. herabgesetzter Farbstoffgehalt eines Gewebes od. Organs (Med.)

Hy|po|chy|lie [...ç...] *die;* -, ...ien ⟨zu ↑hypo..., ↑Chylus u. ↑²...ie⟩: verminderte Magensaftabsonderung (Med.)

Hy|po|dak|ty|lie *die;* -, ...ien ⟨zu ↑hypo..., *gr.* dáktylos „Finger; Zehe" u. ↑²...ie⟩: angeborenes Fehlen von Fingern od. Zehen (Med.)

Hy|po|derm *das;* -s, -e ⟨zu ↑hypo... u. *gr.* dérma „Haut"⟩: 1. unter der Oberhaut gelegene Zellschicht bei Sprossen u. Wurzeln von Pflanzen (Biol.). 2. Lederhaut der Wirbeltiere. 3. äußere einschichtige Haut der Gliederfüßer, die den Chitinpanzer ausscheidet (Biol.). **hy|po|der|mal** ⟨zu ↑¹...al (1)⟩: svw. subkutan. **hy|po|der|ma|tisch**: unter der Haut gelegen. **hy|po|der|misch**; in der Fügung -er Abfluß: Teil des direkten Abflusses eines Gewässers, der unterirdisch (ohne das Grundwasser zu erreichen) dem Wasserlauf zufließt. **Hy|po|der|mo|se** u. **Hy|po|der|mo|sis** *die;* - ⟨zu ↑¹...ose⟩: Dassellarvenbefall (Infektion der Haut von Rind, Schaf, Ziege od. Wild, selten auch des Menschen durch Larven der Dasselfliege, die parasitäre Furunkel hervorrufen; Tiermed., Med.)

Hy|po|doch|mi|us *der;* -, ...ien [...iən] ⟨zu ↑hypo... u. ↑Dochmius⟩: antiker Versfuß, umgedrehter ↑Dochmius (−◡−◡−)

Hyp|odon|tie *die;* - ⟨zu ↑hypo..., *gr.* odoús, Gen. odóntos „Zahn" u. ↑²...ie⟩: angeborenes Fehlen von Zähnen (Med.); vgl. Hyperodontie

Hy|po|drom *das;* -s, -e ⟨zu *gr.* hypódromos, eigtl. „das Darunterlaufen"⟩: überdachter Platz zum Spazierengehen

Hy|po|dy|na|mie *die;* -, ...ien ⟨zu ↑hypo..., ↑Dynamis u. ↑²...ie⟩: Körperschwäche; verminderte Kraft (z. B. der Muskulatur; Med.)

Hy|po|epi|ne|phrie vgl. Hypepinephrie

Hy|po|fer|men|tie *die;* -, ...ien ⟨zu ↑hypo..., ↑Ferment u. ↑²...ie⟩: verminderte Bindung eines od. mehrerer der zur Stoffwechselregulation notwendigen Enzyme (Med.)

Hy|po|fi|bri|no|gen|ämie *die;* -, ...ien ⟨zu ↑hypo..., ↑Fibrinogen u. ↑...ämie⟩: Verminderung des ↑Fibrinogens im Blutplasma (angeborene od. erworbene Beeinträchtigung der Blutgerinnungsfähigkeit; Med.)

Hy|po|funk|ti|on [auch 'hy:...] *die;* -, -en ⟨zu ↑hypo... u. ↑Funktion⟩: Unterfunktion, verminderte Tätigkeit, Arbeitsleistung eines Organs (Med.); Ggs. ↑Hyperfunktion

Hy|po|gä|en *die* (Plur.) ⟨zu ↑hypogäisch⟩: in der Erde sich bildende Fruchtkörper mancher Pilze (Bot.). **hy|po|gäisch** ⟨aus gleichbed. *gr.* hypógeios, eigtl. „unter der Erde"⟩: unterirdisch (von Keimblättern, die während der Keimung des Samens unter der Erde bleiben u. als Reservestoffbehälter dienen; Bot.)

Hy|po|ga|lak|tie *die;* -, ...ien ⟨zu ↑hypo..., *gr.* gála, Gen. gálaktos „Milch" u. ↑²...ie⟩: zu geringe Milchabsonderung der weiblichen Brustdrüsen in der Stillzeit, vorzeitig aufhörende Sekretion der Brustdrüsen (Med.); Ggs. ↑Hypergalaktie; vgl. Agalaktie

Hy|po|ga|mie *die;* - ⟨zu ↑hypo... u. ↑...gamie (2)⟩: Heirat einer Frau aus einer höheren Schicht od. Kaste mit einem Mann aus einer niederen (Soziol.); Ggs. ↑Hypergamie

hy|po|ga|strisch ⟨über *nlat.* hypogastricus aus *gr.* hypogástrios „zum Unterleib gehörend"⟩: zum Unterleib gehörend, den Unterleib betreffend (Med.). **Hy|po|ga|stri|um** *das;* -s, ...ien [...iən] ⟨aus gleichbed. *nlat.* hypogastrium zu hypogastricus, vgl. hypogastrisch⟩: Unterleibsregion, Unterbauch (Med.)

Hy|po|gä|um *das;* -s, ...gäen ⟨über *lat.* hypogeum aus gleichbed. *gr.* hypógeion zu hypógeios, vgl. hypogäisch⟩: unterirdisches Gewölbe, unterirdischer Kultraum (z. B. in der pers.-röm. Mithrasreligion); vgl. Mithräum

hy|po|gen ⟨zu ↑hypo... u. ↑...gen⟩: (veraltet) a) in der Tiefe entstanden; b) innerhalb der Erdkruste erstarrt (von Gesteinen). **Hy|po|ge|ne|sie** *die;* -, ...ien ⟨zu *gr.* génesis (vgl. Genesis)⟩ u. ↑²...ie⟩: unvollständige Anlage u. Entwicklung eines Organs od. Organsystems (Med.). **Hy|po|ge|ni|ta|lismus** *der;* - ⟨zu ↑Genitale u. ↑...ismus (3)⟩: Unterentwicklung u. -funktion der Geschlechtsdrüsen u. -organe (Med.); Ggs. ↑Hypergenitalismus

Hy|po|geu|sie *die;* -, ...ien ⟨zu ↑hypo..., *gr.* geũsis „Geschmack" u. ↑²...ie⟩: das Herabgesetztsein der Geschmacksempfindung, Geschmacksstörung (Med.); Ggs. ↑Hypergeusie

Hy|po|glos|sus *der;* -, ...si ⟨über *nlat.* hypoglossus zu *gr.* hypoglõssios „unter der Zunge befindlich"⟩: übliche Kurzbez. für Nervus hypoglossus (Unterzungennerv), den XII. Hirnnerv, der die Zungenmuskulatur versorgt (Med.)

Hy|po|glyk|ämie *die;* -, ...ien ⟨zu ↑hypo... u. ↑Glykämie⟩: abnorm geringer Zuckergehalt des Blutes (Med.); Ggs. ↑Hyperglykämie. **hy|po|glyk|ämisch**: die Hypoglykämie betreffend, auf ihr beruhend (Med.)

hy|po|gnath ⟨zu ↑hypo... u. *gr.* gnáthos „Kinnbacken"⟩: Bez. für nach hinten gerichtete Mundgliedmaßen bei Insekten (z. B. bei Wanzen; Zool.). **Hy|po|gna|thie** *die;* -, ...ien ⟨zu ↑²...ie⟩: Unterentwicklung des Unterkiefers (Med.). **Hy|po|gna|thus** *der;* - Plur. ...then od. ...ti ⟨aus gleichbed. *nlat.* hypognathus⟩: Mißgeburt, an deren Unterkiefer der verkümmerte Kopf eines zweiten Individuums sitzt (Med.)

Hy|po|go|na|dis|mus *der;* - ⟨zu ↑hypo..., ↑Gonade u. ↑...ismus (3)⟩: Unterentwicklung, verminderte Funktion der männlichen Geschlechtsdrüsen (Med.)

Hy|po|go|na|ti|on *das;* -s, ...ien [...iən] ⟨aus *mgr.* hypogonátion „Kniekissen" zu *gr.* hypogonátios „unter dem Knie"⟩: Teil der liturgischen Kleidung in den Ostkirchen

hy|po|gyn ⟨zu ↑hypo... u. *gr.* gyné „Weib; Frau"⟩: unter dem Fruchtknoten stehend (von Blüten; Bot.); Ggs. ↑epigyn

Hy|po|hi|dro|se vgl. Hyphidrose

Hy|po|id|ge|trie|be *das;* -s, - ⟨Lehnübersetzung von *engl.* hypoid gear, dies zu hypoid, verkürzt für hyperboloidal (vgl. Hyperboloid), u. gear „Getriebe"⟩: Kegelradgetriebe, dessen Wellen sich in geringem Abstand kreuzen (Techn.)

Hy|po|in|su|li|nis|mus *der;* - ⟨zu ↑hypo..., ↑Insulin u. ↑...ismus (3)⟩: verminderte Insulinbildung u. dadurch bedingte Steigerung des Blutzuckergehalts (Med.); Ggs. ↑Hyperinsulinismus

Hy|po|jod|ämie *die;* -, ...ien ⟨zu ↑hypo..., ↑Jod u. ↑...ämie⟩: Verminderung des Jodgehaltes im Blut (Med.); Ggs. ↑Hyperjodämie. **Hy|po|jo|dit** [auch ...'dɪt] *das;* -s, -e ⟨zu ↑¹...it⟩: Salz der hypojodigen Säure

Hy|po|kal|ämie u. **Hy|po|ka|li|ämie** *die;* -, ...ien ⟨zu ↑hypo..., ↑Kalium u. ↑...ämie⟩: Verminderung des Kaliumgehalts im Blut (meist bedingt durch übermäßige Kaliumausscheidung, z. B. bei Erbrechen od. Diarrhö; Med.); Ggs. ↑Hyperkalämie

Hy|po|kalz|ämie *die;* -, ...ien ⟨zu ↑hypo..., ↑Kalzium u. ↑...ämie⟩: herabgesetzter Kalziumgehalt des Blutes (Med.); Ggs. ↑Hyperkalzämie

Hy|po|kap|nie *die;* -, ...ien ⟨zu ↑hypo..., *gr.* kapnós „Rauch,

Dampf" u. ↑²...ie⟩: verminderter Kohlensäuregehalt des Blutes (Med.); Ggs. ↑ Hyperkapnie

hy|po|kau|stisch ⟨zu ↑ Hypokaustum; vgl. kaustisch⟩: durch Bodenheizung erwärmt. **Hy|po|kau|stum** *das;* -s, ...sten ⟨über *lat.* hypocaustum aus gleichbed. *gr.* hypókauston, eigtl. „das Darunterbrennende", zu kaíein „brennen"⟩: antike Bodenheizanlage

Hy|po|kei|me|non *das;* - ⟨aus gleichbed. *gr.* hypokeímenon, eigtl. „das Darunterliegende"⟩: 1. in der altgriech. Philosophie das Zugrundeliegende, die Substanz. 2. altgriech. Bez. für das ↑ Subjekt (Satzgegenstand)

Hy|po|ki|ne|se *die;* -, -n ⟨zu ↑ hypo... u. ↑ Kinese⟩: verminderte Bewegungsfähigkeit bei bestimmten Krankheiten (Med.); Ggs. ↑ Hyperkinese. **hy|po|ki|ne|tisch**: die Hypokinese betreffend

Hy|po|ko|ris|mus *der;* -, ...men ⟨über *spätlat.* hypocorisma aus gleichbed. *gr.* hypokórisma; vgl. ...ismus (4)⟩: Veränderung eines Namens in eine Kurz- od. Koseform. **Hy|po|ko|ri|sti|kum** *das;* -s, ...ka ⟨über *nlat.* hypocoristicum aus gleichbed. *gr.* hypokoristikón⟩: Kosename, vertraute Kurzform eines Namens (z. B. *Fritz* statt Friedrich). **hy|po|ko|ri|stisch**: den Hypokorismus betreffend

Hy|po|kor|ti|zis|mus *der;* - ⟨zu ↑ hypo..., ↑ Kortex u. ↑ ...ismus (3)⟩: Unterfunktion der Nebennierenrinde mit verminderter Hormonausschüttung (bei Erkrankung der Nebennieren; Med.); Ggs. ↑ Hyperkortizismus

Hy|po|ko|tyl *das;* -s, -e ⟨zu ↑ hypo... u. *gr.* kotýlē „Höhlung"⟩: Keimstengel der Samenpflanzen, Übergang von der Wurzel zum Sproß (Bot.)

Hy|po|kre|nal *das;* -s ⟨zu ↑ hypo..., *gr.* krḗnē „Quell, Brunnen" u. ↑¹...al (2)⟩: der Lebensraum als Quellrinnsal (Biol.)

Hy|po|kri|sie *die;* -, ...ien ⟨aus gleichbed. *spätlat.* hypocrisis, dies aus *gr.* hypókrisis, eigtl. „(vom Schauspieler, der eine Rolle spielt) Verstellung" zu hypokrínesthai „als Schauspieler auftreten"⟩: Heuchelei, Verstellung

hy|po|kri|stal|lin ⟨zu ↑ hypo... u. ↑ kristallin⟩: halbkristallin (von Gesteinen)

Hy|po|krit *der;* -en, -en ⟨über *lat.* hypocrites aus gleichbed. *gr.* hypokrítēs⟩: Heuchler. **hy|po|kri|tisch**: scheinheilig, heuchlerisch

hy|po|lep|tisch ⟨aus gleichbed. *gr.* hypóleptos⟩: etwas dünn, fein, zart

Hy|po|leu|ko|zy|to|se *die;* -, -n ⟨zu ↑ hypo... u. ↑ Leukozytose⟩: svw. Leukopenie; Ggs. ↑ Hyperleukozytose

Hy|po|lim|ni|on *das;* -s, ...ien [...i̯ən] ⟨zu ↑ hypo... u. *gr.* límnion „kleiner Teich"⟩: Tiefenschicht eines Sees (Geogr.)

Hy|po|li|thal *das;* -s ⟨zu *gr.* líthos „Stein" u. ↑¹...al (2)⟩: Lebensraum unter Steinen (z. B. von Schnecken, Asseln; Biol.)

hy|po|lo|gisch ⟨zu ↑ hypo... u. ↑ logisch⟩: unterhalb des Logischen liegend; -es **Denken**: das vorsprachliche Denken des noch nicht sprachfähigen Kleinkindes u. der höheren Tiere

Hy|po|ma|nie *die;* -, ...ien ⟨zu ↑ hypo... u. ↑ Manie⟩: leichte Form der ↑ Manie in Form von gehobener, heiterer Stimmungslage, Lebhaftigkeit, unter Umständen im Wechsel mit leicht ↑ depressiven Stimmungen (Med.). **Hy|po|ma|ni|ker** *der;* -s, -: an Hypomanie Leidender (Med.). **hy|po|ma|nisch**: an Hypomanie leidend (Med.)

Hy|po|me|nor|rhö *die;* -, -en u. **Hy|po|me|nor|rhöe** [...'rø:] *die;* -, -n [...'rø:ən] ⟨zu ↑ hypo... u. ↑ Menorrhö⟩: zu schwache Regelblutung (Med.); Ggs. ↑ Hypermenorrhö

Hy|po|mne|ma *das;* -s, ...mnḗmata ⟨aus *gr.* hypómnēma, Gen. hypomnḗmatos „Erinnerung; Denkschrift"⟩: (veraltet) Nachtrag, Zusatz; Bericht, Kommentar. **Hy|po|mne|ma|to|graph** *der;* -en, -en ⟨zu ↑ ...graph⟩: (veraltet) Verfasser einer Denk- od. Erläuterungsschrift, Protokollführer.

Hy|po|mne|sie *die;* -, ...ien ⟨zu *gr.* hypómnēsis „Erinnerung"; vgl. ²...ie⟩: Gedächtnisschwäche, mangelhaftes Erinnerungsvermögen (Med.)

Hy|po|moch|li|on *das;* -s ⟨aus *gr.* hypomóchlion „Drehpunkt, Stützpunkt"⟩: 1. Unterstützungs- bzw. Drehpunkt eines Hebels. 2. Drehpunkt eines Gelenks (Med.)

hy|po|morph ⟨zu ↑ hypo... u. ↑ ...morph⟩: (das Merkmal) schwächer ausprägend (von einem ↑ mutierten Gen; Biol.); Ggs. ↑ hypermorph

Hy|po|mo|ti|li|tät *die;* - ⟨zu ↑ hypo... u. ↑ Motilität⟩: svw. Hypokinese

Hy|po|na|stie *die;* - ⟨zu ↑ hypo... u. ↑ Nastie⟩: Krümmungsbewegung durch verstärktes Wachstum der Blattunterseite gegenüber der Blattoberseite bei Pflanzen (Biol.)

Hy|po|na|tri|ämie *die;* -, ...ien ⟨zu ↑ hypo..., ↑ Natrium u. ↑ ...ämie⟩: verminderter Natriumgehalt des Blutserums (Med.); Ggs. ↑ Hypernatriämie

Hy|po|ni|trit [auch ...'trɪt] *das;* -s, -e ⟨zu ↑ hypo... u. ↑ Nitrit⟩: Salz der untersalpetrigen Säure (Chem.)

Hy|po|no|em *das;* -s, -a ⟨aus gleichbed. *gr.* hyponóēma⟩: Vermutung, vorgefaßte Meinung, Vorurteil

Hyp|onym *das;* -s, -e ⟨zu ↑ hypo... u. *gr.* ónyma „Name"⟩: Wort, Lexem, das in einer untergeordneten Beziehung zu einem anderen Wort, Lexem steht, aber inhaltlich differenzierter, merkmalhaltiger ist, z. B. *essen* zu *zu sich nehmen*, *Tablette* zu *Medikament* (Sprachw.); Ggs. ↑ Hyperonym.

Hyp|ony|mie *die;* -, ...ien ⟨zu ↑²...ie⟩: in Untergeordnetheit sich ausdrückende semantische Relation, wie sie zwischen Hyponym u. Hyperonym besteht (Sprachw.); ↑ Hyperonymie

Hy|po|pa|ra|thy|reo|idis|mus *der;* - ⟨zu ↑ hypo..., ↑ para..., ↑ Thyreoidea u. ↑ ...ismus (3)⟩: Unterfunktion der Nebenschilddrüsen (mit unzureichender Hormonausschüttung; Med.); Ggs. ↑ Hyperparathyreoidismus

Hy|po|pha|rynx *der;* -, ...ryngen ⟨zu ↑ hypo... u. ↑ Pharynx⟩: unterster Teil des Rachens, der vom Kehlkopf bis zum Eingang in die Speiseröhre reicht (Med.)

Hy|po|phet *der;* -en, -en ⟨aus gleichbed. *gr.* hypophḗtēs⟩: Zeichen- od. Orakeldeuter

Hy|po|pho|ra *die;* - ⟨aus gleichbed. *gr.* hypophorá⟩: Einwand eines Gegners, den man anführt od. fingiert, um ihn sofort zu widerlegen (Rhet.)

Hy|po|pho|rie *die;* -, ...ien ⟨zu ↑ hypo..., *gr.* phoreĩn, phérein „tragen, bringen" u. ↑²...ie⟩: latentes Schielen nach unten (Med.); Ggs. ↑ Hyperphorie

Hy|po|phos|pha|ta|sie *die;* -, ...ien ⟨zu ↑ hypo..., ↑ Phosphatase u. ↑²...ie⟩: auf einem Mangel an ↑ alkalischen ↑ Phosphatasen im Gewebe u. Serum beruhende Form der ↑ Rachitis (Med.). **Hy|po|phos|phit** *das;* -s, -e ⟨zu ↑ Phosphit⟩: Salz der unterphosphorigen Säure (Chem.)

hy|po|phre|nisch ⟨zu ↑ hypo... u. ↑ *gr.* phrḗn, Gen. phrenós „Zwerchfell"⟩: unterhalb des Zwerchfells gelegen (Med.)

hy|po|phy|sär ⟨zu ↑ Hypophyse u. ↑ ...är⟩: die Hypophyse betreffend, von der Hypophyse ausgehend (Med., Bot.). **Hy|po|phy|se** *die;* - ⟨aus *gr.* hypóphysis „Nachwuchs, Sprößling"⟩: 1. Hirnanhang[sdrüse] (Anat.). 2. Keimanschluß; Zelle, die im Pflanzensamen Embryo u. Embryoträger verbindet (Bot.). **Hy|po|phy|sin** *das;* -s ⟨zu ↑...in (1)⟩: Gesamtextrakt des Hypophysenhinterlappens mit einer die Erregung der glatten Muskulatur steigernden Wirkung (Med.)

Hy|po|pi|nea|lis|mus *der;* - ⟨zu ↑ hypo..., *lat.* pinealis „zur

Hypopituitarismus

Zirbeldrüse gehörig" u. ↑...ismus (3)⟩: Unterfunktion der Zirbeldrüse (Med.)

Hy|po|pi|tui|ta|ris|mus *der;* - ⟨zu ↑hypo..., *lat.* pituita „zähe Flüssigkeit, Schleim" u. ↑...ismus (3)⟩: Unterfunktion der Hirnanhangsdrüse, die u. a. zu Zwergwuchs führt (Med.); Ggs. ↑Hyperpituitarismus

Hy|po|pla|sie *die;* -, ...ien ⟨zu ↑hypo..., *gr.* plásis „Bildung, Form" u. ↑²...ie⟩: unvollkommene Anlage; Unterentwicklung von Geweben od. Organen (Med.; Biol.); Ggs. ↑Hyperplasie. **hy|po|pla|stisch**: Hypoplasie zeigend

Hy|po|pros|exie *die;* -, ...ien ⟨zu ↑hypo..., *gr.* prósexis „Aufmerksamkeit" u. ↑²...ie⟩: Zustand verminderter Aufmerksamkeit u. Auffassungsfähigkeit (bei bestimmten Gemüts- u. Geisteskrankheiten; Med.); Ggs. ↑Hyperprosexie

Hy|po|pro|te|in|ämie [...te|i:n...] *die;* -, ...ien ⟨zu ↑hypo..., ↑Protein u. ↑...ämie⟩: Verminderung der Bluteiweißkörper (bei verschiedenen Krankheiten u. bei Erschöpfungszuständen; Med.); Ggs. ↑Hyperproteinämie

Hy|po|psal|ma *das;* -s, ...mata ⟨aus gleichbed. *mgr.* hypopsálma zu ↑hypo... u. *gr.* psalmós „Gesang, Loblied"⟩: der dem Gesang des Priesters antwortende Chorgesang (in der griech.-orthodoxen Kirche)

Hy|po|py|on *das;* -s ⟨zu ↑hypo... u. *gr.* pýon „Eiter"⟩: Eiteransammlung in der vorderen Augenkammer (Med.)

Hyp|or|chem [...ç...] *das;* -s, -en u. **Hyp|or|che|ma** *das;* -s, ...chemata ⟨aus gleichbed. *gr.* hypórchēma⟩: altgriech. Tanz- u. Chorlied

Hy|po|skop *das;* -s, -e ⟨zu ↑hypo... u. ↑...skop⟩: Doppelperiskop (vgl. Periskop), bei dem der räumliche Eindruck durch Verstellen des Abstands beider Objektive voneinander geändert werden kann (Phys.)

Hyp|os|mie *die;* - ⟨zu ↑hypo..., *gr.* osmé „Geruch" u. ↑²...ie⟩: vermindertes Geruchsvermögen (Med.); Ggs. ↑Hyperosmie

hy|po|som ⟨zu ↑hypo... u. *gr.* sõma „Körper"⟩: von zu kleinem Wuchs (Med.). **Hy|po|so|mie** *die;* - ⟨zu ↑²...ie⟩: krankhaftes Zurückbleiben des Körperwachstums hinter dem Normalmaß; Kleinwuchs (Med.); Ggs. ↑Hypersomie

Hy|po|som|nie *die;* -, ...ien ⟨zu ↑hypo..., *lat.* somnus „Schlaf" u. ↑²...ie⟩: abnorme Schlafstörung (Med.)

Hy|po|spa|die *die;* -, ...ien ⟨zu ↑hypo..., *gr.* spadón „Riß, Spalte" u. ↑²...ie⟩: untere Harnröhrenspalte (Mißbildung; Med.)

Hy|po|sper|mie *die;* -, ...ien ⟨zu ↑hypo..., *gr.* spérma „Samen" u. ↑²...ie⟩: verminderter Gehalt der Samenflüssigkeit an funktionstüchtigen Spermien (Med.); Ggs. ↑Hyperspermie

Hy|po|sphag|ma *das;* -s, ...mata ⟨aus *gr.* hyposphagma „Bluterguß im Auge", eigtl. „Opferblut (eines Tieres)"⟩: flächenhafter Blutaustritt unter die Augenbindehaut (Med.)

Hy|po|sta|se *die;* -, -n ⟨über *spätlat.* hypostasis aus gleichbed. *gr.* hypóstasis⟩: 1. Unterlage, Substanz; Verdinglichung, Vergegenständlichung eines bloß in Gedanken existierenden Begriffs. 2. a) Personifizierung göttlicher Eigenschaften od. religiöser Vorstellungen zu einem eigenständigen göttlichen Wesen (z. B. die Erzengel in der Lehre Zarathustras); b) Wesensmerkmal einer personifizierten göttlichen Gestalt. 3. vermehrte Anfüllung tiefer liegender Körperteile mit Blut (z. B. bei Bettlägerigen in den hinteren unteren Lungenpartien; Med.). 4. Verselbständigung eines Wortes als Folge einer Veränderung der syntaktischen Funktion (z. B. die Beugung eines Adverbs [zufrieden – ein *zufriedener* Mensch] od. der Übergang eines Substantivs im Genitiv zum Adverb [z. B. *mittags*]). 5. die Unterdrückung der Wirkung eines Gens durch ein anderes, das nicht zum gleichen Erbanlagenpaar gehört; vgl. Epistase. **Hy|po|sta|sie** vgl. Hypostase. **hy|po|sta|sie|ren** ⟨zu ↑...ieren⟩: a) verdinglichen, vergegenständlichen; b) personifizieren. **Hy|po|sta|sie|rung** *die;* -, -en ⟨zu ↑...ierung⟩: svw. Hypostase (1). **Hy|po|sta|sis** *die;* -, ...asen ⟨über *spätlat.* hypostasis aus gleichbed. *gr.* hypóstasis⟩: svw. Hypostase (5). **hy|po|sta|tisch** ⟨aus gleichbed. *gr.* hypostatikós⟩: a) vergegenständlichend, gegenständlich; b) durch Hypostase hervorgerufen; -e Union: Vereinigung göttlicher u. menschlicher Natur in der Person Christi zu einer einzigen ↑Hypostase (2 a)

Hy|po|sthe|nie *die;* -, ...ien ⟨zu ↑hypo..., *gr.* sthénos „Kraft, Stärke" u. ↑²...ie⟩: leichter Kräfteverfall. **hy|po|sthenisch**: die Hyposthenie betreffend, auf ihr beruhend. **Hy|po|sthen|urie** *die;* - ⟨zu ↑...urie⟩: Ausscheidung verdünnten Harns (infolge herabgesetzter Leistungsfähigkeit der Nieren; Med.); Ggs. ↑Hypersthenurie

hy|po|sto|ma|tisch ⟨zu ↑hypo... u. *gr.* stomatikós „zum Mund gehörig"⟩: nur auf der Unterseite Spaltöffnungen habend (von den Blättern vieler Laubbäume; Bot.); vgl. amphistomatisch

Hy|po|sty|lon *das;* -s, ...la u. **Hy|po|sty|los** *der;* -, ...loi [...lɔy] ⟨aus gleichbed. *gr.* hypóstylon zu hypóstylos „auf Säulen ruhend"⟩: gedeckter Säulengang; Säulenhalle; Tempel mit Säulengang

hy|po|tak|tisch ⟨aus *gr.* hypotaktikós „unterordnend"⟩: der Hypotaxe (2) unterliegend, unterordnend (Sprachw.); Ggs. ↑parataktisch. **Hy|po|ta|xe** *die;* -, -n ⟨aus *gr.* hypótaxis „Unterordnung, Unterwürfigkeit"⟩: 1. Zustand herabgesetzter Willens- u. Handlungskontrolle, mittlerer Grad der Hypnose (Med.). 2. Unterordnung, ↑Subordination von Satzgliedern od. Sätzen, z. B. *Mutters Schwester; er sagte, daß er krank sei* (Sprachw.); Ggs. ↑Parataxe. **Hy|po|ta|xis** *die;* -, ...taxen ⟨aus gleichbed. *gr.* hypótaxis⟩: svw. Hypotaxe (2)

Hy|po|ten|si|on *die;* -, -en ⟨zu ↑hypo... u. ↑Tension⟩: svw. Hypotonie

Hy|po|te|nu|se *die;* -, -n ⟨über *spätlat.* hypotenusa aus gleichbed. *gr.* hypoteínousa (pleurá), eigtl. „die unter (dem rechten Winkel) sich erstreckende (Seite)"⟩: im rechtwinkligen Dreieck die dem rechten Winkel gegenüberliegende Seite; Ggs. ↑Kathete

Hy|po|tha|la|mus *der;* -, ...mi ⟨zu ↑hypo... u. ↑Thalamus⟩: unter dem ↑Thalamus liegender Teil im Zwischenhirn (Med.)

Hy|po|thek *die;* -, -en ⟨über *lat.* hypotheca aus gleichbed. *gr.* hypothḗkē, eigtl. „Unterlage; Unterpfand"⟩: a) (zu den Grundpfandrechten gehörendes) Recht an einem Grundstück, einem Wohnungseigentum o. ä. zur Sicherung einer Geldforderung, das (im Gegensatz zur Grundschuld) mit dieser Forderung rechtlich verknüpft ist; b) durch eine Hypothek (a) entstandene finanzielle Belastung eines Grundstücks, eines Wohnungseigentums o. ä.; c) durch eine Hypothek (a) gesicherte Geldmittel, die jmdm. zur Verfügung gestellt werden. **Hy|po|the|kar** *der;* -s, -e ⟨zu ↑...ar (2)⟩: Pfandgläubiger, dessen Forderung durch eine Hypothek (a) gesichert ist. **hy|po|the|ka|risch** ⟨aus gleichbed. *spätlat.* hypothecarius⟩: eine Hypothek betreffend. **Hy|po|the|kar|kre|dit** *der;* -[e]s, -e: durch Hypothek (a) gesicherter Kredit. **Hy|po|the|ken|brief** *der;* -[e]s, -e ⟨zu ↑Hypothek⟩: Urkunde, die die Rechte aus einer Hypothek (a) enthält. **hy|po|the|kie|ren** ⟨zu ↑...ieren⟩: (veraltet) als Hypothek verschreiben

Hy|po|the|nar *das;* -s, -e ⟨aus *gr.* hypóthenar „Handfläche unter dem Ballen"⟩: Kleinfingerballen am äußeren Rand der Mittelhand (Med.)

Hy|po|ther|mie *die;* -, ...ien ⟨zu ↑hypo..., *gr.* thérmē „Wärme" u. ↑²...ie⟩: 1. (ohne Plur.) abnorm niedrige Körpertemperatur. 2. künstliche Unterkühlung des Körpers zur Reduktion der Stoffwechsel- u. Lebensvorgänge im Organismus (Med.); vgl. Hibernation, Hyperthermie

Hy|po|the|se *die;* -, -n ⟨über *spätlat.* hypothesis aus gleichbed. *gr.* hypóthesis zu *gr.* hypotithénai „eine Behauptung aufstellen", eigtl. „daruntersetzen, -stellen"⟩: 1. a) zunächst unbewiesene Annahme von Gesetzlichkeiten od. Tatsachen, mit dem Ziel, sie durch Beweise zu ↑verifizieren (1) od. zu ↑falsifizieren (1) (als Hilfsmittel für wissenschaftliche Erkenntnisse); Vorentwurf für eine Theorie; b) Unterstellung, unbewiesene Voraussetzung. 2. Vordersatz eines hypothetischen Urteils (wenn A gilt, gilt auch B). **Hy|po|the|sis** *die;* -, ...thesen ⟨aus *gr.* hypóthesis „Grundlage, Voraussetzung", vgl. Hypothese⟩: von alexandrinischen Gelehrten verfaßte literarhistorische u. ästhetische Einleitung zu den von ihnen herausgegebenen griech. Dramen. **hy|po|the|tisch** ⟨über *lat.* hypotheticus aus gleichbed. *gr.* hypothetikós⟩: nur angenommen, auf einer unbewiesenen Vermutung beruhend, fraglich, zweifelhaft; -er Imperativ: nur unter gewissen Bedingungen notwendiges Sollen; vgl. kategorischer Imperativ; -es Konstrukt: gedankliche Hilfskonstruktion zur Beschreibung von Dingen od. Eigenschaften, die nicht konkret beobachtbar, sondern nur aus Beobachtbarem erschließbar sind. **hy|po|the|ti|sie|ren** ⟨zu ↑...isieren⟩: (veraltet) annehmen, voraussetzen

Hy|po|thy|mie *die;* -, ...ien ⟨zu ↑hypo..., *gr.* thymós „Gemüt" u. ↑²...ie⟩: Mangel an Temperament, Begeisterungsfähigkeit, Anteilnahme u. Ansprechbarkeit (Psychol.); Ggs. ↑Hyperthymie. **Hy|po|thy|mi|ker** *der;* -s, - ⟨Analogiebildung zu ↑Melancholiker⟩: stumpfsinniger, gemütsarmer od. ängstlich verstimmter, mißmutiger Mensch; Ggs. ↑Hyperthymiker

Hy|po|thy|reo|i|dis|mus *der;* - ⟨zu ↑hypo..., ↑Thyreoidea u. ↑...ismus (3)⟩: svw. Hypothyreose. **Hy|po|thy|reo|se** *die;* - ⟨zu ↑¹...ose⟩: herabgesetzte Tätigkeit der Schilddrüse (Med.); Ggs. ↑Hyperthyreose. **hy|po|thy|reo|tisch**: die Hypothyreose betreffend

Hy|po|to|nie *die;* -, ...ien ⟨zu ↑hypo..., ↑Tonus u. ↑²...ie⟩: 1. herabgesetzte Muskelspannung; Ggs. ↑Hypertonie (1). 2. zu niedriger Blutdruck; Ggs. ↑Hypertonie (2). 3. Verminderung des Drucks im Auge (Med.); Ggs. ↑Hypertonie (3). **Hy|po|to|ni|ker** *der;* -s, -: jmd., der an zu niedrigem Blutdruck leidet (Med.); Ggs. ↑Hypertoniker. **hy|po|to|nisch**: 1. die Hypotonie betreffend; Ggs. ↑hypertonisch (1). 2. geringeren osmotischen Druck besitzend als das Blut (von Lösungen); Ggs. ↑hypertonisch (2). **Hy|po|to|nus** *der;* -: Verminderung des Blutdrucks infolge Erweiterung der ↑Arteriolen (z. B. bei Fieber; Med.); Ggs. ↑Hypertonus

Hy|po|tra|che|li|on [...x...] *das;* -s, ...ien [...iən] ⟨über *lat.* hypotrachelium aus gleichbed. *gr.* hypotrachḗlion, eigtl. „der untere Teil des Halses"⟩: Säulenhals (unter dem ↑Kapitell befindlich)

Hy|po|tri|cho|se *die;* -, -n ⟨zu ↑hypo... u. ↑Trichose⟩: spärlicher Haarwuchs, mangelhafte Behaarung des Körpers (Med.); Ggs. ↑Hypertrichose. **Hy|po|tri|cho|sis** *die;* -, ...oses [...ze:s] ⟨zu ↑¹...ose⟩: svw. Hypotrichose

Hy|po|tro|cho|ide [...x...] *die;* -, -n ⟨zu ↑hypo... u. ↑Trochoide⟩: eine ↑Trochoide, bei der der rollende Kreis innerhalb des festen Kreises abrollt (Math.)

Hy|po|tro|phie *die;* -, ...ien ⟨zu ↑hypo... u. ↑...trophie⟩: 1. unterdurchschnittliche Größenentwicklung eines Gewebes oder Organs (Med.); Ggs. ↑Hypertrophie. 2. Unterernährung. **hy|po|tro|phisch**: die Hypotrophie betreffend, unterernährt, unterentwickelt

Hy|po|tym|pa|num *das;* -s, ...na ⟨zu ↑hypo... u. ↑Tympanum⟩: unterster, unter dem Niveau des Trommelfells gelegener Teil der Paukenhöhle (Med.)

Hy|po|ven|ti|la|ti|on [...v...] *die;* -, -en ⟨zu ↑hypo... u. ↑Ventilation⟩: zu schwache Beatmung der Lunge bei Verminderung der Atemfrequenz od. des Atemvolumens (Med.); Ggs. ↑Hyperventilation

Hy|po|vit|ami|no|se [...v...] *die;* -, -n ⟨zu ↑hypo..., ↑Vitamin u. ↑¹...ose⟩: Vitaminmangelkrankheit (Med.); Ggs. ↑Hypervitaminose

Hy|po|vol|ämie [...v...] *die;* -, ...ien ⟨zu ↑hypo..., ↑Volumen u. ↑...ämie⟩: Verminderung der Gesamtblutmenge im Verhältnis zum Körpergewicht (Med.); Ggs. ↑Hypervolämie. **hy|po|vol|ämisch**: die Hypovolämie betreffend (Med.)

Hyp|ox|ämie *die;* -, ...ien ⟨zu ↑hypo..., ↑Oxygen u. ↑...ämie⟩: Sauerstoffmangel im Blut (Med.)

Hyp|o|xan|thit [auch ...'tɪt] *der;* -s, -e ⟨zu ↑hypo..., *gr.* xanthós „gelb, gelbrot" u. ↑²...it⟩: Gemenge von verschiedenen Tonmineralien mit hohem Eisenoxydgehalt

Hyp|oxie *die;* - ⟨Kurzbildung aus ↑hypo..., ↑Oxygenium u. ↑²...ie⟩: Sauerstoffmangel in den Geweben (Med.). **hyp|oxisch**: auf Sauerstoffmangel beruhend (Med.)

Hy|po|zen|trum *das;* -s, ...tren ⟨zu ↑hypo... u. ↑Zentrum⟩: Erdbebenherd; Stelle im Erdinnern, von der ein Erdbeben ausgeht (Geol.)

Hy|po|zy|kloi|de *die;* -, -n ⟨zu ↑hypo... u. ↑Zykloide⟩: Kurve, die ein Peripheriepunkt eines Kreises beschreibt, wenn dieser Kreis auf der inneren Seite eines anderen, festen Kreises abrollt (Math.)

hyps..., Hyps... vgl. hypso..., Hypso... **Hyps|ar|rhyth|mie** *die;* -, ...ien ⟨zu ↑hypso... u. ↑Arrhythmie⟩: das Auftreten von hohen, langsamen Wellen im ↑Elektroenzephalogramm bei Anfallsleiden (Med.). **hyp|si..., Hyp|si...** vgl. hypso..., Hypso... **Hyp|si|kon|chie** *die;* -, ...ien ⟨zu *gr.* kógchē „Muschel; muschelförmiges Gebilde; Augenhöhle" u. ↑²...ie⟩: Vorhandensein relativ weiter u. hoher Augenhöhlen (Med.). **Hyp|si|pho|bie** *die;* -, ...ien ⟨zu ↑...phobie⟩: Höhenangst, Höhenschwindel (Med.). **Hyp|si|ze|phal|ie** *die;* -, ...ien ⟨zu *gr.* kephalḗ „Kopf" u. ↑²...ie⟩: Schädeldeformation (Turmschädel; Med.). **hyp|so..., Hyp|so...** (vor Vokalen auch hyps..., Hyps...) bzw. hypsi..., Hypsi... ⟨aus *gr.* hýpsos „Höhe" bzw. hýpsi „hoch"⟩: Wortbildungselement mit der Bedeutung „Höhe; hoch", z. B. Hypsometer, Hypsarrhythmie, Hypsiphobie. **hyp|so|chrom** [k...] ⟨zu *gr.* chrṓma „Farbe"⟩: farbaufhellend; Ggs. ↑bathochrom. **hyps|odont** ⟨zu *gr.* odoús, Gen. odóntos „Zahn"⟩: hochkronig (von bestimmten Zähnen). **hyp|so|gra|phisch** ⟨zu ↑...graphisch⟩: svw. hypsometrisch. **Hyp|so|lo|gie** *die;* - ⟨zu ↑...logie⟩: (veraltet) Lehre vom Erhabenen. **Hyp|so|me|ter** *das;* -s, - ⟨zu ↑¹...meter⟩: zur Höhenmessung dienendes Luftdruckmeßgerät. **Hyp|so|me|trie** *die;* - ⟨zu ↑...metrie⟩: Höhenmessung. **hyp|so|me|trisch** ⟨zu ↑...metrisch⟩: die Hypsometrie betreffend. **Hyp|so|ther|mo|me|ter** *das;* -s, -: mit einem Hypsometer gekoppeltes Thermometer

hy|ster..., Hy|ster... vgl. hystero..., Hystero... **Hy|ster|al|gie** *die;* -, ...ien ⟨zu ↑hystero... u. ↑...algie⟩: Gebärmutterschmerz (Med.). **Hy|ster|ek|to|mie** *die;* -, ...ien ⟨zu ↑...ektomie⟩: operative Entfernung der Gebärmutter (Med.)

Hy|ster|er|gie *die;* -, ...ien ⟨zu *gr.* hýsteros „später, hinter-

Hysterese

her kommend", érgon „Werk, Arbeit" u. ↑²...ie⟩: (veraltet) Nachwirkung von Arzneimitteln. **Hy|ste|re|se** u. **Hy|ste|re|sis** *die;* - ⟨aus *gr.* hystérēsis „das Nachstehen, das Zukurzkommen"⟩: das Zurückbleiben einer Wirkung hinter dem jeweiligen Stand der sie bedingenden veränderlichen Kraft; tritt als magnetische Hysterese (auch Trägheit od. Reibung genannt) auf. **Hy|ste|re|se|mo|tor** *der;* -s, -en: ein elektrischer Kleinmotor, dessen Wirkungsweise auf der Hysterese ↑ferromagnetischer Stoffe beruht. **hy|ste|re|tisch** ⟨aus *gr.* hysterētikós „nachstehend, zurückbleibend, später"⟩: die Hysterese betreffend, durch sie beeinflußt

Hy|ste|rie *die;* -, ...ien ⟨zu ↑hysterisch; vgl. ²...ie⟩: 1. auf psychotischer Grundlage beruhende od. aus starken Gemütserregungen entstehende, abnorme seelische Verhaltensweise mit vielfachen Symptomen ohne genau umschriebenes Krankheitsbild (Med.). 2. hysterisches (2) Verhalten. **Hy|ste|ri|ker** *der;* -s, -: jmd., der Symptome der Hysterie in Charakter od. Verhalten zeigt (Med.). **hy|ste|risch** ⟨aus gleichbed. *lat.* hystericus, dies aus *gr.* hysterikós „die Gebärmutter betreffend, daran leidend"; nach antiker Vorstellung hatte die Hysterie ihre Ursache in krankhaften Vorgängen in der Gebärmutter⟩: 1. auf Hysterie beruhend. 2. an Hysterie leidend, zu nervöser Aufgeregtheit neigend, übertrieben leicht erregbar; übertrieben nervös, erregt; überspannt. 3. (veraltet) an der Gebärmutter erkrankt (Med.). **hy|ste|ri|sie|ren** ⟨zu ↑...isieren⟩: hysterisch (2) machen. **hy|ste|ro...**, **Hy|ste|ro...**, vor Vokalen meist hyster..., Hyster... ⟨zu *gr.* hystéra „Gebärmutter"⟩: Wortbildungselement mit den Bedeutungen: a) „Gebärmutter, die Gebärmutter betreffend, daran leidend", z. B. Hysteralgie, Hysteroskopie, u. b) „starke Gemütserregungen betreffend", z. B. Hysterie, hysterogen. **hy|ste|ro|gen** ⟨zu ↑...gen⟩: 1. auf hysterischen Ursachen beruhend. 2. eine Hysterie auslösend; -e Zonen: Körperstellen, deren Berührung hysterische Zustände hervorrufen kann (Med.). **Hy|ste|ro|gramm** *das;* -s, -e ⟨zu ↑...gramm⟩: Röntgenbild der Gebärmutter (Med.). **Hy|ste|ro|gra|phie** *die;* -, ...ien ⟨zu ↑...graphie⟩: röntgenologische Untersuchung u. Darstellung der Gebärmutter (Med.). **hy|ste|ro|id** ⟨zu ↑...oid⟩: hysterieähnlich

¹**Hy|ste|ro|lo|gie** *die;* -, ...ien ⟨über *spätlat.* hysterologia aus gleichbed. *gr.* hysterología⟩: svw. Hysteron-Proteron (2)
²**Hy|ste|ro|lo|gie** *die;* - ⟨zu ↑hystero... u. ↑...logie⟩: Lehre von den Krankheiten der Gebärmutter. **Hy|ste|ro|ma|nie** *die;* -, ...ien ⟨zu ↑...manie⟩: svw. Nymphomanie

Hy|ste|ron-Pro|te|ron *das;* -s, Hystera-Protera ⟨aus *gr.* hýsteron próteron „das Spätere (ist) das Frühere"⟩: 1. Scheinbeweis aus einem selbst erst zu beweisenden Satz (Philos.). 2. Redefigur, bei der das begrifflich od. zeitlich Spätere zuerst steht (z. B. bei Vergil: Laßt uns sterben und uns in die Feinde stürzen!; Rhet.)

Hy|ste|ro|pe|xie *die;* -, ...ien ⟨zu ↑hystero..., *gr.* pēxis „das Befestigen" u. ↑²...ie⟩: operative Befestigung der Gebärmutter an der Bauchwand (Med.). **Hy|ste|ro|phor** *das;* -s, -e ⟨zu *gr.* phoreĩn, phérein „tragen"⟩: Vorrichtung zum Stützen der Gebärmutter (bei Gebärmuttervorfall od. -senkung; Med.)

Hy|ste|ro|phyt *der;* -en, -en ⟨zu *gr.* hýsteros „später, hinterher kommend" u. ↑...phyt⟩: ältere Bez. für Schmarotzerpflanze

Hy|ste|ro|pto|se *die;* - ⟨zu ↑hystero... u. *gr.* ptōsis „das Fallen, Sinken"⟩: Gebärmuttervorfall (Med.). **Hy|ste|ro|sal|pin|go|gramm** *das;* -s, -e ⟨zu ↑Salpinx u. ↑...gramm⟩: Röntgenbild von Gebärmutter u. Eileitern (Med.). **Hy|ste|ro|sal|pin|go|gra|phie** *die;* -, ...ien ⟨zu ↑...graphie⟩: röntgenographische Darstellung von Gebärmutter u. Eileitern mit Hilfe von Kontrastmitteln (Med.). **Hy|ste|ro|skop** *das;* -s, -e ⟨zu ↑...skop⟩: ↑Endoskop zur Untersuchung der Gebärmutterhöhle (Med.). **Hy|ste|ro|sko|pie** *die;* -, ...ien ⟨zu ↑...skopie⟩: Untersuchung der Gebärmutterhöhle mit einem Hysteroskop (Med.). **Hy|ste|ro|to|mie** *die;* -, ...ien ⟨zu ↑...tomie⟩: operative Eröffnung der Gebärmutter, Gebärmutterschnitt (bes. als geburtshilfliche Maßnahme; Med.). **Hy|ste|ro|ze|le** *die;* -, -n ⟨zu *gr.* kélē „Geschwulst, Bruch"⟩: schwerer Bauchbruch bei Frauen, zu dessen Inhalt auch die Gebärmutter gehört (Med.)

I

¹...**ia** ⟨aus *lat.* -ia u. *gr.* -(e)ía⟩: Endung weiblicher Substantive, z. B. Germania, Magnesia

²...**ia:** Plur. von ↑...ium

...**ia|de** ⟨teilweise unter Einfluß von *fr.* -iade aus *gr.* -iás, Gen. -iádos; vgl. Olympiade⟩: Endung weiblicher Substantive, die meist einen Wettbewerb, eine Handlung o. ä. bezeichnen, z. B. Spartakiade, Universiade; Köpenickiade

...**ial** ⟨aus *lat.* -ialis, dies zu ↑¹...al (1), in Verbindung mit dem Bindevokal -i-⟩: Endung von Adjektiven, z. B. äquatorial, territorial

Iam|be usw. vgl. Jambe usw.

...**ia|na** vgl. ...ana. ...**ia|ner** vgl. ...aner

Ian|thi|nit [auch ...'nɪt] *der;* -s, -e ⟨zu *lat.* ianthinus „violett, veilchenfarbig" (aus gleichbed. *gr.* iánthinos) u. ↑²...it⟩: ein violettes Mineral

...**iar** ⟨aus *lat.* -iar(um)⟩: Endung von meist sächlichen Substantiven, z. B. Evangeliar

...**ia|sis** ⟨aus *gr.* -íasis⟩: Endung von weiblichen Substantiven, bes. im Bereich der Medizin zur Bezeichnung eines Krankheitsprozesses od. eines Krankheitszustandes, z. B. Elefantiasis

...**iat** ⟨aus *lat.* -iatus bzw. -iatum⟩: Endung männlicher od. sächlicher Substantive, z. B. Stipendiat, Noviziat

...**ia|ter** ⟨aus gleichbed. *gr.* iatrós⟩: Wortbildungselement mit der Bedeutung „Arzt", z. B. Psychiater. **iatr**..., **Iatr**... vgl. iatro..., Iatro... ...**ia|trie** ⟨aus gleichbed. *gr.* ...iatría⟩: Wortbildungselement mit der Bedeutung „Heilkunde", z. B. Psychiatrie. **Ia|trik** *die;* - ⟨aus gleichbed. *gr.* iatrikḗ (téchnē)⟩: Heilmusik, ärztliche Kunst (Med.). **ia|trisch** ⟨aus gleichbed. *gr.* iatrikós⟩: zur Heilkunst gehörend (Med.). **ia|tro**..., **Ia|tro**..., vor Vokalen meist iatr..., Iatr... ⟨zu *gr.* iatrós „Arzt, Heilkundiger"⟩: Wortbildungselement mit der Bedeutung „ärztlich, die Heilkunde betreffend", z. B. iatrogen, Iatrochemie; Iatrik. **Ia|tro|che|mie** *die;* -: von Paracelsus begründete Heilkunst (im 16. u. 17. Jh.), die davon ausging, daß die Lebensvorgänge u. die krankhaften Veränderungen im Organismus auf chemischen Vorgängen bzw. Umsetzungen beruhen u. deshalb mit chemischen Mitteln beeinflußbar sind. **Ia|tro|che|miker** *der;* -, -: die Iatrochemie ausübender Arzt. **ia|tro|gen** ⟨zu ↑...gen⟩: durch ärztliche Einwirkung entstanden (Med.). **Ia|tro|lo|gie** *die;* - ⟨zu ↑...logie⟩: ärztliche Lehre, Lehre von der ärztlichen Heilkunst (Med.). **ia|tro|lo|gisch** ⟨zu ↑...logisch⟩: die Iatrologie betreffend. **Ia|tro|mu|sik** *die;* -: Heilmusik, [Theorie der Barockzeit über] Musik als Medizin; vgl. Musiktherapie. **Ia|tro|phy|sik** *die;* -: medizinische Lehre (schon des 17. Jh.s), nach der die Lebensvorgänge u. die krankhaften Veränderungen im Organismus (im Gegensatz zur Lehre der Iatrochemie) physikalisch u. mechanisch bedingt u. daher mit physikalischen u. mechanischen Mitteln zu beeinflussen sind. **Ia|tro|phy|si|ker** *der;* -s, -: die Iatrophysik vertretender Arzt

...**ibel** ⟨aus *lat.* -ibilis⟩: Endung von Adjektiven, z. B. flexibel, sensibel

Ibe|ris *die;* -, - ⟨über *lat.* (h)iberis zu *gr.* ibēris „Giftkresse"; vermutlich nach der Herkunft aus Hiberien, einer Landschaft am Kaukasus⟩: Schleifenblume (Kreuzblütler; Zierpflanze mit zahlreichen Arten)

ibe|risch ⟨aus gleichbed. *lat.* Hibericus zu Hiberia „Spanien", dies zu *gr.* Iberikós „spanisch"⟩: die Pyrenäenhalbinsel betreffend. **Ibe|ro|ame|ri|ka**, ohne Artikel; -s (in Verbindung mit Attributen *das;* -[s]) ⟨zu ↑iberisch⟩: das von der Iberischen Halbinsel aus kolonisierte u. durch Sprache u. Kultur mit ihr verbundene ↑Lateinamerika. **ibe|ro|ame|ri|ka|nisch:** Iberoamerika betreffend. **ibe|ro-ame|ri|ka|nisch:** zwischen Spanien, Portugal u. Lateinamerika bestehend

Ibia|tron *das;* -s, Plur. -e, auch -s ⟨Kunstw.; vgl. ...tron⟩: Gerät zur Blutbestrahlung (Med.)

ibi|dem [auch 'i:b..., 'ɪb...] ⟨*lat.*⟩: ebenda, ebendort (Hinweiswort in wissenschaftlichen Werken zur Ersparung der wiederholten vollständigen Anführung eines bereits zitierten Buches; Abk.: ib., ibd., ibid.)

Ibis *der;* Ibisses, Ibisse ⟨über *lat.* ibis u. *gr.* ībis aus gleichbed. *ägypt.* hīb⟩: Storchvogel der Tropen u. Subtropen mit sichelförmigem Schnabel (heiliger Vogel der ägypt. Göttin Isis)

Iblis ⟨aus gleichbed. *arab.* iblīs zu *gr.* diábolos, vgl. Diabolus⟩: Name des Teufels im islamischen Glauben

Ibn ['ɪbn] ⟨aus gleichbed. *arab.* ibn⟩: Sohn (Teil arab. Personennamen, z. B. Ibn Saud, Ibn Al Farid)

Ibrik *der* od. *das;* -s, -s ⟨aus gleichbed. *arab.* ibrīq, dies wohl aus dem Pers.⟩: [im Orient] Wasserkanne mit dünnem Hals u. ovalem Bauch

Ib|se|nis|mus *der;* - ⟨nach dem norweg. Dramatiker H. Ibsen (1828–1906) u. zu ↑...ismus (1)⟩: vom literarischen Werk Ibsens, von seiner Dramatik ausgehende Zeitströmung, die für den ↑Naturalismus (3) bahnbrechend war

...**ica** [...ika] vgl. ...ika

IC-Ana|ly|se [i'tse:...] *die;* -, -n ⟨Zusammensetzung aus der Abk. von *engl.* Immediate Constituents u. ↑Analyse⟩: svw. Konstituentenanalyse

Ice-cream ['aɪskri:m] *das;* -[s], -s ⟨aus gleichbed. *engl.* ice-cream⟩: engl. Bez. für Eiskrem, Fruchteis

Ich|neu|mon *der* od. *das;* -s, Plur. -e u. -s ⟨über *lat.* ichneumon aus gleichbed. *gr.* ichneúmōn, eigtl. „Spürer"⟩: Pharaonenratte, von Ratten lebende Schleichkatze Nordafrikas. **Ich|neu|mo|ni|den** *die* (Plur.) ⟨zu ↑...iden⟩: Schlupfwespen (Zool.). **Ich|no|gramm** *das;* -s, -e ⟨zu *gr.* íchnos „Fußstapfe, Fährte" u. ↑...gramm⟩: 1. Gipsabdruck des Fußes (z. B. zur Anfertigung von Fußeinlagen). 2. Aufzeichnung der Gehspur (z. B. zur Feststellung einer Gehstörung; Med.). **Ich|no|gra|phie** *die;* -, ...ien ⟨zu ↑...graphie⟩: eine Art Naturselbstdruck mit Ruß od. Druckfarbe (Pflanzen-, Blattabdruck auf Papier)

Ichor

Ichor [ɪç..., 'ɪç...] *der;* -s ⟨aus gleichbed. *gr.* ichṓr⟩: 1. Blut der Götter (bei Homer). 2. blutig-seröse Absonderung ↑ gangränöser Geschwüre (Med.). 3. beim Absinken von Gesteinen in große Tiefen durch teilweises Aufschmelzen dieser Gesteine entstandene granitische Lösung (Geol.). **icho|rös** ⟨zu ↑...ös⟩: blutig-serös, wie Ichor (2; Med.). **Ichor|rhö** *die;* -, -en u. **Ichor|rhöe** [...'rø:] *die;* -, -n [...'rø:ǝn] ⟨zu *gr.* rheīn „fließen"⟩: (veraltet) svw. Ichor (2)
ich|thy..., Ichthy... vgl. ichthyo..., Ichthyo... **Ich|thy|is|mus** *der;* - ⟨zu ↑ichthyo... u. ↑...ismus (3)⟩: Fischvergiftung. **ich|thyo..., Ichthyo...,** vor Vokalen meist ichthy..., Ichthy... ⟨aus gleichbed. *gr.* ichthýs⟩: Wortbildungselement mit der Bedeutung „Fisch", z. B. ichthyologisch, ichthyolith. **Ich|thyo|odont** *der;* -en, -en ⟨zu *gr.* odoús, Gen. odóntos „Zahn"⟩: fossiler Fischzahn (früher als Amulett verwendet). **Ich|thyo|graph** *der;* -en, -en ⟨zu ↑...graph⟩: (veraltet) svw. Ichthyologe. **Ich|thyo|gra|phie** *die;* - ⟨zu ↑...graphie⟩: (veraltet) svw. Ichthyologie. **Ich|thy|ol** Ⓦ *das;* -s ⟨zu *lat.* oleum „Öl"⟩: 1. ↑bituminöser Schiefer, der fossile Fischreste enthält. 2. daraus gewonnenes Mittel gegen Furunkel, rheumatische Beschwerden, Frostschäden u. a. **Ich|thyolith** [auch ...'lɪt] *der;* Gen. -s u. -en, Plur. -e[n] ⟨zu ↑...lith⟩: versteinerter Fisch[rest]. **Ich|thyo|lo|ge** *der;* -n, -n ⟨zu ↑...loge⟩: Wissenschaftler auf dem Gebiet der Ichthyologie. **Ich|thyo|lo|gie** *die;* - ⟨zu ↑...logie⟩: Fischkunde. **ich|thyo|lo|gisch** ⟨zu ↑...logisch⟩: die Fischkunde betreffend. **Ich|thyo|man|tie** *die;* - ⟨zu *gr.* manteía „Weissagung"⟩: (veraltet) das Wahrsagen aus Fischeingeweiden. **ich|thyo|morph** ⟨zu ...morph⟩: fischförmig. **Ich|thyo|mor|phit** [auch ...'fɪt] *der;* -s, -e ⟨zu ↑²...it⟩: (veraltet) Stein mit Fischabdrücken. **Ich|thyo|pha|ge** *der;* -n, -n (meist Plur.) ⟨zu ↑...phage; eigtl. „Fischesser"⟩: Angehöriger von Küstenvölkern, die sich nur od. überwiegend von Fischen ernähren. **Ich|thyo|oph|thalm** *der;* -s, -e ⟨zu *gr.* ophthalmós „Auge"⟩: ein Mineral (Fischaugenstein), svw. Apophyllit. **Ich|thyo|phthi|ria|sis** *die;* -, ...iasen ⟨zu ↑Ichthyophthirius u. ↑...iasis⟩: durch parasitierende Ichthyophthirien ausgelöste gefährliche Fischkrankheit, bes. bei Aquarienfischen. **Ich|thyo|phthi|ri|us** *der;* -, ...ien [...jǝn] ⟨aus gleichbed. *nlat.* ichthyophthirius zu ↑ichthyo... u. *gr.* phtheírein „vernichten, töten"⟩: Wimpertierchen, das besonders in der Haut von Süßwasserfischen parasitiert. **Ich|thyo|pte|ry|gium** *das;* -s ⟨aus gleichbed. *nlat.* ichthyopterygium zu ↑ichthyo... u. *gr.* ptéryx, Gen. ptérygos „Flügel"⟩: Fischflossenskelett, aus dem sich das Fuß- u. Handskelett der übrigen Wirbeltiere ableitet (Biol.). **Ich|thyo|or|nis** *der;* -, ...nes [...ne:s] ⟨zu ↑ichthyo... u. *gr.* órnis „Vogel"⟩: ausgestorbener Vogel der Kreidezeit Nordamerikas. **Ich|thyo|sau|ri|er** [...iɐ̯] *der;* -s, - u. **Ich|thyo|sau|rus** *der;* -, -rier [...iɐ̯] ⟨zu *gr.* saũros „Eidechse"⟩: Fischechse (ausgestorbenes Meereskriechtier der Jura- u. Kreidezeit). **Ich|thyo|se** u. **Ich|thyo|sis** *die;* -, ...osen ⟨aus gleichbed. *nlat.* ichthyosis, vgl. ¹...ose⟩: Fischschuppenkrankheit (Hautleiden mit übermäßiger Trockenheit, abnormer Verhornung u. Abschuppung der Haut; Med.). **Ich|thyo|ste|ga** *der;* Gen. - od. -s, Plur. ...galia ⟨zu ↑ichthyo... u. *gr.* stégos „Dach" (wegen des beschuppten Körpers)⟩: ausgestorbener, erdgeschichtlich ältester Lurch des Oberdevons. **Ich|thyo|to|xin** *das;* -s, -e: im Blutserum des Aales enthaltenes Gift (nach Erwärmung über 60° C unschädlich)
Icing ['aɪsɪŋ] *das;* -s, -s ⟨aus gleichbed. *engl.-amerik.* icing zu to ice „mit Eis kühlen, in Sicherheit bringen"⟩: unerlaubter Weitschuß, Befreiungsschlag (beim Eishockey)
Ic|te|rus ['ɪk...] vgl. Ikterus
Ic|tus ['ɪk...] vgl. Iktus

¹Id *das;* -[s], -e ⟨Kurzform von ↑Idioplasma⟩: kleinster Bestandteil des ↑Idioplasmas (Biol.)
²Id *das;* -[s], - ⟨aus *arab.* 'īd „Festtag"⟩: mit der Fastenzeit ↑Ramadan in zeitlichem Zusammenhang stehendes höchstes mohammedanisches Fest
¹...id ⟨zu *lat.* -idus⟩: Endung von Adjektiven z. B. splendid, morbid
²...id ⟨aus *gr.* -eidés „förmig" zu eîdos „Form, Gestalt"⟩: Endung von Adjektiven, bes. aus der Anthropologie, mit der Bedeutung „die Form von etwas habend, gemeinsame Merkmale aufweisend", z. B. mongolid, negrid; vgl. ...oid
³...id ⟨aus ↑Oxid⟩: in der chemischen Fachsprache gebräuchliches Suffix von Substantiven zur Bezeichnung von Verbindungen aus zwei verschiedenen Elementen (darunter meist ein Metall); z. B. Sulfid; vgl. aber ¹...it
...ide ⟨zu ↑²...id⟩: Endung von Substantiven, bes. aus der Anthropologie, mit der Bedeutung „die Form von etwas habend, gemeinsame Merkmale aufweisend, von gemeinsamen Vorfahren abstammend, z. B. Nereide, Mongolide; vgl. ...oide
idea|gen u. ideogen ⟨zu ↑Idee u. ↑...gen⟩: durch Vorstellungen ausgelöst, auf Grund von Vorstellungsbildern (Psychol.). **ide|al** ⟨aus gleichbed. *spätlat.* idealis zu *lat.* idea, dies aus *gr.* idéa, vgl. Idee⟩: 1. den höchsten Vorstellungen entsprechend, vollkommen. 2. nur gedacht, nur in der Vorstellung so vorhanden, der Idee entsprechend. 3. (veraltet) ideell, geistig, vom Ideellen bestimmt; vgl. ...isch/-. **Ide|al** *das;* -s, -e ⟨zu ↑¹...al (2)⟩: 1. jmd., etw. als Verkörperung von etw. Vollkommenem; Idealbild. 2. als eine Art höchster Wert erkanntes Ziel; Idee, nach deren Verwirklichung man strebt. **idea|lisch** ⟨zu ↑ideal⟩: einem Ideal entsprechend od. angenähert; vgl. ...isch/-. **idea|li|sie|ren** ⟨unter Einfluß von *fr.* idéaliser zu ↑ideal u. ↑...isieren⟩: jmdn., etw. vollkommener sehen, als die betreffende Person od. Sache ist; verklären, verschönern. **Idea|li|sie|rung** *die;* -, -en ⟨zu ↑...isierung⟩: das Idealisieren, das Idealisiertwerden. **Idea|lis|mus** *der;* - ⟨zu ↑...ismus (1)⟩: 1. philos. Anschauung, die die Welt u. das Sein als Idee, Geist, Vernunft, Bewußtsein bestimmt u. die Materie als deren Erscheinungsform versteht; Ggs. ↑Materialismus (1). 2. [mit Selbstaufopferung verbundenes] Streben nach Verwirklichung von Idealen ethischer u. ästhetischer Natur; durch Ideale bestimmte Weltanschauung, Lebensführung. **Idea|list** *der;* -en, -en ⟨zu ↑...ist⟩: 1. Vertreter des Idealismus (1); Ggs. ↑Materialist (1). 2. jmd., der selbstlos, dabei aber auch die Wirklichkeit etwas außer acht lassend, nach der Verwirklichung bestimmter Ideale strebt; Ggs. ↑Realist (1). **Idea|li|stin** *die;* -, -nen: weibliche Form zu ↑Idealist. **idea|li|stisch** ⟨zu ↑...istisch⟩: 1. in der Art des Idealismus (1); Ggs. ↑materialistisch (1). 2. an Ideale glaubend u. nach deren Verwirklichung strebend, dabei aber die Wirklichkeit etwas außer acht lassend; Ggs. ↑realistisch (1). **Idea|li|tät** *die;* - ⟨zu ↑...ität⟩: 1. das Sein als Idee. Vorstellung, ideale Seinsweise. 2. Seinsweise des Mathematischen, der Werte. 3. das Idealsein; ideale (1) Beschaffenheit. **idea|li|ter** ⟨*nlat.*⟩: idealerweise. **Ide|al|kon|kur|renz** *die;* -, -en ⟨zu ↑Ideal⟩: Tateinheit, Erfüllung mehrerer strafrechtlicher Tatbestände durch eine strafwürdige Handlung; Ggs. Realkonkurrenz (Rechtsw.). **Ide|al|kri|stall** *der;* -s, -e: math. Abstraktion eines Kristalls, idealisierter, regelmäßiger Kristall im Gegensatz zum tatsächlich vorkommenden ↑Realkristall. **Ideal spea|ker** [aɪ'dɪǝl 'spi:kǝ] *der;* - - ⟨aus *engl.* ideal speaker, eigtl. „vollkommener Sprecher"⟩: im Rahmen der ↑generativen Grammatik entwickeltes Modell eines idealen (2) Sprecher-Hörers, der eine

Sprache perfekt beherrscht u. keine psychologisch bedingten Fehler macht (Sprachw.). **Ide|al|typ** [ide...] *der;* -s, -en ⟨zu ↑ Ideal⟩: Individuum, das ausschließlich alle die Merkmale aufweist, auf Grund deren es einer bestimmten Gruppe zuzuordnen ist. **ide|al|ty|pisch:** einem Idealtyp[us] entsprechend. **Ide|al|ty|pus** *der;* -, ...pen: a) Idealbild, das durch gedanklich einseitige Steigerung bestimmter Elemente der Wirklichkeit gewonnen wird (Soziol.); b) svw. Idealtyp. **Idea|ti|on** *die;* -, -en ⟨aus gleichbed. *engl.* ideation, dies zu *nlat.* ideatus „einer Idee entsprechend"⟩: terminologische Bestimmung von Grundtermini der ↑ Geometrie, der ↑ Kinematik u. der ↑ Dynamik (1). **Idee** *die;* -, Ideen ⟨unter Einfluß von *fr.* idée aus gleichbed. *lat.* idea, dies aus *gr.* idéa, eigtl. „Erscheinung, Gestalt, Form, Beschaffenheit", zu ideīn „sehen, zu erfahren suchen"⟩: 1. a) (in der Philosophie Platos) den Erscheinungen zugrundeliegender reiner Begriff der Dinge; b) Vorstellung, Begriff von etwas auf einer hohen Stufe der Abstraktion. 2. Gedanke, der jmdn. in seinem Denken, Handeln bestimmt; Leitbild. 3. schöpferischer Gedanke; guter Einfall; Vorstellung. **Idée fixe** [ide'fiks] *die;* - -, -s -s [ide'fiks] ⟨aus *fr.* idée fixe „fester (Grund)gedanke"⟩: a) Zwangsvorstellung; b) der über einem ganzen musikalischen Werk stehende Grundgedanke (z. B. in der Symphonie fantastique von H. Berlioz). **ide|ell** [ide...] ⟨französierende Bildung zu ↑ Ideal; vgl. ...ell⟩: auf einer Idee beruhend, von ihr bestimmt; gedanklich, geistig. **Ide|en|as|so|zia|ti|on** *die;* -, -en ⟨zu ↑ Idee⟩: unwillkürlich sich einstellende Vorstellungs- u. Gedankenverbindung. **Ide|en|dra|ma** *das;* -s, ...men: Drama, dessen Handlung von einer allgemeingültigen Idee (Weltanschauung) bestimmt wird (z. B. Goethes „Pandora"). **Ide|en|flucht** *die;* -: krankhafte Beschleunigung u. Zusammenhanglosigkeit des Gedankenablaufes (z. B. als Symptom des ↑ manisch-depressiven Irreseins)
¹idem ⟨*lat.*⟩: derselbe (Hinweiswort in wissenschaftlichen Werken zur Ersparung der wiederholten vollen Angabe eines Autorennamens; Abk.: id.). **²idem** ⟨zu ↑ ¹idem⟩: dasselbe; Abk.: id.). **idem|po|tent:** ein Element a eines Rings bezeichnend, für das $a^2 = a$ gilt (Math.)
Iden u. Idus ['i:du:s] *die* (Plur.) ⟨aus *lat.* Idus (Plur.) „Monatsmitte"⟩: der 13. od. 15. Monatstag des altröm. Kalenders; die - des März: 15. März (Tag der Ermordung Cäsars im Jahre 44 v. Chr.)
...iden ⟨zu ↑ ²...id⟩: die Klasse, Ordnung od. Familie anzeigende Pluralendung von Substantiven aus der Zoologie, auch von Substantiven aus der Anthropologie od. aus der Astronomie, z. B. Leoniden; vgl. ²...id u. ...ide
Iden|ti|fi|ka|ti|on *die;* -, -en ⟨unter Einfluß von gleichbed. *engl.* identification bzw. *fr.* identification zu ↑ Identität u. ↑ ...fikation⟩: 1. das Identifizieren. 2. emotionales Sichgleichsetzen mit einer anderen Person od. Gruppe u. Übernahme ihrer Motive u. Ideale in das eigene Ich (Psychol.); vgl. ...[at]ion/...ierung. **Iden|ti|fi|ka|ti|ons|gram|ma|tik** *die;* -: Verfahren, das einer linear geordneten Menge von sprachlichen Elementen eine Beschreibung ihrer Struktur zuordnet, die jeweils von der untergeordneten zur übergeordneten Kategorie fortschreitet (Sprachw.). **iden|ti|fi|zier|bar** ⟨zu ↑ identifizieren⟩: so beschaffen, daß man es identifizieren kann. **iden|ti|fi|zie|ren** ⟨zu ↑ Identität u. ↑ ...fizieren⟩: 1. genau wiedererkennen; die Identität, Echtheit einer Person od. Sache feststellen. 2. a) mit einem anderen als dasselbe betrachten, gleichsetzen, z. B. man kann seine Meinung nicht mit ihrer -; b) sich -: jmds. Anliegen o. ä. zu seiner eigenen Sache machen; aus innerer Überzeugung ganz mit jmdm., etw. übereinstimmen; c) sich -: sich mit einer anderen Person od. Gruppe emotional gleichsetzen u. ihre Motive u. Ideale in das eigene Ich übernehmen (Psychol.). **Iden|ti|fi|zie|rung** *die;* -, -en ⟨zu ↑ ...fizierung⟩: das Identifizieren; vgl. ...[at]ion/...ierung. **Iden|ti|gra|phie** *die;* - ⟨verkürzt aus ↑ Identität u. ↑ ...graphie⟩: Schriftgleichheit. **iden|tisch** ⟨zu ↑ Identität⟩: ein u. dasselbe [bedeutend], völlig gleich; wesensgleich; gleichbedeutend; -er Reim: Reim mit gleichem Reimwort; rührender Reim (z. B. freien/freien); -e Zwillinge: eineiige Zwillinge (Med.). **Iden|ti|tät** *die;* - ⟨aus gleichbed. *spätlat.* identitas, Gen. identitatis⟩: a) vollkommene Gleichheit in Übereinstimmung (in bezug auf Dinge od. Personen); Wesensgleichheit; das Existieren von jmdm., etw. als ein Bestimmtes, Individuelles, Unverwechselbares; b) die als „Selbst" erlebte innere Einheit der Person (Psychol.). **Iden|ti|täts|aus|weis** *der;* -es, -e: (österr.) Personalausweis. **Iden|ti|täts|kar|te** *die;* -, -n: (schweiz.) Personalausweis. **Iden|ti|täts|kri|se** *die;* -, -n: krisenhafte Auseinandersetzung mit der eigenen Person, der eigenen Identität (Psychol.). **Iden|ti|täts|nach|weis** *der;* -es, -e: 1. Nachweis, daß eine Person wirklich die Person ist, als die sie sich ausgibt od. für die man sie hält. 2. Nachweis, daß eine aus den Händen der Zollbehörde entlassene Ware, die aber noch mit Zoll belastet ist, unverändert wieder vorgeführt wird (Wirtsch.). **Iden|ti|täts|pa|pie|re** *die* (Plur.): Schriftstücke, die jmdn. als bestimmte Person od. als einen in einer bestimmten Angelegenheit Berechtigten ausweisen (Rechtsw.). **Iden|ti|täts|phi|lo|so|phie** *die;* -: Philosophie, in der die Differenz von Denken u. Sein, Geist u. Natur, Subjekt u. Objekt aufgehoben ist (bei Parmenides, Spinoza, im deutschen Idealismus, bes. bei Schelling, der den Ausdruck geprägt hat). **Iden|ti|täts|ver|lust** *der;* -[e]s, -e: Verlust der eigenen Identität (Psychol.).
ideo..., Ideo... ⟨aus gleichbed. *gr.* idéa⟩: Wortbildungselement mit der Bedeutung „Begriff, Idee, Vorstellung", z. B. ideographisch, Ideologie, vgl. idio..., Idio... **ideo|gen** vgl. ideagen. **Ideo|gramm** *das;* -s, -e ⟨zu ↑ ...gramm⟩: Schriftzeichen, das einen ganzen Begriff darstellt; vgl. Logogramm; Piktogramm. **Ideo|gra|phie** *die;* -, ...ien (Plur. selten) ⟨zu ↑ ...graphie⟩: aus Ideogrammen gebildete Schrift, Begriffsschrift. **ideo|gra|phisch** ⟨zu ↑ ...graphisch⟩: die Ideographie betreffend. **Ideo|ki|ne|se** *die;* -, -n ⟨zu *gr.* kínēsis „Bewegung"⟩: Bewegung, die zwar aus einer richtigen Vorstellung heraus entsteht, aber bei krankhaft geschädigten Nervenbahnen falsch ausgeführt, z. B. mit einer anderen verwechselt wird (Med., Psychol.). **Ideo|kra|tie** *die;* - ⟨zu *gr.* krateīn „herrschen" u. ↑ ²...ie⟩: (veraltet) Herrschaft der Vernunftbegriffe u. vernünftiger [Rechts]verhältnisse. **ideo|kra|tisch:** (veraltet) die Ideokratie betreffend. **Ideo|kra|tis|mus** *der;* - ⟨zu ↑ ...ismus (1)⟩: (veraltet) das Bestreben, alles nach Vernunftbegriffen zu ordnen (bes. in bezug auf Rechtsverhältnisse). **Ideo|lo|ge** *der;* -n, -n ⟨zu *fr.* idéologue „wer sich mit Ideologie befaßt"; vgl. Ideologie⟩: 1. (exponierter) Vertreter od. Lehrer einer Ideologie. 2. (veraltet) weltfremder Schwärmer, Träumer. **Ideo|lo|gem** *das;* -s, -e ⟨zu ↑ Ideologie u. ↑ ...em⟩: Gedankengebilde; Vorstellungswert. **Ideo|lo|gie** *die;* -, ...ien ⟨aus gleichbed. *fr.* idéologie, eigtl. „Lehre von den Ideen" (zu ↑ ideo... u. ↑ ...logie); nach einer Prägung des franz. Philosophen A. L. C. Destutt de Tracy, 1754–1836⟩: a) an eine soziale Gruppe, eine Kultur o. ä. gebundenes System von Weltanschauungen, Grundeinstellungen u. Wertungen; b) weltanschauliche Konzeption, in der Ideen (2) der Erreichung politischer u. wirtschaftlicher Ziele dienen. **Ideo|lo|gie|kri|tik** *die;* -: a) das Aufzeigen der materiellen Bedingt-

ideologisch

heit einer Ideologie (Soziol.); b) Kritik der gesellschaftlichen ↑ Prämissen bei der Textinterpretation. **ideo|lo|gisch** ⟨zu ↑...logisch⟩: a) eine Ideologie betreffend; b) (veraltet) weltfremd, schwärmerisch. **ideo|lo|gi|sie|ren** ⟨zu ↑...isieren⟩: 1. a) mit einer bestimmten Ideologie durchdringen; b) ideologisch ausrichten, beeinflussen, indoktrinieren. 2. zu einer Ideologie machen. **Ideo|lo|gi|sie|rung** die; -, -en ⟨zu ↑...isierung⟩: das Ideologisieren. **Ideo|mo|to|rik** die; - ⟨zu ↑ ideo...⟩: unwillkürliche Bewegungen, die durch entsprechende Vorstellungen, Empfindungen od. Wahrnehmungen ausgelöst werden (z. B. Senken des Kopfes bei Trauer; Psychol.). **ideo|mo|to|risch**: ohne Mitwirkung des Willens, unbewußt ausgeführt, nur durch Vorstellungen ausgelöst (in bezug auf Bewegungen od. Handlungen; Psychol.). **Ideo|phon** das; -s, -e ⟨zu ↑...phon⟩: bes. in afrik. Sprachen ausgebildete Wortform, die das Prädikat od. andere Satzteile stärker differenziert (Sprachw.). **Ideo|re|al|ge|setz** das; -es: für die Ausdruckskunde (Vorgänge der Nachahmung, Suggestion, Hypnose u. a.) bedeutsame Erscheinung, daß subjektive Erlebnisinhalte den Antrieb zu ihrer objektiven Verwirklichung einschließen (Psychol.). **Ideo|te|lie** die; - ⟨zu gr. télos „Ziel, Zweck" u. ↑²...ie⟩: auf ideelle Zwecke gerichtete Handlungsweise (Philos.)
id est ⟨lat.⟩: das ist, das heißt; Abk.: i. e.
idio..., Idio... ⟨aus gleichbed. gr. ídios⟩: Wortbildungselement mit der Bedeutung „eigen, selbst, eigentümlich, besonders", z. B. idiographisch, Idiolatrie; vgl. ideo..., Ideo... **Idio|blast** der; -en, -en (meist Plur.) ⟨zu gr. blastós „Sproß, Trieb"⟩: 1. Pflanzeneinzelzelle od. Zellgruppe von spezifischer Gestalt u. mit besonderer Funktion, die in einen größeren andersartigen Zellverband eingelagert ist (Biol.). 2. bei der Gesteinsmetamorphose in Idealform gewachsener Kristall (Geol.). **idio|bla|stisch**: sich bei der Gesteinsmetamorphose gegenüber anderen mineralischen Gemengeteilen durchsetzend u. bei der Neu- od. Umkristallisation Eigenform entwickelnd (von Mineralien; Geol.). **idio|chro|ma|tisch** [...k...]: eigenfarbig, ohne Färbung durch fremde Substanzen (in bezug auf Mineralien; Geol.); Ggs. ↑ allochromatisch. **Idio|ga|mie** die; -, ...ien ⟨zu ↑...gamie⟩: 1. besondere psychische Disposition, sexuellen Verkehr nur mit ein u. derselben Person ausüben zu können (Psychol.). 2. Eigenbestäubung, Bestäubung einer Blüte mit den Pollen derselben Pflanze (Bot.). **Idio|glos|sie** die; -, ...ien ⟨zu gr. glôssa „Zunge, Sprache" u. ↑².ie⟩: angeborene Sprachstörung, bei der die Fähigkeit zur Bildung der Kehl- u. Gaumenlaute bei sonst intaktem Stimmapparat fehlt (Med.). **Idio|gramm** das; -s, -e ⟨zu ↑...gramm⟩: graphische Darstellung der einzelnen ↑ Chromosomen eines Chromosomensatzes (Biol.). **idio|graphisch** ⟨zu ↑...graphisch⟩: das Eigentümliche, Einmalige, Singuläre beschreibend (in bezug auf die Geschichtswissenschaft). **Idio|gra|phon** das; -s, ...pha ⟨aus gr. idiógraphon „Selbstgeschriebenes"⟩: (veraltet) eigenhändig niedergeschriebenes Schriftstück, Urschrift. **Idio|ki|ne|se** die; -, -n ⟨zu ↑ idio... u. gr. kínēsis „Bewegung"⟩: Erbänderung, wobei die Erbmasse durch Umwelteinflüsse verändert u. eine ↑ Mutation (1) bewirkt wird. **Idio|kra|sie** die; -, ...ien ⟨aus gr. idiokrasía „eigentümliche Mischung, Beschaffenheit"⟩: svw. Idiosynkrasie. **Idio|la|lie** die; - ⟨zu ↑ idio..., gr. laleĩn „schwatzen, sprechen" u. ↑².ie⟩: individuell geprägte bzw. erfundene, deshalb für andere unverständliche Sprache (bei kleinen Kindern od. Geisteskranken u. -kranken; Med.). **Idio|la|trie** die; - ⟨zu gr. latreía „Dienst, Kult; Gottesverehrung"⟩: Selbstvergötterung, Selbstanbetung. **Idio|lekt** der; -[e]s, -e ⟨aus gleichbed.

engl.-amerik. idiolect, Analogiebildung zu ↑ Dialekt⟩: Sprachbesitz u. Sprachverhalten, Wortschatz u. Ausdrucksweise eines einzelnen Sprachteilhabers (Sprachw.); vgl. Soziolekt. **idio|lek|tal** ⟨zu ↑¹...al (1)⟩: a) den Idiolekt betreffend; b) in der Art eines Idiolekts (Sprachw.). **Idi|om** das; -s, -e ⟨über fr. idiome aus gleichbed. spätlat. idioma, dies aus gr. idíōma, eigtl. „Eigentümlichkeit"⟩: 1. die einer kleineren Gruppe od. einer sozialen Schicht eigentümliche Sprechweise od. Spracheigentümlichkeit (z. B. Mundart, Jargon; Sprachw.). 2. ↑ lexikalisierte feste Wortverbindung, Redewendung (z. B. die Schwarze Kunst, ins Gras beißen; Sprachw.). **Idio|ma|tik** die; - ⟨zu ↑ idiomatisch u. ↑².ik (1)⟩: 1. Teilgebiet der Sprachwissenschaft, auf dem man sich mit den Idiomen (1) befaßt. 2. Gesamtbestand der Idiome (2) in einer Sprache. **idio|ma|tisch** ⟨aus gr. idiōmatikós „eigentümlich"⟩: die Idiomatik betreffend; -er Ausdruck: Redewendung, deren Gesamtbedeutung nicht aus der Bedeutung der Einzelwörter erschlossen werden kann. **idio|ma|ti|siert** ⟨zu ↑...isiert⟩: zu einem Idiom (2) geworden u. damit ohne semantisch-morphologische Durchsichtigkeit (Sprachw.). **Idio|ma|ti|sie|rung** die; -, -en ⟨zu ↑...isierung⟩: [teilweiser] Verlust der semantisch-morphologischen Durchsichtigkeit eines Wortes od. einer Wortverbindung (Sprachw.). **idio|morph** ⟨aus gr. idiómorphos „von besonderer Gestalt"⟩: von eigenen echten Kristallflächen begrenzt (von Mineralien; Geol.); Ggs. ↑ allotriomorph. **idio|pa|thisch** ⟨zu ↑ idio... u. gr. páthos „Leiden, Krankheit"⟩: selbständig, von sich aus entstanden (von Krankheiten; Med.); Ggs. ↑ traumatisch (1). **Idio|phon** das; -s, -e ⟨zu ↑...phon⟩: selbstklingendes Musikinstrument (Becken, Triangel, Gong, Glocken). **Idio|pho|rie** die; - ⟨zu gr. phoreĩn, phérein „tragen" u. ↑².ie⟩: Vererbung. **Idio|plas|ma** das; -s: Keimplasma, die Gesamtheit der im Zellplasma vorhandenen Erbpotenzen (Biol.). **Idior|rhyth|mie** die; - ⟨aus (n)gr. idiorrhythmía „Eigentümlichkeit"⟩: freiere Form des orthodoxen Mönchtums; vgl. idiorrhythmische Klöster. **idior|rhyth|misch** ⟨aus (n)gr. idiórrhythmos „(von Klöstern) ohne Gemeinschaftsleben", eigtl. „von eigentümlicher Lebensweise"⟩: nach eigenem [Lebens]maß; -e Klöster: freiere Form des orthodoxen Klosterwesens, die dem Mönch, vom gemeinsamen Gottesdienst abgesehen, eine private Gestaltung seines Lebens gestattet. **Idio|som** das; -s, -en (meist Plur.) ⟨zu ↑ idio... u. gr. sōma „Leib, Körper"⟩: 1. svw. Chromosom. 2. stark granulierte Plasmazone (vgl. Plasma 1) um das ↑ Zentrosom (Biol.). **Idio|spas|mus** der; -, ...men: Krampf eines einzelnen Körperteils (Med.). **idio|spa|stisch**: von einem Idiospasmus befallen (Med.). **Idio|syn|kra|sie** die; -, ...ien ⟨aus gr. idiosygkrasía „eigentümliche Mischung der Säfte u. daraus hervorgehende Beschaffenheit des Leibes"⟩: a) [angeborene] Überempfindlichkeit gegen bestimmte Stoffe (z. B. Nahrungsmittel) u. Reize (Med.); b) besonders starke Abneigung u. Überempfindlichkeit gegenüber bestimmten Personen, Lebewesen, Gegenständen, Reizen, Anschauungen u. ä. (Psychol.). **idio|syn|kra|tisch**: a) überempfindlich gegen bestimmte Stoffe u. Reize (Med.); b) von unüberwindlicher Abneigung erfüllt u. entsprechend auf jmdn., etw. reagierend (Psychol.). **Idi|ot** der; -en, -en ⟨über lat. idiota, idiotes aus gr. idiótēs „Privatmann, einfacher Mensch; ungeübter Laie, Stümper" zu ídios „eigentümlich; eigen, privat"⟩: 1. ein an Idiotie Leidender; Blöder. 2. a) (veraltet) Laie, Ungelehrter; b) (abwertend) Dummkopf. **Idio|tie** die; -, ...ien ⟨zu ↑².ie⟩: 1. angeborener od. im frühen Kindesalter erworbener hochgradiger Schwachsinn (Med.); vgl. Debilität u. Imbezilli-

tät. 2. (abwertend) große Dummheit, widersinniges Verhalten. **Idio|ti|kon** *das;* -s, Plur. ...ken, auch ...ka ⟨zu *gr.* idiōtikós „volkssprachlich"; vgl. idiotisch⟩: Mundartwörterbuch, auf eine Sprachlandschaft begrenztes Wörterbuch. **Idio|tin** *die;* -, -nen: weibliche Form zu ↑ Idiot. **Idiotisch** ⟨über *lat.* idioticus aus *gr.* idiōtikós „eigentümlich; gewöhnlich; ungebildet; volkssprachlich"⟩: 1. hochgradig schwachsinnig, an Idiotie (1) leidend. 2. (abwertend) dumm, einfältig. **¹Idio|tis|mus** *der;* -, ...men ⟨zu ↑ Idiot u. ↑ ...ismus (3)⟩: a) svw. Idiotie (1); b) Äußerung der Idiotie (1) (Med.). **²Idio|tis|mus** *der;* -, ...men ⟨über *lat.* idiotismos aus *gr.* idiōtismós „Sprechweise des gemeinen Mannes"⟩: kennzeichnender, eigentümlicher Ausdruck eines Idioms, Spracheigenheit (Sprachw.). **Idio|top** *der* od. *das;* -s, -e ⟨zu ↑ idio... u. *gr.* tópos „Ort, Raum", Analogiebildung zu ↑ Biotop⟩: Lebensraum der einzelnen Individuums. **Idioto|pie** *die;* - ⟨zu ↑² ...ie⟩: Bez. für die Lagebeziehung zwischen den einzelnen Teilen eines Organs untereinander od. in bezug auf den Organkörper selbst (Med.). **Idiot sa|vant** [idjɔsa'vã] *der;* - -, -s -s [idjɔsa'vã] ⟨aus gleichbed. *fr.* idiot savant zu ↑ Idiot u. *fr.* savant „gelehrt, gebildet", dies zu savoir „wissen, kennen; können" (aus *lat.* sapere „Einsicht haben")⟩: Person, die auf einem speziellen Gebiet überdurchschnittliche Fähigkeiten aufweist, im übrigen aber schwachsinnig ist. **Idio|typ** *der;* -s, -en ⟨zu ↑ idio... u. ↑ Typ⟩: das gesamte Erbgut, das sich aus ↑ Genom, ↑ Plasmon u. (bei grünen Pflanzen) ↑ Plastom zusammensetzt (Biol.); vgl. Genotyp. **idio|ty|pisch:** durch die Gesamtheit des Erbgutes festgelegt (Biol.). **Idio|ty|pus** *der;* -, ...pen: svw. Idiotyp. **idio|va|ria|ti|on** [...v...] *die;* -, -en: eine ↑ Genmutation, ↑ Mutation (1). **idio|ven|tri|ku|lär** [...v...] ⟨zu *(n)lat.* ventricularis, vgl. ventrikulär⟩: von der Herzkammer selbst ausgehend (Med.)
Ido *das;* -[s] ⟨Kunstw.; nach dem unter dem Stichwort „Ido" eingereichten Vorschlag des Franzosen L. de Beaufort⟩: künstliche, aus dem ↑ Esperanto weiterentwickelte Welthilfssprache
Ido|kras *der;* -, -e ⟨zu *gr.* eídos „Gestalt, Schönheit" u. krãsis „Mischung, Verbindung"⟩: svw. Vesuvian. **Idol** *das;* -s, -e ⟨über *lat.* idolum, idolon aus *gr.* eídōlon „Gestalt, Bild; Trugbild, Götzenbild"⟩: 1. a) jmd., etw. als Gegenstand bes. großer Verehrung, meist als Wunschbild Jugendlicher; b) (veraltend, abwertend) falsches Ideal; Leitbild, dessen Zugkraft im vordergründig Äußerlichen liegt. 2. Gottes-, Götzenbild [in Menschengestalt] (Rel.). **Ido|latrie**, Idolatrie *die;* -, ...ien ⟨über *lat.* idolatria, idololatria aus gleichbed. *gr.* eidōlolatreía⟩: Bilderverehrung, -anbetung, Götzendienst. **ido|li|sie|ren** ⟨zu ↑ Idol u. ↑ ...isieren⟩: zum Idol (1) machen. **Ido|li|sie|rung** *die;* -, -en ⟨zu ↑ ...isierung⟩: das Idolisieren. **Ido|lo|la|trie** vgl. Idolatrie
Ido|nei|tät [...nei...] *die;* - ⟨aus *spätlat.* idoneitas, Gen. idoneitatis „Eignung"⟩: (veraltet) a) Geeignetheit, Tauglichkeit; b) passender Zeitpunkt
Idria|lin *der;* -s, -e ⟨nach dem Vorkommen in der Nähe der slowen. Bergwerksstadt Idrija (it. Idria) u. zu ↑ ...in (1)⟩: ein quecksilberhaltiges Mineral. **Idria|lith** [auch ...'lɪt] *der;* Gen. -s od. -en, Plur. -e[n] ⟨zu ↑ ...lith⟩: Gemenge von Idrialin mit Zinnober, Ton usw. (Geol.)
Idsch|ma [ɪdʒ...] *die;* - ⟨aus gleichbed. *arab.* iğmā'⟩: Übereinstimmung der Gelehrten als Grundlage für die Deutung der islamischen Gesetze
Idsch|ti|had [ɪdʒ...] *der;* - ⟨aus *arab.* iğtihād „stetige Bemühung"⟩: im Islam das juristisch-theologische Prinzip zur individuellen Meinungsbildung in Rechtsfragen, die nicht im ↑ Koran u. im ↑ Hadith geklärt sind

Idus ['iːduːs] vgl. Iden
Idyll *das;* -s, -e ⟨aus *lat.* idyllium „kleineres Gedicht meist ländlichen Inhalts", dies aus gleichbed. *gr.* eidýllion, eigtl. „Bildchen"⟩: Bild, Zustand eines friedlichen u. einfachen Lebens in meist ländlicher Abgeschiedenheit. **Idyl|le** *die;* -, -n: a) Schilderung eines Idylls in Literatur (Vers, Prosa) u. bildender Kunst; b) svw. Idyll. **Idyl|lik** *die;* - ⟨zu ↑² ...ik (3)⟩: idyllischer Charakter, idyllische Atmosphäre. **Idyl|li|ker** *der;* -s, -: jmd., der einen Hang zum Idyll hat. **idyl|lisch:** a) das Idyll, die Idylle betreffend; b) beschaulich-friedlich. **idyl|li|sie|ren** ⟨zu ↑ ...isieren⟩: etwas in der Art eines Idylls darstellen, verniedlichen
¹...ie [...jə] ⟨aus *lat.* -ia⟩: Endung weiblicher Substantive, z. B. Materie, Pinie
²...ie ⟨aus *gr.*-*lat.* -ia u. *fr.* -ie⟩: Endung weiblicher (selten sächlicher) Substantive, die ein Gebiet bezeichnen, einzelne Vorgänge (bes. in der Medizin) zu einem Gesamtbegriff zusammenfassen od. ein bestimmtes Geartetsein ausdrücken, z. B. Geographie, Deponie; Arrhythmie, Hysterie; Genie
¹...ier ⟨aus *fr.* -ier u. *it.* -iere (z. T. aus *lat.* -iarius)⟩: Endung meist männlicher (auch sächlicher u. weiblicher) Substantive, z. B. Kavalier, Offizier, Spalier, Manier. **²...ier** [...'jeː] ⟨aus *fr.* -ier⟩: Endung meist männlicher (auch sächlicher) Substantive, z. B. Bankier, Conferencier, Kollier
¹...ie|re [...'jeːrə, ...'jɛːrə] ⟨aus *fr.* -ière⟩: Endung weiblicher Substantive, z. B. Bonbonniere, Garderobiere. **²...ie|re** ⟨aus *it.* -iere⟩: Endung männlicher Substantive, z. B. Gondoliere
...ie|ren ⟨zu *fr.* -er bzw. -ir u. *dt.* -en (an Verben mit *lat.*, *roman.* od. *dt.* Herkunft)⟩: Endung von Verben, z. B. frisieren, studieren, hausieren. **...ie|rend** ⟨Part. Präs. zu ↑ ...ieren⟩: Endung von Partizipien, z. B. intermittierend. **...iert** ⟨Part. Perf. zu ↑ ...ieren⟩: Endung von Partizipien, z. B. engagiert, interessiert. **...ie|rung:** Endung weiblicher Substantive, die von ...ieren gebildet wurden, z. B. Aktivierung. **...ie|rung/...[at]ion** vgl. ...[at]ion/...ierung
If-An|wei|sung *die;* -, -en ⟨zu *engl.* if „wenn"⟩: bedingte Anweisung, bedingter Sprungbefehl (EDV)
Iga|pó [...'poː] *der;* -s, -s ⟨aus einer südamerik. Indianersprache⟩: Überschwemmungswald der Flüsse des Amazonasgebietes
Igel|lit Ⓦ [auch ...'lɪt] *das;* -s, -e ⟨Kunstw.⟩: polymeres Vinylchlorid (ein Kunststoff)
Ig|lu *der* od. *das;* -s, -s ⟨über *engl.* igloo aus gleichbed. *eskim.* ig(d)lu⟩: runde Schneehütte der Eskimos
ignes|zie|ren ⟨aus gleichbed. *lat.* ignescere zu ignis „Feuer"⟩: (veraltet) sich entzünden. **Ignim|brit** [auch ...'brɪt] *der;* -s, -e ⟨zu *lat.* imber „Regen" u. ↑² ...it⟩: Schmelztuff, aus heißen Magmateilchen in hoch erhitzten Gasen entstandenes kieselsäurereiches Gestein. **Igni|punk|tur** *die;* -, -en: das Aufstechen einer Zyste mit dem ↑ Thermokauter (z. B. bei einer Zystenniere; Med.). **Igni|tron** *das;* -s, Plur. ...one, auch -s ⟨aus gleichbed. *engl.* ignitron, Analogiebildung zu ↑ Elektron⟩: als Gleichrichter (Gerät zur Umwandlung von Wechselstrom in Gleichstrom) für hohe Stromstärken verwendete Röhre mit Quecksilberkathode
igno|ra|mus et igno|ra|bi|mus *lat.;* „wir wissen (es) nicht u. werden (es auch) nicht wissen"⟩: Schlagwort für die Unlösbarkeit der Welträtsel. **igno|rant** ⟨aus *lat.* ignorans, Gen. ignorantis, Part. Präs. von ignorare, vgl. ingorieren⟩: (abwertend) von Unwissenheit, Kenntnislosigkeit zeugend. **Igno|rant** *der;* -en, -en ⟨zu ↑ ...ant (1)⟩: (abwertend) unwissender, kenntnisloser Mensch; Dummkopf. **ignoran|tia iu|ris no|cet** [- 'juːrɪs 'nɔtsɛt] ⟨*lat.;* „Unkenntnis

des Rechts (des Gesetzes) schadet"): Unwissenheit schützt vor Strafe nicht (alter Rechtsgrundsatz). **Igno|ran|tin** *die;* -, -nen: weibliche Form zu ↑Ignorant. **Igno|ranz** *die;* - ⟨aus gleichbed. *lat.* ignorantia⟩: (abwertend) Unwissenheit, Dummheit. **Igno|ra|tio elen|chi** *die;* - - ⟨zu *lat.* ignoratio „Unkenntnis" u. *gr.* élegchos „Beweis"⟩: Bez. für den Beweisfehler der Verwechslung (Unkenntnis od. Verwechslung des Beweisgegenstandes) im Anschluß an Aristoteles. **igno|rie|ren** ⟨vermutlich unter Einfluß von *fr.* ignorer aus gleichbed. *lat.* ignorare⟩: nicht wissen wollen; absichtlich übersehen, nicht beachten
Igno|szenz *die;* - ⟨aus gleichbed. *lat.* ignoscentia⟩: (veraltet) Verzeihung. **igno|szie|ren** ⟨aus gleichbed. *lat.* ignoscere⟩: (veraltet) verzeihen
Igo *das;* - ⟨aus gleichbed. *jap.* igo⟩: svw. Go
Igua|na *die;* -, ...nen ⟨über gleichbed. *span.* bzw. *port.* iguana, dies aus *Arawak* (einer Indianersprache des nordöstl. Südamerikas)⟩: in tropischen Gebieten Amerikas vorkommender großer ↑Leguan mit sichelförmigem Kamm. **Igu|an|odon** *das;* -s, Plur. -s od. ...odonten ⟨aus *gr.* odoús, Gen. odóntos „Zahn", Analogiebildung zu ↑Mastodon⟩: urzeitlicher pflanzenfressender ↑Dinosaurier (Biol.)
Igu|men *der;* -s - ⟨aus *ngr.* hēgoúmenos „Vorsteher, Abt"⟩: svw. Hegumenos
IHS ⟨Latinisierung der frühchristlichen Abkürzung des Namens Jesus in griech. Form: IH(ΣOY)Σ⟩: ↑Monogramm Christi, Wiedergabe des Namens Jesus in Handschriften u. Bildwerken; gedeutet als Jesus hominum salvator „Jesus, der Menschen Heiland" od. in hoc salus „in diesem [ist] Heil" od. volkstümlich als „Jesus, Heiland, Seligmacher"
Ijjar [ɪ'jaːɐ̯] *der;* - ⟨aus gleichbed. *hebr.* 'iyyār⟩: achter Monat im jüd. Kalender (April/Mai)
Ijo|lith [auch ...'lɪt] *der;* Gen. -s od. -en, Plur. -e[n] ⟨nach dem finn. Fundort Ijo u. zu ↑...lith⟩: alkalisches Tiefengestein, dessen Hauptbestandteile ↑Nephelin u. ↑Ägirin sind
¹...ik [...'iːk, auch ...'ɪk] ⟨über *fr.* -ique aus *lat.* -icus⟩: Endung von Adjektiven, z. B. publik, magnifik
²...ik [...ɪk] ⟨teilweise über *fr.* -iqué aus *lat.* -ica, dies meist aus *gr.* -ikḗ (téchnē)⟩: 1. Endung weiblicher Substantive, die ein Fachgebiet bezeichnen, z. B. Kybernetik, Informatik. 2. Endung weiblicher Substantive, die eine kollektive Bedeutung haben u. die einzelne Vorgänge, Erscheinungen von etwas zu einem Gesamtbegriff zusammenfassen, z. B. Methodik, Anekdotik. 3. Endung weiblicher Substantive, die eine Beschaffenheit, ein Geartetsein ausdrücken, z. B. Esoterik, Theatralik
...ika u. **...ica** [...ika] ⟨aus *lat.* -ica (Plur. von -icum) u. *gr.* -iká (Plur.) von -ikón⟩: Endung pluralischer Substantive, die als Sammelbezeichnungen für Produkte od. (bes. literarische) Werke gleicher Art dienen, z. B. Alkoholika, Helvetika, Judaika
Ika|ko|pflau|me *die;* -, -n ⟨über gleichbed. *span.* (h)icaco aus *Arawak* (einer Indianersprache des nordöstlichen Südamerika)⟩: Goldpflaume, wohlschmeckende Steinfrucht eines Rosengewächses (tropisches Westafrika u. Amerika)
Ika|ri|er [...i̯ɐ] *der;* -s, - ⟨aus *lat.* Icarus, dies au gr. Ikaros; nach der griech. Sagengestalt *Ikarus*⟩: Angehöriger einer Artistengruppe, bei deren Vorführungen einer auf dem Rücken liegt u. mit den Füßen seine Partner in der Luft herumwirbelt. **ika|risch**: a) kühn, verwegen; b) die Ikarier betreffend; -e Spiele: akrobatische Vorführungen mit Luftsprüngen
Ikat *das;* -[s], **Ikat|tech|nik** *die;* - ⟨malai.⟩: vor allem in Indonesien, Indien, Mittel- u. Südamerika geübte Technik der Stoffmusterung, bei der Fadenteile od. Gewebeteile abgebunden werden, damit sie im Farbbad ihre ursprüngliche Farbe behalten

Ike|ba|na *das;* -[s] ⟨aus *jap.* ikebana „lebendige Blumen"⟩: die japan. Kunst des Blumensteckens, des künstlerischen, symbolischen Blumenarrangements

Ikon *das;* -s, -e ⟨aus *gr.* eikṓn „Bild"⟩: stilisierte Abbildung eines Gegenstandes; Zeichen, das mit dem Gegenstand, den es darstellt, Ähnlichkeit aufweist. **Iko|ne** *die;* -, -n ⟨über *russ.* ikona aus gleichbed. *mgr.* eikóna⟩: Kultbild, geweihtes Tafelbild der orthodoxen Kirche (thematisch u. formal streng an die Überlieferung gebunden). **iko|nisch** ⟨über *lat.* iconicus aus *gr.* eikonikós⟩: 1. in der Art der Ikonen. 2. bildhaft, anschaulich. **Iko|nis|mus** *der;* -, ...men ⟨zu ↑Ikon u. ↑...ismus (4)⟩: anschauliches Bild (z. B. in den natürlichen Sprachen). **iko|no...**, **Iko|no...** ⟨aus gleichbed. *gr.* eikṓn, Gen. eikónos⟩: Wortbildungselement mit der Bedeutung „Bild", z. B. ikonographisch, Ikonolatrie. **Iko|no|du|le** *der;* -n, -n ⟨zu *gr.* doũlos „Knecht, Sklave"⟩: Bilderverehrer. **Iko|no|du|lie** *die;* - ⟨zu *gr.* douleía „Knechtschaft, Dienst(leistung)"⟩: Bilderverehrung. **Iko|no|graph** *der;* -en, -en ⟨aus *(m)gr.* eikonográphos „(Heiligenbild)maler"⟩: 1. Wissenschaftler auf dem Gebiet der Ikonographie. 2. dem Storchschnabel ähnliche Vorrichtung zur Bildabzeichnung für ↑Lithographen. **Iko|no|gra|phie** *die;* - ⟨über *lat.* iconographia aus *gr.* eikonographía „Abbildung, Darstellung"⟩: 1. wissenschaftliche Bestimmung von Bildnissen des griech. u. röm. Altertums. 2. a) Beschreibung, Form- u. Inhaltsdeutung von [alten] Bildwerken; b) svw. Ikonologie. **iko|no|gra|phisch** ⟨zu ↑...graphisch⟩: die Ikonographie betreffend. **Iko|no|klas|mus** *der;* -, ⟨über *mlat.* iconoclasmus aus gleichbed. *mgr.* eikonoklasmós⟩: Bildersturm; Abschaffung u. Zerstörung von Heiligenbildern (bes. der Bilderstreit in der byzantinischen Kirche des 8. u. 9. Jh.s). **Iko|no|klast** *der;* -en, -en ⟨aus gleichbed. *mgr.* eikonoklástēs, eigtl. „Bilderzerbrecher"⟩: Bilderstürmer, Anhänger des Ikonoklasmus. **iko|no|kla|stisch**: den Ikonoklasmus betreffend, bilderstürmerisch. **Iko|no|la|trie** *die;* - ⟨zu ↑ikono... u. *gr.* latreía „Dienst, Gottesverehrung"⟩: svw. Ikonodulie. **Iko|no|lo|ge** *der;* -n, -n ⟨zu ↑...loge⟩: Wissenschaftler auf dem Gebiet der Ikonologie. **Iko|no|lo|gie** *die;* - ⟨zu ↑...logie⟩: Lehre vom Sinngehalt alter Bildwerke; vgl. Ikonographie (2 a). **iko|no|lo|gisch** ⟨zu ↑...logisch⟩: die Ikonologie betreffend. **Iko|no|ma|chen** *die* (Plur.) ⟨zu *gr.* máchesthai „kämpfen"⟩: Gegner der Bilderverehrung. **Iko|no|ma|chie** *die;* - ⟨zu *gr.* máchē „Kampf" u. ↑²...ie⟩: Bekämpfung der Heiligenbilderverehrung. **Iko|no|ma|ne** *der;* -n, -n ⟨zu ↑...mane⟩: Bildernarr. **Iko|no|ma|nie** *die;* - ⟨zu ↑...manie⟩: übertriebene Vorliebe für Bilder. **Iko|no|me|ter** *das;* -s, - ⟨zu ↑¹...meter⟩: Rahmensucher an einem fotografischen Apparat. **Iko|no|skop** *das;* -s, -e ⟨aus gleichbed. *amerik.* iconoscope; vgl. ...skop⟩: speichernde Fernsehaufnahmeröhre. **Iko|no|stas** *der;* -, -e u. **Iko|no|sta|se** *die;* -, -n ⟨über *russ.* ikonostas aus gleichbed. *mgr.* eikonostásion⟩: dreitürige Bilderwand zwischen Gemeinde- u. Altarraum in der orthodoxen Kirche. **Iko|no|stroph** *der;* -s, -e ⟨zu ↑ikono... u. *gr.* stropheĩn, stréphein „drehen", eigtl. „Bildumkehrer"⟩: Glas für Kupferstecher, wodurch man Bilder umgekehrt sieht

Iko|sa|eder *das;* -s, - ⟨aus gleichbed. *gr.* eikosáedron⟩: regelmäßiger Zwanzigflächner (von 20 gleichseitigen Dreiecken begrenzt; Math.). **Iko|si|te|tra|eder** *das;* -s, - ⟨zu *gr.* eikosíttetares „vierundzwanzig" u. hédra „Fläche, Basis"⟩: Kristallform, die aus 24 symmetrischen Vierecken besteht

Ik|pal *die;* -, -i ⟨aus gleichbed. *türk.* ikbal⟩: ↑ Odaliske, die Aussicht hatte, Gemahlin des Sultans zu werden

Ikra *der;* -[s], auch *die;* - ⟨aus gleichbed. *russ.* ikra⟩: russ. Bez. für Kaviar

Ik|taa ['ɪktaa] *der* u. *das;* - ⟨aus *arab.* 'iqta'a „Lehen" zu qaṭa'a „mit etw. belehnen"⟩: arab. Form des Lehens, Landzuweisungen an Gefolgsleute des Kalifen, die durch Geldu. Naturalabgaben entgolten werden mußten

ik|te|risch ⟨über *lat.* ictericus aus gleichbed. *gr.* ikterikós⟩: die Gelbsucht betreffend; mit Gelbsucht behaftet, gelbsüchtig (Med.). **Ik|te|rus** *der;* - ⟨über *lat.* icterus aus gleichbed. *gr.* íkteros⟩: Gelbsucht (Med.)

ik|to|gen ⟨zu ↑ Iktus u. ↑ ...gen⟩: durch plötzlich auftretende Krankheiten bedingt, anfallsbedingt (z. B. von Organschäden; Med.). **Ik|tus** *der;* -, Plur. - [...tu:s] u. Ikten ⟨aus *lat.* ictus „Stoß, Schlag, Takt(schlag)"⟩: 1. [nachdrückliche] Betonung der Hebung im Vers, Versakzent (Sprachw.). 2. unerwartet u. plötzlich auftretendes Krankheitszeichen (Med.). 3. Stoß, stoßförmige Erschütterung (Med.)

...ikum ⟨aus *lat.* -icum⟩: Endung sächlicher Substantive, die eine bestimmte Sache, einen Zeitabschnitt, eine Prüfung od. ähnliches bezeichnen (im Bereich der Medizin häufig mit der Bedeutung „[Heil]mittel"), z. B. Klinikum, Politikum, Neolithikum, Physikum; Antibiotikum, Narkotikum

...ikus ⟨aus *lat.* -icus, dies meist aus *gr.* -ikos⟩: Endung männlicher Substantive, häufig zur Charakterisierung von Personen, z. B. Kanonikus, Musikus; Luftikus, Pfiffikus

il..., **Il...** vgl. in..., In...

...il ⟨aus *lat.* -ilis⟩: 1. Endung von Adjektiven, z. B. agil, infantil. 2. Endung sächlicher Substantive, z. B. Reptil, Automobil, Ventil

Ilang-Ilang-Öl vgl. Ylang-Ylang-Öl

Il|arch *der;* -en, -en ⟨aus gleichbed. *gr.* ilárchēs zu ílē (vgl. Ile) u. árchein „befehligen"⟩: Anführer einer Ile (1)

Il|chan [ɪl'ka:n, ɪl'xa:n] *der;* -s ⟨aus gleichbed. *pers.* il ḫān, eigtl. „der Khan", vgl. Khan⟩: Titel der mongolischen Herrscher in Persien (13. u. 14. Jh.)

Ile *die;* -, -n ⟨aus gleichbed. *gr.* ílē⟩: 1. Rotte, Reiterabteilung im makedonischen Heer. 2. eine Gruppe der vom Staat gemeinsam erzogenen jungen Männer (im alten Sparta)

Ile|en [...eən]: Plur. von ↑ Ileus. **Ile|i|tis** *die;* -, ...itiden ⟨zu *lat.* ile „Unterleib" u. ↑ ...itis⟩: Entzündung des Ileums (Med.).

Ileo|sto|mie *die;* -, ...ien ⟨zu *gr.* stóma „Mund, Mündung" u. ↑² ...ie⟩: operative Anlegung einer äußeren Krummdarmfistel (z. B. zur künstlichen Stuhlentleerung bei Darmverschluß; Med.). **ileo|zä|kal** ⟨zu ↑ Zäkum u. ¹...al⟩: den Unterleib betreffend (Med.)

Ile|sit [auch ...'zɪt] *der;* -s, -e ⟨nach dem amerik. Mineralogen M. W. Iles († 1890) u. zu ↑² ...it⟩: ein grünes Mineral

Ile|um [...eʊm] *das;* -s ⟨aus gleichbed. *lat.* ileum (Nebenform von ile), eigtl. „Unterleib"⟩: Krummdarm, unterer Teil des Dünndarms (Med.). **Ile|us** [...eʊs] *der;* -, Ileen [...eən] ⟨über *lat.* ileus aus gleichbed. *gr.* eileós⟩: Darmverschluß (Med.)

Ilex *die,* auch *der;* -, - ⟨aus *lat.* ilex „Stecheiche"⟩: Stechpalme (immergrüner Strauch od. Baum, z. B. Maté; Bot.)

Ilin|gus *der;* - ⟨über *nlat.* ilingus aus *gr.* eíliggos, illiggos „das Drehen, Schwindel" zu eiliggián „vom Schwindel befallen werden"⟩: (veraltet) Drehkrankheit, Schwindel (Med.)

Il|la|kri|ma|ti|on *die;* -, -en ⟨zu *lat.* illacrimare „über etw. weinen" u. ↑ ...ation⟩: (veraltet) Tränenfluß (Med.)

Il|lap|sus *der;* -, - ⟨aus *lat.* illapsus „das Eindringen" zu illabi „eindringen, hineinfallen"⟩: (veraltet) das Hineinfallen, Hereinbrechen, Einfall

il|lä|si|bel ⟨aus gleichbed. *lat.* illaesibilis zu ↑ in... (2) u. laedere „verletzen"⟩: (veraltet) unverletzlich. **Il|lä|si|bi|li|tät** *die;* - ⟨zu ↑ ...ität⟩: (veraltet) Unverletzlichkeit

Il|la|ta u. **Il|la|ten**: Plur. von ↑ Illatum. **Il|la|ti|on** *die;* -, -en ⟨aus gleichbed. *lat.* illatio zu inferre „hineinbringen, -tragen"; vgl. Illatum⟩: (veraltet) 1. Einbringung; Erklärung, daß etwas als eingebrachte Mitgift gelten soll. 2. Schlußfolgerung. **il|la|tiv** ⟨aus gleichbed. *lat.* illativus zu illatus, Part. Perf. von inferre „folgern, schließen", eigtl. „hineintragen"⟩: (veraltet) folgernd, konsekutiv (Sprachw.). **Il|la|tiv** *der;* -s, -e [...və] ⟨aus gleichbed. *lat.* (casus) illativus⟩: 1. Kasus zur Bezeichnung der Bewegung od. Richtung in etw. hinein (in den finnougrischen Sprachen; Sprachw.). 2. (veraltet) konsekutive Konjunktion (z. B. deshalb; Sprachw.). **Il|la|tum** *das;* -s, Illa̱ten u. Illa̱ta (meist Plur.) ⟨aus *lat.* illatum, eigtl. „Hineingebrachtes", substantiviertes Part. Perf. (Neutrum) von inferre „hineinbringen"⟩: (veraltet) von der Frau in die Ehe eingebrachtes Vermögen (Rechtsw.)

il|lau|da|bel [auch 'ɪl...] ⟨aus gleichbed. *lat.* illaudabilis zu ↑ in... (2) u. laudare „loben"⟩: (veraltet) unlöblich, unrühmlich

...il|le ⟨über *fr.* -ille aus *lat.* -illa⟩: verkleinernde Endung weiblicher Substantive, z. B. Pupille, Pastille

il|le|gal ⟨aus gleichbed. *mlat.* illegalis, dies aus ↑ in... (2) u. *lat.* legalis, vgl. legal⟩: gesetzwidrig, ungesetzlich, ohne behördliche Genehmigung; Ggs. ↑ legal. **il|le|ga|li|sie|ren** ⟨zu ↑ ...isieren⟩: gesetzwidrig machen, für ungesetzlich erklären. **Il|le|ga|li|tät** [auch 'ɪl...] *die;* -, -en ⟨zu ↑ ...ität⟩: 1. a) (ohne Plur.) Ungesetzlichkeit, Gesetzwidrigkeit; b) illegaler Zustand, illegale Lebensweise. 2. einzelne illegale Handlung

il|le|gi|bel ⟨aus gleichbed. *mlat.* illegibilis zu ↑ in... (2) u. *lat.* legere „lesen"⟩: (veraltet) unleserlich. **Il|le|gi|bi|li|tät** *die;* - ⟨zu ↑ ...ität⟩: (veraltet) Unleserlichkeit

il|le|gi|tim ⟨aus gleichbed. *lat.* illegitimus, dies aus ↑ in... (2) u. legitimus, vgl. legitim⟩: a) unrechtmäßig, im Widerspruch zur Rechtsordnung [stehend], nicht im Rahmen bestehender Vorschriften [erfolgend]; Ggs. ↑ legitim (1 a); b) unehelich; außerehelich; Ggs. ↑ legitim (1 b). **Il|le|gi|ti|mi|tät** [auch 'ɪl...] *die;* - ⟨zu ↑ ...ität⟩: unrechtmäßiges Verhalten

il|li|be|ral ⟨aus gleichbed. *lat.* illiberalis, eigtl. „unedel, gemein"⟩: engherzig, unduldsam. **Il|li|be|ra|li|tät** [auch 'ɪl...] *die;* - ⟨aus gleichbed. *lat.* illiberalitas, Gen. illiberalitatis, eigtl. „Knauserei, Unfreundlichkeit"⟩: Engherzigkeit, Unduldsamkeit

il|li|ci|te [...ts...] ⟨*lat.*; Adverb von illicitus „unerlaubt"⟩: unerlaubterweise, verbotenerweise

il|li|mi|tiert [auch 'ɪl...] ⟨zu *lat.* illimitatus „unabgegrenzt, unwegsam" u. ↑ ...iert; vgl. Limit⟩: unbegrenzt, unbeschränkt

Il|li|ni|um *das;* -s ⟨nach dem nordamerik. Bundesstaat Illinois u. zu ↑ ...ium⟩: (veraltet) svw. Promethium

il|li|quid [auch ...'kvi:t] ⟨zu ↑ in... (2) u. ↑ liquid⟩: zahlungsunfähig. **Il|li|qui|di|tät** [auch 'ɪl...] *die;* - ⟨zu ↑ ...ität⟩: Zahlungsunfähigkeit, Mangel an flüssigen [Geld]mitteln

Il|lit [auch ...'lɪt] *der;* -s, -e ⟨nach dem Vorkommen im nordamerik. Bundesstaat Illinois u. zu ↑² ...it⟩: ein glimmerartiges Tonmineral

il|li|te|rat [auch ...'ra:t] ⟨aus gleichbed. *lat.* illiteratus⟩: ungelehrt, nicht wissenschaftlich gebildet. **Il|li|te|rat** [auch ...'ra:t] *der;* -en, -en: jmd., der illiterat ist

Il|lo|ku|ti|on *die;* -, -en ⟨zu ↑ in... (1) u. ↑ Lokution⟩: Sprechhandlung mit kommunikativer Funktion (Sprachw.). **il|lo-**

ku|tio|när ⟨zu ↑...är⟩: die Illokution betreffend; -er Akt: der Sprechakt im Hinblick auf seine ↑kommunikative Funktion, z. B. Aufforderung, Frage (Sprachw.); vgl. lokutionärer Akt, perlokutionärer Akt. **il|lo|ku|tiv** ⟨zu ↑...iv⟩: svw. illokutionär; -er [...ve] Akt: svw. illokutionärer Akt; -er [...ve] Indikator: Partikelwort od. kurze Phrase, die die Funktion hat, einen nicht eindeutigen Satz eindeutig zu machen, z. B. du kannst ja noch überlegen (als Rat)
Il|lo|sis die; - ⟨aus gleichbed. gr. illōsis zu illein „wälzen, herumdrehen; schielen"⟩: (veraltet) das Schielen
il|loy|al ['ɪlo̯aja:l, auch ...'ja:l] ⟨zu ↑ in... (2) u. ↑ loyal⟩: a) den Staat, eine Instanz nicht respektierend; Ggs. ↑ loyal (a); b) vertragsbrüchig, gegen Treu und Glauben; Ggs. ↑ loyal (b); c) einem Partner, der Gegenseite gegenüber übelgesinnt; Ggs. ↑ loyal (b). **Il|loy|a|li|tät** [auch 'ɪl...] die; -, -en ⟨zu ↑...ität⟩: illoyales Verhalten
il|lu|ie|ren ⟨zu ↑ in... (2) u. lat. luere „waschen"⟩: in den Boden einwaschen, einschwemmen (Geol.)
Il|lu|mi|nat der; -en, -en (meist Plur.) ⟨zu lat. illuminatus, Part. Perf. von illuminare (vgl. illuminieren), eigtl. „der Erleuchtete"⟩: Angehöriger einer geheimen Verbindung, bes. des Illuminatenordens. **Il|lu|mi|na|ten|or|den** der; -s: aufklärerisch-freimaurerische geheime Gesellschaft des 18. Jh.s. **Il|lu|mi|na|ti|on** die; -, -en ⟨über fr. illumination aus spätlat. illuminatio „Erleuchtung, Beleuchtung" zu illuminare, vgl. illuminieren⟩: 1. farbige Festbeleuchtung vor allem im Freien (von Gebäuden, Denkmälern). 2. göttliche Erleuchtung des menschlichen Geistes (nach der theologischen Lehre Augustins). 3. das Ausmalen von ↑ Kodizes, Handschriften, Drucken mit ↑ Lasurfarben. 4. Leuchtschrift. **Il|lu|mi|na|ti|ons|theo|rie** die; -: zur mittelalterlichen Lichtmetaphysik gehörende Lehre, die vom Vorhandensein eines Urlichtes ausgeht (Philos.). **il|lu|mi|na|tistisch** ⟨zu ↑ Illuminat u. ↑...istisch⟩: die Illuminaten u. ihre Weltanschauung betreffend. **Il|lu|mi|na|tor** der; -s, ...oren ⟨aus gleichbed. mlat. illuminator⟩: 1. Hersteller von Malereien in Handschriften u. Büchern des Mittelalters. 2. svw. Monochromator. **il|lu|mi|nie|ren** ⟨aus gleichbed. fr. illuminer, dies aus lat. illuminare „erleuchten" zu ↑ in... (2) u. lumen, Gen. luminis „Licht, Leuchte"⟩: 1. festlich erleuchten. 2. Handschriften ausmalen, Buchmalereien ausführen (von Künstlern des Mittelalters). 3. erhellen. **il|lu|mi|niert** ⟨zu ↑...iert⟩: (scherzh. veraltend) alkoholisiert. **Il|lu|mi|nist** der; -en, -en ⟨zu ↑...ist⟩: svw. Illuminator (1)
Il|lu|si|on die; -, -en ⟨aus gleichbed. fr. illusion, dies aus lat. illusio „Verspottung; Täuschung, eitle Vorstellung" zu illudere „sein Spiel treiben, verspotten"⟩: 1. (dem eigenen Wunschdenken entsprechende) schöne Vorstellung in bezug auf etw., was in Wirklichkeit nicht od. nicht so ist; Wunschvorstellung. 2. falsche Deutung von tatsächlichen Sinneswahrnehmungen (im Unterschied zur Halluzination; Psychol.). 3. Täuschung durch die Wirkung des Kunstwerks, das Darstellung als Wirklichkeit erleben läßt (Ästhetik). **il|lu|sio|när** ⟨zu ↑...är⟩: 1. auf Illusionen beruhend. 2. svw. illusionistisch (1). **il|lu|sio|nie|ren** ⟨aus gleichbed. fr. illusionner, dies aus lat. illudere „vorspielen, täuschen"⟩: in jmdm. eine Illusion erwecken, jmdm. etwas vormachen, vorgaukeln, jmdn. täuschen. **Il|lu|sio|nis|mus** der; - ⟨zu ↑...ismus (1)⟩: 1. die Objektivität der Wahrheit, Schönheit, Sittlichkeit als Schein erklärende philos. Anschauung. 2. in der wedischen u. brahmanischen Philosophie die Lehre, nach der die Welt nur in der Vorstellung bestehe, die reale Außenwelt nur Schein sei („Schleier der Maja"; vgl. Maja). 3. illusionistische [Bild]wirkung. **Il|lu|sio|nist** der; -en, -en ⟨aus gleichbed. fr. illusionniste⟩: 1. jmd., der sich falsche Vorstellungen, Hoffnungen macht; Träumer. 2. Zauberkünstler. **il|lu|sio|ni|stisch** ⟨zu ↑ Illusion u. ↑...istisch⟩: 1. durch die künstlerische Darstellung Scheinwirkungen erzeugend (bildende Kunst). 2. svw. illusionär (1). **il|lu|so|risch** ⟨unter Einfluß von gleichbed. fr. illusoire aus spätlat. illusorius „verspottend, täuschend"⟩: a) nur in der Illusion bestehend, trügerisch; b) vergeblich, sich erübrigend
il|lu|ster ⟨über fr. illustre aus gleichbed. lat. illustris, eigtl. „im Licht stehend"⟩: glanzvoll, vornehm, erlaucht. **Il|lu|stra|ti|on** die; -, -en ⟨aus lat. illustratio „Erhellung, anschauliche Darstellung" zu illustrare, vgl. illustrieren⟩: a) Bebilderung, erläuternde Bildbeigabe; b) Veranschaulichung. Erläuterung; vgl. ...[at]ion/...ierung. **il|lu|stra|tiv** ⟨zu ↑...iv⟩: veranschaulichend, erläuternd. **Il|lu|stra|tor** der; -s, ...oren ⟨aus spätlat. illustrator „Erleuchter, Verherrlicher"⟩: Künstler, der ein Buch mit Bildern ausgestaltet. **Il|lu|stra|to|rin** die; -, -nen: weibliche Form zu ↑ Illustrator. **il|lu|strie|ren** ⟨aus lat. illustrare „erleuchten, erläutern, verschönern"⟩: a) ein Buch mit Bildern ausgestalten, bebildern; b) veranschaulichen, erläutern. **Il|lu|strier|te** die; -n, -n (zwei -, auch -n) ⟨verkürzt aus älter Illustrierte Zeitung⟩: periodisch erscheinende Zeitschrift, die überwiegend Bildberichte u. Reportagen aus dem Zeitgeschehen veröffentlicht. **Il|lu|strie|rung** die; -, -en ⟨zu ↑...ierung⟩: svw. Illustration; vgl. ...[at]ion/...ierung. **Il|lu|stris** ⟨aus lat. illustris, vgl. illuster⟩: 1. spätantiker Rangtitel für höchste Würdenträger u. Hofbeamte des Römischen Reichs sowie seit dem 4. Jh. für christliche Bischöfe. 2. im mittelalterlichen Kanzleistil seit 1180 den Reichsfürsten (bis 1630 auch den Kardinälen) vorbehaltene Titulatur
il|lu|vi|al [...v...] ⟨zu ↑ in... (1), lat. luere (lavare) „waschen, wegspülen" u. ↑...ial⟩: a) eingeschwemmt, im Boden angereichert; b) den Illuvialhorizont betreffend. **Il|lu|vi|al|ho|ri|zont** der; -[e]s: a) Unterboden; b) Ausfällungszone des Bodenprofils; c) Bodenschicht, in der bestimmte Stoffe aus einer anderen Schicht ausgeschieden werden (Geol.)
Il|ly|ris|mus der; - ⟨nach dem Namen der römischen Provinz Illyrien (bei den Römern für Dalmatien u. Pannonien) u. zu ↑...ismus (1)⟩: kroatische Bewegung der Jahre 1830-1850, die die Schaffung einer politischen u. sprachlichen Einigung der im alten Illyrien wohnenden südslawischen Völkergruppen anstrebte. **Il|ly|rist** der; -en, -en ⟨zu ↑...ist⟩: 1. Anhänger des Illyrismus. 2. Wissenschaftler auf dem Gebiet der Illyristik. **Il|ly|ri|stik** die; - ⟨zu ↑...istik⟩: Wissenschaft, die sich mit den illyrischen Sprachresten im europäischen Namengut befaßt
Il|me|nit [auch ...'nɪt] der; -s, -e ⟨nach dem Ilmengebirge im südlichen Ural u. zu ↑²...it⟩: ein schwarzbraunes Mineral (Titaneisen)
Ilom|ba das; -[s] ⟨aus einer afrik. Sprache⟩: graubraunes, leichtes, weiches Holz von Muskatnußgewächsen aus Äquatorialafrika
Il|va|it [ɪlva..., auch ...'ɪt] der; -s, -e ⟨nach dem lat. Namen Ilva der ital. Insel Elba u. zu ↑²...it⟩: svw. Lievrit
im..., Im... vgl. in..., In...
Image ['ɪmɪtʃ, engl. 'ɪmɪdʒ] das; -[s], -s ['ɪmɪtʃ(s), engl. 'ɪmɪdʒɪz] ⟨aus gleichbed. engl. image, dies über (alt)fr. image „Bild" aus gleichbed. lat. imago⟩: Vorstellung, [positives] Bild, das ein einzelner od. eine Gruppe von einer Einzelperson od. einer anderen Gruppe (od. einer Sache) hat; Persönlichkeits-, Charakterbild. **Image|or|thi|kon** das; -s, Plur. ...one, auch -s ⟨aus gleichbed. engl. image orthicon, vgl. Orthikon⟩: speichernde Fernsehaufnahmeröhre. **ima|gi|na|bel** [ima...] ⟨über engl. u. fr. imaginable aus lat. ima-

ginabilis „in der Einbildung bestehend"): vorstellbar, denkbar. **ima|gi|nal** ⟨aus *lat.* imaginalis „bildlich"): das fertig ausgebildete Insekt betreffend (Biol.). **Ima|gi|nal|sta|di|um** *das;* -s: Stadium der Insekten nach Abschluß der ↑Metamorphose (2; Biol.). **ima|gi|när** ⟨aus gleichbed. *fr.* imaginaire, dies aus *lat.* imaginarius „bildhaft, nur in der Einbildung bestehend"): nur in der Vorstellung vorhanden, nicht wirklich, nicht ↑real (1); -e Zahl: durch eine positive od. negative Zahl nicht darstellbare Größe, die durch das Vielfache von i (der Wurzel von -1) gegeben u. nicht auf ↑reelle Zahlen rückführbar ist (Math.). **Ima|gi|na|ti|on** *die;* -, -en ⟨über gleichbed. *fr.* imagination aus *lat.* imaginatio zu imaginari, vgl. imaginieren): Phantasie, Einbildungskraft, bildhaft anschauliches Denken. **ima|gi|na|tiv** ⟨zu ↑...iv): a) die Imagination betreffend; b) auf Imagination beruhend. **ima|gi|nie|ren** ⟨über gleichbed. *fr.* imaginer aus *lat.* imaginari): sich vorstellen; bildlich, anschaulich machen, ersinnen. **Ima|gi|nist** *der;* -en, -en ⟨zu *lat.* imago, Gen. imaginis „Bild" u. ↑...ist): Vertreter des russ. Imagismus, einer avantgardistischen Dichtergruppe, die etwa 1919–1924 in Moskau bestand u. bes. für die Reduzierung der poetischen Aussage auf das Bild als wesentlichstes Element der Dichtung eintrat. **Ima|gis|mus** *der;* - ⟨aus gleichbed. *engl.-amerik.* imagism; vgl. ...ismus (1)): engl.-amerik. lyrische Bewegung von etwa 1912–1917, die für die Lyrik den Wortschatz der Alltagssprache erstrebte u. dabei höchste Präzision u. Knappheit des Ausdrucks u. Genauigkeit des dichterischen Bildes erstrebte. **Ima|gist** *der;* -en, -en ⟨aus gleichbed. *engl-amerik.* imagist): Vertreter des Imagismus. **ima|gi|stisch** ⟨aus gleichbed. *engl.-amerik.* imagistic): den Imagismus betreffend, zum Imagismus gehörend. **Ima|go** *die;* -, ...gines [...ne:s] ⟨aus *lat.* imago, eigtl. „Bild"): 1. im Unterbewußtsein existierendes Bild einer anderen Person, das Handlungen u. Lebenseinstellung bestimmen kann (Psychol.). 2. das fertig ausgebildete, geschlechtsreife Insekt; Vollinsekt (Biol.). 3. (im antiken Rom) wächserne Totenmaske von Vorfahren, die im Atrium des Hauses aufgestellt wurde. **Ima|go Dei** *die;* - - ⟨*lat.;* „Ebenbild Gottes"): die Gottebenbildlichkeit des Menschen als christliche Lehre (1. Mose 1,27)

Imam *der;* -s, Plur. -s u. -e ⟨aus gleichbed. *arab.* imām, eigtl. „Vorsteher"): 1. a) Vorbeter in der ↑Moschee; b) (ohne Plur.) Titel für verdiente Gelehrte des Islams. 2. religiöses Oberhaupt (Nachkomme Mohammeds) der ↑Schiiten. 3. Titel der Herrscher von Jemen (Südarabien). **Ima|mi|ten** *die* (Plur.) ⟨zu ↑Imam u. ↑³...it): große Gruppe der ↑Schiiten, die nur 12 Imame (2) anerkennt u. den zwölften als ↑Mahdi wiedererwartet

Iman *das;* -s ⟨aus *arab.* īmān „der Glaube"): Gesamtheit der Glaubensgrundsätze des Islam

Ima|ri|por|zel|lan *das;* -s ⟨nach dem japan. Ausfuhrhafen Imari): svw. Aritaporzellan

Im|ba|lance [ɪmˈbæləns] *die;* -, -s [...sɪz] ⟨aus gleichbed. *engl.* imbalance): Ungleichgewicht; gestörtes Gleichgewicht (Chem., Med.)

im|be|zil u. **im|be|zill** ⟨über *fr.* imbécile aus *lat.* imbecillus „(geistig) schwach, gebrechlich"): mittelgradig schwachsinnig (Med.). **Im|be|zil|li|tät** *die;* - ⟨über *fr.* imbécillité aus *lat.* imbecillitas, Gen. imbecillitatis „Schwäche, Gebrechlichkeit"): mittelgradiger Schwachsinn (Med.); vgl. Debilität u. Idiotie

im|bi|bie|ren ⟨aus *lat.* imbibere „einsaugen"): 1. quellen (bes. in bezug auf Pflanzenteile). 2. Gewebe durchtränken (von Flüssigkeiten, insbesondere vom Blut; Med.). **Im|bi|bi|ti|on** *die;* -, -en ⟨zu ↑¹...ion): 1. Quellung von Pflanzenteilen (z. B. von Samen; Bot.). 2. das Durchtränken des Nebengesteins mit Gasen od. wäßrigen Lösungen beim Erstarren einer ↑magmatischen Schmelze (Geol.). 3. Durchtränkung von Gewebe mit einer Flüssigkeit (bes. mit Blut; Med.)

im|bor|sie|ren ⟨aus gleichbed. *it.* imborsare zu borsa „Geldbeutel, -börse"): (veraltet) [Geld] einnehmen

Im|bre|via|tur [...v...] *die;* -, -en ⟨aus gleichbed. *mlat.* imbreviatura zu ↑in... (1) u. *lat.* breviare „ab-, verkürzen"; vgl. Breviarium): Registereintragung (Urschrift) der mittelalterlichen Notare von allen ausgefertigten Urkunden

Im|bro|glio [ɪmˈbrɔljo] *das;* -s, Plur. ...gli [...lji] u. -s ⟨aus *it.* imbroglio „Verwirrung"): rhythmische Taktverwirrung durch Übereinanderschichtung mehrerer Stimmen in verschiedenen Taktarten (Mus.)

Imid *das;* -s, -e ⟨Kunstw.; vgl. ³...id): chem. Verbindung, die sich von Ammoniak dadurch ableitet, daß zwei Wasserstoffatome durch Metall od. Säureradikal ersetzt sind. **Imid|azol** *das;* -s ⟨Kunstw.): eine fünfgliedrige ↑heterozyklische chem. Verbindung von basischem u. aromatischem Charakter mit zwei Stickstoffatomen im Ring. **Imi|do|grup|pe** *die;* -n, -n: svw. Iminogruppe. **Imin** *das;* -s, -e ⟨Kunstw.; vgl. ...in (1)): chem. Verbindung, die sich von Ammoniak dadurch ableitet, daß zwei Wasserstoffatome durch einen zweiwertigen Kohlenwasserstoffrest ersetzt sind. **Imi|no|grup|pe** *die;* -, -n: zweiwertige, aus einem Stickstoff- u. einem Wasserstoffatom bestehende funktionelle Gruppe (NH-Gruppe) der Imine bzw. Imide (Chem.). **Imi|no|harn|stoff** *der;* -[e]s, -e: svw. Guanidin

Imi|tat *das;* -[e]s, -e: Kurzform von ↑Imitation (1 b). **...imi|tat** u. **Imi|tat...** ⟨zu ↑Imitation): Wortbildungselement mit der Bedeutung „Imitation", z. B. Leinenimitat, Imitatpelzmantel. **Imi|ta|tio Chri|sti** *die;* - - ⟨*lat.;* „Nachahmung Christi"; nach dem Titel eines *lat.* Erbauungsbuchs des 14. Jh.s): Nachfolge Christi, christliches Leben im Gehorsam gegen das Evangelium (als Lebensideal bes. in religiösen Gemeinschaften des 14. u. 15. Jh.s). **Imi|ta|ti|on** *die;* -, -en ⟨aus *lat.* imitatio „Nachahmung" zu imitari, vgl. imitieren): 1. a) das Nachahmen; Nachahmung; b) [minderwertige] Nachbildung eines wertvollen ↑Materials (1) od. eines Kunstgegenstandes. 2. genaue Wiederholung eines musikalischen Themas in anderer Tonlage (in Kanon u. Fuge). **imi|ta|tiv** ⟨zu ↑...iv): auf Imitation beruhend; nachahmend; vgl. ...iv/...orisch. **Imi|ta|tiv** *das;* -s, -e [...və] ⟨aus gleichbed. *lat.* (verbum) imitativum): Verb des Nachahmens, (z. B. büffeln = arbeiten wie ein Büffel; Sprachw.). **Imi|ta|tor** *der;* -s, ...oren ⟨aus gleichbed. *lat.* imitator): Nachahmer. **imi|ta|to|risch**: nachahmend; vgl. ...iv/...orisch. **imi|tie|ren** ⟨aus gleichbed. *lat.* imitari): 1. nachahmen; nachbilden. 2. ein musikalisches Thema wiederholen. **imi|tiert** ⟨zu ↑...iert): nachgeahmt, künstlich, unecht (bes. von Schmuck)

Im|ma|cu|la|ta [...k...] *die;* - ⟨aus *lat.* immaculata „die Unbefleckte", d. h. die unbefleckt Empfangene): Beiname Marias in der kath. Lehre. **Im|ma|cu|la|ta con|cep|tio** [– kɔnˈtsɛptsio] *die;* - - ⟨zu *lat.* conceptio „Empfängnis"): die Unbefleckte Empfängnis [Mariens] (d. h. ihre Bewahrung vor der Erbsünde im Augenblick der Empfängnis durch ihre Mutter Anna) in der kath. Lehre

im|ma|nent ⟨aus *lat.* immanens, Gen. immanentis, Part. Präs. von immanere, vgl. immanieren): 1. innewohnend, in etw. enthalten. 2. die Grenzen möglicher Erfahrung nicht übersteigend, innerhalb dieser Grenzen liegend, bleibend; den Bereich des menschlichen Bewußtseins nicht überschreitend; Ggs. ↑transzendent (1). **Im|ma|nenz** *die;* -

Immanenzphilosophie

⟨aus gleichbed. *nlat.* immanentia, vgl. ...enz⟩: 1. das, was innerhalb einer Grenze bleibt u. sie nicht überschreitet. 2. a) Beschränkung auf das innerweltliche Sein; b) Einschränkung des Erkennens auf das Bewußtsein od. auf Erfahrung (Philos.); vgl. Transzendenz. **Im|ma|nenz|phi|lo|so|phie** *die;* -: Lehre von W. Schuppe, wonach alles Sein in das Bewußtsein verlegt ist u. nicht darüber hinausgeht. **im|ma|nie|ren** ⟨aus *lat.* immanere „bei etw. bleiben, anhaften"⟩: innewohnen, enthalten sein

Im|ma|nu|el *der;* -s ⟨aus *hebr.* 'immānu'ēl „Gott mit uns"⟩: symbolischer Name des Sohnes einer jungen Frau (bzw. Jungfrau), dessen Geburt Jesaja weissagt (Jes. 7, 14); später bezogen auf Jesus Christus (Rel.)

im|mar|gi|niert ⟨zu ↑in... (2), *lat.* margo, Gen. marginis „Rand" u. ↑...iert⟩: (veraltet) ungerändert, randlos

Im|ma|te|ri|al|gü|ter|recht *das;* -[e]s ⟨zu *mlat.* immaterialis „unstofflich, unkörperlich"⟩: das Recht auf freie Verfügung über eigene geistige Produkte (z. B. Patent-, Warenzeichen-, Urheberrecht; Rechtsw.). **Im|ma|te|ria|lis|mus** [auch 'ım...] *der;* - ⟨nach gleichbed. *fr.* immatérialisme, dies zu ↑in... (2) u. ↑Materialismus⟩: Lehre, die die Materie als selbständige Substanz leugnet u. dagegen ein geistigseelisches Bewußtsein setzt (Philos.). **Im|ma|te|ria|li|tät** [auch 'ım...] *die;* - ⟨aus gleichbed. *fr.* immatérialité; vgl. ...ität⟩: unkörperliche Beschaffenheit, stoffloses Dasein. **im|ma|te|ri|ell** [auch 'ım...] ⟨aus gleichbed. *fr.* immatériel, dies aus *mlat.* immaterialis⟩: unstofflich, unkörperlich; geistig; -es Güterrecht: svw. Immaterialgüterrecht; Ggs. ↑materiell (1)

Im|ma|tri|ku|la|ti|on *die;* -, -en ⟨unter Einfluß von *fr.* immatriculation zu *mlat.* immatriculare, vgl. immatrikulieren⟩: 1. Einschreibung in die Liste der Studierenden, Aufnahme an einer Hochschule; Ggs. ↑Exmatrikulation; vgl. ...[at]ion/...ierung. 2. (schweiz.) amtliche Zulassung eines Kraftfahrzeugs. **im|ma|tri|ku|lie|ren** ⟨aus gleichbed. *mlat.* immatriculare, vgl. in... (1) u. vgl. Matrikel⟩: 1. a) in die Matrikel (1) einer Hochschule aufnehmen; Ggs. ↑exmatrikulieren; b) sich -: seine endgültige Anmeldung im ↑Sekretariat (1) einer Universität abgeben; Ggs. ↑exmatrikulieren. 2. (schweiz.) (ein Kraftfahrzeug) anmelden. **Im|ma|tri|ku|lie|rung** *die;* -, -en ⟨zu ...ierung⟩: svw. Immatrikulation; vgl. ...[at]ion/...ierung

im|ma|tur ⟨aus gleichbed. *lat.* immaturus⟩: unreif; nicht voll entwickelt (von Frühgeborenen; Med.). **Im|ma|tu|ri|tät** *die;* - ⟨aus gleichbed. *lat.* immaturitas, Gen. immaturitatis⟩: (veraltet) Unreife

im|me|di|at ⟨aus gleichbed. *(spät)lat.* immediatus⟩: unmittelbar [dem Staatsoberhaupt unterstehend]. **Im|me|di|at|ge|such** *das;* -[e]s, -e: unmittelbar an die höchste Behörde gerichtetes Gesuch. **im|me|dia|ti|sie|ren** ⟨zu ↑...isieren⟩: [reichs]unmittelbar, frei machen (in bezug auf Fürsten od. Städte bis 1806). **Im|me|di|at|ne|kro|se** *die;* -, -n: schlagartiges Absterben des Gewebes (infolge Einwirken elektrischen Hochspannungsstromes; Med.). **Im|me|di|at|pro|the|se** *die;* -, -n: unmittelbar nach Entfernung der Zähne eingesetzte Prothese (Zahnmed.)

im|me|mo|ra|bel ⟨aus *lat.* immemorabilis „zu verschweigen; schweigsam"⟩: (veraltet) nicht erwähnenswert

im|mens ⟨aus gleichbed. *lat.* immensus zu ↑in... (2) u. *lat.* metiri „messen"⟩: in Staunen, Bewunderung erregender Weise groß o. ä.; unermeßlich [groß]. **Im|men|si|tät** *die;* - ⟨aus gleichbed. *lat.* immensitas, Gen. immensitatis⟩: (veraltet) Unermeßlichkeit. **im|men|su|ra|bel** ⟨aus gleichbed. *spätlat.* immensurabilis⟩: unmeßbar. **Im|men|su|ra|bi|li|tät** *die;* - ⟨zu ↑...ität⟩: Unmeßbarkeit

im|mer|gie|ren ⟨aus *lat.* immergere „versenken" zu ↑in... (1) u. mergere „eintauchen"⟩: (veraltet) ein-, untertauchen (bes. bei der von den Baptisten noch heute geübten Form der Taufe). **Im|mer|si|on** *die;* -, -en ⟨aus *spätlat.* immersio „Eintauchung"⟩: 1. a) das Einbetten eines Objekts in eine Flüssigkeit, um sein optisches Verhalten zu beobachten; b) bei einem Mikroskop die Einbettung des Objekts zur Vergrößerung des Auflösungsvermögens. 2. das Eintreten eines Mondes in den Schatten eines Planeten od. das scheinbare Eintreten eines Mondes in die Planetenscheibe. 3. svw. Inundation. 4. Dauerbad als therapeutische Maßnahme bei Hautkrankheiten (Med.). **Im|mer|si|ons|ko|pie|rung** *die;* -, -en ⟨zu ↑kopieren⟩: Filmkopierung, bei der sich die Kopiervorlage in einem flüssigen Medium (3) befindet. **Im|mer|si|ons|lin|se** *die;* -, -n: auf einer Achse angeordnete Lochblenden mit verschiedener elektrischer Ladung, die auf einen Elektronenstrahl wie eine Linse wirken. **Im|mer|si|ons|tau|fe** *die;* -, -n: ältere (von den ↑Baptisten noch geübte) Form der christlichen Taufe durch Untertauchen des Täuflings; vgl. Aspersion

Im|mi|grant *der;* -en, -en ⟨aus *lat.* immigrans, Gen. immigrantis, Part. Präs. von immigrare, vgl. immigrieren⟩: Einwanderer (aus einem anderen Staat); Ggs. ↑Emigrant. **Im|mi|gra|ti|on** *die;* -, -en ⟨aus gleichbed. *lat.* immigratio⟩: 1. Einwanderung; Ggs. ↑Emigration (1). 2. besondere Art der ↑Gastrulation, bei der sich Einzelzellen vom ↑Blastoderm in ↑Blastozöl abgliedern u. eine neue Zellschicht ausbilden (Biol.). **im|mi|grie|ren** ⟨aus *lat.* immigrare „hineingehen, einziehen"⟩: einwandern; Ggs. ↑emigrieren

im|mi|nent ⟨über gleichbed. *fr.* imminent aus *lat.* imminens, Gen. imminentis, Part. Präs. von imminere, vgl. imminieren⟩: drohend, nahe bevorstehend (z. B. von Fehlgeburten; Med.). **im|mi|nie|ren** ⟨aus gleichbed. *lat.* imminere⟩: (veraltet) nahe bevorstehen, drohen

Im|mis|si|on *die;* -, -en (meist Plur.) ⟨aus *lat.* immissio „das Hineinlassen" zu immittere, vgl. immittieren⟩: 1. das Einwirken von Luftverunreinigungen, Schadstoffen, Lärm, Strahlen u. ä. auf Menschen, Tiere, Pflanzen, Bausubstanz u. ä. 2. Einsetzung in eine Position (Amt od. Besitzstand). 3. Kurzform von ↑Immissionskonzentration. **Im|mis|si|ons|ka|ta|ster** *der* (österr. nur so) od. *das;* -s, -: auf Karten dargestellte Ergebnisse der räumlichen Verteilung der Jahresmittel- u. Kurzzeitwerte von Schadstoffimmissionen für ein bestimmtes Gebiet. **Im|mis|si|ons|kon|zen|tra|ti|on** *die;* -, -en: Menge eines verunreinigten Spurenstoffes, die in der Volumeneinheit (Kubikmeter) Luft enthalten ist. **Im|mis|si|ons|schutz** *der;* -es: (gesetzlich festgelegter) Schutz vor Immissionen (1). **im|mit|tie|ren** ⟨aus gleichbed. *lat.* immittere, eigtl. „hineinschicken"⟩: (veraltet) [in einen Besitz] einweisen, einsetzen

im|mo|bil [auch ...'bi:l] ⟨aus gleichbed. *lat.* immobilis⟩: 1. unbeweglich, unverschieblich (z. B. auch von versteiften od. stark verrenkten Gelenken od. Gliedmaßen); Ggs. ↑mobil (1 a). 2. nicht für den Krieg bestimmt od. ausgerüstet, nicht kriegsbereit (in bezug auf Truppen); Ggs. ↑mobil (2). **Im|mo|bi|li|ar|kre|dit** *der;* -[e]s, -e ⟨zu ↑in... (2), ↑Mobiliar u. ↑Kredit⟩: Kredit, der durch Pfandrecht an bebauten od. unbebauten Grundstücken gesichert ist. **Im|mo|bi|li|ar|ver|si|che|rung** *die;* -, -en: Versicherung von Gebäuden od. Grundstücken gegen Schäden. **Im|mo|bi|lie** [...i̯ə] *die;* -, -n (meist Plur.) ⟨zu *lat.* immobilia (bona) „unbewegliche (Güter)"⟩: unbewegliches Vermögen, Gebäude, Grundstücke (einschließlich fest verbundener Sachen); Ggs. ↑Mobilien (2). **Im|mo|bi|li|en|fonds** [...fõ:] *der;* -[...fõ:(s)], - [...fõ:s]: Sondervermögen einer Kapitalanlage-

gesellschaft, das aus Grundstücken u. Gebäuden besteht. **Im|mo|bi|li|sa|ti|on** *die;* -, -en ⟨zu *lat.* immobilis (vgl. immobil) u. ↑...ation⟩: Ruhigstellung von Gliedern od. Gelenken (z B. durch Verbände; Med.); vgl. ...[at]ion/...ierung. **Im|mo|bi|li|sa|tor** *der;* -s, ...oren ⟨zu ↑...ator⟩: Gerät zur Ruhigstellung von Gliedern od. Gelenken. **im|mo|bi|li|sieren** ⟨zu ↑...isieren⟩: durch einen Verband od. durch Schienen ruhigstellen (in bezug auf Glieder od. Gelenke; Med.). **Im|mo|bi|li|sie|rung** *die;* -, -en ⟨zu ↑...isierung⟩: das Immobilisieren (Med.); vgl. ...[at]ion/...ierung. **Im|mo|bi|lis|mus** *der;* - ⟨zu ↑...ismus (2)⟩: Unbeweglichkeit als geistige Haltung. **Im|mo|bi|li|tät** [auch 'ım...] *die;* - ⟨über *fr.* immobilité aus gleichbed. *lat.* immobilitas, Gen. immobilitatis⟩: 1. Unbeweglichkeit. 2. Zustand fehlender Kriegsausrüstung u. Kriegsbereitschaft (von Truppen)
im|mo|ra|lisch [auch ...'ra:...] ⟨aus gleichbed. *nlat.* immoralis zu ↑in... (2) u. ↑moralisch⟩: unmoralisch, unsittlich (Philos.). **Im|mo|ra|lis|mus** *der;* - ⟨zu ↑...ismus (1)⟩: Ablehnung der Verbindlichkeit moralischer Grundsätze u. Werte (Philos.). **Im|mo|ra|list** *der;* -en, -en ⟨zu ↑...ist⟩: jmd., der die Geltung der herrschenden Moral leugnet. **Im|mo|ra|li|tät** [auch 'ım...] *die;* - ⟨zu ↑...ität⟩: Gleichgültigkeit gegenüber moralischen Grundsätzen u. Werten
im|mor|ta|li|sie|ren ⟨zu *lat.* immortalis „unsterblich" u. ↑...(is)ieren⟩: (veraltet) unsterblich machen, verewigen. **Im|mor|ta|li|tät** *die;* - ⟨aus gleichbed. *lat.* immortalitas, Gen. immortalitatis⟩: Unsterblichkeit. **im|mor|tell** ⟨aus gleichbed. *fr.* immortel(le)⟩: (veraltet) unsterblich, ewig. **Im|mor|tel|le** *die;* -, -n ⟨aus gleichbed. *fr.* immortelle, eigtl. „Unsterbliche"⟩: Sommerblume mit strohtrockenen, gefüllten Blüten (Korbblütler); Strohblume
Im|mum coe|li [– 'tsøːli] *das;* - - ⟨aus *lat.* im(m)um coeli „Tiefe des Himmels"⟩: Schnittpunkt der ↑Ekliptik u. des unter dem Ortshorizont gelegenen Halbbogens des Ortsmeridians; Spitze des IV. Hauses, Himmelstiefe; Abk.: I. C. (Astrol.)
im|mun ⟨aus *lat.* immunis „frei; unberührt, rein", eigtl. „frei von Leistungen"⟩: 1. für Krankheiten unempfänglich, gegen Ansteckung gefeit (Med.). 2. unter dem Rechtsschutz der ↑Immunität (2) stehend (in bezug auf Parlamentsangehörige). 3. unempfindlich, nicht zu beeindrucken. **immun..., Im|mun...** u. **immuno..., Immuno...** ⟨zu ↑immun⟩: Wortbildungselement mit der Bedeutung „unempfindlich gegen Krankheitserreger; die Immunität betreffend", z. B. immungenetisch, Immunologie. **Im|mun|as|say** [...əseɪ], auch Immunoassay *der* od. *das;* -s, -s ⟨zu *engl.* assay „Versuch, Prüfung", vgl. Essay⟩: Immunitätsprüfung; Prüfung der Immunitätslage mit Hilfe bestimmter Tests (Med.). **Im|mun|bio|lo|gie** *die;* - svw. Immunologie. **im|mun|bio|lo|gisch**: die Immunbiologie betreffend. **Im|mun|che|mie** *die;* - Teilgebiet der ↑physiologischen Chemie, das sich mit Fragen der Immunität (1) befaßt. **Im|mun|de|fekt** *der;* -[e]s, -e: angeborene od. erworbene Störung der normalen Immunität des Organismus (Med.). **im|mun|de|fi|zi|ent**: unfähig, gegen einen ↑antigenen Angriff zu reagieren (vom Organismus; Med.). **Im|mun|de|fi|zi|enz** *die;* -: svw. Immundefekt. **Im|mun|ge|ne|tik** *die;* -: Wissenschaft von der Vererbung immunologischer Strukturen. **im|mun|ge|ne|tisch**: die Entstehung einer Immunität betreffend. **Im|mun|glo|bu|lin**, auch Immunoglobulin *das;* -s, -e: Sammelbez. für die Komponenten des ↑Gammaglobulins, die Antikörpereigenschaften aufweisen (Med.). **Im|mun|hi|sto|lo|gie** *die;* -: Lehre von der Untersuchung von Körpergeweben in bezug auf immunologische Reaktionen. **im|mu|ni|sie|ren** ⟨zu ↑...isieren⟩: (gegen Bakterien u. ä.) immun (1) machen. **Im|mu|ni|sie|rung** *die;* -, -en ⟨zu ↑...isierung⟩: Bewirkung von Immunität (1), das Immunisieren bzw. Immunisiertwerden. **Im|mu|ni|sie|rungs|ein|heit** *die;* -, -en: die Menge Gegengift, die die Wirkung einer entsprechenden Gifteinheit aufhebt; Abk.: I. E. (Med.). **Im|mu|ni|tät** *die;* - ⟨aus *lat.* immunitas, Gen. immunitatis „Abgabenfreiheit, das Freisein (von Leistungen)"; Bed. 2 unter Einfluß von *mlat.* immunitas „Steuererlaß, Privileg"⟩: 1. angeborene od. (durch Impfung, Überstehen einer Krankheit) erworbene Unempfänglichkeit für Krankheitserreger od. deren ↑Toxine (Med.; Biol.). 2. verfassungsrechtlich garantierter Schutz der Bundes- u. Landtagsabgeordneten vor behördlicher Verfolgung wegen einer Straftat (nur mit Genehmigung des Bundes- bzw. Landtages aufhebbar); vgl. Indemnität. 3. svw. Exterritorialität. **Im|mu|ni|täts|ein|heit** *die;* -: svw. Immunisierungseinheit. **Im|mun|kom|plex** *der;* -es, -e ⟨zu ↑immun...⟩: Makromolekül, das aus Antigen- u. Antikörpermolekülen besteht (Med.). **Im|mun|kör|per** *der;* -s, -: svw. Antikörper. **im|mu|no..., Im|mu|no...** vgl. immun..., Im|mun... **im|mu|no|as|say** vgl. Immunassay. **im|mu|no|ge|ne|tisch** vgl. immungenetisch. **Im|mu|no|glo|bu|lin** vgl. Immunglobulin. **Im|mu|no|gramm** *das;* -s, -e ⟨zu ↑...gramm⟩: Aufzeichnung der ↑Immunglobuline (Med.). **Im|mu|no|lo|ge** *der;* -n, -n ⟨zu ↑...loge⟩: Wissenschaftler auf dem Gebiet der Immunologie. **Im|mu|no|lo|gie** *die;* - ⟨zu ↑...logie⟩: Wissenschaft von der Immunität (1) u. den damit zusammenhängenden biologischen Reaktionen des Organismus. **im|mu|no|lo|gisch** ⟨zu ↑...logisch⟩: a) die Immunologie betreffend; b) die Immunität (1) betreffend. **Im|mu|no|pa|thie** *die;* -, ...ien ⟨zu ↑...pathie⟩: Erkrankung, die auf Antigen-Antikörper-Reaktionen beruht (Med.). **Im|mu|no|sup|pres|si|on** vgl. Immunsuppression. **im|mu|no|sup|pres|siv** vgl. immunsuppressiv. **Im|mu|no|the|ra|pie** vgl. Immuntherapie. **Im|mu|no|zyt** *der;* -en, -en (meist Plur.) ⟨zu ↑...zyt⟩: Immunzelle, ↑Lymphozyt mit Bindungsstellen für bestimmte ↑Antigene (Med.). **Im|mu|no|zy|tom** *das;* -s, -e ⟨zu ↑...om⟩: Geschwulst, die durch krankhafte Wucherung der ↑Immunozyten entsteht (Med.). **Im|mu|no|zy|to|se** *die;* -, -n ⟨zu ↑¹...ose⟩: durch eine Immunreaktion bedingte Auflösung der Zellen (Med.). **Im|mun|pa|ra|ly|se** *die;* -, -n ⟨zu ↑immun...⟩: durch ein Antigen verursachtes Unvermögen des Organismus, auf einen antigenen Angriff zu reagieren (Med.). **Im|mun|pro|phy|la|xe** *die;* -: gezielte Einflußnahme auf das Immunsystem (Med.). **Im|mun|re|ak|ti|on** *die;* -, -en: Abwehrreaktion von Lebewesen gegenüber Krankheitserregern od. Giften (Biol., Med.). **Im|mun|se|rum** *das;* -s, Plur. ...ra u. ...ren: spezifische Antikörper enthaltendes Blutserum (Med.). **Im|mun|sti|mu|lans** *das;* -, Plur. ...anzien [...jən] u. ...antia (meist Plur.): die Immunreaktion anregendes Arzneimittel (Med.). **Im|mun|sup|pres|si|on** *die;* -, -en: Unterdrückung einer immunologischen (b) Reaktion (z. B. bei Transplantationen; Med.). **im|mun|sup|pres|siv**: eine immunologische (b) Reaktion unterdrückend (z. B. in bezug auf Arzneimittel; Med.). **Im|mun|sy|stem** *das;* -s, -e: für die Immunität (1) verantwortliches Abwehrsystem des Körpers (Med.). **Im|mun|the|ra|pie** *die;* -, -n [...iːən]: Behandlungsverfahren, die über eine Beeinflussung des Immunsystems wirken (Med.). **Im|mun|to|le|ranz** *die;* -, -en: das Ausbleiben einer Immunreaktion nach Verabreichen eines bestimmten Antigens (Med.)
Im|mu|ta|bi|li|tät *die;* - ⟨aus gleichbed. *lat.* immutabilitas, Gen. immutabilitatis, zu ↑in... (2) u. mutabilitas „Veränderung"⟩: (veraltet) Unveränderlichkeit. **Im|mu|ta|bi|li-**

Immutation

täts|prin|zip *das;* -s: Rechtsgrundsatz, nach dem die erhobene öffentliche Klage nach Erlaß des Eröffnungsbeschlusses nicht mehr zurückgenommen werden kann. **Im|mu|ta|ti|on** *die;* -, -en ⟨aus *lat.* immutatio „Veränderung, Vertauschung" zu ↑in... (1) u. mutatio „Veränderung"⟩: in der antiken Rhetorik Ersatz von Lauten, Wörtern, Formen u. Begriffen durch solche, die eine bessere rhetorische Wirkung erzielen

Im|pact [...pɛkt] *der;* -s, -s ⟨aus *engl.* impact „starker Einfluß, Wucht; Zusammenprall" zu to impact, vgl. Impakt⟩: 1. Stärke der von einer Werbemaßnahme ausgehenden Wirkung (Werbespr.). 2. Moment, in dem der Schläger den Ball trifft (Golf)

im|pair [ɛ'pɛːɐ̯] ⟨aus gleichbed. *fr.* impair, dies aus *lat.* impar „ungleich, unterlegen"⟩: ungerade (in bezug auf Zahlen beim Roulett); Ggs. ↑pair

Im|pakt *der;* -s, -e ⟨aus *engl.* impact „Auf-, Einschlag" zu to impact „zusammendrücken, -pressen", dies zu *lat.* impactus, Part. Perf. von impingere „hineinstoßen, -schlagen"⟩: 1. Meteoriteneinschlag. 2. (auch *das*) svw. Impact. **Im|pakt|hy|po|the|se** *die;* -: Hypothese, nach der alle Oberflächenformen des Mondes (Krater, Ringgebirge, Meere) als Einschläge von Meteoriten, Kometen u. Asteroiden anzusehen sind. **im|pak|tiert** ⟨zu *lat.* impactus (vgl. Impakt) u. ↑...iert⟩: eingeklemmt, eingekeilt (z. B. von Zähnen; Med.). **Im|pak|ti|on** *die;* -, -en ⟨zu ↑¹...ion⟩: Einkeilung, Einklemmung (Med.). **Im|pak|tit** *der;* -s, -e ⟨zu ↑²...it⟩: Kraterglas, Glasbildung, die mit einem Meteoriteneinschlag in Beziehung steht

Im|pa|la *die;* -, -s ⟨aus einer südafrik. Eingeborenensprache⟩: Schwarzfersenantilope (lebt in den afrikanischen Wäldern u. Steppen südlich der Sahara)

Im|pan|der *der;* -s, - ⟨zu ↑in... (1) u. *lat.* pandare „krümmen"; vermutlich Analogiebildung zu ↑Expander⟩: stabförmiges, zusammenbiegbares Trainingsgerät zur Kräftigung der Armmuskulatur

im|par ⟨*lat.*⟩: ungleich, unpaarig (von Organen u. Körperteilen; Med.). **im|pa|ra|bel** ⟨aus gleichbed. *lat.* imparabilis⟩: unvergleichlich. **Im|pa|ri|tät** *die;* - ⟨aus gleichbed. *fr.* imparité zu impair, vgl. impair u. ...ität⟩: (veraltet) Ungleichheit. **Im|pa|ri|täts|prin|zip** *das;* -s: Grundsatz ordnungsgemäßer Buchführung, nach dem unrealisierte Gewinne u. Verluste ungleich behandelt werden

im|pas|sa|bel [auch 'ɪm...] ⟨zu *fr.* impasse (vgl. Impasse) u. ↑...abel; vgl. passabel⟩: a) unwegsam; b) unzugänglich. **Im|passe** [ɛ'pas] *die;* -, -s [ɛ'pas] ⟨aus *fr.* impasse „Sackgasse" zu in- „nicht, un-" u. passer „durchschreiten"⟩: Ausweglosigkeit, Sackgasse

im|pas|si|bel [auch 'ɪm...] ⟨aus *lat.* impassibilis zu ↑in... (2) u. pati „leiden, erdulden"⟩: (veraltet) unempfindlich, kalt, teilnahmslos, mitleidlos. **Im|pas|si|bi|li|tät** [auch 'ɪm...] *die;* - ⟨aus gleichbed. *lat.* impassibilitas, Gen. impassibilitatis zu impassibilis, vgl. impassibel⟩: (veraltet) Unempfindlichkeit, Mangel an Gefühl

im|pas|sie|ren [ɛpa...] ⟨zu *fr.* impasse, vgl. Impasse⟩: (veraltet) beim Kartenspiel mit einer niedrigeren Trumpfkarte stechen, um einen Stich mehr zu erhalten

im|pa|stie|ren ⟨aus gleichbed. *it.* impastare, eigtl. „eine Farbe in bestimmter Zusammensetzung herstellen"⟩: (in der Malerei) Farbe [mit dem Spachtel] dick auftragen. **Im|pa|sto** *das;* -s, Plur. -s u. ...sti ⟨aus gleichbed. *it.* impasto, eigtl. „das Kneten"⟩: dicker Farbauftrag auf einem Gemälde (Malerei). **Im|pa|sto|ke|ra|mik** *die;* -: vorgeschichtliche, grau- bis braunschwarze, auch rötliche od. glänzend schwarze italische Tonware aus dem 11.–7. Jh. v. Chr.

im|pa|ti|bel ⟨aus gleichbed. *lat.* impatibilis zu ↑in... (2) u. patibilis „erträglich, empfindsam", dies zu pati „dulden, zulassen"⟩: (veraltet) a) unleidlich; b) unverträglich. **Im|pa|ti|bi|li|tät** *die;* - ⟨zu ↑...ität⟩: (veraltet) a) Unleidlichkeit; b) Unverträglichkeit. **Im|pa|ti|ens** [...tsiɛns] *die;* - ⟨zu *lat.* impatiens „ungeduldig, empfindlich, unfähig zu ertragen" (weil Früchte dieser Pflanze bei der geringsten Berührung auf- od. wegspringen)⟩: Springkraut, Balsamine (beliebte Topfpflanze)

Im|peach|ment [ɪm'piːtʃmənt] *das;* -[s], -s ⟨aus gleichbed. *engl.-amerik.* impeachment zu to impeach „anklagen", dies über *fr.* empêcher „(ver)hindern" aus *spätlat.* impedicare „verstricken, fangen"⟩: (in England, in den USA) gegen einen hohen Staatsbeamten (vom Parlament bzw. vom Repräsentantenhaus) erhobene Anklage wegen Amtsmißbrauchs o. ä., die im Falle der Verurteilung die Amtsenthebung zur Folge hat

Im|pe|danz *die;* -, -en ⟨zu *lat.* impedire „verstricken, hemmen" u. ↑...anz⟩: elektr. Scheinwiderstand, Wechselstromwiderstand eines Stromkreises (Phys.). **Im|pe|danz|kar|dio|gra|phie** *die;* -, ...ien [...iːən]: apparative Methode zur Untersuchung der Herz-Kreislauf-Funktionen durch Messung des elektrischen Widerstandes des Körpers (Med.). **Im|pe|danz|re|lais** [...rəlɛː] *das;* - [...rəlɛː(s)], - [...rəlɛːs]: svw. Distanzrelais. **Im|pe|danz|wand|ler** *der;* -s, -: elektronische Einrichtung zur Transformation eines Wechselstromwiderstandes zur Anpassung von Leitungen in der Niederfrequenztechnik. **im|pe|die|ren** ⟨aus gleichbed. *lat.* impedire⟩: (veraltet) hindern, verhindern. **Im|pe|di|ment** *das;* -[e]s, -e ⟨aus *lat.* impedimentum „Behinderung"⟩: (veraltet) rechtliches Hindernis (z. B. Ehehindernis)

Im|pek|ka|bi|li|tät *die;* - ⟨zu *kirchenlat.* impeccabilis, „schuldlos, ohne Sünde", dies zu ↑in... (2) u. *lat.* peccare „sündigen"; vgl. ...ität⟩: (veraltet) Schuld-, Sündenlosigkeit. **Im|pek|kanz** *die;* - ⟨zu ↑ ...anz⟩: (veraltet) svw. Impekkabilität

im|pe|ne|tra|bel ⟨über *fr.* impénétrable aus gleichbed. *lat.* impenetrabilis⟩: (veraltet) undurchdringlich. **Im|pe|ne|tra|bi|li|tät** *die;* - ⟨zu ↑ ...ität⟩: (veraltet) Undurchdringlichkeit

im|pe|ra|tiv ⟨aus gleichbed. *lat.* imperativus⟩: befehlend, zwingend, bindend; -es [...vəs] Mandat: ↑Mandat (2), das den Abgeordneten an den Auftrag seiner Wähler bindet; vgl. ...isch/-. **Im|pe|ra|tiv** *der;* -s, -e [...və] ⟨aus gleichbed. *lat.* (modus) imperativus⟩: 1. a) Modus (2), mit dem ein Befehl, eine Aufforderung, Bitte o. ä. ausgedrückt wird; Befehlsform (z. B. geh!); b) Verb im Imperativ (1 a; Sprachw.). 2. sittliches Gebot, moralische Forderung; vgl. kategorischer Imperativ. **im|pe|ra|ti|visch** [...'tiːvɪʃ, auch 'ɪm...]: in der Art des Imperativs (1); vgl. ...isch/-. **Im|pe|ra|tor** *der;* -s, ...oren ⟨aus gleichbed. *lat.* imperator⟩: 1. im antiken Rom der Titel für den Oberfeldherrn. 2. von Kaisern gebrauchter Titel zur Bezeichnung ihrer kaiserlichen Würde; Abk.: Imp., -Rex: Kaiser u. König (Titel Wilhelms II.); Abk.: I. R. **im|pe|ra|to|risch** ⟨nach gleichbed. *lat.* imperatorius⟩: 1. den Imperator betreffend. 2. in der Art eines Imperators, gebieterisch. **Im|pe|ra|trix** *die;* -, ...trices [...tseːs] ⟨aus *lat.* imperatrix „Gebieterin"⟩: weibliche Form zu ↑Imperator, Kaiserin

im|per|fekt [auch ...'fɛkt] ⟨aus gleichbed. *lat.* imperfectus⟩: (veraltet) unvollkommen, unvollendet. **Im|per|fekt** *das;* -s, -e ⟨aus gleichbed. *lat.* (tempus) imperfectum⟩: 1. (ohne Plur.) Zeitform, mit der ein verbales Geschehen od. Sein aus der Sicht des Sprechers als [unabgeschlossene, unvollendete] Vergangenheit charakterisiert wird (Sprachw.). 2.

Verbform des Imperfekts (1), ↑Präteritum (z. B. *rauchte, fuhr;* Sprachw.). **im|per|fek|ti|bel** ⟨zu *lat.* imperfectus „unvollendet" u. ↑...ibel⟩: vervollkommnungsunfähig, unbildsam. **Im|per|fek|ti|bi|li|tät** *die;* - ⟨zu ↑...ität⟩: Unfähigkeit zur Vervollkommnung, Unbildsamkeit. **Im|per|fek|ti|on** *die;* -, -en ⟨zu ↑imperfekt u. ↑¹...ion⟩: in der ↑Mensuralnotation durch das Notenbild angezeigte Verkürzung einer regulär dreizeitigen zu einer zweizeitigen Note (Mus.). **im|per|fek|tisch** ⟨zu *lat.* imperfectus, vgl. imperfekt⟩: das Imperfekt betreffend. **im|per|fek|tiv** ⟨zu ↑...iv⟩: 1. svw. imperfektisch. 2. unvollendet, einen Vorgang in seinem Verlauf darstellend; -e [...və] Aktionsart: ↑Aktionsart eines Verbs, die das Sein od. Geschehen als zeitlich unbegrenzt, als unvollendet, als dauernd (↑durativ) kennzeichnet (z. B. wachen; Sprachw.). **Im|per|fek|tiv** *der;* -s, -e: grammatischer ↑Aspekt zur Kennzeichnung einer Handlung in ihrem Verlauf u. in ihrer Wiederholung (Sprachw.). **Im|per|fek|tum** *das;* -s, ...ta ⟨zu ↑Imperfekt⟩: svw. Imperfekt

im|per|fo|ra|bel ⟨aus *spätlat.* imperforabilis „unverwundbar" zu ↑in... (2), *lat.* perforare „durchbohren, löchern" u. ↑...abel⟩: nicht durchbohrbar. **Im|per|fo|ra|ti|on** *die;* -, -en ⟨zu ↑...ation⟩: svw. Atresie

im|pe|ri|al ⟨aus *spätlat.* imperialis „kaiserlich, Reichs-" zu *lat.* imperium „Befehl; Macht; Reich", dies zu imperare „befehlen, beherrschen"⟩: das Imperium betreffend, herrschaftlich, kaiserlich. **¹Im|pe|ri|al** *das;* -s ⟨zu ↑imperial⟩: a) altes Papierformat (57 × 78 cm), das noch heute für bestimmte Geschäftsbücher verwendet wird; b) alte Formatbenennung für ein Buch von der Größe des Imperials. **²Im|pe|ri|al** *der;* -s, -e ⟨aus gleichbed. *russ.* imperial, dies wohl über *poln.* imperial aus *spätlat.* (denarius) imperialis, vgl. Imperialis⟩: frühere russ. Goldmünze zu zehn Rubel (18. u. 19. Jh.). **³Im|pe|ri|al** *die;* - ⟨zu ↑imperial⟩: (veraltet) Schriftgrad von 9 ↑Cicero (Druckw.). **Im|pe|ria|lis** *der;* -, - ⟨aus *spätlat.* (denarius) imperialis „kaiserliche(r Denaros)"⟩: kleine ital. Silbermünze (12.–15. Jh.), die zuerst von Kaiser Friedrich I. Barbarossa (1152–1190) ausgegeben wurde. **Im|pe|ria|lis|mus** *der;* - ⟨unter Einfluß von *engl.* imperialism aus gleichbed. *fr.* imperialisme, dies zu *spätlat.* imperialis, vgl. imperial; vgl. ...ismus (1)⟩: 1. Bestrebung einer Großmacht, ihren politischen, militärischen u. wirtschaftlichen Macht- u. Einflußbereich ständig auszudehnen; 2. nach marxistischer Anschauung die Endstufe des Kapitalismus mit Verflechtung der Industrie- u. Bankmonopole. **Im|pe|ria|list** *der;* -en, -en ⟨zu ↑...ist⟩: Vertreter des Imperialismus. **im|pe|ria|li|stisch** ⟨zu ↑...istisch⟩: dem Imperialismus zugehörend. **Im|pe|ri|um** *das;* -s, ...ien [...jən] ⟨aus *lat.* imperium „Oberbefehl, Herrschaft(sgewalt)" zu imperare „befehlen, beherrschen"⟩: 1. [röm.] Kaiserreich, Weltreich, Weltmacht. 2. sehr großer Herrschafts-, Macht- u. Einflußbereich

im|per|ma|nent [auch 'ɪm...] ⟨zu ↑in... (2) u. ↑permanent⟩: (veraltet) unbeständig, wandelbar. **Im|per|ma|nenz** [auch 'ɪm...] *die;* - ⟨zu ↑...enz⟩: (veraltet) Unbeständigkeit

im|per|mea|bel [auch 'ɪm...] ⟨aus *spätlat.* impermeabilis „unüberschreitbar"⟩: undurchlässig, undurchdringlich (Med.). **Im|per|mea|bi|li|tät** [auch 'ɪm...] *die;* - ⟨zu ↑...ität⟩: Undurchlässigkeit, Undurchdringlichkeit

Im|per|so|na|le *das;* -s, Plur. ...lia u. ...lien [...jən] ⟨aus gleichbed. *spätlat.* (verbum) impersonale⟩: unpersönliches Verb, das nur in der 3. Pers. Singular vorkommt (z. B. es schneit od. *lat.* pluit = „es regnet"; Sprachw.), Ggs. ↑Personale (1)

Im|per|spi|kui|tät [...kui...] *die;* - ⟨aus gleichbed. *nlat.* imperspicuitas, Gen. imperspicuitatis, zu ↑in... (2) u. perspicuus „durchsichtig, klar"⟩: (veraltet) Unklarheit, Undeutlichkeit

im|per|ti|nent ⟨aus *spätlat.* impertinens, Gen. impertinentis „nicht dazu (zur Sache) gehörig", dies zu ↑in... (1) u. *lat.* pertinere „sich erstrecken, sich beziehen"⟩: in herausfordernder Weise ungehörig, frech, unverschämt. **Im|per|ti|nenz** *die;* -, -en ⟨aus *mlat.* impertinentia „das Nicht-zur-Sache-Gehören"⟩: 1. (ohne Plur.) dreiste Ungehörigkeit, Frechheit, Unverschämtheit. 2. impertinente Äußerung, Handlung

im|per|zep|ti|bel [auch 'ɪm...] ⟨aus *mlat.* imperceptibilis, dies zu ↑in... (2) u. *lat.* perceptibilis „wahrnehmbar"⟩: nicht wahrnehmbar (Philos.)

Im|pe|ti|gi|ni|sa|ti|on *die;* -, -en ⟨zu *lat.* impetigo, Gen. impetiginis „Räude" u. ↑...ation⟩: ↑sekundäre Infizierung, z. B. der Haut bei juckenden Hautkrankheiten (Med.). **im|pe|ti|gi|nös** ⟨aus gleichbed. *lat.* impetiginosus; vgl. ...ös⟩: borkig, grindig (von der Beschaffenheit der Haut bzw. von Hautkrankheiten; Med.). **Im|pe|ti|go** *die;* - ⟨aus gleichbed. *lat.* impetigo⟩: Eitergrind, -flechte, entzündliche [ansteckende] Hautkrankheit mit charakteristischer Blasen-, Pustel- u. Borkenbildung (Med.)

im|pe|tu|ös ⟨unter Einfluß von *fr.* impétueux, impétueuse aus gleichbed. *lat.* impetuosus⟩: (veraltet) stürmisch, ungestüm, heftig. **Im|pe|tuo|si|tät** *die;* - ⟨zu ↑...ität⟩: (veraltet) Heftigkeit. **im|pe|tu|o|so** ⟨aus *it.* impetuoso aus gleichbed. *lat.* impetuosus⟩: stürmisch, ungestüm, heftig (Vortragsanweisung; Mus.). **Im|pe|tus** *der;* - ⟨aus *lat.* impetus „das Vorwärtsdrängen"⟩: a) [innerer] Antrieb, Anstoß, Impuls; b) Schwung[kraft], Ungestüm

Im|pie|tät [...pie...] *die;* - ⟨aus gleichbed. *lat.* impietas, Gen. impietatis⟩: (veraltet) Mangel an ↑Pietät; Gottlosigkeit, Lieblosigkeit. **im|pi|toy|able** [ɛ̃pitɔa'ja:bl] ⟨*fr.;* zu im- „un-, nicht-" u. pitié „Mitleid, Erbarmen" (dies aus *lat.* pietas „Milde, Gnade")⟩: (veraltet) unerbittlich, unbarmherzig, mitleidlos

Im|plan|tat *das;* -[e]s, -e ⟨aus *spätlat.* implantatum „das Eingepflanzte", substantiviertes Part. Perf. (Neutrum) von implantare, vgl. implantieren⟩: dem Körper eingepflanztes Gewebestück (Med.). **Im|plan|ta|ti|on** *die;* -, -en ⟨aus gleichbed. *nlat.* implantatio zu *spätlat.* implantare, vgl. implantieren⟩: 1. Einpflanzung von Gewebe (z. B. Haut), Organteilen (z. B. Zähnen) od. sonstigen Substanzen in den Körper; Organeinpflanzung (Med.). 2. Einnistung der befruchteten Eizelle in der Gebärmutterschleimhaut (Biol., Med.). **Im|plan|tat|pro|the|se** *die;* -, -n ⟨zu ↑Implantat⟩: Bez. für einen direkt, vor allem auf dem Unterkieferknochen aufgelagerten Metallsattel zur Haltverbesserung der Prothese (Med.). **im|plan|tie|ren** ⟨aus *spätlat.* implantare „einpflanzen" zu ↑in... (1) u. *lat.* plantare „pflanzen"⟩: eine Implantation vornehmen. **Im|plan|to|lo|gie** *die;* - ⟨zu ↑...logie⟩: Lehre von den [Möglichkeiten der] Implantationen (Med.)

Im|ple|ment *das;* -[e]s, -e ⟨aus *spätlat.* implementum, eigtl. „das Angefülltsein, das Eingenommensein"⟩: (veraltet) Ergänzung, Erfüllung [eines Vertrages]. **im|ple|men|tie|ren** ⟨nach *engl.* to implement „bewerkstelligen, durchführen"; vgl. ...ieren⟩: 1. einführen, einsetzen, einbauen. 2. ein Programm (4) für eine spezielle Aufgabe an die vorhandene Rechenanlage anpassen (EDV). **Im|ple|men|tie|rung** *die;* -, -en ⟨zu ↑...ierung⟩: 1. Komplettierung einer [technischen] Anlage durch Zusatzgeräte. 2. Anpassung eines Programms (4) für eine spezielle Aufgabe an die vorhandene Rechenanlage (EDV)

Im|pli|kat *das;* -[e]s, -e ⟨aus gleichbed. *lat.* implicatum, substantiviertes Part. Perf. (Neutrum) von implicare, vgl. implizieren⟩: etwas, was in etwas anderes einbezogen ist. **Im|pli|ka|ti|on** *die;* -, -en ⟨aus *lat.* implicatio „Verflechtung"⟩: a) Einbeziehung einer Sache in eine andere; b) Bezeichnung für die logische „wenn−so"-Beziehung (Philos., Sprachw.). **Im|pli|ka|tor** *der;* -s, ...oren ⟨aus gleichbed. *nlat.* implicator, eigtl. „Verknüpfer"⟩: das Zeichen → (bzw. ⇒ od. <) für die Aussagenverbindung der Implikation (b) bzw. ↑Subjunktion (Philos., Sprachw.). **Im|pli|ka|tur** *die;* -, -en ⟨aus gleichbed. *mlat.* implicatura⟩: svw. Implikat. **im|pli|zie|ren** ⟨aus *lat.* implicare „verknüpfen, umfassen", eigtl. „hineinfalten"⟩: a) einbeziehen, einschließen, enthalten; b) zur Folge haben, mit sich bringen. **im|pli|zit** ⟨aus *lat.* implicitus, Part. Perf. von implicare, vgl. implizieren⟩: 1. nicht ausdrücklich, nicht deutlich; nur mitenthalten, mitgemeint; Ggs. ↑explizit (a). 2. als Anlage vorhanden (Med.). **im|pli|zi|te** ⟨aus *lat.* implicite „verwickelt"⟩: mit inbegriffen, einschließlich

im|plo|die|ren ⟨zu ↑in... (1) u. *lat.* plodere „klatschen, schlagen"; Analogiebildung zu ↑explodieren⟩: durch eine Implosion zerstört werden (z. B. von Fernsehröhren). **Im|plo|si|on** *die;* -, -en ⟨zu *lat.* plosus, Part. Perf. von plodere (vgl. implodieren) u. ↑¹...ion⟩: 1. schlagartige, plötzliche Zertrümmerung eines [luftleeren] Gefäßes durch äußeren Überdruck. 2. die erste Artikulationsphase bei der Bildung von Verschlußlauten, die im Schließen des Mundraumes besteht (Phon.). **Im|plo|siv** *der;* -s -e [...və] u. **Im|plo|siv|laut** *der;* -[e]s, -e ⟨zu ↑...iv⟩: Verschlußlaut, bei dem keine Öffnung des Verschlusses stattfindet (z. B. das erste *t* in *Bettuch*, das *b* in *abputzen*)

Im|plu|vi|al|bau [...v...] *der;* -[e]s, -ten ⟨zu ↑Impluvium u. ↑¹...al (1)⟩: westafrikanisches Gebäude, das um einen Innenhof gebaut ist, in dem sich ein Sammelbecken für das Regenwasser befindet. **Im|plu|vi|um** *das;* -s, ...Plur. ...ien [...jən] u. ...ia ⟨aus gleichbed. *lat.* impluvium zu impluere „hineinregnen"⟩: (in altröm. Häusern) rechteckiges Sammelbecken für Regenwasser im Fußboden des ↑Atriums (1)

im|pon|de|ra|bel ⟨unter Einfluß von gleichbed. *engl.* imponderable bzw. *fr.* impondérable zu ↑in... (2) u. *lat.* ponderabilis „wägbar"⟩: (veraltet) unwägbar, unberechenbar. **Im|pon|de|ra|bi|li|en** [...jən] *die* (Plur.) ⟨unter Einfluß von *engl.* imponderability „Unwägbarkeit" zu ↑in... (2) u. ↑Ponderabilien⟩: Unwägbarkeiten; Gefühls- u. Stimmungswerte; Ggs. ↑Ponderabilien. **Im|pon|de|ra|bi|li|tät** *die;* -⟨zu ↑...ität⟩: Unwägbarkeit, Unberechenbarkeit

im|po|nẹn|te ⟨*it.;* zu imponere „Ehrfurcht, einflößen, Achtung gebieten, imponieren" aus *lat.* imponere, vgl. imponieren⟩: großartig, eindrucksvoll, imposant (Vortragsanweisung; Mus.). **im|po|nie|ren** ⟨unter Einfluß von gleichbed. *fr.* imposer aus *lat.* imponere „hineinlegen, auf etw. stellen; auferlegen"⟩: a) Achtung einflößen, [großen] Eindruck machen; b) (veraltet) sich geltend machen. **im|po|nie|rend** ⟨zu ↑...ierend⟩: durch seine Art beeindruckend, allgemeine Achtung u. Bewunderung hervorrufend. **Im|po|nier|ge|ha|be[n]** *das;* -s: 1. von [meist männlichen] Tieren vor der Paarung od. einem Rivalen gegenüber gezeigtes kraftvolles Auftreten (mit gesträubten Federn, hochgestelltem Schwanz o. ä.), das der Werbung od. Drohung dient (Verhaltensforschung). 2. selbstgefälliges Gehabe, Verhalten, das ausschließlich darauf gerichtet ist, anderen zu imponieren

Im|port *der;* -[e]s, -e ⟨aus gleichbed. *engl.* import zu to import „einführen", dies über *fr.* importer aus gleichbed. *lat.* importare, vgl. importieren⟩: 1. Einfuhr. 2. das Eingeführte, Einfuhr; Ggs. ↑¹Export. **im|por|ta|bel** ⟨zu ↑...abel⟩: (veraltet) einführbar, für den Import freigegeben. **im|por|tạnt** ⟨aus gleichbed. *(mittel)fr.* important, dies über *it.* importante zu *mlat.* importans, Gen. importantis, Part. Präs. von importare, vgl. importieren⟩: (veraltet) wichtig, bedeutend. **Im|por|tạnz** *die;* - ⟨zu ↑...anz⟩: (veraltet) Wichtigkeit, Bedeutung. **Im|pọrt|ar|ti|kel** *der;* -s, - ⟨zu ↑Import⟩: Artikel, der importiert wird. **Im|pọr|te** *die;* -, -n (meist Plur.) ⟨zu ↑Importen⟩: Zigarre, die im Ausland hergestellt worden ist. **Im|pọr|ten** *die* (Plur.) ⟨veralteter Plur. von ↑Import⟩: Importwaren. **Im|por|teur** [...'tø:ɐ̯] *der;* -s, -e ⟨französierende Bildung zu importieren, vgl. ...eur⟩: Kaufmann, der Waren aus dem Ausland einführt. **im|por|tie|ren** ⟨aus gleichbed. *lat.* importare, eigtl. „hineintragen"⟩: Waren aus dem Ausland einführen. **Im|pọrt|quo|te** *die;* -, -n ⟨zu ↑Import⟩: 1. Anteil des Imports am Inlandsverbrauch bzw. am Gesamtaufkommen an Erzeugnissen. 2. Instrument zur Regulierung des Imports im Rahmen des Kontingent- u. Lizenzsystems

im|por|tun ⟨aus gleichbed. *lat.* importunus⟩: (selten) ungeeignet; ungelegen

im|po|sa|bel ⟨aus gleichbed. *fr.* imposable zu imposer „besteuern", dies aus *lat.* imponere „belasten"; vgl. Impôt unique⟩: (veraltet) steuerpflichtig, versteuerbar. **im|po|sạnt** ⟨aus gleichbed. *fr.* imposant, Part. Präs. von imposer, vgl. imponieren⟩: durch Größe, Bedeutsamkeit od. Ungewöhnlichkeit ins Auge fallend; einen bedeutenden Eindruck hinterlassend; eindrucksvoll, großartig, überwältigend. **Im|po|si|ti|on** *die;* -, -en ⟨aus gleichbed. *spätlat.* impositio⟩: (veraltet) Auferlegung von Steuern u. ä. **im|po|si|to si|lẹn|tio** ⟨*(spät.)lat.*⟩: nach auferlegtem Stillschweigen, unter der Bedingung der Verschwiegenheit (Rechtsspr.)

im|pos|si|bel [auch 'ɪm...] ⟨aus gleichbed. *spätlat.* impossibilis zu ↑in... (2) u. *spätlat.* possibilis, vgl. ↑possibel⟩: (veraltet) unmöglich. **Im|pos|si|bi|li|tät** [auch 'ɪm...] *die;* -, -en ⟨aus gleichbed. *spätlat.* impossibilitas, Gen. impossibilitatis⟩: (veraltet) Unmöglichkeit

Im|post *der;* -[e]s ⟨aus *mlat.* impostus „Betrug", eigtl. Part. Perf. von *lat.* imponere „hintergehen, täuschen"⟩: (veraltet) Warensteuer. **Im|po|steur** [...'tø:ɐ̯] *der;* -s, -s ⟨aus gleichbed. *fr.* imposteur zu imposer, vgl. imponieren⟩: (veraltet) Betrüger, Schwindler, Hochstapler. **im|po|stie|ren** ⟨zu ↑Impost u. ↑...ieren⟩: (veraltet) [Waren] besteuern

im|po|tent [auch ...'tɛnt] ⟨aus *lat.* impotens, Gen. impotentis „nicht mächtig, schwach"⟩: 1. a) (vom Mann) unfähig zum Geschlechtsverkehr; b) zeugungsunfähig, Kinder zu bekommen, auf Grund der Unfruchtbarkeit des Mannes; Ggs. ↑potent (2). 2. nicht schöpferisch, leistungsschwach, unfähig, untüchtig. **Im|po|tenz** [auch ...'tɛnts] *die;* -, -en ⟨aus *lat.* impotentia „Ohnmacht, Schwäche"⟩: 1. a) Unfähigkeit (des Mannes) zum Geschlechtsverkehr; b) Zeugungsunfähigkeit, Unfruchtbarkeit (des Mannes). 2. Unvermögen, Schwäche

Im|pôt unique [ɛ̃'po y'nik] *der;* -[s] - ⟨aus *fr.* impôt unique „alleinige Steuer" zu *lat.* impositum (Neutrum zu impositus „das Darauflegen", dies Part. Perf. von *lat.* imponere, vgl. imponieren) u. unicus „der einzige, alleinige"⟩: Form einer Alleinsteuer, die nicht darauf abzielt, die Vielzahl der Steuern in einer einzigen zu bündeln bzw. durch eine solche abzulösen, sondern allein den Bodenertrag zu versteuern (Vorschlag von ↑Physiokraten im 18. Jh.)

im|prä|di|ka|tiv [auch 'ɪm...] ⟨zu ↑in... (1), ↑Prädikat (4) u. ↑...iv⟩: Definitionen bzw. Verfahren bezeichnend, bei denen ein Element durch eine Menge definiert wird, die ihrerseits die Existenz dieses Elements voraussetzt (vgl. Zirkeldefinition)

Im|prä|gna|ti|on *die;* -, -en ⟨aus *spätlat.* impraegnatio „Schwängerung" zu impraegnare, vgl. imprägnieren⟩: 1. feine Verteilung von Erdöl od. Erz auf Spalten od. in Poren eines Gesteins (Geol.). 2. das Eindringen der Samenfäden in das reife Ei, Befruchtung (Med.). 3. das Imprägnieren. 4. Behandlung ↑histologischer Präparate mit chem. Substanzen zur besseren Sichtbarmachung (Med.). 5. (in der Technik) svw. Imprägnierung; vgl. ...[at]ion/...ierung.

im|prä|gnie|ren ⟨aus *spätlat.* impraegnare „schwängern" zu ↑in... (1) u. *lat.* praegnans „schwanger, trächtig", vgl. prägnant⟩: 1. feste Stoffe mit Flüssigkeiten zum Schutz vor Wasser, Zerfall u. a. durchtränken. 2. einem Wein Kohlensäure zusetzen, um ihm ↑moussierende Eigenschaften zu verleihen. **im|prä|gniert** ⟨zu ↑...iert⟩: 1. zum Schutz vor Wasser, Zerfall u. a. mit Flüssigkeiten durchtränkt. 2. eingesprengt (von Gesteinsbestandteilen; Geol.).

Im|prä|gnie|rung *die;* -, -en ⟨zu ↑...ierung⟩: a) das Imprägnieren; vgl. ...[at]ion/...ierung; b) durch Imprägnieren erreichter Zustand

im|prak|ti|ka|bel [auch 'ɪm...] ⟨zu ↑in... (2) u. ↑praktikabel⟩: (selten) a) unausführbar, unanwendbar; b) unzweckmäßig. **Im|prak|ti|ka|bi|li|tät** [auch 'ɪm...] *die;* - ⟨zu ↑...ität⟩: (selten) a) Unausführbarkeit, Unanwendbarkeit; b) Unzweckmäßigkeit

im|pre|na|bel [ɛprə...] ⟨aus gleichbed. *fr.* imprenable zu in- „un-, nicht-" u. prendre „(ein)nehmen", dies aus gleichbed. *lat.* prehendere⟩: (veraltet) uneinnehmbar, unüberwindlich

Im|pre|sa, Impre|se *die;* -, ...sen ⟨aus *it.* impresa „Sinnbild" zu imprendere „lernen, begreifen, fassen, ergreifen", dies aus *lat.* imprehendere (zu ↑in... (1) u. prehendere „wahrnehmen")⟩: Sinn- od. Wahlspruch, dessen oft elliptisch verkürzte od. verschlüsselte Textfassung mit einem Bild kombiniert ist, das diese illustriert od. erst erschließt. **Im|pre|sa|ri|at** *das;* -s, -e ⟨zu ↑Impresario u. ↑...at (1)⟩: Geschäftsführung künstlerischer Unternehmungen u. einzelner Künstler. **Im|pre|sa|rio** *der;* -s Plur. -s u. ...ri, auch ...rien [...i̯ən] ⟨aus gleichbed. *it.* impresario zu impresa „Unternehmen"⟩: (veraltend) Theater-, Konzertagent, der für einen Künstler die Verträge abschließt u. die Geschäfte führt. **Im|pre|se** vgl. Impresa. **Im|pre|sen** Plur. von ↑Impresa

Im|pres|sen Plur. von Impressum. **Im|pres|si|on** *die;* -, -en ⟨unter Einfluß von *fr.* impression aus *lat.* impressio „Eindruck", dies zu imprimere, vgl. imprimieren⟩: 1. Sinneseindruck, Empfindung, Wahrnehmung, Gefühlseindruck; jeder unmittelbar empfangene Bewußtseinsinhalt (Hume). 2. a) Einbuchtung od. Vertiefung an Organen od. anderen Körperteilen (Anat.); b) durch Druck od. Stoß verursachte ↑pathologische Eindellung eines Körperteils (Med.). **im|pres|sio|na|bel** ⟨aus gleichbed. *fr.* impressionnable⟩: a) für Impressionen besonders empfänglich; b) reizbar, erregbar (Psychol.). **Im|pres|sio|nis|mus** *der;* - ⟨aus gleichbed. *fr.* impressionnisme zu *lat.* impressio, vgl. Impression; nach einem „Impression, soleil levant" genannten Bild Monets; vgl. ...ismus (1)⟩: 1. 1860–70 in der franz. Malerei entstandene Stilrichtung (Freilichtmalerei), die den zufälligen Ausschnitt aus der Wirklichkeit darstellt u. bei der Farbe u. Komposition vom subjektiven Reiz des optischen Eindrucks unter der Einwirkung des Lichts bestimmt ist. 2. Stilrichtung in der Literatur (etwa 1890 bis 1910), die (bes. in Lyrik, Prosaskizzen u. Einaktern) eine betont subjektive, möglichst differenzierte Wiedergabe persönlicher Umwelteindrücke mit Erfassung der Stimmungen, des Augenblickhaften u. Flüchtigen erstrebt. 3. Kompositionsstil in der Musik (1890–1920), bes. von Debussy u. Ravel, mit der Neigung zu Kleinformen, Tonmalerei, in der ↑Harmonik zur Reihung von Parallelakkorden, wobei ↑tonal freie, schwebende „Klangbilder" entstehen. **Im|pres|sio|nist** *der;* -en, -en ⟨aus gleichbed. *fr.* impressionniste⟩: Vertreter des Impressionismus. **Im|pres|sio|ni|stin** *die;* -, -nen: weibliche Form zu ↑Impressionist. **im|pres|sio|ni|stisch** ⟨zu ↑...istisch⟩: a) im Stil des Impressionismus gestaltet; b) den Impressionismus betreffend. **Im|pres|si|ons|frak|tur** *die;* -, -en ⟨zu ↑Impression⟩: durch übermäßige Beanspruchung der Biegsamkeit des Schädeldaches entstehender unvollständiger Bruch (Med.). **im|pres|siv** ⟨zu ↑...iv⟩: (veraltet) a) beeindruckend; b) svw. impressionabel (a). **Im|pres|so|ke|ra|mik** *die;* -, -en ⟨zu *it.* impresso „gedruckt, mit Abdrücken versehen"⟩: vorgeschichtliche Tonware (aus der Jungsteinzeit), deren Oberfläche durch Abdrücke von Muschelrändern belebt ist. **Im|pres|sor** *der;* -s, ...oren ⟨aus gleichbed. *mlat.* impressor⟩: Drucker der lat. Frühdrucke. **Im|pres|sum** *das;* -s, ...ssen ⟨aus *lat.* impressum „das Eingedrückte, Aufgedrückte", Part. Perf. von imprimere, vgl. imprimieren⟩: Angabe über Verleger, Drucker, Redakteure u. a. in Zeitungen, Zeitschriften, Büchern u. ä.

Im|pré|voy|ance [ɛ̃prevoa'jã:s] *die;* - ⟨aus gleichbed. *fr.* imprévoyance zu in- „un-, nicht-" u. prévoir „vorhersehen", dies aus *lat.* praevidere⟩: (veraltet) Unvorsichtigkeit

im|pri|ma|tur ⟨aus *lat.* imprimatur „es werde hineingedrückt", 3. Pers. Präs. Konj. Passiv von imprimere, vgl. imprimieren⟩: Vermerk des Autors od. Verlegers auf dem letzten Korrekturabzug, daß der Satz zum Druck freigegeben ist; Abk.: impr., imp. **Im|pri|ma|tur** *das;*-s, österr. auch **Im|pri|ma|tur** *die;* -: 1. Druckerlaubnis (allg.). 2. am Anfang od. Ende eines Werks vermerkte, nach kath. Kirchenrecht erforderliche bischöfliche Druckerlaubnis für Bibelausgaben u. religiöse Schriften; vgl. Approbatur. **Im|pri|mé** [ɛ̃pri'me:] *der;* -[s], -s ⟨aus *fr.* imprimé, Part. Perf. von imprimer „aufdrücken, drucken", dies aus *lat.* imprimere, vgl. imprimieren⟩: 1. bedrucktes Seidengewebe mit ausdrucksvollem Muster. 2. Drucksache (Postw.). **Im|pri|me|rie** [...mə...] *die;* -, ...ien ⟨aus gleichbed. *fr.* imprimerie⟩: (veraltet) [Buch]druckerei. **Im|pri|meur** [...'mø:ɐ̯] *der;* -s, -s ⟨aus gleichbed. *fr.* imprimeur⟩: (veraltet) Drucker, Buchdrucker. **im|pri|mie|ren** [ɪm...] ⟨aus *lat.* imprimere „hineindrücken, aufdrücken"⟩: das Imprimatur erteilen. **Im|pri|mure** [...'my:ɐ̯] *die;* -, -n ⟨aus gleichbed. *fr.* imprimure⟩: Anlage des Grundes für ein Gemälde

im|pro|ba|bel ⟨über gleichbed. *fr.* improbable aus *lat.* improbabilis „verwerflich"⟩: (veraltet) 1. unwahrscheinlich. 2. verwerflich, tadelnswert. **Im|pro|ba|bi|li|tät** *die;* - ⟨aus gleichbed. *fr.* improbabilité; vgl. ...ität⟩: (veraltet) Unwahrscheinlichkeit. **Im|pro|ba|ti|on** *die;* -, -en ⟨unter Einfluß von *fr.* improbation aus *lat.* improbatio zu improbare, vgl. improbieren⟩: (veraltet) Mißbilligung, Tadel. **im|pro|bie|ren** ⟨aus gleichbed. *lat.* improbare⟩: (veraltet) mißbilligen, tadeln. **Im|pro|bi|tät** *die;* -, -en ⟨unter Einfluß von *fr.* improbité aus gleichbed. *lat.* improbitas, Gen. improbitatis⟩: (veraltet) 1. (ohne Plur.) tadelnswerte Gesinnung. 2. Schlechtigkeit, Unredlichkeit

Im|promp|tu [ɛ̃prõ'ty:] *das;* -s, -s ⟨aus gleichbed. *fr.* impromptu, dies aus *lat.* in promptu „zur Verfügung"⟩: Klavierstück [der Romantik], meist in 2- od. 3teiliger Liedform in der Art einer Improvisation

Improperieren

Im|pro|pe|ri|en [...jən] *die* (Plur.) ⟨aus *kirchenlat.* improperia, eigtl. „Beschimpfungen, Vorwürfe"⟩: die Klagen des Gekreuzigten über das undankbare Volk Israel darstellende Gesänge der kath. Karfreitagsliturgie

im|pro|prie [...ie] ⟨*lat.*; Adverb von improprius „uneigentlich, unpassend"⟩: (veraltet) uneigentlich, bildlich. **Im|pro|prie|tät** [...ie...] *die;* -, -en ⟨unter Einfluß von *fr.* impropriété aus *lat.* improprietas, Gen. improprietatis „uneigentlicher Gebrauch"⟩: 1. (veraltet) vom Üblichen abweichender Gebrauch, Bildlichkeit des Ausdrucks. 2. von den sonst üblichen Bedingungen abweichende Beschaffenheit eines Lehens. **im|pro|pri|ie|ren** ⟨aus gleichbed. *mlat.* impropriare⟩: in ein Lehen unter abweichenden Bedingungen einsetzen, mit Kirchengütern belehnen

Im|pro|spe|ri|tät *die;* - ⟨aus gleichbed. *nlat.* improsperitas, Gen. improsperitatis, zu ↑in... (2) u. *lat.* prosperitas „Gedeihen, Glück"⟩: (veraltet) Unglück

Im|pro|vi|denz [...v...] *die;* - ⟨aus gleichbed. *lat.* improvidentia zu ↑in... (2) u. *lat.* providere „vorhersehen"; vgl. improvisieren⟩: (veraltet) Unvorsichtigkeit. **Im|pro|vi|sa|teur** [...'tøːɐ̯] *der;* -s, -e ⟨aus gleichbed. *fr.* improvisateur, dies aus *it.* improvvisatore, vgl. Improvisator⟩: jmd., der am Klavier [zur Unterhaltung] improvisiert. **Im|pro|vi|sa|ti|on** *die;* -, -en ⟨über gleichbed. *fr.* improvisation aus *it.* improvvisazione, dies zu improvvisare, vgl. improvisieren⟩: 1. das Improvisieren, Kunst des Improvisierens. 2. ohne Vorbereitung, aus dem Stegreif Dargebotenes; Stegreifschöpfung, [an ein Thema gebundene] musikalische Stegreiferfindung u. -darbietung. **Im|pro|vi|sa|ti|ons|ta|lent** *das;* -[e]s, -e: 1. Gabe, Talent, improvisieren zu können. 2. jmd., der Talent zum Improvisieren hat. **Im|pro|vi|sa|tor** *der;* -s, ...oren ⟨aus gleichbed. *it.* improvvisatore zu improvvisare, vgl. improvisieren⟩: jmd., der etwas aus dem Stegreif darbietet; Stegreifkünstler. **im|pro|vi|sa|to|risch**: in der Art eines Improvisators. **im|pro|vi|sie|ren** ⟨aus gleichbed. *it.* improvvisare zu improvviso „unvorhergesehen, unerwartet", dies aus gleichbed. *lat.* improvisus⟩: 1. etwas ohne Vorbereitung, aus dem Stegreif tun; mit einfachen Mitteln herstellen, verfertigen. 2. a) Improvisationen (2) spielen; b) während der Darstellung auf der Bühne seinem Rollentext frei Erfundenes hinzufügen. **im|pru|dent** ⟨aus gleichbed. *lat.* imprudens, Gen. imprudentis (Nebenform von providens) „vorsichtig, klug"⟩: (veraltet) unvorsichtig, unklug, unbesonnen. **Im|pru|denz** *die;* - ⟨aus gleichbed. *lat.* imprudentia⟩: (veraltet) Unvorsichtigkeit, Unklugheit

im|pu|dent ⟨aus gleichbed. *lat.* impudens, Gen. impudentis zu ↑in... (2) u. *lat.* pudens „schamhaft"⟩: (veraltet) schamlos, unverschämt. **Im|pu|denz** *die;* - ⟨aus gleichbed. *lat.* impudentia⟩: (veraltet) Schamlosigkeit, Unverschämtheit. **Im|pu|di|zi|tät** *die;* - ⟨zu ↑...izität⟩: (veraltet) Schamlosigkeit, Unsittlichkeit

Im|pu|gna|ti|on *die;* -, -en ⟨aus gleichbed. *lat.* impugnatio zu impugnare, vgl. impugnieren⟩: (veraltet) Anfechtung, Bestreitung. **im|pu|gnie|ren** ⟨aus gleichbed. *lat.* impugnare zu ↑in... (1) u. pugnare „streiten"⟩: (veraltet) angreifen, bekämpfen, anfechten

Im|puls *der;* -es, -e ⟨aus gleichbed. *lat.* impellere „anstoßen, stoßend in Bewegung setzen"⟩: 1. a) Anstoß, Anregung; b) Antrieb, innere Regung. 2. a) Strom- od. Spannungsstoß von relativ kurzer Dauer; b) Anstoß, Erregung, die von den Nerven auf entsprechende Zellen, Muskeln o. ä. übertragen wird (Med.). 3. a) Produkt aus Kraft u. Dauer eines Stoßes; b) Produkt aus Masse u. Geschwindigkeit eines Körpers (Phys.). **Im|puls|echo|me|tho|de** *die;* -: Verfahren der zerstörungsfreien Werkstoffprüfung zur Ermittlung von Rissen u. Werkstoffehlern mittels Ultraschallimpulsen. **Im|puls|fre|quenz|ver|fah|ren** *das;* -s: Verfahren zur Übertragung von Meßwerten u. ä., bei denen die zu übertragenden Größen in Form elektrischer Impulsfolgen mit unterschiedlicher Pulsfolgefrequenz kodiert werden. **Im|puls|ge|ne|ra|tor** *der;* -s, -en: Gerät zur Erzeugung elektrischer Impulse in gleichmäßiger Folge. **im|pul|sie|ren** ⟨zu *lat.* impulsus, Part. Perf. von impellere (vgl. Impuls), u. ↑...ieren⟩: (veraltet) antreiben, anregen, anreizen. **im|pul|siv** ⟨wohl unter Einfluß von gleichbed. *engl.* impulsive, *fr.* impulsif aus *mlat.* impulsivus, vgl. Impuls⟩: aus einem plötzlichen, augenblicklichen Impuls heraus handelnd, einer Eingebung sogleich folgend, spontan. **Im|pul|si|vi|tät** [...v...] *die;* - ⟨zu ↑...ität⟩: impulsives Wesen, Verhalten. **Im|puls|mo|du|la|ti|on** *die;* - ⟨zu ↑Impuls⟩: Modulationsverfahren, bei dem der Träger keine hochfrequente kontinuierliche Schwingung ist, sondern aus einer Folge von Impulsen (2 a) besteht (Nachrichtentechnik). **Im|puls|tech|nik** *die;* -: Teilgebiet der ↑Elektrotechnik, das sich mit der Erzeugung, Verbreitung u. Anwendung elektrischer Impulse befaßt

Im|pu|ni|tät *die;* - ⟨aus gleichbed. *lat.* impunitas, Gen. impunitatis zu ↑in... (1) u. ↑poena „Strafe"⟩: (veraltet) Straflosigkeit

im|pur ⟨aus gleichbed. *lat.* impurus zu ↑in... (2) u. purus „rein"⟩: (veraltet) unrein. **Im|pu|ris|mus** *der;* -, ...men ⟨zu ↑...ismus (4)⟩: (veraltet) Sprachunreinheit. **Im|pu|ri|tät** *die;* -, -en ⟨aus gleichbed. *lat.* impuritas, Gen. impuritatis⟩: (veraltet) Unreinheit

im|pu|ta|bel ⟨aus gleichbed. *fr.* imputable zu imputer „anrechnen", dies aus *lat.* imputare, vgl. imputieren⟩: (veraltet) zurechnungsfähig, verantwortlich. **Im|pu|ta|bi|li|tät** *die;* - ⟨aus gleichbed. *fr.* imputabilité; vgl. ...ität⟩: (veraltet) Zurechnungsfähigkeit. **Im|pu|ta|ti|on** *die;* -, -en ⟨aus *lat.* imputatio „An-, Berechnung" zu imputare, vgl. imputieren⟩: 1. von Luther bes. betonter Grundbegriff der christl. Rechtfertigungs- u. Gnadenlehre, nach der dem sündigen Menschen als Glaubendem die Gerechtigkeit Christi angerechnet u. zugesprochen wird. 2. (veraltet) [ungerechtfertigte] Beschuldigung. **im|pu|ta|tiv** ⟨aus gleichbed. *lat.* imputativus⟩: (veraltet) eine [ungerechtfertigte] Beschuldigung enthaltend; -e [...və] Rechtfertigung: svw. Imputation (1). **im|pu|tie|ren** ⟨aus *lat.* imputare „zuschreiben, anrechnen"⟩: (veraltet) [ungerechtfertigt] beschuldigen

in ⟨aus gleichbed. *engl.* in⟩; in der Verbindung in sein: (ugs.) 1. (bes. von Personen im Showgeschäft o. ä.) im Brennpunkt des Interesses stehen, gefragt sein; Ggs. ↑out (sein 1). 2. sehr in Mode sein, von vielen begehrt sein, betrieben werden; Ggs. ↑out (sein 2)

in..., In... ⟨aus gleichbed. *lat.* in- ⟩, vor l zu il..., vor m, b u. p zu im..., vor r zu ir... angeglichen: Präfix mit den Bedeutungen: 1. ein..., hinein..., z. B. induzieren, illuminieren, Implantation; irritieren. 2. nicht..., un..., z. B. inaktiv, illegal, immateriell; irrational

...in [...iːn] ⟨aus *lat.* -in(us)⟩: 1. Suffix sächlicher Substantive, meist aus der Chemie u. Biochemie, z. B. Benzin, Lysin, Nikotin, bzw. Suffix männlicher Substantive, die meist Minerale u. Gesteine bezeichnen, z. B. Aventurin, Serpentin. 2. Suffix von Adjektiven, z. B. alpin, monoklin

in ab|sen|tia ⟨*lat.*⟩: in Abwesenheit [des Angeklagten]

in ab|strac|to [...k...] ⟨*lat.*⟩: im allgemeinen, ohne Berücksichtigung der besonderen Lage [betrachtet]; Ggs. ↑in concreto; vgl. abstrakt

In|ab|un|danz [auch 'ɪn...] *die;* - ⟨zu ↑in... (2) u. ↑Abundanz⟩: (veraltet) Mangel

In|aci|di|tät [...ts..., auch 'ɪn...] *die;* - ⟨zu ↑in... (2) u. ↑Acidität⟩: svw. Anacidität

in|ad|äquat [auch ...'kvaːt] ⟨zu ↑in... (2) u. ↑adäquat⟩: unangemessen, nicht passend, nicht entsprechend; Ggs. ↑adäquat. **In|ad|äquat|heit** *die;* -, -en: a) (ohne Plur.) Unangemessenheit; Ggs. ↑Adäquatheit; b) etwas Unangemessenes; Beispiel, Fall von Unangemessenheit

In|ädi|fi|ka|ti|on *die;* -, -en ⟨aus gleichbed. *lat.* inaedificatio, vgl. inädifizieren⟩: (veraltet) Errichtung eines Gebäudes auf einem [fremden] Grundstück. **in|ädi|fi|zie|ren** ⟨zu ↑in... (1) u. *lat.* aedificare „bauen, erbauen"⟩: (veraltet) [auf fremdem Grundstück] bauen

in|ad|mis|si|bel [auch 'ɪn...] ⟨zu ↑in... (2), *lat.* admittere „zulassen" u. ↑...ibel⟩: (veraltet) unzulässig, unstatthaft. **In|ad|mis|si|bi|li|tät** [auch 'ɪn...] *die;* - ⟨zu ↑...ität⟩: (veraltet) Unzulässigkeit

in ae|ter|num [- ɛ...] ⟨*lat.*⟩: auf ewig

in|ag|glu|ti|na|bel ⟨zu ↑in... (2), ↑agglutinieren u. ↑...abel⟩: nicht agglutinierbar (bes. von Blutzellen; Med.)

in|ak|ku|rat [...'raːt] ⟨zu ↑in... (2) u. ↑akkurat⟩: ungenau, nicht sorgfältig

in|ak|tiv [auch ...'tiːf] ⟨zu ↑in... (2) u. ↑aktiv⟩: 1. untätig, sich passiv verhaltend; Ggs. ↑aktiv (1 a). 2. a) außer Dienst; sich im Ruhestand befindend, verabschiedet, ohne Amt; b) (Studentenspr.) zur Verbindung in freierem Verhältnis stehend; Ggs. ↑aktiv (6). 3. a) chemisch unwirksam (in bezug auf chem. Substanzen, ↑Toxine o. ä., deren normale Wirksamkeit durch bestimmte Faktoren wie z. B. starke Hitze ausgeschaltet wurde); Ggs. ↑aktiv (5); b) vorübergehend keine Krankheitssymptome zeigend (in bezug auf Krankheitsprozesse wie z. B. Lungentuberkulose). **In|ak|ti|ve** [...və] *der;* -n, -n: von den offiziellen Veranstaltungen weitgehend befreites Mitglied (älteren Semesters) einer studentischen Verbindung. **in|ak|ti|vie|ren** [...v...]: 1. in den Ruhestand versetzen, von seinen [Amts]pflichten entbinden. 2. einem Stoff, einem Mikroorganismus (z. B. einem Virus), einem Serum (z. B. dem Blutserum) o. ä. durch bestimmte chem. od. physik. Verfahren, z. B. starke Erhitzung, seine spezifische Wirksamkeit nehmen (Med.). **In|ak|ti|vi|tät** [auch ...'tɛːt] *die;* -: 1. Untätigkeit, passives Verhalten; Ggs. ↑Aktivität (1). 2. chem. Unwirksamkeit. 3. das Ruhen eines krankhaften ↑Prozesses (1; Med.).

in|ak|tu|ell [auch ...'tu̯ɛl] ⟨zu ↑in... (2) u. ↑aktuell⟩: nicht im augenblicklichen Interesse liegend, nicht zeitgemäß, nicht zeitnah; Ggs. ↑aktuell (1)

in|ak|zep|ta|bel [auch ...'taː...] ⟨zu ↑in... (2) u. ↑akzeptabel⟩: unannehmbar, nicht ↑akzeptabel. **In|ak|zep|ta|bi|li|tät** [auch ...'tɛːt] *die;* -: Unannehmbarkeit

in|ak|zes|si|bel [auch 'ɪn...] ⟨zu ↑in... (2) u. ↑akzessibel⟩: (veraltet) unzugänglich. **In|ak|zes|si|bi|li|tät** [auch 'ɪn...] *die;* - ⟨zu ↑...ität⟩: (veraltet) Unzugänglichkeit

in al|bis ⟨*lat.*; eigtl. „auf weißen (mit Gips übertünchten Tafeln)"⟩: (veraltet) in Rohbogen, nicht gebunden (in bezug auf Bücher); vgl. Dominica in albis

in|alie|na|bel [...e...] ⟨zu ↑in... (2) u. ↑alienabel⟩: unveräußerlich, nicht übertragbar (Rechtsw.). **In|alie|na|bi|li|tät** *die;* -, -en ⟨zu ↑...ität⟩: Unveräußerlichkeit, Unübertragbarkeit (Rechtsw.)

in|al|te|ra|bel [auch 'ɪn...] ⟨zu ↑in... (2) u. ↑alterabel⟩: (veraltet) unveränderlich, unwandelbar. **In|al|te|ra|bi|li|tät** [auch 'ɪn...] *die;* -: (veraltet) Unveränderlichkeit, Unwandelbarkeit

in|amis|si|bel [auch 'ɪn...] ⟨zu ↑in... (2) u. ↑amissibel⟩: (veraltet) unverlierbar

in|amo|vi|bel [...v...] ⟨zu ↑in... (2), *lat.* amovere „fortbewegen" u. ↑...ibel⟩: (veraltet) unabsetzbar, unversetzbar. **In|amo|vi|bi|li|tät** *die;* - ⟨zu ↑...ität⟩: (veraltet) Unversetzbarkeit (von Beamten)

in|an ⟨aus gleichbed. *lat.* inanis⟩: nichtig, leer, hohl, eitel (in der atomistischen Philos.). **In|ani|tät** *die;* - ⟨aus gleichbed. *lat.* inanitas, Gen. inanitatis⟩: Nichtigkeit, Leere, Eitelkeit. **In|ani|ti|on** *die;* - ⟨aus *spätlat.* inanitio „Entkräftung", eigtl. „Ausleerung"⟩: Abmagerung mit völliger Entkräftung u. Erschöpfung als Folge unzureichender Ernährung od. bei auszehrenden Krankheiten wie der Tuberkulose (Med.)

in|ap|pa|rent [auch ...'rɛnt] ⟨zu ↑in... (2) u. ↑apparent⟩: nicht sichtbar, nicht wahrnehmbar (von Krankheiten; Med.); Ggs. ↑apparent

in|ap|pel|la|bel [auch 'ɪn...] ⟨zu ↑in... (2) u. ↑appellabel⟩: (veraltet) keine Möglichkeit mehr bietend, ein Rechtsmittel einzulegen, durch Berufung nicht anfechtbar (von gerichtlichen Entscheidungen). **In|ap|pel|la|bi|li|tät** [auch 'ɪn...] *die;* - ⟨zu ↑...ität⟩: (veraltet) Unberufbarkeit (von gerichtlichen Entscheidungen)

In|ap|pe|tenz [auch ...'tɛnts] *die;* - ⟨zu ↑in... (2) u. ↑Appetenz⟩: krankhaft fehlendes Verlangen (z. B. nach Nahrung; Med.)

in|ap|pli|ka|bel [auch 'ɪn...] ⟨zu ↑in... (2) u. ↑applikabel⟩: (veraltet) unanwendbar. **In|ap|pli|ka|bi|li|tät** [auch 'ɪn...] *die;* -: (veraltet) Unanwendbarkeit. **In|ap|pli|ka|ti|on** [auch 'ɪn...] *die;* -, -en: (veraltet) Ungeschicklichkeit

in|äqual ⟨zu ↑in... (2) u. ↑äqual⟩: (veraltet) ungleich, verschieden; Ggs. ↑äqual

in|ar|ti|ku|liert [auch ...'liːɐ̯t] ⟨zu ↑in... u. ↑artikulieren; vgl. ...iert⟩: nicht artikuliert, ohne deutliche Gliederung gesprochen

in|äs|ti|ma|bel [auch 'ɪn...] ⟨aus gleichbed. *lat.* inaestimabilis⟩: (veraltet) unschätzbar

in|au|di|bel ⟨zu *lat.* inaudire „munkeln hören" u. ↑...ibel⟩: (veraltet) unhörbar. **in|au|dit** ⟨aus gleichbed. *lat.* inauditus⟩: (veraltet) unerhört, ungehört

In|au|gu|ral|dis|ser|ta|ti|on *die;* -, -en ⟨zu ↑inaugurieren, ↑'...al (1) u. ↑Dissertation⟩: wissenschaftl. Arbeit (↑Dissertation) zur Erlangung der Doktorwürde (im Untertitel der Arbeit erwähnte Bez.). **In|au|gu|ra|ti|on** *die;* -, -en ⟨aus *lat.* inauguratio „Anfang" zu inaugurare, vgl. inaugurieren⟩: feierliche Einsetzung in ein akademisches Amt od. eine akademische Würde. **in|au|gu|rie|ren** ⟨aus *lat.* inaugurare „den Vogelflug befragen; ins Amt einführen, einweihen"⟩: a) feierlich in ein akademisches Amt od. eine akadem. Würde einsetzen; b) einführen, einleiten, schaffen, ins Leben rufen; c) (österr. selten) einweihen

in|au|rie|ren ⟨aus gleichbed. *lat.* inaurare zu ↑in... (1) u. aurum „Gold"⟩: (veraltet) vergolden

In|azi|di|tät vgl. Inacidität

In|bet|ween [ɪnbɪ'twiːn] *der;* -s, -s ⟨aus *engl.* inbetween „Mittel-, Zwischending"⟩: halbdurchsichtiger, in seiner Dichte zwischen Gardinen- u. Vorhangstoff liegender Stoff zur Raumausstattung

in blan|ko ⟨zu *it.* in „nicht" u. ↑blanko⟩: unausgefüllt, leer (von Schecks o. ä.)

in bond ⟨*engl.;* „unter Zollverschluß"⟩: unverzollt, aber unter Zollaufsicht stehend (von gelagerten Waren; Wirtsch.)

In|bor|der *der;* -s, - ⟨zu *engl.* inboard „binnenbords, Innen(bord)-"⟩: Motorboot mit eingebautem Motor

In|born er|ror ['ɪnbɔːn 'ɛrə] *das;* - -, -s -s ⟨aus *engl.* inborn error „angeborener Irrtum"⟩: Bez. für die erblichen Stoffwechselanomalien (Med.)

in bre|vi [– 'bre:vi] ⟨*lat.*⟩: (veraltet) in kurzem

in|cal|zan|do, in|cal|zan|te [...kal...] ⟨*it.;* zu incalzare „drängen, drücken"⟩: drängend, allmählich schneller werden (Vortragsanweisung; Mus.)

in ca|sum (ne|ces|si|ta|tis) [– k... (netsɛ...)] ⟨*lat.*⟩: für den (Not)fall

In|cen|tive [ɪn'sɛntɪv] *das;* -s, -s ⟨aus *engl.* incentive „Ansporn, Ermutigung", dies zu *lat.* incentivus „anregend, reizend"⟩: a) svw. Inzentiv; b) (Plur.) durch wirtschaftspolitische (meist steuerliche) Maßnahmen ausgelöste Anreizeffekte zu erhöhter ↑ökonomischer (a) Leistungsbereitschaft. **In|cen|tive|rei|se** *die;* -, -n: Reise, die ein Unternehmen bestimmten Mitarbeitern als Prämie od. als Anreiz zur Leistungssteigerung stiftet

In|cep|ti|sol [...ts...] *der;* -s, -e ⟨zu *engl.* to incept „in sich aufnehmen" u. sole „Boden(fläche)" (aus *lat.* solum), Analogiebildung zu ↑Podsol⟩: Bodentyp der amerik. Bodensystematik mit humusreichem Oberboden od. Auflagehumus

Inch [ɪntʃ] *der;* -, -es ['ɪntʃɪs] (4 Inch[es]) ⟨aus gleichbed. *engl.* inch, dies über *altengl.* ynce aus *lat.* uncia „das Zwölftel, der zwölfte Teil eines Fußes, Zoll"⟩: angelsächsisches Längenmaß (= 2,54 cm); Abk.: in.; Zeichen "

in|choa|tiv [...k..., auch 'ɪn...] ⟨aus gleichbed. *lat.* inchoativus⟩: einen Beginn ausdrückend (in bezug auf Verben, z. B. aufstehen, erklingen; Sprachw.), -e [...və] **Ak|ti|ons|art**: ↑Aktionsart eines Verbs, die den Beginn eines Geschehens ausdrückt (z. B. erwachen). **In|choa|tiv** *das;* -s, -e [...və] ⟨zu ↑Inchoativum⟩: Verb mit ↑inchoativer Aktionsart (Sprachw.). **In|choa|ti|vum** [...v...] *das;* -, -va ⟨aus gleichbed. *lat.* (verbum) inchoativum⟩: svw. Inchoativ

in|chro|mie|ren [...k...] ⟨zu ↑in... (1), ↑Chrom u. ↑...ieren⟩: auf Metalle eine Oberflächenschutzschicht aus Chrom auf nichtgalvanischem Wege aufbringen

in|ci|den|tell [...ts...] vgl. inzidentell

in|ci|dit [...ts...] ⟨aus *lat.* incidit, 3. Pers. Sing. Perf. von incidere „einschneiden, eingraben"⟩: „(dies) hat geschnitten" (vor dem Namen des Stechers auf Kupferstichen); Abk.: inc.

in|ci|pit [...ts...] ⟨aus *lat.* incipit, 3. Pers. Sing. Präs. von incipere „beginnen"⟩: „(es) beginnt" (am Anfang von Handschriften u. Frühdrucken); Ggs. ↑explicit. **In|ci|pit** *das;* -s, -s: 1. Anfangsformel, Anfangsworte einer mittelalterlichen Handschrift od. eines Frühdruckes. 2. a) Bezeichnung eines Liedes, einer Arie mit den Anfangsworten ihres Textes; b) Anfangstakte eines Musikstücks in einem thematischen Verzeichnis

in|clu|si|ve [...klu'zi:və] vgl. inklusive

in con|cert [– 'kɔnsət] ⟨aus gleichbed. *engl.* „... in concert"⟩: (Werbespr.) a) in einem öffentlichen Konzert, in öffentlicher Veranstaltung (im Unterschied zu einer Tonträgeraufnahme), z. B. Udo Lindenberg i. c.; b) in einem Mitschnitt eines öffentlichen Konzerts (im Unterschied zu einer Studioaufnahme), z. B. (auf einer Platte) Fischer-Dieskau i. c.

in con|cre|to [– kɔn'kre:to] ⟨*lat.*⟩: auf den vorliegenden Fall bezogen; im Einzelfall; in Wirklichkeit; Ggs. ↑in abstracto; vgl. konkret

In|co|nel [...k...] *das;* -s ⟨Kunstw.⟩: Nickellegierung für Heizleiter bis 1200° C

In|con|tro [...k...] vgl. Inkontro

in con|tu|ma|ci|am [– kɔntu'ma:ts...] ⟨*lat.;* „wegen Unbotmäßigkeit"⟩: - - urteilen: in (wegen, trotz) Abwesenheit des Beklagten ein Urteil fällen; - - verurteilen: gegen jmdn. wegen Nichterscheinens vor Gericht (trotz ergangener Vorladung) ein Versäumnisurteil fällen; vgl. Kontumaz

in|cor|po|ra|ted [...'kɔ:pəreɪtɪd] ⟨*engl.-amerik.;* zu to incorporate „als Körperschaft (amtlich) eintragen", dies zu *spätlat.* incorporare „einverleiben, einfügen"⟩: engl.-amerik. Bez. für eingetragen (von Vereinen, Körperschaften, Aktiengesellschaften); Abk.: Inc.

in cor|po|re [– k...] ⟨*lat.;* eigtl. „im Körper"⟩: in Gesamtheit, alle gemeinsam (Rechtsw.)

In|croya|ble [ɛkrɔa'ja:bl] *der;* -[s], -s [...'ja:bl] ⟨aus *fr.* incroyable, eigtl. „Unglaubliches", zu in- „un-, nicht" u. *fr.* croire „glauben", dies zu *lat.* credere „glauben", eigtl. „anvertrauen"⟩: (scherzh.) a) großer, um 1800 in Frankreich getragener Zweispitz; b) stutzerhafter Träger eines großen Zweispitzes

In|cu|bus [...k...] vgl. Inkubus

In|cus ['ɪŋkʊs] *der;* -, Incudes [ɪŋ'kuːdɛs] ⟨aus *lat.* incus „Amboß"⟩: Amboß, mittleres Knöchelchen des Gehörorgans (Biol., Med.)

In|da|ga|ti|on *die;* -, -en ⟨aus gleichbed. *lat.* indagatio zu indagare „aufspüren, indagieren"⟩: (veraltet) Aufspürung, Untersuchung. **in|da|gie|ren** ⟨aus gleichbed. *lat.* indagare⟩: (veraltet) aufspüren

Ind|amin *das;* -s, -e ⟨Kurzw. aus ↑Indigo u. ↑Amin⟩: säureempfindlicher Teerfarbstoff mit grüner bis blauer Farbe (Chem.)

ind|an|thren ⟨zu ↑Indanthren⟩: (in bezug auf gefärbte Textilien) licht- u. farbecht. **Ind|an|thren** Ⓦ *das;* -s, -e ⟨Kurzw. aus ↑Ind*igo* u. ↑*Anthr*azen⟩: Sammelname für eine Gruppe der beständigsten, völlig licht- u. waschechten synthet. ↑[Küpen]farbstoffe (Chem.). **Ind|azin** Ⓦ *das;* -s ⟨Kurzw. aus ↑Ind*igo* u. ↑*Az*in⟩: ein Farbstoff

in|de|bi|te [...te] ⟨*lat.;* „nicht aus Schuldigkeit"⟩: irrtümlich u. ohne rechtlichen Grund geleistet (von Zahlungen). **In|de|bi|tum** *das;* -s, ...ta ⟨aus *lat.* indebitum „Schuldlosigkeit"⟩: (veraltet) Zahlung, die irrtümlich u. ohne rechtlichen Grund geleistet wurde

in|de|ci|so [...'tʃi:...] ⟨*it.;* aus gleichbed. *spätlat.* indecisus⟩: unbestimmt (Vortragsanweisung; Mus.)

in|de|fa|ti|ga|bel ⟨zu ↑in... (2), *mlat.* defatigare „abbringen" (*lat.* defatigare „ermüden") u. ↑...abel⟩: (veraltet) unermüdlich

in|de|fi|ni|bel ⟨aus *lat.* indefinibilis „unausgeführt" zu ↑in... (2) u. definire „begrenzen, bestimmen"⟩: nicht definierbar, nicht begrifflich abgrenzbar; unerklärbar. **In|de|fi|ni|bi|li|tät** *die;* -, -en ⟨zu ↑...ität⟩: Unbestimmbarkeit, Unerklärlichkeit. **in|de|fi|nit** [auch 'ɪn...] ⟨aus gleichbed. *lat.* indefinitus⟩: unbestimmt; -es Pronomen: svw. Indefinitpronomen. **In|de|fi|nit|heit** *die;* -: Unentscheidbarkeit (Math.). **In|de|fi|nit|pro|no|men** *das;* -s, Plur. - u. ...mina: unbestimmtes Fürwort, z. B. jemand, kein. **In|de|fi|ni|tum** *das;* -s, ...ta ⟨aus gleichbed. *lat.* (pronomen) indefinitum⟩: (selten) svw. Indefinitpronomen

in|de|kli|na|bel [auch ...'na:...] ⟨aus gleichbed. *lat.* indeclinabilis, eigtl. „unbeugsam, unveränderlich"⟩: nicht beugbar (z. B. rosa: ein rosa Kleid; Sprachw.). **In|de|kli|na|bi|le** *das;* -, ...bilia ⟨aus gleichbed. *lat.* (nomen) indeclinabile⟩: indeklinables Wort. **In|de|kli|na|bi|li|tät** [auch 'ɪn...] *die;* - ⟨zu ↑...ität⟩: Unveränderbarkeit, Unbeugbarkeit (von Wörtern)

in|de|li|kat [auch ...'ka:t] ⟨zu ↑in... (2) u. ↑delikat⟩: unzart; unfein; Ggs. ↑delikat (1, 2). **In|de|li|ka|tes|se** [auch 'ɪn...]

Indexziffer

die; -, -n ⟨aus gleichbed. *fr.* indélicatesse⟩: (veraltet) Mangel an Zartgefühl, Taktlosigkeit
In|dem|ni|sa|ti|on *die;* -, -en ⟨zu *lat.* indemnis „schadlos" u. ↑...ation⟩: (veraltet) Entschädigung, Vergütung (Rechtsw.). **in|dem|ni|sie|ren** ⟨zu ↑...ieren⟩: (veraltet) entschädigen, vergüten; Indemnität erteilen (Rechtsw.). **In|dem|ni|tät** *die;* - ⟨unter Einfluß von *engl.* indemnity bzw. *fr.* indemnité aus *spätlat.* indemnitas, Gen. indemnitatis „Schadloshaltung"⟩: 1. nachträgliche Billigung eines Regierungsaktes, den das Parlament zuvor [als verfassungswidrig] abgelehnt hatte. 2. Straflosigkeit der Abgeordneten für alle im Parlament getätigten Äußerungen mit Ausnahme verleumderischer Beleidigungen (besteht im Gegensatz zur ↑Immunität nach Beendigung des Mandates fort)
in|de|mon|stra|bel [auch ...'stra:...] ⟨vermutlich über gleichbed. *engl.* indemonstrable aus *lat.* indemonstrabilis „unerweislich"⟩: nicht demonstrierbar, nicht beweisbar; in der Anschauung nicht darstellbar (Philos.)
In|den *das;* -s, -e ⟨Kunstw.⟩: ↑bizyklischer aromatischer Kohlenwasserstoff (Chem.)
In|dent|ge|schäft *das;* -[e]s, -e ⟨zu *engl.* to indent „(Waren aus dem Ausland) bestellen"⟩: Warengeschäft im Überseeverkehr, bei dem der Warenlieferer den Vertrag erst dann als gültig anzusehen hat, wenn ihm der Einkauf zu angemessenen Bedingungen möglich ist
in|den|tie|ren ⟨aus gleichbed. *lat.* indentare zu ↑in... (1), dens, Gen. dentis „Zahn", u. ↑...ieren⟩: (veraltet) einkerben, einzahnen
In|den|tured Ser|vant [ɪn'dɛntʃəd 'sə:vənt] *der;* - -, - -s ⟨aus *engl.* indentured servant „vertraglich verpflichteter Diener"⟩: im 17. u. 18. Jh. in die britischen Kolonien verpflichtete Arbeitskraft
In|de|pen|dence Day [ɪndɪ'pɛndəns 'deɪ] *der;* - - ⟨aus gleichbed. *engl.-amerik.* Independence Day⟩: Unabhängigkeitstag der USA (4. Juli). **in|de|pen|dent** [ɪnde...] ⟨wohl unter *fr.* Einfluß aus gleichbed. *nlat.* independens, Gen. independentis, dies zu ↑in... (2) u. *lat.* dependens, Part. Präs. zu dependere „abhängen"⟩: (veraltet) unabhängig, selbständig. **In|de|pen|den|ten** *die* (Plur.) ⟨aus *engl.* independent, eigtl. „Unabhängiger"⟩: a) engl. puritan. Richtung des 17. Jh.s, die die Unabhängigkeit der Einzelgemeinde vertrat; b) svw. Kongregationalisten. **In|de|pen|den|tis|mus** *der;* - ⟨zu ↑...ismus (1)⟩: (veraltet) Unabhängigkeitssinn. **In|de|pen|dent La|bour Par|ty** [ɪndɪ'pɛndənt 'leɪbə 'pɑ:tɪ] *die;* - - - ⟨aus gleichbed. *engl.* Independent Labour Party⟩: a) Name der ↑Labour Party bis 1906; b) 1914 von der Labour Party abgespaltene Partei mit pazifistischer Einstellung. **In|de|pen|denz** [ɪnde...] *die;* - ⟨vermutlich nach gleichbed. *engl.* independence; vgl. ...enz⟩: (veraltet) Unabhängigkeit

in de|po|si|to ⟨*lat.*⟩: in Verwahrung
In|der *der;* -s, - ⟨nach seinem Erfinder H. A. Loveday Inder, 1815-1848⟩: Schnittpunktkombination im Kunstschach mit ↑kritischem Zug; vgl. Anderssen
in|de|ter|mi|na|bel [auch 'ɪn...] ⟨aus gleichbed. *spätlat.* indeterminabilis⟩: unbestimmt, unbestimmbar (Philos.). **In|de|ter|mi|na|bi|li|tät** *die;* - ⟨aus gleichbed. *spätlat.* indeterminabilitas⟩: Unbestimmbarkeit. **In|de|ter|mi|na|ti|on** [auch 'ɪn...] *die;* - ⟨aus gleichbed. *spätlat.* indeterminatio⟩: 1. Unbestimmtheit (Philos.). 2. (veraltet) Unentschlossenheit. **in|de|ter|mi|na|tiv** [auch 'ɪn...] ⟨zu ↑...iv⟩: nicht bestimmend. **in|de|ter|mi|niert** [auch 'ɪn...] ⟨zu ↑...iert⟩: unbestimmt, nicht festgelegt (abgegrenzt), frei (Philos.). **In|de|ter|mi|nis|mus** *der;* - ⟨zu ↑...ismus (1)⟩: Lehre von der Nichtbestimmbarkeit der Ursache bei physischen Vorgängen od. der Motive bei Handlungen (= Lehre von der Willensfreiheit; Philos.); Ggs. ↑Determinismus (2)
in|de|vot [...v..., auch 'ɪn...] ⟨aus gleichbed. *spätlat.* indevotus⟩: (veraltet) respektlos. **In|de|vo|ti|on** [auch 'ɪn...] *die;* - ⟨aus gleichbed. *spätlat.* indevotio⟩: (veraltet) Respektlosigkeit, Unehrerbietigkeit

In|dex *der;* Gen. - u. -es, Plur. -e u. ...dizes [...tse:s] ⟨aus *lat.* index „Anzeiger; Register, Verzeichnis" zu indicere „ansagen, ankündigen"⟩: 1. alphabet. [Stichwort]verzeichnis (von Namen, Sachen, Orten u. a.); auf dem - stehen: verboten sein (von Büchern). 2. (Plur. Indexe) Liste von Büchern, die nach päpstlichem Entscheid von den Gläubigen nicht gelesen werden durften (auch - librorum prohibitorum; 1966 aufgehoben). 3. (Plur. Indizes) statistischer Meßwert, durch den eine Veränderung bestimmter wirtschaftlicher Tatbestände (z. B. Preisentwicklung in einem bestimmten Bereich) ausgedrückt wird (Wirtsch.). 4. (Plur. Indizes) a) Buchstabe od. Zahl, die zur Kennzeichnung od. Unterscheidung gleichartiger Größen an diese (meist tiefer stehend) angehängt wird (z. B. a_1, a_2, a_3 od. allgemein a_i, a_n, a_1; Math.); b) hochgestellte Zahl, die ↑Homographen o. ä. zum Zwecke der Unterscheidung vorangestellt wird (Lexikographie). 5. Zeigefinger (Med.). 6. Verhältnis der Schädelbreite zur Schädellänge in Prozenten (Meßwert der ↑Anthropologie). 7. Meßzahl für den Wirkungsgrad eines Stoffes (z. B. eines Chemotherapeutikums; Pharm.). 8. Tabelle von Begriffen u. ²Adressen (2) in indexsequentiellen (vgl. sequentiell) Dateien (EDV). **In|dex|el|lip|so|id** [...oɪt] *das;* -[e]s, -e: ↑Ellipsoid in der Kristalloptik, dessen Hauptachsenlängen den Hauptbrechungsindizes des betrachteten Kristalls proportional sind. **In|dex|fa|mi|lie** [...jə] *die;* -, -n: Modellfamilienhaushalt, nach dessen Monatsverbrauch die für die Berechnung des Preisindex für die Lebenshaltung zugrundegelegten Güter u. Dienste an Hand eines sogenannten Warenkorbes ausgewählt sind. **in|de|xie|ren** ⟨zu ↑...ieren; Bed. a unter Einfluß von gleichbed. *engl.* to index⟩: a) Speicheradressen ermitteln, indem man den Wert im Adreßfeld einer Instruktion zum Inhalt eines ↑Indexregisters hinzuzählt (EDV); vgl. ²Adresse (2); b) einen Index, eine Liste von Gegenständen od. Namen anlegen; vgl. indizieren. **In|de|xie|rung** *die;* -, -en ⟨zu ↑...ierung⟩: 1. das Indexieren (a, b). 2. Dynamisierung (vgl. dynamisieren b) eines Betrages durch Knüpfung an eine Indexklausel. **In|dex|klau|sel** *die;* -, -n ⟨zu ↑Index⟩: Wertsicherungsklausel, nach der die Höhe eines geschuldeten Betrages vom Preisindex der Lebenshaltung abhängig gemacht wird (z. B. beim Indexlohn). **In|dex|lohn** *der;* -[e]s, ...löhne: Entgeltregelung, bei der versucht wird, den Reallohn, der der Kaufkraft des Lohnes entspricht, stabil zu halten. **In|dex|mi|ne|ral** *das;* -s, Plur. -e u. ...lien [...jən]: Mineral, das sich bei der Gesteinsmetamorphose nur unter bestimmten Druck-Temperatur-Bedingungen bildet u. aus dessen Vorkommen deshalb auf den Metamorphosegrad des Gesteins geschlossen werden kann (Geol.). **In|dex|re|gi|ster** *das;* -s, -: Anlageteil in elektronischen Rechenanlagen, in dem unabhängig vom Rechenwerk mit Zahlen gerechnet werden kann; die in Position eines Adressenteils stehen (EDV); vgl. ²Adresse (2). **In|dex|ren|te** *die;* -, -n: svw. dynamische Rente. **In|dex|wäh|rung** *die;* -, -en: Währung, bei der die Kaufkraft des Geldes durch Regulierung der umlaufenden Geld- u. Kreditmenge stabil gehalten wird u. bestimmte Indexziffern (meist Preisindizes) als Orientierungsmittel dienen. **In|dex|zif|fer** *die;* -, -n: 1. Ziffer, die die Veränderung von Zahlen-

werten zum Ausdruck bringt (z. B. Preisindex; vgl. Index 3). 2. svw. Index (4)
in|de|zent [auch ...'tsɛnt] ⟨aus gleichbed. *fr.* indécent zu *lat.* indecens, Gen. indecentis, Part. Präs. von indecere „übel anstehen"⟩: unschicklich, unanständig; nicht feinfühlig; Ggs. ↑dezent. **In|de|zenz** [auch ...'tsɛnts] *die;* -, -en ⟨über *fr.* indécence aus gleichbed. *spätlat.* indecentia⟩: (veraltet) Unschicklichkeit; Mangel an Takt, Feinfühligkeit; Ggs. ↑Dezenz (1)
in|de|zis ⟨zu ↑in... (2) u. *lat.* decisus „entschlossen"⟩: (veraltet) unentschieden, unschlüssig. **In|de|zi|si|on** *die;* - ⟨zu ↑'...ion⟩: (veraltet) Unentschiedenheit, Unschlüssigkeit. **in|de|zi|siv** ⟨zu ↑...iv⟩: (veraltet) nicht entscheidend
¹In|dia|ca Ⓦ [...ka] *das;* - ⟨Kunstw.⟩: von den südamerik. Indianern stammendes, dem ↑Volleyball (1) verwandtes Mannschaftsspiel, bei dem an Stelle des Balles eine ²Indiaca verwendet wird. **²In|dia|ca** *die;* -, -s ⟨zu ↑¹Indiaca⟩: für das ¹Indiaca verwendeter, mit Federn versehener Lederball mit elastischer Füllung. **In|di|an** *der;* -s, -e ⟨aus gleichbed. *engl.* Indian cock, eigtl. „indianischer Hahn"⟩: (bes. österr.) Truthahn. **In|dia|na|po|lis-Start** *der;* -[e]s, Plur. -s, selten -e ⟨nach der Hauptstadt des US-Bundesstaates Indiana, Indianapolis, einer Stadt mit bekanntem Autorennen⟩: Form des Starts bei Autorennen, bei der die Fahrzeuge nach einer Einlaufrunde im fliegenden ↑Start über die Startlinie fahren. **In|dia|ner|fal|te** *die;* -, -n ⟨nach den Indianern⟩: svw. Mongolenfalte. **In|dia|ner|krap|fen** *der;* -s, - ⟨wohl wegen des rötlichbraunen Überzuges⟩: (österr.) Mohrenkopf (ein Gebäck). **In|dia|ner|re|ser|vat** [...v...] *das;* -[e]s, -e: den Indianern vorbehaltenes, von ihnen selbst verwaltetes Siedlungsgebiet. **In|dia|ner|re|ser|va|ti|on** *die;* -, -en: svw. Indianerreservat. **in|dia|nisch**: a) die Indianer betreffend; b) zu den Indianern gehörend. **In|dia|nist** *der;* -en, -en ⟨zu ↑...ist⟩: 1. (veraltet) svw. Indologe. 2. Wissenschaftler auf dem Gebiet der Indianistik. **In|dia|ni|stik** *die;* - ⟨zu ↑...istik⟩: Wissenschaft, die sich mit der Erforschung der indianischen Sprachen u. Kulturen beschäftigt. **In|dia|rub|ber** ['ɪndjərʌbə] *das;* -s, - ⟨aus gleichbed. *engl.* India rubber⟩: (veraltet) a) Kautschuk; b) Radiergummi
In|di|can [...k...] vgl. Indikan
In|di|ca|tor [...k...] *der;* -s ⟨nach *spätlat.* indicator „Anzeiger" (vgl. Indikator) zu indicare „anzeigen, verraten"⟩: Gattung der Honiganzeiger (spechtartige Vögel des afrik. Urwaldes)
in|dic|ta cau|sa [...'dɪk... k...] ⟨*lat.*; eigtl. „unverhörter Sache"⟩: ohne gerichtliche Verhandlung
In|di|de *der* u. *die;* -n, -n ⟨nach dem Volk der Inder u. ↑...ide⟩: Unterrasse der ↑Europiden mit zahlreichen Untertypen. **In|dienne** [ɛd'jɛn] *die;* - ⟨aus *fr.* (toile) indienne „indische (Leinwand)"⟩: mit Seide durchschossenes Baumwollgewebe
in|dif|fe|rent [auch ...'rɛnt] ⟨aus gleichbed. *fr.* indifférent bzw. *lat.* indifferens, Gen. indifferentis, eigtl. „keinen Unterschied habend", zu ↑in... (2) u. *lat.* differre „sich unterscheiden"⟩: unbestimmt; gleichgültig, teilnahmslos, unentschieden; -es Gleichgewicht: Gleichgewicht, bei dem eine Verschiebung die Energieverhältnisse nicht ändert (Mech.); -e Stoffe: feste, flüssige od. gasförmige Substanzen, die entweder gar nicht od. unter extremen Bedingungen nur sehr geringfügig mit Chemikalien reagieren. **In|dif|fe|ren|tis|mus** *der;* - ⟨zu ↑...ismus (5)⟩: Gleichgültigkeit gegenüber bestimmten Dingen, Meinungen, Lehren; Uninteressiertheit, Verzicht auf eigene Stellungnahme. **In|dif|fe|renz** [auch ...'rɛnts] *die;* -, -en ⟨über *fr.* indifférence aus *lat.* indifferentia „Gleichheit"⟩: 1. (ohne Plur.) Gleich-

gültigkeit, Uninteressiertheit. 2. (von chem. Stoffen [in Arzneimitteln]) Neutralität
in|di|gen ⟨aus gleichbed. *lat.* indigena⟩: (veraltet) eingeboren, einheimisch (Rechtsw.). **In|di|ge|nat** *das;* -[e]s, -e ⟨zu ↑...at (1)⟩: (veraltet) a) Heimat-, Bürgerrecht; b) Staatsangehörigkeit. **In|di|ge|ne** *die* (Plur.) ⟨aus *nlat.* indigena (Plur.) „einheimische (Tiere)"⟩: bodenständige Tiere, die in einem bestimmten Lebensraum zu Hause sind (Zool.). **In|di|ge|nis|mus** *der;* - ⟨zu ↑...ismus (2)⟩: literarisch-künstlerische, seltener politische Strömung in Lateinamerika zugunsten der Erhaltung u. Förderung indianischer Tradition
in|di|gent ⟨aus gleichbed. *lat.* indigens, Gen. indigentis, Part. Präs. von indigere „Mangel haben"⟩: (veraltet) bedürftig, arm. **In|di|genz** *die;* - ⟨aus gleichbed. *lat.* indigentia⟩: (veraltet) Bedürftigkeit
in|di|gest [auch 'ɪn...] ⟨aus gleichbed. *lat.* indigestus⟩: unverdaut. **In|di|ge|sti|bel** [auch 'ɪn...] ⟨aus gleichbed. *lat.* indigestibilis⟩: unverdaulich. **In|di|ge|sti|bi|li|tät** [auch 'ɪn...] *die;* - ⟨zu ↑...ität⟩: Unverdaulichkeit. **In|di|ge|sti|on** [auch 'ɪn...] *die;* -, -en ⟨aus gleichbed. *spätlat.* indigestio, eigtl. „Mangel an Verdauung", vgl. indigest⟩: Verdauungsstörung (Med.)
In|di|gi|ta|ti|on *die;* - ⟨aus gleichbed. *nlat.* indigitatio zu indigitare, vgl. indigitieren⟩: (veraltet) Fingerzeig, Andeutung. **in|di|gi|tie|ren** ⟨aus gleichbed. *nlat.* indigitare zu ↑in... (1) u. *lat.* digitus „Finger"⟩: (veraltet) auf etw. hinweisen; nachweisen
In|di|gna|ti|on *die;* - ⟨aus gleichbed. *lat.* indignatio zu indignari, vgl. indignieren⟩: Unwille, Entrüstung. **in|di|gnie|ren** ⟨aus *lat.* indignari „etw. für unwürdig halten, entrüstet sein od. werden"⟩: Unwillen, Entrüstung hervorrufen. **in|di|gniert** ⟨zu ↑...iert⟩: a) von etw. unangenehm, peinlich berührt; b) über etw. erzürnt, unwillig, entrüstet. **In|di|gni|tät** *die;* - ⟨aus *lat.* indignitas, Gen. indignitatis „unwürdiges Verhalten, Niederträchtigkeit"⟩: 1. (veraltet) Unwürdigkeit. 2. Erbunwürdigkeit (Rechtsw.)
In|di|go *der* od. *das;* -s, Plur. (Indigoarten) -s ⟨vermutlich über *oberit.* indigo aus *lat.* Indicum, dies aus gleichbed. *gr.* Indikón, eigtl. „das Indische", nach dem Namen seiner ostind. Heimat⟩: ältester u. wichtigster organischer, heute synthetisch hergestellter blauer ↑[Küpen]farbstoff (Chem.). **In|di|go|blau** *das;* -s, Plur. -, ugs. -s: svw. Indigo. **in|di|go|id** ⟨zu ↑...oid⟩: indigoähnlich. **In|di|go|lith** [auch ...'lɪt] *der;* Gen. -s u. -en, Plur. -e[n] ⟨zu ↑...lith⟩: sehr seltener, blauer ↑Turmalin. **In|di|go|tin** *das;* -s ⟨zu ↑...in (1)⟩: svw. Indigo. **In|di|dik** *der;* -s ⟨aus *lat.* Indicus, dies aus gleichbed. *gr.* Indikós⟩: Indischer Ozean. **In|di|kan**, Indican [...k...] *das;* -s ⟨Kurzw. aus ↑Indigo, ↑Kalium u. ↑...an⟩: Bez. für zwei Verbindungen des ↑Indoxyls, ein Kaliumsalz (im Indigostrauch enthalten bzw. ein Abbauprodukt der Leber; Biochem.). **In|di|kan|urie** [...k..., ...in] ⟨zu ↑...urie⟩: vermehrte Ausscheidung von Indikan im Harn (z. B. bei Verstopfung u. Fäulnisprozessen im Darm; Med.)
In|di|ka|ti|on *die;* -, -en ⟨aus *lat.* indicatio „Anzeige (des Preises)" zu indicare, vgl. indizieren⟩: 1. (aus der ärztlichen Diagnose sich ergebende) Veranlassung, ein bestimmtes Heilverfahren anzuwenden, ein Medikament zu verabreichen (Med.); Ggs. ↑Kontraindikation; vgl. indizieren (2) u. ...[at]ion/...ierung. 2. das Angezeigtsein eines Schwangerschaftsabbruchs: a) ethische - (bei Vergewaltigung); b) eugenische - (wegen möglicher Schäden des Kindes); c) medizinische - (bei Gefahr für das Leben der Mutter); d) soziale - (bei einer Notlage). **In|di|ka|ti|ons-mo-**

dell *das;* -s, -e: Modell zur Freigabe des Schwangerschaftsabbruchs unter bestimmten medizinischen, ethischen od. sozialen Voraussetzungen. **¹In|di|ka|tiv** *der;* -s, -e [...və] ⟨aus gleichbed. *lat.* (modus) indicativus, eigtl. „zur Aussage, zur Anzeige geeignet(er Modus)"⟩: Wirklichkeitsform des Verbs (z. B. *fährt*); Abk.: Ind.; Ggs. ↑ Konjunktiv. **²In|di|ka|tiv** *das;* -s, -s ⟨nach gleichbed. *fr.* indicatif zu ↑ ¹Indikativ⟩: Erkennungsmelodie; bestimmtes Musikstück, das immer wiederkehrende Radio- u. Fernsehsendungen einleitet. **in|di|ka|ti|visch** [...v..., auch ...'ti:...] ⟨zu ↑ ¹Indikativ⟩: den Indikativ betreffend, im Indikativ [stehend]. **In|di|ka|tor** *der;* -s, ...oren ⟨aus *spätlat.* indicator, vgl. Indicator⟩: 1. Umstand od. Merkmal, das als [beweiskräftiges] Anzeichen od. als Hinweis auf etwas anderes dient. 2. (veraltet) Liste der ausleihbaren Bücher einer Bibliothek. 3. Gerät zum Aufzeichnen des theoretischen Arbeitsverbrauches u. der ↑ indizierten Leistung einer Maschine (z. B. Druckverlauf im Zylinder von Kolbenmaschinen). 4. Stoff (z. B. Lackmus), der durch Farbwechsel eine bestimmte chem. Reaktion anzeigt. **In|di|ka|tor|dia|gramm** *das;* -s, -e: durch einen Indikator (3) aufgezeichnete Leistungskurve (einer Maschine; Techn.). **In|di|ka|tor|farb|stoff** *der;* -[e]s, -e: Stoff, der die Zustandsänderung in chem. Systemen durch Farbwechsel anzeigt. **In|di|ka|tor|me|tho|de** *die;* -, -n: svw. Tracermethode. **In|di|ka|tor|or|ga|nis|men** *die* (Plur.): Bez. für Organismen, deren Vorkommen od. Fehlen auf bestimmte Verhältnisse im Biotop hinweist (Biol.). **In|di|ka|tor|pa|pier** *das;* -s, -e: mit einem od. mehreren Indikatoren getränkter poröser Papierstreifen, der beim Eintauchen in eine chem. Reaktionslösung durch Farbänderung angibt, ob die Lösung sauer od. basisch ist. **In|di|ka|tor|sub|stanz** *die;* -, -en: svw. Tracer. **In|di|ka|trix** *die;* - ⟨aus gleichbed. *nlat.* indicatrix, Fem. von ↑ Indikator⟩: mathematisches Hilfsmittel zur Feststellung der Krümmung einer Fläche in einem ihrer Punkte. **In|dik|ti|on** *die;* -, -en ⟨aus gleichbed. *mlat.* indictio zu *spätlat.* indictio „Ansage, Ankündigung", dies zu indicere „ansagen, ankündigen"⟩: mittelalterliche Jahreszählung (Römerzinszahl) mit 15jähriger ↑ Periode (1), von 312 n. Chr. an gerechnet (nach dem alle 15 Jahre aufgestellten röm. Steuerplan)

in|di|li|gent [auch 'ın...] ⟨aus gleichbed. *lat.* indiligens, Gen. indiligentis zu ↑ in... (2) u. diligens „sorgfältig, genau"⟩: (veraltet) nachlässig. **In|di|li|genz** [auch 'ın...] *die;* - ⟨aus gleichbed. *lat.* indiligentia⟩: (veraltet) Nachlässigkeit, Mangel an Sorgfalt

In|dio *der;* -s, -s ⟨aus gleichbed. *span.* indio, eigtl. „Inder"⟩: süd- od. mittelamerik. Indianer

In|di|rect rule [ındı'rɛkt 'ru:l] *die;* - - ⟨aus *engl.* indirect rule „indirekte Herrschaft"⟩: von der brit. Kolonialmacht vor allem in Afrika u. Asien angewandtes Herrschaftsprinzip, das die einheimischen Herrschaftsverhältnisse bestehen ließ, soweit sie sich der brit. Kontrolle unterwarfen. **in|di|rekt** [auch ...'rɛkt] ⟨aus gleichbed. *mlat.* indirectus⟩: 1. nicht durch eine unmittelbare Äußerung, Einflußnahme o. ä.; nicht persönlich; über einen Umweg; Ggs. ↑ direkt; - e Rede: abhängige Rede (z. B.: Er sagte, *er sei nach Hause gegangen*); Ggs. ↑ direkte Rede; -e Steuern: Steuern, die durch den gesetzlich bestimmten Steuerzahler auf andere Personen (meist Verbraucher) abgewälzt werden können; -e Wahl: Wahl [der Abgeordneten, des Präsidenten] durch Wahlmänner u. nicht [direkt] durch die Urwähler (z. B. in den USA). 2. (in bezug auf räumliche Beziehungen) nicht unmittelbar, nicht auf einem direkten Weg; -e Beleuchtung: Beleuchtung, bei der die Lichtquelle unsichtbar ist

in|dis|kret [auch ...'kre:t] ⟨zu ↑ in... (2) u. ↑ diskret⟩: ohne den gebotenen Takt od. die gebotene Zurückhaltung in bezug auf die Privatsphäre eines anderen; Ggs. ↑ diskret. **In|dis|kret|heit** [auch ...'kre:t...] *die;* -, -en: 1. (ohne Plur.) das Indiskretsein; indiskretes Verhalten. 2. indiskrete Handlung. **In|dis|kre|ti|on** [auch 'ın...] *die;* -, -en ⟨zu ↑ '...ion⟩: a) Mangel an Verschwiegenheit; Vertrauensbruch; b) Taktlosigkeit

in|dis|kri|mi|na|bel [auch 'ın...] ⟨aus gleichbed. *nlat.* indiscriminabilis zu ↑ in... (2) u. *lat.* discriminare „trennen, unterscheiden"⟩: (veraltet) nichtunterscheidbar. **In|dis|kri|mi|na|ti|on** [auch 'ın...] *die;* - ⟨zu ↑ in... (2) u. ↑ Diskrimination⟩: *die;* -: (veraltet) Unterschiedslosigkeit, mangelnde Unterscheidung

in|dis|ku|ta|bel [auch ...'ta:...] ⟨zu ↑ in... (2) u. ↑ diskutabel⟩: nicht der Erörterung wert; Ggs. ↑ diskutabel

in|dis|pen|sa|bel [auch ...'za:...] ⟨zu ↑ in... (2) u. ↑ dispensabel⟩: (veraltet) unerläßlich

in|dis|po|ni|bel [auch ...'ni:...] ⟨zu ↑ in... (2) u. ↑ disponibel⟩: a) nicht verfügbar; festgelegt; b) (selten) unveräußerlich. **in|dis|po|nie|ren** [auch ...'ni:...] ⟨unter Einfluß von gleichbed. *fr.* indisposer zu ↑ in... (2) u. ↑ disponieren⟩: (veraltet) in schlechte Laune versetzen, schlechtgelaunt machen. **in|dis|po|niert** [auch ...'ni:ɐ̯t] ⟨unter Einfluß von *fr.* indisposé zu ↑ in... (2) u. ↑ disponiert⟩: nicht zu etwas aufgelegt; in schlechter Verfassung (z. B. von der Stimme bei Sängern). **In|dis|po|niert|heit** [auch ...'ni:ɐ̯t...] *die;* -: Zustand des Indisponiertseins. **In|dis|po|si|ti|on** [auch ...'tsio:n] *die;* -, -en ⟨aus gleichbed. *fr.* indisposition, vgl. ¹...ion⟩: Unpäßlichkeit; schlechte körperlich-seelische Verfassung

in|dis|pu|ta|bel [auch ...'ta:...] ⟨aus gleichbed. *spätlat.* indisputabilis zu ↑ in... (2) u. ↑ disputabel⟩: (veraltet) nicht strittig, unbestreitbar; Ggs. ↑ disputabel

in|dis|so|lu|bel [auch 'ın...] ⟨aus gleichbed. *lat.* indissolubilis zu ↑ in... (2) u. dissolvere „auflösen"⟩: (veraltet) unauflöslich

In|dis|tink|ti|on [auch 'ın...] *die;* - ⟨aus gleichbed. *nlat.* indistinctio zu ↑ in... (2) u. *lat.* indistinctus „ungeordnet, undeutlich" (zu distinguere „unterscheiden")⟩: (veraltet) Unklarheit, Undeutlichkeit

In|dis|zi|plin [auch ...'pli:n] *die;* - ⟨zu ↑ in... (2) u. ↑ Disziplin⟩: (selten) Mangel an ↑ Disziplin. **in|dis|zi|pli|na|bel** [auch 'ın...] *die;* - ⟨aus gleichbed. *fr.* indisciplinable, dies zu ↑ in... (2) u. *spätlat.* disciplinabilis „schulmäßig unterrichtbar; unterrichtet"⟩: (veraltet) unbändig, unlenkbar, nicht an Gehorsam zu gewöhnen. **in|dis|zi|pli|niert** [auch ...'ni:ɐ̯t] ⟨zu ↑ ...iert⟩: keine ↑ Disziplin haltend

In|di|um *das;* -s ⟨zu *lat.* indicum „Indigo" (wegen der zwei indigoblauen Linien im Spektrum des Indiums) u. ↑ ...ium⟩: chem. Element, Metall; Zeichen In

in|di|vi|du|al..., In|di|vi|du|al... [...v...] ⟨aus gleichbed. *mlat.* individualis zu *lat.* individuum, vgl. Individuum⟩: Wortbildungselement mit der Bedeutung „das Einzelwesen, den einzelnen Menschen betreffend", z. B. individualpsychologisch, Individualtourismus. **In|di|vi|du|al|dia|gno|se** *die;* -, -n: Methode zur Erfassung der Persönlichkeit eines Menschen mit Hilfe von Tests sowie der ↑ differentiellen u. Tiefenpsychologie. **In|di|vi|du|al|di|stanz** *die;* -, -en: spezifischer Abstand, auf den sich Tiere bestimmter Arten (außer bei der Brutpflege) einander nähern (Zool.). **In|di|vi|du|al|ethik** *die;* -: 1. Teilgebiet der ↑ Ethik (1 a), das insbesondere die Pflichten des einzelnen gegen sich selbst berücksichtigt. 2. Ethik, in der der Wille od. die Bedürfnisse des einzelnen als oberster Maßstab zur Bewertung von Handlungen angesehen werden. **In|di|vi|dua|li|sa|ti|on** *die;* -, -en ⟨zu

individualisieren

↑...isation⟩: svw. Individualisierung; vgl. ...[at]ion/...ierung. **in|di|vi|dua|li|sie|ren** ⟨aus gleichbed. *fr.* individualiser, vgl. individual...⟩: die Individualität eines Gegenstandes bestimmen; das Besondere, Einzelne, Eigentümliche [einer Person, eines Falles] hervorheben. **In|di|vi|dua|li|sie|rung** *die;* -, -en ⟨zu ↑ ...isierung⟩: das Individualisieren; vgl. ...[at]ion/...ierung. **In|di|vi|dua|lis|mus** *der;* - ⟨aus gleichbed. *fr.* individualisme; vgl. individual... u. ...ismus (1)⟩: 1. Anschauung, die dem Individuum u. seinen Bedürfnissen den Vorrang vor der Gemeinschaft einräumt (Philos.). 2. Haltung eines Individualisten (2). **In|di|vi|dua|list** *der;* -en, -en ⟨aus gleichbed. *fr.* individualiste, vgl. individual...⟩: 1. Vertreter des Individualismus (1). 2. a) jmd., der einen ganz persönlichen, eigenwilligen Lebensstil entwickelt hat u. sich dadurch von anderen, ihren Verhaltens- u. Denkweisen unterscheidet, der von einer Gruppe od. Gemeinschaft unabhängig ist [u. sein möchte]; b) Einzelgänger. **in|di|vi|dua|li|stisch** ⟨zu ↑ ...istisch⟩: 1. dem Individualismus entsprechend. 2. der Haltung, Eigenart eines Individualisten entsprechend. **In|di|vi|dua|li|tät** *die,* -, -en ⟨aus gleichbed. *fr.* individualité, vgl. individual... u. ...ität⟩: 1. (ohne Plur.) persönliche Eigenart; Eigenartigkeit, Einzigartigkeit. 2. Persönlichkeit. **In|di|vi|du|al|päd|ago|gik** *die;* - ⟨zu ↑ individual...⟩: individuelle Neigungen u. Fähigkeiten (z. B. durch Differenzierung des Unterrichts) berücksichtigendes u. förderndes Erziehungsprinzip. **In|di|vi|du|al|po|tenz** *die;* -, -en: 1. [sexuelle] Leistungsfähigkeit männlicher Individuen (Biol.). 2. Ausmaß der Erbtüchtigkeit eines Zuchttieres (Biol.). **In|di|vi|du|al|prä|ven|ti|on** [...vɛn...] *die;* -, -en: svw. Spezialprävention. **In|di|vi|du|al|psy|che** *die* -, -n: Einzelseele (Psychol.). **In|di|vi|du|al|psy|cho|lo|gie** *die;* -: 1. psychologische Auffassung von den Unterschieden der seelischen Anlagen der Individuen. 2. Lehre von der Beziehung zwischen dem Ich eines Menschen u. den ihn konstituierenden Teilen (Körper, Seele, Geist). 3. Psychologie des Unbewußten (A. Adler), nach der der Haupttrieb des menschlichen Handelns in sozialen Bedürfnissen u. damit in einem gewissen Streben nach Geltung u. Macht liegt; Ggs. ↑ Kollektivpsychologie. **in|di|vi|du|al|psy|cho|lo|gisch**: die Individualpsychologie betreffend. **In|di|vi|du|al|sphä|re** *die;* -, -n: private Sphäre, persönlicher Bereich des einzelnen. **In|di|vi|du|al|stil** *der;* -[e]s, -e: mehr od. weniger durchgängiger Stil eines einzelnen Künstlers während seiner gesamten Schaffensperiode. **In|di|vi|du|al|tou|ris|mus** [...tu...] *der;* -: Tourismus, der sich auf den individuell reisenden Urlauber bezieht; Ggs. ↑ Pauschaltourismus. **In|di|vi|du|a|ti|on** *die;* -, -en ⟨zu ↑ individuieren u. ↑ ...ation⟩: Prozeß der Selbstwerdung des Menschen, in dessen Verlauf sich das Bewußtsein der eigenen Individualität bzw. der Unterschiedenheit von anderen zunehmend verfestigt; Ggs. ↑ Sozialisation; vgl. ...[at]ion/...ierung. **in|di|vi|du|ell** ⟨aus gleichbed. *fr.* individuel über älter *fr.* individual aus *mlat.* individualis, vgl. individual...⟩: 1. a) auf das Individuum, den einzelnen Menschen, seine Bedürfnisse, speziellen Verhältnisse u. ä. zugeschnitten, ihnen angemessen, ihnen entsprechend; b) durch die Eigenart, Besonderheit u. ä. der Einzelpersönlichkeit geprägt; je nach persönlicher Eigenart [verschieden]. 2. [als persönliches Eigentum] einem einzelnen gehörend, nicht gemeinschaftlich, öffentlich genutzt o. ä. 3. als Individuum, als Persönlichkeit zu respektieren; als Einzelpersönlichkeit hervortretend o. ä. **In|di|vi|du|en**: Plur. von ↑ Individuum. **in|di|vi|du|ie|ren** ⟨aus gleichbed. *mlat.* individuare zu *lat.* individuus „unteilbar"⟩: eine individuelle, akzentuierte [Persönlichkeits]struktur gewinnen. **In|di|vi|du|ie|rung** *die;* -, -en ⟨zu ↑ ...ierung⟩: svw. Individuation; vgl. ...[at]ion/...ierung. **In|di|vi|du|um** [...duʊm] *das;* -s, ...duen ⟨aus *(m)lat.* individuum „Einzelding", eigtl. „das Unteilbare", zu *lat.* individuus „unteilbar"⟩: 1. der Mensch als Einzelwesen [in seiner jeweiligen Besonderheit]. 2. (abwertend) Mensch von zweifelhaftem Charakter; in irgendeiner Hinsicht negativ eingeschätzte Person. 3. Pflanze, Tier als Einzelexemplar (Biol.). 4. kleinstes chemisches Teilchen jeglicher Art (Chem.). **in|di|vi|si|bel** ⟨aus gleichbed. *lat.* indivisibilis⟩: unteilbar; Ggs. ↑ divisibel. **In|di|vi|si|beln**, auch Indivisibilien [...i̯ən] *die* (Plur.): in der Mathematik des 17. Jh.s Bez. für gedachte, in einer Querdimension unendlich dünne Gebilde, aus denen sich Flächen u. Körper zusammensetzen sollten. **In|di|vi|si|beln|geo|me|trie**, auch Indivisibiliengeometrie *die;* -: Vorstufe der Integralrechnung im 17. Jh. **In|di|vi|si|bi|li|en** [...i̯ən] usw. vgl. Indivisibeln usw.

In|diz *das;* -es, -ien [...i̯ən] ⟨aus *lat.* indicium „Anzeige; Anzeichen"⟩: 1. Hinweis, Anzeichen. 2. (meist Plur.) Umstand od. realer Gegenstand, dessen Vorhandensein mit großer Wahrscheinlichkeit auf einen bestimmten Sachverhalt (vor allem auf eine Täterschaft) schließen läßt; Verdachtsmoment (Rechtsw.). **in|di|zes** [...tseːs]: Plur. von ↑ Index. **In|di|zi|en** [...i̯ən]: Plur. von ↑ Indiz. **In|di|zi|en|be|weis** *der;* -es, -e: Tatzuordnung auf Grund zwingender mittelbarer, aber nicht bewiesener Tatzeichen u. -umstände (Rechtsw.). **in|di|zie|ren** ⟨aus *lat.* indicare „anzeigen, verraten"⟩: 1. anzeigen, auf etwas hinweisen. 2. die Anwendung bestimmter Heilmittel od. therapeutischer Maßnahmen als angezeigt (vgl. Indikation) erscheinen lassen (von Krankheiten, Symptomen od. Umständen; Med.). 3. auf den ↑ Index (1) setzen. 4. a) svw. indexieren (a, b); b) zum Zwecke der Unterscheidung mit einer hochgestellten Zahl versehen [z. B. Homonyme: ¹Bank (Bänke), ²Bank (Banken)]. 5. die in einem Befehl enthaltene Operandenadresse (vgl. Operand) mit Hilfe eines ↑ Indexregisters modifizieren (EDV). **in|di|ziert** ⟨zu ↑ ...iert⟩: 1. angezeigt, ratsam. 2. ein bestimmtes Heilverfahren nahelegend (Med.); Ggs. ↑ kontraindiziert; -e Leistung: durch den ↑ Indikator (3) angezeigte, von der Maschine aufgenommene Leistung. **In|di|zie|rung** *die;* -, -en ⟨zu ↑ ...ierung⟩: das Indizieren; vgl. ...[at]ion/...ierung. **In|di|zi|um** *das;* -s, ...ien [...i̯ən] ⟨aus gleichbed. *lat.* indicium⟩: (veraltet) svw. Indiz

in|do..., In|do... ⟨zu *gr.* Indós „indisch"⟩: Wortbildungselement mit der Bedeutung „indisch", z. B. indoeuropäisch, Indogermanist. **in|do|arisch**: die von den ↑ Ariern hergeleiteten Völker Vorderindiens betreffend, z. B. -e Sprachen. **In|do|eu|ro|pä|er** *die* (Plur.) ⟨nach gleichbed. *engl.* Indo-European, vgl. Indogermanische⟩: außerhalb Deutschlands, bes. in England u. Frankreich übliche Bez. für Indogermanen. **in|do|eu|ro|pä|isch**: die Indoeuropäer betreffend; Abk.: i.-e. **In|do|eu|ro|pä|ist** *der;* -en, -en ⟨zu ↑ ...ist⟩: svw. Indogermanist. **In|do|eu|ro|pä|istik** *die;* - ⟨zu ↑ ...istik⟩: svw. Indogermanistik. **In|do|ger|ma|nen** *die* (Plur.) ⟨zu *lat.* Germanus, Germanicus, eigtl. „germanisch", dies vermutlich aus dem Kelt.⟩: bes. in Deutschland übliche Sammelbez. für die Völker, die das ↑ Indogermanische als Grundsprache haben. **in|do|ger|ma|nisch**: die Indogermanen od. das Indogermanische betreffend; Abk.: idg. **In|do|ger|ma|ni|sche** *das;* -n: erschlossene Grundsprache der Indogermanen (benannt nach den räumlich am weitesten voneinander entfernten Vertretern, den Indern im Südosten u. den Germanen im Nordwesten). **In|do|ger|ma|nist** *der;* -en, -en ⟨zu ↑ ...ist⟩: Wissenschaftler auf dem Gebiet der Indogermanistik. **In|do|ger-**

ma|ni|stik *die;* - ⟨zu ↑...istik⟩: Wissenschaft, die die einzelnen Sprachzweige des Indogermanischen u. die Kultur der Indogermanen erforscht

In|dok|tri|na|ti|on *die;* -, -en ⟨zu ↑in... (1), *lat.* doctrina „Belehrung" u. ↑...ation⟩: [massive] psychologische Mittel nutzende Beeinflussung von einzelnen od. ganzen Gruppen im Hinblick auf die Bildung einer bestimmten Meinung od. Einstellung; vgl. ...[at]ion/...ierung. **in|dok|tri|na|tiv** ⟨zu ↑...iv⟩: auf indoktrinierende Weise. **in|dok|tri|nie|ren** ⟨zu ↑...ieren⟩: in eine bestimmte Richtung drängen, beeinflussen. **In|dok|tri|nie|rung** *die;* -, -en ⟨zu ↑...ierung⟩: a) das Indoktrinieren; b) das Indoktriniertwerden; vgl. ...[at]ion/...ierung

In|dol *das;* -s ⟨Kurzw. aus *lat. ind*icum „Indigo" u. ...*ol*⟩: farblos kristallisierende chem. Verbindung, die bei Fäulnis von Eiweißstoffen entsteht u. auch in den ätherischen Ölen von Jasmin u. Orangen auftritt

in|do|lent [auch ...'lɛnt] ⟨aus *lat.* indolens, Gen. indolentis „unempfindlich gegen den Schmerz" zu ↑in... (2) u. dolere „schmerzen, Schmerz empfinden"⟩: 1. geistig träge u. gleichgültig; keine Gemütsbewegung erkennen lassend. 2. a) schmerzunempfindlich; gleichgültig gegenüber Schmerzen; b) (vom Organismus od. von einzelnen Körperteilen) schmerzfrei; c) (von krankhaften Prozessen) keine Schmerzen verursachend. **In|do|lenz** [auch ...'lɛnts] *die;* - ⟨über gleichbed. *fr.* indolence aus *lat.* indolentia „Freisein von Schmerz, Unempfindlichkeit"⟩: 1. Trägheit, Gleichgültigkeit; Unempfindlichkeit gegenüber Eindrücken. 2. Schmerzlosigkeit, Schmerzfreiheit; Gleichgültigkeit gegenüber Schmerzen

In|do|lo|ge *der;* -n, -n ⟨zu ↑indo... u. ↑...loge⟩: Wissenschaftler auf dem Gebiet der Indologie. **In|do|lo|gie** *die;* - ⟨zu ↑...logie⟩: Wissenschaft von den indischen Sprachen u. Kulturen

In|do|lyl|es|sig|säu|re *die;* - ⟨Kunstw. zu ↑*Indol* u. ↑...*yl*⟩: zu den ↑Auxinen gehörender Pflanzenwuchsstoff

in|do|pa|zi|fisch ⟨zu ↑indo... u. ↑pazifisch⟩: um den Indischen und Pazifischen Ozean gelegen

In|do|phe|nol *das;* -s, -e ⟨Kunstw. aus ↑*Indi*go u. ↑*Phenol*⟩: synthetischer Farbstoff für die Farbfotografie

in|dos|sa|bel ⟨nach gleichbed. *fr.* endossable aus *it.* indosso (vgl. Indosso) u. ↑...abel⟩: durch Indossament übertragbar (Wirtsch.). **In|dos|sa|ment** *das;* -[e]s, -e ⟨nach gleichbed. *fr.* endossament zu ↑indossieren u. ↑¹...ment⟩: Wechselübertragung, Wechselübertragungsvermerk (Wirtsch.). **In|dos|sant** *der;* -en, -en ⟨zu ↑...ant (1) bzw. ↑...ent⟩: jmd., der die Rechte an einem Wechsel auf einen anderen überträgt; Wechselüberschreiber (Wirtsch.). **In|dos|sat** *der;* -en, -en u. **In|dos|sa|tar** *der;* -s, -e ⟨zu ↑...at (1) bzw. ↑...ar (2)⟩: durch Indossament ausgewiesener Wechselgläubiger (Wirtsch.). **In|dos|sent** vgl. Indossant. **in|dos|sie|ren** ⟨aus gleichbed. *it.* indossare, eigtl. „auf dem Rücken tragen" (zu dosso „Rücken"), dies aus gleichbed. *mlat.* indorsare zu *lat.* dorsum „Rücken" (weil ursprünglich der Übertragungsvermerk nur auf die Rückseite des Indossaments geschrieben wurde)⟩: einen Wechsel durch Indossament übertragen (Wirtsch.). **In|dos|so** *das;* -s, Plur. -s u. ...ssi ⟨zu *it.* in dosso „auf dem Rücken", vgl. indossieren⟩: Übertragungsvermerk eines Wechsels

Ind|oxyl *das;* -s, -e ⟨Kunstw. aus ↑*Indol*, ↑*Ox*ydatin u. ↑...*yl*⟩: Oxydationsprodukt des ↑Indols

In|dra ⟨aus gleichbed. *sanskr.* índra⟩: Hauptgottheit der wedischen Religion, im Hinduismus Rachegott

In|dri *der;* -s, -s ⟨*malagassisch*⟩: größte lebende Halbaffenart aus der Familie der Lemuren in den Wäldern Madagaskars

in du|bio ⟨*lat.*⟩: im Zweifelsfall; in dubio pro reo: im Zweifelsfall für den Angeklagten (alter Rechtsgrundsatz, nach dem in Zweifelsfällen ein Angeklagter mangels Beweises freigesprochen werden soll). **in|du|bi|ta|bel** [auch 'ɪn...] ⟨aus gleichbed. *lat.* indubitabilis zu ↑in... (2) u. dubitare „zweifeln"⟩: (veraltet) unzweifelhaft. **In|du|bi|ta|bi|li|tät** [auch 'ɪn...] *die;* - ⟨zu ↑...ität⟩: (veraltet) absolute Sicherheit

In|duk|tanz *die;* - ⟨zu ↑induzieren u. ↑...anz⟩: rein ↑induktiver Widerstand (Elektrot.). **In|duk|ti|on** *die;* -, -en ⟨vermutlich über gleichbed. *engl.* induction aus *lat.* inductio „das Hineinführen, Beweisführung durch Anführung ähnlicher Beispiele u. Fälle" zu inducere, vgl. induzieren⟩: 1. wissenschaftliche Methode, vom besonderen Einzelfall auf das Allgemeine, Gesetzmäßige zu schließen; Ggs. ↑ Deduktion (a). 2. Erzeugung elektr. Ströme u. Spannungen in elektr. Leitern durch bewegte Magnetfelder (Elektrot.). 3. von einem bestimmten Keimteil ausgehende Wirkung, die einen anderen Teil des Keimes zu bestimmten Entwicklungsvorgängen zwingt (Biol.). **In|duk|ti|ons|ap|pa|rat** *der;* -[e]s, -e: svw. Induktor. **In|duk|ti|ons|ko|ef|fi|zi|ent** *der;* -en, -en: svw. Induktivität. **In|duk|ti|ons|krank|heit** *die;* -, -en: unechte, bes. psychotische Krankheit, die alle Symptome einer echten Krankheit zeigt u. die durch ständigen persönlichen Kontakt mit einem Kranken auf psychischem, suggestivem Weg übertragen wird (Med.). **In|duk|ti|ons|log** *das;* -s, -s ⟨zu *engl.* log „Bohrbericht"; vgl. Log⟩: spezielles geophysikalisches Bohrlochmeßverfahren zur Bestimmung der elektr. Leitfähigkeit der Gesteine durch ein induziertes magnetisches Wechselfeld. **In|duk|ti|ons|ofen** *der;* -s, ...öfen: elektr. Schmelzofen, Ofen für hohe Temperaturen, der durch niedergespannten Strom induktiv (2) elektrisch geheizt wird. **In|duk|ti|ons|pe|ri|ode** *die;* -, -n: bei der fotografischen Entwicklung die Zeitspanne, in der die Entwicklungskeime zu reduktionsauslösenden (vgl. Reduktion 5) Silberkörnern anwachsen. **In|duk|ti|ons|schlei|fe** *die;* -, -n: Teil eines Programmablaufplans, der bei der Abarbeitung durch einen Computer mehrmals durchlaufen wird (EDV). **In|duk|ti|ons|strom** *der;* -[e]s, ...ströme: durch Induktion (2) erzeugter Strom. **In|duk|ti|ons|the|ra|pie** *die;* -, ...ien [...i:ən]: hochdosierte Anfangstherapie bei der Tumorbehandlung; Med.). **In|duk|ti|ons|tu|mor** *der;* -s, Plur. -en, ugs. auch -e: Geschwulst, die durch äußere Einflüsse, z. B. durch kanzerogene Substanzen, verursacht wird (Med.). **In|duk|ti|ons|zy|klus** *der;* -, ...klen: svw. Induktionsschleife. **in|duk|tiv** [auch 'ɪn...] ⟨aus *spätlat.* inductivus „zur Annahme, als Voraussetzung geeignet"⟩: 1. in der Art der Induktion (1) vom Einzelnen zum Allgemeinen hinführend; Ggs. ↑deduktiv. 2. durch Induktion (2) wirkend od. entstehend; -er [...vɐ] Widerstand: durch die Wirkung der Selbstinduktion bedingter Wechselstromwiderstand. **In|duk|ti|vi|tät** [...v...] *die;* -, -en ⟨zu ↑...ität⟩: Verhältnis zwischen induzierter Spannung u. Änderung der Stromstärke pro Zeiteinheit. **In|duk|tor** *der;* -s, ...oren ⟨nach *lat.* inductor „An-, Einführer"; vgl. ...or⟩: 1. Gerät zur Erzeugung hoher Spannung. 2. Gegenstand, der mit einer bestimmten Person in Beziehung steht u. den dem Medium (4 a) als Hilfsmittel, z. B. bei telepathischen Experimenten, verwendet (Parapsych.). 3. körpereigener od. -fremder Stoff, der Wachstum u. Differenzierung ↑embryonaler Gewebe u. Organe bewirkt (Biol.)

in dul|ci ju|bi|lo [- 'dʊltsi -] ⟨*lat.;* „in süßem Jubel"⟩: Anfang eines mittelalterl. Weihnachtsliedes mit gemischtem

indulgent

lateinischem u. deutschem Text (*dt.* Nun singet u. seid froh!): (ugs.) herrlich u. in Freuden

in|dul|gent ‹aus gleichbed. *lat.* indulgens, Gen. indulgentis, Part. Präs. von indulgere „nachsichtig sein"›: nachsichtig.
In|dul|genz *die;* -, -en ‹aus gleichbed. *lat.* indulgentia›: 1. Schonung, Nachsicht. 2. Straferlaß (Rechtsw.). 3. Ablaß, Nachlaß der zeitlichen Sündenstrafen; vgl. Purgatorium.
in|dul|gen|zie|ren ‹zu ↑...ieren›: (veraltet) 1. Milde walten lassen. 2. Straferlaß gewähren. 3. zeitliche Sünden[strafen] erlassen
In|du|lin *das;* -s, -e (meist Plur.) ‹Kunstw. zu ↑ Indigo; vgl. ...in (1)›: blaugrauer Teerfarbstoff (Chem.).
In|dult *der* od. *das;* -[e]s, -e ‹aus *spätlat.* indultum „Gnade"›: 1. Fristeinräumung, wenn der Schuldner im Verzug ist (Wirtsch.). 2. Frist bei Kriegsausbruch, innerhalb deren die feindlichen Handelsschiffe sich in Sicherheit bringen können (Völkerrecht). 3. vorübergehende Befreiung von einer gesetzlichen Verpflichtung (kath. Kirchenrecht)
in du|plo ‹*lat.*›: (veraltet) in zweifacher Ausfertigung, doppelt; vgl. Duplum
In|du|ra|ti|on *die;* -, -en ‹aus gleichbed. *spätlat.* induratio zu *lat.* indurare, vgl. indurieren›: Gewebe- od. Organverhärtung (Med.). **in|du|ra|tiv** ‹zu ↑...iv›: mit Gewebe- u. Organverhärtung einhergehend (Med.). **in|du|rie|ren** ‹aus *lat.* indurare „hart werden", eigtl. „hartmachen, stählen"›: sich verhärten (in bezug auf Haut, Muskeln od. Gewebe; Med.)
In|du|si *die;* - ‹Kurzw. für *indu*ktive Zug*si*cherung›: elektromagnetische Anlage an Gleisen u. Triebfahrzeugen, die der Zugsicherung auf stark befahrenen Schnellstrecken dient (bewirkt bei möglichen Fehlhandlungen des Lokführers z. B. eine Geschwindigkeitsminderung od. Zwangsbremsung)
In|du|si|en|kalk [...jən...] *der;* -[e]s ‹zu *lat.* indusia, Plur. von indusium, vgl. Indusium›: Kalkbänke aus Röhren von Köcherfliegenlarven des Tertiärs. **In|du|si|um** *das;* -s, ...ien [...jən] ‹aus *lat.* indusium „Überkleid, Bast der Pflanzen", eigtl. „Obertunika" (wurde über subucula „Unterhemd" gezogen)›: häutiger Auswuchs der Blattunterseite von Farnen, der die Sporangien überdeckt (Bot.)
In|du|stri|al De|sign [ɪn'dʌstrɪəl dɪ'zaɪn] *das;* - -s ‹aus gleichbed. *engl.* industrial design zu industrial, eigtl. „industriell; gewerblich" u. ↑ Design›: Formgebung der Gebrauchsgegenstände, Gestaltung von Erzeugnissen, die für einen praktischen Zweck konstruiert wurden (z. B. Maschinen, Werkzeuge, Fahrzeuge, Hausrat). **In|du|stri|al De|si|gner** [- dɪ'zaɪnə] *der;* - -s, - - ‹aus gleichbed. *engl.* industrial designer; vgl. Designer›: Formgestalter für Gebrauchsgegenstände. **In|du|stri|al en|gi|neer** [- ɛndʒɪ'nɪə] *der;* - -s, - -s ‹aus gleichbed. *engl.-amerik.* industrial engineer›: jmd., der über Spezialkenntnisse auf dem Gebiet der Rationalisierung von Arbeitsprozessen in der Industrie verfügt. **In|du|stri|al en|gi|nee|ring** [- ...'nɪərɪŋ] *das;* - -s ‹aus gleichbed. *engl.-amerik.* industrial engineering›: Rationalisierung von Arbeitsprozessen in der Industrie nach technischen u. wirtschaftswissenschaftlichen Prinzipien. **in|du|stria|li|sie|ren** [ɪndʊstria...] ‹aus gleichbed. *fr.* industrialiser, vgl. Industrie›: a) mit Industrie versehen, Industrie ansiedeln; b) industrielle Herstellungsmethoden in einem Produktionsbereich, einem Betrieb o. ä. einführen. **In|du|stria|li|sie|rung** *die;* -, -en ‹zu ↑...isierung›: 1. Errichtung von Industriebetrieben, d. h. von Produktionsstätten, die unter Einsatz von Maschinen gewerbliche (nicht land- od. forstwirtschaftliche) Stoffgewinnung bzw. mechanische od. chemische Be- od. Verarbeitung von Stoffen betreiben. 2. Ausweitung moderner technischer Verfahren in allen Bereichen. **In|du|stria|lis|mus** *der;* - ‹zu ↑...ismus (2)›: Prägung einer Volkswirtschaft durch die Industrie. **In|du|stri|al re|la|tions** [ɪn'dʌstrɪəl rɪ'leɪʃənz] *die* (Plur.) ‹aus gleichbed. *engl.* industrial relations›: die inner-u. überbetrieblichen Beziehungen zwischen Arbeitnehmer u. Arbeitgeber. **In|du|strie** [ɪndʊ...] *die;* -, ...ien ‹aus gleichbed. *fr.* industrie, dies aus *lat.* industria „Fleiß, Betriebsamkeit" zu industrius „fleißig"›: 1. (Plur. selten) Wirtschaftszweig, der die Gesamtheit aller mit der Massenherstellung von Konsum- u. Produktionsgütern beschäftigten Fabrikationsbetriebe [eines Gebietes] umfaßt. 2. Gesamtheit der Fabrikationsbetriebe einer bestimmten Branche [eines Gebietes]. **In|du|strie|an|thro|po|lo|gie** *die;* -: Teilgebiet der Anthropologie, das sich mit der Anpassung von Gebrauchsgegenständen an Körperformen u. -maße des Menschen befaßt. **In|du|strie|ar|chäo|lo|gie** *die;* -: Ausdehnung der Ziele u. Methoden von Archäologie u. Denkmalschutz auf Objekte der Industrie (Bauwerke, Maschinen u. Produkte industrieller Fertigung). **In|du|strie|de|sign** [...dizaɪn] *das;* -s: sww. Industrial Design. **In|du|strie|de|si|gner** *der;* -s, -: swv. Industrial Designer. **In|du|strie|dia|mant** *der;* -en, -en ‹zu ↑¹Diamant›: nur industriell (z. B. zum Schleifen) verwendbarer ¹Diamant. **In|du|strie|ka|pi|tän** *der;* -s, -e: (ugs.) erfolgreicher Leiter eines großen Industriebetriebes. **In|du|strie|kon|zern** *der;* -s, -e: Konzern, in dem mehrere Industriebetriebe zusammengeschlossen sind. **in|du|stri|ell** ‹aus gleichbed. *fr.* industriel, vgl. Industrie u. vgl. ...ell›: a) die Industrie betreffend; b) mit Hilfe der Industrie (1) hergestellt. **In|du|stri|el|le** *der* u. *die;* -n, -n: Unternehmer[in], Eigentümer[in] eines Industriebetriebs. **In|du|strie|ma|gnat** *der;* -en, -en: Eigentümer großer, in Industriebetrieben investierter Kapitalien. **In|du|strie|me|la|nis|mus** *der;* -: in Industriegebieten beobachtete Erscheinung zunehmender Verdunkelung der Körperfarbe bestimmter Tiere als Folge einer natürlichen Selektion, weil sich die Tiere ihrer durch Industrieabgase verschmutzten Umgebung anpassen. **In|du|strie|mi|ne|ra|le** *die* (Plur.): industriell verwendete feste Rohstoffe, z. B. Graphit, Magnesit, Asbest, Fluorit, Ton u. Gips. **In|du|strie|ob|li|ga|ti|on** *die;* -, -en (meist Plur.) Anleihe eines [Industrie]unternehmens. **In|du|strie|päd|ago|gik** *die;* -: Teilbereich der Pädagogik, der sich mit erzieherischen Möglichkeiten u. Prozessen in Industriebetrieben, -bereichen u. -gebieten beschäftigt. **In|du|strie|psy|cho|lo|gie** *die;* -: Teilbereich der Psychologie, der sich mit den besonderen psychologischen Aspekten in Industriebetrieben, -bereichen u. -gebieten beschäftigt. **In|du|strie|ro|bo|ter** *der;* -s, -: frei programmierbare Einrichtung mit Greifern zum selbständigen Erfassen u. Handhaben von Werkzeugen u. Materialien sowie Sensoren zur Lagebestimmung von Werkstücken. **In|du|strie|so|zio|lo|gie** *die;* -: Teilgebiet der Soziologie, das sich mit den Institutionen, Organisationen, Verhaltensmustern u. Einstellungen in Industriegesellschaften befaßt. **in|du|strie|so|zio|lo|gisch**: die Industriesoziologie betreffend

in|du|zie|ren ‹aus *lat.* inducere „hineinführen, -leiten"›: 1. vom besonderen Einzelfall auf das Allgemeine, Gesetzmäßige schließen; Ggs. ↑ deduzieren. 2. elektr. Ströme u. Spannungen in elektr. Leitern durch bewegte Magnetfelder erzeugen (Elektrot.). 3. (fachspr.) bewirken. **in|du|zie|rend** ‹zu ↑...ierend›: (fachspr.) bewirkend; - e Reaktion: Umsetzung von zwei Stoffen durch Vermittlung eines dritten Stoffes (Chem.). **in|du|ziert** ‹zu ↑...iert›: a) von außen, von einem anderen Bereich her angeregt, ausgelöst; b) durch äußere Umstände herbeigeführt (Med.); -er **Widerstand**: am Ende des Tragflügels eines Flugzeuges wirkender Widerstand, der durch Ausgleichsströmungen zwischen den Bereichen oberhalb u. unterhalb des Tragflügels, in denen unterschiedliche Druckverhältnisse herrschen, entsteht (Techn.); -es **Irresein**: psychotischer Zustand, der durch Übertragung von Wahnideen od. hysterischen Erscheinungen eines Geisteskranken auf Personen seiner Umgebung entsteht (Psychol.)

...ine ⟨aus bzw. über *fr.* -ine, dies teilweise aus *it.* -ina, -ino bzw. aus *lat.* -ina (*gr.* -inē)⟩: Endung weiblicher Substantive, z. B. Blondine, Faschine, Heroine, Maschine, Violine, Turbine

In|ebri|ans *das;* -, Plur. ...anzien [...jən] u. ...antia (meist Plur.) ⟨aus *lat.* inebrians, Part. Präs. von inebriare, vgl. inebriieren⟩: berauschendes Mittel (z. B. Alkohol). **In|ebri|ati|on** *die;* -, -en ⟨aus gleichbed. *lat.* inebriatio⟩: (veraltet) a) Berauschung; b) Betörung. **in|ebri|ie|ren** ⟨aus gleichbed. *lat.* inebriare⟩: (veraltet) berauschen, trunken machen

In|edi|tum *das;* -s, ...ta ⟨zu *lat.* ineditus „noch nicht herausgegeben"⟩: (selten) noch nicht herausgegebene Schrift

in|ef|fa|bel [auch 'ın...] ⟨aus gleichbed. *lat.* ineffabilis zu ↑in... (2) u. effari „aussprechen"⟩: (veraltet) unaussprechlich. **In|ef|fa|bi|li|tät** [auch 'ın...] *die;* - ⟨zu ↑...ität⟩: (veraltet) Unaussprechlichkeit

in ef|fec|tu [- ...k...] ⟨*lat.*⟩: (veraltet) in der Tat, wirklich. **in|ef|fek|tiv** [auch ...'ti:f] ⟨zu ↑in... (2) u. ↑effektiv⟩: unwirksam; Ggs. ↑effektiv

in ef|fi|gie [- ...je] ⟨*lat.;* „im Bilde"⟩: bildlich; - - **hängen** od. **verbrennen**: (veraltet) an einer bildlichen Darstellung eines entflohenen Verbrechers dessen Hinrichtung ↑symbolisch vollziehen

in|ef|fi|zi|ent [auch ...'tsiεnt] ⟨zu ↑in... (2) u. ↑effizient⟩: nicht wirksam, keine Wirksamkeit habend, sich als Kraft nicht auswirkend; unwirtschaftlich; Ggs. ↑effizient. **In|ef|fi|zi|enz** [auch ...'tsiεnts] *die;* -, -en: Unwirksamkeit, Wirkungslosigkeit; Unwirtschaftlichkeit; Ggs. ↑Effizienz

in|egal [auch ...'ga:l] ⟨aus gleichbed. *fr.* inégal, vgl. egal⟩: ungleich

in|ela|stisch [auch ...'la...] ⟨zu ↑in... (2) u. ↑elastisch⟩: nicht elastisch; -er **Stoß**: Stoß, bei dem ein Teil der ↑kinetischen Energie der zusammenstoßenden Körper bzw. Teilchen in andere Energieformen (z. B. Wärme) umgewandelt wird

in|ert ⟨aus gleichbed. *lat.* iners, Gen. inertis⟩: (veraltet) untätig, träge; unbeteiligt; -e **Stoffe**: reaktionsträge Stoffe, die sich an gewissen chem. Vorgängen nicht beteiligen (z. B. Edelgase; Chem.). **In|er|ti|al|sy|stem** *das;* -s, -e ⟨zu *lat.* inertia „Trägheit" u. ↑System⟩: Koordinatensystem, das sich geradlinig mit konstanter Geschwindigkeit bewegt (Phys.). **In|er|tie** *die;* - ⟨aus gleichbed. *lat.* inertia; vgl. ²...ie⟩: Trägheit, Langsamkeit (z. B. eines Körperorgans hinsichtlich seiner Arbeitsleistung; Med.). **In|er|ti|nit** [auch ...'nɪt] *der;* -s ⟨zu ↑²...it⟩: Gefügebestandteil der Braun- u. Steinkohle

In|e|sit [auch ...'zɪt] *der;* -s, -e ⟨zu *gr.* ís, Plur. inés „Sehne(n), Muskel(n)" u. ↑²...it⟩: ein rotes, zu den ↑Amphibolen gehörendes Mineral

in|es|sen|ti|ell [...'tsiəl] ⟨zu ↑in... (2) u. ↑essentiell⟩: nicht wesensmäßig, unwesentlich (Philos.); Ggs. ↑essentiell

in|es|siv [auch ...'si:f] *der;* -s, -e [...və] ⟨aus gleichbed. *(n)lat.* (casus) inessivus, zu *lat.* inesse „darin (enthalten) sein"⟩: die Lage in etwas angebender Kasus in den finnougrischen Sprachen

in|ex|akt [auch ...ε'ksakt] ⟨zu ↑in... (2) u. ↑exakt⟩: ungenau

in|exi|stent [auch ...'tεnt] ⟨aus gleichbed. *spätlat.* inex(s)istens, Gen. inex(s)istentis, zu ↑in... (2) u. *lat.* ex(s)istere „vorhanden sein"⟩: (selten) nicht vorhanden, nicht bestehend; Ggs. ↑existent. **¹In|exi|stenz** [auch ...'tεnts] *die;* - ⟨zu ↑...enz⟩: das Nichtvorhandensein. **²In|exi|stenz** [auch ...'tεnts] ⟨zu *spätlat.* inex(s)istens „darin vorhanden", zu ↑in... (1) u. *lat.* ex(s)istere, vgl. inexistent⟩: das Enthaltensein in etwas (Philos.)

in|ex|plo|si|bel [auch ...'zi:...] ⟨zu ↑in... (2) u. ↑explosibel⟩: (selten) nicht explodierend, ohne Fähigkeit zum Explodieren; Ggs. ↑explosibel

in ex|ten|so ⟨*lat.*⟩: ausführlich; vollständig

in ex|tre|mis ⟨*lat.*⟩: in den letzten Zügen [liegend] (Med.)

in|ex|zi|ta|bel [auch 'ın...] ⟨aus gleichbed. *lat.* inexcitabilis⟩: (veraltet) unerregbar, unweckbar. **In|ex|zi|ta|bi|li|tät** [auch 'ın...] *die;* - ⟨zu ↑...ität⟩: (veraltet) Unerregbarkeit

in fac|to [- ...k...] ⟨*lat.*⟩: in der Tat, in Wirklichkeit, wirklich; vgl. Faktum

in|fal|li|bel ⟨aus gleichbed. *mlat.* infallibilis zu ↑in... (2) u. *lat.* fallere „täuschen"⟩: unfehlbar (vom Papst). **In|fal|li|bi|lis|mus** *der;* - ⟨zu ↑...ismus (1)⟩: Lehre von der Unfehlbarkeit. **In|fal|li|bi|list** *der;* -en, -en ⟨zu ↑...ist⟩: Anhänger des kath. Unfehlbarkeitsdogmas. **In|fal|li|bi|li|tät** *die;* - ⟨zu ↑...ität⟩: Unfehlbarkeit, bes. die des Papstes in Dingen der Glaubenslehre (kath. Dogma seit 1870)

in|fam ⟨vermutlich unter Einfluß von *fr.* infâme „ehrlos, schändlich" aus *lat.* infamis „berüchtigt, verrufen" zu fama „(guter od. schlechter) Ruf"⟩: 1. bösartig u. jmdm. auf durchtriebene, schändliche Weise schadend. 2. (ugs.) a) in beeinträchtigender, schädigender Weise stark, z. B. -e Schmerzen; b) in beeinträchtigend, schädigend hohem Maße; sehr z. B. -übertrieben. **in|fa|ma|bel** ⟨zu ↑...abel⟩: (veraltet) tadelnswert. **In|fa|ma|bi|li|tät** *die;* - ⟨zu ↑...ität⟩: (veraltet) Tadelnswürdigkeit. **in|fa|mant** ⟨aus gleichbed. *lat.* infamans, Gen. infamantis, Part. Präs. von infamare, vgl. infamieren⟩: (veraltet) ehrenrührig. **In|fa|ma|ti|on** *die;* -, -en ⟨aus gleichbed. *lat.* infamatio⟩: (veraltet) Entehrung, Beschimpfung. **In|fa|mie** *die;* -, ...ien ⟨über gleichbed. *fr.* infamie aus *lat.* infamia „übler Ruf, Schande"⟩: 1. a) (ohne Plur.) infame Art, Niedertracht; b) infame Äußerung, Handlung o. ä.; Unverschämtheit. 2. Verlust der kirchlichen Ehrenhaftigkeit [als Folge richterlicher Ehrloserklärung] (kath. Kirchenrecht). **in|fa|mie|ren** ⟨aus gleichbed. *lat.* infamare⟩: (veraltet) verleumden, für ehrlos erklären. **In|fa|mi|tät** *die;* -, -en ⟨zu ↑infam u. ↑...ität⟩: (veraltet) Ehrlosigkeit, ehrlose Handlungsweise

In|fant *der;* -en, -en ⟨aus gleichbed. *span.* infante, eigtl. „Kind (unter sieben Jahren)", dies aus *lat.* infans, Gen. infantis „kleines Kind" zu infans „stumm, noch sehr klein", eigtl. „nicht sprechend", dies zu ↑in... (2) u. fari „sprechen"⟩: Titel span. u. port. Prinzen. **In|fan|te|rie** [...t(ə)ri, auch ...tə'ri:, ...'tri:] *die;* -, ...ien ⟨wohl aus gleichbed. *it.* infanteria zu infante „Fußsoldat", dies zu *lat.* infans, vgl. Infant⟩: a) auf den Nahkampf spezialisierte Waffengattung der Kampftruppen, die die meist zu Fuß mit der Waffe in der Hand kämpfenden Soldaten umfaßt; b) (ohne Plur.) Soldaten der Infanterie (a). **In|fan|te|rie|ba|tail|lon** *das;* -s, -e: Bataillon der Infanterie. **In|fan|te|rie|di|vi|si|on** [...v...] *die;* -, -en: ↑Division, die überwiegend aus Infanteriebataillonen zusammengesetzt ist. **In|fan|te|rie|re|gi|ment** *das;* -[e]s, -er: ↑Regiment, das aus mehreren Infanteriebataillonen besteht. **In|fan|te|rist** [...t(ə)rɪst, auch ...tə'rɪst, ...'trɪst] *der;* -en, -en ⟨zu ↑Infanterie, Fußsoldat⟩: Soldat der Infanterie, Fußsoldat. **in|fan|te|ri|stisch** ⟨zu ↑...istisch⟩: zur Infanterie gehörend. **in|fan|til** ⟨aus *lat.* infantilis „Kindern

infantilisieren

gehörig, kindlich, noch klein" zu infans, vgl. Infant): a) (abwertend) auf kindlicher Entwicklungsstufe stehengeblieben, geistig od. körperlich unterentwickelt; kindisch; b) (fachspr.) der kindlichen Entwicklungsstufe entsprechend, einem Kind angemessen, kindlich. **in|fan|ti|li|sie|ren** ⟨zu ↑...isieren⟩: geistig unselbständig, zum Kind machen; bevormunden. **In|fan|ti|li|sie|rung** *die;* - ⟨zu ↑...isierung⟩: a) das Infantilisieren; b) das Infantilwerden. **In|fan|ti|lis|mus** *der;* -, ...men ⟨zu ↑...ismus (3)⟩: 1. (ohne Plur.) körperliches u./od. geistiges Stehenbleiben auf kindlicher Entwicklungsstufe (Psychol., Med.). 2. Äußerung des Infantilismus (1). **In|fan|ti|list** *der;* -en, -en ⟨zu ↑...ist⟩: jmd., der auf der kindlichen Entwicklungsstufe stehengeblieben ist. **In|fan|ti|li|tät** *die;* - ⟨aus gleichbed. *mlat.* infantilitas, Gen. infantilitatis⟩: a) kindisches Wesen, Unreife; b) Kindlichkeit, kindliches Wesen. **In|fan|tin** *die;* -, -nen ⟨zu ↑ Infant⟩: Titel span. u. port. Prinzessinnen. **in|fan|ti|sie|ren** ⟨zu ↑...isieren⟩: (veraltet) für Kinder bearbeiten, dem kindlichen Begriffsvermögen anpassen. **in|fan|ti|zid** ⟨zu *lat.* infans, Gen. infantis „Kind" u. ↑...zid⟩: den Kindesmord betreffend. **In|fan|ti|zid** *der;* -[e]s, -e: Kindesmord

In|farkt *der;* -[e]s, -e ⟨aus *nlat.* infarctus (für *lat.* infartus), Part. Perf. von infarcire, vgl. infarzieren⟩: a) Absterben eines Gewebestücks od. Organteils nach längerer Blutleere infolge Gefäßverschlusses (Med.); b) plötzliche Unterbrechung der Blutzufuhr in den Herzkranzgefäßen; Herzinfarkt (Med.). **In|farkt|per|sön|lich|keit** *die;* -, -en: jmd., der auf Grund seiner körperlich-psychischen Voraussetzungen zum Infarkt ↑ disponiert (1) ist (Med.). **in|far|zie|ren** ⟨aus *lat.* infarcire „hineinstopfen"⟩: ein Gewebestück od. Organteil infarktähnlich verändern, einen Infarkt hervorrufen (Med.)

in fa|ti|ga|bel ⟨über gleichbed. *fr.* infatigable aus *lat.* infatigabilis⟩: (veraltet) unermüdlich. **In|fa|ti|ga|bi|li|tät** *die;* - ⟨aus gleichbed. *fr.* infatigabilité; vgl. ...ität⟩: (veraltet) Unermüdlichkeit

In|fau|na [auch 'ɪn...] *die;* - ⟨zu ↑ in... (1) u. ↑ Fauna⟩: Gesamtheit der Wassertiere, die sich in den Boden eingraben od. sich in Gesteine einbohren; Ggs. ↑ Epifauna

in|faust ⟨aus gleichbed. *lat.* infaustus⟩: ungünstig (z. B. in bezug auf den angenommenen Verlauf einer Krankheit; Med.)

in|fa|vo|ra|bel [...v..., auch 'ɪn...] ⟨aus gleichbed. *lat.* infavorabilis zu ↑ in... (2) u. favorabilis „begünstigt"⟩: (veraltet) ungünstig. **In|fa|vo|ra|bi|li|tät** [auch 'ɪn...] *die;* - ⟨zu ↑...ität⟩: (veraltet) Ungunst. **in fa vo|rem** ⟨*lat.*⟩: für das Bessere

In|fekt *der;* [e]s, -e ⟨aus *lat.* infectus, Part. Perf. von inficere, vgl. infizieren⟩: 1. Infektionskrankheit (Med.). 2. svw. Infektion. **In|fek|tio|lo|gie** *die;* - ⟨zu ↑ Infektion u. ↑...logie⟩: Wissenschaft u. Lehre von der Entstehung, Behandlung u. Verhütung von Infektionskrankheiten. **In|fek|ti|on** *die;* -, -en ⟨aus gleichbed. *mlat.* infectio zu *spätlat.* infectio „das Färben, die Schändung", dies zu inficere, vgl. infizieren⟩: 1. Ansteckung [durch Krankheitserreger]. 2. (ugs.) Infektionskrankheit, Entzündung. 3. (Jargon) Infektionsabteilung (in einem Krankenhaus o. ä.). **In|fek|ti|ons|psy|cho|se** *die;* -, -n: Psychose bei u. nach Infektionskrankheiten (Med.). **in|fek|ti|ös** ⟨aus gleichbed. *fr.* infectieux; vgl. ...ös⟩: ansteckend; auf Ansteckung beruhend (Med.). **In|fek|tio|si|tät** *die;* - ⟨zu ↑...osität⟩: Ansteckungsfähigkeit [eines Krankheitserregers] (Med.)

In|fel *die;* Inful

In|fe|renz *die;* -, -en ⟨zu *lat.* inferre (vgl. inferieren) u. ↑...enz⟩: aufbereitetes Wissen, das auf Grund von logischen Schlußfolgerungen gewonnen wurde. **In|fe|renz|theo|rie** *die;* -: die Theorie des induktiven Schließens auf der Grundlage empirischer Beobachtungen (Statistik). **in|fe|rie|ren** ⟨aus gleichbed. *lat.* inferre⟩: (veraltet) 1. hineintragen, als Einlage od. Mitgift zubringen; beitragen, darbringen, opfern. 2. folgern, schließen

in|fe|ri|or ⟨aus *lat.* inferior „unterer, niedriger; geringer", Komp. von inferus „unten befindlich"⟩: 1. untergeordnet. 2. a) jmdm. unterlegen; b) (österr.) (im Vergleich mit einem andern) äußerst mittelmäßig. 3. minderwertig, gering. **In|fe|rio|ri|tät** *die;* - ⟨zu ↑...ität⟩: 1. untergeordnete Stellung. 2. Unterlegenheit. 3. Minderwertigkeit. **in|fer|nal** ⟨aus *spätlat.* infernalis „unterirdisch" zu *lat.* infernus „unten, in der Unterwelt befindlich"⟩: (selten) svw. infernalisch; vgl. ...isch/-. **in|fer|na|lisch**: a) höllisch, teuflisch; Vorstellungen von der Hölle weckend; b) schrecklich, unerträglich; vgl. ...isch/-. **In|fer|na|li|tät** *die;* - ⟨zu ↑...ität⟩: (veraltet) höllisches Wesen, teuflische Verruchtheit. **In|fer|no** *das;* -s ⟨über gleichbed. *it.* inferno aus *kirchenlat.* infernus „Hölle" zu *lat.* infernus, vgl. infernal⟩: 1. Unterwelt, Hölle. 2. a) schreckliches, unheilvolles Geschehen, von dem viele Menschen gleichzeitig betroffen sind; b) Ort eines unheilvollen Geschehens; c) Zustand entsetzlicher Qualen von unvorstellbarem Ausmaß

in|fer|til [auch 'ɪn...] ⟨aus gleichbed. *lat.* infertilis⟩: 1. unfruchtbar. 2. unfähig, eine Schwangerschaft auszutragen (Med.). **In|fer|ti|li|tät** [auch 'ɪn...] *die;* - ⟨aus gleichbed. *lat.* infertilitas, Gen. infertilitatis⟩: Unfruchtbarkeit (Med.)

In|fe|sta|ti|on *die;* -, -en ⟨aus *spätlat.* infestatio „Anfeindung, Überfall, Feindschaft, Angriff, Beunruhigung" zu *lat.* infestare, vgl. infestieren⟩: 1. (veraltet) Anfeindung, Befehdung, Verheerung, Beunruhigung. 2. Befall mit Parasiten, die sich im Wirt nicht vermehren (z. B. von Bandwürmern; Biol.). **in|fe|stie|ren** ⟨aus gleichbed. *lat.* infestare⟩: (veraltet) befehden, beunruhigen, quälen

In|fi|bu|la|ti|on *die;* -, -en ⟨zu *lat.* infibulatus, Part. Perf. von infibulare (vgl. infibulieren), u. ↑¹...ion⟩: operative Verschließung der Geschlechtsteile zur Verhinderung von Selbstbefriedigung u. Geschlechtsverkehr bei bestimmten Naturvölkern (Völkerk.). **in|fi|bu|lie|ren** ⟨aus gleichbed. *lat.* infibulare zu ↑ in... (1) u. *lat.* fibula „Klammer"⟩: (veraltet) zuheften, verschließen

in|fi|del [auch 'ɪn...] ⟨aus gleichbed. (*spät*)*lat.* infidelis zu ↑ in... (2) u. *lat.* fidelis „treu"⟩: (veraltet) treulos, ungläubig. **In|fi|de|li|tät** [auch 'ɪn...] *die;* - ⟨aus gleichbed. *spätlat.* infidelitas, Gen. infidelitatis⟩: (veraltet) Untreue, Unglaube. **in fi|dem** ⟨*lat.;* eigtl. „für die Treue"⟩: zur Beglaubigung (Formel bei Abschriften)

In|fight ['ɪnfaɪt] *der;* -[s], -s u. **In|figh|ting** *das;* -[s], -s ⟨aus gleichbed. *engl.* infighting⟩: Nahkampf, bei dem man den Gegner durch kurze Haken zu treffen sucht (Boxsport)

in|fi|gie|ren ⟨aus gleichbed. *lat.* infigere⟩: (veraltet) einheften, einprägen

In|fi|la|tor *der;* -s, ...oren ⟨zu ↑ in... (1), *lat.* filum „Faden" u. ↑...ator⟩: Gerät zum Einspannen des Fadens in eine chirurgische Nadel

In|fil|trant *der;* -en, -en ⟨zu ↑ infiltrieren u. ↑...ant (1)⟩: jmd., der sich zum Zwecke der ↑ Infiltration (2) in einem Land aufhält. **In|fil|trat** *das;* -[e]s, -e ⟨aus gleichbed. *nlat.* infiltratum, eigtl. „das Eingedrungene", zu ↑ in... (1) u. ↑ Filtrat⟩: in normales Gewebe eingelagerte fremdartige, insbes. krankheitserregende Zellen, Gewebe od. Flüssigkeiten (Med.). **In|fil|tra|ti|on** *die;* -, -en ⟨zu ↑¹...ion⟩: 1. das Eindringen, Einsickern, Einströmen (z. B. von Flüssigkeiten). 2. ideologische Unterwanderung. 3. das Eindringen fremdartiger (insbes. krankheitserregender) Substanzen in normales Gewebe (Med.); vgl. ...[at]ion/...ierung. **In|fil|tra|ti|ons|an|äs|the|sie** *die;* -, ...ien [...i:ɔn]: örtliche Betäubung durch Einspritzungen (Med.). **in|fil|tra|tiv** ⟨zu ↑...iv⟩: 1. sich in der Art einer Infiltration ausbreitend. 2. auf eine Infiltration (2) abzielend, in der Art einer Infiltration (2) wirkend. **In|fil|tra|tor** *der;* -s, ...oren ⟨zu ↑...or⟩: svw. Infiltrant. **in|fil|trie|ren** ⟨aus gleichbed. *fr.* infiltrer zu ↑in... (1) u. ↑filtrieren⟩: 1. a) eindringen, einsickern; b) einflößen. 2. in fremdes Staatsgebiet eindringen, um es ideologisch zu unterwandern. **In|fil|trie|rung** *die;* -, -en ⟨zu ↑...ierung⟩: das Infiltrieren; vgl. ...[at]ion/...ierung

In|fi|mum *das;* -s, ...ma ⟨aus *lat.* infimum, eigtl. „Unterstes" zu infimus „unterster, niedrigster"⟩: untere Grenze, größte untere Schranke einer Menge von Zahlen (Math.).

in|fi|nit [auch ...'ni:t] ⟨aus gleichbed. *lat.* infinitus⟩: unbestimmt (Sprachw.); -e F o r m : Form des Verbs, die keine Person oder Zahl bezeichnet (z. B. erwachen [Infinitiv], erwachend [Präsenspartizip], erwacht [Perfektpartizip]); Ggs. ↑finite Form. **In|fi|ni|tät** *die;* - ⟨aus gleichbed. *lat.* infinitas, Gen. infinitatis⟩: Unbestimmtheit, Unbegrenztheit. **in|fi|ni|te|si|mal** ⟨zu *lat.* infinitus „unendlich, unbegrenzt", -esim(us) (Suffix zur Bildung der Ordnungszahlen) u. ↑¹...al (1)⟩: zum Grenzwert hin unendlich klein werdend (Math.). **In|fi|ni|te|si|mal|rech|nung** *die;* -: ↑Differential- u. ↑Integralrechnung. **In|fi|ni|tis|mus** *der;* - ⟨aus *lat.* infinitas „Unendlichkeit, Weltall" u. ↑...ismus (1)⟩: Lehre von der Unendlichkeit der Welt, des Raumes u. der Zeit (Philos.). **In|fi|ni|tiv** *der;* -s, -e [...və] ⟨aus gleichbed. *lat.* (modus) infinitivus⟩: Grundform, Nennform, durch Person, Numerus u. Modus nicht näher bestimmte Verbform (z. B. wachen). Modus nicht näher bestimmte Verbform (z. B. wachen). **In|fi|ni|tiv|kon|junk|ti|on** *die;* -, -en: die im Deutschen vor dem Infinitiv stehende ↑Konjunktion „zu". **In|fi|ni|tiv|kon|struk|ti|on** *die;* -, -en: syntaktische Konstruktion, die einen Infinitiv enthält. **In|fi|ni|tum** *das;* -s, ...ta ⟨aus gleichbed. *lat.* infinitum zu infinitus „unbegrenzt"⟩: 1. Unendlichkeit, das Unendliche. 2. svw. infinite Form

in|firm ⟨aus gleichbed. *lat.* infirmus⟩: (veraltet) schwach, kraftlos, krank. **in|fir|ma|tiv** ⟨zu *lat.* infirmatus, Part. Perf. von infirmare (vgl. infirmieren), u. ↑...iv⟩: (veraltet) schwächend, entkräftend. **in|fir|mie|ren** ⟨aus gleichbed. *lat.* infirmare⟩: (veraltet) schwächen, ungültig machen. **In|fir|mi|tät** *die;* - ⟨aus *lat.* infirmitas, Gen. infirmitatis „Schwäche"⟩: Gebrechlichkeit (Med.).

In|fi|tia|ti|on *die;* - ⟨aus gleichbed. *lat.* infitiatio zu infitiari, vgl. infitiieren⟩: (veraltet) das Leugnen. **in|fi|ti|ie|ren** ⟨aus gleichbed. *lat.* infitiari⟩: (veraltet) leugnen

In|fix [auch 'ɪn...] *das;* -es, -e ⟨aus *lat.* infixum, substantiviertes Part. Perf. (Neutrum) von infigere „hineinheften"⟩: in den Wortstamm eingefügtes Sprachelement (↑Formans) (z. B. das *n* in *lat.* fundo [Präs.] gegenüber fudi [Perf.])

in|fi|zie|ren ⟨aus gleichbed. *lat.* inficere, eigtl. „färben"⟩: a) eine Krankheit, Krankheitserreger übertragen; anstecken; b) sich -: Krankheitskeime aufnehmen, sich anstecken

in fla|gran|ti ⟨*lat.;* „in brennenden (Zustand)"⟩: auf frischer Tat; - - e r t a p p e n : bei Begehung einer [Straf]tat ertappen

in|flam|ma|bel ⟨aus gleichbed. *fr.* inflammable zu *lat.* inflammare, vgl. inflammieren⟩: entzündbar. **In|flam|ma|bi|lie** [...jə] *die;* -, -n (meist Plur.) ⟨aus gleichbed. *nlat.* inflammabilia⟩: (veraltet) brennbares Mineral. **In|flam|ma|bi|li|tät** *die;* - ⟨aus gleichbed. *fr.* inflammabilité; vgl. ...ität⟩: Entzündbarkeit, Brennbarkeit. **In|flam|ma|ti|on** *die;* -, -en ⟨aus *lat.* inflammatio „das Inbrandsetzen"⟩: 1. (veraltet) Feuer, Brand. 2. Entzündung (Med.). **in|flam|ma|to|risch** ⟨aus *nlat.* inflammatorius⟩: (veraltet) entzündlich, mit Entzündung verbunden; Entzündung hervorrufend (Med.). **in|flam|mie|ren** ⟨aus *lat.* inflammare „entzünden"⟩: (veraltet) 1. entflammen, in Begeisterung versetzen. 2. [sich] entzünden (Med.)

in|fla|tie|ren ⟨zu *lat.* inflatus, Part. Perf. von inflare „anschwellen lassen" (eigtl. „ein-, aufblasen"), u. ↑...ieren⟩: die Geldentwertung vorantreiben, durch eine Inflation entwerten (Wirtsch.). **In|fla|ti|on** *die;* -, -en ⟨unter Einfluß von *engl.* inflation aus *lat.* inflatio „das Sichaufblasen; das Aufschwellen"⟩: 1. a) Geldentwertung, starke Erhöhung der umlaufenden Geldmenge gegenüber dem Güterumlauf, wesentliche Erhöhung des Preisniveaus (Wirtsch.); Ggs. ↑Deflation (1); b) Zeit, in der eine Inflation (a) stattfindet. 2. übermäßige Ausweitung, Ausbreitung von etw. **in|fla|tio|när** ⟨zu ↑...är⟩: die Geldentwertung vorantreibend, auf eine Inflation hindeutend. **in|fla|tio|nie|ren** ⟨zu ↑...ieren⟩: 1. svw. inflatieren. 2. sich übermäßig ausweiten, ausbreiten. **In|fla|tio|nie|rung** *die;* -, -en ⟨zu ↑...ierung⟩: das Inflationieren. **In|fla|tio|nis|mus** *der;* - ⟨zu ↑...ismus⟩: Form der Wirtschaftspolitik, bei der die Wirtschaft durch Vermehrung des umlaufenden Geldes bei Vollbeschäftigung beeinflußt wird. **in|fla|tio|ni|stisch** ⟨zu ↑...istisch⟩: 1. den Inflationismus betreffend. 2. svw. inflationär; Ggs. ↑deflationistisch. **in|fla|to|risch** ⟨zu *lat.* inflator, eigtl. „der sich Aufblähende, Hochmütige"⟩: 1. svw. inflationär. 2. eine Inflation darstellend

in|fle|xi|bel [auch ...'ksi...] ⟨aus *lat.* inflexibilis „unbeugsam"⟩: 1. (selten) unbiegsam, unelastisch. 2. nicht beugbar. 3. nicht anpassungsfähig. **In|fle|xi|bi|le** *das;* -s, ...bilia ⟨aus gleichbed. *lat.* (nomen) inflexibile⟩: inflexibles (2) Wort. **In|fle|xi|bi|li|tät** *die;* - ⟨zu ↑...ität⟩: 1. (selten) Unbiegsamkeit. 2. Unbeugsamkeit. 3. starre Geisteshaltung

In|flo|res|zenz *die;* -, -en ⟨aus gleichbed. *nlat.* inflorescentia zu *lat.* inflorescere, vgl. infloreszieren⟩: Blütenstand (Bot.). **in|flo|res|zie|ren** ⟨aus *lat.* inflorescere „zu blühen beginnen"⟩: (veraltet) erblühen. **in flo|ri|bus** ⟨*lat.;* „in Blüten", vgl. ¹Flor⟩: in Blüte, im Wohlstand. **in flo|ri|bus et fruc|ti|bus** [- - - 'frʊk...] ⟨*lat.;* „in Blüten u. Früchten"⟩: in sehr guten Verhältnissen, sehr wohlhabend

In|flu|ent *der;* -en, -en (meist Plur.) ⟨aus *lat.* influens, Gen. influentis, Part. Präs. von influere „hineinfließen"⟩: Vertreter von Arten, die trotz geringer Individuenzahl beträchtlichen Einfluß auf den Stoffumsatz innerhalb der ↑Biozönose ausüben (z. B. Biber; Biol.). **In|flu|enz** *die;* -en ⟨aus *mlat.* influentia „Einfluß"⟩: die Beeinflussung eines elektrisch ungeladenen Körpers durch die Annäherung eines geladenen (z. B. die Erzeugung von Magnetpolen in unmagnetisiertem Eisen durch die Annäherung eines Magnetpoles od. die Erzeugung einer elektr. Ladung auf einem ungeladenen Metall durch die Annäherung einer elektr. Ladung). **In|flu|en|za** *die;* - ⟨aus gleichbed. *it.* influenza, eigtl. „Einfluß (der Sterne)", vgl. Influenz⟩: (veraltend) Grippe. **In|flu|en|za|vi|ren** [...v...] *die* (Plur.): Erreger der Virusgrippe. **in|flu|en|zie|ren** ⟨zu ↑Influenz u. ↑...ieren⟩: einen elektrisch ungeladenen Körper durch die Annäherung eines geladenen beeinflussen; vgl. Influenz. **In|flu|enz|ma|schi|ne** *die;* -, -n: Maschine zur Erzeugung hoher elektr. Spannung. **In|flu|enz|mi|ne** *die;* -, -n: ¹Mine (4), die durch die (elektr. od. magnetische) Beeinflussung eines sich nähernden Körpers explodiert. **in|flu|ie|ren** ⟨aus gleichbed. *lat.* influere⟩: (veraltet) hineinfließen; eindringen. **In|flux** *der;* -[e]s, -e ⟨aus *lat.* influxus „die Einströmung, der Einfluß", eigtl. Part. Perf. von influere, vgl. influieren⟩: das Einfließen, Teilvorgang der Teilchenflüsse an Zellmembranen (Biol.). **In|flu|xio|nis|mus, In|flu|xis-**

mus *der;* - ⟨zu (↑¹...↑ion u.) ...ismus (1)⟩: philosophische Ansicht der Scholastik u. im 17./18. Jh., die vom ↑Influxus physicus ausgeht. **In|flu|xus phy|si|cus** [– ...kʊs] *der;* - - ⟨aus *lat.* influxus physicus, eigtl. „naturnaher Einfluß"⟩: 1. Beeinflussung der Seele durch den Leib (Scholastik). 2. Wechselwirkung von Leib – Seele, Körper – Geist (in der Philos. des 17. u. 18. Jh.s)

¹In|fo *die;* -, -s: Kurzform von ↑Information (1). **²In|fo** *das;* -s, -s ⟨Kurzform von *Info*rmationsblatt⟩: über ein aktuelles Problem informierendes [Flug]blatt

in fo|lio ⟨aus *nlat.* in folio „in einem Blatt, in Blattgröße" zu *lat.* folium „Blatt", vgl. Folie⟩: in Folioformat (in bezug auf Bücher)

In|fo|mo|bil [auch ...'biːl] *das;* -s, -e ⟨Kurzw. aus ↑*Info*rmation u. ↑Auto*mobil*⟩: (ugs.) Fahrzeug, meist Omnibus, als fahrbarer Informationsstand

in|for|mal [auch ...'maːl] ⟨zu ↑in... (2) u. ↑formal⟩: nicht auf vorgeplanten, organisierten Regeln u. Richtlinien beruhend (sondern spontan sich aus dem tatsächlichen Geschehen ergebend). **In|for|ma|lis|mus** *der;* -: svw. informelle Kunst

In|for|mand *der;* -en, -en ⟨aus *lat.* informandus „der zu Unterrichtende", Gerundivum von informare, vgl. informieren⟩: a) jmd., der [im Rahmen einer praktischen Ausbildung] mit den Grundfragen eines bestimmten Tätigkeitsbereiches vertraut gemacht werden soll; b) Ingenieur, der sich in verschiedenen Abteilungen [über deren Aufgaben u. Arbeitsweise] informieren soll. **In|for|mant** *der;* -en, -en ⟨unter Einfluß von *engl.* informant „Gewährsmann" aus *lat.* informans, Gen. informantis, Part. Präs. von informare, vgl. informieren⟩: jmd., der [geheime] Informationen liefert, Gewährsmann. **In|for|ma|tik** *die;* - ⟨zu ↑Information u. ↑²...ik (1)⟩: a) Wissenschaft vom Wesen u. der Funktion der Information (2), ihrer Verarbeitung sowie der Anwendung informationsverarbeitender Systeme; b) Computerwissenschaft. **In|for|ma|ti|ker** *der;* -s, -: Wissenschaftler auf dem Gebiet der Informatik. **In|for|ma|ti|on** *die;* -, -en ⟨über *spätlat.* informatio „Bildung durch Unterricht, Belehrung" aus *lat.* informatio „Vorstellung, Erläuterung", dies zu informare, vgl. informieren⟩: 1. a) Nachricht, Auskunft; das Informieren; Unterrichtung über eine bestimmte Sache; b) [auf Anfrage erteilte] über alles Wissenswerte in Kenntnis setzende, offizielle, detaillierte Mitteilung über jmdn., etw.; c) (meist Plur.) Äußerung od. Hinweis, mit dem jmd. von einer [wichtigen politischen] Sache in Kenntnis gesetzt wird; d) Kurzform für Informationsstand, -stelle. 2. (Plur. selten) a) [Maß für den] Informationsgehalt einer Nachricht, bes. die räumliche od. zeitliche Folge physikalischer Signale, die mit bestimmten Wahrscheinlichkeiten od. Häufigkeiten auftreten, sich zusammensetzende Mitteilung, die beim Empfänger ein bestimmtes [Denk]verhalten bewirkt (Informatik); vgl. ...[at]ion/...ierung. **in|for|ma|tio|nell** ⟨zu ↑...ell⟩: die Information (2) betreffend. **In|for|ma|tion Re|trie|val** [ɪnfəˈmeɪʃn rɪˈtriːvəl] *das;* - - ⟨aus gleichbed. *engl.* information retrieval zu retrieval „das Wiederauffinden"⟩: Informationserschließung, Verfahren zur Wiedergewinnung von Informationen, die in einem System so gespeichert sind, daß Teilinformationen unter verschiedenen Gesichtspunkten abgerufen werden können (EDV). **In|for|ma|ti|ons|äs|the|tik** [ɪnfɔrma...] *die;* -: moderne ↑Ästhetik (1), die ↑ästhetische (1) ↑Produkte (1) als Summe informativer Zeichen betrachtet u. sie mit mathematisch-informationstheoretischen Mitteln beschreibt. **In|for|ma|ti|ons|de|fi|zit** *das;* -s, -e: zu geringes Maß an Information (1 a–c). **In|for|ma|ti-ons|di|dak|tik** *die;* -: ↑Didaktik, die auf der Informationstheorie aufbaut. **In|for|ma|ti|ons|elek|tro|nik** *die;* -: die Technik der Informationserfassung, -übermittlung u. -verarbeitung mittels elektrischer, optischer u. magnetischer Signale. **In|for|ma|ti|ons|psy|cho|lo|gie** *die;* -: Richtung der Psychologie, die psychologische Sachverhalte (bes. Kommunikation, Wahrnehmungs- u. Gedächtnispsychologie) unter informationstheoretischen Gesichtspunkten betrachtet. **In|for|ma|ti|ons|re|cher|che|spra|che** [...ʃɛrʃə...] *die;* -, -n: System formalisierter Begriffe zur Widerspiegelung des Inhalts von Informationsquellen u. -anfragen (z. B. die Dezimalklassifikation, ein ↑Thesaurus, ein Schlagwörterverzeichnis). **In|for|ma|ti|ons|[re|cher|che]-sy|stem** *das;* -s, -e: System zur Erfassung, Speicherung u. Ausgabe von [wissenschaftlichen] Informationen (1 a–c). **in|for|ma|ti|ons|theo|re|tisch**: die Informationstheorie betreffend. **In|for|ma|ti|ons|theo|rie** *die;* -: math. Theorie, die sich mit der quantitativen u. strukturellen Erforschung der Information (2) befaßt; Theorie der elektronischen Nachrichtenübertragung. **in|for|ma|tiv** ⟨zu *lat.* informatus, Part. Perf. von informare (vgl. informieren), u. ↑...iv⟩: belehrend; Einblicke, Aufklärung bietend, aufschlußreich; vgl. ...iv/...orisch. **In|for|ma|tive la|bel|ling, In|for|ma|tive la|bel|ling** [ɪnˈfɔːmətɪv ˈleɪb(ə)lɪŋ] *das;* - -[s], - -s ⟨aus gleichbed. *engl.* informative label(l)ing, eigtl. „informierendes Etikettieren"; vgl. Label (1)⟩: Warenetikett, das über Material, Herstellungsart, Herkunft usw. unterrichtet (Wirtsch.). **In|for|ma|tor** [ɪnfɔr...] *der;* -s, ...oren ⟨aus gleichbed. *lat.* informator, eigtl. „Bildner"⟩: 1. jmd., der andere informiert (1), von dem man Informationen bezieht. 2. (veraltet) Hauslehrer, Hofmeister. **in|for|ma|to|risch**: dem Zwecke der Information dienend, einen allgemeinen Überblick verschaffend; vgl. ...iv/...orisch. **In|for|ma|trice** [ɛformaˈtriːs] *die;* -, -n [...sn̩] ⟨aus gleichbed. älter *fr.* informatrice aus *lat.* informatrix, weibliche Form zu informator „Bildner", vgl. Informator⟩: (veraltet) Hauslehrerin

In|for|mel [ɛfɔrˈmɛl] *das;* - ⟨zu *fr.* (art) informel, eigtl. „formlos(e Kunst)"; nach der auf den Kritiker M. Tapié zurückgehenden franz. Wortprägung significance de l'informel „Bedeutsamkeit des Formlosen"⟩: svw. informelle Kunst

¹in|for|mell [auch 'ɪn...] ⟨zu ↑informieren u. ↑...ell⟩: (selten) a) svw. informatorisch; b) in der Absicht, sich zu informieren (2)

²in|for|mell [auch 'ɪn...] ⟨aus *fr.* informel „formlos", dies zu ↑in... (2) u. ↑formell⟩: ohne [formalen] Auftrag; ohne Formalitäten, nicht offiziell; -e K u n s t: Richtung der modernen Malerei, die frei von allen Regeln unter Verwendung von Stoffetzen, Holz, Abfall o. ä. zu kühnen u. phantastischen Bildern gelangt; -e G r u p p e: sich spontan bildende Gruppe innerhalb einer festen Organisation. **In|for|mel|le** *der* u. *die;* -n, -n: Vertreter[in] der informellen Kunst

in|for|mie|ren ⟨aus *lat.* informare „durch Unterrichtung bilden, befähigen", eigtl. „formen, eine Gestalt geben", zu ↑in... (1) u. forma „Gestalt, Form"⟩: 1. Nachricht, Auskunft geben, in Kenntnis setzen; belehren. 2. sich -: Auskünfte, Erkundigungen einziehen, sich unterrichten. **In|for|mie|rung** *die;* -, -en ⟨zu ↑...ierung⟩: das Informieren (1 u. 2); vgl. ...[at]ion/...ierung. **In|for|mo|som** *das;* -s, -en (meist Plur.) ⟨Kurzbildung zu ↑Information u. *gr.* sōma „Leib, Körper"⟩: Partikeln, die innerhalb einer Zelle Informationen übermitteln (Biol.).

In|for|tu|na *die;* - ⟨aus gleichbed. *mlat.* infortuna zu ↑in... (2) u. *lat.* fortuna „Glück"⟩: (veraltet) Unglück bedeutender Planetenstand (Astrol.). **In|for|tune** [ɛfɔrˈtyːn] *die;* - ⟨aus gleichbed. *fr.* infortune, dies aus *lat.* infortunium⟩: (veraltet) Unglück

In|fo|tain|ment [...'teın...] *das;* -s ⟨Kurzw. aus ↑*Info*rmation u. ↑ Enter*tainment*⟩: Verbindung von sachlichen Meldungen u. lockerer Unterhaltung [in Fernsehsendungen]. **In|fo|thek** *die;* -, -en ⟨Kurzw. aus ↑*Info*rmation u. ↑ Biblio*thek*⟩: 1. Sammel- u. Aufbereitungsstelle für Informationen aller Art. 2. stationäre Speicheranlage für Verkehrsinformationen

in|fra..., In|fra... ⟨aus gleichbed. *lat.* infra⟩: Präfix mit der Bedeutung „unter[halb]", z. B. infrarot, Infrastruktur. **in|fra|di|an** ⟨aus gleichbed. *nlat.* infradianus zu ↑infra... u. *lat.* dies „Tag"⟩: einen Biorhythmus bezeichnend, dessen Periodenlänge mehr als einen Tag aufweist (z. B. den Menstruationszyklus der Frau; Med., Biol.). **In|fra|grill** ⓦ *der;* -s, -s ⟨Kurzw. aus *infra*rot. ↑*Grill*⟩: Grill, bei dem ↑Infrarot erhitzt wird. **in|fra|kla|vi|ku|lär** [...v...] ⟨zu ↑infra... u. *mlat.* clavicularis „zum Schlüsselbein gehörend"⟩: unterhalb des Schlüsselbeins gelegen (Med.). **in|fra|kru|stal** ⟨zu *lat.* crusta „Kruste, Rinde" u. ↑¹...*al* (1)⟩: unterhalb der Erdkruste befindlich (Geol.).

In|frak|ti|on *die;* -, -en ⟨aus *lat.* infractio „das Gebrochensein" zu infractus „gebrochen, umgebogen", Part. Perf. von infringere „zerbrechen"⟩: Knickungsbruch ohne vollständige Durchtrennung der Knochenstruktur (Med.). **In|frak|tor** *der;* -s, ...ores ⟨aus *lat.* infractor „Zerbrecher"⟩: (veraltet) Vertragsbrüchiger, Gesetzesübertreter

in|fra|ma|xil|lar, in|fra|ma|xil|lär ⟨zu ↑infra... u. ↑maxillar⟩: unterhalb des Kiefers gelegen, zum Unterkiefer gehörend (Med.)

in|fran|gi|bel ⟨aus gleichbed. *nlat.* infrangibilis zu ↑in... (2) u. *lat.* frangere „brechen, zerbrechen"⟩: unzerbrechlich. **In|fran|gi|bi|li|tät** *die;* - ⟨zu ↑...*ität*⟩: Unzerbrechlichkeit

in|fra|or|bi|tal ⟨zu ↑infra... u. ↑orbital⟩: unterhalb der Augenhöhle gelegen (bes. von Gefäßen od. Nerven; Med.). **in|fra|rot:** zum Bereich des Infrarots gehörend. **In|fra|rot** *das;* -s: unsichtbare Wärmestrahlung, die im ↑Spektrum (1) zwischen dem roten Licht u. den kürzesten Radiowellen liegt (Phys.). **In|fra|rot|astro|no|mie** [auch ...'ro:t...] *die;* -: ein Gebiet der Astronomie, das sich mit der Untersuchung der aus dem Weltraum kommenden infraroten Strahlung befaßt. **In|fra|rot|film** [auch ...'ro:t...] *der;* -[e]s, -e: für infrarote Strahlen empfindlicher Film. **In|fra|rot|fil|ter** [auch ...'ro:t...] *der,* fachspr. *das;* -s, -: für infrarote Strahlung durchlässiges, sichtbares Licht jedoch weitgehend absorbierender Aufnahmefilter für die Infrarotfotografie. **In|fra|rot|fo|to|gra|fie** [auch ...'ro:t...] *die;* -: fotografische Infrarotmethode, die sich der besonderen Physik. Eigenschaften infraroter Strahlung bedient (z. B. die Fähigkeit, Dunst u. atmosphärische Trübungen zu durchdringen). **In|fra|schall** *der;* -[e]s: Schall, dessen Frequenz unter 20 Hertz liegt; Ggs. ↑Ultraschall. **In|fra|struk|tur** *die;* -, -en: 1. notwendiger wirtschaftl. u. organisatorischer Unterbau einer hochentwickelten Wirtschaft (Verkehrsnetz, Arbeitskräfte u. a.). 2. Gesamtheit militärischer Anlagen (Kasernen, Flugplätze usw.). **in|fra|struk|tu|rell:** die Infrastruktur betreffend

in frau|dem le|gis ⟨*lat.;* eigtl. „in Täuschung des Gesetzes"⟩: zur Umgehung des Gesetzes (Rechtsw.)

in|fre|quent [auch 'ın...] ⟨aus gleichbed. *lat.* infrequens, Gen. infrequentis⟩: (veraltet) wenig besucht, menschenleer. **In|fre|quenz** [auch 'ın...] *die;* - ⟨aus gleichbed. *lat.* infrequentia⟩: (veraltet) spärlicher Besuch, Menschenleere

In|fri|gi|da|ti|on *die;* - ⟨aus gleichbed. *lat.* infrigidatio zu infrigidare, vgl. infrigidieren⟩: (veraltet) Abkühlung. **in|fri|gi|die|ren** ⟨aus gleichbed. *lat.* infrigidare zu ↑in... (1) u. frigidare „kühlen"⟩: (veraltet) abkühlen

in|frin|gie|ren ⟨aus *lat.* infringere „zerbrechen, einbrechen" zu ↑in... (1) u. frangere „brechen"⟩: (veraltet) einen Vertrag brechen, ein Gesetz übertreten

In|ful *die;* -, -n ⟨aus *lat.* infula „(Kopf)binde, Stirnband"⟩: 1. altröm. weiße Stirnbinde der Priester u. der kaiserlichen Statthalter. 2. kath. geistliches Würdezeichen; vgl. Mitra. **in|fu|lie|ren** ⟨zu *lat.* infula (vgl. Inful) u. ↑...*ieren*⟩: zum Tragen der Inful od. Mitra berechtigen, mit dem Bischofshut ausstatten. **in|fu|liert** ⟨aus *lat.* infulatus „mit Binde(n) geschmückt"; vgl. ...*iert*⟩: 1. zum Tragen der Inful od. Mitra berechtigt, mit der Inful ausgezeichnet. 2. mit einer Mitra gekrönt (von geistlichen Wappen)

In|fun|di|bu|lum *das;* -s, ...la ⟨aus *lat.* infundibulum „Trichter"⟩: 1. trichterförmige Öffnung an Organen od. Teilen des Skeletts. 2. trichterförmige Ausstülpung des Zwischenhirnbodens bei Wirbeltieren, an der die Hypophyse hängt (Med.). **in|fun|die|ren** ⟨aus *lat.* infundere „hineingießen, hineinfüllen"⟩: eine Infusion vornehmen (Med.). **In|fus** *das;* -es, -e ⟨aus gleichbed. *lat.* infusum, Neutrum von infusus, Part. Perf. von infundere, vgl. infundieren⟩: Aufguß, wäßriger Pflanzenauszug. **In|fu|si|on** *die;* -, -en ⟨aus *lat.* infusio „das Hineingießen" zu infundere, vgl. infundieren⟩: Einführung größerer Flüssigkeitsmengen (z. B. physiologische Kochsalzlösung) in den Organismus, bes. über die Blutwege (↑intravenös), über das Unterhautgewebe (↑subkutan) od. durch den After (↑rektal; Med.). **In|fu|si|ons|tier|chen** *das;* -s, - ⟨nach gleichbed. *nlat.* (animalculta) infusoria (Plur.)⟩: svw. Infusorium. **In|fu|so|ri|en|er|de** [...i̯ən...] *die;* - ⟨Plur. von ↑Infusorium⟩: Kieselgur, ↑Diatomeenerde. **in|fu|so|risch** ⟨aus gleichbed. *spätlat.* infusorius⟩: durch ein Infus entstanden. **In|fu|so|ri|um** *das;* -s, ...ien [...i̯ən] (meist Plur.) ⟨aus gleichbed. *nlat.* infusorium, dies zu *lat.* infusus „hinein-, aufgegossen", vgl. Infus (weil dieser Einzeller bei einem Aufguß von Wasser auf organische Stoffe entdeckt wurde); vgl. ...*ium*⟩: Aufgußtierchen (einzelliges Wimpertierchen). **In|fu|sum** *das;* -s, ...sa ⟨aus gleichbed. *lat.* infusum, vgl. Infus⟩: svw. Infus

in fu|tu|rum ⟨*lat.*⟩: für die Zukunft, in der Folge

...ing ⟨aus *engl.* -ing (Endung des Verbalsubstantivs bzw. des Gerundiums)⟩: Wortbildungselement mit substantivischer Bedeutung, z. B. Camping „das Zelten"

In|gan|no *der;* -s, ...ni ⟨aus *it.* inganno „Betrug, Täuschung"⟩: Trugschluß (Mus.)

In|ge|mi|na|ti|on *die;* -, -en ⟨zu ↑ingeminieren u. ↑...*ation*⟩: Verdoppelung, Wiederholung. **in|ge|mi|nie|ren** ⟨aus gleichbed. *lat.* ingeminare⟩: verdoppeln, wiederholen

in ge|ne|re [auch – 'gɛn...] ⟨*lat.*⟩; eigtl. „in der (ganzen) Gattung"⟩: im allgemeinen, allgemein. **in|ge|ne|riert** ⟨aus gleichbed. *lat.* ingeneratus; vgl. ...*iert*⟩: angeboren (Med.)

In|ge|nieur [ɪnʒe'ni̯øːɐ̯] *der;* -s, -e ⟨aus gleichbed. *fr.* ingénieur, dies aus *altfrz.* engineor bzw. engignier, eigtl. „wer sinnreiche Vorrichtungen baut" zu engin „sinnreiche Vorrichtung, Kriegsmaschine", dies über *mlat.* ingenium „Kriegsgerät, -maschine" aus *lat.* ingenium, vgl. Ingenium⟩: auf einer Hoch- od. Fachhochschule ausgebildeter Techniker; Abkürzungen: Ing. (grad.), Dipl.-Ing., Dr.-Ing. **In|ge|nieur|bio|lo|ge** *der;* -n, -n: jmd., der in der Ingenieurbiologie ausgebildet ist (Berufsbez.). **In|ge|nieur|bio|lo|gie** *die;* -: Wissenschaft, die sich mit den biologischen Wirkungen infolge baulicher Maßnahmen in der Landwirtschaft befaßt. **In|ge|nieur|geo|lo|ge** *der;* -n, -n: jmd., der in der Ingenieurgeologie ausgebildet ist (Berufsbez.). **In|ge|nieur|geo|lo|gie** *die;* -: Teilgebiet der angewandten ↑Geologie,

Ingenieurökonom

das die ↑geologische Vorarbeit u. Beratung bei Bauingenieuraufgaben umfaßt. **In|ge|nieur|öko|nom** *der;* -en, -en: ↑Ökonom (b) mit Hochschulausbildung, der auch die Grundlagen der Technologie eines Industriezweigs beherrscht. **in|ge|nieur|tech|nisch**: die Arbeit des Ingenieurs betreffend, damit befaßt. **in|ge|ni|ös** [ɪnge...] ‹über *fr.* ingénieux aus gleichbed. *lat.* ingeniosus; vgl. ...ös›: erfinderisch, kunstvoll erdacht; scharfsinnig, geistreich. **In|ge|nio|si|tät** *die;* -‹zu ↑...osität›: a) Erfindungsgabe, Scharfsinn; b) von Ingenium zeugende Beschaffenheit. **In|ge|ni|um** *das;* -s, ...ien [...i̯ən] ‹aus gleichbed. *lat.* ingenium›: natürliche Begabung, [schöpferische] Geistesanlage, Erfindungskraft, Genie. **In|ge|nue** [ɛʒe'ny] *die;* -, -s ‹aus gleichbed. *fr.* ingénue›: Vertreterin einer naiven Rolle, Naive (Theat.). **In|ge|nui|tät** [ɪngenui...] *die;* - ‹aus gleichbed. *lat.* ingenuitas, Gen. ingenuitatis›: 1. Stand eines Freigeborenen, Freiheit. 2. (veraltet) Freimut, Offenheit, Natürlichkeit im Benehmen. **In|ge|nu|us** [...nuʊs] *der;* -, ...nui ‹aus gleichbed. *lat.* ingenuus›: in der röm. Antike u. im Mittelalter der Freigeborene im Gegensatz zum unfreien Sklaven u. zum Freigelassenen
In|ge|renz *die;* -, -en ‹zu ↑ingerieren u. ↑...enz›: 1. (veraltet) Einmischung; Einflußbereich, Wirkungskreis. 2. strafbares Herbeiführen einer Gefahrenlage durch den Täter, der es dann unterläßt, die Schädigung abzuwenden (z. B. Unterlassung der Sicherung einer Straßenbaustelle; Rechtsw.). **in|ge|rie|ren** ‹aus gleichbed. *lat.* ingerere›: (veraltet) hineinbringen, hineinmischen, einmengen. **In|ge|sta** *die* (Plur.) ‹aus *lat.* ingesta „das Hineingebrachte", Neutrum Plur. zu ingestus, Part. Perf. von ingerere, vgl. Ingerenz›: aufgenommene Nahrung (Med.). **In|ge|sti|on** *die;* - ‹aus *lat.* ingestio „das Einführen"›: Nahrungsaufnahme (Med.). **In|ge|sti|ons|al|ler|ge|ne** *die* (Plur.): mit der Nahrung aufgenommene ↑Allergene (z. B. durch Erdbeeren; Med.).
in glo|bo ‹*lat.;* „in der (ganzen) Kugel, im (ganzen) Haufen"›: im ganzen, insgesamt
In|got ['ɪŋɡɔt] *der;* -s, -s ‹aus gleichbed. *engl.* ingot›: 1. Form, in die Metall gegossen wird. 2. Barren (Gold, Silber); [Stahl]block
In|grain|pa|pier [ɪn'ɡreɪn...] *das;* -s ‹zu *engl.* ingrain „im Garn od. in der Faser gefärbt" u. ↑Papier›: Zeichenpapier von rauher Oberfläche mit farbigen od. schwarzen Wollfasern
in|grat ‹aus gleichbed. *spätlat.* ingratus zu ↑in... (2) u. *lat.* gratia „Dank"›: (veraltet) undankbar. **In|gra|ti|tude** [ɛ̃grati'ty:d] *die;* - ‹aus gleichbed. *fr.* ingratitude, dies aus *spätlat.* ingratitudo›: svw. Ingratitudo. **In|gra|ti|tu|do** [ɪngra...] *die;* - ‹aus gleichbed. *spätlat.* ingratitudo›: (veraltet) Undankbarkeit
In|gre|di|ens [...di̯ɛns] *das;* -, ...ienzien [...i̯ən] ‹aus *lat.* ingrediens „Hineinkommendes", Gen. ingredientis, Part. Präs. von ingredi „hineingehen, hinzukommen"›: svw. Ingredienz. **In|gre|di|enz** *die;* -, -en (meist Plur.) ‹aus *lat.* ingredientia (Plur.) „hinzukommende (Dinge)"›: 1. Zutat (Pharm., Gastr.). 2. Bestandteil (z. B. einer Arznei)
In|gre|mia|ti|on *die;* -, -en ‹aus gleichbed. *nlat.* ingremiatio zu *mlat.* ingremiare, vgl. ingremiieren›: (veraltet) Aufnahme in eine geistliche Körperschaft. **in|gre|mi|ie|ren** ‹aus *mlat.* ingremiare „in eine Körperschaft entsenden" zu ↑in... (1) u. *lat.* gremium „Innerstes (eines Körpers)"›: (veraltet) in eine geistliche Körperschaft aufnehmen
In|gres|pa|pier ['ɛ̃:grpa...] *das;* -s ‹nach dem franz. Maler J. A. D. Ingres (1780–1867)›: farbiges Papier für Kohle- u. Kreidezeichnungen

In|greß *der;* ...esses, ...esse ‹aus gleichbed. *lat.* ingressus, eigtl. Part. Perf. von ingredi „hineingehen"›: (veraltet) Eingang, Zutritt. **In|gres|si|on** *die;* -, -en ‹aus *lat.* ingressio „das Hineingehen" zu ingredi, vgl. Ingreß›: kleinräumige Meeresüberflutung des Festlandes (Geogr.). **in|gres|siv** [auch ...'si:f] ‹aus gleichbed. *lat.* ingressivus›: 1. einen Beginn ausdrückend (in bezug auf Verben; z. B. entzünden, erblassen; Sprachw.); Ggs. ↑egressiv (1); -e [...və] Aktionsart: svw. inchoative Aktionsart; -er [...vɐ] Aorist: den Eintritt einer Handlung bezeichnender ↑Aorist. 2. bei der Artikulation von Sprachlauten den Luftstrom von außen nach innen richtend; Ggs. ↑egressiv (2) (Sprachw.). **In|gres|si|vum** [...v...] *das;* -s, ...va ‹aus gleichbed. *lat.* (verbum) ingressivum›: Verb mit ingressiver Aktionsart
In|gros|sat *der;* -en, -en ‹aus *mlat.* ingrossatus, Part. Perf. von ingrossare, vgl. ingrossieren›: (veraltet) als Pfandgläubiger eingetragener Besitzer einer Forderung. **In|gros|sa|ti|on** *die;* -, -en ‹aus gleichbed. *mlat.* ingrossatio›: (veraltet) Eintragung ins Hypothekenbuch. **In|gros|sa|tor** *der;* -s, ...oren ‹aus gleichbed. *mlat.* ingrossator›: (veraltet) Hypothekenbuchführer. **in|gros|sie|ren** ‹aus gleichbed. *mlat.* ingrossare›: in das Hypothekenbuch eintragen. **In|gros|sist** *der;* -en, -en ‹zu ↑...ist›: svw. Ingrossator. **in gros|so** ‹aus gleichbed. *it.* all'ingrosso›: (veraltend) svw. en gros
In|group ['ɪŋɡru:p] *die;* -, -s ‹aus gleichbed. *engl.* in-group›: [soziale] Gruppe, zu der man gehört u. der man sich innerlich stark verbunden fühlt; Eigengruppe, Wir-Gruppe (Soziol.); Ggs. ↑Outgroup
in|gui|nal [ɪŋɡui...] ‹zu *lat.* inguen, Gen. inguinis „Weichen, Leistengegend" u. ↑¹...al (1)›: zur Leistengegend gehörend (Med.)
Ing|wäo|nis|mus *der;* -, ...men ‹zu *lat.* Ingaevones (nach dem germ. Gott Ing benannter Stamm der Nordseegermanen) u. ↑...ismus (4)›: sprachlicher Einfluß des Nordseegermanischen (auf das Altsächsische; Sprachw.)
Ing|wer *der;* -s, - ‹aus gleichbed. *altfr.* gingembre, gingibre, dies über *vulgärlat.* gingiber zu *lat.* zingiberi, dies über *gr.* ziggíberis aus *sanskr.* sṛngavera, eigtl. „hornförmig" (nach den hornförmigen Wurzeln der Pflanze)›: 1. (ohne Plur.) tropische u. subtropische Gewürzpflanze. 2. (ohne Plur.) a) eßbarer, aromatischer, brennend scharf schmeckender Teil des Wurzelstocks des Ingwers (1); b) aus dem Wurzelstock der Ingwerpflanze gewonnenes aromatisches, brennend scharfes Gewürz. 3. mit Ingweröl gewürzter Likör
in|haf|tie|ren ‹zu ↑in... (1), *dt.* Haft u. ↑...ieren›: in Haft nehmen, verhaften
In|ha|la|ti|on *die;* -, -en ‹über gleichbed. *fr.* inhalation aus *spätlat.* inhalatio „das Anhauchen, Hauch" zu inhalare, vgl. inhalieren›: Einatmung von Heilmitteln (z. B. in Form von Dämpfen). **In|ha|la|ti|ons|al|ler|ge|ne** *die* (Plur.): mit der Atemluft aufgenommene ↑Allergene (z. B. Pflanzenpollen, Pilzsporen; Med.). **in|ha|la|tiv** ‹zu ↑...iv›: die Inhalation betreffend, durch Inhalation bedingt. **In|ha|la|tor** *der;* -s, ...oren ‹zu ↑...or›: Inhalationsgerät (Med.). **In|ha|la|to|ri|um** *das;* -s, ...ien [...i̯ən] ‹zu ↑...orium›: mit Inhalationsgeräten ausgestatteter Raum. **In|ha|ler** [ɪn'heɪlə] *der;* -s, - ‹aus gleichbed. *engl.* inhaler zu inhale „einatmen, inhalieren", dies aus *lat.* inhalare, vgl. inhalieren›: Inhalationsgerät, Inhalationsfläschchen. **in|ha|lie|ren** [ɪnha...] ‹aus *lat.* inhalare „anhauchen"›: a) eine Inhalation vornehmen; b) (ugs.) [Zigaretten] über die Lunge rauchen; einen Lungenzug machen; c) (ugs. scherzh.) etw. essen od. trinken
in|hä|rent ‹aus gleichbed. *lat.* inhaerens, Gen. inhaerentis,

Part. Präs. von inhaerere, vgl. inhärieren⟩: an etwas haftend, ihm innewohnend; das Zusammengehören von Ding u. Eigenschaft betreffend (Philos.). **In|hä|renz** *die;* - ⟨aus gleichbed. *mlat.* inhaerentia; vgl. ...enz⟩: die Verknüpfung (das Anhaften) von Eigenschaften (↑ Akzidenzien) mit den Dingen (↑ Substanzen), zu denen sie gehören (Philos.). **in|hä|rie|ren** ⟨aus gleichbed. *lat.* inhaerere⟩: an etwas hängen, anhaften (Philos.)

in|hi|bie|ren ⟨aus *lat.* inhibere „hemmen, lindern"⟩: 1. hemmen (z. B. die Wirkung eines Enzyms). 2. (veraltet) einer Sache Einhalt tun; verhindern. **In|hi|bin** *das;* -s, -e ⟨zu ↑ ...in (1)⟩: Stoff im Speichel, der auf die Entwicklung von Bakterien hemmend wirkt (Med.). **In|hi|bi|ti|on** *die;* -, -en ⟨aus *lat.* inhibitio „Hemmung"⟩: 1. a) Hemmung od. Unterdrückung der spezifischen Wirkung eines Stoffes (z. B. eines Enzyms) durch einen anderen Stoff; b) Gefühls-, Reaktionshemmung. 2. (veraltet) Einhalt, gerichtliches Verbot, einstweilige Verfügung. **in|hi|bi|tiv** ⟨zu ↑ ...iv⟩: verbietend, untersagend (Sprachw.). **In|hi|bi|tiv|satz** *der;* -es, ...sätze: Verbotssatz, der sich auf eine schon begonnene Handlung bezieht (z. B. „schrei nicht so!"; Sprachw.). **In|hi|bi|tor** *der;* -s ...oren ⟨aus *spätlat.* inhibitor „Hinderer"⟩: Hemmstoff, der chem. Vorgänge einschränkt od. verhindert (Chem.). **in|hi|bi|to|risch:** (veraltet) verhindernd, verbietend (durch Gerichtsbeschluß; Rechtsw.)

in hoc sa|lus [- 'ho:k –] ⟨*lat.;* „in diesem (ist) Heil"⟩: Auflösung der frühchristl. Abk. des Namens Jesu in griech. Form: IH[ΣΟΥ]Σ; Abk.: I. H. S. od. IHS; vgl. IHS

in hoc si|gno [- 'ho:k –] ⟨*lat.;* eigtl. in hoc signo vinces „in diesem Zeichen [wirst du siegen]"⟩: Inschrift eines Kreuzes, das nach der Legende dem röm. Kaiser Konstantin im Jahre 312 n. Chr. am Himmel erschien; Abk.: I. H. S. od. IHS

in|ho|mo|gen [auch ...'ge:n] ⟨zu ↑ in... (2) u. ↑ homogen⟩: nicht gleich[artig]; -e Gleichung: Gleichung, bei der mindestens zwei Glieder verschiedenen Grades auftreten; vgl. heterogen. **In|ho|mo|ge|ni|tät** [auch 'n...] *die;* -: Ungleichartigkeit; vgl. Homogenität

in ho|no|rem ⟨*lat.*⟩: zu Ehren

in|hu|man [auch ...'ma:n] ⟨aus gleichbed. *lat.* inhumanus⟩: 1. nicht menschenwürdig, unmenschlich. 2. rücksichtslos, hartherzig; Ggs. ↑ human (1). **In|hu|ma|ni|tät** [auch 'n...] *die;* -, -en ⟨aus gleichbed. *lat.* inhumanitatis⟩: 1. (ohne Plur.) Nichtachtung der Menschenwürde, Unmenschlichkeit. 2. Härte, Rücksichtslosigkeit, Gefühllosigkeit; Ggs. ↑ Humanität

in in|fi|ni|tum ⟨*lat.;* „bis ins Grenzenlose, Unendliche"⟩: svw. ad infinitum

in in|te|grum re|sti|tu|ie|ren ⟨aus gleichbed. *lat.* in integrum restituere, eigtl. „ins Unversehrte zurückführen"⟩: in den vorigen [Rechts]stand wiedereinsetzen, den früheren Rechtszustand wiederherstellen (Rechtsw.); vgl. Restitutio in integrum

in|in|tel|li|gi|bel [auch ...'gi:...] ⟨zu ↑ in... (2) u. ↑ intelligibel⟩: (veraltet) unverständlich, nicht erkennbar; Ggs. ↑ intelligibel

In|ion *das;* -s, Inia ⟨aus *gr.* iníon „Muskel am Hinterkopf; Genick"⟩: anthropologischer Meßpunkt zur Bestimmung von Längsmaßen am menschlichen Schädel, gebildet vom Schnittpunkt der oberen Begrenzung des Ansatzes der Nackenmuskeln mit der Medianlinie (vgl. median) des Schädels (Med.).

In|iqui|tät *die;* - ⟨aus gleichbed. *lat.* iniquitas, Gen. iniquitatis, eigtl. „Unebenheit"⟩: (veraltet) Unbilligkeit, Härte

In|itia *die* (Plur.) ⟨aus *lat.* initia, Plur. von initium „Anfang",

dies zu inire „beginnen, betreten"⟩: Anfangswörter der einzelnen Seiten, bes. bei mittelalterlichen Handschriften u. Frühdrucken (Buchw.). **in|iti|al** ⟨aus gleichbed. *lat.* initialis⟩: anfänglich, beginnend. **In|iti|al** vgl. Initiale. **In|iti|al...** ⟨zu ↑ initial⟩: Wortbildungselement mit der Bedeutung „am Anfang stehend, den Anfang bildend", z. B. Initialwort. **In|iti|al|do|sis** *die;* -, ...sen: Dosis, die zur Einleitung einer Behandlung verabreicht wird (Med.). **In|iti|a|le** *die;* -, -n, seltener Initial *das;* -s, -e ⟨verkürzt aus Initialbuchstabe; vgl. initial⟩: großer, meist durch Verzierung u. Farbe ausgezeichneter Anfangsbuchstabe [in alten Schriften od. Handschriften]. **In|iti|al|or|na|men|tik** *die;* - ⟨zu ↑ Initial...⟩: ornamentale Ausschmückung der Anfangsbuchstaben [in alten Büchern od. Handschriften]. **In|iti|al|sprengstoff** *der;* -[e]s, -e: explosiver Zündstoff für Sprengstoffüllungen. **In|iti|al|sta|di|um** *das;* -s, ...ien [...iən]: Anfangsstadium eines Krankheitsverlaufs (Med.). **In|iti|al|wort** *das;* -[e]s, ...wörter: Kurzwort (↑ Akronym), das aus zusammengerückten Anfangsbuchstaben gebildet ist (z. B. *Ha*pag aus: *Ha*mburg-*A*merikanische *Pa*cketfahrt-*A*ctien-*G*esellschaft). **In|iti|al|zel|len** *die* (Plur.): Spitzen- od. Bildungszellen, durch Gestalt u. Größe ausgeglichene Zellen an der Spitze von Pflanzensprossen, aus denen sämtliche Zellen des Pflanzenkörpers hervorgehen (Bot.). **In|iti|al|zün|dung** *die;* -, -en: Sprengstoffexplosion mit ↑ Initialsprengstoff. **In|iti|and** *der;* -en, -en ⟨aus *lat.* initiandus „der Einzuweisende, Einzuweihende", Gerundivum von initiare, vgl. initiieren⟩: jmd., der in etwas eingeweiht werden soll; Anwärter für eine Initiation. **In|iti|ant** *der;* -en, -en ⟨aus *lat.* initians, Gen. initiantis „Einführender, Einweihender", Part. Präs. von initiare, vgl. initiieren⟩: 1. jmd., der die ↑ Initiative ergreift. 2. (schweiz.) a) jmd., der das Initiativrecht hat; b) jmd., der das Initiativrecht ausübt. **In|iti|a|ti|on** *die;* -, -en ⟨aus *lat.* initiatio „feierlicher Gottesdienst (für Geweihte)" zu initiare, vgl. initiieren⟩: [durch bestimmte Bräuche geregelte] Aufnahme eines Neulings in eine Standes-, Altersgemeinschaft, einen Geheimbund o. ä., bes. die Einführung der Jugendlichen in den Kreis der Männer od. Frauen bei Naturvölkern; vgl. ...[at]ion/...ierung. **In|iti|a|ti|ons|ri|ten** *die* (Plur.): Bräuche bei der Initiation (Völkerk.); vgl. Deposition (3). **in|iti|a|tiv** ⟨zu ↑ Initiative; vgl. ...iv...⟩: a) die Initiative (1) ergreifend; Anregungen gebend, erste Schritte in einer Angelegenheit unternehmend, z. B. - werden; b) Unternehmungsgeist besitzend. **In|iti|a|tiv|an|trag** *der;* -[e]s, ...anträge: die parlamentarische Diskussion eines bestimmten Problems (z. B. einer Gesetzesvorlage) einleitender Antrag. **In|iti|a|ti|ve** [...və] *die;* -, -n ⟨aus gleichbed. *fr.* initiative zu initier „einweihen, einführen; vertraut machen", dies aus gleichbed. *lat.* initiare, vgl. initiieren⟩: 1. a) erster tätiger Anstoß zu einer Handlung, der Beginn einer Handlung; b) Entschlußkraft, Unternehmungsgeist. 2. Recht zur Einbringung einer Gesetzesvorlage (in der Volksvertretung). 3. (schweiz.) Volksbegehren. 4. lockere Vereinigung von Personen zur Durchsetzung bestimmter Forderungen. **In|iti|a|tiv|grup|pe** *die;* -, -n: svw. Initiative (4). **In|iti|a|tiv|in|for|ma|ti|on** *die;* -, -en: relevante Information, die ohne Anfrage u. ohne Auftrag an vermutete Nutzer übermittelt wird. **In|iti|a|tiv|recht** *das;* -[e]s, -e: das Recht, Gesetzentwürfe einzubringen (z. B. einer Fraktion, der Regierung). **In|iti|a|tor** *der;* -s, ...oren ⟨aus *spätlat.* initiator „Beginner; Eingeweihter"⟩: 1. jmd., der etwas veranlaßt u. dafür verantwortlich ist; Urheber, Anreger. 2. chem. Stoff, der Kettenreaktionen auslöst, bes. ↑ Polymerisationen einleitet. **In|iti|a|to|rin** *die;* -, -nen: weibliche Form zu ↑ Initiator (1). **in|iti|a|to|risch:** ein-

Initien

leitend; veranlassend; anstiftend. **In|iti|en** [...jən] *die* (Plur.) ⟨aus *lat.* initia, Plur. von initium „Anfang"⟩: Anfänge, Anfangsgründe. **in|iti|ie|ren** ⟨über spätlat. initiare „anfangen; taufen" aus *lat.* initiare „einweihen, einführen"⟩: 1. a) den Anstoß geben; b) die Initiative (1) ergreifen. 2. jmdn. [in ein Amt] einführen, einweihen; vgl. Initiation. **In|iti|ie|rung** *die;* -, -en ⟨zu ↑...ierung⟩: das Initiieren (1); vgl. ...[at]ion/...ierung

in iu|re ces|sio [– 'juːrə ts...] ⟨*lat.;* „Abtretung vor Gericht"⟩: Form der Übertragung eines Herrschaftsrechts durch eine prozeßähnliche Handlung im römischen Recht
In|jek|ti|on *die;* -, -en ⟨aus *lat.* iniectio „das Hineinwerfen, Einspritzung" zu inicere, vgl. injizieren⟩: 1. Einspritzung von Flüssigkeiten in den Körper zu therapeutischen od. diagnostischen Zwecken, u. zwar ↑intravenös, ↑subkutan od. ↑intramuskulär (Med.). 2. starke Füllung u. damit Sichtbarwerden kleinster Blutgefäße im Auge bei Entzündungen (Med.). 3. Einspritzung von Verfestigungsmitteln (z. B. Zement) in unfesten Baugrund. 4. das Eindringen ↑magmatischer Schmelze in Fugen u. Spalten des Nebengesteins (Geol.). 5. das Eindringen von [Elementar]teilchen (Ladungsträgern) in einen Halbleiterbereich von bestimmter elektr. Leitfähigkeit bzw. in der Hochenergie- u. Kernphysik in einen Teilchenbeschleuniger (Phys.). **In|jek|ti|ons|all|er|ge|ne** *die* (Plur.): ↑Allergene, die durch Einstich (z. B. Injektion od. Insektenstich) dem Organismus zugeführt werden. **In|jek|ti|ons|me|ta|mor|pho|se** *die;* -, -n: starke Injektion (4), die Mischgesteine erzeugt (Geol.). **In|jek|ti|ons|prä|pa|rat** *das;* -[e]s, -e: Präparat mit Darstellung des Gefäßsystems od. anderer Hohlräume durch Injektion (1) meist gefärbter Substanzen (Med.). **In|jek|tiv** ⟨aus *lat.* iniectivus „das Einbringen betreffend"⟩: bei der Abbildung einer Menge verschiedenen Urbildern verschiedene Bildpunkte zuordnend (Math.). **In|jek|tiv** *der;* -s, -e [...və] u. **In|jek|tiv|laut** *der;* -[e]s, -e: Verschlußlaut, bei dem Luft in die Mundhöhle strömt; Ggs. ↑Ejektiv. **In|jek|to|ma|ne** *der;* -n, -n ⟨zu ↑Injektion (1) u. ↑...mane⟩: jmd., der sich in krankhafter Sucht Injektionen (1) zu verschaffen sucht (Psychol.); vgl. Injektomanie. **In|jek|to|ma|nie** *die;* - ⟨zu ↑...manie⟩: Sucht nach Injektionen (1), wobei der Akt des Einspritzens als Koitussymbol verstanden wird. **In|jek|tor** *der;* -s, ...oren ⟨zu ↑...or⟩: 1. Preßluftzubringer in Saugpumpen. 2. Dampfstrahlpumpe zur Speisung von Dampfkesseln. 3. Vorbeschleuniger, Teil einer Beschleunigeranlage, mit dem die zu beschleunigenden Teilchen auf die erforderlichen hohen Energien gebracht werden u. anschließend in den Teilchenbeschleuniger eingeschlossen werden (Kernphys.). **in|ji|zie|ren** ⟨aus *lat.* inicere „hineinwerfen, einflößen"⟩: (eine Flüssigkeit, bes. ein flüssiges Arzneimittel) in den Körper einspritzen (Med.)
in|ju|di|zia|bel ⟨zu ↑in... (2), *lat.* iudicare „richten, urteilen" u. ↑...abel⟩: (veraltet) der Gerichtsbarkeit nicht unterworfen
in|jun|gie|ren ⟨aus gleichbed. *lat.* iniungere, eigtl. „hineinfügen"⟩: (veraltet) anbefehlen, zur Pflicht machen, einschärfen. **In|junk|ti|on** *die;* -, -en ⟨aus gleichbed. spätlat. iniunctio⟩: (veraltet) Einschärfung, Vorschrift, Befehl
In|ju|rat *der;* -en, -en ⟨aus gleichbed. *nlat.* iniuratus zu ↑in... (2) u. *lat.* iuratus, Part. Perf. von iurare „schwören"⟩: (veraltet) Unvereidigter
In|ju|ri|ant *der;* -en, -en ⟨aus *lat.* iniurians, Gen. iniuriantis, Part. Präs. von iniuriare, vgl. injurieren⟩: (veraltet) Beleidiger. **In|ju|ri|at** *der;* -en, -en ⟨aus *lat.* iniuriatus, Part. Perf. von iniuriare, vgl. injurieren⟩: (veraltet) Beleidigter. **In|ju|rie** [...jə] *die;* -, -n ⟨aus gleichbed. *lat.* iniuria⟩: Unrecht, Beleidigung durch Worte od. Taten. **in|ju|ri|ie|ren** ⟨aus (spät)lat. iniuriare „Unrecht tun, gewalttätig handeln"⟩: (veraltet) beleidigen, jmdm. die Ehre abschneiden. **in|ju|ri|ös** ⟨aus gleichbed. *lat.* iniuriosus; vgl. ...ös⟩: (veraltet) beleidigend, ehrenrührig

In|ka *der;* -[s], -[s] ⟨über *span.* inca aus *Ketschua* (einer südamerik. Indianersprache) inka „König", eigtl. „Herr"⟩: Angehöriger der ehemaligen indian. Herrscher- u. Adelsschicht in Peru, bes. der König des Inkareiches. **In|ka|bein** *das;* -[e]s, -e, **In|ka|kno|chen** *der;* -s, -: besondere, durch eine Schädelnaht abgegrenzte Ausprägung des Hinterhauptbeins, die erstmals am Schädel der Inkas beschrieben wurde (Med.)
in|kal|ku|la|bel [auch 'ın...] ⟨unter Einfluß von *fr.* incalculable zu ↑in... (2) u. *lat.* calculare „[be]rechnen"⟩: (veraltet) unberechenbar, unzählbar, unmeßbar. **In|kal|ku|la|bi|li|tät** [auch 'ın...] *die;* - ⟨zu ↑...ität⟩: (veraltet) Unberechenbarkeit, Unzählbarkeit, Unmeßbarkeit
In|ka|me|ra|ti|on *die;* -, -en ⟨zu ↑inkamerieren u. ↑...ation⟩: (veraltet) Einziehung von Gütern, Überführung in Staatseigentum; vgl. Säkularisation (1). **in|ka|me|rie|ren** ⟨zu ↑in... (1), *mlat.* camera „Kammer, Schatzkammer, (Staats)kasse" u. ↑...ieren⟩: (veraltet) dem Staatsvermögen einverleiben
In|kan|ta|ti|on *die;* -, -en ⟨aus gleichbed. spätlat. incantatio zu incantare „(einen Zauberspruch) hersagen, bezaubern"⟩: Bezauberung, Beschwörung [durch ein Zauberlied] (Volksk.)
in|ka|pa|bel [auch 'ın...] ⟨aus gleichbed. *fr.* incapable, Gegensatzbildung zu ↑kapabel⟩: (veraltet) ungeschickt, unfähig, untüchtig
In|kar|di|na|ti|on *die;* -, -en ⟨aus gleichbed. *mlat.* incardinatio zu incardinare, vgl. inkardinieren⟩: Eingliederung eines kath. Geistlichen in eine bestimmte ↑Diözese od. einen Orden [nach voraufgegangener ↑Exkardination]. **in|kar|di|nie|ren** ⟨aus *mlat.* incardinare „in einen kirchlichen Stand erheben" zu *lat.* cardo, Gen. cardinis „Türangel, Drehpunkt"; vgl. Kardinal⟩: a) in eine bestimmte Diözese od. einen Orden eingliedern; b) zum Kardinal ernennen
in|kar|nat ⟨über *fr.* incarnat aus gleichbed. *it.* incarnato, dies aus *lat.* incarnatus „zu Fleisch geworden", Part. Perf. von incarnare, vgl. inkarnieren⟩: fleischfarben, fleischrot. **In|kar|nat** *das;* -[e]s: Fleischton (auf Gemälden). **In|kar|na|ti|on** *die;* -, -en ⟨über *kirchenlat.* incarnatio „Menschwerdung" aus *lat.* incarnatio „Fleischwerdung"⟩: 1. Fleischwerdung, Menschwerdung eines göttlichen Wesens (Christus nach Joh. 1,14; Buddha). 2. Verkörperung. **in|kar|nie|ren**, sich ⟨über *kirchenlat.* incarnare „Mensch werden" aus *lat.* incarnare „zu Fleisch machen"⟩: sich verkörpern. **in|kar|niert** ⟨aus gleichbed. *(kirchen)lat.* incarnatus, vgl. ...iert⟩: 1. fleischgeworden. 2. verkörpert
In|kar|ze|ra|ti|on *die;* -, -en ⟨aus spätlat. incarceratio „Einkerkerung" zu incarcerare, vgl. inkarzerieren⟩: Einklemmung (z. B. eines Eingeweidebruches; Med.). **in|kar|ze|rie|ren** ⟨aus spätlat. incarcerare „einkerkern" zu ↑in... (1) u. *lat.* carcer „Kerker, Gefängnis"⟩: sich einklemmen (z. B. in bezug auf einen Bruch; Med.). **in|kar|ze|riert** ⟨zu ↑...iert⟩: eingeklemmt (z. B. in bezug auf einen Bruch; Med.)
In|kas|sant *der;* -en, -en ⟨zu *it.* incassare (vgl. Inkasso) u. ↑...ant (1)⟩: (österr.) Kassierer. **In|kas|so** *das;* -s, Plur. -s, auch (österr. nur) ...ssi ⟨aus gleichbed. *it.* incasso zu incassare „einkassieren", dies aus *mlat.* incassare, incapsare „in einen Heiligenschrein aufnehmen" zu *lat.* capsa „Behältnis"; vgl. Kassa⟩: Beitreibung, Einziehung fälliger Forde-

inkompetent

rungen. **In|kas|so|bü|ro** *das;* -s, -s: Unternehmen, das sich mit der Einziehung fälliger Forderungen befaßt. **In|kas|so|in|dos|sa|ment** *das;* -s, -e: ↑ Indossament mit dem Zweck, den Wechselbetrag durch den ↑ Indossatar auf Rechnung des Wechselinhabers einziehen zu lassen. **In|kas|so|pro|vi|si|on** [...v...] *die;* -: Vergütung für das Einziehen von Forderungen

In|ka|stra|tu|ra *die;* -, ...ren ⟨aus gleichbed. *spätlat.* incastratura, eigtl. „Einlagerung", zu ↑ in... (1) u. *lat.* castra „Lager"⟩: Reliquienbehälter im Altarstein

In|ka|va|ti|on [...v...] *die;* -, -en ⟨zu ↑ in... (1) u. *lat.* cavatio „Höhlung"⟩: (veraltet) Aushöhlung. **in|ka|vie|ren** ⟨aus gleichbed. *lat.* incavare zu ↑ in... (1) u. cavare „(aus)höhlen"⟩: (veraltet) aushöhlen

In|kle|menz *die;* - ⟨aus *lat.* inclementia „unerbittliche Strenge" zu ↑ in... (2) u. clementia „Milde"⟩: (veraltet) Strenge, Härte, Ungnade

In|kli|na|ti|on *die;* -, -en ⟨aus *lat.* inclinatio „Neigung, Biegung, Zuneigung" zu inclinare, vgl. inklinieren⟩: 1. Neigung, Hang. 2. Neigung einer frei aufgehängten Magnetnadel zur Waagrechten (Geogr.). 3. Neigung zweier Ebenen od. einer Linie u. einer Ebene gegeneinander (Math.). 4. Winkel, den eine Planeten- od. Kometenbahn mit der ↑ Ekliptik bildet (Astron.). **In|kli|na|to|ri|um** *das;* -s, ...ien [...jən] ⟨aus *spätlat.* inclinatorium zu *lat.* inclinatus „geneigt", Part. Perf. von inclinare, vgl. inklinieren⟩: Instrument zur Messung der Abweichung der Magnetnadel von der Waagerechten. **in|kli|nie|ren** ⟨aus gleichbed. *lat.* inclinare, eigtl. „hinneigen"⟩: (veraltet) eine Neigung, Vorliebe für etwas haben. **In|kli|no|me|ter** *das;* -s, - ⟨zu ↑¹...meter⟩: altes Instrument zum Nivellieren, Neigungsmesser

in|klu|die|ren ⟨aus gleichbed. *lat.* includere⟩: (veraltet) einschließen; Ggs. ↑exkludieren. **In|klu|sen** *die* (Plur.) ⟨aus *(m)lat.* inclusi „Eingeschlossene", Plur. von inclusus, Part. Perf. von includere, vgl. inkludieren⟩: 1. Männer u. Frauen, die sich zur ↑Askese einmauern ließen (bis zum 17. Jh.). 2. fossilienhaltige Einschlüsse in Bernstein (Geol.). **In|klu|si|on** *die;* -, -en ⟨aus *lat.* inclusio „Einschließung"⟩: 1. Einschluß von Fremdsubstanzen in Kristallen (Mineral.). 2. die Beziehung des Enthaltenseins, vor allem in der Mengenlehre gebräuchlich (Math.). **In|klu|siv** *das;* -s, -e [...və] ⟨aus *nlat.* inclusivum „das Inbegriffene" zu *mlat.* inclusive, vgl. inklusive⟩: in einigen Sprachen Form des Personalpronomens, die jeweils kenntlich macht, daß Angesprochene vom Sprecher einbezogen werden (z. B. im Samoanischen Aa „ich und du"; Sprachw.). **in|klu|si|ve** [...və] ⟨aus gleichbed. *mlat.* inclusive⟩: einschließlich, inbegriffen; Abk.: inkl.; Ggs. ↑ exklusive. **In|klu|siv|preis** *der;* -es, -e: Preis, der zusätzliche Sonderleistungen (z. B. über die übliche Ausstattung von etw. hinausgehende Zubehörteile) einschließt. **In|klu|sum** *das;* -s, Plur. ...sa od. ...sen ⟨aus *lat.* inclusum „das Eingeschlossene", substantiviertes Part. Perf. (Neutrum) von includere, vgl. inkludieren⟩: (veraltet) Eingeschlossenes, Einschluß; Beilage od. Einlage (einer Sendung)

in|ko|er|zi|bel [auch 'ɪn...] ⟨zu ↑in... (2), *lat.* coercere „zusammenhalten; einschränken, in Schranken halten" u. ↑...ibel⟩: (veraltet) 1. unzähmbar, unbändig. 2. nicht zusammendrückbar, unverdichtbar (von Gasen)

in|ko|gni|to ⟨aus *it.* incognito „unerkannt", dies aus gleichbed. *lat.* incognitus⟩: unter fremdem Namen [auftretend, lebend]. **In|ko|gni|to** *das;* -s, -s: Verheimlichung der ↑ Identität (1) einer Person, das Auftreten unter fremdem Namen

in|ko|hä|rent [auch ...'rɛnt] ⟨aus gleichbed. *lat.* incohaerens, Gen. incohaerentis, zu ↑in... (2) u. *lat.* cohaerere „zusammenhängen"⟩: unzusammenhängend; Ggs. ↑kohärent. **In|ko|hä|renz** [auch ...'rɛnts] *die;* -, -en ⟨aus gleichbed. *spätlat.* incohaerentia⟩: mangelnder Zusammenhang; Ggs. ↑Kohärenz (1)

in|ko|ha|tiv vgl. inchoativ

In|ko|lat *das;* -s, -e ⟨aus *spätlat.* incolatus „Aufenthalt"⟩: (veraltet) svw. Indigenat

in|kol|le|gi|al [auch ...'giaːl] ⟨zu ↑in... (2) u. *lat.* collegialis „kollegialisch"⟩: nicht dem (guten) Verhältnis zwischen Kollegen entsprechend, dem Zusammengehörigkeitsgefühl widersprechend. **In|kol|le|gia|li|tät** [auch 'ɪn...] *die;* - ⟨zu ↑...ität⟩: Mangel an Einvernehmen unter Kollegen, fehlendes Zusammengehörigkeitsgefühl

in|kom|esti|bel [auch 'ɪn...] ⟨zu ↑in... (2) u. *spätlat.* comestibilis „genießbar, eßbar", dies zu *lat.* comedere „essen"⟩: (veraltet) nicht eßbar, ungenießbar

in|kom|men|su|ra|bel [auch 'ɪn...] ⟨aus gleichbed. *spätlat.* incommensurabilis⟩: nicht meßbar; nicht vergleichbar; ...rable Größen: Größen, deren Verhältnis irrational ist (Math.); Ggs. ↑kommensurabel. **In|kom|men|su|ra|bi|li|tät** [auch 'ɪn...] *die;* - ⟨zu ↑...ität⟩: Unvergleichbarkeit von Stoffen mit Meßwerten wegen fehlender zum Vergleich geeigneter Eigenschaften (Phys.); Ggs. ↑ Kommensurabilität

in|kom|mod ⟨über *fr.* incommode aus gleichbed. *lat.* incommodus⟩: (veraltet) unbequem. **in|kom|mo|die|ren** ⟨über *fr.* incommoder aus gleichbed. *lat.* incommodare⟩: (veraltet) a) Unbequemlichkeiten machen, Ungelegenheiten bereiten; belästigen; b) sich -: sich Mühe, Umstände machen. **In|kom|mo|di|tät** *die;* -, -en ⟨aus *lat.* incommoditas, Gen. incommoditatis, eigtl. „Nachteil; Unhöflichkeit"⟩: (veraltet) Unbequemlichkeit, Lästigkeit

in|kom|mu|na|li|sie|ren ⟨zu ↑in... (1) u. ↑kommunalisieren⟩: (veraltet) svw. kommunalisieren

in|kom|mu|ta|bel [auch ...'taː...] ⟨aus gleichbed. *lat.* incommutabilis, zu ↑in... (2) u. ↑kommutabel⟩: unveränderlich, unvertauschbar. **In|kom|mu|ta|bi|li|tät** [auch 'ɪn...] *die;* - ⟨aus gleichbed. *lat.* incommutabilitas, Gen. incommutabilitatis⟩: Unveränderlichkeit, Unvertauschbarkeit

in|kom|pa|ra|bel [auch ...'raː...] ⟨aus gleichbed. *lat.* incomparabilis⟩: 1. unvergleichbar. 2. (selten) nicht steigerungsfähig (in bezug auf Adjektive, z. B. *väterlich* als Relativadjektiv in *das väterliche Haus,* nicht: *das väterlichere Haus;* Sprachw.). **In|kom|pa|ra|bi|le** *das;* -s, Plur. ...bilia. ...bilien [...jən] ⟨aus gleichbed. *lat.* (adiectivum) incomparabile⟩: (veraltet) inkomparables Adjektiv

in|kom|pa|ti|bel [auch ...'tiː...] ⟨zu ↑in... (2) u. ↑kompatibel⟩: 1. unverträglich (in bezug auf Medikamente od. Blutgruppen; Med.); Ggs. ↑kompatibel (4). 2. unvereinbar (von mehreren Ämtern in einer Person; bes. Rechtsw.). 3. syntaktisch-semantisch od. lexikalisch nicht vereinbar, nicht verträglich, nicht sinnvoll zusammenstimmend (z. B. *die Maus frißt die Katze; der blonde Himmel;* Sprachw.); Ggs. ↑kompatibel (1). **In|kom|pa|ti|bi|li|tät** [auch 'ɪn...] *die;* -, -en ⟨zu ↑...ität⟩: 1. Unverträglichkeit (verschiedener Medikamente od. Blutgruppen; Med.); Ggs. ↑Kompatibilität (4). 2. Unvereinbarkeit (bes. Rel.; Rechtsw.). 3. nicht mögliche syntaktisch-semantische Verknüpfung einzelner ↑Lexeme im Satz; Ggs. ↑Kompatibilität (3) (Sprachw.); vgl. Komplementarität (3)

in|kom|pe|tent [auch ...'tɛnt] ⟨aus *spätlat.* incompetens, Gen. incompetentis „unpassend"⟩: 1. a) nicht zuständig, nicht befugt, eine Angelegenheit zu behandeln (bes. Rechtsw.); b) nicht maßgebend, nicht urteilsfähig, nicht

Inkompetenz

über den nötigen Sachverstand verfügend; Ggs. ↑kompetent (1 a). 2. tektonisch verformbar (in bezug auf Gesteine); Ggs. ↑kompetent (2). **In|kom|pe|tenz** [auch ...'tɛnts] *die;* -, -en ⟨aus *spätlat.* incompetentia, eigtl. „Nichteignung"⟩: a) das Nichtzuständigsein, Nichtbefugnis; Ggs. ↑Kompetenz (1 b); b) Unfähigkeit, Unvermögen (1 a)
in|kom|plett [auch ...'plɛt] ⟨über *fr.* incomplet aus gleichbed. *lat.* incompletus⟩: unvollständig; Ggs. ↑komplett
in|kom|pre|hen|si|bel [auch ...'ziː...] ⟨aus gleichbed. *lat.* incomprehensibilis⟩: unbegreiflich; Ggs. ↑komprehensibel
in|kom|pres|si|bel [auch ...'siː...] ⟨zu ↑in... (2) u. ↑kompressibel⟩: nicht zusammenpreßbar (von Körpern; Phys.).
In|kom|pres|si|bi|li|tät [auch 'ın...] *die;* - ⟨zu ↑ ...ität⟩: Nichtzusammenpreßbarkeit (Phys.)
In|kon|dui|te [ɛ̃kõdүit] *die;* - ⟨aus gleichbed. *fr.* inconduite zu ↑in... ↑Konduite⟩: (veraltet) liederlicher Lebenswandel; schlechtes Betragen
In|kon|fi|dent *der;* -en, -en ⟨zu ↑in... (2) u. ↑Konfident⟩: (Rechtsspr. veraltet) Unzuverlässiger, Verdächtiger
in|kon|form [auch 'ın...] ⟨zu ↑in... (2) u. ↑konform⟩: (veraltet) ungleichförmig. **In|kon|for|mi|tät** [auch 'ın...] *die;* -, -en ⟨zu ↑ ...ität⟩: (veraltet) Ungleichförmigkeit
in|kon|gru|ent [auch ...'ɛnt] ⟨aus gleichbed. *lat.* incongruens, Gen. incongruentis⟩: nicht übereinstimmend, nicht passend, nicht deckungsgleich; Ggs. ↑kongruent (2). **In|kon|gru|enz** [auch ...'ɛnts] *die;* -, -en ⟨aus gleichbed. *spätlat.* incongruentia⟩: Nichtübereinstimmung, Nichtdeckung; Ggs. ↑Kongruenz (2)
in|kon|nex [auch ...'ɛnt] ⟨aus gleichbed. *spätlat.* inconnexus zu ↑in... (2) u. *lat.* con(n)exus „verknüpft, verbunden"⟩: (veraltet) ohne Zusammenhang, unverbunden. **In|kon|ne|xi|tät** [auch 'ın...] *die;* - ⟨zu ↑ ...ität⟩: (veraltet) Zusammenhanglosigkeit
in|kon|se|quent [auch ...'kvɛnt] ⟨aus gleichbed. *lat.* inconsequens, Gen. inconsequentis⟩: nicht folgerichtig; widersprüchlich [in seinem Verhalten]; Ggs. ↑konsequent. **In|kon|se|quenz** [auch ...'kvɛnts] *die;* -, -en ⟨aus gleichbed. *lat.* inconsequentia⟩: mangelnde Folgerichtigkeit; Widersprüchlichkeit [in seinem Verhalten]; Ggs. ↑Konsequenz
in|kon|si|de|ra|bel [auch 'ın...] ⟨aus gleichbed. *nlat.* inconsiderabilis zu ↑in... (2) u. *lat.* considerare „reiflich überlegen, erwägen"⟩: (veraltet) unbeträchtlich, unbedeutend.
in|kon|si|de|rat ⟨aus gleichbed. *lat.* consideratus⟩: (veraltet) unbesonnen, unbedacht. **In|kon|si|de|ra|ti|on** *die;* - ⟨aus gleichbed. *spätlat.* inconsideratio⟩: (veraltet) Unbesonnenheit, Unachtsamkeit
in|kon|si|stent [auch ...'tɛnt] ⟨zu ↑in... (2) u. ↑konsistent⟩: a) keinen Bestand habend; b) widersprüchlich, unzusammenhängend in der Gedankenführung; Ggs. ↑konsistent. **In|kon|si|stenz** [auch ...'tɛnts] *die;* - ⟨zu ↑in... (2) u. ↑Konsistenz⟩: a) Unbeständigkeit; Ggs. ↑Konsistenz (3); b) Widersprüchlichkeit; Ggs. ↑Konsistenz (2)
in|kon|stant [auch ...'stant] ⟨aus gleichbed. *lat.* inconstans, Gen. inconstantis⟩: nicht feststehend, unbeständig; Ggs. ↑konstant. **In|kon|stanz** [auch ...'stants] *die;* - ⟨aus gleichbed. *lat.* inconstantia⟩: Unbeständigkeit
In|kon|sti|tu|tio|na|li|tät [auch 'ın...] *die;* - ⟨zu ↑in... (2) u. ↑Konstitutionalität⟩: Verfassungswidrigkeit. **in|kon|sti|tu|tio|nell** [auch 'ın...] ⟨zu ↑in... (2) u. ↑konstitutionell⟩: verfassungswidrig
in|kon|te|sta|bel [auch ...'taː...] ⟨aus *nlat.* incontestabilis zu ↑in... (2) u. ↑kontestabel⟩: (veraltet) unstrittig, unanfechtbar (Rechtsw.)
in|kon|ti|nent [auch ...'nɛnt] ⟨aus *lat.* incontinens, Gen. incontinentis „nicht bei sich behaltend", dies zu ↑in... (2) u.

continere „zusammen-, zurückhalten"⟩: Inkontinenz aufweisend. **In|kon|ti|nenz** [auch ...'nɛnts] *die;* -, -en ⟨aus gleichbed. *spätlat.* incontinentia⟩: Unvermögen, Harn od. Stuhl willkürlich zurückzuhalten (Med.); Ggs. ↑Kontinenz (2). **In|kon|ti|nenz|be|hand|lung** [auch ...'nɛnts...] *die;* -, -en: Gesamtheit der Maßnahmen zur Behandlung der Inkontinenz (Med.)
In|kon|tro *das;* -s, Plur. -s u. ...ri ⟨aus *it.* incontro „Treffen, Begegnung"⟩: (beim Fechten) Doppeltreffer, bei dem ein Fechter gegen die Regeln verstößt, so daß dem Gegner ein Treffer gutgeschrieben wird
in|kon|ve|na|bel [...v..., auch ...'naː...] ⟨aus gleichbed. *fr.* inconvenable zu ↑in... (2) u. ↑konvenabel⟩: (veraltet) unpassend, ungelegen; unschicklich; Ggs. ↑konvenabel. **in|kon|ve|ni|ent** [auch ...'niɛnt] ⟨über *fr.* inconvénient aus gleichbed. *lat.* inconveniens, Gen. inconvenientis, eigtl. „nicht übereinstimmend"⟩: (veraltet) 1. unpassend, unschicklich. 2. unbequem. **In|kon|ve|ni|enz** [auch ...'niɛnts] *die;* -, -en ⟨aus *lat.* inconvenientia „Nichtübereinstimmung"⟩: (veraltet) 1. Ungehörigkeit, Unschicklichkeit; Ggs. ↑Konvenienz (2 b). 2. Unbequemlichkeit, Ungelegenheit; Ggs. ↑Konvenienz (2 a)
in|kon|ver|ti|bel [...v..., auch ...'tiː...] ⟨aus *spätlat.* inconvertibilis „unveränderlich, unbekehrbar"⟩: 1. (veraltet) unbekehrbar; unwandelbar. 2. nicht frei austauschbar (in bezug auf Währungen; Wirtsch.)
Ink|onym [auch 'ın...] *das;* -s, -e ⟨Kurzw. aus *Inko*hyp*onym*, dies zu ↑in... (2) u. ↑Kohyponym⟩: ↑Kohyponym, das zu einem anderen Kohyponym in einer ↑kontradiktorischen Beziehung steht (z. B. *Hahn* zu *Henne* unter dem ↑Hyperonym *Huhn;* Sprachw.). **Ink|ony|mie** [auch 'ın...] *die;* -, ...ien ⟨↑ ²...ie⟩: in Nebengeordnetheit sich ausdrückende semantische Relation, wie sie zwischen Inkonymen besteht (Sprachw.)
in|kon|zi|li|ant [auch ...'liant] ⟨zu ↑in... (2) u. ↑konziliant⟩: nicht umgänglich; unverbindlich; Ggs. ↑konziliant
in|kon|zinn [auch ...'tsın] ⟨aus *lat.* inconcinnus „ungeschickt, ungefügig"⟩: 1. (veraltet) unangemessen, nicht gefällig; Ggs. ↑konzinn (1). 2. ungleichmäßig, unharmonisch im Satzbau; Ggs. ↑konzinn (2) (Rhet.; Stilk.). **In|kon|zin|ni|tät** [auch 'ın...] *die;* - ⟨aus gleichbed. *lat.* inconcinnitas, Gen. inconcinnitatis⟩: 1. Unangemessenheit, mangelnde Gefälligkeit; Ggs. ↑Konzinnität (1). 2. Unebenmäßigkeit im Satzbau; Ggs. ↑Konzinnität (2; Rhet., Stilk.)
In|ko|or|di|na|ti|on [auch ...'tsi̯oːn] *die;* -, -en ⟨zu ↑in... (2) u. ↑Koordination⟩: das Fehlen des Zusammenwirkens bei Bewegungsmuskeln (Med.). **in|ko|or|di|niert** [auch ...'niːɐ̯t]: nicht aufeinander abgestimmt (Med.)
in|kor|po|ral ⟨aus gleichbed. *spätlat.* incorporalis⟩: im Körper [befindlich] (Med.). **In|kor|po|ra|ti|on** *die;* -, -en ⟨aus *spätlat.* incorporatio „Verkörperung; Einverleibung" zu incorporare, vgl. inkorporieren⟩: 1. Einverleibung, Einführung eines Stoffes (insbes. Heilmittels) in den Körper, vor allem zu therapeutischen Zwecken (Med.). 2. Eingemeindung; rechtliche Einverleibung eines Staates durch einen anderen Staat (Rechtsw.). 3. Aufnahme in eine Körperschaft od. studentische Verbindung. 4. Angliederung (z. B. einer Pfarrei an ein geistliches Stift, um dieses wirtschaftlich besser zu stellen (bes. im Mittelalter); vgl. ...[at]ion/ ...ierung. **in|kor|po|rie|ren** ⟨aus *spätlat.* incorporare „verkörpern; einverleiben"⟩: 1. dem Organismus einverleiben, in den Organismus einbringen (insbes. Heilmittel; Med.). 2. eingemeinden, einen Staat in einen andern eingliedern. 3. in eine Körperschaft od. studentische Verbindung aufnehmen. 4. angliedern, eine ↑Inkorporation (4) durchfüh-

inkurabel

ren. **in|kor|po|rie|rend** ⟨zu ↑...ierend⟩: (fachspr.) eingliedernd, aufnehmend; -e Sprachen: indian. Sprachen, die das Objekt in das Verb aufnehmen; vgl. polysynthetisch. **In|kor|po|rie|rung** *die;* -, -en ⟨zu ↑...ierung⟩: das Inkorporieren, das Inkorporiertwerden; vgl. ...[at]ion/...ierung
in|kor|rekt [auch ...'rɛkt] ⟨aus *lat.* incorrectus „unverbessert"⟩: ungenau, unrichtig; fehlerhaft, unangemessen [im Benehmen]; unordentlich; Ggs. ↑korrekt. **In|kor|rekt|heit** [auch ...'rɛkt...] *die;* -, -en: 1. (ohne Plur.) a) inkorrekte Art, Fehlerhaftigkeit; Ggs. ↑Korrektheit (1); b) Unangemessenheit; Ggs. ↑Korrektheit (2). 2. a) Fehler, einzelne Unrichtigkeit in einer Äußerung usw.; b) Beispiel, einzelner Fall inkorrekten Verhaltens. **in|kor|ri|gi|bel** [auch 'ɪn...] ⟨zu ↑in... (2) u. ↑korrigibel, vgl. korrigieren⟩: (veraltet) unverbesserlich, nicht korrigierbar. **In|kor|ri|gi|bi|li|tät** [auch 'ɪn...] *die;* - ⟨zu ↑...ität⟩: (veraltet) Unverbesserlichkeit
in|kor|rupt [auch 'ɪn...] ⟨zu ↑in... (2) u. ↑korrupt⟩: (veraltet) unverdorben, echt
Ink|pad-art ['ɪŋkpæd'ɑːt] *die;* - ⟨zu *engl.* inkpad „Stempelkissen" u. art „Kunst"⟩: der Pop-art zuzurechnende Kunstrichtung, bei der Bilder u. Graphiken durch sogenannte Stamps (Stempel), die auf Inkpads (Stempelkissen) eingefärbt sind, hergestellt werden
In|kre|ment *das;* -[e]s, -e ⟨aus *lat.* incrementum „Wachstum, Zunahme"⟩: 1. a) Betrag, um den eine Größe zunimmt (Math.); b) kleiner Zuwachs einer veränderlichen Größe (Phys.); Ggs. ↑Dekrement. 2. neurophysiologische Bez. für den Zuwachs an Intensität, den eine Erregung gegenüber dem auslösenden Reiz hat u. der sich mit der Fortleitung der Erregung immer mehr erhöht (Med.). **in|kre|men|tal** ⟨zu ↑...al (1)⟩: das Inkrement (1) betreffend (bes. EDV). **In|kre|men|tal|com|pi|ler** [...kɔmpaɪlɐ] *der;* -s, -: ↑Compiler, der neu hinzugekommene Befehle od. kleine Änderungen eines Quellprogramms separat übersetzen u. in das Zielprogramm einbauen kann, ohne das ganze Quellprogramm nochmals übersetzen zu müssen (EDV). **In|kre|men|tal|ge|ber** *der;* -s, -: Maßstab mit ↑digitaler Teilung für die Wegmessung beim Einsatz von Industrierobotern (Elektronik). **in|kre|men|tie|ren** ⟨aus *lat.* incrementare „an Wachstum zunehmen"⟩: einen Zähler od. eine Programmgröße um einen Wert erhöhen (EDV); Ggs. ↑dekrementieren. **in|kres|zie|ren** ⟨aus gleichbed. *lat.* increscere zu ↑in... (1) u. crescere „wachsen"⟩: (veraltet) an-, einwachsen, zunehmen
In|kret *das;* -[e]s, -e ⟨zu *lat.* incretus „vermischt", dies zu incernere „hineinsieben, -streuen"⟩: von den Blutdrüsen in den Körper abgegebener Stoff (Hormon); vgl. Sekretion. **In|kre|ti|on** *die;* - ⟨Kurzbildung zu ↑in... (1) u. ↑Sekretion⟩: innere Sekretion (Med.). **in|kre|to|risch** *der* inneren Sekretion zugehörend, ihr dienend (Med.)
in|kri|mi|nie|ren ⟨aus gleichbed. *spätlat.* incriminare⟩: jmdn. (eines Verbrechens) beschuldigen, anschuldigen (Rechtsw.). **in|kri|mi|niert** ⟨zu ↑...iert⟩: (als Verstoß, Vergehen o. ä.) zur Last gelegt, zum Gegenstand einer Strafanzeige, einer öffentlichen Beschuldigung gemacht
In|kru|sta|ti|on *die;* -, -en ⟨aus *spätlat.* incrustatio „das Überziehen mit Marmor" zu *lat.* incrustare, vgl. inkrustieren⟩: 1. farbige Verzierung von Flächen durch Einlagen (meist nur Steineinlagen in Stein; Kunstw.). 2. Krustenbildung durch chem. Ausscheidung (z. B. Wüstenlack; Geol.). 3. eingesetzter Besatzteil, Blende, Ornament; Inkrustierung (Schneiderhandwerk). 4. bei der Verholzung von Pflanzenteilen auftretende Einlagerung von organischen (z. B. Gerb- u. Farbstoffe) od. anorganischen (z. B. Kalk u. Kie-

selsäure) Stoffen in das Zellulosegerüst der pflanzlichen Zellwände (Bot.). 5. Ablagerung von Waschmittelbestandteilen u. Kalzium- u. Magnesiumsalzen des Wassers auf Wäsche. 6. Ablagerung von Salz in ein [abgestorbenes] Gewebe (Med.); vgl. ...[at]ion/...ierung. **In|kru|sten** *die* (Plur.): bei der Holzschliffherstellung ungelöst bleibende Verbindungen (z. B. ↑Lignine, Harze u. Fette). **in|kru|stie|ren** ⟨aus *lat.* incrustare „mit einer Kruste überziehen, mit Marmor überziehen"⟩: 1. mit einer Inkrustation (1) verzieren. 2. durch chem. Ausscheidung Krusten bilden (Geol.). 3. mit einer Inkrustation (3) versehen. 4. Inkrustationen (4) bilden. **In|kru|stie|rung** *die;* -, -en ⟨zu ↑...ierung⟩: svw. Inkrustation (3–6); vgl. ...[at]ion/...ierung
In|ku|bant *der;* -en, -en ⟨aus *lat.* incubans, Gen. incubantis, Part. Präs. von incubare „sich zu rituellem Schlaf niederlegen", eigtl. „in od. auf etw. liegen", vgl. inkubieren⟩: jmd., der sich einer Inkubation (3) unterzieht. **In|ku|ba|ti|on** *die;* -, -en ⟨aus *lat.* incubatio „das Brüten"⟩: 1. Bebrütung von Vogeleiern (Biol.). 2. a) das Sichfestsetzen von Krankheitserregern im Körper; b) das Aufziehen von Frühgeborenen in einem Inkubator (1); c) kurz für Inkubationszeit (Med.). 3. das Einbringen einer Bakterienkultur in einen besonderen Wärmeschrank. 4. Tempelschlaf in der Antike (um Heilung od. Belehrung durch den Gott zu erfahren). **In|ku|ba|ti|ons|zeit** *die;* -, -en: 1. Zeit von der Ansteckung bis zum Ausbruch einer Krankheit (Med.). 2. Entwicklungszeit des Keimes in der Vogelei (Biol.). **In|ku|ba|tor** *der;* -s, ...oren ⟨zu ↑...or⟩: 1. Brutkasten für Frühgeburten (Med.). 2. Behälter mit Bakterienkulturen. **in|ku|bie|ren** ⟨aus *lat.* incubare „auf etw. liegen; sich niederlegen; bebrüten"; vgl. Inkubant⟩: 1. ein Frühgeborenes in den Inkubator (1) legen. 2. eine Bakterienkultur bebrüten. 3. sich im Körper festsetzen (von Krankheitserregern; Med.). **In|ku|bus** *der;* -, Inkuben ⟨aus *lat.* incubus „das Alpdrücken"⟩: 1. a) nächtlicher Dämon, Alp im röm. Volksglauben; b) Teufel, der mit einer Hexe geschlechtlich verkehrt (im Volksglauben des Mittelalters). 2. (ohne Plur.) während des Schlafs auftretende Atembeklemmung mit Angstzuständen (Med.); vgl. Sukkubus
in|ku|lant [auch ...'lant] ⟨zu ↑in... (2) u. ↑kulant⟩: ungefällig (im Geschäftsverkehr), die Gewährung von Zahlungs- od. Lieferungserleichterungen ablehnend; Ggs. ↑kulant. **In|ku|lanz** [auch ...'lants] *die;* -, -en: Ungefälligkeit (im Geschäftsverkehr); Ggs. ↑Kulanz
in|kul|pa|bel [auch 'ɪn...] ⟨aus *spätlat.* inculpabilis „untadelig" zu inculpare, vgl. inkulpieren⟩: (veraltet) schuldlos, unschuldig. **In|kul|pant** *der;* -en, -en ⟨aus gleichbed. *spätlat.* inculpans, Gen. inculpantis, Part. Präs. von inculpare, vgl. inkulpieren⟩: (veraltet) Ankläger, Beschuldiger (Rechtsw.). **In|kul|pat** *der;* - en ⟨aus gleichbed. *spätlat.* inculpatus, Part. Perf. von inculpare, vgl. inkulpieren⟩: (veraltet) Angeklagter, Angeschuldigter (Rechtsw.). **in|kul|pie|ren** ⟨aus gleichbed. *spätlat.* inculpare⟩: (veraltet) beschuldigen, anschuldigen
In|kul|tu|ra|ti|on *die;* -, -en ⟨zu ↑in... (1), ↑Kultur u. ↑...ation⟩: das Eindringen einer Kultur in eine andere
In|ku|na|bel *die;* -, -n (meist Plur.) ⟨aus *lat.* incunabula (Plur.) „die Windeln u. Wickelbänder", dies über *incunare zu cunae (Plur.) „Wiege" (weil sich der Buchdruck zu jener Zeit noch im ersten Anfang befand, sozusagen noch in den Windeln lag)⟩: Wiegendruck, Frühdruck, Druckerzeugnis aus der Frühzeit des Buchdrucks (vor 1500). **In|ku|na|blist** *der;* -en, -en ⟨zu ↑...ist⟩: Wissenschaftler auf dem Gebiet der Inkunabelkunde
in|ku|ra|bel [auch ...'raː...] ⟨aus gleichbed. *lat.* incurabilis⟩:

Inkurabilität

unheilbar (Med.). **In|ku|ra|bi|li|tät** [auch 'ın...] *die;* - ‹aus gleichbed. *mlat.* incurabilitas, Gen. incurabilitatis›: (veraltet) Unheilbarkeit

in|ku|rant [auch ...'rant] ‹zu ↑in... (2) u. ↑kurant›: a) nicht im Umlauf; b) schwer verkäuflich

In|ku|ra|tion *die;* -, -en ‹aus gleichbed. *nlat.* incuratio zu *mlat.* incuratus, dies zu ↑in... (1) u. curatus, vgl. Kurat›: (veraltet) Einsetzung in eine Pfarrstelle, Anstellung als Pfarrer. **in|ku|ri|ös** ‹aus gleichbed. *lat.* incuriosus (Bedeutung 2 wohl unter Einfluß von *fr.* incurieux); vgl. ...ös›: (veraltet) 1. sorglos, unachtsam. 2. nicht neugierig. **In|ku|rio|si|tät** *die;* - ‹aus gleichbed. *lat.* incuriositas, Gen. incuriositatis (Bedeutung 2 wohl unter Einfluß von *fr.* incuriosité); vgl. ...ität›: (veraltet) 1. Sorglosigkeit, Gleichgültigkeit. 2. Neugierlosigkeit

In|kur|si|on *die;* -, -en ‹aus *lat.* incursio „(feindlicher) Angriff" zu incurrere „angreifen"›: Übergriff, Eingriff. **In|kur|sus** *der;* -, ...se ‹aus gleichbed. *lat.* incursus›: (veraltet) Angriff, Überfall

In|kur|va|ti|on [...v...] *die;* -, -en ‹aus gleichbed. *lat.* incurvatio zu incurvare, vgl. inkurvieren›: (veraltet) Krümmung. **in|kur|vie|ren** ‹aus gleichbed. *lat.* incurvare›: (veraltet) krümmen, biegen

In|laid *der;* -s, -e ‹zu *engl.* inlaid „eingelegt", Part. Perf. von to inlay „einlegen"›: (schweiz) durchgemustertes Linoleum. **In|lay** ['ınleı] *das;* -s, -s ‹aus gleichbed. *engl.* inlay, eigtl. „Einlegestück"›: aus Metall od. Porzellan gegossene Zahnfüllung

In-line-Röh|re ['ınlaın...] *die;* -, -n ‹zu *engl.* to be in line „in einer Linie liegen" zu line „Reihe, Linie"›: Kathodenstrahlröhre zur Farbbildwiedergabe mit drei nebeneinanderliegenden Elektronenstrahlerzeugern

in lo|co [- 'lo:ko] ‹*lat.*›: an Ort u. Stelle (stellvertretend)

in maio|rem Dei glo|ri|am [- ma'jo:rεm - -] ‹*lat.*›: svw. ad maiorem Dei gloriam

in mar|gi|ne ‹*lat.*›: am Rand[e]

in me|di|as res ‹*lat.;* „mitten in die Dinge hinein"›: ohne Einleitung u. Umschweife zur Sache

in me|mo|ri|am ‹*lat.*›: zum Gedächtnis, zum Andenken; z. B. - - des großen Staatsmannes ...; aber: - - Maria Theresia

in na|tu|ra ‹*lat.;* „in Natur"›: 1. leibhaftig, wirklich, persönlich. 2. (ugs.) in Waren, in Form von Naturalien (bezahlen)

in|na|vi|ga|bel [...v..., auch 'ın...] ‹aus gleichbed. *lat.* innavigabilis zu ↑in... (2) u. navigare „schiffen, zur See fahren"›: (veraltet) unschiffbar. **In|na|vi|ga|bi|li|tät** [auch 'ın...] *die;* - ‹zu ↑...ität›: (veraltet) Unschiffbarkeit

In|ne|ra|ti|on *die;* -, -en ‹zu *dt.* inner u. ↑...ation› svw. Internalisation

In|ner-space-For|schung ['ınə'speıs...] *die;* - ‹zu *engl.* inner „inner, Innen-" u. space „Raum"›: Meereskunde, Meeresforschung; vgl. Outer-space-Forschung

In|ner|va|ti|on [...v...] *die;* - ‹aus gleichbed. *nlat.* innervatio zu ↑in... (1), ↑Nerv u. ↑...ation›: 1. Versorgung [eines Körperteils] mit Nerven (Med.). 2. Leitung der Reize durch die Nerven zu den Organen (Med.). **in|ner|vie|ren** ‹zu ↑...ieren›: 1. mit Nerven od. Nervenreizen versehen (Med.). 2. anregen, Auftrieb geben, zu etw. veranlassen

in|no|cen|te [...'tʃεntε] ‹*it.;* „unschuldig"; aus gleichbed. *lat.* innocens, Gen. innocentis›: anspruchslos; ursprünglich (Vortragsanweisung; Mus.)

in no|mi|ne Dei ‹*lat.*›: im Namen Gottes (unter Berufung auf Gott); Abk.: I. N. D. **in no|mi|ne Do|mi|ni** ‹*lat.*›: im Namen des Herrn (Eingangsformel alter Urkunden); Abk.: I. N. D.

In|no|va|ti|on [...v...] *die;* -, -en ‹aus *lat.* innovatio „Erneuerung, Veränderung" zu innovare, vgl. innovieren›: 1. Einführung von etw. Neuem, Erneuerung, Neuerung. 2. Realisierung einer neuartigen, fortschrittlichen Lösung für ein bestimmtes Problem, bes. die Einführung eines neuen Produkts od. die Anwendung eines neuen Verfahrens (Wirtsch.). 3. geplante u. kontrollierte Veränderung, Neuerung in einem sozialen System durch Anwendung neuer Ideen u. Techniken (Soziol.). 4. jährliche Erneuerung eines Teiles des Sproßsystems (bei mehrjährigen Pflanzen; Bot.). **In|no|va|ti|ons|pro|zeß** *der;* ...esses, ...esse: durch die Entwicklung von Wissenschaft u. Technik immer schneller voranschreitender Prozeß der Einführung von Innovationen (2). **In|no|va|ti|ons|sproß** *der;* ...sprosses, ...sprosse: Erneuerungssproß bei mehrjährigen Pflanzen, Jahrestrieb (Bot.). **in|no|va|tiv** ‹zu ↑...iv›: Innovationen schaffend, beinhaltend; vgl. ...iv/...orisch. **In|no|va|tor** *der;* -s, ...oren ‹aus *lat.* innovator „Erneuerer"›: (veraltet) jmd., der eine Innovation vornimmt. **in|no|va|to|risch:** Innovationen zum Ziel habend; vgl. ...iv/...orisch. **in|no|vie|ren** ‹aus *lat.* innovare „erneuern, verändern"›: eine Innovation vornehmen

In|no|zenz *die;* - ‹aus gleichbed. *lat.* innocentia›: (veraltet) Unschuld

in|nu|bil ‹aus gleichbed. *nlat.* innubilis zu ↑in... (2) u. *lat.* nubilis „heiratsfähig"›: (veraltet) noch nicht heiratsfähig. **In|nu|bi|li|tät** *die;* - ‹zu ↑...ität›: (veraltet) Unfähigkeit zu heiraten. **in|nupt** ‹aus gleichbed. *lat.* innuptus›: (veraltet) unverheiratet

in nu|ce [- 'nu:tsə] ‹*lat.;* „in der Nuß"›: im Kern; in Kürze, kurz u. bündig

In|nu|en|do *das;* -s, -s ‹aus gleichbed. *engl.* innuendo, dies aus *lat.* innuendo „durch Zuwinken, Andeuten", Ablativ des Gerundiums von innuere „zuwinken"›: versteckte Andeutung, Anspielung

in|nu|me|ra|bel [auch 'ın...] ‹aus gleichbed. *lat.* innumerabilis›: unzählbar. **In|nu|me|ra|bi|li|tät** [auch 'ın...] *die;* - ‹aus gleichbed. *lat.* innumerabilitas, Gen. innumerabilitatis›: (veraltet) Unzählbarkeit

in|ob|edi|ent ‹aus gleichbed. *lat.* inobediens, Gen. inobedientis zu ↑in... (2) u. obedire, oboedire „gehorchen"›: (veraltet) ungehorsam. **In|ob|edi|enz** *die;* - ‹aus gleichbed. *lat.* inobedientia›: (veraltet) Ungehorsam

in|ob|li|gat [auch ...'ga:t] ‹zu ↑in... (2) u. ↑obligat›: unverbindlich, nicht zwingend

in|ob|se|quent [auch 'ın...] ‹aus gleichbed. *lat.* inobsequens, Gen. inobsequentis›: (veraltet) ungehorsam. **In|ob|se|quenz** [auch 'ın...] *die;* - ‹aus gleichbed. *lat.* inobsequentia›: (veraltet) Ungehorsam

in|of|fen|siv [auch ...'zi:f] ‹zu ↑in... (2) u. ↑offensiv›: nicht angreifend, nicht angriffslustig; Ggs. ↑offensiv

in|of|fi|zi|ell [auch ...'tsiɛl] ‹zu ↑in... (2) u. ↑offiziell›: 1. a) nicht in amtlichem, offiziellem Auftrag; nicht amtlich, außerdienstlich; b) einer amtlichen, offiziellen Stelle nicht bekannt, nicht von ihr bestätigt, anerkannt, nicht von ihr ausgehend; Ggs. ↑offiziell (1). 2. nicht förmlich, nicht feierlich, nicht in offiziellem Rahmen; Ggs. ↑offiziell (2). **in|of|fi|zi|ös** [auch ...'tsiø:s]: nicht von einer [halb]amtlichen Stelle veranlaßt, beeinflußt, bestätigt

In|ok|ku|pa|ti|on [auch 'ın...] *die;* - ‹zu ↑in... (2) u. ↑Okkupation›: (veraltet) Beschäftigungslosigkeit. **in|ok|ku|piert** [auch 'ın...] ‹zu ↑in... (2) u. ↑okkupieren; vgl. ...iert›: (veraltet) unbeschäftigt, müßig

In|oku|la|ti|on *die;* -, -en ‹aus gleichbed. *engl.* inoculation, dies aus *lat.* inoculatio „das Einpflanzen" zu inoculare, vgl. inokulieren〉: 1. Impfung (als vorbeugende u. therapeutische Maßnahme; Med.). 2. unbeabsichtigte Übertragung von Krankheitserregern bei Blutentnahmen, Injektionen od. Impfungen (Med.). 3. das Einbringen von Krankheitserregern, Gewebe, Zellmaterial in einen Organismus od. in Nährböden. **In|oku|la|tor** *der;* -s, ...oren 〈aus gleichbed. *lat.* inoculator〉: (veraltet) jmd., der impft. **in|oku|lie|ren** 〈aus *lat.* inoculare „einpflanzen" zu ↑in... (1) u. oculus „Auge; Knospe"〉: 1. eine Inokulation (1) vornehmen (Med.). 2. Krankheitserreger im Sinne einer Inokulation (2) übertragen (Med.). **In|oku|lum** *das;* -s, ...la 〈aus gleichbed. *nlat.* inoculum〉: Impfkultur, Menge einer Reinkultur von Mikroorganismen, die zur Auf- und Weiterzucht verwendet werden (Biol.; Pharm.)

in|ope|ra|bel [auch ...'ra:...] 〈zu ↑in... (2) u. ↑operabel〉: nicht operierbar; durch Operation nicht heilbar (Med.); Ggs. ↑operabel. **In|ope|ra|bi|li|tät** [auch ...ɪn...] *die;* -: inoperable Beschaffenheit, inoperabler Zustand (Med.); Ggs. ↑Operabilität

Ino|pe|xie *die;* - 〈zu *gr.* ís, Gen. inós „Muskel, Sehne, Gewebefaser", pêxis „das Befestigen, Gerinnenmachen" u. ↑²...ie〉: verstärkte Gerinnungsneigung des Blutes (Med.)

Ino|pia *die;* - 〈aus gleichbed. *lat.* inopia〉: (veraltet) Mangel, Dürftigkeit, Not

in|op|por|tun [auch ...'tu:n] 〈aus gleichbed. *lat.* inopportunus〉: nicht angebracht, nicht zweckmäßig, unpassend; Ggs. ↑opportun. **In|op|por|tu|ni|tät** [auch ...tɛːt] *die;* -, -en 〈aus gleichbed. *spätlat.* inopportunitas, Gen. inopportunitatis〉: das Unangebrachtsein, Unzweckmäßigkeit, Ungünstigkeit; Ggs. ↑Opportunität

in op|ti|ma for|ma 〈*lat.*〉: in bester Form; einwandfrei; wie sich's gehört

in ori|gi|na|li 〈*lat.;* eigtl. „im Ursprünglichen"〉: in der Urschrift

Ino|sin *das;* -s, -e 〈zu *gr.* ís, Gen. inós „Muskel, Sehne" u. ↑...in (1)〉: kristallisierende Nukleinsäure, die im Fleisch, in Hefe u. a. enthalten ist (Chem.). **Ino|sit** [auch ...'zɪt] *der;* -s, -e 〈zu ↑²...it〉: in der Natur weitverbreiteter, kristalliner, leicht süßlich schmeckender und in Wasser löslicher Stoff, der in tierischen Organen u. in der Muskulatur vorkommt u. dessen wichtigster Vertreter zur Gruppe der B-Vitamine gehört (Chem.). **Ino|sit|ämie** *die;* - 〈zu ↑...ämie〉: vermehrtes Auftreten von Inosit im Blut, z. B. bei Säuglingen od. krankheitsbedingt in Zusammenhang mit Inositurie (Med.). **Ino|sit|urie** u. **Inos|urie** *die;* - 〈zu ↑...urie〉: vermehrte Ausscheidung von Inosit im Harn (Med.). **Ino|tro|pie** *die;* -, ...ien 〈zu ↑...tropie〉: Beeinflussung der Kontraktionsfähigkeit von Muskeln (Med.). **Ino|tro|pi|kum** *das;* -s, ...ka 〈zu ↑...ikum〉: Substanz, die die Kontraktionsfähigkeit vor allem des Herzmuskels steigert (Med.)

in|oxy|die|ren 〈zu ↑in... (1) u. ↑oxydieren〉: eine Rostschutzschicht aus Oxyden auf eine Metalloberfläche aufbringen

in par|ti|bus in|fi|de|li|um 〈*lat.;* eigtl. „in Gebieten der Ungläubigen"〉: Zusatz zum Titel von Bischöfen in wieder heidnisch gewordenen Gebieten; Abk.: i. p. i.

in pec|to|re [-...k...] 〈*lat.;* „im Sinne, im Herzen", eigtl. „in der Brust"〉: unter Geheimhaltung (z. B. bei der Ernennung eines Kardinals, dessen Namen der Papst aus bestimmten [politischen] Gründen zunächst nicht bekanntgibt); vgl. in petto

in per|pe|tu|am me|mo|ri|am 〈*lat.*〉: zum ewigen Gedächtnis. **in per|pe|tu|um** 〈*lat.*〉: auf immer, für ewige Zeiten

in per|so|na 〈*lat.*〉 in Person, persönlich, selbst

in pet|to 〈aus *it.* (avere) in petto „im Herzen, im Sinn (haben)"〉; dies aus *lat.* in pectore, vgl. in pectore〉: beabsichtigt, geplant; etwas - - haben: etwas im Sinne, bereit haben, etwas vorhaben, etwas im Schilde führen; vgl. in pectore

in ple|no 〈*lat.;* „in voller (Menge)"; vgl. Plenum〉: in voller Versammlung; vollzählig; vgl. Plenum

in pon|ti|fi|ca|li|bus [– ...'ka:...] 〈*lat.;* „in priesterlichen (Gewändern)"〉: (scherzh.) im Festgewand, [höchst] feierlich

in prae|fi|xo ter|mi|no [– prɛ... –] 〈*lat.*〉: in der vorher festgesetzten od. anberaumten Frist

in prae|sen|tia [– prɛ...] 〈*lat.*〉: in der Gegenwart. **in prae|sen|ti ca|su** [– – 'ka:zu:] 〈*lat.*〉: im vorliegenden Fall

in pra|xi 〈*lat.;* vgl. Praxis〉: a) in der Praxis, im wirklichen Leben; tatsächlich; b) in der Rechtsprechung (im Gegensatz zur Rechtslehre); vgl. Praxis (1)

in punc|to [– 'pʊŋkto] 〈*lat.;* vgl. Punkt〉: in dem Punkt, hinsichtlich; - - puncti [sɛxti]: (veraltet, scherzh.) hinsichtlich [des sechsten Gebotes] der Keuschheit

In|put *der,* auch *das;* -s, -s 〈aus gleichbed. *engl.* input, eigtl. „Zugeführtes"〉: 1. die in einem Produktionsbetrieb eingesetzten, aus anderen Teilbereichen der Wirtschaft bezogenen Produktionsmittel; Ggs. ↑Output (1) (Wirtsch.). 2. Eingabe von Daten od. eines Programms in eine Rechenanlage (EDV); Ggs. ↑Output (2 b). **In|put-Out|put-Ana|ly|se** [...'aʊtpʊt...] *die;* -, -n: 1. Methode zur Untersuchung der produktionsmäßigen Beziehungen zwischen den Teilbereichen der Wirtschaft. 2. Untersuchung der wechselseitigen Zusammenhänge zwischen Inputs (2) u. ↑Outputs (2 b)

in|quiet 〈aus gleichbed. *lat.* inquietus〉: (veraltet) unruhig, beunruhigend. **In|quie|ta|ti|on** [...kvie...] *die;* - 〈aus gleichbed. *lat.* inquietatio zu inquietare, vgl. inquietieren〉: (veraltet) Beunruhigung. **in|quie|tie|ren** 〈aus gleichbed. *lat.* inquietare〉: (veraltet) beunruhigen

In|qui|lin *der;* -en, -en (meist Plur.) 〈aus *lat.* inquilinus „Mieter, Insasse; Mitbewohner"〉: Insekt, das in Körperhohlräumen od. Behausungen anderer Lebewesen als Mitbewohner lebt (Zool.). **In|qui|li|nis|mus** *der;* - 〈zu ↑...ismus (3)〉: das Wohnen eines Insekts in Körperhohlräumen od. Behausungen anderer Lebewesen (Zool.)

In|qui|na|ti|on *die;* - 〈aus gleichbed. *lat.* inquinatio zu inquinare, vgl. inquinieren〉: (veraltet) Verunreinigung. **in|qui|nie|ren** 〈aus gleichbed. *lat.* inquinare〉: (veraltet) verunreinigen

In|qui|rent *der;* -en, -en 〈aus *lat.* inquirens, Gen. inquirentis „Untersuchender", Part. Präs. von inquirere, vgl. inquirieren〉: (veraltet) Untersuchungsführer. **in|qui|rie|ren** 〈aus gleichbed. *lat.* inquirere〉: nachforschen; [gerichtlich] untersuchen, verhören. **In|qui|sit** *der;* -en, -en 〈aus *lat.* inquisitus, Part. Perf. von inquirere, vgl. inquirieren〉: (veraltet) Angeklagter. **In|qui|si|ti|on** *die;* -, -en 〈aus *lat.* inquisitio „(gerichtliche) Untersuchung"〉: 1. Untersuchung durch Institutionen der kath. Kirche u. daraufhin durchgeführte staatliche Verfolgung der ↑Häretiker zur Reinerhaltung des Glaubens (bis ins 19. Jh., bes. während der ↑Gegenreformation). 2. svw. Inquisitionsprozeß. **In|qui|si|ti|ons|ma|xi|me** *der;* - : strafprozessualer Grundsatz, nach dem der Richter selbst ein Strafverfahren einleitet (Rechtsw.). **In|qui|si|ti|ons|pro|zeß** *der;* ...zesses, ...zesse: gerichtliche Eröffnung u. Durchführung eines Strafprozesses auf Grund der ↑Inquisitionsmaxime (Rechtsw.). **in|qui|si|tiv** 〈aus *spätlat.* inquisitivus „nachforschend"〉: [nach]forschend, neugierig, wißbegierig; vgl. ...iv/...orisch. **In|qui|si|tor** *der;* -s, ...oren 〈aus *lat.* inquisitor „(Er)forscher, Un-

inquisitorisch

tersucher"⟩: jmd., der ein Inquisitionsverfahren leitet od. anstrengt. 2. [strenger] Untersuchungsrichter. **in|qui|si|torisch:** nach Art eines Inquisitors, peinlich ausfragend; vgl. ...iv/...orisch

In|ro *das;* -s, -s ⟨aus gleichbed. *jap.* in-ro, dies zu in „verbergen" u. ro „Korb; Käfig; Behältnis"⟩: reich verziertes od. geschnitztes japan. Döschen aus Elfenbein od. gelacktem Holz

in sal|do ⟨aus gleichbed. *it.* in saldo; vgl. Saldo⟩: (veraltet) im Rest, im Rückstand; - - bleiben: schuldig bleiben

In|sa|li|va|ti|on [...v...] *die;* -, -en ⟨zu ↑ in... (1) u. *spätlat.* salivatio „Speichelfluß"⟩: Einspeichelung, Vermischung der aufgenommenen Speise mit Speichel, speziell beim Kauakt im Mund (Med.)

in|sa|lu|ber ⟨aus gleichbed. *lat.* insaluber⟩: (veraltet) ungesund

in sal|vo [– ...vo] ⟨*lat.*⟩: (veraltet) in Sicherheit

in|san ⟨aus gleichbed. *lat.* insanus⟩: geistig krank (Med.). **Insa|nia** *die;* - ⟨aus gleichbed. *lat.* insania⟩: Wahnsinn (Med.). **In|sa|ni|tät** *die;* - ⟨aus gleichbed. *lat.* insanitas, Gen. insanitatis⟩: (veraltet) Krankheit, bes. Geisteskrankheit

in|sa|tia|bel ⟨aus gleichbed. *lat.* insatiabilis⟩: (veraltet) unersättlich. **In|sa|tia|bi|li|tät** *die;* - ⟨aus gleichbed. *lat.* insatiabilitas, Gen. insatiabilitatis⟩: (veraltet) Unersättlichkeit

in|schal|lah ⟨aus gleichbed. *arab.* in šā' allāh⟩: wenn Allah will (eine sehr häufige, auf ein künftiges Ereignis bezogene Redensart der Moslems, die das totale Sichverlassen auf Gottes Willen ausdrückt)

In|scrip|tio *die;* -, ...ones [...ne:s] ⟨aus gleichbed. *lat.* inscriptio⟩: Formel im Brief- u. Urkundenwesen des Mittelalters, die Name u. Titel des Adressaten nennt

In|sekt *das;* -[e]s, -en ⟨aus gleichbed. *lat.* insectum, eigtl. „eingeschnittenes (Tier)", Neutrum von insectus, Part. Perf. von insecare „einschneiden"⟩ Kerbtier (geflügelter, luftatmender Gliederfüßer). **In|sek ta|ri|um** *das;* -s, ...ien [...iən] ⟨zu ↑ ...arium⟩: Insektenhaus, der Aufzucht u. dem Studium von Insekten dienende Anlage. **In|sek|ti|on** *die;* -, -en ⟨zu ↑ ¹...ion⟩: Einschnitt, Kerbung. **in|sek|ti|vor** [...v...] ⟨zu *lat.* vorare „verschlingen"⟩: insektenfressend. **In|sekti|vo|ren** *die* (Plur.): insektenfressende Tiere und Pflanzen. **in|sek|ti|zid** ⟨zu ↑ ...zid⟩: insektenvernichtend (in bezug auf Chemikalien). **In|sek|ti|zid** *das;* -s, -e: [chem.] Insektenbekämpfungsmittel. **In|sek|to|lo|ge** *der;* -n, -n ⟨zu ↑ ...loge⟩: svw. Entomologe

In|se|mi|na|ti|on *die;* -, -en ⟨zu ↑ inseminieren u. ↑ ...ation⟩: 1. künstliche Befruchtung; vgl. heterologe Insemination u. homologe Insemination. 2. das Eindringen der Samenfäden in das reife Ei (Med.). **In|se|mi|na|tor** *der;* -s, ...oren ⟨zu ↑ ...or⟩: jmd., der auf einer Tierbesamungsstation als Fachmann Methoden für die künstliche Befruchtung der Tiere entwickelt u. durchführt. **in|se|mi|nie|ren** ⟨aus *lat.* inseminare „einsäen, befruchten" zu ↑ in... (1) u. semen, Gen. seminis „Samen"⟩: eine Insemination (1) durchführen

in|sen|si|bel [auch ...'zi:...] ⟨zu ↑ in... (2) u. ↑ sensibel⟩: 1. unempfindlich gegenüber Schmerzen u. Reizen von außen. 2. gefühllos, herzlos. **In|sen|si|bi|li|tät** [auch ...'tɛ:t] *die;* -: Unempfindlichkeit gegenüber Schmerzen u. Reizen von außen; Gefühllosigkeit, Gefühlsroheit

in|se|pa|ra|bel ⟨aus gleichbed. *lat.* inseparabilis⟩: (veraltet) untrennbar. **In|se|pa|ra|bi|li|tät** *die;* - ⟨zu ↑ ...ität⟩: (veraltet) Unzertrennlichkeit. **In|se|pa|rables** [ɛsepa'rabl] *die* (Plur.) ⟨aus gleichbed. *fr.* inséparables (Plur.) zu inséparable „untrennbar, unzertrennlich", dies aus gleichbed. *lat.* inseparabilis⟩: kleine, als Käfigvögel gehaltene Papageien, die meist aneinandergeschmiegt sitzen

in|se|quent [auch ...'kvɛnt] ⟨zu ↑ in... (2) u. *lat.* sequens, Gen. sequentis, Part. Präs. von sequi „folgen"⟩: keine Beziehung zum Schichtenbau der Erde habend (in bezug auf Flußläufe; Geol.); Ggs. ↑ konsequent (3). **In|se|quenz** *die;* -, -en ⟨zu *lat.* sequentia „Folge"⟩: durch längere Unterbrechung der ↑ Sedimentation entstandene Schichtlücke (Geol.)

In|se|rat *das;* -[e]s, -e ⟨zu *lat.* inserat „er möge einfügen", 3. Pers. Sing. Präs. Konj. von inserere, vgl. inserieren⟩: Anzeige (in einer Zeitung, Zeitschrift o. ä.). **In|se|rent** *der;* -en, -en ⟨aus *lat.* inserens, Gen. inserentis, Part. Präs. von inserere, vgl. inserieren⟩: jmd., der ein Inserat aufgibt. **Inse|ren|tin** *die;* -, -nen: weibliche Form zu ↑ Inserent. **in|serie|ren** ⟨aus *lat.* inserere „einfügen"⟩: 1. a) ein Inserat aufgeben; b) durch ein Inserat anbieten, suchen, vermitteln. 2. a) an einem Knochen ansetzen (von Muskeln od. Sehnen); b) am Mutterkuchen ansetzen (von der Nabelschnur; Med.). **In|sert** *das;* -s, -s ⟨aus gleichbed. *engl.* insert, eigtl. „Einfügung", zu to insert „einfügen", dies aus *lat.* inserere, vgl. inserieren⟩: 1. Inserat, bes. in einer Zeitschrift, in Verbindung mit einer beigehefteten Karte zum Anfordern weiterer Informationen od. zum Bestellen der angebotenen Ware. 2. in einen Kunststoff zur Verstärkung eingelassenes Element. 3. graphische Darstellung, Schautafel für den Zuschauer, die als Einschub [zwischen zwei Programmbestandteile] eingeblendet wird. **In|ser|ti|on** *die;* -, -en ⟨aus gleichbed. *engl.* insertion, dies aus *lat.* insertio „Einfügung"⟩: 1. das Aufgeben einer Anzeige. 2. das Einfügen sprachlicher Einheiten in einen vorgegebenen Satz (als Verfahren zur Gewinnung von Kernsätzen; Sprachw.). 3. das Einfügen einer Urkunde in vollem Wortlaut in eine neue Urkunde als Form der Bestätigung, Transsumierung. 4. Ansatz, Ansatzstelle (z. B. einer Sehne am Knochen, der Nabelschnur am Mutterkuchen od. eines Blattes am Sproß; Med., Biol., Bot.). 5. Einfügen eines Chromosomenabschnittes in ein anderes Chromosom (Genetik). **Inser|ti|ons|or|gan** *das;* -s, -e: Publikation, in der Inserate veröffentlicht werden können

In|ses|sor *der;* -s, ...oren ⟨aus *lat.* insessor „Besetzer" zu insidere „bewohnen"; vgl. ...or⟩: Nesthocker (Zool.)

In|set|ter *der;* -s, - ⟨zu *engl.* to inset „einfügen, einsetzen"⟩: Steuer- u. Regelvorrichtung in Rollenrotationsdruckmaschinen, die bewirkt, daß eine vorbedruckte Papierbahn paßgerecht mit dem in der Druckmaschine gefertigten Produkt zu einem kombinierten Druck vereint wird (Druckw.). **In|set|ting** *das;* -s ⟨aus *engl.* insetting, Gerundium von to inset, vgl. Insetter⟩: das paßgerechte Vereinen einer vorbedruckten Papierbahn mit dem in der Druckmaschine gefertigten Produkt mit Hilfe eines Insetters (Druckw.)

In|side ['ɪnsaɪd] *der;* -[s], -s ⟨aus gleichbed. *engl.* inside (forward)⟩: (schweiz.) Innenstürmer, Halbstürmer (Fußball). **In|si|der** [...də] *der;* -s, - ⟨aus gleichbed. *engl.* insider⟩: jmd., der bestimmte Dinge, Verhältnisse als ein Dazugehörender, Eingeweihter kennt. **In|si|de|rin** *die;* -, -nen: weibliche Form zu ↑ Insider. **In|side-Sto|ry** ['ɪnsaɪd'stɔ:rɪ] *die;* -, -s ⟨aus *engl.* inside story, eigtl. „Geschichte für Eingeweihte"⟩: aus interner Sicht, von einem Beteiligten selbst verfaßter Bericht

In|si|di|en [...iən] *die* (Plur.) ⟨aus *lat.* insidiae (Plur.) „Hinterhalt"⟩: (veraltet) Nachstellungen. **in|si|di|ös** ⟨aus gleichbed. *fr.* insidieux, dies aus *lat.* insidiosus „hinterhältig, heimtückisch"⟩: heimtückisch, schleichend (von Krankheiten; Med.)

In|si|gne *das;* -s, ...nien [...i̯ən] (meist Plur.) ⟨aus gleichbed. *lat.* insigne, eigtl. „Abzeichen, Ehrenzeichen"; vgl. Signum⟩: Zeichen staatlicher od. ständischer Macht u. Würde (z. B. Krone, Rittersporen). **in|si|gni|fi|kant** [auch ...'kant] ⟨zu ↑in... (2) u. ↑signifikant⟩: unbedeutend, unwichtig, unwesentlich

In|si|mu|la|ti|on *die;* -, -en ⟨aus gleichbed. *lat.* insimulatio zu insimulare, vgl. insimulieren⟩: (veraltet) Verdächtigung, Anschuldigung. **in|si|mu|lie|ren** ⟨aus gleichbed. *lat.* insimulare⟩: (veraltet) verdächtigen, anschuldigen

In|si|nu|ant ⟨aus *lat.* insinuans, Gen. insinuantis, eigtl. „eindringend", Part. Präs. von insinuare, vgl. insinuieren⟩: (veraltet) einschmeichelnd. **In|si|nu|ant** *der;* -en, -en: 1. jmd., der Unterstellungen, Verdächtigungen äußert. 2. jmd., der andern etwas zuträgt, einflüstert. 3. jmd., der sich bei andern einschmeichelt. **In|si|nua|ti|on** *die;* -, -en ⟨aus *lat.* insinuatio „Empfehlung; Einschmeichelung" zu insinuare, vgl. insinuieren⟩: 1. a) Unterstellung, Verdächtigung; b) Einflüsterung, Zuträgerei; c) Einschmeichelung. 2. (veraltet) Eingabe eines Schriftstückes an ein Gericht. **In|si|nua|ti|ons|do|ku|ment** *das;* -[e]s, -e: Bescheinigung über eine Insinuation (2). **In|si|nua|ti|ons|man|da|tar** *der;* -s, -e: zur Entgegennahme von Insinuationen (2) Bevollmächtigter. **in|si|nu|ie|ren** ⟨aus *lat.* insinuare „einflüstern; hineinstecken, eindringen lassen"⟩: 1. a) unterstellen; b) einflüstern, zutragen; c) sich -: sich einschmeicheln. 2. (veraltet) ein Schriftstück einem Gericht einreichen

in|si|pid, in|si|pi|de ⟨aus *lat.* insipidus „unschmackhaft"⟩: 1. (veraltet) schal, fade; albern, töricht. 2. ohne Geschmack, geschmacklos (Med.). **In|si|pi|di|tät** *die;* -, -en ⟨zu ↑...ität⟩: (veraltet) 1. (ohne Plur.) Schalheit, Fadheit. 2. Albernheit, Torheit

in|si|stent ⟨aus gleichbed. *lat.* insistens, Gen. insistentis, Part. Präs. von insistere, vgl. insistieren⟩: (selten) auf etwas bestehend, dringend, beharrlich, hartnäckig. **In|si|stent** *der;* -en, -en: jmd., der hartnäckig auf etw. besteht. **In|si|stenz** *die;* - ⟨zu ↑...enz⟩: Beharrlichkeit, Hartnäckigkeit. **in|si|stie|ren** ⟨aus gleichbed. *lat.* insistere, eigtl. „sich auf etw. stellen"⟩: auf etwas bestehen, beharren, dringen; Ggs. ↑desistieren

in si|tu ⟨*lat.;* „in (natürlicher) Lage"⟩: a) (von Organen, Körperteilen, Geweben o. ä.) in der natürlichen, richtigen Lage (Med.); vgl. Situs; b) (von ausgegrabenen Gegenständen, Fundstücken) in ↑originaler (1) Lage (Archäol.)

...in|ski ⟨nach *slaw.* -inski, häufige Endung slawischer Personennamen⟩: Wortbildungselement zur Kennzeichnung charakteristischer Eigenschaften von Personen, z. B. Radikalinski

in|skri|bie|ren ⟨aus *lat.* inscribere „in od. auf etw. schreiben"⟩: (österr.) a) sich an einer Universität einschreiben; b) (ein Studienfach, eine Vorlesung, Übung o. ä.) belegen. **In|skri|bie|rung** *die;* -, -en ⟨zu ↑...ierung⟩: svw. Inskription. **In|skrip|ti|on** *die;* -, -en ⟨aus *lat.* inscriptio „Beschriftung, Inschrift"⟩: (österr.) a) Einschreibung an einer Universität; b) Anmeldung zur Teilnahme an einer Vorlesung, Übung o. ä.

in|skru|ta|bel ⟨aus gleichbed. *lat.* inscrutabilis zu ↑in... (2) u. scrutari „untersuchen"⟩: (veraltet) unerforschlich. **In|skru|ta|bi|li|tät** *die;* - ⟨zu ↑...ität⟩: (veraltet) Unerforschlichkeit

In|so|la|ti|on *die;* -, -en ⟨aus gleichbed. *nlat.* insolatio zu *lat.* insolare, vgl. insolieren⟩: 1. Strahlung der Sonne auf die Erde, Sonneneinstrahlung (Meteor.). 2. a) [übermäßige] Bestrahlung des Körpers, bes. des unbedeckten Kopfes durch die Sonne; b) durch Insolation (2 a) bedingte Schädigung (z. B. Sonnenstich; Med.)

in|so|lent [auch ...'lɛnt] ⟨aus gleichbed. *lat.* insolens, Gen. insolentis⟩: anmaßend, unverschämt. **In|so|lenz** [auch ...'lɛnts] *die;* -, -en ⟨aus gleichbed. *lat.* insolentia⟩: Anmaßung, Unverschämtheit

in|so|li|de [auch ...'li:də] ⟨aus gleichbed. *lat.* insolidus zu ↑in... (2) u. solidus „gediegen, fest"⟩: (veraltet) schwach, kraftlos; unzuverlässig. **In|so|li|di|tät** [auch 'ɪn...] *die;* - ⟨zu ↑...ität⟩: (veraltet) Schwäche; Unzuverlässigkeit

in|so|lie|ren ⟨aus *lat.* insolare „der Sonne aussetzen, wärmen" zu ↑in... (1) u. sol „Sonne"⟩: (selten) sich der Sonne aussetzen, sich sonnen; vgl. Insolation

in|so|lu|bel [auch 'ɪn...] ⟨aus gleichbed. *lat.* insolubilis⟩: unlöslich, unlösbar (Chem.). **in|sol|vent** [...v..., auch ...'ɪn...] ⟨zu ↑in... (2) u. ↑solvent⟩: zahlungsunfähig (Wirtsch.); Ggs. ↑solvent. **In|sol|venz** [auch ...'vɛnts] *die;* -, -en ⟨aus gleichbed. *nlat.* insolventia⟩: Zahlungsunfähigkeit (Wirtsch.); Ggs. ↑Solvenz

In|som|nie *die;* - ⟨aus gleichbed. *lat.* insomnia zu ↑in... (2) u. somnus „Schlaf"⟩: Schlaflosigkeit (Med.)

in|so|zia|bel [auch ...'tsi̯a:...] ⟨aus gleichbed. *lat.* insociabilis zu ↑in... (2) u. sociabilis „gesellig, verträglich"⟩: (veraltet) ungesellig, unverträglich, unvereinbar. **In|so|zia|bi|li|tät** [auch 'ɪn...] *die;* - ⟨zu ↑...ität⟩: (veraltet) Ungeselligkeit, Unverträglichkeit, Unvereinbarkeit

in spe [– 'spe:] ⟨*lat.;* „in der Hoffnung"⟩: zukünftig, baldig
in spe|cie [– 'spe:tsi̯e] ⟨*lat.;* zu species „Art"⟩: im besonderen

In|spek|teur [...'tø:ɐ̯] *der;* -s, -e ⟨aus gleichbed. *fr.* inspecteur, dies aus *lat.* inspector, vgl. Inspektor⟩: 1. Leiter einer Inspektion (2). 2. Dienststellung der ranghöchsten, aufsichtführenden Offiziere der einzelnen Streitkräfte der Bundeswehr. **In|spek|ti|on** *die;* -, -en ⟨aus *lat.* inspectio „das Hineinsehen, Besichtigung, Untersuchung" zu inspicere, vgl. inspizieren⟩: 1. a) Prüfung, Kontrolle; b) regelmäßige Untersuchung u. Wartung eines Kraftfahrzeuges (gegebenenfalls mit Reparaturen); c) äußerliche Untersuchung eines Patienten durch Augenschein (Med.). 2. Behörde, der die Prüfung od. Aufsicht [über die Ausbildung der Truppen] obliegt. **In|spek|tor** *der;* -s, ...oren ⟨über *spätlat.* inspector „Untersuchungsbeamter" aus *lat.* inspector „Besichtiger, Untersucher"⟩: 1. Verwaltungsbeamter auf der ersten Stufe des gehobenen Dienstes (bei Bund, Ländern u. Gemeinden). 2. jmd., der etw. inspiziert, dessen Amt es ist, Inspektionen durchzuführen. 3. Kriminalbeamter, -kommissar in Großbritannien u. den USA. **In|spek|to|rat** *das;* -[e]s, -e ⟨zu ↑...at (1)⟩: (veraltet) a) Amt eines Inspektors (1); b) Wohnung eines Inspektors (1). **In|spek|to|rin** *die;* -, -nen: weibliche Form zu ↑Inspektor

In|spi|ra|ti|on *die;* -, -en ⟨aus gleichbed. *lat.* inspiratio, eigtl. „Einhauchung", zu inspirare, vgl. inspirieren⟩: 1. schöpferischer Einfall, Gedanke; plötzliche Erkenntnis, erhellende Idee, die jmdn., bes. bei einer geistigen Tätigkeit, weiterführt; Erleuchtung, Eingebung (bes. die höhere Eingebung Gottes, göttlicher Einfluß auf die Verfasser der Heiligen Schrift; Rel.). 2. (ohne Plur.) Einatmung; das Einsaugen der Atemluft (Med.); Ggs. ↑Exspiration. **in|spi|ra|tiv** ⟨zu ↑...iv⟩: durch Inspiration wirkend; vgl. ...iv/...orisch. **In|spi|ra|tor** *der;* -s, ...oren ⟨aus *spätlat.* inspirator „Einhaucher, Einflößer"⟩: jmd., der einen anderen inspiriert, zu etw. anregt. **in|spi|ra|to|risch**: 1. svw. inspirativ. 2. die Inspiration (2) betreffend (Med.); Ggs. ↑exspiratorisch; -es Sprechen: [durch Erregung od. Eile verursachtes] Sprechen beim Einatmen (Phon.); vgl. ...iv/...orisch. **in|spi|rie|ren** ‹aus gleichbed. *lat.* inspirare, eigtl. „(hin)einhauchen"›: zu etw. anregen, animieren; jmdm., einer Sache Impulse geben. **In|spi|rier|te** *der u. die;* -n, -n (meist Plur.): Anhänger[in] einer Sekte des 18. Jh.s, die an göttliche Eingebung bei einzelnen Mitgliedern glaubte (bes. in der Wetterau; später in den USA). **in spi|ri|tua|li|bus** ‹*lat.*›: in geistlichen Angelegenheiten

In|spis|sa|ti|on *die;* -, -en ‹zu ↑inspissieren u. ↑...ation›: (veraltet) Eindickung. **in|spis|sie|ren** ‹zu ↑in... (1) u. *lat.* spissare „verdichten"; vgl. ...ieren›: (veraltet) eindicken, verdichten

In|spi|zi|ent *der;* -en, -en ‹aus *lat.* inspiciens, Gen. inspicientis, Part. Präs. von inspicere, vgl. inspizieren›: 1. für den reibungslosen Ablauf von Proben u. Aufführungen beim Theater od. von Sendungen beim Rundfunk u. Fernsehen Verantwortlicher. 2. aufsichtführende Person. **in|spi|zie|ren** ‹aus gleichbed. *lat.* inspicere, eigtl. „hineinsehen"›: be[auf]sichtigen; prüfen. **In|spi|zie|rung** *die;* -, -en ‹zu ↑...ierung›: genaue Prüfung

in|sta|bil [auch ...'bi:l] ‹aus gleichbed. *lat.* instabilis›: unbeständig; Ggs. ↑stabil; -es Atom: Atom, dessen Kern durch radioaktiven Prozeß von selbst zerfällt (Phys.); -e Schwingungen: Flatterschwingungen bei Flugzeugtragflügeln; angefachte, durch äußere Einwirkung entstandene Schwingungen bei Hängebrücken u. schlanken Bauwerken. **In|sta|bi|li|tät** [auch 'in...] *die;* -, -en (Plur. selten) ‹aus gleichbed. *lat.* instabilitas, Gen. instabilitatis›: Unbeständigkeit, Veränderlichkeit, Unsicherheit

In|stal|la|teur [...'tø:ɐ̯] *der;* -s, -e ‹französierende Bildung zu ↑installieren; vgl. ...eur›: Handwerker, der die technischen Anlagen eines Hauses (Rohre, Gas-, Elektroleitungen o. ä.) verlegt, anschließt, repariert (Berufsbez.). **In|stal|la|ti|on** *die;* -, -en ‹vermutlich nach gleichbed. *fr.* installation; vgl. installieren›: 1. a) Einbau, Anschluß (von technischen Anlagen); b) technische Anlage. 2. (schweiz., sonst veraltet) Einweisung in ein [geistliches] Amt. **in|stal|lie|ren** ‹aus *mlat.* installare „in eine Stelle, in ein (kirchliches) Amt einsetzen" zu stallus „(Chor)stuhl", dies aus dem Germ.›: 1. technische Anlagen einrichten, einbauen, anschließen. 2. in ein [geistliches] Amt einweisen. 3. a) irgendwo einrichten, in etwas unterbringen; b) sich -: sich in einem Raum, einer Stellung einrichten

in|stant [auch 'ɪnstənt] ‹aus gleichbed. *engl.* instant, dies aus *mlat.* instans, Gen. instantis „sofort", eigtl. „drängend"; vgl. Instanz›: sofort, ohne Vorbereitung zur Verfügung (als nachgestelltes Attribut gebraucht), z. B. Haferflocken -. **In|stant...** ‹zu ↑instant›: Wortbildungselement mit der Bedeutung „sofort, ohne Vorbereitung zur Verfügung stehend", z. B. Instantkaffee. **in|stan|tan** ‹zu ↑instant, Analogiebildung zu ↑momentan›: unverzüglich einsetzend, sich sofort auswirkend, augenblicklich; -e Bodensenkung: ruckartige, beschleunigte Bodensenkung (Geol.). **In|stant|ge|tränk** [auch 'ɪnstənt...] *das;* -[e]s, -e ‹zu ↑Instant›: Schnellgetränk, Getränk, das ohne Vorbereitung aus pulveriger Substanz schnell zubereitet werden kann. **in|stan|ti|sie|ren** ‹zu ↑instant u. ↑...isieren›: pulverförmige Extrakte herstellen. **In|stant|pro|duk|te** [auch 'ɪnstənt...] *die* (Plur.) ‹zu ↑Instant...›: Lebensmittel in feinkörniger Form, die nach Zugabe von warmer od. kalter Flüssigkeit sofort verzehrfertig sind. **In|stanz** *die;* -, -en ‹aus gleichbed. *mlat.* instantia, dies aus *spätlat.* instantia „inständiges Drängen"›: zuständige Stelle (bes. bei Behörden od. Gerichten). **In|stan|zen|weg** *der;* -[e]s: a) Behördenweg; b) Dienstweg. **In|stan|zen|zug** *der;* -[e]s: Übergang einer Rechtssache an das nächsthöhere, zuständige Gericht (Rechtsw.)

in|sta|tio|när [auch ...'nɛ:ɐ̯] ‹aus ↑in... (2) u. ↑stationär›: nicht gleichbleibend, schwankend, z. B. bei veränderlichen Stromröhren (Hydraulik)

in sta|tu nas|cen|di [- - nas'tsɛndi] ‹*lat.*›: im Zustand des Entstehens. **in sta|tu quo** ‹*lat.;* „in dem Zustand, in dem (eine Sache sich befindet)"›: im gegenwärtigen Zustand, unverändert; vgl. Status quo. **in sta|tu quo an|te** ‹*lat.;* „in dem Zustand, in dem vorher (eine Sache sich befunden hat)"›: im früheren Zustand; vgl. Status quo ante

In|stau|ra|ti|on *die;* -, -en ‹aus gleichbed. *lat.* instauratio zu instaurare, vgl. instaurieren›: (veraltet) Erneuerung; Wiedereröffnung. **In|stau|ra|tor** *der;* -s, ...oren ‹aus gleichbed. *lat.* instaurator›: (veraltet) Erneuerer. **in|stau|rie|ren** ‹aus gleichbed. *lat.* instaurare›: (veraltet) erneuern, wiederherstellen

In|sti|ga|ti|on *die;* -, -en ‹aus gleichbed. *lat.* instigatio zu instigare, vgl. instigieren›: das Anreizen, Anstacheln, Aufhetzen. **In|sti|ga|tor** *der;* -, ...oren ‹aus gleichbed. *lat.* instigator›: Anstifter. **in|sti|gie|ren** ‹aus gleichbed. *lat.* instigare›: anregen, anstacheln

In|stil|la|ti|on *die;* -, -en ‹aus *spätlat.* instillatio „das Einträufeln" zu instillare, vgl. instillieren›: Einträufelung, tropfenweise Verabreichung [von Arzneimitteln] unter die Haut, in die Blutbahn od. in Körperhöhlen (Med.). **in|stil|lie|ren** ‹aus *lat.* instillare „daraufträufeln, einflößen"›: Flüssigkeiten in den Organismus einträufeln (Med.)

In|sti|mu|la|ti|on *die;* -, -en ‹zu ↑instimulieren u. ↑...ation›: (veraltet) Anstachelung, Aufregung. **in|sti|mu|lie|ren** ‹aus gleichbed. *lat.* instimulare zu ↑in... (1) u. stimulus „Stachel"›: (veraltet) anstacheln, aufreizen

In|stinkt *der;* -[e]s, -e ‹aus *mlat.* instinctus (naturae) „Anreizung (der Natur), (Natur)trieb" zu *lat.* instinguere „anstacheln, antreiben"›: 1. a) angeborene, keiner Übung bedürfende Verhaltensweise u. Reaktionsbereitschaft der Triebsphäre, meist im Interesse der Selbst- u. Arterhaltung (bes. bei Tieren); b) (meist Plur.) schlechter, zum Schlechten neigender Trieb im Menschen. 2. sicheres Gefühl für etwas. **in|stink|tiv** ‹aus gleichbed. *fr.* instinctif, vgl. ...iv›: 1. instinktbedingt, durch den Instinkt geleitet. 2. von einem Gefühl geleitet, gefühlsmäßig, unwillkürlich. **in|stink|tu|ell** ‹aus gleichbed. *fr.* instinctuel, vgl. ...ell›: (selten) svw. instinktiv (1)

in|sti|tu|ie|ren ‹aus gleichbed. *lat.* instituere, eigtl. „hin(ein)stellen"›: 1. einrichten, errichten. 2. (veraltet) anordnen, unterweisen; stiften. **In|sti|tut** *das;* -[e]s, -e ‹aus *lat.* institutum „Einrichtung; Sitte, Brauch; Verordnung"›: 1. a) Einrichtung, Anstalt, die [als Teil einer Hochschule] wissenschaftlichen Arbeiten, der Forschung, der Erziehung o. ä. dient; b) Institutsgebäude. 2. durch positives (gesetzlich verankertes) Recht geschaffenes Rechtsgebilde (z. B. Ehe, Familie, Eigentum o. ä.). **In|sti|tu|teur** [ɛstity'tø:ɐ̯] *der;* -s, -s ‹aus gleichbed. *fr.* instituteur›: (veraltet) Lehrer, Erzieher. **In|sti|tu|ti|on** [ɪnstitu...] *die;* -, -en ‹aus *lat.* institutio „Einrichtung", eigtl. „das Hineinstellen", zu instituere, vgl. instituieren›: 1. einem bestimmten Bereich zugeordnete öffentliche [staatliche, kirchliche] Einrichtung, die dem Wohl od. Nutzen des einzelnen od. der Allgemeinheit dient. 2. (veraltet) Einsetzung in ein [kirchl.] Amt. **in|sti|tu|tio|na|li|sie|ren** ‹nach gleichbed. *engl.* to institutionalize bzw. *fr.* institutionnaliser; vgl. ...isieren›: a) in eine gesellschaftlich anerkannte, feste [starre] Form bringen; b) sich -: eine [gesellschaftlich anerkannte] feste [starre] Form annehmen; zu einer Institution (1) werden. **In|sti|tu|tio|na|li-**

sie|rung *die;* - ⟨zu ↑ ...isierung⟩: das Institutionalisieren. **In|sti|tu|tio|na|lis|mus** *der;* - ⟨aus gleichbed. *engl.-amerik.* institutionalism; vgl. ...ismus (1)⟩: sozialökonomische Lehre des amerik. Nationalökonomen u. Soziologen Th. Veblen (1857–1929). **in|sti|tu|tio|nell** ⟨aus gleichbed. *fr.* institutionnel; vgl. ...ell⟩: 1. die Institution betreffend; -e G a r a n t i e : Unantastbarkeit bestimmter Einrichtungen (z. B. der Ehe, der Familie o. ä.; Rechtsw.). 2. ein Institut (1 a, 2) betreffend, zu einem Institut gehörend. **In|sti|tu|tor** *der;* -s, ...oren ⟨aus gleichbed. *spätlat.* institutor⟩: (veraltet) Stifter; Lehrer, Erzieher; Vorgesetzter

in|stra|die|ren ⟨aus *it.* instradare „leiten" zu ↑in... (1), strada „Straße, Weg" u. ↑ ...ieren⟩: 1. a) (veraltet) Soldaten in Marsch setzen; b) den Weg eines Briefes o. ä. bestimmen. 2. (schweiz.) über eine bestimmte Straße befördern, leiten. **In|stra|die|rung** *die;* -, -en ⟨zu ↑ ...ierung⟩: das Instradieren (1, 2)

In|stru|ent *der;* -en, -en ⟨aus *lat.* instruens, Gen. instruentis, Part. Präs. von instruere, vgl. instruieren⟩: 1. (Rechtsspr.) mit der Voruntersuchung für einen Prozeß beauftragter Beamter. 2. (veraltet) Erzieher, Lehrer. **in|stru|ie|ren** ⟨aus gleichbed. *lat.* instruere, eigtl. „herrichten; ausrüsten"⟩: 1. in Kenntnis setzen; unterweisen, lehren, anleiten. 2. (veraltet) eine Rechtssache zur Entscheidung vorbereiten. **In|struk|teur** [...'tø:ɐ̯] *der;* -s, -e ⟨aus gleichbed. *fr.* instructeur, dies aus *lat.* instructor, vgl. Instruktor⟩: jmd., der andere unterrichtet, [zum Gebrauch von Maschinen, zur Auslegung von Vorschriften, Richtlinien o. ä.] anleitet. **¹In|struk|ti|on** *die;* -, -en ⟨aus gleichbed. *lat.* instructio zu instruere, vgl. instruieren⟩: Anleitung; Vorschrift, Richtschnur, Dienstanweisung. **²In|struk|ti|on** *die;* -, -en ⟨über gleichbed. *engl.* instruction aus *lat.* instructio, vgl. ¹Instruktion⟩: Befehl, der einen Arbeitsschritt innerhalb eines Programms (4) einleitet (EDV). **in|struk|tiv** ⟨über gleichbed. *fr.* instructif zu *lat.* instructus, Part. Perf. von instruere, vgl. instruieren⟩: lehrreich, aufschlußreich. **In|struk|tiv** *der;* -s, -e [...və] ⟨aus gleichbed. *nlat.* (casus) instructivus⟩: finnougrischer Kasus zur Bezeichnung der Art und Weise. **In|struk|tor** *der;* -s, ...oren ⟨aus *lat.* instructor „Zubereiter; Einrichter; Erbauer"⟩: 1. (veraltet) Lehrer; Erzieher (bes. von Einzelpersonen). 2. (österr.) svw. Instrukteur. **In|stru|ment** *das;* -[e]s, -e ⟨aus *lat.* instrumentum, eigtl. „Ausrüstung, Gerätschaft"⟩: 1. Gerät, feines Werkzeug [für technische od. wissenschaftliche Arbeiten]. 2. kurz für Musikinstrument. **in|stru|men|tal** ⟨über gleichbed. *fr.* instrumental aus *mlat.* instrumentalis „nach der Art eines Instruments"⟩: 1. a) durch Musikinstrumente ausgeführt, Musikinstrumente betreffend; Ggs. ↑ vokal; b) wie Instrumentalmusik klingend. 2. als Mittel od. Werkzeug dienend. 3. das Mittel od. Werkzeug bezeichnend; -e K o n j u n k t i o n : das Mittel angebendes Bindewort (z. B. *indem;* Sprachw.); vgl. ...al/...ell. **In|stru|men|tal** *der;* -s, -e ⟨aus gleichbed. *mlat.* (casus) instrumentalis⟩: das Mittel od. Werkzeug bezeichnender Fall (im Deutschen durch Präpositionalfall ersetzt, im Slaw. noch erhalten; Sprachw.). **In|stru|men|ta|lis** *der;* -, ...les [...le:s] ⟨zu ↑ Instrumental⟩: svw. Instrumental. **in|stru|men|ta|li|sie|ren** ⟨zu ↑ instrumental (1) u. ↑ ...isieren⟩: 1. [in der Unterhaltungsmusik] ein Gesangsstück zu einem Instrumentalstück umschreiben; vgl. instrumentieren (1 b). 2. (für seine Zwecke) als Instrument benutzen. **In|stru|men|ta|li|sie|rung** *die;* -, -en ⟨zu ↑ ...isierung⟩: 1. (ohne Plur.) Neigung der deutschen Gegenwartssprache, „bei der sprachlichen Einordnung Sachen, über die der Mensch verfügt, in Form und Rolle des sprachlichen ‚Instrumentalis' zu bringen" (L. Weisgerber; z. B. „den Kunden *mit Waren* beliefern" statt „dem Kunden Waren liefern"). 2. das Instrumentalisieren (Mus.). **In|stru|men|ta|lis|mus** *der;* - ⟨aus gleichbed. *engl.-amerik.* instrumentalism; vgl. ...ismus (1)⟩: amerik. Ausprägung des ↑ Pragmatismus, in der Denken u. Begriffsbildung (Logik, Ethik, Metaphysik) nur Werkzeuge zur Beherrschung von Natur u. Mensch sind (Philos.). **In|stru|men|ta|list** *der;* -en, -en ⟨zu ↑ instrumental u. ↑ ...ist, Bed. 2 über gleichbed. *engl.-amerik.* instrumentalist⟩: 1. jmd., der [berufsmäßig] bes. in einem ↑ Ensemble (2) ein Instrument (2) spielt; Ggs. ↑ Vokalist. 2. Anhänger, Vertreter des Instrumentalismus. **In|stru|men|ta|li|stin** *die;* -, -nen: weibliche Form zu ↑ Instrumentalist. **in|stru|men|ta|li|ter** ⟨*mlat.;* vgl. instrumental⟩: auf Instrumenten zu spielen. **In|stru|men|tal|kon|zert** *das;* -[e]s, -e: 1. Konzert für ein od. mehrere Soloinstrumente u. Orchester. 2. Aufführung eines solchen Konzerts. **In|stru|men|tal|mu|sik** *die;* -, -en: nur mit Instrumenten ausgeführte Musik; Ggs. ↑ Vokalmusik. **In|stru|men|tal|pho|ne|tik** *die;* -: Teilgebiet der Phonetik, das mit Hilfe besonderer, meist elektron. Instrumente die gesprochene Sprache untersucht u. aufzeichnet. **In|stru|men|tal|satz** *der;* -es, ...sätze: Umstands[glied]satz des Mittels od. Werkzeuges (z. B. er vernichtete das Ungeziefer, *indem er Spray darauf sprühte*). **In|stru|men|tal|so|list** *der;* -en, -en: jmd., der innerhalb eines Orchesters, Ensembles o. ä. ein Instrument (2) als ↑Solist (a) spielt. **In|stru|men|tal|so|li|stin** *die;* -, -nen: weibliche Form zu ↑ Instrumentalsolist. **In|stru|men|tar** *das;* -s, -e: (selten) Kurzform von ↑ Instrumentarium. **in|stru|men|ta|ri|sie|ren** ⟨zu ↑ Instrumentarium u. ↑ ...isieren⟩: zu einem Instrumentarium (1) machen. **In|stru|men|ta|ri|sie|rung** *die;* -, -en ⟨zu ↑ ...isierung⟩: das Instrumentarisieren. **In|stru|men|ta|ri|um** *das;* -s, ...ien [...jən] ⟨aus *mlat.* instrumentarium „Gesamtheit benutzter Werkzeuge"; vgl. ...arium⟩: 1. Gesamtheit der als Ausrüstung zur Durchführung einer Tätigkeit zur Verfügung stehenden Instrumente (1). 2. Instrumentensammlung. 3. Gesamtzahl der in einem Klangkörper für eine bestimmte musikalische Aufführung vorgesehenen Musikinstrumente. 4. Gesamtheit der für eine bestimmte Aufgabe, Tätigkeit, für die Erreichung eines bestimmten Ziels zur Verfügung stehenden Mittel, Möglichkeiten, Einrichtungen. **In|stru|men|ta sce|le|ris** [– 'stse:...] *die* (Plur.) ⟨aus *lat.* instrumenta sceleris „Werkzeuge des Verbrechens"⟩: Gegenstände, die zur Vorbereitung od. Begehung eines Verbrechens od. vorsätzlichen Vergehens gebraucht werden od. bestimmt sind (z. B. die Tatwaffe, das Schmugglerauto; Rechtsspr.). **In|stru|men|ta|ti|on** *die;* -, -en ⟨nach gleichbed. *fr.* instrumentation⟩: a) Besetzung der einzelnen Stimmen einer mehrstimmigen ↑ Komposition (2 b) mit bestimmten Instrumenten (2) eines Orchesters zwecks bestimmter Klangwirkungen; b) Einrichtung einer (urspr. nicht für [verschiedene] Instrumente geschriebenen) Komposition für mehrere Instrumente, für ein Orchester; vgl. ...[at]ion/...ierung. **In|stru|men|ta|tiv** *das;* -s, -e [...və] ⟨aus gleichbed. *nlat.* (verbum) instrumentativum⟩: Verb des Benutzens (z. B. *hämmern* = „mit dem Hammer arbeiten"). **In|stru|men|ta|tor** *der;* -s, ...oren ⟨zu ↑ Instrumentation u. ↑ ...or⟩: jmd., der die ↑ Instrumentation durchführt. **in|stru|men|ta|to|risch**: die ↑ Instrumentation betreffend. **in|stru|men|tell** ⟨nach *fr.* instrumental; vgl. ...ell⟩: 1. Instrumente (1) betreffend, mit Instrumenten versehen, unter Zuhilfenahme von Instrumenten. 2. als Mittel dienend; vgl. ...al/...ell. **in|stru|men|tie|ren** ⟨aus gleichbed. *fr.* instrumenter; vgl. ...ieren⟩: 1. a) eine Komposition [nach der Klavierskizze] für die einzelnen Orchesterinstrumente aus-

Instrumentierung

arbeiten u. dabei bestimmte Klangvorstellungen realisieren; b) eine Komposition für Orchesterbesetzung umschreiben, eine Orchesterfassung von etwas herstellen. 2. mit [techn.] Instrumenten ausstatten. 3. als Operationsschwester einem operierenden Arzt die chirurg. Instrumente reichen. **In|stru|men|tie|rung** *die;* -, -en ⟨zu ↑ ...ierung⟩: das Instrumentieren (1, 2); vgl. ...[at]ion/...ierung

In|sub|or|di|na|ti|on [auch 'ɪn...] *die;* -, -en ⟨zu ↑ in... (2) u. ↑ Subordination⟩: mangelnde Unterordnung; Ungehorsam gegenüber [militär.] Vorgesetzten

in|sub|stan|ti|ell [auch 'ɪn...] ⟨zu ↑ in... (2) u. ↑ substantiell⟩: (veraltet) unwesentlich

In|su|dat *das;* -[e]s, -e ⟨zu ↑ in... (1) u. *lat.* sudare „schwitzen", Analogiebildung zu ↑ Exsudat⟩: entzündliche Ausschwitzung; eiweißhaltige Flüssigkeit, die bei Entzündungen in den Gefäßen verbleibt (Med.). **In|su|da|ti|on** *die;* -, -en ⟨zu ↑¹...ion⟩: Absonderung eines Insudats (Med.)

in|suf|fi|zi|ent [auch ...'tsiɛnt] ⟨aus gleichbed. *lat.* insufficiens, Gen. insufficientis, zu ↑ in... (2) u. sufficere „genügen, ausreichen"⟩: 1. unzulänglich, unzureichend. 2. (von der Funktion, Leistungsfähigkeit eines Organs) ungenügend, unzureichend, geschwächt (Med.). **In|suf|fi|zi|enz** [auch ...'tsiɛnts] *die;* -, -en ⟨aus gleichbed. (spät)lat.* insufficientia⟩: 1. Unzulänglichkeit; Schwäche; Ggs. ↑ Suffizienz (1). 2. ungenügende Leistung, Schwäche eines Organs (Med.); Ggs. ↑ Suffizienz (2). 3. Vermögenslage eines Schuldners, bei der die Gläubiger nicht ausreichend befriedigt werden können (Rechtsw.)

In|suf|fla|ti|on *die;* -, -en ⟨aus *lat.* insufflatio „Einblasung" zu insufflare, vgl. insufflieren⟩: Einblasung bzw. Einspritzung von pulverigen, flüssigen od. gasförmigen Substanzen, insbesondere Medikamenten, in Körperhöhlen od. Gefäße (Med.). **in|suf|flie|ren** ⟨aus *lat.* insufflare „einblasen, einhauchen" zu ↑ in... (1) u. sufflare „blasen"⟩: eine Insufflation vornehmen (Med.)

In|su|la|ner *der;* -s, - ⟨aus gleichbed. *lat.* insulanus⟩: Inselbewohner. **In|su|lar** ⟨aus gleichbed. *spätlat.* insularis⟩: die Insel od. Inseln betreffend; inselartig; vgl. ...isch/-. **in|su|la|risch**: (veraltet) svw. insular; vgl. ...isch/-. **In|su|la|ri|tät** *die;* - ⟨wohl nach gleichbed. *fr.* insularité; vgl. ...ität⟩: Insellage, geographische Abgeschlossenheit. **In|su|la|ri|us** *der;* -, ...ien [...jən] ⟨aus gleichbed. *lat.* insularius zu insula „Mietshaus (für Minderbemittelte)"⟩: Hausmeister (Sklave) eines altröm. Mietshauses. **In|su|lin** *das;* -s ⟨zu *lat.* insula „Insel" (mit Bezug auf die Langerhansschen Inselzellen) u. ↑...in⟩: 1. Hormon der Bauchspeicheldrüse. 2. ⓦ Arzneimittel für Diabetiker. **In|su|lin|ämie** *die;* -, ...ien ⟨zu ↑...ämie⟩: vermehrtes Auftreten von Insulin im Blut (Med.). **In|su|lin|de** *die;* - ⟨aus gleichbed. *niederl.* Insulinde, dies zu *lat.* insula „Insel" u. India „Indien" (vom niederl. Schriftsteller Multatuli, 1820–1887, in seinem Roman „Max Havelaar" so benannt)⟩: Name für die Inselwelt des Malaiischen Archipels. **In|su|li|nom** *das;* -s, -e ⟨zu ↑ Insulin u. ↑...om⟩: svw. Insulom. **In|su|lin|pum|pe** *die;* -, -n: therapeutisches System zur kontinuierlichen Zuführung von Insulin für Diabetiker (Med.). **In|su|lin|re|sis|tenz** *die;* -: z. B. durch Antikörperbildung verursachte Reaktionsminderung des Organismus auf die von außen zugeführten Insulingaben bei Diabetikern (Med.). **In|su|lin|schock** *der;* -s, Plur. -s, selten -e: 1. bei Diabetikern durch hohe Insulingaben [nach Diätfehlern] ausgelöster Schock. 2. durch Einspritzung von Insulin künstlich erzeugter Schock zur Behandlung von ↑ Schizophrenie. **In|su|li|tis** *die;* -, ...itiden ⟨zu ↑...itis⟩: im Anfangsstadium der Diabetes bei Kindern u. Jugendlichen auftretende Infiltrate von ↑ Lymphozyten u. ↑ Phagozyten des Gewebskapillarsystems am Inselgewebe der Bauchspeicheldrüse (Med.). **In|su|lom** *das;* -s, -e ⟨zu ↑...om⟩: gutartige Geschwulst der Insulin produzierenden Zellgruppen der Bauchspeicheldrüse (Langerhanssche Inseln; Med.)

In|sult *der;* -[e]s, -e ⟨aus *mlat.* insultus „Angriff" zu *lat.* insilire „in od. auf etw. springen"⟩: 1. [schwere] Beleidigung, Beschimpfung. 2. Anfall (z. B. Schlaganfall; Med.). 3. psychische Schädigung, Störung des seelischen Gleichgewichts, z. B. als Folge eines plötzlichen, schreckhaft wirkenden Ereignisses (Psychol.). **In|sul|ta|ti|on** *die;* -, -en ⟨aus *lat.* insultatio „Spott, Verhöhnung" zu insultare, vgl. insultieren⟩: svw. Insult (1); vgl. ...[at]ion/...ierung. **in|sul|tie|ren** ⟨aus gleichbed. *lat.* insultare, eigtl. „anspringen"⟩: [schwer] beleidigen, verhöhnen. **In|sul|tie|rung** *die;* -, -en ⟨zu ↑...ierung⟩: svw. Insult (1); vgl. ...[at]ion/...ierung

in sum|ma ⟨*lat.*; vgl. Summe⟩: im ganzen, insgesamt

In|sur|gent *der;* -en, -en ⟨aus *lat.* insurgens, Gen. insurgentis, Part. Präs. von insurgere, vgl. insurgieren⟩: Aufständischer. **in|sur|gie|ren** ⟨aus *lat.* insurgere „sich aufrichten, sich (gegen etw. od. jmdn.) erheben"⟩: 1. zum Aufstand reizen. 2. einen Aufstand machen. **In|sur|rek|ti|on** *die;* -, -en ⟨aus gleichbed. *spätlat.* insurrectio⟩: Aufstand; Volkserhebung. **in|sur|rek|tio|nell** ⟨zu ↑...ell⟩: (veraltet) aufrührerisch, aufständisch

in sus|pen|so ⟨*lat.*⟩: (veraltet) unentschieden, in der Schwebe

In|sze|na|tor *der;* -s, ...oren ⟨zu ↑ inszenieren u. ↑...ator⟩: (selten) Leiter einer Inszenierung. **in|sze|na|to|risch**: die Inszenierung betreffend. **in|sze|nie|ren** ⟨zu ↑ in... (1), ↑ Szene u. ↑...ieren⟩: 1. (ein Stück beim Theater, Fernsehen, einen Film) vorbereiten, bearbeiten, einstudieren, künstlerisch gestalten; bei einem Bühnenstück, Fernsehspiel, Film Regie führen. 2. (oft abwertend) geschickt ins Werk setzen, organisieren, vorbereiten, einfädeln. **In|sze|nie|rung** *die;* -, -en ⟨zu ↑...ierung⟩: 1. das Inszenieren. 2. das inszenierte Stück

In|ta|bu|la|ti|on *die;* -, -en ⟨zu ↑ intabulieren u. ↑...ation⟩: 1. (veraltet) Einschreibung in eine Tabelle. 2. Eintragung ins Grundbuch (früher in Ungarn). **in|ta|bu|lie|ren** ⟨aus gleichbed. *mlat.* intabulare⟩: 1. (veraltet) [in eine Tabelle] eintragen. 2. svw. intavolieren

In|ta|glio [ɪn'taljo] *das;* -s, ...ien [...jən] ⟨aus *it.* intaglio „Auskerbung" zu *mlat.* intagl(iat)us, eigtl. „gespalten"⟩: Gemme mit eingeschnittenen Figuren

in|takt ⟨aus gleichbed. *lat.* intactus, eigtl. „unberührt", zu ↑ in... (2) u. tangere „berühren"⟩: a) unversehrt, unberührt, ganz, heil; b) [voll] funktionsfähig, ohne Störungen funktionierend. **in|tan|gi|bel** ⟨aus gleichbed. *mlat.* intangibilis⟩: (veraltet) unberührbar. **In|tan|gi|bi|li|tät** *die;* - ⟨zu ↑...ität⟩: (veraltet) Unberührbarkeit

In|tar|seur [...'zø:ɐ̯] *der;* -s, -e ⟨zu ↑ intarsieren u. ↑...eur⟩: svw. Intarsiator. **In|tar|sia** *die;* -, ...ien [...jən] (meist Plur.) ⟨aus gleichbed. *it.* intarsio zu intarsiare „(in Holz) einlegen", dies zu tarsia „Einlegearbeit" aus *arab.* tarṣīʿ „Fuge"⟩: Einlegearbeit (andersfarbige Hölzer, Elfenbein, Metall usw. in Holz). **In|tar|sia|tor** *der;* -s, ...oren ⟨aus gleichbed. *it.* intarsiatore⟩: Kunsthandwerker, Künstler, der Intarsien herstellt. **In|tar|sia|tur** *die;* -, -en ⟨aus gleichbed. *it.* intarsiatura⟩: (selten) svw. Intarsia. **In|tar|sie** [...jə] *die;* -, -n ⟨zu ↑¹...ie⟩: svw. Intarsia. **in|tar|sie|ren** ⟨unter Einfluß von *it.* intarsiare zu ↑ Intarsia u. ↑...ieren⟩: Intarsien herstellen

in|ta|vo|lie|ren [...v...] ⟨aus *it.* intavolare „eintragen, einschreiben", dies aus *mlat.* intabulare zu ↑ in... (1) u. *lat.* tabula „Tafel"⟩: in die Griffschrift der ↑Tabulatur umschreiben, übertragen (von Kompositionen des 14.–16. Jh.s; Mus.)

in|te|ger ⟨*lat.*; eigtl. „unberührt, ganz"⟩: 1. unbescholten; ohne Makel; unbestechlich. 2. (veraltet) neu; sauber, unversehrt. 3. ganzzahlig (EDV). **in|te|gra|bel** ⟨aus *fr.* intégrable „integrierbar" zu ↑integral, vgl. ...abel⟩: ein Integral (2) besitzend (bei Funktionen; Math.). **in|te|gral** ⟨über *fr.* intégral aus gleichbed. *mlat.* integralis zu *lat.* integrare „wiederherstellen, ergänzen", dies zu integer „ganz"⟩: ein Ganzes ausmachend; für sich bestehend. **In|te|gral** *das;* -s, -e: 1. Rechensymbol der Integralrechnung; Zeichen ∫. 2. math. Summenausdruck über die ↑Differentiale eines endlichen od. unendlichen Bereiches. **In|te|gral|bau|wei|se** *die;* -: Bauweise des Metallbaus (bes. des Flugzeugbaus), bei der größere Bauteile nicht aus einzelnen Bauelementen zusammengesetzt, sondern aus einem Stück hergestellt werden. **In|te|gral|do|sis** *die;* -, ...sen: die von einem Organ od. Organismus absorbierte Strahlungsenergie (Med.). **In|te|gral|geo|me|trie** *die;* -: Teilgebiet der Geometrie, das sich damit beschäftigt, geometrischen Objekten eindeutig Maße zuzuordnen u. geometrische Wahrscheinlichkeiten zu berechnen. **In|te|gral|glei|chung** *die;* -, -en: math. Gleichung, bei der die Unbekannte in irgendeiner Form unter dem Integralzeichen auftritt. **In|te|gral|helm** *der;* -[e]s, -e ⟨Lehnübersetzung von *engl.* integral helmet „(Hals- u. Kinnpartie) einschließender Helm"⟩: mit einem herunterklappbaren ↑Visier (1 b) aus durchsichtigem Kunststoff versehener, Kopf u. Hals bedeckender Schutzhelm bes. für Motorradfahrer. **In|te|gra|lis|mus** *der;* - ⟨zu ↑...ismus (2)⟩: zeitweilige kath. Bestrebung, alle Lebensbereiche nach kirchlichen Maßstäben zu gestalten. **In|te|gra|list** *der;* -en, -en ⟨zu ↑...ist⟩: Anhänger des Integralismus. **In|te|gra|li|tät** *die;* - ⟨zu ↑...ität⟩: (veraltet) Unverletzlichkeit; Vollständigkeit, Ganzheit. **In|te|gral|kur|ve** *die;* -, -en: die graphische Darstellung der Lösung einer Differentialgleichung (Math.). **In|te|gral|pho|to|me|trie** *die;* -: ein Teilgebiet der ↑Photometrie, bei dem die Helligkeit der Gestirne im Gegensatz zur ↑Spektralphotometrie über einen breiten Spektralbereich ermittelt wird. **In|te|gral|rech|nung** *die;* -: Teilgebiet der ↑Infinitesimalrechnung (Umkehrung der Differentialrechnung). **In|te|grand** *der;* -en, -en ⟨aus *lat.* integrandus, Gerundivum von integrare, vgl. integrieren⟩: das zu Integrierende, was unter dem Integralzeichen steht (Math.). **In|te|graph** *der;* -en, -en ⟨zu ↑integrieren u. ↑...graph⟩: ein ↑Integriergerät. **In|te|gra|ti|on** *die;* -, -en ⟨aus *lat.* integratio „Wiederherstellung eines Ganzen" zu integrare, vgl. integrieren⟩: 1. [Wieder]herstellung einer Einheit [aus Differenziertem]; Vervollständigung. 2. Einbeziehung, Eingliederung in ein größeres Ganzes; Ggs. ↑Desintegration (1). 3. Zustand, in dem sich etwas befindet, nachdem es integriert worden ist; Ggs. ↑Desintegration (2). 4. Berechnung eines Integrals; vgl. ...[at]ion/...ierung. **In|te|gra|tio|nist** *der;* -en, -en ⟨aus gleichbed. *engl.-amerik.* integrationist⟩: Anhänger der Aufhebung der Rassentrennung in den USA. **in|te|gra|tio|ni|stisch** ⟨zu ↑Integration u. ↑...istisch; Bed. 2 zu *engl.-amerik.* integrationist⟩: 1. die Integration (1, 2, 3) zum Ziele habend, im Sinne der Integration. 2. im Sinne der ↑Integrationisten. **In|te|gra|ti|ons|fi|gur** *die;* -, -en (Plur. selten): jmd., der durch sein Auftreten, Verhalten u. seine Äußerungen verschiedene, einander entgegengesetzte (politische) Richtungen, gesellschaftliche Gruppen, Staaten zu integrieren versteht. **In|te|gra|ti|ons|grad** *der;* -[e]s, -e: ein Maß für die Anzahl elektronischer Bauelemente auf einem Chip u. damit für die Leistung integrierter Schaltungen (EDV). **In|te|gra|ti|ons|pro|zeß** *der;* ...esses, ...esse: Prozeß der Integration (1, 2, 3). **In|te|gra|ti|ons|psy|cho|lo|gie** u. **In|te|gra|ti|ons|ty|po|lo|gie** *die;* -: Typenlehre, die die Einheit im Aufbau der Persönlichkeit u. ihrer Beziehung zur Umwelt annimmt, je nach dem Grade des Zusammenwirkens u. Sichdurchdringens der einzelnen physischen u. psychischen Funktionen (E. R. Jaensch). **in|te|gra|tiv** ⟨zu ↑...iv⟩: eine Integration (1, 2, 3) darstellend, in der Art einer Integration, auf eine Integration hindeutend. **In|te|gra|tor** *der;* -s, ...oren ⟨aus *spätlat.* integrator „der Wiederhersteller, Erneuerer"⟩: math. Instrument zur zahlenmäßigen Darstellung von Infinitesimalrechnungen. **In|te|grier|an|la|ge** *die;* -, -n ⟨zu ↑integrieren⟩: auf dem Dualsystem aufgebauter Integrator [größeren Ausmaßes]. **in|te|grier|bar**: so geartet, daß man es integrieren kann; fähig, integriert zu werden (bes. Math., Soziol.). **In|te|grier|bar|keit** *die;* -: integrierbare Beschaffenheit (bes. Math., Soziol.). **in|te|grie|ren** ⟨aus *lat.* integrare „wiederherstellen; ergänzen"⟩: 1. a) in ein übergeordnetes Ganzes aufnehmen; einbeziehen, einfügen; b) sich - sich in ein übergeordnetes Ganzes einfügen. 2. ein Integral berechnen (Math.). **in|te|grie|rend** ⟨nach gleichbed. *fr.* intégrant; vgl. ...ierend⟩: zu einem Ganzen notwendig gehörend; wesentlich, unerläßlich. **In|te|grie|rer** *der;* -s, -: Rechenanlage, in der die Ausgangswerte u. das Ergebnis einer Rechenaufgabe als physikalische Größen dargestellt werden; Analogrechner (EDV). **In|te|grier|ge|rät** *das;* -[e]s, -e: Gerät zur math. Integration, d. h. zur Bestimmung von Stammkurven, Flächeninhalten u. Lösungen von Differentialgleichungen. **in|te|griert** ⟨zu ↑...iert⟩: durch Integration (1) entstanden, z. B. -e Gesamt[hoch]schule; -e Schaltung: auf einem geeigneten Träger (bes. auf Siliciumplättchen) aufgebrachte mikroelektronische Schaltung, deren Bauelemente (Transistoren, Dioden, Widerstände) in festgelegter Weise miteinander verbunden sind (Elektronik); Abk.: IS, engl. IC (für integrated circuit); -er Typus: die durch ganzheitliche Auffassungs-, Reaktions- u. Erlebnisweise gekennzeichnete Persönlichkeit (Psychol.); Ggs. ↑desintegrierter Typus. **In|te|grie|rung** *die;* -, -en ⟨zu ↑...ierung⟩: das Integrieren (1, 2); Ggs. ↑Desintegrierung; vgl. ...[at]ion/...ierung. **In|te|gri|me|ter** *das;* -s, - ⟨zu ↑¹...meter⟩: spezielle Vorrichtung zur Lösung von Integralen, ein Integriergerät. **In|te|gri|tät** *die;* - ⟨aus gleichbed. *lat.* integritas, Gen. integritatis⟩: 1. Makellosigkeit, Unbescholtenheit, Unbestechlichkeit. 2. Unverletzlichkeit [eines Staatsgebietes] (Rechtsw.).

In|te|gu|ment *das;* -s, -e ⟨aus *lat.* integumentum „Bedeckung, Hülle"⟩: 1. Gesamtheit der Hautschichten der Tiere u. des Menschen einschließlich der in der Haut gebildeten Haare, Federn, Stacheln, Kalkpanzer usw. (Biol.). 2. Hülle um den ↑Nucellus der Samenanlage (Bot.). **In|te|gu|men|tum** *das;* -s, ...ta ⟨aus gleichbed. *lat.* integumentum⟩: svw. Integument

In|tel|lec|tus agens [...'lɛk... –] *der;* - - ⟨aus *lat.* intellectus agens „handelnde, tätige Vernunft"; vgl. Intellekt u. vgl. Agens⟩: die auf alles Seiende gerichtete Vernunft (Scholastik). **In|tel|lec|tus ar|che|ty|pus** *der;* - - ⟨*nlat.*; eigtl. „urbildlicher Verstand"; vgl. Archetyp⟩: das Urbild prägendes, göttliches, schauendschaffendes Denken im Unterschied zum menschlichen, diskursiven Denken (Scholastik). **In|tel|lekt** *der;* -[e]s ⟨aus gleichbed. *lat.* intellectus zu intellegere, vgl. intelligent⟩: Fähigkeit, Vermögen, unter Einsatz des Denkens Erkenntnisse, Einsichten zu erlangen; Denk-, Erkenntnisvermögen; Verstand. **In|tel|lek|tu-**

intellektualisieren

a| ‹aus *spätlat*. intellectualis „gedacht, geistig"›: (selten) vom Intellekt ausgehend, zum Intellekt gehörend; vgl. ...al/...ell. **in|tel|lek|tua|li|sie|ren** ‹zu ↑ ...isieren›: einer intellektuellen Betrachtung unterziehen. **In|tel|lek|tua|lismus** *der;* - ‹zu ↑ ...ismus (1)›: 1. philos. Lehre, die dem Intellekt den Vorrang gibt. 2. übermäßige Betonung des Verstandes; einseitig verstandesmäßiges Denken. **In|tel|lektua|list** *der;* -en, -en ‹zu ↑ ...ist›: Anhänger des Intellektualismus. **in|tel|lek|tua|li|stisch** ‹zu ↑ ...istisch›: die Bedeutung des Verstandes einseitig betonend. **In|tel|lek|tua|li|tät** *die;* - ‹aus spätlat. intellectualitas, Gen. intellectualitatis „Fähigkeit, etw. zu begreifen"›: Verstandesmäßigkeit. **intel|lek|tu|ell** ‹über *fr*. intellectuel aus gleichbed. *spätlat*. intellectualis; vgl. ...ell›: a) den Intellekt betreffend; geistigbegrifflich; b) einseitig, betont verstandesmäßig; auf den Intellekt ausgerichtet; c) die Intellektuellen betreffend; vgl. ...al/...ell. **In|tel|lek|tu|el|le** *der* u. *die;* -n, -n: jmd. mit akademischer Ausbildung, der in geistig schöpferischer, kritischer Weise Themen problematisiert u. sich mit ihnen auseinandersetzt. **In|tel|li|gence Ser|vice** [ɪnˈtɛlɪdʒəns ˈsəːvɪs] *der;* - - ‹aus *engl*. intelligence service „Nachrichtendienst"›: engl. Geheimdienst. **in|tel|li|gent** [...tɛlɪˈɡɛnt] ‹wohl über *fr*. intelligent aus gleichbed. *lat*. intelligens, intellegens, Gen. intellegentis, Part. Präs. von intellegere „erkennen, verstehen", eigtl. „zwischen etwas wählen"›: a) Intelligenz (1) besitzend; verständig; klug; begabt; b) mit künstlicher Intelligenz arbeitend (EDV). **In|tel|li|genz** *die;* -, -en ‹aus gleichbed. *lat*. intelligentia, intellegentia›: 1. [besondere] geistige Fähigkeit; Klugheit; künstliche -: Fähigkeit bestimmter Computerprogramme, menschliche Intelligenz nachzuahmen (EDV). 2. (ohne Plur.) Schicht der wissenschaftlich Gebildeten. 3. (meist Plur.; veraltend) Vernunftwesen, mit Intelligenz (1) ausgestattetes Lebewesen. **In|tel|li|genz|al|ter** *das;* -s, - (Plur. selten): Stufe der geistigen Entwicklung, bezogen auf die durchschnittliche Intelligenz bei altersgleichen Kindern (Psychol.). **In|tel|ligenz|be|stie** [...i̯ə] *die;* -, -n: a) (ugs.) ungewöhnlich intelligenter Mensch; b) (abwertend) jmd., der seine Intelligenz zur Schau stellt. **In|tel|li|genz|blatt** *das;* -[e]s, ...blätter: Nachrichten- u. Inseratenblatt des 18. u. 19. Jh.s (mit staatl. Monopol für Inserate). **In|tel|li|gen|zi|ja** *die;* - ‹aus gleichbed. *russ*. intelligencija; vgl. Intelligenz›: a) altr russ. Bez. für die Gebildeten; b) russ. Bez. für Intelligenz (2). **Intel|li|genz|ler** *der;* -s, -: (abwertend) Angehöriger der Intelligenz (2). **In|tel|li|genz|quo|ti|ent** *der;* -en, -en: Maß für die allgemeine intellektuelle Leistungsfähigkeit, das sich aus dem Verhältnis des Intelligenzalters zum Lebensalter (od. auch von anderen vergleichbaren Größen) ergibt (W. Stern); Abk.: IQ. **In|tel|li|genz|test** *der;* -[e]s, Plur. -s, auch -e: psychologischer Test zur Messung der Intelligenz (1). **in|tel|li|gi|bel** ‹aus *spätlat*. intelligibilis, intellegibilis „einsichtig, verständig" zu *lat*. intellegere, vgl. intelligent›: nur durch den ↑ Intellekt im Gegensatz zur sinnlichen Wahrnehmung, Erfahrung erkennbar (Philos.); ...**ibler Charakter**: der freie Wille des Menschen als Ding an sich (Kant); ...**ible Welt**: 1. die nur geistig wahrnehmbare Ideenwelt Platos (Philo von Alexandrien). 2. Gesamtheit des objektiv Geistigen, des vor Gedachten (Scholastik). 3. die unerkennbare u. unerfahrbare Welt des Seienden an sich (Kant). **in|tel|li|go, ut cre|dam** [- - ˈkreː...] ‹*lat*.›: ich gebrauche den Verstand, um zum Glauben zu kommen (zusammenfassende Formel für die Lehren P. Abälards, 1079–1142); vgl. credo, ut intelligam

In ten|dant *der;* -en, -en ‹aus *fr*. intendant „Aufseher, Verwalter", dies zu intendens, Gen. intendentis, Part. Präs. von intendere, vgl. intendieren›: künstlerischer u. geschäftlicher Leiter eines Theaters, einer Rundfunk- od. Fernsehanstalt. **In|ten|dan|tin** *die;* -, -nen: weibliche Form zu ↑ Intendant. **In|ten|dan|tur** *die;* -, -en ‹zu ↑ ...ur›: (veraltet) 1. Amt eines Intendanten. 2. (veraltet) Verwaltungsbehörde eines Heeres. **In|ten|danz** *die;* -, -en ‹zu ↑ ...anz›: a) Amt eines Intendanten; b) Büro eines Intendanten. **in|tendie|ren** ‹aus gleichbed. *lat*. intendere, eigtl. „hinstrecken, anspannen"›: auf etwas hinzielen; beabsichtigen, anstreben, planen. **In|ten|sie** *die;* -, ...ien ‹aus *lat*. intensio „Spannung"›: (veraltet) svw. Intension, Intensität. **In|ten|si|meter** *das;* -s, - ‹zu ↑ Intensität u. ↑¹...meter›: Meßgerät, bes. für Röntgenstrahlen. **In|ten|si|on** *die;* -, -en ‹aus *lat*. intensio „Spannung"›: 1. Anspannung; Eifer; Kraft. 2. Sinn, Inhalt einer Aussage (Logik); Ggs. ↑ Extension (2). **in|tensio|nal** ‹zu ↑¹...al (1)›: 1. auf die Intension (2) bezogen; Ggs. ↑ extensional (1). 2. inhaltsgleich, obwohl äußerlich verschieden (Math.); vgl. extensional (2). **In|ten|si|tät** *die;* - ‹zu *lat*. intensus „gespannt; aufmerksam; heftig" (Part. Perf. von intendere, vgl. intendieren) u. ↑ ...ität›: 1. [konzentrierte] Stärke, [besonders gesteigerte] Kraft, Wirksamkeit (von Handlungen, Abläufen o. ä.). 2. Maß für die Steigerung der Ertragskraft [eines Bodens] durch den Einsatz von Kapital u. Arbeitskräften (Landw.). 3. Maß für die Stärke einer Strahlung o. ä. (Phys.). **In|ten|si|täts|ge|ni|tiv** vgl. paronomastischer Intensitätsgenitiv. **in|ten|siv** ‹aus gleichbed. *fr*. intensif zu *(alt)fr*. intense „groß, stark, heftig", dies aus *lat*. intensus, vgl. Intensität›: 1. gründlich u. auf die betreffende Sache konzentriert. 2. stark, kräftig, durchdringend (in bezug auf Sinneseindrücke). 3. auf kleinen Flächen, aber mit verhältnismäßig großem Aufwand betrieben (Landw.); Ggs. ↑ extensiv (2); -e [...və] Aktionsart: ↑ Aktionsart, die den größeren oder geringeren Grad, die Intensität eines Geschehens kennzeichnet (z. B. schnitzen = kräftig u. ausdauernd schneiden). ...**in|ten|siv** ‹zu ↑ intensiv›: Wortbildungselement mit der Bedeutung „(das im ersten Bestandteil Genannte) in besonders hohem Maße besitzend, bewirkend od. erfordernd", z. B. lohnintensiv (hohe Löhne zahlend, erfordernd); schaumintensiv (starken Schaum erzielend, stark schäumend). **Inten|siv|hal|tung** *die;* -, -en: Haltungsform landwirtschaftlicher Nutztiere (bes. von Hühnern), bei der die Tiere ausschließlich in Käfigen od. in einem Stall gehalten werden (Landw.). **in|ten|si|vie|ren** [...v...] ‹zu ↑ ...ieren›: verstärken, steigern; gründlicher durchführen. **In|ten|si|vie|rung** *die;* -, -en (Plur. selten) ‹zu ↑ ...ierung›: Steigerung der Intensität. **In|ten|siv|kurs** *der;* -es, -e: ↑ Kurs (2a), bei dem Kenntnisse durch intensiven (1) Unterricht in vergleichsweise kurzer Zeit vermittelt werden. **in|ten|si|vo** [...vo] ‹it.›: heftig, eindringlich, intensiv (Vortragsanweisung; Mus.). **In|ten|siv|sta|ti|on** *die;* -, -en ‹zu ↑ intensiv›: Krankenhausstation zur Betreuung akut lebensgefährlich erkrankter Personen (z. B. bei Herzinfarkt) unter Anwendung bestimmter lebenserhaltender Sofortmaßnahmen (Sauerstoffzelt, Tropfinfusion, ständige ärztliche Überwachung; Med.). **In|ten|siv|the|ra|pie** *die;* -: der Einsatz aller zur Verfügung stehenden diagnostischen u. therapeutischen Mittel zur Behebung eines akut lebensbedrohlichen Zustandes unter fortlaufender Kontrolle der wichtigsten Körperfunktionen (Med.). **In|ten|si|vum** [...v...] *das;* -s, ...va ‹aus gleichbed. *lat*. (verbum) intensivum›: Verb mit intensiver Aktionsart; Ggs. ↑ Debilitativum. **in|ten|so** ‹*it.;* „stark, heftig"›: svw. intensivo. **in|tent** ‹aus gleichbed. *lat*. intentus›: (veraltet) aufmerksam, gespannt. **In|ten|ti|on** *die;* -, -en ‹aus gleichbed. *lat*. intentio zu *lat*. intendere, vgl.

intendieren⟩: 1. Absicht; Vorhaben; Anspannung geistiger Kräfte auf ein bestimmtes Ziel. 2. Wundheilung (Med.). **in|ten|tio|nal** ⟨zu ↑'...al (1)⟩: mit einer Intention (1) verknüpft, zielgerichtet, zweckbestimmt; vgl. ...al/...ell. **In|ten|tio|na|lis|mus** *der;* - ⟨zu ↑...ismus (1)⟩: philos. Lehre, nach der jede Handlung nur nach ihrer Absicht, nicht nach ihrer Wirkung zu beurteilen ist. **In|ten|tio|na|li|tät** *die;* - ⟨zu ↑...ität⟩: Lehre von der Ausrichtung aller psychischen Akte auf ein reales od. ideales Ziel. **in|ten|tio|nell** ⟨aus gleichbed. *fr.* intentionnel; vgl. ...ell⟩: svw. intentional; vgl. ...al/...ell. **In|ten|ti|ons|be|we|gung** *die;* -, -en ⟨zu ↑ Intention⟩: Andeutung der ersten Teile einer Bewegung, die jedoch nicht vollendet wird (bei Tieren; Verhaltensforschung). **In|ten|ti|ons|psy|cho|sen** *die* (Plur.): geistige Störungen, in deren Verlauf Hemmungen die Ausführung bestimmter Handlungen unterbinden (Med., Psychol.). **In|ten|ti|ons|tre|mor** *der;* -s: krankhaftes Zittern bei Beginn u. Verlauf willkürlicher, gezielter Bewegungen (Med., Psychol.)

in|ter..., In|ter... ⟨aus gleichbed. *lat.* inter⟩: Präfix mit der Bedeutung „zwischen [Gleichartigem bestehend, sich vollziehend]" (lokal, temporal u. übertragen), z. B. interdental, Interesse

in|ter ab|sen|tes [– ...te:s] ⟨*lat.*⟩: unter den Abwesenden
in|ter|agie|ren ⟨zu ↑ inter... u. ↑ agieren⟩: in Interaktion sein (Soziol.). **In|ter|ak|ti|on** *die;* -, -en: 1. aufeinander bezogenes Handeln zweier od. mehrerer Personen, Wechselbeziehung zwischen Handlungspartnern (Psychol., Soziol.). 2. gegenseitige Beeinflussung von mehreren Arzneimitteln (auch von Arzneimitteln mit bestimmten Lebens- u. Genußmitteln) im Sinne einer Verstärkung od. Abschwächung der Wirkung (Med., Pharm.). **in|ter|ak|tio|nal** ⟨zu ↑'...al (1)⟩: auf Interaktion beruhend. **In|ter|ak|tio|na|lis|mus** *der;* - ⟨zu ↑...ismus (1)⟩: Theorie, die die gesellschaftlichen Beziehungen als Gesamtheit der Interaktionen (1) zwischen Individuen u. Gruppen deutet (Psychol., Soziol.). **In|ter|ak|tio|nis|mus** *der;* - ⟨zu ↑ Interaktion u. ↑...ismus (1)⟩: svw. Interaktionalismus. **In|ter|ak|ti|ons|gram|ma|tik** *die;* -: Forschungsrichtung der modernen Linguistik, die Sprechhandlungen im Hinblick auf ihren dialogischen u. interaktiven Charakter untersucht u. darstellt (Sprachw.). **in|ter|ak|tiv**: 1. Interaktion (1) betreibend (Psychol., Soziol.). 2. Interaktion (2) auslösend (Med., Pharm.)
in|ter|al|li|iert ⟨zu ↑ inter... u. ↑ alliieren⟩: mehrere Alliierte gemeinsam betreffend
in|ter|ato|mar ⟨zu ↑ inter... u. ↑ atomar⟩: zwischen mehreren Atomen bestehend, stattfindend (Chem.)
In|ter|bri|ga|dist *der;* -en, -en ⟨Kurzw. aus ↑*inter*national, ↑ *Brigade* u. ↑ *...ist*⟩: Angehöriger der internationalen antifaschistischen ↑ Brigaden (1), die im span. Bürgerkrieg auf republikanischer Seite kämpften
in|ter ca|nem et lu|pum [– 'ka:... – –] ⟨*lat.;* eigtl. „zwischen Hund und Wolf" (Zeit, in der beide Tiere nicht mehr gut zu unterscheiden sind)⟩: in der Dämmerung
In|ter|car|ri|er|ver|fah|ren [...'kɛriɐ...] *das;* -s ⟨aus gleichbed. engl.-amerik. intercarrier system, zu *engl.* intercarrier „Zwischenträger"⟩: Verfahren zur Gewinnung des zum Fernsehbild gehörenden Tones im Fernsehempfänger
In|ter|cep|tor [...'sɛp...] vgl. Interzeptor
In|ter|ci|ty [...'sɪti] *der;* -s, -s ⟨zu *engl.-amerik.* intercity „zwischen (Groß)städten (verkehrend)"⟩: kurz für Intercity-Zug. **In|ter|ci|ty-Ex|preß|zug** *der;* -[e]s, ...züge: besonders schneller Intercity-Zug, der zum Teil auf eigenem Bahnkörper verkehrt; Abk.: ICE. **In|ter|ci|ty-Zug** *der;* -[e]s, ...Züge: mit besonderem ↑Komfort ausgestatteter Schnellzug, der nur an wichtigen Bahnhöfen hält, wo ein wechselseitiges Umsteigen in andere Intercity-Züge möglich ist, wodurch kürzere Fahrzeiten erreicht werden; Abk.: IC
in|ter|den|tal ⟨zu ↑inter... u. ↑dental⟩: zwischen den Zähnen gebildet od. liegend, den Zahnzwischenraum betreffend (Med.). **In|ter|den|tal** *der;* -s, -e: Zwischenzahnlaut, stimmloser od. stimmhafter ↑dentaler Reibelaut (z. B. th im Englischen; Sprachw.). **In|ter|den|ta|lis** *die;* -, ...les [...le:s]: svw. Interdental
in|ter|de|pen|dent ⟨zu ↑inter... u. *lat.* dependens, Gen. dependentis, Part. Präs. von dependere „abhängen, abhängig sein"⟩: voneinander abhängend. **In|ter|de|pen|denz** *die;* - ⟨zu ↑...enz⟩: gegenseitige Abhängigkeit (bes. in bezug auf die Abhängigkeit der Preise voneinander od. die Politik eines Landes von der anderer Länder)
in|ter|di|gi|tal ⟨zu ↑ inter... u. ↑ ¹digital⟩: zwischen den Fingern od. Zehen, den Finger- od. Zehenzwischenraum betreffend (Med.). **In|ter|di|gi|tal|my|ko|se** *die;* -, -n: Pilzbefall der Haut zwischen den Fingern bzw. Zehen (Med.). **In|ter|di|gi|tal|wand|ler** *der;* -s, - ⟨zu ↑ inter... u. ↑ ²digital⟩: Bestandteil von akustischen Oberflächenwellen-Bauelementen, der dazu dient, elektrische Signale in Oberflächenschallwellen u. umgekehrt zu verwandeln (Phys.)
In|ter|dikt *das;* -[e]s, -e ⟨aus *lat.* interdictum „Verbot" zu interdicere, vgl. interdizieren⟩: Verbot aller kirchl. Amtshandlungen (mit wenigen Ausnahmen) als Strafe für eine bestimmte Person od. einen bestimmten Bezirk (kath. Kirchenrecht). **In|ter|dik|ti|on** *die;* -, -en ⟨aus gleichbed. *lat.* interdictio⟩: (veraltet) Untersagung, Entmündigung
in|ter|dis|zi|pli|när ⟨zu ↑ inter... u. ↑ disziplinär⟩: mehrere Disziplinen (2) umfassend, die Zusammenarbeit mehrerer Disziplinen betreffend; vgl. multidisziplinär. **In|ter|dis|zi|pli|na|ri|tät** *die;* - ⟨zu ↑ ...ität⟩: Zusammenarbeit mehrerer Disziplinen (2)
in|ter|di|urn ⟨Kreuzbildung zu *lat.* interdiu „den Tag über" u. diurnus „einen Tag dauernd"⟩: (noch fachspr., sonst veraltet) einen Tag, 24 Stunden dauernd; -e Veränderlichkeit: Bez. für die mittlere Differenz zweier um 24 Stunden auseinanderliegender Beobachtungen (z. B. der Temperatur) zweier aufeinanderfolgender Tagesmittel (Meteor.)
in|ter|di|zie|ren ⟨aus gleichbed. *lat.* interdicere⟩: (veraltet) 1. untersagen, verbieten. 2. entmündigen
in|ter|es|sant ⟨aus gleichbed. *fr.* intéressant, Part. Präs. von intéresser, vgl. interessieren⟩: 1. geistige Teilnahme, Aufmerksamkeit erweckend; fesselnd. 2. vorteilhaft (Kaufmannsspr.). **In|ter|es|sant|heit** *die;* -: interessante Beschaffenheit. **In|ter|es|se** *das;* -s, -n ⟨unter Einfluß von *fr.* intérêt aus *mlat.* interesse „aus Ersatzpflicht resultierender Schaden", Substantivierung von *lat.* interesse, vgl. interessieren⟩: 1. (ohne Plur.) geistige Anteilnahme, Aufmerksamkeit; Ggs. ↑ Desinteresse. 2. a) (meist Plur.) Vorliebe, Neigung; b) Neigung zum Kauf. 3. a) (meist Plur.) Bestrebung, Absicht; b) das, woran jmdm. sehr gelegen ist, was für jmdn. od. etw. wichtig od. nützlich ist; Vorteil, Nutzen. 4. (nur Plur.; veraltet) Zinsen. **In|ter|es|sen|ge|mein|schaft** *die;* -, -en: 1. Zusammenschluß mehrerer Personen, Gruppen o. ä. zur Wahrung der Interessen. 2. Zusammenschluß mehrerer selbständig bleibender Unternehmen o. ä. zur Wahrung wirtschaftlicher Interessen. **In|ter|es|sen|kon|flikt** *der;* -[e]s, -e: aus einem Interessengegensatz resultierender Konflikt. **In|ter|es|sen|sphä|re** *die;* -, -n: Einflußgebiet eines Staates. **In|ter|es|sent** *der;* -en, -en ⟨aus gleichbed. *(m)lat.* interessens, Gen.

interessentis, Part. Präs. von *lat.* interesse, vgl. interessieren⟩: a) jmd., der an etwas Interesse zeigt, hat; b) potentieller Käufer. **In|ter|es|sen|ten|kreis** *der;* -es, -e: Kreis von Interessenten. **In|ter|es|sen|tin** *die;* -, -nen: weibliche Form zu † Interessent. **in|ter|es|sie|ren** ⟨nach gleichbed. *fr.* (s')intéresser, dies aus *lat.* interesse „dazwischensein, teilnehmen, von Wichtigkeit sein"⟩: 1. sich -: a) Interesse zeigen, Anteilnahme bekunden; b) sich nach etwas erkundigen; etwas beabsichtigen, anstreben; an jmdm., an etwas interessiert sein (Interesse bekunden; haben wollen). 2. jmdn. -: a) jmds. Interesse wecken; b) jmdn. zu gewinnen suchen. **in|ter|es|siert** ⟨zu ↑ ...iert⟩: [starken] Anteil nehmend; geistig aufgeschlossen; aufmerksam; Ggs. ↑desinteressiert. **In|ter|es|siert|heit** *die;* -: das Interessiertsein an etwas, das Habenwollen, bekundetes Interesse

In|ter|eth|ni|kum *das;* -s, ...ka ⟨zu ↑ inter... u. ↑ Ethnikum⟩: durch Wechselbeziehungen zwischen ethnischen Gruppen gekennzeichnetes Kulturelement. **in|ter|eth|nisch:** durch Wechselbeziehungen zwischen ethnischen Gruppen gekennzeichnet

In|ter|face [...feɪs] *das;* -, -s [...sɪz] ⟨aus gleichbed. *engl.* interface⟩: Schnittstelle; Übergangs- bzw. Verbindungsstelle zwischen Bauteilen, Schaltkreisen, Programmen, Rechnern od. Geräten (EDV)

in|ter|fas|zi|ku|lär ⟨zu ↑inter..., *lat.* fasciculus „kleines Bündel, Päckchen" u. ↑...är⟩: den Kambiumstreifen (vgl. Kambium) innerhalb der Markstrahlen betreffend (Bot.)

In|ter|fek|ti|on *die;* -, -en ⟨aus gleichbed. *lat.* interfectio zu interfectus, Part. Perf. von interficere „töten"⟩: (veraltet) Ermordung, Totschlag. **In|ter|fek|tor** *der;* -s, ...oren ⟨aus gleichbed. *lat.* interfector⟩: (veraltet) Mörder, Totschläger

in|ter|fe|ren|ti|al ⟨aus gleichbed. *nlat.* interferentialis zu ↑ Interferenz u. ↑...ial; vgl. ¹...al (1)⟩: auf Interferenz beruhend, die Interferenz betreffend. **In|ter|fe|renz** *die;* -, -en ⟨unter Einfluß von *engl.* interference zu ↑interferieren u. ↑...enz⟩: 1. Erscheinung des ↑Interferierens, Überlagerung, Überschneidung (auch Phasenverschiebung bei rhythmisch ablaufenden Vorgängen wie Herzmuskelerregungen; Med.; vgl. Interferenzdissoziation). 2. Hemmung eines biologischen Vorgangs durch einen gleichzeitigen u. gleichartigen anderen (z. B. Hemmung des Chromosomenaustausches in der Nähe eines bereits erfolgten Chromosomenbruchs, einer Virusinfektion durch ein anderes Virus o. ä.; Biol., Med.). 3. a) Einwirkung eines sprachlichen Systems auf ein anderes, die durch die Ähnlichkeit von Strukturen verschiedener Sprachen od. durch die Vertrautheit mit verschiedenen Sprachen entsteht; b) falsche Analogie beim Erlernen einer Sprache von einem Element der Fremdsprache auf ein anderes (z. B. die Verwechslung ähnlich klingender Wörter); c) Verwechslung von ähnlich klingenden [u. semantisch verwandten] Wörtern innerhalb der eigenen Sprache (Sprachw.). **In|ter|fe|renz|dis|so|zia|ti|on** *die;* -, -en: Störung in der Periodik der Herzaktionsströme als Folge einer zeitlichen Verschiebung bestimmter Erregungsphasen (Med.). **In|ter|fe renz|far|be** *die;* -, -n: von Dicke u. Doppelbrechung eines Kristalls abhängige Farbe, die beim Lichtdurchgang durch eine Kristallplatte auftritt u. durch die Interferenz der beiden polarisierten Wellen bedingt ist. **In|ter|fe|renz|fil|ter** *der,* fachspr. *das;* -s, -: Filter, der durch mehrfache Reflexion von Lichtwellen definierte, zur Interferenz befähigte Lichtwellen erzeugt u. so zum Filtern bestimmter Wellenlängen des Spektrums dient (Optik). **In|ter|fe|renz|kom|pa|ra|tor** *der;* -s, -en: optisches Gerät zur Messung von Längenmaßen mittels Interferenz von Lichtwellen mit einer Genauigkeit von 10 nm (Nanometer). **In|ter|fe|renz|mi|kro|skop** *das;* -s, -e: zur technischen Oberflächenprüfung verwendete Kombination von Mikroskop u. Interferometer. **In|ter|fe|renz|mi|kro|sko|pie** *die;* -, ...ien [...i:ən]: mikroskopische Untersuchungsmethode, bei der die Interferenz zweier ↑kohärenter Strahlenbündel zur Betrachtung ungefärbter Objekte genutzt wird. **In|ter|fe|rie|ren** ⟨zu ↑inter... u. *lat.* ferire „schlagen, treffen"⟩: a) sich überlagern, überschneiden; b) gegenseitig aufeinander einwirken, gegenseitig beeinflussen. **In|ter|fe|ro|gramm** *das;* -s, -e ⟨zu ↑ ...gramm⟩: das Foto einer mit Hilfe eines Interferometers gewonnenen Interferenzerscheinung. **In|ter|fe|ro|me|ter** *das;* -s, - ⟨zu ↑¹...meter⟩: Gerät, das z. B. durch Aufspaltung eines ↑monochromatischen Lichtstromes in ↑kohärente Teillichtströme u. deren Überlagerungen Interferenzen herbeiführt u. mit deren Hilfe Messungen ausführt (z. B. die Messung von Wellenlängen, der Konzentration bei Gasen, Flüssigkeiten o. ä.). **In|ter|fe|ro|me|trie** *die;* - ⟨zu ↑...metrie⟩: Meßverfahren mit Hilfe des ↑Interferometers. **in|ter|fe|ro|me|trisch** ⟨zu ↑...metrisch⟩: unter Ausnutzung der Interferenz messend. **In|ter|fe|ron** *das;* -s, -e ⟨Kunstw. aus ↑*Interferenz* u. ↑*Hormon*⟩: von Körperzellen gebildeter Eiweißkörper, der als Abwehrsubstanz bei der ↑Interferenz (2) von Infektionen wirksam ist u. deshalb als Mittel zur Krebsbekämpfung angewendet wird (Med.)

In|ter|fer|ri|kum *das;* -s ⟨zu ↑inter..., *lat.* ferrum „Eisen" u. ↑...ikum⟩: Luftspalt zwischen den Polen eines Elektromagneten mit Eisenkern

In|ter|flo|ra *die;* - ⟨Kunstw. aus ↑*inter*national u. ↑*Flora* (1)⟩: internationale Organisation der Blumengeschäfte zur Vermittlung von Blumengeschenken

In|ter|flow [...floʊ] *der;* -[e]s, -s ⟨aus *engl.* interflow „das Ineinanderfließen, Sichvermischen"⟩: Zwischenabfluß, unterirdischer, oberflächennaher Abfluß von Wasser, das in den Boden eingesickert ist, aber noch nicht das Grundwasser erreicht hat (Geol.)

in|ter|fo|li|ie|ren ⟨zu ↑inter... u. ↑foliieren⟩: hinter jeder Blattseite eines Buches ein leeres weißes Blatt folgen lassen, durchschießen (Druckw.)

in|ter|frak|tio|nell ⟨zu ↑inter... u. ↑fraktionell⟩: zwischen den Fraktionen bestehend (in bezug auf Vereinbarungen), allen Fraktionen gemeinsam

in|ter|ga|lak|tisch ⟨zu ↑inter... u. ↑galaktisch⟩: zwischen den verschiedenen Milchstraßensystemen (vgl. Galaxie) gelegen (Astron.)

in|ter|gla|zi|al ⟨zu ↑inter... u. ↑glazial⟩: zwischeneiszeitlich; warmzeitlich. **In|ter|gla|zi|al** *das;* -s, -e u. **In|ter|gla|zi|al|zeit** *die;* -, -en: Zwischeneiszeit (Stadium zwischen zwei Eiszeiten, in dem höhere Temperaturen das Gletschereis schmelzen ließen)

in ter|go ⟨*lat.*⟩: auf dem Rücken, auf der Rückseite

In|ter|gra|nu|lar|raum *der;* -[e]s, ...räume ⟨zu ↑inter..., *lat.* granula (Plur.) „Körnchen" u. ↑...ar (1)⟩: Raum zwischen den Mineralkörnern eines Gesteins (Geol.)

in|ter|grup|pal ⟨zu ↑inter..., *dt.* Gruppe u. ↑¹...al (1)⟩: die Beziehungen u. Spannungen zwischen verschiedenen sozialen Gruppen betreffend (Soziol.)

In|ter|ho|tel *das;* -s ⟨Kunstw. aus ↑*inter*national u. ↑*Hotel*⟩: gut ausgestattetes Hotel (für ein internationales Publikum) in der ehemaligen DDR

In|te|rieur [ɛ̃teˈri̯øːɐ̯] *das;* -s, Plur. -s u. -e ⟨aus gleichbed. *fr.* intérieur zu intérieur „innerer, Innen-", dies zu *lat.* interior, Komp. von internus „der innere, enger, inwendig"⟩: 1. a) das Innere [eines Raumes]; b) die Ausstattung eines

Innenraumes. 2. einen Innenraum darstellendes Bild, bes. in der niederl. Malerei des 17. Jh.s

In|te|rim *das;* -s, -s ⟨zu *lat.* interim „inzwischen, einstweilen"⟩: 1. Zwischenzeit. 2. vorläufige Regelung, Übergangslösung (vor allem im politischen Bereich). **in|te|rim fit ali|quid** ⟨*lat.;* „inzwischen geschieht etwas"⟩: kommt Zeit, kommt Rat (altes Sprichwort). **In|te|ri|mi|sti|kum** *das;* -s, ...ka ⟨aus *nlat.* interimisticum zu ↑interimistisch u. ↑...ikum⟩: (veraltet) 1. vorläufige Anordnung in einer Streitsache mit Vorbehalt einer weiteren Untersuchung u. Entscheidung, bes. einstweilige Verfügung über Getrenntleben, Unterhaltpflicht u. Sorge für die Kinder während des Scheidungsprozesses (Rechtsspr.). 2. svw. Interim (2). **in|te|ri|mi|stisch** ⟨zu ↑...istisch⟩: vorläufig, einstweilig. **In|te|rims|kar|to|na|ge** [...a:ʒə] *die;* -, -n: vorläufiger Einband eines Druckes, ohne Rückenleimung [auf Gaze od. Band] geheftet u. unbeschnitten. **In|te|rims|kon|to** *das;* -s, Plur. ...ten, auch -s u. ...ti: Zwischenkonto; vorläufig eingerichtetes Konto, das zwischen endgültigen Konten eingeschaltet wird. **In|te|rim|spra|che** *die;* -: beim Erlernen einer Fremdsprache erreichter Entwicklungsstand zwischen Unkenntnis u. Beherrschung der zu erlernenden Sprache (Sprachw.).

in|ter|in|di|vi|du|ell [...v...] ⟨zu ↑inter... u. ↑individuell⟩: zwischen zwei od. mehreren Individuen ablaufend, mehrere Individuen betreffend

In|te|rio|ri|sa|ti|on *die;* -, -en ⟨zu *lat.* interior „innen befindlich" (eigtl. Komp. von inter „inmitten") u. ↑...isation⟩: Verinnerlichung, bes. von Normen (Psychol.); Ggs. ↑Exteriorisation. **in|te|rio|ri|sie|ren** ⟨zu ↑...isieren⟩: verinnerlichen (Psychol.)

in|ter|ja|zent ⟨aus *lat.* interiacens, Gen. interiacentis, Part. Präs. von interiacere „dazwischenliegen"⟩: (veraltet) dazwischenliegend

In|ter|jek|ti|on *die;* -, -en ⟨aus gleichbed. *lat.* interiectio, eigtl. „das Dazwischenwerfen", zu intericere „dazwischenstellen, -werfen"⟩: Ausrufe-, Empfindungswort (z. B. au, bäh; Sprachw.). **in|ter|jek|tio|nell** ⟨zu ↑...ell⟩: die Interjektion betreffend, in der Art einer Interjektion, eine Interjektion darstellend (Sprachw.).

in|ter|ka|lar ⟨aus *lat.* intercalaris „zum Einschalten gehörig; das Einschalten betreffend"⟩: 1. eingeschaltet (in bezug auf Schaltjahre). 2. auf bestimmte Zonen des Sprosses beschränkt (in bezug auf das Streckungswachstum der Pflanzen; Bot.). **In|ter|ka|la|re** *die* (Plur.) ⟨zu *lat.* intercalare „einschalten, einschieben"⟩: Zwischenknorpel im Fuß- u. Handskelett (Anat., Biol.). **In|ter|ka|lar|früch|te** u. **In|ter|ka|la|ri|en** [...jən] *die* (Plur.) ⟨Lehnübersetzung von gleichbed. *mlat.* (fructus) intercalares; vgl. ¹...ie⟩: Einkünfte einer unbesetzten katholischen Kirchenpfründe. **In|ter|ka|lar|sta|phy|lom** *das;* -s, -e: krankhafte Vorwölbung der Aderhaut zwischen Regenbogenhaut u. Ziliarkörper des Auges (Med.). **In|ter|ka|la|ti|on** *die;* -, -en ⟨aus gleichbed. *lat.* intercalatio⟩: Einschaltung, Einschiebung [eines Tages bei Schaltjahren]

in|ter|kan|to|nal ⟨zu ↑inter... u. ↑kantonal⟩: (schweiz.) zwischen den Kantonen bestehend, allgemein

in|ter|ka|te|go|ri|al ⟨zu ↑inter... u. ↑kategorial⟩: zwischen ↑Kategorien bestehend

In|ter|ki|ne|se *die;* -, -n ⟨zu ↑inter... u. *gr.* kínēsis „Bewegung"⟩: Stadium zwischen erster u. zweiter Reifeteilung bei der ↑Meiose (Biol., Genetik)

In|ter|ko|lum|nie [...jə] *die;* -, -n u. **In|ter|ko|lum|ni|um** *das;* -s, ...ien [...jən] ⟨aus gleichbed. *lat.* intercolumnium; vgl. ¹...ie⟩: Abstand zwischen zwei Säulen eines antiken Tempels

In|ter|kom|bi|na|ti|on *die;* -, -en ⟨zu ↑inter... u. ↑¹Kombination⟩: Elektronenübergang zwischen nahe beieinanderliegenden Energieniveaus (Kernphys.)

in|ter|kom|mu|nal ⟨zu ↑inter... u. ↑kommunal⟩: zwischen ↑Kommunen (1) bestehend (in bezug auf Vereinbarungen, Finanzabkommen o. ä.). **In|ter|kom|mu|ni|ka|ti|ons|si|gnal** *das;* -s, -e: Signal- od. Bremseinrichtung, die vom Personal od. von den Reisenden während der Fahrt bedient werden kann (z. B. Notbremse). **In|ter|kom|mu|ni|on** *die;* -: Abendmahlsgemeinschaft zwischen Angehörigen verschiedener christlicher ↑Konfessionen (teilweise in der ↑ökumenischen Bewegung)

in|ter|kon|fes|sio|nal ⟨zu ↑inter... u. ↑konfessionell⟩: svw. interkonfessionell; vgl. ...al/...ell. **In|ter|kon|fes|sio|na|lis|mus** *der;* -: das Streben nach Zusammenarbeit der christlichen ↑Konfessionen über bestehende Glaubensgegensätze hinweg, Bemühung um (bes. politische u. soziale) Zusammenarbeit zwischen ihnen. **In|ter|kon|fes|sio|na|li|tät** *die;* -: die Eigenschaft bezeichnend, über den Bereich einer Konfession hinauszugehen, Gemeinsamkeiten in verschiedenen Glaubensbekenntnissen aufzuweisen. **in|ter|kon|fes|sio|nell:** das Verhältnis verschiedener Konfessionen zueinander betreffend; über den Bereich einer Konfession hinausgehend; zwischenkirchlich; vgl. ...al/...ell

in|ter|kon|so|nan|tisch ⟨zu ↑inter... u. ↑Konsonant⟩: zwischen zwei Konsonanten [stehend] (von Lauten; Sprachw.)

in|ter|kon|ti|nen|tal ⟨zu ↑inter... u. ↑kontinental⟩: a) zwischen die Erdteile eingeschaltet (in bezug auf Meere); b) von einem Kontinent aus einen anderen erreichend, z. B. -e Raketen. **In|ter|kon|ti|nen|tal|ra|ke|te** *die;* -, -n: Rakete, die auf einen anderen Erdteil geschossen werden kann

in|ter|ko|stal ⟨zu ↑inter... u. ↑kostal⟩: zwischen den Rippen liegend (Med.). **In|ter|ko|stal|neur|al|gie** *die;* -, -n [...iːən]: ↑Neuralgie im Bereich der Zwischenrippennerven (Med.)

in|ter|kra|ni|al ⟨zu ↑inter... u. ↑kranial⟩: im Schädelinnern gelegen, vorkommend (Med.)

in|ter|kru|stal ⟨zu ↑inter..., *dt.* Kruste u. ↑¹...al (1)⟩: in der Erdkruste gebildet od. liegend (in bezug auf Gesteine; Geol.)

in|ter|kul|tu|rell ⟨zu ↑inter... u. ↑kulturell⟩: die Beziehungen zwischen den verschiedenen Kulturen betreffend

in|ter|kur|rent u. **in|ter|kur|rie|rend** ⟨aus *lat.* intercurrens, Gen. intercurrentis, Part. Präs. von intercurrere „dazwischenlaufen, -treten"; vgl. ...ierend⟩: hinzukommend (z. B. eine Krankheit, die zu einer anderen hinzukommt; Med.)

in|ter|ku|tan ⟨zu ↑inter... u. ↑kutan⟩: im Hautgewebe befindlich, ins Hautgewebe eindringend (Med.)

in|ter|la|bi|al ⟨zu ↑inter... u. ↑labial⟩: zwischen den Lippen [befindlich]; zwischen den ↑Labien (eines Organs) liegend (Med.). **In|ter|la|bi|al|my|ko|se** *die;* -: Pilzerkrankung im Bereich der Mundwinkel, die u. a. zu Schleimhauteinrissen führt (Med.)

in|ter|li|ne|ar ⟨aus gleichbed. *mlat.* interlinearis; vgl. linear⟩: zwischen die Zeilen des fremdsprachigen Urtextes geschrieben (in bezug auf Übersetzungen, bes. in frühen mittelalterlichen Handschriften; Sprachw., Literaturw.). **In|ter|li|ne|ar|glos|se** *die;* -, -n: ↑Glosse (1), die zwischen die Zeilen geschrieben ist (bes. in frühen mittelalterlichen Handschriften; Sprachw., Literaturw.). **In|ter|li|ne|ar|ver|si|on** [...v...] *die;* -, -en: wörtliche Übersetzung, die zwischen die Zeilen geschrieben wurde (bes. in frühen mittel-

alterlichen Handschriften; Sprachw., Literaturw.). **In|ter|li|nea|ti|on** *die;* - ⟨zu ↑inter... u. spätlat. lineatio „Linie"⟩: (veraltet) das Dazwischenschreiben. **in|ter|li|ne|ie|ren** ⟨zu *lat.* lineare „Linien ziehen"⟩: (veraltet) zwischen die Zeilen schreiben, mit Bemerkungen zwischen den Zeilen versehen
In|ter|lin|gua [...'lɪŋgua] *die;* - ⟨aus *it.* interlingua, Kurzw. aus *inter*nazionale „international" u. *lingua* „Sprache"⟩: 1. von Bodmer vereinfachte Welthilfssprache des ital. Mathematikers G. Peano, die auf dem Latein u. den roman. Sprachen fußt. 2. von der Internationalen Vereinigung für Hilfssprachen (IALA) vorgeschlagene Welthilfssprache. **in|ter|lin|gu|al** ⟨zu ↑inter..., *lat.* lingua „Zunge, Sprache" u. ↑¹...al (1)⟩: zwei od. mehrere Sprachen betreffend, zwei od. mehreren Sprachen gemeinsam. **In|ter|lin|gue** *die;* - ⟨zu *lat.* lingua „Sprache"⟩: neuer Name für die von E. von Wahl geschaffene Welthilfssprache ↑Occidental. **In|ter|lin|gu|ist** *der;* -en, -en: 1. jmd., der Interlingua (2) spricht. 2. Wissenschaftler auf dem Gebiet der Interlinguistik. **In|ter|lin|gui|stik** *die;* -: 1. Plansprachenwissenschaft, Wissenschaft von den künstlichen Welthilfssprachen. 2. die Mehrsprachigkeit, die Linguistik der Übersetzung, die Sozio- u. Psycholinguistik umfassender ↑synchroner vergleichender Sprachwissenschaftszweig. **in|ter|lin|gui|stisch**: die Interlinguistik betreffend
in|ter|lo|bär ⟨zu ↑inter... u. ↑lobär⟩: zwischen den einzelnen Lungenlappen liegend, den Raum zwischen den Lungenlappen betreffend (Med.). **in|ter|lo|bu|lär** ⟨zu ↑lobulär⟩: zwischen den Lungenläppchen liegend (Med.)
In|ter|lock|wa|re *die;* -, -n ⟨zu *engl.* interlock „mit verketteten Maschen gestrickt"⟩: feinmaschige Rundstrickware mit beiderseits gleichem Maschenbild
In|ter|lo|kut *das;* -[e]s, -e ⟨aus *lat.* interlocutum, substantiviertes Part. Perf. (Neutrum) von interloqui „dazwischenreden"⟩: (veraltet) gerichtlicher Zwischenbescheid in einem Nebenpunkt eines schwebenden Prozesses (Rechtsw.). **In|ter|lo|ku|ti|on** *die;* -, -en ⟨aus gleichbed. *lat.* interlocutio⟩: (veraltet) Zwischenurteil (Rechtsw.). **In|ter|lo|ku|tor** *der;* -s, ...oren ⟨zu ↑...or⟩: (veraltet) an einem Gespräch Beteiligter. **in|ter|lo|ku|to|risch**: (veraltet) sich ins Gespräch mischend. **in|ter|lo|quie|ren** ⟨aus gleichbed. *lat.* interloqui⟩: (veraltet) ein Zwischenurteil fällen (Rechtsw.)
In|ter|lu|di|um *das;* -s, ...ien [...jən] ⟨aus *mlat.* interludium „Zwischenspiel"⟩: musikalisches Zwischenspiel (bes. in der Orgelmusik)
In|ter|lu|ni|um *das;* -s, ...ien [...jən] ⟨aus gleichbed. *lat.* interlunium⟩: Zeit des Neumonds
in|ter|ma|xil|lar, in|ter|ma|xil|lär ⟨zu ↑inter... u. ↑maxillar⟩: zwischen den Kiefern liegend (Med.). **In|ter|ma|xil|larkno|chen** *der;* -s, -: Zwischenkieferknochen (Anat.)
In|ter|mé|di|aire [ɛ̃tɛrme'diɛːr] *das;* -, -s [...'diɛːr] ⟨aus gleichbed. *fr.* intermédiaire, eigtl. „dazwischenliegend" (weil diese Dressurprüfung zwischen einer leichteren u. einer schwereren Übung liegt); vgl. intermediär⟩: eine Dressuraufgabe im internationalen Reitsport. **in|ter|me|di|är** [ın...] ⟨über *fr.* intermédiaire „Zwischen-, Mittel-" zu *lat.* intermedius „dazwischen, in der Mitte liegend"⟩: in der Mitte liegend, dazwischen befindlich, ein Zwischenglied bildend; - er Stoffwechsel: Zwischenstoffwechsel, Gesamtheit der Abbau-u. Umbauvorgänge der Stoffe im Körper nach ihrer Aufnahme (Med.); -es Gestein: neutrales, weder saures noch basisches Eruptivgestein (Geol.). **In|ter|me|di|at** *das;* -s, -e ⟨zu ↑intermedius u. ↑...at (1)⟩: (veraltet) Zwischenzeit. **In|ter|me|dia|ti|on** *die;* -, -en ⟨↑...ation⟩: (veraltet) Vermittlung. **In|ter|me|din** *das;* -s ⟨zu

↑intermedius u. ↑...in (1)⟩: Hormon, das den Farbwechsel bei Fischen u. Fröschen beeinflußt. **In|ter|me|dio** *das;* -s, -s u. **In|ter|me|di|um** *das;* -s, ...ien [...jən] ⟨zu *it.* intermedio „dazwischenliegend" u. zu *lat.* intermedium, Neutrum von ↑intermedius⟩: kleines musikalisches Zwischenspiel (ursprünglich zur Erheiterung des Publikums bei Schauspielaufführungen, bei Fürstenhochzeiten o. ä. Ende des 16. Jh.s). **in|ter|me|di|us** ⟨*lat.*⟩: in der Mitte liegend (Med.)
in|ter|men|stru|al u. **in|ter|men|stru|ell** ⟨zu ↑inter... u. ↑menstrual bzw. ↑menstruell⟩: zwischen zwei ↑Menstruationen liegend, den Zeitraum zwischen zwei Menstruationen betreffend (Med.); vgl. ...al/...ell. **In|ter|men|stru|um** *das;* -s, ...ua ⟨aus *lat.* intermenstruum, Neutrum von intermenstruus „zwischen zwei Monaten"⟩: Zeitraum zwischen zwei ↑Menstruationen (Med.)
In|ter|mez|zo *das;* -s, Plur. -s u. ...zzi ⟨aus gleichbed. *it.* intermezzo, dies wohl zu *spätlat.* inter medium „inmitten, zwischen" bzw. zu ↑intermedius⟩: 1. a) Zwischenspiel im Drama, in der ernsten Oper; b) kürzeres Klavier- od. Orchesterstück. 2. lustiger Zwischenfall; kleine, unbedeutende Begebenheit am Rande eines Geschehens
in|ter|mi|na|bel ⟨aus gleichbed. *spätlat.* interminabilis zu ↑in... (2) u. *lat.* terminare „begrenzen, bestimmen"⟩: (veraltet) unbegrenzbar, unbestimmbar, unermeßlich. **In|ter|mi|na|bi|li|tät** *die;* - ⟨zu ↑...ität⟩: (veraltet) Unbestimmbarkeit
In|ter|mi|na|ti|on *die;* -, -en ⟨aus gleichbed. *lat.* interminatio zu interminari, vgl. interminieren⟩: (veraltet) Androhung. **in|ter|mi|nie|ren** ⟨aus gleichbed. *lat.* interminari zu ↑inter... u. minari „drohen"⟩: (veraltet) bedrohen
in|ter|mi|ni|ste|ri|ell ⟨zu ↑inter... u. ↑ministeriell⟩: die Zusammenarbeit zwischen den einzelnen Ministerien betreffend
In|ter|mis|si|on *die;* - ⟨aus *lat.* intermissio „das Nachlassen; Unterbrechung" zu intermittere, vgl. intermittieren⟩: zeitweiliges Zurücktreten von Krankheitssymptomen (Med.). **in|ter|mis|siv** ⟨zu ↑...iv⟩: unterbrochen, aussetzend (Med.). **in|ter|mit|tie|ren** ⟨aus *lat.* intermittere „aussetzen, unterbrechen"⟩: [zeitweilig] zurücktreten (in bezug auf Krankheitserscheinungen; Med.). **in|ter|mit|tie|rend** ⟨zu ↑...ierend⟩: zeitweilig aussetzend, wechselnd, z. B. -er Strom (Elektrot.), -es Fieber (Med.); -es Hinken: zeitweiliges Hinken infolge von Schmerzen, die bei ungenügender Mehrdurchblutung während einer Mehrarbeit der Muskulatur, vor allem der Wadenmuskulatur, auftreten (Med.)
In|ter|mo|du|la|ti|on *die;* - ⟨zu ↑inter... u. ↑Modulation⟩: Mischung verschiedener Frequenzen des gleichen Übertragungsbereichs, die Verzerrungen bewirkt (Elektrot.)
in|ter|mo|le|ku|lar ⟨zu ↑inter... u. ↑molekular⟩: zwischen den Molekülen bestehend, stattfindend (Chem.; Phys.)
in|ter|mon|tan ⟨zu ↑inter... u. *lat.* montanus „den Berg betreffend, gebirgig"⟩: zwischen den Bergen befindlich
In|ter|mun|di|en [...jən] *die* (Plur.) ⟨aus gleichbed. *lat.* intermundia⟩: die nach Epikur zwischen den unendlich vielen Welten liegenden, von Göttern bewohnten Zwischenräume
in|ter|mu|ral ⟨aus gleichbed. *lat.* intermuralis zu ↑inter... u. murus „Mauer"⟩: (veraltet) zwischen Mauern befindlich
in|tern ⟨aus *lat.* internus „innerer, inwendig"⟩: 1. innerlich, inwendig. 2. die inneren Organe betreffend (Med.). 3. a) innerhalb (einer Fraktion); b) im engsten Kreise; nur die eigenen Verhältnisse (einer Familie) angehend. 4. im Internat wohnend. **In|ter|na**: Plur. von ↑Internum. **in|ter|nal** ⟨zu ↑intern u. ↑¹...al (1)⟩: innerlich, verinnerlicht. **In|ter-

na|li|sa|ti|on *die;* -, -en ⟨aus gleichbed. *engl.* internalization; vgl. intern⟩: Übernahme u. Verinnerlichung von Werten, Normen, Auffassungen o. ä.; vgl. ...[at]ion/...ierung. **in|ter|na|li|sie|ren** ⟨zu ↑ ...isieren⟩: Werte, Normen, Auffassungen o. ä. übernehmen u. sich zu eigen machen; verinnerlichen. **In|ter|na|li|sie|rung** *die;* -, -en ⟨zu ↑ ...isierung⟩: das Internalisieren; vgl. ...[at]ion/...ierung. **In|ter|nat** *das;* -[e]s, -e ⟨zu ↑intern u. ↑ ...at (1)⟩: 1. [höhere] Lehranstalt, in der die Schüler zugleich wohnen u. verpflegt werden; vgl. Externat. 2. an eine [höhere] Lehranstalt angeschlossenes Heim, in dem die Schüler wohnen u. verpflegt werden

in|ter|na|tio|nal ⟨aus gleichbed. *engl.* international, dies zu ↑inter... u. ↑national⟩: 1. zwischen mehreren Staaten bestehend. 2. über den Rahmen eines Staates hinausgehend, nicht national begrenzt, überstaatlich, weltweit. **¹In|ter|na|tio|na|le** *die;* -, -n ⟨Kurzform von „Internationale Arbeiterassoziation"⟩: 1. Vereinigung von Sozialisten u. Kommunisten (I., II. u. III. Internationale) unter dem Kampfruf: „Proletarier aller Länder, vereinigt euch!" 2. (ohne Plur.) Kampflied der internationalen Arbeiterbewegung („Wacht auf, Verdammte dieser Erde"). **²In|ter|na|tio|na|le** *der* u. *die;* -n, -n ⟨Substantivierung von ↑international⟩: jmd., der als Mitglied einer Nationalmannschaft internationale Wettkämpfe bestreitet (Sport). **in|ter|na|li|sie|ren** ⟨zu ↑international u. ↑ ...isieren⟩: 1. die Gebietshoheit eines Staates über ein bestimmtes Staatsgebiet zugunsten mehrerer Staaten od. der ganzen Völkerrechtsgemeinschaft beschränken. 2. international (2) machen. **In|ter|na|tio|na|li|sie|rung** *die;* -, -en ⟨zu ↑ ...isierung⟩: das Internationalisieren. **In|ter|na|tio|na|lis|mus** *der;* -, ...men ⟨zu ↑ ...ismus⟩: 1. (ohne Plur.) das Streben nach zwischenstaatlichem Zusammenschluß. 2. Wort, das in gleicher Bedeutung u. gleicher od. ähnlicher Form in verschiedenen Kultursprachen vorkommt (z. B. *Container;* Sprachw.). **In|ter|na|tio|na|list** *der;* -en, -en ⟨zu ↑ ...ist⟩: Anhänger des Internationalismus (1). **In|ter|na|tio|na|li|tät** *die;* - ⟨zu ↑ ...ität⟩: Überstaatlichkeit

In|tern|code [...ko:t] *der;* -s, -s ⟨zu ↑intern u. ↑Code⟩: der einem Computer eigene Code, in dem die Maschinenbefehle abgefaßt sind (EDV). **In|ter|ne** *der* u. *die;* -n, -n: Schüler[in] eines Internats; vgl. Externe. **In|ter|nie|ren** ⟨zu gleichbed. *fr.* interner zu interne „innerlich", dies aus *lat.* internus, vgl. intern⟩: 1. a) Angehörige eines gegnerischen Staates während des Krieges in staatlichen Gewahrsam nehmen, in Lagern unterbringen; b) jmdn. in einem Lager festsetzen. 2. einen Kranken isolieren, in einer geschlossenen Anstalt unterbringen. **In|ter|nie|rung** *die;* -, -en ⟨zu ↑ ...ierung⟩: das Internieren, das Interniertwerden; das Interniertsein. **In|ter|nie|rungs|la|ger** *das;* -s, -: Lager, in dem Zivilpersonen [während des Krieges] gefangengehalten werden. **In|ter|nist** *der;* -en, -en ⟨zu ↑intern u. ↑ ...ist⟩: 1. Facharzt für innere Krankheiten. 2. (veraltet) svw. Interne. 3. (veraltet) jmd., der an einer inneren Krankheit leidet. **In|ter|ni|stin** *die;* -, -nen: weibliche Form zu ↑Internist. **in|ter|ni|stisch** ⟨zu ↑ ...istisch⟩: die innere Medizin betreffend

In|ter|no|di|um *das;* -s, ...ien [...i̯ən] ⟨aus *lat.* internodium „Raum zwischen zwei Gelenken od. Knoten"⟩: zwischen zwei Blattansatzstellen od. Blattknoten liegender Sproßabschnitt einer Pflanze (Bot.).

In|tern|spei|cher *der;* -s, - ⟨zu ↑intern⟩: zur Zentraleinheit eines Computers gehörender Datenspeicher (EDV); Ggs. ↑Externspeicher. **In|ter|num** *das;* -s, ...na ⟨aus *lat.* internum „inneres, das Innere", Neutrum von internus, vgl. intern⟩: 1. Gebiet, das einer bestimmten Person, Gruppe od. Behörde vorbehalten u. Dritten gegenüber abgeschlossen ist. 2. nur die eigenen inneren Verhältnisse angehende Angelegenheit. 3. Arzneimittel zur innerlichen Anwendung (Med.); Ggs. ↑Externum

In|ter|nun|tia|tur *die;* -, -en ⟨aus gleichbed. *nlat.* internuntiatura zu *lat.* internuntius, vgl. Internuntius⟩: a) Amt u. Würde eines Internuntius; b) Sitz eines Internuntius. **In|ter|nun|ti|us** *der;* -, ...ien [...i̯ən] ⟨aus *lat.* internuntius „Unterhändler, Vermittler"⟩: diplomatischer Vertreter des Papstes in kleineren Staaten; vgl. Nuntius

In|ter|nus|läh|mung *die;* -, -en ⟨zu *lat.* internus „im Inneren gelegen, innerer"; vgl. intern⟩: häufigste Form der Stimmbandlähmung (Med.)

in|ter|or|bi|tal ⟨zu ↑inter... u. ↑orbital⟩: zwischen den ↑Orbits befindlich; für den Raum zwischen den Orbits bestimmt

in|ter|os|sär ⟨zu ↑inter..., *lat.* os, Gen. ossis „Knochen" (vgl. ³Os) u. ↑ ...är⟩: zwischen Knochen befindlich, den Raum zwischen den Knochen betreffend (Med.)

in|ter|ozea|nisch ⟨zu ↑inter... u. ↑ozeanisch⟩: Weltmeere verbindend

In|te|ro|zep|ti|on *die;* -, -en ⟨zu *lat.* internus (vgl. intern) u. ↑Rezeption (Analogiebildung zu ↑Exterozeption)⟩: Aufnahme innerorganischer Veränderungen (Psychol.). **in|te|ro|zep|tiv** ⟨zu ↑ ...rezeptiv⟩: die Interozeption betreffend

in|ter|par|la|men|ta|risch ⟨zu ↑inter... u. ↑parlamentarisch⟩: die Parlamente der einzelnen Staaten umfassend; Interparlamentarische Union: Vereinigung von Parlamentariern verschiedener Länder; Abk.: IPU

in|ter|pas|sie|ren ⟨zu ↑inter... u. ↑passieren⟩: (veraltet) durchnähen, steppen. **In|ter|pas|sie|rung** *die;* -, -en ⟨zu ↑ ...ierung⟩: (veraltet) das Durchnähen, Steppen

In|ter|pel|lant *der;* -en, -en ⟨aus *lat.* interpellans, Gen. interpellantis, Part. Präs. von interpellare, vgl. interpellieren⟩: Parlamentarier, der eine Interpellation einbringt. **In|ter|pel|la|ti|on** *die;* -, -en ⟨aus *lat.* interpellatio „Unterbrechung"⟩: 1. parlamentarische Anfrage an die Regierung. 2. (veraltet) a) Einrede; das Recht, die Erfüllung eines Anspruchs ganz od. teilweise zu verweigern; b) Einspruchsrecht gegen Versäumnisurteile, Vollstreckungsbefehle o. ä.; Mahnung des Gläubigers an den Schuldner (Rechtsw.). 3. (veraltet) Unterbrechung, Zwischenrede. **in|ter|pel|lie|ren** ⟨aus *lat.* interpellare „unterbrechen; mit Fragen angehen"⟩: 1. eine Interpellation einbringen. 2. (veraltet) unterbrechen, dazwischenreden, ins Wort fallen

in|ter|per|so|nal. **in|ter|per|so|nell** ⟨zu ↑inter... u. ↑personal bzw. ↑personell⟩: zwischen zwei od. mehreren Personen ablaufend, mehrere Personen betreffend; vgl. ...al/...ell

In|ter|pe|tio|lar|sti|pel *die;* -, -n ⟨zu ↑inter..., *lat.* petiolus „Stiel", ↑¹...ar (1) u. *lat.* stipula „Nebenblatt", eigtl. „Halm"⟩: Verwachsungsprodukt der Nebenblätter bei Pflanzen mit gegenständigen (einander gegenüberstehenden) Blättern (Bot.)

In|ter|pha|se *die;* -, -n ⟨zu ↑inter... u. ↑Phase⟩: Stadium des Zellzyklus zwischen zwei ↑mitotischen Zellteilungen (Biol.)

in|ter|pla|ne|tar ⟨zu ↑inter... u. ↑planetar⟩: 1. zwischen den Planeten befindlich; vgl. ...isch/-. 2. verschiedene Planeten verbindend, von einem Planeten zum anderen [stattfindend] (z. B. vom Funkverkehr); -e Materie: gas- u. staubförmige Materie im Raum zwischen Sonne u. Planeten. **in|ter|pla|ne|ta|risch** svw. interplanetar (1); vgl. ...isch/-. **In|ter|pla|ne|to|sen** *die* (Plur.) ⟨zu ↑¹...ose⟩: beim

interpleural

Weltraumflug drohende Krankheiten (bes. als Folge der starken Beschleunigung, der Schwerelosigkeit u. der veränderten Umweltbedingungen; Med.).
in|ter|pleu|ral ⟨zu ↑inter... u. ↑pleural⟩: zwischen Rippenfell (Brustfell außer dem sogenannten Lungenfell) u. Lungenfell (die Lungen außen überziehender Teil der ↑Pleura) liegend (Med.). **In|ter|pleu|ral|raum** der; -[e]s, ...räume: Spaltraum zwischen den beiden Brustfellblättern (Med.)
In|ter|plu|vi|al [...v...] das; -s, -e u. **In|ter|plu|vi|al|zeit** die; -, -en ⟨zu ↑inter... u. ↑pluvial⟩: regenärmere Zeit in den heutigen Tropen u. Subtropen während der ↑Interglazialzeiten
in|ter po|cu|la [– ...k...] ⟨lat.; „zwischen den Bechern"⟩: (veraltet) beim Wein, beim Trinken
In|ter|pol die; - ⟨Kurzw. aus *Inter*nationale Kriminal*pol*izeiliche Organisation⟩: zentrale Stelle (mit Sitz in Paris) zur internationalen Koordination der Ermittlungsarbeiten in der Verbrechensbekämpfung
In|ter|po|la|ti|on die; -, -en ⟨aus lat. interpolatio „Veränderung, Umgestaltung" zu interpolare, vgl. interpolieren⟩: 1. das Errechnen von Werten, die zwischen bekannten Werten einer ↑Funktion (2) liegen (Math.). 2. a) spätere unberechtigte Einfügung in den Text eines Werkes; b) die durch Interpolation eingefügten Wörter od. Sätze; vgl. ...[at]ion/...ierung. **In|ter|po|la|tor** der; -s, ...oren ⟨zu ↑...or⟩: 1. jmd., der eine Interpolation (2) vornimmt. 2. ein ↑Digital-Analog-Konverter, der z. B. zur Erzeugung von Kurven in automatischen Zeichengeräten u. in numerisch gesteuerten Werkzeugmaschinen eingesetzt ist (EDV). **in|ter|po|lie|ren** ⟨aus lat. interpolare „(Schriften) entstellen, verfälschen"⟩: 1. Werte zwischen bekannten Werten einer ↑Funktion (2) errechnen (Math.). 2. eine Interpolation (2) vornehmen. **In|ter|po|lie|rung** die; -, -en ⟨zu ↑...ierung⟩: das Interpolieren; vgl. ...[at]ion/...ierung
In|ter|po|nat das; -[e]s, -e ⟨zu ↑interponieren u. ↑...at (1)⟩: zwischengeschaltetes Ersatzstück bei ↑rekonstruktiven Operationen (Med.). **In|ter|po|nent** der; -en, -en ⟨aus lat. interponens, Gen. interponentis, Part. Präs. von interponere, vgl. interponieren⟩: (veraltet) jmd., der ein Rechtsmittel [gegen einen Bescheid] einlegt. **in|ter|po|nie|ren** ⟨aus lat. interponere „dazwischen setzen; einschieben"⟩: (veraltet) 1. [etwas] vermitteln. 2. ein Rechtsmittel [gegen einen Bescheid] einlegen. **In|ter|po si|ti|on** die; -, -en ⟨aus lat. interpositio „das Dazwischensetzen, Einschieben"⟩: 1. Lagerung von Weichteilen zwischen Knochenbruchstücken (Med.). 2. operative Einlagerung der Gebärmutter zwischen Blase u. vorderer Scheidenwand (bei Scheidenvorfall; Med.)
In|ter|pret der; -en, -en ⟨aus lat. interpres, Gen. interpretis „Vermittler; Ausleger, Erklärer"⟩: 1. jmd., der etwas in einer bestimmten Weise entsprechend einer Konzeption auslegt. 2. reproduzierender Künstler, bes. Musiker, Sänger, Dirigent, Regisseur. **In|ter|pre|ta|ment** das; -[e]s, -e ⟨aus lat. interpretamentum „Erklärung, Auslegung, Übersetzung"⟩: Deutungsmittel, Verständigungsmittel, Kommunikationsmittel. **In|ter|pre|tant** der; -en, -en ⟨zu ↑interpretieren u. ↑...ant⟩: jmd., der sich um die Interpretation (1) von etwas bemüht. **In|ter|pre|ta|tio Grae|ca** [– 'grɛːka] die; - - ⟨aus lat. interpretatio Graeca „griech. Auslegung"⟩: griech. Deutung u. Benennung nichtgriech. Götter (z. B. Amon als Zeus). **In|ter|pre|ta|ti|on** die; -, -en ⟨aus gleichbed. lat. interpretatio zu interpretari, vgl. interpretieren⟩: 1. a) Auslegung, Erklärung, Deutung [von Texten]; b) Auffassung, Deutung einer Äußerung, Verhaltensweise, Sachlage in einer bestimmten Hinsicht. 2. künstlerische Wiedergabe von Musik. **In|ter|pre|ta|tio Ro|ma|na** die; - - ⟨aus lat. interpretatio Romana, eigtl. „römische Auslegung"⟩: 1. röm. Deutung u. Benennung nichtröm. Götter (z. B. Donar als Jupiter). 2. Deutung u. Übernahme germ. religiöser Bräuche u. Vorstellungen durch die kath. Kirche. **in|ter|pre|ta|tiv** ⟨aus gleichbed. mlat. interpretativus⟩: auf Interpretation beruhend; erklärend, deutend; erhellend; vgl. ...iv/...orisch. **In|ter|pre|ta|tor** der; -s, ...oren ⟨aus lat. interpretator „Ausleger, Erklärer"⟩: svw. Interpret (1). **in|ter|pre|ta|to|risch**: den Interpreten, die Interpretation betreffend; vgl. ...iv/...orisch. **In|ter|pre|ter** [ɪn'təːprɪtə] der; -s ⟨aus gleichbed. engl. interpreter⟩: Programmübersetzer, Programm (4), das Anweisungen eines in einer anderen Programmiersprache geschriebenen Quellprogramms sofort umsetzt (EDV). **in|ter|pre|tie|ren** ⟨aus gleichbed. lat. interpretari, eigtl. „den Mittler machen"⟩: 1. a) [einen Text] auslegen, erklären, deuten; b) [etw. in bestimmter Weise od. als etw.] verstehen, auffassen; c) [jmds. Worte in bestimmter Weise] auffassen, auslegen. 2. Musik künstlerisch wiedergeben. **In|ter|pre|tin** die; -, -nen: weibliche Form zu ↑Interpret
In|ter|psy|cho|lo|gie die; - ⟨zu ↑inter... u. ↑Psychologie⟩: Psychologie der zwischenmenschlichen Beziehungen
in|ter|pun|gie|ren ⟨aus lat. interpungere „(Wörter) durch Punkte abteilen"⟩: 1. svw. interpunktieren. 2. (fachspr.) die in der ↑Gamelanmusik üblichen Abschnitte der Kernmelodie bilden. **in|ter|punk|tie|ren** ⟨zu lat. interpunctus, Part. Perf. von interpungere (vgl. interpungieren) u. ↑...ieren⟩: Satzzeichen setzen. **In|ter|punk|ti|on** die; - ⟨aus lat. interpunctio „Scheidung (der Wörter) durch Punkte"⟩: Setzung von Satzzeichen, Zeichensetzung
In|ter|ra|di|us der; -, ...ien [...ǐən] (meist Plur.) ⟨zu ↑inter... u. ↑Radius⟩: Linie, welche den Winkel zwischen den Körperachsen strahlig symmetrischer Tiere halbiert
In|ter|rail|kar|te ['ɪntəreɪl...] die; -, -n ⟨Kurzbildung zu ↑international (2) u. engl. rail „Eisenbahn"⟩: verbilligte Jugendfahrkarte für Fahrten in Europa innerhalb eines bestimmten Zeitraums
In|ter|re|gio der; -s, -s ⟨zu ↑inter... u. lat. regio „Richtung, Gegend; Bereich, Gebiet"⟩: kurz für Interregio-Zug. **In|ter|re|gio-Zug** der; -[e]s, ...-Züge ⟨Analogiebildung zu ↑Intercity-Zug⟩: komfortabler Schnellzug, der das Programm der ↑Intercity-Züge auf bestimmten Strecken ergänzt; Abk.: IR
In|ter|re|gnum das; -s, Plur. ...nen u. ...na ⟨aus gleichbed. lat. interregnum⟩: 1. Zwischenregierung, vorläufige Regierung. 2. Zeitraum, in dem eine vorläufig eingesetzte Regierung die Regierungsgeschäfte wahrnimmt. 3. (ohne Plur.) die kaiserlose Zeit zwischen 1254 u. 1273
in|ter|re|nal ⟨zu ↑inter... u. ↑renal⟩: die Nebennierenrinden betreffend (Med.). **In|ter|re|na|lis|mus** der; - ⟨zu ↑...ismus (3)⟩: Beeinflussung von Körperbau u. Geschlechtsmerkmalen durch Überproduktion von Nebennierenhormonen (Biol., Med.). **In|ter|re|nin** das; -s ⟨zu ↑...in (1)⟩: svw. Kortikoid
In|ter|rex der; -, ...reges [...ge:s] ⟨aus gleichbed. lat. interrex, eigtl. „Reichsverweser; Zwischenkönig"⟩: im antiken Rom bei Vakanz des Konsulats, im Interregnum (2) jeweils für 5 Tage aus dem Kreis der patrizischen Senatoren bestimmter Beamter zur Durchführung der Konsulnwahlen
In|ter|ro|ga|ti|on die; -, -en ⟨aus gleichbed. lat. interrogatio zu interrogare „fragen"⟩: (veraltet) Frage, Befragung. **in|ter|ro|ga|tiv** ⟨aus gleichbed. spätlat. interrogativus⟩: fragend (Sprachw.). **In|ter|ro|ga|tiv** das; -s, -e [...və] ⟨verkürzt

Intervall

aus ↑Interrogativum⟩: svw. Interrogativpronomen. **In|ter|ro|ga|tiv|ad|verb** *das;* -s, ...bien [...jən] ⟨aus gleichbed. spätlat. adverbium interrogativum⟩: Frageumstandswort (z. B. wo?, wann?). **In|ter|ro|ga|tiv|pro|no|men** *das;* -s, Plur. - u. ...mina: fragendes Fürwort, Fragefürwort (z. B. wer?, welcher?). **In|ter|ro|ga|tiv|satz** *der;* -es, ...sätze: Fragesatz: a) direkter (z. B. *Wo warst du gestern?*); b) indirekter (von einem Hauptsatz abhängiger; z. B. Er fragte mich, *wo ich gewesen sei*). **In|ter|ro|ga|ti|vum** [...v...] *das;* -s, -va ⟨aus gleichbed. *spätlat.* (pronomen) interrogativum⟩: svw. Interrogativpronomen

In|ter|rupt [...'rapt, engl. ...'rʌpt] *das;* -[s], -s ⟨aus *engl.* interrupt „Unterbrechung", dies aus *lat.* interruptio, vgl. Interruption⟩: a) Meldung zur Unterbrechung eines Programmablaufs; b) das Aussetzen eines Programmablaufs auf Grund einer Unterbrechungsaufforderung (EDV). **In|ter|rup|ti|on** [...rup...] *die;* -, -en ⟨aus gleichbed. *lat.* interruptio zu interrumpere „unterbrechen"⟩: 1. [künstliche] Unterbrechung (z. B. einer Schwangerschaft od. des ↑Koitus; Med.). 2. (veraltend) Unterbrechung; Störung. **In|ter|rup|tus** *der;* -, - ⟨zu *lat.* interruptus, Part. Perf. von interrumpere, vgl. Interruption⟩: kurz für Coitus interruptus; vgl. Koitus

In|ter|sek|ti|on *die;* -, -en ⟨zu ↑inter... u. ↑Sektion⟩: Durchschnittsmenge zweier Mengen, deren Elemente in beiden Mengen vorkommen (z. B. bilden die Mengen *Frauen* u. *Ärzte* die Intersektion *Ärztinnen*). **in|ter|sek|to|ral** ⟨zu ↑Sektor u. ↑¹...al (1)⟩: zwischen verschiedenen Sektoren bestehend, mehrere Sektoren betreffend

In|ter|sep|tum *das;* -s, ...ta ⟨aus *lat.* intersaeptum, interseptum „Einzäunung, Gehege; Scheidewand"⟩: (veraltet) svw. Septum

In|ter|se|rie [...jə] *die;* -, -n ⟨zu ↑inter... u. ↑Serie⟩: europäische Wettbewerbsserie mit Rundstreckenrennen für Sportwagen, zweisitzige Rennwagen o. ä. (Motorsport)

In|ter|ser|tal|struk|tur *die;* -, -en ⟨zu *nlat.* intersertalis „eingelagert" (dies zu *lat.* intersere „dazwischenschieben") u. ↑Struktur⟩: Gefügeart bei Erstarrungsgesteinen mit Einlagerungen einer feinkörnigen od. glasigen Grundmasse zwischen sperrigen Feldspatleisten (Geol.). **In|ter|ser|ti|on** *die;* -, -en ⟨aus gleichbed. *lat.* intersertio, eigtl. „Einfügung"⟩: Einlagerung einer feinkörnigen od. glasigen Grundmasse zwischen sperrigen Feldspatleisten (Geol.)

In|ter|sex [auch 'ın...] *das;* -es, -e ⟨zu ↑inter... u. ↑Sex⟩: Individuum, das die typischen Merkmale der Intersexualität zeigt (Biol.). **In|ter|se|xua|li|tät** *die;* -: krankhafte Mischung von männlichen u. weiblichen Geschlechtsmerkmalen u. Eigenschaften in einem Individuum, das normalerweise getrenntgeschlechtig sein müßte (eine Form des Scheinzwittertums; Biol.). **in|ter|se|xu|ell**: eine geschlechtliche Zwischenform im Sinne der Intersexualität zeigend (von Individuen; Biol.)

In|ter|shop [...ʃɔp] *der;* -[s], Plur. -s u. ...läden ⟨Kunstw. aus ↑*inter*national u. ↑*Shop*⟩: Geschäft in der ehemaligen DDR, in dem ausländische Waren u. Spitzenerzeugnisse aus inländischer Produktion nur gegen frei konvertierbare Währung verkauft wurden

in|ter|ska|pu|lar ⟨zu ↑inter..., *lat.* scapula „Schulterblatt" u. ↑...ar⟩: svw. interskapular. **in|ter|ska|pu|lär** ⟨vgl. ...är⟩: zwischen den Schulterblättern gelegen, den Raum zwischen den Schulterblättern betreffend (Med.)

in|ter|spe|zi|fisch ⟨zu ↑inter... u. ↑spezifisch⟩: Individuen (3) verschiedener Arten betreffend, zwischen ihnen stattfindend (Biol.)

in|ter|spi|nal ⟨zu ↑inter..., ↑Spina u. ↑¹...al (1)⟩: zwischen den Wirbeldornfortsätzen befindlich, diesen Raum betreffend (Med.)

in|ter|sta|di|al ⟨zu ↑inter... u. *spätlat.* stadialis, eigtl. „ein Stadium betragend"; vgl. Stadium⟩: die Ablagerungen während eines Interstadials betreffend (Geol.). **In|ter|sta|di|al** *das;* -s, -e u. **In|ter|sta|di|al|zeit** *die;* -, -en: wärmere Phase von kürzerer Dauer während einer Glazialzeit (Geol.)

in|ter|stel|lar ⟨zu ↑inter... u. ↑stellar⟩: zwischen den Fixsternen befindlich; – Materie: nicht genau lokalisierbare, wolkenartig verteilte Materie zwischen den Fixsternen

In|ter|ste|ri|li|tät *die;* - ⟨zu ↑inter... u. ↑Sterilität⟩: Unfähigkeit des Pollens einer Obstsorte, die Samenanlage einer anderen Sorte derselben Obstart zu befruchten (Biol.)

In|ter|sti|ti|al *das;* -s, -e ⟨zu ↑Interstitium u. ↑¹...al (2)⟩: mit Wasser gefülltes Lückensystem in der Gewässer- u. Meeresboden (Biol.). **in|ter|sti|ti|ell** ⟨zu ↑...ell⟩: in den Zwischenräumen liegend (z. B. in bezug auf Gewebe, Gewebeflüssigkeiten o. ä.; Biol., Med.). **In|ter|sti|ti|um** *das;* -s, ...ien [...jən] ⟨aus gleichbed. *lat.* interstitium⟩: 1. Zwischenraum (z. B. zwischen Organen). 2. (nur Plur.) vorgeschriebene Zwischenzeit zwischen dem Empfang zweier geistlicher Weihen (kath. Kirchenrecht)

in|ter|sub|jek|tiv ⟨zu ↑inter... u. ↑subjektiv⟩: verschiedenen Personen gemeinsam, von verschiedenen Personen nachvollziehbar. **In|ter|sub|jek|ti|vi|tät** [...v...] *die;* -: intersubjektive Beschaffenheit

in|ter|tem|po|ral ⟨zu ↑inter... u. ↑temporal⟩; in der Fügung -es Recht: Begriff der Rechtsnormen, die bei Rechtsänderungen in einem Staat angeben, ob das alte od. das neue Recht gelten soll

in|ter|ter|ri|to|ri|al ⟨zu ↑inter... u. ↑territorial⟩: zwischenstaatlich (in bezug auf Abkommen od. Vereinbarungen)

In|ter|tri|go *die;* -, ...gines [...ne:s] ⟨aus *lat.* intertrigo, Gen. intertriginis „wundgeriebene Stelle"⟩: das Wundsein, Hautwolf (Med.). **In|ter|tri|tur** *die;* -, -en ⟨aus gleichbed. *lat.* intertritura⟩: (veraltet) Abnutzung durch Reibung (z. B. bei Münzen)

in|ter|tro|chan|tär ⟨zu ↑inter..., ↑Trochanter u. ↑...är⟩: zwischen den beiden Rollhügeln (Knochenvorsprüngen) am Oberschenkelknochen liegend (Anat.)

in|ter|tro|pisch ⟨zu ↑inter... u. ↑¹Tropen⟩: zwischen den Wendekreisen befindlich

In|ter|type ⓦ [...taıp] *die;* -, -s ⟨zu ↑inter... u. *engl.* type „Druckbuchstabe"⟩: kurz für Intertype-Fotosetter. **In|ter|type-Fo|to|set|ter** *der;* -s, - ⟨zu *engl.-amerik.* photosetter „Gerät für den Fotosatz", eigtl. „Fotosetzer"⟩: Lichtsetzmaschine mit auswechselbaren Linsensystemen, durch die die Schrifttype auf einen Spaltenfilm in verschiedenen Größen projiziert werden kann. **In|ter|type-Setz|ma|schi|ne** *die;* -, -n: eine frühere amerik. Zeilenguß-Setzmaschine, der ↑Linotype ähnlich

in|ter|ur|ban ⟨zu ↑inter... u. ↑urban⟩: (veraltet) zwischen Städten [bestehend], mehrere Städte betreffend

In|ter|usu|ri|um *das;* -s, ...ien [...jən] ⟨aus gleichbed. *spätlat.* interusurium⟩: Zwischenzinsen, die sich als Vorteil des Gläubigers bei vorzeitiger Leistung des Schuldners einer unverzinslichen Geldsumme ergeben

In|ter|vall [...v...] *das;* -s, -e ⟨aus gleichbed. *lat.* intervallum, eigtl. „Raum zwischen zwei Schanzpfählen"⟩: 1. Zeitabstand, Zeitspanne; Frist; Pause. 2. Abstand zweier zusammen od. nacheinander klingender Töne (Mus.). 3. a) symptom- od. schmerzfreie Zwischenzeit im Verlauf einer Krankheit; b) Zeit zwischen den ↑Menstruationen (Med.). 4. a) Menge der reellen Zahlen zwischen zwei gegebenen

Intervalloperation

Zahlen; b) der Bereich zwischen zwei Punkten einer Strecke od. Skala (Math.). **In|ter|vall|ope|ra|ti|on** *die;* -, -en: operative Entfernung des Wurmfortsatzes bei chronischer Wurmfortsatzentzündung in einer beschwerdefreien Zeit (Med.). **In|ter|vall|trai|ning** [...trɛ:...] *das;* -s, -s: moderne Trainingsmethode, bei der ein Trainingsprogramm stufenweise so durchgeführt wird, daß die einzelnen Übungen in einem bestimmten Rhythmus von kürzeren Entspannungspausen unterbrochen werden (Sport). **in|ter|va|lu|ta|risch** [...v...] ⟨zu ↑inter... u. ↑valutieren⟩: im Währungsaustausch stehend
In|ter|ve|ni|ent [...v...] *der;* -en, -en ⟨nach *lat.* interveniens, Gen. intervenientis, Part. Präs. von intervenire, vgl. intervenieren⟩: jmd., der sich in [Rechts]streitigkeiten [als Mittelsmann] einmischt. **in|ter|ve|nie|ren** ⟨über *fr.* intervenir aus gleichbed. *lat.* intervenire⟩: 1. dazwischentreten; vermitteln; sich einmischen (von einem Staat in die Verhältnisse eines anderen). 2. einem Prozeß beitreten, sich vermittelnd in eine Rechtssache einschalten (Rechtsw.). 3. als hemmender Faktor in Erscheinung treten. **In|ter|vent** *der;* -en, -en ⟨aus gleichbed. *russ.* intervent; vgl. Intervenient⟩: Staat, der sich mit kriegerischen Mitteln in die Angelegenheiten eines anderen Staates einmischt. **In|ter|ven|ti|on** *die;* -, -en ⟨über gleichbed. *fr.* intervention aus *spätlat.* interventio „Vermittlung, Fürsprache", eigtl. „das Dazwischentreten"⟩: 1. Vermittlung; diplomatische, wirtschaftliche, militärische Einmischung eines Staates in die Verhältnisse eines anderen. 2. Ehreneintritt eines Dritten zum Schutze eines Rückgriffschuldners (Wechselrecht); vgl. Honorant, Honorat. 3. Maßnahme zur Verhinderung von Kursrückgängen bestimmter ↑Effekten. 4. steuernder Eingriff des Staates in das Wirtschafts- u. Marktgeschehen [im Sinne des Interventionismus]. **In|ter|ven|tio|nis|mus** *der;* - ⟨zu ↑...ismus (2)⟩: [unsystematisches] Eingreifen des Staates in die [private] Wirtschaft, bes. um unerwünschte Folgen einer freien Marktwirtschaft oder sozialpolitische Maßnahmen auszugleichen. **In|ter|ven|tio|nist** *der;* -en, -en ⟨zu ↑...ist⟩: Anhänger des Interventionismus. **in|ter|ven|tio|ni|stisch** ⟨zu ↑...istisch⟩: den Interventionismus betreffend. **In|ter|ven|ti|ons|kla|ge** *die;* -, -n ⟨zu ↑Intervention⟩: Widerspruchs-, Anfechtungsklage gegen die Zwangsvollstreckung (Rechtsw.). **in|ter|ven|tiv** ⟨zu ↑intervenieren u. ↑...iv⟩: (veraltet) dazwischentretend, vermittelnd. **In|ter- ven|tor** *der;* -s, ...oren ⟨aus gleichbed. *spätlat.* interventor⟩: (veraltet) Vermittler
in|ter|ven|tri|ku|lär [...v...] ⟨zu ↑inter... u. ↑ventrikular; vgl. ...är⟩: zwischen zwei ↑Ventrikeln gelegen, insbesondere zwischen den Herzkammern liegend (Med.); die Kammerscheidewand betreffend (Med.)
In|ter|ver|si|on [...v...] *die;* -, -en ⟨verkürzt aus *mlat.* interlinearis „zwischen die Zeilen geschrieben" u. ↑Version⟩: svw. Interlinearversion. **in|ter|ver|te|bral** ⟨zu ↑inter... u. ↑vertebral⟩: zwischen den Wirbeln liegend (Med.). **in|ter|ver|tie|ren** ⟨aus gleichbed. *spätlat.* intervertere⟩: (veraltet) umkehren, nach einer anderen Richtung wenden
In|ter|view [...'vju:, auch 'ın...] *das;* -s, -s ⟨aus gleichbed. *engl.-amerik.* interview, dies aus *fr.* entrevue „(verabredete) Zusammenkunft" zu entrevoir „sich flüchtig sehen", dies über gleichbed. *altfr.* entreveeir zu *lat.* inter „zwischen" u. videre „sehen"⟩: 1. Befragung einer meist bekannten Persönlichkeit zu bestimmten Themen od. zur eigenen Person, die von einem Journalisten vorgenommen u. dann veröffentlicht wird. 2. a) gezielte Befragung beliebiger od. ausgewählter Personen zu statistischen Zwecken (Soziol.); b) ↑methodische (2) Befragung eines Patienten zur Aufnahme einer ↑Anamnese u. zur Diagnose (Med., Psychol.). **in|ter|view|en** [...'vju:ən] ⟨aus gleichbed. *engl.* to interview, vgl. Interview⟩: 1. mit jmdm. ein Interview führen. 2. (ugs.) jmdn. in einer bestimmten Angelegenheit befragen, ausfragen. **In|ter|view|er** [...'vju:ɐ, auch 'ın...] *der;* -s, - ⟨aus gleichbed. *engl.* interviewer, vgl. Interview⟩: jmd., der mit jmdm. ein Interview macht. **In|ter|view|te** [...'vju:tə] *der* u. *die;* -n, -n: Befragte[r] in einem Interview
in|ter|vil|lös [...v...] ⟨zu ↑inter... u. ↑villös⟩: zwischen den Eihautzotten gelegen (Med., Biol.)
In|ter|vi|si|on [...v...] *die;* - ⟨Kurzw. aus ↑*inter*national u. ↑Tele*vision*⟩: Zusammenschluß osteuropäischer Fernsehanstalten zum Zwecke des Austausches von Fernsehprogrammen; vgl. Eurovision
In|ter|ze|dent *der;* -en, -en ⟨aus *lat.* intercedens, Gen. intercedentis, Part. Präs. von intercedere „vermittelnd eintreten"⟩: (veraltet) Vermittler, Fürsprecher, Bürge. **in|ter|ze|die|ren** ⟨aus *lat.* intercedere „sich verbürgen", eigtl. „dazwischentreten"⟩: dazwischentreten (zwischen Schuldner u. Gläubiger); sich verbürgen, für jmdn. eintreten
in|ter|zel|lu|lar vgl. interzellulär. **in|ter|zel|lu|lär**, auch interzellular ⟨zu ↑inter... u. ↑zellulär bzw. zellular⟩: zwischen den Zellen gelegen (Med., Biol.). **In|ter|zel|lu|la|re** *die;* -, -n (meist Plur.): lufterfüllter Zwischenzellraum im pflanzlichen Gewebe, bes. in den Blättern (Bot.). **In|ter|zel|lu|lar|raum** *der;* -[e]s, ...räume: Raum zwischen den Zellen, Zwischenzellraum (Med., Biol.). **In|ter|zel|lu|lar|sub|stanz** *die;* -, -en: in die Interzellularräume der vielzelligen Tiere u. des Menschen eingelagerte Substanz, die bes. für die Festigkeit des Stützgewebes von Bedeutung ist (Med., Biol.). **In|ter|zel|lu|lar|sy|stem** *das;* -s: aus einem Netz feiner Kanäle, den Interzellularen, bestehendes Durchlüftungssystem der Pflanzen (Bot.)
In|ter|zep|ti|on *die;* -, -en ⟨aus *lat.* interceptio „die Wegnahme" zu intercipere „ab-, auffangen, wegnehmen"⟩: 1. Verdunstungsverlust bei Niederschlägen durch Abgabe von Feuchtigkeit an die Außenluft, bes. im Wald. 2. (veraltet) Wegnahme, Unterschlagung (Rechtsw.). **In|ter|zep|tor** *der;* -s, ...oren ⟨aus *engl.* interceptor (plane) „Abfangjäger" zu to intercept „abfangen", dies aus *lat.* intercipere⟩: Abfangjäger; Jagdflugzeug mit Überschallgeschwindigkeit, das dazu dient, Flugzeuge des Gegners vor Erreichung ihres Zieles abzufangen
In|ter|zes|si|on *die;* -, -en ⟨aus *lat.* intercessio „das Dazwischentreten; Bürgschaft; Einspruch" zu intercedere, vgl. interzedieren⟩: 1. das Eintreten für die Schuld eines andern (z. B. Bürgschaftsübernahme). 2. (veraltet) svw. Intervention (1). **In|ter|zes|sor** *der;* -s, ...oren ⟨aus *lat.* intercessor „der für jmdn. od. etw. eintritt"⟩: (veraltet) svw. Interzedent
In|ter|zi|denz *die;* -, -en ⟨aus *lat.* intercidens, Gen. intercidentis, Part. Präs. von intercidere, vgl. ¹interzidieren⟩: (veraltet) Eintritt, Vorfall. **¹in|ter|zi|die|ren** ⟨aus gleichbed. *lat.* intercidere zu ↑inter... u. cadere „fallen"⟩: (veraltet) dazwischenfallen, sich ereignen
²in|ter|zi|die|ren ⟨aus gleichbed. *lat.* intercidere zu ↑inter... u. caedere „(ab)hauen, fällen"⟩: (veraltet) zerschneiden, trennen, unterbrechen. **In|ter|zi|si|on** *die;* -, -en ⟨aus gleichbed. *spätlat.* intercisio zu *lat.* intercidere, vgl. ²interzidieren⟩: (veraltet) Trennung, Unterbrechung, Einschnitt, Pause; Einschub
in|ter|zo|nal ⟨zu ↑inter... u. ↑zonal⟩: zwischen zwei Bereichen (z. B. von Vereinbarungen, Verbindungen o. ä.). **In|ter|zo|nen|tur|nier** *das;* -s, -e: Schachturnier der Sieger u.

intonieren

Bestplazierten aus den einzelnen Zonenturnieren zur Ermittlung der Teilnehmer am ↑ Kandidatenturnier. **in|te|sta|bel** ⟨aus gleichbed. *lat.* intestabilis⟩: (veraltet) unfähig, ein Testament zu machen od. als Zeuge aufzutreten (Rechtsw.). **in|te|stat** ⟨aus gleichbed. *lat.* intestatus⟩: (veraltet) ohne Testament, ohne letztwillige Verfügung (Rechtsw.). **In|te|stat|er|be** *der;* -n, -n ⟨zu *lat.* intestatus „der vor dem Tod kein Testament gemacht hat"⟩: gesetzlicher Erbe eines Erblassers, der kein Testament hinterlassen hat. **In|te|stat|erb|fol|ge** *die;* -: gesetzliche Erbfolge. **In|te|sta|tor** *der;* -s, ...oren ⟨zu ↑ ...or⟩: Erblasser (Rechtsw.). **in|te|sti|nal** ⟨aus gleichbed. *nlat.* intestinalis zu ↑ Intestinum⟩: zum Darmkanal gehörend (Anat.). **In|te|sti|num** *das;* -, Plur. ...nen u. ...na ⟨aus gleichbed. *lat.* intestinum⟩: Darmkanal, Eingeweide (Anat.)

In|thro|ni|sa|ti|on *die;* -, -en ⟨aus gleichbed. *mlat.* inthronizatio zu inthronizare, vgl. inthronisieren⟩: a) Thronerhebung eines Monarchen; b) feierliche Einsetzung eines neuen Abtes, Bischofs od. Papstes; vgl. ...[at]ion/...ierung. **in|thro|ni|sie|ren** ⟨über *mlat.* inthronizare aus *gr.* enthronízein „auf den Thron setzen"⟩: a) einen Monarchen auf den Thron erheben; b) einen neuen Abt, Bischof od. Papst feierlich einsetzen. **In|thro|ni|sie|rung** *die;* -, -en ⟨zu ↑ ...isierung⟩: svw. Inthronisation; vgl. ...[at]ion/...ierung

In|ti *der;* -[s], -s (aber: 5 -) ⟨aus *Ketschua* u. *Aimara* (südamerik. Indianersprachen) intim „Sonne(ngott)"⟩: (seit 1985) Währungseinheit in Peru

In|ti|fa|da *die;* - ⟨aus *arab.* intifāḍa „Aufstand, Erhebung"⟩: palästinensische Widerstandsbewegung in den von Israel besetzten Gebieten (bes. in der Zeit der palästinensisch-israelischen Konfrontation 1987–1993)

in|tim ⟨aus *lat.* intimus „innerst; vertrautest, engst"⟩: 1. innig; vertraut, eng [befreundet]. 2. a) (verhüllend) sexuell; **mit jmdm. - sein**: mit jmdm. geschlechtlich verkehren; b) den Bereich der Geschlechtsorgane betreffend. 3. ganz persönlich, verborgen, geheim. 4. gemütlich. 5. genau, bis ins Innerste. **In|tim...** ⟨zu ↑intim⟩: Wortbildungselement mit den Bedeutungen: 1. „den persönlichen Bereich eines Menschen od. einer Gruppe betreffend", z. B. Intimsphäre. 2. „den Sexualbereich bzw. die Geschlechtsorgane betreffend", z. B. Intimhygiene. **¹In|ti|ma** *die;* -, -mä ⟨aus *nlat.* (Tunica) intima „innerst(e Haut)", vgl. intim⟩: innerste Haut der Gefäße (Anat.). **²In|ti|ma** *die;* -, -mä ⟨aus gleichbed. *lat.* intima, substantiviertes Fem. von ↑Intimus⟩: Vertraute; [eng] Befreundete, Busenfreundin. **In|ti|mä**: Plur. von ↑ ¹,²Intima. **In|ti|ma|ti|on** *die;* -, -en ⟨aus *mlat.* intimatio „Anzeige; Bekanntmachung" zu intimare, vgl. intimieren⟩: (veraltet) gerichtliche Ankündigung, Aufforderung, Vorladung. **In|tim|hy|gi|e|ne** [...gie:nə] *die;* - ⟨zu ↑Intim... (2)⟩: Körperpflege im Bereich der Geschlechtsteile. **In|ti|mi**: Plur. von ↑Intimus

In|ti|mi|da|ti|on *die;* -, -en ⟨zu ↑in... (1), *lat.* timiditas „Furchtsamkeit, Schüchternheit" u. ↑¹...ion⟩: (veraltet) Einschüchterung. **in|ti|mi|die|ren** ⟨zu ↑in... (1), *lat.* timidus „furchtsam" u. ↑...ieren⟩: (veraltet) einschüchtern; Furcht, Schrecken einjagen; abschrecken

in|ti|mie|ren ⟨aus *spätlat.* intimare „mitteilen, anzeigen"⟩: jmdm. eine ↑Intimation zustellen. **In|ti|mi|tät** *die;* -, -en ⟨aus gleichbed. *fr.* intimité; vgl. ...ität⟩: 1. (ohne Plur.) a) vertraute, intimes Verhältnis; Vertrautheit; b) Vertraulichkeit; vertrauliche Angelegenheit. 2. (meist Plur.) sexuelle, erotische Handlung, Berührung, Äußerung. 3. (ohne Plur.) gemütliche, intime Atmosphäre. 4. (ohne Plur.) svw. Intimspäre. **In|tim|mas|sa|ge** *die;* -, -n ⟨zu ↑Intim... (2)⟩: (verhüllend) ↑stimulierende ↑Massage unter Einbeziehung der Geschlechtsteile. **In|tim|sphä|re** *die;* - ⟨zu ↑Intim... (1)⟩: innerster persönlicher Bereich. **In|tim|spray** *der* od. *das;* -s, -s ⟨zu ↑Intim... (2)⟩: Deodorant für den Intimbereich. **In|ti|mus** *der;* -, ...mi ⟨aus gleichbed. *lat.* intimus⟩: Vertrauter; [eng] Befreundeter, Busenfreund

In|ti|ne *die;* -, -n ⟨zu *lat.* intus „innen, inwendig" (Analogiebildung zu ↑Exine)⟩: innere Zellwand der Sporen der Moose u. Farnpflanzen u. der Pollenkörner der Blütenpflanzen (Bot.); Ggs. ↑Exine

in|tin|gie|ren ⟨aus *lat.* intingere „benetzen, eintauchen"⟩: (veraltet) anfeuchten, eintauchen. **In|tink|ti|on** *die;* -, -en ⟨aus gleichbed. *lat.* intinctio⟩: (veraltet) das Eintauchen (bes. des Brotes in den Wein beim heiligen Abendmahl)

In|ti|tu|la|tio *die;* -, ...ones [...ne:s] ⟨aus gleichbed. *mlat.* intitulatio zu intitulare, vgl. intitulieren⟩: Formel im Protokoll der Urkunde u. in mittelalterlichen Brief, die den Namen u. Titel des Urkundenausstellers od. Absenders nennt. **In|ti|tu|la|ti|on** *die;* -, -en ⟨zu ↑¹...ion⟩: (veraltet) Betitelung, Überschrift. **in|ti|tu|lie|ren** ⟨aus gleichbed. *mlat.* intitulare zu ↑in... (1) u. *lat.* titulus „(Buch)titel, Überschrift"⟩: (veraltet) betiteln, mit einer Aufschrift versehen

in|to|le|ra|bel [auch 'ın...] ⟨aus gleichbed. *lat.* intolerabilis⟩: unerträglich; unleidlich, unausstehlich. **in|to|le|rant** [auch ...'rant] ⟨über *fr.* intolérant aus gleichbed. *lat.* intolerans, Gen. intolerantis⟩: 1. unduldsam; [eine andere Meinung, Haltung, Weltanschauung] auf keinen Fall gelten lassend; Ggs. ↑tolerant. 2. bestimmte Stoffe (bes. Nahrungsmittel od. Alkohol) nicht vertragend (Med.). **In|to|le|ran|tis|mus** [auch 'ın...] *der;* - ⟨zu ↑...ismus (5)⟩: (veraltet) grundsätzliche Unduldsamkeit. **In|to|le|ranz** [auch ...'rants] *die;* -, -en ⟨teilweise über *fr.* intolérance aus *lat.* intolerantia „Unerträglichkeit, Maßlosigkeit"⟩: 1. (ohne Plur.) Unduldsamkeit (gegenüber einer anderen Meinung, Haltung usw.); Ggs. ↑Toleranz (1). 2. auf Unverträglichkeit beruhende Abneigung des Organismus gegen bestimmte Stoffe (bes. gegen bestimmte Nahrungsmittel od. Alkohol); mangelnde Widerstandsfähigkeit des Organismus gegen schädigende äußere Einwirkungen (Med.); Ggs. ↑Toleranz (2)

In|to|na|ti|on *die;* -, -en ⟨zu *mlat.* intonatus, Part. Perf. von intonare (vgl. intonieren) u. ↑¹...ion⟩: 1. Veränderung des Tones nach Höhe u. Stärke beim Sprechen von Silben od. ganzen Sätzen, Tongebung (Sprachw.). 2. in der Gregorianik der vom Priester, Vorsänger od. Kantor gesungenen Anfangsworte eines liturgischen Gesangs, der dann vom Chor od. von der Gemeinde weitergeführt wird. 3. präludierende Einleitung in größeren Tonsätzen; kurzes Orgelvorspiel (Mus.). 4. Art der Tongebung bei Sängern u. Instrumentalisten, z. B. reine, unsaubere, weiche - (Mus.). 5. im Instrumentenbau, bes. bei Orgeln, der Ausgleich der Töne u. ihrer Klangfarben (Mus.); vgl. ...[at]ion/...ierung. **In|to|na|tor** *der;* -s, ...oren ⟨zu ↑intonieren u. ↑...ator⟩: jmd., der ein Instrument (bes. eine Orgel) sauber einstimmt. **in|to|na|to|risch**: auf Intonation beruhend, sie betreffend. **In|to|nem** *das;* -s, -e ⟨zu intonieren u. ↑...em⟩: Einzelsegment aus der Tonkurve, in der ein gesprochener Textabschnitt verläuft (Sprachw.). **in|to|nie|ren** ⟨aus *mlat.* intonare „anstimmen, laut ausrufen", dies aus *lat.* intonare „donnern; sich mit der Stimme donnernd vernehmen lassen"⟩: 1. beim Sprechen od. Singen die Stimme auf eine bestimmte Tonhöhe einstellen (Physiol.). 2. a) anstimmen, etwas zu singen od. zu spielen beginnen; b) den Ton angeben; c) Töne mit der Stimme od. auf einem Instrument in einer bestimmten Tongebung hervorbringen (Mus.). 3. ein Instrument (bes. eine Orgel) hinsichtlich der Ansprache u. der Klangfarben sauber ein-

Intonierung

stimmen (Mus.). **In|to|nie|rung** *die;* -, -en (Plur. selten) ⟨zu ↑...ierung⟩: das Intonieren; vgl. ...[at]ion/...ierung

in to|to ⟨*lat.*⟩: im ganzen; insgesamt, vollständig

In|tou|rist ['ɪntu...] *der;* - (meist ohne Artikel gebraucht) ⟨gebildet aus *russ.* inostranny turist „ausländischer Tourist"⟩: Reisebüro für Auslandstouristik (der ehemaligen Sowjetunion)

In|to|xi|ka|ti|on *die;* -, -en ⟨aus gleichbed. *mlat.* intoxicatio zu ↑in... (1) u. *gr.* toxikón „(Pfeil)gift"⟩: Vergiftung; schädigende Einwirkung von chemischen, tierischen, pflanzlichen, bakteriellen od. sonstigen Giftstoffen auf den Organismus (Med.)

in|tor|quie|ren ⟨aus gleichbed. *lat.* intorquere⟩: (veraltet) umdrehen, verdrehen. **In|tor|si|on** *die;* -, -en ⟨aus gleichbed. *spätlat.* intorsio⟩: (veraltet) Verdrehung, Umdrehung.

in|tort ⟨aus gleichbed. *lat.* intortus „verdreht", Part. Perf. von intorquere, vgl. intorquieren⟩: (veraltet) verdreht

in|tra... ⟨aus gleichbed. *lat.* intra⟩: Präfix von Adjektiven mit der Bedeutung „innerhalb", z. B. intrazellular

in|tra|ab|do|mi|nal u. **in|tra|ab|do|mi|nell** ⟨zu ↑intra... u. ↑abdominal bzw. ↑abdominell⟩: innerhalb des Bauchraums gelegen od. erfolgend (Med.); vgl. ...al/...ell

in|tra|al|veo|lär [...v...] ⟨zu ↑intra... u. ↑alveolär⟩: innerhalb der ↑Alveolen liegend (Med.)

in|tra|ar|te|ri|ell ⟨zu ↑intra... u. ↑arteriell⟩: in einer Arterie befindlich; in eine Arterie hinein (von Injektionen; Med.); Abk.: i. a.

in|tra|ar|ti|ku|lär ⟨zu ↑intra... u. ↑artikulär⟩: im Innern des Gelenks liegend; in ein Gelenk hinein (von Injektionen; Med.)

in|tra|axo|nal ⟨zu ↑intra... u. ↑axonal⟩: zwischen den Nervenfasern liegend (Med.)

In|tra|bi|li|tät *die;* - ⟨zu *lat.* intrabilis „zugänglich" (dies zu intrare „eindringen, eintreten") u. ↑...ität⟩: Fähigkeit der äußeren Plasmaschicht, außer Wasser auch größere Moleküle (z. B. Zucker u. Salze) in das ↑Zytoplasma eindringen zu lassen (Biol.)

In|tra|da u. **Entrada** *die;* -, ...den ⟨aus gleichbed. *span.* entrada bzw. *it.* entrata, eigtl. „das Eintreten", zu *lat.* intrare „hineingehen, eintreten"⟩: svw. Intrade. **In|tra|de** *die;* -, -n: festliches, feierliches Eröffnungs- od. Einleitungsstück (z. B. der Suite; Mus.)

in|tra|glu|tä|al ⟨zu ↑intra..., *gr.* gloutós „Gesäß" u. ↑¹...al (1)⟩: a) in den großen Gesäßmuskel erfolgend (z. B. in bezug auf Injektionen); b) innerhalb des großen Gesäßmuskels [gelegen] (Med.)

in|tra|grup|pal ⟨zu ↑intra..., *dt.* Gruppe u. ↑¹...al (1)⟩: die Beziehungen u. Spannungen innerhalb einer sozialen Gruppe betreffend (Soziol.)

in|tra|he|pa|tisch ⟨zu ↑intra... u. ↑hepatisch⟩: innerhalb der Leber befindlich (z. B. von den Gallengängen; Med.)

in|tra|in|di|vi|du|ell [...v...] ⟨zu ↑intra... u. ↑individuell⟩: innerhalb eines Individuums ablaufend

in|tra|in|te|sti|nal ⟨zu ↑intra... u. ↑intestinal⟩: innerhalb des Darmkanals gelegen bzw. erfolgend (Med.)

in|tra|kar|di|al ⟨zu ↑intra... u. ↑kardial⟩: innerhalb des Herzens gelegen, unmittelbar ins Herz hinein erfolgend (Med.)

in|tra|ka|vi|tär [...v...] ⟨zu ↑intra... u. ↑kavitär⟩: innerhalb eines Hohlraums gelegen (Med.)

in|tra|kon|ti|nen|tal ⟨zu ↑intra... u. ↑kontinental⟩: in einen Kontinent eingesenkt (in bezug auf Einbruchs- u. Ingressionsmeere; Geol.)

in|tra|ko|ro|nar ⟨zu ↑intra... u. ↑koronar⟩: innerhalb eines Herzkranzgefäßes gelegen, in ein Herzkranzgefäß hinein erfolgend (z. B. von Injektionen; Med.)

in|tra|kra|ni|ell ⟨zu ↑intra..., *gr.* kraníon „Schädel" u. ↑...ell⟩: innerhalb des Schädels lokalisiert (z. B. von Tumoren; Med.)

in|tra|kru|stal ⟨zu ↑intra..., *dt.* Kruste u. ↑¹...al (1)⟩: svw. interkrustal

in|trak|ta|bel [auch 'ɪn...] ⟨aus *lat.* intractabilis „nicht zu behandeln; rauh, spröde" zu ↑in... (2) u. tractare, vgl. traktieren⟩: (veraltet) a) nicht od. nur schwer zu behandeln; b) unbeugsam, störrisch

in|tra|ku|tan ⟨aus gleichbed. *nlat.* intracutaneus zu ↑intra... u. *lat.* cutis „Haut"⟩: in der Haut [gelegen]; in die Haut hinein (z. B. von Injektionen; Med.)

in|tra le|gem ⟨*lat.*⟩: innerhalb, im Rahmen des Gesetzes (Rechtsw.); Ggs. ↑contra legem

in|tra|lin|gu|al [...lɪŋ'ɡuaːl] ⟨zu ↑intra... u. ↑lingual⟩: innersprachlich, innerhalb einer Sprache auftretend; Ggs. ↑extralingual

in|tra|lum|bal ⟨zu ↑intra... u. ↑lumbal⟩: im Lendenwirbelkanal [gelegen], in ihn hinein erfolgend (Med.)

in|tra|mag|ma|tisch ⟨zu ↑intra... u. ↑magmatisch⟩: in schmelzflüssigem Magma entstanden (Geol.)

in|tra|mer|ku|ri|ell ⟨zu ↑intra..., ↑Merkur u. ↑...ell⟩: innerhalb der vom Planeten Merkur beschriebenen Bahn befindlich (Astron.)

in|tra|mo|le|ku|lar ⟨zu ↑intra... u. ↑molekular⟩: sich innerhalb der Moleküle vollziehend (Chem.)

in|tra|mon|tan ⟨zu ↑intra... u. ↑montan⟩: zwischen Gebirgen gelegen, im Gebirge eingesenkt (in bezug auf Becken; Geol.)

in|tra|mun|dan ⟨zu ↑intra... u. ↑mundan⟩: innerhalb dieser Welt, innerweltlich (Philos.); Ggs. ↑extramundan

in|tra|mu|ral ⟨zu ↑intra... u. *lat.* muralis „zur Mauer gehörig"⟩: innerhalb der Wand eines Hohlorgans gelegen (Med.). **in|tra mu|ros** [- ...roːs] ⟨*lat.;* „innerhalb der Mauern"⟩: nicht öffentlich, geheim

in|tra|mus|ku|lär ⟨zu ↑intra... u. ↑muskulär⟩: im Innern eines Muskels gelegen; ins Innere des Muskels hinein erfolgend (von Injektionen; Med.); Abk.: i. m.

in|tra|neu|ral ⟨zu ↑intra... u. ↑neural⟩: in einen Nerv hinein erfolgend (von Injektionen; Med.)

in|tran|si|gent ⟨über *engl.* intransigent aus gleichbed. *fr.* intransigeant, dies zu ↑in... (2) u. *lat.* transigere „ausgleichen, vermitteln"⟩: unversöhnlich, zu keinen Konzessionen od. Kompromissen bereit (bes. in der Politik). **In|tran|si|gent** *der;* -en, -en ⟨aus *engl.* intransigent „Starrkopf"⟩: 1. starr an bestimmten Prinzipien festhaltender Parteimann. 2. (nur Plur.) extreme politische Parteien. **In|tran|si|genz** *die;* - ⟨über *engl.* intransigence aus gleichbed. *fr.* intransigeance; vgl. ...enz⟩: Unversöhnlichkeit; mangelnde Bereitschaft zu Konzessionen

in|tran|si|tiv ⟨aus gleichbed. *spätlat.* intransitivus zu ↑in... (2) u. ↑transitiv⟩: nichtzielend (in bezug auf Verben, die kein Akkusativobjekt nach sich ziehen u. kein persönliches Passiv bilden; z. B. danken; Sprachw.); Ggs. ↑transitiv. **In|tran|si|tiv** *das;* -s, -e [...və] ⟨aus gleichbed. *spätlat.* (verbum) intransitivum⟩: intransitives Verb. **In|tran|si|ti|vi|tät** [...v...] *die;* - ⟨zu ↑...ität⟩: die Eigenschaft bestimmter Verben, intransitiv zu sein. **In|tran|si|ti|vum** *das;* -s, ...va ⟨zu ↑Intransitiv⟩: svw. Intransitiv

in|trans|por|ta|bel [auch 'ɪn...] ⟨zu ↑in... (2) u. ↑transportabel⟩: nicht fortschaffbar, nicht wegzubringen

in|tra|oku|lar ⟨zu ↑intra... u. ↑okular⟩: innerhalb des Auges gelegen (z. B. von Tumoren od. Fremdkörpern; Med.)

in|tra|ope|ra|tiv ⟨zu ↑intra... u. ↑operativ⟩: während einer Operation (1) auftretend (Med.)

in|tra|oral ⟨zu ↑intra... u. ↑oral⟩: a) in die Mundhöhle hinein erfolgend; b) innerhalb der Mundhöhle lokalisiert (von krankhaften Prozessen; Med.)

in|tra|os|sär ⟨zu ↑intra..., *lat.* os, Gen. ossis „Knochen" u. ↑...är⟩: innerhalb des Knochens lokalisiert (von Tumoren; Med.)

in|tra par|tum ⟨*lat.*⟩: während der Geburt (Med.)

in|tra|pe|ri|to|nä|al vgl. intraperitoneal. in|tra|pe|ri|to|ne|al ⟨zu ↑intra... u. ↑peritoneal⟩: innerhalb des Bauchfellraumes gelegen bzw. erfolgend (Med.)

in|tra|per|so|nal, in|tra|per|so|nell ⟨zu ↑intra... u. ↑personal bzw. ↑personell⟩: innerhalb einer Person ablaufend, stattfindend; nur eine Person betreffend; vgl. ...al/...ell

in|tra|pleu|ral ⟨zu ↑intra... u. ↑pleural⟩: innerhalb der Pleurahöhle (vgl. Pleura) gelegen bzw. erfolgend (Med.)

in|tra|pul|mo|nal ⟨zu ↑intra... u. ↑pulmonal⟩: innerhalb des Lungengewebes liegend (Med.)

in|tra|spe|zi|fisch ⟨zu ↑intra... u. ↑spezifisch⟩: Individuen (3) der gleichen Art betreffend, zwischen ihnen stattfindend (Biol.); Ggs. ↑interspezifisch

in|tra|ster|nal ⟨zu ↑intra... u. ↑sternal⟩: innerhalb des Brustbeins gelegen bzw. lokalisiert (von Tumoren); in das Brustbein hinein erfolgend (von einer Punktion; Med.)

in|tra|sub|jek|tiv ⟨zu ↑intra... u. ↑subjektiv⟩: innerhalb des einzelnen Subjekts, des Ichs bleibend

in|tra|tra|che|al [...x...] ⟨zu ↑intra... u. ↑tracheal⟩: innerhalb der Luftröhre gelegen bzw. lokalisiert (von Fremdkörpern u. Tumoren); in die Luftröhre hinein erfolgend (von der Narkose; Med.)

in|tra|tel|lu|risch ⟨zu ↑intra... u. ↑tellurisch⟩: 1. innerhalb der von der Erde beschriebenen Bahn befindlich (Astron.). 2. im Erdkörper liegend od. entstehend (Geol.)

in|tra|tho|ra|kal ⟨zu ↑intra... u. ↑thorakal⟩: innerhalb der Brusthöhle gelegen (Med.)

in|tra|ute|rin ⟨zu ↑intra... u. ↑uterin⟩: innerhalb der Gebärmutter liegend bzw. erfolgend (Med.). In|tra|ute|rin|pes|sar *das;* -s, -e: in die Gebärmutter eingelegtes Pessar, das der Empfängnisverhütung dient (Med.)

in|tra|va|gi|nal [...v...] ⟨zu ↑intra... u. ↑vaginal⟩: innerhalb der Scheide gelegen (Med.). In|tra|va|gi|nal|tam|pon *der;* -s, -s: während der Menstruation innerhalb der Scheide getragener Tampon

in|tra|va|sal [...v...] ⟨zu ↑intra... u. ↑vasal⟩: innerhalb der Blutgefäße gelegen (Med.)

in|tra|ve|nös [...v...] ⟨zu ↑intra... u. ↑venös⟩: innerhalb einer Vene gelegen bzw. vorkommend; in die Vene hinein erfolgend (in bezug auf Injektionen; Med.); Abk.: i. v.

in|tra|ven|tri|ku|lär [...v...] ⟨zu ↑intra... u. ↑ventrikulär⟩: in einem ↑Ventrikel gelegen, in einen Ventrikel hinein erfolgend (Med.)

in|tra|vi|tal [...v...] ⟨zu ↑intra... u. ↑vital⟩: während des Lebens vorkommend, auftretend (Med.)

in|tra|zel|lu|lar u. in|tra|zel|lu|lär ⟨zu ↑intra... u. ↑zellular bzw. ↑zellulär⟩: innerhalb der Zelle[n] gelegen (Med., Biol.)

in|tri|gant ⟨aus gleichbed. *fr.* intrigant zu intriguer, vgl. intrigieren⟩: ständig auf Intrigen sinnend, ränkesüchtig; hinterlistig. In|tri|gant *der;* -en, -en ⟨zu ↑...ant (1)⟩: jmd., der intrigiert; Ränkeschmied. In|tri|ganz *die;* - ⟨zu ↑...anz⟩: intrigantes Verhalten. In|tri|ge *die;* -, -n ⟨aus gleichbed. *fr.* intrigue zu intriguer, vgl. intrigieren⟩: hinterlistig angelegte Verwicklung, Ränkespiel. In|tri|gie|ren ⟨aus gleichbed. *fr.* intriguer, dies über *it.* intrigare „verwickeln, verwirren" aus gleichbed. *lat.* intricare⟩: Ränke schmieden, hinterlistig Verwicklungen inszenieren, einen gegen den anderen ausspielen. in|tri|kat ⟨aus *lat.* intricatus, Part. Perf. von intricare, vgl. intrigieren⟩: (veraltet) verwickelt, verworren; heikel; verfänglich

in|trin|sic [...sɪk] ⟨*engl.;* „eigentlich; innerlich", dies über *fr.* intrinsèque „innerlich" aus gleichbed. *lat.* intrinsecus⟩: sich in den physik. Eigenschaften od. Größen auf den Fall der Eigenleitung beziehend; eigenleitend (Phys.). In|trin|sic fac|tor [- 'fæktə] *der;* - -[s], - -s ⟨gleichbed. *engl.* intrinsic factor, eigtl. „von innen wirkender Faktor"⟩: Bez. für ein in den ↑Fundusdrüsen des Magens u. im oberen Abschnitt des Zwölffingerdarms produziertes Enzym, das zusammen mit dem ↑Extrinsic factor einen lebenswichtigen Leberwirkstoff bildet (Med.). in|trin|sisch ⟨nach *engl.* intrinsic, vgl. intrinsic⟩: von innen her, aus eigenem Antrieb durch Interesse an der Sache erfolgend, durch in der Sache liegende Anreize bedingt (Psychol.); Ggs. ↑extrinsisch; -e Motivation: durch die von einer Aufgabe ausgehenden Anreize bedingte ↑Motivation (1); Ggs. ↑extrinsische Motivation

in tri|plo ⟨*lat.*⟩: (selten) [in] dreifach[er Ausfertigung]; vgl. Triplum

In|tro *das;* -s, -s ⟨nach *engl.* intro „Einführung, Einleitung", verkürzt aus introduction, vgl. Introduktion⟩: a) einleitender Musiktitel; b) Vorbemerkung, einleitender Artikel einer Zeitschrift o. ä.

in|tro..., In|tro... ⟨aus gleichbed. *lat.* intro⟩: Präfix mit der Bedeutung „hinein, nach innen", z. B. introduzieren, Introjektion

In|tro|duk|ti|on *die;* -, -en ⟨aus *lat.* introductio „das Einführen" zu introducere, vgl. introduzieren⟩: 1. (veraltet) Einleitung, Einführung. 2. a) freier Einleitungssatz vor dem Hauptsatz einer Sonate, einer Sinfonie od. eines Konzerts; b) erste Gesangsnummer einer Oper. 3. Einführen des ↑Penis in die ↑Vagina beim Geschlechtsverkehr (Med.). in|tro|duk|tiv ⟨zu ↑...iv⟩: einführend, einleitend; vgl. ...iv/...orisch. in|tro|duk|to|risch ⟨aus *lat.* introductorius „einleitend"⟩: zur Einleitung gehörig; vgl. ...iv/...orisch. in|tro|du|zie|ren ⟨aus gleichbed. *lat.* introducere⟩: einleiten, einführen. In|tro|du|zio|ne *die;* -, ...ni ⟨aus gleichbed. *it.* introduzione⟩: svw. Introduktion (2)

in|tro|flek|tiv ⟨zu ↑intro..., ↑flektieren u. ↑...iv⟩: grammatische Bedeutungen innerhalb des Wortes ausdrückend (in bezug auf Sprachen, z. B. im Arabischen; Sprachw.)

In|troi|ti|on [...oi...] *die;* -, -en ⟨zu *lat.* introitus (Part. Perf. von introire „hineingehen") u. ↑¹...ion⟩: in der neusumerischen Kunst des Alten Orients voll ausgebildetes Bildmotiv auf Stelen, Rollsiegeln od. Malerei, das die Einführung einer Person (des Königs) bei einer hohen Gottheit darstellt. In|tro|itis *die;* -, ...itiden ⟨zu ↑Introitus u. ↑...itis⟩: Entzündung des Scheideneingangs (Med.). In|tro|itus *der;* -, - ⟨aus *lat.* introitus „Eingang; Einzug, Eintritt" zu introire „hineingehen"⟩: 1. Eingang in ein Hohlorgan des Körpers (z. B. Scheideneingang; Med.). 2. a) Eingangsgesang [im Wechsel mit Psalmversen] in der Messe; b) [im Wechsel gesungene] Eingangsworte od. Eingangslied im ev. Gottesdienst

In|tro|jek|ti|on *die;* -, -en ⟨zu ↑intro... u. *lat.* -iectio (zu iacere „werfen"), eigtl. „das Hineingeworfene"; geprägt von dem ung. Nervenarzt S. Ferenzi, 1873–1933⟩: unbewußte Einbeziehung fremder Anschauungen, Motive o. ä. in das eigene Ich, in den subjektiven Interessenkreis (Psychol.). in|tro|ji|zie|ren ⟨zu ↑...ieren⟩: fremde Anschauungen, Ideale o. ä. in die eigenen einbeziehen (Psychol.)

Intromission

In|tro|mis|si|on *die;* -, -en ⟨aus *mlat.* intromissio „(gewaltsames) Eindringen" zu *lat.* intromittere, vgl. intromittieren⟩: das Intromittieren. **in|tro|mit|tie|ren** ⟨aus gleichbed. *lat.* intromittere⟩: a) hineinstecken, hineinschieben; b) eindringen

In|tron *das;* -s, Plur. -s od. ...onen ⟨Kunstw.; Analogiebildung zu ↑Codon u. ↑intra...⟩: nicht kodierender Bereich eines ↑Gens; Ggs. ↑Exon

in|trors ⟨aus *lat.* introrsum, introrsus „nach innen zu; inwendig"⟩: nach innen gewendet (in bezug auf Staubbeutel, die der Blütenachse zugewendet sind; Bot.); Ggs. ↑extrors

In|tro|sko|pie *die;* - ⟨zu ↑intro... u. ↑...skopie⟩: zerstörungsfreie Werkstoffprüfung mit Hilfe von Ultraschall, Röntgenstrahlen u. a.

In|tro|spek|ti|on *die;* -, -en ⟨zu *lat.* introspectus „das Hineinsehen" (substantiviertes Part. Perf. von introspicere, vgl. introspizieren) u. ↑¹...ion⟩: Selbstbeobachtung, Beobachtung der eigenen seelischen Vorgänge zum Zwecke psychologischer Selbsterkenntnis (Psychol.). **in|tro|spek|tiv** ⟨zu ↑...iv⟩: auf dem Weg der Innenschau, der psychologischen Selbsterkenntnis. **in|tro|spi|zie|ren** ⟨aus gleichbed. *lat.* introspicere, eigtl. „hineinsehen, betrachten"⟩: (veraltet) innerlich untersuchen

In|tro|ver|si|on [...v...] *die;* -, -en ⟨aus *nlat.* introversio „Wendung nach innen" zu ↑intro... u. *lat.* versio „Wendung", dies zu vertere „drehen, wenden"⟩: Konzentration des Interesses von der Außenwelt weg auf innerseelische Vorgänge (meist in Verbindung mit Kontakthemmung od. -scheu; nach C. G. Jung; Psychol.); Ggs. ↑Extraversion. **in|tro|ver|siv** ⟨zu ↑...iv⟩: zur Introversion fähig (in Verbindung mit einer gewissen Extraversion). **in|tro|ver|tiert** ⟨zu ↑...iert⟩: nach innen gewandt, zur Innenverarbeitung der Erlebnisse veranlagt (Psychol.); Ggs. ↑extravertiert

In|tro|zep|ti|on *die;* - ⟨aus *nlat.* introceptio zu ↑intro... u. *lat.* captus, Part. Perf. von capere „(er)fassen"⟩: Aufnahme u. Aneignung soziokultureller Normen, Konventionen u. Wertungen durch Eingliederung in das eigene System der Einstellungen, Werte, Interessen u. Motive (Psychol., Soziol.)

In|tru|der *der;* -s, -[s] ⟨aus *engl.* intruder „Eindringling, Störenfried" zu to intrude „(gewaltsam) eindringen", dies aus *spätlat.* intrudere, vgl. intrudieren⟩: militärisches Schutzu. Aufklärungsflugzeug, speziell im Schnellwarndienst zur Unterstützung von Flugzeugträgern. **in|tru|die|ren** ⟨aus *spätlat.* intrudere „hineindrängen"⟩: 1. eindringen (von Schmelzen in Gestein; Geol.). 2. durch Erwärmen erweichte Plastmasse mit mäßigem Druck in eine Form fördern. **In|tru|si|on** *die;* -, -en ⟨aus *mlat.* intrusio „Einschließung; Eindrängung"⟩: 1. Vorgang, bei dem Magma zwischen die Gesteine der Erdkruste eindringt u. erstarrt (Geol.). 2. widerrechtliches Eindringen in einen fremden Bereich. 3. (ohne Plur.) Förderung erwärmter, weicher Plastmasse durch mäßigen Druck in eine Form. **in|tru|siv** ⟨zu ↑...iv⟩: durch Intrusion (1) entstanden (Geol.). **In|tru|si|va** [...va] *die* (Plur.) ⟨aus gleichbed. *nlat.* (saxa) intrusiva (Plur.) „eingedrungene Gestein"⟩: svw. Intrusivgestein. **In|tru|siv|ge|stein** *das;* -s, -e: Tiefengestein (in der Erdkruste erstarrtes Magma; Geol.)

In|tu|ba|ti|on *die;* -, -en ⟨zu ↑in... (1), *lat.* tubus „Röhre, Rohr" u. ↑...ation⟩: Einführung eines [Metall]rohrs vom Mund aus in den Kehlkopf bei drohender Erstickungsgefahr, zum Einbringen von Medikamenten in die Luftwege od. zu Narkosezwecken (Med.). **In|tu|ba|ti|ons|nar|ko|se** *die;* -, -n: mittels Intubation durchgeführte Narkose (Med.). **in|tu|bie|ren** ⟨zu ↑...ieren⟩: eine Intubation vornehmen (Med.)

In|tui|ti|on *die;* -, -en ⟨aus *mlat.* intuitio „unmittelbare Anschauung" zu *lat.* intueri „ansehen, betrachten"⟩: a) das unmittelbare, nicht diskursive, nicht auf Reflexion beruhende Erkennen, Erfassen eines Sachverhalts od. eines komplizierten Vorgangs; b) Eingebung, [plötzliches] ahnendes Erfassen. **In|tui|tio|nis|mus** *der;* - ⟨zu ↑...ismus (1)⟩: 1. Lehre, die der Intuition den Vorrang vor der Reflexion, vor dem diskursiven Denken gibt. 2. Lehre von der ursprüngl. Gewißheit des Unterschiedes von Gut u. Böse (Ethik.). 3. bei der Begründung der Mathematik entwickelte Theorie, die math. Existenz mit Konstruierbarkeit gleichsetzt. **In|tui|tio|nist** *der;* -en, -en ⟨zu ↑...ist⟩: Anhänger, Vertreter des Intuitionismus. **in|tui|tio|ni|stisch** ⟨zu ↑...istisch⟩: den Intuitionismus betreffend. **in|tui|tiv** ⟨aus gleichbed. *fr.* intuitif; vgl. Intuition u. ...iv⟩: a) auf Intuition (a) beruhend; Ggs. ↑diskursiv; b) mit Intuition (b). **in|tui|tu** ⟨*lat.*⟩: (lat. Rechtsspr.) in Ansehung [von], im Hinblick [auf], in Erwägung [von]

In|tu|mes|zenz *die;* -, -en ⟨zu *lat.* intumescere (vgl. intumeszieren) u. ↑...enz⟩: wie eine Anschwellung aussehende physiologische Verdickung (z. B. eines Organs; Med.). **in|tu|mes|zie|ren** ⟨aus gleichbed. *lat.* intumescere⟩: (veraltet) anschwellen

In|tur|ges|zenz *die;* -, -en ⟨zu *lat.* inturgescere (vgl. inturgeszieren) u. ↑...enz⟩: starke Anschwellung von Weichteilen od. inneren Organen infolge erheblicher Flüssigkeitsansammlung (Med.). **in|tur|ges|zie|ren** ⟨aus gleichbed. *lat.* inturgescere⟩: svw. intumeszieren

in|tus ⟨aus *lat.* intus „innen, inwendig"⟩: in den Fügungen: etwas - haben: (ugs.) etwas begriffen haben; sich etwas einverleibt haben, etwas gegessen od. getrunken haben; einen - haben: (ugs.) angetrunken, beschwipst sein. **In|tus|kru|sta|ti|on** *die;* -, -en ⟨zu *lat.* crustare „mit einer Kruste, Rinde überziehen" u. ↑¹...ion⟩: Fossilisation toter Organismen durch Ausfüllen mit mineralischen Stoffen (Geol.). **In|tus|sus|zep|ti|on** *die;* -, -en: 1. Einlagerung neuer Teilchen zwischen bereits vorhandene (Form des Pflanzenwachstums; Biol.); Ggs. ↑Apposition (2). 2. Einstülpung eines Darmabschnitts in einen anderen (Med.)

in ty|ran|nos! [– ...no:s] ⟨*lat.* (geprägt von F. Schiller, 1759 bis 1805)⟩: gegen die Tyrannen!

In|u|it *die* (Plur.) ⟨*eskim.*; „Menschen"⟩: Selbstbezeichnung der Eskimos

In|u|la *die;* -, ...lae [...lɛ] ⟨aus gleichbed. *lat.* inula⟩: Alant, Vertreter der Gattung der Korbblütler mit zahlreichen Arten von Gewürz- u. Heilkräutern. **In|u|lin** *das;* -s ⟨zu ↑...in⟩: aus gewissen Pflanzenknollen (z. B. den Wurzeln von Löwenzahn, Alant, Dahlie) gewonnenes ↑Kohlenhydrat, das als Diätzucker für Zuckerkranke verwendet wird

In|un|da|ti|on *die;* -, -en ⟨aus *lat.* inundatio „Überschwemmung" zu inundare, vgl. inundieren⟩: völlige Überflutung des Landes bei ↑Transgression des Meeres (Geogr.). **In|un|da|ti|ons|ge|biet** *das;* -[e]s, -e: Hochflutbett eines seichten Stromes (Geogr.). **in|un|die|ren** ⟨aus gleichbed. *lat.* inundare⟩: (veraltet) ein Gebiet überschwemmen, unter Wasser setzen (Geogr.)

In|unk|ti|on *die;* -, -en ⟨aus gleichbed. *lat.* inunctio zu inung(u)ere „(ein)salben"⟩: Einreibung (von Arzneimitteln in flüssiger od. Salbenform; Med.)

in|ur|ban [auch 'ɪn...] ⟨aus gleichbed. *lat.* inurbanus zu ↑in... (2) u. *lat.* urbanus „fein, gebildet"⟩: (veraltet) unfein, unhöflich. **In|ur|ba|ni|tät** [auch 'ɪn...] *die;* - ⟨zu ...ität⟩: (veraltet) unfeines Benehmen, Unhöflichkeit

in|usi|tat ⟨aus gleichbed. *lat.* inusitatus zu ↑in... (2) u. *lat.* usus „Gebrauch"⟩: (veraltet) ungebräuchlich. in usu ⟨*lat.*⟩: im Gebrauch. in usum ⟨*lat.*⟩: zum Gebrauch. in usum Del|phi|ni vgl. ad usum Delphini. in|util [auch 'ın...] ⟨aus gleichbed. *lat.* inutilis⟩: (veraltet) unnütz, unbrauchbar. In|uti|li|tät [auch 'ın...] *die;* - ⟨aus gleichbed. *lat.* inutilitas, Gen. inutilitatis⟩: (veraltet) Nutzlosigkeit, Unbrauchbarkeit
in|va|die|ren [...v...] ⟨aus gleichbed. *lat.* invadere⟩: in fremdes Gebiet einfallen; vgl. Invasion
In|va|gi|nat [...v...] *das;* -[e]s, -e ⟨zu ↑in... (1), ↑Vagina u. ↑...at (1)⟩: Darmstück, das in einen anderen Darmabschnitt eingestülpt ist (Med.). In|va|gi|na|ti|on *die;* -, -en ⟨zu ↑¹...ion⟩: 1. Darmeinstülpung (Med.). 2. (in der Keimesentwicklung) Einstülpungsvorgang mit Ausbildung der ↑dorsalen (1) u. der ↑ventralen (1) Urmundlippe (Biol., Med.)
in|va|lid, invalide [...v...] ⟨aus gleichbed. *fr.* invalide, dies aus *lat.* invalidus „schwach, krank; unwirksam"⟩: (infolge einer Verwundung, eines Unfalles, einer Krankheit o. ä.) arbeits-, dienst-, erwerbsunfähig. invalida|bel ⟨zu ↑...abel⟩: (veraltet) für ungültig erklärbar. In|va|li|da|ti|on *die;* -, -en ⟨aus gleichbed. *fr.* invalidation zu invalide, vgl. invalid⟩: (veraltet) Ungültigmachung. in|va|li|de vgl. invalid. In|va|li|de *der* u. *die;* -n, -n: (infolge von Unfall, Verwundung, Krankheit o. ä.) Arbeits-, Dienst-, Erwerbsunfähige[r]. in|va|li|die|ren ⟨aus gleichbed. *fr.* invalider⟩: (veraltet) ungültig machen, umstoßen. in|va|li|di|sie|ren ⟨zu ↑invalid u. ↑...isieren⟩: 1. für invalide erklären. 2. jmdm. eine Alters- od. Arbeitsunfähigkeitsrente gewähren. In|va|li|di|sie|rung *die;* -, -en ⟨zu ↑...isierung⟩: das Invalidisieren, das Invalidisiertwerden. In|va|li|di|tät *die;* - ⟨aus gleichbed. *fr.* invalidité; vgl. ...ität⟩ [dauernde] erhebliche Beeinträchtigung der Arbeits-, Dienst-, Erwerbsfähigkeit
In|var ⓌⓏ [...v...] *das;* -s ⟨Kurzw. aus *engl.* invariable „unveränderlich, gleichbleibend"⟩: Eisen-Nickel-Legierung, die bes. zur Herstellung von Meßgeräten verwendet wird, die unempfindlich gegen Temperaturschwankungen sein müssen (Chem.). in|va|ria|bel [auch ...'ria:...] ⟨zu ↑in... (2) u. ↑variabel⟩: unveränderlich; ...ble Erdschicht: Erdschicht, in der sich die Temperaturschwankungen der Erdoberfläche nicht mehr auswirken (Geol.). in|va|ri|ant [auch ...'rjant]: unveränderlich (in bezug auf Meßgrößen in der Mathematik). In|va|ri|an|te *die;* -, -n: Größe, die bei Eintritt gewisser Veränderungen unveränderlich bleibt (Math., Phys.). In|va|ri|an|ten|theo|rie *die;* -: math. Theorie, die die [geometrischen] Größen untersucht, die bei einzelnen ↑Transformationen unverändert bleiben. In|va|ri|anz [auch ...'rjants] *die;* -: Unveränderlichkeit (z. B. von Größen in der Mathematik u. Physik). In|var|stahl ⓌⓏ *der;* -[e]s, ⟨zu ↑Invar⟩: Eisen-Nickel-Legierung mit besonders niedrigem Wärmeausdehnungskoeffizienten
In|va|si|on [...v...] *die;* -, -en ⟨aus gleichbed. *fr.* invasion, dies aus *spätlat.* invasio „Angriff, gewaltsame Inbesitznahme" zu *lat.* invadere „eindringen, angreifen"⟩: 1. Einfall; feindliches Einrücken von Truppen in fremdes Gebiet; vgl. Evasion (1). 2. das Eindringen von Krankheitserregern in die Blutbahn (Med.). 3. das Eindringen pflanzlicher od. tierischer Parasiten in einen Wirtsorganismus bzw. ein Organ od. Gewebe in ein anderes. 4. das [plötzliche] Eintreffen unerwartet bzw. unerwünscht vieler Personen. In|va|si|ons|krank|heit *die;* -, -en: durch das Eindringen von tierischen Parasiten (z. B. von Würmern) hervorgerufene Krankheit, bei der sich der Erreger im Organismus nicht vermehrt (Med.). in|va|siv ⟨zu ↑...iv⟩: 1. in das umgebende Bindegewebe wuchernd hineinwachsend (in bezug auf Krebszellen; Med.). 2. in ein Organ eingreifend (zu diagnostischen Zwecken; Med.). In|va|sor *der;* -s, ...oren (meist Plur.) ⟨aus gleichbed. *spätlat.* invasor⟩: Eroberer; eindringender Feind
In|vek|ti|ve [...vɛk'ti:və] *die;* -, -n ⟨aus gleichbed. *mlat.* invectiva, substantiviertes Fem. von *spätlat.* invectivus „schmähend"⟩: Schmährede od. -schrift; beleidigende Äußerung; Beleidigung. in|vek|ti|vie|ren ⟨zu ↑...ieren⟩: (veraltet) schmähen, beleidigen
in|ve|nit [...v...] ⟨*lat.;* „hat (es) erfunden", 3. Pers. Sing. Perf. von invenire „(er)finden"⟩: Vermerk auf graphischen Blättern vor dem Namen des Künstlers, der die Originalzeichnung schuf; Abk.: inv. In|ven|tar *das;* -s, -e ⟨aus *lat.* inventarium „Vermögens- od. Nachlaßverzeichnis" zu invenire „auf etw. kommen; finden; erwerben"⟩: 1. Gesamtheit der zu einem Betrieb, Unternehmen, Haus, Hof o. ä. gehörenden Einrichtungsgegenstände u. Vermögenswerte (einschließlich Schulden). 2. Verzeichnis des Bestandes eines Unternehmens, Betriebs, Hauses [das neben der ↑Bilanz jährlich zu erstellen ist]. 3. Verzeichnis der Vermögensgegenstände u./o. Verbindlichkeiten aus einem Nachlaß. In|ven|ta|ri|sa|ti|on *die;* -, -en ⟨zu ↑...isation⟩: Bestandsaufnahme [des Inventars]; vgl. ...[at]ion/...ierung. In|ven|ta|ri|sa|tor *der;* -s, ...oren ⟨zu ↑...or⟩: mit einer Bestandsaufnahme betraute Person. in|ven|ta|ri|sie|ren ⟨zu ↑...isieren⟩: ein Inventar, den Bestand von etwas aufnehmen. In|ven|ta|ri|sie|rung *die;* -, -en ⟨zu ↑...isierung⟩: das Inventarisieren; vgl. ...[at]ion/...ierung. In|ven|ta|ri|um *das;* -s, ...ien [...jən] ⟨aus gleichbed. *lat.* inventarium⟩: (veraltet) svw. Inventar. in|ven|tie|ren ⟨aus gleichbed. *fr.* inventer zu invention; vgl. Invention⟩: (veraltet) 1. erfinden. 2. Bestandsaufnahme machen. In|ven|ti|on *die;* -, -en ⟨aus *lat.* inventio „das Auffinden, Erfindung"⟩: 1. (veraltet) Erfindung. 2. kleines zwei- od. dreistimmiges Klavierstück in kontrapunktisch imitierendem Satzbau mit nur einem zugrundeliegenden Thema (z. B. bei J. S. Bach). in|ven|ti|ös ⟨zu ↑...ös⟩: (veraltet) erfinderisch, sinnreich. In|ven|tor *der;* -s, ...oren ⟨aus gleichbed. *lat.* inventor⟩: Erfinder, Urheber. In|ven|tur *die;* -, -en ⟨aus gleichbed. *mlat.* inventura⟩: Bestandsaufnahme der Vermögensteile u. Schulden eines Unternehmens zu einem bestimmten Zeitpunkt durch Zählen, Messen o. ä. anläßlich der Erstellung der ↑Bilanz, vgl. Skontro
in ver|ba ma|gi|stri [– v... –] vgl. jurare in verba magistri
In|ver|genz [...v...] *die;* - ⟨zu ↑invergieren u. ↑...enz⟩: (veraltet) Neigung, Geneigtsein. in|ver|gie|ren ⟨aus gleichbed. *lat.* invergere⟩: (veraltet) hineingeben
in|vers [...v...] ⟨aus gleichbed. *lat.* inversus, Part. Perf. von invertere, vgl. invertieren⟩: umgekehrt; -e Funktion: durch Vertauschung der unabhängigen u. der abhängigen Variablen gewonnene Umkehrfunktion der ursprünglichen Funktion (Math.). in|ver|sa|bel ⟨zu ↑in... invers (Part. Perf. von invertere, vgl. invertieren) u. ↑...abel⟩: (veraltet) unumstößlich. In|ver|sa|bi|li|tät *die;* - ⟨zu ↑...ität⟩: (veraltet) Unumstößlichkeit. In|ver|si|on *die;* -, -en ⟨aus *lat.* inversio „Umkehrung, Umsetzung (der Wörter)"⟩: 1. Umkehrung der üblichen Wortstellung (Subjekt – Prädikat), d. h. die Stellung Prädikat – Subjekt (Sprachw.). 2. a) Darstellung von Kaliumnitrat aus einem Lösungsgemisch von Natriumnitrat u. Kaliumchlorid; b) Umwandlung von Rohrzucker in ein Gemisch aus Traubenzucker u. Fruchtzucker (Chem.). 3. Berechnung der inversen Funktion (Umkehrfunktion; Math.). 4. a) Umkehrung des Geschlechtstriebs; vgl. Homosexualität; b) Umla-

gerung od. Umstülpung eines Organs (z. B. der Eingeweide od. der Gebärmutter; Med.). 5. Form der Chromosomenmutation, bei der ein herausgebrochenes Teilstück sich unter Drehung um 180° wieder an der bisherigen Stelle einfügt (Biol.). 6. Reliefumkehr; durch unterschiedliche Widerstandsfähigkeit der Gesteine hervorgerufene Nichtübereinstimmung von ↑tektonischem Bau u. Landschaftsbild, so daß z. B. eine geologische Grabenzone landschaftlich als Erhebung erscheint (Geol.). 7. Temperaturumkehr an einer Sperrschicht, an der die normalerweise mit der Höhe abnehmende Temperatur sprunghaft zunimmt (Meteor.) 8. Umkehrung der Notenfolge der Intervalle (Mus.). **In|ver|si|ons|spek|trum** das; -s, Plur. ...tren od. ...tra: Spektrum bei Molekülen, die in energiegleichen spiegelbildlichen Formen vorkommen (Chem.). **In|ver|si|ons|tem|pe|ra|tur** die; -, -en: Temperatur eines Gases, bei der die Abkühlung in eine Erwärmung umschlägt (Phys.). **In|ver|sor** der; -s, ...oren ⟨zu ↑ ...or⟩: 1. math. Gerät zur Konstruktion einer ↑Inversion (3). 2. Vorrichtung zur automatischen Steuerung von Konstruktionselementen, die über eine inverse math. Beziehung voneinander abhängen (Photogrammetrie). **In|ver|ta|se** die; - ⟨zu lat. invertere (vgl. invertieren) u. ↑ ...ase⟩: svw. Saccharase. **In|ver|tebrat** der; -en, -en (meist Plur.) ⟨zu ↑in... (2) u. ↑Vertebrat⟩: svw. Evertebrat. **In|ver|ter** der; -s, - ⟨aus gleichbed. engl. inverter, dies zu lat. invertere, vgl. invertieren⟩: Sprachumwandlungsgerät zur Wahrung der Fernsprechgeheimnisses auf Funkverbindungen. **in|ver|tie|ren** ⟨aus lat. invertere „umwenden, umkehren"⟩: umkehren, umstellen, eine Inversion vornehmen. **in|ver|tiert** ⟨zu ↑ ...iert⟩: 1. umgekehrt. 2. zum eigenen Geschlecht hin empfindend (Med.); vgl. homosexuell. **In|ver|tier|te** der od. die; -n, -n: jmd., der zur Inversion (4 a) neigt. **In|ver|tin** das; -s ⟨zu ↑ ...in (1)⟩: svw. Saccharase. **In|vert|zucker**¹ der; -s: das bei der ↑Inversion (2 b) entstehende Gemisch aus Traubenzucker u. Fruchtzucker (z. B. im Bienenhonig). ¹**in|ve|stie|ren** [...v...] ⟨aus gleichbed. mlat. investire, dies aus spätlat. investire „ausstatten; be-, einkleiden" zu lat. vestis „Kleid, Gewand"⟩: mit den Zeichen der Amtswürde bekleiden, in ein Amt einsetzen; vgl. Investitur (1); Ggs. ↑disvestieren. ²**in|ve|stie|ren** ⟨unter Einfluß von engl. to invest aus gleichbed. it. investire, dies aus spätlat. investire, vgl. ¹investieren⟩: a) Kapital langfristig in Sachgütern anlegen; b) etwas in jmdn./etwas -: etwas (z. B. Geld, Arbeit, Zeit, Gefühl) für jmdn./etwas [in reichem Maße] verwenden. **In|ve|stie|rung** die; -, -en ⟨zu ↑ ...ierung⟩: das ²Investieren; vgl. Investition **In|ve|sti|ga|ti|on** [...v...] die; -, -en ⟨aus lat. investigatio „das Aufspüren, Erforschen" zu investigare, vgl. investigieren⟩: (veraltet) Untersuchung, Nachforschung. **in|ve|sti|ga|tiv** ⟨zu ↑ ...iv⟩: nach-, ausforschend; enthüllend, aufdeckend. **In|ve|sti|ga|tor** der; -s, ...oren ⟨aus lat. investigator „Aufspürer"⟩: jmd., der investigiert. **in|ve|sti|gie|ren** ⟨aus gleichbed. lat. investigare⟩: nachforschen, nachspüren, untersuchen **In|ve|sti|ti|on** [...v...] die; -, -en ⟨zu ↑²investieren u. ↑ ...ion⟩: 1. Überführung von Finanzkapital in Sachkapital (Anlageinvestition). 2. Erhöhung des Bestandes an Gütern für späteren Bedarf. **In|ve|sti|ti|ons|funk|ti|on** die; -, -en: die in makroökonomischen Modellen angenommene funktionale Beziehung zwischen der Höhe der geplanten Investitionen u. den Bestimmungsgrößen der Investitionstätigkeit. **In|ve|sti|ti|ons|gü|ter** die (Plur.): Güter, die der ↑Produktion dienen (z. B. Maschinen, Fahrzeuge, Werkhallen). **in|ve|sti|tiv** ⟨zu ↑ ...iv⟩: einweisend, einkleidend, einsetzend.

In|ve|sti|tur die; -, -en ⟨aus gleichbed. mlat. investitura, eigtl. „Einkleidung, Einsetzung", zu lat. investire, vgl. ¹investieren⟩: 1. a) Einweisung in ein niederes geistliches Amt (kath. Pfarramt); b) im Mittelalter feierliche Belehnung mit dem Bischofsamt durch den König. 2. abschließender Akt der Eigentumsübertragung (im älteren dt. Recht). 3. Bestätigung des Ministerpräsidenten durch die Nationalversammlung (in Frankreich). **in|ve|stiv** ⟨zu ↑²investieren u. ↑ ...iv⟩: als Investition, in Form von Investitionen, zur produktiven Verwendung; Ggs. ↑konsumtiv. **In|ve|stiv|lohn** der; -[e]s, ...löhne: Lohnanteil, der nicht dem Konsum zufließt, sondern zwangsweise investiv verwendet wird. **In|vest|ment** das; -s, -s ⟨aus gleichbed. engl. investment zu to invest „(Kapital) anlegen", dies zu it. investire, vgl. ²investieren⟩: Kapitalanlage in Investmentzertifikaten. **In|vest|ment|ban|king** [- 'bæŋkɪŋ] das; - -[s]: Bez. für alle Bankgeschäfte, die sich auf die Plazierung u. den Handel mit Wertpapieren od. wertpapierähnlichen Finanzinnovationen (vgl. Innovation 2) beziehen. **In|vest|ment-Cen|ter** [...'sɛntɐ] das; -s, -: Geschäftsbereich eines Unternehmens, der für seinen Gewinn unter Berücksichtigung des Kapitaleinsatzes eigenverantwortlich ist. **In|vest|ment|club** [...k...] der; -s, -s: Zusammenschluß von Sparern mit dem Ziel, für gemeinsame Rechnung Börsengeschäfte durchzuführen. **In|vest|ment|fonds** [...fõ:] der; - [...fõ:(s)], - [...fõ:s]: Sondervermögen einer Kapitalanlagegesellschaft, das in Wertpapieren od. Grundstücken angelegt wird (Wirtsch.). **In|vest|ment|ge|schäft** das; -[e]s, -e: Geschäft einer Investmentgesellschaft (Anlage u. Beschaffung des Fondskapitals). **In|vest|ment|pa|pier** das; -s, -e: svw. Investmentzertifikat. **In|vest|ment|trust** [...trast] der; -s, -s: Investmentgesellschaft; Kapitalanlage- u. Beteiligungsgesellschaft, die Investmentgeschäfte betreibt. **In|vest|ment|zer|ti|fi|kat** das; -[e]s, -e: Schein über einen Anteil am Vermögen eines Investmentfonds. **In|ve|stor** der; -s, ...oren ⟨nach gleichbed. engl. investor; vgl. ²investieren u. ...or⟩: Kapitalanleger, jmd., der eine Investition (1) vornimmt

In|ve|te|ra|ti|on [...v...] die; -, -en ⟨aus lat. inveteratio „das Einwurzeln; alter Fehler" zu inveterare, vgl. inveterieren⟩: (veraltet) Verjährung (Rechtsw.). **in|ve|te|rie|ren** ⟨aus lat. inveterare „veralten (lassen); einwurzeln"⟩: (veraltet) verjähren (Rechtsw.).

in|vi|a|bel [...v...] ⟨zu ↑in... (2), lat. via „Weg" u. ↑ ...abel⟩: (veraltet) unwegsam. **In|via|bi|li|tät** die; - ⟨zu ↑ ...ität⟩: (veraltet) Unwegsamkeit

in|vi|cem [...vitsɛm] ⟨lat.⟩: wechselweise, abwechselnd, gegenseitig

In|vi|dia [...v...] die; - ⟨aus gleichbed. lat. invidia⟩: (veraltet) Neid, Mißgunst. **in|vi|die|ren** ⟨aus gleichbed. lat. invidere⟩: (veraltet) mißgönnen, neiden. **in|vi|di|ös** ⟨aus gleichbed. lat. invidiosus⟩: (veraltet) mißgünstig, neidisch. **In|vi|dio|si|tät** die; - ⟨zu ↑ ...ität⟩: neidische Gesinnung

In|vi|gi|lanz [...v...] die; - ⟨zu ↑invigilieren u. ↑ ...anz⟩: (veraltet) Mangel an Wachsamkeit, Unaufmerksamkeit. **In|vi|gi|la|ti|on** die; - ⟨zu ↑ ...ation⟩: (veraltet) Überwachung. **in|vi|gi|lie|ren** ⟨aus gleichbed. lat. invigilare zu ↑in... (1) u. vigilare „wachen"⟩: (veraltet) überwachen, aufmerksam auf etwas achten

in vi|no ve|ri|tas [- 'vi:no 've:...] ⟨lat.; „im Wein [ist] Wahrheit"⟩: jmd., der etw. getrunken hat, spricht Wahrheiten aus, die man im nüchternen Zustand sonst eher für sich behält

in|vin|zi|bel [...v...] ⟨aus gleichbed. spätlat. invincibilis zu ↑in... (2) u. lat. vincibilis „besiegbar, bezwingbar"⟩: (veraltet) unbesiegbar, unbezwinglich. **In|vin|zi|bi|li|tät** *die;* - ⟨zu ↑...ität⟩: (veraltet) Unüberwindlichkeit

in|vio|la|bel [...v...] ⟨aus gleichbed. *lat.* inviolabilis zu ↑in... (2) u. violabilis „verletzbar"⟩: (veraltet) unverletzlich, unantastbar. **In|vio|la|bi|li|tät** *die;* - ⟨zu ↑...ität⟩: (veraltet) Unverletzlichkeit [eines gegebenen Wortes]. **in|vio|lat** ⟨aus gleichbed. *lat.* inviolatus⟩: (veraltet) unverletzt

in|vi|si|bel [...v..., auch ...'zi:...] ⟨aus gleichbed. *lat.* invisibilis⟩: (selten) unsichtbar. **In|vi|si|bi|li|tät** [auch 'ɪn...] *die;* - ⟨aus gleichbed. *lat.* invisibilitas, Gen. invisibilitatis⟩: (selten) Unsichtbarkeit

In|vi|ta|ti|on [...v...] *die;* -, -en ⟨aus gleichbed. *lat.* invitatio zu invitare, vgl. invitieren⟩: (selten) Einladung. **In|vi|ta|to|ri|um** *das;* -s, ...ien [...jən] ⟨aus gleichbed. *kirchenlat.* invitatorium zu *lat.* invitatorius „die Einladung betreffend, Einladungs-"⟩: Einleitungsgesang der ↑ Matutin mit der Aufforderung zum Gebet (Psalm 95). **in|vi|tie|ren** ⟨aus gleichbed. *lat.* invitare⟩: (veraltet) 1. einladen, zu Gast bitten. 2. ersuchen

in vi|tro [– v...] ⟨*lat.;* „im Glas"⟩: im Reagenzglas [durchgeführt] (von wissenschaftlichen Versuchen); vgl. aber in vivo. **In-vi|tro-Fer|ti|li|sa|ti|on** *die;* -, -en: künstlich herbeigeführte Verschmelzung einer menschlichen Eizelle mit einer Samenzelle außerhalb des Körpers der Frau

in vi|vo [– 'vi:vo] ⟨*lat.;* „im Leben"⟩: am lebenden Objekt [beobachtet od. durchgeführt] (von wissenschaftlichen Versuchen); vgl. aber in vitro

In|vo|ca|bit [...vo'ka:...] ⟨*lat.;* „er wird (mich) anrufen", 3. Pers. Fut. Aktiv von invocare; nach dem alten ↑ Introitus (2) des Gottesdienstes am ersten Fastensonntag „Invocabit me et exaudiam..."; nach Psalm 91,15 (in der Fassung der Vulgata 90,15)⟩: in der kath. Kirche Name des ersten Fastensonntags; vgl. Invokavit. **In|vo|ka|ti|on** *die;* -, -en ⟨aus gleichbed. *lat.* invocatio⟩: Anrufung Gottes [u. der Heiligen] (z. B. am Anfang von mittelalterlichen Urkunden). **In|vo|ka|vit** [...vɪt] ⟨aus *lat.* invocavit „er hat (mich) angerufen", 3. Pers. Perf. Aktiv von invocare; nach dem Eingangsvers des Gottesdienstes, Psalm 91,15⟩: in der ev. Kirche Name des ersten Sonntags in der Passionszeit (sechster Sonntag vor Ostern); vgl. Invocabit

in|vo|lut [...v...] ⟨zu *lat.* involutus, Part. Perf. von involvere, vgl. involvieren⟩: svw. evolut. **In|vo|lu|ti|on** *die;* -, -en ⟨aus *lat.* involutio „Einwicklung, -hüllung; Verwicklung" zu involvere, vgl. involvieren⟩: 1. Darstellung des Verhältnisses zwischen Punkten, Geraden od. Ebenen in der ↑ projektiven Geometrie. 2. a) normale Rückbildung eines Organs (z. B. der Gebärmutter nach der Entbindung) od. des ganzen Organismus (als Alterungsvorgang; Biol.); b) Veränderung der psychischen Funktionen u. der Gesamtpersönlichkeit im Verlauf des Alterns (Psychol.). 3. a) Verfall eines sozialen Organismus; b) Rückentwicklung demokratischer Systeme u. Formen in vor- od. antidemokratische.

In|volve|ment [...'vɔlvmənt] *das;* -s ⟨aus *engl.* involvement „Verwicklung"⟩: der von der neueren Rock- u. Popmusik ausgehender Effekt des Aktivierens von Spielern u. Publikum, der oft durch außermusikalische Mittel wie Bild-, Licht-, Raum-, Geruchs- u. Vibrationswirkungen verstärkt wird.

in|vol|vie|ren ⟨aus *lat.* involvere „hineinwälzen; einwickeln; verwickeln"; Bed. 2 unter Einfluß von *engl.* to involve⟩: 1. einschließen, einbegreifen, enthalten (den Sinn eines Ausdrucks). 2. an etwas beteiligen, in etwas verwickeln ([in eine/einer Sache] involviert sein); vgl. evolvieren

in|vul|ne|ra|bel [auch 'ɪn...] ⟨aus gleichbed. *lat.* invulnerabilis zu ↑in... (2) u. vulnerare „verwunden"⟩: (veraltet) unverwundbar, unverletzlich

In|zens *der;* -es, -e ⟨zu *spätlat.* incensum „Räucherwerk, Weihrauch"⟩: svw. Inzensation. **In|zen|sa|ti|on** *die;* -, -en ⟨zu *mlat.* incensare (vgl. inzensieren) u. ↑...ation⟩: das Beräuchern mit Weihrauch (kath. Kirche). **in|zen|sie|ren** ⟨über gleichbed. *mlat.* incensare aus *lat.* incendere „anzünden, erleuchten"⟩: mit Weihrauch beräuchern. **In|zen|so|ri|um** *das;* -s, ...ien [...jən] ⟨aus gleichbed. *mlat.* incensorium⟩: (veraltet) Räucherfaß, -gefäß

in|zen|tiv ⟨über gleichbed. *engl.* incentive aus gleichbed. *spätlat.* incentivus⟩: anspornend, anreizend, antreibend. **In|zen|tiv** *das;* -s, -e [...və] ⟨aus *lat.* incentivum „Reizmittel"⟩: Anreiz, Ansporn

In|zep|ti|on *die;* -, -en ⟨aus gleichbed. *lat.* inceptio zu incipere „beginnen"⟩: (veraltet) Anfang, Beginn. **in|zep|tiv** ⟨aus gleichbed. *lat.* inceptivus⟩: (veraltet) anfangend, beginnend

In|zest *der;* -[e]s, -e ⟨aus gleichbed. *lat.* incestum, dies zu ↑in... (2) u. castus „keusch, rein"⟩: a) Geschlechtsverkehr zwischen Blutsverwandten, zwischen Geschwistern od. zwischen Eltern u. Kindern; Blutschande (Med.); b) Paarung von engverwandten Tieren. **In|zest|ta|bu** *das;* -s: bei Naturvölkern das Verbot der sexuellen Beziehungen zwischen Verwandten, im engeren Sinne zwischen blutsverwandten Mitgliedern der Einzelfamilie. **in|ze|stu|ös** ⟨über gleichbed. *fr.* incestueux aus gleichbed. *spätlat.* incestuosus; vgl. ...ös⟩: blutschänderisch, einen Inzest bedeutend, in der Art eines Inzests. **In|zest|zucht** *die;* - ⟨zu ↑ Inzest⟩: 1. bei Tieren die Paarung nächster Blutsverwandter zur Herauszüchtung reiner Linien. 2. züchterisch vorgenommene Selbstbestäubung bei fremdbestäubenden Pflanzen

in|zi|dent ⟨aus gleichbed. *fr.* incident zu *lat.* incidens, Gen. incidentis, Part. Präs. von incidere „hineinfallen, in etw. geraten"⟩: (veraltet) im Verlauf einer Angelegenheit nebenbei auffallend; zufällig. **In|zi|dent** *der;* -[e]s, -e: (veraltet) Nebenpunkt, Zwischenfall, Vorfall. **In|zi|den|ta|l|om** *das;* -s, -e ⟨zu *engl.* incidental „zufällig" u. ↑...om⟩: zufällig entdeckter Tumor, der keine Krankheitssymptome verursacht (Med.). **in|zi|den|tell** ⟨aus *fr.* incidentel „nebensächlich"; vgl. ...ell⟩: überwiegend an den Details einer Sache interessiert. **In|zi|dent|ent|schei|dung** *die;* -, -en ⟨zu ↑ inzident⟩: Entscheidung eines Gerichts od. einer Behörde über eine nicht in ihrer Zuständigkeit liegende Rechtsfrage, deren Beurteilung als Vorfrage jedoch für die zur Entscheidung stehende Sache erforderlich ist. **in|zi|den|ter** ⟨aus *mlat.* incidenter „bei Gelegenheit"⟩: beiläufig, am Rande. **In|zi|denz** *die;* -, -en ⟨aus gleichbed. *fr.* incidence, dies zu *lat.* incidens, vgl. inzident⟩: 1. (veraltet) Eintritt (eines Ereignisses), Vorfall. 2. Eigenschaft, gemeinsame Punkte zu besitzen; Beziehung zwischen einem Punkt u. einer Geraden, wobei der Punkt auf der Geraden liegt bzw. die Gerade durch den Punkt geht (Geometrie). 3. Einfall von [atomaren] Teilchen in ein bestimmtes Raumgebiet (Astron.). 4. Umstand, daß öffentliche Subventionen od. Steuern nicht die Wirtschaftssubjekte begünstigen od. belasten, denen sie vom Gesetzgeber zugedacht sind (Wirtsch.). 5. Rate der neu Erkrankten in einem definierten Zeitraum (Med.). 6. Maß für die Häufigkeit des Auftretens eines Merkmals in einer Population, bezogen auf eine Zeiteinheit bzw. Altersklasse (Genetik)

in|zi|die|ren ⟨aus *lat.* incidere „einschneiden"⟩: einen operativen Einschnitt machen, durch einen operativen Einschnitt eröffnen (z. B. einen Abszeß; Med.)

in|zi|pi|ent ⟨aus gleichbed. *lat.* incipiens, Gen. incipientis, Part. Präs. von incipere „beginnen"⟩: beginnend (Med.). **In|zi|pi|ent** *der;* -en, -en: (veraltet) Anfänger, Lehrling

Inzision

In|zi|si|on *die;* -, -en ⟨aus *lat.* incisio „Ein-, Abschnitt" zu incidere, vgl. inzidieren⟩: 1. operativer Einschnitt, operative Spaltung, Eröffnung (z. B. eines Abszesses; Med.). 2. ↑ Zäsur, bes. des Pentameters. 3. Beschneidung (Völkerkunde). **In|zi|siv** *der;* -s, -en [...vən], auch **In|zi|si|vus** [...v...] *der;* -, ...vi ⟨aus *nlat.* (dens) incisivus „einschneidend(er Zahn)"⟩: Schneidezahn (Med.). **In|zi|sur** *die;* -, -en ⟨aus *lat.* incisura „Schnitt"⟩: Einschnitt, Einbuchtung, Einsenkung an Knochen u. Organen des menschlichen u. tierischen Körpers (Anat.).

in|zi|tie|ren ⟨aus gleichbed. *lat.* incitare⟩: (veraltet) antreiben, anspornen, aufwiegeln

in|zi|vil [...'vi:l, auch 'ın...] ⟨aus gleichbed. *lat.* incivilis (eigtl. „unbürgerlich") zu ↑ in... (2) u. civilis „bürgerlich", vgl. zivil⟩: (veraltet) unhöflich

Iod usw. vgl. Jod usw.

¹...ion ⟨teilweise über *fr.* -ion aus *lat.* -io, Gen. -ionis⟩: Endung weiblicher Substantive, die den substantivischen Gebrauch des zugrundeliegenden Vorgangs ausdrückt, z. B. Explosion, Religion

²...ion [...ion] ⟨aus *gr.* -ion⟩: Endung sächlicher Substantive, z. B. Ganglion, Stadion

...ion/...ie|rung vgl. ...[at]ion/...ierung

Ion *das;* -s, Ionen ⟨aus gleichbed. *engl.* ion, dies aus *gr.* ión „Gehendes, Wanderndes", Part. Präs. (Neutrum) von iénai „gehen" (geprägt von dem engl. Physiker u. Chemiker M. Faraday, 1791–1867)⟩: elektrisch geladenes Teilchen, das aus neutralen Atomen od. Molekülen durch Anlagerung od. Abgabe (Entzug) von Elektronen entsteht (Phys.). **Io|nen|git|ter** *das;* -s, -: aus Ionen aufgebautes Kristallgitter, typisch für salzartige Stoffe. **Io|nen|hy|dra|ta|ti|on** u. **Io|nen|hy|dra|ta|ti|on** *die;* -: Anlagerung von Wassermolekülen an Ionen (Hydratwolke). **Io|nen|im|plan|ta|ti|on** *die;* -, -en: Verfahren der Halbleitertechnologie zur gezielten Dotierung (vgl. dotieren 2) von Halbleitermaterial durch Beschuß mit einem gebündelten Strahl stark beschleunigter Ionen zur Erzielung besserer Oberflächeneigenschaften. **Io|nen|mi|kro|skop** *das;* -s, -e: dem Elektronenmikroskop ähnliches Gerät, bei dem die Abbildung von Gegenständen durch Ionen erfolgt. **Io|nen|re|ak|ti|on** *die;* -, -en: chem. Reaktion, deren Triebkraft durch die Anwesenheit von Ionen maßgeblich beeinflußt wird. **Io|nen|strah|len** *die* (Plur.): aus [rasch bewegten] geladenen materiellen Teilchen (Ionen) bestehende Strahlen. **Io|nen|the|ra|pie** *die;* -: Heilmethode zur Beeinflussung des Ionenhaushalts des menschlichen Körpers (Med.).

Io|ni|cus [...k...] *der;* -, ...ci [...tsi] u. **Io|ni|ker** *der;* -s, - ⟨aus gleichbed. *spätlat.* Ionicus, dies aus *gr.* Iōnikós „ionisch"⟩: antiker Versfuß (rhythmische Einheit); Ionicus a maiore: Ionicus mit meist zwei Längen u. zwei Kürzen (– – ◡◡); Ionicus a minore: Ionicus mit meist zwei Kürzen u. zwei Längen (◡◡ – –)

Io|ni|sa|ti|on *die;* -, -en ⟨aus gleichbed. *engl.* ionization zu to ionize, vgl. ionisieren; vgl. ...isation⟩: Versetzung von Atomen od. Molekülen in elektrisch geladenen Zustand; vgl. ...[at]ion/...ierung. **Io|ni|sa|ti|ons|kam|mer** *die;* -, -n: physik. Gerät zum Messen der Intensität ionisierender Strahlungen. **Io|ni|sa|ti|ons|po|ten|ti|al** *das;* -s, -e: Energieaufwand, der zur Überführung eines Atoms vom neutralen Zustand in den elektrisch geladenen notwendig ist. **Io|ni|sa|tor** *der;* -s, ...oren ⟨zu ↑ ...or⟩: Gerät, das Ionisation bewirkt

io|nisch ⟨über *spätlat.* Ionicus aus gleichbed. *gr.* Iōnikós⟩: den altgriech. Dialekt u. die Kunst der Ionier betreffend; -er Dimeter: aus zwei ↑ Ionici bestehendes antikes Versmaß. **Io|nisch** *das;* - u. **Io|ni|sche** *das;* -n: altgriech. (ionische) Tonart; in der alten Kirchenmusik die dem heutigen C-Dur entsprechende Tonart

io|ni|sie|ren ⟨nach gleichbed. *fr.* ioniser bzw. *engl.* to ionize, zu *gr.* iénai „gehen"; vgl. Ion⟩: Ionisation bewirken. **io|ni|sie|rend** ⟨zu ↑ ...ierend⟩: Ionisation bewirkend; -e Strahlung: Korpuskularstrahlen u. elektromagnetische Wellen, die Atome od. Moleküle ionisieren können. **Io|ni|sie|rung** *die;* -, -en ⟨zu ↑ ...isierung⟩: das Ionisieren; vgl. ...[at]ion/...ierung. **io|ni|trie|ren** ⟨zu ↑ Ion u. ↑ nitrieren⟩: in einer mit Stickstoff gefüllten Ionisationskammer nitrieren, wobei die in das Eisen eindringenden Stickstoffionen Nitride bilden. **Io|ni|um** *das;* -s ⟨zu ↑ ...ium⟩: radioaktives Zerfallsprodukt des Urans, Ordnungszahl 90; Zeichen Io. **io|no..., Io|no...** ⟨zu ↑ Ion⟩: Wortbildungselement mit der Bedeutung „durch Ionen bedingt, durch Ionenstrahlung hervorgerufen", z. B. ionographisch, Ionogramm. **io|no|gen** ⟨zu ↑ ...gen⟩: durch Ionen entstanden, auf Ionen beruhend. **Io|no|gramm** *das;* -s, -e ⟨zu ↑ ...gramm⟩: bei der Ionographie gewonnene Abbildung (Med.). **Io|no|gra|phie** *die;* -, ...ien ⟨zu ↑ ...graphie⟩: Darstellung eines Körperteils mit Hilfe von ionisierenden Strahlen (Med.). **io|no|gra|phisch** ⟨zu ↑ ...graphisch⟩: mit Hilfe der Ionographie erfolgend (Med.). **Io|no|mer** *das;* -s, -e u. **Io|no|me|re** *das;* -n, -n (meist Plur.) ⟨zu *gr.* méros „Teil"⟩: ↑ Polymer[e], bei dem die Vernetzung der Molekülketten durch elektrostatische Kräfte bewirkt wird (Phys., Chem.). **Io|no|me|ter** *das;* -s, - ⟨zu ↑¹...meter⟩: Meßgerät zur Bestimmung der Ionisation eines Gases (meist der Luft), um Rückschlüsse auf vorhandene Strahlung zu ziehen. **Io|no|me|trie** *die;* -, ...ien ⟨zu ↑ ...metrie⟩: Bestimmung der Strahlungsstärke radioaktiver Substanzen (Phys.).

Io|non vgl. Jonon

Io|no|pau|se *die;* -, -n ⟨zu ↑ iono... u. ↑ ¹Pause⟩: obere Grenze der Ionosphäre eines Planeten (Meteor.). **Io|no|phor** *das;* -s, -e (meist Plur.) ⟨zu *gr.* phoreĩn „(in sich) tragen"⟩: Stoff, mit dessen Hilfe Ionen durch Zellmembranen transportiert werden. **Io|no|pho|re|se** *die;* -, -n ⟨zu ↑ Iontophorese⟩: svw. Iontophorese. **Io|no|son|de** *die;* -, -n ⟨zu ↑ iono...⟩: Gerät zur Messung der Höhe, in der Radiowellen in der Ionosphäre reflektiert werden. **Io|no|sphä|re** *die;* -: äußerste Hülle der Erdatmosphäre (in einer Höhe von 80 bis 800 km). **Ion|to|pho|re|se** *die;* -, -n ⟨zu *gr.* ión, Gen. ióntos „Gehendes, Wanderndes" u. phórēsis „das Tragen"⟩: Einführung von Ionen mit Hilfe des ↑ galvanischen Stroms durch die Haut in den Körper zu therapeutischen Zwecken (bes. bei Erkrankungen des Bewegungsapparates, ferner bei Haut- u. Schleimhautkrankheiten; Med.).

Io|pho|bie *die;* -, ...ien ⟨zu *gr.* iós „Gift" u. ↑ ...phobie⟩: krankhafte Angst vor Giften bzw. Vergiftungen (Psychol., Med.)

Io|ta usw. vgl. Jota usw.

Io|vi op|ti|mo ma|xi|mo ['jo:vi – –] ⟨*lat.;* „Jupiter, dem Besten u. Größten"⟩: Eingangsformel röm. Weihinschriften; Abk.: I. O. M.; vgl. Deo optimo maximo

Ipe|ka|ku|an|ha [...'kuanja] *die;* - ⟨aus gleichbed. *port.* ipecacuanha, dies aus einem indian. Wort⟩: Brechwurzel, Wurzel einer südamerik. Pflanze (Husten- u. Brechmittel)

Ip|pon *der;* -[s], -[s] ⟨aus *jap.* ippon „Punkt"⟩: die kampfentscheidende Wertung im Judo

Ip|sa|ti|on *die;* -, -en ⟨aus *nlat.* ipsatio zu *lat.* ipse „selbst"; vgl. ↑¹...ion⟩: Selbstbefriedigung, Onanie. **ip|se fe|cit** [– 'fe:tsɪt] ⟨*lat.;* „er hat [es] selbst gemacht", vgl. fecit⟩: Vermerk auf Kunstwerken vor od. hinter der Signatur des Künstlers; Abk.: i. f. **ip|si|la|te|ral** ⟨zu *lat.* ipse „selbst" u.

Irradiation

↑lateral〉: auf die gleiche Seite [bezogen], auf der gleichen Seite befindlich (Med.). **Ip|sis|mus** *der;* -, ...men 〈zu ↑...ismus (3)〉: svw. Ipsation. **ip|sis|si|ma ver|ba** [– v...] 〈*lat.*〉: völlig die eigenen Worte (einer Person, die sie gesprochen hat). **Ip|sist** *der;* -en, -en 〈zu *lat.* ipse „selbst" u. ↑...ist〉: jmd., der [häufig] onaniert. **ip|si|ver|siv** [...vɛr...] 〈zu *lat.* versum, Part. Perf. (Neutrum) von vertere „drehen, wenden" u. ↑...iv〉: zur gleichen Seite hingewendet (z. B. Bewegungen). **ip|so fac|to** [– 'fak...] 〈*lat.;* „durch die Tat selbst"〉: Rechtsformel, die besagt, daß die Folgen einer Tat von selbst eintreten. **ip|so ju|re** 〈*lat.;* „durch das Recht selbst"〉: Rechtsformel, die besagt, daß die Rechtsfolgen einer Tat von selbst eintreten. **Ip|so|phon** *das;* -s, -e 〈zu *lat.* ipse „selbst" u. ↑...phon〉: (selten) automatischer Anrufbeantworter

IQ [iː'kuː, engl. aɪ'kjuː] *der;* -s, -s: Abk. für Intelligenzquotient

ir..., Ir... vgl. in..., In...

Ira|de *der* od. *das;* -s, -n 〈über *türk.* irade aus *arab.* irādah „Wille, Begehren; Erlaß"〉: Erlaß des Sultans (der Kabinettsorder des absoluten Herrschers entsprechend)

ira|nisch 〈nach dem Hochland von Iran〉: die auf dem Hochland von Iran lebenden Völker betreffend; -e Sprachen: Sprachen der von den ↑Ariern hergeleiteten Völker auf dem Hochland von Iran. **Ira|nist** *der;* -en, -en 〈aus *pers.* Īrān (nach dem seit 1934 amtlichen Namen Iran für Persien), dies aus *mpers.* Ērān „(Land) der Arier" u. ↑...ist〉: Wissenschaftler auf dem Gebiet der Iranistik. **Ira|ni|stik** *die;* - 〈zu ↑...istik〉: Wissenschaft von den iranischen Sprachen u. Kulturen; Irankunde

Ir|bis *der;* -ses, -se 〈aus gleichbed. *russ.* u. *mong.* irbis bzw. *kalmückisch* (Sprache des westmongol. Volkes der Kalmücken) irws〉: Schneeleopard (in den Hochgebirgen Zentralasiens)

Ire|nik *die;* - 〈zu *gr.* eirēnikós „den Frieden betreffend, friedlich" zu eirḗnē „Frieden"〉: das Bemühen um eine friedliche interkonfessionelle Auseinandersetzung mit dem Ziel der Aussöhnung. **Ire|ni|ker** *der;* -s, -: (veraltet) Friedenslehrer; Vermittler, Friedensstifter. **ire|nisch**: friedliebend, friedfertig

irid..., Irid... vgl. irido..., Irido... **Irid|ek|to|mie** *die;* -, ...ien 〈zu ↑irido... u. ↑...ektomie〉: Ausschneidung [eines Teils] der Regenbogenhaut (Med.). **Irid|en|klei|sis** *die;* - 〈zu *gr.* egkleíein „einschließen"〉: operative Einklemmung eines Stückes der Iris (2) in einen Schlitz der Lederhaut, damit stets Kammerwasser abfließen kann (Med.). **Irid|ere|mie** *die;* -, ...ien 〈zu *gr.* érēmos „einsam, verlassen, entblößt" u. ↑²...ie〉: svw. Aniridie. **iri|di|sie|ren** 〈zu ↑...ieren〉: in den Farben des Regenbogens schillern. **Iri|di|um** *das;* -s 〈aus gleichbed. *nlat.(-engl.)* iridium zu *gr.* īris, Gen. íridos „Regenbogen" (1803 geprägt von dem engl. Chemiker S. Tennant, 1761–1815, nach den bunten Farben, die einige seiner Salze zeigen)〉: chem. Element, Edelmetall; Zeichen Ir. **iri|do..., Iri|do...**, vor Vokalen meist irid..., Irid... 〈aus *gr.* īris, Gen. íridos „Regenbogen; Regenbogenhaut des Auges"〉: Wortbildungselement mit der Bedeutung „die Regenbogenhaut des Auges betreffend", z. B. Iridotomie; Iridektomie. **Iri|do|chor|idi|tis** [...k...] *die;* -, ...itiden 〈zu ↑Iris (2), ↑Chorioidea u. ↑...itis〉: Entzündung der Regenbogen- u. der Aderhaut des Auges (Med.). **Iri|do|dia|ly|se** *die;* -, -n: Abreißen der Regenbogenhaut vom ↑Ziliarkörper bei Einwirkung stumpfer Gewalt auf den Augapfel (Med.). **Iri|do|dia|sta|se** *die;* -, -n: angeborener Spalt zwischen Irisrand u. ↑Ziliarkörper des Auges, eine Mißbildung der Iris (2) (Med.). **Iri|do|lo|ge** *der;* -n, -n 〈zu ↑...loge〉: Augendiagnostiker. **Iri|do|lo|gie** *die;* - 〈zu ↑...logie〉: Augendiagnose. **Iri|do|phor** *der;* -en, -en 〈zu ↑...phor〉: svw. Iridozyt. **Iri|do|ple|gie** *die;* -, ...ien 〈zu *gr.* plēgḗ „Schlag, Hieb, Stoß" u. ↑²...ie〉: Lähmung der Irismuskeln infolge Verletzungen od. infolge Einwirkung lokal angewandter Gifte (z. B. ↑Atropin; Med.). **Iri|do|schi|sis** [...'sçi...] *die;* -, ...isen 〈zu *gr.* schísis „Spaltung", dies zu schízein „spalten"〉: angeborene Spaltung der Iris (2) (Med.). **Irid|os|mi|um** *das;* -s 〈verkürzt aus Iridium u. ↑Osmium〉: aus kleinen tafeligen Kristallen bestehendes Mischmineral aus Iridium u. ↑Osmium. **Iri|do|to|mie** *die;* -, ...ien 〈zu ↑irido... u. ↑...tomie〉: svw. Iridektomie. **Iri|do|zy|kli|tis** *die;* -, ...itiden: Entzündung der Regenbogenhaut u. des ↑Ziliarkörpers des Auges (Med.). **Iri|do|zyt** *der;* -en, -en (meist Plur.) 〈zu ↑...zyt〉: tierische Zelle, die lichtreflektierende Plättchen u. ↑Guanin enthält, u. die Ursache der silbernen Färbung z. B. bei Kopffüßern u. Fischen sind. **Iris** *die;* -, - 〈aus *gr.* īris, Gen. íridos „Regenbogen", urspr. „Band, Straße"〉: 1. Regenbogen (Meteor.). 2. (Plur. auch Iriden od. Irides [...deːs]) Regenbogenhaut des Auges (Med.). 3. Schwertlilie. **Iris|blen|de** *die;* -, -n: verstellbare Blende (bes. bei fotogr. Apparaten), deren Öffnung in der Größe kontinuierlich verändert werden kann. **Iris|dia|gno|se** *die;* -: svw. Iridologie

Irish cof|fee ['aɪərɪʃ 'kɔfɪ] *der;* - -, - - 〈aus gleichbed. *engl.* Irish coffee, eigtl. „irischer Kaffee"〉: Kaffee mit einem Schuß Whiskey u. Schlagsahne. **Irish Cream** [– 'kriːm] *der;* - -, - -s 〈aus gleichbed. *engl.* Irish cream, eigtl. „irische Creme"〉: Likör aus Sahne u. Whiskey. **Irish-Stew** [– -'stjuː] *das;* -[s], -s 〈aus gleichbed. *engl.* Irish stew, eigtl. „irisches Schmorgericht"〉: Eintopfgericht aus Weißkraut mit Hammelfleisch u. a.

iri|sie|ren 〈aus gleichbed. *fr.* iriser zu iris „Regenbogen", dies über *lat.* iris aus *gr.* īris〉: in Regenbogenfarben schillern. **iri|sie|rend** 〈zu ↑...ierend〉: in Regenbogenfarben schillernd; -e Wolken: Wolken, deren Ränder perlmutterfarbene Lichterscheinungen zeigen (Meteor.). **Iri|tis** *die;* -, ...itiden 〈zu ↑Iris u. ↑...itis〉: Regenbogenhautentzündung (Med.)

Iro|ko *das;* -[s] 〈aus dem Afrik.〉: olivbraunes, hartes, mittelschweres, dauerhaftes Holz eines afrik. Maulbeergewächses, das u. a. als Bauholz für Boote u. Säurebottiche verwendet wird

Iron *das;* -s, -e 〈Kurzw. aus ↑*Iris* u. ↑Keton〉: ein im Irisöl (vgl. Iris 3) enthaltenes, farbloses, in Verdünnung nach Veilchen riechendes Öl (Chem.)

Iro|nie *die;* -, -n (im Plur. selten) 〈über *lat.* ironia aus gleichbed. *gr.* eirōneía, eigtl. „Verstellung", zu eírōn „Schalk", weitere Herkunft ungeklärt〉: a) feiner, verdeckter Spott, mit dem man etwas dadurch zu treffen sucht, daß man es unter dem auffälligen Schein der eigenen Billigung lächerlich macht, indem man z. B. das Gegenteil dessen, was man meint, sagt; b) paradoxe Konstellation, die einem als frivoles Spiel einer höheren Macht erscheint, z. B. eine - des Schicksals, der Geschichte. **Iro|ni|ker** *der;* -s, - 〈zu ↑ironisch〉: Mensch mit ironischer Geisteshaltung. **iro|nisch** 〈über *spätlat.* ironicus aus gleichbed. *gr.* eirōnikós〉: voller Ironie; mit feinem, verstecktem Spott; durch übertriebene Zustimmung seine Kritik zum Ausdruck bringend. **iro|ni|sie|ren** 〈nach gleichbed. *fr.* ironiser; vgl. Ironie〉: einer ironischen Betrachtung unterziehen. **Ir|onym** *das;* -s, -e 〈zu ↑Ironie u. *gr.* ónyma „Name"〉: ironische Wendung als Deckname (z. B. Von einem sehr Klugen).

Ir|ra|dia|ti|on *die;* -, -en 〈aus *spätlat.* irradiatio „Bestrahlung" zu irradiare, vgl. irradiieren〉: 1. Ausbreitung von Erregungen od. von Schmerzen im Bereich ↑peripherer

irradiieren

Nerven (Med.). 2. das Übergreifen von Gefühlen od. ↑Affekten auf neutrale Bewußtseinsinhalte od. ↑Assoziationen (Psychol.). 3. Überbelichtung von fotografischen Platten. 4. optische Täuschung, durch die ein heller Fleck auf dunklem Grund dem Auge größer erscheint als ein dunkler Fleck auf hellem Grund. **ir|ra|di|ie|ren** ⟨aus *spätlat.* irradiare „(be)strahlen" zu ↑in... (1) u. *lat.* radiare „strahlen"⟩: ausstrahlen, als eine Irradiation (1 u. 2) wirken

ir|rai|son|na|bel [...rεzɔ..., auch ...'na...] ⟨zu ↑in... (2) u. ↑räsonabel⟩: (veraltet) unvernünftig

ir|ra|tio|nal [auch ...'na:l] ⟨aus *lat.* irrationalis „unvernünftig"; vgl. Ratio⟩: a) mit der ↑Ratio, dem Verstand nicht faßbar, dem logischen Denken nicht zugänglich; b) vernunftwidrig; -e Zahlen: alle Zahlen, die sich nicht durch Brüche ganzer Zahlen ausdrücken lassen, sondern nur als nichtperiodische Dezimalbrüche mit unbegrenzter Stellenzahl dargestellt werden können (Math.); Ggs. ↑rational; vgl. ...al/...ell. **Ir|ra|tio|na|lis|mus** [auch 'ɪr...] *der;* -, ...men ⟨zu ↑...ismus⟩: 1. (ohne Plur.) Vorrang des Gefühlsmäßigen vor der Verstandeserkenntnis. 2. (ohne Plur.) metaphysische Lehre, nach der Wesen u. Ursprung der Welt dem Verstand (der Ratio) unzugänglich sind. 3. irrationale Verhaltensweise, Geschehen o. ä. **Ir|ra|tio|na|li|tät** [auch 'ɪr...] *die;* - ⟨zu ↑...ität⟩: die Eigenschaft des Irrationalen, das Irrationalsein. **ir|ra|tio|nell** [auch ...'nεl] ⟨aus gleichbed. *fr.* irrationnel; vgl. ...ell⟩: dem Verstand nicht zugänglich, außerhalb des Rationalen; vgl. ...al/...ell

ir|re|al ⟨↑in... (2) u. ↑real⟩: nicht wirklich, unwirklich; Ggs. ↑real (2). **Ir|re|al** *der;* -s, -e: svw. Irrealis. **Ir|rea|lis** *der;* -, ...les [...le:s] ⟨aus gleichbed. *lat.* (modus) irrealis⟩: ↑Modus des unerfüllbaren Wunsches, einer als unwirklich hingestellten Annahme (z. B. Wenn ich ein Vöglein *wär'...,* Hättest du es doch nicht getan!). **Ir|rea|li|tät** *die;* -, -en ⟨zu ↑in... (2) u. ↑Realität⟩: die Nicht- od. Unwirklichkeit; Ggs. ↑Realität

Ir|re|den|ta *die;* -, ...ten ⟨aus *it.* (Italia) irredenta „nicht befreites, unter fremder Herrschaft stehendes (Italien)", dies zu ↑in... (2) u. *lat.* redimere „loskaufen, befreien"⟩: 1. (ohne Plur.) ital. Unabhängigkeitsbewegung im 19. Jh. 2. politische Unabhängigkeitsbewegung, die den Anschluß abgetrennter Gebiete an das Mutterland anstrebt. **Ir|reden|tis|mus** *der;* - ⟨zu ↑...ismus (1)⟩: Geisteshaltung der Irredenta. **Ir|re|den|tist** *der;* -en, -en ⟨zu ↑...ist⟩: Angehöriger der Irredenta, Verfechter des Irredentismus. **ir|re|denti|stisch** ⟨zu ↑...istisch⟩: den Irredentismus betreffend

ir|re|duk|ti|bel [auch ...'ti:...] ⟨zu ↑in... (2), *lat.* reducere „(auf das richtige Maß) zurückführen" u. ↑...ibel⟩: nicht zurückführbar, nicht wiederherstellbar. **ir|re|du|zi|bel** [auch ...'tsi:...] ⟨zu ↑in... (2) u. ↑reduzibel⟩: nicht zurückführbar, nicht ableitbar (Philos., Math.); Ggs. ↑reduzibel. **Ir|re|du|zi|bi|li|tät** [auch 'ɪr...] *die;* - ⟨zu ↑...ität⟩: Nichtableitbarkeit (Philos., Math.)

Ir|re|fle|xi|on [auch ...'ksjo:n] *die;* -, -en ⟨zu ↑in... (2) u. ↑Reflexion⟩: Unüberlegtheit, Unbedachtsamkeit. **ir|re|fle|xiv** [auch ...'ksi:f]: nicht reflexiv, nicht in Beziehung zu sich selbst stehend (Philos.). **Ir|re|fle|xi|vi|tät** [auch 'ɪr...] *die;* -: irreflexive Beschaffenheit, Unmöglichkeit des Sichrückbeziehens (Philos.)

ir|re|for|ma|bel [auch ...'ma:...] ⟨zu ↑in... (2), ↑Reform u. ↑...abel⟩: (veraltet) unabänderlich, unverbesserlich. **Ir|refor|ma|bi|li|tät** [auch 'ɪr...] *die;* - ⟨zu ↑...ität⟩: (veraltet) Unabänderlichkeit

ir|re|fra|ga|bel [auch ...'ga:...] ⟨zu ↑in... (2), *lat.* refragari „widerstreben" u. ↑...abel⟩: (veraltet) unwiderleglich, unumstößlich. **Ir|re|fra|ga|bi|li|tät** [auch ...'ɪr...] *die;* - ⟨zu ↑...ität⟩: (veraltet) Unumstößlichkeit

ir|re|ge|ne|ra|bel [auch ...'ra:...] ⟨zu ↑in... (2), *lat.* regenerare „wieder erzeugen" u. ↑...abel⟩: (veraltet) nicht wieder erzeugbar. **Ir|re|ge|ni|tus** *der;* -, - ⟨aus gleichbed. *nlat.* irregenitus, eigtl. „Nichtwiedergeborener", zu ↑in... (2), ↑re... u. *lat.* genitus, Part. Perf. von gignere „hervorbringen, erzeugen"⟩: (veraltet) Nichtgetaufter

ir|re|gu|lär [auch ...'lε:ɐ̯] ⟨aus *spätlat.* irregularis „nicht den kirchlichen Regeln gemäß"; vgl. regulär⟩: 1. a) nicht regelmäßig, nicht regelgemäß, nicht der Regel entsprechend; b) nicht dem Gesetz entsprechend, ungesetzlich, regelwidrig; Ggs. ↑regulär; -e Truppen: außerhalb des regulären Heeres aufgebotene Verbände (Freikorps, Partisanen o. ä.). 2. vom Empfang der kath. geistlichen Weihen ausgeschlossen (wegen geistiger od. körperlicher Mängel od. einer kirchlichen Straftat. **Ir|re|gu|lä|re** *der;* -n, -n: Angehöriger ↑irregulärer Truppen. **Ir|re|gu|la|ri|tät** [auch 'ɪr...] *die;* -, -en ⟨aus *spätlat.* irregularitas, Gen. irregularitatis „Ungehorsam, Verstoß gegen die kirchlichen Regeln"⟩: 1. a) Regellosigkeit; mangelnde Regel-, Gesetzmäßigkeit; Ggs. ↑Regularität (a); b) vom üblichen Sprachgebrauch abweichende Erscheinung (Sprachw.); Ggs. ↑Regularität (b). 2. kirchenrechtliches Hindernis, das vom Empfang der geistlichen Weihen ausschließt (kath. Kirchenrecht)

ir|re|kon|zi|lia|bel [auch 'ɪr...] ⟨zu ↑in... (2), *lat.* reconciliare „versöhnen" u. ↑...abel⟩: (veraltet) unversöhnlich. **Ir|rekon|zi|lia|bi|li|tät** [auch 'ɪr...] *die;* - ⟨zu ↑...ität⟩: (veraltet) Unversöhnlichkeit

ir|re|ku|sa|bel [auch ...'za:...] ⟨aus gleichbed. *lat.* irrecusabilis⟩: (veraltet) unabweisbar. **Ir|re|ku|sa|bi|li|tät** [auch 'ɪr...] *die;* - ⟨zu ↑...ität⟩: (veraltet) Unabweisbarkeit

ir|re|la|tiv [auch ...'ti:f] ⟨zu ↑in... (2) u. ↑relativ⟩: beziehungslos, unverbunden. **Ir|re|la|ti|vi|tät** [...v..., auch 'ɪr...] *die;* - ⟨zu ↑...ität⟩: Beziehungslosigkeit

ir|re|le|vant [...v..., auch ...'vant] ⟨zu ↑in... (2) u. ↑relevant⟩: unerheblich, belanglos; Ggs. ↑relevant. **Ir|re|le|vanz** [auch ...'vants] *die;* -, -en: Unwichtigkeit, Bedeutungslosigkeit; Ggs. ↑Relevanz

ir|re|li|gi|ös [auch ...'giø:s] ⟨über *fr.* irréligieux aus gleichbed. *lat.* irreligiosus; vgl. ...ös⟩: nicht religiös (2); Ggs. ↑religiös (2). **Ir|re|li|gio|si|tät** [auch 'ɪr...] *die;* - ⟨aus gleichbed. *kirchenlat.* irreligiositas, Gen. irreligiositatis⟩: irreligiöse Einstellung; Ggs. ↑Religiosität

ir|re|mis|si|bel [auch 'ɪr...] ⟨aus gleichbed. *lat.* irremissibilis zu ↑in... (2) u. remissibilis „erläßlich", dies zu remittere „nachlassen, ablassen"⟩: (veraltet) unverzeihlich. **Ir|re|mis|si|bi|li|tät** [auch 'ɪr...] *die;* - ⟨zu ↑...ität⟩: (veraltet) Unverzeihlichkeit. **ir|re|mit|tent** [auch 'ɪr...] ⟨zu ↑in... (2) u. *lat.* remittens, Gen. remittentis, Part. Präs. von remittere, vgl. irremissibel⟩: (veraltet) unablässig

ir|re|pa|ra|bel [auch ...'ra:...] ⟨aus gleichbed. *lat.* irreparabilis⟩: a) sich nicht durch eine Reparatur instand setzen lassend; b) sich nicht ersetzen, beheben lassend; c) nicht heilbar, in der Funktion nicht wiederherzustellen (Med.); Ggs. ↑reparabel. **Ir|re|pa|ra|bi|li|tät** [auch 'ɪr...] *die;* - ⟨zu ↑...ität⟩: Unmöglichkeit, einen Schaden, Fehler o. ä. wieder auszugleichen

ir|re|po|ni|bel [auch ...'ni:...] ⟨zu ↑in... (2) u. ↑reponibel⟩: nicht wieder in die normale Lage zurückzubringen (z. B. von eingeklemmten Bruchinhalten o. ä.; Med.); Ggs. ↑reponibel

ir|re|si|sti|bel [auch 'ɪr...] ⟨zu ↑in... (2), *lat.* resistere „widerstehen" u. ↑...ibel⟩: (veraltet) unwiderstehlich. **Ir|re|si|sti-**

bi|li|tät [auch 'ɪr...] *die;* - ⟨zu ↑ ...ität⟩: (veraltet) Unwiderstehlichkeit

ir|re|so|lut [auch ...'luːt] ⟨zu ↑ in... (2) u. ↑ resolut⟩: (veraltet) unschlüssig. **Ir|re|so|lu|ti|on** [auch ...'tsi̯oːn] *die;* -: (veraltet) Unschlüssigkeit, Unentschlossenheit

ir|re|spi|ra|bel [auch ...'raː...] ⟨über *fr.* irrespirable aus gleichbed. *spätlat.* irrespirabilis⟩: nicht atembar, zum Einatmen untauglich (Med.)

ir|re|spon|sa|bel [auch ...'zaː...] ⟨zu ↑ in... (2) u. ↑ responsabel⟩: (veraltet) nicht zu verantworten

ir|re|ve|rent [......v..., auch 'ɪr...] ⟨aus gleichbed. *lat.* irreverens, Gen. irreverentis⟩: (veraltet) unehrerbietig, ehrfurchtslos. **Ir|re|ve|renz** [auch 'ɪr...] *die;* - ⟨zu ↑ in... (2) u. ↑ Reverenz⟩: (veraltet) Unehrerbietigkeit

ir|re|ver|si|bel [...v..., auch ...'ziː...] ⟨zu ↑ in... (2) u. ↑ reversibel⟩: nicht umkehrbar, nicht rückgängig zu machen (z. B. von technischen, chemischen, biologischen Vorgängen); Ggs. ↑ reversibel (1). **Ir|re|ver|si|bi|li|tät** [auch 'ɪr...] *die;* -: Unumkehrbarkeit; Ggs. ↑ Reversibilität

ir|re|vi|si|bel [...v..., auch ...'ziː...] ⟨zu ↑ in... (2) u. ↑ revisibel⟩: (veraltet) nicht mit Rechtsmitteln anfechtbar (in bezug auf Urteile); Ggs. ↑ revisibel; vgl. Revision. **Ir|re|vi|si|bi|li|tät** [auch 'ɪr...] *die;* ⟨zu ↑ ...ität⟩: (veraltet) Unanfechtbarkeit eines Urteils mit Rechtsmitteln

ir|re|vo|ka|bel [auch 'ɪr...] ⟨aus gleichbed. *lat.* irrevocabilis zu ↑ in... (2) u. revocare „zurückrufen"⟩: (veraltet) unwiderruflich. **Ir|re|vo|ka|bi|li|tät** [auch 'ɪr...] *die;* - ⟨zu ↑ ...ität⟩: (veraltet) Unwiderruflichkeit

Ir|ri|ga|ti|on *die;* -, -en ⟨aus *lat.* irrigatio, eigtl. „Bewässerung", zu irrigare, vgl. irrigieren⟩: 1. Ausspülung (bes. des Darms bei Verstopfung), Einlauf (Med.). 2. (fachspr.) Bewässerung. **Ir|ri|ga|tor** *der;* -s, ...oren ⟨aus *lat.* irrigator, eigtl. „Bewässerer"⟩: Spülapparat (der z. B. zur Darmspülung verwendet wird; Med.). **ir|ri|gie|ren** ⟨aus gleichbed. *lat.* irrigare⟩: (selten) bewässern. **Ir|ri|go|sko|pie** *die;* -, ...ien ⟨zu ↑ ...skopie⟩: röntgenographische Untersuchung des Dickdarms mit Hilfe eines durch Einlauf eingebrachten Kontrastmittels (Med.)

ir|ri|ta|bel ⟨aus gleichbed. *lat.* irritabilis⟩: reizbar, erregbar, empfindlich (z. B. von Nerven; Med.). **Ir|ri|ta|bi|li|tät** *die;* - ⟨aus gleichbed. *lat.* irritabilitas, Gen. irritabilitatis⟩: Reizbarkeit, Empfindlichkeit (z. B. eines Gewebes; Med.). **Ir|ri|tans** *das;* -, Plur. ...antia u. ...anzien [...i̯ən] ⟨aus *lat.* irritans „reizend, erregend", Part. Präs. von irritare „reizen, erzürnen, verursachen"⟩: svw. Rubefaziens. **Ir|ri|ta|ti|on** *die;* -, -en ⟨aus gleichbed. *lat.* irritatio⟩: a) auf jmdn., etw. ausgeübter Reiz, Reizung; b) das Erregtsein; c) Verwirrung, Zustand der Verunsichertheit. **ir|ri|ta|tiv** ⟨zu ↑ ...iv⟩: auf dem Wege der ↑ Irritation hervorgerufen (Med.). **ir|ri|tie|ren** ⟨durch volksetym. Anlehnung an *dt.* irren aus *lat.* irritare „(auf)reizen, erregen"⟩: a) [auf]reizen, erregen; b) unsicher machen, verwirren, beunruhigen, beirren; c) stören, lästig sein; d) (veraltend) ärgern, ärgerlich machen

Ir|ro|ga|ti|on *die;* - ⟨aus gleichbed. *lat.* irrogatio zu ↑ in... u. rogare „fragen, beantragen"⟩: (veraltet) Auferlegung (einer Strafe)

Ir|rup|ti|on *die;* -, -en ⟨aus gleichbed. *lat.* irruptio zu irrumpere „einbrechen, einfallen"⟩: (veraltet) Einbruch, feindlicher Einfall, Überfall

Ir|vin|gia|ner [...v...] *der;* -s, - ⟨nach ihrem ersten Vorsteher, dem schottischen Geistlichen E. Irving (1792–1834), u. ↑ ...ianer⟩: Angehöriger einer schwärmerischen kath.-apostolischen Sekte des 19. Jh.s [in England], die die baldige Wiederkunft Christi erwartete. **ir|vin|gia|nisch**: zu den Irvingianern gehörend, von ihnen stammend. **Ir|vin|gia|nis|mus** *der;* - ⟨zu ↑ ...ismus (1)⟩: Lehre der Irvingianer

is..., Is... vgl. iso..., Iso...

Isa|bel|le *die;* -, -n ⟨nach der span. Erzherzogin Isabella (1566–1633), die angeblich aufgrund eines Gelübdes ihr Hemd von 1601–1604 nicht gewechselt haben soll (bis zur Eroberung Ostendes durch ihren Mann)⟩: Pferd mit isabellfarbenem Fell u. gleichfarbenem od. hellerem Mähnen- u. Schweifhaar. **isa|bell|far|ben** u. **isa|bell|far|big**: graugelb

Is|ago|ge *die;* -, -n ⟨über *lat.* isagoge aus gleichbed. *gr.* eisagōgḗ⟩: in der Antike Einführung in eine Wissenschaft. **Is|ago|gik** *die;* - ⟨zu *lat.* isagogicus, dies aus *gr.* eisagōgikós „zur Einleitung gehörig"⟩: Kunst der Einführung in eine Wissenschaft, bes. die Lehre von der Entstehung der biblischen Bücher

Is|aku|ste *die;* -, -n ⟨zu ↑ iso... u. *gr.* akoustikós „das Gehör betreffend"⟩: Verbindungslinie zwischen Orten gleicher Schallstärke (bei Erdbeben)

Is|al|lo|ba|re *die;* -, -n ⟨zu ↑ iso..., ↑ allo... u. *gr.* báros „Schwere"⟩: Linie, die Orte gleicher Luftdruckveränderung verbindet (Meteor.). **Is|al|lo|ther|me** *die;* -, -n ⟨zu *gr.* thérmē „Wärme"⟩: Linie, die Orte gleicher Temperaturveränderung verbindet (Meteor.)

Is|ame|tra|le *die;* -, -n ⟨zu ↑ iso..., ↑ Ametrie u. ↑ ...ale⟩: Verbindungslinie aller Orte, die gleiche Abweichung von der durchschnittlichen Monatswärme zeigen

Is|ana|ba|se *die;* -, -n ⟨zu ↑ iso... u. *gr.* anábasis „das Aufsteigen"⟩: Verbindungslinie zwischen Orten gleicher Hebung (bei ↑ tektonischer Bewegung der Erdkruste)

Is|ane|mo|ne *die;* -, -n ⟨zu *gr.* isánemos „windgleich, -still"⟩: Linie, die Orte gleicher Windgeschwindigkeit verbindet (Meteor.)

Is|ano|ma|le *die;* -, -n ⟨zu ↑ iso... u. ↑ anomal⟩: Linie, die Orte gleicher Abweichung von einem Normalwert verbindet (Meteor.)

Is|arith|me *die;* -, ...men ⟨zu ↑ iso... u. *gr.* arithmós „Zahl, Anzahl"⟩: svw. Isolinie

Isa|tin *das;* -s ⟨Kunstw. aus ↑ *Isa*tis u. ↑ ...*in* (1)⟩: bei der Oxydation von Indigo mit Salpetersäure entstehendes Zwischen- u. Ausgangsprodukt in der pharmazeutischen u. Farbstoffindustrie

...isa|ti|on ⟨Erweiterung zu ↑ ...ation⟩: Endung weiblicher Substantive, die von Verben auf ...isieren gebildet wurden, z. B. Realisation, Solmisation

Isa|tis *die;* - ⟨über *lat.* isatis aus gleichbed. *gr.* isátis⟩: Waid (Gattung der Kreuzblütler, z. B. der Färberwaid)

Is|ba *die;* -, Isbi ⟨aus gleichbed. *russ.* isba⟩: Holzhaus, Blockhütte (bes. der russ. Bauern)

ISBN: Abk. für *engl.* International *S*tandard *B*ook *N*umber (Internationale Standardbuchnummer)

...isch/-: bei ↑ Adjektiven aus fremden Sprachen ↑ konkurrieren des öfteren endungslose Adjektive mit solchen, die auf ...isch enden; die endungslosen haben dabei mehr die ↑ Qualität eines Eigenschaftswortes; die auf ...isch enden den dagegen sind ↑ Relativadjektive, d. h., sie drücken eine allgemeine Beziehung aus, z. B. analoges (entsprechendes) Handeln, aber: analogischer (durch Analogie herbeigeführter) Ausgleich; synonyme (sinngleiche) Wörter, aber: synonymische (in bezug auf die Synonymie bestehende) Reihen, Annäherungen, Konkurrenzen

Isch|ämie [ɪsç...] *die;* -, ...ien ⟨zu *gr.* íschein „hemmen, zurückhalten" u. ↑ ...ämie⟩: örtl. Blutleere, mangelnde Versorgung einzelner Organe mit Blut (Med.). **isch|ämisch**: blutleer (Med.)

Ische

Ische *die;* -, -n ⟨aus *jidd.* ische, dies aus *hebr.* iššā „Frau, Ehefrau"⟩: (ugs.) Mädchen, junge Frau (aus der Sicht eines Jungen, jungen Mannes)

Is|chia|di|kus [ɪs'çi̯a:...] *der;* -, ...izi (Plur. selten) ⟨aus gleichbed. *lat.* (nervus) ischiadicus, vgl. ischiadisch⟩: Ischias-, Hüftnerv (Anat.). **is|chia|disch** ⟨über *lat.* ischiadicus aus *gr.* ischiadikós „an Hüftschmerz leidend"⟩: den Ischias betreffend. **Is|chi|al|gie** [ɪsçi̯a...] *die;* - ⟨aus *gr.* ischíon „Hüftgelenk" u. ↑...algie⟩: svw. Ischias. **is|chi|al|gi|form** ⟨zu ↑...form⟩: einer ↑Ischialgie ähnlich (Med.). **Is|chi|as** ['ɪʃi̯as, auch 'ɪsçi̯as] *der* od. *das*, fachspr. auch *die;* - ⟨über *lat.* ischias aus gleichbed. *gr.* ischiás, Gen. ischiádos, zu ischíon „Hüftgelenk"⟩: Hüftschmerzen; [anfallsweise auftretende] Neuralgie im Ausbreitungsbereich des ↑Ischiadikus (Med.).

Isch|idro|sis [ɪsç...] *die;* - ⟨zu *gr.* íschein „zurückhalten, hemmen" u. hidrōsis „das Schwitzen"⟩: das Schweißverhalten, Unterdrückung des Schweißes (Med.). **isch|idro|tisch** ⟨zu *gr.* hidrōtikós „schwitzend, Schweiß treibend"⟩: die Hautausdünstung unterdrückend, auf Schweißverhaltung beruhend (Med.)

Is|chio|pa|gus [ɪsçi̯o...] *der;* -, Plur. ...gen u. ...gi ⟨zu *gr.* ischíon (vgl. Ischium) u. págē „Schlinge, Netz", dies zu pēgnýnai „befestigen"⟩: Zwillingsmißgeburt, die an den Becken zusammengewachsen ist (Med.). **Is|chio|pu|beo|to|mie** *die;* -, ...ien: operative Durchtrennung des seitlichen Beckenringes als geburtshilfliche Maßnahme bei zu engem Becken (Med.). **is|chio|rek|tal:** zur Hüfte u. zum Mastdarm gehörend (Med.). **Is|chi|um** *das;* -s, ...ia ⟨über *nlat.* ischium aus *gr.* ischíon „Hüftgelenk, Hüfte"⟩: Hüfte, Gesäß (Med.)

Is|cho|chy|mie [ɪsç...] *die;* -, ...ien ⟨zu *gr.* íschein „zurückhalten, hemmen", ↑Chymus u. ↑²...ie⟩: verzögerte Weiterleitung des Speisebreis vom Magen in den unteren Verdauungstrakt (Med.). **Is|cho|pho|nie** *die;* -, ...ien ⟨zu ↑...phonie⟩: (veraltet) Stimmverhaltung, Stottern (Med.). **Isch|urie** *die;* -, ...ien ⟨zu ↑...urie⟩: Harnverhaltung; Unmöglichkeit, Harn zu entleeren (Med.)

Is|en|thal|pe *die;* -, -n ⟨zu ↑iso... u. *gr.* enthálpein „darin erwärmen"⟩: Kurve im Zustandsdiagramm, die Zustände gleicher ↑Enthalpie verbindet (Meteor.). **is|en|trop** ⟨zu ↑iso... u. ↑Entropie⟩: bei gleichbleibender ↑Entropie verlaufend (Phys.); vgl. ...isch/-. **Is|en|tro|pe** *die;* -, -n: Kurve gleicher ↑Entropie (Phys.). **is|en|tro|pisch** vgl. isentrop

Is|fa|han u. Ispahan *der;* -[s], -s ⟨nach der iran. Stadt Isfahan (früher Ispahan)⟩: feiner, handgeknüpfter Teppich mit Blüten-, Ranken- od. Arabeskenmusterung auf meist beigefarbenem Grund

Is|goi [...gɔy, auch ...'gɔy] *der;* -s, - ⟨aus gleichbed. älter *russ.* izgoj zu iz „aus, heraus" u. goit „pflegen"⟩: (veraltet) 1. ein aus dem Gemeindeverband Ausgestoßener, Friedloser. 2. Fürst ohne Erbanspruch auf den großfürstlichen Thron in Rußland

...isie|ren ⟨aus *fr.* -iser bzw. Erweiterung von ↑...ieren⟩: häufiges Suffix von Verben, das eine Veränderung od. eine bestimmte Verhaltensweise ausdrücken kann, z. B. pulverisieren, polemisieren, rationalisieren, urbanisieren. **...isiert** ⟨Erweiterung zu ↑...iert⟩: Endung von Partizipien, z. B. idiomatisiert. **...isie|rung** ⟨Erweiterung zu ↑...ierung⟩: Endung weiblicher Substantive, die von Verben auf ...isieren gebildet wurden, z. B. Rationalisierung, Urbanisierung

Is|lam [auch 'ɪslam] *der;* -[s] ⟨aus *arab.* islām, eigtl. „Ergebung (in Allahs Willen)"⟩: von Mohammed zwischen 610 u. 632 gestiftete u. im ↑Koran schriftlich niedergelegte Religion (mit bestimmten politischen, sozialen u. kulturellen Auswirkungen). **Is|la|mi|sa|ti|on** *der;* -, -en ⟨zu ↑...isation⟩: Bekehrung zum Islam; vgl. ...[at]ion/...ierung. **is|la|misch:** zum Islam gehörend. **is|la|mi|sie|ren** ⟨zu ↑...isieren⟩: a) zum Islam bekehren; b) dem Herrschaftsbereich des Islams einverleiben. **Is|la|mi|sie|rung** *die;* -, -en ⟨zu ↑...isierung⟩: das Islamisieren; vgl. ...[at]ion/...ierung. **Is|la|mis|mus** *der;* - ⟨zu ↑...ismus (1)⟩: svw. Islam. **Is|la|mit** *der;* -en, -en ⟨zu ↑³...it⟩: Anhänger des Islams. **Is|la|mi|tin** *die;* -, -nen: weibliche Form zu ↑Islamit. **is|la|mi|tisch:** svw. islamisch

Is|mae|lit [...mae...] *der;* -en, -en ⟨nach Ismael (im A. T. Sohn Abrahams, der nach Isaaks Geburt mit seiner Mutter Hagar verstoßen wurde) u. zu ↑³...it; vgl. 1. Mose 16,15ff.⟩: a) Angehöriger alttestamentlicher nordarabischer Stämme, die Ismael als ihren Stammvater ansehen; b) svw. Ismailit. **Is|mai|lit** [...mai...] *der;* -en, -en ⟨nach Ismail (Nachkomme Mohammeds, Sohn des sechsten Imams Dschafar al-Sadiq († 760) u. zu ↑³...it⟩: Angehöriger einer ² schiitischen Glaubensgemeinschaft, in der nur sieben ↑Imame (2), als letzter Ismail, anerkannt werden

Is|mus *der;* -, Ismen: abwertende Bez. für eine bloße Theorie, eine von den vielen auf ...ismus (1) endenden Lehrmeinungen u. Systemen. **...is|mus** ⟨teilweise unter Einfluß von *engl.* -ism bzw. *fr.* -isme aus (*n)lat.* -ismus, dies aus gleichbed. *gr.* -ismos⟩: Endung männlicher Substantive mit den folgenden Hauptbedeutungen: 1. philosophische, politische, künstlerische Lehrmeinung od. Richtung, häufig in Verbindung mit Eigennamen, z. B. Impressionismus, Marxismus. 2. Gesamtheit von Vorgängen, Erscheinungen od. Anschauungen, z. B. Organismus, Magnetismus, Synkretismus. 3. Abweichung von einem normalen Zustand, z. B. Mongolismus, Albinismus. 4. Spracheigentümlichkeit, z. B. Amerikanismus. 5. Gesamtheit von negativen Einstellungen od. Abwertung, z. B. Fatalismus, Provinzialismus; vgl. ...izismus. **...is|mus/...istik:** beide Endungen ↑konkurrieren des öfteren miteinander; dabei drücken die Wörter auf ...ismus mehr eine Tendenz, Richtung, Geisteshaltung aus; die Wörter auf ...istik dagegen beziehen sich mehr auf die Erscheinung, die Äußerungsform (z. B. Tourismus/Touristik, Realismus/Realistik)

ISO *die;* - ⟨Kurzw. für *I*nternational *O*rganization for *S*tandardization⟩: Internationale Normierungsorganisation

iso..., Iso..., vor Vokalen meist is..., Is... ⟨aus gleichbed. *gr.* ísos⟩: Wortbildungselement mit der Bedeutung „gleich", z. B. isobar, Isoglosse; isentrop

Iso|ag|glu|ti|nin *das;* -s, -e ⟨zu ↑iso... u. ↑Agglutinin⟩: im Blutserum physiologisch vorhandener Antikörper gegen Blutkörperchen einer anderen Blutgruppe (Med.)

Iso|am|pli|tu|de *die;* -, -n ⟨zu ↑iso... u. ↑Amplitude⟩: Linie, die Orte gleicher mittlerer Temperaturschwankungen verbindet (Meteor.)

iso|bar ⟨zu ↑iso... u. *gr.* báros „Schwere, Gewicht; Druck"⟩: 1. gleiche Nukleonenzahl bei verschiedenen Protonen- u. Neutronenzahl besitzend (in bezug auf Atomkerne). 2. gleichen Druck habend (Phys.); -er Vorgang: ohne Druckänderung verlaufender Vorgang (Phys.). **Iso|bar** *das;* -s, -e: Atomkern mit isobaren Eigenschaften. **Iso|ba|re** *die;* -, -n: Verbindungslinie zwischen Orten gleichen Luftdrucks. **iso|ba|ro|me|trisch** ⟨zu ↑...metrisch⟩: gleichen Luftdruck aufweisend

Iso|ba|se *die;* -, -n ⟨zu ↑iso... u. *gr.* (aná)basis „das (Auf)steigen"⟩: svw. Isanabase

Iso|ba|the *die;* -, -n ⟨zu ↑iso... u. *gr.* báthos „Tiefe"⟩: Verbindungslinie zwischen Orten gleicher [Wasser]tiefe

Iso|bron|te *die;* -, -n ⟨zu ↑iso... u. *gr.* bronté „Donner"⟩: 1. Linie gleicher Uhrzeit des ersten Donners, der den Beginn eines Gewitters angibt (Meteor.). 2. Linie, die alle Orte mit gleicher Gewitterhäufigkeit verbindet (Meteor.); vgl. Isokeraune

Iso|bu|tan *das;* -s ⟨zu ↑iso... u. ↑Butan⟩: gesättigter Kohlenwasserstoff; farbloses, brennbares Gas, das für die Herstellung von Flugbenzin verwendet wird. **Iso|bu|ta|nol, Iso|bu|tyl|al|ko|hol** *der;* -s: dem ↑Butylalkohol ↑isomerer flüssiger, giftiger Alkohol, ein Lösungsmittel. **Iso|bu|ty|len** *das;* -s: u. a. beim Kracken (vgl. kracken) von Erdöl entstehender ungesättigter Kohlenwasserstoff, der zur Herstellung von Flugbenzin u. Kunststoffen dient

Iso|chas|me [...ç...] *die;* -, -n ⟨zu ↑iso... u. *gr.* chásma „Öffnung"⟩: Verbindungslinie zwischen Orten gleich häufigen Auftretens von Polarlicht (Meteor.)

Iso|chi|me|ne [...ç...] *die;* -, -n ⟨zu ↑iso... u. *gr.* cheimón „Winter"⟩: Verbindungslinie zwischen Orten gleicher mittlerer Wintertemperatur (Meteor.)

Iso|chi|no|lin [...ç...] *das;* -s ⟨zu ↑iso... u. ↑Chinolin⟩: im Steinkohlenteer enthaltene ↑heterozyklische chem. Verbindung, die sich vom ↑Chinolin durch die Stellung des Stickstoffatoms unterscheidet

Iso|chio|ne [...ç...] *die;* -, -n ⟨zu ↑iso... u. *gr.* chión „Schnee"⟩: Verbindungslinie zwischen Orten gleichen Schneefalls (Meteor.)

iso|chor [...k...] ⟨zu ↑iso... u. *gr.* chõros „Raum, Platz, Zwischenraum"⟩: gleiches Volumen habend; -er Vorgang: Vorgang ohne Änderung des Volumens. **Iso|cho|re** *die;* -, -n: Linie in ↑Diagrammen, die Punkte konstanten Volumens verbindet

iso|chrom [...k...] ⟨zu ↑iso... u. *gr.* chrõma „Farbe (der Haut)"⟩: 1. gleichmäßig gefärbt. 2. svw. isochromatisch. **Iso|chro|ma|sie** *die;* -: gleiche Farbempfindlichkeit, Farbtonrichtigkeit, bes. bei fotografischen Emulsionen. **Isochro|ma|ten** *die* (Plur.) ⟨zu ↑...at (1)⟩: Kurven gleichen Gangunterschiedes (gleicher ↑Interferenzfarbe) bei Doppelbrechung nichtkubischer Kristalle. **iso|chro|ma|tisch:** verschiedene Farben gleich behandelnd, für alle ↑Spektralfarben gleich empfindlich, farbtonrichtig; -e Platte: für den gesamten Spektralbereich gleich empfindliche fotografische Platte. **Iso|chro|mo|som** *das;* -s, -e: aus zwei ↑homologen Armen bestehendes Chromosom (Genetik)

iso|chron [...k...] ⟨aus gleichbed. *gr.* isóchronos⟩: gleich lang dauernd (Phys.). **Iso|chro|ne** *die;* -, -n: Verbindungslinie zwischen Orten gleichzeitigen Auftretens bestimmter Erscheinungen (z. B. einer Erdbebenwelle). 2. Linie gleicher Entstehungszeit bestimmter Sedimente in Gebieten mit unterschiedlicher Entwicklung der ↑Fazies (1; Geol.). 3. Verbindungslinie zwischen Orten, die von einem Punkt aus in der gleichen Zeit erreicht werden können. **Iso|chronis|mus** *der;* - ⟨zu ↑...ismus (2)⟩: Eigenschaft schwingender Körper od. schwingender mechanischer Systeme, unabhängig von der Größe des Ausschlags gleiche Schwingungsdauer aufzuweisen, bes. bei Uhren der angestrebte Zustand, daß der Schwinger in gleicher Zeit immer gleich viele Schwingungen ausführt

iso|cy|clisch [...'tsy:k...], auch ...'tsyk...] vgl. isozyklisch (2)

Iso|de|for|ma|te *die* (Plur.) ⟨zu ↑iso... u. *lat.* deformatus, Part. Perf. von deformare „entstellen, verunstalten"⟩: svw. Äquideformate

iso|de|misch ⟨zu ↑iso... u. *gr.* démein „bauen"⟩: mit allseitig gleichartig gebundenen Gitterbausteinen (von Kristallen)

iso|dens ⟨zu ↑iso... u. *lat.* densus „dicht"⟩: mit gleichmäßiger Dichte [sichtbar] (Med.). **Iso|den|se** *die;* -, -n: Verbindungslinie zwischen Orten gleicher Luftdichte (Meteor.)

iso|des|misch ⟨zu ↑iso... u. *gr.* desmeĩn „binden, fesseln"⟩: svw. isodemisch

iso|dom, iso|do|misch ⟨zu ↑iso... u. *gr.* dõma „Gebäude, Haus"⟩: (veraltet) gleich gebaut, aus gleich großen Steinen errichtet; vgl. ...isch/-

is|odont ⟨zu ↑iso... u. *gr.* odoús, Gen. odóntos „Zahn"⟩: svw. homodont. **Is|odon|tie** *die;* - ⟨zu ↑²...ie⟩: svw. Homodontie

iso|dy|nam, isodynamisch ⟨zu ↑iso... u. *gr.* dýnamis „Kraft, Stärke"⟩: auf Isodynamie beruhend, von gleichem Energiegewirt, energetisch gleichwertig; vgl. ...isch/-. **Iso|dy|name** *die;* -, -n: Verbindungslinie zwischen Orten gleicher magnetischer Stärke. **Iso|dy|na|mie** *die;* - ⟨zu ↑²...ie⟩: die Gleichwertigkeit des Kalorien- bzw. Joulegehalts bzw. der Verbrennungsenergie verschiedener Nahrungsmittel. **iso|dy|na|misch** vgl. isodynam. **Iso|dy|ne** *die;* -, -n: Linie, die Punkte gleicher Kraft verbindet (Phys.)

iso|elek|trisch ⟨zu ↑iso... u. ↑elektrisch⟩: die gleiche Anzahl positiver wie negativer Ladungen aufweisend (bei ↑amphoteren ↑Elektrolyten); -er Punkt: bei organischen Kolloiden auf der Kurve, die den Ladungsüberschuß der positiven Wasserstoffionen angibt, der Punkt, bei dem durch Zugabe von Laugen od. Säuren die negativen Ionen die freien Wasserstoffionen gerade neutralisieren. **iso|elek|tro|nisch:** die gleiche Zahl u. Anordnung von Elektronen besitzend

Iso|en|zym *das;* -s, -e ⟨zu ↑iso... u. ↑Enzym⟩: Enzym mit annähernd gleicher Funktion wie andere Enzyme, aber von mehr od. weniger verschiedenem Bau

Iso|er|ge *die;* -, -n ⟨zu ↑iso... u. *gr.* érgon „Tat; Arbeit; Werk", eigtl. „das Hervorgebrachte"⟩: auf volkskundlichen Karten Linie, die Gebiete gleicher Erscheinungen begrenzt

Iso|ga|me|ten *die* (Plur.) ⟨zu ↑iso... u. ↑Gamet⟩: männliche u. weibliche Geschlechtszellen, die keine ↑morphologischen Unterschiede aufweisen (Biol.). **Iso|ga|mie** *die;* -, ...ien ⟨zu ↑...gamie⟩: Vereinigung gleichgestalteter Geschlechtszellen (Biol.)

Iso|gam|me *die;* -, -n ⟨zu ↑iso... u. Gamma (alte Einheit der Feldstärke)⟩: Verbindungslinie zwischen Orten gleicher Abweichung vom Normalfeld der Schwerkraft

iso|gen ⟨aus *gr.* isogenḗs „von gleicher Geburt"⟩: ↑genetisch identisch (z. B. in bezug auf pflanzliche u. tierische Organismen). **Iso|ge|nie** *die;* - ⟨zu ↑...genie⟩: genetische Identität aller Individuen einer Gruppe

Iso|geo|ther|me *die;* -, -n ⟨zu ↑iso..., ↑geo... u. *gr.* thermós „warm"⟩: Verbindungslinie zwischen Orten gleicher Erdbodentemperatur (Meteor.)

Iso|glos|se *die;* -, -n ⟨zu ↑iso... u. *gr.* glõssa „Zunge (als Instrument des Sprechens); Sprache"⟩: auf Sprachkarten Linie, die Gebiete gleichen Wortgebrauchs begrenzt (Sprachw.)

Iso|gon *das;* -s, -e ⟨aus *gr.* isogṓnios „gleichwinklig"⟩: regelmäßiges Vieleck. **iso|go|nal** ⟨zu ↑¹...al (1)⟩: winkelgetreu (bes. bei geomtr. Figuren u. bei Landkarten), gleichwinklig. **Iso|go|na|li|tät** *die;* - ⟨zu ↑...ität⟩: Winkeltreue (bes. bei Landkarten). **Iso|go|ne** *die;* -, -n ⟨zu ↑isogon⟩: Verbindungslinie zwischen Orten gleicher ↑Deklination od. gleichen Windes (Meteor.). **Iso|go|nis|mus** *der;* - ⟨zu ↑...ismus (2)⟩: Gleichwinkligkeit

Iso|gra|de *die;* -, -n ⟨zu ↑iso... u. *lat.* gradus „Schritt"⟩: Linie, die alle Orte verbindet, die bei der Gesteinsmetamorphose unter gleichen Druck- u. Temperaturbedingungen standen (Geol.).
Iso|ha|li|ne *die;* -, -n ⟨zu ↑iso..., *gr.* háls „Salz" u. ↑...ine⟩: Verbindungslinie zwischen Orten gleichen Salzgehalts (Geol.).
Iso|hä|mo|ly|sin *das;* -s, -e ⟨zu ↑iso... u. ↑Hämolysin⟩: ↑Hämolysin, das gegen rote Blutkörperchen der eigenen Art gerichtet ist (Med.).
Iso|he|lie [...i̯ə] *die;* -, -n ⟨zu ↑iso..., *gr.* hếlios „Sonne; Licht" u. ↑¹...ie⟩: Verbindungslinie zwischen Orten mit gleich langer Sonnenbestrahlung (Meteor.).
Iso|hy|drä|mie *die;* -, ...jen ⟨zu ↑iso..., ↑hydro... u. ↑...ämie⟩: der normalerweise gleichbleibende Wassergehalt des Blutes (Med.). **Iso|hy|drie** *die;* -, ...jen ⟨zu ↑iso... u. ↑...hydrie⟩: gleichbleibende Wasserstoffionenkonzentration im Körper (Biochem.).
Iso|hye|te *die;* -, -n ⟨zu ↑iso... u. *gr.* hyetós „Regen"⟩: Verbindungslinie zwischen Orten mit gleicher Niederschlagsmenge (Meteor.).
Iso|hyp|se *die;* -, -n ⟨zu *gr.* isoypsés „von gleicher Höhe"⟩: Verbindungslinie zwischen Orten gleicher Meereshöhe (Geogr.).
Iso|ka|ta|ba|se *die;* -, -n ⟨zu ↑iso... u. *gr.* katábasis „das Hinabsteigen"⟩: Verbindungslinie zwischen Orten gleicher Senkung (Geol.).
Iso|kat|ana|ba|re *die;* -, -n ⟨zu ↑iso..., ↑kat..., ↑ana... u. *gr.* báros „Schwere, Gewicht; Druck"⟩: Linie, die Orte mit gleicher monatlicher Luftdruckschwankung verbindet (Meteor.).
Iso|ke|pha|lie *die;* - ⟨zu ↑iso..., *gr.* kephalḗ „Kopf" u. ↑²...ie⟩: gleiche Kopfhöhe aller Gestalten eines Gemäldes od. ↑Reliefs (meist mit dem Prinzip der Reihung verbunden)
Iso|ke|rau|ne *die;* -, -n ⟨zu ↑iso... u. *gr.* keraunós „Donner, (einschlagender) Blitz"⟩: Verbindungslinie zwischen Orten gleicher Häufigkeit, Stärke od. der Gleichzeitigkeit von Gewittern (Meteor.); vgl. Isobrante (2)
iso|kli|nal ⟨zu *gr.* isoklinés „von gleicher Neigung"; vgl. ¹...al (1)⟩: nach der gleichen Richtung einfallend (Geol.). **Iso|kli|na|le** *die;* -, -n u. **Iso|kli|nal|fal|te** *die;* -, -n: Gesteinsfalte, deren beide Schenkel gleich geneigt sind (Geol.). **Iso|kli|ne** *die;* -, -n ⟨zu ↑...ine⟩: Verbindungslinie zwischen Orten gleicher ↑Inklination (Geogr.)
Iso|ko|lon *das;* -s, ...la ⟨zu *gr.* isókōlos „von gleich langen Satzgliedern"⟩: Satzteil, der innerhalb einer ↑Periode (8) mit anderen koordinierten Satzteilen in der Länge gleich ist (antike Rhet.); vgl. Kolon (2)
Iso|ko|rie *die;* -, ...jen ⟨zu ↑iso..., *gr.* kórē „Mädchen; Pupille" u. ↑²...ie⟩: Pupillengleichheit, gleiche Weise der Pupillen des rechten u. linken Auges (Med.).
Iso|kor|tex *der;* -[es], Plur. -e u. ...tizes [...tse:s] ⟨zu ↑iso... u. ↑Kortex⟩: aus 6 Schichten bestehender Abschnitt der Großhirnrinde, der sich in den letzten Fetalmonaten ausbildet (Med.).
Iso|kry|me *die;* -, -n ⟨zu ↑iso... u. krýmós „Frost"⟩: 1. Verbindungslinie zwischen Orten mit gleichzeitiger Eisbildung auf Gewässern (Meteor.). 2. Verbindungslinie zwischen Orten gleicher Minimaltemperatur
Iso|la|ni *der;* -[s], -[s] ⟨in Anlehnung an den Grafen Isolani aus Schillers Wallenstein zu dem Verb ↑isolieren gebildet⟩: (scherzh.) alleinstehender, isolierter Bauer (Schach). **Iso|lar|plat|te** *die;* -, -n ⟨Kunstw.; zu ↑isolieren⟩: lichthoffreie fotogr. Platte. **Iso|lat** *das;* -[e]s, -e ⟨rückgebildet zu ↑Isolation⟩: 1. (für die Herausbildung von Rassen wichtige) isolierte Gruppe von Lebewesen mit einem Gengehalt, der von dem anderer vergleichbarer Gruppen abweicht (Biol.). 2. aus dem Gewebe od. aus Körperflüssigkeiten isolierte Krankheitserreger (Med.). **Iso|la|ti|on** *die;* -, -en ⟨aus gleichbed. *fr.* isolation zu isoler, vgl. isolieren⟩: 1. Absonderung, Getrennthaltung [von Infektions- od. Geisteskranken, Häftlingen]. 2. a) Vereinzelung, Vereinsamung (eines ↑Individuums innerhalb einer Gruppe); Abkapselung; b) Abgeschnittenheit eines Gebietes (vom Verkehr, von der Kultur o. ä.). 3. a) Verhinderung des Durchgangs von Strömen (Gas, Wärme, Elektrizität, Wasser u. a.) mittels nichtleitender Stoffe; b) Isoliermaterial (Techn.); vgl. ...[at]ion/...ierung. **Iso|la|ti|ons|me|cha|nis|mus** *der;* -, ...men: die effektive biotopische Schranke, die in der Regel die Kreuzung verschiedener Arten ausschließt. **Iso|la|tio|nis|mus** *der;* - ⟨aus gleichbed. *engl.-amerik.* isolationism; vgl. isolieren u. ...ismus (1)⟩: politische Tendenz, sich vom Ausland abzuschließen (sich nicht einzumischen u. keine Bündnisse abzuschließen). **Iso|la|tio|nist** *der;* -en, -en ⟨aus gleichbed. *engl.-amerik.* isolationist⟩: Verfechter des Isolationismus. **iso|la|tio|ni|stisch** ⟨zu ↑...istisch⟩: den Isolationismus betreffend, dem Isolationismus entsprechend. **Iso|la|ti|ons|haft** *die;* - ⟨zu ↑Isolation⟩: Haft, bei der die ↑Kontakte des Häftlings zur Außenwelt eingeschränkt od. unterbunden sind. **iso|la|tiv** ⟨zu ↑...iv⟩: eine Isolation (1, 2, 3) darstellend, beinhaltend. **Iso|la|tor** *der;* -s, ...oren ⟨über *fr.* isolateur aus gleichbed. *it.* isolatore; vgl. isolieren u. ...or⟩: 1. Stoff, der Energieströme schlecht od. gar nicht leitet. 2. a) Material zum Abdichten, Isolieren; b) zur Verhinderung von Kurzschlüssen o. ä. verwendetes Material als Umhüllung u. Stütze für unter Spannung stehende elektrische Leitungen
Iso|leu|cin [...'tsi:n] vgl. Isoleuzin. **Iso|leu|zin,** chem. fachspr. Isoleucin [...'tsi:n] *das;* -s ⟨zu ↑iso... u. ↑Leuzin⟩: neben ↑Leuzin in zahlreichen ↑Proteinen enthaltene ↑Aminosäure, die u. a. aus Hefeeiweiß gewonnen werden kann (Biochem.).
Iso|le|xe *die;* -, -n ⟨zu ↑iso... u. *gr.* léxis „Sprechweise, Wort"⟩: svw. Isoglosse
iso|le|zi|thal ⟨zu ↑iso..., *gr.* lékithos „Eidotter" u. ↑¹...al (1)⟩: einen gleichmäßig in der ganzen Zelle verteilten Dotter aufweisend (in bezug auf Eizellen; Biol.); vgl. telolezithal, zentrolezithal
iso|lie|ren ⟨über *fr.* isoler aus gleichbed. *it.* isolare, eigtl. „zur Insel machen", zu *it.* isola „Insel", dies aus gleichbed. *lat.* insula⟩: 1. absondern; vereinzeln; abschließen. 2. Kranke von Gesunden getrennt halten (Med.). 3. eine Figur von ihren Mitstreitkräften abschneiden (Schach). 4. einen ↑Isolator anbringen (Techn.). **iso|lie|rend** ⟨zu ↑...ierend⟩: a) absondernd, vereinzelnd; b) abschließend; -e Sprachen: Sprachen, die die Beziehungen der Wörter im Satz nur durch die Wortstellung ausdrücken (z. B. das Chinesische); Ggs. ↑agglutinierende, ↑flektierende Sprachen. **Iso|lier|sta|ti|on** *die;* -, -en: Abteilung eines Krankenhauses, in der Patienten mit Infektionskrankheiten, seltener auch psychisch Kranke untergebracht werden. **iso|liert** ⟨zu ↑...iert⟩: a) abgesondert, vereinzelt; b) losgelöst, abgeschlossen; -e Bildung: von einer Gruppe o. einer bestimmten Funktion losgelöste, erstarrte sprachliche Form (z. B. verschollen: lebt nicht mehr als Perfektpartizip zu „verschallen", sondern ist zum Adjektiv geworden); c) vereinsamt. **Iso|lie|rung** *die;* -, -en ⟨zu ↑...ierung⟩: a) das Isolieren; b) Isolation (3 b); vgl. ...[at]ion/...ierung
Iso|li|nie [...i̯ə] *die;* -, -n ⟨zu ↑iso... u. ↑Linie⟩: Linie auf

geogr., meteorol. u. sonstigen Karten, die Punkte gleicher Wertung od. gleicher Erscheinungen verbindet

iso|ma|gne|tisch ⟨zu ↑iso... u. ↑magnetisch⟩: gleiche erdmagnetische Werte aufweisend; -e K u r v e : Verbindungslinie zwischen isomagnetischen Punkten

Iso|malt *der;* -s ⟨zu ↑iso... u. *nlat.* maltum „Malz"⟩: Zuckeraustauschstoff, der durch ↑enzymatische Umlagerung von Rohr- u. Rübenzucker u. anschließende ↑katalytische Hydrierung gewonnen wird

Iso|me|ne *die;* -, -n ⟨zu ↑iso... u. *gr.* mēn „Monat"⟩: Verbindungslinie zwischen Orten gleicher mittlerer Monatstemperatur

iso|mer ⟨aus *gr.* isomerés „von gleichen Teilen", vgl. iso... u. ...mer⟩: 1. gleich gegliedert in bezug auf die Blattkreise einer Blüte, die alle gleich viele Glieder aufweisen (Bot.); Ggs. ↑heteromer. 2. die Eigenschaft der Isomeren aufweisend (Chem.). **Iso|mer** *das;* -s, -e (meist Plur.) u. **Iso|me|re** *das;* -n, -n (ein -s; meist Plur.): 1. chem. Verbindung, die trotz der gleichen Anzahl gleichartiger Atome im Molekül durch deren Anordnung von einer entsprechenden anderen Verbindung hinsichtlich ihrer chem. u. physik. Eigenschaften unterschieden ist. 2. Atomkern, der die gleiche Anzahl ↑Protonen u. ↑Neutronen wie ein anderer Atomkern hat, aber unterschiedliche kernphysikalische Eigenschaften aufweist. **Iso|me|rie** *die;* - ⟨zu ↑...merie⟩: 1. gleiche Gliederung in bezug auf die Blattkreise einer Blüte, die alle gleich viele Glieder aufweisen (Bot.). 2. die Verhaltensweise der Isomeren. **Iso|me|ri|sa|ti|on** *die;* - ⟨zu ↑...isation⟩: Umwandlung einer chem. Verbindung in eine andere von gleicher Summenformel u. gleicher Molekülgröße; vgl. ...[at]ion/...ierung. **Iso|me|ri|sie|rung** *die;* -, -en ⟨zu ↑...isierung⟩: svw. Isomerisation; vgl. ...[at]ion/...ierung

iso|me|sisch ⟨zu ↑iso... u. *gr.* mésos „mitten"⟩: im gleichen ↑¹Medium (3) gebildet (in bezug auf Gesteine; Geol.); Ggs. ↑heteromesisch

Iso|me|trie *die;* - ⟨aus *gr.* isometría „gleiches Maß"⟩: 1. Längengleichheit, Längentreue, bes. bei Landkarten. 2. mit dem Gesamtwachstum übereinstimmendes, gleichmäßig verlaufendes Wachstum von Organen od. Organsystemen (Biol.); Ggs. ↑Allometrie. **Iso|me|trik** *die;* - ⟨zu ↑isometrisch u. ↑²...ik (2)⟩: isometrisches Muskeltraining. **iso|me|trisch** ⟨aus *gr.* isómetros „gleich an Maß"⟩: die gleiche Längenausdehnung beibehaltend; -es M u s k e l t r a i n i n g : rationale Methode des Krafttrainings, bei der die Muskulatur ohne Änderung der Längenausdehnung angespannt wird; -es W a c h s t u m : Isometrie (2). **iso|me|trop** ⟨zu *gr.* métron „Maß" u. ōps, Gen. ōpós „Auge"⟩: gleichsichtig (auf beiden Augen; Med.). **Iso|me|tro|pie** *die;* - ⟨zu ↑²...ie⟩: gleiche Sehkraft auf beiden Augen (Med.)

iso|morph ⟨zu ↑iso... u. ↑...morph⟩: 1. von gleicher Gestalt (bes. bei Kristallen; Phys., Chem.). 2. in der algebraischen Struktur einen Isomorphismus enthaltend (Math.). 3. die gleiche sprachliche Struktur (die gleiche Anzahl von ↑Konstituenten mit den gleichen Beziehungen zueinander, z. B. unbezähmbar, unverlierbar) aufweisend (Sprachw.). **Iso|mor|phie** *die;* - ⟨zu ↑²...ie⟩: isomorpher Zustand. **Iso|mor|phis|mus** *der;* - ⟨zu ↑...ismus (2)⟩: 1. Eigenschaft gewisser chem. Stoffe, gemeinsam dieselben Kristalle (Mischkristalle) zu bilden. 2. spezielle, umkehrbar eindeutige Abbildung einer ↑algebraischen Struktur auf eine andere (Math.)

Iso|ne|phe *die;* -, -n ⟨zu ↑iso... u. *gr.* néphos „Wolke"⟩: Verbindungslinie zwischen Orten mit gleich starker Bewölkung (Meteor.)

Iso|ni|azid *das;* -s ⟨Kurzw. aus *Isoni*kotinsäurehydr*azid*⟩: wichtiges ↑Chemotherapeutikum zur Bekämpfung der Tuberkulose; Abk. INH. **Iso|ni|ko|tin|säu|re** *die;* -: isomere Verbindung zur Nikotinsäure, die vor allem zur Herstellung von Pharmazeutika verwendet wird

Iso|ni|tril *das;* -s, -e ⟨zu ↑iso... u. ↑Nitril⟩: farblose, meist widerlich riechende, giftige Flüssigkeit, die man aus primären ↑Aminen durch Umsetzen mit ↑Chloroform u. Alkalilauge erhält (Chem.)

Iso|no|mie *die;* - ⟨aus gleichbed. *gr.* isonomía⟩: (veraltet) a) Gleichheit vor dem Gesetz; b) [politische] Gleichberechtigung. **iso|no|misch**: unter gleichen Gesetzen stehend, in gleicher Weise als Gesetz geltend

Iso|om|bre *die;* -, -n ⟨zu ↑iso... u. *gr.* ómbros „Regen"⟩: Verbindungslinie zwischen Orten mit gleicher Wasserverdunstung (Meteor.)

iso|os|mo|tisch ⟨zu ↑iso... u. ↑osmotisch⟩: von gleichem osmotischem Druck (Chem.)

Iso|pa|che *die;* -, -n ⟨zu ↑iso... u. *gr.* páchos „Dicke, Stärke, Wucht"⟩: Verbindungslinie zwischen Orten gleicher Schichtmächtigkeit (von Gesteinsverbänden; Geol.)

Iso|pa|ge *die;* -, -n ⟨zu ↑iso... u. *gr.* págos „Eis, Reif, Frost"⟩: Verbindungslinie zwischen Orten mit zeitlich gleich langer Eisbildung auf Gewässern (Meteor.)

Iso|par|af|fin *das;* -s, -e ⟨zu ↑iso... u. ↑Paraffin⟩: gesättigter ↑alipathischer Kohlenwasserstoff mit verzweigtem Kohlenstoffgerüst (Chem.)

Iso|pa|thie *die;* - ⟨zu ↑iso... u. ↑...pathie⟩: Behandlung einer Krankheit mit Stoffen, die durch die Krankheit im Organismus gebildet werden (z. B. Antikörper, Vakzine; Med.). **iso|pa|thisch**: die Isopathie betreffend (Med.)

Iso|pe|ri|me|trie *die;* - ⟨zu ↑isoperimetrisch u. ↑²...ie⟩: Gleichheit des Umfanges (Math.). **iso|pe|ri|me|trisch** ⟨aus *gr.* isoperímetros „von gleicher Größe"⟩: von gleichem Ausmaß (von Flächen u. Körpern; Math.)

Iso|perm *das;* -s ⟨Kurzw. aus ↑*iso*... u. ↑*perm*eabel⟩: magnetisches Material mit möglichst konstanter ↑Permeabilität bei verschiedenen Magnetfeldstärken (Phys.)

Iso|pha|ne *die;* -, -n ⟨zu ↑iso... u. *gr.* phanerós „sichtbar"⟩: Linie, die Orte mit gleichem Vegetationsbeginn verbindet (Meteor.)

Iso|pho|ne *die;* -, -n ⟨zu *gr.* isóphonos „gleichklingend"⟩: Linie auf Sprachkarten, die Gebiete gleicher Laute begrenzt

Iso|pho|te *die;* -, -n ⟨zu ↑iso... u. *gr.* phōs, Gen. phōtós „Licht"⟩: Verbindungslinie zwischen Orten gleicher Energiestrahlung

is|opisch ⟨zu ↑iso... u. *gr.* ópsis „das Aussehen, Erscheinung"⟩: in der gleichen ↑Fazies vorkommend (in bezug auf Gesteine; Geol.); Ggs. ↑heteropisch

Iso|pla|na|sie *die;* - ⟨zu ↑iso..., *lat.* planus „flach, eben" u. ↑²...ie⟩: Zustand eines optischen Systems, insbes. eines fotografischen Objektivs, bei dem der Abbildungsfehler behoben ist

Iso|ple|the *die;* -, -n ⟨zu ↑iso... u. *gr.* plēthos „Fülle"⟩: Verbindungslinie zwischen Orten gleicher Zahlenwerte (hauptsächlich zur ↑graphischen Darstellung der täglichen u. jährlichen Temperaturänderungen; Meteor.)

iso|plo|id ⟨gebildet aus ↑iso... u. ↑diploid⟩: mit einer geraden Zahl von Chromosomensätzen versehen (von Zellen od. Lebewesen; Biol.)

Iso|po|de *der;* -n, -n (meist Plur.) ⟨zu ↑iso... u. *gr.* poús, Gen. podós „Fuß"⟩: Assel (kleines, flaches Krebstier in Süßwasser, im Meer u. auf dem Land)

Iso|pren *das;* -s ⟨Kunstw.; vermutlich aus ↑iso... u. ↑*Pr*(opyl)*en*⟩: flüssiger, ungesättigter Kohlenwasserstoff.

iso|pre|no|id ⟨zu ↑...oid⟩: aus Iscprenmolekülen aufgebaut

Iso|pte|ra *die* (Plur.) ⟨aus *gr.* isóptera (Plur.) „Gleichflügler"⟩: svw. Termiten

Iso|pyk|ne *die;* -, -n ⟨zu ↑iso... u. *gr.* pyknós „dicht, fest"⟩: Verbindungslinie zwischen Orten gleicher Luftdichte

Iso|quan|te *die;* -, -n ⟨zu ↑iso... u. ↑Quantum⟩: graphische Darstellung des Verhältnisses der einzelnen für die ↑Produktion (1) notwendigen ↑Faktoren (z. B. Arbeit, Boden, Kapital) zur Feststellung u. Planung von Produktmenge, Kosten u. a.

Isor|rha|chie [...xiə] *die;* -, -n ⟨zu ↑iso... u. *gr.* rhachía „Brandung"⟩: Verbindungslinie zwischen Orten mit gleichzeitigem Fluteintritt

Iso|rhyth|mie *die;* - ⟨zu ↑iso..., ↑Rhythmus u. ↑²...ie⟩: Kompositionsprinzip für mehrstimmige Kompositionen des ausgehenden Mittelalters, in dem ein rhythmisches Grundgerüst unabhängig von Melodie u. Text mehrmals wiederholt wird. **Iso|rhyth|misch**: a) unabhängig von Tonhöhe u. Text rhythmisch sich wiederholend (in Kompositionen des ausgehenden Mittelalters); b) in allen Stimmen eines Satzes rhythmisch gleichbleibend (in kontrapunktischen Sätzen)

Iso|sei|ste *die;* -, -n ⟨zu ↑iso... u. *gr.* seistós „erschüttert"⟩: Verbindungslinie zwischen Orten gleicher Erdbebenstärke

Iso|skop *das;* -s, -e ⟨zu ↑iso... u. ↑..skop⟩: Bildaufnahmevorrichtung beim Fernsehen

is|os|mo|tisch ⟨zu ↑iso... u. ↑osmotisch⟩: svw. isotonisch

Iso|spin *der;* -s, -s ⟨aus gleichbed. *engl.-amerik.* isospin zu ↑iso... u. *engl.* spin „schnelle Drehung"⟩: Quantenzahl zur Klassifizierung von Elementarteilchen (Phys.)

Iso|spo|ra *die* (Plur.) ⟨zu ↑iso... u. *gr.* sporá „Saat, Same"⟩: eine Gattung darmbesiedelnder ↑Sporozoen, deren Arten beim Menschen bzw. bei Tieren Krankheiten hervorrufen können (Biol., Med.). **Iso|spo|ren** *die* (Plur.): morphologisch gleichartige gemischtgeschlechtliche od. geschlechtlich determinierte Sporen (Bot.). **Iso|spo|rie** *die;* - ⟨zu ↑²...ie⟩: Fortpflanzung durch völlig gleiche, also meist geschlechtlich nicht differenzierte Sporen (z. B. bei zahlreichen Farnen; Bot.)

Iso|sta|sie *die;* - ⟨zu ↑iso..., *gr.* stásis „Stellung; das Stellen, Legen" u. ↑²...ie⟩: Gleichgewichtszustand zwischen einzelnen Krustenstücken der Erdrinde u. der darunter befindlichen unteren Zone der Erdkruste. **iso|sta|tisch**: die Isostasie betreffend

iso|ster ⟨zu ↑iso... u. *gr.* stereós „starr, fest"⟩: die gleiche Anzahl an Elektronen besitzend (Chem.). **Iso|ste|re** *die* (Plur.): Moleküle u. Molekülionen, bei denen Isosterie vorliegt (Chem.). **Iso|ste|rie** *die;* - ⟨zu ↑²...ie⟩: Bez. für den Zustand, daß Moleküle u. Molekülionen bei gleicher Anzahl an Atomen die gleiche Gesamtzahl an Elektronen, die gleiche ↑Elektronenkonfiguration u. die gleiche Gesamtladung besitzen (Chem.)

Iso|sthen|urie *die;* - ⟨zu ↑iso..., zu *gr.* sthénos „Stärke, Kraft" u. ↑...urie⟩: gleichbleibende Harnkonzentration trotz unterschiedlicher Zufuhr von Flüssigkeit (infolge Niereninsuffizienz; Med.)

iso|syl|la|bisch ⟨zu ↑iso... u. ↑syllabisch⟩: gleich viele Silben besitzend (in bezug auf ↑Morpheme, Wörter u. Sätze)

Iso|syl|la|b|is|mus *der;* - ⟨zu ↑...ismus (2)⟩: Gleichzahl der Silbenzahl (bei Versen)

Iso|ta|che *die;* -, -n ⟨zu ↑iso... u. *gr.* táchos „Geschwindigkeit"⟩: Verbindungslinie zwischen Orten gleicher Geschwindigkeit des Windes od. der Wasserströmung

iso|tak|tisch ⟨zu ↑iso... u. ↑taktisch⟩: räumlich regelmäßig angeordnet (Chem.)

Iso|ta|lan|to|se *die;* -, -n ⟨zu ↑iso... u. *gr.* talántōsis „das Schwanken"⟩: Verbindungslinie zwischen Orten mit gleicher jährlicher Temperaturschwankung (Meteor.)

Iso|te|lie *die;* - ⟨aus gleichbed. *gr.* isotéleia⟩: bürgerliche Gleichstellung eines Fremden mit den eigentlichen Bürgern im alten Griechenland

Iso|thal|pe *die;* -, -n ⟨zu ↑iso... u. *gr.* thálpos „Wärme, Hitze"⟩: Verbindungslinie zwischen Orten gleicher Maximaltemperatur (Meteor.)

Iso|the|re *die;* -, -n ⟨zu ↑iso... u. *gr.* théros „Sommer"⟩: Verbindungslinie zwischen Orten mit gleich starker Sommersonnenbestrahlung (Meteor.)

iso|therm ⟨zu ↑iso... u. ↑...therm⟩: 1. gleiche Temperatur habend (Meteor.). 2. von gleichbleibender Körpertemperatur (Med.); -er Vorgang: Vorgang, der ohne Temperaturveränderung verläuft. **Iso|ther|me** *die;* -, -n ⟨zu *gr.* thermē „Wärme"⟩: Verbindungslinie zwischen Orten mit gleicher Temperatur (Meteor.). **Iso|ther|mie** *die;* -, ...ien ⟨zu ↑²...ie⟩: 1. gleichbleibende Temperaturverteilung (Meteor.). 2. Erhaltung der normalen Körpertemperatur (Med.)

Iso|to|mie *die;* - ⟨zu ↑iso... u. ↑...tomie⟩: gleichmäßiges Wachstum der Triebe einer ↑dichotomen Verzweigung bei Pflanzen

Iso|ton *das;* -s, -e (meist Plur.) ⟨zu ↑iso... u. *gr.* tónos „das Spannen, Anspannung"⟩: Atomkern, der die gleiche Anzahl Neutronen wie ein anderer, aber eine von diesem verschiedene Protonenzahl enthält (Kernphys.). **Iso|to|nie** *die;* - ⟨zu ↑²...ie⟩: Konstanz des ↑osmotischen Drucks der Körperflüssigkeiten (Phys.). **iso|to|nisch** ⟨aus *gr.* isótonos „gleich gespannt"⟩: gleichen ↑osmotischen Druck habend (in bezug auf Lösungen) (Phys.)

iso|top ⟨aus gleichbed. *engl.* isotop zu ↑iso... u. *gr.* tópos „Platz, Stelle, Ort"⟩: gleiche Kernladungszahl, gleiche chem. Eigenschaften, aber verschiedene Masse besitzend (Phys.); vgl. ...isch/-. **Iso|top** *das;* -s, -e (meist Plur.): Atom od. Atomkern, der sich von einem andern des gleichen chem. Elements nur in seiner Massenzahl unterscheidet (Phys.). **Iso|to|pen|bat|te|rie** *die;* -, -n [...i:ən]⟩: Vorrichtung zur Umwandlung der Energie radioaktiver Strahlung in elektrische Energie (Techn.). **Iso|to|pen|dia|gno|stik** *die;* -: Verwendung von ↑radioaktiven Isotopen zu medizinisch-diagnostischen Zwecken (Med.). **Iso|to|pen|the|ra|pie** *die;* -: Verwendung von ↑radioaktiven Isotopen zu therapeutischen Zwecken (Med.). **Iso|to|pie** *die;* - ⟨zu ↑²...ie⟩: 1. a) isotoper Zustand; b) das Vorkommen von Isotopen. 2. Einheitlichkeit von Rede u. Realitätsebene (Sprachw.). **Iso|to|pie|ef|fekt** *der;* -[e]s, -e: Unterschied in chem. u. physik. Erscheinungen von Isotopen eines chem. Elements, die durch den Masseunterschied verursacht werden. **iso|to|pisch**: im gleichen Raum gebildet (in bezug auf Gesteine; Geol.); Ggs. ↑heterotopisch; vgl. ...isch/-

Iso|trans|plan|tat *das;* -[e]s, -e ⟨zu ↑iso... u. ↑Transplantat⟩: von einem in bezug auf den Empfänger genetisch identischen Spender stammendes Transplantat (Med.)

Iso|tron *das;* -s, Plur. ...trone, auch -s ⟨aus gleichbed. *engl.-amerik.* isotron, dies vermutlich aus ↑*Iso*trop u. ↑...*tron*⟩: Gerät zur Isotopentrennung, das die unterschiedliche Geschwindigkeit verschiedener ↑Isotope gleicher Bewegungsenergie ausnutzt

iso|trop ⟨aus *gr.* isótropos „von gleichem Charakter"⟩: gleiche physik. u. chem. Eigenschaften aufweisend (Phys., Chem.); Ggs. ↑anisotrop. **Iso|tro|pie** *die;* - ⟨zu ↑...tropie⟩:

Richtungsunabhängigkeit der physik. u. chem. Eigenschaften (bes. von Kristallen; Phys., Chem.). **Iso|tro|pi|sie|rung** *die;* -, -en ⟨zu ↑...isierung⟩: Zerstörung des Kristallgitters eines Minerals durch Strahlung einer in ihm vorhandenen radioaktiven Substanz

Iso|ty|pie *die;* - ⟨zu ↑iso... u. ↑...typie⟩: 1. Übereinstimmung von Stoffen in Zusammensetzung u. Kristallgitter, ohne daß sie Mischkristalle miteinander bilden können (Chem.). 2. morphologische Gleichheit in der ersten ↑Filialgeneration (Biol.)

Iso|va|po|re [...v...] *die;* -, -n ⟨zu ↑iso... u. *lat.* vapor „Dampf"⟩: Verbindungslinie zwischen Orten gleichen Dampfdrucks (zur Darstellung der Luftfeuchtigkeit; Meteor.)

iso|zy|klisch [auch ...'tsyk...] ⟨zu ↑iso... u. ↑zyklisch⟩: 1. svw. isomer (1). 2. (chem. fachspr. isocyclisch [...'tsy:k..., auch ...'tsyk...⟩ als organisch-chemische Verbindung ringförmig angeordnete Moleküle aufweisend, wobei im Ring nur Kohlenstoffatome auftreten

Is|pa|han vgl. Isfahan

Is|pan ['iʃpa:n] *der;* -s, -e ⟨aus *ung.* ispán „(Guts)verwalter, Gespan"⟩: svw. Gespan

...is|se ⟨über *(spät)lat.* -issa aus *gr.* -issa⟩: Endung weiblicher Substantive, z. B. Diakonisse

ISSN: Abk. für engl. *I*nternational *S*tandard *S*erial *N*umber (international einheitliche Identifikationsnummer für fortlaufende Sammelwerke wie Zeitschriften, Schriftenreihen u. ä. sowie Zeitungen)

...ist ⟨teilweise über *engl.* -ist bzw. *fr.* -iste bzw. *it.* -ista aus *gr.-lat.* -istēs⟩: Endung männlicher Substantive, vor allem von Personenbezeichnungen zu den auf ...ismus (1) endenden Wörtern u. von Berufsbezeichnungen, z. B. Anarchist; Humanist, Idealist, Impressionist; Pianist

Iste *der;* - ⟨zu *lat.* iste „jener dort" (bes. zur bloßen Andeutung gebraucht)⟩: (selten) svw. Penis

Isth|mi|en [...iən] *die* (Plur.) ⟨über *lat.* Isthmia aus gleichbed. *gr.* Ísthmia, vgl. Isthmus⟩: in der Antike auf dem Isthmus von Korinth zu Ehren des Poseidon alle zwei Jahre veranstaltete panhellenistische Spiele mit sportlichen Wettkämpfen u. Wettbewerben in Musik, Vortrag u. Malerei. **Isth|mus** *der;* -, ...men ⟨über *lat.* isthmus aus gleichbed. *gr.* isthmós, eigtl. „Gang, Zugang"⟩: 1. Landenge (z. B. die von Korinth od. Sues). 2. (Plur. ...mi od. ...men) enger Durchgang, verengte Stelle, schmale Verbindung (zwischen zwei Hohlräumen; Anat.)

...istik ⟨teilweise über *fr.* -istique aus *(n)lat.* -istica, dies aus *gr.* -istikḗ (téchnē); vgl. ²...ik⟩: Endung weiblicher Substantive mit der Bedeutung „Wissenschaft, Lehre", z. B. Germanistik, Heuristik

Isti|klal *der;* - ⟨aus *arab.* istiqlal „Unabhängigkeit"⟩: 1. nationale Partei in Marokko. 2. nationale Partei im Irak (1946–1954). **Isti|qlal** [...'kla:l] vgl. Istiklal

...istisch ⟨zu ↑...ismus u. ↑...istik⟩: Endung von Adjektiven, die die Zugehörigkeit zu einem Stil, einer Epoche, einer Lehre, Wissenschaft od. politischen Richtung bezeichnet, teilweise auch mit abwertender Bedeutung, z. B. germanistisch, idealistisch, monarchistisch, optimistisch, polytheistisch, traditionalistisch

¹**...it** ⟨aus *nlat.* -itum; analog zu ↑...at (2)⟩: Endung sächlicher Substantive aus der Chemie für Salze bestimmter Säuren, z. B. Chlorit = ein Salz der chlorigen Säure, Sulfit = ein Salz der schwefligen Säure

²**...it** ⟨zu *lat.* -itus, dies aus *gr.* -itēs⟩: Endung männlicher Substantive, die meist Minerale u. Gesteine bezeichnen, z. B. Malachit, Granit

³**...it** ⟨über *(n)lat.* -ita aus *gr.* -itēs⟩: Endung männlicher Substantive, die vor allem Personen, aber auch Tiere u. Pflanzen bezeichnen, z. B. Hussit, Jesuit; Endemit, Parasit

⁴**...it** ⟨verkürzt aus -itol; vgl. ¹...it u. ...ol⟩: Endung männlicher Substantive aus der Chemie für Zuckeralkohole, z. B. Hexit, Mannit, Sorbit

Ita|bi|rit [auch ...'rɪt] *der;* -s, -e ⟨nach der bras. Stadt Itabirito u. zu ↑²...it⟩: wichtiges Eisenerz in Form gebänderter Eisenquarzite u. Eisenglimmerschiefer

Itai-Itai-Krankheit *die;* - ⟨zu *jap.* itai „schmerzhaft"⟩: chronische Kadmiumvergiftung mit oft letalem Ausgang, die zuerst an der Ostküste der japan. Insel Hondo beobachtet wurde

Ita|ker *der;* -s, -e ⟨zu Italien⟩: (ugs., meist abwertend) Italiener

Ita|ko|lu|mit [auch ...'mɪt] *der;* -s, -e ⟨nach dem bras. Berg Pico Itacolomi u. zu ↑²...it⟩: Gelenksandstein aus verzahnten, nicht verwachsenen Quarzkörnern

Ita|la *die;* - ⟨verkürzt aus *lat.* (interpretatio) Itala „lateinische (Übersetzung)"⟩: a) wichtige Gruppe unter den ältesten, der ↑Vulgata vorausgehenden lat. Bibelübersetzungen; b) (fälschlich) Bez. für ↑Vetus Latina. **ita|lia|ni|sie|ren** ⟨zu *lat.* Italia „Italien" u. ↑...isieren⟩: italienisch machen, gestalten. **Ita|lia|nis|mus** *der;* -, ...men ⟨zu ↑...ismus (4)⟩: 1. Übertragung einer für das Italienische charakteristischen sprachlichen Erscheinung auf eine nichtitalienische Sprache. 2. Entlehnung aus dem Italienischen (z. B. in der deutschen Schriftsprache in Südtirol). **Ita|lia|nist** *der;* -en, -en ⟨zu ↑...ist⟩: Romanist, der sich auf die ital. Sprache u. Literatur spezialisiert hat. **ita|lia|ni|stisch** ⟨zu ↑...istisch⟩: das Gebiet der ital. Sprache u. Literatur betreffend. **Ita|lia|ni|tät** *die;* - ⟨zu ↑...ität⟩: ital. Wesensart, ital. Volkscharakter. **Ita|lie|ner** *die* (Plur.) ⟨nach Italien, dem Herkunftsland der ersten Zuchtexemplare⟩: sehr gut Eier legende Rasse von schlanken, kräftigen Hühnern mit häufig graubrauner od. goldfarbiger Färbung. **ita|lie|ni|sie|ren** [...lje...] ⟨zu ↑...isieren⟩: svw. italianisieren. **Ita|li|enne** [...'liɛn] *die;* - ⟨zu *fr.* italienne, eigtl. „die Italienische, Italienerin" (nach der häufigeren Verwendung in roman. Ländern)⟩: eine Druckschrift, Antiqua mit fetten Querstrichen. **Ita|lique** [...'lik] *die;* - ⟨über *fr.* italique aus gleichbed. *lat.* Italicus „italisch, aus Italien" (benannt nach dem Heimatland des venezian. Druckers A. Manunzio, 1449–1515, der diese Schrift entwickelte)⟩: franz. Bez. für Kursive. **ita|lisch** ⟨aus gleichbed. *lat.* Italis⟩: das antike Italien betreffend. **Ita|lit** [auch ...'lɪt] *der;* -s, -e ⟨zu ↑²...it⟩: zu über 90 % aus dem Feldspatvertreter ↑Leuzit bestehendes vulkanisches Gestein. **Ita|lo|we|stern** *der;* -[s], - ⟨zu *it.* italo „italienisch"⟩: [von ital. Regisseuren gedrehter] Film im Stil des amerik. Western mit einer Mischung aus zynischer Gesellschaftskritik, Action, neurotischer Brutalität u. Komik

...ität ⟨teilweise über *fr.* -ité aus *lat.* -itas, Gen. -itatis⟩: Endung weiblicher Substantive, die von Adjektiven abgeleitet sind u. eine bestimmte Art, Eigenschaft, den Charakter einer Sache ausdrücken, z. B. Banalität, Vitalität; vgl. ...izität

Ita|zis|mus *der;* - ⟨nach der Aussprache des griech. Eta wie Ita u. zu ↑...ismus (4)⟩: Aussprache der altgriech. e-Laute wie langes i

item ⟨*lat.*⟩: (veraltet) ebenso, desgleichen, ferner; Abk.: it. ¹**Item** *das;* -s, -s ⟨zu ↑item⟩: (veraltet) das Fernere, Weitere; weiterer [Frage]punkt. ²**Item** ['aɪtəm] *das;* -s, -s ⟨aus gleichbed. *engl.* item, vgl. item⟩: (fachspr.) a) etwas einzeln Aufgeführtes; Einzelangabe, Posten, Bestandteil, Element,

Itemanalyse

Einheit; b) einzelne Aufgabe innerhalb eines ↑ Tests. **Ite|ma|naly|se** *die;* -, -n ⟨Lehnübersetzung aus gleichbed. *engl.* item analysis⟩: Auswahl geeigneter Aufgaben (Items [b]), die mit Hilfe mathematisch-statistischer Verfahren daraufhin überprüft werden, ob sie bestimmte Gütekriterien im Rahmen der Testkonstruktion erfüllen

ite, mis|sa est ⟨aus *kirchenlat.* ite, missa est (concio) „geht, (die gottesdienstliche Versammlung) ist entlassen!"⟩: Schlußworte der kath. Meßfeier (ursprüngl. zur Entlassung der ↑ Katechumenen vor dem Abendmahl)

Ite|ra|ti|on *die;* -, -en ⟨aus *lat.* iteratio „Wiederholung" zu iterare, vgl. iterieren⟩: 1. schrittweises Rechenverfahren zur Annäherung an die exakte Lösung (Math.). 2. a) Verdoppelung einer Silbe od. eines Wortes, z. B. soso (Sprachw.); b) Wiederholung eines Wortes od. einer Wortgruppe im Satz (Rhet.; Stilk.). 3. zwanghafte u. gleichförmige ständige Wiederholung von Wörtern, Sätzen u. einfachen Bewegungen (bes. bei bestimmten Geistes- u. Nervenkrankheiten; Psychol.). 4. wiederholtes Durchlaufen von Anweisungen od. Anweisungsfolgen (EDV). **Ite|ra|ti|ons|schlei|fe** *die;* -, -n: Näherungsverfahren, das in einem Rechenprogramm so angelegt wird, bis eine gewünschte Genauigkeit erreicht ist (EDV). **ite|ra|tiv** ⟨aus gleichbed. *lat.* iterativus⟩: 1. wiederholend; -e […və] Aktionsart: ↑ Aktionsart, die eine häufige Wiederholung von Vorgängen ausdrückt (z. B. stichelen = immer wieder stechen). 2. sich schrittweise in wiederholten Rechengängen der exakten Lösung annähernd (Math.). **Ite|ra|tiv** *das;* -s, -e […və] ⟨zu ↑ Iterativum⟩: Verb mit ↑ iterativer Aktionsart. **Ite|ra|ti|vum** […v…] *das;* -s, …va ⟨aus gleichbed. *lat.* (verbum) iterativum⟩: svw. Iterativ. **ite|rie|ren** ⟨aus gleichbed. *lat.* iterare zu iterum „zum zweiten Male, wiederum"⟩: wiederholen, eine Iteration (1) vornehmen

Iter pe|de|stre *das;* - -, Itinera …stra ⟨aus *lat.* iter pedestre „Fußmarsch"⟩: 1. im antiken Rom Bez. für die Reise über Land zu Fuß. 2. die Marschleistung pro Tag (= 28 725 m); Abk.: I. p.

Ithy|phal|li|cus […kʊs] *der;* -, …ci […tsi] ⟨über *lat.* ithyphallicus aus *gr.* ithyphallikós zu ithýphallos „das erigierte Glied" (nach dem erigierten Glied des Priapos, das in symbolischer Form bei Kultfeiern an der Spitze des Festzuges vorangetragen wurde, wobei Lieder in diesem Versmaß gesungen wurden)⟩: dem Dionysoskult entstammender dreifüßiger trochäischer Kurzvers der Antike. **ithy|phal|lisch** ⟨aus gleichbed. *gr.* ityphallikós⟩: mit aufgerecktem männlichem Glied (in bezug auf antike Götterbilder; Sinnbild der Fruchtbarkeit)

Iti|né|raire […neˈrɛːr] *das;* -s, -s ⟨aus *fr.* itinéraire „Reiseweg; (Marsch)route", dies aus *lat.* itinerarium, vgl. Itinerar⟩: (schweiz.) Reiseroutenkarte mit Beschreibung der Stationen u. Sehenswürdigkeiten. **Iti|ne|ra pe|de|stra:** Plur. von ↑ Iter pedestre. **Iti|ne|rar** *das;* -s, -e u. **Iti|ne|ra|ri|um** *das;* -s, …ien […i̯ən] ⟨aus *lat.* itinerarium „Wegbeschreibung" zu iter, Gen. itineris „Reise; Weg"⟩: 1. Straßen- u. Stationenverzeichnis der röm. Kaiserzeit. 2. Verzeichnis der Wegeaufnahmen bei Forschungsreisen

Itio in par|tes [- - …teːs] *die;* - - - ⟨*lat.;* „Trennung in Gruppen"⟩: Trennung einer Versammlung in Gruppen, deren Einzelbeschlüsse übereinstimmen müssen, damit ein Gesamtbeschluß gültig wird

…itis ⟨aus *gr.* -itis, Gen. -itidos⟩: Endung weiblicher Substantive aus dem Gebiet der Medizin zur Bezeichnung von Entzündungskrankheiten, z. B. Bronchitis; Plur. …itiden, z. B. Bronchitiden = mehrere Fälle von Bronchitis

iu|li|form ⟨zu *gr.* íoulos „(Weiden)kätzchen" u. ↑ …form⟩: kätzchenförmig. **iu|li|pho|risch** ⟨zu *gr.* phoreĩn, phérein, tragen, bringen"⟩: kätzchentragend (Bot.)

…ium, …um ⟨aus *lat.* -(i)um⟩: Endung sächlicher Substantive, teilweise zur Kennzeichnung von nlat. Benennungen, z. B. Gremium, Stadium, Fluidum; Kalium, Uranium; Kambrium, Mesokarpium

…iv ⟨teilweise über *fr.* -if bzw. -ive aus *lat.* -ivus⟩: Endung von Adjektiven, die häufig eine Verstärkung od. Intensivierung der Bedeutung zum Ausdruck bringt, z. B. aktiv, impulsiv, negativ; auch Endung von Substantiven, die von derartigen Adjektiven gebildet wurden, z. B. Aktiv, Negativ. **…ive** […ˈiːvə] ⟨teilweise über *fr.* -ive aus *lat.* -iva⟩: Endung weiblicher Substantive, die von Adjektiven auf …iv abgeleitet sind, z. B. Defensive, Direktive

Ivoire [iˈvoa:r] *das;* -[s] ⟨aus gleichbed. *fr.* ivoire, dies aus *lat.* eboreus „aus Elfenbein" zu ebur, Gen. eboris⟩: franz. Bez. für Elfenbein. **Ivoi|rit** [ivoa…, auch …ˈrɪt] *der;* -s, -e ⟨zu ↑² …it⟩: aus Gelatine, Glyzerin, Zinkoxyd u. Wasser hergestellte, zum Beschreiben od. Bedrucken geeignete Elfenbeinnachahmung für Fächer, Einlegearbeiten u. a.

…iv/…orisch ⟨zu *lat.* -ivus (vgl. …iv) bzw. -orius⟩: gelegentlich miteinander konkurrierende Adjektivendungen, von denen im allgemeinen die …iv-Bildungen besagen, daß das im Basiswort Genannte ohne ausdrückliche Absicht in etwas enthalten ist (z. B. informativ = Information enthaltend, informierend), während die …orisch-Bildungen den im Basiswort genannten Inhalt auch zum Ziel haben (z. B. informatorisch = zum Zwecke der Information [verfaßt], den Zweck habend zu informieren). **…ivum** ⟨aus *lat.* -ivum⟩: Endung sächlicher Substantive, die von Adjektiven auf …iv abgeleitet sind (in der Medizin häufig mit der Bedeutung „[Heil]mittel"), z. B. Aktivum, Negativum; Antikonzeptivum

Iwan *der;* -[s], -s ⟨nach dem russ. männl. Vornamen Iwan⟩: (scherzh., oft abwertend) a) russ. Soldat, Russe; b) (ohne Plur.) die Russen. Soldaten, die Russen

Iw|no-Kul|tur *die;* - ⟨nach dem Fundort Iwno in Polen⟩: Kulturgruppe im östlichen Mitteleuropa am Übergang zur älteren Bronzezeit (ab etwa 1800 v. Chr.)

Iwrit[h] *das;* -[s] ⟨aus *neuhebr.* 'ivrît⟩: Neuhebräisch; Amtssprache in Israel

Ixeu|tik *die;* - ⟨aus gleichbed. *gr.* ixeutiké (téchnē) zu ixós, vgl. ixothym⟩: die Kunst des Vogelfangs, bes. mit Leimruten. **ixo|thym** ⟨zu *gr.* ixós „Mispel; Vogelleim (aus den klebrigen Blättern der Mispel bereitet)" u. thymós, eigtl. „Gemütswallung, Leidenschaft"⟩: von schwerfälligem Temperament, zäh u. beharrlich (Psychol.). **Ixo|thy|mie** *die;* - ⟨zu ↑² …ie⟩: schwerfälliges, zähes, beharrliches Temperament (Psychol.)

…izis|mus ⟨Erweiterung zu ↑ …ismus⟩: Endung männlicher Substantive, die von Adjektiven auf …isch abgeleitet sind, mit der Bedeutung der Nachahmung, z. B. Klassizismus (von klassisch); vgl. …ismus

…izi|tät ⟨Erweiterung zu ↑ …ität⟩: Endung weiblicher Substantive, die zu Adjektiven auf …isch gehören u. den Charakter einer Sache ausdrücken, z. B. Klassizität (zu klassisch), Logizität (zu logisch), Historizität (zu historisch); vgl. …ität

J

Jab [dʒæb] *der;* -s, -s ⟨aus gleichbed. *engl.* jab⟩: kurz geschlagener Haken (Boxen)

Ja|bo|ran|di|blatt [auch ʒa...] *das;* -[e]s, ...blätter (meist Plur.) ⟨über gleichbed. *port.* jaborandi aus *Tupi* (einer südamerik. Indianersprache) jaborandí⟩: giftiges Blatt brasilianischer Sträucher, aus dem das ↑ Pilokarpin gewonnen wird

Ja|bot [ʒa'bo:] *das;* -s, -s ⟨aus gleichbed. *fr.* jabot, weitere Herkunft unsicher⟩: am Kragen befestigte Spitzen- od. Seidenrüsche (früher zum Verdecken des vorderen Verschlusses an Damenblusen, im 18. Jh. an Männerhemden)

Ja|ca|mar [...k...] *der;* -[s], -s ⟨aus gleichbed. Tupi (einer südamerik. Indianersprache) jacamá-ciri⟩: sperlings- bis drosselgroßer Vogel der Urwälder Mittel- u. Südamerikas

J'accuse [ʒa'ky:z] *die* - ⟨*fr.;* „ich klage an" (Zitat aus dem offenen Brief É. Zolas aus dem Jahr 1898 an den franz. Staatspräsidenten, mit dem er gegen die Verurteilung von Dreyfus protestierte)⟩: Anklageschrift

Jacht *die;* -, -en ⟨aus gleichbed. *niederl.* jacht, dies verkürzt aus *mniederl.* jageschip „schnelles Schiff"⟩: leichtes, schnelles (Sport- od. Vergnügungs)schiff

Jacket|kro|ne¹ ['dʒɛkɪt...] *die;* -, -n ⟨aus gleichbed. *engl.* jacket crown, dies zu jacket „Jacke; Mantel, Umhüllung" (vgl. Jackett) u. crown „(Zahn)krone"⟩: Zahnmantelkrone aus Porzellan od. Kunstharz (Med.). **Jackętt¹** [ʒa'kɛt] *das;* -s, Plur. -s, selten -e ⟨aus gleichbed. *fr.* jaquette zu jaque „kurzer, enger Männerrock"⟩: Jacke als Teil eines Herrenanzugs

Jack|pot ['dʒɛkpɔt] *der;* -[s], -s ⟨aus gleichbed. *engl.* jackpot zu jack „Bube (im Kartenspiel)" u. pot „Einsatz; Topf"⟩: 1. Einsatz, der in eine gemeinsame Kasse kommt (bes. beim Poker). 2. (bei Toto, Lotto) bes. hohe Gewinnquote, die dadurch entsteht, daß es in dem vorausgegangenen Spiel od. Spielen keinen Gewinner im ersten Rang gegeben hat

Jack|stag ['dʒɛkʃta:k] *das;* -[e]s, -e[n] ⟨zu *engl.* jack „(Hebe)vorrichtung" u. *niederdt.* Stag „Drahtseil zum Verspannen u. Abstützen von Masten"; eigtl. „das straff Gespannte"⟩: Schiene zum Festmachen von Segeln

Ja|co|net, Ja|con|net [ʒakɔnɛt, auch ...'nɛt] u. Jakonętt *der;* -[s], -s ⟨aus gleichbed. *engl.* jaconet; nach dem ersten Herstellungsort, der ind. Stadt Jagannath⟩: weicher baumwollener Futterstoff

Jac|quard [ʒa'ka:r] *der;* -[s], -s ⟨nach dem franz. Seidenweber J.-M. Jacquard (1752–1834), dem Erfinder dieses Webverfahrens⟩: Gewebe, dessen Musterung mit Hilfe von Lochkarten (Jacquardkarten) hergestellt wird

Jac|que|rie [ʒakəˈriː] *die;* - ⟨aus gleichbed. *fr.* jacquerie, nach dem Spitznamen Jacques Bonhomme für den franz. Bauern⟩: Bauernaufstand in Frankreich im 14. Jh.

Ja|cu|pi|ran|git [ʒaku..., auch ...'gɪt] *der;* -s, -e ⟨nach Jacupiranga im bras. Bundesstaat São Paulo u. zu ↑²...it⟩: vorwiegend aus ↑ Pyroxen, daneben aus ↑ Magnetit u. ↑ Ilmenit bestehendes Tiefengestein

Ja|cu|tin|ga [...k...] *der;* -[s], -s ⟨aus gleichbed. *span.* yacutinga, dies aus *Tupi* (einer südamerik. Indianersprache) jacu⟩: ein Hühnervogel in Südamerika, der als Waldbewohner im Geäst hoher Fruchtbäume lebt

ja|de ⟨zu ↑Jade⟩: blaßgrün. **Ja|de** *der;* -[s], auch *die;* - ⟨aus gleichbed. *fr.* jade, dies aus *span.* (piedra de la) ijada „(Stein für die) Weiche, Seite" (weil man Jadestücke für ein Heilmittel gegen Nierenkoliken hielt), aus *lat.* ilia, Plur. von ile „Unterleib, Magen, die Weichen"⟩: ein Mineral (blaßgrüner [chines.] Schmuckstein). **Ja|de|it** [auch ...'ɪt] *der;* -s, -e ⟨zu ↑²...it⟩: weißlichgrünes, dichtes, körniges bis faseriges Mineral (zu geschliffenen jungsteinzeitlichen Beilen u. Äxten verarbeitet, auch als Schmuckstein verwendet); vgl. Jade. **ja|den**: aus Jade bestehend

j'adoube [ʒa'dub] ⟨*fr.;* „ich stelle zurecht"⟩: international gebräuchlicher Schachausdruck, der besagt, daß man eine berührte Schachfigur nicht ziehen, sondern nur an den richtigen Platz stellen will; vgl. aber pièce touchée, pièce jouée

Jaf|fa|ap|fel|si|ne *die;* -, -n ⟨nach Jaffa, Teil der Stadt Tel Aviv-Jaffa in Israel⟩: in Vorderasien angebaute helle Apfelsine

Ja|gu|ar *der;* -s, -e ⟨aus gleichbed. *port.* jaguar (älter *port.* jaguareté, dies aus *Tupi* u. *Guarani* (südamerik. Indianersprachen) jagwár⟩ „fleischfressendes Tier"⟩: leopardähnliche, klettergewandte Großkatze Mittel- u. Südamerikas. **Ja|gua|run|di** *der;* -[s], -[s] ⟨aus gleichbed. *port.* u. *span.* jaguarundi, dies aus *Tupi* u. *Guarani* jaguarundi⟩: eine marderähnliche Kleinkatze Mittel- u. Südamerikas

Jah|ve [...və] vgl. Jahwe. **Jah|vist** [...v...] vgl. Jahwist. **Jahwe**, auch **Jahve** [...və] ⟨aus *hebr.* Yahwe, gedeutet als „ich bin, der ich bin (und der ich sein werde)"⟩: Name Gottes im A. T.; vgl. Jehova. **Jah|wist**, auch **Jahvist** [...v...] *der;* -en ⟨zu ↑Jahwe u. ↑...ist⟩: eine der Quellenschriften des ↑Pentateuchs (nach ihrem Gebrauch von ↑Jahwe für Gott); vgl. Elohist

Jai|na ['dʒaina] u. **Jina** ['dʒaina] vgl. Dschaina. **Jai|nis|mus** u. Jinismus vgl. Dschainismus. **jai|ni|stisch** u. jinistisch vgl. dschainistisch

Jais [ʒɛ] *der;* - [ʒɛ(s)], - [ʒɛs] ⟨aus gleichbed. *fr.* jais, dies zu *gr.* gagátēs; vgl. Gagat⟩: (veraltet) a) Schwarzstein, Pechkohle; b) Trauerschmuck aus Pechkohle

Jak, auch **Yak** [jak] *der;* -s, Plur. -s u. -e ⟨über *engl.* yak aus gleichbed. *tibet.* gyak⟩: asiatisches Hochgebirgsrind (Haustier u. Wild)

¹Ja|ka|ran|da *die;* -, -s ⟨über *port.* jacarandá aus *Tupi* (einer südamerik. Indianersprache) yacarandá⟩: in den Tropen heimisches, als Zimmerpflanze gehaltenes Gewächs mit blauen od. violetten Blüten. **²Ja|ka|ran|da** *das;* -s, -s u. **Ja|ka|ran|da|holz** *das;* -es, ...hölzer ⟨zu ↑¹Jakaranda⟩: svw. Palisander

Ja|ko *der;* -s, -s ⟨aus gleichbed. *fr.* jacquot, weitere Herkunft unsicher⟩: Graupapagei, Papageienvogel des trop. Afrikas

Ja|ko|bi *das;* - ⟨aus *lat.* Jacobi, Gen. von Jacobus, latinisierte Form von *gr.* Iakṓb aus *hebr.* yaʿaqōv, eigtl. „Gott schützt" (nach dem Apostel Jakobus d. Ä.)⟩: Jakobstag (25. Juli), an dem nach altem Brauch die Ernte beginnt

Ja|ko|bi|ner *der;* -s, - ⟨aus gleichbed. *fr.* jacobin, nach der Versammlungsstätte des Klubs, dem ehemaligen Dominikanerkloster in der Rue St.-Jacques in Paris⟩: 1. Mitglied des radikalsten u. wichtigsten polit. Klubs während der Franz. Revolution. 2. (selten) franz. ↑ Dominikaner. **Ja|ko|bi|ner|müt|ze** *die;* -, -n: rote Wollmütze der Jakobiner (als Symbol der Freiheit). **ja|ko|bi|nisch**: a) zu den Jakobinern gehörend; b) die Jakobiner betreffend. **Ja|ko|bi|nis|mus** *der;* - ⟨zu ↑ ...ismus (1)⟩: Bez. für die von den Jakobinern (1) vertretenen Ansichten

Ja|ko|bit *der;* -en, -en ⟨nach Jakob Baradäus, Bischof von Edessa († 578), dem Erneuerer der monophysitischen Syrischen Kirche, u. zu ↑³ ...it⟩: Anhänger der syrischen ↑ monophysitischen Nationalkirche. **ja|ko|bi|tisch**: die Jakobiten betreffend, zu ihnen gehörend

Ja|kob|sit [auch ...ˈsɪt] *der;* -s, -e ⟨nach dem Vorkommen bei Jakobsberg (Schweden) u. zu ↑² ...it⟩: schwarzer Ferritspinell, ein Mineral

Ja|ko|nett vgl. Jacon[n]et

Jak|ta|ti|on *die;* - ⟨aus *lat.* iactatio „Erschütterung; heftiges Zucken" zu iactare „(hin- u. her)werfen, schütteln"⟩: krankhafte Ruhelosigkeit (bes. Bettlägeriger), das Sichherumwälzen; Gliederzucken (Med.). **Ja|ku|la|tor** *der;* -s, ...oren ⟨aus gleichbed. *lat.* iaculator zu iaculari „schleudern"⟩: Schleuderer, Wurfschütze bei den alten Römern

Ja|la|pe *die;* -, -n ⟨*span.;* nach der mexikan. Stadt Jalapa⟩: trop. Windengewächs, das ein als Abführmittel verwendetes Harz liefert

Ja|leo [xa...] *der;* -[s], -s ⟨*span.* jaleo „das Anfeuern (eines Tänzers od. Sängers)"⟩: lebhafter span. Tanz im ⅜-Takt

Ja|lon [ʒaˈlõ] *der;* -s, -s ⟨aus gleichbed. *fr.* jalon zu *altfr.* giel(l)e „Fluchtlatte, Meßpfahl", weitere Herkunft ungeklärt⟩: Absteckpfahl, Meßlatte, Fluchtstab (für Vermessungen). **ja|lon|nie|ren** [ʒalon...] ⟨aus gleichbed. *fr.* jalonner⟩: (veraltet) mit Meßfahnen od. -latten abstecken

Ja|lou|set|te [ʒalu...] *die;* -, -n ⟨französierende Verkleinerungsbildung zu ↑ Jalousie; vgl. ...ette⟩: Jalousie aus Leichtmetall- od. Kunststofflamellen. **Ja|lou|sie** *die;* -, ...ien ⟨aus *fr.* jalousie, eigtl. „Eifersucht" (Bedeutungsübertragung wegen der Eigenart dieser Vorrichtung, den Durchblick von innen nach außen, aber nicht von außen nach innen zu gestatten), dies über das Provenzal. zu *spätlat.* zelosus „eifrig, voll Eifer", zu *gr.* zēlos „Eifer"⟩: [hölzerner] Fensterschutz, Rolladen. **Ja|lou|sie|schwel|ler** *der;* -s, - : Schwellwerk der Orgel, das eine Schwellung od. Dämpfung des Tons ermöglicht

Jam [dʒæm] *das;* -s, -s, auch *die;* -, -s ⟨aus gleichbed. *engl.* jam, vermutlich zu to jam „kräftig pressen"⟩: engl. Bez. für Marmelade

Ja|mai|ka|pfef|fer *der;* -s ⟨nach der Antilleninsel Jamaika⟩: von Jamaika stammendes, dem Pfeffer ähnliches Gewürz; ↑ Piment. **Ja|mai|ka|rum** *der;* -s: auf Jamaika od. einer anderen Antilleninsel aus vergorenem Zuckerrohrsaft durch mehrmaliges Destillieren hergestellter hochprozentiger ↑ Rum

Jam|be *die;* -, -n ⟨zu ↑ Jambus⟩: svw. Jambus. **Jamb|ele|gus** *der;* -, ...gi ⟨über *spätlat.* iambelegus aus gleichbed. *gr.* iambélegos⟩: aus einem Jambus u. einem ↑ Hemiepes bestehendes ↑ antikes Versmaß. **Jam|ben**: Plur. von ↑ Jambus. **Jam|bik** *die;* - ⟨zu ↑² ...ik⟩: die Kunst der Jambendichtung. **Jam|bi|ker** *der;* -s, - ⟨aus *lat.* iambicus „Jambendichter" zu *gr.* iambikós „jambisch"⟩: Dichter, der vorwiegend Verse in Jamben schreibt. **jam|bisch** ⟨aus gleichbed. *gr.* iambikós⟩: den Jambus betreffend, nach der Art des Jambus. **Jam|bo|graph** *der;* -en, -en ⟨aus gleichbed. *spätgr.* iambográphos, eigtl. „Jambenschreiber"⟩: Vertreter der altgriech. Jambendichtung

Jam|bo|ree [dʒæmbəˈriː] *das;* -[s], -s ⟨aus gleichbed. *engl.* jamboree, weitere Herkunft unsicher⟩: 1. internationales Pfadfindertreffen. 2. Zusammenkunft mit Unterhaltungsprogramm

Jam|bus *der;* -, ...ben ⟨über *lat.* iambus aus gleichbed. *gr.* íambos⟩: antiker Versfuß (rhythmische Einheit; ⌣ –)

Jam|bu|se *die;* -, -n ⟨über *engl.* jamboa, jamboo aus gleichbed. *Hindi* jambu⟩: apfel- od. aprikosenartige Frucht trop. Obstbäume

James Grieve [ˈdʒeɪmz ˈgriːv] *der;* - -, - - ⟨nach dem engl. Züchter James Grieve⟩: a) (ohne Plur.) hellgrüne, hellgelb u. hellrot geflammte Apfelsorte; b) Apfel dieser Sorte

Jam Ses|sion [ˈdʒæm ˈsɛʃən] *die;* -, - ⟨aus gleichbed. *engl.* jam session zu (ugs.) to jam „improvisieren" u. ↑² Session⟩: zwanglose Zusammenkunft von [Jazz]musikern, bei der aus dem Stegreif, ↑ improvisierend (2 a) od. auch öffentlich mit bestimmtem ↑ Programm (1 b) gespielt wird

Jams|wur|zel *die;* -, -n ⟨über *engl.* yam aus gleichbed. *port.* inhame, vermutlich zu Ful (Sprache einer afrik. Stammesgruppe) nyami „essen"⟩: a) in trop. Gebieten angebaute kletternde Pflanze mit eßbaren Wurzelknollen; b) der Kartoffel ähnliche, sehr große Knolle der Jamswurzel (a), die in trop. Gebieten ein wichtiges Nahrungsmittel ist

Jang vgl. Yang

Jan|ga|da [ʒaŋˈgaːda, ja...] *die;* -, -s ⟨über *port.* jangada aus gleichbed. *tamil.* caṅkatam, dies aus *sanskr.* saṃghāta „miteinander verbundenes Holz"⟩: Floßboot der Fischer Nordostbrasiliens. **Jan|ga|dei|ro** [...ˈdeːro] *der;* -[s], -s ⟨aus gleichbed. *port.* jangadeiro; vgl. Jangada⟩: zur Besatzung einer Jangada gehörender Fischer

Ja|ni|tor *der;* -s, ...oren ⟨aus gleichbed. *lat.* ianitor zu Ianus, dem röm. Gott der Türen u. Tore⟩: Türhüter, Pförtner im alten Rom

Ja|ni|tschar *der;* -en, -en ⟨aus *türk.* yeniçeri, eigtl. „neue Streitmacht"⟩: Soldat der türk. Kerntruppe (14.–17. Jh.). **Ja|ni|tscha|ren|mu|sik** *der;* -, -en: [türk.] Militärmusik mit den charakteristischen Trommeln, dem Becken mit Triangel und dem Schellenbaum

Jan Maat *der;* - -[e]s, Plur. - -e u. - -en u. **Jan|maat** *der;* -[e]s, Plur. -e u. -en ⟨aus gleichbed. *niederl.* janmaat⟩: (scherzh.) Matrose

Jän|ner *der;* -[s], - ⟨über *mhd.* jen(n)er aus gleichbed. *vulgärlat.* Ienuarius, vgl. Januar⟩: (südd., österr. u. schweiz.) svw. Januar

Jan|se|nis|mus *der;* - ⟨nach dem niederl. Theologen C. Jansen (1585–1638) u. zu ↑ ...ismus (1)⟩: romfeindliche, auf Augustin zurückgreifende katholisch-theologische Richtung des 17.–18. Jh.s in Frankreich. **Jan|se|nist** *der;* -en, -en ⟨zu ↑ ...ist⟩: Anhänger des Jansenismus. **jan|se|ni|stisch** ⟨zu ↑ ...istisch⟩: den Jansenismus betreffend

Jan-shau-Kul|tur [ianˈʃau...] *die;* - ⟨nach dem chines. Dorf Jan-shau in der Provinz Honan (China)⟩: jungsteinzeitliche Kulturgruppe in China

Ja|nu|ar *der;* -[s], -e ⟨aus *lat.* (mensis) Ianuarius, nach dem altitalischen Gott der Türen und Tore, Janus (*lat.* Ianus), der gleichzeitig Ein- u. Ausgang, Beginn u. Ende bedeutet

u. mit einem zweigesichtigen Kopf, der vorwärts u. rückwärts blickt, dargestellt wird): erster Monat im Jahr; Eismond, Hartung; Abk.: Jan.; vgl. Jänner. **Ja|nus|ge|sicht** *das;* -[e]s, -er 〈nach dem altitalischen Gott Janus, vgl. Januar〉: svw. Januskopf. **Ja|nus|kopf** *der;* -[e]s, ...köpfe: Bild eines zweigesichtigen Männerkopfs (oft als Sinnbild des Zwiespalts, des Ja u. Nein)

Ja|pa|no|lo|ge *der;* -n, -n 〈nach dem ostasiat. Staat Japan u. zu ↑...loge〉: Wissenschaftler auf dem Gebiet der Japanologie. **Ja|pa|no|lo|gie** *die;* - 〈zu ↑...logie〉: Wissenschaft von der japan. Sprache u. Literatur, Japankunde. **Ja|pa|no|lo|gin** *die;* -, -nen: weibliche Form zu ↑ Japanologe. **ja|pa|no|lo|gisch** 〈zu ↑...logisch〉: die Japanologie betreffend. **Ja|pan|pa|pier** *das;* -s, -e: weiches, biegsames, handgeschöpftes Papier, das aus Bastfasern japan. Pflanzen hergestellt wird

Ja|phe|ti|to|lo|ge *der;* -n, -n 〈nach Japhet, dem dritten Sohn Noahs im Alten Testament, dem Stammvater bes. der kleinasiatischen Völker, zu ↑³...it u. ↑...loge〉: Wissenschaftler auf dem Gebiet der Japhetitologie. **Ja|phe|ti|to|lo|gie** *die;* - 〈zu ↑...logie〉: wissenschaftliche Anschauung des russ. Sprachwissenschaftlers N. Marr von einer vorindogermanischen (japhetitischen) Sprachfamilie

Ja|pon [ʒa'põ:] *der;* -[s], -s 〈aus *fr.* Japon „Japan"〉: Gewebe in Taftbindung (Webart) aus Japanseide; vgl. Habutai. **ja|po|nie|ren** [ʒapo'ni:...] 〈zu ↑...ieren〉: (veraltet) Porzellan nach japan. Art formen u. bemalen. **Ja|po|nis|mus** *der;* - 〈zu ↑...ismus (1)〉: stark ausgeprägtes Interesse an japan. Kultur u. deren Einfluß auf Kunst u. Kunstgewerbe in Europa Ende des 19., Anfang des 20. Jh.s

Ja|ra|ra|ka [ʒ...] vgl. Schararaka

Jar|di|nie|re [ʒar...] *die;* -, -n 〈aus gleichbed. *fr.* jardinière zu jardin „Garten"〉: Schale für Blumenpflanzen; vgl. à la Jardiniere

Jar|gon [ʒar'gõ:] *der;* -s, -s 〈aus gleichbed. *fr.* jargon, eigtl. „unverständliches Gemurmel, Kauderwelsch", vermutlich lautmalender Herkunft〉: a) umgangssprachliche Ausdrucksweise (für Eingeweihte) innerhalb einer Berufsgruppe od. einer sozialen Gruppe; b) (abwertend) saloppe, ungepflegte Ausdrucksweise. **Jar|go|nis|mus** [...go'nɪs...] *der;* -, ...men 〈zu ↑...ismus (4)〉: bestimmter, in den Bereich des Jargons gehörender Ausdruck

Jarl *der;* -s, -s 〈aus *altnord.* jarl „vornehmer Mann, Adliger", verwandt mit *engl.* earl „Graf"〉: 1. normannischer Edelmann. 2. Statthalter in Skandinavien (im Mittelalter)

Jar|muk|kul|tur *die;* - 〈nach dem Hauptverbreitungsgebiet, dem Jarmuktal in Israel〉: jungsteinzeitliche Kulturgruppe des 5. u. 4. vorchristlichen Jahrtausends im nördlichen Palästina

Jar|mul|ke *die;* -, Plur. -s u. ...ka 〈über *jidd.* jarmelke aus gleichbed. *poln.* jarmułka〉: Samtkäppchen der Juden

Ja|ro|sit [auch ...'zɪt] *der;* -s, -e 〈nach dem südspan. Fundort, der Schlucht Barranco Jaroso in Andalusien, u. zu ↑²...it〉: ein ockergelbes bis schwarzbraunes Mineral

Ja|ro|wi|sa|ti|on *die;* -, -en 〈aus gleichbed. *russ.* jarovizacija, vgl. ...ation〉: svw. Vernalisation. **ja|ro|wi|sie|ren** 〈aus gleichbed. *russ.* jarovizirovat'〉: svw. vernalisieren

Jar|re|tière [ʒar(ə)'tjɛ:r] *die;* -, -n 〈aus gleichbed. *fr.* jarretière zu jarret „Kniekehle"〉: (veraltet) Strumpf-, Hosenband; Ordre de la jarretière ['ɔrdr dəla –]: franz. Bez. des engl. Hosenbandordens (1350 von Edward III., König von England, gestiftet)

Ja|saul *der;* -s, -e 〈aus *turktat.* jasaul „Bote", dies zu jas, jaz „Reihe, Ordnung, Befehl"〉: (veraltet) Türhüter, Hausbeamter, Läufer od. Leibwächter eines Fürsten in Mittelasien

Jasch|mak *der;* -[s], -s 〈aus gleichbed. *türk.* yaşmak〉: (nur noch selten getragener) Schleier der wohlhabenden Türkinnen

Jas|min *der;* -s, -e 〈über *fr.* jasmin, *span.* jazmín, *arab.* yāsamīn aus gleichbed. *pers.* yāsaman〉: 1. zu den Ölbaumgewächsen gehörender Zierstrauch mit stark duftenden Blüten. 2. zu den Steinbrechgewächsen gehörender Zierstrauch mit stark duftenden Blüten; Falscher Jasmin, Pfeifenstrauch. **Jas|mon** *das;* -s 〈zu ↑²...on〉: natürlicher Jasminriechstoff, eine zyklische Ketonverbindung

Jas|pé|garn [...'pe:...] *das;* -[e]s, -e 〈zu *fr.* jaspé, Part. Perf. von jasper, vgl. jaspieren〉: aus zwei od. drei verschiedenfarbigen Vorgarnen gesponnenes Garn. **Jas|per|wa|re** ['dʒɛspɐ...] *die;* -, -en 〈aus gleichbed. *engl.* jasperware, zu jasper „Jaspis" (vgl. Jaspis) u. ware „(Töpfer)ware"〉: engl. Steingut aus Jaspermasse (Töpferton u. Feuersteinpulver). **jas|pie|ren** [jas...] 〈aus gleichbed. *fr.* jasper, eigtl. „sprenkeln"; vgl. Jaspis〉: wie Jaspis mustern; jaspierte Stoffe: aus Jaspégarn hergestellte Wollst.-u. Baumwollstoffe mit marmoriertem Aussehen. **Jas|pi|lit** [auch ...'lɪt] *der;* -s, -e 〈zu ↑ Jaspis u. ↑²...it〉: Bändereisenerz. **Jas|pis** *der;* Gen. - u. -ses, Plur. -se 〈über *lat.* iaspis aus gleichbed. *gr.* íaspis, vermutlich ägypt. Herkunft〉: undurchsichtiges, intensiv grau, bläulich, gelb, rot od. braun gefärbtes, zum Teil gebändertes Mineral (Schmuckstein). **Jasp|opal** *der;* -s, -e 〈zu ↑ Jaspis〉: durch Eisenverbindungen rot bis braun gefärbte, undurchsichtige Abart des Opals

Jas|se *der;* -n, -n (meist Plur.) 〈aus gleichbed. *ung.* jász〉: Angehöriger einer Gruppe eurasischer Reiternomaden, die im 13. Jh. in der ung. Tiefebene als Grenzwächter angesiedelt wurden

Ja|stik u. **Yastik** [ja...] *der;* -[s], -s 〈aus *türk.* yastik „Polster"〉: kleiner orientalischer Gebrauchsteppich (meist Vorleger od. Sitzbelag)

Ja|ta|gan *der;* -s, -e 〈aus gleichbed. *türk.* yatağan〉: [doppelt] gekrümmter Türkensäbel (auch ostindisch)

Ja|ta|ka ['dʒa:...] vgl. Dschataka

Ja|tro|che|mie vgl. Iatrochemie

jaune [ʒon] 〈*fr.;* aus *lat.* galbinus „grüngelb"〉: gelb

Jau|se *die;* -, -n 〈aus *slowen.* júžina „Mittagessen, Vesper"〉: (österr.) Zwischenmahlzeit, Vesper. **jau|sen:** (selten) svw. jausnen. **jaus|nen:** (österr.) a) eine Jause einnehmen; b) (etwas Bestimmtes) zur Jause essen, trinken

Ja|va ['ja:va] *der;* - 〈nach der Großen Sundainsel Java〉: 1. von indones. Plantagen auf Java stammender Blattabak, der als Deckblatt, Umblatt od. Einlage bei der Zigarrenherstellung verwendet wird. 2. grobfädiger, locker in Panamabindung (vgl. Panama) gewebter Baumwoll-, Zellwoll- od. Leinenstoff, der als Grundgewebe für Handstickereien, Tischdecken u. a. verwendet wird. 3. Modetanz der 1920er Jahre in mäßig raschem Dreierrhythmus. **Jav|an|thro|pos** *der;* - 〈zu *gr.* ánthropos „Mensch" (Reste dieses Menschentyps wurden auf Java gefunden)〉: eiszeitlicher Menschentyp, später Vertreter des ↑ Homo erectus (Anthropol.)

Ja|ve|lot [ʒav(ə)'lo:] *der;* -s, -s 〈aus *fr.* javelot „Wurfspieß" (gall. Wort)〉: ein etwa 170 cm langer Wurfspeer des 13.–16. Jh.s

ja|zent 〈aus *lat.* iacens, Gen. iacentis, Part. Präs. von iacere „liegen"〉: (veraltet) daliegend, herrenlos

Jazz [dʒɛs, auch jats, *engl.* dʒæz] *der;* - 〈aus gleichbed. *amerik.* jazz, weitere Herkunft unsicher〉: a) Musikstil, der sich aus der Volksmusik der Afroamerikaner entwickelt hat

Jazz age

(aufgekommen etwa 1917); vgl. auch Jazzband; b) Musik im Stil des Jazz (a). **Jazz age** ['dʒæz 'eɪdʒ] *das;* - - ⟨aus gleichbed. *amerik.* jazz age, zu *engl.* age „Zeitalter"⟩: in den USA Bez. für die Zeit zwischen dem Ende des Ersten Weltkrieges u. dem Ende der 1920er Jahre, die eine Hochblüte des traditionellen Jazz brachte. **Jazz|band** ['dʒɛsbɛnt, *engl.* 'dʒæzbænd] *die;* -, -s ⟨aus gleichbed. *amerik.* jazz band⟩: in der Besetzung den Erfordernissen der verschiedenen Jazzstile angepaßte Kapelle. **Jazz dance** ['dʒæz 'dɑːns] *der;* - - ⟨aus gleichbed. *amerik.* jazz dance⟩: in den USA entstandene Form des zeitgenössischen Kunsttanzes afroamerik. Ursprungs. **jaz|zen** ['dʒæzn̩, 'dʒɛsn̩, 'jatsn̩] ⟨nach gleichbed. *amerik.* to jazz; vgl. Jazz⟩: Jazz spielen. **Jaz|zer** ['dʒæzɐ, auch 'dʒɛsɐ, 'jatsɐ] *der;* -s -: Jazzmusiker. **Jazz|fan** ['dʒɛsfɛn] *der,* -s, -s: Jazzanhänger, -freund. **Jazz|gym|na|stik** *die;* -: ↑ Gymnastik zu Jazzmusik od. anderer modernerer Musik. **jaz|zo|id** [jats...] ⟨zu ↑...oid⟩: jazzähnlich. **Jazz|rock** ['dʒæzrɔk] *der;* -s ⟨zu ↑ ²Rock⟩: Musikstil, bei dem ↑ Elemente (1) des Jazz (a) u. des ↑ ²Rocks miteinander verschmolzen sind

Jean Po|tage [ʒɑ̃pɔ'taʒ] ⟨aus *fr.* Jean Potage, eigtl. „Hans Suppe", nach der Suppe als einem vom Volk gern gegessenen Gericht⟩: franz. Bez. für Hanswurst

¹Jeans [dʒiːnz] *die* (Plur.), (auch Sing.) *die;* -, - ⟨aus gleichbed. *amerik.* jeans, Plur. von jean „geköperter Baumwollstoff", vielleicht nach Genua (*fr.* Gênes), das früher ein wichtiger Baumwollausfuhrhafen war⟩: a) saloppe Hose [aus Baumwollstoff] im Stil der ↑ Bluejeans; b) Kurzform von ↑ Bluejeans. **²Jeans** *das;* - ⟨zu ↑ ¹Jeans⟩: (ugs.) verwaschener blauer Farbton, der der Farbe der ↑ Bluejeans entspricht

Je|bel ['dʒɛ..., auch 'dʒɛː...] *der;* -[s] ⟨aus gleichbed. *engl.* jebel zu *arab.* ǧabel, vgl. Dschebel⟩: svw. Dschebel

Jeep Ⓦ [dʒiːp] *der;* -s, -s ⟨aus gleichbed. *amerik.* jeep, Kurzform aus den englisch gesprochenen Anfangsbuchstaben von general purpose (war truck) „Mehrzweck(kriegslastkraftwagen)"⟩: (bes. als Militärfahrzeug, aber auch in Land- u. Forstwirtschaft usw. gebrauchtes) kleineres, meist offenes, geländegängiges Fahrzeug mit starkem Motor u. Vierradantrieb

Je|fi|mok *der;* -[s], Jefimki ⟨zur russ. Namensform Efim für Joachim⟩: russ. Bez. für Joachimstaler, bes. für den im alten Rußland umgelaufenen dt. u. niederl. Taler

Je|ho|va [...va] ⟨aus *hebr.* jehowā, einer verhüllenden Schreibung für ↑ Jahwe⟩: alte, aber unrichtige Lesung für ↑ Jahwe (entstanden durch Vermischung mit dem in hebr. Text dazugeschriebenen Vokalzeichen von ↑ Adonai, dem Ersatzwort für den aus religiöser Scheu vermiedenen Gottesnamen). **Je|ho|vist** [...v...] *der;* -en ⟨zu ↑...ist⟩: unbekannter Redaktor, der die Werke des ↑ Jahwisten u. des ↑ Elohisten zusammenfaßte

je|ju|nal ⟨zu ↑ Jejunum u. ↑ ¹...al (1)⟩: das ↑ Jejunum betreffend, zu ihm gehörend (Med.). **Je|ju|ni|tis** *die;* -, ...itiden ⟨aus gleichbed. *nlat.* jejunitis zu *lat.* ieiunus (vgl. Jejunum) u. ↑...itis⟩: Entzündung des Leerdarms (vgl. Jejunum; Med.). **Je|ju|no|ile|itis** *die;* -, ...itiden ⟨zu ↑ Ileum u. ↑...itis⟩: gleichzeitige Entzündung von Leerdarm u. Krummdarm (Med.). **Je|ju|no|sko|pie** *die;* -, ...ien ⟨zu ↑ Jejunum u. ↑...skopie⟩: direkte Untersuchung des Leerdarms (Med.). **Je|ju|no|sto|mie** *die;* -, ...ien ⟨zu *gr.* stóma „Mund; Mündung" u. ↑ ²...ie⟩: operative Herstellung einer künstlichen Verbindung zwischen Jejunum u. der äußeren Bauchdecke (zur künstlichen Ernährung; Med.). **Je|ju|num** *das;* -, ...na ⟨zu *lat.* ieiunus „nüchtern, leer"⟩: Leerdarm, der vom Zwölffingerdarm bis zum Krummdarm reichende Abschnitt des Dünndarms (Med.)

je|mi|ne! ⟨entstellt aus *lat.* Jesu domine „o Herr Jesus!"⟩: (ugs.) du lieber Himmel! (Schreckensruf)

Jen vgl. Yen

je ne sais [pas] quoi [ʒənəsɛ(pa)'kwa] ⟨*fr.*⟩: ich weiß nicht, was. **Je ne sais [pas] quoi** *das;* - - - [-] -: das gewisse Etwas

je|nisch ⟨vermutlich gebildet zu „dšau", einer Wurzel der Zigeunersprache mit der Bed. „wissen", eigtl. „wissend, klug", Herkunft unbestimmt⟩: wandernde Volksstämme (außer den Sinti u. Roma) betreffend; -e Sprache: Gaunersprache, Rotwelsch

Je|re|mia|de *die;* -, -n ⟨nach dem biblischen Propheten Jeremia(s) u. zu ↑...iade, vielleicht unter Einfluß von *fr.* jérémiade gebildet nach Iliade u. ä.⟩: Klagelied, Jammerrede

Je|rez ['çeːrɛs, span. xe'reθ] *der;* - ⟨nach der span. Stadt Jerez de la Frontera⟩: alkoholreicher, bernsteingelber Süßwein; vgl. Sherry

Je|ri|cho|beu|le *die;* -, -n ⟨nach der Oasenstadt Jericho in Palästina⟩: svw. Orientbeule. **Je|ri|cho|ro|se** *die;* -, -n ⟨vermutlich von Pilgern gebildet, die diese Pflanze aus Palästina mitbrachten (vielleicht nach Jesus Sirach 24,18, wo die göttliche Weisheit mit den vor Jericho gepflanzten Rosen verglichen wird)⟩: Pflanze des Mittelmeerraums, die bei Trockenheit ihre Zweige in der Weise nach innen rollt, daß ein kugeliges Gebilde entsteht, das sich erst unter Einfluß von Feuchtigkeit wieder entrollt

Jerk [dʒɜːk] *der;* -[s], -s ⟨aus gleichbed. *engl.* jerk, eigtl. „plötzlicher Schlag, Stoß"⟩: (beim Golf) scharf ausgeführter Schlag, bei dem der Schläger in dem Moment, in dem er den Ball trifft, plötzlich abgebremst wird

¹Jer|sey ['dʒɜːɐzi] *der;* -[s], -s ⟨aus gleichbed. *engl.* jersey, nach der gleichnamigen brit. Kanalinsel⟩: Sammelbez. für Kleiderstoffe aus gewirkter Maschenware. **²Jer|sey** *das;* -s, -s ⟨zu ↑ ¹Jersey⟩: Trikot eines Sportlers. **Jer|sey|rind** *das;* -[e]s, -er ⟨die Rinderrasse wurde auf der brit. Kanalinsel Jersey erstmals gezüchtet⟩: Rind, dessen Kuh Milch mit hohem Fettgehalt liefert (bes. in den USA u. in Westeuropa)

Je|schi|wa *die;* -, Plur. -s od. ...wot ⟨aus gleichbed. *hebr.* yešivā, eigtl. „das Sitzen"⟩: jüd. Talmudschule

Jes|sa|ul vgl. Essaul *der;* -s, -s ⟨über *russ.* esaul „Kosakenhauptmann" zu *turkotat.* jasaul, vgl. Jasaul⟩: Kosakenrittmeister

je|sua|nisch ⟨nach Jesus von Nazareth, vgl. ...aner⟩: auf Jesus bezüglich, zurückgehend. **Je|su|it** *der;* -en, -en ⟨nach dem Namen (Societas) Jesu „(Gesellschaft) Jesu" u. zu ↑ ³...it⟩: 1. Angehöriger des Jesuitenordens. 2. jmd., der rabulistisch geschickt zu argumentieren versteht u. den man für unaufrichtig hält. **Je|sui|ten|dich|tung** *die;* -, -en (Plur. selten): (vom 16. bis 18. Jh.) hauptsächlich in lateinischer Sprache verfaßte Dichtungen (bes. Dramen u. geistliche Lieder) von Angehörigen des Jesuitenordens. **Je|sui|ten|dra|ma** *das;* -s, ...men: a) (ohne Plur.) von Angehörigen des Jesuitenordens geschaffene Dramendichtung aus der Zeit der Gegenreformation (16. u. 17. Jh.); b) zur Jesuitendichtung gehörendes ↑ Drama (1 b). **Je|sui|ten|ge|ne|ral** *der;* -s, Plur. -e u. ...räle: oberster Ordensgeistlicher der Jesuiten. **Je|sui|ten|or|den** *der;* -s: vom hl. Ignatius v. Loyola 1534 gegründeter Orden ([klösterl.] Gemeinschaft), der bes. durch die Einrichtung von Schulen einen bedeutenden Einfluß gewann; Abk.: SJ (Societas Jesu). **Je|sui|ten|stil** *der;* -[e]s: prunkvolle Form des ↑ Barocks, bes. in südamerik. Kirchen des 17. Jh.s. **Je|sui|ten|tum** *das;* -s: Geist u. Wesen des Jesuitenordens. **Je|sui|tin|nen** *die* (Plur.): zeitgenössische Bez. für die in der kath. Reformbewegung des 16./17. Jh.s entstandenen ordensähnlichen Frauengemeinschaften, die sich in ihrem Selbstverständnis u. ihrer Lebensweise an den Jesuiten (1) orientierten. **je|sui|tisch:** 1. die Jesuiten betreffend. 2. einem Jesuiten (2) entsprechend. **Je|sui|tis|mus** *der;* - ⟨zu ↑...ismus⟩: 1. svw. Jesuitentum. 2. Wesens-, Verhaltensart eines Jesuiten (2). **Je̲sus ho̲|mi̲|num sa̲l|va̲|tor** [– – ...v...] ⟨*lat.;* „Jesus, der Menschen Heiland"⟩: Deutung des latinisierten Monogramms Christi; Abk.: IHS. **Je̲|sus Na̲|za̲|re̲|nus Re̲x Judaeo̲|rum** ⟨*lat.;* „Jesus von Nazareth, König der Juden"⟩: Inschrift am Kreuz; Joh. 19,19; Abk.: I. N. R. I. **Je̲|sus People** [ˈdʒiːzəs ˈpiːpl] *der;* - -, - - (meist Plur.) ⟨aus *amerik.* Jesus People, eigtl. „Jesusleute"⟩: Angehöriger der ↑Jesus-People-Bewegung. **Je̲|sus-People-Be̲|we̲|gung** *die;* -: (um 1967 in Amerika) unter Jugendlichen entstandene ekstatisch-religiöse Bewegung, die einen neuen Zugang zum Glauben fand, u. a. durch eine spontane Form gemeinschaftlichen Betens u. bes. durch die Überzeugung von einem unmittelbaren Wirken des göttlichen Geistes in den Menschen

¹Jet [dʒɛt, auch jɛt] vgl. Jett

²Jet [dʒɛt] *der;* -[s], -s ⟨aus gleichbed. *engl.-amerik.* jet, gekürzt aus jet (air)liner, jet plane zu jet „Düsenstrahl, Düse", eigtl. „Strom, Strahl", zu to jet „ausstoßen, ausströmen", dies über *fr.* jeter aus *lat.* iectare, Nebenform von iactare „werfen, schleudern"⟩: (ugs.) Flugzeug mit Strahlantrieb, Düsenflugzeug. **Jet-lag** [ˈdʒɛt ˈlæg] *der;* -s, -s ⟨aus *engl.* jet lag, eigtl. „Zeitverschiebung", zu ↑²Jet u. lag „Verzögerung"⟩: Beschwerden, die bei schnellem Überfliegen mehrerer Zeitzonen als Folge der Zeitdifferenz in west-östlicher od. ost-westlicher Richtung auftreten (Med.). **Jet|li̲ner** [ˈdʒɛtlaɪnɐ] *der;* -s, - ⟨aus gleichbed. *engl.* jetliner zu ↑²Jet u. *engl.* airliner „Verkehrsflugzeug"⟩: Düsenverkehrsflugzeug

Je|ton [ʒəˈtõː] *der;* -s, -s ⟨aus gleichbed. *fr.* jeton zu jeter „werfen; (durch Aufwerfen der Rechensteine) berechnen", vgl. ²Jet⟩: a) Spielmünze, Spielmarke; b) Automatenmarke, Telefonmarke (z. B. in Italien)

Jet-Pi̲|lot [ˈdʒɛt...] *der;* -en, -en ⟨zu ↑²Jet u. ↑Pilot⟩: ↑Pilot (1 a) eines ↑²Jets. **Jet-Pri̲n|ting** *das;* -s ⟨zu *engl.* printing „das Drucken", Gerundium von to print „drucken"⟩: Spritzdruckverfahren, Verfahren, bei dem die Farbübertragung zur Bilderzeugung durch Aufspritzen einer elektrisch aufgeladenen Druckfarbe auf den Bedruckstoff mittels Düsen erfolgt. **Jet|schwung** *der;* -[e]s, ...schwünge: Drehschwung beim Skifahren, der durch Vorschieben der Füße vor den Körper (beim Tiefgehen) eingeleitet wird u. fahrtbeschleunigend wirkt. **Jet-set** [...sɛt] *der;* -s, -s ⟨zu *engl.* set „Gruppe (von Personen)"⟩: internationale Gesellschaftsschicht, die über genügend Geld verfügt, um sich – unter Benutzung eines [Privat]jets – mehr od. weniger häufig an den verschiedensten exklusiven Urlaubsorten od. entsprechenden Treffpunkten zu vergnügen. **Jet|stream** [...striːm] *der;* -[s], -s ⟨aus gleichbed. *engl.* jet stream, eigtl. „Strahlsphäre"⟩: starker Luftstrom in der Tropo- od. Stratosphäre (Meteor.)

Jett [dʒɛt], fachspr. Jet *der* od. *das;* -[e]s ⟨über *engl.* jet aus gleichbed. *altfr.* jayet zu *lat.* gagates, vgl. Gagat⟩: svw. Gagat

Jet|ta̲|to̲|re [dʒɛta...] *der;* -, ...ri ⟨aus gleichbed. *it.* iettatore zu iettare (ugs. für gettare) „werfen", dies aus gleichbed. *lat.* iectare, Nebenform von iactare⟩: ital. Bez. für Mensch mit dem bösen Blick. **Jet|ta̲|tu̲|ra** *die;* - ⟨aus gleichbed. *it.* iettatura⟩: a) ital. Bez. für den bösen Blick; b) unheilbringender Einfluß

je̲t|ten [ˈdʒɛtn̩] ⟨aus *engl.* to jet, vgl. ²Jet⟩: a) mit dem ↑²Jet fliegen; b) mit dem ↑²Jet bringen [lassen]; c) (von einem ↑²Jet) einen Flug machen

Jeu [ʒøː] *das;* -s, -s ⟨über *fr.* jeu „Spiel, Spaß" aus *lat.* iocus, vgl. Jokus⟩: Spiel, Kartenspiel. **Jeu d'amour** [ʒødaˈmuːr] *das;* - -, Jeux d'amour [ʒø...] ⟨aus gleichbed. *fr.* jeu d'amour zu amour „Liebe", dies aus *lat.* amor⟩: Liebesspiel. **Jeu de paume** [ʒødˈpoːm] *das;* - - - ⟨aus gleichbed. *fr.* jeu de paume, eigtl. „Schlagballspiel", zu paume „(innere) Handfläche, hohle Hand"⟩: altfranz., mit den Handflächen, erst später mit Schlägern gespieltes Rückschlagspiel, aus dem sich das Tennis entwickelte. **Jeu d'es|prit** [ʒødɛsˈpri] *das;* - -, Jeux d'esprit [ʒø...] ⟨aus gleichbed. *fr.* jeu d'esprit, eigtl. „Geistesspiel"; vgl. Esprit⟩: (veraltet) geistreicher Einfall, Wortspielerei. **jeu|en** [ˈʒøːən]: in einer Spielbank spielen

Jeu|nesse do|rée [ʒœnɛsdɔˈre] *die;* - - ⟨aus gleichbed. *fr.* jeunesse dorée, eigtl. „vergoldete Jugend"⟩: 1. leichtlebige, elegante Jugend der begüterten Oberschicht. 2. monarchisch gesinnte, modisch elegante Jugend von Paris nach dem Sturz Robespierres. **Jeu|nesses Mu|si|cales** [ʒœnɛsmyziˈkal] *die* (Plur.) ⟨aus *fr.* jeunesses musicales, eigtl. „musikalische Jugend"⟩: Organisation der an der Musik interessierten Jugend (1940 in Belgien entstanden)

Jeu par|ti [ʒøparˈti] *das;* - - ⟨aus gleichbed. *fr.* jeu parti, eigtl. „geteiltes Spiel", zu ↑Jeu u. älter *fr.* partir „teilen"⟩: Streitgedicht in Form eines Wettgesangs (bes. bei den altfranz. Dichtern). **Jeux flo|raux** [ʒøfloˈro] *die* (Plur.) ⟨aus *fr.* jeux floraux „Blumenspiele"⟩: jährlich in Toulouse (Frankreich) veranstaltete Dichterwettkämpfe (seit 1323)

Jid|dist *der;* -en, -en ⟨zu *nhd.* jiddisch, dies aus *jidd.* jidisch, eigtl. gekürzt aus jidisch dajtsch „jüdisches Deutsch", u. ↑...ist⟩: Wissenschaftler auf dem Gebiet der Jiddistik. **Jid|di̲|stik** *die;* - ⟨zu ↑...istik⟩: Wissenschaft von der jiddischen (dt.-jüd.) Sprache u. Literatur. **jid|di|stisch** ⟨zu ↑...istisch⟩: die Jiddistik betreffend

Jig [dʒɪg] *die;* -, -s ⟨aus gleichbed. *engl.* jig zu *altfr.* giguer „tanzen, springen"⟩: 1. seit dem 16. Jh. auf den brit. Inseln verbreiteter Volkstanz ohne feste Form. 2. engl. Schreibung für ↑Gigue

Ji̲g|ger [ˈdʒɪgɐ] *der;* -s, -[s] ⟨aus gleichbed. *engl.* jigger⟩: 1. ⓦ Färbereimaschine, verwendet zum Färben faltenempfindlicher Gewebe. 2. Golfschläger für den Annäherungsschlag. 3. Segel am hintersten Mast eines Viermasters

Ji-Ji̲t|su [ˈdʒiːˈdʒɪtsu] vgl. ʊiu-ʊitsu

Ji|me̲|nes [çi...] *der;* ⟨aus *span.* pedrojiménez, nach dem Namen Pedro Ximénez⟩: svw. Pedro Ximénez

Jin vgl. Yin

Ji̲|na [ˈdʒaina] vgl. Jaina

Jin|gle [ˈdʒɪŋgl̩] *der;* -[s], -[s] ⟨aus gleichbed. *engl.* jingle, eigtl. „Geklingel, Geklimper"⟩: kurze, einprägsame Melodie, Tonfolge (z. B. als Bestandteil eines Werbespots)

Jin|go [ˈdʒɪŋgo] *der;* -s, -s ⟨aus gleichbed. *engl.* jingo, nach der Wendung by jingo „bei Gott, Donnerwetter" in einem chauvinist. Lied zur Zeit von Disraelis antiruss. Politik, wahrscheinlich entstellt aus Jainko, dem Namen einer bask. Gottheit⟩: engl. Bez. für Chauvinist, Nationalist. **Jin|go̲|is|mus** *der;* - ⟨aus *engl.* jingoism⟩: engl. Bez. für Chauvinismus

Ji|ni̲s|mus [dʒi...] vgl. Jainismus. **ji|ni̲|stisch** vgl. jainistisch

Jin|ri|ki|scha [ˈdʒɪn...], **Jin|rik|scha** [dʒɪnˈrɪkʃa] *die;* -, -s ⟨über *engl.* jinrikisha, jinriksha aus *jap.* jin-riki-sha „Mensch-Kraft-Fahrzeug (vom Menschen gezogener Wagen)"; vgl. Rikscha⟩: svw. Rikscha

Jir|mi|lik *der;* -s, -s ⟨aus gleichbed. *türk.* yirmilik⟩: türk. Silbermünze

Jit|ter|bug [ˈdʒɪtəbʌg] *der;* - ⟨aus *amerik.* jitterbug zu to jitter „zappelig sein" u. bug „Insekt, Käfer"⟩: um 1920 in Amerika entstandener Jazztanz

Jiu-Jit|su [ˈdʒiːuˈdʒɪtsu] *auch* Dschju-Dschitsu *das;* -[s] ⟨aus gleichbed. *jap.* jūjutsu, eigtl. „sanfte Kunst", zu ju „sanft" u. jutsu „Kunst, Kunstgriff"⟩: in Japan entwickelte Technik der Selbstverteidigung ohne Waffen od. Gewalt; vgl. Judo, Kendo

Jive [dʒaɪv] *der;* - ⟨aus gleichbed. *amerik.* jive⟩: 1. eine Art Swingmusik; vgl. Swing. 2. gemäßigte Form des Jitterbug als Turniertanz

Joail|le|rie [ʒɔa(l)jə...] *die;* -, ...ien ⟨aus gleichbed. *fr.* joaillerie zu joaillier, vgl. Joaillier⟩: (veraltet) a) Juwelierkunst; b) Juwelier-, Schmuckwarenhandel. **Joail|lier** [ʒɔa(l)je:] *der;* -s, -s ⟨aus gleichbed. *fr.* joaillier zu älter joellier, dies zu *altfr.* joel „Juwel", zu *mlat.* iocalia „Kostbarkeiten"⟩: (veraltet) a) Juwelier, Goldschmied; b) Juwelenhändler

Job [dʒɔp] *der;* -s, -s ⟨aus gleichbed. *engl.-amerik.* job, weitere Herkunft unsicher⟩: 1. (ugs.) a) [Gelegenheits]arbeit, vorübergehende einträgliche Beschäftigung, Verdienstmöglichkeit; b) berufliche Tätigkeit, Stellung, Arbeit. 2. bestimmte Aufgabenstellung für den ↑Computer (EDV). **job|ben** [ˈdʒɔbn̩] ⟨aus gleichbed. *engl.* to job⟩: (ugs.) einen Job (1 a) haben. 2. arbeiten, einen Beruf ausüben. **Job|ber** [ˈdʒɔbɐ] *der;* -s, - ⟨aus gleichbed. *engl.* jobber⟩: 1. a) Händler an der Londoner Börse, der nur in eigenem Namen Geschäfte abschließen darf; b) Börsenspekulant. 2. (ugs. abwertend) skrupelloser Geschäftemacher. 3. (ugs.) jmd., der jobbt. **job|bern** (ugs. abwertend): sich als Jobber (2) betätigen

Jo|bel|jahr *das;* -[e]s, -e ⟨zu *hebr.* yôvel „Widderhorn" (das zu Beginn eines solchen Jahres geblasen wurde)⟩: nach 3. Mose 25,8 ff. alle 50 Jahre von den Juden zu feierndes Jahr mit Schuldenerlaß, Freilassung der israelitischen Sklaven u. Rückgabe von verkauftem Boden; vgl. Jubeljahr

Job-hop|ping [ˈdʒɔbhɔpɪŋ] *das;* -s, -s ⟨aus gleichbed. *engl.-amerik.* jobhopping zu job (vgl. Job) u. to hop „hüpfen, springen"⟩: häufig u. in kürzeren Abständen vorgenommener Stellen-, Firmenwechsel [um sich in höhere Positionen zu bringen]. **Job|kil|ler** *der;* -s, - ⟨zu ↑ Job⟩: (ugs.) etwas, was Arbeitsplätze überflüssig macht, beseitigt (z. B. Computer). **Job-ro|ta|tion** [...roʊˈteɪʃən] *die;* -, -s ⟨aus gleichbed. *engl.-amerik.* job rotation, zu *engl.* rotation, vgl. Rotation⟩: (von einem Mitarbeiter zum Zweck der Vorbereitung auf eine Führungsaufgabe) das Durchlaufen der verschiedensten Arbeitsbereiche eines Unternehmens. **Job-sha|ring** [...ʃɛərɪŋ] *das;* -[s] ⟨aus gleichbed. *engl.* job sharing, zu to share „(zu)teilen"⟩: Aufteilung eines Vollzeitarbeitsplatzes unter zwei od. mehrere Personen

Jockei[1] [ˈdʒɔkɛ, ˈdʒɔki, *auch* ˈdʒɔkaɪ, ˈjɔkaɪ] *der;* -s, -s ⟨aus gleichbed. *engl.* jockey, dies aus *schott.* Jock, Verkleinerungsform der *schott.* Variante von *engl.* Jack „Jakob"⟩: jmd., der berufsmäßig Pferderennen reitet. **Jocket|te**[1] [dʒɔˈkɛta, *auch* jɔˈkɛtə] *die;* -, -n ⟨zu ↑...ette⟩: weiblicher Jockei. **Jockey**[1] [ˈdʒɔkɪ] *der;* -s, -s ⟨zu ↑ Jockei⟩: svw. Jokkei

Jo|crisse [ʒɔˈkris] *der;* -, -n [...sən] ⟨aus gleichbed. *fr.* jocrisse, eigtl. „Einfaltspinsel, Trottel"⟩: komische Figur des franz. Straßentheaters

Jod, chem. fachspr. Iod *das;* -[e]s ⟨aus gleichbed. *fr.* iode, dies aus *gr.* ió(ei)dēs „veilchenfarbig" zu íon „Veilchen" u. eîdos „Gestalt, Form" (nach dem bei Erhitzung von Jod auftretenden veilchenblauen Dampf)⟩: chem. Element, Nichtmetall; schwarzbraune kristalline Substanz, die u. a. in Chilesalpeter vorkommt u. in der Medizin, Fotografie, analytischen Chemie u. a. verwendet wird; Zeichen J (I).

Jod|ak|ne *die;* -: Hautausschlag bei Menschen, die gegen Jod überempfindlich sind. **Jod|ar|gy|rit** *der;* -s, -e ⟨zu *gr.* árgyros „Silber" u. ↑²...it⟩: ein gelbes, braunes od. graues ↑hexagonales Mineral. **Jo|dat,** chem. fachspr. Iodat *das;* -[e]s, -e ⟨zu ↑...at (2)⟩: Salz der Jodsäure

Jodh|pur [ˈdʒɔdpʊə] *die;* -, -s ⟨aus gleichbed. *engl.* jodhpurs (Plur.), nach der ind. Stadt Jodhpur⟩: oben weite, von den Knien an enge Reithose. **Jodh|pur|ho|se** *die;* -, -n ⟨nach gleichbed. *engl.* jodhpur breeches, zu breeches „Kniebund-Reithose", vgl. Jodphur⟩: svw. Jodhpur

Jo|did, chem. fachspr. Iodid *das;* -[e]s, -e ⟨zu ↑Jod u. ↑³...id⟩: Salz der Jodwasserstoffsäure. **jo|die|ren** ⟨zu ↑...ieren⟩: a) Jod zusetzen (z. B. bei Speisesalz); b) mit Jod bestreichen (z. B. eine Operationsstelle; Med.). **Jo|di|na|ti|on** *die;* -, -en ⟨aus gleichbed. *nlat.* jodinatio zu ↑Jod u. ↑...ation⟩: Aufnahme des Jods aus dem Blut in das Körpergewebe od. in bestimmte Organe (z. B. in die Schilddrüse; Med.). **Jo|dis|mus** *der;* - ⟨zu ↑...ismus (3)⟩: Jodvergiftung mit Auftreten von Reizerscheinungen (Fieber, Bindehautentzündung u. a.) nach längerem Gebrauch von Jod (Med.). **Jo|dit** [*auch* ...ˈdɪt] *das;* -s, -e ⟨zu ↑²...it⟩: Jodsilber, ein Mineral mit hohem Silbergehalt. **Jod|jod|ka|li|um|lö|sung** *die;* -, -en: Lösung von Jod in Kaliumjodidlösung

Jo|do [dʒ...] vgl. Dschodo

Jo|do|form *das;* -s ⟨Kunstw. aus ↑*Jod* u. ↑*Form*yl⟩: früher verwendetes Mittel zur Wunddesinfektion (Med.). **Jo|do|me|trie** *die;* - ⟨zu ↑Jod u. ↑...metrie⟩: maßanalytisches Verfahren zur quantitativen Bestimmung verschiedener Stoffe, die mit Jod reagieren oder Jod aus Verbindungen frei machen. **Jod|prä|pa|rat** *das;* -[e]s, -e: Arzneimittel mit Jod als wirksamem Bestandteil. **Jod|zahl** *die;* -, -en: Kennzahl für den Gehalt an ungesättigten Fettsäuren im Fett; Abk.: JZ

Jo|ga vgl. Yoga

jog|gen [ˈdʒɔgn̩] ⟨aus gleichbed. *engl.* to jog, eigtl. „(dahin)trotten"⟩: zur Hebung des Allgemeinbefindens in mäßigem ↑Tempo (1) locker u. gelöst laufen. **Jog|ger** [ˈdʒɔgɐ] *der;* -s, - ⟨aus gleichbed. *engl.* jogger⟩: jmd., der joggt. **Jog|ging** [ˈdʒɔgɪŋ] *das;* -s ⟨aus gleichbed. *engl.* jogging⟩: das Joggen; als Freizeitsport u. zur Fitneß betriebener Dauerlauf

Jo|ghurt, *auch* Yoghurt [ˈjoː...] *der od. das;* -[s], österr. auch *die;* -, -[s] ⟨aus *türk.* yoğurt „gegorene Milch" zu yoğun „dicht, dickflüssig"⟩: durch Zusetzen bestimmter Bakterien gewonnene Art Dickmilch

Jo|gi, Jo|gin vgl. Yogi, Yogin

Jog-Shut|tle [ˈdʒɔkʃʌtl] *der;* -s, -s ⟨zu *engl.* to jog (vgl. joggen) u. ↑Shuttle⟩: Drehknopf an Videorecordern, mit dem man Standbilder bzw. extreme Zeitlupenaufnahmen einstellen kann; vgl. Shuttle (2).

Jo|han|ni[s] *das;* - ⟨nach Johannes dem Täufer, aus *hebr.* Johānān „Jahwe ist gnädig"⟩: Johannistag (24. Juni). **Jo|han|nis|brot** *das;* -[e]s, -e ⟨nach der Legende, daß sich Johannes der Täufer in der Wüste von dem süßen Mark der Früchte ernährt habe, Markus 1,6⟩: getrocknete Schotenfrucht des im Mittelmeergebiet heimischen Johannisbrotbaumes. **Jo|han|nis|trieb** *der;* -[e]s, -e ⟨nach dem um den Johannistag (24. Juni) erfolgenden Austrieb⟩: 1. der zweite Trieb vieler Holzgewächse im Juni/Juli (Bot.). 2. (ohne Plur.; scherzh.) neuerliches, gesteigertes Bedürfnis nach Sex bei Männern im vorgerückten Alter

Jo|han|nit [*auch* ...ˈnɪt] *der;* -s, -e ⟨nach dem Erzherzog Johann von Österreich (1782–1859) u. zu ↑²...it⟩: grasgrünes Uranmineral

Jo|han|ni|ter *der;* -s, - ⟨aus *mlat.* (ordo) Johannita „(Orden der) Johanniter"⟩: Angehöriger des Johanniterordens. **Johan|ni|ter|kreuz** *das;* -es, -e: achtspitziges [weißes Ordens]kreuz [der Johanniter]; vgl. Malteserkreuz. **Jo|hanni|ter|or|den** *der;* -s: (um 1100 in Jerusalem urspr. zur Pflege kranker Pilger gegründeter) geistlicher Ritterorden (Gemeinschaft geistlicher Krieger zur Bekämpfung von Glaubensfeinden)

John Bull ['dʒɔn 'bʊl] ⟨aus *engl.* John Bull „Hans Stier"⟩: (scherzh.) Spitzname des Engländers, des englischen Volkes

Joint [dʒɔɪnt] *der;* -s, -s ⟨aus gleichbed. *amerik.* joint, dies aus *engl.* joint „Verbindung, Gemeinschaft" zu to join „verbinden", dies über *altfr.* joindre aus *lat.* iungere, vgl. Junktim⟩: a) selbstgedrehte Zigarette, deren Tabak mit Haschisch od. Marihuana vermischt ist; b) (bes. Jugendsprache) Zigarette. **Join|ture** ['dʒɔɪntʃə] *die;* -, -s ⟨aus gleichbed. *engl.* jointure, eigtl. „Vereinigung"⟩: (veraltet) auf Lebenszeit ausgesetzter Lebensunterhalt (einer Witwe). **Joint-ven|ture** ['dʒɔɪnt'vɛntʃə] *das;* -[s], -s ⟨aus *engl.-amerik.* joint venture „Gemeinschaftsunternehmen" zu *engl.* joint (vgl. Joint) u. venture „Unternehmung, Wagnis"⟩: vorübergehender od. dauernder Zusammenschluß von Unternehmen zum Zweck der gemeinsamen Ausführung von ↑ Projekten, die von einem Unternehmen allein nicht ↑ realisiert (1) werden könnten (Wirtsch.)

Jo-Jo *das;* -s, -s ⟨aus gleichbed. *engl.-amerik.* yo-yo, dies vermutlich aus *malai.* yo-yo, weitere Herkunft unsicher⟩: Geschicklichkeitsspiel mit elastischer Schnur u. daran befestigter Holzscheibe

Jo|jo|ba *die;* -, -s ⟨aus *mexik.* jojoba⟩: ein Buchsbaumgewächs

Jo|ker ['joːkɐ, auch 'dʒoːkɐ] *der;* -s, - ⟨aus gleichbed. *engl.* joker, eigtl. „Spaßmacher"; vgl. Jokus⟩: für jede andere Karte einsetzbare Spielkarte mit der Abbildung eines Narren. **jo|kos** ⟨aus gleichbed. *lat.* iocosus⟩: (veraltet) scherzhaft, spaßig. **Jo|ko|sa** *die* (Plur.) ⟨aus gleichbed. *lat.* iocosa, Nom. Plur. (Neutrum) zu iocosus „scherzhaft"⟩: (veraltet) scherzhafte Dinge, Possen. **Joku|la|tor** *der;* -s, ...oren ⟨aus gleichbed. *lat.* ioculator⟩: svw. Jongleur (2). **jo|ku|lie|ren** ⟨aus gleichbed. *lat.* ioculari⟩: (veraltet) scherzen, Spaß treiben. **Jo|kus** *der;* -, -se ⟨aus gleichbed. *lat.* iocus⟩: (ugs.) Scherz, Spaß

Jol|ka|fest *das;* -[e]s, -e ⟨zu *russ.* (novogodnaja) ëlka „(Neujahrs)tanne, -fichte"⟩: Neujahrsfest in Rußland (am 1. Januar)

Jom Kip|pur *der;* - - ⟨aus *hebr.* jōm kippūr „Tag der Versöhnung"⟩: Versöhnungstag (höchstes jüd. Fest)

Jo|mon-Kul|tur ['dʒo....] *die;* - ⟨aus *jap.* jomon „Schnurmuster"⟩: jungsteinzeitliche Kultur in Japan (10. Jahrtausend bis etwa 300 v. Chr.)

Jo|na|than *der;* - ⟨wahrscheinlich vom Züchter nach dem amerik. Juristen Jonathan Hasbrouck benannt⟩: Winterapfel mit mattglänzender, gelb bis purpurrot gefleckter Schale

Jon|gle|rie [ʒɔn(g)lə..., auch ʒõglə...] *die;* -, ...ien ⟨aus *fr.* jonglerie „Gaukelei, Taschenspielerei" zu jongler, vgl. jonglieren⟩: Kunst des Jongleurs bzw. der Jongleuse, Fang-, Geschicklichkeitskunst. **Jon|gleur** [ʒɔŋ'(g)løːɐ̯, auch ʒõ'gløːɐ̯] *der;* -s, -e ⟨aus gleichbed. *fr.* jongleur, dies über *altfr.* jogleor „Gaukler, Spielmann, Spaßmacher" aus *lat.* ioculator „Spaßmacher"⟩: 1. Artist, Geschicklichkeitskünstler im Jonglieren (1). 2. Spielmann u. Possenreißer des Mittelalters. 3. jmd., der die Sportart des Jonglierens (2) ausübt (Kunstkraftsport). **Jon|gleur|akt** *der;* -[e]s, -e: 1. Auftritt eines ↑ Jongleurs. 2. Übung im Kunstkraftsport, bei der eine Gruppenfigur mit einer Geschicklichkeitsvorführung verbunden wird. **Jon|gleu|se** [...'(g)løːzə] *die;* -, -n: weibliche Form zu ↑ Jongleur. **jon|glie|ren** ⟨zu ↑ Jongleur u. ↑...ieren, vielleicht unter Einfluß von *fr.* jongler aus einer Mischform von *altfr.* jogler „sich lustig machen, scherzen" (dies über *mlat.* iocularī „foppen, zum besten haben" aus *lat.* ioculare „scherzen") u. jangler „schwatzen, verleumden", dies aus dem Germ.⟩: 1. mit artistischem Können mehrere Gegenstände gleichzeitig spielerisch werfen u. auffangen. 2. mit Gewichten o. ä. bestimmte Geschicklichkeitsübungen ausführen (Kunstkraftsport)

Jo|ni|kus vgl. Ionicus

Jon|ny ['dʒɔni] *der;* -[s], -s ⟨anglisierend nach *engl.* Jo(h)nny, Koseform von John „Johannes"⟩: (salopp) svw. Penis

Jo|non *das;* -s ⟨aus *gr.* íon „Veilchen" u. ↑²...on⟩: nach Veilchen riechender Duftstoff

Jo|ru|ri ['dʒo....] *das;* -[s] ⟨nach der jap. Titelgestalt eines Volksepos (16. Jh.)⟩: altes japan. Puppenspiel

Jo|se|ki *das;* -s, -s ⟨aus gleichbed. *jap.* yohse-ki⟩: eine auf einen Eckraum beschränkte Eröffnung im Gospiel

Jo|se|phi|nis|mus *der;* - ⟨nach dem österr. Kaiser Joseph II. (1765–1790) u. zu ↑ ...ismus (1)⟩: aufgeklärte kath. Staatskirchenpolitik in Österreich des 18. u. 19. Jh.s, die auch noch die Staatsauffassung der österr. Beamten u. Offiziere des 19. Jh.s bestimmte

Jo|se|phi|nit [auch ...'nɪt] *der;* -s, -e ⟨nach dem Vorkommen in Josephine (country) in Oregon (USA): Eisennickel, ein Mineral

Jot *das;* -, - ⟨über *got.* jota u. *lat.* iota aus *gr.* iōta, vgl. ¹Jota⟩: zehnter Buchstabe des dt. Alphabets

¹Jo|ta ['joːta] *das;* -[s], -s ⟨aus gleichbed. *gr.* iōta, dies aus *semit.* jōd⟩: neunter Buchstabe des griech. Alphabets: I, ι; kein -: nicht das geringste

²Jo|ta ['xota] *die;* -, -s ⟨aus gleichbed. *span.* jota, weitere Herkunft unsicher⟩: schneller span. Tanz im ⅜- od. ¾-Takt mit Kastagnettenbegleitung

Jo|ta|zis|mus *der;* - ⟨über *lat.* iotacismus aus *gr.* iōtakismós „fehlerhafte Aussprache des Jota"⟩: svw. Itazismus. **Jotie|rung** *die;* - ⟨zu ↑ ...ierung⟩: das Erscheinen eines Jot vor Vokalen (z. B. im Anlaut bei slaw. Sprachen); vgl. Palatalisierung

Jouet [ʒuɛ] *das;* -s ⟨aus gleichbed. *fr.* jouet zu jouer „scherzen, spielen" zu gleichbed. *lat.* iocari⟩: (veraltet) Spielzeug

Jouis|sance [ʒui'sãːs] *die;* - ⟨aus gleichbed. *fr.* jouissance zu jouir „genießen, sich erfreuen"⟩: (veraltet) Genuß, Befriedigung

Joule [von DIN u. anderen Organisationen festgelegte Aussprache nur dʒuːl, sonst auch dʒaʊl] *das;* -[s], - ⟨nach dem engl. Physiker James Prescott Joule, 1818–1889⟩: Maßeinheit für die Energie (z. B. den Energieumsatz des Körpers; 1 cal = 4,186 Joule); Zeichen J. **Joule-Ef|fekt** ['dʒuːl...] *der;* -[e]s, -e: Längenänderung eines ↑ ferromagnetischen Stoffes bei ↑ Magnetisierung (Phys.)

Jour [ʒuːɐ̯] *der;* -s, -s ⟨aus gleichbed. *fr.* jour, eigtl. „Tag", dies über gleichbed. *spätlat.* diurnum zu *lat.* diurnum „(tägliche) Ration; Tagebuch", substantiviertes Neutrum von diurnus „täglich"⟩: (veraltet) Dienst, Amts-, Empfangstag; - haben: mit dem für einen bestimmten, immer wiederkehrenden Tag festgelegten Dienst an der Reihe sein; - fixe ['fiks]: 1. für ein regelmäßiges Treffen fest vereinbarter Tag. 2. (veraltet) Tag, an dem jmd. Dienst hat, mit Dienst an der Reihe ist; vgl. auch: du jour u. à jour.

Journaille

Jour|nail|le [ʒʊrˈnaljə, auch ...ˈnaɪ] *die;* - ⟨zu ↑ Journal u. ↑ ...aille⟩: hinterhältig-gemeine, skrupellose Presse u. ihre Journalisten. **Jour|nal** [...ˈnaːl] *das;* -s, -e ⟨aus gleichbed. *fr.* journal, eigtl. „jeden einzelnen Tag betreffend" zu jour, *altfr.* jor, jorn „Tag", dies zu *spätlat.* diurnalis „täglich"; vgl. Jour⟩: 1. a) (veraltet) Tageszeitung; b) (veraltend) bebilderte Zeitschrift unterhaltenden od. informierenden Inhalts, z. B. Modezeitschrift. 2. Tagebuch, z. B. bei der Buchführung. **jour|na|li|sie|ren** ⟨aus *fr.* journaliser „ins Journal eintragen"⟩: eintragen, verbuchen. **Jour|na|lis|mus** *der;* - ⟨aus gleichbed. *fr.* journalisme; vgl. ...ismus⟩: 1. a) Tätigkeit, Arbeit des Journalisten; b) (salopp, häufig abwertend) charakteristische Art der Zeitungsberichterstattung; typischer journalistischer Schreibstil. 2. Pressewesen; vgl. ...ismus/...istik. **Jour|na|list** *der;* -en, -en ⟨aus gleichbed. *fr.* journaliste⟩: jmd., der beruflich für die Presse, den Rundfunk, das Fernsehen schreibt, publizistisch tätig ist. **Jour|na|li|stik** *die;* - ⟨zu ↑ Journal u. ↑ ...istik⟩: a) Zeitungswesen; b) Zeitungswissenschaft; vgl. ...ismus/...istik. **Jour|na|li|stin** *die;* -, -nen: weibliche Form zu ↑ Journalist. **jour|na|li|stisch** ⟨zu ↑ ...istisch⟩: a) die Journalistik betreffend; b) in der Art des Journalismus (1). **Jour|née** [...ˈneː] *die;* - ⟨aus gleichbed. *fr.* journée⟩: (veraltet) 1. Tagewerk. 2. Tagelohn

jo|vi|al [...v...] ⟨aus *fr.* jovial „fröhlich, lustig" zu *lat.* Iovalis „zu Jupiter gehörend", dies zu Iup(p)iter, Gen. Iovis, weil nach der mittelalterlichen Astronomie der unter dem Planeten Jupiter Geborene als fröhlich u. heiter galt⟩: betont wohlwollend; leutselig. **Jo|via|li|tät** *die;* - ⟨wohl zu *fr.* jovialité „Heiterkeit, Frohsinn"; vgl. ...ität⟩: joviale Art, joviales Wesen, Leutseligkeit. **jo|via|nisch** ⟨vgl. ...aner⟩: den Jupiter betreffend, zum Jupiter gehörend, von ihm ausgehend. **Jo|vi|la|bi|um** *das;* -s, ...ien [...jən] ⟨aus gleichbed. *nlat.* iovilabium zu *lat.* Iup(p)iter, Gen. Iovis, labi „(dahin)gleiten" u. ↑ ...ium⟩: (veraltet) Gerät zur Verdeutlichung der Stellung des Planeten Jupiter zu seinen Monden (Astron.). **jo|vi|zen|trisch**: auf den Planeten Jupiter als ↑ Zentrum bezogen (Astron.)

Jo|yeuse En|trée [ʒɔajøzɑ̃ˈtreː] *das;* - -s, - -s ⟨aus *fr.* joyeuse entrée „fröhlicher Einzug"⟩: von den Herzögen von Brabant (1356–1792) vor ihrem Einzug in Brüssel beschworene Urkunde, die die Unteilbarkeit des Landes sowie die Rechte der Stände gegenüber dem Landesherrn sicherte

Joy|stick [ˈdʒɔɪstɪk] *der;* -s, -s ⟨aus *engl.* joystick „Steuerungshebel; Steuerknüppel (im Flugzeug)", zu joy „Freude, Vergnügen" u. stick „Stock, Knüppel"⟩: [Vorrichtung mit] Steuerhebel für Computerspiele

Ju|an vgl. Yuan

Ju|bel|jahr ⟨Lehnübersetzung aus gleichbed. *kirchenlat.* iubilaeus (annus), in volksetym. Anlehnung an *hebr.* yôvel „Widderhorn", vgl. Jobeljahr⟩: 1. svw. Jobeljahr; **alle -e**: selten. 2. Heiliges Jahr mit besonderen Ablässen in der kath. Kirche (alle 25 Jahre). **Ju|bi|lar** *der;* -s, -e ⟨aus *mlat.* jubilarius „wer fünfzig Jahre im gleichen Stand ist" zu *spätlat.* iubilaeum, vgl. Jubiläum⟩: Gefeierter; jmd., der ein Jubiläum begeht. **Ju|bi|la|rin** *die;* -, -nen: weibliche Form zu ↑ Jubilar. **Ju|bi|la|te** ⟨aus *lat.* iubilate „frohlocket!", Imperativ Plur. von iubilare, nach dem Eingangsvers des Gottesdienstes, Psalm 66,1⟩: in der ev. Kirche Name des dritten Sonntags nach Ostern. **Ju|bi|la|tio** u. **Ju|bi|la|ti|on** *die;* - ⟨aus gleichbed. *kirchenlat.* iubilatio, dies aus *spätlat.* iubilatio „Jubel", zu *lat.* iubilare, vgl. jubilieren⟩: im Gregorianischen Choral eine jubelnde, auf einem Vokal (z. B. auf der letzten Silbe des Alleluja) gesungene Tonfolge. **Ju|bi|lä|um** *das;* -s, ...äen ⟨aus *spätlat.* iubilaeum „Jubelzeit" zu *lat.* iubilare, vgl. jubilieren⟩: festlich begangener Jahrestag eines bestimmten Ereignisses (z. B. Firmengründung, Eintritt in eine Firma), Fest-, Gedenkfeier, Ehren-, Gedenktag. **Ju|bi|lee** [ˈdʒuːbɪliː] *das;* -[s], -s ⟨aus gleichbed. *engl.-amerik.* jubilee, dies aus *fr.* jubilé, eigtl. „Jubel(jahr)"⟩: religiöser Hymnengesang der ↑ Afroamerikaner. **ju|bi|lie|ren** [ju...] ⟨über gleichbed. *spätlat.* iubilare aus *lat.* iubilare „schreiend lärmen; jauchzen"⟩: 1. jubeln, frohlocken. 2. ein Jubiläum feiern. **Ju|bi|lus** *der;* - ⟨aus *spätlat.* iubilus „Jubelschrei, -lied"⟩: svw. Jubilatio

Ju|bis [ʒyˈbiː] *die* (Plur.) ⟨aus gleichbed. *fr.* jubis, eigtl. „Kistenrosinen" (mdal. Wort)⟩: an der Sonne getrocknete Rosinen aus der Provence (Frankreich)

juch|ten ⟨zu ↑ Juchten⟩: aus Juchten. **Juch|ten** *der* od. *das;* -s ⟨aus älter *russ.* jucht' bzw. juft' „aus dem Fell ausgewachsener Rinder mit Weiden- u. Birkenrindengerbstoffen gefertigtes Leder", vermutlich über das Turkotatar. aus *pers.* ǧuft „Paar" (weil die Häute paarweise gegerbt wurden) zu *awest.* yŭxta „Gespann"⟩: 1. feines [Kalbs]leder, das mit Birkenteeröl wasserdicht gemacht wird u. dadurch seinen besonderen Geruch erhält. 2. aus Birkenteeröl gewonnenes Parfüm mit dem charakteristischen Duft des Juchtenleders

Ju|dai|ka *die* (Plur.) ⟨aus gleichbed. *nlat.* Judaica, dies über *lat.* Iudaicus aus *gr.* Iodaikós zu *hebr.* Yehūdī „jüdisch; Jude"; vgl. ...ika⟩: jüdische Schriften, Bücher der jüd. Kultur u. Religion. **ju|dai|sie|ren** [...ai...] ⟨zu ↑ ...isieren⟩: jüdisch machen, unter jüd. Einfluß bringen. **Ju|dai|sie|rung** *die;* -, -en ⟨zu ↑ ...isierung⟩: das Judaisieren. **Ju|da|is|mus** *der;* - ⟨über *spätlat.* Iudaismus aus gleichbed. *gr.* Ioudaismós⟩: judenchristliche gesetzestreue Richtung im Urchristentum; jüd. Religion, Judentum. **Ju|da|ist** *der;* -en, -en (meist Plur.) ⟨zu ↑ ...ist⟩: Christ im Urchristentum, der bzw. über das Judentum zum Christentum kam. **Ju|da|i|stik** *die;* - ⟨zu ↑ Judaika u. ↑ ...istik⟩: Wissenschaft von der jüd. Geschichte u. Kultur. **ju|da|i|stisch** ⟨zu ↑ ...istisch⟩: die Judaistik betreffend. **Ju|das** *der;* -, Judasse ⟨nach Judas Ischariot im Neuen Testament⟩: (abwertend) [heimtückischer] Verräter

Ju|di|ka ⟨aus *lat.* iudica „richte (mich)!", Imperativ Sing. von iudicare, vgl. judizieren; nach dem Eingangsvers des Gottesdienstes, Psalm 43,1⟩: in der ev. Kirche Name des fünften Sonntags in der Passionszeit (vorletzter Sonntag vor Ostern). **ju|di|ka|bel** ⟨aus gleichbed. *lat.* iudicabilis⟩: (veraltet) beurteilbar. **Ju|di|kat** *das;* -[e]s, -e ⟨aus gleichbed. *lat.* iudicatum⟩: (veraltet) Rechtsspruch, richterlicher Entscheid. **Ju|di|ka|ti|on** *die;* -, -en ⟨aus gleichbed. *lat.* iudicatio zu iudicare, vgl. judizieren⟩: (veraltet) richterliche Untersuchung, Beurteilung, Aburteilung (Rechtsw.). **Ju|di|ka|ti|ve** [...və] *die;* -, -n ⟨zu *lat.* iudicatus, Part. Perf. von iudicare (vgl. judizieren), u. ↑ ...ive⟩: richterliche Gewalt im Staat; Ggs. ↑ Exekutive, ↑ Legislative. **ju|di|ka|to|risch** ⟨aus gleichbed. *lat.* iudicatorius⟩: (veraltend) richterlich (Rechtsw.). **Ju|di|ka|tur** *die;* -, -en ⟨zu ↑ Judikat u. ↑ ...ur⟩: Rechtsprechung. **Ju|di|kum** *das;* -s ⟨aus *kirchenlat.* Judicum (liber) „(Buch der) Richter"⟩: siebentes Buch des Alten Testaments. **Ju|diz** *das;* -es, ...ien [...jən] ⟨verkürzt aus ↑ Judizium⟩: svw. Judizium. **ju|di|zi|ell** ⟨über *fr.* judiciel aus gleichbed. *lat.* iudicialis⟩: die Rechtsprechung betreffend, richterlich. **ju|di|zie|ren** ⟨aus *lat.* iudicare „Recht sprechen, richten"⟩: (veraltet) das Amt eines Richters verwalten, Recht sprechen. **Ju|di|zi|um** *das;* -s, ...ien [...jən] ⟨aus *lat.* iudicium „Urteil, gerichtliche Untersuchung, Gerichtsbarkeit"⟩: 1. (veraltet) a) Rechtspflege, Richteramt, richterliche Untersuchung; b) Rechtsspruch. 2. aus lang-

jähriger Gerichtspraxis sich entwickelndes Rechtsfindungsvermögen
Ju|do *das;* -[s] ⟨aus gleichbed. *jap.* jūdō, eigtl. „geschmeidiger bzw. sanfter Weg zur Geistesbildung", dies zu jū „sanft" u. dō „Weg"⟩: sportliche Form des ↑Jiu-Jitsu mit festen Regeln. **Ju|do|gi** *der;* - ⟨zu *jap.* gi „Kleidung"⟩: Wettkampfkleidung beim Judo. **Ju|do|ka** *der;* -[s], -[s] ⟨zu *jap.* ka „jmd., der eine vollendete Fertigkeit od. Fähigkeit in einem wissenschaftlichen od. künstlerischen Fach hat"⟩: Judosportler
Jug [dʒʌɡ] *der;* -[s], -s ⟨aus *engl.-amerik.* jug „Krug"⟩: primitives Blasinstrument der afroamerik. Folklore (irdener Krug mit engem Hals)
Ju|ga *das;* -[s] ⟨aus gleichbed. *sanskr.* yugá⟩: in der ind. Lehre von den Weltzeitaltern einer der vier Abschnitte der ↑Kalpa
ju|ga|bel ⟨aus gleichbed. *spätlat.* iugabilis zu *lat.* iugum „Joch"⟩: (veraltet) vereinbar. **ju|gal** ⟨aus gleichbed. *lat.* iugalis⟩: (veraltet) ins Joch gespannt; ehelich
Jug-Band ['dʒʌɡ'bænd] *die;* -, -s ⟨aus gleichbed. *engl.-amerik.* jug-band zu ↑Jug u. ↑Band⟩: Instrumentalbesetzung der afroamerik. Folklore um 1900, bei der tönerne Krüge als Resonatoren zum Hineinsingen rhythmischer Formeln verwendet werden
Ju|ge|rum *das;* -[s], ...gera ⟨aus gleichbed. *lat.* iugerum zu iugum „Gespann", eigtl. „Joch der Ochsen"⟩: altröm. Flächenmaß, das etwa einem Morgen entspricht (die von einem Gespann an einem Tag zu bearbeitende Feldfläche von etwa 2500 m²)
Jug|lon *das;* -s ⟨zu *lat.* iuglans „Walnuß" u. ↑²...on⟩: brauner Naturfarbstoff, der in den grünen Schalen unreifer Walnüsse vorkommt
ju|gu|lar ⟨zu ↑Jugulum u. ↑¹...ar (1)⟩: das Jugulum betreffend. **Ju|gu|la|ti|on** *die;* -, -en ⟨aus gleichbed. *lat.* iugulatio zu iugulare, vgl. jugulieren⟩: (veraltet) Erdrosselung. **ju|gu|lie|ren** ⟨aus gleichbed. *lat.* iugulare⟩: (veraltet) erdrosseln, erwürgen. **Ju|gu|lum** *das;* -s, ...la ⟨aus *lat.* iugulum „Schlüsselbein"⟩: Drosselgrube, natürliche Einsenkung an der Vorderseite des Halses zwischen den Halsmuskeln, der Schultermuskulatur u. dem Schlüsselbein (Med.)
Juice [dʒuːs] *der* od. *das;* -, -s [...sɪs, auch ...sɪz] ⟨aus gleichbed. *engl.* juice, dies über *fr.* jus „Saft, Brühe" aus gleichbed. *lat.* ius, vgl. ²Jus⟩: Obst- od. Gemüsesaft
Jui|ve|rie [ʒɥiv(ə)'riː] *die;* -, ...ien ⟨aus gleichbed. *fr.* juiverie zu juif „Jude"⟩: Judengasse, Judenviertel (früher in Frankreich)
Ju|ju *der;* -[s], -s ⟨aus dem Afrik.⟩: in Westafrika weitverbreitete Bez. für Fetische u. Masken mit magischer Kraft
Ju|ju|be *die;* -, -n ⟨aus gleichbed. *fr.* jujube, dies über *lat.* ziziphus (Bed. 2 über *lat.* ziziphum) aus gleichbed. *gr.* zizyphon⟩: 1. Gattung der Kreuzdorngewächse, Sträucher u. Bäume mit dornigen Zweigen u. mit Steinfrüchten. 2. Brustbeere, Frucht der Kreuzdorngewächse
Juke|box ['dʒuːkbɔks] *die;* -, Plur. -es [...sɪs, auch ...sɪz] od. -en ⟨aus gleichbed. *engl.-amerik.* juke-box zu *amerik.* (Jargon) juke „ungebärdig, außer Rand u. Band" u. *engl.* box „Kiste, Kasten", eigtl. „Musikkiste, Rappelkiste"⟩: Musikautomat, der nach Einwurf entsprechender Geldmünzen Schallplatten mit Unterhaltungsmusik abspielt
Ju|kun|di|tät *die;* -, -en ⟨aus gleichbed. *lat.* iucunditas, Gen. iucunditatis⟩: (veraltet) Annehmlichkeit
Jul *das;* -[s] ⟨aus gleichbed. *altnord.* jōl (Plur.) (Bed. b über *dän., norweg., schwed.* jul „Weihnachten"), weitere Herkunft unsicher⟩: a) germ. Fest der Wintersonnenwende; b) in Skandinavien Weihnachtsfest. **Jul|bock** *der;* -[e]s, ...bök-

ke ⟨zu ↑Jul (b)⟩: 1. in Skandinavien bei weihnachtlichen Umzügen auftretende, mit Fellen u. einem gehörnten Ziegenkopf maskierte Gestalt. 2. aus Stroh geflochtene bocksähnliche ↑Figur (2), die in Skandinavien um die Weihnachtszeit im Haus aufgestellt wird. 3. Gebäck, das die Form einer bocksähnlichen Figur hat
Ju|lep ['dʒuːlɛp] *das* od. *der;* -[s], -s ⟨aus gleichbed. *engl.* julep, dies über *fr.* julep aus *pers.-arab.* gulāb, eigtl. „Rosenwasser"⟩: in England u. Amerika beliebtes alkoholisches Erfrischungsgetränk
Ju|li *der;* -[s], -s ⟨aus *lat.* (mensis) Iulius, nach dem röm. Feldherrn u. Staatsmann Gaius Iulius Caesar (100–44 v. Chr.); Eindeutschung ausgehend vom Gen. Iulii⟩: der siebente Monat im Jahr. **ju|li|a|nisch**; in der Fügung Julianischer Kalender: der von Julius Cäsar eingeführte Kalender
Ju|li|enne [ʒy'ljɛn] *die;* - ⟨nach gleichbed. *fr.* (potage à la) julienne, wahrscheinl. nach dem weibl. franz. Vornamen Julienne⟩: in schmale Streifen geschnittenes Gemüse (od. Fleisch) als Suppeneinlage
Ju|li|us|turm *der;* -[e]s ⟨nach einem Turm der früheren Zitadelle in Spandau, in dem sich bis 1914 ein Teil der von Frankreich an das Deutsche Reich gezahlten Kriegsentschädigung befand, Herkunft ungeklärt⟩: vom Staat angesparte, als ↑Reserve (2) zurückgelegte Gelder
Jul|klapp *der;* -s ⟨aus gleichbed. *schwed.* julklapp zu jul (vgl. Jul) u. klappa „klopfen, pochen" (der Überbringer von Weihnachtsgeschenken klopfte nach altem Brauch an die Tür, wenn er kam)⟩: [scherzhaft mehrfach verpacktes] kleines Weihnachtsgeschenk, das man im Rahmen einer Feier von einem unbekannten Geber erhält
Jum|bo *der;* -s, -s ⟨zu ↑Jumbo-Jet⟩: kurz für Jumbo-Jet. **Jum|bo-Jet** [...'dʒɛt] *der;* -s, -s ⟨aus gleichbed. *engl.-amerik.* jumbo jet, eigtl. „Düsenriese", dies aus jumbo „Koloß; riesig" (nach dem Namen eines ungewöhnlich großen Elefanten, der vom amerik. Schausteller Barnum, 1810–1891, ausgestellt wurde) u. jet, vgl. ²Jet⟩: Großraumdüsenflugzeug
Ju|mel|la|ge [ʒymə'laːʒ] *die;* -, -n [...ʒn] ⟨aus gleichbed. *fr.* jumelage, eigtl. „Zusammenfügung", zu *lat.* gemellus „zugleich geboren, doppelt"⟩: Städtepartnerschaft zwischen Städten verschiedener Länder. **Ju|melles** [ʒy'mɛl] *die* (Plur.) ⟨aus gleichbed. *fr.* jumelles (Plur.), eigtl. „Zwillinge", zu *lat.* gemellus „ganz ähnlich"⟩: (veraltet) a) Feldstecher; b) Opernglas für beide Augen
Jump [dʒamp] *der;* -[s], -s ⟨aus gleichbed. *engl.-amerik.* jump, eigtl. „Sprung"⟩: 1. dritter Sprung beim Dreisprung (Leichtathletik); vgl. ¹Hop, ¹Step. 2. (ohne Plur.) Kurzform von ↑Harlem-Jump. **jum|pen** ['dʒampn̩, auch 'dʒʌmpn̩] ⟨nach gleichbed. *engl.* to jump⟩: - (ugs.) springen
Jum|per ['dʒampɐ, 'dʒɛmpɐ] *der;* -[s], - ⟨aus gleichbed. *engl.* jumper, weitere Herkunft unsicher⟩: 1. (selten) [Damen]strickbluse, Pullover. 2. eine Kurzschlußbrücke bzw. der dafür verwendete elektr. Leiter (Elektrot.). **Jump|suit** ['dʒampsuːt] *der;* -[s], -s ⟨aus gleichbed. *engl.* jump suit⟩: einteiliger Hosenanzug
jun|gie|ren ⟨aus gleichbed. *lat.* iungere⟩: (veraltet) verbinden, zusammenlegen
Jun|gle-Stil ['dʒaŋgl̩...] *der;* -[e]s ⟨aus gleichbed. *engl.-amerik.* jungle style, eigtl. „Dschungelstil"⟩: Spielweise mit Dämpfern o. ä. zur Erzeugung von Groll- od. Brummeffekten (Growl) bei den Blasinstrumenten im Jazz (von Duke Ellington eingeführt)
Ju|ni *der;* -[s], -s ⟨aus *lat.* (mensis) Iunius, nach der altröm.

junior

Göttin Iuno; Eindeutschung ausgehend vom Gen. Iunii⟩: der sechste Monat des Jahres

ju|ni|or (nur unflektiert hinter dem Personennamen) ⟨aus *lat.* iunior „jünger, ein Jüngerer", Komparativ von iuvenis „jung"⟩: der jüngere... (z. B. Krause -; Abk.: jr. u. jun.); Ggs. ↑senior. **Ju|ni|or** *der;* -s, ...oren: 1. (ugs) a) (ohne Plur.) svw. Juniorchef; b) Sohn (im Verhältnis zum Vater); Ggs. ↑Senior (1). 2. der Jüngere, der junge Mann (im Unterschied zum älteren, alten Mann), bes. beim Sport der Jungsportler (vom 18. bis zum vollendeten 23. Lebensjahr); Ggs. ↑Senior (2). **Ju|nio|rat** *das;* -[e]s, -e ⟨zu ↑...at (1)⟩: svw. Minorat. **Ju|ni|or|chef** *der;* -s, -s: Sohn des Geschäftsinhabers. **Ju|nio|rin** *die;* -, -nen: weibliche Form zu ↑Junior (2). **Ju|nio|ri|tät** *die;* - ⟨zu ↑...ität⟩: (veraltet) das Jüngersein. **Ju|ni|or|part|ner** *der;* -s, -: mit weniger Rechten ausgestatteter [jüngerer] Geschäftspartner (Wirtsch.). **Ju|ni|or|paß** *der;* ...passes, ...pässe: für Jugendliche bis zu einem bestimmten Alter erwerbbarer Ausweis, auf den sie bei Reisen mit der Bundesbahn innerhalb der Bundesrepublik Deutschland Fahrpreisermäßigungen erhalten

Ju|ni|pe|rus *der;* -, - ⟨aus gleichbed. *lat.* iuniperus⟩: Wacholder (über die ganze Erde verbreitetes Zypressengewächs; Bot.)

Junk art ['dʒʌŋk 'ɑːt] *die;* - - ⟨aus gleichbed. *engl.* junk-art zu junk „Gerümpel, Plunder" u. art „Kunst"⟩: moderne Kunstrichtung, bei der vor allem Abfälle u. ↑Materialien (1) für Bilder u. Plastiken verwendet werden. **Junk bond** *der;* - -s, - -s ⟨aus gleichbed. *engl.* junk bond, zu bond „Schuldverschreibung"⟩: Schuldverschreibung von ↑Emittenten (1) geringer Bonität, die wegen des hohen Risikos hochverzinslich u. hochspekulativ ist. **Junk food** [- 'fuːd] *das;* - -[s] ⟨aus gleichbed. *engl.* junk food, zu food „Speise, Essen"⟩: Nahrung von geringem Nährwert, aber von hoher Kalorienzahl (z. B. Süßigkeiten, Pommes frites). **Jun|kie** ['dʒʌŋkɪ] *der;* -s, -s ⟨aus gleichbed. *engl.-amerik.* junkie zu *amerik.* (Jargon) junk „Rauschgift"⟩: Drogenabhängiger, Rauschgiftsüchtiger

Junk|tim *das;* -s, -s ⟨aus *lat.* iunctim „vereinigt" zu iunctus, Part. Perf. von iungere „verbinden, verknüpfen"⟩: wegen innerer Zusammengehörigkeit notwendige Verbindung zwischen zwei Verträgen od. Gesetzesvorlagen. **junk|timie|ren** ⟨zu ↑...ieren⟩: (bes. österr.) in einem Junktim verknüpfen, festlegen. **Junk|ti|on** *die;* -, -en ⟨aus *lat.* iunctio „Verbindung"⟩: syntaktische Relation, die Elemente von gleichem Rang u. gleicher syntaktischer Funktion verbindet (Sprachw.). **junk|tiv** ⟨aus *lat.* iunctivus „zur Verbindung geeignet, verbindend"⟩: die syntaktische Relation der Junktion ausdrückend (Sprachw.). **Junk|tor** *der;* -s, ...oren ⟨aus *lat.* iunctor „Anspänner"⟩: logische Partikel, durch die Aussagen zu neuen Aussagen verbunden werden (z. B. *und, oder;* Logistik). **Junk|tur** *die;* -, -en ⟨aus *lat.* iunctura „Verbindung; Gelenk"⟩: 1. (veraltet) Verbindung, Fuge. 2. Verbindung zwischen benachbarten Knochen des Skeletts (Med.). 3. Grenze zwischen aufeinanderfolgenden sprachlichen Einheiten, die sich als Sprechpause niederschlägt (z. B. bei ver-eisen statt verreisen; Sprachw.).

ju|no|nisch ⟨nach der altröm. Göttin Juno⟩: (geh.) wie eine Juno, von stattlicher, erhabener Schönheit

Jun|ta ['xʊnta, auch 'jʊnta] *die;* -, ...ten ⟨aus *span.* junta „Vereinigung; Versammlung, Rat", substantiviertes Fem. von junto „versammelt", dies aus *lat.* iunctus, vgl. Junktim⟩: 1. Regierungsausschuß, bes. in Spanien, Portugal u. Lateinamerika. 2. kurz für Militärjunta

Jupe [ʒyːp] *die;* -, -s ⟨aus gleichbed. *fr.* jupe, dies über *altit.* giuppa „Jacke, Wams" aus *arab.* ǧubba „baumwollenes Unterkleid"⟩: 1. (auch *der;* -s, -s) (schweiz.) Damenrock. 2. (veraltet) knöchellanger Damenunterrock; vgl. Jupon

Ju|pi|ter|lam|pe Ⓦ *die;* -, -n ⟨nach der Berliner Firma „Jupiterlicht"⟩: sehr starke elektrische Bogenlampe für Film- u. Fernsehaufnahmen

ju|pi|tri|sie|ren ⟨nach dem höchsten röm. Gott Jupiter (mit Bezug auf seine zahlreichen amourösen Abenteuer) u. zu ↑...isieren⟩: (veraltet) ausschweifend leben

Ju|pon [ʒyˈpõː] *der;* -[s], -s ⟨aus gleichbed. *fr.* jupon zu jupe, vgl. Jupe⟩: 1. (früher) eleganter, knöchellanger Damenunterrock. 2. (schweiz.) Unterrock

¹Ju|ra (ohne Artikel) ⟨aus *lat.* iura, Plur. von ius, eigtl. „die Rechte", vgl. ¹Jus⟩: Rechtswissenschaft; vgl. ¹Jus

²Ju|ra *der;* -s ⟨aus gleichbed. *lat.* (mons) Iura, nach dem franz.-schweiz.-südd. Gebirge⟩: erdgeschichtliche Formation des ↑Mesozoikums (umfaßt ↑Lias, ↑²Dogger u. ↑Malm; Geol.). **Ju|ra|for|ma|ti|on** *die;* -: svw. ²Jura. **¹Ju|ra|mȩnt** *der;* -s, -e ⟨Kurzw. aus ↑²Jura u. ↑¹Zement⟩: Kunststein aus Kalkzement u. Schlackenrückständen von Ölschiefer

²Ju|ra|mȩnt *das;* -s, -e, **Ju|ra|men|tum** *das;* -s, ...ta ⟨aus gleichbed. *spätlat.* iuramentum zu iurare „schwören"⟩: (veraltet) Eid. **ju|ra no|vit cu|ria** [– ...v... ˈkuː...] ⟨*lat.;* „das Gericht kennt das (anzuwendende) Recht"⟩: alte, im deutschen Zivilprozeß gültige Rechtsformel, die besagt, daß das geltende Recht dem Gericht von den streitenden Parteien nicht vorgetragen werden muß, es sei denn, daß es sich um dem Gericht unbekanntes fremdes (ausländisches) Recht handelt. **ju|ra|re in ver|ba ma|gi|stri** [– – ˈvɛr... –] ⟨*lat.;* „auf des Meisters Worte schwören"; nach der Stelle in den Episteln (I, 1.14) des röm. Dichters Horaz (65–8 v. Chr.)⟩: die Meinung eines anderen nachbeten

ju|ras|sisch ⟨nach gleichbed. *fr.* jurassien, vgl. ²Jura⟩: a) zum ²Jura gehörend; b) aus dem Juragebirge stammend

Ju|ra|ti|on *die;* -, -en ⟨aus gleichbed. *spätlat.* iuratio zu iurare „schwören"⟩: (veraltet) Eid, Vereidigung. **Ju|ra|tor** *der;* -s, ...oren ⟨aus *lat.* iurator „(vereidigter) Schätzer"⟩: (veraltet) 1. vereidigter Schätzer, Wertsachverständiger. 2. jmd., der mit seinem Eid die Wahrheit des Eides des Angeklagten beschwört; Eideshelfer (Rechtsw.). **ju|ra|to|risch** ⟨aus gleichbed. *lat.* iuratorius⟩: (veraltet) eidlich

Ju|ra|vi|per [...v...] *die;* -, -n ⟨zu ↑²Jura u. ↑Viper⟩: anderer Name für die im südlichen Schwarzwald auftretende ↑Aspisviper

ju|ri|disch ⟨aus *lat.* iuridicus „Recht sprechend", dies zu ius, Gen. iuris „Recht" u. dicere „sagen, sprechen"⟩: der Rechtswissenschaft entsprechend, juristisch. **ju|rie|ren** ⟨zu ↑Jury u. ↑...ieren⟩: a) Werke für eine Ausstellung, Filmfestspiele o. ä. zusammenstellen; b) in einer Jury (1) mitwirken. **Ju|rie|rung** *die;* -, -en ⟨zu ↑...ierung⟩: das Jurieren. **Ju|ris|con|sul|tus** [...k...] *der;* -, ...ti ⟨zu *lat.* iurisconsultus „rechtskundig"⟩: (veraltet) Rechtsgelehrter, -berater. **Ju|ris|dik|ti|on** *die;* -, -en ⟨aus *lat.* iurisdictio „Zivilgerichtsbarkeit"; vgl. ¹Jus u. Diktion⟩: 1. weltliche u. geistliche Gerichtsbarkeit, Rechtsprechung. 2. Vollmacht, Recht des ↑Klerus zur Leitung der Mitglieder der Kirche (mit den Funktionen Gesetzgebung, Rechtsprechung, Verwaltung).

Ju|ris|dik|ti|ons|pri|mat *das;* -s: Bez. für die oberste Hirtengewalt des Papstes, die höchste, eigenberechtigte u. unmittelbare bischöfliche Leitungsgewalt über die ganze Kirche in Sachen des Glaubens, der Sitte, der Disziplin u. der Leitung (Dogma des 1. Vatikanischen Konzils 1869/1870). **Ju|ris|pru|dȩnz** *die;* - ⟨aus gleichbed. *spätlat.* iuris prudentia zu *lat.* ius (vgl. ¹Jus) u. prudentia „Einsicht,

Klugheit, Wissenschaft"⟩: Rechtswissenschaft. **Ju|rist** *der;* -en, -en ⟨aus *mlat.* iurista „Rechtsgelehrter des weltl. u. mittelalterl. Rechts"⟩: jmd., der Jura studiert, das Jurastudium mit der staatlichen Referendar- u. Assessorprüfung abgeschlossen hat. **Ju|ri|ste|rei** *die;* - ⟨dt. Bildung zu ↑Jurist⟩: (ugs.) 1. Rechtswissenschaft. 2. Studium der Rechtswissenschaft. 3. wissenschaftliche od. praktische juristische Tätigkeit. **Ju|ri|stin** *die;* -, -nen: weibliche Form zu ↑Jurist. **ju|ri|stisch** ⟨nach *lat.* iuridicus „die Handhabung des Rechts betreffend"⟩: a) rechtswissenschaftlich, das Recht betreffend; b) mit den Mitteln des Rechts, der Rechtswissenschaft; c) die Juristen betreffend, zu ihnen gehörend; - e Person: mit der Rechtsfähigkeit einer natürlichen Person, eines Individuums ausgestattete Organisation (Körperschaft, Anstalt, Stiftung). **Ju|ror** *der;* -s, ...oren ⟨aus *engl.* juror „Geschworener"; vgl. Jury⟩: Mitglied einer Jury. **Ju|ro|ren|ko|mi|tee** *das;* -s, -s: (österr.) svw. Jury (1). **Ju|ro|rin** *die;* -, -nen: weibliche Form zu ↑Juror

Jur|te *die;* -, -n ⟨über gleichbed. *russ.* jurta aus älter *russ.* jurt „Kosakensiedlung" zu *türk.* yurt „Haus, Besitzung, Heimat"⟩: runde Filzhütte mittelasiatischer Nomaden

Jü|rük u. Yürük [jy...] *der;* -[s], -s ⟨nach den Jürüken, einem kleinasiat. Nomadenvolk⟩: langfloriger türk. Teppich aus feiner, glänzender Wolle

Ju|ry [ʒyˈriː, auch ˈʒyˌri, fr. ʒyˈri, engl. ˈdʒʊərɪ] *die;* -, -s ⟨unter Einfluß von *fr.* jury aus gleichbed. *engl.* jury, dies aus *anglonormann.* juree „Versammlung der Geschworenen", dies aus *altfr.* jurée „Schwur, gerichtliche Untersuchung" zu *lat.* iurata, Part. Perf. Fem. von iurare „schwören"; vgl. ¹Jus⟩: 1. Ausschuß von Sachverständigen, der über etw. zu entscheiden, zu befinden hat, z. B. über die Verleihung eines Preises. 2. Schwurgericht, ein bes. in England u. Amerika bei Kapitalverbrechen zur Urteilsfindung verpflichtetes Gremium von Laien. **ju|ry|frei:** nicht von Fachleuten zusammengestellt

¹Jus [juːs] *das;* -, Jura ⟨aus gleichbed. *lat.* ius, Gen. iuris „Recht", vgl. ¹Jura⟩: Recht, Rechtswissenschaft; - ad rem: Recht auf die Sache (Eigentums-, Nutzungsanspruch); - aequum [ˈɛkvʊɐm]: billiges Recht (Recht, das für Billigkeitserwägungen des Richters Raum läßt); - canonicum [kaˈnoːnikʊm]: Kanonisches Recht (vgl. kanonisch 2); - civile [tsiˈviːlə]: römisches Bürgerrecht; - cogens [ˈkoː...]: zwingendes Recht; - divinum [...v...]: göttliches Recht; - ecclesiasticum [ɛkleˈzi̯astikʊm]: Kirchenrecht; - gentium: Völkerrecht; - naturale: Naturrecht; - primae noctis [...mɛ ˈnɔk...]: im Mittelalter gelegentlich bezeugtes Recht des Grundherrn auf die erste Nacht mit der einem Hörigen neu Angetrauten, - privatum [...v...]: Privatrecht, - publicum [...kʊm]: öffentliches Recht; - sanguinis: das in zahlreichen Staaten geltende Recht des Blutes, wonach die Staatsangehörigkeit des Kindes derjenigen der Eltern bzw. eines Elternteils folgt; - strictum [ˈstrɪk...]: strenges, gesetzlich festgelegtes, bindendes Recht; - studieren: (österr.) ¹Jura studieren

²Jus [ʒyː] *die;* -, auch, bes. südd. u. schweiz., *das;* - u. bes. schweiz. *der;* - ⟨aus *fr.* jus „Saft, Brühe", dies aus *lat.* ius „Suppe, Brühe, Soße"; vgl. Juice⟩: 1. Bratensaft, (b) starke Fleischbrühe. 2. (schweiz.) Frucht-, Gemüsesaft

jusqu'au bout [ʒyskoˈbu] ⟨*fr.*; „bis zum Ende"⟩: franz. Schlagwort während des 1. Weltkriegs für das bedingungslose Aushalten bis zum Sieg

Jus|si|on *die;* -, -en ⟨aus gleichbed. *spätlat.* iussio zu *lat.* iubere „befehlen"⟩: (veraltet) Befehl. **Jus|siv** *der;* -s, -e [...və]

⟨zu *lat.* iussum „Befehl, Geheiß" u. ↑...iv⟩: imperativisch gebrauchter Konjunktiv (z. B. er lebe hoch!; Sprachw.)

just ⟨wohl über gleichbed. *mniederl.* juust, just aus *altfr.* juste „gerecht, richtig", dies aus *lat.* iuste „mit Recht, gehörig; gerade", Adv. von iustus „gerecht; rechtmäßig", zu ius, vgl. ¹Jus⟩: eben, gerade (in bezug auf eine Situation in gewissem Sinne passend). **Ju|sta|ge** [...ʒə] *die;* -, -n ⟨zu ↑...age⟩: (fachspr.) das Justieren (1); vgl. Justierung. **ju|sta|ment** ⟨aus gleichbed. *fr.* justement⟩: (veraltet) a) gerade, genau; b) nun gerade, erst recht. **Ju|sta|ment|standpunkt** *der;* -[e]s, -e: (österr.) das Beharren auf der eigenen Meinung nicht aus Überzeugung, sondern um des Ansehens willen. **Just|au|corps** [ʒystoˈkoːɐ̯] *der;* -[s] [...ˈkoːɐ̯s], -s [...ˈkoːɐ̯s] ⟨aus gleichbed. *fr.* justaucorps zu juste „genau" (vgl. justament) u. corps „Körper, Leib", eigtl. „genau am Körper"⟩: tailliert geschnittener, enganliegender knielanger Männerrock ohne Kragen im 17. u. 18. Jh. **Juste|mi|li|eu** [ʒystmiˈljø] *das;* - ⟨aus *fr.* juste-milieu „goldener Mittelweg", eigtl. „richtige Mitte", zu juste (vgl. just) u. milieu (vgl. Milieu)⟩: 1. nach 1830 Schlagwort für die den Ausgleich suchende, kompromißbereite Politik von Louis-Philippe von Frankreich. 2. (selten) laue Gesinnung. **Ju|stesse** [ʒysˈtɛs] *die;* - ⟨aus gleichbed. *fr.* justesse⟩: (veraltet) Richtigkeit, Genauigkeit. **ju|stie|ren** [jʊ...] ⟨aus *mlat.* justare „berichtigen"⟩: 1. Geräte od. Maschinen, bei denen es auf genaue Einstellung ankommt, vor Gebrauch einstellen; eichen. 2. a) Druckstöcke auf Schrifthöhe u. Winkelständigkeit bringen; b) Fahnensatz auf Seitenhöhe bringen (umbrechen; Druckw.). 3. das gesetzlich vorgeschriebene Gewicht einer Münze kontrollieren. **Ju|stie|rer** *der;* -s, -: jmd., der mit dem Justieren betraut ist. **Ju|stie|rung** *die;* -, -en ⟨zu ↑...ierung⟩: das Justieren (1, 2 u. 3). **Ju|stier|waa|ge** *die;* -, -n: Münzkontrollwaage. **Ju|sti|fi|ka|ti|on** *die;* -, -en ⟨aus *spätlat.* iustificatio „Rechtfertigung" zu iustificare, vgl. justifizieren⟩: 1. a) Rechtfertigung; b) Anerkennung der Richtigkeit. 2. svw. Justifikatur. 3. (veraltet) Hinrichtung. **Ju|sti|fi|ka|to|ri|um** *das;* -s, ...ien [...i̯ən] ⟨zu ↑...orium⟩: (veraltet) Rechnungsbeleg. **Ju|sti|fi|ka|tur** *die;* -, -en ⟨zu *spätlat.* iustificatus „gerechtfertigt"; vgl. ...ur⟩: Rechnungsgenehmigung nach erfolgter Prüfung. **ju|sti|fi|zie|ren** ⟨aus *(spät)lat.* iustificare „rechtfertigen"⟩: 1. rechtfertigen. 2. eine Rechnung nach Prüfung genehmigen. 3. (veraltet) hinrichten. **just in time** [dʒʌst ɪn ˈtaɪm] ⟨*engl.*; „gerade zur Zeit, rechtzeitig"⟩: zeitlich aufeinander abgestimmt, gleichzeitig. **Just-in-time-Pro|duk|ti|on** *die;* -: Organisationsprinzip der Produktion u. Materialwirtschaft, bei dem mit Hilfe der Informationsverarbeitung Zulliefer- u. Produktionstermine genau aufeinander abgestimmt werden. **Ju|sti|tia** [jʊ...] *die;* - ⟨aus *lat.* Iustitia (vgl. Justiz), nach dem Namen der altröm. Göttin des Rechts, der Gerechtigkeit⟩: (geh.) Verkörperung; Personifizierung, Sinnbild der Gerechtigkeit; als Person gedachte Gerechtigkeit. **ju|sti|tia|bel** ⟨über *fr.* justiciable aus gleichbed. *mlat.* justitiabilis⟩: vom Gericht abzuurteilen, richterlicher Entscheidung zu unterwerfen. **Ju|sti|tia|bi|li|tät** *die;* - ⟨zu ↑...ität⟩: Überprüfbarkeit eines Rechtsverhältnisses od. eines rechtlich bedeutsamen Vorgangs durch ein staatliches Gericht. **Ju|sti|ti|ar** *der;* -s, -e ⟨mlat. justitiarius „Richter, Amtmann", vgl. Justiz⟩: 1. ständiger, für alle Rechtsangelegenheiten zuständiger Mitarbeiter eines Unternehmens, einer Behörde o. ä. 2. in der ↑Patrimonialgerichtsbarkeit Gerichtsherr, Gerichtsverwalter. **Ju|sti|tia|ri|at** *das;* -[e]s, -e ⟨zu ↑...iat⟩: Amt des Justitiars (1 u. 2). **Ju|sti|tia|ri|us** *der;* -, ...ien [...i̯ən] ⟨aus *mlat.* justitiarius, vgl. Justitiar⟩: svw. Justitiar (1 u. 2). **ju|sti|ti|ell** ⟨aus gleichbed.

Justitium

mlat. justitialis, vgl. ...ell⟩: die Justiz betreffend. **Ju|sti|ti|um** *das;* -s, ...ien [...jən] ⟨aus gleichbed. *lat.* iustitium zu ius „Recht" u. statum (in Zus. -stit-), Part. Perf. von sistere „stillstehen, stehenbleiben"⟩: Unterbrechung der Rechtspflege durch Krieg od. höhere Gewalt. **Ju|stiz** *die;* - ⟨über *mlat.* justitia „Recht(sprechung), Gerichtsbarkeit" aus *lat.* iustitia „Gerechtigkeit(sgefühl)" zu iustus, vgl. just⟩: 1. Rechtswesen, -pflege; Rechtsprechung. 2. Behörde, Gesamtheit der Behörden, die für die Ausübung der Justiz (1), für Einhaltung der Rechtsordnung verantwortlich ist, sie gewährleistet. **Ju|stiz|mi|ni|ste|ri|um** *das;* -s, ...ien [...jən]: für die Rechtspflege zuständiges Ministerium. **Ju|stiz|mord** *der;* -[e]s, -e: Hinrichtung eines Unschuldigen auf Grund eines fehlerhaften Gerichtsurteils

Ju|te *die;* - ⟨über *engl.* jute aus gleichbed. *bengal.* juṭo, dies aus *altind.* jūṭaḥ „krauses Haar"⟩: 1. Gattung der Lindengewächse mit zahlreichen tropischen Arten (z. T. wichtige Faserpflanzen). 2. Bastfaser der besonders in Indien angebauten Jutepflanzen

Ju|van|tia [...v...] *die* (Plur.) ⟨aus gleichbed. *lat.* iuvantia, substantivierter Plur. (Neutrum) von iuvans, Part. Präs. von iuvare „helfen"⟩: (veraltet) einer Arznei zur Verstärkung zugesetzte Mittel (Med.).

ju|ve|na|lisch [...v...] ⟨nach dem röm. Satiriker Juvenal, etwa 58–127 n. Chr.⟩: beißend, spöttisch, satirisch

ju|ve|na|li|sie|ren [...v...] ⟨zu *lat.* iuvenalis „jugendlich, für junge Leute" zu iuvenis (vgl. Juvenat) u. ↑...ieren⟩: am Stil, Geschmack der Jugend orientieren. **Ju|ve|na|li|sie|rung** *die;* -, -en ⟨zu ↑...ierung⟩: Orientierung am Stil, Geschmack der Jugend. **Ju|ve|nat** *das;* -[e]s, -e ⟨zu *lat.* iuvenis „jung; Jüngling" u. ↑...at (1)⟩: kath. Schülerheim. **ju|ve|nil** ⟨über *fr.* juvénile aus gleichbed. *lat.* iuvenilis⟩: 1. jugendlich, für junge Menschen charakteristisch. 2. direkt aus dem Erdinnern stammend, aufgestiegen; vgl. vados (Geol.). **Ju|ve|ni|lis|mus** *der;* - ⟨zu ↑...ismus⟩: 1. Entwicklungsstufe des Jugendstadiums. 2. Form seelischer Undifferenziertheit, bei der die seelische Entwicklung auf einer jugendlichen Stufe stehengeblieben ist (Psychol.). **Ju|ve|ni|li|tät** *die;* - ⟨über *fr.* juvénilité aus gleichbed. *lat.* iuvenilitas, Gen. iuvenilitatis⟩: Jugendlichkeit. **Ju|ve|nil|was|ser** *das;* -s: juveniles (2) Wasser

¹Ju|wel *der* od. *das;* -s, -en ⟨unter Einfluß von *mniederl.* juweel, jouweel aus gleichbed. *altfr.* joël, dies aus *vulgärlat.* *iocellum „Kurzweiliges" zu *lat.* iocus „Spaß, Scherz"⟩: wertvoller Schmuckstein, wertvolles Schmuckstück. **²Ju|wel** *das;* -s, -e ⟨zu ↑¹Juwel⟩: etwas Wertvolles, besonders Hochgehaltenes (auch in bezug auf Personen). **Ju|we|len|por|zel|lan** *das;* -s, -e ⟨zu ↑¹Juwel⟩: Porzellan mit verschiedenfarbigen, tropfenförmigen Auflagen von Emailzeug auf Goldgrund. **Ju|we|lier** *der;* -s, -e ⟨zu ↑¹...ier⟩: Goldschmied, Schmuckhändler

Jux *der;* -es, -e ⟨studentensprachl. Entstellung von *lat.* iocus „Scherz"⟩: (ugs.) Scherz, Spaß, Ulk. **ju|xen:** (ugs.) ulken, Spaß machen

Jux|ta, österr. **Juxte** *die;* -, ...ten ⟨zu *lat.* iuxta „dicht daneben"⟩: sich meist an der linken Seite von kleinen Wertpapieren (Lottozetteln, Losen) befindender Kontrollstreifen. **jux|ta|ar|ti|ku|lär** ⟨zu *lat.* inxta, vgl. Juxta⟩: neben einem Gelenk liegend (Med.). **Jux|ta|kom|po|si|tum** *das;* -s, ...ta ⟨zu ↑Juxtapositum⟩: svw. Juxtapositum. **jux|ta|li|ne|ar** ⟨zu *lat.* iuxta, vgl. Juxta⟩: neben den Zeilen stehend. **jux|ta|mu|ral** ⟨zu *lat.* muralis „zur Mauer gehörend"⟩: neben der Wand eines Hohlorgans od. Gefäßes gelegen (Med.). **Jux|ta|po|si|ti|on** *die;* -, -en: 1. a) Zusammenrückung der Glieder einer syntaktischen Fügung als besondere Form der Wortbildung; vgl. Juxtapositum; b) bloße Nebeneinanderstellung im Ggs. zur Komposition (z. B. engl. *football game* = „Fußballspiel"; Sprachw.). 2. Ausbildung von zwei miteinander verwachsenen Kristallen, die eine Fläche gemeinsam haben. **Jux|ta|po|si|tum** *das;* -s, ...ta ⟨verkürzt aus ↑Juxtaposition u. ↑Kompositum⟩: durch ↑Juxtaposition (1 a) entstandene Zusammensetzung (z. B. zufrieden, Dreikäsehoch; Sprachw.). **jux|ta|py|lo|risch** ⟨zu *lat.* iuxta (vgl. Juxta) u. ↑Pylorus⟩: neben dem Magenpförtner gelegen, in unmittelbarer Nachbarschaft des Magenausgangs lokalisiert (z. B. von Magengeschwüren). **Jux|te** vgl. Juxta

Vgl. auch **C** und **Z**

Ka *der;* - ⟨aus dem Ägypt.⟩: für die alten Ägypter eine dem Menschen innewohnende Kraft, die ihn am Leben erhält

Ka|aba *die;* - ⟨aus arab. Al-Ka'ba zu ka'b „Würfel"⟩: Steinbau in der großen Moschee von Mekka, Hauptheiligtum des Islams, Ziel der Mekkapilger; vgl. Hadsch u. Hadschar

Kaa|ma *das;* -[s], -s ⟨aus dem Afrik.⟩: eine Unterart der ↑ Hartebeeste

Kaat|sen *das;* -[s] ⟨aus gleichbed. *niederl.* kaatsen zu *nordfr. (picardisch)* chache „Jagd"⟩: ein in den Niederlanden u. in Belgien auf Rasenspielfeldern ausgeübtes volkstümliches Ballspiel

Kab *der;* -, - ⟨aus gleichbed. *hebr.* kab⟩: ein althebräisches Volumenmaß (= 1,116 l)

Ka|ba|che u. **Ka|backe**[1] *die;* -, -n ⟨vermutlich aus älter *russ.* kabak „Schenke, Kneipe" zu *ostmitteld.* kabache „altes, baufälliges Haus", weitere Herkunft unsicher⟩: a) primitive Hütte; b) anrüchige Kneipe

Ka|ba|di|on *das;* -s, ...ien [...iən] ⟨aus gleichbed. *mgr.* kabádion⟩: langer Oberrock der griech. Weltgeistlichen

Ka|ba|le *die;* -, -n ⟨aus gleichbed. *fr.* cabale, eigtl. „jüdische Geheimlehre", zu *hebr.* qabbālā, vgl. Kabbala⟩: ↑ Intrige, hinterhältiger Anschlag. **ka|ba|lie|ren** u. **ka|ba|li|sie|ren** ⟨zu ↑...ieren bzw. ↑...isieren⟩: (veraltet) Ränke schmieden, intrigieren. **Ka|ba|list** *der;* -en, -en ⟨zu ↑...ist⟩: (veraltet) heimtückischer Gegner, ↑ Intrigant; vgl. aber Kabbalist

Ka|ban vgl. Caban

Ka|ba|nọs|si *die;* -, - ⟨Herkunft ungeklärt⟩: [fingerdicke] stark gewürzte grobe Wurst

Ka|ba|rẹtt [auch 'ka..., ...'re:] *das;* -s, Plur. -s od. -e ⟨aus gleichbed. *fr.* cabaret, eigtl. „Schenke, Trinkstube; Trink-, Teegeschirr", weitere Herkunft unsicher⟩: 1. a) (ohne Plur.) Kleinkunst in Form von ↑ Sketchs u. ↑ Chansons, die in parodistischer u. witziger Weise politische Zustände od. aktuelle Ereignisse kritisieren; b) Kleinkunstbühne, auf der derartige Darbietungen geboten werden; c) Ensemble der Künstler, die an den Darstellungen einer Kleinkunstbühne beteiligt sind. 2. meist drehbare, mit kleinen Fächern od. Schüsselchen versehene Salat- od. Speiseplatte.

Ka|ba|ret|tier [...rɛ'tie:] *der;* -s, -s ⟨aus *fr.* cabaretier, eigtl. „Kneipenwirt"⟩: Besitzer od. Leiter eines Kabaretts (1 b).

Ka|ba|ret|tist *der;* -en, -en ⟨zu ↑ Kabarett u. ↑...ist⟩: Künstler an einem Kabarett (1 b). **ka|ba|ret|ti|stisch** ⟨zu ↑...istisch⟩: in der Art eines Kabaretts (1 a)

Kab|bal|la [auch ...'la] *die;* - ⟨aus *hebr.* qabbālā „Überlieferung" zu qābal „(als Brauch) annehmen"⟩: a) stark mit Buchstaben- u. Zahlendeutung arbeitende jüd. Geheimlehre u. Mystik vor allem im Mittelalter; b) esoterische u. theosophische Bewegung im Judentum. **Kab|ba|list** *der;* -en, -en ⟨zu ↑...ist⟩: Anhänger der Kabbala; vgl. aber Kabalist. **Kab|ba|li|stik** *die;* - ⟨zu ↑...istik⟩: Lehre der Kabbala, bes. ↑ Magie mit Buchstaben u. Zahlen. **kab|ba|li|stisch** ⟨zu ↑...istisch⟩: a) auf die Kabbala bezüglich; b) hintergründig, geheimnisvoll

Ka|bel|jau *der;* -s, Plur. -e u. -s ⟨über *mittelniederd.* kabelow, kabbelouw aus gleichbed. *mniederl.* cabbeliau, weitere Herkunft ungeklärt⟩: zur Familie der Schellfische gehörender Speisefisch der Nord- u. Ostsee u. des Nordatlantiks; Dorsch

Ka|bi|ne *die;* -, -n ⟨unter Einfluß von *fr.* cabine aus gleichbed. *engl.* cabin, eigtl. „einfaches Häuschen, Hütte", dies über gleichbed. *altfr.* cabane, *altprovenzal.* cabane aus *spätlat.* capanna „Hütte (der Weinbergaufseher)"⟩: 1. kleiner, meist abgeteilter, für verschiedene Zwecke bestimmter Raum (z. B. zum Umkleiden). 2. a) Wohn- u. Schlafraum auf Schiffen für Passagiere; b) Fahrgastraum eines Passagierflugzeugs

Ka|bi|nẹtt *das;* -s, -e ⟨aus gleichbed. *fr.* cabinet, eigtl. „kleines Gemach, Nebenzimmer", wohl zu *altfr.* (dialektale Form) cabine „Kneipe für Glücksspiele", weitere Herkunft unsicher⟩: 1. (veraltet) abgeschlossener Beratungs- od. Arbeitsraum (bes. an Fürstenhöfen). 2. (veraltet) engster Beraterkreis eines Fürsten. 3. kleinerer Museumsraum, in dem meist besonders wertvolle Stücke ausgestellt werden. 4. Kreis der die Regierungsgeschäfte eines Staates wahrnehmenden Ministers. 5. (österr.) kleines, einfenstriges Zimmer. 6. Lehr- u. Beratungszentrum. 7. Wein der ersten Kategorie der Qualitätsweine mit Prädikat (nach dem dt. Weingesetz). **Ka|bi|nẹtt|for|mat** *das;* -[e]s: Format von fotografischen Platten (10 × 14 cm). **Ka|bi|nẹtt|ma|le|rei** *die;* -: Verfahren der Glasmalerei, bei dem der Schmelzfarben gearbeitet wird; vgl. musivische Arbeit. **Ka|bi|nẹtt|schei|be** *die;* -, -n: in der Kabinettmalerei runde od. viereckige Glasscheibe mit Darstellung eines Wappens od. einer Szene. **Ka|bi|nẹtts|fra|ge** *die;* -, -n: Vertrauensfrage, die das Kabinett (4) an das Parlament richtet u. von deren positiver od. negativer Beantwortung das Verbleiben der Regierung im Amt abhängt. **Ka|bi|nẹtts|ju|stiz** *die;* -: a) Rechtsprechung od. Einflußnahme auf die Justiz durch einen Herrscher; b) [unzulässige] Einwirkung der Regierung auf die Rechtsprechung; vgl. Amnestie. **Ka|bi|nẹtts|or|der** *die;* -, -n (veraltet) [unmittelbarer] Befehl des Fürsten. **Ka|bi|nẹtt|stück** *das;* -s, -e: 1. (veraltet) Prunkstück; besonders wertvoller, in seiner Art einmaliger Gegenstand. 2. besonders geschicktes, erfolgreiches Vorgehen. **Ka|bi|nẹtt|wein** *der;* -s, -e: svw. Kabinett (7)

Ka|bi|ren *die* (Plur.) ⟨zu *semit.* kabīr „groß, mächtig"⟩: rätselhafte Gottheiten, die zuerst wohl in Phönizien, später auch in Griechenland u. auf den kleinen asiat. Inseln verehrt wurden. **Ka|bi|ren|va|sen** [...v...] *die* (Plur.) ⟨zu *gr.* kabeirós „groß", dies zu *semit.* kabīr, vgl. Kabiren⟩: griech. Trinknäpfe der spätklassischen Zeit, deren Bemalung neben Wein- u. Efeuranken vor allem burleske Szenen u. Mythenparodien zeigt

Ka|bis *der;* - ⟨aus *mlat.* caputium „Weißkohl" zu *lat.* caput „Kopf"⟩: (südd., schweiz.) Kohl; vgl. Kappes

Ka|bod *der;* -[s] ⟨aus *hebr.* kābôd „Ehre, Herrlichkeit" zu kābad „ehren"⟩: die kultische Gegenwart Gottes (in der jüd. Tempeltheologie)

Ka|bo|ta|ge [...ʒə] *die;* - ⟨aus *fr.* cabotage „Küstenschifffahrt" zu caboter „die Küste befahren", dies vielleicht zu *span.* cabo „Vorgebirge, Kap"⟩: die meist den Bewohnern eines Landes vorbehaltene Beförderung von Gütern u. Personen innerhalb des Landes (z. B. Küstenschiffahrt, Binnenflugverkehr). **ka|bo|tie|ren** ⟨zu ↑...ieren⟩: (im Rahmen bestimmter Abkommen) Güter od. Personen innerhalb eines Landes od. Hoheitsgebiets befördern

Ka|brio, Cạbrio [k...] *das;* -[s], -s: Kurzw. für Kabriolett, Cabriolet. **Ka|brio|lẹtt** [österr. ...'le:], Cabriolet [k... le:] *das;* -s, -s ⟨aus *fr.* cabriolet „leichter, einspänniger Wagen" zu cabriole „Luftsprung", dies aus *it.* capriola, vgl. Kapriole⟩: 1. Auto mit zurückklappbarem Stoffverdeck. 2. (veraltet) leichter, zweirädriger Einspänner. **Ka|brio|li|mou|si|ne** [...mu...] *die;* -, -n: a) Auto mit aufrollbarem Verdeck; b) ↑ Limousine mit abnehmbarem Verdeck

Ka|bu|ki *das;* - ⟨aus *jap.* kabuki⟩: im 17. Jh. aus Singtanzpantomimen entstandenes japan. Volkstheater in übersteigert realistischem Stil

Kach|ẹk|ti|ker [kax...] *der;* -s, - ⟨zu ↑ kachektisch⟩: jmd., der an Kachexie leidet, hinfälliger Mensch (Med.). **Kach|ektin** *das;* -s, -e ⟨zu ↑...in (1)⟩: körpereigene Substanz, die bei der Entstehung der Kachexie eine Rolle spielt (Med.). **kach|ẹk|tisch** ⟨über *spätlat.* cachecticus aus *gr.* kachēktikós „leidend, von schlechtem Zustand, bes. des Körpers"⟩: hinfällig (Med.)

Ka|che|ti|ner [kax...] *der;* -s ⟨nach der Landschaft Kachetien in Georgien⟩: ein georgischer Wein

Kach|exie [kax...] *die;* -, ...ien ⟨über *spätlat.* cachexia aus *gr.* kachexía „schlechter Zustand, bes. des Körpers"⟩: mit allgemeiner Schwäche u. Blutarmut verbundener starker Kräfteverfall [als Begleiterscheinung schwerer Krankheiten] (Med.)

Ka|da|ver [...v...] *der;* -s, - ⟨aus gleichbed. *lat.* cadaver, eigtl. „gefallener (tot daliegender) Körper", zu cadere „fallen"⟩: 1. toter, in Verwesung übergehender Tierkörper; Aas. 2. (ugs., meist abwertend) verbrauchter, müder, geschwächter Körper eines Menschen. **Ka|da|ver|ge|hor|sam** *der;* -s: blinder, willenloser Gehorsam unter völliger Aufgabe der eigenen Persönlichkeit. **Ka|da|ve|rin** u. Cadaverin [k...] *das;* -s ⟨zu ↑...in (1)⟩: bei Fäulnis aus der Aminosäure Lysin entstehender übelriechender Wuchsstoff für gewisse Bakterien; Leichengift. **Ka|da|ver|mehl** *das;* -s: Knochen- od. Fleischrückstände verendeter Tiere, die als Futter od. Dünger verwendet werden. **ka|da|ve|rös** ⟨aus gleichbed. *lat.* cadaverosus⟩: leichenartig, Leichen betreffend

Kad|disch *das;* -s ⟨aus gleichbed. *jüdd.* kádesch zu *aram.* qaḏīš „heilig", dies aus gleichbed. *hebr.* qadōš, nach dem Anfangswort des Gebets⟩: ein jüd. Gebet (bes. für das Seelenheil der Verstorbenen)

ka|dẹnt ⟨aus gleichbed. *lat.* cadens, Gen. cadentis, Part. Präs. von cadere „fallen"⟩: (veraltet) fallend, sinkend. **Kadẹnz** *die;* -, -en ⟨aus gleichbed. *it.* cadenza, dies aus *vulgärlat.* cadentia „das Fallen" zu *lat.* cadere „fallen"⟩: 1. Akkordfolge als Abschluß eines Tonsatzes od. -abschnittes (Mus.). 2. das auf den drei Hauptharmonien (↑ ¹Tonika 3, ↑ ¹Dominante 2, ↑ Subdominante b) beruhende harmonische Grundgerüst der Akkordfolge (die sieben Grundakkorde; Mus.). 3. vor dem Schluß eines musikalischen Satzes (od. einer Arie) virtuose ↑ Paraphrasierung der Hauptthemen (bzw. virtuose Auszierung des dem Schluß vorausgehenden Tons) durch den Solisten ohne instrumentale Begleitung (Mus.). 4. Schlußfall der Stimme (Sprachw.). 5. metrische Form der Verschlusses. 6. svw. Klause (2). 7. Maß für die Leistung einer Feuerwaffe, angegeben in Schußzahl pro Minute; Feuergeschwindigkeit. **ka|den|zie|ren** ⟨zu ↑...ieren⟩: a) durch eine Kadenz (1) zu einem harmonischen Abschluß leiten; b) eine Kadenz (3) ausführen (Mus.)

¹Ka|der *der,* schweiz. *das;* -s, - ⟨aus *fr.* cadre, eigtl. „Rahmen, Einfassung" zu gleichbed. *it.* quadro, eigtl. „Viereck, Quadrat; viereckig", dies aus gleichbed. *lat.* quadrum, substantiviertes Neutrum von quadrus „viereckig"⟩: 1. erfahrener Stamm eines Heeres (bes. Offiziere u. Unteroffiziere). 2. erfahrener Stamm einer Sportmannschaft. **²Ka|der** *der;* -s, - ⟨aus gleichbed. *russ.* kadry (Plur.) zu *fr.* cadre, vgl. ¹Kader⟩: 1. Gruppe leitender Personen mit wichtigen Funktionen in Partei, Staat u. Wirtschaft (in den ehemaligen sozialistischen Staaten). 2. Angehöriger des ²Kaders (1). **Ka|der|ar|mee** *die;* -, -n ⟨zu ↑ ¹Kader⟩: ↑ Armee (a), die in Friedenszeiten nur aus ¹Kadern (1) besteht u. im Kriegsfalle mit Wehrpflichtigen aufgefüllt wird

Ka|der-Fi|stel *die;* -, -n ⟨nach dem poln. Chirurgen B. Kader (1863–1937) u. zu ↑ Fistel⟩: operativ hergestellte Magenfistel mit eingenähtem Gummischlauch als Fistelrohr (Med.)

Ka|der|par|tie *die;* -, -n ⟨zu ↑ ¹Kader⟩: bestimmte Partie im ↑ Billard (1)

¹Ka|dẹtt *der;* -en, -en ⟨aus *fr.* cadet „der Jüngere; Offiziersanwärter" zu *altgaskogn.* capdet, *altprovenzal.* capdel „kleiner Hauptmann", dies aus *lat.* capitellum „Köpfchen", Verkleinerungsform von caput „Kopf"⟩: 1. Zögling eines militärischen Internats für Offiziersanwärter 2. (schweiz.) Mitglied einer [Schul]organisation für militärischen Vorunterricht. 3. (ugs.) Bursche, Kerl. **²Ka|dẹtt** *der;* -s, -s ⟨zu ↑ ¹Kadett⟩: blau-weiß od. schwarz-weiß gestreiftes Baumwollgewebe für Berufskleidung

³Ka|dẹtt *der;* -en, -en ⟨aus gleichbed. *russ.* kadjet, nach den Anfangsbuchstaben K u. D von *russ.* konstitucionno-demokratičeskaja (partija) „konstitutionell-demokratische (Partei)"⟩: Mitglied einer *russ.* Partei (1905–1917) mit dem Ziel einer konstitutionellen Monarchie

Ka|dẹt|te *die;* -, -n ⟨aus gleichbed. *fr.* cadette, eigtl. „Steinplatte, Fliese" (Dialektwort), vermutlich zu *provenzal.* cadasca „in Platten gelegter Stein"⟩: (veraltet) Pflasterstein

Ka|dẹt|ten|korps [...ko:ɐ̯] *das;* - [...ko:ɐ̯(s)], - [...ko:ɐ̯s] ⟨zu ↑ ¹Kadett u. ↑ Korps⟩: Gesamtheit der in Kadettenanstalten befindlichen Zöglinge

ka|det|tie|ren ⟨aus gleichbed. *fr.* cadetter zu cadette, vgl. Kadette⟩: (veraltet) mit Steinplatten belegen, pflastern

Ka|di *der;* -s, -s ⟨aus gleichbed. *arab.* qāḍī⟩: 1. Richter (in islam. Ländern). 2. (ugs.) a) Richter; b) Gericht

Ka|di|ne *die;* -, -n ⟨aus *türk.* kadyn „Dame, Frau"⟩: eine der sieben rechtmäßigen Frauen des türk. Sultans, die er sich aus seinen Haremssklavinnen auswählte

kad|mie|ren u. verkạdmen ⟨zu ↑ Kadmium (u. ↑...ieren)⟩: Metalle zum Schutz gegen ↑ Korrosion auf ↑ galvanischem Weg mit einer Kadmiumschicht überziehen. **Kad|mierung** *die;* -, -en ⟨zu ↑...ierung⟩: Vorgang des Kadmierens

Kạd|mi|um, chem. fachspr. Cạdmium [k...] *das;* -s ⟨zu *lat.* cadmia „Zinkerz", dies aus gleichbed. *gr.* kadmeía, kadmía; vgl. ...ium⟩: chem. Element, ein Metall; Zeichen Cd. **Kạd|mi|um|gelb** *das;* -s: aus Kadmiumsulfid bestehendes lichtechtes Pigment für Künstlermal-, Schilder- u.

Kakadu

Druckfarben. **Kad|mi|um|le|gie|rung** *die;* -, -en: Legierung mit Kadmium als einem Bestandteil. **Kad|mi|um|rot** *das;* -s: aus Kadmiumselenid bestehendes lichtechtes Pigment für Künstlermal-, Keramik- u. Emailfarben. **Kad|mo|se|lit** [auch ...lɪt] *der;* -s, -e ⟨verkürzt aus Kadmiumselenid (vgl. Selenid) u. zu ↑²...it⟩: ein schwarzes Mineral
ka|duk ⟨aus *lat.* caducus, eigtl. „fallend, gefallen", zu cadere „(hin)fallen"⟩: (veraltet) hinfällig, gebrechlich, verfallen. **ka|du|zie|ren** ⟨zu ↑...ieren⟩: geleistete Einlagen als verfallen erklären (Rechtsw.). **Ka|du|zie|rung** *die;* -, -en ⟨zu ↑...ierung⟩: Verfallserklärung hinsichtlich bereits geleisteter Einlagen eines Aktionärs od. Gesellschafters, der mit seinen satzungsgemäßen Einzahlungen im Verzug ist (Rechtsw.). **Ka|du|zi|tät** *die;* - ⟨zu ↑...ität⟩: (veraltet) Hinfälligkeit, Baufälligkeit, das Verfallensein
Kaf *das* od. *der;* -[s] ⟨aus gleichbed. *arab.* qāf⟩: nach islam. Anschauungen legendäres Gebirge als Grenze der Erde u. Sitz der Götter u. Dämonen
Ka|feß *das;* -, ...esse ⟨aus gleichbed. *türk.* kafes, dies zu *arab.* ḳafaṣ „Käfig"⟩: (früher) 1. vergittertes Fenster des Harems. 2. Strafgefängnis der Söhne des türk. Sultans
Kaff *das;* -s, Plur. -s u. -e ⟨wohl zu *zigeunerisch* gäw „Dorf"⟩: (ugs.) armselige Ortschaft, langweiliger kleiner Ort
Kaf|fee [auch, österr. nur, ka'fe:] *der;* -s ⟨über *engl.* coffee, *fr.* café, *it.* càffe, *türk.* kahve aus gleichbed. *arab.* qahwā, wohl nach der abessin. Landschaft Kaffa unter Anlehnung an älter *arab.* qahwa „Wein"⟩: 1. Kaffeepflanze, Kaffeestrauch. 2. a) bohnenförmige Samen des Kaffeestrauchs; b) geröstete [gemahlene] Kaffeebohnen. 3. aus den Kaffeebohnen bereitetes Getränk. 4. a) kleine Zwischenmahlzeit am Nachmittag, bei der Kaffee getrunken wird; b) Morgenkaffee, Frühstück. 5. eindeutschende Schreibung für ↑ Café. **Kaf|fee-Ex|trakt** *der;* -[e]s, -e: pulverisierter, [gefrier]getrockneter Auszug aus starkem Kaffeeaufguß. **Kaf|fee|sie|der** *der;* -s, -: (österr., oft abwertend): Cafébesitzer. **Kaf|fee|sur|ro|gat** *das;* -[e]s, -e: Kaffee-Ersatz. **Kaf|fee|va|lo|ri|sa|ti|on** [...v...] *die;* -, -en: Lagerung, Zurückhaltung von Kaffee zur Erhaltung der Preisstabilität (Wirtsch.). **Kaf|fe|in** *das;* -s ⟨aus gleichbed. *engl.* caffeine, *fr.* caféine zu café „Kaffee"⟩: svw. Koffein
Kaf|fer *der;* -s, - ⟨wohl zu *jidd.* kafer „Bauer", weitere Herkunft unsicher⟩: (ugs.) jmd., der (nach Ansicht des ärgerlichen Sprechers) dumm, ungebildet o. ä. ist
Kaf|fil|la vgl. Kafila. **Ka|fi|la** u. Kaffilla *die;* -, ...len ⟨aus gleichbed. *arab.* ḳāfila⟩: Reisegesellschaft (in arab. Ländern), Karawane
Ka|fil|ler *der;* -s, - ⟨Herkunft unsicher, vielleicht zu *gaunersprachl.* cavall „Pferd", da früher hauptsächlich tote Pferde abgedeckt wurden⟩: (Gaunerspr.) Schinder, Abdecker. **Ka|fil|le|rei** *die;* -: (Gaunerspr.) Abdeckerei
Ka|fir *der;* -s, -n ⟨aus *arab.* kāfir „Ungläubiger"⟩: (abwertend) jmd., der nicht dem islam. Glauben angehört
kaf|ka|esk ⟨nach dem österr. Schriftsteller F. Kafka (1883–1924) u. zu ↑...esk⟩: in der Art der Schilderungen Kafkas; auf rätselvolle Weise unheimlich, bedrohlich
Kaf|tan *der;* -s, -e ⟨über *türk.-slaw.* kaftan aus *arab.* quftān „(militär.) Obergewand", dies aus *pers.* chaftān⟩: aus Asien stammendes langes Obergewand, das früher in Osteuropa zur Tracht der orthodoxen Juden gehörte
Ka|gu *der;* -s, -s ⟨aus dem Polynes.⟩: Rallenkranich (Urwaldvogel Neukaledoniens)
Ka|gu|ra *der;* -s, -s ⟨aus gleichbed. *jap.* kagura⟩: japan. Tanz beim schintoistischen Kult
Ka|hal *der;* -s, -s ⟨über *jidd.* kahal aus *hebr.* qēhillā „Versammlung, Gemeinde"⟩: jüd. Religionsgemeinde

Kai [österr. ke:] *der;* -s, Plur. -s, selten -e ⟨über *niederl.* kaai aus gleichbed. *fr.* quai, dies über *altfr.* (dialektale Form) cai „Hafendamm, Anlegeplatz" aus *gall.* caio „Gehege, Zaun", dies aus dem Kelt.⟩: durch Mauern befestigtes Ufer zum Beladen u. Löschen von Schiffen
Ka|ik u. Kajik *der;* -s, Plur. -s u. -e ⟨aus gleichbed. *türk.* kaik⟩: leichtes türk. Küstenfahrzeug, Ruderboot
Kai|loff *der;* -s, -e ⟨*jidd.* kelew „Köter", dies aus *hebr.* kelev „Hund"⟩: (Gaunerspr.) Hund
Ka|im u. Kajim *der;* -s, -s ⟨aus *arab.* ḳā'im, Part. Präs. von ḳāma „stehen"⟩: Wächter in den Moscheen. **Ka|ima|kam** u. Kajimakam *der;* -s, -s ⟨aus *arab.* ḳā'im (vgl. Kaim) u. maḳām „Ort" bzw. *türk.* kajmaḳam⟩: Orts-, Distriktsvorsteher in islam. Ländern, bes. Stellvertreter des türk. Großwesirs
Kai|man *der;* -s, -e ⟨über gleichbed. *span.* caimán aus einer karib. Eingeborenensprache⟩: Krokodil, Alligator im trop. Südamerika. **Kai|man|fisch** *der;* -[e]s, -e: hechtartiger Knochenfisch mit ↑ Ganoidschuppen, dessen Kiefer zu einer Krokodilschnauze verlängert ist
Kai|nit [auch ...'nɪt] *der;* -s, -e ⟨zu *gr.* kainós „neu, jüngeren Datums" (nach der erdgeschichtlich späten Entstehungsphase) u. ↑²...it⟩: ein weißes, gelbes od. graues, auch rotes, leicht in Wasser lösliches Mineral (ein Kalidüngemittel)
Kains|mal [auch 'ka:ɪn...] *das;* -[e]s, -e ⟨nach 1. Mose 4, 15 Zeichen, das Kain nach dem Brudermord an Abel erhalten haben soll u. das ihn als nur von Gott zu Richtenden kennzeichnen sollte; später erst als Zeichen der Schuld verstanden⟩: Mal, Zeichen der Schuld, das jmd. [sichtbar] trägt, mit dem jmd. gezeichnet ist. **Kains|zei|chen** *das;* -s, -: svw. Kainsmal
kai|ro|phob ⟨zu ↑ Kairos u. ↑...phob⟩: Situationsangst empfindend (Med., Psychol.). **Kai|ro|pho|bie** *die;* -, ...ien ⟨zu ↑...phobie⟩: Situationsangst (Med., Psychol.). **Kai|ros** *der;* -, ...roi [...'rɔy] ⟨aus gleichbed. *gr.* kairós, eigtl. „das rechte Maß, der rechte Zeitpunkt"⟩: 1. günstiger Zeitpunkt, entscheidender Augenblick (Philos.). 2. Zeitpunkt der Entscheidung (z. B. zwischen Glauben u. Unglauben; Rel.)
Ka|jak *der,* auch *das;* -s, -s ⟨aus gleichbed. *eskim.* qajaq⟩: a) einsitziges Männerboot bei den Eskimos (vgl. Umiak); b) ein- od. mehrsitziges Sportpaddelboot
Ka|jal *das;* -[s] ⟨aus *sanskr.* kajjala „Ruß; Rußsalbe"⟩: als Kosmetikmittel verwendete [schwarze] Farbe zum Umranden der Augen
Ka|je *die;* -, -n ⟨zu *niederl.* kaai, vgl. Kai⟩: (landsch.) [Schutz]deich, Uferbefestigung
Ka|je|put|baum *der;* -[e]s, ...bäume ⟨aus *indones.* kaju putih (zu kaju „Baum" u. putih „weiß", eigtl. „Weißbaum"⟩: ein Myrtengewächs in Indonesien u. Australien, dessen junge Triebe ein schmerzlinderndes Öl liefern
Ka|jik vgl. Kaik
Ka|jim vgl. Kaim. **Ka|ji|ma|kam** vgl. Kaimakam
Ka|jo|le|rie [kaʒo...] *die;* -, ...ien ⟨aus gleichbed. *fr.* cajolerie zu cajoler, vgl. kajolieren⟩: (veraltet) Schmeichelei, Liebkosung. **Ka|jo|leur** [...'løːɐ] *der;* -s, -e ⟨aus gleichbed. *fr.* cajoleur⟩: (veraltet) Schmeichler. **Ka|jo|leu|se** [...'løːzə] *die;* -, -n ⟨aus gleichbed. *fr.* cajoleuse⟩: (veraltet) Schmeichlerin. **ka|jo|lie|ren** ⟨aus älter *fr.* cajoler „zu gewinnen suchen, liebkosen"⟩: (veraltet) schmeicheln, liebkosen
Ka|jü|te *die;* -, -n ⟨aus *mniederl.* kajüte, weitere Herkunft unsicher⟩: Wohn- u. Schlafraum auf Booten u. Schiffen
kak..., Kak... vgl. kako..., Kako...
Ka|ka|du [österr. ...'du:] *der;* -s, -s ⟨über *niederl.* kaketoe aus gleichbed. *malai.* kaka(k)tua, weitere Herkunft wohl lautmalend⟩: in Indien u. Australien vorkommender Papagei

Kakao

Ka|kao [ka'kau̯, auch ka'ka:o] *der;* -s ⟨aus gleichbed. *span.* cacao, dies aus *aztek.* cacao (*Nahuatl* cacaua atl „Kakaobaum")⟩: 1. Samen des Kakaobaums. 2. aus dem Samen des Kakaobaumes hergestelltes Pulver. 3. aus Kakaopulver bereitetes Getränk; jmdn. durch den - ziehen: (ugs.) spöttisch-abfällig über jmdn. reden

Kak|äs|the|sie *die;* - ⟨zu ↑kako... u. ↑Ästhesie⟩: (veraltet) unbehagliches Gefühl

Ka|ke *der;* -, - ⟨aus gleichbed. *jap.* kake⟩: Wurfausführung (beim Judo). **Ka|ke|mo|no** *das;* -s, -s ⟨aus *jap.* kake-mono „Hängebild", eigtl. „das Aufzuhängende"⟩: ostasiat. Gemälde im Hochformat auf einer Rolle aus Seide od. Papier; vgl. Makimono

Ka|ker|lak *der;* Gen. -s u. -en, Plur. -en ⟨aus gleichbed. *niederl.* kakerlak, weitere Herkunft unsicher⟩: 1. Küchenschabe. 2. (lichtempfindlicher) ↑Albino (1)

Ka|ki vgl. Khaki

Ka|ki|baum *der;* -s, ...bäume ⟨zu gleichbed. *jap.* kaki⟩: ein ostasiatisches Ebenholzgewächs (Obstbaum mit tomatenähnlichen Früchten)

Kak|id|ro|se u. **Kak|id|ro|sis** *die;* - ⟨zu ↑kako... u. *gr.* hídrōsis „das Schwitzen"⟩: übelriechende Schweißabsonderung (Med.)

Ka|ki|emon [...ie...] *das;* -s ⟨nach der japan. Familie Kakiemon aus Arita, die das Dekor um 1640 entwickelte⟩: japan. Porzellandekor mit Überglasurfarben

Ka|ki|rit [auch ...'rɪt] *der;* -s, -e ⟨nach dem See Kakir in Nordschweden u. zu ↑²...it⟩: ein durch schwache Bewegungen zertrümmertes u. von Kluftflächen durchzogenes Gestein

Kąk|ke [...ke:] *die;* - ⟨aus gleichbed. *jap.* kak-ke⟩: svw. Beriberi

ka|ko..., **Ka|ko...**, vor Vokalen **kak...**, **Kak...** ⟨aus gleichbed. *gr.* kakós⟩: Wortbildungselement mit der Bedeutung „schlecht, übel, miß-", z. B. kakophonisch, Kakostomie; Kakidrose. **Ka|ko|cho|lie** [...ç...] *die;* - ⟨zu *gr.* cholé „Galle" u. ↑²...ie⟩: (veraltet) schlechte Beschaffenheit der Galle(nflüssigkeit). **Ka|ko|chy|mie** [...ç...] *die;* - ⟨zu *gr.* chymós „Saft" u. ↑²...ie⟩: schlechte Beschaffenheit der Körpersäfte (Med.). **Ka|ko|do|xie** *die;* - ⟨zu *gr.* dóxa „Ruf, Ansicht, Meinung" u. ↑²...ie⟩: (veraltet) übler Ruf, schlechte Meinung. **Ka|ko|dyl|ver|bin|dun|gen** *die* (Plur.) ⟨zu *gr.* kakṓdēs „übelriechend" (dies zu kakós „schlecht, übel" u. ózein „riechen") u. ↑...yl⟩: organische Verbindungen des Arsens (Chem.). **Ka|ko|ga|mie** *die;* - ⟨zu ↑kako... u. ↑...gamie (2)⟩: (veraltet) Mißheirat. **Ka|ko|geu|sie** *die;* - ⟨zu *gr.* geũsis „Geschmack" u. ↑²...ie⟩: übler Geschmack im Mund (Med.). **Ka|ko|gra|phie** *die;* - ⟨zu ↑...graphie⟩: fehlerhafte Schreibweise. **Ka|ko|lo|gie** *die;* - ⟨aus *gr.* kakología, eigtl. „das schlechte Reden"⟩: (veraltet) fehlerhafte Sprache. **Kak|ony|chie** [...'çi:] *die;* - ⟨zu *gr.* ónyx, Gen. ónychos „Nagel" u. ↑²...ie⟩: schlechte Beschaffenheit od. Krankheit der Nägel (Med.). **Ka|ko|phe|mis|mus** *der;* -, ...men ⟨zu *gr.* phḗmē „Rede, Wort, Sprache"; Analogiebildung zu ↑Euphemismus⟩: schlechte Eigenschaften eines Gegenstandes od. einer Handlung betonender sprachlicher Ausdruck (Sprachw.). **ka|ko|phe|mi|stisch** ⟨zu ↑...istisch⟩: in der Art eines Kakophemismus (Sprachw.). **Ka|ko|pho|nie** *die;* -, ...ien ⟨zu ↑...phonie⟩: 1. Mißklang, ↑Dissonanz (Mus.). 2. schlecht klingende Folge von Lauten (Sprachw.); Ggs. ↑Euphonie. **Ka|ko|pho|ni|ker** *der;* -s, -: ein Komponist, der häufig ↑Kakophonien (1) anwendet. **ka|ko|pho|nisch**: die Kakophonie betreffend, mißtönend, schlecht klingend

Ka|kosch|nik, Kokoschnik *der;* -s, -s ⟨aus gleichbed. *russ.* kokošnik, dies zu kokoš' „Henne, Hahn", wegen des Kamms⟩: nationaler Kopfputz russ. Frauen bzw. Bäuerinnen (mit Samt bezogenes, mit Tressen, Perlen u. Flitter besetztes Diadem)

Kak|os|mie *die;* - ⟨zu ↑kako..., *gr.* osmḗ „Geruch" u. ↑²...ie⟩: subjektive Empfindung eines tatsächlich [nicht] vorhandenen üblen Geruchs (Med.). **Ka|ko|sto|mie** *die;* - ⟨zu *gr.* stóma „Mund" u. ↑²...ie⟩: übler Geruch aus dem Mund (Med.). **Ka|ko|thy|mie** *die;* - ⟨zu *gr.* thymós „Seele, Gemüt" u. ↑²...ie⟩: (veraltet) Mißmut, Niedergeschlagenheit

Kak|ta|ze|en *die* (Plur.) ⟨aus gleichbed. *nlat.* cactaceae zu *lat.* cactus, vgl. Kaktus⟩: Kaktusgewächse (Pflanzenfamilie). **Kak|tee** *die;* -, -n ⟨eingedeutschte Form von ↑Kaktus⟩: svw. Kaktus (1). **Kak|tit** [auch ...'tɪt] *der;* -s, -e ⟨zu ↑Kaktus u. ↑²...it⟩: Kaktusversteinerung. **Kak|tus** *der;* Gen. -, ugs. u. österr. auch -ses, Plur. ...teen, ugs. u. österr. auch -se ⟨über *nlat.* cactus aus *gr.* káktos, eigtl. „stachlige Pflanze"; Bed. 2 in Anlehnung an *dt.* kacken⟩: 1. Pflanze mit dickfleischigem Stamm als Wasserspeicher u. meist rückgebildeten Blättern, aus den trocken-heißen Gebieten Amerikas stammend (auch als Zierpflanze). 2. (ugs. scherzh.) Kothaufen

Ka|ku|ang *der;* -s, Plur. -e od. -s ⟨aus dem Malai.⟩: Pelzflatterer (halbaffenähnliches Säugetier mit bepelzter Flughaut zwischen Beinen u. Schwanz) im trop. Asien

ka|ku|mi|nal ⟨zu *lat.* cacumen, Gen. cacuminis „oberes Ende, Spitze" u. ↑¹...al (1)⟩: (veraltet) svw. retroflex. **Ka|ku|mi|nal** *der;* -s, -e: svw. Retroflex

Ka|la-Azar *die;* - ⟨aus *Hindi* kala-azar „schwarze Krankheit", wegen der schwärzlich pigmentierten Haut des Erkrankten⟩: eine schwere trop. Infektionskrankheit, die mit Fieber, Schwellung von Leber u. Milz u. allgemeinem Kräfteverfall einhergeht (Med.)

Ka|la|bas|se vgl. Kalebasse

Ka|la|bre|ser *der;* -s, - ⟨zu *it.* calabrese „kalabr(es)isch", nach der ital. Landschaft Kalabrien⟩: breitrandiger Filzhut mit spitz zulaufendem Kopfteil

Ka|la|die [...i̯ə] *die;* -, -n ⟨aus gleichbed. *nlat.* caladium, dies aus dem Ind.⟩: Buntwurz, eine Gattung der Aronstabgewächse

¹Ka|lam *der;* -s, -s ⟨verkürzt aus ↑Kalamos⟩: zugeschnittene Rohrfeder für das Schreiben mit Tusche auf Papyrus u. Pergament

²Ka|lam *der;* -s ⟨aus *arab.* qalām „Rede, Disput, Erklärung"⟩: Bez. für eine Richtung der frühen islam. Theologie (8./9. Jh.)

Ka|la|mai|ka *die;* -, ...ken ⟨aus gleichbed. *russ.* kolomyka, nach der ukrain. Stadt Kolomyia⟩: ein slaw.-ungarischer Nationaltanz im ¾-Takt

Ka|la|ma|ri|en [...i̯ən] *die* (Plur.) ⟨zu *lat.* calamarius „zum Schreibrohr gehörig", dies über calamus aus *gr.* kálamos „(Schilf-)Rohr, Halm" (vgl. Kalamos) u. ↑¹...ie⟩: mit den ↑Kalamiten verwandte ↑fossile Schachtelhalme

Ka|la|min *der;* -s ⟨über älter *fr.* calamine aus gleichbed. *lat.* calamina, dies aus *gr.* kadmeía „Galmei (= ein Zinkerz)"⟩: Zinkspat

Ka|la|mit *der;* -en, -en (meist Plur.) ⟨aus *gr.* kálamos (vgl. Kalamarien) u. ↑³...it⟩: ausgestorbener baumhoher Schachtelhalm des ↑Karbons

Ka|la|mi|tät *die;* -, -en ⟨aus *lat.* calamitas, Gen. calamitatis „Schaden, Unglück"⟩: 1. [schlimme] Verlegenheit, mißliche Lage. 2. durch Schädlinge, Hagel, Sturm o. ä. hervorgerufener schwerer Schaden in Pflanzenkulturen (Biol.)

Ka|la|mos *der;* -, ...moi [...mɔy] ⟨aus gleichbed. *gr.* kálamos⟩: Rohrfeder (aus Schilfrohr), mit der man im Altertum auf Papyrus u. Pergament schrieb

Ka|lan|choe [...çoe] *die;* -, -n ⟨über das Griech. vermutlich aus dem Chin.⟩: zu den Dickblattgewächsen gehörende Pflanze mit weißen, gelben od. roten Blüten (Bot.)

Ka|lan|der *der;* -s, - ⟨aus gleichbed. *fr.* calandre zu calandrer „kalandern; rollen", dies vermutlich zu *niederl.* kalandern „hin- u. hergleiten", weitere Herkunft unsicher⟩: Maschine mit Preßwalzen zum Glätten, Bemustern, Prägen von Papier, Textilien u. Werkstoffen

Ka|lan|der|ler|che *die;* -, -n ⟨Lehnübersetzung von *vulgärlat.* *calandra aus gleichbed. *gr.* kálandra⟩: Lerchenart der Mittelmeerländer

ka|lan|dern ⟨aus gleichbed. *fr.* calandrer, vgl. Kalander⟩: rollen, mangeln, mit dem ↑ Kalander bearbeiten. **ka|lan|drie|ren** ⟨zu ↑ ...ieren⟩: Kunststoff zu ↑ Folie auswalzen

Ka|lands|brü|der *die* (Plur.) ⟨Lehnübersetzung von *lat.* fratres calendarii (zu Calendae „erster Tag eines Monats")⟩: religiös-soziale Bruderschaften des 13.–16. Jh.s, die sich am Monatsersten versammelten

Ka|la|scha *die;* -, -s ⟨aus gleichbed. *sanskr.* kaláśa⟩: eine der (alt)ind. Bez. für Krug, Vase, Wassertopf, bes. für einen mit heiligem Wasser gefüllten Topf im Verehrungsritual

Ka|la|sche *die;* -, -n ⟨zu ↑ kalaschen⟩: (landsch.) [Tracht] Prügel. **ka|la|schen** ⟨Herkunft unsicher; vielleicht aus dem Slaw., vgl. *russ.* kolotit' „schlagen, verprügeln"⟩: (landsch.) prügeln

Ka|lasch|ni|kow [...kɔf] *die;* -, -s ⟨nach dem russ. Konstrukteur M. T. Kalaschnikow, *1919⟩: eine Maschinenpistole

Ka|la|si|ris *die;* -, - ⟨aus gleichbed. *gr.* kalásiris, dies aus dem Ägypt.⟩: im alten Ägypten u. in Griechenland getragenes Gewand für Männer u. Frauen

Ka|la|thos *der;* -, ...thoi [...tɔy] ⟨aus gleichbed. *gr.* kálathos, Bed. 2 u. 3 wegen der korbähnlichen Form⟩: 1. aus Weiden geflochtener, lilienkelchförmiger Korb, der den Frauen im antiken Griechenland zum Transport von Gegenständen (z. B. von Blumen, Früchten) diente. 2. Kopfschmuck bes. der weiblichen griech. Gottheiten. 3. Kernstück des korinthischen ↑ Kapitells (Kunstw.)

Ka|lau|er *der;* -s, - ⟨vermutlich unter Anlehnung an *fr.* calembour „Wortspiel" gebildet nach dem Namen der Stadt Calau bei Cottbus⟩: als nicht sehr geistreich empfundener, meist auf einem vordergründigen Wortspiel beruhender Witz, „fauler Witz", z. B. statt: *ich trinke auf dein Wohl, Marie,* die Umkehrung: *ich trinke auf deine Marie* (= Geldbesitz, Geldbörse), *mein Wohl;* oder wenn Händels „Feuerwerksmusik" bei Regen gespielt wird u. jmd. sagt, daß man besser Händels „Wassermusik" spielen sollte; vgl. Calembour. **ka|lau|ern:** Kalauer erzählen; wenig geistreiche Witze machen

Kal|da|ri|um u. Caldarium [k...] *das;* -s, ...ien [...iən] ⟨aus gleichbed. *lat.* caldarium, eigtl. „Warmbad(ezimmer)", substantiviertes Neutrum von calidus „zum Wärmen gehörig" zu cal(i)dus „warm, heiß"⟩: 1. altröm. heißes Bad (↑ apsidialer kuppelüberwölbter Rundbau, meist Zentrum der Thermenanlage). 2. (veraltet) Gewächshaus mit Innentemperaturen von 18–25° C

Kal|dau|ne *die;* -, -n (meist Plur.) ⟨über *mhd., mniederd.* kaldune „Eingeweide von Tieren" vermutlich aus *vulgärlat.* *calduna „noch dampfende Eingeweide frisch geschlachteter Tiere" zu *lat.* cal(i)dus „warm"⟩: (landsch.) Innereien, Eingeweide (bes. des Schlachtviehs; von Menschen nur in salopper Redeweise)

Kal|de|ra vgl. Caldera

Kal|do|ver|fah|ren *das;* -s ⟨Kurzw. aus *Kal*ling-*D*omnarvet-Verfahren, nach dem schwed. Metallurgen B. Kalling († 1892) u. dem Standort des Entwicklungsbetriebes⟩: Stahlerzeugungsverfahren, bei dem die Schmelze mit technisch reinem Sauerstoff verblasen wird

Ka|le|bas|se u. Kalabasse *die;* -, -n ⟨über *fr.* calebasse aus gleichbed. *span.* calabaza, dies unter maur. Einfluß wohl zu gleichbed. *arab.* qar'a⟩: dickbauchiges, aus einem Flaschenkürbis od. der Frucht des Kalebassenbaumes hergestelltes Gefäß mit langem Hals. **Ka|le|bas|sen|baum** *der;* -[e]s, ...bäume: tropischer Baum mit sehr großen, hartschaligen Früchten

Ka|le|do|ni|den *die* (Plur.) ⟨nach dem lat. Namen Caledonia für Nordschottland u. zu ↑ ...ide⟩: die im älteren ↑ Paläozoikum entstandenen Gebirge (Geol.). **ka|le|do|nisch:** die Kaledoniden u. ihre Bildungsära betreffend (Geol.)

Ka|lei|do|skop *das;* -s, -e ⟨über gleichbed. *engl.* kaleidoscope zu *gr.* kalós „schön", eĩdos „Gestalt, Bild" u. ↑ ...skop, eigtl. „Schönbildschauer"⟩: 1. fernrohrähnliches Spielzeug, bei dem sich beim Drehen bunte Glassteinchen zu verschiedenen Mustern u. Bildern anordnen. 2. lebendig-bunte [Bilder]folge, bunter Wechsel. **ka|lei|do|sko|pisch:** 1. das Kaleidoskop betreffend. 2. in bunter Folge, ständig wechselnd (z. B. von Bildern od. Eindrücken)

Ka|lei|ka *das;* -s ⟨aus *poln.* kolejka „Reihenfolge"⟩: (landsch.) Aufheben, [unnötige] Umstände

Ka|len|da|rio|graph *der;* -en, -en ⟨zu ↑ Kalendarium u. ↑ ...graph⟩: (veraltet) Kalenderschreiber. **Ka|len|da|rio|gra|phie** *die;* - ⟨zu ↑ ...graphie⟩: (veraltet) [Anweisung zur] Herstellung von Kalendern. **ka|len|da|risch** ⟨zu ↑ Kalendarium⟩: nach dem Kalender. **Ka|len|da|ri|um** *das;* -s, ...ien [...iən] ⟨über *mlat.* kalendarius, *kirchenlat.* calendarium aus *lat.* calendarium „Terminkalender (für Schuldenzahlungen)", dies zu *lat.* Calendae „der erste Tag des Monats"⟩: 1. Verzeichnis kirchlicher Gedenk- u. Festtage. 2. Verzeichnis der Tage des Jahres, das je nach Art des Kalenders nach Wochen, Monaten o. ä. gegliedert bzw. eingeteilt ist. 3. altröm. Verzeichnis von Zinsen, die am Ersten des Monats fällig waren. **Ka|len|de** *die;* -, -n ⟨zu *lat.* Calendae (vgl. Kalenden), weil der erste Tag des Monats Zahltag (für Schulden) war⟩: (früher) Naturalabgabe an den Geistlichen, den Küster (u. den Kantor). **Ka|len|den** u. Calendae [k...dɛ] *die* (Plur.) ⟨aus gleichbed. *lat.* Calendae⟩: der erste Tag des altröm. Monats. **Ka|len|der** *der;* -s, - ⟨aus *mlat.* calendarium, vgl. Kalendarium⟩: 1. als einzelnes Blatt, als Block, Heft, Buch o. ä. gestaltetes Verzeichnis der Tage, Wochen, Monate des Jahres in zeitlicher Aufeinanderfolge (oft mit zusätzlichen Angaben über Feiertage, Sonnenaufgänge, -untergänge u. ä.). 2. Zeitrechnung mit Hilfe astronomischer Zeiteinheiten wie Tag, Monat, Jahr; vgl. Gregorianisch u. Julianischer Kalender

Ka|le|sche *die;* -, -n ⟨aus *tschech.* kolesa od. *poln.* kolasa „Kutschwagen", eigtl. „Räder", zu *altslaw.* kolo „Rad, Scheibe"⟩: leichte vierrädrige Kutsche

Ka|le|val|la [...v...] u. (eingedeutscht) **Ka|le|wa|la** *die* od. *das;* - ⟨aus *finn.* kalevala „Land des Kaleva (= Finnland)", nach einer Gestalt der finn. Mythologie⟩: finn. Nationalepos

Kal|fak|ter vgl. Kalfaktor. **kal|fak|tern** ⟨aus *lat.* cal(e)factere „warm machen, einheizen"⟩: (veraltet) a) heizen; b) sich in fremde Angelegenheiten mischen. **Kal|fak|tor** *der;* -s, ...oren ⟨aus *mlat.* cal(e)factor „Einheizer, mit dem Einheizen der Öfen betrauter Schüler, Hausmeister o. ä.", eigtl. „Warmmacher"⟩: 1. a) (veraltend, oft leicht abwertend) jmd., der für jmdn. die verschiedensten gerade anfallenden Arbeiten, Besorgungen, untergeordnete Hilfsdienste ver-

Kalfatage

richtet; b) (oft abwertend) Gefangener, der in der Strafanstalt den Gefängniswärtern Hilfsdienste leistet. 2. (landsch. abwertend) jmd, der andere aushorcht, verleumdet, denunziert, anderen schmeichelt u. hinter ihrem Rükken Schlechtes über sie verbreitet; Zuträger
Kal|fa|ta|ge [...ʒə] *die;* -, -n ⟨aus gleichbed. *fr.* calfatage zu calfater, vgl. kalfatern⟩: (veraltet) das Kalfatern (Seemannsspr.). **kal|fa|tern** ⟨über *niederl.* kalfateren zu *fr.* calfater, dies über *altprovenzal.* calafatar aus gleichbed. *arab.* qalfaṭa⟩: (die hölzernen Wände, das Deck eines Schiffes) in den Fugen mit Werg u. Teer od. einem dafür vorgesehenen Kitt abdichten (Seemannsspr.)
Ka|li *das;* -s, -s ⟨rückgebildet aus ↑ Alkali⟩: 1. zusammenfassende Bez. für die natürlich vorkommenden Kalisalze (wichtige Ätz- u. Düngemittel). 2. Kurzform von Kalium[verbindungen]. **Ka|li|am|mon|sal|pe|ter** *der;* -s: ein Komplexdüngemittel, das Stickstoff u. Kalium enthält
Ka|li|an u. Kaliun *der* od. *das;* -s, -e ⟨aus gleichbed. *pers.* ġalyān⟩: persische Wasserpfeife
Ka|li|ban *der;* -s, -e ⟨nach Caliban, einer Gestalt in Shakespeares Drama „Tempest" („Sturm")⟩: roher, grobschlächtiger, primitiver Mensch
Ka|li|ber *das;* -s, - ⟨über gleichbed. *fr.* calibre aus *arab.* qālib „Schusterleisten; Form, Modell" zu *gr.* kalopódion „Schusterleisten", eigtl. „Holzfüßchen", dies zu kalón „Holz" u. poús, Gen. podós „Fuß"⟩: 1. a) innerer Durchmesser von Rohren u. Bohrungen; b) äußerer Durchmesser eines Geschosses. 2. Gerät zum Messen des inneren od. äußeren Durchmessers an Werkstücken. 3. a) Form eines Uhrwerks; b) Durchmesser eines Uhrgehäuses. 4. Aussparung, Abstand zwischen zwei Walzen bei einem Walzwerk. 5. (ugs.) Art, Schlag, Sorte. 6. Bez. für das Gewicht eines Pferdes in bezug auf seine Widerristhöhe. **Ka|li|ber|klas-se** *die;* -, -n: Einteilungsgruppe der Pferde nach ihrem Kaliber (6). **Ka|li|ber|maß** *das;* -es, -e: svw. Kaliber (1 b). **Ka-li|bra|ti|on** *die;* -, -en ⟨zu ↑ ...ation⟩: 1. Messung des Kalibers (1 a). 2. das Eichen von Meßinstrumenten. 3. das Ausrichten von Werkstücken auf ein genaues Maß; vgl. ...[at]ion/...ierung. **Ka|li|breur** [...'brø:ɐ̯] *der;* -s, -e ⟨zu ↑ ...eur⟩: jmd., der eine Kalibration vornimmt. **ka|li|brie-ren** ⟨aus gleichbed. *fr.* calibrer⟩: 1. das Kaliber (1 a) messen. 2. Werkstücke auf genaues Maß bringen. 3. Meßinstrumente eichen. 4. körniges Saatgut siebtechnisch nach Größenklassen sortieren (Landw.). **Ka|li|brie|rung** *die;* -, -en ⟨zu ↑ ...ierung⟩: svw. Kalibration; vgl. ...[at]ion/...ierung
ka|lid ⟨aus gleichbed. *lat.* calidus⟩: (veraltet) warm, heiß. **Ka|li|di|tät** *die;* - ⟨zu ↑ ...ität⟩: (veraltet) Wärme, Hitze. **Ka-li|dukt** *der,* auch *das;* -[e]s, -e ⟨zu *lat.* ducere „führen, leiten"; Analogiebildung zu ↑ Aquädukt⟩: (veraltet) Wärmeod. Heizungsrohr bei der Luftheizung
Ka|li|ek|to|mie vgl. Kalikektomie
Ka|lif *der;* -en, -en ⟨aus *arab.* ḫalīfa „Nachfolger, Stellvertreter"⟩: a) (ohne Plur.) Titel mohammedanischer Herrscher als Nachfolger Mohammeds; b) Träger des Titels Kalif (a).
Ka|li|fat *das;* -[e]s, -e ⟨aus gleichbed. *mlat.* chalifatus; vgl. Kalif u. ...at (1)⟩: Amt, Herrschaft, Reich eines Kalifen
Ka|li|for|ni|um vgl. Californium
Ka|lik|ek|to|mie *die;* -, ...ien ⟨zu *lat.* calix, Gen. calicis „tiefere Schale, Becher, Kelch" u. ↑ ...ektomie⟩: operative Entfernung eines krankhaft veränderten oder steintragenden Nierenkelchs (Med.).
Ka|li|ko *der;* -s, -s ⟨über *niederl.* calico aus gleichbed. *fr.* calicot, nach der ostind. Stadt Calicut, jetzt Kozhikode⟩: feines, dichtes Baumwollgewebe, bes. für Bucheinbände

Ka|li|ko|pa|pil|li|tis *die;* -, ...itiden ⟨zu *lat.* calix, Gen. calicis „tiefere Schale, Becher, Kelch" u. ↑ Papillitis⟩: Entzündung der Kelche u. Papillen der Nieren (Med.)
Ka|li|lau|ge *die;* -, -n ⟨zu ↑ Kali⟩: Lösung von Kaliumhydroxyd in Wasser, bes. zur Seifenherstellung verwendet.
Ka|li|ma|gne|si|um *das;* -s, ...sia: ein chloridfreies Kaliumdüngemittel, Gemisch aus Kalium- u. Magnesiumsulfat
Ka|lio|lo|gie *die;* - ⟨zu *gr.* kaliá „Vogelnest" u. ↑ ...logie⟩: Vogelnesterkunde. **ka|lio|lo|gisch:** die Kaliologie betreffend
Ka|lio|pe|nie *die;* -, ...ien ⟨zu ↑ Kalium u. *gr.* penía „Armut, Mangel"⟩: krankhafter Mangel des Organismus an Kalium (Med.). **Ka|li|sal|pe|ter** *der;* -s ⟨zu ↑ Kali⟩: ein Mineral (Bestandteil des Schießpulvers). **Ka|li|salz** *das;* -es, -e (meist Plur.): Salz aus Verbindungen von Kalium, Kalzium, Magnesium u. Natrium (Düngemittel). **Ka|li|um** *das;* -s ⟨rückgebildet aus ↑ Alkali; vgl. ...ium⟩: chem. Element, ein Metall; Zeichen K. **Ka|li|um|ar|se|nat** *das;* -[e]s: farbloses, in Wasser leicht lösliches, sehr giftiges Pulver, das u. a. als ↑ Insektizid verwendet wird. **Ka|li|um|bro|mid** *das;* -[e]s, -e: halogenhaltiges Kaliumsalz, das u. a. für Arzneimittel verwendet wird. **Ka|li|um|chlo|rat** [...k...] *das;* -s, -e: chlorsaures Kalium, Kaliumsalz der Chlorsäure. **Ka|li|um|chlo-rid** *das;* -[e]s, -e: chem. Verbindung aus Kalium u. Chlor, die bes. zur Herstellung von Kalidüngemitteln verwendet wird. **Ka|li|um|hy|dro|xyd,** chem. fachspr. Kaliumhydroxid *das;* -[e]s, -e: Ätzkali. **Ka|li|um|kar|bo|nat** *das;* -[e]s, -e: Pottasche. **Ka|li|um|ni|trat** *das;* -[e]s, -e: svw. Kalisalpeter. **Ka|li|um|per|man|ga|nat** *das;* -[e]s, -e: tiefpurpurrote, metallisch glänzende Kristalle (starkes, fäulniswidriges Oxydationsmittel); übermangansaures Kali[um]. **Ka|li|um|sul-fat** *das;* -[e]s, -e: aus Kalium u. Schwefelsäure entstehendes Salz, das bes. als Düngemittel verwendet wird. **Ka|li|um-zya|nid** *das;* -s: svw. Zyankali
Ka|li|un vgl. Kalian
Ka|li|ure|se *die;* -, -n ⟨zu ↑ Kali u. ↑ Urese⟩: Ausscheidung von Kalium mit dem Urin (Med.)
Ka|lix|ti|ner *der;* -s (meist Plur.) ⟨aus gleichbed. *mlat.* calixtinus, eigtl. „Kelchner", zu *lat.* calix „Kelch"⟩: Anhänger der gemäßigten Richtung der Hussiten, die 1420 den Laienkelch beim Abendmahl forderten; vgl. Utraquist
Kalk|am|mon|sal|pe|ter *der;* -s ⟨zu *dt.* Kalk, vgl. *lat.* calx⟩: Mischdüngemittel, das Stickstoff u. Kalzium enthält
Kal|ka|ne|ody|nie *die;* -, ...ien ⟨zu ↑ Calcaneus u. ↑ ...odynie⟩: Nervenschmerzen im Fersenbein (Med.). **Kal|ka|ne-us** [...neʊs] *der;* -, ...nei [...nei]: eindeutschende Schreibung für ↑ Calcaneus. **Kal|ka|ne|us|sporn** *der;* -[e]s, -e: Knochenvorsprung an der Unterfläche des Fersenbeins, Fersensporn (Med.).
Kal|kant *der;* -en, -en ⟨zu *lat.* calcans, Gen. calcantis, Part. Präs. von calcare „(mit den Füßen) treten"⟩: Blasebalgtreter an der Orgel
Kal|ka|ri|urie *die;* -, ...ien ⟨zu *lat.* calcarius „zum Kalk gehörig, Kalk-" (zu *lat.* „Kalk, Kalkstein") u. ↑ ...urie⟩: vermehrte Ausscheidung von Kalksalzen im Urin (Med.)
Kal|ka|tur *die;* - ⟨aus gleichbed. *lat.* calcatura zu calcare, vgl. Kalkant⟩: (veraltet) a) das Blasebalgtreten an der Orgel; b) das Keltern
kal|kie|ren ⟨zu *lat.* calx „Kalk(stein)" u. ↑ ...ieren, eigtl. „mit frischem Kalk abdrucken"⟩: (veraltet) durchzeichnen, -pausen. **Kalk|in|farkt** *der;* -[e]s, -e: feinkörnige Kalkablagerung (z. B. in der Niere) mit örtlicher Gewebsdystrophie (Med.). **Kalk|oo|lith** [...ooli:t, auch ...lıt]: Gestein aus fischrogenartigen Kalkkörnern (Geol.). **Kalk|prä|pa|rat** *das;* -[e]s, -e: kalkhaltiges Arzneimittel. **Kalk|sal|pe|ter** *der;*

-s: Kalziumsalz der ↑Salpetersäure, Stickstoffdüngemittel (Chem.). ¹**Kal|kül** *das,* auch *der;* -s, -e ⟨unter Einfluß von gleichbed. *fr.* calcul aus *lat.* calculus „Steinchen, Rechen-, Spielstein; Berechnung", Verkleinerungsform von *lat.* calx „(Spiel)stein; Kalk"⟩: Berechnung, Überlegung. ²**Kal|kül** *der;* -s, -e ⟨zu ↑¹Kalkül⟩: System von Regeln zur schematischen Konstruktion von Figuren (Math.). **kal|kü|la|bel** ⟨aus gleichbed. *fr.* calculable⟩: (veraltet) berechenbar, kalkulierbar. **Kal|ku|la|ti|on** *die;* -, -en ⟨aus spätlat. calculatio „Berechnung" zu calculare, vgl. kalkulieren⟩: Kostenermittlung, [Kosten]voranschlag. **Kal|ku|la|tor** *der;* -s, ...oren ⟨aus spätlat. calculator „(Be)rechner"⟩: Angestellter des betrieblichen Rechnungswesens. **kal|ku|la|to|risch**: rechnungsmäßig. **kal|ku|lie|ren** ⟨aus spätlat. calculare „mit Rechensteinen rechnen, berechnen"⟩: 1. (entstehende Kosten für etw.) [be]rechnen, veranschlagen. 2. (eine Situation) abschätzen, überlegen. **kal|ku|lös** ⟨aus gleichbed. *lat.* calculosus⟩: (veraltet) steinig, kalksteinhaltig

Kal|la *die;* -, -s: eingedeutschte Form von ↑Calla

Kal|la|it [auch ...'ıt] *der;* -s, -e ⟨zu *lat.* callais, einem bei dem röm. Schriftsteller Plinius d. Ä. (um 24–79 n. Chr.) erwähnten, fälschlich für den Türkis gehaltenen Edelstein u. zu ↑²...it⟩: svw. Türkis

Kal|le *die;* -, -n ⟨über *jidd.* kale aus *hebr.* kallā „Braut"⟩: (Gaunerspr.) 1. Braut; Geliebte. 2. Prostituierte

Kal|li|graph *der;* -en, -en ⟨zu *gr.* kalligráphos „schön schreibend"⟩: (veraltet) Schönschreiber. **Kal|li|gra|phie** *die;* - ⟨aus gleichbed. *gr.* kalligraphía „das Schönschreiben" zu kalligrapheĩn „schön schreiben"⟩: Schönschreibkunst. **kal|li|graphisch** ⟨aus gleichbed. *gr.* kalligráphos⟩: die Kalligraphie betreffend

Kal|li|kre|in *das;* -s ⟨zu *gr.* kallíkreas „Bauchspeicheldrüse" u. ↑...in (1)⟩: hormonartiger Wirkstoff der Bauchspeicheldrüse von blutdrucksenkender Wirkung u. Funktion (Med.)

Kal|list|äs|the|sis *die;* - ⟨zu *gr.* kállistos „der schönste" (Superlativ von kalós „schön") u. aísthēsis „Empfindung, Wahrnehmung"⟩: (veraltet) Sinn für die Wahrnehmung des Schönsten. **Kal|lo|lo|gie** *die;* - ⟨zu *gr.* kállos „Schönheit" u. ↑...logie⟩: (veraltet) Lehre vom Schönen. **Kal|lo|pis|mus** *der;* - ⟨aus gleichbed. *gr.* kallōpismós; vgl. ...ismus (1)⟩: (veraltet) Kunst des Verschönerns

kal|lös ⟨aus gleichbed. *lat.* callosus zu callus, vgl. Kallus u. ...ös⟩: 1. von Kallus (1) überzogen. 2. schwielig (Med.). **Kal|lo|se** *die;* - ⟨aus gleichbed. *nlat.* callosis⟩: zelluloseähnlicher pflanzlicher Stoff, der den Stoffaustausch zwischen benachbarten Zellen od. zwischen Pflanze u. Außenwelt verhindert (Bot.). **Kal|lo|si|tät** *die;* - ⟨zu ↑kallös u. ↑...ität⟩: Hautverdickung, Schwiele (Med.). **Kal|lus** *der;* -, -se ⟨aus *lat.* callus, callum „verhärtete Haut, Schwiele; Verhärtung, Knochengeschwulst"⟩: 1. an Wundrändern von Pflanzen durch vermehrte Teilung entstehendes Gewebe (Bot.). 2. a) Schwiele; b) nach Knochenbrüchen neugebildetes Gewebe (Med.)

Kal|mar *der;* -s, ...are ⟨über *fr.* calmar aus *mlat.* calamare „Tintenfisch", dies zu *lat.* calamarius „zum (Schreib)rohr gehörig" (vgl. Kalamarien), wohl wegen der röhrenförmigen Arme⟩: zehnarmiger Tintenfisch

Kal|me *die;* -, -n ⟨aus *fr.* calme, *it.* calma „(Sonnen)hitze"⟩: völlige Windstille. **Kal|men|gür|tel** *der;* -s, -: Gebiet schwacher, veränderlicher Winde u. häufiger Windstillen [über den Meeren] (Meteor.). **Kal|men|zo|ne** *die;* -: Zone völliger Windstille in der Nähe des Äquators (Meteor.). **kal|mie|ren** ⟨zu ↑...ieren⟩: (veraltet) beruhigen, besänftigen

Kal|mo|du|lin *das;* -s, -e ⟨Kurzw. aus ↑*Kalzium, lat.* modulari „abmessen, einrichten" u. ↑...*in* (1)⟩: in den Zellen vorhandenes ↑Enzym, das die Wirkung von Kalzium in der glatten Muskulatur vermittelt (Med.)

Kal|muck *der;* -[e]s, -e ⟨nach dem westmongolischen Volk der Kalmücken⟩: beidseitig gerauhtes, tuchartiges [Baum]wollgewebe

Kal|mus *der;* -, -se ⟨aus *lat.* calamus „Rohr", vgl. Kalamarien⟩: eine Gattung von Sumpf- u. Wasserpflanzen, Aronstabgewächs (Zierstaude u. Heilpflanze)

Ka|lo *der;* -s, -s ⟨aus gleichbed. *it.* calo zu calare „herablassen", dies über *lat.* c(h)alare aus *gr.* chalãn „nachlassen"⟩: (veraltet) Schwund, Gewichtsverlust von Waren od. Material durch Auslaufen, Eintrocknen u. a.

Ka|lo|bio|tik *die;* - ⟨zu *gr.* kalóbios „schön lebend" u. ↑²...ik (3)⟩: die im antiken Griechenland geübte Kunst, ein der sinnlichen u. geistigen Natur des Menschen entsprechendes harmonisches Leben zu führen. **Ka|loi|ka|ga|thoi** [kaloykaga'toy] *die* (Plur.) ⟨aus gleichbed. *gr.* kalokagathoí (Plur.) zu kalòs kaì agathós „schön und gut"⟩: die Angehörigen der Oberschicht im antiken Griechenland. **Ka|lo|ka|ga|thie** *die;* - ⟨aus gleichbed. *gr.* kalokagathía⟩: körperliche u. geistige Vollkommenheit als Bildungsideal im antiken Griechenland. **Ka|lo|mel** *das;* -s ⟨zu *gr.* kalós „schön" u. mélas „schwarz"⟩: Hornquecksilber, ein Mineral

Ka|long *der;* -s, -s ⟨aus dem Malai.⟩: ein Flughund der Tropen u. Subtropen

Ka|lo|rie, älter Grammkalorie *die;* -, ...ien ⟨über gleichbed. *fr.* calorie aus *lat.* calor, Gen. caloris „Wärme, Hitze, Glut" zu calēre „warm sein; glühen"⟩: 1. alte physik. Maßeinheit für die Wärmemenge, ursprünglich definiert als die Wärmemenge, die 1 Gramm Wasser von 14,5° auf 15,5° Celsius erwärmt; Zeichen cal. 2. (meist Plur.) frühere Maßeinheit für den Energiewert (Nährwert) von Lebensmitteln; Zeichen cal. **Ka|lo|ri|fer** *der;* -s, Plur. -s u. -en ⟨zu *lat.* calor (vgl. Kalorie) u. ferre „tragen", eigtl. „Wärmeträger"⟩: (veraltet) Heißluftofen. **Ka|lo|ri|fi|ka|ti|on** *die;* - ⟨zu ↑...fikation⟩: (veraltet) Wärmeerzeugung. **Ka|lo|rik** *die;* - ⟨zu ↑²...ik (1)⟩: Wärmelehre. **Ka|lo|ri|me|ter** *das;* -s, - ⟨zu ↑¹...meter⟩: Gerät zur Bestimmung von Wärmemengen, die durch chem. od. physik. Veränderungen abgegeben od. aufgenommen werden. **Ka|lo|ri|me|trie** *die;* - ⟨zu ↑...metrie⟩: Lehre von der Messung von Wärmemengen. **ka|lo|ri|me|trisch** ⟨zu ↑...metrisch⟩: die Wärmemessung betreffend. **ka|lo|risch** ⟨unter Einfluß von gleichbed. *fr.* calorique zu *lat.* calor, vgl. Kalorie⟩: die Wärme betreffend; -e Maschine: (veraltet) ↑Generator mit Wärmeantrieb. **ka|lo|ri|sie|ren** ⟨zu ↑...isieren⟩: auf Metallen eine Schutzschicht durch Glühen in Aluminiumpulver herstellen

Ka|lot|te *die;* -, -n ⟨aus gleichbed. *fr.* calotte, eigtl. „Mütze, Käppchen", weitere Herkunft unsicher⟩: 1. gekrümmte Fläche eines Kugelabschnitts (Math.). 2. flache Kuppel (Archit.). 3. Schädeldach ohne Schädelbasis (Anthropol., Med.). 4. Käppchen kath. Geistlicher. 5. wattierte Kappe unter Helmen. 6. anliegende Kopfbedeckung der Frauen im 16. Jh.

Ka|lo|ty|pie *die;* - ⟨zu *gr.* kalós „schön" u. ↑...typie⟩: svw. Kalobiotik

Kal|pa *der;* -[s] ⟨aus gleichbed. *sanskr.* kálpa⟩: in der ind. Lehre von den Weltzeitaltern die zusamenfassende Bez. für eine große Zahl von ↑Perioden (1)

Kal|pak u. Kolpak *der;* -s, -s ⟨aus gleichbed. *türk.* kalpak⟩: 1. a) tatarische Lammfellmütze; b) Filzmütze der Armenier. 2. [Tuchzipfel an der] Husarenmütze

Kalt|kau|stik *die;* - ⟨zu ↑Kaustik⟩: Verfahren in der Chirur-

Kalumbin

gie zur ↑ Elektrotomie od. ↑ Elektrokoagulation von Geweben mittels hochfrequenter Ströme

Ka|lum|bin *das;* -s ⟨zu *engl.* calumba „Kolombowurzel" (dies vermutlich aus einer Bantuspr.) u. ↑ ...in (1)⟩: Bitterstoff der Kolombowurzel (Pharm.)

Ka|lu|met [fr. kaly'mɛ] *das;* -s, -s ⟨aus gleichbed. *fr.* calumet (normannische Form von *fr.* chalumeau) zu *spätlat.* calamellus „Röhrchen", dies Verkleinerungsform von *lat.* calamus, vgl. Kalamarien⟩: Friedenspfeife der nordamerik. Indianer

Ka|lum|ni|ant *der;* -en, -en ⟨zu *lat.* calumnians, Gen. calumniantis, Part. Präs. von calumnari „zu Unrecht anklagen, verleumden"⟩: (veraltet) Verleumder

Ka|lup|pe *die;* -, -n ⟨aus gleichbed. *poln.* chałupa bzw. *tschech.* chalupa⟩: (landsch.) baufälliges, altes Haus

Kal|va [...va] *die;* -, ...ven ⟨aus *lat.* calva „Hirnschale, Schädel"⟩: svw. Kalotte (3). **Kal|va|ri|en|berg** [...jən...] *der;* -[e]s, -e ⟨unter Einfluß von *kirchenlat.* calvariae (locus) „Schädel(stätte)" zu *spätlat.* calvaria „Hirnschale, Schädel"⟩: (bes. an kath. Wallfahrtsorten als Nachbildung Golgathas) hügelartige Erhöhung mit plastischer Darstellung einer Kreuzigungsgruppe, zu der Kreuzwegstationen hinaufführen

Kal|vill [...v...] *der;* -s, -en u. **Kal|vil|le** *die;* -, -n ⟨aus gleichbed. *fr.* calville, nach dem franz. Ort Calleville⟩: feiner Tafelapfel

kal|vi|nisch [...v...] ⟨nach dem Genfer Reformator J. Calvin, 1509–1564⟩: die Lehre Calvins betreffend; nach der Art Calvins. **Kal|vi|nis|mus** *der;* - ⟨zu ↑ ...ismus (1)⟩: evangelisch-reformierter Glaube; Lehre Calvins. **Kal|vi|nist** *der;* -en, -en ⟨zu ↑ ...ist⟩: Anhänger des Kalvinismus. **kal|vi|ni|stisch** ⟨zu ↑ ...istisch⟩: zum Kalvinismus gehörend, ihn betreffend

Kal|vus [...v...] *der;* -, ...vi ⟨zu *lat.* calvus „kahl"⟩: Kahlkopf (Med.)

Ka|lym *der;* -s, -s ⟨aus dem Turkotat.⟩: Brautkaufpreis bei den Kirgisenstämmen

Ka|lyp|tra *die;* -, ...tren ⟨aus *gr.* kalýptra „Deckel, Hülle"⟩: 1. Wurzelhaube der Farn- u. Samenpflanzen (Bot.). 2. Hülle der Sporenkapsel bei Laubmoosen (Bot.). **Ka|lyp|trogen** *das;* -s ⟨zu ↑ ...gen⟩: Gewebeschicht, aus der sich die Kalyptra (1) entwickelt (Bot.)

Kalz|ämie *die;* -, ...ien ⟨zu ↑ Kalzium u. ↑ ...ämie⟩: vermehrtes Auftreten von Kalzium im Blut (Med.). **kalz|ämisch:** die Kalzämie betreffend, mit ihr zusammenhängend (Med.)

Kal|zeo|la|rie [...iə] u. **Calceolaria** [calts...] *die;* -, ...larien [...iən] ⟨aus gleichbed. *nlat.* calceolaria zu *lat.* calceolus „kleiner Schuh"⟩: Pantoffelblume (Zimmerpflanze mit pantoffelförmigen Blüten)

kal|zi..., **Kal|zi...**, chem. fachspr. calci..., Calci... [kaltsi...] ⟨aus gleichbed. *lat.* calx, Gen. calcis⟩: Wortbildungselement mit der Bedeutung „Kalk", z. B. kalzifug, Kalzination. **Kal|zi|fi|ka|ti|on** *die;* -, -en ⟨zu ↑ ...fikation⟩: Verkalkung (z. B. von Geweben infolge Kalkablagerung; Med.). **kal|zi|fi|zie|ren** ⟨zu ↑ ...fizieren⟩: Kalke bilden, verkalken. **kal|zi|fug** ⟨zu *lat.* fugere „fliehen"⟩: kalkhaltigen Boden meidend (von Pflanzen); Ggs. ↑ kalziphil. **Kal|zi|na|ti|on**, chem. fachspr. Calcination [kaltsi...] *die;* - ⟨zu ↑ ...ation⟩: a) Zersetzung einer chem. Verbindung durch Erhitzen; b) das Austreiben von Wasser aus Kristallen; c) Umwandlung in kalkähnliche Substanz. **kal|zi|nie|ren**, chem. fachspr. calcinieren [kaltsi...] ⟨zu ↑ ...ieren⟩: aus einer chem. Verbindung durch Erhitzen Wasser od. Kohlendioxyd austreiben. **Kal|zi|no|se** *der;* - ⟨zu ↑¹...ose⟩: Verkalkung von Gewebe infolge vermehrter Ablagerung von Kalksalzen (Med.). **kal|zi|phil** ⟨zu ↑ ...phil⟩: kalkhaltigen Boden bevorzugend (von Pflanzen); Ggs. ↑ kalzifug. **Kalzit** [auch ...'tsɪt], chem. fachspr. Calcit [kal'tsi:t, auch ...'tsɪt] *der;* -s, -e ⟨zu ↑²...it⟩: Kalkspat. **Kal|zi|to|nin** *das;* -s, -e ⟨zu ↑ Kalzium, *gr.* tónos „das Spannen, die Anspannung" u. ↑ ...in (1)⟩: Hormon, das den Kalziumspiegel im Blut senkt (Med.). **Kal|zi|um**, chem. fachspr. Calcium ['kaltsiʊm] *das;* -s ⟨zu *lat.* calx, Gen. calcis „Kalk" u. ↑ ...ium⟩: chem. Element, ein Metall; Zeichen Ca. **Kal|zi|um|ant|ago|nis|mus** *der;* -: Hemmung der Kalziumleitfähigkeit von Herzmuskelfasern, Schrittmacherzentren u. glatter Gefäßmuskulatur (Med.). **Kal|zi|um|ant|ago|nist** *der;* -en, -en, **Kal|zi|um|blocker**[1] *der;* -s, -: Substanz, die einen Kalziumantagonismus bewirkt u. wegen Senkung des Sauerstoffverbrauchs des Herzens als ↑ Koronartherapeutikum verwendet wird (Med.). **Kal|zi|um|bro|mid** *das;* -[e]s u. **Bromkalzium** *das;* -s: eine leicht wasserlösliche Kalziumverbindung. **Kal|zi|um|chlo|rid** [...k...] *das;* -[e]s, -e: u. a. als Trockenmittel, Frostschutzmittel u. medizinisch verwendete Verbindung aus Kalzium u. Chlor. **Kal|zi|um|hydro|xyd**, chem. fachspr. Kalziumhydroxid *das;* -[e]s, -e: gelöschter Kalk. **Kal|zi|um|kar|bid** vgl. Karbid. **Kal|zi|um|kar|bo|nat** *das;* -[e]s, -e: kohlensaurer Kalk (z. B. Kalkstein, Kreide). **Kal|zi|um|oxyd**, chem. fachspr. Kalziumoxid *das;* -[e]s, -e: gebrannter Kalk, Ätzkalk. **Kal|zi|um|phos|phat** *das;* -[e]s, -e: u. a. als Düngemittel verwendetes Kalziumsalz der Phosphorsäure. **Kal|zi|um|sul|fat** *das;* -[e]s, -e: Gips, Alabaster

Ka|ma ⟨aus *sanskr.* káma, kāmā „Wunsch, Begehren; Liebe, Liebeskunst"⟩: eines der vier Lebensziele eines Hindu, personifiziert als Liebesgott

Ka|ma|fuchs *der;* -es, ...füchse ⟨zu *lat.* chama „Hirschluchs"⟩: bräunlicher Großohrfuchs im südlichen Afrika mit silbergrauem Rücken

Ka|mal|du|len|ser *der;* -s, - (meist Plur.) ⟨nach dem Kloster Camaldoli bei Arezzo⟩: Angehöriger eines kath. Ordens. **Ka|mal|du|len|se|rin** *die;* -, -nen (meist Plur.): Angehörige des gegen Ende des 11. Jh.s gegründeten weiblichen Zweigs des Kamaldulenserordens

Ka|man|da|lu *das;* -[s], -[s] ⟨aus *sanskr.* kamaṇḍalu „Wasserkopf"⟩: in Indien Krug mit engem Hals od. Gießgefäß mit Tülle, als Opfergefäß altes Kultgerät u. in der Kunst Attribut von Gottheiten

Ka|ma|ra|de|rie vgl. Kameraderie

Ka|ma|res|va|sen [...v...] *die* (Plur.) ⟨nach dem Fundort Kamares auf der Insel Kreta u. zu ↑ Vase⟩: schwarz- od. braungrundig glasierte, bunte Keramikscherben aus minoischer Zeit (um 2000 v. Chr.)

Ka|ma|ril|la [...'rɪlja, auch ...'rɪla] *die;* -, ...llen ⟨aus *span.* camarilla „Privatkabinett des Königs", eigtl. „Kämmerchen", zu *span.* cámara „Stube, Kammer", dies über *lat.* camera, camara „Wölbung, Raum mit gewölbter Decke; Kammer" aus gleichbed. *gr.* kamára⟩: 1. Hofpartei od. ↑ Clique (a) in unmittelbarer Umgebung eines Herrschers, die auf diesen einen unkontrollierbaren Einfluß ausübt. 2. (veraltet) Berater eines Fürsten

Ka|ma|rins|ka|ja *die;* - ⟨aus gleichbed. *russ.* kamarinskaja⟩: russ. Tanzlied, meist in lebhaftem ¾-Takt

Ka|ma|ro|ma *das;* -, ...men ⟨aus *gr.* kamárōma „das Gewölbte"⟩: (veraltet) gewölbter Schädelbruch (Med.). **Kama|ro|sis** *die;* -, ...sen ⟨aus *gr.* kamárōsis „das Wölben; eine Art Knochenbruch"⟩: (veraltet) Bildung eines gewölbten Schädelbruchs (Med.)

Ka|ma|su|tra *das;* -[s] ⟨aus *sanskr.* kāmasūtra „Leitfaden der Liebeskunst"⟩: ind. Lehrbuch der Erotik
Ka|ma|zit [auch ...'tsıt] *der;* -s, -e ⟨zu *gr.* kámax „Stange" u. ↑²...it⟩: Balkeneisen, ein Hauptbestandteil der Eisenmeteorite mit einem Nickelgehalt von 2 bis 7%
kam|bi|al ⟨zu ↑ Kambio u. ↑...ial⟩: (veraltet) den Kambio betreffend, sich auf diesen beziehend. **Kam|bi|al|recht** *das;* -[e]s: (veraltet) Wechselrecht. **kam|bie|ren** ⟨über gleichbed. *it.* cambiare aus *mlat.* cambiare „tauschen, wechseln", dies aus dem Gall.⟩: (veraltet) Wechselgeschäfte betreiben. **Kam|bio** *der;* -s, Plur. ...bi od. -s ⟨aus gleichbed. *it.* cambio, dies zu *mlat.* cambio „ich wechsle", 1. Pers. Sing. Präs. von cambiare, vgl. kambieren⟩: (veraltet) Wechsel (Geldw.). **Kam|bist** *der;* -en, -en ⟨zu ↑...ist⟩: (veraltet) Wechselhändler, Wechsler. **Kam|bi|um** *das;* -s, ...ien [...jən] ⟨aus *mlat.* cambium „Tausch, Wechsel"⟩: ein teilungsfähig bleibendes Pflanzengewebe (Bot.). **Kam|bi|umschicht** *die;* -, -en: innere, knochenbildende bzw. das Knochengewebe regenerierende Schicht der Knochenhaut (Med.)
Kam|brik [engl. 'keımbrık] *der;* -s ⟨aus gleichbed. *engl.* cambric, nach der franz. Stadt Cambrai⟩: ein feinfädiges Zellwoll- od. Makogewebe. **Kam|brik|ba|tist** *der;* -[e]s, -e: svw. Kambrik. **Kam|brik|pa|pier** *das;* -s, -e: oberflächenveredeltes, meist schwarzes Bezugspapier
kam|brisch ⟨nach dem kelt.-mlat. Namen Cambria für Nordwales⟩: das Kambrium betreffend. **Kam|bri|um** *das;* -s ⟨zu *mlat.* Cambria (vgl. kambrisch) u. ↑...ium⟩: älteste Stufe des ↑ Paläozoikums (Geol.)
Ka|mee *die;* -, -n ⟨über *fr.* camée aus gleichbed. *it.* cammeo, weitere Herkunft unsicher⟩: [Edel]stein mit erhabener figürlicher Darstellung
Ka|mel *das;* -[e]s, -e ⟨über *lat.* camelus aus gleichbed. *gr.* kámelos zu älter *arab.* ğamal „Höckertier", dies aus dem Semit.⟩: 1. a) (in Wüsten- u. Steppengebieten beheimatetes) langbeiniges Säugetier mit einem od. zwei Höckern, das als Last- u. Reittier verwendet u. dessen zottiges Haar für Wolle genutzt wird; b) Trampeltier; vgl. ¹Alpaka (1), ¹Lama (1), Guanako, Vikunja, Dromedar. 2. (derb) jmd., der sich dumm verhalten, benommen hat
Ka|me|lie [...jə], auch **Ka|mel|lie** [...jə] *die;* -, -n ⟨nach dem aus Mähren stammenden Jesuiten G. J. Camel (latinisiert Camellus; † 1706) u. zu ↑¹...ie⟩: eine Zierpflanze mit immergrünen, ledrigen Blättern u. roten bzw. weißen, rosenähnlichen Blüten
Ka|me|lo|pard *der;* -en, -en ⟨aus gleichbed. *gr.* kamēlopárdalis zu kámelos „Kamel" (vgl. Kamel) u. párdos „Panther"⟩: (veraltet) Giraffe (heute noch Name des Sternbildes)
¹Ka|me|lott *der;* -s, -e ⟨aus gleichbed. *fr.* camelot, weitere Herkunft unsicher⟩: 1. feines Kammgarngewebe. 2. [Halb]seidengewebe in Taftbindung (Webart). **²Ka|me|lott** *der;* -s, -s ⟨zu ↑ ¹Kamelott⟩: franz. Zeitungsverkäufer
Ka|men|na|ja Ba|ba *die;* - -, ...nye Baby [...nyə –] ⟨aus gleichbed. *russ.* kamennaja baba, eigtl. „Steinmütterchen"⟩: a) unförmige, große menschliche Steinfigur in Südrußland aus frühgeschichtlicher Zeit; b) Grab- u. Erinnerungsstein
Ka|me|ra *die;* -, -s ⟨unter Einfluß von *engl.* camera „fotografischer Apparat" gebildete Kurzform von ↑ Camera obscura⟩: 1. Aufnahmegerät für Filme u. Fernsehübertragungen; vgl. Camera obscura. 2. Fotoapparat. **Ka|me|ra|derie** *die;* - ⟨aus gleichbed. *fr.* camaraderie zu camarade „Gefährte", dies aus *it.* camerata „Kammergemeinschaft, Stubengenossenschaft; Genosse, Gefährte" zu *lat.* camera,

vgl. Kamarilla⟩: (meist abwertend) in entsprechenden Verhaltensweisen anderer bewußt vor Augen geführte Kameradschaft, Cliquengeist. **Ka|me|ra|lia** vgl. Kameralien. **Kame|ra|li|en** [...jən] *die* (Plur.) ⟨aus gleichbed. *nlat.* cameralia zu *mlat.* cameralius, camerarius „Kämmerer", dies zu *lat.* camera, vgl. Kamarilla⟩: Staatswissenschaft, Staats- u. Volkswirtschaftslehre. **Ka|me|ra|lis|mus** *der;* - ⟨zu ↑...ismus (1)⟩: Lehre von der ertragreichsten Gestaltung der Staatseinkünfte; vgl. ...ismus/...istik. **Ka|me|ra|list** *der;* -en, -en ⟨zu ↑...ist⟩: 1. Fachmann auf dem Gebiet der Kameralistik (2). 2. Beamter einer fürstlichen Kammer. **Kame|ra|li|stik** *die;* - ⟨zu ↑...istik⟩: 1. (veraltet) Finanzwissenschaft. 2. auf den Nachweis von Einnahmen u. Ausgaben sowie den Vergleich mit dem Haushaltsplan ausgerichtete Rechnungsführung; vgl. ...ismus/...istik. **ka|me|ra|listisch** ⟨zu ↑...istisch⟩: staatswirtschaftlich, staatswissenschaftlich. **Ka|me|ral|wis|sen|schaft** *die;* -: svw. Kameralismus. **Ka|me|ra|re|cor|der** [...k...] *der;* -s, - ⟨zu ↑ Kamera⟩: Videoaufzeichnungsgerät, das Videokamera u. Videorecorder zusammen in einem Gehäuse enthält. **Ka|me|rari|at** *das;* -s, -e ⟨zu *lat.* camera „Kämmer" u. ↑...iat⟩: (veraltet) Verwaltung der Staatsfinanzen. **Ka|me|ra|ti|on** *die;* -, -en ⟨zu *lat.* camera „Wölbung, Raum mit gewölbter Decke" u. ↑...ation⟩: (veraltet) Wölbung
¹Ka|me|ru|ner [auch ...'ru:...] *die;* -, - ⟨nach der afrik. Republik Kamerun⟩: (landsch.) Erdnuß. **²Ka|me|ru|ner** [auch ...'ru:...] *der;* -s, - ⟨zu ↑ ¹Kameruner, wegen der erdnußähnlichen Form⟩: (landsch.) in Fett gebackenes, auf einer Seite mit Zucker bestreutes Hefegebäck
Ka|mes [engl. keımz] *die* (Plur.) ⟨zu *engl.* (schott.) kame „kleiner Hügel, Bodenwelle"⟩: Hügelgelände aus Sand u. Geröll von eiszeitlicher Herkunft (Geol.)
Ka|mi *der;* -, - (meist Plur.) ⟨aus gleichbed. *jap.* kami, eigtl. „Gott", vermutlich aus der Sprache der Ainu⟩: schintoistische Gottheit
ka|mie|ren u. kaminieren ⟨aus *it.* camminare „gehen, laufen"⟩: die gegnerische Klinge umgehen (Fechten)
Ka|mi|ka|ze *der;* -, - ⟨aus gleichbed. *jap.* kami-kaze zu kami (vgl. Kami) u. kaze „Wind", eigtl. „göttlicher Wind"⟩: japan. Flieger im 2. Weltkrieg, der sich mit seinem Bomber auf das feindliche Ziel stürzte u. dabei sein eigenes Leben opferte
Ka|mi|law|ki|on [...laf...] *das;* -s, ...ien [...jən] ⟨aus gleichbed. *ngr.* kamilaúkion, kalymmaúchion zu *gr.-ngr.* kálymma „(Kopf)bedeckung"⟩: randloser zylinderförmiger Hut der orthodoxen Geistlichen
Ka|mil|le *die;* -, -n ⟨gekürzt aus *mlat.* camomilla zu gleichbed. *lat.* chamaemelon, dies aus *gr.* chamaímēlon (zu chamaí „am Boden" u. mēlon „Apfel", eigtl. „Erdapfel", wegen des apfelähnlichen Dufts der Blüten⟩: eine Heilpflanze (Korbblütler)
Ka|mil|li|a|ner *der;* -s, - ⟨nach dem Vornamen des Ordensgründers Camillo de Lellis (1550–1614) u. zu ↑...aner⟩: Angehöriger des Kamillianerordens. **Ka|mil|li|a|ner|or|den** *der;* -s: 1582 gegründeter kath. Krankenpflegeorden
Ka|min *der,* schweiz. *das;* -s, -e ⟨über *lat.* caminus „Feuerstätte, Esse, Schmiedeofen" aus *gr.* káminos „Schmelz-, Brennofen"⟩: 1. offene Feuerstelle in Wohnräumen. 2. steile, enge Felsenspalte (Alpinistik). 3. (landsch.) Schornstein
¹ka|mi|nie|ren vgl. kamieren
²ka|mi|nie|ren ⟨zu ↑ Kamin u. ↑...ieren⟩: im Kamin, zwischen überhängenden Felsen klettern (Alpinistik). **Ka|minkleid** *das;* -s, -er: Kleid [aus warmem Stoff] mit langem Rock

Kamisarden

Ka|mi|sạr|den *die* (Plur.) ⟨aus gleichbed. *fr.* camisardes (Plur.) zu camiso (Dialektwort der Langue d'oc) „(Unter)hemd", nach den bei den Kämpfen getragenen weißen Hemden⟩: hugenottische Bauern in den franz. Cevennen, die sich gegen Ludwig XIV. erhoben. **Ka|mi|sọl** *das;* -s, -e ⟨über *fr.* camisole aus gleichbed. *provenzal.* camisola, Verkleinerungsform von camisa, zu *spätlat.* camis(i)a „langes Unterhemd"⟩: im 16. Jh. getragenes Wams od. Mieder; [Unter]jacke

Kam|ma|ro|lith [auch ...'lɪt] *der;* Gen. -s od. -en, Plur. -e[n] ⟨zu *gr.* kámmaros „Krebs" u. ...lith⟩: Krebsstein (alter Mineralname). **Kam|ma|ro|lo|gie** *die;* - ⟨zu ↑ ...logie⟩: Lehre von den Krebsen

Ka|mö|ne *die;* -, -n ⟨aus gleichbed. *lat.* Camena⟩: italische Quellnymphe, Muse

Ka|mọr|ra, Camọrra [k...] *die;* - ⟨aus gleichbed. *it.* camorra, weitere Herkunft unsicher⟩: (mit Mafiamethoden arbeitender) Geheimbund in Süditalien, bes. in Neapel. **Ka|mor|rịst,** Camorrịst [k...] *der;* -en, -en ⟨zu ↑ ...ist⟩: Mitglied der Kamorra

Kạmp *der;* -[e]s, Kämpe ⟨aus *lat.* campus „flaches Feld, Fläche"⟩: 1. (landsch.) eingefriedetes Feld; Grasplatz; Feldstück. 2. Pflanzgarten zur Aufzucht von Forstpflanzen. **Kam|pa|gne** [...'panjə] *die;* -, -n ⟨aus *fr.* campagne „Ebene, Feld; Feldzug", dies aus *spätlat.* campania „flaches Land, Brachfeld" zu campaneus „zum flachen Feld gehörig", dies zu *lat.* campus, vgl. Kamp⟩: 1. (veraltet) militärischer Feldzug. 2. gemeinschaftliche, großangelegte, aber zeitlich begrenzte ↑ Aktion, Aktivität in bezug auf jmdn., etw. 3. Zeit, während der in saisonabhängigen Unternehmen die Hauptarbeit geleistet wird. 4. Arbeitsabschnitt bei einer archäologischen Ausgrabung. **Kam|pa|ni|le** u. Campanile [k...] *der;* -, - ⟨aus gleichbed. *it.* campanile zu campana „Glocke", dies aus *spätlat.* campana⟩: frei stehender Glockenturm [in Italien]. **Kam|pạn|je** *die;* -, -n ⟨aus gleichbed. *niederl.* kampanje⟩: in früherer Zeit der hintere Aufbau auf dem Schiffsoberdeck. **Kam|pạ|nu|la** vgl. Campanula

Kam|pe|lo|gie *die;* - ⟨zu *gr.* kampḗ „Biegung, Krümmung" u. ↑...logie⟩: (veraltet) Beugungs-, Krümmungslehre. **Kam|pe|me|ter** *das;* -s, - ⟨zu ↑¹...meter⟩: (veraltet) Krümmungsmesser

Kam|pẹ|sche|holz *das;* -es ⟨nach dem mexik. Bundesstaat Campeche⟩: ↑ Hämatoxylin lieferndes Blauholz (Holz eines trop. Baumes)

Kạ̈m|pe|vi|se [...v...] *die;* -, -r (meist Plur.) ⟨aus gleichbed. *dän.* kämpevise zu kämpe „Held, Recke" u. vise „Weise, Lied"⟩: epische, lyrische u. dramatische altdänische u. altschwedische Ballade in Dialog- u. Kehrreimform (13. u. 14. Jh.), Gattung der ↑ Folkevise

Kamp|fen vgl. Kamphen. **Kạmp|fer,** chem. fachspr. Cạmpher [k...] *der;* -s ⟨über *(alt)fr.* camphre aus gleichbed. *mlat.* camphora, dies über *arab.* kāfūr aus *altind.* karpūraḥ „Kampferbaum"⟩: aus dem Holz des in Japan, China u. auf Taiwan vorkommenden Kampferbaums destillierte, auch synthetisch hergestellte harzartige Verbindung, die bes. in der Medizin u. in der chem. Industrie verwendet wird. **Kạmp|fer|spi|ri|tus** *der;* -: alkoholische Kampferlösung. **Kam|phẹn,** chem. fachspr. Camphẹn [k...] *das;* -s ⟨aus gleichbed. *engl.* camphene zu camphor „Kampfer", dies über *(alt)fr.* camphre aus *mlat.* camphora, vgl. Kampfer⟩: in ätherischen Ölen vorkommender Terpenkohlenwasserstoff

kam|pie|ren ⟨aus gleichbed. *fr.* camper zu camp „Feldlager", dies aus *lat.* campus, vgl. Kamp⟩: a) an einem bestimmten Ort (im Freien) für einige Zeit sein Lager aufschlagen, sich lagern; b) (ugs.) irgendwo behelfsmäßig untergebracht sein, wohnen, eine notdürftige Unterkunft haben. **Kam|pi|me|trie** *die;* -, ...jen ⟨zu *lat.* campus (vgl. Kamp) u. ↑...metrie⟩: Bestimmung der Größe des blinden Flecks am Augenhintergrund (Med.)

Kạm|pong *der* od. *das;* -s, -s ⟨aus gleichbed. *malai.* kampung⟩: malaiische Dorfsiedlung

kam|py|lo|trop ⟨zu *gr.* kampýlos „gebogen, gekrümmt" u. ↑...trop⟩: im Verhältnis zum ↑ Funiculus in verschiedener Weise gekrümmt (von der Achse einer Samenanlage; Bot.)

Kam|sịn u. Chamsịn [k...] *der;* -s, -e ⟨aus *arab.* ḫamsīn „(Wind von) fünfzig (Tagen)"⟩: trockenheißer Sandwind in der ägyptischen Wüste (Meteor.); vgl. Gibli u. Schirokko

Kạn *die;* -, -nen ⟨aus *niederl.* kan „Kanne"⟩: Flüssigkeitsmaß in den Niederlanden (= 1 l)

Ka|na|da|bal|sam *der;* -s ⟨nach dem Staat in Nordamerika u. zu ↑ Balsam⟩: farbloses Harz nordamerik. Tannen, das zum Verkitten optischer Linsen u. als Einschlußmittel für mikroskopische Präparate dient. **Ka|nạ|di|er** [...djɐ] *der;* -s, - ⟨nach dem Paddelboot der kanad. Indianer⟩: 1. offenes, [in halbkniender Haltung] mit einseitigem Paddel fortbewegtes Sportboot [mit gerundeten Steven]. 2. (österr.) Polstersessel

Ka|naịl|le [ka'naljə] *die;* -, -n ⟨über gleichbed. *fr.* canaille aus *it.* canaglia „Hundepack, Gesindel" zu cane „Hund", dies aus gleichbed. *lat.* canis⟩ (abwertend) 1. bösartiger Mensch, der es darauf abgesehen hat, anderen zu schaden, sie zu übervorteilen o. ä. 2. (ohne Plur.) Sorte von Menschen, die es darauf abgesehen hat, anderen zu schaden, sie zu übervorteilen o. ä.; Gesindel. **Ka|nail|le|rie** [kana(l)jə...] *die;* -, ...jen ⟨aus gleichbed. *fr.* canaillerie⟩: (veraltet) Niederträchtigkeit, Gaunerei, Schurkenstreich. **ka|naịl|le|rös** ⟨zu ↑...ös⟩: (veraltet) niederträchtig

Ka|nạ|ke *der;* -n, -n ⟨aus *polynes.* kanaka „Mensch"⟩: 1. Eingeborener in Polynesien u. der Südsee. 2. (ugs. abwertend) ungebildeter, ungehobelter Mensch. 3. [meist ka'nakɐ] ausländischer (bes. türk.) Arbeitnehmer (Schimpfwort)

Ka|nạl *der;* -s, ...äle ⟨aus *it.* canale „Leitungsröhre, Kanal", dies aus *lat.* canalis „Röhre, Rinne, Wasserlauf, Kanal" zu canna „kleines Rohr, Röhre", dies aus *gr.* kánna „Rohr, Rohrgeflecht", dies über *babylon.* qanū „Rohr" aus gleichbed. *sumer.* gin⟩: 1. a) [künstlich angelegte] Wasserstraße als Verbindungsweg für Schiffe zwischen Flüssen od. Meeren; b) [unterirdischer] Graben zum Ableiten von Abwässern. 2. röhrenförmiger Durchgang (Med.). 3. bestimmter Frequenzbereich eines Senders (Techn.). 4. svw. Canalis (Med.). 5. Übertragungsweg für Strom sowie Informationen aller Art. 6. Funktionseinheit von Rechenautomaten u. Computern, die relativ unabhängig von der Zentraleinheit Eingabe- u. Ausgabeoperationen steuert (EDV). **ka|na|li|ku|lär** ⟨zu ↑ Canaliculus u. ↑...är⟩: einen kleinen Kanal bildend, in einem kleinen Kanal verlaufend (Med.). **Ka|na|li|sa|ti|on** *die;* -, -en ⟨zu ↑ Kanal u. ↑...isation⟩: 1. a) System von [unterirdischen] Rohrleitungen u. Kanälen zum Abführen der Abwässer; b) der Bau von [unterirdischen] Rohrleitungen u. Kanälen zum Abführen der Abwässer. 2. Ausbau von Flüssen zu schiffbaren Kanälen; vgl. ...[at]ion/...ierung. **ka|na|li|sie|ren** ⟨zu ↑...isieren⟩: 1. eine Ortschaft, einen Betrieb o. ä. mit einer Kanalisation (1 b) versehen. 2. einen Fluß schiffbar machen. 3. etwas gezielt lenken, in eine bestimmte Richtung leiten (z. B. von politischen od. geistigen Bewegungen). **Ka|na|li-**

Kanikolafieber

sie|rung *die;* -, -en ⟨zu ↑ ...isierung⟩: 1. svw. Kanalisation. 2. gezielte Lenkung (z. B. von politischen od. geistigen Bewegungen); vgl. ...[at]ion/...ierung. **Ka|nal|ka|pa|zi|tät** *die;* -, -en: obere Grenze der Übertragungsgeschwindigkeit von Nachrichten, d. h. der maximale Informationswert, den ein Kanal (5, 6) speichern od. pro Zeiteinheit übertragen kann

Ka|na|my|cin ⓌⓏ [...'tsi:n] *das;* -s ⟨Kunstw.⟩: ein ↑ Antibiotikum

Ka|nan|ga|öl *das;* -s ⟨aus dem Austrones.⟩: ↑ Ylang-Ylang-Öl minderer Qualität

¹Ka|na|pee [...pe, österr. auch ...'pe:] *das;* -s, -s ⟨aus gleichbed. *fr.* canapé, dies über *mlat.* canopeum aus *lat.* conopeum „Mückennetz; Himmelbett (mit einem Mückennetz)", dies aus gleichbed. *gr.* kōnōpeīon⟩: 1. (veraltet) Sofa mit Rücken- u. Seitenlehne. **²Ka|na|pee** *das;* -s, -s ⟨nach gleichbed. *fr.* canapés (Plur.), vgl. ¹Kanapee⟩: (meist Plur.) pikant belegtes u. garniertes [getoastetes] Weißbrothäppchen

Ka|na|ri *der;* -s, - ⟨aus gleichbed. *fr.* canari, nach den Kanarischen Inseln⟩: (südd., österr.) Kanarienvogel. **Ka|na|rie** [...i̯ə] *die;* -, -n [...i̯ən] ⟨zu ↑¹...ie⟩: (fachspr.) Kanarienvogel

Ka|nas|se *die;* -, -n ⟨aus gleichbed. *fr.* canasse, vermutlich über eine Nebenform canastre aus *span.* canastro, canasto, dies über *vulgärlat.* canastrum aus *gr.* kánastron „Brot-, Frucht-, Blumenkorb"⟩: (veraltet) Kistchen, Dose für Tee, Zucker od. Tabak. **Ka|nas|ter** *der;* -s, - ⟨aus *span.* canasto⟩: (veraltet) svw. Knaster

Ka|nat *der;* -s, -e ⟨aus gleichbed. *arab.* qanāt⟩: svw. Foggara

Kan|ban *das;* -[s] ⟨aus *jap.* kanban „Zettel, Karte, Schild"⟩: bedarfsgerechte Einzelteilproduktion, bei der das benötigte Material über eine Kanbankarte angefordert u. anschließend selbst abgeholt wird. **Kan|ban|sy|stem** *das;* -s: Instrument zur Steuerung des Materialflusses mit dem Ziel einer Gesamtkostenminimierung durch Verwirklichung des Prinzips „Produktion auf Abruf" (vgl. Just-in-time-Produktion; Betriebswirtschaftslehre)

Kan|da|har-Ren|nen *das;* -s, - ⟨nach dem engl. Lord F. R. of Kandahar, 1832–1914⟩: ein jährlich stattfindendes alpines Skirennen

Kan|da|re *die;* -, -n ⟨aus *ung.* kantár „Zaum, Zügel"⟩: zum Zaumzeug gehörende Gebißstange im Maul des Pferdes

Kan|de *die;* -, -n ⟨dän. kande „Kanne"⟩: altes dän. Flüssigkeitsmaß (= 1,93 l)

Kan|de|la|ber *der;* -s, - ⟨aus gleichbed. *fr.* candélabre, dies aus *lat.* candelabrum „Leuchter" zu candela „(Wachs)kerze", dies zu candere „weiß glänzen, schimmern"⟩: a) mehrarmiger Leuchter für Lampen od. Kerzen; b) mehrarmiger säulenartiger Ständer für die Straßenbeleuchtung.

Kan|de|lil|la|wachs, Candelillawachs [k...] *das;* -es ⟨zu *span.* candelilla „Weidenkätzchen; Kerzenblüte", eigtl. Verkleinerungsform von candela, dies aus *lat.* candela, vgl. Kandelaber⟩: aus einem mexik. Wolfsmilchgewächs gewonnenes Wachs

Kan|de|lit [auch ...'lɪt] *der;* -s ⟨zu *engl.* candle „Kerze, Licht" (vgl. Kännelkohle) u. ↑²...it⟩: svw. Kännelkohle

Kan|del|zucker¹ *der;* -s ⟨zu ↑ Kandis⟩: (landsch.) Kandis[zucker]

Kan|di|dat *der;* -en, -en ⟨aus gleichbed. *lat.* candidatus, eigtl. „Weißgekleideter" (Amtsbewerber, der sich dem Volk in der toga candida, der glänzendweißen Toga, vorstellte), zu candidus „glänzend; weiß", dies zu candere, vgl. Kandelaber⟩: 1. jmd., der sich um etw., z. B. um ein Amt, bewirbt. 2. a) Student höheren Semesters, der sich auf sein Examen

vorbereitet; Abk.: cand. (für *lat.* candidatus); b) Prüfling. **Kan|di|da|ten|tur|nier** *das;* -s, -e: Turnier der im ↑ Interzonenturnier bestplazierten Spieler zur Ermittlung des Herausforderers des jeweiligen Schachweltmeisters. **Kan|di|da|tin** *die;* -, -nen: weibliche Form zu ↑ Kandidat. **Kan|di|da|tur** *die;* -, -en ⟨nach gleichbed. *fr.* candidature, vgl. ...ur⟩: Anwartschaft, das Aufgestelltsein als Kandidat für etw. **kan|di|die|ren** ⟨zu ↑...ieren⟩: sich z. B. um ein Amt bewerben. **Kan|di|do|se** *die;* -, -n ⟨zu ↑ Candida u. ↑¹...ose⟩: durch Candidaarten (vgl. Candida) hervorgerufene Pilzerkrankung der [Schleim]häute (Med.)

kan|die|ren ⟨über *fr.* candir „einzuckern" aus gleichbed. *it.* candire; vgl. Kandis⟩: Früchte mit einer Zuckerlösung überziehen u. dadurch haltbar machen. **Kan|die|rung** *die;* -, -en ⟨zu ↑ ...ierung⟩: das Kandieren. **Kan|dis** *der;* - u. **Kan|dis|zucker¹** *der;* -s ⟨aus gleichbed. *it.* zucchero candi(to), dies aus *arab.* qandī „aus Rohrzucker" zu qand „Rohrzucker", dies aus gleichbed. *altind.* khaṇḍakaḥ⟩: in großen Stücken an Fäden auskristallisierter Zucker. **Kan|di|ten** *die* (Plur.) ⟨aus gleichbed. *it.* candito (Sing.) zu candire, vgl. kandieren⟩: (bes. österr.) kandierte Früchte

Kan|dschar vgl. Handschar

Kan|dschur *der;* -[s] ⟨aus *tibet.* bka-'gyur „übersetztes Wort (Buddhas)"⟩: die heilige Schrift des ↑ Lamaismus; vgl. Tandschur

Kan|dys *die;* -, - ⟨aus gleichbed. *gr.* kándys⟩: seit dem 6./5. Jh. v. Chr. bei Persern u. Medern nachweisbares Übergewand (Kaftan) mit langen Ärmeln, das meist als Umhang getragen wurde

Ka|neel *der;* -s, -e ⟨über *fr.* cannelle „Zimt" aus *mlat.* cannella „Röhrchen" zu *lat.* canna „Rohr" (nach der Form der Zimtstange)⟩: qualitativ hochwertige Zimtsorte

Ka|ne|pho|re *die;* -, -n (meist Plur.) ⟨über *lat.* canephoros aus gleichbed. *gr.* kanēphóros (zu káneon „Korb" u. phoreīn, phérein „tragen"), eigtl. „Korbträgerin"⟩: 1. im antiken Griechenland aus vornehmer Familie stammende Jungfrau, die bei religiösen Festen u. Umzügen geweihtes Gerät im Korb auf dem Kopf trug. 2. svw. Karyatide

ka|nes|zent ⟨aus gleichbed. *lat.* canescens, Gen. canescentis zu canescere, vgl. kaneszieren⟩: (veraltet) ergrauend, weißlichgrau. **ka|nes|zie|ren** ⟨aus gleichbed. *lat.* canescere zu canus „grau, weiß, alt"⟩: (veraltet) [vor Alter] ergrauen

Ka|net|te vgl. Canette

Ka|ne|vas [...v...] *der;* Gen. - u. -ses, Plur. - u. -se ⟨aus gleichbed. *fr.* canevas, eigtl. „grobes Segeltuch, Sackleinwand", zu *provenzal.* canabas „Tuch aus Hanffasern", dies aus *spätlat.* cannabus, Nebenform von *lat.* cannabis „Hanf"⟩: 1. leinwandbindiges, gitterartiges Gewebe für Handarbeiten. 2. Einteilung des Stoffes in Akte u. Szenenbilder in der ital. Stegreifkomödie. **ka|ne|vas|sen**: aus Kanevas (1)

Kang *der* od. *das;* -s, - ⟨aus *chin.* (dialektale Form) k'ang⟩: 1. altchines. Halsbrett zur Kennzeichnung u. Bestrafung eines Verbrechers. 2. gemauerte, von außen heizbare Schlafbank in nordchines. Häusern

Kän|gu|ruh *das;* -s, -s ⟨wohl über gleichbed. *engl.* kangaroo aus einer austr. Eingeborenensprache⟩: australisches Springbeuteltier mit stark verlängerten Hinterbeinen

Ka|ni|den *die* (Plur.) ⟨zu *lat.* canis „Hund" u. ↑...ide⟩: zusammenfassende Bez. für Hunde u. hundeartige Tiere (z. B. Fuchs, Schakal, Wolf). **Ka|ni|drom** *das;* -s, -s ⟨Analogiebildung zu ↑ Hippodrom⟩: (veraltet) Hunderennbahn

Ka|ni|ko|la|fie|ber *das;* -s, - ⟨zu *lat.* canicula, canicola, Verkleinerungsform von canis „Hund"⟩: auf den Menschen übertragbare Infektionskrankheit des Hundes, eine Art ↑ Leptospirose (Med.)

693

Kanin

Ka|nin *das;* -s, -e ⟨aus *altfr.* conin „Kaninchen", dies aus gleichbed. *lat.* cuniculus, vermutlich aus dem Ligurischen⟩: Fell der Wild- u. Hauskaninchen

Ka|ni|ster *der;* -s, - ⟨unter Einfluß von gleichbed. *engl.* canister aus *it.* canestro „Korb", dies aus *lat.* canistrum zu *gr.* kánistron, Nebenform von kánastron „aus Rohr geflochtener Korb" zu kánna „Rohr(geflecht)"⟩: tragbarer viereckiger Behälter aus Blech od. Kunststoff zur Aufbewahrung von Flüssigkeiten (z. B. Benzin)

kan|kri|nisch ⟨zu *lat.* cancer, Gen. cancri „Krebs" u. ↑ ...in (2)⟩: (veraltet) a) krebsgängig, d. h. rückwärts gehend; b) rückwärts zu lesen. **Kan|krit** [auch ...'krɪt] *der;* -en, -en ⟨zu ↑² ...it⟩: Krebsstein, Krebsversteinerung. **Kan|kro|id** *das;* -[e]s, -e ⟨zu ↑ ...oid⟩: (veraltet) svw. Spinaliom. **kan|krös** ⟨vgl. ...ös⟩: svw. kanzerös. **Kan|kro|pho|bie** *die;* -, ...ien ⟨zu ↑ ...phobie⟩: svw. Karzinophobie

¹Ka̱n|na vgl. Canna

²Ka̱n|na *die;* -, -[s] ⟨aus *schwed.* kanna „Kanne"⟩: altes schwed. Flüssigkeitsmaß (= 2,62 l)

Ka̱n|nä, Cannae ['kanɛ] *das;* -, - ⟨nach dem altröm. Ort Cannae, in dem Hannibal 216 v. Chr. ein Römerheer völlig vernichtete⟩: katastrophale Niederlage; vgl. kannensisch

Kan|na|bi|nol *das;* -s ⟨zu *lat.* cannabis (vgl. Cannabis) u. ↑ ...ol⟩: wichtigster Bestandteil des ↑ Haschischs (Chem.)

Kan|ne|lé [...'le:] vgl. Cannelé. **kan|ne|lie|ren** ⟨aus gleichbed. *fr.* canneler zu cannelure, vgl. Kannelüre⟩: [eine Säule] mit senkrechten Rillen versehen. **Kan|ne|lie|rung** *die;* -, -en ⟨zu ↑ ...ierung⟩: 1. Rinnen- u. Furchenbildung auf der Oberfläche von Kalk- u. Sandsteinen (verursacht durch Wasser od. Wind; Geol.). 2. Gestaltung der Oberfläche einer Säule od. eines Pfeilers mit ↑ Kannelüren

Kän|nel|koh|le u. Cannelkohle ['kɛnl...] *die;* ⟨Lehnübersetzung von gleichbed. *engl.* cannel coal zu cannel (mundartl. für candle) „Kerze, Licht" u. coal „Kohle"⟩: eine Steinkohlenart

Kan|ne|lur *die;* -, -en: svw. Kannelüre. **Kan|ne|lü|re** *die;* -, -n ⟨über *fr.* cannelure aus *it.* cannelatura, dies zu *mlat.* canella, Verkleinerungsform von *lat.* canna, vgl. Kanal⟩: senkrechte Rille am Säulenschaft

kan|nen|sisch ⟨nach dem altröm. Ort Cannae; vgl. Kannä⟩; in der Fügung -e Niederlage: völlige Niederlage, Vernichtung

Kan|ni|ba|le *der;* -n, -n ⟨aus gleichbed. *span.* caníbal, caríbal, nach dem Stammesnamen der Kariben⟩: 1. Menschenfresser. 2. roher, ungesitteter Mensch. **kan|ni|ba|lisch**: 1. in der Art eines Kannibalen. 2. roh, grausam, ungesittet. 3. (ugs.) ungemein, sehr groß, überaus. **Kan|ni|ba|lis|mus** *der;* - ⟨zu ↑ ...ismus (3)⟩: 1. Menschenfresserei. 2. das gegenseitige Auffressen [von Artgenossen bei Tieren]. 3. unmenschliche Roheit

Kan|nu|schi *der;* -, - ⟨aus dem Japan.⟩: schintoistischer Priester

Ka|no *der* od. *das;* - ⟨nach dem Gründer, dem japan. Maler Kano Masanobu, 1434–1530⟩: Malerschule u. Kunststil in Japan

¹Ka|non *der;* -s, -s ⟨teilweise unter Einfluß von *kirchenlat.* canon „(verbindliche) Glaubensregel" aus *lat.* canon „Regel, Norm, Richtschnur", dies aus gleichbed. *gr.* kanṓn, eigtl. „Rohrstab", zu kánna „Rohr"; vgl. Kanal⟩: 1. Richtschnur, Regel, Maßstab; Leitfaden. 2. Gesamtheit der für ein bestimmtes [Fach]gebiet geltenden Regeln u. Vereinbarungen. 3. Musikstück, bei dem verschiedene Stimmen in bestimmten Abständen nacheinander mit derselben Melodie einsetzen (Mus.). 4. [von den alexandrinischen Grammatikern aufgestelltes] Verzeichnis mustergültiger Schriftsteller [der Antike]. 5. a) unabänderliche Liste der von einer Religionsgemeinschaft anerkannten Schriften; b) die im Kanon (5 a) enthaltenen Schriften. 6. (Plur. Ka̱|no|nes [...ne:s]) Einzelbestimmung des kath. Kirchenrechts. 7. Hochgebet der Eucharistie in der kath. Liturgie. 8. (ohne Plur.) kirchenamtliches Verzeichnis der Heiligen. 9. Regel von den [richtigen] Proportionen (z. B. in der bildenden Kunst). 10. jährlicher Grundzins, Abgabe des Lehnsmannes an den Lehnsherrn. 11. allgemeine Lösung einer math. Aufgabe, nach der dann besondere Probleme gelöst werden können (Math.). 12. a) Tafel für die Bewegungen der Himmelskörper; b) Zusammenstellung aller Mond- und Sonnenfinsternisse (Astron.). **²Ka|non** *die;* - ⟨nach dem canon missae (Hauptteil des kath. Meßbuches, der erstmals in diesem Schriftgrad gedruckt wurde); vgl. ¹Kanon⟩: (veraltet) ein Schriftgrad (Druckw.). **Ka|no|na|de** *die;* -, -n ⟨aus gleichbed. *fr.* cannonade zu canon „Geschütz", dies aus *it.* cannone, vgl. Kanone⟩: [anhaltendes] Geschützfeuer, Trommelfeuer. **Ka|no|ne** *die;* -, -n ⟨aus *it.* cannone „Geschütz", Vergrößerungsbildung zu *lat.*-*it.* canna „Rohr"; vgl. Kanal⟩: 1. [schweres] Geschütz. 2. (ugs.) jmd., der auf seinem Gebiet Bedeutendes leistet, [Sport]größe; unter aller -: (ugs.) sehr schlecht, unter aller Kritik. 3. (salopp scherzh.) svw. Revolver (1). **Ka|no|nen|boot** *das;* -[e]s, -e: kleines Kriegsschiff im Küstendienst od. auf Binnengewässern. **Ka|no|nen|fut|ter** *das;* - ⟨nach *engl.* „food for powder" in W. Shakespeares (1564–1616) Drama „Heinrich IV."⟩: (ugs. abwertend) im Krieg sinnlos u. gewissenlos geopferte Soldaten. **Ka|no|nes** [...ne:s]: Plur. von ↑ ¹Kanon (6). **Ka|no|nier** *der;* -s, -e ⟨aus gleichbed. *fr.* cannonier⟩: Soldat, der ein Geschütz bedient. **ka|no|nie|ren** ⟨aus *fr.* cannoner „beschießen"⟩: 1. (veraltet) mit Kanonen [be]schießen. 2. (ugs.) einen kraftvollen Schuß auf das Tor abgeben (z. B. Fuß-, Handball). **Ka|no|nik** *die;* - ⟨aus gleichbed. *gr.* kanonikón zu kanonikós „als Richtschnur dienend"; vgl. ¹Kanon⟩: 1. Name der Logik bei Epikur. 2. auf einer zahlenmäßig geregelten Tonlehre des Pythagoras. **Ka|no|ni|ka|li|en** [...iən] *die* (Plur.) ⟨aus gleichbed. *lat.* canonicalia⟩: (veraltet) Domherrenschmuck. **Ka|no|ni|kat** *das;* -[e]s, -e ⟨zu ↑ Kanonikus; vgl. ...at (1)⟩: Amt u. Würde eines Kanonikers. **Ka|no|ni|ker** *der;* -s, - u. **Ka|no|ni|kus** *der;* -, ...ker ⟨aus gleichbed. *kirchenlat.* canonicus zu *lat.* canon, vgl. ¹Kanon⟩: Mitglied eines ↑ Kapitels (2), ↑ Chorherr (1). **Ka|no|ni|sa|ti|on** *die;* -, -en ⟨zu ↑ kanonisieren, vgl. ...isation⟩: Aufnahme in den ¹Kanon (8), Heiligsprechung (kath. Rel.; vgl. ...[at]ion/...ierung). **Ka|no|ni|sa|ti|ons|kon|gre|ga|ti|on** *die;* -: ↑ Kurienkongregation für die Heilig- u. Seligsprechungsprozesse. **ka|no|nisch** ⟨aus *lat.* canonicus „regelmäßig", dies aus gleichbed. *gr.* kanonikós; vgl. ¹Kanon⟩: 1. als Vorbild dienend. 2. den kirchlichen [Rechts]bestimmungen gemäß (kath. Rel.). 3. den ↑ ¹Kanon (3) betreffend, ihm entsprechend, nach den musikalischen Gesetzen des Kanons gestaltet (Mus.). **ka|no|ni|sie|ren** ⟨über *kirchenlat.* canonizare aus *gr.* kanōnízein „in den Kanon aufnehmen"⟩: in den ¹Kanon (8) aufnehmen, heiligsprechen. **Ka|no|ni|sie|rung** *die;* -, -en ⟨zu ↑ ...ierung⟩: das Kanonisieren, vgl. ...[at]ion/...ierung. **Ka|no|nis|se** *die;* -, -n u. **Ka|no|nis|sin** *die;* -, -nen ⟨aus gleichbed. *mlat.* canonissa⟩: Stiftsdame; vgl. Chorfrau (1). **Ka|no|nist** *der;* -en, -en ⟨zu ↑ ¹Kanon u. ↑ ...ist⟩: Lehrer des kanonischen (2) Rechts. **Ka|no|nis|tik** *die;* - ⟨zu ↑ ...istik⟩: Lehre vom kanonischen (2) Recht. **ka|no|ni|zie|ren** ⟨aus gleichbed. *kirchenlat.* canonizare⟩: (veraltet) in ein Stift aufnehmen. **Ka|no|ni|zi|tät** *die;* - ⟨zu ↑ ...ität⟩: Zugehörigkeit zum ↑ ¹Kanon (5 a) der Bibel. **Ka-**

non|ta|feln *die* (Plur.): 1. reich ausgemalte Tafeln mit Abschnittsnummern u. ↑Konkordanzen in Evangelienbüchern des Mittelalters. 2. drei früher auf dem Altar aufgestellte Tafeln mit bestimmten unveränderlichen Texten aus der Messe (kath. Rel.); vgl. ¹Kanon (7)

Ka|no|pe *die;* -, -n ⟨nach der altägpytischen Stadt Kanobos (Kanopos)⟩: 1. dickbauchiger altägypt. Krug mit Menschen- od. Tierkopf zur Bestattung von Eingeweiden. 2. etruskische Urne

Kä|no|phy|ti|kum *das;* -s ⟨zu *gr.* kainós „neu", phytón „Gewächs, Pflanze" u. ↑...ikum⟩: durch neuzeitliche Pflanzenentwicklung gekennzeichneter Abschnitt der Erdgeschichte, der Oberkreide, ↑Tertiär u. ↑Quartär umfaßt (Geol.). **kä|no|phy|tisch:** das Känophytikum betreffend

Ka|nọs|sa, Canọssa [k...] *das;* -s, -s ⟨nach Canossa, einer Burg in Norditalien, in der Papst Gregor VII. im Jahr 1077 die Demütigung Heinrichs IV. entgegennahm⟩: tiefe Demütigung, Selbsterniedrigung; nach - gehen: sich demütigen, sich erniedrigen

Kä|no|zoi|kum *das;* -s ⟨zu *gr.* kainós „neu", zōon „Lebewesen" u. ↑...ikum⟩: die erdgeschichtliche Neuzeit, die ↑Tertiär u. ↑Quartär umfaßt (Geol.). **kä|no|zo|isch:** das Känozoikum betreffend

Kan|shit|su [...ʃ...] *das;* -s ⟨aus gleichbed. *jap.* kan-shitsu⟩: bes. im 8. Jh. in Japan für buddhistische Plastiken angewendete Trockenlackmodellierung

kan|ta|bel ⟨aus gleichbed. *it.* cantabile, dies zu *spätlat.* cantabilis „besingenswert"⟩: gesanglich vorgetragen; sangbar (Mus.). **kan|ta|bi|le** vgl. cantabile. **Kan|ta|bi|le** *das;* -, - ⟨*it.* cantabile „Gesangsstück"⟩: ernstes, getragenes Tonstück (Mus.). **Kan|ta|bi|li|tät** *die;* - ⟨zu ↑kantabel u. ↑...ität⟩: Sangbarkeit, gesanglicher Ausdruck, melodische Schönheit (Mus.)

Kan|ta|la *die;* - ⟨*nlat.;* Herkunft unbekannt⟩: Pflanzenfaser einer mexik. ↑Agave (für Taue u. Bindfäden verwendet)

Kan|tar *der* od. *das;* -s, -e (aber: 5 Kantar ⟨über *it.* cantaro, *lat.* centenarium zu *lat.* centenarius „hundert enthaltend", *gr.* kentēnárion aus gleichbed. *arab.* qinṭar, qinṭāl, vgl. Quintal⟩: heute nicht mehr gebräuchliches Handelsgewicht Italiens u. der östlichen Mittelmeerländer; vgl. Cantaro

¹Kan|ta|te ⟨aus *lat.* cantate „singet!", Imp. Plur. von cantare; nach dem Eingangsvers des Gottesdienstes, Psalm 98,1⟩: in der ev. Kirche Name des vierten Sonntags nach Ostern. **²Kan|ta|te** *das;* -, -n ⟨zu ↑¹Kantate⟩: am Sonntag Kantate abgehaltene jährliche Zusammenkunft der dt. Buchhändler. **³Kan|ta|te** *die;* -, -n ⟨aus gleichbed. *it.* cantata zu *lat.-it.* cantare „singen"⟩: mehrteiliges Gesangsstück für Solisten u. bzw. od. Chor mit Instrumentalbegleitung (Mus.)

Kan|te|le *die;* -, -n ⟨aus gleichbed. *finn.* kantele⟩: ein finn. Zupfinstrument mit 5-30 Saiten

Kan̦ter [auch 'kɛntɐ] *der;* -s, - ⟨*engl.* canter, eigtl. Kurzform des Namens der engl. Stadt Canterbury⟩: kurzer, leichter Galopp (Reiten). **kan̦|tern:** kurz u. leicht galoppieren (Pferdesport). **Kan̦|ter|sieg** *der;* -s, -e: müheloser [hoher] Sieg (bei Sportwettkämpfen)

Kan|thal *das;* -s ⟨Kunstw.⟩: Legierung (bes. aus Eisen u. Chrom) für elektrische Widerstände u. Heizdrähte

Kan|tha|ri|de *der;* -n, -n (meist Plur.) ⟨über *lat.* cantharis, Gen. cantharidis aus *gr.* kántharos „eine Käferart", eigtl. „(giftige) spanische Fliege"⟩: Weichkäfer; Käfer mit weichen Flügeldecken (z. B. spanische Fliege). **Kan|tha|ri|din,** chem. fachspr. Cantharidin [k...] *das;* -s ⟨zu ↑...in (1)⟩: Drüsenabsonderung der Ölkäfer u. spanischen Fliegen (früher zur Herstellung von blasenziehenden Pflastern verwendet). **Kan|tha|ri|dis|mus** *der;* - ⟨zu ↑...ismus (3)⟩: Vergiftung durch ↑Kantharidin (Med.)

Kan|tha|ros *der;* -, ...roi [...rɔy] ⟨aus gleichbed. *gr.* kántharos⟩: altgriech. weitbauchiger, doppelhenkliger Becher

Kan|tho|pla|stik *die;* --en ⟨zu *gr.* kanthós „Augenwinkel" u. ↑¹Plastik (2)⟩: operative Erweiterung der Lidspalte durch Spaltung des äußeren Augenwinkels (Med.)

Kan|tia|ner *der;* -s, - ⟨nach dem Philosophen I. Kant (1724-1804) u. zu ↑...aner⟩: Anhänger des Philosophen Immanuel Kant bzw. seiner Philosophie. **Kan|tia|nis|mus** *der;* - ⟨zu ↑...ismus (1)⟩: Gesamtheit der unmittelbar an I. Kant u. seine Erkenntnistheorie anknüpfenden philos. Richtung in der 1. Hälfte des 19. Jh.s

Kan|ti|le|ne *die;* -, -n ⟨über *it.* cantilena aus *lat.* cantilena „Singsang, Lied" zu cantare „singen"⟩: gesangartige, meist getragene Melodie (Mus.). **Kan|til|la|ti|on** *die;* - ⟨aus gleichbed. *nlat.* cantillatio zu cantillare „trillernd singen, trillern", Verkleinerungsbildung zu *lat.* cantare „singen"⟩: Sprechgesang beim Gottesdienst in der ↑Synagoge (1), aus dem die Tonformeln der christlichen Liturgie hervorgingen

Kan|til|le [...'tɪl(j)ə] *die;* -, -n ⟨über *fr.* cannetille aus gleichbed. *span.* cañutillo, Verkleinerungsform von cañuto „kurze Röhre" zu caña „Halm, Rohr", dies aus *lat.* canna, vgl. Kanal⟩: schraubenförmig gedrehter, vergoldeter od. versilberter Draht zur Herstellung von Borten u. Tressen

Kan|ti|ne *die;* -, -n ⟨aus *fr.* cantine „Soldatenschenke", eigtl. „Flaschenkeller", dies aus *it.* cantina „(Wein)keller", weitere Herkunft unsicher⟩: Speiseraum in Betrieben, Kasernen u. ä. **Kan|ti|neur** [...'nøːɐ̯] *der;* -s, -e ⟨zu ↑...eur⟩: (österr.) Kantinenwirt. **Kan|ti|nier** [...'nie:] *der;* -s, -s ⟨aus gleichbed. *fr.* cantinier; (scherzh.) Kantinenwirt. **Kan|ti|niè|re** [...'niɛːrə] *die;* -, -n ⟨aus gleichbed. *fr.* cantinière⟩: (veraltet) Kantinenwirtin

Kan|tio|nal *das;* -s, -e ⟨aus gleichbed. *kirchenlat.* cantionale zu *lat.* cantio, Gen. cantionis „das Singen; Gesang"⟩: a) mittelalterliches Kirchengesangbuch; b) Sammlung meist vierstimmiger Bearbeitungen von geistlichen Liedern u. Chorälen (bes. im Mittelalter u. in der Reformationszeit)

Kant|je *das;* -s, -n ⟨aus *niederl.* kantje „Heringsfaß"⟩: auf See gepacktes Faß mit gesalzenen Heringen

Kan|ton *der;* -s, -e ⟨aus *it.* cantone, Vergrößerungsbildung zu canto „Winkel, Ecke, Kante" aus *lat.* cantus, canthus „Radmitte, -felge", dies aus dem Gall.; Bed. 3 aus *(mittel)fr.* canton „Bezirk, Revier"⟩: 1. Bundesland der Schweiz; Abk.: Kt. 2. Bezirk, Kreis in Frankreich u. Belgien. 3. Wehrverwaltungsbezirk (im ehemaligen Preußen). **Kan|to|na|de** *die;* -, -n ⟨aus *fr.* cantonade „seitliche Begrenzung der Kulissen"⟩: (veraltet) der hinter den Kulissen liegende Bühnenraum. **kan|to|nal** ⟨zu ↑Kanton u. ↑¹...al (1)⟩: den Kanton betreffend, zu einem Kanton gehörend. **Kan|to|nal|ak|tu|lar** *der;* -s, -e: (schweiz.) am Kantonsgericht (höchstes ordentliches Gericht eines Kantons) angestellter Schriftführer. **Kan|to|nal|bank** *die;* - (schweiz.): Bank, die ihr Geschäftsgebiet auf den jeweiligen Kanton (1) beschränkt. **Kan|to|ne|se** *der;* -n, -n ⟨zu ↑Kanton (1) u. -ese, charakterisierendes Suffix von Namen⟩: (schweiz.) svw. Partikularist. **Kan|to|nie|re** *die;* -, -n ⟨aus gleichbed. *it.* (casa) cantoniera zu cantoniere „Streckenwärter", zu cantone. vgl. Kanton (1)⟩: Straßenwärterhaus in den ital. Alpen. **kan|to|nie|ren** ⟨aus *fr.* cantonner „unterbringen, einquartieren" zu canton, vgl. Kanton (3)⟩: (veraltet) Truppen unterbringen, in Standorte legen. **kan|to|ni|sie|ren** ⟨zu ↑...isieren⟩: in Kantone einteilen. **Kan|to|nist** *der;* -en, -en ⟨zu ↑Kanton (3) u. ↑...ist⟩: (veraltet) ausgehobe-

Kantonnement

ner Rekrut; unsicherer -: (ugs.) unzuverlässiger Mensch, jmd., auf den man sich nicht verlassen kann. **Kan|ton|ne|ment** [...'mã:, schweiz. ...'mɛnt] *das;* Gen. -s, schweiz. -[e]s, Plur. -s, schweiz. -e ⟨aus *fr.* cantonnement „Einquartierung" zu cantonner, vgl. kantonieren⟩: (schweiz., sonst veraltet) a) Bezirk, in dem Truppen kantoniert werden; b) Truppenunterkunft. **Kan|tons|rat** *der;* -[e]s, ...räte: schweiz. Kantonsparlament in Kantonen (1), die keine Landgemeinde haben. **Kan|ton|sy|stem** *das;* -s ⟨zu ↑Kanton (3)⟩: System der Heeresergänzung (Mil.).
Kan|tor *der;* -s, ...oren ⟨aus *mlat.* cantor „Vorsänger, (Kirchen)musiker", dies aus *lat.* cantor „Sänger; Schauspieler" zu canere „singen"⟩: 1. Vorsänger u. Leiter der ↑Schola im ↑Gregorianischen Choral. 2. Leiter des Kirchenchores, Organist, Dirigent der Kirchenmusik. **Kan|to|rat** *das;* -[e]s, -e ⟨zu ↑ (1)⟩: Amt[szeit] eines Kantors. **Kan|to|rei** *die;* -, -en: 1. Singbruderschaft, Gesangschor [mit nur geistlichen Mitgliedern] im Mittelalter. 2. fürstliche Kapellinstitution im 15. u. 16. Jh. 3. kleine Singgemeinschaft, Schulchor. 4. ev. Kirchenchor. **kan|to|rie|ren** ⟨zu ↑...ieren⟩: (veraltet) als Kantor (1) tätig sein
Kan|tschil *der;* -s, -e ⟨aus dem Malai.⟩: mit dem Hirschferkel verwandter, kaninchengroßer, dämmerungs- u. nachtaktiver südasiatischer Wiederkäuer
Kan|tschu *der;* -s, -s ⟨über das Slaw. (vgl. *poln.* kańczuk, *tschech.* kančuch) aus *türk.* kamci „Peitsche"⟩: Riemenpeitsche
Kan|tus *der;* -, -se ⟨aus gleichbed. *lat.* cantus zu canere „singen"⟩: (Studenterspr.) Gesang; vgl. Cantus
Ka|nu [auch ka'nu:] *das;* -s, -s ⟨über *engl.* canoe aus gleichbed. *fr.* canot, *span.* canoa, diese aus *karib.* can(a)oa „Baumkahn"⟩: 1. als Boot benutzter ausgehöhlter Baumstamm. 2. zusammenfassende Bez. für ↑Kajak u. ↑Kanadier (1)
Ka|nü|le *die;* -, -n ⟨aus gleichbed. *fr.* canule, dies aus *lat.* cannula „Röhrchen", Verkleinerungsform von canna, vgl. Kanal⟩: 1. Röhrchen zum Einführen od. Ableiten von Luft od. Flüssigkeiten. 2. Hohlnadel an einer Injektionsspritze. **ka|nü|lie|ren** ⟨zu ↑...ieren⟩: eine Kanüle einlegen
Ka|nun *der;* -s ⟨aus gleichbed. *arch.* qānūn, dies aus *gr.* kanōn „Monochoral", eigtl. „Richtschnur, Regel"; vgl. ¹Kanon⟩: vorderorientalische Brettzither mit trapezförmigem Schallkasten u. 24–26 dreichörigen Saiten
Ka|nu|sla|lom *der;* -s ⟨zu ↑Kanu u. ↑Slalom⟩: Art des Kanusports, bei der auf einer bis zu 800 m langen, wildwasserähnlichen Slalomstrecke mit künstlichen u. natürlichen Hindernissen der ↑Kajak od. der ↑Kanadier 20–25 Wertungsstellen passieren soll. **Ka|nu|sport** *der;* -[e]s: das Kanufahren als Wettkampf- od. Freizeitsport
Ka|nut u. **Knut** *der;* -s, -e ⟨aus dem Nord. (mit der Bed. „keck, freimütig")⟩: isländischer Strandläufer (eine Schnepfenart)
Ka|nu|te *der;* -n, -n ⟨zu ↑Kanu⟩: Kanufahrer (Sport)
Kan|zel|la|ri|at *das;* -[e]s, -e ⟨aus *mlat.* cancellaria „Amt des Kanzlers; Schreibstube", eigtl. „der mit Schranken umgebene Raum eines Gerichtshofes, einer Schreibstube" (zu *spätlat.* cancellarius „Türvorsteher") u. ↑...at (1)⟩: (veraltet) 1. Kanzlerwürde. 2. Kanzleistube. **Kan|zel|le** *die;* -, -n ⟨aus *lat.* cancelli (Plur.) „Gitter, Schranken, Grenzen", Verkleinerungsbildung zu cancer „Gitter, Schranke"⟩: Chorschranke in der altchristlichen Kirche. 2. der die Zunge enthaltende Kanal beim Harmonium, bei Hand- u. Mundharmonika. 3. die den Wind verteilende Abteilung der Windlade bei der Orgel. **kan|zel|lie|ren** ⟨aus gleichbed.

lat. cancellare⟩: (veraltet) Geschriebenes mit sich gitterförmig kreuzenden Strichen (× × ×) ungültig machen
kan|ze|ro|gen ⟨zu *lat.* cancer „Krebs; Krebsgeschwür" u. ↑...gen⟩: krebserzeugend (Med.). **Kan|ze|ro|gen** *das;* -s, -e: svw. Karzinogen. **Kan|ze|ro|ge|ni|tät** *die;* - ⟨zu ↑...ität⟩: kanzerogene Eigenschaft von Substanzen. **Kan|ze|ro|lo|ge** *der;* -n, -n ⟨zu ↑...loge⟩: Facharzt für Kanzerologie (Med.). **Kan|ze|ro|lo|gie** *die;* - ⟨zu ↑...logie⟩: Lehre von der Erkennung u. Behandlung bösartiger ↑Tumoren (Med.). **Kan|ze|ro|pho|bie** *die;* -, ...ien ⟨zu ↑...phobie⟩: Furcht, an Krebs erkrankt zu sein (Med.). **kan|ze|rös** ⟨aus *lat.* cancerosus „voller Krebsgeschwüre"; vgl. ...ös⟩: krebsartig (Med.). **Kan|ze|ro|se** *die;* -, -n ⟨zu ↑¹...ose⟩: svw. Karzinose
Kanz|lei *die;* -, -en ⟨zu *lat.* cancelli, vgl. Kanzelle⟩: Büro [eines Rechtsanwalts od. einer Behörde]. **Kanz|lei|for|mat** *das;* -[e]s: ein früher übliches Papierformat (33 × 42 cm). **Kanz|lei|stil** *der;* -[e]s: die altertümliche u. schwerfällige Sprache der Kanzleien; Amtssprache. **Kanz|list** *der;* -en, -en ⟨zu ↑...ist⟩: (veraltet) Schreiber, Angestellter in einer Kanzlei. **Kanz|li|stin** *die;* -, -nen: weibliche Form zu ↑Kanzlist
Kan|zo|ne *die;* -, -n ⟨aus *it.* canzone „Gesang, Lied", aus gleichbed. *lat.* cantio, Gen. cantionis, zu canere „singen"⟩: 1. eine romanische Gedichtform. 2. leichtes, heiteres, empfindungsvolles Lied. 3. kontrapunktisch gesetzter A-cappella-Chorgesang im 14. u. 15. Jh. (Mus.). 4. seit dem 16. Jh. liedartige Instrumentalkomposition für Orgel, Laute, Klavier u. kleine Streicherbesetzung (Mus.). **Kan|zo|net|ta** u. **Kan|zo|net|te** *die;* -, ...etten ⟨aus *it.* canzonetta „Liedchen", Verkleinerungsform von canzone, vgl. Kanzone⟩: kleines Gesangs- od. Instrumentalstück (Mus.)
Kao|li|ang *das;* -s ⟨aus gleichbed. *chin.* kao liang zu kao „lang, dünn" u. liang „Korn, Getreide"⟩: eine in China für die Zuckergewinnung angebaute Hirse
Kao|lin *das* od. *der* (fachspr. nur so); -s, -e ⟨aus gleichbed. *fr.* kaolin, nach dem chines. Berg Kaoling⟩: weicher, formbarer Ton, der durch Zersetzung von Feldspaten entstanden ist (Porzellanerde). **kao|li|ni|sie|ren** ⟨zu ↑...isieren⟩: Kaolin bilden. **Kao|li|nit** [auch ...'nɪt] *der;* -s, -e ⟨zu ↑²...it⟩: weiße, feinkristalline Masse, Hauptbestandteil des Kaolins
Ka|on [auch ka'o:n] *das;* -s, Kaonen ⟨Kunstw.; vgl. ⁴...on⟩: zur Gruppe der ↑Mesonen zählendes instabiles Elementarteilchen (Phys.)
Kap *das;* -s, -s ⟨über gleichbed. *niederl.* kaap aus *fr.* cap, *it.* capo, dies aus *lat.* caput „Kopf; Spitze, (oberstes) Ende"⟩: Vorgebirge; vorspringender Teil einer Felsenküste
ka|pa|bel ⟨aus gleichbed. *fr.* capable, dies aus *spätlat.* capabilis zu *lat.* capere, vgl. kapieren⟩: (veraltet, aber noch mdal.) befähigt, fähig. **Ka|pa|bi|li|tät** *die;* - ⟨zu ↑...ität⟩: (veraltet, aber noch mdal.) Tüchtigkeit, Fähigkeit
Ka|paun *der;* -s, -e ⟨aus gleichbed. *fr. mdal.* capon, dies zu *lat.* capo „verschnittener Hahn"⟩: kastrierter Masthahn. **ka|pau|nen** u. **ka|pau|ni|sie|ren** ⟨zu ↑...isieren⟩: einen Hahn kastrieren
Ka|pa|zi|tanz *die;* -, -en ⟨zu ↑Kapazität u. ↑...anz⟩: Wechselstromwiderstand einer Kapazität (1 b; Elektrot.). **Ka|pa|zi|tät** *die;* -, -en ⟨aus *lat.* capacitas, Gen. capacitatis „Fassungsvermögen, geistige Fassungskraft" zu capax „vielfassend; tauglich", dies zu capere, vgl. kapieren⟩: 1. (ohne Plur.) a) Fassungs- od. Speichervermögen eines technischen Geräts od. Bauteils; b) ↑Kondensator (1) od. wie ein Kondensator wirkendes Element einer elektrischen Schaltung. 2. a) Produktions- od. Leistungsvermögen einer Maschine od. Fabrik; b) (meist Plur.) Produktionsstätte u. Gesamtheit aller Einrichtungen, die zur Herstellung

Kapital

von Industriegütern nötig sind. 3. a) räumliches Fassungsvermögen [eines Gebäudes]; b) geistiges Leistungs- od. Fassungsvermögen. 4. hervorragender Fachmann, Experte. **ka|pa|zi|ta|tiv** ⟨aus gleichbed. *engl.* capacitative; vgl. kapazitiv⟩: svw. kapazitiv. **Ka|pa|zi|täts|ef|fekt** *der;* -[e]s ⟨zu ↑ Kapazität⟩: Effekt von Investitionen hinsichtlich der Kapazität einer wirtschaftlichen Einheit. **Ka|pa|zi|täts|re|serve** [...və] *die;* -, -n: freie, unausgenutzte Betriebskapazität. **ka|pa|zi|tie|ren** ⟨zu ↑ ...ieren⟩: (veraltet) tüchtig machen, befähigen. **ka|pa|zi|tiv** ⟨aus gleichbed. *engl.* capacitive zu capacity, dies über *fr.* capacité aus *lat.* capacitatem, Akk. von capacitas, vgl. Kapazität⟩: die Kapazität eines Kondensators betreffend; -er [...və] W i d e r s t a n d : Wechselstromwiderstand eines Kondensators (Elektrot.)

Ka|pea|dor vgl. Capeador

Ka|pee ⟨mit französierender Endung zu ↑ kapieren gebildet⟩; (ugs.) in der Redewendung: schwer von - sein: begriffsstutzig sein

Ka|pe|lan *der;* -s, -e ⟨aus gleichbed. *fr.* capelan, dies über *provenzal.* cap(e)lan aus *mlat.* capellanus, vgl. Kaplan; wohl nach der dunklen u. weißen Färbung, die an das Kleid eines Priesters erinnert⟩: kleiner Lachsfisch des nördlichen Atlantischen Ozeans

Kape|line [kap'liːn] *die;* -, -n [...nən] ⟨aus *fr.* capeline „breitrandiger Damenhut" zu cape „Mantel mit Kapuze", dies aus *(alt)provenzal.* capa; vgl. ¹Kapelle⟩: kleiner Hut mit nahezu waagerechter Krempe, hoch auf dem Kopf getragen (um 1860). **¹Ka|pel|le** *die;* -, -n ⟨aus *mlat.* cap(p)ella „kleines Gotteshaus", eigtl. „Mäntelchen", Verkleinerungsform von *spätlat.* cappa „eine Art Kopfbedeckung; Mantel mit Kapuze", zuerst vom Aufbewahrungsort des Mantels des Hl. Martin im merowing. Frankenreich, später auf alle kleineren Gotteshäuser übertragen⟩: 1. kleines [privates] Gotteshaus, das meist nur für eine Andacht u. nicht für regelmäßige Gottesdienste einer Gemeinde bestimmt ist. 2. abgeteilter Raum für Gottesdienste in einer Kirche od. einem Wohngebäude. **²Ka|pel|le** *die;* -, -n ⟨aus *it.* cappella „Musikergesellschaft", eigtl. „Musiker- u. Sängerchor in einer Schloßkapelle", zu *mlat.* cap(p)ella, vgl. ¹Kapelle⟩: a) im Mittelalter ein Sängerchor in der Kirche, der die reine Gesangsmusik pflegte; vgl. a cappella; b) [kleineres] Instrumentalorchester

³Ka|pel|le, auch Kupelle, älter Koupelle [ku...] *die;* -, -n ⟨aus gleichbed. *fr.* coupelle, dies aus *spätlat.* cupula „kleine Tonne, kleines Grabgewölbe", Verkleinerungsform von *lat.* cupa „Tonne, Faß"⟩: 1. Tiegel aus Knochenasche zum Untersuchen von silberhaltigem Blei, in dem das Silber nach dem Schmelzen des Bleis zurückbleibt. 2. geschlossener Raum mit Abzug zum Untersuchen gesundheitsschädlicher Stoffe. **ka|pel|lie|ren** u. kupellieren ⟨aus gleichbed. *fr.* coupeller, vgl. ³Kapelle⟩: Silber mit Hilfe der ³Kapelle (1) von Blei trennen

Ka|pell|mei|ster *der;* -s, - ⟨zu ↑ ²Kapelle⟩: a) Leiter einer ²Kapelle (b), eines Orchesters; b) nach dem ↑ [General]musikdirektor rangierender Orchesterdirigent

Ka|pen|sis *die;* - ⟨latinisiert, nach dem Kap der Guten Hoffnung u. *lat.* -ensis, charakterisierendes Ableitungssuffix⟩: ein Florenreich, das nur einen kleinen Teil Südafrikas umfaßt

¹Ka|per *die;* -, -n (meist Plur.) ⟨über *it.* cappero, *fr.* câpre aus gleichbed. *lat.* capparis, dies aus *gr.* kápparis „Kaper(nstrauch)"⟩: [in Essig eingemachte] Blütenknospe des Kapernstrauches (ein Gewürz)

²Ka|per *der;* -s, - ⟨aus gleichbed. *niederl.* kaper zu kapen „durch Freibeuterei erwerben", weitere Herkunft unsicher⟩: 1. bewaffnetes Schiff, das an Handelskriegen teilnahm, ohne der Kriegsmarine anzugehören. 2. Freibeuter, Seeräuber. **Ka|per|brief** *der;* -s, -e ⟨zu ↑ ²Kaper⟩: staatliche Vollmacht, die private Unternehmer zur Teilnahme am Handelskrieg auf See ermächtigte. **Ka|pe|rei** *die;* -, -en: das Erbeuten feindlicher Handelsschiffe durch private Unternehmer aufgrund des Kaperbriefes. **ka|pern**: 1. als Freibeuter ein Schiff aufbringen. 2. (ugs.) a) jmdn. [wider dessen Willen] für etwas gewinnen; b) sich einer Sache bemächtigen

ka|pie|ren ⟨aus der Schülerspr., zu *lat.* capere „ergreifen, nehmen; (geistig) erfassen"⟩: (ugs.) begreifen, verstehen

ka|pil|lar ⟨aus *mlat.* capillaris „einem Haar ähnlich", eigtl. „zum Haar gehörig", zu *lat.* capillus „Haar"⟩: haarfein (z. B. von Blutgefäßen; Med.). **Ka|pil|lar...** u. Kapillaro... ⟨zu ↑ kapillar⟩: Wortbildungselement mit der Bedeutung „die Haargefäße betreffend", z. B. Kapillarmikroskopie. **Ka|pil|lar|ana|ly|se** *die;* -, -n: chem. Analyse, bei der die Geschwindigkeiten u. Erscheinungen beim Aufsteigen von Lösungen in senkrecht aufgehängten Filterpapierstreifen zu Trennung u. Unterscheidung benutzt werden (Chem.). **Ka|pil|la|re** *die;* -, -n (meist Plur.) ⟨aus *mlat.* capillare, eigtl. „das Haarfeine", substantiviertes Neutrum von capillaris, vgl. kapillar⟩: 1. Haargefäß, kleinstes Blutgefäß (Biol.; Med.). 2. ein Röhrchen mit sehr kleinem Querschnitt (Phys.). **Ka|pil|lar|em|bo|lie** *die;* -, ...ien [...i:ən] ⟨zu ↑ Kapillar...⟩: Verstopfung der Kapillaren (1), z. B. durch Fett. **Ka|pil|la|rio|se** *die;* -, -n ⟨zu ↑ ¹...ose⟩: durch Haarwürmer hervorgerufene Krankheit bei Vögeln u. Säugetieren. **Ka|pil|la|ri|tät** *die;* - ⟨zu ↑ Kapillare u. ↑ ...ität⟩: das Verhalten von Flüssigkeiten in Kapillaren (2) (Phys.). **Ka|pil|lar|mi|kro|sko|pie** *die;* -: mikroskopische Untersuchung der feinsten Blutgefäße der Haut am lebenden Menschen (Med.). **Ka|pil|la|ro...** vgl. Kapillar... **Ka|pil|la|ro|pa|thie** *die;* -, ...ien ⟨zu ↑ ...pathie⟩: allgemeine Bez. für die Erkrankung des Kapillarsystems (Med.). **Ka|pil|la|ro|sko|pie** *die;* - ⟨zu ↑ ...skopie⟩: svw. Kapillarmikroskopie. **Ka|pil|lär|si|rup** *der;* -s ⟨nach *fr.* capillaire „haarfein, Haar-", vgl. kapillar⟩: ein Stärkesirup, bes. zur Herstellung billiger Zuckerwaren. **Ka|pil|li|ti|um** *das;* -s, ...ien [...jən] ⟨aus *spätlat.* capillitium „Haarwerk"⟩: 1. Gesamtheit der Kopfhaare (Med.). 2. röhren- od. fadenartiges Gerüstwerk in den Fruchtkörpern von Schleimpilzen (Bot.).

ka|pi|strie|ren ⟨aus gleichbed. *lat.* capistrare⟩: (veraltet) anschirren, festbinden. **Ka|pi|strum** *das;* -s, Plur. ...stren u. ...stra ⟨aus *lat.* capistrum „Halfter"⟩: (veraltet) 1. Halfter. 2. Binde in Form eines Halfters zum Festhalten von Verbänden am Kopf (Med.). 3. Kinnbackenkrampf (Med.).

ka|pi|tal ⟨aus *lat.* capitalis „hauptsächlich, den Kopf betreffend" zu caput, Gen. capitis „Haupt, Kopf"⟩: a) von solcher Art, daß die betreffende Person od. Sache alles Vergleichbare übersteigt; b) (Jägerspr.) außerordentlich groß, stark. **Ka|pi|tal** *das;* -s, Plur. -e u. -ien [...jən] (österr. nur so) ⟨über gleichbed. *it.* capitale aus *mlat.* capitale „Grundsumme, Vermögen" zu *lat.* capitalis, vgl. kapital⟩; Bed. 4 über *mlat.* capitale „Kopfende"⟩: 1. a) (ohne Plur.) alle Geld- u. Sachwerte, die zu einer Produktion verwendet werden, die Gewinn abwirft; b) Wert des Vermögens eines Unternehmens, Vermögen[sstamm]. 2. a) verfügbare Geldsumme, die bei entsprechendem Einsatz Gewinn erbringt; - aus etwas schlagen: Nutzen, Gewinn aus etwas ziehen; b) verfügbarer kleinerer Betrag an Bargeld. 3. (ohne Plur.) Gesamtheit der kapitalkräftigen Unternehmen [eines Landes]. 4. gewebtes [buntes] Band, das vom Buchbinder an die Ober- u. Unterkante des Buchblockrük-

697

Kapitäl

kens geklebt wird (Buchw.). **Ka|pi|täl** vgl. Kapitell. **ka|pi|tal...**, **¹Ka|pi|tal...** ‹zu *it.* capitale, vgl. Kapital›: Wortbildungselement mit der Bedeutung „Geld- u. Sachwerte betreffend, mit dem Einsatz von Kapital (1, 2) verbunden", z. B. kapitalintensiv, Kapitalexport. **²Ka|pi|tal...** ‹zu *lat.* capitalis, vgl. kapital›: Wortbildungselement mit der Bedeutung „hauptsächlich, groß, stark", z. B. Kapitalverbrechen, Kapitalbock. **Ka|pi|tal|band** u. Kaptalband *das;* -[e]s, ...bänder ‹zu ↑ Kapital (4)›: svw. Kapital (4). **Ka|pi|tälchen** *das;* -s, - ‹zu ↑ Kapitalis›: Großbuchstabe in der Größe der kleinen Buchstaben (Druckw.). **Ka|pi|tal|di|vi|den|de** [...v...] *die;* -, -n ‹zu ↑ kapital...›: Bez. für Gewinnausschüttungen auf Geschäftsanteile bei Genossenschaften. **Ka|pi|ta|le** *die;* -, -n ‹aus gleichbed. *fr.* capitale, dies zu *lat.* capitalis, vgl. kapital›: 1. (veraltet) Hauptstadt. 2. Majuskelschrift; vgl. Kapitalis. **ka|pi|ta|len** ‹zu ↑ Kapital (4)›: ein Kapitalband an Kopf u. Fuß des Buchblockrückens anbringen (Buchw.). **Ka|pi|tal|ex|port** *der;* -[e]s, -e ‹zu ↑ kapital...›: ↑ Export von Kapital (1) ins Ausland. **Ka|pi|tal|flucht** *die;* -: das Fortbringen von Kapital (1) ins Ausland bei politischer ↑ Instabilität, ungünstigen Steuergesetzen u. ä. **Ka|pi|tal|fonds** [...fõ:] *der;* - [...fõ:(s)], - [...fõ:s]: Gesamtheit der finanziellen Mittel, die einem Unternehmen zu einem bestimmten Zeitpunkt zur Verfügung stehen. **ka|pi|tal|in|ten|siv**: viel Kapital (1) erfordernd. **Ka|pi|tal|in|ve|sti|ti|on** [...v...] *die;* -, -en: Investition von Kapital (1) (Wirtsch.). **Ka|pi|ta|lis** *die;* - ‹aus *lat.* capitalis (vgl. kapital), eigtl. „Hauptschrift"›: altröm. Monumentalschrift [auf Bauwerken]. **Ka|pi|ta|li|sa|ti|on** *die;* -, -en ‹über gleichbed. *fr.* capitalisation zu capitaliser, vgl. kapitalisieren›: Umwandlung eines laufenden Ertrags od. einer Rente in einen einmaligen Kapitalbetrag; vgl. ...[at]ion/...ierung. **ka|pi|ta|li|sie|ren** ‹aus gleichbed. *fr.* capitaliser›: in eine Geldsumme umwandeln. **Ka|pi|ta|li|sie|rung** *die;* -, -en ‹zu ↑ ...ierung›: svw. Kapitalisation; vgl. ...[at]ion/...ierung. **Ka|pi|ta|lis|mus** *der;* - ‹nach gleichbed. *fr.* capitalisme, vgl. Kapital u. ...ismus›: Wirtschaftssystem, das auf dem freien Unternehmertum basiert u. dessen treibende Kraft das Gewinnstreben einzelner ist, während die Arbeiter keinen Besitzanteil an den Produktionsmitteln haben. **Ka|pi|ta|list** *der;* -en, -en ‹zu ↑ Kapital u. ↑...ist›: 1. Kapitalbesitzer. 2. Person, deren Einkommen überwiegend aus Zinsen, Renten od. Gewinnen besteht. 3. (ugs. abwertend) jmd., der über viel Geld verfügt. **ka|pi|ta|li|stisch** ‹zu ↑ ...istisch›: den Kapitalismus betreffend. **Ka|pi|tal|kon|to** *das;* -s, Plur. ...ten, auch ...ti ‹zu ↑ kapital...›: Konto zur Verbuchung des Eigenkapitals. **Ka|pi|tal|ma|gnat** *der;* -en, -en: Eigentümer großer Kapitalien. **Ka|pi|tal|markt** *der;* -[e]s, ...märkte: Markt für langfristige Kredite u. Kapitalanlagen (Wirtsch.). **Ka|pi|tal|ver|bre|chen** *das;* -s, - ‹zu ↑ ²Kapital...›: besonders schwere Straftat (z. B. Mord). **Ka|pi|tän** *der;* -s, -e ‹unter Einfluß von *it.* capitano bzw. *fr.* capitaine aus gleichbed. *mlat.* capitaneus, dies zu *spätlat.* capitaneus „durch Größe hervorragend" zu *lat.* caput, Gen. capitis „Haupt, Kopf"; Bed. 3 über gleichbed. *engl.* captain›: 1. Kommandant eines Schiffes; - zur See: Seeoffizier im Range eines Obersts. 2. Kommandant eines Flugzeuges, Chefpilot. 3. Anführer, Spielführer einer Sportmannschaft. **Ka|pi|tän|leut|nant** *der;* -s, Plur. -s, seltener -e: Offizier der Bundesmarine im Range eines Hauptmanns. **Ka|pi|täns|pa|tent** *der;* -[e]s, -e: amtliches Zeugnis, das jmdn. zur Führung eines Schiffes berechtigt. **Ka|pi|ta|ti|on** *die;* -, -en ‹aus gleichbed. *lat.* capitatio zu caput, vgl. Kapital›: (veraltet) Kopfbesteuerung. **Ka|pi|tel** *das;* -s, - ‹aus *mlat.* capitulum „Kapitel(überschrift)", dies aus *lat.*

capitulum „Köpfchen; Hauptabschnitt", Verkleinerungsform von caput, Gen. capitis „Haupt, Kopf"›: 1. Hauptstück, Abschnitt in einem Schrift- od. Druckwerk; Abk.: Kap. 2. a) Körperschaft der Geistlichen einer Dom- od. Stiftskirche od. eines Kirchenbezirks (Landkapitel); b) Versammlung eines [geistlichen] Ordens. **ka|pi|tel|fest: a)** über genaue Kenntnisse in etw. verfügend u. daher bei entsprechenden Fragen o. ä. ganz sicher; b) bibelfest. **Ka|pi|tell** *das;* -s, -e ‹aus gleichbed. *lat.* capitellum, capitulum, eigtl. „Köpfchen, Säulenkopf", zu caput, vgl. Kapitel›: oberer Abschluß einer Säule, eines Pfeilers od. ↑ Pilasters. **ka|pi|teln**: (landsch.) [jmdn.] zurechtweisen, schelten. **Ka|pi|tel|saal** *der;* -[e]s, ...säle ‹zu ↑ Kapitel (2)›: Sitzungssaal im Kloster. **Ka|pi|tol** *das;* -s ‹aus *lat.* Capitolium, nach dem Haupttempel des Jupiter (Templum Iovis Capitolini) im alten Rom›: 1. Stadtburg im alten Rom, Sitz des ↑ Senats (1). 2. Sitz des amerik. ↑ Senats (2), Parlamentsgebäude der Vereinigten Staaten in Washington. **Ka|pi|tu|lant** *der;* -en, -en ‹zu *fr.* capituler (vgl. kapitulieren), u. ↑ ...ant (1)›: 1. (veraltet) Soldat, der sich verpflichtet, über die gesetzliche Dienstzeit hinaus zu dienen. 2. jmd., der vor Schwierigkeiten kapituliert (2). **Ka|pi|tu|lar** *der;* -s, -e ‹aus gleichbed. kirchenlat. capitularius zu *lat.* capitulum, vgl. Kapitel›: Mitglied eines Kapitels (2 a), z. B. ein Domherr. **Ka|pi|tu|la|ri|en** [...iən] *die* (Plur.) ‹aus gleichbed. *kirchenlat.* capitularia (Plur.); vgl. Kapitel›: Gesetze u. Verordnungen der fränkischen Könige. **Ka|pi|tu|lat** *der* od. *das;* -[e]s, -e ‹aus *mlat.* capitulatus, Part. Perf. von capitulare, vgl. kapitulieren›: (veraltet) Vertrag, Vergleich zwischen Staaten. **Ka|pi|tu|la|ti|on** *die;* -, -en ‹aus gleichbed. *fr.* capitulation zu capituler, vgl. kapitulieren›: 1. a) das Kapitulieren (1); b) Vertrag über die Kapitulation (1 a). 2. resignierendes Nachgeben, Aufgeben. 3. (veraltet) Vertrag, der den Dienst eines Soldaten verlängert. **Ka|pi|tu|la|ti|ons|be|din|gun|gen** *die* (Plur.): Bedingungen, unter denen die Kapitulation (1) stattfindet. **ka|pi|tu|lie|ren** ‹über gleichbed. *fr.* capituler, eigtl. „(die Übergabebedingungen mit dem Feind) vertraglich regeln", aus *mlat.* capitulare „über einen Vertrag verhandeln" zu capitulum „Vertrag, Übereinkunft", dies aus *lat.* capitulum, vgl. Kapitel›: 1. sich dem Feind ergeben; sich für besiegt erklären u. sich dem Gegner unterwerfen. 2. (angesichts einer Sache) resignierend aufgeben, nachgeben, die Waffen strecken. 3. (veraltet) eine Kapitulation (3) abschließen

Kap|kap *das;* -[s], -s ‹aus einer melanesischen Sprache›: melanesischer Brustschmuck aus einer dunkelbraunen Schildpattscheibe, die auf einer rund geschliffenen weißen Muschelscheibe befestigt ist

Kap|la|ken u. **Kapplaken** *das;* -s, - ‹aus gleichbed. *mittelniederl.* kap(p)elaken, eigtl. „Stoff (Laken) für eine neue Mütze"›: (Seemannsspr.) Sondervergütung für den Schiffskapitän über das vertraglich vereinbarte Entgelt hinaus

Ka|plan *der;* -s, ...läne ‹aus *mlat.* cap(p)ellanus „Kapellengeistlicher" zu *mlat.* cap(p)ella, vgl. ¹Kapelle›: a) dem Pfarrer untergeordneter kath. Geistlicher; b) Geistlicher mit besonderen Aufgaben (z. B. in einem Krankenhaus od. beim Heer)

Ka|plan|tur|bi|ne *die;* -, -n ‹nach dem österr. Ingenieur V. Kaplan († 1934) u. zu ↑ Turbine›: eine Überdruckwasserturbine (vgl. Turbine) mit verstellbaren Laufschaufeln (Techn.).

Kap|no|mant *der;* -en, -en ‹zu *gr.* kapnós „Rauch" u. mántis „Seher, Wahrsager, Opferdeuter"›: Rauchdeuter, der aus dem Opferrauch weissagte (im alten Griechenland). **Kap|no|man|tie** *die;* -, ...ien ‹zu *gr.* manteía „Sehergabe, Weissagung"⟩: Weissagung aus dem Opferrauch (im alten Griechenland)

Ka|po *der;* -s, -s ⟨Kurzform von *fr.* capo*ral* „Hauptmann, Anführer; Korporal"⟩: 1. (Soldatenspr.) Unteroffizier. 2. (Jargon) Häftling eines Straf- od. Konzentrationslagers, der die Aufsicht über andere Häftlinge führt. 3. (südd.) Vorarbeiter

Ka|po|da|ster *der;* -s, - ⟨aus *it.* capotasto „Hauptbund" zu capo „Kopf, Haupt" u. tasto „Taste"⟩: ein über alle Saiten reichender, auf dem Griffbrett sitzender verschiebbarer Bund bei Lauten u. Gitarren; vgl. Capotasto

Ka|pok [auch 'ka:...] *der;* -s ⟨aus gleichbed. *malai.* kapuk⟩: a) Samenfaser des Kapokbaumes; b) watteartiges weißgraues od. gelbliches Material aus Kapok (a), das bes. als Füllmaterial für Polster verwendet wird

Ka|po|nie|re *der;* -, -n ⟨aus gleichbed. *fr.* caponnière, dies vermutlich über *it.* capponiera aus *span.* caponera, eigtl. „Kapaungehege; gastlicher Aufenthalt" zu capón „Kapaun"⟩: (veraltet) bombensicherer Gang in einer Festung

ka|po|res ⟨aus der Gaunerspr., zu *jidd.* (schlogn) kapóreß „das Sühneopfer (vollziehen)", dies zu *hebr.* kapārôt (Plur.) „Sühneopfer (weil am Vorabend des Versöhnungsfestes Hühner „kapores" geschlagen, d. h. um den Kopf geschwungen wurden, wobei Sühnegebete gesprochen wurden)⟩: (ugs.) entzwei, kaputt

Ka|po|si-Sar|kom *das;* -s, -e ⟨nach dem österr. Dermatologen M. Kaposi (1837–1902) u. zu ↑Sarkom⟩: ein (bei Aids-Patienten häufig auftretender) Hautkrebs (Med.)

Ka|po|ta|sto *der;* -, ...ti ⟨aus *it.* capotasto „Hauptbund", vgl. Kapodaster⟩: svw. Kapodaster

Ka|pot|te *die;* -, -n u. **Ka|pott|hut** *der;* -s, ...hüte ⟨aus *fr.* capote „Kapuzenmantel; Damenhut", dies aus *spätlat.* cappa „eine Art Kopfbedeckung; Mantel mit Kapuze"⟩: im 19. Jh. u. um 1900 modischer, unter dem Kinn gebundener kleiner, hochsitzender Damenhut

Ka|po|vaz [...v...] *die;* - ⟨Kurzw. aus *ka*pazitätsorientierte *va*riable *A*rbeits*z*eit⟩: Form der Teilarbeit, bei der Arbeitnehmer nur entsprechend dem betrieblichen Bedarf beschäftigt werden

Kap|pa *das;* -[s], -s ⟨aus gleichbed. *gr.* káppa, dies aus dem Semit., vgl. *hebr.* kaf⟩: zehnter Buchstabe des griech. Alphabets: K, κ. **Kap|pa|fak|tor** *der;* -s, -en: DNS-haltiger (vgl. DNS) Plasmafaktor, der in bestimmten Stämmen der Pantoffeltierchen vorkommt u. dort deren Eigenschaften bewirkt (Biol.). **Kap|pa|zis|mus** *der;* -, ...men ⟨zu ↑...ismus (3)⟩: Sprachfehler, der darin besteht, daß g u. k nicht od. nur schwer gesprochen werden können

Kap|per *der;* -, -n ⟨nach dem *jidd.* kaf⟩: (veraltet) svw. Kaper

Kap|pes u. **Kap|pus** *der;* - ⟨aus *mlat.* caputium „Kohlkopf" zu *lat.* caput „Kopf, Spitze"⟩: 1. (landsch.) Weißkohl. 2. (landsch. ugs.) a) dummes Zeug, törichtes Geschwätz; - reden: Unsinn reden; b) unbrauchbare Pfuscharbeit; vgl. Kabis

Kapp|la|ken vgl. Kaplaken

Kap|pus vgl. Kappes

Ka|pric|cio [ka'prɪtʃo] vgl. Capriccio. **Ka|pri|ce** [ka'pri:sə] *die;* -, -n ⟨aus gleichbed. *fr.* caprice, dies aus *it.* capriccio, vgl. Capriccio⟩: (geh.) Eigensinn; Laune; wunderlicher Einfall; vgl. Kaprize

Ka|pri|fi|ka|ti|on *die;* - ⟨aus gleichbed. *lat.* caprificatio zu caprificus „wilde Feige", eigtl. „Ziegenfeige" (zu caper, Gen. capri „Ziegenbock" u. ficus „Feige")⟩: [Verfahren zur Verbesserung der] Blütenbestäubung des Feigenbaumes; vgl. ...[at]ion/...ierung. **ka|pri|fi|zie|ren** ⟨zu ↑...ieren⟩: die Blütenbestäubung beim Feigenbaum durch be-

stimmte Maßnahmen verbessern. **Ka|pri|fi|zie|rung** *die;* -, -en ⟨zu ↑...ierung⟩: svw. Kaprifikation; vgl. ...[at]ion/...ierung. **Ka|pri|fo|lia|ze|en** *die* (Plur.) ⟨aus gleichbed. *nlat.* caprifoliaceae (Plur.), eigtl. „die Ziegenblättrigen"⟩: eine Pflanzenfamilie (Geißblattgewächse; z. B. Holunder, Schneeball). **Ka|prio|le** *die;* -, -n ⟨urspr. „kunstvoller Sprung it. Tänzer", zu *it.* capriola „Bocksprung", eigtl. „Ricke", dies über *spätlat.* capreola aus *lat.* caprea „wilde Ziege" zu *lat.* caper „Ziegenbock"⟩: 1. Luftsprung. 2. launenhafter, toller Einfall; übermütiger Streich. 3. ein Sprung in der Reitkunst. **Ka|prio|len:** Kapriolen machen

Ka|pri|ze *die;* -, -n: (österr.) svw. Kaprice. **ka|pri|zie|ren** ⟨zu ↑Kaprice u. ↑...ieren⟩; in der Fügung sich auf etw. -: eigensinnig auf etwas bestehen. **ka|pri|zi|ös** ⟨aus gleichbed. *fr.* capricieux⟩: launenhaft, eigenwillig. **Ka|priz|pol|ster** *der;* -s, -: (österr. ugs. veraltet) ein kleines Polster

Ka|pro|lak|tam, chem. fachspr. Caprolactam [k...k...] *das;* -s ⟨zu *lat.* caper, Gen. capri „Ziegenbock" u. ↑Laktam⟩: fester, weißer Stoff, der als Ausgangsmaterial für Kunststoffe dient (Chem.). **Ka|pro|nat**, chem. fachspr. Capronat [k...] *das;* -[e]s, -e (meist Plur.) ⟨zu ↑Kapronsäure u. ↑...at (2)⟩: ↑Ester der ↑Kapronsäure, der zur Herstellung von Fruchtessenzen verwendet wird (Chem.). **Ka|pron|säu|re**, chem. fachspr. Capronsäure [k...] *die;* -, -n ⟨zu *lat.* caper (vgl. Kaprolaktam) u. ↑²...on⟩: gesättigte Fettsäure von unangenehm ranzigem Geruch

Ka|pro|ti|nen|kalk *der;* -s ⟨nach *nlat.* caprotina, dies aus *lat.* caprina „eine Art Muschel"⟩: Kalkstein der alpinen Kreideformation mit Resten der Muschelgattung der Kaprotinen

Kap|sid *das;* -s, -e ⟨Kunstw.⟩: Proteinmantel des ↑Virions, der die Nukleinsäure schützt, als Antigen wirkt u. das immunologische Geschehen bestimmt (Biol.). **Kap|si|kum** *das;* -s ⟨aus gleichbed. *nlat.* capsicum, wohl zu *lat.* capsa „Kapsel, Behältnis" u. ↑...ikum⟩: 1. aus den Schoten eines mittelamerik. Strauches gewonnenes scharfes Gewürz (span. Pfeffer). 2. aus span. Pfeffer zur Pflasterherstellung verwendetes, hautreizendes Mittel (u. a. gegen Rheumatismus). **Kap|so|mer** *das;* -s, -e (meist Plur.) ⟨zu *gr.* méros „Teil"⟩: kleinstes elektronenoptisch nachweisbares Bauelement des Kapsids. **kap|su|lär** ⟨zu *lat.* capsula (Verkleinerungsform von capsa „Kapsel, Behältnis" u. ↑...är⟩: eine Organ- od. Gelenkkapsel betreffend (Med.). **Kap|sul|ek|to|mie** *die;* -, ...ien ⟨zu ↑...ektomie⟩: operative Abtragung einer Gelenk- od. Organkapsel (Med.). **Kap|su|lor|rha|phie** *die;* -, ...ien ⟨zu *gr.* raphé „Naht" u. ↑²...ie⟩: Naht einer Gelenkkapsel (Med.). **Kap|su|lo|to|mie** *die;* -, ...ien ⟨zu ↑...tomie⟩: operative Eröffnung einer Gelenkkapsel (Med.)

Kap|tal *das;* -s, -e ⟨zu ↑Kapital (4)⟩: svw. Kapitalband. **Kap|tal|band** vgl. Kapitalband. **kap|ta|len:** ein ↑Kapitalband anbringen

Kap|ta|ti|on *die;* -, -en ⟨aus *lat.* captatio „das Greifen, Streben (nach etw.)" zu captare; vgl. kaptieren⟩: 1. (veraltet) Erschleichung; Erbschleicherei. 2. Zustand des Gebundenseins an den Hypnotiseur in der Hypnose (Psychol.). **kap|ta|tiv** ⟨zu ↑...iv⟩: etwas besitzen, sich aneignen wollend; vgl. ...iv/...orisch. **kap|ta|to|risch** ⟨aus gleichbed. *lat.* captatorius⟩: (veraltet) erschleichend; -e Verfügung: auf eine Gegenleistung des Bedachten zielende testamentarische Verfügung (Rechtsw.); vgl. ...iv/...orisch. **Kap|teur** [...'tø:ɐ] *der;* -s, -e ⟨aus gleichbed. *fr.* capteur⟩: (veraltet) Freibeuter, Seeräuber. **kap|tie|ren** ⟨aus gleichbed. *lat.* captare⟩: (veraltet) zu ergreifen suchen, wegnehmen, sich erschleichen. **Kap|ti|on** *die;* -, -en ⟨aus *lat.* captio „Betrug,

Täuschung"): (veraltet) verfängliche Art zu fragen; verfänglicher Trugschluß, Fehlschluß. **kap|ti|ös** ⟨über gleichbed. *fr.* captieux aus *lat.* captiosus „betrügerisch, verfänglich"⟩: (veraltet) verfänglich. **Kap|tio|si|tät** *die;* - ⟨zu ↑...ität⟩: (veraltet) Verfänglichkeit. **Kap|ti|va|ti|on** [...v...] *die;* -, -en ⟨zu ↑kaptivieren u. ↑...ation⟩: 1. (veraltet) Gefangennahme. 2. schlafähnlicher Zustand zu Beginn der Hypnose (Psychol.). **kap|ti|vie|ren** ⟨über *fr.* captiver aus gleichbed. spätlat. captivare⟩: (veraltet) a) gefangennehmen; b) für sich gewinnen; c) in Narkose versetzen. **Kap|ti|vi|tät** *die;* - ⟨aus gleichbed. *mlat.* captivitas, Gen. captivitatis⟩: (veraltet) Gefangenschaft. **Kap|tur** *die;* -, -en ⟨aus *lat.* captura „Fang, Gewinn"⟩: (veraltet) Beschlagnahme, Aneignung eines feindlichen Schiffes

Ka|pu *das;* -, -s ⟨aus *türk.* kapu, kapı „Tür, Tor, Pforte"⟩: (früher) Amtsgebäude in der Türkei. **Ka|pu|dschi**, Kapydschy [...'dʒi:] *der;* -s, -s ⟨aus *türk.* kapıcı „Türhüter"⟩: im Osmanischen Reich Bez. für die Mitglieder der Palastwache in Konstantinopel. **Ka|pu|dschi|ba|schi**, Kapydschybaschy [...dʒ...] *der;* -s, -s: Leiter der Kapudschi; vgl. Basch

Ka|pu|sta u. **Ka|pu|ster** *der;* -s ⟨aus dem Slaw., vgl. *poln.*, *tschech.* kapusta „Kohl"⟩: (ostdeutsch) Kohl

Ka|put *der;* -s, -e ⟨aus dem Roman.; vgl. gleichbed. *fr.* caput, *it.* capotto, zu cappa „Kapuzenmantel", dies aus spätlat. cappa, vgl. Kapuze⟩: (schweiz.) [Soldaten]mantel

ka|putt ⟨aus *fr.* (être/faire) capot „ohne Stich (sein)" (ein Ausdruck des Kartenspiels), weitere Herkunft unsicher⟩: (ugs.) a) entzwei, zerbrochen; b) verloren, bankrott [im Spiel]; c) in Unordnung, aus der Ordnung gekommen; - sein: a) matt, erschöpft sein; b) auf Grund von körperlicher od. seelischer Zerrüttung od. wegen schlechter sozialer Bedingungen sich nicht mehr den gesellschaftlichen Anforderungen u. Zwängen unterwerfen können

Ka|pu|ze *die;* -, -n ⟨aus gleichbed. *it.* cap(p)uccio, wahrscheinlich Ableitung von cappa „Mantel (mit Kapuze)", dies aus spätlat. cappa „eine Art Kopfbedeckung, Kapuzenmantel"⟩: an einen Mantel od. eine Jacke angearbeitete Kopfbedeckung, die sich ganz über den Kopf ziehen läßt. **Ka|pu|zi|na|de** *die;* -, -n ⟨über gleichbed. *fr.* capucinade zu capucin „Kapuziner" u. ↑...ade⟩: (veraltet) Kapuzinerpredigt, [derbe] Strafpredigt. **Ka|pu|zi|ner** *der;* -s, - ⟨aus gleichbed. *it.* capuccino zu cap(p)uccio, vgl. Kapuze, Bed. 2 u. 4. nach der Farbe der Kutten der Kapuziner⟩: 1. Angehöriger eines kath. Ordens; Abk.: O. F. M. Cap. 2. (österr.) ↑Kaffee (3) mit etwas Milch. 3. Kapuzineraffe. 4. (landsch.) Birkenröhrling. **Ka|pu|zi|ne|rin** *die;* -, -nen: Angehörige des 1538 gegründeten weiblichen Zweigs des Kapuzinerordens

Kap|wein *der;* -[e]s, -e ⟨nach der südafrik. Provinz⟩: aus der Kapprovinz (Südafrika) kommender Wein

Ka|py|dschy [...'dʒi:] usw. vgl. Kapudschi usw.

Ka|ra, Kara-Kara *die;* - ⟨aus *polynes.* kara-kara⟩: aus der Wurzel des Rauschpfeffers bereitetes, rauscherzeugendes Getränk der Polynesier

Ka|ra|bach u. **Ka|ra|bagh** *der;* -[s], -s ⟨nach der gleichnamigen Landschaft in Mittelasien⟩: handgeknüpfter, meist rot- od. blaugrundiger, vielfach gemusterter Orientteppich

Ka|ra|bi|na|de *die;* -, -n ⟨aus gleichbed. *fr.* carabinade zu carabiner, vgl. karabinieren u. Karabiner⟩: (veraltet) a) Plänkelei; b) Wortgefecht; c) vorsichtiges Spiel. **Ka|ra|bi|ner** *der;* -s, - ⟨aus *fr.* carabine „kurze Reiterflinte" zu carabin „leichter Reiter", weitere Herkunft unsicher⟩: 1. kurzes Gewehr. 2. (österr.) svw. Karabinerhaken. **Ka|ra|bi|ner|ha|ken** *der;* -s, -: federnder Verschlußhaken. **Ka|ra|bi|nier** [...'nie:] *der;* -s, -s ⟨zu ↑²...ier⟩: 1. [mit einem Karabiner (1) ausgerüsteter] Reiter. 2. Jäger zu Fuß. **Ka|ra|bi|nie|re** *der;* -[s], ...ri (meist Plur.) ⟨aus gleichbed. *it.* carabiniere⟩: ital. Polizist. **ka|ra|bi|nie|ren** ⟨aus gleichbed. *fr.* carabiner⟩: (veraltet) a) Plänkeleien austragen, Scharmützel führen; b) ein Wortgefecht führen; c) vorsichtig spielen

Ka|ra|bu|ran *der;* -s ⟨aus *türk.* karaburan, eigtl. „schwarzer (Sturm)wind"⟩: anhaltender Sommersandsturm in Turkestan (Meteor.)

Ka|ra|cho [...xo] *das;* - ⟨aus *span.* carajo „(zum) Donnerwetter", eigtl. „Penis", weitere Herkunft ungeklärt⟩: (ugs.) große Geschwindigkeit, Rasanz; mit -: mit großer Geschwindigkeit, mit Schwung

Ka|ra|dagh *der;* -[s], -s ⟨nach einem Gebirge in Mittelasien⟩: ein roter od. dunkelblauer Teppich mit buntfarbiger Musterung kaukasischer od. persischer Herkunft

Ka|rä|er *der;* -s, - ⟨aus *hebr.* qarâ'îm „die Schriftkundigen" zu qârâ „lesen, zitieren, verkünden"⟩: Angehöriger einer [ost]jüd. Sekte (seit dem 8. Jh.), die den ↑Talmud verwirft

Ka|raf|fe *die;* -, -n ⟨über *fr.* caraffe aus gleichbed. *it.* caraffa, dies über *span.* garrafa aus *arab.* ġarrâfa „bauchige Flasche" zu ġarafa „schöpfen"⟩: geschliffene, bauchige Glasflasche [mit Glasstöpsel]. **Ka|raf|fi|ne** *die;* -, -n ⟨aus gleichbed. *it.* caraffina; vgl. ...ine⟩: (veraltet) kleine Karaffe

Ka|ra|gan *der;* -s, -e ⟨aus gleichbed. *russ.* karagan, dies aus *türk.* karaġan⟩: russ. Steppenfuchs u. dessen Pelz

Ka|ra|gös *der;* - ⟨aus gleichbed. *türk.* karagöz, eigtl. „Schwarzäugiger"⟩: a) Hanswurst im türk.-arab. Schattenspiel; b) das nach dem Karagös (a) benannte Schauspiel

Ka|ra|it *der;* -en, -en ⟨zu ↑Karäer u. ↑³...it⟩: svw. Karäer

Ka|ra|kal *der;* -s, -s ⟨aus gleichbed. *türk.* karakulak, eigtl. „Schwarzohr"⟩: luchsähnliche Katzenart Afrikas u. Vorderasiens, Wüstenluchs

Ka|ra|ka|ra *der;* -[s], -s ⟨aus einer südamerik. Indianersprache⟩: Geierfalke, Vertreter einer Familie mittelgroßer Falken in Süd- u. Mittelamerika

Ka|ra-Ka|ra vgl. Kara

ka|ra|ko|lie|ren ⟨aus gleichbed. *fr.* caracoler zu caracole „Spirale"⟩: (veraltet) sich herumtummeln (von Pferden)

Ka|ra|kul|schaf *das;* -s, -e ⟨nach einem See im Hochland von Pamir⟩: Fettschwanzschaf, dessen Lämmer den wertvollen Persianerpelz liefern

Ka|ra|man *der;* -s, -e ⟨nach der türk. Stadt Karaman in Inneranatolien⟩: a) Knüpfteppich mit großformatigen geometrischen Mustern; b) aus schmalen ↑Kelims (a) zusammengenähter Teppich

Ka|ram|bo|la vgl. Carambola. **Ka|ram|bo|la|ge** [...ʒə] *die;* -, -n ⟨aus gleichbed. *fr.* carambolage zu caramboler, vgl. karambolieren⟩: 1. Zusammenstoß, Zusammenprall. 2. das Anstoßen des Spielballes an die beiden anderen Bälle im Billardspiel. 3. Zusammenstoß zweier od. mehrerer Spieler bei Sportwettkämpfen. **Ka|ram|bo|la|ge|bil|lard** [...bil|jart] *das;* -s: besondere Art des Billardspiels. **¹Ka|ram|bo|le** *die;* -, -n ⟨aus gleichbed. *fr.* carambole, dies aus *span.* carambola „Billardspiel mit drei Kugeln"; vgl. ²Karambole⟩: der Spielball (roter Ball) im Billardspiel. **²Ka|ram|bo|le** *die;* -, -n ⟨über *port.* carambola aus gleichbed. *malai.* karambil⟩: sternförmig gerippte, gelbgrüne Frucht mit hohem Vitamin-C-Gehalt (in Brasilien, der Karibik u. im südpazifischen Raum). **ka|ram|bo|lie|ren** ⟨nach gleichbed. *fr.* caramboler, vgl. ...ieren⟩: 1. zusammenstoßen. 2. mit dem Spielball die beiden anderen Bälle treffen (Billardspiel)

ka|ra|mel ⟨zu ↑Karamel⟩: bräunlichgelb. **Ka|ra|mel** *der;* -s ⟨über gleichbed. *fr.* caramel aus *span., port.* caramelo „Zuckerrohr, gebrannter Zucker", weitere Herkunft unsicher⟩: 1. gebrannter Zucker. 2. bräunlichgelber Farbton. **Ka|ra-**

Karborund

me̱l|bon|bon *der* od. *das;* -s, -s: aus Karamel u. Milch od. Sahne hergestellte bonbonartige, weichzähe Süßigkeit. ka|ra|me|lie|ren ⟨zu ↑ ...ieren⟩: (von Zucker) zu Karamel werden, sich bräunen. ka|ra|me|li|sie|ren ⟨aus gleichbed. *fr.* caraméliser⟩: 1. Zucker zu Karamel brennen. 2. Speisen (bes. Früchte) mit gebranntem Zucker übergießen od. in Zucker rösten. Ka|ra|me̱l|le *die;* -, -n (meist Plur.) ⟨zu ↑ Karamel u. ↑...elle⟩: svw. Karamelbonbon

Ka|ra̱n *das;* -s ⟨Kunstw.; vgl. ...an⟩: ein ↑ bizyklischer Terpenkohlenwasserstoff, in dessen Molekülen ein sechs- u. ein dreigliedriger Ring miteinander kondensiert sind

Ka|ra̱n|cho [...tʃo] vgl. Carancho

Ka|ra|oke *das;* - ⟨aus gleichbed. *jap.* karaoke zu kara „leer" u. oke „Orchester", eigtl. „leeres Orchester"⟩: Instrumentalversion eines ↑ Hits (1), bei der der gesungene Part fehlt u. individuell hinzugefügt werden kann

Ka|ra̱t *das;* -[e]s, -e (aber: 5 Karat) ⟨über *fr.* carat aus *it.* carato „Edelstein- u. Goldgewicht", dies über *mlat.* car(r)atus aus *arab.* qīrāṭ zu *gr.* kerátion „kleines Gewicht", eigtl. „Hörnchen" (nach den hörnchenförmig gebogenen Samen der Johannisbrotbaumes, die früher aus Wiegen von Gold u. Edelsteinen benutzt wurden)⟩: 1. Einheit für die Gewichtsbestimmung von Edelsteinen (1 Karat = etwa 205 mg, 1 metrisches Karat = 200 mg). 2. Maß der Feinheit einer Goldlegierung (reines Gold = 24 Karat)

Ka|ra̱|te *das;* -[s] ⟨aus gleichbed. *jap.* karate zu kara „leer" u. te „Hand", eigtl. „leere Hand"⟩: System waffenloser Selbstverteidigung. Ka|ra|te̱|ka *der;* -[s], -[s] ⟨zu *jap.* ka „jmd., der eine vollendete Fertigkeit od. Fähigkeit in einem wissenschaftlichen od. künstlerischen Fach hat"⟩: Karatekämpfer

ka|ra|tie|ren ⟨zu ↑ Karat u. ↑ ...ieren⟩: (veraltet) vermischen (von Edelmetallen). ...ka|rä|tig: Wortbildungselement mit der Bedeutung „eine bestimmte Anzahl von ↑ Karat aufweisend"

Ka|rau|sche *die;* -, -n ⟨aus gleichbed. *lit.* karõsas, dies aus dem Slaw.⟩: ein karpfenartiger Fisch

Ka|ra|ve̱l|le [...v...] *die;* -, -n ⟨aus gleichbed. *fr.* caravelle, dies über *port.* caravela (älter *port.* caravo) „Küstenschiff" aus *spätlat.* carabus „geflochtener Kahn"⟩: ein mittelalterliches Segelschiff (14.–16. Jh.)

Ka|ra|wa̱|ne *die;* -, -n ⟨über älter *it.* caravana aus *mlat.* carvanna, dies aus *pers.* kārwān „Kamelzug, Reisegesellschaft"⟩: 1. durch unbewohnte Gebiete [Asiens od. Afrikas] ziehende Gruppe von Reisenden, Kaufleuten, Forschern o. ä. 2. größere Anzahl von Personen od. Fahrzeugen, die sich in einem langen Zug hintereinander fortbewegen. Ka|ra|wan|se|rei *die;* -, -en ⟨aus gleichbed. *pers.* kārwānsarāy zu kārwān „Karawane" u. sarāy „großes Haus, Hof", eigtl. „Palast"⟩: Unterkunft für Karawanen (1)

karb..., Karb... vgl. karbo..., Karbo... Kar|ba|chol [...ço:l] *das;* -s ⟨verkürzt aus ↑ karbo... u. ↑ Cholin⟩: Karbamidsäureester des ↑ Cholins, der erregend an der glatten Muskulatur wirkt u. deshalb vorwiegend bei Darm- u. Blasenatonien (vgl. Atonie) verwendet wird (Med.). Karb|amat *das;* -[e]s, -e ⟨verkürzt aus ↑ Karbamid u. ↑...at (2)⟩: Salz od. ↑ Ester der Karbamidsäure. Karb|amid *das;* -[e]s ⟨Kurzw. aus ↑ Karbonyl u. ↑ Amid⟩: Harnstoff. Karb|amid|säu|re *die;* -: unbeständiges ↑ Amid der Kohlensäure

Kar|ba̱t|sche *die;* -, -n ⟨vermutlich über *tschech.* karabáč u. *ungar.* korbács aus gleichbed. *türk.* kırbaç⟩: Riemenpeitsche. kar|ba̱t|schen: mit der Karbatsche schlagen

Karb|azo̱l, chem. fachspr. Carbazol [k...] *das;* -s ⟨zu ↑ karbo... u. ↑ Azole⟩: eine organische Verbindung, die als wichtiges Ausgangsmittel zur Herstellung von Kunststoffen dient (Chem.). Kar|bi̱d *das;* -[e]s, -e ⟨zu ↑³...id⟩: 1. (ohne Plur.) Kalziumkarbid (ein wichtiger Rohstoff der chem. Industrie). 2. chem. fachspr. Carbid: chem. Verbindung aus Kohlenstoff u. einem Metall od. Bor (Borcarbid) od. Silicium (Siliciumcarbid). kar|bi̱|disch: die Eigenschaften eines Karbids aufweisend. Kar|bi|no̱l *das;* -s ⟨zu ↑ ...in (1) u. ↑...ol⟩: svw. Methylalkohol. kar|bo..., Karbo..., chem. fachspr. carbo..., Carbo... [k...], vor Vokalen karb..., Karb..., chem. fachspr. carb..., Carb... [k...] ⟨aus *lat.* carbo, Gen. carbonis „Kohle"⟩: Wortbildungselement mit der Bedeutung „Kohle, Kohlenstoff", z. B. Karbid, Karbolsäure. Kar|bo|hy|dra̱|se *die;* -, -n ⟨zu *gr.* hýdor „Wasser" u. ↑...ase⟩: kohlenhydratspaltendes Enzym. Kar|bo|li̱d *das;* -[e]s, -e ⟨zu ↑³...id⟩: zusammengepreßte u. scharf gebrannte Mischung aus Graphit und Speckstein (Techn.). Kar|bo̱l *das;* -s ⟨zu ↑ ...ol⟩: a) früher als Desinfektionsmittel gebrauchter, einfachster aromatischer Alkohol mit durchdringendem Geruch; b) svw. Karbolsäure. Kar|bo|li|ne̱|um *das;* -s ⟨zu *lat.* oleum (künstl. erweitert zu olineum) „Öl" (vgl. ...ol), eigtl. „Kohlenöl"⟩: ein Imprägnierungs- u. Schädlingsbekämpfungsmittel für Holz u. Bäume. Kar|bo|li̱s|mus *der;* - ⟨zu ↑ ...ismus (3)⟩: Phenolvergiftung (vgl. Phenol). Kar|bo̱l|säu|re *die;* - ⟨zu ↑...ol⟩: svw. Phenol. Kar|bo̱n *das;* -s ⟨aus *lat.* carbo, Gen. carbonis „Kohle"⟩: erdgeschichtliche Formation des ↑ Paläozoikums (Geol.). Kar|bo|na̱|de *die;* -, -n ⟨aus *fr.* carbonnade „Rostbraten", dies über gleichbed. älter *it.* carbonata, eigtl. „auf Kohlen geröstetes Fleisch", zu *it.* carbone „Kohle", dies aus *lat.* carbo, vgl. Karbon⟩: 1. (landsch.) Kotelett, [gebratenes] Rippenstück. 2. (österr. veraltet) svw. Frikadelle. Kar|bo|na̱|do *der;* -s, -s u. Karbonat *der;* -[e]s, -e ⟨aus gleichbed. *span.* carbonado (latinisiert carbonatus) zu *lat.* carbo, vgl. Karbon⟩: grauschwarze Abart des Diamanten. Kar|bo|na̱|ri *die* (Plur.) ⟨aus gleichbed. *it.* carbonari (Plur.), eigtl. „Köhler, Kohlenbrenner"⟩: Mitglieder einer geheimen politischen Gesellschaft in Italien (Anfang des 19. Jh.s) mit dem Ziel der Befreiung von der franz. Herrschaft. ¹Kar|bo|nat vgl. Karbonado. ²Kar|bo|nat, chem. fachspr. Carbonat [k...] *das;* -[e]s, -e ⟨zu ↑ karbo... u. ↑...at (2)⟩: kohlensaures Salz. Kar|bo|nat|apa|ti̱t [auch ...'tit] *der;* -s, -e ⟨zu ↑ ¹Karbonat⟩: ↑ Apatit, bei dem ein Teil der Phosphationen ersetzt ist. kar|bo|na̱|tisch: svw. ²Karbonat abgeleitet, ²Karbonat enthaltend. Kar|bo|na|ti̱t [auch ...'tit] *der;* -s, -e ⟨zu ↑²...it⟩: zur Hälfte aus Karbonatmineralen (z. B. Kalzit, Dolomit) bestehendes magmatisches Gestein. Kar|bon|druck *der;* -[e]s, -e ⟨zu ↑ Karbon⟩: auf die Rückseite von Papier aufgebrachte Farbschicht, durch die man ohne Kohlepapier durchschreiben kann, z. B. bei Formularen. Kar|bo|ni|sa|ti|on *die;* -, -en ⟨zu ↑...isation, Bed. 2 über gleichbed. *fr.* carbonisation⟩: 1. Verbrennung vierten Grades, schwerster Grad eines Hitzeschadens (Med.). 2. Umwandlung in ²Karbonat. kar|bo̱|nisch: das ↑ Karbon betreffend. kar|bo|ni|sie|ren ⟨aus gleichbed. *fr.* carboniser⟩: 1. a) verkohlen lassen; b) in ²Karbonat umwandeln. 2. Zellulosereste in Wolle durch Schwefelsäure od. andere Chemikalien zerstören. kar|bo|ni|trie|ren ⟨zu ↑ karbo... u. ↑ nitrieren⟩: durch einen bestimmten chem. Prozeß härten. kar|bo|nös ⟨zu ↑ ...ös⟩: Kohlenstoff enthaltend (Chem.). Kar|bon|pa|pier *das;* -s, -e (Plur. selten) ⟨zu ↑ Karbon⟩: (österr.) Kohlepapier. Kar|bo̱n|säu|re *die;* -, -n: Säure, die eine bestimmte organische Gruppe mit einem leicht abzuspaltenden Wasserstoffatom enthält (Chem.). Kar|bo|nyl vgl. Carbonyl. kar|bo|ny|lie|ren ⟨zu ↑...yl u. ↑...ieren⟩: in eine organische Verbindung die Karbonylgruppe einführen (Chem.). Kar|bo|ru̱nd *das;*

-[e]s u. Carborundum Ⓦ [k...] *das;* -s ⟨Kurzw. aus ↑*karbo...* u. K*orund*⟩: ein Schleifmittel

Kar|bo|wa̱|nez *der;* -, - ⟨aus *ukrain.* karbovanec „Silberrubel" zu *poln.* karbowany pieniądz „Geldstück mit gekerbtem Rand"⟩: Währungseinheit in der Ukraine

Karb|oxyl|grup|pe, chem. fachspr. Carboxylgruppe [k...] *die;* -, -n ⟨zu ↑karbo..., ↑Oxyd u. ↑...yl⟩: in den Karbonsäuren enthaltene, aus einem Kohlenstoffatom, zwei Sauerstoffatomen u. einem Wasserstoffatom bestehende funktionelle Gruppe (Chem.). **Kar|bo|zy|klen**, chem. fachspr. Carbocyclen [karbo'tsy:klən] *die* (Plur.): organisch-chem. Ringverbindungen, die als Ringglieder nur Kohlenstoffatome enthalten (Chem.). **kar|bo|zy|klisch**, chem. fachspr. carbocyclisch [karbo'tsy:k...]: Kohlenstoffringe enthaltend (Chem.). **Kar|bun|kel** *der;* -s, - ⟨aus *lat.* carbunculus „fressendes Geschwür", eigtl. „kleine (glühende) Kohle", Verkleinerungsform von carbo, vgl. Karbon⟩: Ansammlung dicht beieinander liegender ↑Furunkel (Med.). **kar|bu|rie̱|ren** ⟨aus gleichbed. *fr.* carburer, dies zu *lat.* carbo, vgl. Karbon⟩: die Leuchtkraft von Gasgemischen durch Zusatz von Ölgas heraufsetzen

Kar|cha|ri|as [...ç...] *der;* -, ...ien [...jən] ⟨aus gleichbed. *gr.* karcharías zu kárcharos „mit gezackten, scharfen Zähnen"⟩: Haifisch (Blau- od. Menschenhai; Zool.)

Kar|che|si|on *das;* -s, ...ien [...ien] ⟨aus gleichbed. *gr.* karchésion⟩: (veraltet) 1. der obere Teil des Mastbaums, der Topp. 2. ein ähnlich wie der Mastbaum aussehender bauchiger Becher mit hohen Henkeln

Kar|da|mom [auch ...'mom] *der* od. *das;* -s, -e[n] ⟨über *lat.* cardamomum aus gleichbed. *gr.* kardámōmon, weitere Herkunft unsicher⟩: reife Samen ind. u. afrik. Ingwergewächse, die als Gewürz verwendet werden

Kar|dan|an|trieb *der;* -s ⟨nach dem ital. Erfinder Cardano, 1501-1576⟩: Antrieb über ein Kardangelenk. **Kar|dan|ge|lenk** *das;* -s, -e: Verbindungsstück zweier Wellen, das durch wechselnde Knickung Kraftübertragung unter einem Winkel gestattet. **kar|da|nisch**; in den Fügungen -e Aufhängung: nach allen Seiten drehbare Aufhängung für Lampen, Kompasse u. a., die ein Schwanken der aufgehängten Körper ausschließt; -e Formel: math. Ausdruck zur Lösung kubischer Gleichungen (Math.). **Kar|dan|wel|le** *die;* -, -n: Antriebswelle mit Kardangelenk für Kraftfahrzeuge (z. B. auch bei Motorrädern)

Kar|dät|sche *die;* -, -n ⟨zu älter *it.* cardeggiare „Wolle kämmen", dies zu *lat.* carduus „(Karden)distel"⟩: 1. grobe Pferdebürste. 2. (Weberei veraltet) Wollkamm. **Kar|dätschen**: [Pferde] striegeln. **Kar|de** *die;* -, -n ⟨über *mlat.* cardus aus *lat.* carduus, vgl. Kardätsche⟩: 1. Maschine zum Aufteilen von Faserbüscheln u. -flocken (Spinnerei). 2. eine distelähnliche, krautige Pflanze mit scharf zugespitzten Spreublättern

Kar|deel *das;* -s, -e ⟨aus gleichbed. *niederl.* kardeel, dies aus *altfr.* cordel „Tau" zu *lat.* chorda „Darmsaite"⟩: (Seemannsspr.) Strang eines starken Taus, einer Trosse

kar|den u. kardieren ⟨zu ↑Karde; vgl. ...ieren⟩: rauhen, kämmen (von Wolle). **Kar|de|rie̱** *die;* -, ...ien ⟨zu ↑²...ie⟩: (veraltet) Wollkämmerei

kar|di..., **Kar|di...** vgl. kardio..., Kardio... **Kar|dia** *die;* - ⟨aus gleichbed. *gr.* kardía⟩: 1. Herz (Med.). 2. Magenmund (Med.). **Kar|di|a̱|kum** *das;* -s, ...ka ⟨zu ↑...ikum⟩: herzstärkendes Arzneimittel (Med.). **kar|di|al** ⟨aus gleichbed. *mlat.* cardialis zu cardia „Herz, Herzkrankheit", dies aus *gr.* kardía, vgl. Kardia⟩: das Herz betreffend, von ihm ausgehend (Med.). **Kar|di|al|gie̱** *die;* -, ...ien ⟨zu ↑kardio... u.

↑...algie⟩: 1. Schmerzen im Bereich des Herzens (Med.) 2. svw. Kardiospasmus

kar|die|ren vgl. karden

kar|di|nal ⟨aus spätlat. cardinalis „im Angelpunkt stehend; wichtig", eigtl. „zur Türangel gehörend", zu *lat.* cardo, Gen. cardinis „Türangel, Drehpunkt"⟩: wichtig; hauptsächlich; grundlegend. **Kar|di|nal** *der;* -s, ...näle ⟨aus *kirchenlat.* cardinalis (episcopus) „wichtigster, der Hauptkirche in Rom am nächsten stehender Geistlicher" zu *spätlat.* cardinalis, vgl. kardinal; Bed. 2 bis 4 nach der Farbe des Ornats eines Kardinals⟩: 1. höchster kath. Würdenträger nach dem Papst (kath. Rel.). 2. zu den ↑Tangaren gehörender, häufig als Stubenvogel gehaltener Singvogel. 3. eine Apfelsorte. 4. eine Art ↑Bowle, meist mit Pomeranzen[schalen] angesetzt. **Kar|di|nal...** ⟨zu ↑kardinal⟩: Wortbildungselement mit der Bedeutung „hauptsächlich, grundlegend, vorzüglich", z. B. Kardinaltugenden, Kardinalfehler. **Kar|di|na|lat** *das;* -[e]s, -e ⟨aus gleichbed. *kirchenlat.* cardinalatus⟩: Amt u. Würde eines Kardinals (1). **Kar|di|na|le** *das;* -[s], ...lia (meist Plur.) ⟨zu ↑kardinal⟩: (veraltet) Kardinalzahl. **Kar|di|nal|ele|men|te** *die* (Plur.) ⟨zu ↑Kardinal...⟩: diejenigen Punkte, Strecken u. Flächen, die nach den Gesetzen der geometrischen Optik für die Abbildungseigenschaften eines optischen Systems charakteristisch sind (Optik). **Kar|di|nal|pro|tek|tor** *der;* -s, -en ⟨zu ↑Kardinal (1)⟩: mit der geistlichen Schutzherrschaft über einen Orden od. eine kath. Einrichtung beauftragter Kardinal (1). **Kar|di|nal|punkt** *der;* -[e]s, -e ⟨zu ↑Kardinal...⟩: 1. Hauptpunkt. 2. (nur Plur.) durch Temperatur, Nährstoffangebot u. a. bestimmtes Minimum, Maximum u. Optimum von Stoffwechsel, Wachstum o. ä. von Organismen (Biol.). **Kar|di|nals|kol|le|gi|um** *das;* -s, ...ien [...jən] ⟨zu ↑Kardinal (1)⟩: Körperschaft der kath. Kardinäle. **Kar|di|nals|kon|gre|ga|ti|on** *die;* -: oberste Behörde der röm. ↑Kurie (1), vorwiegend mit Verwaltungsaufgaben, aber auch mit gesetzgebenden Kompetenzen, deren Mitglieder Kardinäle, seit 1967 aber auch Diözesanbischöfe sind; vgl. Kurienkongregation. **Kar|di|nal|staats|se|kre|tär** *der;* -s, -e: erster Berater des Papstes, bes. in politischen Fragen. **Kar|di|nal|sy|stem** *das;* -s, -e (Plur. selten) ⟨zu ↑Kardinal...⟩: in der Schiffahrt geltendes System der Befeuerung u. Betonnung nach der Richtungsbezeichnung. **Kar|di|nal|tu|gend** *die;* -, -en (meist Plur.): Haupttugend (z. B. die vier Grundtugenden der altgriech. Philosophie: Weisheit, Gerechtigkeit, Besonnenheit, Tapferkeit). **Kar|di|nal|ve|nen** [...v...] *die* (Plur.): zwei große ↑Venen des ↑Fetus an der Hinterwand der Bauchhöhle (Med.). **Kar|di|nal|vi|kar** [...v...] *der;* -s, -e ⟨zu ↑Kardinal (1)⟩: Stellvertreter des Papstes als Bischof von Rom. **Kar|di|nal|zahl** *die;* -, -e ⟨Lehnübersetzung von *spätlat.* (numerus) cardinalis, vgl. kardinal⟩: Grundzahl, ganze Zahl (z. B. zwei, zehn). **Kar|di|nal|zei|chen** *das;* -s, - ⟨zu ↑Kardinal...⟩: Hauptzeichen (die Tierkreiszeichen Widder, Krebs, Waage, Steinbock; Astrol.)

kar|dio..., **Kar|dio...**, vor Vokalen gelegentlich kardi..., Kardi... ⟨zu *gr.* kardía „Herz"⟩: Wortbildungselement mit der Bedeutung „Herz", z. B. kardiovaskulär, Kardiologie, Kardialgie. **kar|dio|gen** ⟨zu ↑...gen⟩: 1. vom Herzen ausgehend, herrührend. 2. die Entwicklung des Herzens betreffend. **Kar|dio|gramm** *das;* -s, -e ⟨zu ↑...gramm⟩: 1. svw. Elektrokardiogramm. 2. graphische Darstellung der Herzbewegungen. **Kar|dio|graph** *der;* -en, -en ⟨zu ↑...graph⟩: 1. svw. Elektrokardiograph. 2. Gerät zur Aufzeichnung eines Kardiogramms (2). **Kar|dio|gra|phie̱** *die;* -, ...ien ⟨zu ↑...graphie⟩: 1. svw. Elektrokardiographie. 2. graphische

Darstellung der Herzstoßkurven. **Kar|dio|ide** *die;* -, -n ⟨zu ↑...ide⟩: eine Form der ↑ Epizykloide (Herzlinie; Math.). **Kar|dio|lo|ge** *der;* -n, -n ⟨zu ↑...loge⟩: Facharzt mit Spezialkenntnissen auf dem Gebiet der Kardiologie, Herzspezialist (Med.). **Kar|dio|lo|gie** *die;* - ⟨zu ↑...logie⟩: Teilgebiet der Medizin, das sich mit der Funktion u. den Erkrankungen des Herzens befaßt (Med.). **kar|dio|lo|gisch** ⟨zu ↑...logisch⟩: die Kardiologie betreffend, auf ihr beruhend. **Kar|dio|ly|se** *die;* -, -n ⟨zu ↑...lyse⟩: operative Ablösung der knöchernen Brustwand bei Herzbeutelverwachsungen (Med.). **Kar|dio|me|ga|lie** *die;* -, ...ien ⟨aus gleichbed. *nlat.* cardiomegalia zu *gr.* mégas, Gen. megálou „(riesen)groß" u. ↑²...ie⟩: Herzvergrößerung (Med.). **Kar|dio|myo|pa|thie** *die;* -, ...ien: meist chronisch verlaufende, durch Herzvergrößerung, Störung im Erregungsablauf u. Herzmuskelschwäche charakterisierte Herzerkrankung (Med.). **Kar|dio|myo|to|mie** *die;* -, ...ien: operative Eröffnung des Herzmuskels (Med.). **Kar|dio|pa|thie** *die;* -, ...ien ⟨aus gleichbed. *nlat.* cardiopathia, vgl. ...pathie⟩: Herzleiden, Herzerkrankung (Med.). **Kar|dio|ple|gie** *die;* -, ...ien ⟨zu ↑kardio..., *gr.* plēgḗ „Schlag, Stoß" u. ↑²...ie⟩: 1. plötzliche Herzlähmung, Herzschlag (Med.). 2. künstliche Ruhigstellung des Herzens für Herzoperationen (Med.). **kar|dio|ple|gisch**: die ↑Kardioplegie betreffend. **Kar|dio|pneumo|pe|xie** *die;* -, ...ien ⟨zu ↑pneumo..., *gr.* pēxis „das Befestigen, Festmachen" u. ↑²...ie⟩: operatives Befestigen von Lungenteilen am Herzmuskel (zur Verbesserung der Herzmuskeldurchblutung (Med.). **Kar|dio|pro|tek|ti|on** *die;* -, -en: Steigerung der Herzleistung durch Medikamente (Med.). **Kar|dio|pto|se** *die;* -, -n ⟨zu *gr.* ptōsis „das Fallen"⟩: Senkung des Herzens ohne krankhaften organischen Befund (Wanderherz; Med.). **kar|dio|pul|mo|nal**: Kreislauf u. Atemwege zugleich betreffend (Med.). **Kar|dio|se|da|ti|vum** [...v...] *das;* -s, ...va: Herzberuhigungsmittel (Med.). **Kar|dio|skle|ro|se** *die;* -, -n: Verhärtung der Herzkranzgefäße als Folge des natürlichen Alterungsprozesses (Med.). **Kar|dio|spas|mus** *der;* -, ...men: Krampf der Mageneingangsmuskulatur (Med.). **Kar|dio|sphyg|mo|graph** *der;* -en, -en: Gerät zur Aufzeichnung von Herzpuls u. Herzspitzenstoß (Med.). **Kar|dio|thy|mie** *die;* -, ...ien ⟨zu *gr.* thymós „Herz; Seele, Gemüt" u. ↑²...ie⟩: funktionelle Herzstörung ohne organische Veränderung des Herzens (Herzneurose; Med.). **Kar|dio|to|ko|graph** *der;* -en, -en ⟨zu *gr.* tókos „das Gebären" u. ↑...graph⟩: Gerät zum gleichzeitigen ↑Registrieren (1 b) der kindlichen Herztöne u. der Wehen während des Geburtsvorgangs (Med.). **kar|dio|to|xisch**: herzschädigend (Med.). **kar|dio|vas|ku|lär**: Herz u. Gefäße betreffend (Med.). **Kar|dio|ver|si|on** [...v...] *die;* -: Bez. für intensivmedizinische Maßnahmen zur Behebung von Herzrhythmusstörungen durch Medikamente od. Elektroschocks (Med.). **kar|dio|ze|re|bral**: vom Herzen u. Gehirn ausgehend (z. B. Durchblutungsstörungen; Med.). **Kar|di|tis** *die;* -, ...itiden ⟨zu ↑...itis⟩: Entzündung des Herzens (Med.); vgl. Pankarditis
Kar|do|ne *die;* -, -n ⟨aus gleichbed. *it.* cardone, dies über *spätlat.* cardo, Gen. cardonis aus *lat.* carduus, vgl. Karde⟩: (als Gemüse angebaute) der ↑Artischocke ähnliche Pflanze, deren Blattstiele u. Rippen gegessen werden.
Ka|renz *die;* -, -en ⟨aus *spätlat.* carentia „das Nichthaben, das Entbehren" zu *lat.* carere „frei sein (von), nicht haben, entbehren"⟩: 1. svw. Karenzzeit. 2. Enthaltsamkeit, Verzicht (z. B. auf bestimmte Nahrungsmittel; Med.). **Ka|renz|jahr** *das;* -s, -e: Jahr, in dem ein neuer Pfründeninhaber auf seine Einkünfte ganz od. teilweise verzichten muß (kath. Kirchenrecht). **Ka|renz|zeit** *die;* -, -en: Wartezeit, Sperrfrist, bes. in der Krankenversicherung
ka|res|sant ⟨aus gleichbed. *fr.* caressant zu caresser, vgl. karessieren⟩: (veraltet) liebkosend, schmeichelnd. **Ka|res|se** *die;* - ⟨aus gleichbed. *fr.* caresse⟩: (veraltet) Schmeichelei, Liebkosung. **ka|res|sie|ren** ⟨aus gleichbed. *fr.* caresser, dies aus *it.* carezzare „liebkosen" zu caro „lieb, teuer", dies aus gleichbed. *lat.* carus⟩: (veraltet, aber noch landsch.) a) liebkosen, schmeicheln; b) eine [geheime] Liebschaft haben
Ka|ret|te u. **Ka|rett|schild|krö|te** *die;* -, -n ⟨aus gleichbed. *fr.* caret, dies aus *span.* carey „Seeschildkröte, Schildpatt", weitere Herkunft unsicher⟩: eine Meeresschildkröte
Ka|rez|za *die;* - ⟨aus *it.* carezza „Liebkosung" zu carezzare, vgl. karessieren⟩: Form des ↑Koitus, bei dem der Samenerguß absichtlich vermieden wird
Kar|fi|ol *der;* -s ⟨aus gleichbed. *it.* cavolfiore (zu cavolo „Kohl" u. fiore „Blume"), eigtl. „Kohlblume"⟩: (südd., österr.) Blumenkohl
Kar|fun|kel *der;* -s, - ⟨unter Anlehnung an *dt.* Funke aus *lat.* carbunculus, vgl. Karbunkel⟩: 1. feurigroter Edelstein (z. B. ↑¹Granat, ↑Rubin). 2. svw. Karbunkel
Kar|ga|deur [...'dø:ɐ̯] *der;* -s, -e ⟨über *fr.* cargadeur aus gleichbed. *span.* cargador zu cargar, vgl. Kargo⟩: Begleiter einer Schiffsladung, der den Transport der Ladung bis zur Übergabe an den Empfänger zu überwachen hat. **Kar|ga|dor** *der;* -s, -e ⟨aus *span.* cargador, vgl. Kargadeur⟩: svw. Kargadeur. **Kar|go** *der;* -s, -s ⟨über *engl.* cargo aus *span.* cargo „(Be)ladung" zu cargar „(be)laden", dies aus gleichbed. *spätlat.* carricare zu *lat.* carrus „vierrädriger Wagen, Karren", dies aus dem Gall.⟩: Ladung eines Schiffes
Ka|ri|bu *das* od. *der;* -s, -s ⟨aus gleichbed. *fr.* caribou, dies aus *Algonkin* (einer nordamerik. Indianersprache)⟩: nordamerik. Ren
ka|rie|ren, älter karrieren ⟨aus gleichbed. *fr.* carrer, dies aus *lat.* quadrare „viereckig machen"⟩: mit Würfelzeichnung mustern, kästeln. **ka|riert**, älter karriert ⟨nach *fr.* carré „viereckig", dies aus *lat.* quadratus, vgl. ...iert; Bed. 2 wohl nach dem verwirrenden Eindruck, den kariert Gemustertes beim Betrachten hervorruft⟩: 1. gewürfelt, gekästelt. 2. (ugs. abwertend) wirr, ohne erkennbaren Sinn
Ka|ri|es [...ies, auch ...ie:s] *die;* - ⟨aus *lat.* caries „Morschheit, Fäulnis"⟩: 1. akuter od. chronischer Zerfall der harten Substanz der Zähne; Zahnfäule (Zahnmed.). 2. entzündliche Erkrankung des Knochens mit Zerstörung von Knochengewebe, bes. bei Knochentuberkulose (Med.)
ka|ri|ka|tiv ⟨zu ↑Karikatur u. ↑...iv⟩: in der Art einer Karikatur, verzerrt komisch. **Ka|ri|ka|tur** *die;* -, -en ⟨aus gleichbed. *it.* caricatura, eigtl. „Überladung", zu caricare „übertrieben komisch darstellen", eigtl. „be-, überladen", dies aus *spätlat.* carricare, vgl. Kargo⟩: 1. a) komisch-übertreibende Zeichnung o. ä., die eine Person, eine Sache o. ein Ereignis durch humoristische, satirische Hervorhebung u. Überbetonung bestimmter charakteristischer Merkmale der Lächerlichkeit preisgibt; b) das Karikieren; Kunst der Karikatur (1 a). 2. Zerr-, Spottbild. **ka|ri|ka|tu|resk** ⟨zu ↑...esk⟩: karikaturartig. **Ka|ri|ka|tu|rist** *der;* -en, -en ⟨aus gleichbed. *it.* caricaturista⟩: Karikaturenzeichner. **Ka|ri|ka|tu|ri|stin** *die;* -, -nen: weibl. Form zu ↑Karikaturist. **ka|ri|ka|tu|ri|stisch** ⟨zu ↑Karikatur u. ↑...istisch⟩: in der Art einer Karikatur. **ka|ri|kie|ren** ⟨aus *it.* caricare, vgl. Karikatur⟩: verzerren, zur Karrikatur machen, als Karikatur darstellen
Ka|rinth vgl. Karn

ka|rio|gen ⟨zu ↑Karies u. ↑...gen⟩: Karies hervorrufend (Med.). **ka|ri|ös** ⟨aus *lat.* cariosus „morsch, faul, mürbe"; vgl. ...ös⟩: von ↑Karies befallen, angefault (Med.)

Ka̱|ri|tas *die;* - ⟨aus *lat.* caritas, Gen. caritatis „Wert, Wertschätzung, Liebe" zu carus „lieb, teuer, wert"⟩: [christliche] Nächstenliebe, Wohltätigkeit; vgl. Fides, Caritas. **ka|ri|ta|tiv** u. caritativ [k...] ⟨zu ↑...iv⟩: von Nächstenliebe bestimmt, wohltätig

kar|jo|len vgl. karriolen

Kar|kas|se *die;* -, -n ⟨aus *fr.* carcasse „Gerippe, Rumpf", weitere Herkunft unsicher⟩: 1. im Mittelalter eine Brandkugel mit eisernem Gerippe. 2. fester Unterbau [eines Gummireifens]. 3. nach dem Loslösen des Fleisches übriggebliebenes Gerippe von Geflügel, Wild od. Fisch (Gastr.)

Kar|list *der;* -en, -en ⟨nach dem span. Namen Carlo u. zu ↑...ist⟩: Anhänger einer ehemal. span. Partei (seit 1833), die in den sog. Karlistenkriegen die Thronansprüche der drei ↑Prätendenten mit Namen Carlos verfocht

Ka̱r|ma *das;* -s ⟨aus *sankr.* kárman „Tat, Werk; Schicksal"⟩: im Buddhismus das die Form der Wiedergeburten eines Menschen bestimmende Handeln bzw. das durch ein früheres Handeln bedingte gegenwärtige Schicksal (Rel.).

Kar|ma|mar|ga *der;* -s ⟨aus *sanskr.* karmamārga „Weg der Tat", vgl. Karma⟩: im ↑Hinduismus der durch zielgerichtetes Handeln ermöglichte Weg zur glücklichen Wiedergeburt nach dem Tode. **Kar|man** *das;* -s ⟨aus *sanskr.* kárman, vgl. Karma⟩: svw. Karma

Kar|me|lit *der;* -en, -en u. **Kar|me|li|ter** *der;* -s, - ⟨nach dem Berg Karmel in Palästina u. zu ↑³...it⟩: Angehöriger eines kath. Mönchsordens. **Kar|me|li|ter|geist** *der;* -[e]s, -er: ein Heilkräuterdestillat. **Kar|me|li|te|rin** u. **Kar|me|li|tin** *die;* -, -nen: Angehörige des weiblichen Zweiges der Karmeliten

Ka̱r|men vgl. Carmen

Kar|me|sin *das;* -s ⟨aus älter *it.* carmesino „Hochrot", dies aus *arab.* qirmizī „von der Farbe der Schildlaus, scharlachfarbig" zu qirmiz „Schild-, Scharlachlaus", dies aus *pers.* kirm „Wurm"⟩: svw. Karmin. **Kar|mi̱n** *das;* -s ⟨aus gleichbed. *fr.* carmin, dies aus *mlat.* carminium (einer Kreuzbildung aus *arab.* qirmiz (vgl. Karmesin) u. *lat.* minium „Zinnober"⟩: roter Farbstoff

kar|mi|na|tiv ⟨zu *spätlat.* carminatus, Part. Perf. von carminare „reinigen", vgl. ↑...iv⟩: blähungstreibend (Med.). **Kar|mi|na|ti|vum** [...v...] *das;* -s, ...va ⟨zu ↑...ivum⟩: Mittel gegen Blähungen (Med.)

kar|mo|sie|ren ⟨vermutlich aus dem Arab. (vgl. *arab.* karīm „Edelstein"); vgl. ...ieren⟩: einen Edelstein mit weiteren kleinen Steinen umranden

Ka̱rn u. Ka̱rinth *das;* -s ⟨nach dem nlat. Namen Carinthia für Kärnten⟩: eine Stufe der alpinen ↑Trias (1; Geol.)

Kar|nal|lit [auch ...'lĭt] *der;* -s ⟨nach dem dt. Oberbergrat R. v. Carnall (1804–1874) u. zu ↑²...it⟩: ein Mineral, für die Herstellung von Kalidünger verwendetes Kalisalz

Kar|nat *das;* -[e]s ⟨aus *lat.* carnatum „Fleischgewordenes" zu caro, Gen. carnis „Fleisch"⟩: svw. Inkarnat. **Kar|na|ti|on** *die;* - ⟨aus *spätlat.* carnatio, eigtl. „Fleischwerdung"⟩: svw. Inkarnat

Kar|nau|ba|wachs *das;* -es ⟨zu gleichbed. *port.* carnaúba (dies aus einer südamerik. Indianersprache)⟩: wertvolles Pflanzenwachs einer bras. Palme (für Bohnerwachs u. a. verwendet)

Kar|ne|en *die* (Plur.) ⟨aus gleichbed. *gr.* Kárneia zum Namen des 11. spartanischen Monats Kárneios (Juli/August)⟩: altgriech. Fest in Sparta zu Ehren des Apollon Karneios

Kar|ne|ol *der;* -s, -e ⟨wahrscheinlich unter Einfluß von *lat.* caro, Gen. carnis „Fleisch" aus gleichbed. *it.* corniola⟩: ein durch Eisenoxyde blutrot bis gelblich gefärbter Schmuckstein

Kar|ne|val [...v...] *der;* -s, Plur. -e u. -s ⟨aus gleichbed. *it.* carnevale, weitere Herkunft unsicher⟩: Zeit des Narrentreibens, der Kostüm- u. Maskenfeste, Fastnacht[sfest]. **kar|ne|va|lesk** ⟨aus gleichbed. *it.* carnevalesco⟩: aus dem Karneval stammend, dem Karneval verwandt, in der Art des Karnevals. **Kar|ne|va|list** *der;* -en, -en ⟨zu ↑...ist⟩: aktiver Teilnehmer am Karneval, bes. Vortragender (Büttenredner, Sänger usw.) bei Karnevalsveranstaltungen. **Kar|ne|va|li|stin** *die;* -, -nen: weibliche Form zu ↑Karnevalist. **kar|ne|va|li|stisch** ⟨zu ↑...istisch⟩: den Karneval betreffend

Kar|nies *das;* -es, -e ⟨über gleichbed. *span.* cornisa, *it.* cornice aus *lat.* coronis „Schlußschnörkel", dies aus *gr.* korōnís „Schluß(stein)", eigtl. „gekrümmt"⟩: Kranzleiste od. Gesims mit S-förmigem Querschnitt (Archit.). **Kar|nie|se** u. Karnische *die;* -, -n ⟨zu ↑Karnies⟩: (österr. mdal.) Vorhangstange

Kar|ni|fi|ka|ti|on *die;* - ⟨zu *lat.* caro, Gen. carnis „Fleisch" u. ↑...fikation⟩: Umwandlung von entzündlichem Lungengewebe in Bindegewebe anstelle einer normalerweise erfolgenden Rückbildung (Med.). **¹Kar|ni|pha|ge** *der;* -n, -n ⟨zu ↑...phage⟩: svw. ¹Karnivore. **²Kar|ni|pha|ge** *die;* -n, -n ⟨zu ↑¹Karniphage⟩: svw. ²Karnivore

kar|nisch ⟨zu ↑Karn⟩: das Karn betreffend; -e Stufe: svw. Karn

Kar|ni|sche vgl. Karniese

Kar|ni|um *das;* -s ⟨zu ↑Karn u. ↑...ium⟩: svw. Karn

kar|ni|vor [...v...] ⟨aus gleichbed. *lat.* carnivorus zu caro, Gen. carnis „Fleisch" u. vorare „gierig fressen"⟩: fleischfressend (von Tieren u. Pflanzen). **¹Kar|ni|vo|re** *der;* -n, -n: fleischfressendes Tier, vor allem Raubtier. **²Kar|ni|vo|re** *die;* -n, -n: fleischfressende Pflanze. **kar|nö̱s** ⟨aus gleichbed. *spätlat.* carnosus⟩: (veraltet) fleischig. **Kar|no|si|tät** *die;* - ⟨zu ↑...ität⟩: (veraltet) a) fleischige Beschaffenheit; b) fleischige Geschwulst (Med.)

Kar|no|tit [auch ...'tĭt] vgl. Carnotit

Ka̱r|nyx *die;* - ⟨aus gleichbed. *gr.* kárnyx⟩: kelt. Trompeteninstrument mit einem Mundstück aus Blei u. einem Schallstück in der Form eines Tierkopfes mit offenem Rachen

Ka̱|ro *das;* -s, -s ⟨aus gleichbed. *fr.* carreau zu *spätlat.* quadrum „Viereck", dies zu *lat.* quadrus „viereckig"; vgl. Quader⟩: 1. Raute, [auf der Spitze stehendes] Viereck. 2. a) (ohne Plur., ohne Artikel) niedrigste Farbe im Kartenspiel; Eckstein; b) (Plur. Karo) Spiel mit Karten, bei dem Karo (2 a) Trumpf ist; c) (Plur. Karo) Spielkarte mit Karo (2 a) als Farbe; - trocken: (ugs.) [eckige Kommiß]brotschnitte ohne Aufstrich od. Belag

Ka̱|ro|be *die;* -, -n ⟨aus *fr.* caroube „Johannisbrot", vgl. Karube⟩: (veraltet) svw. Karube

Ka̱|ros *der;* - ⟨aus gleichbed. *gr.* káros⟩: (veraltet) tiefer, todesähnlicher Schlaf (Med.)

Ka̱|ro|schi *der;* -s, -s ⟨aus gleichbed. *jap.* karoshi⟩: plötzlicher Streßtod, der bei ständiger Überbelastung eintreten kann

Ka̱|ro|sis *die;* - ⟨zu ↑Karos u. ↑¹...ose⟩: (veraltet) Betäubung, Schlafkrankheit (Med.)

Ka̱|roß *der;* ...osses, ...osse ⟨aus dem Afrikaans⟩: Umhängemantel aus genähtem Schaf-, Schakal-, Wildkatzen- od. Antilopenfell bei südafrikan. Völkern, zum Teil auch zum Tragen der Kinder u. der gesammelten Früchte benutzt

Ka̱|ros|se *die;* -, -n ⟨über gleichbed. *fr.* carrosse aus *it.* carrozza „Wagen; Kutsche" zu carro „Fuhrwerk; Wagen", dies aus *lat.* carrus „(vierrädriger) Karren" (aus dem

Gall.)〉: 1. von Pferden gezogener Prunkwagen; Staatskutsche. 2. (ugs.) kurz für Karosserie. **Ka|ros|se|rie** *die;* -, ...ien 〈aus gleichbed. *fr.* carrosserie〉: Wagenoberbau, -aufbau [von Kraftwagen]. **Ka|ros|sier** [...'si̯e:] *der;* -s, -s 〈aus gleichbed. *fr.* carrossier〉: 1. (veraltet) Kutschpferd. 2. Karosseriebauer; Karosserieentwerfer. **ka|ros|sie|ren** 〈zu ↑ Karosse u. ↑ ...ieren〉: [ein Auto] mit einer Karosserie versehen

Ka|ro|ti|de vgl. Karotis. **Ka|ro|tid|ody|nie** *die;* -, ...ien 〈zu ↑ Karotis u. ↑ ...odynie〉: im Bereich der Augen, der Wangen u. des Nackens auftretender Gesichtsschmerz bei Druck auf die Kopfschlagader (Med.).

Ka|ro|ti|kum *das;* -s, ...ka 〈zu gr. karōtikós „betäubend" u. ↑ ...ikum〉: (veraltet) einschläferndes Mittel

Ka|ro|tin, chem. fachspr. Carotin [k...] *das;* -s 〈zu *spätlat.* carota „Möhre, Karotte" (vgl. Karotte) u. ↑ ...in (1)〉: ein [pflanzlicher] Farbstoff als Vorstufe des Vitamins A. **Ka|ro|ti|no|id**, chem. fachspr. Carotinoid [k...] *das;* -[e]s, -e (meist Plur.) 〈zu ↑ ...oid〉: in organischen Fetten vorkommender gelbroter Farbstoff

Ka|ro|tis *die;* -, ...tiden u. Karotide *die;* -, -n 〈aus gleichbed. *gr.* karōtís, Gen. karōtídos〉: Kopf-, Halsschlagader (Med.). **Ka|ro|tis|an|gio|gra|phie** *die;* -, -n [...i:ən]: Röntgenkontrastdarstellung des Systems der Halsschlagader zur Diagnostik von Gefäßerkrankungen u. Geschwülsten im Gehirn (Med.). **Ka|ro|tis|si|nus** *der;* -, - [...nu:s]: Erweiterung der rechten bzw. linken Kopfschlagader an der Gabelung in die äußere u. innere Kopfschlagader bzw. der inneren Kopfschlagader unmittelbar oberhalb der Gabelung (Med.). **Ka|ro|tis|si|phon** [...zi:fõ(:), österr. ...zifo:n] *der;* -s, -s: stufenförmig verlaufender Abschnitt des in der Schädelhöhle gelegenen Teils der Kopfschlagader (Med.). **Ka|ro|tis|ste|no|se** *die;* -, -n: Verengung im hirnversorgenden Bereich der Halsschlagader (Med.).

Ka|rot|te *die;* -, -n 〈über *fr.* carotte aus gleichbed. *spätlat.* carota, dies vermutlich aus *gr.* karōtón, Plur. karōtá „Möhre, Karotte" zu kára „Kopf, Haupt"; Bed. 3 nach *fr.* carotte (de tabac), wohl wegen der Ähnlichkeit der zusammengerollten Tabakblätter mit Karotten (1)〉: 1. Mohrrübe. 2. (landsch.) rote Rübe, rote Bete. 3. Bündel von ausgerippten, gebeizten Tabakblättern, die zu Schnupftabak verarbeitet werden. **ka|rot|tie|ren** *die;* -s 〈zu ↑ Karotte u. ↑ ...ieren〉: 1. das Entfernen der Rippen aus den Tabakblättern. 2. eine besondere Art des Verteidigungsspiels beim Billard

...karp 〈zu *gr.* karpós „Frucht"〉: Wortbildungselement mit der Bedeutung „fruchtbildend", z. B. allokarp

kar|pal 〈zu *gr.* karpós „Handwurzel" u. ↑ ¹...al (1)〉: zur Handwurzel gehörend, sie betreffend (Med.). **Kar|pa|lia** vgl. Carpalia

Kar|pell *das;* -s, -e, auch **Kar|pel|lum** *das;* -s, ...pella 〈aus *nlat.* carpellum, eigtl. „kleine Frucht", zu *gr.* karpós „Frucht"〉: Fruchtblatt (Bot.).

Kar|pen|ter|brem|se *die;* -, -n 〈nach dem amerik. Erfinder J. F. Carpenter, 1852–1901〉: eine Druckluftbremse für Eisenbahnzüge

Kar|pho|lith [auch ...'lıt] *der;* Gen. -s u. -en, Plur. -e[n] 〈zu *gr.* kárphos „trockener, dünner Stengel, Reisig" u. ↑ ...lith〉: faseriges Manganaluminiumsilikat

...kar|pie 〈zu *gr.* karpós „Frucht" u. ↑ ²...ie〉: Wortbildungselement mit der Bedeutung „Fruchtbildung", z. B. Adelphokarpie. **kar|pie|ren** 〈aus gleichbed. *lat.* carpere, eigtl. „(ab)pflücken, (ab)rupfen", zu *gr.* karpós „Frucht", eigtl. „Abgepflücktes"〉: (veraltet) besserwisserisch tadeln, kritteln. **kar|po...**, **Kar|po...** 〈aus gleichbed. *gr.* karpós〉: Wortbildungselement mit der Bedeutung „Frucht", z. B. karpobiologisch, Karpophor. **Kar|po|bio|lo|gie** *die;* -: Teilgebiet der Biologie, das sich mit der Verbreitung der Früchte u. Samen befaßt. **Kar|po|gon** *das;* -s, -e 〈zu ↑ ...gon〉: weibliche Keimzellen bildendes Organ der Rotalgen (Bot.). **Kar|po|lith** [auch ...'lıt] *der;* Gen. -s u. -en, Plur. -e[n] 〈zu ↑ ...lith〉: (veraltet) Versteinerung von Früchten u. Samen. **Kar|po|lo|ge** *der;* -n, -n 〈zu ↑ ...loge〉: Wissenschaftler auf dem Gebiet der Karpologie. **Kar|po|lo|gie** *die;* - 〈zu ↑ ...logie〉: Teilgebiet der Botanik, das sich mit den Pflanzenfrüchten befaßt. **kar|po|lo|gisch** 〈zu ↑ ...logisch〉: die Karpologie betreffend. **Kar|po|phor** *der;* -s, -e 〈zu ↑ ...phor〉: Fruchtträger auf dem Blütenstil der Doldenblütler. **Kar|po|so|ma** *das;* -s, ...men 〈zu *gr.* sōma „Körper"〉: Fruchtkörper der Pilze

Kar|pus vgl. Carpus

Kar|ra|g[h]een [...'ge:n] *das;* -[s] 〈nach dem irischen Ort Carragheen〉: Irländisches Moos (getrocknete Rotalgen, die als Heilmittel verwendet werden)

Kar|ra|ra usw. vgl. Carrara usw.

Kar|ree *das;* -s, -s 〈aus gleichbed. *fr.* carré, eigtl. „viereckig", dies aus *lat.* quadratus, vgl. Quadrat〉: 1. a) Viereck, Quadrat; b) [im Viereck angeordnetes] Wohnblock. 2. gebratenes od. gedämpftes Rippenstück vom Kalb, Schwein od. Hammel (Gastr.). 3. eine Schliffform für ↑ ¹Diamanten. **kar|re|lie|ren** 〈aus gleichbed. *fr.* carreler zu carreau „viereckige Platte, Kachel, Fliese"; vgl. Karo〉: (veraltet) mit Kacheln od. Fliesen belegen; pflastern

Kar|re|te *die;* -, -n 〈wohl aus *mlat.* carrada, carrata „Wagenladung" zu *lat.* carrus, vgl. Karosse〉: (landsch., bes. ostmitteld.) schlechter Wagen. **Kar|ret|te** *die;* -, -n 〈aus gleichbed. *it.* carretta, dies aus *lat.* carrus, vgl. Karosse〉: 1. (schweiz.) Schubkarren; zweirädriger Karren. 2. schmalspuriges, geländegängiges Transport- u. Zugmittel der Gebirgstruppen. 3. zweirädriger, kleiner Einkaufswagen

Kar|ri *das;* -[s] 〈*austr.*〉: sehr hartes, u. a. zum Schiffbau verwendetes rötliches Holz des im westlichen Australien beheimateten Karribaumes

Kar|rie|re *die;* -, -n 〈aus *fr.* carrière „Rennbahn; Laufbahn", dies wohl über *altprovenzal.* carriera „Fahrweg, Straße" aus *spätlat.* (via) carraria „Fahrweg", eigtl. „(Straße) für Wagen", dies aus *lat.* carrus, vgl. Karosse〉: 1. schnellste Gangart des Pferdes. 2. [bedeutende, erfolgreiche] Laufbahn. **Kar|rie|re|frau** *die;* -, -en: Frau, die beruflich eine wichtige Stellung innehat u. auf eine erfolgreiche Laufbahn bedacht ist.

kar|rie|ren vgl. karieren

Kar|rie|ris|mus [...ri̯e...] *der;* - 〈zu ↑ Karriere u. ↑ ...ismus (5)〉: (abwertend) rücksichtsloses Karrierestreben. **Kar|rie|rist** *der;* -en, -en 〈zu ↑ ...ist〉: (abwertend) rücksichtsloser Karrieremacher. **kar|rie|ris|tisch** 〈zu ↑ ...istisch〉: nach Art eines Karrieristen

kar|riert vgl. kariert

Kar|ri|ol *das;* -s, -s u. **Kar|ri|o|le** *die;* -, -n 〈aus *fr.* carriole „zweirädriges Fuhrwerk", dies aus *it.* carriola, Verkleinerungsform von carro, vgl. Karosse〉: 1. leichtes, zweirädriges Fuhrwerk mit Kasten. 2. (veraltet) Briefpostwagen. **kar|ri|o|len**: 1. (veraltet) mit der Briefpost fahren. 2. (landsch. ugs.) herumfahren, unsinnig fahren

Kar|ru|for|ma|ti|on *die;* - 〈nach einer Steppenlandschaft in Südafrika u. zu ↑ Formation〉: mächtige Schichtenfolge in Südafrika vom Alter der oberen Karbon- bis unteren Juraformation (vgl. Karbon u. ²Jura; Geol.)

Kar|san *das;* -s 〈Kunstw.〉: ein altes keimungs- u. fäulnishinderndes chem. Präparat. **kar|sa|nie|ren** 〈zu ↑ ...ieren〉:

Karst

(veraltet) Kartoffeln od. eingekellertes Gemüse durch Karsan haltbar machen

Karst *der;* -[e]s, -e ⟨nach dem Namen der Landschaft nordöstl. von Triest⟩: durch die Wirkung von Oberflächen- u. Grundwasser in löslichen Gesteinen (Kalk, Gips) entstehende typische Oberflächenform (Geol.); vgl. Doline, Ponor

Kart [engl. kɑːt] *der;* -[s], -s ⟨aus engl. cart „Karren"⟩: Kurzform von ↑Go-Kart

Kar|tät|sche *die;* -, -n ⟨unter Einfluß von älter engl. cartage aus it. cartaccia „grobes Papier", cartoccio „Tüte, Flintenpatrone"; vgl. Kartusche⟩: 1. a) mit Bleikugeln gefülltes Artilleriegeschoß; b) alte Bez. für ↑Schrapnell (1). 2. ein Brett zum Verreiben des Putzes (Bauw.). **kar|tät|schen:** 1. mit Kartätschen (1) schießen. 2. den Putz mit der Kartätsche (2) verreiben

Kar|tau|ne *die;* -, -n ⟨aus älter it. cortana „kurze Kanone" zu corto „kurz" (wegen des kurzen Laufs), vermischt mit älter it. quartana „Viertelkanone" (Bez. für eine Kanone, die nur Kugeln mit einem Viertel des sonst üblichen Gewichts verschießt, dies zu quattro „vier"⟩: ein schweres Geschütz des 16. u. 17. Jh.s

Kar|tau|se *die;* -, -n ⟨aus mlat. Cartusia, nach dem südfranz. Kloster Chartreuse bei Grenoble⟩: Kloster (mit Einzelhäusern) der Kartäusermönche. **¹Kar|täu|ser** *der;* -s, -: 1. Angehöriger eines kath. Einsiedlerordens (Abk.: O. Cart.). 2. (ohne Plur.) ein Kräuterlikör; vgl. ¹Chartreuse. **²Kar|täu|ser** *die;* -, -, **Kar|täu|ser|kat|ze** *die;* -, -n ⟨zu ↑¹Kartäuser⟩: blaue, großohrige Kurzhaarkatze. **Kar|täu|se|rin** *die;* -, -nen: Angehörige des weiblichen Zweiges des Kartäuserordens

Kar|tell *das;* -s, -e ⟨aus fr. cartel „Vertrag, Zusammenschluß", dies aus it. cartello „(Anschlag)zettel, kleines Schreiben", Verkleinerungsform von carta „Papier", dies aus lat. charta, vgl. Charta⟩: 1. Zusammenschluß bes. von wirtschaftlichen Unternehmen (die rechtlich u. wirtschaftlich weitgehend selbständig bleiben). 2. Zusammenschluß von studentischen Verbindungen mit gleicher Zielsetzung. 3. befristetes Bündnis mehrerer Parteien [im Wahlkampf]. 4. alte Kampfordnung beim Turnier, später schriftliche Herausforderung zum Zweikampf. **kar|tell|ie|ren** ⟨zu ↑...ieren⟩: in Kartellen (1–3) zusammenfassen. **Kar|tell|ie|rung** *die;* -, -en ⟨zu ↑...ierung⟩: das Kartellieren. **Kar|tell|trä|ger** *der;* -s, -: Überbringer einer Herausforderung zum ↑Duell mit Waffen

kar|te|sia|nisch u. kartesisch ⟨nach Cartesius, dem latinisierten Namen des franz. Philosophen Descartes; vgl. ...aner⟩: von Cartesius eingeführt, nach ihm benannt. **Kar|te|sia|nis|mus** *der;* - ⟨zu ↑...ismus (1)⟩: die Philosophie von Descartes u. seinen Nachfolgern, die durch Selbstgewißheit des Bewußtseins, Leib-Seele-Dualismus u. mathematischen Rationalismus gekennzeichnet ist. **kar|te|sisch:** svw. ↑kartesianisch

Kar|tha|min, chem. fachspr. Carthamin [k...] *das;* -s ⟨zu nlat. Carthamus (tinctorius) „Färberdistel" (dies aus gleichbed. arab. mdal. qarṭam) u. ↑...in (1)⟩: ein roter Farbstoff, der aus der Färberdistel gewonnen wird

kar|tie|ren ⟨zu dt. Karte bzw. Kartei u. ↑...ieren⟩: 1. (ein vermessenes Gebiet o. ä.) auf einer Karte darstellen (Geogr.). 2. in eine Kartei einordnen. **Kar|tier|in|stru|ment** *das;* -[e]s, -e: Gerät, das als Hilfsmittel zur Kartierung dient, z. B. Winkelmesser, rechtwinkliges Dreieck (Geogr.)

kar|ti|la|gi|när ⟨zu lat. cartilago, Gen. cartilaginis „Knorpel" u. ↑...är⟩: knorpelig (Med.)

Kar|ting [auch 'kaːɐtɪŋ] *das;* -s ⟨aus gleichbed. engl.-amerik. karting⟩: das Ausüben des Go-Kart-Sports; vgl. Go-Kart

Kar|ti|sa|ne *die;* -, -n ⟨aus gleichbed. fr. cartisane zu carte „Karte", vgl. karto...⟩: (veraltet) steifes Papierblatt zum Aufwickeln von Stickfäden. **kar|to|..., Kar|to...** ⟨zu fr. carte „Karte", dies aus lat. charta, vgl. Charta⟩: Worbildungselement mit der Bedeutung „Karte", z. B. kartographisch, Kartothek. **Kar|to|dia|gramm** *das;* -s, -e: thematische Karte, in der die meist statistischen Aussagen in ↑Diagrammen dargestellt sind, z. B. durch Klimadiagramme für ausgewählte Orte (Kartogr.). **Kar|to|gramm** *das;* -s, -e ⟨zu ↑...gramm⟩: Darstellung ↑statistischer Daten auf Landkarten (Geogr.). **Kar|to|graph** *der;* -en, -en ⟨zu ↑...graph⟩: Zeichner od. wissenschaftlicher Bearbeiter einer Landkarte. **Kar|to|gra|phie** *die;* - ⟨zu ↑...graphie⟩: Wissenschaft u. Technik von der Herstellung von Land- u. Seekarten. **kar|to|gra|phie|ren** ⟨zu ↑...ieren⟩: auf Karten aufnehmen, karthographisch darstellen. **kar|to|gra|phisch** ⟨zu ↑karto... u. ↑...graphisch⟩: die Kartographie betreffend. **Kar|to|li|tho|gra|phie** *die;* -: Verfahren zur Vervielfältigung kartographisch hergestellter Vorlagen mittels lithographischer od. photolithographischer Techniken. **Kar|to|man|tie** *die;* - ⟨zu gr. manteía „das Weissagen"⟩: die Kunst des Kartenlegens. **Kar|to|me|ter** *das;* -s, - ⟨zu ↑¹...meter⟩: Kurvenmesser. **Kar|to|me|trie** *die;* - ⟨zu ↑...metrie⟩: das Übertragen geometrischer Größen (Längen, Flächen, Winkel) auf Karten. **kar|to|me|trisch** ⟨zu ↑...metrisch⟩: die Kartometrie betreffend. **Kar|ton** [...'tɔŋ u. (bei dt. Ausspr.) ...'toːn] *der;* -s, Plur. -s u. (bei dt. Ausspr. u. österr.) -e (aber: 5 - Seife) ⟨über fr. carton aus gleichbed. it. cartone, Vergrößerungsform zu carta „Papier", dies aus lat. charta, vgl. Charta⟩: 1. [leichte] Pappe, Steifpapier. 2. Schachtel aus [leichter] Pappe. 3. Vorzeichnung zu einem [Wand]gemälde. 4. Ersatzblatt, das nachträglich für ein fehlerhaftes Blatt in ein Buch eingefügt wird. **Kar|to|na|ge** [...'naːʒə] *die;* -, -n ⟨aus fr. cartonnage „Papparbeit, Pappband"⟩: 1. Pappverpackung. 2. Einbandart, bei der Deckel u. Rücken eines Buches nur aus starkem Karton bestehen. **kar|to|nie|ren** ⟨aus gleichbed. fr. cartonner⟩: [ein Buch] in Pappe [leicht] einbinden, steif heften. **kar|to|niert** ⟨zu ↑...iert⟩: in Karton geheftet; Abk.: kart. **Kar|to|thek** *die;* -, -en ⟨zu ↑...thek⟩: Kartei, Zettelkasten. **Kar|tu|sche** *die;* -, -n ⟨aus gleichbed. fr. cartouche, dies aus it. cartoccio „Papprolle; zylindrischer Behälter; Tüte zur Aufnahme einer Pulverladung" zu carta, vgl. Karton⟩: 1. (bes. in der ↑Architektur, der ↑Graphik, dem Kunstgewerbe der ↑Renaissance u. des Barocks) aus einer schildartigen Fläche (zur Aufnahme von Inschriften, Wappen, ↑Initialen o. ä.) u. einem ↑ornamental geschmückten Rahmen bestehende Verzierung (Kunstw.). 2. Metallhülse für Pulver, Hülse mit Pulver als Treibladung von Artilleriegeschossen. 3. Patronentasche berittener Truppen

Ka|ru|be *die;* -, -n ⟨aus fr. caroube, dies aus gleichbed. mlat. carrubia, carrubium, aus arab. ḫarrūba „Johannisbrotbaum"⟩: Johannisbrot

Ka|rum *das;* -[s], -[s] ⟨aus dem Assyr.⟩: Niederlassung assyrischer Kaufleute der frühen Bronzezeit in Anatolien (19. u. 18. Jh. v. Chr.)

Ka|run|kel *die;* -, -n ⟨aus lat. caruncula „kleines Stück Fleisch", Verkleinerungsform von caro, Gen. carnis „Fleisch"⟩: von der Haut od. Schleimhaut ausgehende kleine Warze aus gefäßreichem Bindegewebe (Med.)

Ka|rus|sell *das;* -s, Plur. -s u. -e ⟨aus gleichbed. fr. carrousel, it. carosello, eigtl. „Reiterspiel mit Ringelstechen", weitere Herkunft unsicher⟩: auf Jahrmärkten od. Volksfesten aufgestellte, sich im Kreis drehende große, runde Bahn mit verschiedenartigen Aufbauten, auf denen man sitzend im Kreis herumgefahren wird

Kar|va|krol [...v...] *das;* -s ⟨Kunstw. aus *fr.* carvi „Kümmel" (dies aus *lat.* carum) u. ↑Akrolein⟩: ein farbloses, allmählich dunkler werdendes, flüssiges ↑Phenol, das in einigen ätherischen Ölen vorkommt u. als Desinfektionsmittel u. Antiseptikum verwendet wird. **Kar|von** *das;* -s ⟨zu ↑²...on⟩: ein gelbliches, nach Kümmel riechendes, flüssiges ↑Phenol, das in einigen ätherischen Ölen vorkommt u. als Desinfektionsmittel u. Antiseptikum verwendet wird

Ka|rya|ti|de *die;* -, -n ⟨über *lat.* Caryatides aus gleichbed. *gr.* Karyátides zum Ortsnamen Karýai (Peloponnes); vgl. ...ide⟩: (in der Architektur der Antike) weibliche Statue mit langem Gewand, die an Stelle einer Säule das Gebälk eines Bauwerks trägt; vgl. Atlant, Herme

ka|ryo..., Ka|ryo... ⟨zu *gr.* káryon „Nuß, Kern"⟩: Wortbildungselement mit der Bedeutung „Kern, Zellkern", z. B. karyophag, Karyoplasma. **Ka|ryo|ga|mie** *die;* -, ...ien ⟨zu ↑...gamie (1)⟩: Verschmelzung zweier Zellkerne (Biol.). **Ka|ryo|gramm** *das;* -s, -e ⟨zu ↑...gramm⟩: graphische Darstellung eines vollständigen Chromosomensatzes, bei der die ↑Chromosomen nach der Größe geordnet u. fortlaufend numeriert sind (Biol.). **Ka|ryo|id** *das;* -s, -e ⟨zu ↑...oid⟩: bei Bakterien u. Blaualgen vorkommende Region, die dem Zellkern der höheren Organismen entspricht (Biol.). **Ka|ryo|ki|ne|se** *die;* -, -n ⟨zu *gr.* kínēsis „Bewegung"⟩: svw. Mitose. **ka|ryo|ki|ne|tisch:** svw. mitotisch. **Ka|ryo|kla|sie** *die;* -, ...ien ⟨zu *gr.* klásis „das Zerbrechen" u. ↑²...ie⟩: das Auseinanderbrechen des Zellkerns (Biol.). **Ka|ryo|lo|gie** *die;* - ⟨zu ↑...logie⟩: Wissenschaft vom Zellkern, bes. der in ihm enthaltenen ↑Chromosomen (Biol.). **Ka|ryo|lym|phe** *die;* -, -n: Grundsubstanz des Zellkerns, Kernsaft (Biol.). **Ka|ryo|ly|se** *die;* -, -n ⟨zu ↑...lyse⟩: 1. scheinbares Verschwinden des Zellkerns bei der Kernteilung (Biol.). 2. Auflösung des Zellkerns (z. B. nach dem Absterben der Zelle; Biol.). **Ka|ryo|mer** *das;* -s, -en (meist Plur.) ⟨zu *gr.* méros „Teil"⟩: 1. svw. Chromosom. 2. kernartiger Bezirk, in den sich während der ↑Telophase der Kernteilung die Chromosomen mancher Insekten u. Ruderfüßer umwandeln (Biol.). **Ka|ryo|me|trie** *die;* -, ...ien ⟨zu ↑...metrie⟩: histologische Untersuchung von Zellen mit Messung des Zellkerndurchmessers u. Bestimmung des Kernvolumens (Biol., Med.). **Ka|ry|on** *das;* -s, -e ⟨aus *gr.* kárion „Nuß, Kern"⟩: Zellkern (Biol.). **ka|ryo|phag** ⟨zu ↑...phag⟩: den Zellkern zerstörend (Biol.). **Ka|ryo|plas|ma** *das;* -s: Kernplasma (Biol.). **Ka|ryo|op|se** *die;* -, -n ⟨zu *gr.* ópsis „Aussehen"⟩: Frucht der Gräser (Bot.). **Ka|ryo|py|kno|se** *die;* -, -n: Zusammenballung des ↑Chromatins des Zellkerns bei der Zellteilung (Biol.). **ka|ryo|py|kno|tisch:** Karyopyknose zeigend, mit Karyopyknose verbunden (Biol.). **Ka|ry|or|rhe|xis** *die;* - ⟨zu *gr.* rhêxis „das Reißen, das Durchbrechen"⟩: Zerreißung u. Auflösung des Zellkerns nach dem Zelltod (Biol.). **Ka|ryo|som** *das;* -s, -en ⟨zu *gr.* sõma „Körper"⟩: Binnenkörper, im Zellkern (bes. bei Einzellern) gelegener großer ↑Nukleolus (Biol.). **ka|ryo|trop** ⟨zu ↑...trop⟩: gegen den Zellkern gerichtet (z. B. von Viren; Biol., Med.). **Ka|ryo|typ** *der;* -s, -en ⟨zu *gr.* týpos „Schlag; Gepräge; Muster, Modell"⟩: Chromosomensatz einer Zelle (Biol.)

Kar|zer *der;* -s, - ⟨aus *lat.* carcer „Gefängnis, Kerker"⟩: 1. Ort, an dem Schüler od. Studenten den Arrest absitzen mußten. 2. (ohne Plur.) Haftstrafe an Schulen u. Universitäten; Arrest. **Kar|ze|ra|ti|on** *die;* -, -en ⟨aus gleichbed. *mlat.* carceratio⟩: (veraltet) Einkerkerung. **kar|ze|rie|ren** ⟨aus gleichbed. *spätlat.* carcerare⟩: (veraltet) einkerkern

kar|zi|no..., Kar|zi|no... ⟨zu *gr.* karkínos „Krebs"⟩: Wortbildungselement mit der Bedeutung „krebsartig, den Krebs (als Krankheit) betreffend", z. B. karzinologisch, Karzinophobie. **kar|zi|no|gen** ⟨zu ↑...gen⟩: svw. kanzerogen. **Kar|zi|no|gen** *das;* -s, -e: Substanz, Strahlung o. ä., von der eine krebserzeugende Wirkung ausgeht (Med.). **Kar|zi|no|ge|ne|se** *die;* -: Entstehung von Krebszellen (Med.). **Kar|zi|no|id** *das;* -[e]s, -e ⟨zu ↑...oid⟩: 1. gutartige Schleimhautgeschwulst im Magen-Darm-Bereich (Med.). 2. ↑abortiver Hautkrebs (Med.). **Kar|zi|no|lo|ge** *der;* -n, -n ⟨zu ↑...loge⟩: Spezialist für Krebskrankheiten, Krebsforscher (Med.). **Kar|zi|no|lo|gie** *die;* - ⟨zu ↑...logie⟩: 1. Wissenschaft von den Krebserkrankungen, ihrer Entstehung, Bekämpfung u. Behandlung (Med.). 2. Lehre von den Krebsen (Zool.). **kar|zi|no|lo|gisch** ⟨zu ↑...logisch⟩: die Karzinologie betreffend (Med.). **Kar|zi|nom** *das;* -s, -e ⟨über *lat.* carcinoma aus gleichbed. *gr.* karkínōma⟩: bösartige Krebsgeschwulst, Krebs; Abk.: Ca. **kar|zi|no|ma|tös** ⟨zu ↑...ös⟩: krebsartig, von Krebs befallen (Med.). **Kar|zi|no|pho|bie** *die;* -, ...ien ⟨zu ↑...phobie⟩: krankhafte Angst, an Krebs zu erkranken bzw. erkrankt zu sein. **Kar|zi|no|sar|kom** *das;* -s, -e ⟨Kurzw. aus ↑Karzinom u. ↑Sarkom⟩: Geschwulst aus karzinomatösem u. ↑sarkomatösem Gewebe (Med.). **Kar|zi|no|se** *die;* -, -n ⟨zu ↑Karzinom u. ↑¹...ose⟩: über den ganzen Körper verbreitete Krebsbildung (Med.). **Kar|zi|no|sta|ti|kum** *das;* -s, ...ka ⟨zu *gr.* statikós „zum Stillstand bringend"; vgl. ...ikum⟩: Substanz, die wegen ihrer hemmenden Wirkung auf das Wachstum u. die Vermehrung bes. von rasch wachsenden Zellen in der Krebsbehandlung eingesetzt wird (Med.). **kar|zi|no|sta|tisch:** das Krebswachstum zum Stillstand bringend (von Medikamenten; Med.)

Ka|sa|ba *die;* -, -s ⟨aus dem Ägypt.⟩: altes ägypt. Längenmaß (= 3,55 m)

Ka|sach u. Kasák *der;* -[s], -s ⟨nach dem mittelasiatischen Nomadenvolk der Kasachen⟩: ein handgeknüpfter kaukasischer Gebrauchsteppich mit fast ausschließlich geometrischen Musterformen

Ka|sack *der;* -s, -s, österr. *die;* -, -s ⟨aus *fr.* casaque „Reiserock, Damenmantel", weitere Herkunft unsicher⟩: dreiviertellange Damenbluse, die über Rock od. langer Hose getragen wird

Ka|sak vgl. Kasach

Ka|sa|tschok *der;* -s, -s ⟨aus gleichbed. *russ.* kazačok zu kazak „Kosak"⟩: ein russischer Volkstanz

Kas|ba[h] *die;* -, Plur. -s od. Ksabi ⟨aus *arab.* qaşba „Stadt, Dorf"⟩: 1. Sultansschloß in Marokko. 2. arab. Viertel in nordafrik. Städten

Kas|be|gu|ri *der;* - ⟨aus gleichbed. *georgisch* kasbeguri⟩: ein georgischer Volkstanz

Kasch *der;* -s u. **Ka|scha** *die;* - ⟨aus gleichbed. *russ.* kaša⟩: [Buchweizen]grütze

Käsch *das;* -[s], Plur. -[s] od. -e ⟨aus *tamil.* kāsu „kleine Kupfermünze", dies vermutlich aus *sanskr.* kārṣā „ein Silberod. Goldgewicht"⟩: ostasiatische, bes. chinesische Nichtedelmetallmünze

Ka|schan vgl. Keschan

Ka|sche|lott *der;* -s, -e ⟨über *fr.* cachalot aus gleichbed. *port.* u. *span.* cachalote, wohl eigtl. „Großköpfiger"⟩: Pottwal

Ka|schem|me *die;* -, -n ⟨aus *zigeunerisch* katšíma „Wirtshaus", dies aus dem Slaw.⟩: (abwertend) zweifelhaftes, schlechtes Lokal mit fragwürdigen Gästen

Ka|scheur [...'ʃøːɐ̯] *der;* -s, -e ⟨zu ↑kaschieren u. ↑...eur⟩:

jmd., der plastische Teile der Bühnendekoration (mit Hilfe von Holz, Pappe, Gips o. ä.) herstellt (Berufsbez.; Theat.).
ka|schie|ren ⟨aus gleichbed. *fr.* cacher, dies über *altfr.* cachier „bedecken, verstecken" aus *galloroman.* *coacticare „zusammendrängen" zu *lat.* coactare „mit Gewalt zwingen, zusammendrücken"⟩: 1. so darstellen, verändern, daß eine positivere Wirkung erzielt wird, bestimmte Mängel nicht erkennbar, nicht sichtbar werden; verhüllen, verbergen, verheimlichen. 2. plastische Teile mit Hilfe von Leinwand, Papier u. Leim od. Gips herstellen (Theat.). 3. [Bucheinband]pappe mit buntem od. bedrucktem Papier überkleben (Druckw.). 4. zwei Gewebe mit Hilfe eines Klebstoffs miteinander verbinden
Ka|schi|ri *das;* - ⟨aus dem Indian.⟩: berauschendes Getränk der Indianer, gewonnen aus den Wurzelknollen des ↑Maniok
Kasch|mir *der;* -s, -e ⟨nach der Landschaft am Himalaja⟩: feines Kammgarngewebe in Köper- od. Atlasbindung (Webart)
Ka|scho|long *der;* -s, -s ⟨aus gleichbed. *fr.* cacholong, dies aus dem Tatar.⟩: ein Schmuckstein, Abart des ↑Opals (1)
Ka|schott vgl. Cachot
Ka|schu|be *der;* -n, -n ⟨nach einem westslawischen Volksstamm⟩: (landsch.) bäurischer Mensch, Hinterwäldler
Ka|schu|nuß vgl. Cashewnuß
Ka|schur|pa|pier *das;* -s ⟨zu ↑kaschieren, ↑...ur u. ↑Papier⟩: Schmuckpapier zum Überkleben von Pappe, Karton usw. **Kasch|ver|fah|ren** *das;* -s, - ⟨zu ↑kaschieren⟩: auf teilweiser Bildabdeckung beruhendes Breitwandfilmverfahren
Ka|se|in, chem. fachspr. Casein [k...] *das;* -s ⟨zu *lat.* caseus „Käse" u. ↑...in (1)⟩: wichtigster Eiweißbestandteil der Milch (Käsestoff). **Ka|se|in|ma|le|rei** *die;* -: seit dem Mittelalter übliche Technik der Wandmalerei mit kaseingebundenen Farben
Ka|sel *die;* -, -n, auch Casula [k...] *die;* -, ...lae [...lɛ] ⟨aus gleichbed. *mlat.* casula zu *spätlat.* (b)la „Kapuzenmantel", vgl. Chasuble⟩: seidenes Meßgewand, das über den anderen Gewändern zu tragen ist. **Ka|sel|kna|ben** *die* (Plur.): (veraltet) mit Kaseln bekleidete Ministranden
Ka|se|mat|te *die;* -, -n ⟨über *fr.* casemate aus *it.* casamatta „Wallgewölbe", dies wahrscheinlich zu *mgr.* chásma, Plur. chásmata „Spalte, Erdkluft"⟩: 1. gegen feindlichen Beschuß gesicherter Raum in Festungen (Mil.). 2. durch Panzerwände geschützter Geschützraum eines Kriegsschiffes. **ka|se|mat|tie|ren** ⟨zu ↑...ieren⟩: (veraltet) [eine Festung, ein Schiff] mit Kasematten versehen
Ka|ser|ne *die;* -, -n ⟨aus gleichbed. *fr.* caserne, dies über *mittelfr.* caserne „Raum für vier Wachsoldaten" aus *altprovenzal.* cazerna „Gruppe von vier Personen", dies aus *lat.* quaterni „je vier" zu quat(t)uor „vier"⟩: Gebäude zur ortsfesten u. ständigen Unterbringung von Soldaten, einer militärischen Einheit; Truppenunterkunft in Friedenszeiten. **Ka|ser|ne|ment** [...'mã:] *das;* -s, -s ⟨aus gleichbed. *fr.* casernement⟩: 1. Gesamtheit der zum Bereich einer Kaserne gehörenden Gebäude. 2. (veraltet) das Kasernieren. **ka|ser|nie|ren** ⟨aus gleichbed. *fr.* caserner⟩: [Truppen] in Kasernen unterbringen. **Ka|ser|nie|rung** *die;* -, -en ⟨zu ↑...ierung⟩: das Kasernieren
Ka|sha ⓦ [...ʃa] *der;* -[s], -s ⟨wahrscheinlich eine entstellte Wortbildung aus Kaschmir⟩: weicher, dem ↑Kaschmir ähnlicher Kleiderstoff
Ka|si|as|ker *der;* -s, - ⟨aus *arab.* Kadi 'l-askar „Heeresrichter"⟩: seit etwa 1362 höchstes Richteramt in der Türkei (bis 1922)

Ka|si|nist *der;* -en, -en ⟨zu ↑Kasino u. ↑...ist⟩: (veraltet) Mitglied eines ↑Kasinos (4). **Ka|si|no** u. Casino [k...] *das;* -s, -s ⟨aus *it.* casino „Gesellschaftshaus", Verkleinerungsform von casa „Haus, Hütte", dies aus *lat.* casa⟩: 1. Gebäude mit Räumen für gesellige Zusammenkünfte. 2. Speiseraum, z. B. für Offiziere. 3. öffentliches Gebäude, in dem Glücksspiele stattfinden; Spielkasino. 4. (veraltet) Vereinshaus
Kas|ka|de *die;* -, -n ⟨über *fr.* cascade aus *it.* cascata „Wasserfall" zu cascare „fallen", dies über *vulgärlat.* *casicare aus gleichbed. *lat.* cadere⟩: 1. [künstlicher] stufenförmiger Wasserfall. 2. wagemutiger Sprung in der Artistik (z. B. Salto mortale). 3. Anordnung hintereinander geschalteter, gleichartiger Gefäße (chem. Technik). 4. svw. Kaskadenschaltung. **Kas|ka|dẹl|le** *die;* -, -n ⟨aus gleichbed. *fr.* cascatelle, eigtl. Verkleinerungsform von cascade, vgl. Kaskade⟩: (veraltet) kleiner Wasserfall. **Kas|ka|den|bat|te|rie** *die;* -, -n [...i:ən] ⟨zu ↑Kaskade⟩: hintereinandergeschaltete Batterien, die bes. für ↑Kondensatoren verwendet werden. **Kas|ka|den|ge|ne|ra|tor** *der;* -s, -en: Gerät zur Erzeugung elektrischer Hochspannung durch eine Reihenschaltung von ↑Kondensatoren (1) u. Gleichrichtern (Elektrot.). **Kas|ka|den|ma|gen** *der;* -s, Plur. ...mägen, auch -: Magenform mit stufenförmigem Übergang zwischen oberem u. unterem Magenabschnitt (Med.). **Kas|ka|den|sän|ge|rin** *die;* -, -nen: (veraltet) franz. Bänkelsängerin. **Kas|ka|den|schal|tung** *die;* -, -en: Reihenschaltung gleichgearteter Teile, z. B. ↑Generatoren (Elektrot.). **Kas|ka|deur** [...'døːɐ̯] *der;* -s, -e ⟨aus gleichbed. *fr.* cascadeur⟩: Artist, der Kaskaden (2) ausführt. **kas|ka|die|ren** ⟨zu ↑Kaskade u. ↑...ieren⟩: die Arbeitsmöglichkeiten von Rechenanlagen durch Zusammenschalten mehrerer Rechner erweitern (EDV)
Kas|ka|rịll|rin|de *die;* - ⟨aus gleichbed. *span.* cascarilla zu casca „(Gerber)rinde"⟩: ein angenehm riechendes westindisches Gewürz
Kas|kett *das;* -s, -e ⟨aus *fr.* casquette, Verkleinerungsform von casque „Helm", dies aus *span.* casco, vgl. ¹Kasko⟩: (veraltet) einfacher Visierhelm, leichter Lederhelm
¹Kạs|ko *der;* -s, -s ⟨zu *span.* casco „Schiffsrumpf", eigtl. „Scherbe, abgebrochenes Stück", auch „Schädel, Kopf, Helm", zu cascar „zerbrechen", dies über gleichbed. *vulgärlat.* *quassicare aus *lat.* quatere „schütteln, erschüttern"⟩: 1. Schiffsrumpf. 2. Fahrzeug (im Unterschied zur Ladung). 3. Spielart des ↑Lombers. **²Kạs|ko** *die;* -, -s ⟨zu ↑¹Kasko⟩: Kurzform von ↑Kaskoversicherung
Kas|ko|de *die;* -, -n ⟨Kunstw.⟩: Verstärkerschaltung mittels zweier Trioden od. Transistoren, die für die Verstärkung hochfrequenter Wechselströme (z. B. beim Fernsehempfang) geeignet ist (Elektrot.)
Kạs|ko|ver|si|che|rung *die;* -, -en ⟨zu ↑¹Kasko⟩: Versicherung gegen Schäden an Beförderungsmitteln des Versicherungsnehmers
Kas|na *die;* - ⟨aus gleichbed. *russ.* kazna⟩: (veraltet) 1. Staatsschatz, Kronkasse. 2. Fiskus. **Kas|na|tschej** *der;* -, -s ⟨aus gleichbed. *russ.* kaznačej⟩: (veraltet) Schatzmeister, Kassenverwalter, Zahlmeister
Kạs|sa *die;* -, Kassen ⟨aus gleichbed. *it.* cassa, eigtl. „Behältnis", dies aus *lat.* capsa „Behältnis, Kasten (für Bücherrollen)"⟩: (österr.) Kasse; vgl. per cassa. **Kạs|sa|buch** *das;* -[e]s, ...bücher: (österr.) Kassenbuch. **Kạs|sa|ge|schäft** *das;* -s, -e: Geschäft, das sofort od. kurzfristig erfüllt werden soll (bes. im Börsenverkehr). **Kạs|sa|kurs** *der;* -es, -e: Kurs der ↑per cassa gehandelten Wertpapiere an der Börse
Kas|san|dra *die;* -, ...dren ⟨aus *gr.* Kas(s)ándra, nach der

Seherin Kassandra, der Tochter des trojanischen Königs Priamos in der griech. Sage): weibliche Person, die gegenüber etwas Bevorstehendem eine pessimistische Grundhaltung zeigt u. davor warnt. **Kas|san|dra|ruf** *der;* -[e]s, -e: unheilkündende Warnung

Kas|sa|preis *der;* -es, -e ⟨zu ↑ Kassa⟩: (österr.) an der Kasse, Börse o. ä. bezahlter Preis

¹Kas|sa|ti|on *die;* -, -en ⟨aus *mlat.* cassatio „Ungültigkeit(serklärung), Abschaffung" zu *spätlat.* cassare, vgl. ²kassieren⟩: 1. Ungültigkeitserklärung (von Urkunden). 2. Aufhebung eines Gerichtsurteils durch die nächsthöhere Instanz. 3. (veraltet) bedingungslose Entlassung aus dem Militärdienst od. aus dem Beamtenverhältnis; vgl. ...[at]ion/...ierung

²Kas|sa|ti|on *die;* -, -en ⟨Herkunft unsicher, vielleicht zu *it.* cassazione „Aufhebung"⟩: ein mehrsätziges Tonwerk für mehrere Instrumente in der Musik des 18. Jh.s

Kas|sa|ti|ons|hof *der;* -[e]s, ...höfe ⟨zu ↑¹Kassation⟩: der oberste Gerichtshof in manchen Ländern (z. B. Belgien, Frankreich). **Kas|sa|ti|ons|pro|zeß** *der;* ...esses, ...esse: (veraltet) Rechtsverhandlung über die Entlassung eines Beamten. **kas|sa|to|risch** ⟨aus *nlat.* cassatorius⟩: die ¹Kassation betreffend; -e K l a u s e l : a) Vertragsklausel, die das Recht des Gläubigers, vom Vertrag zurückzutreten, für den Fall gwährleistet, daß der Schuldner seine Verbindlichkeiten nicht erfüllt (Rechtsw.); b) die Vereinbarung der Fälligkeit der Gesamtschuld bei teilweisem Verzug (z. B. bei Teilzahlungsgeschäften)

Kas|sa|wa *die;* -, -s ⟨über *span.* cacabe aus gleichbed. *Taino* (einer Indianersprache der Karibik) caçábi⟩: svw. Maniok

Kas|sa|zah|lung *die;* -, -en ⟨zu ↑ Kassa⟩: Barzahlung. **Kas|se** *die;* -, -n: 1. verschließbarer Behälter zur Aufbewahrung von Geld. 2. (ohne Plur.) zur Verfügung stehendes Geld, Barmittel. 3. Zahlungsraum, Bankschalter, an dem Geld aus- od. einbezahlt wird. 4. (ugs.) a) Kurzform für Sparkasse; b) Kurzform für Krankenkasse; vgl. Kassa. **Kas|sen|ob|li|ga|tio|nen** *die* (Plur.): mittelfristige, festverzinsliche Schuldverschreibungen

Kas|se|rol *das;* -s, -e ⟨zu ↑ Kasserolle⟩: (landsch.) svw. Kasserolle. **Kas|se|rol|le** *die;* -, -n ⟨aus gleichbed. *fr.* casserolle zu *nordfr. mdal.* casse „Pfanne" aus *vulgärlat.* cattia „Kelle, Schöpflöffel"⟩: flacher Topf mit Stiel od. Henkeln zum Kochen u. Schmoren

Kas|set|te *die;* -, -n ⟨aus *fr.* cassette, *it.* cassetta „Kästchen", Verkleinerungsform von cassa, vgl. Kassa⟩: 1. verschließbares Holz- od. Metallkästchen zur Aufbewahrung von Geld u. Wertsachen. 2. flache, feste Schutzhülle für Bücher, Schallplatten o. ä. 3. lichtundurchlässiger Behälter in einem Fotoapparat od. in einer Kamera, in der der Film od. die Fotoplatte eingelegt wird (Fotogr.). 4. vertieftes Feld [in der Zimmerdecke] (Archit.). 5. Magnetband u. zwei kleine Spulen, die fest in ein kleines, flaches, rechteckiges Gehäuse aus Kunststoff eingebaut sind. **Kas|set|ten|deck** *das;* -s, -s: Teil einer Stereoanlage, mit dem man – mit Hilfe von Verstärker u. Lautsprecher – Kassetten (5) abspielt (od. bespielt). **Kas|set|ten|decke¹** *die;* -, -n: in Kassetten (4) aufgeteilte Zimmerdecke. **Kas|set|ten|film** *der;* -[e]s, -e: 1. in speziellen Kassetten untergebrachter Kleinbild- od. Schmalfilm für Amateurkameras, der samt Kassette (3) nur in die Kamera eingelegt, nicht aber in den Transportmechanismus eingefädelt zu werden braucht. 2. Film, der über ein Zusatzgerät des Fernsehapparats od. mit Hilfe anderer Geräte abgespielt werden kann. **Kas|set|ten|kopf** *der;* -[e]s, ...köpfe: Gefechtskopf zur Aufnahme mehrerer Einzelsprengköpfe (Milit.). **Kas|set|ten|re-**

cor|der [...k...] *der;* -s, -: kleines Tonbandgerät, bei dem für Aufnahme u. Wiedergabe Kassetten (5) verwendet werden. **kas|set|tie|ren** ⟨zu ↑...ieren⟩: die Decke eines Raums mit Kassetten (4) versehen, täfeln. **Kas|set|tie|rung** *die;* -, -en ⟨zu ↑...ierung⟩: das Kassettieren. **Kas|set|to|ne** *die;* -, -n ⟨aus gleichbed. *it.* cassettone, eigtl. Vergrößerungsform von cassetta, vgl. Kassette⟩: (veraltet) 1. Truhe, Kommode. 2. svw. Kassettendecke

Kas|sia u. **Kas|sie** [...jə] *die;* -, ...ien [...jən] ⟨über *lat.* cas(s)ia aus gleichbed. *gr.* kasía, dies aus dem *Semit.*⟩: in wärmeren Gebieten wachsende Bäume, Sträucher od. Kräuter mit paarig gefiederten Blättern (die getrocknet als Abführmittel verwendet werden; vgl. Sennesblätter) u. gelben Blüten.

Kas|sia|öl *das;* -[e]s: aus Teilen des Zimtbaumes gewonnenes ätherisches Öl, das als Gewürz u. zur Seifenherstellung verwendet wird

Kas|si|ber *der;* -s, - ⟨über *gaunerspr.* kassiwe „Brief, Ausweis" aus *jidd.* kessaw, Plur. kessowim „Brief, Geschriebenes", dies aus *hebr.* ketuvīm (Plur.) „Schriften" zu kātav „schreiben"⟩: (Gaunerspr.) heimliches Schreiben od. unerlaubte schriftliche Mitteilung eines Häftlings an einen anderen od. an Außenstehende. **kas|si|bern**: einen Kassiber abfassen

Kas|si|de *die;* -, -n ⟨aus *arab.* qaṣīda „Lobgedicht"⟩: eine arab. Gedichtgattung

Kas|sie [...jə] vgl. Kassia

Kas|sier *der;* -s, -e ⟨aus *it.* cassiere zu cassa, vgl. Kassa⟩: (österr., schweiz., südd.) svw. Kassierer.

¹kas|sie|ren ⟨für älter einkassieren, Lehnübersetzung von *it.* incassare, vgl. Inkasso⟩: 1. Geld einnehmen, einziehen, einsammeln. 2. (ugs.) a) etwas an sich raffen; b) etwas hinnehmen; c) jmdn. gefangennehmen

²kas|sie|ren ⟨aus *spätlat.* cassare „aufheben, annullieren" zu cassus „leer, nichtig"⟩: a) jmdn. seines Amtes entheben, jmdn. aus seinem Dienst entlassen; b) etwas für ungültig erklären, ein Gerichtsurteil aufheben

Kas|sie|rer *der;* -s, - ⟨zu ↑ ¹kassieren⟩: Angestellter eines Unternehmens od. Vereins, der die Kasse führt. **Kas|sie|rerin** *die;* -, -nen: weibliche Form zu ↑ Kassierer. **Kas|sie|rin** *die;* -s, -nen: (österr., schweiz., südd.) svw. Kassiererin. **Kas|sie|rung** *die;* -, -en ⟨zu ↑...ierung⟩: 1. svw. ¹Kassation. 2. das Einziehen von Geldbeträgen; vgl. ...[at]ion/...ierung

Kas|si|nett vgl. Cassinet

Kas|sio|pei|um vgl. Cassiopeium

Kas|si|te|rit [auch ...'rɪt] *der;* -s, -e ⟨zu *gr.* kassíteros „Zinn" u. ↑²...it⟩: Zinnstein, wichtiges Zinkerz

Kas|so|na|de *die;* - ⟨aus gleichbed. *fr.* cassonade zu casser „(zer)brechen, entzweischlagen", dies aus *lat.* quassare „zerschlagen; schütteln, beschädigen"⟩: Rohzucker

Ka|sta|gnet|te [...anˈjɛtə] *die;* -, -n ⟨aus gleichbed. *span.* castañeta, Verkleinerungsform von castaña „Kastanie", wohl nach der Ähnlichkeit⟩: kleines Rhythmusinstrument aus zwei ausgehöhlten Hartholzschälchen, die durch ein über den Daumen od. die Mittelhand gestreiftes Band gehalten u. mit den Fingern gegeneinandergeschlagen werden

Ka|sta|li|sche Quel|le *die;* -n ⟨nach der griech. Nymphe Kastalí⟩: Sinnbild für dichterische Begeisterung

Ka|sta|nie [...jə] *die;* -, -n ⟨über *lat.* castanea „Kastanie" aus *gr.* (kárya) kastáneia „Früchte des Kastanienbaumes" zu kástanon „Kastanienbaum", weitere Herkunft ungeklärt⟩: 1. ein Laubbaum mit eßbaren Früchten (Edelkastanie). 2. ein Laubbaum, dessen Früchte zu Futterzwecken verwendet werden (Roßkastanie). 3. die Frucht von Edel- u. Roßkastanie. 4. Wulst von Haaren an den Hinterläufen des

Kaste

Wildes (Jägerspr.). 5. hornige, haarfreie Schwiele an den Beinen bei Pferden, Eseln u. Zebras

Ka|ste *die;* -, -n ⟨über *fr.* caste „streng abgeschlossener Stand innerhalb der hinduistischen Rangordnung" aus gleichbed. *port.* casta, eigtl. „Art, Rasse, Geschlecht", weitere Herkunft unsicher⟩: 1. a) Gruppe innerhalb der hinduistischen Gesellschaftsordnung; b) (abwertend) sich gegenüber anderen Gruppen streng absondernde Gesellschaftsschicht, deren Angehörige ein übertriebenes Standesbewußtsein pflegen. 2. bei staatenbildenden Insekten (z. B. Bienen, Ameisen) im Rahmen einer bestimmten Arbeitsteilung existierende Gruppe von Individuen mit bestimmten Aufgaben u. entsprechend vorhandenen od. besonders ausgebildeten Organen

Ka|stell *das;* -s, -e ⟨aus *lat.* castellum „Festung", Verkleinerungsform von castrum „befestigtes Lager"⟩: 1. a) kleines, befestigtes altröm. Truppenlager an der Grenze; b) Burg, Schloß. 2. (veraltet) Aufbau auf dem Vorder- und Hinterdeck eines Kriegsschiffes. **Ka|stel|lan** *der;* -s, -e ⟨aus *mlat.* castellanus „Burgvogt" zu *lat.* castellanus „Kastellbewohner", eigtl. „zum Kastell gehörig"⟩: 1. Burg-, Schloßvogt. 2. Aufsichtsbeamter in Schlössern u. öffentlichen Gebäuden. **Ka|stel|la|nei** *die;* -, -en: Schloßverwaltung. **Ka|stel|la|ti|on** *die;* -, -en ⟨zu ↑...ation⟩: (veraltet) Befestigung eines Schlosses, Gebäudes zum Kastell (1)

Ka|sten|geist *der;* -[e]s ⟨Lehnübersetzung von *fr.* esprit de caste, vgl. Kaste⟩: (abwertend) vorurteilsvolle, engstirnige Haltung dessen, der sich einer bestimmten gehobenen Gesellschaftsschicht zugehörig fühlt

Ka|sti|fi|ka|ti|on *die;* - ⟨aus gleichbed. *lat.* castificatio zu castificare, vgl. kastifizieren⟩: (veraltet) Reinigung von Sünden. **ka|sti|fi|zie|ren** ⟨aus gleichbed. *lat.* castificare zu castus „rein; fromm" u. facere „machen"⟩: (veraltet) (von Sünden) reinigen. **Ka|sti|tät** *die;* - ⟨aus gleichbed. *lat.* castitas, Gen. castitatis⟩: (veraltet) [sittliche] Reinheit, [sexuelle] Enthaltsamkeit

Ka|sti|ga|ti|on *die;* -, -en ⟨aus *lat.* castigatio „Zurechtweisung, Bestrafung" zu castigare, vgl. kastigieren⟩: (veraltet) Züchtigung. **Ka|sti|ga|tor** *der;* -s, ...oren ⟨aus *lat.* castigator „Tadler, Züchtiger"⟩: Korrektor in der Frühzeit des Buchdrucks. **ka|sti|ga|to|risch:** (veraltet) züchtigend. **ka|sti|gie|ren** ⟨aus *lat.* castigare „durch Tat od. Wort zurechtweisen, tadeln, züchtigen"⟩: (veraltet) züchtigen

Ka|sti|ze vgl. Castize

Ka|stor *der;* -[s] ⟨nach *lat.* castor „Biber", dies aus gleichbed. *gr.* kástōr, wohl wegen der Ähnlichkeit mit dem Biberfell⟩: weiches, langhaariges, aus hochwertiger Wolle gewebtes Tuch. **Ka|sto|ri|ne** *die;* - ⟨aus gleichbed. *fr.* castorine zu castoréum „Bibergeil", dies aus *lat.* castoreum, vgl. Castoreum⟩: 1. svw. Castoreum. 2. ein leichter Wollstoff.

Ka|stor|öl *das;* -[e]s ⟨Lehnübersetzung von *engl.* castor oil, nach dem in der Heilkunde oft verwendeten Duftstoff der Duftdrüsen des Bibers⟩: Handelsbezeichnung für Rizinusöl

Ka|stor und Pol|lux ⟨nach den Zwillingsbrüdern der griech. Sage⟩: (scherzh.) zwei engbefreundete [jüngere] Männer

Ka|strat *der;* -en, -en ⟨aus gleichbed. *it.* castrato zu castrare, dies aus *lat.* castrare, vgl. kastrieren⟩: 1. Person, der die Keimdrüsen (Hoden bzw. Eierstöcke) entfernt od. ausgeschaltet wurden. 2. in der Jugend entmannter, daher mit Knabenstimme, aber großem u. beweglichem Stimmapparat singender Bühnensänger (17. u. 18. Jh.). **Ka|stra|ti|on** *die;* -, -en ⟨aus gleichbed. *lat.* castratio⟩: 1. Ausschaltung od. Entfernung der Keimdrüsen (Hoden od. Eierstöcke) bei Menschen u. Tieren; Verschneidung. 2. das Entfernen der Staubblätter bei Pflanzen (aus züchterischen Gründen); vgl. ...[at]ion/...ierung. **Ka|stra|ti|ons|angst** *die;* -, ...ängste: in der Kindheit durch den Vergleich zwischen Jungen u. Mädchen auftretende Angst, das Geschlechtsorgan zu verlieren (Psychol.). **Ka|stra|ti|ons|kom|plex** *der;* -es, -e: Gesamtheit der Phantasien u. Ängste, die sich um den Begriff der Kastration (1) gruppieren (Psychol.). **ka|strie|ren** ⟨aus gleichbed. *lat.* castrare⟩: 1. eine Kastration vornehmen. 2. (ugs. scherzh.) bestimmter gefährlicher, unerwünschter o. ä. [Bestand]teile, Wirkstoffe berauben u. damit harmlos od. wirkungslos machen; kastrierte Ausgabe: svw. Editio castigata. **Ka|strier|te** *die;* -n, -n ⟨vgl. ...iert⟩: (ugs. scherzh.) Filterzigarette. **Ka|strie|rung** *die;* -, -en ⟨zu ↑...ierung⟩: (selten) svw. Kastration; vgl. ...[at]ion/...ierung

ka|su|al ⟨aus gleichbed. *spätlat.* casualis⟩: (veraltet) zufällig, nicht voraussehbar; vgl. ...al/...ell. **Ka|sua|li|en** […i̯ən] *die* (Plur.) ⟨aus gleichbed. *spätlat.* casualia, eigtl. „Zufälligkeiten", Neutrum Plur. von casualis, vgl. kasual⟩: 1. [Vergütung für] geistliche Amtshandlungen aus besonderem Anlaß (Taufe, Trauung u. a.); vgl. Stolgebühren. 2. (veraltet) nicht vorhersehbare Ereignisse, Zufälligkeiten. **Ka|sua|lis|mus** *der;* - ⟨zu ↑...ismus (1)⟩: [altgriech.] philos. Lehre, nach der die Welt durch Zufall entstanden sei u. sich zufällig entwickelt habe (Philos.). **Ka|sua|li|tät** *die;* - ⟨aus gleichbed. *mlat.* casualitas, Gen. casualitatis⟩: (veraltet) Zufälligkeit

Ka|su|ar *der;* -s, -e ⟨über *niederl.* casuaris aus gleichbed. *malai.* kasuwāri, kesuari⟩: flugunfähiger Straußenvogel Australiens. **Ka|sua|ri|na** u. **Ka|sua|ri|ne** *die;* -, ...nen ⟨zu *indones.* (pohon) kesuari „Kasuar(baum)", nach der Ähnlichkeit der Zweige mit den Federn des Kasuars⟩: Baum od. Strauch Indonesiens u. Australiens mit federartigen Zweigen, der Hartholz u. Gerbrinde liefert

ka|su|ell ⟨aus gleichbed. *fr.* casuel, dies aus *spätlat.* casualis, vgl. kasual⟩: zufällig, den Kasus (1) betreffend; vgl. ...al/ ...ell. **Ka|su|ist** *der;* -en, -en ⟨zu ↑ Kasus (1) u. ↑...ist⟩: 1. Vertreter der Kasuistik. 2. Wortverdreher, Haarspalter. **Ka|sui|stik** *die;* - ⟨zu ↑...istik⟩: 1. Teil der Sittenlehre, der für mögliche Fälle des praktischen Lebens im voraus an Hand eines Systems von Geboten das rechte Verhalten bestimmt (bei den Stoikern u. in der kath. Moraltheologie). 2. Versuch u. Methode einer Rechtsfindung, die nicht von allgemeinen, umfassenden, sondern spezifischen, für möglichst viele Einzelfälle gesetzlich geregelten Tatbeständen ausgeht (Rechtsw.). 3. Beschreibung von Krankheitsfällen (Med.). 4. Wortverdreherei, Haarspalterei. **ka|sui|stisch** ⟨zu ↑...istisch⟩: 1. Grundsätze bzw. Methoden der Kasuistik (1, 2) befolgend. 2. spitzfindig, haarspalterisch. **Ka|sus** *der;* -, - [...zu:s] ⟨aus gleichbed. *lat.* casus zu cadere „fallen", Bed. 2 zu *lat.* casus, Lehnbedeutung von *gr.* ptōsis „Kasus, Fall" zu píptein „fallen"⟩: 1. Fall, Vorkommnis. 2. Fall, Beugungsfall (z. B. Dativ, Akkusativ; Sprachw.); vgl. Casus. **Ka|sus|gram|ma|tik** *die;* -: ↑ Grammatik (1 a), die davon ausgeht, daß der ↑ propositionale Kern des einfachen Satzes aus einem „Prädikator" (dem Verb) besteht, mit dem eine od. mehrere Kategorien mit der semantischen Funktion von „Tiefenstruktur-Kasus" verbunden sind (Sprachw.). **Ka|sus|syn|kre|tis|mus** *der;* -: Zusammenfall zweier od. mehrerer Fälle (Kasus) in einer Form, z. B. Patienten (Gen., Dat., Akk. Sing. u. in allen Fällen des Plurals; Sprachw.).

kat..., Kat... vgl. kata..., Kata...

¹Kat *das;* -s ⟨aus *arab.* qāt⟩: aus den Blättern des ↑ Kathstrauches gewonnenes Rauschgift

Katalog

²**Kat** *der;* -s, -s: 1. Kurzform von ↑ Katalysator (2). 2. Kurzform von ↑ Katalysatorauto

Ka|ta *das;* -[s] ⟨aus *jap.* kata „Form, Gestalt"⟩: stilisierte Form der Vorführungstechnik von Übungen mit u. ohne Partner (Budo)

ka|ta..., Ka|ta..., vor Vokalen u. vor h kat..., Kat... ⟨aus gleichbed. *gr.* katá⟩: Präfix mit der Bedeutung „von – herab, abwärts; gegen; über – hin; gänzlich" u. a., z. B. katastrophal, katholisch, Kathode

Ka|ta|ba|sis *die;* - ⟨aus *gr.* katábasis „das Hinunter-, Hinabsteigen zu katabaínein „hinabsteigen"⟩: a) der Gang eines Gottes od. Heroen in das Reich der Toten (bes. in der griech. Mythologie); b) Fahrt des Helden in die Unterwelt (fester Bestandteil zahlreicher vorderasiatischer u. europäischer Heldensagen). **ka|ta|ba|tisch** ⟨aus *gr.* katabatós „abschüssig"⟩: absteigend, abfallend (von Winden; Meteor.); Ggs. ↑ anabatisch

Ka|ta|bio|se *die;* -, -n ⟨zu ↑ kata... u. *gr.* bíos „Leben"⟩: Verbrauch lebender Substanz im Rahmen des physiologischen Untergangs der Zellen (Biol.)

Ka|ta|blem *das;* -s, -e ⟨aus *gr.* katáblēma „das Herabgeworfene, Niedergelassene; Theatervorhang; Überwurf" zu katabállein „hinabwerfen"⟩: (veraltet) eine Art Binde (Med.). **ka|ta|bol** ⟨zu *gr.* katabállein „verringern"; vgl. Katablem u. Katabolie⟩: den Abbaustoffwechsel betreffend (Biol., Med.); vgl. ...isch/-. **Ka|ta|bo|lie** *die;* - ⟨zu *gr.* katabolé „das Niederwerfen" u. ↑²...ie⟩: Abbau der Stoffe im Körper durch den Stoffwechsel; Ggs. ↑ Anabolismus. **ka|ta|bo|lisch** vgl. katabol. **Ka|ta|bo|lis|mus** *der;* - ⟨zu ↑ ...ismus (3)⟩: svw. Katabolie. **Ka|ta|bo|thre** vgl. Katavothre

Ka|ta|chre|se [...ç...] u. **Ka|ta|chre|sis** *die;* -, ...chresen ⟨aus gleichbed. *gr.* katáchrēsis, eigtl. „Mißbrauch"⟩: 1. verblaßte Bildlichkeit, gelöschte ↑ Metapher (z. B. Bein des Tisches; Rhet., Stilk.). 2. Bildbruch, d. h. Vermengung von nicht zusammengehörenden ↑ Metaphern (z. B.: Das schlägt dem Faß die Krone ins Gesicht; Rhet., Stil.). **ka|ta|chre|stisch** ⟨zu *gr.* katachrēstikós „uneigentlich"⟩: in Form einer Katachrese

Ka|ta|di|dy|mus *der;* -, ...mi ⟨über *nlat.* catadidymus zu ↑ kata... u. *gr.* dídymos „doppelt; Zwilling"⟩: Doppelmißbildung mit Verdoppelung des Kopfendes u. mit zum Unterkörper hin stetig schwächer werdender Ausprägung der Verdoppelung (Med.)

Ka|ta|di|op|trik *die;* - ⟨zu ↑ kata... u. ↑ Dioptrik⟩: Lehre von der Brechung u. Spiegelung des Lichts

Ka|ta|dro|me *die* (Plur.) ⟨aus *gr.* katádromoi (ichthýes) „(Fische), die aus den Flüssen in das Meer hinabziehen"⟩: wandernde Wassertiere, die im Meer geboren sind, den größten Teil ihres Lebens im Süßwasser leben u. zur Fortpflanzung wieder ins Meer gehen (z. B. Aale)

Ka|ta|dyn|ver|fah|ren *das;* -s ⟨zu *gr.* katadýein „untertauchen"⟩: Wasserentkeimung mit Hilfe fein verteilten Silbers

Ka|ta|falk *der;* -s, -e ⟨über *fr.* catafalque aus gleichbed. *it.* catafalco, dies wohl über *vulgärlat.* *catafalicum „Gerüst, erhöhte Plattform" zu *lat.* catasta „Schaugerüst" u. fala „hohes Gerüst"⟩: schwarz verhängtes Gestell, auf dem der Sarg während der Trauerfeierlichkeit steht

Ka|ta|ka|na *das;* -[s] od. *die;* - ⟨aus gleichbed. *jap.* kata-kana, dies zu kata „Form, Gestalt" u. kana „Silbenschrift"⟩: japan. Silbenschrift, die auf bestimmte Anwendungsbereiche (Fremdwörter, fremde Namen) begrenzt ist; vgl. Hiragana

Ka|ta|kau|stik *die;* - ⟨zu *gr.* katákausis „das Verbrennen", dies zu katakaíein „verbrennen", vgl. ²...ik (2)⟩: die beim Einfall von parallelem Licht auf einen Hohlspiegel entstehende Brennfläche, die im Idealfall ein Brennpunkt ist (Optik). **ka|ta|kau|stisch** ⟨zu *gr.* kaustikós „brennend", vgl. kaustisch⟩: einbrennend; -e Fläche: Brennfläche eines Hohlspiegels (Optik)

Ka|ta|kla|se *die;* -, -n ⟨aus *gr.* katáklasis „das Zerbrechen, der Bruch" zu kataklān „(zer)brechen"⟩: das Zerbrechen u. Zerreiben einzelner Mineralkomponenten eines Gesteins durch ↑ tektonische Kräfte (Geol.). **Ka|ta|kla|sit** [auch ...'zɪt] *der;* -s, -e ⟨zu ↑²...it⟩: durch Kataklase entstandenes Gestein. **Ka|ta|klas|struk|tur** *die;* -, -en: kataklastische ↑ Struktur (1) eines Gesteins (Geol.). **ka|ta|kla|stisch:** die Kataklase betreffend

Ka|ta|klys|ma *das;* -s, ...men ⟨aus gleichbed. *gr.* katáklysma zu kataklýzein „überschwemmen, bespülen"⟩: (veraltet) svw. Klistier. **Ka|ta|klys|men|theo|rie** *die;* - ⟨zu ↑ Kataklysmus⟩: geologische Theorie, die die Unterschiede der Tieru. Pflanzenwelt der verschiedenen Erdzeitalter als Folge von Vernichtung u. Neuschöpfung erklärt (Geol.). **Ka|ta|klys|mo|lo|gie** *die;* - ⟨zu ↑ ...logie⟩: Geschichte der Erdkatastrophen. **Ka|ta|klys|mus** *der;* -, ...men ⟨über *lat.* cataclysmus aus *gr.* kataklysmós „Überschwemmung"⟩: erdgeschichtliche Katastrophe; plötzliche Vernichtung, Zerstörung (Geol.). **ka|ta|kly|stisch:** den Kataklysmus betreffend; vernichtend, zerstörend

Ka|ta|kom|be *die;* -, -n (meist Plur.) ⟨über *it.* catacomba „Grabgewölbe" aus gleichbed. *kirchenlat.* catacumba, dies aus *spätlat.* catacumbae (Plur.) „Gegend zwischen dem 2. u. 3. Meilenstein der Via Appia", weitere Herkunft unsicher⟩: (in frühchristlicher Zeit) unterirdische Anlage zur Beisetzung von Toten

ka|ta|krot ⟨zu *gr.* katákrotos „geräuschvoll"⟩: mehrgipflig (vom Pulsschlag; Med.). **Ka|ta|kro|tie** *die;* -⟨zu ↑²...ie⟩: anormale Mehrgipfligkeit des Pulsschlags (Med.)

Kat|aku|stik *die;* - ⟨zu ↑ kata... u. ↑ Akustik⟩: Lehre vom ↑ Echo (1)

Ka|tal *das;* -s ⟨Kunstw. zu ↑ Katalyse⟩: Maßeinheit der Enzymaktivität, katalytisch wirkende Menge eines Katalysators (1) od. Enzyms, die in einer Sekunde die Umwandlung von einem Mol Substrat bewirkt (Chem.); Zeichen kat. **Ka|ta|la|se** *die;* -, -n ⟨zu *gr.* katálysis „Auflösung, Zerstörung" u. ↑ ...ase⟩: ein ↑ Enzym, das das Zellgift Wasserstoffperoxyd durch Spaltung in Wasser u. Sauerstoff unschädlich macht (Biochem.)

Ka|ta|lek|ten *die* (Plur.) ⟨zu ↑ katalektisch⟩: (veraltet) ↑ Fragmente alter Werke. **ka|ta|lek|tisch** ⟨über *lat.* catalecticus aus gleichbed. *gr.* katalēktikós, eigtl. „aufhörend", zu kataléγein „aufhören, enden"⟩: mit einem unvollständigen Versfuß endend (von Versen; antike Metrik); vgl. akatalektisch, brachy-, hyperkatalektisch

Ka|ta|lep|sie *die;* -, ...ien ⟨über *spätlat.* catalepsis aus *gr.* katálēpsis „das Fassen, Ergreifen; Krankheitsanfall"⟩: Starrkrampf der Muskeln (Med.). **ka|ta|lep|ti|form** ⟨zu ↑ kataleptisch u. ↑ ...form⟩: der Katalepsie ähnlich (Med.). **ka|ta|lep|tisch** ⟨über *spätlat.* catalepticus aus *gr.* kataleptós „von Krämpfen befallen", eigtl. „zu ergreifen, zu begreifen"⟩: von Muskelstarre befallen; -e Totenstarre: seltene Art der Totenstarre bereits bei Eintritt des Todes

Ka|ta|le|xe u. **Ka|ta|le|xis** *die;* -, ...lexen ⟨über *lat.* catalexis aus *gr.* katálēxis „Kürzung", eigtl. „das Aufhören"; vgl. katalektisch⟩: Unvollständigkeit des letzten Versfußes (antike Metrik)

Ka|ta|log *der;* -[e]s, -e ⟨über *lat.* catalogus aus *gr.* katálogos „Aufzählung, Verzeichnis" zu kataléγein „aufzählen, in Listen eintragen"⟩: 1. (ein nach einem bestimmten System

katalogisieren

angelegtes) Verzeichnis, z. B. für Bücher, für eine Ausstellung. 2. Verzeichnis, Aufzählung aller in einem bestimmten Bereich vorkommenden Erscheinungen u. Vorfälle, Register (z. B. Sternkatalog). **ka|ta|lo|gi|sie|ren** ⟨zu ↑...isieren⟩: a) zu einem Katalog zusammenstellen; b) in einen Katalog aufnehmen. **Ka|ta|lo|gi|sie|rung** *die;* -, -en ⟨zu ↑...isierung⟩: das Katalogisieren, das Katalogisiertwerden

Ka|tal|pa u. **Ka|tal|pe** *die;* -, ...pen ⟨aus gleichbed. *nlat.* catalpa, dies aus dem Indian.⟩: ein Zierstrauch mit kastanienähnlichen Blättern (Trompetenbaum; Bot.)

Ka|ta|ly|sa|tor *der;* -s, ...oren ⟨zu ↑ Katalyse u. ↑...ator⟩: 1. Stoff, der durch seine Anwesenheit chem. Reaktionen herbeiführt od. in ihrem Verlauf beeinflußt, selbst aber unverändert bleibt (Chem.). 2. Vorrichtung in Kraftfahrzeugen, mit deren Hilfe das Abgas von umweltschädlichen Stoffen gereinigt wird. 3. Person od. Sache, die einen Vorgang, ein Ereignis beschleunigt od. zum Ausbruch bringt. **Ka|ta|ly|sa|tor|au|to** *das;* -s, -s: mit einem ↑ Katalysator (2) ausgestatteter Pkw. **Ka|ta|ly|se** *die;* -, -n ⟨unter Einfluß von gleichbed. *engl.* catalysis aus *gr.* katálysis „Auflösung, Zerstörung" zu katalýein, vgl. katalysieren⟩: Herbeiführung, Beschleunigung od. Verlangsamung einer Stoffumsetzung durch einen Katalysator (Chem.). **ka|ta|ly|sie|ren** ⟨zu *gr.* katalýein „auflösen, zerstören" u. ↑...ieren, vgl. Katalyse⟩: 1. eine chem. Reaktion durch einen Katalysator herbeiführen, verlangsamen od. beschleunigen. 2. (eine Sache) beschleunigen, zum Ausbruch bringen. **ka|ta|ly|tisch** ⟨aus *gr.* katalytikós „geeignet, etwas aufzulösen od. zu zerstören"⟩: 1. durch eine Katalyse od. einen ↑ Katalysator (1) bewirkt. 2. beschleunigend. **Ka|ta|lyt|ofen** *der;* -s, ...öfen: kleiner Sicherheitsofen für feuergefährdete Räume (Garagen usw.), in dem Benzin od. Öl katalytisch ohne Flamme verbrannt wird

Ka|ta|ma|ran *der,* auch *das;* -s, -e ⟨über *engl.* catamaran „Auslegerboot, Floß" aus *tamil.* kaṭṭumaram, dies aus kaṭṭu „binden" u. maram „Baumstamm"⟩: a) schnelles, offenes Segelboot mit Doppelrumpf; b) Boot mit doppeltem Rumpf

ka|ta|me|ni|al ⟨zu ↑ Katamenien u. ↑¹...al (1)⟩: die Menstruation betreffend. **Ka|ta|me|ni|en** [...i̯ən] *die* (Plur.) ⟨aus gleichbed. *gr.* kataménios (Plur.), eigtl. „das Monatliche", zu kataménios „monatlich"⟩: svw. Menstruation

Ka|ta|mne|se *die;* -, -n ⟨zu *gr.* katá „gänzlich" u. mnēsis „das Erinnern", Analogiebildung zu ↑ Anamnese⟩: abschließender Krankenbericht des behandelnden Arztes über einen Patienten (Med.). **ka|ta|mne|stisch:** die Katamnese betreffend, mit ihr zusammenhängend

Ka|ta|pas|ma *das;* -, ...men ⟨aus gleichbed. *gr.* katápasma, eigtl. „das Aufgestreute", zu katapássein „bestreuen"⟩: (veraltet) Wundpuder (Med.)

Ka|ta|pha|sie *die;* - ⟨zu ↑ kata..., *gr.* phásis „Sprache; Rede" u. ↑²...ie⟩: Sprachstörung mit mechanischer Wiederholung der gleichen Wörter od. Sätze (Med.)

Ka|ta|pher *die;* -, -n ⟨aus *gr.* kataphorá „das Herabtragen, das Niederfallen", vgl. Kataphora⟩: Ausdruck, der sich auf nachfolgende Ausdrücke im Text bezieht, z. B. in Form eines Pronomens (er erwachte; Karl hatte schlecht geschlafen; Sprachw.); Ggs. ↑ Anapher(2). **Ka|ta|pho|ra** *die;* - ⟨aus *gr.* kataphorá, eigtl. „das, wohinein man fällt, das Herunterfallen", zu kataphoreĩn „herabbewegen, herunterfallen"⟩: (veraltet) todesähnlicher Schlaf, Schlafsucht. **Ka|ta|pho|re|se** *die;* -, -n ⟨zu *gr.* kataphoreĩn „herabbewegen" u. ↑...ese⟩: ↑ Elektrophorese positiv geladener Teilchen in Richtung zur ↑ Kathode. **Ka|ta|pho|rie** *die;* -, ...ien ⟨zu ↑²...ie⟩: Form der ↑ Heterophorie, bei der beide Augenachsen von der Normallage nach unten abweichen (Med.). **ka|ta|pho|risch:** 1. vorausweisend (von sprachlichen Formen); Ggs. ↑ anaphorisch (Rhet., Stilk.). 2. (veraltet) von Schlafsucht befallen, in todesähnlichen Schlaf verfallen. **Ka|ta|pho|rit** [auch ...'rɪt] *der;* -s, -e ⟨zu ↑²...it⟩: ein Mineral, titanreiche Hornblende

Ka|ta|phrakt *der;* -en, -en ⟨aus gleichbed. *lat.* cataphractes, dies aus *gr.* kataphráktēs „Panzer" zu katáphraktos „gepanzert"⟩: schwer gepanzerter Reiter auf gepanzertem Pferd in den Reiterheeren der Antike

Ka|ta|pla|sie *die;* -, ...ien ⟨zu ↑ kata..., *gr.* plássein „bilden, formen" u. ↑²...ie⟩: rückläufige Umbildung eines Körpergewebes unter gleichzeitiger Herabsetzung der Differenzierung (Med.). **Ka|ta|plas|ma** *das;* -s, ...men ⟨aus gleichbed. *lat.* cataplasma, dies aus *gr.* katáplasma „Aufgestrichenes, Salbe; Pflaster" zu kataplássein „bestreichen, beschmieren"⟩: heißer Breiumschlag zur Schmerzlinderung [bei ↑ Koliken] (Med.). **ka|ta|plas|mie|ren** ⟨zu ↑...ieren⟩: einen heißen Breiumschlag anlegen (Med.)

ka|ta|plek|tisch ⟨aus *gr.* kataplēktikós „erschreckend, erschüttert" zu kataplēssein „bestürzt machen"⟩: vor Schreck starr, gelähmt (Med.). **Ka|ta|ple|xie** *die;* -, ...ien ⟨zu *gr.* katáplēxis „Niedergeschlagenheit, Verwunderung, Bestürzung" u. ↑²...ie⟩: [mit körperlichem Zusammensinken verbundene] Schrecklähmung, Schreckstarre (Med.)

Ka|ta|po|lis *die;* -, ...polen ⟨aus *gr.* kátō pólis, eigtl. „die tiefer gelegenen Stadtteile"⟩: Unterstadt altgriech. Städte, bes. von Athen

Ka|ta|pon|tis|mus *der;* - ⟨über *nlat.* catapontismus aus gleichbed. *gr.* katapontismós zu katapontízein „ins Meer versenken"⟩: Versenkung ins Meer als alte Todesstrafe

Ka|tap|pen|baum *der;* -[e]s, ...bäume ⟨zu gleichbed. *malai.* catappan⟩: Indischer Mandelbaum, ein tropisches Langfadengewächs mit etagenförmigem Aufbau der Äste

Ka|ta|pto|sis *die;* - ⟨aus *gr.* katáptōsis „das Herunterfallen, Niederfallen; Fallsucht"⟩: (veraltet) svw. Epilepsie

Ka|ta|pult *der* od. *das;* -[e]s, -e ⟨aus *lat.* catapulta „Wurfmaschine mit Bogensehne", dies aus gleichbed. *gr.* katapéltēs zu katapállein „herabschütteln, -schleudern"⟩: 1. Wurf-, Schleudermaschine im Altertum. 2. gabelförmige Schleuder mit zwei Gummibändern, mit der Kinder Steine o. ä. schleudern od. schossen. 3. Schleudervorrichtung zum Starten von Flugzeugen; Startschleuder. **Ka|ta|pult|flugzeug** *das;* -[e]s, -e: für den Katapultstart geeignetes Flugzeug. **ka|ta|pul|tie|ren** ⟨zu ↑...ieren⟩: [mit einem Katapult] wegschnellen, [weg]schleudern

¹Ka|ta|rakt *der;* -[e]s, -e ⟨aus *lat.* cataracta, cataractes „Wasserfall, Schleuse", dies aus gleichbed. *gr.* katar(r)háktēs, eigtl. „der Herabstürzende", zu katarrháttein „herabstürzen"⟩: a) Stromschnelle; b) Wasserfall. **²Ka|ta|rakt** *die;* -, -e ⟨zu ↑ ¹Katarakt, wohl, weil die graue Trübung der Augenlinse einer über das Auge herunterfließenden Schicht ähnlich ist⟩: Trübung der Augenlinse; grauer Star (Med.). **Ka|ta|rak|ta** *die;* -, ...ten ⟨aus *lat.* cataracta, vgl. ¹Katarakt⟩: svw. ²Katarakt. **ka|ta|rak|tisch** ⟨zu ↑ ²Katarakt⟩: mit grauem Star behaftet (Med.)

Kat|ar|chai|kum, auch **Kat|ar|chäi|kum** *das;* -s ⟨zu ↑ kata... u. ↑ Archaikum⟩: ältester Teil des Archaikums (Geol.)

Ka|tarrh *der;* -s, -e ⟨über *lat.* catarrhus „Schnupfen" aus gleichbed. *gr.* katárrhous, eigtl. „herabfließend", zu katarrheĩn „herab-, herunterfließen"⟩: 1. Schleimhautentzündung [der Atmungsorgane] mit meist reichlichen Absonderungen (Med.). 2. (ugs.) Schnupfen, Erkältung. **Ka|tarrhal|fie|ber** *das;* -s ⟨zu ↑ katarrhalisch⟩: weltweit verbreite-

Katechumene

te akute Virusinfektion der Rinder. **ka|tar|rha|lisch** ⟨aus gleichbed. *nlat.* catarrhalis, vgl. Katarrh⟩: zum Erscheinungsbild eines Katarrhs gehörend

Ka|ta|sta|se u. **Ka|ta|sta|sis** *die;* -, ...stasen ⟨aus *gr.* katástasis „das An-, Aufhalten"⟩: Höhepunkt, Vollendung der Verwicklung vor der ↑ Katastrophe (2) im [antiken] Drama

Ka|ta|ster *der* (österr. nur so) od. *das;* -s, - ⟨aus gleichbed. *nlat.* catastrum, dies über *it.* catast(r)o „Zins-, Steuerregister" aus gleichbed. *venez.* catastico, dies aus *byzant.-gr.* katástichon „Notizblock, Liste, Register", eigtl. „Reihe für Reihe"⟩: amtliches Grundstücksverzeichnis, das als Unterlage für die Bemessung der Grundsteuer geführt wird, Liegenschaftsverzeichnis

Kat|aste|ris|mus *der;* - ⟨über *nlat.* catasterismus aus *gr.* katasterismós „das Versetztwerden unter die Sterne", zu ↑ kata... u. astér „Stern"⟩: alter Glaube, nach dem Tiere u. Menschen [nach dem Tode] in Sterne verwandelt werden können u. als neues Sternbild am Himmel erscheinen

Ka|ta|stral|ge|mein|de *die;* -, -n ⟨zu ↑ Kataster u. ↑ ¹...al (1)⟩: (österr.) in einem Grundbuch zusammengefaßte Verwaltungseinheit, Steuergemeinde. **Ka|ta|stral|joch** *das;* -s: (österr.) ein Feldmaß (= 5755 m²). **ka|ta|strie|ren** ⟨aus gleichbed. *it.* catastrare, vgl. ...ieren⟩: in ein ↑ Kataster eintragen

ka|ta|stro|phal ⟨zu ↑ Katastrophe u. ↑ ¹...al (1)⟩: einer Katastrophe gleichkommend; verhängnisvoll, entsetzlich, furchtbar, schlimm. **Ka|ta|stro|phe** *die;* -, -n ⟨über *lat.* catastropha aus *gr.* katastrophḗ „Umkehr, Wendung; Umschwung der Handlung in der Tragödie", eigtl. „Wendung nach unten", zu katastréphein „umkehren, umwenden"⟩: 1. Unglück von großen Ausmaßen u. entsetzlichen Folgen. 2. entscheidende Wendung [zum Schlimmen] als Schlußhandlung im [antiken] Drama. **Ka|ta|stro|phen|alarm** *der;* -[e]s, -e: ↑ Alarm, der eine Katastrophe (1) anzeigt. **Ka|ta|stro|phen|film** *der;* -s, -e: Filmgattung seit Anfang des 20. Jh.s mit Themen wie z. B. Vulkanausbruch, Erdbeben, Schiffs- u. Flugzeugunglück. **Ka|ta|stro|phen|hy|po|the|se** *die;* -, -n: svw. Katastrophentheorie (1 a). **Ka|ta|stro|phen|me|di|zin** *die;* -: Einsatz von Ärzten, Geräten usw. im Fall einer [atomaren] Katastrophe. **Ka|ta|stro|phen|theo|rie** *die;* -: 1. a) Theorie, die die Entstehung od. Veränderung eines Gegenstandes od. einer Sache durch das Auftreten einer Katastrophe erklärt; b) eine Theorie über die Entstehung der Planeten (Astron.). 2. svw. Kataklysmentheorie. **ka|ta|stro|phisch** ⟨aus gleichbed. *gr.* katastrophikós⟩: unheilvoll, verhängnisvoll

Ka|ta|syl|lo|gis|mus *der;* -, ...men ⟨zu ↑ kata... u. ↑ Syllogismus⟩: Gegenschluß, Gegenbeweis (Logik)

Ka|ta|ta|sis *die;* -, ...asen ⟨aus *gr.* katátasis „das An-, Niederspannen" zu katateínein „anspannen"⟩: (veraltet) Einrichten eines Bruches (Med.)

ka|ta|ther|mal ⟨zu ↑ kata... u. ↑ thermal⟩: hochtemperaturig; -e Lagerstätten: ↑ hydrothermale Erzlagerstätten, deren Mineralfüllung bei einer Temperatur von 350–200 °C ausgeschieden worden ist. **Ka|ta|ther|mo|me|ter** *das;* -s, -: Gerät für raumklimatische Messungen

ka|ta|thym ⟨aus *gr.* katathýmios „am Herzen liegend, erwünscht"⟩: affektbedingt, wunschbedingt, durch Wahnvorstellungen entstanden. **Ka|ta|thy|mie** *die;* -, ...ien ⟨zu ↑ ²...ie⟩: Beeinflussung od. Umformung psychischer Inhalte durch affektive u. gefühlsmäßige Einflüsse

ka|ta|ton ⟨aus *gr.* katátonos „heruntergespannt"⟩: in krankhafter Weise mit impulsiven Handlungen u. plötzlichen Bewegungsentladungen einhergehend, die ↑ Katatonie betreffend (Med.); vgl. ...isch/-. **Ka|ta|to|nie** *die;* -, ...ien ⟨zu ↑ ²...ie⟩: eine Form der Schizophrenie mit Krampfzuständen der Muskulatur u. mit Wahnideen (Spannungsirresein; Med.). **Ka|ta|to|ni|ker** *der;* -s, -: jmd., der an Katatonie leidet (Med.). **ka|ta|to|nisch** ⟨aus gleichbed. *gr.* katátonos⟩: die Katatonie betreffend; vgl. ...isch/-

Ka|ta|ty|pie *die;* -, ...ien ⟨zu ↑ kata... u. ↑ ...typie⟩: (veraltet) fotografisches Verfahren zur Herstellung von Kopiervorlagen für den Büchernachdruck

Ka|ta|vo|thre [...v...] *die;* -, -n ⟨aus *ngr.* katávothre „Erdtrichter", dies zu *gr.* kathroeidés „grubenartig ausgehöhlt" zu bóthros „Grube, Vertiefung"⟩: svw. Ponor

Ka|ta|wert *der;* -[e]s, -e ⟨zu ↑ kata...⟩: Maß für die in der Temperatur eines Raumes auftretende Kühlwirkung, die sich aus Raumlufttemperatur u. Luftgeschwindigkeit ergibt (Techn.)

Kat|axis *die;* -, ...xen ⟨aus *gr.* katáxis „das Zerbrechen" zu katagnýnai „zerbrechen, zerschlagen, zerschmettern", dies zu ↑ kata... u. agnýnai „zerbrechen"⟩: (veraltet) Knochenbruch (Med.)

Ka|ta|zo|ne *die;* -, -n ⟨zu ↑ kata...⟩: unterste Tiefenzone bei der ↑ Metamorphose (4) der Gesteine (Geol.)

Kat|boot vgl. Catboot

Ka|te|che|se [...ç...] *die;* -, -n ⟨über *kirchenlat.* catechesis „religiöse Unterweisung" aus *gr.* katḗchēsis „mündlicher Unterricht" zu katēchízein „unterrichten", vgl. katechisieren⟩: a) die Vermittlung der christlichen Botschaft [an Ungetaufte]; b) Religionsunterricht. **Ka|te|chet** *der;* -en, -en ⟨aus gleichbed. *kirchenlat.*⟩: Religionslehrer, bes. für die kirchliche Christenlehre außerhalb der Schule. **Ka|te|che|tik** *die;* - ⟨zu ↑ ²...ik (1)⟩: die wissenschaftliche Theorie der Katechese. **Ka|te|che|tin** *die;* -, -nen: weibliche Form zu ↑ Katechet. **ka|te|che|tisch**: die kirchliche Unterweisung betreffend

Kat|echin [...ç...] *das;* -s, -e ⟨zu *gr.* katéchein „aufhalten, zurückhalten" u. ↑ ...in (1)⟩: Stoff, der bestimmte Hormone in ihrer Wirkung hemmt (Med.)

Ka|te|chi|ne vgl. Catechine

Ka|te|chi|sa|ti|on [...ç...] *die;* -, -en ⟨zu *kirchenlat.* catechisatus, Part. Perf. von catechizare (vgl. katechisieren), u. ↑ ¹...ion⟩: svw. Katechese. **ka|te|chi|sie|ren** ⟨aus gleichbed. *kirchenlat.* catechizare „in der christlichen Religion unterweisen", dies aus *gr.* katēchízein „unterrichten" zu katēcheīn „entgegentönen; mündlich unterrichten, belehren"⟩: [Religions]unterricht erteilen. **Ka|te|chis|mus** *der;* -, ...men ⟨über *kirchenlat.* catechismos „Unterricht, (unterweisende) Lehre"⟩: 1. Lehrbuch für den christlichen Glaubensunterricht. 2. Glaubensunterricht für die ↑ Katechumenen (1). **Ka|te|chist** *der;* -en, -en ⟨aus *kirchenlat.* catechista „Religionslehrer" zu catechizare, vgl. katechisieren⟩: einheimischer Laienhelfer in der kath. Heidenmission

Ka|te|chu [...çu] *das;* -s, -s ⟨über *port.* cachu aus gleichbed. *malai.* katju⟩: svw. Gambir

Ka|te|chu|me|nat [...ç...] *das,* fachspr. auch *der;* -[e]s ⟨zu ↑ Katechumene u. ↑ ...at (1)⟩: a) die Vorbereitung der [erwachsenen] Taufbewerber; b) kirchliche Stellung der Taufbewerber während des Katechumenats (a); c) der kirchliche Glaubensunterricht in Gemeinde, Schule u. Elternhaus. **Ka|te|chu|me|ne** [auch ...çu:...] *der;* -n, -n ⟨über *kirchenlat.* catechumenus „jmd., der in der christlichen Religion unterrichtet wird" aus *gr.* katēchoúmenos „jmd., der unterrichtet wird", Part. Präs. Pass. von katēcheīn, vgl. katechisieren⟩: 1. der [erwachsene] Taufbewerber im Vorbereitungsunterricht. 2. Konfirmand, bes. im 1. Jahr des Konfirmandenunterrichts

Ka|te|go|rem *das;* -s, -e ⟨aus *gr.* katēgórēma „Anklagepunkt, Vorwurf"⟩: (veraltet) svw. Kategorie. **ka|te|go|ri|al** ⟨zu ↑Kategorie u. ↑¹...al (1)⟩: in Kategorienart; Kategorien betreffend; vgl. ...al/...ell. **Ka|te|go|ri|al|ana|ly|se** *die;* -: Richtung der ↑Ontologie, die auf die Herausarbeitung übergreifender Strukturen (kategorischer Gesetze) des Seins sowie der Eigengesetzlichkeiten verschiedener Seinsbereiche zielt (Philos.). **Ka|te|go|ri|al|gram|ma|tik** *die;* -: Form einer ↑Grammatik zur symbolischen Darstellung des syntaktischen Aufbaus von Sätzen (Sprachw.). **Ka|te|go|ri|al|sym|bol** *das;* -s, -e: Abkürzung für sprachliche Kategorien in der generativen ↑Transformationsgrammatik (z. B. NP für Nominalphrase, VP für Verbalphrase, N für Nomen, V für Verb; Sprachw.). **Ka|te|go|rie** *die;* -, ...ien ⟨über *lat.* categoria aus *gr.* katēgoría „Grundaussage", eigtl. „Anklage, Vorwurf, Beschuldigung", zu katēgoreīn „anklagen, beschuldigen", eigtl. „gegen jmdn. reden"⟩: 1. Gruppe, in die etwas oder jmd. eingeordnet wird; Klasse, Gattung. 2. eine der zehn möglichen Arten von Aussagen über einen realen Gegenstand; Aussageweise (nach Aristoteles; Philos.). 3. eines der ↑Prädikamente der scholastischen Logik u. Ontologie (Philos.). 4. einer der zwölf reinen Verstandesbegriffe Kants, die die Erkenntnis u. denkende Erfassung von Wahrnehmungsinhalten erst ermöglichen (Philos.). **ka|te|go|ri|ell** ⟨zu ↑...ell⟩: 1. svw. kategorial. 2. svw. kategorisch; vgl. ...al/...ell. **Ka|te|go|ri|en|leh|re** *die;* -, -n (Plur. selten) ⟨zu ↑Kategorie⟩: 1. auf das Ausarbeiten der Kategorien (1) ausgerichtete Lehre, mit deren Hilfe die Wirklichkeit möglichst vollständig erfaßt werden kann. 2. Lehre zur Erfassung des Inhalts, der Abgrenzung, der Gültigkeit u. Übertragbarkeit von Kategorien. **Ka|te|go|ri|en|theo|rie** *die;* -: Teilgebiet der Mathematik zur einheitlichen Beschreibung u. Behandlung von ↑Phänomenen in verschiedenen mathematischen Gebieten. **ka|te|go|risch:** 1. einfach aussagend, behauptend; -es U r t e i l : einfache, nicht an Bedingungen geknüpfte Aussage (A ist B). 2. unbedingt gültig; -er I m p e r a t i v : unbedingt gültiges ethisches Gesetz, Pflichtgebot; vgl. hypothetischer Imperativ. 3. keinen Widerspruch duldend; bestimmt, mit Nachdruck. **ka|te|go|ri|sie|ren** ⟨zu ↑Kategorie u. ↑...isieren⟩: etwas nach Kategorien (1) ordnen, einordnen. **Ka|te|go|ri|sie|rung** *die;* -, -en ⟨zu ↑...isierung⟩: 1. Einordnung nach Kategorien (1). 2. Schlagwortbildung

Ka|te|nan *das;* -s, -e (meist Plur.) ⟨zu ↑Katene u. ↑...an⟩: chem. Verbindung, in deren Molekülen zwei Ringe nach Art einer Gliederkette ineinander verschlungen sind. **ka|te|na|risch** ⟨aus *lat.* catenarius „zur Kette gehörig"⟩: (veraltet) kettenartig. **Ka|te|ne** *die;* -, -n (meist Plur.) ⟨aus *lat.* catena „Kette, Reihe"⟩: Sammlung von Auslegungen der Kirchenväter zu Bibelstellen. **ka|te|nie|ren** ⟨aus gleichbed. *lat.* (veraltet) verketten. **Ka|te|no|id** *das;* -[e]s, -e ⟨zu ↑...oid⟩: Drehfläche, deren ↑Meridiane Kettenlinien (parabelähnliche Kurven) sind (Math.).

Kat|er|gol *das;* -s, -e (meist Plur.) ⟨Kurzw. aus *Kat*alysator, *gr.* érgon „Werk" u. ↑...ol⟩: Raketentreibstoff, der zur Auslösung einer Reaktion mit einem Katalysator zusammengebracht werden muß

kat|exo|chen [...'xe:n] ⟨aus *gr.* kat' exochén „vorzugsweise" zu ↑kata... u. *gr.* exoché „das Hervorragen"⟩: vorzugsweise; schlechthin, im eigentlichen Sinne

Kat|fisch *der;* -[e]s, -e ⟨aus gleichbed. *engl.* catfish, zu cat „Katze", vielleicht wegen der Kopfform⟩: Seewolf. **Kat|gut** *das;* -s ⟨aus gleichbed. *engl.* catgut, eigtl. „Katzendarm", zu cat „Katze" u. gut „Eingeweide, Gedärme"⟩: chirurgischer Nähfaden aus tierischen Darmsaiten (ursprünglich aus Katzendarm) od. aus synthetischen Fasern, der sich im Körper auflöst (Med.)

Ka|tha|ka|li *die;* -, -s ⟨aus gleichbed. *Malayalam* kathakaḷi, dies wohl zu *sanskr.* kathā „Erzählung"⟩: im 17. Jh. in Kerala entstandene klassische ind. Tanzdarbietung, verbunden mit Poesie, Gesang u. tänzerischer pantomimischer Darstellung

Ka|tha|rer [auch 'kat...] *der;* -s, - (meist Plur.) ⟨aus *mlat.* cathari (Plur.), eigtl. „die Reinen", dies über catharus aus *gr.* katharós „rein"⟩: Angehöriger verschiedener mittelalterlicher strenger Sekten, bes. der ↑Albigenser. **Ka|tha|re|wu|sa** [ngr. kaθa'rεvusa] *die;* - ⟨aus *(n)gr.* kathareúousa (glōssa) „Reinsprache"⟩: von 1800–1976 neugriechische Amtssprache, die dem Altgriechischen sehr verhaftet war; vgl. Demotike. **ka|tha|rob** ⟨zu *gr.* katharós „rein" u. bíos „Leben"⟩: nicht durch Abfallstoffe verunreinigt (z. B. von Gewässern; Biol.). **Ka|tha|ro|bie** [...i̯ə] *die;* -, -n ⟨zu ↑¹...ie⟩: in sauberem, nicht schlammigem Wasser lebender Organismus; Ggs. ↑Saprobie. **Ka|tha|ro|bi|ont** *der;* -en, -en (meist Plur.) ⟨zu *gr.* bíōn, Gen. bioūntos, Part. Präs. von bioūn „leben"⟩: svw. Katharobie. **Ka|thar|sis** ['ka(:)..., auch ...'tar...] *die;* - ⟨aus *gr.* kátharsis „(kultische) Reinigung"⟩: 1. Läuterung der Seele von Leidenschaften als Wirkung des [antiken] Trauerspiels (Literaturw.). 2. das Sichbefreien von seelischen Konflikten u. inneren Spannungen durch eine emotionale Abreaktion (Psychol.). **Ka|thar|ti|kum** *das;* -s, ...ka ⟨zu *gr.* kathartikós „reinigend" u. ↑...ikum⟩: mittelstarkes Abführmittel (Med.). **ka|thar|tisch** ⟨aus *gr.* kathartikós „reinigend"⟩: die Katharsis betreffend

Ka|the|der *das* auch *der;* -s, - ⟨über *kirchenlat.* cathedra „Stuhl des Geistlichen, Bischofssitz, kirchliches Lehramt" aus *spätlat.* cathedra „Lehramt" zu *lat.* cathedra „Stuhl, Sessel, Lehramt", dies aus *gr.* kathédra „Sitz, Stuhl, Sessel", zu hédra „Sitz"⟩: 1. [Lehrer]pult, Podium. 2. Lehrstuhl [eines Hochschullehrers]; vgl. ex cathedra. **Ka|the|der|blü|te** *die;* -, -n: Stilblüte eines Lehrers od. Dozenten im Unterricht. **Ka|the|der|so|zia|lis|mus** *der;* -: Richtung innerhalb der deutschen Volkswirtschaftslehre am Ende des 19. Jh.s mit sozialreformerischen Zielen, die das Eingreifen des Staates in das soziale Leben forderte, um die Klassengegensätze abzubauen. **Ka|the|der|so|zia|list** *der;* -en, -en: Vertreter des Kathedersozialismus. **Ka|the|dra** *die;* -, ...edren ⟨aus *gr.* kathédra, vgl. Katheder⟩: svw. Cathedra. **Ka|the|dra|le** *die;* -, -n ⟨aus *kirchenlat.* (ecclesia) cathedralis „zum Bischofssitz gehörend(e Kirche)" zu cathedra, vgl. Katheder⟩: a) [erz]bischöfliche Hauptkirche, bes. in Spanien, Frankreich u. England; b) ↑¹Dom, Münster. **Ka|the|dral|ent|schei|dung** *die;* -, -en: eine Unfehlbarkeit beanspruchende Lehrentscheidung des Papstes; vgl. ex cathedra. **Ka|the|dral|glas** *das;* -es: ein undurchsichtiges Schmuckglas. **ka|the|dra|lisch:** die Kathedrale betreffend. **Ka|the|dral|stil** *der;* -[e]s: Art des Bucheinbandes im 19. Jh. mit architektonischen Motiven auf den Buchdecken

ka|the|me|risch ⟨zu ↑kata... u. *gr.* hēméra „Tag"⟩: (veraltet) sich täglich wiederholend

Kath|ep|sin *das;* -s ⟨zu *gr.* kathépsein „stark kochen, auskochen" u. ↑...in (1)⟩: ein eiweißspaltendes ↑Enzym (Med., Biol.)

Ka|the|te *die;* -, -n ⟨über *lat.* cathetus „senkrechte Linie, Lot" aus gleichbed. *gr.* káthetos (grammḗ), eigtl. „die Herabgelassene", zu kathiénai „hinablassen"⟩: eine der beiden

Seiten, die die Schenkel des rechten Winkels eines Dreiecks bilden (Math.); Ggs. ↑ Hypotenuse. **Ka|the|ter** *der;* -s, - ⟨über *lat.* catheter aus *gr.* kathetḗr „Sonde" zu kathiénai, vgl. Kathete⟩: Röhrchen zur Einführung in Körperorgane (z. B. in die Harnblase) zu deren Entleerung, Füllung, Spülung od. Untersuchung (Med.). **ka|the|te|ri|sie|ren** ⟨unter Einfluß von *fr.* cathétériser aus gleichbed. *mgr.* katheterízein zu *gr.* kathiénai „hinablassen"⟩: einen Katheter in Körperorgane einführen (Med.). **Ka|the|te|ris|mus** *der;* -, ...men ⟨aus gleichbed. *gr.* katheterismós; vgl. ...ismus⟩: (ungenaue Bez. für) Einführung eines Katheters (Med.). **ka|the|tern**: svw. katheterisieren. **Ka|the|te|rung** *die;* -, -en: das Katheterisieren (Med.). **Ka|the|to|me|ter** *das;* -s, - ⟨zu ↑ Katheter u. ↑¹...meter⟩: optisches Gerät zum Messen kleiner Höhenunterschiede **Ka|tho|de**, fachspr. auch Katode *die;* -, -n ⟨aus gleichbed. *engl.* cathode, dies aus *gr.* káthodos „der herabführende Weg, das Hinabgehen" zu katá „herab, entlang" u. hodós „Weg"⟩: ↑ negative (4) ↑ Elektrode; Ggs. ↑ Anode. **Ka|tho|den|fall**, fachspr. auch Katodenfall *der;* -s, ...fälle: Spannungsabfall an der Kathode bei Gasentladungsröhren. **Ka|tho|den|strahl**, fachspr. auch Katodenstrahl *der;* -s, -en (meist Plur.): Elektronenstrahl, der von der Kathode ausgeht. **Ka|tho|den|strahl|os|zil|lo|graph**, fachspr. auch Katodenstrahloszillograph *der;* -en, -en: Gerät, das auf einem Fluoreszenzschirm Formen von elektrischen Schwingungen anzeigt. **Ka|tho|den|zer|stäu|bung**, fachspr. auch Katodenzerstäubung *die;* -, -en: Bildung feinster Metallschichten auf der ↑ Anode durch Zerstäuben des Kathodenmaterials im Hochvakuum. **ka|tho|disch**, fachspr. auch katodisch: die Kathode betreffend, an ihr erfolgend. **Ka|tho|do|lu|mi|nes|zenz** *die;* -: (veraltet) das Leuchten der von Kathodenstrahlen getroffenen Körper. **Ka|tho|do|phon** *das;* -s, -e ⟨zu ↑ ...phon⟩: veraltetes, heute durch das Mikrophon ersetztes Gerät zur Umwandlung von Schall in elektrischen Strom (Tonfilm). **Ka|tho|le** *der;* -n, -n ⟨zu ↑ katholisch (1)⟩: (ugs. abwertend) Katholik; vgl. Evangele. **Ka|tho|lik** *der;* -en, -en ⟨aus gleichbed. *kirchenlat.* catholicus, vgl. katholisch⟩: Angehöriger der kath. Kirche. **Ka|tho|li|kin** *die;* -, -nen: weibliche Form zu ↑ Katholik. **Ka|tho|li|kon** *das;* -s, ...ka ⟨zu ↑ Katholikos u. ↑¹...on⟩: 1. Hauptkirche des griech.-orthodoxen Klosters, meist in der Mitte des Klosterkomplexes gelegen. 2. (veraltet) allgemeines Wörterbuch. **Ka|tho|li|kos** *der;* - ⟨aus gleichbed. *gr.-mgr.* katholikós, vgl. katholisch⟩: Titel des Oberhauptes einer unabhängigen orientalischen Nationalkirche (z. B. der armenischen). **ka|tho|lisch** ⟨über gleichbed. *kirchenlat.* catholicus aus *gr.* katholikós „das Ganze, alle betreffend; allgemein", zu kata „über... hin" u. hólos „ganz", eigtl. „über das Ganze hin"⟩: 1. zur kath. Kirche gehörend; die kath. Kirche betreffend. 2. allgemein, die ganze Erde) umfassend (von der Kirche Christi); Katholische Aktion: Laienbewegung in kirchlichem Auftrag, die kath. Gedankengut im weltanschaulichen, sozialen u. politischen Bereich verbreitet; -e Briefe: die nicht an bestimmte Empfänger gerichteten neutestamentlichen Briefe des Jakobus, Petrus, Johannes u. Judas. **ka|tho|lisch-apo|sto|lisch**: zur Sekte der ↑ Irvingianer gehörend. **ka|tho|li|sie|ren** ⟨zu ↑...isieren⟩: a) für die katholische Kirche gewinnen; b) zum Katholizismus neigen. **Ka|tho|li|zis|mus** *der;* - ⟨zu ↑ ...izismus⟩: Geist u. Lehre des kath. Glaubens. **Ka|tho|li|zi|tät** *die;* - ⟨zu ↑ ...izität⟩: Rechtgläubigkeit im Sinne der kath. Kirche **Ka|tho|lyt**, fachspr. auch Katolyt *der;* Gen. -s od. -en, Plur. -e[n] ⟨Kurzw. aus ↑ *Katho*de u. ↑ Elektro*lyt*⟩: der ↑ Elektrolyt im Kathodenraum (bei Verwendung von zwei getrennten Elektrolyten; Phys.)

Kath|strauch *der;* -, ...sträucher ⟨über *nlat.* Vermittlung zu *arab.* qāt, einem Pflanzennamen⟩: zu den Spindelbaumgewächsen gehörender Strauch, der von der Arab. Halbinsel bis zum Kapland verbreitet ist u. dessen ledrige, kerbig gesägte Blätter anregende Alkaloide enthalten; vgl. ¹Kat **ka|tie|ren** ⟨aus gleichbed. *fr.* catir zu *lat.* coactus, Part. Perf. von cogere „zusammenbringen, -drücken"⟩: a) lockeres Leder durch Pressung verdichten; b) [Tuche] glanzpressen **ka|ti|li|na|risch** ⟨nach dem röm. Verschwörer Catilina, † 62 v. Chr.; vgl. ...ar (1)⟩; in der Fügung -e Existenz: (veraltet) heruntergekommener, zu verzweifelten Schritten neigender Mensch, der nichts mehr zu verlieren hat **Kat|ion** *das;* -s, -en ⟨zu *gr.* katá „herab, entlang" u. ↑ Ion⟩: positiv geladenes Ion, das bei der ↑ Elektrolyse zur Kathode wandert. **kat|ion|ak|tiv, kat|io|nen|ak|tiv**: auf der Wirkung des Kations beruhend (z. B. bei grenzflächenaktiven Stoffen). **Kat|io|nen|aus|tau|scher** *der;* -s, -: Filtermasse, die aus einer sie durchfließenden Lösung bestimmte Kationen aufnimmt u. andere dafür an die Lösung abgibt (z. B. bei der Wasseraufbereitung). **kat|io|nisch**: als od. wie ein Kation wirkend **Ka|tis|sa|ge** [...ʒə] *die;* -, -n ⟨aus gleichbed. *fr.* catissage zu catir, vgl. katieren⟩: das Glanzpressen (von Tuchen) **Kat|ochus** *der;* - ⟨über *nlat.* catochus aus *gr.* kátochos „festgehalten; von der Starrsucht befallen; Schlafsucht (mit offenen Augen)"⟩: schlafähnlicher Dämmerzustand ohne Lidschluß der Augen **Ka|to|de** usw. vgl. Kathode usw. **ka|to|gen** ⟨zu *gr.* kátō „nach unten" u. ↑ ...gen⟩: von oben nach unten entstanden (von der Ablagerung der Sedimentgesteine; Geol.) **ka|to|hal|in** ⟨zu *gr.* kátō „nach unten", háls, Gen. halós „Salz" u. ↑...in (2)⟩: im Salzgehalt nach der Tiefe zunehmend (von Meeren; Geogr.) **Ka|to|lyt** vgl. Katholyt **ka|to|nisch** ⟨nach dem für seine Sittenstrenge bekannten röm. Zensor Cato, † 46 v. Chr.⟩; in der Fügung -e Strenge: hart strafende Unnachgiebigkeit. **ka|to|ni|sie|ren** ⟨zu ↑ ...ieren⟩: (veraltet) sich zum Sittenrichter erheben **ka|to|pho|nisch** ⟨zu *gr.* kátō „nach unten" u. ↑ ...phon⟩: (veraltet) abwärts-, hinabtönend **Ka|to|po|de** *der;* -n, -n (meist Plur.) ⟨zu *gr.* kátō „unten" u. poús, Gen. podós „Fuß"⟩: (veraltet) Fisch mit Bauchflossen, Bauchflosser **Kat|op|trik** *die;* - ⟨aus *gr.* katoptriké (epistḗmē) „im Spiegel zurückgeworfene Strahlen betreffend(e Lehre)"⟩: (veraltet) Lehre von der Lichtreflexion (vgl. Reflexion (1)). **kat|op|trisch**: die Katoptrik betreffend. **Kat|op|tro|man|tie** *die;* - ⟨zu *gr.* manteía „Weissagung"⟩: bes. in der Antike ausgeübte Wahrsagerei durch Schauen in den Spiegel **Ka|tor|ga** *die;* - ⟨aus *russ.* katorga „Zwangs-, Galeerenarbeit, Zuchthaus" zu *mgr.* kátergon „Galeere, Zwangsarbeit"⟩: russ. Bez. für die mit schwerster körperlicher Arbeit verbundene Deportation in entlegene Landesteile **ka|to|therm** ⟨zu *gr.* kátō „nach unten" u. thermós „warm"⟩: mit zunehmender Wassertiefe wärmer werdend; Ggs. ↑ anotherm. **Ka|to|ther|mie** *die;* - ⟨zu ↑²...ie⟩: Zunahme der Wassertemperatur in den Tiefenzonen stehender Gewässer u. der Meere; Ggs. ↑ Anothermie **Kat|ox|ver|fah|ren** *das;* -s ⟨verkürzt aus *kat*alytische *Ox*ydation⟩: Verfahren zur Reinigung von Industrieabwässern, mit dem extrem oberflächenreiche Kontaktmassen in Granulatform mit den Schadstoffen u. mit eingeblasener Luft in Berührung kommen u. eine ↑kata**ly**tische Oxydation der Schadstoffe bewirken

Kat|ta *der;* -[s], -s ⟨aus *spätlat.* catta „Katze"⟩: ein Halbaffe, eine Lemurenart (bes. auf Madagaskar)

Kat|ta|ke|lung vgl. Cattakelung

Kat|tun *der;* -s, -e ⟨aus gleichbed. *niederl.* katoen, dies über *mittelniederl.* cottoen, catoen aus *arab.* quṭun „Baumwolle"⟩: einfarbiges od. buntes Baumwollgewebe in Leinwandbindung (Webart). **kat|tu|nen** ⟨nach gleichbed. *niederl.* katoenen⟩: aus Kattun bestehend

Kat|zoff u. **Kat|zuff** *der;* -s, -s ⟨aus der Gaunerspr., über *jidd.* katzōwe, katzew aus *hebr.* qaṣṣāv „jüdischer Fleischer, Schächer" zu qāṣav „ab-, zuschneiden"⟩: (landsch.) Fleischer

Kau|da vgl. Cauda. **kau|dal** ⟨zu *lat.* cauda „Schwanz" u. ↑¹...al⟩: 1. nach dem unteren Körperende od. nach dem unteren Ende eines Organs zu gelegen (von Organen od. Körperteilen; Med.). 2. in der Schwanzregion gelegen (Biol.)

kau|di|nisch; in der Fügung -es Joch ⟨Lehnübersetzung von *lat.* iugum Caudinum, nach der altitalischen Stadt Caudium, die im Jahr 321 v. Chr. Ort einer demütigenden Behandlung eines röm. Heeres war, denn die Soldaten mußten waffenlos unter einem Joch von Speeren hindurchgehen⟩: tiefe Demütigung, Erniedrigung

Kau|ka|sist *der;* -en, -en ⟨nach dem Gebirgsland Kaukasien u. zu ↑...ist⟩: jmd., der sich wissenschaftlich mit den kaukasischen Sprachen u. Literaturen befaßt. **Kau|ka|si|stik** *die;* - ⟨zu ↑...istik⟩: Wissenschaft von den kaukasischen Sprachen u. Literaturen

kau|li|flor ⟨zu *gr.* kaulós „Stengel, Stiel" u. *lat.* flos, Gen. floris „Blume, Blüte"⟩: unmittelbar am Stamm der Pflanze ansetzend (von Blüten; Bot.). **Kau|li|flo|rie** *die;* - ⟨zu ↑²...ie⟩: das Ansetzen der Blüten unmittelbar am Stamm (z. B. beim Kakaobaum; Bot.). **kau li|form** ⟨zu ↑...form⟩: (veraltet) stengelförmig, -artig. **Kau|lo|ka|lin** *das;* -s ⟨vermutlich zu *gr.* kálinos „hölzern"⟩ angenommene Substanz, die die Sproßentwicklung beeinflussen soll (Bot.).

Kau|lom *das;* -s, -e ⟨zu ↑...om⟩: (veraltet) Sproßachse der Pflanzen (Bot.). **Kau|lo|ne|ma** *das;* -[s], ...ta ⟨zu *gr.* nēma „Faden"⟩: fädiges Jugendstadium einer Moospflanze mit schräg eingezogenen Zellwänden (Bot.)

Kau|ma|zit [auch ...ˈtsɪt] *der;* -s, -e ⟨zu *gr.* kaumatízein „durch Hitze vertilgen bzw. umkommen" u. ↑²...it⟩: Braunkohlenkoks

Kau|ri *der;* -s, -s od. *die;* -, -s ⟨über *engl.* cowrie aus gleichbed. *Hindi* kaurī⟩: Porzellanschnecke des Indischen Ozeans, die [in vorgeschichtlicher Zeit] als Schmuck od. Zahlungsmittel verwendet wurde

Kau|ri|fich|te *die;* -, -n ⟨aus gleichbed. *Maori* (vgl. ²Maori) kauri⟩: svw. Kopalfichte

Kau|rit|leim *der;* -[e]s ⟨Kunstw.⟩: aus Harnstoff u. Formaldehyd hergestellter Leim zum Verleimen von Sperrholz

kau|sal ⟨aus gleichbed. *spätlat.* causalis zu causa „Grund, Ursache; Sache"⟩: ursächlich, das Verhältnis Ursache – Wirkung betreffend, dem Kausalgesetz entsprechend; -e Konjunktion: begründendes Bindewort (z. B. weil; Sprachw.). **Kau|sal...** ⟨zu ↑kausal⟩: Wortbildungselement mit der Bedeutung „einen Zusammenhang darstellend, eine Begründung gebend", z. B. Kausalgesetz. **Kau|sal|adverb** [...v...] *das;* -s, -ien [...jən]: ↑Adverb, das eine Begründung bezeichnet (z. B. deshalb; Sprachw.). **Kau|sal|bestim|mung** *die;* -, -en: Umstandsangabe des Grundes; Begründungsangabe (z. B. aus Liebe; Sprachw.). **kau|sal|ge|ne|tisch**: die Entstehungsursache betreffend. **Kau|sal|ge-**

setz *das;* -es: Grundsatz, nach dem für jedes Geschehen notwendig eine Ursache angenommen werden muß

Kaus|al|gie *die;* -, ...ien ⟨zu *gr.* kaũsis „das Brennen" u. ↑...algie⟩: durch Nervenverletzung hervorgerufener brennender Schmerz (Med.)

Kau|sa|lis *der;* -, ...les [...le:s] ⟨zu *spätlat.* causalis „zur Ursache gehörig"; vgl. kausal⟩: 1. (ohne Plur.) Kasus in bestimmten Sprachen, der die Ursache od. den Grund einer Handlung angibt. 2. Wort, das im Kausalis (1) steht (Sprachw.). **Kau|sa|lis|mus** *der;* - ⟨zu ↑...ismus (1)⟩: philos. Lehre, nach der alles ursächlich, nichts zielgerichtet ist. **Kau|sa|li|tät** *die;* -, -en ⟨unter Einfluß von *fr.* causalité aus gleichbed. *mlat.* causalitas, Gen. causalitatis zu *lat.* causalis, vgl. kausal⟩: a) der Zusammenhang von Ursache und Wirkung; b) Form des objektiven Wirkungszusammenhanges zwischen Dingen, Prozessen, Systemen, bei dem die Ursache unter bestimmten Bedingungen mit Notwendigkeit die Wirkung hervorruft; Ggs. ↑Finalität. **Kau|sa|li|täts|ge|setz** *das;* -es u. **Kau|sa|li|täts|prin|zip** *das;* -s: svw. Kausalgesetz. **Kau|sa|li|täts|theo|rie** *die;* -: ↑Adäquanztheorie, Äquivalenztheorie (1; Rechtsw.). **Kau|sal|kon|junk|ti|on** *die;* -, -en ⟨zu ↑Kausal...⟩: begründende ↑Konjunktion 1 (z. B. weil; Sprachw.). **Kau|sal|ne|xus** *der;* -, - [...ksu:s]: ursächlicher Zusammenhang, Verknüpfung von Ursache u. Wirkung. **Kau|sal|prin|zip** *das;* -s: Forderung, daß jeder Vorgang genau durch seine Ursachen vorauszubestimmen ist (Phys.). **Kau|sal|satz** *der;* -es, ...sätze: Umstandssatz des Grundes (z. B. *da er sie liebte, verzichtete er auf vieles*; Sprachw.). **Kau|sal|the|ra|pie** *die;* -, ...ien [...i:ən]: Behandlung der eigentlichen Ursache einer Krankheit (z. B. antibiotische Behandlung von Infektionskrankheiten) im Gegensatz zur symptomatischen Behandlung. **kau|sa|tiv** ⟨aus *lat.* causativus „ursächlich"⟩: das Veranlassen ausdrückend, bewirkend (Sprachw.). **Kau|sa|tiv** *das;* -s, -e [...və] ⟨aus gleichbed. *lat.* (verbum) causativum, Neutrum von causativus, vgl. kausativ⟩: Verb des Veranlassens (z. B. tränken = trinken lassen; Sprachw.). **Kau|sa|ti|vum** [...v...] *das;* -s, ...va ⟨aus (verbum) causativum⟩: (veraltet) svw. Kausativ

Kau|sia *die;* -, ...ien [...jən] ⟨aus gleichbed. *gr.* kausía zu kaũsis „das Brennen"⟩: eine durch die Makedonier in der hellenistischen Zeit weitverbreitete runde Kopfbedeckung zum Schutz gegen die Sonne

kau|sie|ren ⟨aus gleichbed. *fr.* causer, dies aus *lat.* causari „einen Grund angeben, vorschützen"⟩: (veraltet) verursachen

kau|sti|fi|zie|ren ⟨zu ↑kaustisch u. ↑...fizieren⟩: milde Alkalien (vgl. Alkali) in ätzende überführen (Chem.). **Kau|stik** *die;* - ⟨zu ↑²...ik (2)⟩: 1. Brennlinie; Brennfläche; die Gesamtheit der Brennpunkte von nichtkorrigierten Hohlspiegeln od. Linsen (Optik); vgl. Katakaustik. 2. svw. Kauterisation. **Kau|sti|kum** *das;* -s, ...ka ⟨aus gleichbed. *(n)lat.* causticum zu *lat.* causticus, vgl. kaustisch⟩: Ätzmittel zum Verschorfen schlecht heilender Wunden (Med., Chem.). **kau|stisch** ⟨aus *lat.* causticus „brennend, beißend, ätzend", dies aus *gr.* kaustikós „brennend"⟩: a) scharf, ätzend (Chem.); Ggs. ↑akaustisch; -e Alkalien: Ätzalkalien (vgl. Alkali; Chem.); b) sarkastisch, spöttisch. **Kau|sti|zi|tät** *die;* - ⟨zu ↑...izität⟩: Ätzbarkeit; Ätzkraft. **Kau|sto|bio|lith** [auch ...ˈlɪt] *der;* Gen. -s u. -en, Plur. -e[n] (meist Plur.) ⟨zu *gr.* kaustós „gebrannt", bíos „Leben" u. ↑...lith⟩: aus fossilen Organismen bestehendes brennbares Produkt (z. B. Torf, Kohle; Geol.)

Kau|tel *die;* -, -en ⟨aus *lat.* cautela „Schutz, Sicherstellung", eigtl. „Vorsicht"⟩: 1. Vorkehrung, Absicherung, [vertragli-

Kaviar

cher] Vorbehalt (Rechtsw.). 2. (nur Plur.) vom Arzt zu treffende Vorsichtsmaßregeln (Med.). **Kau|te|lar|ju|ris|pru|denz** *die;* - ⟨zu ↑...ar u. ↑ Jurisprudenz⟩: 1. erste Epoche der altröm. Rechtswissenschaft mit dem Auftreten weiblicher Juristen, die Rechtsauskünfte erteilten u. Prozeßformulare entwarfen. 2. vorsorgliche Vermeidung von Rechtsstreitigkeiten durch vorherige fachmännische juristische Beurteilung. **kau|te|lös** ⟨zu ↑...ös⟩: (veraltet) vorsichtig

Kau|ter *der;* -s, - ⟨über *lat.* cauter aus *gr.* kautḗr „Brenneisen"⟩: chirurgisches Instrument zum Ausbrennen von Gewebeteilen (Med.). **Kau|te|ri|sa|ti|on** *die;* -, -en ⟨zu ↑...isation⟩: Gewebszerstörung durch Brenn- od. Ätzmittel (Med.). **kau|te|ri|sie|ren** ⟨zu ↑...isieren⟩: 1. durch Hitze od. Chemikalien zerstören od. verätzen (Med.). 2. [Personen] mit eingebrannten Narben verzieren (Völkerk.). **Kau|te|ri|um** *das;* -s, ...ien [...i̯ən] ⟨aus *lat.* cauterium „Beizmittel", eigtl. „Brenneisen", dies aus gleichbed. *gr.* kautḗrion⟩: 1. Ätzmittel (Chem.). 2. Brenneisen (Med.)

Kau|ti|on *die;* -, -en ⟨aus gleichbed. *lat.* cautio, eigtl. „Behutsamkeit, Vorsicht"⟩: Bürgschaft; Sicherheitsleistung in Form einer Geldhinterlegung (z. B. beim Mieten einer Wohnung od. bei der Freilassung von Untersuchungsgefangenen), z. B. jmdn. gegen - freilassen. **kau|tio|nie|ren** ⟨zu ↑...ieren⟩: (veraltet) sich verbürgen, Sicherheit für jmdn. leisten

kau|tschie|ren ⟨verkürzt aus ↑ kautschutieren⟩: svw. kautschutieren. **Kau|tschuk** *der;* -s, -e ⟨über *fr.* caoutchouc, älter *span.* cauchuc, aus einer peruan. Indianersprache⟩: zusammenfassende Bez. für die aus dem Milchsaft tropischer Pflanzen gewonnenen od. synthetisch hergestellten ↑ makromolekularen Rohstoffe zur Herstellung von Gummi u. anderen Elasten. **kau|tschuk|ela|stisch**: bei Raumtemperatur elastisch, bei zunehmender Temperatur unelastisch werdend (vom Kautschuk). **kau|tschu|kie|ren** ⟨zu ↑...ieren⟩: svw. gummieren. **kau|tschu|tie|ren** ⟨aus gleichbed. *fr.* caoutchouter⟩: a) mit Kautschuk überziehen; b) aus Kautschuk herstellen

¹**Ka|val** [...'val] *der;* -s, -s ⟨zu *it.* cavallo „Pferd"; vgl. Kavalier⟩: eine Spielkarte im ↑ Tarock

²**Ka|val** [...'val] *der;* -s, -s ⟨aus *türk.* ḳawal „Flöte"⟩: auf dem Balkan verbreitete volkstümliche Flöte ohne Kernspalte mit weichem Klang

Ka|va|lier [...v...] *der;* -s, -e ⟨über *fr.* cavalier aus *it.* cavaliere „Reiter; Ritter" zu cavallo „Pferd", dies aus *lat.* caballus⟩: 1. Mann, der bes. Frauen gegenüber höflich-hilfsbereit, zuvorkommend ist (u. auf diese Weise für sich einnimmt). 2. (ugs. scherzh.) Freund, Begleiter eines Mädchens od. einer Frau. 3. (veraltet) Edelmann. 4. in alten Festungen ein überhöhend angeordneter, mit Flanken versehener Bau, der eine gute Übersicht über das Vorgelände verschaffte. **Ka|va|lier|pa|ro|le** *die;* -, -n ⟨zu ↑² Parole⟩: (veraltet) Kavalierehrenwort. **Ka|va|lier|per|spek|ti|ve** [...və] *die;* -: Spezialfall der schrägen Parallelprojektion, bei dem Breiten u. Höhen eines Körpers unverzerrt, Tiefen unter 45° meist auf die Hälfte verkürzt wiedergegeben werden. **Ka|va|liers|de|likt** *das;* -[e]s, -e: [strafbare] Handlung, die von der Gesellschaft, von der Umwelt als nicht ehrenrührig, als nicht sehr schlimm angesehen wird. **Ka|va|lier[s]|start** *der;* -s, -s: scharfes, schnelles Anfahren mit Vollgas (z. B. an einer Verkehrsampel. **Ka|va|liers|tour** [...tu:ɐ̯] *die;* -, -en: im 17. u. 18. Jh. übliche Bildungsreise junger Adliger ins Ausland. **Ka|val|ka|de** *die;* -, -n ⟨über gleichbed. *fr.* cavalcade aus *it.* cavalcata zu cavalcare, *spätlat.* caballicare „reiten"; vgl. Kavalier⟩: (veraltend) prachtvoller Reiteraufzug, Pferdeschau. **Ka|val|le|rie** [auch ...'ri:] *die;* -, ...ien ⟨über *fr.* cavalerie aus gleichbed. *it.* cavalleria zu cavaliere „Reiter"⟩: Reiterei; Reitertruppe. **Ka|val|le|rist** [auch ...'rɪst] *der;* -en, -en ⟨nach gleichbed. älter *fr.* cavaleriste; vgl. ...ist⟩: Angehöriger der Reitertruppe. **Ka|val|lett** *das;* -s, Plur. -s u. -en ⟨aus *it.* cavalletto „Gestell", eigtl. „Pferdchen", Verkleinerungsform von cavallo „Pferd"; vgl. Kavalier⟩: (österr. veraltet, Soldatenspr.) einfaches Bettgestell

Ka|va|ta [...v...] vgl. Cavata. **Ka|va|te** *die;* -, -n ⟨aus *it.* cavata „das Herausziehen"; vgl. Cavata⟩: 1. svw. Cavata. 2. (veraltet) Umsetzung eines Wechsels in Bargeld u. der daraus gewonnene Betrag. 3. (veraltet) Gewölbe, Gewölbenische, gewölbter Keller. **Ka|va|ti|ne** *die;* -, -n ⟨aus gleichbed. *it.* cavatina, Verkleinerungsform von cavata „gedanklich zusammenfassender Schluß eines Rezitativs" (vgl. Cavata), zu cavare „herausholen"⟩: a) Sologesangsstück in der Oper von einfachem, liedmäßigem Charakter; b) liedartiger Instrumentalsatz (Mus.)

Ka|ve|ling [...v...] *die;* -, -en ⟨aus gleichbed. *niederl.* kaveling, eigtl. „Los", zu kavelen „losen, durch ein Los zuweisen"⟩: Mindestmenge, die ein Käufer auf einer Auktion erwerben muß (Wirtsch.)

Ka|vent [...v...] *der;* -en, -en ⟨aus *lat.* cavens, Gen. caventis „Bürgender", Part. Präs. von cavere, vgl. kavieren⟩: (veraltet) Gewährsmann, Bürge. **Ka|vents|mann** *der;* -[e]s, ...männer ⟨zu ↑ Kavent; wohl wegen der beeindruckenden Größe bzw. Fülle, die für sich bürgt⟩: 1. (landsch.) a) beleibter, begüterter Mann; b) Prachtexemplar. 2. (Seemannsspr.) sehr hoher Wellenberg

Ka|ver|ne [...v...] *die;* -, -n ⟨aus *lat.* caverna „Höhle, Hohlraum"⟩: 1. [künstlich angelegter] unterirdischer Hohlraum zur Unterbringung technischer od. militärischer Anlagen od. zur Müllablagerung. 2. durch Gewebseinschmelzung entstandener Hohlraum im Körpergewebe, bes. in tuberkulösen Lungen (Med.). **ka|ver|ni|kol** ⟨nach gleichbed. *fr.* cavernicole zu *lat.* caverna (vgl. Kaverne) u. colere „bewohnen"⟩: höhlenbewohnend (von Tieren; Zool.). **Ka|ver|ni|tis** *die;* -, ...itiden ⟨zu ↑ Kaverne u. ↑...itis⟩: Entzündung der Schwellkörper des männlichen Gliedes u. der Harnröhre (Med.). **Ka|ver|no|gramm** *das;* -s, -e ⟨zu ↑...gramm⟩: Röntgenbild des Schwellkörpers des männlichen Gliedes (Med.). **Ka|ver|no|gra|phie** *die;* -, ...ien ⟨zu ↑...graphie⟩: röntgenographische Darstellung des Schwellkörpers des männlichen Gliedes nach Kontrastmittelfüllung (Med.). **Ka|ver|nom** *das;* -s, -e ⟨zu ↑...om⟩: Geschwulst aus Blutgefäßen (Blutschwamm; Med.). **ka|ver|nös** ⟨zu ↑...ös⟩: 1. a) Kavernen aufweisend, schwammig (von krankem Gewebe); b) zu einem Hohlraum gehörend (z. B. von Organen; Med.). 2. reich an Hohlräumen (von Gesteinsarten; Geol.). **Ka|ver|no|sto|mie** *die;* -, ...ien ⟨zu *gr.* stóma „Mund, Mündung" u. ↑²...ie⟩: operative Spreizung einer Kavernenwand (Med.). **Ka|ver|no|to|mie** *die;* -, ...ien ⟨zu ↑...tomie⟩: 1. operative Spaltung der Schwellkörper des männlichen Gliedes. 2. operative Öffnung einer Kaverne (Med.)

Ka|vet|schein [...v...] *der;* -s, -e ⟨zu *lat.* cavet „er bürgt", 3. Pers. Präs. von cavere, vgl. kavieren⟩: (veraltet) Bürg[schafts]schein; vgl. kavieren

Ka|vet|te [...v...] *die;* -, -n ⟨aus gleichbed. *fr.* cavette, eigtl. Verkleinerungsform von cave „Keller", dies aus *lat.* cavus „Höhlung, Loch"⟩: (veraltet) kleiner Festungsgraben zwischen zwei größeren

Ka|vi|ar [...v...] *der;* -s, -e ⟨aus gleichbed. älter *türk.* chavijar (*türk.* havyar)⟩: mit Salz konservierter Rogen verschiedener Störarten

kavieren

ka|vie|ren [...v...] ⟨aus *lat.* cavere „bürgen", eigtl. „Vorsichtsmaßnahmen treffen"⟩: (veraltet) Bürgschaft leisten; vgl. Kavetschein

ka|vi|tär [...v...] ⟨zu ↑Kavität u. ↑...är⟩: eine Körperhöhle betreffend (Med.). **Ka|vi|tät** *die;* -, -en ⟨aus gleichbed. *spätlat.* cavitas, Gen. cavitatis zu *lat.* cavus „hohl"⟩: 1. Hohlraum im Zahn (meist kariösen Ursprungs). 2. Höhlung, Hohlraum (Med.). **Ka|vi|ta|ti|on** *die,* -, -en ⟨aus gleichbed. *engl.* cavitation bzw. *fr.* cavitation zu *spätlat.* cavitas, vgl. Kavität⟩: Hohlraumbildung [in sehr rasch strömenden Flüssigkeiten] (Techn.). 2. Blasenbildung durch Abreißen der Flüssigkeitsströmung in Treibstoffleitungen od. -pumpen (Techn.)

Ka|wa *die;* - ⟨aus gleichbed. *polynes.* kava, eigtl. „bitter"⟩: säuerlich-erfrischendes, stark berauschendes Getränk der Polynesier, das aus der Wurzel eines Pfeffergewächses hergestellt wird

Ka|wa|sa|ki-Syn|drom *das;* -s ⟨nach der jap. Stadt Kawasaki u. zu ↑Syndrom⟩: erstmals in Japan beobachtetes Krankheitsbild unbekannter Genese mit Lymphknotenschwellungen, hohem Fieber, ↑Konjunktivitis, ↑Pharyngitis u. ↑Exanthemen (Med.)

Ka|waß u. **Ka|was|se** *der;* ...wassen, ...wassen ⟨über *türk.* kavas aus gleichbed. *arab.* qawwās, eigtl. „Bogenschütze"⟩: 1. Ehrenwächter (für Diplomaten) in der Türkei. 2. Wächter u. Bote einer Gesandtschaft im Vorderen Orient

Ka|wi *das;* -[s] ⟨über gleichbed. *jav.* kawi aus *sanskr.* kāvya, vgl. Kawja⟩: alte, stark vom ↑Sanskrit beeinflußte Literatursprache Javas

Ka|wir u. **Kewir** *die;* - ⟨aus gleichbed. *pers.* kawīr, kewīr⟩: Salzwüste im Iran

Kaw|ja *das;* - ⟨aus *sanskr.* kāvya „Dichtkunst, Poesie" zu kavi „Dichter, Denker"⟩: literarisch anspruchsvolle Form der klassischen ind. Dichtung (v. a. Lyrik, Kunstroman und Kunstepos)

Ka|yenne|pfef|fer [ka'jɛn...] vgl. Cayennepfeffer

Kay|se|ri ['kaɪ...] *der;* -[s], - ⟨nach der türk. Stadt Kayseri⟩: einfacher, kleinformatiger Teppich mittlerer Qualität

Ka|zi|ke *der;* -n, -n ⟨aus gleichbed. *span.* cacique (indian. Wort)⟩: a) Häuptling bei den Indianern Süd- u. Mittelamerikas; b) Titel eines indian. Ortsvorstehers

Ka|zoo [kə'zu:] *das;* -[s], -s ⟨aus gleichbed. *amerik.* kazoo, vermutlich lautmalend⟩: [im volkstümlichen Jazz verwendetes] einfaches Rohrblasinstrument, dessen eine Öffnung mit einer Membran verschlossen ist, wobei in die entgegengesetzte Öffnung hineingesungen od. -gesummt wird

Kea *der;* -s, -s ⟨aus gleichbed. *Maori* (vgl. ²Maori) kea⟩: neuseeländischer Papagei

Kea|tit [auch ...'tɪt] *der;* -s, -e ⟨nach dem amerik. Chemiker P. Keat u. zu ↑²...it⟩: ↑tetragonale Hochdruckmodifikation des Siliciumdioxyds (Chem.)

Ke|bab *der;* -[s] ⟨über *türk.* kebap aus gleichbed. *arab.* kabāb⟩: [süd]osteuropäisches u. orientalisches Gericht aus kleinen, am Spieß gebratenen [Hammel]fleischstückchen. **Ke|bab|tsche** *das;* -, -ta (meist Plur.) ⟨aus gleichbed. *bulgar.* kebaptsche⟩: auf dem Grill zubereitetes Hackfleischröllchen

Ke|du|scha *die;* - ⟨aus *hebr.* qedušā „Heiligung" zu qādôš „heilig"⟩: Gebet im jüd. Gottesdienst, das bei der Wiederholung des ↑Schmone esre durch den Vorbeter in die dritte ↑Benefikation als hymnischer Höhepunkt eingeschaltet wird

Keel [ki:l] *das;* -s, -s ⟨aus gleichbed. *engl.* keel⟩: ein altes engl. Kohlenmaß

Keep [ki:p] *der;* -s, -s ⟨aus *engl.* keep „Bergfried" zu to keep, vgl. Keeper⟩: Wehr- u. Wohnturm der englischnormannischen Baukunst. **Kee|per** ['ki:pɐ] *der;* -s, - ⟨aus *engl.* keeper „Hüter, Wächter" zu to keep „(be)hüten, bewachen"⟩: svw. Goalkeeper. **keep smi|ling** ['ki:p 'smaɪlɪŋ] ⟨*engl.;* „höre nicht auf zu lächeln"⟩: nimm's leicht; immer nur lächeln. **Keep-smi|ling** *das;* -: auch unter widrigen Umständen optimistische Lebensanschauung

Ke|fir *der;* -s ⟨aus gleichbed. *russ.* kefir⟩: ein aus Kuhmilch (in Rußland ursprünglich aus Stutenmilch) durch Gärung gewonnenes Getränk mit säuerlichem, prickelndem Geschmack u. geringem Alkoholgehalt

Keg *das;* -s, -s ⟨aus gleichbed. *engl.* keg, eigtl. „kleines Faß", dies aus dem Altnord.⟩: a) altes engl. Zählmaß (= 60 Stück); b) (veraltet) kleines Faß für Fische

Keks *der* od. *das;* Gen. - u. -es, Plur. - u. -e (österr. *das;* -, -[e]) ⟨aus *engl.* cakes (Plur.) „Kuchen"⟩: 1. a) (ohne Plur.) kleines trockenes Feingebäck; b) einzelner Keks (1 a). 2. (salopp) Kopf

Kelch|kom|mu|ni|on *die;* -, -en ⟨zu ↑Kommunion⟩: das Trinken von ↑konsekriertem Wein bei Messe od. Abendmahl

Kel|lei *der;* -s, -s ⟨aus gleichbed. *pers.* kelei, eigtl. „Teppich"⟩: pers. Teppich im Format von 1,60 bis 2 m Breite u. 4 bis 5 m Länge

Kel|lek *das;* -s, -s ⟨aus gleichbed. *türk.* kelek, dies aus dem Pers.⟩: in waldarmen Gebieten Vorder- u. Zentralasiens verwendetes Floß, das von aufgeblasenen Tierbälgen getragen wird

Kel|lim *der;* -[s], -[s] ⟨aus gleichbed. *türk.* kilim⟩: a) orientalischer Wandbehang od. Teppich mit gleichem Aussehen auf Vorder- u. Rückseite; b) der gewebte Teppichrand. **Kelim|stich** *der;* -[e]s, -e: schräger Flachstich, verwendet für Wandbehänge, Teppiche u. a.

Kęl|lek vgl. Kelek

Kel|li|on *das;* -s, Kellien [...jən] ⟨aus gleichbed. *mgr.* kéllion, eigtl. „Zelle"⟩: kleines Kloster der orthodoxen Kirche; vgl. Cella (2 b)

Kel|lo|way ['kæləweɪ] *das;* -[s] ⟨nach der gleichnamigen engl. Stadt⟩: svw. Callov

Ke|lo|id *das;* -[e]s, -e ⟨zu *gr.* kḗlē „Geschwulst" u. ↑...oid⟩: strang- od. plattenförmiger Hautwulst; Wulstnarbe (Med.). **Ke|loi|do|se** [...oi...] *die;* - ⟨zu ↑¹...ose⟩: angeborene Neigung der Haut zur Bildung von Keloiden (Med.). **Ke|lo|to|mie** *die;* -, ...ien ⟨zu ↑...tomie⟩: (selten) Bruchoperation (Med.)

Kelp *das;* -s ⟨aus gleichbed. *engl.* kelp⟩: an den europ. u. amerik. Küsten gesammelte od. mit speziellen Schiffen geerntete Braunalgenmasse, aus der u. a. Jod u. Soda hergestellt werden

¹Kelt *der;* -[e]s, -e ⟨aus *spätlat.* celtis „Meißel (des Steinmetzen)"⟩: vorgeschichtliches Beil aus der Bronzezeit

²Kelt *der;* -s ⟨über gleichbed. *engl.* kelt aus *gäl.* cealt „Stoff, Kleidung"⟩: grober, schwarzer Wollstoff aus Schottland

Kel|tist *der;* -en, -en ⟨nach dem Namen der Kelten (idg. Volk in Westeuropa) u. zu ↑...ist⟩: svw. Keltologe. **Kel|ti|stik** *die;* - ⟨zu ↑...istik⟩: svw. Keltologie. **Kel|to|lo|ge** *der;* -n, -n ⟨zu ↑...loge⟩: jmd., der sich wissenschaftlich mit den keltischen Sprachen u. Literaturen befaßt (z. B. Hochschullehrer, Student). **Kel|to|lo|gie** *die;* - ⟨zu ↑...logie⟩: Wissenschaft von den keltischen Sprachen u. Literaturen. **kel|to|lo|gisch** ⟨zu ↑...logisch⟩: die Keltologie betreffend

Kel|vin [...v...] *das;* -s, - ⟨nach dem engl. Physiker Lord Kelvin, 1824–1907⟩: a) Maßeinheit der Temperatur u. der Temperaturdifferenz; b) Gradeinheit auf der Kelvinskala;

Zeichen K. **Kel|vin|ska|la** *die;* -: Temperaturskala, deren Nullpunkt (0 K) der absolute Nullpunkt ($-273{,}15\,°$C) ist

Ke|ma|lis|mus *der;* - 〈nach dem türk. Präsidenten Kemal Atatürk (1880–1938) u. zu ↑ ...ismus (1)〉: von Kemal Atatürk begründete politische Richtung in der Türkei mit teilweise islamfeindlicher Tendenz u. dem Ziel der Europäisierung von Wirtschaft u. Technik. **Ke|ma|list** *der;* -en, -en 〈zu ↑ ...ist〉: Anhänger des Kemalismus. **ke|ma|li|stisch** 〈zu ↑ ...istisch〉: den Kemalismus betreffend

Ke|mant|sche *die;* -, -n 〈aus gleichbed. *pers.* kemānče〉: im Vorderen Orient verbreitete Geige mit langem, griffbrettlosem Hals u. ein bis drei Saiten (Mus.)

Kem|pit [auch ...'pɪt] *der;* -s, -e 〈nach dem amerik. Geologen James F. Kemp († 1926) u. zu ↑²...it〉: ein smaragdgrünes Mineral

Kem|po *das;* - 〈aus gleichbed. *jap.* kempō〉: für den militärischen, waffenlosen Nahkampf weiterentwickelte Sonderform des ↑ Jiu-Jitsu

Ken *das;* -, - 〈aus gleichbed. *jap.* ken〉: Verwaltungsbezirk, ↑ Präfektur (a) in Japan

Ke|naf *das;* -s 〈aus gleichbed. *arab.* kanaf〉: einjährige, bis 4 m hohe Hibiskusart aus Afrika u. Vorderindien, die in warmgemäßigten Gebieten bis zum Äquator angebaut wird

Ke|na|re *der;* -s, -s 〈aus gleichbed. *pers.* kenarē, eigtl. „Ufer, Rand"〉: Teppich in der Größe von etwa 1 m Breite u. 3–7 m Länge, Läufer

Ken|do *das;* -[s] 〈aus *jap.* kendo „Weg des Schwertes"〉: 1. Fechtkunst der ↑ Samurais (2) (in der Feudalzeit Japans). 2. japan. Form des Schwertkampfs, die als sportliche Fechtkunst u. zugleich Selbstverteidigungskunst mit zusammengebundenen, elastischen Bambusstäben ausgeführt wird, wobei nur die geschützten Körperstellen des Gegners getroffen werden dürfen. **Ken|do|ka** *der;* -[s], -[s] 〈aus *jap.* ka „jmd., der eine vollendete Fertigkeit od. Fähigkeit in einem wissenschaftlichen od. künstlerischen Fach hat"〉: jmd., der Kendo betreibt

Ke|nem *das;* -s, -e 〈zu *gr.* kenós „leer, von allem entblößt" u. zu ↑ ...em〉: kleinste Einheit auf der Ebene der Form des Ausdrucks (in der Kopenhagener Schule; Sprachw.)

Ken|nel *der;* -s, - 〈aus *engl.* kennel „Hundehütte, Zwinger", dies aus *altfr.* chenil zu *lat.* canis „Hund"〉: Hundezwinger [für die zur ↑ Parforcejagd dressierte Meute]

Kennel|ly-Hea|vi|side-Schicht ['kɛnlɪ'hɛvɪsaɪd...] *die;* - 〈nach dem amerik. Ingenieur A. E. Kennelly (1861–1939) u. dem engl. Physiker O. Heaviside (1850–1929)〉: svw. Heavisideschicht

Ken|ning *die;* -, Plur. -ar, auch -e 〈aus gleichbed. *altnord.* kenning, eigtl. „Erkennung"〉: die bildliche Umschreibung eines Begriffes durch eine mehrgliedrige Benennung in der altgerm. Dichtung (z. B. „Tosen der Pfeile" für „Kampf"; vgl. Heiti

Ke|no|kar|pie *die;* - 〈zu *gr.* kenós „leer", karpós „Frucht" u. ↑²...ie〉: Leerfrüchtigkeit, Ausbildung von Früchten ohne od. mit tauben Samen (z. B. bei Bananen, Apfelsinen, Ananas; Bot.). **Ke|no|sis** [auch 'kɛ...] *die;* - 〈aus *gr.* kénōsis „Entleerung"〉: theologische Auffassung, daß Christus bei der Menschwerdung auf die Ausübung seiner göttlichen Eigenschaften verzichtet habe (Philipper 2, 6ff.). **Ke|no|taph** u. Zenotaph *das;* -s, -e 〈über *lat.* cenotaphium aus gleichbed. *gr.* kenotáphion zu kenós „leer" u. táphos „Grab"〉: ein leeres Grabmal zur Erinnerung an einen Toten, der an anderer Stelle begraben ist. **Ke|no|ti|ker** *der;* -s, - 〈zu *gr.* kenōtikós „entleert"; vgl. Kenosis〉: theologischer Vertreter der Lehre von der Kenosis. **ke|no|tisch:** die Kenosis betreffend

Ken|taur vgl. Zentaur

Ken|tum|spra|che *die;* -, -en 〈nach der Aussprache des Anlauts in *lat.* centum „hundert" als *k*〉: Sprache aus der westindogermanischen Gruppe des ↑ Indogermanischen, in der sich bestimmte Verschlußlaute (bes. *g* und *k*) erhalten haben (Sprachw.); Ggs. ↑ Satemsprache

ke|phal..., **Ke|phal...** vgl. zephalo..., Zephalo... **Ke|phal|al|gie** vgl. Zephalalgie. **Ke|phal|hä|ma|tom** vgl. Zephalhämatom. **Ke|phal|in** vgl. Zephalin. **ke|pha|lo..., Ke|pha|lo...** vgl. zephalo..., Zephalo... **Ke|pha|lo|graph** vgl. Zephalograph. **Ke|pha|lo|me|trie** vgl. Zephalometrie. **ke|pha|lo|me|trisch** vgl. zephalometrisch. **Ke|pha|lon** *das;* -s, Plur. -s u. ...la 〈zu *gr.* kephalḗ „Kopf" u. ↑¹...on〉: (veraltet) svw. Makrozephalon. **Ke|pha|lo|po|de** vgl. Zephalopode. **Ke|pha|lo|to|mie** *die;* - 〈zu ↑ ...tomie〉: (veraltet) svw. Kraniotomie (2). **Ke|pha|lo|trip|sie** vgl. Zephalotripsie. **Ke|pha|lo|ze|le** vgl. Zephalozele.

Ke|ra|bau *der;* -s, -s 〈über *engl.* bzw. *span.* carabao aus einem Dialekt der Philippinen〉: süd- u. südostasiat. Haustierform des Wasserbüffels

Ke|ra|lo|gie ⓌⓏ *die;* - 〈zu *gr.* kéras „Horn" u. ↑ ...logie〉: (Produktserie zur) Bekämpfung von Haar- u. Kopfhautschäden

Ke|ra|mik *die;* -, -en 〈über gleichbed. *fr.* céramique aus *gr.* keramikḗ (téchnē) „Töpferkunst" zu kéramos „Töpferton, -ware"〉: 1. (ohne Plur.) a) Sammelbegriff für Erzeugnisse aus gebranntem Ton (Steingut, Majoliken, Porzellan usw.); b) gebrannter Ton als Grundmaterial für die Herstellung von Steingut, Porzellan u. Majoliken; c) Technik der Keramikherstellung. 2. einzelnes Erzeugnis aus gebranntem Ton. **Ke|ra|mi|ker** *der;* -s, -: Angehöriger eines der Berufe, die sich mit der Herstellung keramischer Erzeugnisse befassen (Brennen, Veredeln, Schleifen, Malen usw.). **ke|ra|misch:** zur Keramik gehörend, sie betreffend; -er Druck: Steindruckverfahren zur Übertragung von Verzierungen auf Porzellan u. Steingut. **Ke|ra|mo|gra|phie** *die;* - 〈zu *gr.* kéramos (vgl. Keramik) u. ↑ ...graphie〉: (veraltet) Ton- od. Ziegelmalerei. **ke|ra|mo|gra|phisch:** auf Ton gemalt od. gebrannt. **Ke|ra|mo|ha|lit** [auch ...'lɪt] *der;* -s, -e: ein Mineral aus der Gruppe der ↑ Alunogene

Ker|ar|gy|rit [auch ...'rɪt] *der;* -s, -e 〈zu *gr.* kéras „Horn", árgyros „Silber" u. ↑²...it〉: Hornsilber, braunes bis schwarzes, auch gelbes od. graues Mineral. **ke|rat..., Ke|rat...** vgl. kerato..., Kerato... **Ke|rat|al|gie** *die;* -, ...ien 〈zu ↑ kerato... u. ↑ ...algie〉: schmerzhafte Erkrankung der Augenhornhaut (Med.). **Ke|rat|ek|ta|sie** *die;* -, ...ien: durch Entzündung od. Verätzung hervorgerufene Vorwölbung der Hornhaut des Auges (Med.). **Ke|ra|tin** *das;* -s, -e 〈zu ↑ ...in (1)〉: Hornstoff, schwefelhaltiger Eiweißkörper in Haut, Haar u. Nägeln. **ke|ra|ti|nie|ren** 〈zu ↑ ...ieren〉: mit einem Überzug aus Keratin versehen, der erst im Dünndarm aufgelöst wird (von Pillen; Med.). **Ke|ra|ti|no|zyt** *der;* -en, -en 〈zu ↑ ...zyt〉: Keratin produzierende Zelle der Haut (Biochem.). **Ke|ra|ti|tis** *die;* -, ...itiden 〈zu ↑ ...itis〉: Hornhautentzündung des Auges (Med.). **ke|ra|to..., Ke|ra|to...**, vor Vokalen meist kerat..., Kerat... 〈aus *gr.* kéras, Gen. kératos „Horn"〉: Wortbildungselement mit der Bedeutung „Horn, Hornhaut", z. B. Keratometer, Keratitis. **Ke|ra|to|akan|thom** *das;* -s, -e 〈zu *gr.* ákantha „Stachel, Dorn" u. ↑ ...om〉: gutartige Wucherung der Stachelzellen der Haut, in deren Mitte verhornte Zellen eingelagert sind (Med.). **Ke|ra|to|glo|bus** *der;* -: kugelige Vorwölbung der Hornhaut (Med.). **Ke|ra|to|ko|nus** *der;* -: kegelförmige Vorwöl-

Keratolyse

bung der Hornhaut (Med.). **Ke|ra|to|ly|se** *die;* -, -n ⟨zu ↑...lyse⟩: Auflösung der Hornsubstanz der Haut durch erweichende Mittel zu therapeutischen Zwecken (Med.). **Ke|ra|tom** *das;* -s, -e ⟨zu ↑...om⟩: Horngeschwulst der Haut (Med.). **Ke|ra|to|ma|la|zie** *die;* -, ...ien: Entzündung der Augenhornhaut mit allmählicher Hornhauterweichung (Med.). **Ke|ra|to|me|ter** *das;* -s, - ⟨zu ↑¹...meter⟩: optisches Meßinstrument zur genauen Bestimmung des Durchmessers (auch des Krümmungsgrades) der Hornhaut des Auges (Med.). **Ke|ra|to|my|ko|se** *die;* -, -n: a) durch Pilze hervorgerufene Erkrankung der Hornhaut des Auges; b) mit Verhornung einhergehende Hautpilzkrankheit (Med.). **Ke|ra|to|ny|xis** *die;* -, ...xen ⟨zu gr. nýxis „das Stechen"⟩: operativer Eingriff an der Hornhaut des Auges, Punktion der ↑Cornea (Med.). **Ke|ra|to|phyr** *der;* -s, -e ⟨zu gr. phýrein „(ver)mischen"⟩: ein Ergußgestein (Geol.). **Ke|ra|to|pla|stik** *die;* - ⟨zu ↑¹Plastik⟩: operative Hornhautüberpflanzung zum Ersatz für erkrankte Hornhaut (Med.). **ke|ra|tös** ⟨zu ↑...ös⟩: aus Hornzellen bestehend, verhornt (Med.). **Ke|ra|to|se** *die;* -, -n ⟨zu ↑¹...ose⟩: Verhornung (bes. der Haut; Med.). **Ke|ra|to|skop** *das;* -s, -e ⟨zu ↑...skop⟩: optisches Instrument zur Bestimmung der Krümmung der Augenhornhaut. **ke|ra|to|tisch** ⟨zu ↑...otisch⟩: verhornt (von Zellverbänden; Med.). **Ker|ek|ta|sie** *die;* - ⟨verkürzt aus ↑kerato... u. ↑Ektasie⟩: svw. Keratokonus

Ker|be|ros *der;* -, -se ⟨nach dem gleichnamigen Hund der griech. Mythologie, der den Eingang der Unterwelt bewacht⟩: svw. Zerberus

Ke|ren *die* (Plur.) ⟨aus gr. Kérai (Plur.) „Todesgöttinnen"⟩: dämonische Wesen der griech. Mythologie, die Tod u. Verderben bringen

Ker|man u. **Kirman** *der;* -[s], -s ⟨nach der iran. Stadt u. Provinz Kerman⟩: wertvoller handgeknüpfter Teppich, meist mit einem charakteristischen rautenförmig gegliederten Ranken- od. Blumenmuster

Ker|nit [auch ...'nɪt] *der;* -s ⟨nach dem Ort Kern in Kalifornien (USA) u. zu ↑²...it⟩: ein weißes od. farbloses borhaltiges Mineral

Kern|ma|te|rie [...i̯ə] *die;* - ⟨zu dt. Kern u. ↑Materie⟩: Bez. für die im Innern von schweren Atomkernen sowie in bestimmten Sternen vorliegende, nur aus ↑Nukleonen bestehende Materie sehr hoher Dichte

Ker|nos *der;* -, ...noi [...nɔy] ⟨aus gleichbed. gr. kérnos, Nebenform von kérnon⟩: rundes Kultgefäß mit einem Kranz kleiner Schälchen, vor allem in der ägäischen Frühzeit (3.–2. Jahrtausend v. Chr.) u. im Eleusinischen Kult der griech. Kultur

Kern|phy|sik *die;* - ⟨zu dt. Kern u. ↑Physik⟩: Teilgebiet der Physik, auf dem der Aufbau u. die Eigenschaften der Atomkerne untersucht werden. **Kern|re|ak|ti|on** *die;* -, -en: Umwandlung des Atomkerns durch Stöße von [Elementar]teilchen. **Kern|re|ak|tor** *der;* -, -en: svw. Reaktor (1). **Kern|spek|tro|sko|pie** *die;* -: Teilgebiet der Kernphysik, das die Eigenschaften der Atomkerne bei verschiedenen Energieniveaus, die Übergänge zwischen den einzelnen Niveaus u. die Energiespektren der Kernstrahlung untersucht. **Kern|spek|trum** *das;* -s, ...tren: Spektrum, das beim Übergang angeregter Atomkerne in den energetischen Grundzustand entsteht (Kernphys.). **Kern|spin** *der;* -s, -s: Drehimpuls (vgl. Spin) des Atomkerns. **Kern|spin|to|mo|gra|phie** *die;* -, -n [...i:ən]: die Darstellung von Weichteilstrukturen auf dem Bildschirm ermöglichendes diagnostisches Verfahren, das das Verhalten des Spins von Atomkernen in hochfrequenten Magnetfeldern nutzt u. die da-

bei ausgesandte elektromagnetische Hochfrequenzstrahlung computermäßig auswertet (Med.)

Ke|ro|gen *das;* -s, -e ⟨zu gr. kērós „Wachs" u. ↑...gen⟩: organische Substanz der Ölschiefer (Mineral.). **Ke|ro|graphie** *die;* - ⟨zu ↑...graphie⟩: 1. Wachsmalerei. 2. altes Verfahren zum Druck von Landkarten mittels versilberter, mit einer dünnen Wachsschicht überzogenen Kupferplatten. **ke|roi|disch** ⟨zu ↑²...id⟩: (veraltet) wachsartig, -ähnlich. **Ke|ro|lith** [auch ...'lɪt] *der;* Gen. -s u. -en, Plur. -e[n] ⟨zu ↑...lith⟩: Wachsstein, ein meerschaumähnliches Mineral. **Ke|ro|man|tie** *die;* - ⟨zu gr. manteía „Weissagung"⟩: (veraltet) Wahrsagerei aus Wachs. **Ke|ro|pla|stik** vgl. Zeroplastik. **Ke|ro|sin** *das;* -s ⟨zu ↑...in (1)⟩: der im Erdöl vorkommende Petroleumanteil, der bes. als Treibstoff für Flugzeug- u. Raketentriebwerke verwendet wird

Kerr-Ef|fekt *der;* -s ⟨nach dem engl. Physiker J. Kerr (1824–1907) u. zu ↑Effekt⟩: Erscheinung, nach der alle Stoffe im elektrischen u. magnetischen Feld mehr od. weniger stark ↑anisotrope Eigenschaften annehmen, bes. die Doppelbrechung von Lichtwellen im elektrischen Feld

Ker|rie [...i̯ə] *die;* -, -n ⟨nach dem engl. Botaniker W. Kerr († 1814) u. zu ↑...ie⟩: Ranunkelstrauch, Goldnessel (ein Zierstrauch der Rosengewächse)

Ker|san|tit [auch ...'tɪt] *der;* -s, -e ⟨nach dem Fundort Kersanton in der Bretagne u. zu ↑²...it⟩: ein vorwiegend aus ↑Plagioklas u. ↑Biotit, auch aus ↑Augit bestehendes Ergußgestein (Geol.)

Ker|sey ['kə:zɪ] *der;* - s ⟨aus gleichbed. engl. kersey, nach dem Dorf Kersey in der engl. Grafschaft Suffolk⟩: ein grober Stoff in Köperbindung, der früher für Militärmäntel verwendet wurde

Ke|rub vgl. Cherub

Ke|ryg|ma *das;* -s ⟨aus gr. kérygma, Gen. kerýgmatos „das durch den Herold (gr. kḗryx) Ausgerufene"⟩: Verkündigung, bes. des ↑Evangeliums (Rel.). **ke|ryg|ma|tisch:** zur Verkündigung gehörend; predigend. **Ke|ry|kei|on** *das;* -s, ...keia ⟨aus gleichbed. gr. kērýkeion⟩: Heroldsstab; vgl. Caduceus

Ke|schan u. **Kaschan** *der;* -[s], -s ⟨nach der iran. Stadt Kaschan⟩: feingeknüpfter Woll- od. Seidenteppich mit reicher Musterung

Ket... vgl. Keto...

Ketch|up ['kɛtʃap, engl. 'kɛtʃəp] *der* od. *das;* -[s], -s ⟨aus gleichbed. engl. ketchup, dies aus *malai.* kěchap „gewürzte Fischsoße"⟩: pikante, dickflüssige [Tomaten]soße zum Würzen von Speisen

Ke|ten *das;* -s ⟨Kunstw.; von Aceton hergeleitet; vgl. ...en⟩: chem. Verbindung, in deren Molekülen eine Ketogruppe durch eine Doppelbindung mit einem weiteren Kohlenstoffatom verbunden ist. **Ke|to...,** vor Vokalen meist Ket... (zu ↑Keton): Wortbildungselement der Chemie mit der Bedeutung „Ketonverbindungen enthaltend", z. B. Ketose. **Ke|to|aci|do|se** [...atsi...] *die;* -, -n: ↑Acidose durch vermehrte Bildung von Ketonen (Med.). **Ke|to|gen** ⟨zu ↑...gen⟩: eine Ketose (1) erzeugend (Med.). **Ke|to|grup|pe** *die;* -, -n: svw. Carbonylgruppe. **Ke|ton** *das;* -s, -e ⟨Kunstw.; von Aceton wegen des ähnlichen Aufbaus hergeleitet⟩: organische Verbindung mit einer od. mehreren CO-Gruppen, die an Kohlenwasserstoffreste gebunden sind. **Ke|ton|ämie** *die;* -, ...ien ⟨zu ↑...ämie⟩: svw. Acetonämie. **Ke|ton|urie** *die;* -, ...ien ⟨zu ↑...urie⟩: svw. Acetonurie. **Ke|to|se** *die;* -, -n ⟨zu ↑Keto... u. ↑¹,²...ose⟩: 1. vermehrte Bildung von ↑Aceton im Blut (Med.); vgl. Acetonämie. 2. einfacher Zucker mit einer CO-Gruppe (Ketogruppe)

Ketsch *die;* -, -en ⟨aus gleichbed. *engl.* ketch⟩: 1. (ohne Plur.) eine Takelungsart von zweimastigen Segelbooten. 2. zweimastiges Segelboot, dessen hinterer, kürzerer Mast hinter dem Ruder steht

Ke|tschua *das; -*[s] ⟨aus *span.* Quechua, dem Namen eines Indianervolkes in Peru⟩: eine südamerik. Indianersprache

Kett|car ⓌⓏ [ˈkɛtkaːɐ̯] *der;* -s, -s ⟨anglisierende Bildung zu *dt.* Kette u. zu *engl.* car „Auto"⟩: mit ↑Pedalen (1) über eine Kette angetriebenes Kinderfahrzeug

Ke|tu|ba *die;* -, ...bot ⟨aus *hebr.* ketubbā „Schriftstück" zu kātav „schreiben"⟩: der jüd. Ehevertrag, der nach festem Grundmuster vom Ehemann der Frau auszustellen ist. **Ke|tu|bim** *die* (Plur.) ⟨aus gleichbed. *hebr.* ketûvîm, eigtl. „Schriften"⟩: hebr. Bez. für Hagiographa

Kev|lar ⓌⓏ *das;* -s ⟨Kunstw.⟩: extrem reiß- u. zugfeste Kunstfaser für hohe Belastungen (z. B. in Fahrzeugreifen)

Ke|wir vgl. Kawir

Key|board [ˈkiːbɔːd] *das;* -s, -s ⟨aus gleichbed. *engl.* keyboard, eigtl. „Klaviatur, Tastatur", zu key „Taste" u. board „Brett"⟩: 1. (bes. im Jazz u. in der Rockmusik verwendetes) Tasteninstrument (z. B. elektronische Orgel, ↑Synthesizer). 2. Tastatur von Rechenanlagen u. Computern zur Informationseingabe (EDV). **Key|code** [...ˈkoʊd] *der;* -s, -s ⟨aus *engl.* key code „Schlüsselcode"; vgl. Code⟩: Einrichtung zur elektronischen Sicherung von Wertsachen, Geräten u. Anlagen, meist in Form einer Zahlenkombination, z. B. bei Geldkarten, Autotelefonen u. a. **Key ti|tle** [ˈkiː ˈtaɪtl] *der;* - -, - -s ⟨aus *engl.* key title „Schlüsseltitel"⟩: standardisierter Kurztitel von Periodika, der zusammen mit der ↑ISSN in einem Index verzeichnet wird

¹Kha|ki [ˈkaː...] *das;* -[s] ⟨aus gleichbed. *engl.* khaki, dies aus *pers.-Hindi* khākī „staub-, erdfarben" zu *pers.* khāk „Staub, Erde"⟩: Erdfarbe, Erdbraun. **²Kha|ki** *der;* -[s] ⟨zu ↑¹Khaki⟩: gelbbrauner Stoff [für Tropenuniformen]

Kham|sin [kam...] vgl. Kamsin

Khan [ˈkaːn] *der;* -s, -e ⟨aus *mongol.-türk.* hān, älter hakān⟩: 1. mongol.-türk. Herrschertitel. 2. Statthalter im 16. Jh. in Persien. **Kha|nat** *das;* -[e]s, -e ⟨zu ↑...at (1)⟩: a) Amt eines Khans; b) Land eines Khans

Khe|di|ve [ke...və] *der;* Gen. -s u. -n, Plur. -n ⟨aus *pers.-türk.* hediw „Fürst", eigtl. „kleiner König"⟩: Titel des Vizekönigs von Ägypten (bis 1914)

Khi|pu [ˈkɪpu] *das;* -[s], -[s] ⟨aus *Ketschua* (einer südamerik. Indianersprache) quípu⟩: svw. Quipu

Khut|tar [kʊ...] *der;* -s, -e ⟨aus gleichbed. *Hindi* kaṭār, dies zu *sanskr.* karttikā „Dolch"⟩: ind. Dolch mit kurzer Stoßklinge u. leiterförmigem Griff

Ki|ang *der;* -s, -s ⟨aus gleichbed. *tibet.* kiang⟩: tibetischer Halbesel

¹Kib|buz *der;* -, Plur. -im u. -e ⟨aus gleichbed. *hebr.* qibbûṣ, eigtl. „Versammlung, Gemeinschaft"⟩: Gemeinschaftssiedlung in Israel. **²Kib|buz** *das;* -, Plur. -im u. -e ⟨aus gleichbed. *hebr.* qibbûṣ⟩: das Vokalzeichen für u im Hebräischen. **Kib|buz|nik** *der;* -s, -s ⟨aus gleichbed. *hebr.* qibbûṣnîq⟩: Mitglied eines Kibbuz

Ki|bit|ka *die;* -, -s u. **Ki|bit|ke** *die;* -, -n ⟨aus gleichbed. *russ.* kibitka⟩: 1. Filzzelt asiat. Nomadenstämme. 2. russ. Bretterwagen. 3. russ. Schlitten mit einem Mattendach

Ki|bla *die;* - ⟨aus gleichbed. *arab.* qibla⟩: die Richtung nach Mekka, in die sich die Mohammedaner beim Gebet wenden

Kick *der;* -[s], -s ⟨aus gleichbed. *engl.* kick zu to kick „stoßen, treten"⟩: 1. a) (ugs.) Tritt, Stoß (beim Fußball); b) [An]stoß. 2. a) Hochstimmung, Erregung, rauschhafter Zustand; b) durch ↑Drogen (1) hervorgerufene Hochstimmung. **Kick|down** [kɪkˈdaʊn] *der;* -s, -s ⟨aus gleichbed. *engl.* kickdown zu to kick down „niedertreten"⟩: starkes Durchtreten des Gaspedals (z. B. zum raschen Beschleunigen). **kicken¹** ⟨nach *engl.* to kick „stoßen, treten"⟩: (ugs.) Fußball spielen. **Kicker¹** *der;* -s, -[s]: (ugs.) Fußballspieler. **Kick|off** *der;* -s, -s ⟨aus gleichbed. *engl.* kickoff zu to kick off „wegstoßen, wegschlagen"⟩: (schweiz.) Beginn, Anstoß beim Fußballspiel. **Kick|star|ter** *der;* -s , - ⟨aus gleichbed. *engl.* kick starter⟩: Anlasser bei Motorrädern in Form eines Fußhebels

Kick|xia [ˈkɪksɪa] *die;* -, ...ien [...iən] ⟨aus gleichbed. *nlat.* kickxia; nach dem belg. Botaniker J. Kickx, 1775–1831⟩: baumartiges Hundsgiftgewächs der westafrik. Tropenwälder, das Kautschuk liefert

¹Kid *das;* -s, -s ⟨aus gleichbed. *engl.* kid, eigtl. „Kitz, Zicklein"⟩: feines Kalb-, Ziegen-, Schafleder; vgl. ²Kids. **²Kid** *das;* -s, -s (meist Plur.) ⟨aus *engl.-amerik.* kid „Jugendlicher"⟩: (Jargon) Kind, Jugendlicher (im Alter von 10 bis 13 Jahren)

Ki|da|ris *die;* -, ...reis ⟨aus gleichbed. *gr.* kídaris⟩: 1. griech. Name für die Kopfbedeckung der altpers. Könige. 2. in der ↑Septuaginta die hohe Mütze des jüd. Hohenpriesters

Kid|dusch *der;* -, -im ⟨aus *hebr.* qiddûš „Heiligung" zu qādaš „heilig sein"⟩: jüd. Gebet am Sabbat od. Feiertag

kid|nap|pen [ˈkɪtnɛpn̩] ⟨aus gleichbed. *engl.* to kidnap, eigtl. „Kinder stehlen"⟩: einen Menschen, bes. ein Kind, entführen [um Lösegeld zu erpressen]. **Kid|nap|per** *der;* -s, - ⟨aus gleichbed. *engl.* kidnapper⟩: jmd., der kidnappt. **Kid|nap|ping** *das;* -s, -s ⟨aus gleichbed. *engl.* kidnapping⟩: Entführung eines Menschen; Kindesraub. **¹Kids:** Plur. von ¹,²Kid. **²Kids** *die* (Plur.): Handschuhe aus ¹Kid

Kie|sel|gal|mei *der;* -s ⟨zu ↑Galmei⟩: svw. Kalamin

Kie|se|rit [auch ...ˈrɪt] *der;* -s, -e ⟨nach dt. Naturforscher D. G. Kieser (1779–1862) u. zu ↑²...it⟩: ein weißes bis gelbliches Mineral, das als körnige Masse z. B. in Kalisalzlagerstätten in Norddeutschland vorkommt

Kiez *der;* -es, -e ⟨wohl aus dem Slaw., vielleicht zu älter *slaw.* *chyža, *chyz' „Haus, Hütte", Herkunft unsicher⟩: 1. (landsch.) Fischersiedlung, -hütte. 2. a) (landsch.) abgesonderter Ortsteil; Wohnbezirk, in dem man sich heimisch fühlt; b) (Jargon) Stadtviertel, in dem ↑Prostituierte u. Strichjungen ihrem Gewerbe nachgehen; Strich

Kif *der;* -[s] ⟨zu *engl.* kef, kif „Haschisch" aus gleichbed. *arab.* kef, kaif, eigtl. „Wohlbefinden"⟩: (Jargon) tabakähnliche Mischung von getrockneten Hanfblättern; ↑Haschisch, ↑Marihuana. **kif|fen** (Jargon) Haschisch od. Marihuana rauchen. **Kif|fer** *der;* -s, -: (Jargon) jmd., der Haschisch od. Marihuana raucht

Ki|ku|mon *das;* - ⟨aus *jap.* kikumon „Chrysanthemenwappen"⟩: das kaiserliche Wappen von Japan, eine 16blättrige Chrysanthemenblüte

Ki|lé [kɪˈleː] *das;* -[s], -[s] ⟨aus gleichbed. *türk.* kile zu kāla „messen"⟩: altes türk. Hohlmaß unterschiedlicher Größe

Ki|lim *der;* -[s], -[s] ⟨aus *türk.* kilim⟩: svw. Kelim

kil|len ⟨aus gleichbed. *engl.* to kill⟩: 1. a) (ugs.) jmdn. töten; b) (ugs.) etwas verhindern, zunichte machen, vernichten. 2. (Seemannsspr.) leicht flattern (von Segeln). **Kil|ler** *der;* -s, - ⟨aus gleichbed. *engl.* killer⟩: (ugs.) jmd., der [in fremdem Auftrag] jmdn. tötet. **Kil|ler|phä|no|men** *das;* -s: Erscheinung, daß bestimmte Stämme von Pantoffeltierchen mit Hilfe eines durch den ↑Kappafaktor erzeugten Stoffes andere Stämme abtöten (Biol.). **Kil|ler|sa|tel|lit** *der;* -en, -en: ↑Satellit (3), der die Aufgabe hat, andere Flugkörper im All zu zerstören. **Kil|ler|zel|len** *die* (Plur.): sensibilisierte ↑Lymphozyten, die die Zellsubstanz anderer Zellen schädigen (Med.)

Kiln *der;* -[e]s, -e ⟨aus gleichbed. *engl.* kiln, dies über *mittelengl.* kilne, kulne aus *lat.* culina „Herd"⟩: Schachtofen zur Holzverkohlung od. Metallgewinnung (Bergw.)

Ki|lo *das;* -s, -[s] (aber: 5 -) ⟨verselbständigt aus ↑Kilo...⟩: Kurzform von ↑Kilogramm. **Ki|lo...** ⟨nach gleichbed. *fr.* kilo- zu *gr.* chílioi „Tausende"⟩: Vorsatz vor Maßeinheiten mit der Bedeutung „das Tausendfache" (10³fache; in der EDV das 2¹⁰fache [= 1024]) der genannten Maßeinheit, z. B. Kilometer; Zeichen k. **Ki|lo|bit** *das;* -[s], -[s] ⟨zu ↑¹Bit⟩: Einheit von 1024 ↑Bit (EDV); Zeichen kBit. **Ki|lo|byte** [...'bait] *das;* -[s], -[s]: Einheit von 1024 ↑Byte (EDV); Zeichen kByte. **Ki|lo|gramm** *das;* -s, -e (aber: 5 -): 1. Maßeinheit für Masse. 2. (veraltet) Maßeinheit für Gewicht u. Kraft; Zeichen kg; vgl. Kilopond. **Ki|lo|gramm|ka|lo|rie** *die;* -, -n [...i:ən]: (veraltet) svw. Kilokalorie. **Ki|lo|graph** *der;* -en, -en ⟨zu ↑...graph, eigtl. „Tausendschreiber"⟩: ein veraltetes Vervielfältigungsgerät. **Ki|lo|hertz** [auch 'ki:...] *das;* -, - ⟨nach dem dt. Physiker H. Hertz, 1857–1894⟩: Maßeinheit für die Frequenz (= 1000 Hertz); Zeichen kHz. **Ki|lo|joule** [...'dʒu:l, auch 'ki:...] *das;* -[s], -: 1000 Joule; Zeichen kJ. **Ki|lo|ka|lo|rie** *die;* -, -n [...i:ən]: 1000 Kalorien; Zeichen kcal. **Ki|lo|li|ter** [auch 'ki:...] *der;* -s, -: 1000 Liter; Zeichen kl. **Ki|lo|me|ter** *der;* -s, -: 1000 Meter (allgemein übliche Maßeinheit für größere Entfernungen); Zeichen km. **Ki|lo|me|ter|pau|schal|le** *die;* -, -n: nach der Anzahl der zurückzulegenden Kilometer u. einem festen Satz errechneter Betrag, den jmd., der täglich mit seinem eigenen Fahrzeug zur Arbeitsstätte fährt, steuerlich absetzen kann. **ki|lo|me|trie|ren** ⟨zu ↑...ieren⟩: [Straßen, Flüsse usw.] mit Kilometersteinen versehen. **ki|lo|me|trisch** *die;* -, -n: den Kilometer betreffend, auf den Kilometer als Maßeinheit beruhend, in Kilometern. **Ki|lo|new|ton** [...'nju:tn̩, auch 'ki:...] *das;* -s, -: 1000 Newton; Zeichen kN. **Ki|lo|ohm** [auch 'ki:...] *das;* -s, - ⟨nach dem dt. Physiker Georg S. Ohm, 1789–1854⟩: Maßeinheit für den elektr. Widerstand (= 1000 Ohm); Zeichen kΩ. **Ki|lo|pas|cal** [...'kal, auch 'ki:...] *das;* -s, -: 1000 Pascal; Zeichen kPa. **Ki|lo|pond** [auch 'ki:...] *das;* -s, -: 1000 Pond (ältere Maßeinheit der Kraft); Zeichen kp. **Ki|lo|pond|me|ter** *das;* -s, -: ältere Maßeinheit für Arbeit u. Energie; Zeichen kpm. **Ki|lo|pond|se|kun|de** *die;* -, -n: ältere Maßeinheit des Kraftstoßes od. Kraftimpulses; Zeichen kps. **Ki|lo|ton|ne** *der;* -, -n: 1000 Tonnen; Zeichen kt. **Ki|lo|volt** [...v..., auch 'ki:...] *das;* Gen. - u. -[e]s, Plur. -: 1000 Volt; Zeichen kV. **Ki|lo|volt|am|pere** [...'pe:ɐ̯, auch 'ki:...] *das;* -[s], -: 1000 Voltampere; Zeichen kVA. **Ki|lo|watt** [auch 'ki:...] *das;* -s, -: 1000 Watt; Zeichen kW. **Ki|lo|watt|stun|de** [auch 'ki:...] *die;* -, -n: Leistung an elektrischer ↑Energie (2) von einem Kilowatt während einer Stunde; Zeichen kWh

Kilt *der;* -[e]s, -s ⟨aus gleichbed. *engl.* kilt zu to kilt „aufschürzen", dies aus gleichbed. *dän.* kilte, *schwed.* kilta⟩: a) buntkarierter schottischer Faltenrock für Männer; b) karierter Faltenrock für Damen

Kim|ber|lit [auch ...'lɪt] *der;* -s, -e ⟨nach der Stadt Kimberley in Südafrika u. zu ↑²...it⟩: diamanthaltiger, vulkanischer ↑¹Tuff (1) (Geol.)

Kim|me|ridge [...rɪdʒ] *das;* - ⟨nach dem gleichnamigen Ort in Südengland⟩: Name für einen Teil des Oberen ↑²Juras (in Norddeutschland, England u. Frankreich; Geol.)

kim|me|risch ⟨nach dem früher in Südrußland ansässigen Stamm der Kimmerier⟩: die beiden ältesten Faltungsphasen der Alpen u. anderer Hochgebirge betreffend (Geol.)

Ki|mo|no [auch 'ki:..., 'kɪm...] *der;* -s, -s ⟨aus *jap.* kimono „Gewand", eigtl. „Zeug zum Anziehen"⟩: kaftanartiges japan. Gewand für Männer u. Frauen mit angeschnittenen Ärmeln

Kin *das;* -, - ⟨aus gleichbed. *chin.* ch'in⟩: chines. Sammelbez. für 5- bis 25saitige zitherartige Saiteninstrumente

Ki|nä|de *der;* -n, -n ⟨zu *gr.* kínaidos „männliche Hetäre", eigtl. „Unzüchtiger"⟩: 1. Mann, der geschlechtlich als Frau empfindet (Med.). 2. (selten) svw. Päderast. **Ki|nä|die** *die;* - ⟨zu ↑²...ie⟩: (selten) svw. Päderastie

Ki|na|se *die;* -, -n ⟨zu *gr.* kineīn „bewegen" u. ↑...ase⟩: Stoff, der die Wirksamkeit eines ↑Enzyms steigert. **Kin|äs|the|sie** *die;* - ⟨zu *gr.* aísthēsis „Sinneswahrnehmung" u. ↑²...ie⟩: Bewegungsgefühl, Muskelempfindung (Med.). **Kin|äs|the|sio|me|ter** *das;* -s, - ⟨zu ↑¹...meter⟩: Instrument zur Messung der Kinästhesie. **Kin|äs|the|tik** *die;* - ⟨zu ↑²...ik (1)⟩: Lehre von den Bewegungsempfindungen (Med.). **kin|äs|the|tisch**: auf die Muskelempfindung bezogen, bewegungsempfindlich (Med.). **Ki|ne|film** *der;* -[e]s, -e ⟨Kurzw. aus *kine*matographischer *Film*⟩: Filmmaterial für die Aufnahme, Vervielfältigung u. Wiedergabe bewegter Bilder u. zur Speicherung optischer Signale. **Ki|ne|ma|thek** *die;* -, -en ⟨Kurzw. aus ↑*Kinema*tographie u. ↑...*thek*⟩: a) Sammlung wissenschaftlich od. künstlerisch wertvoller Filme; b) Raum od. Gebäude, in dem eine Filmsammlung aufbewahrt wird. **Ki|ne|ma|tik** *die;* - ⟨zu *gr.* kínēma, Gen. kinēmatos „das Bewegte, die Bewegung" u. ↑²...ik (1)⟩: Teil der ↑Mechanik (1), Bewegungslehre (Phys.). **Ki|ne|ma|ti|ker** *der;* -s, -: Fachmann auf dem Gebiet der Kinematik (Phys.). **ki|ne|ma|tisch**: die Kinematik betreffend; sich aus der Bewegung ergebend (Phys.); -e Viskosität: Quotient aus dynamischer Viskosität u. Dichte der Flüssigkeit. **Ki|ne|ma|to|graph** *der;* -en, -en ⟨aus gleichbed. *fr.* cinématographe zu *gr.* kínēma (vgl. Kinematik) u. ↑...graph⟩: der erste Apparat zur Aufnahme u. Wiedergabe bewegter Bilder. **Ki|ne|ma|to|gra|phie** *die;* - ⟨zu ↑...graphie⟩: 1. Verfahren zur Aufnahme u. Wiedergabe von bewegten Bildern. 2. Filmkunst, Filmindustrie. **ki|ne|ma|to|gra|phisch** ⟨zu ↑...graphisch⟩: die Kinematographie betreffend (Film). **Ki|ne|pla|stik** *die;* -, -en ⟨zu *gr.* kineīn „bewegen" u. ↑¹Plastik⟩: ↑¹Plastik (2), die die Kraft von Muskelstümpfen zur Bewegung von Prothesenteilen nutzt (Med.). **Ki|ne|se** *die;* -, -n ⟨aus *gr.* kínēsis „Bewegung"⟩: durch Reize hervorgerufene Geschwindigkeitsänderung bei der Ortsbewegung von Tieren (Physiol.). **Ki|ne|sia|trik** *die;* -: svw. Kinesiotherapie. **Ki|ne|sik** *die;* - ⟨zu ↑²...ik (1)⟩: Wissenschaft, die sich mit der Erforschung nichtverbaler Kommunikation (z. B. Gestik, Mimik) befaßt. **Ki|ne|sio|lo|gie** *die;* - ⟨zu ↑...logie⟩: Lehre von den physiologischen Reflexentwicklung (Physiol.). **Ki|ne|sio|the|ra|pie** *die;* -: Heilgymnastik, Bewegungstherapie (Med.). **kinet...**, **Kinet...** vgl. kineto..., Kineto... **Ki|ne|tik** *die;* - ⟨zu *gr.* kinētikós „die Bewegung betreffend", dies zu kineīn „in Bewegung setzen"; vgl. ↑²...ik (1)⟩: 1. Lehre von der Bewegung durch Kräfte (Phys.). 2. Richtung der modernen Kunst, in der mit beweglichen Objekten, Bewegungen, Spiegelungen von Licht o. ä. optisch variable Erscheinungsbilder erzeugt werden (Kunstw.). **Ki|ne|tin** *das;* -s, -e ⟨zu ↑...in (1)⟩: Umwandlungsprodukt von ↑Desoxyribonukleinsäuren, das starken Einfluß auf die Zellteilung hat (Biol.). **ki|ne|tisch** ⟨aus gleichbed. *gr.* kinētikós⟩: bewegend, auf die Bewegung bezogen; -e Energie: Bewegungsenergie (Phys.); -e Kunst: svw. Kinetik (2). **Ki|ne|tit** [auch ...'tɪt] *das;* -s ⟨Kunstw.; zu *gr.* kineīn „bewegen" u. ↑¹...it⟩: ein Sprengstoff. **ki|ne|to...**, **Ki|ne|to...**, vor Vokalen meist kinet..., Kinet... ⟨zu *gr.* kinētikós „die Bewegung betreffend"⟩: Wortbildungselement mit der Bedeutung „die Bewegung, Bewegungsabläufe betreffend", z. B. kinetographisch, Kinetophon, Kinetik. **Ki|ne|to|gra|phie** *die;* - ⟨zu ↑...graphie⟩: [Bewegungs]schrift, die die tänzerischen Bewegungen mit besonderen Zeichen festhält. **ki|ne|to|gra|phisch** ⟨zu ↑...graphisch⟩: die Kinetographie betreffend. **Ki|ne|to|me|ta|mor|pho|se** *die;* -, -n: Gesteinsumwandlung infolge ↑ tektonischer Bewegungsvorgänge im Erdinnern (Geol.). **Ki|ne|to|phon** *das; -s, -e* ⟨zu ↑...phon⟩: erster Apparat zur gleichzeitigen Bild- u. Tonwiedergabe beim Vorführen eines Films. **Ki|ne|to|se** *die;* -, -n ⟨zu ↑¹...ose⟩: durch Reizung des Gleichgewichtsorgans erregte Bewegungskrankheit (z. B. See- u. Luftkrankheit; Med.). **Ki|ne|to|skop** *das; -s, -e* ⟨zu ↑...skop⟩: ein kinematographisches Aufnahme- u. Betrachtungsgerät

¹**King** *der od. das;* -[s], - ⟨aus gleichbed. *chin.* ch'ing⟩: aus 12 aufgehängten Klingsteinen bestehendes chines. Schlaginstrument

²**King** *der;* -[s], -s ⟨aus gleichbed. *engl.* king, eigtl. „König"⟩: (Jargon) jmd., der in einer Gruppe, in seiner Umgebung als Anführer gilt, bei den anderen das größte Ansehen genießt. **King-Charles-Spa|ni|el** [...'tʃɑːlz...niəl] *der;* - - -s, - - -s ⟨nach dem engl. König Karl II. († 1685), der ein Liebhaber dieser Hunderasse war⟩: eine engl. Zwerghunderasse. **King-size** [...saɪz] *die, auch das;* - ⟨aus gleichbed. *engl.* king-size, eigtl. „Königsformat"⟩: Großformat, Überlänge [von Zigaretten]

Ki|nin *das; -s, -e* (meist Plur.) ⟨Kunstw.; zu *gr.* kineīn „bewegen" u. ↑...in (1)⟩: aus ↑ Aminosäuren zusammengesetzte Substanz im pflanzlichen, tierischen u. menschlichen Organismus (Biochem.).

Kin|king *das; -s, -s* ⟨zu *engl.* to kink „(ab)knicken"⟩: Abknickung eines Blutgefäßes, wodurch es zu einer ↑ Stenose kommt (Med.).

Kin|na|ra *der;* -[s] ⟨aus gleichbed. *sanskr.* kimnara, eigtl. „Was für ein Mensch?"⟩: ein ind. mythologisches Wesen mit Vogelunterleib u. menschlichem Oberkörper (meist dargestellt als Begleiter von Götter- u. Buddhafiguren)

Kin|nor *der;* -[s], ...im ⟨aus gleichbed. *hebr.* kinnōr⟩: a) eine in ganz Vorderasien verbreitete Leier; b) das Instrument König Davids im Alten Testament

Ki|no *das;* -s, -s ⟨Kurzw. für ↑*Kin*ematograph⟩: 1. Filmtheater, Lichtspielhaus. 2. Filmvorführung, Vorstellung im Kino (1)

Ki|non|glas ⓦ *das;* -es ⟨Kunstw.⟩: nichtsplitterndes Sicherheitsglas

Kin|topp *der od. das;* -s, Plur. -s u. ...töppe ⟨scherzhafte berlinische Verkürzung für ↑ Kinematograph⟩: (ugs.) Kino

Kin|zig|it [auch ...'gɪt] *der;* -s ⟨nach dem Kinzigtal im Schwarzwald u. zu ↑²...it⟩: graphithaltiger, granatreicher Gneis

Kio|ni|tis *die;* -, ...itiden ⟨zu *gr.* kiōn „Säule; Zäpfchen" u. ↑...itis⟩: Entzündung des Gaumenzäpfchens (Med.)

Ki|osk [auch kiɔsk] *der;* -[e]s, -e ⟨über gleichbed. *fr.* kiosque aus *türk.* köşk „Gartenpavillon", dies zu *pers.* gōše „Winkel, Ecke"⟩: 1. Verkaufshäuschen [für Zeitungen, Getränke usw.]. 2. orientalisches Gartenhäuschen. 3. erkerartiger Vorbau auf den oberen Räumen orientalischer Paläste

Kip|per *der;* -[s], -[s] ⟨aus gleichbed. *engl.* kipper⟩: gepökelter, geräucherter Hering

kip|pis! ⟨*finn.*⟩: prost!

Kips *das;* -es, -e (meist Plur.) ⟨aus *engl.* kips (Plur.) „ungegerbte Felle"⟩: getrocknete Haut des ↑ Zebus

Kir *der;* -s, -s (aber: 3 -) ⟨nach dem Bürgermeister von Dijon, Felix Kir, 1876–1968⟩: aus Johannisbeerlikör u. trockenem Weißwein bestehendes alkoholisches Mixgetränk; - **royal** [...rɔa'jal]: aus Johannisbeerlikör u. Sekt gemischtes Getränk

Kir|chen|fa|brik *die;* -, -en ⟨Lehnübersetzung von *mlat.* fabrica ecclesiae „Kirchenvermögen" (urspr. die Kirchenbauhütte, die für die Erhaltung der Baulichkeiten zuständig war)⟩: Stiftungsvermögen einer kath. Kirche, das dem Bau u. der Erhaltung der Kirche dient

Kir|ke vgl. Circe

Kir|man vgl. Kerman

Kir|ri *der;* -, -s ⟨aus dem Afrik.⟩: keulenförmige Waffe südafrik. Völker

Kis|lew *der;* - ⟨aus gleichbed. *hebr.* kislēw⟩: 3. Monat im jüd. Kalender (November/Dezember)

Kis|met *das; -s* ⟨über *türk.* kısmet aus *arab.* qisma „Zugeteiltes"⟩: das dem Menschen von Allah zugeteilte Los (zentraler Begriff der islam. Religion)

Kis|sing ul|cers [– 'ʌlsəz] *die* (Plur.) ⟨zu *engl.* to kiss „küssen" u. ulcer „Geschwür"⟩: Doppelgeschwür an der Vorder- u. Hinterseite des Magens (Med.)

Ki|sto|pho|ros *der;* -, ...ren ⟨aus gleichbed. *gr.* kistophóros, eigtl. „Kistenträger", zu kístē „Kasten" u. phoreīn, Nebenform von phérein „tragen" (weil auf der Vorderseite ein Korb mit einer herauskriechenden Schlange abgebildet ist)⟩: antike Münze in verschiedenen kleinasiatischen Städten (ab 2. Jh. v. Chr.); vgl. Zistophoren

Kis|wa *die;* -, -s ⟨aus *arab.* kiswa „Bekleidung" zu kasā „kleiden, bekleiden"⟩: kostbares Tuch aus schwarzem Brokat, das während der großen Wallfahrt die ↑ Kaaba in Mekka bedeckt

Kit *das od. der;* -[s], -s ⟨aus *engl.* kit „Ausrüstung"⟩: Satz bestimmter zusammengehöriger Dinge

Kit|che|nette [kɪtʃə'nɛt] *die;* -, -s ⟨aus gleichbed. *engl.* kitchenette, Verkleinerungsform von kitchen „Küche"; vgl. ...ette⟩: Kochnische, sehr kleine Küche

Kit|fuchs vgl. Kittfuchs

Ki|tha|ra *die;* -, Plur. -s u. ...aren ⟨über *lat.* cithara aus gleichbed. *gr.* kithára⟩: bedeutendstes altgriech. 4- bis 18saitiges Zupfinstrument mit kastenförmigem ↑²Korpus (3). **Ki|tha|ri|stik** *die;* - ⟨aus *gr.* kitharistiké (téchnē) „Kunst des Kitharaspiels"⟩: Lehre des altgriech. Kitharaspiels. **Ki|thar|öde** *der;* -n, -n ⟨aus gleichbed. *gr.* kitharōidós⟩: Kitharaspieler u. zugleich Sänger im antiken Griechenland. **Ki|thar|odie** *die;* - ⟨aus gleichbed. *gr.* kitharōidía⟩: Kitharaspiel als Gesangsbegleitung im antiken Griechenland

Kit|ta *die;* -, -s ⟨aus *gr.* kítta „Eichelhäher"⟩: Vertreter einer Gruppe elsterartiger Vögel

Kitt|fuchs *der;* -es, ...füchse ⟨Lehnübersetzung von *engl.* kitfox zu kitten „Tierjunges" u. fox „Fuchs"⟩: kleiner, in den Wüsten Nordamerikas lebender Fuchs mit großen Ohren

Ki|va [...va] *die;* -, -s ⟨aus einer nordamerik. Indianersprache⟩: Bez. für eingetiefte runde od. rechteckige Kultstätte der Puebloindianer im Südwesten der USA

¹**Ki|wi** *der;* -s, -s ⟨aus *Maori* (vgl. ¹Maori) kiwi, vermutlich lautmalend⟩: auf Neuseeland beheimateter flugunfähiger Vogel

²**Ki|wi** *die;* -, -s ⟨aus gleichbed. *engl.* kiwi, weitere Herkunft ungeklärt⟩: länglichrunde, behaarte Frucht mit grünem, saftigem, säuerlichem Fruchtfleisch

Kjök|ken|möd|din|ger vgl. Køkkenmøddinger

Kla|ber|jasch *das;* -s u. **Kla|ber|jaß** u. **Kla|bri|as** *das;* - ⟨vielleicht über das Jidd. aus *niederl.* klaverjas, dies zu klaveren „Treff, Kreuz" (Farbe im Kartenspiel), eigtl. „Kleeblatt", u. jas „Kartenspiel"⟩: ein altes Kartenspiel

Kla|do|die [...iə] *die;* -, -n (meist Plur.) ⟨aus gleichbed. *nlat.*

Kladodium

cladodia, vgl. Kladodium〉: svw. Kladodium. **Kla|do|di|um** *das;* -s, ...ien [...jən] (meist Plur.) 〈aus gleichbed. *nlat.* cladodium zu *gr.* kladṓdēs „astreich", dies zu kládos, vgl. Kladogenese〉: blattartig verbreiterte Sproßachse, die der ↑Assimilation (2 b) dient; vgl. Phyllokladium. **Kla|do|ge|ne|se** *die;* - 〈zu *gr.* kládos „Sproß, Schößling" bzw. kládion „kleiner Zweig"〉: Artenbildung durch Stammbaumverästelung. **Kla|do|nie** [...jə] *die;* -, -n 〈aus gleichbed. *nlat.* cladonia; vgl. ¹...ie〉: Rentierflechte. **Kla|do|ze|re** *die;* -, -n 〈zu *gr.* kládos (vgl. Kladogenese) u. kéras „Horn, Fühler"〉: Wasserfloh

Kla|dru|ber *der;* -s, - 〈nach dem Gestüt Kladruby in Böhmen〉: ein Warmblutpferd, Arbeitspferd

kla|mōs 〈aus gleichbed. *lat.* clamosus zu clamare „schreien"〉: (veraltet) laut schreiend

Kla|mot|te *die;* -, -n 〈aus der Gaunerspr.; Herkunft unsicher〉: 1. (landsch.) größerer Stein. 2. (salopp) a) wertloser Gegenstand, minderwertiges Stück. b) (meist Plur.) [altes] Kleidungsstück. 3. (Jargon) a) längst vergessenes u. wieder an die Öffentlichkeit gebrachtes Theaterstück, Lied, Buch o. ä.; b) anspruchsloses Theaterstück

Klan *der;* -s, -e 〈aus *engl.* clan, vgl. Clan〉: 1. Gruppe eines Stammes, die sich von gleichen Vorfahren herleitet (Völkerk.). 2. eindeutschend für Clan

klan|de|stin 〈über *fr.* clandestin aus gleichbed. *lat.* clandestinus〉: (veraltet) heimlich; -e Ehe: eine nicht nach ↑kanonischer Vorschrift vor zwei Zeugen geschlossene u. daher kirchlich ungültige Ehe. **Klan|de|sti|ni|tät** *die;* -, -en 〈zu ↑...ität〉: (veraltet) Heimlichkeit, Verheimlichung

Kla|rett *der;* -s, Plur. -s u. -e 〈nach *fr.* clairet „blaßroter Wein" zu clair „hell" aus *lat.* clarus〉: ein mit Gewürzen versetzter Rotwein. **kla|rie|ren** 〈aus *lat.* clarare „deutlich machen, zeigen"〉: (Seemannsspr.) 1. klarmachen, einsatzbereit machen. 2. beim Ein- u. Auslaufen eines Schiffes die Zollformalitäten erledigen. **Kla|rie|rung** *die;* -, -en 〈↑...ierung〉: das Klarieren. **Kla|ri|fi|ka|ti|on** *die;* -, -en 〈aus gleichbed. *spätlat.* clarificatio zu clarificare, vgl. klarifizieren〉: (veraltet) a) Verherrlichung, Verklärung; b) Erläuterung. **kla|ri|fi|zie|ren** 〈aus gleichbed. *spätlat.* clarificare zu *lat.* clarus „hell, berühmt" u. facere „machen"〉: (veraltet) berühmt machen, verherrlichen, verklären

Kla|ri|ga|ti|on *die;* -, -en 〈aus gleichbed. *lat.* clarigatio, eigtl. „(Geld)strafe (wegen Verletzung der Aufenthaltsbeschränkung)" zu clarigare „laut fordern"〉: (veraltet) 1. Forderung nach Genugtuung (vor der Kriegserklärung im alten Rom). 2. öffentliche Bekanntmachung (dieser Forderung)

Kla|ri|net|te *die;* -, -n 〈unter Einfluß von *fr.* clarinette aus gleichbed. *it.* clarinetto, Verkleinerungsbildung zu clarino „hohe Trompete", dies zu claro „hell tönend" aus *lat.* clarus „hell"〉: ein Holzblasinstrument mit einfachem Rohrblatt am schnabelförmigen Mundstück. **Kla|ri|net|tist** *der;* -en, -en 〈zu ↑...ist〉: jmd., der [berufsmäßig] Klarinette spielt

Kla|ris|se *die;* -, -n u. **Kla|ris|sin** *die;* -, -nen 〈nach der Ordensgründerin, der hl. Klara von Assisi (1194–1253); vgl. ...isse〉: Angehörige des 1212 gegründeten Klarissenordens, des zweiten (weiblichen) Ordens der ↑Franziskaner

Kla|ri|tät *die;* - 〈aus *lat.* claritas, Gen. claritatis zu clarus „hell, berühmt"〉: (veraltet) Klarheit, Berühmtheit

Klar|kie [...jə] *die;* -, -n: eindeutschend für ↑Clarkia

Kla|sis *die;* -, ...sen 〈aus gleichbed. *gr.* klásis zu klãn „(ab)brechen"〉: (veraltet) Bruch, das Abbrechen. **Klas|ma** *das;* -s, ...men 〈aus gleichbed. *gr.* klásma, Gen. klásmatos〉: (veraltet) Bruchstück, das Abgebrochene. **Klas|ma|to|zyt** *der;* -en, -en 〈zu ↑...zyt〉: (selten) svw. Histiozyt

Klas|sem *das;* -s, -e 〈zu *lat.* classis „Klasse" u. ↑...em (Analogiebildung zu Glossem, Lexem u. ä.)〉: 1. semantisches Merkmal, durch das eine ganze Gruppe von Wörtern erfaßt wird (z. B. bei Substantiven „Lebewesen" oder „Sachen"; Sprachw.). 2. das Gemeinsame aller möglichen Positionseinnehmer einer Leerstelle (z. B. „Verb" in: Die Kinder ... im Garten; Sprachw.). **Klas|se|ment** [...'mã:, schweiz. auch ...'mɛnt] *das;* -s, Plur. -s, schweiz. -e 〈aus gleichbed. *fr.* classement zu classe „Ordnung, Klasse" aus *lat.* classis „Abteilung"〉: 1. Einteilung; Ordnung. 2. Rangliste, Reihenfolge (Sport). **klas|sie|ren** 〈nach gleichbed. *fr.* classer „in Klassen einteilen, ordnen"; vgl. ...ieren〉: 1. a) Fördergut (z. B. Steinkohle) nach der Größe aussortieren (Bergmannsspr.); b) feinkörnige Gemische nach der Korngröße trennen. 2. nach bestimmten Merkmalen einer Klasse zuordnen. **Klas|sie|rer** *der;* -s, -: Gerät zur Trennung feinkörniger Gemische nach der Korngröße. **Klas|sie|rung** *die;* -, -en 〈zu ↑...ierung〉: das Klassieren. **Klas|si|fi|ka|ti|on** *die;* -, -en 〈nach *fr.* classification „Einteilung, Einordnung"; vgl. ...fikation〉: 1. das Klassifizieren. 2. das Klassifizierte; vgl. ...[at]ion/...ierung. **Klas|si|fi|ka|tor** *der;* -s, ...oren 〈zu ↑...ator〉: Sachkatalogbearbeiter (Bibliotheksw.). **klas|si|fi|ka|to|risch:** die Klassifikation betreffend. **klas|si|fi|zie|ren** 〈nach gleichbed. *fr.* classifier; vgl. ...fizieren〉: 1. [jmdn. od. etwas (z. B. Tiere, Pflanzen)] in Klassen einteilen, einordnen. 2. [jmdn. od. etwas] als etwas abstempeln. **Klas|si|fi|zie|rung** *die;* -, -en 〈zu ↑...fizierung〉: das Klassifizieren; Klassifikation; vgl. ...[at]ion/...ierung. **Klas|sik** *die;* - 〈zu *lat.* classicus (vgl. klassisch) u. ↑²...ik (2)〉: 1. Kultur u. Kunst der griech.-röm. Antike. 2. Epoche, die sich Kultur u. Kunst der Antike zum Vorbild genommen hat. 3. Epoche kultureller Höchstleistungen eines Volkes, die über ihre Zeit hinaus Maßstäbe setzt. **Klas|si|ker** *der;* -s, - 〈unter Einfluß von gleichbed. *fr.* poète classique nach *lat.* scriptor classicus „erstrangiger Schriftsteller"; vgl. klassisch〉: 1. Vertreter der Klassik (1, 2). 2. Künstler, Schriftsteller, Wissenschaftler, der allgemein anerkannte, richtungweisende Arbeit auf seinem Gebiet geleistet hat. 3. Sache, die ↑klassisch (3) ist. 4. Gegenstand, der ↑klassisch (4) ist. **klas|sisch** 〈aus *lat.* classicus „die (ersten) Bürgerklassen betreffend; ersten Ranges, mustergültig" zu classis „Abteilung, Klasse"〉: 1. die [antike] Klassik betreffend, z. B. -e Sprachen (Griechisch u. Latein). 2. a) die Merkmale der Klassik tragend (z. B. von einem Kunstwerk, einem Bauwerk); b) vollkommen, ausgewogen in Form u. Inhalt, ausgereift, Maßstäbe setzend (von Kunstwerken, wissenschaftlichen Leistungen oder Formulierungen). 3. altbewährt, seit langem verwendet. 4. mustergültig, zeitlos (in bezug auf Form od. Aussehen), z. B. ein -es Kostüm. 5. (ugs.) toll, großartig; Begeisterung hervorrufend. **Klas|si|zis|mus** *der;* - 〈zu ↑...izismus〉: 1. Nachahmung eines klassischen [antiken] Vorbildes (bes. in der Literatur des 16. u. 17. Jh.s). 2. Baustil, der in Anlehnung an die Antike, bes. an röm. Vorbilder, die Strenge der Gliederung, Geradlinigkeit u. die Gesetzmäßigkeit der Verhältnisse betont. 3. europäischer Kunststil etwa von 1770 bis 1830. **Klas|si|zist** *der;* -en, -en 〈zu ↑...ist〉: Künstler des Klassizismus. **klas|si|zi|stisch** 〈zu ↑...istisch〉: a) den Klassizismus betreffend, zum Klassizismus gehörend; b) die Antike [ohne Originalität] nachahmend. **Klas|si|zi|tät** *die;* - 〈zu ↑...izität〉: (veraltet) klassische Mustergültigkeit, Formvollendung

klas|tisch 〈zu *gr.* klãn, erweitert klastázein „(ab)brechen"〉: aus den Trümmern anderer Gesteine stammend (von Sedimentgestein; Geol.)

klau|die|ren ⟨aus gleichbed. *lat.* claudere⟩: (veraltet) [ver]schließen, einschließen
Klau|di|ka|ti|on *die;* -, -en ⟨aus gleichbed. *lat.* claudicatio zu claudicare, vgl. klaudizieren⟩: das Hinken (Med.). **klau|di|zie|ren** ⟨aus gleichbed. *lat.* claudicare⟩: (veraltet) hinken, lahmen
Klau|se *die;* -, -n ⟨aus *mlat.* cl(a)usa „Einfriedung, Zelle, Einsiedelei" zu *lat.* clausum „Verschlossenes", Part. Perf. von claudere, vgl. klaudieren⟩: 1. Klosterzelle; Einsiedelei; weltabgeschiedene Behausung. 2. enger Raum, kleines [Studier]zimmer. 3. a) Engpaß, Schlucht (bes. in den Alpen); b) enger Taldurchbruch durch eine ↑Antiklinale; vgl. Klus. 4. Frucht der Windengewächse u. Lippenblütler. 5. Damm zum Aufstauen von Bach-, Flußwasser, das bei Bedarf abgelassen wird u. dadurch die Holzflößerei ermöglicht; Klausdamm. **Klau|sel** *die;* -, -n ⟨aus *lat.* clausula „Schluß; Schlußsatz, Schlußformel; Gesetzesformel" zu claudere „schließen"⟩: 1. vertraglicher Vorbehalt, Sondervereinbarung (Rechtsw.). 2. metrische Gestaltung des Satzschlusses [in der antiken Kunstprosa]. 3. formelhafter, melodischer Schluß (Mus.); vgl. Kadenz. **Klau|si|lie** [...i̯ə] *die;* -, -n (meist Plur.) ⟨aus gleichbed. *nlat.* clausilia zu *spätlat.* clausilium „Verschlußplatte"⟩: Schnecke mit einem Verschlußmechanismus aus beweglichen Schließblättchen (Schließmundschnecke; Zool.). **Klaus|ner** *der;* -s, - ⟨zu ↑Klause⟩: Bewohner einer Klause (1); Einsiedler. **Klau|stra|ti|on** *die;* -, -en ⟨aus *nlat.* claustratio „Verschließung"⟩: svw. Klaustrophilie. **Klau|stro|phi|lie** *die;* -, ...ien ⟨zu *lat.* claustrum „Verschluß, Gewahrsam" u. ↑...philie⟩: krankhafter Drang, sich einzuschließen, abzusondern; Hang zur Einsamkeit (Psychol.). **Klau|stro|pho|bie** *die;* -, ...ien ⟨zu ↑...phobie⟩: krankhafte Angst vor Aufenthalt in geschlossenen Räumen (Psychol.). **Klau|strum** *das;* -s, ...stra ⟨aus gleichbed. *lat.* claustrum, vgl. Klaustrophilie⟩: (veraltet) abgeschlossener Raum, verschlossener Ort, Kloster. **klau|su|lie|ren** ⟨zu ↑Klausel u. ↑...ieren⟩: in Klauseln fassen, bringen; verklausulieren. **Klau|sur** *die;* -, -en ⟨aus *spätlat.* clausura „Verschluß, Einschließung" zu claudere „schließen"⟩: 1. (ohne Plur.) Einsamkeit, Abgeschlossenheit. 2. Bereich eines Klosters, der nur für einen bestimmten Personenkreis zugänglich ist. 3. svw. Klausurarbeit. **Klau|sur|ar|beit** *die;* -, -en: unter Aufsicht zu schreibende schriftliche Prüfungsarbeit. **Klau|sur|ta|gung** *die;* -, -en: Tagung unter Ausschluß der Öffentlichkeit
Kla|via|tur [...v...] *die;* -, -en ⟨latinisierend zu *fr.* clavier „Tastenreihe, Tastenbrett" (vgl. Klavier), Analogiebildung zu ↑Tastatur⟩: Gesamtheit der dem Spiel dienenden Tasten bei Tasteninstrumenten. **Kla|vi|chord** [...ˈkɔrt] *das;* -[e]s, -e ⟨aus gleichbed. *mlat.* clavic(h)ordium zu clavis „Taste" u. *lat.* chorda (*gr.* chordḗ) „(Darm)saite"⟩: im 12. Jh. entstandenes Tasteninstrument, dessen waagerecht liegende Saiten mit einem Metallplättchen angeschlagen werden; Vorläufer des Klaviers. **Kla|vi|ci|the|ri|um** [...tsi...] *das;* -s, ...ien [...i̯ən] ⟨aus gleichbed. *mlat.* clavicitherium, zu *lat.* cithara (*gr.* kithára), vgl. Kithara⟩: ein Harfenklavier des 16. Jh.s, Vorläufer des ↑Pianinos. **Kla|vier** *das;* -s, -e ⟨aus *fr.* clavier „Tastenreihe, Tastenbrett" zu *lat.* clavis „Schlüssel" (*mlat.* auch „Taste"), dies zu *lat.* claudere „schließen"⟩: 1. Musikinstrument mit schwarzen u. weißen Tasten zum Anschlagen der senkrecht zur Tastatur gespannten Saiten. 2. (allgemein für) Tasteninstrument mit Klaviatur (z. B. Tafelklavier, Flügel; Fachspr.). **Kla|vier|duo** *das;* -s, -s: a) Komposition für vierhändiges Klavierspiel od. für zwei Klaviere; b) zwei gemeinsam musizierende ↑Pianisten bzw. Pianistinnen. **kla|vie|ren** ⟨zu ↑...ieren (nach den Bewegungen der Finger beim Klavierspielen)⟩: (ugs.) an etwas herumfingern. **kla|vie|ri|stisch** ⟨zu ↑...istisch⟩: a) für das Klavier gedacht; b) die Technik des Klavierspiels betreffend, ihr gemäß. **Kla|vier|kon|zert** *das;* -[e]s, -e: 1. Komposition für Klavier u. Orchester. 2. Konzert (1), in dem Klaviermusik dargeboten wird. **Kla|vier|me|cha|nik** *die;* -: Gesamtheit der den Anschlag übertragenden Teile des Klaviers. **Kla|vier|mu|sik** *die;* -, -en: für Klavier komponierte Musik. **Kla|vier|quar|tett** *das;* -[e]s, -e: a) Komposition für drei Streichinstrumente u. Klavier; b) die vier Ausführenden eines Klavierquartetts (a). **Kla|vier|quin|tett** *das;* -[e]s, -e: a) Komposition für vier Streichinstrumente u. Klavier; b) die fünf Ausführenden eines Klavierquintetts (a). **Kla|vier|trio** *das;* -s, -s: a) Komposition für zwei Streichinstrumente u. Klavier; b) die drei Ausführenden eines Klaviertrios (a). **Kla|vi|kel** *das;* -s, - ⟨zu ↑Klavikula⟩: (veraltet) svw. Clavicula. **Kla|vi|ku|la** *die;* -, ...lä ⟨aus *lat.* clavicula „Schlüsselchen", Verkleinerungsform von clavis „Schlüssel"⟩: eindeutschend für Clavicula. **kla|vi|ku|lar** ⟨zu ↑...ar⟩: die Clavicula betreffend. **Kla|vi|zim|bel** *das;* -s, - ⟨zu *mlat.* clavis „Taste" u. ↑Zimbel⟩: svw. Clavicembalo. **Kla|vus** *der;* -, ...vi ⟨aus *lat.* clavus „Nagel"⟩: eindeutschend für Clavus (2)
Kle|an|ka vgl. Klejonka
Kleck|so|gra|phie *die;* -, ...ien ⟨zu *dt.* Klecks u. ↑...graphie⟩: eines von mehreren aus Kleksen erzeugten, keinen Sinn enthaltenden Bildern einer Reihe, die bei bestimmten Persönlichkeitstests von der Testperson gedeutet werden müssen
Kleid|agra vgl. Kleisagra. **Klei|do|man|tie** *die;* - ⟨zu *gr.* kleís, Gen. „kleidós „Schlüssel" u. manteía „das Weissagen"⟩: (veraltet) Wahrsagerei aus Schlüsseln. **Klei|do|to|mie** *die;* -, ...ien ⟨zu ↑...tomie⟩: operative Durchtrennung eines Schlüsselbeines od. beider Schlüsselbeine (Med.).
Klein|kli|ma *das;* -s, Plur. -s u. (fachspr.) ...mate ⟨zu ↑Klima⟩: svw. Mesoklima
Kleis|agra *das;* -s ⟨zu *gr.* kleís, Gen. kleidós „Schlüssel" u. ágra „Fang, das Fangen", Analogiebildung zu ↑Podagra⟩: Gicht in den Schlüsselbeingelenken (Med.). **klei|sto|gam** ⟨zu *gr.* kleistós „verschlossen" u. ↑...gam (1)⟩: sich in geschlossenem Zustand selbst bestäubend (von Blüten; Bot.); Ggs. ↑chasmogam. **Klei|sto|ga|mie** *die;* - ⟨zu ↑...gamie (1)⟩: Selbstbestäubung geschlossener Blüten (Bot.); Ggs. ↑Chasmogamie. **Klei|sto|karp** *das;* -s, -e ⟨zu ↑...karp⟩: eingeschlossener Fruchtkörper (Bot.). **Klei|sto|kar|pie** *die;* - ⟨zu ↑...karpie⟩: Fruchtbildung an Blüten, die in geschlossenem Zustand sich selbst bestäuben (Bot.)
Kle|jon|ka, auch **Kle|an|ka** *die;* - ⟨aus gleichbed. *russ.* kleënka, dies zu klej „Leim, Kleister" (verwandt mit *gr.* kólla „Leim")⟩: (veraltet) Steifleinen, Wachstuch
Kle|ma|tis, fachspr. auch Clematis [k...] *die;* -, - ⟨über *lat.* clematis aus *gr.* klēmatís (ein Rankengewächs)⟩: Kletterpflanze mit stark duftenden Blüten (Waldrebe)
Kle|men|ti|ne vgl. Clementine
Kle|menz *die;* - ⟨aus *lat.* clementia „Milde, Nachsicht"⟩: (veraltet) kaiserliche od. fürstliche Huld u. Gnade
Klephˈte *der;* -n, -n ⟨aus gleichbed. *ngr.* kléphtēs, eigtl. „Räuber", dies aus *gr.* kléptēs zu kléptein „stehlen"⟩: griech. Freischärler im Kampf gegen die türk. Herrschaft. **Klephˈten|lie|der** *die* (Plur.): die Abenteuer der Klephten behandelnde lyrisch-epische Gesänge. **Kleps|y|dra** *die;* -, ...ydren ⟨aus gleichbed. *gr.* klepsýdra, eigtl. „Wasserdieb"⟩: antike Wasseruhr, die ähnlich wie eine Sanduhr

Kleptomane

funktioniert. **Klep|to|ma|ne** *der;* -n, -n ⟨zu *gr.* kléptein „stehlen" u. ↑...mane⟩: jmd., der an Kleptomanie leidet. **Klep|to|ma|nie** *die;* -, ...ien ⟨zu ↑...manie⟩: zwanghafter Trieb zum Stehlen ohne Bereicherungsabsicht (Med., Psychol.). **Klep|to|ma|nin** *die;* -, -nen: an Kleptomanie Leidende. **klep|to|ma|nisch**: die Kleptomanie betreffend. **Klep|to|pho|bie** *die;* -, ...ien ⟨zu ↑...phobie⟩: krankhafte Furcht, zu stehlen od. bestohlen zu werden (Med., Psychol.) **kle|ri|kal** ⟨aus *kirchenlat.* clericalis „priesterlich"; vgl. Klerus⟩: a) dem Stand der kath. Geistlichen angehörend, zu ihm gehörend; Ggs. ↑laikal; b) in der Gesinnung konsequent den Standpunkt des kath. Priesterstandes vertretend; Ansprüche des Klerus fördernd, unterstützend. **Kle|ri|ka|le** *der* u. *die;* -n, -n ⟨zu ↑...ale⟩: jmd., der zur Anhängerschaft der kath. Geistlichkeit gehört. **Kle|ri|ka|lis|mus** *der;* - ⟨zu ↑...ismus⟩: das Bestreben der [kath.] Kirche, ihren Einflußbereich auf Staat u. Gesellschaft auszudehnen. **kle|ri|ka|li|stisch** ⟨zu ↑...istisch⟩: (abwertend) ausgeprägt klerikale (b) Tendenzen vertretend u. zeigend. **Kle|ri|kat** *das;* -[e]s ⟨aus gleichbed. *mlat.* clericatus⟩: (veraltet) Stand eines Geistlichen. **Kle|ri|ker** *der;* -s, - ⟨aus gleichbed. *kirchenlat.* clericus⟩: Angehöriger des Klerus. **Kle|ri|ko|fa|schis|mus** *der;* -: von ↑Klerikalismus u. ↑Faschismus geprägte politische Richtung. **Kle|ri|sei** *die;* - ⟨aus *mlat.* clericia⟩: (veraltet) svw. Klerus. **Kle|ro|kra|tie** *die;* -, ...ien ⟨zu ↑Klerus u. ↑...kratie⟩: Priesterherrschaft. **Kle|ru|chie** [...'xi:] *die;* - ⟨aus *gr.* klērouchía „Land-, Ackerverteilung; Bürgerkolonie" zu klercucheîn „Kolonist sein"⟩: Bez. bes. für altathenische Kolonien mit staatlicher Landzuweisung für Landlose in eroberten Gebieten. **Kle|rus** *der;* - ⟨über *kirchenlat.* clerus aus *gr.* klēros „Geistlichkeit", eigtl. „Los, (Land)anteil; Stand der Berufenen"⟩: kath. Geistlichkeit, Priesterschaft, -stand. **Kle|rus|kon|gre|ga|ti|on** *die;* -, -en: eine der ↑Kurienkongregationen

Klia|chit [...'xi:t, auch ...'xɪt] *der;* -s, -e ⟨Kunstw.; vgl. ²...it⟩: wasserhaltiges Aluminiumoxyd, ein formloses Mineral

Kli|ent *der;* -en, -en ⟨aus *lat.* cliens, Gen. clientis „der Hörige"⟩: 1. Auftraggeber, Kunde bestimmter freiberuflich tätiger Personen od. bestimmter Einrichtungen. 2. Bürger mit wenigen Rechten im alten Rom, der einem ↑¹Patron (1) zu Dienst verpflichtet war. **Kli|en|tel** [...iɛ...] *die;* -, -en ⟨aus *lat.* clientela „Gruppe abhängiger Bürger"⟩: 1. Gesamtheit der Klienten (1). 2. Gesamtheit der von einem ↑¹Patron (1) abhängigen Bürger. **kli|en|ten|zen|triert**, auch klientzentriert: (in der Psychotherapie) auf den Klienten in bezug auf seine Probleme usw. ausgerichtet, nach seinen Bedürfnissen; -e Therapie: Gesprächstherapie; Therapieform, deren Ziel darin besteht, durch Schaffung einer helfenden Beziehung dem Klienten zu ermöglichen, seine Probleme selbst zu lösen u. sich angstfrei mit (bisher abgewehrten) Erfahrungen auseinanderzusetzen, wobei sich der Therapeut in Rat sowie Kritik sehr zurückhält. **Kli|en|tin** *die;* -, -nen ⟨weibliche Form zu ↑Klient. **kli|ent|zen|triert** vgl. klientenzentriert

Kli|ma *das;* -s, Plur. -s u. (fachspr.) ...mate ⟨über *lat.* clima aus *gr.* klíma „Neigung; Himmelsgegend, Zone"; vgl. Klinik⟩: 1. a) der für ein bestimmtes geographisches Gebiet charakteristische Ablauf der Witterung (Meteor.); b) künstlich hergestellte Luft-, Wärme- u. Feuchtigkeitsverhältnisse in einem Raum. 2. durch bestimmte Ereignisse od. Umstände hervorgerufene Atmosphäre od. Beziehungen zwischen Personen, Gruppen, Staaten o. ä. **Kli|ma|an|la|ge** *die;* -, -n: Vorrichtung zur automatischen Regulierung der Frischluftzufuhr, der Lufttemperatur u. -feuchtigkeit in geschlossenen Räumen. **Kli|ma|dia|gramm** *das;* -s, -e: Darstellung von gemessenen Klimawerten in Form eines Diagramms. **Kli|ma|ele|men|te** *die* (Plur.): klimabestimmende Witterungsbedingungen (z. B. Temperatur, Luftfeuchtigkeit). **Kli|ma|fak|tor** *der;* -s, -en: die Klimaelemente bedingende geographische Beschaffenheit eines Ortes (z. B. Höhenlage, Lage zum Meer). **Kli|ma|geo|gra|phie** *die;* -: Wissenschaft u. Lehre von den klimatischen Erscheinungen unter geographischen Gesichtspunkten. **kli|mak|te|risch** ⟨über *lat.* climactericus aus gleichbed. *gr.* klimaktērikós⟩: durch die Wechseljahre bedingt, sie betreffend (Med.); -e Zeit: [durch eine bestimmte Stellung zweier Gestirne angezeigte] gefahrvolle Zeit (Astrol.). **Kli|mak|te|ri|um** *das;* -s ⟨aus gleichbed. *nlat.* climacterium zu *gr.* klimaktēr „Stufe, gefahrvoller Lebensabschnitt"; vgl. Klimax⟩: Wechseljahre [der Frau] (Med.). **Kli|ma|pe|ri|ode** *die;* -, -n ⟨zu ↑Klima⟩: kurzfristige od. längere Abweichung vom allgemeinen Klimacharakter eines Gebietes. **Kli|ma|re|geln** *die* (Plur.): bestimmte Regeln in der ↑Biologie, die besagen, daß das Klima eines ↑Biotops bei verschiedenen Arten in gleicher Weise in Erscheinung treten de Auswirkungen auf gewisse physiologische u. morphologische Prozesse hat. **Kli|ma|re|si|stenz** *die;* -: Fähigkeit einer Pflanze, schädigende Witterungseinflüsse zu überstehen (z. B. Dürre, Frost; Bot.). **Kli|ma|sta|ti|on** *die;* -, -en: meteorologische Station (3), an der dreimal täglich zu festen Uhrzeiten repräsentative Klimabeobachtungen durchgeführt werden. **Kli|ma|te**: Plur. von ↑Klima. **Kli|ma|the|ra|pie** *die;* -, -n: eine Kurbehandlung, bei der die bestimmten klimatischen Verhältnisse einer Gegend für die Behandlung von Krankheiten eingesetzt werden (Med.). **kli|ma|tisch** ⟨zu *gr.* klíma, Gen. klímatos, vgl. Klima⟩: das Klima betreffend. **kli|ma|ti|sie|ren** ⟨zu ↑...isieren⟩: a) in einen Raum od. ein Gebäude eine Klimaanlage einbauen; b) Temperatur, Luftzufuhr u. -feuchtigkeit [in geschlossenen Räumen] künstlich beeinflussen u. regeln. **Kli|ma|ti|sie|rung;** - ⟨zu ↑...isierung⟩: Schaffung zuträglicher Klimabedingungen in geschlossenen Räumen od. Fahrzeugen durch entsprechende Anlagen. **Kli|ma|to|gra|phie** *die;* - ⟨zu ↑...graphie⟩: Beschreibung der klimatischen Verhältnisse auf der Erde. **Kli|ma|to|lo|ge** *der;* -n, -n ⟨zu ↑...loge⟩: Fachmann auf dem Gebiet der ↑Klimatologie. **Kli|ma|to|lo|gie** *die;* - ⟨zu ↑...logie⟩: vergleichende Wissenschaft der klimatischen Verhältnisse auf der Erde. **Kli|ma|to|the|ra|pie** *die;* -, -n: svw. Klimatherapie. **Kli|max** *die;* -, -e ⟨über *lat.* climax „Steigerung des Ausdrucks" aus gleichbed. *gr.* klímax, eigtl. „Leiter, Treppe", zu klínein „neigen"; vgl. Klinik⟩: 1. Steigerung des Ausdrucks, Übergang von weniger Wichtigem zum Wichtigeren (Rhet., Stilk.); Ggs. ↑Antiklimax; vgl. Gradation. 2. svw. Klimakterium. 3. Endzustand der Boden- u. Vegetationsentwicklung in einem bestimmten Gebiet (Bot.). 4. Höhepunkt. **Kli|nik** *die;* -, -en ⟨über *lat.* clinice „Heilkunst für bettlägerig Kranke" aus gleichbed. *gr.* klinikḗ (téchnē) zu klínē „Bett", dies zu klínein „(sich) neigen, niederlegen"⟩: 1. [großes] Krankenhaus [das auf die Behandlung bestimmter Krankheiten usw. spezialisiert ist]. 2. (ohne Plur.) praktischer Unterricht im Krankenhaus [für Medizinstudenten] (Med.). **Kli|ni|ka** u. **Kli|ni|ken**: Plur. von ↑Klinikum (2). **Kli|ni|ker** *der;* -s, -: 1. in einer Klinik tätiger u. lehrender Arzt. 2. Medizinstudent in den klinischen Semestern. **Kli|ni|kum** *das;* -s, Plur. ...ka u. ...ken ⟨aus gleichbed. *nlat.* clinicum, vgl. Klinik⟩: 1. (ohne Plur.) Hauptteil der praktischen ärztlichen Ausbildung in einem Krankenhaus. 2. Zusammenschluß getrennter [Universitäts]kliniken unter einheitlicher Leitung. **kli|nisch** ⟨über *lat.* clinicus aus *gr.* klinikós „die Heilkunst für bettlägerig Kranke betreffend"⟩: 1. a) die Klinik betreffend; b) die klinischen Semester betreffend. 2. durch ärztliche Untersuchung feststellbar oder festgestellt. **kli|no...**, **Kli|no...** ⟨zu *gr.* klínein „(sich) neigen, beugen"⟩: Wortbildungselement mit der Bedeutung „die Neigung, Beugung betreffend", z. B. klinometrisch, Klinostat. **Kli|no|chlor** [...'klo:ɐ̯] *das;* -s, -e: ein lichtgrünes bis gelbliches Mineral aus der Gruppe der ↑²Chlorite. **Kli|no|dak|ty|lie** *die;* -, ...ien ⟨zu *gr.* dáktylos „Finger" u. ↑²...ie⟩: angeborene ↑radiale Abbiegung des 4. od. 5. Fingers (Med.). **Kli|no|graph** *der;* -en, -en ⟨zu ↑...graph⟩: Meßinstrument für Neigungsvorgänge der Erdoberfläche (Geogr.). **Kli|no|ke|pha|lie** usw. vgl. Klinozephalie usw. **Kli|no|me|ter** *das;* -s, - ⟨zu ↑¹...meter⟩: 1. Neigungsmesser für Schiffe u. Flugzeuge. 2. Neigungsmesser im Geologenkompaß zur Messung des Einfallens von Gesteinen. **kli|no|me|trisch** ⟨zu ↑...metrisch⟩: mit Hilfe des Klinometers. **Kli|no|mo|bil** *das;* -s, -e: Notarztwagen, in dem Operationen durchgeführt werden können. **kli|no|rhom|bisch** u. **kli|no|rhom|bo|id**: schiefgestellte, ungleiche Achsen u. rautenförmige Außenflächen aufweisend (von Kristallen). **Kli|no|skop** *das;* -s, -e ⟨zu ↑...skop⟩: Gerät zum Anzeigen der Neigung einer Fläche od. Linie gegen die Horizontalebene. **Kli|no|stat** *der;* Gen. -[e]s u. -en, Plur. -e[n] ⟨zu ↑klino... u. ↑...stat⟩: Apparat mit einer kreisenden Scheibe zur Ausschaltung einseitiger Schwerkraftwirkung für pflanzenphysiologische Untersuchungen. **Kli|no|ze|pha|lie** *die;* -, ...ien ⟨zu *gr.* kephalḗ „Kopf" u. ↑²...ie⟩: eine angeborene Schädeldeformierung mit sattelförmiger Einsenkung des Schädeldaches (Med.). **Kli|no|ze|pha|lus** ⟨zu *nlat.* cephalus „Kopf"⟩: Sattelkopf (Med.).

Klio|me|trie *die;* - ⟨nach Klio (*lat.* Clio, *gr.* Kleiṓ), der Muse der Geschichtsschreibung, u. zu ↑...metrie⟩: Erschließung historischer Quellen mit Hilfe quantifizierender Methoden

Klipp u. **Clip** [k...] *der;* -s, -s ⟨aus gleichbed. *engl.* clip zu to clip „festhalten, anklammern"⟩: a) Klammer, Klemme; b) svw. Klips.

Klip|pe *die;* -, -n ⟨zu *schwed.* klippa „schneiden"⟩: [vier]eckige Münze od. Medaille (bes. häufig bei Not- u. Belagerungsmünzen; Münzkunde)

Klip|pel-Feil-Syn|drom [kli'pɛl|feĺ...] *das;* -s ⟨nach den franz. Ärzten M. Klippel (1858–1942) u. A. Feil (1884–1956) u. zu ↑ Syndrom⟩: angeborener Kurzhals auf Grund von Entwicklungsstörungen der Halswirbelsäule (Med.)

Klip|per *der;* -s, - ⟨aus gleichbed. *engl.* clipper, eigtl. „(Wellen)schneider", zu to clip „schneiden"⟩: schnelles Segelschiff (Mitte 19. Jh.) für den Transport verderblicher Waren

Klips u. **Clips** [k...] *der;* -es, Plur. - u. -e ⟨aus *engl.* clips (Plur.), vgl. Klipp⟩: 1. Schmuckstück zum Festklemmen (z. B. Ohrklips). 2. Klammer zum Befestigen des Haares beim Eindrehen

Kli|schee [...'ʃe:] *das;* -s, -s ⟨aus gleichbed. *fr.* cliché zu clicher „abklatschen, klischieren"⟩: 1. a) mittels ↑ Stereotypie (1) od. ↑ Galvanoplastik hergestellte Vervielfältigung eines Druckstockes; b) Druckstock. 2. a) unschöpferische Nachbildung, Abklatsch; b) eingefahrene, überkommene Vorstellung; c) abgedroschene Redewendung. **kli|schie|ren** ⟨nach *fr.* clicher, vgl. Klischee⟩: 1. ein Klischee (1 a) herstellen. 2. a) etwas talentlos nachahmen; b) etwas in ein Klischee zwängen, klischeehaft darstellen. **Kli|scho|graph** *der;* -en, -en ⟨zu ↑ Klischee u. ↑...graph⟩: elektr. Graviermaschine für Druckstöcke (Druckw.)

Kli|ster *der;* -s ⟨Kunstw.⟩: weiches Skiwachs, das zum Fahren im Firnschnee aufgetragen wird

Kli|stier *das;* -s, -e ⟨über *lat.* clysterium aus gleichbed. *gr.* klystḗrion, eigtl. „Spülung, Reinigung"⟩: Darmeinlauf, -spülung (meist mit warmem Wasser). **kli|stie|ren** ⟨zu ↑...ieren⟩: ein Klistier geben

kli|to|ral ⟨zu ↑ Klitoris u. ↑¹...al (1)⟩: die Klitoris betreffend. **Kli|to|ris** *der;* -, Plur. - u. ...orides [...'dɛːs] ⟨über *lat.* clitoris aus gleichbed. *gr.* kleitorís, eigtl. „kleiner Hügel"⟩: schwellfähiges weibliches Geschlechtsorgan; Kitzler (Med.). **Kli|to|ris|mus** *der;* - ⟨zu ↑...ismus (3)⟩: übermäßige Entwicklung der Klitoris (Med.). **Kli|to|ri|tis** *die;* -, ...itiden ⟨zu ↑...itis⟩: Entzündung der Klitoris (Med.)

Kli|vie [...vi̯ə] vgl. Clivia

Kljutsch|nik *der;* -s, -i ⟨aus gleichbed. *russ.* kljutschnik zu kljutsch „Schlüssel", dies aus *gr.* kleís⟩: Wirtschafter, Hausmeister (in Rußland). **Kljutsch|ni|za** *die;* -, ...zen ⟨aus gleichbed. *russ.* kljutschnica⟩: Wirtschafterin, Verwalterin (in Rußland)

Klo *das;* -s, -s: (ugs.) Kurzform von ↑ Klosett

Kloa|ke *die;* -, -n ⟨aus *lat.* cloaca „Abzugskanal" zu *altlat.* cluere „reinigen, spülen"⟩: 1. [unterirdischer] Abzugskanal für Abwässer; Senkgrube. 2. gemeinsamer Ausführungsgang für den Darm, die Harnblase u. die Geschlechtsorgane bei Reptilien u. einigen niederen Säugetieren (Zool.). **Kloa|ken|tie|re** *die* (Plur.): primitive Säugetiere mit einer ↑ Kloake (2) (z. B. Ameisenigel u. Schnabeltier; Zool.)

Klo|bas|se u. **Klo|bas|si** *die;* -, ...ssen ⟨aus dem Slaw.; vgl. *slowen., slowak.* klobása „Wurst"⟩: (österr.) eine grobe, gewürzte Wurst

Klon *der;* -s, -e ⟨aus gleichbed. *engl.* clon, dies aus *gr.* klṓn „Sprößling"⟩: durch Klonieren entstandenes Lebewesen (Biol.). **klo|nen**: durch künstlich herbeigeführte ungeschlechtliche Vermehrung genetisch identische Exemplare von Lebewesen erzeugen (Biol.)

Klo|ni: Plur. von ↑ Klonus

klo|nie|ren ⟨zu ↑ Klon u. ↑...ieren⟩: med. fachspr. svw. klonen

klo|nisch ⟨zu *gr.* kloneĩn „in heftige, verworrene Bewegung versetzen"; vgl. Klonus⟩: schüttelnd, krampfhaft zuckend (von Muskeln; Med.); Ggs. ↑ ¹tonisch (2)

Klon|or|chia|se [...ç...] *die;* -, -n ⟨zu *gr.* klṓn „Schößling, Zweig", órchis „Hoden" u. ↑...iasis⟩: in Ostasien vorkommende Wurmerkrankung des Menschen mit Blutarmut, ↑ Ödemen u. Kräfteverfall (Med.)

Klo|nus *der;* -, ...ni ⟨über *lat.* clonus aus *gr.* klónos „heftige, verworrene Bewegung"⟩: krampfartige Zuckungen infolge rasch aufeinanderfolgender Muskelzusammenziehungen; Schüttelkrampf (Med.)

Klo|pe|ma|nie *die;* -, ...ien ⟨zu *gr.* klopḗ „Diebstahl" u. ↑...manie⟩: svw. Kleptomanie

Klo|sett *das;* -s, Plur. -s, auch -e ⟨aus gleichbed. *engl.* (water-)closet, zu closet „Kabinett, Kammer" aus *altfr.* closet „abgeschlossener Raum", dies zu *lat.* claudere (clausus) „(ab)schließen"⟩: 1. Toilettenraum. 2. Toilettenbecken

Klo|thoi|de *die;* -, -n ⟨zu *gr.* klṓthein „einen Faden spinnen" u. ↑...oide⟩: a) Spiralkurve mit immer kleiner werdendem Krümmungsradius (Math.); b) der Übergangsbogen zwischen einer Geraden u. einer Krümmung im modernen Straßenbau

Klub u. **Club** [k...] *der;* -s, -s ⟨aus gleichbed. *engl.* club, eigtl. „Keule", dies aus *altisl.* klubba „Knüppel, Keule" (weil Einladungen zu Zusammenkünften urspr. durch Herumsenden eines Kerbstocks od. einer Keule übermittelt wurden)⟩: a) [geschlossene] Vereinigung mit politischen, ge-

Klubgarnitur

schäftlichen, sportlichen od. anderen Zielen; b) Gruppe von Leuten, die sich amüsieren; Clique; c) Gebäude, Räume eines Klubs (a). **Klub|gar|ni|tur** *die;* -, -en: Gruppe von [gepolsterten] Sitzmöbeln

Klucht [klyxt] *das;* -s, -en ⟨aus *niederl.* klucht „Posse, Schwank, Farce"⟩: 1. niederländisches Possenspiel des späten Mittelalters u. der frühen Neuzeit. 2. Possenspiel der ↑Rederijkers des 15. u. 16. Jh.s

Klu|nia|zen|ser *der;* -s, - ⟨aus gleichbed. *mlat.* (monicus) Cluniacensis, nach dem ostfranz. Kloster Cluny⟩: ↑Kongregation (1) von Cluny, einer auf der Benediktinerregel fußenden [mönchisch-]kirchlichen Reformbewegung des 11./12. Jh.s, angehörender Mönch. **klu|nia|zen|sisch** ⟨aus *mlat.* Cluniacensis „von dem Kloster Cluny ausgehend"⟩: die Kluniazenser u. ihre Reformen betreffend

klup|pie|ren ⟨zu *dt.* Kluppe u. ↑...ieren⟩: den Durchmesser von Holzstämmen mit einer Kluppe (einem Meßschieber) ermitteln

Klus *die;* -, -en ⟨zu *mlat.* clusa, vgl. Klause⟩: (schweiz.) Engpaß, Schlucht; vgl. Klause (3). **Klü|se** *die;* -, -n ⟨wohl zu *niederl.* kluis „enge Öffnung", dies über *mniederl.* clūse aus *mlat.* clusa, vgl. Klause⟩: (Seemannsspr.) Öffnung im Schiffsbug für [Anker]ketten u. Taue. **Klu|sil** *der;* -s, -e ⟨zu *lat.* clusilis „sich leicht schließend", dies zu cludere, claudere „schließen"⟩: Verschlußlaut (Sprachw.)

Klü|ver [...v...] *der;* -s, - ⟨aus gleichbed. *niederl.* kluiver zu kluif „Klaue" (bezeichnet auch den Leitring, an dem das Segel fährt)⟩: ein dreieckiges Vorsegel. **Klü|ver|baum** *der;* -[e]s, ...bäume: über den Bug hinausragendes, einziehbares Rundholz zum Befestigen des Klüvers

Kly|do|no|graph *der;* -en, -en ⟨zu *gr.* klýdōn „Wellenschlag" u. ↑...graph⟩: Gerät zur Messung elektrischer Spannungen mittels fotografischer Platten (Elektrot.)

Klys|ma *das;* -s, ...men ⟨aus *gr.* klýsma „Spülflüssigkeit"⟩: svw. Klistier. **Kly|so|pomp|sprit|ze** *die;* -, -n ⟨zu *fr.* pompe „Presse, Pumpe"⟩: Spritze zur Darm- u. Scheidenausspülung (Med.)

Kly|stron *das;* -s, Plur. ...one, auch -s ⟨aus gleichbed. *engl.* klystron zu *gr.* klýzein „anbranden" u. ↑...tron⟩: eine hauptsächlich als Senderöhre verwendete Elektronenröhre zur Erzeugung u. Verstärkung von Mikrowellen

Knäcke|brot¹ *das;* -[e]s, -e ⟨Lehnübersetzung von *schwed.* knäckebröd, eigtl. „Knackbrot" (wegen des knackenden Geräuschs beim Hineinbeißen)⟩: dünnes, rechteckiges Brot aus Roggen- od. Weizenvollkornschrot

Kna|ster *der;* -s, - ⟨aus *niederl.* knaster „Korb", dies über *span.* canasto aus gleichbed. *gr.* kánastron⟩: 1. (veraltet) guter Tabak, der in Körben gehandelt wurde. 2. (ugs.) schlechter Tabak

Knaus-Ogi|no-Me|tho|de *die;* - ⟨nach den Gynäkologen H. Knaus (1892-1970, Österreicher) u. K. Ogino (1882 bis 1975, Japaner)⟩: für Empfängnisverhütung u. Familienplanung anwendbare, auf der Berechnung des Eisprungs basierende Methode zur Bestimmung der fruchtbaren u. unfruchtbaren Tage einer Frau (Med.)

Knau|tie [...iə] *die;* -, -n ⟨aus *nlat.* knautia, nach dem dt. Arzt u. Botaniker Chr. Knaut, 1654-1716⟩: Witwenblume, zu den Kardengewächsen gehörende Pflanze mit gefiederten Blättern u. blauvioletten Blüten in flachen Köpfchen

Knave [neɪv] *der;* -s, -s ⟨aus gleichbed. *engl.* knave, dies aus *altengl.* cnafa „Knabe" (*ahd.* knabo)⟩: engl. Bez. für Bube, Schelm; Bube im Kartenspiel

Knes|ma *das;* -, ...men ⟨aus gleichbed. *gr.* knēsma zu knān „schaben, kratzen"⟩: Kratzwunde (Med.)

Knes|set[h] *die;* - ⟨aus *hebr.* knéset, eigtl. „Versammlung"⟩: das Parlament in Israel

Knicker|bocker¹ [auch 'nɪkə...], auch **Knicker|bockers¹** *die* (Plur.) ⟨aus gleichbed. *engl.* knickerbockers (Plur.), nach der Romangestalt D. Knickerbocker in einem Roman von W. Irving, 1783-1859⟩: unter dem Knie mit einem Bund geschlossene u. dadurch überfallende, halblange sportliche Hose

Knight [naɪt] *der;* -s, -s ⟨aus *engl.* knight „Ritter", dies aus *mittelengl.* knight „Knabe" (verwandt mit *dt.* Knecht)⟩: die nichterbliche, unterste Stufe des engl. Adels

Knight-Shift ['naɪtʃɪft] *die;* - ⟨nach dem engl. Physiker W. D. Knight u. zu *engl.* shift „Wechsel, Veränderung"⟩: Verschiebung der Kernresonanzfrequenz bestimmter Atome in Metallen gegenüber der Frequenz derselben Atome in chem. Verbindungen (Kernphys.)

Knights of La|bor ['naɪts əv 'leɪbə] *die* (Plur.) ⟨*engl.-amerik.*; „Ritter der Arbeit"⟩: 1869 gegründeter Geheimbund, der den ersten Versuch einer Gewerkschaftsorganisation in Nordamerika darstellte

knock|down [nɔk'daʊn] ⟨zu *engl.* to knock down „niederschlagen"⟩: niedergeschlagen, aber nicht kampfunfähig (Boxen). **Knock|down** *der;* -[s], -s: einfacher Niederschlag (Boxen). **knock|out** [nɔk'aʊt] ⟨zu *engl.* to knock out „herausschlagen"⟩: kampfunfähig nach einem Niederschlag; Abk.: k. o. (Boxen). **Knock|out** *der;* -[s], -s: Kampfunfähigkeit bewirkender Niederschlag; Abk.: K. o. (Boxen). **Knock|ou|ter** *der;* -s, -: ↑Boxer (1), der seine Gegner meist durch einen K. o. besiegt

Kno|pit [auch ...'pɪt] *der;* -s, -e ⟨nach dem dt. Mineralogen A. Knop (1828-1893) u. zu ↑²...it⟩: ein schwarzes Mineral, Abart des ↑Perowskits

Know-how [noʊ'haʊ, *engl.* 'noʊhaʊ] *das;* -[s] ⟨aus gleichbed. *engl.-amerik.* know-how, eigtl. „wissen, wie"⟩: a) auf Forschung u. Erfahrung beruhendes Wissen über die Herstellung u. den Einsatz von Erzeugnissen; b) das Wissen, wie man eine Sache praktisch verwirklicht, anwendet o. ä.

Know|ledge is pow|er ['nɔlɪdʒ ɪz 'paʊə] ⟨*engl.*⟩: Wissen ist Macht (Ausspruch des engl. Philosophen u. Staatsmannes F. Bacon [1561-1626])

Knuck|le|du|ster ['nʌkldʌstə] *der;* -s, - ⟨aus *engl.* knuckleduster „Schlagring", eigtl. „Knöchelabstauber"⟩: (veraltet) Schlagring, eine kleine Verteidigungswaffe

Knut vgl. Kanut

Knu|te *die;* -, -n ⟨aus *russ.* knut „Knotenpeitsche" zu *altnord.* knūtr „Knoten, Knorren"⟩: Peitsche aus Lederriemen. **knu|ten:** knechten, brutal unterdrücken, tyrannisieren

¹ko..., Ko... vgl. kon..., Kon... **²ko..., Ko...** ⟨aus gleichbed. *engl.* co-, dies aus *lat.* co(n)-, vgl. kon..., Kon...⟩: Präfix mit der Bedeutung „zusammen mit, gemeinsam; Zweit-", z. B. Kopilot, Koproduktion

k. o. [ka:'|o:] Abk. für knockout. **K.o.** *der;* -[s], -[s]: Abk. für Knockout

Ko|ad|ap|ta|ti|on [auch ...'tsio:n] *die;* -, -en ⟨zu ↑²ko... u. ↑Adaptation⟩: 1. gesteigerte körperliche Anpassung eines Lebewesens an abgeänderte Umweltbedingungen auf Grund einer günstigen Genkombination (Genetik). 2. Mitveränderung von nicht unmittelbar betroffenen Organen bei der Veränderung von Umweltbedingungen (Psychol.)

Ko|ad|ju|rat *das;* -s, -e ⟨aus *lat.* coadiuratus, Nebenform von coadiutus, Part. Perf. von coadiuvare „mithelfen"⟩: Amt eines Koadjutors. **Ko|ad|ju|ra|to|rin** *die;* -, -nen: designierte Nachfolgerin einer Äbtissin. **Ko|ad|ju|tor** [auch ...'ju:...] *der;* -s, ...oren ⟨aus *lat.* coadiutor „Mithilfe"⟩: kath. ↑Vikar, der den durch Alter od. Krankheit behinderten Stelleninhaber mit dem Recht der Nachfolge vertritt **Koa|gel** *das;* -s, -e ⟨zu *lat.* coagulare (vgl. koagulieren) u. ↑Gel⟩: ausgeflocktes Kolloid. **Ko|agu|la|bi|li|tät** *die;* - ⟨zu ↑koagulieren u. ↑...ität⟩: Gerinnbarkeit (des Blutes; Med.). **Ko|agu|lans** *das;* -, Plur. ...lantia u. ...lanzien [...i̯ən] (meist Plur.) ⟨aus *lat.* coagulans, Part. Präs. von coagulare, vgl. koagulieren⟩: die Blutgerinnung förderndes od. beschleunigendes Mittel (Med.). **Ko|agu|la|se** *die;* -, -n ⟨zu *lat.* coagulare (vgl. koagulieren) u. ↑...ase⟩: ↑Enzym, das die Blutgerinnung beschleunigt (Med.). **Ko|agu|lat** *das;* -[e]s, -e ⟨aus *lat.* coagulatum „Geronnenes", Part. Perf. (Neutrum) von coagulare, vgl. koagulieren⟩: aus einer ↑kolloidalen Lösung ausgeflockter Stoff (z. B. Eiweißgerinnsel; Chem.). **Ko|agu|la|ti|on** *die;* -, -en ⟨aus *lat.* coagulatio „das Gerinnen"⟩: 1. Ausflockung, Gerinnung eines Stoffes aus einer ↑kolloidalen Lösung (Chem.). 2. in der Operationstechnik angewendetes Verfahren zur Blutstillung (Med.). **ko|agu|lie|ren** ⟨aus *lat.* coagulare „gerinnen machen", eigtl. „zusammenbringen"⟩: ausflocken, gerinnen [lassen] (Chem.). **Ko|agu|lo|pa|thie** *die;* -, ...ien ⟨zu ↑...pathie⟩: Blutgerinnungsstörung (Med.). **Ko|agu|lum**, fachspr. auch Coagulum [k...] *das;* -s, ...la ⟨aus *lat.* coagulum, eigtl. „zum Gerinnen Bringendes"⟩: Blutgerinnsel (Med.)

Ko|ak|ti|on *die;* -, -en ⟨aus gleichbed. *lat.* coactio „(Geld)eintreibung" zu coactus, Part. Perf. von cogere „drängen, nötigen, zwingen"⟩: (veraltet) Zwang. **ko|ak|tiv** ⟨zu ↑...iv⟩: (veraltet) zwingend

Koa|la *der;* -s, -s ⟨über gleichbed. *engl.* koala aus einer austral. Eingeborenensprache⟩: in Australien auf Bäumen lebender kleiner Beutelbär (ein Beuteltier)

Ko|ales|zenz *die;* -, -en ⟨aus gleichbed. *spätlat.* coalescentia zu *lat.* coalescere „zusammenwachsen, verwachsen"⟩: (veraltet) innige Vereinigung; Verwachsung. **ko|alie|ren** u. **ko|ali|sie|ren** ⟨nach gleichbed. *fr.* coaliser zu coalition, vgl. Koalition⟩: a) verbinden; sich verbünden; b) mit jmdm. eine Koalition eingehen, bilden. **Ko|ali|ti|on** *die;* -, -en ⟨aus gleichbed. *fr.* coalition, dies über *engl.* coalition aus *mlat.* coalitio „Vereinigung, Zusammenkunft", eigtl. „das Zusammenwachsen", zu *lat.* coalescere, vgl. Koaleszenz⟩: Vereinigung, Bündnis mehrerer Parteien od. Staaten zur Durchsetzung ihrer Ziele. **Ko|ali|tio|när** *der;* -s, -e (meist Plur.) ⟨zu ↑...är⟩: Angehöriger einer Koalition. **ko|aliti|ons|fä|hig**: in der Lage, mit einer Partei od. mehreren anderen Parteien eine Koalition einzugehen od. zu halten, als Koalitionspartner in Betracht kommend. **Ko|ali|ti|ons|krieg** *der;* -[e]s, -e: 1. die gemeinsame Kriegführung mehrerer Staaten mit einem od. mehreren anderen. 2. (nur Plur.) die Kriege der verbündeten europäischen Monarchien gegen das revolutionäre Frankreich von 1792 bis 1807. **Ko|ali|ti|ons|par|tei** *die;* -, -en: die Partei, die zusammen mit einer anderen eine Koalition bildet. **Ko|ali|ti|ons|recht** *das;* -[e]s: das den Bürgern eines Staates verfassungsmäßig garantierte Recht, sich zur Wahrung ihrer Interessen mit anderen zusammenzuschließen. **Ko|ali|ti|ons|re|gie|rung** *die;* -, -en: von mehreren Parteien gebildete Regierung

Ko|al|ko|ho|li|ker *der;* -s, - ⟨zu ↑kon... u. ↑Alkoholiker⟩: jmd. aus der nächsten Umgebung eines Alkoholikers, der zusammen mit ihm trinkt, ohne jedoch selbst Alkoholiker zu sein

Ko|an *das;* -[s] ⟨aus *jap.* koan „öffentliche Bekanntmachung"⟩: im japan. Zen-Buddhismus (vgl. Zen u. Buddhismus) Bez. für die der Vernunft unzugänglichen Aussprüche, Fragen u. Antworten der Zen-Meister

Ko|ap|ta|ti|on *die;* -, -en ⟨aus *spätlat.* coaptatio „die genaue Zusammenfügung" zu coaptare, vgl. koaptieren⟩: 1. (veraltet) Anpassung. 2. das Aneinanderfügen der getrennten Knochenenden bei Brüchen (Med.). **ko|ap|tie|ren** ⟨aus gleichbed. *spätlat.* coaptare zu ↑kon... u. *lat.* aptare „anpassen, anfügen"⟩: (veraltet) zusammenfügen, anpassen

ko|äqual ⟨aus gleichbed. *lat.* coaequalis zu ↑kon... u. aequalis⟩: (veraltet) gleichaltrig. **Ko|äqua|li|tät** *die;* - ⟨aus gleichbed. *lat.* coaequalitas, Gen. coaequalitatis⟩: (veraltet) Gleichaltrigkeit

Ko|ar|ti|ku|la|ti|on *die;* -, -en ⟨zu ↑kon... u. ↑Artikulation⟩: das Vorwegnehmen des folgenden Lautes durch die Artikulation des vorangehenden (Phon.)

ko|ätan ⟨aus gleichbed. *spätlat.* coaetaneus⟩: (veraltet) gleichaltrig, gleichzeitig. **Ko|ätan** *der;* -en, -en ⟨aus *spätlat.* coaetaneus „Altersgenosse"⟩: (veraltet) Alters-, Zeitgenosse, Schulkamerad

Ko|au|tor u. **Ko|nautor** *der;* -s, -en ⟨zu ↑kon... u. ↑Autor⟩: Mitverfasser. **Ko|au|to|rin** u. **Konautorin** *die;* -, -nen: Mitverfasserin

ko|axi|al ⟨zu ↑kon... u. ↑axial⟩: mit gleicher Achse. **Ko|axi|al|ka|bel** *das;* -s, -: aus einem zylindrischen inneren u. einem rohrförmigen äußeren Leiter (mit gemeinsamer Achse) bestehendes elektr. Kabel

Ko|azer|vat [...v...] *das;* -[e]s, -e ⟨aus gleichbed. *engl.* coacervate, rückgebildet aus coacervation, vgl. Koazervation⟩: ein im Schwebezustand zwischen ↑kolloidaler Lösung u. Ausfällung befindlicher Stoff, meist im Anfangsstadium bei der Bildung hochpolymerer (vgl. polymer) ↑Kolloide (Chem.). **Ko|azer|va|ti|on** *die;* -, -en ⟨aus gleichbed. *engl.* coacervation, dies aus *lat.* coacervatio „Anhäufung"⟩: Vorgang der Bildung von Koazervaten (Chem.)

Ko|balt, chem. fachspr. Cobalt [k...] *das;* -s ⟨aus *nlat.* Cobaltum, scherzhafte Umbildung aus *dt.* Kobold (weil man glaubte, daß das Kobaltmineral wertlos sei u. ein Kobold es böswillig unter Silbererze gemischt habe)⟩: chem. Element, Metall; Zeichen Co (von *nlat.* Cobaltum). **Ko|balt|glanz** *der;* -es: silberweißes bis stahlgraues, muschelig brechendes, sprödes Mineral, wichtiges Kobalterz. **Ko|bal|tin** *der;* -s ⟨zu ↑...in (1)⟩: svw. Kobaltglanz. **Ko|balt|ka|no|ne** *die;* -, -n: Apparat zur Bestrahlung bösartiger Tumoren mit radioaktivem Kobalt. **Ko|balt|le|gie|rung** *die;* -, -en: eine der bes. zur Herstellung von Magnetstählen u. als Zusatz zu Werkzeugstählen verwendeten Legierungen verschiedener Metalle mit Kobalt. **Ko|balt|pig|men|te** *die* (Plur.): farbige Kobaltverbindungen, die als ↑Pigmente für die Malerei u. in der Glas-, Email- u. keramischen Industrie verwendet werden

Ko|ban *der;* -[s], -[e] ⟨aus gleichbed. *jap.* koban⟩: japan. Goldmünze des 17. bis 19. Jh.s von langgestreckter elliptischer Form

Ko|ban|kul|tur *die;* - ⟨nach dem Gräberfeld bei Koban, einem Dorf in der Nähe von Ordschonikidse auf der Krim⟩: spätbronze- u. früheisenzeitliche Kulturgruppe in Kaukasien

Ko|bra *die;* -, -s ⟨aus *port.* cobra (de capelo) „(Kappen)schlange", dies zu *lat.* colubra „Schlange"⟩: südasiatische Brillenschlange

Kob|sa *die;* - ⟨aus gleichbed. *rumän.* cobză, dies aus *turkotat.* kopuz „eine Art Gitarre, Harfe"⟩: eine im Moldaugebiet, in Rumänien u. in Ungarn verbreitete Kurzhalslaute mit 4–5 mehrchörigen Saiten, meist mit ↑Plektron gespielt. **Kob|sar** *der;* -en, -en: Sänger, der seinen Gesang auf der Kobsa begleitet

Ko|chie [...çi̯ə] *die;* -, -n ⟨aus *nlat.* kochia, nach dem *dt.* Bo-

taniker W. D. J. Koch († 1849); vgl. ¹...ie⟩: Gattung der Gänsefußgewächse (darunter z. B. die Sommerzypresse)
Koch|leo|ide *die;* -, -n ⟨zu *gr.* kóchlos „Schnecke; schneckenförmiges Gebilde" u. ↑...oide⟩: Schneckenlinie; Ort der Schwerpunkte aller Bogenstücke (mit festem Anfangspunkt) eines Kreises. **Koch|lit** [auch ...'lɪt] *der;* -s, -e ⟨zu ↑²...it⟩: versteinerte Schnecke. **Ko|chol|lith** [auch ...'lɪt] *der;* Gen. -s u. -en, Plur. -e[n] ⟨zu ↑...lith⟩: svw. Kochlit
Ko|chum-Lo|schen [...x...] *das;* -s ⟨zu *jidd.* chachóme „gescheit, weise" (dies aus *hebr.* ḥākām „klug, schlau") u. *jidd.* loschn „Sprache" (dies aus gleichbed. *hebr.* lāšôn)⟩: (veraltet) Gaunersprache, Rotwelsch
Ko|da *die;* -, -s ⟨aus gleichbed. *it.* coda, eigtl. „Schwanz", dies aus *lat.* cauda⟩: 1. Schluß od. Anhang eines musikalischen Satzes. 2. zusätzliche Verse beim ↑ Sonett u. bei anderen romantischen Gedichtformen
Kode [koːt] *der;* -s, -s ⟨aus gleichbed. *engl.* code, *fr.* code zu *lat.* codex „Schreibtafel, Verzeichnis"; vgl. Kodex⟩: 1. Schlüssel zu Geheimschriften; Telegrafenschlüssel. 2. svw. Code (1)
Ko|de|bi|tor *der;* -s, ...oren ⟨zu ↑kon... u. *lat.* debitor „Schuldner"⟩: (veraltet) Mitschuldner
Ko|de|in *das;* -s ⟨zu *gr.* kódeia „Mohn(kopf)" u. ↑...in (1)⟩: ein ↑ Alkaloid des Opiums, das als hustenstillendes Mittel verwendet wird
Ko|dex *der;* Gen. -es u. -, Plur. -e u. ...dizes [...tseːs] ⟨aus *lat.* codex „Schreibtafel (aus gespaltenem Holz), Buch, Verzeichnis", eigtl. „abgehauener Stamm", zu cudere „schlagen"⟩: 1. Sammlung von Gesetzen, Handschriften usw. 2. eine mit Wachs überzogene hölzerne Schreibtafel der Antike, mit anderen zu einer Art Buch vereinigt
Ko|di|ak|bär *der;* -en, -en ⟨nach Kodiak Island, einer Insel im Golf von Alaska⟩: (zu den Braunbären gehörender) in Alaska vorkommender großer Bär (Zool.)
ko|die|ren ⟨nach gleichbed. *engl.* to code; vgl. Kode⟩: 1. eine Nachricht mit Hilfe eines ↑ Kodes (1) verschlüsseln; Ggs. ↑ dekodieren. 2. etwas Mitzuteilendes mit Hilfe des ↑ Codes (1) in eine sprachliche Form bringen. **Ko|die|rer** *der;* -s, -: svw. Encoder. **Ko|die|rung** *die;* -, -en ⟨zu ↑...ierung⟩: das Kodieren. **Ko|di|fi|ka|ti on** *die;* -, -en ⟨zu ↑...fikation⟩: a) systematische Erfassung aller Fakten, Normen usw. eines bestimmten Gebietes, z. B. des Rechts; b) Gesetzessammlung; vgl. ...[at]ion/...ierung. **Ko|di|fi|ka|tor** *der;* -s, ...oren ⟨zu ↑...or⟩: jmd., der eine Kodifikation zusammenstellt. **ko|di|fi|zie|ren** ⟨zu ↑...fizieren⟩: a) eine Kodifikation (a) zusammenstellen; b) systematisch erfassen. **Ko|di|fi|zie|rung** *die;* -, -en ⟨zu ↑...fizierung⟩: das Kodifizieren; vgl. ...[at]ion/...ierung. **Ko|di|ko|lo|gie** *die;* - ⟨zu *lat.* codex, Gen. codicis (vgl. Kodex) u. ↑...logie⟩: Handschriftenkunde. **Ko|di|zill** *das;* -s, -e ⟨aus gleichbed. *(m)lat.* codicillus, Verkleinerungsform von *lat.* codex, vgl. Kodex⟩: 1. Handschreiben des röm. Kaisers. 2. (veraltet a) privatschriftlicher Zusatz zu einem Testament; b) [vor Zeugen zustande gekommene] letzte Verfügung (Rechtsw.).
Kod|öl *das;* -s ⟨zu *engl.* cod „Kabeljau"⟩: Lebertran, der aus dem ↑ Kabeljau gewonnen wird
Ko|dschi|ki [...dʒ...] *der;* - ⟨aus *jap.* ko-dji-ki „Geschichte der Begebenheiten im Altertum"⟩: die wichtigste Quellenschrift des ↑ Schintoismus, zugleich das älteste japan. Sprachdenkmal (712 n. Chr.)
Ko|edi|ti|on [auch ...'tsjoːn] *die;* -, -en ⟨zu ↑kon... u. ↑ Edition⟩: a) ↑ Edition (1 a) eines Werkes von zwei od. mehreren Herausgebern; b) gleichzeitige ↑ Edition (1 a) eines Werkes von zwei od. mehreren Verlagen

Ko|edu|ka|ti|on [auch ...'tsjoːn] *die;* - ⟨nach gleichbed. *engl.* coeducation, vgl. kon... u. Edukation⟩: Gemeinschaftserziehung von Jungen u. Mädchen in Schulen u. Internaten.
ko|edu|ka|tiv ⟨zu ↑...iv⟩: zur Koedukation gehörend
Ko|ef|fi|zi|ent *der;* -en, -en ⟨aus gleichbed. *nlat.* coefficiens, zu ↑kon... u. *lat.* efficiens, Gen. efficientis „bewirkend", Part. Präs. von efficere, vgl. effizieren⟩: 1. Vorzahl der veränderlichen Größen einer ↑ Funktion (2) (Math.). 2. kennzeichnende Größe für bestimmte physik. od. technische Verhaltensweisen. **Ko|ef|fi|zi|enz** *die;* - ⟨zu ↑...enz⟩: (veraltet) Mitwirkung
ko|emie|ren ⟨aus gleichbed. *lat.* coemere⟩: (veraltet) aufkaufen. **Ko|emp|ti|on, Ko|em|ti|on** *die;* -, -en ⟨aus gleichbed. *lat.* coemptio, eigtl. „gemeinsamer Kauf"⟩: altröm. Form der Eheschließung, die in einem Scheinkauf bestand
Ko|en|zym [auch ...'tsyːm] *das;* -s, -e ⟨zu ↑kon... u. ↑ Enzym⟩: spezifische Wirkungsgruppe eines ↑ Enzyms, die zusammen mit dem ↑ Apoenzym das vollständige Enzym bildet
ko|er|zi|bel ⟨zu *lat.* coercitus (Part. Perf. von coercere, vgl. koerzieren) u. ↑...ibel⟩: 1. (veraltet) zähmbar. 2. verflüssigbar (von Gasen). **Ko|er|zi|bi|li|tät** *die;* - ⟨zu ↑...ität⟩: 1. (veraltet) Zähmbarkeit. 2. Verdichtbarkeit (von Gasen).
ko|er|zie|ren ⟨aus *lat.* coercere „zusammenhalten, einschließen"⟩: (veraltet) im Zaum halten, bändigen. **Ko|er|zi|me|ter** *das;* -s, - ⟨zu ↑¹...meter⟩: Gerät zum Messen der Koerzitivkraft einer ↑ ferromagnetischen Substanz. **Ko|er|zi|ti|on** *die;* - ⟨aus gleichbed. *lat.* coercitio⟩: (veraltet) Einschränkung, Bändigung. **ko|er|zi|tiv** ⟨zu ↑...iv⟩: (veraltet) zwingend. **Ko|er|zi|tiv|feld|stär|ke u. Ko|er|zi|tiv|kraft** *die;* -: Fähigkeit eines Stoffes, der Magnetisierung zu widerstehen od. die einmal angenommene Magnetisierung zu behalten
ko|exi|stent [auch ...'tɛnt] ⟨aus gleichbed. *mlat.* coexistens, Gen. coexistentis, Part. Präs. von coexistere, vgl. koexistieren⟩: nebeneinander bestehend. **Ko|exi|stenz** [auch ...'tɛnts] *die;* - ⟨über älter *fr.* coexistence aus *mlat.* coexistentia „gleichzeitiges Bestehen" zu coexistere (vgl. koexistieren); vgl. kon... u. Existenz⟩: das gleichzeitige Vorhandensein, das Nebeneinanderbestehen, z. B. von unterschiedlichen geistigen, religiösen, politischen od. gesellschaftlichen Systemen. **ko|exi|stie|ren** ⟨aus gleichbed. *fr.* coexister, dies aus *(kirchen)lat.* coexistere „zugleich vorhanden sein"⟩: zusammen dasein, nebeneinander bestehen
Ko|ex|ten|si|on *die;* -, -en ⟨aus gleichbed. *lat.* coextensio zu ↑kon... u. extendere „ausdehnen, ausbreiten"⟩: gleich weite Ausdehnung. **ko|ex|ten|siv** ⟨zu ↑...iv⟩: gleich weit ausgedehnt
Ko|ex|tru|si|on *die;* -, -en ⟨zu ↑kon... u. ↑ Extrusion⟩: Mehrschichtextrusion von ↑ thermoplastischen Kunststoffen unterschiedlicher Eigenschaften u. Aufgaben zu Platten, Schlauch- od. Flachfolien (Techn.)
Ko|fer|ment [auch ...'mɛnt] *das;* -s, -e ⟨zu ↑kon... u. ↑ Ferment⟩: (veraltet) svw. Koenzym
Kof|fe|in *das;* -s ⟨aus *nlat.* coffeinum, fachspr. Bildung zu *engl.* coffee u. ↑...in (1)⟩: in Kaffee, Tee u. Kolanüssen (vgl. ¹Kola) enthaltenes ↑ Alkaloid. **Kof|fei|nis|mus** [...ei...] *der;* - ⟨zu ↑...ismus (3)⟩: 1. Koffeinsüchtigkeit. 2. Koffeinvergiftung
Kof|fer|dam *der;* -s, -s ⟨aus *engl.* cofferdam „Fangdamm, Schleuse(nkammer)"⟩: Methode zur völligen Trockenlegung eines Zahns in der konservierenden ↑ Stomatologie
Kof|fin|na|gel vgl. Coffeynagel
Ko|fi|nan|zie|rung *die;* - ⟨zu ↑²ko... u. ↑ Finanzierung⟩: gemeinsame Finanzierung von Entwicklungsvorhaben durch

mehrere Geber (z. B. Länder, internationale Organisationen)

ko|gi|ta|bel ⟨aus gleichbed. *lat.* cogitabilis zu cogitare, vgl. kogitieren⟩: (veraltet) denkbar. **Ko|gi|tạnt** *der;* -en, -en ⟨aus *lat.* cogitans, Gen. cogitantis, Part. Präs. von cogitare, vgl. kogitieren⟩: (veraltet) Denker, Freidenker. **Ko|gi|ta|ti|on** *die;* - ⟨aus gleichbed. *lat.* cogitatio⟩: (veraltet) das Nachdenken, Erwägung. **ko|gi|tie|ren** ⟨aus gleichbed. *lat.* cogitare⟩: (veraltet) denken

Ko|gnak ['kɔnjak] *der;* -s, -s (aber: 3 -) ⟨nach der franz. Stadt Cognac⟩: Weinbrand; vgl. Cognac

Ko|gnat *der;* -en, -en (meist Plur.) ⟨aus gleichbed. *lat.* cognatus⟩: Blutsverwandter, der nicht ↑Agnat ist (Rechtsw.). **Ko|gna|ti|on** *die;* - ⟨aus gleichbed. *lat.* cognatio zu cognatus „(bluts)verwandt"⟩: Blutsverwandtschaft (Rechtsw.). **ko|gna|tisch**: den od. die Kognaten betreffend (Rechtsw.); -e Erbfolge: Gleichberechtigung der Geschlechter bei der Thronfolge

Ko|gni|ti|on *die;* -, -en ⟨aus *lat.* cognitio „das Kennenlernen, Erkennen" zu cognoscere „kennenlernen, erkennen"⟩: (veraltet) gerichtliche Untersuchung. **ko|gni|tio|nal** ⟨aus gleichbed. *lat.* cognitionalis zu cognoscere, vgl. kognoszieren⟩: (veraltet) zur amtlichen Prüfung gehörend, die gerichtliche Untersuchung betreffend. **ko|gni|tiv** ⟨zu ↑...iv⟩: die Erkenntnis betreffend; erkenntnismäßig; -e [...və] Entwicklung: Entwicklung all der Funktionen beim Kind, die zum Wahrnehmen eines Gegenstandes od. zum Wissen über ihn beitragen (Päd., Psychol.). **ko|gni|ti|vistisch** [...v...] ⟨zu ↑...istisch⟩: an kognitiven Theorien orientiert (Päd., Psychol.)

Ko|gno|men *das;* -s, Plur. - u. ...mina ⟨aus *lat.* cognomen „Zuname"⟩: der röm. Vor- u. Geschlechtsnamen beigegebener Name (z. B. [Gajus Julius] *Caesar*); vgl. Nomen gentile u. Pränomen. **Ko|gno|mi|na|ti|on** *die;* -, -en ⟨aus gleichbed. *spätlat.* cognominatio zu *lat.* cognominare, vgl. kognominieren⟩: (veraltet) das Geben eines Beinamens. **ko|gno|mi|nie|ren** ⟨aus *lat.* cognominare „mit Beinamen nennen"⟩: (veraltet) einen Beinamen geben

ko|gnos|zie|ren ⟨aus *lat.* cognoscere „kennenlernen, erkennen"⟩: (veraltet) amtlich, bes. gerichtlich untersuchen

Ko|go *das;* -[s], -s ⟨aus gleichbed. *jap.* kō-gō⟩: kunstvolle, kleine japan. Dose für Räucherwerk, meist Töpfer- od. Lackarbeit

Ko|ha|bi|ta|ti|on *die;* -, -en ⟨aus *kirchenlat.* cohabitatio „das Beisammenwohnen" zu *spätlat.* cohabitare, vgl. kohibieren, Bed. 2 über gleichbed. *fr.* cohabitation⟩: 1. Geschlechtsverkehr (Med.). 2. (in Frankreich) Zusammenarbeit des Staatspräsidenten mit einer Regierung einer anderen politischen Richtung (Pol.). **ko|ha|bi|tie|ren** ⟨aus *spätlat.* cohabitare „zusammenwohnen"⟩: sich geschlechtlich vereinigen, Geschlechtsverkehr ausüben (Med.)

ko|hä|rẹnt ⟨aus gleichbed. *lat.* cohaerens, Gen. cohaerentis, Part. Präs. von cohaerere, vgl. kohärieren⟩: zusammenhängend; -es Licht: Lichtbündel von gleicher Wellenlänge u. Schwingungsart (Phys.). **Ko|hä|rẹnz** *die;* - ⟨aus *lat.* cohaerentia „Zusammenhang, das Zusammenhängen"⟩: 1. Zusammenhang. 2. Eigenschaft von Lichtbündeln, die die gleiche Wellenlänge u. Schwingungsart haben (Phys.). **Kohä|rẹnz|fak|tor** *der;* -s, -en: die durch räumliche Nachbarschaft, Ähnlichkeit, Symmetrie o. ä. Faktoren bewirkte Vereinigung von Einzelempfindungen zu einem Gestaltzusammenhang (Psychol.). **Ko|hä|rẹnz|prin|zip** *das;* -s: Grundsatz von dem Zusammenhang alles Seienden (Philos.). **Ko|hä|rer** *der;* -s, - ⟨aus gleichbed. *engl.* coherer zu to cohere „zusammenhängen", dies aus *lat.* cohaerere, vgl.

kohärieren⟩: früher verwendeter Apparat zum Nachweis elektr. Wellen; vgl. Fritter. **ko|hä|rie|ren** ⟨aus gleichbed. *lat.* cohaerere⟩: zusammenhängen, Kohäsion zeigen. **Ko|hä|si|on** *die;* - ⟨zu *lat.* cohaesum (Part. Perf. Neutrum von cohaerere, vgl. kohärieren) u. ↑¹...ion⟩: der innere Zusammenhalt der Moleküle eines Körpers. **ko|hä|siv** ⟨zu ↑...iv⟩: zusammenhaltend

Ko|hẹ|leth *der;* - ⟨aus *hebr.* qōhelet „Prediger", eigtl. „Wortführender", zu kāhal „sich versammeln, das Wort führen"⟩: hebr. Bez. für ↑Ekklesiastes

ko|hi|bie|ren ⟨aus *lat.* cohibere „zusammenhalten, bezähmen"⟩: (veraltet) zurückhalten, mäßigen. **Ko|hi|bi|ti|on** *die;* -, -en ⟨aus *lat.* cohibitio „Bezähmung"⟩: (veraltet) Zurückhaltung, Mäßigung

Koh|le|hy|drat vgl. Kohlenhydrat. **Koh|len|di|oxyd**, chem. fachspr. **Kohlendioxid** *das;* -[e]s ⟨zu *dt.* Kohle u. ↑Dioxyd⟩: ein farbloses, nicht brennbares Gas, das bei vollständiger Verbrennung kohlenstoffhaltiger Brennstoffe entsteht u. bei unkontrollierter Verbreitung den Treibhauseffekt in der Erdatmosphäre steigert. **Koh|len|hy|drat** *das;* -[e]s, -e (meist Plur.): aus Kohlenstoff, Sauerstoff u. Wasserstoff zusammengesetzte organische Verbindung (z. B. Stärke, Zellulose, Zucker). **Koh|len|mon|oxyd**, chem. fachspr. **Kohlenmonoxid** *das;* -[e]s: ein brennbares, farb- u. geruchloses, sehr giftiges Gas, das bei unvollständiger Verbrennung kohlenstoffhaltiger Brennstoffe entsteht

Ko|hor|ta|ti|on *die;* -, -en ⟨aus gleichbed. *lat.* cohortatio zu cohortari, vgl. kohortieren⟩: (veraltet) Ermahnung, Ermunterung. **ko|hor|ta|tiv** ⟨zu ↑...iv⟩: (veraltet) ermahnend. **Ko|hor|ta|tiv** *der;* -s, -e [...və] ⟨aus gleichbed. *lat.* (modus) cohortativus⟩: Gebrauchsweise des ↑Konjunktivs zum Ausdruck einer Aufforderung an die eigene Person, z. B. *lat.* eamus = gehen wir! (Sprachw.)

Ko|hor|te *die;* -, -n ⟨aus gleichbed. *lat.* cohors, Gen. cohortis, eigtl. „Hof(raum), Gehege, eingeschlossener Haufe, Schar"⟩: 1. den 10. Teil einer röm. Legion umfassende Einheit. 2. eine nach bestimmten Kriterien ausgewählte Personengruppe, deren Entwicklung u. Veränderung in einem bestimmten Zeitablauf soziologisch untersucht wird (Soziol.). 3. Schar, Gruppe (von gemeinsam auftretenden, agierenden Personen). **Ko|hor|ten|ana|ly|se** *die;* -, -n: Untersuchung [von Teilen] der Bevölkerung, bei der Entwicklungen u. Veränderungen von Gruppen, die dieselben zeitlichen Merkmale (z. B. gleiches Geburtsdatum) tragen, untersucht u. verglichen werden (Soziol.)

ko|hor|tie|ren ⟨aus gleichbed. *lat.* cohortari „ermuntern, ermahnen"⟩: (veraltet) ermahnen

Ko|hy|per|onym [auch ...'ny:m] *das;* -s, -e ⟨zu ↑kon... u. ↑Hyperonym⟩: ein ↑Hyperonym, das anderen Hyperonymen auf einer ↑hierarchischen Stufe gleichgeordnet ist u. mit diesen gemeinsam einem ↑Hyponym übergeordnet ist (z. B. Arzneimittel, Medikament zu Tablette, Kapsel, Pille; Sprachw.). **Ko|hy|per|ony|mie** [auch ...'mi:] *die;* - ⟨zu ↑Hyperonymie⟩: in Nebengeordnetheit sich ausdrückende semantische Relation, wie sie zwischen Kohyperonymen besteht (Sprachw.). **Ko|hyp|onym** [auch ...'ny:m] *das;* -s, -e: ein ↑Hyponym, das anderen Hyponymen auf einer ↑hierarchischen Stufe gleichgeordnet ist u. mit diesen gemeinsam einem ↑Hyperonym untergeordnet ist (z. B. Junge u. Mädchen zu Kind; Sprachw.). **Ko|hyp|ony|mie** [auch ...'mi:] *die;* -: in Nebengeordnetheit sich ausdrückende semantische Relation, wie sie zwischen Kohyponymen besteht (Sprachw.)

Koil|ony|chie [kɔyl...'çi:] *die;* -, ...ien ⟨zu *gr.* koîlos „hohl,

ausgehöhlt", ónyx, Gen. ónychos „Kralle, Nagel" u. ↑²...ie⟩: krankhafte Veränderung der Fingernägel (Med.)
Koi|me|sis [‛kɔy...] *die;* -, ...mesen ⟨aus *gr.* koímēsis „das Schlafen"⟩: 1. (ohne Plur.) [das Fest von] Mariä Tod u. Himmelsaufnahme in der orthodoxen Kirche. 2. Darstellung des Marientodes in der bildenden Kunst
Koi|na: Plur. von ↑Koinon. **Koi|ne** [‛kɔy‛ne:] *die;* -, Koinai ⟨aus gleichbed. *gr.* koinḗ (diálektos) „gemeinschaftlich(e Sprache)" zu koinós „gemeinsam, gemeinschaftlich"⟩: 1. (ohne Plur.) die griech. Umgangssprache im Zeitalter des Hellenismus. 2. eine durch Einebnung von Dialektunterschieden entstandene Sprache (Sprachw.). **Koi|no|bi|on** [kɔy...] *das;* -s, ...ien [...i̯ən] ⟨aus *mgr.* koinóbion „Kloster"⟩: svw. Zönobium (1). **Koi|non** *das;* -s, Koina ⟨aus gleichbed. *gr.* koinón, eigtl. „das Gemeinsame, das Ganze"⟩: a) berufliche, politische od. sakrale Vereinigung im Griechenland der Antike; b) Bundesstaat, [Stadt]staatenbund in hellenistischer Zeit (z. B. Äolischer Bund)
Ko|in|spek|ti|on *die;* - ⟨zu ↑kon... u. ↑Inspektion⟩: (veraltet) Mitaufsicht. **Ko|in|spek|tor** *der;* -s, ...oren: (veraltet) Mitaufseher. **ko|in|spi|zie|ren** (veraltet) mitbeaufsichtigen
ko|in|zi|dent ⟨aus gleichbed. *mlat.* coincidens, Gen. coincidentis, Part. Präs. von coincidere, vgl. koinzidieren⟩: zusammenfallend; einander deckend. **Ko|in|zi|denz** *die;* -, -en ⟨aus *mlat.* coincidentia „das Zusammenfallen"⟩: 1. das Zusammentreffen, der Zusammenfall z. B. zweier Ereignisse. 2. gleichzeitiges Auftreten mehrerer Krankheiten bei einer Person. 3. Vorgang des gleichzeitigen bzw. innerhalb einer sehr kurzen Zeitspanne stattfindenden Ansprechens eines Zählgerätes durch zwei od. mehrere Teilchen (Kernphys.). 4. zeitliches od. räumliches Zusammentreffen mehrerer Signale (EDV). 5. räumliches od. zeitliches Zusammentreffen zweier Bestandteile eines biologischen Beziehungssystems, z. B. eines Parasiten u. eines Wirts. 6. genaue Übereinstimmung von zwei Teilbildern od. Marken (z. B. Teilstrichen) in optischen Systemen (z. B. bei Kamerasuchern u. geodätischen Instrumenten; vgl. Coincidentia oppositorum. **Ko|in|zi|denz|mes|sung** *die;* -, -en: Messung der durch Eintritt einer Koinzidenz (3) ausgelösten Impulse, z. B. zur Bestimmung von Ausgangspunkt, Bahn, Geschwindigkeit u. ä. von Teilchen. **ko|in|zi|die|ren** ⟨aus *mlat.* coincidere „hineinfallen, sich ereignen"⟩: zusammenfallen, einander decken. **ko|in|zi|die|rend** ⟨zu ↑...ierend⟩: im gleichen Zeitpunkt u. im gleichen zeitlichen Ablauf erfolgend
ko|isch ⟨aus *gr.* Kōios, nach dem Namen der zu Griechenland gehörigen kleinasiatischen Insel Kōs⟩: feine, durchsichtig gewebte Seidengewänder betreffend, die im Altertum vornehmlich von Hetären getragen wurden
ko|ital ⟨zu ↑Koitus u. ↑¹...al (1)⟩: den Koitus betreffend.
ko|itie|ren ⟨zu ↑Koitus u. ↑...ieren⟩: 1. sich geschlechtlich vereinigen, geschlechtlich verkehren. 2. jmdn. als Objekt für sein sexuelles Verlangen benutzen, mit jmdm. den Geschlechtsverkehr vollziehen, z. B. jmdn. ... **Ko|itus**, in medizinischen Fügungen Coitus [k...] *der;* -, - [...tu:s] ⟨aus gleichbed. *lat.* coitus, eigtl. „das Zusammengehen", substantiviertes Part. Perf. von coire „zusammenkommen, -treffen"⟩: Geschlechtsverkehr (Med.); Coitus a tergo: Form des Koitus, bei der die Frau dem Mann den Rücken zuwendet; Geschlechtsverkehr „von hinten"; Coitus interruptus: Form des Koitus, bei der der Penis vor dem Samenerguß aus der Scheide herausgezogen wird; Coitus per anum: Geschlechtsverkehr durch Einführen des Penis in den After des Geschlechtspartners. Coitus per os vgl. Fellatio. Coitus reservatus [...v...]: Geschlechtsverkehr, bei dem der Samenerguß absichtlich über längere Zeit hin od. gänzlich unterdrückt wird. **Ko|itus|po|si|ti|on** *die;* -, -en: beim Koitus von den Partnern eingenommene Körperstellung

Ko|je *die;* - ⟨über gleichbed. *niederl.* kooi aus *mittelniederl.* coye „enger Verschlag, Stall", dies aus *lat.* cavea „Käfig, Behältnis"⟩: 1. a) fest eingebautes Bett [auf Schiffen]; b) (ugs.) sehr kleine Schlafkammer; c) (ugs. scherzh.) Bett. 2. Raum zur Aufbewahrung von Segeln. 3. Ausstellungsstand

Ko|ji|ki [‛ko:dʒi...] vgl. Kodschiki
Ko|jo|te *der;* -n, -n ⟨aus gleichbed. *mex.-span.* coyote, dies aus *aztek.* coyotl⟩: 1. nordamerik. Präriewolf. 2. (abwertend) Schuft

¹**Ko|ka** *die;* -, - u. Kokastrauch *der;* -[e]s, ...sträucher ⟨über *span.* coca aus gleichbed. *indian.* (Aimara u. Ketschua) kuka, koka⟩: ein in Peru u. Bolivien vorkommender Strauch, aus dessen Blättern das Kokain gewonnen wird
²**Ko|ka** *der;* -, - ⟨aus gleichbed. *jap.* koka⟩: Vorteil, kleinste Wertungseinheit im ↑Judo
Ko|ka|in *das;* -s ⟨zu ↑¹Koka u. ↑...in (1)⟩: aus den Blättern des Kokastrauches gewonnenes ↑Alkaloid (ein Rauschgift u. Betäubungsmittel). **Ko|kai|nis|mus** [...ai...] *der;* - ⟨zu ↑...ismus (3)⟩: 1. süchtige Gewöhnung an das Rauschgift Kokain. 2. Kokainvergiftung. **Ko|kai|nist** *der;* -en, -en ⟨zu ↑...ist⟩: jmd., der an Kokainismus leidet. **Ko|ka|in|ma|fia** *die;* - ⟨zu ↑...mafia⟩: (ugs.) Rauschgiftmafia, mit Rauschgift in großem Stil handelnde [internationale] kriminelle Organisation. **Ko|kai|no|ma|nie** *die;* - ⟨zu ↑...manie⟩: svw. Kokainismus (2)

Ko|kar|de *die;* -, -n ⟨aus gleichbed. *fr.* cocarde, eigtl. „Bandschleife", zu altfr. coquard „eitel", dies zu coq „Hahn"⟩: rosettenförmiges rundes Hoheitszeichen in den Landes- od. Stadtfarben an Kopfbedeckungen von Uniformen od. an Militärflugzeugen

Ko|kar|zi|no|ge|ne vgl. Cocarcinogene
Ko|ka|strauch vgl. ¹Koka
ko|ken ⟨aus *engl.* to coke zu coke „Koks"⟩: Koks herstellen. **Ko|ker** *der;* -s, -: Arbeiter in einer Kokerei. **Ko|ke|rei** *die;* -, -en: 1. Betrieb zur Herstellung von Koks. 2. Gewinnung von Koks
ko|kett ⟨aus gleichbed. *fr.* coquet, eigtl. „hahnenhaft", zu coq „Hahn"⟩: [von eitel-selbstgefälligem Wesen u.] bestrebt, die Aufmerksamkeit anderer zu erregen u. ihnen zu gefallen. **Ko|ket|te** *die;* -, -n ⟨aus gleichbed. *fr.* coquette⟩: Frau, die darauf bedacht ist, auf Männer zu wirken. **Ko|ket|te|rie** *die;* -, ...ien ⟨aus gleichbed. *fr.* coquetterie⟩: 1. (ohne Plur.) a) kokette Art; b) Gefallsucht. 2. das Kokettieren. **ko|ket|tie|ren** ⟨nach gleichbed. *fr.* coqueter, eigtl. „herumstolzieren wie ein Hahn"⟩: 1. sich als Frau einem Mann gegenüber kokett benehmen. 2. mit etwas nur spielen, sich nicht wirklich darauf einlassen. 3. auf etwas im Zusammenhang mit der eigenen Person hinweisen, um sich damit interessant zu machen, eine bestimmte Reaktion hervorzurufen

Ko|kil|le *die;* -, -n ⟨aus gleichbed. *fr.* coquille, eigtl. „Muschel"⟩: metallische, wiederholt verwendbare Gießform (Hüttentechnik)

Kok|ke *die;* -, -n u. Kokkus *der;* -, Kokken (meist Plur.) ⟨über *spätlat.* coccus aus *gr.* kókkos „Kern, Beere"⟩: Kugelbakterie (Med.)

Kok|kels|kör|ner *die* (Plur.) ⟨aus *mlat.* cocculae (orientales) od. cocculi (indici) „(orientalische bzw. indische) Körnchen" zu cocculus, Verkleinerungsform von *spätlat.* coccus, vgl. Kokke〉: giftige Früchte eines südostasiat. Schlingstrauchs (Bot.)

Kök|ken|möd|din|ger u. **Kjökkenmöddinger** *die* (Plur.) 〈aus dän. køkkenmøddinger „Küchenabfälle"〉: Abfallhaufen der Steinzeitmenschen aus Muschelschalen, Kohlenresten u. a.

kok|ko|id 〈zu ↑ Kokke u. ↑²...id〉: von kugelähnlicher Form (von Mikroorganismen; Med., Biol.). **Kok|ko|lith** [auch ...'lɪt] *der;* Gen. -s u. -en, Plur. -e[n] 〈zu *gr.* kókkos (vgl. Kokke) u. ↑...lith, nach der kugel- od. scheibenförmigen Gestalt〉: aus Kalkalgen entstandenes Sedimentgestein der Tiefsee (Geol.). **Kok|ko|sphä|re** *die;* -, -n: svw. Kokkolith.

Kok|kus vgl. Kokke

Ko|kon [ko'kõ:, auch ko'kɔŋ, österr. koˈkoːn] *der;* -s, -s 〈aus *fr.* cocon „Seidenraupengespinst", dies aus *provenzal.* coucon „Eierschale"〉: Hülle um die Eier verschiedener Insekten od. um die Insektenpuppen (aus der z. B. beim Seidenspinner die Seide gewonnen wird)

Ko|kosch|nik vgl. Kakoschnik

Ko|ko|sette [...ˈzɛt] *das;* -s 〈zu *fr.* cocos „Kokosnuß" u. ↑...ette, Analogiebildung zu ↑ Noisette (1)〉: (österr.) geraspeltes Kokosmark. **Ko|kos|nuß** *die;* -, ...nüsse 〈aus gleichbed. *port.-span.* cocos (Plur.), dies aus *port.* (Kinderspr.) coco „Schreckgespenst", vermutlich wegen der Ähnlichkeit der inneren Schale der Frucht mit einem behaarten Menschen- od. Affengesicht〉: Frucht der ↑ Kokospalme. **Ko|kos|pal|me** *die;* -, -n: in Asien beheimatete Palme von hohem Nutzwert, deren große, braune Früchte eine sehr harte, mit einer Faserschicht bedeckte Schale besitzen u. im Inneren eine milchige Flüssigkeit sowie eine weiße, fleischige Schicht enthalten

Ko|kot|te *die;* -, -n 〈aus gleichbed. *fr.* cocotte, eigtl. kinderspr. lautmalend für „Henne, Hühnchen"〉: 1. (veraltet) Frau von einer gewissen Eleganz u. mit guten Umgangsformen, die mit Männern sexuell verkehrt u. sich von ihnen aushalten läßt. 2. Schmortopf aus Ton, Glas

¹Koks *der;* -es, -e 〈aus *engl.* cokes, Plur. von gleichbed. coke, dies zu *mittelengl.* coke, colke „Mark, Kern(gehäuse)"〉: 1. durch Erhitzen unter Luftabschluß gewonnener Brennstoff aus Stein- od. Braunkohle. 2. (ohne Plur.; salopp scherzh.) [jmdm. zur Verfügung stehendes] Geld

²Koks *der;* -es 〈Kurzform von ↑ Kokain〉: (Jargon) Kokain

³Koks *der;* -[es], -e 〈Herkunft unsicher, vielleicht nach dem Engländer W. Coke, der diesem Hut zur Volkstümlichkeit verhalf〉: (ugs.) steifer Hut, ↑ Melone (2)

⁴Koks *der;* -, - 〈Herkunft unsicher〉: 1. (landsch.) ein Glas Rum mit Würfelzucker. 2. (ohne Plur.; ugs.) Unsinn

Kok-Sa|ghys [...saˈgys] *der;* -, - 〈vermutlich von Kokan (einer Flußniederung in der zentralasiat. Landschaft Turkestan) u. *tatar.* saga „Niederung, Flußmündung"〉: Kautschukpflanze, Abart des Löwenzahns

Kok|se *die;* -, -n 〈zu ↑²Koks〉: (Jargon) kokainsüchtige weibliche Person. **kok|sen** (Jargon) Kokain nehmen. **Kok|ser** *der;* -s, - (Jargon) jmd., der kokainsüchtig ist

Kok|ti|on *die;* - 〈aus gleichbed. *lat.* coctio zu coquere „kochen"〉: (veraltet) 1. das Kochen. 2. Verdauung. **Kok|tum** *das;* -s, ...ta 〈aus gleichbed. *lat.* coctum, Part. Perf. (Neutrum) von coquere „kochen"〉: (veraltet) das Gekochte, bes. abgekochte Flüssigkeiten. **Kok|tur** *die;* - 〈aus *lat.* coctura „das Kochen"〉: svw. Koktion (1)

Kok|zi|die [...i̯ə] *die;* -, -n (meist Plur.) 〈aus gleichbed. *nlat.* coccidium, dies zu *gr.* kókkos „Kern, Beere"; vgl. ¹...ie〉: parasitisches Sporentierchen (Krankheitserreger bei Tieren u. Menschen). **Kok|zi|dio|ido|my|ko|se** *die;* -, -n 〈zu ↑²...id u. ↑ Mykose〉: durch niedere Pilze verursachte Erkrankung der Haut u. der Atemwege (Med.). **Kok|zi|dio|se** *die;* -, -n 〈zu ↑¹...ose〉: durch Kokzidien hervorgerufene Krankheit (z. B. die Leberkokzidiose der Kaninchen). **Kok|zi|dio|sta|ti|kum** *das;* -s, ...ka (meist Plur.) 〈aus *nlat.* coccidiostaticum zu ↑ Kokzidie u. ↑ Statik〉: in der Tierzucht verwendetes Arzneimittel mit hemmender Wirkung auf Kokzidien

Kok|zyg|ody|nie *die;* -, ...ien 〈zu *gr.* kókkyx, Gen. kókkygos „Kuckuck; Kuckucksbein, Steißbein" u. ↑...odynie〉: Schmerzen im Bereich des Steißbeins (Med.)

kol..., Kol... vgl. kon..., Kon...

¹Ko|la *die;* - 〈vielleicht über *fr.* kola, cola aus gleichbed. *westafrik.* kola, kolo〉: der ↑ Koffein enthaltende Samen des Kolastrauches (Kolanuß); als ⓌArzneimittel

²Ko|la: Plur. von ↑ Kolon

Kol|amin *das;* -s 〈Kunstw.; vgl. Amin〉: eine farblose, zähflüssige ↑ hygroskopische Flüssigkeit von schwach fischigem Geruch, Baugruppe der ↑ Kephaline (Chem.)

Ko|la|ni *der;* -s, -s 〈Herkunft unsicher〉: (bei der ↑ Marine 1 getragenes) hüftlanges ↑ Jackett aus dickem, dunkelblauem Wollstoff

Ko|lap|tik *die;* - 〈aus gleichbed. *gr.* kolaptiké (téchnē) zu koláptein „meißeln"〉: (veraltet) Bildhauerkunst

Ko|lat *das;* -[e]s, -e 〈aus *lat.* colatum „das Durchgeseihte", substantiviertes Part. Perf. (Neutrum) von colare, vgl. kolieren〉: svw. Kolatur

Ko|lat|sche u. **Go|la|tsche** *die;* -, -n 〈aus gleichbed. *tschech.* koláč〉: (österr.) kleiner, gefüllter Hefekuchen

Ko|la|tur *die;* -, -en 〈aus *spätlat.* colatura „Durchseihung" zu colare, vgl. kolieren〉: (veraltet) [durch ein Tuch] durchgeseihte Flüssigkeit

Kol|chi|zin, fachspr. auch **Colchicin** [kɔlçiˈtsiːn] *das;* -s 〈zu *nlat.* colchicum (autumnale) „(Herbst)zeitlose", dies aus gleichbed. *gr.* kolchikón; vgl. ...in (1)〉: giftiges, die Zellkernteilung hemmendes ↑ Alkaloid der Herbstzeitlose (ein Gicht- u. Rheumamittel). **Kol|chi|zi|nie|rung** *die;* -, -en 〈zu ↑...ierung〉: Behandlung mit Kolchizin (Med.)

Kol|chos [...çɔs, auch ...ˈxɔs] *der;* -, ...ose [...ço:zə] u. (österr. nur so) **Kol|cho|se** [...ç...] *die;* -, -n 〈aus *russ.* kolchoz, Kurzw. aus *kol*lektivnoe *choz*jajstvo „Kollektivwirtschaft"〉: landwirtschaftliche Produktionsgenossenschaft [in der ehemaligen Sowjetunion]. **Kol|chos|nik** *der;* -[s], Plur. -en u. -i 〈aus gleichbed. *russ.* kolchoznik〉: Kolchosbauer

Ko|le|da *die;* -, -s 〈aus dem Slaw. (vgl. *tschech.* koleda, *poln.* kolęda), vielleicht zu *lat.* Calendae, vgl. Kalenden〉: in den slawischen Sprachen Bez. für das Weihnachtsfest u. das dazugehörende Brauchtum

Ko|le|itis *die;* -, ...itiden 〈zu *gr.* koleós „(weibliche) Scheide" u. ↑...itis〉: (veraltet) svw. Elytritis

Kol|ek|to|mie *die;* -, ...ien 〈zu ↑ Kolon u. ↑...ektomie〉: operative Entfernung des Grimmdarms (Med.)

Ko|le|op|ter vgl. Coleopter. **Ko|le|op|te|re** *die;* -, -n (meist Plur.) 〈aus gleichbed. *nlat.* coleoptera zu *gr.* koleópteros „mit Flügelscheide versehen", dies zu koleós „(Schwert)scheide" u. pterón „Flügel"〉: Käfer (Zool.). **Ko|le|op|te|ro|lo|ge** *der;* -n, -n 〈zu ↑...loge〉: Wissenschaftler auf dem Gebiet der Koleopterologie. **Ko|le|op|te|ro|lo|gie** *die;* - 〈zu ↑...logie〉: Teilgebiet der Zoologie, das sich mit den Käfern befaßt. **ko|le|op|te|ro|lo|gisch** 〈zu ↑...logisch〉: die Koleopterologie betreffend, auf ihr beruhend. **Ko|le|op|ti|le** *die;* -, -n 〈zu *gr.* ptílon „(Daunen)feder"〉: Schutzorgan für das aufgehende erste Blatt eines Grases; Sproßscheide (Bot.). **Ko|le|op|to|se** *die;* -, -n 〈zu *gr.* ptōsis „das Fallen, Fall"〉: das Heraustreten der Scheide aus der

Koleorrhiza

↑Vulva; Scheidenvorfall (Med.). **Kol|le|or|rhi|za** *die;* -, ...zen ⟨zu *gr.* rhíza „Wurzel, Sproß"⟩: Hülle um die Keimwurzel der Gräser; Wurzelscheide (Bot.). **Kol|leo|ze|le** *die;* -, -n ⟨zu *gr.* kḗlē „Geschwulst, Bruch"⟩: (selten) svw. Kolpozele

Ko|li|bak|te|rie [...i̯ə] *die;* -, -n (meist Plur.) ⟨zu *gr.* kólon „Glied des Körpers, Darm" u. ↑Bakterie⟩: Darmbakterie bei Mensch u. Tier, außerhalb des Darms Krankheitserreger (Med.)

Ko|li|bri *der;* -s, -s ⟨aus gleichbed. *fr.* colibri, weitere Herkunft unsicher⟩: in Amerika vorkommender kleiner Vogel mit buntem, metallisch glänzendem Gefieder

ko|lie|ren ⟨aus gleichbed. *lat.* colare⟩: (Flüssigkeiten) durchseihen, durch ein Tuch filtrieren (bes. Pharm.); vgl. Kolatur

Ko|lik [auch ko'li:k] *die;* -, -en ⟨über gleichbed. *mlat.* colica aus *gr.* kōlikḗ (nósos) „Darmleiden" zu kólon „Glied des Körpers, Darm"⟩: 1. krampfartig auftretender Schmerz im Leib u. seinen Organen (z. B. Magen-, Darm-, Nierenkolik; Med.). 2. bei Pferden (selten bei anderen Haustieren) anfallsweise auftretende Leibschmerzen. **Ko|lik|ody|nie** *die;* -, ...ien [...i:ən] ⟨zu ↑...odynie⟩: (veraltet) Grimmdarmschmerzen (Med.). **Ko|li|ko|ple|gie** *die;* -, ...ien ⟨zu *gr.* plēgḗ „Schlag, Hieb" u. ↑²...ie⟩: (veraltet) Darmlähmung (Med.)

Ko|lins|ki *der;* -s, -s ⟨nach der russ. Halbinsel Kola u. zu -inski (russ. Zugehörigkeitssuffix)⟩: Pelz des sibirischen Feuerwiesels

Ko|li|tis *die;* -, ...itiden ⟨zu *gr.* kólon (vgl. Kolik) u. ↑...itis⟩: Entzündung des Dickdarms (Med.). **Ko|li|urie** *die;* -, ...ien ⟨gebildet zu ↑*Koli*bakterie u. ↑...*urie*⟩: Ausscheidung von Kolibakterien im Urin (Med.)

Kol|ko|thar *der;* -s, -e ⟨über *span.* colcotar aus *arab.* qulquṭār „Erzblüte", dies aus gleichbed. *gr.* chálkanthos⟩: rotes Eisenoxyd als Poliermittel u. Pigment für Anstrichstoffe

Kol|la *die;* - ⟨aus gleichbed. *gr.* kólla⟩: Leim (Chem., Med.)

kol|la|bes|zent ⟨aus gleichbed. *lat.* collabascens, Gen. collabascentis, Part. Präs. von collabascere, vgl. kollabeszieren⟩: (veraltet) hinfällig. **Kol|la|bes|zenz** *die;* - ⟨zu ↑...enz⟩: (veraltet) Hinfälligkeit. **kol|la|bes|zie|ren** ⟨aus gleichbed. *lat.* collabascere, Intensivbildung zu collabi, vgl. kollabieren⟩: körperlich verfallen (Med.). **kol|la|bie|ren** ⟨aus *lat.* collabi „(in sich) zusammensinken; verfallen"⟩: 1. einen Kollaps (1) erleiden, plötzlich schwach werden, verfallen (Med.). 2. in sich zusammenfallen (von Sternen in der Endphase ihrer Entwicklung; Astron.)

Kol|la|bo|ra|teur [...'tø:ɐ̯] *der;* -s, -e ⟨aus gleichbed. *fr.* collaborateur, eigtl. „Mitarbeiter", zu collaborer, vgl. kollaborieren⟩: Angehöriger eines von feindlichen Truppen besetzten Gebiets, der mit dem Feind zusammenarbeitet. **Kol|la|bo|ra|ti|on** *die;* -, -en ⟨aus *fr.* collaboration „Mitarbeit" zu collaborer, vgl. kollaborieren⟩: aktive Unterstützung einer feindlichen Besatzungsmacht gegen die eigenen Landsleute. **Kol|la|bo|ra|tio|nist** *der;* -en, -en ⟨zu ↑...ist⟩: (veraltet) svw. Kollaborateur. **Kol|la|bo|ra|tor** *der;* -s, ...oren ⟨aus *spätlat.* collaborator „Mitarbeiter"⟩: (veraltet) Hilfslehrer, -geistlicher. **Kol|la|bo|ra|tur** *die;* -, -en ⟨zu *spätlat.* collaboratus, Part. Perf. von collaborare „mitarbeiten", u. ↑...ur⟩: (veraltet) Stelle, Amt eines Kollaborators. **kol|la|bo|rie|ren** ⟨über gleichbed. *fr.* collaborer, eigtl. „mitarbeiten", dies aus *spätlat.* collaborare⟩: 1. mit einer feindlichen Besatzungsmacht gegen die Interessen des eigenen Landes zusammenarbeiten. 2. zusammenarbeiten

kol|la|gen ⟨zu *gr.* kólla „Leim" u. ↑...gen⟩: aus Kollagenen bestehend; leimgebend (Biol., Med.). **Kol|la|gen** *das;* -s, -e: leimartiger, stark quellender Eiweißkörper in Bindegewebe, Sehnen, Knorpeln, Knochen (Biol., Med.). **Kol|la|ge|na|se** *die;* -, -n ⟨zu ↑...ase⟩: ↑Enzym, das Kollagene u. deren Abbauprodukte angreift. **Kol|la|ge|no|se** *die;* -, -n ⟨zu ↑¹...ose⟩: eine der Krankheiten, bei denen sich das kollagenhaltige Gewebe verändert (z. B. Rheumatismus; Med.). **Kol|lä|mie** *die;* -, ...ien ⟨zu ↑Kolla u. ↑...ämie⟩: abnorme Zähflüssigkeit des Blutes (Med.)

Kol|la|ne *die;* -, -n ⟨aus gleichbed. *nlat.* collana zu *lat.* collum „Hals"⟩: die Halskette hoher Orden od. das Kennzeichen der höchsten Stufe mehrklassiger Orden

Kol|la|ni vgl. Kolani

Kol|laps [auch ...'laps] *der;* -es, -e ⟨aus *mlat.* collapsus „Zusammenbruch" zu *lat.* collabi „(in sich) zusammensinken", vgl. kollabieren⟩: 1. plötzlicher Schwächeanfall infolge Kreislaufversagens (Med.). 2. starkes Schwinden des Holzes senkrecht zur Faserrichtung während der Trocknung. 3. Endphase der Sternentwicklung, bei der der Stern unter dem Einfluß der eigenen Gravitation in sich zusammenfällt (Astron.). 4. [wirtschaftlicher] Zusammenbruch. **Kol|laps|the|ra|pie** *die;* -, ...ien [...i:ən]: (veraltet) das Ruhigstellen, Lahmlegen eines erkrankten Organs (bes. bei Lungenerkrankungen angewandt; Med.). **Kol|lap|sus** *der;* -, ...pse ⟨aus gleichbed. *mlat.* collapsus⟩: (veraltet) svw. Kollaps (1)

kol|lar ⟨aus *mlat.* collaris „zum Hals gehörig" zu *lat.* collum „Hals"⟩: am Hals befindlich, den Hals betreffend (Med.). **Kol|lar** *das;* -s, -e ⟨aus *mlat.* collaris „Halstuch", dies aus *lat.* collare „Halsband (für Tiere), Halseisen"⟩: 1. steifer Halskragen, bes. des kath. Geistlichen. 2. kragenförmiger Zierbesatz des liturgischen Schultertuches

Koll|ar|gol *das;* -s ⟨Kunstw. aus ↑*koll*oidal, *Arg*entum u. ↑...*ol*⟩: ↑kolloides, in Wasser lösliches Silber; vgl. Collargol

kol|la|te|ral ⟨aus *mlat.* collateralis „zur Seite stehend, seitlich" zu *lat.* collaterare „zur Seite nehmen"⟩: 1. seitlich angeordnet (von den Leitbündeln, den strangartigen Gewebebündeln, in denen die Stoffleitung der Pflanzen vor sich geht; Bot.). 2. seitlich; auf der gleichen Körperseite befindlich; benachbart (Med.). 3. (veraltet) zu einer Seitenlinie der Familie gehörig. **Kol|la|te|ra|le** *die;* -n u. **Kol|la|te|ral|ge|fäß** *das;* -es, -e: Querverbindung zwischen Blutgefäßen; Umgehungsgefäß (Med.). **Kol|la|te|ral|kreis|lauf** *der;* -[e]s, ...läufe: Umgehungskreislauf, der bei Ausfall des Hauptkreislaufes diesen ersetzen kann u. damit die Blutversorgung aufrechterhält (Med.). **Kol|la|te|ral|ver|wandte** *der* u. *die;* -n, -n: (veraltet) Verwandte[r] einer Seitenlinie

Kol|la|ti|on *die;* -, -en ⟨aus *lat.* collatio „das Zusammenbringen, die Vergleichung" zu collatus, Part. Perf. von conferre „zusammentragen"; Bed. 4 über *mlat.* collatio „abendliche Lesung im Kloster u. das Essen od. der Trunk danach"⟩: 1. Vergleich einer Abschrift mit der Urschrift zur Prüfung der Richtigkeit. 2. a) Prüfung der Bogen in der Buchbinderei auf Vollzähligkeit; b) Prüfung antiquarischer Bücher auf Vollständigkeit. 3. Übertragung eines freigewordenen Kirchenamtes, bes. einer Pfarrei. 4. a) [erlaubte] kleine Erfrischung an kath. Fasttagen od. für einen Gast im Kloster; b) (veraltet, aber noch landsch.) kleine Zwischenmahlzeit, Imbiß. 5. (veraltet) Hinzufügung der Vorausleistungen des Erblassers [an einen Erben] zu dem Gesamtnachlaß (Rechtsw.). **kol|la|tio|nie|ren** ⟨aus gleichbed. *mlat.* collationare⟩: 1. [eine Abschrift mit der Urschrift] vergleichen. 2. etwas auf seine Richtigkeit u. Vollständigkeit prüfen. 3. (veraltet) einen kleinen Imbiß einnehmen. **Kol|la|tio|nie|rung** *die;* -, -en ⟨zu ↑...ierung⟩: das

Kollektivvertrag

Kollationieren (1, 2). **Kol|la|tor** *der;* -s, ...oren ⟨aus gleichbed. *mlat.* collator, dies aus *lat.* collator „Beisteuerer"⟩: Inhaber der Kollatur (z. B. der kath. Bischof). **Kol|la|tur** *die;* -, -en ⟨aus gleichbed. *nlat.* collatura zu *lat.* collatio, vgl. Kollation u. ...ur⟩: das Recht zur Verleihung eines Kirchenamtes
Kol|lau|da|ti|on *die;* -, -en ⟨aus *lat.* collaudatio „Belobigung" zu collaudare, vgl. kollaudieren⟩: (schweiz.) svw. Kollaudierung; vgl. ...[at]ion/...ierung. **kol|lau|die|ren** ⟨aus *lat.* collaudare „belobigen, Lob erteilen"⟩: (schweiz. u. österr.) [ein Gebäude] amtlich prüfen u. die Übergabe an seine Bestimmung genehmigen. **Kol|lau|die|rung** *die;* -, -en ⟨zu ↑...ierung⟩: (schweiz. u. österr.) amtliche Prüfung u. Schlußgenehmigung eines Bauwerks; vgl. ...[at]ion/...ierung
Kol|leg *das;* -s, Plur. -s u. (selten) -ien [...jən] ⟨aus *lat.* collegium „(Amts)genossenschaft"⟩: 1. a) Vorlesung[sstunde] an einer Hochschule; b) Fernunterricht im Medienverbund (z. B. Telekolleg). 2. a) kirchliche Studienanstalt für kath. Theologen; b) Schule [mit ↑ Internat] der Jesuiten. 3. svw. Kollegium. **Kol|le|ga** *der;* -s, ⟨aus gleichbed. *lat.* collega, vgl. Kollege⟩: Kollege (1 a), noch als Anrede (z. B. *Frau Kollega*) in bestimmten wissenschaftlichen Fachgebieten (bes. in der Medizin) gebraucht. **Kol|le|ge** *der;* -n, -n ⟨aus *lat.* collega „Amts-, Standesgenosse", eigtl. „Mitabgeordneter", zu ↑kon... u. legare „abordnen, ernennen"⟩: 1. a) jmd., der mit anderen zusammen im gleichen Betrieb od. im gleichen Beruf tätig ist; b) jmd., der mit anderen zusammen der gleichen Einrichtung, Organisation (z. B. der Gewerkschaft) angehört; c) Klassen-, Schulkamerad. 2. saloppe Anrede an einen Unbekannten, nicht mit Namen bekannten (z. B. na -, hilf mir mal!). **Kol|le|gen|ra|batt** *der;* -[e]s, -e: bes. von Verlagen untereinander gewährter Rabatt. **kol|le|gi|al** ⟨aus *lat.* collegialis „das Kollegium betreffend"⟩: 1. freundschaftlich, hilfsbereit (wie ein guter Kollege). 2. a) durch ein Kollegium erfolgend; b) nach Art eines Kollegiums zusammengesetzt (von Regierungen); vgl. ...isch/-. **Kol|le|gi|al|ge|richt** *das;* -[e]s, -e: Gericht, dessen Entscheidungen von mehreren Richtern gemeinsam gefällt werden. **kol|le|gia|lisch:** (selten) svw. kollegial (2); vgl. ...isch/-. **Kol|le|gia|li|tät** *die;* -⟨zu ↑...ität⟩: gutes Einvernehmen unter Kollegen, kollegiales Verhalten, kollegiale Einstellung. **Kol|le|gi|al|prin|zip** *das;* -s ⟨zu ↑kollegial⟩: svw. Kollegialsystem. **Kol|le|gi|al|sy|stem** *das;* -s: gemeinsame Verwaltung u. Beschlußfassung [von gleichberechtigten Personen in einer Behörde]. **Kol|le|gi|at** *der;* -en, -en ⟨aus *lat.* collegiatus „Zunftgenosse"⟩: 1. Teilnehmer an einem [Funk]kolleg. 2. Mitbewohner eines Stifts. **Kol|le|gi|at|ka|pi|tel** *das;* -s, - ⟨zu *mlat.* collegiatus „nicht bischöflich"⟩: Körperschaft der Weltgeistlichen (↑ Kanoniker) an einer Kollegiatkirche (Stiftskirche). **Kol|le|gi|at|kir|che** *die;* -, -n: Kirche, an der für die Feier des Gottesdienstes ein Kollegiatskapitel zuständig ist. **Kol|le|gia|tur** *die;* -, -en ⟨zu ↑...ur⟩: (veraltet) Wohnheim für Studenten. **Kol|le|gin** *die;* -, -nen: weibliche Form zu ↑Kollege. **Kol|le|gi|um** *das;* -s, ...ien [...jən] ⟨aus gleichbed. *lat.* collegium, vgl. Kolleg⟩: 1. Gruppe von Personen mit gleichem Amt od. Beruf, Lehrkörper [einer Schule]. 2. kollektiv entscheidende Körperschaft; Ausschuß. 3. im alten Rom Bez. für die in ihrer Gesamtheit handelnden röm. Magistrate u. Priesterschaften. 4. seit dem Mittelalter Bez. der drei reichsständischen Beratungs- u. Beschlußkollegien des Reichstages (Kurfürsten, Reichsfürsten, Reichsstädte); vgl. Collegium musicum, Collegium publicum
Kol|lek|ta|ne|en ⟨auch ...'ta:neən⟩ *die* (Plur.) ⟨aus *mlat.* collectanea (Plur.) „Sammelband, -werk" zu *lat.* collectaneus „gesammelt"⟩: (veraltet) Sammlung von Auszügen aus literarischen od. wissenschaftlichen Werken; vgl. Analekten. **Kol|lek|tant** *der;* -en, -en ⟨zu ↑Kollekte u. ↑...ant⟩: (veraltet) Sammler von freiwilligen Spenden. **Kol|lek|ta|ti|on** *die;* -, -en ⟨zu ↑...ation⟩: (veraltet) 1. das Sammeln (von freiwilligen Spenden). 2. svw. Kollektion. **Kol|lek|te** *die;* -, -n ⟨aus *lat.* collecta „Beisteuer, Geldsammlung" zu colligere „zusammenlesen, -sammeln"⟩: 1. Sammlung freiwilliger Spenden [während u. nach einem Gottesdienst]. 2. kurzes Altargebet. **Kol|lek|teur** [...'tø:ɐ̯] *der;* -s, -e ⟨aus gleichbed. *fr.* collecteur zu *altfr.* collecteur „Steuereinnehmer", dies zu *lat.* colligere, vgl. Kollekte⟩: (veraltet) a) Lotterieeinnehmer; b) jmd., der für wohltätige Zwecke sammelt. **kol|lek|tie|ren** ⟨zu ↑Kollekte u. ↑...ieren⟩: Geld einsammeln, eine ↑Kollekte einsammeln. **Kol|lek|ti|on** *die;* -, -en ⟨unter Einfluß von gleichbed. *fr.* collection aus *lat.* collectio „das Aufsammeln" zu colligere, vgl. Kollekte⟩: a) Mustersammlung von Waren, bes. von den neuesten Modellen der Textilbranche; b) für einen bestimmten Zweck zusammengestellte Sammlung, Auswahl. **kol|lek|tiv** ⟨aus *lat.* collectivus „angesammelt" zu colligere, vgl. Kollekte⟩: a) gemeinschaftlich; b) alle Beteiligten betreffend, erfassend, umfassend. **Kol|lek|tiv** *das;* -s, -e [...və] ⟨aus *lat.* collectivum, Neutrum von collectivus (vgl. kollektiv), Bed. 2 über *russ.* kollektiv⟩: 1. a) Gruppe, in der Menschen zusammen leben [u. in der die Persönlichkeit des einzelnen von untergeordneter Bedeutung ist]; b) Gruppe, in der die Menschen zusammen arbeiten; Team. 2. von gemeinsamen Zielvorstellungen u. Überzeugungen getragene [Arbeits- u. Produktions]gemeinschaft (unter sozialistischen Bedingungen). 3. beliebig große Gesamtheit von Meßwerten, Zähldaten, die an eindeutig gegeneinander abgrenzbaren Exemplaren einer statistischen Menge zu beobachten sind (Statistik). 4. Gesamtheit von Teilchen, deren Bewegungen infolge ihrer gegenseitigen Wechselwirkung mehr oder weniger stark korreliert sind (Phys.). **kol|lek|ti|vie|ren** [...v...] ⟨nach gleichbed. *russ.* kollektivizirovat' zu ↑Kollektiv (2) u. ↑...ieren⟩: Privateigentum in Gemeineigentum überführen. **Kol|lek|ti|vie|rung** *die;* -, -en ⟨zu ↑...ierung⟩: Überführung privater Produktionsmittel in Gemeinwirtschaften. **Kol|lek|tiv|im|pro|vi|sa|ti|on** *die;* -, -en: gemeinsames freies, improvisierendes Spiel im Jazz. **Kol|lek|ti|vis|mus** [...v...] *der;* - ⟨zu ↑...ismus (2)⟩: 1. Anschauung, die mit Nachdruck den Vorrang des gesellschaftlichen Ganzen vor dem Individuum betont u. letzterem jedes Eigenrecht abspricht. 2. kollektive Wirtschaftslenkung mit Vergesellschaftung des Privateigentums. **Kol|lek|ti|vist** *der;* -en, -en ⟨zu ↑...ist⟩: Anhänger des Kollektivismus. **kol|lek|ti|vi|stisch** ⟨zu ↑...istisch⟩: den Kollektivismus betreffend; im Sinne des Kollektivismus. **Kol|lek|ti|vi|tät** *die;* - ⟨zu ↑...ität⟩: 1. Gemeinschaftlichkeit. 2. Gemeinschaft. **Kol|lek|tiv|lin|se** *die;* -, -n ⟨zu ↑kollektiv⟩: Linse in optischen Instrumenten am Ort des reellen Bildes zur Bündelung der Strahlen. **Kol|lek|tiv|psy|cho|lo|gie** *die;* -: Gesamtheit der Teilgebiete der Psychologie, die sich mit dem Menschen als Teil eines ↑Kollektivs (1) befassen; Ggs. Individualpsychologie. **Kol|lek|tiv|suf|fix** *das;* -es, -e: ↑ Suffix, das typisch für eine Sammelbezeichnung ist (z. B. ...schaft; Sprachw.). **Kol|lek|ti|vum** [...v...] *das;* -s, Plur. ...va u. ...ven ⟨aus gleichbed. *lat.* (nomen) collectivum⟩: Sammelbezeichnung (z. B. Herde, Gebirge; Sprachw.). **Kol|lek|tiv|ver|trag** *der;* -[e]s, ...verträge ⟨zu ↑kollektiv⟩: 1. Vertrag zwischen Gewerkschaften u. Arbeitgeberverbänden zur gemeinsamen Regelung der arbeitsrechtlichen Probleme

Kollektivwirtschaft

zwischen Arbeitgeber u. Arbeitnehmer (Tarifvertrag). 2. Vertrag zwischen mehreren Staaten (Völkerrecht). **Kol|lek|tiv|wirt|schaft** *die;* -: landwirtschaftliche Produktionsgenossenschaft [in der ehemaligen Sowjetunion]. **Kol|lek-tiv|zü|ge** *die* (Plur.): Registerzüge der Orgel zum gleichzeitigen Erklingenlassen mehrerer Stimmen (Mus.). **Kol|lek-tor** *der;* -s, ...oren ⟨zu *lat.* collectus (Part. Perf. von colligere, vgl. Kollekte) u. ↑...or⟩: 1. auf der Welle einer elektr. ↑ Maschine (1) aufsitzendes Bauteil für die Stromzufuhr od. -aufnahme (Elektrot.). 2. Vorrichtung, in der [unter Ausnutzung der Sonnenstrahlung] Strahlungsenergie gesammelt wird (Phys.). 3. Sammler. **Kol|lek|tur** *die;* -, -en ⟨zu ↑...ur⟩: (österr.) [Lotto]geschäftsstelle

Koll|em|bo|le *der;* -n, -n (meist Plur.) ⟨zu *gr.* kólla „Leim" u. embállein „hineinwerfen"⟩: ein flügelloses Insekt; Springschwanz (Zool.). **Koll|en|chym** [...'çy:m] *das;* -s, -e ⟨zu *gr.* égchyma „Aufguß"⟩: Festigungsgewebe der Pflanzen (Bot.)

Kolle|rette [kɔl'rɛt] *die;* -, -n [...tn] ⟨aus *fr.* collerette „Halskragen, Halskrause" zu collier, vgl. Kollier⟩: (veraltet) Frauenhalstuch

Koll|ete|re *die;* -, -n ⟨aus *gr.* kollēteré, eigtl. „die Zusammengeleimte", zu kollān „zusammenleimen"⟩: pflanzliches Drüsenorgan auf den Winterknospen vieler Holzgewächse (Bot.)

Kol|lett *das;* -s, -e ⟨aus *fr.* collet „Halskragen" zu col „Hals", dies zu gleichbed. *lat.* collum⟩: (veraltet) Reitjacke

¹**Kol|li**: Plur. von ↑ Kollo. ²**Kol|li** *das;* -s, Plur. -, auch -s ⟨aus *it.* colli, Plur. von collo, vgl. Kollo⟩: (österr.) svw. Kollo

kol|li|die|ren ⟨aus *lat.* collidere „zusammenstoßen, aufeinanderprallen"⟩: 1. (von Fahrzeugen) zusammenstoßen. 2. auf Grund seiner Geartetheit mit anderen [ebenso berechtigten] Interessen, Ansprüchen o. ä. zusammenprallen [u. nicht zu vereinen sein, im Widerspruch zueinander stehen]

Kol|li|din *das;* -s, -e ⟨Kunstw.; vgl. ...in⟩: in Knochenöl u. Steinkohlenteer vorkommende, eigenartig riechende zyklische Kohlenwasserstoffverbindung (Chem.)

Kol|lier [kɔ'lie:] *das;* -s, -s ⟨aus *fr.* collier „Halsband, -kette", dies über *mlat.* collarium aus *lat.* collare „Halsband (für Tiere), Halseisen" zu collum „Hals"⟩: 1. wertvolle, aus mehreren Reihen Edelsteinen od. Perlen bestehende Halskette. 2. schmaler Pelz, der um den Hals getragen wird

Kol|li|ga|ti|on *die;* -, -en ⟨aus *lat.* colligatio „Zusammenschluß" zu colligare „zusammenbinden, verbinden"⟩: Zusammenfassung gleichartiger ↑ Objekte in der Logik

Kol|li|ku|li|tis *die;* -, ...itiden ⟨zu *lat.* colliculus (seminalis) „(Samen)hügelchen" u. ↑...itis⟩: Entzündung des Samenhügels der männlichen Harnröhre (Med.)

Kol|li|ma|ti|on *die;* -, -en ⟨aus gleichbed. *nlat.* collimatio zu collimare, entstellt aus *lat.* collineare „in eine gerade Linie bringen"⟩: das Zusammenfallen von zwei Linien in einem Meßgerät (z. B. beim Einstellen eines Fernrohrs). **Kol|li-ma|ti|ons|li|nie** [...jə] *die;* -, -n: (veraltet) Ziellinie am Fernrohr (durch das Fadenkreuz u. den zu betrachtenden Gegenstand bestimmt). **Kol|li|ma|tor** *der;* -s, ...oren ⟨zu ↑...or⟩: 1. Vorrichtung in optischen Geräten, mit der ein unendlich entferntes Ziel in endlichem Abstand dargestellt wird. 2. Vorrichtung, mit der aus einem [Teilchen]strahl ein Bündel mit bestimmtem Raumwinkel ausgeblendet wird (Kernphys.). **kol|li|ne|ar** ⟨zu *lat.* collineare, vgl. Kollimation⟩: einander entsprechende gerade Linien zeigend (bei der ↑ Projektion 3 geometrischer Figuren). **Kol|li|ne|ar** *das;* -s, -e: ein symmetrisches Objektiv (Fotogr.). **Kol|li-nea|ti|on** *die;* -, -en ⟨zu ↑...ation⟩: kollineare Abbildung zweier geometrischer Figuren aufeinander (Math.). **Kol|li-nea|tor** *der;* -s, ...toren ⟨zu ↑...ator⟩: svw. Kollimator

Kol|li|qua|ti|on *die;* -, -en ⟨aus *lat.* colliquescere „flüssig werden, schmelzen" (dies zu ↑ kon... u. *lat.* liquescere „flüssig werden, schmelzen", zu liquor „Flüssigkeit") u. ↑...ation⟩: Einschmelzung, Verflüssigung von Gewebe bei Entzündungen u. ↑ Nekrosen (bes. im Gehirn; Med.). **kol|li|qua-tiv** ⟨zu ↑...iv⟩: 1. durch Flüssigkeitsverluste (Durchfall, Erbrechen, Schwitzen) erschöpfend (Med.). 2. mit Verflüssigung einhergehend. **kol|li|ques|zent** ⟨aus *lat.* colliquescens, Gen. colliquescentis, Part. Präs. von colliquescere „flüssig werden, zerfließen, schmelzen"⟩: (veraltet) schmelzend, flüssig werdend

Kol|li|si|on *die;* -, -en ⟨aus *lat.* collisio „das Zusammenstoßen" zu collidere, vgl. kollidieren⟩: 1. Zusammenstoß von Fahrzeugen. 2. Widerstreit [nicht miteinander vereinbarer Interessen, Rechte u. Pflichten). **Kol|li|si|ons|dia|gramm** *das;* -s, -e: symbolische Lageplandarstellung des Verkehrsunfallgeschehens nach Zeit, Ort, Art, Ursache u. Folge. **Kol|li|si|ons|tu|mo|ren** *die* (Plur.): histogenetisch unterschiedliche, räumlich getrennte ↑ Tumoren in einem Organ (z. B. Karzinom neben Sarkom; Med.)

Kol|li|ti|gant *der;* -en, -en ⟨zu ↑ kon... u. *lat.* litigans, Gen. litigantis, Part. Präs. von litigare „streiten", eigtl. „Mitstreiter"⟩: (veraltet) Mitkläger in einem Rechtsstreit

Kol|lo *das;* -s, Plur. -s u. Kolli ⟨aus gleichbed. *it.* collo, eigtl. „das, was auf dem Nacken getragen wird", dies zu *lat.* collum „Hals"⟩: Frachtstück, Warenballen; vgl. ²Kolli

Kol|lo|din *das;* -s ⟨zu *gr.* kollṓdēs „leimartig, klebrig" (zu kólla „Leim" u. ↑...in (2)⟩: mit Wasser verdünnter pflanzlicher Leim zum Kleben u. ↑ Appretieren. **Kol|lo|di|um** *das;* -s ⟨zu ↑...ium⟩: zähflüssige Lösung von ↑ Nitrozellulose in Alkohol u. Äther (z. B. zum Verschließen von Wunden verwendet). **kol|lo|id** ⟨aus *engl.* colloid zu *gr.* kólla „Leim" u. ↑²...id⟩: svw. kolloidal. **Kol|lo|id** *das;* -[e]s, -e: Stoff, der sich in feinster, mikroskopisch nicht mehr erkennbarer Verteilung in einer Flüssigkeit od. einem Gas befindet (Chem.). **kol|loi|dal** [...oi...] ⟨aus gleichbed. *engl.* colloidal⟩: fein zerteilt (von Stoffen). **Kol|lo|id|che|mie** *die;* - ⟨zu ↑ kolloid⟩: ↑ physik. Chemie, die sich mit den besonderen Eigenschaften der Kolloide befaßt. **Kol|lo|ido-kla|sie** *die;* -, ...ien ⟨zu *gr.* klásis „das Zerbrechen" u. ↑²...ie⟩: Störung der Stabilität der ↑ Kolloide des Blutplasmas (Med.). **Kol|lo|id|re|ak|ti|on** *die;* -, -en: der Diagnostik dienende Methode zur Untersuchung von Blut u. Rückenmarksflüssigkeit (Med.)

kol|lo|ka|bel ⟨zu *lat.* collocare (vgl. kollokieren) u. ↑...abel⟩: zur Kollokation (2) fähig (Sprachw.). **Kol|lo|ka|bi|li|tät** *die;* -, -en ⟨zu ↑...ität⟩: Fähigkeit zur Kollokation (2; Sprachw.). **Kol|lo|ka|ti|on** *die;* -, -en ⟨aus *lat.* collocatio „Stellung, (An)ordnung" zu collocare, vgl. kollokieren⟩: 1. a) Ordnung nach der Reihenfolge; b) Platzanweisung. 2. a) inhaltliche Kombinierbarkeit sprachlicher Einheiten miteinander (z. B. Biene + summen; dick + Buch; aber nicht: dick + Haus); b) Zusammenfall, gemeinsames Vorkommen verschiedener Inhalte in einer lexikalischen Einheit (z. B. engl. *to swim* u. *to float* in deutsch *schwimmen*; Sprachw.). **Kol|lo|ka|tor** *der;* -s, ...oren ⟨zu ↑...or⟩: Teil einer Kollokation (2 a). **kol|lo|kie|ren** ⟨aus *lat.* collocare „(auf)stellen, (an)ordnen"⟩: a) inhaltlich zusammenpassende sprachliche Einheiten miteinander verbinden; b) (zusammen mit einem anderen sprachlichen Inhalt) in einer einzigen lexikalischen Einheit enthalten sein; vgl. Kollokation (2; Sprachw.)

Kol|lo|ne|ma *das;* -s, -ta ⟨zu *gr.* kólla „Leim" u. nēma „Gesponnenes, Garn"⟩: (selten) svw. Myxom. **Kol|lo|phan** *der;* -s, -e ⟨zu *gr.* phanós „hell, leuchtend", dies zu phaínein „leuchten"⟩: ein hornartiges mikrokristallines Mineral als Hauptbestandteil der Phosphorite (Mineral).

kol|lo|qui|al ⟨vielleicht unter Einfluß von *engl.* colloquial „umgangssprachlich" zu ↑ Kolloquium u. ↑¹...al (1)⟩: wie im Gespräch üblich, für die Redeweise im Gespräch charakteristisch (Sprachw.). **Kol|lo|quia|lis|mus** *der;* -, ...men ⟨zu ↑ ...ismus (4)⟩: der Redeweise (im Gespräch od. in einer bestimmten Landschaft) angehörender Ausdruck (Sprachw.). **Kol|lo|qui|um** [auch ...'lo:...] *das;* -s, ...ien [...jən] ⟨aus *lat.* colloquium „Unterredung, Gespräch" zu colloqui „sich besprechen, unterhalten"⟩: 1. a) wissenschaftliches Gespräch [zwischen Fachleuten]; b) kleinere Einzelprüfung an einer Hochschule (bes. über eine einzelne Vorlesung). 2. Zusammenkunft, Beratung von Wissenschaftlern od. Politikern über spezielle Probleme

Kol|lo|ty|pie *die;* - ⟨zu *engl.* collotype „Lichtdruck(verfahren)"; vgl. ...typie⟩: vervollkommnetes Lichtdruckverfahren, bei dem die Druckfarbe über ein Gummidrucktuch auf den Bedruckstoff übertragen wird

kol|lo|zie|ren vgl. kollokieren

kol|lu|die|ren ⟨aus *lat.* colludere „mit jmdm. unter einer Decke stecken", eigtl. „zusammen spielen"⟩: sich zur Täuschung eines Dritten mit jmdm. absprechen. **Kol|lu|di|um** *das;* -s, ...ien [...jən] ⟨aus gleichbed. *lat.* colludium⟩: geheimes Einverständnis, geheime Absprache zur Täuschung eines Dritten

Kol|lum: eindeutschende Schreibung für ↑ Collum. **Kol|lum|kar|zi|nom** *das;* -s, -e ⟨zu *lat.* collum „Hals" u. ↑ Karzinom⟩: Krebs des Gebärmutterhalses (Med.)

Kol|lu|si|on *die;* -, -en ⟨aus *lat.* collusio „geheimes Einverständnis" zu colludere, vgl. kolludieren⟩: a) geheime, betrügerische Verabredung, sittenwidrige Absprache; b) Verdunkelung, Verschleierung (z. B. wichtigen Beweismaterials einer Straftat). **kol|lu|so|risch** ⟨zu *lat.* collusor, eigtl. „Mitspieler, Spielgefährte"⟩: eine Kollusion betreffend

kol|lu|strie|ren ⟨aus gleichbed. *lat.* collustrare⟩: (veraltet) von allen Seiten betrachten, genau betrachten

Kol|lu|to|ri|um *das;* -s, ...ien [...jən] ⟨aus gleichbed. *nlat.* collutorium zu *lat.* colluere „ausspülen"⟩: (veraltet) Mundwasser. **Kol|lu|vi|um** [...v...] *das;* -s, ...vien [...jən] ⟨zu *lat.* colluvio „Gemisch, Unrat" (dies zu colluere „be-, ausspülen") u. ↑...ium⟩: am Fuß von Berghängen od. Gebirgswänden abgestürztes od. zusammengeschwemmtes, ungeschichtetes Verwitterungsmaterial (Geol.)

Kol|ly|ben *die* (Plur.) ⟨aus gleichbed. *gr.* kóllyba⟩: (veraltet) kleine Münzen, Scheidemünzen. **Kol|ly|bist** *der;* -en, -en ⟨zu ↑...ist⟩: (veraltet) Geldwechsler

Kol|ly|ri|um *das;* -s ⟨über *nlat.* collyrium zu *gr.* kollýrion „Augensalbe"⟩: örtliches Augenmittel, Augenwasser

Kolm vgl. ¹Kulm. **Kol|ma|ta|ge** [...ʒə] *die;* -, -n ⟨aus *fr.* colmatage „Auflandung"⟩: svw. Kolmation. **kol|ma|tie|ren** ⟨aus gleichbed. *fr.* colmater zu colmate „aufgeschüttete Erde (zur Erhöhung niedrigen Geländes)", dies aus *it.* colmata „aufgeworfener Damm" zu colmare „aufhäufen", dies über colmo „höchster Punkt, Gipfel, Kuppe" aus gleichbed. *lat.* culmen⟩: Gelände mit sinkstoffhaltigem Wasser überfluten. **Kol|ma|tie|rung** *die;* -, -en ⟨zu ↑...ierung⟩: svw. Kolmation. **Kol|ma|ti|on** *die;* -, -en ⟨zu ↑¹...ion⟩: künstliche Geländeerhöhung durch Überschwemmung des Gebiets mit sinkstoffhaltigem Wasser; Auflandung

Kol ni|dre *das;* - - ⟨aus *hebr.* kol nīdre „alle Gelübde", zu nēder „Gelöbnis"⟩: Name u. Anfangswort des jüd. Synagogengebets am Vorabend des Versöhnungstages (↑ Jom Kippur)

Ko|lo *der;* -s, -s ⟨aus dem Slaw. (vgl. *serb.* kolo „Rad")⟩: 1. Nationaltanz der Serben. 2. auf dem Balkan verbreiteter Kettenreigentanz in schnellem ¾-Takt

ko|lo..., Ko|lo... ⟨aus *gr.* kōlon „Darm", eigtl. „Glied (eines Körpers)"; vgl. Kolon⟩: Wortbildungselement mit der Bedeutung „Darm, Dickdarm", z. B. kolorektal, Koloskop, Kolostomie

Ko|lo|bom *das;* -s, -e ⟨aus *gr.* kolóbōma „das Verstümmelte" zu kolouein „beeinträchtigen, verstümmeln"⟩: angeborene Spaltbildung, bes. im Bereich der Regenbogenhaut, der Augenlider od. des Gaumens (Med.)

Ko|lo|ka|sie [...jə] *die;* -, -n ⟨über *nlat.* colocasia aus gleichbed. *gr.* kolokásia⟩: Wasserbrotwurzel, ind. Aronstabgewächs, das wegen seiner stärkereichen Knolle in tropischen Gebieten angebaut wird

Ko|lo|kol|nik *der;* -s, -s ⟨nach *russ.* kolokol'nja „Glockenturm" zu kolokol „Glocke" u. dem *slaw.* Zugehörigkeitssuffix -nik⟩: neben der Kirche frei stehender Glockenturm (in Rußland)

Ko|lom|bi|ne u. Kolumbine *die;* -, -n ⟨aus *it.* colombina, eigtl. „Täubchen"⟩: weibliche Hauptfigur der ↑ Commedia dell'arte, Typ der listigen, koketten Zofe

Ko|lom|bo|wur|zel *die;* -, -n ⟨wohl zu einer *Bantu* (einer südostafrik. Sprache) kalumbo (Pflanzenname) unter fälschlicher Anlehnung an den Städtenamen Colombo (Hauptstadt von Sri Lanka)⟩: die Wurzel eines in Ostasien vorkommenden Mondsamengewächses, ein Heilmittel gegen Verdauungsstörungen

Ko|lo|me|trie *die;* -, ⟨zu *gr.* kōlon (vgl. Kolon) u. ↑...metrie⟩: Zerlegung fortlaufend geschriebener Gedichte od. Texte in Kola (vgl. Kolon 2)

Ko|lo|my|ka vgl. Kalamaika

Ko|lon *das;* -s, Plur. -s u. Kola ⟨über *lat.* colon aus *gr.* kōlon „(Körper)glied; gliedartiges Gebilde; Satzglied; Darm"⟩: 1. (veraltet) Doppelpunkt. 2. auf der Atempause beruhende rhythmische Sprecheinheit in Vers u. Prosa (antike Metrik, Rhet.). 3. ein Teil des Dickdarms (Grimmdarm; Med.)

Ko|lo|nat *das,* auch *der;* -[e]s, -e ⟨aus *spätlat.* colonatus „Bauernstand" zu *lat.* colonus, vgl. Kolone⟩: 1. Gebundenheit der Pächter an ihr Land in der röm. Kaiserzeit; Grundhörigkeit. 2. Erbzinsgut. **Ko|lo|ne** *der;* -n, -n ⟨aus gleichbed. *lat.* colonus, eigtl. „(Be)bauer, Ansiedler" zu colere „bebauen, bewohnen"⟩: 1. persönlich freier, aber [erblich] an seinen Landbesitz gebundener Pächter in der röm. Kaiserzeit. 2. Erbzinsbauer

Ko|lo|nel *die;* - ⟨aus *it.* colonnello, eigtl. „kleine Säule", Verkleinerungsform von colonna „Säule", dies aus gleichbed. *lat.* columna⟩: Schriftgrad von sieben typographischen Punkten (etwa 2,5 mm Schriftgröße; Druckw.)

Ko|lo|nia|kü|bel *der;* -s, -: Coloniakübel

ko|lo|ni|al ⟨aus gleichbed. *fr.* colonial zu colonie, vgl. Kolonie⟩: 1. a) aus den Kolonien stammend; b) die Kolonien betreffend. 2. in enger, natürlicher Gemeinschaft lebend (von Tieren od. Pflanzen; Biol.). **ko|lo|nia|li|sie|ren** ⟨zu ↑...isieren⟩: jmdn. in koloniale (1 b) Abhängigkeit bringen. **Ko|lo|nia|lis|mus** *der;* - ⟨zu ↑...ismus⟩: 1. auf Erwerb u. Ausbau von [überseeischen] Besitzungen ausgerichtete Politik eines Staates. 2. (abwertend) System der politischen Unterdrückung u. wirtschaftlichen Ausbeutung unterentwickelter Völker [in Übersee] durch politisch u. wirtschaftlich einflußreiche Staaten. **Ko|lo|nia|list** *der;* -en, -en ⟨zu ↑...ist⟩: Anhänger des Kolonialismus. **ko|lo|nia|li-**

stisch ⟨zu ↑...istisch⟩: dem Kolonialismus entsprechend, nach seinen ↑ Prinzipien vorgehend. **Ko|lo|ni|al|li|te|ra|tur** *die;* -: 1. in den (ehemaligen) europäischen Kolonien von dort lebenden Autoren in der Sprache ihres Mutterlandes geschriebene Literatur. 2. Literatur, die das Leben in den (ehemaligen) Kolonien beschreibt, Reiseberichte. **Ko|lo|ni|al|stil** *der;* -[e]s: vom Stil des kolonisierenden Landes geprägter Wohn- u. Baustil des kolonisierten Landes. **Ko|lo|ni|al|wa|ren** *die* (Plur.): (veraltet) Lebens- u. Genußmittel [aus Übersee]. **Ko|lo|nie** *die;* -, ...ien ⟨teilweise unter Einfluß von *fr.* colonie aus *lat.* colonia „Länderei; (militärische) Ansiedlung (außerhalb des Vaterlandes)" zu colonus, vgl. Kolone⟩: 1. auswärtige Besitzung eines Staates, die politisch u. wirtschaftlich von ihm abhängig ist. 2. Gruppe von Personen gleicher Nationalität, die im Ausland [am gleichen Ort] lebt u. dort das Brauchtum u. die Traditionen des eigenen Landes pflegt. 3. häufig mit Arbeitsteilung verbundener Zusammenschluß ein- od. mehrzelliger pflanzlicher od. tierischer Individuen einer Art zu mehr od. weniger lockeren Verbänden (Biol.). 4. a) Siedlung; b) römische od. griechische Siedlung in eroberten Gebieten. 5. Lager (z. B. Ferienkolonie, Strafkolonie). **Ko|lo|ni|sa|ti|on** *die;* -, -en ⟨nach gleichbed. *engl.* colonization (zu to colonize) bzw. *fr.* colonisation (zu coloniser); vgl. kolonisieren⟩: 1. Gründung, Entwicklung [u. wirtschaftliche Ausbeutung] von Kolonien. 2. wirtschaftliche Entwicklung rückständiger Gebiete des eigenen Staates (innere Kolonisation); vgl. ...[at]ion/...ierung. **Ko|lo|ni|sa|tor** *der;* -s, ...oren ⟨Substantivbildung zu ↑ kolonisieren, vgl. ...ator⟩: 1. jmd., der führend an der Gründung u. Entwicklung von Kolonien (1) beteiligt ist. 2. jmd., der kolonisiert (2). **ko|lo|ni|sa|to|risch**: die Kolonisation betreffend. **ko|lo|ni|sie|ren** ⟨nach gleichbed. *engl.* to colonize bzw. *fr.* coloniser, vgl. Kolonie u. ...isieren⟩: 1. aus einem Gebiet eine Kolonie (1) machen. 2. urbar machen, besiedeln u. wirtschaftlich erschließen. 3. (eine Kultur, Denkweise) derart beeinflussen, daß sie ihre Eigenständigkeit, Eigentümlichkeit zugunsten fremder, herrschender Normen aufgibt, verliert. **Ko|lo|ni|sie|rung** *die;* -, -en ⟨zu ↑ ...isierung⟩: 1. das Kolonisieren. 2. Besiedlung von Körperstellen mit Krankheitskeimen, die dort normalerweise nicht vorkommen (Med.); vgl. ...[at]ion/...ierung. **Ko|lo|nist** *der;* -en, -en ⟨aus gleichbed. *engl.* colonist⟩: 1. a) europäischer Siedler in einer Kolonie (1); b) jmd., der in einer Kolonie wohnt; c) jmd., der kolonisiert. 2. svw. Adventivpflanze

Ko|lon|kar|zi|nom *das;* -s, -e ⟨zu ↑ Kolon u. ↑ Karzinom⟩: Dickdarmkrebs, häufigste Form des Darmkrebses (Med.). **Ko|lon|na|de** *die;* -, -n ⟨über gleichbed. *fr.* colonnade aus *it.* colonnato zu colonna „Säule", dies aus gleichbed. *lat.* columna⟩: Gang, dessen auf geradem Gebälk ruhende Decke von Säulen getragen wird. **Ko|lon|ne** *die;* -, -n ⟨aus gleichbed. *fr.* colonne, eigtl. „Säule, senkrechte Reihe; Marschformation", dies aus *lat.* columna, vgl. Kolonnade⟩: 1. a) in langer Formation marschierende Truppe, sich fortbewegende Gruppe von Menschen; die fünfte -: ein Spionage- u. Sabotagetrupp; b) lange Formation in gleichmäßigen Abständen hintereinanderfahrender [militärischer] Fahrzeuge; c) für bestimmte Arbeiten im Freien zusammengestellter Trupp. 2. senkrechte Reihe untereinandergeschriebener Zahlen, Zeichen od. Wörter [einer Tabelle]. 3. Druckspalte, Kolumne (Druckw.). 4. zur Destillation von Stoffen verwendeter säulen- od. turmartiger Apparat (Chem.). 5. a) Wettkampfgemeinschaft im Kunstkraftsport; b) bestimmte Darbietung einer Kolonne (5 a)

Ko|lo|pe|xie *die;* -, ...ien ⟨zu ↑ kolo..., *gr.* pêxis „Befestigung, Verbindung" u. ↑²...ie⟩: operative Anheftung des Dickdarms an die Bauchwand (bei Dickdarmsenkung; Med.)

Ko|lo|phon *der;* -s, -e ⟨aus *gr.* kolophón „Gipfel, Abschluß"⟩: 1. (veraltet) Gipfel, Abschluß; Schlußstein. 2. Schlußformel mittelalterlicher Handschriften u. Frühdrukke mit Angaben über Verfasser, Druckort u. Druckjahr; vgl. Impressum. **Ko|lo|pho|nit** [auch ...'nɪt] *der;* -s, -e ⟨zu ↑ Kolophonium u. ↑²...it, nach der Farbe des Kolophoniums⟩: derbe od. körnige Abart des ↑ Vesuvians (Mineral.). **Ko|lo|pho|ni|um** *das;* -s ⟨über *spätlat.* collophonium zu *gr.* Kolophōnía (rhētínē) „kolophonisch[es Harz]", nach der antiken griech. Stadt Kolophon in Kleinasien⟩: ein Harzprodukt, das bes. zum Bestreichen von Geigenbögen verwendet wird

Ko|lo|prok|ti|tis *die;* -, ...itiden ⟨zu ↑ kolo... u. ↑ Proktitis⟩: Entzündung von Dickdarm u. After (Med.). **Ko|lo|pto|se** *die;* -, -n ⟨zu *gr.* ptōsis „das Fallen, Fall"⟩: Senkung des Dickdarms infolge Erschlaffung der Haltebänder in der Bauchhöhle (Med.)

Ko|lo|quin|te *die;* -, -n ⟨über *it.* coloquinta aus *lat.* colocynthis, dies aus gleichbed. *gr.* kolókyntha⟩: Frucht einer subtropischen Kürbispflanze, aus der ein stark abführendes Heilmittel gewonnen wird

Ko|lo|ra|do|kä|fer *der;* -s, - ⟨nach dem US-Staat Colorado⟩: der aus Nordamerika eingeschleppte Kartoffelkäfer

Ko|lo|ra|teur [...'tø:ɐ̯] *der;* -s, -e ⟨zu ↑ Koloratur u. ↑ ...eur⟩: (veraltet) jmd., der Schwarzweißfotografien koloriert (mit Eiweißlasurfarben ausmalt). **Ko|lo|ra|ti|on** *die;* -, -en ⟨aus gleichbed. *lat.* coloratio, eigtl. „das Bräunen", zu colorare „färben", dies zu color „Farbe"⟩: 1. (veraltet) das Kolorieren. 2. Beschönigung; vgl. ...[at]ion/...ierung. **Ko|lo|ra|tur** *die;* -, -en ⟨aus *it.* coloratura „Farbgebung; Ausschmückung", dies aus *spätlat.* coloratura „Färbung"⟩: Ausschmückung u. Verzierung einer Melodie mit einer Reihe umspielender Töne. **Ko|lo|ra|tur|so|pran** *der;* -s, -e: a) für hohe Sopranlage geeignete geschmeidige u. bewegliche Frauenstimme; b) Sängerin mit dieser Stimmlage

ko|lo|rek|tal ⟨zu ↑ kolo... u. ↑ rektal⟩: den Grimmdarm u. Mastdarm betreffend (Med.)

ko|lo|rie|ren ⟨über *it.* colorire, Nebenform von colorare, aus *lat.* colorare „färben" zu color „Farbe"⟩: 1. mit Farben ausmalen (z. B. Holzschnitte). 2. eine Komposition mit Verzierungen versehen (15. u. 16. Jh.). **ko|lo|riert** ⟨zu ↑ ...iert⟩: ausgemalt, bunt, farbig. **Ko|lo|rie|rung** *die;* -, -en ⟨zu ↑ ...ierung⟩: das Kolorieren, das Koloriertwerden; vgl. ...[at]ion/...ierung. **Ko|lo|ri|me|ter** *das;* -s, - ⟨zu ↑¹...meter⟩: Gerät zur Bestimmung von Farbtönen. **Ko|lo|ri|me|trie** *die;* - ⟨zu ↑ ...metrie⟩: 1. Bestimmung der Konzentration einer Lösung durch Messung ihrer Farbintensität (Chem.). 2. Temperaturbestimmung der Gestirne durch Vergleich von künstlich gefärbten Lichtquellen mit der Farbe der Gestirne (Astron.). **ko|lo|ri|me|trisch** ⟨zu ↑ ...metrisch⟩: a) das Verfahren der Kolorimetrie anwendend; b) die Kolorimetrie betreffend. **Ko|lo|ris|mus** *der;* - ⟨zu ↑ ...ismus (2)⟩: die einseitige Betonung der Farbe in der Malerei (z. B. im Impressionismus; Kunstw.). **Ko|lo|rist** *der;* -en, -en ⟨zu ↑ ...ist⟩: a) jmd., der Zeichnungen od. Drucke farbig ausmalt; b) Maler, der den Schwerpunkt auf das Kolorit (1) legt. **Ko|lo|ris|tik** *die;* - ⟨zu ↑ ...istik⟩: System der Farbgebung. **ko|lo|ris|tisch** ⟨zu ↑ ...istisch⟩: die Farbgebung betreffend. **Ko|lo|rit** [auch ...'rɪt] *das;* -[e]s, -e ⟨aus gleichbed. *it.* colorito zu colorire, vgl. kolorieren⟩: 1. a) farbige Gestaltung od. Wirkung eines Gemäldes; b) Farbgebung; Farbwirkung. 2. die durch Instrumentation

u. Harmonik bedingte Klangfarbe (Mus.). 3. (ohne Plur.) eigentümliche Atmosphäre, Stil

Ko|lo|skop *das;* -s, -e ⟨zu ↑ kolo... u. ↑ ...skop⟩: Gerät zur direkten Untersuchung des Grimmdarms (Med.). **Ko|lo|sko|pie** *die;* -, ...ien ⟨zu ↑ ...skopie⟩: direkte Untersuchung des Grimmdarms mit dem Koloskop (Med.).

Ko|loß *der;* ...osses, ...osse ⟨über *lat.* colossus aus *gr.* kolossós „Riesenstandbild"⟩: a) Riesenstandbild; b) etwas, jmd. von gewaltigem Ausmaß, Ungetüm; eine Person von außergewöhnlicher Körperfülle. **ko|los|sal** ⟨nach gleichbed. *fr.* colossal zu colosse „Koloß", dies aus gleichbed. *lat.* colossus⟩: a) riesig, gewaltig; b) (ugs.) sehr groß, von ungewöhnlichem Ausmaß; c) (ugs.) äußerst, ungewöhnlich; vgl. ...isch/-. **ko|los|sa|lisch:** (veraltet) svw. kolossal; vgl. ...isch/-. **Ko|los|sa|li|tät** *die;* -, ...ität⟩: (selten) das Kolossale einer Person od. Sache; riesenhaftes Ausmaß. **Ko|los|sal|ord|nung** *die;* -, -en: mehrere (meist zwei) Geschosse einer Fassade übergreifende Säulenordnung (Archit.). **Ko|los|sal|sta|tue** [...tuə] *die;* -, -n: Standbild von meist mehrfacher Lebensgröße

Ko|lo|sto|mie *die;* - ⟨zu ↑kolo..., *gr.* stóma „Mund" u. ↑² ...ie⟩: das Anlegen einer Dickdarmfistel zur Stuhlableitung nach außen, bes. bei Darmkrebs (vgl. Fistel; Med.).

Ko|lo|stral|milch *die;* - ⟨zu ↑Kolostrum u. ↑¹...al (1)⟩: svw. ↑Kolostrum. **Ko|lo|strum** *das;* -s ⟨aus *lat.* colostrum „Biestmilch, erste Milch nach dem Kalben"⟩: Sekret der weiblichen Brustdrüsen, das bereits vor u. noch unmittelbar nach der Geburt abgesondert wird u. sich von der eigentlichen Milch unterscheidet (Med.).

Ko|lo|to|mie *die;* -, ...ien ⟨zu ↑ kolo... u. ↑ ...tomie⟩: operative Öffnung des Dickdarms [zur Anlegung eines künstl. Afters] (Med.)

kolp..., Kolp... vgl. kolpo..., Kolpo...

Kol|pak vgl. Kalpak

Kolp|apor|rhe|xis *die;* - ⟨zu ↑kolpo... u. *gr.* apórrhēxis „das Zerreißen, Bersten"⟩: svw. Kolporrhexis. **Kolp|atre|sie** *die;* -, ...ien: Scheidenverwachsung (Med.). **Kolp|eu|ryn|ter** *der;* -s, - ⟨zu *gr.* eurýnein „breit machen, erweitern", eigtl. „Scheidendehner"⟩: zur Verhinderung eines vorzeitigen Blasensprungs bei der Geburt in die Scheide eingeführter u. dann mit sterilem Wasser gefüllter kleiner Gummiballon. **Kol|pis|mus** *der;* -, ...men ⟨zu ↑ ...ismus (2)⟩: svw. Vaginismus. **Kol|pi|tis** *die;* -, ...itiden ⟨zu ↑ ...itis⟩: Entzündung der weiblichen Scheide (Med.). **kol|po..., Kol|po...,** vor Vokalen meist kolp..., Kolp... ⟨aus *gr.* kólpos „busenartige Vertiefung, Schoß"⟩: Wortbildungselement mit der Bedeutung „Scheide, Vagina", z. B. Kolposkop, Kolpitis. **Kol|po|hy|per|pla|sie** *die;* -, ...ien: Wucherung der Scheidenschleimhaut (Med.). **Kol|po|hy|ste|ro|to|mie** *die;* -, ...ien: Kaiserschnitt von der Scheide aus (Med.). **Kol|po|ke|ra|to|se** *die;* -, -n: Verhornung des Scheidenepithels (Med.). **Kol|po|klei|sis** *die;* - ⟨zu *gr.* kleīsis „das Verschließen, Schließung" zu kleīn „verschließen"⟩: operativer Verschluß der Scheide (Med.). **Kol|po|mi|kro|sko|pie** *die;* -: direkte mikroskopische Untersuchung der Scheidenoberfläche mit Hilfe eines Spezialmikroskops ohne Gewebsentnahme (Med.). **Kol|po|pe|ri|neo|pla|stik** *die;* -, -en ⟨zu ↑Perineum u. ↑¹Plastik⟩: operative Vereinigung des Beckenbodens am hinteren Scheidenumfang, Scheidendammplastik (Med.). **Kol|po|pe|ri|ne|or|rha|phie** *die;* -, ...ien ⟨zu *gr.* raphḗ „Naht" u. ↑²...ie⟩: Scheidendammnaht, plastische Operation bei Scheidensenkung u. Gebärmuttervorfall (Med.). **Kol|por|rhe|xis** *die;* -: vollständiger od. teilweiser Abriß der Scheide vom Uterus im Scheidengewölbe (Med.).

Kol|por|ta|ge [...ʒə] *die;* -, -n ⟨aus gleichbed. *fr.* colportage, eigtl. „Hausierhandel", zu colporter, vgl. kolportieren⟩: 1. literarisch minderwertiger, auf billige Wirkung abzielender Bericht. 2. Verbreitung von Gerüchten. 3. (veraltet) [Hausierer]handel mit Kolportageliteratur. **Kol|por|ta|ge|li|te|ra|tur** *die;* -: billige, literarisch wertlose [Unterhaltungs]literatur; Hintertreppen-, Schundliteratur. **Kol|por|teur** [...'tø:ɐ̯] *der;* -s, -e ⟨aus *fr.* colporteur „Hausierer"⟩: 1. jmd., der Gerüchte verbreitet. 2. (veraltet) jmd., der mit Büchern od. Zeitschriften hausieren geht. **kol|por|tie|ren** ⟨aus *fr.* colporter „hausieren", dies über älter *fr.* comporter „herumtragen" aus *lat.* comportare „zusammentragen"⟩: 1. Gerüchte verbreiten. 2. (veraltet) von Haus zu Haus gehen u. Waren anbieten

Kol|pos *der;* - ⟨aus *gr.* kólpos „busenartige Vertiefung, Bausch", eigtl. „Wölbung"⟩: über dem Gürtel des ↑Chitons entstehender Faltenbausch. **Kol|po|skop** *das;* -s, -e ⟨zu ↑kolpo... u. ↑...skop⟩: vergrößerndes Spiegelgerät zur Untersuchung des Scheideninnern (Med.). **Kol|po|sko|pie** *die;* -, ...ien ⟨zu ↑ ...skopie⟩: Untersuchung der Scheidenschleimhaut mit dem Kolposkop (Med.). **Kol|po|ste|no|se** *die;* -, -n: natürliche Scheidenverengung (Med.). **Kol|po|to|mie** *die;* -, ...ien ⟨zu ↑...tomie⟩: operative Öffnung des Bauchraums von der Scheide aus (Med.). **Kol|po|ze|le** *die;* -, -n ⟨zu *gr.* kḗlē „Geschwulst, Bruch"⟩: Senkung u. bruchartige Vorstülpung der Scheidenschleimhaut (Med.). **Kol|po|zy|sti|tis** *die;* -, ...itiden: gleichzeitige Entzündung der weiblichen Scheide u. der Harnblase (Med.)

¹**Kol|ter** *das;* -s, - ⟨über *altfr.* coltre aus *lat.* culter „Messer"⟩: (landsch.) Messer vor der Pflugschar

²**Kol|ter** *der;* -s, - od. *die;* - ⟨aus *fr.* das Altfranz., wohl zu *lat.* culcit(r)a „Polster, Matratze"⟩: (landsch.) [gesteppte Bett]decke

Ko|lum|ba|ri|um *das;* -s, ...ien [...i̯ən] ⟨aus gleichbed. *lat.* columbarium, eigtl. „Taubenschlag" (wegen der taubenschlagartig angeordneten Nischen), zu columba „Taube"⟩: 1. röm. Grabkammer der Kaiserzeit mit Wandnischen für Aschenurnen. 2. Urnenhalle eines Friedhofs. **Ko|lum|bi|ne** vgl. Kolombine

Ko|lum|bit [auch ...'bɪt] *der;* -s, -e ⟨nach dem Vorkommen im Gebiet von Columbia in den USA u. zu ↑²...it⟩: Mischkristall aus den Mineralen ↑Niobit u. ↑Tantalit

Ko|lu|mel|la *die;* -, ...llen ⟨aus *lat.* columella „kleine Säule" zu columna „Säule"⟩: 1. Säulchen steriler Zellen in den sporenbildenden Organen einiger Pilze u. Moose (Bot.). 2. Kalksäule bei Korallentieren (Zool.). 3. säulenförmiger Knochen im Mittelohr vieler Wirbeltiere (Zool.). **Ko|lum|ne** *die;* -, -n ⟨aus *mlat.* columna „Schriftspalte" zu *lat.* columna, vgl. Kolumella⟩: 1. Satzspalte (Druckw.). 2. von stets demselben [prominenten] Journalisten verfaßter, regelmäßig an bestimmter Stelle einer Zeitung od. Zeitschrift veröffentlichter Meinungsbeitrag. **Ko|lum|nen|ti|tel** *der;* -s, -: Überschrift über einer Buchseite. **Ko|lum|nist** *der;* -en, -en ⟨zu ↑ ...ist⟩: jmd., der Kolumnen (2) schreibt. **Ko|lum|ni|stin** *die;* -, -nen: weibliche Form zu ↑Kolumnist

Ko|lu|ren *die* (Plur.) ⟨aus *gr.* kólourai (grammaí) „gekürzte (Linien)" zu kólouros „mit gestutztem Schwanz"⟩: die beiden Himmelslängenkreise, die durch die Pole der ↑Ekliptik gehen (Astron.)

kom..., Kom... vgl. kon..., Kon...

¹**Ko|ma** *das;* -s, Plur. -s u. -ta ⟨aus *gr.* kõma, Gen. kṓmatos „tiefer Schlaf"⟩: tiefste, durch keine äußeren Reize zu unterbrechende Bewußtlosigkeit (Med.)

²**Ko|ma** *die;* -, -s ⟨über *lat.* coma aus *gr.* kómē „Haar"⟩: 1. Nebelhülle um den Kern eines Kometen (Astron.). 2. Lin-

senfehler, durch den auf der Bildfläche eine kometenschweifähnliche Abbildung statt eines Punktes entsteht (Optik)

Ko|ma|ti|it [auch ...'ıt] *der;* -s, -e ⟨nach dem Komati River (Südafrika) u. zu ↑²...it⟩: sehr dunkles, vulkanisches Gestein in den archaischen Kontinentalkernen des südlichen Afrikas, Kanadas u. Australiens (Geol.)

ko|ma|tös ⟨zu ↑¹Koma u. ↑...ös⟩: in tiefster Bewußtlosigkeit befindlich (Med.)

kom|bat|tant ⟨aus gleichbed. *fr.* combattant, Part. Präs. von combattre „kämpfen", dies aus *spätlat.* combatt(u)ere, eigtl. „zusammenschlagen"⟩: (selten) kämpferisch. **Kombat|tant** *der;* -en, -en: 1. (veraltet) [Mit]kämpfer, Kampfteilnehmer. 2. Angehöriger der Kampftruppen, die nach dem Völkerrecht zur Durchführung von Kampfhandlungen allein berechtigt sind. **Kom|bat|tan|ten|sta|tus** *der;* -: ↑ Status von ↑ Kombattanten (2) (Völkerrecht)

Kom|bi *der;* -[s], -s: 1. Kurzform von ↑ Kombiwagen. 2. (schweiz.) Kurzform von ↑ Kombischrank. **Kom|bi...** ⟨verkürzt aus Kombination⟩: Wortbildungselement mit der Bedeutung „vielseitig einsetzbar; Mehrzweck-", z. B. Kombizange. **Kom|bi|mö|bel** *das;* -s, -: Möbel, das für mehrere Zwecke verwendet werden kann. **kom|bi|na|bel** ⟨aus gleichbed. *fr.* combinable zu combiner „vereinigen", dies aus *spätlat.* combinare, vgl. kombinieren⟩: (veraltet) vereinbar. **Kom|bi|nat** *das;* -[e]s, -e ⟨nach *russ.* kombinat aus *spätlat.* combinatum, Part. Perf. (Neutrum) von combinare, vgl. kombinieren⟩: Zusammenschluß von Betrieben produktionsmäßig eng zusammengehörender Industriezweige zu einem Großbetrieb, bes. in den ehemaligen sozialistischen Staaten. **¹Kom|bi|na|ti|on** *die;* -, -en ⟨aus *spätlat.* combinatio „Vereinigung" zu combinare, vgl. kombinieren⟩: 1. Verbindung, [geistige] Verknüpfung; Zusammenstellung; vgl. ...[at]ion/...ierung. 2. Herrenanzug, bei dem ↑ Sakko u. Hose aus verschiedenen Stoffarten [u. in unterschiedlicher Farbe] gearbeitet sind. 3. a) Folge von [effektvollen] Zügen zur Erreichung eines bestimmten Ziels (Schach); b) planmäßiges Zusammenspiel mehrerer Spieler (Ballspiele); c) aus mehreren Disziplinen bestehender Wettkampf; nordische -: Sprunglauf u. 15-km-Langlauf als Skiwettbewerb; d) Schlagfolge mit beiden Fäusten (Boxen). 4. Schlußfolgerung, Vermutung. 5. willkürliche Zusammenstellung einer bestimmten Anzahl aus gegebenen Dingen (Math.); vgl. Kombinatorik (2). **²Kom|bi|na|ti|on** [engl. kɔmbɪˈneɪʃən] *die;* -, Plur. -en u. (bei engl. Ausspr.) -s ⟨nach gleichbed. *engl.* combination, dies über älter *fr.* combination zu *spätlat.* combinatio, vgl. ¹Kombination⟩: 1. einteiliger [Schutz]anzug, bes. der Flieger. 2. (veraltend) Wäschegarnitur, bei der Hemd u. Schlüpfer in einem Stück gearbeitet sind. **Kom|bi|na|ti|ons|fre|quenz** *die;* -, -en (meist Plur.): Summen- u. Differenzfrequenz, die bei Mischung von Schwingungen verschiedener Frequenzen auftritt u. in Hochfrequenzverstärkern zu Störungen führen kann. **Kom|bi|na|ti|ons|leh|re** *die;* - ⟨zu ↑¹Kombination⟩: svw. Kombinatorik. **Kom|bi|na|ti|ons|prä|pa|rat** *das;* -[e]s, -e: Arzneimittel od. Pflanzenschutzmittel mit zwei od. mehr Wirkstoffen, deren einzelne Wirkstoffe sich in ihrer Wirkung ergänzen od. verstärken. **Kom|bi|na|ti|ons|tech|nik** *die;* -: Sammelbez. für Verfahren der Herstellung integrierter Schaltungen (Mikroelektronik). **Kom|bi|na|ti|ons|ton** *der;* -s, ...töne: schwach hörbarer Ton, der durch das gleichzeitige Erklingen zweier kräftiger Töne entsteht, deren Tonhöhen nicht zu nahe beisammenliegen (Mus., Phys.). **kom|bi|na|tiv** ⟨zu *spätlat.* combinatus, Part. Perf. von combinare (vgl. kombinieren), u. ↑...iv⟩: gedanklich verbindend, verknüpfend. **Kom|bi|na|tor** *der;* -s, ...oren ⟨zu ↑ kombinieren u. ↑...ator⟩: 1. (veraltet) jmd., der kombiniert, der Kombinationen ausführt. 2. Gerät zur Lockerung u. Krümelung des Brotes. **Kom|bi|na|to|rik** *die;* - ⟨zu ↑²...ik (2)⟩: 1. [Begriffs]aufbau nach bestimmten Regeln. 2. Teilgebiet der Mathematik, das sich mit den Anordnungsmöglichkeiten gegebener Dinge (Elemente) befaßt (Math.). **kom|bi|na|to|risch**: die ¹Kombination (1) od. Kombinatorik betreffend; -er Lautwandel: von einem Nachbarlaut abhängiger Wandel eines Lautes (z. B. beim Umlaut, der durch ein *i* od. *j* der folgenden Silbe hervorgerufen wird: Gast – Gäste aus althochdt. gesti). **¹Kom|bi|ne** [kɔmˈbain, auch ...ˈbiːnə] *die;* -, Plur. -s [...ˈbains], auch -n [...ˈbiːnən] u. Combine [kɔmˈbain] *die;* -, -s [...ˈbains] ⟨nach gleichbed. *russ.* kombajn, dies verkürzt aus *engl.* combine harvester „Mähdrescher"⟩: 1. landwirtschaftliche Maschine, die verschiedene Arbeitsgänge gleichzeitig ausführt (z. B. Mähdrescher). 2. Schrämlader, kombinierte Gewinnungs- u. Lademaschine im Kohlen-, Salz- u. Schieferbergbau. **²Kom|bi|ne** [auch kõˈbiːn] *die;* -, Plur. -n [...nən] od. -s [...ˈbiːns] ⟨aus *fr.* combine „Kniff, Trick, Dreh" zu combiner, aus *spätlat.* combinare, vgl. kombinieren⟩: unerlaubte Absprache beim Radrennen. **Kom|bi|nier|bar|keit** *die;* - ⟨zu ↑ kombinieren⟩: svw. Kompatibilität. **kom|bi|nie|ren** ⟨aus *spätlat.* combinare „vereinigen", eigtl. „je zwei zusammenbringen", zu ↑ kon... u. *lat.* bini „je zwei"⟩: 1. mehrere Dinge zusammenstellen, [gedanklich] miteinander verknüpfen. 2. schlußfolgern, mutmaßen. 3. planmäßig, harmonisch zusammenspielen (bes. bei Sportspielen). **Kom|bi|nier|te** *der;* -n, -n ⟨vgl. ...iert⟩: jmd., der die nordische Kombination läuft. **Kom|bi|nie|rung** *die;* -, -en ⟨zu ↑...ierung⟩: das Kombinieren; vgl. ...[at]ion/...ierung. **Kom|bi|schiff** *das;* -[e]s, -e ⟨zu ↑ Kombi...⟩: Handelsschiff, das neben hohem Frachtraumanteil Einrichtungen für mehr als zwölf Passagiere bietet. **Kom|bi|schrank** *der;* -[e]s, ...schränke: Mehrzweckschrank. **Kom|bi|wa|gen** *der;* -s, -: kombinierter Liefer- u. Personenwagen, dessen [kastenförmig] erweiterter Gepäckraum über eine Hecktür beladen wird. **Kom|bi|zan|ge** *die;* -, -n: Zange, die als Kneif-, Flach- u. Rohrzange verwendet werden kann

kom|blie|ren ⟨aus gleichbed. *fr.* combler, dies aus *lat.* cumulare⟩: (veraltet) [an]häufen

kom|bu|rie|ren ⟨aus gleichbed. *lat.* comburere⟩: (veraltet) verbrennen, vernichten. **kom|bu|sti|bel** ⟨aus gleichbed. *fr.* combustible zu combustion „Verbrennung", dies aus gleichbed. *spätlat.* combustio, vgl. Kombustion⟩: (veraltet) leicht verbrennbar. **Kom|bu|sti|bi|li|en** [...jən] *die* (Plur.) ⟨aus gleichbed. *nlat.* combustibilia; vgl. ¹...ie⟩: Brennstoffe. **Kom|bu|sti|bi|li|tät** *die;* - ⟨zu ↑...ität⟩: (veraltet) Brennbarkeit. **Kom|bu|sti|on** *die;* -, -en ⟨aus gleichbed. *spätlat.* combustio zu *lat.* comburere, vgl. komburieren⟩: Verbrennung (Med.). **Kom|bus|tor** *der;* -s, ...oren ⟨zu ↑...or⟩: (veraltet) Bez. für ein Element (6), das sich unter Licht- u. Wärmeentwicklung leicht mit einem anderen verbindet, z. B. Sauerstoff (Chem.)

Kom|edo *der;* -s, ...onen ⟨aus gleichbed. *lat.* comedo zu comedere „aufessen, verzehren"⟩: 1. (veraltet) Fresser, Schlemmer. 2. (meist Plur.) kleine Talganhäufung in den Ausführungsgängen einer Talgdrüse der Haut, Mitesser (Med.). **kom|esti|bel** ⟨über *fr.* comestible aus gleichbed. *spätlat.* comestibilis zu *lat.* comestus, Part. Perf. von comedere, vgl. Komedo⟩: (veraltet) genießbar, eßbar. **Kom|esti|bi|li|en** [...jən] *die* (Plur.) ⟨aus gleichbed. *nlat.* comestibilia; vgl. ¹...ie⟩: Eßwaren, Lebensmittel. **Kom|esti|bi|li|tät** *die;* - ⟨zu ↑...ität⟩: (veraltet) Eßbarkeit

Ko|met *der;* -en, -en ⟨über *lat.* cometes aus gleichbed. *gr.* komḗtēs, eigtl. „langes Haar tragend", zu kómē „(Haupt)haar"⟩: 1. Schweif-, Haarstern mit ↑elliptischer od. ↑parabolischer Bahn im Sonnensystem (Astron.). 2. (ugs.) Künstler, bes. Schlagersänger, der in kurzer Zeit bekannt, berühmt wurde, kometenhaft aufgestiegen ist. **kome|tar, ko|me|ta|risch** ⟨zu ↑ ...ar (1)⟩: von [einem] Kometen stammend, durch [einen] Kometen bedingt; vgl. ...isch/-

Kö|me|te|ri|on vgl. Zömeterium

Ko|me|to|gra|phie *die;* - ⟨zu ↑ Komet u. ↑ ...graphie⟩: (veraltet) Kometenbeschreibung. **Ko|me|to|man|tie** *die;* - ⟨zu *gr.* manteía „Weissagung"⟩: Wahrsagerei aus dem Erscheinen eines Kometen

Kom|fort [...ˈfoːɐ̯] *der;* -s ⟨aus *engl.* comfort „Behaglichkeit, Bequemlichkeit", eigtl. „Trost, Stärkung, Zufriedenheit", dies aus gleichbed. *(alt)fr.* confort zu conforter „stärken, trösten", dies aus *spätlat.* confortare „(kräftig) stärken" zu *lat.* fortis „stark, kräftig"⟩: luxuriöse Ausstattung (z. B. einer Wohnung), behagliche Einrichtung; Annehmlichkeiten; Bequemlichkeit. **kom|for|ta|bel** ⟨aus gleichbed. *engl.* comfortable, dies au *altfr.* confortable „tröstlich, hilfreich" zu confort, vgl. Komfort⟩: behaglich, wohnlich; mit allen Bequemlichkeiten des modernen Lebensstandards ausgestattet. **Kom|for|ta|bel** *der;* -s, -[s]: (veraltet) Einspännerdroschke. **Kom|for|ter** [engl. ˈkʌmfətə] *der;* -s, - ⟨aus gleichbed. *engl.(-amerik.)* comforter⟩: (veraltet) leichtes, bequemes Kleidungsstück, bes. Hals- u. Kopftuch, Regenmantel

Ko|mik *die;* - ⟨nach älter *fr.* le comique „das Komische", eigtl. „der komische (Mensch)"; vgl. komisch⟩: die einer Situation od. Handlung innewohnende od. die davon ausgehende erheiternde, belustigende Wirkung. **Ko|mi|ker** *der;* -s, -: a) Vortragskünstler, der sein Publikum durch das, was er darstellt, u. durch die Art, wie er es darstellt, erheitert; b) Darsteller komischer Rollen auf der Bühne, im Film, im Fernsehen

Kom|in|form *das;* -s ⟨Kurzw. aus *kom*munistisches *Inform*ationsbüro⟩: zum Zwecke des Erfahrungsaustausches unter den kommunistischen Parteien u. zu deren Koordinierung eingerichtetes Informationsbüro in den Jahren 1947 bis 1956. **Kom|in|tern** *die;* - ⟨Kurzw. aus *kom*munistische *Intern*ationale⟩: Vereinigung aller kommunistischen Parteien in den Jahren 1919–1943

ko|misch ⟨über gleichbed. *fr.* comique aus *lat.* comicus, *gr.* kōmikós „zur Komödie gehörend, possenhaft, lächerlich" zu kõmos, vgl. Komödie⟩: 1. zum Lachen reizend, belustigend. 2. eigenartig, sonderbar. **Ko|mis|sa|ti|on** *die;* -, -en ⟨aus gleichbed. *lat.* comissatio zu comissari „einen fröhlichen Umtrunk halten", dies zu *gr.* kõmos, vgl. Komödie⟩: (veraltet) nach der Mahlzeit abgehaltenes Trinkgelage (nach bestimmten Regeln) u. sich daran anschließendes nächtliches Umherstreifen

Ko|mi|ta|dschi [...dʒi] *der;* -s, -s ⟨aus gleichbed. *türk.* komitacı zu *mlat.* comitatus, vgl. Komitat⟩: Angehöriger der bulgar. Freiheitsbewegungen im 19. Jh. u. Anfang des 20. Jh.s. **Ko|mi|tat** *das,* auch *der;* -[e]s, -e ⟨aus gleichbed. *mlat.* comitatus zu comes „Graf, Vorsteher eines weltlichen od. kirchlichen Verwaltungsbezirkes", dies aus *lat.* comes „Begleiter, Gefolgsmann"⟩: 1. Begleitung; [feierliches] Geleit [für einen die Universität verlassenden Studenten]. 2. Grafschaft. 3. (früher) Verwaltungsbezirk in Ungarn; vgl. Gespanschaft

Ko|mi|tät *die;* - ⟨aus gleichbed. *lat.* comitas, Gen. comitatis zu comis „freundlich, höflich"⟩: (veraltet) Gefälligkeit, Höflichkeit

Ko|mi|ta|tiv [auch ...ˈtiːf] *der;* -s, -e [...və] ⟨aus gleichbed. *lat.* (casus) comitativus; vgl. Komitat⟩: Kasus in den finnougrischen Sprachen, der die Begleitung durch eine Person od. Sache bezeichnet (Sprachw.)

Ko|mi|tee *das;* -s, -s ⟨über *fr.* comité aus gleichbed. *engl.* committee zu to commit „anvertrauen, übertragen", dies aus gleichbed. *lat.* committere; vgl. Kommission⟩: a) [leitender] Ausschuß; b) Gruppe von Personen, die mit der Vorbereitung, Organisation u. Durchführung einer Veranstaltung betraut ist

Ko|mi|ti|en [...i̯ən] *die* (Plur.) ⟨aus gleichbed. *lat.* comitia, Plur. von comitium „Versammlungsplatz", zu co(m)ire „zusammenkommen"⟩: Bürgerschaftsversammlungen im alten Rom

Kom|ma *das;* -, Plur. -s u. -ta ⟨über *lat.* comma aus *gr.* kómma „Schlag; Abschnitt, Einschnitt", eigtl. „Ein-, Abgeschnittenes, das Geschlagene", zu kóptein „stoßen, schlagen"⟩: 1. a) Satzzeichen, das den Ablauf der Rede u. bes. den Satzbau kennzeichnet, indem es u. a. Haupt- u. Gliedsatz trennt, Einschübe u. Zusätze kenntlich macht u. Aufzählungen von Wörtern u. Wortgruppen unterteilt; b) Zeichen, das bei der Ziffernschreibung die Dezimalstellen abtrennt. 2. Untergliederung des ↑Kolons (2; antike Metrik, Rhet.). 3. über der fünften Notenlinie stehendes Phrasierungszeichen (Bogenende od. Atempause; Mus.). 4. kleiner Unterschied zwischen den Schwingungszahlen beinahe gleich hoher Töne (Phys.). **Kom|ma|ba|zil|lus** *der;* -, ...llen: Erreger der asiatischen ↑Cholera (Med.).

Kom|man|dant *der;* -en, -en ⟨aus gleichbed. *fr.* commandant zu commander, vgl. kommandieren⟩: 1. Befehlshaber [einer Festung, eines Schiffes usw.]. 2. (schweiz.) Kommandeur. **Kom|man|dan|tur** *die;* -, -en ⟨zu ↑ ...ur⟩: 1. Dienstgebäude eines Kommandanten. 2. das Amt des Befehlshabers einer Truppenabteilung (vom Bataillon bis zur Division). **Kom|man|de** *die;* -, -n ⟨Kurzw., gebildet zu ↑kommandieren⟩: (veraltet) Nebenwerk einer Festung (Mil.). **Kom|man|den:** Plur. von ↑ Kommando. **Kom|man|deur** [...ˈdøːɐ̯] *der;* -s, -e ⟨aus *fr.* commandeur „Vorsteher, Komtur"⟩: Befehlshaber eines größeren Truppenteils (vom Bataillon bis zur Division). 2. svw. Komtur. **Kom|man|deu|se** [...ˈdøːzə] *die;* -, -n ⟨zu ↑ ...euse⟩: 1. weiblicher Kommandeur. 2. Ehefrau eines Kommandeurs. 3. (ugs., abwertend) Frau, die gern Befehle gibt, andere kommandiert. **kom|man|die|ren** ⟨aus gleichbed. *fr.* commander, dies aus *lat.* commandare, Nebenform von commendare „anvertrauen, übergeben; Weisung erteilen", zu ↑kon... u. mandare, vgl. Mandat⟩: 1. a) die Befehlsgewalt über jmdn. od. etwas ausüben; b) jmdn. an einen bestimmten Ort beordern, dienstlich versetzen; c) etwas [im Befehlston] anordnen, ein Kommando geben. 2. (ugs.) Befehle erteilen, den Befehlston anschlagen. **Kom|man|die|rung** *die;* -, -en ⟨zu ↑ ...ierung⟩: das Kommandieren, das Kommandiertwerden, Versetzung. **Kom|man|di|tär** *der;* -s, -e ⟨aus gleichbed. *fr.* commanditaire zu commandite „Geschäftsanteil", dies aus gleichbed. *it.* accomandita zu *lat.* commendare „anvertrauen"⟩: (schweiz.) Kommanditist. **Kom|man|di|te** *die;* -, -n ⟨aus gleichbed. *fr.* commandite⟩: 1. (veraltet) Kommanditgesellschaft. 2. Zweiggeschäft, Niederlassung. **Kom|man|dit|ge|sell|schaft** *die;* -, -en: Handelsgesellschaft, die unter gemeinschaftlicher Firma ein Handelsgewerbe betreibt u. bei der ein od. mehrere Gesellschafter persönlich haften u. mindestens einer der Gesellschafter nur mit seiner Einlage haftet; Abk.: KG. **Kom|man|di|tist** *der;* -en,

Kommando

-en ⟨zu ↑...ist⟩: Gesellschafter einer ↑ Kommanditgesellschaft, dessen Haftung auf seine Einlage beschränkt ist. **Kom|man|do** *das;* -s, Plur. -s, österr. auch ...den ⟨aus gleichbed. *it.* comando zu comandare „befehlen", dies aus *lat.* commendare, vgl. kommandieren⟩: 1. (ohne Plur.) Befehlsgewalt. 2. a) Befehl[swort]; b) befohlener Auftrag; c) vereinbarte Wortfolge, die als Startsignal dient. 3. [militärische] Abteilung, die zur Erledigung eines Sonderauftrags zusammengestellt wird. 4. höhere Befehlsstelle, Stab (Mil.). **Kom|man|do|spra|che** *die;* -: Auftragskontrollsprache, Sprache, in der Aufträge an die Rechenanlage, den Computer formuliert werden (EDV). **Kom|man|do|zen|tra|le** *die;* -, -n: [militärische] Führungsstelle, von der aus Kommandos gegeben werden

Kom|mas|ku|la|ti|on *die;* -, -en ⟨zu ↑ kon..., *lat.* masculus „männlich" u. ↑...ation⟩: (selten) svw. Homosexualität

Kom|mas|sa|ti|on *die;* -, -en ⟨zu ↑ kommassieren u. ↑...ation⟩: Flurbereinigung; Grundstückszusammenlegung. **kom|mas|sie|ren** ⟨zu ↑ kon... u. ↑ ²massieren⟩: Grundstücke zusammenlegen. **Kom|mas|sie|rung** *die;* -, -en ⟨zu ↑...ierung⟩: das Kommassieren, das Kommassiertwerden

Kom|ma|ta: Plur. von ↑ Komma. **kom|ma|tisch** ⟨zu ↑ Komma⟩: (veraltet) aus einzelnen Sätzen bestehend; vgl. Komma (1a; Sprachw.). **Kom|ma|tis|mus** *der;* - ⟨zu ↑...ismus⟩: (veraltet) Stil, der von kurzen Einzelsätzen geprägt ist (Stilk.)

Kom|me|mo|ra|ti|on *die;* -, -en ⟨aus *lat.* commemoratio „Erinnerung, Erwähnung" zu commemorare, vgl. kommemorieren⟩: 1. (veraltet) Erwähnung, Gedächtnis, Andenken. 2. Gedächtnisfeier (z. B. Allerseelen). **kom|me|mo|rie|ren** ⟨aus *lat.* commemorare „(sich) erinnern, erwähnen"⟩: (veraltet) erwähnen, gedenken

kom|men|da|bel ⟨aus gleichbed. *lat.* commendabilis zu commendare „anvertrauen"⟩: (veraltet) empfehlenswert. **Kom|men|da|taire** [kɔmãdaˈtɛːr] *der;* -s, -s ⟨aus gleichbed. *fr.* commendataire, dies aus *mlat.* commendatarius, vgl. Kommendatar⟩: svw. Kommendatar. **Kom|men|da|tar** [kɔmɛn...] *der;* -s, -e ⟨aus gleichbed. *mlat.* commendatarius zu *lat.* commendare „anvertrauen"⟩: (früher) Inhaber einer kirchlichen Pfründe. **Kom|men|da|ti|on** *die;* -, -en ⟨aus *lat.* commendatio „Empfehlung"⟩: in fränkischer Zeit ein dem späteren ↑ Homagium ähnlicher symbolischer Akt bei der Begründung eines Lehnsverhältnisses. **Kom|men|da|to|ri|en** [...jən] *die* (Plur.) ⟨zu *lat.* commendator „Empfehler, Gönner" u. ↑¹...ie⟩: (veraltet) bischöfliches Empfehlungsschreiben. **Kom|men|de** *die;* -, -n ⟨aus *mlat.* commenda „Lehnsherrschaft, Pacht" zu *lat.* commendare „anvertrauen"⟩: 1. (früher) eine ohne Amtsverpflichtung übertragene kirchliche Pfründe. 2. Verwaltungsbezirk od. Ordenshaus der ↑ Johanniter od. der Deutschherren im Mittelalter

kom|men|sal ⟨zu ↑ Kommensale⟩: mit anderen von der gleichen Nahrung lebend (von Pflanzen od. Tieren; Biol.). **Kom|men|sa|le** *der;* -n, -n ⟨aus *mlat.* commensalis „Tischgenosse" zu ↑ kon... u. *lat.* mensalis „zum Tisch gehörig"⟩: 1. (meist Plur.) Organismus (Tier od. Pflanze), der sich auf Kosten eines Wirtsorganismus ernährt, ohne ihm dabei zu schaden (Biol.). 2. (veraltet) Tischgenosse, Kostgänger. **Kom|men|sa|lis|mus** *die;* - ⟨zu ↑...ismus (2)⟩: das Zusammenleben mehrerer Kommensalen (1; Biol.). **Kom|men|sa|li|ti|um** *das;* -s, ...ien [...jən] ⟨aus gleichbed. *nlat.* commensalitium zu *mlat.* commensalis, vgl. Kommensale⟩: (veraltet) Tischgemeinschaft

kom|men|su|ra|bel ⟨aus gleichbed. *spätlat.* commensurabilis zu *lat.* commetiri (Part. Perf. commensum) „ausmessen"⟩: mit gleichem Maß meßbar; vergleichbar; Ggs. ↑ inkommensurabel. **Kom|men|su|ra|bi|li|tät** *die;* - ⟨zu ↑...ität⟩: Meßbarkeit mit gleichem Maß; Vergleichbarkeit (Math., Phys.); Ggs. ↑ Inkommensurabilität

Kom|ment [kɔˈmã:] *der;* -s, -s ⟨zu *fr.* comment „wie", eigtl. „das Wie, die Art und Weise, etwas zu tun", dies über *vulgärlat.* quomo aus gleichbed. *lat.* quomodo⟩: (Studentenspr.) Brauch, Sitte, Regel [des studentischen Lebens]

Kom|men|tar *der;* -s, -e ⟨aus *lat.* (liber) commentarius „Notizbuch, Niederschrift" zu commentus, Part. Perf. von comminisci „sich etwas ins Gedächtnis zurückrufen, sich auf etwas besinnen"⟩: 1. a) mit Erläuterungen u. kritischen Anmerkungen versehenes Zusatzwerk zu einem Druckwerk (bes. zu einem Gesetzestext, einer Dichtung od. einer wissenschaftlichen Abhandlung); b) kritische Stellungnahme in Presse, Radio od. Fernsehen zu aktuellen Tagesereignissen. 2. (ugs.) Anmerkung, Erklärung, Stellungnahme. **kom|men|ta|risch:** in Form eines Kommentars (1 b) [abgefaßt]. **kom|men|tar|los:** ohne Stellungnahme. **Kom|men|ta|ti|on** *die;* -, -en ⟨aus *lat.* commentatio „gelehrte Abhandlung", eigtl. „sorgfältiges Überdenken", zu commentatus, Part. Perf. von commentari, vgl. kommentieren⟩: (veraltet) Sammlung von gelehrten Schriften meist kritischen Inhalts. **Kom|men|ta|tor** *der;* -s, ...oren ⟨aus *spätlat.* commentator „Erklärer, Ausleger"⟩: 1. Verfasser eines Kommentars (1 b). 2. svw. Postglossator. **Kom|men|ta|to|rin** *die;* -, -nen: weibliche Form zu ↑ Kommentator (1)

Kom|ment|hand|lung [kɔˈmã:...] *die;* -, -en ⟨zu ↑ Komment⟩: angeborenen Trieben entsprechende Handlung (Verhaltensforschung)

kom|men|tie|ren ⟨aus *lat.* commentari „überdenken, erläutern, auslegen" zu ↑ kon... u. *lat.* mens „Verstand, Gedanke"⟩: a) ein Druckwerk (bes. einen Gesetzestext od. eine wissenschaftliche Abhandlung) mit erläuternden u. kritischen Anmerkungen versehen; b) in einem Kommentar (1 b) zu aktuellen Tagesereignissen Stellung nehmen; c) (ugs.) eine Anmerkung zu etwas machen. **Kom|men|tie|rung** *die;* -, -en ⟨zu ↑...ierung⟩: das Kommentieren

Kom|ment|kampf [kɔˈmã:...] *der;* -[e]s, ...kämpfe ⟨zu ↑ Komment⟩: (bei bestimmten Tierarten) nach festen Regeln ablaufende Art des Kampfes unter Artgenossen, die ernsthafte Verletzungen der Kampfpartner ausschließt (Verhaltensforschung)

Kom|mers *der;* -es, -e ⟨nach *fr.* commerce, vgl. Kommerz; urspr. Bez. für jede Art von geräuschvoller Veranstaltung⟩: (Studentenspr.) Trinkabend in festlichem Rahmen. **Kom|mers|buch** *das;* -[e]s, ...bücher: (Studentenspr.) Sammlung festlicher u. geselliger Studentenlieder. **kom|mer|sie|ren** ⟨zu ↑...ieren⟩: (veraltet) an einem Kommers teilnehmen. **Kom|merz** *der;* -es ⟨über *fr.* commerce aus *lat.* commercium „Handel(sverkehr)"⟩: 1. Wirtschaft, Handel u. Verkehr. 2. wirtschaftliches, auf Gewinn bedachtes Interesse. **kom|mer|zia|li|sie|ren** ⟨nach *fr.* commercialiser „handelsfähig machen" zu commerce, vgl. Kommerz⟩: 1. öffentliche Schulden in privatwirtschaftliche umwandeln. 2. [Dinge, ideelle Werte, die eigentlich nicht zum Bereich der Wirtschaft gehören] wirtschaftlichen Interessen unterordnen, dem Gewinnstreben dienstbar machen. **Kom|mer|zia|li|sie|rung** *die;* - ⟨zu ↑...isierung⟩: Unterordnung von ideellen, insbesondere kulturellen Werten unter wirtschaftliche Interessen. **Kom|mer|zia|lis|mus** *der;* - ⟨zu ↑...ismus (5)⟩: nur auf die Erzielung eines möglichst großen Gewinns gerichtetes wirtschaftliches Handeln. **Kom|mer|zi-**

Kommos

al|rat *der;* -[e]s, ...räte: (österr.) svw. Kommerzienrat.
kom|mer|zi|ell ⟨zu ↑...ell⟩: 1. Wirtschaft u. Handel betreffend, auf ihnen beruhend. 2. Geschäftsinteressen wahrnehmend, auf Gewinn bedacht. **Kom|mer|zi|en|rat** [...i̯ən...] *der;* -[e]s, ...räte ⟨zu *lat.* commercia, Plur. von commercium, vgl. Kommerz⟩: (früher) a) (ohne Plur.) Titel für Großkaufleute u. Industrielle; b) Träger dieses Titels.
Kom|merz|last *die;* -, -en: altes norddt. u. skand. Handelsgewicht, das die Grundlage für die Schiffsvermessung u. die Erhebung des Tonnengeldes war
Kom|mi|gra|ti|on *die;* -, -en ⟨aus *spätlat.* commigratio „das Hinziehen, Wandern" zu *lat.* commigrare, vgl. kommigrieren⟩: (veraltet) gemeinsame Auswanderung. **kom|mi|grie|ren** ⟨aus *lat.* commigrare „wandern, ziehen"⟩: (veraltet) fortziehen, auswandern
Kom|mi|li|to|ne *der;* -n, -n ⟨über *mlat.* commilito, Gen. commilitonis „Mitstreiter, Kamerad" aus *lat.* commilito „Mitsoldat, Waffenbruder"⟩: (Studentenspr.) Studienkollege.
Kom|mi|li|to|nin *die;* -, -en: weibliche Form zu ↑ Kommilitone
Kom|mi|na|ti|on *die;* -, -en ⟨aus gleichbed. *lat.* comminatio zu comminari, vgl. komminieren⟩: (veraltet) Drohung.
kom|mi|na|to|risch ⟨aus gleichbed. *spätlat.* comminatorius⟩: (veraltet) drohend, warnend. **kom|mi|nie|ren** ⟨aus gleichbed. *lat.* comminari⟩: (veraltet) androhen, bedrohen
kom|mi|nu|ie|ren ⟨aus *lat.* comminuere zu ↑kon... u. minuere „vermindern"⟩: (veraltet) vermindern, schwächen; zerstückeln. **Kom|mi|nu|ti|on** *die;* -, -en ⟨aus *lat.* comminutio „das Zermalmen" zu comminuere, vgl. komminuieren⟩: (veraltet) Verringerung; Zerstückelung
Kom|mis [kɔˈmiː] *der;* - [kɔˈmiː(s)], - [kɔˈmiːs] ⟨aus gleichbed. *fr.* commis zu commettre „beauftragen", dies aus *lat.* committere, vgl. kommittieren⟩: (veraltet) Handlungsgehilfe
Kom|mi|se|ra|ti|on *die;* - ⟨aus gleichbed. *lat.* commiseratio zu commiserari, vgl. kommiserieren⟩: (veraltet) Bemitleidung, Mitleid. **kom|mi|se|rie|ren** ⟨aus *lat.* commiserari „bedauern, bejammern"⟩: (veraltet) bemitleiden
Kom|miß *der;* ...misses ⟨wohl aus *mlat.* commissa „anvertrautes Gut", urspr. „Heeresvorräte", Plur. von commissum „das Anvertraute, das Geheimnis", substantiviertes Part. Perf. (Neutrum) von *lat.* committere, vgl. kommittieren⟩: (ugs.) Militär[dienst]. **Kom|mis|sar** *der;* -s, -e ⟨aus *mlat.* commissarius „mit der Abwicklung eines Geschäfts Beauftragter" zu *lat.* committere, vgl. kommittieren⟩: 1. [vom Staat] Beauftragter. 2. a) (ohne Plur.) Dienstrangbezeichnung [für Polizeibeamte]; b) Träger des Dienstgrades Kommissar. **Kom|mis|sär** *der;* -s, -e ⟨nach gleichbed. *fr.* commissaire; vgl. ...är⟩: (landsch.) svw. Kommissar. **Kom|mis|sa|ri|at** *das;* -[e]s, -e ⟨nach gleichbed. *nlat.* commissariatus; vgl. ...iat⟩: 1. Amt[szimmer] eines Kommissars. 2. (österr.) Polizeidienststelle. **kom|mis|sa|risch** ⟨zu ↑Kommissar⟩: vorübergehend, vertretungsweise [ein Amt verwaltend]. **Kom|mis|si|on** *die;* -, -en ⟨aus *mlat.* commissio „Auftrag, Vorladung", dies aus *lat.* commissio „Vereinigung, Verbindung" zu committere, vgl. kommittieren⟩: 1. Ausschuß [von beauftragten Personen]. 2. (veraltend) Bestellung von Ware, Auftrag; in -: im eigenen Namen für fremde Rechnung ausgeführt (von einem Auftrag). 3. (veraltet) Einkauf, Besorgung. **Kom|mis|sio|när** *der;* -s, -e ⟨über *fr.* commissionnaire aus gleichbed. *mlat.* commissionarius⟩: jmd., der gewerbsmäßig Waren od. Wertpapiere in eigenem Namen für fremde Rechnung ankauft od. verkauft. **kom|mis|sio|nell** ⟨zu ↑...ell⟩: 1. amtlich. 2. auf Kommission (2) beruhend. **kom|mis|sio|nie|ren** ⟨zu ↑Kommission u. ↑...ieren⟩: (österr.) [ein Gebäude] durch eine staatliche Kommission prüfen u. für die Übergabe an seine Bestimmung freigeben. **Kom|mis|si|ons|buch|han|del** *der;* -s: Zwischenbuchhandel [zwischen Verlag u. ↑ Sortiment (2)]. **Kom|mis|siv|de|likt** *das;* -[e]s, -e ⟨zu *lat.* commissus, Part. Perf. von committere (vgl. kommittieren), ↑...iv⟩: (veraltet) strafbare Handlung im Gegensatz zur strafbaren Unterlassung (Rechtsw.). **kom|mis|so|risch** ⟨aus *lat.* commissorius „eine Verwirklichung enthaltend"⟩: im, als Sonderauftrag. **Kom|mis|so|ri|um** *das;* -s, ...ien [...i̯ən] ⟨aus gleichbed. *lat.* commissorium zu commissorius, vgl. kommissorisch⟩: (veraltet) 1. Geschäftsauftrag. 2. Sendung. 3. Vollmacht[sbrief]. **Kom|mis|sur** *die;* -, -en ⟨aus *lat.* commissura „Zusammenfügung, Verbindung" zu committere, vgl. kommittieren⟩: 1. Querverbindung zwischen ↑symmetrischen (3) Teilen des ↑Zentralnervensystems, bes. zwischen den beiden ↑ Hemisphären (c) des Großhirns (Anat.). 2. Verbindung zwischen Weichteilen im Bereich der Organe (Anat.). **Kom|mis|su|ro|to|mie** *die;* -, ...ien ⟨zu ↑...tomie⟩: operative Sprengung bzw. Erweiterung einer Herzklappe, u. zwar instrumentell od. mit dem Finger des Operateurs (Med.)
kom|mis|zi|bel ⟨aus gleichbed. *lat.* commiscibilis zu commiscere, vgl. kommiszieren⟩: (veraltet) vermischbar. **kom|mis|zie|ren** ⟨aus gleichbed. *lat.* commiscere zu ↑kon... u. miscere „(ver)mischen"⟩: (veraltet) vermengen, vermischen
Kom|mit|tent *der;* -en, -en ⟨aus *lat.* committens, Gen. committentis, Part. Präs. von committere, vgl. kommittieren⟩: Auftraggeber eines Kommissionärs. **kom|mit|tie|ren** ⟨aus *lat.* committere „verbinden, ausüben; anvertrauen, eine Sache in die Hand geben"⟩: einen Kommissionär beauftragen, bevollmächtigen. **Kom|mit|tiv** *das;* -s, -e [...və] ⟨zu ↑...iv⟩: (veraltet) schriftliche Vollmacht (Rechtsw.)
Kom|mix|tur *die;* -, -en ⟨zu ↑kon... u. ↑Mixtur⟩: (veraltet) Vermischung
kom|mod ⟨aus gleichbed. *fr.* commode, dies aus *lat.* commodus „angemessen, zweckmäßig, bequem"⟩: (veraltet, aber noch österr. u. landsch.) bequem, angenehm. **Kom|mo|de** *die;* -, -n ⟨aus gleichbed. *fr.* commode, substantiviertes Fem. von commode (vgl. kommod), eigtl. „bequem(e Truhe)"⟩: Möbelstück mit mehreren Schubladen. **Kom|mo|di|tät** *die;* -, -en ⟨über *fr.* commodité aus gleichbed. *lat.* commoditas, dies zu commodus, vgl. kommod u. ↑...ität⟩: (veraltet, noch landsch.) 1. Bequemlichkeit. 2. Toilette (2)
Kom|mo|do|re *der;* -s, Plur. -n u. -s ⟨aus gleichbed. *engl.* commodore (älter *engl.* commandore), dies aus *fr.* commandeur, vgl. Kommandeur⟩: 1. Geschwaderführer (bei Marine u. Luftwaffe). 2. erprobter ältester Kapitän bei großen Schiffahrtslinien
Kom|moi [...mɔy]: Plur. von ↑ Kommos
kom|mo|nie|ren ⟨aus gleichbed. *lat.* commonere zu ↑kon... u. monere „(er)mahnen, erinnern"⟩: (veraltet) ermahnen, erinnern. **Kom|mo|ni|ti|on** *die;* -, -en ⟨aus gleichbed. *spätlat.* commonitio zu ↑kon... u. *lat.* monitio „Erinnerung, Warnung"⟩: (veraltet) Ermahnung, Erinnerung. **Kom|mo|ni|to|ri|um** *das;* -s, ...ien [...i̯ən] ⟨aus *spätlat.* commonitorium „Verhaltensmaßregel, Instruktion"⟩: (veraltet) Mahnung, Mahnschreiben
Kom|mo|rant *der;* -en, -en ⟨zu *lat.* commorari „sich aufhalten, verweilen" u.. ↑...ant (1)⟩: ohne Ausübung der Seelsorge an einem Ort ansässiger Geistlicher
Kom|mos *der;* -, Kommoi [...mɔy] ⟨aus gleichbed. *gr.* kommós, eigtl. „das Schlagen (an die Brust zum Zeichen der Trauer)"⟩: 1. im Wechselgesang vorgetragenes Klagelied

in der altgriech. Tragödie. 2. Wechselrede zwischen Chor u. Schauspieler in der altgriech. Tragödie

Kom|mo|tio, seltener **Kom|mo|ti|on** *die;* -, ...ionen ⟨aus *lat.* commotio „Bewegung, Erregung" zu commovere „bewegen, schütteln, erschüttern"⟩: 1. durch eine stumpfe Gewalteinwirkung hervorgerufene Erschütterung von Organen (Med.). 2. Gehirnerschütterung (Med.)

kom|mun ⟨aus *lat.* communis „allen od. mehreren gemeinsam, allgemein"⟩: gemeinschaftlich, gemein. **kom|mu|nal** ⟨über *fr.* communal aus gleichbed. *lat.* communalis; vgl. Kommune⟩: eine Gemeinde od. die Gemeinden betreffend, gemeindeeigen. **kom|mu|nal...**, **Kom|mu|nal...** ⟨zu ↑kommunal⟩: Wortbildungselement mit der Bedeutung „die Gemeinde od. den Landkreis betreffend", z. B. kommunalpolitisch, Kommunalwahl. **Kom|mu|nal|ab|ga|ben** *die* (Plur.): Gesamtheit der Gebühren, Beiträge zu Steuern einer Gemeinde. **Kom|mu|na|li|en** [...jən] *die* (Plur.) ⟨aus gleichbed. *lat.* communalia, Neutrum Plur. von communalis, vgl. kommunal⟩: (veraltet) Gemeindeangelegenheiten. **kom|mu|na|li|sie|ren** ⟨zu ↑kommunal u. ↑...isieren⟩: Privatunternehmen in Gemeindebesitz u. -verwaltung überführen. **Kom|mu|nal|ob|li|ga|ti|on** *die;* -, -en ⟨zu ↑kommunal...⟩: von einer Gemeinde aufgenommene öffentliche Anleihe. **Kom|mu|nal|po|li|tik** *die;* -: die Belange einer Gemeinde betreffende Politik. **Kom|mu|nal|wahl** *die;* -, -en: Wahl der Gemeindevertretungen (z. B. des Stadtrates). **Kom|mu|nar|de** *der;* -n, -n ⟨aus *fr.* communard „Anhänger der Kommune (2)"⟩: 1. Mitglied einer Kommune (4). 2. Anhänger der Pariser Kommune. **Kom|mu|ne** *die;* -, -n ⟨aus (älter) *fr.* commune „Gemeinde", dies aus gleichbed. *vulgärlat.* communia zu *lat.* communis, vgl. kommunal; Bed. 2 nach *fr.* Commune (de Paris)⟩: 1. Gemeinde. 2. (ohne Plur.) Herrschaft des Pariser Gemeinderats 1792–94 u. 1871. 3. (ohne Plur.; veraltet, abwertend) Gesamtheit der Kommunisten. 4. Zusammenschluß mehrerer Personen zu einer Wohn- u. Wirtschaftsgemeinschaft, die der Isolierung des einzelnen in den herkömmlichen Formen des Zusammenlebens begegnen will. **kom|mu|ni|ka|bel** ⟨aus gleichbed. *fr.* communicable, dies zu *lat.* communicare, vgl. kommunizieren⟩: (veraltet) mitteilbar, vereinbar. **Kom|mu|ni|ka|bi|li|tät** *die;* - ⟨zu ↑...ität⟩: (veraltet) Mitteilbarkeit. **Kom|mu|ni|kant** *der;* -en, -en ⟨aus *(kirchen)lat.* communicans, Gen. communicantis, Part. Präs. von *lat.* communicare, vgl. kommunizieren⟩: 1. jmd., der [zum ersten Mal] kommuniziert (3; kath. Rel.). 2. Gesprächsteilnehmer, Teilhaber an einer Kommunikation (1; Sprachw., Soziol.). **Kom|mu|ni|kan|tin** *die;* -, -nen: weibliche Form zu ↑Kommunikant. **Kom|mu|ni|kat** *der* od. *das;* -[e]s, -e ⟨aus gleichbed. *lat.* communicatum, substantiviertes Part. Perf. (Neutrum) von communicare, vgl. kommunizieren⟩: (veraltet) schriftliche Mitteilung, bes. Antwortschreiben einer Behörde. **Kom|mu|ni|ka|ti|on** *die;* -, -en ⟨aus *lat.* communicatio „Mitteilung, Unterredung" zu communicare, vgl. kommunizieren⟩: 1. (ohne Plur.) Verständigung untereinander, zwischenmenschlicher Verkehr bes. mit Hilfe von Sprache, Zeichen. 2. Verbindung, Zusammenhang. **Kom|mu|ni|ka|ti|ons|bar|rie|re** *die;* -, -n: die Aufnahme, Fortführung einer Kommunikation (1) hemmende Barriere, Störung im Kommunikationsprozeß (Psychol.). **kom|mu|ni|ka|ti|ons|fä|hig**: fähig zur Kommunikation (1). **Kom|mu|ni|ka|ti|ons|for|schung** *die;* -: Forschungsrichtung, die Probleme der Kommunikation (1) unter den verschiedensten wissenschaftlichen Gesichtspunkten (z. B. soziologischer od. linguistischer Art) untersucht. **Kom|mu|ni|ka|ti|ons|mo|dell** *das;* -s, -e: schematische Darstellung der Bestandteile einer Kommunikation (1). **Kom|mu|ni|ka|ti|ons|part|ner** *der;* -s, -: an einer Kommunikation (1) beteiligter Gesprächspartner. **Kom|mu|ni|ka|ti|ons|pro|zeß** *der;* ...esses, ...esse: Prozeß, Ablauf, Verlauf einer Kommunikation (1). **Kom|mu|ni|ka|ti|ons|sa|tel|lit** *der;* -en, -en: der Nachrichtenübermittlung dienender ↑Satellit (3). **Kom|mu|ni|ka|ti|ons|trai|ning** [...trɛ:...] *das;* -s: das Erlernen u. Üben, mit anderen Menschen zu kommunizieren (1), umzugehen. **Kom|mu|ni|ka|ti|ons|zen|trum** *das;* -s, ...ren: zentraler Begegnungsort von Menschen u. Gruppen. **kom|mu|ni|ka|tiv** ⟨zu ↑...iv⟩: a) mitteilbar, mitteilsam; b) auf die Kommunikation bezogen, die Kommunikation betreffend; -e [...və] Kompetenz: Fähigkeit eines Sprachteilhabers, [neue] Redesituationen zu bewältigen (Sprachw.). **Kom|mu|ni|ka|tor** *der;* -s, ...oren ⟨zu ↑...or⟩: jmd., der im Dialog mit einem ↑Rezipienten (1 b) eine Information gibt. **Kom|mu|ni|on** *die;* -, -en ⟨aus *kirchenlat.* communio „das heilige Abendmahl", dies aus *lat.* communio „Gemeinschaft" zu communis, vgl. kommun⟩: 1. das Altarsakrament als Gemeinschaftsmahl der Gläubigen mit Christus. 2. der [erste] Empfang des Altarsakraments. **Kom|mu|ni|on|bank** *die;* -, ...bänke: vor dem Altarraum befindliche Bank, an der die Gläubigen zum Empfang der Kommunion niederknien (kath. Kirche). **Kom|mu|ni|qué** [kɔmyni'ke:, auch kɔmu...] *das;* -s, -s ⟨aus gleichbed. *fr.* communiqué zu communiquer „mitteilen", dies aus gleichbed. *lat.* communicare, vgl. kommunizieren⟩: a) [regierungs]amtliche Mitteilung (z. B. über Sitzungen, Vertragsabschlüsse); b) Denkschrift. **Kom|mu|nis|mus** [kɔmu...] *der;* - ⟨über *fr.* communisme aus gleichbed. *engl.* communism, dies zu *lat.* communis, vgl. kommun u. ...ismus (1)⟩: 1. nach Karl Marx die auf den Sozialismus folgende Entwicklungsstufe, in der alle Produktionsmittel u. Erzeugnisse in das gemeinsame Eigentum aller Staatsbürger übergehen u. in der alle sozialen Gegensätze aufgehoben sind. 2. politische Richtung, Bewegung, die sich gegen den ↑Kapitalismus wendet u. sozialistische Ziele in Wirtschaft u. Gesellschaft verficht. **Kom|mu|nist** *der;* -en, -en ⟨zu ↑...ist⟩: a) Vertreter, Anhänger des Kommunismus; b) Mitglied einer kommunistischen Partei. **kom|mu|ni|stisch** ⟨zu ↑...istisch⟩: a) den Kommunismus u. seine Grundsätze betreffend; b) auf den Grundsätzen des Kommunismus aufbauend, basierend. **Kom|mu|ni|tät** *die;* -, -en ⟨aus *lat.* communitas, Gen. communitatis „Gemeinschaft"; Bed. 3 über gleichbed. *fr.* communauté⟩: 1. Gemeinschaft, Gemeingut. 2. (veraltet) Ort, an dem sich bes. Studenten zum Speisen versammeln. 3. ordensähnliche ev. Bruderschaft mit besonderen religiösen od. missionarischen Aufgaben. **kom|mu|ni|zie|ren** ⟨aus *lat.* communicare „gemeinschaftlich tun; mitteilen" zu communis, vgl. kommun⟩: 1. sich verständigen, miteinander sprechen. 2. zusammenhängen, in Verbindung stehen. 3. das Altarsakrament empfangen, zur Kommunion gehen (kath. Rel.). **kom|mu|ni|zie|rend** ⟨zu ↑...ierend⟩: 1. sich verständigend, miteinander sprechend. 2. zusammenhängend, in Verbindung stehend; -e Röhren: unten miteinander verbundene u. oben offene Röhren od. Gefäße, in denen eine Flüssigkeit gleich hoch steht (Phys.).

kom|mu|ta|bel ⟨aus gleichbed. *lat.* commutabilis zu commutare, vgl. kommutieren⟩: veränderlich; vertauschbar. **Kom|mu|ta|ti|on** *die;* -, -en ⟨aus *lat.* commutatio „Veränderung, Wechsel, Austausch" zu commutare, vgl. kommutieren⟩: 1. a) Umstellbarkeit, Vertauschbarkeit von Größen (Math.); b) Ersetzen einer sprachlichen Einheit (z. B. eines Buchstabens) durch eine andere u. Untersuchung der dadurch bewirkten Veränderung (z. B. der Bedeutung;

Komparse

Sprachw.). 2. Winkel zweier Geraden, die von der Sonne zur Erde u. zu einem anderen Planeten gehen (Astron.). 3. svw. Kommutierung; vgl. ...[at]ion/...ierung. **kom|mu|ta|tiv** ⟨zu ↑...iv⟩: 1. umstellbar, vertauschbar (von math. Größen u. sprachlichen Einheiten; Math., Sprachw.); vgl. Kommutation (1 a, b). 2. a) die Kommutation (2) betreffend; b) die Kommutierung betreffend. **Kom|mu|ta|tor** *der;* -s, ...oren ⟨zu ↑...or⟩: Stromwender, ↑ Kollektor (1; Elektrot.). **kom|mu|tie|ren** ⟨aus *lat.* commutare „umbewegen, verwandeln, verändern"⟩: 1. Größen umstellen, miteinander vertauschen (Math., Sprachw.). 2. die Richtung des elektr. Stroms ändern. **Kom|mu|tie|rung** *die;* -, -en ⟨zu ↑...ierung⟩: das Kommutieren; vgl. ...[at]ion/...ierung

Ko|mö|di|ant *der;* -en, -en ⟨teilweise unter Einfluß von *engl.* comedian aus *it.* commediante „Schauspieler" zu comedia „Komödie", dies aus gleichbed. *lat.* comoedia, vgl. Komödie⟩: 1. (veraltet, sonst abwertend) Schauspieler. 2. (ugs. abwertend) jmd., der anderen etwas vorzumachen versucht; Heuchler. **Ko|mö|di|an|tin** *die;* -, -nen: weibliche Form zu ↑ Komödiant. **ko|mö|di|an|tisch:** zum Wesen der Komödianten gehörend; schauspielerisch [begabt]. **Ko|mö|die** [...iə] *die;* -, -n ⟨über *lat.* comoedia aus gleichbed. *gr.* kōmōidía, eigtl. „Singen eines Komos", zu kōmōidós „Schauspieler", eigtl. „der zum Fest des Dionysos Spottlieder singt", dies aus kōmos „Festzug, Gelage" u. ōidós „Sänger"⟩: 1. a) (ohne Plur.) dramatische Gattung, in der menschlichen Schwächen dargestellt u. [scheinbare] Konflikte heiter-überlegen gelöst werden; b) Bühnenstück mit heiterem Inhalt; Ggs. ↑ Tragödie (1). 2. kleines Theater, in dem fast nur Komödien gespielt werden. 3. (ohne Plur.) unechtes, theatralisches Gebaren, Heuchelei, Verstellung

Ko|mo|do|wa|ran *der;* -s, -e ⟨nach der Insel Komodo im Sundaarchipel u. zu ↑ Waran⟩: größte, auf der Insel Komodo noch lebende Echse

Ko|mon|dor *der;* -s, -e ⟨aus gleichbed. *ung.* komondor⟩: ung. Hirtenhund mit weißem, zottig-verfilztem Fell

Ko|mos *der;* -, ...moi [...mɔy] ⟨aus gleichbed. *gr.* kōmos⟩: Bez. für festlich-ausgelassene Umzüge bes. im Zusammenhang mit dem athenischen Dionysoskult

Kom|pa|gi|na|ti|on *die;* -, -en ⟨aus *lat.* compaginatio „Zusammenfügung, Verbindung" zu compingere „zusammenschlagen, -fügen"⟩: (veraltet) Zusammenhang

Kom|pa|gnie [...pa'ni:] *die;* -, ...jen ⟨aus gleichbed. *it.* compagnia bzw. *fr.* compagnie, vgl. [1,2]Kompanie⟩: (schweiz.) svw. [1,2]Kompanie. **Kom|pa|gnon** [kɔmpan'jõ:, 'kɔmpanjõ, auch 'kɔmpanjɔŋ] *der;* -s, -s ⟨aus *fr.* compagnon „Geselle, Genosse", dies aus *vulgärlat.* *compania, vgl. Kumpan⟩: Gesellschafter, Teilhaber, Mitinhaber eines Geschäfts od. eines Handelsunternehmens

kom|pakt ⟨über *fr.* compact „dicht, derb, fest" aus *lat.* compactus „gedrungen", Part. Perf. von compingere „zusammenschlagen, -fügen"⟩: 1. (ugs.) massig, gedrungen. 2. undurchdringlich, dicht, fest. 3. gedrängt, kurzgefaßt, das Wesentliche zusammenfügend. **Kom|pakt...** ⟨zu ↑ kompakt⟩: Wortbildungselement mit der Bedeutung „wenig Raum beanspruchend" (von der technischen od. elektronischen Anlage von Apparaten od. Gebäuden), z. B. Kompaktbauweise, Kompaktauto. **Kom|pakt|an|la|ge** *die;* -, -n: fest zusammengebaute Stereoanlage mit dem nötigen Zubehör. **Kom|pak|tat** *der* od. *das;* -[e]s, -e[n] ⟨aus gleichbed. *mlat.* compactatum, eigtl. „Zusammengefügtes", zu *lat.* compactus, vgl. kompakt⟩: (veraltet) Vertrag (z. B. Prager Kompaktaten von 1433). **Kom|pak|ti|on** *die;* -, -en ⟨aus *lat.* compactio „Zusammenfügung"⟩: Volumenverringerung eines Gesteins unter Auspressung des Porenwassers infolge wachsender Auflast bei ↑ Sedimentation (1; Geol.). **Kom|pakt|ski** [...ʃi] *der;* -, Plur. -er, auch - ⟨zu ↑ Kompakt...⟩: für Anfänger geeigneter, relativ kurzer Ski

Kom|pan|der *der;* -s, - ⟨Kurzw. aus ↑ Kompressor u. ↑ Expander⟩: elektronische Baugruppe zur Rauschunterdrückung bei der Signalübertragung (Elektroakustik)

[1]**Kom|pa|nie** *die;* -, ...ien ⟨aus *it.* compagnia „Gesellschaft", dies aus *vulgärlat.* *compania, zu ↑ kon... u. *lat.* panis „Brot", eigtl. „Brotgemeinschaft"⟩: (veraltet) Handelsgesellschaft; Abk.: Co., Cie. [2]**Kom|pa|nie** *die;* -, ...ien ⟨aus *fr.* compagnie „Gesellschaft; militärische Grundeinheit", dies über *altfr.* compagnie aus *vulgärlat.* *compania, vgl. [1]Kompanie⟩: Truppeneinheit von 100–250 Mann innerhalb eines ↑ Bataillons; Abk.: Komp. **Kom|pa|nie|chef** *der;* -s, -s: Führer einer [2]Kompanie im Rang eines Hauptmannes

kom|pa|ra|bel ⟨aus gleichbed. *lat.* comparabilis zu comparare, vgl. [2]komparieren⟩: vergleichbar. **Kom|pa|ra|bi|li|tät** *die;* - ⟨zu ↑...ität⟩: Vergleichbarkeit. **Kom|pa|ra|ti|on** *die;* -, -en ⟨aus gleichbed. *lat.* comparatio zu comparare, vgl. [2]komparieren⟩: 1. das Vergleichen. 2. Steigerung des Adjektivs (Sprachw.). **Kom|pa|ra|tist** *der;* -en, -en ⟨zu ↑...ist⟩: vergleichender Literaturwissenschaftler. **Kom|pa|ra|ti|stik** *die;* - ⟨zu ↑...istik⟩: 1. svw. Komparativistik. 2. vergleichende Literaturwissenschaft. **kom|pa|ra|ti|stisch** ⟨zu ↑...istisch⟩: a) die Komparatistik betreffend; b) mit den Methoden der Komparatistik arbeitend. **kom|pa|ra|tiv** [auch ...'ti:f] ⟨aus gleichbed. *lat.* comparativus zu comparare, vgl. [2]komparieren⟩: 1. auf Vergleichung beruhend (Philos.). 2. a) vergleichend (von der Untersuchung zweier od. mehrerer Sprachen); b) steigernd (Sprachw.). **Kom|pa|ra|tiv** *der;* -s, -e [...və] ⟨aus *lat.* (gradus) comparativus „zum Vergleichen geeignet(er Steigerungsgrad)"⟩: Steigerungsstufe, Höherstufe, Mehrstufe (Sprachw.). **Kom|pa|ra|ti|vi|stik** [...v...] *die;* - ⟨zu ↑...istik⟩: Teilgebiet der Sprachwissenschaft, das sich mit der gegenüberstellend-vergleichenden Untersuchung von zwei od. mehreren Sprachen befaßt. **Kom|pa|ra|tiv|satz** *der;* -es, ...sätze ⟨zu ↑ komparativ⟩: Vergleichssatz, Konjunktionalsatz, der einen Vergleich enthält (z. B. Eva ist größer, als ihre Schwester es im gleichen Alter war). **Kom|pa|ra|tor** *der;* -s, ...oren ⟨aus *lat.* comparator „Vergleicher"⟩: 1. Gerät zum Vergleich u. zur genauen Messung von Längenmaßen. 2. Gerät zur Feststellung von Lage- u. Helligkeitsveränderungen bestimmter Sterne (Astron.). 3. ein elektr. ↑ Kompensator (1; Elektrot.). **Kom|pa|ra|tor|prin|zip** *das;* -s: von dem dt. Physiker E. Abbe (1840–1905) 1890 aufgestelltes Prinzip für genaue Längenmessungen

Kom|pa|rent *der;* -en, -en ⟨zu *lat.* comparens, Gen. comparentis „erscheinend, zur Stelle seiend", Part. Präs. zu comparere „erscheinen, sichtbar sein, zur Stelle sein"⟩: (veraltet) jmd., der vor einer Behörde, einem Gericht erscheint. **Kom|pa|renz** *die;* - ⟨zu ↑...enz⟩: (veraltet) das Erscheinen vor Gericht. [1]**kom|pa|rie|ren** ⟨aus *lat.* comparere „erscheinen", vgl. Komparent⟩: (veraltet) vor Gericht erscheinen [2]**kom|pa|rie|ren** ⟨aus *lat.* comparare „vergleichen"⟩: a) (veraltet) vergleichen; b) die Komparation (2) anwenden, steigern (Sprachw.). **Kom|pa|ri|ti|on** *die;* - ⟨aus *nlat.* comparitio zu ↑ [1]komparieren u. ↑ [1]...ion⟩: svw. Komparenz. **Kom|par|se** *der;* -n, -n ⟨aus gleichbed. *it.* comparsa, eigtl. „Erscheinen, Auftreten", zu comparire „älter *it.* comparere „hervortreten", dies aus gleichbed. *lat.* comparere (vgl. [1]komparieren), eigtl. „Darsteller, der nur stumm auf der Bühne in ‚Erscheinung' tritt"⟩: meist in Massenszenen auftreten-

745

Komparserie

de Nebenperson ohne Sprechrolle. **Kom|par|se|rie** *die;* -, ...ien ⟨aus gleichbed. *it.* comparseria⟩: Gesamtheit der Komparsen; ↑ Statisterie. **Kom|par|sin** *die;* -, -nen: weibliche Form zu ↑ Komparse

kom|par|tie|ren ⟨aus gleichbed. *mlat.* compartire zu ↑ kon... u. *lat.* partire „teilen"⟩: (veraltet) abteilen. **Kom|par|timent** *das;* -[e]s, -e ⟨aus gleichbed. *fr.* compartiment⟩: (veraltet) 1. abgeteiltes Feld. 2. [Zug]abteil. **Kom|par|ti|mentie|rung** *die;* - ⟨zu ↑ ...ierung⟩: die Aufgliederung der Zelle in Reaktionsräume, die häufig von einer Membran umschlossen sind (Biol.). **Kom|par|ti|ti|on** *die;* - ⟨aus gleichbed. *mlat.* compartitio⟩: (veraltet) Abteilung. **Kom|partment|syn|drom** [kɔmˈpɑːtmənt...] *das;* -s ⟨zu *engl.* compartment „Abteilung, (abgeteilter) Raum" aus *fr.* compartiment, vgl. Kompartiment⟩: durch örtliche Druckerhöhung in allseits geschlossenen Weichteilbezirken hervorgerufene Gewebsschäden (Med.).

Kom|paß *der;* ...passes, ...passe ⟨aus gleichbed. *it.* compasso, eigtl. „Zirkel", zu compassare „ringsum abschreiten, abmessen", dies über das Vulgärlat. zu *lat.* passus „Schritt"⟩: Gerät zur Feststellung der Himmelsrichtung

Kom|pa|stor *der;* -s, ...oren ⟨zu ↑ kon... u. ↑ Pastor⟩: (veraltet) zweiter Pfarrer, Nebenprediger

kom|pa|ti|bel ⟨über gleichbed. *engl.* compatible aus *fr.* compatible zu compatir „übereinstimmen"; vgl. kompatieren⟩: 1. syntaktisch-semantisch anschließbar (von ↑ Lexemen [im Satz]; z. B. dunkel + Haar in: Sie hat dunkles Haar; Sprachw.); Ggs. ↑ inkompatibel (3). 2. miteinander vereinbar, zusammenpassend; Ggs. ↑ inkompatibel (2). 3. die Eigenschaft der Kompatibilität (2) besitzend. 4. (von Medikamenten od. Blutgruppen) miteinander vereinbar, verträglich (Med.); Ggs. ↑ inkompatibel (1). **Kom|pa|ti|bi|li|tät** *die;* -, -en ⟨zu ↑ ...ität⟩: 1. Vereinbarkeit [zweier Ämter in einer Person]. 2. Austauschbarkeit, Vereinbarkeit verschiedener Systeme (z. B. von Computern). 3. syntaktisch-semantische Anschließbarkeit, Kombinierbarkeit von ↑ Lexemen [im Satz] (Sprachw.); Ggs. ↑ Inkompatibilität (3); vgl. kompatibel (1). 4. Verträglichkeit verschiedener ↑ Medikamente od. Blutgruppen (Med.); Ggs. ↑ Inkompatibilität (1). **kom|pa|tie|ren** ⟨über *fr.* compatir aus gleichbed. *lat.* compati⟩: (veraltet) mitfühlen, Mitleid haben; zueinander passen

Kom|pa|tri|ot *der;* -en, -en ⟨zu ↑ kon... u. ↑ Patriot⟩: (veraltet) Landsmann. **Kom|pa|tro|nat** *das;* -[e]s, -e: gemeinsames ↑ Patronat (2) mehrerer Personen (Kirchenrecht)

Kom|pa|zis|zent *der;* -en, -en ⟨aus *lat.* compaciscens, Gen. compaciscentis, Part. Präs. zu compacisci „einen Vertrag schließen"⟩: (veraltet) jmd., der einen Pakt od. Vertrag (bes. Friedensvertrag) schließt

Kom|pel|le *das;* -s, -n ⟨aus *lat.* compelle, eigtl. „zwinge!", Imperativ von compellere, vgl. kompellieren⟩: (veraltet) a) Nötigung, Zwangsmittel; b) zwingender äußerer Beweggrund. **kom|pel|lie|ren** ⟨aus gleichbed. *lat.* compellere⟩: (veraltet) antreiben, nötigen, zwingen

kom|pen|dia|risch ⟨aus *lat.* compendiarius „abgekürzt"⟩: svw. kompendiös. **kom|pen|di|ie|ren** ⟨aus *lat.* compendiare „kürzen, abkürzen"⟩: (veraltet) zusammendrängen, kürzen. **kom|pen|di|ös** ⟨aus *lat.* compendiosus „abgekürzt", vgl. ...ös⟩: (veraltet) das Kompendium betreffend, in der Art eines Kompendiums; zusammengefaßt, gedrängt. **Kom|pen|dio|si|tät** *die;* - ⟨zu ↑ ...ität⟩: (veraltet) Handlichkeit; knappe Fassung. **Kom|pen|di|um** *das;* -s, ...ien [...jən] ⟨aus *lat.* compendium „Erspartes, Abkürzung", eigtl. „das Mitgewogene, Zuwaage", zu compendere „mit-, zusammenwiegen"⟩: Abriß, kurzgefaßtes Lehr-

buch. **kom|pen|sa|bel** ⟨zu ↑ kompensieren u. ↑ ...abel⟩: ersetzbar, ausgleichbar. **Kom|pen|sa|ti|on** *die;* -, -en ⟨aus *lat.* compensatio „Ausgleichung, Gegenzahlung" zu compensare, vgl. kompensieren⟩: 1. Ausgleich, Aufhebung von Wirkungen einander entgegenstehender Ursachen. 2. a) Aufrechnung; b) Schuldaufwiegung im Falle wechselseitiger Täterschaft (bei Beleidigung u. leichter Körperverletzung), meist als strafmildernd od. strafbefreiend gewertet (Rechtsw.). 3. das Streben nach Ersatzbefriedigung als Ausgleich von Minderwertigkeitsgefühlen (Psychol.). 4. Ausgleich einer durch krankhafte Organveränderungen gestörten Funktion eines Organs durch den Organismus selbst od. durch Medikamente (Med.). **Kom|pen|sa|ti|ons|ge|schäft** *das;* -[e]s, -e: a) Tauschgeschäft; b) Ausgleichsgeschäft, bes. zur Aufrechterhaltung von Kauf- u. Verkaufsaufträgen bei Wertpapieren (Wirtsch.). **Kom|pen|sa|ti|ons|me|tho|de** *die;* -: ein Meßverfahren, bei dem einer zu messenden Größe eine gleich große, aber entgegengerichtete überlagert wird (Phys., Techn.). **Kom|pen|sa|ti|ons|theo|rie** *die;* -: die Lehre, daß die Verbilligung bestimmter Güter durch den technischen Fortschritt zu Mehrnachfrage nach anderen Gütern u. so zur Wiedereinstellung der durch den technischen Fortschritt arbeitslos gewordenen Arbeitskräfte führe (Wirtsch.). **Kom|pen|sa|tiv** *das;* -s, -e [...və] ⟨zu ↑ ...iv⟩: aus einem Negativ u. einem Diapositiv photomechanisch hergestellte transparente Folie (Maske) zur fotografischen Ton- u. Farbwertkorrektur (Fotogr.). **Kom|pen|sa|tor** *der;* -s, ...oren ⟨nach *engl.* compensator „Ausgleicher" zu ↑ kompensieren u. ↑ ...ator⟩: 1. Gerät zur Messung einer elektr. Spannung od. einer Lichtintensität (Optik). 2. Vorrichtung bzw. Zwischenglied bei Rohrleitungen zum Ausgleich der durch Temperaturwechsel hervorgerufenen Längenänderung; Techn.). **Kom|pen|sa|to|rik** *die;* - ⟨zu ↑ kompensatorisch u. ↑ ²...ik (2)⟩: svw. kompensatorische Erziehung. **kom|pen|sa|to|risch**: ausgleichend; -e Erziehung: [vor der Einschulung einsetzende] Förderungsmaßnahmen, die bei Kindern auftretende sprachliche, ↑ kognitive, emotionale od. soziale Entwicklungsrückstände ausgleichen od. mildern sollen (Päd., Psychol.). **kom|pen|sie|ren** ⟨aus *lat.* compensare „(gegeneinander) abwägen, ausgleichen"⟩: 1. die Wirkungen einander entgegenstehender Ursachen ausgleichen. 2. bei wechselseitigem Verschulden die Strafe ausgleichen (Rechtsw.). 3. Minderwertigkeitsgefühle durch Vorstellungen od. Handlungen ausgleichen, die das Bewußtsein der Vollwertigkeit erzeugen (Psychol.). 4. Funktionsstörungen eines Organs od. ihre Folgen ausgleichen (Med.). **kom|pe|tent** ⟨aus gleichbed. *lat.* competens, Gen. competentis zu competere, vgl. kompetieren⟩: 1. a) sachverständig, fähig; Ggs. ↑ inkompetent (1 b); -er Sprecher: Sprecher, der fähig ist, in seiner Muttersprache beliebig viele Sätze zu bilden u. zu verstehen (Sprachw.); Ggs. ↑ inkompetent (1 a). b) zuständig, maßgebend, befugt; Ggs. ↑ inkompetent (1 a). 2. tektonisch wenig verformbar (von Gesteinen; Geol.); Ggs. ↑ inkompetent (2). **Kom|pe|tent** *der;* -en, -en: (veraltet) Mitbewerber. **Kom|pe|tenz** *die;* -, -en ⟨über *spätlat.* competentia „Eignung" aus *lat.* competentia „das Zusammentreffen", Bed. 2 nach *engl.-amerik.* competence⟩: 1. a) Vermögen, Fähigkeit; Ggs. ↑ Inkompetenz (b); b) Zuständigkeit, Befugnis; Ggs. ↑ Inkompetenz (a). 2. (ohne Plur.) (idealisierte) Fähigkeit des Sprechers einer Sprache, mit einer begrenzten Anzahl von Elementen u. Regeln eine unbegrenzte Zahl von Äußerungen zu bilden u. zu verstehen sowie über die sprachliche Richtigkeit von Äußerungen zu entscheiden (Sprachw.); vgl. Performanz. 3. zeitlich be-

komplex

grenzte Reaktionsbereitschaft von Zellen gegenüber einem bestimmten Entwicklungsreiz (Biol.). 4. die zum Unterhalt eines Klerikers nötigen, nicht pfändbaren Mittel (kath. Kirchenrecht). **Kom|pe|tenz|kom|pe|tenz** *die;* -, -en: 1. (ohne Plur.) das Recht eines Bundesstaates, seine Zuständigkeiten durch Verfassungsänderung auf Kosten der Gliedstaaten zu erweitern (Rechtsw.). 2. gerichtliche Entscheidung über die Zulässigkeit eines Rechtsstreites (Rechtsw.). **Kom|pe|tenz|kon|flikt** *der;* -[e]s, -e: Zuständigkeitsstreit zwischen Gerichten oder Verwaltungsbehörden (Rechtsw.). **kom|pe|tie|ren** ⟨aus *lat.* competere „zusammentreffen, entsprechen; fähig sein; gemeinsam erstreben"⟩: (veraltet) a) gebühren, zustehen; b) sich mitbewerben. **Kom|pe|ti|ti|on** *die;* - ⟨aus gleichbed. *lat.* competitio⟩: (veraltet) Mitbewerbung. **kom|pe|ti|tiv** ⟨zu *lat.* competere (vgl. kompetieren) u. ↑...iv⟩: 1. zuständig, maßgebend. 2. (veraltet) sich mitbewerbend. 3. eine notwendige Ergänzung fordernd (z. B. von Reaktionen, die zu ihrem Ablauf ein weiteres ↑Reagens erfordern; Med.). **Kom|pe|ti|tor** *der;* -s, ...oren ⟨aus gleichbed. *lat.* competitor⟩: svw. Kompetent
Kom|pi|la|ti|on *die;* -, -en ⟨aus gleichbed. *lat.* compilatio, eigtl. „Plünderung", zu compilare, vgl. kompilieren⟩: 1. Zusammenstellung, Zusammentragen mehrerer [wissenschaftlicher] Quellen. 2. a) unschöpferisches Abschreiben aus mehreren Schriften; b) durch Zusammentragen unverarbeiteten Stoffes entstandene Schrift (ohne wissenschaftlichen Wert). **Kom|pi|la|tor** *der;* -s, ...oren ⟨aus gleichbed. *spätlat.* compilator, eigtl. „Plünderer"⟩: Verfasser einer Kompilation. **kom|pi|la|to|risch**: auf Kompilation beruhend, aus Teilen verschiedener Werke zusammengeschrieben. **kom|pi|lie|ren** ⟨aus *lat.* compilare „ausplündern; raubend zusammenraffen", eigtl. „der Haare berauben", zu ↑kon... u. *lat.* pilus „Haar"⟩: 1. [unverarbeiteten] Stoff zu einer Schrift [ohne wissenschaftlichen Wert] zusammentragen. 2. ein in einer anderen Programmiersprache formuliertes Programm (4) mit Hilfe eines ↑Compilers in die jeweilige Maschinensprache übersetzen (EDV)
kom|pin|gie|ren ⟨aus gleichbed. *lat.* compingere zu ↑kon... u. pangere „(zusammen)fügen"⟩: (veraltet) fest zusammenfügen
kom|pla|nar ⟨aus *lat.* complanare „einebnen, dem Erdboden gleichmachen"; vgl. ...ar (1)⟩: in der gleichen Ebene liegend (z. B. von ↑Vektoren; Math.). **Kom|pla|na|ti|on** *die;* -, -en ⟨aus *spätlat.* complanatio „das Einebnen" zu complanare; vgl. komplanar⟩: Berechnung des Flächeninhalts von [gekrümmten] Oberflächen (Math.)
Kom|ple|ment *das;* -[e]s, -e ⟨aus *lat.* complementum „Vervollständigung(smittel), Ergänzung" zu complere „ausfüllen, vervollständigen, vollenden"⟩: 1. Ergänzung. 2. Komplementärmenge, Differenzmenge von zwei Mengen (Math.). 3. Serumbestandteil, der die spezifische Wirkung eines ↑Antikörpers ergänzt od. aktiviert (Med.). 4. beliebige grammatische Ergänzung zu einem Satz od. Satzteil (Sprachw.). **kom|ple|men|tär** ⟨aus gleichbed. *fr.* complémentaire zu complément „Ergänzung, Nachtrag", dies aus *lat.* complementum, vgl. Komplement⟩: sich gegenseitig ergänzend, -e Distribution: ein Vorkommen eines sprachlichen Elements in einer Umgebung, in der ein anderes nicht erscheinen kann u. umgekehrt (z. B. [j] anlautend vor Vokal: Jagd, [i] anlautend vor Konsonant: Insel; Sprachw.); -es Dreieck: Dreieck, dessen Ecken die Seitenmitten eines Dreiecks (des Grunddreiecks) sind (Math.). **Kom|ple|men|tär** *der;* -s, -e ⟨zu ↑...är⟩: persönlich haftender Gesellschafter einer ↑Kommanditgesellschaft.

Kom|ple|men|tär|code [...ko:t] *der;* -s, -s: Code zur Darstellung von Dezimalzahlen in Datenverarbeitungsanlagen, bei dem auch die Komplemente der verschlüsselten Tetraden (2) Dezimalzahlen darstellen, z. B. beim ↑Aiken-Code (EDV). **Kom|ple|men|tär|far|be** *die;* -, -n: Farbe, die eine andere Farbe, mit der sie gemischt wird, je nach Mischungsverhältnis zu Weiß od. fast zu Schwarz ergänzt; Ergänzungsfarbe. **Kom|ple|men|tär|ge|ne** *die* (Plur.): ↑Gene, die voneinander abhängen u. nur gemeinsam wirken (Genetik). **Kom|ple|men|ta|ri|tät** *die;* -, -en ⟨zu ↑...ität⟩: 1. Beziehung zwischen Meßgrößen im Bereich der Quantenmechanik, die besagt, daß man die betreffenden Meßgrößen nicht gleichzeitig (simultan) messen kann (Phys.). 2. wechselseitige Entsprechung der Struktur zweier Größen (Biol., Chem.). 3. semantisches Gegensatzverhältnis, besondere Form der ↑Inkompatibilität (z. B. männlich – weiblich; Sprachw.). **Kom|ple|men|tär|teil|chen** *das;* -s, -: svw. Antiteilchen. **Kom|ple|men|tär|win|kel** *der;* -s, -: svw. Komplementwinkel. **Kom|ple|men|ta|ti|on** *die;* -, -en ⟨zu ↑Komplement u. ↑...ation⟩: das Ausgleichen von Erbgutschäden durch Kombination von ↑Genomen (Genetik); vgl. ...[at]ion/...ierung. **Kom|ple|ment|dar|stel|lung** *die;* -: a) spezielle Form der Darstellung negativer Zahlen; b) Methode zur Dualdarstellung ganzer Zahlen (EDV). **kom|ple|men|tie|ren** ⟨zu ↑...ieren⟩: ergänzen, vervollständigen, das Komplement bilden. **Kom|ple|men|tie|rung** *die;* -, -en ⟨zu ↑...ierung⟩: a) das Komplementieren; b) svw. Komplementation; vgl. ...[at]ion/...ierung. **Kom|ple|ment|sy|stem** *das;* -s: neben dem ↑humoralen u. dem zellulären System drittes System der Infektabwehr im Organismus u. Steuerungszentrale für die ↑Mediatoren der Entzündung (Med.). **Kom|ple|ment|win|kel** *der;* -s, -: Ergänzungswinkel, der einen gegebenen Winkel zu 90° ergänzt (Math.). **Kom|ple|nym** *das;* -s, -e ⟨verkürzt aus ↑Komplement u. *gr.* ónyma „Name"⟩: Gegensatzwort (z. B. verheiratet zu einem bestimmten Wort (z. B. ledig), das durch Hinzusetzen einer Negation zu diesem synonym wird (z. B. nichtverheiratet, ledig; Sprachw.). **Kom|ple|ny|mie** *die;* - ⟨zu ↑²...ie⟩: semantische Relation, wie sie zwischen Komplenymen besteht

¹**Kom|plet** *die;* -, -e ⟨aus gleichbed. *mlat.* completa zu *lat.* completus „vollständig, vollendet"⟩: das Abendgebet als Schluß der kath. kirchlichen Tageszeiten. ²**Kom|plet** [kõm'ple:, kõ'ple:] *das;* -[s], -s ⟨aus *fr.* complet „vollständiger Anzug", eigtl. „Vollständigkeit", zu complet, vgl. komplett⟩: Mantel (od. Jacke) u. Kleid aus gleichem Stoff. **kom|ple|tiv** ⟨aus *spätlat.* completivus „ausfüllend"⟩: ergänzend (Sprachw.). **Kom|ple|to|ri|um** *das;* -s, ...ien [...iən] ⟨aus gleichbed. *mlat.* completorium, eigtl. „Vervollständigendes"⟩: 1. (veraltet) Ergänzungsvorschrift (zu einem Gesetz). 2. svw. ¹Komplet. **kom|plett** ⟨aus gleichbed. *fr.* complet, dies aus *lat.* completus „vollständig"⟩: 1. a) vollständig, abgeschlossen; b) ganz, gesamt, vollzählig; c) (ugs.) ganz u. gar, absolut. 2. (bes. österr.) voll, besetzt. **kom|plet|tie|ren** ⟨aus gleichbed. *fr.* compléter zu complet, vgl. komplett⟩: etwas vervollständigen; auffüllen, ergänzen. **Kom|plet|tie|rung** *die;* -, -en ⟨zu ↑...ierung⟩: das Komplettieren, das Komplettiertwerden
kom|plex ⟨aus *lat.* complexus, Part. Perf. von complecti „umschlingen, umfassen, zusammenfassen"⟩: a) vielschichtig; viele, sehr verschiedene Dinge umfassend; b) zusammenhängend; c) allseitig, alles umfassend; -e Integration: ↑Integration (4) einer Funktion längs eines Weges in der Gaußschen Ebene (Math.); -e Zahl: Zahl, die aus mehreren nicht aufeinander zurückführbaren Einhei-

Komplex

ten besteht (z. B. die Summe aus einer ↑imaginären u. einer ↑reellen Zahl in 3i + 4; Math.). **Kom|plex** *der;* -es, -e ⟨aus *lat.* complexus „das Umfassen, die Verknüpfung"⟩: 1. Zusammenfassung, Verknüpfung von verschiedenen Teilen zu einem geschlossenen Ganzen. 2. Gebiet, Bereich. 3. Gruppe, [Gebäude]block. 4. stark affektbesetzte Vorstellungsgruppe, die nach Verdrängung aus dem Bewußtsein vielfach Zwangshandlungen, -vorstellungen od. einfache Fehlleistungen auslöst (Psychol.). 5. chem. Vereinigung mehrerer Atome zu einer Gruppe, die freie ↑Valenzen (1) hat u. andere Reaktionen zeigen kann als das ihre Art bestimmende ↑Ion (Chem.). 6. svw. Syndrom (Med.). **Kom|plex|au|ge** *das;* -s, -n: svw. Facettenauge. **Kom|plex|bri|ga|de** *die;* -, -n ⟨Lehnübersetzung von *russ.* kompleksnaja brigada zu kompleksnyj „allseitig, alles umfassend" (vgl. komplex) u. ↑Brigade⟩: Brigade (3) in der ehemaligen DDR, in der Arbeiter unterschiedlicher Berufe gemeinsam an einem Produktionsauftrag arbeiteten. **Kom|plex|che|mie** *die;* - ⟨zu ↑Komplex⟩: Teilgebiet der Chemie, das sich mit den Komplexverbindungen (vgl. Komplex 5) befaßt. **¹Kom|ple|xi|on** *die;* -, -en ⟨aus *lat.* complexio „zusammenfassende Darstellung", eigtl. „Verbindung"⟩: 1. zusammenfassende Bez. für Augen-, Haar- u. Hautfarbe eines Menschen (Anthropologie). 2. a) (veraltet) Zusammenfassung; b) zusammenfassende Bez. für Permutation, Kombination u. Variation (Math.). **²Kom|plex|ion** *das;* -s, -en ⟨zu ↑Komplex u. ↑Ion⟩: Koordinationsverbindung mit negativer u. positiver Ladung (Chem.); vgl. Komplexone. **Kom|ple|xi|tät** *die;* - ⟨zu ↑...ität⟩: 1. Gesamtheit aller Merkmale, Möglichkeiten (z. B. eines Begriffs, Zustandes). 2. Vielschichtigkeit. **Kom|ple|xi|täts|theo|rie** *die;* -: Forschungsgebiet der Mathematik, das in dem man sich mit dem Rechenaufwand (der Komplexität) von Algorithmen befaßt. **Kom|plex|me|tho|de** *die;* -: Unterrichtsmethode, die den gesamten Unterricht um bestimmte Sachgebiete (Arbeit, Natur usw.) zu ordnen sucht. **Kom|ple|xo|me|trie** *die;* -, ...ien ⟨zu ↑Komplexone u. ↑...metrie⟩: maßanalytisches Verfahren zum Nachweis von Metallionen durch Bildung von Komplexen (5) (Chem.). **kom|ple|xo|me|trisch** ⟨zu ↑...metrisch⟩: die Komplexometrie betreffend. **Kom|ple|xo|ne** *die* (Plur.) ⟨Kunstw. aus Komplex (5) u. Ion⟩: Verbindungen, die mit Metallionen Koordinationsverbindungen bilden (Chem.); vgl. ²Komplexion. **Kom|plex|qua|li|tät** *die;* -: Bez. für die Tatsache, daß aus verschiedenen Erlebniselementen qualitativ Neues entsteht (Psychol.). **Kom|plex|ver|bin|dung** *die;* -, -en: a) svw. Komplex (5); b) Verbindung höherer Ordnung (Chem.). **Kom|pli|ce** [...'pli:tsə, auch ...i:sə] vgl. Komplize. **Kom|pli|cin** [...tsɪn] vgl. Komplizin. **Kom|pli|ka|ti|on** *die;* -, -en ⟨aus *spätlat.* complicatio „das Zusammenwickeln, Verwickeln" zu complicare, vgl. komplizieren⟩: 1. Schwierigkeit, Verwicklung; [plötzlich eintretende] Erschwerung; vgl. ...[at]ion/...ierung. 2. ungünstige Beeinflussung od. Verschlimmerung eines normalerweise überschaubaren Krankheitszustandes, eines chirurgischen Eingriffs od. eines biologischen Prozesses durch einen unvorhergesehenen Umstand (Med.).
Kom|pli|ment *das;* -[e]s, -e ⟨aus *fr.* compliment „Höflichkeitsbezeigung", aus gleichbed. *span.* cumplimiento (älter com...), eigtl. „Anfüllung, Fülle, Überschwang", zu cumplir, dies aus *lat.* complere „ausfüllen"⟩: 1. höfliche Redensart, Schmeichelei. 2. (veraltet) a) Gruß; b) Verbeugung. 3. (veraltet; nur Plur.) Umstände, Förmlichkeiten. **Kom|pli|men|ta|ri|us** *der;* -, ...ien [...iən] ⟨zu gleichbed. *fr.* complimenteur (vgl. Kompliment) u. ↑...arius⟩: (veraltet)

Komplimentemacher, Schmeichler. **kom|pli|men|tie|ren** ⟨aus gleichbed. *fr.* complimenter⟩: (veraltet) 1. jmdn. willkommen heißen. 2. jmdn. mit höflichen Gesten u. Redensarten irgendwohin geleiten
Kom|pli|ze, auch Komplice [...'pli:tsə, auch ...i:sə] *der;* -n, -n ⟨aus gleichbed. *fr.* complice, dies aus *spätlat.* complexus „Verbündeter"; vgl. komplex⟩: (abwertend) jmd., der an einer Straftat beteiligt ist; Mittäter, Helfershelfer. **kom|pli|zie|ren** ⟨aus *lat.* complicare „zusammenfalten, verwickeln"⟩: verwickeln; erschweren. **kom|pli|ziert** ⟨zu ↑...iert⟩: schwierig, verwickelt, mit Komplikationen verbunden; umständlich. **Kom|pli|zie|rung** *die;* -, -en ⟨zu ↑...ierung⟩: das Komplizieren, das Kompliziertmachen, das Kompliziertwerden; vgl. ...[at]ion/...ierung. **Kom|pli|zin,** auch Komplicin [...tsɪn] *die;* -, -nen: weibliche Form zu ↑Komplize. **Kom|pli|zi|tät** *die;* - ⟨zu ↑...ität⟩: (veraltet) Mittäterschaft, Mitschuld
Kom|plo|ra|ti|on *die;* -, -en ⟨aus gleichbed. *lat.* comploratio zu complorare, vgl. komplorieren⟩: (veraltet) das gemeinsame Klagen, Beweinen. **kom|plo|rie|ren** ⟨aus gleichbed. *lat.* complorare zu ↑kon... u. *lat.* plorare „wehklagen, (be)weinen"⟩: (veraltet) zusammen beweinen, beklagen
Kom|plott *das,* ugs. auch *der;* -[e]s, -e ⟨aus gleichbed. *fr.* complot, eigtl. „Gedränge", weitere Herkunft unsicher⟩: Verabredung zu einer gemeinsamen Straftat; Anschlag, Verschwörung. **Kom|plot|teur** [...'tøːɐ̯] *der;* -s, -e ⟨aus gleichbed. *fr.* comploteur⟩: (veraltet) Verschwörer, Teilnehmer an einem Komplott. **kom|plot|tie|ren** ⟨aus gleichbed. *fr.* comploter⟩: (veraltet) ein Komplott anzetteln
Kom|po|nen|te *die;* -, -n ⟨aus *lat.* componens, Gen. componentis, Part. Präs. von componere, vgl. komponieren⟩: 1. a) Teilkraft; b) Bestandteil eines Ganzen. 2. a) Bez. für das semantische Merkmal; b) Teilbereich, Bestandteil einer größeren sprachlichen Einheit (Sprachw.). 3. bestimmten Koordinaten entsprechender Anteil eines ↑Vektors od. ↑Tensors (Math.). **Kom|po|nen|ten|ana|ly|se** *die;* -, -n: Beschreibung der Bestandteile einer sprachlichen Einheit u. des Aufbaus ihrer verschiedenen Kombinationen, bes. im Inhaltsbereich (Sprachw.). **kom|po|nie|ren** ⟨aus *lat.* componere „zusammensetzen, -stellen" zu ↑kon... u. ponere „hinsetzen, -stellen"⟩: 1. [ein Kunstwerk nach bestimmten Gesetzen] aufbauen, gestalten. 2. ein musikalisches Werk schaffen. 3. etwas als Einzelteilen zusammensetzen, gliedern. **Kom|po|nist** *der;* -en, -en ⟨zu ↑...ist⟩: jmd., der ein musikalisches Werk komponiert. **Kom|po|ni|stin** *die;* -, -nen: weibliche Form zu ↑Komponist. **Kom|po|si|ta:** Plur. von ↑Kompositum. **Kom|po|sit|bau|wei|se** *die;* - ⟨zu *lat.* compositus „zusammengesetzt"⟩: bes. im Bootsbau übliche Bauweise, bei der verschiedene Materialien verwendet werden. **Kom|po|si|te** *die;* -, -n (meist Plur.) ⟨aus *lat.* composita, eigtl. „die Zusammengesetzte", substantiviertes Part. Perf. (Fem.) von componere, vgl. komponieren⟩: Pflanze mit Blüten, die zu korbförmigen Blütenständen vereinigt sind (Korbblütler). **Kom|po|si|ten:** Plur. von ↑Komposite u. Kompositum. **Kom|po|si|teur** [...'tøːɐ̯] *der;* -s, -e ⟨aus gleichbed. *fr.* compositeur zu composer „komponieren"⟩: (veraltet) svw. Komponist. **Kom|po|si|ti|on** *die;* -, -en ⟨aus *lat.* compositio „Zusammenstellung, -setzung"⟩: 1. Zusammensetzung, -stellung [von Dingen] aus Einzelteilen. 2. a) (ohne Plur.) das Komponieren eines Musikstücks; b) Musikwerk. 3. der Aufbau eines Kunstwerks (z. B. eines Gemäldes, eines Romans). 4. a) das Zusammensetzen eines Wortes aus mehreren ↑freien Morphemen als Art od. Vorgang der Wortbildung; vgl. Kompositum; b) das Ergebnis der Komposition (4 a)

Kompulsor

(Sprachw.). 5. (veraltet) gütliche Beilegung eines Rechtsstreites; Lösegeld, Sühnegeld. **kom|po|si|tio|nell** ⟨zu ↑...ell⟩: svw. kompositorisch. **Kom|po|si|tio|nen|sy|steme** *die* (Plur.) ⟨zu *lat.* compositio „Streitbeilegung"⟩: Wundbußenkataloge der germ. Volksrechte, die zur Abwendung von Fehde u. Blutrache je nach Schwere des Eingriffs unterschiedliche, katalogmäßig aufgezählte Geldleistungen an den Verletzten u. dessen Sippe vorsahen. **Kompo|sit|ka|pi|tell** *das;* -s, -e ⟨zu *lat.* compositus „zusammengesetzt"⟩: römische Form des ↑Kapitells (Archit.). **kompo|si|to|risch** ⟨aus gleichbed. *nlat.* compositorius⟩: 1. die Komposition [eines Musikwerks] betreffend. 2. gestalterisch. **Kom|po|si|tum** *das;* -s, Plur. ...ta u. ...siten ⟨aus gleichbed. *lat.* (verbum) compositum zu compositus, Part. Perf. von componere, vgl. komponieren⟩: 1. zusammengesetztes Wort, Zusammensetzung (Sprachw.); Ggs. ↑Simplex. 2. (Plur. nur ...ta) Arzneimittel, das aus mehreren Bestandteilen zusammengesetzt ist. **Kom|po|si|tur** *die;* -, -en ⟨aus gleichbed. *lat.* compositura⟩: (veraltet) Zusammensetzung, Zusammenfügung

kom|pos|si|bel ⟨aus gleichbed. *mlat.* compossibilis zu ↑kon... u. *lat.* possibilis „möglich"⟩: zusammensetzbar, vereinbar (Philos.). **Kom|pos|si|bi|li|tät** *die;* - ⟨aus gleichbed. *mlat.* compossibilitas, Gen. compossibilitatis⟩: Zusammensetzbarkeit, mögliche Vereinbarkeit zweier Dinge (Philos.).

Kom|post [auch 'kɔm...] *der;* -[e]s, -e ⟨über *fr.* compost aus gleichbed. *mlat.* compostum zu *lat.* compositum „Zusammengesetztes"; vgl. Kompositum⟩: als Dünger verwendetes Produkt aus mit Erde vermischten pflanzlichen od. tierischen Abfällen. **kom|po|stie|ren** ⟨nach gleichbed. *fr.* composter, aus gleichbed. *mlat.* compostare⟩: 1. zu Kompost verarbeiten. 2. mit Kompost düngen. **Kom|po|tie|re** *die;* -, -n ⟨nach gleichbed. *fr.* compotier zu compote, vgl. Kompott (Analogiebildung zu Sauciere u. ä.)⟩: (veraltet) Fruchtschale, Kompottschale. **Kom|pott** *das;* -[e]s, -e ⟨aus *fr.* compote „Eingemachtes", dies aus *vulgärlat.* *composita zu *lat.* compositum; vgl. Kompost⟩: gekochtes Obst, das – kalt – als Nachtisch gegessen wird

Kom|pra|dor *der;* -s, -en (meist Plur.) ⟨aus *port.* comprador „Käufer"⟩: in kolonialen Ländern einheimischer Vertreter der Oberschicht, der eng mit ausländischen Kolonial- od. Besatzungsmächten zusammenarbeitete, urspr. einheimischer Vertrauensmann ausländischer Firmen in China

kom|pre|hen|die|ren ⟨aus gleichbed. *lat.* comprehendere⟩: (veraltet) zusammenfassen; begreifen. **kom|pre|hen|si|bel** ⟨aus *lat.* comprehensibilis „faßlich, geistig erfaßbar"⟩: (veraltet) begreifbar; Ggs. ↑unkomprehensibel. **Kom|prehen|si|bi|li|tät** *die;* - ⟨zu ↑...ität⟩: (veraltet) Faßlichkeit, Verständlichkeit. **Kom|pre|hen|si|on** *die;* - ⟨aus gleichbed. *lat.* comprehensio⟩: Zusammenfassung, Vereinigung von Mannigfaltigem zu einer Einheit (Philos.). **kom|pre|hensiv** ⟨zu ↑...iv⟩: (veraltet) zusammenfassend, begreifend

kom|preß ⟨aus *lat.* compressus, Part. Perf. von comprimere, vgl. komprimieren⟩: 1. (veraltet) eng, dicht, zusammengedrängt. 2. ohne Durchschuß (Druckw.). **Kom|pres|se** *die;* -, -n ⟨aus gleichbed. *fr.* compresse zu *spätlat.* compressare „zusammendrücken", Intensivbildung von comprimere, vgl. komprimieren⟩: 1. feuchter Umschlag. 2. zusammengelegtes Mullstück für Druckverbände. **kompres|si|bel** ⟨zu *spätlat.* compressare „zusammendrücken" u. ↑...ibel⟩: zusammendrückbar, verdichtbar (z. B. von Flüssigkeiten, Gasen; Phys.). **Kom|pres|si|bi|li|tät** *die;* - ⟨zu ↑...ität⟩: Zusammendrückbarkeit, Verdichtbarkeit (Phys.). **Kom|pres|si|on** *die;* -, -en ⟨aus *lat.* compressio

„das Zusammendrücken" zu comprimere, vgl. komprimieren⟩: 1. Zusammenpressung (z. B. von Gasen, Dämpfen; Phys.). 2. a) Quetschung eines Körperorgans od. einer Körperstelle durch mechanische Einwirkung; b) mechanische Abdrückung eines blutenden Gefäßes (Med.). **Kompres|si|ons|dia|gramm** *das;* -s, -e: graphische Wiedergabe der in den einzelnen ↑Zylindern (2) eines Motors gemessenen Kompression (1). **Kom|pres|si|ons|mo|dul** *der;* -s, -n: physik. Konstante, die die Volumenelastizität eines Körpers bei Druckbeanspruchung angibt. **Kom|pres|si|onsmo|tor** *der;* -s, -en: Verbrennungsmotor, dessen Zylinder durch einen Kompressor aufgeladen werden u. daher größere Leistungen haben. **kom|pres|siv** ⟨zu ↑...iv⟩: zusammendrückend. **Kom|pres|sor** *der;* -s, ...oren ⟨zu ↑...or⟩: Apparat zum Verdichten von Gasen od. Dämpfen (Techn.). **Kom|pres|so|ri|um** *das;* -s, ...ien [...i̯ən] ⟨aus gleichbed. *nlat.* compressorium; vgl. ...orium⟩: Gerät zur Kompression (2 b) eines blutenden Gefäßes (Med.). **Kompret|te** *die;* -, -en ⟨zu ↑...ette⟩: tablettenartige Arzneiform. **kom|pri|mier|bar** ⟨zu ↑komprimieren⟩: zusammenpreßbar. **kom|pri|mie|ren** ⟨aus *lat.* comprimere „zusammendrücken"⟩: a) zusammenpressen; b) verdichten. **kom|primiert** ⟨zu ↑...iert⟩: in gedrängter Kürze dargestellt, nur das Wesentliche enthaltend

Kom|pro|ba|ti|on *die;* - ⟨aus gleichbed. *lat.* comprobatio zu comprobare, vgl. komprobieren⟩: (veraltet) Billigung, Anerkennung. **kom|pro|bie|ren** ⟨aus gleichbed. *lat.* comprobare zu ↑kon... u. probare „anerkennen, gutheißen; prüfen"⟩: (veraltet) billigen, anerkennen

Kom|pro|miß *der,* selten *das;* ...misses, ...misse ⟨aus *lat.* compromissum zu compromittere „sich gegenseitig Anerkennung eines Schiedsspruchs versprechen", dies zu ↑kon... u. promittere „hervorgehen lassen, versprechen"⟩: Übereinkunft durch gegenseitige Zugeständnisse. **Kompro|miß|ler** *der;* -s, -: (abwertend) jmd., der schnell bereit ist, Kompromisse zu schließen, anstatt seinen Standpunkt zu vertreten u. zu versuchen, ihn durchzusetzen. **kom|promiß|le|risch**: (abwertend) allzu schnell zu Kompromissen bereit. **kom|pro|miß|los**: ohne Kompromisse, nicht zu Kompromissen bereit. **kom|pro|mit|tie|ren** ⟨aus *fr.* compromettre „bloßstellen, in Verlegenheit bringen", eigtl. „dem Urteil der Öffentlichkeit aussetzen", dies aus *lat.* compromittere, vgl. Kompromiß⟩: seinem eigenen od. dem Ansehen eines anderen durch ein entsprechendes Verhalten empfindlich schaden; jmdn., sich bloßstellen. **Kom|pro|mit|tie|rung** *die;* -, -en ⟨zu ↑...ierung⟩: das Kompromittieren; Bloßstellung

komp|ta|bel ⟨aus gleichbed. *fr.* comptable zu compter „(be)rechnen, zählen", dies aus gleichbed. *lat.* computare⟩: (veraltet) verantwortlich, rechenschaftspflichtig (Rechtsw.). **Komp|ta|bi|li|tät** *die;* - ⟨aus gleichbed. *fr.* comptabilité; vgl. komptabel u. ...ität⟩: Verantwortlichkeit, Rechenschaftspflicht [in bezug auf die Verwaltung öffentlicher Stellen]. **Komp|tant|ge|schäft** [kõ'tã:...] vgl. Kontantgeschäft

Kom|pul|sa|ti|on *die;* -, -en ⟨aus *mlat.* compulsatio „das Zusammenschlagen" zu ↑kon... u. *lat.* pulsare „schlagen, klopfen"⟩: svw. Kompulsion. **kom|pul|sa|to|risch** ⟨aus gleichbed. *nlat.* compulsatorius⟩: (veraltet) drängend, mahnend. **Kom|pul|si|on** *die;* -, -en ⟨aus gleichbed. *spätlat.* compulsio, eigtl. „das Zusammenschlagen"⟩: (veraltet) Nötigung, Zwang (Rechtsw.). **kom|pul|siv** ⟨zu *mlat.* compulsus (Part. Perf. von compellere „zwingen, drängen") u. ↑...iv⟩: (veraltet) nötigend, zwingend (Rechtsw.). **Kompul|sor** *der;* -s, ...oren ⟨aus gleichbed. *lat.* compulsor⟩:

Kompulsorium

(veraltet) Eintreiber von Schulden u. Abgaben. **Kom|pul|so|ri|um** *das;* -s, ...ien [...iən] ⟨aus gleichbed. *mlat.* compulsorium⟩: (veraltet) Mahnschreiben [eines übergeordneten Gerichts an ein untergeordnetes zur Beschleunigung einer Rechtssache] **Kom|punk|ti|on** *die;* - ⟨aus gleichbed. *spätlat.* compunctio zu compungi „von Gewissensbissen gequält werden"⟩: (veraltet) Zerknirschung, Reue. **kom|punk|ti|ös** ⟨zu ↑...ös⟩: (veraltet) zerknirscht, von Reue erfüllt
kom|pu|ta|bel ⟨aus gleichbed. *lat.* computabilis zu computare „(zusammen)rechnen"⟩: (veraltet) berechenbar. **Kom|pu|ta|bi|li|tät** *die,* - ⟨zu ↑...ität⟩: (veraltet) Berechenbarkeit. **Kom|pu|ta|ti|on** *die;* -, -en ⟨aus *lat.* computatio „Berechnung"⟩: (veraltet) Überschlag, Berechnung. **kom|pu|tie|ren** ⟨aus gleichbed. *lat.* computare⟩: (veraltet) zusammenrechnen, ausrechnen, berechnen. **Kom|pu|tist** *der;* -en, -en ⟨zu ↑...ist⟩: (veraltet) Kalenderberechner. **Kom|pu|ti|stik** u. Computistik [k...] *die;* - ⟨zu ↑...istik⟩: Wissenschaft von der Kalenderberechnung
Kom|so|mol *der;* - ⟨aus *russ.* komsomol, Kurzw. aus *Kom*munističeskij *Sojuz Molo*děši⟩: kommunistische Jugendorganisation in der ehemaligen Sowjetunion. **Kom|so|mol|ze** *der;* -n, -n ⟨aus *russ.* komsomolec⟩: Mitglied des Komsomol. **Kom|so|mol|zin** *die;* -, -nen: weibliche Form zu ↑ Komsomolze
Kom|teß u. **Kom|tes|se** [auch kõ'tɛs] *die;* -, ...essen ⟨aus *fr.* comtesse „Gräfin" zu comte „Graf", vgl. Comte⟩: unverheiratete Tochter eines Grafen
Kom|tur *der;* -s, -e ⟨aus *altfr.* commendeor, *mlat.* commendator zu commenda „Verwaltungsbezirk", dies zu *lat.* commendare „anvertrauen"⟩: 1. Ordensritter als Leiter einer Komturei. 2. Inhaber eines Komturkreuzes. **Kom|tu|rei** *die;* -, -en: Verwaltungsbezirk od. Ordenshaus (vgl. Kommende) eines geistlichen Ritterordens. **Kom|tur|kreuz** *das;* -es, -e: Halskreuz eines Verdienstordens
kon..., Kon... ⟨aus gleichbed. *lat.* con-, älter com-⟩, vor b, m u. p angeglichen zu kom..., vor l zu kol..., vor r zu kor..., vor Vokalen u. h ko...: Präfix mit der Bedeutung „zusammen, mit", z. B. konfrontieren, komplex, Kollekte, korrekt, kohärent
Ko|nak *der;* -s, -e ⟨aus gleichbed. *türk.* konak⟩: Palast, Amtsgebäude in der Türkei
Ko|na|ti|on *die;* -, -en ⟨aus *lat.* conatio „das Bemühtsein, Anstrengung" zu conari „wagen, unternehmen"⟩: zielgerichtete ↑ Aktivität (1), [An]trieb, Streben (Psychol.). **ko|na|tiv** ⟨zu ↑...iv⟩: strebend, antriebhaft (Psychol.)
Kon|au|tor vgl. Koautor. **Kon|au|to|rin** vgl. Koautorin
kon|axi|al vgl. koaxial
Kon|cha *die;* -, Plur. -s u. ...chen ⟨aus *lat.* concha „Muschel", dies aus gleichbed. *gr.* kógchē⟩: 1. svw. Apsis (1). 2. muschelähnlicher Teil eines Organs (Med.). **Kon|cha|le** *die;* -, -n ⟨zu ↑...ale⟩: eine ebene Kurve als geometrischer Ort aller Punkte, für die das Produkt der Abstände von einem festen Punkt u. einer festen Geraden konstant bleibt (Math.). **Kon|che** *die;* -, -n ⟨zu ↑ Koncha⟩: 1. svw. Koncha (1). 2. Längsreibemaschine bei der Schokoladenherstellung. **Kon|chen:** Plur. von ↑ Koncha u. ↑ Konche. **kon|chie|ren** ⟨zu ↑...ieren⟩: Schokoladenmasse in der Konche (2) einer Wärmebehandlung aussetzen. **Kon|chi|fe|re** *die;* -, -n (meist Plur.) ⟨zu *lat.* concha „Muschel" u. ferre „tragen"⟩: Weichtier mit einheitlicher Schale (Zool.). **kon|chi|form** ⟨zu ↑...form⟩: muschelförmig (Kunstw.). **Kon|choi|de** *die;* -, -n ⟨zu *gr.* kógchē „Muschel" u. ↑...oide⟩: Muschellinie, Kurve vierter Ordnung (Math.). **Kon|cho|lo|ge** usw. ⟨zu ↑...loge⟩: svw. Konchyliologe usw. **Kon|cho|skop** *das;* -s, -e ⟨zu ↑...skop⟩: Spiegelinstrument zur Untersuchung der Nasenmuscheln; Nasenspiegel (Med.). **Kon|cho|to|mie** *die;* -, ...ien ⟨zu ↑...tomie⟩: operative Abtragung einer Nasenmuschel (Med.). **Kon|chy|lie** [...iə] *die;* -, -n (meist Plur.) ⟨aus *nlat.* conchylia zu ↑ Koncha u. *gr.* hýlē „Stoff, Materie"⟩: Schale der Weichtiere (Zool.). **Kon|chy|lio|lo|ge** *der;* -n, -n ⟨zu ↑...loge⟩: Wissenschaftler, der auf dem Gebiet der Konchyliologie arbeitet. **Kon|chy|lio|lo|gie** *die;* - ⟨zu ↑...logie⟩: Teilgebiet der ↑ Malakologie, auf dem man sich mit der Untersuchung von Weichtierschalen befaßt. **kon|chy|lio|lo|gisch** ⟨zu ↑...logisch⟩: die Konchyliologie betreffend
kon|dem|na|bel ⟨aus gleichbed. *lat.* condemnabilis zu condemnare, vgl. kondemnieren⟩: (veraltet) verdammenswert. **Kon|dem|na|bi|li|tät** *die;* - ⟨zu ↑...ität⟩: (veraltet) Verdammungswürdigkeit. **Kon|dem|nat** *der;* -en, -en ⟨aus gleichbed. *lat.* condemnatus, Part. Perf. von condemnare, vgl. kondemnieren⟩: (veraltet) Verurteilter. **Kon|dem|na|ti|on** *die;* -, -en ⟨aus *lat.* condemnatio „Verurteilung"⟩: 1. (veraltet) Verurteilung, Verdammung. 2. Erklärung eines Experten, die festgestellt wird, daß ein durch ↑ Kollision (1), Brand, Strandung o. ä. beschädigtes Schiff nicht mehr repariert werden kann, sich eine Reparatur nicht mehr lohnt (Seerecht). **Kon|dem|na|tor** *der;* -s, ...oren ⟨aus gleichbed. *lat.* condemnator⟩: (veraltet) Verurteiler. **kon|dem|na|to|risch:** (veraltet) verurteilend, verdammend. **kon|dem|nie|ren** ⟨aus *lat.* condemnare „verurteilen (lassen)"⟩: 1. (veraltet) jmdn. verdammen, verurteilen. 2. eine Kondemnation (2) herausgeben (Seerecht)
Kon|dens... ⟨unter Einfluß von *engl.* condensed aus *lat.* condensatus, Part. Perf. von condensare, vgl. kondensieren⟩: Wortbildungselement mit der Bedeutung „durch Kondensation (1) entstanden od. hervorgerufen", z. B. Kondensmilch, Kondensstreifen. **Kon|den|sanz** *die;* -, -en ⟨zu ↑...anz⟩: der kapazitive Widerstand (Elektrot.). **Kon|den|sat** *das;* -[e]s, -e ⟨aus *lat.* condensatum, Part. Perf. (Neutrum) von condensare, vgl. kondensieren⟩: Flüssigkeit, die sich aus dem Dampf niedergeschlagen hat (Phys.). **Kon|den|sa|ti|on** *die;* -, -en ⟨aus *spätlat.* condensatio „Verdichtung"⟩: 1. Verdichtung von Gas od. Dampf zu Flüssigkeit durch Druck od. Abkühlung (Phys.). 2. chem. Reaktion, bei der sich zwei Moleküle unter Austritt eines chem. einfachen Stoffes (z. B. Wasser) zu einem größeren Molekül vereinigen (Chem.). **Kon|den|sa|ti|ons|kern** *der;* -[e]s, -e: feinstes Teilchen, Ausgangspunkt für die Kondensation (1) von Wasserdampf in der Atmosphäre (Meteor.). **Kon|den|sa|ti|ons|ma|schi|ne** *die;* -, -n: historische Bauart der Dampfmaschine, bei der sich der Dampf nach verrichteter Arbeit in einem Kondensator niederschlägt. **Kon|den|sa|ti|ons|ni|veau** [...vo:] *das;* -s: Höhenschicht, bei der die Kondensation (1) von Wasserdampf einsetzt (Meteor.). **Kon|den|sa|ti|ons|po|ly|me|re** *das;* -n, -n (meist Plur.): durch ↑ Polykondensation entstandenes ↑ Polymere (Chem.). **Kon|den|sa|ti|ons|punkt** *der;* -[e]s: Temperatur, bei der sich Dampf verflüssigt (Taupunkt). **Kon|den|sa|ti|ons|tur|bi|ne** *die;* -, -n: für die Stromerzeugung eingesetzte Dampfturbine, in die der Dampf mit fast gleichbleibendem Druck eintritt u. aus der er in den Oberflächenkondensator austritt. **kon|den|sa|tiv** ⟨zu ↑...iv⟩: verdichtend, verflüssigend. **Kon|den|sa|tor** *der;* -s, ...oren ⟨aus *lat.* condensatus, Part. Perf. von condensare (vgl. kondensieren), u. ↑...or⟩: 1. Gerät zur Speicherung elektr. Ladungen (Elektrot.). 2. Anlage zur Kondensation (1) von Dämpfen; Verflüssiger. **Kon|den|sa|tor|kam|mer** *die;* -, -n: kleine Ionisationskammer zur Dosismessung ionisierender

Strahlung. **Kon|den|sa|tor|mi|kro|phon** *das;* -s, -e: Mikrophon von hoher Qualität mit zwei Membranen, die als Kondensator wirken. **Kon|den|sa|tor|mo|tor** *der;* -s, -en: kleiner asynchroner Einphasenwechselstrommotor, dessen Drehfeld mit Hilfswicklung u. Kondensator erzeugt wird. **Kon|den|sa|tor|pa|pier** *das;* -s, -e: pergaminähnliches (↑Pergamin) dünnes Seidenpapier hoher Reinheit, das zur Isolierung bei Kondensatoren (1) verwendet wird. **kon|den|sie|ren** ⟨aus *lat.* condensare „verdichten, zusammenpressen" zu ↑kon... u. densus „dicht"⟩: 1. a) Gase od. Dämpfe durch Druck od. Abkühlung verflüssigen; b) aus dem gas- od. dampfförmigen in einen flüssigen Zustand übergehen, sich verflüssigen. 2. eine Flüssigkeit durch Verdampfen eindicken. **kon|den|siert** ⟨zu ↑...iert⟩: durch Kondensation entstanden; -e Milch: svw. Kondensmilch; -e Ringe: chem. Verbindungen, bei denen zwei od. mehrere Ringe gemeinsame Atome haben (Chem.); -e Systeme: organische Stoffe, deren Moleküle mehrere Benzolringe enthalten, von denen je zwei zwei nebeneinanderliegende Kohlenstoffatome gemeinsam haben (Chem.). **Kon|den|si|tät** *die;* - ⟨zu ↑...ität⟩: (veraltet) Dichtheit. **Kondens|milch** *die;* - ⟨zu ↑Kondens...⟩: eingedickte, in Dosen abgefüllte [sterilisierte] Milch. **Kon|den|sor** *der;* -s, ...oren ⟨zu *lat.* condensus „dicht gedrängt" u. ↑...or⟩: ein System von Linsen in optischen Apparaten, mit dem ein Objekt möglichst hell ausgeleuchtet werden kann. **Kon|dens|streif|fen** *der;* -s, - ⟨zu ↑Kondens...⟩: schmaler, weißer, wolkenähnlicher Streifen am Himmel, der sich durch Kondensation (1) von Wasserdampf in den Abgasen eines Flugzeugs bilden kann. **Kon|dens|was|ser** *das;* -s: Wasser, das sich u. a. an Wänden niederschlägt, deren Temperatur unterhalb des Taupunkts liegt

Kon|de|szen|denz *die;* -, -en ⟨aus *mlat.* condescendentia „Herablassung" zu *lat.* condescendere „sich herablassen"⟩: a) Herablassung, Nachgiebigkeit; b) (im theologischen Sprachgebrauch) gnädige Herablassung Gottes zu den Menschen in der Gestalt Jesu Christi

Kon|di|gni|tät *die;* - ⟨aus gleichbed. *nlat.* condignitas, Gen. condignitatis zu ↑kon... u. ↑Dignität⟩: (veraltet) Gleichwürdigkeit, Angemessenheit

Kon|dik|ti|on *die;* -, -en ⟨aus gleichbed. *spätlat.* condictio zu *lat.* condicere „festsetzen, bestimmen"⟩: (veraltet) Klage auf Rückgabe einer nicht rechtmäßig erworbenen Sache (Rechtsw.).

kon|di|tern ⟨zu ↑Konditor⟩: 1. (landsch.) [häufig] Konditoreien (1) besuchen. 2. (ugs.) Feinbackwaren herstellen

Kon|di|ti|on *die;* -, -en ⟨aus *lat.* condicio (*spätlat.* conditio) „Beschaffenheit, Zustand; Bedingung" zu condicere „verabreden, übereinkommen"⟩: 1. (meist Plur.) Geschäftsbedingung (Lieferungs- u. Zahlungsbedingung); vgl. à condition. 2. (ohne Plur.) a) körperlich-seelische Gesamtverfassung eines Menschen; b) körperliche Leistungsfähigkeit; Ausdauer (bes. eines Sportlers). 3. (veraltet) Stellung, Dienst [eines Angestellten]. **kon|di|tio|nal** ⟨aus gleichbed. *spätlat.* conditionalis⟩: eine Bedingung angebend; bedingend (z. B. von Konjunktionen: *falls* er kommt...; Sprachw.); vgl. ...al/...ell. **Kon|di|tio|nal** *der;* -s u. **Kon|di|ti|o|na|lis** *der;* -, ...les ⟨aus gleichbed. *spätlat.* (modus) conditionalis⟩: Modus der Bedingung (z. B. ich *würde* kommen, wenn...; Sprachw.). **Kon|di|tio|na|lis|mus** u. Konditionismus *der;* - ⟨zu ↑konditional bzw. ↑Kondition u. ↑...ismus (1)⟩: philos. Richtung, die den Begriff der Ursache durch den der Bedingung ersetzt (Philos.). **Kon|di|tio|nal|satz** *der;* -es, ...sätze: Umstandssatz der Bedingung (z. B. *wenn das wahr ist*, dann...; Sprachw.). **kon|di-**

tio|nell ⟨nach gleichbed. *fr.* conditionnel; vgl. ...ell⟩: die Kondition (2 b) betreffend; vgl. ...al/...ell. **Kon|di|tio|nen|kar|tell** *das;* -s, -e ⟨zu ↑Kondition⟩: ↑Kartell, bei dem sich die Abmachungen zwischen den teilnehmenden Unternehmern auf die Verpflichtung zur Einhaltung gleicher Liefer- u. Zahlungsbedingungen beziehen (Wirtsch.). **Kon|di|tio|nen|po|li|tik** *die;* -: im Rahmen der betrieblichen Produkt- u. Preispolitik alle Maßnahmen zur Festlegung von Lieferbedingungen, Zahlungsbedingungen usw. zum Zwecke der Produkt- u. Preisdifferenzierung (Wirtsch.). **Kon|di|tio|nie|ren** ⟨aus gleichbed. *fr.* conditionner; Bed. 5 nach gleichbed. *engl.* to condition⟩: 1. (veraltet) in Stellung sein, in Diensten stehen. 2. das gereinigte Getreide für die Vermahlung vorbereiten. 3. den Feuchtigkeitsgrad von Textilrohstoffen ermitteln. 4. Ausgangsrohstoffen vor der Verarbeitung bestimmte Eigenschaften verleihen. 5. bestimmte Reaktionen hervorrufen (von Reizen; Psychol.); vgl. Konditionierung (1). **kon|di|tio|niert** ⟨zu ↑...iert⟩: 1. bedingt; beschaffen (von Waren). 2. bestimmte Reaktionen bedingend (von Reizen; Psychol.). **Kon|di|tio|nie|rung** *die;* -, -en ⟨zu ↑...ierung⟩: 1. das Ausbilden bedingter Reaktionen bei Mensch od. Tier, wobei eine Reaktion auch dann eintritt, wenn an Stelle des ursprünglichen Auslösereizes ein zunächst neutraler Reiz tritt (Psychol.); vgl. Gegenkonditionierung. 2. Behandlung des Getreides vor dem Mahlen mit Feuchtigkeit u. Wärme. 3. Ermittlung des Feuchtigkeitsgrades von Textilrohstoffen. **Kon|di|tio|nis|mus** *der;* - ⟨zu ↑...ismus (1)⟩: svw. Konditionalismus. **Kon|di|ti|ons|trai|ning** [...trɛː...] *das;* -s: auf die Verbesserung der Kondition (2 b) ausgerichtetes Training

Kon|di|tor *der;* -s, ...oren ⟨aus *lat.* conditor „Hersteller würziger Speisen" zu condire „lecker zubereiten"⟩: Feinbäcker. **Kon|di|to|rei** *die;* -, -en: 1. Betrieb, der Feinbackwaren herstellt u. verkauft u. zu dem meist ein kleines Café gehört. 2. (ohne Plur.) Feinbackwaren, Feingebäck. **Kon|di|to|rin** [auch ...'dɪto...] *die;* -, -nen: weibliche Form zu ↑Konditor

kon|di|zie|ren ⟨aus *lat.* condicere „gemeinschaftlich verabreden; festsetzen, bestimmen"⟩: (eine nicht rechtmäßig erworbene Sache) zurückfordern (Rechtsw.); vgl. Kondiktion

Kon|do *das;* -s, -s ⟨aus *jap.* kon-do „goldene Halle"⟩: Buddhahalle als zentrales Gebäude japanisch-buddhistischer Tempel, der die Kultbilder od. -statuen mit genügend Raum zum Umschreiten beherbergt

Kon|do|lenz *die;* -, -en ⟨aus gleichbed. älter *fr.* condolence zu se condoloir „seinen Schmerz ausdrücken", dies aus *lat.* condolere, vgl. kondolieren⟩: Beileid[sbezeigung]. **kon|do|lie|ren** ⟨aus *lat.* condolere „Mitgefühl haben"⟩: sein Beileid aussprechen

Kon|dom *das* od. *der;* -s, Plur. -e, selten -s ⟨aus gleichbed. *engl.* condom, Herkunft unsicher; vielleicht nach einem engl. Arzt als angeblichem Erfinder im 17./18. Jh.⟩: Hülle aus dünnem, vulkanisiertem Gummi, die als Mittel zur Empfängnisverhütung u. zum Schutz vor Aids bzw. Geschlechtskrankheiten vor dem Geschlechtsverkehr über den Penis gezogen wird. **Kon|do|mat** *der;* -en, -en ⟨Kurzw. aus ↑Kondom u. ↑Automat⟩: Automat (1 a) für Kondome

Kon|do|mi|nat *das* od. *der;* -[e]s, -e ⟨zu ↑kon... u. *lat.* dominatus „Herrschaft"⟩: svw. Kondominium. **Kon|do|mi|ni|um** *das;* -s, ...ien [...i̯ən] ⟨zu *lat.* dominium „Herrschaft, Eigentum, Besitz"⟩: 1. a) Herrschaft mehrerer Staaten über dasselbe Gebiet; b) Gebiet, das unter der Herrschaft meh-

rerer Staaten steht. 2. größeres Haus mit Eigentumswohnungen [in Südtirol]
Kon|do|na|ti|on *die;* , -en ‹aus gleichbed. *lat.* condonatio zu condonare, vgl. kondonieren›: (veraltet) Schenkung, Erlassung, Verzeihung. **Kon|do|na|tor** *der;* -en, ...oren ‹zu ↑kon... u. ↑Donator›: (veraltet) a) jmd., der etwas schenkt; b) jmd., der etwas erläßt. **kon|do|nie|ren** ‹aus gleichbed. *lat.* condonare zu ↑kon... u. donare „(be)schenken; begnadigen"›: (veraltet) schenken, überlassen, verzeihen
Kon|dor *der;* -s, -e ‹aus *span.* condor, dies aus *Ketschua* (einer südamerik. Indianersprache) cuntur›: südamerik. Geier (bes. in den Anden vorkommend)
Kon|dot|tie|re *der;* -s, ...ri ‹aus gleichbed. *it.* condottiere zu condotta „das Führen, Führung", dies zu *lat.* conducere „lenken, führen"›: Söldnerführer im 14. u. 15. Jh. in Italien. **Kon|dui|te** [auch kõdy̌i:tə] *die;* - ‹aus gleichbed. *fr.* conduite zu conduire „führen", dies aus *lat.* conducere; vgl. Konduktus›: (veraltet) Führung, Betragen. **Kon|dukt** *der;* -[e]s, -e ‹aus *mlat.* conductus „Schutz, Geleit", eigtl. Part. Perf. von *lat.* conducere „geleiten", eigtl. „zusammenführen"›: [feierliches] Geleit, Gefolge [bei Begräbnissen]. **Kon|duk|tanz** *die;* - ‹zu ↑...anz›: Wirkleitwert (Elektrot.). **Kon|duk|ten** *die* (Plur.) ‹aus *lat.* conducti, Part. Perf. (Plur.) zu conducere „zusammenführen"›: Windführungen bei der Orgel von der Windlade zu den großen, nicht unmittelbar auf der Windlade stehenden Pfeifen (Mus.). **Kon|duk|teur** [...'tø:ɐ̯] *der;* -s, -e ‹aus gleichbed. *fr.* conducteur zu conduire „lenken, führen", dies aus *lat.* conducere›: (schweiz., sonst veraltet) [Straßen-, Eisenbahn]schaffner. **kon|duk|ti|bel** ‹aus *fr.* conductible „leitfähig"›: (veraltet) leitbar. **Kon|duk|ti|bi|li|tät** *die;* - ‹aus *fr.* conductibilité „Leitungsfähigkeit"; vgl. ...ität›: (veraltet) Leitfähigkeit. **Kon|duk|ti|on** *die;* -, -en ‹zu ↑kon... u. *lat.* ductio „Leitung"›: Wärmeleitung durch das Körpergewebe (Med.). **Kon|duk|ti|vi|tät** *die;* - ‹aus gleichbed. *fr.* conductivité; vgl. ...ität›: Leitfähigkeit (Elektrot.). **Kon|duk|to|me|trie** *die;* - ‹nach gleichbed. *engl.* conductometry zu to conduct „(elektr.) leiten" u. ↑...metrie›: Verfahren zur Bestimmung der Zusammensetzung chem. Verbindungen durch Messung der sich ändernden Leitfähigkeit (Chem.). **kon|duk|to|me|trisch** ‹zu ↑...metrisch›: die Konduktometrie betreffend, auf ihr beruhend. **Kon|duk|tor** *der;* -s, ...oren ‹aus *lat.* conductor, eigtl. „Zusammenführer"›: 1. Hauptleiter der Elektrisiermaschine. 2. selbst gesund bleibender Überträger einer Erbkrankheit (z. B. Frauen bei der Übertragung der Bluterkrankheit, an der Männer erkranken; Med.). **Kon|duk|tus** vgl. Conductus
Kon|du|ran|go *die;* -, -s ‹über *span.* condurango aus einer südamerik. Indianersprache›: südamerik. Strauch, dessen Rinde ein bitteres Magenmittel liefert
Kon|dy|lom *das;* -s, -e ‹zu *gr.* kóndylos „Verhärtung, Geschwulst" u. ↑...om›: nässende ↑Papel in der Genitalgegend (Med.)
Ko|nen: Plur. von ↑Konus
Kon|fa|bu|la|ti|on *die;* -, -en ‹aus *spätlat.* confabulatio „Gespräch, Unterredung" zu *lat.* confabulari, vgl. konfabulieren›: auf Erinnerungstäuschung beruhender Bericht über vermeintlich erlebte Vorgänge (Psychol.). **kon|fa|bu|lie|ren** ‹aus *lat.* confabulari „reden, plaudern"›: erfundene Erlebnisse als selbst erlebt darstellen
Kon|far|rea|ti|on *die;* -, -en ‹aus gleichbed. *lat.* confarreatio, eigtl. „der gemeinsame Genuß des Speltbrotes", zu confarreare „ehelich verbinden, verheiraten"›: feierlichste altröm. Form der patrizischen Eheschließung

Kon|fe|de|rat|ka *die;* -, ...ki ‹aus gleichbed. *poln.* konfederatka, eigtl. „Bundesmütze"; vgl. Konföderation (2)›: verbrämte Mütze der poln. Männertracht mit hohem Kopf, viereckigem Deckel, Quaste u. oft noch Federstutz
Kon|fekt *das;* -[e]s, -e ‹aus *mlat.* confectum „Zubereitetes" zu *lat.* conficere „fertig machen"›: 1. feine Zuckerwaren, Pralinen. 2. (südd., schweiz., österr.) Teegebäck. **Kon|fek|ti|on** *die;* -, -en ‹über gleichbed. *fr.* confection aus *lat.* confectio „Anfertigung"; vgl. Konfekt›: 1. fabrikmäßige Serienherstellung von Kleidungsstücken. 2. [Handel mit] Fertigkleidung. 3. Bekleidungsindustrie. **Kon|fek|tio|när** *der;* -s, -e ‹zu ↑...är›: 1. Hersteller von Fertigkleidung. 2. [leitender] Angestellter in der Konfektion (3). **Kon|fek|tio|neu|se** [...'nø:zə] *die;* -, -n ‹nach *fr.* confectionneuse „Schneiderin"›: [leitende] Angestellte in der Konfektion (3). **kon|fek|tio|nie|ren** ‹aus gleichbed. *fr.* confectionner›: fabrikmäßig herstellen. **Kon|fek|tio|nie|rung** *die;* -, -en ‹zu ↑...ierung›: 1. das Konfektionieren. 2. konfektionierte Ware
Kon|fe|renz *die;* -, -en ‹aus *mlat.* conferentia „Besprechung"; vgl. konferieren›: 1. Sitzung; Besprechung; Tagung. 2. beratschlagende Versammlung. 3. kartellartiger Zusammenschluß von Reedereien im Überseegeschäft. **Kon|fe|renz|schal|tung** *die;* -, -en: drahtlose od. telefonische [Zusammen]schaltung für den Informationsaustausch zwischen mehr als zwei Personen. **kon|fe|rie|ren** ‹über gleichbed. *fr.* conférer aus *lat.* conferre „zusammentragen, sich besprechen"›: 1. mit jmdm. verhandeln, über etwas [in größerem Kreis] beraten. 2. als ↑Conférencier sprechen, ansagen. 3. die Richtigkeit des Warenausgangs prüfen (im Buchhandel). **Kon|fe|rie|rer** *der;* -s, -: Prüfer im buchhändlerischen Versand
kon|fer|ru|mi|nie|ren ‹aus gleichbed. *lat.* conferruminare zu ↑kon... u. ferruminare „verbinden; löten, schweißen", dies zu ferrumen „Bindemittel; Kitt, Leim, Kleber"›: (veraltet) zusammenlöten
Kon|fes|si|on *die;* -, -en ‹aus *lat.* confessio „Eingeständnis, Bekenntnis" zu confiteri „bekennen"›: 1. [christliche] Glaubensgemeinschaft, Gesamtheit der Menschen, die zu der gleichen Glaubensgemeinschaft gehören. 2. literarische Zusammenfassung von Glaubenssätzen; vgl. Confessio (1 b). 3. a) christliches [Glaubens]bekenntnis; b) Geständnis, [Sünden]bekenntnis. **kon|fes|sio|nal** ‹zu ↑¹...al (1)›: svw. konfessionell; vgl. ...al/...ell. **Kon|fes|sio|na|le** *das;* -s, ...lien [...jən] ‹aus gleichbed. *kirchenlat.* confessionale; vgl. ...ale›: (veraltet) 1. Ablaß-, Beichtbrief. 2. Beichtstuhl. **kon|fes|sio|na|li|sie|ren** ‹zu *nlat.* confessionalis „eine Konfession betreffend" u. ↑...isieren›: die Besonderheiten einer Konfession (1) in allen Bereichen des Lebens, der Kirche, der Theologie durchsetzen. **Kon|fes|sio|na|lis|mus** *der;* - ‹zu ↑...ismus (5)›: 1. [übermäßige] Betonung der eigenen Konfession. 2. theologische Richtung, die konfessionellen Unterschiede betont u. die Aufspaltung der Christenheit in verschiedene Konfessionen bejaht. **kon|fes|sio|na|li|stisch** ‹zu ↑...istisch›: den Konfessionalismus betreffend; eng kirchlich denkend. **Kon|fes|sio|na|li|tät** *die;* - ‹zu ↑...ität›: Zugehörigkeit zu einer bestimmten Glaubensgemeinschaft. **kon|fes|sio|nell** ‹nach gleichbed. *fr.* confessionnel; vgl. ...ell›: zu einer Konfession gehörend; vgl. ...al/...ell. **Kon|fes|sio|nist** *der;* -en, -en ‹zu ↑...ist›: (veraltet) Glaubensgenosse, -bruder, jmd., der einer gleichen Konfession angehört. **Kon|fes|si|ons|schu|le** *die;* -, -n: Bekenntnisschule, in der der Unterricht im Geiste einer bestimmten Konfession, bes. der katholischen, gestaltet wird, Ggs. ↑Simultanschule

Kon|fet|ti *das;* -[s] ⟨aus *it.* confetti (Plur.)⟩ „Zuckerzeug, Bonbons" (weil die beim Karneval üblichen bunten Papierschnitzel urspr. Bonbons waren, die unter die Menge geworfen wurden); vgl. Konfekt⟩: 1. bunte Papierblättchen, die bes. bei Faschingsveranstaltungen geworfen werden. 2. (österr. veraltet) Zuckergebäck, Süßigkeiten. **Kon|fet|ti|pa|ra|de** *die;* -, -n: (bes. in Amerika) Umzug, bei dem eine Persönlichkeit des öffentlichen Lebens gefeiert wird u. bei dem große Mengen von Konfetti geworfen werden

Kon|fi|dent *der;* -en, -en ⟨zu *fr.* confident „vertraut; Vertrauter" aus gleichbed. *it.* confidente, dies aus *lat.* confidens, Gen. confidentis, Part. Präs. von confidere „vertrauen"⟩: 1. a) (veraltet) Vertrauter, Freund; b) jmd., der mit bestimmten Gegebenheiten vertraut ist. 2. (österr.) [Polizei]spitzel. **Kon|fi|den|te** *die;* -n, -n: weibliche Form zu ↑ Konfident. **kon|fi|den|ti|ell** ⟨aus gleichbed. *fr.* confidentiel⟩: (veraltet) vertraulich (von Briefen, Mitteilungen). **Kon|fi|denz** *die;* -, -en ⟨aus gleichbed. *fr.* confidence, dies aus *lat.* confidentia⟩: (veraltet) 1. Vertrauen. 2. vertrauliche Mitteilung. **Kon|fi|denz|in|ter|vall** [...val] *das;* -s, -e: Vertrauensintervall, Intervall (4), das einen zu schätzenden Parameter mit vorgegebener Wahrscheinlichkeit überdeckt (math. Statistik). **kon|fi|die|ren** ⟨aus gleichbed. *lat.* confidere⟩: (veraltet) vertrauen

kon|fi|gie|ren ⟨aus gleichbed. *lat.* configere zu ↑kon... u. *lat.* figere „anheften"⟩: (veraltet) zusammenheften, -fügen **Kon|fi|gu|ra|ti|on** *die;* -, -en ⟨aus *spätlat.* configuratio „Anordnung, Gestaltung" zu configurare, vgl. konfigurieren⟩: 1. (veraltet) Gestaltung, Gestalt. 2. a) äußere Form, Gestalt od. Aufbau eines Organs od. Körperteils; b) Verformung (z. B. des kindlichen Schädels bei der Geburt; Med.). 3. svw. Aspekt (2). 4. die dreidimensionale, räumliche Anordnung der Atome um ein Zentralatom (Chem.). 5. Anordnung u. wechselseitige Beziehung verschiedener Einzelerlebnisse in einem zusammenhängenden Sachverhalt (Psychol.). 6. bestimmte Stellung der ↑Planeten (Astron., Astrol.). 7. a) geordnete Menge bes. von semantischen Merkmalen (z. B.: „Möbel, sitzen" für „Stuhl"); b) Gruppe syntaktisch verbundener Wörter (Sprachw.). 8. Bez. für eine konkrete Zusammenstellung einer Rechenanlage aus Zentraleinheit[en], Ein- u. Ausgabegeräten u. Speichergeräten sowie deren Vernetzungsstruktur (EDV). **kon|fi|gu|rie|ren** ⟨aus *spätlat.* configurare „gleichförmig bilden"⟩: 1. (veraltet) gestalten. 2. verformen (bes. vom kindlichen Schädel bei der Geburt; Med.).

Kon|fik|ti|on *die;* -, -en ⟨aus gleichbed. *lat.* confictio zu confingere, vgl. konfingieren⟩: (veraltet) Erdichtung

Kon|fi|na|ti|on *die;* -, -en ⟨zu *lat.* confinis „angrenzend, benachbart" u. ↑...ation⟩: (veraltet) 1. Einteilung in bestimmte Bezirke. 2. Hausarrest; gerichtliche Aufenthaltsbzw. Wohnbeschränkung auf einen bestimmten Bezirk **kon|fin|gie|ren** ⟨aus gleichbed. *lat.* confingere zu ↑ kon... u. *lat.* fingere „ersinnen, erdichten"⟩: (veraltet) zusammendichten, ersinnen

kon|fi|nie|ren ⟨zu *lat.* confinis „angrenzend, benachbart" u. ↑...ieren⟩: (veraltet) 1. in bestimmte Bezirke einteilen. 2. den Aufenthalt einer Person durch gerichtliche Anordnung auf einen bestimmten Ort beschränken. **Kon|fi|ni|tät** *die;* -⟨zu ↑...ität⟩: (veraltet) Grenznachbarschaft. **Kon|fi|ni|um** *das;* -s, ...ien [...i̯ən] ⟨aus *lat.* confinium „Grenzgebiet, Grenze"⟩: (veraltet) 1. Grenze; Grenzland. 2. die österr. Grenzgebiete in Südtirol (bis 1918)

Kon|fir|mand *der;* -en, -en ⟨aus *lat.* confirmandus „der zu Bestärkende", Gerundivum von confirmare, vgl. konfirmieren⟩: jmd., der konfirmiert wird. **Kon|fir|ma|ti|on** *die;* -, -en ⟨aus *kirchenlat.* confirmatio „Bestätigung des Taufversprechens", dies aus *lat.* confirmatio „Bestärkung, Ermutigung"⟩: feierliche Aufnahme junger ev. Christen in die Gemeinde der Erwachsenen; Einsegnung. **kon|fir|ma|tiv** ⟨zu ↑...iv⟩: (veraltet) bekräftigend, befestigend. **kon|fir|mie|ren** ⟨aus *lat.* confirmare „befestigen, stärken"⟩: einen ev. Jugendlichen nach vorbereitendem Unterricht feierlich in die Gemeinde der Erwachsenen aufnehmen; einsegnen. **Kon|fir|mi|tät** *die;* - ⟨zu ↑...ität⟩: (veraltet) Festigkeit

Kon|fi|se|rie [auch kõ...] *die;* -, ...ien ⟨aus gleichbed. *fr.* confiserie zu confire „zubereiten", dies aus gleichbed. *lat.* conficere, vgl. Konfekt⟩: (schweiz.) a) Betrieb, der Süßwaren, Pralinen o. ä. herstellt u. verkauft; b) Pralinen, feines Backwerk. **Kon|fi|seur** [...'zøːɐ̯] *der;* -s, -e ⟨aus gleichbed. *fr.* confiseur⟩: (schweiz.) jmd., der berufsmäßig Süßwaren, Pralinen o. ä. herstellt

kon|fis|ka|bel ⟨zu ↑konfiszieren u. ↑...abel⟩: (veraltet) der Konfiskation unterworfen, einziehbar. **Kon|fis|kat** *das;* -[e]s, -e (meist Plur.) ⟨aus *lat.* confiscatum, eigtl. „das Eingezogene", Part. Perf. (Neutrum) von confiscare, vgl. konfiszieren⟩: 1. nicht zum Verzehr geeigneter Teil von Schlachttieren. 2. Geschlechtsteil eines ungeborenen Tieres (Tiermed.). **Kon|fis|ka|ti|on** *die;* -, -en ⟨aus gleichbed. *lat.* confiscatio zu confiscare, vgl. konfiszieren⟩: entschädigungslose staatliche Enteignung einer Person od. Gruppe. **kon|fis|ka|to|risch** ⟨aus gleichbed. *nlat.* confiscatorius⟩: eine Konfiskation betreffend, auf ihr beruhend, in der Art einer Konfiskation. **kon|fis|zie|ren** ⟨aus *lat.* confiscare „in der Kasse aufbewahren, beschlagnahmen"⟩: etwas [von Staats wegen, gerichtlich] einziehen, beschlagnahmen

Kon|fi|tent *der;* -en, -en ⟨zu *lat.* confiteri „eingestehen, bekennen" u. ↑...ent⟩: (veraltet) Beichtender, Beichtkind

Kon|fi|tü|re *die;* -, -n ⟨aus *fr.* confiture „Eingemachtes" zu confire, vgl. Konfiserie⟩: aus nur einer Obstsorte hergestellte Marmelade [mit ganzen Früchten od. Fruchtstücken]; vgl. Jam

Kon|fla|gra|ti|on *die;* -, -en ⟨aus *lat.* conflagratio „das Auflodern, Brand" zu conflagrare, vgl. konflagrieren⟩: (veraltet) Feuersbrunst, Brand. **kon|fla|grie|ren** ⟨aus gleichbed. *lat.* conflagrare zu ↑kon... u. *lat.* flagrare „brennen, lodern"⟩: (veraltet) in Flammen aufgehen

Kon|fla|ti|on *die;* -, -en ⟨aus gleichbed. *lat.* conflatio, eigtl. „das Verfertigen durch Gießen; das Gegossene, der Guß", zu conflare „einschmelzen", dies zu ↑kon... u *lat.* flare „schmelzen, gießen"⟩: (veraltet) das Schmelzen von Metallen

kon|fli|gie|ren ⟨aus *lat.* configere „zusammenschlagen, -stoßen; in Kampf geraten"⟩: (veraltet) mit etwas in Konflikt geraten. **Kon|flikt** *der;* -[e]s, -e ⟨aus *lat.* conflictus „Zusammenstoß", eigtl. Part. Perf. von configere, vgl. konfligieren⟩: 1. a) [bewaffnete, militärische] Auseinandersetzung zwischen Staaten; b) Streit, Zerwürfnis. 2. Widerstreit der Motive, Zwiespalt. **kon|flik|tär** ⟨zu ↑...är⟩: einen Konflikt enthaltend, voller Konflikte. **kon|flik|tiv** ⟨zu ↑...iv⟩: einen Konflikt in sich bergend, Konflikte erzeugend. **Kon|flikt|kom|mis|si|on** *die;* -, -en: Kommission in Betrieben u. staatlichen Verwaltungen der ehemaligen DDR, die über bestimmte Streitfälle eigenverantwortlich entscheiden konnte. **Kon|flikt|re|ak|ti|on** *die;* -, -en: krankhafte Erlebnisreaktion auf eine akute od. chronische Belastungssituation auf der Grundlage einer neurotischen Fehlhaltung od. anderer psychopathologischer Störungen (Med., Psychol.).

kon|flu|ent ⟨aus gleichbed. *lat.* confluens, Gen. confluentis, Part. Präs. von confluere, vgl. konfluieren⟩: zusammenflie-

Konfluenz

ßend, sich vereinigend (z. B. von Gefäßen; Med.). **Kon|flu̱|enz** *die;* -, -en ⟨aus *lat.* confluentia „das Zusammenfließen"⟩: Zusammenfluß zweier Gletscher (Geol.); Ggs. ↑ Diffluenz. **kon|flu|ie|ren** ⟨aus gleichbed. *lat.* confluere⟩: zusammenfließen, sich vereinigen (z. B. von Blutgefäßen; Med.). **Kon|flu̱x** *der;* -es, -e ⟨aus *nlat.* confluxus „Zusammenfluß"⟩: svw. Konfluenz

Kon|fö|de|ra|ti̱|on *die;* -, -en ⟨aus *lat.* confoederatio „Bündnis" zu confoederare, vgl. konföderieren⟩: 1. Zusammenschluß von Staaten, bei dem diese gleichberechtigt nebeneinander bestehenbleiben; Staatenbund. 2. im alten Polen [gegen den König gerichteter] Zusammenschluß des Adels zur Erreichung bestimmter Ziele. **kon|fö|de|rie̱|ren,** sich ⟨aus *lat.* confoederare „durch ein Bündnis vereinigen, verbünden" zu ↑ kon... u. foedus „Bündnis"⟩: sich verbünden; Konföderierte Staaten von Amerika: die 1861 von den USA abgefallenen u. dann wieder zur Rückkehr gezwungenen Südstaaten der USA. **Kon|fö|de|rieṟ|te** *der* u. *die;* -n, -n ⟨vgl. ...iert⟩: 1. Verbündete[r]. 2. Anhänger[in] der Südstaaten im Sezessionskrieg

kon|fo|ka̱l ⟨zu ↑ kon..., ↑ Fokus u. ↑ ¹...al (1)⟩: mit gleichen Brennpunkten (Phys.)

kon|fo̱rm ⟨aus *lat.* conformis „gleichförmig, ähnlich"⟩: 1. einig, übereinstimmend (in den Ansichten); m i t e t w a s - g e h e n : mit etwas völlig übereinstimmen. 2. winkel-, maßstabgetreu (von Abbildungen; Math.). **Kon|for|ma|ti̱|on** *die;* -, -en ⟨aus *lat.* conformatio „entsprechende Form, Gestalt" zu conformare, vgl. konformieren⟩: eine der verschiedenen räumlichen Anordnungsmöglichkeiten der ↑ Atome eines ↑ Moleküls, die sich durch Drehung um eine einfache Achse ergeben (Chem.). **kon|for|mie̱|ren** ⟨aus *lat.* conformare „entsprechend formen, gestalten"⟩: (veraltet) anpassen, einfügen, übereinstimmend machen. **Kon|for|mi̱s|mus** *der;* - ⟨aus gleichbed. *engl.* conformism zu conformist (vgl. Konformist); vgl. ...ismus (1)⟩: [Geistes]haltung, die [stets] um Anpassung der persönlichen Einstellung an die bestehenden Verhältnisse bemüht ist; Ggs. ↑ Nonkonformismus. **Kon|for|mi̱st** *der;* -en, -en ⟨aus gleichbed. *engl.* conformist zu to conform „übereinstimmen, sich anpassen", dies aus *lat.* conformare, vgl. konformieren⟩: 1. jmd., der seine eigene Einstellung immer nach der herrschenden Meinung richtet; Ggs. ↑ Nonkonformist (1). 2. Anhänger der anglikanischen Staatskirche; Ggs. ↑ Nonkonformist (2). **kon|for|mi̱s|tisch** ⟨zu ↑ ...istisch⟩: 1. seine eigene Einstellung nach der herrschenden Meinung richtend; Ggs. ↑ nonkonformistisch (1). 2. im Sinne der anglikanischen Staatskirche denkend u. handelnd; Ggs. ↑ nonkonformistisch (2). **Kon|for|mi|tät** *die;* - ⟨über gleichbed. *fr.* conformité aus *mlat.* conformitas, Gen. conformitatis „Gleichartigkeit" zu *spätlat.* conformis (vgl. konform); vgl. ...ität⟩: 1. a) Übereinstimmung, Anpassung; Ggs. ↑ Nonkonformität; b) das Gleichgerichtetsein des Verhaltens einer Person mit dem einer Gruppe als Ergebnis der ↑ Sozialisation (Soziol.). 2. Winkel- u. Maßstabtreue einer Abbildung (Math.).

Kon|fo̱rt [kõ'fo:r] *der;* -s ⟨aus gleichbed. (alt)*fr.* confort, eigtl. „Behaglichkeit, Bequemlichkeit" (vgl. Komfort), zu *spätlat.* confortare „(kräftig) stärken", dies aus *lat.* fortis „stark, kräftig"⟩: (veraltet) Hilfe, Trost. **Kon|for|ta|ti̱|on** [kɔn...] *die;* -, -en ⟨aus gleichbed. *spätlat.* confortatio⟩ (veraltet) Stärkung. **kon|for|ta|ti̱v** ⟨zu ↑ ...iv⟩: (veraltet) stärkend. **kon|for|tie̱|ren** ⟨aus gleichbed. *fr.* conforter, dies aus *spätlat.* confortare⟩: (veraltet) [be]stärken, trösten

Kon|fra̱|ter *der;* -s, ...fratres [...tre:s] ⟨aus *mlat.* confrater „Mitbruder" zu ↑ kon... u. ↑ Frater⟩: Amtsbruder innerhalb der kath. Geistlichkeit. **Kon|fra|ter|ni|tät** *die;* -, -en ⟨aus gleichbed. *mlat.* confraternitas, Gen. confraternitatis⟩: 1. (veraltet) Bruderschaft innerhalb der kath. Geistlichkeit. 2. Erbverbrüderung; durch Erbvertrag zugesichertes, wechselseitiges Erbrecht zweier od. mehrerer regierender Häuser für den Fall ihres Aussterbens (Rechtsw.)

Kon|fron|ta|ti̱|on *die;* -, -en ⟨aus *mlat.* confrontatio „Gegenüberstellung" zu confrontare, vgl. konfrontieren⟩: 1. Gegenüberstellung von einander widersprechenden Meinungen, Sachverhalten od. Personengruppen. 2. [politische] Auseinandersetzung. 3. ↑ synchronischer Vergleich von zwei Sprachzuständen, um sowohl die Unterschiede als auch die Gemeinsamkeiten von zwei untersuchten Sprachen im Hinblick auf den Fremdsprachenunterricht festzustellen (Sprachw.). 4. Verhaltensweise, Vorgehen o. ä., bei dem man eine Konfrontation (2), einen Konflikt in Kauf nimmt. **kon|fron|ta|ti̱v** ⟨zu ↑ ...iv⟩: svw. komparativ (2 a). **kon|fron|tie̱|ren** ⟨aus *mlat.* confrontare „(Stirn gegen Stirn) gegenüberstellen" zu ↑ kon... u. *lat.* frons, Gen. frontis „Stirn"⟩: a) jmdn. jmdm. gegenüberstellen, um einen Widerspruch od. eine Unstimmigkeit auszuräumen; b) jmdn. in die Lage bringen, daß er sich mit etwas Unangenehmem auseinandersetzen muß; c) als ↑ Kontrast (1), zum Vergleich einander gegenüberstellen

kon|fun|die̱|ren ⟨aus gleichbed. *lat.* confundere, eigtl. „zusammengießen, vermischen"⟩: (veraltet) vermengen, verwirren. **kon|fu̱s** ⟨aus *lat.* confusus „verwirrt", eigtl. „ineinandergegossen", Part. Perf. von confundere, vgl. konfundieren⟩: verwirrt, verworren; wirr (im Kopf), durcheinander. **Kon|fu|si̱|on** *die;* -, -en ⟨aus gleichbed. *lat.* confusio⟩: 1. Verwirrung, Zerstreutheit; Unklarheit. 2. das Erlöschen eines Rechtes, wenn Berechtigung u. Verpflichtung in einer Person zusammenfallen (z. B. durch Kauf, Erbschaft; Rechtsw.); vgl. Konsolidation. **Kon|fu|sio|na̱|ri|us** *der;* -, ...ien [...jən] ⟨zu ↑ ...arius⟩: (veraltet) verwirrter, zerstreuter Mensch, Wirrkopf

Kon|fu|ta|ti̱|on *die;* -, -en ⟨aus gleichbed. *lat.* confutatio zu confutare, vgl. konfutieren⟩: (veraltet) Widerlegung, Überführung (Rechtsw.). **kon|fu|tie̱|ren** ⟨aus gleichbed. *lat.* confutare⟩: (veraltet) zurückweisen, widerlegen

Kon|fu|zi̱a|ner *der;* -, - ⟨nach Konfuzius (etwa 551 bis etwa 470 v. Chr.), dem Gründer der chin. Staatsreligion, u. zu ↑ ...aner⟩: Anhänger der Lehren des Konfuzius. **kon|fu|zi̱a|nisch:** nach Art des Konfuzius. **Kon|fu|zia|ni̱s|mus** *der;* - ⟨zu ↑ ...ismus (1)⟩: die auf dem Leben u. der Lehre des Konfuzius beruhende ethische, weltanschauliche u. staatspolitische Geisteshaltung in China u. Ostasien. **kon|fu|zia|ni̱s|tisch** ⟨zu ↑ ...istisch⟩: den Konfuzianismus betreffend

kon|ge|die̱|ren [kõʒe...] ⟨aus gleichbed. *fr.* congédier zu congé „Urlaub, Abschied; Entlassung", vgl. Congé⟩: (veraltet) a) beurlauben, verabschieden; b) [aus dem Dienst] entlassen

Kon|ge|la|ti̱|on *die;* - ⟨aus gleichbed. *lat.* congelatio zu congelare, vgl. kongelieren⟩: (veraltet) das Gefrieren. **kon|ge|lie̱|ren** ⟨aus gleichbed. *lat.* congelare zu ↑ kon... u. *lat.* gelare „ge-, einfrieren"⟩: (veraltet) erstarren, gefrieren, gerinnen

Kon|ge|ne|ra̱|ti̱|on *die;* -, -en ⟨zu ↑ kon... u. ↑ Generation⟩: (veraltet) gleichzeitige Entstehung. **kon|ge|ne̱|risch** ⟨zu ↑ generisch⟩: (veraltet) gleichgeschlechtig, gleichartig

kon|ge|ni̱|al ⟨zu ↑ kon... u. ↑ genial⟩: auf Kongenialität beruhend, ihr entspringend, sie besitzend; geistesverwandt, geistig ebenbürtig. **Kon|ge|nia|li|tät** *die;* -: der schöpferischen Genialität eines anderen entsprechende, sie nachempfindende, ihr ebenbürtige Begabung

kon|ge|ni|tal ⟨zu ↑kon... u. ↑genital⟩: angeboren; auf Grund einer Erbanlage bei der Geburt vorhanden (z. B. von Erbkrankheiten; Med.)

kon|ge|rie|ren ⟨aus gleichbed. *lat.* congerere⟩: (veraltet) zusammentragen, häufen. **Kon|ge|sti|on** *die;* -, -en ⟨aus *lat.* congestio „Aufhäufung" zu congestus, Part. Perf. von congerere, vgl. kongerieren⟩: lokaler Blutandrang (z. B. bei Entzündungen; Med.). **kon|ge|stiv** ⟨zu ↑...iv⟩: auf einer Gefäßerweiterung beruhend, von ihr ausgehend (Med.)

Kon|glo|ba|ti|on *die;* -, -en ⟨aus *lat.* conglobatio „Zusammenballung" zu conglobare „zusammenballen; zusammendrängen"⟩: Anhäufung von Individuen einer Art auf Grund bestimmter örtlicher Gegebenheiten (Zool.). **kon|glo|biert** ⟨zu ↑...iert⟩: zusammengeballt

Kon|glo|me|rat *das;* -[e]s, -e ⟨aus gleichbed. *fr.* conglomérat zu conglomérer „zusammenrollen, -ballen", dies aus *lat.* conglomerare zu ↑kon... u. glomus, Gen. glomeris „Knäuel"⟩: 1. Zusammenballung, Gemisch. 2. Sedimentgestein aus gerundeten, durch ein Bindemittel verfestigten Gesteinstrümmern (Geol.). 3. Zusammenballung, Anhäufung (z. B. von Würmern im Darm; Med.). 4. Mischkonzern (Wirtsch.). **kon|glo|me|ra|tisch**: das Gesteingefüge eines Konglomerats (2) betreffend (Geol.). **Kon|glo|me|rat|tumor** *der;* -s, -en: durch eine entzündliche Verwachsung verschiedener Organe entstandene Geschwulst

Kon|glu|ti|nat *das;* -[e]s, -e ⟨aus *lat.* conglutinatum, Part. Perf. (Neutrum) von conglutinare, vgl. konglutinieren⟩: svw. Konglomerat. **Kon|glu|ti|na|ti|on** *die;* -, -en ⟨aus *lat.* conglutinatio „Zusammenleimung; enge Verbindung" zu conglutinare, vgl. konglutinieren⟩: Verklebung [von roten Blutkörperchen] (Med.). **kon|glu|ti|nie|ren** ⟨aus *lat.* conglutinare „zusammenleimen; eng verbinden"⟩: zusammenballen, verkleben (Med.). **Kon|glu|ti|nin** *das;* -s, -e ⟨zu ↑...in (1)⟩: Antikörper, der in Gegenwart eines ↑Komplements (3) rote Blutkörperchen konglutiniert (Med.)

Kon|go|ni *der* od. *das;* -s, -s ⟨aus dem Afrik.⟩: eine in Ostafrika beheimatete Kuhantilopenart

Kon|go|pa|pier *das;* -s, -e ⟨nach dem afrik. Fluß⟩: mit Kongorot getränktes Papier zum Nachweis der sauren od. alkalischen Reaktion von Lösungen (Chem.). **Kon|go|rot** *das;* -s: ↑Azofarbstoff, der als ↑Indikator (4) für Säuren u. Basen (früher auch als Textilfarbstoff) verwendet wird

Kon|gre|ga|ti|on *die;* -, -en ⟨aus *lat.* congregatio „Versammlung, Vereinigung" zu congregare, vgl. kongregieren⟩: 1. kirchliche Vereinigung [mit einfacher Mönchsregel] für bestimmte kirchliche Aufgaben. 2. engerer Verband von Klöstern innerhalb eines Mönchsordens. 3. svw. Kardinalskongregation. 4. (veraltet) Vereinigung, Versammlung. **Kon|gre|ga|tio|na|lis|mus** *der;* - ⟨aus gleichbed. *engl.-amerik.* congregationalism; vgl. ...ismus (1)⟩: reformiert-kalvinistische religiöse Bewegung in England u. Nordamerika, die eine übergeordnete Kirchenstruktur ablehnt. **Kon|gre|ga|tio|na|list** *der;* -en, -en ⟨aus gleichbed. *engl.-amerik.* congregationalist⟩: Angehöriger einer engl.-nordamerik. Kirchengemeinschaft; vgl. Independent. **kon|gre|ga|tio|na|li|stisch** ⟨zu ↑...istisch⟩: den Kongregationalismus betreffend. **Kon|gre|ga|tio|nist** *der;* -en, -en ⟨zu ↑Kongregation u. ↑...ist⟩: Mitglied einer Kongregation. **kon|gre|gie|ren** ⟨aus gleichbed. *lat.* congregare⟩: sich versammeln, vereinigen

Kon|greß *der;* ...gresses, ...gresse ⟨aus *lat.* congressus „Zu-

sammenkunft; Gesellschaft", eigtl. Part. Perf. von congredi „zusammenkommen, -treffen"⟩: 1. [größere] fachliche od. politische Versammlung, Tagung. 2. (ohne Plur.) aus ↑Senat (2) u. ↑Repräsentantenhaus bestehendes Parlament in den USA. 3. Zusammenschluß von Staatenvertretern für den Abschluß wichtiger Vereinbarungen, bes. eines Friedensschlusses. **Kon|greß|zen|trum** *das;* -s, ...ren: 1. Stadt, in der bedeutende Kongresse (1) stattfinden. 2. für Kongresse (1) eingerichteter Gebäudekomplex mit großen Sälen, Restaurants, Hotels usw. 3. Zentrum, zentrale Stelle eines in verschiedenen Gebäuden bzw. Sälen stattfindenden Kongresses (1)

kon|gru|ent ⟨aus *lat.* congruens, Gen. congruentis „übereinstimmend, entsprechend", Part. Präs. von congruere, vgl. kongruieren⟩: 1. übereinstimmend (von Ansichten); Ggs. ↑disgruent. 2. a) deckungsgleich (von geometrischen Figuren); b) übereinstimmend (von zwei Zahlen, die, durch eine dritte geteilt, gleiche Reste liefern; Math.); Ggs. ↑inkongruent. **Kon|gru|enz** *die;* -, -en ⟨aus gleichbed. *lat.* congruentia⟩: 1. Übereinstimmung. 2. a) Deckungsgleichheit; b) Übereinstimmung; vgl. kongruent (2 b; Math.); Ggs. ↑Inkongruenz. 3. a) formale Übereinstimmung zusammengehöriger Teile im Satz in ↑Kasus (2), ↑Numerus (3), ↑Genus (2) u. ↑Person (5); b) inhaltlich sinnvolle Vereinbarkeit des ↑Verbs mit anderen Satzgliedern (Sprachw.). **kon|gru|ie|ren** ⟨aus *lat.* congruere „zusammenlaufen, übereinstimmen"⟩: übereinstimmen, sich decken

Kongs|ber|git [auch ...'gɪt] *der;* -s, -e ⟨nach der norw. Stadt Kongsberg u. zu ↑²...it⟩: ein silberglänzendes Mineral (Amalgam) mit über 40% Silber

Ko|ni|die [...iə] *die;* -, -n (meist Plur.) ⟨aus gleichbed. *nlat.* conidia, dies zu *gr.* kónis „Staub" (weil die Sporen so klein wie Staub sind)⟩: durch Abschnürung entstehende Fortpflanzungszelle vieler Pilze. **Ko|ni|dio|phor** *das;* -s, -en (meist Plur.) ⟨zu ↑...phor⟩: Sporen-, Konidienträger, meist verzweigte ↑Hyphe, auf der Konidien gebildet werden (Bot.)

Ko|ni|fe|re *die;* -, -n (meist Plur.) ⟨aus *nlat.* coniferae (Plur.) zu *lat.* conifer „Zapfen tragend" (zu conus „Zapfen" u. ferre „tragen")⟩: Vertreter der Klasse der Nadelhölzer. **Ko|ni|fe|ryl|al|ko|hol** *der;* -s ⟨zu ↑...yl u. Alkohol⟩: ungesättigter Phenolätheralkohol, aus dem im Holz das ↑Lignin entsteht (Chem.)

Kö|nigs|bait *das;* -[s], -s ⟨zu *dt.* König u. ↑Bait⟩: erstes gereimtes Verspaar des ↑Gasels

Ko|ni|in *das;* -s ⟨zu *gr.* kóneion „Schierling" u. ↑...in (1)⟩: giftiges ↑Alkaloid aus den unreifen Früchten des Gefleckten Schierlings

Ko|ni|ma|harz *das;* -es ⟨aus dem Indian.⟩: weihrauchartiges Harz eines südamerik. Baumes

Ko|ni|me|ter *das;* -s, - ⟨zu *gr.* kónos „Staub" u. ↑¹...meter⟩: Apparat zur Bestimmung des Staubgehalts in der Luft

Ko|ninck|it [...nɪŋ'kiːt, auch ...'kɪt] *der;* -s, -e ⟨nach dem belg. Geologen L. G. de Koninck († 1887) u. zu ↑²...it⟩: ein gelbes Mineral

Ko|nio|se *die;* -, -n ⟨zu *gr.* kónos „Staub" u. ↑¹...ose⟩: Staubkrankheit (Med.); vgl. Pneumokoniose

Ko|nio|to|mie *die;* -, ...ien ⟨zu ↑Conus (2) u. ↑...tomie⟩: Notoperation bei Erstickungsgefahr, bei der das Band zwischen Ring- u. Schildknorpel am Kehlkopf durchtrennt wird (Med.). **Ko|ni|sa|ti|on** *die;* -, -en ⟨zu ↑...isation⟩: operative Entnahme eines kegelförmigen Gewebsstückes aus der Gebärmutter zur histologischen Untersuchung (Med.). **ko|nisch** ⟨zu ↑Konus⟩: kegelförmig; -e P r o j e k t i o n : Kartenprojektion auf eine Kegeloberfläche (Math.)

Konistra

Ko|ni|stra *die;* -, ...ren ⟨aus *gr.* konístra „Staubplatz (der Ringer)"⟩: gegen den Zuschauerraum hin wasserdicht abgemauerte, mit feinem Sand bedeckte halbkreisförmige ↑Orchestra (a) des antiken Theaters (z. B. für Gladiatorenkämpfe)

Ko|ni|zi|tät *die;* -, -en ⟨zu ↑Konus u. ↑...izität⟩: Kegelförmigkeit, Kegelähnlichkeit (Math.)

Kon|jek|ta|ne|en [...neən, auch ...ta'ne:ən] *die* (Plur.) ⟨zu *lat.* coniectanea „Notizbuch" (als Titel von Werken vermischten Inhalts), eigtl. „in etwas Aufgenommenes", zu conicere, vgl. konjizieren⟩: [Sammlung von] Bemerkungen. **Kon|jek|tur** *die;* -, -en ⟨aus *lat.* coniectura „Vermutung" zu conicere, vgl. konjizieren⟩: 1. (veraltet) Vermutung. 2. mutmaßlich richtige Lesart; Textverbesserung bei schlecht überlieferten Texten. **kon|jek|tu|ral** ⟨aus *lat.* coniecturalis „auf Mutmaßung beruhend"⟩: die Konjektur betreffend, auf einer Konjektur beruhend. **Kon|jek|tu|ra|li|tät** *die;* - ⟨zu ↑...ität⟩: (veraltet) Mutmaßlichkeit. **Kon|jek|tu|ral|kri|tik** *die;* - ⟨zu ↑konjektural⟩: philologische Kritik, die Konjekturen (2) anbringt u. prüft. **kon|jek|tu|rie|ren** ⟨zu ↑...ieren⟩: (veraltet) mutmaßen (in bezug auf die richtige Lesart). **kon|ji|zie|ren** ⟨aus gleichbed. *lat.* conicere, eigtl. „zusammenwerfen, -tragen"⟩: 1. (veraltet) vermuten. 2. Konjekturen (2) anbringen

kon|ju|gal ⟨aus gleichbed. *lat.* coniugalis zu coniux, coniunx „Gatte", eigtl. „der Verbundene", dies zu coniungere „verbinden"⟩: (veraltet) ehelich. **Kon|ju|ga|te** *die;* -, -n (meist Plur.) ⟨zu *lat.* coniugata, eigtl. „die Verbundene", substantiviertes Fem. von coniugatus, Part. Perf. von coniugare, vgl. konjugieren⟩: Jochalge, formenreiche u. vorwiegend im Süßwasser verbreitete Grünalge (Biol.). **Kon|ju|ga|ti|on** *die;* -, -en ⟨aus gleichbed. *lat.* coniugatio, eigtl. „Verbindung", zu coniugare, vgl. konjugieren⟩: 1. Abwandlung, Beugung des Verbs nach ↑Person (5), ↑Numerus (3), ↑Tempus, ↑Modus (2) u. a. (Sprachw.); vgl. Deklination. 2.a) vorübergehende Vereinigung zweier Wimpertierchen, die mit Kernaustausch verbunden ist; b) Vereinigung der gleichgestalteten Geschlechtszellen von Konjugaten (Biol.). **kon|ju|gie|ren** ⟨aus *lat.* coniugare „verbinden"⟩: 1. ein Verb beugen (Sprachw.); vgl. deklinieren. 2. (veraltet) verbinden. **kon|ju|giert** ⟨zu ↑...iert⟩: 1. zusammengehörend, einander zugeordnet (z. B. von Zahlen, Punkten, Geraden; Math.); -er Durchmesser: Durchmesser von Kegelschnitten, der durch die Halbierungspunkte aller Sehnen geht, die einem anderen Durchmesser parallel sind (Math.). 2. mit Doppelbindungen abwechselnd (von einfachen Bindungen; Chem.). **Kon|ju|gi|um** *das;* -s, ...ien [...iən] ⟨aus gleichbed. *lat.* coniugium⟩: (veraltet) Ehe, Liebesverhältnis. **kon|jun|gie|ren** ⟨aus gleichbed. *lat.* coniungere⟩: (veraltet) verbinden, vereinigen.

Kon|junkt *das;* -s, -e ⟨aus *lat.* coniunctum „das Verbundene", Part. Perf. (Neutrum) von coniungere, vgl. konjungieren⟩: Teil des Satzes, der mit anderen Satzelementen zusammen auftreten kann (Sprachw.); Ggs. ↑¹Adjunkt. **Kon|junk|ti|on** *die;* -, -en ⟨aus *lat.* coniunctio „Verbindung"⟩: 1. neben- od. unterordnendes Bindewort (z. B. *und, obwohl;* Sprachw.). 2. das Zusammentreffen mehrerer Planeten im gleichen Tierkreiszeichen (Astrol.). 3. Stellung zweier Gestirne im gleichen Längengrad (Astron.). 4. Verknüpfung zweier od. mehrerer Aussagen durch den ↑Konjunktor *und* (Logik). **kon|junk|tio|nal** ⟨zu ↑¹...al (1)⟩: die Konjunktion (1) betreffend, durch sie ausgedrückt. **Kon|junk|tio|nal|ad|verb** [...v...] *das;* -s, ...ien [...iən]: ↑Adverb, das auch die Funktion einer ↑Konjunktion (1) erfüllen kann (z. B. *trotzdem:* er hat *trotzdem* [Adv.] geraucht; er kennt die Gefahr, *trotzdem* [Konj.] will er es tun). **Kon|junk|tio|nal|satz** *der;* -es, ...sätze: durch eine Konjunktion (1) eingeleiteter Gliedsatz (z. B. er weiß nicht, *daß* Brunhilde u. Klaus verreist sind). **kon|junk|tiv** [auch ...'ti:f] ⟨aus gleichbed. *lat.* coniunctivus zu coniungere, vgl. konjungieren⟩: verbindend; Ggs. ↑disjunktiv (a); -es [...vəs] Urteil: Satz mit Subjekt u. mehreren Prädikaten (Formel: X = A + B; Philos.). **Kon|junk|tiv** *der;* -s, -e [...və] ⟨aus gleichbed. *lat.* (modus) coniunctivus „der verbindende (Modus)"⟩: Aussageweise der Vorstellung; Möglichkeitsform (sagte, sie *sei* verreist; Sprachw.); Abk.: Konj.; Ggs. ↑Indikativ (1). **Kon|junk|ti|va** [...va] *die;* -, ...vä ⟨zu *spätlat.* coniunctiva, eigtl. „die Verbindende", Fem. zu coniunctivus, vgl. konjunktiv⟩: Bindehaut des Auges (Med.). **Kon|junk|ti|val|re|flex** [...v...] *der;* -es ⟨zu ↑¹...al (1) u. ↑Reflex⟩: durch die Berührung des Bindegewebes hervorgerufener Reflex, der Auge zu schließen (Med.). **kon|junk|ti|visch** [auch ...'ti:...] ⟨zu ↑konjunktiv⟩: den Konjunktiv betreffend, auf ihn bezogen. **Kon|junk|ti|vi|tis** *die;* -, ...itiden ⟨zu ↑Konjunktiva u. ↑...itis⟩: Bindehautentzündung des Auges (Med.). **Kon|junk|tor** *der;* -s ⟨zu *lat.* coniungere, vgl. konjungieren⟩, u. ↑...or⟩: die logische Partikel *und* (Zeichen ∧) zur Herstellung einer Konjunktion (4; Logik). **Kon|junk|tur** *die;* -, -en ⟨aus *mlat.* coniunctura „Verbindung" (urspr. „die sich aus der Verbindung verschiedener Erscheinungen ergebende Lage")⟩ zu *lat.* coniunctus, Part. Perf. von coniungere, vgl. konjungieren⟩: a) Wirtschaftslage, -entwicklung; vgl. Depression (3) u. Prosperität; b) Wirtschaftsaufschwung (Hochkonjunktur; Wirtsch.). **kon|junk|tu|rell** ⟨zu ↑...ell⟩: die wirtschaftliche Gesamtlage u. ihre Entwicklungstendenz betreffend. **Kon|junk|tur|in|di|ka|tor** *der;* -s, -en: Kennzahl, die den Zustand u. die Entwicklung der gesamtwirtschaftlichen Konjunktur abbilden soll (Wirtsch.).

Kon|ju|rant *der;* -en, -en ⟨aus *lat.* coniurans, Gen. coniurantis, eigtl. „gemeinsam schwörend", Part. Präs. von coniurare, vgl. konjurieren⟩: (veraltet) Verschworener. **Kon|ju|ra|ti|on** *die;* -, -en ⟨aus *lat.* coniuratio „gegenseitig geleisteter Eid"⟩: (veraltet) Verschwörung. **Kon|ju|ra|tor** *der;* -s, ...oren ⟨aus *lat.* coniurator „einer, der sich eidlich verbindet"⟩: (veraltet) svw. Konjurant. **kon|ju|rie|ren** ⟨aus *lat.* coniurare „zusammen schwören"⟩: (veraltet) sich verschwören

kon|kav ⟨aus gleichbed. *lat.* concavus⟩: hohl, vertieft, nach innen gewölbt (z. B. von Linsen od. Spiegeln; Phys.); Ggs. ↑konvex. **kon|ka|vie|ren** [...v...] ⟨aus gleichbed. *lat.* concavare⟩: (veraltet) aushöhlen. **Kon|ka|vi|tät** *die;* - ⟨aus *spätlat.* concavitas, Gen. concavitatis „die Höhlung, Höhle"⟩: das Nach-innen-Gewölbtsein; Ggs. ↑Konvexität. **Kon|kav|spie|gel** *der;* -s, - ⟨zu ↑konkav⟩: Hohlspiegel

Kon|kla|ma|ti|on *die;* - ⟨aus *lat.* conclamatio „[lautes] Geschrei"⟩: die Beklagung eines Toten vor der Verbrennung des Leichnams (im alten Rom)

Kon|kla|ve [...və] *das;* -s, -n ⟨aus *mlat.* conclave „Wahlraum", eigtl. „verschließbares Gemach", zu ↑kon... u. *lat.* clavis „Schlüssel"⟩: a) streng abgeschlossener Versammlungsort der Kardinäle bei einer Papstwahl; b) Kardinalsversammlung zur Papstwahl. **Kon|kla|vist** [...v...] *der;* -en, -en ⟨zu ↑...ist⟩: im Konklave anwesender anderer kirchlicher Würdenträger od. Beamter u. Diener der wählenden Kardinäle

kon|klu|dent ⟨aus gleichbed. *lat.* concludens, Gen. concludentis zu concludere, vgl. konkludieren⟩: eine Schlußfolgerung zulassend; schlüssig (bes. Philos.); - es Verhalten: eine ausdrückliche Willenserklärung rechtswirksam erset-

Konkurrenz

zendes, schlüssiges Verhalten (Rechtsw.). **kon|klu|die|ren** ⟨aus gleichbed. *lat.* concludere, eigtl. „abschließen"⟩: etwas aus etwas folgern, einen Schluß ziehen (Philos.). **Kon|klu|si|on** *die;* -, -en ⟨aus *lat.* conclusio „Schlußfolgerung"⟩: Schluß, Folgerung, Schlußsatz im ↑ Syllogismus (Philos.). **kon|klu|siv** ⟨zu ↑...iv⟩: 1. folgernd (Philos.). 2. (von Verben) den allmählichen Abschluß eines Geschehens kennzeichnend (z. B. verklingen, verblühen; Sprachw.). **Kon|klu|sum** *das;* -s, ...sa ⟨aus gleichbed. *mlat.* conclusum, substantiviertes Part. Perf. (Neutrum) von concludere, vgl. konkludieren⟩: (veraltet) Beschluß, Bescheid [einer Behörde]

Kon|kok|ti|on *die;* - ⟨aus gleichbed. *lat.* concoctio zu concoquere „mit etw. zusammenkochen, mehreres miteinander kochen"⟩: (veraltet) Verdauung [der Speisen]

kon|ko|mi|tant ⟨zu *spätlat.* concomitari „mitbegleiten" u. ↑...ant (2)⟩: belanglos, unerheblich, unterschiedslos; weitschweifig. **Kon|ko|mi|tanz** *die;* - ⟨zu ↑...anz⟩: 1. das Zusammenvorkommen von Elementen verschiedener Klassen; Bedingungsrelation (z. B. A kommt immer zusammen mit B vor; Sprachw.). 2. Lehre, daß Christus mit Fleisch u. Blut in jeder der beiden konsekrierten Gestalten Brot u. Wein zugegen ist. **kon|ko|mi|tie|ren** ⟨aus gleichbed. *spätlat.* concomitari⟩: (veraltet) mitbegleiten; mitwirken

kon|kor|dant ⟨aus *lat.* concordans, Gen. concordantis, Part. Präs. von concordare, vgl. konkordieren⟩: 1. übereinstimmend. 2. gleichlaufend übereinander gelagert (von Gesteinsschichten; Geol.); vgl. akkordant u. diskordant. **Kon|kor|danz** *die;* -, -en ⟨aus *mlat.* concordantia „Übereinstimmung, Findeverzeichnis"⟩: 1. a) alphabetisches Verzeichnis von Wörtern od. Sachen zum Vergleich ihres Vorkommens u. Sinngehaltes an verschiedenen Stellen eines Buches (bes. als Bibelkonkordanz); b) Vergleichstabelle von Seitenzahlen verschiedener Ausgaben eines Werkes. 2. gleichlaufende Lagerung mehrerer Gesteinsschichten übereinander (Geol.); vgl. Akkordanz u. Diskordanz. 3. die Übereinstimmung in bezug auf ein bestimmtes Merkmal (z. B. von Zwillingen; Biol.). 4. ein Schriftgrad (Maßeinheit von 4 ↑ Cicero; Druckw.). 5. (in bestimmten Sprachen) Ausdruck grammatischer Zusammenhänge durch formal gleiche Elemente, bes. durch ↑ Präfixe (Sprachw.). **Kon|kor|dat** *das;* -[e]s, -e ⟨aus *mlat.* concordatum⟩: 1. Vertrag zwischen einem Staat u. dem Vatikan. 2. (schweiz.) Vertrag zwischen Kantonen. **Kon|kor|dia** *die;* - ⟨aus gleichbed. *lat.* concordia bzw. nach Concordia, der röm. Göttin der Eintracht⟩: Eintracht, Einigkeit. **Kon|kor|di|en|buch** [...jən...] *das;* -[e]s ⟨zu ↑¹...ie⟩: die am weitesten verbreitete Sammlung lutherischer Bekenntnisschriften. **Kon|kor|di|en|for|mel** *die;* -: letzte, allgemein anerkannte lutherische Bekenntnisschrift von 1577. **kon|kor|die|ren** ⟨aus gleichbed. *lat.* concordare zu concors „eines Herzens, einträchtig"⟩: (veraltet) übereinstimmen, harmonieren

Kon|kre|ment *das;* -[e]s, -e ⟨aus *lat.* concrementum „Anhäufung, Zusammenhäufung" zu concrescere; vgl. konkret⟩: vorwiegend aus Salzen bestehendes, krankhaftes, festes Gebilde, das in den Körperhöhlen bzw. ableitenden Systemen entsteht (z. B. Nierensteine; Med.). **Kon|kres|zenz** *die;* -, -en ⟨aus gleichbed. *lat.* concrescentia⟩: (veraltet) das Zusammenwachsen. **kon|kres|zi|bel** ⟨zu ↑...ibel⟩: (veraltet) vereinbar; zusammenwachsend. **Kon|kres|zi|bi|li|tät** *die;* - ⟨zu ↑...ität⟩: (veraltet) Vereinbarkeit. **kon|kret** ⟨aus *lat.* concretus „zusammengewachsen, verdichtet", Part. Perf. von concrescere „(in sich) zusammenwachsen, verdichten"⟩: 1. anschaulich, greifbar, gegenständlich, wirklich, auf etwas Bestimmtes bezogen; Ggs. ↑ abstrakt. 2. sachlich, bestimmt, wirkungsvoll. 3. deutlich, präzise. 4. gerade anstehend, im Augenblick so gegeben; -e Kunst: eine die konkreten Bildmittel (Linien, Farben, Flächen) betonende Richtung der gegenstandslosen Malerei u. Plastik, die nicht nur ↑ abstrakte Kunst sein will; -e Musik: auf realen Klangelementen (z. B. Straßenlärm, Wind) basierende Musik; -e Poesie: Richtung der modernen Lyrik, die die Sprache u. ihre Elemente reflektiert u. thematisiert, der es ausschließlich um die Präsentation von Sprache geht (mit Zerlegung in deren Einzelelemente u. optischer u. akustischer Anordnung zu neuen Konstellationen); -es Substantiv: svw. Konkretum. **Kon|kret** *der* od. *das;* -[e]s: (veraltet) mit Steinen vermischter Mörtel, der beim Trocknen steinhart wird. **Kon|kre|ti|on** *die;* -, -en ⟨aus *lat.* concretio „das Zusammenwachsen, die Verdichtung" zu concrescere „(in sich) zusammenwachsen, verdichten"⟩: 1. Vergegenständlichung, Verwirklichung. 2. a) Verklebung, Verwachsung vorwiegend seröser Häute (Med.); b) Vorgang od. Entstehung von Konkrementen (Med.). 3. meist knolliger, kugeliger mineralischer Körper in Gesteinen (Geol.). **kon|kre|ti|sie|ren** ⟨zu ↑ konkret u. ↑...isieren⟩: veranschaulichen, verdeutlichen, [im einzelnen] ausführen. **Kon|kre|ti|sie|rung** *die;* -, -en ⟨zu ↑...isierung⟩: 1. das Konkretisieren. 2. durch Konkretisieren entstandener Begriff. 3. Umwandlung einer Gattungs- in eine Stückschuld, die dadurch eintritt, daß der Schuldner das seinerseits zur Erfüllung Notwendige getan hat (Rechtsw.). **Kon|kre|tis|mus** *der;* - ⟨zu ↑...ismus (2)⟩: 1. das Ausgerichtetsein des Denkens u. der Gefühle auf die sinnlich faßbare u. anschauliche Wirklichkeit, das Verhaftetsein im Konkreten (bes. Psychol.). 2. die Strömung, Bewegung der ↑ konkreten Poesie. **Kon|kre|tum** *das;* -s, ...ta ⟨aus gleichbed. *mlat.* concretum zu *lat.* concretus, vgl. konkret⟩: Substantiv, das etwas Gegenständliches bezeichnet (z. B. Tisch; Sprachw.); Ggs. ↑ Abstraktum

kon|ku|bie|ren ⟨aus gleichbed. *lat.* concubare, eigtl. „daniederliegen", zu ↑ kon... u. cubare „liegen, schlafen"⟩: (veraltet) im Konkubinat leben. **Kon|ku|bi|nat** *das;*-[e]s, -e ⟨aus gleichbed. *lat.* concubinatus zu ↑ Konkubine u. ↑...at (1)⟩: 1. in der röm. Kaiserzeit eine gesetzlich erlaubte außereheliche Verbindung zwischen Personen, die eine bürgerliche Ehe nicht eingehen durften. 2. das Zusammenleben zweier Personen verschiedenen Geschlechts über längere Zeit hinweg ohne förmliche Eheschließung (Rechtsw.). **Kon|ku|bi|ne** *die;* -, -n ⟨aus *lat.* concubina „Beischläferin" zu ↑ kon... u. cubare „liegen, schlafen"⟩: 1. (veraltet) im Konkubinat lebende Frau. 2. (abwertend) Geliebte

Kon|ku|pis|zenz *die;* - ⟨aus *spätlat.* concupiscentia „heftiges Verlangen, Begierde" zu *lat.* concupiscere „(heftig) begehren"⟩: [sinnliche] Begehrlichkeit, Begierde [als Folge der Erbsünde], Verlangen (Philos., Theol.).

Kon|ku|ra|tor *der;* -s, ...oren ⟨zu ↑ kon... u. ↑ Kurator⟩: (veraltet) Stellvertreter eines ↑ Kurators (1), Nebenvormund

Kon|kur|rent *der;* -en, -en ⟨aus *lat.* concurrens, Gen. concurrentis, Part. Präs. von concurrere, vgl. konkurrieren⟩: a) Mitbewerber [um eine Stellung, einen Preis]; b) [geschäftlicher] Gegner, Rivale; c) (Plur.) zwei Feste, die auf aufeinanderfolgende Tage fallen (kath. Liturgie). **Kon|kur|ren|tin** *die;* -, -nen: weibliche Form zu ↑ Konkurrent (a und b). **Kon|kur|renz** *die;* -, -en ⟨aus *mlat.* concurrentia „Mitbewerbung" zu *lat.* concurrere, vgl. konkurrieren⟩: 1. (ohne Plur.) Rivalität, Wettbewerb. 2. (ohne Plur.) a) [geschäftlicher] Rivale; b) Konkurrenzunternehmen; Gesamtheit der [wirtschaftlichen] Gegner. 3. (bes. in einer Sportart statt-

konkurrenzieren

findender) Wettkampf, Wettbewerb; außer -: außerhalb der offiziellen Wertung. 4. (nur Plur.) die bei einem Familien- od. Ortsnamen sich kreuzenden verschiedenen Möglichkeiten der Deutung (z. B. *Barth* nach der Haartracht, nach der Stadt in Vorpommern od. dem altdt. Rufnamen Bartold). 5. Wettstreit zwischen Organismen um Nahrung, Lebensraum, Wasser, Licht u. a. ökologische Erfordernisse, die nur begrenzt verfügbar sind (Biol.). **kon|kur|ren|zie|ren** ⟨zu ↑...ieren⟩: (südd., österr. u. schweiz.) mit jmdm. konkurrieren, jmdm. Konkurrenz machen, jmds. Konkurrent sein. **Kon|kur|renz|klau|sel** *die;* -: vertraglich vereinbartes Wettbewerbsverbot (z. B. zwischen Unternehmer u. Handelsvertreter). **kon|kur|rie|ren** ⟨aus *lat.* concurrere „zusammenlaufen, -treffen, aufeinanderstoßen"⟩: 1. mit anderen in Wettbewerb treten, wetteifern, sich mit anderen um etwas bewerben. 2. zusammentreffen (von mehreren strafrechtlichen Tatbeständen in einer strafbaren Handlung od. von mehreren strafbaren Handlungen eines Täters; Rechtsw.). **Kon|kurs** *der;* -es, -e ⟨aus *lat.* concursus „das Zusammenlaufen (der Gläubiger), das Zusammentreffen zweier Rechtsansprüche", substantiviertes Part. Perf. von concurrere, vgl. konkurrieren⟩: 1. Zahlungsunfähigkeit, Zahlungseinstellung einer Firma. 2. gerichtliches Vollstreckungsverfahren zur gleichmäßigen u. gleichzeitigen Befriedigung aller Gläubiger eines Unternehmens, das die Zahlungen eingestellt hat

Kon|kus|si|on *die;* -, -en ⟨aus gleichbed. *lat.* concussio zu concussus, Part. Perf. von concutere „zusammenschütteln; erschüttern"⟩: 1. Erschütterung eines Organs, heftiger Anstoß (z. B. Rückenmarkserschütterung; Med.). 2. (Rechtsspr., veraltet) Einschüchterung zum Zweck der Gelderpressung

Kon|na|ja *die;* -, ...jen ⟨verkürzt aus *russ.* konnaja jarmarka zu kon' „Pferd" (u. jarmarka „Markt; Jahrmarkt")⟩: russischer Pferdemarkt

kon|na|tal ⟨aus gleichbed. *nlat.* connatalis, dies zu *lat.* connatus, Part. Perf. von connasci „zusammen entstehen" u. ↑¹...al (1)⟩: angeboren (von Krankheiten od. Schädigungen; Med.)

Kon|na|tu|ra|li|tät *die;* - ⟨zu *mlat.* connaturalis „naturverbunden; miterzeugt" (dies zu ↑kon... u. *lat.* natura „Natur") u. ↑...ität⟩: (veraltet) natürliche Verbindung od. Ähnlichkeit, Naturverwandtschaft

kon|nek|tie|ren ⟨aus gleichbed. *lat.* co(n)nectere⟩: (veraltet) verbinden, verknüpfen. **Kon|nek|tiv** *das;* -s, -e [...və] ⟨aus *nlat.* connectivum „Verbindendes" zu *lat.* co(n)nectus, Part. Perf. von co(n)nectere; vgl. konnektieren⟩: Verbindungsstück (z. B. zwischen Pflanzenteilen od. Nervensträngen; Biol., Med.). **Kon|nek|ti|vi|tis** [...v...] *die;* -, ...itiden ⟨zu *engl.* connective tissue „Bindegewebe" (dies zu *lat.* con(n)ectere, vgl. konnektieren) u. ↑...itis⟩: Entzündung des Bindegewebes (Med.). **Kon|nek tor** *der;* -, -oren ⟨nach gleichbed. *engl.-amerik.* connector zu *engl.* to connect „verbinden, verknüpfen", dies aus *lat.* co(n)nectere, vgl. konnektieren⟩: 1. Symbol in Flußdiagrammen (graphische Darstellungen von Arbeitsabläufen), das auf die Stelle verweist, an der der Programmablauf fortgesetzt werden soll (EDV). 2. für den Textzusammenhang wichtiges Verknüpfungselement (Sprachw.)

Kon|ne|ta|bel *der;* -s, -s ⟨aus gleichbed. *fr.* connétable, eigtl. „Oberstallmeister", dies über *mlat.* co(n)nestabilis, constabulari(u)s aus *spätlat.* comes stabuli „für den Stall zuständiger Hofbeamter"⟩: Oberfeldherr des franz. Königs

kon|nex ⟨aus gleichbed. *lat.* con(n)exus, Part. Perf. von con(n)ectere, vgl. konnektieren⟩: (veraltet) verbunden, verknüpft, zueinander in Beziehung stehend. **Kon|nex** *der;* -es, -e ⟨aus *lat.* con(n)exus „Verflechtung, Verknüpfung", vgl. konnex⟩: 1. a) Zusammenhang; Verbindung, Verflechtung; b) verbindender Organteil (Med.). 2. persönlicher Kontakt, Umgang. 3. [durch Ernährungsfaktoren verursachtes] Miteinanderverbundensein od. Aufeinanderangewiesensein von Organismen einer Lebensgemeinschaft (Biol.). **Kon|ne|xi|on** *die;* -, -en ⟨über *fr.* connexion aus *lat.* co(n)nexio „Verbindung" zu co(n)nectere, vgl. konnektieren⟩: 1. (meist Plur.) einflußreiche, fördernde Bekanntschaft, Beziehung. 2. Beziehung zwischen regierendem u. regiertem Element eines Satzes (Sprachw.). **Kon|ne|xi|tät** *die;* - ⟨aus gleichbed. *mlat.* connexitas, Gen. connexitatis⟩: a) innerer Zusammenhang mehrerer [Straf]rechtsfälle als Voraussetzung für die Zusammenfassung in einem Gerichtsverfahren; b) innere Abhängigkeit der auf demselben Rechtsverhältnis beruhenden wechselseitigen Ansprüche von Gläubiger u. Schuldner. **kon|ne|xiv** ⟨aus gleichbed. *lat.* con(n)exivus⟩: (veraltet) verbindend, verknüpfend

kon|ni|vent [...v...] ⟨aus gleichbed. *lat.* co(n)nivens, Gen. co(n)niventis, Part. Präs. von co(n)nivere, vgl. konnivieren⟩: nachsichtig (von einem Vorgesetzten, der strafbare Handlungen eines Untergebenen wissentlich übersieht u. duldet; Rechtsw.). **Kon|ni|venz** *die;* -, -en ⟨aus gleichbed. *lat.* co(n)niventia⟩: [mit Strafe bedrohte] Duldsamkeit, Nachsicht gegenüber strafbaren Handlungen von Untergebenen (Rechtsw.). **kon|ni|vie|ren** ⟨aus *lat.* co(n)nivere, eigtl. „die Augen schließen"⟩: (veraltet) Nachsicht üben

Kon|nos|se|ment *das;* -[e]s, -e ⟨Mischbildung aus *it.* conoscimento „Erkenntnis" u. *fr.* connaissement „Frachtbrief", zu *it.* conoscere bzw. *fr.* connaître „erkennen", diese aus gleichbed. *lat.* cognoscere⟩: Frachtbrief im Seegüterverkehr

Kon|no|tat *das;* -s, -e ⟨zu ↑kon... u. *lat.* notatum, Part. Perf. (Neutrum) von notare „be-, kennzeichnen"⟩: 1. vom Sprecher bezeichneter Begriffsinhalt (im Gegensatz zu den entsprechenden Gegenständen in der außersprachlichen Wirklichkeit; Sprachw.). 2. konnotative [Neben]bedeutung (Sprachw.); Ggs. ↑ Denotat. **Kon|no|ta|ti|on** *die;* -, -en ⟨zu *lat.* notatio „Bezeichnung, Beschreibung"⟩: die Grundbedeutung eines Wortes begleitende, zusätzliche [emotionale, expressive, stilistische] Vorstellung (z. B. bei „Mond" die Gedankenverbindungen „Nacht; romantisch, kühl, Liebe"; Sprachw.); Ggs. ↑ Denotation (2). **kon|no|ta|tiv** ⟨nach gleichbed. *engl.* connotative⟩: die assoziative, emotionale, stilistische, wertende [Neben]bedeutung, Begleitvorstellung eines sprachlichen Zeichens betreffend (Sprachw.); Ggs. ↑ denotativ. **kon|no|tiert** ⟨zu ↑ Konnotation u. ↑...iert⟩: Konnotation aufweisend

kon|nu|bi|al ⟨aus gleichbed. *lat.* co(n)nubialis⟩: (veraltet) die Ehe betreffend (Rechtsw.). **Kon|nu|bi|um** *das;* -s, ...ien [...iən] ⟨aus gleichbed. *lat.* co(n)nubium⟩: (veraltet) Ehe[gemeinschaft] (Rechtsw.)

Kon|nu|me|ra|ti|on *die;* -, -en ⟨aus gleichbed. *spätlat.* connumeratio zu connumerare, vgl. konnumerieren⟩: (veraltet) das Mitzählen, Zusammenrechnen. **kon|nu|me|rie|ren** ⟨aus gleichbed. *spätlat.* connumerare zu ↑kon... u. *lat.* numerare „zählen; rechnen"⟩: (veraltet) mitzählen, zusammenrechnen

Ko|no|de *die;* -, -n ⟨zu *gr.* kõnos „Kegel" u. ↑¹...ode⟩: ↑ isotherme Verbindungsgerade zwischen den Zustandspunkten zweier miteinander im Gleichgewicht stehenden Phasen innerhalb der Mischungslücke in einem Zustandsdiagramm (Werkstoffkunde). **Ko|no|id** *das;* -[e]s, -e ⟨zu *gr.* kõ-

Konservative

noeidés „kegelförmig"; vgl. ...oid⟩: kegelähnlicher Körper, der z. B. durch ↑Rotation (1) einer Kurve um ihre Achse entsteht (Math.)

Ko|no|pe|um *das;* -s, ...een ⟨über *lat.* conopeum, conopium aus *gr.* kōnōpeîon „Mückennetz"⟩: Vorhang zur Verhüllung des Altartabernakels

Ko|no|skop *das;* -s, -e ⟨zu *gr.* kônos „Kegel" u. ↑...skop⟩: Gerät zur Untersuchung von doppelbrechenden Kristallplatten mit polarisiertem Licht (Kristalloptik). **ko|no|sko|pisch:** mit dem Konoskop erfolgend, das Konoskop betreffend

kon|phas ⟨zu ↑kon... u. ↑Phase⟩: gleichphasig, ohne Phasenverschiebung

Kon|quas|sa|ti|on *die;* -, -en ⟨aus gleichbed. *lat.* conquassatio zu conquassare, vgl. konquassieren⟩: (veraltet) Erschütterung, Zertrümmerung, Zerrüttung, Zerquetschung.

kon|quas|sie|ren ⟨aus gleichbed. *lat.* conquassare zu ↑kon... u. *lat.* quassare „schütteln, erschüttern"⟩: (veraltet) erschüttern, zertrümmern, zerrütten, zerquetschen

kon|qui|rie|ren ⟨aus gleichbed. *lat.* conquirere⟩: (veraltet) 1. zusammensuchen, eifrig zu erlangen suchen. 2. (zum Heeres-, Kriegsdienst) werben. **Kon|qui|si|ti|on** *die;* -, -en ⟨aus gleichbed. *lat.* conquisitio⟩: (veraltet) 1. das Suchen, Sammeln. 2. svw. Konskription. **Kon|qui|si|tor** *der;* -s, ...oren ⟨aus gleichbed. *lat.* conquisitor⟩: (veraltet) Werbeoffizier, Offizier, der Soldaten wirbt u. zum Heeres-, Kriegsdienst rekrutiert. **Kon|qui|sta|dor** [kɔŋkɪsta..., auch ...kvɪ...] *der;* -en, -en ⟨aus *span.* conquistador „Eroberer" zu conquistar „erobern", dies zu *lat.* conquisitus, Part. Perf. von conquirere, vgl. konquirieren⟩: Teilnehmer an der span. Eroberung Südamerikas im 16. Jh.

Kon|rek|tor *der;* -s, ...oren ⟨zu ↑kon... u. ↑Rektor⟩: Stellvertreter des Rektors [einer Grund-, Haupt- od. Realschule]. **Kon|rek|to|rat** *das;* -[e]s, -e: Amt, Dienstzimmer des Konrektors. **Kon|rek|to|rin** *die;* -, -nen: weibliche Form zu ↑Konrektor

kon|san|gui|nisch ⟨aus gleichbed. *lat.* consanguineus⟩: (veraltet) blutsverwandt. **Kon|san|gui|ni|tät** *die;* - ⟨aus gleichbed. *lat.* consanguinitas, Gen. consanguinitatis⟩: (veraltet) Blutsverwandtschaft

Kon|seil [kõ'sε:j] *der;* -s, -s ⟨aus *fr.* conseil „Ratschlag; Ratgeber", dies aus *lat.* consilium „(beratende) Versammlung"⟩: (veraltet) Staats-, Ministerrat, Ratsversammlung; Beratung; vgl. Conseil

Kon|se|krant *der;* -en, -en ⟨aus *lat.* consecrans, Gen. consecrantis, eigtl. „Weihender", Part. Präs. von consecrare, vgl. konsekrieren⟩: derjenige, der die liturgische Weihe vornimmt (Papst, Bischof, Kardinal, Priester; kath. Kirche). **Kon|se|kra|ti|on** *die;* -, -en ⟨aus *lat.* consecratio „Weihe, Heiligung"⟩: 1. liturgische Weihe einer Person od. Sache (z. B. Bischofs-, Priester-, Altarweihe; kath. Kirche). 2. liturgische Weihe von Brot u. Wein durch Verwandlung in Leib u. Blut Christi (kath. Kirche); vgl. Transsubstantiation. 3. die Vergöttlichung des verstorbenen Kaisers in der röm. Kaiserzeit; vgl. ...[at]ion/...ierung. **Kon|se|kra|ti|ons|mün|ze** *die;* -, -n: bei der Konsekration (3) eines röm. Kaisers geprägte Münze. **kon|se|kra|to|risch** ⟨zu *kirchenlat.* consecrator „der die Weihe vornimmt"⟩: weihend, einsegnend (kath. Kirche). **kon|se|krie|ren** ⟨aus *lat.* consecrare „heilig machen, weihen"⟩: (durch Konsekration 1, 2) liturgisch weihen (kath. Kirche). **Kon|se|krie|rung** *die;* -, -en ⟨zu ↑...ierung⟩: das Konsekrieren, das Konsekriertwerden; vgl. ...[at]ion/...ierung

kon|sek|tie|ren ⟨aus gleichbed. *lat.* consectari zu ↑kon... u. *lat.* sequi „folgen"⟩: (veraltet) verfolgen, erstreben. **kon-** **se|ku|tiv** [auch ...'ti:f] ⟨aus gleichbed. *nlat.* consecutivus zu *lat.* consecutio „Folge, Wirkung"; vgl. konsequent⟩: 1. aufeinanderfolgend. 2. nachfolgend, abgeleitet (von den nicht ↑konstitutiven [2 b] Bestandteilen eines Begriffs; Philos.). 3. folgend, die Folge bezeichnend (Sprachw.). 4. benachbart (Math.); -e [...və] Konjunktion: die Folge angebendes Bindewort (z. B. *so daß*); -es [...vəs] Dolmetschen: [bei Verhandlungen geübte] Form des Dolmetschens, bei der die Übersetzung dem Originalvortrag zeitlich nachgeschaltet wird; Ggs. ↑simultanes Dolmetschen. **Kon|se|ku|tiv|dol|met|scher** *der;* -s, -: Dolmetscher, der konsekutiv übersetzt; Ggs. Simultandolmetscher. **Kon|se|ku|tiv|satz** *der;* -es, ...sätze: Umstandssatz der Folge (z. B. er war *so* in sie verliebt, *daß er alles für sie hätte tun können*; Sprachw.)

Kon|se|me|ster *das;* -s, - ⟨zu ↑kon... u. ↑Semester⟩: jmd., mit dem man zusammen studiert; Kommilitone, Kommilitonin (im gleichen Semester)

kon|se|nes|zie|ren ⟨aus gleichbed. *lat.* consenescere zu ↑kon... u. *lat.* senescere „alt, schwach werden", dies zu senex „Greis"⟩: (veraltet) altern, veralten. **Kon|se|ni|or** *der;* -s, ...oren ⟨zu ↑kon... u. ↑Senior, eigtl. „Mitältester"⟩: (veraltet) Vertreter des Seniors, des Ältesten, Vorsitzenden einer Verbindung, Vereinigung

Kon|sens *der;* -es, -e ⟨aus gleichbed. *lat.* consensus zu consentire, vgl. konsentieren⟩: a) Zustimmung, Einwilligung; b) Übereinstimmung [von Meinungen]; Ggs. ↑Dissens; vgl. Consensus. **kon|sen|su|al** ⟨zu ↑[1]...al (1)⟩: (veraltet) svw. konsensuell; vgl. ...al/...ell. **Kon|sen|su|al|kon|trakt** *der;* -[e]s, -e: der (allgemein übliche) durch beiderseitige Willenserklärungen rechtswirksam werdende Vertrag (Rechtsw.); Ggs. ↑Realkontrakt. **kon|sen|su|ell** ⟨zu ↑...ell⟩: a) [sinngemäß] übereinstimmend; b) übereinstimmend, gleichsinnig, im gleichen Sinne wirkend (Med.); -e Pupillenreaktion: gleichzeitige reflektorische Verengung der Pupille eines Auges bei Belichtung der Pupille des anderen Auges (Med.); vgl. ...al/...ell. **Kon|sen|sus** *der;* -, - [...zu:s] ⟨aus *lat.* consensus „Übereinstimmung"⟩: svw. Konsens. **kon|sen|tie|ren** ⟨aus *lat.* consentiri „übereinstimmen"⟩: (veraltet) 1. übereinstimmen; einig sein. 2. etwas genehmigen (Rechtsw.)

kon|se|quent ⟨aus gleichbed. *lat.* consequens, Gen. consequentis, Part. Präs. von consequi, vgl. konsequieren⟩: 1. folgerichtig, logisch zwingend. 2. a) unbeirrbar, fest entschlossen; b) beharrlich, immer, jedesmal. 3. der Abdachung eines Gebietes od. einer ↑tektonischen Linie folgend (von Flüssen; Geol.); Ggs. ↑insequent. **Kon|se|quenz** *die;* -, -en ⟨aus *lat.* consequentia „Folge"⟩: 1. (ohne Plur.) a) Folgerichtigkeit; b) Zielstrebigkeit, Beharrlichkeit. 2. (meist Plur.) Folge, Aus-, Nachwirkung. **kon|se|quie|ren** ⟨aus gleichbed. *lat.* consequi⟩: (veraltet) mit-, nachfolgen; erfolgen, sich als Folge ergeben

Kon|ser|va|ti|on [...v...] *die;* -, -en ⟨aus gleichbed. *lat.* conservatio zu conservare, vgl. konservieren⟩: svw. Konservierung (2); vgl. ...[at]ion/...ierung. **Kon|ser|va|tis|mus** vgl. Konservativismus. **kon|ser|va|tiv** [auch 'kɔn...] ⟨aus gleichbed. *engl.* conservative, dies aus *mlat.* conservativus zu *lat.* conservare „bewahren, erhalten"⟩: 1. am Hergebrachten festhaltend, auf Überliefertem beharrend, bes. im politischen Leben. 2. althergebracht, bisher üblich. 3. erhaltend, bewahrend (im Sinne der Schonung u. Erhaltung eines verletzten Organs, im Gegensatz zu operativer Behandlung; Med.). 4. politisch dem Konservativismus zugehörend, ihm eigen. **Kon|ser|va|ti|ve** [...və] *der u. die;* -n, -n: a) Anhänger[in] einer konservativen Partei; b) jmd., der

Konservativismus

am Hergebrachten festhält. **Kon|ser|va|ti|vis|mus** u. Konservatismus *der;* -, ...men ⟨zu ↑...ismus (5)⟩: 1. a) [politische] Anschauung, die sich am Hergebrachten, Überlieferten orientiert; b) [politische] Anschauung, Grundhaltung, die auf weitgehende Erhaltung der bestehenden Ordnung gerichtet ist. 2. [auf weitgehende Erhaltung der bestehenden Ordnung gerichtete] politische Bewegung, Gesamtheit der einzelnen konservativen Bewegungen, Bestrebungen, Parteien, Organisationen. **Kon|ser|va|ti|vi|tät** *die;* - ⟨zu ↑...ität⟩: konservative (1) Haltung, Art, Beschaffenheit, konservativer Charakter. **Kon|ser|va|tor** *der;* -s, ...oren ⟨aus *lat.* conservator „Bewahrer, Erhalter"⟩: Beamter, der für die Instandhaltung von Kunstdenkmälern verantwortlich ist. ¹**kon|ser|va|to|risch** ⟨aus *nlat.* conservatorius „bewahrend, erhaltend" zu *lat.* conservare, vgl. konservieren⟩: auf die Instandhaltung von Kunstwerken bedacht. ²**kon|ser|va|to|risch** ⟨zu ↑ Konservatorium⟩: das Konservatorium betreffend. **Kon|ser|va|to|rist** *der;* -en, -en ⟨zu ↑...ist⟩: Schüler eines Konservatoriums. **Kon|ser|va|to|ri|stin** *die;* -, -nen: weibliche Form zu ↑ Konservatorist. **kon|ser|va|to|ri|stisch** ⟨zu ↑...istisch⟩: svw. ²konservatorisch. **Kon|ser|va|to|ri|um** *das;* -s, ...ien [...iən] ⟨latinisiert aus gleichbed. *it.* conservatorio, eigtl. „Stätte zur Pflege u. Erhaltung (musikalischer Tradition)"; vgl. ...ium⟩: Musik[hoch]schule für die Ausbildung von Musikern. **Kon|ser|ve** *die;* -, -n ⟨aus *mlat.* conserva „haltbar gemachte Ware"⟩: 1. a) durch verschiedene Konservierungsmethoden (z. B. durch Sterilisierung) haltbar gemachte Lebens- od. Genußmittel; b) Blechdose od. Glas, das konservierte Lebens- od. Genußmittel enthält. 2. auf einem Ton- bzw. Videoband od. einer Schallplatte bzw. auf einer ¹CD festgehaltene Aufnahme. 3. kurz für Blutkonserve (steril abgefülltes, mit gerinnungshemmenden Flüssigkeiten versetztes Blut für Blutübertragungen; Med.). **kon|ser|vie|ren** ⟨aus *lat.* conservare „bewahren, erhalten"⟩: 1. a) haltbar machen (von Obst, Fleisch u. a.); b) Gemüse, Früchte einmachen. 2. etwas, sich -: etwas (z. B. Kunstgegenstände, Gebäude), seinen Körper durch Pflege erhalten, bewahren. 3. a) Körpergewebe u. Kleinstlebewesen in Nährböden am Leben erhalten; b) totes Gewebe, Organe od. Organteile in einer Flüssigkeit aufbewahren (Med.). 4. eine Tonaufnahme auf Schallplatte, Kassette, ¹CD od. Tonband festhalten. **Kon|ser|vie|rung** *die;* -, -en ⟨zu ↑...ierung⟩: 1. Haltbarmachung von Gegenständen aller Art (vor allem von Lebens- u. Genußmitteln, von tierischen u. pflanzlichen Objekten für wissenschaftliche Zwecke u. von menschlichen Organen zu Transplantationszwecken). 2. Erhaltung u. Sicherung eines bestimmten Zustandes eines Kunstwerkes, Bau- od. Bodendenkmals; vgl. ...[at]ion/...ierung
kon|si|de|ra|bel ⟨aus gleichbed. *fr.* considérable zu considérer „(prüfend) betrachten", dies aus gleichbed. *lat.* considerare⟩: (veraltet) beachtlich, ansehnlich. **Kon|si|de|ra|tion** *die;* -, -n ⟨über *fr.* considération aus gleichbed. *lat.* consideratio⟩: (veraltet) a) Betrachtung, Erwägung; b) Achtung, Hochachtung. **kon|si|de|rie|ren** ⟨über *fr.* considérer aus gleichbed. *lat.* considerare⟩: (veraltet) a) [prüfend] betrachten; b) überlegen, erwägen; c) schätzen, hochachten. **Kon|si|gnant** *der;* -en, -en ⟨aus *lat.* consignans, Gen. consignantis, Part. Präs. von consignare, vgl. konsignieren⟩: Versender von Konsignationsgut. **Kon|si|gna|tar** u. **Kon|si|gna|tär** *der;* -s, -e ⟨aus gleichbed. *fr.* consignataire zu consignation, vgl. Konsignation; vgl. ...ar (2) bzw. ...är⟩: Empfänger [von Waren zum Weiterverkauf], bes. im Überseehandel. **Kon|si|gna|ti|on** *die;* -, -en ⟨über *fr.* consignation aus *spätlat.* consignatio „schriftliche Bestätigung"⟩: 1. (bes. im Überseehandel) übliche Form des Kommissionsgeschäftes; Warenübergabe, -übersendung an einen ↑ Kommissionär. 2. (veraltet) Niederschrift, Aufzeichnung. **kon|si|gnie|ren** ⟨unter Einfluß von *fr.* consigner aus *lat.* consignare „schriftlich niederlegen, beglaubigen"⟩: 1. Waren zum Verkauf überweisen. 2. [Schiffe, Truppen] mit besonderer Bestimmung [ab]senden
Kon|si|li|ar|arzt *der;* -es, ...ärzte ⟨zu ↑konsiliarisch⟩: svw. Konsiliarius. **kon|si|lia|risch** ⟨aus gleichbed. *lat.* consiliarius⟩: beratend, ratgebend. **Kon|si|li|a|ri|us** *der;* -, ...rii ⟨aus *lat.* consiliarius „Berater"⟩: zur Beratung hinzugezogener Arzt. **kon|si|li|ie|ren** ⟨aus gleichbed. *lat.* consiliari⟩: (veraltet) a) sich beraten, Rat erteilen; b) jmdm. das Verlassen der Lehranstalt anraten; vgl. Consilium abeundi. **Kon|si|li|um** *das;* -s, ...ien [...iən] ⟨aus *lat.* consilium „Beratung, Rat(schlag)"⟩: (veraltet) 1. Rat. 2. a) Beratung [mehrerer Ärzte über einen Krankheitsfall]; b) über einen Krankheitsfall beratendes Ärztegremium; vgl. Consilium abeundi
kon|si|stent ⟨aus *lat.* consistens, Gen. consistentis, Part. Präs. von consistere „sich setzen, dicht werden"⟩: 1. a) dicht, fest od. zäh zusammenhängend; b) dickflüssig, von festem Zusammenhalt, in sich ↑ stabil (1), beständig. 2. logisch aufgebaut, in sich lückenlos u. widerspruchsfrei (Logik); Ggs. ↑inkonsistent. **Kon|si|stenz** *die;* - ⟨zu ↑...enz⟩: 1. Dichtigkeit; Zusammenhang. 2. Widerspruchslosigkeit (Logik); Ggs. ↑ Inkonsistenz (b). 3. Festigkeit, Beständigkeit, bes. bei psychologischen Tests (Psychol.); Ggs. ↑ Inkonsistenz (a). 4. Haltbarkeit, Beschaffenheit eines Stoffs hinsichtlich seiner Struktur u. Beständigkeit gegen Strukturveränderungen. **kon|si|sto|ri|al** ⟨aus gleichbed. *kirchenlat.* consistorialis zu consistorium, vgl. Konsistorium⟩: das Konsistorium betreffend. **Kon|si|sto|ri|al|rat** *der;* -[e]s, ...räte: höherer Beamter einer ev. Kirchenbehörde. **Kon|si|sto|ri|al|ver|fas|sung** *die;* -: ehemalige obrigkeitliche Verfassungsform der ev. Landeskirchen; vgl. Synodalverfassung. **Kon|si|sto|ri|um** *das;* -s, ...ien [...iən] ⟨aus *kirchenlat.* consistorium „Versammlung; Verwaltungsbehörde", dies aus *spätlat.* consistorium „Beratungszimmer, Kabinett"⟩: 1. Plenarversammlung der Kardinäle unter Vorsitz des Papstes. 2. a) kirchlicher Gerichtshof einer ↑ Diözese; b) Verwaltungsbehörde einer Diözese in Österreich. 3. (veraltet) oberste Verwaltungsbehörde einer ev. Landeskirche. 4. seit der Herrscherzeit von Diokletian (ab 284 n. Chr.) Beratergremium am Hof der röm. Kaiser
kon|skri|bie|ren ⟨aus *lat.* conscribere „verzeichnen; in eine Liste eintragen"⟩: (früher) [zum Heeres-, Kriegsdienst] ausheben. **Kon|skri|bier|te** *der;* -n, -n: (früher) ausgehobener Rekrut. **Kon|skrip|ti|on** *die;* -, -en ⟨aus *lat.* conscriptio „Aufzeichnung, Liste"⟩: (früher) Aushebung [zum Heeres-, Kriegsdienst]
¹**Kon|sol** *der;* -s, -s (meist Plur.) ⟨aus *engl.* consols (Plur.) „Anleihen"; kurz für Consolidated Annuities (Bez. für engl. Staatsanleihen im 18. Jh.)⟩: engl. Staatsschuldschein
²**Kon|sol** *das;* -s, -e ⟨zu ↑ Konsole⟩: (landsch.) Konsole (2)
kon|so|la|bel ⟨aus *lat.* consolabilis „zum Trösten gehörig, tröstlich" zu consolari, vgl. konsolieren⟩: (veraltet) für Trost empfänglich. **kon|so|lant** ⟨zu ↑...ant⟩: (veraltet) tröstend, beruhigend, trostreich. **Kon|so|la|ti|on** *die;* -, -en ⟨aus gleichbed. *lat.* consolatio⟩: (veraltet) Trost, Beruhigung. **Kon|so|la|tor** *der;* -s, -en ⟨aus gleichbed. *lat.* consolator⟩: (veraltet) Tröster
Kon|so|le *die;* -, -n ⟨aus gleichbed. *fr.* console, weitere Herkunft unsicher⟩: 1. [aus einer Wand, aus einem Pfeiler

vorspringender Tragstein für Bogen, Figuren u. a. (Archit.). 2. Wandbrett; an der Wand angebrachtes Gestell. 3. Ein- u. Ausgabegerät, Steuerpult am Computer (EDV) **Kon|so|li|da|ti|on** *die;* -, -en ⟨aus *lat.* consolidatio „Festigung" zu consolidare, vgl. konsolidieren⟩: 1. Festigung, Sicherung. 2. a) Umwandlung kurzfristiger Staatsschulden in Anleihen (Wirtsch.); b) Vereinigung mehrerer Staatsanleihen mit verschiedenen Bedingungen zu einer einheitlichen Anleihe (Wirtsch.); c) Zusammenlegung der Stammaktien einer notleidenden Aktiengesellschaft bei gleichzeitiger Herabsetzung des Grundkapitals (Wirtsch.); d) Fortbestand eines dinglichen Rechtes an einem Grundstück (z. B. einer Hypothek) auch nach Erwerb durch den Rechtsinhaber (Rechtsw.); vgl. Konfusion (2). 3. a) Abheilung eines krankhaften Prozesses (z. B. einer Tuberkulose); b) Verknöcherung des sich bei Knochenbrüchen neu bildenden Gewebes (Med.). 4. Versteifung von Teilen der Erdkruste durch Zusammenpressung u. Faltung sowie durch ↑ magmatische ↑ Intrusionen (Geol.); vgl. ...[at]ion/ ...ierung. **kon|so|li|die|ren** ⟨über gleichbed. *fr.* consolider aus *lat.* consolidare „fest machen"⟩: [etwas Bestehendes] sichern, festigen. **Kon|so|li|die|rung** *die;* -, -en ⟨zu ↑ ...ierung⟩: svw. Konsolidation; vgl. ...[at]ion/...ierung. **Kon|so|li|die|rungs|pha|se** *die;* -, -n: Zeitraum, in dem sich etwas konsolidiert
kon|so|lie|ren ⟨aus gleichbed. *lat.* consolari⟩: (veraltet) trösten, beruhigen
Kon|som|mee [kõsɔˈmeː] vgl. Consommé
kon|so|nant ⟨aus *lat.* consonans, Gen. consonantis „übereinstimmend, mitlautend", Part. Präs. von consonare, vgl. konsonieren⟩: 1. (veraltet) einstimmig, übereinstimmend. 2. harmonisch zusammenklingend (Mus.). 3. mitklingend, -schwingend (Akustik). **Kon|so|nant** *der;* -en, -en ⟨aus gleichbed. *lat.* (littera) consonans⟩: Laut, bei dessen ↑ Artikulation (1 b) der Atemstrom gehemmt od. eingeengt wird; Mitlaut (z. B. *d, m;* Sprachw.); Ggs. ↑ Vokal. **kon|so|nan|tisch**: einen od. die Konsonanten betreffend. **kon|so|nan|ti|sie|ren** ⟨zu ↑ ...isieren⟩: einen ↑ Vokal zu einem Konsonanten umbilden, z. B. *russ.* avto... aus *gr.* auto...
Kon|so|nan|tis|mus *der;* - ⟨zu ...ismus (4)⟩: Konsonantenbestand einer Sprache (Sprachw.). **Kon|so|nanz** *die;* -, -en ⟨aus *lat.* consonantia „Einklang, Harmonie"⟩: 1. Konsonantenverbindung, Häufung von Konsonanten (Sprachw.). 2. Klangeinheit zwischen Tönen mit dem Schwingungsverhältnis ganzer Zahlen (Mus.). **kon|so|nie|ren** ⟨aus gleichbed. *lat.* consonare⟩: zusammen-, mitklingen. **kon|so|nie|rend** ⟨zu ↑ ...ierend⟩: mitklingend; -e G e r ä u s c h e : durch Resonanz verstärkte Rasselgeräusche (Med.)
Kon|so|pia|ti|on *die;* -, -en ⟨zu *lat.* consopire (vgl. konsopieren) u. ↑ ...ation⟩: (veraltet) Betäubung, Beruhigung, Einschläferung. **kon|so|pie|ren** ⟨aus gleichbed. *lat.* consopire, zu sopor „Schlaf"⟩: (veraltet) einschläfern, betäuben, beruhigen
Kon|sor|te *der;* -n, -n ⟨zu *lat.* consors, Gen. consortis „Genosse", dies zu ↑ kon... u. sors „Schicksal"⟩: 1. (Plur.; abwertend) die Mitbeteiligten (bei Streichen, nicht einwandfreien Geschäften o. ä.). 2. Mitglied eines Konsortiums. **Kon|sor|ti|al...** ⟨aus gleichbed. *nlat.* consortialis; vgl. ...al (1)⟩: Wortbildungselement mit der Bedeutung „ein Konsortium betreffend", z. B. Konsortialgeschäft. **Kon|sor|ti|al|bank** *die;* -, -en: Mitgliedsbank eines Konsortiums. **Kon|sor|ti|al|ge|schäft** *das;* -[e]s, -e: gemeinsames Finanz- od. Handelsgeschäft mehrerer Unternehmen. **Kon|sor|ti|al|quo|te** *die;* -, -n: der dem einzelnen Mitglied eines Konsor-
tiums zustehende Teil des Gesamtgewinns. **Kon|sor|ti|um** *das;* -s, ...ien [...i̯ən] ⟨aus *lat.* consortium „Teilhaberschaft"⟩: vorübergehender, loser Zweckverband von Geschäftsleuten od. Unternehmen zur Durchführung von Geschäften, die mit großem Kapitaleinsatz u. hohem Risiko verbunden sind
Kon|so|zia|ti|on *die;* -, -en ⟨aus *lat.* consociatio „enge Verbindung" zu consociare, vgl. konsoziieren⟩: feststehende unveränderliche Wortverbindung (z. B. Haus und Hof; Sprachw.). **kon|so|zi|ie|ren** ⟨aus gleichbed. *lat.* consociare, zu socius „Gefährte, Genosse"⟩: (veraltet) vergesellschaften, vereinigen
Kon|spekt *der;* -[e]s, -e ⟨aus *lat.* conspectus „Betrachtung, Erwägung" zu conspicere „anschauen, betrachten"⟩: 1. schriftliche Inhaltsangabe. 2. Übersicht, Verzeichnis. **kon|spek|tie|ren** ⟨zu ↑ ...ieren⟩: einen Konspekt anfertigen
kon|sper|gie|ren ⟨aus *spätlat.* conspergere „(be)streuen", eigtl. „besprizen"⟩: [Pillen zur Vermeidung des Zusammenklebens] mit Pulver bestreuen
kon|spe|zi|fisch ⟨zu ↑ kon... u. ↑ spezifisch⟩: derselben Art angehörend (Biol.)
Kon|spi|kui|tät [...kui...] *die;* - ⟨aus gleichbed. *spätlat.* conspicuitas, Gen. conspicuitatis, zu *lat.* conspicuus „sichtbar, auffallend"⟩: (veraltet) Anschaulichkeit, Klarheit
Kon|spi|rant *der;* -en, -en ⟨aus *lat.* conspirans, Gen. conspirantis, Part. Präs. von conspirare, vgl. konspirieren⟩: (selten) [politischer] Verschwörer. **Kon|spi|ra|teur** [...ˈtøːɐ̯] *der;* -s, -e ⟨aus gleichbed. *fr.* conspirateur zu conspirer aus *lat.* conspirare, vgl. konspirieren⟩: svw. Konspirant. **Kon|spi|ra|ti|on** *die;* -, -en ⟨unter Einfluß von *fr.* conspiration aus gleichbed. *lat.* conspiratio⟩: Verschwörung. **kon|spi|ra|tiv** ⟨zu ↑ ...iv⟩: a) eine [politische] Verschwörung bezweckend, anstrebend; b) zu einer Verschwörung, in den Rahmen, Zusammenhang einer Verschwörung gehörend. **Kon|spi|ra|ti|vi|tät** [...vi...] *die;* - ⟨zu ↑ ...ität⟩: konspiratives Verhalten od. Vorgehen. **Kon|spi|ra|tor** *der;* -s, ...oren ⟨aus gleichbed. *lat.* conspiratus „verschworen"⟩: (veraltet) [politischer] Verschwörer. **kon|spi|rie|ren** ⟨aus gleichbed. *lat.* conspirare⟩: sich verschwören, eine Verschwörung anzetteln (bes. zur Erreichung politischer Ziele)
kon|spi|zie|ren ⟨aus gleichbed. *lat.* conspicere⟩: (veraltet) wahrnehmen, erblicken
[1]**Kon|sta|bler** *der;* -s, - ⟨aus *mlat.* constabularius „Befehlshaber" zu *spätlat.* comes stabuli, vgl. Konnetabel⟩: (früher) Geschützmeister (auf Kriegsschiffen usw.), Unteroffiziersgrad der Artillerie. [2]**Kon|sta|bler** *der;* -s, - ⟨nach gleichbed. *engl.* constable, dies aus *mlat.* constabularius, vgl. [1]Konstabler⟩: Polizist in England
kon|stant ⟨aus gleichbed. *lat.* constans, Gen. constantis zu constare „fest stehen"⟩: fest[stehend], unveränderlich, ständig gleichbleibend; beharrlich; -e G r ö ß e : svw. Konstante (2). **Kon|stan|tan** *das;* -s ⟨Kunstw.⟩: Legierung aus Kupfer u. Nickel (für elektrische Widerstände; Elektrot.). **Kon|stan|te** *die;* -[n], -n ⟨Substantivierung zu ↑ konstant⟩: 1. unveränderliche, feste Größe; fester Wert. 2. math. Größe, deren Wert sich nicht ändert (Math.); Ggs. ↑ Variable. **Kon|stanz** *die;* - ⟨aus *lat.* constantia „feste Haltung"⟩: Unveränderlichkeit, Stetigkeit, Beharrlichkeit. **kon|sta|tie|ren** ⟨aus gleichbed. *fr.* constater zu *lat.* constat „es steht fest (daß)"⟩: [eine Tatsache] feststellen, bemerken. **Kon|sta|tie|rung** *die;* -, -en ⟨zu ↑ ...ierung⟩: Feststellung, das Konstatieren
Kon|stel|la|ti|on *die;* -, -en ⟨aus *lat.* constellatio „Stellung der Gestirne", zu stella „Stern"⟩: 1. das Zusammentreffen

bestimmter Umstände u. die daraus resultierende Lage. 2. Planetenstand, Stellung der Gestirne zueinander (Astron.). **Kon|ster|na|ti|on** *die;* -, -en ‹aus gleichbed. *lat.* consternatio zu consternare, vgl. konsternieren›: (veraltet) Bestürzung. **kon|ster|nie|ren** ‹aus *lat.* consternare „aus der Fassung bringen"›: bestürzt, fassungslos machen. **kon|ster|niert** ‹zu ↑...iert›: bestürzt, betroffen, fassungslos. **Kon|sti|pa|ti|on** *die;* -, -en ‹aus *spätlat.* constipatio „das Zusammenstopfen" zu constipare, vgl. konstipieren›: svw. Obstipation. **kon|sti|pie|ren** ‹aus gleichbed. *lat.* constipare zu ↑ kon... u. stipare „zusammenstopfen, -drängen"›: svw. obstipieren. **Kon|sti|tu|an|te** vgl. Constituante. **Kon|sti|tu|ens** *das;* -, ...enzien [...jən] ‹aus *lat.* constituens, Gen. constituentis, Part. Präs. von constituere, vgl. konstituieren›: konstitutiver (1), wesentlicher [Bestand]teil, Zug. **Kon|sti|tu|en|te** *die;* -, -n: sprachliche Einheit, die Teil einer größeren, komplexen sprachlichen Konstruktion ist (Sprachw.). **Kon|sti|tu|en|ten|ana|ly|se** *die;* -, -n: Methode der Satzanalyse, bei der der Satz als komplexe sprachliche Einheit in seine Bestandteile aufgelöst u. die Anordnung der Konstituenten beschrieben wird (Sprachw.). **Kon|sti|tu|en|ten|satz** *der;* -es, ...sätze: Nebensatz als unmittelbare ↑ Konstituente eines Hauptsatzes (Sprachw.). **Kon sti|tu|en|ten|struk|tur|gram|ma|tik** *die;* -: Grammatik, die die Struktur komplexer sprachlicher Einheiten mit Hilfe der Konstituentenanalyse beschreibt (Sprachw.); vgl. Phrasenstrukturgrammatik. **kon|sti|tu|ie|ren** ‹teilweise über gleichbed. *fr.* constituer aus *lat.* constituere „aufstellen, einsetzen"›: 1. a) einsetzen, festsetzen (von politischen, sozialen Einrichtungen), gründen; b) für etwas grundlegend sein; etwas begründen (z. B. die Sprache konstituiert das Denken). 2. sich -: zur Ausarbeitung oder Festlegung eines Programms, einer Geschäftsordnung, bes. aber einer Staatsverfassung zusammentreten; -de Versammlung: verfassunggebende Versammlung; vgl. Constituante. **Kon|sti|tu|ie|rung** *die;* -, -en ‹zu ↑...ierung›: das (Sich)konstituieren. **Kon|sti|tut** *das;* -[e]s, -e ‹aus *lat.* constitutum „das Festgesetzte"›: (veraltet) fortgesetzter, wiederholter Vertrag (Rechtsw.). **Kon|sti|tu|ti|on** *die;* -, -en ‹aus *lat.* constitutio „Verfassung, Zustand"›: 1. a) körperliche u. seelische Verfassung; Widerstandskraft eines Lebewesens; b) Körperbau (Med.). 2. Rechtsbestimmung, Satzung, Verordnung; Verfassung. 3. päpstlicher Erlaß mit Gesetzeskraft; Konzilsbeschluß. 4. Anordnung der Atome im Molekül einer Verbindung (Chem.). **Kon|sti|tu|tio|na|lis|mus** *der;* - ‹nach gleichbed. *engl.* constitutionalism; vgl. ...ismus (1)›: 1. Staatsform, in der Rechte u. Pflichten der Staatsgewalt u. der Bürger in einer Verfassung festgelegt sind. 2. für den Konstitutionalismus (1) eintretende Lehre. **Kon|sti|tu|tio|na|li|tät** *die;* - ‹aus gleichbed. *fr.* constitutionnalité; vgl. ...ität›: (veraltet) Verfassungsmäßigkeit. **kon|sti|tu|tio|nell** ‹aus gleichbed. *fr.* constitutionnel zu *lat.* constitutio, vgl. Konstitution›: 1. verfassungsmäßig; an die Verfassung gebunden; -e Monarchie: durch eine Staatsverfassung in ihren Machtbefugnissen eingeschränkte Monarchie (Rechtsw.). 2. anlagebedingt, die Gesamtverfassung eines Individuums betreffend (Med.). **Kon|sti|tu|tio|nel|le** *der* u. *die;* -n, -n: Anhänger[in], Vertreter[in] einer Staatsform, in der Rechte u. Pflichten in einer Verfassung festgelegt sind. **Kon|sti|tu|ti|ons|for|mel** *die;* -, -n: svw. Strukturformel. **Kon|sti|tu|ti|ons|typ** *der;* -s, -en: Grundform des menschlichen Körperbaus. **kon|sti tu|tiv** ‹zu *lat.* constitutus (Part. Perf. von constituere, vgl. konstituieren) u. ↑...iv›: 1. zur Feststellung dienend, bestimmend, grundle-

gend; das Wesen einer Sache ausmachend; -e Enzyme: in der Zelle ständig vorhandene Enzyme (Biol.). 2. a) die Erfahrung ermöglichend (in bezug auf die ↑ Kategorien 4); vgl. regulatives Prinzip; b) unerläßlich (vom Bestandteil eines Begriffs; Philos.); Ggs. ↑ konsekutiv (2). 3. rechtsbegründend (Rechtsw.). **Kon|sti|tu|tor** *der;* -s, ...oren ‹aus gleichbed. *lat.* constitutor, eigtl. „Aufsteller"›: (veraltet) jmd., der etw. anordnet, errichtet, Stifter. **Kon|sti|tu|tum** *das;* -s, ...ta: svw. Konstitut.
Kon|strik|ti|on *die;* -, -en ‹aus gleichbed. *spätlat.* constrictio zu *lat.* constringere, vgl. konstringieren›: 1. a) Zusammenziehung (eines Muskels); b) das Abbinden von Blutgefäßen (Med.). 2. Einschnürung an bestimmten Stellen der Chromosomen (Biol.). **Kon|strik|tor** *der;* -s, ...oren ‹aus (n)lat.* constrictor, eigtl. „Zusammenzieher"›: übliche Kurzbez. für Musculus constrictor, zusammenziehender Muskel, ringförmiger Schließmuskel (Med.). **kon|strin|gie|ren** ‹aus *lat.* constringere „zusammenschnüren, fesseln"›: zusammenziehen, zusammenschnüren (bezogen auf die Tätigkeit entsprechender Muskeln; Med.).
kon|stru|ie|ren ‹aus *lat.* construere „zusammenschichten, erbauen, errichten"›: 1. ein [kompliziertes, technisches] Gerät entwerfen u. bauen. 2. eine geometrische Figur mit Hilfe gegebener Größen zeichnen (Math.). 3. Satzglieder od. Wörter nach den Regeln der Syntax zu einem Satz od. einer Fügung zusammensetzen. 4. a) mit Hilfe vorgeschriebener Operationen herleiten, gedanklich, begrifflich, logisch aufbauen, herstellen; b) (abwertend) nur ↑ theoretisch (2), nur mit Hilfe von Annahmen u. daher künstlich aufbauen, herstellen; c) einseitig darstellen. **Kon|strukt** *das;* -[e]s, Plur. -e u. -s ‹aus *lat.* constructum, eigtl. „Zusammengebautes", Part. Perf. (Neutrum) von construere, vgl. konstruieren›: Arbeitshypothese od. gedankliche Hilfskonstruktion für die Beschreibung von Dingen od. Erscheinungen, die nicht konkret beobachtbar sind, sondern nur aus anderen beobachtbaren Daten erschlossen werden können. **Kon|struk|teur** [...'tøːɐ̯] *der;* -s, -e ‹aus gleichbed. *fr.* constructeur›: a) Ingenieur od. Techniker, der sich mit Entwicklung u. Bau von [komplizierten, technischen] Geräten befaßt; b) technischer Zeichner. **Kon|struk|ti|on** *die;* -, -en ‹aus gleichbed. *lat.* constructio›: 1. Bauart (z. B. eines Gebäudes, einer Maschine). 2. durch Konstruieren hergeleitete Formel, Theorie o. ä.; geometrische Darstellung einer Figur mit Hilfe gegebener Größen (Math.). 3. nach den syntaktischen Regeln vorgenommene Zusammenordnung von Wörtern od. Satzgliedern zu einem Satz od. einer Fügung (Sprachw.). 4. a) Darstellung von Begriffen in der Anschauung; b) Aufbau eines der Erfahrung vorausgehenden Begriffssystems (Philos.). 5. wirklichkeitsfremder Gedankengang. 6. a) (ohne Plur.) das Entwerfen, die Entwicklung; b) Entwurf, Plan. **Kon|struk|ti|ons|bü|ro** *das;* -s, -s: Büro, in dem technische Entwürfe u. Berechnungen angefertigt werden. **kon|struk|tiv** ‹aus gleichbed. *spätlat.* constructivus zu *lat.* constructus (Part. Perf. von construere, vgl. konstruieren) u. ↑...iv›: 1. die Konstruktion (1) betreffend. 2. auf die Erhaltung, Stärkung u. Erweiterung des Bestehenden gerichtet; aufbauend, einen brauchbaren Beitrag liefernd; -es [...vəs] Mißtrauensvotum [...v...]: Mißtrauensvotum gegen den Bundeskanzler, das nur durch die Wahl eines Nachfolgers wirksam wird. 3. operativ herleitend, begründend, in methodisch grundlegender Weise konstruierend (4 a), operativ verfahrend; -e [...və] Mathematik: methodologische Richtung, die als wichtigen Gegenstand der Mathematik lediglich das Studium von konstruktiv beschreib-

Konsumtion

baren Eigenschaften u. Beziehungen für algorithmisch bildbare Objekte erklärt. **Kon|struk|ti|vis|mus** [...v...] *der;* - ⟨zu ↑...ismus (1)⟩: 1. Richtung in der bildenden Kunst Anfang des 20. Jh.s, die eine Bildgestaltung mit Hilfe rein geometrischer Formen vornimmt (Kunstw.). 2. Kompositionsweise mit Überbewertung des formalen Satzbaues (Mus.). 3. Richtung der sowjetischen Literatur von 1924 bis 1930, die bes. die Faszination durch die Technik beschrieb. **Kon|struk|ti|vist** *der;* -en, -en ⟨zu ↑...ist⟩: Vertreter des Konstruktivismus. **kon|struk|ti|vi|stisch** ⟨zu ↑...istisch⟩: in der Art des Konstruktivismus. **Kon|struk|ti|vi|tät** *die;* - ⟨zu ↑...ität⟩: konstruktive (2) Beschaffenheit, konstruktive Haltung. **Kon|struk|tum** *das;* -, ...ta ⟨aus *lat.* constructum, vgl. Konstrukt⟩: svw. Konstrukt
Kon|sua|li|en [...i̯ən] *die* (Plur.): svw. Consualia
Kon|sub|stan|tia|li|tät *die;* - ⟨zu *mlat.* consubstantialis „von gleichem Wesen" (dies zu ↑kon... u. *lat.* substantia, vgl. Substanz) u. ↑...ität⟩: Wesensgleichheit der drei göttlichen Personen (Gottvater, Sohn u. Heiliger Geist; Theol.). **kon|sub|stan|ti|ell** ⟨aus gleichbed. *spätlat.* consubstantialis⟩: (veraltet) wesensgleich. **Kon|sub|stan|tia|ti|on** *die;* - ⟨aus *mlat.* consubstantiatio „Wesensverbindung"⟩: Lehre Luthers, daß sich im Abendmahl Leib u. Blut Christi ohne Substanzveränderung mit Brot u. Wein verbinden
Kon|sul *der;* -s, -n ⟨aus *lat.* consul zu consulere, vgl. konsulieren⟩: 1. höchster Beamter der röm. Republik. 2. ständiger Vertreter eines Staates, der mit der Wahrnehmung bestimmter [wirtschaftlicher u. handelspolitischer] Interessen in einem anderen Staat beauftragt ist. **kon|su|lar** ⟨aus gleichbed. *lat.* consularis⟩: den Konsul (1) betreffend, zu ihm gehörend; vgl. ...isch/-. **Kon|su|lar** *der;* -s, -e: gewesener Konsul der röm. Republik. **Kon|su|lar|agent** *der;* -en, -en: Beauftragter eines Konsuls. **Kon|su|lar|di|pty|chen** [...ç...] *die* (Plur.): doppelt gefaltete Tafeln (vgl. Diptychon) aus Elfenbein mit dem Bild des Konsuls, das dieser beim Amtsantritt verschenkte (5./6. Jh. n. Chr.). **kon|su|la|risch** ⟨aus *lat.* consularis, vgl. konsular⟩: a) den Konsul betreffend; b) das Konsulat betreffend; vgl. ...isch/-. **Kon|su|lar|korps** [koːɐ̯] *das;* - [koːɐ̯(s)], - [koːɐ̯s]: Gesamtheit aller ausländischen Konsuln (2) in einem bestimmten Bereich (z. B. in einer Stadt od. in einem Hafen); vgl. Corps consulaire. **Kon|su|lar|pa|tent** *das;* -[e]s, -e: Dokument zur Bezeichnung des Ranges u. des Zuständigkeitsbereiches eines Konsuls. **Kon|su|lat** *das;* -[e]s, -e ⟨aus *lat.* consulatus „Konsulamt, -würde"⟩: 1. a) (ohne Plur.) Amt eines Konsuls; b) Amtsgebäude eines Konsuls. 2. Bez. für das durch Napoleon Bonapartes Staatsstreich vom 18. Brumaire VIII (9. 11. 1799) begründete Regierungssystem bis zur Errichtung des Ersten Kaiserreichs (18. 5. 1804). **Kon|su|lent** *der;* -en, -en ⟨aus *lat.* consulens, Gen. consulentis, Part. Präs. von consulere, vgl. konsulieren⟩: (veraltet) [Rechts]berater, Anwalt. **kon|su|lie|ren** ⟨aus gleichbed. *lat.* consulere⟩: (veraltet) 1. a) sich beraten, überlegen; b) sich befragen, um Rat fragen. **Kon|su|lin** *die;* -, -nen: weibliche Form zu ↑Konsul (2). **Kon|sult** *das;* -[e]s, -e ⟨aus *lat.* consultum⟩: (veraltet) 1. Beschluß. 2. [Rechts]gutachten. **Kon|sul|tant** *der;* -en, -en ⟨aus *lat.* consultans, Gen. consultantis, Part. Präs. von consultare, vgl. konsultieren⟩: fachmännischer Berater, Gutachter. **Kon|sul|ta|ti|on** *die;* -, -en ⟨aus *lat.* consultatio „Beratung" zu consultare, vgl. konsultieren⟩: 1. Untersuchung u. Beratung [durch einen Arzt]. 2. gemeinsame Beratung von Regierungen od. von Vertragspartnern. 3. Beratung durch einen Wissenschaftler od. Fachmann, bes. einen Hochschullehrer; vgl. ...[at]ion/...ierung. **kon|sul|ta|tiv** ⟨aus *spätlat.* consultati-

vus „ratgebend"⟩: beratend, Konsultationen betreffend, darauf beruhend. **Kon|sul|ta|tiv|pakt** *der;* -[e]s, -e: Vereinbarung zwischen Staaten, sich bei Meinungsverschiedenheiten (untereinander od. mit anderen Staaten) zu beraten. **kon|sul|tie|ren** ⟨aus *lat.* consultare „um Rat fragen, überlegen" zu consulere, vgl. konsulieren⟩: 1. bei jmdm. [wissenschaftlichen, bes. ärztlichen] Rat einholen, jmdn. zu Rate ziehen. 2. beratende Gespräche führen (von Bündnispartnern), sich besprechen, beratschlagen; ein Wörterbuch, Lexikon -: in einem Wörterbuch, Lexikon nachschlagen, sich darin informieren. **Kon|sul|tie|rung** *die;* -, -en ⟨zu ↑...ierung⟩: a) das Konsultieren; b) das Konsultiertwerden; vgl. ...[at]ion/...ierung. **Kon|sul|tor** *der;* -s, ...oren ⟨aus *lat.* consultor „Ratgeber"⟩: 1. wissenschaftlicher Berater einer ↑Kardinalskongregation. 2. Geistlicher, der von einem Bischof als Berater in die Verwaltung einer ↑Diözese ohne ↑Domkapitel berufen wird
¹Kon|sum *der;* -s ⟨aus *it.* consumo „Verbrauch" zu consumere „verbrauchen", dies aus gleichbed. *lat.* consumere⟩: a) Verbrauch der privaten u. öffentlichen Haushalte an Gütern des täglichen Bedarfs; b) das wahllose Verbrauchen. **²Kon|sum** [...zuːm, ...zʊm, *österr.* ...'zuːm] *der;* -s, -s ⟨verkürzt aus Konsumverein, vgl. ¹Konsum⟩: Verkaufsstelle eines Konsumvereins. **Kon|sum|ar|ti|kel** *der;* -s, - ⟨zu ↑¹Konsum⟩: für den ¹Konsum bestimmter, der Erhaltung od. Hebung eines gewissen Lebensstandards dienender Gegenstand, z. B. Auto, Waschmaschine, Kosmetik. **Kon|su|ma|ti|on** *die;* -, -en ⟨zu ↑konsumieren u. ↑...ation⟩: (österr. u. schweiz.) Verzehr, Zeche. **Kon|su|ment** *der;* -en, -en ⟨aus *lat.* consumens, Gen. consumentis, Part. Präs. von consumere, vgl. konsumieren⟩: 1. Käufer, Verbraucher. 2. heterotrophes Lebewesen, das sich direkt od. indirekt von den durch die ↑autotrophen Pflanzen (vgl. Produzent 3) erzeugten organischen Stoffen ernährt. **Kon|su|men|ten|kre|dit** *der;* -[e]s, -e: Kredit zur Befriedigung des Bedarfs an Gütern für den Lebensunterhalt, in der Regel als Teilzahlungskredit vergeben. **Kon|su|me|ris|mus** *der;* - ⟨nach *engl.-amerik.* consumerism „kritische Verbraucherhaltung"; vgl. ...ismus⟩: ↑organisierter (3 a) Schutz der Verbraucherinteressen. **kon|su|mie|ren** ⟨aus *lat.* consumere „aufnehmen, verbrauchen, verzehren"⟩: 1. [Konsumgüter] verbrauchen, verzehren. 2. (meist abwertend) das für die Konsumgesellschaft charakteristische Konsumverhalten zeigen, alles kaufen, haben, besitzen wollen, es aber schon nach kurzer Zeit wegwerfen. **kon|su|mie|rend** ⟨zu ↑...ierend⟩: 1. verbrauchend. 2. auszehrend, an der Körperkraft zehrend (von Krankheiten; Med.)
Kon|sum|ma|ti|on *die;* -, -en ⟨aus gleichbed. *lat.* consummatio zu consummare, vgl. konsummieren⟩: (veraltet) 1. Vollendung. 2. das Zusammenrechnen. **kon|sum|mie|ren** ⟨aus gleichbed. *lat.* consummare zu ↑kon... u. *lat.* summa „Höhepunkt, Gesamtzahl, Summe"⟩: (veraltet) 1. vollbringen, vollenden. 2. zusammenrechnen
kon|sum|ori|en|tiert ⟨zu ↑¹Konsum u. ↑orientieren⟩: einseitig auf den Erwerb von Konsumgütern ausgerichtet, nur nach Genuß strebend. **Kon|sump|ti|on** vgl. Konsumtion. **kon|sump|tiv** vgl. konsumtiv. **Kon|sum|ter|ror** *der;* -s ⟨zu ↑¹Konsum⟩: (abwertend) durch Anreiz, Werbung hervorgerufener Zwang zum Kaufen u. zum Verbrauchen. **Kon|sum|ti|bi|li|en** [...i̯ən] *die* (Plur.) ⟨aus gleichbed. *nlat.* consum(p)tibilia zu *lat.* consumere, vgl. konsumieren⟩: (veraltet) Verbrauchsgüter. **Kon|sum|ti|on** *die;* -, -en ⟨aus *lat.* consumptio „Aufzehrung"⟩: 1. Verbrauch von Wirtschaftsgütern. 2. das Aufgehen eines einfachen [strafrechtlichen] Tatbestandes in einem übergeordneten, umfassen-

konsumtiv

deren (z. B. Diebstahl u. Nötigung in Raub; Rechtsw.). 3. körperliche Auszehrung infolge anhaltenden Appetitmangels (Med.). **kon|sum|tiv** ⟨aus gleichbed. *nlat.* consum(p)tivus; vgl. ...iv⟩: für den Verbrauch bestimmt; Ggs. ↑investiv. **Kon|sum|tou|ris|mus** *der;* - ⟨zu ↑¹Konsum⟩: das Reisen, bes. ins Ausland, in der Absicht, dort günstig einzukaufen

Kon|szi|en|tia|lis|mus [...stsi̯ɛn...] *der;* - ⟨zu *lat.* conscientia „Bewußtsein" u. ↑...ismus (1)⟩: erkenntnistheoretischer Standpunkt (z. B. bei Leibniz u. Fichte), wonach die Dinge nur als Bewußtseinsinhalte existieren (Philos.)

Kon|ta|bes|zenz *die;* - ⟨aus gleichbed. *nlat.* contabescentia zu *lat.* contabescere „dahinschwinden, sich verzehren" u. ↑...enz⟩: (veraltet) Schwindsucht

Kon|ta|bu|la|ti|on *die;* -, -en ⟨aus gleichbed. *lat.* contabulatio zu contabulare, vgl. kontabulieren⟩: (veraltet) Täfelung.
kon|ta|bu|lie|ren ⟨aus gleichbed. *lat.* contabulare zu ↑kon... u. tabula „Brett, Tafel"⟩: (veraltet) täfeln, dielen

Kon|ta|gi|on *die;* -, -en ⟨aus gleichbed. *lat.* contagio, eigtl. „Berührung", zu contingere „berühren"; vgl. Kontakt⟩: Ansteckung des Körpers mit Krankheitserregern (Med.). **Kon|ta|gi|ons|in|dex** *der;* Gen. - u. -es, Plur. -e u. ...dizes: [...tse:s]: Verhältnis zwischen der Zahl der von einer Krankheit befallenen u. der Zahl der mit den Erregern dieser Krankheit infizierten Personen (Med.). **kon|ta|gi|ös** ⟨aus gleichbed. *spätlat.* contagiosus⟩: ansteckend, ansteckungsfähig (von Krankheitserregern; Med.). **Kon|ta|gio|si|tät** *die;* - ⟨zu ↑...ität⟩: Ansteckungsfähigkeit (bezogen auf eine Ansteckungsquelle; Med.). **Kon|ta|gi|um** *das;* -s, ...ien [...i̯ən] ⟨aus *lat.* contagium „Ansteckung"⟩: (veraltet) Ansteckung[sstoff] (Med.)

Kon|ta|ki|on *das;* -s, ...ien [...i̯ən] ⟨aus gleichbed. *mgr.* kontákion⟩: Hymnenform der orthodoxen Kirche

Kon|takt *der;* -[e]s, -e ⟨aus *lat.* contactus „Berührung", eigtl. Part. Perf. von contingere „berühren", dies zu ↑kon... u. tangere „berühren, anfassen"⟩: 1. das In-Verbindung-Treten; Verbindung, die man für eine kurze Dauer herstellt; Fühlungnahme. 2. a) Berührung; b) [menschliche] Beziehung. 3. a) Berührung, durch die eine stromführende Verbindung hergestellt wird; b) Vorrichtung zum Schließen eines Stromkreises, Übergangsstelle, Kontaktstelle für den Strom (Elektrot.). 4. aus einem Festkörper bestehender ↑Katalysator (1). **Kon|takt|adres|se** *die;* -, -n: Anschrift, über die man mit einer Person, ↑Organisation (2), Gruppe o. ä. Kontakt (1) aufnehmen kann. **Kon|takt|al|ler|gie** *die;* -, ...ien [...i:ən]: durch Kontakt mit einem [Kontakt]allergen verursachte Allergie, die bei wiederholter Berührung zu einem [Kontakt]ekzem führt (Med.). **kon|takt|arm**: schwer Kontakt aufnehmend, verschlossen, zurückhaltend. **Kon|takt|be|am|te** u. **Kon|takt|be|reichs|be|am|te** *der;* -n, -n: Polizeibeamter, der täglich durch sein ↑Revier (1) geht u. Kontakte (1) zu den Bürgern aufnimmt. **kon|tak|ten** ⟨aus gleichbed. *engl.-amerik.* to contact zu *lat.* contactus, vgl. Kontakt⟩: als Kontakter tätig sein, neue Geschäftsbeziehungen einleiten (Wirtsch.). **Kon|tak|ter** *der;* -s, - ⟨aus gleichbed. *engl.-amerik.* contacter⟩: Angestellter einer Werbeagentur, der den Kontakt zu den Auftraggebern hält. **kon|takt|freu|dig** ⟨zu ↑Kontakt⟩: fähig u. bereit, mit anderen rasch in Kontakt zu treten. **Kon|takt|glas** *das;* -es, ...gläser (meist Plur.): swv. Kontaktlinse. **Kon|takt|hof** *der;* -[e]s, ...höfe: 1. Bereich in unmittelbarer Nähe großer Magmamassen, in dem sich Kontaktgestein bildet (Geol.). 2. Innenhof in einem Eros-Center, in dem die Prostituierten auf Kunden warten. **kon|tak|tie|ren** ⟨zu ↑...ieren⟩: 1. Kontakt aufnehmen; Kontakte vermitteln. 2. swv. kontak-

ten. **Kon|takt|in|fek|ti|on** *die;* -, -en: Ansteckung durch Berührung (Med.). **Kon|takt|in|sek|ti|zid** *das;* -s, -e: Gift, das von Insekten durch Berührung aufgenommen wird. **Kon|takt|in|stru|ment** *das;* -[e]s, -e: ein Meßinstrument, dessen Zeiger bei Erreichen eines bestimmten einstellbaren Meßwertes Kontakt gibt, um z. B. Leuchtzeichen od. Zähl- u. Schaltvorgänge auszulösen. **Kon|takt|lin|se** *die;* -, -n (meist Plur.): dünne, die Brille ersetzende, durchsichtige, kleine Kunststoffschale, die auf der Hornhaut des Auges getragen wird u. durch Kontakt (1) mit der Augenflüssigkeit haftet, Haftschale. **Kon|takt|mann** *der;* -[e]s, ...männer: Verbindungs- od. Gewährsmann, durch den Erkundigungen eingeholt od. neue Beziehungen angebahnt werden od. der den Kontakt aufrechterhält. **Kon|takt|me|ta|mor|pho|se** *die;* -, -n: Umbildung des Nachbargesteins durch aufsteigendes ↑Magma (1; Geol.). **Kon|takt|mi|ne|ral** *das;* -s, Plur. -e u. ...ien [...i̯ən]: Mineral, das bei der Kontaktmetamorphose durch Einwirkung von hohen Temperaturen auf das umliegende Gestein entstanden ist (Geol.). **Kon|takt|per|son** *die;* -, -en: jmd., der zu einem anderen, der an einer ansteckenden Krankheit leidet, Kontakt hatte (Med.). **Kon|takt|stu|di|um** *das;* -s, ...ien [...i̯ən]: Weiterbildung [an einer Hochschule] nach Abschluß des Studiums, die dem Erwerb einer zusätzlichen Qualifikation dient

Kon|ta|mi|na|ti|on *die;* -, -en ⟨aus *lat.* contaminatio „Berührung" zu contaminare, vgl. kontaminieren⟩: 1. die Verschmelzung, Vermengung von Wörtern od. Fügungen, die versehentlich zusammengezogen werden (z. B. Gebäulichkeiten aus Gebäude und Baulichkeiten). 2. Verseuchung mit schädlichen, bes. mit radioaktiven Stoffen; vgl. ...[at]ion/...ierung; Ggs. ↑Dekontamination. **kon|ta|mi|nie|ren** ⟨aus *lat.* contaminare „mit Fremdartigem in Berührung bringen, verderben"⟩: 1. eine Kontamination (1) vornehmen. 2. mit schädlichen, bes. mit radioaktiven Stoffen verseuchen; Ggs. ↑dekontaminieren. **Kon|ta|mi|nie|rung** *die;* -, -en ⟨zu ↑...ierung⟩: das Kontaminieren; vgl. ...[at]ion/...ierung

kon|tant ⟨aus gleichbed. *it.* contante zu contare „rechnen, berechnen", dies aus *lat.* computare⟩: bar. **Kon|tan|ten** *die* (Plur.) ⟨aus gleichbed. *it.* contanti (Plur.)⟩: 1. ausländische Münzen, die nicht als Zahlungsmittel, sondern als Ware gehandelt werden. 2. Bargeld. **Kon|tant|ge|schäft** u. Komptantgeschäft [kõtã:...] *das;* -[e]s, -e: Geschäft mit Barzahlung bei Lieferung

kon|tem|nie|ren ⟨aus gleichbed. *lat.* contemnere⟩: (veraltet) verachten

Kon|tem|pla|ti|on *die;* -, -en ⟨aus *lat.* contemplatio „das Anschauen, die Betrachtung" zu contemplari, vgl. kontemplieren⟩: a) Vesunkenheit in Werk u. Wort Gottes od. einer Gottheit (Rel.); b) beschauliches Nachdenken u. geistiges Sichversenken in etwas. **kon|tem|pla|tiv** ⟨aus gleichbed. *spätlat.* contemplativus⟩: auf Kontemplation gerichtet, durch Kontemplation gekennzeichnet; beschaulich, besinnlich. **kon|tem|plie|ren** ⟨aus *lat.* contemplari „betrachten, bedenken"⟩: sich der Kontemplation (b) hingeben

kon|tem|po|rär ⟨zu ↑kon... u. ↑temporär⟩: gleichzeitig, zeitgenössisch. **kon|tem|po|rie|ren** ⟨aus gleichbed. *lat.* contemporare⟩: (veraltet) gleichzeitig vorhanden sein, gleichzeitig stattfinden

Kon|temp|ti|on, **Kon|tem|ti|on** *die;* - ⟨aus gleichbed. *lat.* contemptio zu contemnere, vgl. kontemnieren⟩: (veraltet) Verachtung

Kon|ten: Plur. von ↑Konto

Kon|te|nance [kõtəˈnã:s] vgl. Contenance

Kon|ten|plan *der;* -[e]s, ...pläne ⟨zu ↑ Konto⟩: systematische Ordnung der Konten der doppelten Buchführung. **Kon|ten|sy|stem** *das;* -s, -e: die Gesamtheit der Konten in der volkswirtschaftlichen Gesamtrechnung. **kon|tent** ⟨aus gleichbed. *lat.* contentus, eigtl. Part. Perf. von continere „zusammenhalten"⟩: (veraltet) zufrieden. **Kon|ten|ten** *die* (Plur.) ⟨aus älter *it.* contento, Plur. contenti „Inhalt, Fassungsvermögen", zu *lat.* contentus, vgl. kontent⟩: Ladeverzeichnisse der Seeschiffe. **kon|ten|tie|ren** ⟨aus gleichbed. *fr.* contenter zu content „zufrieden", dies aus *lat.* contentus, vgl. kontent⟩: (veraltet) [einen Gläubiger] zufriedenstellen. **kon|ten|tiv** ⟨zu *lat.* contentus (vgl. kontent) u. ↑...iv⟩: (veraltet) zusammenhaltend, festhaltend. **Kon|ten|tiv|ver|band** *der;* -[e]s, ...verbände: ruhigstellender Stützverband (Med.).

Kon|ter *der;* -s, - ⟨aus gleichbed. *engl.* counter zu *fr.* contre aus *lat.* contra „gegen"⟩: 1. Griff, mit dem ein Ringer einen gegnerischen Angriff unterbindet u. seinerseits angreift (Ringen). 2. schneller Gegenangriff, nachdem ein Angriff des Gegners abgewehrt werden konnte (Ballspiele). 3. Pendelschwung zur Verlagerung des Körperschwerpunkts bei Griff- u. Positionswechsel am Stufenbarren (Turnen). 4. beim Rechtsgalopp u. Linksgalopp jeweils die andere Ausführungsart, in die gewechselt wird (Reiten). 5. aus der Verteidigung heraus geführter Gegenschlag (Boxen). 6. Äußerung od. Handlung, mit der jmd. etwas kontert (2). **kon|ter...**, **Kon|ter...** u. **contre...**, **Contre...** [kõtrə...] ⟨aus *fr.* contre „gegen", dies aus *lat.* contra⟩: Wortbildungselement mit der Bedeutung „gegen etwas gerichtet, entgegen", z. B. konteragieren, Kontertanz. **Kon|ter|ad|mi|ral** *der;* -s, Plur. -e, auch ...äle ⟨aus gleichbed. *fr.* contre-admiral⟩: Seeoffizier im Rang eines Generalmajors. **kon|ter|agie|ren** ⟨zu ↑ konter... u. ↑ agieren⟩: gegen jmd. od. etwas ↑ agieren (a). **Kon|ter|ban|de** *die;* - ⟨aus *fr.* contrebande „Schleichhandel, Schmuggelware", dies aus *it.* contrabando zu contra bando „gegen die Verordnung"⟩: 1. Kriegsware, die (verbotenerweise) von neutralen Schiffen in ein kriegführendes Land gebracht wird. 2. Schmuggelware. **kon|ter|ban|die|ren** ⟨zu ↑...ieren⟩: (veraltet) schmuggeln. **Kon|ter|es|kar|pe** *die;* -, -n ⟨zu ↑ konter... u. ↑ Eskarpe⟩: (früher) äußere Grabenböschung einer Befestigung. **kon|ter|fei** [auch ...'fai] *das;* -s, Plur. -s, auch -e ⟨zu *fr.* contrefait „nachgebildet, entstellt", dies zu *altfr.* contrefaire „nachmachen, nachbilden" aus gleichbed. *spätlat.* contrafacere⟩: (veraltet, aber noch scherzh.) Bild[nis], Abbild, Porträt. **kon|ter|fei|en** [auch ...'faiən]: (veraltet, aber noch scherzh.) abbilden, porträtieren. **kon|ter|ka|rie|ren** ⟨aus gleichbed. *fr.* contrecarrer⟩: jmdm. in die Quere kommen; etwas hintertreiben. **Kon|ter|mi|ne** *die;* -, -n ⟨nach *fr.* contre-mine „Gegenschlag"⟩: 1. a) börsentechnische Maßnahme, die sich gegen die Maßnahmen einer anderen Partei richtet; b) Spekulation an der Börse, bei der das Fallen der Kurse erwartet wird. 2. (früher) Gegenmine der Belagerten zur Abwehr der feindlichen ¹Minen (4 a). **kon|ter|mi|nie|ren** ⟨zu ↑...ieren⟩: 1. a) Maßnahmen gegen eine andere Partei an der Börse ergreifen; b) auf das Fallen der Börsenkurse spekulieren. 2. (früher) eine Gegenmine legen. **kon|tern** ⟨nach *engl.* to counter „(einen Boxangriff) mit einem Gegenschlag beantworten" zu counter „gegen, entgegen", dies über *fr.* contre aus *lat.* contra⟩: 1. a) den Gegner im Angriff abfangen u. aus der Verteidigung heraus selbst angreifen (Sport); b) einen Konter (3) ausführen (Sport); c) beim Drehen durch entgegengerichtete Bewegung des Beckens dem Zug des Hammers entgegenwirken (Hammerwerfen). 2. sich aktiv zur Wehr setzen, schlagfertig erwidern, entgegnen. 3. ein Druckbild umkehren (Druckw.). 4. (eine Mutter auf einem Schraubengewinde) durch Aufschrauben einer Kontermutter im Gegensinn fest anziehen (Techn.). **Kon|ter|re|vo|lu|ti|on** [...v...] *die;* -, -en ⟨aus gleichbed. *fr.* contrerévolution⟩: Gegenrevolution, der Versuch politischer Kräfte, die Ergebnisse einer Revolution rückgängig zu machen. **kon|ter|re|vo|lu|tio|när** ⟨zu ↑ konter...⟩: eine Konterrevolution planend, betreffend. **Kon|ter|re|vo|lu|tio|när** *der;* -s, -e: Gegenrevolutionär, jmd., der auf [eine] Konterrevolution hinarbeitet od. an ihr beteiligt ist. **Kon|ter|si|gnal** *das;* -s, -e: (veraltet) Gegenzeichen, Antwort auf ein gegebenes Zeichen. **kon|ter|si|gna|li|sie|ren**: (veraltet) ein Gegenzeichen geben. **kon|ter|si|gnie|ren** vgl. kontrasignieren. **Kon|ter|tanz**, auch Contretanz ['kõtrə...] *der;* -es, ...tänze ⟨aus *fr.* contredanse „Gegentanz", dies unter Einfluß von contre „gegen" aus *engl.* country-dance „ländlicher Tanz"⟩: Tanz, bei dem jeweils vier Paare bestimmte Figuren miteinander ausführen; vgl. Contredanse. **Kon|ter|vent** [...v...] *der;* -s, -s ⟨aus gleichbed. *fr.* contrevent zu contre „gegen" u. vent „Wind", dies aus *lat.* ventus⟩: (veraltet) 1. äußerer Fensterladen. 2. Windschirm, Windstütze (Archit.).

kon|te|sta|bel ⟨aus gleichbed. *fr.* contestable zu contester „bestreiten", dies aus *lat.* contestari, vgl. kontestieren⟩: (veraltet) strittig, umstritten, anfechtbar (Rechtsw.). **Kon|te|sta|ti|on** *die;* -, -en ⟨zum Teil unter Einfluß von *fr.* contestation „Bestreitung, Ablehnung, Widerspruch" aus *lat.* contestatio „Beschwörung, inständige Bitte"⟩: 1. das Infragestellen von bestehenden Herrschafts- u. Gesellschaftsstrukturen. 2. a) Bezeugung; b) Streit, Bestreitung, Anfechtung (Rechtsw.). **kon|te|stie|ren** ⟨zum Teil unter Einfluß von *fr.* contester „bestreiten" aus *lat.* contestari „als Zeugen anrufen, beschwören"⟩: a) durch Zeugen, Zeugnis bestätigen; b) bestreiten, anfechten (Rechtsw.).

Kon|text [auch ...'tɛkst] *der;* -[e]s, -e ⟨aus *lat.* contextus „enge Verknüpfung, Zusammenhang (der Rede)" zu contexere „verknüpfen, verflechten"⟩: 1. a) der umgebende Text einer gesprochenen od. geschriebenen sprachlichen Einheit (Sprachw.); b) (relativ selbständiges) Text- od. Redestück; c) der umgebende inhaltliche (Gedanken-, Sinn)zusammenhang, in dem eine Äußerung steht, u. der Sach- u. Situationszusammenhang, aus dem heraus sie verstanden werden muß; vgl. Kotext. 2. umgebender Zusammenhang, z. B. den Menschen aus dem sozialen - heraus verstehen. **Kon|text|en|tro|pie** *die;* -: Informationsgehalt eines Zeichens (EDV). **Kon|text|glos|se** *die;* -, -n: in den Text [einer Handschrift] eingefügte Glosse. **kon|text|in|ten|siv**: kontextabhängig. **Kon|text|in|va|ri|anz** [...v...] *die;* -: die Unabhängigkeit der Bedeutung eines Ausdrucks von dem ihn umgebenden Kontext (Sprachw.). **kon|tex|tu|al** ⟨aus *engl.* contextual „den Kontext betreffend"; vgl. ¹...al (1)⟩: svw. kontextuell; vgl. ...al/...ell. **Kon|tex|tua|lis|mus** *der;* - ⟨aus gleichbed. *engl.* contextualism; vgl. ...ismus⟩: Richtung innerhalb der modernen Sprachwissenschaft, die bei der Text- bzw. Satzanalyse den situativen u. sprachlichen Kontext berücksichtigt (Sprachw.). **kon|tex|tu|ell** ⟨aus gleichbed. *fr.* contextuel⟩: den Kontext betreffend; vgl. ...al/...ell. **Kon|tex|tur** *die;* -, -en ⟨aus gleichbed. *fr.* contexture⟩: (veraltet) Verbindung, Zusammenhang.

Kon|ti: Plur. von ↑ Konto. **kon|tie|ren** ⟨zu ↑ Konto u. ↑...ieren⟩: für die Verbuchung eines Geldbetrags ein Konto angeben, etwas auf einem Konto verbuchen. **Kon|tie|rer** *der;* -s, -: jmd., der kontiert. **Kon|tie|rung** *die;* -, -en ⟨zu ↑...ierung⟩: das Kontieren.

Kon|ti|gui|tät [...gui...] *die;* - ⟨aus *fr.* contiguïté „das Angrenzen" zu contigu „anstoßend", dies aus *lat.* contiguus „angrenzend, benachbart"⟩: 1. (veraltet) Angrenzung, Berührung. 2. zeitliches Zusammentreffen (z. B. von Reiz u. Reaktion; Psychol.). **Kon|ti|gui|täts|theo|rie** *die;* -: lerntheoretische Annahme, daß zwei eng benachbarte Reize u. Reaktionen auch später gemeinsam erinnert werden (Psych.).

Kon|ti|nęnt [auch 'kɔn...] *der;* -[e]s, -e ⟨aus *lat.* (terra) continens „zusammenhängendes Land, Festland" zu continere „zusammenhalten, -hängen"⟩: 1. (ohne Plur.) [europ.] Festland. 2. Erdteil. **kon|ti|nen|tal** ⟨nach gleichbed. *fr.* continental; vgl. ¹...al (1)⟩: festländisch. **Kon|ti|nen|tal|drift** *die;* -: svw. Epirogenese. **Kon|ti|nen|ta|li|tät** *die;* - ⟨zu ↑...ität⟩: der Einfluß einer größeren Festlandmasse auf das Klima (Meteor.). **Kon|ti|nen|tal|kli|ma** *das;* -s: Festlandklima, Binnenklima. **Kon|ti|nęnz** *die;* - ⟨aus *lat.* continentia „Mäßigung, Selbstbeherrschung"⟩: 1. Enthaltsamkeit. 2. Fähigkeit, etwas zurückzuhalten (z. B. die Fähigkeit der Harnblase, Urin zurückzuhalten; Med.); Ggs. ↑ Inkontinenz

Kon|tin|gens *das;* -, Plur. ...gentia u. ...genzien [...iən] ⟨aus *lat.* contingens, Part. Präs. von contingere, vgl. kontingieren⟩: (veraltet) zufälliges Vorkommnis. **kon|tin|gęnt** ⟨zu ↑ Kontingenz⟩: zufällig; wirklich od. möglich, aber nicht [wesens]notwendig; Kontingenz (1) aufweisend, beinhaltend. **Kon|tin|gęnt** *das;* -[e]s, -e ⟨nach gleichbed. *fr.* contingent zu *lat.* contingens, Gen. contingentis, Part. Präs. von contingere, vgl. kontingieren⟩ 1. Anteil, [Pflicht]beitrag (zu Aufgaben, Leistungen usw.). 2. begrenzte Menge, die der Einschränkung des Warenangebotes dient (Wirtsch.). 3. von einem Land zur Verfügung gestellte Menge an Truppen. **kon|tin|gen|tie|ren** ⟨aus gleichbed. *fr.* contingenter; vgl. ...ieren⟩: a) etwas vorsorglich so einteilen, daß es jeweils nur bis zu einer bestimmten Höchstmenge erworben od. verbraucht werden kann; b) Handelsgeschäfte nur bis zu einem gewissen Umfang zulassen. **Kon|tin|gen|tie|rung** *die;* -, -en ⟨zu ↑...ierung⟩: die Einteilung, Zuteilung. **Kon|tin|gen|tie|rungs|kar|tell** *das;* -s, -e: Kartell (1), bei dem Aufträge od. Angebote unter den Mitgliedern entsprechend den Beteiligungsquoten aufgeteilt werden (Wirtsch.). **Kon|tin|gęnz** *die;* -, -en ⟨aus *spätlat.* contingentia „Möglichkeit" zu *lat.* contingere, vgl. kontingieren⟩: 1. Zufälligkeit, Möglichsein (im Gegensatz zur Notwendigkeit; Philos.). 2. die Häufigkeit zusammen vorkommender od. sich gleich verhaltender psychischer Merkmale (Statistik, Psychol.). **kon|tin|gie|ren** ⟨aus *lat.* contingere „berühren, treffen, zuteil werden" zu ↑kon... u. *lat.* tangere „anfassen"⟩: (veraltet) 1. berühren, betreffen. 2. sich ereignen, zustoßen

kon|ti|nie|ren ⟨aus gleichbed. *lat.* continere zu ↑ kon... u. tenere „halten"⟩: (veraltet) 1. zusammenhalten; 2. enthalten. **Kon|ti|nua:** Plur. von ↑ Kontinuum. **Kon|ti|nua|ti|on** *die;* -, -en ⟨aus *lat.* continuatio „Zusammenhang, Fortdauer" zu continuare, vgl. kontinuieren⟩: (Verlagsw., sonst veraltet) Fortsetzung [einer Lieferung]. **kon|ti|nua|tiv** ⟨zu ↑...iv⟩: (veraltet) fortsetzend, die Fortsetzung bildend. **kon|ti|nu|ęll** ⟨aus gleichbed. *fr.* continuel⟩: (veraltet) fortdauernd, unaufhörlich, fortwährend. **Kon|ti|nu|en** [...nuən]: Plur. von ↑ Kontinuum. **kon|ti|nu|ie|ren** ⟨aus *lat.* continuare „zusammenhängend machen"; vgl. Kontinuum⟩: (veraltet) fortsetzen. **kon|ti|nu|ier|lich:** stetig, fortdauernd, unaufhörlich, durchlaufend; Ggs. ↑diskontinuierlich; -er Bruch: Kettenbruch (Math.). **Kon|ti|nui|tät** [...nui...] *die;* - ⟨aus gleichbed. *spätlat.* continuitas, Gen. continuitatis⟩: lückenloser Zusammenhang, Stetigkeit, Fortdauer; ununterbrochener, gleichmäßiger Fortgang von etwas; Ggs. ↑ Diskontinuität (1). **Kon|ti|nu|um** [...nuʊm] *das;* -s, Plur. ...nua u. ...nuen [...nuən] ⟨aus gleichbed. *nlat.* continuum zu *lat.* continuus „zusammenhängend", dies zu continere „zusammenhalten"⟩: 1. lückenloser Zusammenhang (z. B. von politischen u. gesellschaftlichen Entwicklungen). 2. durch Verbindung vieler Punkte entstehendes fortlaufendes geometrisches Gebilde, z. B. Gerade, Kreis (Math.).

Kon|to *das;* -s, Plur. ...ten, auch -s u. ...ti ⟨aus *it.* conto „Rechnung", dies aus *spätlat.* computus zu *lat.* computare „zusammenrechnen, berechnen"⟩: laufende Abrechnung, in der regelmäßige Geschäftsvorgänge (bes. Einnahmen u. Ausgaben) zwischen zwei Geschäftspartnern (bes. zwischen Bank u. Bankkunden) registriert werden; vgl. a conto, per conto. **Kon|to|kor|rent** *das;* -s, -e ⟨aus *it.* conto corrente „laufende Rechnung"⟩: 1. Geschäftsverbindung, bei der die beiderseitigen Leistungen u. Gegenleistungen in Kontoform einander gegenübergestellt werden u. der Saldo von Zeit zu Zeit abgerechnet wird. 2. Hilfsbuch der doppelten Buchführung mit den Konten der Kunden u. Lieferanten. **Kon|to|kor|rent|kon|to** *das;* -s, Plur. ...ten, auch -s u. ...ti: Konto, über das ein Kontokorrent (1) verbucht wird (Wirtsch.). **Kon|to|kor|rent|kre|dit** *der;* -[e]s, -e: kurzfristiger ↑ Personalkredit, den der Kreditnehmer bis zu einem Höchstbetrag in wechselnder Höhe in Anspruch nehmen kann (Wirtsch.). **Kon|to|phone** [...'foʊn] *das;* -s ⟨zu *engl.* (ugs.) phone „Telefon"⟩: telefonischer Kundendienst bei Banken u. Sparkassen. **Kon|tor** *das;* -s, -e ⟨über *mittelniederl.* contoor aus gleichbed. *fr.* comptoir, eigtl. „Zahltisch", zu compter „zahlen, (be)rechnen", vgl. Konto⟩: 1. Niederlassung eines Handelsunternehmens im Ausland. 2. Handelszentrale in der ehemaligen DDR, die verschiedene Betriebe mit Material versorgte. 3. (veraltet) Geschäftsraum eines Kaufmanns. **Kon|to|rist** *der;* -en, -en ⟨zu ↑...ist⟩: Angestellter in der kaufmännischen Verwaltung. **Kon|to|ri|stin** *die;* -, -nen: weibliche Form zu ↑ Kontorist

Kon|tor|nia|ten *die* (Plur.) ⟨aus *it.* contorniati „die Eingefaßten, Eingerahmten" zu contorno „Umriß, Kontur"⟩: Schaumünzen der röm. Kaiserzeit (4./5. Jh. n. Chr.) mit erhöhtem Rand, auf der einen Seite mit Kaiserbildnis, auf der anderen mit Szenen aus der Mythologie, von Wettkämpfen, Wagenrennen usw.

kon|tor|quie|ren ⟨aus *lat.* contorquere „herumdrehen, schleudern" zu ↑kon... u. torquere „(ver)drehen"⟩: (veraltet) verdrehen, verzerren, verrenken. **Kon|tor|si|on** *die;* -, -en ⟨aus *nlat.* contorsio zur contortio, vgl. kontorquieren⟩: [gewaltsame] Verdrehung, Verrenkung eines Gliedes od. Gelenkes (Med.). **Kon|tor|sio|nist** *der;* -en, -en ⟨zu ↑...ist⟩: als Schlangenmensch auftretender Artist. **kon|tọrt** ⟨aus *lat.* contortus, Part. Perf. von contorquere, vgl. kontorquieren⟩: 1. (veraltet) verdreht, verwickelt. 2. gedreht, geschraubt (von Blumenblättern; Bot.).

kon|tra ⟨aus gleichbed. *lat.* contra⟩: gegen, entgegengesetzt; vgl. contra. **Kon|tra** *das;* -s, -s: Gegenansage beim Kartenspiel; j m d m. - g e b e n : jmdm. energisch widersprechen, gegen jmds. Meinung Stellung nehmen. **kon|tra..., Kon|tra...** ⟨aus *lat.* contra-, vgl. kontra⟩: Präfix mit der Bedeutung „gegen", z. B. kontradiktorisch, Kontrapunkt. **Kon|tra|alt** *der;* -s, -e: svw. Contralto. **Kon|tra|aper|tur** *die;* -, -en: (veraltet) Gegeneröffnung zum Eiterabfluß (Med.). **Kon|tra|baß** *der;* ...basses, ...bässe ⟨aus gleichbed. *it.* contrabasso⟩: tiefstes u. größtes Streichinstrument (Mus.). **Kon|tra|bas|sist** *der;* -en, -en ⟨zu ↑...ist⟩: Musiker, der Kontrabaß spielt. **Kon|tra|dik|ti|on** *die;* -, -en ⟨aus *lat.* con-

tradictio „Widerspruch"⟩: Widerspruch (der durch einander widersprechende Behauptungen über ein und dieselbe Sache entsteht), Gegensatz (Philos.). **Kon|tra|dik|tor** *der;* -s, ...oren ⟨aus gleichbed. *lat.* contradictor⟩: (veraltet) 1. Widersprecher. 2. Vertreter des Gemeinschuldners beim ↑ Konkurs (2). **kon|tra|dik|to|risch** ⟨aus *spätlat.* contradictorius „Widersprüche, Einwände enthaltend"⟩: sich widersprechend, sich gegenseitig aufhebend (von zwei Aussagen; Philos.). **Kon|tra|ex|ten|si|on** *die;* -, -en ⟨zu ↑ kontra... u. ↑ Extension⟩: (veraltet) Gegenzug beim Einrichten von Knochenbrüchen (Med.). **Kon|tra|fa|gott** *das;* -s, -e: eine Oktave tiefer als das ↑ Fagott stehendes Holzblasinstrument (Mus.). **Kon|tra|fak|ti|on** *die;* -, -en ⟨aus gleichbed. *nlat.* contrafactio zu *lat.* contrafacere „dagegen handeln; nachbilden"⟩: (veraltet) Nachahmung, Nachbildung. **kon|tra|fak|tisch**: der Realität, Wirklichkeit nicht entsprechend, nicht wirklich gegeben. **Kon|tra|fak|tur** *die;* -, -en ⟨aus *mlat.* contrafactura „Nachahmung"⟩: geistliche Nachdichtung eines weltlichen Liedes (u. umgekehrt) unter Beibehaltung der Melodie. **Kon|tra|fa|zi|ent** *der;* -en, -en ⟨aus *lat.* contrafaciens, Gen. contrafacientis, Part. Präs. von *lat.* contrafacere, vgl. Kontrafaktion⟩: (veraltet) jmd., der eine Verordnung übertritt
Kon|tra|ha|ge [...ʒə] *die;* -, -n ⟨französierend zu ↑ kontrahieren (3) u. ↑ ...age⟩: (Studentenspr. früher) Verabredung zu einem Zweikampf, Duell. **Kon|tra|hent** *der;* -en, -en ⟨aus *lat.* contrahens, Gen. contrahentis, Part. Präs. von contrahere, vgl. kontrahieren⟩: 1. Vertragspartner (Rechtsw.). 2. a) Gegner im Streit, Gegenpart in einer geistigen Auseinandersetzung; b) Gegner in einem sportlichen Wettkampf, in einer kämpferischen Auseinandersetzung o. ä. **kon|tra|hie|ren** ⟨aus *lat.* contrahere „zusammenziehen, eine geschäftliche Verbindung eingehen"⟩: 1. einen Vertrag schließen (Rechtsw.). 2. a) sich zusammenziehen (z. B. von einem Muskel; Med.); b) das Zusammenziehen von Muskeln bewirken (es von einer sportlichen Übung). 3. (Studentenspr. früher) jmdn. zum Zweikampf fordern. 4. (beim Fechten) einen gegnerischen Stoß abwehren u. seinerseits angreifen. **Kon|tra|hie|rungs|zwang** *der;* -[e]s: die besonders für gewisse Monopolgesellschaften (wie Eisenbahn usw.) bestehende gesetzliche Verpflichtung zum Abschluß eines Vertrages auf Grund ihrer gemeinnützigen Zweckbestimmung (Rechtsw.).
Kon|tra|in|di|ka|ti|on *die;* -, -en ⟨zu ↑ kontra... u. ↑ Indikation⟩: Gegenanzeige, Umstand, der die [fortgesetzte] Anwendung einer an sich zweckmäßigen od. notwendigen ärztlichen Maßnahme verbietet (Med.); Ggs. ↑ Indikation. **kon|tra|in|di|ziert**: aus bestimmten Gründen nicht anwendbar (von therapeutischen Maßnahmen; Med.); Ggs. ↑ indiziert (2). **Kon|tra|kom|bi|na|ti|on** *die;* -, -en: Auswahlkombination zwischen mehreren logisch erfaßbaren Schlüsselzügen zur Bekämpfung eines schwarzen Gegenspiels (Kunstschach). **kon|tra|kon|flik|tär**: einem Konflikt entgegenwirkend; konfliktlösend, problemlösend
kon|trakt ⟨aus gleichbed. *lat.* contractus, Part. Perf. von contrahere, vgl. kontrahieren⟩: (veraltet) zusammengezogen, verkrümmt, gelähmt. **Kon|trakt** *der;* -[e]s, -e ⟨aus *lat.* contractus „Vertrag" zu contrahere, vgl. kontrahieren⟩: a) Vertrag, Abmachung; Handelsabkommen; b) Vertragsurkunde. **Kon|trakt|bridge** [...brɪtʃ] *das;* -s: eine hauptsächlich in Europa gespielte Art des Bridge. **kon|trak|til** ⟨aus gleichbed. *nlat.* contractilis zu contractus, vgl. kontrakt⟩: zusammenziehbar; -e Vakuole: ↑ Organell zur Wasserausscheidung bei vielen im Süßwasser lebenden Einzellern (Biol.). **Kon|trak|ti|li|tät** *die;* - ⟨zu ↑ ...ität⟩: Fähigkeit, sich zusammenzuziehen (z. B. von Muskel[faser]n; Med.). **Kon|trak|ti|on** *die;* -, -en ⟨aus *lat.* contractio „Zusammenziehung" zu contrahere, vgl. kontrahieren⟩: 1. Zusammenziehung (z. B. von Muskeln; Med.). 2. Verminderung der in einer Volkswirtschaft vorhandenen Geld- u. Kreditmenge (Wirtsch.). 3. Zusammenziehung zweier od. mehrerer Vokale zu einem Vokal od. Diphthong, oft unter Ausfall eines dazwischenstehenden Konsonanten (z. B. *nein* aus: ni-ein, *nicht* aus: ni-wiht; Sprachw.). 4. Schrumpfung durch Abkühlung od. Austrocknung (von Gesteinen; Geol.). 5. Zusammenziehung, Verringerung des ↑ Volumens (1), der Länge od. des Querschnitts eines Körpers (z. B. durch Abkühlung; Phys.). 6. Abwehr eines gegnerischen Angriffs beim Fechten durch einen eigenen Angriff bei gleichzeitiger Deckung der Blöße. 7. Einschnürung eines Werkstoffes zur Erreichung seiner höchsten Belastung bei einer Zerreißprobe (Techn.). **Kon|trak|ti|ons|pha|se** *die;* -, -n: Abschnitt in der Sternentwicklung, in der sich der Durchmesser verringert u. die Dichte zunimmt (Astron.). **Kon|trak|ti|ons|theo|rie** *die;* -: Theorie, nach der die Erdkugel durch Wärmeabgabe im Laufe der Zeit schrumpft u. dadurch in der Erdkruste Bewegungen hervorgerufen werden, wobei die Faltengebirge entstanden sein sollen. **kon|trak|tiv** ⟨zu *lat.* contractus (vgl. kontrakt) u. ↑ ...iv⟩: die Kontraktion (2) betreffend, auf ihr beruhend. **Kon|trak|tor** *der;* -s, ...oren ⟨aus gleichbed. *lat.* contractor, eigtl. „der Eingeher; Kontrahent"⟩: (veraltet) Vertragschließender, bes. bei Lieferverträgen. **Kon|trak|tor|ver|fah|ren** *das;* -s ⟨wohl über *engl.* contractor „Bauunternehmer" zu *lat.* contractor⟩: Verfahren zum Betonieren unter Wasser, wobei der frische Beton durch einen ortsfesten Trichter u. ein Trichterrohr, das in bereits geschütteten Beton hineinreicht, eingefüllt wird, so daß er nicht mit Wasser in Berührung kommt u. dabei entmischt werden kann. **kon|trak|tu|ell** ⟨aus gleichbed. *fr.* contractuel; vgl. ...ell⟩: (veraltet) vertraglich, vertragsmäßig. **Kon|trak|tur** *die;* -, -en ⟨aus *spätlat.* contractura „das Schmalerwerden"⟩: 1. [bleibende] Fehlstellung eines Gelenks mit Bewegungseinschränkung, Versteifung (Med.). 2. dauernde Verkürzung u. Schrumpfung von Weichteilen (z. B. der Haut nach Verbrennungen; Med.).
kon|tra|la|te|ral ⟨zu ↑ kontra... u. ↑ lateral⟩: auf die Seite [bezogen], auf der gegenüberliegenden Seite befindlich, gekreuzt (Med.). **Kon|tra|ok|ta|ve** [...və] *die;* -, -n: Oktave von C' bis H', die nur von bestimmten Instrumenten erreicht wird (Mus.). **kon|tra|po|nie|ren** ⟨aus *lat.* contraponere „entgegensetzen, -stellen"⟩: eine negative Aussage aus einer positiven ableiten (Logik). **Kon|tra|po|si|ti|on** *die;* -, -en ⟨aus *mlat.* contrapositio „Entgegenstellung" zu *lat.* contraponere, vgl. kontraponieren⟩: 1. Ableitung einer negativen Aussage aus einer positiven (Logik). 2. Formel der traditionellen Logik (alle A sind B, folglich: kein Nicht-B ist A). **Kon|tra|post** *der;* -[e]s, -e ⟨aus gleichbed. *it.* contrapposto zu *lat.* contrapositus, Part. Perf. von contraponere, vgl. kontraponieren⟩: der ↑ harmonische (1) Ausgleich in der künstlerischen Gestaltung des stehenden menschlichen Körpers durch Unterscheidung von tragendem Stand- u. entlastetem Spielbein u. entsprechender Hebung bzw. Senkung der Schulter. **kon|tra|pro|duk|tiv** ⟨zu ↑ kontra...⟩: negativ, ungut. **Kon|tra|punkt** *der;* -[e]s ⟨aus *mlat.* contrapunctum, eigtl. punctus contra punctum „Note gegen Note", zu punctus „Note", dies aus *lat.* punctus „Punkt", eigtl. „Gestochenes"⟩: 1. auf der Bewegung mehrerer selbständiger Stimmen beruhender Tonsatz (Mus.). 2. etw., was einen Gegenstand, Gegenpol zu etw.

anderem darstellt. **kon|tra|punk|tie|ren** ‹zu ↑ ...ieren›: eine Handlung begleiten, etwas parallel zu etwas anderem tun o. ä. **kon|tra|punk|tie|rend** ‹zu ↑ ...ierend›: den gegenüber anderen Stimmen selbständigen Stimmverlauf betreffend (Mus.). **Kon|tra|punk|tik** *die;* - ‹zu ↑². . .ik (1)›: die Lehre des ↑Kontrapunktes, die Kunst kontrapunktischer Stimmführung (Mus.). **Kon|tra|punk|ti|ker** *der;* -s, -: Vertreter der kontrapunktischen Kompositionsart (Mus.). **kon|tra-punk|tisch:** den Kontrapunkt betreffend (Mus.). **kon|trär** ‹über gleichbed. *fr.* contraire aus *lat.* contrarius zu contra „gegen"›: 1. gegensätzlich; entgegengesetzt. 2. widrig. **Kon|tra|rie|tät** [...ie...] *die;* -, -en ‹nach gleichbed. *fr.* contrariété; vgl. ...ität›: (veraltet) 1. Hindernis, Unannehmlichkeit. 2. (ohne Plur.) Gegensätzlichkeit. **kon|tra|ri|ie|ren** ‹zu ↑kontra... u. ↑...ieren›: (veraltet) entgegengesetzt sein, entgegenwirken, hindern. **Kon|tra|ri|po|ste** vgl. Kontroriposte. **Kon|tra|ri|um** *das;* -s, ...ien [...iən] ‹aus gleichbed. *lat.* contrarium›: (veraltet) Gegenteil. **Kon|tra|se|lek|ti|on** *die;* -, -en ‹zu ↑kontra...›: Vorgang, der der gezielten Auslese entgegenwirkt (Biol.). **Kon|tra|si|gna|tur** *die;* -, -en: Gegenzeichnung, Mitunterschrift (bei Schriftstücken, für deren Inhalt mehrere Personen verantwortlich sind). **kon|tra|si|gnie|ren:** ein Schriftstück gegenzeichnen, mit unterschreiben. **Kon|trąst** *der;* -[e]s, -e ‹aus gleichbed. *it.* contrasto zu *vulgärlat.-it.* contrastare „entgegenstehen", dies zu ↑kontra... u. *lat.* stare „stehen"›: 1. [starker] Gegensatz; auffallender Unterschied. 2. ↑syntagmatische Relation von sprachlichen Einheiten (z. B. *die Studentin macht ihr Examen* zu: *die Studentinnen machen ihr Examen;* vgl. Opposition 5). 3. Verhältnis zwischen Hell- u. Dunkelwerten im fotografischen Objekt u. zwischen den resultierenden Dichten im Negativ od. Positiv. **kon|tra|stie|ren** ‹aus gleichbed. *fr.* contraster zu contraste, dies aus *it.* contrasto, vgl. Kontrast›: 1. [sich] abheben, unterscheiden; abstechen; im Gegensatz stehen. 2. (zu etwas) einen Kontrast schaffen. **Kon|trast|imi|ta|ti|on** *die,* -, -en ‹zu ↑Kontrast›: Angleichung an Menschen, mit denen man streitet (Psych.). **kon|tra|stiv** ‹nach gleichbed. *engl.* contrastive zu to contrast „gegenüberstellen", dies aus *fr.* contraster, vgl. kontrastieren›: vergleichend, gegenüberstellend; -e [...və] Linguistik: Richtung der synchronischen Sprachwissenschaft, die zum Ziel hat, in vergleichenden Untersuchungen Gemeinsamkeiten od. Unterschiede zu zwei od. mehr Sprachen festzustellen. **Kon|trąst|mit|tel** *das;* -s, - ‹zu ↑Kontrast›: in den Körper eingeführte, für Röntgenstrahlen nicht durchlässige Substanz zur Untersuchung von Hohlorganen (z. B. des Magens; Med.). **Kon|trąst|pro-gramm** *das;* -s, -e: Rundfunk- od. Fernsehprogramm, das eine zweite, andere Möglichkeit zu einem oder mehreren anderen bietet. **Kon|tra|sub|jekt** *das;* -[e]s, -e ‹zu ↑kontra...›: die kontrapunktische Stimme, in die bei der ↑Fuge der erste Themeneinsatz mündet (Mus.). **Kon|tra|tem|po** *das;* -s, Plur. -s u. ...tempi: vgl. Kontraktion (6). **Kon|tra-te|nor:** 1. vgl. Contratenor. 2. vgl. Counterenor. **Kon|tra-va|lęnz** [...v...] *die;* -, -en: Aussagenverbindung, die nur dann wahr ist, wenn eine der beiden verbundenen Aussagen wahr u. die andere falsch ist (Logik). **Kon|tra|ve|ni|ęnt** [...v...] *der;* -en, -en ‹aus *spätlat.* contraveniens, Gen. contravenientis, Part. Präs. von contravenire, vgl. kontravenieren›: (veraltet) jmd., der einer Verordnung od. Abmachung zuwiderhandelt (Rechtsw.). **Kon|tra|ve|ni|ęnz** *die;* -, -en ‹zu ↑...enz›: svw. Kontravention. **kon|tra|ve|nie|ren** ‹aus *spätlat.* contravenire „polemisierend entgegentreten" zu ↑kontra... u. *lat.* venire „kommen, heranrücken"›: (veraltet) ordnungs-, gesetz-, vertragswidrig handeln

(Rechtsw.). **Kon|tra|ven|ti|on** *die;* -, -en ‹unter Einfluß von *fr.* contravention „Übertretung, Zuwiderhandlung" aus gleichbed. *nlat.* contraventio›: (veraltet) Gesetzes-, Vertragsbruch (Rechtsw.). **kon|tra|ven|tio|nal** ‹zu ↑¹...al (1)›: (veraltet) eine Kontravention betreffend. **kon|tra|vo|tie-ren** [...v...] ‹zu ↑kontra...›: (veraltet) gegenstimmen, eine Gegenstimme abgeben. **Kon|tra|zep|ti|on** *die;* - ‹verkürzt aus ↑kontra... u. *lat.* conceptio „Empfängnis" (vgl. Konzeption)›: Empfängnisverhütung (Med.). **kon|tra|zep|tiv** ‹zu ↑...iv›: empfängnisverhütend (Med.). **Kon|tra|zep|ti-vum** [...v...] *das;* -s, ...va ‹zu ↑...ivum›: empfängnisverhütendes Mittel (Med.)

Kon|tre|ban|djst [...tʀəban...] *der;* -en, -en ‹zu *fr.* contrebande (vgl. Konterbande) u. ↑...ist›: (veraltet) jmd., der ↑Konterbande (2) einschmuggelt

Kon|trek|ta|ti|on *die;* -, -en ‹aus gleichbed. *lat.* contrectatio (Bed. 2 *spätlat.*) zu contrectare, vgl. kontrektieren›: (veraltet) 1. das Betasten, [unsittliche] Berührung. 2. Entwendung, Diebstahl. **Kon|trek|ta|ti|ons|trieb** *der;* -[e]s: sexuelle Triebkomponente, die vor allem nach der körperlichen Berührung mit dem Partner strebt (Med., Psychol.). **kon-trek|tie|ren** ‹aus gleichbed. *lat.* contrectare (Bed. 2 *spätlat.*) zu ↑kon... u. *lat.* tractare „berühren, betasten"›: (veraltet) 1. berühren, angreifen. 2. entwenden, stehlen

Kon|tre|tanz [...tʀə...] vgl. Kontertanz

Kon|tri|bu|ęnt *der;* -en, -en ‹aus *lat.* contribuens, Gen. contribuentis, Part. Präs. von contribuere, vgl. kontribuieren›: (veraltet) Steuerpflichtiger, Steuerzahler. **kon|tri|bu|ie|ren** ‹aus *lat.* contribuere „(mit anderen) beitragen, beisteuern"›: (veraltet) 1. Steuern entrichten. 2. beitragen, behilflich sein. **Kon|tri|bu|ti|on** *die;* -, -en ‹aus gleichbed. *spätlat.* contributio›: 1. (veraltet) für den Unterhalt der Besatzungstruppen erhobener Beitrag im besetzten Gebiet. 2. von einem besiegten Land geforderte Geldzahlung. 3. (veraltet) Beitrag (zu einer gemeinsamen Sache)

kon|trie|ren ‹zu ↑Kontra u. ↑...ieren›: beim Kartenspielen Kontra geben

Kon|tri|ti|on *die;* -, -en ‹aus *lat.* contritio „Zerknirschung", eigtl. „Zerreibung", zu conterere „zerreiben; aufreiben"›: vollkommene Reue als Voraussetzung für die ↑Absolution; Ggs. ↑Attrition. **Kon|tri|tio|nis|mus** *der;* - ‹zu ↑...ismus (1)›: kath. Lehre von der Notwendigkeit der echten Reue als Voraussetzung für die Gültigkeit des Bußsakraments; vgl. Attritionismus

Kon|trol|le *die;* -, -n ‹aus gleichbed. *fr.* contrôle, dies aus älterem contrerôle „Gegen-, Zweitregister", zu contre „gegen" u. rôle „Rolle, Liste"›: 1. a) Aufsicht, Überwachung; b) Überprüfung c) Probe. 2. Beherrschung, Gewalt. 3. Kontrollpunkt, -station (bei sportlichen Wettbewerben). **Kon|trol|ler** *der;* -s, - ‹aus gleichbed. *engl.* controller›: Fahrschalter, Steuerschalter (für elektr. Motoren). **Kon-trol|leur** [...'løːɐ] *der;* -s, -e ‹aus gleichbed. *fr.* contrôleur zu contrôler, vgl. kontrollieren›: Aufsichtsbeamter; Prüfer (z. B. der Fahrkarten, der Arbeitszeit). **Kon|trol|leu|rin** [...'løː...] *die;* -, -nen: weibliche Form zu ↑Kontrolleur. **kon|trol|lie|ren** ‹aus gleichbed. *fr.* contrôler; Bed. 2 aus *engl.* to control „beherrschen"›: 1. etwas [nach]prüfen, jmdn. beaufsichtigen, überwachen. 2. etwas unter seinem Einflußbereich haben, beherrschen (einen Markt u. a.), die Kontrolle (2) über etwas haben. **Kon|trol|ljst** *der;* -en, -en ‹zu ↑...ist›: (veraltet) nichtaktiver Wehrpflichtiger, der zu regelmäßig stattfindenden Kontroll[versammlung]en zum Zweck der Musterung durch einen Kontrolloffizier erscheinen mußte. **Kon|troll|kom|mis|si|on** *die;* -, -en: zur Überwachung der Einhaltung bestimmter Verpflichtungen

eingesetzter Ausschuß. **Kon|trol|lor** der; -s, -e ⟨aus gleichbed. it. controllore⟩: (österr.) svw. Kontrolleur. **Kon|troll|struk|tur** die; -, -en: in bestimmten Programmiersprachen Bez. für ein Schema, das die Reihenfolge der Abarbeitung von Anweisungen festlegt (EDV). **Kon|tro|ri|po|ste** u. Kontrariposte die; -, -n ⟨zu ↑kontra... u. ↑Riposte⟩: Gegenschlag auf eine abgewehrte ↑Riposte (Fechten). **kon|tro|vers** [...v...] ⟨aus lat. controversus „entgegengewandt, -stehend"⟩: 1. streitig; umstritten. 2. entgegengesetzt, gegeneinander gerichtet. **Kon|tro|ver|se** die; -, -n ⟨aus lat. controversia „Streitigkeit, Widerspruch"⟩: [wissenschaftliche] Streitfrage; Meinungsstreit; heftige Auseinandersetzung, Streit. **kon|tro|ver|sie|ren** ⟨aus gleichbed. lat. controversari⟩: (veraltet) streiten, Streitfragen behandeln. **Kon|tro|ver|sist** der; -en, -en ⟨zu ↑...ist⟩: (veraltet) Streitender, Verfasser von Streitschriften. **Kon|tro|vers|theo|lo|gie** die; -: Bez. für die methodische Hervorhebung der Differenzen verschiedener Kirchen u. Konfessionen bezüglich ihrer theologischen Lehren mit dem Ziel, die eigene Position argumentativ zu unterstützen
Kon|tu|ber|na|le der; -n, -n ⟨aus gleichbed. lat. contubernalis, eigtl. „Zeltgenosse", zu ↑kon... u. lat. taberna „Hütte, Bude"⟩: (veraltet) [Kriegs]kamerad. **Kon|tu|ber|ni|um** das; -s, ...ien [...jən] ⟨aus gleichbed. lat. contubernium, eigtl. „Zelt- od. Stubengemeinschaft"⟩: (veraltet) [Kriegs]kameradschaft
Kon|tu|maz die; - ⟨aus lat. contumacia „Widerspenstigkeit"⟩: 1. (veraltet) das Nichterscheinen vor Gericht (Rechtsw.). 2. (österr. Amtsspr.) Quarantäne. **Kon|tu|ma|zi|al|be|scheid** der; -[e]s, -e ⟨zu ↑...ial⟩: in Abwesenheit des Beklagten ergangener Bescheid (Rechtsw.). **Kon|tu|ma|zi|al|ver|fah|ren** das; -s, -: in Abwesenheit des Beschuldigten od. der Prozeßpartei durchgeführtes Gerichtsverfahren (Rechtsw.). **kon|tu|ma|zie|ren** ⟨zu ↑...ieren⟩: (veraltet) gegen jmdn. ein Versäumnisurteil fällen (Rechtsw.)
kon|tun|die|ren ⟨aus gleichbed. lat. contundere⟩: quetschen (z. B. Gewebe; Med.); vgl. Kontusion
Kon|tur die; -, -en, fachspr. auch der; -s, -en (meist Plur.) ⟨aus gleichbed. fr. contour, dies aus it. contorno zu contornare „einfassen, Konturen ziehen"; vgl. Turnus⟩: Linie, durch die etwas begrenzt ist; Umriß[linie]
kon|tur|bie|ren ⟨aus gleichbed. lat. conturbare⟩: (veraltet) verwirren, beunruhigen, in Unordnung bringen
kon|tu|rie|ren ⟨zu ↑Kontur u. ↑...ieren⟩: 1. umreißen, andeuten. 2. die Farbabgrenzung für die Farbzeichnung auf den einzelnen Lithographiesteinen markieren
Kon|tusch der; -s, -e ⟨aus gleichbed. poln. kontusz⟩: 1. repräsentatives Obergewand der Männer der poln. Oberschichten im 18. Jh. **Kon|tu|sche** die; -, -n ⟨zu ↑Kontusch⟩: svw. Contouche
Kon|tu|si|on die; -, -en ⟨aus gleichbed. spätlat. contusio zu lat. contundere, vgl. kontundieren⟩: [starke] Quetschung (Med.); vgl. kontundieren
Kon|tu|tor der; -s, ...oren ⟨zu ↑kon... u. ↑Tutor⟩: (veraltet) Neben- od. Mitvormund (röm. Recht)
ko|nu|bi|al ⟨aus gleichbed. lat. conubialis zu ↑kon... u. lat. nubere „heiraten"⟩: (veraltet) ehelich, das Konubium betreffend. **Ko|nu|bi|um** das; -s, ...ien [...jən] ⟨aus gleichbed. lat. conubium⟩: (veraltet) a) Ehe[schließung]; b) Berechtigung zum Eingehen einer vollgültigen Ehe
Kon|ur|ba|ti|on vgl. Conurbation
Ko|nus der; -, Plur. -se u. ...nen ⟨über lat. conus aus gr. kōnos „Pinienzapfen; Kegel"⟩: 1. Körper von der Form eines Kegels od. Kegelstumpfs (Math.). 2. bei Druckbuchstaben der das Schriftbild tragende Oberteil (Druckw.). 3. kegelförmiger Stift, Zapfen an Werkzeugen od. Maschinen. 4. vgl. Conus (2)
Kon|val [...'val] der; -s, -e ⟨Kurzw. aus ↑Konverter u. ↑Aluminium⟩: (veraltet) Konverter zum Raffinieren u. Entgasen von Aluminiumlegierungen durch Einblasen von Chlor
Kon|va|les|zent [...v...] der; -en, -en ⟨zu lat. convalescens, Gen. convalescentis, Part. Präs. von convalescere, vgl. konvaleszieren⟩: jmd., der sich nach einem Unfall od. einer Krankheit wieder auf dem Weg der Genesung befindet. **Kon|va|les|zenz** die; -, -en ⟨zu ↑...enz⟩: 1. Genesung (Med.). 2. das Rechtswirksamwerden eines [schwebend] unwirksamen Rechtsgeschäftes (durch Wegfall eines Hindernisses od. nachträgliche Genehmigung eines [Erziehungs]berechtigten; Rechtsw.). **kon|va|les|zie|ren** ⟨aus lat. convalescere „erstarken, zu Kräften kommen"⟩: wieder gesund werden
Kon|va|li|da|ti|on [...v...] die; -en ⟨zu ↑kon... u. ↑Validation⟩: Gültigmachung einer [noch] nicht gültigen Ehe nach dem kath. Kirchenrecht
Kon|va|ria|bi|li|tät [...v...] die; - ⟨zu ↑kon... u. ↑Variabilität⟩: Mitveränderlichkeit eines psychischen Merkmals (Psychol.). **Kon|va|rie|tät** [...je...] die; -, -en: in züchterisch wichtigen Merkmalen übereinstimmende Gruppe von Kulturpflanzen, die mehrere Sortengruppen enthält (Bot.)
kon|ve|hie|ren [...v...] ⟨aus gleichbed. lat. convehere⟩: (veraltet) mit sich führen, transportieren. **Kon|vek|ti|on** die; -, -en ⟨aus lat. convectio „das Zusammenfahren, -bringen"⟩: 1. Mitführung von Energie od. elektr. Ladung durch die kleinsten Teilchen einer Strömung (Phys.). 2. Zufuhr von Luftmassen in senkrechter Richtung (Meteor.); Ggs. ↑Advektion (1). 3. Bewegung von Wassermassen der Weltmeere in senkrechter Richtung; Ggs. ↑Advektion (2). 4. Wärmeleitung durch den Blut- u. Lymphstrom (Med.). **kon|vek|tiv** ⟨aus gleichbed. nlat. convectivus; vgl. ...iv⟩: durch Konvektion bewirkt; auf die Konvektion bezogen (Meteor.). **Kon|vek|tor** ⟨zu ↑...oren ⟨zu ↑...or⟩: Heizkörper, der die Luft durch Bewegung erwärmt
kon|ve|na|bel [...v...] ⟨aus gleichbed. fr. convenable zu convenir „passen, sich schicken", dies aus lat. convenire, vgl. konvenieren⟩: (veraltet) schicklich; passend, bequem, annehmbar; Ggs. ↑inkonvenabel. **Kon|ve|ni|at** das; -s, -s ⟨aus lat. conveniat „er (der Klerus) komme zusammen", 3. Pers. Sing. Konj. von convenire „zusammenkommen"⟩: Zusammenkunft der kath. Geistlichen eines ↑Dechanats. **Kon|ve|ni|enz** die; -, -en ⟨aus lat. convenientia „Übereinstimmung, Harmonie"⟩: 1. svw. Kompatibilität (3). 2. (veraltend) a) Bequemlichkeit; Ggs. ↑Inkonvenienz (2); b) das in der Gesellschaft Erlaubte; Ggs. ↑Inkonvenienz (1). **kon|ve|nie|ren** ⟨aus gleichbed. lat. convenire, eigtl. „zusammenkommen"⟩: zusagen, gefallen, passen; annehmbar sein. **Kon|vent** der; -[e]s, -e ⟨aus lat. conventus „Zusammenkunft, Versammlung" zu convenire „zusammenkommen"⟩: 1. a) Versammlung der Konventualen eines Klosters; b) Kloster; c) [regelmäßige] Versammlung der ev. Geistlichen eines Kirchenkreises. 2. Versammlung der [aktiven] Mitglieder einer Studentenverbindung. 3. (ohne Plur.) Volksvertretung in der Franz. Revolution. 4. regelmäßige Gerichtssitzung des Statthalters einer Provinz im alten Rom. **Kon|ven|ti|kel** das; -s, - ⟨aus lat. conventiculum „kleine Zusammenkunft", Verkleinerungsform von conventus, vgl. Konvent⟩: a) [heimliche] Zusammenkunft; b) private religiöse Versammlung (z. B. der ↑Pietisten). **Kon|ven|ti|on** die; -, -en ⟨aus gleichbed. fr. convention, dies aus lat. conventio „Zusammenkunft, Übereinkunft"; vgl.

konventional

Konvent⟩: 1. Übereinkunft, Abkommen, [völkerrechtlicher] Vertrag. 2. Regeln des Umgangs, des sozialen Verhaltens, die für die Gesellschaft als Verhaltensnorm gelten. 3. Festlegungen über die Gültigkeit von Treffern im Florett- u. Säbelfechten. **kon|ven|tio|nal** ⟨nach gleichbed. *lat.* conventionalis⟩: 1. die Konvention (1) betreffend. 2. svw. konventionell; vgl. ...al/...ell. **kon|ven|tio|na|li|sie|ren** ⟨zu ↑...isieren⟩: zur Konvention (2) erheben. **kon|ven|tio|na|li|siert** ⟨zu ↑...isiert⟩: im Herkömmlichen verankert, sich in eingefahrenen Bahnen bewegend. **Kon|ven|tio|na|lis|mus** *der;* - ⟨zu ↑...ismus (1)⟩: philos. Richtung im 19. Jh., der den auf rein zweckmäßiger Vereinbarung beruhenden Charakter von geometrischen Axiomen, Begriffen, Definitionen betont (Philos.). **Kon|ven|tio|na|li|tät** *die;* - ⟨zu ↑...ität⟩: 1. svw. Arbitrarität. 2. konventionelle Art. **Kon|ven|tio|nal|stra|fe** *die;* -, -n: vertraglich vereinbarte Geldbuße zu Lasten des Schuldners bei Nichterfüllung eines Vertrags (Rechtsw.). **kon|ven|tio|nell** ⟨aus gleichbed. *fr.* conventionnel, dies aus *lat.* conventionalis, vgl. konventional⟩: 1. a) die Konvention (2) betreffend; b) förmlich, steif. 2. herkömmlich, nicht modern (bes. Techn., Mil.); -e Waffen: nichtatomare Kampfmittel (z. B. Panzer, Brandbomben); vgl. ...al/...ell. **Kon|vents|mes|se** *die;* -, -n ⟨zu ↑Konvent u. ↑¹Messe⟩: Feier der Messe mit Chorgebet in einem Kloster od. Stift (kath. Theol.). **Kon|ven|tua|le** *der;* -n, -n ⟨aus gleichbed. *mlat.* conventualis⟩: 1. stimmberechtigtes Klostermitglied. 2. Angehöriger eines gemäßigten Zweiges des Franziskanerordens; Abk. O.M.C. u. O.M. Conv. **Kon|ven|tua|lin** *die;* -, -nen: Angehörige eines gemäßigten Zweiges des Franziskanerordens

Kon|verb [...v...] *das;* -s, -ien [...jən] (meist Plur.) ⟨zu ↑kon... u. ↑Verb⟩: in den altaischen Sprachen vorkommende Verbalform ohne Personalendung, die kein Prädikat bilden kann u. daher (in der Funktion eines Adverbs od. einer Konjunktion) zu einem Hauptverb tritt (Sprachw.).

kon|ver|gent [...v...] ⟨nach *lat.* convergens, Gen. convergentis, Part. Präs. von convergere, vgl. konvergieren⟩: 1. sich einander nähernd, übereinstimmend. 2. einen endlichen Grenzwert anstrebend (Math.); Ggs. ↑divergent; vgl. konvergierend. **Kon|ver|genz** *die;* -, -en ⟨zu ↑...enz⟩: 1. Annäherung, Übereinstimmung von Meinungen, Zielen u. ä.; Ggs. ↑Divergenz (1). 2. Ausbildung ähnlicher Merkmale hinsichtlich Gestalt u. Organen bei genetisch verschiedenen Lebewesen, die im gleichen Lebensraum vorkommen (Biol.); Ggs. ↑Divergenz (2). 3. Stellung der Augen, bei der sich die Blicklinien unmittelbar vor den Augen schneiden (das Nachinnenschielen; Med.); Ggs. ↑Divergenz (4). 4. das Vorhandensein einer Annäherung od. eines Grenzwertes konvergenter Linien u. Reihen (Math.); Ggs. ↑Divergenz (5). 5. a) das Sichschneiden von Lichtstrahlen; b) das örtliche Zusammenführen der Elektronenstrahlen bei Farbbildröhren mit drei getrennten Elektronenstrahlsystemen in der Maskenebene (Phys.); Ggs. ↑Divergenz (6). 6. das Zusammenwirken von Anlage u. Umwelt als Prinzip der psychischen Entwicklung (Psychol.). 7. das Zusammentreffen von verschiedenen Strömungen des Meerwassers. 8. das Auftreten von gleichen od. ähnlichen Oberflächenformen in unterschiedlichen Klimazonen. 9. svw. Konvergenztheorie. **Kon|ver|genz|kri|te|ri|um** *das;* -s, ...ien [...jən]: Angabe von Bedingungen, unter denen vor allem eine Reihe einen Grenzwert (vgl. Konvergenz 4) besitzt (Math.). **Kon|ver|genz|ra|di|us** *der;* -, ...ien [...jən]: Potenzreihe, Funktionsreihe, deren einzelne Glieder mit einem Koeffizienten multiplizierte ganzzahlige Potenzen der unabhängigen Veränderlichen sind (Math.). **Kon|ver|genz|theo|rie** *die;* -: Mitte der 70er Jahre des 20. Jh.s aufgekommene Theorie, nach der eine allmähliche Annäherung kapitalistischer u. sozialistischer Industriestaaten angenommen wurde, die aber nach dem Ende des sozialistischen Weltsystems weitgehend gegenstandslos geworden ist (Pol.). **kon|ver|gie|ren** ⟨aus *lat.* convergere „sich hinneigen"⟩: a) sich nähern, einander näherkommen, zusammenlaufen; b) demselben Ziel zustreben; übereinstimmen; Ggs. ↑divergieren. **kon|ver|gie|rend** ⟨zu ↑...ierend⟩: sich zuneigend, zusammenlaufend; Ggs. divergierend; vgl. konvergent

kon|vers [...v...] ⟨aus gleichbed. *engl.* converse zu *lat.* conversus, Part. Perf. von convertere, vgl. konvertieren⟩: eine Konversion (2 b) darstellend; umgekehrt, gegenteilig (Sprachw.). **kon|ver|sa|bel** ⟨zu ↑konversieren u. ↑...abel⟩: (veraltet) gesprächig, umgänglich. **Kon|ver|sa|bi|li|tät** *die;* - ⟨zu ↑...ität⟩: (veraltet) Umgänglichkeit. **Kon|ver|sa|ti|on** *die;* -, -en ⟨aus gleichbed. *fr.* conversation, dies aus *lat.* conversatio „Umgang, Verkehr" zu conversari, vgl. konversieren⟩: [geselliges, leichtes] Gespräch, Plauderei. **Kon|ver|sa|ti|ons|le|xi|kon** *das;* -s, Plur. ...ka, auch ...ken: alphabetisch geordnetes Nachschlagewerk zur raschen Information über alle Gebiete des Wissens; Enzyklopädie. **Kon|ver|sa|ti|ons|stück** *das;* -[e]s, -e: 1. [in der höheren Gesellschaft spielendes] Unterhaltungsstück, dessen Wirkung auf besonders geistvollen Dialogen beruht. 2. zur Genremalerei gehörende Darstellung von Szenen der Geselligkeit, z. B. Menschen bei einer Unterhaltung od. beim Tanz. **Kon|ver|sa|to|ri|um** *das;* -s, ...ien [...jən] ⟨zu ↑...orium⟩: (veraltet) a) Unterhaltungs-, Konversationszimmer (z. B. der Schauspieler, in dem diese sich während der Auftrittspausen unterhalten); b) Unterhaltungsverein. **¹Kon|ver|se** *der;* -n, -n ⟨aus *mlat.* conversus „Novize, Laienbruder" zu *lat.* convertere, vgl. konvertieren⟩: Laienbruder eines kath. Mönchsordens. **²Kon|ver|se** *die;* -, -n ⟨zu ↑konvers⟩: Begriff, Satz, der zu einem anderen konvers ist (z. B. *der Lehrer gibt dem Schüler ein Buch* zu *der Schüler erhält vom Lehrer ein Buch;* Sprachw.). **kon|ver|sie|ren** ⟨aus gleichbed. *fr.* converser, dies aus *lat.* conversari „verkehren, Umgang haben"⟩: (veraltet) sich unterhalten. **Kon|ver|si|on** *die;* -, -en ⟨aus *lat.* conversio „Umkehrung, Umwandlung, Übertritt" zu convertere, vgl. konvertieren⟩: 1. der Übertritt von einer Konfession zu einer anderen, meist zur kath. Kirche. 2. a) Übergang von einer Wortart in eine andere ohne formale Veränderung (implizite Ableitung; z. B. Dank - dank); b) zwischen zwei ²Konversen bestehendes Bedeutungsverhältnis (Sprachw.). 3. sinngemäße, der Absicht der Vertragspartner entsprechende Umdeutung eines nichtigen Rechtsgeschäftes (Rechtsw.). 4. Schuldumwandlung zur Erlangung günstigerer Bedingungen (Finanzw.). 5. a) grundlegende Einstellungs- od. Meinungsänderung; b) Umwandlung unbewältigter starker Erlebnisse in körperliche Symptome (Psychol.). 6. Erzeugung neuer spaltbarer Stoffe in einem Reaktor (Kernphys.). 7. Veränderung einer Aussage durch Vertauschen von Subjekt u. Prädikat (Logik). 8. svw. Konvertierung (2). 9. nach Antigenkontakt auftretendes Umschlagen eines negativen Testergebnisses in ein positives (Med.). 10. Veränderung des einen Gens eines Allelenpaares (vgl. Allel) unter Einfluß des anderen (Biol.). 11. Frequenzumsetzung; Verschieben eines Frequenzbandes durch Mischen mit einer Hilfsfrequenz u. durch Aussieben des Summen- od. Differenzfrequenzbandes (Elektrot.). 12. Umstellung des Produktionsprogramms [eines Unternehmens] auf andere Gü-

Konzentrationselemente

ter, z. B. von Rüstungsproduktion auf zivile Güter (Wirtsch.). **Kon|ver|ter** *der;* -s, - ⟨aus gleichbed. *engl.* converter zu to convert „umwenden, wechseln", dies aus *(alt)fr.* convertir, vgl. konvertieren⟩: 1. Gerät od. elektron. Baugruppe zur Frequenztransformation (Fernsehtechnik). 2. Gleichspannungswandler (Elektrot.). 3. ein kippbares birnen- od. kastenförmiges Gefäß für die Stahlerzeugung u. Kupfergewinnung (Hüttenw.). 4. ↑ Reaktor, in dem nichtspaltbares in spaltbares Material verwandelt wird (Kernphys.). 5. Linsensystem, das dem Objektiv zur Änderung der Brennweite vor- od. nachgeschaltet wird (Optik). 6. Maschine zum Herstellen eines Faserbandes aus Elementarfadenkabel durch Reißen od. Schneiden. **kon|ver|ti|bel** ⟨aus gleichbed. *fr.* convertible zu convertir, vgl. konvertieren⟩: 1. frei austauschbar; vgl. Konvertibilität. 2. (veraltet) wandelbar, bekehrbar (von Personen). **Kon|ver|ti|bi|li|tät** *die;* - ⟨aus gleichbed. *fr.* convertibilité; vgl. …ität⟩: Konvertierbarkeit; die freie Austauschbarkeit der Währungen verschiedener Länder zum jeweiligen Wechselkurs (Wirtsch.). **kon|ver|tie|ren** ⟨über gleichbed. *fr.* convertir aus *lat.* convertere „umwenden"⟩: 1. inländische gegen ausländische Währung tauschen u. umgekehrt. 2. zu einem anderen Glauben übertreten. 3. Informationen von einem Datenträger auf einen anderen übertragen (EDV). 4. das Produktionsprogramm [eines Unternehmens] auf andere Güter umstellen, z. B. von Rüstungsproduktion auf zivile Güter (Wirtsch.). **Kon|ver|tie|rung** *die;* -, -en ⟨zu ↑…ierung⟩: 1. svw. Konversion (3, 4). 2. (ohne Plur.) Verfahren zur Herstellung von Wasserstoff durch Umsetzen von Kohlenmonoxyd mit Wasserdampf, wobei als Nebenprodukt Kohlendioxyd entsteht. 3. a) Umwandlung der Darstellungsform einer Information in eine andere Darstellungsform, z. B. von Dezimal- in Dualzahlen (EDV, Math.); b) das Konvertieren (3, 4). **Kon|ver|tit** *der;* -en, -en ⟨aus gleichbed. *engl.* convertite zu to convert, vgl. Konverter⟩: jmd., der zu einem anderen Glauben übergetreten ist. **Kon|ver|ti|tin** *die;* -, -nen: weibliche Form zu ↑ Konvertit

kon|vex […v…] ⟨aus *lat.* convexus „nach oben od. unten gewölbt"⟩: erhaben, nach außen gewölbt (z. B. von Spiegeln od. Linsen; Phys.); Ggs. ↑ konkav. **Kon|ve|xi|tät** *die;* - ⟨aus *lat.* convexitas, Gen. convexitatis „Wölbung"⟩: das Nachaußen-Gewölbtsein (z. B. von Linsen; Phys.); Ggs. ↑ Konkavität. **Kon|ve|xi|täts|me|nin|gi|tis** *die;* -, …itiden: Hirnhautentzündung an der Oberfläche des Großhirns (Med.). **Kon|vex|spie|gel** *der;* -s, - ⟨zu ↑ konvex⟩: nach außen gewölbter Spiegel

Kon|vikt […v…] *das;* -[e]s, -e ⟨aus *lat.* convictus „das Zusammenleben, die Tischgemeinschaft" zu convivere „zusammenleben"⟩: 1. Stift, Wohnheim für Theologiestudenten. 2. (österr.) Schülerheim, kath. Internat

Kon|vik|ti|on […v…] *die;* -, -en ⟨aus gleichbed. *spätlat.* convictio zu *lat.* convictus „(einer Schuld) überführt", Part. Perf. von convincere, vgl. konvinzieren⟩: (veraltet) 1. Überführung eines Angeklagten. 2. Überzeugung

Kon|vik|to|ri|um […v…] *das;* -s, …ien […jən] ⟨zu ↑ Konvikt u. ↑…orium⟩: (veraltet) a) Speisesaal (in einem Konvikt); b) svw. Konvikt. **Kon|vik|tua|le** *der;* -n, -n ⟨aus gleichbed. *nlat.* convictualis zu *lat.* convictus, vgl. Konvikt⟩: (veraltet) Angehöriger eines Konvikts

kon|vin|zie|ren […v…] ⟨aus *lat.* convincere „(einer Schuld) überführen, beweisen"⟩: (veraltet) 1. [eines Verbrechens] überführen. 2. überzeugen

Kon|vi|ve […'vi:və, fr. kõ'viv] *der;* -n, -n ⟨aus gleichbed. *fr.* convive, dies aus *lat.* conviva zu convivere „zusammenspeisen", eigtl. „zusammenleben"⟩: (veraltet) Gast, Tischgenosse. **kon|vi|vi|al** ⟨aus gleichbed. *lat.* convivalis, eigtl. „beim Gastmahl"⟩: (veraltet) gesellig, heiter. **Kon|vi|vi|a|li|tät** *die;* - ⟨zu ↑…ität⟩: (veraltet) Geselligkeit, Fröhlichkeit. **Kon|vi|vi|um** *das;* -s, …ien […jən] ⟨aus gleichbed. *lat.* convivium⟩: (veraltet) [Fest]gelage

Kon|voi […'vɔy, auch 'kon…] *der;* -s, -s ⟨über gleichbed. *engl.* convoy aus *fr.* convoi „Geleit" zu convoyer „begleiten" (über *vulgärlat.* *conviare zu *lat.* via „Weg")⟩: 1. Geleitzug (bes. von Autos od. Schiffen). 2. die zum Schutz eingesetzten Sicherheitskräfte. 3. Kolonne, Verband von zusammengehörigen Fahrzeugen. 4. Begleitfahrzeuge u. -personen in Straßenrennen (Radsport)

Kon|vo|ka|ti|on […v…] *die;* -, -en ⟨aus *lat.* convocatio „Einberufung, Alarmierung" zu convocare „zusammenrufen"⟩: das Einberufen, Zusammenrufen der Mitglieder (von Körperschaften)

kon|vo|lut […v…] ⟨aus *lat.* convolutus „zusammengerollt", Part. Perf. von convolvere, vgl. konvolvieren⟩: svw. evolut. **Kon|vo|lut** *das;* -[e]s, -e ⟨aus *lat.* convolutum „Zusammengerolltes", Part. Perf. (Neutrum) von convolvere, vgl. konvolvieren⟩: 1. a) Bündel von verschiedenen Schriftstücken od. Drucksachen; b) Sammelband, Sammelmappe. 2. Knäuel (z. B. von Darmschlingen; Med.). **Kon|vo|lu|te** *die;* -, -n: svw. Volute. **kon|vol|vie|ren** […'vi:…] ⟨aus gleichbed. *lat.* convolvere zu ↑ kon… u. *lat.* volvere „rollen"⟩: (veraltet) zusammenrollen, -wickeln

kon|vo|zie|ren […v…] ⟨aus gleichbed. *lat.* convocare zu ↑ kon… u. *lat.* vocare „rufen"⟩: (veraltet) zusammenrufen (von Mitgliedern in Körperschaften)

Kon|vul|si|on […v…] *die;* -, -en ⟨aus gleichbed. *lat.* convulsio zu convellere „hin- und herreißen, herumzerren"⟩: Schüttelkrampf (Med.). **kon|vul|siv** u. **kon|vul|si|visch** […vɪʃ] ⟨aus gleichbed. *nlat.* convulsivus zu *lat.* convulsus, Part. Perf. von convellere, vgl. Konvulsion⟩: krampfhaft zuckend, krampfartig (Med.)

Kon|ya ['kɔ:nja] *der;* -[s], -s ⟨nach der gleichnamigen türk. Stadt⟩: Gebetsteppich mit streng stilisierter Musterung

kon|ze|die|ren ⟨aus gleichbed. *lat.* concedere, eigtl. „beiseite treten"; vgl. Konzession⟩: zugestehen; erlauben; einräumen

Kon|ze|le|brant *der;* -en, -en ⟨zu ↑ kon… u. ↑ Zelebrant⟩: Geistlicher, der mit anderen Geistlichen das Meßopfer in Konzelebration feiert. **Kon|ze|le|bra|ti|on** *die;* -, -en u. Concelebratio [kɔntse…] *die;* -, …ones […ne:s] ⟨aus gleichbed. *mlat.* concelebratio zu *lat.* concelebrare, vgl. konzelebrieren⟩: die Feier des Meßopfers durch mehrere Priester gemeinsam (kath. Kirche u. Ostkirche). **kon|ze|le|brie|ren** ⟨aus *lat.* concelebrare „festlich begehen, feiern"⟩: gemeinsam mit anderen Priestern das Meßopfer feiern

Kon|zen|trat *das;* -[e]s, -e ⟨zu ↑ konzentrieren u. ↑…at (1)⟩: 1. a) angereicherter Stoff, hochprozentige Lösung; b) hochprozentiger Pflanzen- od. Fruchtauszug. 2. Zusammenfassung des Wichtigsten, Resümee. **Kon|zen|tra|ti|on** *die;* -, -en ⟨aus *fr.* concentration „Zusammenziehung, Verdichtung" zu concentrer, vgl. konzentrieren⟩: 1. Zusammenballung [wirtschaftlicher od. militärischer Kräfte]; Ggs. ↑ Dekonzentration. 2. (ohne Plur.) geistige Sammlung, Anspannung, höchste Aufmerksamkeit. 3. (ohne Plur.) gezielte Lenkung auf etwas hin. 4. Gehalt einer Lösung an gelöstem Stoff (Chem.). 5. (meist Plur.) Kraftfutter, Futtermittel mit hoher Protein- u./od. Energiekonzentration, z. B. Getreide, Kleie, Hackfrüchte. **Kon|zen|tra|ti|ons|ele|men|te** *die* (Plur.): elektrochem. Elemente, deren aus dem gleichen Metall bestehende Elektroden in Lösun-

Konzentrationslager

gen unterschiedlicher Konzentration des gleichen Elektrolyten eintauchen. **Kon|zen|tra|ti|ons|la|ger** *das;* -s, - ⟨wohl Lehnübersetzung von *engl.* concentration camp (Internierungslager im Burenkrieg, 1899–1902)⟩: Bez. für Internierungslager für politisch, rassisch od. religiös Verfolgte, die in Deutschland im Verlauf der nationalsozialistischen Diktatur die zusätzlichen Funktionen des Zwangsarbeitslagers u. der Massenvernichtung (vgl. Holocaust) erhielten. **Konzen|tra|ti|ons|ma|xi|me** *die;* -: Verfahrensgrundsatz, wonach ein Rechtsstreit nach Möglichkeit in einer Verhandlung erledigt werden soll. **kon|zen|tra|tiv** ⟨zu ↑ Konzentration u. ↑ ...iv⟩: (fachspr.) die Konzentration (2) betreffend. **kon|zen|trie|ren** ⟨aus *fr.* concentrer „in einem (Mittel)punkt vereinigen" zu con- (vgl. kon...) u. centre „Mittelpunkt" (vgl. Zentrum)⟩: 1. [wirtschaftliche od. militärische Kräfte] zusammenziehen, -ballen; Ggs. ↑ dekonzentrieren. 2. etwas verstärkt auf etwas od. jmdn. ausrichten. 3. sich -: sich [geistig] sammeln, anspannen. 4. anreichern, gehaltreich machen (Chem.). **kon|zen|triert** ⟨zu ↑ ...iert⟩: 1. gesammelt, aufmerksam. 2. einen gelösten Stoff in großer Menge enthaltend; angereichert (Chem.). 3. auf das Wesentliche verdichtet, komprimiert. **kon|zen|trisch** ⟨aus gleichbed. *mlat.* concentricus; vgl. konzentrieren⟩: 1. einen gemeinsamen Mittelpunkt habend (von Kreisen; Math.). 2. um einen gemeinsamen Mittelpunkt herum angeordnet, auf einen [Mittel]punkt hinstrebend. **Kon|zen|tri|zi|tät** *die;* - ⟨zu ↑ ...izität⟩: Gemeinsamkeit des Mittelpunkts

Kon|zept *das;* -[e]s, -e ⟨aus *lat.* conceptus „das Zusammenfassen", eigtl. Part. Perf. von concipere, vgl. konzipieren⟩: 1. [stichwortartiger] Entwurf, erste Fassung einer Rede od. einer Schrift. 2. Plan, Programm. **Kon|zept|al|bum** *das;* -s, ...ben: Langspielplatte, die nicht eine bestimmte Anzahl verschiedener, jedes für sich abgeschlossener Lieder enthält, sondern ein Thema, eine Idee in voneinander abhängigen Kompositionen behandelt (Mus.). **kon|zep|ti|bel** ⟨zu ↑ ...ibel⟩: (veraltet) begreiflich, faßlich. **Kon|zep|ti|bi|li|tät** *die;* - ⟨zu ↑ ...ität⟩: (veraltet) Faßlichkeit, Begreifbarkeit. **Kon|zep|ti|on** *die;* -, -en ⟨aus *lat.* conceptio „das Zusammenfassen, Abfassen; die Empfängnis" zu concipere, vgl. konzipieren⟩: 1. geistiger, künstlerischer Einfall; Entwurf eines Werkes. 2. klar umrissene Grundvorstellung, Leitprogramm, gedanklicher Entwurf. 3. Befruchtung der Eizelle; Schwangerschaftseintritt, Empfängnis (Biol., Med.). **kon|zep|tio|nell** ⟨zu ↑ ...ell⟩: die Konzeption betreffend. **Kon|zep|ti|ons|op|ti|mum** *das;* -s, ...ma: für eine Befruchtung günstigster Zeitpunkt im monatlichen Zyklus (3) der Frau (Med.). **Kon|zep|ti|ons|pes|si|mum** *das;* -s, ...ma: für eine Befruchtung ungünstigste Tage im monatlichen Zyklus (3) der Frau (Med.). **Kon|zep|ti|ons|to|te|mis|mus** *der;* -: in Australien verbreitete Form des ↑ Totemismus, die auf der Anschauung beruht, daß jedes der beiden Geschlechter sein eigenes Totem hat. **Kon|zep|tis|mus** *der;* - ⟨nach gleichbed. *span.* conceptismo; vgl. ...ismus⟩: literarische Stilrichtung des span. Barocks (Literaturw.); vgl. Konzetti. **kon|zep|tiv** ⟨aus *lat.* conceptivus „aufgenommen, angeordnet"⟩: (veraltet) [leicht] empfänglich. **Kon|zept|kunst** *die;* -: svw. Concept-art. **kon|zep|tua|li|sie|ren** ⟨aus gleichbed. *engl.* to conceptualize⟩: ein Konzept (2) entwerfen, als Konzept (2) gestalten. **Kon|zep|tua|lis|mus** *der;* - ⟨zu *mlat.* conceptus „Allgemeinbegriff" (zu *lat.* conceptus, vgl. Konzept), ↑ ...al (1) u. ↑ ...ismus (1)⟩: Lehre der Scholastik, nach der das Allgemeine (vgl. Universalien) nicht bloß Wort, sondern Begriff u. selbständiges Denkgebilde sei (Philos.). **Kon|zep|tua|list** *der;* -en, -en (meist Plur.) ⟨zu ↑ ...ist⟩: Anhänger, Verfechter des ↑ Konzeptualismus. **kon|zep|tu|ell** ⟨aus gleichbed. *engl.* conceptual; vgl. ...ell⟩: ein Konzept (2) aufweisend

Kon|zern *der;* -[e]s, -e ⟨aus *engl.* concern „(Geschäfts)beziehung, Unternehmung" zu to concern „betreffen, angehen", dies über *fr.* concerner aus gleichbed. *mlat.* concernere zu *lat.* concernere „vermischen"⟩: Zusammenschluß von Unternehmen, die eine wirtschaftliche Einheit bilden, ohne dabei ihre rechtliche Selbständigkeit aufzugeben (Wirtsch.). **kon|zer|nie|ren** ⟨zu ↑ ...ieren⟩: Konzerne bilden (Wirtsch.). **Kon|zer|nie|rung** *die;* - ⟨zu ↑ ...ierung⟩: Bildung von Konzernen (Wirtsch.)

kon|zer|pie|ren ⟨aus gleichbed. *lat.* concerpere zu ↑ kon... u. carpere „rupfen, pflücken"⟩: (veraltet) zerpflücken, zerreißen

Kon|zert *das;* -[e]s, -e ⟨aus gleichbed. *it.* concerto, eigtl. „Übereinstimmung, Abmachung", zu concertare, vgl. ¹konzertieren⟩: 1. öffentliche Aufführung von Musikwerken. 2. Komposition für ein od. mehrere Soloinstrumente u. Orchester. 3. (ohne Plur.) Zusammenwirken verschiedener Faktoren od. [politischer] Kräfte. **Kon|zert|abon|ne|ment** [...mãː, schweiz. ...mɛnt] *das;* -s, -s, schweiz. auch -e: Anrecht für Konzerte (1). **Kon|zert|agen|tur** *die;* -, -en: ↑ Agentur, die für Künstler Konzerte arrangiert. **kon|zer|tant** ⟨aus *it.* concertante, Part. Präs. von concertare, vgl. ¹konzertieren⟩: konzertmäßig, in Konzertform; -e Sinfonie: Konzert mit mehreren solistisch auftretenden Instrumenten od. Instrumentengruppen. **Kon|zer|tan|te** vgl. Concertante. **Kon|zer|ta|ti|on** *die;* -, -en ⟨aus gleichbed. *lat.* concertatio⟩: (veraltet) Wettstreit, Wetteifer. **Kon|zert|di|rek|ti|on** *die;* -, -en ⟨zu ↑ Konzert⟩: Unternehmen, das Konzerte, Vorträge u. ä. organisiert u. veranstaltet. **Kon|zert|etü|de** *die;* -, -n: solistisches Musikstück mit technischen Schwierigkeiten. **¹kon|zer|tie|ren** ⟨aus gleichbed. *lat.* concertare, eigtl. „den Zusammenklang der Stimmen herstellen", dies aus *lat.* concertare „wetteifern, streiten"⟩: ein Konzert geben. **²kon|zer|tie|ren** ⟨aus gleichbed. *fr.* concerter⟩: (veraltet) etwas verabreden, besprechen. **kon|zer|tiert** ⟨aus *fr.* concerté, Part. Perf. von concerter, vgl. ²konzertieren u. ...iert⟩: verabredet, aufeinander abgestimmt, übereinstimmend; -e Aktion ⟨nach *engl.* concerted action „gemeinsames Vorgehen" zu to concert „verabreden, aufeinander abstimmen"⟩: das Zusammenwirken verschiedener Gruppen (Gewerkschaften, Unternehmerverbände u. ä.) zur Erreichung eines bestimmten Zieles (Wirtsch.). **Kon|zer|ti|na** *die;* -, -s ⟨aus *it.* concertina⟩: Handharmonika mit sechseckigem od. quadratischem Gehäuse. **Kon|zer|tist** *der;* -en, -en ⟨zu ↑ Konzert u. ↑ ...ist⟩: (veraltet) a) Konzertmeister; erster Sänger; b) jmd., der ein Konzert gibt. **Kon|zert|pa|vil|lon** [...vɪljɔŋ] *der;* -s, -s: Pavillon, in dem ein Orchester bei Konzerten im Freien sitzt. **Kon|zert|pro|gramm** *das;* -s, -e: 1. Programmfolge eines Konzertes. 2. Plan der Konzerte, die in einer Spielzeit angeboten werden. 3. Blatt od. Heft, in dem die Programmfolge eines Konzertes (1) abgedruckt ist. **Kon|zert|pu|bli|kum** *das;* -s: Gesamtheit der Konzertbesucher

kon|zes|si|bel ⟨zu ↑ Konzession u. ↑ ...ibel⟩: (veraltet) zulässig. **Kon|zes|si|on** *die;* -, -en ⟨aus *lat.* concessio „Zugeständnis" zu concedere, vgl. konzedieren⟩: 1. (meist Plur.) Zugeständnis, Entgegenkommen. 2. a) befristete behördliche Genehmigung zur Ausübung eines konzessionspflichtigen Gewerbes; b) dem Staat vorbehaltenes Recht, ein Gebiet zu erschließen, dessen Bodenschätze auszubeuten (Rechtsw.). **Kon|zes|sio|när** *der;* -s, -e ⟨zu ↑ ...är⟩: Inhaber einer Konzession. **Kon|zes|sio|nä|rin** *die;* -, -nen: weibliche Form zu ↑ Konzessionär. **kon|zes|sio|nie|ren** ⟨zu

↑...ieren⟩: eine Konzession erteilen, behördlich genehmigen. **kon|zes|siv** ⟨aus gleichbed. *lat.* concessivus⟩: einräumend (Sprachw.); -e [...və] Konjunktion: einräumendes Bindewort (z. B. obgleich; Sprachw.). **Kon|zes|siv|satz** *der;* -es, ...sätze: Umstandssatz der Einräumung (z. B. *obwohl es regnete,* ging er spazieren; Sprachw.) **Kon|zęt|ti** *die* (Plur.) ⟨aus gleichbed. *it.* concetti, Plur. von concetto „(geistreicher) Einfall", zu *lat.* conceptus, vgl. Konzept⟩: witzige Einfälle in zugespitztem, gekünsteltem Stil, bes. in der Literatur der ital. Spätrenaissance (Literaturw.); vgl. Konzeptismus **Kon|zil** *das;* -s, Plur. -e u. -ien [...jən] ⟨aus *lat.* concilium „Versammlung"⟩: 1. Versammlung von Bischöfen u. anderen hohen Vertretern der kath. Kirche zur Erledigung wichtiger kirchlicher Angelegenheiten; vgl. ökumenisch. 2. aus Professoren, Vertretern von Studenten u. nichtakademischen Bediensteten einer Hochschule gebildetes ↑Gremium (a), das bestimmte Entscheidungsbefugnisse hat. **kon|zi|lia|bel** ⟨zu ↑...abel⟩: (veraltet) in Einklang zu bringen, vereinbar, ausgleichbar. **Kon|zi|lia|bu|lum** *das;* -s, ...la ⟨aus *lat.* conciliabulum „Marktplatz, Gerichtsstätte"⟩: (veraltet) Versammlungsort, heimliche Zusammenkunft. **kon|zi|li|ant** ⟨aus gleichbed. *fr.* conciliant, Part. Präs. von concilier „aussöhnen", dies aus *lat.* conciliare „geneigt machen" zu conciliam, vgl. Konzil⟩: umgänglich, verbindlich, freundlich; versöhnlich. **Kon|zi|li|anz** *die;* - ⟨zu ↑...anz⟩: Umgänglichkeit, Verbindlichkeit, freundliches Entgegenkommen. **kon|zi|li|ar,** auch **kon|zi|lia|risch** ⟨aus gleichbed. *spätlat.* conciliaris⟩: a) zu einem Konzil gehörend; b) einem Konzil entsprechend; vgl. ...isch/-. **Kon|zi|lia|ris|mus** *der;* - ⟨zu ↑...ismus (2)⟩: vom ↑Episkopalismus vertretene Theorie, daß die Rechtmäßigkeit u. Geltung der Beschlüsse eines Konzils nicht von der Zustimmung des Papstes abhängig seien (kath. Kirchenrecht). **kon|zi|lia|ri|stisch** ⟨zu ↑...istisch⟩: den ↑Konziliarismus betreffend, auf ihm beruhend (kath. Kirche). **Kon|zi|lia|ti|on** *die;* -, -en ⟨aus *lat.* conciliatio „Geneigtheit, Vereinigung"⟩: (veraltet) Versöhnung, Vereinigung [verschiedener Meinungen]. **Kon|zi|lien** [...jən]: Plur. von ↑Konzil. **kon|zi|lie|ren** ⟨aus gleichbed. *lat.* conciliare, eigtl. „zusammenbringen"⟩: (veraltet) [verschiedene Meinungen] vereinigen, versöhnen **kon|zi|ne|rie|ren** ⟨zu ↑kon..., *lat.* cinis, Gen. cineris „Asche" u. ↑...ieren⟩: (veraltet) einäschern **kon|zinn** ⟨aus gleichbed. *lat.* concinnus⟩: 1. (veraltet) angemessen, gefällig; Ggs. ↑inkonzinn (1). 2. syntaktisch gleich gebaut, harmonisch zusammengefügt, abgerundet (Rhet., Stilk.); Ggs. ↑inkonzinn (2). **Kon|zin|na|tor** *der;* -s, -en ⟨aus gleichbed. *lat.* concinnator⟩: (veraltet) Ordner, Erfinder. **kon|zin|nie|ren** ⟨aus gleichbed. *lat.* concinnare⟩: (veraltet) ebenmäßig zusammenfügen, kunstvoll ordnen. **Kon|zin|ni|tät** *die;* - ⟨aus gleichbed. *lat.* concinnitas, Gen. concinnitatis⟩: 1. (veraltet) Gefälligkeit; Ggs. ↑Inkonzinnität (1). 2. gleichartige syntaktische Konstruktion gleichwertiger Sätze (Rhet., Stilk.); Ggs. ↑Inkonzinnität (2) **Kon|zi|pi|ent** *der;* -en, -en ⟨aus *lat.* concipiens, Gen. concipientis, Part. Präs. von concipere, vgl. konzipieren⟩: 1. (veraltet) Verfasser eines Schriftstücks. 2. (österr.) Angestellter in einem Anwaltsbüro. **Kon|zi|pi|en|tin** *die;* -, -nen: weibliche Form zu ↑Konzipient. **kon|zi|pie|ren** ⟨aus gleichbed. *lat.* concipere, eigtl. „zusammenfassen, aufnehmen"; vgl. Konzept⟩: 1. a) ein schriftliches Konzept (1) für etwas machen; b) (von einer bestimmten Vorstellung, Idee ausgehend) etwas planen, entwerfen, entwickeln. 2. schwanger werden (Med.). **Kon|zi|pie|rung** *die;* -, -en ⟨zu ↑...ierung⟩: das Konzipieren (1). **Kon|zi|pist** *der;* -en, -en

⟨zu ↑...ist⟩: (österr.) niederer Beamter, der ein Konzept (1) entwirft; vgl. Konzipient **kon|zis** ⟨aus *lat.* concisus „abgebrochen, kurzgefaßt" zu concidere „zusammenhauen"⟩: kurz, gedrängt (Rhet., Stilk.). **Kon|zi|si|on** *die;* - ⟨aus *lat.* concisio „Zerschneidung, Zerteilung, Zerstückelung"⟩: (veraltet) Gedrängtheit, Kürze, Bündigkeit (Rhet.) **Kon|zi|ta|tor** *der;* -s, -en ⟨aus gleichbed. *lat.* concitator zu concitare, vgl. konzitieren⟩: (veraltet) Aufwiegler. **kon|zi|tie|ren** ⟨aus gleichbed. *lat.* concitare zu ↑kon... u. citare „rege machen, erregen"⟩: (veraltet) anreizen, aufwiegeln **Ko|ok|kur|renz** *die;* -, -en ⟨aus gleichbed. *(n)lat.* cooccurrentia zu ↑kon... u. *lat.* occurrere „begegnen"⟩: gemeinsames Auftreten sprachlicher Einheiten in derselben Umgebung (z. B. im Satz; Sprachw.). **Ko|ope|ra|teur** [...'tø:ɐ̯] *der;* -s, -e ⟨aus *fr.* coopérateur „Mitarbeiter" zu coopérer „mitarbeiten", dies aus *lat.* cooperari, vgl. kooperieren⟩: Wirtschaftspartner, Unternehmenspartner. **Ko|ope|ra|ti|on** *die;* -, -en ⟨aus *lat.* cooperatio „Mitwirkung" zu cooperari, vgl. kooperieren⟩: 1. Zusammenarbeit, bes. auf politischem od. wirtschaftlichem Gebiet. 2. zwischenbetriebliche Zusammenarbeit, die eine Vorstufe der Unternehmenskonzentration darstellt. **ko|ope|ra|tiv** ⟨zu ↑...iv⟩: a) [auf wirtschaftlichem, politischem Gebiet] zusammenarbeitend, gemeinsam; b) auf dem Weg der Kooperation erfolgend. **Ko|ope|ra|ti|ve. Ko|ope|ra|ti|ve** [...və] *die;* -, -n u. Kooperativ *das;* -s, Plur. -e [...və], auch -s ⟨aus gleichbed. *russ.* kooperativ, dies vermutlich aus *fr.* coopérative „Genossenschaft"⟩: Genossenschaft. **Ko|ope|ra|tor** *der;* -s, ...oren ⟨aus *kirchenlat.* cooperator „(geistlicher) Mitarbeiter"⟩: 1. (veraltet) Mitarbeiter. 2. (landsch. u. österr.) kath. Hilfsgeistlicher. **Ko|ope|ra|tri|ce** [...'tri:sə] *die;* -, -n ⟨aus gleichbed. *fr.* coopératrice zu *lat.* cooperatrix⟩: (veraltet) Mitarbeiterin. **ko|ope|rie|ren** ⟨aus *(kirchen)lat.* cooperari „mitwirken, mitarbeiten"⟩: [auf wirtschaftlichem od. politischem Gebiet] zusammenarbeiten **Ko|op|ta|ti|on** *die;* -, -en ⟨aus gleichbed. *lat.* cooptatio zu cooptare, vgl. kooptieren⟩: nachträgliche Hinzuwahl neuer Mitglieder in eine Körperschaft durch die dieser Körperschaft bereits angehörenden Mitgliedern; vgl. ...[at]ion/...ierung. **ko|op|ta|tiv** ⟨zu ↑...iv⟩: die Kooptation betreffend. **ko|op|tie|ren** ⟨aus *lat.* cooptare „hinzuwählen, ergänzen"⟩: jmdn. durch eine Nachwahl noch in eine Körperschaft aufnehmen. **Ko|op|tie|rung** *die;* -, -en ⟨zu ↑...ierung⟩: svw. Kooptation; vgl. ...[at]ion/...ierung. **Ko|op|ti|on** *die;* -, -en ⟨aus *lat.* cooptio „Ergänzung(swahl)"⟩: svw. Kooptation **Ko|or|di|na|te** *die;* -, -n (meist Plur.) ⟨zu ↑kon... u. *lat.* ordinatus, Part. Perf. von ordinare „ordnen"⟩: 1. Zahl, die die Lage eines Punktes in der Ebene u. im Raum angibt (Math., Geographie). 2. (nur Plur.) ↑Abszisse u. ↑Ordinate (Math.). **Ko|or|di|na|ten|ka|ta|ster** *der;* -s, -: Liegenschaftskataster, in dem sämtliche Grenzpunkte durch rechtwinklige Koordinaten im Landessystem nachgewiesen werden. **Ko|or|di|na|ten|sy|stem** *das;* -s, -e: math. System, in dem mit Hilfe von Koordinaten die Lage eines Punktes od. anderer geometrischen Gebilde in der Ebene od. im Raum festgelegt wird (Math.). **Ko|or|di|na|ten|trans|for|ma|ti|on** *die;* -, -en: Übergang von einem Koordinatensystem in ein anderes (Math.). **Ko|or|di|na|ti|on** *die;* -, -en ⟨aus gleichbed. *mlat.* coordinatio (zu ↑kon... u. *lat.* ordinatio „Ordnung, Verfügung") zu coordinare, vgl. koordinieren⟩: 1. gegenseitiges Abstimmen verschiedener Dinge, Faktoren od. Vorgänge. 2. Neben-, Beiordnung

Koordinationsgymnastik

von Satzgliedern od. Sätzen (Sprachw.); Ggs. ↑Subordination (2). 3. das harmonische Zusammenwirken der bei einer Bewegung tätigen Muskeln (Med.). 4. Zusammensetzung u. Aufbau von chem. Verbindungen höherer Ordnung (Chem.). **Ko|or|di|na|ti|ons|gym|na|stik** *die;* -: eine Gruppe von Übungen, die systematisch bei neurologischen Krankheitsbildern sowie bei Unfallverletzten u. Körperbehinderten u. a. die Bewegungen zielsicher machen sollen (Med.). **Ko|or|di|na|to|graph** *der;* -e, -en ⟨zu *mlat.* coordinatus, Part. Perf. von coordinare (vgl. koordinieren), u. ↑...graph⟩: in der Geodäsie, Photogrammetrie u. a. verwendetes Gerät zum genauen Kartieren od. Abgrenzen von Koordinaten. **Ko|or|di|na|tor** *der;* -s, ...oren ⟨zu ↑kon... u. *spätlat.* ordinator „Ordner, Einrichter"⟩: jmd., der etwas aufeinander abstimmt, etwas mit etwas in Einklang bringt. **ko|or|di|nie|ren** ⟨aus gleichbed. *mlat.* coordinare zu ↑kon... u. *lat.* ordinare „ordnen"⟩: 1. mehrere Dinge od. Vorgänge aufeinander abstimmen. 2. nebenordnen (Sprachw.); -de Konjunktion: nebenordnendes Bindewort (z. B. *und*; Sprachw.).
Ko|pai|va|bal|sam [...v...] *der;* -s ⟨zu gleichbed. *port.* copaíba (dies aus einer Indianersprache des östl. Südamerika) u. ↑Balsam⟩: Harz des trop. Kopaivabaumes, das in der Lackverarbeitung u. als Heilmittel verwendet wird
Ko|pal *der;* -s, -e ⟨aus gleichbed. *span.* copal, dies aus einer mittelamerik. Indianersprache⟩: ein Harz verschiedener trop. Bäume, das für Lacke verwendet wird. **Ko|pal|fich|te** *die;* -, -n: hochwachsender Baum mit schmalen, blattartigen Nadeln u. harzreichem, duftendem Holz, das als Bauholz verwendet wird
Ko|pe|ke *die;* -, -n ⟨aus gleichbed. *russ.* kopejka zu kop'ë „Lanze, Speer", da die Münze urspr. den Zaren zu Pferde mit einer Lanze darstellte⟩: russ. Münze (= 0,01 Rubel); Abk.: Kop.
Kö|pe|ni|ckia|de¹ *die;* -, -n ⟨nach Berlin-Köpenick, wo 1906 durch den Schuhmacher W. Voigt in Hauptmannsuniform im Handstreich das Rathaus besetzt wurde, u. zu ↑...iade⟩: Streich, Täuschungsmanöver, das durch das Obrigkeitsdenken der Menschen ermöglicht wird
Ko|pe|po|de *der;* -n, -n ⟨zu *gr.* kōpē „Ruder" u. ↑...pode⟩: ein schalenloses Krebstier (Ruderfußkrebs; Zool.)
Kö|per *der;* -s, - ⟨aus *niederl.* keper „Balken, Sparren (im Wappen)", nach dem Verlauf der Fäden, die sich wie die Sparren im Dach od. im Wappen schräg kreuzen⟩: Gewebe in Köperbindung (Webart)
ko|per|ni|ka|nisch ⟨nach dem Astronomen N. Kopernikus, 1473–1543; vgl. ...aner⟩: die Lehre des Kopernikus betreffend, auf ihr beruhend; -es Weltsystem: svw. heliozentrisches Weltsystem
Ko|pho|sis *die;* - ⟨zu *gr.* kōphós „stumpf; stumm; taub"; vgl. ¹...ose⟩: [völlige] Taubheit (Med.)
Koph|ta *der;* -s, -s ⟨Herkunft unsicher⟩: geheimnisvoller ägyptischer Magier; vgl. Großkophta. **koph|tisch:** den Kophta betreffend
Ko|pi|al|buch *das;* -[e]s, ...bücher ⟨zu ↑Kopie u. ↑¹...al (1)⟩: Sammlung von Urkundenabschriften. **Ko|pi|a|li|en** [...jən] *die* (Plur.) ⟨vgl. ¹...ie⟩: (veraltet) Abschreibegebühren. **Ko|pia|tur** *die;* -, -en ⟨aus gleichbed. *mlat.* copiatura⟩: (veraltet) das Abschreiben. **Ko|pie** [österr. auch 'ko:piə] *die;* -, ...jen [österr. auch 'ko:piən] ⟨aus *mlat.* copia „(den Bestand an Exemplaren vermehrende) Abschrift" zu *lat.* copia „Vorrat, Menge"⟩: 1. a) Abschrift, Durchschrift eines geschriebenen Textes; b) svw. Fotokopie. 2. genaue, originalgetreue Nachbildung, Nachgestaltung [eines Kunstwerks]. 3. a) durch Belichten hergestelltes Bild von einem

↑Negativ; b) fotografisch hergestelltes Doppel eines Films. 4. (häufig abwertend) [billige] Nachahmung. **ko|pie|ren** ⟨aus *mlat.* copiare „abschreiben; vervielfältigen" zu copia, vgl. Kopie⟩: 1. a) etwas in Zweitausfertigung, eine Kopie (1 a) von etwas herstellen; b) eine ↑Fotokopie von etwas machen. 2. [ein Kunstwerk] nachbilden. 3. a) eine Kopie (3 a) herstellen; b) von einem Negativfilm einen Positivfilm herstellen. 4. nachahmen, imitieren. **Ko|pie|rer** *der;* -s, - ⟨zu ↑kopieren⟩: (ugs.) Gerät, mit dem ↑Fotokopien gemacht werden. **Ko|pier|fil|ter** *der,* fachspr. *das;* -s, -: Filter zur Behebung von Farbstichen bei der Herstellung farbiger Vergrößerungen (Fotogr.). **Ko|pier|ge|rät** *das;* -[e]s, -e: automatisiertes Gerät zum Herstellen weitgehend originalgetreuer Wiedergaben von Dokumenten u. a. **Ko|pier|schutz** *der;* -es: eine Schutzmaßnahme zur Verhinderung unautorisierten Kopierens von ↑Software, die in Form besonderer Befehle bzw. Programme in die betreffende Software integriert od. getrennt auf den Datenträgern vorhanden ist (EDV). **Ko|pier|stift** *der;* -[e]s, -e: Schreibstift mit einer Mine, die wasserlösliche Farbstoffe enthält u. nicht wegradiert werden kann
Ko|pi|lot u. **Co|pi|lot** [k...] *der;* -en, -en ⟨aus gleichbed. *engl.* co-pilot zu ↑²ko... u. ↑Pilot⟩: a) zweiter ↑Pilot (1 a) in einem Flugzeug; b) zweiter Fahrer in einem Rennwagen. **Ko|pi|lo|tin** *die;* -, -nen: weibliche Form zu ↑Kopilot
Ko|pi|o|pie *die;* ⟨zu *gr.* kópos „Ermüdung nach Anstrengung", eigtl. „Schlag", ōps, Gen. ōpós „Auge; Gesicht" u. ↑²...ie⟩: Sehschwäche, Erschöpfung der Augen infolge Überanstrengung (Med.)
ko|pi|ös ⟨über *fr.* copieux aus gleichbed. *lat.* copiosus zu copia (vgl. Kopie); vgl. ...ös⟩: reichlich, massenhaft (Med.). **Ko|pio|si|tät** *die;* - ⟨zu ↑...ität⟩: reichliches Vorhandensein
Ko|pist *der;* -en, -en ⟨aus gleichbed. *mlat.* copista⟩: jmd., der eine ↑Kopie (1, 2, 3) anfertigt
Kop|pa *das;* -[s], -s ⟨aus gleichbed. *gr.* kóppa⟩: Buchstabe im ältesten griech. Alphabet Ϙ, Ϙ, ϛ
Kop|pit [auch ...'pɪt] *der;* -s, -e ⟨nach dem dt. Chemiker Herrmann F. M. Kopp (1817–1892) u. zu ↑²...it⟩: ein Mineral, Abart des ↑Pyrochlors
kopr..., Kopr... vgl. kopro..., Kopro...
Ko|pra *die;* - ⟨über *port.* copra aus gleichbed. *tamil.* koppera(i)⟩: zerkleinerte u. getrocknete Kokosnußkerne
Ko|pra|go|gum *das;* -s, ...ga ⟨zu ↑kopro..., *gr.* agōgós „abführend" u. ↑...ium⟩: stuhltreibendes Mittel, Abführmittel (Med.). **Ko|prä|mie** *die;* -, ...ien ⟨zu ↑...ämie⟩: durch langdauernde Verstopfung verursachte Selbstvergiftung des Körpers (Med.)
Ko|prä|senz *die;* - ⟨nach gleichbed. *engl.* co-presence, zu ↑²ko... u. ↑Präsenz⟩: gemeinsames, gleichzeitiges Auftreten sprachlicher ↑Elemente (1), z. B. das gleichzeitige Vorhandensein von veralteten u. veraltenden Wörtern neben Wörtern der Gegenwartssprache (Sprachw.)
Ko|pre|me|sis *die;* - ⟨zu ↑kopro... u. ↑Emesis⟩: Koterbrechen (bei Darmverschluß; Med.). **ko|pro..., Kopro...,** vor Vokalen kopr..., Kopr... ⟨aus *gr.* kópros „Mist, Kot, Schmutz"⟩: Wortbildungselement mit der Bedeutung „Kot, Stuhl", z. B. koprophag, Koprämie, Koprophobie. **Ko|pro|chrom** [...k...] *das;* -s ⟨zu *gr.* chrōma „Farbe"⟩: Kotfarbstoff (Med.)
Ko|pro|duk|ti|on *die;* -, -en ⟨nach gleichbed. *engl.* co-production, zu ↑²ko... u. ↑Produktion⟩: Gemeinschaftsherstellung, bes. beim Film. **Ko|pro|du|zent** *der;* -en, -en: jmd., der mit jmd. anderem zusammen einen Film, eine Fernsehsendung o. ä. produziert. **Ko|pro|du|zen|tin** *die;* -, -nen: weibliche Form zu ↑Koproduzent. **ko|pro|du|zie|ren:** mit

jmd. anderem zusammen etwas herstellen (bes. einen Film) **ko|pro|gen** ⟨zu ↑kopro... u. ↑...gen⟩: vom Kot stammend, durch Kot verursacht (Med.). **Ko|pro|la|gnie** *die;* -, ...ien ⟨zu *gr.* lágnos „wollüstig, geil" u. ↑²...ie⟩: sexuelle Erregung u. Triebbefriedigung, die durch den Anblick od. die Berührung ekelerregender Dinge ausgelöst wird (Med.). **Ko|pro|la|lie** *die;* - ⟨zu *gr.* laliá „Gerede, Geschwätz"; vgl. ²...ie⟩: krankhafte Neigung zum Aussprechen unanständiger, obszöner Wörter (meist aus dem ↑analen Bereich). **Ko|pro|lith** [auch ...'lɪt] *der;* Gen. -s u. -en, Plur. -e[n] ⟨zu ↑...lith⟩: 1. ↑Konkrement aus verhärtetem Kot u. Mineralsalzen im unteren Verdauungstrakt (Med.). 2. versteinerter Kot urweltlicher Tiere (Geol.). **Ko|pro|lo|gie** *die;* - ⟨zu ↑...logie⟩: Lehre vom Kot, vor allem von den krankhaften Störungen u. Veränderungen in seiner Zusammensetzung (Med.). **Ko|prom** *das;* -s, -e ⟨zu ↑...om⟩: Scheingeschwulst in Form einer Ansammlung verhärteten Kots im Darm (Med.). **ko|pro|phag** ⟨zu ↑...phag⟩: 1. kotessend (aus krankhafter Neigung heraus; Med.). 2. sich von Mist, Kot ernährend (Biol.). **Ko|phro|pha|ge** *der* u. *die;* -n, -n ⟨zu ↑...phage⟩: 1. jmd., der aus einer krankhaften Neigung heraus Kot ißt (Med.). 2. Tier, das sich von Exkrementen ernährt (Biol.). **Ko|pro|pha|gie** *die;* - ⟨zu ↑...phagie⟩: das Essen von Kot als Triebanomalie bei Schizophrenen u. Schwachsinnigen (Med.). **Ko|pro|phi|lie** *die;* - ⟨zu ↑...philie⟩: starkes [krankhaftes] Interesse an [den eigenen] ↑Exkrementen (Med., Psychol.). **Ko|pro|pho|bie** *die;* - ⟨zu ↑...phobie⟩: [krankhafte] Angst vor der Berührung von ↑Fäkalien, oft auch Angst vor Schmerz u. Ansteckung (Med., Psychol.). **Ko|pro|por|phy|rin** *das;* -s, -e ⟨zu ↑Porphyrin⟩: in geringer Menge im Kot vorkommende, bei Stoffwechselkrankheiten stark vermehrt auftretende Verbindung aus der Gruppe der ↑Porphyrine (Med.). **Ko|pro|por|phy|rin|urie** *die;* -, ...ien ⟨zu ↑...urie⟩: vermehrte Ausscheidung von Koproporphyrin mit dem Urin (Med.). **Ko|pro|sta|se** *die;* -, -n ⟨zu ↑Stase⟩: Kotstauung, Verstopfung (Med.)

Kops *der;* -es, -e ⟨aus gleichbed. *engl.* cop, eigtl. „Spitze, oberer Teil"⟩: Spinnhülse mit aufgewundenem Garn, Garnkörper, Spule (Spinnerei)

Kop|te *der;* -n, -n ⟨nach *arab.* qibṭī aus *gr.* Aigýptios „Ägypter"⟩: christlicher Nachkomme der alten Ägypter. **koptisch**: a) die Kopten betreffend; b) die jüngste Stufe des Ägyptischen, die Sprache der Kopten betreffend. **Kop|tin** *die;* -, -nen: weibliche Form zu ↑Kopte. **Kop|to|lo|ge** *der;* -n, -n ⟨zu ↑...loge⟩: Wissenschaftler auf dem Gebiet der Koptologie. **Kop|to|lo|gie** *die;* - ⟨zu ↑...logie⟩: Wissenschaft von der koptischen Sprache u. Literatur. **Kop|to|lo|gin** *die;* -, -nen: weibliche Form zu ↑Koptologe

Ko|pu|la *die;* -, Plur. -s u. ...lae [...lɛ] ⟨aus *lat.* copula „Band"⟩: 1. svw. Kopulation (2). 2. a) Verbform, die die Verbindung zwischen ↑Subjekt (2) u. ↑Prädikativ (Prädikatsnomen) herstellt (Sprachw.); b) das Glied, das ↑Subjekt (2) und ↑Prädikat (4) zu einer Aussage verbindet (Logik). **Ko|pu|la|ti|on** *die;* -, -en ⟨aus *lat.* copulatio „Verbindung, Verknüpfung" zu copulare, vgl. kopulieren⟩: 1. (veraltet) Trauung, eheliche Verbindung (Rechtsw.). 2. Verschmelzung der verschiedengeschlechtigen Geschlechtszellen bei der Befruchtung. 3. Veredlung von Pflanzen, bei der das schräggeschnittene Edelreis mit der schräggeschnittenen Unterlage genau aufeinandergepaßt wird (Gartenbau). 4. svw. Koitus. **ko|pu|la|tiv** ⟨aus gleichbed. *spätlat.* copulativus⟩: verbindend, anreihend (Sprachw.); -e [...və] Konjunktion: anreihendes Bindewort (z. B. *und, auch;* Sprachw.). **Ko|pu|la|tiv|kom|po|si|tum** *das;* -s, ...ta: svw. Additionswort. **Ko|pu|la|ti|vum** [...v...] *das;* -s, ...va ⟨aus *lat.* (nomen) copulativum „das verbindende (Wort)"⟩: svw. Additionswort. **ko|pu|lie|ren** ⟨aus *lat.* copulare „zusammenbinden, (eng) verbinden, verknüpfen"⟩: 1. miteinander verschmelzen (von Geschlechtszellen bei der Befruchtung; Biol.). 2. Pflanzen veredeln. 3. (veraltet) jmdn. trauen (Rechtsw.). 4. svw. koitieren

kor..., Kor... vgl. kon..., Kon...

Ko|rah, ökum. **Korach** ⟨nach dem im 4. Mos. 16, 1ff. genannten Enkel des Levi, Korah (*hebr.* qōraḥ), der sich mit anderen gegen Moses u. Aaron stellte⟩; in der Fügung eine Rotte Korah: zügellose Horde

Ko|ra|kan *der;* -s ⟨aus dem *Tamil.*⟩: tropische Getreidepflanze der Gattung Kreuzgras

Ko|ral|le *die;* -, -n ⟨über *altfr.* coral aus *lat.* corall(i)um, dies aus gleichbed. *gr.* korállion⟩: 1. koloniebildendes Hohltier tropischer Meere. 2. das als Schmuck verwendete [rote] Kalkskelett der Koralle (1). **ko|ral|len**: a) aus Korallen bestehend; b) korallenrot. **Ko|ral|lin** *das;* -s ⟨zu ↑...in (1)⟩: roter Farbstoff zur Herstellung von Lackfarben. **Ko|ral|lio|lo|gie** *die;* - ⟨zu ↑...logie⟩: Korallenkunde (Biol.). **ko|ral|lio|lo|gisch** ⟨zu ↑...logisch⟩: die Koralliologie betreffend. **ko|ral|lo|gen** ⟨zu ↑...gen⟩: aus Ablagerungen von Korallen (1) gebildet (von Gesteinsschichten; Geol.).

ko|ram ⟨aus *lat.* coram „vor aller Augen, offen"⟩: in der Wendung jmdn. - nehmen: (veraltet) jmdn. scharf tadeln; vgl. coram publico. **ko|ra|mie|ren** ⟨zu ↑...ieren⟩: (veraltet) zur Rede stellen

Ko|ran [auch 'koːra(ː)n] *der;* -s, -e ⟨aus *arab.* qur'ān „Lesung, Vortrag"⟩: Sammlung der Offenbarungen Mohammeds, das heilige Buch des Islams (7. Jh. n. Chr.)

ko|ran|zen vgl. kuranzen

Kor|ban *das;* -s ⟨aus *hebr.* qorbān „Dargebrachtes" zu qārav „sich (dem Heiligtum) nähern"⟩: 1. im Alten Testament Bez. für die Opfergabe, im Neuen Testament Lehnwort für eine Weihegabe an den Tempelschatz. 2. im rabbinischen Sprachgebrauch auch Bez. für die Schwurformel, mit der etwas geweiht wird

Kord vgl. Cord

Kor|dax *der;* - ⟨über *lat.* cordax aus gleichbed. *gr.* kórdax⟩: grotesk-ausgelassener Verkleidungstanz des Männerchores in der antiken Komödie

Kor|de *die;* -, -n ⟨über *fr.* corde „Seil" aus *lat.* corda, chorda, vgl. Chorda⟩: (veraltet) schnurartiger Besatz. **Kor|del** *die;* -, -n ⟨aus *fr.* cordelle „kurzes Seil", Verkleinerungsform von corde, vgl. Korde⟩: 1. gedrehte od. geflochtene Schnur. 2. (landsch.) Bindfaden. 3. (österr.) svw. Korde

Kor|de|latsch *der;* -[e]s, -e ⟨aus gleichbed. *it.* coltellaccio, eigtl. „Hackmesser"⟩: kurzes ital. Krummschwert im Mittelalter

kor|de|lie|ren ⟨aus gleichbed. *fr.* cordeler (eigtl. „zu einem Seil drehen") zu corde, vgl. Korde⟩: zu einer Kordel drehen. **Kor|de|rie** *die;* -, ...ien ⟨aus gleichbed. *fr.* corderie⟩: (veraltet) Seilerei

kor|di|al ⟨über *fr.* cordial aus *mlat.* cordialis, dies zu *lat.* cor, Gen. cordis „Herz"⟩: (veraltet) herzlich; vertraulich. **Kor|dia|li|tät** *die;* -, -en ⟨nach gleichbed. *fr.* cordialité; vgl. ...ität⟩: (veraltet) Herzlichkeit, Freundlichkeit

kor|die|ren ⟨aus *fr.* corder „(zusammen)drehen" zu corde, vgl. Korde⟩: 1. feine schraubenförmige Linien in Gold- u. Silberdraht einarbeiten. 2. Griffe an Werkzeugen zur besseren Handhabung aufrauhen

Kor|die|rit [...di̯e..., auch ...'rɪt] vgl. Cordierit

Kor|dit *der;* -s ⟨aus gleichbed. *engl.* cordite zu cord „Schnur", dies aus *fr.* corde, vgl. Korde⟩: fadenförmiges, rauchschwaches Schießpulver. **Kor|don** [...'dõ:, österr. ...'do:n] *der;* -s, Plur. -s, österr. -e ⟨aus gleichbed. *fr.* cordon, eigtl. „Schnur, Seil; Reihe", zu corde, vgl. Korde⟩: 1. Postenkette, polizeiliche od. militärische Absperrung. 2. Ordensband. 3. Spalierbaum. **Kor|do|nett|sei|de** [...do'nɛt...] *die;* - ⟨zu *fr.* cordonnet „Schnürchen", Verkleinerungsform von cordon, vgl. Kordon⟩: schnurartig gedrehte Handarbeits- u. Knopflochseide. **Kor|do|nist** *der;* -en, -en ⟨zu ↑Kordon u. ↑...ist⟩: (veraltet) Grenzsoldat. **kor|don|nie|ren** ⟨aus gleichbed. *fr.* cordonner⟩: (veraltet) zusammendrehen

Kor|du|an *das;* -s ⟨aus *(alt)fr.* cordouan „Leder, Schuhwerk (aus Córdoba)", nach Cordouel, dem franz. Namen der span. Stadt Córdoba⟩: weiches, saffianähnliches Leder

Ko|re *die;* -, -n ⟨aus *gr.* kórē „Mädchen"⟩: bekleidete Mädchenfigur der [archaischen] griech. Kunst

Ko|re|fe|rat usw. vgl. Korreferat usw.

Ko|re|gis|seur [...ʒɪ'sø:ɐ̯] *der;* -s, -e ⟨zu ↑²ko... u. ↑Regisseur⟩: jmd., der zusammen mit einem anderen Regie führt

Kor|ek|ta|sie *die;* -, ...ien ⟨zu *gr.* kórē „Mädchen; Pupille" u. ↑Ektasie⟩: Pupillenerweiterung (Med.). **Kor|ek|to|mie** *die;* -, ...ien ⟨zu ↑...ektomie⟩: weniger gebräuchliche Bez. für ↑Iridektomie (Med.). **Kor|ek|to|pie** *die;* -, ...ien: [angeborene] Verlagerung der Pupille (Med.). **Ko|re|ly|se** *die;* -, -n ⟨zu ↑...lyse⟩: operative Durchtrennung von Verwachsungen zwischen Regenbogenhaut u. Linsenkapsel des Auges (Med.). **Ko|re|ste|no|se** *die;* -, -n: Pupillenverengung (Med.)

Ko|ri|an|der *der;* -s, - ⟨über *lat.* coriandrum aus gleichbed. *gr.* koríannon, koríandron zu kóris „Wanze", nach dem Geruch⟩: a) Gewürzpflanze des Mittelmeerraums; b) aus den Samenkörnern des Korianders (a) gewonnenes Gewürz. **Ko|ri|an|do|li** *das;* -[s], - ⟨aus gleichbed. *it.* coriandoli, eigtl. „Korianderkörner", Plur. von coriandolo, dies zu *lat.* coriandrum, vgl. Koriander⟩: (österr.) svw. Konfetti

Ko|rin|the *die;* -, -n ⟨nach der griech. Hafenstadt Korinth, von der aus diese Weinbeeren bevorzugt verschifft wurden⟩: kleine dunkle, getrocknete, kernlose Weinbeere

Ko|ri|um vgl. Corium

Kor|kett *das;* -[e]s ⟨Kunstw.⟩: Fußbodenbelag aus Korkplatten (Korkparkett)

Kor|mo|phyt *der;* -en, -en (meist Plur.) ⟨zu *gr.* kormós „Stamm, Sproß" u. ↑...phyt⟩: in Wurzel, Stengel u. Blätter gegliederte Farn- od. Samenpflanze (Sproßpflanze)

Kor|mo|ran [österr. 'kɔr...] *der;* -s, -e ⟨aus gleichbed. *fr.* cormoran zu *altfr.* cormare(n)g, corp mareng, eigtl. „Meerrabe" *(spätlat.* corvus marinus)⟩: pelikanartiger, fischfressender Schwimmvogel

Kor|mus *der;* - ⟨über *nlat.* cormus aus *gr.* kormós „Stamm, Sproß"⟩: in Wurzel, Sproßachse od. Stengel u. Blätter gegliederter Pflanzenkörper (Bot.); Ggs. ↑Thallus

Kor|nak *der;* -s, -s ⟨aus gleichbed. *fr.* cornac, dies über *port.* cornaca aus *singhales.* kūrawa „Elefant"⟩: [ind.] Elefantenführer

Kor|nea vgl. Cornea. **kor|ne|al** ⟨aus gleichbed. *nlat.* cornealis zu ↑Cornea u. ↑¹...al (1)⟩: die Augenhornhaut betreffend, zu ihr gehörend. **Kor|nea|lin|se** *die;* -, -n ⟨zu ↑Cornea⟩: Teil der Augenkeile eines ↑Facettenauges (Zool.). **Kor|ne|al|kon|takt|scha|le** *die;* -, -n ⟨zu ↑korneal⟩: svw. Kontaktlinse. **Kor|ne|al|re|flex** *der;* -es, -e: reflektorische Schließung des Augenlids bei mechanischer, thermischer od. chem. Reizung der Augenhornhaut (Med.). **Kor|ne|i|tis** *die;* -, ...itiden ⟨zu ↑Cornea u. ↑...itis⟩: Entzündung der Augenhornhaut (Med.)

Kor|nel|kir|sche *die;* -, -n ⟨über *mlat.* corniola aus *lat.* cornus „Kornelkirschbaum"⟩: ein Zier- u. Heckenstrauch mit gelben Doldenblüten u. eßbaren Früchten

Kor|ner vgl. Corner (2)

Kor|ne|ru|pin *der;* -s, -e ⟨nach dem dän. Geologen A. N. Kornerup (1857–1881) u. zu ↑...in (1)⟩: svw. Prismatin

¹Kor|nett *der;* -[e]s, Plur. -e u. -s ⟨aus gleichbed. älter *fr.* cornette, Verkleinerungsform von corne „Horn", dies aus gleichbed. *lat.* cornu⟩: (veraltet) Fähnrich [bei der Reiterei]. **²Kor|nett** *das;* -[e]s, Plur. -e u. -s ⟨aus gleichbed. *fr.* cornet zu corne, vgl. ¹Kornett⟩: 1. Orgelregister. 2. ein kleines Horn mit Ventilen. **Kor|net|tist** *der;* -en, -en ⟨zu ↑...ist⟩: jmd., der ²Kornett (2) spielt

Ko|roi [...rɔy]: Plur. von ↑Koros

Ko|rol|la u. **Ko|rol|le** *die;* -, ...llen ⟨aus *lat.* corolla „kleiner Kranz", Verkleinerungsform von corona „Kranz, Krone (aus Blumen)"⟩: zusammenfassende Bez. für alle Blütenblätter (Blumenkrone; Bot.). **Ko|rol|lar** *das;* -s, -e u. **Ko|rol|la|ri|um** *das;* -s, ...ien [...iən] ⟨aus gleichbed. *lat.* corollarium, eigtl. „Kränzchen; Zugabe"⟩: Satz, der selbstverständlich aus einem bewiesenen Satz folgt; aus einem anderen Satz abgeleiteter, gefolgerter Satz (Logik). **Ko|rol|le** vgl. Korolla

Ko|ro|man|del|holz *das;* -es ⟨nach dem vorderind. Küstenstrich Koromandel⟩: wertvolles Holz eines vorderind. Baumes

Ko|ro|na *die;* -, ...nen ⟨aus *lat.* corona „Kranz, Krone (aus Blumen)", dies aus *gr.* korṓnē „Ring" zu korōnós „gekrümmt"⟩: 1. Heiligenschein an einer Figur (bildende Kunst). 2. a) [bei totaler Sonnenfinsternis sichtbarer] Strahlenkranz der Sonne (Astron.); b) durch Beugung des Lichtes an Wolkentröpfchen u. Eiskristallen hervorgerufene atmosphärische Leuchterscheinung. 3. a) (ugs.) [fröhliche] Runde, [Zuhörer]kreis; b) (ugs. abwertend) Horde. 4. schwach leuchtende Glimmentladung an elektrischen Hochspannungsanlagen. 5. höchste Auszeichnung für siegreiche röm. Feldherren; Abzeichen des röm. Kaisers, Zeichen der Vergötterung. **Ko|ro|nal|laut** *der;* -[e]s, -e ⟨zu ↑¹...al (1)⟩: an der Zahnkrone mit der Zungenspitze gebildeter Zahnlaut (z. B. so ausgesprochenes t; Phon.). **ko|ro|nar** ⟨nach *lat.* coronarius „zum Kranz gehörend"⟩: zu den Herzkranzgefäßen gehörend, von ihnen ausgehend. **Ko|ro|nar|an|gio|gra|phie** *die;* -, ...ien [...iən]: ↑Angiographie der Herzkranzgefäße (Med.). **Ko|ro|nar|chir|ur|gie** *die;* -: operative Behandlung krankhafter Störungen u. Veränderungen der Herzkranzgefäße (Med.). **Ko|ro|nar|di|la|ta|tor** *der;* -s, -en: Arzneimittel zur Erweiterung u. Durchblutungsförderung der Herzkranzgefäße (Med.). **Ko|ro|nar|em|bo|lie** *die;* -, ...ien [...iən]: Verschluß eines Herzkranzgefäßes durch Blutgerinnsel od. einen anderen ↑Embolus (Med.). **Ko|ro|nar|ge|fäß** *das;* -es, -e (meist Plur.): Blutgefäß des Herzens (Kranzgefäß; Med.). **Ko|ro|nar|in|suf|fi|zi|enz** [...jɛnts] *die;* -, -en: mangelhafte Sauerstoffversorgung des Herzmuskels (Med.). **Ko|ro|na|ris|mus** *der;* -, ...men ⟨zu ↑...ismus (3)⟩: krampfartige Zustände bzw. Attacken der Herzkranzgefäße, die den Herzmuskel mit Blut versorgen (Med.). **Ko|ro|na|ro|gramm** *das;* -s, -e ⟨zu ↑...gramm⟩: Röntgenbild der Herzkranzgefäße (Med.). **Ko|ro|na|ro|gra|phie** *die;* -, ...ien ⟨zu ↑...graphie⟩: svw. Koronarangiographie. **Ko|ro|nar|skle|ro|se** *die;* -: Verkalkung der den Herzmuskel versorgenden Koronargefäße (Med.). **Ko|ro|nar|the|ra|peu|ti|kum** *das;* -s, ...ka: Arzneimittel zur Behandlung von Erkrankungen der Herzkranzgefäße (Med.). **Ko|ro|na|ti|on** *die;* -, -en ⟨aus *lat.* coronatio „Bekränzung" zu coronare „bekränzen"⟩: (veraltet) 1. Krönung. 2. Aufsetzen des Brautkranzes bei der Eheschließung in der griech.-kath. Kirche. **Ko|ro|na|vi|rus** [...v...] *das;* -, ...ren (meist Plur.) ⟨zu ↑koronar bzw. ↑Korona⟩: Viren von kranzförmiger Gestalt, die Erkrankungen der Atemwege hervorrufen (Med.). **Ko|ro|nis** *die;* -, ...ides ⟨aus gleichbed. *gr.* korōnís, Gen. korōnídos, eigtl. „das Gekrümmte"⟩: 1. in altgriech. Wörtern das Zeichen für ↑Krasis (') (z. B. griech. *tàmá* für *tà emá* „das Meine"). 2. Schlußstein; Schlußzeichen, Verzierung. **Ko|ro|no|graph** *der;* -en, -en ⟨zu ↑Korona u. ↑...graph⟩: Fernrohr zum Beobachten u. Fotografieren der Korona (2) **Ko|ro|phi|lie** *die;* - ⟨zu ↑Kore u. ↑...philie⟩: [sexuelle] Vorliebe für junge Mädchen. **Ko|ros** *der;* -, Koroi [...rɔy] ⟨aus *gr.* kóros „Jüngling"⟩: Statue eines nackten Jünglings in der [archaischen] griech. Kunst

Kor|po|ra: Plur. von ↑Korpus. **kor|po|ral** ⟨aus gleichbed. *lat.* corporalis zu corpus „Körper, Leib"⟩: (veraltet) zum Körper gehörend; körperlich, leiblich; vgl. ...al/...ell **Kor|po|ral** *der;* -s, Plur. -e, auch ...äle ⟨aus gleichbed. älter *fr.* corporal, gebildet nach corps „Körper" zu caporal „Gefreiter", dies aus gleichbed. *it.* caporale (älter *it.* „(An)führer") zu capo „Haupt, Kopf", dies aus gleichbed. *lat.* caput⟩: 1. (veraltet) Führer einer ↑Korporalschaft; Unteroffizier. 2. (schweiz.) niederster Unteroffiziersgrad **Kor|po|ra|le** *das;* -s, ...lien [...jən] ⟨aus *kirchenlat.* corporale „Leibtuch", eigtl. „das Körperliche", zu *lat.* corporalis, vgl. korporal⟩: quadratisches od. rechteckiges Leinentuch als Unterlage für ↑Hostie u. Hostienteller in der kath. Liturgie **Kor|po|ral|schaft** *die;* -, -en ⟨zu ↑Korporal⟩: (veraltet) Unterabteilung der Kompanie im inneren Dienst **Kor|po|ra|ti|on** *die;* -, -en ⟨über *fr.* corporation, *engl.* corporation aus *spätlat.* corporatio „Körperlichkeit" zu corporare „zum Körper machen", dies zu *lat.* corpus „Körper, Leib"⟩: 1. Körperschaft, Innung, ↑juristische Person. 2. Studentenverbindung. **kor|po|ra|tiv** ⟨aus *spätlat.* corporativus „einen Körper bildend"⟩: 1. körperschaftlich; geschlossen. 2. eine Studentenverbindung betreffend. **Kor|po|ra|ti|vis|mus** [...v...] *der;* - ⟨zu ↑...ismus (1)⟩: politisches Bestreben, den Staat durch Schaffung von berufsständischen Korporationen (1) zu erneuern. **kor|po|rell** ⟨aus gleichbed. *fr.* corporel zu *lat.* corporalis, vgl. korporal⟩: svw. korporal; vgl. ...al/...ell. **kor|po|riert** ⟨zu ↑Korporation u. ↑...iert⟩: einer Korporation (2) angehörend. **Kor|po|rier|te** *der* u. *die;* -n, -n: jmd., der einer Korporation (2) angehört. **Korps** [ko:ɐ̯] *das;* - [ko:ɐ̯(s)], - [ko:ɐ̯s] ⟨aus *fr.* corps „Körper, Körperschaft, Heerhaufe", dies aus *lat.* corpus, vgl. ¹Korpus⟩: 1. größerer Truppenverband. 2. studentische Verbindung. **Korps|geist** ['ko:ɐ̯...] *der;* -[e]s: 1. Gemeinschafts-, Standesbewußtsein. 2. Standeshochmut. 3. Gruppe von Personen gleichen Standes od. Berufes. **Korps|stu|dent** *der;* -en, -en: Student, der einem Korps (2) angehört. **kor|pu|lent** ⟨aus gleichbed. *lat.* corpulentus zu corpus, vgl. Korporation⟩: beleibt, wohlgenährt, dick. **Kor|pu|lenz** *die;* - ⟨aus gleichbed. *lat.* corpulentia zu corpulentus, vgl. korpulent⟩: Beleibtheit, Wohlgenährtheit. ¹**Kor|pus** *der;* -, -se ⟨aus *lat.* corpus „Leib"⟩: 1. (ugs., scherzh.) Körper. 2. der Leib Christi am Kreuz (bildende Kunst). 3. (ohne Plur.) das massive, hinsichtlich Holz od. Farbe einheitliche Grundteil ohne die Einsatzteile [bei Möbeln]. 4. (schweiz.) Ladentisch; [Büro]möbel mit Fächern od. Schubladen, dessen Deckfläche als Ablage od. Arbeitstisch dient. ²**Kor|pus** *das;* -, ...pora ⟨aus *lat.* corpus „Gesamtwerk, Sammlung", eigtl. „Körper"⟩: 1. Belegsammlung von Texten od. Schriften [aus dem Mittelalter od. der Antike]. 2. einer wissenschaftlichen [Sprach]analyse zugrundeliegendes Material, repräsentative Sprachprobe. 3. (ohne Plur.) Klangkörper eines Musikinstruments, insbesondere eines Saiteninstruments (Mus.). ³**Kor|pus** *die;* - ⟨nach dem erstmals mit diesem Schriftgrad gedruckten Corpus juris benannt⟩: (veraltet) Schriftgrad von 10 Punkt (ungefähr 3,7 mm Schriftgröße; Druckw.). **Kor|pus de|lik|ti** vgl. Corpus delicti. **Kor|pus ju|ris** vgl. Corpus juris. **Kor|pus|kar|zi|nom** *das;* -s, -e ⟨zu ↑¹Korpus⟩: Gebärmutterkrebs (Med.). **Kor|pus|kel** *das;* -s, -n, fachspr. auch *die;* -, -n ⟨aus *lat.* corpusculum „Körperchen", Verkleinerungsform von corpus, vgl. ¹Korpus⟩: kleinstes Teilchen der Materie; Elementarteilchen (Phys.). **kor|pus|ku|lar** ⟨zu ↑Korpuskel⟩: die Korpuskeln betreffend (Phys.). **Kor|pus|ku|lar|op|tik** *die;* -: Lehre von der Führung elektrisch geladener Teilchen (Elektronen, Ionen, Elementarteilchen) auf bestimmten Bahnen sowie ihre Fokussierung (vgl. fokussieren) u. Ablenkung durch elektrische u. magnetische Felder (Phys.). **Kor|pus|ku|lar|strahl** *der;* -[e]s, -en (meist Plur.): aus beschleunigten, geladenen ↑Korpuskeln bestehender Strahl (Phys.). **Kor|pus|ku|lar|theo|rie** *die;* -: ↑Theorie, die davon ausgeht, daß das Licht aus Korpuskeln besteht

Kor|ra|dia|ti|on *die;* -, -en ⟨zu ↑kon... u. *lat.* radiatio „das Strahlen, der Glanz"⟩: Vereinigung von Strahlen in einem Punkt (Phys.). **kor|ra|die|ren** ⟨aus gleichbed. *lat.* corradere zu ↑kon... u. radere „kratzen, schaben", eigtl. „zusammenscharren"⟩: (veraltet) abschleifen, Oberfläche abtragen **Kor|ral** *der;* -s, -e ⟨aus *span.* corral „Hofraum, Gehege"⟩: [Fang]gehege für wilde Tiere, Pferde **Kor|ra|si|on** *die;* -, -en ⟨zu *lat.* corrasus, Part. Perf. von corradere (vgl. korradieren) u. ↑¹...ion⟩: Abschleifung von Gesteinen durch windbewegten Sand **kor|re|al** ⟨zu *lat.* correus „Mitschuldiger" (zu ↑kon... u. *mlat.* reus „schuldig") u. ↑¹...al (1)⟩: a) (veraltet) mitschuldig; b) zusammen mit einem anderen Schuldner zu einer Leistung verpflichtet (Rechtsw.). **Kor|re|al|gläu|bi|ger** *der;* -s, -: Gesamtgläubiger (Rechtsw.). **Kor|re|al|schuld|ner** *der;* -s, -: Gesamtschuldner (Rechtsw.) **Kor|re|fe|rat** [auch ...'ra:t] u. (österr.) Koreferat *das;* -[e]s, -e ⟨zu ↑kon... u. ↑Referat⟩: zweiter Bericht; Nebenbericht [zu dem gleichen wissenschaftlichen Thema]. **Kor|re|fe|rent** [auch ...'rɛnt] u. (österr.) Koreferent *der;* -en, -en: a) jmd., der ein Korreferat hält; b) zweiter Gutachter [bei der Beurteilung einer wissenschaftlichen Arbeit]. **Kor|re|fe|renz** [auch ...'rɛnts] *die;* -, -en: svw. Referenzidentität. **kor|re|fe|rie|ren** [auch ...'ri:...] u. (österr.) koreferieren: a) ein Korreferat halten; b) als zweiter Gutachter berichten, mitberichten **Kor|re|gi|dor** [kɔrɛxi...] vgl. Corregedor. **kor|rekt** ⟨aus *lat.* correctus „zurechtgebracht, berichtigt", Part. Perf. von corrigere „geraderichten; berichtigen, verbessern"; vgl. korrigieren⟩: a) richtig, fehlerfrei, einwandfrei; b) angemessen; bestimmten Normen, Vorschriften od. [moralischen] Grundsätzen entsprechend; Ggs. ↑inkorrekt. **Kor|rekt|heit** *die;* -: 1. Richtigkeit; Ggs. ↑Inkorrektheit (1 a). 2. korrektes (b) Verhalten, Benehmen; Ggs. ↑Inkorrektheit (1 b). **Kor|rek|ti|on** *die;* -, -en ⟨aus gleichbed. *lat.* correctio zu corrigere, vgl. korrekt⟩: Besserung; Verbesserung; Regelung (z. B. in der Augenoptik). **kor|rek|tio|nie|ren** ⟨zu ↑...ieren⟩: (schweiz.) verbessern, in Ordnung bringen. **kor|rek|tiv** ⟨zu *lat.* correctus (vgl. korrekt) u. ↑...iv⟩: (veraltet)

Korrektiv

bessernd; zurechtweisend. **Kor|rek|tiv** *das;* -s, -e [...və]: etwas, was dazu dienen kann, Fehlhaltungen, Mängel o. ä. auszugleichen. **Kor|rek|tor** *der;* -s, ...oren ⟨aus *lat.* corrector „Berichtiger, Verbesserer"⟩: 1. jmd., der beruflich Schriftsätze auf Fehler hin durchsieht. 2. Aufsichtsbeamter der röm. Kaiserzeit. 3. jmd., der eine Prüfungsarbeit korrigiert und benotet. **Kor|rek|to|rat** *das;* -[e]s, -e ⟨zu ↑...at⟩: Korrekturabteilung in einer Druckerei. **kor|rek|to|ri|al** ⟨zu ↑...ial⟩: (veraltet) berücksichtigend, verbessernd, den Korrektor betreffend. **Kor|rek to|rin** *die;* -, -nen: weibliche Form zu ↑ Korrektor. **Kor|rek|tur** *die;* -, -en ⟨aus *mlat.* correctura „Berichtigung"⟩: a) Verbesserung, [Druck]berichtigung; b) schriftliche Berichtigung

kor|re|lat vgl. korrelativ. **Kor|re|lat** *das;* -[e]s, -e ⟨rückgebildet aus ↑ Korrelation⟩: 1. Begriff, der zu einem anderen in [ergänzender] Wechselbeziehung steht (z. B. Gatte – Gattin, Rechte – Pflichten). 2. Wort, das mit einem anderen in bedeutungsmäßiger od. grammatischer Beziehung steht; darauf [bestehen], *daß* ...; *das,* was...; derjenige, *welcher*...; Sprachw.). 3. eine bestimmte Art math. Größen, die in der Ausgleichs- u. Fehlerrechnung ermittelt werden (Math.). **Kor|re|la|ti|on** *die;* -, -en ⟨aus *mlat.* correlatio „Wechselbeziehung", vgl. kon... u. Relation⟩: 1. das Aufeinanderbezogensein von zwei Begriffen. 2. Zusammenhang zwischen statistischen Ergebnissen, die durch Wahrscheinlichkeitsrechnung ermittelt werden (Math.). 3. Wechselbeziehung zwischen verschiedenen Organen od. Organteilen (Med.). **Kor|re|la|ti|ons|ana|ly|se** *die;* -, -n: Zweig der math. Statistik mit Untersuchungen über ↑ stochastische Zusammenhänge. **Kor|re|la|ti|ons|elek|tro|nik** *die;* -: Anwendung des Korrelationsbegriffes u. einer darauf basierenden Theorie in der ↑ Elektronik. **Kor|re|la|ti|ons|funk|ti|on** *die;* -, -en: math. Funktion zufälliger Größen od. Zahlenfolgen. **Kor|re|la|ti|ons|ko|ef|fi|zi|ent** *der;* -en, -en: Maß für die wechselseitige Beziehung zwischen zwei zufälligen Größen (Statistik). **kor|re|la|tiv**, selten correlat ⟨zu ↑...iv⟩: wechselseitig; sich gegenseitig bedingend. **Kor|re|la|ti|vis|mus** [...v...] *der;* - ⟨zu ↑...ismus (1)⟩: Erkenntnistheorie, nach der Subjekt u. Erkenntnisobjekt in Wechselbeziehung stehen (Philos.). **Kor|re|la|ti|vi|tät** *die;* -, -en ⟨zu ↑...ität⟩: Wechselbeziehung, -bezüglichkeit. **Kor|re|la|tor** *der;* -s, ...toren ⟨zu ↑...or⟩: Gerät zur Ermittlung der ↑ Korrelationsfunktionen (Math.). **kor|re|lie|ren** ⟨zu ↑ Korrelation u. ↑...ieren⟩: einander bedingen, miteinander in Wechselbeziehung stehen

kor|re|pe|tie|ren ⟨zu ↑ kon... u. ↑ repetieren⟩: mit jmdm. eine Gesangspartie vom Klavier aus einüben (Mus.). **Kor|re|pe|ti|ti|on** *die;* -, -en: Einübung einer Gesangspartie vom Klavier aus (Mus.). **Kor|re|pe|ti|tor** *der;* -s, ...oren: Musiker, der korrepetiert (Mus.).

Kor|rep|ti|on *die;* -, -en ⟨aus *spätlat.* correptio „Verkürzung; Tadel" zu *lat.* corripere, vgl. korripieren⟩: 1. Aussprachekürzung einer Silbe. 2. (veraltet) Tadel, Verweis

Kor|re|spek|ti|on *die;* - ⟨zu ↑ kon... u. *lat.* respectio „Musterung", dies zu respicere „zurückbleiben, berücksichtigen"⟩: (veraltet) Mitberücksichtigung. **kor|re|spek|tiv** ⟨zu ↑ kon... u. ↑ respektiv⟩: gemeinschaftlich. **Kor|re|spek|ti|vi|tät** [...v...] *die;* - ⟨zu ↑...ität⟩: (veraltet) Gemeinschaftlichkeit

Kor|re|spon|dent *der;* -en, -en ⟨aus *mlat.* correspondens, Gen. correspondentis, Part. Präs. von correspondere, vgl. korrespondieren⟩: 1. Journalist, der [aus dem Ausland] regelmäßig aktuelle Berichte für Presse, Rundfunk od. Fernsehen liefert. 2. a) Angestellter eines Betriebs, der den kaufmännischen Schriftwechsel führt; b) (veraltet) Briefpartner. **Kor|re|spon|den|tin** *die;* -, -nen: weibliche Form zu ↑ Korrespondent. **Kor|re|spon|dent|ree|der** *der;* -s, -: Geschäftsführer einer Reederei [mit beschränkter Vertretungsvollmacht]. **Kor|re|spon|denz** *die;* -, -en ⟨aus gleichbed. *fr.* correspondance zu correspondre, vgl. korrespondieren⟩: 1. Briefwechsel, -verkehr. 2. Beitrag eines Korrespondenten (1) einer Zeitung. 3. (veraltet) Übereinstimmung. **Kor|re|spon|denz|bü|ro** *das;* -s, -s: Agentur, die Berichte, Nachrichten, Bilder u. a. für die Presse sammelt. **Kor|re|spon|denz|kar|te** *die;* -, -n: (österr.) Postkarte. **Kor|re|spon|denz|ko|mi|tee** *das;* -s: revolutionärer Ausschuß während des Unabhängigkeitskampfes der nordamerikanischen Kolonien. **Kor|re|spon|denz|prin|zip** *das;* -s: Prinzip, das die ↑ Quantenmechanik u. die klassische Physik miteinander verknüpft. **Kor|re|spon|denz|schach** *das;* -s, -s: Fernschach. **Kor|re|spon|denz|se|mi|nar** *das;* -s, -e: Tagung für Korrespondenztraining. **Kor|re|spon|denz|trai|ning** [...tre:...] *das;* -s: Schulungskurs für präzises Formulieren. **kor|re|spon|die|ren** ⟨aus gleichbed. *fr.* correspondre, dies aus *mlat.* correspondere „übereinstimmen; in (geschäftlicher) Verbindung stehen, Briefe wechseln", zu ↑ kon... u. *lat.* respondere „antworten"⟩: 1. mit jmdm. im Briefverkehr stehen. 2. einer Sache harmonisch entsprechen, mit etwas übereinstimmen. **Kor|re|spon|sal** *der;* -s, -e ⟨zu ↑ kon..., *lat.* responsum „Rechtsbescheid, -gutachten" u. ↑¹...al (2)⟩: (veraltet) svw. Akzeptant. **kor|re|spon|siv** ⟨zu ↑¹...iv⟩: entsprechend, übereinstimmend

Kor|ri|dor *der;* -s, -e ⟨aus *it.* corridore „Läufer, Laufgang" zu correre „laufen", dies aus gleichbed. *lat.* currere⟩: 1. [Wohnungs]flur, Gang. 2. schmaler Gebietsstreifen, der durch das Hoheitsgebiet eines fremden Staates führt

Kor|ri|gend *der;* -en, -en ⟨aus *lat.* corrigendus „der zu Bessernde", Gerundivum von corrigere, vgl. korrigieren⟩: (veraltet) Sträfling. **Kor|ri|gen|da** *die* (Plur.) ⟨aus *lat.* corrigenda „das zu Verbessernde", Neutrum Plur. von corrigendus, vgl. Korrigend⟩: Druckfehler-, Fehlerverzeichnis. **Kor|ri|gens** *das;* -, Plur. ...gentia u. ...genzien [...jən] (meist Plur.) ⟨zu *lat.* corrigens, Gen. corrigentis „verbessernd", Part. Präs. von corrigere, vgl. korrigieren⟩: geschmackverbessernder Zusatz in Arzneien (Pharm.). **kor|ri|gi|bel** ⟨zu ↑...ibel⟩: (veraltet) korrigierbar. **kor|ri|gie|ren** ⟨aus gleichbed. *lat.* corrigere, eigtl. „zurecht-, geraderichten"⟩: etwas berichtigen; verbessern

kor|ri|pie|ren ⟨aus *lat.* corripere „zusammengreifen, erhaschen" zu ↑ kon... u. rapere „raffen, reißen"⟩: (veraltet) 1. eine lange Silbe kurz sprechen, kürzen. 2. tadeln; zurechtweisen

Kor|ri|val|le [...v...] *der;* -n, -n ⟨aus gleichbed. spätlat. corrivalis zu ↑ kon... u. *lat.* rivalis „Nebenbuhler"; vgl. Rivale⟩: (veraltet) Mitrivale. **Kor|ri|va|li|tät** *die;* - ⟨zu ↑ kon... u. ↑ Rivalität⟩: (veraltet) Mitbewerbung, Mitrivalität

Kor|ri|va|ti|on [...v...] *die;* -, -en ⟨aus gleichbed. *lat.* corrivatio zu ↑ kon... u. rivare „ableiten", dies zu rivus „Bach"⟩: (veraltet) Zusammenleitung (mehrerer Gewässer)

Kor|ro|bo|ra|ti|on *die;* - ⟨aus gleichbed. *mlat.* corroboratio zu *lat.* corroborare, vgl. korroborieren⟩: (veraltet) Kräftigung, Stärkung. **kor|ro|bo|rie|ren** ⟨aus gleichbed. *lat.* corroborare zu ↑ kon... u. roborare „stärken", dies zu robur, Gen. roboris „Kraft"⟩: stärken

Kor|ro|bo|ri *der;* -[s], -s ⟨aus gleichbed. *engl.* corroboree, dies aus einer austral. Eingeborenensprache⟩: [Kriegs]tanz der australischen Eingeborenen mit Lied- u. Trommelbegleitung

Kor|ro|den|tia u. **Kor|ro|den|zi|en** [...jən] *die* (Plur.) ⟨aus gleichbed. *nlat.* corrodentia, eigtl. „die Zernager", Neu-

trum Plur. von *lat.* corrodens, Gen. corrodentis, Part. Präs. von corrodere, vgl. korrodieren⟩: (veraltet) systematische Bez. für die Termiten, Staubläuse u. Pelzfresser (Biol.). **kor|ro|die|ren** ⟨aus *lat.* corrodere „zernagen"⟩: angreifen, zerstören; der Korrosion unterliegen. **Kor|ro|si|on** *die;* -, -en ⟨aus *mlat.* corrosio „Zerstörung" zu *lat.* corrodere, vgl. korrodieren⟩: 1. chem. Veränderung an der Oberfläche fester Körper (z. B. von Gesteinen u. Metallen). 2. Zersetzung von Gesteinen durch Einwirkung von Wasser o. ä. (Geol.). 3. durch Entzündung od. Ätzmittel hervorgerufene Zerstörung von Körpergewebe (Med.). **Kor|ro|si|ons|ele|ment** *das;* -[e]s, -e: die elektrochem. Korrosion verursachendes ↑ galvanisches Element. **Kor|ro|si|ons|in|hi|bi|tor** *der;* -s, -en: Stoff, der eine Korrosion hemmt od. verhindert. **Kor|ro|si|ons|prä|pa|rat** *das;* -[e]s, -e: anatomisches Präparat (2 a) zur Darstellung des Gefäßsystems od. anderer Hohlräume durch Füllung mit Metallegierungen u. anschließender Korrosion, d. h. Entfernung der umgebenden Gewebe mit Hilfe chem. Substanzen (Med.). **kor|ro|siv** ⟨aus gleichbed. *fr.* corrosif zu corroder, dies aus *lat.* corrodere, vgl. korrodieren⟩: angreifend, zerstörend. **Kor|ro|siv** *das;* -s, -.ve […və]: (veraltet) Ätz-, Reizmittel
kor|rum|pie|ren ⟨aus *lat.* corrumpere „verderben, zerrütten; bestechen"⟩: a) jmdn. bestechen; b) jmdn. moralisch verderben. **kor|rum|piert** ⟨zu ↑ …iert⟩: verderbt (von Stellen in alten Texten u. Handschriften). **Kor|rum|pie|rung** *die;* -, -en ⟨zu ↑ …ierung⟩: das Korrumpieren, das Korrumpiertwerden. **kor|rupt** ⟨aus gleichbed. *lat.* corruptus, Part. Perf. von corrumpere, vgl. korrumpieren⟩: 1. a) bestechlich; b) moralisch verdorben. 2. auf Grund von Abhängigkeiten, Vetternwirtschaft, Bestechung, Erpressung o. ä. so beschaffen, daß bestimmte gesellschaftliche Normen u. moralische Grundsätze nicht mehr wirksam sind. **Kor|rup|tel** *die;* -, -en ⟨aus *lat.* corruptela „der Verderb"⟩: (veraltend) verderbte Textstelle. **kor|rup|ti|bel** ⟨aus *spätlat.* corruptibilis „zerstörbar, vergänglich"⟩: (veraltet) 1. verderblich. 2. bestechlich, verführbar. **Kor|rup|ti|bi|li|tät** *die;* - ⟨aus *spätlat.* corruptibilitas, Gen. corruptibilitatis „Zerstörbarkeit, Vergänglichkeit"⟩: (veraltet) 1. Verderblichkeit. 2. Bestechlichkeit, Verführbarkeit. **Kor|rup|ti|on** *die;* -, -en ⟨aus gleichbed. *lat.* corruptio⟩: 1. a) Bestechung, Bestechlichkeit; b) moralischer Verfall. 2. Verhältnisse, in denen korrupte Machenschaften das gesellschaftliche Leben bestimmen u. damit den moralischen Verfall bewirken. **Kor|rup|tio|nis|mus** *der;* - ⟨zu ↑ …ismus (5)⟩: (veraltet) sich der Korruption (1 a) bedienende, durch sie bestimmte Handlungsweise. **Kor|rup|tio|nist** *der;* -en, -en ⟨zu ↑ …ist⟩: (veraltet) jmd., der durch Korruption (1 a) sein Ziel erreichen will. **Kor|rup|ti|ons|af|fä|re** *die;* -, -n: durch das Aufdecken von Korruption entstandene Affäre
Kor|sa|ge […ʒə] *die;* -, -n ⟨aus *fr.* corsage „Mieder", eigtl. „Oberleib", zu corps „Leib", dies aus *lat.* corpus⟩: auf Figur gearbeitetes, versteiftes Oberteil eines Kleides
Kor|sak *der;* -s, -s ⟨aus gleichbed. *russ.* korsak, *kirgis.* karsak⟩: kleiner, kurzohriger Steppenfuchs
Kor|sa|kow-Syn|drom *das;* -s, -e ⟨nach dem russ. Psychiater S. Korsakow (1854–1900) u. zu ↑ Syndrom⟩: nach Hirnschäden auftretende psychische Störung mit Beeinträchtigung der Merkfähigkeit, der Orientierung u. der Erinnerung (Med.).
Kor|sar *der;* -en, -en ⟨aus *it.* corsaro, dies aus *mlat.* cursarius zu *lat.* cursus, vgl. Kurs⟩: 1. (früher) a) Freibeuter, Seeräuber; b) Seeräuberschiff. 2. Zweimannjolle mit Vor- u. Großsegel
Kor|se|lett *das;* -s, Plur. -s, auch -e ⟨aus gleichbed. *fr.* corse-

let zu *altfr.* corsel „kleiner Leib", Verkleinerungsform von cors, vgl. Korsett⟩: leichteres Korsett. **Kor|sett** *das;* -s, Plur. -s, auch -e ⟨aus gleichbed. *fr.* corset, Verkleinerungsform von *altfr.* cors (*fr.* corps), vgl. Korsage⟩: 1. mit Stäbchen versehenes u. mit Schnürung od. Gummieinsätzen ausgestattetes Mieder. 2. Verband aus festem Material als Stütze für verletzte, inbesondere gebrochene Körperteile
Kor|so *der;* -s, -s ⟨aus gleichbed. *it.* corso, eigtl. „Lauf, Umzug, Wettrennen", dies aus *lat.* cursus „Lauf; Fahrt", vgl. Kurs⟩: 1. Umzug, festliche Demonstrationsfahrt. 2. große, breite Straße für Umzüge. 3. Wettrennen von Pferden ohne Reiter
Kör|tanc […ts] *der;* - ⟨aus *ung.* körtánc „Rundtanz, Reigen, Reihen"⟩: ung. Nationaltanz, eine Art Kontertanz
Kor|tege […'tɛ:ʒ] *das;* -s, -s ⟨aus *fr.* cortège, dies aus *it.* corteggio zu corteggiare „den Hof machen, aufwarten", zu corte „Hof", dies aus *lat.* co(ho)rs, Gen. co(ho)rtis, vgl. Kohorte⟩: (veraltet) Gefolge, Ehrengeleit
Kor|tex *der;* -[es], Plur. -e u. …tizes […tse:s] ⟨aus *lat.* cortex, Gen. corticis „Rinde"⟩: 1. äußere Zellschicht eines Organs (Med.). 2. Hirnrinde (Med.). **kor|ti|kal** ⟨aus gleichbed. *nlat.* corticalis, zu ↑ Kortex u. ↑ ¹…al (1)⟩: 1. von der Hirnrinde ausgehend, in der Hirnrinde sitzend; -e Zentren: wichtige Teile der Hirnrinde, in denen z. B. Hör- u. Sehzentrum liegen (Med.). 2. die äußere Zellschicht von Organen betreffend (Biol., Med.). **Kor|ti|kal|per|son** *die;* -: der von der Großhirnrinde sogenannten ↑ noetischen Oberbau (u. damit überwiegend rational) bestimmte Teil der Persönlichkeit (Psychol.). **Kor|ti|ko|gramm** *das;* -s, -e ⟨zu ↑ Kortex u. ↑ …gramm⟩: svw. Elektrokortikogramm. **Kor|ti|ko|gra|phie** *die;* -, …ien ⟨zu ↑ …graphie⟩: svw. Elektrokortikographie. **Kor|ti|ko|id** *das;* -[e]s, -e (meist Plur.) ⟨zu ↑ …oid⟩: Nebennierenrindenhormon, das den Mineral- u. Kohlenhydratstoffwechsel beeinflußt (Med.). **Kor|ti|ko|ste|ro|id** *das;* -[e]s, -e (meist Plur.): ↑ Steroid mit der Wirkung der Nebennierenrindenhormone. **Kor|ti|ko|ste|ron**, fachspr. Corticosteron [k…] *das;* -s ⟨Kunstw. zu ↑ Kortex, *gr.* stereós „starr, hart, fest" u. ↑ Hormon⟩: Hormon der Nebennierenrinde (Med.). **kor|ti|ko|trop** ⟨zu ↑ …trop⟩: auf die Nebennierenrinde einwirkend (Med.). **Kor|ti|ko|tro|pin** *das;* -s, -e ⟨zu ↑ …in (1)⟩: Hormon, das im Vorderlappen der Hirnanhangsdrüse gebildet wird u. die Funktion der Nebennierenrinde reguliert (Med.). **Kor|tin** *das;* -s, -e (meist Plur.) ⟨Kunstw. zu ↑ Kortex u. ↑ …in (1)⟩: in der Nebennierenrinde gebildetes Hormon (Med.)
Kor|ti|ne vgl. Kurtine
Kor|ti|son, fachspr. Cortison [k…] *das;* -s ⟨Kunstw. zu ↑ Kortikosteron⟩: [Präparat aus dem] Hormon der Nebennierenrinde (Med.). **Kor|ti|zes** […tse:s] Plur. von ↑ Kortex
Ko|ru|bin *das;* -s ⟨Kurzw. aus ↑ *K*orund u. ↑ *Rubin*⟩: Schleifmittel aus Korundschlacke (Thermitschweißschlacke)
Ko|ru|na *die;* -, - ⟨aus gleichbed. *tschech.* u. *slowak.* koruna „Krone"⟩: tschech. bzw. slowak. Krone, Währungseinheit
¹Ko|rund *der;* -[e]s, -e ⟨über *engl.* corundum aus *tamil.* korundam „Rubin"⟩: ein sehr hartes Mineral. **²Ko|rund** ⓦ *der;* -[e]s ⟨zu ↑ ¹Korund⟩: Handelsname für ein sehr hartes synthetisches Material
Ko|rus|ka|ti|on *die;* -, -en ⟨aus *spätlat.* coruscatio „Blitz" zu *lat.* coruscare, vgl. koruszieren⟩: (veraltet) das Aufblitzen des Silbers beim Treiben. **ko|rus|zie|ren** ⟨aus gleichbed. *lat.* coruscare⟩: (veraltet) a) [sich] schnell hin u. her bewegen; b) blinken, schimmern, funkeln
Kor|vet|te […v…] *die;* -, -n ⟨aus *fr.* corvette „Rennschiff", weitere Herkunft unsicher⟩: 1. a) leichtes Kriegsschiff; b)

Korvettenkapitän

(veraltet) Segelkriegsschiff. 2. Sprung in den Handstand (Sport). **Kor|vet|ten|ka|pi|tän** *der;* -s, -e: Marineoffizier im Majorsrang

Ko|ry|bant *der;* -en, -en ⟨über *lat.* Corybas, Gen. Corybantis aus gleichbed. *gr.* Korýbas⟩: Priester der phrygischen Muttergöttin Kybele. **ko|ry|ban|tisch:** wild begeistert; ausgelassen tobend

Ko|ry|dal|lis *die;* -, - ⟨aus *gr.* korydallís „Haubenlerche", nach dem Sporn der Blüte⟩: Lerchensporn (Zierstaude)

Ko|ry|ne|bak|te|ri|en […iən] *die* (Plur.) ⟨zu *gr.* korýnē „Keule, Kolben" u. ↑Bakterie⟩: Gattung unbeweglicher stäbchenförmiger Bakterien (von meist keulenförmigem Aussehen; Biol.)

Ko|ryo|phyl|lie *die;* - ⟨zu *gr.* kórys „Helm, Haube", phýllon „Blatt" u. ↑²...ie, eigtl. „Helmblättrigkeit"⟩: abnorme Blattbildung (Bot.)

¹Ko|ry|phäe *die;* -, -n ⟨über gleichbed. *fr.* le coryphée aus *lat.* coryphaeus, *gr.* koryphaîos „an der Spitze Stehender" zu koryphḗ „Gipfel, Scheitel"⟩: 1. jmd., der auf seinem Gebiet durch außergewöhnliche Leistungen hervortritt. 2. (bes. österr.) erste Solotänzerin (Ballett). **²Ko|ry|phäe** *der;* -n, -n ⟨aus gleichbed. *gr.* koryphaîos⟩: Chorführer im antiken Drama

Ko|ry|za *die;* - ⟨aus gleichbed. *gr.* kóryza⟩: Schnupfen, Entzündung der Nasenschleimhaut (Med.)

Ko|rzec […ʒɛts] *der;* -, -e (aber: 5 -) ⟨aus gleichbed. *poln.* korzec⟩: alte poln. Maßeinheit (etwa 125 l)

Ko|sak *der;* -en, -en ⟨über *ukrain.-poln.* kozak aus gleichbed. *russ.* kazak⟩: a) Angehöriger einer militärisch organisierten, an der Grenze gegen die Tataren angesiedelten Bevölkerung; b) leichter Reiter in (in Rußland)

Ko|sche|nil|le […'nɪljə] *die;* -, -n ⟨über *fr.* cochenille aus gleichbed. *span.* cochinilla⟩: 1. Weibchen der Scharlachschildlaus. 2. (ohne Plur.) karminroter Farbstoff

ko|scher ⟨über gleichbed. *jidd.* koscher aus *hebr.* kāšēr „recht, tauglich"⟩: 1. den jüd. Speisegesetzen gemäß. 2. (ugs.) in Ordnung, einwandfrei

Ko|se|kans *der;* -, Plur. -, auch ...nten ⟨gekürzt aus gleichbed. *nlat.* complementi *secans*, zu *lat.* complementum „Ergänzung" u. ↑Sekans⟩: Kehrwert des ↑Sinus (1) (im rechtwinkligen Dreieck); Zeichen cosec (Math.)

Ko|si|nus *der;* -, Plur. - […nu:s] u. -se ⟨gekürzt aus gleichbed. *nlat.* complementi *sinus*, zu *lat.* complementum „Ergänzung" u. ↑Sinus⟩: Verhältnis von Ankathete zu ↑Hypotenuse (im rechtwinkligen Dreieck); Zeichen cos (Math.)

Kos|ki|no|man|tie *die;* - ⟨zu *gr.* kóskinon „Sieb" u. manteía „Weissagung"⟩: (veraltet) Wahrsagerei mittels eines Siebes [als Versuch der Ermittlung eines unbekannten Diebes]

kosm..., Kosm... vgl. kosmo..., Kosmo... **Kosm|ar|chie** *die;* - ⟨zu ↑kosmo..., *gr.* arché „Regierung, Herrschaft" u. ↑²...ie⟩: svw. Kosmokratie. **Kos|met** *der;* -en, -en ⟨aus gleichbed. *gr.* kosmētḗs, eigtl. „Ordner, jmd., der das Heer zur Schlacht ordnet; jmd., der schmückt u. putzt" zu kosmeîn „schmücken, putzen"⟩: Leitender, Verantwortlicher für die Ausbildung der Epheben im alten Griechenland. **Kos|me|tik** *die;* - ⟨aus gleichbed. *fr.* cosmétique, substantiviertes Femininum zu *fr.* cosmétique (vgl. kosmetisch), dies aus *gr.* kosmētikḗ (téchnē) „Kunst des Schmückens"⟩: 1. Körper- u. Schönheitspflege. 2. nur oberflächlich vorgenommene Ausbesserung, die nicht den Kern der Sache trifft. **Kos|me|tik|bran|che** *die;* -: Bereich der Wirtschaft, der die Herstellung u. den Verkauf von Kosmetika umfaßt. **Kos|me|ti|ker** *der;* -s, -: Chemielaborant für kosmetische Erzeugnisse. **Kos|me|ti|ke|rin** *die;* -, -nen: weibliche Fachkraft für Kosmetik (1) (Berufsbez.). **Kos|me|tik|sa|lon** *der;* -s, -s: Geschäft, in dem kosmetische Behandlungen durchgeführt werden. **Kos|me|ti|kum** *das;* -s, ...ka (meist Plur.) ⟨zu ↑...ikum⟩: Mittel zur Körper- u. Schönheitspflege. **kos|me|tisch** ⟨über *fr.* cosmétique aus *gr.* kosmētikós „zum Schmücken gehörend" zu kosmeîn „ordnen, schmücken"; vgl. Kosmos⟩: 1. a) die Kosmetik (1) betreffend; b) mit Hilfe der Kosmetik (1) [gepflegt]; c) der Verschönerung dienend, sie bewirkend; -e Chirurgie: Teilgebiet der ↑Chirurgie (1), bei dem [als entstellend empfundene] körperliche Mängel od. Verunstaltungen operativ behoben od. vermindert werden (z. B. durch ↑Facelifting, Größenveränderung der weiblichen Brust). 2. nur oberflächlich [vorgenommen], ohne den eigentlichen Mißstand aufzuheben od. ohne etwas von Grund auf wirklich zu verändern. **Kos|me|to|lo|ge** *der;* -n, -n ⟨zu ↑...loge⟩: Fachmann auf dem Gebiet der Kosmetologie. **Kos|me|to|lo|gie** *die;* - ⟨zu ↑...logie⟩: Wissenschaft u. Lehre von der Körper- u. Schönheitspflege. **kos|misch** ⟨über *lat.* cosmicus aus *gr.* kosmikós „zur Welt gehörend", vgl. Kosmos⟩: 1. das Weltall betreffend, aus ihm stammend; -e Geschwindigkeit: Geschwindigkeit, die ein Körper als mindeste zum Erreichen einer bestimmten Bahn außerhalb der Erde benötigt; -e Meteorologie: Teilgebiet der Meteorologie, das sich mit den Einwirkungen des Kosmos auf die Atmosphäre befaßt; -e Strahlung: Höhenstrahlung, energiereiche Teilchenstrahlung aus dem Weltraum. 2. weltumfassend, unermeßlich, unendlich. **kos|mo..., Kos|mo...,** vor Vokalen meist kosm..., Kosm... ⟨zu *gr.* kósmos, vgl. Kosmos⟩: Wortbildungselement mit der Bedeutung „Welt, Weltraum, die Welt, den Weltraum betreffend", z. B. kosmopolitisch, Kosmosophie, Kosmarchie. **Kos|mo|bio|lo|ge** *der;* -n, -n: Wissenschaftler auf dem Gebiet der Kosmobiologie. **Kos|mo|bio|lo|gie** *die;* -: 1. Wissenschaftsbereich, in dem die Lebensbedingungen im Weltraum sowie die Einflüsse des Weltraums auf irdische Lebenserscheinungen untersucht werden. 2. Wissenschaft, die sich mit der Erforschung der Möglichkeit u. der Erscheinungsformen außerirdischen Lebens befaßt. **kos|mo|bio|lo|gisch:** die Kosmobiologie betreffend. **Kos|mo|che|mie** *die;* -: Wissenschaft, die das Vorkommen u. die Verteilung chem. Elemente im Weltraum untersucht. **Kos|mo|di|zee** *die;* -, ...zeen ⟨zu *gr.* díkē „Gerechtigkeit"⟩: die philos. Rechtfertigung der Welt sowie die Verteidigung ihres Sinnes trotz ihrer Unvollkommenheiten (bes. bei F. Nietzsche). **Kos|mo|drom** *das;* -s, -e ⟨aus gleichbed. *russ.* kosmodrom, dies zu *gr.* kósmos (vgl. Kosmos) u. drómos „Laufplatz, Rennbahn"⟩: Startplatz für [russ.] Weltraumraketen. **Kos|mo|go|nie** *die;* -, ...ien ⟨aus gleichbed. *gr.* kosmogonía⟩: 1. [mythische Lehre von der] Entstehung der Welt. 2. wissenschaftliche Theorienbildung über die Entstehung des Weltalls. **kos|mo|go|nisch:** die Kosmogonie betreffend. **Kos|mo|gramm** *das;* -s, -e ⟨zu ↑kosmo... u. ↑...gramm⟩: svw. Horoskop. **Kos|mo|graph** *der;* -en, -en ⟨zu *gr.* kosmográphos „die Welt beschreibend"; vgl. ...graph⟩: Verfasser einer Kosmographie. **Kos|mo|gra|phie** *die;* -, ...ien ⟨aus gleichbed. *gr.* kosmographía⟩: 1. (veraltet) Beschreibung der Entstehung u. Entwicklung des ↑Kosmos. 2. im Mittelalter gebräuchliche Bez. für ↑Geographie. **kos|mo|gra|phisch:** die Kosmographie betreffend. **Kos|mo|kra|tie** *die;* - ⟨zu ↑kosmo... u. ↑...kratie⟩: (veraltet) Weltherrschaft. **Kos|mo|kra|tor** *der;* -s ⟨aus *gr.* kosmokrátōr „der Weltbeherrscher, Weltregierer"⟩: (in der Kunst) Christus als Weltbeherrscher, auf einer Weltkugel thronend. **Kos|mo|lo|gie** *die;* -, ...ien ⟨aus *gr.* kosmología „Lehre von der Welt"⟩: Lehre von der Entstehung u. Entwicklung des Weltalls. **kos|mo|lo|gisch** ⟨aus gleichbed. *gr.* kosmologikós⟩: die Kosmologie betreffend. **Kos̱mo|me|di|zin** *die;* - ⟨zu ↑kosmo...⟩: Teilgebiet der Medizin, auf dem der Einfluß der veränderten Lebensbedingungen während eines Raumflugs auf den menschlichen Organismus untersucht wird. **Kos|mo|naut** *der;* -en, -en ⟨aus gleichbed. *russ.* kosmonavt, zu *gr.* kósmos (vgl. Kosmos) u. naútēs „Schiffer"⟩: Weltraumfahrer, Teilnehmer an einem [russ.] Raumfahrtunternehmen; vgl. Astronaut. **Kos|mo|nau̱|tik** *die;* - ⟨zu ↑kosmo...⟩: Weltraumfahrt in der ehemaligen Sowjetunion bzw. in ihren Nachfolgestaaten. **kos|mo|nau̱|tisch**: die Kosmonautik betreffend; vgl. astronautisch. **Kos|mo|po|lit** *der;* -en, -en ⟨aus *gr.* kosmopolítēs „Weltbürger"⟩: 1. Vertreter des Kosmopolitismus. 2. Tierod. Pflanzenart, die über die ganze Erde verbreitet ist. **kos|mo|po|li|tisch**: die Anschauung des Kosmopolitismus (1, 2) vertretend. **Kos|mo|po|li|tis̱|mus** *der;* - ⟨zu ↑...ismus (1), Bed. 2 über *russ.* kosmopolitism⟩: 1. Weltbürgertum; Anschauung, daß der Mensch vornehmlich Glied der Menschheit u. nicht nur einer Nation od. eines bestimmten Staates ist. 2. nach dem Zweiten Weltkrieg bes. in der ehemaligen Sowjetunion vertretene Auffassung, daß der Kosmopolitismus (1) den imperialistischen Großmächten als Vorwand für ihr Streben nach der Weltherrschaft dient. **Ko̱s|mos** *der;* - ⟨aus *gr.* kósmos „Weltall, Weltordnung", eigtl. „Ordnung, Schmuck"⟩: a) Weltraum, Weltall; b) [die] Welt [als geordnetes Ganzes]. **Ko̱s|mos|ho|ro|me|ter** *das;* -s, -: (veraltet) Weltzeituhr. **Kos|mo|so|phie** *die;* - ⟨zu ↑kosmo... u. *gr.* sophía „Weisheit"⟩: Weltweisheit (Philos.). **Kos|mo|sphä̱|re** *die;*: die Weltkugel. **Kos|mo|the|is̱|mus** *der;* -: philos. Anschauung, die Gott u. Welt als Einheit begreift (Philos.). **kos|mo|the|is|tisch**: den ↑Kosmotheismus betreffend, zu ihm gehörig, auf ihm beruhend (Philos.). **Ko̱s|mo|tron** *das;* -s, Plur. ...tro̱ne, auch -s ⟨Kurzw. aus ↑*Kosmos* u. ↑*Zyklotron;* vgl. ...tron⟩: Gerät zur Erzeugung äußerst energiereicher Partikelstrahlung (Teilchenbeschleuniger).

Ko|so|blü̱|ten *die* (Plur.) ⟨zu *amhar.* koso „Kosobaum", dies aus dem Semit.⟩: Blüten des ostafrik. Kosobaums (Wurmmittel)

ko|stal ⟨aus gleichbed. *nlat.* costalis zu *lat.* costa „Rippe" u. ↑¹...al (1)⟩: zu den Rippen gehörend, sie betreffend (Med.). **Ko|stal|at|mung** *die;* -: Atmung, bei der sich beim Ein- u. Ausatmen der Brustkorb hebt u. senkt (Med.). **ko|sto|phre̱|nisch** ⟨zu *gr.* phrḗn, Gen. phrenós „Zwerchfell"⟩: Rippen u. Zwerchfell betreffend (Med.). **Ko|sto|to|mie̱** *die;* -, ...ien ⟨zu *lat.* costa „Rippe" u. ↑...tomie⟩: Rippenresektion, operative Durchtrennung der Rippen (Med.).

Ko|stüm *das;* -s, -e ⟨aus gleichbed. *fr.* costume, dies aus *it.* costume „Tracht, Kleidung", eigtl. „Brauch, Gewohnheit", aus *lat.* consuetudo „Gewohnheit, Sitte, Gebrauch" zu consuescere „eine Gewohnheit annehmen"⟩: 1. [hist.] Kleidung, Tracht. 2. aus Rock u. Jacke bestehende Damenkleidung. 3. a) zur Ausstattung eines Theaterstückes nötige Kleidung; b) Verkleidung für ein Maskenfest. **Ko|stüm|fun|dus** *der;* -, -: Bestand eines Theaters an Kostümen (3 a). **Ko|stü|mier** [...mi̯eː] *der;* -s, -s ⟨zu ↑²...ier⟩: Theaterschneider, Garderobenaufseher. **ko|stü|mie|ren** [...'miː...] ⟨nach gleichbed. *fr.* costumer; vgl. ...ieren⟩: a) jmdn./sich [für ein Maskenfest] verkleiden; b) (ugs. abwertend) jmdn./sich unpassend, merkwürdig od. ausgefallen anziehen

K.-o.-Sy̱|stem [kaːˈoː...] *das;* -s ⟨zu K. o., Abk. für *engl.*

knockout (vgl. Knockout) u. ↑System⟩: Austragungsart eines Wettbewerbs, bei dem die Verlierer einer Spielrunde ausscheiden (Sport)

Ko|tan|gens *der;* -, - ⟨gekürzt aus gleichbed. *nlat.* complementi tangens, zu *lat.* complementum „Ergänzung" u. ↑Tangens⟩: Kehrwert des ↑Tangens (im rechtwinkligen Dreieck); Zeichen cot (Math.). **Ko|tan|gen|te** *die;* -, -n: (veraltet) svw. Kotangens

Ko|tau̱ *der;* -s, -s ⟨aus gleichbed. *chin.* kētóu, eigtl. „Schlagen (mit dem) Kopf"⟩: demütige Ehrenerweisung, Verbeugung

¹**Ko̱|te** *die;* -, -n ⟨aus *fr.* cote „Buchstabe, Kennziffer" zu gleichbed. *altfr.* quote, dies aus *lat.* quota (pars) „der wievielte (Teil)"⟩: 1. Geländepunkt [einer Karte], dessen Höhenlage genau vermessen ist. 2. Zahlenangabe in der Eintafelprojektion (Math.).

²**Ko̱|te** *die;* -, -n ⟨aus gleichbed. *finn.* kota, eigtl. „Haus, Hütte"⟩: Lappenzelt

Ko|te|lẹtt *das;* -s, -s ⟨aus *fr.* côtelette „Rippchen", Verkleinerungsform von côte „Rippe", dies über *altfr.* coste aus gleichbed. *lat.* costa⟩: Rippenstück vom Kalb, Schwein, Lamm od. Hammel. **Ko|te|lẹt|ten** *die* (Plur.): Haare an beiden Seiten des Gesichts vor den Ohren

Ko|te|rie̱ *die;* -, ...ien ⟨aus gleichbed. *fr.* coterie, eigtl. „geschlossene Gesellschaft", zu cotier „lehenszinspflichtig"⟩: (abwertend) Kaste; Klüngel; Sippschaft

Ko|text *der;* -[e]s, -e ⟨unterscheidende Analogiebildung zu ↑Kontext⟩: ↑Text (2) im Hinblick auf Zusammenwirken u. ↑Kompatibilität (3) sprachlicher Einheiten; ↑Kontext (1 c; Sprachw.)

Ko|thu̱rn *der;* -s, -e ⟨über *lat.* cothurnus aus gleichbed. *gr.* kóthornos⟩: 1. Bühnenschuh der Schauspieler mit hoher Sohle (im antiken Trauerspiel); vgl. Soccus. 2. erhabener, pathetischer Stil

ko|tie|ren ⟨aus *fr.* coter „notieren" zu cote, vgl. ¹Kote⟩: 1. ein Wertpapier zur Notierung an der Börse zulassen. 2. (veraltet) die Höhe eines Geländepunktes messen; vgl. nivellieren u. ¹Kote. **Ko|tie|rung** *die;* -, -en ⟨zu ↑...ierung⟩: Zulassung eines Wertpapiers zur amtlichen Notierung an der Börse

Ko|til|lon [ˈkɔtiljõ, auch ...tilˈjõː] *der;* -s, -s ⟨aus gleichbed. *fr.* cotillon, eigtl. „Unterrock", Verkleinerungsform von cotte „Rock", weitere Herkunft unsicher⟩: 1. (veraltet) Gesellschaftsspiel in Tanzform mit Neckereien u. Austausch von Geschenken. 2. a) kurzer Frauenunterrock der ländlichen franz. Tracht; b) feste Leinenhosen der franz. Fischer. **Ko|til|lon|or|den** *der;* -s, -: (veraltet) beim ↑Kotillon (1) vergebene Orden (als Geschenk)

Ko|tịn|ga *die;* -, -s ⟨aus gleichbed. *span.* cotinga, dies aus *Tupi* (einer Indianerspr. des östl. Südamerika)⟩: farbenprächtiger, in Mittel- u. Südamerika beheimateter Vogel

Ko̱|to *das;* -s, -s od. *die;* -, -s ⟨verkürzt aus gleichbed. *jap.* sō-no-koto⟩: 6- od. 13saitiges zitherähnliches japan. Musikinstrument

Ko|to|it [auch ...ˈıt] *der;* -s, -e ⟨nach dem japan. Geologen Bundjiro Koto (gest. 1935) u. ↑²...it⟩: ein reinweißes Mineral, das in aus Dolomit bestehendem Marmor vorkommt

Ko|ton [koˈtõː] *der;* -s, -s ⟨aus gleichbed. *fr.* coton, dies aus *arab.* quṭun „Baumwolle"⟩: (selten) Baumwolle; vgl. Cotton. **ko|to|ni|sie|ren** ⟨zu ↑...isieren⟩: Bastfasern durch chem. Behandlung die Beschaffenheit von Baumwolle geben

Ko|to|rịn|de *die;* - ⟨aus dem Indian.⟩: Rinde eines bolivianischen Baumes, die früher als Heilmittel verwendet wurde

Ko|tschin|chi̱|na|huhn *das;* -s, ...hühner ⟨nach dem früheren Namen für den Süden Vietnams, Kotschinchina⟩: [in England gezüchtetes] großes u. kräftiges Huhn

Ko|tschu|be|it [auch ...'ɪt] *der;* -s, -e ⟨nach dem russ. Grafen P. A. von Kotschubej (19. Jh.) u. zu ↑²...it⟩: ein karminrotes Mineral

Kot|ton|öl vgl. Cottonöl

Ko|ty|le|do|ne *die;* -, -n ⟨aus gr. kotylēdón „Vertiefung"⟩: 1. Keimblatt der Samenpflanze (Biol.). 2. Zotte der tierischen Embryohülle (Biol.). **Ko|ty|lo|sau|ri|er** [...i̯ɐ] *der;* -s, - u. **Ko|ty|lo|sau|rus** *der;* -, ...rier [...i̯ɐ] ⟨zu gr. kótylos „kleine Schale" (nach der flachen Schädelform) u. saūros „Eidechse"⟩: ausgestorbenes Reptil der Trias- u. Permzeit

Kou *der;* -s, -s ⟨aus gleichbed. *chin.* kou⟩: Hafen, Mündung; Bestandteil chines. Ortsnamen

Kou|pel|le [ku...] *die;* -, -n ⟨aus gleichbed. *fr.* coupelle, vgl. ³Kapelle⟩ (veraltet) svw. ³Kapelle

Kou|pon [ku'põ:] vgl. Coupon (2)

ko|va|lent [...v...] ⟨zu ↑kon... u. ↑valent⟩: -e Bindung: Atombindung (Chem.). **Ko|va|lenz** *die;* -, -en ⟨zu ↑...enz⟩: svw. kovalente Bindung

Ko|va|ri|an|ten|phä|no|men [...v...] *das;* -s ⟨zu ↑Kovarianz u. ↑Phänomen⟩: Täuschung in der Wahrnehmung von Raum u. Tiefe (Psychol.). **Ko|va|ri|anz** [auch ...'ri̯ants] *die;* -, -en ⟨zu ↑kon... u. ↑Varianz⟩: 1. die Unveränderlichkeit der Form bestimmter physikalischer Gleichungen bei bestimmten Rechenvorgängen (Phys.). 2. Maß für die gegenseitige Abhängigkeit zweier Größen (Statistik). **Ko|va|ri|anz|phä|no|men** vgl. Kovariantenphänomen

Ko|vo|lu|men [...v...] *das;* -s, ...mina ⟨zu ↑kon... u. ↑Volumen⟩: Volumen, das die Moleküle eines Gases bei dichtestmöglicher Lage beieinander einnehmen würden (Phys., Chem.)

Kowsch *der;* -, - ⟨aus *russ.* kovš „Schöpfkelle, Eimer"⟩: seit dem Mittelalter bis ins 19. Jh. in Rußland gebräuchliches bootsförmiges Gefäß mit Henkel zum Austeilen der Getränke

ko|xal ⟨zu ↑Coxa u. ↑¹...al (1)⟩: von der Hüfte ausgehend, die Hüfte betreffend (Med.). **Kox|al|gie** *die;* -, ...jen ⟨↑...algie⟩: Hüftgelenkschmerz (Med.). **Kox|ar|thro|se** *die;* -, -n: deformierende chronische Erkrankung des Hüftgelenks (Med.). **Ko|xi|tis** *der;* -, ...itiden ⟨zu ↑...itis⟩: Hüftgelenkentzündung (Med.). **Ko|xo|to|mie** *die;* -, ...ien ⟨zu ↑...tomie⟩: operative Öffnung des Hüftgelenks (Med.)

Ko|yo|te vgl. Kojote

Kraal vgl. Kral

kra|cken¹ [auch 'krɛkn̩] ⟨aus gleichbed. *engl.* to crack, eigtl. „spalten, brechen"⟩: in einem chem. Verfahren Schweröle in Leichtöle (Benzine) umwandeln. **Kräcker¹** vgl. Cracker

Krait *der;* -s, -s (meist Plur.) ⟨aus gleichbed. *Hindi* krait⟩: Gattung bis 2 m langer Giftnattern in Süd- u. Südostasien

Kra|ke *der;* -n, -n ⟨aus gleichbed. *norw.* bzw. *dän.* krake, nach einem Meeresfabeltier in der nord. Mythologie⟩: großer Tintenfisch mit acht mit Saugnäpfen besetzten, kräftigen Fangarmen

Kra|ke|lee vgl. Craquelé. **kra|ke|lie|ren** ⟨nach *fr.* craqueler „rissig machen"⟩: die Glasur von Keramiken od. die Oberfläche von Gläsern mit ↑Craquelés (2) versehen. **Kra|ke|lü|re** *die;* -, -n ⟨aus *fr.* craquelure zu craqueler, vgl. krakelieren⟩: feiner Riß, der durch Austrocknung der Farben u. des Firnisses auf Gemälden entsteht

Kra|ko|wi|ak *der;* -s, -s ⟨aus *poln.* krakowiak „Krakauer (Tanz)"⟩: polnischer Nationaltanz im ¾-Takt mit Betonungswechsel von Ferse u. Fußspitze; vgl. Cracovienne

Kra|ku|se *der;* -n, -n ⟨nach dem sagenhaften poln. Fürsten Krakus, angelehnt an den Namen der Stadt Krakau⟩: Angehöriger einer 1812 in Krakau gebildeten Truppe poln. leichter Reiter

Kra|kus|ka *die;* -, -s ⟨aus *poln.* krakuska „die Krakauer(in)"⟩: verbrämte Männermütze mit flachem Kopf, viereckigem Deckel u. Quaste, wie sie ursprünglich von Bauern der Krakauer Umgebung getragen wurde

Kral *der;* -s, Plur. -e, auch -s ⟨aus gleichbed. *afrikaans* kraal, dies aus *port.* curral „Hürde, Zwinger"; vgl. Korral⟩: Runddorf afrikanischer Stämme

¹Kram|pus *der;* -, ...pi ⟨zu *dt.* Krampf mit lateinischer Endung⟩: Muskelkrampf (Med.)

²Kram|pus *der;* -[ses], -se ⟨Herkunft unsicher⟩: (österr.) Begleiter des ↑Nikolaus (1)

kra|ni..., **Kra|ni...** vgl. kranio..., Kranio... **kra|ni|al** ⟨zu ↑kranio... u. ↑¹...al (1)⟩: a) zum Kopf gehörend; b) kopfwärts gelegen (Med.). **Kra|ni|ek|to|mie** *die;* -, ...ien ⟨zu ↑...ektomie⟩: operative Entfernung von Schädelteilen (Med.). **kra|nio...**, **Kra|nio...**, vor Vokalen gelegentlich krani..., Krani... ⟨zu gr. kraníon „Schädel"⟩: Wortbildungselement mit der Bedeutung „Schädel, den Schädel betreffend", z. B. kraniologisch, Kraniometer, kranial. **Kra|nio|gno|mik** *die;* - ⟨zu gr. gnōmē „Erkenntnisvermögen" (dies zu gignóskein „erkennen") u. ↑²...ik⟩: (veraltet) Bestimmung der geistigen Eigenschaften eines Menschen aus seiner Schädelform. **Kra|nio|klast** *der;* -en, -en ⟨zu gr. klastós „zerbrochen", dies zu klān „(zer)brechen"⟩: zangenartiges Instrument zur Schädelzertrümmerung bei der ↑Embryotomie (Med.). **Kra|nio|lith** [auch ...'lɪt] *der;* Gen. -s u. -en, Plur. -e[n] ⟨zu ↑...lith⟩: versteinerte Totenkopfmuschel (Geol.). **Kra|nio|lo|ge** *der;* -n, -n ⟨zu ↑...loge⟩: Wissenschaftler auf dem Gebiet der Kraniologie (Med.). **Kra|nio|lo|gie** *die;* - ⟨zu ↑...logie⟩: Lehre vom Schädelbau (Med.). **kra|nio|lo|gisch** ⟨zu ↑...logisch⟩: zur Kraniologie gehörend (Med.). **Kra|nio|me|ter** *das;* -s, - ⟨zu ↑¹...meter⟩: Instrument zur Schädelmessung (Med.). **Kra|nio|me|trie** *die;* -, ...ien ⟨zu ↑...metrie⟩: Schädelmessung (Med.). **kra|nio|me|trisch** ⟨zu ↑...metrisch⟩: die Kraniometrie betreffend (Med.). **Kra|nio|neur|al|gie** *die;* -, ...ien: ↑Neuralgie der Kopfhautnerven (Med.). **Kra|nio|phor** *der;* -s, -e ⟨zu ↑...phor⟩: Vorrichtung zum Festhalten des Schädels bei der Schädelmessung (Med.). **Kra|nio|skle|ro|se** *die;* -, -n: Verformung des Schädels durch Verdickung der Knochen (Med.). **Kra|nio|sko|pie** *die;* -, ...ien ⟨zu ↑...skopie⟩: Merkmalsbeschreibung des Schädels (Med.). **Kra|nio|stat** *der;* Gen. -[e]s u. -en, Plur. -e[n] ⟨zu ↑...stat⟩: svw. Kraniophor. **Kra|nio|ste|no|se** *die;* -, -n: vermindertes Schädelwachstum infolge vorzeitiger Verknöcherung der Schädelnähte (Med.). **Kra|ni|osto|se** *die;* -, -n ⟨zu gr. ostéon „Knochen" u. ↑¹...ose⟩: vorzeitige Nahtverknöcherung am Schädel (Med.). **Kra|nio|ta|bes** *die;* -: rachitische Erweichung des Schädelbeins (Med.). **Kra|nio|ten** *die* (Plur.) ⟨aus gleichbed. *nlat.* craniota, eigtl. „Schädelartige", Neutrum Plur. von craniotus, „mit einem Schädel versehen"⟩: zusammenfassende Bez. für alle Wirbeltiere mit Schädel (Med.). Akranier. **Kra|nio|to|mie** *die;* -, ...ien ⟨zu ↑kranio... u. ↑...tomie⟩: 1. operative Öffnung des Schädels (Med.). 2. das Zerschneiden des Schädels beim toten Kind im Mutterleib (Med.). **Kra|ni|um** vgl. Cranium

Kra|pü|le *die;* -, -n ⟨aus gleichbed. *fr.* crapule, eigtl. „Schwelgerei", dies aus *lat.* crapula „Trunkenheit, (Wein-)rausch"⟩: (veraltet) Gesindel. **kra|pü|lie|ren** ⟨aus gleichbed. *fr.* crapuler⟩: (veraltet) sich betrinken. 2. ein liederliches Leben führen. **kra|pü|lös** ⟨aus gleichbed. *fr.* crapuleux⟩: (veraltet) betrunken

Kra|se u. **Kra|sis** *die;* -, Krasen ⟨aus gr. krāsis „Mi-

schung"⟩: in der altgriech. Grammatik die Zusammenziehung zweier aufeinanderfolgender Wörter, deren erstes auf einen Vokal ausgeht u. deren zweites mit einem Vokal beginnt, in ein einziges Wort; vgl. Koronis
Kras|pe|do|te *die;* -, -n (meist Plur.) ⟨aus gleichbed. *nlat.* craspedotus, eigtl. „Saumartige", dies aus *gr.* kráspedon „Rand, Saum"⟩: durch Knospung entstandene Quallenform
Kras|su|la|ze|en *die* (Plur.) ⟨aus gleichbed. *nlat.* crassulaceae (Plur.) zu *lat.* crassus „dicht, dick, fest"⟩: Dickblattgewächse (z. B. Fetthenne, Hauswurz)
...krat ⟨aus *gr.* -kratés „herrschend", vgl. ...kratie⟩: Wortbildungselement mit folgenden Bedeutungen: 1. Angehöriger einer herrschenden Gruppe, z. B. Plutokrat. 2. Vertreter einer bestimmten polit. Richtung, z. B. Demokrat
¹Kra|ter *der;* -s, - ⟨über *lat.* crater aus gleichbed. *gr.* kratér, eigtl. „Mischkrug, Kessel", nach der Form der Bodenöffnung⟩: 1. trichter- od. kesselförmige Öffnung eines Vulkans. 2. trichter- od. kesselförmige Vertiefung im Erd- od. Mondboden. **²Kra|ter** *der;* -s, -e ⟨aus gleichbed. *gr.* kratér⟩: altgriech. Krug, in dem Wein mit Wasser gemischt wurde
...kra|tie ⟨aus gleichbed. *gr.* kratía bzw. -krateía zu kratein „herrschen, Macht haben"⟩: Wortbildungselement mit der Bedeutung „Herrschaft einer Gruppe, herrschende Gruppe", z. B. Aristokratie
kra|ti|ku|lie|ren ⟨zu *lat.* craticula „kleiner Rost" (dies zu cratis „Flechtwerk, Rost") u. ↑...ieren⟩: eine Figur mit Hilfe eines darübergelegten Gitters ausmessen, übertragen, verkleinern, vergrößern
kra|to|gen ⟨zu *gr.* krátos „Stärke, Kraft" u. ↑...gen⟩: svw. kratonisch. **Kra|to|gen** *das;* -s: svw. Kraton. **Kra|ton** *das;* -s, ...one ⟨zu *gr.* kratein „stark, mächtig sein"⟩: verfestigter Teil der Erdkruste, der auf tektonische Beanspruchung nur noch mit Bruchbildung u. nicht mit Faltung reagiert (Geol.). **kra|to|nisch**: das Kraton betreffend, aus ihm stammend
Kraul *das;* -[s] ⟨aus gleichbed. *engl.-amerik.* crawl zu to crawl, vgl. kraulen⟩: Schwimmstil, bei dem die Arme langgezogene Schaufelbewegungen zu einem rhythmischen Wechselschlag der Beine ausführen. **krau|len** ⟨nach gleichbed. *engl.-amerik.* to crawl, eigtl. „kriechen, krabbeln"⟩: im Kraulstil schwimmen. **Krau|ler** *der;* -s, - ⟨aus gleichbed. *engl.-amerik.* crawler, eigtl. „Kriecher, Krabbler"⟩: jmd., der im Kraulstil schwimmt
Krau|rit [auch ...'rit] *der;* -s, -e ⟨zu *gr.* kraũros „trocken; spröde, brüchig" u. ↑²...it⟩: (veraltet) Grüneisenerz. **Krau|ro|se** *die;* -, -n ⟨aus gleichbed. *nlat.* craurosis; vgl. ¹...ose⟩: chronische Schrumpfung u. ↑Atrophie der Haut od. der Weichteile (Med.)
Krau|sis|mus *der;* - ⟨nach dem dt. Philosophen K. C. F. Krause (1782–1832), der die Vervollkommnung des Menschen u. den historischen Fortschritt durch Erziehung u. sozialpolitische Reformen begründet sah, u. zu ↑...ismus (1)⟩: Bez. für die bürgerlich-liberalen Reformtendenzen in Spanien von der Mitte des 19. Jh.s bis 1939
Kra|wat|te *die;* -, -n ⟨aus gleichbed. *fr.* cravate, dies über älter *fr.* Cravate aus *kroat.* Hr̀vāt „Kroate" (weil die von den Kroaten getragenen u. nach ihnen benannten Halstücher später von den franz. Offizieren übernommen wurden)⟩: 1. a) Schlips; b) kleiner, schmaler Pelzkragen. 2. unerlaubter Würgegriff beim griech.-röm. Ringkampf (Sport)
Kray|on [krɛˈjõː] *der;* -s, -s ⟨aus gleichbed. *fr.* crayon zu craie „Kreide"⟩: (veraltet) 1. [Dreh]bleistift. 2. Kreide. **Kray|on|ma|nier** *die;* -: ein Radierverfahren nach Art einer Kreideod. Rötelzeichnung. **kray|on|nie|ren** [krejoˈniː...] ⟨zu ↑...ieren⟩: (veraltet) etwas mit Kreide od. einem [Kohle]stift [ab]zeichnen

Kre|as *das;* - ⟨gekürzt aus Kreasleinen (älter Crea), über *span.* crea aus *altfr.* crée zu *bret.* krez „Hemd"⟩: ungebleichte Leinwand
Krea|tia|ner *der;* -s, - ⟨zu *lat.* creatio „das Erschaffen" (dies zu creare, vgl. kreieren) u. ↑...aner⟩: Anhänger des Kreatianismus. **Krea|tia|nis|mus** *der;* - ⟨zu ↑...ismus (1)⟩: christliche Lehre, die besagt, daß Gott jede einzelne Menschenseele aus dem Nichts erschaffe; vgl. Generatianismus, Traduzianismus
Krea|tin *das;* -s ⟨zu *gr.* kréas, Gen. kréatos „Fleisch" u. ↑...in (1)⟩: Stoffwechselprodukt des Eiweißes im Blut u. in der Muskulatur der Wirbeltiere u. des Menschen (Biol., Med.). **Krea|tin|ämie** *die;* -, ...ien ⟨zu ↑...ämie⟩: Vermehrung des Kreatins im Blut (bei Niereninsuffizienz; Med.). **Krea|ti|nin** *das;* -s ⟨zu ↑...in (1)⟩: harnpflichtiges (mit dem Harn unbedingt auszuscheidendes) Stoffwechselprodukt, das im Muskelgewebe aus Kreatin gebildet wird (Med.). **Krea|tin|urie** *die;* -, ...ien ⟨zu ↑...urie⟩: Ausscheidung von Kreatin im Harn (Med.)
Krea|ti|on *die;* -, -en ⟨aus *lat.* creatio „das Erschaffen" zu creare, vgl. kreieren, Bed. 1 über *fr.* création⟩: 1. Modeschöpfung, Modell[kleid]. 2. (veraltet) Schöpfung, Erschaffung. 3. (veraltet) Wahl, Ernennung. **Krea|tio|nis|mus** *der;* - ⟨zu ↑...ismus (1)⟩: das fundamentalistische Festhalten an einer wörtlichen Auslegung des biblischen Schöpfungsberichts (1. Mose 1/2), wobei wissenschaftliche Entstehungs- u. Entwicklungsvorstellungen im Sinne einer ↑ darwinistischen Evolution als unbeweisbar u. nicht verifizierbar strikt abgelehnt werden. **krea|tiv** ⟨zu ↑...iv⟩: schöpferisch, Ideen habend u. diese gestalterisch verwirklichend. **Krea|ti|vi|tät** [...v...] *die;* - ⟨zu ↑...ität⟩: 1. das Schöpferische; Schöpferkraft. 2. Teil der ↑ Kompetenz (2) eines Sprachteilhabers, neue, nie zuvor gehörte Sätze zu bilden u. zu verstehen (Sprachw.). **Krea|tor** *der;* -s, ...o̱ren ⟨aus gleichbed. *lat.* creator⟩: (veraltet) Schöpfer
Krea|tor|rhö *die;* -, -en u. **Krea|tor|rhöe** [...ˈrøː] *die;* -, -n [...ˈrøːən] ⟨zu *gr.* kréas, Gen. kréatos „Fleisch" u. rheĩn „fließen"⟩: Ausscheiden von unverdauten Fleischfasern im Stuhl (Med.)
Krea|tur *die;* -, -en ⟨aus *kirchenlat.* creatura „Schöpfung, Geschöpf" zu *lat.* creare, vgl. kreieren⟩: 1. [Lebe]wesen, Geschöpf. 2. a) bedauernswerter, verachtenswerter Mensch; b) Günstling, willenloses, gehorsames Werkzeug eines anderen. **krea|tür|lich**: dem Geschöpf eigen, für ein Lebewesen typisch
Kre|denz *die;* -, -en ⟨aus gleichbed. *it.* credenza, eigtl. „Glauben, Vertrauen, Glaubwürdigkeit" (an der credenza hatte der Mundschenk die Speisen vorzukosten), dies aus gleichbed. *mlat.* credentia zu *lat.* credere „(ver)trauen, glauben"⟩: (veraltet) Anrichte, Anrichteschrank. **kre|den|zen** ⟨unter Einfluß von *spätmhd.* credenzen „vorkosten" zu *it.* credenza, vgl. Kredenz⟩: [ein Getränk] feierlich anbieten, darreichen, einschenken, auftischen. **kre|di|bel** ⟨aus gleichbed. *lat.* credibilis⟩: (veraltet) glaubhaft, glaubwürdig. **Kre|di|bi|li|tät** *die;* - ⟨zu ↑...ität⟩: (veraltet) Glaubwürdigkeit. **¹Kre|dit** *der;* -[e]s, -e ⟨über *fr.* crédit aus gleichbed. *it.* credito, dies aus *lat.* creditum „auf Treu und Glauben Anvertrautes, Darlehen", Part. Perf. (Neutrum) von credere, vgl. Kredenz⟩: 1. Vertrauen in die Fähigkeit und Bereitschaft einer Person od. eines Unternehmens, bestehende Verbindlichkeiten ordnungsgemäß u. zum richtigen Zeitpunkt zu begleichen. 2. a) die einer Person od. einem Unternehmen kurz- od. langfristig zur Verfügung stehen-

Kredit

den fremden Geldmittel od. Sachgüter; b) (ohne Plur.) (gewährter) Zahlungsaufschub; Stundung. 3. (ohne Plur.) Glaub-, Vertrauenswürdigkeit. ²**Kre|dit** *das;* -s, -s ⟨aus *lat.* credit „er glaubt" (= er ist Gläubiger), 3. Pers. Sing. Präs. von credere, vgl. Kredenz⟩: Kontoseite (Habenseite), auf der das Guthaben verzeichnet ist; Ggs. ↑ Debet. **kre|di|tär** ⟨zu ↑...är⟩: das Kreditwesen, ¹Kredite (2 a) betreffend. **Kre|dit|fi|nan|zie|rung** *die;* -, -en ⟨zu ↑¹Kredit⟩: Form der Fremdfinanzierung, bei der ein Unternehmen Fremdkapital (verschiedene Arten kurz- bis langfristiger Kredite) von externen Kapitalgebern aufnimmt. **kre|di|tie|ren** ⟨nach gleichbed. *fr.* créditer⟩: a) jmdm. Kredit geben; b) jmdm. etwas gutschreiben. **Kre|dit|in|sti|tut** *das;* -[e]s, -e ⟨zu ↑¹Kredit⟩: Unternehmen, das überwiegend Bankgeschäfte betreibt, z. B. Banken u. Sparkassen. **Kre|di|tiv** *das;* -s, -e [...və] ⟨gekürzt aus Kreditivschreiben, zu *lat.* creditivus „Glauben erweckend"⟩: Vollmacht, Beglaubigungsschreiben. **Kre|dit|li|mit** *das;* -s, Plur. -s u. -e ⟨zu ↑¹Kredit⟩: für einen Kunden entsprechend seiner Kreditwürdigkeit festgelegter Höchstbetrag für die Gewährung eines ¹Kredits (2 a). **Kre|di|tor** *der;* -s, ...oren ⟨aus gleichbed. *lat.* creditor⟩: 1. Gläubiger. 2. (meist Plur.) Verbindlichkeiten, die durch Kauf von Waren od. Dienstleistungen auf Kredit bestehen u. auf Kreditorenkonten verbucht werden. **Kre|di|to|ren|kon|to** *das;* -s, Plur. ...ten, auch -s u. ...ti: Konto, auf dem die Verbindlichkeiten in bezug auf Lieferungen u. Leistungen verbucht werden. **Kre|dit|pla|fond** [...fõ:] *der;* -s, -s ⟨zu ↑¹Kredit⟩: einem öffentlichen Schuldner eingeräumter Kreditbetrag. **Kre|do** u. **Cre|do** [k...] *das;* -s, -s ⟨aus *lat.* credo „ich glaube", 1. Pers. Sing. Präs. von credere „glauben", nach dem Anfang des Glaubensbekenntnisses: Credo in unum deum ... „Ich glaube an den einen Gott ..."⟩: 1. svw. Apostolikum (1). 2. Teil der kath. Messe. 3. Leitsatz, Glaubensbekenntnis. 4. [öffentliche] Erklärung der eigenen Weltanschauung, Überzeugung. **Kre|du|li|tät** *die;* - ⟨aus gleichbed. *lat.* credulitas, Gen. credulitatis⟩: (veraltet) Leichtgläubigkeit

kre|ie|ren ⟨nach *fr.* créer „(er)schaffen, erfinden", dies aus *lat.* creare „(er)schaffen, (er)zeugen, (er)wählen"⟩: 1. eine neue Linie, einen neuen [Mode]stil entwickeln. 2. etwas [Bedeutsames] schaffen. 3. eine Rolle als erste[r] auf der Bühne darstellen. 4. einen Kardinal ernennen. **Kre|ie|rung** *die;* -, -en (Plur. selten) ⟨zu ↑...ierung⟩: das Kreieren

Krem *die;* -, -s, ugs. *der;* -s, Plur. -e u. -s ⟨zu ↑ Creme⟩: eindeutschend für ↑ Creme (1 a, 2)

Kre|ma|ster|re|flex *der;* -es, -e ⟨zu *gr.* kremastér „aufhängend; Aufhänger" u. ↑ Reflex⟩: durch Hautreize an der Innenseite des Oberschenkels ausgelöster Reflex, eine Kontraktion des Hodenhebemuskels (Musculus cremaster), die ein Aufsteigen des Hodens bewirkt (Med.).

Kre|ma|ti|on *die;* -, -en ⟨aus *lat.* crematio „das Verbrennen" zu cremare, vgl. kremieren⟩: Feuerbestattung, Einäscherung [von Leichen]. **Kre|ma|to|ri|um** *das;* -s, ...ien [...iən] ⟨aus gleichbed. *nlat.* crematorium zu *lat.* cremare (vgl. kremieren) u. ↑...orium; Analogiebildung zu Auditorium, Direktorium⟩: Anlage zur Feuerbestattung, Einäscherungshalle. **kre|mie|ren** ⟨aus gleichbed. *lat.* cremare⟩: (schweiz., sonst veraltet) einäschern, Leichen verbrennen

Kreml [auch 'krɛml] *der;* -[s], - ⟨aus *russ.* kreml' „Festung, Burg"⟩: 1. Stadtteil in russ. Städten. 2. (ohne Plur.) a) Sitz der russ. Regierung; b) die russ. Regierung

Kren *der;* -[e]s ⟨aus gleichbed. *mhd.* kren(e), dies aus west- bzw. *südslaw.* *chrěn, vgl. *poln.* chrzan, *tschech.* křen, *slowen.* hrén⟩: (südd., bes. österr.) Meerrettich

Kre|nal *das;* -s, -e ⟨zu *gr.* krḗnē „Quelle" u. ↑¹...al (2)⟩: Lebensraum im Quellbereich eines Fließgewässers (Biol.)

kre|ne|lie|ren ⟨nach gleichbed. *fr.* créneler zu créneau „Zinne", dies aus *vulgärlat.* crena „Kerbe"⟩: (veraltet) [eine Burg] mit Zinnen versehen

Kren|ne|rit [auch ...'rɪt] *der;* -s, -e ⟨nach dem ung. Mineralogen J. Krenner (1839–1920) u. zu ↑²...it⟩: ein silberweißes bis gelbes, rhombisches Mineral

kre|no|bi|ont ⟨zu *gr.* krḗnē „Quelle" u. ↑...biont⟩: im Quellwasser, Quellbereich eines Fließgewässers lebend (Biol.). **Kre|no|bi|ont** *der;* -en, -en (meist Plur.): im Quellwasser, Quellbereich eines Fließgewässers lebender Organismus (Biol.). **Kre|no|lo|gie** *die;* - ⟨zu ↑...logie⟩: (veraltet) Heilquellenkunde. **Kre|non** *das;* -s ⟨zu *gr.* ốn, Part. Präs. von eĩnai „sein"⟩: Lebensgemeinschaft des Quellbereichs eines Fließgewässers (Biol.). **Kre|no|the|ra|pie** *die;* -: svw. Balneotherapie

Kreo|don|ten *die* (Plur.) ⟨zu *gr.* kréas „Fleisch" u. odoús, Gen. odóntos „Zahn"⟩: ausgestorbene Urraubtiere

Kre|o|le *der;* -n, -n ⟨aus gleichbed. *fr.* créole, dies aus *span.* criollo zu criar „nähren, erziehen", dies aus *lat.* creare „(er)schaffen, erzeugen"⟩: 1. Nachkomme weißer romanischer Einwanderer in Südamerika (weißer -). 2. Nachkomme von Negersklaven (in Brasilien; schwarzer -). ¹**Kreo|lin** *die;* -, -nen: weibliche Form zu ↑ Kreole. ²**Kreo|lin** ⓦ *das;* -s ⟨Kunstw.; vgl. ...in (1)⟩: ein aus Teerölen gewonnenes Desinfektionsmittel. **kreo|lisch:** die Kreolen bzw. Kreolinnen betreffend. **Kreo|li|sie|rung** *die;* - ⟨zu ↑...isierung⟩: Veränderung einiger europäischer Sprachen infolge ihres Gebrauchs als Mittel zur Kommunikation mit der Urbevölkerung, bes. auf Inseln des Indischen Ozeans. **Kreo|li|stik** *die;* - ⟨zu ↑...istik⟩: Wissenschaft von den kreolischen Sprachen u. Literaturen

Kreo|pha|ge *der;* -n, -n ⟨zu *gr.* kreophágos „von Fleisch lebend"⟩: svw. Karnivore. **Kreo|sol** *das;* -s ⟨Kunstw. zu ↑ Kreosot u. ↑...ol⟩: Bestandteil des Extrakts, der aus Braunkohlenteeröl durch selektive Lösungsmittel gewonnen wird. **Kreo|sot** *das;* -[e]s ⟨zu *gr.* kréas „Fleisch" u. sōtḗr „Retter"⟩: 1. guajakolhaltiges (vgl. Guajakol), farbloses, teerig riechendes Öl aus Buchenholzteer für medizinische Zwecke. 2. kresolhaltiges (vgl. Kresol), dunkles Öl aus Braun- od. Steinkohlenteer für die Holzkonservierung. **Kreo|so|tal** *das;* -s ⟨zu ↑²...al⟩: Kohlensäureester des Kreosots (1). **kreo|so|tie|ren** ⟨zu ↑...ieren⟩: 1. mit Kreosot (1) behandeln. 2. durch Kreosot (2) gegen Fäulnis schützen

Krepe|line [krɛ'pliːn] *die;* -, -s ⟨zu *fr.* crêpe (vgl. Krepp) u. ↑...ine⟩: leichtes wollenes Kreppgewebe

Kre|pi|do|ma *das;* -[s] ⟨aus *gr.* krēpídōma „die Grundlage, das Fundament eines Hauses"⟩: Stufenunterbau des altgriech. Tempels

kre|pie|ren ⟨urspr. Soldatenspr. im 30jährigen Krieg, aus gleichbed. *it.* crepare, dies aus *lat.* crepare „knattern, krachen"⟩: 1. bersten, platzen, zerspringen (von Sprenggeschossen). 2. (ugs.) sterben; verenden

Kre|pis *die;* - ⟨aus *gr.* krēpís „Grundlage"⟩: svw. Krepidoma

Kre|pi|ta|ti|on *die;* -, -en ⟨aus *spätlat.* crepitatio „das Knarren" zu crepitare, vgl. krepitieren⟩: 1. das Knisterrasseln, besondere Geräusche bei beginnender Lungenentzündung (Med.). 2. Knirschen, das durch das Aneinanderreiben von Knochenbruchenden sowie von Sehnen u. Sehnenscheiden bei entzündlichen Veränderungen entsteht (Med.). **kre|pi|tie|ren** ⟨aus *lat.* crepitare „dröhnen, klirren

stark schallen", Intensivbildung zu crepare, vgl. krepieren): (veraltet) knarren, knirschen, knattern
Krep|lach *der;* -[s], - ‹aus dem Jidd.›: dreieckige, mit Gehackten od. Käse gefüllte Teigtasche (in der Suppe od. als Beilage)
Kre|pon [...'põ:] *der;* -s, -s ‹aus gleichbed. *fr.* crépon zu crêpe, vgl. Krepp›: ein Kreppgewebe. **kre|po|nie|ren** [...po'ni:...] ‹zu ↑...ieren›: svw. kreppen (1). **Krepp** *der;* -s, Plur. -s u. -e ‹aus *fr.* crêpe, vgl. ²Crêpe›: Gewebe mit welliger od. gekräuselter Oberfläche. **Krep|pa|pier¹** *das;* -s, -e: zur Erhöhung der Dehnbarkeit in enge, unregelmäßige Querfalten gelegtes Papier. **krep|pen** ‹nach gleichbed. *fr.* crêper›: 1. [Textilfasergewebe] durch spezielle Behandlung zu Krepp verarbeiten. 2. Papier kräuseln. **Krepp|gum|mi** *der* u. *das;* -s, -[s]: poriger ↑Kautschuk. **krep|po|nie|ren** vgl. kreponieren
kre|pus|ku|lar ‹zu *lat.* crepusculum „Dämmerung" (dies zu creper „dämmerig, dunkel") u. ↑...ar (1)›: (veraltet) abendlich, die Dämmerung betreffend
Kre|scen|do [...'ʃɛndo] vgl. Crescendo. **Kre|scen|do|geräusch** *das;* -[e]s, -e: kontinuierlich anschwellendes Herzgeräusch (bei bestimmten Herzerkrankungen; Med.)
Kre|sol *das;* -s, -e ‹Kunstw. aus ↑Kreosot u. ↑Phenol›: ein aus Teer destilliertes Desinfektionsmittel. **Kre|so|tin|säure** *die;* -, -n ‹Kunstw.; vgl. ...in (1)›: ↑Derivat der Benzoesäure mit je einer ↑Hydroxyl- u. einer Methylgruppe (vgl. Methyl; Chem.)
Kres|zenz *die;* -, -en ‹aus *lat.* crescentia „Wachstum" zu crescere „wachsen"›: 1. a) Herkunft [edler Weine], Wachstum; b) Rebsorte; c) alte Qualitätsbez. für naturreine, ungezuckerte Weine. 2. (veraltet) Ertrag
kre|ta|ze|isch u. **kre|ta|zisch** ‹aus *lat.* cretaceus „kreideartig" zu creta „Kreide"›: zur Kreideformation gehörend, sie betreffend (Geol.)
Kre|te *die;* -, -n ‹aus gleichbed. *fr.* crête, dies aus *lat.* crista, eigtl. „Kamm (bei Tieren)"›: (schweiz.) [Gelände]kamm, Grat
Kre|thi und Ple|thi ‹aus *hebr.* ha-krēti wĕha-plētî, nach der Lutherschen Übersetzung von 2. Sam. 8, 18; 15, 18 Bez. für die Kreter u. Philister in der Söldnertruppe des bibl. Königs David›: (abwertend) jedermann, alle Welt, z. B. --- war/waren dort versammelt. **Kre|ti|kus** *der;* -, -izi ‹über *lat.* Creticus (pes) aus *gr.* Krētikós (poús) „kretisch(er Versfuß)"›: ein antiker Versfuß (rhythmische Einheit –◡–)
Kre|tin [...'tɛ̃:] *der;* -s, -s ‹aus gleichbed. *fr.* crétin, in der Mundart des Wallis für *altfr.* crestien, dies aus *lat.* christianus, eigtl. „(armer) Christenmensch"›: 1. jmd., der an Kretinismus leidet; Schwachsinniger (Med.). 2. (ugs.) Dummkopf. **Kre|ti|nis|mus** [...ti...] *der;* - ‹nach gleichbed. *fr.* crétinisme; vgl. ...ismus (3)›: auf Unterfunktion der Schilddrüse beruhendes Zurückbleiben der körperlichen u. geistigen Entwicklung (z. B. Zwergwuchs, ↑Idiotie; Med.). **kre|ti|no|id** ‹zu ↑...oid›: kretinähnlich, wie ein Kretin (Med.)
Kre|ti|zi: Plur. von ↑Kretikus
Kre|ton *der;* -s, -e ‹nach gleichbed. *fr.* cretonne, vgl. Cretonne›: (österr.) Cretonne. **Kre|tonne** [krɛ'tɔn] vgl. Cretonne
Krẹt|scham u. **Krẹt|schem** *der;* -s, -e ‹aus dem Slaw., vgl. *tschech.* krčma „Schenke"›: (landsch.) Gastwirtschaft.
Krẹtsch|mar u. **Krẹtsch|mer** *der;* -s, -: (landsch.) Wirt.
Krẹtsch|me|rin *die;* -, -nen: weibliche Form zu ↑Kretschmer
Kre|vẹt|te [...v...] u. Crevette [k...] *die;* -, -n ‹aus gleichbed.

fr. crevette, normann. Form von chevrette „kleine Ziege", wohl nach dem Hüpfen der gefangenen Tiere im Netz›: Garnelenart (vgl. Garnele)
Kri|bleur [...'lø:ɐ̯] *der;* -s, -e ‹aus *fr.* cribleur „Siebmaschine" zu crible „Sieb", dies aus gleichbed. *lat.* cribrum›: Sortiermaschine für Erntegut. **kri|brös** ‹zu *lat.* cribrum „Sieb" u. ↑...ös, eigtl. „siebähnlich"›: durchlöchert (Med.)
Kricket¹ *das;* -s, -s ‹aus gleichbed. *engl.* kricket›: engl. Schlagballspiel
Kri|da *die;* - ‹über älter *it.* crida aus *mlat.* crida „Zusammenrufung der Gläubiger; Konkurs", eigtl. „öffentliche Bekanntmachung"›: (österr.) Konkursvergehen. **Kri|dar** *der;* -s, -e ‹zu ↑...ar (2)›: svw. Kridatar. **Kri|da|tar** *der;* -s, -e ‹aus gleichbed. *nlat.* cridatarius, vgl. ...ar (2)›: (österr.) Konkursschuldner
Kri|ko|to|mie *die;* -, ...ien ‹zu *gr.* kríkos „Kreis, Ring" u. ↑...tomie›: operative Spaltung des Ringknorpels der Luftröhre bei drohender Erstickung (Med.)
Kri|li|um *das;* -s ‹Kunstw.; vgl. ...ium›: synthetisches Präparat zur Verbesserung des Bodengefüges u. der Bodenstruktur (Landw.)
Krill *der;* -[e]s ‹aus gleichbed. *engl.* krill, dies aus *norw. mdal.* kril „Fischbrut"›: (bes. in den Polarmeeren auftretendes) eiweißreiches tierisches ↑Plankton (vor allem winzige Krebse u. Schnecken)
Kri|ma|to|lo|gie *die;* - ‹zu *gr.* kríma, krī́ma, Gen. krī́matos „Entscheidung, Urteil" (dies zu krínein „entscheiden") u. ↑...logie›: (veraltet) Lehre von den logischen Folgerungen
Kri|mi [auch 'krimi] *der;* -[s], Plur. -s, selten - ‹Kurzform von *Krimi*nalfilm od. *Krimi*nalroman; vgl. kriminal›: (ugs.) 1. Kriminalfilm. 2. Kriminalroman. **kri|mi|nal** ‹aus *spätlat.* criminalis „ein Verbrechen betreffend" zu *lat.* crimen, Gen. criminis „Beschuldigung; Vergehen"›: (veraltet) strafrechtlich; vgl. ...al/...ell. **Kri|mi|nal** *das;* -s, -e ‹vgl. ¹...al (2)›: (österr. veraltend) Strafanstalt, Zuchthaus. **kri|mi|nal..., Kri|mi|nal...** ‹zu ↑kriminal›: Wortbildungselement mit der Bedeutung „das Strafrecht, Strafverfahren, das Vergehen od. den Täter betreffend", z. B. kriminalistisch, Kriminalpolizei. **Kri|mi|nal|an|thro|po|lo|gie** *die;* -: Lehre von den biologischen u. psychologischen Ursachen kriminellen Verhaltens des Menschen. **Kri|mi|nal|ätio|lo|gie** *die;* -: Lehre von den Ursachen des Verbrechens. **Kri|mi|nal|be|am|te** *der;* -n, -n: [nicht uniformierter] Beamter der Kriminalpolizei. **Kri|mi|na|le** *der;* -n, -n u. **Kri|mi|na|ler** *der;* -s, -: (ugs.) Kriminalbeamter. **Kri|mi|nal|film** *der;* -[e]s, -e: ein Film, der die Aufdeckung u. Aufklärung eines Verbrechens (meist eines Mordes) schildert. **Kri|mi|nal|gericht** *das;* -[e]s, -e: (veraltet) Strafgericht, Strafkammer. **kri|mi|na|li|sie|ren** ‹zu ↑...isieren›: 1. bei jmdm. kriminelle (1 b) Neigungen wecken, kriminell machen, in die Kriminalität (a) treiben. 2. als kriminell erscheinen lassen, hinstellen. **Kri|mi|na|li|sie|rung** *die;* -, -en ‹zu ↑...isierung›: a) das Kriminalisieren; b) das Kriminalisiertwerden. **Kri|mi|na|list** *der;* -en, -en ‹vgl. ...ist›: 1. Professor für Strafrecht an einer Universität; Strafrechtler. 2. Beamter, Sachverständiger der Kriminalpolizei. **Kri|mi|na|li|stik** *die;* - ‹zu ↑...istik›: (als Teilbereich der Kriminologie) Wissenschaft, Lehre von der Aufklärung u. Verhinderung von Verbrechen. **Kri|mi|na|li|stin** *die;* -, -nen: weibliche Form zu ↑Kriminalist. **kri|mi|na|li|stisch** ‹zu ↑...istisch›: die Kriminalistik betreffend, die Mittel der Kriminalistik anwendend. **Kri|mi|na|li|tät** *die;* - ‹über gleichbed. *fr.* criminalité aus *mlat.* criminalitas, Gen. criminalitatis „schweres Verbrechen"›: a) das Sichstrafbarmachen, Straffälligwerden; Straffälligkeit; b) Gesamtheit der strafbaren Handlungen,

Kriminalitätsrate

die in einem bestimmten Gebiet innerhalb eines bestimmten Zeitraums [von einer bestimmten Tätergruppe] begangen werden. **Kri|mi|na|li|täts|ra|te** *die;* -, -n: Stand der Kriminalität innerhalb eines Zeitraums, eines Gebietes im Verhältnis zu vergleichbaren anderen Angaben. **Kri|mi|nal|kom|mis|sar** *der;* -s, -e: Dienstbez. für einen höheren Kriminalbeamten. **Kri|mi|nal|ko|mö|die** [...i̯ə] *die;* -, -n: Komödie um ein [vermeintliches] Verbrechen u. seine Aufklärung. **Kri|mi|nal|mu|se|um** *das;* -s, ...seen [...ze:ən]: für polizeiliche Lehrzwecke eingerichtete Sammlung von Gegenständen, die als Hilfsmittel für Straftaten verwendet wurden. **Kri|mi|nal|päd|ago|gik** *die;* -: ↑Pädagogik, die im Strafvollzug die ↑Resozialisierung in den Vordergrund stellt; ↑forensische Pädagogik. **Kri|mi|nal|phä|no|me|no|lo|gie** *die;* -: Lehre von den Erscheinungsformen des Verbrechens. **Kri|mi|nal|po|li|tik** *die;* -: Gesamtheit der polizeilichen Maßnahmen zur Verbesserung der Aufklärung bzw. zur Verhütung von Verbrechen. **Kri|mi|nal|po|li|zei** *die;* -, -en (Plur. selten): die mit der Verhütung, Aufklärung u. Bekämpfung von Verbrechen beauftragte Polizei; Kurzw. Kripo. **Kri|mi|nal|pro|zeß** *der;* ...sses, ...sse: (veraltet) Strafprozeß. **Kri|mi|nal|psy|cho|lo|gie** *die;* -: svw. forensische Psychologie. **Kri|mi|nal|ro|man** *der;* -[e]s, -e: Roman, bei dem ein Verbrechen u. seine Aufklärung im Mittelpunkt stehen. **Kri|mi|nal|so|zio|lo|gie** *die;* -: Zweig der Kriminologie, der die Umweltbedingtheit von Tat u. Täter erforscht. **Kri|mi|nal|sta|ti|stik** *die;* -, -en: Statistik über Häufigkeit u. Art von bekanntgewordenen u. aufgeklärten Straftaten u. über die Person der Täter im Hinblick auf Alter, Beruf, Geschlecht usw. **Kri|mi|nal|stra|te|gie** *die;* -, ...ien [...i:ən]: Organisierung u. Aufgabenverteilung bei der Verbrechensbekämpfung. **Kri|mi|nal|tak|tik** *die;* -, -en: technisches, psychologisches u. ökonomisch zweckmäßiges Vorgehen zur Entdeckung u. Aufklärung strafbarer Handlungen sowie des Täters. **Kri|mi|nal|tech|nik** *die;* -: Gesamtheit der Methoden u. technischen Einrichtungen zur Aufklärung von Straftaten u. Überführung der Straftäter. **kri|mi|nal|tech|nisch**: die Kriminaltechnik betreffend. **kri|mi|nell** ⟨aus gleichbed. *fr.* criminel, dies aus *spätlat.* criminalis, vgl. kriminal⟩: 1. a) zu strafbaren, verbrecherischen Handlungen neigend; straffällig; b) strafbar, verbrecherisch. 2. (ugs.) sich an der Grenze des Erlaubten bewegend; unverantwortlich, schlimm; vgl. ...al/...ell. **Kri|mi|nel|le** *der* u. *die;* -n, -n: (abwertend) jmd., der ein Verbrechen begangen hat. **kri|mi|nie|ren** ⟨aus gleichbed. *lat.* criminare bzw. criminari⟩: (veraltet) beschuldigen, anklagen. **kri|mi|no...**, **Kri|mi|no...** ⟨zu *lat.* crimen, Gen. criminis „Beschuldigung; Vergehen" (in Verbindung mit dem Bindevokal -o-)⟩: Wortbildungselement mit der Bedeutung „Verbrechen u. ihre Ursachen betreffend", z. B. kriminogen, Kriminologie. **kri|mi|no|gen** ⟨zu ↑...gen⟩: zu Verbrechen führend, sie hervorrufend. **Kri|mi|no|lo|ge** *der;* -n, -n ⟨zu ↑...loge⟩: Wissenschaftler, Fachmann auf dem Gebiet der Kriminologie. **Kri|mi|no|lo|gie** *die;* - ⟨zu ↑...logie⟩: Wissenschaft, die Ursachen u. Erscheinungsformen von Verbrechen untersucht u. sich mit der Verhinderung, Aufklärung u. Bekämpfung von Verbrechen befaßt. **Kri|mi|no|lo|gin** *die;* -, -nen: weibliche Form zu ↑Kriminologe. **kri|mi|no|lo|gisch** ⟨zu ↑...logisch⟩: a) die Kriminologie u. ihre Methoden betreffend; b) mit den Methoden, Mitteln der Kriminologie arbeitend. **Kri|mi|no|pa|thie** *die;* -, ...ien ⟨zu ↑...pathie⟩: krankhafte Veranlagung eines Menschen zu Verbrechen

Krim|mer *der;* -s, - ⟨nach einer erstmals auf der Halbinsel Krim (älter Krimm) gezüchteten Schafrasse⟩: 1. Fell des ↑Karakulschafs. 2. das Fell des ↑Karakulschafs nachahmendes Wollgewebe. **Krim|sekt** *der;* -[e]s: aus Weinen der Halbinsel Krim hergestellter Schaumwein. **Krim|ste|cher** *der;* -s, - ⟨nach dessen Aufkommen im Krimkrieg, 1853/54 bis 1856⟩: (veraltet) Feldstecher

Kri|noi|de *der;* -n, -n (meist Plur.) ⟨zu *lat.* crinis „(Haupt)haar" u. ↑...oide⟩: Haarstern od. Seelilie (Meerestier; Zool.)

Kri|no|li|ne *die;* -, -n ⟨aus gleichbed. *fr.* crinoline, eigtl. „Roßhaargewebe", dies aus *it.* crinolino zu crino „Pferdehaar" (zu *lat.* crinis „Haar") u. lino „Leinen" (zu gleichbed. *lat.* linum)⟩: um die Mitte des 19. Jh.s getragener Reifrock

Kri|po *die;* -, -s (Plur. selten): Kurzw. für Kriminalpolizei. **Kri|po|chef** [...ʃɛf] *der;* -s, -s: (ugs.) Chef der ↑Kriminalpolizei

Kris *der;* -es, -e ⟨aus *malai.* kris⟩: Dolch der Malaien

Krisch|na ⟨aus *sanskr.* kr̥ṣṇá „schwarz, dunkel"⟩: eine Hauptinkarnation des ind. Gottes ↑Wischnu, der auf Bildern mit dunkelblauer Hautfarbe dargestellt wird

Kri|se u. **Kri|sis** *die;* -, Krisen ⟨unter Einfluß von gleichbed. *fr.* crise bzw. über *lat.* crisis aus *gr.* krísis „Entscheidung, entscheidende Wendung" zu krínein „(ent)scheiden, trennen; (ver)urteilen; anklagen"⟩: 1. Entscheidungssituation, Wende-, Höhepunkt einer gefährlichen Entwicklung. 2. gefährliche Situation. 3. a) schneller Fieberabfall als Wendepunkt einer Infektionskrankheit; b) (meist Plur.) plötzlich auftretende heftige Schmerzanfälle im Bereich verschiedener Körperorgane od. -regionen. **kri|seln**: drohend bevorstehen, vorhanden sein (von einer Krise), gären

Krish|na [...ʃ...] vgl. Krischna

Kri|sis vgl. Krise

Kris|pa|ti|on *die;* -, -en ⟨zu *lat.* crispatus, Part. Perf. von crispare (vgl. krispieren), u. ↑¹...ion⟩: (veraltet) Kräuselung. **Kris|pa|tur** *die;* -, -en ⟨zu ↑...ur⟩: (veraltet) 1. Kräuselung. 2. ein Zuckergebäck. **kris|pie|ren** ⟨aus gleichbed. *lat.* crispare „kräuseln, kraus machen" zu crispus „kraus"; vgl. ²Crêpe⟩: (veraltet) 1. kräuseln. 2. eine abgetrennte Ader leicht drehen, um die Blutung zu hemmen (Med.)

¹Kri|stall *der;* -s, -e ⟨über *lat.* crystallus aus *gr.* krýstallos „Eis; Bergkristall" zu krýos „Frost"⟩: fester, regelmäßig geformter, von ebenen Flächen begrenzter Körper. **²Kri|stall** *das;* -s ⟨zu ↑¹Kristall⟩: a) geschliffenes Glas; b) Gegenstände aus geschliffenem Glas. **Kri|stall|che|mie** *die;* -: Wissenschaft von der chem. Zusammensetzung der Kristalle (1), ihren von dieser Zusammensetzung abhängenden physik. Eigenschaften, ihrem inneren Aufbau u. ihrer äußeren Form. **Kri|stall|de|tek|tor** *der;* -s, -en: aus einer Kristalldiode, urspr. aus einem Mineralkristall bestehender Gleichrichter für hochfrequente Ströme; der erste Detektor (1) für Rundfunkwellen. **Kri|stall|do|si|me|ter** *das;* -s, -: Gerät zur Messung der Dosisleistung radioaktiver Strahlung (Phys.). **kri|stal|len**: 1. aus, wie Kristall. 2. kristallklar, wie Kristall. **Kri|stall|glas** *das;* -es, ...gläser: Kristallglas. **Kri|stall|fil|ter** *der*, fachspr. *das;* -s, -: elektr. Siebschaltung mit einem Piezoquarz- od. Turmalinkristall (Techn.). **Kri|stall|ha|bi|tus** *der;* -: das Vorhandensein od. Fehlen bestimmter Wachstumsrichtungen bei einem Kristall sowie deren Proportionen. **kri|stal|lin**, auch **kri|stal|li|nisch** ⟨über *lat.* crystallinus aus *gr.* krystállinos „von Kristall"⟩: aus vielen kleinen, unvollkommen ausgebildeten ¹Kristallen bestehend (z. B. Granit); -e Schiefer: durch ↑Metamorphose (4) veränderte Erguß- u. Absatzgesteine (Geol.); vgl. ...isch/-. **Kri|stal|li|sa|ti|on** *die;* -, -en ⟨aus gleichbed. *fr.* cristallisation zu cristalliser „Kristalle bilden"⟩: der Prozeß, Zeitpunkt des Kristallisierens eines Stoffes (Chem.). **kri|stal|lisch** ⟨zu ↑Kristall⟩: svw. kristallin. **kri|stal|li|sie|ren** ⟨nach gleichbed. *fr.* cristalliser⟩: ¹Kristalle bilden. **Kri|stal|li|siert|heit** *die;* - ⟨vgl. ...iert⟩: die innere Ordnung der Moleküle, Atome od. Ionen im festen Stoff (Phys.). **Kri|stal|lit** [auch ...'lɪt] *der;* -s, -e ⟨zu ↑¹Kristall u. ↑²...it⟩: mikroskopisch kleiner Kristall ohne deutlich ausgeprägte Oberflächenformen. **Kri|stall|mor|pho|lo|gie** *die;* -: die Lehre von den Kristallformen bzw. der Kristallgestalt. **kri|stal|lo...**, **Kri|stal|lo...** ⟨zu ↑¹Kristall⟩: Wortbildungselement mit der Bedeutung „den ↑¹Kristall betreffend, kristallähnlich; wie ein ↑¹Kristall", z. B. kristallographisch, Kristalloid. **Kri|stal|lo|bla|ste|se** *die;* - ⟨zu ↑kristallo..., *gr.* blastós „Keim, Sproß" u. ↑...ese⟩: die Entstehung des typischen Gefüges der kristallinen Schiefer (Geol.). **kri|stal|lo|bla|stisch**: durch Umod. Neukristallisation der Minerale gebildet (von Gesteinsgefügen; Geol.). **Kri|stal|lo|gra|phie** *die;* - ⟨zu ↑...graphie⟩: Wissenschaft von den chem. u. physik. Eigenschaften der Kristalle. **kri|stal|lo|gra|phisch** ⟨zu ↑...graphisch⟩: die Kristallographie betreffend. **Kri|stal|lo|id** *das;* -[e]s, -e ⟨zu ↑...oid⟩: ein kristallähnlicher Körper oder ein Stoff mit kristallähnlicher Struktur. **Kri|stal|lo|mant** *der;* -en, -en ⟨zu *gr.* mántis „Seher"⟩: (veraltet) Wahrsager, Hellseher, der Kristalle, glänzende Gegenstände u. Spiegelflächen benutzt. **Kri|stal|lo|man|tie** *die;* - ⟨zu *gr.* manteía „das Weissagen"⟩: das Hervorrufen subjektiv wahrnehmbarer Bilder auf transparenten Flächen durch längeres Fixieren von Kristallen, glänzenden Gegenständen, Spiegelflächen zum Zweck des Hellsehens. **Kri|stall|op|tik** *die;* -: Spezialgebiet der Kristallphysik, das sich mit den optischen Eigenschaften der Kristalle befaßt. **Kri|stall|phy|sik** *die;* -: Teilgebiet der Physik, das sich bes. mit den physik. Eigenschaften der Kristalle u. den in ihnen auftretenden physik. Erscheinungen befaßt. **Kri|stall|struk|tur** *die;* -: gesetzmäßiger, dreidimensionaler Aufbau eines Kristalls. **Kri|stall|sy|stem** *das;* -s, -e: die Gesamtheit derjenigen Kristallformen, die sich auf dasselbe Achsenkreuz beziehen lassen

Kri|stia|nia *der;* -s, -s ⟨nach dem ehemaligen Namen der norweg. Hauptstadt Oslo⟩: (veraltet) Schwung quer zum Hang beim Skilauf

Kri|sto|ba|lit [auch ...'lɪt] vgl. Cristobalit

Kri|te|ri|um *das;* -s, ...ien [...jən] ⟨über *lat.* criterium aus gleichbed. *gr.* kritḗrion, dies zu krínein, vgl. kritisch⟩: 1. Prüfstein, unterscheidendes Merkmal, Kennzeichen. 2. a) Wettrennen, bei dem keine Meisterschaft ausgetragen, sondern nur ein Sieger ermittelt wird (Sport); b) Straßenrennen auf einem Rundkurs, bei dem der Sieger durch die Ergebnisse einzelner Wertungen nach Punkten ermittelt wird (Radsport)

Kri|the *die;* -, -n ⟨aus gleichbed. *gr.* krithḗ „Gerste"⟩: (veraltet) Gerstenkorn am Auge. **Kri|tho|man|tie** *die;* - ⟨zu *gr.* manteía „das Weissagen"⟩: (veraltet) Weissagung aus dem Gerstenmehl, mit dem im Altertum die Opfertiere bestreut wurden

Kri|tik *die;* -, -en ⟨über gleichbed. *fr.* critique aus *gr.* kritikḗ (téchnē) „Kunst der Beurteilung", substantiviertes Fem. von kritikós, vgl. kritisch⟩: 1. [wissenschaftliche, künstlerische] Beurteilung, Begutachtung, Bewertung. 2. Beanstandung, Tadel. 3. a) (1 a) Beurteilung, Besprechung einer künstlerischen Leistung, eines wissenschaftlichen, literarischen, künstlerischen Werkes (in einer Zeitung, im Rundfunk o. ä.); b) (ohne Plur.) Gesamtheit der kritischen Betrachter. **kri|ti|ka|bel** ⟨zu ↑...abel⟩: der Kritik (1, 2) unterworfen, zu unterwerfen. **Kri|ti|ka|li|tät** *die;* -, -en ⟨zu *engl.* critical „kritisch; gefährlich, bedenklich" u. ↑...ität⟩:

das Kritischwerden eines ↑Reaktors, bei dem eine eingetretene Kettenreaktion nicht abreißt (Kernphys.). **Kri|ti|ka|ster** *der;* -s, - ⟨zu ↑Kritiker u. *lat.* -aster, pejoratives Suffix zur Kennzeichnung von Personen (Analogiebildung zu ↑Philosophaster)⟩: (abwertend) Nörgler, kleinlicher Kritiker. **Kri|ti|ker** *der;* -s, - ⟨über *lat.* criticus aus *gr.* kritikós „kritischer Beurteiler"⟩: 1. Beurteiler. 2. jmd., der beruflich Besprechungen von neu herausgebrachten Büchern, Theaterstücken o. ä. verfaßt. 3. jmd., der eine Person tadelt od. etwas beanstandet. **Kri|ti|ker|ma|fia** *die;* -, -s ⟨zu ↑...mafia⟩: Personengruppe, die die Kritik allein bestimmt od. unterdrückt. **Kri|ti|kus** *der;* -, -se ⟨aus gleichbed. *lat.* criticus, vgl. Kritiker⟩: 1. (abwertend) kleinlicher Kritiker. 2. kritischer Zug eines Langschrittlers über einen Schnittpunkt hinweg (Kunstschach); vgl. Antikritikus, antikritisch. **kri|tisch** ⟨nach gleichbed. *fr.* critique aus *lat.* criticus, *gr.* kritikós „zur entscheidenden Beurteilung gehörend, kritisch", dies zu *gr.* krínein „scheiden, trennen; entscheiden, urteilen"⟩: 1. a) nach präzisen [wissenschaftlichen od. künstlerischen] Maßstäben prüfend u. beurteilend, genau abwägend; b) eine negative Beurteilung enthaltend, mißbilligend. 2. schwierig, bedenklich, gefährlich. 3. entscheidend. 4. wissenschaftlich erläuternd; -e Ausgabe: wissenschaftliche Ausgabe eines Originaltextes mit Angabe der Textvarianten u. der Textgeschichte; -er Apparat: Gesamtheit der einer Textausgabe beigegebenen textkritischen Anmerkungen (zu verschiedenen Lesarten, zur Textgeschichte usw.). 5. nicht abreißend (von einer Kettenreaktion im ↑Reaktor; Kernphys.). 6. durch einen bestimmten Zug eine Schädigung bewirkend (Kunstschach). **kri|ti|sie|ren** ⟨nach gleichbed. *fr.* critiquer; vgl. ...isieren⟩: 1. beanstanden, bemängeln, tadeln. 2. als Kritiker beurteilen. **Kri|ti|zis|mus** *der;* - ⟨zu ↑kritisch u. ↑...izismus⟩: 1. von Kant eingeführtes wissenschaftlich-philosophisches Verfahren, vor der Aufstellung eines philosophischen od. ideologischen Systems die Möglichkeit, Gültigkeit u. Gesetzmäßigkeit sowie die Grenzen des menschlichen Erkenntnisvermögens zu kennzeichnen (Philos.). 2. starker Hang zu kritisieren. **Kri|ti|zist** *der;* -en, -en ⟨zu ↑...ist⟩: Vertreter des Kritizismus (1)

Kro|cket¹ [auch ...'ket] *das;* -s, -s ⟨aus gleichbed. *engl.* croquet, dies aus *altfr.* chrochet, Verkleinerungsform von croc „Haken"⟩: engl. Rasenspiel. **krocket|tie|ren¹** u. **krok|kie|ren¹** ⟨zu ↑...ieren⟩: Holzkugeln (im Krocketspiel) wegschlagen

Kroe|poek ['kru:puk] *der;* -[s] ⟨aus dem Indones.⟩: indones. Fladenspezialität aus gemahlenen Garnelen u. ↑Tapioka (kleine, in Fett gebackene Plättchen als Beilage zur indones. Reistafel u. zu anderen Gerichten)

Kro|kant *der* od. *das;* -s ⟨aus *fr.* croquante „Knusperkuchen", substantiviertes Part. Präs. Fem. von croquer „krachen; knabbern"⟩: a) aus zerkleinerten Mandeln od. Nüssen u. karamelisiertem Zucker hergestellte schieferartige od. splitternd-harte Masse; b) Konfekt, Pralinen aus Krokant (a). **Kro|ket|te** *die;* -, -n (meist Plur.) ⟨aus gleichbed. *fr.* croquette zu croquer, vgl. Krokant⟩: in Fett ausgebackenes Klößchen od. Röllchen aus Kartoffelbrei od. aus zerkleinertem Fleisch u. a. **Kro|ki** *das;* -s, -s ⟨aus gleichbed. *fr.* croquis zu croquer, vgl. krokieren⟩: Plan, einfache Geländezeichnung. **kro|kie|ren** ⟨nach *fr.* croquer in der Bed. „skizzieren, entwerfen"⟩: ein Kroki zeichnen

Kro|ko *das;* -[s], -s ⟨verkürzt aus ↑Krokodil⟩: Kurzform von Krokodilleder. **Kro|ko|dil** *das;* -s, -e ⟨über *lat.* crocodilus aus gleichbed. *gr.* krokódeilos, eigtl. „Eidechse"⟩: im Wasser lebendes Kriechtier (zahlreiche, bis 10 m lange Arten)

Krokoit

Kro|ko|it [auch ...'ɪt] *der;* -s, -e ⟨zu *gr.* krókos „Safran" (wegen der safrangelben Farbe des Pulvers) u. ↑²...it⟩: Rotbleierz, ein gelbrotes Mineral. **Kro|kus** *der;* -, Plur. - u. -se ⟨über *lat.* crocus aus *gr.* krókos „Safran"⟩: frühblühende Gartenpflanze (Schwertliliengewächs)
Kro|ky|do|lith [auch ...'lɪt] *der;* Gen. -s od. -en, Plur. -e[n] ⟨zu *gr.* krokýs, Gen. krokýdos „Wollflocke" (wegen der faserigen Struktur) u. ↑...lith⟩: ein blaugrünes Mineral, das als Schmuckstein (z. B. Falkenauge, Tigerauge) verwendet wird
Kro|mo *das;* -[s] ⟨aus dem Jav.⟩: Sprache der Oberschicht auf Java; Ggs. ↑Ngoko
Kro|myo|mant *der;* -en, -en ⟨zu *gr.* krómyon „Zwiebel" u. mántis „Seher"⟩: (veraltet) jmd., der aus einer Zwiebel wahrsagt. **Kro|myo|man|tie** *die;* - ⟨zu *gr.* manteía „das Weissagen"⟩: (veraltet) das Wahrsagen aus Zwiebeln
Kró|na ['krɔuna] *die;* -, Krónur ['krɔunʏr] ⟨aus gleichbed. *isländ.* króna „Krone"⟩: isländ. Krone, Währungseinheit in Island; Abk.: Kr. **Kro|ne** *die;* -, -n ⟨aus *lat.* corona „Kranz, Krone", dies aus *gr.* korṓnē „(Tür)ring, gekrümmtes Ende des Bogens", eigtl. „das Gekrümmte", zu korōnós „gekrümmt"⟩: Währungseinheit in verschiedenen europäischen Ländern
Kro|ni|de *der;* -n, -n ⟨aus *gr.* Kronídēs, nach Kronos, dem Vater des Zeus, u. zu ↑...ide⟩: 1. Nachkomme (Sohn) des Kronos. 2. (ohne Plur.) Beiname des obersten griech. Gottes Zeus
Kró|nur ['krɔunʏr]: Plur. von ↑Krona
Krö|sus *der;* Gen. - u. -ses, Plur. -se ⟨nach *lat.* Croesus, *gr.* Kroĩsos, dem letzten, unermeßlich reichen König von Lydien im 6. Jh. v. Chr.⟩: sehr reicher Mann
Kro|ta|lin *das;* -s ⟨zu *nlat.* crotalus „Klapperschlange" (zu *lat.* crotalum „Klapper" aus *gr.* krótalon) u. ↑...in (1)⟩: Gift bestimmter Klapperschlangen, das in der Medizin Anwendung findet
Kro|ton *der;* -s, -s ⟨aus gleichbed. *gr.* krótōn, eigtl. „Hundelaus", weil die Frucht des danach benannten Baumes ähnlich aussieht⟩: ostasiat. Wolfsmilchgewächs. **Kro|ton|öl** *das;* -[e]s: aus den Samen des ↑Krotons gewonnenes Abführmittel
Kro|ze|tin *das;* -s ⟨Erweiterungsbildung zu ↑Krozin⟩: aus dem Krozin gewonnener ziegelroter Farbstoff. **Kro|zin** *das;* -s ⟨zu ↑Krokus u. ↑...in (1)⟩: gelber Safranfarbstoff
krud u. **kru|de** ⟨aus gleichbed. *lat.* crudus⟩: 1. a) roh (von Nahrungsmitteln); b) unverdaulich. 2. roh, grausam. **kru|del** ⟨aus gleichbed. *lat.* crudelis⟩: (veraltet) grausam. **Kru|de|li|tät** *die;* - ⟨aus gleichbed. *lat.* crudelitas, Gen. crudelitatis⟩: Grausamkeit. **Kru|di|tät** *die;* -, -en ⟨aus *lat.* cruditas, Gen. cruditatis „Unverdaulichkeit"⟩: a) (ohne Plur.) das Grob-, Derb-, Plumpsein; Roheit; b) grober, derber Ausdruck; rohe, rücksichtslose Handlung; Grobheit
Krupp *der;* -s ⟨aus gleichbed. *engl.* croup zu älter *engl.* to croup, eigtl. „krächzen"⟩: akute Entzündung der Kehlkopfschleimhaut bei Diphtherie (Med.)
Krup|pa|de *die;* -, -n ⟨aus gleichbed. *fr.* croupade zu croupe „Kreuz des Pferdes", dies aus dem Germ.⟩: eine Sprungfigur der Hohen Schule, bei der das Pferd die Beine an den Körper zieht
krup|pös ⟨aus gleichbed. *fr.* croupeux zu croup, vgl. Krupp⟩: kruppartig (von Husten; Med.); vgl. Krupp

Kru|puk vgl. Kroepoek
kru|ral ⟨aus gleichbed. *lat.* cruralis zu crus, Gen. cruris „(Unter)schenkel, (Schien)bein"⟩: zum [Unter]schenkel gehörend, ihn betreffend (Med.). **Kru|ro|to|mie** *die;* -, ...ien ⟨zu ↑...tomie⟩: operative Durchtrennung eines od. beider Schenkel des Steigbügels im Ohr (Med.)
Krusch|ka *die;* -, ...ki ⟨aus *russ.* kružka „Krug, Seidel"⟩: altes russ. Flüssigkeitsmaß (ca. 1,23 l)
Krus|ka Ⓦ *die;* - ⟨aus gleichbed. *schwed.* kruska⟩: aus verschiedenen Getreidesorten bestehende Grütze (Diätmittel)
Kru|sta|de *die;* -, -n (meist Plur.) ⟨aus gleichbed. *fr.* croustade zu croûte „Kruste", dies aus *lat.* crusta „Kruste, Schale"⟩: eine Pastete. **Kru|sta|ri|er** [...i̯ɐ] *der;* -s, - ⟨aus gleichbed. *lat.* crustarius⟩: (veraltet) Hersteller erhabener Bildwerke in Metall. **Kru|sta|zee** *die;* -, ...een (meist Plur.) ⟨aus gleichbed. *nlat.* crustacea zu *lat.* crusta, vgl. Krustade⟩: Krebstier (Krustentier). **kru|stös** ⟨zu ↑...ös⟩: verschorft, borkig (Med.)
Krux vgl. Crux
Kru|zia|ner *der;* -s, - ⟨zu *lat.* crux, Gen. crucis „Kreuz" u. ↑...aner⟩: a) Schüler der Kreuzschule in Dresden; b) Mitglied des Dresdener Kreuzchores. **Kru|zia|ti|on** *die;* -, -en ⟨zu *lat.* cruciare „kreuzigen" u. ↑...ation⟩: (veraltet) Kreuzigung. **Kru|zi|fe|re** *die;* -, -n (meist Plur.) ⟨zu *lat.* ferre „tragen"⟩: Blütenpflanze mit kreuzweise angeordneten Kelchblättern (Kreuzblütler; Bot.). **Kru|zi|fix** [auch ...'fɪks] *das;* -es, -e ⟨aus *mlat.* crucifixum (signum) „ans Kreuz geheftet(es Zeichen)", Neutrum von *lat.* crucifixus, Part. Perf. von crucifigere „ans Kreuz schlagen"⟩: plastische Darstellung des gekreuzigten Christus am Kreuz. **Kru|zi|fi|xus** *der;* - ⟨aus *spätlat.* crucifixus „der Gekreuzigte", substantiviertes Part. Perf. von crucifigere, vgl. Kruzifix⟩: die Figur des Gekreuzigten in der bildenden Kunst
kry..., Kry... vgl. kryo..., Kryo... **Kry|ag|glu|ti|nin** *das;* -s, -e ⟨zu ↑kryo... u. ↑Agglutinin⟩: bei Kälteeinwirkung ausfallendes ↑Agglutinin (Med.). **Kry|al** *das;* -s ⟨zu ↑¹...al (2)⟩: Lebensraum im Bereich von Gletschern u. Gletscherabflüssen (Biol.). **Kry|äs|the|sie** *die;* -: Überempfindlichkeit gegen Kälte (Med.). **kryo..., Kryo...**, vor Vokalen meist **kry..., Kry...** ⟨zu gleichbed. *gr.* krýos⟩: Wortbildungselement mit der Bedeutung „Kälte, Frost", z. B. Kryästhesie, Kryotron. **Kryo|bio|lo|gie** *die;* -: Teilgebiet der Biologie, das sich mit der Einwirkung sehr tiefer Temperaturen auf Organismen o. ä. befaßt. **kryo|bi|ont** ⟨zu ↑...biont⟩: im Bereich von Gletschern u. Gletscherabflüssen lebend (Biol.). **Kryo|bi|ont** *der;* -en, -en (meist Plur.): im od. auf dem Schnee od. Gletschereis lebender Organismus (Biol.). **Kryo|chir|ur|gie** *die;* -: Anwendung der Kältetechnik in der Chirurgie (Med.). **kryo|chir|ur|gisch**: mit den Mitteln der Kryochirurgie. **Kryo|de|sik|ka|ti|on** *die;* -: Gefriertrocknung. **Kryo|elek|tro|nik** *die;* -: Zweig der Elektrotechnik, der sich mit ↑Supraleitern beschäftigt (Phys.). **Kryo|ge|nik** *die;* - ⟨aus gleichbed. *engl.* cryogenics; vgl. ²...ik (1)⟩: Forschungszweig, der sich mit den physik. Erscheinungen im Bereich tiefer Temperaturen befaßt (Phys.). **Kryo|glo|bu|lin** *das;* -s, -e ⟨zu ↑kryo... u. ↑Globulin⟩: in der Kälte ausgefällter Eiweißkörper des Blutes (Med.). **Kryo|glo|bu|lin|ämie** *die;* -, ...ien: Auftreten u. Vermehrung von Kryoglobulin im Blut (Med.). **Kryo|kau|ter** *der;* -s, -: chirurgisches Instrument zur Kaltverschorfung (Med.). **Kryo|ko|nit** [auch ...'nɪt] *der;* -s, -e ⟨zu *gr.* kónis „Staub" u. ↑²...it⟩: auf Gletschern durch den Wind abgelagerter dunkelfarbiger Staub, der infolge größerer Wärmeabsorption das Eis schmelzen läßt. **Kryo|kon|ser|vie|rung** [...v...] *die;* -, -en:

das Einfrieren u. Lagern von Teilen des Organismus (Med.). **Kryo|lith** [auch ...'lɪt] *der;* Gen. -s u. -en, Plur. -e[n] ⟨zu ↑...lith (urspr., weil das Mineral so leicht schmelze wie Eis, später nach dem eisähnlichen Aussehen)⟩: ein farbloses, weißes od. rötliches bis braunes Mineral, das zur Erzeugung von Milchglas u. Emaille verwendet wird. **Kryo|ma|gnet** *der;* Gen. -[e]s u. -en, Plur. -e[n]: mit flüssigem Wasserstoff gekühlter ↑Elektromagnet (Phys.). **Kryo|me|ter** *das;* -s, - ⟨zu ↑¹...meter⟩: Thermometer für tiefe Temperaturen (Phys.). **Kry|on** *das;* -s ⟨zu *gr.* ón, Part. Präs. von eĩnai „sein"⟩: Lebensgemeinschaft im Bereich von Gletschern u. Gletscherabflüssen (Biol.). **Kryo|pa|thie** *die;* -, ...ien ⟨zu ↑...pathie⟩: durch Kryoglobuline ausgelöste Erkrankung (Med.). **Kryo|pe|do|lo|gie** *die;* -: Zweig der Bodenkunde, der sich mit den Erscheinungen des Frostbodens beschäftigt. **kryo|phil** ⟨zu ↑...phil⟩: kälteliebend (Biol.). **Kryo|phor** *der;* -s, -e ⟨zu ↑...phor⟩: Gerät zur Demonstration (3) der Verdampfungswärme (Phys.). **Kryo|phy|sik** *die;* -: Teilgebiet der Physik, das die Erscheinungen bei tiefen Temperaturen untersucht. **Kryo|phyt** *der;* -en, -en (meist Plur.) ⟨zu ↑...phyt⟩: Schnee u. Eis bewohnende niedere Pflanze (z. B. Blaualge), bevorzugt in polaren Gebieten u. im Hochgebirge. **Kryo|skal|pell** *das;* -s, -e: in der Kryochirurgie verwendetes ↑Skalpell (Med.). **Kryo|skop** *das;* -s, -e ⟨zu ↑...skop⟩: Meßgerät zur Bestimmung des ↑Molekulargewichts. **Kryo|sko|pie** *die;* - ⟨zu ↑...skopie⟩: Bestimmung des ↑Molekulargewichts durch Messung der Gefrierpunktserniedrigung. **Kryo|sphä|re** *die;* -: die die Erde bedeckenden Eismassen (Geol.). **Kryo|stat** *der;* Gen. -[e]s u. -en, Plur. -e[n] ⟨zu ↑...stat⟩: ↑Thermostat für tiefe Temperaturen. **Kryo|the|ra|pie** *die;* -: Anwendung von Kälte zur Zerstörung von krankem Gewebe durch Erfrieren (Med.). **Kryo|tron** *das;* -s, Plur. ...one, auch -s ⟨aus gleichbed. *engl.* cryotron⟩: supraleitendes Schaltelement [in ↑Computern] (EDV). **Kryo|tur|ba|ti|on** *die;* -, -en: Bodenbewegung, die im Bereich des Frostbodens bei wechselndem Frost in der oberen Bodenschicht vor sich geht (Geol.).

krypt..., Krypt... vgl. krypto..., Krypto... **Kryp|ta** *die;* -, ...ten ⟨über *lat.* crypta aus *gr.* kryptḗ „verdeckter, unterirdischer Gang, Gewölbe" zu kryptein „verbergen, verstecken"⟩: unterirdische Grabanlage unter dem Chor alter romanischer od. gotischer Kirchen, der auch als Aufbewahrungsort für Reliquien u. als kultische Stätte diente. **Krypt|äs|the|sie** *die;* - ⟨zu ↑krypto... u. ↑Ästhesie⟩: hochgradig verfeinerte Wahrnehmung; außersinnliche Wahrnehmung; vgl. Kryptoskopie. **Kryp|te** *die;* -, -n (meist Plur.) ⟨zu *gr.* kryptós „versteckt, verborgen"⟩: Einbuchtung in Form einer Schleimhautsenkung (z. B. bei den Gaumenmandeln od. in der Dickdarmschleimhaut; Med.). **Kryp|teia** *die;* - ⟨aus gleichbed. *gr.* krypteía zu kryptein „verbergen, verhüllen"⟩: Institution im alten Sparta (vermutlich zur Ausbildung von Jünglingen), die teilweise im Verborgenen wirkte u. die ↑Heloten überwachte. **Kryp|ten:** Plur. von ↑Krypta u. ↑Krypte. **kryp|tisch** ⟨aus *spätlat.* crypticus, dies aus *gr.* kryptikós „bedeckt, verborgen"⟩: unklar in seiner Ausdrucksweise od. Darstellung u. deshalb schwer zu deuten, dem Verständnis Schwierigkeiten bereitend. **Kryp|ti|tis** *die;* -, ...itiden ⟨zu ↑...itis⟩: Entzündung der Gaumenmandeln (Med.). **kryp|to..., Krypt|o...,** vor Vokalen meist krypt..., Krypt... ⟨zu *gr.* kryptós „versteckt, verborgen"⟩: Wortbildungselement mit der Bedeutung „geheim, verborgen", z. B. kryptorch, Kryptonym, kryptogen, Kryptoskopie. **Kryp|to|ga|me** *die;* -, -n (meist Plur.) ⟨zu ↑...game⟩: blütenlose Pflanze, Sporenpflanze (z. B. Farn, Alge); Ggs. ↑Phanerogame. **kryp|to|gen** ⟨zu ↑...gen⟩: svw. kryptogenetisch. **kryp|to|ge|ne|tisch:** von unbekannter Entstehung (von der Ursache einer Krankheit; Med.). **Kryp|to|gramm** *das;* -s, -e ⟨zu ↑...gramm⟩: 1. ein Text, aus dessen Worten sich durch einige besonders gekennzeichnete Buchstaben eine neue Angabe entnehmen läßt (z. B. eine Jahreszahl, eine Nachricht); vgl. Chronogramm. 2. (veraltet) Geheimtext. **Kryp|to|graph** *der;* -en, -en ⟨zu ↑...graph⟩: (veraltet) Gerät zur Herstellung von Geheimschriften (für den telegrafischen Verkehr). **Kryp|to|gra|phie** *die;* -, ...ien ⟨zu ↑...graphie⟩: 1. absichtslos entstandene Kritzelzeichnung bei Erwachsenen (Psychol.). 2. (veraltet) Geheimschrift. 3. Disziplin innerhalb der ↑Informatik zur Entwicklung u. Bewertung von Verschlüsselungsverfahren zum Schutz geheimer Daten vor unbefugtem Zugriff. **Kryp|to|gra|phik** *die;* -, -en: (veraltet) Geheimschriftenkunde. **kryp|to|gra|phisch** ⟨zu ↑...graphisch⟩: (veraltet) a) in Geheimschrift geschrieben; b) die Kryptographik betreffend. **Kryp|to|kal|vi|nist** [...v...] *der;* -en, -en: Anhänger der Theologie Melanchthons im 16. Jh., die in der Abendmahlslehre dem ↑Kalvinismus zuneigte. **Kryp|to|kok|ko|se** *die;* -, -n ⟨zu ↑Kokke u. ↑¹...ose⟩: zu den ↑Blastomykosen gehörende Pilzerkrankung, die u. a. die Hirnhäute befällt (Med.). **kryp|to|kri|stal|lin** u. **kryp|to|kri|stal|li|nisch:** erst bei mikroskopischer Untersuchung als kristallinisch erkennbar (Geol.); vgl. ...isch./-. **Kryp|to|lo|gie** *die;* - ⟨zu ↑...logie⟩: Lehre von der Entwicklung u. der Bewertung von Verschlüsselungsverfahren zum Schutz von Daten (EDV). **Kryp|to|me|lan** *der;* -s, -e ⟨zu *gr.* mélan „das Schwarze" zu mélas „schwarz"⟩: ↑tetragonal od. ↑monoklin kristallisierendes Mineral (Chem.). **kryp|to|mer** ⟨zu ↑...mer⟩: ohne Vergrößerung nicht erkennbar (von den Bestandteilen eines Gesteins; Geol.); Ggs. ↑phaneromer. **¹Kryp|to|me|rie** *die;* -, ...ien ⟨zu ↑...merie⟩: das Verborgenbleiben einer Erbanlage (Biol.). **²Kryp|to|me|rie** [...i̯ə] *die;* -, -n ⟨aus gleichbed. *nlat.* cryptomeria⟩: jap. Zeder (Bot.). **Kryp|ton** [auch ...'toːn] *das;* -s ⟨zu *gr.* kryptón „das Verborgene" zu kryptós (vgl. Krypte)⟩: chem. Element, ein Edelgas; Zeichen Kr. **Kryp|ton|lam|pe** *die;* -, -n: mit Krypton gefüllte Glühlampe mit starker Leuchtkraft. **Krypt|onym** *das;* -s, -e ⟨zu ↑krypto... u. *gr.* ónyma „Name"⟩: Verfassername, dessen Buchstaben in Wörtern bzw. Sätzen verborgen sind od. der nur aus den Anfangsbuchstaben bzw. -silben besteht (z. B. R. K.). **Krypt|oph|thal|mus** *der;* -, ...mi ⟨aus gleichbed. *nlat.* kryptophthalmus zu ↑krypto... u. *gr.* ophthalmós „Auge"⟩: angeborene Mißbildung mit unvollständiger Entwicklung des Augapfels u. mit Verwachsung der Augenlider (Med.). **krypt|orch** ⟨zu *gr.* órchis „Hoden"⟩: an Kryptorchismus leidend. **Krypt|or|chis|mus** *der;* -, ...men ⟨zu ↑...ismus (3)⟩: das Verbleiben eines od. beider Hoden in der Bauchhöhle od. im Leistenkanal, das Ausbleiben der normalen Verlagerung der Hoden in den Hodensack (Med.). **Kryp|to|skop** *das;* -s, -e ⟨zu ↑...skop⟩: tragbarer Röntgenapparat für eine Behandlung außerhalb des Röntgenraums (z. B. im Krankenzimmer; Med.). **Kryp|to|sko|pie** *die;* - ⟨zu ↑...skopie⟩: Wahrnehmung in der Nähe befindlicher verborgener Gegenstände; Ggs. ↑Teleskopie (2); vgl. Kryptästhesie. **Kryp|to|sper|mie** *die;* -, ...mien ⟨zu ↑Spermium u. ↑¹...ie⟩: Verminderung der Samenfäden in der Samenflüssigkeit (Med.). **Kryp|to|vul|ka|nis|mus** [...v...] *der;* -: vulkanische Erscheinungen unterhalb der Erdoberfläche (Geol.). **Kryp|to|xan|thin** *das;* -s: gelbroter Naturfarbstoff aus der Gruppe der ↑Karotinoide, der als ↑Provitamin A wirkt

Ksa|bi: Plur. von ↑Kasba[h]

Kschatrija

Kscha|tri|ja *der;* -s, -s ⟨zu *sanskr.* kṣātra „zum Kriegerstand gehörend"⟩: Angehöriger der adligen Kriegerkaste in Indien

KS-Gram|ma|tik [ka'|ɛs...] *die;* -: Kurzform von ↑Konstituentenstrukturgrammatik

KSZE: Abk. für *K*onferenz über *S*icherheit und *Z*usammenarbeit in *E*uropa

Kte|ni|di|um *das;* -s, ...ien [...jən] ⟨aus gleichbed. *nlat.* ctenidium, dies zu *gr.* kteís, Gen. ktenós „Kamm"⟩: Atmungsorgan vieler Weichtiere (Kammkieme; Zool.). **kte|no|id** ⟨aus *gr.* ktenoeidés „kammähnlich"⟩: kammartig. **Kte|no|id|schup|pe** *die;* -, -n: Kammschuppe vieler Fische (Zool.). **Kte|no|pho|re** *die;* -, -n (meist Plur.) ⟨zu ↑...phor⟩: Rippenqualle (Gruppe der Hohltiere; Zool.)

Ku|ban|kul|tur *die;* - ⟨nach dem Fluß im Kaukasus⟩: frühmetallzeitliche Kultur im nordkaukasischen Gebiet aus der 2. Hälfte des 3. Jahrtausends v. Chr.

Ku|ba|tur *die;* -, -en ⟨aus gleichbed. *nlat.* cubatura zu ↑Kubus u. ↑...ur⟩: 1. Erhebung zur dritten ↑Potenz (4). 2. Berechnung des Rauminhalts von [Rotations]körpern

Kub|ba *die;* -, Plur. -s od. Kubben ⟨aus *arab.* qubba „Gewölbe"; vgl. Alkoven⟩: 1. Kuppel einer Moschee od. eines Grabbaus. 2. kleiner überwölbter Grabbau in der islamischen Baukunst

Ku|be|be *die;* -, -n ⟨über *fr.* cubèbe, *mlat.* cubeba aus gleichbed. *arab.* kabāba, kubāba⟩: getrocknete Frucht eines indones. Pfeffergewächses

Ku|ben: Plur. von ↑Kubus. **ku|bie|ren** ⟨zu ↑Kubus u. ↑...ieren⟩: 1. die Festmeter eines Baumstammes aus Länge u. Durchmesser ermitteln (Forstw.). 2. eine Zahl in die dritte Potenz erheben (Math.). **Ku|bik...** ⟨zu *lat.* cubicus aus *gr.* kybikós „würfelförmig", vgl. kubisch⟩: Wortbildungselement mit der Bedeutung „Raum; dritte Potenz einer Zahl"; Zeichen ³, veraltet c u. cb (Math.), z. B. Kubikmeter. **Ku|bik|de|zi|me|ter** *der,* auch *das;* -s, -: Raummaß von je 1 dm Länge, Breite u. Höhe; Zeichen dm³ (Math.). **Ku|bi|kel** *das* ⟨aus *lat.* cubiculum zu cubare „liegen, schlafen"⟩: (veraltet) [Schlaf]zimmer. **Ku|bik|hek|to|me|ter** *der,* auch *das;* -s, - ⟨zu ↑Kubik...⟩: Raummaß von je einem Hektometer Länge, Breite u. Höhe; Zeichen hm³, früher chm. **Ku|bik|in|halt** *der;* -[e]s, -e: Rauminhalt (Math.). **Ku|bik|ki|lo|me|ter** *der;* -s, -: Raummaß von je einem Kilometer Länge, Breite u. Höhe; Zeichen km³ (Math.). **Ku|bik|maß** *das;* -es, -e: Raummaß (Math.). **Ku|bik|me|ter** *der,* auch *das;* -s, - ⟨zu ↑...meter⟩: Festmeter, Raummaß von je 1 m Länge, Breite u. Höhe; Zeichen m³ (Math.). **Ku|bik|mil|li|me|ter** *der,* auch *das;* -s, -: Raummaß von je 1 mm Länge, Breite u. Höhe; Zeichen mm³ (Math.). **Ku|bik|wur|zel** *die;* -, -n: dritte Wurzel aus einer Zahl (Math.). **Ku|bik|zahl** *die;* -, -en: Zahl in der dritten Potenz (Math.). **Ku|bik|zen|ti|me|ter** *der,* auch *das;* -s, -: Raummaß von je 1 cm Länge, Breite u. Höhe; Zeichen cm³ (Math.). **ku|bisch** ⟨nach *lat.* cubicus aus gleichbed. *gr.* kybikós zu kýbos, vgl. Kubus⟩: a) würfelförmig; b) in der dritten Potenz befindlich (Math.). **Ku|bis|mus** *der;* - ⟨zu ↑Kubus u. ↑...ismus (1)⟩: Kunstrichtung in der Malerei u. Plastik Anfang des 20. Jh.s, bei der die Landschaften u. Figuren in geometrische Formen (wie Zylinder, Kugel, Kegel) aufgelöst sind (Kunstw.). **Ku|bist** *der;* -en, -en ⟨zu ↑...ist⟩: Vertreter des Kubismus. **ku|bi|stisch** ⟨zu ↑...istisch⟩: a) im Stil des Kubismus [gemalt]; b) den Kubismus betreffend

ku|bi|tal ⟨zu ↑Cubitus u. ↑¹...al (1)⟩ a) zum Ellbogen gehörend; b) den Ellbogen betreffend (Med.); vgl. Cubitus

ku|bo|id ⟨zu ↑Kubus u. ↑...oid⟩: würfelförmig, würfelähnlich. **Ku|bo|id** *das;* -[e]s, -e: das Würfelbein der Fußwurzelknochen des Menschen (Anat.). **Ku|bo|man|tie** *die;* - ⟨zu *gr.* manteía „das Weissagen"⟩: Wahrsagerei mit Würfeln. **Ku|bus** *der;* -, Plur. - u. (österr. nur so) Kuben ⟨über *lat.* cubus aus gleichbed. *gr.* kýbos⟩: a) Würfel; b) dritte Potenz (Math.)

Kucker|sit¹ [auch ...'zɪt] *der;* -s, -e ⟨nach dem Fundort Kukkers in Estland u. zu ↑²...it⟩: stark bituminöser Schiefer im ↑Silur von Estland

Kuckes¹ vgl. Kux

Kucs|ma ['kʊtʃma, ung. ...mɔ] *die;* -, -s ⟨aus *ung.* kucsma „Pelzmütze, Pudelmütze"⟩: schwarze Lammfellmütze, früher von den österr. Husaren getragen

¹Ku|du *der;* -s, -s ⟨aus *afrikaans* koedoe, dies aus einer Bantuspr.⟩: eine afrik. ↑Antilope

²Ku|du *das;* -s, -s ⟨zu *sanskr.* kuṭī „Biegung, Krümmung"⟩: hufeisenförmiges Dekorationsmotiv an indischen Bauten, ursprünglich Giebelform indischer Tonnengewölbe

Ku|dur|ru *der;* -[s], -s ⟨aus *babylon.* kudurru „Grenzsteinkunde"⟩: steinernes Rechtsmal vor allem der kassitischen Epoche in Altmesopotamien

Kuf|fa *die;* -, -s ⟨aus dem Arab.⟩: altertümliches Rundboot im Irak aus einem mit Tierhäuten bespannten u. mit Asphalt abgedichteten Korbgeflecht

ku|fisch ⟨nach der Stadt Al Kufa im Irak⟩: in der Fügung -e Schrift: in Koranhandschriften u. auf Münzen bis ins 10. Jh., später noch in Inschriften verwendete arabische Schrift, die durch gerade Strichführung u. das Fehlen differenzierender Punkte gekennzeichnet ist

Ku|ge *der;* -, - ⟨aus gleichbed. *jap.* kuge⟩: Angehöriger des japan. Hofadels, Familie dieses Hofadels

Ku|gu|ar *der;* -s, -e ⟨aus gleichbed. *fr.* couguar, dies verkürzt aus *brasilian.-port.* cuguacuara zu gleichbed. *Tupi* (einer Indianersprache des östl. Südamerika) susuarana⟩: svw. Puma

Ku|ja|wi|ak *der;* -s, -s ⟨aus gleichbed. *poln.* kujawiak, nach dem poln. Landstrich Kujawien⟩: polnischer Tanz in langsamem ¾-Takt

Ku|jon *der;* -s, -e ⟨aus älter *fr.* coïon, couillon „Schuft, Memme", eigtl. „Entmannter" (zu *lat.* coleus „Hodensack")⟩: (veraltend abwertend) Schuft, Quäler. **ku|jo|nie|ren** ⟨aus älter *fr.* coïnner „als Dummkopf behandeln", vgl. Kujon⟩: (ugs. abwertend) jmdn. unnötig u. bösartig bedrängen, bei der Arbeit schlecht behandeln, schikanieren

Ku-Klux-Klan [bei engl. Ausspr.: 'kjuːklʌksˈklæn] *der;* -[s] ⟨aus gleichbed. *engl.-amerik.* Ku Klux Klan, umgebildet aus cyclos (dem urspr. Namen des Bundes, dies aus *gr.* kýklos „Kreis") u. ↑Clan⟩: 1865 gegründeter amerik. Geheimbund, der mit rücksichtslosem Terror gegen Minderheiten, Ausländer u. gegen die Gleichberechtigung der Schwarzen kämpft

Ku|kul|le *die;* -, -n ⟨aus *spätlat.* cuculla „Kapuze, Mönchskutte" zu *lat.* cucullus „Kapuze; Tüte"⟩: a) kapuzenartige Kopfbedeckung bei Mönchen der orthodoxen Kirche; b) weites Obergewand der Benediktiner u. anderer kath. Orden beim Chorgebet

Ku|ku|mer *die;* -, -n ⟨aus gleichbed. *lat.* cucumis, Gen. cucumeris⟩: (landsch.) Gurke

Ku|ku|ruz [auch 'kuː...] *der;* -[es] ⟨aus gleichbed. *serb.* kukuruz, *tschech.* kukuřice⟩: (landsch., bes. österr.) Mais

Ku|kus vgl. Kux

¹Ku|la *der;* -[s], -s ⟨nach dem türk. Ort Kula⟩: elfenbeinfarbener Gebetsteppich mit vielfarbigem Muster

²Ku|la vgl. Kulla

Ku|lah *die;* -, -[s] ⟨aus gleichbed. *türk.* külâh, dies aus dem *Pers.*⟩: persische hohe Mütze aus Filz od. Pelz

Ku|lak *der;* -en, -en ⟨aus gleichbed. *russ.* kulak⟩: Großbauer im zaristischen Rußland

Ku|lan *der;* -s, -e ⟨aus *kirgis.-russ.* kulan⟩: asiatischer Wildesel

Ku|la|ni vgl. Kolani

ku|lant ⟨aus gleichbed. *fr.* coulant, eigtl. „fließend, flüssig", zu couler „durchseihen, gleiten lassen, fließen", dies aus *lat.* colare „durchseihen"⟩: gefällig, entgegenkommend, großzügig (im Geschäftsverkehr). **Ku|lanz** *die;* - ⟨zu ↑...anz⟩: Entgegenkommen, Großzügigkeit (im Geschäftsverkehr)

Kü|las|se *die;* -, -n ⟨aus gleichbed. *fr.* culasse, eigtl. „Bodenstück eines Geschützrohres", dies aus *it.* culaccio „Schwanzstück" zu culo „Hintern; Boden", dies aus *lat.* culus „Hintern"⟩: Unterseite von Brillanten

Kul|do|skop *das;* -s, -e ⟨verkürzt aus *fr.* cul de sac „Sackgasse" u. ↑...skop⟩: svw. Douglasskop. **Kul|do|sko|pie** *die;* -, ...jen ⟨zu ↑...skopie⟩: svw. Douglasskopie

Ku|li *der;* -s, -s ⟨aus *engl.* cooly, coolie „(eingeborener) Tagelöhner, Träger", dies vermutlich über älter *port.* coles (Plur.) „Lastenträger" aus *Hindi* kūli (urspr. Name eines im westlichen Indien wohnenden Stammes)⟩: a) Tagelöhner in [Süd]ostasien; b) ausgenutzter, ausgebeuteter Arbeiter

Ku|lier|wa|re *die;* -, -n ⟨wohl zu *fr.* cueillir „(den Faden) aufrollen"⟩: Maschenware mit waagerecht laufendem Faden

Ku|lik *der;* -s, -s ⟨aus älter *poln.* kulik „Fastnachtsfahrt"⟩: früher in Polen übliche Fastnachtsbesuchsfahrt der Gutsbesitzer, bei der sich nach Verzehr der Vorräte die besuchte Familie den sie Besuchenden zur Weiterfahrt anschloß

Ku|li|ko|se *die;* -, -n ⟨zu *lat.* culex, Gen. culicis „Mücke, Schnake" u. ↑¹...ose⟩: Hautaffektion (vgl. Affektion 1) durch Insektenstich (bes. durch den Stich des Weibchens der Stechmücke; Med.]

ku|li|na|risch ⟨aus *lat.* culinarius „zur Küche gehörend" zu culina „Küche"⟩: a) auf die [feine] Küche, die Kochkunst bezogen; b) (leicht abwertend) ohne Anstrengung geistigen Genuß verschaffend, ausschließlich dem Genuß dienend

Kul|is|se *die;* -, -n ⟨aus *fr.* coulisse „Schiebewand", eigtl. „Rinne", zu couler „fließen", vgl. kulant⟩: 1. (meist Plur.) bewegliche Dekorationswand auf einer Theaterbühne; Bühnendekoration. 2. a) Hintergrund; b) vorgetäuschte Wirklichkeit, Schein. 3. äußerer Rahmen einer Veranstaltung. 4. a) nichtamtlicher Börsenmarkt; b) Personen, die sich auf eigene Rechnung am Börsenverkehr beteiligen. 5. Hebel mit verschiebbarem Drehpunkt (Techn.)

Kul|la u. **Ku|la** *die;* -, -s ⟨aus *türk.* kule „Turm, Festung"⟩: mehrstöckiger, steinerner Wohnturm mit sehr kleinen Fenstern auf dem Balkan, Fluchtturm, aber auch ständiger Wohnsitz

Kul|la|ni vgl. Kolani

Kul|li|ja u. **Kül|li|ye** *die;* -, -n ⟨aus *türk.* külliye „Komplex, Gesamtheit"⟩: in der osmanischen Baukunst der gesamte Komplex der zu einer Stiftung gehörenden religiösen (Moschee, Grabbau), schulischen, ↑karitativen u. sonstigen öffentlichen Einrichtungen

¹Kulm *der* od. *das;* -[e]s, -e ⟨über älter chulm aus dem Slaw., vgl. *tschech.* chlum „Hügel"⟩: abgerundete [Berg]kuppe

²Kulm *das;* -s ⟨aus *engl.* culm „Kohlenstaub", dies aus *mittelengl.* culme, wohl verwandt mit *engl.* coal „Kohle"⟩: sandig-schiefrige ↑Fazies (1) des unteren ↑Karbons (Geol.)

Kul|mi|na|ti|on *die;* -, -en ⟨aus gleichbed. *fr.* culmination zu culminer, vgl. kulminieren⟩: 1. Erreichung des Höhe-, Gipfelpunktes [einer Laufbahn]. 2. Durchgang eines Gestirns durch den ↑Meridian (2) im höchsten od. tiefsten Punkt seiner Bahn (Astron.). **Kul|mi|na|ti|ons|punkt** *der;* -[e]s, -e: 1. Höhepunkt [einer Laufbahn od. Entwicklung]. 2. höchster od. tiefster Stand eines Gestirns (beim Durchgang durch den ↑Meridian 2; Astron.). **kul|mi|nie|ren** ⟨aus gleichbed. *fr.* culminer, dies aus *lat.* culminare „gipfeln" zu culmen „Höhepunkt, Gipfel"⟩: seinen Höhepunkt erreichen

kul|misch ⟨zu ↑²Kulm⟩: das ↑²Kulm betreffend

kul|pa|bel ⟨aus gleichbed. *spätlat.* culpabilis zu *lat.* culpare, vgl. kulpieren⟩: (veraltet) strafbar, schuldig. **kul|pie|ren** ⟨aus gleichbed. *lat.* culpare, dies zu culpa „Schuld"⟩: (veraltet) beschuldigen, haftbar machen

Kult *der;* -[e]s, -e u. **Kultus** *der;* -, **Kulte** ⟨aus *lat.* cultus „Pflege; Bildung; Verehrung (einer Gottheit)" zu cultus, Part. Perf. von colere „bebauen, pflegen"⟩: 1. an feste Vollzugsformen gebundene Religionsausübung einer Gemeinschaft. 2. a) übertriebene Verehrung für eine bestimmte Person; b) übertriebene Sorgfalt für einen Gegenstand. **Kul|te|ra|nist** *der;* -en, -en ⟨zu ↑...aner u. ↑...ist⟩: Vertreter des Kultismus. **Kult|film** *der;* -[e]s, -e: (von einem bestimmten Publikum) als besonders eindrucksvoll beurteilter u. immer wieder angesehener Film. **Kult|ge|mein|schaft** *die;* -, -en: religiöse Gemeinschaft. **kul|tisch**: den Kult betreffend, zum Kult gehörend. **Kul|tis|mus** *der;* - ⟨aus gleichbed. *span.* cultismo, wegen der zahlreichen Anspielungen auf die antike Mythologie in den Werken dieser Stilart; vgl. ...ismus (1)⟩: svw. Gongorismus. **Kul|ti|va|tor** [...v...] *der;* -s, ...oren ⟨zu *mlat.* cultivare (vgl. kultivieren) u. ↑...ator⟩: svw. Grubber. **kul|ti|vier|bar** ⟨zu ↑kultivieren⟩: so beschaffen, daß man es kultivieren kann (z. B. Boden). **kul|ti|vie|ren** ⟨über gleichbed. *fr.* cultiver aus *mlat.* cultivare „bebauen, pflegen" zu *lat.* cultus, vgl. Kult⟩: 1. a) [Land] bearbeiten, urbar machen; b) Kulturpflanzen anbauen; c) Mikroorganismen od. Gewebezellen auf geeigneten Nährböden anzüchten. 2. a) etwas sorgsam pflegen; b) etwas auf eine höhere Stufe bringen, verfeinern. 3. den Acker mit dem ↑Grubber bearbeiten. **kul|ti|viert** ⟨zu ↑...iert⟩: gebildet; verfeinert, gepflegt; von vornehmer Lebensart. **Kul|ti|viert|heit** *die;* -: das Kultiviertsein, kultivierte Art. **Kul|ti|vie|rung** *die;* - ⟨zu ↑...ierung⟩: 1. das Inkulturnehmen von Wildpflanzen, ihre planmäßige Züchtung u. Pflege zur Gewinnung von Kulturpflanzen. 2. Urbarmachung des Bodens, seine Bearbeitung u. Bewirtschaftung. **Kul|to|sol** *der;* -s, -e ⟨zu ↑Kult u. *lat.* solum „Boden, Erdboden"⟩: durch menschlichen Einfluß neu geschaffener od. völlig veränderter Boden (z. B. ↑Hortisol). **Kult|re|li|gi|on** *die;* -, -en: eine Religionsform, in deren Mittelpunkt der Kult (bes. das Opfer) steht, wie etwa die altwedische Religion Indiens. **Kult|stät|te** *die;* -, -n: Stätte, an der kultische Handlungen vollzogen werden. **Kul|tur** *die;* -, -en ⟨aus *lat.* cultura „Landbau, Pflege (des Körpers u. Geistes)" zu cultus, Part. Perf. von colere „bebauen, bestellen; pflegen"⟩: 1. (ohne Plur.) die Gesamtheit der geistigen u. künstlerischen Lebensäußerungen einer Gemeinschaft, eines Volkes; politische -: aus der Gemeinschaft hervorgehende Bestrebungen u. Äußerungsformen, die sich auf die politische u./od. soziale Gestaltung des täglichen Lebens beziehen wie Bürgerinitiativen, alternatives Leben, Umweltschutz, kommunale Mitbestimmung, das In-Frage-Stellen von üblichen Lebensformen u. Lebenseinstellungen; zweite -: Wertvorstellungen im Hinblick auf Kulturelles, die im Gegensatz zu den alten Wertvorstellungen (z. B. gegenüber den Klassikern) stehen. 2. (ohne Plur.) feine Lebensart, Erziehung u. Bildung. 3. Zucht von Bakterien u. anderen Lebewesen auf Nährböden. 4. Nutzung, Pflege u. Bebauung von Ackerboden. 5. junger Bestand von Forstpflanzen. 6. (ohne Plur.) das Kultivieren (1). **kul|tu|ral** ⟨unter Einfluß von *engl.* cultural zu ↑Kultur u. ↑¹...al (1)⟩: die Kultur (1) in ihrem Vorhandensein an sich betreffend; vgl. ...al/...ell. **kul|tu|ra|li|stisch** ⟨zu ↑...istisch⟩: auf die Kultur (1) ausgerichtet, abgestellt. **Kul|tu|ral|ver|fah|ren** *das;* -s: Verfahren zur unmittelbaren Bekämpfung der Reblaus in den Weinbergen. **Kul|tur|an|thro|po|lo|gie** *die;* - ⟨zu ↑Kultur⟩: Richtung der Anthropologie, die über die Erforschung der Kulturgüter zu allgemeinen Aussagen über den Menschen als kulturfähiges Wesen zu gelangen sucht. **Kul|tur|at|ta|ché** [...ʃe:] *der;* -s, -s: für kulturelle Belange zuständiger ↑Attaché (2) einer Auslandsvertretung. **Kul|tur|au|to|no|mie** *die;* -, ...ien: 1. Recht nationaler Minderheiten auf kulturelle Eigenständigkeit. 2. Kulturhoheit der Gliedstaaten in einem Bundesstaat. **Kul|tur|ba|nau|se** *der;* -n, -n: (abwertend, oft scherzh.) jmd. ohne Kunstverständnis. **Kul|tur|denk|mal** *das;* -[e]s, Plur. ...mäler, auch ...male: etw. (bes. ein künstlerisches Werk), was als Zeugnis einer Kultur erhaltenswert ist. **kul|tu|rell** ⟨zu ↑...ell⟩: die Kultur (1) u. ihre Erscheinungsformen betreffend; vgl. ...al/...ell. **Kul|tur|en|sem|ble** [...ãsã:bl] *das;* -s, -s: [Volksmusik u. Volkstanz pflegende] Gruppe von Laienkünstlern. **Kul|tur|film** *der;* -[e]s, -e: der Allgemeinbildung dienender, kürzerer dokumentarischer od. künstlerischer Film. **Kul|tur|flüch|ter** *der;* -s, -: Tier- od. Pflanzenart, die aus einer Kulturlandschaft verschwindet (Biol.); Ggs. ↑Kulturfolger. **Kul|tur|fol|ger** *der,* -s, -: Tier- od. Pflanzenart, die sich in einer Kulturlandschaft ansiedelt (Biol.); Ggs. ↑Kulturflüchter. **Kul|tur|fonds** [...fõ:] *der;* - [...fõ:(s)]: Geld zur Finanzierung kultureller Belange (bes. in der ehemaligen DDR). **Kul|tur|he|ros** *der;* -, ...roen [...roːən]: mythische Gestalt in der Vorstellung vieler Völker, nach der Erschaffung der Welt die den Menschen lebensnotwendigen Dinge wie z. B. das Feuer brachte. **kul|tur|hi|sto|risch**: kulturgeschichtlich. **Kul|tu|ri|stik** *die;* - ⟨wahrscheinlich gebildet zu *engl.* culturist "Anhänger der Körperkultur" u. ↑²...ik (1)⟩: sportliche Disziplin mit einem besonderen Muskeltraining zur Ausbildung einer möglichst vollkommenen Muskulatur. Kraftsport. **kul|tür|lich** ⟨zu ↑Kultur⟩: der Kultur (1) entsprechend, gemäß. **Kul|tur|mor|pho|lo|gie** *die;* -: von L. Frobenius (1873–1938) begründete völkerkundliche Richtung, die die eigengesetzliche Entwicklung der Völkerkulturen erforscht. **Kul|tur|öko|lo|gie** *die;* -: Teilbereich der ↑Ökologie (2), der die Wechselwirkungen zwischen menschlicher Kulturtätigkeit, natürlicher Umwelt u. gesellschaftlicher Organisation bezeichnet. **Kul|tur|pes|si|mis|mus** *der;* -: kulturphilosophische u. zugleich kulturkritische Einschätzung u. Wertung, in der die Entwicklung von Kultur, gemessen an einem Idealzustand, als zunehmender Verfalls- u. Zerstörungsprozeß begriffen wird. **Kul|tur|pes|si|mist** *der;* -en, -en: Anhänger, Vertreter des Kulturpessimismus. **kul|tur|pes|si|mi|stisch**: den Kulturpessimismus betreffend. **Kul|tur|phi|lo|so|phie** *die;* -: Zweig der Philosophie, der sich mit den allgemeinen Erscheinungen der Kultur u. den in ihr wirksamen Entwicklungs- u. Ordnungsgesetzen befaßt. **Kul|tur|po|li|tik** *die;* -: Tätigkeit des Staates od. anderer Institutionen zur Förderung von Bildung, Wissenschaft u. Kunst. **kul|tur|po|li|tisch**: die Kulturpolitik betreffend. **Kul|tur|pro|gramm** *das;* -s, -e: a) Programm kultureller u.

künstlerischer Darbietungen; b) kulturelles Angebot. **Kul|tur|psy|cho|lo|gie** *die;* -: Teilgebiet der Psychologie, das sich mit den seelischen Kräften befaßt, die der Entwicklung von Kulturen u. Kulturkreisen zugrunde liegen. **Kul|tur|re|vo|lu|ti|on** [...v...] *die;* -, -en: Revolution im kulturellen Bereich, deren Ziel die Herausbildung einer sozialistischen Kultur ist (bes. in den 1970er Jahren in China). **Kul|tur|schock** *der;* -[e]s, -s: (beim unmittelbaren Kontakt mit einer fremden Kultur) schreckhaftes Erleben der Andersartigkeit der durch die fremde Kultur erlebbaren Realität (Soziol.). **Kul|tur|so|zio|lo|gie** *die;* -: spezielle Soziologie, die die Betrachtung u. häufig empirisch ausgerichtete Erforschung der Kultur als soziale Erscheinung od. im Hinblick auf ihre sozialen Rahmenbedingungen u. Grundlagen umfaßt. **Kul|tur|spon|so|ring** *das;* -s: [finanzielle] Unterstützung von kulturellen Einrichtungen od. Veranstaltungen, bes. aus Werbegründen. **Kul|tur|step|pe** *die;* -, -n: Landschaft, die zugunsten eines großflächigen Getreideod. Hackfrüchteanbaus durch Abholzung des Waldes um ihren natürlichen Tier- u. Pflanzenbestand gebracht wurde. **Kul|tur|tech|nik** *die;* -: die gesamte technische Bodenverbesserung für die Landwirtschaft (z. B. Hochwasserschutz, Bodenentwässerung u. a.). **Kul|tur|tou|ris|mus** [...tu...] *der;* -: Tourismus, der vorrangig dem Kennenlernen der Kultur (1) fremder Völker dient. **Kul|tus** vgl. Kult. **Kul|tus|kon|gre|ga|ti|on** *die;* - ⟨zu *lat.* cultus, vgl. Kult⟩: ↑Kurienkongregation für die Liturgie der röm.-kath. Kirche. **Kul|tus|mi|ni|ster** *der;* -s, -: für den kulturellen Bereich zuständiger Fachminister. **Kul|tus|mi|ni|ste|ri|um** *das;* -s, ...ien [...iən]: das für kulturelle Angelegenheiten zuständige Ministerium

Ku|ma|rin *das;* -s ⟨aus gleichbed. *fr.* coumarine zu coumarou "Tonkabohne", dies über *span.* u. *port.* cumarú aus gleichbed. *Tupi* (einer Indianersprache des östlichen Südamerika) cumaru, commaru; vgl. ...in (1)⟩: ein [pflanzlicher] Duftstoff. **Ku|ma|ron** *das;* -s ⟨aus gleichbed. *fr.* coumarone zu coumarou, vgl. Kumarin; vgl. ²...on⟩: eine chem. Verbindung

Kum|bha [...ba] *der;* -[e]s, -s ⟨aus *sanskr.* kumbhá "Topf, Wasserkrug"⟩: 1. ein bauchiger Tontopf, der im Kult in Indien als Wasserbehälter Symbol der Fruchtbarkeit ist. 2. die topfförmige Basis od. das Kapitell von Säulen (in ind. Tempelbauten)

Kum|kum *der;* -, -[s] ⟨aus gleichbed. *arab.* qumqum⟩: im islamischen Kulturraum etwa seit dem 10. Jh. hergestellte Spritzflasche aus Glas od. Metall zum Spenden von Rosenwasser

Kum|mer|bund *der;* -[e]s, -e ⟨über *engl.* cummerbund aus gleichbed. *Hindi* kamarband⟩: statt einer Weste zum Smoking od. Frack getragene seidene Leibbinde

Kum|pan *der;* -s, -e ⟨über *altfr.* compain aus *spätlat.* companio "Gefährte", eigtl. "Brotgenosse", dies über das Vulgärlat. zu *lat.* con- (vgl. kon-...) u. panis "Brot"⟩: a) (ugs.) Kamerad, Begleiter, Gefährte; b) (ugs. abwertend) Mittäter, Helfer. **Kum|pa|nei** *die;* -, -en: 1. (ugs. abwertend) Gruppe, Zusammenschluß von Kumpanen. 2. (ohne Plur.) kameradschaftliches Zusammengehörigkeitsgefühl, Freundschaft unter Kumpanen. **Kum|pa|nin** *die;* -, -nen: weibliche Form zu ↑Kumpan. **Kum|pel** *der;* -s, Plur. -, ugs. -s ⟨volkstümliche Verkleinerungsform von ↑Kumpan⟩: 1. Bergmann. 2. (ugs.) [Arbeits]kamerad, Freund

Kum|quat *die;* -, -s ⟨über *engl.* kumquat aus *chin.* kam quat "Goldorange"⟩: kleine eiförmige bis kugelige Frucht verschiedener in Ostasien, Nord- u. Südafrika sowie in Amerika kultivierter Rautengewächse, Zwergorange

Ku|mu|la|ti|on *die;* -, -en ⟨aus gleichbed. *lat.* cumulatio zu cumulare, vgl. kumulieren⟩: 1. Anhäufung, Sammlung u. Speicherung. 2. vergiftende Wirkung kleiner, aber fortgesetzt gegebener Dosen bestimmter Arzneimittel (Med.). **ku|mu|la|tiv** ⟨zu ↑...iv⟩: [an]häufend. **Ku|mu||en** *das;* -s, -e ⟨zu ↑...en⟩: ungesättigte organische Verbindung mit mehreren direkt benachbarten Doppelbindungen (Chem.). **ku|mu|lie|ren** ⟨aus gleichbed. *lat.* cumulare zu cumulus, vgl. Kumulus⟩: a) [an]häufen; ansammeln [u. steigern, verstärken]; b) einem Wahlkandidaten mehrere Stimmen geben. **ku|mu|li|form** ⟨zu ↑Kumulus u. ↑...form⟩: haufenförmig, in Form von Quellwolken (Meteor.). **Ku|mu|lo|nim|bus** *der;* -, -se ⟨zu ↑Kumulus u. ↑Nimbus (3)⟩: Gewitterwolke, mächtig aufgetürmte Haufenwolke; Abk.: Cb (Meteor.). **Ku|mu|lus** *der;* -, ...li ⟨aus *lat.* cumulus „Haufen"⟩: Haufenwolke; Abk.: Cu (Meteor.).
Ku|mys u. **Ku|myß** *der;* - ⟨aus *russ.* kumys, dies aus gleichbed. *tatar.* kumyz⟩: alkoholhaltiges Getränk aus vergorener Stutenmilch, das bes. in Innerasien verbreitet ist
Kund *das;* -, -[s] ⟨aus *Hindi* kund „Teich"⟩: das zum ind. Tempelbezirk gehörende Wasserbecken, das rituellen, aber auch häufig profanen Reinigungen dient
ku|nei|form [...nei...] ⟨zu *lat.* cuneus, Gen. cunei „Keil" u. ↑...form⟩: keilförmig, zugespitzt (Med.)
Kü|net|te *die;* -, -n ⟨aus gleichbed. *fr.* cunette, dies aus *it.* cunetta „(Straßen)graben"⟩: Abzugsgraben auf der Sohle eines Festungsgrabens
Kung-Fu *das;* -[s] ⟨über *engl.* kung fu zu *chin.* gongfu „sorgfältig studieren, hart arbeiten"⟩: aus China stammende Form der Selbstverteidigung
Kunk|ta|ti|on *die;* - ⟨aus gleichbed. *lat.* cunctatio zu cunctare bzw. cunctari, vgl. kunktieren⟩: (veraltet) das Zaudern, Zögern. **Kunk|ta|tor** *der;* -s, ...oren ⟨aus gleichbed. *lat.* cunctator⟩: (veraltet) Zauderer. **kunk|ta|to|risch**: (veraltet) zaudernd, zögernd. **kunk|tie|ren** ⟨aus gleichbed. *lat.* cunctare bzw. cunctari⟩: (veraltet) zaudern, zögern
Kun|ni|lin|gus vgl. Cunnilingus
Kun|zit [auch ...'tsɪt] *der;* -s, -e ⟨nach dem amerik. Edelsteinfachmann G. F. Kunz (1856–1932) u. zu ↑²...it⟩: violette bis rosafarbene Abart des Minerals ↑Spodumen
Kuo|min|tang *die;* - ⟨aus *chin.* guomindang „Nationale Volkspartei"⟩: demokratisch-nationale Partei Taiwans
Ku|pal *das;* -s ⟨Kurzw. aus *Kup*fer u. *Al*uminium⟩: kupferplattiertes Reinaluminium
Kü|pe *die;* -, -n ⟨aus *lat.* cupa „Tonne, Faß"⟩: 1. (landsch.) Färbebad, -kessel. 2. die Lösung eines Küpenfarbstoffs
Ku|pee [...'pe:] vgl. ¹Coupé
Ku|pel|le usw. vgl. ³Kapelle usw.
Kü|pen|farb|stoff *der;* -[e]s, -e ⟨zu ↑Küpe⟩: wasch- u. lichtechter, auf Gewebefasern gut haftender Farbstoff
Kup|fer|in|dig *der;* -s ⟨zu ↑Indigo⟩: ein blauschwarzes bis indigoblaues Mineral. **Kup|fer|la|sur** *die;* -: ein tiefblaues Mineral, das leicht in grünen ↑Malachit übergeht. **Kup|fer|sul|fat** *das;* -[e]s: Salz aus Kupfer u. Schwefelsäure. **Kup|fer|vi|tri|ol** [...v...] *das;* -s: Kupfersulfat (vgl. Sulfat) in Form blauer Kristalle
Ku|pi|di|tät *die;* - ⟨aus gleichbed. *lat.* cupiditas, Gen. cupiditatis zu cupidus „begierig"⟩: Begierde, Lüsternheit. **Ku|pi|do** *die;* - ⟨aus gleichbed. *lat.* cupido⟩: sinnliche Begierde, Verlangen
ku|pie|ren ⟨aus *fr.* couper „(ab)schneiden", altfr. couper, wohl eigtl. „die Spitze abschlagen", dies zu *spätlat.* cuppa „Becher"⟩: 1. (veraltet) a) abschneiden; b) lochen, knipsen. 2. durch Schneiden kürzen, stutzen (z. B. bei Pflanzen

od. bei Hunden u. Pferden). 3. einen Krankheitsprozeß aufhalten od. unterdrücken (Med.)
Ku|pol|ofen *der;* -s, ...öfen ⟨zu *it.* cupola „Kuppel", dies aus *spätlat.* cupula, Verkleinerungsform von *lat.* cupa „Tonne, Faß"⟩: Schmelzofen zur Herstellung von Gußeisen
Ku|pon [...'põ:] vgl. Coupon
Kup|pa *die;* -, ...pen ⟨aus *spätlat.* cuppa „Becher"⟩: die Schale eines Kelchs (Kunstw.)
Kup|pel *die;* -, -n ⟨aus *it.* cupola, vgl. Kupolofen⟩: [halbkugelförmige] Überdachung eines größeren Raumes
Ku|pris|mus *der;* - ⟨zu *lat.* cuprum „Kupfer" u. ↑...ismus (3)⟩: Kupfervergiftung. **Ku|prit** [auch ...'prɪt] *der;* -s, -e ⟨zu ↑²...it⟩: Rotkupfererz. **Ku|pro|pla|tin** *das;* -s, -e ⟨zu ↑Platin⟩: ein Mineral (Mischkristall von Platin, Kupfer u. Eisen)
Ku|pu|la vgl. Cupula
Kur *die;* -, -en ⟨aus *lat.* cura „Sorge, Fürsorge, Pflege"⟩: ein unter ärztlicher Aufsicht durchgeführtes Heilverfahren; Heilbehandlung; Pflege. **ku|ra|bel** ⟨aus gleichbed. *lat.* curabilis zu curare, vgl. kurieren⟩: heilbar (von Krankheiten; Med.). **Ku|ra|bi|li|tät** *die;* - ⟨zu ↑...ität⟩: Heilbarkeit (von Krankheiten; Med.). **Ku|rand** *der;* -en, -en ⟨zu ↑Kur u. ↑...and⟩: (veraltet) a) der einem Arzt zur Behandlung anvertraute Patient (Med.); b) Pflegling. **Ku|ran|din** *die;* -, -nen: weibliche Form zu ↑Kurand
ku|rant, auch courant [ku...] ⟨aus gleichbed. *fr.* courant, Part. Präs. von courir „laufen", dies aus gleichbed. *lat.* currere⟩: (veraltet) gangbar, gängig, umlaufend; Akb.: crt.
¹Ku|rant *das;* -[e]s, -e, auch Courant [ku'rã:] *das;* -s, -s ⟨aus *fr.* courant, substantiviertes Part. Präs. von courir (vgl. kurant), eigtl. „das Umlaufende"⟩: (veraltet) Währungsmünze, deren Materialwert dem aufgedruckten Geldwert entspricht
²Ku|rant *der;* -en, -en ⟨zu ↑Kur u. ↑...ant⟩: (schweiz.) Kurgast
ku|ran|zen u. koranzen ⟨Herkunft ungeklärt⟩: (veraltet) quälen, plagen, prügeln, schelten
Ku|ra|re *das;* -[s] ⟨über gleichbed. *span.* curare aus *Tupi* (einer Indianersprache des östlichen Südamerika) urari, eigtl. „auf wen es kommt, der fällt"⟩: zu [tödlichen] Lähmungen führendes indian. Pfeilgift, das in niedrigen Dosierungen als Narkosehilfsmittel verwendet wird. **Ku|ra|rin** vgl. Curarin
Kü|raß *der;* ...rasses, ...rasse ⟨aus gleichbed. *fr.* cuirasse, eigtl. „Lederpanzer", dies über *altprovenzal.* coirassa aus *vulgärlat.* *cor(i)acea „aus Leder gefertigter Panzer", substantiviertes Fem. zu *spätlat.* coriaceus „ledern"⟩: Brustharnisch. **Kü|ras|sier** *der;* -s, -e ⟨aus gleichbed. *fr.* cuirassier⟩: Reiter mit Küraß; schwerer Reiter
Ku|rat *der;* -en, -en ⟨aus gleichbed. *mlat.* curatus zu *lat.* curatus „sorgend", eigtl. Part. Perf. von curare „Sorge tragen, pflegen; heilen", vgl. kurieren⟩: a) Hilfsgeistlicher mit eigenem Seelsorgebezirk; b) geistlicher Betreuer von Pfadfindergruppen o. ä. **Ku|ra|tel** *die;* -, -en ⟨aus gleichbed. *mlat.* curatela, Mischbildung aus *lat.* curatio „Besorgung, Pflege, Verwaltung" u. tutela „Schutz, Obhut, Fürsorge"⟩: (veraltet) Pflegschaft, Vormundschaft; unter - stehen: (ugs.) unter [strenger] Aufsicht, Kontrolle stehen. **Ku|ra|tie** *die;* -, ...ien ⟨zu ↑Kurat u. ↑²...ie⟩: mit der Pfarrei lose verbundener Außenbezirk eines Kuraten. **ku|ra|tiv** ⟨zu ...iv⟩: heilend (Med.). **Ku|ra|tor** *der;* -s, ...oren ⟨aus *lat.* curator „Wärter; Bevollmächtigter, Vormund" zu curare, vgl. kurieren⟩: 1. (veraltet) Vormund, Pfleger. 2. Verwalter [einer Stiftung]. 3. Staatsbeamter in der Universitätsverwaltung zur Verwaltung des Vermögens u. zur Wahrneh-

kuratorial

mung der Rechtsgeschäfte. **ku|ra|to|ri|al** ⟨zu ↑Kuratorium u. ↑¹...al (1)⟩: das Kuratorium betreffend. **Ku|ra|to|ri|um** *das; -s, ...ien [...iǝn]* ⟨zu *lat.* curatorius „zum Kurator gehörig" u. ↑...orium⟩: 1. Aufsichtsbehörde (von öffentlichen Körperschaften od. privaten Institutionen). 2. Behörde eines Kurators (3). **Ku|ra|tus** *der; -,* Plur. *...ten u. ...ti* ⟨aus gleichbed. *mlat.* curatus, vgl. Kurat⟩: (veraltet) svw. Kurat

Kur|be *die; -, -n* ⟨aus *fr.* courbe „Spat" zu courbe „krumm, gebogen", dies aus *lat.* curvus⟩: Hasenhacke, eine Pferdekrankheit mit Vorwölbung der Hinterseite des Sprunggelenks (Tiermed.). **Kur|bęt|te** *die; -, -n* ⟨aus gleichbed. *fr.* courbette zu courber „krümmen", dies aus gleichbed. *lat.* curvare zu curvus „gekrümmt"⟩: Bogensprung, Aufeinanderfolge mehrerer rhythmischer Sprünge (von Pferden in der Hohen Schule; Sport). **kur|bet|tie|ren** ⟨zu ↑...ieren⟩: eine Kurbette ausführen (Sport)

Kur|di|rek|tor *der; -s, -en* ⟨zu ↑Kur u. ↑Direktor⟩: Leiter einer Kurverwaltung

Ku|re|ten *die* (Plur.) ⟨aus *gr.* koúrētes „Mannschaft junger, waffenfähiger Jünglinge"⟩: dämonische Wesen der griech. Sage, die durch laute Waffentänze das Geschrei des kleinen Zeus zu übertönen hatten, damit Kronos ihn nicht fände u. vernichtete

Kü|ret|ta|ge u. Curettage [kyrɛˈtaːʒə] *die; -, -n* ⟨aus gleichbed. *fr.* curetage zu curer, vgl. Kürette⟩: Auskratzung bzw. Auskratzung der Gebärmutter zu therapeutischen od. diagnostischen Zwecken (Med.). **Kü|ret|te** u. Curette [ky...] *die; -, -n* ⟨aus gleichbed. *fr.* curette zu curer „reinigen", dies aus *lat.* curare, eigtl. „sorgen, pflegen"⟩: ein ärztliches Instrument zur Ausschabung der Gebärmutter (Med.). **kü|ret|tie|ren** u. curettieren [ky...] ⟨zu ↑...ieren⟩: die Gebärmutter mit der Kürette ausschaben, auskratzen (Med.)

Kur|gan *der; -s, -e* ⟨aus gleichbed. *russ.* kurgan, dies aus älter *türk.* kurgan „Festung, Burg" zu *turkotat.* kargaman „befestigen"⟩: Hügelgrab in Osteuropa

ku|ri|al ⟨aus gleichbed. *mlat.* curialis „zum kaiserlichen Hof gehörig" zu *lat.* curia, vgl. ¹Kurie⟩: zur päpstlichen Kurie gehörend. **Ku|ria|le** *die; -* ⟨aus gleichbed. *mlat.* curiale, eigtl. „höfisch"⟩: Schreibschrift der ↑¹Kurie im frühen Mittelalter. **Ku|ria|lis** *die* (Plur.) ⟨aus gleichbed. *spätlat.* curiales (Plur.) „Bedienstete am Kaiserhof, Hofbeamte"⟩: die geistlichen u. weltlichen Beamten der päpstlichen Kurie. **Ku|ria|li|en** [...iǝn] *die* (Plur.) ⟨aus gleichbed. *mlat.* curialia (Plur.)⟩: die im Kurialstil überlieferten Formeln von Titel, Anrede u. Schluß in den Briefen der ehemaligen Kanzleien. **Ku|ria|lis|mus** *der; -* ⟨zu ↑kurial u. ↑...ismus (1)⟩: kath. kirchenrechtliche Richtung, die der päpstlichen Kurie die oberste Gewalt zuspricht; Ggs. ↑Episkopalismus; vgl. Papalismus. **Ku|ria|list** *der; -en, -en* ⟨zu ↑...ist⟩: Vertreter des Kurialismus. **Ku|rial|stil** *der; -(e)s:* (veraltet) Kanzleistil. **Ku|ri|at[s]|ko|mi|ti|en** *die* (Plur.) ⟨zu *lat.* curiatus „zur ²Kurie gehörend" u. ↑Komitien⟩: nach ↑²Kurien zusammentretende Volksversammlung im alten Rom. **Ku|ri|at|stim|me** *die; -* ⟨zu *lat.* curiatus „zur ²Kurie gehörend"⟩: Gesamtstimme von mehreren Stimmberechtigten eines Kollegiums. **¹Ku|rie** [...iə] *die; -, -n* ⟨aus *mlat.* curia „Fürstenhof, (päpstliche) Regierung", dies aus *lat.* curia, vgl. ²Kurie⟩: [Sitz der] päpstliche[n] Zentralbehörden; päpstlicher Hof. **²Ku|rie** [...iə] *die; -, -n* ⟨aus gleichbed. *lat.* curia⟩: eine der 30 Körperschaften, in die die altröm. Bürgerschaft aufgeteilt war. **Ku|ri|en|kar|di|nal** [...iǝn...] *der; -s, ...äle* ⟨zu ↑¹Kurie⟩: an der ¹Kurie tätiger Kardinal als Mitglied od. Leiter einer ↑Kardinalskon-

gregation od. einer päpstlichen Behörde. **Ku|ri|en|kon|gre|ga|ti|on** *die; -:* oberste Behörde der röm. ↑¹Kurie, in der seit 1967 außer Kardinälen auch Diözesanbischöfe Mitglieder sind; vgl. Kardinalskongregation

Ku|rier *der; -s, -e* ⟨aus gleichbed. *fr.* courrier, dies aus *it.* corriere zu correre aus *lat.* currere „laufen, rennen"⟩: jmd., der im Auftrag, Dienst des Staates, beim Militär o. ä. wichtige Nachrichten, Informationen überbringt; Eilbote [im diplomatischen Dienst]

ku|rie|ren ⟨aus *lat.* curare „Sorge tragen, pflegen; heilen"⟩: jmdn. [durch ärztliche Behandlung] von einer Krankheit heilen, gesundheitlich wiederherstellen. **ku|ri|os** ⟨z. T. über gleichbed. *fr.* curieux aus *lat.* curiosus „sorgfältig, aufmerksam, neugierig" zu cura „Sorge, Fürsorge"⟩: auf unverständliche, ungereimte, fast spaßig anmutende Weise sonderbar, merkwürdig. **Ku|rio|si|tät** *die; -, -en* ⟨aus gleichbed. *fr.* curiosité, dies aus *lat.* curiositas, Gen. curiositatis „Wißbegierde, Neugier"⟩: 1. (ohne Plur.) das Kuriossein; Sonderbarkeit, Merkwürdigkeit. 2. kuriose Sache; etwas, was merkwürdig ist, vom Normalen abweicht [u. deshalb selten ist u. besonderes Aufsehen erregt]. **Ku|rio|si|tä|ten|ka|bi|nett** *das; -s, -e:* [Museums]raum mit einer Sammlung kurioser Dinge. **Ku|rio|sum** *das; -s, ...sa* ⟨aus *nlat.* curiosum, substantiviertes Neutrum von *lat.* curiosus, vgl. kurios⟩: kuriose Sache, Angelegenheit, Situation

Ku|ri|um vgl. Curium

Kur|ka|pel|le *die; -, -n* ⟨zu ↑Kur u. ↑²Kapelle⟩: Kapelle, die zur Unterhaltung der Kurgäste spielt. **Kur|kon|zert** *das; -[e]s, -e:* Konzert (1) in einem Kurort zur Unterhaltung der Kurgäste

Kur|ku|ma u. Curcuma [ˈkʊrkuma] *die; -, ...umen* ⟨über *it.,* *span.* curcuma aus *arab.* kurkum „Safran"⟩: Gelbwurzel, gelber ↑Ingwer. **Kur|ku|ma|pa|pier** *das; -s:* mit Kurkumin getränktes Fließpapier zum Nachweis von Laugen. **Kur|ku|min** *das; -s* ⟨zu ↑...in (1)⟩: aus der Kurkumawurzel gewonnener gelber Farbstoff

Kur|na|ko|vit [...ˈviːt, auch ...ˈvɪt] *der; -s, -e* ⟨nach dem russ. Mineralogen N. S. Kurnakov (gest. 1941) u. zu ↑²...it⟩: ein dichtes, weißes Mineral

Ku|ros *der; -, Kuroi* [...ɔy] ⟨aus *gr.* (ionisch) koûros „Jüngling"⟩: svw. Koros

Ku|ro|schio *der; -[s]* ⟨aus *jap.* kuro-shio „schwarzer Strom" (nach der tiefblauen Wasserfarbe)⟩: starke warme Meeresströmung im Stillen Ozean östlich von Japan. **Ku|ro|shio** [...ʃ...] vgl. Kuroschio

Kur|ren|da|ner *der; -s, -* ⟨zu ↑Kurrende u. ↑...aner⟩: Mitglied einer Kurrende (1). **Kur|ren|de** *die; -, -n* ⟨aus *nlat.* currenda „Schülerchor", vermutlich zu *lat.* currere „laufen", weitere Herkunft unsicher⟩: 1. a) Schülerchor, der vor den Häusern, bei Begräbnissen u. ä. gegen eine Entlohnung geistliche Lieder sang; b) ev. Kinder-, Jugend- od. Studentenchor. 2. (veraltet) Umlaufschreiben. **kur|rent** ⟨zu *lat.* currens, Gen. currentis, Part. Präs. von currere „laufen"; (österr.) in deutscher Schrift. **Kur|rent|schrift** *die; -:* früher benutzte handschriftliche Form der sogenannten deutschen Schrift (Fraktur 2). **Kur|ri|ku|lum** *das; -s, ...la* ⟨aus *lat.* curriculum „Lauf(bahn)"⟩: (veraltet) Laufbahn, Lebenslauf; vgl. Curriculum u. Curriculum vitae. **Kurs** *der; -es, -e* ⟨über *fr.* cours „Strecke, Umlauf; Tagespreis" u. gleichbed. *it.* corso bzw. über *fr.* course, *niederl.* koers „Ausfahrt zur See; Reiseroute" aus *lat.* cursus „Lauf, Gang, Fahrt, Reise" zu currere, vgl. kurrent⟩: 1. a) Fahrtrichtung, Reiseroute; b) Rennstrecke. 2. a) zusammengehörende Folge von Unterrichtsstunden, Vorträgen o. ä.; Lehrgang; b) Gesamtheit der Teilnehmer eines Kurses (2 a). 3. Preis der Wertpapiere, Devisen u. vertretbaren Sachen, die an der Börse gehandelt werden. **Kur|sant** *der;* -en, -en ⟨aus gleichbed. *russ.* kursant; vgl. ...ant⟩: Teilnehmer an einem Kurs (2 a). **Kur|se:** Plur. von ↑ Kurs u. ↑ Kursus. **kur|si|bel** ⟨aus gleichbed. *mlat.* cursibilis zu *lat.* cursare, vgl. kursieren⟩: (veraltet) umlaufend, geläufig, gangbar. **kur|sie|ren** ⟨aus *lat.* cursare „umherlaufen, -rennen"⟩: umlaufen, im Umlauf sein, die Runde machen. **Kur|sist** *der,* -en, -en ⟨zu ↑...ist⟩: (veraltet) Teilnehmer an einem Kursus. **kur|siv** ⟨rückgebildet aus ↑ Kursive⟩: schräg (von Druckschrift). **Kur|si|ve** [...və] *die;* -, -n ⟨aus *mlat.* cursiva (littera), eigtl. „umlaufend(e Schrift)"⟩: schrägliegende Druckschrift. **Kurs|kor|rek|tur** *die;* -, -en ⟨zu ↑ Kurs⟩: Änderung, Korrektur des Kurses (1 a). **Kursor** ['kœrsɐ] *der;* -s, ...oren. Cursor. **kur|so|risch** ⟨aus *spätlat.* cursorius „zum Laufen gehörend"⟩: fortlaufend, nicht unterbrochen, hintereinander, rasch; -e Lektüre: schnelles Lesen eines Textes, das einen raschen Überblick verschaffen soll; Ggs. ↑ statarisch. **Kurs|pa|ri|tät** *die;* - ⟨zu ↑ Kurs⟩: ↑ Parität zwischen zwei Devisenkursen, die im gleichen Umfang von der Goldparität abweichen (Wirtsch.). **Kurs|sy|stem** *das;* -s: System, bei dem der Unterricht in den einzelnen Fächern in Form von Kursen (2 a) erteilt wird (Päd.). **Kursus** *der;* -, Kurse ⟨aus *mlat.* cursus „Lehrgang" zu *lat.* cursus, vgl. Kurs⟩: svw. Kurs (2)

Kur|ta|ge [...ʒə] vgl. Courtage.
Kur|ta|ne *die;* -, -n ⟨aus gleichbed. *engl.* curtana, dies aus *mlat.* curtana zu *lat.* curtus „kurz, abgeschnitten, gestutzt"⟩: Schwert ohne Spitze, das den englischen Königen bei der Krönung vorangetragen wurde
Kur|ta|xe *die;* -, -n ⟨zu ↑ Kur u. ↑ Taxe⟩: Gebühr, die ein Gast in Erholungs- od. Kurorten zahlen muß
Kur|ti|ne *die;* -, -n ⟨aus gleichbed. *fr.* courtine, dies aus *spätlat.* curtina „Vorhang; Gardine"⟩: 1. (früher) Teil des Hauptwalles einer Festung. 2. (österr., sonst veraltet) Mittelvorhang auf der Bühne. **Kur|ti|san** *der,* -s, -e ⟨aus gleichbed. *fr.* courtisan, dies aus *it.* cortigiano „im Hofdienst Stehender" zu corte „(Fürsten)hof", dies aus *mlat.* cortis, curtis, vgl. Cour⟩: (veraltet) Höfling, Liebhaber. **Kur|ti|sa|ne** *die;* -, -n ⟨aus gleichbed. *fr.* courtisane, dies aus *it.* cortigiana, Fem. von cortigiano, vgl. Kurtisan⟩: (früher) Geliebte eines Adligen [am Hof]; Halbweltdame
Kurt|ka *die;* -, -s ⟨aus *poln.-russ.* kurtka „Joppe, Jacke"⟩: von russ. u. poln. Truppen im 18./19. Jh. getragene Uniform
Kur|tscha|to|vi|um [...v...] *das;* -s ⟨nach dem russ. Atomphysiker J. W. Kurtschatow (1903–1960) u. zu ↑...ium⟩: chem. Element, ein ↑ Transuran; Zeichen Ku; vgl. Rutherfordium
Ku|ru *der* od. *das;* -s ⟨aus *papuanisch* kuru „zittern"⟩: durch ein Virus hervorgerufene, tödlich verlaufende Krankheit des Zentralnervensystems, die durch Schüttelbewegungen des ganzen Körpers charakterisiert ist u. erstmals bei Eingeborenen Papua-Neuguineas beobachtet wurde (Med.).
ku|ru|lisch; in der Fügung -er Stuhl ⟨nach *lat.* sella curulis „Amtsstuhl der höheren röm. Beamten" zu curulis, eigtl. „zum Wagen gehörig", dies zu currus „Wagen"⟩: Amtssessel der höchsten altröm. Beamten
Ku|ruş [ku'rʊʃ] *der;* -, - ⟨aus gleichbed. *türk.* kuruş (älter ghrush), gebildet zu *it.* grossi, Plur. von grosso „Groschen"⟩: Münzeinheit in der Türkei
Kur|va|ti|on [...v...] *die;* -, -en ⟨aus *lat.* curvatio „Krümmung" zu curvare „krümmen, biegen, runden"⟩: svw. Kurvatur. **Kur|va|tur** *die;* -, -en ⟨aus *lat.* curvatura, curvamen „Krümmung, Wölbung" zu curvus, vgl. Kurve⟩: 1. Krümmung, gekrümmter Teil eines Organs (Med.). 2. geringfügige Krümmung des Stufenbaus u. des Gebälks beim klassischen griech. Tempel (Archit.). **Kur|ve** [...və, ...fə] *die;* -, -n ⟨aus *spätlat.* curva (linea) „gekrümmt(e Linie)" zu *lat.* curvus „gekrümmt, gebogen"⟩: 1. [Straßen-, Fahrbahn]krümmung. 2. gekrümmte Linie als Darstellung mathematischer od. statistischer Größen. 3. Bogen, Bogenlinie; Wendung. 4. Linie, die ein Körper, Gegenstand beschreibt, der sich in einer nicht gerade verlaufenden Bewegung befindet. 5. (nur Plur.; ugs.) als erotisierend empfundene weibliche Körperformen. **kur|ven:** (ugs.) in Kurven [kreuz u. quer] fahren. **Kur|ven|dis|kus|si|on** *die;* -, -en: rechnerische Untersuchung mit graphischer Darstellung einer Kurve (2) u. ihrer Eigenschaften (Math.). **kur|ven|för|mig:** in, von der Form einer Kurve. **Kur|ven|in|tegral** *das;* -s, -e: ↑ Integral einer Funktion (2) über die Bogenlänge einer durch ihre Gleichung gegebenen Kurve (2; Math.). **Kur|ven|li|ne|al** *das;* -s, -e: Zeichengerät mit vorgeschnittenen Kurven (2; z. B. ↑ Parabel, ↑ Hyperbel) od. Kurventeilen (Math.). **Kur|ven|punkt** *der;* -[e]s, -e: auf einer Kurve (2) liegender Punkt (Math.). **Kur|ven|tech|nik** *die;* -: bestimmte Methode, Kurven (3, 4) zu fahren. **kur|vig** ⟨nach *lat.* curvus „krumm, gekrümmt, gebogen"⟩: 1. gekrümmt, gebogen (Math.). 2. kurvenreich. **kur|vi|li|ne|ar** [...v...] ⟨zu ↑ Kurve⟩: krummlinig. **Kur|vi|me|ter** *das;* -s, - ⟨zu ↑ '...meter⟩: a) Gerät zum Messen der Bogenlänge einer Kurve (Math.); b) Gerät zur Entfernungsmessung auf Landkarten (Geogr.). **Kur|vi|me|trie** *die;* - ⟨zu ↑ ...metrie⟩: Kurvenmessung, Entfernungsmessung mit Hilfe eines ↑ Kurvimeters (Math., Geogr.). **kur|vi|me|trisch** ⟨zu ↑...metrisch⟩: auf die Kurvimetrie bezogen (Math., Geogr.). **kur|vi|ro|strisch** ⟨zu *lat.* rostrum „Schnabel"⟩: krummschnäblig (Zool.).

Ku|rzaw|ka [...'ʒa...] *die;* - ⟨aus gleichbed. *poln.* kurzawka⟩: Schwimmsand, bes. über Kohle lagernde u. für den Bergbau gefährliche, leicht bewegliche Schicht von lockerem, stark wasserhaltigem Sand (Geol.).
Ku|scha|na|kunst *die;* - ⟨nach der Dynastie Kushana in Indien u. Zentralasien⟩: Periode (2.–3. Jh.) der ind. Kunst, an deren Beginn die beiden Kunstzentren Gandhara u. Mathura standen, denen der für die ganze spätere ind. Kunst typische Gebrauch einer formalisierten Gestensprache u. Symbolik gemeinsam ist
Ku|si|ne vgl. Cousine.
¹**Kus|kus** *der;* -, - ⟨Herkunft ungeklärt⟩: Gattung der Beuteltiere in Australien u. Indonesien
²**Kus|kus** u. **Kus|ku|su** *das;* -, - ⟨über *berber.* kuskus aus *arab.* kuskus(u) „(in Öl gebackener) Hirsebrei"⟩: nordafrik. Gericht aus in Wasserdampf gegartem Hirse- od. Weizengrieß mit verschiedenen gesondert gekochten Fleischsorten (bes. Hammelfleisch) u. verschiedenen Gemüsen
Kus|pe *die;* -, -n ⟨aus *engl.* cusp „Spitze"⟩: Bez. für eine einzelne Kurve (2) mit einer Spitze als singulärem Punkt in ihrem sonst monotonen Verlauf (Math.).
Kus|so|blü|ten *die* (Plur.) ⟨aus *amhar.* koso „Kosobaum", dies aus dem Semit.⟩: svw. Kosoblüten
¹**Ku|sto|de** *die;* -, -n ⟨aus *lat.* custos, Gen. custodis, vgl. Kustos⟩: 1. Kennzeichen der einzelnen Lagen einer Handschrift. 2. svw. Kustos (3). ²**Ku|sto|de** *der;* -n, -n ⟨zu Kustos⟩: svw. Kustos (1). **Ku|sto|dia** *die;* -, ...ien [...jən] ⟨aus *lat.* custodia „Bewachung, Bewahrung, Obhut"⟩: Behälter zur Aufbewahrung der Hostie (kath. Rel.). **Ku|sto|die** *die;* -, ...ien ⟨zu ↑²...ie⟩: kleineres Ordensgebiet der ↑ Franziskaner. **Ku|stos** *der;* -, ...oden ⟨aus *lat.* custos, Gen. custodis „Wächter, Aufseher; Behüter", Bed. 2 über *mlat.* cu-

stos „Hüter (des Kirchenschatzes)"⟩: 1. wissenschaftlicher Sachbearbeiter an Museen u. Bibliotheken. 2. (veraltet) Küster, Kirchendiener. 3. (meist Plur.) Zahl, Silbe od. Wort am Kopf od. am Fuß einer Buchseite zur Verbindung mit der kommenden Seite; vgl. ¹Kustode

Ku|su *der;* -s, -s ⟨aus einer austr. Eingeborenensprache⟩: australischer Kletterbeutler von Katzengröße mit glattem Pelz u. langem behaartem Greifschwanz

ku|tan ⟨aus gleichbed. *nlat.* cutaneus zu *lat.* cutis „Haut"⟩: zur Haut gehörend, sie betreffend (Med.). **Ku|tan|re|ak|ti|on** *die;* -, -en: [mit Quaddelbildung verbundene] Rötung der Haut als Reaktion auf einen künstlichen Reiz (z. B. auf Einreibung od. Einspritzung zu diagnostischen Zwecken, bes. zur Feststellung von Tuberkulose; Med.). **Ku|ti|ku|la** *die;* -, Plur. -s u. ...lae [...lɛ] ⟨aus *lat.* cuticula, Verkleinerungsform von cutis, vgl. Kutis⟩: dünnes Häutchen über der äußeren Zellschicht bei Pflanzen u. Tieren (Biol.); vgl. Pellicula. **ku|ti|ku|lar** ⟨zu ↑ ...ar⟩: die Kutikula betreffend (Biol.). **Ku|ti|ku|lar|ana|ly|se** *die;* -, -n: ↑ paläobotanische Untersuchungsmethode anatomischer Merkmalskomplexe der Epidermisstruktur (vgl. Epidermis) ↑ fossiler Blattreste. **Ku|tin** *das;* -s ⟨zu ↑ Kutis u. ↑ ...in (1)⟩: wachsartiger, wasserundurchlässiger Überzug auf Blättern u. Sprossen (Bot.). **Ku|tis** *die;* - ⟨aus *lat.* cutis „Haut"⟩: 1. Lederhaut der Wirbeltiere. 2. nachträglich verkorktes Pflanzengewebe (z. B. an Wurzeln). **Ku|tis|re|ak|ti|on** *die;* -, -en: svw. Kutanreaktion. **Ku|ti|tis** *die;* -, ...titiden ⟨zu ↑ ...itis⟩: Entzündung der Lederhaut (Med., Biol.)

Kut|ter *der;* -s, - ⟨aus gleichbed. *engl.* cutter zu to cut „schneiden", eigtl. „Schiff, das die Wellen schneidet"⟩: 1. a) einmastiges Segelfahrzeug; b) Jacht mit einer Kuttertakelung. 2. motorgetriebenes Fischereifahrzeug. 3. Rettungs-, Beiboot eines Kriegsschiffes

Ku|vasz [ˈkʊvas, ung. ˈkuvɔs] *der;* -, - ⟨aus gleichbed. *ung.* kuvasz, dies zu *türk.* kavas, vgl. Kawaß⟩: ungarischer Hirtenhund mit Hängeohren u. weichem, weißem Fell

Kü|ve|la|ge [...vəˈlaːʒə] *die;* -, -n ⟨aus gleichbed. *fr.* cuvelage zu cuve „Faß" (vgl. Küvette), nach den ein Holzfaß zusammenhaltenden eisernen Reifen⟩: Ausbau eines wasserdichten Schachtes mit gußeisernen Ringen (Bergw.). **kü|ve|lie|ren** ⟨nach gleichbed. *fr.* cuveler⟩: einen wasserdichten Schacht mit gußeisernen Ringen ausbauen (Bergw.). **Kü|ve|lie|rung** *die;* -, -en ⟨zu ↑ ...ierung⟩: svw. Küvelage

Ku|vert [kuˈveːɐ̯, ...vɛːɐ̯, auch ...ˈvɛrt] *das;* Gen. -s u. bei dt. Ausspr. -[e]s, Plur. -s u. bei dt. Ausspr. -e ⟨aus *fr.* couvert „Tischzeug, Gedeck; Umschlag", eigtl. substantiviertes Part. Perf. von couvrir „bedecken", dies zu *lat.* cooperire „(ganz) bedecken"⟩: 1. Briefumschlag. 2. [Tafel]gedeck für eine Person. **ku|ver|tie|ren** [...v...] ⟨zu ↑ ...ieren⟩: mit einem [Brief]umschlag versehen. **Ku|ver|tü|re** *die;* -, -n ⟨aus *fr.* couverture „Überzug, Decke; Glasur"⟩: Überzugsmasse für Gebäck od. Pralinen aus Kakao, Kakaobutter u. Zucker

Kü|vet|te [...v...] *die;* -, -n ⟨aus *fr.* cuvette „Napf", Verkleinerungsform von cuve „Bottich; Wanne", dies aus *lat.* cupa „Tonne, Faß"⟩: 1. (veraltet) kleines Gefäß. 2. svw. Künette. 3. (veraltet) Innendeckel der Taschenuhr

ku|vrie|ren [...v...] ⟨nach gleichbed. *fr.* couvrir, vgl. Kuvert u. ...ieren⟩: (veraltet) bedecken, verbergen

Kux, älter Kuckes, Kukus *der;* -es, -e ⟨Herkunft unsicher, vielleicht aus dem Slaw.⟩: börsenmäßig gehandelter Bergwerksanteil u. die darüber ausgestellte Urkunde. **Ku|xen|bör|se** *die;* -, -n: Wertpapierbörse für den Handel mit Kuxen

Kwar|ta *die;* -, -s ⟨aus gleichbed. *poln.* kwart⟩: altes polnisches Hohlmaß für Flüssigkeiten (= 0,951 l)

Kwa|schi|or|kor *der;* -[s] ⟨aus einer afrik. Eingeborenensprache⟩: Ernährungsstörung, die bes. in den trop. u. subtrop. Gebieten bei Säuglingen u. Kleinkindern auftritt, die eiweißarm u. kohlenhydratreich ernährt werden (Med.)

Kwaß *der;* Gen. - u. Kwasses ⟨aus gleichbed. *russ.* kvas⟩: russisches, schwach alkoholisches Getränk aus gegorenem Brot, Mehl, Malz u. a.

Kwu|zah [...z...] *die;* -, ...zọt ⟨aus *hebr.* qevûṣā „Gemeinschaft", Verkleinerungsform von qibbûṣ, vgl. Kibbuz⟩: freiwillige landwirtschaftliche Gemeinschaft in Israel, Kleinform des ¹Kibbuz

Kya|ni|sa|ti|on *die;* -, -en ⟨zu ↑ kyanisieren u. ↑ ...isation⟩: ein Verfahren zur Veredelung von Holz durch Imprägnieren mit einer Sublimatlösung. **kya|ni|sie|ren** ⟨nach gleichbed. *engl.* to kyanize (nach dem Namen des engl. Erfinders J. H. Kyan, 1774–1850) u. zu ↑ ...ieren⟩: Holz durch Imprägnieren veredeln

Kya|nit [auch ...ˈnɪt] *der;* -s, -s ⟨zu *gr.* kýanos „Blaustein" u. ↑²...it⟩: svw. Disthen

Kya|thos *der;* -, - ⟨aus gleichbed. *gr.* kýathos⟩: antikes Schöpfgefäß, mit dem der Mundschenk den Wein aus dem Mischkrug in den Becher schöpfte, ähnlich einer Tasse mit einem über den Rand hochgezogenen Henkel

¹Ky|ber|ne|tik *die;* - ⟨nach gleichbed. *engl.-amerik.* cybernetics (geprägt 1947 von dem amerik. Mathematiker N. Wiener, 1894–1964) zu *fr.* cybernétique „Kunst des Regierens" (geprägt 1834 von dem franz. Physiker A. M. Ampère, 1775–1836), dies aus *gr.* kybernētikḗ (téchnē) „Steuermannskunst" zu kybernḗtēs „Steuermann"⟩: Forschungsrichtung, die vergleichende Betrachtungen über Gesetzmäßigkeiten im Ablauf von Steuerungs- u. Regelungsvorgängen in Technik, Biologie u. Soziologie anstellt.

²Ky|ber|ne|tik *die;* - ⟨zu *gr.* kybernētikḗ (téchnē), vgl. ¹Kybernetik⟩: Lehre von der Kirchen- u. Gemeindeleitung (ev. Kirche). **Ky|ber|ne|ti|ker** *der;* -s, - ⟨zu ↑ ¹Kybernetik⟩: Wissenschaftler der Fachrichtung ¹Kybernetik. **ky|ber|ne|tisch**: die Kybernetik betreffend

Ky|em *das;* -s, -e ⟨aus *gr.* kýēma, Gen. kyḗmatos „die Frucht im Mutterleib", eigtl. „das Empfangene"⟩: die befruchtete Eizelle im Gesamtverlauf ihrer Entwicklungsstadien vom ↑ Embryo bis zum ↑ Fetus (Med.). **Kye|ma|to|ge|ne|se** *die;* -, -n: svw. Embryogenese. **Kye|ma|to|pa|thie** *die;* -, ...ien ⟨zu ↑ ...pathie⟩: svw. Embryopathie

Ky|kla|den|kul|tur *die;* - ⟨nach den Kykladen, einer Inselgruppe im Ägäischen Meer⟩: prähistorische bronzezeitliche Kultur der vorgriech. Bevölkerung auf den Kykladen

Ky|klas *die;* -, ...aden ⟨zu *gr.* kyklás „kreisförmig, im Kreislauf wiederkehrend"⟩: Festkleid der altgriech. Frauen mit rundum verziertem Saum. **Ky|kli|ker** [auch ˈkyk...] usw. vgl. Zykliker usw. **Ky|klop** usw. vgl. Zyklop usw.

Ky|lix *die;* -, ...likes ⟨aus gleichbed. *gr.* kýlix⟩: flache Trinkschale der griech. Antike mit zwei waagerechten Henkeln, deren Fuß immer höher u. schlanker ausgebildet wurde

Ky|ma *das;* -s, -s ⟨aus gleichbed. *gr.* kŷma, eigtl. „Welle"⟩: svw. Kymation. **Ky|ma|ti|on** *das;* -s, Plur. -s u. ...ien [...iən] ⟨aus gleichbed. *gr.* kymátion, eigtl. „kleine Welle"⟩: Zierleiste mit stilisierten Eiformen (bes. am Gesims griech. Tempel)

Kym|ba|la *die* (Plur.) ⟨aus *gr.* kýmbala, Plur. von kýmbalon „gegeneinander zu schlagende Metall- od. Holzteller"⟩: svw. Zimbal (1, 3)

ky|mo..., **Ky|mo...** ⟨zu *gr.* kŷma, vgl. Kyma⟩: Wortbildungselement mit der Bedeutung „die Welle betreffend, wellen-

förmig", z. B. kymographieren, Kymoskop. **Ky|mo||gramm** *das;* -s, -e ⟨zu ↑...gramm⟩: Röntgenbild von sich bewegenden Organen (Med.). **Ky|mo|graph** *der;* -en, -en ⟨zu ↑...graph⟩: Gerät zur mechanischen Aufzeichnung von rhythmischen Bewegungen (z. B. des Pulsschlags; Med.). **Ky|mo|gra|phie** *die;* - ⟨zu ↑...graphie⟩: Röntgenverfahren zur Darstellung von Organbewegungen (Med.). **ky|mo|gra|phie|ren** ⟨zu ↑...ieren⟩: eine Kymographie durchführen (Med.). **Ky|mo|gra|phi|on** *das;* -s, ...ien [...ən] ⟨zu *gr.* grapheîon „Griffel, Pinsel"⟩: svw. Kymograph. **Ky|mo|skop** *das;* -s, -e ⟨zu ↑...skop⟩: Gerät zur Sichtbarmachung wellenförmig fortschreitender Organbewegungen (Med.).
Kyn|an|thro|pie *die;* - ⟨zu *gr.* kýōn, Gen. kynós „Hund", ánthrōpos „Mensch" u. ↑²...ie⟩: krankhafte Einbildung eines Menschen, ein Hund zu sein (Med.). **Kyn|ege|tik** usw. vgl. Zynegetik usw. **Ky|ni|ker** *der;* -s, - ⟨aus gleichbed. *gr.* Kynikós zu kynikós „hündisch"; die Anhänger dieser Schule wurden wegen ihrer Bedürfnislosigkeit u. ihrer gewollten Armut, dann wegen ihrer Art, die Leute rücksichtslos anzufallen, um ihnen ihre Lehre zu predigen, mit den Hunden verglichen⟩: Angehöriger einer antiken Philosophenschule, die Bedürfnislosigkeit u. Selbstgenügsamkeit forderte; vgl. Zyniker. **ky|nisch** ⟨zu *gr.* kynikós, vgl. Kyniker⟩: die [Philosophie der] Kyniker betreffend. **Ky|no|lo|ge** *der;* -n, -n ⟨zu *gr.* kýōn, Gen. kynós „Hund" u. ↑...loge⟩: Hundezüchter; Hundekenner. **Ky|no|lo|gie** *die;* - ⟨zu ↑...logie⟩: Lehre von Zucht, Dressur u. den Krankheiten der Hunde. **Ky|no|phi|lie** *die;* - ⟨zu ↑...philie⟩: krankhaft gesteigerte Liebe zu Hunden. **Kyn|ore|xia** *die;* - ⟨zu *gr.* órexis „das Streben, das Verlangen"⟩: Heißhunger (Med.)
Kyo|gen *das;* -s, - ⟨aus gleichbed. *jap.* kyogen⟩: mittelalterliche Posse des japan. Theaters, die oft derb u. satirisch gegen menschliche u. soziale Schwächen gerichtet ist
Ky|pho|se *die;* -, -n ⟨zu *gr.* kyphós „gebückt, gekrümmt" u. ↑¹...ose⟩: Buckel, Wirbelsäulenverkrümmung nach hinten (Med.). **ky|pho|tisch** ⟨zu ↑...otisch⟩: bucklig, verkrümmt (von der Wirbelsäule); an Kyphose leidend (Med.)
Kyr|ben *die* (Plur.) ⟨aus gleichbed. *gr.* kýrbeis⟩: altathenische Gesetzestafeln in Form von öffentlich aufgestellten, um eine Achse drehbaren, dreieckigen Pfeilern aus Holz

Ky|re|nai|ker *der;* -s, - ⟨zu *gr.* Kyrenaïkós „aus Kyrene (stammend)", nach der antiken Stadt Kyrene⟩: Angehöriger der von Aristipp von Kyrene um 380 v. Chr. gegründeten, den ↑Hedonismus lehrenden Philosophenschule
Ky|ri|a||le Ro|ma|num *das;* - - ⟨*kirchenlat.,* zu *gr.* kýrios „Herr" u. *lat.* Romanus „römisch" (d. h. katholisch)⟩: Choralbuch der kath. Kirche, dessen Inhalt mit dem Schlußteil des ↑Graduale (2) übereinstimmt. **Ky|rie** [...jə] *das;* -, -s: Kurzform von ↑Kyrie eleison. **Ky|rie elei|son!** [auch – e'le:izɔn] u. Kyrieleis! ⟨aus gleichbed. *mgr.* kýrie eléēson, zu kýrios „Herr" u. eleeîn „(sich) erbarmen"⟩: Herr, erbarme dich! (Bittruf in der Messe u. im lutherischen u. unierten Hauptgottesdienst; vgl. Leis). **Ky|rie-elei|son** *das;* -s, -s: Bittruf [als Teil der musikalischen Messe]. **Ky|ri|eleis!** vgl. Kyrie eleison!
ky|ril|li|sch ⟨nach dem Slawenapostel Kyrill, 826–869⟩: von Kyrill festgelegt, eingeführt; -es Alphabet: auf die griech. ↑Majuskel zurückgehendes kirchenslaw. Alphabet; vgl. glagolitisch. **Ky|ril|li|za** *die;* - ⟨aus gleichbed. *russ.* kirilliza⟩: die kyrillische Schrift
Ky|rio|lo|gie *die;* - ⟨zu *gr.* kýrios „stark, bedeutend, feststehend" u. ↑...logie⟩: (veraltet) gewöhnliche, eigentliche Bedeutung. **ky|rio|lo|gisch** ⟨zu ↑...logisch⟩: (veraltet) im eigentlichen Sinn, in der gewöhnlichen Bedeutung verwendet, in natürlicher Darstellung. **ky|rio|lo|gi|sie|ren** ⟨zu ↑...isieren⟩: (veraltet) im eigentlichen Sinn anwenden u. auffassen
Kyr|to|ma *das;* -s, Plur. -s u. -ta ⟨aus *gr.* kýrtōma „Krümmung"⟩: (veraltet) Geschwulst, Beule. **Kyr|to|me|ter** *das;* -s, - ⟨zu *gr.* kyrtós „krumm, gebogen" u. ↑¹...meter⟩: altes Gerät zur Krümmungsmessung sowie zur Messung u. Bestimmung der Form des Brustkorbs
Kyu [kju:] *der;* -s, -s ⟨aus *jap.* kyū „vorherig(e Stufe), Schülergrad"⟩: in sechs Leistungsgrade eingeteilte Rangstufe der Anfänger in den Budosportarten; vgl. Dan. **Kyu|do** ['kju:do] *das;* -s ⟨aus *jap.* kyūdo „Weg des Bogens"⟩: zu den Budosportarten zählende japan. Form des Bogenschießens
Ky|zi|ke|ner *der;* -s, - ⟨aus gleichbed. *gr.* Kyzikēnoí, nach der milesischen Kolonie Kyzikos am Südufer des Marmarameeres, wo diese Münze geprägt wurde⟩: vom 6.–4. Jh. v. Chr. weitverbreitete altgriech. Münze

la ⟨*it.*⟩: Silbe, auf die man den Ton a singen kann; vgl. Solmisation
La Bam|ba *die;* - -, - -s, ugs. auch *der;* - -[s], - -s ⟨aus gleichbed. *port.* (brasilian. Variante) bambá⟩: ein Modetanz in lateinamerik. Rhythmus
La|ba|rum *das;* -s ⟨aus gleichbed. *lat.* labarum⟩: 1. die von Konstantin d. Gr. im Jahr 312 n. Chr. eingeführte spätröm. Kaiserstandarte mit dem ↑Christusmonogramm. 2. Christusmonogramm
Lab|da|num vgl. Ladanum
la|be|fak|tie|ren ⟨aus gleichbed. *lat.* labefactare⟩: (veraltet) zu Fall bringen, wankend machen; schwächen
La|bel ['le:bl, engl. leɪbl] *das;* -s, -s ⟨aus gleichbed. *engl.* label⟩: 1. Klebeetikett, Klebemarke, die auf ein Produkt bzw. auf die Verpackung eines Produkts aufgeklebt wird. 2. a) Etikett einer Schallplatte; b) Schallplattenfirma. 3. Markierung eines Programmbeginns (EDV)
La|bel|lum *das;* -s, ...llen ⟨aus *lat.* labellum „kleine Lippe", Verkleinerungsform von labrum, vgl. Labrum⟩: 1. das durch Größe u. Zeichnung auffallende ↑mediane Blütenblatt von Orchideen u. Ingwergewächsen (Bot.). 2. a) bei Bienen u. anderen Hautflüglern die kleine, löffelartige Spitze der Zunge; b) (meist Plur.) bei Fliegen mit leckendsaugenden Mundwerkzeugen die beiden kissenartigen Bildungen des Tupfrüssels (Zool.)
La|bel|sy|stem ['le:bl...] *das;* -s ⟨zu ↑Label⟩: in den USA entstandene u. hauptsächlich dort angewendete Art des indirekten wirtschaftlichen Boykotts
la|bent ⟨zu *lat.* labi „gleiten, fallen" u. ↑...ent⟩: (veraltet) gleitend, fallend
La|ber|dan *der;* -s, -e ⟨aus gleichbed. *niederl.* labberdaan⟩: eingesalzener Kabeljau aus Norwegen
la|bet ⟨zu *fr.* la bête „Strafeinsatz beim Kartenspiel"⟩; in der Verbindung - sein: (veraltet, noch landsch.) 1. verloren haben (im Kartenspiel). 2. müde, abgespannt sein
La|bia: Plur. von ↑Labium. **la|bi|al** ⟨aus gleichbed. *nlat.* labialis zu *lat.* labium „Lippe"⟩: 1. zu den Lippen gehörend, sie betreffend (Med.). 2. mit den Lippen gebildet (von Lauten; Sprachw.). **La|bi|al** *der;* -s, -e ⟨zu ↑¹...al (2)⟩: mit Hilfe der Lippen gebildeter ↑Konsonant (z. B. *b;* Sprachw.); vgl. bilabial, labioapikal, labiodental, Labiovelar. **La|bia|lis** *die;* -, ...les [...le:s] ⟨zu ↑labial⟩: (veraltet) svw. Labial. **la|bia|li|sie|ren** ⟨zu ↑...isieren⟩: (von Lauten) zusätzlich zur eigentlichen Artikulation mit Rundung der Lippen sprechen. **La|bia|li|sie|rung** *die;* -, -en ⟨zu ↑...isierung⟩: Aussprache von Konsonanten mit Lippenrundung. **La|bi|al|laut** *der;* -[e]s, -e: svw. Labial. **La|bi|al|pfei|fe** *die;* -, -n: Orgelpfeife, bei der der Ton durch Reibung des Luftstroms an einer scharfen Schneide erzeugt wird; Ggs. ↑Lingualpfeife. **La|bia|ten** *die* (Plur.) ⟨zu *nlat.* labiatus „lippenförmig", dies zu *lat.* labium, vgl. labial⟩: Lippenblütler (Kräuter u. Sträucher mit meist zweilippiger Blütenkrone). **La|bi|en** [...jən]: Plur. von ↑Labium

la|bil ⟨aus *spätlat.* labilis „leicht gleitend" zu *lat.* labi „gleiten"⟩: 1. schwankend, leicht aus dem Gleichgewicht kommend, veränderlich (in bezug auf eine Konstruktion, auf Wetter, Gesundheit; Ggs. ↑stabil (1). 2. unsicher, schwach, leicht zu beeinflussen (von Menschen); Ggs. ↑stabil (2). **la|bi|li|sie|ren** ⟨zu ↑...isieren⟩: labil machen, labil werden lassen. **La|bi|li|sie|rung** *die;* - ⟨zu ↑...isierung⟩: das Labilisieren, Labilmachen. **La|bi|li|tät** *die;* -, -en (Plur. selten) ⟨zu ↑...ität⟩: 1. leichte Wandelbarkeit, Beeinflußbarkeit, [Stör]anfälligkeit, Schwäche; Ggs. ↑Stabilität (1). 2. uneinheitliche Luftbewegung (Meteor.)
la|bio..., **La|bio...** ⟨zu *lat.* labium „Lippe"⟩: Wortbildungselement mit der Bedeutung „die Lippe[n] betreffend; mit der Lippe bzw. den Lippen gebildet", z. B. labiodental. **la|bio|api|kal** ⟨zu ↑apikal⟩: mit Lippen u. Zungenspitze gebildet (von Lauten; Sprachw.). **la|bio|den|tal**: 1. mit der gegen die oberen Zähne gepreßten Unterlippe gebildet (von Lauten; Sprachw.). 2. zu den Lippen u. den Zähnen gehörend (Med.). **La|bio|den|tal** *der;* -s, -e: Laut, der mit Hilfe der gegen die oberen Zähne gepreßten Unterlippe gebildet wird; Lippenzahnlaut (z. B. *f*; Sprachw.). **La|bio|den|ta|lis** *die;* -, ...les [...le:s]: (veraltet) svw. Labiodental. **la|bio|ve|lar** [...v...]: (von Lauten) mit Lippen u. hinterem Gaumen gleichzeitig gebildet. **La|bio|ve|lar** *der;* -s, -e: Laut, der mit Lippen u. Gaumen zugleich gebildet wird; Lippengaumenlaut (z. B. in der afrik. Ewesprache; Sprachw.). **La|bio|ve|la|ris** *die;* -, ...res [...re:s]: (veraltet) svw. Labiovelar. **La|bi|um** *das;* -s, Plur. ...ien [...jən] u. ...ia ⟨aus *lat.* labium „Lippe"⟩: 1. Lippe (Med.). 2. lippenförmiger Rand (z. B. eines Hohlorgans, bes. Schamlippe; Med.). 3. a) Unterlippe der Insektenmundwerkzeuge; b) Lippe der ↑Labiaten (Biol.). 4. bei ↑Labialpfeifen u. [Block]flöten der Teil, der die Luftaustrittsspalte nach oben u. unten begrenzt u. damit die Qualität des Tones entscheidend bestimmt
La|bor [österr., schweiz. 'la:...] *das;* -s, Plur. -s, auch -e ⟨Kurzform von *Labor*atorium⟩: Arbeits- u. Forschungsstätte für biologische, physikalische, chemische od. technische Versuche. **La|bo|rant** *der;* -en, -en ⟨zu *lat.* laborans, Gen. laborantis, Part. Präs. von laborare, vgl. laborieren⟩: Fachkraft in Labors u. Apotheken. **La|bo|ran|tin** *die;* -, -nen: weibliche Fachkraft in Labors u. Apotheken. **La|bo|ra|to|ri|um** *das;* -s, ...ien [...jən] ⟨aus gleichbed. *mlat.* laboratorium⟩: svw. Labor. **La|bor|dia|gno|stik** *die;* - ⟨Kurzform von Laboratoriumsdiagnostik⟩: Methodik der Krankheitserkennung mit Hilfe von Laboruntersuchungen. **la|bo|rie|ren** ⟨aus *lat.* laborare „sich anstrengen, abmühen, arbeiten"⟩: (ugs.) 1. sich mit der Herstellung von etwas abmühen. 2. an einer Krankheit o. ä. leiden u. sie ohne rechten Erfolg zu heilen suchen. **la|bo|ri|ös** ⟨über *fr.* laborieux aus gleichbed. *lat.* laboriosus⟩: (veraltet) arbeitsam, fleißig; mühsam, beschwerlich. **La|bor|prak|ti|kum** *das;* -s, ...ka ⟨zu ↑Labor⟩: mehrwöchiges Praktikum in ei-

nem Labor der Universität im Rahmen eines medizinischen, pharmazeutischen od. naturwissenschaftlichen Studiums

La Bo|stel|la *die;* - -, - -s, ugs. auch *der;* - -[s], - -s ⟨Herkunft unsicher⟩: ein in einer Gruppe getanzter Modetanz in lateinamerikanischem Rhythmus, bei dem man mit den Händen klatscht

La|bour Par|ty ['leɪbə 'pɑ:tɪ] *die;* - - ⟨aus gleichbed. *engl.* Labour Party⟩: die engl. Arbeiterpartei; vgl. Independent Labour Party

la bourse ou la vie [la'burs u la'vi] ⟨*fr.;* „die Börse od. das Leben"⟩: Geld oder Leben!

La|bra|dor *der;* -[s], -e ⟨nach der gleichnamigen nordamerik. Halbinsel⟩: 1. svw. Labradorit. 2. aus den arktischen Schlittenhunden hervorgegangene Hunderasse mit kurzem, meist schwarzem bis graubraunem Fell u. Hängeohren. **la|bra|do|ri|sie|ren** ⟨zu ↑...isieren⟩: ein Farbenspiel aufweisen, schillern wie der Labradorit (Mineral.). **La|bra|do|rit** [auch ...'rɪt] *der;* -s, -e ⟨zu ↑²...it⟩: Abart des Feldspats mit metallischem, grünblauem bis braunem od. violettem Farbenspiel (Schmuckstein)

La|brum *das;* -s, Plur. ...bren u. ...bra ⟨aus *lat.* labrum „Lippe, Lefze"⟩: 1. lippenförmiges Gebilde, lippenförmiger Faserrand (z. B. einer Gelenkpfanne; Med.). 2. Oberlippe der Insektenmundwerkzeuge (Biol.)

Labs|kaus *das;* - ⟨nach gleichbed. *engl.* lobscouse, weitere Herkunft unsicher⟩: seemännisches Eintopfgericht aus Fleisch [u. Fisch] mit Kartoffeln u. Salzgurken

La|by|rinth *das;* -[e]s, -e ⟨über *lat.* labyrinthus aus *gr.* labýrinthos „Haus mit Irrgängen" (vorgriech. Wort)⟩: 1. Irrgang, -garten. 2. undurchdringbares Wirrsal, Durcheinander. 3. Innenohr (Med.). 4. svw. Labyrinthorgan. 5. enge Rundkehre innerhalb einer Rennrodelbahn. **la|by|rin|thär** ⟨zu ↑...är⟩: vom Innenohr ausgehend (Med.). **la|by|rinth|ar|tig**: von der Art eines Labyrinths (1), wie ein Labyrinth. **La|by|rinth|fisch** *der;* -[e]s, -e: meist lebhaft gefärbter Süßwasserfisch der afrik. u. asiat. Tropen u. Subtropen, der mit einem zusätzlichen Atmungsorgan Luft an der Wasseroberfläche aufnimmt. **la|by|rin|thisch** ⟨aus gleichbed. *gr.* labyrintheios⟩: wie in einem Labyrinth; verschlungen gebaut. **la|by|rin|thi|sie|ren** ⟨zu ↑...isieren⟩: labyrinthartig gestalten; verworren machen. **La|by|rin|thi|tis** *die;* -, ...itiden ⟨zu ↑...itis⟩: Entzündung des Innenohrs (Med.). **La|by|rinth|odon** *das;* -s, ...odonten ⟨zu *gr.* odoús, Gen. odóntos „Zahn"⟩: ausgestorbenes gepanzertes Kriechtier. **La|by|rinth|or|gan** *das;* -s: Kiemenhöhle oberhalb der blutgefäßreichen Kammer, die bei Labyrinthfischen als Atmungsorgan dient. **La|by|rinth|ver|such** *der;* -[e]s, -e: Methode der vergleichenden Lernpsychologie, bei der ein Tier in einem Labyrinth (1) am Ende des Weges mit Futter belohnt wird u. gezwungen ist, durch Versuch u. Irrtum den kürzesten Weg zu suchen

Lac|ca|se [...k...] vgl. Lakkase

La|cer|na [...ts...] *die;* -, ...nen ⟨aus gleichbed. *lat.* lacerna⟩: über der ↑Toga getragener Umhang der Römer

La|cet|band [la'se:...] *das;* -[e]s, ...bänder ⟨zu *fr.* lacet „(Schnür)band", dies über *altfr.* lacs „Schleife" zu *lat.* laqueus „Schlinge"⟩: schmales Flechtband für Verzierungen. **La|ceur** [la'sø:ɐ̯] *der;* -s ⟨aus gleichbed. *fr.* laceur zu lacer, vgl. lacieren⟩: (veraltet) Netzstricker. **La|ceu|se** [la'sø:zə] *die;* -, -n ⟨aus gleichbed. *fr.* laceuse⟩: (veraltet) Netzstrickerin. **la|cie|ren** [la'si:...] ⟨nach gleichbed. *fr.* lacer, dies aus *lat.* laqueare „verschnüren", eigtl. „umschnüren, fesseln"⟩: (selten) a) schnüren, einschnüren; b) mit Band durchflechten. **La|cis** [la'si:] *das;* - [la'si:(s)], - [la'si:s]

⟨aus gleichbed. *fr.* lacis zu lacer, vgl. lacieren⟩: netzartiges Gewebe

lackie|ren¹ ⟨aus *it.* laccare zu lacca „Lack", dies über *arab.* lakk, *pers.* läk aus gleichbed. *aind.* lākṣā⟩: 1. mit Lack überziehen. 2. (ugs.) hintergehen, hereinlegen. **Lackie|rer¹** *der;* -s, -: Facharbeiter, der lackiert, z. B. Autolackierer. **lackiert¹** ⟨zu ↑...iert⟩: (ugs.) auffallend fein angezogen, geschniegelt u. eingebildet. **Lackier|te¹** *der u. die;* -n, -n: (ugs.) jmd., der hinters Licht geführt, betrogen worden ist

Lack|mus *das od. der;* - ⟨aus *niederl.* lakmoes, dies aus *mniederl.* le(e)cmoes „blauer Farbstoff" zu lecken „tropfen, rinnen" u. moes „(Pflanzen)brei, Mus" (weil man aus den zu Mus zerstampften Pflanzen den Farbstoff abtropfen ließ)⟩: aus einer Flechtenart (der Lackmusflechte) gewonnener blauer Farbstoff, der als chem. ↑Indikator (4) verwendbar ist (reagiert in Säuren rot, in Laugen blau).

Lack|mus|pa|pier *das;* -s: mit Lackmustinktur getränktes Papier, das zur Erkennung von Säuren u. Laugen dient (Chem.)

La|cri|mae Chri|sti [...krimɛ –] *der;* - -, - - ⟨aus *lat.* lacrimae Christi „Tränen Christi"⟩: alkoholreicher, goldfarbener Wein von den Hängen des Vesuvs. **la|cri|man|do** ⟨aus *it.* lacrimando „weinend"⟩: svw. lacrimoso. **La|cri|mo|sa** *das;* - ⟨zu *lat.* lacrimosus „tränenreich, voll Tränen"⟩: Anfangswort u. Bezeichnung der in einer Molltonart komponierten 10. Strophe der ↑Dies irae in der Totenmesse (Mus.). **la|cri|mo|so** ⟨aus *it.* lacrimoso „weinend" zu lacrima „Träne", dies aus gleichbed. *lat.* lacrima⟩: traurig, klagend (Vortragsanweisung; Mus.)

La|crosse [...'krɔs] *das;* - ⟨aus gleichbed. *engl.* lacrosse, zu *fr.* (la) crosse „Kolben, Schläger"⟩: dem Hockey verwandtes amerik. Mannschaftsspiel, bei dem ein Gummiball mit Schlägern in die Tore geschleudert wird

lact..., Lact... [lakt...] vgl. lakto..., Lakto... **Lac|tam** *das;* -s, -e ⟨zu *lat.* lac, Gen. lactis „Milch" u. ↑Amid⟩: durch Wasserabspaltung aus bestimmten Aminosäuren entstehendes ↑Amid. **Lac|tat** *das;* -s, -e ⟨zu ↑...at (2)⟩: Salz der Milchsäure (Chem.). **lac|to..., Lac|to...** vgl. lakto..., Lakto... **Lac|ton** *das;* -s, -e ⟨zu ↑²...on⟩: aus ↑Hydroxy[karbon]säure durch ↑intramolekulare Wasserabspaltung entstehende, meist flüssige od. niedrig schmelzende Verbindung (Chem.). **Lac|to|se** vgl. Laktose

La|dang *das;* -s, -s ⟨aus dem Malai.⟩: trockenes, unbewässertes Reisfeld in Südostasien

La|da|num u. **Lab|danum** *das;* -s ⟨aus gleichbed. *mlat.* la(b)danum, dies über *lat.* ladanum aus *gr.* lédanon „Zistrose", dies aus dem Semit.⟩: aus Zistrosen gewonnener Duftstoff, der bes. zur Herstellung von Parfümen u. Räucherkerzen verwendet wird

lä|die|ren ⟨aus *lat.* laedere „verletzen"⟩: beschädigen [in einer Weise, die das Aussehen sichtbar beeinträchtigt]

La|dik *der;* -[s], -s ⟨nach einem Ort in Kleinasien⟩: rot- od. blaugrundiger Gebetsteppich

La|din *das;* -[s] ⟨nach den Ladinern, Angehörigen eines rätoroman. Volksteils in Südtirol⟩: Stufe der alpinen Trias (1)

¹La|di|no *der;* -s, -s (meist Plur.) ⟨aus *amerik.-span.* ladino, eigtl. „spanisch Sprechender", zu *lat.* Latinus „lateinisch" (weil das Spanische aus dem Latein entstanden ist)⟩: Mischling von Weißen u. Indianern in Mexiko u. Mittelamerika. **²La|di|no** *das;* -[s] ⟨zu ↑¹Ladino⟩: das von den 1492 aus Spanien vertriebenen Juden beibehaltene Spanisch

La|dy ['le:di, engl. 'leɪdɪ] *die;* -, Plur. -s, auch ...dies [...dɪz, auch ...di:s] ⟨aus gleichbed. *engl.* lady⟩: 1. (ohne Plur.) Titel der Frau des ↑Peers. 2. Trägerin des Titels Lady (1). 3.

Lady-Boy

engl. Bez. für Dame. 4. Kurzform von ↑ Lady Mary Jane. **La|dy-Boy** ['le:dibɔy] *der;* -s, -s: (iron.) svw. Transvestit. **La|dy|kil|ler** *der;* -s, -: (scherzh.) Frauenheld, Verführer. **la|dy-like** ['leɪdɪlaɪk] ⟨aus gleichbed. *engl.* ladylike⟩: nach Art einer Lady; damenhaft, vornehm. **La|dy Ma|ry Jane** [– 'mɛəri 'dʒeɪn] *die;* - - - ⟨nach den den engl. weiblichen Vornamen entsprechenden Erklärung von ↑ Marihuana⟩: (ugs. verhüllend) Marihuana. **La|dy|shave** ['le:diʃe:f] *der;* -s, -s ⟨zu *engl.* to shave „rasieren"⟩: Damenrasierapparat

Lae|sio enọr|mis ['lɛzi̯o –] *die;* - - ⟨aus *lat.* laesio enormis „übermäßige Verletzung"⟩: der in Österreich noch geltende Rechtsgrundsatz, nach dem ein Kauf rückgängig gemacht werden kann, wenn der Preis das Doppelte des Wertes einer Ware überschreitet

Lae|te ['lɛ:tə] *der;* -n, Plur. -n od. ...ti ⟨aus gleichbed. *lat.* laetus⟩: röm. Militärkolonist, meist Germane, der in Gallien zur Sicherung der Straßen eingesetzt wurde

La|fet|te *die;* -, -n ⟨aus gleichbed. *fr.* l'affût (mit Artikel entlehnt) zu fût „Schaft", dies aus *lat.* fustis „Stock"⟩: [fahrbares] Untergestell eines Geschützes. **la|fet|tie|ren** ⟨zu ↑ ...ieren⟩: (veraltet) einen Geschütz auf eine Lafette bringen

Lag [læg] *der;* -s, -s ⟨aus *engl.* lag „Verzögerung"⟩: die zeitliche Verschiebung zwischen dem Beginn eines wirtschaftlichen Ereignisses und seinen Folgen, z. B. Lohnlag

La|gan ['lægən] u. **Ligan** ['laɪgən] *das;* -s ⟨aus gleichbed. *engl.* legan, ligan, dies über *altfr.* legan(d) aus dem Germ., eigtl. „Liegendes"⟩: Schiffsgut, das versenkt, aber durch eine Boje gekennzeichnet wird, damit es später wieder geborgen werden kann

la garde meurt et ne se rend pas [la'gard 'mœr e nə sə rɑ̃d 'pa] ⟨*fr.;* nach einem Ausspruch des franz. Generals Cambronne in der Schlacht bei Waterloo 1815⟩: die Garde stirbt und ergibt sich nicht

Lagg *der;* -[s] ⟨aus gleichbed. *schwed.* lagg, eigtl. „Einschnitt"⟩: grabenförmiger, der Entwässerung dienender Rand von Hochmooren

Lag|oph|thal|mus *der;* - ⟨aus *nlat.* lagophthalmus „Hasenauge" zu *gr.* lagós, lagõs „Hase" u. ophthalmós „Auge"⟩: unvollständiger Lidschluß, Hasenauge (Med.)

La|gri|ma *der;* - ⟨aus gleichbed. *span.* lágrima, eigtl. „Träne", dies aus *lat.* lacrima⟩: ein meist süßer Wein, der nur aus Most vom Vorlauf (also ohne Druck der Kelter) bereitet wird. **la|gri|man|do** u. **la|gri|mo|so** ⟨*it.*⟩: svw. lacrimoso

Lag|ting *das;* -s ⟨aus gleichbed. *norw.* lagting, eigtl. „Versammlung mit richterlicher Gewalt", zu lag „Gesetz" u. ting „Gericht(sversammlung)"⟩: das norwegische Oberhaus

La|gu|ne *die;* -, -n ⟨aus gleichbed. *it.* laguna, dies aus *lat.* lacuna „Vertiefung, Weiher" zu lacus „See"⟩: 1. durch eine Reihe von Sandinseln od. durch eine Nehrung vom offenen Meer abgetrenntes Flachwassergebiet vor einer Küste. 2. von Korallenriffen umgebene Wasserfläche eines Atolls

La|gy|nos *die;* -, ...oi ⟨aus gleichbed. *gr.* lágynos⟩: altgriech. bauchige Weinflasche mit engem Hals, aus Ton od. Glas

La|har *der;* -s, -s ⟨aus gleichbed. *malai.* lahar⟩: bei Vulkanausbrüchen austretender Schlammstrom aus Asche u. Wasser (Geol.)

Lahn *der;* -[e]s, -e ⟨aus gleichbed. *fr.* lame, vgl. lamé⟩: flachgewalzter Metalldraht aus Gold, Silber, Kupfer u. a. für die Posamentenindustrie (Textilkunde)

Lai [lɛ:, fr. lɛ] *das;* -[s], -s [lɛ:, fr. lɛ] ⟨aus gleichbed. *(alt)fr.* lai, dies aus dem Kelt.⟩: 1. franz. u. provenzal. Verserzählung des Mittelalters. 2. a) mittelalterliches Lied, das zu einem Saiteninstrument gesungen wird; b) Name eines Musikstücks für Instrumente. 3. franz. lyrische Gedichtform des 13.–14. Jh.s

Laie *der;* -n, -n ⟨aus *kirchenlat.* laicus „Nichtgeistlicher", eigtl. „zum Volk gehörig, gemein", zu *gr.* laikós „dem Volk angehörend", dies zu laós „Volk"⟩: 1. Nichtfachmann; Außenstehender. 2. Nichtkleriker. **Lai|en|al|tar** *der;* -[e]s, ...täre: in mittelalterlichen Stifts- u. Klosterkirchen der vor dem Lettner, zwischen Chor u. Mittelschiff aufgestellte Altar, an dem der Gottesdienst für die Laien gehalten wurde. **Lai|en|apo|sto|lat** *das,* fachspr. auch *der;* -[e]s: Teilnahme von Laien an den Aufgaben der Kirche (kath. Kirche). **Lai|en|in|ve|sti|tur** [...v...] *die;* -, -en: 1. Übertragung geistlicher Lehen an Laien (2). 2. Amtseinsetzung eines Geistlichen durch eine weltliche Macht (im Mittelalter). **Lai|en|kelch** *der;* -[e]s: Austeilung des Abendmahls an Nichtkleriker. **Lai|en|pre|digt** *die;* -, -en: die Wortverkündung in der Kirche durch Laien. **Lai|en|prie|ster** *der;* -s, -: (veraltet) Weltpriester (kath. Pfarrer im Gegensatz zum kath. Ordenspriester)

Lai|ka *der;* -, ...ki ⟨aus gleichbed. *russ.* laika, eigtl. „Beller", zu lajat' „bellen"⟩: nordischer Jagd- u. Hütehund

lai|kal [lai...] ⟨aus gleichbed. *kirchenlat.* laicalis, vgl. Laie⟩: dem Laien zugeordnet, zum Laien gehörend; Ggs. ↑ klerikal (a)

Lai|na ['lɛ:na] *der;* - ⟨Kunstw. aus *fr.* laine „Wolle", dies aus gleichbed. *lat.* lana⟩: bedruckter Kleiderstoff aus Zellwolle. **Lai|nette** [lɛ'nɛt] *die;* - ⟨zu ↑ ...ette⟩: wollähnlicher Baumwollmusselin

Lais [lɛ:, fr. lɛ] *der;* Plur. von ↑ Lai

lai|sie|ren [lai...] ⟨zu ↑ Laie u. ↑ ...isieren⟩: (einen Kleriker) in den Laienstand zurückführen (kath. Kirche). **Lai|sie|rung** *die;* -, -en ⟨zu ↑ ...isierung⟩: das Laisieren

Laisse [lɛ:s] *die;* -, -s [lɛ:s] ⟨aus gleichbed. *(alt)fr.* laisse, eigtl. „Gürtel, Schnur", dies aus *mlat.* laxa „Gürtel, Zügel"⟩: beliebig langer, durch ↑ Assonanz verbundener Abschnitt in den ↑ Chansons de geste. **Lais|ser-al|ler** [lɛsɛa'le] u. **Laisser-faire** [...'fɛ:r] *das;* - ⟨aus *fr.* le laisser-aller „das Sichgehenlassen" bzw. le laisser-faire „das Gewährenlassen"⟩: 1. Ungezwungenheit, Ungebundenheit. 2. Gewährung, Duldung, das Treibenlassen, Nichteinmischung. ¹**Lais|ser-pas|ser** [...pa'se] *das;* - ⟨aus *fr.* le laisser-passer „das Gehenlassen"⟩: svw. Laisser-aller. ²**Lais|ser-pas|ser** *der;* -, - ⟨zu ↑ ¹Laisser-passer⟩: (veraltet) Passierschein. **lais|sez faire, lais|sez al|ler** od. **lais|sez faire, lais|sez pas|ser** ⟨*fr.;* eigtl. „lassen Sie machen, lassen Sie laufen!"⟩: 1. Schlagwort des wirtschaftlichen Liberalismus (bes. des 19. Jh.s), nach dem sich die von staatlichen Eingriffen freie Wirtschaft am besten entwickelt. 2. Schlagwort für das Gewährenlassen (z. B. in der Kindererziehung)

Lai|ta|ge [lɛ'ta:ʒ(ə)] *die;* -, -n ⟨aus gleichbed. *fr.* laitage zu lait „Milch", dies aus *lat.* lac⟩: (veraltet) Milchspeise. **Lai|terie** [lɛ'tri:] *die;* -, -n [...'tri:ən] ⟨aus gleichbed. *fr.* laiterie⟩: (veraltet) 1. Molkerei. 2. Milchgeschäft

Lai|zis|mus [lai...] *der;* - ⟨aus gleichbed. *nlat.* laicismus zu *kirchenlat.* laicus (vgl. Laie) u. ↑ ...ismus (1)⟩: weltanschauliche Richtung, die die radikale Trennung von Kirche und Staat fordert. **Lai|zist** *der;* -en, -en ⟨zu ↑ ...ist⟩: Anhänger, Vertreter des Laizismus. **lai|zi|stisch** ⟨zu ↑ ...istisch⟩: 1. den Laizismus betreffend. 2. das Laientum in der kath. Kirche betonend. **Lai|zi|tät** *die;* - ⟨zu ↑ ...ität⟩: Zugehörigkeit zum Laizismus

La|kai *der;* -en, -en ⟨aus *fr.* laquais „Diener"⟩: 1. herrschaftlicher, fürstlicher Diener [in Livree]. 2. (abwertend) Mensch, der sich willfährig für die Interessen anderer gebrauchen läßt; Kriecher. **la|kai|en|haft:** wie ein Lakai (2), kriecherisch

Lak|ka|se *die; -* ⟨zu *it.* lacca „Lack" (dies über *mlat.* lacca, *arab.* lakk, *pers.* lāk aus *aind.* lākśā) u. ↑...ase⟩: ↑Enzym, das den gelben Milchsaft der (zu den Wolfsmilchgewächsen zählenden) Lackbäume zum tiefschwarzen Japanlack oxydiert

Lak|ko|lith [auch ...'lɪt] *der;* Gen. -s u. -en, Plur. -e[n] ⟨zu *gr.* lákkos „Vertiefung" u. ↑...lith⟩: ein Tiefengesteinskörper; in relativ flachem Untergrund steckengebliebenes ↑Magma (1; Geol.)

La|ko|da *der;* -[s], -s ⟨nach dem Gebiet auf einer Inselgruppe im Beringmeer⟩: kostbarer, kurz geschorener Seal (Robbenfell)

La|ko|nik *die; -* ⟨nach *gr.* (brachylogía) Lakōniké „lakonische Wortkargheit" (wegen der treffenden Kürze, die die Einwohner der peloponnesischen Landschaft Lakonien liebten)⟩: besonders kurze, aber treffende Art des Ausdrucks. **la|ko|nisch** ⟨aus *gr.* Lakōnikós „in lakonischer (= treffender, kurzer) Sprache"⟩: kurz [u. treffend], ohne zusätzliche Erläuterungen. **la|ko|ni|sie|ren** ⟨zu ↑...isieren⟩: (veraltet) sich kurz u. treffend ausdrücken. **La|ko|nis|mus** *der; -, ...men* ⟨aus gleichbed. *gr.* Lakōnismós, eigtl. „lakonische Sitte u. Lebensweise"; vgl. ...ismus (4)⟩: Kürze des Ausdrucks; kurze [u. treffend] Aussage

la|kri|mo|gen ⟨zu *lat.* lacrima „Träne" u. ↑...gen⟩: tränenerzeugend, tränenreizend. **La|kri|mo|ge|ne** *die* (Plur.): Augenreizstoffe (Med.)

La|kritz *der* od. *das;* -es, -e ⟨zu ↑Lakritze⟩: (landsch.) svw. Lakritze. **La|krit|ze** *die; -, -n* ⟨über *mlat.* liquiricia aus *lat.* glycyrriza, *gr.* glykýrrhiza „Süßholz, Süßwurzel"⟩: aus einer süß schmeckenden, schwarzen Masse bestehende Süßigkeit, die aus eingedicktem Saft von Süßholz (Wurzel bestimmter Schmetterlingsblütler) hergestellt ist

Lak|scha|na *die; -* ⟨aus *sanskr.* lakṣaṇā „Andeutung, Zeichen, Merkmal"⟩: Bez. für Körpermerkmale, die den Leib eines außergewöhnlichen Wesens, im Buddhismus bes. den des Buddha, kennzeichnen. **Lak|sch|mi** *die; -* ⟨aus gleichbed. *sanskr.* lakṣmí, eigtl. „Merkmal, Glück, Reichtum"⟩: ind. Göttin des Glückes, der Liebe u. der Schönheit, Gattin des Wischnu. **Lak|sha|na** [...ʃ...] vgl. Lakschana. **Lakshmi** vgl. Lakschmi

lakt..., Lakt... vgl. lakto..., Lakto... **Lakt|aci|dä|mie** [...ts...] *die; -, ...ien* ⟨zu ↑lakto... u. ↑Acidämie⟩: das Auftreten von Milchsäure im Blut (Med.). **Lakt|aci|do|se** *die; -, -n*: aus einem Überschuß an Milchsäure im Blut resultierendes Krankheitsbild (Med.). **Lakt|ago|gum** *das; -s, ...ga* ⟨zu *gr.* agōgós „(herbei)führend"⟩: svw. Galaktogum. **Lakt|al|bu|min** *das; -s, -e*: in Kuhmilch enthaltener, biologisch hochwertiger Eiweißstoff; Milcheiweiß. **Lak|tam** vgl. Lactam. **lak|tant** ⟨aus gleichbed. *lat.* lactans, Gen. lactantis, Part. Präs. von lactare „Milch absondern"⟩: säugend, Milch gebend. **Lak|ta|se** *die; -, -n* ⟨zu ↑...ase⟩: svw. Galaktosidase. **Lak|tat** vgl. Lactat. **Lak|tat|de|hy|dro|ge|na|se** *die; -, -n*: ein Enzym, das Milchsäure oxydiert (Biochem.). **Lak|ta|ti|on** *die; -, -en* ⟨zu ↑laktieren u. ↑...ation⟩: a) Milchabsonderung aus der Brustdrüse (Med., Biol.); b) das Stillen, Zeit des Stillens (Med., Biol.). **Lak|ta|ti|ons|hor|mon** *das; -s, -e*: Hypophysenhormon, das die Milchsekretion u. die Zunahme des Brustdrüsengewebes bewirkt (Physiol.). **Lak|ta|ti|ons|pe|ri|ode** *die; -, -n*: Zeitraum, in dem die Brustdrüsen Milch absondern (Biol.). **Lakt|azi|do|se** vgl. Laktacidose. **lak|tie|ren** ⟨aus gleichbed. *lat.* lactare zu lac, Gen. lactis „Milch"⟩: a) Milch absondern (Med., Biol.); b) stillen (Med., Biol.). **Lak|ti|fu|gum** *das; -s, ...ga* ⟨aus *nlat.* lactifugum zu *lat.* lac, Gen. lactis „Milch" u. fugare „vertreiben, verscheuchen"⟩: Mittel, das die Milchproduktion der Brustdrüsen hemmt (Med.). **Lak|ti|zi|ni|en** [...jən] *die* (Plur.) ⟨aus gleichbed. *mlat.* lacticinia (Plur.)⟩: aus Milch gewonnene Nahrungsmittel wie Butter, Käse o. ä. (deren Genuß an kath. Fasttagen früher verboten war). **lak|to..., Lak|to...,** vor Vokalen lakt..., Lakt..., chem. fachspr. lact[o]..., Lact[o]... ⟨zu *lat.* lac, Gen. lactis „Milch"⟩: Wortbildungselement mit der Bedeutung „Milch", z. B. laktotrop, Laktoflavin, Laktacidose. **Lak|to|bak|te|rie** [...jə] *die; -, -n* (meist Plur.): Milchsäurebakterie. **Lak|to|bio|se** *die; -*: Milchzucker. **Lak|to|den|si|me|ter** *das; -s, -*: Gerät zur Bestimmung des spezifischen Gewichts der Milch, woraus der Fettgehalt errechnet werden kann. **Lak|to|fla|vin** [...v...] *das; -s*: svw. Riboflavin. **Lak|to|glo|bu|lin** *das; -s, -e*: in Kuhmilch nur in geringen Mengen enthaltener Eiweißstoff. **Lak|to|me|ter** *das; -s, -* ⟨zu ↑¹...meter⟩: svw. Laktodensimeter. **Lak|ton** *das; -s, -e* ⟨zu ↑²...on⟩: durch Wasserabspaltung innerhalb eines Moleküls gebildeter zyklischer Ester (Chem.). **Lak|to|pro|te|in** *das; -s, -e*: Eiweißstoff der Milch (Biochem.). **Lak|to|se** *die; -* ⟨↑²...ose⟩: Milchzucker (Zucker der Säugetier- u. Muttermilch). **Lak|to|skop** *das; -s, -e* ⟨zu ↑...skop⟩: Gerät zur Prüfung der Milch nach ihrer Durchsichtigkeit. **Lak|tos|urie** *die; -, ...ien* ⟨zu ↑Laktose u. ↑...urie⟩: (bei Schwangeren u. Wöchnerinnen nicht krankhaftes) Auftreten von Milchzucker im Harn (Med.). **lak|to|trop** ⟨zu ↑lakto... u. ↑...trop⟩: auf die Milchabsonderung gerichtet. **Lak|to|tro|pin** *das; -s, -e* ⟨zu ↑...in (1)⟩: Laktationshormon des Hypophysenvorderlappens (Physiol.). **lak|to|ve|ge|ta|bil** [...v...] ⟨zu *spätlat.* vegetabilis „belebend", dies zu vegetare „beleben, anregen"⟩; in den Fügungen -e Kost, -e Diät: aus Milch u. Milchprodukten, Gemüse u. Obst bestehende, einen Überschuß an basischen Stoffen enthaltende Schonkost. **Lak|to|ve|ge|ta|ri|er** [...iɐ] *der; -s, -*: Anhänger des ↑Laktovegetarismus. **lak|to|ve|ge|ta|risch**: den Laktovegetarismus betreffend, auf ihm beruhend. **Lak|to|ve|ge|ta|ris|mus** *der; -* ⟨zu ↑...ismus (3)⟩: Ernährung mit laktovegetabiler Kost

La|ku|na *die; -, ...nae* [...nɛ] ⟨aus *lat.* lacuna „Vertiefung, Loch; Lache" zu lacus „See"⟩: svw. Lakune (1). **la|ku|när** ⟨zu ↑...är⟩: Ausbuchtungen enthaltend, Gewebelücken bildend; höhlenartig, bucht ig; schwammig (Med., Biol.). **La|ku|ne** *die; -, -n* ⟨zu ↑Lakuna⟩: 1. Lücke in einem Text (Sprachw.). 2. Vertiefung, Ausbuchtung (z. B. an der Oberfläche von Organen); Muskel- od. Gefäßlücke (Med.). **la|ku|nös** ⟨zu ↑...ös⟩: svw. lakunär. **la|ku|strisch** ⟨zu *lat.* lacus „See"⟩: in Seen sich bildend od. vorkommend (von Gesteinen u. Lebewesen; Geol., Biol.)

Lal|la *der; -s, -s* ⟨aus *türk.* lala „Diener, Hofmeister", dies aus *pers.* lälä⟩: Hofmeister, Erzieher im Osmanischen Reich

Lal|lem *das; -s, -e* ⟨aus *gr.* láleːma „Geschwätz" zu laleĩn „schwätzen, reden"⟩: durch die ↑Artikulation (1) bestimmte Spracheinheit in der Lautlehre. **La|lle|tik** *die; -* ⟨zu ↑²...ik (1)⟩: Wissenschaft von den Lalemen; Sprechkunde, -lehre. **Lal|lo|pa|thie** *die; -* ⟨zu ↑...pathie⟩: Sprachstörung (Med.). **Lal|lo|pho|bie** *die; -* ⟨zu ↑...phobie⟩: Furcht vor dem Sprechen (z. B. bei Stotterern; Med.)

¹**La|ma** *das; -s, -s* ⟨aus gleichbed. *span.* llama, dies aus *Ketschua* (einer südamerik. Indianersprache) llama⟩: 1. in Südamerika lebendes, aus dem ↑Guanako gezüchtetes Haustier, das Milch, Fleisch u. Wolle liefert; vgl. Kamel. 2. (ohne Plur.) flanellartiger Futter- od. Mantelstoff aus [Baum]wolle

²La|ma *der;* -[s], -s ⟨aus tibet. (b)lama „der Obere"⟩: buddhistischer Priester, Mönch in Tibet u. der Mongolei

La|ma|ga|zel|le *die;* -, -n ⟨zu ↑ ¹Lama u. ↑ Gazelle⟩: gazellenartige Antilope in Ostafrika

La|main [la'mɛ̃:] vgl. Lamäng

La|ma|is|mus *der;* - ⟨zu ↑ ²Lama u. ↑ ...ismus (1)⟩: Form des ↑ Buddhismus in Tibet u. der Mongolei; vgl. Dalai-Lama, Taschi-Lama. **La|ma|ist** *der;* -en, -en ⟨zu ↑ ...ist⟩: Anhänger des Lamaismus. **la|ma|is|tisch** ⟨zu ↑ ...istisch⟩: den Lamaismus betreffend, auf ihm beruhend, ihm angehörend

La|ma|na|ge [...ʒə] *die;* - ⟨aus gleichbed. *fr.* lamanage zu älter *fr.* laman (aus lomant bzw. locman „Lotsmann, Lotse", dies aus *niederl.* lotsman) u. ↑ ...age⟩: (veraltet) Lotsengewerbe

La|mäng *die;* - ⟨zusammengezogen aus *fr.* la main „die Hand", dies aus gleichbed. *lat.* manus⟩: (scherzh.) Hand; aus der -: unvorbereitet u. mit Leichtigkeit

La|man|tin *der;* -s, -e ⟨aus gleichbed. *fr.* lamantin (volksetymologisch angelehnt an lamenter „jammern"), dies über *span.* manatí „Seekuh" aus *Araua* (einer südamerik. Indianersprache) manati „weibliche Brust", nach den bes. Merkmalen des Tieres⟩: Seekuh im trop. Amerika, deren Fleisch, Fett u. Fell wirtschaftlich verwertet werden

La|mar|ckis|mus *der;* - ⟨nach dem Begründer, dem franz. Naturforscher J. B. de Lamarck (1744–1829), u. zu ↑ ...ismus (1)⟩: Hypothese Lamarcks über die Entstehung neuer Arten durch funktionelle Anpassung, die vererbbar sein soll. **la|mar|ckis|tisch** ⟨zu ↑ ...istisch⟩: der Hypothese Lamarcks folgend

Lam|ba|da *die;* -, -s, ugs. auch *der;* -[s], -s ⟨aus gleichbed. *port.* lambada, eigtl. „Ohrfeige"⟩: aus Brasilien stammender Modetanz in lateinamerik. Rhythmus

Lamb|da *das;* -[s], -s ⟨aus *gr.* lámbda⟩: elfter Buchstabe des griech. Alphabets: Λ, λ. **Lamb|da-Kal|kül** *der;* -s ⟨zu ↑ ²Kalkül⟩: math. Formalismus zur Beschreibung von Funktionen durch Rechenvorschriften mit möglichst wenig Grundkonzeptionen (Math.). **Lamb|da|hy|pe|ron** *das;* -s, ...onen: das leichteste ungeladene Elementarteilchen (Kernphys.). **Lamb|da|naht** *die;* - ⟨nach dem dem griech. Buchstaben λ entsprechenden Verlauf der Naht⟩: Schädelnaht zwischen Hinterhauptsbein u. beiden Scheitelbeinen (Med.). **Lamb|da|son|de** *die;* -, -n: Meßfühler im Auspuffsystem von Verbrennungsmotoren mit Katalysator (2), mit dem Restsauerstoff im Abgas ermittelt wird. **Lamb|da|zis|mus** *der;* - ⟨zu ↑ ...ismus (3)⟩: Sprachfehler mit erschwerter, oft fehlerhafter Aussprache des *r* als *l* (Med.)

Lam|beth|walk ['læmbəθwɔ:k] *der;* [-]s ⟨aus gleichbed. *engl.* Lambeth walk, nach dem Londoner Stadtteil Lambeth⟩: (etwa 1938 in Mode gekommener) engl. Gesellschaftstanz

Lam|bic [lã'bik] *das;* -s ⟨vermutlich zu *fr.* lambin „langsam, trödlerisch"⟩: dunkles belgisches Bier ohne Hefezusatz, das spontan in ein bis zwei Jahren ausgegoren ist

Lam|bi|tus *der;* - ⟨aus *spätlat.* lambitus „das Lecken" zu lambitare, Intensivbildung von *lat.* lambere „(be)lecken"⟩: [gegenseitiges] Belecken, Küssen o. ä. der Genitalien; - ani: [gegenseitiges] Belecken, Küssen o. ä. des Afters (bei ↑ Analerotikern)

Lam|blia|sis *die;* - ⟨zu ↑ Lamblie u. ↑ ...iasis⟩: durch Lamblien hervorgerufene Entzündung der Darmwand, der Gallenblase u. der Gallenwege (Med.). **Lam|blie** [...i̯ə] *die;* -, -n (meist Plur.) ⟨nach dem tschech. Arzt W. Lambl (1824–1895) u. zu ↑ ¹...ie⟩: im Zwölffingerdarm, im Dünndarm u. in den Gallenwegen schmarotzendes Geißeltierchen (Zool., Med.). **Lam|blio|se** *die;* - ⟨zu ↑ ¹...ose⟩: svw. Lambliasis

Lam|bre|quin [lãbrə'kɛ̃:] *der;* -s, -s ⟨aus gleichbed. *fr.* lambrequin (älter lambequin), mit dem *fläm.* (*niederl.*) Verkleinerungssuffix -quin gebildet zu lambeau „Lappen, Lumpen"⟩: 1. (veraltet, noch österr.) drapierter Querbehang an Fenstern, Türen u. a. 2. im Barock übliche Nachbildung eines Vorhanges, Querbehanges o. ä. aus Bronze, Holz, meist aus Stein od. Stuck als Zierde von Gebäudeteilen (Archit.)

Lam|brie u. Lamperie *die;* -, ...jen ⟨zu ↑ Lambris u. ↑ ²...ie⟩: (mdal.) svw. Lambris. **Lam|bris** [lã'bri:] *der;* - [...'bri:(s)], - [...'bri:s], österr. *die;* -, Plur. - u. ...jen ⟨aus *fr.* lambris „Täfelung", dies über das Roman. (vgl. *it.* lambrusca) zu *lat.* labrusca (uva) „wild(e) Rebe", nach den Rankenmustern⟩: untere Wandverkleidung aus Holz, Marmor od. Stuck. **lam|bri|sie|ren** ⟨aus gleichbed. *fr.* lambrisser⟩: (veraltet) verkleiden, täfeln. **Lam|brus|co** [...ko] *der;* - ⟨aus gleichbed. *it.* lambrusco zu lambrusca „eine Traubensorte", dies aus *lat.* labrusca (uva), vgl. Lambris⟩: süßer, leicht schäumender ital. Rotwein

Lamb-Shift ['læmʃɪft] *der;* -s ⟨nach dem amerik. Physiker W. E. Lamb (*1913) u. *engl.* shift „Wechsel, Veränderung"⟩: die sehr kleine Verschiebung des Energieniveaus in Richtung höherer Energie beim Wasserstoffatom (Kernphys.)

Lamb|skin ['læmskɪn] *das;* -[s], -s ⟨aus *engl.* lambskin „Lammfell"⟩: Lammfellimitation aus Plüsch. **Lambs-wool** ['læmzwʊl] *die;* - ⟨aus gleichbed. *engl.* lambs wool⟩: 1. weiche Lamm-, Schafwolle. 2. feine Strickware aus Lamm-, Schafwolle

Lame [la:m] *die;* -, -n [...mən] ⟨aus gleichbed. *fr.* lame, dies aus *lat.* lam(i)na, vgl. Lamina u. laminieren⟩: (veraltet) a) Klinge, dünnes Metallplättchen; b) Rauschgold, Flittergold. **la|mé** [la'me:] ⟨aus gleichbed. *fr.* lamé zu lame „Metallfaden, -blättchen; Klinge", dies aus *lat.* lam(i)na „(Metall)platte; (Säge)blatt"⟩: mit Lamé durchwirkt. **La|mé** *der;* -[s], -s: 1. mit Metallfäden durchwirktes Gewebe. 2. Gewebe aus Metallfäden, die mit [Kunst]seide übersponnen sind; vgl. leonisch. **la|mel|lar** ⟨zu ↑ Lamelle u. ↑ ...ar⟩: streifig, schichtig, in Lamellen angeordnet. **la|mel|lär** ⟨zu ↑ ...är⟩: svw. lamellar. **La|mel|le** *die;* -, -n (meist Plur.) ⟨über *fr.* lamelle aus *lat.* lamella „(Metall)blättchen", Verkleinerungsform von lam(i)na, vgl. Lamina⟩: 1. eines der Blättchen (Träger der Sporen) unter dem Hut der Blätterpilze (z. B. beim ↑ Champignon; Bot.). 2. a) schmale, dünne Platte, Scheibe (bes. als Glied einer Schicht, Reihe); b) Glied; Rippe eines Heizkörpers. **La|mel|len|kupp|lung** *die;* -, -en: Wellenkupplung, bei der das Drehmoment durch Reibschluß übertragen wird. **La|mel|li|bran|chia|ta** *die* (Plur.) ⟨aus gleichbed. *nlat.* lamellibranchiata (Plur.); vgl. Branchiat⟩: zusammenfassende systematische Bez. für die Muscheln (Zool.). **la|mel|lie|ren** ⟨zu ↑ ...ieren⟩: lamellenartig formen, lamellenförmig gestalten. **la|mel|lös** ⟨nach gleichbed. *fr.* lamelleux; vgl. ...ös⟩: aus Lamellen bestehend (Med., Biol.)

la|men|ta|bel ⟨wohl unter Einfluß von *fr.* lamentable aus gleichbed. *lat.* lamentabilis zu lamentari, vgl. lamentieren⟩: jämmerlich; beweinenswert. **la|men|ta|bi|le** ⟨*it.;* zu *lat.* lamentabilis, vgl. lamentabel⟩: svw. lamentoso. **La|men|ta|ti|on** *die;* -, -en ⟨wohl über *fr.* lamentation aus *lat.* lamentatio „das Wehklagen", dies zu lamentari, vgl. lamentieren⟩: 1. Gejammer, weinerliches, jammerndes Klagen. 2. (nur Plur.) a) Klagelieder Jeremias im Alten Testament; b) die bei den kath. Stundengebeten der Karwoche aus den Klageliedern Jeremias verlesenen Abschnitte. **la|men|tie|ren** ⟨aus *lat.* lamentari „wehklagen"⟩: (abwertend) 1. laut klagen, jammern. 2. (landsch.) jammernd um etwas betteln. **La|men|to** *das;* -s, -s ⟨aus gleichbed. *it.* lamento, dies aus *lat.* lamentum „das Wehklagen"⟩: 1. (abwertend) Klage, Gejammer. 2. Musikstück von schmerzlich-leidenschaftlichem Charakter. **la|men|to|so** ⟨*it.*⟩: wehklagend, traurig (Vortragsanweisung; Mus.)

La|met|ta *das;* -s ⟨aus *it.* lametta, Verkleinerungsform von lama „Metallblatt, Klinge", dies aus *lat.* lam(i)na, vgl. Lamina⟩: 1. aus schmalen, dünnen, glitzernden Metallstreifen bestehender Christbaumschmuck. 2. (ugs. iron.) Orden, Uniformschnüre, Schulterstücke usw. **La|met|ta|syndrom** *das;* -s: eine durch Umweltvergiftung hervorgerufene Baumkrankheit bei Fichten u. Tannen, bei der die Äste wie Lametta nach unten hängen u. die Nadeln infolge des Verlusts ihrer natürlichen Grünfärbung eine metallisch anmutende Blässe aufweisen, ehe sie abfallen

La|mia *die;* -, ...ien [...jən] ⟨über *lat.* Lamia aus *gr.* Lámia, einem Ungeheuer, mit dem man Kindern drohte⟩: kinderraubendes Gespenst des [alt]griech. Volksglaubens; Schreckgestalt

La|mi|na *die;* -, ...nae [...nɛ] ⟨aus *lat.* lam(i)na „Blatt"⟩: 1. Blattspreite, -fläche (Bot.). 2. (Plur. auch -s) plattenförmige Gewebsschicht, Knochenplatte (z. B. innere u. äußere Platte des Schädeldaches; Anat.). **la|mi|nal** ⟨zu ↑¹...al (1)⟩: auf der Innenfläche des Fruchtblattes entspringend, flächenständig (in bezug auf die Samenanlage; Bot.). **la|minar** ⟨zu ↑...ar (1)⟩: gleichmäßig schichtweise gleitend, wirbelfrei fließend; -e Strömung: Strömung ohne Wirbelbildung. **La|mi|nar|flow** [...floʊ] *der;* -s: zur Belüftung von Operationsräumen, Intensivstationen u. mikrobiologischen Laborplätzen erzeugter keim- u. wirbelfreier Luftstrom. **La|mi|na|ria** *die;* -, ...ien [...jən] ⟨aus gleichbed. *nlat.* laminaria: zu den Blattangen gehörende Gattung der Braunalgen, deren quellfähige Stengel früher als Laminariastifte verwendet wurden. **La|mi|na|ria|stift** *der;* -[e]s, -e: heute wegen Infektionsgefahr kaum noch verwendeter Quellstift zur langsamen Erweiterung des Gebärmutterhalskanals aus Material, das bei Feuchtigkeit aufquillt (Blattang; Med.). **La|mi|na|rin** *das;* -s ⟨zu ↑...in (1)⟩: in Blattangen enthaltenes ↑Polysaccharid, das sich zur Gewinnung von ↑Glucose eignet. **La|mi|nat** *das;* -[e]s, -e ⟨zu *lat.* lam(i)na (vgl. Lamina) u. ↑...at (1)⟩: Schichtpreßstoff aus Kunstharz (z. B. für wetterfeste Verkleidungen, Isolierplatten o. ä.). **La|mi|na|ti|on** *die;* -, -en ⟨zu ↑...ation⟩: svw. Laminierung (3); vgl. ...[at]ion/...ierung. **La|min|ek|to|mie** *die;* -, ...ien ⟨zu ↑...ektomie⟩: operative Entfernung des hinteren Teiles eines Wirbelbogens (z. B. zur Freilegung des Rückenmarks; Med.). **la|mi|nie|ren** ⟨aus gleichbed. *fr.* laminer zu lame „Metallfaden, -plättchen, Klinge", dies aus *lat.* lam(i)na, vgl. lamé⟩: 1. das Material strecken, um die Fasern längs zu richten (Spinnerei). 2. ein Buch mit Glanzfolie überziehen (Buchw.). 3. Trägermaterial (z. B. Papierbahnen, Glasfasermatten) zur Herstellung von Schichtstoffen od. großen Formteilen mit Kunstharzen tränken. 4. Glas durch Mischen u. Aneinanderschmelzen verschiedenfarbiger Gläser färben. **La|mi|nie|rung** *die;* -, -en ⟨zu ↑...ierung⟩: 1. das Laminieren, das Laminiertwerden. 2. das Laminierte (3), die aufgebrachte Schicht. 3. feine Schichtung bei Sedimentgesteinen (Geol.); vgl. ...[at]ion/...ierung. **La|mi|noir** [...'noa:r] *der* od. *das;* -s, -s ⟨aus *fr.* laminoir „Walzwerk, -anlage, -maschine"⟩: alte Spinnereimaschine, mit der das Material gestreckt wurde; vgl. laminieren (1)

La|mi|um *das;* -[s] ⟨aus gleichbed. *nlat.* lamium, dies zu *gr.* lamós „Schlund, Rachen" (weil die Blüte einem geöffneten Rachen ähnelt)⟩: Taubnessel. **Lä|mo|ste|no|se** *die;* -, -n ⟨zu *gr.* lamós (vgl. Lamium) u. ↑Stenose⟩: Verengung des Schlundes (Med.)

¹Lam|pa|da|ri|us *der;* -, ...ien [...jən] ⟨aus gleichbed. *lat.* lampadarius, eigtl. „Fackelträger"; vgl. ²Lampadarius⟩: ein aus mehreren Armen bestehendes Lampengestell (im Rom der Antike). **²Lam|pa|da|ri|us** *der;* -, ...rii ⟨aus *lat.* lampadarius „Fackelträger" zu lampas, Gen. lampadis „Leuchte, Fackel", dies aus gleichbed. *gr.* lampás⟩: Sklave, der seinem Herrn nachts die Fackel vorantrug (in der Antike)

Lam|pas *der;* -, - ⟨aus gleichbed. *fr.* lampas, weitere Herkunft unsicher⟩: schweres, dichtes, gemustertes Damastgewebe als Möbelbezug. **Lam|pas|sen** *die* (Plur.): breite Streifen an [Uniform]hosen

Lam|pe|rie vgl. Lambrie

Lam|pi|on [...'pjɔŋ, auch ...'pjɔ̃:, österr. ...'pjo:n] *der,* selten *das;* -s, -s ⟨über *fr.* lampion aus gleichbed. *it.* lampione, Vergrößerungsform von lampa „Lampe"⟩: [bunte] Laterne aus Papier, dünnem Stoff o. ä. mit einer Kerze im Inneren. **Lam|pi|ste|rie** *die;* -, ...ien ⟨aus gleichbed. *fr.* lampisterie zu lampiste „Lampenwärter", dies zu lampa „Lampe"⟩: (veraltet) Raum, in dem Lampen u. Laternen aufbewahrt werden, Lampenraum

Lam|pons [lã'põ:] *die* (Plur.) ⟨aus *fr.* lampons „laßt uns trinken, zechen" zu lamper „zechen, übermäßig trinken"⟩: (veraltet) Trinklieder

Lam|pre|te *die;* -, -n ⟨aus *galloroman.-mlat.* lampreda „Neunauge"⟩: Meeres- od. Flußneunauge (zu den Rundmäulern gehörender Fisch; beliebter Speisefisch)

Lam|pro|phyl|lit [auch ...'lɪt] *der;* -s, -e ⟨zu *gr.* lamprós „leuchtend" u. ↑Phyllit⟩: ein goldbraunes Silikatmineral. **Lam|pro|phyr** *der;* -s, -e ⟨zu *gr.* phýrein „(ver)mischen"⟩: dunkles, häufig feinkörniges Ganggestein (↑Eruptivgestein als Ausfüllung von Spalten in der Erdrinde; Geol.)

Län *das;* -, -[s] ⟨aus gleichbed. *schwed.* län, eigtl. „Lehen"⟩: schwed. Bez. für Regierungsbezirk

La|na|me|ter u. Lanometer *das;* -s, - ⟨zu *lat.* lana „Wolle" u. ↑¹...meter⟩: Gerät zur Bestimmung der Feinheit eines Wollhaares

La|nar|kit [auch ...'kɪt] *der;* -s, -e ⟨nach dem Fundort, der schott. Region Lanark, u. zu ↑²...it⟩: ein graues Mineral

Lan|ça|de [lã'sa:də] *die;* -, -n ⟨zu *fr.* lancer (vgl. lancieren) u. ↑...ade⟩: Sprung des Pferdes aus der ↑Levade nach vorn (Figur der Hohen Schule). **lan|ça|die|ren** [lã'sa...] ⟨zu ↑...ieren⟩: (veraltet) eine Lançade ausführen. **Lan|ceur** [lã'sœ:ɐ] *der;* -s, -e ⟨aus *fr.* lanceur „Förderer, Initiator"⟩: (veraltet) jmd., der etwas geschickt in die Öffentlichkeit bringt, der eine Sache in Gang bringt. **Lan|cier** [lã'sje:] *der;* -s, -s ⟨aus gleichbed. *fr.* lancier zu lance „Lanze", dies aus *lat.* lancea „Wurfspeer"⟩: 1. (früher) Lanzenreiter, Ulan. 2. ein alter Gesellschaftstanz, eine Art der Quadrille. **lan|cie|ren** [lã'si:...] ⟨aus *fr.* lancer „schleudern, vorwärtsstoßen", dies aus *spätlat.* lanceare „die Lanze schwingen" zu *lat.* lancea, vgl. Lancier⟩: 1. auf geschickte Weise bewirken, daß etwas in die Öffentlichkeit gelangt, daß etwas bekannt wird. 2. geschickt an eine gewünschte Stelle, auf einen vorteilhaften Posten bringen. 3. (veraltet) anschießen, torpedieren. **Lan|cier|rohr** *das;* -[e]s, -e: Abschußvorrichtung für Torpedos. **lan|ciert** ⟨zu ↑...iert⟩: (von Stoffen, Geweben) so gemustert, daß die Figuren durch die ganze Stoffbreite hindurchgehen. **Lan|cie|rung** *die;* -, -en ⟨zu ↑...ierung⟩: das Lancieren

Land-art ['lænd-ɑ:t] *die;* - ⟨aus gleichbed. *engl.-amerik.* land-art, eigtl. „Landkunst"⟩: moderne Kunstrichtung, bei der

Landaulett

Aktionen im Freien, die künstliche Veränderung einer Landschaft (z. B. durch Ziehen von Furchen, Aufstellen von Gegenständen o. ä.) im Mittelpunkt stehen

Lan|dau|lett [...do...] *das;* -s, -e ⟨aus gleichbed. *fr.* landaulet, Verkleinerungsform von landau „Landauer" (viersitzige Kutsche mit zurückklappbarem Verdeck)⟩: 1. Landauer, bei dem nur ein Teil des Verdecks zurückgeschlagen werden kann. 2. Auto mit zurückschlagbarem Verdeck über den hinteren Sitzen

Landes [lä:d] *die* (Plur.) ⟨aus gleichbed. *fr.* landes, dies aus *gall.* *landa bzw. *bret.* lann „Heide, Ödland"⟩: in Frankreich häufiger Name von Landstrichen, die mit Heide bewachsen od. vermoort sind

Land|locked coun|tries ['lændlɔkt kʌntrɪz] *die* (Plur.) ⟨aus gleichbed. *engl.* landlocked countries zu landlocked „vom Meer eingeschlossen" u. country „Land(schaft)"⟩: Bez. für Entwicklungsländer ohne Zugang zum Meer. **Land|rover** Ⓦ ['lændroʊvə] *der;* -[s], - ⟨aus gleichbed. *engl.* landrover, eigtl. „Landwanderer"⟩: geländegängiges Kraftfahrzeug, bei dem der Antrieb auf sämtliche Räder wirkt (Allradantrieb)

Lands|ber|git [auch ...'gɪt] *der;* -s, -e ⟨nach dem Fundort Landsberg bei Obermoschel (Rheinpfalz) u. zu ↑ ²...it⟩: ein silberweißes Mineral

Lands|mål ['lantsmo:l] *das;* -[s] ⟨aus *norw.* landsmål „Landessprache"⟩: (veraltet) svw. Nynorsk. **Lands|ting** ['lænstɪŋ] *das;* -[s] ⟨aus *dän.* landsting, eigtl. „Versammlung des Landes"⟩: bis 1953 der Senat des dänischen Reichstags

Lan|ga|ge [lā'ga:ʒə, fr. ...'ga:ʒ] *die;* - ⟨aus *fr.* langage „Rede, Sprache" zu langue, vgl. Langue (von dem Schweizer Sprachwissenschaftler F. de Saussure, 1857–1913, eingeführt)⟩: Vermögen der Menschen, Sprache zu lernen u. zu gebrauchen; Begriff der menschlichen Redetätigkeit schlechthin (Sprachw.)

Lan|get|te *die;* -, -n ⟨aus gleichbed. *fr.* languette, eigtl. „Zünglein", Verkleinerungsform von langue, vgl. Langue⟩: 1. dichter Schlingenstich als Randbefestigung von Zacken- u. Bogenkanten. 2. Trennungswand zwischen zwei Schornsteinzügen. **lan|get|tie|ren** ⟨zu ↑ ...ieren⟩: mit Langetten (1) festigen u. verzieren

Lang|schan *das;* -s, -s ⟨nach dem gleichnamigen Ort bei Schanghai (China)⟩: ein kräftiges, glattfüßiges Fleischhuhn

Langue ['lā:gə, fr. lā:g] *die;* - ⟨aus *fr.* langue „Zunge, Sprache", dies aus gleichbed. *lat.* lingua⟩: die Sprache als grammatisches u. lexikalisches System (nach F. de Saussure; Sprachw.); Ggs. ↑ ¹Parole. **Langue d'oc** [lāg'dɔk] *die;* - - ⟨nach der Bejahungspartikel *provenzal.* oc „ja" aus *lat.* hoc⟩: mittelalterliche Bez. für die provenzal. Sprache. **Langue d'oïl** [...'dɔjl] *die;* - - ⟨nach der Bejahungspartikel *provenzal.* oïl „ja" aus *lat.* hoc ille (*fr.* oui)⟩: mittelalterliche Bez. für die franz. Sprache

lan|guen|do, lan|guen|te u. languido [...gido] ⟨*it.;* zu languire aus *lat.* languere „matt, erschlafft sein"⟩: schmachtend (Vortragsanweisung; Mus.)

Lan|guettes [lā'gɛt] *die* (Plur.) ⟨aus gleichbed. *fr.* languettes, Plur. von languette, vgl. Langette⟩: Zungen (einseitig befestigte, dünne, elastische Blättchen) an den Rohrpfeifen der Orgel (Mus.)

Lan|gueur [lā'gø:ɐ] *der;* - ⟨aus gleichbed. *fr.* langueur, dies aus *lat.* languor zu languere, vgl. languendo⟩: (veraltet) a) Mattigkeit, Abgespanntheit; b) das Schmachten. **lan|gu|id** [laŋu'i:d] ⟨aus gleichbed. *lat.* languidus⟩: (veraltet) matt, schlaff, träge. **Lan|gui|di|tät** [...gui...] *die;* - ⟨zu ↑ ...ität⟩: (veraltet) Mattigkeit, Schlaffheit, Trägheit. **lan|gui|do** [...gido] vgl. languendo. **lan|guis|sant** [lāgi'sā:] ⟨*fr.*⟩: svw. languid

Lan|gu|ste *die;* -, -n ⟨aus gleichbed. *fr.* langouste, dies über das Vulgärlat. aus *lat.* locusta „Heuschrecke, Languste"⟩: scherenloser Panzerkrebs des Mittelmeers u. des Atlantischen Ozeans mit schmackhaftem Fleisch. **Lan|gu|sti|ne** *die;* -, -n ⟨aus gleichbed. *fr.* langoustine, Verkleinerungsform von langouste⟩: in der Lebensmittelkunde Bez. für Kronenhummer u. verschiedene große Garnelen

Lang|vers *der;* -es, -e ⟨zu ↑ Vers⟩: Vers von fünf od. mehr Hebungen (Takten), der meist eine Zäsur aufweist (z. B. Alexandriner)

La|ni|tal|fa|ser *die;* -, -n ⟨zu *nlat.* lanitalis „wie Wolle", dies zu *lat.* lana „Wolle": [in Italien] aus ↑ Kasein hergestellter Spinnstoff. **La|no|lin** *das;* -s ⟨zu *lat.* lana „Wolle", oleum „Öl" u. ↑ ...in (1)⟩: in Schafwolle enthaltenes, gereinigtes Fett (Wollfett), das als Salbengrundlage, als Rostschutzmittel u. a. dient. **La|no|me|ter** vgl. Lanameter. **La|non** Ⓦ *das;* -[s] ⟨Kunstw.; vgl. ³...on⟩: vollsynthetische Polyesterkunstfaser (Textilchemie)

¹Lans|que|net [lãskə'nɛ:, fr. ...'nɛ] *der;* -s [...(s)], -s [...s] ⟨aus gleichbed. *fr.* lansquenet, Lehnwort aus *dt.* Landsknecht⟩: (veraltet) Landsknecht. **²Lans|que|net** *das;* -s ⟨aus gleichbed. *fr.* lansquenet zu ↑ ¹Lansquenet⟩: ein altes Kartenspiel

Lan|ta|na u. **Lan|ta|ne** *die;* - ⟨aus gleichbed. *nlat.* lantana, vielleicht zu *lat.* lentare „biegen"⟩: Wandelröschen (Zierstaude od. -strauch, Eisenkrautgewächs, bei einigen Arten mit wechselnder Blütenfarbe)

Lan|ter|ne [lā'tɛrn] *die;* -, -s [...'tɛrn] ⟨aus gleichbed. *fr.* lanterne, vgl. Laterne⟩: (veraltet) Laterne[npfahl]. **Lan|ternes** [lātɛrn] *die* (Plur.): (veraltet) dummes, sinnloses Gerede, unnütze Verzögerung. **lan|ter|nie|ren** [lan...] ⟨aus gleichbed. *fr.* lanterner⟩: (veraltet) a) hinhalten, vertrösten; b) zögern, [die Zeit] vertrödeln. **lan|ter|ni|sie|ren** ⟨zu ↑ ...isieren⟩: (veraltet) am Laternenpfahl aufhängen

Lan|than *das;* -[s] ⟨zu *gr.* lanthánein „verborgen sein" (weil das Element nur schwer auffindbar u. analysierbar war)⟩: chem. Element, Metall; Zeichen La. **Lan|tha|ni|de** *die* (Plur.) ⟨zu ↑ ²...id⟩: (veraltet) svw. Lanthanoide. **Lan|tha|nit** [auch ...'nɪt] *der;* -s, -e ⟨zu ↑ ²...it⟩: weißes od. schwach gefärbtes, erdiges Mineral mit Beimengungen von Lanthan, Cer od. einem anderen Element aus der Gruppe der Lanthanoide. **Lan|tha|noi|de** *die* (Plur.) ⟨zu ↑ ...oid⟩: Gruppe von chem. Elementen (Seltenerdmetallen), die vom Lanthan bis zum ↑ Lutetium reicht

La|nu|go *die;* -, ...gines [...ne:s] ⟨aus *lat.* lanugo „Wollhärchen"⟩: Wollhaarflaum des ↑ Fetus in der zweiten Hälfte der Schwangerschaft, der kurz vor oder bald nach der Geburt verlorengeht

Lan|zett|bo|gen *der;* -s, - ⟨zu ↑ Lanzette⟩: sehr schmaler Spitzbogen, bes. der engl. Gotik. **Lan|zet|te** *die;* -, -n ⟨aus gleichbed. *fr.* lancette, Verkleinerungsform von *(alt)fr.* lance „Lanze", dies aus *lat.* lancea⟩: zweischneidiges kleines Operationsmesser (Med.). **Lan|zett|fen|ster** *das;* -s, -: langes, schmales Fenster der engl. Frühgotik. **Lan|zett|fisch** *der;* -[e]s, -e: svw. Amphioxus

lan|zi|nie|ren ⟨aus *lat.* lancinare „zerreißen, zerfleischen" zu lacer „zerfleischt"⟩: plötzlich u. heftig zu schmerzen beginnen (bes. bei ↑ Tabes; Med.)

La ola *die;* - -, - -s (meist ohne Artikel) ⟨aus *span.* la ola „die Welle"⟩: durch abwechselndes Aufstehen u. Sichniedersetzen der Zuschauer einer Sportveranstaltung in einem Stadion aus Begeisterung o. ä. hervorgerufene Bewegung, die den Eindruck einer großen im Stadion umlaufenden Welle entstehen läßt

la|pak|tisch ⟨aus *gr.* lapaktikós „abführend" zu lapázein „entleeren"⟩: (veraltet) die Kotentleerung anregend u. herbeiführend (Med.)

la|pa|ro..., **La|pa|ro...** ⟨zu *gr.* lapára „Teil des Leibes zwischen Rippen u. Hüfte"⟩: Wortbildungselement mit der Bedeutung „den Bauch, die Bauchhöhle betreffend", z. B. Laparoskop. **La|pa|ro|en|te|ro|to|mie** *die;* -, ...ien: operative Öffnung der Bauchwand u. des Darmes (Med.). **La|pa|ro|hy|ste|ro|to|mie** *die;* -, ...ien: Schnittentbindung (Kaiserschnitt; Med.). **La|pa|ro|skop** *das;* -s, -e ⟨zu ↑...skop⟩: ↑Endoskop zur Untersuchung der Bauchhöhle (Med.). **La|pa|ro|sko|pie** *die;* -, ...ien ⟨zu ↑...skopie⟩: Untersuchung der Bauchhöhle mit dem Laparoskop (Med.). **la|pa|ro|sko|pisch**: mit Hilfe des Laparoskops erfolgend (Med.). **La|pa|ro|sto|mie** *die;* -, ...ien ⟨zu *gr.* stóma „Mund" u. ↑²...ie⟩: nach einer Operation teilweise offen belassenes ↑Abdomen (z. B. zur Behandlung einer ↑Pankreatitis; Med.). **La|pa|ro|to|mie** *die;* -, ...ien ⟨zu ↑...tomie⟩: operative Öffnung der Bauchhöhle; Bauchschnitt (Med.). **la|pa|ro|to|mie|ren** ⟨zu ↑...ieren⟩: die Bauchhöhle operativ öffnen (Med.). **La|pa|ro|ze|le** *die;* -, -n ⟨zu *gr.* kḗlē „Geschwulst; Bruch"⟩: Bauchbruch (mit Hervortreten der Eingeweide; Med.)

la|pi|dar ⟨aus *lat.* lapidarius „zu den Steinen gehörend; in Stein gehauen" zu lapis, Gen. lapidis „Stein", nach dem gedrängten knappen Stil in Stein gehauener altröm. Inschriften⟩: 1. wuchtig, kraftvoll. 2. knapp [formuliert], ohne weitere Erläuterungen, kurz u. bündig. **La|pi|där** *der;* -s, -e ⟨aus gleichbed. *fr.* lapidaire, eigtl. „(Edel)steinschneider", zu *lat.* lapidarius, vgl. lapidar⟩: Schleif- u. Poliergerät (z. B. der Uhrmacher). **La|pi|da|ri|tät** *die;* - ⟨zu ↑...ität⟩: (veraltet) Knappheit, Kürze, Gedrängtheit, Wucht. **La|pi|da|ri|um** *das;* -s, ...ien [i̯ən] ⟨aus *nlat.* lapidarium, Neutrum von *lat.* lapidarius, vgl. lapidar⟩: Sammlung von Steindenkmälern. **La|pi|dar|schrift** *die;* -: ↑Versalschrift ohne Verzierung. **La|pi|des** [...de:s]: Plur. von ↑Lapis. **La|pi|di|fak|ti|on** *die;* -, -en ⟨zu *lat.* factio „das Handeln"⟩: (veraltet) 1. Steinerzeugung. 2. Versteinerung. **La|pi|dist** *der;* -en, -en ⟨zu ↑...ist⟩: (veraltet) Verfasser von Publikationen über [Edel]steine. **La|pi|di|stik** *die;* - ⟨zu ↑...istik⟩: (veraltet) Steinkunde. **La|pil|li** *die* (Plur.) ⟨aus gleichbed. *lat.* lapilli, Plur. von lapillus „Steinchen"⟩: hasel- bis walnußgroße Lavabröckchen, die bei einem Vulkanausbruch herausgeschleudert werden (Geol.)

La|pi|ne *die;* - ⟨zu *fr.* lapin „Kaninchen", Herkunft unsicher⟩: Kaninchenpockenimpfstoff (Med.)

La|pis *der;* -, ...ides [...de:s] ⟨aus gleichbed. *lat.* lapis, Gen. lapidis⟩: Stein. **La|pis|la|zu|li** *der;* -, - ⟨aus *mlat.* lapis lazuli „Blaustein", zu lazulum, lazurum, vgl. Lasur⟩: 1. svw. Lasurit. 2. blauer Schmuckstein

La|place|ope|ra|tor [la'plas...] *der;* -s, -en ⟨nach dem franz. Mathematiker u. Physiker P. S. Laplace (1749–1827) u. zu ↑Operator⟩: spezieller ↑Operator, der bei Differentialgleichungen angewendet wird (Math.)

Lap|pa|lie [...i̯ə] *die;* -, -n ⟨scherzh. latinisierende Bildung zu *dt.* Lappen u. *lat.* -alia, Neutrum Plur. von -alis, vgl. ¹...al⟩: (abwertend) höchst unbedeutende Sache, Angelegenheit; Belanglosigkeit, Nichtigkeit

l'ap|pé|tit vient en man|geant [lape'ti vi̯ɛ̃tãmã'ʒã] ⟨*fr.*⟩: der Appetit kommt beim Essen

Lap|so|lo|gie *die;* - ⟨zu ↑Lapsus u. ↑...logie⟩: Teilgebiet der angewandten ↑Linguistik, das sich mit Fehlerbeschreibung, -bewertung, -behebung hauptsächlich auf dem Gebiet der fremdsprachlichen ↑Didaktik (1) befaßt. **Lap|sus** *der;* -, - [...su:s] ⟨aus gleichbed. *lat.* lapsus, eigtl. „das Gleiten, Fallen", substantiviertes Part. Perf. von labi „(aus)gleiten"⟩: Fehlleistung, Versehen, Schnitzer; - ca̱la̱mi [k...]: Schreibfehler; - li̱nguae ['lɪŋguɛ]: Fehler beim Sprechen, das Sichversprechen; - memo̱riae [...ri̯ɛ]: Gedächtnisfehler

Lap|top ['læptɔp] *der;* -s, -s ⟨verkürzt aus gleichbed. *engl.* laptop (computer), zu lap „Schoß" u. top „Arbeitsplatte"⟩: kleiner, tragbarer Personalcomputer

Lar *der;* -s, -en ⟨aus dem Malai.⟩: hinterind. Langarmaffe mit weißen Händen

la|ra|misch ⟨nach den Laramie Mountains, einem Gebirge in den USA⟩: auf die Laramie Mountains bezüglich; -e Phase: eine Alpenfaltung zwischen Kreide u. ↑Tertiär

La|ren *die* (Plur.) ⟨aus gleichbed. *lat.* Lares, Plur. von Lar, weitere Herkunft unsicher, vielleicht aus dem Etrusk.⟩: altröm. Schutzgeister, bes. von Haus u. Familie

lar|gan|do ⟨*it.*⟩: svw. allargando. **¹large** [larʒ] ⟨aus gleichbed. *fr.* large, dies aus *lat.* largus „reichlich, freigebig"⟩: (bes. schweiz.) großzügig. **²large** [lɑːdʒ] ⟨aus gleichbed. *engl.* large, dies über *altfr.* *larc aus *lat.* largus, vgl. ¹large⟩: groß (als Kleidergröße); Abk.: L; vgl. medium (1); small. **Lar|gesse** [lar'ʒɛs] *die;* - ⟨aus gleichbed. *fr.* largesse zu large, vgl. ¹large⟩: (veraltet) Freigebigkeit, Weitherzigkeit. **lar|ghet|to** [...'gɛto] ⟨*it.;* Verkleinerungsform von largo, vgl. Largo⟩: etwas breit, etwas gedehnt, langsam (Vortragsanweisung; Mus.). **Lar|ghet|to** *das;* -s u. -s u. ...tti: Musikstück in etwas breitem Tempo; das kleine Largo (weniger schwer u. verhalten). **Lar|ghi** [...gi]: Plur. von ↑Largo. **Lar|gi|ti|on** *die;* - ⟨aus gleichbed. *lat.* largitio⟩: (veraltet) Freigebigkeit. **lar|go** ⟨*it.;* dies aus *lat.* largus, vgl. ¹large⟩: breit, gedehnt, im langsamsten Zeitmaß (Vortragsanweisung; Mus.); - assai od. di molto: sehr langsam, schleppend; - ma non troppo: nicht allzu langsam; un poco [...ko] -: ein wenig breit. **Lar|go** *das;* -[s], Plur. -s, auch ...ghi [...gi]: Musikstück im langsamsten Zeitmaß, meist im ¾- od. ½-Takt

la|ri|fa|ri ⟨scherzhafte Bildung aus den Solmisationssilben la, re, fa⟩: (ugs. abwertend) oberflächlich, nachlässig. **La|ri|fa|ri** *das;* -s, -s: (ugs. abwertend) Geschwätz, Unsinn

Lar|mor|präˈzes|si|on [engl. 'lɑːmɔː...] *die;* - ⟨nach dem engl. Physiker Sir J. Larmor (1857–1942) u. zu ↑Präzession⟩: Präzessionsbewegung (vgl. Präzession 2) eines Atomelektrons od. auch Atomkerns in einem Magnetfeld (Kernphys.)

lar|moy|ant [larmo̯a'jant] ⟨*fr.;* Part. Präs. von larmoyer „weinen, jammern" zu larme „Träne", dies aus gleichbed. *lat.* lacrima⟩: sentimental-weinerlich; mit allzuviel Gefühl [u. Selbstmitleid]; vgl. Comédie larmoyante. **Lar|moy|anz** *die;* - ⟨zu ↑...anz⟩: Weinerlichkeit, Rührseligkeit

Lar|nax *die;* -, ...nakes ⟨aus gleichbed. *gr.* lárnax, Gen. lárnakos, eigtl. „Kasten, Kiste"⟩: kleinerer ↑Sarkophag, Urne (Archäol.)

Lar|nit [auch ...'nɪt] *der;* -s, -e ⟨nach dem Vorkommen bei Larne, einer Stadt in Nordirland, u. zu ↑²...it⟩: ein graues ↑Kontaktmineral

L'art pour l'art [larpur'laːr] *das;* - - - ⟨*fr.;* „die Kunst für die Kunst"⟩: die Kunst als Selbstzweck; Kunst, die keine bestimmte Absicht u. keinen gesellschaftlichen Zweck verfolgt

lar|val [...v...] ⟨aus *lat.* larvalis „gespensterartig" zu larva, vgl. Larve⟩: die Tierlarve betreffend; im Larvenstadium befindlich (Biol.). **Lar|val|pa|ra|si|tis|mus** *der;* -: parasitische Lebensweise einer Tierart während ihres Entwick-

Larve

lungsstadiums als Larve (Biol.). **Lar|ve** [...fə] *die;* -, -n ⟨aus *lat.* larva „Gespenst, Maske" zu Lar (vgl. Laren); also eigtl. „das Aussehen von Laren"⟩: 1. (veraltend, noch landsch.) a) Gesichtsmaske; b) (iron. od. abwertend) [leeres, nichtssagendes] Gesicht. 2. (veraltet) Gespenst; böser Geist eines Verstorbenen. 3. Tierlarve; sich selbständig ernährende Jugendform vieler Tiere (mit anderer Gestalt u. oft anderer Lebensweise als das vollentwickelte Tier; Zool.). **lar|vie|ren** [...v...] ⟨zu ↑...ieren⟩: (veraltet) verstecken, verbergen. **lar|viert** ⟨zu ↑...iert⟩: versteckt, verkappt, ohne typische Merkmale verlaufend (Med.). **Lar|vi|pa|rie** *die;* - ⟨zu *lat.* parere „gebären" u. ↑²...ie⟩: die Fähigkeit von Tieren, bereits geschlüpfte Larven zur Welt zu bringen (z. B. bei einigen Insekten-, Amphibien-, Reptilienarten; Biol.). **Lar|vi|zid** *das;* -s, -e ⟨zu ↑...zid⟩: larventötendes Schädlingsbekämpfungsmittel

la|ryng..., La|ryng... vgl. laryngo..., Laryngo... **La|ryn|gal** *der;* -s, -e ⟨zu *gr.* lárygx, Gen. láryggos „Kehle, Schlund, Speiseröhre" u. ↑¹...al (2)⟩: Kehl[kopf]laut (Sprachw.). **La|ryn|ga|lis** *die;* -, ...les [...le:s] ⟨aus gleichbed. *nlat.* laryngalis, dies zu *gr.* lárygx, vgl. Laryngal⟩: (veraltet) svw. Laryngal. **La|ryn|gal|theo|rie** *die;* -: Theorie, die den Nachweis von Laryngalen im Indogermanischen zu erbringen versucht (Sprachw.). **la|ryn|ge|al** ⟨aus gleichbed. *nlat.* laryngealis⟩: den ↑ Larynx betreffend, zu ihm gehörend (Med.). **La|ryng|ek|to|mie** *die;* -, ...ien ⟨zu ↑laryngo... u. ↑...ektomie⟩: operative Entfernung des Kehlkopfs (Med.). **La|ryn|gen:** Plur. von ↑ Larynx. **La|ryn|gi|tis** *die;* -, ...itiden ⟨zu ↑...itis⟩: Kehlkopfentzündung (Med.). **la|ryn|go..., La|ryn|go...,** vor Vokalen laryng..., Laryng... ⟨zu *gr.* lárygx, Gen. láryggos „Kehle, Schlund, Speiseröhre"⟩: Wortbildungselement mit der Bedeutung „Kehlkopf", z. B. laryngoskopisch, Laryngospasmus, Laryngal. **La|ryn|go|fis|sur** *die;* -, -en: operative Spaltung des Kehlkopfs, bes. des Schildknorpels (Med.). **La|ryn|go|gra|phie** *die;* -, ...ien ⟨zu ↑...graphie⟩: Röntgendarstellung des Kehlkopfs, wobei die Innenoberfläche durch Einblasen eines Kontrastmittels sichtbar gemacht wird (Med.). **La|ryn|go|lo|ge** *der;* -n, -n ⟨zu ↑...loge⟩: Facharzt für Kehlkopfleiden. **La|ryn|go|lo|gie** *die;* - ⟨zu ↑...logie⟩: Teilgebiet der Medizin, das sich mit dem Kehlkopf u. seinen Krankheiten befaßt. **La|ryn|go|pho|nie** *die;* -, ...ien ⟨zu ↑...phonie⟩: die im Kehlkopf gebildete u. über dem Kehlkopf zu hörende Stimme (Med.). **La|ryn|gor|rha|gie** *die;* -, ...ien ⟨zu *gr.* rhēgnýnai „reißen, bersten", Analogiebildung zu ↑Hämorrhagie⟩: Kehlkopfblutung (Med.). **La|ryn|go|skop** *das;* -s, -e ⟨zu ↑...skop⟩: a) ebener Spiegel an einem Stiel zur indirekten Betrachtung des Kehlkopfs; Kehlkopfspiegel; b) röhrenförmiges Instrument mit Lichtquelle zur direkten Betrachtung des Kehlkopfs; Kehlkopfspatel (Med.). **La|ryn|go|sko|pie** *die;* -, ...ien ⟨zu ↑...skopie⟩: Untersuchung des Kehlkopfs mit dem Laryngoskop; Kehlkopfspiegelung (Med.). **la|ryn|go|sko|pisch:** das Laryngoskop od. die Laryngoskopie betreffend. **La|ryn|go|spas|mus** *der;* -, ...men: schmerzhafter Krampf im Bereich der ↑Glottis; Glottiskrampf, Stimmritzenkrampf (Med.). **La|ryn|go|ste|no|se** *die;* -, -n: krankhafte Verengung des Kehlkopfs (Med.). **La|ryn|go|sto|mie** *die;* -, ...ien ⟨zu *gr.* stóma „Mund" u. ↑²...ie⟩: operatives Anlegen einer künstlichen Kehlkopffistel (eines röhrenförmigen Kanals) durch Spaltung des Kehlkopfs in der Mittellinie (Med.). **La|ryn|go|to|mie** *die;* -, ...ien ⟨über *spätlat.* laryngotomia aus *gr.* laryngotomía „Kehlkopfschnitt"⟩: operatives Öffnen des Kehlkopfs; Kehlkopfschnitt (Med.). **La|ryn|go|ze|le** *die;* -, -n ⟨zu *gr.* kélē „Geschwulst; Bruch"⟩: meist angeborene, lufthaltige Ausbuchtung der Kehlkopfwandung; Blähhals (Med.). **La|rynx** *der;* -, Laryngen ⟨aus gleichbed. *gr.* lárygx, Gen. láryggos⟩: Kehlkopf (Med.). **La|rynx|kar|zi|nom** *das;* -s, -e: Kehlkopfkrebs (Med.)

La|sa|gne [la'zanjə] *die* (Plur.) ⟨aus gleichbed. *it.* lasagne, Plur. von lasagna „Bandnudel", dies über das Vulgärlat. zu *lat.* lasanum „(Koch)geschirr", dies aus *gr.* lásanon⟩: sehr breite Bandnudeln, die mit einer Hackfleischfüllung abwechselnd geschichtet u. mit Käse überbacken sind (ital. Spezialitätengericht; Gastr.).

La|scia|te ogni spe|ran|za, voi ch'en|tra|te [la'ʃa:... 'o:nji -vɔy k...] *it.;* nach der Aufschrift über dem Eingang zur Hölle in Dantes „Göttlicher Komödie"⟩: Laßt, die ihr eintretet, alle Hoffnung fahren

La|ser ['le:zɐ, *engl.* 'leɪzə] *der;* -s, - ⟨aus gleichbed. *engl.* laser, urspr. Kurzw. aus *l*ight *a*mplification by *s*timulated *e*mission of *r*adiation „Lichtverstärkung durch angeregte Aussendung von Strahlung"⟩: 1. Gerät zur Verstärkung von Licht einer bestimmten Wellenlänge bzw. zur Erzeugung eines scharf gebündelten Strahls ↑kohärenten Lichts (Phys.). 2. internationalen Wettkampfbestimmungen entsprechende Einmannjolle für den Rennsegelsport (Kennzeichen: stilisierter Laserstrahl). **la|ser|ak|tiv** ['le:zɐ...]: lichtverstärkend (von in Lasern verwendeten Materialien; Phys., Techn.). **La|ser|che|mie** *die;* -: Teilgebiet der ↑Photochemie, in dem Laser (1) wegen ihrer Frequenzschärfe als Strahlungsquellen zur gezielten Anregung bestimmter Energiezustände verwendet werden. **La|ser|chir|ur|gie** *die;* -: spezielle Chirurgie, bei der Operationen mit Laserstrahlen durchgeführt werden (z. B. am Auge). **La|ser|di|ode** *die;* -, -n: als Laser im nahen Infrarot arbeitende Halbleiterdiode zur Lichterzeugung u. -verstärkung. **La|ser Disc** *die;* - -, -s ⟨zu *engl.* disc „Schallplatte"⟩: Kompaktschallplatte, mit der im Gegensatz zur ↑Compact Disc auch ↑Videoclips wiedergegeben werden können. **La|ser|fu|si|on** *die;* -, -en: Einleitung einer Kernverschmelzung durch kurze energiereiche Laserstrahlen. **La|ser|ka|no|ne** *die;* -, -n: Gerät, das einen Laserstrahl aussendet. **La|ser|me|di|zin** *die;* -: Behandlung von Krankheiten mit Laserstrahlen. **La|ser|spek|tro|sko|pie** *die;* -: Gesamtheit der spektroskopischen Methoden zur Untersuchung der Struktur u. Eigenschaften von Atomen, Molekülen, Festkörpern u. Plasma mit Hilfe von Laserlicht. **La|ser|tech|nik** *die;* -, -en: Anwendung des Lasers (1), z. B. zur Bearbeitung von Werkstücken u. zu Präzisionsmessungen

la|sie|ren ⟨zu ↑Lasur u. ↑...ieren⟩: 1. a) ein Bild mit durchsichtigen Farben übermalen; vgl. Lasurfarbe; b) Holz mit einer durchsichtigen Schicht (z. B. mit farblosem Lack) überziehen. 2. etw., eine Unsicherheit geschickt zu verbergen suchen. **La|sie|rung** *die;* -, -en ⟨zu ↑...ierung⟩: 1. das Lasieren. 2. svw. Lasur

Lä|si|on *die;* -, -en ⟨aus *lat.* laesio „Verletzung" zu laesus, Part. Perf. von laedere „verletzen, beschädigen"⟩: 1. Verletzung od. Störung der Funktion eines Organs od. Körperglieds (Med.). 2. svw. Laesio enormis

Las|ka *die;* -, ...ki (meist Plur.) ⟨aus *russ.* laska „Wiesel"⟩: [weißes] Winterfell des kleinen Wiesels

Las|kar *der;* -s, ...karen ⟨aus gleichbed. *engl.* lascar, dies über das Ind. (Hindi) aus *arab.* al-'áskar „Heer, Lager"⟩: (veraltet) ostind. Matrose, Soldat

Las|peyres-In|dex [lasˈpɛːr...] *der;* -[es], Plur. -e u. ...dizes [...tse:s] ⟨nach dem Statistiker E. L. E. Laspeyres, 1834–1913⟩: eine Indexzahl in der Statistik, die den Einfluß von Inflation auf die Lebenshaltungskosten mißt

Las|sa|fie|ber *das;* -s ⟨nach dem nigerianischen Dorf Lassa⟩: durch ein Virus hervorgerufene, sehr ansteckende Erkrankung mit hohem Fieber, Gelenkschmerzen, Mund- u. Gaumengeschwüren u. anderen Symptomen (Med.)

Las|sal|lea|ner *der;* -s, - (meist Plur.) ⟨nach dem Politiker F. Lassalle (1825–1864) u. zu ↑...aner⟩: Anhänger Lassalles u. seiner politischen Ansichten. **Las|sal|lea|nis|mus** *der;* - ⟨zu ↑...ismus (1)⟩: zusammenfassende Bez. für die von Lassalle u. seinen Anhängern vertretenen politischen Anschauungen

las|sie|ren ⟨zu ↑ Lasso u. ↑ ...ieren⟩: mit dem ↑ Lasso einfangen

Las|si|tü|de *die;* -, -n ⟨aus *fr.* lassitude „Müdigkeit, Überdruß", dies aus *lat.* lassitudo, vgl. Lassitudo⟩: (veraltet) svw. Lassitudo. **Las|si|tu|do** *die;* -, ...dines [...ne:s] ⟨aus gleichbed. *lat.* lassitudo⟩: Mattigkeit, Erschöpfung, Ermüdung

Las|so *das* (österr. nur so) od. (seltener) *der;* -s, -s ⟨unter Einfluß von gleichbed. *engl.* lasso aus *span.* (südamerik. Variante) lazo, *port.* laço „Schnur, Schlinge", dies über *vulgärlat.* *laceus aus *lat.* laqueus „Schlinge, (Fall)strick; Fessel"⟩: Wurfschlinge zum [Ein]fangen von Tieren

Las|su [ˈlɔʃʃu] *der;* - ⟨aus gleichbed. *ung.* lassú zu lassan „langsam"⟩: der langsame, melancholisch-pathetische Einleitungsteil des ↑ Csárdás (Schreittanz der Männer; Mus.)

La|sta|die [...i̯ə, auch ...ˈdiː] *die;* -, -n [...i̯ən, auch ...ˈdiːən] ⟨aus gleichbed. *mlat.* lastadium, lastagium, dies aus dem Germ.⟩: (früher) Landeplatz für Schiffe, an dem die Waren aus- u. eingeladen werden konnten

last, but not least [ˈlɑːst bʌt nɔt ˈliːst] ⟨*engl.;* „als letzter (bzw. letztes), aber nicht als Geringster (bzw. Geringstes)"⟩: svw. last, not least

La|stex Ⓦ *das;* - ⟨Kunstw. aus gleichbed. *engl.* lastex, dies unter Einfluß von elastic „elastisch" gebildet zu ↑ Latex⟩: [elastisches Gewebe aus] Gummifäden, die mit Kunstseiden- od. Chemiefasern umsponnen sind

La|sting *der;* -s, -s ⟨aus gleichbed. *engl.* lasting, eigtl. „Dauer(haftigkeit)", zu to last „dauern"⟩: Möbel- od. Kleiderstoff aus hartgedrehtem Kammgarn in Atlasbindung (Webart)

Last-mi|nute-An|ge|bot [ˈlɑːstˈmɪnɪt...] *das;* -[e]s, -e ⟨zu *engl.* last-minute „in letzter Minute (vorgebracht)"⟩: kurzfristiges Angebot von Reiseveranstaltern, Fluggesellschaften u. ä., um für freigebliebene Plätze gegen Preisnachlaß noch Interessenten zu gewinnen. **last, not least** [ˈlɑːst nɔt ˈliːst] ⟨*engl.;* „als letzter (bzw. letztes), nicht Geringster (bzw. Geringstes)"⟩: in der Reihenfolge zuletzt, aber nicht in der Bedeutung; nicht zu vergessen

La|sur *die;* -, -en ⟨über *mlat.* lazur(i)um, lazur „Blaustein, blauer Farbstoff" aus *arab.* lāzaward, *pers.* lāǧward, vgl. Azur⟩: Farb-, Lackschicht, die den Untergrund durchscheinen läßt. **La|sur|far|be** *die;* -, -n: durchsichtige Farbe, mit der ein Bild übermalt wird; vgl. lasieren. **La|su|rit** [auch ...ˈrɪt] *der;* -s, -e ⟨zu ↑²...it⟩: tiefblaues, mitunter grünliches od. violettes, feinkörniges, an Kalkstein gebundenes Mineral; Lapislazuli. **La|sur|stein** *der;* -[e]s, -e: svw. Lapislazuli (2)

las|ziv ⟨aus gleichbed. *lat.* lascivus, eigtl. „übermütig, zügellos"⟩: a) durch gekünstelte Schläfrigkeit Sinnlichkeit verbreitend [u. bei anderen sexuelle Begierde auslösend]; b) [in zweideutiger Weise] anstößig, unanständig, schlüpfrig.

las|zi|vie|ren [...v...] ⟨aus gleichbed. *lat.* lascivere⟩: (veraltet) ausgelassen, übermütig, lustig sein, sich ausgelassen, übermütig od. anstößig, unanständig benehmen. **Las|zi|vi|tät** *die;* -, -en ⟨aus *spätlat.* lascivitas, Gen. lascivitatis „Mutwille; (geschlechtliche) Ausschweifung"⟩: 1. (ohne Plur.) lasziven Wesen, laszive Art. 2. laszive (b) Äußerung o. ä.

La|tah *das;* - ⟨aus dem Malai.⟩: bes. bei Malaien auftretende Anfälle krankhafter Verhaltensstörung (Med.)

La|ta|kia *der;* - ⟨nach dem Einzugsgebiet der syrischen Hafenstadt Latakia⟩: schwarzgeräucherter Orienttabak, der beliebt ist als Würztabak in englischen Rauchtabaken

Lä|ta|re ⟨aus *lat.* laetare „freue dich!", Imp. Sing. von laetari; nach dem Eingangsvers des Gottesdienstes, Jesaja 66,10⟩: in der ev. Kirche Name des vierten Sonntags in der Passionszeit (dritter Sonntag vor Ostern)

Latch [lætʃ] *das;* -, -e ⟨aus *engl.* latch „Riegel"⟩: ↑ Flipflop zur Speicherung von Informationen, bei dem Datenübernahme erfolgt, wenn am Takteingang ein aktives Signal (1 b) vorliegt (EDV)

La|te|bra *die;* -, ...brae [...brɛ] ⟨aus *lat.* latebra „Versteck"⟩: flaschenförmiger Dotterkern des Eies (Biol.)

La-Tène-Stil [laˈtɛːn...] *der;* -[e]s ⟨nach dem schweiz. Fundort La Tène am Neuenburger See (Schweiz)⟩: in der La-Tène-Zeit entstandene Stilrichtung der bildenden Kunst, die durch stilisierte pflanzliche u. abstrakte Ornamentik, Tiergestalten u. menschliche Maskenköpfe gekennzeichnet ist. **La-Tène-Zeit** *die;* -: der zweite Abschnitt der europäischen Eisenzeit. **la|tène|zeit|lich:** zur La-Tène-Zeit gehörig, aus ihr stammend

late-night [ˈleɪtnaɪt] ⟨*engl.;* eigtl. „spät in der Nacht"⟩: am späten Abend stattfindend, kurz vor Mitternacht (von Veranstaltungen u. ä.). **Late-night-Show** [...ʃoʊ] *die;* -, -s: Veranstaltung, Unterhaltungssendung, die am späten Abend beginnt bzw. stattfindet.

La|ten|si|fi|ka|ti|on *die;* -, -en ⟨verkürzt aus *engl.* latent (image) intensification „Verstärkung des latenten (Bildes)"; vgl. latent⟩: Empfindlichkeitssteigerung durch eine diffuse Langzeit-Nachbelichtung mit Licht schwacher Intensität eines belichteten unentwickelten Films (Fotogr.).

la|tent ⟨z. T. über gleichbed. *fr.* latent aus *lat.* latens, Gen. latentis, Part. Präs. von latere „verborgen sein"⟩: 1. versteckt, verborgen; [der Möglichkeit nach] vorhanden, aber nicht hervortretend, nicht offenkundig. 2. ohne typische Merkmale vorhanden, nicht gleich erkennbar, kaum od. nicht in Erscheinung tretend (von Krankheiten od. Krankheitssymptomen; Med.); vgl. Inkubationszeit. 3. unsichtbar, unentwickelt (Fotogr.). **La|tenz** *die;* - ⟨zu ↑ ...enz⟩: 1. Verstecktheit, Verborgenheit. 2. zeitweiliges Verborgensein, unbemerktes Vorhandensein einer Krankheit (Med.). 3. die durch die Nervenleitung bedingte Zeit zwischen Reizeinwirkung u. Reaktion (Psychol.). **La|ten|z|ei** *das;* -[e]s, -er: Winterei vieler niederer Süßwassertiere (Würmer u. Krebse), das im Gegensatz zum Sommerei ortsunabhängig u. durch eine Hülle geschützt ist. **La|tenz|pe|ri|o|de** *die;* -, -n: Ruhepause in der sexuellen Entwicklung des Menschen zwischen dem 6. u. 10. Lebensjahr. **La|tenz|pha|se** *die;* -, -n: 1. svw. Latenzperiode. 2. svw. Inkubationszeit. **La|tenz|zeit** *die;* -, -en: svw. Inkubationszeit

la|te|ral ⟨aus gleichbed. *lat.* lateralis zu latus, Gen. lateris „Seite"⟩: 1. seitlich, seitwärts [gelegen]; -es Denken: Denken, das alle Seiten eines Problems einzuschließen sucht, wobei auch unorthodoxe, beim logischen Denken oft unbeachtete Methoden angewendet werden. 2. von der Mittellinie eines Organs abgewandt, an der Seite gelegen (Med.). **La|te|ral** *der;* -s, -e ⟨zu ↑¹...al (2)⟩: Laut, bei dem die Luft nicht durch die Mitte, sondern auf einer od. auf beiden Seiten des Mundes entweicht (z. B. *l;* Sprachw.). **La|te|ral...** ⟨zu ↑ lateral⟩: Wortbildungselement mit der Bedeutung „seitlich, seitwärts (gelegen), die Seite

Lateraleffekt

betreffend", z. B. Lateralinfarkt. **La|te|ral|ef|fekt** *der;* -[e]s, -e: Störung bei tiefenelektrischen Messungen, die durch seitlich gelegene Abweichungen von der eingenommenen Normallagerung der geologischen Horizonte hervorgerufen wird (Geophys.). **La|te|ral|geo|tro|pis|mus** *der;* -: seitliche, schräge od. horizontale Krümmung eines wachsenden Pflanzenteils durch einseitig gefördertes Wachstum (Bot.). **La|te|ral|in|farkt** *der;* -[e]s, -e: ↑ Infarkt im Bereich der Vorder- u. Hinterwand der linken Herzkammer (Med.). **la|te|ra|li|sie|ren** ⟨zu ↑ ...isieren⟩: 1. nach der Seite verlagern, verschieben (Med.). 2. die Zuordnung von Gehirnhemisphären zu psychischen Funktionen sich entwickeln lassen. **La|te|ra|li|tät** *der;* - ⟨zu ↑ ...ität⟩: das Vorherrschen, die Dominanz einer Körperseite (z. B. Rechts- od. Linkshändigkeit; Psychol.). **La|te|ral|laut** *der;* -[e]s, -e: svw. Lateral. **La|te|ral|plan** *der;* -[e]s, ...pläne: Fläche des Längsschnittes desjenigen Schiffsteils, der unter Wasser liegt (Seew.). **La|te|ral|se|kre|ti|on** *die;* -, -en: Ausscheidung von aus dem Nebengestein gelösten Stoffen in Gesteinsklüften, wodurch Erzadern entstehen können (Geol.). **La|te|ral|skle|ro|se** *die;* -, -n: ↑ Sklerose der Seitenstränge des Rückenmarks (Med.). **La|te|ral|sy|stem** *das;* -s: internationales Seezeichensystem zur Kennzeichnung der Seiten eines Fahrwassers (Seew.) **La|te|ran** *der;* -s ⟨nach der Familie der Laterani aus der röm. Kaiserzeit⟩: außerhalb der Vatikanstadt gelegener ehemaliger päpstlicher Palast in Rom mit ↑ Basilika u. Museum. **La|te|ran|kon|zi|li|en** [...jən] u. **La|te|ran|syn|oden** *die* (Plur.): die fünf im Mittelalter (1123-1512) im Lateran abgehaltenen allgemeinen Konzilien **la|te|rie|ren** ⟨aus *spätlat.* laterare „mit Seiten(teilen) versehen" zu latus, vgl. lateral⟩: (veraltet) seitenweise zusammenzählen **La|te|ri|sa|ti|on** *die;* -, -en ⟨zu *lat.* later „Ziegel(stein)" u. ↑...isation⟩: svw. Laterisierung; vgl. ...[at]ion/...ierung. **La|te|ri|sie|rung** *die;* -, -en ⟨zu ↑...isierung⟩: Entstehung von Laterit; vgl. ...[at]ion/...ierung. **La|te|rit** [auch ...'rɪt] *der;* -s, -e ⟨zu ↑²...it⟩: roter Verwitterungsboden in den Tropen u. Subtropen **La|ter|na ma|gi|ca** [– ...ka] *die;* - -, ...nae [...nɛ] ...cae [...kɛ] ⟨aus *nlat.* laterna magica „Zauberlaterne"; vgl. Laterne u. magisch⟩: 1. einfachster, im 17. Jh. erfundener Projektionsapparat. 2. Form der Bühnenaufführung (Ballettdarbietung) in Kombination mit vielfältiger Projektion von Filmen u. Diapositiven auf [variable] Bildwände. **La|ter|ne** *die;* -, -n ⟨aus *(spät)lat.* la(n)terna „Laterne, Lampe", dies aus *gr.* lamptēr „Leuchter, Fackel, Laterne" zu lámpein „leuchten"⟩: 1. durch ein Gehäuse aus Glas, Papier o. ä. geschützte [tragbare] Lampe. 2. auf die Scheitelöffnung einer Kuppel aufgesetztes, von Fenstern durchbrochenes Türmchen (Archit.) **La|te|ro|fle|xi|on** *die;* -, -en ⟨zu *lat.* latus, Gen. lateris „Seite" u. ↑ Flexion⟩: Seitwärtsbeugung (z. B. des Rumpfes nach links od. rechts; Med.). **La|te|ro|log** *das;* -s, -e ⟨zu ↑ Log⟩: spezielles elektrisches Bohrlochmeßverfahren, das eine bessere Beurteilung der geologischen Schichten im bohrlochfernen Bereich sichert. **La|te|ro|po|si|ti|on** *die;* -, -en: Seitwärtsverlagerung eines Organs (Med.) **La|tex** *der;* -, ...tizes [...tse:s] ⟨über *lat.* latex, Gen. laticis „Flüssigkeit, Naß" aus *gr.* látax „der Tropfen"⟩: Milchsaft einiger tropischer Pflanzen, aus dem ↑ Kautschuk, Klebstoff u. a. hergestellt wird u. der zur Imprägnierung dient. **la|te|xie|ren** ⟨zu ↑...ieren⟩: mit einer aus Latex hergestellten Substanz beschichten, bestreichen o. ä. **La|tex|test** *der;* -[e]s, Plur. -s, auch -e: ↑ serologische Untersuchungsmethode, bei der Latexpartikel als Antigenträger verwendet werden (u. a. zum Nachweis von Rheumafaktoren od. als Schwangerschaftstest; Med.) **La|thraea** [...'trɛːa] *die;* - ⟨aus gleichbed. *nlat.* lathraea zu *gr.* lathraîos „verborgen, heimlich" (der Stengel ist bis auf die Blütentraube verborgen)⟩: Schuppenwurz, eine schmarotzende Pflanze auf Haselsträuchern u. Erlen **La|thy|rin** *das;* -s ⟨zu *nlat.* lathyrus (dies aus *gr.* láthyros „hülsentragende Pflanze") u. ↑...in (1)⟩: Gift in den Samen der als Futterpflanze angebauten Erbsenart Lathyrus (Platterbse). **La|thy|ris|mus** *der;* - ⟨zu ↑...ismus (3)⟩: chronische Vergiftung bei überwiegender Ernährung mit den Samen bestimmter Platterbsen (z. B. Kichererbse), bes. in Südostasien u. Südeuropa vorkommend (Med.) **La|ti|fun|di|en|wirt|schaft** [...jən...] *die;* - ⟨zu ↑ Latifundium⟩: Bewirtschaftung eines Großgrundbesitzes durch abhängige Bauern in Abwesenheit des Besitzers (z. B. in Südamerika). **La|ti|fun|di|um** *das;* -s, ...ien [...jən] ⟨aus gleichbed. *lat.* latifundium, zu latus „breit" u. fundus „Grund, Boden"⟩: 1. von Sklaven bewirtschaftetes Landgut im Röm. Reich. 2. (nur Plur.) Liegenschaften, großer Land- od. Forstbesitz **La|ti|me|ria** *die;* - ⟨aus *nlat.* latimeria; nach der Entdeckerin M. E. D. Courtenay-Latimer (*1907)⟩: zu den Quastenflossern zählende Fischart, die als ausgestorben galt, aber 1938 wiederentdeckt wurde (sogenanntes lebendes Fossil) **la|ti|ni|sie|ren** ⟨aus *spätlat.* latinizare „ins Lateinische übersetzen"⟩: in lateinische Sprachform bringen; der lateinischen Sprachart angleichen. **La|ti|ni|sie|rung** *die;* -, -en ⟨zu ↑...ierung⟩: das Latinisieren. **La|ti|nis|mus** *der;* -, ...men ⟨zu ↑...ismus (4)⟩: Entlehnung aus dem Lateinischen; dem Lateinischen eigentümlicher Ausdruck in einer nichtlateinischen Sprache. **La|ti|nist** *der;* -en, -en ⟨zu ↑...ist⟩: jmd., der sich wissenschaftlich mit der lateinischen Sprache u. Literatur befaßt (z. B. Hochschullehrer, Student). **La|ti|ni|tät** *die;* - ⟨aus gleichbed. *lat.* Latinitas, Gen. Latinitatis⟩: a) klassische, mustergültige lateinische Schreibweise; b) klassisches lateinisches Schrifttum. **La|tin Lo|ver** ['lætɪn 'lʌvə] *der;* - -[s], - -s ⟨aus *engl.* Latin lover, eigtl. „lateinischer Liebhaber"⟩: feuriger südländischer Liebhaber; Papagallo. **La|tin Rock** [– 'rɔk] *der;* - -[s] ⟨aus *engl.* Latin rock, eigtl. „latein[amerikan]ischer Rock"⟩: um 1970 in den USA entstandener Stilbereich der Rockmusik, der Spielelemente der lateinamerik. Musik aufgreift. **La|ti|num** [la...] *das;* -s ⟨gekürzt aus *lat.* examen Latinum „lateinische Prüfung" zu Latinus „lateinisch", eigtl. „zur Landschaft Latium (um Rom) gehörend"⟩: a) an einer höheren Schule vermittelter Wissensstoff der lateinischen Sprache; b) durch eine Prüfung nachgewiesene, für ein bestimmtes Studium vorgeschriebene Kenntnisse in der lateinischen Sprache; vgl. Graecum u. Hebraicum. **La|tit** [auch ...'tɪt] *der;*-s, -e ⟨nach der Landschaft Latium (um Rom) u. zu ↑²...it⟩: zu den Alkaligesteinen gehörendes vulkanisches Gestein aus ↑ Plagioklas, ↑ Sanidin u. anderen Mineralien wie ↑ Augit u. ↑ Biotit **Lä|ti|tia** *die;* - ⟨aus gleichbed. *lat.* laetitia zu laetus „fröhlich, vergnügt"⟩: (veraltet) Fröhlichkeit, Frohsinn **La|ti|tü|de** *die;* -, -n ⟨aus gleichbed. *fr.* latitude, dies aus *lat.* latitudo „Breite"⟩: 1. geographische Breite. 2. (veraltet) Weite, Spielraum. **la|ti|tu|di|nal** ⟨zu *lat.* latitudo, Gen. latitudinis „Breite" u. ↑¹...al (1)⟩: den Breitengrad betreffend. **La|ti|tu|di|na|ri|er** [...jɐ] *der;* -s, - ⟨aus *engl.* latitudinarian „Freidenker"; vgl. Latitudinarismus⟩: 1. Anhänger des Latitudinarismus. 2. (veraltet) jmd., der nicht allzu strenge Grundsätze hat, der duldsam, tolerant ist, z. B. alles, was gefällt, als ästhetisch gelten läßt. **La|ti|tu|di|na|ris|mus** *der;* - ⟨aus gleichbed. *engl.* latitudinarism zu latitude, dies aus *lat.* latitudo, Gen. latitudinis „Breite"; vgl. ...ismus (1)⟩: (im 17. Jh. entstandene) Richtung der anglikanischen Kirche, die durch ihre konfessionelle Toleranz u. ihre Offenheit gegenüber den Erkenntnissen der modernen Wissenschaft gekennzeichnet ist

La|tiv *der;* -s, -e [...və] ⟨aus gleichbed. *lat.* (casus) lativus zu latus „getragen, gebracht", Part. Perf. von ferre „tragen; (über)bringen"⟩: in nichtindogermanischen Sprachen Kasus (im Lateinischen Sonderfall, spezielle Bedeutung des Akkusativs), der eine Richtung od. ein Ziel bezeichnet (Sprachw.)

La|ti|zes [...tse:s]: Plur. von ↑ Latex

La|to|mie *die;* -, ...ien ⟨aus *gr.* latomía „Steinbruch" zu lãs „Stein" u. tomḗ „das Schneiden, der Schnitt"⟩: 1. Steinbruch im Altertum, der als Gefängnis diente. 2. (veraltet) Freimaurerei

lä|tös ⟨aus gleichbed. *fr.* laiteux zu lait „Milch", dies aus *lat.* lactem, Akk. von lac⟩: (veraltet) milchig, milchartig [aussehend]

La|to|sol *der;* -s ⟨zu *lat.* later „Ziegel(stein)" u. solum „Boden"⟩: svw. Ferralsol

La|trie *die;* - ⟨über *kirchenlat.* latria „Gottesdienst" aus *gr.* latreía „Dienst, Gottesverehrung"⟩: die Gott u. Christus allein zustehende Verehrung, Anbetung (kath. Rel.)

La|tri|ne *die;* -, -n ⟨aus gleichbed. *lat.* latrina, eigtl. „Wasch-, Baderaum" (aus *lavatrina zu lavare „waschen")⟩: primitive Toilette; Senkgrube. **La|tri|nen|pa|ro|le** *die;* -, -n: (ugs. abwertend) Gerücht

La|tus *das;* -, - [...tu:s] ⟨aus *lat.* latus „Seite"⟩: 1. Seite, seitliche Hälfte eines Organs (Med.). 2. (veraltet) Gesamtbetrag einer Seite, der auf die folgende zu übertragen ist; Übertragssumme

Lau|da *die;* -, ...de ⟨aus gleichbed. *it.* lauda zu *(m)lat.* laudes, vgl. Laudes⟩: im Mittelalter in Italien ein volkstümlicher geistlicher Lobgesang. **lau|da|bel** ⟨aus gleichbed. *lat.* laudabilis⟩: löblich, lobenswert. **Lau|da|bi|li|tät** *die;* - ⟨aus gleichbed. *lat.* laudabilitas, Gen. laudabilitatis⟩: (veraltet) Lobenswürdigkeit, Löblichkeit. **Lau|da|men|tum** *das;* -, ...ta ⟨aus gleichbed. *mlat.* laudamentum⟩: (veraltet) [Hand]gelöbnis

Lau|da|num *das;* -s ⟨aus gleichbed. *mlat.* ladanum, wohl zu *lat.* ladanum, vgl. Ladanum⟩: in der mittelalterlichen Medizin Bez. für jedes Beruhigungsmittel, später für Lösung von Opium in Alkohol; Opiumtinktur (ein Beruhigungs- u. Schmerzmittel)

Lau|da|tio *die;* -, Plur. ...ones [...ne:s] u. ...onen ⟨aus *lat.* laudatio „Lobrede" zu laudare „loben"⟩: anläßlich einer Preisverleihung o. ä. gehaltene Rede, in der die Leistungen u. Verdienste des Preisträgers hervorgehoben werden. **Lau|da|ti|on** *die;* -, -en: Lobrede. **lau|da|tiv** ⟨aus gleichbed. *lat.* laudativus⟩: (veraltet) lobend. **Lau|da|tor** *der;* -s, ...oren ⟨aus gleichbed. *lat.* laudator⟩: jmd., der eine Laudatio hält; Redner bei einer Preisverleihung. **lau|da|to|risch** ⟨aus *lat.* laudatorius „lobend"⟩: (veraltet) eine Laudatio haltend; den Laudator betreffend. **Lau|da|zis|mus** *der;* - ⟨zu ↑...izismus⟩: (veraltet) Lobhudelei. **lau|da|zi|stisch**: (veraltet) lobhudelnd. **¹Lau|de** *die;* -, ...di ⟨aus gleichbed. *it.* laude, Nebenform von lauda, vgl. Lauda⟩: svw. Lauda.

²Lau|de: Plur. von ↑ Lauda. **Lau|de|mi|um** *das;* -s, ...ien [...iən] ⟨aus gleichbed. *mlat.* laudemium zu *lat.* laudare, vgl. laudieren⟩: Abgabe an den Lehnsherrn (altes dt. Recht). **Lau|des** [...de:s] *die* (Plur.) ⟨aus *(m)lat.* laudes „Lobgesänge (der Stundengebete)"⟩: im kath. ↑ Brevier enthaltenes Morgengebet. **Lau|di**: Plur. von ↑ ¹Laude. **lau|die|ren** ⟨aus *lat.* laudare „loben; (jmdn.) nennen, erwähnen, zitieren"⟩: (veraltet) 1. loben. 2. [dem Gericht] einen Zeugen vorschlagen, benennen (Rechtsw.). **Lau|di|sten** *die* (Plur.) ⟨zu ↑...ist⟩: Hymnen- u. Psalmensänger des 13.–16. Jh.s

Lau|mon|tit [auch ...'tɪt] *der;* -s, -e ⟨nach seinem Entdecker, dem franz. Mineralogen F. P. N. Gillet de Laumont (1747–1834) u. zu ↑²...it⟩: glas- od. perlmutterartiges Mineral aus der Gruppe der ↑ Zeolithe

Laun|cher ['lɔ:ntʃə] *der u. das;* -s, - ⟨aus gleichbed. *engl.* launcher⟩: Startvorrichtung, bes. für Raketen

Lau|ra u. **Lawra** *die;* -, ...ren ⟨aus *gr.* laúra „(enge) Gasse"⟩: 1. Eremitensiedlung der Ostkirche. 2. ein bedeutendes ↑ zönobitisches Kloster (z. B. auf dem Berg Athos)

Lau|ra|sia ohne Artikel; - (in Verbindung mit Attributen *die;* -) ⟨Kurzw. aus ↑ *Laurentia* u. *lat. Asia* „Asien"⟩: Urkontinent auf der Nordhalbkugel (Nordamerika, Europa, Nordasien), der seit dem ↑ ²Jura z. T. auseinanderdriftete

Lau|rat *das;* -s, -e ⟨zu *lat.* laurus „Lorbeer(baum)" u. ↑...at (2)⟩: Salz der ↑ Laurinsäure (Chem.). **Lau|re|at** *der;* -en, -en ⟨zu *lat.* laureatus „mit Lorbeer bekränzt"⟩: a) in der Antike ein mit dem Lorbeerkranz gekrönter Dichter; vgl. Poeta laureatus; b) jmd., der einen Preis erhält, dem eine besondere Auszeichnung zuteil wird; Preisträger. **Lau|rea|ti|on** *die;* -, -en ⟨zu ↑¹...ion⟩: (veraltet) Verleihung des Lorbeerkranzes, Krönung mit dem Lorbeerkranz

Lau|rel ['lɔrəl] *der;* -[s], -[s] ⟨aus *engl.* laurel „Lorbeer", dies über *altfr.* laurier, lorier, lor aus *lat.* laurus⟩: alte engl. Goldmünze zu 20 Shilling mit dem lorbeerbekränzten Kopf des engl. Königs Jakob I. (1566–1625, König seit 1603)

Lau|ren|tia *die;* - ⟨*nlat.*; vom latinisierten Namen des Sankt-Lorenz-Stromes⟩: altes Festland in Kanada u. Grönland (Geol.). **lau|ren|tisch**: die Laurentia betreffend; -e Faltung, -e Gebirgsbildung, -e Revolution: Hochgebirgsbildung am Ende des ↑ Archaikums (Geol.)

lau|re|ta|nisch ⟨nach dem latinisierten Namen des ital. Wallfahrtsortes Loreto⟩: aus Loreto, zu Loreto gehörend; Lauretanische Litanei: im 16. Jh. in Loreto entstandene Marienlitanei; vgl. Litanei

Lau|rin|säu|re *die;* -, -n ⟨zu *lat.* laurus (vgl. Laurus) u. ↑...in (1)⟩: Fettsäure mit 12 Kohlenstoffatomen im Molekül, die u. a. im Lorbeeröl u. Kokosnußöl als Glyzerinester vorkommt

Lau|rit [auch ...'rɪt] *der;* -s, -e ⟨nach dem Vornamen Laura (*it.* Kurzform von Laurentia, dies weibliche Form von *lat.* Laurentius „aus Laurentum", einer alten Stadt der Latiner südlich von Rom) u. zu ↑²...it⟩: ein schwarzes Mineral

Lau|rus *der;* Gen. - u. -ses, Plur. - [...ru:s] u. -se ⟨aus gleichbed. *lat.* laurus⟩: Lorbeerbaum

Lau|tal *das;* -s ⟨Kunstw. aus *Laut*a (Stadt bei Hoyerswerda mit Aluminiumhütte) u. ↑ *Al*uminium⟩: eine Aluminium-Kupfer-Legierung von großer Festigkeit

Lau|te|nist *der;* -en, -en ⟨aus gleichbed. *mlat.* lutanista zu lutana „Laute", dies wie *altfr.* lëut u. *altprovenzal.* laiut aus *arab.* al-'ud „Laute, Zither", eigtl. „(Instrument aus) Holz"⟩: jmd., der [als Berufsmusiker] Laute spielt; Lautenspieler

La|va ['la:va] *die;* -, Laven ⟨aus gleichbed. *it.* lava, *neapolitan.* lave, weitere Herkunft ungeklärt⟩: der bei Vulkanausbrüchen an die Erdoberfläche tretende Schmelzfluß u. das daraus durch Erstarrung hervorgehende Gestein (Geol.)

La|va|bel [...v...] *der;* -s ⟨zu *fr.* lavable „waschbar", dies zu laver aus *lat.* lavare „waschen"⟩: feinfädiges, waschbares

Kreppgewebe in Leinwandbindung (Webart). **La|va|bo** *das;* -[s], -s ⟨aus *lat.* lavabo „ich werde waschen"; nach Psalm 26,6⟩: 1. Handwaschung des Priesters in der kath. Liturgie. 2. vom Priester bei der Handwaschung verwendetes Waschbecken mit Kanne; vgl. Aquamanile. 3. (schweiz.) Waschbecken. **La|va|ge** [...ʒə] *die;* -, -n ⟨aus gleichbed. *fr.* lavage⟩: Spülung, Ausspülung, z. B. des Magens (Med.)

La|val|dü|se [...v...] *die;* -, -n ⟨nach dem schwed. Ingenieur C. G. P. de Laval (1845–1913)⟩: Düse mit anschließender Erweiterung, die dem durchströmenden Medium (z. B. Dampf) eine höhere Geschwindigkeit verleiht, als mit einfacher Düse erreichbar wäre. **La|val|tur|bi|ne** *die;* -, -n: Einstufenturbine früherer Bauart für hohe Drehzahlen mit nur einem Laufrad

La|va|ti|on [...v...] *die;* -, -en ⟨aus gleichbed. *lat.* lavatio zu lavare „waschen"⟩: (veraltet) das Baden, Waschen (bes. als rituelle od. religiöse Zeremonie). **La|ve|ment** [lav(ə)'mã:] *das;* -s, -s ⟨aus gleichbed. *fr.* lavement⟩: (veraltet) svw. Klistier

La|ven [...v...]: Plur. von ↑Lava

la|ven|del [...v...] ⟨zu ↑¹Lavendel⟩: [blau]violett (wie die Blüte des Lavendels). **¹La|ven|del** *der;* -, - ⟨aus gleichbed. *it.* lavendola zu lavanda „was zum Waschen dient", Gerundivum von *lat.-it.* lavare „waschen"⟩: Heil- u. Gewürzpflanze, die auch für Parfüms verwendet wird. **²La|ven|del** *das;* -s ⟨zu ↑¹Lavendel⟩: mit Lavendelöl hergestelltes Parfüm; Lavendelwasser. **La|ven|del** *das;* -s, - ⟨zu ↑¹Lavendel (weil der Schichtträger hellblau angefärbt ist)⟩: (bei Schwarzweißfilmen lavendelblaue) Kopie vom Negativfilmstreifen (vgl. Negativ) des Originals, die zur Herstellung von weiteren Negativen dient. **La|ven|du|lan** *der;* -s, -e ⟨Kunstw. zu ↑¹Lavendel, wegen der blauen Färbung⟩: ein blaues, glänzendes Mineral

La|vette [la'vɛt] *die;* -, -n [...tən] ⟨aus gleichbed. *fr.* lavette zu laver aus *lat.* lavare „waschen"⟩: (veraltet) Waschlappen

La|vez|stein [...v...] *der;* -[e]s, -e ⟨zu älter *it.* lavezzo bzw. laveggio, Bez. für eine (talkige) Sandsteinart, die an einem Felsen bei Chiavenna (Lombardei) abgebaut wurde u. z. B. als Schleifmittel verwendet wurde⟩: Topfstein, bes. dichte Aggregate (3) des ↑Steatits (z. T. im Gemenge mit ↑²Chlorit, Quarz u. a.), die zur Herstellung von elektrischen Isoliermassen u. zur Auskleidung von Öfen verwendet werden

¹la|vie|ren [...v...]⟨aus *it.* lavare „(ver)waschen", dies aus *lat.* lavare⟩: a) die aufgetragenen Farben auf einem Bild verwischen, damit die Grenzen verschwinden; b) mit verlaufenden Farbflächen arbeiten

²la|vie|ren [...v...] ⟨aus *niederl.* laveren zu loev „Luv, Windseite", eigtl. „den Wind abgewinnen"⟩: 1. mit Geschick Schwierigkeiten überwinden, vorsichtig zu Werke gehen, sich durch Schwierigkeiten hindurchwinden. 2. (Seemannsspr. veraltet) im Zickzack gegen den Wind segeln; kreuzen

La|vier|ma|nier [...v...] *die;* - ⟨zu ↑¹lavieren u. ↑Manier⟩: lithographisches Verfahren, bei dem das Bild mit Pinsel u. dünner Tusche auf eine gekörnte Aluminium- od. Zinkplatte aufgetragen wird

La|vi|pe|di|um [...v...] *das;* -s, ...ien [...jən] ⟨zu *lat.* lavare „waschen", pes, Gen. pedis „Fuß" u. ↑...ium⟩: Fußbad (Med.)

lä|vo|gyr [...v...] ⟨zu *lat.* laevus „links" ⟨aus gleichbed. *gr.* laiós⟩ u. *spätlat.* gyrare „in einem Kreis herumdrehen" ⟨zu *gr.* gyrós „gebogen, rund"⟩⟩: die Ebene ↑polarisierten Lichts nach links drehend (Phys., Chem.); Zeichen 1; Ggs. ↑dextrogyr

La|voir [la'vo̯a:ɐ̯] *das;* -s, -s ⟨aus gleichbed. *fr.* lavoir zu laver „waschen", dies aus *lat.* lavare⟩: (veraltet) Waschbecken, -schüssel

Lä|vo|kar|die [...v...] *die;* -, ...ien ⟨zu *lat.* laevus (vgl. lävogyr), *gr.* kardía „Herz" u. ↑²...ie⟩: die normale Lage des mit seiner Spitze nach links zeigenden Herzens (Med.)

La|vor [...f..., auch ...v...] *das;* -s, -e ⟨zu ↑Lavoir⟩: (südd.) Lavoir, Waschbecken

Lä|vu|lin|säu|re [...v...] *die;* - ⟨zu ↑Lävulose u. ↑...in (1)⟩: eine organische Säure, die durch Kochen von Fruchtzucker mit verdünnter Salzsäure entsteht. **Lä|vu|lo|se** *die;* - ⟨zu *lat.* laevus „links" u. ↑²...ose, wegen der Eigenschaft des Zuckers bei optischer Darstellung in chem. Versuchen, die Ebene des polarisierten Lichts nach links zu drehen⟩: (veraltet) Fruchtzucker. **Lä|vu|los|urie** *die;* - ⟨zu ↑...urie⟩: das Auftreten von Lävulose im Harn (Med.)

Law [lɔ:] *das;* -s ⟨aus gleichbed. *engl.* law⟩: engl. Bez. für Gesetz, Recht; Rechtswissenschaft. **Law and or|der** [ˈlɔ: ənd 'ɔ:də] ⟨aus *engl.* law and order „Gesetz und Ordnung"⟩: (oft abwertend) Schlagwort mit dem Ruf nach Bekämpfung von Kriminalität u. Gewalt durch entsprechende Gesetzes-, Polizeimaßnahmen o. ä.

La|wi|ne *die;* -, -n ⟨aus *ladin.* lavina „Schnee-, Eislawine", dies aus *mlat.* labina „Erdrutsch" zu *lat.* labi „gleiten"; vgl. labil⟩: 1. an Hängen niedergehende Schnee-, Eis- od. Steinu. Staubmassen. 2. a) Kette sich überstürzender Ereignisse, von denen eines das andere auslöst; b) große, endlose Menge (z. B. von Zuschriften, Anfragen). **la|wi|nen|ar|tig**: wie eine Lawine (immer größer, gewaltiger werdend, anschwellend). **La|wi|nen|gal|le|rie** *die;* -, ...ien [...i:ən]: Überdachung für lawinengefährdete Straßenabschnitte an Berghängen. **La|wi|nen|ka|ta|stro|phe** *die;* -, -n: Lawinenunglück von großem Ausmaß

Ławka *die;* -, ...ki ⟨aus *russ.* lavka „kleiner Kaufladen"⟩: russ. Bez. für Kramladen, Verkaufsbude

¹Lawn [lɔ:n] *das;* -s ⟨aus gleichbed. *engl.* lawn, dies nach der franz. Stadt Laon⟩: sehr feine Leinwand

²Lawn [lɔ:n] *das;* -s, -s ⟨aus *engl.* lawn „Rasen", dies aus *altfr.* launde, lande „Heide, Moor", aus *gall.* *landa⟩: a) (veraltet) ebener Platz im Park; b) Rasen[platz]. **Lawn-Ten|nis** [ˈlɔ:n...] *das;* - ⟨aus gleichbed. *engl.* lawn tennis⟩: Tennis auf Rasenplätzen

Ławra vgl. Laura

Law|ren|cit [lɔrənˈtsi:t, auch ...ˈtsɪt] *der;* -s, -e ⟨nach dem Vornamen des amerik. Chemikers u. Mineralogen Lawrence Smith (†1883) u. zu ↑²...it⟩: ein grünes Mineral

Law|ren|ci|um [loˈrɛntsi̯ʊm] *das;* -s ⟨nach dem amerik. Physiker E. O. Lawrence (1901–1958) u. zu ↑...ium⟩: künstlich hergestelltes chem. Element, ein Transuran; Zeichen Lw

Law|son [ˈlɔ:sn] *das;* -[s] ⟨nach dem brit. Arzt u. Botaniker J. Lawson, 1794–1876⟩: gelber, in alkalischer Lösung orangeroter Naturfarbstoff, der aus Hennablättern isoliert werden kann

Law|so|nit [lɔːsəˈniːt, auch ...ˈnɪt] *der;* -s, -e ⟨nach dem amerik. Geologen A. C. Lawson (1861–1952) u. zu ↑²...it⟩: ein bläulicher bis farbloser ↑Zeolith

lax ⟨aus *lat.* laxus „schlaff, locker"⟩: nachlässig, ohne feste Grundsätze, nicht streng auf etwas achtend. **La|xans** *das;* -, Plur. ...antia u. ...anzien [...jən] ⟨zu *lat.* laxans „lockernd", Part. Präs. von laxare, vgl. laxieren⟩: Abführmittel von verhältnismäßig milder Wirkung (Med.). **La|xa|tiv** *das;* -s, -e [...və] u. **La|xa|ti|vum** [...v...] *das;* -s, ...va ⟨aus

spätlat. laxativum, substantiviertes Neutrum von laxativus „lindernd", Intensivbildung von *lat.* laxus, vgl. lax⟩: svw. Laxans. **Lax|heit** *die;* -, -en: a) (ohne Plur.) laxes Wesen, laxe Haltung; b) Nachlässigkeit. **la|xie|ren** ⟨aus *lat.* laxare „erleichtern, lindern", eigtl. „schlaff machen, lockern"⟩: 1. Text- u. Bildgestaltung einer Seite bzw. eines Buches. 2. skizzenhaft angelegter Entwurf von Text- u. Bildgestaltung eines Werbemittels (z. B. Anzeige, Plakat) od. einer Publikation (z. B. Zeitschrift, Buch). 3. Schema für die Anordnung der Bauelemente einer Schaltung (Elektronik). **lay|ou|ten** [leˈlaʊtn̩, engl. ˈleɪˈaʊtn] ⟨aus gleichbed. *engl.* to lay out⟩: Layouts herstellen, im Layout gestalten. **Lay|ou|ter** *der;* -s, -: Gestalter eines Layouts. **Lay|ou|te|rin** *die;* -, -nen: weibliche Form zu ↑Layouter
La|za|rett *das;* -[e]s, -e ⟨über *fr.* lazaret „Seuchenkrankenhaus" aus gleichbed. *it.* lazzaretto, *venez.* lazareto (nach den Namen der venez. Kirche „Santa Maria di Nazaret", bei der im 15. Jh. ein Hospital für Aussätzige war), Wechsel im Anlaut unter Einfluß von *it.* lazzaro „aussätzig, Aussatz"; vgl. Lazarus⟩: Krankenanstalt für verwundete od. erkrankte Soldaten; Militärkrankenhaus. **La|za|rett|schiff** *das;* -[e]s, -e: Schiff, das dazu dient, kranken bzw. schiffbrüchigen Personen im Krieg auf See Hilfe zu bringen u. sie dann an Land zu transportieren, wobei es laut Völkerrecht von kriegführenden Parteien nicht angegriffen werden darf. **La|za|rist** *der;* -en, -en ⟨nach dem Mutterhaus Saint-Lazare in Paris u. zu ↑...ist⟩: Angehöriger einer kath. Kongregation von Missionspriestern; vgl. Vinzentiner. **La|za|rus** *der;* -[ses], -se ⟨nach der Gestalt des kranken Lazarus im Neuen Testament, Lukas 16,20 ff.⟩: (ugs.) jmd., der schwer leidet; Geplagter; armer Teufel
la|ze|ra|bel ⟨aus gleichbed. *spätlat.* lacerabilis zu *lat.* lacerare, vgl. lazerieren⟩: (veraltet) zerreißbar. **La|ze|ra|ti|on** *die;* -, -en ⟨aus *lat.* laceratio „das Zerfetzen, Zerreißen"⟩: 1. Einriß, Zerreißung [von Körpergewebe] (Med.). 2. Form der ungeschlechtlichen Fortpflanzung bei ↑Aktinien (Zool.). **la|ze|ra|tiv** ⟨zu ↑...iv⟩: (veraltet) zerreißend, zerfleischend; verwundend. **la|ze|rie|ren** ⟨aus *lat.* lacerare „zerfetzen, zerfleischen"⟩: einreißen (Med.)
La|zer|te *die;* -, -n ⟨aus gleichbed. *lat.* lacerta⟩: (selten) Eidechse
La|zu|lith [auch ...ˈlɪt] *der;* -s, -e ⟨zu *mlat.* lazur(i)um „Blaustein" (vgl. Lasur) u. ↑...lith⟩: ein himmelblaues bis bläulichweißes Mineral; Blauspat
Laz|za|ro|ne *der;* Gen. -[n] u. -s, Plur. -n u. ...ni ⟨aus *it.* lazzarone „Lump(enkerl), Schuft", dies aus älter *it.* lazzarone „fauler Mensch, Tagedieb"⟩: Armer, Bettler in Neapel
Laz|zo *der;* -, ...zi (meist Plur.) ⟨aus *it.* lazzo „komische Gebärde, Posse"⟩: komischer, meist mimischer Spaß in der ↑Commedia dell'arte
LCD-An|zei|ge [ɛltseˈdeː..., engl. ɛlsiːˈdiː...] *die;* -, -n ⟨aus *engl.* *l*iquid *c*rystal *d*isplay „Flüssigkristallanzeige"⟩: nicht selbstleuchtende Anzeige[vorrichtung] für Ziffern u. Zeichen mit Hilfe flüssiger Kristalle (z. B. bei Digitaluhren u. Taschenrechnern; Elektronik)

Lea [liː] *das;* -, - ⟨aus gleichbed. *engl.* lea zu *mittelengl.* lee, möglicherweise rückgebildet aus lees (einer Maßeinheit für Garn) od. zu *fr.* lier „(zusammen)binden, (ver)knüpfen", dies aus *lat.* ligare, vgl. Ligand⟩: früheres engl. Garnmaß [= 109,68 m [für Baumwollgarn]; = 274,20 m [für Leinen- u. Hanfgarn]; = 73,15 m [für Kammgarn]]
Lead [liːd] *das;* -[s] ⟨aus gleichbed. *engl.* lead (Bed. 2 u. 3 über *amerik.* lead) zu to lead „(an)führen"⟩: 1. die Führungsstimme im Jazzensemble (oft Trompete od. ²Kornett, 2). 2. das Vorauseilen, der Vorsprung bestimmter Werte vor anderen im Konjunkturverlauf (Wirtsch.). 3. Anfang, Beginn, [kurz zusammenfassende] Einleitung zu einer Veröffentlichung od. Rede. **Lea|der** [ˈliːdɐ] *der;* -s, - ⟨aus *engl.* leader „(An)führer" zu to lead, vgl. Lead⟩: 1. Kurzform von ↑ Bandleader. 2. Spitzenreiter (beim Sport). **Lead|gi|tar|re** [ˈliːd...] *die;* -, -n: elektr. Gitarre, auf der die Melodie gespielt wird; vgl. Rhythmusgitarre. **Lead|gi|tar|rist** *der;* -en, -en: jmd., der die Leadgitarre spielt
Lead|hil|lit [lɛd..., auch ...ˈlɪt] *der;* -s, -e ⟨nach dem schott. Gebirge Leadhills in der Grafschaft Lanarkshire u. zu ↑²...it⟩: ein ↑monoklines Bleimineral von gelb- od. grauweißer Farbe
Lea|kage [ˈliːkɪdʒ] *die;* - ⟨aus gleichbed. *engl.* leakage zu to leak „leck sein; tropfen, durchsickern"; vgl. Leckage⟩: Sikkerstrahlung, die durch eine Abschirmung noch durchtretende Strahlung (z. B. an Reaktoren, Röntgenapparaten)
Lean Com|pu|ting [ˈliːn kəmˈpjuːtɪŋ] *das;* - -s ⟨aus *engl.* lean computing, eigtl. „schlanke Datenverarbeitung", zu lean „schlank, mager, dürftig" u. computing „Datenverarbeitung"⟩: dezentralisierte Datenverarbeitung, die im Gegensatz zu Großrechenanlagen flexibel u. kostensparend den wechselnden Erfordernissen eines Unternehmens angepaßt werden kann (Wirtsch.). **Lean pro|duc|tion** [- prəˈdʌkʃn] *die;* - - ⟨aus *engl.* lean production, eigtl. „schlanke Produktion", zu production „Produktion, Herstellung"⟩: Fertigung von Industrieerzeugnissen bei weitgehender Einsparung von Arbeitskräften, Kosten u. Material, z. B. durch Automation (Wirtsch.)
Lear|ning by do|ing [ˈləːnɪŋ baɪ ˈduːɪŋ] *das;* -s - - ⟨aus *engl.* learning by doing „Lernen durch Tun"⟩: Grundsatz, nach dem Lernen sich hauptsächlich in der praktischen Auseinandersetzung mit den Dingen vollzieht (Päd.)
Lease|hold [ˈliːshoʊld] *das;* -s ⟨aus *engl.* leasehold „Pachtung; Pachtgrundstück" zu lease „Pacht" u. to hold „halten; besitzen"⟩: im engl. Recht im Mittelalter u. in der frühen Neuzeit teils zeitlich begrenzte, teils erbliche Pacht; im geltenden Recht Erbpacht gegen Zahlung eines geringen Zinses. **Lease|hol|der** *der;* -s, - ⟨aus gleichbed. *engl.* leaseholder⟩: engl. Bez. für Pächter
lea|sen [ˈliːzn̩] ⟨aus gleichbed. *engl.* to lease⟩: im Leasingverfahren (vgl. Leasing) mieten, pachten (z. B. ein Auto). **Lea|ser** *der;* -s, -: jmd., der ein Leasing eingeht. **Lea|sing** *das;* -s, -s ⟨aus gleichbed. *engl.-amerik.* leasing zu *engl.* to lease, vgl. leasen⟩: Vermietung von [Investitions]gütern, bes. von Industrieanlagen, von Fahrzeugen u. ä., wobei die Mietzahlungen bei einem eventuellen späteren Kauf angerechnet werden können (eine Form der Industriefinanzierung; Wirtsch.)
Lea-Wert [ˈliː...] *der;* -[e]s, -e ⟨zu ↑Lea⟩: Qualitätskennwort für Baumwolle
Le|cha|te|lie|rit [ləʃatəljeː..., auch ...ˈrɪt] *der;* -s, -e ⟨nach dem franz. Chemiker H. Le Chatelier (1850–1936) u. zu ↑²...it⟩: in ↑Fulguriten (1) vorkommendes, natürliches Kieselglas
Le|ci|thin [...ts...] vgl. Lezithin

Leck|a|ge¹ [...ʒə, österr. ...'kaːʒ] *die;* -, -n ⟨zu *dt.* Leck u. ↑...age⟩: 1. Gewichtsverlust durch Verdunsten od. Aussikkern auf Grund einer undichten Stelle. 2. Leck

Le|clan|ché-Ele|ment [ləklãˈʃeː...] *das;* -[e]s, -e ⟨nach dem franz. Chemiker G. Leclanché (1839–1882) u. zu ↑ Element⟩: ↑ galvanisches Element (das in bestimmter Form z. B. in Taschenlampenbatterien verwendet wird)

Lec|ti|ca [lɛkˈtiːka] *die;* -, ...cae [.. kɛ] ⟨aus gleichbed. *lat.* lectica zu lectus „Lager, (Ruhe)bett"⟩: Sänfte (in der Antike). **Lec|ti|ca|ri|us** *der;* -, ...rii ⟨aus gleichbed. *lat.* lecticarius⟩: Sänftenträger (in der Antike). **Lec|ti|ster|ni|um** *das;* -s, ...ien [...i̯ən] ⟨aus gleichbed. *lat.* lectisternium, zu sternere „ausbreiten"⟩: Göttermahlzeit des altröm. Kultes, bei der den auf Polstern ruhenden Götterbildern Speisen vorgesetzt wurden

lec|to|ri sa|lu|tem [lɛk... —] ⟨*lat.;* „dem Leser Heil!"⟩: Formel zur Begrüßung des Lesers in alten Schriften; Abk.: L. S. **Lec|tri|ce** [lɛkˈtriːsə] *die;* -, -n ⟨aus gleichbed. *fr.* lectrice, dies aus *spätlat.* lectrix, Gen. lectricis⟩: (veraltet) Vorleserin, Leserin

Lec|tu|lus [...k...] *der;* -, ...li ⟨aus *lat.* lectulus „Bettchen", Verkleinerungsform von lectus, vgl. Lectica⟩: früher verwendetes, aus Stroh gefertigtes Verbandstück zum Schienen u. Lagern gebrochener Gliedmaßen

Lec|tu|rer [ˈlɛktʃərə] *der;* -s, - ⟨aus gleichbed. *engl.* lecturer zu lecture „Vorlesung", dies über (älter) *fr.* lecture aus *mlat.* lectura zu *lat.* lectus, Part. Perf. von legere „(vor)lesen"⟩: Hochschuldozent in angloamerik. Bildungssystemen

Le|de|bu|rit [auch ...ˈrɪt] *der;* -s, -e ⟨nach dem deutschen Metallurgen A. Ledebur (1837–1906) u. zu ↑²...it⟩: feines kristallines Gemisch aus ↑ Austenit u. ↑ Zementit

le|ga|bi|le ⟨*it.*⟩: svw. legato

le|gal ⟨aus gleichbed. *lat.* legalis zu lex, Gen. legis „Gesetz"⟩: gesetzlich [erlaubt], dem Gesetz gemäß; Ggs. ↑ illegal. **Le|gal|de|fi|ni|ti|on** *die;* -, -en: durch ein Gesetz gegebene Begriffsbestimmung. **Le|gal|in|ter|pre|ta|ti|on** *der;* -, -en: Erläuterung eines Rechtssatzes durch den Gesetzgeber selbst; im Gesetz formulierte Auslegung einer [anderen] gesetzlichen Vorschrift. **Le|ga|li|sa|ti|on** *die;* -, -en ⟨zu ↑...isation⟩: Beglaubigung [von Urkunden]. **le|ga|li|sie|ren** ⟨zu ↑...isieren⟩: 1. [Urkunden] amtlich beglaubigen. 2. legal machen. **Le|ga|lis|mus** *der;* -⟨zu ↑...ismus (2)⟩: strikte Befolgung des Gesetzes, starres Festhalten an Paragraphen u. Vorschriften. **le|ga|li|stisch** ⟨zu ↑...istisch⟩: a) an Paragraphen u. Vorschriften kleinlich festhaltend; b) auf Legalismus beruhend. **Le|ga|li|tät** *die;* - ⟨aus *mlat.* legalitas, Gen. legalitatis „Rechtmäßigkeit"⟩: Gesetzmäßigkeit; die Bindung der Staatsbürger u. der Staatsgewalt an das geltende Recht. **Le|ga|li|täts|ma|xi|me** *die;* - u. **Le|ga|li|täts|prin|zip** *das;* -s: die Pflicht der Staatsanwaltschaft zur Verfolgung aller strafbaren Handlungen. **Le|gal ten|der** [ˈliːgəl ˈtɛndə] *das;* - - ⟨aus gleichbed. *engl.* legal tender⟩: engl. Bez. für gesetzliches Zahlungsmittel

leg|asthen ⟨zu *lat.* legere „lesen" u. *gr.* asthenikós „schwächlich"⟩: svw. legasthenisch; vgl. ...isch/-. **Leg|asthe|nie** *die;* -, ...ien: die Schwäche, Wörter u. zusammenhängende Texte zu lesen od. zu schreiben (bei Kindern mit normaler od. überdurchschnittlicher Intelligenz u. Begabung; Psychol., Med.). **Leg|asthe|ni|ker** *der;* -s, -: jmd. (meist ein Kind), der an Legasthenie leidet. **leg|asthe|nisch:** an Legasthenie leidend; vgl. ...isch/-

¹Le|gat *der;* -en, -en ⟨aus *lat.* legatus „Gesandter; (kaiserlicher) Statthalter", substantiviertes Part. Perf. von legare „(jmdn.) absenden; eine (gesetzliche) Verfügung treffen"

zu lex, vgl. legal; Bed. 2 aus gleichbed. *kirchenlat.* legatus⟩: 1. a) im alten Rom Gesandter [des Senats]; Gehilfe eines Feldherrn u. Statthalters; b) in der röm. Kaiserzeit Unterfeldherr u. Statthalter in kaiserlichen Provinzen. 2. päpstlicher Gesandter (meist ein Kardinal) bei besonderen Anlässen (kath. Kirche). **²Le|gat** *das;* -[e]s, -e ⟨aus gleichbed. *lat.* legatum, substantiviertes Neutrum von legatus, Part. Perf. von legare, vgl. ¹Legat⟩: Vermächtnis; Zuwendung einzelner Vermögensgegenstände durch letztwillige Verfügung. **Le|ga|tar** *der;* -s, -e ⟨aus gleichbed. *spätlat.* legatarius zu legare, vgl. ¹Legat⟩: jmd., der ein ²Legat erhält; Vermächtnisnehmer. **Le|ga|ti|on** *die;* -, -en ⟨aus *lat.* legatio „Gesandtschaft" zu legare, vgl. ¹Legat⟩: 1. [päpstliche] Gesandtschaft. 2. Provinz des früheren Kirchenstaates

le|ga|tis|si|mo ⟨*it.;* Superlativ von legato, zu legare „binden", dies aus *lat.* ligare⟩: äußerst gebunden (Vortragsanweisung; Mus.). **le|ga|to** ⟨*it.;* Part. Perf. von legare, vgl. legatissimo⟩: gebunden; Abk.: leg. (Vortragsanweisung; Mus.); Ggs. ↑ staccato; ben -: gut, sehr gebunden. **Le|ga|to** *das;* -[s], Plur. -s u. ...ti: gebundenes Spiel (Mus.). **Le|ga|tur** *die;* -, -en ⟨zu ↑...ur⟩: (veraltet) svw. Legierung

le|ge ar|tis ⟨*lat.;* eigtl. „nach der Regel der Kunst"⟩: vorschriftsmäßig, nach den Regeln der [ärztlichen] Kunst; Abk.: l. a.

Le|gen|da au|rea *die;* - - ⟨aus *mlat.* legenda aurea „goldene Legende", nach der Legendensammlung des Jacobus a Voragine, † 1298⟩: ein Erbauungsbuch des Mittelalters. **le|gen|där** ⟨aus gleichbed. *mlat.* legendarius⟩: (veraltet) svw. legendär. **Le|gen|dar** *das;* -s, -e ⟨aus gleichbed. *mlat.* legendarium⟩: Legendenbuch; Sammlung von Heiligenleben, bes. zur Lesung in der ↑ Mette. **le|gen|där** ⟨z. T. unter Einfluß von gleichbed. *fr.* légendaire aus *mlat.* legendarius⟩: 1. legendenhaft, sagenhaft. 2. unwahrscheinlich, unglaublich, phantastisch. **le|gen|da|risch:** a) eine Legende betreffend, zur Legende gehörend; b) nach Art der Legenden; c) Legenden enthaltend (z. B. von einem Bericht mit historischem Kern). **Le|gen|da|ri|um** *das;* -s, ...ien [...i̯ən] ⟨aus gleichbed. *mlat.* legendarium⟩: (veraltet) svw. Legendar. **Le|gen|de** *die;* -, -n ⟨aus *mlat.* legenda, eigtl. „die zu lesenden (Stücke)", urspr. Plur. von *lat.* legendum „das zu Lesende", Gerundivum (Neutrum) von legere „lesen"⟩: 1. Abschnitt eines Heiligenlebens für die gottesdienstliche Lesung; Heiligenerzählung; [fromme] Sage. 2. sagenhafte, unglaubwürdige Geschichte od. Erzählung. 3. episch-lyrisches Tonstück, urspr. die Heiligenlegenden behandelnd (Mus.). 4. Zeichenerklärung, am Rande zusammengestellte Erläuterungen, erklärender Text auf Karten u. a.

le|ger [leˈʒɛːɐ̯, ...ˈʒɛːɐ̯] ⟨aus gleichbed. *fr.* léger, dies über *altfr.* legier u. *vulgärlat.* *levarius aus *lat.* levis „leicht, leichtfertig"⟩: a) lässig, ungezwungen, zwanglos (in bezug auf Benehmen u. Haltung); b) bequem, leicht (in bezug auf die Kleidung); c) nachlässig, oberflächlich (in bezug auf die Ausführung von etwas). **Le|ger|de|main** [leʒedəˈmɛː] *das;* -, -s ⟨aus gleichbed. älter *fr.* leger de main, „mit leichter, lockerer Hand"⟩: (veraltet) Taschenspielerstück, Trick

Le|ges [...geːs]: Plur. von ↑ Lex

leg|gia|dra|men|te [lɛdʒa...] u. **leg|gia|dro** [lɛˈdʒa:...] ⟨*it.*⟩: svw. leggiero. **leg|gie|ro** [lɛˈdʒeːro] ⟨*it.;* aus *altfr.* legier, vgl. leger⟩: leicht, anmutig, spielerisch, ungezwungen, perlend (Vortragsanweisung; Mus.)

Leg|gings, Leg|gins *die* (Plur.) ⟨aus gleichbed. *engl.* legging(s) zu leg „Bein"⟩: 1. aus Leder hergestelltes, einer Hose ähnliches Kleidungsstück der nordamerik. Indianer. 2. enganliegende fußlose [Strumpf]hose aus elastischem

Material, die meist als Oberbekleidungsstück getragen wird

Leg|horn *das;* -s, Plur. -[s], landsch. auch Leghörner ⟨*engl.;* nach dem engl. Namen der ital. Stadt Livorno (älter *it.* Legorno), des urspr. Ausfuhrhafens; volksetymologisch an *dt.* legen angelehnt⟩: Huhn einer weit verbreiteten weißen od. braunen Rasse mit hoher Legeleistung

¹le|gie|ren ⟨aus gleichbed. *lat.* legare, vgl. ¹Legat⟩: (veraltet) ein ²Legat aussetzen

²le|gie|ren ⟨über *it.* legare „binden, verbinden" aus gleichbed. *lat.* ligare⟩: 1. eine Legierung herstellen. 2. Suppen u. Soßen mit Ei od. Mehl eindicken. **Le|gie|rung** *die;* -, -en ⟨zu ↑ ...ierung⟩: durch Zusammenschmelzen mehrerer Metalle entstandenes Mischmetall (z. B. Messing)

le|gi|fe|rie|ren ⟨zu *lat.* legifer „gesetzgebend" (dies zu lex, Gen. legis „Gesetz" u. ferre „hervorbringen, schaffen") u. ↑ ...ieren⟩: Gesetze verabschieden (früher in Österreich)

Le|gi|on *die;* -, -en ⟨aus *lat.* legio, eigtl. „ausgehobene Mannschaft", zu legere „(auf)lesen, sammeln", Bed. 3 über *fr.* légion (étrangère)⟩: 1. altröm. Heereseinheit. 2. (ohne Plur.) [deutsch-ital.] Freiwilligentruppe im span. Bürgerkrieg (Kurzform von Legion Condor). 3. (ohne Plur.) [franz.] Fremdenlegion. 4. (ohne Plur.) unbestimmt große Anzahl, Menge; etwas ist -: etwas ist in sehr großer Zahl vorhanden. **Le|gio|nar** *der;* -s, -e ⟨aus *lat.* legionarii (Plur.) zu legionarius „zur Legion gehörig"⟩: Soldat einer röm. Legion. **le|gio|när** ⟨aus gleichbed. *lat.* legionarius, vgl. ...är⟩: die Legion betreffend, von ihr ausgehend. **Le|gio|när** *der;* -s, -e ⟨aus gleichbed. *fr.* légionnaire, dies zu *lat.* legionarius, vgl. Legionar⟩: Mitglied einer Legion (z. B. der franz. Fremdenlegion). **Le|gio|närs|krank|heit** *die;* ⟨nach dem ersten Auftreten 1976 bei einem Legionärstreffen in den USA⟩: durch bisher noch unbekannte Krankheitserreger hervorgerufene Infektionskrankheit [mit oft tödlichem Verlauf] (Med.)

Le|gis|la|ti|on *die;* - ⟨aus *spätlat.* legislatio „Gesetzgebung" zu *lat.* lex, Gen. legis „Gesetz" u. latio „das Bringen"⟩: svw. Legislatur. **le|gis|la|tiv** ⟨nach gleichbed. *fr.* législatif zu législation, dies aus *spätlat.* legislatio, vgl. Legislation⟩: gesetzgebend; vgl. ...iv/...orisch. **Le|gis|la|ti|ve** [...və] *die;* -, -n ⟨nach gleichbed. *fr.* (assemblée) législative⟩: a) gesetzgebende Gewalt, Gesetzgebung; vgl. Exekutive; b) (veraltet) gesetzgebende Versammlung. **Le|gis|la|tor** *der;* -s, ...oren ⟨aus gleichbed. *spätlat.* legislator⟩: (veraltet) Gesetzgeber. **le|gis|la|to|risch** ⟨aus gleichbed. *nlat.* legislatorius⟩: gesetzgeberisch; vgl. ...iv/...orisch. **Le|gis|la|tur** *die;* -, -en ⟨zu ↑ ...ur⟩: a) Gesetzgebung; b) (veraltet) gesetzgebende Versammlung. **Le|gis|la|tur|pe|ri|ode** *die;* -, -n: Gesetzgebungsperiode, Wahlperiode; Amtsdauer einer [gesetzgebenden] Volksvertretung. **Le|gis|mus** *der;* - ⟨zu ↑ ...ismus (5)⟩: (veraltet) starres Festhalten am Gesetz.

¹Le|gist *der;* -en, -en ⟨aus *mlat.* legista „Rechtskundiger"⟩: Jurist im Mittelalter, der das röm. Recht beherrschte

²Le|gist *der;* -en, -en ⟨zu *lat.* legere „lesen" u. ↑ ...ist⟩: Schüler einer mittelalterlichen Lateinschule

le|gi|tim ⟨aus gleichbed. *lat.* legitimus zu lex, vgl. Legislation⟩: 1. a) rechtmäßig, gesetzlich anerkannt; Ggs. ↑ illegitim (a); b) ehelich (von Kindern); Ggs. ↑ illegitim (b). 2. berechtigt, begründet; allgemein anerkannt, vertretbar. **Le|gi|ti|ma|ti|on** *die;* -, -en ⟨aus gleichbed. *fr.* légitimation, dies aus *mlat.* legitimatio zu legitimare, vgl. legitimieren⟩: 1. Beglaubigung; [Rechts]ausweis. 2. Berechtigung. 3. Ehelichkeitserklärung (für ein vorher uneheliches Kind); vgl. ...[at]ion/...ierung. **Le|gi|ti|ma|ti|ons|pa|pier** *das;* -s, -e: dem Nachweis einer Berechtigung dienendes Papier, Dokument. **le|gi|ti|mie|ren** ⟨unter Einfluß von *fr.* légitimer aus *mlat.* legitimare „rechtlich anerkennen"⟩: 1. a) beglaubigen; b) für gesetzmäßig erklären. 2. ein Kind für ehelich erklären. 3. sich -: sich ausweisen. 4. jmdn. berechtigen. **Le|gi|ti|mie|rung** *die;* -, -en ⟨zu ↑ ...ierung⟩: das Legitimieren; vgl. ...[at]ion/...ierung. **Le|gi|ti|mis|mus** *der;* - ⟨zu ↑ ...ismus (1)⟩: Lehre von der Unabsetzbarkeit des angestammten Herrscherhauses. **Le|gi|ti|mist** *der;* -en, -en ⟨zu ↑ ...ist⟩: 1. Anhänger des Legitimismus. 2. Vertreter des monarchischen Legitimitätsprinzips (z. B. in Frankreich um 1830 die Anhänger der Bourbonen). **Le|gi|ti|mi|stisch** ⟨zu ↑ ...istisch⟩: a) den Legitimismus betreffend; b) den Legitimisten (2) betreffend. **Le|gi|ti|mi|tät** *die;* - ⟨aus gleichbed. *fr.* légitimité, dies aus *mlat.* legitimitas „Rechtmäßigkeit"; vgl. ...ität⟩: Rechtmäßigkeit einer Staatsgewalt; Übereinstimmung mit der [demokratischen, dynastischen] Verfassung; Gesetzmäßigkeit [eines Besitzes, Anspruchs]. **Le|gi|ti|mi|täts|prin|zip** *das;* -s: innere Rechtfertigung der Gesetzmäßigkeit, bes. einer monarchischen („von Gottes Gnaden") od. demokratischen Regierungsform („alle Gewalt geht vom Volke aus")

Le|go|gra|pho|lo|gie *die;* - ⟨zu *gr.* légein „sprechen", gráphein „schreiben" u. ↑ ...logie⟩: (veraltet) Fähigkeit, lesen u. schreiben zu können. **Le|go|lo|gie** *die;* -: (veraltet) Fähigkeit, lesen zu können

Le|gua *die;* -, -s ⟨aus gleichbed. *span.* legua bzw. *port.* légua⟩: Wegemaß (zwischen 4,2 u. 6,7 km) in Spanien, Portugal u. mehreren süd- u. mittelamerik. Staaten

Le|gu|an [auch 'le:...] *der;* -s, -e ⟨über gleichbed. *niederl.* leguaan aus *span.* (la) iguana, dies aus Araua (einer Indianersprache des nördlichen Südamerika) iuwana⟩: tropische Baumeidechse mit gezackten Rückenkamm

Le|gu|men *das;* -s, - ⟨zu *lat.* legumen, Gen. leguminis „Hülsenfrucht"⟩: Frucht der Hülsenfrüchtler. **Le|gu|min** *das;* -s, -e ⟨zu ↑ ...in (1)⟩: Eiweiß der Hülsenfrüchte. **Le|gu|mi|no|se** *die;* -, -n (meist Plur.) ⟨aus *nlat.* leguminosa, Neutrum Plur. von leguminosus „eine wie Hülsenfrucht (aussehend)"⟩: Hülsenfrüchtler (z. B. Mimose, Erbse, Bohne, Erdnuß)

Leg|war|mer ['lɛgwɔ:mə] *der;* -s, -[s] ⟨aus gleichbed. *engl.* legwarmer zu leg „Bein" u. to warm „wärmen"⟩: von den Knöcheln bis zu den Knien reichender [Woll]strumpf ohne Füßling

Lei: Plur. von ↑ Leu

Leicht|ath|let *der;* -en, -en ⟨zu ↑ Athlet⟩: Person, Sportler, der Leichtathletik treibt. **Leicht|ath|le|tik** *die;* -: Gesamtheit der sportlichen Übungen, die den natürlichen Bewegungsformen des Menschen entsprechen (z. B. Laufen, Gehen, Springen, Werfen, Stoßen); vgl. Schwerathletik

Lei|mo|ni|a|de *die;* -, -n ⟨zu *gr.* leimōniás, Gen. leimoniádos „zur Wiese gehörig", dies zu leimōn „Wiese, Flur"⟩: Wiesennymphe

Leio|my|om *das;* -s, -e ⟨zu *gr.* leīos „glatt" u. ↑ Myom⟩: gutartige Geschwulst aus glatten Muskelfasern (Med.)

lei|po|gram|ma|tisch [auch ...'matʃ] ⟨zu *gr.* leipográmmatos, lipográmmatos „woran ein Buchstabe fehlt"⟩: einen bestimmten Buchstaben nicht aufweisend (bezogen auf Texte, bei denen der Dichter aus literarischer Spielerei einen Buchstaben, meist das r, vermieden hat)

Leis *der;* Gen. - u. -es, Plur. -e[n] ⟨aus ↑ Kyrieleis⟩: geistliches Volkslied des Mittelalters [mit dem Kehrreim „Kyrieleis"]

Leish|ma|nia [laiʃ...] *die;* -, ...ien [...iən] ⟨nach dem engl. Arzt Leishman (1865–1926) u. zu ↑ ¹...ia⟩: einzelliges Geißeltierchen (Krankheitserreger). **Leish|ma|nio|se** *die;* -, -n

Leitfossil

⟨zu ↑¹...ose⟩: durch Leishmanien hervorgerufene tropische Krankheit (Med.)

Leit|fos|sil *das;* -s, -ien [...jən] ⟨zu ↑ Fossil⟩: für eine bestimmte ↑ stratigraphische Einheit (Schicht, Stufe) charakteristisches ↑ Fossil (Geol.). **Leit|mo|tiv** *das;* -s, -e [...və]: 1. häufig wiederkehrende Formulierung, Aussage, die mit einer Person, Sache, Situation, Stimmung verbunden ist (Literaturw.). 2. häufig wiederkehrendes Motiv, das einer bestimmten (vorgestellten) Person, Situation od. Stimmung zugeordnet ist (Mus.). **Leit|mo|ti|vik** [...vɪk] *die;* -: Kunst der Verwendung von Leitmotiven. **Leit|sym|ptom** *das;* -s, -e: eine bestimmte Krankheit kennzeichnendes, ihre ↑ Diagnose ermöglichendes ↑ Symptom (Med.). **Lei|tungs|an|äs|the|sie** *die;* -, ...ien [...i:ən]: örtliche Betäubung durch Einspritzen von ↑ Anästhetika in unmittelbare Nähe der zum Operationsgebiet ziehenden Nerven (Med.).

Lek *der;* -, - ⟨aus gleichbed. *alban.* Lek, eigtl. Kurzform des männlichen Vornamens Alexander, nach der Abbildung Alexanders des Großen auf den älteren Münzen⟩: alban. Währungseinheit

Lek|tin *das;* -s, -e (meist Plur.) ⟨zu *lat.* lectum, Part. Perf. (Neutrum) von legere (vgl. Lektion), eigtl. „das Gesammelte", u. ↑...in (1)⟩: in Pflanzen u. Tieren vorkommender biosynthetischer Schutzstoff, der normale, aber auch entartete Zellen u. Bakterien agglutiniert (Biol.). **Lek|ti|on** *die;* -, -en ⟨über *kirchenlat.* lectio „Lesung aus der Bibel" aus *lat.* lectio „das Lesen, Vorlesen" zu legere „auflesen, sammeln; auswählen; lesen"⟩: 1. (veraltend, noch regional) Lehr-, Unterrichtsstunde (in einem Kurs, in einer Vortragsreihe). 2. Übungseinheit, Unterrichts-, Lernpensum, -abschnitt. 3. einprägsame Lehre, Belehrung; Zurechtweisung, Verweis. 4. liturgische [Bibel]lesung im christlichen Gottesdienst. **Lek|tio|nar** *das;* -s, Plur. -e u. -ien [...jən] u. **Lek|tio|na|ri|um** *das;* -s, ...ien [...jən] ⟨aus gleichbed. *kirchenlat.* lectionarium zu *lat.* lectio (vgl. Lektion)⟩: 1. liturgisches Buch mit den Bibelabschnitten für den christlichen Gottesdienst (Sammelbez. für ↑ Epistolar 1 u. ↑ Evangeliar). 2. Lesepult, an dem die Verlesung der nach der kirchlichen Ordnung vorgeschriebenen Bibelabschnitte vorgenommen wird. **Lek|tor** *der;* -s, ...oren ⟨aus *lat.* lector „(Vor)leser" zu legere, vgl. Lektion⟩: 1. Sprachlehrer für praktische Übungen an einer Hochschule. 2. Mitarbeiter eines Verlags, der Manuskripte prüft u. bearbeitet, Autoren betreut, Projekte vorschlägt u. a. 3. a) (früher) zweiter Grad der kath. niederen Weihen; b) kath. Gemeindemitglied, das während der ↑ Messe (1) liturgische Texte vorliest; c) ev. Gemeindemitglied, das während des Gottesdienstes die Epistel (2) bzw. das Evangelium (2 b) vorliest od. in Vertretung des Pfarrers Lesegottesdienste hält. **Lek|to|rat** *das;* -[e]s, -e ⟨zu ↑ ...at (1)⟩: 1. Lehrauftrag eines Lektors (1). 2. [Verlags]abteilung, in der die Lektoren (2) arbeiten. **lek|to|rie|ren** ⟨zu ↑ ...ieren⟩: als Lektor (2) ein Manuskript prüfen u. bearbeiten. **Lek|to|rin** *die;* -, -nen: weibliche Form zu ↑ Lektor. **Lek|tü|re** *die;* -, -n ⟨aus gleichbed. *fr.* lecture, dies aus *mlat.* lectura „das Lesen" zu legere, vgl. Lektion⟩: 1. (Plur. selten) Lesestoff. 2. (ohne Plur.) das Lesen (bes. eines längeren Textes); vgl. kursorisch u. statarisch. **Lek|tü|re|kurs** *der;* -es, -e: Sprachkurs, in dem vor allem [fremdsprachliche] Texte gelesen [übersetzt] u. besprochen werden

Le|ky|thi|on *das;* -s, ...thia ⟨aus gleichbed. *gr.* lēkýthion, Verkleinerungsform von lḗkythos, vgl. Lekythos⟩: antiker Vers (lyrische trochäische Sonderform). **Le|ky|thos** *die;* -, ...ythen ⟨aus *gr.* lḗkythos „Ölflasche"⟩: altgriech. Henkelkrug mit schlankem Hals aus Ton, der als Ölgefäß diente u. häufig auch Grabbeigabe war

Le-Mans-Start [lə'mã:...] *der;* -[e]s, -s ⟨nach der franz. Stadt Le Mans⟩: Startart bei Autorennen, bei der die Fahrer erst quer über die Fahrbahn zu ihrem Wagen (mit abgestelltem Motor) laufen (Motorsport)

Lem|ma *das;* -s, -ta ⟨aus *lat.* lemma, Gen. lemmatis „Titel, Überschrift; Sinngedicht", dies aus *gr.* lēmma, Gen. lḗmmatos, eigtl. „alles, was man (an)nimmt" zu lambánein „nehmen"⟩: 1. Stichwort in einem Nachschlagewerk (Wörterbuch, Lexikon). 2. (veraltet) Überschrift, Motto als Inhaltsanzeige eines Werkes. 3. a) Hilfssatz, der im Verlaufe einer Beweisführung gebraucht wird (Math., Logik); b) Vordersatz eines Schlusses (altgriech. Philos.). **lem|ma|tisch**: zu einem ↑ Lemma gehörig, in der Art eines Lemmas. **lem|ma|ti|sie|ren** ⟨zu ↑ ...isieren⟩: 1. zum Stichwort (in einem Nachschlagewerk) machen. 2. mit Stichwörtern versehen [u. entsprechend ordnen]

Lem|ming *der;* -s, -e ⟨aus gleichbed. *dän.* lemming, weitere Herkunft unsicher⟩: Wühlmaus der nördlichen kalten Zone

Lem|mom *das;* -s, -e ⟨zu *gr.* lémma „Rinde, Schale" u. ↑...om⟩: svw. Neurinom

Lem|nis|ka|te *die;* -, -n ⟨zu *lat.* lemniscatus „mit Bändern geschmückt" zu lemniscus „Band, Schleife", dies aus *gr.* lēmnískos⟩: ebene algebraische Kurve vierter Ordnung von der Form einer liegenden Acht (Math.)

Le|mon|gras|öl *das;* -[e]s ⟨zu *engl.* lemon „Zitrone"⟩: zitronenähnlich riechendes äther. Öl aus in Indien, Indonesien u. China angebautem Lemongras

Lem|pi|ra *der;* -, -s (aber: 5 -)⟨aus gleichbed. *span.* lempira, nach dem Namen eines Indianerhäuptlings⟩: Währungseinheit in Honduras

Le|mur *der;* -en, -en u. **Le|mu|re** *der;* -n, -n (meist Plur.) ⟨aus *lat.* lemures (Plur.) „Seelen der Abgeschiedenen", Bed. 2 nach dem lauten nächtlichen Treiben dieser Tiere⟩: 1. (nach altröm. Glauben) Geist eines Verstorbenen; Gespenst. 2. Halbaffe (mit Affenhänden u. -füßen, aber fuchsähnlichem Gesicht; zahlreiche Arten vor allem auf Madagaskar u. im tropischen Afrika). **le|mu|ren|haft**: gespenstisch. **Le|mu|ria** *die;* - ⟨zu ↑ Lemur (2) u. ↑¹...ia, da die angenommene Landbrücke die Verbreitung dieser Halbaffen erklären soll⟩: für die Triaszeit (vgl. Trias) vermutete Landmasse zwischen Vorderindien u. Madagaskar (Geol.). **Le|mu|ri|en** [...jən] *die* (Plur.) ⟨aus gleichbed. *lat.* Lemuria⟩: altröm. Fest zur Versöhnung mit den Lemuren (1). **le|mu|risch**: a) zu den Lemuren (1) gehörend; b) svw. lemurenhaft

Le|nä|en *die* (Plur.) ⟨über *lat.* Lenaea aus gleichbed. *gr.* Lḗnaia (Plur.) zu lēnós „Kelter"⟩: altathenisches Fest zu Ehren des Gottes Dionysos (ein Kelterfest mit Aufführungen von Tragödien u. Komödien)

Le|nard-Ef|fekt *der;* -[e]s, -e ⟨nach dem dt. Physiker P. Lenard, 1862–1947⟩: 1. elektrische Aufladung zerspritzender Wassertropfen. 2. Ionisation von Gasen durch ultraviolette Strahlung

Le|nes [...ne:s]: Plur. von ↑ ¹Lenis

Len|gyel|kul|tur ['lɛndjɛl...] *die;* - ⟨nach dem ung. Ort Lengyel⟩: frühkupferzeitliche Kultur von Bauern u. Viehzüchtern im 4./3. Jahrtausend v. Chr.

Le|ni|cet ⓦ [...'tse:t] *das;* -s ⟨Kunstw., zu *lat.* lenis „linde, sanft"⟩: Salben- u. Pudergrundlage. **le|ni|ens** [...njɛns] ⟨aus gleichbed. *lat.* leniens, Gen. lenientis, Part. Präs. von lenire „lindern, besänftigen"⟩: lindernd, mild (z. B. von Salben; Med.). **Le|nie|rung** *die;* - ⟨zu ↑ ...ierung⟩: Schwächung von Konsonanten, bes. in den kelt. Sprachen (Sprachw.)

Le|ni|nis|mus *der;* - ⟨nach dem russ. Revolutionär W. I. Lenin (1870–1924) u. zu ↑ ...ismus (1)⟩: der von Lenin beeinflußte u. geprägte ↑ Marxismus. **Le|ni|nist** *der;* -en, -en ⟨zu ↑ ...ist⟩: Anhänger, Vertreter des Leninismus. **le|ni|nistisch** ⟨zu ↑ ...istisch⟩: den Leninismus betreffend, im Sinne des Leninismus

¹Le|nis *die;* -, Le̱nes [...ne:s] ⟨zu *lat.* lenis „lind, gelinde"⟩: mit schwachem Druck u. ungespannten Artikulationsorganen gebildeter Laut (z. B. b, w; Sprachw.); Ggs. ↑ Fortis.
²Le̱|nis *der;* -, - ⟨zu ↑ ¹Lenis⟩: svw. Spiritus lenis. **le|ni|sie̱ren** ⟨aus *lat.* lenire, vgl. leniens⟩: weich, stimmhaft werden (von Konsonanten; Sprachw.). **le|ni̱|tisch** ⟨zu *lat.* leniter, Adverb von lenis „sanft (fließend)"⟩; in der Fügung -e Ufer: durch langsam fließende Gewässer u. bestimmte Pflanzenbestände gekennzeichnete Ufer. **le|ni|tiv** ⟨aus *lat.* lenitivus „lindernd"⟩: svw. leniens. **Le|ni|ti|vum** [...v...] *das;* -s, ...va ⟨aus *lat.* lenitivum „das Lindernde", substantiviertes Neutrum von lenitivus, vgl. lenitiv⟩: mildes Abführmittel (Med.)

len|tal ⟨zu *lat.* lens, Gen. lentis „Linse" u. ↑ ¹...al (1)⟩: die Augenlinse betreffend, zu ihr gehörend (Med.)

len|ta|men|te ⟨*it.;* zu *lat.* lento⟩: langsam (Vortragsanweisung; Mus.). **len|tan|do** u. slentando ⟨aus gleichbed. *it.* (s)lentando zu lentare „verlangsamen", dies zu lento, vgl. lento⟩: nachlassend, zögernd, nach u. nach langsamer (Vortragsanweisung; Mus.). **Len|tan|do** *das;* -s, Plur. -s u. ...di: nachlassendes, zögerndes, nach u. nach langsamer werdendes Zeitmaß. **len|te|ment** [lãt'mã] ⟨*fr.;* zu lent, dies aus *lat.* lentus, vgl. lento⟩: langsam (Vortragsanweisung; Mus.). **len|tes|zie̱|rend** [len...] ⟨zu *lat.* lentescere „geschmeidig, zäh werden", dies zu lentus „langsam"; vgl. ...ierend⟩: langsam verlaufend, schleichend (Med.)

len|ti|fo̱rm ⟨zu *lat.* lens, Gen. lentis „Linse" u. ↑ ...form⟩: linsenförmig (Med.). **Len|ti|go** *die;* -tigines [...ne:s] ⟨aus *lat.* lentigo „linsenförmiger Fleck; Sommersprosse(n)" zu lens, Gen. lentis „Linse"⟩: kleines, rundliches, braunes bis tiefschwarzes, etwas vorspringendes Muttermal; Linsenmal (Med.). **Len|ti|ko̱|nus** *der;* -, Plur. -se u. ...ken ⟨zu *lat.* lens, vgl. lentiform⟩: angeborene Krümmungsanomalie der Augenlinse (Med.). **len|ti|ku|lar** u. **len|ti|ku|lär** ⟨aus gleichbed. *lat.* lenticularis zu lenticula, Verkleinerungsform von lens (vgl. lentiform); vgl. ...är⟩: 1. linsenförmig (Med.). 2. zur Linse des Auges gehörend (Med.). **len|ti|ku|la|ris|wol|ke** *die;* -, -n: linsenförmige Wolke (Meteor.). **Len|ti̱|tis** *die;* -, ...titiden ⟨zu ↑ ...itis⟩: Entzündung der Augenlinse (Med.). **Len|ti|vi|rus** [...v...] *das;* -, ...ren (meist Plur.): Unterfamilie der ↑ Retroviren, die in Zusammenhang mit ↑ Aids gebracht werden (Med.). **Len|ti|zeḻ|len** *die* (Plur.) ⟨zu *lat.* lens, vgl. lentiform⟩: an ↑ Interzellularen reiches Gewebe, das an verkorkten Pflanzenteilen der Spaltöffnungen (Organe in der Oberhaut höherer Pflanzen, die der Abgabe von Wasserdampf u. der Atmung dienen) ersetzt (Bot.)

lę̱n|to ⟨*it.;* aus *lat.* lentus „langsam"⟩: langsam (etwa wie adagio, largo); - assai od. di molto: sehr langsam; non -: nicht zu langsam; non schleppend (Vortragsanweisung; Mus.). **Lę̱n|to** *das;* -s, Plur. -s u. ...ti: langsames, gedehntes Zeitmaß. **Lę̱n|to|form** *die;* -, -en: beim langsamen Sprechen verwendete volle Form (z. B. ob es statt ob's; Sprachw.)

Leo|ni|den *die* (Plur.) ⟨zu *lat.* leo, Gen. leonis „Löwe" (da der Meteorschwarm vom Sternbild des Löwen auszuge-

hen scheint) u. ↑ ...iden⟩: im November regelmäßig wiederkehrender Meteorschwarm

¹leo|ni̱sch ⟨nach einem mittelalterlichen Dichter namens Leo od. nach einem Papst Leo⟩; in der Fügung -er Vers: Hexameter od. Pentameter, dessen Mitte u. Versende sich reimen
²leo|ni̱sch ⟨zu *lat.* leonius „zum Löwen gehörend"⟩; in der Fügung -er Vertrag ⟨Lehnübersetzung von *mlat.* societas leonina „Löwenbündnis", nach einer Fabel bei Äsop⟩: Vertrag, bei dem der eine Partner allen Nutzen hat **leo|ni̱sch** ⟨nach der nordspan. Stadt León⟩: mit Metallfäden umwickelt, umsponnen (z. B. Garn, Faden); aus od. mit Hilfe von Metallfäden od. -gespinsten gefertigt (z. B. Stickereien, ↑ Posamenten); vgl. Lamé

Le|on|tia|sis *die;* -, ...iasen ⟨zu *gr.* léōn, Gen. léontos „Löwe" u. ↑ ...iasis⟩: Erkrankung des Knochensystems mit Wachstumsvermehrung verschiedener Knochen, besonders des Schädels mit der Folge einer löwenähnlichen Verunstaltung von Kopf u. Gesicht (Med.). **Le|on|to|po|di|um** *das;* -[s] ⟨zu *gr.* poús, Gen. podós „Fuß" u. ↑ ...ium⟩: Edelweiß. **Leo|pard** *der;* -en, -en ⟨aus gleichbed. *lat.* leopardus, *gr.* leópardos, zu *gr.* léōn „Löwe" u. *lat.* pardus, *gr.* párdos „Parder"⟩: asiat. u. afrik. Großkatze mit meist fahl- bis rötlichgelbem Fell mit schwarzen Ringelflecken; vgl. Panther. **leo|par|diert** ⟨zu ↑ ...iert⟩: mit einem Löwen versehen, der den Kopf nach vorn wendet u. den Schildrand zugewendeten Vorderfuß hebt (von Wappen)

Leo|tard [liə'ta:d] *das;* -s, -s ⟨aus gleichbed. *engl.* leotard, nach dem franz. Artisten L. Léotard, 1830–1870⟩: (veraltet) einteiliges, engliegendes [ärmelloses] Trikot (für Artisten o. ä.)

Le|pa|dit [auch ...'dıt] *der;* -s, -e ⟨zu *gr.* lepás, Gen. lepádos „Napfschnecke" u. ↑²...it⟩: versteinerte einschalige Muschel (Geol.)

le|pid..., **Le|pid...** vgl. lepido..., Lepido... **Le|pi|din** *das;* -s ⟨zu ↑lepido... u. ↑ ...in (1)⟩: svw. Chinolin. **le|pi|do...**, **Le|pi|do...**, vor Vokalen auch lepid..., Lepid... ⟨zu *gr.* lepís, Gen. lepídos „Schuppe"⟩: Wortbildungselement mit der Bedeutung „Schuppe"; schuppig, mit Schuppen versehen, z. B. Lepidodendron, Lepidin. **le|pi|do|bla̱|stisch** ⟨zu *gr.* blastós „Sproß, Trieb"⟩: vom Gefüge metamorpher Gesteine gesagt, die aus blättchen- od. schuppenförmigen Mineralen aufgebaut sind (Geol.). **Le|pi|do|deṉ|dron** *das;* -s, ...ren ⟨zu *gr.* déndron „Baum"⟩: Schuppenbaum (ausgestorbene Farnpflanze). **Le|pi|do|kro|kit** [auch ...'kıt] *der;* -s, -e ⟨zu *gr.* krókē „Faden" u. ↑²...it⟩: rubin- bis gelbrotes, rhombisches Mineral. **Le|pi|do|lith** [auch ...'lıt] *der;* Gen. -s u. -en, Plur. -e[n] ⟨zu ↑ ...lith⟩: zartrotes, weißes od. graues Mineral, Glimmer. **Le|pi|do|lo|ge** *der;* -n, -n ⟨zu ↑ ...loge⟩: Forscher, Wissenschaftler auf dem Gebiet der Lepidologie (Biol.). **Le|pi|do|lo|gie** *die;* - ⟨zu ↑ ...logie⟩: Schuppenkunde, ein Spezialgebiet der Biologie. **Le|pi|do|me|lan** *der;* -s, -e ⟨zu *gr.* mélas, Gen. mélanos „schwarz"⟩: sehr eisenreicher Glimmer. **Le|pi|do|phyt** *der;* -en, -en ⟨zu ↑ ...phyt⟩: Schuppenbaumgewächs, ein fossiles Bärlappgewächs aus der Zeit des Oberkarbons (vgl. Karbon) bis zum ↑ Perm. **Le|pi|do|pte|ren** *die* (Plur.) ⟨zu *gr.* pterón „Flügel"⟩: systematische Sammelbez. für die Schmetterlinge. **Le|pi|do|pte|ren|blu|men** *die* (Plur.): Pflanzen mit tiefen röhrigen Blüten, deren Nektar nur langrüßligen Schmetterlingen zugänglich ist (Bot.). **Le|pi|do|pte|rit** [auch ...'rıt] *der;* -s, -e ⟨zu ↑²...it⟩: Versteinerung mit Schmetterlingsabdruck (Geol.). **Le|pi|do|pte|ro|lo|ge** *der;* -n, -n ⟨zu ↑ ...loge⟩: jmd., der sich [wissenschaftlich] mit der Lepidopterologie befaßt. **Le|pi|do|pte|ro|lo|gie** *die;* - ⟨zu ↑ ...logie⟩:

lepidopterologisch

Spezialgebiet der Zoologie, auf dem man sich mit den Schmetterlingen befaßt; Schmetterlingskunde. **le|pi|dopte|ro|lo|gisch** ⟨zu ↑...logisch⟩: die Lepidopterologie betreffend. **Le|pi|do|se** *die;* - ⟨zu ↑lepido... u. ↑¹...ose⟩: (veraltet) geschupperter, schuppiger Ausschlag (Med.). **le|pi|doso|misch** ⟨zu *gr.* sõma „Leib; Körper"⟩: (veraltet) einen schuppigen Körper aufweisend. **le|pi|do|tisch** ⟨aus gleichbed. *gr.* lepidōtós⟩: (veraltet) geschuppt, schuppig
Le|po|rel|lo *das,* auch: *der;* -s, -s ⟨nach der Dienergestalt Leporello in der Mozartoper „Don Giovanni"⟩: Kurzform von ↑Leporelloalbum. **Le|po|rel|lo|al|bum** *das;* -s, ...ben: ziehharmonikaartig zusammenzufaltende Bilderreihe (z. B. Ansichtskartenreihe, Bilderbuch). **Le|po|rel|lo|li|ste** *die;* -, -n ⟨nach der langen Liste der Geliebten des Don Giovanni, die sein Diener Leporello (in Mozarts Oper) angelegt hat⟩: Aneinanderreihung, aufzählendes Verzeichnis der Geliebten (eines Mannes)
Le|pra *die;* - ⟨über gleichbed. *spätlat.* lepra aus *gr.* lépra zu leprós „schuppig, rauh, aussätzig", dies zu lépein „(ab)schälen"⟩: Aussatz, chronisch verlaufende Infektionskrankheit, die zu schweren Verunstaltungen des Körpers, insbesondere der Weichteile od. der ↑Akren führt (Med.). **Le|pro|lo|ge** *der;* -n, -n ⟨zu ↑...loge⟩: Spezialist auf dem Gebiet der Lepraforschung. **Le|prom** *das;* -s, -e ⟨zu ↑...om⟩: a) Knotenbildung bei Lepra; b) Lepraknoten (Med.). **le|pros** u. **le|prös** ⟨aus gleichbed. *spätlat.* leprosus; vgl. ...ös⟩: an Lepra leidend, aussätzig (Med.). **Le|prose|rie** *die;* -, ...ien ⟨aus *fr.* léproserie „Lepraheim, -krankenhaus"⟩: (veraltet) svw. Leprosorium. **Le|pro|sori|um** *das;* -s, ...ien [...jən] ⟨zu ↑...orium⟩: 1. Krankenhaus für Leprakranke. 2. Siedlung, in der Leprakranke isoliert sind u. medizinisch versorgt werden
Lep|sis *die;* -, ...psen ⟨aus *gr.* lēpsis „das Nehmen" zu lambánein „nehmen"⟩: (veraltet) 1. Annahme, angenommener Satz. 2. Anfall einer Krankheit
lept..., Lept... vgl. lepto..., Lepto... **Lep|ta:** Plur. von ↑¹Lepton. **Lep|tit** [auch ...'tıt] *der;* -s, -e ⟨zu ↑lepto... u. ↑²...it⟩: feinkörniger, meist heller Gneis, bes. in Schweden u. Finnland. **lep|to..., Lep|to...,** vor Vokalen meist lept..., Lept... ⟨zu *gr.* leptós „dünn, fein, zart"⟩: Wortbildungselement mit der Bedeutung „schmal, dünn, klein", z. B. leptosom, Leptospirose, Leptit. **Lep|to|kar|di|er** [...iɐ] *die* (Plur.) ⟨zu *gr.* kardía „Herz"⟩: Röhrenherzen (häufige Bez. für die Lanzettfischchen; vgl. Amphioxus; Zool.). **lep|to|ke|phal** usw. vgl. leptozephal usw. **Lep|tom** *das;* -s, -e ⟨verkürzt aus *gr.* leptoméreia „das Bestehen aus feinen Teilen"⟩: Siebteil (d. h. der der Leitung organischer Stoffe dienende Teil) der Pflanzen (ohne Bastfasern; Bot.). **Lep|to|me|nin|gi|tis** *die;* -, ...itiden ⟨zu ↑lepto...⟩: Entzündung der weichen Hirnhaut (Med.). **Lep|to|me|ninx** *die;* -: weiche Hirn- bzw. Rückenmarkshaut (die zu den bindegewebigen Hüllen des Gehirns u. des Rückenmarks gehört; Med.). **lep|to|morph** ⟨zu ↑...morph⟩: svw. leptosom. **¹Lep|ton** *das;* -s, Lepta ⟨aus gleichbed. *gr.* leptón, eigtl. „das Dünne, Feine", substantiviertes Neutrum von leptós „dünn, fein, zart"⟩: 1. altgriech. Gewicht. 2. alt- u. neugriech. Münze. **²Lep|ton** *das;* -s, ...onen ⟨aus *gr.* leptón, vgl. ¹Lepton⟩: Elementarteilchen, dessen Masse geringer ist als die eines ↑Mesons (Phys.); vgl. Baryon, Tachyon. **Lep|to|pros|opie** *die;* - ⟨zu *gr.* prósōpon „Gesicht" u. ↑²...ie⟩: mit Langköpfigkeit verbundene Schmalgesichtigkeit (Med.). **lep|to|som** ⟨aus *gr.* leptosōmos „mit dünnem Leibe"⟩: schmal, schlankwüchsig (Med.). **Lep|to|so|me** *der* u. *die;* -n, -n: Mensch mit schlankem, schmalwüchsigem Körperbau u. schmalen, längeren, zartknochigen Gliedmaßen (der in starker Ausprägung als ↑asthenisch bezeichnet wird; Med.). **Lep|to|spi|re** *die;* -, -n (meist Plur.) ⟨zu *gr.* speĩra „das Gewundene; Windung"⟩: Schraubenbakterie (zur Familie der ↑Spirochäten gehörender Krankheitserreger; Med.). **Lep|to|spi|ro|se** *die;* -, -n ⟨zu ↑¹...ose⟩: durch Leptospiren hervorgerufene Infektionskrankheit mit gelbsuchtähnlichem Charakter (Med.). **Lep|to|tän** *das;* -s ⟨zu *lat.* taenia „Band, Binde, Streifen"⟩: Stadium der ↑Meiose, in dem die Chromosomen mikroskopisch als feine Fäden sichtbar werden (Biol.). **lep|to|zephal** ⟨zu *gr.* kephalḗ „Kopf"⟩: abnorm schmalköpfig (Med.). **Lep|to|ze|pha|le** *der* u. *die;* -n, -n: Mensch mit Leptozephalie (Med.). **Lep|to|ze|pha|lie** *die;* - ⟨zu ↑²...ie⟩: abnorme Höhe u. Schmalheit des Kopfes; Schmalköpfigkeit
Les|be *die;* -, -n: (ugs.) kurz für Lesbierin. **Les|bia|nis|mus** *der;* - ⟨aus gleichbed. *engl.* lesbianism, nach der griech. Insel Lesbos mit Bezug auf die griech. Dichterin Sappho (etwa 600 v. Chr.), die hier lebte u. diese Form der Liebe bevorzugt haben soll⟩: ↑Homosexualität bei Frauen. **Les|bie|rin** [...jə...] *die;* -, -nen ⟨nach *gr.* Lesbía „Frau aus Lesbos"⟩: lesbische Frau. **les|bisch:** gleichgeschlechtlich empfindend, zum eigenen Geschlecht hinneigend (auf Frauen bezogen); -e Liebe: Geschlechtsbeziehung zwischen Frauen
Les|gin|ka *die;* -, -s ⟨aus gleichbed. *russ.* lesginka, nach dem kaukas. Volksstamm der Lesgier⟩: kaukasischer Tanz. **Les|gi|stan** *der;* -s, -e ⟨nach dem Wohngebiet der Lesgier im Kaukasus⟩: aus dem Kaukasus stammender, meist blaugrundiger Teppich mit bunten Medaillons u. stilisierten Blätter- u. Blütenborten
Les|ley ['lεzlɪ] vgl. Leslie. **Les|lie** u. Lesley ['lεzlɪ] *das;* -s, -s ⟨nach dem Namen der Herstellerfirma⟩: (bes. bei moderner Unterhaltungsmusik verwendetes) hauptsächlich durch Schallumlenkung mit Hilfe rotierender Lautsprecher od. einer um einen Lautsprecher rotierenden Trommel bewirktes ↑Vibrato
Les|si|vie|rung [...v...] *die;* -, -en ⟨zu *fr.* lessiver „auslaugen, auswaschen" (dies zu *lat.* lixivus „ausgelaugt", zu lix „Lauge") u. ↑...ierung⟩: Prozeß der Verlagerung von Ton unter wechselfeuchten Klimabedingungen (Bodenkunde)
Le|ste *der;* - ⟨verkürzt aus *span.* lesnordeste „Ostnordostwind"⟩: warmer Wüstenwind aus der Sahara in Richtung der Kanarischen Inseln
le|sto ⟨*it.*⟩: flink, behend (Vortragsanweisung; Mus.)
Let *das;* -[s], -s ⟨aus *engl.* let (ball) „ungültiger (Ball)"⟩: Netzball nach einem Aufschlag (bes. beim Tennis)
le|tal ⟨aus gleichbed. *lat.* letalis zu letum „Tod"⟩: zum Tode führend, tödlich (z. B. von bestimmten Mengen von Giften, seltener von Krankheiten; Med.). **Le|tal|do|sis** *die;* -, ...sen: bestimmte Menge schädigender Substanzen (z. B. auch Röntgenstrahlen o. ä.), die tödlich ist (Med.). **Le|tal|fak|tor** *der;* -s, -en: Erbanlage, die Ursache einer mit dem Leben unvereinbaren Mißbildung o. ä. ist (Med.). **Le|ta|li|tät** *die;* - ⟨zu ↑...ität⟩: Sterblichkeit; Verhältnis der Todesfälle zur Zahl der Erkrankten (Med.); vgl. Mortalität
l'État c'est moi [letasε'mwa] ⟨*fr.;* „der Staat bin ich"⟩: charakteristisches Schlagwort des Absolutismus nach einem angeblichen Ausspruch Ludwig XIV. von Frankreich
Le|thar|gie *die;* - ⟨über *lat.* lethargia aus *gr.* lēthargía „Schlafsucht" zu léthargos „vergessend" (zu lḗthē „das Vergessen, Vergeßlichkeit" u. argós „untätig, träge")⟩: 1. krankheitsbedingte Schlafsucht mit Bewußtseinsstörungen (z. B. bei Vergiftungen; Med.). 2. körperliche u. seelische Trägheit; Gleichgültigkeit, Teilnahmslosigkeit. **le|thar-**

gisch ⟨über *lat.* lethargicus aus *gr.* lēthargikós „schlafsüchtig"⟩: 1. schlafsüchtig. 2. körperlich u. seelisch träge; leidenschaftslos, teilnahmslos, gleichgültig. **Le|the** *die;* - ⟨aus gleichbed. *gr.* léthē, eigtl. „das Vergessen, Vergessenheit, Vergeßlichkeit", nach dem Strom in der Unterwelt der griech. Sage, aus dem die Verstorbenen trinken, um alles Irdische zu vergessen⟩: 1. Vergessenheitstrank. 2. das Vergessen, Vergessenheit. **Le|tho|gno|mik** *die;* - ⟨zu *gr.* gnōmē̃ „Erkenntnis" u. ↑²...ik⟩: (veraltet) Kunst des Vergessens, d. h. die Fähigkeit, Unwichtiges nicht mehr in Erinnerung zu behalten
Let|kiss *der;* -, - ⟨anglisierende Umdeutung (nach dem lautlichen Anklang an *engl.* let's kiss „laßt uns küssen") von *finn.* ugs. letkis, Kurzform von letkajenkka „Schlangentanz" (die Tanzenden bilden eine Kette)⟩: Modetanz der späten 60er Jahre mit folkloristischem Charakter
Le|tscho *das* od. *der;* -[s] ⟨aus gleichbed. *ung.* lecsó⟩: [ung.] Gemüsegericht aus Paprika, Tomaten u. Zwiebeln
Let|ter *die;* -, -n ⟨aus gleichbed. *fr.* lettre, dies aus *lat.* littera „Buchstabe, Schrift"⟩: 1. Druckbuchstabe. 2. Drucktype (Druckw.). **Let|ter|box** *die;* -, ...boxes [...ɪz] ⟨aus engl. letter box „Briefkasten"⟩: in England bei der Post verwendetes verschließbares Brieffach, zu dem der Empfänger einen Schlüssel erhält. **Let|tern|me|tall** *das;* -s, -e: aus Zinn, Antimon u. Blei bestehende Legierung zum Gießen von Drucktypen. **Let|ter|set|druck** *der;* -[e]s ⟨zu *engl.* letterset „Hochdruck"⟩: Hochdruckverfahren, bei dem der Abdruck zunächst auf einem Gummizylinder u. von hier auf das Papier erfolgt (Druckw.)
Let|ti|ga *die;* -, ...gen ⟨aus gleichbed. *it.* lettiga zu *lat.* lectica, vgl. Lectica⟩: (veraltet) Sänfte, Tragsessel
Let|tres de ca|chet [letrədəka'ʃɛ] *die* (Plur.) ⟨aus gleichbed. *fr.* lettres de cachet, eigtl. „Briefe mit Siegel"⟩: Geheimbefehle der franz. Könige (bis 1789), die Verbannung od. Verfolgung anordneten. **Let|tris|me** [lɛ'trism(ə)] vgl. Lettrismus. **Let|tris|mus** u. Lettrisme [lɛ'trism(ə)] *der;* - ⟨aus gleichbed. *fr.* lettrisme; vgl. ...ismus (1)⟩: (1945 in Paris gegründete) literarische Bewegung, die in Weiterführung des ↑Dadaismus u. des ↑Surrealismus Dichtung, Poesie hervorbringt, die nicht mit bekannten Wörtern etwas beschreibt, sondern Empfindungen, Eindrücke mit neuen Lautgebilden, mit dem Klang willkürlich aneinandergereihter Vokale u. Konsonanten erst entstehen lassen will. **Let|trist** *der;* -en, -en ⟨aus gleichbed. *fr.* lettriste⟩: Vertreter, Anhänger des Lettrismus. **let|tri|stisch** ⟨zu ↑...istisch⟩: den Lettrismus betreffend; in der Art des Lettrismus
Leu *der;* -, Lęi ⟨aus gleichbed. *rumän.* leu, eigtl. „Löwe", dies aus *lat.* leo⟩: rumän. Währungseinheit
Leu|cin [...ts...] *das;* -s, -e ⟨zu *gr.* leukós „hell, glänzend, weiß" u. ↑...in (1)⟩: in vielen Eiweißstoffen vorkommende essentielle Aminosäure (Biochem.). **Leu|cit** [auch ...'tsɪt] vgl. Leuzit. **leuk..., Leuk...** vgl. leuko..., Leuko... **Leuk|äm|an|ämie** *die;* -, ...jen ⟨zu ↑*Leukämie* u. ↑*Anämie*⟩: kombiniert auftretende Erkrankung an ↑Leukämie u. ↑Anämie (Med.). **Leuk|ämie** *die;* -, ...jen ⟨zu ↑leuko... u. ↑...ämie⟩: bösartige Erkrankung mit Überproduktion von weißen Blutkörperchen; Blutkrebs (Med.). **leuk|ämisch**: a) die Leukämie betreffend; zum Krankheitsbild der Leukämie gehörend; b) an Leukämie leidend (Med.). **Leuk|an|ämie** *die;* -: Mischform zwischen Leukämie und ↑perniziöser Anämie (Med.). **Leuk|aph|ä|re|se** *die;* -, -n ⟨Kurzw. aus ↑*Leukozyt* u. ↑*Aphärese*⟩: Entfernung der weißen Blutkörperchen aus dem Blut mit Zellseparatoren (bei Leukämie; Med.). **Leuk|en|ze|pha|li|tis** vgl. Leukoenzephalitis. **Leuk|en|ze|pha|lo|pa|thie** vgl. Leukoenzephalopathie. **Leu|kin** *das;* -s, -e (meist Plur.) ⟨zu ↑leuko... u. ↑...in (1)⟩: wärmebeständige, ↑lytische, keimtötende Substanz bestimmter weißer Blutkörperchen, die u. a. ↑anaerobe Krankheitserreger angreift (Biochem., Med.). **leuko..., Leuko...**, vor Vokalen meist leuk..., Leuk... ⟨zu *gr.* leukós „hell, glänzend, weiß"⟩: Wortbildungselement mit der Bedeutung „weiß, glänzend", z. B. Leukozyt, Leukämie. **Leu|ko|arai|ose** *die;* -, -n ⟨zu *gr.* araiós „dünn, eng" u. ↑¹...ose⟩: Veränderung der Dichte der weißen Hirnsubstanz (Med.). **Leu|ko|ba|se** *die;* -, -n ⟨zu ↑¹Base⟩: chem. Verbindung zur Herstellung künstlicher Farbstoffe. **Leu|ko|blast** *der;* -en, -en (meist Plur.) ⟨zu *gr.* blastós „Sproß, Trieb"⟩: weiße Blutkörperchen bildende Zelle; Vorstufe des Leukozyten (Med.). **leu|ko|derm** ⟨zu *gr.* dérma „Haut"⟩: pigmentarm (von der Haut; vgl. Pigment 1), hellhäutig (Med.); Ggs. ↑melanoderm. **Leu|ko|der|ma** *das;* -s, ...men: das Auftreten rundlicher bis ovaler weißer Flecken in der Haut (nach Ausheilung mancher Hautkrankheiten; Med.). **Leu|ko|der|mie** *die;* - ⟨zu ↑²...ie⟩: svw. Albinismus. **Leu|ko|dia|pe|de|se** *die;* -, -n ⟨Kurzw. aus ↑*Leukozyt* u. ↑*Diapedese*⟩: Austritt ↑ Leukozyten aus den Kapillaren ins Gewebe (Med.). **Leu|ko|dys|tro|phie** *die;* -, ...jen ⟨zu ↑leuko...⟩: degenerative Veränderung der weißen Hirnsubstanz bzw. der Markscheiden auf der Basis einer ↑endogenen Stoffwechselstörung (Med.). **Leu|ko|en|ze|pha|li|tis** u. Leukenzephalitis ...itiden: Entzündung der weißen Hirnsubstanz (Med.). **Leu|ko|en|ze|pha|lo|pa|thie** u. Leukenzephalopathie *die;* -, ...jen: pathologische Veränderung der weißen Hirnsubstanz (Med.). **Leu|ko|in|di|go** *der* od. *das;* -s: Indigoweiß, in der Färberei verwendete farblose, wäßrige Lösung, die beim Trocknen an der Luft das zu färbende Gewebe blau färbt. **Leu|ko|ke|ra|to|se** *die;* -, -n: svw. Leukoplakie. **Leu|ko|ki|ne|sin** *das;* -s, -e (meist Plur.) ⟨Kunstw. zu ↑Leukozyt, *gr.* kínesis „Bewegung" u. ↑...in (1)⟩: ↑Protein, das beschleunigend od. bremsend auf die Wanderungsgeschwindigkeit von Leukozyten einwirkt (Biochem., Med.). **leu|ko|krat** ⟨zu ↑leuko... u. *gr.* krateĩn „(vor)herrschen"⟩: überwiegend helle Bestandteile (wie Quarz, Feldspat u. a.) aufweisend u. deshalb hell erscheinend (von bestimmten Erstarrungsgesteinen; Geol.); Ggs. ↑melanokrat. **Leu|ko|ly|se** *die;* -, -n ⟨zu ↑...lyse⟩: Auflösung, Zerfall der weißen Blutkörperchen (Med.). **Leu|ko|ly|sin** *das;* -s, -e (meist Plur.): Substanz, die den Abbau u. die Auflösung der weißen Blutkörperchen bewirkt (Med.). **Leu|kom** *das;* -s, -e ⟨aus gleichbed. *gr.* leúkōma, Gen. leukṓmatos, eigtl. „das Weißgefärbte"⟩: weißer Fleck, weißlich verfärbte Wucherung, auch Narbe auf der Hornhaut des Auges (Med.). **leu|ko|ma|tös** ⟨zu ↑...ös⟩: mit Leukomen behaftet (Med.). **Leu|ko|ma|to|se** *die;* -, -n ⟨zu ↑¹...ose⟩: Bildung weißer Flecken auf der Haut (Med.). **Leu|ko|mel|al|gie** *die;* -, ...jen ⟨zu ↑leuko..., *gr.* mélos „Glied" u. ↑...algie⟩: (als Folge von Durchblutungsstörungen auftretende) anfallartige Schmerzen in Armen u. Beinen (in Verbindung mit Kältegefühl u. Blässe der Haut; Med.). **Leu|ko|me|ter** *das;* -s, - ⟨zu ↑¹...meter⟩: Meßgerät zur Bestimmung des Reflexionsgrades heller Objekte bzw. Stoffe (Techn.). **Leu|ko|mi|to|gen** *das;* -s, -e (meist Plur.) ⟨Kurzw. aus ↑*Leukozyt* u. ↑*mitogen*⟩: ↑Protein, das die Vermehrung, Entwicklung u. Reifung von ↑Leukozyten im Knochenmark anregt u. steuert (Biochem., Med.). **Leu|k|ony|chie** *die;* -, ...jen ⟨zu ↑leuko..., *gr.* ónyx, Gen. ónychos „Nagel" u. ↑²...ie⟩: [teilweise] Weißfärbung der Nägel (Med.). **Leu|ko|pa|thie** *die;* -, ...jen ⟨zu ↑...pathie⟩: svw. Leukoderma. **Leu|ko|pe|de|se** *die;* -, -n

Leukopenie

⟨zu gr. pēdãn „springen, hüpfen"⟩: Kurzform von ↑Leukodiapedese. **Leu|ko|pe|nie** *die;* -, ...ien ⟨Kurzw. aus ↑*Leukozytopenie*⟩: krankhafte Verminderung der weißen Blutkörperchen (Med.). **Leu|ko|phyr** *der;* -s, -e ⟨zu ↑leuko... u. gr. phýrein „(ver)mischen"⟩: ein Gemengegestein (Abart des ↑Diabases). **Leu|ko|pla|kie** *die;* -, ...ien ⟨zu gr. pláx, Gen. plakós „Platte, Fläche" u. ↑²...ie⟩: das Auftreten weißlicher Flecke, Verdickungen an der Zunge (Med.). **leu|ko|pla|kisch**: mit Leukoplakie verbunden (Med.). ¹**Leu|ko|plast** *der;* -en, -en ⟨zu gr. plastós „gebildet, geformt", Part. Perf. von plássein „bilden, formen"⟩: farbloser Bestandteil der pflanzlichen Zelle; vgl. Plastiden. ²**Leu|ko|plast** Ⓦ *das;* -[e]s, -e ⟨zu gr. émplastron „Pflaster", dies zu emplássein „aufschmieren, bestreichen", zu ↑¹en... u. gr. plássein, vgl. ¹Leukoplast⟩: Zinkoxyd enthaltendes Heftpflaster ohne Mullauflage. **Leu|ko|poe|se** *die;* - ⟨zu gr. poíēsis „das Machen, Verfertigen"⟩: Bildung weißer Blutkörperchen (Med.). **leu|ko|poe|tisch** ⟨zu gr. poiētikós „zum Machen, Verfertigen gehörig, das Verfertigen betreffend"⟩: die Leukopoese betreffend; weiße Blutkörperchen bildend (Med.). **Leu|ko|re|kru|tin** *das;* -s, -e (meist Plur.) ⟨Kurzw. aus ↑*Leukozyt*, ↑*rekrut*ieren u. ↑...*in* (1)⟩: ↑Protein, das ↑Leukozyten aus dem Knochenmark in den Blutstrom einschleust (Biochem., Med.). **Leu|kor|rhö** *die;* -, -en u. **Leu|kor|rhöe** [...'rø:] *die;* -, -n [...'rø:ən] ⟨zu ↑leuko... u. gr. rheĩn „fließen"⟩: weißlicher Scheidenausfluß ohne Blutbeimengung (Frauenkrankheit; Med.). **leu|korrhö|isch**: die Leukorrhö betreffend **Leu|ko|sa|phir** *der;* -s, -e: ein farbloser ↑Korund. **Leu|ko|se** *die;* -, -n ⟨zu ↑¹...*ose*⟩: Sammelbez. für die verschiedenen Formen der Leukämie. **Leu|ko|sin** *das;* -s, -e ⟨zu ↑...*in* (1)⟩: pflanzliches ↑Albumin aus Weizen-, Roggen- u. Gerstensamen (Biochem.). **Leu|ko|som** *das;* -s, -e ⟨zu gr. sõma „Leib, Körper"⟩: svw. Migmatit. **Leu|ko|ta|xin** *das;* -s, -e (meist Plur.) ⟨Kurzw. zu ↑*Leukozyt*, gr. táxis „Anordnung" u. ↑...*in* (1)⟩: ↑Protein, das ↑Leukozyten zu zielgerichteter Wanderung veranlaßt (Biochem., Med.). **Leu|ko|tom** *das;* -s, -e ⟨zu gr. tomé „das Schneiden, Schnitt"⟩: zweischneidiges, dolchartiges, graduiertes Messer zur Leukotomie (Med.). **Leu|ko|to|mie** *die;* -, ...ien ⟨zu ↑leuko... u. ↑...*tomie*⟩: operativer Eingriff in die weiße Gehirnsubstanz bei bestimmten Geisteskrankheiten (Med.). **Leu|ko|to|xin** *das;* -s, -e ⟨Kurzw. aus ↑*Leukozyt* u. ↑*Toxin*⟩: Bakteriengift, das die Funktion der weißen Blutkörperchen hemmt od. aufhebt (Med.). **Leu|ko|tri|chie** *die;* - ⟨zu ↑leuko..., gr. thríx, Gen. trichós „Haar" u. ↑²...*ie*⟩: svw. Leukotrichose. **Leu|ko|tri|cho|se** *die;* - ⟨zu ↑¹...*ose*⟩: das Weißwerden der Haare (Med.). **Leu|ko|tri|en** *das;* -s, -e (meist Plur.) ⟨Kurzw. aus ↑*Leukozyt* u. ↑*Trien*⟩: Hormon, das in ↑Leukozyten ↑synthetisiert wird u. eine Gruppe mit drei Doppelbindungen im Molekül aufweist (Biochem.). **Leu|ko|ver|bin|dung** *die;* -, -en ⟨zu ↑leuko...⟩: farblose od. nur schwach gefärbte Verbindung, die bei der ↑Reduktion (5 b) von Küpenfarbstoffen entsteht (Chem.). **Leu|ko|zid** *das;* -[e]s, -e ⟨Kurzw. zu ↑*Leukozyt*, *lat.* caedere (in Zusammensetzungen -cidere) „niederhauen, töten" u. ↑...*in* (1)⟩: giftiger Eiweißstoff mit einer sehr hohen Spezifität gegenüber weißen Blutkörperchen (Biochem.). **Leu|ko|zyt** *der;* -en, -en (meist Plur.) ⟨zu ↑leuko... u. ↑...*zyt*⟩: weißes Blutkörperchen (Med.). **Leu|ko|zy|to|ly|se** *die;* -, -n ⟨↑...*lyse*⟩: svw. Leukolyse. **Leu|ko|zy|to|pe|nie** *die;* -, ...ien ⟨zu gr. penía „Armut, Mangel"⟩: svw. Leukopenie. **Leu|ko|zy|to|se** *die;* - ⟨↑¹...*ose*⟩: krankhafte Vermehrung der weißen Blutkörperchen (Med.). **Leu|ko|zyt|urie** *die;* -, ...ien ⟨zu ↑...*urie*⟩: svw. Leukurie. **Leuk|urie** *die;* -, ...ien ⟨Kurzw. aus ↑*Leukozyturie*⟩: Ausscheidung weißer Blutkörperchen mit dem Harn (Med.)

Leut|nant *der;* -s, Plur. -s, seltener -e ⟨aus gleichbed. *fr.* lieutenant, eigtl. „Stellvertreter", dies über *altfr.* luetenant „Statthalter" aus *mlat.* locumtenens „die Stelle haltend" zu *lat.* locus „Ort, Stelle" u. tenere „haben, halten"⟩: Offizier der untersten Rangstufe; Abk.: Lt.

Leu|zin vgl. Leucin. **Leu|zis|mus** *der;* - ⟨zu gr. leukós „hell, glänzend, weiß" u. ↑...*ismus* (3)⟩: Aufhellung, Weißfärbung des Haarkleides bei normalerweise dunkelgefärbten Tieren (im Unterschied zum ↑Albinismus bleiben die Augen normal gefärbt). **Leu|zit** [auch ...'tsɪt] *der;* -s, -e ⟨zu ↑²...*it*⟩: ein graues od. weißes, zu den Feldspaten gehörendes Mineral. **Leu|zi|to|eder** *das;* -s, - ⟨zu gr. hédra „Fläche" (wegen des durch die vielfache Lichtbrechung bedingten Funkelns)⟩: svw. Ikositetraeder

Le|va|de [...v...] *die;* -, -n ⟨zu *fr.* lever (aus *lat.* levare „heben") u. ↑...*ade*⟩: das Sichaufrichten des Pferdes auf der Hinterhand (Übung der Hohen Schule)

Le|val|loi|si|en [ləvaloa'ziɛ̃:] *das;* -[s] ⟨*fr.;* nach Levallois-Perret, einer Pariser Vorstadt⟩: Kulturstufe der Altsteinzeit

Le|van|te [...v...] *die;* - ⟨aus gleichbed. *it.* levante, eigtl. „Aufgang (der Sonne)", zu *lat.-it.* levare „heben"⟩: (veraltet) die Mittelmeerländer östlich von Italien. **Le|van|ti|ne** *die;* - ⟨aus *fr.* levantine „leichte, einfarbige Seide" (die in den Ländern der Levante wegen des subtropischen Klimas bevorzugt getragen wurde u. wird)⟩: dichtes Gewebe aus Chemiefasern in Köperbindung (Webart mit schräg verlaufenden Linien, bes. für Steppdeckenbezüge, als Futter- u. Kleiderstoff. **Le|van|ti|ner** *der;* -s, -: in der Levante geborener u. aufgewachsener Abkömmling eines Europäers u. einer Orientalin; Morgenländer. **le|van|ti|nisch**: die Levante od. die Levantiner betreffend. **Le|va|tor** *der;* -s, ...oren ⟨aus *lat.* levator „der Erleichterer"⟩: übliche Kurzbez. für Musculus levator, Muskel mit Hebefunktion; Hebemuskel (Anat., Med.)

Le|ve|che [leðetʃe] *der;* - ⟨*span.;* zu gr. líps, Gen. libós „Südwestwind"⟩: dem ↑Schirokko entsprechender trockener, heißer Südost- bis Südwestwind an der Südostküste Spaniens

Le|vee [lə've:] *die;* -, -s ⟨aus gleichbed. *fr.* levée zu lever „(aus)heben", dies aus *lat.* levare⟩: (veraltet) Aushebung von Rekruten. **Le|vée en masse** [ləveã'mas] *die;* - - - ⟨aus gleichbed. *fr.* levée en masse, eigtl. „Groß-, Massenaushebung"⟩: (veraltet) allgemeines Aufgebot der männlichen Bevölkerung (zuerst 1793 vom franz. Nationalkonvent veranlaßt)

Le|vel [lɛvl] *der;* -s, -s ⟨aus gleichbed. *engl.* level, eigtl. „Waage", dies aus *lat.* libella, vgl. Libelle⟩: 1. erreichtes Niveau, Leistungsstand, Rang, Stufe. 2. Spielebene mit ansteigendem Schwierigkeitsgrad, bes. bei Computerspielen. **Le|vel|ler** ['lɛvələ] *der;* -s, -s (meist Plur.) ⟨*engl.;* eigtl. „Gleichmacher"⟩: Angehöriger einer radikalen demokratischen Gruppe (zur Zeit Cromwells) mit dem Streben nach völliger bürgerlicher u. religiöser Freiheit

Le|ver [lə've:] *das;* -s, -s ⟨aus gleichbed. *fr.* lever zu se lever „aufstehen", aus *lat.* levare, vgl. levieren⟩: Audienz am Morgen, Morgenempfang bei einem Fürsten. **Leve|rage ef|fect** ['li:vərɪdʒ ɪ'fɛkt] *der;* - -s, **Leve|rage-Ef|fekt** *der;* -[e]s ⟨aus *engl.* leverage (effect) „Hebelwirkung" zu lever „Hebel"; vgl. Effekt⟩: Bez. für die Erscheinung, daß die ↑Rendite eines Gesamtkapitals auch bei Aufnahme zusätzlichen Fremdkapitals steigt. **Le|ver|sze|ne** [lə've:...] *die;* -, -n ⟨zu

↑ Lever⟩: das Erwachen u. Aufstehen am Morgen darstellende Szene in der Komödie (Theat.)
Le|via|than [...v..., auch levia'ta:n] *der;* -s, -e [...'ta:nə] ⟨aus *hebr.* liwyātān „der Gewundene"⟩: 1. (ohne Plur.) Ungeheuer (Drache) der altoriental. Mythologie (auch im A. T.). 2. (ohne Plur.) Symbol für den allmächtigen Staat bei dem engl. Philosophen Hobbes (17. Jh.). 3. Waschmaschine für die Entfettung u. Reinigung von Wolle (Textilw.)
le|vie|ren [...v...] ⟨aus gleichbed. *lat.* levare zu levis „leicht"⟩: (veraltet) erleichtern; [auf]heben, hochheben
Le|vi|rat [...v...] *das,* -[e]s, -e u. **Le|vi|rats|ehe** *die;* -, -n ⟨zu *spätlat.* levir „Bruder des Ehemannes" u. ↑ ...at (1)⟩: Ehe eines Mannes mit der Frau seines kinderlos verstorbenen Bruders (zum Zwecke der Zeugung eines Erben für den Verstorbenen; im Alten Testament u. bei Naturvölkern)
Le|vit [...v...] *der;* -en, -en ⟨über *kirchenlat.* levita, levites aus *gr.* leuítēs, nach den jüd. Stamm Levi⟩: 1. Tempeldiener im Alten Testament. 2. (nur Plur.) die Helfer (Diakon u. Subdiakon) des Priesters im kath. Levitenamt (feierliches Hochamt)
Le|vi|ta|ti|on [...v...] *die;* -, -en ⟨aus gleichbed. *nlat.* levitatio zu *lat.* levitas, Gen. levitatis „Leichtigkeit", dies zu levis „leicht"⟩: a) vermeintliche Aufhebung der Schwerkraft, freies Schweben (in Heiligenlegenden u. als ↑ spiritistische Erscheinung); b) subjektives Erleben des freien Schwebens im Raum, z. B. im Traum (Psychol.)
Le|vite [le'vi:t] *die;* -, -n ⟨aus *fr.* lévite „langer Überrock [eines Priesters im kath. Levitenamt]"⟩: (veraltet) sehr weites Frauengewand. **Le|vi|ten** ⟨zu ↑Levitikus; vgl. Levit⟩: in der Wendung jmdm. die - lesen: (ugs.) jmdn. wegen seines tadelnswerten Verhaltens zur Rede stellen u. ihn mit Nachdruck auf seine Pflichten usw. hinweisen (nach den Verhaltensvorschriften des Levitikus)
¹**le|vi|tie|ren** [...v...] ⟨zu *lat.* levitas (vgl. Levitation u. ↑ ...ieren⟩: sich erheben [lassen], frei schweben [lassen] (Parapsychol.)
²**le|vi|tie|ren** [...v...] ⟨zu ↑Levit u. ↑ ...ieren⟩: (veraltet) beim feierlichen Hochamt als Levit (2) fungieren. **Le|vi|ti|kus** *der;* - ⟨aus *mlat.* Leviticus „Buch der Leviten"⟩: *lat.* Bezeichnung des 3. Buchs Mose im Alten Testament. **le|vitisch:** auf die Leviten (vgl. Levit) bezüglich
Le|vit|town ['lɛvɪttaʊn] *die;* -, -s ⟨meist Plur.⟩ ⟨nach dem amerik. A. S. Levitt benannten Stadt Levittown im Bundesstaat New York, dem Vorbild dieser Bauweise⟩: in den Außenbezirken amerik. Großstädte errichtete, große Wohnsiedlung aus einheitlichen Fertighäusern
Lev|koie [lɛf'kɔyə] *die;* -, -n ⟨aus gleichbed. *gr.* leukóion (mit ngr. Aussprache), eigtl. „Weißveilchen", zu leukós „weiß" u. íon „Veilchen", nach den hellleuchtenden, veilchenartig duftenden Blüten⟩: (landsch.) svw. Levkoje. **Lev|ko|je** *die;* -, -n: einjährige Gartenpflanze mit großen, leuchtenden Blüten (zahlreiche Arten)
le|vret|tie|ren [...vrɛ...] ⟨zu *fr.* levrette „Windhündin" (dies zu *fr.* levrier; vgl. Levrier) u. ↑ ...ieren⟩: (veraltet) mit Windhunden jagen. **Le|vrier** [levri'je:] *der;* -s [...(s)], -s [...s] ⟨aus gleichbed. *fr.* lévrier zu lièvre „Hase" aus *lat.* lepus (weil mit dem Hund bes. Hasen gehetzt wurden)⟩: (veraltet) [Wind]hund
Le|vu|ro|se [...v...] *die;* -, -n ⟨zu *fr.* levure „Hefepilz" u. ↑¹...ose⟩: durch Hefepilze hervorgerufene Erkrankung (Med.)
Lew [lɛf] *der;* -[s], Lẹwa ⟨aus gleichbed. *bulgar.* lew, eigtl. „Löwe", dies aus *lat.* leo⟩: *bulgar.* Währungseinheit
Lewi|sit [lui'zi:t, auch ...'zɪt] *das;* -s, -e ⟨nach dem amerik. Chemiker W. L. Lewis (1878–1943) u. zu ↑¹...it⟩: flüssiger chemischer Kampfstoff, der schmerzhafte Hautrötungen mit Blasenbildung verursacht
Lex *die;* -, Leges [...ge:s] ⟨aus gleichbed. *lat.* lex, Gen. legis⟩: Gesetzesantrag, Gesetz (oft nach dem Antragsteller od. nach dem Anlaß benannt, z. B. - Heinze, - Soraya). **Lex abro|ga|ta** *die;* - -, Leges ['le:ge:s] ...tae [...tɛ] ⟨aus gleichbed. *lat.* lex abrogata, zu abrogare „(durch Volksbeschluß) abschaffen, aufheben"⟩: aufgehobenes Recht
Lex.-8°: Abk. für Lexikonoktav. **Le|xem** *das;* -s, -e ⟨aus gleichbed. *russ.* leksema, dies zu *gr.* léxis „Rede, Wort"; vgl. ...em⟩: lexikalische Einheit, sprachliche Bedeutungseinheit, Wortschatzeinheit im Wörterbuch (Sprachw.). **Lexe|ma|tik** *die;* - ⟨zu ↑²...ik (1)⟩: Lehre von den Lexemen. **le|xe|ma|tisch:** die Lexematik betreffend, zu dem Gebiet der Lexematik gehörend
Lex ge|ne|ra|lis *die;* - -, Leges ['le:ges] ...les [...le:s] ⟨aus gleichbed. *lat.* lex generalis⟩: allgemeines Gesetz; vgl. Lex specialis
le|xi|gra|phisch ⟨verkürzt aus ↑ lexikographisch⟩: svw. lexikographisch. **Le|xik** *die;* - ⟨zu *gr.* lexikós „das Wort betreffend"; vgl. ²...ik (2)⟩: Wortschatz einer Sprache (auch einer bestimmten Fachsprache). **Le|xi|ka:** Plur. von ↑Lexikon. **le|xi|kal** ⟨zu ↑¹...al (1)⟩: svw. lexikalisch; vgl. ...isch/-. **le|xi|ka|lisch:** a) das Wörterbuch betreffend; b) die vom Kotext weitgehend unabhängige Bedeutung eines Wortes betreffend (im Unterschied zur usuellen); c) in der Art eines Lexikons; vgl. ...isch/-. **le|xi|ka|li|sie|ren** ⟨zu ↑ ...isieren⟩: als ein neues Lexem festlegen, zum festen inhaltlich-begrifflichen Bestandteil der Sprache machen (Sprachw.). **le|xi|ka|li|siert** ⟨zu ↑ ...isiert⟩: als Lexem, Worteinheit im Wortschatz bereits festgelegt (z. B. *hochnäsig*) im Gegensatz zu einer freien Bildung (z. B. *dreistäugig, flinkzüngig* o. ä.; Sprachw.). **Le|xi|ka|li|sie|rung** *die;* - ⟨zu ↑ ...isierung⟩: a) Aufnahme eines Wortes als selbständige Bedeutungseinheit ins Wörterbuch od. Lexikon; b) Bildung eines ↑ Lexems durch eine semantisch nicht weiter auflösbare Wortverbindung (Sprachw.). **Le|xi|ken:** Plur. von ↑Lexikon. **le|xi|ko...,** **Le|xi|ko...** ⟨zu *gr.* lexikós „das Wort betreffend", dies zu léxis „Rede, Wort"⟩: Wortbildungselement mit der Bedeutung „Wort; Wortschatz", z. B. lexikographisch, Lexikostatistik. **Le|xi|ko|graph** *der;* -en, -en ⟨zu *gr.* lexikográphos „ein Wörterbuch schreibend"; vgl. Lexikon⟩: Verfasser [einzelner Artikel] eines Wörterbuchs od. Lexikons (1). **Le|xi|ko|gra|phie** *die;* - ⟨zu ↑lexiko... u. ↑...graphie⟩: Bereich der Sprachwissenschaft, in dem man sich mit der Kodifikation u. Erklärung des Wortschatzes befaßt. **le|xi|ko|gra|phisch** ⟨zu ↑ ...graphisch⟩: die Lexikographie betreffend. **Le|xi|ko|lo|ge,** *der;* -n, -n ⟨zu ↑ ...loge⟩: Wissenschaftler auf dem Gebiet der Lexikologie. **Le|xi|ko|lo|gie** *die;* - ⟨zu ↑ ...logie⟩: Bereich der Sprachwissenschaft, in dem man sich mit Wörtern (vgl. Lexem) u. anderen sprachlichen Einheiten (vgl. Morphem) im Hinblick auf ↑morphologische, ↑semantische u. ↑etymologische Fragen befaßt. **le|xi|ko|lo|gisch** ⟨zu ↑ ...logisch⟩: a) die Lexikologie betreffend; b) zu dem Gebiet der Lexikologie gehörend. **Le|xi|kon** *das;* -s, Plur. ...ka u. ...ken ⟨aus *spätgr.* lexikón (biblíon) „Wörterbuch", substantiviertes Neutrum von *gr.* lexikós „das Wort betreffend" zu léxis „Rede, Wort", dies zu légein „auflesen, sammeln; reden"⟩: 1. alphabetisch geordnetes Nachschlagewerk für alle Wissensgebiete (vgl. Konversationslexikon) od. für ein bestimmtes Sachgebiet. 2. (veraltet) Wörterbuch. 3. a) Gesamtheit der bedeutungstragenden Einheiten einer Sprache; der Wortschatz im Unterschied zur Grammatik einer Sprache; b) (in der generativen Grammatik) Sammlung

Lexikonartikel

der Lexikoneinträge einer Sprache (Sprachw.). **Le|xi|kon|ar|ti|kel** *der;* -s, -: Artikel, [kurze] Abhandlung in einem Lexikon zu einem Stichwort. **Le|xi|kon|for|mat** *das;* -[e]s, -e u. **Le|xi|kon|ok|tav** *das;* -s, -e [...və]: bei Lexika übliches Buchformat, etwa bis 25 (auch bis 30) cm; Abk.: Lex.-8°. **Le|xi|ko|sta|ti|stik** *die;* - ⟨zu ↑lexiko...⟩: a) Sprachstatistik; Erforschung der Sprache in bezug auf die Häufigkeit des Gebrauchs einzelner Wörter, die Länge von ↑Morphemen, Wörtern, Sätzen o. ä. mit Methoden der Statistik (1) u. Wahrscheinlichkeitsrechnung; b) (selten) svw. Glottochronologie. **Le|xi|ko|thek** *die;* -, -en ⟨zu ↑...thek⟩: Analogiebildung zu Bibliothek⟩: Sammlung von verschiedenen Lexika
Lex im|per|fec|ta [– ...'fɛkta] *die;* - -, Leges ['le:ge:s] ...tae [...tɛ] ⟨aus gleichbed. *lat.* lex imperfecta⟩: unvollkommenes Recht, d. h. Gesetz, dessen Tatbestand keine Rechtsfolge nach sich zieht
le|xisch ⟨zu *gr.* léxis „Rede, Wort"⟩: die Lexik betreffend.
Le|xo|thek *die;* -, -en ⟨zu *gr.* léxis (vgl. lexisch) u. ↑...thek⟩: in Rechenanlagen gespeichertes, in Morpheme zerlegtes Wortmaterial, das nach Bedarf abgerufen, sortiert u. ausgedruckt werden kann; maschinelles Wörterbuch
Lex per|fec|ta [– ...'fɛkta] *die;* - -, Leges ['le:ge:s] ...tae [...tɛ] ⟨aus gleichbed. *lat.* lex perfecta⟩: vollkommenes Recht, d. h. Gesetz, dessen Tatbestand eine Rechtsfolge nach sich zieht. **Lex spe|cia|lis** [– spe'tsia:...] *die;* - -, Leges ['le:ge:s] ...les [...le:s] ⟨aus gleichbed. *lat.* lex specialis⟩: das (der ↑Lex generalis übergeordnete) Sondergesetz. **lex spe|cia|lis de|ro|gat ge|ne|ra|li** ⟨*lat.*⟩: das besondere Gesetz geht dem allgemeinen vor (Grundsatz des deutschen Rechts)
Le|zi|thin, fachspr. Lecithin [...tsi...] *das;* -s, -e ⟨zu *gr.* lékithos „Eigelb" u. ↑...in (1)⟩: zu den ↑Lipoiden gehörende Substanz (u. a. als Nervenstärkungsmittel verwendet; Chem., Biol.)
Lher|zo|lith [lɛr..., auch ...'lɪt] *der;* Gen. -s u. -en, Plur. -e[n] ⟨nach dem Lac de Lherz in den Pyrenäen u. zu ↑...lith⟩: dichtes, z. T. grobkörniges, dunkles Tiefengestein der Peridotitgruppe (vgl. Peridotit)
L'hom|bre ['lõ:brə] ⟨aus *fr.* l'hombre „Spielmacher [beim Lomber]"⟩: svw. Lomber
Li *das;* -, - ⟨aus gleichbed. *chin.* li⟩: 1. chines. Längenmaß (Meile) von unterschiedlicher Länge (zwischen 400 u. 700 m). 2. chines. Gewicht (= 0,038 g)
Li|ai|son [liɛ'zõ:] *die;* -, -s ⟨aus gleichbed. *fr.* liaison zu lier, vgl. liieren⟩: 1. [nicht standesgemäße] Verbindung, Liebesverhältnis, Liebschaft. 2. in der Aussprache des Französischen Bindung zweier Wörter, wobei ein sonst stummer Konsonant am Wortende vor einem vokalisch beginnenden Wort ausgesprochen wird. 3. Mischung aus Ei, Sahne u. Butter od. Mehl, Fleischbrühe u. a. zur Herstellung von Soßen, Cremes o. ä. (Gastr.)
Lia|ne *die;* -, -n (meist Plur.) ⟨aus gleichbed. *fr.* liane; weitere Herkunft unsicher⟩: bes. für tropische Regenwälder charakteristische Schlingpflanze, die an Bäumen o. ä. emporklettert u. häufig herabhängende, sehr starke Ausläufer bildet
Liard [lja:r] *der;* -, -s [lja:r] ⟨aus *fr.* liard „Heller, Pfennig"⟩: seit der 2. Hälfte des 15. Jh.s für ganz Frankreich geprägte Silbermünze, seit der Mitte des 17. Jh.s aus Kupfer
Li|as *der* od. *die;* - ⟨über *fr.* lias aus gleichbed. *engl.* Lias, dies zu *(alt)fr.* liais (ein feinkörniger Kalkstein)⟩: die untere Abteilung des ↑²Juras (in Süddeutschland: Schwarzer Jura; Geol.). **li|as|sisch**: den Lias betreffend, zum Lias gehörend, aus ihm stammend (Geol.)
Li|ba|ment *das;* -[e]s, -e u. **Li|ba|men|tum** *das;* -s, ...ta ⟨aus gleichbed. *lat.* libamentum, eigtl. „das Abgekostete", zu libare „kosten, genießen; spenden"⟩: (veraltet) Leckerbissen
Li|ba|no|mant *der;* -en, -en ⟨zu *gr.* líbanos „Weihrauch" u. mántis „Wahrsager, Opferdeuter"⟩: (in der Antike) jmd., der aus dem Weihrauchdampf wahrsagte. **Li|ba|no|man|tie** *die;* - ⟨zu *gr.* manteía „das Weissagen"⟩: das Wahrsagen aus dem Weihrauch- od. Opferdampf (in der Antike)
Li|ba|ti|on *die;* -, -en ⟨aus gleichbed. *lat.* libatio zu libare „ein wenig wegnehmen od. ausgießen"⟩: [altröm.] Trankspende für die Götter u. die Verstorbenen
Lib|bra *die;* -, -[s] ⟨aus *it.* libbra „Pfund" zu *lat.* libra, vgl. Libra⟩: ital. Massemaß (von unterschiedlichem Gewicht in den einzelnen Gegenden)
Li|bec|cio [li'bettʃo] *der;* -[s] ⟨aus gleichbed. *it.* libeccio zu *gr.* líps, Gen. libós „Südwestwind"⟩: von Südwesten kommender trockener, heißer Wind in Unteritalien
Li|bell *das;* -s, -e ⟨aus gleichbed. *lat.* libellus, eigtl. „Büchlein", Verkleinerungsform von liber, vgl. Liber⟩: 1. gerichtliche Klageschrift im alten Rom. 2. Schmähschrift, Streitschrift, ↑Famosschrift. **Li|bel|lant** *der;* -en, -en ⟨zu ↑...ant⟩: (veraltet) Verfasser eines Libellist
Li|bel|le *die;* -, -n ⟨aus *lat.* libella „kleine Waage", Verkleinerungsform von libra „Waage", Bed. 1 nach dem gleichmäßigen Flug mit waagerecht ausgespannten Flügeln; Bed. 3 nach der Ähnlichkeit mit einer Libelle⟩: 1. schön gefärbtes Raubinsekt mit schlankem Körper u. vier glashellen Flügeln, dessen Larve im Wasser lebt; Wasserjungfer. 2. Hilfseinrichtung an [Meß]instrumenten (z. B. an einer Wasserwaage) zur genauen Horizontal- oder Vertikalstellung. 3. Haarspange bestimmter Art
¹li|bel|lie|ren ⟨zu ↑Libell u. ↑...ieren⟩: (veraltet) eine Klageschrift verfassen u. bei einer Behörde einreichen
²li|bel|lie|ren ⟨zu ↑Libelle u. ↑...ieren⟩: mit der Libelle (2) nachmessen
Li|bel|list *der;* -en, -en ⟨zu ↑Libell u. ↑...ist⟩: Verfasser eines Libells (2). **Li|ber** *der;* -, Libri ⟨aus gleichbed. *lat.* liber, eigtl. „Bast" (als Schreibmaterial)⟩: lat. Bez. für Buch
li|be|ral ⟨über gleichbed. *fr.* libéral aus *lat.* liberalis „freiheitlich; freigebig; edel" zu liber „frei"⟩: 1. dem einzelnen wenige Einschränkungen auferlegend, die Selbstverantwortung des Individuums unterstützend, freiheitlich. 2. die Weltanschauung des Liberalismus (1) betreffend, sie vertretend. 3. nach allen Seiten offen. 4. eine den Liberalismus (1) vertretende ↑Partei (1) betreffend, zu ihr gehörend. **Li|be|ra|le** *der* u. *die;* -n, -n ⟨vgl. ¹...al (2)⟩: Anhänger einer liberalen (4) Partei, des Liberalismus (1). **li|be|ra|li|sie|ren** ⟨nach gleichbed. *fr.* libéraliser⟩: 1. von Einschränkungen frei machen; großzügiger, freiheitlich gestalten. 2. stufenweise Einfuhrverbote u. -kontingente im Außenhandel beseitigen (Wirtsch.). **Li|be|ra|li|sie|rung** *die;* -, -en ⟨zu ↑...isierung⟩: 1. Befreiung von einschränkenden Vorschriften. 2. Aufhebung bzw. Reduzierung dirigistischer Eingriffe in einen freien Austausch von Gütern u. Produktionsfaktoren (Wirtsch.). **Li|be|ra|lis|mus** *der;* - ⟨nach gleichbed. *engl.* liberalism, *fr.* libéralisme, vgl. ...ismus (1)⟩: 1. bes. im Individualismus wurzelnde, im 19. Jh. in politischer, wirtschaftlicher u. gesellschaftlicher Hinsicht entscheidend prägende Denkrichtung u. Lebensform, die Freiheit, Autonomie, Verantwortung u. freie Entfaltung der Persönlichkeit vertritt. 2. liberales (1) Wesen, liberaler Zustand. **Li|be|ra|list** *der;* -en, -en ⟨zu ↑...ist⟩: Anhänger, Verfechter des Liberalismus (1). **li|be|ra|li|stisch** ⟨zu ↑...istisch⟩: a) den Liberalismus betreffend, auf ihm beruhend; freiheitlich im Sinne des Liberalismus; b) extrem li-

beral. **Li|be|ra|li|tät** *die;* - ⟨aus *lat.* liberalitas, Gen. liberalitatis „edle Gesinnung, Freigebigkeit"⟩: 1. Großzügigkeit. 2. a) Vorurteilslosigkeit; b) freiheitliche Gesinnung, liberales (1) Wesen. **Li|be|ra|li|um Ar|ti|um Ma|gi|ster** *der;* - - - ⟨*mlat.*⟩: Magister der freien Künste (Titel mittelalterlicher Universitätslehrer). **Li|be|ra|ti|on** *die;* -, -en ⟨aus gleichbed. *lat.* liberatio zu liberare „befreien; freisprechen"⟩: (veraltet) Befreiung; Entlastung. **li|be|ra|tiv** ⟨zu ↑ ...iv⟩: svw. liberatorisch; vgl. ...iv/...orisch. **Li|be|ra|tor** *der;* -s, -en ⟨aus gleichbed. *lat.* liberator⟩: (veraltet) Befreier. **li|be|ra|to|risch:** (veraltet) befreiend, lossprechend; vgl. ...iv/ ...orisch. **Li|be|ra|to|ri|um** *das;* -s, ...ria ⟨aus gleichbed. spätlat. liberatorium⟩: (veraltet) lossprechendes Urteil, Entlassungsschein. **Li|be|rin** *das;* -s, -e (meist Plur.) ⟨zu *lat.* liber „frei" u. ↑ ...in (1)⟩: svw. Releaserfaktor. **Li|be|ro** *der;* -s, -s ⟨aus gleichbed. *it.* libero, eigtl. „der Freie", zu libero „frei", dies aus *lat.* liber⟩: Abwehrspieler ohne unmittelbaren Gegenspieler, der als letzter in der eigenen Abwehr steht, sich aber ins Angriffsspiel einschalten kann (Fußball)

Li|ber pon|ti|fi|ca|lis [– ...'ka:...] *der;* - - ⟨aus gleichbed. *kirchenlat.* liber pontificalis zu *lat.* liber „Buch" u. pontificalis „priesterlich"⟩: Papstbuch (mittelalterliche Sammlung der ältesten Papstbiographien)

li|ber|tär ⟨aus gleichbed. *fr.* libertaire zu libre „frei", dies aus gleichbed. *lat.* liber⟩: extrem freiheitlich; anarchistisch. **Li|ber|tät** *die;* -, -en ⟨unter Einfluß von *fr.* liberté aus *lat.* libertas, Gen. libertatis „Freiheit"⟩: 1. ständische Freiheit. 2. (selten) Freiheit, [beschränkte] Bewegungs- u. Handlungsfreiheit. **Li|ber|té, Éga|li|té, Fra|ter|ni|té** […'te, ega-li'te, ...'te] ⟨aus *fr.* liberté, egalité, fraternité „Freiheit, Gleichheit, Brüderlichkeit"⟩: Losung der Französischen Revolution von 1789; vgl. Egalité, Fraternité. **li|ber|tin** ⟨aus gleichbed. *fr.* libertin zu *lat.* liber „ungehindert, zügellos", eigtl. „frei"⟩: zügellos, leichtfertig; ausschweifend, locker. **Li|ber|tin** [...'tɛ:] *der;* -s, -s ⟨aus gleichbed. *fr.* libertin, dies aus *lat.* libertinus „Freigelassener"⟩: (veraltet) 1. Freigeist. 2. ausschweifend lebender Mensch, Wüstling. **Li|ber|ti|na|ge** [...ti'na:ʒə] *die;* -, -n ⟨aus gleichbed. *fr.* libertinage⟩: Ausschweifung, Zügellosigkeit. **Li|ber|ti|ner** *der;* -s, - ⟨nach gleichbed. *fr.* libertin, vgl. Libertin⟩: (veraltet) 1. leichtsinniger, zügelloser Mensch. 2. Freigeist. **li|ber|ti|nie|ren** ⟨aus gleichbed. *fr.* libertiner⟩: (veraltet) ausschweifend leben, ein lockeres Leben führen. **Li|ber|ti|nis|mus** *der;* - ⟨nach gleichbed. *fr.* libertinisme; vgl. ...ismus (3)⟩: Zügellosigkeit. **Li|ber|ty** […ti] *der;* -[s] ⟨nach dem Namen einer Londoner Textilfirma, eigtl. „Freiheit" (*engl.* liberty)⟩: feines atlasbindiges Gewebe aus Naturseide od. Chemiefasern. **Li|ber|ty ship** ['lɪbətɪ 'ʃɪp] *das;* - -[s], - -s ⟨aus gleichbed. *engl.-amerik.* liberty ship, eigtl. „Freiheitsschiff"; die Schiffe wurden bes. zur Versorgung der amerik. Truppen in Europa eingesetzt⟩: amerik. Einheitsfrachtschiff im 2. Weltkrieg (mit 10 000 t Tragfähigkeit). **Li|be|rum ar|bi|tri|um** ['li:be... –] *das;* - - ⟨aus *lat.* liberum arbitrium „freie Entscheidung"⟩: Willens- u. Wahlfreiheit; freier, selbständiger Entschluß (Philos.). **Li|be|rum ve|to** [– v...] *das;* - - ⟨*lat.;* zu liber „frei" u. vetare „verbieten"⟩: freies Einspruchsrecht jedes Abgeordneten im poln. Reichstag von 1652 bis 1791. **Li|ber usu|a|lis** *das;* - - ⟨aus *lat.* liber „Buch" u. *spätlat.* usualis „üblich, gebräuchlich", dies zu *lat.* usus „Gebrauch"⟩: 1895 für den kath. Gottesdienst zusammengestelltes Choralbuch

li|bi|di|ni|sie|ren ⟨nach gleichbed. *engl.-amerik.* libidinize; vgl. Libido u. ...isieren⟩: sexuelle Wünsche erregen, mit libidinöser Triebenergie durch Sinnesreize aufladen, erotisieren (Med., Psychol.). **Li|bi|di|nist** *der;* -en, -en ⟨zu ↑ Libido u. ↑ ...ist⟩: sexuell triebhafter Mensch (Med., Psychol.). **li|bi|di|nös** ⟨über *fr.* libidineux aus gleichbed. *lat.* libidinosus zu libido (vgl. Libido); vgl. ...ös⟩: auf die Libido bezogen, die sexuelle Lust betreffend (Med., Psychol.). **Li|bi|di|no|si|tät** *die;* - ⟨zu ↑ ...ität⟩: (veraltet) Wollust, ausschweifende Lebensweise. **Li|bi|do** [auch ...'bi:...] *die;* - ⟨aus *lat.* libido „Lust, Begierde"⟩: 1. Begierde; Trieb, bes. Geschlechtstrieb (Med., Psychol.). 2. allen psychischen Äußerungen zugrundeliegende psychische Energie (Psychoanalyse)

Li|bra *die;* -, -[s] ⟨aus gleichbed. *lat.* libra (vgl. ²Lira), Bed. 2 über gleichbed. *span., port.* libra⟩: 1. altröm. Gewichtsmaß. 2. früheres Gewichtsmaß in Spanien, Portugal u. Brasilien

Li|bra|ri|us *der;* -, -rii ⟨aus gleichbed. *lat.* librarius zu liber, Gen. libri „Buch" u. ↑ ...arius⟩: Buchhändler im Rom der Antike u. im Mittelalter

Li|bra|ti|on *die;* -, -en ⟨aus *lat.* libratio „das Ausgleichen" zu librare „wägen, im Gleichgewicht halten"⟩: scheinbare Mondschwankung, die auf der Ungleichförmigkeit der Mondbewegung beruht (Astron.). **Li|bra|ti|ons|punkt** *der;* -[e]s, -e: Gleichgewichtspunkt im Dreikörperproblem (Astron.)

Li|bres|so *das;* -[s], -s ⟨Mischbildung aus *it.* libro „Buch" (dies aus *lat.* liber, Gen. libri) u. espresso, vgl. ²Espresso⟩: in Österreich Kaffeehaus mit Büchern, Zeitungen u. Zeitschriften. **li|bret|ti|sie|ren** ⟨zu ↑ Libretto u. ↑ ...isieren⟩: in die Form eines Librettos bringen. **Li|bret|tist** *der;* -en, -en ⟨nach gleichbed. *it.* librettista⟩: Verfasser eines Librettos. **Li|bret|ti|stik** *die;* ⟨zu ↑ ...istik⟩: die Kunst, ↑ Libretti zu schreiben. **Li|bret|to** *das;* -s, Plur. -s u. ...tti ⟨aus gleichbed. *it.* libretto, eigtl. „Büchlein", Verkleinerungsform von libro „Buch", dies aus *lat.* liber, vgl. Liber⟩: Text[buch] von Opern, Operetten, Singspielen, Oratorien. **Li|bri:** Plur. von ↑ Liber

Li|bri|den *die* (Plur.) ⟨zu *lat.* libra „Waage" (da die Meteorströme vom Sternbild der Waage auszugehen scheinen) u. ↑ ...iden⟩: ein zeitweilig auftretender Meteorstrom

Li|bur|ne *die;* -, -n ⟨aus *lat.* liburna, einer bei den Liburnern in Illyrien verwendeten Schiffsart⟩: in der griech.-röm. Antike leichtes Ruderboot, das auch zum Segeln geeignet war

Li|cence [li'sã:s] *die;* -, -s [li'sã:s] ⟨aus *fr.* licence „Erlaubnis" zu gleichbed. *lat.* licentia⟩: nach etwa 3 Jahren Hochschulstudium erworbener akadem. Grad des franz. Bildungssystems. **Li|cen|za** [li'tʃɛntsa] *die;* -, ...ze ⟨aus *it.* licenza „Erlaubnis, Freiheit, Beurlaubung"⟩: 1. a) Freiheit im musikal. Vortrag; b) abweichend von den strengen Regeln der Satztechnik freiere Durchführung eines Musikstückes. 2. in den Opern des 17./18. Jh.s ein meist zusätzlich komponierter [Schluß]teil als Huldigung einer hohen Person. **li|cet** ['li:tsɛt] ⟨*lat.*⟩: es ist erlaubt

Li|chen ['li:çɛn] *der;* -s ⟨über *lat.* lichen, Gen. lichenis aus *gr.* leichén „Flechte"⟩: Hautflechte, die vor allem durch ↑ papulöse Knötchen gekennzeichnet ist; Knötchenflechte (Med.). **Li|che|nes** [...ne:s] *die* (Plur.) ⟨aus gleichbed. *lat.* lichenes, Plur. von lichen, vgl. Lichen⟩: Sammelbez. für alle Flechten (Bot.). **Li|che|ni|fi|ka|ti|on** *die;* -, -en ⟨zu ↑ ...fikation⟩: Vergrößerung u. Verdickung der Haut, Vertiefung der Hautfurchen mit teilweisem Auftreten von Knötchen (Med.). **Li|che|nin** *das;* -s, -e ⟨zu ↑ ...in (1)⟩: zelluloseähnlicher Stoff in den Zellwänden der Flechten (Bot.). **Li|che|ni|sa|ti|on** *die;* -, -en ⟨zu ↑ ...isation⟩: svw. Lichenifikation. **Li|che|nit** [auch ...'nɪt] *der;* -s, -e ⟨zu ↑².. .it⟩: Stein mit

821

lichenoid

Abdrücken von Flechten (Geol.). li|che|no|id ⟨aus gleichbed. gr. leichēnṓdēs⟩: flechtenartig, flechtenähnlich (Med., Biol.). Li|che|no|lo|ge der; -n, -n ⟨zu ↑ Lichen u. ↑ ...loge⟩: Botaniker, der sich auf die Lichenologie spezialisiert hat. Li|che|no|lo|gie die; - ⟨zu ↑ ...logie⟩: Spezialgebiet der Botanik, das sich mit den Flechten befaßt; Flechtenkunde. Li|che|no|me|trie die; - ⟨zu ↑ ...metrie⟩: Verfahren zur Altersbestimmung von geologischen Ablagerungen (z. B. Moränen) od. von vor- u. frühgeschichtlichen Steinbauwerken mit Hilfe von Flechten

li|ci|te ['litsite] ⟨lat.⟩: erlaubterweise. li|ci|to mo|do ⟨lat.; „auf erlaubte Art u. Weise"⟩: svw. licite

Li|cker¹ der; -s, - ⟨mit eindeutschender Aussprache gebildet zu gleichbed. engl. (fat) liquor, eigtl. „Flüssigkeit, Lösung"⟩: Fettemulsion (zur Lederbehandlung). li|ckern: Leder nach dem Gerben mit Licker einfetten

Li|dar der od. das; -s ⟨Kurzw. aus engl. light detection and ranging; Analogiebildung zu ↑ Radar⟩: Übertragung des Radarprinzips auf den Frequenzbereich des Lichts, indem vom Zielobjekt zurückgeworfenes Licht zur Ermittlung von Schadstoffen in der Luft aufgefangen u. ausgewertet wird

Li|do der; -[s], Plur. -s, auch Lidi ⟨aus it. lido „(Sand-)strand", dies aus lat. litus „Strand, Ufer"⟩: Strand vor mehr od. weniger abgetrennten Meeresteilen

Lie|be|ne|rit [auch ...'rɪt] der; -s ⟨nach dem franz. Mineralogen L. Liebener (19. Jh.) u. zu ↑ ²...it⟩: zu ↑ Muskowit zersetzter ↑ Nephelit, mit grünem od. grauem Glimmer

Li|en [auch liɛːn] der; -s, Lienes [...neːs] ⟨aus gleichbed. lat. lien, Gen. lienis⟩: Milz (Med.). lie|nal [lie...] ⟨aus gleichbed. nlat. lienalis zu lat. lien, vgl. Lien⟩: die Milz betreffend, zu ihr gehörend (Med.). Lie|ni|tis die; -, ...itiden ⟨zu ↑ ...itis⟩: Milzentzündung (Med.)

Li|en|te|rie [liɛn...] die; - ⟨zu gr. leîos „glatt", ↑ Enteron u. ↑ ²...ie⟩: Durchfall mit Abgang unverdauter Speisereste (Med.)

Li|er|ne die; -, -n ⟨aus gleichbed. fr. lierne zu lier „(ver)binden, (ver)knüpfen", dies aus lat. ligare⟩: Neben- od. Zwischenrippe zur Teilung der Laibungsfläche eines Kreuzgewölbes (Archit.). li|er|nie|ren ⟨aus gleichbed. fr. lierner⟩: mit Gewölberippen versehen (Archit.)

Lieue [liø:] die; -, -s ⟨aus gleichbed. fr. lieue, dies aus spätlat. leuca, leuga, wohl aus dem Gall.⟩: altes franz. Längen-, Wegemaß (etwa 4,5 km)

Li|ev|rit [...v..., auch ...'rɪt] der; -s, -e ⟨nach dem franz. Mineralogen C. H. Lelièvre (1752–1835) u. ↑ zu ²...it⟩: ein schwarzbraunes Kontaktmineral

Life and Work ['laɪf ənd 'wəːk] ⟨aus engl. life and work „Leben und Arbeit"⟩: Bewegung für praktisches Christentum im ↑ ökumenischen Weltrat der Kirchen. **Life-is|land** ['laɪf aɪlənd] das; -[s], -s ⟨aus gleichbed. engl. life island, eigtl. „Lebensinsel"⟩: steriles Plastikgehäuse, in dem ein Patient für einige Zeit untergebracht wird, wenn seine körpereigenen Abwehrreaktionen nicht richtig ablaufen (Med.). **Life-style** [...staɪl] der; -s ⟨aus gleichbed. engl. life style⟩: Lebensstil, charakteristische Art u. Weise, das Leben zu gestalten. **Life-Sup|port-Sy|stem** [...səˈpɔːt...] das; -s ⟨aus engl. support „Unterstützung"⟩: System zur Erhaltung des menschlichen Lebens in einer zum Leben nicht geeigneten Umgebung durch die automatische Regelung von Sauerstoff u. Kohlendioxyd, Außentemperatur, Luftfeuchtigkeit u. ä. (Raumfahrt). **Life|time|sport** [...taɪm...] der; -s ⟨aus engl. lifetime sport, zu lifetime „lebenslang"⟩: Sportart, die lebenslänglich betrieben werden kann u. sich deshalb für Menschen jeder Altersstufe zur sportlichen Betätigung eignet

LIFO-Spei|cher der; -s, - ⟨Abk. für engl. last in first out „zuletzt hinein, zuerst heraus"⟩: Speicherstruktur mit dem Prinzip, daß stets das zuletzt eingefügte Element einer Datenfolge als erstes wieder entfernt werden muß (EDV)

¹**Lift** der; -[e]s, Plur. -e u. -s ⟨aus gleichbed. engl. lift zu to lift „lüften, in die Höhe heben"⟩: a) Fahrstuhl, Aufzug; b) (Plur. nur -e) Skilift, Sessellift. ²**Lift** der od. das; -s, -s ⟨aus engl. lift „das Hochheben" zu to lift, vgl. ¹Lift⟩: 1. Mitfahrgelegenheit; das Mitfahren, Sichmitnehmenlassen (von Anhaltern). 2. kosmetische Operation zur Straffung der alternden Haut, bes. im Gesicht. **Lift|boy** [...bɔy] der; -s, -s ⟨zu ↑ ¹Lift⟩: [livrierter] Jugendlicher, junger Mann, der einen Lift bedient. **lif|ten** ⟨nach engl. to lift, vgl. ¹Lift⟩: 1. a) einen ²Lift (2) durchführen; b) jmdn. einem ²Lift (2) unterziehen. 2. mit dem Skilift fahren, den Skilift benutzen. 3. in die Höhe heben, wuchten. **Lif|ter** der; -s, - ⟨aus gleichbed. engl.-amerik. lifter; vgl. ¹Lift⟩: Person, Unternehmung, die einen ¹Lift (b) betreibt. **Lif|ting** das; -s, -s ⟨aus engl. lifting „das Heben" zu to lift, vgl. ¹Lift⟩: 1. svw. ²Lift (2). 2. Übung, bei der nur die Fersen vom Boden abfedern (Sport). **Lift|kurs** der; -es, -e ⟨zu engl. to lift, vgl. ¹Lift⟩: ↑ Kurs (z. B. an Gesamtschulen) zur Förderung der Leistungen u. Kenntnisse schwacher Schüler. **Lift-on-lift-off-Schiff** das; -[e]s, -e ⟨zu engl. to lift on „aufladen" u. to lift off „abladen"⟩: Frachtschiff, das durch Kräne vertikal be- u. entladen wird. **Lift|per|so|nal** das; - ⟨zu ↑ ¹Lift⟩: einen [Ski]lift bedienendes Personal. **Lift|sta|ti|on** die; -, -en: Talod. Bergendpunkt eines [Ski]lifts. **Lift|van** [...vɛn] der; -[s], -s ⟨aus gleichbed. engl.-amerik. lift van, zu engl. lift (vgl. ¹Lift) u. van „Möbelwagen"⟩: Spezialmöbelwagen für Umzüge nach Übersee ohne Umladung

Li|ga die; -, ...gen ⟨aus span. liga „Bund, Bündnis" zu ligar „binden, vereinigen", dies aus lat. ligare; vgl. legieren⟩: 1. Bund, Bündnis (bes. der kath. Fürsten im 16. u. 17. Jh.). 2. Wettkampfklasse, in der mehrere Vereinsmannschaften eines bestimmten Gebietes zusammengeschlossen sind (Sport). Li|ga|de die; -, -n ⟨aus span. ligada „das Binden" zu ligar, vgl. Liga⟩: das Zurseitedrücken der gegnerischen Klinge (Fechten). Li|ga|ment das; -[e]s, -e u. Li|ga|men|tum das; -s, ...ta ⟨aus lat. ligamentum „Binde, Band" zu ligare, vgl. legieren⟩: festes, sehnenähnliches Band aus Bindegewebe zur Verbindung beweglicher Teile des Knochensystems, bes. an Gelenken (Anat., Med.)

Li|gan ['laɪgən] vgl. Lagan

Li|gand der; -en, -en ⟨aus lat. ligandus, Gerundivum von ligare „(ver)binden"⟩: Atom, Molekül, Ion od. ↑ Radikal (3), das an das Zentralatom einer Komplex- oder Koordinationsverbindung gebunden ist. Li|gan|din das; -s, -e ⟨zu ↑ ...in (1)⟩: basisches, lösliches ↑ Protein für den Fluß organischer ↑ Anionen (z. B. Kontrastmittel, Arzneimittel) vom Plasma in die ↑ Hepatozyten (Med.). Li|gan|din|ämie die; -, ...ien ⟨zu ↑ ...ämie⟩: Vorkommen von Ligandin im Blut (z. B. bei Leberparenchymschäden; vgl. Parenchym; Med.). Li|gan|din|urie die; -, ...ien ⟨zu ↑ ...urie⟩: Ausscheidung von Ligandin im Harn (Med.). Li|ga|se die; -, -n ⟨zu ↑ ...ase⟩: ↑ Enzym, das eine Verknüpfung von zwei Molekülen ↑ katalysiert. li|ga|to ⟨aus älter it. ligato „gebunden"⟩: svw. legato. Li|ga|tur die; -, -en ⟨aus lat. ligatura „Band, Bündel" zu ligare, vgl. Ligand⟩: 1. Buchstabenverbindung auf einer Drucktype (z. B. ff, æ; Druckw.). 2. a) Zusammenfassung mehrerer (auf einer Silbe gesungener) Noten zu Notengruppen in der Mensuralmusik des 13. bis 16. Jh.s; b) das Zusammenbinden zweier Noten gleicher

Tonhöhe mit dem Haltebogen zu einem Ton über einen Takt od. einen betonten Taktteil hinweg (zur Darstellung einer ↑Synkope (3; Mus.). 3. Unterbindung von Blutgefäßen mit Hilfe einer Naht (z. B. bei einer Operation; Med.). **Li|gen:** Plur. von ↑Liga

Li|ger *der;* -s, - ⟨Kunstw. aus *engl.* lion „Löwe" u. tiger „Tiger"⟩: ↑Bastard (1) aus der Kreuzung eines Löwenmännchens mit einem Tigerweibchen (Zool.); vgl. Tigon

light [laɪt] ⟨aus *engl.* light „gering, leicht"⟩: weniger von dem jeweiligen charakteristischen Inhaltsstoff enthaltend; leicht (von Nahrungs- u. Genußmitteln).

Ligh|ting de|sign ['laɪtɪŋ dɪ'zaɪn] *das;* - -[s] ⟨zu *engl.* lighting „Beleuchtung, Lichtverteilung" u. design „Entwurf; Plan"⟩: Lichtregie; künstlerischer Einsatz des Lichts während einer Theateraufführung in Filmen u. im Showgeschäft. **Light|pen** ['laɪtpɛn] *der;* -s, -s ⟨zu *engl.* light „Licht" u. pen „Schreibfeder", eigtl. „Lichtgriffel"⟩: Lichtstift zur direkten Eingabe am Computerbildschirm. **Light-Show** [...ʃoʊ] *die;* -, -s ⟨aus gleichbed. *engl.* light show zu *engl.* light „Licht" u. show, vgl. Show⟩: Darbietung von Lichteffekten und anderen optischen Effekten zur Verstärkung der Wirkung von Popmusiktiteln (bei Konzerten, Tanzveranstaltungen, in Diskotheken usw.)

li|gie|ren ⟨aus älter *it.* ligare „binden", dies aus gleichbed. *lat.* ligare⟩: die gegnerische Klinge zur Seite drücken (Fechten). **Li|gist** *der;* -en, -en ⟨zu ↑Liga u. ↑...ist⟩: Angehöriger einer Liga (2). **li|gi|stisch** ⟨zu ↑...istisch⟩: zur Liga gehörend

Li|gna|ti|on *die;* - ⟨aus gleichbed. *lat.* lignatio zu lignari „Holz holen"⟩: (veraltet) das Holzholen, -fällen

Ligne [linj] *die;* -, - ⟨aus *fr.* ligne „Linie, Zeile" zu *lat.* linea „Richtschnur, Lot"⟩: altes Maß (ca. 2,26 mm)

li|gni|fi|zie|ren ⟨zu *lat.* lignum, Gen. ligni „Holz" u. ↑...fizieren⟩: verholzen durch Einlagern von ↑Lignin (von pflanzlichen Zellen; Bot.). **Li|gni|fi|zie|rung** *die;* - ⟨zu ↑...fizierung⟩: Verholzung von Pflanzenteilen durch Einlagerung von ↑Lignin (Bot.). **li|gni|kol** ⟨zu *lat.* colere „bebauen, bewohnen"⟩: holzbewohnend, auf od. in Holz lebend (z. B. Holzwespen; Biol.). **Li|gni|kul|tur** *die;* -, -en: Holzanbau außerhalb des Waldes. **Li|gnin** *das;* -s, -e ⟨zu ↑...in (1)⟩: farbloser, fester, neben der ↑Zellulose wichtigster Bestandteil des Holzes; Holzstoff. **Li|gnit** [auch ...'nɪt] *das;* -s, -e ⟨zu ↑²...it⟩: schneid- u. polierfähige, verhältnismäßig junge Braunkohle mit noch sichtbarer Holzstruktur. **lignös** ⟨zu ↑...ös⟩: (veraltet) holzig, holzartig. **Li|gno|se** *die;* - ⟨zu ↑²...ose⟩: 1. svw. Zellulose. 2. früher gebräuchlicher Sprengstoff aus Nitroglyzerin u. nitriertem Holzmehl. **Li|gno|si|tät** *die;* - ⟨zu ↑...ität⟩: (veraltet) Holzigkeit, Holzartigkeit. **Li|gno|stone** [...'stoʊn] Ⓦ *das;* -s ⟨zu *engl.* stone „Stein"⟩: durch Druck (Pressen, Walzen, Schlagen) verdichtetes hartes Preßholz von hoher Festigkeit; Preßvollholz. **Li|gno|zel|lu|lo|se** *die;* -, -n: mit Ligninresten verunreinigte Zellulose aus Holz, Jute, Stroh od. Bambus

Li|gro|in *das;* -s ⟨Kunstw.; vgl. ...in (1)⟩: als Verdünnungs- od. Lösungsmittel verwendetes Leichtöl, Bestandteil des Erdöls

Ligue [lig] *die;* -, -s [lig] ⟨aus *fr.* ligue „Bund, Bündnis", dies aus älter *it.* liga; vgl. Liga⟩: franz. Bez. für Liga (1)

Li|gu|la *die;* -, ...lae [...le] ⟨aus *lat.* li(n)gula „kleine Zunge", Verkleinerungsform von lingua „Zunge"⟩: 1. bei vielen Gräsern der Sproßachse eng anliegendes, dünnes, durchsichtiges Blättchen, Blatthäutchen. 2. Riemenwurm; Bandwurm bei Fischen u. Vögeln. 3. altes röm. Flüssigkeitsmaß (0,01 l)

Li|guo|ria|ner *der;* -s, - ⟨nach dem hl. Alfons von Liguori (1696–1787), der 1732 die Kongregation der Redemptoristen gründete, u. zu ↑...aner⟩: svw. Redemptorist

Li|gu|ster *der;* -s, - ⟨aus gleichbed. *lat.* ligustrum⟩: häufig in Zierhecken angepflanzte Rainweide, ein Ölbaumgewächs mit weißen Blütenrispen

li|li|e|ren, sich ⟨aus gleichbed. *fr.* se lier, dies aus *lat.* ligare „(ver)binden"⟩: a) eine Liaison eingehen, ein Liebesverhältnis mit jmdm. beginnen; b) eine Geschäftsverbindung eingehen; mit jmdm. [geschäftlich] zusammenarbeiten. **Li|ier|te** *der* u. *die;* -n, -n ⟨vgl. ...iert⟩: (veraltet) Vertraute[r]. **Li|ie|rung** *die;* -, -en ⟨zu ↑...ierung⟩: enge [geschäftliche] Verbindung

Like|li|hood ['laɪklihʊd] *die;* - ⟨aus *engl.* likelihood „Wahrscheinlichkeit"⟩: ein wahrscheinlichkeitsähnliches Maß in der Statistik, das die ↑Plausibilität verschiedener unbekannter Parameterwerte charakterisiert. **Like|li|hood-funk|tion** *die;* -, -en: eine spezielle Wahrscheinlichkeitsfunktion in der Mathematik

Li|kör *der;* -s, -e ⟨aus gleichbed. *fr.* liqueur, eigtl. „Flüssigkeit", dies aus *lat.* liquor „Flüssigkeit"⟩: süßes alkoholisches Getränk aus Branntwein mit Zucker[lösung] u. aromatischen Geschmacksträgern. **Li|kör|es|senz** *die;* -, -en: Essenz aus Kräutern od. Lösungen äther. Öle, Farb- u. Aromastoffen in Alkohol zur Bereitung von Likör. **Li|kör|kom|po|si|ti|on** *die;* -, -en: (österr.) svw. Liköressenz

Lik|tor *der;* -s, ...oren ⟨aus *lat.* lictor zu ligare „binden"⟩: Amtsdiener als Begleiter hoher Beamter im alten Rom, Träger der ↑Faszes. **Lik|to|ren|bün|del** *das;* -s, -: svw. Faszes

Li|kud|block *der;* -[e]s ⟨zu *hebr.* likûd „Einigung, Zusammenfassung" zu lakad „fassen, ergreifen, fangen"⟩: Bündnis von (fünf) Parteien in Israel

¹li|la ⟨zu ↑Lila⟩: rotblau, fliederblau. **²li|la** ⟨vielleicht zu ↑Lila, weil die Farbe nicht eindeutig als Rot od. Blau zu bestimmen ist, od. entstanden aus *fr.* là là „so lala"⟩: mittelmäßig, einigermaßen. **Li|la** *das;* -s ⟨aus *fr.* lilas, älter lilac „span. Flieder, Fliederblütenfarbe", dies über *arab.* līlak, *pers.* līlāk, nīlāk „Flieder" aus *aind.* nīlas „schwärzlich, bläulich"⟩: lila Farbe. **Li|lak** *der;* -s, -s ⟨aus älter *fr.* lilac⟩: span. Flieder, ↑Syringe

Li|lia|ze|en *die* (Plur.) ⟨aus gleichbed. *(n)lat.* liliaceae, eigtl. „Lilienartige", zu *lat.* lilia, vgl. Lilie⟩: systematische Sammelbezeichnung für alle Liliengewächse. **Li|lie** [...i̯ə] *die;* -, -n ⟨aus *lat.* lilia, Plur. von lilium „Lilie"⟩: stark duftende Gartenpflanze mit schmalen Blättern u. trichterförmigen od. fast glockigen Blüten in vielen Arten (z. B. Tigerlilie, Türkenbund)

Li|li|put... ⟨nach dem fiktiven Land Liliput in „Gullivers Reisen" von J. Swift, 1667–1745⟩: Wortbildungselement mit der Bedeutung „winzig klein, zwergenhaft", z. B. Liliputbahn. **Li|li|pu|ta|ner** *der;* -s, - ⟨nach gleichbed. *engl.* Lilliputian, eigtl. „Bewohner von Liliput"⟩: Mensch von zwergenhaftem Wuchs; Zwerg. **li|li|pu|ta|nisch:** winzig klein

Li-li-Schiff *das;* -[e]s, -e: Kurzform von ↑Lift-on-lift-off-Schiff

Li|lith *die;* - ⟨aus *hebr.* lîlît (dies vermutlich zu *babylon.* lilîtu), dem Namen eines Sturmdämons, der ersten Frau Adams in der Überlieferung des Talmud⟩: a) weiblicher Dämon; b) Nachtgespenst des jüd. Aberglaubens

Li|ma|ko|lo|ge *der;* -n, -n ⟨zu *gr.* leĩmax, Gen. leímakos „Nacktschnecke". ↑...loge⟩: Wissenschaftler auf dem Gebiet der Limakologie. **Li|ma|ko|lo|gie** *die;* - ⟨zu ↑...logie⟩: Zweig der Zoologie, der sich mit Schnecken befaßt.

li|ma|ko|lo|gisch ⟨zu ↑ ...logisch⟩: die Limakologie betreffend, zu ihr gehörend

Li|man *der;* -s, -e ⟨aus gleichbed. *russ.* liman, dies aus *türk.* liman, eigtl. „Hafen", zu *mgr.* liménion, Verkleinerungsform von *gr.* limēn „Meeresbucht, Hafen"⟩: Meeresbucht eines bestimmten Typs (ertrunkene Flußmündung, lagunenartiger Strandsee an der Küste des Schwarzen u. des Kaspischen Meeres

Lim|an|chie *die;* - ⟨zu *gr.* limós „Hunger" u. ágchein „zuschnüren, erwürgen, erdrosseln"⟩ (veraltet) das Verhungern, Hungertod

Lim|ba *das;* -s ⟨aus einer Eingeborenensprache Westafrikas⟩: aus dem tropischen Westafrika stammendes gelb- bis grünlichbraunes Holz, das häufig als Furnierholz verwendet wird

Lim|bi: Plur. von ↑ Limbus. **lim|bisch** ⟨zu ↑ Limbus⟩; in der Fügung -es System: Randgebiet zwischen Großhirn u. Gehirnstamm, das die hormonale Steuerung u. das vegetative Nervensystem beeinflußt u. von dem gefühlsmäßige Reaktionen auf Umweltreize ausgehen (Anat.).

Lim|bo *der;* -s, -s ⟨aus dem Karib.⟩: akrobatischer Tanz westindischer Herkunft, bei welchem sich der Tänzer (ursprünglich nur Männer) rückwärts beugt u. mit schiebenden Tanzschritten unter einer Querstange hindurchbewegt, die nach jedem gelungenen Durchgang niedriger gestellt wird

Lim|bur|git [auch ...'gɪt] *der;* -s, -e ⟨nach der Burgruine Limburg am Kaiserstuhl u. zu ↑²...it⟩: ein dunkles, basaltähnliches Ergußgestein

Lim|bus *der;* -, ...bi ⟨aus *lat.* limbus „Rand, Saum"⟩: 1. (ohne Plur.) nach traditioneller, heute weitgehend aufgegebener kath. Lehre die Vorhölle als Aufenthaltsort der vorchristlichen Gerechten u. der ungetauft gestorbenen Kinder. 2. Kelchsaum teilweise verwachsener Kelchblätter (Bot.). 3. Gradkreis, Teilkreis an Winkelmeßinstrumenten (Techn.).

Li|men *das;* -s, ...mina ⟨aus *lat.* limen „Schwelle, Türschwelle"⟩: Rand, Grenzlinie (eines Organs; Med.)

Li|men|arch *der;* -en, -en ⟨aus gleichbed. *gr.* limenárchēs⟩: Hafenaufseher im alten Griechenland. **Li|men|ar|chie** *die;* - ⟨aus gleichbed. *gr.* limenarchía⟩: Amt des Hafenaufsehers im alten Griechenland

Lime|quat ['laɪmkwɔt] *die;* -, -s ⟨zu *engl.* lime „Zitrone, Limette, Zitronelle" u. kumquat „Goldorange", dies aus dem Chines.⟩: svw. Kumquat

Li|mer ['laɪmɐ] *der;* -s, -s (meist Plur.) ⟨Kurzw. aus *engl.* less *income,* more *exitement* „weniger Einkommen, mehr Anregung"⟩: jmd., der unter Zurückstellung seiner beruflichen Karriere versucht, sein Leben möglichst abwechslungsreich zu gestalten

Li|me|rick *der;* -[s], -s ⟨aus gleichbed. *engl.* limerick, nach der gleichnamigen Stadt in Irland⟩: 1. volkstümliches fünfzeiliges Gedicht von ironischem od. grotesk-komischem Inhalt (Reimschema: aa bb a, z. B. In seltsamer Alter aus Aachen,/der baute sich selbst einen Nachen,/umschiffte die Welt,/kam heim ohne Geld,/beherrschte jedoch siebzehn Sprachen). 2. in der Mode des 17. Jh.s Handschuh aus dem Fell ungeborener Kälber. **li|me|ricken¹**: Limericks (1) verfassen

Li|mes *der;* -, - ⟨aus *lat.* limes „Querweg, Rain, Grenzlinie, -wall"⟩: 1. (ohne Plur.) von den Römern angelegter Grenzwall (vom Rhein bis zur Donau). 2. mathematischer Grenzwert, dem eine Zahlenfolge (Menge) zustrebt; Abk.: lim

Li|met|ta vgl. Limette. **Li|met|te** *die;* -, -n ⟨aus *fr.* limette, Verkleinerungsform von lime „kleine süße Zitrone"; vgl. Limone⟩: dünnschalige Zitrone (eine westindische Zitronenart). **Li|mett|öl** *das;* -[e]s: zitronenartig riechendes Öl aus den Schalen der Limette

Li|mier [li'mje:] *der;* -s, -s ⟨aus gleichbed. *fr.* limier zu (älter) *fr.* lien „Band", eigtl. „an der Schnur geführter Hund"⟩: (veraltet) Leithund, Spürhund

li|mi|kol ⟨zu *lat.* limus „Schlamm" u. colere „(an einem bestimmten Ort) wohnen"⟩: im Schlamm lebend (Biol.). **Li|mi|ko|len** *die* (Plur.): Watvögel (Biol.)

Li|mit *das;* -s, Plur. -s u. -e ⟨aus gleichbed. *engl.* limit, dies über *fr.* limite aus *lat.* limes, Gen. limitis, vgl. Limes⟩: 1. Grenze, die räumlich, zeitlich, mengen- od. geschwindigkeitsmäßig nicht über- bzw. unterschritten werden darf. 2. a) Preisgrenze, die ein ↑ Kommissionär, Finanz- od. Börsenmakler nicht über- bzw. unterschreiten darf; b) äußerster Preis (Wirtsch.); vgl. off limits. 3. a) für die Qualifikation festgelegte Mindestleistung (Sport); b) Grenze der jeweiligen Gewichtsklasse (Boxen). **Li|mi|ta|ti|on** *die;* -, -en ⟨aus *lat.* limitatio „Festsetzung" zu limitare, vgl. limitieren⟩: 1. a) Begrenzung, Einschränkung; b) das Limitieren. 2. dritte der 12 Kategorien der Qualität bei Kant (Philos.). **li|mi|ta|tiv** ⟨aus gleichbed. *nlat.* limitativus, Intensivbildung zu *lat.* limitatus, Part. Perf. von limitare, vgl. limitieren⟩: begrenzend, einschränkend; -es [...vəs] Urteil: Satz, der der Form nach bejahend, dem Inhalt nach verneinend ist (Philos.). **Li|mi|te** *die;* -, -n ⟨aus gleichbed. *fr.* limite, dies zu *lat.* limes, vgl. Limes⟩: (schweiz.) svw. Limit. **li|mi|ted** [...tɪd] ⟨aus gleichbed. *engl.* limited, Part. Perf. von to limit, vgl. limitieren⟩: angloamerik. Zusatz bei Handelsgesellschaften, deren Teilhaber nur mit ihrer Einlage od. bis zu einem bestimmten Betrag darüber hinaus haften; mit beschränkter Haftung (Wirtsch.); Abk.: Ltd., lim., Lim. od. Ld. **Li|mi|ter** *der;* -s, - ⟨aus gleichbed. *engl.* limiter zu to limit „begrenzen", dies über (*alt*)*fr.* limiter aus *lat.* limitare⟩: Amplitudenbegrenzer (Elektrot.). **li|mi|tie|ren** ⟨aus *fr.* limiter „abgrenzen, bestimmen, festsetzen" bzw. aus gleichbed. *lat.* limitare zu limes, vgl. Limes⟩: begrenzen, einschränken. **Li|mi|tum** *das;* -s, ...ta ⟨aus gleichbed. *nlat.* limitum⟩: (veraltet) svw. Limit (2 b)

limn..., Limn... vgl. limno..., Limno... **lim|ni..., Lim|ni...** vgl. limno..., Limno... **Lim|ni|graph** *der;* -en, -en ⟨zu *lat.* limno... u. ↑...graph⟩: svw. Limnimeter. **Lim|ni|gra|phie** *die;* - ⟨zu ↑...graphie⟩: das Registrieren u. Aufzeichnen von Wasserstandsschwankungen in Binnenseen. **lim|ni|kol** ⟨zu *lat.* colere „(an einem bestimmten) Ort wohnen"⟩: im Süßwasser lebend (von Organismen; Biol.). **Lim|ni|me|ter** *das;* -s, - ⟨zu ↑¹...meter⟩: Pegel zum Messen u. selbständigen Aufzeichnen des Wasserstandes (z. B. eines Sees). **Lim|ni|me|trie** *die;* - ⟨zu ↑...metrie⟩: (veraltet) Wasserstandsmessung von Seen. **Lim|ni|on** *das;* -[s] ⟨aus *gr.* limníon „kleiner Teich"⟩: das Gebiet des freien Wassers in Süßwasserseen. **Lim|ni|phon** *das;* -s, -e ⟨zu ↑limno... u. ↑...phon⟩: Pegel, dessen Wasserstandsanzeige über Telefon abgerufen werden kann. **lim|nisch** ⟨zu *gr.* límnē „See, Teich"⟩: 1. im Süßwasser lebend od. entstanden (Biol.); Ggs. ↑ terrestrisch (2 a), marin (2). 2. in Süßwasser abgelagert (von Kohlenlagern; Geol.). **lim|no..., Lim|no...**, auch limni..., Limni..., vor Vokalen meist limn..., Limn... ⟨z. T. über *nlat.* limnium aus *gr.* límnē „See, Teich"⟩: Wortbildungselement mit der Bedeutung „See, Gewässer, Süßwasser (als Lebensraum)", z. B. Limnologie, limnikol. **Lim|no|bi|os** *der;* - ⟨zu *gr.* bíos „Leben"⟩: Gesamtheit der im Süßwasser lebenden Organismen (Biol.). **Lim|no|gramm** *das;* -s, -e ⟨↑...gramm⟩: Aufzeichnung des Wasserstandes durch ein

Limnimeter. **Lim|no|graph** *der;* -en, -en ⟨zu ↑ ...graph⟩: svw. Limnimeter. **Lim|no|kre|ne** *die;* -, -n ⟨zu *gr.* krḗnē „Quelle; Brunnen"⟩: Tümpelquelle, Quelle, die von unten her mit Wasser gefüllt wird, bei der der Quellbach sich durch Überlaufen bildet. **Lim|no|lo|ge** *der;* -n, -n ⟨zu ↑ ...loge⟩: Wissenschaftler auf dem Gebiet der Limnologie. **Limno|lo|gie** *die;* - ⟨zu ↑ ...logie⟩: Wissenschaft von den Binnengewässern u. ihren Organismen; Süßwasser-, Seenkunde. **lim|no|lo|gisch** ⟨zu ↑ ...logisch⟩: die Limnologie betreffend; auf Binnengewässer bezogen. **Lim|no|me|teo|ro|logie** *die;* -: Teilgebiet der ↑ Hydrometeorologie, das sich mit atmosphärischen Einflüssen auf den Wasser-, Energie- u. Stoffhaushalt stehender Gewässer befaßt. **Lim|no|me|ter** vgl. Limnimeter. **lim|no|phil** ⟨zu ↑ ...phil⟩: ruhige Gewässer bevorzugend (von Organismen; Biol.). **Lim|no|plankton** *das;* -s: das ↑ Plankton des Süßwassers. **Lim|no|sty|gal** *das;* -s ⟨zu *gr.* Stýx, Gen. Stygós „Fluß der Unterwelt" u. ↑¹...al (1)⟩: Lebensraum des Grundwassers im Uferbereich stehender Gewässer (Biol.). **Lim|no|sty|gon** *das;* -s ⟨zu *gr.* ṓn „seiend", Part. Präs. zu eĩnai „sein"⟩: Lebensgemeinschaft im Limnostygal (Rädertierchen, Fadenwürmer, Ruderfußkrebse; Biol.).

Li|mo [auch 'li:mo] *die;* -, -[s] (ugs.) Kurzform von ↑ Limonade. **Li|mo|na|de** *die;* -, -n ⟨aus gleichbed. *fr.* limonade, eigtl. „Zitronenwasser", zu *(alt)fr.* limon, dies über *it.* limone aus *pers.-arab.* līmun, vgl. Limone⟩: Kaltgetränk aus Obstsaft, -sirup od. künstlicher Essenz, Zucker u. Wasser, meist mit Zusatz von Kohlensäure. **Li|mo|na|dier** [...'die:] *der;* -s, -s ⟨aus gleichbed. *fr.* limonadier⟩: (veraltet) Verkäufer von Erfrischungsgetränken. **Li|mo|ne** *die;* -, -n ⟨aus gleichbed. *it.* limone, dies aus *pers.-arab.* līmun „Zitrone(nbaum)"⟩: 1. (selten) svw. Zitrone (b). 2. svw. Limette. **Li|mo|nel|le** *die;* -, -n ⟨aus gleichbed. *fr.* limonelle, Verkleinerungsform von limon, vgl. Limonade⟩: svw. Limette. **Li|mo|nen** *das;* -s, -e ⟨zu ↑ ...en⟩: zitronenartig riechender flüssiger Kohlenwasserstoff (Bestandteil vieler ätherischer Öle)

Li|mo|nit [auch ...'nɪt] *der;* -s, -e ⟨zu *gr.* leimṓn „Wiese" (weil das Mineral oft offen auf dem Erdboden liegend zu finden ist) u. ↑²...it⟩: durch Verwitterung entstandenes Eisenerzmineral; Sumpf-, Raseneisenerz, Brauneisenstein **li|mos** u. **li|mös** ⟨aus gleichbed. *lat.* limosus zu limus „Schlamm"; vgl. ...ös⟩: schlammig, sumpfig (Biol.). **Li|mo|si|ner Email** [– e'maɪ] *das;* - -s ⟨nach der franz. Stadt Limoges u. zu ↑ Email⟩: ein (bes. im 15. u. 16. Jh.) in Limoges hergestelltes Maleremail

Li|mo|si|tät *die;* - ⟨zu ↑ limos u. ↑ ...ität⟩: schlammige Beschaffenheit (des Bodens)

Li|mou|si|ne [limu...] *die;* -, -n ⟨aus gleichbed. *fr.* limousine, eigtl. „weiter (Schutz)mantel" (wie ihn urspr. die Fuhrleute in der franz. Landschaft Limousin trugen)⟩: geschlossener Personenwagen [mit Schiebedach].

lim|pid ⟨unter Einfluß von *fr.* limpide aus gleichbed. *lat.* limpidus zu limpa „(Quell-)wasser"⟩: durchscheinend, hell, durchsichtig, klar. **Lim|pi|di|tät** *die;* - ⟨aus gleichbed. *lat.* limpiditas, Gen. limpiditatis⟩: Durchsichtigkeit, Klarheit **Li|mu|lus** *der;* - ⟨zu *lat.* limulus „ein wenig schielend"⟩: einziger ↑ rezenter Vertreter ausgestorbener Pfeilschwanzkrebse (Zool.).

Li|nac [...k] *der;* -s, -s ⟨Kurzw. aus gleichbed. *engl.* linear accelerator⟩: Teilchenbeschleuniger auf geradliniger Bahn (für atomare Teilchen; Kernphys.).

Lin|aloe|öl [...loe...] *das;* - ⟨über das Span. zu *(m)lat.* lignum alos „Holz der Aloe"⟩: ätherisches Öl aus dem Holz verschiedener Balsambaumgewächse, das als Riechstoff verwendet wird. **Lin|alo|ol** *das;* -s, -e ⟨zu ↑ ...ol⟩: ein zweifach ungesättigter Terpenalkohol (vgl. Terpen) von maiglöckchenartigem Geruch in zahlreichen ätherischen Ölen. **Linalyl|ace|tat** [...atse...] *das;* -s, -e ⟨zu ↑ ...yl u. ↑ Acetat⟩: der Essigsäureester des Linalools als wesentlicher Geruchsstoff des Lavendel- u. Bergamottöls

Li|na|rit [auch ...'rɪt] *der;* -s, -e ⟨nach der span. Stadt Linares u. zu ↑²...it⟩: ein lasurblaues, ↑ monoklines Mineral

Lin|cru|sta [...k...] vgl. Linkrusta

Lin|dan *das;* -s ⟨Kunstw.; vgl. ...an⟩: Handelsname für ein Insektizid

Lin|dy-Hop ['lɪndɪhɔp] *der;* -s ⟨nach Lindy, dem Kosenamen von Ch. A. Lindbergh (der 1927 erstmals den Atlantik allein überflog) u. zu *engl.* to hop „hüpfen, springen"⟩: akrobat. Gesellschaftstanz mit solistischen Einlagen als Weiterentwicklung des ↑ Jitterbug

Li|nea *die;* -, ...eae [...neɛ] ⟨aus *lat.* linea „Leine, Strich, Linie"; vgl. Linie⟩: Kante, Knochenleiste (Med.). **Li|ne|age** ['lɪnɪdʒ] *die* od. *das;* -, -s ⟨aus gleichbed. *engl.* lineage, dies aus *lat.* linea, vgl. Linie⟩: soziale Einheit, deren Angehörige alle von einem gemeinsamen Ahnen abstammen u. meist an einem Ort wohnen. **li|ne|al** [line...] ⟨aus *spätlat.* linealis „mit Linien gemacht" zu *lat.* linea, vgl. Linie⟩: svw. linealisch; vgl. ...isch/-. **Li|ne|al** *das;* -s, -e ⟨zu ↑¹...al (2)⟩: meist mit einer Meßskala versehenes Gerät zum Ziehen von Geraden. **li|ne|alisch** ⟨zu *spätlat.* linealis, vgl. lineal⟩: (von Blättern) lang u. mit parallelen Rändern; vgl. ...isch/-. **Li|nea|ment** *das;* -[e]s, -e ⟨aus *lat.* lineamentum „Umriß, Grundriß", eigtl. „Strich mit Feder od. Kreide"⟩: 1. Linie in der Hand od. im Gesicht; Handlinie, Gesichtszug (Med.). 2. Gesamtheit von gezeichneten od. sich abzeichnenden Linien in ihrer besonderen Anordnung, in ihrem eigentümlichen Verlauf (bildende Kunst). 3. Erdnaht, tiefgreifende Bewegungsfläche der Erdkruste (Geol.). **li|ne|ar** ⟨aus *lat.* linearis „aus Linien bestehend"⟩: 1. a) geradlinig; linienförmig; b) zeichnerisch; das Zeichnerische betonend (im Gegensatz zum Malerischen; Kunstw.). 2. für sie in gleicher Weise erfolgend; gleichmäßig, gleichbleibend (z. B. Steuersenkung; Wirtsch.). 3. die horizontale Satzweise befolgend; kontrapunktisch mit streng selbständiger Stimmenführung, vgl. Polyphonie (Mus.). 4. unbestimmte Größen in erster Potenz enthaltend (Math.). 5. ↑ sukzessiv, in Form einer Abfolge, z. B. -e Redekette (Sprachw.). **Li|ne|ar** *das;* -[e]s, -e: linienhaftes Gefügemerkmal von Gesteinen (Geol.). **Li|ne|ar|be|schleu|ni|ger** *der;* -s, -: Anlage zur Beschleunigung atomarer Teilchen auf geradlinigen Bahnen (Kernphys.). **Li|ne|ar|erup|ti|on** *die;* -, -en: von Spalten ausgehender ↑ Vulkanismus (Geol.). **Li|nea|ri|tät** *die;* - ⟨zu ↑ ...ität⟩: lineare Beschaffenheit. **Li|ne|ar|kon|vek|ti|on** [...v...] *die;* -, -en: Empfindung der Eigenbewegung gegenüber der Umweltverschiebung (Med.). **Li|ne|ar|mo|tor** *der;* -s, -en: ↑ Elektromotor, bei dem sich der eine Motorteil gegenüber dem anderen unter dem Einfluß elektromagnetischer Kräfte geradlinig verschiebt, so daß eine geradlinige Bewegung bzw. ein Vortrieb erzeugt wird. **Li|ne|ar|op|ti|mie|rung** *die;* -: lineare Programmierung als wichtigste Methode der math. Optimierung. **Li|ne|ar|or|na|men|tik** *die;* -: ausschließlich aus Linien bestehende Verzierung der griech. Vasen in der Zeit der geometrischen Kunst. **Li|ne|ar|per|spek|ti|ve** [...və] *die;* -: geometrisch angelegte Perspektivenwirkung eines Bildes. **Li|ne|ar|tak|tik** *die;* -: im 18. Jh. typische Gefechtsaufstellung der ↑ Infanterie. **Li|nea|ti|on** *die;* -, -en ⟨aus *(n)lat.* lineatio „Linienzug" zu *lat.* lineare, vgl. linieren⟩: Sammelbez. in der ↑ Tektonik für linienhafte Parallelgefüge der Mineralbe-

Lineatur

standteile eines Gesteins (Geol.). **Li|nea|tur** *die;* -, -en ⟨aus gleichbed. *nlat.* lineatura zu *lat.* linea, vgl. Linie⟩: 1. Linierung (z. B. in einem Schulheft). 2. Linienführung (z. B. einer Zeichnung). **line in** [ˈlain in] ⟨*engl.;* zu to line „mit Leitungen verbinden"⟩: hineinführend (von Anschlüssen; Elektrot.). **line out** [- aʊt] ⟨*engl.*⟩: herausführend (von Anschlüssen; Elektrot.). **Li|ner** [ˈlainɐ] *der;* -s, - ⟨aus gleichbed. *engl.* liner zu line „Linie, Strecke, Verkehrsverbindung"⟩: 1. Überseedampfer, Linienschiff. 2. Linien-, Passagierflugzeug. 3. kurz für ↑ Eyeliner

Li|nęt|te *die;* - ⟨aus *fr.* linette „Leinsamen", Verkleinerungsform von lin „Lein(pflanze)"⟩: auf beiden Seiten ↑ appretierter ↑ Linon

Lin|ga u. **Lin|gam** *das;* -s ⟨aus gleichbed. *sanskr.* liṅga, eigtl. „Kennzeichen, Merkmal"⟩: ↑ Phallus als Sinnbild Schiwas, des ind. Gottes der Zeugungskraft. **Lin|ga|mi|sten** *die* (Plur.) ⟨zu ↑ ...ist⟩: alte ind. Sekte, die den Lingamkult betrieb. **Lin|gam|kult** *der;* -[e]s, -e: svw. Phalluskult

Linge [lɛ:ʒ] *die;* - ⟨aus gleichbed. *fr.* linge, eigtl. „linnen", dies zu *lat.* lineus „aus Leinen"⟩: (schweiz.) Wäsche. **Lingère** [lɛ'ʒɛːr] *die;* -, -s ⟨aus gleichbed. *fr.* lingère⟩: (schweiz.) Wäscheaufseherin, -verwalterin (im Hotel). **Lin|ge|rie** [lɛʒəˈriː] *die;* -, ...ien ⟨aus gleichbed. *fr.* lingerie⟩: (schweiz.) a) Wäschekammer; b) betriebsinterne Wäscherei; c) Wäschegeschäft

Lin|got [lɛˈgo:] *der;* -s, -s ⟨aus gleichbed. *fr.* lingot zu *engl.* ingot „Einguß" (Verschmelzung mit dem Artikel)⟩: (veraltet) 1. gegossene Metallstange. 2. Goldbarren

Lin|gua [ˈliŋgua] *die;* - ⟨aus gleichbed. *lat.* lingua⟩: 1. Zunge (Med.). 2. Sprache. **Lin|gua fran|ca** [- ...ka] *die;* - - ⟨aus gleichbed. *it.* lingua franca, eigtl. „fränkische Sprache"⟩: a) Verkehrssprache meist für Handel u. Seefahrt im Mittelmeerraum mit roman., vor allem ital. Wortgut, das mit arab. Bestandteilen vermischt ist; b) Verkehrssprache eines großen, verschiedene mehrsprachige Länder umfassenden Raumes (z. B. Englisch als internationale Verkehrssprache). **Lin|gua ge|ral** [- ʒeˈral] *die;* - - ⟨aus gleichbed. *port.* lingua geral, eigtl. „allgemeine Sprache, Hauptsprache"⟩: 1. port. Schriftsprache. 2. Verkehrssprache zwischen den europäischen Siedlern Brasiliens u. den Indianerstämmen, bes. den Tupi. **lin|gu|al** ⟨aus gleichbed. *nlat.* lingualis zu lingua, vgl. Lingua⟩: a) die Zunge betreffend (Med.); b) zur Zunge gehörend (Med.). **Lin|gu|al** *der;* -s, -e ⟨zu ↑ ¹...al (2)⟩: mit der Zunge gebildeter Laut; Zungenlaut (z. B. das Zungen-R; Sprachw.). **Lin|gu|a|lis** *die;* -, ...les [...leːs] ⟨zu ↑ lingual⟩: (veraltet) svw. Lingual. **Lin|gu|al|laut** *der;* -[e]s, -e: svw. Lingual. **Lin|gu|al|pfei|fe** *die;* -, -n: Orgelpfeife, bei der der Ton mit Hilfe eines im Luftstrom schwingenden Metallblättchens erzeugt wird; Zungenpfeife; Ggs. ↑ Labialpfeife. **Lin|gu|al|re|gi|ster** *das;* -s, -: Zungenregister (z. B. bei der Orgel). **Lin|gua|thek** *die;* -, -en ⟨zu ↑ ...thek⟩: Sammlung von Sprachlehrmitteln (Bücher, Schallplatten, Tonträger usw.). **Lin|gua uni|ver|sa|lis** [- ...vɛr...] *die;* - ⟨aus *lat.* lingua universalis „(All)gemeinsprache"⟩: Bez. für die Idee einer künstlichen Universalsprache, die über die Verschiedenheit der natürlichen Sprachen hinweg Verständigung erlauben soll. **Lin|gu|ist** *der;* -en, -en ⟨zu *lat.* lingua (vgl. Lingua) u. ↑ ...ist⟩: jmd., der sich wissenschaftlich mit der Linguistik befaßt; Sprachwissenschaftler. **Lin|gu|is|tik** *die;* - ⟨zu ↑ ...istik⟩: moderne Sprachwissenschaft, die vor allem Theorien über die ↑ Struktur (1) der [gesprochenen] Sprache erarbeitet (vgl. Strukturalismus) u. in weitgehend ↑ deskriptivem Verfahren kontrollierbare, ↑ empirisch nachweisbare Ergebnisse anstrebt. **Lin|gu|is|tin** *die;* -, -nen: weibliche Form zu ↑ Linguist. **lin|gu|is|tisch** ⟨zu ↑ ...istisch⟩: a) die Linguistik betreffend; b) auf der Linguistik beruhend. **lin|gu|is|ti|zie|ren** ⟨mit der charakterisierenden Erweiterungssilbe -iz- zu ↑...ieren⟩: zu stark unter linguistischen Gesichtspunkten betrachten, behandeln. **Lin|gu|is|ti|zie|rung** *die;* -, -en ⟨zu ↑ ...ierung⟩: das Linguistizieren. **Lin|gu|la** *die;* -, ...lae [...lɛ] ⟨aus *lat.* lingula „Züngelein", Verkleinerungsform von lingua, vgl. Lingua⟩: 1. Bez. für verschiedene zungenförmige Knochenplättchen (Biol.). 2. Gattung zungenförmiger Armfüßer (Biol.). 3. kleine Zunge, Züngelin (als Teil eines Organs; Med.)

Li|nha [ˈliɲa] *die;* -, -s ⟨aus gleichbed. *port.* linha zu *lat.* linea, vgl. Linie⟩: ein altes port. Längenmaß (= 2,29 mm). **Li|nie** [...iə] *die;* -, -n ⟨aus *lat.* linea „Leine, Schnur, (mit einer Schnur gezogene) gerade Linie", substantiviertes Fem. von lineus „leinen, aus Leinen" zu linum „Lein(en); Faden, Schnur"⟩: 1. a) längerer (gezeichneter od. sich abzeichnender) Strich; b) zusammenhängendes, eindimensionales geometrisches Gebilde ohne Querausdehnung (Math.); c) Markierungslinie, Begrenzungslinie (Sport); d) Metallstreifen mit Druckbild zum Drucken einer Linie (1 b; Druckw.); e) (früher) kleines Längenmaß (zwischen 2 u. 2¼ mm). 2. Umriß[linie], Umrißform, -gestalt. 3. a) gedachte, angenommene Linie (1 a), die etwas verbindet (z. B. die Linie Freiburg–Basel); b) (ohne Plur.) svw. Äquator (1; Seemannsspr.); c) Fechtlinie; Klingenlage, bei der der gestreckte Waffenarm u. die Klinge eine gerade Linie (3 a) bilden u. die Klingenspitze auf die gültige Trefffläche zeigt; d) einer der acht senkrechten, ein Feld breiten Abschnitte des Schachbretts. 4. Reihe. 5. a) Front (2), Kampfgebiet mit den Stellungen der auf einer Seite kämpfenden Truppen; b) die in gleichmäßigen Abständen nebeneinander aufgestellten Truppen; c) (ohne Plur.; früher) die Truppen des stehenden Heeres. 6. a) von [öffentlichen] Verkehrsmitteln regelmäßig befahrene, beflogene Verkehrsstrecke zwischen bestimmten Orten, Punkten; b) die Verkehrsmittel, Fahrzeuge einer bestimmten Linie (6 a). 7. Verwandtschaftszweig. 8. allgemeine Richtung, die bei einem Vorhaben, Verhalten usw. eingeschlagen, befolgt wird. **Li|ni|en|ma|schi|ne** *die;* -, -n: Flugzeug, das im fahrplanmäßigen Verkehr auf einer Verkehrslinie eingesetzt wird. **Li|ni|en|re|gi|ment** *das;* -[e]s, -er: aktives, aber nicht zur Garde gehörendes Regiment. **Li|ni|en|sy|stem** *das;* -s, -e: 1. zusammenfassende Bez. für verschiedene Arten des Leitungssystems in Unternehmen, wobei beim Einliniensystem ein direktes (d. h. von einem Vorgesetzten) u. beim Mehrliniensystem ein mehrfaches (d. h. von mehreren Vorgesetzten) Unterstellungsverhältnis besteht (Wirtsch.). 2. System von [fünf] parallelen Linien als Hilfsmittel für die Notenschrift (Mus.). **li|nie|ren** (österr. nur so) u. **li|ni|ie|ren** ⟨nach *mlat.* lineare „mit einer Linie unterstreichen", dies aus *lat.* lineare „nach dem Lot einrichten" zu linea, vgl. Linie⟩: mit Linien versehen. **Li|nie|rung** (österr. nur so) u. **Li|ni|ie|rung** *die;* -, -en ⟨zu ↑ ...ierung⟩: das Linienziehen, das Versehen mit Linien

Li|ni|ment *das;* -[e]s, -e ⟨aus *spätlat.* linimentum „Schmiere" zu *lat.* linere „beschmieren, bestreichen"⟩: [dick]flüssiges Einreibemittel (Med.).

Link *der;* -s, -s ⟨aus *engl.* link „(Binde)glied"⟩: die Verknüpfung der Zuteilung der Sonderziehungsrechte mit der Entwicklungshilfe (Wirtsch.). **Lin|ker** *der;* -s, -[s] ⟨zu *engl.* to link „verbinden"⟩: Programm (4), das Programmteile zu einem arbeitsfähigen Gesamtprogramm verbindet (EDV)

Lin|kru|sta *die;* - ⟨Kunstw.⟩: dicke abwaschbare Papiertapete

Links|ex|tre|mis|mus *der;* - ⟨zu ↑ Extremismus⟩: extrem sozialistische, gegen den Kapitalismus gerichtete, die bürgerlich-konservative Richtung radikal ablehnende politisch-ideologische Haltung u. Richtung. **Links|ex|tre|mist** *der;* -en, -en: Anhänger, Vertreter des Linksextremismus. **links|ex|tre|mi|stisch:** den Linksextremismus betreffend, auf ihm beruhend. **links|ori|en|tiert:** linksgerichtet, an linker Politik orientiert, linken Gruppen, Parteien nahestehend. **links|ra|di|kal:** den Linksradikalismus betreffend, auf ihm beruhend. **Links|ra|di|ka|le** *der* u. *die;* -n, -n: Anhänger[in], Vertreter[in] des Linksradikalismus. **Links|ra|di|ka|lis|mus** *der;* -: (abwertend) radikaler Linksextremismus
Link|trai|ner ⓦ [...trɛ...] *der;* -s, - ⟨nach dem amerik. Konstrukteur E. A. Link (*1904) u. zu ↑Trainer⟩: Flugsimulator für die Pilotenschulung am Boden
Lin|ne|it [auch ...'ıt] *der;* -s, -e ⟨nach dem schwed. Naturforscher C. von Linné (1707–1778) u. zu ↑²...it⟩: ein silberweißes bis stahlgraues Mineral. **Lin|né|sche Sy|stem** *das;* -n -s: künstliches System, worin das Pflanzenreich nach den Merkmalen der Blüte eingeteilt ist (Bot.)
Li|no|fil *das;* -s ⟨Kunstw. zu *lat.* linum „Lein(en)" u. filum „Faden"⟩: aus Flachsabfällen hergestelltes Garn. **Li|no|len|säu|re** *die;* - ⟨zu ↑Linolsäure u. ↑...en⟩: dreifach ungesättigte Fettsäure, die vor allem in trocknenden pflanzlichen Ölen vorkommt. **Lin|ole|um** [österr. meist ...'leʊm] *das;* -s ⟨aus gleichbed. *engl.* linoleum zu *lat.* linum „Lein" u. oleum „Öl" (nach dem wesentlichen Bestandteil, dem Leinöl)⟩: [Fußboden]belag aus starkem Jutegewebe, auf das eine Masse aus Leinöl, Kork, Farbstoffen, Harzen o. ä. aufgepreßt ist. **Lin|ol|säu|re** *die;* -, -n ⟨zu *lat.* linum „Lein" u. ↑...ol⟩: Leinölsäure (eine ungesättigte Fettsäure). **Lin|ol|schnitt** *der;* -[e]s, -e ⟨vgl. Linoleum⟩: 1. (ohne Plur.) graphische Technik, bei der die Darstellung in Linolplatten geschnitten wird. 2. Abzug in der Technik des Linolschnitts (1). **Li|non** [li'nõ:, auch 'lınɔn] *der;* -[s], -s ⟨aus gleichbed. *fr.* linon zu lin „Leinen", dies aus gleichbed. *lat.* linum⟩: Baumwollgewebe in Leinwandbindung (Webart) mit Leinenausrüstung. **Li|no|pha|nie** *die;* -, ...ien ⟨zu *gr.* phaínesthai „scheinen" u. ↑²...ie⟩: (veraltet) Fensterlichtbild auf dünnem Leinenstoff od. Papier. **Li|no|type** ⓦ ['laınotaıp] *die;* -, -s ⟨aus gleichbed. *engl.* linotype zu line „Linie, Zeile" u. type „Druckbuchstabe"⟩: Setz- u. Zeilengießmaschine (Druckw.).
Lin|sang *der;* -s, -e ⟨aus dem Malai.⟩: Bez. für drei Arten kurzbeiniger Schleichkatzen in den Wäldern Zentral- u. Westafrikas sowie Südasiens
Lin|ters *die* (Plur.) ⟨aus gleichbed. *engl.* linters (Plur.) zu *engl.* mdal. lint „Flachs", dies aus *lat.* linteum „Leinwand"⟩: kurze Fasern des Baumwollsamens. **Lin|ur|gie** *die;* - ⟨zu *lat.* linum „Leinen", *gr.* érgon „Werk, Arbeit" u. ↑²...ie⟩: (veraltet) Leinenweberei
Lio|der|ma *das;* -s ⟨zu *gr.* leĩos „glatt" u. ↑Derma⟩: angeborene od. als Folge einer Krankheit entstandene dünne, glänzende, trockene Haut mit Schwund des Unterhautgewebes; Glanzhaut (Med.)
Li|on ['laɪən] *der;* -s, -s ⟨zu *engl.* lion „Löwe", vgl. Lions International⟩: Mitglied des Lions Clubs. **Li|ons Club** ['laɪənz 'klʌb] *der;* (*engl.*): sich im Klub des Lions International. **Li|ons In|ter|na|tio|nal** [- ɪntə'næʃənl] *der;* - - ⟨verkürzt aus *engl.* International Association of Lions Clubs zu Lions, urspr. Abk. von *Liberty, Intelligence, Our Nations' Safety,* gedeutet als die Löwen (*engl.* lions), wegen der Löwen im Wappen des Klubs⟩: karitativ tätige, um internationale Verständigung bemühte Vereinigung führender Persönlichkeiten des öffentlichen Lebens

lip..., **Lip...** vgl. lipo..., Lipo... **Lip|acid|ämie** [...ts...] *die;* -, ...ien ⟨zu ↑lipo... u. ↑Acidämie⟩: krankhafte Erhöhung des Fettsäuregehaltes im Blut (Med.). **Lip|acid|urie** *die;* -, ...ien: vermehrte Ausscheidung von Fettsäuren mit dem Harn (Med.). **Lip|ämie** *die;* -, ...ien ⟨zu ↑...ämie⟩: Vermehrung des Fettgehaltes im Blut (Med.). **lip|ämisch:** die Lipämie betreffend, zu einer Lipämie gehörend, mit einer Lipämie einhergehend; fettblütig (Med.)
Li|pa|rit [auch ...'rıt] *der;* -s, -e ⟨nach dem Namen der Liparischen Inseln u. zu ↑²...it⟩: ein graues, gelblichgrünes od. rötliches junges (tertiäres) Ergußgestein
Li|pa|se *die;* -, -n ⟨zu ↑lipo... u. ↑...ase⟩: fettspaltendes ↑Enzym. **Lip|atro|phie** *die;* -, ...ien: Schwund des Fettgewebes (Med.). **Lip|azid|ämie** vgl. Lipacidämie. **Lip|azid|urie** vgl. Lipacidurie. **Lip|ek|to|mie** *die;* -, ...ien ⟨zu ↑...ektomie⟩: operative Entfernung von [übermäßigem] Fettgewebe (Med.)
Lip gloss ['lıp'glɔs] *das;* - -, - - ⟨aus gleichbed. *engl.* lip gloss, eigtl. „Lippenglanz"⟩: gallertartiges Kosmetikmittel, das, auf die Lippen aufgetragen, ihnen Glanz verleiht
Li|pid *das;* -[e]s, -e ⟨zu ↑lipo... u. ↑³...id⟩: a) (meist Plur.) Fett od. fettähnliche Substanz (Chem.); b) (nur Plur.) Sammelbez. für alle Fette u. ↑Lipoide (Chem.). **Li|pi|do|se** *die;* - ⟨zu ↑¹...ose⟩: Störung des Fettstoffwechsels (Med.)
Li|piz|za|ner *der;* -s, - ⟨nach dem Gestüt Lipizza bei Triest u. zu ↑...aner⟩: edles Warmblutpferd, meist Schimmel, mit etwas gedrungenem Körper, breiter Brust u. kurzen, starken Beinen
li|po..., **Li|po...**, vor Vokalen auch lip..., Lip... ⟨zu *gr.* lípos „Fett"⟩: Wortbildungselement mit der Bedeutung „fetthaltig, fettähnlich", z. B. lipophil, Lipodystrophie, Lipämie. **Li|po|chrom** [...k...] *das;* -s, -e (meist Plur.) ⟨zu *gr.* chrõma „Farbe"⟩: organischer gelber od. roter Fettfarbstoff. **Li|po|dys|tro|phie** *die;* -, ...ien: auf einer Störung des Fettstoffwechsels beruhende Abmagerung (mit Fettschwund des Oberkörpers bei gleichzeitigem Fettansatz im Bereich der unteren Körperhälfte; Med.). **Li|po|fus|zin** *das;* -s: braunes Abnutzungspigment, das sich mit zunehmendem Alter besonders in ↑atrophischen Organen ablagert (Med.). **li|po|gen** ⟨zu ↑...gen⟩: durch Fett entstehend; Verfettung bewirkend (Med.). **Li|po|ge|ne|se** *die;* -, -n: Neubildung von Fett im Fettgewebe u. in der Leber durch Aufnahme von ↑Lipoproteiden u. Bildung von ↑Triglyzeriden (Med.)
li|po|gram|ma|tisch vgl. leipogrammatisch
li|po|id ⟨zu ↑lipo... u. ↑...oid⟩: fettähnlich. **Li|po|id** *das;* -s, -e: a) (meist Plur.) lebenswichtige, in tierischen u. pflanzlichen Zellen vorkommende fettähnliche Substanz (Chem., Biol.); b) (nur Plur.) Sammelbez. für die uneinheitliche Gruppe fettähnlicher Substanzen (Chem., Biol.). **Li|poi|do|se** [...oi...] *die;* -, -n ⟨zu ↑¹...ose⟩: krankhafte Einlagerung von Lipoiden in den Geweben (Med.). **Li|po|ki|ne|ti|kum** *das;* -s, ...ka ⟨zu *gr.* kineĩn „bewegen" u. ↑...ikum⟩: Arzneimittel, das den Fetttransport im Körper beeinflußt (Med.). **Li|po|ly|se** *die;* -, -n ⟨zu ↑...lyse⟩: Fettspaltung, Fettverdauung (Biochem., Med.). **Li|pom** *das;* -s, -e ⟨zu ↑...om⟩: Fettgeschwulst, gutartige, geschwulstartige Neubildung aus Fettgewebe (Med.); *nlat.* lipoma; svw. Lipom. **Li|po|ma|to|se** *die;* -, -n ⟨aus ↑¹...ose⟩: Fettsucht, gutartige Fettgeschwulstbildungen, vor allem im Unterhautfettgewebe (Med.). **li|po|phil** ⟨zu ↑...phil⟩: 1. in Fett löslich (Chem.); Ggs. ↑lipophob. 2. zu übermäßigem Fettansatz neigend (Med.). **Li|po|phi|lie** *die;* -, ...ien ⟨zu ↑...philie⟩: Neigung zu übermäßigem Fettansatz (Med.). **li|po|phob** ⟨zu ↑...phob⟩: in Fett nicht löslich

Lipoplast

(Chem.); Ggs. ↑ lipophil (1). **Li|po|plạst** *der;* -en, -en (meist Plur.) ⟨zu *gr.* plastós „bildend, formend", dies zu plássein „bilden, formen"⟩: Fettgewebe bildende Zelle (Med.). **Li|po|po|ly|sac|cha|ri|de** [...zaxa...] u. **Li|po|po|ly|sa|cha|ri|de** *die* (Plur.): aus ↑ Lipiden u. ↑ Polysacchariden bestehende charakteristische Bestandteile der äußeren Zellmembran von ↑ gramnegativen Bakterien (Biol.). **Li|po|pro|te|id** *das;* -[e]s, -e: Verbindung aus Eiweißstoff u. Lipoid (hochmolekulare Substanz; Biochem.). **Li|po|pro|te|ịn** *das;* -s, -e: svw. Lipoproteid. **Li|po|sar|kọm** *das;* -s, -e: bösartige Bindegewebsgeschwulst aus fettgewebsähnlichen Zellen (Med.). **Li|po|se** *die;* -, -n ⟨zu ↑ ¹...ose⟩: svw. Lipomatose. **Li|po|suk|ti|ọn** *die;* -, -en: Fettabsaugung; Behandlung der Fettsucht durch Absaugen von lokalisiertem Fettgewebe (Med.). **li|po|trop** ⟨zu ↑ ...trop⟩: auf Fette od. fettähnliche Stoffe einwirkend (Med.). **Li|po|tro|pie** *die;* - ⟨zu ↑ ...tropie⟩: Neigung bestimmter Stoffe, sich an Fett anzulagern (Med.). **Li|po|tro|pịn** *das;* -s, -e ⟨zu ↑ ...in (1)⟩: Fettstoffwechselhormon, das in der Hypophyse gebildet wird (Biochem.). **Li|po|zẹl|le** *die;* -, -n ⟨zu *gr.* kélē „Geschwulst; Bruch"⟩: Fettbruch; Bruch, der Fett od. Fettgewebe enthält (Med.).
Lip|pi|tu|do *die;* -, ...tụdines [...ne:s] ⟨aus *lat.* lippitudo „Augenentzündung" zu lippus „triefäugig, augenkrank"⟩: vermehrte, meist schleimige od. eitrige Absonderung der Augenbindehaut (Med.)
Lips|ano|thek *die;* -, -en ⟨aus gleichbed. *mlat.* lipsanotheca zu *gr.* leípsana (Plur.) „hinterlassene (Heiligtümer)" u. ↑ ...thek⟩: svw. Reliquiar
Lip|si *der;* -s, -s ⟨nach Lipsia, dem nlat. Namen der Stadt Leipzig, wo dieser Tanz in den 60er Jahren des 20. Jh.s entstand⟩: moderner Gesellschaftstanz im ¾-Takt
Lip|urie *die;* -, ...ien ⟨zu ↑ lipo... u. ↑ ...urie⟩: krankhaftes Auftreten von Fett im Harn (Med.)
Li|qua|ti|ọn *die;* -, -en ⟨aus *lat.* liquatio „das Schmelzen" zu liquare „flüssig machen, schmelzen"⟩: Aufspaltung eines Schmelzflusses in mehrere Schmelzen (Geol.). **Li|que|fak|ti|ọn** *die;* -, -en ⟨aus gleichbed. *spätlat.* liquefactio zu *lat.* liquefacere „flüssig machen", dies zu liquidus (vgl. liquid) u. facere „machen"⟩: Verflüssigung, Überführung eines festen Stoffes in flüssige Form (Chem.). **Li|ques|zẹnz** *die;* - ⟨zu ↑ liqueszieren u. ↑ ...enz⟩: das Flüssigsein (Chem.). **li|ques|zie|ren** ⟨aus gleichbed. *lat.* liquescere zu liquere, vgl. liquid⟩: flüssig werden, schmelzen (Chem.). **li|quet** ⟨*lat.*⟩: es ist klar, erwiesen. **li|quid** (österr. nur so) u. liquịde ⟨aus *lat.* liquidus „flüssig" zu liquere „flüssig sein", eigtl. „klar, deutlich sein"⟩: 1. flüssig (Chem.). 2. a) verfügbar; b) zahlungsfähig (Wirtsch.). 3. die Eigenschaften einer Liquida aufweisend (Phon.). **Li|quid** *der;* -s, -e˙ svw. Liquida. **Li|qui|da** *die;* -, Plur. ...dä u. ...quịden ⟨aus gleichbed. *lat.* (consonans) liquida⟩: Fließlaut; Laut, der sowohl ↑ Konsonant wie ↑ Sonant sein kann (z. B. r, l, [m, n]; Sprachw.). **Li|qui|da|ti|ọn** *die;* -, -en ⟨wohl unter Einfluß von *it.* liquidazione aus gleichbed. *mlat.* liquidatio zu *spätlat.* liquidare, vgl. liquidieren⟩: 1. Abwicklung der Rechtsgeschäfte einer aufgelösten Handelsgesellschaft. 2. Abwicklung von Börsengeschäften. 3. Kostenrechnung freier Berufe (z. B. eines Arztes). 4. Beilegung eines Konflikts; Liquidierung. 5. a) Beseitigung, Liquidierung; b) Tötung, Ermordung, Hinrichtung eines Menschen; Liquidierung; vgl. ...[at]ion/ ...ierung. **Li|qui|da|ti|ọns|bi|lanz** *die;* -, -en: bei Beginn der Liquidation (1) sowie nach Befriedigung der Gläubiger aufzustellende ↑ Bilanz (Wirtsch.). **Li|qui|da|tor** *der;* -s, ...ọren ⟨zu ↑ ...or⟩: 1. jmd., der eine Liquidation (1) durchführt. 2. jmd., der einen anderen umbringt, liquidiert (5 b).

li|qui|de vgl. liquid. **Li|qui|den:** Plur. von Liquida. **li|qui|die|ren** ⟨aus gleichbed. *it.* liquidare „flüssig machen", dies aus *spätlat.* liquidare zu *lat.* liquidus, vgl. liquid⟩: 1. eine Gesellschaft, ein Geschäft auflösen u. die damit verbundenen Rechtsgeschäfte abwickeln. 2. eine Forderung in Rechnung stellen (von freien Berufen). 3. Sachwerte in Geld umwandeln. 4. einen Konflikt beilegen. 5. a) beseitigen, abschaffen, nicht länger bestehen lassen; b) (bes. aus politischen o. ä. Gründen) hinrichten lassen, beseitigen, umbringen. **Li|qui|die|rung** *die;* -, -en ⟨zu ↑ ...ierung⟩: das Liquidieren; vgl. ...[at]ion/...ierung. **Li|qui|di|tät** *die;* - ⟨aus *spätlat.* liquiditas, Gen. liquiditatis „Flüssigkeit"⟩: 1. durch Geld od. Tauschmittel vertretene Verfügungsmacht über Bedarfsgüter. 2. Möglichkeit, Sachgegenstände des Vermögens schnell in Geld umzuwandeln. 3. Fähigkeit eines Unternehmens, seine Zahlungsverpflichtungen fristgerecht zu erfüllen; Zahlungsfähigkeit. **Li|qui|di|täts|bi|lanz** *die;* -, -en: Teilbilanz der Zahlungsbilanz (bes. in der Außenwirtschaft). **Li|qui|di|täts|po|li|tik** *die;* -: Gesamtheit der Maßnahmen zur Aufrechterhaltung der Zahlungsfähigkeit eines Unternehmens (Wirtsch.). **Li|qui|di|täts|prä|fe|renz** *die;* -, -en: Neigung von Unternehmen, Kassenbestände zu halten statt anzulegen (Wirtsch.). **Li|qui|di|täts|re|ser|ve** [...və] *die;* -, -en: finanzielle Mittel eines Unternehmens zur Aufrechterhaltung der Zahlungsfähigkeit (Wirtsch.). **Li|qui|di|täts|theo|rie** *die;* -: Zinstheorie, nach der die Zinshöhe von der Liquiditätspräferenz u. von der Geldmenge abhängt (Wirtsch.). **li|quid|mag|ma|tisch:** in den Erstarrungszustand übergehend (vom Magma; Geol.). **Li|qui|dus|li|nie** [...i̯ə] *die;* -, -n ⟨zu *lat.* liquidus „flüssig"⟩: im Zustandsdiagramm von Legierungen die Temperaturlinie, oberhalb der alle Legierungsbestandteile flüssig sind; Ggs. Soliduslinie. **Li|quis** *die* (Plur.) ⟨Kurzw. aus Liquidationsanteilscheine⟩: (Jargon) Anteile der Gesellschafter bei einer Liquidation in Form von Wertpapieren. **Li|quor** *der;* -s, ...ọres [...re:s] ⟨aus *lat.* liquor „Flüssigkeit" zu liquere, vgl. liquid⟩: 1. seröse Körperflüssigkeit (Med.). 2. flüssiges Arzneimittel (Pharm.); Abk.: Liq. **Li|quor|rhö** *die;* -, -en u. **Li|quor|rhöe** [...'rø:] *die;* -, -n [...'rø:ən] ⟨zu *gr.* rheīn „fließen"⟩: das Abfließen von Liquor (1) aus Nase u. Ohren (z. B. bei Schädelbasisbruch; Med.)
¹**Li|ra** *die;* -, ...ren ⟨aus *it.* lira „Leier", dies über *lat.* lyra aus *gr.* lýra⟩: birnenförmige, einsaitige Geige des Mittelalters; - da braccio ['bratt ʃo]: Vorgängerin der Geige mit fünf Griffsaiten u. zwei seitlich abgespreizten Baßseiten; - da gạmba: in Kniehaltung gespielte größere Form der Lira da braccio mit 9 bis 15 Saiten
²**Li|ra** *die;* -, Lịre ⟨aus gleichbed. *it.* lira, dies aus *lat.* libra „Waage; Gewogenes; Pfund"⟩: ital. Währungseinheit; Abk.: L., Lit
li|ri|co [...ko] ⟨*it.*; aus *lat.* lyricus, vgl. lyrisch⟩: lyrisch (Vortragsanweisung; Mus.)
Li|ro|flor *der;* -s ⟨Kunstw.⟩: Technologie zur Herstellung von gemusterten Wirkteppichen
Li|ro|ko|nit [auch ...'nɪt] *der;* -s, -e ⟨zu *gr.* leírion „Lilie", konía „Staub" u. ↑ ²...it⟩: ein linsenförmiges, hellblaues bis grünes Mineral
Li|se|ne *die;* -, -n ⟨latinisiert aus *fr.* lisière, vgl. Lisiere⟩: pfeilerartiger, wenig hervortretender Mauerstreifen ohne Kapitell u. Basis (bes. an roman. Gebäuden). **Li|sie|re** *die;* -, -n ⟨aus gleichbed. *fr.* lisière, dies aus dem Gall.⟩: (veraltet) 1. Waldrand, Feldrain. 2. Saum, Kante an Kleidern u. a.
LỊSP *das;* - ⟨Abk. für *engl. list* processing language⟩: im Bereich der künstlichen Intelligenz stark verbreitete Pro-

grammiersprache, deren wichtigste Datenstruktur lineare Listen sind

Lis|sa|jous-Fi|gur [lisa'ʒu...] *die;* -, -en (meist Plur.) ⟨nach dem franz. Physiker J.-A. Lissajous, 1822–1880⟩: Bahnkurve eines Punktes, der gleichzeitig in zwei zueinander senkrechten Richtungen schwingt (Phys.)

Liss|en|ze|pha|lie *die;* -, ...ien ⟨zu *gr.* lissós „glatt", egképhalos „Gehirn" u. ↑²...ie⟩: angeborene Windungslosigkeit des Gehirns (Med.)

Lis|seu|se [...'søːzə] *die;* -, -n ⟨aus gleichbed. *fr.* lisseuse, eigtl. „die Glätterin", zu lisser, vgl. lissieren⟩: in der Kammgarnspinnerei Maschine zum Strecken, Waschen u. Trocknen des Spinngutes. **lis|sie|ren** ⟨nach gleichbed. *fr.* lisser, eigtl. „glätten", zu lisse „glatt"⟩: Spinngut in der Wollkämmerei mit Hilfe der Lisseuse nachwaschen, trocknen u. glätten

Li|ste|ner ['lɪs(ə)nə] *der;* -[s], -s ⟨aus *engl.* listener „Zuhörer" zu to listen „(zu)hören"⟩: Gerät, das innerhalb eines Kommunikationsvorgangs Daten empfängt (EDV); Ggs. ↑Talker (2)

Li|ste|ria *die;* -, Plur. ...riae [...riɛ] u. ...rien [...iən] ⟨aus *nlat.* listeria, nach dem engl. Chirurgen J. Lister, 1827–1912⟩: krankheitserregende Stäbchenbakterie (Med.). **Li|ste|ri̯o|se** *die;* -, -n ⟨zu ↑¹...ose⟩: durch Bakterien hervorgerufene Infektionskrankheit bei Tier u. Mensch, eine ↑Zoonose (Med.)

l'istes|so tem|po u. lo stesso tempo ⟨*it.*⟩: dasselbe Zeitmaß, im selben Tempo wie zuvor (Mus.)

Li|sting *das* u. *der;* -s, -s ⟨aus *engl.* listing, zu to list „in eine Liste eintragen, aufzeichnen"⟩: Rechnerausdruck; die vom Rechner über den Drucker ausgegebene Information (EDV)

Li|strisch ⟨zu *gr.* lístron „Schaufel"⟩; in der Fügung -e Fläche: schaufelförmig nach oben gebogene Überschiebungsfläche (Geol.)

Li|ta|nei *die;* -, -en ⟨aus *kirchenlat.* litania „Bittgesang", dies aus *gr.* litaneía „das Bitten, Flehen" zu litaneúein „bitten, flehen"⟩: 1. im Wechsel gesungenes Fürbitten- u. Anrufungsgebet des christlichen Gottesdienstes (z. B. die ↑Lauretanische Litanei). 2. (abwertend) eintöniges Gerede; endlose Aufzählung

Lit|chi [...tʃi] usw. vgl. Litschi usw.

Lit de ju|stice [lidəʒy'stis] *der;* - - - ⟨aus gleichbed. *fr.* lit de justice⟩: Thron od. Sitz, auf dem der ehemalige König von Frankreich einer feierlichen Sitzung des Pariser Parlaments, des höchsten Gerichts, beiwohnte

Li|ter [auch 'lɪ...] *der* (schweiz. nur so), auch *das;* -s, - ⟨aus gleichbed. *fr.* litre, dies über *mittelfr.* litron (ein Hohlmaß) aus *mlat.* litra, dies aus *gr.* lítra „Pfund"⟩: Hohlmaß (1 Kubikdezimeter); Zeichen l

Li|te|ra *die;* -, Plur. -s u. ...rä ⟨aus *lat.* littera „Buchstabe"⟩: 1. (veraltet) Buchstabe; Abk.: Lit. od. lit. 2. auf Effekten, Banknoten, Kassenscheinen usw. aufgedruckter Buchstabe zur Kennzeichnung verschiedener ↑Emissionen (1) (Bankw.). **Li|te|ral|sinn** *der;* -[e]s ⟨zu *mlat.* litteralis „buchstäblich"⟩: buchstäblicher Sinn einer Textstelle, bes. in der Bibel. **li|te|rar..., Li|te|rar...** ⟨zu *lat.* literarius, vgl. literarisch⟩: Wortbildungselement mit der Bedeutung „die schriftlichen Quellen u. Zeugnisse (eines Volkes) betreffend", z. B. literarhistorisch, Literarkritik. **Li|te|rar|hi|sto|ri|ker** *der;* -s, -: Wissenschaftler auf dem Gebiet der Schrifttumsgeschichte eines Volkes. **li|te|rar|hi|sto|risch**: die Schrifttumsgeschichte betreffend, auf ihr beruhend. **li|te|ra|risch** ⟨aus *lat.* litterarius „die Buchstaben, die Schrift betreffend"⟩: 1. die Literatur (1) betreffend, schriftstellerisch. 2. [vordergründig] symbolisierend, mit allzuviel Bildungsgut befrachtet (z. B. von einem [modernen] Gemälde). **li|te|ra|ri|sie|ren** ⟨zu ↑...isieren⟩: etwas in [allzu] literarischer (2) Weise gestalten. **Li|te|rar|kri|tik** *die;* -, -en: a) literaturwissenschaftliches Verfahren bes. der biblischen ↑Exegese, mit dem die verschiedenen Quellen eines Textes isoliert werden, um die Geschichte seiner Entstehung zu rekonstruieren; b) svw. Literaturkritik. **li|te|rar|kri|tisch**: a) durch Literarkritik (a) erfolgend; mit Hilfe von Literarkritik (a) rekonstruiert (bes. von Texten); b) svw. literaturkritisch. **Li|te|ra|rum Hu|ma|ni̯o|rum Doc|tor** [- - 'dɔk...] u. Litterarum Humaniorum Doctor ⟨*mlat.*⟩: Doktor der Literaturwissenschaft in England; Abk.: L. H. D. **Li|te|rat** *der;* -en, -en ⟨zu *lat.* litteratus „gelehrt, schriftkundig, gebildet"⟩: Schriftsteller. **Li|te|ra|ten|ca|fé** *das;* -s, -s: Café, in dem vorwiegend Schriftsteller verkehren. **Li|te|ra|tor** *der;* -s, ...oren ⟨aus *lat.* litterator „Sprachgelehrter"⟩: 1. (abwertend) Schriftsteller. 2. (veraltet) Gelehrter. **Li|te|ra|tur** *die;* -, -en ⟨aus *lat.* litteratura „Buchstabenschrift; Sprachkunst" zu littera, vgl. Litera⟩: 1. künstlerisches Schrifttum. 2. (ohne Plur.) [gesamtes] Schrifttum, veröffentlichte [gedruckte] Schriften. 3. (ohne Plur.) Fachschrifttum eines bestimmten Bereichs; Schriftennachweise. **Li|te|ra|tur|ar|chiv** *das;* -s, -e [...və]: Archiv, das der Sammlung, Erhaltung, Erschließung, oft auch der Erforschung literarischer Dokumente dient. **Li|te|ra|tur|äs|the|tik** *die;* -: Lehre von den Formen u. Gesetzen der schönen Literatur. **li|te|ra|tur|äs|the|tisch**: die Literaturästhetik betreffend, zu ihr gehörend, auf ihr beruhend. **Li|te|ra|tur|hi|sto|ri|ker** *der;* -s, -: svw. Literarhistoriker. **li|te|ra|tur|hi|sto|risch**: literaturgeschichtlich. **Li|te|ra|tur|kri|tik** *die;* -, -en: wissenschaftliche Beurteilung des (zeitgenössischen) künstlerischen Schrifttums. **Li|te|ra|tur|kri|ti|ker** *der;* -s, -: jmd., der Literaturkritik betreibt. **Li|te|ra|tur|kri|ti|ke|rin** *die;* -, -nen: weibliche Form zu ↑Literaturkritiker. **li|te|ra|tur|kri|tisch**: die Literaturkritik betreffend, auf ihr beruhend. **Li|te|ra|tur|päd|ago|gik** *die;* -: Teilgebiet der Pädagogik, das sich mit der literarischen Erziehung Jugendlicher, mit der Rolle der Literatur für die Erziehung beschäftigt. **li|te|ra|tur|päd|ago|gisch**: die Literaturpädagogik betreffend. **Li|te|ra|tur|so|zio|lo|gie** *die;* -: Wissenschaft von der Wechselwirkung zwischen Literatur (1) u. Gesellschaft. **li|te|ra|tur|so|zio|lo|gisch**: die Literatursoziologie betreffend. **Li|te|ra|tur|spra|che** *die;* -: 1. in der Literatur (1) verwendete Sprache, die oft (z. B. durch Stilisierung) von der Gemeinsprache abweicht. 2. svw. Standardsprache. **li|te|ra|tur|theo|re|tisch**: die Literaturtheorie betreffend. **Li|te|ra|tur|theo|rie** *die;* -, ...ien [...iːən]: Teilgebiet der Literaturwissenschaft, das die allgemeinen Gesetzmäßigkeiten des literarischen Schaffens untersucht

Li|tew|ka [li'tɛfka] *die;* -, ...ken ⟨aus gleichbed. *poln.* litewka, eigtl. „litauischer Rock"⟩: (früher) bequemer, weicher Uniformrock mit Umlegekragen

lith..., Lith... vgl. litho..., Litho... **...lith** ⟨zu *gr.* líthos „Stein"⟩: Wortbildungselement mit der Bedeutung „Stein, Mineral", z. B. Eolith, Gastrolith. **Lith|ago|gum** *das;* -s, ...ga ⟨zu *gr.* agōgós „(ab)führend", dies zu ágein „(ab)führen"⟩: steinabführendes Mittel; Medikament, das die Ausschwemmung von Gallen-, Blasen- od. Nierensteinen herbeiführt (Med.). **Lith|er|gol** *das;* -s, -e ⟨Kunstw. zu gr. líthos „Stein" u. ↑Ergosterol⟩: Raketentreibstoff. **Li|thia|sis** *die;* -, ...i̯asen ⟨zu ↑litho... u. ↑...iasis⟩: Steinleiden; Steinbildung in inneren Organen wie Niere, Galle od. Blase (Med.). **Li|thi|kum** *das;* -s, ...ka ⟨zu ↑...ikum⟩: svw. Lithagogum. **...li|thi|kum** ⟨zu ↑Lithikum⟩: Wortbildungsele-

Lithiophilit

ment mit der Bedeutung „Steinzeit", z. B. Paläolithikum. **Li|thio|phi|lit** [auch ...'lɪt] *der;* -s, -e ⟨zu ↑ Lithium, *gr.* phileĩn „lieben" u. ↑²...it⟩: ein lithiumhaltiges Mineral. **Li|thium** *das;* -s ⟨zu ↑ litho... u. ↑...ium⟩: chem. Element, Metall; Zeichen Li. **Li|tho** *das;* -s, -s: Kurzform von ↑ Lithographie (2). **li|tho...**, **Li|tho...**, vor Vokalen lith..., Lith... ⟨zu *gr.* líthos „Stein"⟩: Wortbildungselement mit der Bedeutung „Stein, Gestein", z. B. lithographisch, Litholyse, Lithurgik. **Li|tho|bi|on|tik** *die;* - ⟨zu *gr.* bíos „Leben" u. ↑²...ik (1)⟩: Erforschung der geologischen, geochemischen u. mineralogischen Prozesse, an denen Mikroorganismen aktiv beteiligt sind. **Li|tho|den|dron** *der,* auch *das;* -s, ...dren ⟨zu *gr.* déndron „Baum"⟩: versteinertes Holz. **Li|tho|fa|zi|es** [...tsi̯eːs] *die;* -, - [...tsi̯eːs]: Gesamtheit der ↑ petrographischen Merkmale eines Gesteins hinsichtlich seiner Bildung (Geol.). **li|tho|gen** ⟨zu ↑...gen⟩: 1. aus Gesteinen entstanden; -e S c h m e l z e : Aufschmelzung aus der Granitschale der Erdkruste (Geol.). 2. zur Bildung von ↑ Konkrementen, Steinen führend; steinbildend (Med.). **Li|tho|ge|ne|se** *die;* -, -n: 1. Gesamtheit der Vorgänge bei der Entstehung von Sedimentgesteinen wie Verwitterung, Abtragung, Umlagerung, ↑ Sedimentation u. ↑ Diagenese (Geol.). 2. Entstehung von ↑ Konkrementen, Steinen im Körper (Med.). **Li|tho|geo|che|mie** *die;* -: Teilgebiet der Geochemie, das sich mit der chem. Zusammensetzung der Gesteinskruste der Erde befaßt. **Li|tho|glyp|tik** vgl. Lithoglyptik. **Li|tho|glyp|tik** u. Lithoglyphik *die;* -: Steinschneidekunst. **Li|tho|graf** usw.: eindeutschende Schreibung von Lithograph usw. **Li|tho|graph** *der;* -en, -en ⟨zu ↑...graph⟩: 1. in der Lithographie, im Flachdruckverfahren ausgebildeter Drucker. 2. jmd., der Steinzeichnungen, Lithographien (2) herstellt. **Li|tho|gra|phie** *die;* -, ...ien ⟨zu ↑...graphie⟩: 1. a) (ohne Plur.) [Verfahren zur] Herstellung von Platten für den Steindruck, für das Flachdruckverfahren; b) Originalplatte für Stein- od. Flachdruck. 2. graphisches Kunstblatt in Steindruck; Steinzeichnung. **Li|tho|gra|phie|ren** ⟨zu ↑...ieren⟩: 1. in Steindruck wiedergeben, im Flachdruckverfahren arbeiten. 2. Steinzeichnungen, Lithographien (2) herstellen, auf Stein zeichnen. **li|tho|gra|phisch** ⟨zu ↑...graphisch⟩: im Steindruckverfahren hergestellt, zum Steindruck gehörend. **Li|tho|gra|phon** *das;* -s, ...pha ⟨zu *gr.* gráphein „schreiben" u. ↑¹...on⟩: in Stein gehauene Schrift. **Li|tho|klast** *der;* -en, -en ⟨zu *gr.* klastós „zerbrochen", dies zu klān „(zer)brechen"⟩: Instrument zur Zertrümmerung von Blasensteinen (Med.). **Li|tho|la|pa|xie** *die;* -, ...ien ⟨zu *gr.* lapázein „ausleeren, abführen" u. ↑²...ie⟩: Beseitigung von Steintrümmern aus der Blase (Med.). **Li|tho|la|trie** *die;* - ⟨aus gleichbed. *gr.* litholatreía⟩: Verehrung von Steinen, Steinanbetung. **Li|tho|lo|ge** *der;* -n, -n ⟨zu *gr.* lithológos „Steine lesend, sammelnd"; vgl. ...loge⟩: Wissenschaftler auf dem Gebiet der Lithologie. **Li|tho|lo|gie** *die;* - ⟨nach *gr.* lithología „das Steinelesen, -sammeln"; vgl. ...logie⟩: Gesteinskunde, bes. in bezug auf Sedimentgesteine (vgl. Petrographie). **li|tho|lo|gisch** ⟨aus *gr.* lithológos, vgl. Lithologe⟩: die Lithologie betreffend, auf ihr beruhend. **Li|tho|ly|se** *die;* -, -n ⟨zu ↑ litho... u. ↑...lyse⟩: Auflösung von Nieren-, Gallensteinen usw. durch Arzneimittel (Med.). **li|tho|ly|tisch**: Nieren-, Gallensteine usw. auflösend (von Arzneimitteln; Med.). **Li|tho|mant** *der;* -en, -en ⟨zu *gr.* mántis „Seher, Wahrsager"⟩: jmd., der aus Steinen weissagt. **Li|tho|man|tie** *die;* - ⟨zu *gr.* manteía „das Weissagen"⟩: Wahrsagerei aus Steinen. **Li|tho|me|teo|re** *die* (Plur.): trockene Schwebstoffe in der Atmosphäre wie Staub, Sand, Ascheteilchen, Pollen od. Salzpartikel (Meteor.). **Li|tho|pä|di|on** *das;* -s, Plur. ...ia u.

...ien [...i̯ən] ⟨zu *gr.* paidíon „Knäblein, Kindlein", Verkleinerungsform von país „Kind"⟩: verkalkte Leibesfrucht bei Mensch u. Tier (Med., Biol.). **li|tho|phag** ⟨zu ↑...phag⟩: sich [unter Abgabe von gesteinauflösender Säure] in Gestein einbohrend (von Tieren, z. B. Bohrmuschel, Seeigel; Zool.). **Li|tho|pha|nie** *die;* -, ...ien ⟨zu *gr.* phanós „hell, leuchtend" u. ↑²...ie⟩: reliefartig in eine Platte aus dünnem Porzellan eingepreßte bildliche Darstellung. **li|tho|phil** ⟨zu ↑...phil⟩: 1. auf Gestein als Untergrund angewiesen (von Tieren; Zool.). 2. im wesentlichen die Erdkruste bildend u. mit großer ↑ Affinität zu Sauerstoff (von Elementen wie Natrium, Aluminium, Silicium, von Alkalien u. a.). **Li|tho|phon** *das;* -s, -e ⟨zu ↑...phon⟩: geschlagenes ↑ Idiophon aus Stein, vor allem Steinplattenspiel mit abgestimmten, horizontal od. vertikal befestigten Platten (bes. in China u. Korea). **Li|tho|phy|sen** *die* (Plur.) ⟨zu *gr.* phýsis „das Erzeugte"⟩: Ergußgesteine mit besonderer Gefügeart (oft mit Hohlräumen; Geol.). **Li|tho|phyt** *der;* -en, -en (meist Plur.) ⟨zu ↑...phyt⟩: Pflanze, die eine Felsoberfläche besiedelt. **Li|tho|po|ne** *die;* - ⟨zu *gr.* pónos „Mühe, Arbeit"⟩: lichtechte, gut deckende weiße Anstrichfarbe. **Lithops** *die;* -, - ⟨zu *gr.* ṓps „Anblick; das Auge"⟩: Lebender Stein, ↑ sukkulente, niedrige, meist polsterartig wachsende Wüstenpflanze mit zu geschlossenen Körperchen verwachsenen Blattpaaren. **Li|tho|sol** *der;* -s, -e ⟨zu *lat.* solum „Boden"⟩: durch physik. Verwitterung aufbereitetes Gesteinsmaterial, Rohboden. **Li|tho|sphä|re** *die;* -: bis in 1 200 km Tiefe reichende Gesteinshülle der Erde (Geol.). **Li|tho|stra|ti|gra|phie** *die;* -: relative Altersbestimmung von fossillosen Gesteinen eines begrenzten Gebietes auf Grund ↑ petrographischer Merkmale. **Li|tho|stro|ton** *das;* -s, ...ta ⟨zu *gr.* strōtós „ausgebreitet"⟩: in der Antike ein Fußbodenbelag aus bunten Marmorsteinen, regellos verteilt u. daher vom Mosaik zu unterscheiden. **Li|tho|tel|mon** *das;* -s ⟨zu *gr.* télma „Sumpf, Morast" u. ↑¹...on⟩: Lebensgemeinschaft in Felsnischentümpel, einer Vertiefung im Felsgestein im Hochgebirge u. an Meeresküsten, die vorübergehend od. ständig mit Wasser gefüllt ist (Biol.). **Li|tho|to|mie** *die;* -, ...ien ⟨aus *gr.* lithotomía „das Brechen, der Steinbruch"⟩: operative Entfernung von Steinen (Med.). **Li|tho|trip|sie** *die;* -, ...ien ⟨zu ↑ litho... u. *gr.* trĩpsis „das Reiben" (dies zu tríbein „reiben, zerreiben") u. ↑²...ie⟩: Zertrümmerung von Blasensteinen (Med.). **Li|tho|trip|ter** *der;* -s, -: svw. Lithotriptor. **Li|tho|trip|tor** *der;* -s, ...oren ⟨zu ↑...or⟩: 1. svw. Lithoklast. 2. Gerät zur ↑ extrakorporalen Zertrümmerung von Blasensteinen mit Hilfe von Ultraschall (Med.). **Lith|ur|gik** *die;* - ⟨aus *gr.* lithourgiké (téchnē) „die Kunst, Steine zu brechen und zu bearbeiten"⟩: Verwendung u. Verarbeitung von Gesteinen u. Mineralien. **Li|thya|lin|glas** *das;* -es ⟨zu ↑ litho..., *gr.* hýalos „Glas" u. ↑...in (1)⟩: in der Masse gefärbtes Glas, das durch seine verschiedenartige Marmorierung Edelsteine imitieren soll

Li|ti|gant *der;* -en, -en ⟨aus *lat.* litigans, Gen. litigantis, Part. Präs. von litigare, vgl. litigieren⟩: (veraltet) jmd., der vor Gericht einen Rechtsstreit führt. **Li|ti|ga|ti|on** *die;* -, -en ⟨aus gleichbed. *lat.* litigatio, eigtl. „der Zank, Streit"⟩: (veraltet) Rechtsstreit. **li|ti|gie|ren** ⟨aus gleichbed. *lat.* litigare, eigtl. „zanken, streiten"⟩: (veraltet) einen Rechtsstreit führen. **Li|tis|pen|denz** *die;* - ⟨aus gleichbed. *mlat.* litispendentia⟩: (veraltet) mit der Klageerhebung eintretende Zugehörigkeit eines Streitfalles zur Entscheidungsbefugnis eines bestimmten Gerichts; Rechtshängigkeit (eines Streitfalls) **li|to|ral** ⟨aus gleichbed. *lat.* litoralis zu litus, Gen. litoris „Küste"⟩: die Küsten-, Ufer-, Strandzone betreffend

(Geogr.). **Li|to|ral** *das;* -s, -e: Küsten-, Ufer-, Strandzone (Geogr.). **Li|to|ra|le** *das;* -s, -s ⟨aus gleichbed. *it.* litorale⟩: svw. Litoral. **Li|to|ral|fau|na** *die;* -, ...nen ⟨zu ↑litoral⟩: Tierwelt der Uferregion u. Gezeitenzone. **Li|to|ral|flo|ra** *die;* -, ...ren: Pflanzenwelt der Uferregion u. Gezeitenzone. **Li|to|ri|na** *die;* -, ...nen ⟨aus gleichbed. *nlat.* litorina zu *lat.* litus, vgl. litoral⟩: Uferschnecke (am Strand der Nord- u. Ostsee häufig). **Li|to|ri|na|meer** *das;* -[e]s ⟨nach dem Namen des Leitfossils dieses Stadiums⟩: geologisches Stadium der Ostsee in der Litorinazeit (ungefähr 5000 v. Chr.; Geol.). **Li|to|ri|na|zeit** *die;* -: Zeitraum zwischen 5500 u. 2000 v. Chr. (Geol.). **Li|to|ri|nel|len|kalk** *der;* -[e]s ⟨zu *nlat.* litorinella, dem Namen der darin vorkommenden Schneckengattung⟩: (veraltet) svw. Hydrobienschichten. **Li|to|ri|nen:** Plur. von ↑ Litorina

Li|to|tes [...te:s] *die;* -, - ⟨aus gleichbed. *gr.* litótēs, eigtl. „Sparsamkeit, Zurückhaltung (im Ausdruck)", zu litós „schlicht, einfach"⟩: Redefigur, die durch doppelte Verneinung od. durch Verneinung des Gegenteils eine vorsichtige Behauptung ausdrückt u. die dadurch eine (oft ironisierende) Hervorhebung des Gesagten bewirkt (z. B. nicht der schlechteste [= ein guter] Lehrer; nicht unwahrscheinlich = ziemlich wahrscheinlich; er ist nicht ohne Talent = er hat Talent; Rhet., Stilk.). **li|to|tisch:** in der Art einer Litotes (Rhet., Stilk.)

Li|tra *die;* -, -[s] ⟨aus *gr.* lítra „Pfund (als Silbergeld)"⟩: 1. antikes griech. Gewicht, das größenmäßig der röm. ↑Libra entsprach. 2. Münzeinheit antiker griech. Städte auf Sizilien

Lit|schi *die;* -, -s u. **Lit|schi|pflau|me** *die;* -, -n ⟨aus gleichbed. *chin.* li-chi⟩: pflaumengroße, wohlschmeckende Frucht (mit dünner, rauher Schale u. weißem, saftigem Fleisch) eines in China beheimateten Baumes

Lit|te|rae apo|sto|li|cae [...rɛ ...kɛ] *die* (Plur.) ⟨aus *lat.* litterae apostolicae „apostolische Briefe"⟩: Sammelbez. für päpstliche Erlässe u. Schreiben. **Lit|te|ra|rum Hu|ma|nio|rum Doc|tor** [– – 'dɔk...] vgl. Literarum Humaniorum Doctor

Lit|to|ri|na vgl. Litorina

Lit|trei|tis *die;* -, ...itiden ⟨nach dem franz. Arzt Alexis Littré (1658–1725) u. zu ↑...itis⟩: Entzündung der Schleimdrüsen der Harnröhre (Med.)

Li|tua|nist *der;* -en, -en ⟨zu *nlat.* Lituania „Litauen" u. ↑...ist⟩: Sprachwissenschaftler, der sich auf Lituanistik spezialisiert hat. **Li|tua|ni|stik** *die;* - ⟨zu ↑ ...istik⟩: Wissenschaft von der lit. Sprache u. Literatur. **li|tua|ni|stisch** ⟨zu ↑...istisch⟩: die Lituanistik betreffend, zu ihr gehörend

Li|tui: Plur. von ↑ Lituus. **Li|tui|tes** [...te:s] *die* (Plur.) ⟨aus gleichbed. *nlat.* lituites zu *lat.* lituus, vgl. Lituus⟩: ausgestorbene Gattung der Kopffüßer mit langem, stabförmig gestrecktem letztem Umgang des Gehäuses

Li|turg *der;* -en, -en u. **Li|tur|ge** *der;* -n, -n ⟨aus gleichbed. *kirchenlat.* liturgus, dies aus *gr.* leitourgós „Staatsdiener", eigtl. „wer (dem Volk oder Staat) dient"⟩: der den Gottesdienst, bes. die Liturgie haltende Geistliche (im Unterschied zum Prediger). **Li|tur|gie** *die;* -, ...ien ⟨aus *kirchenlat.* liturgia „Gottesdienst", dies aus gleichbed. *gr.* leitourgía, eigtl. „dem Volk geleisteter Dienst", zu leitourgeĩn „einen öffentlichen Dienst versehen" (zu laós „Volk" u. érgon „Werk, Arbeit")⟩: a) amtliche od. gewohnheitsrechtliche Form des Gottesdienstes; b) in der ev. Kirche am Altar [im Wechselgesang] mit der Gemeinde gehaltener Teil des Gottesdienstes. **Li|tur|gik** *die;* - ⟨zu ↑²...ik (1)⟩: Theorie u. Geschichte der Liturgie. **Li|tur|gi|ker** *der;* -s, -: a) Kenner der Liturgik; b) jmd., der Liturgik lehrt. **Li|tur|gi|kon** *das;* -s, ...ka ⟨aus gleichbed. *mgr.* liturgikón⟩: Anweisungen für den öffentlichen Gottesdienst enthaltendes Buch in der griech. Kirche. **li|tur|gisch** ⟨aus *gr.* leitourgikós „zum Gottesdienst gehörig"⟩: den Gottesdienst, die Liturgie betreffend, zu ihr gehörend; -es Jahr: in bestimmte Festkreise (Fest mit seiner Vorbereitungszeit u. Ausklangszeit) eingeteiltes, am 1. Adventssonntag beginnendes Jahr; Kirchenjahr

Li|tu|us *der;* -, Litui [...tui] ⟨aus gleichbed. *lat.* lituus⟩: 1. Krummstab der ↑ Auguren. 2. altröm. Militär- u. Signalinstrument mit Kesselmundstück. 3. Krummhorn (Blasinstrument des 16. u. 17. Jh.s)

live [laif, engl. laɪv] ⟨aus gleichbed. *engl.* live, eigtl. „lebend"⟩: a) direkt, original (von Rundfunk- od. Fernsehübertragungen), z. B. - senden, etwas - übertragen; b) unmittelbar, in realer Anwesenheit, persönlich. **Live-Auf|nah|me** [laif...] *die;* -,-n: 1. nicht im Studio, sondern direkt bei einer Veranstaltung gemachte Aufnahme (Tonband-, Platten- od. Filmaufnahme). 2. Schallplatte auf der Grundlage eines Live-Mitschnitts od. mehrerer Live-Aufnahmen eines od. mehrerer Konzerte (eines Interpreten). **Live-Auf|zeich|nung** *die;* -, -en: ungekürzte Aufzeichnung einer Veranstaltung, eines Ereignisses, die zu einem späteren Zeitpunkt gesendet werden soll (Fernsehen, Rundfunk)

Li|ve|do [...v...] *die;* -, ...dines [...ne:s] ⟨aus gleichbed. *nlat.* livedo, Gen. lividinis zu *lat.* livere „bläulich sein"⟩: Bez. für bläulich-rote Hautverfärbungen mit mehr od. weniger ausgeprägter netzartiger Hautzeichnung (Med.)

Live-Elek|tro|nik ['laif...] *die;* - ⟨zu ↑ live⟩: 1. jede Art der akustischen Realisation von Musik, bei der den verwendeten elektron. Übertragungs-, Steuer- u. Effektgeräten ein substantieller Anteil am Klangergebnis zukommt. 2. Sammelbez. für elektron. Musik, die unmittelbar im Konzertsaal gespielt u. nicht zuvor im Tonstudio produziert u. über Tonband reproduziert wird. **Live-Fo|to|gra|fie** *die;* - : bes. bei Bildjournalisten übliche Art des Fotografierens, bei der es weniger auf die technische Vollkommenheit als auf die Aussage des Bildes ankommt. **Live-Sen|dung** *die;* -, -en: Sendung, die unmittelbar vom Ort der Aufnahme aus gesendet wird; Originalübertragung, Direktsendung. **Live-Show** [...ʃoʊ] *die;* -, -s: 1. live (a) ausgestrahlte, revueartige Unterhaltungssendung mit ↑Jazz, ↑Pop (2) u. Humor. 2. a) svw. Peep-Show; b) Vorführung sexueller Handlungen auf der Bühne (z. B. eines Nachtlokals)

li|vid u. **li|vi|de** [...v...] ⟨unter Einfluß von *fr.* livide aus *lat.* lividus „bläulich"⟩: 1. bläulich, blaßblau, fahl (bezogen auf die Färbung von Haut u. Schleimhäuten, bes. der Lippen, häufig als Zeichen für Sauerstoffmangel im Blut; Med.). 2. (veraltet) neidisch. **Li|vi|di|tät** *die;* - ⟨aus gleichbed. *fr.* lividité; vgl. ...ität⟩: (veraltet) Fahlheit; Mißgunst, Neid

Li|ving news|pa|per ['lɪvɪŋ 'njuːspeɪpə] *das;* -[s], -s ⟨aus gleichbed. *engl.-amerik.* living newspaper, eigtl. „lebende Zeitung"⟩: mit dokumentarischen Mitteln arbeitende Form des politischen Lehrstücks, die sich in den USA aus dem russ. Agitproptheater u. dem epischen Theater entwickelte u. auf Massenaufklärung zielte

Li|ving|sto|nit [lɪvɪŋstoʊ..., auch ...'nɪt] *der;* -s, -e ⟨nach dem brit. Missionar u. Forschungsreisenden D. Livingstone (1813–1873) u. zu ↑²...it⟩: ein schwärzliches bis bleigraues, in feinen Splittern rot durchscheinendes Mineral

Li|ving-wage ['lɪvɪŋ 'weɪdʒ] *das;* - ⟨aus gleichbed. *engl.-amerik.* living wage zu living „Leben(sunterhalt)" u. wage „Lohn"⟩: für den Lebensunterhalt unbedingt notwendiger Lohn, Existenzminimum (Wirtsch.)

Li|vo|ne|se [...v...] *der;* -n, -n ⟨nach Livonia, dem *lat.* Na-

Livores

men von Livland, u. zu -ese, charakterisierendes Suffix von Namen⟩: russ. Silbermünze aus dem Jahr 1757 für die baltischen Provinzen Livland u. Estland im Wert von 96 Kopeken

Li|vo|res [li'vo:re:s] *die* (Plur.) ⟨aus *lat.* livores, Plur. von livor „rotblauer Fleck"⟩: Totenflecke (Med.)

Li|vre ['li:vrə] *der* od. *das;* -[s], -[s] (aber: 6 Livre) ⟨aus *fr.* livre, dies aus *lat.* libra „Waage, Gewogenes, Pfund"⟩: 1. altes franz. Gewichtsmaß. 2. frühere franz. Währungseinheit, Rechnungsmünze (bis zum Ende des 18. Jh.s)

Li|vree [li'vre:] *die;* -, ...een ⟨aus gleichbed. *fr.* livrée, eigtl. „gelieferte, gestellte (Kleidung)", zu livrer „liefern" aus *mlat.* liberare „ausliefern", eigtl. „frei machen"⟩: uniformartige Dienerkleidung. **li|vriert** ⟨zu ↑...iert⟩: Livree tragend

Li|wa *die;* -, -s ⟨aus *türk.* liva „Fahne", eigtl. „Roßschweif"⟩: svw. Sandschak (2)

Li|wan *der;* -s, -e ⟨über *arab.* al-iwān aus *pers.* eiwān „überdeckte Galerie, Terrasse"⟩: 1. nach dem Hof zu offener, überwölbter Raum mit anschließenden kleinen, geschlossenen Zimmern (orientalische Bauform des arab. Hauses). 2. ↑ Moschee mit vier auf einen Hof sich öffnenden Hallen in der als Schule dienenden persischen Sonderform der ↑ Medresse (2)

Li|wan|ze *die;* -, -n (meist Plur.) ⟨aus gleichbed. *tschech.* lívanec, eigtl. „Gießkuchen"⟩: beidseitig gebackenes Hefeplätzchen, das mit Pflaumenmus bestrichen u. mit Zucker bestreut wird (tschechische Spezialität; Gastr.)

¹Li|zen|ti|at *das;* -[e]s, -e ⟨aus *mlat.* licentiatus, vgl. ²Lizentiat⟩: akademischer Grad (vor allem in der Schweiz, z. B. der Theologie). **²Li|zen|ti|at** *der;* -en, -en ⟨aus *mlat.* licentiatus „der mit Erlaubnis Versehene", substantiviertes Part. Perf. von licentiare „die Erlaubnis erteilen"; vgl. Lizenz⟩: Inhaber eines Lizentiatstitels; Abk. Lic. [theol.], (in der Schweiz) lic. phil. usw. **Li|zenz** *die;* -, -en ⟨aus *lat.* licentia „Freiheit, Erlaubnis" zu licere „erlaubt sein"⟩: 1. [behördliche] Erlaubnis, Genehmigung, bes. zur Nutzung eines Patents od. zur Herausgabe einer Zeitung, einer Zeitschrift bzw. eines Buches. 2. durch einen Sportverband erteilte Erlaubnis, einen Sport beruflich auszuüben od. als Schiedsrichter o. ä. zu fungieren. **li|zen|zie|ren** ⟨zu ↑...ieren⟩: Lizenz erteilen. **li|zen|zi|ös** ⟨aus *fr.* licencieux „allzu frei, liederlich", dies aus *spätlat.* licentiosus „ausgelassen, mutwillig", eigtl. „erlaubt"⟩: frei, ungebunden; zügellos. **Li|zenz|spie|ler** *der;* -s, -: Sportler, der auf der Basis einer Spielerlizenz als Angestellter seines Vereins gegen feste monatliche Vergütung (u. zusätzlichen Prämien) spielberechtigt ist. **Li|zenz|sy|stem** *das;* -s: Ordnung des Jagdrechts, die auf der Vergabe von Jagderlaubnissen des Staates auf seinem Gebiet beruht. **Li|zi|tant** *der;* -en, -en ⟨aus *mlat.* licitans, Gen. licitantis „der Bietende" (bei Versteigerungen) zu licitari, vgl. lizitieren⟩: jmd., der bei Versteigerungen bietet; Meistbietender. **Li|zi|ta|ti|on** *die;* -, -en ⟨aus *lat.* licitatio „das Bieten"⟩: Versteigerung. **li|zi|tie|ren** ⟨aus *mlat.* licitari „auf etwas bieten" zu *lat.* liceri „er-, versteigern"⟩: 1. versteigern. 2. reizen (beim Kartenspiel)

Ljo|da|hattr [...hatɐ] *der;* -, - ⟨aus *altnord.* ljōdahattr⟩: Spruchton, Strophenform der Edda

Llan|dei|lo [læn'daɪloʊ] *das;* -[s] ⟨nach der gleichnamigen Stadt in Wales⟩: Stufe des ↑ Ordoviziums (Geol.)

Lla|ne|ro [lja'ne:ro] *der;* -s, -s ⟨aus gleichbed. *span.* llanero zu llano, vgl. Llano⟩: Bewohner eines Llanos. **Lla|no** ['ljano] *der;* -s, -s (meist Plur.) ⟨aus *span.* llano „Ebene" zu llano „eben, flach", dies aus *lat.* planus⟩: baumlose od. baumarme Ebene in den lateinamerik. Tropen u. Subtropen

Loa *die;* -, -s ⟨aus *span.* loa „Lob" zu loar „loben", dies aus gleichbed. *lat.* laudare⟩: mit einem Lob des Autors verbundenes Vorspiel älterer span. Dramenaufführungen

Loa loa *die;* - -, - -s ⟨aus dem Afrik.⟩: Wanderfilarie, eine Filarienart, die als Schmarotzer im Blut bzw. im Unterhautzellgewebe lebt (Zool., Med.)

Load [loʊd] *die;* -, -s ⟨aus gleichbed. *engl.* load, eigtl. „Ladung, Last", Bed. 2 über *amerik.* load „größere Menge von etwas"⟩: 1. altes britisches Maß, bes. Hohlmaß unterschiedlicher Größe. 2. (Jargon) für einen Rauschzustand benötigte Dosis eines Rauschgiftes. **Loa|der** ['loʊdɐ] *der;* -s, - ⟨aus *engl.* loader „Lader"⟩: Programm (4) zum Laden eines Computers

Lob *der;* -[s], -s ⟨aus gleichbed. *engl.* lob, eigtl. „Klumpen"⟩: 1. hoher, weich geschlagener Ball [mit dem der am Netz angreifende Gegner überspielt werden soll] (Tennis, Badminton). 2. angetäuschter Schmetterschlag, der an den am Netz verteidigenden Spielern vorbei od. hoch über sie hinwegfliegt (Volleyball)

lo|bär ⟨zu ↑ Lobus u. ↑...är⟩: einen Organlappen (z. B. der Lunge) betreffend (Med.). **Lo|bär|pneu|mo|nie** *die;* -, ...ien [...i:ən]: auf einen od. mehrere Lungenlappen begrenzte Form der Lungenentzündung (Med.)

lob|ben ⟨aus gleichbed. *engl.* to lob⟩: einen ↑ Lob schlagen (Tennis, Badminton, Volleyball)

Lob|by ['lɔbi] *die;* -, Plur. -s od. Lobbies [...bi:s] ⟨aus *engl.* lobby „Vor-, Wandelhalle", dies aus *mlat.* lobia „Galerie, Laube" (germ. Wort), Bed. 2 über gleichbed. *amerik.* lobby⟩: 1. Wandelhalle im [brit., amerik.] Parlamentsgebäude, in der Abgeordnete mit Wählern u. Interessengruppen zusammentreffen. 2. Interessengruppe, die [in der Lobby (1)] versucht, die Entscheidung von Abgeordneten zu beeinflussen [u. die diese ihrerseits unterstützt]. 3. Vestibül, Hotelhalle. **Lob|by|ing** *das;* -s, -s ⟨aus gleichbed. *amerik.* lobbying zu lobby, vgl. Lobby (2)⟩: Beeinflussung von Abgeordneten durch Interessen[gruppen]. **Lob|by|is|mus** *der;* - ⟨aus gleichbed. *amerik.* lobbyism; vgl. ...ismus (2)⟩: [ständiger] Versuch, Gepflogenheit, Zustand der Beeinflussung von Abgeordneten durch Interessengruppen. **Lob|by|ist** *der;* -en, -en ⟨aus gleichbed. *amerik.* lobbyist; vgl. ...ist⟩: jmd., der Abgeordnete für seine Interessen zu gewinnen sucht. **lob|by|i|stisch** ⟨zu ↑...istisch⟩: den Lobbyismus betreffend

Lob|ek|to|mie *die;* -, ...ien ⟨zu ↑ Lobus u. ↑...ektomie⟩: operative Entfernung eines Organlappens, z. B. eines Lungenlappens (Med.)

Lo|be|lie [...iə] *die;* -, -n ⟨aus gleichbed. *nlat.* lobelia; nach dem flandrischen Botaniker M. de l'Obel (latinisiert Lobelius), 1538–1616⟩: zu den Glockenblumengewächsen gehörende, niedrige, buschige, im Sommer blühende Pflanze mit zahlreichen blauen, seltener violetten od. weißen Blüten. **Lo|be|lin** *das;* -s ⟨zu ↑...in (1)⟩: aus der Lobelie gewonnenes ↑ Alkaloid, das die Atemtätigkeit anregt (Pharm.)

Lo|bi: Plur. von Lobus. **Lo|bo|po|di|en** [...iən] *die* (Plur.) ⟨zu ↑ Lobus u. *gr.* poús, Gen. podós „Fuß"⟩: Protoplasmaausstülpungen bei vielen ↑ Amöben (Biol.). **Lo|bo|to|mie** *die;* -, ...ien ⟨zu ↑...tomie⟩: svw. Leukotomie. **lo|bu|lär** ⟨aus gleichbed. *nlat.* lobularis; vgl. ...är⟩: einzelne Läppchen eines Lobus betreffend (Med.). **Lo|bu|lär|pneu|mo|nie** *die;* -, ...ien [...i:ən]: ↑ fibrinöse Entzündung eines Lungenlappens (Med.). **Lo|bu|lus** *der;* -, ...li ⟨aus *nlat.* lobulus, Verkleinerungsform von *lat.* lobus, vgl. Lobus⟩: Teil eines Lobus (1; Med.). **Lo|bus** *der;* -, Lobi ⟨über *lat.* lobus aus *gr.* lobós „(Ohr)läppchen"⟩: 1. Lappen eines Organs (Med.). 2. zungenartige Ausbuchtung des Eisrandes von Gletschern od. Inlandeismassen (Geol.)

Lo|can|da [...k...] *die;* -, ...den ⟨aus gleichbed. *it.* locanda zu *lat.* locandus „wer unterzubringen ist", Gerundivum von locare „unterbringen", eigtl. „(an einen Ort) stellen"⟩: (veraltet) Gasthaus, Schenke; Herberge

Loch [lɔk] *der;* -[s], -s ⟨aus gleichbed. *schott. loch,* dies aus *altir.* loch (verwandt mit *lat.* lacus „See")⟩: Binnensee, ↑Fjord in Schottland

Lo|chi|en [...xi̯ən] *die* (Plur.) ⟨zu *gr.* locheīa „Reinigung der Wöchnerin nach der Geburt"⟩: Absonderung der Gebärmutter während der ersten Tage nach einer Entbindung; Wochenfluß (Med.). **Lo|chio|me|tra** *die;* -, ...tren ⟨zu *gr.* métra „Gebärmutter"⟩: Stauung der Lochien, des Wochenflusses in der Gebärmutter (Med.). **Lo|chi|or|rhö** *die;* -, -en u. **Lo|chi|or|rhöe** [...'rø:] *die;* -, -n [...'rø:ən] ⟨zu *gr.* rheīn „fließen"⟩: verstärkter Wochenfluß nach der Entbindung (Med.)

Lock|out [lɔk'ḁut, engl. 'lɔk-aʊt] *das,* auch *der;* -[s], -s ⟨aus gleichbed. engl. lockout zu to lock out „aussperren"⟩: (veraltet) Aussperrung streikender Arbeiter

lo|co ['lo:ko, auch 'lɔko] ⟨*lat.;* „am (rechten) Platze", Lokativ von locus „Ort"⟩: 1. (Kaufmannsspr.) am Ort, hier; greifbar, vorrätig. 2. a) die Noten sind wieder in der gewöhnlichen Tonhöhe zu spielen (Aufhebung eines vorangegangenen Oktavenzeichens; vgl. all' ottava); b) wieder in gewöhnlichen Lagen zu spielen (bei Streichinstrumenten Aufhebung einer vorangegangenen abweichenden Lagenbezeichnung; Mus.). **lo|co ci|ta|to** [– tsi...] ⟨*lat.;* vgl. Zitat⟩: an der angeführten Stelle (eines Buches); Abk.: l. c.; vgl. citato loco. **lo|co lau|da|to** ⟨*lat.*⟩: (selten) svw. loco citato; Abk.: l. l. **lo|co si|gil|li** ⟨*lat.*⟩: anstatt des Siegels (auf Abschriften); Abk.: l. s. od. L. S. **Lo|cus amoe|nus** ['lo:kʊs a'mø:...] *der;* - -, Loci ['lo:tsi] amoeni ⟨aus *lat.* locus amoenus „lieblicher Ort"⟩: aus bestimmten Elementen zusammengesetztes Bild einer lieblichen Landschaft als literarischer ↑Topos (2) (bes. der Idylle; Literaturw.). **Lo|cus com|mu|nis** [– k...] *der;* - -, Loci ...nes ['lo:tsi ...ne:s] ⟨aus gleichbed. *lat.* locus communis, eigtl. „allgemeiner Ort"⟩: Gemeinplatz, bekannte Tatsache, allgemeinverständliche Redensart

Lodge [lɔdʒ] *die;* -, -s [...ʒɪz, auch ...ʒɪs] ⟨aus gleichbed. *engl.* lodge, dies über (*alt)fr.* loge aus *mlat.* lobia, vgl. Lobby⟩: 1. (veraltet) Hütte, Wohnung eines Pförtners. 2. Ferienhotel, Anlage mit Ferienwohnungen

Lo|di|cu|lae [...kulɛ] *die* (Plur.) ⟨aus *lat.* lodiculae, Plur. von lodicula „kleine (gewebte) Decke" zu lodix „Decke"⟩: zwei kleine Schuppen am Grund der Einzelblüten von Gräsern, die als Schwellkörper das Öffnen der Blüte regulieren (Bot.)

Loft *der;* -[s], -s ⟨aus gleichbed. *engl.* loft, eigtl. „Dachboden; Speicher"⟩: 1. (ohne Plur.) Neigungsgrad der Schlagfläche eines Golfschlägers. 2. Fabrik, Fabriketage als Wohnung. **Loft|jazz** [...dʒɛs] *der;* -: in alten Industrieanlagen, Fabriken o. ä. (ohne Konzertveranstalter) zu Gehör gebrachter [stilistisch neuartiger] Jazz

Log *das;* -s, -e ⟨aus gleichbed. *engl.* log, eigtl. „Holzklotz" (der an einer Leine mit Meßknoten hinter dem Schiff hergezogen wurde), dies aus dem Skand.⟩: 1. Fahrgeschwindigkeitsmesser eines Schiffes (Seew.). 2. die Meßfahrt der Sonde in der Bohrlochmessung (Geophys.)

log..., Log... vgl. logo..., Logo... **¹...log** ⟨zu *gr.* lógos „das Sprechen", vgl. Logos⟩: Wortbildungselement mit der Bedeutung „entsprechend", z. B. analog. **²...log** vgl. ...loge.

log|ao|disch ⟨aus gleichbed. *gr.* logaoidikós zu lógos „Rede" u. aoidé „Gesang"⟩; in der Fügung -e Verse: (veraltet) Verse im ↑äolischen Versmaß

Log|arith|mand *der;* -en, -en ⟨zu ↑Logarithmus u. ↑ ...and⟩: zu logarithmierende Zahl; ↑Numerus (2) zum Logarithmus (Math.). **Log|arith|men|pa|pier** *das;* -s: Funktionspapier, bei dem die Achsen Funktionsleiter einer Logarithmusfunktion sind (Math.). **Log|arith|men|sy|stem** *das;* -s: System aller Logarithmen zur gleichen Basis (Math.). **Log|arith|men|ta|fel** *die;* -, -n: tabellenartige Sammlung der ↑Mantissen (2) der Logarithmen (Math.). **log|arith|mie|ren** ⟨zu ↑...ieren⟩: a) mit Logarithmen rechnen; b) den Logarithmus berechnen (Math.). **Log|arith|mik** *die;* - ⟨zu ↑²...ik (1)⟩: (veraltet) die Lehre von den Logarithmen (Math.). **log|arith|misch**: den Logarithmus betreffend, auf einem Logarithmus beruhend, ihn anwendend (Math.); -es Dekrement: den Abklingvorgang gedämpfter freier Schwingungen kennzeichnende Größe (Math., Phys.). **Log|arith|mus** *der;* -, ...men ⟨aus gleichbed. *nlat.* logarithmus zu *gr.* lógos „Vernunft, Verhältnis" (vgl. Logos) u. árithmos „Zahl"⟩: Zahl, mit der man eine andere Zahl, die ↑Basis (4 c), ↑potenzieren (3) muß, um eine vorgegebene Zahl, den ↑Numerus (2), zu erhalten (Math.); Abk.: log; - naturalis: Logarithmus, bei dem die Basis die Konstante e (e = 2,71828) ist; natürlicher Logarithmus; Abk.: ln; dekadischer -: Logarithmus mit der Basis 10, Briggsscher Logarithmus; Abk.: lg; dyadischer -: Logarithmus mit der Basis 2; Zweierlogarithmus; Abk.: ld. **Log|arith|mus|funk|ti|on** *die;* -, -en: Umkehrfunktion der ↑Exponentialfunktion (Math.). **Log|asthe|nie** *die;* -, ...ien ⟨zu ↑logo... u. ↑Asthenie⟩: Gedächtnisstörung, die sich in Sprachstörungen, vor allem im Vergessen von Wörtern äußert (Med.). **Log|atom** *das;* -s, -e ⟨Kunstw. zu *gr.* lógos „Sprache, Wort" u. átomos, vgl. Atom⟩: einsilbiges, willkürlich aus Sprachlauten zusammengesetztes Kunstwort (Vokal u. Konsonant od. Konsonantengruppe, z. B. HOG, KLOMB) zur Überprüfung der Güte der Silben-, Wort- od. Satzverständlichkeit von Übertragungssystemen (z. B. von Fernsprechanlagen)

Log|buch *das;* -[e]s, ...bücher ⟨zu ↑Log⟩: Schiffstagebuch

Lo|ge ['lo:ʒə] *die;* -, -n ⟨aus *(alt)fr.* loge „abgeschlossener Raum", dies über *mlat.* lobia aus dem Germ., Bed. 3 über gleichbed. *engl.* lodge aus *altfr.* loge⟩: 1. kleiner, abgeteilter Raum mit mehreren Sitzplätzen im Theater. 2. Pförtnerraum. 3. a) geheime Gesellschaft; Vereinigung von Freimaurern; b) Versammlungsort einer geheimen Gesellschaft, einer Vereinigung von Freimaurern

...lo|ge, älter ...log ⟨zu *gr.* lógos „Rede, Wort; Vernunft, wissenschaftliche Untersuchung", vgl. Logos⟩: Wortbildungselement mit der Bedeutung „Kundiger, Forscher, Wissenschaftler", z. B. Ethnologe, Kardiologe

lo|geable [lɔˈʒabl] ⟨*fr.;* zu loger „wohnen", dies zu loge, vgl. Loge⟩: (veraltet) bewohnbar, wohnlich. **Lo|ge|ment** [lɔʒ(ə)'mã:] *das;* -s, -s ⟨aus gleichbed. *fr.* logement⟩: 1. (veraltet) Wohnung, Bleibe. 2. Verteidigungsanlage auf [noch nicht ganz] genommenen Festungsanlagen (z. B. Breschen). **Lo|gen|bru|der** ['lo:ʒən...] *der;* -s, ...brüder ⟨zu ↑Loge⟩: Mitglied einer Freimaurerloge, Freimaurer

Log|gast *der;* -[e]s, -en ⟨zu ↑Log⟩: Matrose, der das ↑Log bedient (Seew.). **Log|ge** *die;* -, -n ⟨aus gleichbed. *schwed.* u. *norw.* logg, vgl. Log⟩: svw. Log. **log|gen** ⟨nach gleichbed. *engl.* to log⟩: die Fahrgeschwindigkeit eines Schiffes mit dem ↑Log messen (Seew.)

Log|ger *der;* -s, - ⟨über *niederl.* logger aus *engl.* lugger⟩: kleineres Küsten[segel]fahrzeug zum Fischfang

Loggia

Log|gia [ˈlɔdʒ(i)a] *die;* -, Plur. -s od. ...ien [...jən] ⟨aus gleichbed. *it.* loggia, eigtl. „Laube", dies aus *altfr.* loge, vgl. Loge⟩: 1. Bogengang; gewölbte, von Pfeilern od. Säulen getragene, ein- od. mehrseitig offene Bogenhalle, die meist vor das Erdgeschoß gebaut od. auch selbständiger Bau ist (Archit.). 2. nach einer Seite offener, überdeckter, kaum od. gar nicht vorspringender Raum im [Ober]geschoß eines Hauses

Log|glas *das;* -es, ...gläser ⟨zu ↑Log⟩: Sanduhr zum Loggen

Lo|gi|cal [ˈlɔdʒɪkl] *das;* -s, -s ⟨zu *engl.* logical „logisch", dies aus *lat.* logicus, vgl. logisch⟩: nach den Gesetzen der ↑Logik (1 b) aufgebautes Rätsel

...lo|gie ⟨nach gleichbed. *gr.* -logía zu lógos, vgl. ...loge⟩: Wortbildungselement mit der Bedeutung „Lehre, Kunde, Wissenschaft", z. B. Ethnologie, Kardiologie

lo|gie|ren [loˈʒi:...] ⟨aus gleichbed. *fr.* loger zu loge, vgl. Loge⟩: 1. [vorübergehend] wohnen. 2. (veraltet) beherbergen, unterbringen

Lo|gik *die;* - ⟨über gleichbed. *mlat.* logica aus *gr.* logikḗ (téchnē) „Denklehre, Wissenschaft des Denkens", substantiviertes Fem. von logikós „das Wort, die Vernunft, das Denken betreffend" zu lógos „Vernunft", vgl. Logos⟩: 1. a) Lehre, Wissenschaft von der Struktur, den Formen u. Gesetzen des Denkens; Lehre vom folgerichtigen Denken, vom richtigen Schließen auf Grund gegebener Aussagen (Philos.); b) folgerichtiges, schlüssiges Denken, Folgerichtigkeit des Denkens. 2. a) Fähigkeit, folgerichtig zu denken; b) Zwangsläufigkeit; zwingende, notwendige Folgerung. **Lo|gik|ana|ly|sa|tor** *der;* -s, -en: Meßgerät zur Analyse, Speicherung u. Auswertung der Signale einer elektron. Schaltung (EDV). **Lo|gi|ker** *der;* -s, - ⟨aus *spätlat.* logicus „Gelehrter, Philosoph", dies zu *gr.* logikós, vgl. Logik⟩: 1. Wissenschaftler auf dem Gebiet der Logik (1 a). 2. Mensch mit scharfem, klarem Verstand. **Lo|gik|kal|kül** *der;* -s, -e ⟨zu ↑Logik⟩: formalisiertes Zeichen, das als logische Konstante, Variable, Aussage usw. gedeutet wird (Informatik). **Lo|gik|pe|gel** *der;* -s, -: einer von zwei möglichen Wertebereichen, in den ein digitales Signal fallen muß (Informatik). **Lo|gi|on** *das;* -[s], ...ien [...jən] ⟨aus *gr.* lógion „Erzählung, Gespräch" zu lógos „Rede, Wort", vgl. Logos⟩: 1. überlieferter Ausspruch, Wort Jesu Christi; Jesuswort (Theol.)

Lo|gis [loˈʒi:] *das;* - [...(s)], - [...s] ⟨aus gleichbed. *fr.* logis zu loge, vgl. Loge⟩: 1. [nicht besonders komfortable] Unterkunft, Wohnung, Bleibe. 2. (Seemannsspr.) Mannschaftsraum auf Schiffen

lo|gisch ⟨über gleichbed. *lat.* logicus aus *gr.* logikós; vgl. Logik⟩: 1. die Logik (1 a) betreffend. 2. denkrichtig, folgerichtig, schlüssig; -e Schaltung: Digitalschaltung zur logischen Verknüpfung von Signalen (1), besonders als Bausteine von Computern (EDV). 3. (ugs.) natürlich, selbstverständlich, klar. **...lo|gisch** ⟨nach gleichbed. *gr.* -logos zu lógos, vgl. ...loge⟩: Wortbildungselement mit der Bedeutung „die Lehre, Kunde, Wissenschaft betreffend", z. B. ethnologisch, kardiologisch. **lo|gi|sie|ren** ⟨zu *gr.* lógos „Vernunft" u. ↑...isieren⟩: der Vernunft, der Erkenntnis zugänglich machen. **Lo|gis|ma** *das;* -s, Logismata ⟨nach *gr.* lógisma, Gen. logísmatos „das Berechnen"⟩: (nach A. von Pauler) eines der letzten Elemente, aus denen sich Wahrheiten zusammensetzen. **Lo|gis|mo|gra|phie** *die;* -, ...ien ⟨zu *gr.* logismós „Rechnung, Berechnung" u. ↑...graphie⟩: (veraltet) eine Art der doppelten Buchführung, die einen leichten Überblick über den jeweiligen Stand des Vermögens nach seinen Hauptbestandteilen ermöglicht (Wirtsch.). **Lo|gis|mus** *der;* -, ...men ⟨aus *gr.* logismós „das Rechnen, die Berechnung"; vgl. ...ismus (1)⟩: 1. Vernunftschluß (Philos.). 2. (ohne Plur.) Theorie, Lehre von der logischen Ordnung der Welt (Philos.); vgl. Panlogismus. **¹Lo|gi|stik** *die;* - ⟨aus *gr.* logistikḗ (téchnē) „Rechenkunst", substantiviertes Fem. von logistikós „zum Rechnen gehörig" zu logízesthai „(be)rechnen"⟩: mathematische Logik

²Lo|gi|stik *die;* - ⟨aus gleichbed. *fr.* logistique zu logis „Quartier", vgl. Logis⟩: 1. Planung, Bereitstellung u. Einsatz der für militärische Zwecke erforderlichen Mittel u. Dienstleistungen zur Unterstützung der Streitkräfte; Versorgungs[apparat] einer Truppe. 2. Gesamtheit aller Aktivitäten eines Unternehmens, die den gesamten Fluß, die Organisation des Produktionsprozesses einschließlich Materialbeschaffung, Lagerung, Transport u. Auslieferung betreffen

Lo|gi|sti|ker *der;* -s, - ⟨zu *gr.* logistikós, vgl. ¹Logistik⟩: Vertreter der ¹Logistik. **¹lo|gi|stisch** ⟨zu ↑¹Logistik⟩: die ¹Logistik betreffend, auf ihr beruhend

²lo|gi|stisch ⟨zu ↑²Logistik⟩: die ²Logistik betreffend, auf ihr beruhend

Lo|gi|zis|mus *der;* - ⟨zu ↑Logik u. ↑...izismus⟩: 1. Bevorzugung der logischen Argumentation gegenüber der psychologischen (z. B. innerhalb einer bestimmten wissenschaftlichen Richtung). 2. Rückführung der math. Begriffe u. Methoden auf eine allgemeine Logik. 3. (abwertend) Überbewertung der Logik; vgl. ...ismus/...istik. **Lo|gi|zi|stik** *die;* - ⟨zu ↑...istik⟩: (abwertend) svw. Logizismus (3); vgl. ...ismus/...istik. **lo|gi|zi|stisch** ⟨zu ↑...istisch⟩: 1. den Logizismus (1) betreffend; auf der Bevorzugung des Logischen gegenüber dem Psychologischen beruhend. 2. den Logizismus (2) betreffend, ihm angehörend, auf ihm beruhend. 3. (abwertend) überspitzt logisch, haarspalterisch. **Lo|gi|zi|tät** *die;* - ⟨zu ↑...izität⟩: das Logische an einer Sache, an einem Sachverhalt; der logische Charakter; Denkrichtigkeit; Ggs. ↑Faktizität (Philos.). **lo|go** ⟨zu ↑logisch⟩ (ugs., bes. Jugendsprache): svw. logisch (3). **Lo|go** *der* od. *das;* -s, -s ⟨aus gleichbed. *engl.* logo, Kurzw. für logotype, wegen der feststehenden Buchstaben- u./od. Zeichenfolge⟩: Markenzeichen, Firmenzeichen; Symbol für ein Unternehmen, das durch einheitliche Gestaltung u. spezifische Farbgebung einen großen Wiedererkennungsgrad u. damit Werbewirksamkeit besitzt. **LOGO** *das;* -[s] ⟨Kunstw. in Anlehnung an *gr.* lógos „Wort"⟩: eine Programmiersprache hauptsächlich für Unterrichtszwecke (zur Einführung in den Umgang mit Computern). **lo|go...**, **Lo|go...**, vor Vokalen auch **log...**, **Log...** ⟨zu *gr.* lógos, vgl. Logos⟩: Wortbildungselement mit der Bedeutung „Wort, Rede, Vernunft", z. B. logopädisch, Logasthenie. **Lo|go|dä|da|lie** *die;* -, ...ien ⟨aus *gr.* logodaidalía „Redekunst"⟩: (veraltet) Wortkünstelei, Schönrederei. **Lo|go|dä|da|list** *der;* -en, -en ⟨zu *gr.* logodaídalos „Redekünstler" u. ↑...ist⟩: (veraltet) jmd., der es versteht, schöne Worte zu machen, Schönredner. **Lo|go|gramm** *das;* -s, -e ⟨zu ↑logo... u. ↑...gramm⟩: Schriftzeichen für eine bedeutungstragende Einheit eines Wortes; vgl. Ideogramm; Piktogramm. **Lo|go|graph** *der;* -en, -en ⟨aus gleichbed. *gr.* logográphos, eigtl. „in Prosa schreibend"⟩: frühgriech. Geschichtsschreiber; Prosaschriftsteller der ältesten griech. Literatur. rhetorischer -: im Athen der Antike Person, die Reden zum Vortrag vor Gericht für die Bürger entwarf (die ihre Sache stets selbst vertreten mußten). **Lo|go|gra|phie** *die;* - ⟨aus *gr.* logographía „das Schreiben in Prosa"⟩: aus Logogrammen gebildete Schrift. **lo|go|gra|phisch** ⟨aus *gr.* logographikós „das Schreiben einer Rede betreffend, zum Schreiben von

Prosa gehörig"): die Logographie betreffend. **Lo|go|griph** *der;* Gen. -s u. -en, Plur. -e[n] ⟨zu ↑logo... u. *gr.* gríphos „Rätsel"⟩: Buchstabenrätsel, bei dem durch Wegnehmen, Hinzufügen od. Ändern eines Buchstabens ein neues Wort entsteht. **Lo̱|goi** [...gɔy]: Plur. von ↑Logos. **Lo|go|klo|nie** *die;* - ⟨zu *gr.* kloneĩn „verwirren", eigtl. „in heftige Bewegung setzen", u. ↑²...ie⟩: krankhaftes Wiederholen von Wort- od. Satzenden (Psychol., Med.). **Lo|go|kra̱|tie** *die;* - ⟨zu ↑...kratie⟩: Herrschaft der Vernunft in der Gesellschaft. **Lo|go|la|trie** *die;* - ⟨zu *gr.* latreía „Dienst, Verehrung"⟩: (veraltet) übermäßige Verehrung des Wortes od. der Vernunft. **Lo|go|ma|chie** *die;* - ⟨aus gleichbed. *gr.* logomachía, eigtl. „das Streiten mit Worten"⟩: Wortstreit, Haarspalterei (Philos.). **Lo|go|ma|nie** *die;* - ⟨zu *gr.* logomaneĩn „auf die Redekunst u. überhaupt für das Studium der Wissenschaften rasend erpicht sein"; vgl. ...manie⟩: (veraltet) die Sucht, immer [allein] das Wort zu führen, Geschwätzigkeit, krankhafte Redseligkeit. **Lo|go|mo|no|ma̱nie** *die;* - ⟨zu ↑logo..., *gr.* mónos „allein" u. ↑...manie⟩: svw. Logomanie. **Lo|go|neu|ro̱|se** *die;* -, -n: neurotisch bedingte Sprachstörung (Med.). **Lo|go|pä̱|de** *der;* -n, -n ⟨zu *gr.* païs, Gen. paidós „Kind"; Analogiebildung zu ↑Orthopäde⟩: männliche Fachkraft, die Sprachstörungen behandelt (Berufsbez.). **Lo|go|pä|die̱** *die;* - ⟨zu ↑²...ie; Analogiebildung zu ↑Orthopädie⟩: Sprachheilkunde; Wissenschaft u. Behandlung von (physiologisch od. psychologisch bedingten) Sprachstörungen (Med., Psychol.). **Lo|go|pä̱|din** *die;* -, -nen: weibliche Form zu ↑Logopäde (Berufsbez.). **lo|go|pä̱|disch**: die Logopädie betreffend, auf ihr beruhend (Med., Psychol.). **Lo|go|pa|thie̱** *die;* -, ...ien ⟨zu ↑...pathie⟩: eine Sprachstörung, der zentralnervöse Veränderungen zugrunde liegen (Med.). **Lo|gor|rho̱** *die;* -, -en u. **Lo|gor|rhö̱e** [...'rø:] *die;* -, -n [...'rø:ən] ⟨zu *gr.* rheĩn „fließen"⟩: krankhafte Geschwätzigkeit (Med.). **Lo̱|gos** *der;* -, Plur. (selten) Logoi [...gɔy] ⟨aus *gr.* lógos „das Sprechen; Rede, Wort; Vernunft" zu légein „sprechen, reden, rechnen", eigtl. „sammeln"⟩: 1. menschliche Rede, sinnvolles Wort (Philos.). 2. logisches Urteil; Begriff (Philos.). 3. menschliche Vernunft, umfassender Sinn (Philos.). 4. (ohne Plur.) göttliche Vernunft, Weltvernunft (Philos.). 5. (ohne Plur.) Gott, Vernunft Gottes als Weltschöpfungskraft (Theol.). 6. (ohne Plur.) Offenbarung, Wille Gottes u. menschgewordenes Wort Gottes in der Person Jesu (Theol.). **Lo|go|the|ra|peut** *der;* -en, -en ⟨zu ↑logo...⟩: Psychotherapeut, der sich der Logotherapie bedient. **Lo|go|the|ra|peu̱|tin** *die;* -, -nen: weibliche Form zu ↑Logotherapeut. **lo|go|the|ra|peu̱|tisch**: die Logotherapie betreffend, auf ihr beruhend. **Lo|go|the|ra|pie̱** *die;* -, ...ien: auf die Existenzanalyse gegründete psychotherapeutische Methode zur Behandlung von Neurosen, die aus geistigen Problemen entstanden sind (Psychol.). **Lo|go|thet** *der;* -en, -en ⟨aus *(m)gr.* logothétēs „der die Rechnung Abfordernde u. Prüfende"⟩: a) Kanzler im Oströmischen Reich; b) bis zum 13. Jh. Titel höherer byzantinischer Beamter. **Lo|go|ty̱|pe** *die;* -, -n ⟨zu ↑logo... u. ↑Type⟩: (früher in der Setzerei beim Handsatz verwendete) Drucktype mit häufig vorkommender Buchstabenverbindung. **lo|go|zeṉ|trisch**: dem Geist im Sinne der ordnenden Weltvernunft vor dem Leben den Vorrang gebend, z. B. -e Weltanschauung, Haltung; Ggs. ↑biozentrisch

Lo̱|han u. Luohan [luo...] *der;* -[s], -s ⟨aus gleichbed. *chin.* luohan, dies zu *sanskr.* árhat „würdig"⟩: als Gott verehrter buddhistischer Heiliger der höchsten Stufe, der das Mönchsideal der Selbsterlösung durch Askese u. Meditation verkörpert

Loi [lɔa] *die;* - ⟨aus gleichbed. *fr.* loi, eigtl. „Gesetz, Vorschrift"⟩: gesetzmäßiger Feingehalt der Münzen **Loim|ia̱|ter** [lɔy...] *der;* -s, - ⟨zu *gr.* loimós „Pest, Seuche" u. ↑...iater⟩: (veraltet) Pestarzt. **Loi|mo|gra|phie̱** *die;* - ⟨zu ↑...graphie⟩: (veraltet) Beschreibung der Pest od. einer Seuche. **Loi|mo|lo|gie̱** *die;* - ⟨zu ↑...logie⟩: (veraltet) Lehre von der Pest u. anderen ansteckenden, schnell um sich greifenden, tödlichen Krankheiten. **loi|mo|lo̱|gisch** ⟨zu ↑...logisch⟩: (veraltet) die Loimologie betreffend, zu ihr gehörend

Loi|pe ['lɔypə] *die;* -, -n ⟨aus *norw.* løype „Skibahn, Skiweg"⟩: Langlaufbahn, -spur (Skisport)

Lok *die;* -, -s: Kurzform von ↑Lokomotive

Lo|ka̱|ja|ta *das;* - ⟨zu *sanskr.* loká „Welt"⟩: altind. Materialismus, der die Welt materiell u. sinnlich wahrnehmbar, den Geist als Produkt der Mischung von Elementen auffaßte u. Gott, Himmel, Hölle u. Seelenwanderung verwarf **lo|ka̱l** ⟨aus gleichbed. *fr.* local, dies aus *spätlat.* localis „örtlich"⟩: 1. örtlich. 2. örtlich beschränkt. **Lo|ka̱l** *das;* -[e]s, -e ⟨aus *fr.* local „Ort, Platz, Raum" zu local, vgl. lokal⟩: 1. Gaststätte, Restaurant, [Gast]wirtschaft. 2. Raum, in dem Zusammenkünfte, Versammlungen o. ä. stattfinden. **lo|ka̱l..., Lo|ka̱l...** ⟨zu ↑lokal⟩: Wortbildungselement mit der Bedeutung „örtlich, auf einen bestimmten Ort od. Bereich beschränkt", z. B. lokalpatriotisch, Lokalderby. **Lo|kal|an|äs|the|sie̱** *die;* -, ...ien [...i:ən]: örtliche Betäubung (Med.). **Lo|kal|an|äs|the|ti|kum** *das;* -s, ...ka: Arzneimittel zur Erzeugung einer örtlichen Betäubung. **Lo|kal|ano|ma|lie̱** *die;* -, ...ien [...i:ən]: örtliche Meßwertabweichung vom regionalen Meßwertbild bei geophysikalischen Messungen. **Lo|kal|der|by** [...dɛrbi] *das;* -[s], -s: [Fußball]spiel zweier Ortsrivalen. **Lo|kal|far|be** *die;* -, -n: die dem Gegenstand eigentümliche Farbe, wenn sie auf dem Bild nicht durch Schattierungen od. Anpassung an die Farben der Umgebung verändert wird. **Lo|kal|fau|na** *die;* -, ...nen: Tierwelt eines bestimmten [zu beobachtenden] Gebietes (Biol.). **Lo|kal|flo̱|ra** *die;* -, ...ren: Gesamtheit aller Pflanzen eines bestimmten [zu beobachtenden] Gebietes (Biol.). **Lo|ka̱|lis** *der;* -, ...les [...le:s] ⟨aus *spätlat.* (casus) localis „den Ort betreffend(er Fall)"⟩: (veraltet) svw. Lokativ. **Lo|ka|li|sa|ti|on** *die;* -, -en ⟨zu ↑...isation⟩: 1. örtliche Beschränkung. 2. Ortsbestimmung. 3. Zuordnung bestimmter psychischer Funktionen zu bestimmten Bereichen des Gehirns (Psychol., Med.). 4. Feststellung des Herdes einer Krankheit (im Inneren des Körpers; Med.). 5. Verhinderung der Ausbreitung einer Krankheit; Beschränkung eines Krankheitsherdes auf ein bestimmtes Körpergebiet (Med.). 6. Niederlassung, Ansammlung an einem bestimmten Platz. **Lo|ka|li|sier|bar** ⟨zu ↑lokalisieren⟩: so beschaffen, daß man es lokalisieren kann. **lo|ka|li|sie|ren** ⟨aus gleichbed. *fr.* localiser⟩: 1. a) örtlich beschränken, begrenzen; b) die Ausbreitung einer Krankheit verhindern; einen Krankheitsherd auf ein bestimmtes Körpergebiet beschränken (Med.). 2. a) örtlich bestimmen, festlegen; b) bestimmte psychische Funktionen bestimmten Bereichen des Gehirns zuordnen (Psychol., Med.); c) einen Krankheitsherd (im Inneren des Körpers) feststellen (Med.). **Lo|ka|lis|mus** *der;* -, ...men ⟨zu ↑lokal u. ↑...ismus (4)⟩: nur örtlich verwendete Besonderheit, Eigentümlichkeit innerhalb einer Sprache (Sprachw.). **Lo|ka|li|tä̱t** *die;* -, -en ⟨aus gleichbed. *fr.* localité; vgl. ...ität⟩: Örtlichkeit; Raum. **Lo|kal|ko|lo̱|rit** *das;* -[e]s, -e ⟨zu ↑lokal...⟩: besondere ↑Atmosphäre (3) einer Stadt od. Landschaft. **Lo|kal|ma|ta|dor** *der;* -s, -e: örtliche Berühmtheit, erfolgreicher u. gefeierter Held in einem Ort, in einem begrenzten Gebiet (bes. Sport). **Lo|kal|mo|no|po̱l**

lokalpatriotisch

das; -s: Monopol einer Zeitung in der lokalen Berichterstattung am Erscheinungsort. **lo|kal|pa|trio|tisch:** den Lokalpatriotismus betreffend, von ihm geprägt. **Lo|kal|pa|trio|tis|mus** *der;* -: starke od. übertriebene Liebe zur engeren Heimat, zur Vaterstadt o. ä. **Lo|kal|po|li|ti|ker** *der;* -s, -: Politiker auf kommunaler Ebene. **Lo|kal|re|dak|ti|on** *die;* -, -en: a) ↑ Redaktion (2 a) einer Zeitung, die die Lokalnachrichten bearbeitet; b) Geschäftsstelle einer Zeitung, die für die Erstellung der Lokalseite verantwortlich ist. **Lo|kal|re|por|ter** *der;* -s, -: Reporter, der Lokalberichte schreibt. **Lo|kal|satz** *der;* -es, ...sätze: Umstandssatz des Ortes (z. B. ich gehe, *wohin du gehst;* Sprachw.). **Lo|kal|ter|min** *der;* -s, -e: Gerichtstermin, der am Tatort abgehalten wird. **Lo|ka|ri|um** *das;* -s, ...ien [...i̯ən] ⟨zu *lat.* locarius „zur Vermietung gehörig", dies zu locare, vgl. lozieren⟩: (veraltet) Miete, Pachtzins. **Lo|ka|tar** *der;* -s, -e ⟨aus gleichbed. *spätlat.* locatarius⟩: (veraltet) Pächter, Mieter. **Lo|ka|ti|on** *die;* -, -en ⟨aus *lat.* locatio „Stellung, Anordnung; Vermietung" zu locare „an einen Platz stellen; vermieten", dies zu locus, vgl. ¹Lokus⟩: 1. (veraltet) Platz-, Rangbestimmung. 2. moderne Wohnsiedlung. 3. Bohrstelle (bei der Erdölförderung). **Lo|ka|tiv** *der;* -s, -e [...və] ⟨aus gleichbed. *lat.* (casus) locativus⟩: den Ort ausdrückender ↑ Kasus; Ortsfall (z. B. griech. *oíkoi* = „zu Hause"; Sprachw.). **Lo|ka|tor** *der;* -s, ...oren ⟨aus *lat.* locator „Verpachter, Vermieter"⟩: 1. im Mittelalter ein im Auftrage seines Landesherrn [Kolonisations]land verteilender Ritter. 2. (veraltet) Vermieter, Verpächter. **Lo|ka|to|ri|um** *das;* -s, ...ien [...i̯ən] ⟨aus *lat.* locatorium „das Gemietete", substantiviertes Neutrum von locatorius „gemietet"⟩: svw. Lokarium. **lo|ko** vgl. loco. **lo|ko|fix** ⟨zu *lat.* loco „am (rechten) Platze" (vgl. loco) u. fixus, Part. Perf. von figere „anheften"⟩: (veraltet) unbeweglich, am Platz befestigt. **Lo|ko|ge|schäft** *das;* -[e]s, -e ⟨zu *lat.* loco „auf der Stelle, sofort"; vgl. loco⟩: Geschäft über sofort verfügbare Ware (Wirtsch.); Ggs. ↑ Distanzgeschäft. **lo|ko|mo|bil** ⟨zu *lat.* locus „Ort, Stelle" u. mobilis „beweglich"⟩: (veraltet) von der Stelle beweglich. **Lo|ko|mo|bil** *das;* -s, -e: (österr.) svw. Lokomobile. **Lo|ko|mo|bi|le** *die;* -, -n ⟨aus gleichbed. *fr.* locomobile zu locomobile „von der Stelle bewegbar"⟩: (nicht mehr gebaute) fahrbare Dampfmaschinenanlage. **Lo|ko|mo|ti|on** *die;* -, -en ⟨zu *lat.* locus „Ort, Stelle" u. motio „Bewegung"⟩: mit Ortsveränderung verbundene aktive Bewegung eines Individuums, die zu den charakteristischen Erscheinungen des Lebens gehört (Schwimmen, Kriechen, Laufen, Springen, Klettern, Fliegen; Biol., Med.). **Lo|ko|mo|ti|ve** [...və] *die;* -, -n ⟨aus gleichbed. *engl.* locomotive (steam engine), eigtl. „sich von der Stelle bewegende(Dampfmaschine)", zu *lat.* locus „Ort, Stelle" u. *spätlat.* motivus „beweglich"⟩: schienengebundene Zugmaschine für Eisenbahnzüge; Kurzform Lok. **lo|ko|mo|to|risch** ⟨zu ↑ Lokomotion⟩: auf Lokomotion beruhend, sie betreffend (Biol., Med.). **Lo|ko|wa|re** *die;* -, -n ⟨zu *lat.* loco, vgl. Lokogeschäft⟩: sofort verfügbare, am Ort befindliche Ware. **lo|ku|li|zid** ⟨zu *lat.* loculi „Gehäuse, Kapsel", eigtl. „Örtchen, kleines Gelaß" (Plur. von loculus, Verkleinerungsform von locus „Ort, Stelle"), u. caedere „(auf)brechen"⟩: entlang der Mittellinie der Fruchtblätter aufspringend (von Kapselfrüchten; Bot.). **lo|ku|ple|tie|ren** ⟨aus gleichbed. *lat.* locupletare zu locuples „begütert", dies zu locus „Gut; Grundstück" (vgl. ¹Lokus) u. *plere „füllen"⟩: (veraltet) bereichern, reich machen. **¹Lo|kus** *der;* -, Lozi ⟨aus gleichbed. *lat.* locus⟩: (veraltet) Ort, Stelle. **²Lo|kus** *der;* Gen. - u. -ses, Plur. -se ⟨wohl in der Schülerspr. verkürzt aus *lat.* locus necessitatis „Ort der Notdurft"; vgl. ¹Lokus⟩: (ugs.) svw. Toilette (2)

Lo|ku|ti|on *die;* -, -en ⟨aus *lat.* locutio „Rede(nsart)" zu locutus, Part. Perf. von loqui „reden"⟩: a) Redewendung, Redensart; b) Redestil, Ausdrucksweise. **lo|ku|tio|när** ⟨zu ↑ ...är⟩: die Lokution betreffend; in der Art einer Lokution; -er Akt: der Sprechakt im Hinblick auf Artikulation, Konstruktion u. Logik der Aussage (Sprachw.); vgl. illokutionärer Akt, perlokutionärer Akt. **lo|ku|tiv** ⟨zu *lat.* locutus (vgl. Lokution) u. ↑ ...iv⟩: svw. lokutionär; -er [...və] Akt: svw. lokutionärer Akt. **Lo|ku|to|ri|um** *das;* -s, ...ien [...i̯ən] ⟨aus gleichbed. *kirchenlat.* locutorium⟩: Sprechzimmer in Klöstern

Lo|li|ta *die;* -, -s ⟨nach dem span. weiblichen Vornamen, den die Heldin des gleichnamigen Romans von V. Nabokov (1899-1977) trägt⟩: Mädchen, das seinem Alter nach noch fast ein Kind, körperlich aber schon entwickelt ist u. zugleich unschuldig u. raffiniert, naiv u. verführerisch wirkt; Kindfrau

Lol|lar|de *der;* -n, -n ⟨zu *niederd.* lollen „falsch singen"; Bed. 2 aus *engl.* Lollard⟩: 1. Mitglied der Alexianer (Kongregation von Laienbrüdern). 2. Anhänger des engl. Vorreformators Wyclif (14. Jh.)

Löl|lin|git [auch ...ˈgɪt] *der;* -s, -e ⟨nach der österr. Gemeinde Lölling in Kärnten u. zu ↑ ²...it⟩: metallisch glänzendes, silberweißes bis stahlgraues Mineral

Lom|bard *der* od. *das;* -[e]s, -e ⟨aus *it.* Lombardo bzw. aus *fr.* lombard (älter maison de Lombard „Leihhaus"), nach dem im 13.-15. Jh. als Geldleiher privilegierten Kaufleuten aus der Lombardei; vgl. Lombarden⟩: Kredit gegen Verpfändung beweglicher Sachen (Wertpapiere, Waren; Wirtsch.). **Lom|bar|den** *die* (Plur.) ⟨zu *it.* Lombardo „der Lombarde", dies aus *mlat.* Langobardus „der Langobarde"⟩: oberital. Geldwechsler im ausgehenden Mittelalter. **Lom|bard|ge|schäft** *das;* -[e]s, -e: svw. Lombard. **lom|bar|die|ren** ⟨zu ↑ ...ieren⟩: Wertpapiere od. Waren bankmäßig beleihen (Wirtsch.). **lom|bar|disch** ⟨nach der Lombardei, vgl. Lombard⟩; in der Fügung m-er Rhythmus: bes. im 17. u. 18. Jh. verbreitete Spielweise gleichwertig notierter Tonfolgen, bei der die jeweils erste von zwei Noten vorschlagartig verkürzt u. betont, die zweite durch Punktierung verlängert wird (Mus.). **Lom|bard|kre|dit** *der;* -[e]s, -e ⟨zu ↑ ¹Kredit⟩: svw. Lombard. **Lom|bard|satz** *der;* -es, ...sätze: von der Notenbank festgesetzter Zinsfuß für Lombardgeschäfte (Wirtsch.); vgl. Diskontsatz

Lom|ber *das;* -s ⟨über *fr.* l'hombre mit verschmolzenem Artikel aus *span.* hombre „Spielmacher", eigtl. „Mann, Mensch", dies aus *lat.* homo „Mensch"⟩: ein Kartenspiel mit franz. Karten, bei dem der Alleinspieler durch Reizen ermittelt wird

Lo|men|tum *das;* -s, ...ta ⟨aus gleichbed. *lat.* lomentum zu lavare „waschen"⟩: (veraltet) [kosmetisches] Waschmittel

long ⟨*engl.;* eigtl. „lang"⟩: eine Kaufposition am Terminmarkt bezeichnend, wobei ein Terminvertrag in der Erwartung gekauft wird, ihn zu höherem Preis zu verkaufen (Wirtsch.); Ggs. short. **Lon|ga** *die;* -, Plur. ...gae [...gɛ] u. ...gen ⟨zu *lat.* longa, Fem. von longus „lang"⟩: zweitlängster Notenwert der ↑ Ars nova des 14. Jh.s (Mus.). **Lon|gä|vi|tät** [...v...] *die;* - ⟨zu *lat.* aevitas, Gen. aevitatis „Leben(szeit), Alter"⟩: Langlebigkeit (Med.). **Long|drink** *der;* -[s], -s ⟨aus gleichbed. *engl.* long drink⟩: neben Alkohol vor allem Soda, Fruchtsaft o. ä. enthaltendes Mixgetränk. **Lon|ge** [ˈlõːʒə] *die;* -, -n ⟨aus gleichbed. *fr.* longe zu long „lang", dies aus *lat.* longus⟩: a) sehr lange Laufleine für Pferde (Reitsport); b) an einem Sicherheitsgurt befestigte Leine zum Abfangen von Stürzen bei gefährlichen Übungen (Turnen) od. beim Schwimmunterricht. **Long|horn**

['lɔŋ...] *das;* -s, -s ⟨aus gleichbed. *engl.* long horn⟩: geschecktes Rind mit langen, nach vorn schwingenden Hörnern u. langer, dichter Behaarung. **lon|gie|ren** [lõ'ʒi:...] ⟨zu ↑Longe u. ↑...ieren⟩: ein Pferd an der Longe laufen lassen. **Lon|gi|me|trie** [lɔŋgi...] *die;* - ⟨zu *lat.* longus „lang" u. ↑...metrie⟩: Längenmessung. **lon|gi|tu|di|nal** ⟨zu *lat.* longitudo „Länge" u. ↑¹...al (1)⟩: a) in der Längsrichtung verlaufend, längsgerichtet, längs...; b) die geographische Länge betreffend. **Lon|gi|tu|di|nal|schwin|gung** *die;* -, -en u. **Lon|gi|tu|di|nal|wel|le** *die;* -, -n: Welle, bei der die Schwingungsrichtung der Teilchen übereinstimmt mit der Richtung, in der sie sich ausbreitet (Phys.). **long|line** [...laɪn] ⟨aus gleichbed. *engl.-amerik.* long line, eigtl. „lange Linie, Längslinie"⟩: an der Seitenlinie entlang (vom Ball; Tennis). **Long|line** *der;* -[s], -s: entlang der Seitenlinie gespielter Ball (Tennis). **Long|play** [...pleɪ] *das;* -s ⟨zu *engl.* to play long „lange (Zeit) spielen"⟩: Einrichtung an leistungsfähigen Videorecordern, Aufnahme u. Wiedergabe [bei geringer Qualitätseinbuße] mit halber Geschwindigkeit vorzunehmen, wodurch sich die Laufzeit des Bandes verdoppelt. **Long|range** [...reːndʒ] *der;* -, -s [...dʒɪz, ...dʒɪs] ⟨zu *engl.* range „Reichweite"⟩: Distanzkampf beim Boxen. **Long|sel|ler** *der;* -s, - ⟨zu *engl.* long „lang" u. to sell „verkaufen", Analogiebildung zu ↑Bestseller⟩: Buch, das über einen langen Zeitraum gut verkauft wird; vgl. Steadyseller

Long|shan|kul|tur [lʊŋʃan...] *die;* - ⟨nach der Landschaft Longshan am Unterlauf des Hwangho⟩: Schwarzkeramikkultur, jungsteinzeitliche Kultur in Ostchina, die durch eine graue bis schwarze, polierte Keramik mit Schnur- u. Matteneindrücken charakterisiert ist

Long|ton ['lɔŋtən] *die;* -, -s ⟨aus gleichbed. *engl.* long ton zu long „groß-" u. ton „Tonne"⟩: angloamerik. Massemaß (= 1016,05 kg). **Lon|guet|te** [lõ'gɛta] *die;* -, -n (meist Plur.) ⟨aus *fr.* longuette „länglicher Gegenstand" zu long, vgl. Longe⟩: Streifen aus Verbandsmull (z. B. für Gipsverbände; Med.). **Lon|gu|lit** [lɔŋ..., auch ...'lɪt] *der;* -s, -e ⟨zu *lat.* longus „lang" u. ↑²...it⟩: längliche, unvollständig entwickelte Kristallform. **Long|way** [...weɪ] *der;* -[s], -s ⟨aus gleichbed. *engl.* long way, eigtl. „langer Weg"⟩: eine der zwei Grundformen des ↑Kontertanzes

Lons|da|le|it [lɔnsdeː'liːt, auch ...'lɪt] *der;* -s, -e ⟨nach der brit. Kristallographin Kathleen Lonsdale (1903–1971) u. zu ↑²...it⟩: ein honiggelber Diamant, der in Meteoriten vorkommt

Lon|zo|na ⓦ *das;* -s ⟨Kunstw.⟩: Chemiefaden auf Zellulosebasis

Look [lʊk] *der;* -s, -s ⟨aus gleichbed. *engl.* look, eigtl. „Aussehen, Blick"⟩: a) Modestil, Mode[erscheinung]; b) charakteristisches Aussehen; [persönliche] Note. **Look|out** ['lʊkaʊt] *der;* -s, -s ⟨zu *engl.* to look out „hinaussehen"⟩: (veraltet) a) Ausblick; b) Wache

Loop [luːp] *der;* -[s], -s ⟨aus gleichbed. *engl.* loop „Schleife, Schlinge"⟩: 1. geschlossener Rohrkreislauf, in dem Materialtests unter verschiedenen Bedingungen vorgenommen werden (Kerntechn.). 2. Programmschleife, Folge von Programmteilen, die mehrfach durchlaufen werden können (EDV). **loo|pen** ['luːpn̩] ⟨nach gleichbed. *engl.* to loope (the loop) zu loop, vgl. Loop⟩: einen Looping ausführen. **Loop|garn** ['luːp...] *das;* -[e]s, -e ⟨zu *engl.* loop, vgl. Loop⟩: Garn mit Schlingen (die beim Zwirnen von einem ohne Spannung laufenden Faden gebildet werden). **Loo|ping** *der,* auch *das;* -s, -s ⟨aus gleichbed. *engl.* looping (the loop) „das Drehen (eines Loopings)" zu loop, vgl. Loop⟩: senkrechter Schleifenflug, Überschlag (beim Kunstflug)

Lo|phi|odon *das;* -s, ...donten ⟨zu *gr.* lóphion „kleiner Kamm", Verkleinerungsform von lóphos (vgl. lophodont), u. odoús, Gen. odóntos „Zahn"⟩: ausgestorbene, nur aus dem europ. ↑Eozän bekannte Gattung tapirähnlicher, schweine- bis nashorngroßer Unpaarhufer. **lopho|dont** ⟨zu *gr.* lóphos „Hügel; Schopf", eigtl. „Hals, Nakken", u. odoús, Gen. odóntos „Zahn"⟩: statt einzelner Höcker zusammenhängende, gekrümmte Kämme od. Leisten tragend (von den Backenzähnen vieler pflanzenfressender Säugetiere; Zool.). **Lo|pho|pho|rin** *das;* -s ⟨zu *nlat.* lophophora, dem Namen einer Kakteengattung, eigtl. „Kammträger", u. ↑...in (1)⟩: sehr giftiges Alkaloid einer mexik. Kakteenart (Biochem.)

Lo|po|lith [auch ...'lɪt] *der;* Gen. -s u. -en, Plur. -e[n] ⟨zu *gr.* lopós „Rückstand, Hülse" u. ↑...lith⟩: schüssel- bis trichterförmiger Tiefengesteinskörper (Geol.)

Lo|qua|zi|tät *die;* - ⟨aus gleichbed. *lat.* loquacitas, Gen. loquacitatis zu loquax „geschwätzig", dies zu loqui „sprechen"⟩: Geschwätzigkeit (Med.)

Lor|baß *der;* ...basses, ...basse ⟨aus gleichbed. *lit.* liùrbis, *lett.* luřbis⟩: (landsch. veraltend) Lümmel, Taugenichts

Lord *der;* -s, -s ⟨aus gleichbed. *engl.* lord, dies aus *mittelengl.* lōverd, *altengl.* hlāford „Herr", eigtl. „Brotherr, -schützer", zu *altengl.* hlāf „Brot(laib)" u. weard „Schutzherr, Wart"⟩: 1. (ohne Plur.) Titel für einen Vertreter des hohen engl. Adels. 2. Träger des Titels Lord (1). **Lordkanz|ler** *der;* -s, - ⟨Lehnübersetzung von gleichbed. *engl.* Lord Chancellor⟩: höchster engl. Staatsbeamter; Präsident des Oberhauses u. des Obersten Gerichtshofes. **Lord-Mayor** [...'meːɐ] *der;* -s, -s ⟨aus gleichbed. *engl.* Lord Mayor⟩: Oberbürgermeister bestimmter Großstädte im brit. Commonwealth

Lor|do|se *die;* -, -n ⟨zu *gr.* lordós „vorwärts gekrümmt" u. ↑¹...ose⟩: Verkrümmung der Wirbelsäule nach vorn (Med.). **lor|do|tisch** ⟨zu ↑...otisch⟩: zur Lordose gehörend, mit Lordose einhergehend

Lord|ship ['lɔːdʃɪp] *die;* - ⟨aus *engl.* lordship⟩: 1. Lordschaft (Rang bzw. Titel, auch Anrede eines Lords). 2. Herrschaftsgebiet eines Lords

Lo|re *die;* -, -n ⟨aus *engl.* lorry „großer, flacher Lastwagen, Förderwagen"⟩: offener, auf Schienen laufender, kippbarer Wagen zum Transport von Gütern in Bergwerken, Steinbrüchen u. ä.

Lo|ret|te *die;* -, -n ⟨aus gleichbed. *fr.* lorette, nach der im Pariser Prostituiertenviertel gelegenen Kirche (Notre-Dame de) Lorette⟩: (veraltet) Lebedame; leichtfertiges Mädchen (bes. im Paris des 19. Jh.s)

Lor|gnet|te [lɔrn'jɛtə] *die;* -, -n ⟨aus gleichbed. *fr.* lorgnette zu lorgner „verstohlen betrachten"⟩: bügellose, an einem Stiel vor die Augen zu haltende Brille. **lor|gnet|tie|ren** [...jɛ...] ⟨zu ↑...ieren⟩: (veraltet) durch die Lorgnette betrachten; scharf mustern. **Lor|gneur** [...'jøːɐ] *der;* -s, -s ⟨aus *fr.* lorgneur „Betrachter"⟩: (veraltet) Benutzer einer Lorgnette. **Lor|gnon** [...'jõ] *das;* -s, -s ⟨aus gleichbed. *fr.* lorgnon zu lorgner, vgl. Lorgnette⟩: a) früher übliches Stieleinglas; b) Lorgnette, früher übliche Stielbrille

¹Lo|ri *der;* -s, -s ⟨aus gleichbed. *engl.* lory, dies aus *malai.* luri, nuri⟩: farbenprächtiger, langflügeliger Papagei

²Lo|ri *der;* -s, -s ⟨aus gleichbed. *fr.* loris, weitere Herkunft unsicher⟩: schwanzloser Halbaffe der Tropen Asiens u. Afrikas

Lo|ro|kon|to *das;* -s, Plur. ...ten, auch -s u. ...ti ⟨zu *it.* il loro conto „das Konto jener (anderen Bank)"⟩: das bei einer Bank geführte Konto einer anderen Bank

Losament

Lo|sa|ment *das;* -[e]s, -e ⟨umgebildet aus ↑ Logement⟩: (veraltet, aber noch landsch.) Wohnung, Unterkunft

Lọst *der;* -[e]s ⟨Kunstw.⟩: chem. Kampfstoff; Senfgas

lo stęs|so tęm|po vgl. l'istesso tempo

Lost ge|ne|ra|tion [ˈlɔst dʒenəˈreɪʃər] *die;* - - ⟨aus *engl.-amerik.* lost generation „verlorene Generation"; von der amerik. Schriftstellerin Gertrude Stein (1874–1946) geprägte Bezeichnung⟩: a) Gruppe der jungen, durch das Erlebnis des ersten Weltkriegs desillusionierten und pessimistisch gestimmten amerik. Schriftsteller der zwanziger Jahre; b) junge amerik. u. europ. Generation nach dem ersten Weltkrieg

Lọt *das;* -s, -s ⟨aus *engl.* lot „Menge (zusammengehörender Dinge)"⟩: [vom Händler angebotene] Zusammenstellung von Einzelbriefmarken od. Briefmarkensätzen

Lo|ti *der,* -, Malọti ⟨aus dem Afrik.⟩: Währungseinheit in Lesotho

Lo|ti|on [engl. ˈloʊʃən] *die;* -, Plur. -en u. (bei engl. Ausspr.) -s ⟨teilweise über *engl.* lotion aus *fr.* lotion „Waschung, Bad", dies aus *spätlat.* lotio zu *lat.* lavare „waschen"⟩: flüssiges Kosmetikum in Form einer [milchigen] Lösung od. einer Emulsion zur Reinigung u. Pflege der Haut

Lo|tos *der;* -, - u. **Lo|tos|blu|me** *die;* -, -n ⟨aus gleichbed. *lat.* lotus, lotos, *gr.* lōtós, weitere Herkunft unsicher⟩: Wasserrose mit weißen, rosa od. hellblauen Blüten (die als religiöses Sinnbild bei Ägyptern, Indern u. a. eine bes. Rolle spielt). **Lo|tos|säu|le** *die;* -, -n: altägypt. Säule mit einem stilisierten Pflanzenkapitell. **Lo|tos sitz** *der;* -es ⟨weil die Sitzhaltung einer geöffneten Lotosblüte ähnelt⟩: Sitzhaltung (vor allem bei Yoga), bei der die Oberschenkel gegrätscht u. die Füße über Kreuz auf den Oberschenkeln liegen

Lot|te|rie *die;* -, ...ien ⟨aus gleichbed. *niederl.* loterije zu lot „Los"⟩: 1. staatlich anerkanntes Zahlenglücksspiel, bei dem Lose gekauft od. gezogen werden. 2. Verlosung. 3. Kartenglücksspiel. 4. Lotteriespiel, riskantes Handeln mit Inkaufnahme aller Eventualitäten. **Lot|te|rie|kol|lek|teur** [...tøːɐ̯] *der;* -s, -e: (veraltet) Lotterieeinnehmer. **Lot|te|rie|kol|lek|ti|on** *die;* -, -en: (veraltet) Lotterieeinnahme. **Lọt|to** *das;* -s, -s ⟨aus *it.* lotto „Losspiel, Glücksspiel", dies aus *(alt)fr.* lot „Los, Anteil"⟩: 1. staatlich anerkanntes Glücksspiel, bei dem man auf Zahlen wettet, die bei der jeweiligen Ziehung als Gewinnzahlen ausgelost werden; Zahlenlotterie. 2. Gesellschaftsspiel, bei dem Karten mit Zahlen od. Bildern durch dazugehörige Karten bedeckt werden müssen. **Lọt|to|kol|lek|tur** *die;* -, -en: (österr.) Geschäftsstelle für das Lottospiel

Lo|tus *der;* -, - ⟨aus *lat.* lotus, vgl. Lotos⟩: 1. Hornklee. 2. svw. Lotos

Lou|is [ˈluːi] *der;* - [ˈluːi(ːs)], - [ˈluːiːs] ⟨nach *fr.* Louis „Ludwig", vielleicht wegen der franz. Könige mit Namen Louis, die wegen ihrer vielen Mätressen bekannt waren⟩: (ugs.) Zuhälter. **Lou|is|dor** [luiˈdoːɐ̯] *der;* -s, -e (aber: 5 Louisdor) ⟨aus *fr.* louis d'or, eigtl. „goldener Ludwig", vom Namen Ludwigs XIII. (1601–1643), der diese Münze zuerst prägen ließ⟩: alte franz. Goldmünze; Fünftalerstück. **Loui|sette** [luiˈzɛt] *die;* -, -n [...ən] ⟨nach dem franz. Arzt A. Louis (1723–1792), der dieses Gerät nach ital. u. engl. Vorbildern weiterentwickeln ließ, u. zu ↑ ...ette⟩: erste Bez. für die ↑ Guillotine. **Lou|is-qua|torze** [lwikaˈtɔrz] *das;* - ⟨zu *fr.* quatorze „vierzehn"⟩: franz. Barockstil zur Zeit Ludwigs XIV. (1638–1715). **Lou|is-qua|torze-Mö|bel** *das;* -s, - (meist Plur.): Möbel aus dem Louis-quatorze. **Lou|is-quinze** [...ˈkɛ̃ːz] *das;* - ⟨zu *fr.* quinze „fünfzehn"⟩: dem deutschen Rokoko vergleichbarer franz. Kunststil zur Zeit Ludwigs XV. (1710–1774). **Lou|is-seize** [...ˈsɛːz] *das;* - ⟨zu *fr.* seize „sechzehn"⟩: franz. Kunststil zur Zeit Ludwigs XVI. (1754–1793). **Lou|is-treize** [...ˈtrɛːz] *das;* - ⟨zu *fr.* treize „dreizehn"⟩: franz. Kunststil zur Zeit Ludwigs XIII. (1601–1643)

Lounge [laʊndʒ] *die;* -, -s [...ɪz] ⟨aus gleichbed. *engl.* lounge zu to lounge „faulenzen"⟩: Gesellschaftsraum in Hotels o. ä.; Hotelhalle. **Lounge-chair** [ˈlaʊndʒˈtʃɛə] *der;* -s, -s ⟨aus gleichbed. *engl.* lounge-chair zu chair „Stuhl; Sessel"⟩: bequemer Sessel zum Ausruhen; Klubsessel

Loup [luːp] *der;* -s, -s [luːp] ⟨aus *fr.* loup „Wolf", dies aus *lat.* lupus⟩: früher von Damen getragene Halbmaske aus Samt zum Schutz des Gesichts gegen Kälte

Lour|de|rie [lurdə...] *die;* - ⟨aus gleichbed. *fr.* lourderie zu lourd „schwer(fällig)", dies vielleicht aus *vulgärlat.* lurdus „plump, schwer"⟩: (veraltet) Plumpheit, Tölpelei

Loure [luːɐ̯] *die;* -, -n [ˈluːrən] ⟨aus *(alt)fr.* loure (ein ländlicher Tanz), eigtl. „Sackpfeife", weitere Herkunft unsicher⟩: Tanz mit merklicher Hervorhebung des Taktanfangs im 6/4-Takt od. 3/8-Takt

Love [lʌv] *die;* - ⟨aus gleichbed. *engl.* love, eigtl. „Liebe", vermutlich abgeleitet von der engl. Redewendung „to do something for love", die beim Tennis ausdrücken soll, daß derjenige, der keinen Punkt macht, „for the love of the game", d. h. aus Freude am Spiel spielt⟩: engl. Bez. für Null (z. B. fifteen to love = 15:0; Tennis)

Love|day [ˈlʌvdeɪ] *der;* -[s], -s u. **Love|day-In|der** *der;* -s, - ⟨nach seinem Erfinder H. A. Loveday Inder⟩: svw. Inder (Kunstschach)

Love-in [ˈlʌv-ɪn] *das;* -s, -s ⟨aus gleichbed. *engl.* love-in, wohl Analogiebildung zu ↑Go-in⟩: Protestverhalten jugendlicher Gruppen, bei dem es zu öffentlichen Liebeshandlungen kommt. **Lo|ver** [ˈlʌvə] *der;* -s, -[s] ⟨aus gleichbed. *engl.* lover⟩: Freund u. Liebhaber; Liebespartner. **Love-Sto|ry** [ˈlʌvstɔːrɪ] *die;* -, Plur. -s, auch ...ies [...rɪz, ...riːs] ⟨aus gleichbed. *engl.* love story⟩: [sentimentale] Liebesgeschichte mit meist traurigem Ausgang

Low-Church [ˈloʊˈtʃəːtʃ] *die;* - ⟨aus *engl.* Low Church, eigtl. „niedere Kirche"⟩: vom ↑ Methodismus beeinflußte Richtung in der ↑anglikanischen Kirche. **Low-key-Stil** [...ˈkiː...] *der;* -[e]s ⟨zu *engl.* low-key „gedämpft, schwach"⟩: Stil von Filmaufnahmen mit überwiegend gedämpften, dunklen Tönen. **Low-key-Tech|nik** *die;* -, -en: fotografische Positivtechnik, mit der nur aus dunklen Bildtönen aufgebaute Bilder erzielt werden. **Low-le|vel-Meß|tech|nik** [...ˈlɛvl...] *die;* - ⟨zu *engl.* low-level „geringe Höhe"⟩: Gesamtheit der Verfahren zum Nachweis geringster Mengen von ↑ Radionukleiden bzw. deren Radioaktivität. **Low-ve|lo|ci|ty-Zo|ne** [...vəˈlɔsətɪ...] *die;* - ⟨aus *engl.* low velocity zone „Zone mit geringer Geschwindigkeit"⟩: Tiefenbereich der Erdkruste u. bes. im oberen Mantel der Erde, in dem ungewöhnlich niedrige Geschwindigkeiten seismischer Wellen auftreten

lo|xo|drom ⟨aus *gr.* loxodrómos „schräg (ver)laufend" zu loxós „schief" u. drómos „Lauf"⟩: die Längenkreise (vgl. auch Meridian) einer Kugel bzw. der Erdkugel unter gleichem Winkel schneidend (von gedachten Kurven auf einer Kugel bzw. auf der Erdkugel; Math.); vgl. ...isch/-. **Lo|xo|dro|me** *die;* -, -n: Kurve, die loxodrom ist (Math.). **Lo|xo|dro|misch**: (veraltet) svw. loxodrom; vgl. ...isch/-. **lo|xo|go|nal** ⟨zu *gr.* gōnía „Winkel" u. ↑ ...al (1)⟩: schiefwinklig. **Lox|oph|thal|mus** *der;* - ⟨zu *gr.* ophthalmós „Auge"⟩: (selten) Strabismus; das Schielen (Med.)

loy|al [lo̯aˈjaːl] ⟨aus gleichbed. *fr.* loyal, dies über *altfr.* loial, leial aus *lat.* legalis, vgl. legal⟩: a) zur Regierung, zum Vorgesetzten stehend; die Gesetze, die Regierungsform respektierend; gesetzes-, regierungstreu; Ggs. ↑ disloyal, ↑illoyal (a); b) die Interessen anderer achtend; vertragstreu; anständig, redlich; Ggs. ↑ illoyal (b, c). **Loya|list** [lǫaja...] *der;* -en, -en ⟨aus gleichbed. *fr.* loyaliste⟩: jmd., der loyal (a) ist, regierungstreu, gesetzestreu handelt. **Loya|li|tät** *die;* -, -en ⟨nach gleichbed. *fr.* loyauté; vgl. ...ität⟩: a) Treue gegenüber der herrschenden Gewalt, der Regierung, dem Vorgesetzten; Gesetzes-, Regierungstreue; b) Vertragstreue; Achtung vor den Interessen anderer; Anständigkeit, Redlichkeit. **Loya|li|täts|er|klä|rung** *die;* -, -en: Loyalität bekundende Erklärung

Lo|zi: Plur. von ↑ ¹Lokus. **lo|zie|ren** ⟨aus gleichbed. *lat.* locare zu locus, vgl. ¹Lokus⟩: (veraltet) 1. an einen Ort setzen od. stellen, einordnen. 2. verpachten

LSD [ɛl|ɛs'de:] *das;* -[s] ⟨Abk. aus Lysergsäure*di*äthylamid⟩: ein aus Bestandteilen des Mutterkorns gewonnenes Rauschgift, das bewußtseinsverändernd wirkt

Lu|bri|ca [...ka] *die* (Plur.) ⟨aus *lat.* lubrica, Neutrum Plur. von lubricus „schlüpfrig"⟩: (veraltet) sexuell anregende Schriften od. Gegenstände. **Lu|bri|ka|ti|on** *die;* - ⟨zu ↑...ation⟩: die bei sexueller Erregung durch Sekrete bewirkte Gleitfähigkeit der weiblichen Scheide (Med.)

Lu|ci|dol ⓦ [...tsi...] *das;* -s ⟨Kunstw.; zu *lat.* lux, Gen. lucis „Helligkeit"⟩: Bleichmittel für pflanzliche Öle u. Fette. **Lu|ci|dum in|ter|val|lum** [– ...v...] *das;* -, -, ...da ⟨aus *lat.* lucidum intervallum „lichtvoller Augenblick"⟩: lichter Augenblick bei einem Geisteskranken, für den er zurechnungsfähig ist (Psychol., Rechtsw.). **Lu|ci|fer** vgl. Luzifer. **Lu|ci|fe|rin** vgl. Luziferin

lu|cri cau|sa ['lʊkri k...] ⟨*lat.*⟩: des Vorteils wegen, aus Gewinnsucht

lu|cus a non lu|cen|do [...kʊs – – lu'tsɛndo] ⟨*lat.*⟩; eigtl. „Wald vom Nichtleuchten od. Nichthellsein (abzuleiten)"⟩: ein Wortspiel zur Verspottung von ungereimten, auf bloß äußere Ähnlichkeit sehenden Wortherleitungsversuchen, wenn man z. B. lucus „Wald, Hain" von lucere „leuchten, hell sein" ableiten wollte

Lud|dis|mus *der;* - ⟨angeblich nach einem engl. Arbeiter Lud(d) u. zu ↑...ismus (1)⟩: Maschinenstürmerei im 18./19. Jh., Zerstörung von Maschinen, die irrtümlich als Ursache der Arbeitslosigkeit u. der Verelendung des Proletariats angesehen wurden. **Lud|di|ten** *die* (Plur.) ⟨vgl. ³...it⟩: aufrührerische Arbeiter in England, die im Anfang des 19. Jh.s aus Furcht vor Arbeitslosigkeit [Textil]maschinen zerstörten

Lu|do|thek vgl. Lusothek. **Lu|dus** *der;* -, Ludi ⟨aus gleichbed. *lat.* ludus, eigtl. „Spiel", zu ludere „spielen, tanzen"⟩: 1. öffentliches Fest- u. Schauspiel im Rom der Antike. 2. mittelalterliches geistliches Drama. 3. lat. Bez. für Elementarschule

Lu|es *die;* - ⟨aus *lat.* lues, Gen. luis „Seuche, Pest, ansteckende Krankheit", eigtl. „eine sich ausbreitende unsaubere Flüssigkeit", zu luere „waschen; (be)spülen"⟩: Syphilis (Med.). **lue|tisch:** syphilitisch (Med.)

Luf|fa *die;* -, -s ⟨aus gleichbed. *nlat.* luffa, dies über *span.* lufa aus *arab.* lūfa⟩: kürbisartige Pflanze, aus deren schwammartiger Frucht die Luffaschwämme hergestellt werden

Luf|ti|kus *der;* -, -se ⟨zu älter *dt.* Luft „leichtsinniger Mensch" u. ↑...ikus⟩: (ugs. scherzh.) leichtsinniger, oberflächlicher Mensch

Lü|gen|de|tek|tor *der;* -s, -en ⟨Lehnübersetzung von gleichbed. *engl.* lie detector zu lie „Lüge" u. ↑Detektor⟩: in der Kriminalistik in einigen Ländern (bes. in den USA) verwendetes Registriergerät zur Feststellung unterdrückter affektiver Regungen, um daraus möglicherweise Rückschlüsse auf den Wahrheitsgehalt der gemachten Aussage zu ziehen

Lug|ger vgl. Logger

lu|gu|bre ⟨aus gleichbed. *it.* lugubre, dies aus *lat.* lugubris „trauernd, traurig"⟩: a) (selten) traurig, düster; b) klagend, traurig (Mus.). **Lu|gu|bri|tät** *die;* - ⟨zu ↑...ität⟩: (selten) Traurigkeit, Düsterkeit

Lui|ker *der;* -s, - ⟨zu ↑Lues; vgl. ...ikus⟩: an Syphilis Erkrankter (Med.). **lu|isch:** svw. luetisch. **Lui|pho|bie** [lui...] *die;* -, ...ien ⟨zu ↑...phobie⟩: krankhafte Angst vor Lues, krankhafte Gemütslage, die auf der Befürchtung, sich mit Lues angesteckt zu haben, beruht (Med.)

Lui|si|ne [luɪ'ziːnə] *die;* - ⟨aus gleichbed. *fr.* luisine zu luisant „leuchtend, glänzend", Part. Präs. von luire „leuchten, glänzen", dies aus *lat.* lucere⟩: weiches Gewebe aus reiner Seide in Taftbindung (Webart). **Lu|kar|ne** *die;* -, -n ⟨aus gleichbed. *(alt)fr.* lucarne, dies aus *lat.* lucerna „Leuchte, Lampe" zu lucere „leuchten"⟩: 1. Dacherker mit verziertem Giebelfenster (bes. in der Schloßbaukunst der franz. Spätgotik; Archit.). 2. (landsch.) Dachfenster, -luke

lu|kra|tiv ⟨über gleichbed. *fr.* lucratif aus *lat.* lucrativus „gewonnen, mit Gewinn verbunden" zu lucrare „gewinnen"⟩: gewinnbringend, einträglich. **lu|krie|ren** ⟨aus gleichbed. *lat.* lucrare⟩: (veraltet) gewinnen, einen Gewinn bei etwas machen. **Lu|krum** *das;* -s, ...ra ⟨aus gleichbed. *lat.* lucrum⟩: (veraltet) Gewinn, Vorteil

luk|tu|os ⟨aus gleichbed. *lat.* luctuosus zu luctus „Trauer"⟩: (veraltet) traurig, klagend, kläglich

Lu|ku|bra|ti|on *die;* -, -en ⟨aus gleichbed. *lat.* lucubratio zu lucubrare „bei Licht (nachts) arbeiten"⟩: (veraltet) [wissenschaftliches] Arbeiten bei Nacht. **lu|ku|lent** ⟨aus gleichbed. *lat.* luculentus zu lucere „hell leuchten"⟩: (veraltet) lichtvoll, klar

lu|kul|lisch ⟨zu ↑Lukullus⟩: üppig (von Gerichten), schwelgerisch. **Lu|kul|lus** *der;* -, -se ⟨nach dem altröm. Feldherrn Lucullus, etwa 117-57 v. Chr., der ein glanzvolles u. üppiges Leben führte⟩: Schlemmer

Lul|la|by ['lʌləbaɪ] *das;* -s, ...bies [...baɪz, auch ...baɪs] ⟨aus *engl.* lullaby zu lull to sleep „einlullen" u. by, vgl. good by!⟩: engl. Bez. für Wiegenlied, Schlaflied

Lu|ma|chel|le [...'ʃɛlə] *die;* -, -n ⟨aus gleichbed. *fr.* lumachelle, dies aus *it.* lumachella zu lumaca „Schnecke"⟩: aus Muschel- u. Schneckenschalenresten zusammengesetzter Kalkstein mit großen Poren (Geol.)

Lymb *der;* -s, -e ⟨aus gleichbed. *schwed.* lubb, angelehnt an *engl.* lump(fish) „Seehase"⟩: langgestreckter, hellgrauer Barschfisch im arktischen Atlantik (wohlschmeckender Speisefisch)

Lum|ba|go *die;* - ⟨aus *lat.* lumbago „Lendenlähmung"⟩: 1. Schmerzen im Bereich der Lendenwirbelsäule u. der angrenzenden Körperteile; Hexenschuß (Med.). 2. meist 12 bis 14 Stunden anhaltende Muskelstarre der Hinterhand hauptsächlich beim Pferd, oft nach mehrtägiger Stallruhe bei sehr kohlenhydratreicher Fütterung (Tiermed.). **lumbal** ⟨zu *lat.* lumbus „Lende" u. ↑¹...al (1)⟩: zu den Lenden gehörend, sie betreffend (Med.). **Lumb|al|an|äs|the|sie** *die;* -, -n [...i:ən]: örtliche Betäubung durch Einspritzungen in den Wirbelkanal der Lendengegend (Med.). **Lumb|al|gie** *die;* -, ...ien ⟨zu *lat.* lumbus „Lende" u. ↑...algie⟩: Lendenschmerz (Med.). **lumb|al|gi|form** ⟨zu ↑...form⟩: in Form von Lendenschmerzen auftretend (Med.). **Lum|ba|li|sa|ti|on** *die;* -, -en ⟨zu ↑lumbal u. ↑...isation⟩: Entwicklungsanomalie der Lendenwirbelsäule u. des Kreuzbeins

Lumbalpunktion

(Med.). **Lum|bal|punk|ti|on** *die;* -, -en: ↑ Punktion des Lendenwirbelkanals (Med.)
Lum|ber ['lʌmbə] *der;* -s, -: Kurzform von ↑ Lumberjack.
Lum|ber|jack [...dʒæk] *der;* -s, -s ⟨aus gleichbed. *engl.-amerik.* lumberjack, eigtl. „Holzfäller", nach der Jacke der Holzfäller⟩: Jacke aus Leder, Cord o. ä., meist mit Reißverschluß, mit engem Taillenschluß u. Bund an den Ärmeln
lum|bri|kal ⟨aus gleichbed. *nlat.* lumbricalis zu *lat.* lumbricus „Regenwurm"⟩: wurmförmig. **Lum|bri|zit** [auch ...tsɪt] *der;* -en, -en ⟨zu *lat.* lumbricus „Regenwurm" u. ↑³...it⟩: versteinerter Regenwurm
Lu|men *das;* -s, Plur. - u. Lumina ⟨aus *lat.* lumen, Gen. luminis „Licht"⟩: 1. (veraltet scherzh.) kluger Mensch, Könner, hervorragender Kopf. 2. Hohlraum eines röhrenförmigen Körperorgans, z. B. eines Blutgefäßes od. des Darms (Med., Biol.). 3. innerer Durchmesser eines röhrenförmig hohlen Organs (Med., Biol.). 4. Maßeinheit für den Lichtstrom; Abk.: lm (Phys.). **Lu|men na|tu|ra|le** *das;* - - ⟨aus *lat.* lumen naturale „natürliches Licht"⟩: das natürliche Licht der Vernunft im Unterschied zum „übernatürlichen Licht" der göttlichen Offenbarung (Philos.). **Lu|men|stun|de** *die;* - ⟨zu ↑ Lumen⟩: photometrische Einheit für die Lichtmenge; Abk.: lmh
Lu|mie [...miə] *die;* -, -n ⟨aus gleichbed. *nlat.* lumia, dies aus dem Pers.⟩: im Mittelmeergebiet beheimatete, meist nur noch als Schmuckbaum angepflanzte Zitrusfrucht; süße Zitronenart
Lu|mi|flor|lam|pe Ⓦ *die;* -, -n ⟨Kunstw. zu *lat.* lumen (vgl. Lumen) u. flos, Gen. floris „Blume"⟩: Leuchtstofflampe mit breitem blauem u. rotem Spektralbereich zur Förderung der ↑ Photosynthese der Pflanzen. **Lu|mi|nal** Ⓦ *das;* -s ⟨Kunstw.⟩: Schlafmittel; Mittel gegen Epilepsie u. andere Krankheiten. **Lu|mi|nanz|si|gnal** *das;* -s, -e ⟨zu *engl.* luminance „Leuchtkraft", dies zu *lat.* lumen, vgl. Lumen⟩: das beim Farbfernsehen zur Übertragung der Helligkeitswerte ausgestrahlte Signal. **Lu|mi|na|re** *das;* ...ris, ...ria ⟨aus *lat.* luminar „Lichtöffnung, Fensterladen"⟩: künstlicher Lichtschacht in den Katakomben. **lu|mi|nes|zent** ⟨aus gleichbed. *engl.* luminescent, vgl. ...enz⟩: kalt leuchtend, d. h. ohne gleichzeitige Temperaturerhöhung (von Stoffen). **Lu|mi|nes|zenz** *die;* -, -en ⟨aus gleichbed. *engl.* luminescence, vgl. ...enz⟩: das Leuchten eines Stoffes ohne gleichzeitige Temperaturerhöhung; kaltes Leuchten (z. B. von Phosphor im Dunkeln). **Lu|mi|nes|zenz|ana|ly|se** *die;* -, -n: Untersuchung u. Nachweis von Substanzen durch das von ihnen bei Bestrahlung mit UV-Licht ausgesandte Fluoreszenzlicht. **lu|mi|nes|zie|ren** ⟨nach gleichbed. *engl.* luminesce; vgl. ...ieren⟩: ohne gleichzeitige Temperaturerhöhung leuchten. **Lu|mi|neux** [lymi'nø:] *der;* - ⟨zu *fr.* lumineux „leuchtend, glänzend", dies aus *lat.* luminosus „hell"⟩: glanzreicher Kleider- od. Futterstoff in Taftbindung. **Lu|mi|no|gra|phie** [lu...] *die;* - ⟨zu *lat.* lumen, Gen. luminis „Licht" u. ↑ ...graphie⟩: Verfahren zur Herstellung fotografischer Kopien mit Hilfe von Leuchtstoffolien als Lichtquelle. **Lu|mi|no|ko|pie** *die;* -: svw. Luminographie. **Lu|mi|nol** *das;* -s ⟨zu ↑ ...ol⟩: chem. Verbindung, die bei Oxydation mit Wasserstoffperoxyd in alkalischer Lösung eine blaue Lichterscheinung zeigt. **Lu|mi|no|phor** *der;* -s, -e ⟨zu ↑ ...phor⟩: Masse, Substanz, die durch Bestrahlen mit Licht lange Zeit im Dunkeln leuchtet. **lu|mi|nös** ⟨aus gleichbed. *fr.* lumineux, vgl. Lumineux u. ...ös⟩: lichtvoll, leuchtend, vortrefflich. **Lu|mi|no|si|tät** *die;* - ⟨aus *nlat.* lu-

minositas „Helle, Deutlichkeit"⟩: Kenngröße für Teilchenprozesse der Kern- bzw. Elementarteilchenphysik
Lum|me *die;* -, -n ⟨aus gleichbed. *dän.* bzw. *schwed.* lom, dies über *isländ.* lōmr aus *altnord.* lōmr, vermutlich lautmalend⟩: auf steilen Felsen der Nordmeerinseln (früher auch auf Helgoland) lebender arktischer Seevogel mit kurzen Flügeln
Lum|pa|zi|us *der;* -, -se ⟨latinisierende Bildung zu *dt.* Lump⟩: (scherzh. veraltend) Lump. **Lum|pa|zi|va|ga|bun|dus** [...v...] *der;* -, Plur. -se u. ...di ⟨nach der Titelgestalt einer Posse von J. N. Nestroy, 1801–1862⟩: Landstreicher, Herumtreiber
Lump|ek|to|mie *die;* -, ...ien ⟨zu *engl.* lump „Klumpen, Brocken" u. ↑ ...ektomie⟩: operative Entfernung bösartiger Zellanhäufungen (Med.)
Lum|pen|pro|le|ta|ri|at *das;* -[e]s, -e ⟨zu ↑ Proletariat⟩: nach marxistischer Theorie im kapitalistischen Gesellschaftssystem unterste Gesellschaftsschicht, die unfähig ist zum politischen Kampf, da sie kein Klassenbewußtsein entwickelt hat
Lu|na (meist ohne Artikel); -s, mit Artikel *die;* - ⟨aus gleichbed. *lat.* luna⟩: dichterische Bez. für Mond. **Lu|na|bas** *der;* -es, -e ⟨zu ↑ Basalt⟩: dunkles, basaltähnliches Gestein aus den tiefliegenden Regionen des Mondes. **lun|am|bu|lie|ren** ⟨zu *lat.* ambulare „umhergehen"⟩: (veraltet) mondsüchtig sein. **Lun|am|bu|lis|mus** *der;* - ⟨zu ↑...ismus (3)⟩: (veraltet) das Nachtwandeln. **Lun|am|bu|list** *der;* -en, -en ⟨zu ↑...ist⟩: (veraltet) Nachtwandler. **lu|nar** ⟨aus gleichbed. *lat.* lunaris⟩: den Mond betreffend, zu ihm gehörend, von ihm ausgehend (Astron.); vgl. ...isch/-. **Lu|na|risch:** (veraltet) svw. lunar; vgl. ...isch/-. **Lu|na|rit** [auch ...'rɪt] *der;* -s, -e ⟨zu ↑²...it⟩: hell erscheinendes Gestein der höher liegenden ↑ Areale des Mondes. **Lu|na|ri|um** *das;* -s, ...ien [...iən] ⟨zu ↑ ...arium⟩: altes Gerät zur Veranschaulichung der Mondbewegung. **Lu|nar|or|bit** *der;* -s, -s ⟨nach gleichbed. *engl.* lunar orbit⟩: Umlaufbahn um den Mond (Astron.). **Lu|nar|pe|ri|odik** *die;* - ⟨zu ↑ lunar⟩: zu den Mondphasen parallel verlaufender biologischer Rhythmus (Biol.). **Lu|nar|tek|to|nik** *die;* -: die Krustengestalt des Mondes bzw. die Lehre darüber. **Lu|na|ti|ker** *der;* -s, - ⟨zu *lat.* lunaticus „vom Mond bzw. den Mondphasen abhängig"⟩: Mondsüchtiger (Med.). **Lu|na|ti|on** *der;* -, -en ⟨aus gleichbed. *nlat.* lunatio zu *lat.* lunare „mondförmig krümmen"⟩: Mondumlauf von Neumond zu Neumond. **lu|na|tisch** ⟨aus (spät)*lat.* lunatus „vom Mond beeinflußt", eigtl. „mondförmig"⟩: mondsüchtig, ↑ somnambul (Med.). **Lu|na|tis|mus** *der;* - ⟨zu ↑...ismus (3)⟩: Mondsüchtigkeit, ↑ Somnambulismus (Med.)
Lunch [lanʃ, lantʃ, *engl.* lʌntʃ] *der;* Gen. -[e]s u. -, Plur. -[e]s u. -e ⟨aus gleichbed. *engl.* lunch, eigtl. „Brocken, Bissen"⟩: (in den angelsächsischen Ländern) kleinere, leichte Mahlzeit in der Mittagszeit. **lun|chen** ['lanʃn̩, 'lantʃn̩] ⟨aus gleichbed. *engl.* to lunch⟩: den Lunch einnehmen. **Luncheon Meat** ['lʌntʃən 'miːt] *das;* -[s] ⟨zu *engl.* luncheon „Lunch, Imbiß" u. meat „Fleisch"⟩: amerik. Fleischpastete aus Schweine- u. Kalbfleisch, die als Brotbelag dient. **Lunch|pa|ket** ['lanʃ..., 'lantʃ...] *das;* -[e]s, -e: [an Stelle einer Mahlzeit zusammengestelltes] kleines Paket mit Verpflegung für die Teilnehmer an einem Ausflug, einer Tagesfahrt o. ä.
Lun|dist [lœˈdɪst] *der;* -en, -en ⟨zu *fr.* lundi „Montag" (dies aus *lat.* dies lunae „Tag des Mondes") u. ↑...ist⟩: (veraltet) Herausgeber einer Montagszeitung. **Lü|net|te** *die;* -, -n ⟨aus gleichbed. *fr.* lunette, eigtl. „Möndchen", Verkleinerungsform von lune „Mond", dies aus *lat.* luna, vgl. Lu-

na⟩: 1. Bogenfeld als Abschluß über Türen od. Fenstern od. als Bekrönung eines Rechtecks (Archit.). 2. (veraltet) Grundrißform im Festungsbau bei Schanzen u. Forts. 3. verstellbare Vorrichtung an Drehmaschinen, Setzstock bei der Metallverarbeitung zur Unterstützung langer Werkstücke
lun|go ⟨*it.;* aus *lat.* longus „lang"⟩: lang gehalten (Mus.)
Lung|shan|kul|tur [...ʃan...] vgl. Longshankultur
l'union fait la force [lynjōfɛla'fɔrs] ⟨*fr.;* „die Einigkeit macht die Stärke"⟩: Einigkeit macht stark (Wahlspruch der belgischen Könige)
lu|ni|so|lar ⟨nach gleichbed. *engl.-amerik.* lunisolar, dies zu *lat.* luna „Mond" u. solaris, vgl. solar⟩: den Mond- u. Sonnenlauf betreffend, von Mond u. Sonne ausgehend. **Lu|ni|so|lar|prä|zes|si|on** *die;* -: das durch die Anziehung von Sonne u. Mond bewirkte Fortschreiten der Tagundnachtgleichepunkte der Erde auf der ↑ Ekliptik. **Lu|no|naut** *der;* -en, -en ⟨zu *lat.* luna „Mond" u. ↑...naut⟩: für einen Mondflug eingesetzter Astronaut. **Lu|nu|la** *die;* -, Plur. ...lae [...lɛ] u. ...nulen ⟨aus gleichbed. *lat.* lunula, eigtl. „Möndchen", Verkleinerungsform von luna, vgl. Luna⟩: 1. halbmondförmiger [Hals]schmuck aus der Bronzezeit. 2. glasumschlossener Hostienbehälter in der ↑ Monstranz. 3. halbmondförmiges weißliches Feld am hinteren Nagelwall (Med.). **lu|nu|lar** ⟨aus gleichbed. *(n)lat.* lunularis⟩: halbmondförmig
luo|go ⟨*it.;* „am Platze", zu *lat.* locus „Platz"⟩: svw. loco
Luo|han [luɔ...] vgl. Lohan
Lu|pa|nar *das;* -s, -e ⟨aus gleichbed. *lat.* lupanar zu lupa „Dirne", eigtl. „Wölfin"⟩: altröm. Bordell
Lu|pem|bien [...'biɛ̃:] *das;* -[s] ⟨*fr.;* nach dem Ort Lupemba in der Provinz Shaba in Zaire⟩: älteste Kultur der subsaharischen Mittelsteinzeit in West- u. Zentralafrika von etwa 40 000 bis 12 000 v. Chr.
Lu|per|ka|li|en [...i̯ən] *die* (Plur.) ⟨aus *lat.* Lupercalia, nach Lupercus, dem altröm. Hirtengott (zu lupus „Wolf")⟩: altröm. Fest, ursprünglich zu Ehren des Hirtengottes Faun, das später zur Reinigungs- u. Fruchtbarkeitsfeier wurde.
Lu|pi|ne *die;* -, -n ⟨aus gleichbed. *lat.* lupinus zu lupus „Wolf"⟩: zur Familie der Schmetterlingsblütler gehörende, in etwa 200 Arten vorkommende Pflanze mit meist gefingerten Blättern u. ährigen Blüten, die in der Landwirtschaft bes. als Futter- u. Gründüngungspflanze eine große Rolle spielt, aber auch als Zierpflanze bekannt ist. **Lu|pi|nen|al|ka|lo|ide** *die* (Plur.): Gruppe von bitter schmeckenden giftigen Alkaloiden, die bes. in Bitterlupine enthalten sind. **Lu|pi|ni|din** *das;* -s ⟨verkürzt aus ↑ Lupinenalkaloid u. ↑...in (1)⟩: in Lupinen vorkommendes Alkaloid (Herzmittel). **Lu|pi|nin** *das;* -s ⟨zu ↑Lupine u. ↑...in (1)⟩: giftiges Hauptalkaloid der gelben Lupine. **Lu|pi|no|se** *die;* -, -n ⟨zu ↑¹...ose⟩: Futtermittelvergiftung mit schwerer Erkrankung der Leber bei Wiederkäuern [infolge Fütterung mit bitteren Lupinen] (Tiermed.). **lu|po|id** ⟨zu ↑Lupus u. ↑...oid⟩: lupusähnlich, lupusartig
Lu|po|len Ⓦ *das;* -s, -e ⟨Kunstw.; vgl. ...en⟩: unzerbrechlicher leichter Kunststoff, bes. zur Herstellung von Verpackungsmitteln u. Gefäßen
lu|pös ⟨aus gleichbed. *nlat.* luposus zu *lat.* lupus (vgl. Lupus) u. ↑...ös⟩: an Lupus erkrankt, leidend (Med.). **Lu|pu|lin** *das;* -s ⟨zu *nlat.* (humulus) lupulus „Hopfen" u. ↑...in (1)⟩: bei der Bierbrauerei u. als Beruhigungsmittel in der Medizin verwendeter Bitterstoff der Hopfenpflanze. **Lu|pu|lin|drü|se** *die;* -, -n (meist Plur.): Drüse auf den unbefruchteten weiblichen Blütenständen des Hopfens, die ↑ Lupulin erzeugt (Bot.). **Lu|pu|lon** *das;* -s, -e ⟨zu ↑²...on⟩:

Bitterstoff des Hopfens. **Lu|pus** *der;* -, -[se] ⟨aus gleichbed. *lat.* lupus (vulgaris), eigtl. „Wolf"⟩: meist chronisch verlaufende tuberkulöse Hautflechte mit entstellender Narbenbildung (meist im Gesicht; Med.). **Lu|pus in fa|bu|la!** ⟨*lat.;* eigtl. „der Wolf in der Fabel"⟩: Ausruf, wenn jemand kommt, von dem man gerade gesprochen hat
¹Lu|re *die;* -, -n ⟨aus *norw.* lur „Blasinstrument aus Holz", dies aus *aisl.* luðr „hohler Stamm, Trompete"⟩: aus dem 1. Jahrtausend stammendes, in Bronze gegossenes, bis zu 3 m langes, hornähnliches altes nordisches Blasinstrument
²Lu|re *der;* -n, -n ⟨nach dem Stamm der Luren im westl. Iran⟩: Teppich mit kleiner Musterung u. oft tiefem Indigoblau als Grundfarbe. **Lu|ri|stan** *der;* -s, -e ⟨nach dem Bergland Luristan (Lorestan) im Iran⟩: blau- od. rotgrundiger Teppich mit einem od. zwei Medaillons als Muster
Lu|rex Ⓦ *das;* - ⟨Kunstw.⟩: mit metallisierten Fasern hergestelltes Garn, Gewebe, Gewirk
Lu|sa|kit [auch ...kɪt] *der;* -s, -e ⟨nach dem Vorkommen bei Lusaka in Sambia (Afrika) u. zu ↑²...it⟩: ein schwarzes kalziumhaltiges Mineral
lu|sin|gan|do ⟨*it.;* zu lusingare „locken, schmeicheln"⟩: schmeichelnd, gefällig, gleitend, zart, spielerisch (Vortragsanweisung; Mus.)
Lu|si|ta|nis|mus *der;* -, ...men ⟨nach Lusitania, dem lat. Namen für Portugal, u. zu ↑...ismus (4)⟩: (veraltet) Übertragung einer für das Portugiesische bzw. Brasilianische typischen Erscheinung auf eine nichtportugiesische bzw. nichtbrasilianische Sprache im lexikalischen od. syntaktischen Bereich, sowohl fälschlicherweise als auch bewußt. **Lu|si|ta|nis|tik** *die;* - ⟨zu ↑...istik⟩: (veraltet) Wissenschaft von der port. bzw. bras. Sprache u. Literatur. **Lu|si|ta|nit** [auch ...nɪt] *der;* -s, -e ⟨zu ↑²...it⟩: dunkler Alkalifeldspat, ein Tiefengestein. **Lu|si|ta|no** *der;* -s, -s ⟨aus gleichbed. *port.* lusitano, eigtl. „Portugiese"⟩: eine port. Pferderasse, geeignet für Dressur u. Stierkampf
Lu|so|thek *die;* -, -en ⟨zu *lat.* lusus (Part. Perf. von ludere „spielen") u. ↑...thek⟩: Stelle, Einrichtung, in der Denk- u. Unterhaltungsspiele entliehen werden können
Lu|ster *der;* -s, - ⟨aus gleichbed. *fr.* lustre, dies aus *it.* lustro „Glanz" zu *lat.* lustrare „hell machen"⟩: (österr.) svw. Lüster. **Lü|ster** *der;* -s, -: 1. (veraltend) reich verzierter Kronleuchter. 2. Glanzüberzug auf Glas-, Ton-, Porzellanwaren. 3. in der Lederfabrikation (u. bei der Pelzveredlung) verwendetes Appreturmittel, das die Leuchtkraft der Farben erhöht u. einen leichten Glanz verleiht. 4. glänzendes, etwas steifes [Halb]wollgewebe. **Lü|ster|far|be** *die;* -, -n: zur Herstellung des Lüsters (2) verwendete Farbe, die wenig Metall enthält. **Lü|ster|weib|chen** *das;* -s, -: weibliche Halbfigur als dekorativer Teil von Kronleuchtern (bes. der Renaissance). **Lu|stra:** Plur. von ↑Lustrum. **Lu|stra|ti|on** *die;* -, -en ⟨aus *lat.* lustratio zu lustrare, vgl. lustrieren⟩: 1. feierliche ↑kultische Reinigung [durch Sühneopfer] (Rel.). 2. (veraltet) Durchsicht, Musterung, Prüfung. **lu|stra|tiv** ⟨aus gleichbed. *kirchenlat.* lustrativus⟩: kultische Reinheit bewirkend (Rel.). **Lu|stren:** Plur. von ↑Lustrum. **lu|strie|ren** ⟨aus *lat.* lustrare „hell machen, reinigen"⟩: 1. feierlich reinigen (Rel.). 2. (veraltet) durchsehen, mustern, prüfen. **lü|strie|ren** ⟨aus gleichbed. *fr.* lustrer zu lustre, vgl. Luster): Baumwoll- u. Leinengarne fest u. glänzend machen. **Lü|stri|ne** *die;* - ⟨aus gleichbed. *fr.* lustrine⟩: glänzendes Hutfutter in Taftbindung (Webart) [aus Chemiefasern]. **Lu|strum** *das;* -s, Plur. ...ren u. ...ra ⟨aus gleichbed. *lat.* lustrum zu lustrare, vgl. lustrieren⟩: 1. altröm. Reinigungs- u. Sühneopfer, das alle fünf Jahre stattfand. 2. Zeitraum von fünf Jahren

Lutein

Lu|te|in *das;* -s ⟨zu *lat.* luteus „goldgelb", dies zu lutum „Wau" (ein Färbekraut) u. ↑...in (1)⟩: gelber Farbstoff in Pflanzenblättern u. im Eidotter. **Lu|tei|nom** [...ei...] vgl. Luteom. **Lu|teo|lin** *das;* -s ⟨zu *lat.* luteolus „gelblich" (Verkleinerungsform von luteus, vgl. Lutein) u. ↑...in (1)⟩: gelber Pflanzenfarbstoff der ↑ Reseda u. des Fingerhuts. **Lu|te|om** u. Luteinom [...ei...] *das;* -s, -e ⟨zu ↑...om; vgl. Corpus luteum⟩: Eierstockgeschwulst (Med.). **Lu|teo|tro|pin** *das;* -s, -e ⟨zu ↑...trop u. ↑...in (1)⟩: svw. Prolaktin

Lu|tet *das;* -[s] ⟨nach Lutetia, dem lat. Namen von Paris⟩: Stufe des ↑Tertiärs (Geol.). **Lu|te|ti|um** *das;* -s ⟨zu ↑...ium⟩: chem. Element, ein Seltenerdmetall; Zeichen Lu; vgl. Cassiopeium

Lu|ti|din *das;* -s, -e ⟨zu *lat.* lutum, Gen. luti „Schlamm" u. ↑...in (1)⟩: eine ↑ heterozyklische Steinkohlenteerbase. **Lu|tit** [auch ...'tɪt] *der;* -s, -e ⟨zu ↑²...it⟩: karbonatisches Sedimentgestein mit Korngröße unter 0,06 mm

Lu|tro|pho|ros *der;* -, ...phoren ⟨aus gleichbed. *gr.* loutrophóros, eigtl. „Wasser zum Waschen od. Baden bringend"⟩: schlankes Kultgefäß der griech. Antike mit zwei od. drei Henkeln, das bei Hochzeitszeremonien od. im Totenkult verwendet wurde

lut|tuo|so ⟨*it.;* aus *lat.* luctuosus „traurig"⟩: schmerzvoll, traurig (Vortragsanweisung; Mus.)

Lux *das;* -, - ⟨aus *lat.* lux, Gen. lucis „Licht"⟩: Einheit der Beleuchtungsstärke; Zeichen lx (Phys.)

Lu|xa|ti|on *die;* -, -en ⟨aus gleichbed. *lat.* luxatio zu luxare, vgl. luxieren⟩: Verrenkung, Ausrenkung eines Gelenks (Med.); vgl. Distorsion (1). **lu|xie|ren** ⟨aus gleichbed. *lat.* luxare⟩: verrenken, ausrenken (Med.)

Lux|me|ter *das;* -s, - ⟨zu ↑ Lux u. ↑¹...meter⟩: Meßgerät für den Lichtstrom; Beleuchtungsmesser. **Lu|xu|se|kun|de** *die;* -, -n: photometrische Einheit der Belichtung; Zeichen lxs

Lu|xu|ria *die;* - ⟨aus *lat.* luxuria „Zügellosigkeit, Übermut", eigtl. „Üppigkeit"; vgl. Luxus⟩: bewußte Fahrlässigkeit (Rechtsw.). **lu|xu|rie|ren** ⟨aus gleichbed. *lat.* luxuriare zu luxuria „Üppigkeit, Schwelgerei", dies zu luxus, vgl. Luxus⟩: 1. (veraltet) üppig, reichlich vorhanden sein; schwelgen. 2. sich in Wuchs od. Vitalität im Vergleich zur Elterngeneration steigern (von Pflanzenbastarden; Bot.). **lu|xu|ri|ös** ⟨unter Einfluß von *fr.* luxurieux aus *lat.* luxuriosus „üppig, schwelgerisch"⟩: sehr komfortabel ausgestattet; üppig, verschwenderisch; kostbar, prunkvoll. **Lu|xus** *der;* - ⟨aus *lat.* luxus „üppige Fruchtbarkeit, Ausschweifung, Verschwendung, (große) Pracht"⟩: Aufwand, der den normalen Rahmen [der Lebenshaltung] übersteigt; nicht notwendiger, nur zum Vergnügen betriebener Aufwand; Verschwendung; Prunk. **Lu|xus|li|ner** [...laɪnɐ] *der;* -s, -: im Liniendienst eingesetztes Luxusschiff; Schiff, das viel Komfort bietet

Lu|zer|ne *die;* -, -n ⟨aus gleichbed. *fr.* luzerne, dies über gleichbed. *provenzal.* luzerno, eigtl. „Glühwürmchen", aus *lat.* lucerna „Leuchte, Lampe" zu lucere „leuchten" (wegen der leuchtenden Samen dieser Pflanze)⟩: zur Familie der Schmetterlingsblütler zählende wichtige Futterpflanze mit meist blauen, violetten od. gelben, traubenförmigen Blüten. **lu|zid** ⟨aus *lat.* lucidus „hell" zu lux, vgl. Lux⟩: 1. hell; durchsichtig. 2. klar, verständlich. **Lu|zi|di|tät** *die;* - ⟨aus gleichbed. *spätlat.* luciditas, Gen. luciditatis⟩: 1. Helle, Durchsichtigkeit. 2. Klarheit, Verständlichkeit. 3. Hellsehen (Psychol.). **Lu|zi|fer** *der;* -s ⟨aus gleichbed. *kirchenlat.* Lucifer, eigtl. „Lichtbringer", zu *lat.* lux (vgl. Lux) u. ferre „tragen"⟩: Teufel, Satan. **Lu|zi|fe|ra|se** *die;* -, -n ⟨↑...ase⟩: ↑Enzym, das in leuchtenden Organismen die lichterzeugende Reaktion zwischen Luziferin u. Luftsauerstoff katalysiert (Biochem.). **Lu|zi|fe|rin,** chem. fachspr. Luciferin [...ts...] *das;* -s, -e ⟨zu ↑...in (1)⟩: Substanz, die als Leuchtstoff vieler Tiere u. Pflanzen auftritt (z. B. bei Glühwürmchen). **lu|zi|fe|risch** ⟨zu *kirchenlat.* Lucifer „Teufel"⟩: teuflisch. **Lu|zi|me|ter** *das;* -s, - ⟨zu *lat.* lux, Gen. lucis (vgl. Lux) u. ↑¹...meter⟩: (veraltet) Gerät zur Messung der auf die Erde treffenden Sonnenstrahlen; Kugelpyranometer (Meteor.)

Lya|se *die;* -, -n ⟨zu *gr.* lýein „(auf)lösen" u. ↑...ase⟩: ↑Enzym, das organische Stoffe aufspaltet (Chem.)

Ly|chee ['lɪtʃi] vgl. Litschi

Ly|co|pin [...k...] vgl. Lykopin

Ly|co|po|di|um [...k...] vgl. Lykopodium

Ly|cra Ⓦ⒵ ['ly:kra] *das;* -[s] ⟨Kunstw.⟩: hochelastische Kunstfaser

Lyd|dit [auch ...'dɪt] *das;* -s ⟨nach der engl. Stadt Lydd u. zu ↑¹...it⟩: Sprengstoff aus ↑ Pikrinsäure

ly|disch ⟨zu *gr.* Lydía „Lydien", einer antiken Landschaft an der Westküste Kleinasiens⟩: die antike Landschaft Lydien betreffend; -e T o n a r t: 1. altgriech. Tonart. 2. zu den authentischen vier Tonreihen gehörende, auf f stehende Tonleiter der Kirchentonarten des Mittelalters (Mus.). **Ly|di|sche** *das;* -n: 1. altgriech. Tonart. 2. Kirchentonart (Mus.). **Ly|dit** [auch ...'dɪt] *der;* -s, -e ⟨zu ↑²...it (weil dieser Schiefer schon von den Lydiern benutzt wurde)⟩: (dem Erkennen der Echtheit von Gold- u. Silberlegierungen dienender) schwarzer Kieselschiefer

Lyk|an|thro|pie *die;* - ⟨zu *gr.* lýkos „Wolf", ánthrōpos „Mensch" u. ↑²...ie⟩: svw. Lykomanie. **Ly|ko|ma|nie** *die;* - ⟨zu ↑...manie⟩: (im Mittelalter häufige) Wahnvorstellung, in einen Werwolf od. in ein anderes wildes Tier verwandelt zu sein (Med., Psychol.)

Ly|ko|pin, chem. fachspr. Lycopin [...k...] *das;* -s ⟨zu *ngr.* lykopérsikon „Tomate" (*altgr.* lykopérsikon hat eine ägypt. Pflanze bezeichnet, die einen gelblichen Saft von starkem, aromatischem Geruch gab; die Tomate kam erst 1596 aus Amerika nach Europa) u. ↑...in (1)⟩: tief gelbroter pflanzlicher Farbstoff aus der Gruppe der ↑ Karotinoide (bes. in Tomaten, Paprika, Hagebutten)

Ly|ko|po|di|um *das;* -s, ...ien [...jən] ⟨aus gleichbed. *nlat.* lycopodium zu *gr.* lýkos „Wolf", poús, Gen. podós „Fuß" u. ↑...ium, wohl nach der Ähnlichkeit der Zweigspitzen mit dem Fuß eines Wolfes⟩: 1. Vertreter einer Klasse Farnpflanzen; Bärlapp. 2. aus den Sporen von Bärlapparten hergestelltes Pulver, das als Streupulver bei der Pillenherstellung u. technisch (als Blitzpulver bei Feuerwerkskörpern) verwendet wird. **Lyk|ore|xie** *die;* -, ...ien ⟨zu *gr.* órexis „das Streben, Begierde" u. ↑²...ie⟩: krankhaft gesteigerter Appetit; Heißhunger (Med.)

Lyme-Ar|thri|tis ['laɪm...] *die;* -, ...itiden ⟨nach dem Ort Lyme in Connecticut, USA, wo die Krankheit zuerst diagnostiziert wurde⟩: durch eine bestimmte Zeckenart übertragene Erkrankung der großen Gelenke, bes. des Kniegelenks (Med.)

lymph..., Lymph... vgl. lympho..., Lympho... **Lymph|aden|ek|to|mie** *die;* -, ...ien ⟨zu ↑lympho..., *gr.* adḗn, Gen. adénos „Drüse" u. ↑...ektomie⟩: operative Entfernung von Lymphknoten (Med.). **Lymph|ade|nie** *die;* -, ...ien ⟨zu ↑²...ie⟩: Lymphknotenwucherung (Med.). **Lymph|ade|ni|tis** *die;* -, ...itiden: Lymphknotenentzündung (Med.). **Lymph|ade|nom** *das;* -s, -e: Lymphknotengeschwulst (Med.). **Lymph|ade|no|se** *die;* -, -n ⟨zu ↑¹...ose⟩: svw. Lymphadenie. **Lymph|ago|gum** *das;* -s, ...ga ⟨zu *gr.* agōgós „führend"⟩: die Bildung von Lymphe förderndes Mittel (Med.). **Lymph|an|gi|ek|ta|sie** *die;* -, ...ien ⟨zu *gr.* aggeïon „(Blut)gefäß" u. ↑ Ektasie〉: krankhafte Erweiterung von Lymphgefäßen (Med.). **Lymph|an|gio|gramm** *das;* -s, -e: Röntgenbild der Lymphgefäße (Med.). **Lymph|an|gio|gra|phie** *die;* -, ...ien: röntgenographische Darstellung der Lymphgefäße nach Verabreichung eines Kontrastmittels (Med.). **Lymph|an|gi|om** *das;* -s, -e: gutartige Lymphgefäßgeschwulst (Med.). **Lymph|an|gi|tis** *die;* -, ...itiden 〈zu ↑...itis〉: Lymphgefäßentzündung (Med.). **lym|pha|tisch** 〈aus gleichbed. *nlat.* lymphaticus〉: auf Lymphe, Lymphknötchen, -drüsen bezüglich, sie betreffend (Med.). **Lym|pha|tis|mus** *der;* -, ...men 〈zu ↑...ismus (3)〉: auf besonders ausgeprägter Reaktionsbereitschaft des lymphatischen Systems beruhender krankhafter Zustand mit blassem Aussehen, träger Atmung, Neigung zu Drüsen- u. Schleimhautentzündungen, Milzschwellung u. chronischen Schwellungen der lymphatischen Organe (Med.). **Lymph|drai|na|ge** [...drɛna:ʒə], auch **Lymph|drä|na|ge** *die;* -, -n 〈zu ↑ Lymphe〉: Form der klassischen Massage, bei der mit einer speziellen Grifftechnik krankhaft gestaute Lymphgefäße ausgestrichen werden (Med.). **Lym|phe** *die;* -, -n 〈aus *lat.* lympha „Quell-, Flußwasser", dissimiliert aus *gr.* nýmphē, vgl. Nymphe〉: 1. hellgelbe, eiweißhaltige, für den Stoffaustausch der Gewebe wichtige Körperflüssigkeit in eigenem Gefäßsystem u. in Gewebsspalten. 2. Impfstoff gegen Pocken. **lym|pho..., Lym|pho...,** vor Vokalen auch **lymph..., Lymph...** 〈zu ↑ Lymphe〉: Wortbildungselement mit der Bedeutung „Flüssigkeit, Körperflüssigkeit", z. B. lymphogen, Lymphozytose, Lymphadenom. **Lymph|ödem** *das;* -s, -e: Verdickung der Haut u. des Unterhautzellengewebes infolge Lymphstauung (Med.). **lym|pho|gen** 〈zu ↑...gen〉: lymphatischen Ursprungs, den Lymphwege entstanden (z. B. von einer ↑ Infektion; Med.). **Lym|pho|gra|nu|lo|ma|to|se** *die;* -, -n: das Auftreten von bösartigen Geschwulstbildungen des lymphatischen Gewebes (Med.). **Lym|pho|gra|phie** *die;* -, ...ien 〈zu ↑...graphie〉: röntgenologische Darstellung von Lymphbahnen u. Lymphknoten (Med.). **lym|pho|id** 〈zu ↑...oid〉: lymphartig, lymphähnlich (bezogen auf die Beschaffenheit von Zellen u. Flüssigkeiten; Med.). **Lym|phoi|do|zyt** [...oi...] *der;* -en, -en (meist Plur.) 〈zu ↑...zyt〉: den Lymphozyten ähnliche Zelle im Blut, die eigentlich eine noch unausgereifte Knochenmarkzelle ist (z. B. bei Leukämie; Med.). **Lym|pho|lo|ge** *der;* -n, -n 〈zu ↑...loge〉: Arzt mit Spezialkenntnissen auf dem Gebiet der Lymphologie. **Lym|pho|lo|gie** *die;* - 〈zu ↑...logie〉: Teilgebiet der Medizin, das sich mit der normalen u. mit der krankhaft gestörten Funktion der Lymphgefäße befaßt. **lym|pho|lo|gisch** 〈zu ↑...logisch〉: die Lymphologie betreffend. **Lym|phom** *das;* -s, -e u. **Lym|pho|ma** *das;* -s, -ta 〈zu ↑...om〉: svw. Lymphadenom. **Lym|pho|pe|nie** *die;* -, ...ien 〈zu *gr.* pénēs „arm" u. ↑²...ie〉: krankhafte Verminderung der Zahl der Lymphozyten im Blut (Med.). **Lym|pho|poe|se** *die;* - 〈zu *gr.* poíēsis „das Machen, Verfertigen"〉: a) Bildung der zellarmen Lymphe in den Gewebsspalten; b) Ausbildung u. Entwicklung der Lymphozyten im lymphatischen Gewebe der Lymphknoten, der ↑Tonsillen u. der Milz (Med.). **Lym|phor|rhö** *die;* -, -en u. **Lym|phor|rhöe** [...'rø:] *die;* -, -n [...'rø:ən] 〈zu *gr.* rhein „fließen"〉: Ausfluß von Lymphe aus verletzten od. krankhaft veränderten Lymphgefäßen (Med.). **Lym|pho|sar|kom** *das;* -s, -e: bösartige, von Lymphozyten ausgehende Geschwulst (Med.). **Lym|pho|sta|se** *die;* -, -n 〈zu *gr.* stásis „das Stehen"〉: Lymphstauung (Med.). **Lym|pho|zyt** *der;* -en, -en (meist Plur.) 〈zu ↑...zyt〉: im lymphatischen Gewebe entstehendes, außer im Blut auch in der Lymphe u. im Knochenmark vorkommendes weißes Blutkörperchen (Med.). **Lym|pho|zy|to|se** *die;* -, -n 〈zu ↑¹...ose〉: [krankhafte] Vermehrung der Lymphozyten im Blut (Med.)

lyn|chen [auch 'lɪnçn] 〈aus gleichbed. *engl.* to lynch; wahrscheinlich nach dem nordamerik. Pflanzer u. Friedensrichter Charles Lynch, 1736–1796〉: jmdn. für eine [als Unrecht empfundene] Tat ohne Urteil eines Gerichts grausam mißhandeln od. töten. **Lyn|cher** *der;* -s, -: jmd., der einen anderen gelyncht hat, an einem Lynchmord beteiligt ist. **Lynch|ju|stiz** *die;* -: das Lynchen; grausame Mißhandlung od. Tötung eines Menschen [durch eine aufgebrachte Volksmenge]

Lyng|by|kul|tur ['lʏŋby...] *die;* - 〈nach dem Fundort Nørre-Lyngby (Jütland)〉: Kulturgruppe der ausgehenden Altsteinzeit im westlichen Ostseegebiet

lyo..., Lyo... 〈zu *gr.* lýein „(auf)lösen"〉: Wortbildungselement mit der Bedeutung „Lösung", z. B. lyophob, Lyogel; vgl. lyso..., Lyso... **Lyo|en|zym** *das;* -s, -e (meist Plur.): im ↑ Zytoplasma gelöstes, extrahierbares ↑ Enzym; Ggs. Desmoenzym. **Lyo|gel** *das;* -s, -e: Flüssigkeit enthaltendes ↑ Gel (z. B. Gelatine, Gallerte); Ggs. Xerogel

Lyo|ner ['lio:nɐ] *die;* -, - 〈nach der franz. Stadt Lyon, wo die Wurst wohl urspr. hergestellt wurde〉: Kurzform von Lyoner Wurst; - **Wurst**: rosa Brühwurst von gehobener Qualität (aus Schweinefleisch)

lyo|phil 〈zu ↑ lyo... u. ↑...phil〉: Lösungsmittel aufnehmend, leicht löslich (Chem.); Ggs. ↑ lyophob. **Lyo|phi|li|sa|ti|on** *die;* -, -en 〈zu ↑...isation〉: Verfahren zur Haltbarmachung bestimmter Güter (Lebensmittel, Medikamente u. a.), die in gefrorenem Zustand im Vakuum getrocknet werden; Gefriertrocknung (Technik); vgl. ...[at]ion/...ierung. **Lyo|phi|li|sie|rung** *die;* -, -en 〈zu ↑...isierung〉: Herstellung lyophiler Konserven von Organpräparaten, Blutplasma u. a. (z. B. durch Gefriertrocknung), die durch den Ersatz des entzogenen Wassers wieder in den ursprünglichen Zustand zurückversetzt werden können (Med.); vgl. ...[at]ion/...ierung. **lyo|phob** 〈zu ↑...phob〉: kein Lösungsmittel aufnehmend, schwer löslich (Chem.); Ggs. ↑ lyophil

Ly|ot-Fil|ter ['ljo...] *der,* fachspr. *das;* -s, - 〈nach dem franz. Astrophysiker B. Lyot, 1897–1952〉: ein Lichtfilter von äußerst geringer ↑ spektraler Durchlässigkeit

Ly|pe|ma|nie *die;* - 〈zu *gr.* lýpē „Betrübnis, Trauer, Traurigkeit", eigtl. „Leid", u. ↑...manie〉: meist auf neurotischen Störungen beruhende anomale Traurigkeit, Melancholie (Psychol.)

Ly|ra *die;* -, ...ren 〈über *lat.* lyra aus *gr.* lýra „Leier"〉: 1. altgriech., der ↑ Kithara ähnliches Zupfinstrument mit fünf bis sieben Saiten. 2. svw. Viella (2), Drehleier (10. Jh.). 3. Streichinstrument, Vorgängerin der ↑ Violine (16. Jh.); vgl. Lira da braccio. 4. dem Schellenbaum ähnliches Glockenspiel der Militärkapellen. 5. in Lyraform gebaute Gitarre mit sechs Saiten u. einem od. zwei Schallöchern; Lyragitarre (frühes 19. Jh.). **Ly|ran|ten** *die* (Plur.) 〈zu ↑...ant (1)〉: mittelalterliche fahrende Schüler, die singend umherzogen. **Ly|ri|den** *die* (Plur.) 〈zu *gr.* Lýra „(das Sternbild) Leier" (da der Meteorschwarm vom Sternbild Leier auszugehen scheint), u. ↑...ide〉: im April regelmäßig zu beobachtender Meteorschwarm. **Ly|rik** *die;* - 〈aus gleichbed. *fr.* (poesie) lyrique, dies über *lat.* lyricus aus *gr.* lyrikós „zum Spiel der Lyra gehörend" zu lýra, vgl. Lyra〉: Dichtungsgattung, in der subjektives Erleben, Gefühle, Stimmungen usw. od. Reflexionen mit den Formmitteln von Reim, Rhythmus, Metrik, Takt, Vers, Strophe u. a. ausgedrückt werden; vgl. Dramatik, Epik. **Ly|ri|ker** *der;* -s, - 〈nach gleichbed. *fr.* lyrique, dies zu *lat.* lyricus, vgl. Lyrik〉: Dich-

ter, der Lyrik schreibt. **ly|risch** ⟨aus gleichbed. *fr.* lyrique, dies aus *lat.* lyricus, vgl. Lyrik⟩: 1. a) die Lyrik betreffend, zu ihr gehörend; b) in der Art von Lyrik, mit stimmungsvollem, gefühlsbetontem Grundton. 2. weich, von schönem Schmelz u. daher für gefühlsbetonten Gesang geeignet (auf die Gesangsstimme bezogen; Mus.). 3. gefühl-, stimmungsvoll. **Ly|ri|ke|rin** *die;* -, -nen: weibliche Form zu ↑ Lyriker. **Ly|rik|theo|rie** *die;* -, ...ien [...i:ən]: Theorie vom Wesen, der Struktur u. Formen der Lyrik, ihrer Produktion u. Interpretation. **ly|ri|sie|ren** ⟨zu ↑ ...isieren⟩: etwas dichterisch od. musikalisch [übertrieben] stimmungsvoll, gefühlsbetont gestalten, ausdrücken, darbieten. **Ly|ris|mus** *der;* -, ...men ⟨zu ↑ ...ismus (2)⟩: a) [übertrieben] stimmungsvolle, gefühlsbetonte dichterische od. musikalische Gestaltung, Darbietung; b) stimmungsvolle, gefühlsbetonte Stelle, Passage in einem Werk der Literatur od. der Musik. **Ly|ri|zi|tät** *die;* - ⟨zu ↑ ...izität⟩: lyrische Beschaffenheit, lyrisches Wesen (eines Gedichtes, Theaterstücks)
lys..., Lys... vgl. lyso..., Lyso... **Ly|se** *die;* -, -n ⟨zu *gr.* lýsis „das (Auf)lösen", dies zu lýein „(auf)lösen"⟩: 1. Vorgang des Lösens einer Substanz in einem gasförmigen, flüssigen od. festen Lösungsmittel u. die damit verbundene Spaltung ihrer Moleküle (Chem.). 2. svw. Lysis. **...ly|se** ⟨zu ↑ Lyse⟩: Wortbildungselement mit der Bedeutung „Lösung, Auflösung", z. B. Analyse, Pyrolyse. **Ly|sen:** Plur. von ↑ Lyse u. ↑ Lysis. **ly|si..., Ly|si...** vgl. lyso..., Lyso... **ly|sie|ren** ⟨zu ↑ lyso... u. ↑ ...ieren⟩: Zellen durch Medikamente auflösen (Biol., Med.). **ly|si|gen** ⟨zu ↑ ...gen⟩: durch Auflösung der Zellwände entstanden (z. B. von Hohlräumen wie den pflanzlichen ↑ Interzellularen; Biol.). **Ly|si|me|ter** *das;* -, - ⟨zu ↑ ...meter⟩: Gerät für wasserwirtschaftliche u. landwirtschaftswissenschaftliche Untersuchungen zur Messung des Niederschlags, zur Bestimmung von Boden- u. Pflanzenverdunstung. **Ly|sin** *das;* -s, -e (meist Plur.) ⟨zu ↑ ...in (1)⟩: ↑ Antikörper, der fremde Zellen u. Krankheitserreger, die in den menschlichen Organismus eingedrungen sind, aufzulösen vermag (Med.). **Ly|sis** u. **Lyse** *die;* -, Lysen ⟨aus *gr.* lýsis, vgl. Lyse⟩: 1. allmählicher, kontinuierlicher Fieberabfall (Med.). 2. Auflösung von Zellen (z. B. von Bakterien, Blutkörperchen; Biol.,

Med.). 3. Persönlichkeitszerfall (Psychol.). **ly|so..., Ly|so...**, auch lysi..., Lysi..., vor Vokalen meist lys..., Lys... ⟨zu ↑ Lyse⟩: Wortbildungselement mit der Bedeutung „Lösung, Auflösung; auflösend", z. B. Lysotypie, Lysimeter, lysieren, vgl. lyo..., Lyo... **Ly|so|form** ⓦ *das;* -s ⟨Kunstw. zu *gr.* lýsis (vgl. Lyse) u. *lat.* formica „Ameise"⟩: Desinfektionsmittel. **ly|so|gen** ⟨zu ↑ lyso... u. ↑ ...gen⟩: die Lysogenie betreffend; die Fähigkeit zur Lysogenie besitzend (Biol., Med.). **Ly|so|ge|nie** *die;* - ⟨zu ↑² ...ie⟩: erworbene od. ererbte Fähigkeit bestimmter Bakterienstämme zur Freisetzung von ↑ Bakteriophagen (Biol., Med.). **Ly|sol** ⓦ *das;* -s ⟨Kunstw. zu *gr.* lýsis (vgl. Lyse) u. *lat.* oleum „Öl"⟩: Kresolseifenlösung (Desinfektionsmittel); vgl. Kresol. **Ly|so|som** *das;* -s, -en (meist Plur.) ⟨zu ↑ lyso... u. *gr.* sõma „Leib, Körper"⟩: Zellbläschen mit Enzymen, die bei Freiwerden die Zelle auflösen (Biol., Med.). **Ly|so|typ** *der;* -s, -en ⟨zu *gr.* týpos „Abdruck, Muster"⟩: Bakterienstamm, der sich durch seine Reaktion auf bestimmte ↑ Bakteriophagen von anderen (des gleichen Typs) unterscheiden läßt (Biol., Med.). **Ly|so|ty|pie** *die;* -, ...ien ⟨zu ↑ ...typie⟩: Testverfahren, Bakterienstämme in Lysotypen zu trennen (Med.). **Ly|so|zym** *das;* -s, -e ⟨gebildet aus ↑ Lyse u. ↑ Enzym⟩: bakterientötender Stoff in Drüsenabsonderungen (Tränen, Speichel u. a.; Med.)
Lys|sa *die;* - ⟨aus gleichbed. *gr.* lýssa⟩: Tollwut; auf Menschen übertragbare Viruskrankheit bei Tieren (Med.). **Lys|sa|deg|ma** *das;* -s, ...men ⟨zu *gr.* dẽgma „Biß, Stich"⟩: (veraltet) Biß eines tollwütigen Hundes (Med.). **Lys|so|pho|bie** *die;* - ⟨zu ↑ ...phobie⟩: krankhafte Angst, an Tollwut zu erkranken bzw. erkrankt zu sein (Med., Psychol.).
ly|tisch ⟨aus *gr.* lytikós „zum (Auf)lösen geeignet"⟩: 1. allmählich sinkend, abfallend (vom Fieber; Med.); -er Cocktail [– 'kɔkteɪl] Mischung verschiedener ↑ Analgetika u. ↑ Neuroleptika zur Fiebersenkung. 2. Zellauflösung bewirkend (Biol.)
ly|ze|al ⟨zu ↑ Lyzeum u. ↑¹...al (1)⟩: (veraltet) zum Lyzeum gehörend; das Lyzeum betreffend. **Ly|ze|um** *das;* -s, ...een ⟨über *lat.* Lyceum aus *gr.* Lýkeion, dem Namen einer Lehrstätte im alten Athen⟩: (veraltet) höhere Lehranstalt für Mädchen

...ma ⟨aus *gr.* -ma (Gen. -matos)⟩: Endung sächlicher Substantive, z. B. Dogma, Phlegma

Mä|an|der *der;* -s, - ⟨über *lat.* Maeander aus *gr.* Maíandros, nach dem Fluß Mäander (heute *türk.* Menderes)⟩: 1. (meist Plur.) [Reihe von] Windung[en] od. Schleife[n] (z. T. mit Gleit- u. Prallhängen) von Fluß- od. Bachläufen; Flußschlinge[n]. 2. rechtwinklig od. spiralenförmig geschwungenes Zierband (bes. auf Keramiken). **Mä|an|derband** *das;* -[e]s, ...bänder: wellenförmiges od. rechtwinklig gebrochenes Zierband, Mäander (2; Archit., Kunstw.). **mä|an|dern** u. **mä|an|drie|ren** ⟨zu ↑...ieren⟩: 1. sich schlangenförmig bewegen (von Flüssen u. Bächen). 2. Mäander als Verzierung auf Gegenständen anbringen. **mä|an|drisch:** in Mäanderform

¹Mac [mæk] ⟨aus *schott.* mac „Sohn"⟩: Bestandteil schott. (auch ir.) Namen mit der Bedeutung Sohn (des), z. B. MacAdam; Abk.: M', Mc

²Mac [mak] *der;* -[s], -s: Kurzform von ↑ Maquereau

mac|ca|ro|nisch [maka...] vgl. makkaronisch

Mac|chia ['makja] vgl. Macchie. **Mac|chie** ['makjə], auch Macchia ['makja] *die;* -, Macchien [...jən] ⟨aus gleichbed. *it.* macchia, eigtl. „Fleck", dies aus *lat.* macula „Fleck" (die Büsche auf den kahlen Hängen sehen wie Flecken aus)⟩: charakteristischer immergrüner Buschwald des Mittelmeergebietes; vgl. Maquis

Ma|cel|lum [...ts...] *das;* -s, ...la ⟨aus *lat.* macellum „Fleisch-, Fisch- u. Gemüsemarkt"⟩: Lebensmittelmarkt in den Städten des Röm. Reiches, auf dem vor allem Fisch, Fleisch u. fertige Gerichte angeboten wurden u. Köche gemietet werden konnten

Ma|chai|ra [...x...] *die;* -, ...ren ⟨aus gleichbed. *gr.* máchaira⟩: kleines Schwert mit gebogener Klinge (im alten Griechenland). **Ma|chä|ri|on** *das;* -s, ...ien [...jən] ⟨aus *gr.* machaírion, Verkleinerungsform von máchaira, vgl. Machaira⟩: früher verwendetes chirurgisches Messer

Ma|che|te [auch ma'tʃe:tə] *die;* -, -n ⟨aus gleichbed. *span.* machete, weitere Herkunft unsicher⟩: einschneidiges, langes, an der Spitze gebogenes Buschmesser, das in Lateinamerika bes. zur Zuckerrohrernte verwendet wird. **Ma|che|te|ro** *der;* -[s], -s ⟨aus gleichbed. *amerik.-span.* machetero⟩: Arbeiter in der Zuckerrohrernte, bes. in Kuba

Ma|che|tik [...x...] *die;* - ⟨aus gleichbed. *gr.* machētikḗ (téchnē) zu machētikós „streitbar"⟩: (veraltet) Gefechts-, Kampflehre (Sport)

Ma|chia|vel|lis|mus [makjave...] *der;* - ⟨nach dem ital. Staatsmann N. Machiavelli (1469–1527) u. zu ↑...ismus (1)⟩: politische Lehre u. Praxis, die der Politik den Vorrang vor der Moral gibt; durch keine Bedenken gehemmte Machtpolitik. **Ma|chia|vel|list** *der;* -en, -en ⟨zu ↑...ist⟩: Anhänger des Machiavellismus. **ma|chia|vel|li|stisch** ⟨zu ↑...istisch⟩: nach der Lehre Machiavellis, im Sinne des Machiavellismus

Ma|chi|che [ma'tʃitʃə, port. ma'ʃiʃi] *der;* - ⟨aus dem Port.⟩: dem ↑Twostep ähnlicher, mäßig schneller südamerik. Tanz im ¼-Takt (um 1890 vorübergehend Gesellschaftstanz)

Ma|chi|na|ti|on [...x...] *die;* -, -en ⟨aus *lat.* machinatio „List, Kunstgriff" zu machinari, vgl. machinieren⟩: 1. listiger Anschlag, Kniff. 2. (nur Plur.) Ränke, Machenschaften, Winkelzüge. **Ma|chi|na|tor** *der;* -en, ...oren ⟨aus gleichbed. *lat.* machinator⟩: (veraltet) svw. Intrigant. **ma|chi|nie|ren** ⟨aus *lat.* machinari „aussinnen, erdenken"⟩: (veraltet) Intrigen spinnen

Ma|chis|mo [ma'tʃismo] *der;* -[s] ⟨aus *amerik.-span.* machismo zu macho „männlich; kräftig", dies aus gleichbed. *lat.* masculus⟩: übersteigertes Männlichkeitsgefühl; Männlichkeitswahn, Betonung der männlichen Überlegenheit. **Macho** ['matʃo] *der;* -s, -s ⟨aus *amerik.-span.* macho „Männchen", eigtl. „männliches Tier"⟩: (ugs.) sich übertrieben männlich gebender Mann

Mach|lo|sy|ne [...x...ne] *die;* - ⟨aus *gr.* machlosýne „üppiger Liebesgenuß, Unkeuschheit"⟩: (veraltet) svw. Nymphomanie

¹Ma|chor|ka [...x...] *der;* -s, -s ⟨aus gleichbed. *russ.* machorka, weitere Herkunft unsicher⟩: russ. Tabak. **²Ma|chor|ka** *die;* -, -s ⟨zu ↑¹Machorka⟩: Zigarette aus russ. Tabak

Mach|sor [...x...] *der;* -s, Plur. -s u. -im ⟨aus *hebr.* maḥazôr „Zyklus"⟩: jüd. Gebetbuch für die Festtage

ma|chul|le [...x...] ⟨aus *jidd.* mechulle „krank" zu *hebr.* maḥālā „Krankheit"⟩: 1. (ugs. u. mdal.) bankrott, pleite. 2. (mdal.) ermüdet, erschöpft. 3. (mdal.) verrückt

Ma|cis [...tsis] vgl. Mazis

Mack|en|zie-Zo|nen [mə'kɛnzi...] *die* (Plur.) ⟨nach dem schott. Chirurgen Sir St. Mackenzie, 1847–1909⟩: Bezirk in einem Muskel, einer Faszie (vgl. Fazes) od. einer anderen tiefergelegenen Struktur, in der ein an anderer Stelle lokalisierter Eingeweideschmerz empfunden wird (Med.)

Mack|i|naw ['mækɪnɔː] *der;* - ⟨nach der Stadt Mackinaw City in Michigan (USA)⟩: eigentümlich geformtes Ruderboot auf nordamerik. Flüssen u. Seen

Mack|in|tosh ['mækɪntɔʃ] *der;* -[s], -s ⟨aus gleichbed. *engl.* mackintosh, nach dem schott. Chemiker Ch. Mackintosh, †1843⟩: 1. mit Kautschuk imprägnierter Baumwollstoff. 2. Regenmantel aus beschichtetem Baumwollstoff

Mac|lea|ya [ma'kleːja] *die;* -, ...eayen ⟨aus gleichbed. *nlat.* Macleaya, nach dem engl. Entomologen A. Macleay, 1767–1848⟩: ostasiatische Mohnpflanze (Zierstrauch)

Ma|co [...ko] vgl. Mako

Ma|cra|mé [...kra'meː] vgl. Makramee

Ma|cu|la [...k...] *die;* -, ...lae [...lɛ] ⟨aus *lat.* macula „Fleck, Mal"⟩: 1. fleckförmiger Bezirk an od. in einem Organ (z. B. der gelbe Fleck in der Augennetzhaut). 2. umschriebene Verfärbung bzw. fleckartige Veränderung (z. B. der Haut; Med.)

Ma|cum|ba [...k...] vgl. Makumba

¹Ma|dam *die;* -, Plur. -s u. -en ⟨aus gleichbed. *fr.* madame,

Madam

vgl. Madame): 1. (veraltet) Hausherrin, gnädige Frau. 2. (scherzh.) [dickliche, behäbige] Frau. 3. (landsch. scherzh.) Ehefrau. ²**Ma|dam** ['mædəm] ⟨aus engl. madam „gnädige Frau", dies aus fr. madame, vgl. Madame⟩: engl. höfliche Anrede an eine Frau; Abk.: Mdm. **Ma|dame** [ma'dam] ⟨aus gleichbed. fr. madame, Zusammenschreibung von ma dame, eigtl. „meine Herrin"⟩: franz. Anrede für eine Frau, etwa dem deutschen „gnädige Frau" entsprechend; als Anrede ohne Artikel; Abk.: Mme. (schweiz. Mme.); Plur.: Mesdames [me'dam]; Abk.: Mmes. (schweiz. Mmes)

Ma|da|po|lam der; -[s], -s ⟨nach der gleichnamigen Vorstadt der ind. Stadt Narsapur⟩: glatter, weich ausgerüsteter Baumwollstoff für Wäsche

Ma|da|ro|se die; -, -n ⟨aus gr. madárōsis „das Ausfallen der Haare, bes. der Augenbrauen"⟩: Lidrandentzündung mit Verlust der Wimpern (Med.)

made in ... ['meɪd ɪn] ⟨engl.; „hergestellt in ..."⟩: Aufdruck auf Waren in Verbindung mit dem jeweiligen Herstellungsland, z. B. made in Germany = hergestellt in Deutschland

Ma|dei|ra [...'de:ra] u. Madera der; -s, -s ⟨nach der port. Insel Madeira (span. Madera)⟩: ein Süßwein. **Ma|dei|ra|stik|ke|rei** u. Maderastickerei die; -, -en: auf der Insel Madeira hergestellte Durchbruchstickerei in Leinen od. Batist

Made|moi|selle [madəmoa'zɛl] ⟨aus gleichbed. fr. mademoiselle, Zusammenschreibung von ma demoiselle „mein Fräulein", vgl. Demoiselle⟩: franz. Anrede für Fräulein; als Anrede ohne Artikel; Abk.: Mlle. (schweiz. Mlle); Plur. Mesdemoiselles [medmoa'zɛl], Abk.: Mlles. (schweiz. Mlles)

Ma|de|ra usw. vgl. Madeira usw.

ma|des|zent ⟨aus gleichbed. lat. madescens, Gen. madescentis, Part. Präs. von madescere „naß, feucht werden"⟩: nässend (von Geschwüren; Med.). **ma|di|dant** ⟨aus gleichbed. lat. madidans, Gen. madidantis, Part. Präs. von madidare „feucht machen, benetzen", zu madidus „feucht"⟩: svw. madeszent

Ma|di|jo das; -[s] ⟨aus dem Jav.⟩: aus Bestandteilen des ↑Kromo u. des ↑Ngoko gemischte Sprache des javanischen Bürgertums

Ma|di|son ['mædɪsn] der; -[s], - ⟨nach der US-amerik. Stadt Madison⟩: 1962 aufgekommener Modetanz im ¼-Takt

ma|dja|risch ⟨zu ung. magyar „ungarisch; Ungar"⟩: ungarisch, nach ungarischer Art. **ma|dja|ri|sie|ren** ⟨zu ↑...isieren⟩: ungarisch machen, gestalten

Ma|don|na die; -, ...nnen ⟨aus gleichbed. it. madonna, Zusammenschreibung von älter it. ma donna „meine Herrin", dies aus lat. (mea) domina „Hausfrau, Gebieterin"; vgl. Donna⟩: a) (ohne Plur.) die Gottesmutter Maria; b) die Darstellung der Gottesmutter [mit dem Kind]. **Ma|don|nen|kult** der; -[e]s, -e: Marienkult (Rel.)

Ma|dras der; - ⟨nach der gleichnamigen vorderindischen Stadt⟩: 1. feinfädiger, gitterartiger Gardinenstoff mit eingewebter Musterung. 2. Baumwollgewebe mit großzügiger Karomusterung (für Hemden, Blusen, Strandkleidung o. ä.)

Ma|dre|po|ra|rie [...iə] die; -, -n ⟨nlat. madreporaria⟩: svw. Madrepore. **Ma|dre|po|re** die; -, -n ⟨über fr. madrépore aus gleichbed. it. madrepora, weitere Herkunft unsicher⟩: Steinkoralle (Zool.). **Ma|dre|po|ren|plat|te** die; -, -n: siebartige Kalkplatte auf der Rückenseite von Seesternen u. Seeigeln (Zool.)

Ma|dri|gal das; -s, -e ⟨aus gleichbed. it. madrigale, weitere Herkunft ungeklärt⟩: 1. aus der ital. Schäferdichtung entwickeltes Gedicht in zunächst freier, dann festerer Form (Literaturw.). 2. a) meist zwei- bis dreistimmiger Gesang des 14. Jh.s; b) vier- od. mehrstimmiges weltliches Lied mit reichen Klangeffekten im 16. u. 17. Jh. (Mus.). **Ma|dri|gal|chor** der; -s, ...chöre: seit etwa 1920 übliche Bez. für einen kleiner besetzten Chor (Mus.). **ma|dri|ga|lesk** ⟨aus gleichbed. it. madrigalesco bzw. fr. madrigalesque; vgl. ...esk⟩: madrigalistisch. **Ma|dri|ga|let|to** das; -s, Plur. -s u. ...tti ⟨aus gleichbed. it. madrigaletto, Verkleinerungsform von madrigale, vgl. Madrigal⟩: kurzes, einfaches Madrigal (2 b). **Ma|dri|ga|lis|mus** der; - ⟨zu ↑Madrigal u. ↑...ismus (1)⟩: Madrigalstil. **Ma|dri|ga|list** der; -en, -en ⟨nach gleichbed. fr. madrigaliste⟩: Komponist eines Madrigals (2 b), Vertreter des Madrigalstils. **Ma|dri|ga|li|stik** die; - ⟨zu ↑Madrigal u. ↑...istik⟩: Kunst der Madrigalkomposition. **ma|dri|ga|li|stisch** ⟨zu ↑...istisch⟩: das Madrigal betreffend, im Madrigalstil, nach der Art des Madrigals komponiert. **Ma|dri|gal|ko|mö|die** [...iə] die; -, -n: nach Inhalt u. Anlage der Komödie aufgebautes Madrigal (2 b). **Ma|dri|ga|lon** das; -s, -e ⟨aus gleichbed. it. madrigalone⟩: mehr als 15 Zeilen umfassendes Madrigal (1). **Ma|dri|gal|stil** der; -[e]s ⟨zu ↑Madrigal⟩: mehrstimmiger, die Singstimme artikulierender Kompositionsstil (seit dem frühen 16. Jh.)

Ma|du|ra|fuß der; -es ⟨nach der ind. Stadt Madura⟩: durch verschiedene Pilzarten hervorgerufene Fußkrankheit mit Knotenbildung u. chronischen Geschwüren (in Indien u. im Orient auftretend; Med.). **Ma|du|ra|my|ko|se** die; -, -n: svw. Madurafuß

Mae|di ['mɛ:di] die; -, -s ⟨Kunstw.⟩: durch RNS-Viren verursachte, meldepflichtige, tödlich verlaufende chronische Lungenentzündung der Schafe

Mae|stà [maɛs'ta] die; - ⟨aus gleichbed. it. maestà, eigtl. „Größe, Erhabenheit", dies aus lat. maiestas, vgl. Majestät⟩: ital. Bez. für die Darstellung der inmitten von Engeln u. Heiligen thronenden Maria (bes. im 12. u. 13. Jh.). **mae|sto|so** ⟨it.⟩: feierlich, würdevoll, gemessen (Vortragsanweisung; Mus.). **Mae|sto|so** das; -s, Plur. -s u. ...si: feierliches, getragenes Musikstück. **Mae|stra|le** der; -s ⟨aus provenzal.-fr. maestral⟩: svw. Mistral. ¹**Mae|stro** der; -s, -s ⟨aus it. maestro „(Wind aus) Nordosten"⟩: svw. Mistral. ²**Mae|stro** der; -s, Plur. -s, auch ...stri ⟨aus it. maestro „Meister, Lehrer", dies aus gleichbed. lat. magister, vgl. Magister⟩: a) großer Musiker od. Komponist; b) Musiklehrer; - al cembalo [- - 'tʃɛm...]: jmd., der vom ↑Cembalo aus, Generalbaß spielend, die Kapelle leitet

Mä|eu|tik die; - ⟨aus gr. maieutiké (téchnē), eigtl. „die Fertigkeit (= Kunst) der Hebamme"⟩: die sokratische Methode, durch geschickte Fragen an die im Partner schlummernden, ihm aber nicht bewußten richtigen Antworten u. Einsichten heraufzuholen. **mä|eu|tisch** ⟨aus gr. maieutikós, eigtl. „zum Entbinden gehörig"⟩: die Mäeutik betreffend

Maf|fia usw. vgl. Mafia usw. **Ma|fia** die; -, -s ⟨aus gleichbed. it. maf(f)ia, eigtl. „Überheblichkeit, Anmaßung", dies vielleicht aus arab. maḥyās „Prahlerei"⟩: mit erpresserischen u. terroristischen Methoden arbeitende Geheimorganisation. **...ma|fia** ⟨zu ↑Mafia⟩: Wortbildungselement mit den Bedeutungen: a) „Verbrecherorganisation auf einem bestimmten Gebiet", z. B. Drogen-, Kokainmafia; b) (ugs. abwertend) „Personengruppe, die ihre Interessen unter Ausnutzung der ihr zur Verfügung stehenden Macht- u. Druckmittel skrupellos gegenüber Konkurrierenden durchsetzt", z. B. Kunst-, Kritikermafia. **Ma|fia|boß** der; ...bosses, ...bosse: (ugs.) einflußreiches, führendes Mitglied einer Mafia. **Ma|fia|me|tho|den** die (Plur.): (ugs.) brutale, erpresserische Methoden zur Durchsetzung bestimmter [politischer od. wirtschaftlicher] Interessen. **ma|fi|os** ⟨vgl. ²...os⟩: die Mafia betreffend, zu ihr gehörend, nach Art der ↑Mafia. **Ma|fio|so** *der;* -[s], ...si ⟨aus gleichbed. *it.* mafioso⟩: Angehöriger einer Mafia. **Ma|fio|te** *der;* -n, -n ⟨zu *(n)gr.* -ōtēs (Zugehörigkeitssuffix)⟩: svw. Mafioso **ma|fisch** ⟨Kunstw. aus ↑Magnesium u. *lat. f*errum „Eisen"⟩: svw. femisch

Ma|ga|dis *die;* -, - ⟨aus gleichbed. *gr.* mágadis⟩: harfenähnliches altgriech. Zupfinstrument mit 10 doppelchörigen Saiten, die mit den Fingern angerissen werden

Ma|ga|si|na|ge [...'naːʒ(ə)] *die;* - ⟨aus gleichbed. *fr.* magasinage; vgl. Magazin⟩: (veraltet) 1. Lagerung in einem Magazin. 2. das zu entrichtende Lagergeld. **Ma|ga|zin** *das;* -s, -e ⟨unter Einfluß von *fr.* magasin „Laden" u. *engl.* magazine „Zeitschrift" aus *it.* magazzino „Vorratshaus, Lagerraum", dies aus gleichbed. *arab.* maḫāzin, Plur. von maḫzan „Warenlager, Zeughaus"⟩: 1. Vorratshaus. 2. Lagerraum [für Bücher]. 3. (veraltet) Laden. 4. periodisch erscheinende, reich bebilderte, unterhaltende Zeitschrift. 5. Rundfunk- od. Fernsehsendung, die über politische, wirtschaftliche, gesellschaftliche o. ä. Themen u. Ereignisse informiert. 6. Aufbewahrungs- u. Vorführkasten für ↑Diapositive, in dem die Diapositive einzeln eingesteckt sind. 7. abnehmbares, lichtfest verschließbares Rückteil einer Kamera, das den Film enthält u. schnellen Wechsel des Films ermöglicht. 8. Patronenkammer in [automatischen] Gewehren u. Pistolen. **Ma|ga|zin|balg** *der;* -[e]s, ...bälge: der durch kleinere sog. Schöpfbälge gefüllte, der Speicherung der Luft dienende Balg bei Orgel u. Harmonium. **Ma|ga|zi|ner** *der;* -s, -: (schweiz.) Magazinarbeiter. **Ma|ga|zi|neur** [...'nøːɐ̯] *der;* -s, -e ⟨zu ↑...eur⟩: (österr.) Lagerverwalter. **ma|ga|zi|nie|ren** ⟨zu ↑...ieren⟩: 1. einspeichern, lagern. 2. gedrängt zusammenstellen

Mag|da|lé|ni|en [...le'niɛ̃ː] *das;* -[s] ⟨*fr.*; nach dem franz. Fundort, der Höhle La Madeleine⟩: Stufe der jüngeren Altsteinzeit

Ma|gen|ta [...'dʒɛn...] *das;* -[s] ⟨nach einem Ort in Italien⟩: Anilinrot

Mag|ethos *das;* - ⟨zu ↑Magie u. ↑Ethos⟩: aus der Magie der ↑kultischen Handlungen erwachsende ↑ethische Haltung als Anfang der Religion (nach Hellpach)

Mag|gid *der;* -s, -im ⟨aus gleichbed. *hebr.* maggîd⟩: 1. Prediger, bes. im östlichen Judentum. 2. jüd. Ehrentitel

Mag|gio|la|ta [madʒo...] *die;* -, ...te ⟨aus gleichbed. *it.* maggiolata zu maggio „Mai", dies aus *lat.* Maius (zu maius „größer")⟩: Mailied im Stil eines ↑Madrigals (16. Jh.). **mag|gio|re** [maˈdʒoːra] ⟨*it.;* eigtl. „größer"⟩: Bez. für die große Terz der Durtonart; Ggs. ↑minore. **Mag|gio|re** *das;* -, -s: Durteil eines Molltonstückes

Ma|ghreb *der;* - ⟨aus *arab.* maġrib „Westen", eigtl. „Abend"⟩: der Westteil der arabisch-islamischen Welt (Tunesien, Nordalgerien, Marokko). **ma|ghre|bi|nisch** ⟨zum Maghreb gehörig⟩: nordafrikanisch

Ma|gie *die;* - ⟨über *lat.* magia aus *gr.* mageía „Lehre der ↑Magier, Zauberei" zu mageúein „bezaubern, beschwören"⟩: 1. Zauberkunst, Geheimkunst, die sich übersinnliche Kräfte dienstbar zu machen sucht (in vielen Religionen). 2. Trickkunst des Zauberers im ↑Varieté. 3. Zauberkraft, Zauber. **Ma|gi|er** [...iɐ̯] *der;* -s, - ⟨zu *lat.* magi, Plur. von magus (*gr.* mágos) „Zauberer", eigtl. „medischer Priester u. Weiser", dies aus *altpers.* maguš (Name eines Priesterstammes)⟩: 1. [persisch-medischer] Zauberpriester. 2. Zauberer, [berufsmäßiger] Zauberkünstler. **Ma|gi|ker** *der;* -s, - ⟨zu *gr.* magikós „nach der Art eines Zauberers"⟩: svw. Magier. **ma|gisch** ⟨über *lat.* magicus aus gleichbed. *gr.*

magikós⟩: 1. die Magie (1) betreffend. 2. zauberhaft, geheimnisvoll bannend; vgl. Laterna magica; -er Realismus: a) eine in den 20er Jahren des 19. Jh.s entstandene Darstellungsweise in der bildenden Kunst; b) eine literarische Strömung nach dem 2. Weltkrieg; -es Quadrat: quadratisches Zahlenschema, bei dem Zeilensummen, Spaltensummen u. Diagonalsummen alle die gleiche Zahl ergeben

Ma|gi|ster *der;* -s, - ⟨aus *lat.* magister „Vorsteher, Leiter; Lehrer" zu magis „mehr, in höherem Grade"⟩: 1. a) in einigen Hochschulfächern verliehener akademischer Grad, gleichwertig mit einem Diplom; - Artium ⟨*lat.;* „Meister der (Freien) Künste"⟩: in den geisteswissenschaftlichen Hochschulfächern deutscher Universitäten verliehener Grad; Abkürzung: M. A.; vgl. Master of Arts; - pharmaciae [...ˈtsiːɛ] ⟨*lat.;* „Meister der Pharmazie"⟩: akademischer Grad für Apotheker in Österreich; Abk.: Mag. pharm.; b) akademischer Grad, der zum Unterricht an Universitäten berechtigte. 2. (veraltet, noch scherzh.) Lehrer. **Ma|gi|ste|ri|um** *das;* -s ⟨aus *mlat.* magisterium „Amt, Würde eines Vorstehers, Lehramt"⟩: alchimistische Zubereitung, von der man annahm, daß man mit ihr den Stein der Weisen herstellen könne. **ma|gi|stral** ⟨aus *spätlat.* magistralis „zum Lehrer gehörig"⟩: nach ärztlicher Vorschrift bereitet (von Arzneien). **Ma|gi|stra|le** *die;* -, -n ⟨aus *lat.* magistrale, Neutrum von magistralis „hauptsächlich, leitend", eigtl. „zum Lehrer gehörig", Bed. b) unter Einfluß von *russ.* magistral'⟩: a) Hauptverkehrsader, -linie, -straße; b) repräsentative Hauptstraße [in einer Großstadt] mit Geschäften, Gaststätten u. a. **Ma|gi|strand** *der;* -en, -en ⟨aus *mlat.* magistrandus „jmd., der zum Magister gemacht wird", Gerundivum von magistrare, vgl. magistrieren⟩: (veraltet) jmd., der die Magisterwürde erwirbt. **¹Ma|gi|strat** *der;* -[e]s, -e ⟨aus *lat.* magistratus „höherer Beamter, Amt, Leitung, Behörde"⟩: 1. im Rom der Antike a) hoher Beamter (z. B. Konsul, Prätor usw.); b) öffentliches Amt. 2. Stadtverwaltung (in einigen Städten). **²Ma|gi|strat** *der;* -en, -en ⟨zu ↑¹Magistrat⟩: (schweiz.) Mitglied der Regierung bzw. der ausführenden Behörde. **Ma|gi|stra|tur** *die;* -, -en ⟨zu ↑...ur⟩: (veraltet) behördliche Würde, obrigkeitliches Amt. **ma|gi|strie|ren** ⟨aus gleichbed. *mlat.* magistrare⟩: (veraltet) die Magisterwürde erwerben

Mag|le|mo|se|kul|tur [...moː...] *die;* - ⟨nach dem Fundort Maglemose auf Seeland (Dänemark)⟩: Jäger- u. Fischerkultur der Mittelsteinzeit in Nordeuropa (von etwa 8000 bis etwa 5000 v. Chr.)

Mag|ma *das;* -s, ...men ⟨über *lat.* magma aus *gr.* mágma „geknetete Masse, Bodensatz"⟩: 1. heiße natürliche Gesteinsschmelze im od. aus dem Erdinnern, aus der Erstarrungsgesteine entstehen (Geol.). 2. knetbare Masse, Brei (Med.). **mag|ma|tisch:** aus dem Magma (1) kommend (z. B. von Gasen bei Vulkanausbrüchen). **Mag|ma|tis|mus** *der;* - ⟨zu ↑...ismus (2)⟩: Bez. für alle mit dem ↑Magma (1) zusammenhängenden Vorgänge (Geol.). **Mag|ma|tit** [auch ...ˈtɪt] *der;* -s, -e ⟨zu ↑²...it⟩: Erstarrungsgestein. **mag|ma|to|gen** ⟨zu ↑...gen⟩: durch Anreicherung in einer Restschmelze entstanden (von Erzlagerstätten)

Ma|gna Char|ta [– k...] *die;* -- ⟨aus *mlat.* Magna C(h)arta (libertatum) „Große Urkunde (der Freiheiten)" zu *lat.* magnus „groß" u. c(h)arta, vgl. Charta⟩: 1. engl. [Grund]gesetz von 1215, in dem der König dem Adel grundlegende Freiheitsrechte garantieren mußte. 2. Grundgesetz, Verfassung, Satzung. **ma|gna cum lau|de** [– kʊm...] ⟨*lat.;* „mit großem Lob"⟩: sehr gut (zweitbestes Prädikat bei der Doktorprüfung)

Magnalium

Ma|gna|li|um *das;* -s ⟨Kunstw. aus ↑*Magn*esium u. ↑*Alum*i*nium*⟩: eine Magnesium-Aluminium-Legierung

Ma̱|gna Ma̱|ter *die;* - - ⟨*lat.*⟩: Große Mutter, Muttergottheit (Beiname der phrygischen Göttin Kybele)

Ma|gnan [maˈnjã:] *der;* -s, -s ⟨aus gleichbed. *fr. (neuprovenzal.)* magnan⟩: (veraltet) Seidenraupe. **Ma|gna|ne|rie** [manjəˈ...] *die;* -, ...ien ⟨aus gleichbed. *fr. (neuprovenzal.)* magnanerie⟩: (veraltet) a) Seidenraupenzucht; b) Maulbeerbaumpflanzung

ma|gna|nim ⟨aus gleichbed. *lat.* magnanimus zu magnus „groß" u. animus „Seele"⟩: (veraltet) hochherzig, erhaben. **ma|gna̱|ni|mi pre̱|ti|um** ⟨*lat.;* „Belohnung des Hochherzigen"⟩: Wahlspruch des dän. Elefantenordens. **Ma|gna|ni|mi|tät** *die;* - ⟨aus gleichbed. *lat.* magnanimitas, Gen. magnanimitatis⟩: (veraltet) Großmut, Hochherzigkeit.

¹Ma|gnat *der;* -en, -en ⟨aus *spätlat.* magnatus „führende Persönlichkeit, Oberhaupt" zu *lat.* magnus „groß"⟩: Inhaber [branchenbeherrschender] wirtschaftlicher Macht (z. B. Zeitungsmagnat, Ölmagnat). **²Ma|gnat** *der;* -en, -en ⟨aus *poln.* magnat, *ung.* mágnás „(hoher) Adliger", dies aus *mlat.* magnatus, vgl. ¹Magnat⟩: (früher) hoher Adliger (bes. in Polen u. Ungarn)

Ma|gne|sia *die;* - ⟨über *mlat.* magnesia aus *gr.* magnēsíē (líthos) „Magnet(stein)", nach Magnesia, einer Landschaft im alten Griechenland⟩: Magnesiumoxyd (in Form von weißem Pulver], das vor allem als Mittel gegen Magenübersäuerung u. zum Trockenhalten der Handflächen beim Geräteturnen gebraucht wird; vgl. biserierte Magnesia. **Ma|gne|sit** [auch ...ˈzɪt] *der;* -s, -e ⟨zu ↑²...it⟩: farbloses od. weißliches Mineral. **Ma|gne|sit|stein** [auch ...ˈzɪt...] *der;* -[e]s, -e: feuerfester Stein. **Ma|gne|si|um** *das;* -s ⟨zu ↑...ium⟩: chem. Element, Metall; Zeichen Mg. **Ma|gne|si|um|chlo|rid** [...klo...] *das;* -s, -e: farbloses Salz, das im Meerwasser u. in Salzseen vorkommt. **Ma|gne̱|si|umoxyd**, chem. fachspr. Magnesiumoxid *das;* -[e]s, -e: Verbindung des Magnesiums mit Sauerstoff (weißes, in Wasser unlösliches Pulver). **Ma|gnet** *der;* Gen. -[e]s u. -en, Plur. -e[n] ⟨über *lat.* magnes, Gen. magnetis aus *gr.* mágnēs, líthos magnḗtēs „Magnetstein", vgl. Magnesia⟩: 1. a) Eisen- od. Stahlstück, das andere ↑ferromagnetische Stoffe anzieht; b) sow. Elektromagnet. 2. anziehende Person, reizvoller Gegenstand, Ort. **Ma|gnet|auf|zeich|nung** *die;* -, -en: Aufzeichnung von Rundfunksendungen od. Fernsehbildern auf magnetischem (2) Wege. **Ma|gnet|band** *das;* -[e]s, ...bänder: mit einer magnetisierbaren Schicht versehenes Band, auf dem Informationen in Form magnetischer Aufzeichnungen gespeichert werden. **Ma|gnet|bandspei|cher** *der;* -s, -: ein externer Speicher für große Datenmengen mit ↑sequentiellem Zugriff (EDV). **Ma|gne|tik** *die;* - ⟨zu ↑²...ik (1)⟩: Lehre vom Verhalten der Materie im magnetischen Feld. **Ma|gne|ti|kum** *das;* -s, ...ka ⟨zu ↑...ikum⟩: eine Substanz als Träger magnetischer Eigenschaften (Phys.). **ma|gne|tisch** ⟨nach gleichbed. *mlat.* magneticus⟩: 1. die Eigenschaften eines Magneten (1) aufweisend; ↑ferromagnetische Stoffe anziehend. 2. auf der Wirkung eines Magneten (1) beruhend, durch einen Magneten bewirkt. 3. unwiderstehlich, auf geheimnisvolle Weise anziehend. **Ma|gne|ti|seur** [...ˈzøːɐ̯] *der;* -s, -e ⟨aus gleichbed. *fr.* magnétiseur zu magnétiser „magnetisieren"⟩: sow. Magnetopath. **ma|gne|ti|sie|ren** ⟨unter Einfluß von *fr.* magnétiser zu ↑Magnet u. ↑...isieren⟩: magnetisch (1) machen. **Ma|gne|tis|mus** *der;* - ⟨zu ↑Magnet u. ↑...ismus (2)⟩: 1. Fähigkeit eines Stoffes, Eisen od. andere ↑ferromagnetische Stoffe anzuziehen. 2. Wissenschaft von den magnetischen Erscheinungen. 3. sow. Mesmerismus. **Ma|gne|tit** [auch ...ˈtɪt] *der;* -s, -e ⟨zu ↑²...it⟩: wichtiges Eisenerz. **Ma|gnet|kar|te** *die;* -, -n: mit einer magnetisierbaren Schicht versehene Karte zur Speicherung von Informationen (EDV). **Ma|gnet|kies** *der;* -es: Eisenerz, oft nickelhaltig. **ma|gne|to...**, **Ma|gne|to...** ⟨zu ↑Magnet (mit dem Bindevokal -o-)⟩: Wortbildungselement mit der Bedeutung „magnetisch", z. B. magnetokalorisch, Magnetopath. **Ma|gne|to|che|mie** *die;* -: Teilgebiet der physik. Chemie, das die ↑diamagnetischen od. ↑paramagnetischen Stoffeigenschaften zur Lösung von chem. Problemen ausnutzt. **Ma|gne|to|elek|tro|nik** *die;* -: Bereich der Festkörperelektronik, der sich mit der Anwendung u. Nutzung aller durch Magnetfelder beeinflußten u. verursachten Funktionen in elektronischen Bauelementen befaßt. **Ma|gne|to|gramm** *das;* -s, -e ⟨zu ↑...gramm⟩: Aufzeichnung der zeitlichen Schwankung des Magnetfeldes der Erde an einem festen Ort. **Ma|gne|to|graph** *der;* -en, -en ⟨zu ↑...graph⟩: Apparat zur selbsttätigen Aufzeichnung erdmagnetischer Schwankungen. **Ma|gne|to|hy|dro|dy|na|mik** *die;* -: Teilgebiet der Physik, das die Wechselwirkung zwischen Magnetfeldern u. strömenden elektrisch leitfähigen Flüssigkeiten (z. B. von ionisierten Gasen) untersucht. **ma|gne|to|hy|dro|dy|na|misch**: die Magnetohydrodynamik betreffend. **ma|gne|to|ka|lo|risch**; in der Fügung -e r Effekt: von magnetischen Zustandsänderungen der Materie herrührende Temperaturänderung. **Ma|gne|to|me|ter** *das;* -s, - ⟨zu ↑¹...meter⟩: Instrument zur Messung magnetischer Feldstärke u. des Erdmagnetismus. **Ma̱|gne|ton** *das;* -s, -[s] (aber: 2 -) ⟨aus gleichbed. *fr.* magnéton, geprägt vom franz. Physiker P. Weiss, 1865–1940⟩: Einheit des magnetischen Moments (Kernphys.). **Ma|gne|to|op|tik** *die;* - ⟨zu ↑magneto...⟩: Wissenschaft von den optischen Erscheinungen, die durch die Einwirkung eines magnetischen Feldes auf Licht entstehen. **Ma|gne|to|path** *der;* -en, -en ⟨zu ↑...path (2)⟩: mit Magnetismus behandelnder Heilkundiger. **Ma|gne|to|pa|thie** *die;* - ⟨zu ↑...pathie⟩: Heilwirkung durch magnetische Kräfte. **Ma|gne|to|phon** ⓌⓏ *das;* -s, -e ⟨zu ↑...phon⟩: ein Tonbandgerät. **Ma|gne|to|sphä|re** *die;* -: Teil der die Erde umgebenden Atmosphäre, in dem die ↑¹Elektronen u. ↑Ionen durch das Magnetfeld der Erde beeinflußt werden. **Ma|gne|to|sta|tik** *die;* -: Lehre von den zeitlich konstanten Magnetfeldern u. ihrer Wirkung (Phys.). **Ma|gne|to|strik|ti|on** *die;* -, -en: bei Magnetisierung eines Körpers entstehende geringe Formveränderung (Phys.). **Ma|gnet|pol** *der;* -s, -e ⟨zu ↑¹Pol⟩: einer der beiden Bereiche an dem Ende eines Magnetfeldes, auch des erdmagnetischen Feldes, in dem fast alle magnetischen Feldlinien entspringen od. münden (Phys.). **Ma̱|gne|tron** *das;* -s, Plur. ...one, auch -s ⟨Kurzw. aus ↑*Magnet* u. ↑Elek*tron*⟩: eine Elektronenröhre, die magnetische Energie verwendet (für hohe Impulsleistungen). **Ma|gnet|ton|ge|rät** *das;* -[e]s, -e ⟨zu ↑Magnet⟩: Tonbandgerät

ma|gni|fik [manji...] ⟨aus gleichbed. *fr.* magnifique, dies aus *lat.* magnificus „großartig"⟩: (veraltet) herrlich, prächtig, großartig. **Ma|gni|fi|kat** [mag...] *das;* -[s], -s ⟨zu *lat.* magnificat, 3. Pers. Sing. von magnificare „rühmen", nach dem ersten Wort des Gesangstextes⟩: 1. a) (ohne Plur.) Lobgesang Marias (Luk. 1, 46–55) nach seinem Anfangswort in der lat. Bibel (Teil der kath. ↑Vesper); b) auf den Text von a) komponiertes Chorwerk. 2. (landsch.) kath. Gesangbuch. **Ma|gni|fi|kus** *der;* -, ...fizi ⟨aus gleichbed. *nlat.* (rector) magnificus zu *lat.* magnificus „großartig" (zu magnus „groß" u. facere „machen, tun")⟩: (veraltet) Rektor einer Hochschule; vgl. Rector magnificus. **Ma|gni|fi|zen|tis|simus** *der;* -, ...mi ⟨aus *nlat.* (rector) magnificentissimus, Superlativ von *lat.* magnificens, Gen. magnificentis „großartig"; vgl. Magnifikus⟩: svw. Rector magnificentissimus. **Ma|gni|fi|zenz** *die;* -, -en ⟨aus *lat.* magnificentia „Großartigkeit, Erhabenheit" zu magnificus, vgl. Magnifikus⟩: Titel für Hochschulrektoren u. a.; als Anrede: Euer, Eure (Abk.: Ew.) -. **Ma|gni|fi|zi:** Plur. von ↑ Magnifikus

Ma|gni|mat *das;* -[e]s ⟨Kunstw.⟩: zur Herstellung von Münzen verwendeter dreischichtiger Werkstoff. **Ma|gni|sia** vgl. Magnesia

Ma|gni|tu|de *die;* - ⟨zu *lat.* magnitudo „Größe", dies zu magnus „groß"⟩: Maß für die Stärke von Erdbeben. **Ma|gni|tu|do** *die;* - ⟨aus *lat.* magnitudo, vgl. Magnitude⟩: Maß für die Helligkeit eines Gestirns; Abk.: mag.

Ma|gno|lie [...i̯ə] *die;* -, -n ⟨aus gleichbed. *nlat.* magnolia, nach dem franz. Botaniker P. Magnol, 1638–1715⟩: frühblühender Zierbaum (aus Japan u. China) mit tulpenförmigen Blüten

Ma|gnon *das;* -s, ...gnonen ⟨Kunstw.; vgl. ⁴...on⟩: das zu den Spinwellen in magnetischen Stoffen gehörige Energiequant (Phys.)

Ma|gnum *die;* -, ...gna ⟨aus *lat.* magnum „das Große", substantiviertes Neutrum von magnus „groß"⟩: 1. Wein- od. Sektflasche mit doppeltem Fassungsvermögen (1,5 l). 2. Bez. für Spezialpatronen mit verstärkter Ladung; Abk.: M.

Ma|gnus-Ef|fekt *der;* -[e]s ⟨nach dem dt. Chemiker u. Physiker H. G. Magnus, 1802–1870⟩: Wirbelerscheinung an einem in einer Strömung rotierenden Zylinder (Phys.)

Ma|gog vgl. Gog und Magog

Ma|go|sien [...'zi̯ɛː] *das;* -[s] ⟨*fr.;* nach dem Ort Magosi in Uganda, Afrika⟩: spätsteinzeitliche Kultur in Afrika südlich der Sahara

Ma|got *der;* -s, -s ⟨aus gleichbed. *fr.* magot, dies aus *hebr.* māgôg (biblischer Name eines barbarischen Volkes)⟩: in Nordafrika heimische Makakenart (vgl. Lemure)

Ma|gu|la *die;* -, -s ⟨aus *ngr.* mágoula „Erdhügel"⟩: Bez. für vorgeschichtliche Grab- u. Siedlungshügel in Nordgriechenland

Ma|gus *der;* -, ...gi ⟨aus *pers.* maguš (Name eines Priesterstammes)⟩: svw. Magier (2)

ma|gya|risch [ma'dja:...] usw. vgl. madjarisch usw.

Ma|ha|bha|ra|ta [...'ba....] *das;* - ⟨aus *sanskr.* mahābhārata „großer (Kampf) der Bharata" zu mahá „groß" u. bharatá (Plur.) (Name eines wedischen Volkes)⟩: altind. Nationalepos, zugleich religiöses Gesetzbuch des ↑ Hinduismus; vgl. Bhagawadgita

Ma|ha|de|wa *der;* -s ⟨zu *sanskr.* mahá „groß" u. devá „Gott"⟩: Beiname des hinduistischen Gottes Schiwa

Ma|ha|go|ni *das;* -s ⟨Herkunft ungeklärt, vermutlich aus dem Indian.⟩: wertvolles, rotbraunes, hartes Holz. **Ma|hago|ni|baum** *der;* -[e]s, ...bäume: westind. Balsampflanze, die das heute kaum noch verfügbare echte Mahagoniholz lieferte. **Ma|ha|go|ni|mö|bel** *das;* -s, - (meist Plur.): Möbel aus Mahagoniholz

Ma|ha|ja|na *das;* - ⟨aus gleichbed. *sanskr.* mahāyāna, eigtl. „großes Fahrzeug (der Erlösung)"⟩: freie, durch Nächstenliebe auch den Laien Erlösung verheißende Richtung des ↑ Buddhismus; vgl. Hinajana, Wadschrajana. **Ma|haja|na-Bud|dhis|mus** *der;* -: in den ersten nachchristlichen Jahrhunderten entstandene Richtung des ↑ Buddhismus, die an eine Erlösung durch den ↑ Bodhisatthwa glaubt (Rel.). **Ma|ha|ka|la** *der;* -s ⟨aus *sanskr.* mahākāla „der große Schwarze"⟩: Beiname des hinduistischen Gottes Schiwa

Ma|hal *der;* -[s], -s ⟨nach dem iran. Ort Mahallat⟩: Perserteppich minderer bis mittlerer Qualität aus dem Gebiet um Mahallat

Ma|ha|man|da|pa *das;* -s, -s ⟨zu *sanskr.* mahā- „groß" (als Wortteil) u. maṇḍapa „offene Halle, Tempel"⟩: die Haupthalle im ind. Tempel als Versammlungsraum der Gläubigen. **Ma|ha|ra|dscha** *der;* -s, -s ⟨aus gleichbed. *sanskr.* mahārājá, zu rāj „Herrscher, König"⟩: ind. Großfürst. **Ma|ha|ra|ni** *die;* -, -s ⟨aus gleichbed. *sanskr.* mahārājñī, zu rājñī „Königin"⟩: Frau eines Maharadschas; ind. Fürstin. **Ma|ha|ri|schi** *der;* -[s], -s ⟨aus gleichbed. *sanskr.* mahāṛṣi, eigtl. „großer Seher", zu ṛṣi „Seher"⟩: Ehrenbez. für geistig-religiöse Führer in Indien. **Ma|hat|ma** *der;* -s, -s ⟨aus *sanskr.* mahātmán „mit großer Seele", zu ātmán „Seele"⟩: ind. Ehrentitel für geistig hochstehende Männer (z. B. Gandhi), die oft göttlich verehrt werden

Ma|haut vgl. Mahut

Ma|ha|ya|na [...'ja:na] usw. vgl. Mahajana usw.

Mah|di ['maxdi, auch 'maːdi] *der;* -[s], -s ⟨aus gleichbed. *arab.* mahdī, eigtl. „der auf den richtigen Weg Geführte"⟩: von den Moslems erwarteter letzter Prophet, Glaubens- u. Welterneuerer. **Mah|dis|mus** *der;* - ⟨zu ↑ ...ismus (1)⟩: Lehre vom Mahdi. **Mah|dist** *der;* -en, -en ⟨zu ↑ ...ist⟩: Anhänger des Araberführers Muhammad Ahmad (19. Jh.), der sich als Mahdi ausgab u. gegen Ägypter u. Engländer den Sudan eroberte

Ma|he|sha|mur|ti [...ʃa...] *die;* -, -s ⟨aus *sanskr.* maheśa „großer Herr, Gott" u. mūrti „Körper, Bild, Verkörperung"⟩: Darstellung des hinduistischen Gottes Schiwa als All-Gott

Mah-Jongg ⓦ u. Ma-Jongg [...'dʒɔŋ] *das;* -s, -s ⟨aus gleichbed. *engl.* mah-jong(g), anglisiert aus *chin.* (Dialekt von Schanghai) ma-tsiang „Spatzenspiel"⟩: ursprünglich chines. Gesellschaftsspiel mit Spielsteinen od. -karten, aus denen bestimmten Bilder zusammengestellt werden müssen

Ma|hoî|tres [ma'ɔatrə] *die* (Plur.) ⟨aus gleichbed. älter *fr.* mahoîtres (Plur.)⟩: Schulterpolster an der Männerkleidung des 15. Jh.s

Ma|ho|nie [...i̯ə] *die;* -, -n ⟨nach dem amerik. Gärtner B. MacMahon (1775–1816) u. zu ↑¹...ie⟩: Zierstrauch mit gefiederten Blättern u. gelben Blüten

Ma|hut u. Mahaut *der;* -s, -s ⟨über *engl.* mahout aus gleichbed. *Hindi* mahāwat, *sanskr.* mahāmātra⟩: ostind. Elefantenführer

Mai *der;* Gen. -[e]s u. - (gehoben auch noch -en), Plur. -e ⟨aus gleichbed. *lat.* (mensis) Maius (nach einem italienischen Gott des Wachstums)⟩: fünfter Monat im Jahr, Wonnemond, Weidemonat

Mai|den ['meːdn̩, *engl.* 'meɪdn] *das;* -[s], - ⟨aus gleichbed. *engl.* maiden, eigtl. „Jungfrau"⟩: auf der Rennbahn unerprobtes Pferd (Sport). **Mai|den|speech** ['meɪdnspiːtʃ] *der;* -, -es [...ʃɪz] ⟨zu *engl.* speech „das Reden, Sprechen"⟩: (veraltet) Antrittsrede. **Mai|den|trip** *der;* -s, -s ⟨zu *engl.* trip „Ausflug, Reise"⟩: (veraltet) Jungfernfahrt, erste Fahrt eines neugebauten Schiffes

Mai|dis|mus [maɪ..., maɪ...] *der;* - ⟨zu *span.* maíz „Mais" (dies aus gleichbed. *Taino,* einer Indianersprache der Karibik, mays) u. ↑...ismus (3)⟩: Maisvergiftung

Ma|ie|stas Do|mi|ni vgl. Majestas Domini

Mai|kong *der;* -s, -s ⟨aus dem Indian.⟩: südamerik. Wildhund

Mail [meɪl] *die;* -, -s ⟨aus gleichbed. *engl.* mail⟩: (veraltet) Post, Briefbeutel. **Mail|box** ['meɪl...] *die;* -, -es [...ɪz] ⟨aus *engl.* mailbox „Briefkasten"⟩: Speicher im Datenendgerät des Empfängers, in dem bestimmte Nachrichten hinterlegt u. vom Benutzer abgerufen werden können (EDV). **Mailcoach** [...koʊtʃ] *die;* -, -es [...ʃɪz] ⟨aus gleichbed. *engl.*

mailcoach: (veraltet) Postkutsche. **Mai|ling** *das;* -[s] ⟨aus gleichbed. *amerik.* mailing zu *engl.-amerik.* to mail „(mit der Post) senden"⟩: Versenden von Werbematerial durch die Post

Mail|leu|se [ma'jø:zə] *die;* -, -n ⟨zu *fr.* maille „Masche, Schlinge" u. ↑...euse⟩: (veraltet) radförmiges Teil an Wirkmaschinen, das die Maschenbildung bewirkt

Mail-or|der ['meɪlˈɔːdə] *die;* - ⟨aus gleichbed. *engl.-amerik.* mail-order zu mail „Post(sendung)" u. order „Auftrag, Bestellung"⟩: Vertrieb von Waren über den Versandhandel od. Direktvertrieb. **Mail|stea|mer** [...stiːmə] *der;* -s, - ⟨zu *engl.* steamer „Dampfer, Dampfschiff"⟩: (veraltet) Postdampfer

Main-light ['meɪnlaɪt] *das;* -, -s ⟨zu *engl.* main „Haupt-, wichtigster" u. light „Licht"⟩: Haupt- u. Führungslicht bei der Filmtechnik. **Main-li|ner** [...laɪnə] *der;* -s, - ⟨aus gleichbed. *engl.-amerik.* (Jargon) mainliner zu mainline „Schuß (Heroin o. ä.)", eigtl. „Hauptvene"⟩: Drogensüchtiger, -abhängiger, der sich Rauschgift injiziert. **Main-li|ning** *das;* -s ⟨aus gleichbed. *engl.-amerik.* mainlining, dies zu to mainline „fixen"⟩: das Injizieren von Rauschgift. **Main-stream** [...striːm] *der;* -[s] ⟨aus gleichbed. *engl.* mainstream, eigtl. „Hauptströmung, -strom"⟩: stark vom ↑Swing (2) beeinflußte Form des modernen Jazz, die keinem Stilbereich eindeutig zuzuordnen ist

Maire [mɛːɐ̯] *der;* -s, -s ⟨aus gleichbed. *fr.* maire in *altfr.* maire „Herr", eigtl. „der Größere", dies zu *lat.* maior, vgl. Major⟩: Bürgermeister in Frankreich. **Mai|rie** [mɛ...] *die;* -, ...jen ⟨aus gleichbed. *fr.* mairie⟩: Bürgermeisterei in Frankreich

Mais *der;* -es, Plur. (Maisarten) -e ⟨aus gleichbed. *span.* maíz, dies aus *Taino* (einer Indianersprache der Karibik) mays⟩: wichtige Getreidepflanze. **mais|far|ben**: sattgelb, dunkelgelb von der Farbe des vollreifen Maises

Mai|so|nette, (nach franz. Schreibung auch) **Mai|son|nette** [mɛzɔˈnɛt] *die;* -, -s ⟨aus gleichbed. *engl.* maisonette, dies aus *fr.* maisonette „Häuschen", Verkleinerungsform von maison „Haus", dies aus *spätlat.* mansio „Wohnung", vgl. Menage⟩: zweistöckige Wohnung in einem [Hoch]haus

Maî|tre ['mɛːtrə] *der;* -, -s ⟨aus gleichbed. *fr.* maître, dies aus *lat.* magister, vgl. Magister⟩: a) franz. Bez. für Herr, Gebieter; Lehrer, Meister; b) (ohne Plur.) Titel juristischer Amtspersonen in Frankreich; c) Träger des Titels Maître (b). **Maî|tre de plai|sir** ['mɛːtrə də plɛˈziːɐ̯] *der;* - - -, -s ['mɛːtrə] - - ⟨aus *fr.* maître de plaisir, zu ↑Pläsier⟩: (veraltet, noch scherzh.) jmd., der bei einer Veranstaltung das Unterhaltungsprogramm arrangiert u. leitet, der bei einem Fest für die Unterhaltung der Gäste sorgt. **Mai|tres|se** [mɛ...] vgl. Mätresse

Mai|tre|ya *der;* - ⟨zu *sanskr.* maitreya „gnädig, wohlwollend, freundschaftlich"⟩: nach buddhistischer Lehre der für die Zukunft erwartete ↑Buddha

Mai|ze|na ⓦ *das;* -s ⟨Kunstw.; vgl. *span.* maicena „feines Maismehl"⟩: Maisstärkepuder

Ma|ja *die;* - ⟨aus *sanskr.* māyā „Trugbild"⟩: die als Blendwerk angesehene Erscheinungswelt (als verschleierte Schönheit dargestellt) in der ↑wedischen u. ↑brahmanischen Philosophie

Ma|jak *der;* -s, -s ⟨aus gleichbed. *russ.* majak⟩: (veraltet) a) Schiffahrtszeichen, Bake; b) Leuchtturm

Ma|je|stas Do|mi|ni *die;* - - ⟨aus *lat.* maiestas domini, eigtl. „die Herrlichkeit des Herrn"⟩: [frontale] Darstellung des thronenden Christus (bildende Kunst). **Ma|je|stät** *die;* -, -en ⟨aus *lat.* maiestas, Gen. maiestatis „Größe, Erhabenheit" zu maior „größer", vgl. ¹Major⟩: 1. (ohne Plur.) Herrlichkeit, Erhabenheit. 2. Titel u. Anrede von Kaisern u. Königen. **ma|je|stä|tisch**: herrlich, erhaben; hoheitsvoll. **Ma|je|stäts|plu|ral** *der;* -s, -e: svw. Pluralis majestatis.

ma|jeur [maˈʒøːɐ̯] ⟨aus *fr.* (ton) majeur, eigtl. „größerer (Ton)", dies aus *lat.* maior, vgl. ¹Major⟩: franz. Bez. für Dur (Mus.); Ggs. ↑mineur

Ma|jo|li|ka *die;* -, Plur. ...ken u. -s ⟨aus gleichbed. *it.* maiolica, maiorica, nach dem mlat. Namen Majolica (spätlat. Maiorica) der span. Insel Mallorca⟩: Töpferware mit Zinnglasur; vgl. Fayence. **Ma|jo|li|ka|email** [...emai] *das;* -s: mit einem Grundemail u. einer zweiten durchscheinenden Emailschicht überzogenes Gußeisen

Ma|jo|nä|se vgl. Mayonnaise

Ma-Jongg [maˈdʒɔŋ] vgl. Mah-Jongg

¹Ma|jor *der;* -s, -e ⟨aus *span.* mayor „größer, höher; Vorsteher, Hauptmann", dies aus *lat.* maior „größer", Komparativ von magnus „groß"⟩: Offizier, der im Rang über dem Hauptmann steht. **²Ma|jor** *der;* - ⟨verkürzt aus *lat.* maior (terminus), vgl. ¹Major⟩: der größere, weitere Begriff im ↑Syllogismus (Logik)

Ma|jo|ran [auch majoˈraːn] *der;* -s, -e ⟨aus gleichbed. *mlat.* majorana, majoracus, dies unter Anlehnung an *lat.* maior (vgl. ¹Major) aus *lat.* amaracus, dies aus *gr.* amárakos⟩: a) Gewürz- u. Heilpflanze (Lippenblütler); b) als Gewürz verwendete, getrocknete Blätter des Majorans (a)

Ma|jo|ra|na-Ef|fekt *der;* -[e]s, -e ⟨nach dem ital. Physiker Q. Majorana, 1871–1952⟩: Doppelbrechung kolloidaler Lösungen im Magnetfeld (Phys.). **Ma|jo|ra|na-Kraft** *die;* -, ...kräfte ⟨nach dem ital. Physiker E. Majorana, 1906 bis 1938⟩: eine Austauschkraft zwischen zwei ↑Nukleonen (Kernphys.)

Ma|jo|ran|te *die;* -, -n ⟨zu *lat.* maior „größer"; vgl. ...ant (1)⟩: Vergleichsreihe, deren Glieder größer od. gleich den Gliedern einer zu untersuchenden Reihe sind (Math.). **Ma|jo|rat** *das;* -[e]s, -e ⟨aus gleichbed. *mlat.* maioratus, eigtl. „der Stand eines Höheren", zu *lat.* maior, vgl. ¹Major⟩: 1. Vorrecht des Ältesten auf das Erbgut; Ältestenrecht (Rechtsw.). 2. nach dem Ältestenrecht zu vererbendes Gut (Rechtsw.); vgl. Minorat u. Juniorat. **Ma|jor|do|mus** [maː...] *der;* -, - ⟨aus gleichbed. *spätlat.* maior domus (regiae), eigtl. „(königlicher) Hausverwalter, Hausmeier", zu *lat.* maior (vgl. ¹Major) u. domus „Haus"⟩: oberster Hofbeamter, Befehlshaber des Heeres (unter den fränkischen Königen). **ma|jo|renn** ⟨aus gleichbed. *mlat.* majorennus zu *lat.* maior „größer, älter" u. annus „Jahr"⟩: (veraltet) volljährig, mündig (Rechtsw.); Ggs. ↑minorenn. **Ma|jo|ren|ni|tät** *die;* - ⟨zu ↑...ität⟩: (veraltet) Volljährigkeit, Mündigkeit (Rechtsw.); Ggs. ↑Minorennität. **Ma|jo|rette** [...ˈrɛt] *die;* -, Plur. -s u. -n [...tn] ⟨über gleichbed. *engl.-amerik.* (drum) majorette aus *fr.* majorette, eigtl. „kleine Majorin"⟩: junges Mädchen in Uniform, das bei festlichen Umzügen paradiert. **Ma|jo|rin** *die;* -, -nen: 1. weibliches Mitglied der Heilsarmee im Rang eines Majors. 2. (veraltet) Frau eines Majors. **ma|jo|ri|sie|ren** ⟨zu *lat.* maior (vgl. ¹Major) u. ↑...isieren⟩: überstimmen, durch Stimmenmehrheit zwingen. **Ma|jo|rist** *der;* -en, -en ⟨zu ↑...ist⟩: Inhaber der höheren Weihen (vom ↑Subdiakon aufwärts) im kath. Klerus. **Ma|jo|ri|tät** *die;* -, -en ⟨über gleichbed. *fr.* majorité aus *mlat.* maioritas, Gen. maioritatis „Mehrheit; Mündigkeit" zu *lat.* maior „größer, stärker"⟩: [Stimmen]mehrheit; Ggs. ↑Minorität. **Ma|jo|ri|täts|prin|zip** *das;* -s: Grundsatz, daß bei Abstimmungen u. Wahlen die Mehrheit der Stimmen entscheidet. **Ma|jo|ri|täts|wahl** *die;* -, -en: Mehrheitswahl, nach der die Mehrheit den Kandidaten wählt, die Stimmen der Minderheit[en] hingegen unberücksichtigt bleiben.

Ma|jorz *der;* -es ⟨zu ↑ Majorität; Analogiebildung zu ↑ Proporz⟩: (schweiz.) svw. Majoritätswahl. **Ma|jus|kel** *die;* -, -n ⟨zu *lat.* maiusculus „etwas größer", Verkleinerungsform von maior, vgl. ¹Major⟩: Großbuchstabe; Ggs. ↑ Minuskel; vgl. Versal

ma|ka|ber ⟨aus gleichbed. *fr.* macabre, gekürzt aus danse macabre „Totentanz", vgl. Danse macabre⟩: a) (durch eine bestimmte Beziehung zum Tod) unheimlich, Grauen hervorrufend; b) mit Tod u. Vergänglichkeit Scherz treibend. **Ma|ka|ber|tanz** *der;* -es, ...tänze ⟨Lehnübersetzung von *fr.* danse macabre, vgl. makaber⟩: svw. Danse macabre

Ma|ka|dam *der* od. *das;* -s, -e ⟨nach dem schott. Straßenbauingenieur McAdam, 1756–1836⟩: heute nicht mehr verwendeter, bituminöser Straßenbelag. **ma|ka|da|mi|sie|ren** ⟨zu ↑...isieren⟩: mit Makadam versehen, belegen

Ma|kak [auch ma'ka(:)k] *der;* Gen. -s u. -en, Plur. -en [ma'ka(:)kŋ] ⟨aus *port.* macaco „Affe", dies aus einer afrik. Eingeborenensprache⟩: meerkatzenartiger Affe (zahlreiche Arten in Asien, bes. in Japan)

Ma|ka|me *die;* -, -n ⟨aus *arab.* maqāma, eigtl. „Zusammenkunft"⟩: 1. kunstvolle alte arab. Stegreifdichtung. 2. a) im Orient ein Podium, auf dem die höfischen Sänger standen; b) Gesang der höfischen Sänger im Orient; vgl. Maqam

¹**Ma|kao** *der;* -s, -s ⟨aus *nlat.* (Ara) macao, weitere Herkunft unsicher⟩: ein zu den ↑Aras gehörender Papagei

²**Ma|kao** [auch ma'kau] *das;* -s ⟨nach der port. Kolonie Macao⟩: Glücksspiel mit Würfeln u. Karten

Ma|ka|ra *der;* -[s] ⟨aus gleichbed. *sanskr.* mákara⟩: in der ind. Mythologie mit dem Element Wasser assoziiertes Fabeltier, das in der ind. Kunst meist als krokodilartiges Wesen mit Elefantenrüssel u. Fischschwanz dargestellt wird

Ma|ka|ris|mus *der;* -, ...men (meist Plur.) ⟨über *spätlat.* macarismus aus *gr.* makarismós „das Glücklichpreisen" zu makários „glücklich, glückselig"⟩: Seligpreisung (altgriech. u. bibl. Stilform, bes. in der Bergpredigt)

Ma|kart|bu|kett *das;* -[e]s, Plur. -e od. -s ⟨nach dem österr. Maler Hans Makart (1840–1884) u. ↑Bukett⟩: dekorativer Strauß aus getrockneten Blumen u. Gräsern

make or buy ['meɪk ɔː 'baɪ] ⟨*engl.;* „herstellen od. kaufen"⟩: Entscheidungsalternative zwischen der Eigenfertigung von Sachgütern, Dienstleistungen od. Produktionsfaktoren u. der Beschaffung bei Dritten (Wirtsch.)

Ma|kęt|te, Maquet|te [mak...] *die;* -, -n ⟨aus *fr.* maquette „Skizze, Modell"⟩: Manuskript, bei dem alle Einzelteile so geschrieben sind, daß sie dem späteren Zeilenverlauf u. der Zeilenzahl des Druckproduktes entsprechen

Make-up [meːk'ap, engl. 'meɪk-ʌp] *das;* -s, -s ⟨aus gleichbed. engl. make-up, eigtl. „Aufmachung", zu to make up „zurechtmachen"⟩: 1. Verschönerung des Gesichts mit kosmetischen Mitteln. 2. kosmetisches Mittel; Creme zum Tönen u./od. Glätten der Haut. 3. Aufmachung, Verschönerung eines Gegenstandes mit künstlichen Mitteln

Ma|ki *der;* -s, -s ⟨über *fr.* maki aus gleichbed. *malagassisch* maky⟩: Lemure (2)

Ma|kie [...jə] *die;* - ⟨aus gleichbed. *jap.* maki-e, eigtl. „Streubild"⟩: Dekorationsart der japan. Lackkunst

Ma|ki|mo|no *das;* -s, -s ⟨aus gleichbed. *jap.* makimono, eigtl. „Rollending"⟩: Bildrolle im Querformat (ostasiat. Kunst)

Mak|ka|bi *der;* -[s], -s ⟨zu *hebr.* maqqābay „mein Hammer", dies aus maqqābā „Hammer", nach dem jüd. Volkshelden Judas Makkabi (latinisiert Makkabäus), 2. Jh. v. Chr.⟩: Name jüd. Sportvereinigungen. **Mak|ka|bia|de** *die;* -, -n ⟨zu ↑...iade⟩: in vierjährigem Zyklus stattfindender jüd. Sportwettkampf nach Art der Olympiade

Mak|ka|lu|be *die;* -, -n ⟨Herkunft unbekannt, vermutlich aus dem Ital.⟩: durch Erdgas aufgeworfener Schlammkegel (in Erdölgebieten)

¹**Mak|ka|ro|ni** *die* (Plur.) ⟨aus gleichbed. *it.* (mdal.) maccaroni, Plur. von maccarone, *it.* maccherone; vgl. Makrone⟩: röhrenförmige Nudeln aus Hartweizengrieß. ²**Mak|ka|ro|ni** *der;* -[s], -s ⟨zu ↑¹Makkaroni⟩: (ugs. abwertend) Italiener. **mak|ka|ro|ni|sch** ⟨nach der Satire „Carmen Maccaronicum..." des Paduaners Tifli degli Odasi († 1488), die an das Lieblingsgericht der Italiener, die Makkaroni, anknüpft⟩; in der Fügung -e Dichtung: scherzhafte Dichtung, in die lateinische u. lateinisch deklinierte Wörter einer anderen Sprache eingestreut sind, z. B. in B. von Münchhausens Ausspruch „Totschlago vos sofortissime, nisi vos benehmitis bene". **mak|ka|ro|ni|sie|ren** ⟨zu ↑...isieren⟩: lateinisch deklinierte Wörter innerhalb eines anderssprachigen ↑Kontextes (1 a) verwenden

¹**Ma|ko** *die;* -, -s, auch *der* od. *das;* -[s], -s ⟨nach dem Ägypter Mako Bey, dem maßgeblichen Förderer des ägypt. Baumwollanbaus im 19. Jh.⟩: 1. ägypt. Baumwollsorte mit langen, gelblichen, leicht glänzenden Fasern. 2. Gewebe aus ¹Mako (1)

²**Ma|ko** *der;* -s, -s ⟨aus dem Maori⟩: ein Makrelenhai

Ma|ko|ré [...'reː] *das;* -[s] ⟨aus gleichbed. *fr.* makoré, dies aus dem Afrik.⟩: rotbraunes Hartholz des afrik. Birnbaums

makr..., **Makr...** vgl. makro..., Makro...

Ma|kra|mee *das;* -[s], -s ⟨aus gleichbed. *it.* macramè, dies aus *arab.* miqram „bestickter Schleier"⟩: a) (ohne Plur.) urspr. arab. Knüpftechnik, bei der gedrehte Fäden mit Fransen zu kunstvollen Mustern miteinander verknüpft werden; b) Knüpfarbeit in Makramee (a)

Ma|kre|le *die;* -, -n ⟨über gleichbed. *mittelniederl.* makereel, macrel aus *altfr.* maquerel, dies aus *mlat.* maquerellus, macarellus, weitere Herkunft unsicher⟩: bis 35 cm langer Speisefisch des Mittelmeergebiets, des Atlantiks u. nordischer Gewässer

Ma|kren|ze|pha|lie *die;* -, ...ien ⟨zu ↑makro-... u. ↑Enzephalie⟩: svw. Megalenzephalie. **ma|kro...**, **Ma|kro...**, vor Vokalen auch makr..., Makr... ⟨aus gleichbed. *gr.* makrós⟩: Wortbildungselement mit der Bedeutung „lang, groß, hoch", z. B. makroskopisch, Makrobiose, Makrenzephalie. **Ma|kro|ana|ly|se** [auch 'ma:...] *die;* -, -n: chem. Analyse, bei der Substanzmengen im Grammbereich (0,5 bis 10 g) eingesetzt werden (Chem.); Ggs. ↑Mikroanalyse. **Ma|kro|an|gio|pat|hie** *die;* -, ...ien: krankhafte Veränderung der mittelgroßen u. großen Arterien (Med.). **Ma|kro|as|sem|bler** [...əsɛmblə] *der;* -s, - ↑Assembler od. ↑Assemblierer, der als Pseudobefehle die Vereinbarung od. Benutzung von Makrobefehlen zuläßt (EDV). **Ma|kro|äs|the|sie** *die;* -, ...ien: Empfindungsstörung, bei der Gegenstände größer wahrgenommen werden, als sie sind (z. B. bei Hysterie; Med.). **Ma|kro|auf|nah|me** *die;* -, -n: svw. Makrofotografie (2). **Ma|kro|be|fehl** *der;* -s, -e: Befehl zum Abrufen standardisierter Unterprogramme für häufige, typische u. in jedem Programm (4) wiederkehrende Einzelanweisungen (EDV). **Ma|kro|bio|se** *die;* - ⟨zu ↑...biose⟩: Langlebigkeit eines Organismus (Med.); vgl. Longävität. **Ma|kro|bio|tik** *die;* - ⟨zu *gr.* biōtikós „das Leben betreffend"⟩: 1. Kunst, das Leben zu verlängern (Med.). 2. spezielle, hauptsächlich auf Getreide u. Gemüse basierende Ernährungsweise. **ma|kro|bio|tisch**: die Makrobiotik betreffend; -e Kost: Kost, die sich hauptsächlich aus Getreide u. Gemüse zusammensetzt. **Ma|kro|chei|lie**

Makrocheirie

[...çai...] *die;* -, ...ien ⟨zu *gr.* cheĩlos „Lippe" u. ↑²...ie⟩: abnorme Verdickung der Lippen (Med.). **Ma|kro|chei|rie** [...çai...] *die;* -, ...ien ⟨zu *gr.* makrócheir „langhändig" u. ↑²...ie⟩: abnorme Größe der Hände (Med.). **Ma|kro|dakty|lie** *die;* -, ...ien ⟨zu *gr.* makrodáktylos „langfingrig" u. ↑²...ie⟩: abnorme Größe der Finger (Med.). **Ma|kro|evolu|ti|on** [auch 'ma:...] *die;* -, -en ⟨zu ↑ makro...⟩: bedeutsamer Evolutionsschritt, der einen neuen Zweig des Stammbaums entstehen lassen kann (Biol.); Ggs. ↑ Mikroevolution; vgl. Makromutation. **Ma|kro|ex|pan|der** *der;* -s, -e: spezielles Programm (4) zur Ersetzung des Makrobefehls (EDV). **Ma|kro|ex|pan|si|on** *die;* -, -en: ↑ textuelle Umformung des mit Makrobefehlen versehenen Programms (4; EDV). **Ma|kro|fau|na** [auch 'ma:...] *die;* -, ...nen: Bez. für im od. auf dem Boden lebende Tiere von 2–22 mm Länge (Biol.). Ggs. ↑ Mikrofauna. **Ma|kro|fo|to|gra|fie** *die;* -, ...ien [...i:ən]: 1. (ohne Plur.) fotografisches Aufnehmen im Nahbereich mit vergrößernder Abbildung. 2. Nahaufnahme; Aufnahme in natürlicher Größe. **Ma|kro|ga|met** [auch 'ma:...] u. **Ma|kro|ga|me|to|zyt** *der;* -en, -en: größere u. unbewegliche weibliche Geschlechtszelle niederer Lebewesen, speziell der Malariaerreger (Biol.); Ggs. ↑ Mikrogamet. **Ma|kro|ge|ni|to|so|mie** *die;* -, ...ien ⟨zu *lat.* genitus, Part. Perf. von genere (ältere Form von gignere) „erzeugen, erschaffen", *gr.* sõma „Körper" u. ↑²...ie⟩: körperliche u. sexuelle Überentwicklung (Med.). **Ma|kro|glo|bu|lin** *das;* -s, -e: bei krankhaften Veränderungen des Eiweißstoffwechsels entstehendes ↑ Globulin von hohem Molekulargewicht (Med.). **Ma|kro|glo|bu|lin|ämie** *die;* -, ...ien: das Auftreten von Makroglobulinen im Blut (zu Lymphknotenschwellungen, Leber- u. Milzvergrößerung u. a. führende seltene Eiweißstoffwechselstörung; Med.). **Ma|kroglos|sie** *die;* -, ...ien ⟨zu *gr.* glõssa „Zunge" u. ↑²...ie⟩: Vergrößerung der Zunge (Med.). **Ma|kro|gy|rie** *die;* -, ...ien ⟨zu *gr.* gỹros „Kreis" u. ↑²...ie⟩: abnorme Größe der Hirnwindungen (Entwicklungsstörung; Med.). **ma|kro|kephal** usw. vgl. makrozephal usw. **Ma|kro|ki|ne|tik** *die;* -: Lehre vom zeitlichen Ablauf chemischer Reaktionen unter Berücksichtigung des Stoff- u. Wärmetransports (Chem.). **Ma|kro|kli|ma** *das;* -s, Plur. -s u. ...mate (fachspr.) ...mate: Großklima. **ma|kro|kos|misch** [auch 'ma:...]: den Makrokosmos betreffend; Ggs. ↑ mikrokosmisch. **Ma|kro|kos|mos** u. **Ma|kro|kos|mus** [auch 'ma:...] *der;* - ⟨vermutlich unter Einfluß von *fr.* macrocosme aus *mlat.* macrocosmus, dies zu ↑ makro..., ↑ Kosmos⟩: das Weltall; ↑ Mikrokosmos. **ma|kro|kri|stal|lin** ⟨zu ↑ makro...⟩: grobkristallin (von Gesteinen). **Ma|kro|lin|gui|stik** [auch 'ma:...] *die;* -: Gesamtbereich der Wissenschaft von der Sprache; vgl. ↑ Metalinguistik u. Mikrolinguistik. **Ma|kro|me|lie** *die;* -, ...ien ⟨zu *gr.* mélos „Glied" u. ↑²...ie⟩: Riesenwuchs (Med.); Ggs. ↑ Mikromelie; vgl. Gigantismus (1). **Ma|krome|ren** *die* (Plur.) ⟨zu *gr.* méros, Gen. méreos „Teil"⟩: dotterreiche, große Furchungszellen bei tierischen ↑ Embryonen; Ggs. ↑ Mikromeren. **Ma|kro|mo|le|kül** [auch 'ma:...] *das;* -s, -e: ein aus tausend u. mehr Atomen aufgebautes Molekül. **ma|kro|mo|le|ku|lar** [auch 'ma:...]: aus Makromolekülen bestehend. **Ma|kro|mu|ta|ti|on** [auch 'ma:...] *die;* -, -en: Erbänderung als Folge eines strukturellen Chromosomenumbaus, die sprunghaft zu neuen Arten führt; vgl. Makroevolution

Ma|kro|ne *die;* -, -n ⟨aus *fr.* macaron „Mandeltörtchen", dies aus *it.* (mdal.) maccarone „Röhrennudel" (älter *it.* „Kloß", wohl zu *spätgr.* makaría „die den Toten geopferte Gerstensuppe; Totenmahl", dies zu *gr.* makários

„glückselig"⟩: Gebäck aus gemahlenen Mandeln, Haselnüssen od. Kokosflocken, Zucker u. Eiweiß **Ma|kro|no|sie** *die;* - ⟨zu ↑ makro..., *gr.* nósos „Krankheit" u. ↑²...ie⟩: (veraltet) langwierige Krankheit, Siechtum. **Makro|nu|kle|us** [...eʊs] *der;* -, ...klei [...ei]: Großkern der Wimpertierchen (regelt den Ablauf des Stoffwechsels; Biol.). **Ma|kro|öko|no|mie** [auch 'ma:...] *die;* -: Betrachtung wirtschaftlicher Größen, die sich auf die Volkswirtschaft als Ganzes beziehen (Wirtsch.); Ggs. ↑ Mikroökonomie. **ma|kro|öko|no|misch** [auch 'ma:...]: die Makroökonomie betreffend (Wirtsch.); Ggs. ↑ mikroökonomisch. **Ma|kro|pha|ge** *der;* -n, -n ⟨zu ↑...phage⟩: großer ↑ Phagozyt (Med.). **Ma|kro|phy|sik** [auch 'ma:...] *die;* -: die Teilbereiche der Physik, die den atomaren Aufbau der Materie nicht in ihre Betrachtungen einbeziehen; Ggs. ↑ Mikrophysik. **Ma|kro|phyt** *der;* -en, -en (meist Plur.) ⟨zu ↑...phyt⟩: ein mit dem bloßen Auge sichtbarer pflanzlicher Organismus (Biol.); Ggs. ↑ Mikrophyt. **Ma|kro|pla|sie** *die;* - ⟨zu *gr.* plássein „bilden, formen" u. ↑²...ie⟩: übermäßige Entwicklung von Körperteilen (Med.). **Ma|kro|po|de** *der;* -n, -n ⟨zu ↑...pode⟩: Paradiesfisch, ein zu den ↑ Labyrinthfischen gehörender Aquarienfisch. **Ma|kro|po|die** *die;* - ⟨zu ↑²...ie⟩: Riesenwuchs der Füße (Med.). **Ma|krop|sie** *die;* -, ...ien ⟨zu ↑...opsie⟩: Sehstörung, bei der die Gegenstände größer erscheinen, als sie in Wirklichkeit sind (Med.); Ggs. ↑ Mikropsie. **Ma|kro|rhi|nie** *die;* - ⟨zu *gr.* rhís, Gen. rhinós „Nase" u. ↑²...ie⟩: übermäßige Größe der Nase, Art der ↑ Akromegalie (Med.). **Ma|kro|seis|mik** [auch 'ma:...] *die;* -: Wissenschaft, Lehre von den ohne Meßinstrumente für den Menschen spürbaren Erschütterungen der Erde. **ma|kro|seis|misch** [auch 'ma:...]: ohne Instrumente wahrnehmbar (von starken Erdbeben). **ma|kro|skopisch** ⟨zu *gr.* skopeĩn „betrachten, (be)schauen"⟩: ohne optische Hilfsmittel, mit bloßem Auge erkennbar; Ggs. ↑ mikroskopisch (1). **Ma|kros|mat** *der;* -en, -en ⟨zu *gr.* osmé „Geruch" u. ↑...at (1)⟩: gut witterndes Säugetier; Ggs. ↑ Mikrosmat. **Ma|kro|so|mie** *die;* - ⟨zu *gr.* sõma „Körper" u. ↑²...ie⟩: Riesenwuchs (Med.); vgl. Gigantismus (1); Ggs. ↑ Mikrosomie. **Ma|kro|so|zio|lo|gie** [auch 'ma:...] *die;* -: Soziologie gesamtgesellschaftlicher Gebilde; Ggs. ↑ Mikrosoziologie. **Ma|kro|spo|re** *die;* -, -n (meist Plur.): große weibliche Spore einiger Farnpflanzen. **Ma|kro|sto|ma** *das;* -s, -ta: angeborene Mißbildung mit seitlicher Erweiterung der Mundspalte (Med.). **Ma|kro|struktur** *die;* -, -en: a) Grobstruktur; b) ohne optische Hilfsmittel erkennbare Struktur (z. B. von pflanzlichen Geweben). **Ma|kro|theo|rie** *die;* -, -n: Teilbereich der wirtschaftswissenschaftlichen Theorie, dessen Erkenntnisobjekt die gesamte Volkswirtschaft darstellt; Ggs. ↑ Mikrotheorie. **Makro|tie** *die;* -, ...ien ⟨zu *gr.* oús, Gen. õtós „Ohr" u. ↑²...ie⟩: abnorme Größe der Ohren (Med.); Ggs. ↑ Mikrotie. **makro|ze|phal** ⟨aus *gr.* makroképhalos „langköpfig"⟩: großköpfig (Med.); Ggs. ↑ mikrozephal. **Ma|kro|ze|pha|le** *der* u. *die;* -n, -n: jmd., der einen abnorm großen Kopf hat; Großköpfige[r] (Med.); Ggs. ↑ Mikrozephale. **Ma|kro|zepha|lie** *die;* -, ...ien ⟨zu ↑²...ie⟩: abnorme Vergrößerung des Kopfes (Med.); Ggs. ↑ Mikrozephalie. **Ma|kro|ze|phalus** *der;* -, ...li ⟨aus gleichbed. *nlat.* macrocephalus zu *gr.* makroképhalos, vgl. makrozephal⟩: abnorm vergrößerter Kopf (Med.). **Ma|kro|zir|ku|la|ti|on** *die;* -, -en: der Blutkreislauf in den großen Blutgefäßen (Med.). **Ma|kro|zyt** *der;* -en, -en (meist Plur.) ⟨zu ↑...zyt⟩: übergroße, unreife Form der roten Blutkörperchen. **Ma|kru|lie** *die;* -, ...ien ⟨zu *gr.* oũlon „Zahnfleisch" u. ↑²...ie⟩: Wucherung des Zahnfleisches

Mak|su|ra *die;* -, -s ⟨aus gleichbed. *arab.* maqsūra⟩: abgeteilter Raum in einer Moschee

Ma|ku|ba *der;* -s ⟨nach dem Bezirk Macuba auf der Insel Martinique⟩: ein feiner Schnupftabak mit Veilchengeruch

Ma|ku|la|tur *die;* -, -en ⟨aus *mlat.* maculatura „beflecktes, schadhaftes Stück" zu *lat.* maculare, vgl. makulieren⟩: a) beim Druck schadhaft gewordene u. fehlerhafte Bogen; Fehldruck; b) Altpapier; Abfall der Papierindustrie; - reden: (ugs.) Unsinn, dummes Zeug reden. **ma|ku|lie|ren** ⟨aus *lat.* maculare „fleckig machen, besudeln" zu macula „Mal; (Schand)fleck"⟩: zu Makulatur machen, einstampfen. **ma|ku|lös** ⟨aus gleichbed. *lat.* maculosus⟩: a) fleckig; b) mit der Bildung zahlreicher [Haut]flecken einhergehend (Med.)

Ma|kum|ba *die;* - ⟨aus *port.* macumba „kultischer Negertanz", eigtl. „ein Baum (in Moçambique u. auf Madagaskar), unter dem religiöse Versammlungen abgehalten werden"⟩: in Brasilien verbreitete ↑synkretistische Religion, die afrikanische Elemente mit katholisch-christlichen, ↑spiritistischen u. ↑okkultistischen Einflüssen verbindet

mal ⟨*fr.;* aus gleichbed. *lat.* male⟩: franz. Bez. für schlecht, schlimm. **¹Ma|la:** Plur. von ↑Malum

²Ma|la *die;* -, -s ⟨aus *sanskr.* mālā „Kranz"⟩: Perlenkette (meist mit 108 Perlen), die bei der Rezitation von Gebetsformeln u. von Buddhas Namen zum Zählen der Wiederholungen verwendet wird; im Hinduismus als ein Gebetskranz (Buddhismus, Hinduismus)

Mal|ab|sorp|ti|on *die;* - ⟨aus gleichbed. *engl.* malabsorption zu male- „schlecht-, bös(e)-", dies aus *lat.* malus (vgl. Malus) u. ↑Absorption⟩: Störung der Resorption von Nahrungsstoffen im Darm, vor allem bei Vitaminmangelzuständen (Med.)

Ma|la|chit [...'xi:t, auch ...'xɪt] *der;* -s, -e ⟨über gleichbed. *lat.* molochitis aus *gr.* molochítēs zu molóchē, Nebenform von maláchē „Malve" (nach der Farbe der Malvenblätter); vgl. ²...it⟩: ein schwärzlich-grünes Mineral, Schmuckstein. **Ma|la|chit|va|se** *die;* -, -n: eine Vase aus Malachit

ma|lad ⟨zu ↑malade⟩: (selten) svw. malade. **ma|la|de** ⟨aus gleichbed. *fr.* malade, dies aus *lat.* male habitus „in schlechtem Zustand befindlich"⟩: [leicht] krank u. sich entsprechend unwohl, elend fühlend. **Ma|la|de|rie** *die;* -, ...ien ⟨zu ↑²...ie⟩: svw. Maladrerie. **Ma|la|die** *die;* -, ...ien ⟨aus gleichbed. *fr.* maladie⟩: (veraltet) Krankheit, Unpäßlichkeit. **Ma|la|dre|rie** *die;* -, ...ien ⟨aus gleichbed. *fr.* maladrerie⟩: (veraltet) Krankenhaus (bes. für Aussätzige)

ma|la fi|de ⟨*lat.*⟩: in böser Absicht; trotz besseren Wissens; vgl. bona fide

Ma|la|ga *der;* -s, -s ⟨aus *span.* málaga (nach der span. Provinz Málaga)⟩: südspan. brauner Süßwein

Ma|la|gas|si *das;* - ⟨aus dem Indones.⟩: Sprache der Bevölkerung auf der Insel Madagaskar. **ma|la|gas|sisch:** die Bevölkerung der Insel Madagaskar u. ihre Sprache betreffend. **Ma|la|gas|sy, Ma|la|ga|sy** vgl. Malagassi

Ma|la|gue|ña [...'gɛnja] *die;* -, -s ⟨aus *span.* malagueña zu malagueño „aus Malaga stammend"⟩: span. Tanz im ³⁄₄-Takt mit einem ostinaten Thema, über dem der Sänger frei improvisieren kann (Mus.)

Ma|lai|se [...'lɛːzə] *die;* -, -n, schweiz. *das;* -s, - ⟨aus gleichbed. *fr.* malaise, zusammengesetzt aus (être) mal à l'aise „mißgestimmt (sein)"⟩: 1. Übelkeit, Übelbefinden; Unbehagen. 2. Unglück, Widrigkeit, ungünstiger Umstand, Misere

Ma|la|kie vgl. Malazie. **Ma|la|ko|lo|ge** *der;* -n, -n ⟨zu *gr.* malakós „weich" u. ↑...loge⟩: Wissenschaftler, der sich auf Malakologie spezialisiert hat. **Ma|la|ko|lo|gie** *die;* - ⟨zu ↑...logie⟩: Teilgebiet der Zoologie, das sich mit den Muscheln, Schnecken, Krebsen u. a. befaßt; Weichtierkunde. **ma|la|ko|lo|gisch** ⟨zu ↑...logisch⟩: die Weichtierkunde betreffend. **Ma|la|ko|phi|le** *die;* -, -n (meist Plur.) ⟨vgl. ...phil⟩: Pflanze, deren Blüten durch Schnecken bestäubt werden. **Ma|la|ko|stra|ke** *der;* -n, -n ⟨zu *gr.* óstrakon „Gehäuse"⟩: Ringelkrebs, ein hochentwickeltes Krebstier. **Ma|la|ko|zoo|lo|gie** [...tsoo...] *die;* -: svw. Malakologie. **Ma|la|ko|zo|on** *das;* -s, ...zoen (meist Plur.) ⟨zu *gr.* zōon „Lebewesen, Tier"⟩: (veraltet) Weichtier

Ma|la|ma|ti|ja *die;* - ⟨zu *arab.* malama „niedrig sein, schlecht sein"⟩: eine Richtung des ↑Sufismus, deren Vertreter eine ausschließliche Zuwendung zu Gott anstrebten u. jegliche Bindung an die Welt ablehnten

Ma|la|mut *der;* -s, -s ⟨nach den Mahlemuts, einem Eingeborenenvolk in Alaska⟩: aus Alaska stammende Schlittenhundrasse

Ma|lang|gan *das;* -[s], -e ⟨aus dem Melanes.⟩: a) bemaltes, hölzernes Kultobjekt der Bewohner von Neuirland; b) Ritus bei Totenfeiern auf Neuirland

mal-à-pro|pos [malapro'po:] ⟨*fr.*⟩: (veraltet) ungelegen, zur Unzeit

Ma|la|ria *die;* - ⟨aus gleichbed. *it.* malaria, eigtl. „schlechte Luft", zu mala „böse, schlecht" u. aria „Luft"⟩: Sumpffieber, Wechselfieber. **Ma|la|ria|an|fall** *der;* -[e]s, ...fälle: für die Malaria charakteristischer Fieberanfall, verbunden mit Schüttelfrost u. Schweißausbrüchen. **Ma|la|ria|lo|gie** *die;* - ⟨zu ↑...logie⟩: Erforschung der Malaria

Ma|la|xa|ti|on *die;* -, -en ⟨aus gleichbed. *lat.* malaxatio zu malaxare, vgl. malaxieren⟩: (veraltet) Erweichung. **ma|la|xie|ren** ⟨aus gleichbed. *lat.* malaxare, dies aus *gr.* malássein⟩: (veraltet) erweichen, geschmeidig machen

Ma|la|ya|lam *das;* - ⟨aus dem Drawidischen⟩: Sprache, die in Südindien gesprochen wird

Ma|la|zie *die;* -, ...ien ⟨aus *gr.* malakía „Weichheit" zu malakós „weich"⟩: Erweichung, Auflösung der Struktur eines Organs od. Gewebes (z. B. der Knochen; Med.)

Mal|do|nit [auch ...'nɪt] *der;* -s, -e ⟨nach der Mine Maldon in Victoria (Australien) u. zu ↑²...it⟩: ein silberweißes, grünlich anlaufendes Mineral

ma|le|dei|en ⟨mit dt. Endung zu *lat.* maledicere „lästern, schimpfen, schmähen"⟩: (veraltet) verwünschen; vgl. vermaledeien. **Ma|le|dik|ti|on** *die;* -, -en ⟨aus gleichbed. *lat.* maledictio⟩: (veraltet) Verleumdung, Schmähung

Ma|le|di|ven|nuß [...v...] *die;* -, ...nüsse ⟨nach den Inseln im Indischen Ozean⟩: svw. Seychellennuß

ma|le|di|zie|ren ⟨aus *lat.* maledicere, vgl. maledeien⟩: (veraltet) verwünschen. **Ma|le|fi|kant** *der;* -en, -en ⟨zu *lat.* maleficus (vgl. Malefiz) u. ↑...ant⟩: (veraltet) Missetäter, Übeltäter. **Ma|le|fi|kus** *der;* -, Plur. - u. ...fizi ⟨zu *lat.* maleficus „Böses tuend", vgl. Malefiz u. ↑²...us"⟩: 1. svw. Malefikant. 2. ein unheilbringender Planet (Astrol.). **Ma|le|fiz** *das;* -es, -e ⟨aus *lat.* maleficium „böse Tat, Frevel", dies zu maleficus, vgl. Malefikus⟩: 1. (veraltet) Missetat, Verbrechen. 2. (landsch.) Strafgericht. **Ma|le|fiz|buch** *das;* -[e]s, ...bücher: (veraltet) Strafgesetzbuch. **Ma|le|fiz|ge|richt** *das;* -[e]s, -e: (veraltet) Strafsachengericht (Rechtsw.). **Ma|le|fiz|kerl** *der;* -s, Plur. -e u. -s ⟨zu *lat.* maleficus, vgl. Malefikus⟩: (landsch.) 1. Draufgänger. 2. jmd., über den man sich ärgert, auf den man wütend ist. **Ma|le|par|tus** *der;* - ⟨*nlat.* Umbildung von älter *fr.* malepertuis „schlimmer Durchgang"⟩: Wohnung des Fuchses in der Tierfabel

Ma|ler|email [...emai] *das;* -s, -s ⟨zu *dt.* Maler u. ↑Email⟩:

853

Malesche

Schmelzmalerei, wobei eine mit einer Schmelzschicht überzogene Kupferplatte den Malgrund bildet

Ma|le|sche *die;* -, -n ⟨wohl zu *fr.* malaise, vgl. Malaise⟩: (norddt.) Unannehmlichkeit

Mal|heur [ma'lø:ɐ̯] *das;* -s, Plur. -e u. -s ⟨aus gleichbed. *fr.* malheur zu mal „schlecht, übel" (dies aus *lat.* malus) u. älter *fr.* heur „(glücklicher) Zufall", eigtl. „Geschick, Glück" (dies aus *lat.* augurium „Vorzeichen")⟩: 1. (veraltet) Unglück, Unfall. 2. (ugs.) Pech; kleines Unglück, [peinliches] Mißgeschick. **mal|ho|nett** ⟨aus gleichbed. *fr.* malhonnête⟩: (veraltet) unfein, unredlich. **Ma|li|ce** [ma'li:sə] *die;* -, -n ⟨aus gleichbed. *fr.* malice, dies aus *lat.* malitia „Arglist", vgl. maliziös⟩: (veraltet) 1. Bosheit. 2. boshafte Äußerung. **ma|li|gne** ⟨aus gleichbed. *lat.* maligne, Adverb von malignus, dies zu malus „schlecht, böse"⟩: bösartig (z. B. von Gewebsveränderungen; Med.); Ggs. ↑benigne. **Ma|li|gni|tät** *die;* - ⟨aus gleichbed. *lat.* malignitas, Gen. malignitatis⟩: Bösartigkeit (z. B. einer Geschwulst; Med.); Ggs. ↑Benignität. **Ma|li|gnom** *das;* -s, -e ⟨zu ↑maligne u. ↑...om⟩: bösartige Geschwulst (Med.)

Ma|li|mo *das;* -s, -s ⟨Kunstw.; nach dem dt. Erfinder H. Mauersberger (1909-1982) aus Limbach/Sachsen u. zu ↑Molton⟩: in Nähwirktechnik mit einer speziellen Maschine zur Herstellung von Stoffen, bei der die Techniken des Webens, Nähens u. Wirkens kombiniert sind, hergestelltes Gewebe

Ma|lines [ma'lin] *die* (Plur.) ⟨nach dem franz. Namen für die belgische Stadt Mecheln⟩: Klöppelspitzen mit Blumenmuster. **Ma|li|nois** [...'nɔa] *der;* -, - [...'nɔa] ⟨aus gleichbed. *fr.* malinois, vgl. Malines⟩: Schäferhund einer belgischen Rasse

Ma|li|pol *das;* -s, -s ⟨Kunstw. aus ↑Malimo u. Polfäden⟩: durch Zuführung von Polfäden auf ein textiles Grundgewebe hergestellter flauschiger Stoff, der einseitig eine genoppte Oberfläche besitzt. **Ma|li|watt** *das;* -s, -s ⟨Kunstw. aus ↑Malimo u. *dt.* Watte⟩: durch Übernähen u. damit Verfestigung von Faservliesen hergestellte Stepp- u. Einlagewatte

ma|li|zi|ös ⟨aus gleichbed. *fr.* malicieux, dies aus *lat.* malitiosus „arglistig"⟩: boshaft, arglistig, hämisch in bezug auf Mimik od. Äußerungen. **mal|kon|tent** ⟨aus gleichbed. *fr.* malcontent zu mal „übel, schlecht" (aus *lat.* malus) u. content „zufrieden" (aus *lat.* contentus)⟩: (veraltet, noch landsch.) unzufrieden, mißvergnügt

mall ⟨aus gleichbed. *mniederl.* mal, weitere Herkunft unsicher⟩: 1. gedreht, verdreht (vom Wind; Seew.). 2. (landsch. ugs.) töricht, von Sinnen, verrückt

¹Mall *das;* -[e]s, -e ⟨aus gleichbed. *niederl.* mal, wohl zu *altfr.* molle, modle, dies aus *lat.* modulus „Einheit, Maßstab"⟩: Muster, Modell für Schiffsteile, Spantenschablone (Seew.)

²Mall [mɔ:l] *die;* -, -s ⟨aus gleichbed. *amerik.* mall⟩: (besonders in den USA) Straße, Fußgängerzone eines Einkaufszentrums

Mal|lar|dit [auch ...'dɪt] *der;* -s, -e ⟨nach dem franz. Mineralogen E. Mallard (1833-1894) u. zu ↑²...it⟩: ein hellrosafarbenes Mineral

Mal|lee scrub ['mælɪ 'skrʌb] *der;* - -s ⟨aus gleichbed. *austr.-engl.* mallee scrub zu *engl.* mallee „Zwerggummibaum" u. scrub „Gestrüpp, Gebüsch"⟩: offene Gebüschformation (zwischen trockenem Eukalyptuswald u. Wüste) im südaustralischen Winterregengebiet

Mal|le|in *das;* -s ⟨zu ↑Malleus u. ↑...in (1)⟩: aus Rotzbakterien gewonnener Extrakt zur Feststellung des Malleus (1; Tiermed.)

¹mal|len ⟨zu ↑¹Mall⟩: nach dem Mall behauen; messen (Seew.)

²mal|len ⟨zu ↑mall (1)⟩: umlaufen, umspringen (vom Wind; Seew.)

mal|leo|lar ⟨zu *spätlat.* malleolus „kleiner Hammer" (Verkleinerungsform von malleus, vgl. Malleus) u. ↑...ar⟩: zum Knöchel gehörend (Med.). **Mal|leo|lar|frak|tur** *die;* -, -en: Knöchelbruch (Med.). **Mal|le|us** [...eʊs] *der;* -, ...lei [...lei] ⟨aus *lat.* malleus „Hammer"⟩: 1. (ohne Plur.) auf den Menschen übertragbare ↑Zoonose, Rotzkrankheit. 2. der Hammer, eines der drei Gehörknöchelchen (Med.)

Malm *der;* -[e]s ⟨aus *engl.* malm „kalkreicher Lehm"⟩: die obere Abteilung des ↑²Juras (in Süddeutschland: Weißer Jura; Geol.)

Mal|mi|gnat|te [...mɪnjatə] *die;* -, -n ⟨aus gleichbed. *it.* malmignatta⟩: Giftspinne der Mittelmeerländer

Malm|sey ['mɑ:mzɪ] *der;* - ⟨*engl.;* nach Malmasia, einem Ort im Südosten des Peloponnes⟩: eine Sorte des ↑Madeiras

Mal|nu|tri|ti|on *die;* - ⟨zum Teil unter Einfluß von *fr.* mal „schlecht" u. *engl.* mal- „schlecht" zu *lat.* malus „schlecht" u. *spätlat.* nutritio „Ernährung", dies zu *lat.* nutrire „säugen, ernähren"⟩: falsche Ernährung (insbesondere des Säuglings), die zu charakteristischen Krankheitsbildern führt (z. B. Milchnährschaden; Med.)

Mal|loc|chio [ma'lɔkjo] *der;* -s, Plur. -s u. Malocchi [...ki] ⟨aus gleichbed. *it.* malocchio, eigtl. „böses Auge"⟩: böser Blick; vgl. Jettatore

Ma|lo|che [auch ...'lɔxə] *die;* - ⟨aus *jidd.* melocho „Arbeit", dies aus *hebr.* mĕlāḵā⟩: (ugs.) [schwere] Arbeit. **ma|lo|chen** [auch ...'lɔxn̩] (ugs.) schwer arbeiten, schuften. **Ma|lo|cher** [auch ...'lɔxɐ] *der;* -s, -: (ugs.) vor allem schwere körperliche Arbeiten ausführender Mensch

Ma|lo|ka *die;* -, -s ⟨aus gleichbed. *port.* maloca, dies über *amerik.-span.* maloca „Angriff" zu *araukanisch* (einer südamerik. Indianersprache) malocan „kämpfen"⟩: großes Mehrfamilienhaus (bis zu 120 Bewohner) der Indianer des trop. Waldlandes in Südamerika

Ma|lo|nat *das;* -[e]s, -e ⟨zu *lat.* malum „Apfel" (dies aus gleichbed. *gr.* mēlon) u. ↑...at (2)⟩: Salz od. ↑Ester der Malonsäure. **Ma|lon|säu|re** *die;* -: organische Säure, die bei der Oxydation von Apfelsäure entsteht (Chem.)

Ma|los|sol *der;* -s ⟨zu *russ.* malosol'nyj „wenig gesalzen"⟩: schwach gesalzener Kaviar

Ma|lo|ti: Plur. von ↑Loti

Mal|pi|ghi|en|ge|wäch|se [...giən...] *die* (Plur.) ⟨nach dem ital. Anatomen M. Malpighi, 1628-1694⟩: eine in zahlreichen Arten im tropischen Amerika heimische Pflanzenfamilie

mal|pro|per ⟨aus gleichbed. *fr.* malpropre zu mal (vgl. malkontent) u. propre (vgl. proper)⟩: (veraltet, noch landsch.) unsauber, unordentlich

Mal|ta|se *die;* -, -n ⟨*nlat.* maltum „Malz" (germ. Wort) u. ↑...ase⟩: ↑Enzym, das Malzzucker in Traubenzucker spaltet. **Mal|ten** *das;* -s, -e ⟨zu ↑...en⟩: niedermolekularer Bestandteil des ↑Bitumens, in dem die ↑Asphaltene dispergiert sind

Mal|te|ser *der;* -s, - ⟨zu *lat.* Maltesius „aus Malta stammend"; nach der Mittelmeerinsel Malta⟩: 1. Angehöriger des kath. Zweiges der ↑Johanniter, deren Sitz 1530-1798 Malta war. 2. weißer Schoßhund mit langhaarigem Fell. **Mal|te|ser|kreuz** *das;* -es, -e: 1. svw. Johanniterkreuz. 2. Schaltteil in der Form eines achtspitzigen Kreuzes am ↑Projektor zur ruckweisen Fortbewegung des Films. **Mal|te|ser|or|den** *der;* -s: seit 1530 Name des Johanniterordens, dessen Sitz bis 1798 Malta war

Mal|thu|sia|ner *der;* -s, - ⟨nach dem engl. Nationalökonomen Malthus (1766–1834) u. zu ↑...ianer⟩: Anhänger des Malthusianismus. **Mal|thu|sia|nis|mus** *der;* - ⟨zu ↑...ismus (1)⟩: wirtschaftspolitische Bewegung, die die theoretischen Erkenntnisse des Engländers Malthus, besonders das Malthussche Bevölkerungsgesetz (die Bevölkerung wächst tendenziell schneller als der Bodenertrag) auf die Wirklichkeit anzuwenden suchte. **mal|thu|sia|ni|stisch** ⟨zu ↑...istisch⟩: den Malthusianismus betreffend
Mal|tin *das;* -s ⟨zu *nlat.* maltum "Malz" (dies aus dem Germ.) u. ↑...in (2)⟩: (veraltet) ↑Amylase. **Mal|tol** *das;* -s ⟨zu ↑...ol⟩: beim Rösten von Malz entstehende sauerstoffheterozyklische Verbindung. **Mal|to|se** *die;* - ⟨zu ↑²...ose⟩: Malzzucker
mal|trä|tie|ren ⟨aus gleichbed. *fr.* maltraiter, dies aus mal (*lat.* male) "schlecht" u. traiter (*lat.* tractare) "behandeln"⟩: mißhandeln, quälen
Malt-Whis|ky [ˈmɔːltwɪskɪ] *der;* -s, -s ⟨aus gleichbed. *engl.* maltwhisky⟩: Malzwhisky; schottischer Whisky, der aus reinem Malz hergestellt wird
Ma|lum *das;* -s, Mala ⟨aus *lat.* malum "das Schlechte", substantiviertes Neutrum von malus, vgl. Malus⟩: Krankheit, Übel (Med.). **Ma|lus** *der;* Gen. - u. -ses, Plur. - u. -se ⟨zu *lat.* malus "schlecht"⟩: 1. nachträglicher Prämienzuschlag bei Häufung von Schadensfällen in der Kraftfahrzeugversicherung. 2. zum Ausgleich für eine bessere Ausgangsposition erteilter Punktnachteil (z. B. beim Vergleich der Abiturnoten aus verschiedenen Bundesländern); Ggs. ↑Bonus (2)
Mal|va|sier [...vaˈziːɐ̯] *der;* -s ⟨nach dem ital. Namen Malvasia für die griech. Stadt Monemvasia⟩: likörartig süßer u. schwerer Weißwein
Ma|lve [...və] *die;* -, -n ⟨aus gleichbed. *lat.-it.* malva, dies aus *gr.* maláchē⟩: Käsepappel, eine krautige Heil- u. Zierpflanze
Ma|ma [auch maˈma:] *die;* -, -s ⟨nach gleichbed. *fr.* maman⟩: (ugs.) Mutter
Ma|ma|li|ga *die;* -, - ⟨aus gleichbed. *rumän.* mamaliga⟩: aus Maismehl mit Wasser od. Milch hergestelltes rumän. Nationalgericht
Mam|ba *die;* -, -s ⟨aus gleichbed. *Zulu* (einer südafrik. Sprache) im-amba⟩: eine afrik. Giftschlange
Mam|bo *der;* -[s], -s, auch *die;* -, -s ⟨wohl aus dem Kreolischen der Insel Haiti⟩: mäßig schneller lateinamerik. Tanz im ¼-Takt
Ma|me|luck *der;* -en, -en ⟨über *it.* mammalucco aus *arab.* mamlūk "Sklave"⟩: Sklave; Söldner islamischer Herrscher. **Ma|me|lucken¹** *die* (Plur.): Angehörige eines ägypt. Herrschergeschlechts (13. bis 16. Jh.)
Ma|mil|la *die;* -, ...llae [...lɛ] ⟨aus gleichbed. *lat.* mamilla, Verkleinerungsform von mamma, vgl. Mamma⟩: svw. Mamille. **Ma|mil|la|ria** u. Mammillaria *die;* -, ...ien [...i̯ən] ⟨aus gleichbed. *nlat.* mam(m)illaria⟩: Warzenkaktus (mexik. Kakteengattung). **Ma|mil|le** *die;* -, -n ⟨aus gleichbed. *lat.* mamilla, vgl. Mamilla⟩: Brustwarze (Anat., Med.).
Mam|ma *die;* -, ...mmae [...mɛ] ⟨aus *lat.* mamma "(Mutter)brust, Amme", dies aus *gr.* mámma, wohl Lallwort aus der Kindersprache⟩: 1. weibliche Brust, Brustdrüse (Med.). 2. Zitze der Säugetiere (Biol.). **Mam|ma|kar|zi|nom** *das;* -s, -e: Brustkrebs (Med.). **Mam|ma|lia** *die* (Plur.) ⟨*nlat.*⟩: zusammenfassende systematische Bez. für alle Säugetiere. **Mam|ma|lo|ge** *der;* -n, -n ⟨zu ↑...loge⟩: Wissenschaftler auf dem Gebiet der Mammalogie. **Mam|ma|lo|gie** *die;* - ⟨zu ↑...logie⟩: Teilgebiet der Zoologie, auf dem man sich mit den Säugetieren befaßt. **mam|ma|lo-**

gisch ⟨zu ↑...logisch⟩: die Mammalogie betreffend. **Mam|ma|tus|wol|ke** *die;* -, -n ⟨zu *lat.* mammatus "mit Brüsten versehen"⟩: während od. nach Gewittern auftretende Wolke mit abwärts gerichteten, beutelförmigen Quellungen (Meteor.)
Mam|mei|baum *der;* -[e]s, ...bäume ⟨aus gleichbed. *amerik.-span.* mammee od. mamey, dies aus einer südamerik. Indianersprache⟩: in Westindien heimischer u. in den Tropen (bes. im trop. Amerika) kultiviertes Johanniskrautgewächs mit rötlichgelben Früchten
Mam|mil|la|ria vgl. Mamillaria
Mam|mi|si *das;* -, -[s] ⟨aus dem Koptischen; eigtl. "Ort der Geburt"⟩: das altägypt. Geburtshaus, das zum ägypt. Tempel der griech.-röm. Zeit gehörte
Mam|mo|gra|phie *die;* -, ...ien ⟨zu ↑Mamma u. ↑...graphie⟩: röntgendiagnostische Methode zur Untersuchung der weiblichen Brust (vor allem zur Feststellung bösartiger Geschwülste; Med.)
Mam|mon *der;* -s ⟨über *kirchenlat.* mammona(s) u. *gr.* mamōnās aus *aram.* māmōnā "Besitz, Habe"⟩: (im negativen Sinne) Geld als etwas, was begehrt, wonach gestrebt wird. **Mam|mo|nis|mus** *der;* - ⟨zu ↑...ismus (5)⟩: (veraltet) Geldgier, Geldherrschaft. **Mam|mo|nist** *der;* -en, -en ⟨zu ↑...ist⟩: (veraltet) geldgieriger Mensch
Mam|mo|pla|stik *die;* -, -en ⟨zu ↑Mamma u. ↑¹Plastik⟩: ↑plastische (4) Operation der weiblichen Brust (Med.). **mam|mo|trop** ⟨zu ↑...trop⟩: auf die Brustdrüse wirkend (z. B. von Medikamenten; Med.). **Mam|mo|tro|pin** *das;* -s ⟨zu ↑...in (2)⟩: svw. Prolaktin
Mam|mut *das;* -s, Plur. -e u. -s ⟨über *fr.* mammouth aus gleichbed. *russ.* mamont⟩: ausgestorbene Elefantenart der Eiszeit mit langhaarigem Pelz u. 5 m langen Stoßzähnen. **Mam|mut|baum** *der;* -[e]s, ...bäume: svw. Sequoia
Mam|sell *die;* -, Plur. -en u. -s ⟨aus *fr.* ugs. mam'selle, Kurzf. für mademoiselle, vgl. Mademoiselle⟩: 1. Angestellte im Gaststättengewerbe. 2. a) (veraltet, noch spöttisch-scherzh.) Fräulein; b) (veraltend) Hausgehilfin. 3. (veraltend) Hauswirtschafterin auf einem Gutshof
Man *der* od. *das;* -s, -s (aber: 3 -) ⟨aus *pers.* man⟩: altes pers. Gewicht
...man ⟨zu *gr.* manikós "rasend, wahnsinnig, überspannt"⟩: Wortbildungselement mit den Bedeutungen: a) "süchtig; eine krankhafte Leidenschaft besitzend", z. B. kleptoman, u. b) "übertrieben nachahmend", z. B. gräkoman
Ma|na *das;* - ⟨aus dem Polynes.⟩: nach der Vorstellung der Südseeinsulaner eine geheimnisvolle, übernatürliche Kraft in Menschen, Tieren u. Dingen, die Außergewöhnliches bewirkt; vgl. Orenda
Mä|na|de *die;* -, -n ⟨über *lat.* maenas, Gen. maenadis aus gleichbed. *gr.* mainás, eigtl. "die Rasende, Verzückte"⟩: sich wild gebärdende, rasende weibliche Person
Ma|nage|ment [ˈmænɪdʒmənt] *das;* -s, -s ⟨aus gleichbed. *engl.-amerik.* management zu to manage, vgl. managen⟩: Leitung, Führung eines Unternehmens, die Planung, Grundsatzentscheidungen o. ä. umfaßt; Betriebsführung. **Ma|nage|ment-Buy|in** [...baɪˈɪn] *das;* -s, -s ⟨zu *engl.* to buy in "(sich) einkaufen"⟩: Übernahme eines Unternehmens durch den Erwerb von Geschäftsanteilen von einem externen Manager od. Managementteam; Abk.: MBI. **Ma|nage|ment-Buy|out** [...baɪˈaʊt] *das;* -s, -s ⟨zu *engl.* to buy out "aufkaufen"⟩: Übernahme eines Unternehmens durch Führungskräfte, die im erworbenen Unternehmen tätig sind; Abk.: MBO. **ma|na|gen** [ˈmɛnɪdʒn̩] ⟨aus *engl.-amerik.* to manage "handhaben, bewerkstelligen; leiten, führen", dies aus *it.* maneggiare "handhaben" zu mano

„Hand" aus *lat.* manus⟩: 1. (ugs.) leiten, zustande bringen, geschickt bewerkstelligen, organisieren. 2. a) einen Berufssportler, Künstler o. ä. betreuen; b) jmdm. eine höhere Position verschaffen. **Ma|na|ger** [ˈmɛnɪdʒɐ] *der;* -s, - ⟨aus gleichbed. *engl.-amerik.* manager zu to manage „verwalten; leiten, vorstehen"⟩: 1. mit weitgehender Verfügungsgewalt, Entscheidungsbefugnis ausgestattete leitende Persönlichkeit [eines großen Unternehmens]. 2. Betreuer [eines Berufssportlers, Künstlers o. ä.]. **Ma|na|ge|rin** *die;* -, -nen: weibliche Form zu ↑ Manager. **Ma|na|ger|krank|heit** *die;* -: Erkrankung des Herz-Kreislauf-Systems infolge dauernder körperlicher u. seelischer Überbeanspruchung u. dadurch verursachter vegetativer Störungen (bes. bei Menschen in verantwortlicher Stellung)

Ma|na|is|mus *der;* - ⟨zu ↑ Mana u. ↑ …ismus (1)⟩: in der Frage nach dem Ursprung u. dem Wesen von Religion andere Bez. für die Theorie des ↑ Dynamismus (2) od. ↑ Präanimismus

Ma|nas *das;* - ⟨aus *sanskr.* mānasá „Geist, Verstand"⟩: in der ind. Philosophie die aus feiner Materie bestehende Denksubstanz

Ma|na|ti *der;* -s, -s ⟨aus *span.* manatí „Seekuh", vgl. Lamantin⟩: svw. Lamantin

man|can|do [manˈkando] ⟨*it.;* zu mancare „mangeln, fehlen", dies zu manco, vgl. Manko⟩: abnehmend, die Lautstärke zurücknehmend (Vortragsanweisung; Mus.)

Man|che|ster […ˈʃɛstɐ] *der;* -s ⟨nach der gleichnamigen engl. Stadt⟩: kräftiger Cordsamt. **Man|che|ster|dok|trin** [ˈmɛntʃɛstɐ…] *die;* -: wirtschaftspolitische Theorie, nach der der Egoismus des einzelnen allein die treibende Kraft in der Wirtschaft darstellt. **Man|che|ster|tum** *das;* -s ⟨weil die engl. Stadt Manchester im 19. Jh. Zentrum dieser Richtung war⟩: Richtung des extremen wirtschaftspolitischen Liberalismus mit der Forderung nach völliger Freiheit der Wirtschaft ohne jeden staatlichen Eingriff

Man|chon [mãˈʃõ:] *der;* -s, -s ⟨aus *fr.* manchon „Muff" zu manche „Ärmel", dies aus *lat.* manica „kurzer Ärmel an der Tunika"⟩: Filzüberzug der Quetschwalze bei Papiermaschinen

Man|dä|er *die* (Plur.) ⟨aus *aram.* (*mandäisch*) mandayyā⟩: alte ↑ gnostische Täufersekte, die einen Erlöser aus dem Lichtreich erwartet (im Irak u. im Iran heute noch verbreitet). **man|dä|isch:** die [Lehre u. Sprache der] Mandäer betreffend

Man|da|la *das;* -[s], -s ⟨aus *sanskr.* máṇḍala „Kreis"⟩: 1. mystisches Kreis- od. Vieleckbild in den ind. Religionen, ein Hilfsmittel zur ↑ Meditation. 2. Traumbild od. von Patienten angefertigte bildliche Darstellung als Symbol der Selbstfindung (nach C. G. Jung; Psychol.)

Man|dant *der;* -en, -en ⟨zu *lat.* mandans, Gen. mandantis, Part. Präs. von mandare „übergeben, anvertrauen"⟩: jmd., der einen Rechtsanwalt beauftragt, eine Angelegenheit für ihn juristisch zu vertreten. **Man|dan|tin** *die;* -, -nen: weibliche Form zu ↑ Mandant

¹**Man|da|rin** *der;* -s, -e ⟨aus gleichbed. *port.* mandarim (in Anlehnung an mandar „befehlen"), dies über *malai.* mantari aus *sanskr.* mantrín „Ratgeber, Minister"⟩: europäischer Name für hohe Beamte des ehemaligen chin. Kaiserreichs. ²**Man|da|rin** *das;* -[s] ⟨zu ↑ ¹Mandarin⟩: Hochchinesisch (= Nordchinesisch, Dialekt von Peking). **Man|da|ri|ne** *die;* -, -n ⟨über *fr.* mandarine aus gleichbed. *span.* (naranja) mandarina, eigtl. „Mandarine(norange)"; vielleicht nach der gelben Amtstracht der ↑ ¹Mandarin(e) od. weil die Frucht als erlesen galt⟩: kleine apfelsinenähnliche Zitrusfrucht von süßem Geschmack. **Man|da|rin|en|te** *die;* -,

-n ⟨Lehnübersetzung von gleichbed. *engl.* mandarin duck⟩: buntfarbige Ente Ostasiens

Man|dat *das;* -[e]s, -e ⟨aus *lat.* mandatum „Auftrag, Weisung" zu mandare, vgl. Mandant⟩: 1. Auftrag, jmdn. juristisch zu vertreten (Rechtsw.). 2. Amt eines [gewählten] Abgeordneten (Pol.). 3. in Treuhand von einem Staat verwaltetes Gebiet (Pol.). 4. (früher) Erlaß, Auftrag an einen Untergebenen. **Man|da|tar** *der;* -s, -e ⟨aus gleichbed. *mlat.* mandatarius⟩: 1. jmd., der im Auftrag (kraft Vollmacht) eines anderen handelt (z. B. ein Rechtsanwalt). 2. (österr.) Abgeordneter. **man|da|tie|ren** ⟨zu ↑ Mandat u. ↑ …ieren⟩: (veraltet) jmdn. beauftragen, bevollmächtigen (Rechtsw.). **Man|da|tor** *der;* -s, …oren ⟨aus *lat.* mandator „Auftraggeber"⟩: Reichsbote im Byzantinischen Reich. **Man|dats|ge|biet** *das;* -[e]s, -e ⟨zu ↑ Mandat⟩: durch einen fremden Staat verwaltetes Gebiet. **Man|da|tum** *das;* -s, …ta ⟨aus *kirchenlat.* mandatum „Fußwaschung und Spende"; vgl. Mandat⟩: Zeremonie der Fußwaschung in der Gründonnerstagsliturgie (kath. Rel.)

Man|del|lat *das;* -s, -e ⟨zu *dt.* Mandel u. ↑ …at (2)⟩: Salz u. ↑ Ester der Mandelsäure

Man|di|bel *die;* -, -n (meist Plur.) ⟨aus *spätlat.* mandibula „Kinn(lade)" zu *lat.* mandere „kauen"⟩: Oberkiefer, erstes Mundgliedmaßenteil der Gliederfüßer (Biol.). **Man|di|bu|la** *die;* -, …lae […lɛ] ⟨aus gleichbed. *spätlat.* mandibula, vgl. Mandibel⟩: Unterkiefer (Med.). **man|di|bu|lar** u. **man|di|bu|lär** ⟨zu ↑ …ar bzw. ↑ …är⟩: zum Unterkiefer gehörend (Med.). **Man|di|bu|la|re** *das;* -, -n: 1. knorpeliger Unterkiefer der Haifische. 2. Unterkiefer der Wirbeltiere

Man|din|go *der;* -s, -s ⟨aus dem Afrik.⟩: von Frauen zur Selbstbefriedigung sowie zu homosexuellen Handlungen verwendeter künstlicher ↑ Penis

Man|di|o|ka *die;* - ⟨über *span.* mandioca aus gleichbed. *Tupi* (einer südamerik. Indianersprache) mandioca, manioca⟩: svw. Maniok

Man|do|la *die;* -, …len ⟨aus gleichbed. *it.* mandola, älter *it.* mandora, zu *mlat.* mandura, wohl umgestaltet aus *lat.* pandura, *gr.* pandoũra „dreisaitiges Musikinstrument"⟩: ein eine Oktave tiefer als die Mandoline klingendes Zupfinstrument. **Man|do|li|ne** *die;* -, -n ⟨über *fr.* mandoline aus gleichbed. *it.* mandolino, Verkleinerungsform von mandola, vgl. Mandola⟩: kleine Mandola; lautenähnliches Zupfinstrument mit stark gewölbtem, kürbisähnlichem Schallkörper u. 4 Doppelsaiten, das mit einem ↑ Plektron gespielt wird. **Man|do|lon|cel|lo** […ˈtʃɛlo] *das;* -s, Plur. -s u. …lli ⟨zu ↑ Mandolone u. ↑ Cello⟩: Tenormandoline. **Man|do|lo|ne** *der;* -[s], Plur. -s u. …ni ⟨aus gleichbed. *it.* mandolone, Vergrößerungsform von mandola, vgl. Mandola⟩: Baßmandoline. **Man|do|ra** *die;* -, …ren ⟨aus älter *it.* mandora, vgl. Mandola⟩: 1. svw. Mandola. 2. Kleinlaute mit 4–24 Saiten (bis zum 19. Jh.)

Man|dor|la *die;* -, …dorlen ⟨aus gleichbed. *it.* mandorla, älter *it.* mandola, dies über *spätlat.* amandula (Nebenform von *lat.* amygdala „Mandel, Mandelbaum") aus *gr.* amygdálē⟩: mandelförmiger Heiligenschein um die ganze Figur (bei Christus- u. Mariendarstellungen; bildende Kunst)

Man|dra|go|ra u. **Man|dra|go|re** *die;* -, …oren ⟨über *lat.* mandragoras aus *gr.* mandragóras⟩: ein stengelloses Nachtschattengewächs mit großen Blättern und glockigen Blüten, Alraunwurzel

Man|drill *der;* -s, -e ⟨aus gleichbed. *engl.* mandrill zu man „Mann, Mensch" u. drill „Pavian"⟩: Meerkatzengattung (Affen) Zentralafrikas mit meist buntfarbigem Gesicht

Man|drin [mãˈdrɛ̃:] *der;* -s, -s ⟨aus gleichbed. *fr.* mandrin zu *provenzal.* mandre „Balken", weitere Herkunft ungeklärt⟩:

Manifest

1. Einlagedraht od. -stab in ↑ Kanülen zur Verhinderung von Verstopfungen (Med.). 2. Stäbchen zum Einführen für biegsame ↑ Katheter (Med.)

...ma|ne ⟨zu ↑...man⟩: Wortbildungselement mit den Bedeutungen: a) „Süchtiger, (psychisch) krankhaft Veranlagter", z. B. Pyromane, u. b) „übertrieben Nachahmender", z. B. Gräkomane

Ma|ne|ge [...'ne:ʒə] *die;* -, -n ⟨aus *fr.* manège „das Zureiten; Reitbahn", dies aus gleichbed. *it.* maneggio zu maneggiare „handhaben", vgl. managen⟩: runde Fläche für Darbietungen im Zirkus, in einer Reitschule

Ma|nen *die* (Plur.) ⟨aus *lat.* manes (Plur.) zu älter *lat.* manus „gut", eigtl. „die Guten"⟩: die guten Geister der Toten im altröm. Glauben; vgl. Lemure

Man|ga|be *die;* -, -n ⟨nach der Landschaft Mangaby auf Madagaskar⟩: langschwänzige, meerkatzenartige Affenart Afrikas

Man|gal *das;* -s, -s ⟨aus gleichbed. *türk.* mangal⟩: Heizvorrichtung in Vorderasien (Metallbecken od. -kasten für glühende Kohlen)

Man|gal|la *das;* -[s], -s ⟨aus *sanskr.* maṅgala „Glück, gutes Omen"⟩: Bez. für günstige Vorzeichen, Handlungen u. Ereignisse, die eine vorteilhafte Beeinflussung des Schicksals zur Folge haben (im alten Indien)

Man|gan *das;* -s ⟨gekürzt aus älter Manganesium, über *fr.* manganèse aus *it.* manganese „Mangan", dies aus *mlat.* magnesia, vgl. Magnesia⟩: chem. Element, Metall; Zeichen Mn. **Man|ga|nat** *das;* -s, -e ⟨zu ↑...at (2)⟩: Salz der Mangansäure. **Man|ga|nin** ⓦ *das;* -s ⟨zu ↑...in (1)⟩: für elektrische Widerstände verwendete Kupfer-Mangan-Nickel-Legierung. **Man|ga|nis|mus** *der;* - ⟨zu ↑...ismus (3)⟩: chronische Manganvergiftung (Med.). **Man|ga|nit** [auch ...'nɪt] *der;* -s, -e ⟨zu ↑²...it⟩: vorwiegend in rhombischen Kristallen vorkommendes, metallisch glänzendes Mineral. **Man|ga|no|me|trie** *die;* -, ...ien ⟨zu ↑...metrie⟩: maßanalytisches Verfahren mit ↑ Kaliumpermanganat als oxydierend wirkender Maßflüssigkeit. **Man|ga|no|sit** [...auch ...'zɪt] *der;* -s, -e ⟨zu ↑ Magnesia u. ↑²...it⟩: ein smaragdgrünes, an der Luft schwarz werdendes Mineral

Man|gle|baum *der;* -[e]s, ...bäume ⟨Lehnübersetzung von gleichbed. *span.* mangle, eigtl. „Wurzelbaum", dies aus *Taino* (einer südamerik. Indianersprache) mangle⟩: dauerhaftes Holz lieferender Baum der amerik. u. westafrik. ↑ Mangroven

Man|go *die;* -, Plur. ...onen od. -s ⟨über *port.* manga aus gleichbed. *tamil.* mān-kāy⟩: längliche, rotgelbe, wohlschmeckende Frucht des Mangobaumes. **Man|go|baum** *der;* -[e]s, ...bäume: tropischer Obstbaum mit wohlschmeckenden Früchten

Man|go|stan|baum *der;* -[e]s, ...bäume ⟨zu gleichbed. *malai.* mangustan⟩: tropischer Obstbaum mit apfelgroßen Früchten, von denen nur die Samenschale eßbar ist. **Man|go|sta|ne** *die;* -, -n etwa orangengroße, violettfarbene bis rotbraune, saftige Frucht des Mangostanbaumes

Man|gro|ve [...və] *die;* -, -n ⟨aus *engl.* mangrove, dies aus *span.* mangle (vgl. Manglebaum) u. *engl.* grove „Gehölz"⟩: immergrüner Laubwald mit Stegwurzeln in Meeresbuchten u. Flußmündungen tropischer Gebiete. **Man|gro|ve[n]|küs|te** *die;* -, -n: wegen der Mangrovenwurzeln u. des Schlicks, die sich in ihnen verfängt, schwer durchdringbare tropische Küste

Man|gu|ste *die;* -, -n ⟨aus *fr.* mangouste, dies über *port.* mangu(s), älter *port.* manguço aus *Marathi* (einer Sprache des mittleren Indien) mungūs⟩: südostasiat. u. afrik. Schleichkatze; vgl. ¹Mungo

ma|nia|bel ⟨aus gleichbed. *fr.* maniable zu manier „handhaben", dies zu main aus *lat.* manus „Hand"⟩: (veraltet) leicht zu handhaben, handlich. **Ma|nia|bi|li|tät** *die;* - ⟨zu ↑...ität⟩: (veraltet) Handlichkeit, Geschmeidigkeit

ma|nia|ka|lisch ⟨aus *nlat.* maniacalis „zur Manie gehörend", dies aus *gr.* manikós; vgl. Manie⟩: (veraltet) svw. manisch

Ma|ni|chä|er *der;* -s, - ⟨aus gleichbed. *spätlat.* Manichaeus; nach dem pers. Religionsstifter Mani (216–277), Bed. 2 angelehnt an *dt.* mahnen⟩: 1. Anhänger des Manichäismus. 2. (Studentenspr. veraltet) drängender Gläubiger. **Ma|ni|chä|is|mus** *der;* - ⟨zu ↑...ismus (1)⟩: von Mani gestiftete, dualistische Weltreligion

Ma|ni|chi|no [...'ki:no] *der;* -s, -s ⟨aus gleichbed. *it.* manichino, dies aus *fr.* mannequin, vgl. Mannequin⟩: Gliederpuppe, menschliche Figur bis zu Lebensgröße mit beweglichen Gliedmaßen, die Malern und Bildhauern für Maß-, Proportions-, Bewegungs- u. Drapierstudien dient

Ma|nie *die;* -, ...ien ⟨über *spätlat.* mania aus *gr.* manía „Raserei, Wahnsinn" zu maínesthai „rasen, toben"⟩: 1. Besessenheit; Sucht; krankhafte Leidenschaft. 2. Phase des manisch-depressiven Irreseins mit abnorm heiterem Gemütszustand, Enthemmung u. Triebsteigerung (Psychol.).

...ma|nie ⟨über *spätlat.* -mania aus *gr.* -manía, vgl. Manie⟩: Wortbildungselement mit den Bedeutungen: a) „Sucht; krankhafte Leidenschaft", z. B. Kleptomanie. b) „übertriebene Vorliebe für etwas", z. B. Gräkomanie

Ma|nier *die;* -, -en ⟨aus *(alt)fr.* manière „Art und Weise; Benehmen", substantiviertes Fem. von *altfr.* manier „mit der Hand gemacht, geschickt", dies aus *lat.* manuarius „zu den Händen gehörig" zu manus „Hand"⟩: 1. (ohne Plur.) a) Art u. Weise, Eigenart; Stil [eines Künstlers]; b) (abwertend) Künstelei, Mache, manieriert, Manieriertheit. 2. Umgangsform, Sitte; vgl. Manieren. 3. Verzierung (Mus.). **Ma|nie|ra gre|ca** [...'nje:ra ... ka] *die;* - - ⟨aus *it.* maniera greca „griechischer Kunststil"⟩: die byzantinisch geprägte ital. Malerei, bes. des 13. Jh.s. **Ma|nie|ren** *die* (Plur.) ⟨zu ↑ Manier⟩: [Gesamtheit der] Umgangsformen; [gutes] Benehmen; vgl. Manier (2). **ma|nie|riert** ⟨nach gleichbed. *fr.* maniéré zu manière, vgl. Manier u. ...iert⟩: (abwertend) gekünstelt, unnatürlich. **Ma|nie|riert|heit** *die;* -, -en: (abwertend) Geziertheit, Künstelei, unnatürliches Ausdrucksverhalten. **Ma|nie|ris|mus** *der;* -, ...men ⟨zu ↑...ismus (1)⟩: 1. (ohne Plur.) Stilbegriff für die Kunst der Zeit zwischen Renaissance u. Barock (Kunstw.). 2. (ohne Plur.) Stil der Übergangsphase zwischen Renaissance u. Barock (Literaturw.). 3. (ohne Plur.) Epoche des Manierismus (1, 2) von etwa 1520 bis 1580. 4. (ohne Plur.) in verschiedenen Epochen (z. B. Hellenismus, Romantik) dominierender gegenklassischer Stil. 5. manieriertes Verhalten, manierierte Ausdrucksweise. **Ma|nie|rist** *der;* -en, -en ⟨zu ↑...ist⟩: Vertreter des Manierismus. **ma|nie|ri|stisch** ⟨zu ↑...istisch⟩: in der Art des Manierismus. **ma|nier|lich**: 1. den guten Manieren entsprechend, wohlerzogen; sich als Kind od. Jugendlicher so benehmend, wie es die Erwachsenen im allgemeinen erwarten. 2. (ugs.) so beschaffen, daß sich daran eigentlich nichts aussetzen läßt; ganz gut, recht akzeptabel

ma|ni|fest ⟨aus *lat.* manifestus „sichtbar gemacht", eigtl. „handgreiflich gemacht"⟩: 1. offenbar, offenkundig. 2. deutlich erkennbar (von Krankheiten u. a.; Med.). **Ma|ni|fest** *das;* -[e]s, -e ⟨aus gleichbed. *mlat.* manifestum zu *lat.* manifestus, vgl. manifest⟩: 1. Grundsatzerklärung, Programm [einer Partei, einer Kunst- od. Literaturrichtung, einer politischen Organisation]; Kommunistisches -:

Manifestant

von K. Marx u. F. Engels verfaßtes Grundsatzprogramm für den „Bund der Kommunisten" (1848). 2. Verzeichnis der Güter auf einem Schiff. **Ma|ni|fe|stant** *der;* -en, -en ⟨zu *lat.* manifestans, Gen. manifestantis, Part. Präs. von manifestare, vgl. manifestieren, Bed. 2 unter Einfluß von gleichbed. *fr.* manifestant⟩: (veraltet) 1. Teilnehmer an einer Kundgebung. 2. jmd., der den Offenbarungseid leistet (Rechtsw.). **Ma|ni|fe|sta|ti|on** *die;* -, -en ⟨aus gleichbed. *spätlat.* manifestatio zu manifestare, vgl. manifestieren⟩: 1. das Offenbar-, Sichtbarwerden. 2. Offenlegung, Darlegung; Bekundung (Rechtsw.). 3. das Erkennbarwerden (von latenten Krankheiten, Erbanlagen u. a.; Med.). **Ma|ni|fe|sta|ti|ons|eid** *der;* -[e]s, -e: (veraltet) Offenbarungseid (Rechtsw.). **Ma|ni|fe|sta|tor** *der;* -s, ...oren ⟨aus gleichbed. *lat.* manifestator⟩: (veraltet) jmd., der etwas offenbart. **ma|ni|fe|stie|ren** ⟨aus *lat.* manifestare „sichtbar machen", eigtl. „handgreiflich machen"⟩: 1. offenbaren; kundgeben, bekunden; sich -: offenbar, sichtbar werden. 2. (veraltet) den Offenbarungseid leisten

Ma|ni|hot *der;* -s, -s ⟨über das Franz. aus *Guarani* (einer Indianersprache des südöstlichen Südamerika) manihot⟩: svw. Maniok

Ma|ni|kü|re *die;* -, -n ⟨aus gleichbed. *fr.* manucure, manicure zu *lat.* manus „Hand" u. *fr.* cure „Sorge, Fürsorge" (dies aus *lat.* cura „Sorge, Pflege, Fürsorge")⟩: 1. (ohne Plur.) Hand-, bes. Nagelpflege. 2. Kosmetikerin bes. Friseuse mit einer Zusatzausbildung in Maniküre (1). 3. Necessaire für die Geräte zur Nagelpflege. **ma|ni|kü|ren:** die Hände, bes. die Nägel pflegen

Ma|ni|la|hanf *der;* -[e]s ⟨nach der philippinischen Hafenstadt Manila⟩: Spinnfaser der philippinischen Faserbanane; Abaka

Ma|nil|la [auch ...'nılja] *die;* -, ...len ⟨aus *port.* manilha od. *span.* manilla „Armreif", wohl aus *katal.* manilla, Verkleinerungsform von mà „Hand", dies aus *lat.* manus⟩: Bez. für eine besondere Form von Geld (offene Kupfer- od. Messingringe mit Verzierungen), das in Westafrika bis Mitte des 20. Jh. als Zahlungsmittel verwendet wurde

¹Ma|nil|le [...'nılja] *die;* -, -n ⟨aus gleichbed. *fr.* manille, abgewandelt aus *span.* malilla zu älter *span.* mala, Fem. von malo „schlecht", dies zu *lat.* malus⟩: zweithöchste Trumpfkarte in verschiedenen Kartenspielen

²Ma|nil|le [...'nılja] *die;* -, -n ⟨aus gleichbed. *span.* manilla, vgl. Manilla⟩: (veraltet) Armband

Ma|ni|ok *der;* -s, -s ⟨über gleichbed. *fr.* manioc aus *span.* mandioca, vgl. Mandioka⟩: tropische Kulturpflanze, aus deren Wurzelknollen die ↑Tapioka gewonnen wird

¹Ma|ni|pel *der;* -s, - ⟨aus gleichbed. *lat.* manipulus, eigtl. „eine Handvoll", zu manus „Hand" u. *plere „füllen"⟩: Unterabteilung der röm. ↑Kohorte. **²Ma|ni|pel** *der;* -s, -, auch *die;* -, -n ⟨aus *kirchenlat.* manipulus „Schweißtuch, Handtuch" zu *lat.* manipulus, vgl. ¹Manipel⟩: am linken Unterarm getragenes gesticktes Band des kath. Meßgewandes. **Ma|ni|pu|lant** *der;* -en, -en ⟨zu ↑manipulieren u. ↑...ant⟩: 1. svw. Manipulator (1); Person od. Einrichtung, die durch direkte od. unterschwellige Beeinflussung bestimmte [soziale] Verhaltensweisen auslöst od. steuert. 2. (österr. Amtsspr. veraltend) Hilfskraft, Amtshelfer. **Ma|ni|pu|la|ti|on** *die;* -, -en ⟨aus *fr.* manipulation „Handhabung" zu manipuler, vgl. manipulieren⟩: 1. bewußter u. gezielter Einfluß auf Menschen ohne deren Wissen u. oft gegen deren Willen (z. B. mit Hilfe der Werbung). 2. absichtliche Verfälschung von Informationen durch Auswahl, Zusätze od. Auslassungen. 3. (meist Plur.) Machenschaft, undurchsichtiger Kniff. 4. Handhabung, Verfahren (Techn.). 5. das Anpassen der Ware an die Bedürfnisse des Verbrauchers durch Sortieren, Mischen, Veredeln (z. B. bei Tabak). 6. a) (veraltet) Handbewegung, Hantierung; b) kunstgerechter u. geschickter Handgriff (Med.); vgl. ...[at]ion/...ierung. **ma|ni|pu|la|tiv** ⟨nach gleichbed. *engl.* manipulative⟩: auf Manipulation beruhend; durch Manipulation entstanden. **Ma|ni|pu|la|tor** *der;* -s, ...oren ⟨zu ↑manipulieren u. ↑...ator⟩: 1. jemand, der andere zu seinem eigenen Vorteil lenkt od. beeinflußt. 2. Vorrichtung zur Handhabung glühender, staubempfindlicher od. radioaktiver Substanzen aus größerem Abstand od. hinter [Strahlen]schutzwänden. 3. (veraltend) Zauberkünstler, Jongleur, Taschenspieler. **ma|ni|pu|la|to|risch:** 1. beeinflussend, lenkend. 2. den Manipulator (2) betreffend. **ma|ni|pu|lier|bar** ⟨zu ↑manipulieren⟩: [leicht] zu manipulieren. **ma|ni|pu|lie|ren** ⟨aus *fr.* manipuler „handhaben" zu manipule „eine Handvoll", eigtl. „soviel Kräuter, wie eine (Apotheker)hand auf einmal fassen kann", dies aus *lat.* manipulus, vgl. ¹Manipel⟩: 1. Menschen bewußt u. gezielt beeinflussen od. lenken; vgl. Manipulation (1). 2. Informationen verfälschen od. bewußt ungenau wiedergeben; vgl. Manipulation (2). 3. a) (veraltet) etwas handhaben, betasten, sich an etwas zu schaffen machen; b) etwas geschickt handhaben, kunstgerecht damit umgehen. 4. mit etwas hantieren; **manipulierte Währung:** staatlich gesteuerte Währung, bei der die ausgegebene Geldmenge nach den jeweiligen wirtschaftlichen Erfordernissen reguliert wird u. an keine Deckung durch Gold, Silber u. a. gebunden ist (Geldw.). **Ma|ni|pu|lie|rer** *der;* -s, - ⟨zu ↑manipulieren⟩: svw. Manipulator (1). **Ma|ni|pu|lie|rung** *die;* -, -en ⟨zu ↑...ierung⟩: svw. Manipulation (1, 2); vgl. ...[at]ion/...ierung

Ma|nis *die;* -, - ⟨wohl zu *lat.* manes „Totengeister" (vgl. Manen), wegen ihrer nächtlichen Aktivitäten⟩: chines. Schuppentier

ma|nisch ⟨aus *gr.* manikós „zur Manie gehörend"; vgl. Manie⟩: 1. für die ↑Manie (2) kennzeichnend. *engl.* manipulative⟩: auf erregt (Psychol.). 2. einer ↑Manie (1) entspringend; krankhaft übersteigert. **ma|nisch-de|pres|siv:** abwechselnd krankhaft heiter u. schwermütig (Psychol.)

Ma|nis|mus *der;* - ⟨zu *lat.* manes (vgl. Manen) u. ↑...ismus (2)⟩: Ahnenkult, Totenverehrung (Völkerk.)

Ma|ni|tu *der;* -s ⟨aus dem *Algonkin* (einer Indianersprache des östlichen Nordamerika)⟩: die allem innewohnende Macht des indian. Glaubens, oft personifiziert als Großer Geist; vgl. Orenda

Man|ka|la u. **Man|kal|la** *das;* -s, -s ⟨aus gleichbed. *arab.* manqalah zu naqala „fortbewegen, -rücken"⟩: afrik. u. asiat. Brettspiel

Man|kat|ze ['mæn...] *die;* -, -n ⟨nach der brit. Insel Man⟩: svw. Manxkatze

man|kie|ren ⟨über gleichbed. *fr.* manquer aus *it.* mancare, vgl. mancando⟩: 1. (veraltet, noch landsch.) fehlen, mangeln; verfehlen. 2. Zahlungen einstellen. **Man|ko** *das;* -s, -s ⟨aus gleichbed. *it.* manco, dies zu *lat.* mancus „verstümmelt; unvollständig"⟩: 1. Fehlbetrag. 2. Fehler, Unzulänglichkeit, Mangel

Man|na *das;* -[s] od. *die;* - ⟨über gleichbed. *spätlat.* manna u. *gr.* mánna aus *hebr.* mān, dies vielleicht aus *ägypt.* menna „Pflanzensaft"⟩: 1. vom Himmel gefallene Nahrung für die Israeliten in der Wüste nach ihrem Auszug aus Ägypten (Altes Testament). 2. a) bestimmter eßbarer Stoff (z. B. der süße Saft der Mannaesche; Ausscheidung einer ↑Tamariske; Bestandteil einer Kassienfrucht; vgl. Kassia); b) Honigtau bestimmter Schildläuse. 3. körperliche od. geistige Stärkung, die man auf wundersame Weise erhält

Man|ne|quin ['manəkɛ̃, auch ...'kɛ:] *das,* selten *der;* -s, -s ⟨aus gleichbed. *fr.* mannequin, eigtl. „Modellpuppe", dies aus *mniederl.* mannekijn „Männchen", Verkleinerungsform von man „Mann"⟩: 1. weibliche Person, die auf Modeschauen Damenbekleidung vorführt. 2. lebensechte Schaufensterpuppe. 3. (veraltet) Gliederpuppe

Man|nit [auch ...'nɪt] *der;* -s, -e ⟨zu ↑ Manna u. ↑⁴...it⟩: süß schmeckender, sechswertiger Alkohol, der durch Gärungsprozesse aus ↑ Manna (2) entsteht u. für Kunstharze u. Heilmittel verwendet wird. **Man|no|se** *die;* - ⟨zu ↑²...ose⟩: in Apfelsinenschalen vorkommender Zucker

ma|no de|stra u. destra mano ⟨*it.;* zu *lat.* manus „Hand" u. dexter „rechts"⟩: mit der rechten Hand (zu spielen); ↑ colla destra; Abk.: m. d., d. m. (Mus.)

Ma|no|graph *der;* -en, -en ⟨zu *gr.* manós „dünn, locker" u. ↑...graph⟩: eine selbsttätig aufzeichnende Art ↑ Manometer

ma|no|li ⟨nach einer früheren Zigarettenmarke u. ihrer Lichtreklame, deren kreisende Bewegung mit der Geste verglichen wurde, mit der man andeutet, daß jmd. nicht ganz normal ist⟩: (ugs. veraltend) geistig nicht ganz normal, leicht verrückt

Ma|no|me|ter *das;* -s, - ⟨aus gleichbed. *fr.* manomètre, dies zu *gr.* manós „dünn, locker" u. ↑¹...meter⟩: 1. Druckmesser für Gase u. Flüssigkeiten (Phys.). 2. (ugs.) (als Ausruf des Erstaunens, des Unwillens) Mann!; Menschenskind! **Ma|no|me|trie** *die;* - ⟨zu ↑...metrie⟩: Druckmeßtechnik. **ma|no|me|trisch** ⟨zu ↑...metrisch⟩: mit dem Manometer gemessen

ma non tan|to ⟨*it.*⟩: aber nicht so sehr (in Verbindung mit Tempo- od. Musizieranweisung; z. B. allegro ma non tanto; Mus.). **ma non trop|po** ⟨*it.*⟩: aber nicht zu sehr (in Verbindung mit Tempo- od. Musizieranweisung, z. B. allegro ma non troppo; Mus.)

Ma|nor ['mænə] *das;* -s, -s ⟨aus gleichbed. *engl.* manor, dies zu *lat.* manere „bleiben, sich aufhalten"⟩: Rittergut (in England)

ma|no si|ni|stra u. sinistra mano ⟨*it.;* zu *lat.* manus „Hand" u. sinister „links"⟩: mit der linken Hand (zu spielen); ↑ colla sinistra; Abk.: m. s., s. m. (Mus.)

Ma|no|stat *der;* Gen. -[e]s u. -en, Plur. -e[n] ⟨zu *gr.* manós „dünn, locker" u. ↑...stat⟩: Druckregler

Ma|nö|ver [...v...] *das;* -s, - ⟨aus gleichbed. *fr.* manœuvre, eigtl. „Handhabung; Kunstgriff", dies aus *vulgärlat.* manuopera „Handarbeit" zu *lat.* manu operari „mit der Hand bewerkstelligen"⟩: 1. a) größere Truppen-, Flottenübung unter kriegsmäßigen Bedingungen; b) taktische Truppenbewegung (Mil.). 2. Bewegung, die mit einem Schiff, Flugzeug, Auto o. ä. ausgeführt wird. 3. Scheinmaßnahme, Kniff, Ablenkungs-, Täuschungsversuch. **Ma|nö|ver|kri|tik** *die;* -, -en: kritische Besprechung der Erfahrungen und Ergebnisse [nach einem Manöver]. **ma|nö|vrie|ren** ⟨aus gleichbed. *fr.* manœuvrer⟩: 1. ein Manöver (1 b) durchführen. 2. eine Sache od. ein Fahrzeug (Schiff, Flugzeug, Raumschiff, Auto) geschickt lenken od. bewegen. 3. Kunstgriffe anwenden, um sich od. jmdn. in eine bestimmte Situation zu bringen. **ma|nö|vrier|fä|hig:** fähig, Manöver (2) auszuführen, manövriert zu werden

manque [mã:k] ⟨aus gleichbed. *fr.* manque, eigtl. „Mangel, Weniges" (nach dem geringeren Gewinn im Gegensatz zu ↑ passe), zu manquer „fehlen", dies aus *it.* mancare, vgl. mancando⟩: von 1–18 (in bezug auf eine Gewinnmöglichkeit beim Roulett). **Manque** *die;* -: depressiver Zustand, der durch Drogenmangel hervorgerufen wird

Man|sar|de *die;* -, -n ⟨aus gleichbed. *fr.* mansarde, nach dem franz. Baumeister J. Hardouin-Mansart, 1646–1708⟩: 1. für Wohnzwecke ausgebautes Dachgeschoß, -zimmer. 2. in der Stoffdruckerei eine mit Heißluft beheizte Vorrichtung zum Trocknen bedruckter Gewebe. **Man|sar|den|woh|nung** *die;* -, -en: Wohnung im ausgebauten Dachgeschoß [mit schräger, vom Dach gebildeter Wand]

Man|sche|ster vgl. Manchester

Man|schet|te *die;* -, -n ⟨aus *fr.* manchette „Handkrause", eigtl. „Ärmelchen", Verkleinerungsform von manche „Ärmel", dies aus *lat.* manica zu manus „Hand"⟩: 1. [steifer] Ärmelabschluß an Herrenhemden od. langärmeligen Damenblusen; -n haben: (ugs.) Angst haben. 2. Papierkrause für Blumentöpfe. 3. unerlaubter Würgegriff beim Ringkampf. 4. Dichtungsring aus Gummi, Leder od. Kunststoff mit eingestülptem Rand (Techn.)

Man|si: Plur. von ↑ Mansus. **Man|sio** *die;* -, ...siones [...ne:s] ⟨aus gleichbed. *lat.* mansio zu manere „bleiben, sich aufhalten"⟩: Bez. für die Stationen der röm. Staatspost, feste Gebäude für den Aufenthalt u. die Übernachtung der Reisenden. **Man|sion** ['mænʃən] *das;* -s, -s ⟨aus *engl.* mansion „Villa", dies aus *lat.* mansio, vgl. Mansio⟩: (veraltet) Aufenthaltsort, Wohnung. **Man|sion|house** [...haʊs] *das;* -s [...sɪz] ⟨aus gleichbed. *engl.* mansion-house⟩: Amtswohnung des Oberbürgermeisters von London

Man|su|be *die;* -, -n ⟨aus dem Arab.⟩: die in Arabien geschaffene, im Mittelalter u. in der frühen Neuzeit besonders in Europa weiterentwickelte Vorform (mit eingleisigem Lösungsverlauf) des modernen Schachproblems

man|su|et ⟨aus gleichbed. *lat.* mansuetus zu manus „Hand" u. suescere „an etw. gewöhnen"⟩: (veraltet) zahm, an die Hand gewöhnt; sanftmütig. **man|sue|tie|ren** ⟨zu ↑...ieren⟩: (veraltet) zähmen. **Man|sue|tu|do** *die;* - ⟨aus gleichbed. *lat.* mansuetudo⟩: (veraltet) Zahmheit, Sanftmut

Man|sus *der;* -, Mansi ⟨aus *spätlat.* mansus, substantiviertes Part. Perf. von *lat.* manere „bleiben, sich aufhalten"⟩: früherer Grundbesitz von etwa 30 Morgen

Man|teau [mã'to:] *der;* -s, -s ⟨aus gleichbed. *fr.* manteau, dies aus *lat.* mantellum „Hülle, Decke"⟩: franz. Bez. für Mantel. **Man|tel|let|ta** *die;* -, ...tten ⟨aus gleichbed. *it.* mantelletta, eigtl. „Schultermantel", vermutlich aus *mlat.* mantelletum, Verkleinerungsform von *lat.* mantellum, vgl. Manteau⟩: vorn offenes, knielanges Gewand kath. Prälaten, nach dem Rang verschieden in Farbe u. Stoff. **Man|tel|lo|ne** *der;* -s, -s ⟨aus gleichbed. *it.* mantellone zu mantello „Mantel" u. dem Vergrößerungssuffix -one⟩: langer, ärmelloser Mantel der päpstlichen Geheim- u. Ehrenkämmerer mit herabhängendem langem Streifen an beiden Schultern

Man|tik *die;* - ⟨aus *gr.* mantikḗ (téchnē) „Wahrsagekunst" zu mántis „Seher, Wahrsager", dies zu maínesthai „rasen, verzückt sein"⟩: Seher-, Wahrsagekunst, bei der ein Wahrsager in der Ekstase als Empfänger übernatürlichen Wissens gilt

¹Man|til|le [...'tɪljə, auch ...'tɪlə] *die;* -, -n ⟨aus gleichbed. *span.* mantilla, Verkleinerungsform von manta „Decke; Umhang", dies aus *lat.* mantus „kurzer Mantel"⟩: Schleier- od. Spitzentuch der traditionellen Festkleidung der Spanierin. **²Man|til|le** [mã'tij(ə)] *die;* -, -n ⟨über gleichbed. *fr.* mantille, eigtl. „langes Kopftuch", aus *span.* mantilla, vgl. ¹Mantille⟩: a) svw. Fichu; b) halblanger Damenmantel. **Man|ti|nell** [man...] *das;* -s, -s ⟨zu *it.* manto „Mantel" (dies aus *lat.* mantus, vgl. ¹Mantille) u. dem Verkleinerungssuffix -ell(o)⟩: Einfassung (Bande) des Billardtisches

Man|tis *die;* -, - ⟨aus *gr.* mántis „Seher", eigtl. „Verzückter", weil diese Insekten mit ihren ausgestreckten Vorderbeinen

eine Haltung wie ein Betender einnehmen>: Gattung der Fangheuschrecken, darunter die sog. Gottesanbeterin (Mantis religiosa). **man|tisch** ‹aus gleichbed. *gr.* mantikós›: die Mantik betreffend
Man|tis|se *die;* -, -n ‹aus *lat.* mantissa „Zugabe, Gewinn"›: 1. (veraltet) Zugabe, Anhängsel. 2. Ziffern des ↑ Logarithmus hinter dem Komma
Man|to *der;* -s, -s ‹aus *span.* manto „weiter Mantel, Umhang"›: Totentuch altamerik. Kulturen aus Baumwolle, das farblich fein abgestimmt bestickt od. mit figürlichen Stickereien umrandet ist
Man|tra *das;* -[s], -s ‹aus gleichbed. *sanskr.* mántra›: als wirkungskräftig geltender religiöser Spruch, magische Formel der Inder. **Man|tra|ja|na** *das;* - ‹zu *sanskr.* mántra (vgl. Mantra) u. yâna „Weg zur Erlösung"›: buddhistische Richtung, die die Erlösung durch ständige Wiederholung der Mantras sucht (z. B. im ↑ Lamaismus)
Ma|nu *der;* -s ‹aus gleichbed. *sanskr.* mánu, eigtl. „Mensch(heit)"›: in der ind. Mythologie der Stammvater der Menschheit u. ihr Gesetzgeber
¹Ma|nu|al *das;* -s, -e, auch Manuale *das;* -[s], -[n] ‹zu *spätlat.* manualis „zur Hand gehörend", dies zu *lat.* manus „Hand"›: 1. Handklaviatur der Orgel, des Harmoniums u. ä.; Ggs. ↑ Pedal. 2. (veraltet) Handbuch, Tagebuch. **²Ma|nu|al** ['mænjʊəl] *das;* -s, -s ‹aus *engl.* manual „Handbuch, Leitfaden" zu *spätlat.* manualis, vgl. ¹Manual›: beschreibende Unterlage technischer Erzeugnisse (bes. in der Datenverarbeitung zur Anleitung der Anwender von Softwareprodukten u. Geräten einer Datenverarbeitungsanlage). **Ma|nu|ale** vgl. ¹Manual. **ma|nu|a|li|ter** ‹*spätlat.*; Adverb von manualis, vgl. ¹Manual›: auf dem ¹Manual zu spielen (bei der Orgel). **Ma|nu|bri|um** *das;* -s, ...ien [...jən] ‹aus *lat.* manubrium „Handhabe; Stiel, Griff"›: 1. handgriffartig geformter Teil eines Knochens (Anat.). 2. a) der Magenstiel bei ↑ Medusen; b) Teil der Sprunggabel bei Springschwänzen (Zool.). 3. (veraltet) Knopf od. Griff in den Registerzügen der Orgel. **ma|nu|ell** ‹aus gleichbed. *fr.* manuel zu *spätlat.* manualis, vgl. ¹Manual›: a) mit der Hand [auszuführen], von Hand; b) in bezug auf die Hand. **Ma|nu|fakt** *das;* -[e]s, -e ‹zu *spätlat.* manufactus „mit der Hand hergestellt" zu *lat.* manus „Hand" u. factus, Part. Perf. von facere „machen, tun"›: (veraltet) Erzeugnis menschlicher Handarbeit. **Ma|nu|fak|tur** *die;* -, -en ‹aus gleichbed. *engl.* manufacture, eigtl. „Handarbeit", dies aus *mlat.* manufactura zu *lat.* manus „Hand" u. factura „das Machen, die Herstellung"›: 1. (veraltet) Handarbeit. 2. vorindustrieller gewerblicher Großbetrieb mit Handarbeit. 3. (veraltet) Web- u. Wirkwaren. 4. in Handarbeit hergestelltes Industrieerzeugnis. **ma|nu|fak|tu|rie|ren** ‹zu ↑ ...ieren›: (veraltet) anfertigen, verarbeiten. **Ma|nu|fak|tu|rist** *der;* -en, -en ‹zu ↑ ...ist›: 1. Leiter einer ↑ Manufaktur (2). 2. Händler mit Manufakturwaren. **Ma|nu|fak|tur|waren** *die* (Plur.): Meterwaren, Textilwaren, die nach der Maßangabe des Käufers geschnitten u. verkauft werden
Ma|nul *der;* -s, -s ‹aus dem Mongol.›: in Steppen Zentralasiens heimische Art der Kleinkatzen
Ma|nul|druck *der;* -[e]s, ...drucke ‹nach dem Erfinder F. Ullmann durch Umstellung seines Namens›: 1. (ohne Plur.) Übertragungsdruckverfahren zur Wiedergabe graphischer Originale u. alter Werke. 2. nach diesem Verfahren hergestellter Druck
Ma|nu|mis|sio *die;* -, ...siones [...neːs] ‹aus gleichbed. *lat.* manumissio zu manumittere „freilassen", dies zu manus „Hand" u. mittere „gehen lassen; freigeben"›: die Freilassung eines Sklaven (bei den Römern). **ma|nu pro|pria** ‹*lat.;* „mit eigener Hand"›: eigenhändig; Abk.: m. p. **Ma|nus** *das;* -, -: (österr., schweiz.) Kurzform von ↑ Manuskript. **Ma|nu|skript** *das;* -[e]s, -e ‹aus *mlat.* manuscriptum „eigenhändig Geschriebenes" zu *lat.* manus „Hand" u. scriptum, Part. Perf. (Neutrum) von scribere „schreiben"›: 1. Handschrift, handschriftliches Buch der Antike u. des Mittelalters. 2. hand- od. maschinenschriftlich angefertigte Niederschrift eines literarischen od. wissenschaftlichen Textes als Vorlage für den Setzer; Abk.: Ms. od. Mskr., Plur.: Mss. 3. vollständige od. stichwortartige Ausarbeitung eines Vortrags, einer Vorlesung, Rede u. ä. **ma|nus ma|num lavat** [- - 'laːvat] ‹*lat.*›: eine Hand wäscht die andere. **Ma|nus mor|tua** *die;* - - ‹aus *lat.* manus mortua „tote Hand"›: (veraltet) Tote Hand (Bez. der Kirche im Vermögensrecht, da sie erworbenes Vermögen nicht veräußern durfte)
Man|za|nil|la [...'nɪlja, auch mansa...] *der;* -s ‹aus gleichbed. *span.* manzanilla, eigtl. „Kamille", nach der Ähnlichkeit der Knospen des Weinstocks mit denen der Kamille›: südspan. Weißwein. **Man|za|nil|lo|baum** [...'nɪljo..., auch mansa...] *der;* -[e]s ‹Lehnübersetzung von *span.* manzanillo, Verkleinerungsform von manzano „Apfelbaum"›: mittelamerik. Wolfsmilchgewächs mit giftigem Milchsaft
Man|zel *der;* -[e]s, - od. **Man|zi|lle** *die;* -, -n ‹aus gleichbed. *arab.* manzil zu ma- (Wortteil mit der Bedeutung „Ort") u. nazal „absteigen"›: (veraltet) Herberge
Man|zi|nel|la [...'nɛlja] *die;* - ‹aus *nlat.* mancinella; vgl. Manzanillobaum›: svw. Manzanillobaum
Mao|is|mus *der;* - ‹nach dem chin. Staatsmann Mao Tsetung (1893–1976) u. zu ↑ ...ismus (1)›: politische Ideologie, die streng dem Konzept des chines. Kommunismus folgt. **Mao|ist** *der;* -en, -en ‹zu ↑ ...ist›: jmd., der die Ideologie des Maoismus vertritt. **mao|is|tisch** ‹zu ↑ ...istisch›: den Maoismus betreffend; zum Maoismus gehörend. **Mao-Look** [...lʊk] *der;* -s ‹nach der Kleidung, in der Mao Tse-tung öffentlich aufzutreten pflegte›: aus einem halbmilitärischen Anzug mit hochgeschlossener, einfacher blauer Jacke [u. einer flachen Schirmmütze] bestehende Kleidung
¹Mao|ri [auch 'mauri] *der;* -[s], -[s] ‹aus dem Polynes.›: Angehöriger eines polynesischen Volkes auf Neuseeland. **²Mao|ri** [auch 'mauri] *das;* - ‹zu ↑ ¹Maori›: Sprache der ¹Maoris
Ma|pai *die;* - ‹aus gleichbed. *hebr.* mappay, Kurzw. aus mifleget pô'alê 'ereṣ-yiśrā'ēl „Partei der Arbeiter des Landes Israel"›: gemäßigte sozialistische Partei Israels. **Ma|pam** *die;* - ‹aus *hebr.* mappām, Kurzw. aus mifleget pô'ālîm me'uḥedet „Partei der vereinigten Arbeiter"›: vereinigte Arbeiterpartei Israels
Ma|pho|ri|on *das;* -s, ...ien [...jən] ‹aus gleichbed. *mgr.* maphórion zu *gr.* maphórtin „Mantel"›: blaues od. purpurfarbenes, Kopf u. Oberkörper bedeckendes Umschlagtuch in byzantinischen Darstellungen der Madonna
Map|pa *die;* - ‹aus *lat.* mappa „(Mund)tuch; Signaltuch", Bed. 3 über *mlat.* mappa „Karte"›: (veraltet) 1. Altartuch in der kath. Kirche. 2. Schultertuch des ↑ Akolythen. 3. Landkarte. **Map|peur** [...'pøːɐ̯] *der;* -s, -e ‹aus älter *fr.* mappeur zu *mittelfr.* mappe, dies aus *lat.* mappa, vgl. Mappa›: (veraltet) Landkartenzeichner. **map|pie|ren** ‹zu ↑ ...ieren›: topographisch-kartographisch aufnehmen. **Map|ping** ['mæpɪŋ] *das;* -s, -s ‹aus *engl.* mapping „Kartenzeichnen, Kartographie"›: Technik der ↑ Elektrokardiographie mit Mikroelektroden, die an vielen Stellen des ↑ Epikards u. ↑ Endokards aufgesetzt werden, so daß ein landkartenartiges ↑ Elektrokardiogramm entsteht (Med.)
Ma|qam [ma'kaːm] *der;* -, Plur. -en od. ...amat ‹aus *arab.*

maqām, Plur. maqāmāt „Ort, Standort"): a) Melodiemodell auf 17 Stufen im arab. Tonsystem; vgl. Makame; b) liedartiger Zyklus, der das Melodiemodell (Maqam a) variiert (Mus.)

Ma|que|reau [makəˈroː] *der;* -, -s ⟨aus gleichbed. *fr.* maquereau, eigtl. „Kuppler", weitere Herkunft unsicher⟩: (Jargon) Zuhälter. **Ma|que|rel|lage** [...ʒə] *die;* - ⟨aus gleichbed. *fr.* maquerellage⟩: (Jargon) Zuhälterei

Ma|quet|te [maˈkɛtə] *die;* -, -n ⟨aus gleichbed. *fr.* maquette, eigtl. „Skizze, Entwurf", dies aus *it.* macchietta „kleiner Fleck", Verkleinerungsform von macchia, vgl. Macchia⟩: 1. Skizze, Entwurf, Modell. 2. vgl. Makette

Ma|qui|gnon [makiˈnjõː] *der;* -[s], -s ⟨aus gleichbed. *fr.* maquignon, eigtl. „Roßkamm, Pferdehändler"; vgl. Maquereau⟩: (veraltet) Gauner, Betrüger. **Ma|qui|gnon|na|ge** [...ʒə] *die;* -, -n ⟨aus gleichbed. *fr.* maquignonnage⟩: (veraltet) Gaunerei, Betrügerei

Ma|quil|la|ge [makiˈjaːʒə] *die;* - ⟨aus gleichbed. *fr..* maquillage zu maquiller „schminken"⟩: 1. franz. Bez. für das Schminken, die Aufmachung; vgl. ↑Make-up. 2. ertastbares Kennzeichen auf Spielkarten

Ma|quis [maˈkiː] *der;* - [maˈkiː(s)] ⟨aus gleichbed. *fr.* maquis, eigtl. „Buschwald"; vgl. Macchia⟩: 1. franz. Widerstandsorganisation im 2. Weltkrieg. 2. franz. Bez. für Macchia. **Ma|qui|sard** [...ˈzaːɐ̯] *der;* -, Plur. -s u. -en [...ˈzardn̩] ⟨aus gleichbed. *fr.* maquisard⟩: Angehöriger des Maquis (1)

Ma̱|ra *die;* -, -s ⟨aus gleichbed. *amerik.-span.* mará, wohl aus dem Indian.⟩: hasengroße Meerschweinchenart der Pampas in Argentinien

Ma|ra|bu *der;* -s, -s ⟨aus gleichbed. *fr.* marabout, eigtl. „(islamischer) Asket" (wegen des würdigen Aussehens des Vogels), dies über *port.* marabuto aus *arab.* murābiṭ „Einsiedler, Asket"⟩: tropische Storchenart mit kropfartigem Kehlsack. **Ma|ra|but** *der;* Gen. - u. -[e]s, Plur. -[s] ⟨aus gleichbed. *port.* marabuto, dies aus *arab.* murābiṭ, vgl. Marabu⟩: islamischer Einsiedler od. Heiliger

Ma|ra̱|ca [...ka] *die;* -, -s ⟨aus gleichbed. *span.* maraca⟩: rasselartiges Rhythmusinstrument indianischer Herkunft für Tanz- u. Unterhaltungsmusik

Ma|ra|cu̱|ja [...k...] *die;* -, -s ⟨aus gleichbed. *port.* maracujá, dies aus dem Indian.⟩: eßbare Frucht der Passionsblume

Ma|rae *die;* -, -[s] ⟨aus dem Polynes.⟩: polynes. Kultstätte in Form einer Stufenpyramide mit Plattform für Götterbilder

Ma|ral *der;* -s, Marale ⟨aus gleichbed. *pers.* marāl⟩: kaukasische Hirschart

Ma|ra|na|tha̱! ⟨aus *aram.* marana thā „unser Herr, komm!" bzw. maran athā „unser Herr ist gekommen"⟩: im N. T. überlieferter, formelhafter Gebetsruf der urchristlichen Abendmahlsfeier (1. Kor. 16, 22)

Ma|ra̱|ne vgl. Marrane

Ma|rä̱|ne *die;* -, -n ⟨wohl aus gleichbed. *kaschub., masur.* morenka zu *altslaw.* morje „See"⟩: in den Seen Nordostdeutschlands lebender Lachsfisch

Ma|ran̩|ta u. **Ma|ran̩|te** *die;* -, ...ten ⟨nach dem venezian. Botaniker B. Maranta, 1500–1571⟩: Pfeilwurz (Bananengewächs; die Wurzeln der westindischen Art liefern ↑Arrowroot; Zimmerpflanze)

ma|ran̩|tisch u. maras̱tisch ⟨aus gleichbed. *gr.* marantikós zu maraínein, vgl. Marasmus⟩: verfallend, schwindend (von körperlichen u. geistigen Kräften; Med.)

Ma|ras|chi|no [...ˈkiːno] *der;* -s, -s ⟨aus gleichbed. *it.* maraschino zu (a)marasca „Sauerkirsche", dies über amaro „bitter, sauer" aus *lat.* amarus⟩: aus [dalmatinischen Maraska]kirschen hergestellter Likör

Ma|ras|mus *der;* -, ...men ⟨über *nlat.* marasmus aus *gr.* marasmós „das Schwachwerden, Abnehmen der Lebenskraft" zu maraínein „ausdörren, verzehren"⟩: allgemeiner geistig-körperlicher Kräfteverfall (Med.); - seni̱lis: Kräfteverfall im Greisenalter; Altersschwäche. **ma|ra̱|stisch** vgl. marantisch

Ma|ra̱|thi *das;* - ⟨aus gleichbed. *sanskr.* mahārāṣṭrī⟩: westind. Sprache

¹Ma|ra|thon [auch ˈma...] *der;* -s, -s ⟨nach dem griech. Ort Marathṓn, von dem aus ein Läufer die Nachricht vom Sieg der Griechen über die Perser (490 v. Chr.) nach Athen brachte u. dort tot zusammenbrach, u. dem danach benannten olympischen Langstreckenlauf⟩: svw. Marathonlauf. **²Ma|ra|thon** [auch ˈma...] *das;* -s, -s ⟨wohl unter Einfluß von *engl.* marathon nach *gr.* Marathṓn, vgl. ¹Marathon⟩: (ugs.) etwas übermäßig lange Dauerndes u. dadurch Anstrengendes. **...ma|ra|thon** ⟨zu ↑²Marathon⟩: (ugs.) Wortbildungselement mit der Bedeutung „zeitaufwendig, überaus lange dauernd", z. B. Boxmarathon, Sitzungsmarathon. **Ma|ra|thon|lauf** [auch ˈma...] *der;* -[e]s, ...läufe ⟨zu ↑¹Marathon⟩: Langstreckenlauf über 42,2 km (olympische Disziplin)

Ma|ra|ve|di [...v...] *der;* -, -s ⟨aus gleichbed. *span.* maravedí, dies aus *arab.* murābiṭīn (Plur.) „Almoraviden" (Name einer moslemischen Dynastie im 11. u. 12. Jh.), eigtl. „die Einsiedler, Asketen" zu murābiṭ, vgl. Marabu⟩: alte span. [Gold]münze

Mar|ble|wood [ˈmɑːblwʊd] *das;* -[s] ⟨aus *engl.* marblewood „Andamanen-Ebenholzbaum" zu marble „Marmor" u. wood „Wald; Holz"⟩: Handelsbez. für Ebenholz

¹Marc [maːr] *der;* -s [maːr] ⟨aus gleichbed. *fr.* marc (de raisin) zu marcher „mit den Füßen treten", vgl. marschieren⟩: starker Branntwein aus den Rückständen der Weintrauben beim Keltern

²Marc [mark] *der;* -, -[s] ⟨aus gleichbed. *fr.* marc aus *fränk.* *marka, dies aus dem Germ.⟩: altes franz. Gewicht (= 244,753 g)

mar|can̩|do [...k...] ⟨*it.;* Part. Präs. von marcare, vgl. marcato⟩: svw. marcato. **mar|ca|tis|si|mo** ⟨*it.;* Superlativ zu ↑marcato⟩: in verstärktem Maße ↑marcato. **mar|ca̱|to** ⟨*it.;* eigtl. Part. Perf. von marcare „markieren, betonen", dies aus dem Germ.⟩: markiert, scharf hervorgehoben, betont (Vortragsanweisung; Mus.)

Mar|che|sa [...k...] *die;* -, Plur. -s od. ...sen ⟨aus gleichbed. *it.* marchesa⟩: a) (ohne Plur.) hoher ital. Adelstitel; b) Trägerin dieses Titels. **Mar|che̱|se** *der;* -, -n ⟨aus gleichbed. *it.* marchese, eigtl. „Markgraf", zu marca „Grenze, Grenzland", dies aus dem Germ.⟩: a) (ohne Plur.) hoher italien. Adelstitel; b) Träger dieses Titels

Mar|chesch|wan [marx...] *der;* - ⟨aus gleichbed. *hebr.* marḥešvān⟩: 2. Monat im jüd. Kalender (Oktober/November)

Mar|ching Band [ˈmɑːtʃɪŋ ˈbænd] *die;* - -, - -s ⟨aus gleichbed. *engl.* marching band zu to march „marschieren" u. band (vgl. Band)⟩: Marschkapelle

Mar|cia [ˈmartʃa] *die;* -, -s ⟨aus gleichbed. *it.* marcia, dies aus *fr.* marche „Marsch"⟩: ital. Bez. für Marsch (Mus.); - fu̱nebre: Trauermarsch (Mus.). **mar|cia̱|le** ⟨*it.*⟩: marschmäßig (Vortragsanweisung; Mus.)

Mar|cio|ni|te [...ts...] *der;* -n, -n ⟨nach dem Sektengründer Marcion u. zu ↑³...it⟩: Anhänger einer bedeutenden gnostischen Sekte (2.–4. Jh.), die das Alte Testament verwarf

Mar|co|ni-An|ten|ne [...ˈkoː...] *die;* -, -n ⟨nach dem Erfinder G. Marconi, 1874–1937⟩: einfachste Form einer geerdeten Sendeantenne

Mar|de̱ll *der;* -s, -e u. **Mar|de̱l|le** *die;* -, -n ⟨Herkunft unge-

klärt>: 1. durch den Tagebau von Erz entstandene kleinere Mulde. 2. Unterbau von prähistorischen Wohnungen, Aufbewahrungsraum für Vorräte
Ma|re *das;* -, Plur. - od. ...ria ⟨aus *lat.* mare „Meer"⟩: als dunkle Fläche erscheinende große Ebene (kein Meer, wie der Name eigentlich sagt) auf dem Mond u. auf dem Mars, z. B. Mare Tranquillitatis = Meer der Ruhe
Ma|rel|le vgl. Morelle u. Marille
Ma|rem|men *die* (Plur.) ⟨zu *it.* maremma „Maremme", dies aus *lat.* maritima „Küstengegenden", substantiviertes Neutrum Plur. von maritimus „zur Küste, zum Meer gehörend"⟩: sumpfige, heute zum Teil in Kulturland umgewandelte Küstengegend in Mittelitalien
Ma|rend *das;* -s, -i ⟨über *rätoroman.* marenda aus gleichbed. *it.* merenda, dies aus *spätlat.* merenda „Vesperbrot" zu *lat.* merere „verdienen"⟩: (schweiz.) Zwischenmahlzeit
ma|ren|go ⟨nach dem oberital. Ort Marengo⟩: grau od. braun mit weißen Pünktchen (von Stoff). **Ma|ren|go** *der;* -s: graumelierter Kammgarnstoff für Mäntel u. Kostüme
Ma|reo|graph *der;* -en, -en ⟨zu *lat.* mare „Meer" u. ↑...graph⟩: selbstregistrierender Flutmesser, Schreibpegel
Mar|fil *der;* -[s] ⟨aus *span.* marfil „Elfenbein", dies aus *arab.* mâl a fil „Gut des Elefanten"⟩: unverarbeitetes Elfenbein
Mar|ga *der;* - ⟨aus *sanskr.* mārga „Weg"⟩: Bez. für den Weg der verschiedenen Arten des ↑ Yoga, sofern er zur spirituellen Entwicklung u. zur Erlösung des Menschen führt (im Hinduismus)
Mar|ga|ri|ne *die;* - ⟨aus gleichbed. *fr.* margarine, gebildet aus acide margarique „perlfarbene Säure" zu acide „Säure" (vgl. Azid) u. margarique (künstliche Bildung) zu *gr.* márgaron „Perle" (nach der einer Perle ähnlichen Färbung)⟩: streichfähiges, butterähnliches Speisefett aus tierischen u. pflanzlichen od. rein pflanzlichen Fetten. **Mar|ga|rin|säu|re** *die;* -: eine ↑ Karbonsäure, die als Fettsäure mit ungerader Anzahl von Kohlenstoffatomen nur sehr selten in natürlichen Fetten vorkommt. **Mar|ga|rit** [auch ...'rɪt] *der;* -s, -e ⟨zu *gr.* márgaron „Perle" (vgl. Margarine) u. ↑²...it⟩: ein weißes bis rötliches, gelbes od. perlgraues Mineral. **Mar|ga|ri|tom** *das;* -s, -e ⟨zu ↑...om⟩: (veraltet) Perlgeschwulst, kleine Hautgeschwulst von perlähnlicher Farbe mit fettigem Inhalt (Med.)
Mar|ge ['marʒə] *die;* -, -n ⟨aus *fr.* marge „Rand, Spielraum", dies aus *lat.* margo „Rand"⟩: 1. Abstand, Spielraum, Spanne. 2. Unterschied zwischen Selbstkosten u. Verkaufspreisen; Handelsspanne (Wirtsch.). 3. Preisunterschied für dieselbe Ware od. dasselbe Wertpapier an verschiedenen Orten (Wirtsch.). 4. Abstand zwischen Ausgabekurs u. Tageskurs eines Wertpapiers (Wirtsch.). 5. Bareinzahlung bei Wertpapierkäufen auf Kredit, die an verschiedenen Börsen zur Sicherung der Forderungen aus Termingeschäften zu hinterlegen ist (Wirtsch.). 6. Risikospanne; Unterschied zwischen dem Wert eines Pfandes u. dem darauf gewährten Vorschuß
Mar|ge|ri|te *die;* -, -n ⟨aus *fr.* marguerite, eigtl. „Maßliebchen", dies über *altfr.* margarite „Perle" aus gleichbed. *lat.* margarita, *gr.* margarítēs; wohl nach dem Vergleich der Blütenköpfe mit Perlen⟩: [Wiesen]blume mit sternförmigem weißem Blütenstand (Bot.)
mar|gi|nal ⟨aus *nlat.* marginalis „den Rand betreffend" zu *lat.* margo, Gen. marginis „Rand", Bed. 4 über *engl.* marginal⟩: 1. am Rand, auf der Grenze liegend; in den unsicheren Bereich zwischen zwei Entscheidungsmöglichkeiten fallend. 2. auf dem Rand stehend. 3. randständig, am Rand eines Fruchtblattes gelegen (von Samenanlagen; Bot.). 4. in einer Grenzstellung befindlich; nicht fest einem bestimmten Bereich zuzuordnen, z. B. -e Persönlichkeit (Soziol., Psychol.). **Mar|gi|nal|ana|ly|se** *die;* -, -n: Untersuchung der Auswirkung einer geringfügigen Veränderung einer od. mehrerer ↑ Variablen (2) auf bestimmte ökonomische Größen mit Hilfe der Differentialrechnung; Grenzanalyse. **Mar|gi|na|le** *das;* -[s], ...lien [...jən] (meist Plur.) ⟨zu ↑...ale⟩: svw. Marginalie (1). **Mar|gi|nal|existenz** *die;* -, -en: Übergangszustand, in dem jmd. der einen von zwei sozialen Gruppen od. Gesellschaftsformen nicht mehr ganz, der anderen hingegen noch nicht angehört; Randpersönlichkeit (Soziol.). **Mar|gi|nal|glos|se** *die;* -, -n: an den Rand der Seite geschriebene (gedruckte) ↑ Glosse (1). **Mar|gi|na|lie** [...jə] *die;* -, -n (meist Plur.) ⟨zu ↑¹...ie⟩: 1. Anmerkung am Rande einer Handschrift od. eines Buches. 2. Randtitel bei Gesetzeserlassen (Rechtsw.). **mar|gi|na|li|sie|ren** ⟨zu ↑...isieren⟩: mit Marginalien versehen. **Mar|gi|na|lis|mus** *der;* - ⟨zu ↑...ismus (2)⟩: volkswirtschaftliche Theorie, die mit Grenzwerten u. nicht mit absoluten Größen arbeitet. **Mar|gi|na|li|tät** *die;* - ⟨nach gleichbed. *engl.* marginality; vgl. ...ität⟩: Existenz am Rande einer sozialen Gruppe, Klasse od. Schicht (Soziol.). **Mar|go** *der;* -, ...gines [...neːs] u. *die;* -, ...gines [...neːs] ⟨aus *lat.* margo, Gen. marginis „Rand, Grenze"⟩: Rand, Begrenzung, Randleiste (z. B. eines Organs; Med.)
Ma|ria: Plur. von ↑ Mare
Ma|ria|ge [ma'riːʒə] *die;* -, -n ⟨aus gleichbed. *fr.* mariage zu marier „verheiraten", dies aus *lat.* maritare⟩: 1. (veraltet) Heirat, Ehe. 2. das Zusammentreffen von König u. Dame in der Hand eines Spielers (bei verschiedenen Kartenspielen). 3. Kartenspiel, das mit 32 Karten gespielt wird
Ma|ria|lith [auch ...'lɪt] *der;* Gen. -s od. -en, Plur. -e[n] ⟨nach Maria vom Rath, der Ehefrau des dt. Mineralogen Georg vom Rath († 1888), u. zu ↑...lith⟩: ein Mineral aus der Gruppe der ↑ Skapolithe
ma|ria|nisch ⟨aus gleichbed. *mlat.* Marianus⟩: auf die Gottesmutter Maria bezüglich; -e Theologie: svw. Mariologie; (aber als Titel groß:)Marianische Antiphonen: in der kath. Liturgie Lobgesänge zu Ehren Marias; Marianische Kongregationen od. Sodalitäten: nach Geschlecht, Alter u. Berufsständen gegliederte kath. Vereinigungen mit besonderer Verehrung Marias. **Ma|ria|ni|sten** *die* (Plur.) ⟨zu ↑...ist⟩: Schul- u. Missionsbrüder vom (1817 in Frankreich gegründet⟩: ↑ Kongregation Mariä (Abk.: SM). **Ma|ri|an|ne** [fr. ma'rjan] *die;* - ⟨nach dem Namen der republikanischen Geheimgesellschaft in Frankreich während der Restauration u. des Bürgerkönigtums (1815–1848)⟩: Personifikation der franz. Republik, meist mit der Jakobinermütze dargestellt. **Ma|ria|vit** [...'viːt] *der;* -en, -en ⟨zu gleichbed. *poln.* Mariawici (Plur.); vgl. ³...it⟩: Angehöriger einer romfreien kath. Sekte in Polen, die in sozialer Arbeit dem Leben Marias nacheifern will
Ma|ri|hua|na *das;* -s ⟨aus gleichbed. *span.* marihuana, wohl zusammengezogen aus den span. weiblichen Vornamen María u. Juana⟩: aus getrockneten Blättern, Stengeln u. Blüten des ind. Hanfs hergestelltes Rauschgift; vgl. [Lady] Mary Jane
Ma|ril|le u. Marelle *die;* -, -n ⟨wohl nach gleichbed. *it.* armellino, dies aus *lat.* armeniacum (pomum) „Aprikose", eigtl. „armenischer Apfel"⟩: (landsch., bes. österr.) Aprikose
Ma|rim|ba u. Marymba *die;* -, -s ⟨aus gleichbed. *span.* marimba, dies aus einer afrik. Sprache⟩: (bes. in Guatemala beliebtes) dem ↑ Xylophon ähnliches, urspr. aus Afrika stammendes Musikinstrument. **Ma|rim|ba|phon** *das;* -s, -e ⟨zu ↑...phon⟩: Großxylophon mit ↑ Resonatoren
ma|rin ⟨aus gleichbed. *lat.* marinus zu mare „Meer"⟩: 1.

markieren

zum Meer gehörend. 2. aus dem Meer stammend, im Meer lebend; Ggs. ↑limnisch (1), ↑terrestrisch (2 b). **Ma|ri|na** *die;* -, -s ⟨unter Einfluß von *engl.* marina aus gleichbed. *it.* marina, eigtl. „Marine", substantiviertes Fem. von marino „zum Meer gehörend", dies aus *lat.* marinus, vgl. marin⟩: Jachthafen, Motorboothafen. **Ma|ri|na|de** *die;* -, -n ⟨aus gleichbed. *fr.* marinade zu mariner „Fische (in Salz-, Meerwasser) einlegen", dies zu *(alt)fr.* marin „zum Meer gehörig" aus *lat.* marinus, vgl. marin⟩: 1. aus Öl, Essig u. Gewürzen hergestellte Beize zum Einlegen von Fleisch od. Fisch, auch für Salate. 2. in eine gewürzte Soße eingelegte Fische od. Fischteile. **Ma|ri|ne** *die;* -, -n ⟨aus gleichbed. *fr.* marine, eigtl. „die zum Meer Gehörende", substantiviertes Fem. von *(alt)fr.* marin, vgl. Marinade⟩: 1. Gesamtheit der Seeschiffe eines Staates mit den dazugehörenden Einrichtungen. 2. Kriegsflotte, Flotte. 3. bildliche Darstellung des Meeres, der Küste od. des Hafens; Seestück (Kunstw.). **ma|ri|ne|blau**: dunkelblau. **Ma|ri|ne|look** [...lʊk] *der;* -s: an der Marinekleidung orientierte Mode in den Farben Blau u. Weiß. **¹Ma|ri|ner** *der;* -s, -: (ugs. scherzh.) Matrose, Marinesoldat. **²Ma|ri|ner** ['mærɪnə] *der;* -s, - ⟨*amerik.;* aus *engl.* mariner „Seemann, Matrose"⟩: unbemannte amerik. Raumsonde zur Planetenerkundung. **Ma|ri|niè|re** [mari'niɛ:rə] *die;* -, -n ⟨aus gleichbed. *fr.* (à la) marinière, eigtl. „nach Matrosenart" (wegen der Anlehnung des Schnitts an die Matrosenbluse), zu *(alt)fr.* marin, vgl. Marine⟩: locker fallende Damenbluse, Matrosenbluse. **ma|ri|nie|ren** ⟨aus gleichbed. *fr.* mariner, vgl. Marinade⟩: [Fische] in Marinade (1) einlegen. **¹Ma|ri|nis|mus** *der;* - ⟨zu ↑Marine u. ↑...ismus (2)⟩: (selten) das Streben eines Staates, eine starke Seemacht zu werden
²Ma|ri|nis|mus *der;* - ⟨nach gleichbed. *it.* marinismo, nach dem ital. Dichter G. Marino (1569–1625); vgl. ...ismus (1)⟩: schwülstiger Dichtungsstil des italien. Barocks, der in ganz Europa nachgeahmt wurde
Ma|ri|nist *der;* -en, -en ⟨zu ↑...ist⟩: Vertreter des ¹,²Marinismus
ma|rin|mar|gi|nal ⟨zu ↑marin u. ↑marginal⟩: in Meeresbuchten sich absetzend (von Salzlagern; Geol.).
Ma|rio|la|trie *die;* - ⟨zu Maria, Name der Mutter Jesu, u. ↑Latrie⟩: Marienverehrung. **Ma|rio|lo|ge** *der;* -n, -n ⟨zu ↑...loge⟩: Vertreter der Mariologie. **Ma|rio|lo|gie** *die;* - ⟨zu ↑...logie⟩: kath.-theologische Lehre von der Gottesmutter. **ma|rio|lo|gisch** ⟨zu ↑...logisch⟩: die Mariologie betreffend. **Ma|rio|net|te** *die;* -, -n ⟨aus gleichbed. *fr.* marionnette, eigtl. „Mariechen", Ableitung vom franz. weibl. Vornamen Marion; vgl. ...ette⟩: 1. an Fäden od. Drähten aufgehängte u. dadurch bewegliche Gliederpuppe. 2. willenloses Geschöpf; ein Mensch, der einem anderen als Werkzeug dient. **Ma|rio|net|ten|re|gie|rung** *die;* -, -en: von einem fremden Staat eingesetzte u. gelenkte, unselbständige Regierung, Scheinregierung. **Ma|rio|net|ten|thea|ter** *das;* -, -: Theater, auf dem mit Marionetten gespielt wird
Ma|ri|stan *der;* -s, -e ⟨aus dem Pers.⟩: eine Anlage im islamischen Kulturbereich, die ein Hospital sowie eine Moschee, eine Medrese u. das Grab des Stifters umschließt
Ma|ri|sten *die* (Plur.) ⟨aus *fr.* mariste zu Marie „Maria"; vgl. ...ist⟩: Priester einer [1824 in Frankreich gegründeten] ↑Kongregation zur Mission in der Südsee; SM
Ma|ri|tal|re|si|denz *die;* -, -en ⟨zu *lat.* maritalis „zur Ehe gehörig" u. ↑Residenz⟩: Wohnsitz junger Eheleute, dessen Wahl bei verschiedenen Stämmen an bestimmte Regeln gebunden ist (Völkerk.).
ma|ri|tim ⟨aus gleichbed. *lat.* maritimus zu mare „Meer"⟩: 1. das Meer, die See betreffend; -es Klima: Seeklima. 2. das Seewesen, die Schiffahrt betreffend. **Ma|ri|ti|mi|tät** *die;* - ⟨zu ↑...ität⟩: Einfluß des Seeklimas auf das angrenzende Festland (Geogr.).
Ma|ri|tus *der;* -, ...ti ⟨aus gleichbed. *lat.* maritus⟩: (fachspr.) Gatte, Ehemann
Mar|jell *die;* -, -en u. **Mar|jell|chen** *das;* -s, - ⟨aus *lit.* mergēlė „Magd; Mädchen, Jungfrau", Verkleinerungsform von mergà „Bauernmädchen"⟩: (ostpreußisch) Mädchen
mar|kant ⟨aus *fr.* marquant „sich auszeichnend, hervorragend", Part. Präs. von marquer, vgl. markieren⟩: bezeichnend; ausgeprägt; auffallend; scharf geschnitten (von Gesichtszügen)
Mar|ka|sit [auch ...'zɪt] *der;* -s, -e ⟨aus gleichbed. *mlat.* marcas(s)ita, weitere Herkunft ungeklärt⟩: ein metallisch glänzendes, gelbes, oft bunt anlaufendes Mineral
Mar|ker *der;* -s, -[s] ⟨aus *engl.* marker, eigtl. „Kenn-, Merkzeichen"⟩: 1. a) Merkmal eines sprachlichen Elements, dessen Vorhandensein mit + u. dessen Fehlen mit − gekennzeichnet wird (z. B. hat *Junggeselle* männlich +, abstrakt −; *schön* hat Adj. +); b) Darstellung der Konstituentenstruktur in einem ↑Stemma; c) Darstellung der Reihenfolge von Transformationsregeln (Sprachw.). 2. ↑genetisches Merkmal von ↑Viren (Biol.). 3. Stift zum Markieren (1)
Mar|ke|ten|der *der;* -s, - ⟨soldatenspr. umgeformt aus *it.* mercatante, mercadante „Händler", substantiviertes Part. Präs. von älter *it.* mercatare „Handel treiben" zu mercato „Markt", dies aus *lat.* mercatus⟩: männliche Form zu ↑Marketenderin. **Mar|ke|ten|de|rei** *die;* -, -en: (früher) a) (ohne Plur.) Verkauf von Marketenderware; b) [mobile] Verkaufsstelle für Marketenderwaren. **Mar|ke|ten|de|rin** *die;* -, -nen: (früher) die Truppe (bei Manövern u. im Krieg) begleitende Händlerin. **mar|ke|ten|dern**: (veraltet, noch scherzh.) Marketenderware feilbieten, weniger wertvolle Dinge des Alltagsgebrauchs verkaufen. **Mar|ke|ten|der|wa|re** *die;* -, -n: von der Marketenderin [an die Soldaten] gegen Bezahlung gelieferte Lebens- u. Genußmittel sowie Gebrauchsgegenstände (neben der normalen Verpflegung, Bekleidung u. a.)
Mar|ke|te|rie *die;* -, ...ien ⟨aus gleichbed. *fr.* marqueterie zu marqueter „mit Intarsien versehen", eigtl. „besprenkeln", dies zu marque „(Kenn)zeichen"⟩: Einlegearbeit (von Holz, Metall, Marmor)
Mar|ke|ting *das;* -[s] ⟨aus gleichbed. *engl.* marketing zu to market „Handel treiben, Märkte besuchen", dies zu market „Markt" aus *lat.* mercatus⟩: Ausrichtung der Teilbereiche eines Unternehmens auf die Förderung des Absatzes durch Werbung, durch Steuerung der eigenen Produktion u. a. (Wirtsch.). **Mar|ke|ting|ma|na|ger** [...mɛnɪdʒɐ] *der;* -s, -: Fachmann für Marketing, besonders Leiter einer Marketingabteilung (Wirtsch.). **Mar|ke|ting-mix** *das;* -es ⟨aus gleichbed. *amerik.* marketing-mix⟩: Kombination verschiedener Maßnahmen zur Absatzförderung im Hinblick auf eine bestimmte Zielsetzung (Wirtsch.). **Mar|ke|ting-Re|search** [...rɪsə:tʃ] *das;* -[s], -s: Absatzforschung (Wirtsch.). **Mar|ket-ma|ker** [...meɪkə] *der;* -[s], -[s] ⟨aus gleichbed. *engl.* market-maker, eigtl. „Marktmacher"⟩: die Preise bestimmende Wertpapierhändler (Wirtsch.)
Mar|keur [...'kø:ɐ] vgl. Markör
Mar|khor [...'ko:ɐ] *der;* -s, -e ⟨aus gleichbed. *pers.* mārkhōr, eigtl. „Schlangenfresser"⟩: Schraubenziege, Ziegenart im Himalajagebiet u. im benachbarten Hochgebirge
mar|kie|ren ⟨über *fr.* marquer aus *it.* marcare „kennzeichnen" zu marca „Marke, Zeichen", dies aus dem Germ.⟩: 1. bezeichnen, kennzeichnen, kenntlich machen. 2. a) her-

863

markiert

vorheben, betonen; b) sich -: sich deutlich abzeichnen. 3. (österr.) entwerten (von Fahrkarten). 4. ein Gericht vorbereiten (Gastr.). 5. etwas [nur] andeuten (z. B. auf einer [Theater]probe). 6. einen Treffer erzielen (Sport). 7. in einer bestimmten Art u. Weise decken (Sport). 8. (ugs.) vortäuschen; so tun, als ob. **mar|kiert** 〈zu ↑ ...iert〉: mit einem Marker (1 a) versehen, z. B. *Junggeselle* ist im Hinblick auf das Geschlecht -, *Mensch* ist nicht -. **Mar|kie|rung** *die;* -, -en 〈zu ↑ ...ierung〉: Kennzeichnung; [Kenn]zeichen; Einkerbung. **Mar|kie|rungs|be|leg** *der;* -[e]s: Datenträger, bei dem die Daten von Hand durch Ankreuzen, Strichmarkierung u. a. in vorgedruckte Kästchen eingetragen werden (EDV). **Mar|kie|rungs|gen** *das;* -s, -e: ↑ Gen, an dessen sicher erkennbarer, meist dominanter Wirkung das Vorhandensein anderer, mit ihm gekoppelter Gene od. eines bestimmten ↑ Chromosoms festgestellt werden kann (Biol.).
¹**Mar|ki|se** *die;* -, -n 〈aus gleichbed. *fr.* marquise, früher in der Soldatenspr. scherzhafte Bez. für das zusätzliche Zeltdach über dem Zelt eines Offiziers (= älter *fr.* marquis, vgl. Marquis), das es von dem des einfachen Soldaten unterscheiden sollte〉: aufrollbares, schräges Sonnendach, Schutzdach, -vorhang aus festem Stoff
²**Mar|ki|se** *die;* -, -n 〈Herkunft ungeklärt〉: a) Edelsteinschliff mit schiffchenartiger Anordnung der Facette; b) Schmuckstein mit Markise (a)
Mar|ki|set|te vgl. Marquisette
Mark|ka *die;* -, - (aber: 10 Markkaa [...ka]) 〈aus *finn.* markka, dies über *schwed.* mark aus *altnord.* mark〉: finn. Währungseinheit; Abk.: mk; vgl. Finnmark
Mar|kör u. Markeur [...'køːɐ̯] *der;* -s, -e 〈aus gleichbed. *fr.* marqueur zu marquer, vgl. markieren〉: 1. Schiedsrichter, Punktezähler beim Billardspiel. 2. (österr. veraltet) Kellner. 3. Furchenzieher (Gerät zur Anzeichnung der Reihen, in denen angepflanzt od. ausgesät wird; Landw.)
Mar|ly [...li] *der;* - 〈nach der franz. Stadt Marly-le-Roi〉: gazeartiges [Baumwoll]gewebe
Mar|ma|tit [auch ...'tɪt] *der;* -s, -e 〈nach dem Ort Marmato (Italien) u. zu ↑²...it〉: ein Mineral, eisenreiche Zinkblende
Mar|me|la|de *die;* -, -n 〈aus *port.* marmelada „Quittenmus" zu marmelo „Quitte", dies über *spätlat.* malimellus, *lat.* melimelum aus *gr.* melímēlon „Honigapfel" (zu *gr.* méli „Honig" u. mēlon „Apfel")〉: 1. Brotaufstrich aus mit Zucker eingekochtem Fruchtmark bzw. eingekochten reifen Früchten. 2. (nach einer Verordnung der Europäischen Gemeinschaft) süßer Brotaufstrich aus Zitrusfrüchten
Mar|mor *der;* -s, -e 〈über *lat.* marmor aus gleichbed. *gr.* mármaros, eigtl. „Felsblock, gebrochener Stein", wohl zu mánasthai „zerfallen, zermalmen, zerschlagen"〉: 1. durch ↑ Metamorphose (4) kristallin-körnig gewordener Kalkstein. 2. polier- u. schleiffähiger Kalkstein. **mar|mo|rie|ren** 〈nach *lat.* marmorare „mit Marmor überziehen"〉: marmorartig bemalen, ädern. **mar|morn:** aus Marmor
Mar|mo|set *der;* -s, -s 〈aus gleichbed. *engl.* marmoset, dies über *mittelengl.* marmusette, marmozette aus *mittelfr.* marmouset, marmoset „wunderliche, seltsame Figur"〉: ein Krallenaffe im trop. Amerika
Mar|mot|te *die;* -, -n 〈aus gleichbed. *fr.* marmotte, weitere Herkunft ungeklärt〉: Murmeltier der Alpen u. Karpaten
Ma|ro|cain [...'kɛ̃ː] *der* od. *das;* -s, -s 〈aus *fr.* (crêpe) marocain „marokkanisch(er Stoff)"〉: svw. Crêpe marocain
ma|rod 〈zu ↑ marode〉: (österr. ugs.) leicht krank; vgl. marode. **ma|ro|de** 〈urspr. (Soldatenspr. des 30jährigen Krieges) „marschunfähig und während des Nachziehens plündernd", zu *fr.* maraud „Lump, Vagabund", weitere Herkunft unsicher〉: 1. (Soldatenspr. veraltet) marschunfähig,

wegmüde. 2. (veraltend, aber noch landsch.) erschöpft, ermattet, von großer Anstrengung müde; vgl. marod. **Ma|ro|deur** [...'døːɐ̯] *der;* -s, -e 〈aus gleichbed. *fr.* maraudeur〉: plündernder Nachzügler einer Truppe. **ma|ro|die|ren** 〈nach gleichbed. *fr.* marauder; vgl. ...ieren〉: [als Nachzügler einer Truppe] plündern
Ma|ron *das;* -s 〈zu ↑ ¹Marone, nach der Farbe der Frucht〉: Kastanienbraun. ¹**Ma|ro|ne** *die;* -, Plur. -n u. (bes. österr.) ...ni 〈über *fr.* marron aus gleichbed. *it.* (mdal.) marrone, weitere Herkunft ungeklärt〉: [geröstete] eßbare Edelkastanie. ²**Ma|ro|ne** *die;* -, -n 〈zu ↑ ¹Marone, wegen des kastanienbraunen Hutes〉: ein Speisepilz. **Ma|ro|nen|pilz** *der;* -es, -e: svw. ²Marone. **Ma|ro|ni:** Plur. von ↑ ¹Marone
Ma|ro|nit *der;* -en, -en (meist Plur.) 〈nach dem hl. Maro († vor 423) u. zu ↑ ³...it〉: Angehöriger der mit Rom unierten syrisch-christlichen Kirche im Libanon. **ma|ro|ni|tisch:** die Maroniten betreffend; -e Liturgie: die westsyrische Liturgie der Maroniten
Ma|ro|quin [...'kɛ̃ː] *der,* auch *das;* -s 〈aus gleichbed. *fr.* maroquin zu Maroc „Marokko", da diese Art Leder hier zuerst gefertigt worden sein soll〉: feines, genarbtes Ziegenleder; vgl. Saffian
Ma|rot|te *die;* -, -n 〈aus *fr.* marotte „Narrenkappe, Narrheit", urspr. „kleine Heiligenfigur (der Maria), Puppe", dann „Narrenzepter mit Puppenkopf", Verkleinerungsform vom weiblichen Vornamen Marie〉: Schrulle, wunderliche Neigung, merkwürdige Eigenschaft, Angewohnheit
Mar|queß [...kvɪs, engl. 'maːkwɪs] *der;* -, - 〈aus gleichbed. *engl.* marquess, dies über älter *engl.* marquis aus *altfr.* marchis, vgl. Marquis〉: 1. (ohne Plur.) engl. Adelstitel. 2. Träger dieses Titels. **Mar|que|te|rie** [marke...] *die;* Marketerie. **Mar|quis** [...'kiː] *der;* - [...'kiː(s)], - [...'kiːs] 〈aus gleichbed. *fr.* marquis (altfr. marchis) „Markgraf" zu marche „Grenzland, Grenze", dies aus dem Germ.〉: 1. (ohne Plur.) franz. Adelstitel. 2. Träger dieses Titels. **Mar|qui|sat** [...ki...] *das;* -[e]s, -e 〈aus gleichbed. *fr.* marquisat〉: 1. Würde eines Marquis. 2. Gebiet eines Marquis. **Mar|qui|se** *die;* -, -n 〈aus gleichbed. *fr.* marquise, Fem. zu ↑ Marquis〉: 1. (ohne Plur.) franz. Adelstitel. 2. Trägerin dieses Titels. **Mar|qui|set|te,** in dt. Schreibung Markisette *die;* -, auch *der;* -s 〈Phantasiebezeichnung, Verkleinerungsform von ↑ Marquise; vgl. ...ette〉: gazeartiges Gardinengewebe aus Baumwollzwirn
Mar|ra|ne u. Marane *der;* -n, -n (meist Plur.) 〈aus *span.* (abwertend) marrano „Schwein", dies vielleicht aus *aram.* maḥram „etwas Verbotenes", weil das Essen von Schweinefleisch bei den Juden u. Moslems außerhalb des Gesetzes liegt〉: Schimpfname für die im 15. Jh. zwangsweise getauften, z. T. heimlich ↑ mosaisch gebliebenen span. Juden
Mar|ris|mus *der;* - 〈nach dem russ. Sprachwissenschaftler N. J. Marr (1865–1934) u. zu ↑ ...ismus (1)〉: svw. Japhetitologie
Mars *der;* -, -e, auch *die;* -, -en 〈über gleichbed. *mittelniederd.* mars, merse aus *mittelniederl.* me(e)rse, eigtl. „Waren(korb)", dies zu *lat.* merces (Plur.) „Waren"〉: (Seemannsspr.) Plattform zur Führung u. Befestigung der Marsstenge
Mar|sa|la *der;* -s, -s 〈nach der gleichnamigen sizilianischen Stadt〉: goldgelber Süßwein
Mar|seil|lai|se [marsɛˈjɛːzə, fr. ...'jɛːz] *die;* - 〈aus *fr.* Marseillaise, nach der franz. Stadt Marseille, da das Lied zuerst von franz. Revolutionären aus dieser Stadt gesungen wurde〉: franz. Nationalhymne (1792 entstandenes Marschlied der Franz. Revolution)

Mar|shall|plan ['marʃal..., engl. 'mɑːʃəl...] *der;* -[e]s ⟨nach dem früheren amerik. Außenminister G. C. Marshall, 1880–1959⟩: amerik. [wirtschaftliches] Hilfsprogramm für die westeuropäischen Staaten nach dem 2. Weltkrieg

Mar|shit [...ʃiːt, auch ...ʃɪt] *der;* -s, -e ⟨nach dem austr. Geologen Charles W. Marsh (19. Jh.) u. zu ↑²...it⟩: ein ölbraunes bis farbloses, an der Luft rot werdendes Mineral

Mar|su|pia|li|er [...i̯ɐ] *die* (Plur.) ⟨aus *nlat.* marsupialia (Plur.) zu *lat.* marsup(p)ium „Geldsäckchen, -beutel", dies aus *gr.* marsípion, Verkleinerungsform von mársipos „Sack, Beutel"⟩: zusammenfassende systematische Bez. für die Beuteltiere (Zool.)

mar|te|lé [...'leː] ⟨*fr.;* Part. Perf. von marteler „hämmern"⟩: svw. martellato. **Mar|te|lé** *das;* -s, -s: svw. Martellato. **Mar-tèle|ment** [...tɛl'mã:] vgl. Martellement. **mar|tel|lan|do** ⟨*it.;* Part. Präs. von martellare „hämmern"⟩: svw. martellato. **mar|tel|la|to** ⟨*it.;* Part. Perf. von martellare, vgl. martellando⟩: mit fest gestrichenem, an der Bogenspitze drückendem Bogen (Vortragsanweisung für Streichinstrumente; Mus.). **Mar|tel|la|to** *das;* -s, Plur. -s u. ...ti: gehämmertes, scharf akzentuiertes od. fest gestrichenes Spiel (Mus.). **Mar|tel|le|ment** [...'mã:] *das;* -s, -s ⟨zu *fr.* martèlement „hammerartig"⟩: 1. (veraltet) svw. Mordent. 2. Tonwiederholung auf der Harfe (Mus.)

mar|tia|lisch ⟨aus gleichbed. *lat.* Martialis, eigtl. „zum Kriegsgott Mars gehörend"⟩: kriegerisch, bedrohlich, aggressiv; grimmig, wild, verwegen

Mar|tin|gal *das;* -s, -e ⟨aus gleichbed. *fr.* martingale zu *provenzal.* martengalo, weitere Herkunft unsicher⟩: zwischen den Vorderbeinen des Pferdes durchlaufender Hilfszügel (Reiten). **Mar|tin|ga|leur** [...'lø:ɐ̯] *der;* -s, -e ⟨zu *fr.* martingaler („beim Spiel) den Einsatz ständig erhöhen" u. ↑...eur⟩: (veraltet) den Einsatz verdoppelnder Spieler beim ↑²Pharao

Martsch vgl. Matsch

Mär|ty|rer, kath. kirchlich auch **Mar|ty|rer** *der;* -s, - ⟨aus *kirchenlat.* martyr „(Glaubens-, Blut)zeuge", dies aus *gr.* mártyr⟩: 1. a) jmd., der wegen seines Glaubens Verfolgungen, [körperliches] Leid ertragen [und den Tod erleiden] muß; b) Blutzeuge des christlichen Glaubens; vgl. Acta Martyrum. 2. jmd., der sich für seine Überzeugung opfert od. Verfolgungen auf sich nimmt. **Mär|ty|rer|ak|ten** *die* (Plur.): altkirchliche Aufzeichnungen über Prozesse u. den Tod der christlichen Märtyrer. **Mär|ty|re|rin**, kath. kirchlich auch **Mar|ty|re|rin** *die;* -, -nen: weibliche Form zu ↑Märtyrer. **Mar|ty|ri|um** *das;* -s, ...ien [...i̯ən] ⟨aus *kirchenlat.* martyrium „Blutzeugnis für die Wahrheit der christlichen Religion", dies aus *gr.* martýrion „(Blut)zeugnis"⟩: 1. a) Opfertod, schweres Leiden [um des Glaubens oder der Überzeugung willen]; b) Blutzeugenschaft. 2. Grab[kirche] eines christlichen Märtyrers. **Mar|ty|ro|lo|gi|um** *das;* -s, ...ien [...i̯ən] ⟨aus gleichbed. *mlat.* martyrologium⟩: liturgisches Buch mit Verzeichnis der Märtyrer u. Heiligen u. ihrer Feste mit beigefügter Lebensbeschreibung; - Romanum: das amtliche Märtyrerbuch der röm.-kath. Kirche (seit 1584)

Ma|run|ke *die;* -, -n ⟨aus dem Slaw.; *tschech.* meruňka „Aprikose", *poln.* mdal. mierunka, marunka, dies aus *lat.* (prunus) armeniaca „armenisch(e Pflaume)"⟩: (ostmitteldt.) gelbe Pflaume, Eierpflaume

Ma|ruts *die* (Plur.) ⟨aus gleichbed. *sanskr.* máruta, marutá⟩: Sturmgeister der ↑wedischen Religion, Begleiter des Gottes Indra

Mar|xis|mus *der;* - ⟨nach dem dt. Philosophen u. Nationalökonomen K. Marx (1818–1883) u. zu ↑...ismus (1)⟩: das von K. Marx, F. Engels u. deren Schülern entwickelte System von politischen, ökonomischen u. sozialen Theorien, das auf dem historischen u. dialektischen Materialismus u. dem wissenschaftlichen Sozialismus basiert. **Mar|xis|mus-Le|ni|nis|mus** *der;* -: von W. I. Lenin weiterentwickelter Marxismus. **Mar|xist** *der;* -en, -en ⟨zu ↑...ist⟩: Vertreter u. Anhänger des Marxismus. **mar|xi|stisch** ⟨zu ↑...istisch⟩: a) den Marxismus betreffend; b) im Sinne des Marxismus. **mar|xi|stisch-le|ni|ni|stisch**: den Marxismus-Leninismus betreffend. **Mar|xist-Le|ni|nist** *der;* des Marxisten-Leninisten, die Marxisten-Leninisten: Vertreter u. Anhänger des Marxismus-Leninismus. **Mar|xo|lo|ge** *der;* -n, -n ⟨zu ↑...loge⟩: (meist scherzh. od. abwertend) jmd., der sich wissenschaftlich mit dem Marxismus beschäftigt [ohne selbst Marxist zu sein]. **Mar|xo|lo|gie** *die;* - ⟨zu ↑...logie⟩: Wissenschaft, die sich mit dem Marxismus beschäftigt

Ma|ry Jane ['mɛərɪ 'dʒeɪn] *die;* - - ⟨nach der Erklärung von ↑Marihuana (*engl.* marijuana) aus den span. weiblichen Vornamen María (*engl.* Mary) u. Juana (*engl.* Jane)⟩: (ugs. verhüllend) Marihuana; vgl. Lady Mary Jane

Ma|rym|ba vgl. Marimba

März *der;* Gen. -[e]s, gehoben auch noch -en, Plur. -e ⟨aus *lat.* Martius (mensis) „(Monat des Kriegsgottes) Mars"⟩: dritter Monat des Jahres

Mar|zi|pan [auch 'mar...] *das,* österr., sonst selten *der;* -s, -e ⟨aus gleichbed. *it.* marzapane, weitere Herkunft unsicher⟩: weiche Masse aus Mandeln, Aromastoffen u. Zucker

Mar|zo|la|no *der;* -s ⟨aus *it.* (frumento) marzolino „März(weizen)"⟩: früher in Italien zu Strohhüten benutztes Stroh des im März gesäten Sommerweizens

Ma|sar *der* od. *das;* -s, -e ⟨aus *arab.* maṣara „Mühlstein"⟩: Grabmal eines islamischen Heiligen in Mittelasien

Mas|ca|gnit [...ka'njiːt, auch ...ɪt] *der;* -s, -e ⟨nach dem ital. Arzt P. Mascagni (1752–1815) u. zu ↑²...it⟩: ein farbloses od. weißes Mineral, das auf Laven, an ↑Soffionen u. Geysiren weiße Krusten bildet

¹Mas|ca|ra [...k...] *die;* -, -s ⟨über gleichbed. *engl.* mascara aus *span.* máscara, dies aus älter *it.* mascara, weitere Herkunft unsicher⟩: pastenförmige Wimperntusche. **²Mas|ca|ra** *der;* -, -s ⟨zu ↑¹Mascara⟩: Stift od. Bürste zum Auftragen von Wimperntusche

Mas|ca|ret [maska'rɛ] *der;* -s, -s ⟨aus gleichbed. *fr.* mascaret⟩: in Flußmündungen aufwärts wandernde Flutwelle, Sturzwelle

Mas|car|po|ne [...k...] *der;* -s ⟨aus gleichbed. *it.* mascarpone⟩: unter Verwendung von süßer Sahne hergestellter ital. Weichkäse

Ma|schad [mæˈʃæd] vgl. Maschhad

Ma|schal *der;* -s, Plur. -e u. - im ⟨aus *hebr.* mášál „Gleichnis, Sprichwort"⟩: (veraltet) Gleichnis, in Gleichnissen ausgeführte lehrhafte Erzählung

masch|allah! ⟨aus *arab.* mā šā'a-llāh „was Gott will"⟩: bewundernder od. zustimmender Ausruf der Moslems

Ma|schans|ker *der;* -s, - ⟨nach dem Ort Maschau (*tschech.* Maštov) in Nordböhmen⟩: (österr.) Borsdorfer ↑Renette

Masch|had, Maschad [mæʃ'(h)æd] u. Mesch[h]ed *der;* -[s], -s ⟨nach der iran. Provinzhauptstadt Maschhad⟩: handgeknüpfter Orientteppich

Ma|schi|ku|lis *der;* -, - ⟨aus *fr.* mâchicoulis „Pechnase" zu *provenzal.* macar „schlagen" u. col „Hals"⟩: Wurfschachtreihe zwischen den Konsolen der Wehrgänge mittelalterlicher Burgen, die zum Herabgießen von heißem Blei diente

Ma|schi|ne *die;* -, -n ⟨über gleichbed. *fr.* machine aus *lat.* machina „(Kriegs-, Belagerungs)maschine", dies aus *gr.* (dorisch) māchaná für mēchanḗ, vgl. mechanisch⟩: 1. me-

maschinell

chanische, aus beweglichen Teilen bestehende Vorrichtung, mit deren Hilfe bestimmte Arbeiten unter Einsparung menschlicher (bzw. tierischer) Arbeitskraft ausgeführt werden können. 2. a) Motorrad; b) Flugzeug; c) Rennwagen; d) kurz für Schreibmaschine, Nähmaschine, Waschmaschine usw. 3. (ugs. scherzh.) beleibte [weibliche] Person. **ma|schi|nell** ⟨nach gleichbed. *fr.* machinal, dies aus *lat.* machinalis „die Maschinen betreffend"; vgl. ...ell⟩: maschinenmäßig; mit einer Maschine [hergestellt]. **Ma|schi|nen|code** *der;* -s, -s ⟨zu ↑ Maschine⟩: der Code (1) für die maschineninterne, d. h. von der Zentraleinheit eines Computers unmittelbar verarbeitbare Darstellung von Ziffern, Buchstaben u. Sonderzeichen. **ma|schi|nen|in|ten|siv**: mit einem großen Einsatz von Maschinen (1) betrieben, durch eine im Verhältnis zum Einsatz menschlicher Arbeitskraft hohen Maschineneinsatz gekennzeichnet. **ma|schi|nen|les|bar**: für einen Computer o. ä. lesbar (EDV). **Ma|schi|nen|mo|dell** *das;* -s, -e: Modellvorstellung vom maschinenartigen psycho-physischen Funktionieren des Menschen. **Ma|schi|nen|pro|gramm** *das;* -s, -e: Programm (4), das in einer Maschinensprache programmiert ist (EDV). **Ma|schi|nen|re|vi|si|on** *die;* -, -en: Überprüfung der Druckbogen vor Druckbeginn auf die richtige Ausführung der letzten Korrektur (Druckw.). **Ma|schi|nen|sprache** *die;* -, -n: Programmiersprache eines Computers (EDV). **Ma|schi|nen|te|le|graf** *der;* -en, -en: Signalapparat, bes. auf Schiffen, zur Befehlsübermittlung von der Kommandostelle zum Maschinenraum **Ma|schi|nen|theo|rie** *die;* -: sachlich auf Descartes zurückgehende Auffassung der Lebewesen als seelenlose Automaten (Philos.). **Ma|schi|ne|rie** *die;* -, ...ien ⟨mit französischer Endung zu ↑ Maschine⟩: 1. a) [komplizierte, aus mehreren zusammenarbeitenden Teilen bestehende] maschinelle Einrichtung; b) maschinelle Bühneneinrichtungen beim Theater. 2. System von automatisch ablaufenden Vorgängen, in die einzugreifen schwer od. unmöglich ist. **ma|schi|nie|ren** ⟨zu ↑...ieren⟩: bei der Pelzveredelung die zarten Grannen des Fells abscheren. **Ma|schi|nis|mus** *der;* - ⟨zu ↑...ismus (1)⟩: auf der ↑Maschinentheorie beruhender, alle Lebewesen als Maschine auffassender Materialismus (Philos.). **Ma|schi|nist** *der;* -en, -en ⟨nach gleichbed. *fr.* machiniste⟩: 1. jmd., der fachkundig Maschinen bedient u. überwacht. 2. auf Schiffen der für Inbetriebsetzung, Instandhaltung u. Reparaturen an der Maschine Verantwortliche. 3. Vertreter des Maschinismus

Masch|ra|bi|ye [...jə] *die;* -, -n ⟨aus *arab.* mašrabīye „Holzgitter"⟩: kunstvolles, lichtdämpfendes Holzgitterwerk vor den Fenstern vornehmer orientalischer Wohnbauten im oberen Geschoß, auch erkerartig, auf Konsolen ruhend gestaltet

Masch|rik *der;* -[s] ⟨aus gleichbed. *arab.* mašriq, eigtl. „Ort des Sonnenaufgangs"⟩: der Osten der arab. Welt (einschließlich Ägyptens)

Mas|con ['mæskən] *das;* -s, -s ⟨Kurzw. aus *engl.* mass concentration „Massenkonzentration"⟩ Gebiet mit Schwereanomalien auf dem Mond

Mas|dschid u. **Mesdschid** *der* od. *das;* -[s], -s ⟨aus *arab.* masğid „Gebetshaus", eigtl. „Haus, wo man sich niederwirft"⟩: Gebetshaus des Moslems, kleine Moschee

Ma|ser ['meɪzə] *der;* -s, - ⟨aus gleichbed. *engl.-amerik.* maser, urspr. Kurzw. aus microwave amplification by stimulated emission of radiation „Kurzwellenverstärkung durch angeregte Aussendung von Strahlung"⟩: Gerät zur Verstärkung bzw. Erzeugung von Mikrowellen (Phys.)

Ma|set|te *die;* -, -n ⟨aus *it.* mazzetto „Bündel", Verkleinerungsform von mazzo „Kartenstoß, -block", weitere Herkunft ungeklärt⟩: (österr.) Eintrittskartenblock, aus dem die perforierten Eintrittskarten herausgerissen werden (Kino, Theater usw.)

Ma|shie ['mæʃi, engl. 'mæʃɪ] *der;* -s, -s ⟨aus gleichbed. *engl.* mashie, mashy, weitere Herkunft unsicher⟩: mit Eisenkopf versehener Golfschläger (für Annäherungsschläge)

Mas|ka|rill *der;* -[s], -e ⟨aus *span.* mascarilla „Halbmaske", eigtl. „kleine Maske", Verkleinerungsform von máscara, vgl. ¹Mascara⟩: typisierte Figur der älteren span. Komödie (Bedienter, der sich als Marquis verkleidet). **Mas|ka|ron** *der;* -s, -e ⟨über *fr.* mascaron aus gleichbed. *it.* mascherone, eigtl. „große Maske", Vergrößerungsform von maschera, vgl. Maske⟩: Menschen- od. Fratzengesicht als Ornament in der Baukunst (bes. im Barock). **Mas|ke** *die;* -, -n ⟨aus gleichbed. *fr.* masque, dies über *it.* maschera aus älter *it.* mascara, weitere Herkunft unsicher; Bed. 7 über gleichbed. *engl.* mask⟩: 1. künstliche Hohlgesichtsform: a) Gesichtsform aus Holz, Leder, Pappe, Metall als Requisit des Theaters, Tanzes, der Magie zur Veränderung des Gesichts; b) beim Fechten u. Eishockey Gesichtsschutz aus festem, unzerbrechlichem Material (Sport); c) bei der Narkose ein Mund u. Nase bedeckendes Gerät, mit dem Gase eingeatmet werden (Med.). 2. verkleidete, vermummte Person. 3. einer bestimmten Rolle entsprechende Verkleidung u. entsprechendes Geschminktsein eines Schauspielers. 4. Schablone zum Abdecken eines Negativs beim Belichten od. Kopieren (Fotogr.). 5. halbdurchlässiger, selektiver Filter zur Farb- u. Tonwertkorrektur bei der Reproduktion von Fotografien (Fotogr.). 6. Verstellung, Vortäuschung. 7. a) eine Art Formular, Schablone, die man den Computerbildschirm abrufen kann u. in die man Daten einträgt; b) Folge von Zeichen od. Symbolen, die zur Auswahl von Teilen einer Zeichenfolge verwendet wird (EDV)

Mas|ke|ly|nit [auch ...'nɪt] *der;* -s, -e ⟨nach dem brit. Mineralogen Story-Maskelyn (1823–1911) u. zu ↑ ²...it⟩: ein Mineral, zu Glas geschmolzener ↑ Bytownit in Meteoriten

Mas|ke|ra|de *die;* -, -n ⟨über *fr.* mascarade (u. *span.* mascarada) aus älter *it.* mascarata „Maskenzug" zu mascara, vgl. Maske⟩: 1. Verkleidung. 2. (veraltend) Maskenfest, Mummenschanz. 3. Heuchelei, Vortäuschung. **mas|kie|ren** ⟨aus gleichbed. *fr.* masquer zu masque, vgl. Maske⟩: 1. verkleiden, eine Maske umbinden. 2. verdecken, verbergen. 3. angerichtete Speisen mit [erstarrender] Soße überziehen (Gastr.). 4. Farb- u. Tonwerte mit Hilfe einer Maske (5) korrigieren (Fotogr.). **Mas|kie|rung** *die;* -, -en ⟨zu ↑...ierung⟩: 1. Bildung von chem. Komplexen, um eine Ionenart (vgl. Ion) quantitativ bestimmen zu können (Chem.). 2. Farb- u. Tonwertkorrektur mit Hilfe von Masken (5; Fotogr.). 3. Tarnung, Schutztracht mit Hilfe von Steinchen, Schmutz od. Pflanzenteilen bei Tieren (Zool.). 4. das Maskieren (1)

Mas|kott|chen *das;* -s, - u. **Mas|kot|te** *die;* -, -n ⟨aus gleichbed. *fr.* mascotte, dies aus *provenzal.* mascoto „Zauberei" zu masco „Zauberin, Hexe", dies aus *mlat.* masca, wohl aus dem Germ.⟩: glückbringender ↑ Talisman (Anhänger, Puppe u. a.)

mas|ku|lin [auch 'ma...] ⟨aus gleichbed. *lat.* masculinus zu masculus „männlichen Geschlechts", Verkleinerungsform von mas „männlich"⟩: a) für den Mann charakteristisch; männlich (in bezug auf Menschen); b) das Männliche betonend, hervorhebend; c) als Frau männliche Züge habend, nicht weiblich; Abk.: m; vgl. ...isch/-. **mas|ku|li|nisch**: männlichen Geschlechts (Biol., Med., Sprachw.); Abk.: m;

vgl. ...isch/-. **Mas|ku|li|ni|sie|rung** *die;* -, -en ⟨zu ↑...isierung⟩: 1. Vermännlichung der Frau im äußeren Erscheinungsbild (Med.). 2. Vermännlichung weiblicher Tiere (Biol.). **Mas|ku|li|nis|mus** *der;* -, ...men ⟨zu ↑...ismus (3, 5); Analogiebildung zu ↑Feminismus⟩: 1. (ohne Plur.) Betonung der Männlichkeit bzw. männlicher Ansprüche als Reaktion auf den ↑Feminismus (1). 2. das Vorhandensein bzw. die Ausbildung männlicher Geschlechtsmerkmale bei der Frau od. bei weiblichen Tieren (Med., Biol.). **Mas|ku|li|num** *das;* -s, ...na ⟨aus gleichbed. *lat.* (genus) masculinum⟩: männliches Substantiv (z. B. der Wagen); Abk.: M., Mask.

Mas|le|ni|za *die;* -, Plur. -s u. ...zen ⟨aus gleichbed. *russ.* maslenica zu maslo „Butter, Öl"⟩: altes slaw. Fest zur Verabschiedung des Winters, das in christlicher Zeit zur Butterwoche, Fastnachtswoche wurde

Ma|so|chis|mus [...x...] *der;* -, ...men ⟨nach dem österr. Schriftsteller L. v. Sacher-Masoch (1836–1895) u. zu ↑...ismus (3)⟩: 1. (ohne Plur.) das Empfinden von sexueller Erregung beim Erdulden von körperlichen od. seelischen Mißhandlungen. 2. masochistische Handlung; vgl. Sadismus. **Ma|so|chist** *der;* -en, -en ⟨zu ↑...ist⟩: jmd., der bei Mißhandlung sexuelle Erregung empfindet. **ma|so|chi|stisch** ⟨zu ↑...istisch⟩: den Masochismus betreffend

Ma|so|ra usw. vgl. Massora usw.

Masque [mɑːsk] *die;* -, -s ⟨aus gleichbed. *engl.* masque, dies aus *fr.* masque, vgl. Maske⟩: aus Volksmaskeraden des Mittelalters entstandene, von Hoffesten der ital. Renaissance beeinflußte, zwischen 1580 u. 1640 am engl. Königshof beliebte theatralische Mischform

Mas|sa *der;* -s, -s ⟨entstellt aus *engl.* master, vgl. Master⟩: früher von den schwarzen Sklaven Nordamerikas verwendete Bez. für Herr

Mass-ac|tion [ˈmæsˈækʃən] *die;* - ⟨aus gleichbed. *engl.* mass action, eigtl. „Massenreflex"⟩: unspezifische Reaktion eines Säuglings (od. tierischen Organismus) auf irgendwelche Reize (Psychol.)

Mas|sa|ge [...ʒə] *die;* -, -n ⟨aus gleichbed. *fr.* massage zu masser, vgl. ¹massieren⟩: [Heil]behandlung des Körpers od. einzelner Körperteile durch mechanische Beeinflussung wie Kneten, Klopfen, Streichen u. ä. mit den Händen od. mit mechanischen Apparaten. **Mas|sa|ge|sa|lon** *der;* -s, -s: 1. (veraltend) Arbeitsraum eines ↑Masseurs. 2. (verhüllend) einem Bordell ähnliche, meist nicht offiziell geführte Einrichtung, in der bes. masturbatorische Praktiken geübt werden

Mas|sa|ker *das;* -s, - ⟨aus gleichbed. *fr.* massacre zu massacrer, vgl. massakrieren⟩: Gemetzel, Blutbad, Massenmord. **mas|sa|krie|ren** ⟨aus gleichbed. *fr.* massacrer, weitere Herkunft unsicher⟩: 1. niedermetzeln, grausam umbringen. 2. (ugs. scherzh. od. abwertend) quälen, mißhandeln

Maß|ana|ly|se *die;* -, -n ⟨zu ↑Analyse⟩: Verfahren, durch ↑Titration die Zusammensetzung von Lösungen zu ermitteln (Chem.)

Mas|sa|ran|du|ba *das;* -s ⟨aus gleichbed. *port.* maçaranduba, dies aus *Tupi* (einer südamerik. Indianersprache) maçarandiua⟩: fein strukturiertes, extrem hartes Holz einiger Arten der Seifenbaumgewächse aus Nordostbrasilien u. Guayana mit hoher Dauerhaftigkeit gegenüber Holzstörern, das u. a. für Furniere, Parkettböden u. als Konstruktionsholz Verwendung findet

Massé [...ˈseː] *der;* -[s], -s ⟨aus gleichbed. *fr.* massé zu masser „mit dem Queue stoßen"⟩: Stoß beim Billard, der einen kräftigen Vorwärtseffet vermittelt, weil der Spielball genau zentral getroffen wird; Ggs. Piqué

Mas|se|be *die;* -, -n ⟨aus gleichbed. *hebr.* maṣṣēbā, eigtl. „was aufrecht steht"⟩: aufgerichteter Malstein (urspr. als Behausung einer kanaanischen Gottheit) im Jordanland

¹**Mas|sel** *der,* österr. *das;* -s ⟨aus *jidd.* masl „Schicksal, Glück", dies aus *hebr.* mazzal „Stern, Schicksal"⟩: (Gaunerspr.) Glück

²**Mas|sel** *die;* -, -n ⟨aus gleichbed. *it.* massello, eigtl. Verkleinerungsform von massa „Masse", dies über *lat.* massa aus *gr.* mâza „Teig aus Gerstenmehl; (Metall)klumpen"⟩: durch Gießen in einer entsprechenden Form hergestellter, plattenförmiger Metallblock

Mas|sen|de|fekt *der;* -[e]s, -e ⟨zu ↑Defekt⟩: Betrag, um den die Masse eines Atomkerns kleiner ist als die Summe der Massen seiner Bausteine (Kernphys.). **Mas|sen|hyp|no|se** *die;* -, -n: hypnotische, demagogische Beeinflussung großer Menschenmengen. **Mas|sen|hy|ste|rie** *die;* -, -n [...iːən]: unkontrollierte, teils ekstatisch od. panikartige Erregung u. Reaktion bei einer großen Anzahl von Menschen, bes. bei Menschen in Massenansammlungen. **Mas|sen|ka|rambo|la|ge** [...ʒə] *die;* -, -n: Zusammenstoß vieler Fahrzeuge. **Mas|sen|kom|mu|ni|ka|ti|on** *die;* -, -en: Verbreitung gleichlautender Kommunikationsinhalte an eine Vielzahl von Menschen mit Hilfe der Massenmedien. **Mas|sen|kommu|ni|ka|ti|ons|mit|tel** [auch ˈma...] *das;* -s, -: svw. Massenmedium. **Mas|sen|kon|sum** *der;* -s ⟨zu ↑¹Konsum⟩: der für die Massengesellschaft typische ¹Konsum von seriell gefertigten, z. T. auf begrenzte Haltbarkeit berechneten u. der Mode unterworfenen Gütern in großer Menge. **mas|sen|me|di|al**: die Massenmedien betreffend. **Mas|sen|me|di|um** *das;* -s, ...dien [...jən] (meist Plur.) ⟨zu ↑²Medium⟩: auf große Massen ausgerichteter Vermittler von Information u. Kulturgut (z. B. Presse, Film, Funk, Fernsehen). **Mas|sen|or|ga|ni|sa|ti|on** *die;* -, -en: ↑Organisation, der breite Kreise der Bevölkerung angehören (z. B. die Gewerkschaft). **Mas|sen|psy|cho|lo|gie** *die;* -: Teilgebiet der Psychologie, das sich mit den Reaktionen des einzelnen auf die Masse u. den Verhaltensweisen der Masse beschäftigt. **Mas|sen|re|so|nanz** *die;* -, -en (meist Plur.): äußerst kurzlebiges Elementarteilchen, das beim Zusammenstoß sehr energiereicher schwerer Teilchen entsteht (Kernphys.). **Mas|sen|spek|tro|graph** *der;* -en, -en: Gerät zur Zerlegung eines Isotopengemischs in die der Masse nach sich unterscheidenden Bestandteile u. zur Bestimmung der Massen selbst. **Mas|sen|spek|tro|me|ter** *das;* -s, -: Gerät zur Bestimmung der Häufigkeit der in einem Isotopengemisch vorhandenen einzelnen Massen (Kernphys.). **Mas|sen|spek|tro|me|trie** *die;* -: ionenoptisches Verfahren zur Gewinnung von Daten über Massenspektren, absolute Massen u. Häufigkeiten von Teilchen (Kernphys.). **Mas|sen|spek|trum** *das;* -s, Plur. ...tren u. ...tra: Häufigkeitsverteilung von Massen in einem Teilchengemisch in Abhängigkeit von der Massenzahl (Kernphys.). **Mas|sen|sug|ge|sti|on** *die;* -, -en: suggestive, manipulatorische Einwirkung auf Menschenmassen

Mas|se|ter *der;* -s, - ⟨aus *gr.* mas(s)ētēr „der Kauende"⟩: Kaumuskel (Med.)

Mas|seur [...ˈsøːɐ] *der;* -s, -e ⟨aus gleichbed. *fr.* masseur zu masser, vgl. ¹massieren⟩: jmd., der berufsmäßig Massagen verabreicht. **Mas|seu|rin** [...ˈsøː...] *die;* -, -nen: weibliche Form zu ↑Masseur. **Mas|seu|se** [...ˈsøːzə] *die;* -, -n ⟨aus gleichbed. *fr.* masseuse⟩: 1. weibliche Form zu ↑Masseur. 2. Prostituierte in einem ↑Massagesalon (2)

Mas|si|cot [...ˈkoː] *der;* -s ⟨aus gleichbed. *fr.* massicot, dies

massieren

wohl über *it.* marzacotto, *span.* marzacoet aus *arab.* šabb qubṭī „ägyptischer Alaun"): Bleigelb, gelbes Farbpigment

¹mas|sie|ren ⟨aus gleichbed. *fr.* masser, dies wohl zu *arab.* massa „berühren, betasten"): mittels Massage behandeln

²mas|sie|ren ⟨aus gleichbed. *fr.* masser zu masse, dies aus *lat.* massa, vgl. ²Massel⟩: Truppen zusammenziehen. 2. verstärken. **Mas|sie|rung** *die;* -, -en ⟨zu ↑...ierung⟩: das Zusammenziehen von größeren [Polizei]einheiten zu einem besonderen Einsatz. **mas|siv** ⟨aus gleichbed. *fr.* massif zu masse, vgl. ²massieren u. ...iv⟩: 1. ganz aus ein u. demselben Material, nicht hohl. 2. fest, wuchtig. 3. stark, grob, heftig, ausfallend; in bedrohlicher u. unangenehmer Weise erfolgend; z. B. -en Druck auf jmdn. ausüben. **Massiv** *das;* -s, -e [...və] ⟨aus gleichbed. *fr.* massif⟩: 1. Gebirgsstock, geschlossene Gebirgseinheit. 2. durch Hebung u. Abtragung freigelegte Masse alter Gesteine (Geol.). **Mas|siv|bau** *der;* -[e]s: Bauweise, bei der fast ausschließlich Naturstein, Ziegelstein od. Beton verwendet wird. **Mas|si|vi|tät** [...v...] *die;* - ⟨zu ↑...ität⟩: Wucht, Nachdruck; Derbheit

mas|so|lie|ren ⟨aus gleichbed. älter *fr.* massoler zu masse „Kolben, Schlegel", dies aus *lat.* mateola⟩: (veraltet) mit einer Keule totschlagen (frühere Art der Todesstrafe)

Mas|so|ra *die;* - ⟨aus *hebr.* māsôrâ „Überlieferung" zu māsar „übergeben"⟩: [jüd.] Textkritik des Alten Testaments; textkritische Rand- od. Schlußbemerkung in alttestamentlichen Handschriften. **Mas|so|ret**, Masoret *der;* -en, -en ⟨aus *hebr.* māsôrēt „Überlieferer"⟩: mit der Massora befaßter jüd. Schriftgelehrter u. Textkritiker; vgl. Punktatoren. **mas|so|re|tisch**, masoretisch: die Massoreten betreffend; **-er Text**: der von den Massoreten festgelegte alttestamentliche Text

Mass-re|ac|tion [ˈmæsrɪˌækʃən] *die;* - ⟨aus *engl.* mass reaction „Massenreflex"⟩: svw. Mass-action

Ma|sta|ba *die;* -, Plur. -s u. ...staben ⟨aus *arab.* maṣtaba, eigtl. „Bank"⟩: altägypt. Grabbau (Schachtgrab mit flachem Lehm- od. Steinhügel u. Kammern)

mast..., Mast... vgl. masto..., Masto... **Mast|al|gie** *die;* -, ...ien ⟨zu ↑ masto... u. ↑...algie⟩: Mastodynie. **Mast|ek|to|mie** *die;* -, ...ien ⟨zu ↑...ektomie⟩: operative Entfernung der weiblichen Brust (Med.).

Ma|ster *der;* -s, - ⟨aus gleichbed. *engl.* master, dies über *altfr.* maistre aus *lat.* magister „Vorsteher, Meister"⟩: 1. engl. Anrede für junger Herr. 2. in den Vereinigten Staaten u. in England akademischer Grad; **- of Arts**: engl. u. amerik. akademischer Grad (etwa dem Dr. phil. entsprechend); Abk.: M. A.; vgl. Magister Artium. 3. engl.-amerik. Bez. für Schallplattenmatrize. 4. Anführer bei Parforcejagden. 5. übergeordnete Einheit bei informationsverarbeitenden Systemen (EDV). **Ma|ster|ko|pie** *die;* -, ...ien ⟨nach *engl.* master copy „Originalkopie"⟩: vom Negativ des Originalfilms hergestelltes Positivduplikat, das als Kopiergrundlage für den Duplikatfilm dient (Fotogr.). **Ma|ster-slave-System** [ˈmɑːstəˌsleɪv...] ⟨zu *engl.* slave „Sklave"⟩: Aufgabenteilung in Rechnersystemen, bei der einem größeren Rechner mindestens ein kleinerer, zuverlässig arbeitender Rechner zugeteilt wird (EDV). **Ma|ster-slice-Technik** [...slaɪs...] *die;* - ⟨zu *engl.* slice „Scheibe"⟩: eine Technik zur Herstellung von Mikrochips, bei der mehrere gleiche od. verschieden integrierte Schaltkreise auf demselben Chip (3) angeordnet werden. **Ma|ster|ter|mi|nal** [...təːmɪnl] *das;* -s, -s: Terminal (3) für den Lehrer beim computerunterstützen Unterricht, über den er sich in den Lernprozeß eines Schülers einschalten kann

Ma|stiff *der;* -s, -s ⟨aus gleichbed. *engl.* mastiff, eigtl. „gezähmt", zu *altfr.* mastin, dies über das Vulgärlat. zu *lat.* mansuetus „zahm"⟩: engl. doggenartige Hunderasse

Ma|sti|go|pho|ren *die* (Plur.) ⟨aus gleichbed. *nlat.* mastigophora (Plur.) zu *gr.* mastigophóros „geißeltragend"⟩: Geißeltierchen

Ma|stik *der;* -s ⟨aus gleichbed. *fr.* mastic, dies aus *lat.* mastix, vgl. Mastix⟩: eine Art Kitt (Seew.). **Ma|sti|ka|tor** *der;* -s, ...oren ⟨zu *spätlat.* masticatus, Part. Perf. von masticare „kauen" (verwandt mit gleichbed. *gr.* masāsthai), u. ↑...or⟩: Knetmaschine. **ma|sti|ka|to|risch**: auf den Kauakt bezüglich (Med.).

Ma|sti|tis *die;* -, ...itiden ⟨zu *gr.* mastós „(Mutter)brust" u. ↑...itis⟩: Brustdrüsenentzündung (Med.).

Ma|stix *der;* -[e]s ⟨über *lat.* mastix, Nebenform von mastic(h)e, aus gleichbed. *gr.* mastíchē (verwandt mit masāsthai „kauen"), weil dieses Harz im Orient wegen seines Wohlgeruchs gekaut wurde⟩: 1. Harz des Mastixbaumes, das für Pflaster, Kaumittel, Lacke u. a. verwendet wird. 2. Gemisch aus Bitumen u. Gesteinsmehl, das als Straßenbelag verwendet wird

ma|sto..., Ma|sto..., vor Vokalen meist mast..., Mast... ⟨zu gleichbed. *gr.* mastós⟩: Wortbildungselement mit der Bedeutung „Brust, Brustwarze", z. B. Mastopathie, mastoid, Mastalgie. **Mast|odon** *das;* -s, ...donten ⟨zu *gr.* odoús, Gen. odóntos „Zahn", nach den brustwarzenähnlichen Höckern an den Backenzähnen⟩: ausgestorbene Elefantenart des Tertiärs. **Mast|odyn|ie** *die;* -, ...ien ⟨zu ↑...odynie⟩: Schwellung u. Schmerzhaftigkeit der weiblichen Brüste vor der Regel (Med.). **ma|sto|id** ⟨zu ↑...oid⟩: brustwarzenförmig, -ähnlich (Med.). **Ma|stoi|di|tis** [...oi...] *die;* -, ...itiden ⟨zu ↑...itis⟩: Entzündung der Schleimhäute am Warzenfortsatz des Schläfenbeins (Med.). **Ma|sto|mys** *die;* -, - ⟨zu ↑ masto... u. *gr.* mŷs „Maus"⟩: Vertreter eines afrik. Rattenstamms (wichtiges Versuchstier in der Krebsforschung). **Ma|sto|pa|thie** *die;* - ⟨zu ↑...pathie⟩: Knötchen- u. Zystenbildung an den Brüsten (Med.). **Ma|sto|pe|xie** *die;* -, ...ien ⟨zu *gr.* pêxis „das Festmachen, Anheften" u. ↑²...ie⟩: operative Hebung u. Straffung einer Hängebrust (Med.). **Ma|sto|pto|se** *die;* -, -n ⟨zu *gr.* ptōsis „das Fallen, der Fall"⟩: Hängebrust (Med.). **Ma|sto|zoo|lith** [...tsoo..., auch ...ˈlɪt] *der;* Gen. -s u. -en, Plur. -e[n]: Versteinerung eines Säugetiers (Geol.). **Ma|sto|zoo|lo|gie** *die;* -: (veraltet) svw. Mammalogie. **Ma|sto|zo|on** *das;* -s, ...zoen ⟨zu *gr.* zôon „Lebewesen, Tier"⟩: (veraltet) Säugetier; vgl. Mammalia

Ma|stur|ba|ti|on *die;* -, -en ⟨aus gleichbed. *nlat.* masturbatio zu *lat.* masturbari, vgl. masturbieren⟩: 1. geschlechtliche Selbstbefriedigung; Onanie. 2. geschlechtliche Befriedigung eines anderen durch ↑ manuelle Reizung der Geschlechtsorgane. **ma|stur|ba|to|risch** ⟨aus gleichbed. *nlat.* masturbatorius⟩: auf Masturbation bezüglich. **ma|stur|bie|ren** ⟨aus gleichbed. *lat.* masturbari, wohl zu *lat.* manus „Hand" u. stuprare „schänden"⟩: sich selbst geschlechtlich befriedigen; onanieren. 2. bei jmdm. die Masturbation (2) ausüben

Ma|sur|ka vgl. Mazurka

Ma|sut *das;* -[e]s ⟨aus gleichbed. *russ.* mazut, dies aus dem Turkotat.⟩: zähflüssiger Destillationsrückstand des russ. Erdöls, Kesselheizmittel

Ma|ta|dor *der;* Gen. -s, auch -en, Plur. -e, auch -en ⟨aus gleichbed. *span.* matador zu matar „töten", dies über *vulgärlat.* *mattare aus *lat.* mactare „schlachten"⟩: 1. Hauptkämpfer im Stierkampf, der den Stier zu töten hat. 2. wichtigster Mann, Hauptperson

Ma|ta|ma|ta *die;* -, -s ⟨über *port.* matamatá aus *Tupi* (einer südamerik. Indianersprache)⟩: langhalsige südamerik. Süßwasserschildkröte

Ma|täo|lo|gie *die;* ⟨aus gleichbed. *gr.* mataiología zu mátaios „nichtig, eitel"⟩: (veraltet) unnützes Gerede, leeres Geschwätz. **Ma|täo|po|nie** *die;* - ⟨aus gleichbed. *gr.* mataioponía⟩: (veraltet) unnütze Beschäftigung

Ma|ta|pan *der;* -, -e ⟨aus gleichbed. *it. (venez.)* mattapàn, matapàn, dies aus *arab.* mautabān, eigtl. „Königssitz"⟩: venez. Groschenmünze aus Silber

Ma|tas|sin [...'sɛ̃:] *der;* -s, -s ⟨aus gleichbed. *fr.* matassin, dies aus *span.* matachin⟩: (veraltet) jmd., der akrobatische o. ä. Kunststücke auf dem Jahrmarkt, im Zirkus vorführt. **Ma|tas|si|na|de** [...si...] *die;* -, -n ⟨zu ↑...ade⟩: (veraltet) Zauberkunststück, Taschenspielerei. **ma|tas|si|nie|ren** ⟨zu ↑...ieren⟩: (veraltet) Zauber, Taschenspielerkunst treiben

Match [mɛtʃ, schweiz. auch matʃ] *das*, schweiz. *der;* -[e]s, Plur. -s, auch -e, österr. u. schweiz. auch -es [...iz] ⟨aus gleichbed. *engl.* match⟩: Wettkampf (Sport u. Spiel). **Match|ball** ['mɛtʃ...] *der;* -[e]s, ...bälle: spielentscheidender Ball (Aufschlag). **Match|beu|tel** *der;* -s, -: ein größerer, für Sport u. Wanderung geeigneter Beutel, den man über die Schulter hängen kann. **Matched groups** ['mætʃt ˈgruːps] *die* (Plur.) ⟨aus *engl.* matched groups (Plur.) „zugeordnete Gruppen"⟩: jeweils in bestimmten Punkten (Alter, Ausbildung, Intelligenz) übereinstimmende Gruppen von Individuen (psychol. Testmethode). **Mat|cheur** [matʃøːɐ̯] *der;* -s, -e ⟨zu *fr.* match „(Wett)kampf" (dies aus gleichbed. *engl.* match) u. ↑...eur⟩: (schweiz.) hervorragender Schütze. **Match|sack** ['mɛtʃ...] *der;* -[e]s, ...säcke ⟨zu ↑ Match⟩: svw. Matchbeutel. **Match|stra|fe** *die;* -, -n: Feldverweis für die gesamte Spieldauer (Eishockey)

¹Ma|te *der;* ⟨aus gleichbed. *span.* mate, dies aus *Ketschua* (einer südamerik. Indianersprache) mati, eigtl. „Gefäß, Korb (zur Aufbewahrung von Tee)"⟩: als Tee verwendete fermentierte u. getrocknete Blätter des Matestrauchs (vgl. ²Mate). **²Ma|te** *die;* -, -n ⟨zu ↑¹Mate⟩: südamerik. Stechpalmengewächs

Ma|te|las|sé [...'se:] *der;* -[s], -s ⟨aus gleichbed. *fr.* matelassé, substantiviertes Part. Perf. von matelasser „(aus)polstern"⟩: Gewebe mit plastischer, reliefartiger Musterung

Ma|te|lot [...'lo:] *der;* -s, -s ⟨aus *fr.* matelot „Matrose", vgl. Matrose⟩: zum Matrosenanzug getragener runder Hut mit Band u. gerollter Krempe. **Ma|te|lote** [...'lɔt] *die;* -, -s ⟨aus gleichbed. *fr.* matelote, Fem. von matelot, vgl. Matelot⟩: 1. Matrosengericht, Fischragout mit scharfer Weinsoße. 2. Matrosentanz

Ma|ter *die;* -, -n ⟨aus *lat.* mater, Gen. matris „Mutter"⟩: 1. eine Art Papptafel, in die der Satz zum nachfolgenden Guß der Druckplatte abgeformt ist (Druckw.). 2. svw. Matrize (1). 3. Umhüllung, die ein Organ umhüllende Haut (z. B. Hirnhaut; Med.). **Ma|ter do|lo|ro|sa** *die;* - - ⟨aus *lat.* mater dolorosa „schmerzerfüllte Mutter", zu *mlat.* dolorosus, vgl. doloroso⟩: lat. Beiname der Gottesmutter im Schmerz um die Leiden des Sohnes (Kunstw., Theol.); vgl. Pieta. **Ma|ter fa|mi|li|as** *die;* - -, Matres [...treːs] - ⟨aus *lat.* mater familias (altlat. Genitiv) „Familienmutter"⟩: die Gattin des Hausvaters im antiken Rom

ma|te|ri|al ⟨aus gleichbed. *spätlat.* materialis zu *lat.* materia, vgl. Materie⟩: 1. stofflich, sich auf einen Stoff beziehend, als Material gegeben; vgl. materiell (1). 2. inhaltlich, sich auf den Inhalt beziehend (Philos.); vgl. ...al/...ell. **Ma|te|ri|al** *das;* -s, -ien [...i̯ən] ⟨aus *spätlat.* materiale, substantiviertes Neutrum von materialis „stoffliche, dingliche Sache, Rohstoff", vgl. material⟩: 1. Rohstoff, Werkstoff; jegliches Sachgut, das man zur Ausführung einer Arbeit benötigt. 2. [schriftliche] Angaben, Unterlagen, Belege, Nachweise, Sammlung; Hilfsmittel. **...ma|te|ri|al** ⟨zu ↑ Material⟩: (ugs.) Wortbildungselement mit der Bedeutung „für etw. zur Verfügung stehende Gruppe von Lebewesen od. Gegenständen", z. B. Patientenmaterial, Schülermaterial, Untersuchungsmaterial. **Ma|te|ria|li|sa|ti|on** *die;* -, -en ⟨zu ↑ materialisieren u. ↑...ation⟩: 1. Umwandlung von [Strahlungs]energie in materielle Teilchen mit Ruhemasse (Phys.). 2. Bildung körperhafter Gebilde in Abhängigkeit von einem ¹Medium (4; Parapsychol.). **ma|te|ria|li|sie|ren** ⟨zu ↑ material u. ↑...isieren⟩: 1. verstofflichen, verwirklichen. 2. eine Materialisation (2) bewirken (Parapsychol.). **Ma|te|ria|lis|mus** *der;* - ⟨aus gleichbed. *fr.* matérialisme bzw. *engl.* materialism; vgl. ...ismus (1)⟩: 1. philos. Lehre, die die ganze Wirklichkeit (einschließlich Seele, Geist, Denken) auf Kräfte od. Bedingungen der Materie zurückführt; Ggs. ↑ Idealismus (1); vgl. dialektischer -. 2. das Streben nach bloßem Lebensgenuß ohne ethische Ziele u. Ideale. **Ma|te|ria|list** *der;* -en, -en ⟨aus gleichbed. *fr.* matérialiste bzw. *engl.* materialist⟩: 1. Vertreter u. Anhänger des philos. Materialismus; Ggs. ↑ Idealist (1). 2. für höhere geistige Dinge wenig interessierter, nur auf eigenen Nutzen u. Vorteil bedachter Mensch. **ma|te|ria|li|stisch** ⟨zu ↑...istisch⟩: 1. den Materialismus betreffend; Ggs. ↑ idealistisch (1). 2. nur auf eigenen Nutzen u. Vorteil bedacht. **Ma|te|ria|li|tät** *die;* - ⟨zu ↑...ität⟩: Stofflichkeit, Körperlichkeit, das Bestehen aus Materie; Ggs. ↑ Spiritualität. **Ma|te|ri|al|kon|stan|te** *die;* -, -n: feste Größe, die vom Material (1) eines untersuchten Körpers abhängt (z. B. die Dichte; Phys.). **Ma|te|ri|al|wa|re** *die;* -, -n (meist Plur.): (veraltet) Haushaltsware. **Ma|te|rie** [...i̯ə] *die;* -, -n ⟨aus *lat.* materia „Stoff; Aufgabe, Thema" zu mater „Mutter"⟩: 1. (ohne Plur.) Stoff, Substanz, unabhängig vom Aggregatzustand (Phys.). 2. Gegenstand, Gebiet [einer Untersuchung]. 3. Urstoff, Ungeformtes. 4. die außerhalb unseres Bewußtseins vorhandene Wirklichkeit im Gegensatz zum Geist (Philos.). 5. Inhalt, Substanz im Gegensatz zur Form. **ma|te|rie|ren** ⟨aus *lat.* materiare „aus Holz machen, bauen"⟩: (veraltet) sein Meisterstück machen. **ma|te|ri|ell** ⟨über gleichbed. *fr.* matériel aus *spätlat.* materialis, vgl. material⟩: 1. stofflich, körperlich greifbar; die Materie betreffend; Ggs. ↑ immateriell. 2. auf Besitz, auf Gewinn bedacht. 3. die lebensnotwendigen Dinge, Güter betreffend, auf ihnen beruhend, zu ihnen gehörend; finanziell, wirtschaftlich. 4. das Material (1) betreffend; vgl. ...al/...ell

¹ma|tern ⟨zu ↑ Mater⟩: von einem Satz Matern herstellen (Druckw.). **²ma|tern** ⟨aus gleichbed. *lat.* maternus zu mater, vgl. Mater⟩: zur Mutter gehörend, mütterlich (Med.). **Ma|ter|na** *die* (Plur.) ⟨*nlat.* materna (Plur.), substantiviertes Neutrum von *lat.* maternus, vgl. ²matern⟩: (veraltet) mütterliches Erbteil (Rechtsw.). **ma|ter|ni|siert** ⟨zu ↑...isiert⟩: dem Mütterlichen angeglichen, -e Milch: Milch, die in ihrer Zusammensetzung der Muttermilch gleicht. **Ma|ter|ni|tät** *die;* - ⟨zu ↑...ität⟩: Mutterschaft (Med.)

Mate's re|ceipt ['meɪts rɪˈsiːt] *das;* - -s, - -s ⟨aus *engl.* mate's receipt „Empfangsbescheinigung des Maats"⟩: im Frachtverkehr Quittung des Ladeoffiziers über den Empfang der Ware an Bord des Schiffes

Ma|te|tee *der;* -s ⟨zu ↑¹Mate⟩: svw. ¹Mate

Ma|the *die;* - (meist ohne Artikel) ⟨kurz für ↑ Mathematik⟩: (Schülerspr.) Mathematik als Lehrfach, Unterricht[sstunde]. **Ma|the|ma** *das;* -s, Plur. ...men od. ...mata ⟨aus gleichbed. *gr.* máthema⟩: (veraltet) Lehrgegenstand, Lehrsatz;

Mathematik

Kenntnis, Wissenschaft. **Ma|the|ma|tik** *die;* - ⟨über *lat.* (ars) mathematica aus gleichbed. *gr.* mathēmatikḗ (téchnē) zu máthēma „das Gelernte, Kenntnis" bzw. mathḗmata (Plur.) „(math.) Wissenschaften"⟩: Wissenschaft von den Raum- u. Zahlengrößen, von ihren gegenseitigen Beziehungen u. den zwischen ihnen möglichen Verknüpfungen. **Ma|the|ma|ti|ker** *der;* -s, - ⟨aus gleichbed. *lat.* mathematicus⟩: Wissenschaftler auf dem Gebiet der Mathematik. **Ma|the|ma|ti|ke|rin** *die;* -, -nen: weibliche Form zu ↑ Mathematiker. **ma|the|ma|tisch:** die Mathematik betreffend; -e Logik: Behandlung der logischen Gesetze mit Hilfe von math. Symbolen u. Methoden; vgl. Logistik. **ma|the|ma|ti|sie|ren** ⟨zu ↑...isieren⟩: [in verstärktem Maß] mit math. Methoden behandeln od. untersuchen. **Ma|the|ma|ti|sie|rung** *die;* -, -en ⟨zu ↑...isierung⟩: [verstärkte] Anwendung math. Methoden in wissenschaftlichen Untersuchungen. **Ma|the|ma|ti|zis|mus** *der;* - ⟨zu ↑...izismus⟩: Tendenz, alle Vorgänge der Wirklichkeit, die Wissenschaft u. besonders die Logik in math. Formeln wiederzugeben. **Ma|the|ma|ti|zi|tät** *die;* - ⟨zu ↑...izität⟩: Gehalt an Mathematik, Grad der Anwendung der Mathematik. **Ma|the|sis uni|ver|sa|lis** [–...vɛr...] *die;* - - ⟨zu *gr.* máthēsis „das Lernen, die Erkenntnis" u. *lat.* universalis „allgemein", eigtl. „Universallehre"⟩: auf G. W. Leibniz zurückgehender Gedanke von der universellen Anwendbarkeit mathematisch formalisierter Schlußweisen

Ma|thu|ra|kunst [ˈmæθʊra:...] *die;* - ⟨nach der Bildhauerschule der nordind. Stadt Mathura⟩: eine Richtung der ind. Plastik in den ersten Jahrhunderten n. Chr. mit Skulpturen u. Terrakotten verschiedener religiöser Bestimmung, deren traditionsbildende ↑ Ikonographie u. Stilistik wesentlich die frühe ind. Kunst prägten

ma|ti|nal ⟨*fr.;* zu matin, vgl. Matinee⟩: (veraltend) früh, frühmorgens; morgendlich. **Ma|ti|nee** *die;* -, ...een ⟨aus gleichbed. *fr.* matinée, eigtl. „Morgen, Vormittag(sstunden)", zu matin „Morgen", dies aus *lat.* matutinum (tempus) „Morgen(zeit)" zu matutinus „morgendlich"⟩: 1. künstlerische Unterhaltung, Veranstaltung am Vormittag. 2. (veraltet) eleganter Morgenrock

Mat|jes|he|ring *der;* -s, -e ⟨aus *niederl.* maatjesharing, älter maagdekens haering, eigtl. „Mädchenhering"⟩: junger, mild gesalzener Hering

Ma|trat|ze *die;* -, -n ⟨aus älter *it.* materazzo, dies aus *arab.* maṭraḥ „Bodenkissen"⟩: 1. Bettpolster aus Roßhaar, Seegras, Wolle od. Schaumstoff; federnder Betteinsatz. 2. Uferabdeckung aus Weidengeflecht. **ma|trat|zie|ren** ⟨zu ↑...ieren⟩: polstern

Ma|tres [...tre:s] *die* (Plur.) ⟨aus *lat.* matres, Plur. von mater „Mutter"⟩: svw. Matronen (vgl. Matrone)

Mä|tres|se *die;* -, -n ⟨aus gleichbed. *fr.* maîtresse, eigtl. „Herrin", zu maître, vgl. Maître⟩: 1. (früher) Geliebte eines Fürsten. 2. (abwertend) Geliebte bes. eines verheirateten Mannes

ma|tri|ar|chal u. **ma|tri|ar|cha|lisch** ⟨zu *lat.* mater, Gen. matris „Mutter", *gr.* archḗ „Herrschaft" u. ↑¹...al (1)⟩: auf das Matriarchat bezüglich; vgl. ...isch/-. **Ma|tri|ar|chat** *das;* -[e]s, -e ⟨Analogiebildung zu ↑ Patriarchat⟩: Mutterherrschaft; Gesellschaftsordnung, in der die Frau die bevorzugte Stellung in Staat u. Familie innehat u. in der Erbgang u. soziale Stellung der weiblichen Linie folgen; Ggs. ↑ Patriarchat (2); vgl. Avunkulat, Matrilokalität. **Ma|tri|ca|ria** [...ˈka:...] *die;* - ⟨aus gleichbed. *nlat.* matricaria zu *spätlat.* matrix, vgl. Matrix⟩: wissenschaftliche Bez. der ↑ Kamille. **Ma|trik** *die;* -, -en ⟨verkürzt aus ↑ Matrikel⟩: (österr.) svw. Matrikel. **Ma|tri|kel** *der;* -, -n ⟨aus *spätlat.* matricula

„öffentliches Verzeichnis", Verkleinerungsform von matrix, vgl. Matrix⟩: 1. Verzeichnis von Personen (z. B. der Studenten an einer Universität); vgl. Immatrikulation. 2. (österr.) Personenstandsregister. **ma|tri|li|ne|al** u. **ma|tri|li|ne|ar** ⟨zu *lat.* mater, Gen. matris „Mutter"⟩: in der Erbfolge der mütterlichen Linie folgend, mutterrechtlich; Ggs. ↑ patrilineal, patrilinear. **ma|tri|lo|kal:** am Wohnsitz der Familie der Frau befindlich. **Ma|tri|lo|ka|li|tät** *die;* -: Übersiedlung des Mannes zur Familie der Frau (in mutterrechtlichen Kulturen). **ma|tri|mo|ni|al** u. **ma|tri|mo|ni|ell** ⟨aus *lat.* matrimonialis „die Ehe betreffend"; vgl. ...ell⟩: (veraltend) zur Ehe gehörig; ehelich (Rechtsw., Med.); vgl. ...al/...ell. **Ma|tri|mo|ni|um** *das;* - ⟨aus gleichbed. *lat.* matrimonium⟩: (veraltend) Ehe. **ma|tri|sie|ren** ⟨zu *lat.* mater (vgl. Mater) u. ↑...isieren⟩: Papier anfeuchten (Buchw.). **Ma|trix** *die;* -, Plur. Matrizen [...tse:s] u. Matrixen ⟨über *spätlat.* matrix, Gen. matricis „öffentliches Verzeichnis, Stammrolle" aus *lat.* matrix „Mutter(tier); Stammutter; Gebärmutter" zu mater „Mutter"⟩: 1. a) Keimschicht der Haarzwiebel; b) Krallen- u. Nagelbett (bei Wirbeltieren); c) Hülle der ↑ Chromosomen (Biol.). 2. a) rechteckiges Schema von Zahlen, für das bestimmte Rechenregeln gelten (Math.); b) System, das zusammengehörende Einzelfaktoren darstellt (EDV). 3. das natürliche Material (Gestein), in dem Mineralien eingebettet sind (Min.). **Ma|trix|satz** *der;* -es, ...sätze: übergeordneter Satz in einem komplexen Satz (Sprachw.). **Ma|tri|ze** *die;* -, -n ⟨aus *fr.* matrice „Gußform", eigtl. „Gebärmutter", dies aus *spätlat.* matrix, vgl. Matrix⟩: 1. a) bei der Setzmaschine die in einem Metallkörper befindliche Hohlform zur Aufnahme der ↑ Patrize; b) die von einem Druckstock zur Anfertigung eines ↑ Galvanos hergestellte [Wachs]form (Druckw.). 2. bei der Formung eines Werkstücks derjenige Teil des Werkzeugs, in dessen Hohlform der Stempel eindringt. 3. die negative Form bei der Herstellung von Schallplatten. **Ma|tri|zen:** Plur. von ↑ Matrix u. ↑ Matrize. **Ma|tri|zen|me|cha|nik** *die;* -: Form der ↑ Quantenmechanik, in der die physik. Größen durch math. Matrizen dargestellt werden. **Ma|tri|zes** [...tse:s]: Plur. von ↑ Matrix. **Ma|trjosch|ka** vgl. Matroschka. **ma|tro|klin** ⟨zu *gr.* matro- „Mutter-" u. klínein „neigen, sich neigen"⟩: mehr dem mütterlichen Elternteil ähnelnd (Biol.); Ggs. ↑ patroklin. **Ma|tro|ne** *die;* -, -n ⟨aus *lat.* matrona „ehrbare, verheiratete Frau" zu mater, vgl. Mater⟩: a) ältere, ehrwürdige Frau; Greisin; b) (abwertend) ältere, füllige Frau. **Ma|tro|ny|mi|kon** vgl. Metronymikon. **Ma|trosch|ka** *die;* -, -s ⟨aus *russ.* matrëška, Verkleinerungsform von mat', Gen. materi „Mutter", dies aus *lat.* mater, vgl. Mater⟩: Holzpuppe mit ineinandergesetzten kleineren Puppen

Ma|tro|se *der;* -n, -n ⟨aus gleichbed. *niederl.* matroos, dies umgebildet aus *fr.* matelot, *altfr.* matenot, weitere Herkunft unsicher⟩: 1. Seemann der Handelsmarine. 2. a) unterster Dienstgrad der Bundesmarine; b) Angehöriger der Bundesmarine mit dem Dienstgrad Matrose (2 a). **Ma|tro|sen|look** [...lʊk] *der;* -s: der Matrosenkleidung nachempfundene, durch die Farben Blau u. Weiß, durch Streifen, breite Kragen o. ä. gekennzeichnete Kleidung. **Ma|tro|sen|uni|form** *die;* -, -en: Uniform der Matrosen in den Farben Dunkelblau u. Weiß

matsch ⟨aus *it.* marcio „faul, verdorben", dies aus *lat.* marcidus „welk, morsch"; nach dem Ausdruck beim (Karten)spiel far (dar) marcio „einen Matsch machen, alle Stiche verlieren"⟩: (ugs.) völlig verloren; schlapp; jmdn. - machen: jmdn. vollständig schlagen (Sport); - werden: keinen Stich machen (im Kartenspiel). **Matsch,** älter

Martsch *der;* -[e]s, -e ⟨zu *it.* marcio, vgl. matsch⟩: vollständiger Verlust eines Spiels

Matt *das;* -s, -s ⟨über das Roman. (*fr.* mat, *it.* matto, *span.* mate „matt, glanzlos") zu *arab.* māt „(ist) gestorben, tot"; vgl. schachmatt⟩: Niederlage durch die Unmöglichkeit, den im Schach befindlichen König zu verteidigen (Schachspiel)

Mat|ta *die;* -, Plur. ...ttae [...tɛ] od. ...tten ⟨aus gleichbed. *spätlat.* matta⟩: (veraltet) 1. grobe, aus Binsen, Stroh u. a. geflochtene Decke. 2. pulverartige Masse zur Verfälschung von Gewürzen

mat|tie|ren ⟨nach gleichbed. *fr.* matir zu mat, vgl. Matt⟩: matt, glanzlos machen. **Mat|ti|ne** *die;* - ⟨zu *fr.* mat „matte Farbe" u. ↑...ine⟩: Lösung zum Mattieren von Holz

Mat|ti|ne|ta *die;* -, ...ten ⟨aus gleichbed. *it.* mattinata, dies zu *lat.* matutinus, vgl. Matinee⟩: (veraltet) Morgenkonzert

Mat|toir [maˈtoaːɐ̯] *das;* -s, -s ⟨aus gleichbed. *fr.* mattoir, Nebenform von matoir, zu mater „hämmern", dies zu mat, vgl. Matt⟩: Stahlstab mit gerauhter u. mit kleinen Spitzen besetzter Aufsatzfläche (für den Kupferstich)

Ma|tur u. **Ma|tu|rum** *das;* -s ⟨vielleicht verkürzt aus *nlat.* examen maturum „Reifeprüfung" zu *lat.* maturus „reif, tauglich"⟩: (veraltet) ↑ Abitur, Reifeprüfung; vgl. Matura. **Ma|tu|ra** *die;* - ⟨wohl verkürzt aus *nlat.* examina matura (Plur.); vgl. Matur⟩: (österr., schweiz.) Reifeprüfung. **Ma|tu|rand** *der;* -en, -en ⟨zu ↑...and⟩: (schweiz.) Maturant. **Ma|tu|rant** *der;* -en, -en ⟨zu ↑...ant (1)⟩: (österr.) jmd., der die Reifeprüfung gemacht hat od. in der Reifeprüfung steht. **ma|tu|rie|ren** ⟨zu ↑...ieren⟩: (veraltet) das Matur ablegen. **Ma|tu|ri|tas prae|cox** [- ˈprɛːkɔks] *die;* - - ⟨aus *lat.* maturitas praecox „frühzeitige Reife"⟩: svw. Pubertas praecox. **Ma|tu|ri|tät** *die;* - ⟨aus *lat.* maturitas, Gen. maturitatis „Reife" zu maturus, vgl. Matur⟩: 1. Reifezustand [des Neugeborenen] (Med.). 2. (schweiz.) Hochschulreife. **Ma|tu|rum** vgl. Matur

Ma|tu|tin *die;* -, -e[n] ⟨aus *kirchenlat.* matutina (hora) „frühmorgendlicher Gottesdienst", eigtl. „frühe Stunde", zu *lat.* matutinus „in der Frühe geschehend"⟩: nächtliches Stundengebet; vgl. Mette. **ma|tu|ti|nal** ⟨aus gleichbed. *lat.* matutinalis⟩: (veraltet) früh, morgendlich

Mat|ze *die;* -, -n u. **Mat|zen** *der;* -, - ⟨über gleichbed. *jidd.* māze aus *hebr.* mazzā⟩: ungesäuertes Passahbrot der Juden

Mau|che|rit [auch ...ˈrɪt] *der;* -s, -e ⟨nach dem Mineralienhändler W. Maucher (1879–1930) u. zu ↑²...it⟩: ein silbergraues bis rötliches, metallisch glänzendes Mineral

¹**Mau-Mau** *die* (Plur.) ⟨aus dem Afrik.⟩: gegen die brit. Kolonialherrschaft gerichtete Aufstandsbewegung der Eingeborenen in Kenia (um 1950)

²**Mau-Mau** *das;* -[s] ⟨Herkunft ungeklärt⟩: Kartenspiel, bei dem in der Farbe od. im Kartenwert bedient werden muß u. derjenige gewonnen hat, der als erster keine Karten mehr hat

Maund [mɔːnd] *das;* -s, -s ⟨aus gleichbed. *engl.* maund, dies aus *Hindi* man zu *sanskr.* mā „messen"⟩: indisches Massemaß (in den einzelnen Gebieten von unterschiedlicher Größe)

Maun|dy mo|ney [ˈmɔːndɪ ˈmʌnɪ] *das;* - -[s] ⟨*engl.* Maundy money zu Maundy Thursday „Gründonnerstag" u. money „Geld"⟩: seit dem 17. Jh. engl. Silbermünzen zu 1, 2, 3 u. 4 Pence, die für den alten Brauch des Almosengebens durch den König am Gründonnerstag geprägt werden (heute noch jedes Jahr für Sammler geprägt)

Mau|res|ke u. **Mo|res|ke** *die;* -, -n ⟨zu *fr.* mauresque „maurisch", dies über *span.* morisco aus *lat.* Maurus⟩: aus der islamischen Kunst übernommenes Flächenornament aus schematischen Linien u. stilisierten Pflanzen

Mau|ri|ner *der;* -s, - (meist Plur.) ⟨nach dem hl. Maurus von Subiaco⟩: Angehöriger der franz. benediktinischen ↑ Kongregation im 17./18. Jh., deren Mitglieder bedeutende Leistungen in der ↑ Patristik u. kath. Kirchengeschichte vollbrachten

Mau|schel *der;* -s, - ⟨aus gleichbed. *Rotwelsch* „Mauschel", Koseform von *jidd.* Mausche, Mousche, dies aus *hebr.* Mōšē (männlicher Vorname)⟩: armer Jude. **Mau|schel|be|te** [...bɛːtə] *die;* -, -n ⟨zu ↑ mauscheln u. *fr.* bête „(einfacher) Strafeinsatz (beim Kartenspiel)"⟩: doppelter Strafsatz beim Mauscheln; vgl. bête. **mau|scheln** ⟨aus gleichbed. *Rotwelsch* „mauscheln", wohl nach dem für Nichtjuden unverständlichen Jiddisch; vgl. Mauschel⟩: 1. in der Redeweise der Juden, d. h. jiddisch, sprechen. 2. Jargon sprechen, unverständlich sprechen. 3. Mauscheln spielen. 4. [heimlich] begünstigende Vereinbarungen treffen, [undurchsichtige] Geschäfte machen. **Mau|scheln** *das;* -s: ein Kartenglücksspiel

Mau|so|le|um *das;* -s, ...een ⟨aus gleichbed. *lat.* Mausoleum, dies aus *gr.* Mausõleion, urspr. Grabmal des Königs Maúsolōs von Karien, †um 353 v. Chr.⟩: monumentales, prächtiges Grabmal in Form eines Bauwerks

maus|sade [moˈsad] ⟨*fr.;* „verdrießlich, gelangweilt", zu mal „schlecht" (dies aus *lat.* malus) u. *altfr.* sade „liebenswürdig" (dies zu *lat.* sapidus „klug")⟩: (veraltet) 1. schal, abgeschmackt. 2. mürrisch, verdrießlich. **Maus|sa|de|rie** [mosaˈdriː] *die;* -, ...ien ⟨aus gleichbed. *fr.* maussaderie⟩: (veraltet) 1. Abgeschmacktheit. 2. (ohne Plur.) mürrisches Wesen. **Mau|vais su|jet** [movɛsyˈʒɛ] *das;* - -, - -s [...ˈʒɛ] ⟨aus gleichbed. *fr.* mauvais sujet⟩: (selten) Taugenichts, übler Bursche

mauve [moːv] ⟨aus gleichbed. *fr.* mauve zu mauve „Malve", dies aus *lat.* malva, vgl. Malve⟩: malvenfarbig. **Mau|ve|in** [moˈvɛiːn] *das;* -s ⟨zu ↑...in (1)⟩: ältester künstlich hergestellter organischer Farbstoff, ein Anilinfarbstoff

ma|xi ⟨nach *lat.* maximus „größter", Analogiebildung zu ↑ mini⟩: knöchellang (auf Röcke, Kleider od. Mäntel bezogen); Ggs. ↑ mini. ¹**Ma|xi** *das;* -s, -s ⟨zu ↑ maxi⟩: 1. (ohne Plur.) a) knöchellange Kleidung; b) (von Röcken, Kleidern, Mänteln) Länge bis zu den Knöcheln. 2. (ugs.) knöchellanges Kleid. ²**Ma|xi** *der;* -s, -s ⟨verselbständigt aus ↑ Maxi...⟩: (ugs.) knöchellanger Rock. ³**Ma|xi** *die;* -, -s: Kurzform von ↑ Maxi-Disc u. ↑ Maxisingle. **Ma|xi...** ⟨zu ↑ maxi⟩: Wortbildungselement mit den Bedeutungen: a) „lang, knöchellang", z. B. Maximode, b) „groß, großformatig", z. B. Maxisingle. **Ma|xi-Disc** [...dɪsk] *die;* -, -s ⟨zu *engl.* disc „(Schall)platte"⟩: Kompaktschallplatte mit besonders großer Aufnahmefähigkeit

Ma|xil|la *die;* -, ...llae [...lɛ] ⟨aus *lat.* maxilla „Kinnlade, -backen", eigtl. Verkleinerungsform von mala⟩: Oberkiefer[knochen] (Med.). **ma|xil|lar** u. **ma|xil|lär** ⟨aus gleichbed. *lat.* maxillaris⟩: auf den Oberkiefer bezüglich, zu ihm gehörend (Med.). **Ma|xil|la|re** *die;* -, -n: paariger Oberkieferknochen der Wirbeltiere, der beim Menschen u. bei einigen Säugetieren mit dem Zwischenkieferknochen zum Oberkiefer verschmolzen ist (Zool.). **Ma|xil|len** *die* (Plur.): als Unterkiefer dienende Mundwerkzeuge der Gliederfüßer (Zool.)

¹**Ma|xi|ma:** Plur. von ↑ Maximum. ²**Ma|xi|ma** *die;* -, Plur. ...mae [...mɛ] u. ...men ⟨aus gleichbed. *mlat.* (nota) maxima, eigtl. „die größte (Note)"; vgl. Maximum⟩: längste gebräuchliche Note der Mensuralmusik (im Zeitwert von 8 ganzen Noten). **ma|xi|mal** ⟨zu *lat.* maximus „größter" u.

↑¹...al (1)⟩: a) sehr groß, in größtem, höchstem Grad; b) höchstens. **Ma|xi|mal...**: Wortbildungselement mit der Bedeutung „größt[möglich]", z. B. Maximaldosis, Maximalprofit. **Ma|xi|mal|do|sis** *die;* -, ...sen: höchste Dosis einer Arznei, die vom Arzt gegeben werden darf. **ma|xi|ma|li|sie|ren** ⟨zu ↑...isieren⟩: bis zum Äußersten steigern. **Ma|xi|ma|list** *der;* -en, -en ⟨zu ↑...ist⟩: jmd., der das Äußerste fordert. 2. Sozialist, der die sofortige Machtübernahme der revolutionären Kräfte fordert. **Ma|xi|mal|pro|fit** *der;* -[e]s, -e: der höchste Gewinn, der erreichbar ist. **Ma|xi|ma|phi|lie** *die;* - ⟨zu ↑Maxima u. ↑...phi|lie⟩: das Sammeln von ↑Maximumkarten. **Ma|xi|me** *die;* -, -n ⟨unter Einfluß von *fr.* maxime aus *lat.* maxima, vgl. Maxima⟩: Hauptgrundsatz, Leitsatz, subjektiver Vorsatz für das eigene sittliche Handeln; Lebensregel (Philos.). **ma|xi|mie|ren** ⟨zu ↑Maximum u. ↑...ieren⟩: den Höchstwert zu erreichen suchen, bis zum Äußersten steigern (Wirtsch., Techn.). **Ma|xi|mie|rung** *die;* -, -en ⟨zu ↑...ierung⟩: Planung u. Einrichtung eines [Wirtschafts]prozesses auf die Weise, die für die Erreichung eines Ziels den größten Erfolg verspricht, bzw. so, daß eine Zielfunktion den höchsten Wert erreicht. **Ma|xi|mo|de** *die;* - ⟨zu ↑Maxi...⟩: Mode, die knöchellange Kleidung bevorzugt. **Ma|xi|mum** *das;* -s, ...ma ⟨aus *lat.* maximum „das Größte", substantiviertes Neutrum von maximus, dies Superlativ von magnus „groß"⟩: 1. (Plur. selten) größtes Maß, Höchstmaß; Ggs. ↑Minimum (1). 2. a) oberer Extremwert (Math.); Ggs. ↑Minimum (2 a); b) höchster Wert (bes. der Temperatur) eines Tages, einer Woche usw. od. einer Beobachtungsreihe (Meteor.); Ggs. ↑Minimum (2 b). 3. Kern eines Hochdruckgebiets (Meteor.); Ggs. ↑Minimum (3). 4. (ugs.) etwas Unüberbietbares. **Ma|xi|mum|kar|te** *die;* -, -n: Postkarte, bei der die Abbildung, die auf der Bildseite befindliche Briefmarke u. der Poststempel gleiches Bild zeigen od. zueinander in Beziehung stehen. **Ma|xi|mum-Like|li|hood-Me|tho|de** [...'laɪklɪhʊd...] *die;* - ⟨zu *engl.* likelihood „Wahrscheinlichkeit"⟩: Verfahren zur Ermittlung von Punktschätzungen unbekannter ↑Parameter (1) der Wahrscheinlichkeitsverteilung von Zufallsgrößen (math. Statistik). **Ma|xi|mum-Mi|ni|mum-Ther|mo|me|ter** *das;* -s, -: ↑Thermometer, das die tiefste u. die höchste gemessene Temperatur festhält. **Ma|xi|mum|phil|ate|lie** *die;* -: svw. Maximaphilie. **Ma|xi|sin|gle** *die;* -, -[s] ⟨zu ↑Maxi... u. ↑²Single⟩: ²Single in der Größe einer Langspielplatte
Max|well [auch 'mækswəl] *das;* -, - ⟨nach dem engl. Physiker J. C. Maxwell, 1831–1879⟩: Einheit des magnetischen Flusses (Phys.). **Max|well-Brücke¹** *die;* -, -n: eine Brückenschaltung zur Messung von ↑Induktivitäten (Phys.)
Ma|ya *die;* - ⟨aus *sanskr.* māyā „Trugbild"⟩: svw. Maja
May|day ['meɪdeɪ] ⟨anglisiert aus verkürzt *fr.* venez m'aider „helfen Sie mir!"⟩: internationaler Notruf im Funksprechverkehr
Ma|yon|nai|se [majɔ'nɛːzə] *die;* -, -n ⟨aus gleichbed. *fr.* mayonnaise, älter *fr.* mahonaise, wahrscheinlich nach der Stadt Mahón auf Menorca⟩: kalte, dickliche Soße aus Eigelb, Öl u. Gewürzen
Ma|yor ['mɛːɐ, *engl.* mɛə] *der;* -s, -s ⟨aus gleichbed. *engl.* mayor, dies aus *altfr.* maire, vgl. Maire⟩: Bürgermeister in England u. in den USA
MAZ *die;* - ⟨Kurzw. für *m*agnetische *B*ild*a*ufzeichnung⟩: Vorrichtung zur Aufzeichnung von Fernsehbildern auf Magnetband
Ma|za|ma|hirsch *der;* -[e]s, -e ⟨zu *aztek.* (Nahuatl) maçamcatl, maçatl, mazatl⟩: Spießhirsch
ma|za|rin|blau [maza'rɛ̃...] ⟨nach gleichbed. *fr.* (bleu) mazarin, weitere Herkunft ungeklärt⟩: hellblau mit leichtem Rotstich
Maz|da|is|mus [mas...] *der;* - ⟨nach dem pers. Gottesnamen Ahura Masdah u. zu ↑...ismus (1)⟩: die von Zarathustra gestiftete altpers. Religion. **Maz|da|ist** *der;* -en, -en ⟨zu ↑...ist⟩: Anhänger des Mazdaismus. **Maz|daz|nan** [...das...] *das,* auch *der;* -s ⟨nach dem Gottesnamen Masdah, vgl. Mazdaismus⟩: (von dem Deutschen O. Hanisch um 1900 begründete) Glaubens- u. Lebensführungslehre, Erneuerung altpers. Gedanken
Mä|zen *der;* -s, -e ⟨nach Maecenas (etwa 70-8 v. Chr.), dem Vertrauten des Kaisers Augustus, einem besonderen Gönner der Dichter Horaz u. Vergil⟩: Kunstfreund; vermögender, freigebiger Gönner u. Geldgeber für Künstler. **Mä|ze|na|ten|tum** *das;* -[e]s ⟨vgl. ...at (1)⟩: freigebige, gönnerhafte Kunstpflege, -freundschaft. **Mä|ze|na|tin** *die;* -, -nen: weibliche Form zu ↑Mäzen. **mä|ze|na|tisch:** nach Art eines Mäzens, sich als Mäzen gebend
Ma|ze|ral *das;* -s, -e (meist Plur.) ⟨wohl zu *lat.* macer „mager" u. ↑¹...al (2)⟩: Gefügebestandteil der Kohle. **Ma|ze|rat** *das;* -[e]s, -e ⟨zu *lat.* maceratum, Part. Perf. (Neutrum) von macerare, vgl. mazerieren⟩: Auszug aus Kräutern od. Gewürzen. **Ma|ze|ra|ti|on** *die;* -, -en ⟨aus *spätlat.* maceratio „das Mürbemachen; Abtötung"⟩: 1. Vorgang, bei dem menschliches od. tierisches Gewebe unter Wassereinwirkung u. Luftabschluß (aber ohne Fäulnisbakterien) weich wird u. zerfällt (z. B. bei Wasserleichen). 2. Präparationsverfahren, bei dem feste Elemente des tierischen od. menschlichen Körpers (z. B. Knochen) durch Fäulnisprozesse od. Chemikalien von den umgebenden Weichteilen befreit werden. 3. Lockerung bzw. Auflösung des festen Zellgefüges durch Zerstörung der Mittellamellen zwischen den Zellen mittels Chemikalien (Bot.). 4. Gewinnung von Drogenextrakten durch Ziehenlassen von Pflanzenteilen in Wasser od. Alkohol bei Normaltemperatur. **ma|ze|rie|ren** ⟨aus *lat.* macerare „mürbe machen, ein-, aufweichen"⟩: eine Mazeration (2, 3, 4) durchführen
Ma|zet|te [ma'zɛtə] *die;* -, -n ⟨aus *fr.* mazette „Schindmähre"⟩: (veraltet) niederträchtiger, schlechter Mensch, Stümper
Ma|zis *der;* - u. **Ma|zis|blü|te** *die;* -, -n ⟨aus gleichbed. *fr.* macis, dies aus *spätlat.* macir für *lat.* macir „die bei den Syrern verwendete rote Baumrinde aus Indien"⟩: getrocknete Samenhülle des Muskatnußbaumes (als Gewürz u. Heilmittel verwendet)
Ma|zu|rek [ma'zu:...] *der;* -s, -s ⟨aus *poln.* mazurek, vgl. Mazurka⟩: svw. Mazurka. **Ma|zur|ka** [ma'zʊrka] *die;* -, Plur. ...ken u. -s ⟨aus gleichbed. *poln.* mazurka, eigtl. „masurischer Tanz"⟩: poln. Nationaltanz im ¾- od. ⅜-Takt
Maz|ze, Maz|zen: fachspr. Schreibung für Matze, Matzen
Mba|ri-Häu|ser *die* (Plur.) ⟨aus dem *Afrik.*⟩: in Nigeria bis 1945 weit verbreitete Schreine mit Lehmskulpturen, die verschiedenen Gottheiten gewidmet waren
Mbi|la vgl. Mbira. **Mbi|ra** *die;* -, Plur. ...ren u. -s, auch **Mbi|la** *die;* -, Plur. ...len u. -s ⟨aus dem *Afrik.*⟩: ein im südöstlichen u. südlichen Afrika verbreitetes Musikinstrument, bei dem 22 über einem Resonanzkasten in zwei Reihen übereinander angeordnete Metallzungen mit beiden Daumen gezupft werden
Mc|Car|thy|is|mus [məkarti'ɪsmʊs] *der;* - ⟨aus gleichbed. *amerik.* McCarthyism, nach dem amerik. Politiker J. R. McCarthy (1909–1957); vgl. ...ismus (5)⟩: zu Beginn der 50er Jahre in den USA betriebene Verfolgung von Kommunisten u. Linksintellektuellen

mea cul|pa! [- 'kʊlpa] ⟨*lat.*⟩: (durch) meine Schuld! (Ausruf aus dem lat. Sündenbekenntnis ↑ Confiteor)

Mea|to|to|mie [mea...] *die;* -, ...ien ⟨aus *lat.* meatus (vgl. Meatus) u. zu ↑...tomie⟩: operative Erweiterung eines Körperkanals, -gangs (Med.). **Mea|tus** *der;* -, - [...tu:s] ⟨aus *lat.* meatus „Gang, Weg"⟩: Verbindungsgang, Ausführungsgang, Körperkanal (Med.)

Me|cha|nik *die;* -, -en ⟨über *lat.* (ars) mechanica aus *gr.* mēchaniké (téchnē) „die Kunst, Maschinen zu erfinden und zu bauen" zu mēchanikós, vgl. mechanisch⟩: 1. (ohne Plur.) Zweig der Physik, Wissenschaft vom Gleichgewicht u. von der Bewegung der Körper unter dem Einfluß von Kräften. 2. Getriebe, Triebwerk, Räderwerk. 3. automatisch ablaufender, selbsttätiger Prozeß. **Me|cha|ni|ker** *der;* -s, - ⟨aus *lat.* mechanicus „Mechaniker"⟩: 1. Feinschlosser. 2. Fachmann, der Maschinen, Apparate u. a. bedient, baut, repariert usw. **Me|cha|ni|ke|rin** *die;* -, -en: weibliche Form zu ↑ Mechaniker. **Me|cha|ni|kus** *der;* -, Plur. ...izi u. (ugs. scherzh.) -se ⟨zu ↑ Mechaniker⟩: 1. (veraltet) svw. Mechaniker (1). 2. (ugs. scherzh.) jmd., der in technischen Arbeiten sehr geschickt ist. **Me|cha|ni|sa|tor** *der;* -s, ...oren ⟨aus gleichbed. *russ.* mechanisator zu ↑ mechanisieren u. ↑...ator⟩: technische Fachkraft aus der Land- u. Forstwirtschaft der ehemaligen DDR. **me|cha|nisch** ⟨über *lat.* mechanicus aus *gr.* mēchanikós „Maschinen betreffend; erfinderisch" zu mēchané „(Hilfs)mittel, Werkzeug; Kriegsmaschine"⟩: 1. den Gesetzen der Mechanik entsprechend. 2. maschinenmäßig, von Maschinen angetrieben. 3. gewohnheitsmäßig, unwillkürlich, unbewußt [ablaufend]. 4. ohne Nachdenken [ablaufend], kein Nachdenken erfordernd. **me|cha|ni|sie|ren** ⟨nach gleichbed. *fr.* mécaniser zu mécanique, dies aus *lat.* mechanicus, vgl. mechanisch⟩: auf mechanischen Ablauf, Betrieb umstellen. **Me|cha|nis|mus** *der;* -, ...men ⟨nach gleichbed. *fr.* mécanisme; vgl. ...ismus (2)⟩: 1. a) Getriebe, Triebwerk, gekoppelte Bauelemente, die so konstruiert sind, daß jede Bewegung eines Elements eine Bewegung anderer Elemente bewirkt; b) (ohne Plur.) Funktion u. Konstruktionsweise eines Mechanismus (1 a). 2. [selbsttätiger] Ablauf (z. B. von ineinandergreifenden Vorgängen in einer Behörde od. Körperschaft); Zusammenhang od. Geschehen, das gesetzmäßig u. wie selbstverständlich abläuft. 3. Richtung der Naturphilosophie, die Natur, Naturgeschehen od. auch Leben u. Verhalten rein mechanisch bzw. kausal erklärt (Philos.). **Me|cha|nist** *der;* -en, -en ⟨zu ↑...ist⟩: Vertreter des Mechanismus (3). **me|cha|ni|stisch** ⟨zu ↑...istisch⟩: 1. den Mechanismus (3) betreffend. 2. [nur] auf einem Mechanismus (2) beruhend; nur mechanische Ursachen anerkennend. **Me|cha|ni|zi:** Plur. von ↑ Mechanikus (1). **Me|cha|ni|zis|mus** *der;* - ⟨zu ↑...izismus⟩: svw. Mechanismus (3). **Me|cha|ni|zist** *der;* -en, -en ⟨zu ↑...ist⟩: svw. Mechanist. **me|cha|ni|zi|stisch** ⟨zu ↑...istisch⟩: svw. mechanistisch (1). **me|cha|no..., Me|cha|no...** ⟨zu ↑ mechanisch⟩: Wortbildungselement mit der Bedeutung „durch mechanische Reize erfolgend; mit Hilfe von Apparaten", z. B. Mechanotherapie. **Me|cha|no|che|mie** *die;* -: Wissensgebiet vom Ablauf chem. Reaktionen unter dem Einfluß besonderer mechanischer Einwirkungen (z. B. Mahlvorgänge). **Me|cha|no|kar|dio|gra|phie** *die;* -, ...ien: zusammenfassende Bez. für apparativen Methoden zur Untersuchung der Herzfunktion (z. B. Elektrokardiogramm, Herzschall; Med.). **Me|cha|no|lo|gie** *die;* - ⟨zu ↑...logie⟩: (veraltet) Maschinenbaulehre. **Me|cha|no|mor|pho|se** *die;* -, -n ⟨eigtl. verkürzt aus ↑ mechano... u. ↑ Metamorphose⟩: durch mechanische Reize bewirkte Gestaltsveränderung bei Pflanzen (z. B.

Fahnenwuchs bei windgeblasenen Bäumen; Biol.). **Me|cha|no|re|zep|to|ren** *die* (Plur.): mechanische Sinne (Biol.). **Me|cha|no|the|ra|peut** *der;* -en, -en: Fachkraft, die die Mechanotherapie ausübt. **Me|cha|no|the|ra|peu|tin** *die;* -, -nen: weibliche Form zu ↑ Mechanotherapeut. **me|cha|no|the|ra|peu|tisch**: die Mechanotherapie betreffend. **Me|cha|no|the|ra|pie** *die;* -: Therapie mit Hilfe mechanischer Einwirkung auf den Körper (bes. Massage, Krankengymnastik o. ä.)

Me|chi|ta|rist *der;* -en, -en (meist Plur.) ⟨nach dem armen. Priester Mechitar (1676–1749) u. zu ↑...ist⟩: armenische ↑ Kongregation von Benediktinern (heute in Venedig u. Wien)

me|chul|le [...ç...] vgl. machulle

Me|dail|le [me'daljə] *die;* -, -n ⟨aus gleichbed. *fr.* médaille, dies aus *it.* medaglia, dies über das Vulgärlat. aus *lat.* metallum, vgl. Metall⟩: Gedenk-, Schaumünze ohne Geldwert, auch zur Auszeichnung für besondere Leistungen. **Me|dail|leur** [medal'jø:ɐ̯] *der;* -s, -e ⟨aus gleichbed. *fr.* médailleur⟩: a) Künstler, der Medaillen vom Entwurf bis zur Vollendung herstellt; b) Handwerker, der Medaillen nach künstlerischem Modell gießt od. prägt (Berufsbez.). **me|dail|lie|ren** [...'ji:...] ⟨zu ↑ Medaille u. ↑...ieren⟩: (selten) mit einer Medaille auszeichnen. **Me|dail|list** [...'jɪst] *der;* -en, -en ⟨zu ↑...ist⟩: (veraltet) Kenner u. Sammler von Gedenk- u. Schaumünzen. **Me|dail|lon** [...'jõ:] *das;* -s, -s ⟨aus gleichbed. *fr.* médaillon, dies aus *it.* medaglione „große Schaumünze", Vergrößerungsform von medaglia, vgl. Medaille⟩: 1. große Schaumünze; Bildkapsel; Rundbild[chen]. 2. rundes od. ovales [gerahmtes] Relief od. Bild[nis] (Kunstw.). 3. kreisrunde od. ovale Fleischscheibe (meist vom Filetstück; Gastr.)

Med|dah *der;* -[s], -s ⟨aus *arab.* meddāh „Lobredner"⟩: (veraltet) mimischer Erzählkünstler

Me|dia *die;* -, Plur. ...diä u. ...dien [...iən] ⟨zu *lat.* media, Fem. von medius, vgl. ¹Medium⟩: 1. stimmhafter ↑ Explosivlaut (z. B. *b;* Sprachw.); Ggs. ↑ Tenuis. 2. mittlere Schicht der Gefäßwand (von Arterien, Venen u. Lymphgefäßen; Med.). 3. Plur. von ↑ ¹Medium. **Me|dia|ana|ly|se** *die;* -, -n ⟨zu *lat.* media, Plur. von medium, vgl. ¹Medium⟩: Untersuchung von Werbeträgern in bezug auf deren gezielte Anwendung. **Me|dia|for|schung** *die;* -: systematische Untersuchungen über den Einsatz u. die Wirkung von Werbeträgern (z. B. Hörfunk, Fernsehen). **Me|dia|kom|bi|na|ti|on** *die;* -, -en: Heranziehung verschiedener Medien für eine Werbung. **me|di|al** ⟨aus *spätlat.* medialis „mitten, in der Mitte" zu medius, vgl. ¹Medium⟩: 1. das ¹Medium (2) betreffend. 2. nach der Körpermitte zu gelegen (Med.). 3. die Kräfte u. Fähigkeiten eines ¹Mediums (4) besitzend. **Me|di|al** *das;* -s, -e ⟨zu ↑ ¹...al (2)⟩: heute kaum noch verwendetes Spiegellinsenfernrohr zum Beobachten astronomischer Objekte. **Me|dia|li|tät** *die;* - ⟨zu ↑...ität⟩: mehr od. weniger stark ausgeprägte Eigenschaft des Menschen, ¹Medium (4) zu sein. **¹Me|dia-man** ['mi:diəmən] *der;* -, ...men [...mən] ⟨aus gleichbed. *engl.* media man, zu *lat.* media (vgl. Mediaanalyse) u. *engl.* man „Mann"⟩: svw. Media-Mann. **Me|dia-Mann** *der;* -[e]s, ...-Männer ⟨zu *lat.* media, vgl. Mediaanalyse⟩: Fachmann für Auswahl u. Einsatz von Werbemitteln. **me|di|an** ⟨aus *lat.* medianus „in der Mitte liegend"⟩: in der Mitte befindlich, in der Mittellinie eines Körpers od. Organs gelegen (Anat.). **Me|di|an** *der;* -s, -e ⟨nach *engl.* median „Mittelwert"⟩: Zentralwert (Statistik). **Me|dia|ne** *die;* -, -n ⟨zu *lat.* median, vgl. median⟩: (veraltet) halbierende Linie eines Winkels (am Dreieck). **Me|di|an|ebe|ne** *die;* -, -n: die Symmetrieebene des menschlichen Körpers. **Me|di|an|te** *die;* -, -n ⟨zu *it.* mediante, Part. Präs. von mediare „dazwischentreten, halbieren", dies aus *spätlat.* mediare⟩: 1. Mittelton zwischen ↑ Prime u. ↑ Quinte, 3. Stufe der Tonleiter. 2. Nebendreiklang über der 3. Stufe (Mus.). **me|dia|sti|nal** ⟨zu ↑ Mediastinum u. ↑¹...al (1)⟩: zum Mediastinum gehörend, darin gelegen (Med.). **Me|dia|sti|nal|em|phy|sem** *das;* -s, -e: das Eindringen von Luft in das lockere Bindegewebe des Mediastinums auf Grund von Verletzungen, z. B. der Lunge (Med.). **Me|dia|sti|ni|tis** *die;* -, ...itiden ⟨zu ↑ ...itis⟩: Entzündung des Bindegewebes im Mediastinum (Med.). **Me|dia|sti|no|skop** *das;* -s, -e ⟨zu ↑ ...skop⟩: ↑ Endoskop zur direkten Untersuchung des Mediastinums (Med.). **Me|dia|sti|no|sko|pie** *die;* -, ...ien ⟨zu ↑ .. skopie⟩: Untersuchung des Mediastinums mit Hilfe des Mediastinoskops (Med.). **Me|dia|sti|no|to|mie** *die;* -, ...ien ⟨zu ↑ ...tomie⟩: operative Öffnung des Mediastinums (z. B. bei Herzoperationen; Med.). **Me|dia|sti|num** *das;* -s, ...na ⟨aus *nlat.* mediastinum „Mittelfell" zu *lat.* medianus „in der Mitte befindlich"⟩: a) Mittelteil des Thoraxinnenraumes; b) in der Mittellinie eines Organs liegende Scheidewand (Med.). **me|di|at** ⟨aus gleichbed. *fr.* médiat, rückgebildet aus immédiat, dies aus *(spät)lat.* immediatus, vgl. immediat⟩: (veraltet) mittelbar. **Me|dia|teur** [...'tøːɐ] *der;* -s, -e ⟨aus *fr.* médiateur „Vermittler; Mittelsmann"⟩: (veraltet) in einem Streit zwischen zwei od. mehreren Mächten vermittelnder Staat. **Me|dia|ti|on** *die;* -, -en ⟨aus *spätlat.* mediatio „Vermittlung" zu mediare, vgl. Mediante⟩: 1. Vermittlung eines Staates in einem Streit zwischen anderen Mächten. 2. harmonisierende Vermittlung bei persönlichen od. sozialen Konflikten (Psychol.). **me|dia|ti|sie|ren** ⟨zu ↑ mediat u. ↑ ...isieren; eigtl. „mittelbar machen"⟩: (früher) bisher unmittelbar dem Reich unterstehende Herrschaften od. Besitzungen (z. B. Reichsstädte) der Landeshoheit unterwerfen. **me|dia|tiv** ⟨zu ↑ ...iv⟩: (veraltet) vermittelnd. **Me|dia|tor** *der;* -s, ...oren ⟨aus *lat.* mediator „Mittelsperson, Mittler"⟩: 1. (veraltet) Vermittler, Schiedsmann 2. Überträgerstoff, gewebseigener Wirkstoff, der einen Gewebsreiz in das funktionell od. morphologisch faßbare Symptom überträgt (Med.). 3. Vermittler bei Konflikten u. in Streitfällen, z. B. bei Eheproblemen. **Me|dia|to|rin** *die;* -, -nen: weibliche Form zu ↑ Mediator (3). **me|dia|to|risch:** (veraltet) vermittelnd. **Me|dia|trix** *die;* - ⟨aus *lat.* mediatrix „Mittlerin"⟩: Ausdruck, mit dem in der kath. Marienfrömmigkeit u. Theologie die Stellung Marias als der Mittlerin zwischen den Menschen u. Jesus Christus bezeichnet wird. **me|di|äval** [...v...] ⟨zusammengezogen aus *nlat.* medium aevum „Mittelalter" u. zu ↑¹...al (1)⟩: mittelalterlich. **Me|di|äval** *die;* - ⟨zu ↑¹...al (2); nach der Ähnlichkeit mit der Schrift mittelalterlicher Handschriften⟩: Druckschrift mit Antiquacharakter. **Me|di|ävist** *der;* -en, -en ⟨zu ↑ ...ist⟩: Wissenschaftler auf dem Gebiet der Mediävistik. **Me|di|ä|vi|stik** *die;* - ⟨zu ↑ ...istik⟩: Wissenschaft von der Geschichte, Kunst, Literatur usw. des europäischen Mittelalters. **me|dia vi|ta in mor|te su|mus** [-'viːta – – –] ⟨*lat.*⟩: Mitten wir im Leben sind von dem Tod umfangen (mittelalterliche ↑ Antiphon mit alter dt. Übersetzung)

Me|di|ci|por|zel|lan [...ditʃi...] *das;* -s, -e ⟨nach dem Großherzog Francesco de'Medici (1541–1587), unter dessen Regentschaft das Porzellan in Florenz hergestellt wurde⟩: eine Art Weichporzellan mit meist kobaltblauem Dekor

Me|di|en [...jən]: Plur. von ↑ ¹Medium u. ↑ Media. **Me|di|en|bar|te|ring** [...baːtərɪŋ] *das;* -[s] ⟨zu ↑ ¹Medium u. *engl.* bartering „Tauschgeschäft"⟩: eine Art von Tausch- od. Kompensationsgeschäft, bei dem Industriekonzerne mit eigenen Gesellschaften Fernsehprogramme produzieren. **Me|di|en|di|dak|tik** *die;* -: ↑ Didaktik der als Unterrichtshilfsmittel eingesetzten Medien. **me|di|en|di|dak|tisch:** didaktisch im Rahmen der Mediendidaktik. **Me|di|en|ka|ba|rett** *das;* -s, Plur. -s u. -e: Sammelbez. für von Rundfunk- u. Fernsehanstalten ausgestrahlte Kabarettsendungen. **Me|di|en|kon|zen|tra|ti|on** *die;* -, -en: Erscheinung auf den Medienmärkten, die dadurch gekennzeichnet ist, daß immer weniger Anbieter einen immer höheren Marktanteil auf sich vereinigen. **Me|di|en|kon|zern** *der;* -[e]s, -e: Zusammenschluß von mehreren überwiegend im Medienbereich tätigen Unternehmen unter einheitlicher Leitung. **Me|di|en|päd|ago|ge** *der;* -n, -n: Wissenschaftler auf dem Gebiet der Medienpädagogik. **Me|di|en|päd|ago|gik** *die;* -: Wissenschaft vom pädagogischen Einfluß der ↑ Massenmedien. **Me|di|en|po|li|tik** *die;* -: Gesamtheit der politischen Maßnahmen, die auf die Ordnung u. Organisation des Mediensystems durch Schaffung rechtlich verbindlicher Rahmenbedingungen zielen. **Me|di|en|spek|ta|kel** *das;* -s, -: (Jargon) ↑ ²Spektakel, das die Medien aus einem Ereignis o. ä. machen. **Me|di|en|trans|fer** *der;* -s, -s: die Übernahme eines fertigen Produkts von einem Medium in ein anderes (z. B. die Veröffentlichung einer Filmmelodie als Kompaktschallplatte). **Me|di|en|ver|bund** *der;* -[e]s: Kombination verschiedener Kommunikationsmittel unter einer Organisation. **Me|di|en|wis|sen|schaft** *die;* -: Arbeitsgebiet der Kommunikationswissenschaften, das sich bes. den Texten der Massenmedien zuwendet u. deren Formen u. Inhalte untersucht. **Me|die|tät** [...dje...] *die;* - ⟨zu ↑ ...ität⟩: (veraltet) Mitte, Mittelbarkeit. **me|di|ie|ren** ⟨aus gleichbed. *spätlat.* mediare⟩: (veraltet) 1. in der Mitte teilen, 2. vermitteln

Me|di|ka|ment *das;* -[e]s, -e ⟨aus gleichbed. *lat.* medicamentum zu medicari „heilen"⟩: Arznei-, Heilmittel. **me|di|ka|men|tös** ⟨aus *lat.* medicamentosus „heilend"; vgl. ...ös⟩: mit Hilfe von Medikamenten. **Me|di|ka|ster** *der;* -s, - ⟨zu ↑ Medikus u. *lat.* -aster, pejoratives Suffix zur Kennzeichnung von Personen (Analogiebildung zu ↑ Philosophaster)⟩: Kurpfuscher, Quacksalber. **Me|di|ka|ti|on** *die;* -, -en ⟨aus *spätlat.* medicatio „Heilung, Kur"⟩: Arzneiverordnung. **Me|di|kus** *der;* -, Medizi ⟨aus *lat.* medicus „Arzt"⟩: (scherzh.) Arzt

Me|dim|nos *der;* -, ...noi [...nɔy] ⟨aus *gr.* médimnos „Scheffel"⟩: altgriech. Hohlmaß (= 52,53 l bzw. 78,79 l)

Me|di|na *die;* -, -s ⟨aus *arab.* medīna „Stadt"⟩: Altstadt nordafrik. Städte. **Me|di|na|wurm** *der;* -[e]s, ...würmer ⟨nach der Stadt Medina in Saudi-Arabien⟩: im Hautbindegewebe des Menschen schmarotzender Fadenwurm tropischer Gebiete

me|dio ⟨aus *it.* medio „mittlerer ...", dies aus *lat.* medius, vgl. ¹Medium⟩: zum [Zeitpunkt des] Medio; Mitte (Januar usw.). **Me|dio** *der;* -[s], -s ⟨zu ↑ medio⟩: der 15. jedes Monats oder, falls dieser ein Samstag, Sonntag oder Feiertag ist, der nachfolgende Wochentag (Wirtsch.). **Me|dio|garn** *das;* -s, -e ⟨zu *lat.* medius, vgl. ¹Medium⟩: mittelfest gedrehtes Baumwollgarn. **me|dio|ker** ⟨aus gleichbed. *fr.* médiocre, dies aus *lat.* mediocris⟩: (veraltet) mittelmäßig. **Me|dio|krist** *der;* -en, -en ⟨zu mediokrer u. ↑ ...ist⟩: (veraltet) Durchschnittsmensch. **Me|dio|kri|tät** *die;* -, -en ⟨aus gleichbed. *fr.* médiocrité aus *lat.* mediocritas, Gen. mediocritatis⟩: (veraltet) Mittelmäßigkeit. **Me|dio|pas|siv** *das;* -s, -e [...və]: im Griechischen Medium (2) mit passiver Bedeutung (Sprachw.). **Me|dio|thek** *die;* -, -en ⟨zu ↑ ¹Medium u. ↑ ...thek⟩: erweiterte ↑ Bibliothek, in der alle ↑ Medien (vgl. ¹Medium 5 a) gespeichert u. einsehbar sind. **Me|dio|wech-**

sel *der;* -s, - ⟨zu ↑ medio⟩: in der Mitte eines Monats fälliger Wechsel

Me|di|san|ce [...'zã:sə] *die;* -, -n ⟨aus gleichbed. *fr.* médisance zu médire „verleumden", dies zu dire „sagen, sprechen, reden" (aus *lat.* dicere)⟩: (veraltet) Verleumdung; Schmähsucht. **me|di|sant** [...'zã:] ⟨aus gleichbed. *fr.* médisant⟩: (veraltet) schmähsüchtig. **me|di|sie|ren** ⟨zu ↑ ...ieren⟩: (veraltet) schmähen, lästern

Me|di|ta|ti|on *die;* -, -en ⟨aus *lat.* meditatio „das Nachdenken" zu meditari, vgl. meditieren⟩: 1. Nachdenken; sinnende Betrachtung. 2. geistig-religiöse Übung (bes. im Hinduismus u. Buddhismus), die zur Erfahrung des innersten Selbst führen soll; vgl. Kontemplation. **me|di|ta|tiv** ⟨aus gleichbed. *spätlat.* meditativus⟩: a) die Meditation betreffend; b) nachdenkend, nachsinnend

me|di|ter|ran ⟨aus *lat.* mediterraneus „mitten im Lande, in den Ländern" zu medius (vgl. ¹Medium) u. terra „Land"⟩: zum Mittelmeerraum gehörend. **Me|di|ter|ran|flo|ra** *die;* -, ...ren: Pflanzenwelt der Mittelmeerländer. **Me|di|ter|ra|ni|de** *der* u. *die;* -n, -n ⟨zu ↑ ...ide⟩: Angehörige[r] einer Untergruppe der ↑ Europiden, die um das Mittelmeer verbreitet ist

me|di|tie|ren ⟨aus *lat.* meditari „nachdenken, sinnen"⟩: 1. nachdenken; sinnend betrachten. 2. Meditation (2) ausüben

me|di|um ['mi:djəm] ⟨aus gleichbed. *engl.* medium, dies aus *lat.* medium, vgl. ¹Medium⟩: 1. mittelgroß (als Kleidergröße); Abk.: M; vgl. ²large, small. 2. [auch 'me:diʊm] halb durchgebraten (von Fleisch; Gastr.). **¹Me|di|um** ['me:diʊm] *das;* -s, Plur. ...dien [...jən] u. ...dia ⟨aus *lat.* medium „Mitte", substantiviertes Neutrum von medius „mittlerer, in der Mitte befindlich", Bed. 5 über *engl.* medium⟩: 1. (Plur. selten auch ...dia) Mittel, Mittelglied; Mittler[in]; vermittelndes Element. 2. (Plur. selten auch ...dia) Mittelform zwischen ↑ ¹Aktiv u. ↑ Passiv (bes. im Griechischen; im Deutschen reflexiv ausgedrückt, z. B. sich waschen; Sprachw.). 3. (Plur. ...dien) Träger physik. od. chem. Vorgänge, z. B. Luft als Träger von Schallwellen (Phys., Chem.). 4. (Plur. ...dien) a) jmd., der für (angebliche) Verbindungen zum übersinnlichen Bereich besonders befähigt ist (Parapsychol.); b) Patient od. Versuchsperson bei Hypnoseversuchen. 5. (meist Plur.) a) (Plur. selten auch ...dia) Einrichtung für die Vermittlung von Meinungen, Informationen od. Kulturgütern, insbesondere eines der Massenmedien Film, Funk, Fernsehen, Presse; b) (Plur. selten auch ...dia) Unterrichts[hilfs]mittel, das der Vermittlung von Information u. Bildung dient; c) (Plur. meist ...dia) für die Werbung benutztes Kommunikationsmittel, Werbeträger. **²Me|di|um** *die;* - ⟨aus gleichbed. *engl.* medium, vgl. ¹Medium⟩: genormter Schriftgrad für die Schreibmaschine. **Me|di|um coe|li** [- 'tsø:li] *das;* - - ⟨aus gleichbed. *lat.* medium coeli: Himmelsmitte, Zenit, Spitze des X. Hauses; der Punkt der ↑ Ekliptik, der in dem zu untersuchenden Zeitpunkt der Geburt o. ä. kulminiert (Astrol.); Abk.: M. C. **Me|diu|mis|mus** *der;* - ⟨zu ↑ ¹Medium u. ↑ ...ismus⟩: Glaube an den Verkehr mit einer angenommenen Geisterwelt. **me|diu|mi|stisch** ⟨zu ↑ ...istisch⟩: den Mediumismus betreffend. **Me|di|us** *der;* - ⟨verkürzt aus gleichbed. *lat.* medius (terminus)⟩: Mittelbegriff im ↑ Syllogismus

Me|di|zi: Plur. von ↑ Medikus. **Me|di|zin** *die;* -, -en ⟨aus *lat.* (ars) medicina, Fem. von medicinus „zur Arznei, zur Heilkunst gehörig" zu medicus „heilend; Arzt", dies zu mederi „heilen"⟩: 1. (ohne Plur.) Wissenschaft vom gesunden u. kranken Menschen u. Tier, von den Krankheiten, ihrer Verhütung u. Heilung. 2. Medikament, Arznei. **me|di|zi|nal** ⟨aus gleichbed. *lat.* medicinalis⟩: zur Medizin gehörend, die Medizin betreffend; medizinisch verwendet. **Me|di|zi|nal|as|si|stent** *der;* -en, -en: junger Arzt (direkt nach dem Examen), der als Assistent in einem Krankenhaus seine praktische Ausbildung vervollständigt. **Me|di|zin|ball** *der;* -[e]s, ...bälle ⟨zu ↑ Medizin⟩: großer, schwerer, nichtelastischer Lederball (Sport). **Me|di|zin|bün|del** *das;* -s, -: Bündel mit Gegenständen, die Zauberkraft besitzen (bei nordamerik. Indianer[stämme]n. **Me|di|zi|ner** *der;* -s, -: 1. Arzt. 2. Medizinstudent. **Me|di|zi|ne|rin** *die;* -, -nen: weibliche Form zu ↑ Mediziner. **me|di|zi|nie|ren** ⟨zu ↑ ...ieren⟩: ärztlich behandeln. **me|di|zi|nisch**: a) zur Medizin gehörend, sie betreffend; b) von der Medizin, durch die Medizin; c) nach den Gesichtspunkten der Medizin [hergestellt]. **me|di|zi|nisch-tech|nisch**: die Medizin (1) in Verbindung mit der Technik betreffend; -e Assistentin: weibliche Person, die durch praktisch-wissenschaftliche Arbeit (z. B. im ↑ Labor) die Tätigkeit eines Arztes o. ä. unterstützt (Berufsbez.; Abk.: MTA). **Me|di|zin|mann** *der;* -[e]s, ...männer: Zauberarzt u. Priester (vgl. Schamane) vieler Naturvölker. **Me|di|zin|me|teo|ro|lo|gie** *die;* -: medizinische Disziplin, die sich mit den Zusammenhängen zwischen Wetterfaktoren u. medizinischen Erscheinungen beim gesunden u. insbesondere beim kranken Menschen befaßt

Med|ley ['mɛdlɪ] *das;* -s, -s ⟨aus gleichbed. *engl.* medley, eigtl. „Gemisch", dies aus *altfr.* mesdlee zu medler „(ver)mischen", dies über *mlat.* misculare aus *lat.* miscere⟩: a) svw. Potpourri (1); b) Zusammenfassung der beliebtesten Hits (1) eines Interpreten od. einer Gruppe der Rock- od. Popmusik

Me|doc [me'dɔk] *der;* -s, -s ⟨nach der franz. Landschaft Médoc⟩: franz. Rotwein

Me|dre|se u. **Me|dres|se** *die;* -, -n ⟨aus gleichbed. *türk.* medrese, dies aus *arab.* madrasa⟩: 1. islamische juristisch-theologische Hochschule. 2. Koranschule einer ↑ Moschee; vgl. Liwan (2)

Me|dul|la *die;* - ⟨aus gleichbed. *lat.* medulla⟩: Mark (z. B. Knochenmark; Med.); - oblongata: verlängertes Rückenmark. **me|dul|lär** ⟨aus *spätlat.* medularis „im Mark, im Inneren befindlich"; vgl. ...är⟩: auf das Mark bezüglich, zu ihm gehörend (Med.)

Me|du|se *die;* -, -n (meist Plur.) ⟨nach der Medusa (*gr.* Médousa), einem weiblichen Ungeheuer der griech. Sage⟩: Quallenform der Nesseltiere. **Me|du|sen|blick** *der;* -[e]s, -e ⟨der Blick der Medusa ließ alles zu Stein werden⟩: fürchterlicher, erschreckender Blick. **Me|du|sen|haupt** *das;* -[e]s: 1. svw. Medusenblick. 2. Krampfadergeflecht um den Nabel herum (Med.). **me|du|sisch**: medusenähnlich, schrecklich

Mee|ting ['mi:...] *das;* -s, -s ⟨aus gleichbed. *engl.* meeting zu to meet „begegnen, zusammentreffen"⟩: 1. offizielle Zusammenkunft zweier od. mehrerer Personen zur Erörterung von Problemen u. Fachfragen. 2. Sportveranstaltung in kleinerem Rahmen. **Mee|ting|house** [...haʊs] *das;* -, -s [...sɪz] ⟨aus gleichbed. *engl.* meetinghouse⟩: Versammlungs-, Bethaus (der Quäker)

me|fi|tisch ⟨unter Einfluß von *it.* mefitico aus gleichbed. *lat.* mephiticus, nach der altitalischen Göttin Mephitis, der Beherrscherin erstickender Dünste⟩: auf Schwefelquellen bezüglich; verpestend, stinkend. **me|fi|ti|sie|ren** ⟨zu ↑ ...isieren⟩: (veraltet) [die Luft] verpesten

meg..., Meg... vgl. mega..., ¹Mega... u. ²Mega... **me|ga..., ¹Me|ga...**, vor Vokalen auch meg..., Meg... ⟨zu *gr.* mégas

Mega...

„groß"⟩: Wortbildungselement mit der Bedeutung „groß, lang, mächtig", z. B. Megalith, megatherm; Meganthropus; vgl. megalo..., Megalo...; auch ugs. verstärkend mit der Bedeutung „außerordentlich"; völlig, ganz und gar", z. B. megaout, Megastar. **²Me|ga...**, vor Vokalen auch Meg... ⟨zu ↑mega...⟩: Vorsatz vor Maßeinheiten mit der Bedeutung „das Millionenfache (10⁶fache; in der EDV das 2²⁰fache [= 1 048 576])" der genannten Maßeinheit, z. B. Megawatt; Zeichen M. **Me|ga|bit** [auch 'me:...] *das;* -[s], -[s] ⟨zu ↑²Mega... u. ↑¹Bit⟩: 1 048 576 ↑Bit (EDV); Zeichen MBit. **Me|ga|byte** [...'bait, auch 'me:...] *das;* -[s], -[s] ⟨zu ↑²Mega...⟩: 1 048 576 ↑Byte (EDV); Zeichen Mbyte. **Me|ga|ce|ros** [...ts...] *das;* - ⟨aus gleichbed. *nlat.* megaceros zu ↑mega... u. *gr.* kéras „Horn"⟩: fossiler Riesenhirsch des ↑Pleistozäns. **Me|ga|elek|tro|nen|volt** [auch 'me:...] *das;* -s, - ⟨zu ↑²Mega... u. ↑Elektronenvolt⟩: Zeichen MeV. **Me|ga|fau|na** *die;* - ⟨zu ↑mega...⟩: Bez. für die tierischen Bodenorganismen, die größer als 20 mm sind (z. B. Schnecken, Regenwürmer, Maulwürfe; Biol.). **Me|ga|flops** *die* (Plur.) ⟨zu ↑²Mega... u. *engl.* flops, dies Abk. für *Floating-point operations per second* „Gleitkommaoperationen je Sekunde"⟩: die Anzahl der Gleitpunkt- od. Gleitkommaoperationen pro Sekunde als Maß für die Rechenleistung eines Computers (EDV). **Me|ga|gäa** *die;* - ⟨nach der griech. Göttin Gaîa, der Mutter der Erde; vgl. mega...⟩: durch die ↑präkambrischen Gebirgsbildungen konsolidierte Kontinentalmasse, die lediglich durch die Meeresbecken der Urozeane unterbrochen wurde (Geol.). **Me|ga|hertz** [auch 'me:...] *das;* -, - ⟨zu ↑²Mega... u. Hertz (nach dem dt. Physiker H. Hertz, 1857–1894)⟩: 1 Million Hertz; Zeichen MHz. **Me|ga|joule** [...'dʒu:l, auch 'me:...] *das;* -[s], -: 1 Million ↑Joule; Zeichen MJ. **me|gal..., Me|gal...** vgl. megalo..., Megalo... **Me|gal|ego|rie** *die;* - ⟨aus gleichbed. *gr.* megalēgoría zu ↑megalo... u. agoreúein „öffentlich reden"⟩: (veraltet) Großsprecherei, Prahlerei. **Me|gal|en|ze|pha|lie** *die;* -, ...ien ⟨zu ↑megalo..., *gr.* egképhalos „Gehirn", eigtl. „was im Kopf ist", u. ↑²...ie⟩: abnorme Vergrößerung des Gehirns (Med.). **...me|ga|lie** ⟨zu *gr.* mégas, Gen. megálou „groß, mächtig" u. ↑²...ie⟩: Wortbildungselement, bes. aus der Medizin, mit der Bedeutung „außergewöhnlich groß, lang", z. B. Kardiomegalie. **Me|ga|lith** [auch ...'lɪt] *der;* Gen. -s u. -en, Plur. -e[n] ⟨zu ↑mega... u. ↑...lith⟩: großer, roher Steinblock vorgeschichtlicher Grabbauten. **Me|ga|lith|grab** [auch ...'lɪt...] *das;* -[e]s, ...gräber: vorgeschichtliches Großsteingrab. **Me|ga|li|thi|ker** [auch ...'lɪ...] *der;* -s, - ⟨vgl. ²...ik (1)⟩: Träger der Megalithkultur. **me|ga|li|thisch** [auch ...'lɪ...] ⟨zu ↑Megalith⟩: aus großen Steinen bestehend. **Me|ga|lith|kul|tur** [auch ...'lɪt...] *die;* -: Kultur der Jungsteinzeit, für die Megalithgräber u. der Ornamentstil der Keramik typisch sind. **me|ga|lo..., Me|ga|lo...**, vor Vokalen auch megal..., Megal... ⟨zu *gr.* mégas, Gen. megálou „groß"⟩: Wortbildungselement mit der Bedeutung „[abnorm] groß, [außergewöhnlich] lang, riesig", z. B. megaloman, Megalopolis, Megalenzephalie; vgl. mega..., Mega... **Me|ga|lo|blast** *der;* -en, -en (meist Plur.) ⟨zu *gr.* blastós „Keim, Sproß"⟩: abnorm große, kernhaltige Vorstufe der roten Blutkörperchen (Med.). **me|ga|lo|bla|stisch**: Megaloblasten aufweisend, durch sie charakterisiert (Med.). **Me|ga|lo|gra|phie** *die;* - ⟨zu ↑...graphie⟩: (veraltet) vergrößernde Darstellung. **me|ga|lo|kar|pisch** ⟨zu *gr.* karpós „Frucht"⟩: großfrüchtig (Bot.). **me|ga|lo|man** u. megalomanisch ⟨aus gleichbed. *gr.* megalomanés⟩: größenwahnsinnig (Psychol.); vgl. ...isch/-. **Me|ga|lo|ma|nie** *die;* -, ...ien ⟨zu ↑megalo... u. ↑...manie⟩: Größenwahn, übertriebene Einschätzung der eigenen Person (Psychol.). **me|ga|lo|ma|nisch** vgl. megaloman. **Me|ga|lo|me|ter** *das;* -s, - ⟨zu ↑¹...meter⟩: altes Gerät zum Messen großer Winkel am Himmel. **Me|ga|lo|po|le** u. **Me|ga|lo|po|lis** *die;* -, ...polen ⟨aus gleichbed. *engl.-amerik.* megalopolis, dies zu *gr.* megalópolis „eine große Stadt bildend"⟩: aus zwei od. mehreren großen, nahe beieinanderliegenden Städten bestehende Riesenstadt, Städtezusammenballung. **Me|gal|op|sie** *die;* -, ...ien ⟨zu ↑megalo..., *gr.* ópsis „das Sehen" u. ↑²...ie⟩: svw. Makropsie. **Me|ga|lo|psy|chie** *die;* - ⟨aus gleichbed. *gr.* megalopsychía⟩: (veraltet) Großmut, Seelengröße. **Me|ga|lo|sau|ri|er** [...i̯ɐ] *der;* -s, - u. **Me|ga|lo|sau|rus** *der;* -, ...rier [...i̯ɐ] ⟨aus gleichbed. *nlat.* megalosaurus, zu *gr.* saûros „Eidechse"⟩: ausgestorbene Gattung bis 8 m langer, räuberisch lebender ↑Dinosaurier. **Me|ga|lo|ze|pha|lie** *die;* -, ...ien ⟨zu *gr.* megaloképhalos „großköpfig" u. ↑²...ie⟩: svw. Makrozephalie. **Me|ga|lo|zyt** *der;* -en, -en, auch **Me|ga|lo|zy|te** *der;* -, -n (meist Plur.) ⟨zu ↑megalo... u. ↑...zyt⟩: abnorm großes rotes Blutkörperchen (Med.). **Meg|an|thro|pus** *der;* -, ...pi ⟨zu ↑mega... u. ↑Anthropus⟩: Lebewesen aus dem Tier-Mensch-Übergangsfeld. **Me|ga|ohm**, auch Megohm [auch 'me:...] *das;* -, - ⟨zu ↑²Mega... u. Ohm (nach dem dt. Physiker G. S. Ohm, 1789–1854)⟩: 1 Million Ohm; Zeichen MΩ. **me|ga|out** [...aut] ⟨zu ↑mega... u. *engl.* out „aus"⟩: (ugs.) völlig aus der Mode, ganz und gar unzeitgemäß. **Me|ga|pas|cal** [...'kal, auch 'me:...] *das;* -s, - ⟨zu ↑²Mega...⟩: 1 Million ↑Pascal; Zeichen MPa. **Me|ga|phon** *das;* -s, -e ⟨zu ↑mega... u. ↑...phon⟩: Sprachrohr, trichterförmiger, tragbarer Lautsprecher [mit elektr. Verstärkung]

Me|gä|re *die;* -, -n ⟨über gleichbed. *lat.* Megaera aus *gr.* Mégaira, eigtl. „die Mißgönnende, Neidische" (in der griech. Sage eine der ↑Erinnyen)⟩: wütende, böse Frau; Furie

Me|ga|ri|ker *der;* -s, - ⟨aus gleichbed. *lat.* megarici (Plur.) zu megaricus „megareisch"⟩: Angehöriger der von dem Sokratesschüler Eukleides von Megara (450–380 v. Chr.) gegründeten Philosophenschule

Me|ga|ron *das;* -s, ...ra ⟨aus *gr.* mégaron „Gemach, Haus"⟩: mit einer Vorhalle verbundener Hauptraum des altgriech. Hauses (mit Herd als Mittelpunkt)

Me|ga|star *der;* -s, -s ⟨aus gleichbed. *engl.* (ugs.) megastar zu ↑mega... u. ↑Star⟩: überragender, unvergleichlicher Star, der überall gefeiert wird. **Me|ga|the|ri|um** *das;* -s, ...ien [...i̯ən] ⟨aus gleichbed. *nlat.* megatherium zu ↑mega... u. *gr.* thēríon „Tier"⟩: ausgestorbenes Riesenfaultier. **me|ga|therm** ⟨zu ↑...therm⟩: warme Standorte bevorzugend (von Pflanzen; Bot.). **Me|ga|ton|ne** [auch 'me:...] *die;* -, -n ⟨zu ↑²Mega...⟩: 1 Million Tonnen; Zeichen Mt. **Me|ga|ure|ter** *der;* -s, ⟨zu ↑mega... u. *gr.* ourētḗr „der Uringang"⟩: stark erweiterter Harnleiter (Med.). **Me|ga|volt** [...v..., auch 'me:...] *das;* Gen. - u. -[e]s, Plur. - ⟨zu ↑²Mega...⟩: 1 Million ↑Volt; Zeichen MV. **Me|ga|watt** [auch 'me:...] *das;* -, - ⟨nach dem engl. Ingenieur J. Watt, 1736–1819⟩: 1 Million Watt; Zeichen MW

Me|gil|loth, ökum. Megillot *die* (Plur.) ⟨aus *hebr.* megillôt, Plur. von megillā „(Buch)rolle"⟩: Sammelbez. der 5 alttestamentlichen Schriften Hoheslied, Ruth, Klagelieder, Prediger Salomo, Esther, die an jüdischen Festen verlesen wurden

Meg|ohm vgl. Megaohm

Me|ha|ri *das;* -s, -s ⟨aus gleichbed. *fr.* méhari, dies aus *arab.* maharīy (Plur.) zu mahrīy, eigtl. „(Dromedar) aus Mahrah" (Gebiet an der Südküste Arabiens)⟩: schnelles Reitdromedar in Nordafrika

Meio|se *die;* -, -n ⟨zu ↑Meiosis⟩: ein aus einer ↑Reduktionsteilung u. einer ↑Mitose bestehender Zellteilungsvorgang

(Biol.). **Mei|o|sis** *die;* - ⟨aus *gr.* meíōsis „das Verringern"⟩: svw. Litotes. **mei|o|tisch:** die Meiose betreffend, auf ihr beruhend (Biol.)

Mei|ran *der;* -s, -e ⟨über *mhd.* meigramme aus *mlat.* majorana, vgl. Majoran⟩: svw. Majoran

Meis|je *das;* -s, -s ⟨aus gleichbed. *niederl.* meisje, Verkleinerungsform von meid „Mädchen"⟩: holländisches Mädchen

Meit|ne|ri|um *das;* -s ⟨nach der österr.-schwed. Physikerin L. Meitner (1878–1968) u. zu ↑...ium⟩: chem. Element, ein Transuran; Zeichen Mt

Mei|uros *der;* -, ...roi [...rɔy] u. **Mei|urus** *der;* -, ...ri ⟨über *nlat.* meiurus aus gleichbed. *gr.* meíouros, eigtl. „kurzschwänzig"⟩: ↑ Hexameter mit gekürzter vorletzter Silbe

Mek|ka *das;* -s, -s ⟨*arab.;* nach der heiligen Stadt des Islams⟩: ein Ort, der für eine bestimmte Sache das Zentrum darstellt u. viele Besucher anlockt, z. B. ein - des Wassersports

Me|kompte [me'kõt] *der;* -s, -s ⟨aus gleichbed. *fr.* mécompte zu mé- „miß-, fehl-" u. compter „zählen, rechnen"⟩: (veraltet) Rechnungsfehler, Irrtum. **me|komp|tie|ren** [mekõmp...], sich ⟨aus gleichbed. *fr.* se mécompter⟩: (veraltet) sich verrechnen

Me|ko|ni|um *das;* -s ⟨über gleichbed. *lat.* meconium, meconion aus *gr.* mēkónion, eigtl. „Mohnsaft"⟩: 1. erste Darmentleerungen des Neugeborenen; Kindspech (Med.). 2. erste Darmausscheidung des aus der Puppe geschlüpften Insekts (Zool.). 3. (veraltet) Opium

Me|la|ju|ku|na *das;* -[s] ⟨*malai.*⟩: die klassische malaiische Schriftsprache

Me|la|ko|nit [auch ...'nɪt] *der;* -s, -e ⟨zu *gr.* mélas „schwarz", kónis „Staub" u. ↑²...it⟩: svw. Tenorit

Me|la|med *der;* -s, Melamdim ⟨aus gleichbed. *jidd.* melamed zu *hebr.* limmād „lehren, Unterricht erteilen"⟩: Lehrer (in der jüd. Elementarschule)

Me|la|min *das;* -s ⟨Kunstw.⟩: technisch vielfach verwertbares Kunstharz

me|lan..., **Me|lan...** vgl. melano..., Melano... **Me|lä|na** *die;* - ⟨zu *gr.* mélaina, Fem. von mélas „schwarz"⟩: Blutstuhl; Ausscheidung von Blut aus dem Darm (z. B. bei Neugeborenen; Med.). **Me|lan|ämie** *die;* -, ...ien ⟨zu ↑ melano... u. ↑...ämie⟩: das Auftreten von dunklen Pigmentkörperchen in Leber, Milz, Nieren, Knochenmark u. Hirnrinde (Med.). **Me|lan|cho|lie** [...k...] *die;* -, ...ien ⟨über *lat.* melancholia aus gleichbed. *gr.* melagcholía, eigtl. „Schwargalligkeit", zu melágcholos „schwarze Galle enthaltend", dies zu mélas „schwarz" u. cholé „Galle"⟩: Schwermut, Trübsinn. **Me|lan|cho|li|ker** *der;* -s, - ⟨zu *lat.* melancholicus, vgl. melancholisch⟩: a) (ohne Plur.) (nach dem von Hippokrates aufgestellten Temperamentstyp) antriebsschwacher, pessimistischer, schwermütiger Mensch; vgl. Choleriker, Phlegmatiker, Sanguiniker; b) einzelner Vertreter dieses Temperamentstyps. **me|lan|cho|lisch** ⟨über *lat.* melancholicus aus gleichbed. *gr.* melagcholikós, eigtl. „schwarzgallig"⟩: schwermütig, trübsinnig; vgl. cholerisch, phlegmatisch, sanguinisch

Me|lan|ge [me'lã:ʒə] *die;* -, -n ⟨aus *fr.* mélange „Mischung" zu mêler „mischen, dies über das Vulgärlat. aus *lat.* miscēre⟩: 1. Mischung, Gemisch. 2. (österr.) Milchkaffee. 3. aus verschiedenfarbigen Fasern hergestelltes Garn. **Me|lan|ge|akt** *der;* -[e]s, -e: Darbietung, die verschiedenartige artistische Leistungen vereinigt

Me|la|nin *das;* -s, -e ⟨zu ↑ melano... u. ↑...in (1)⟩: brauner od. schwarzer Farbstoff der Haut, der Haare, Federn od. Schuppen (fehlt bei ↑ Albinos; Biol.). **Me|la|nis|mus** *der;* -, ...men ⟨zu ↑...ismus (3)⟩: svw. Melanose. **Me|la|nit** [auch ...'nɪt] *der;* -s, -e ⟨zu ↑²...it⟩: ein dunkelgrünes bis samtschwarzes Granatmineral. **Me|la|no** *der;* -s, -s ⟨aus gleichbed. *nlat.* melano, eigtl. „Schwärzling", dies zu *gr.* mélas, Gen. mélanos „schwarz", Analogiebildung nach ↑ Albino⟩: Tier mit stark ausgebildeter schwärzlicher Pigmentierung (Zool.). **me|la|no...**, **Me|la|no...**, vor Vokalen auch melan..., Melan... ⟨zu *gr.* mélas, Gen. mélanos „schwarz"⟩: Wortbildungselement mit der Bedeutung „schwarz, dunkel, düster", z. B. melanoderm, Melanophoren, Melancholie. **me|la|no|derm** ⟨zu *gr.* melanodérmatos, eigtl. „mit schwarzem Fell"⟩: dunkelhäutig, dunkle Flecken bildend (von Hautveränderungen; Med.); Ggs. ↑ leukoderm. **Me|la|no|der|mie** *die;* -, ...ien ⟨zu ↑ melano... u. ↑...dermie⟩: [krankhafte] Dunkelfärbung der Haut (Med.). **Me|la|no|gen** *das;* -s, -e ⟨zu ↑...gen⟩: Körperfarbstoff, Vorstufe des Melanins (Biol.). **Me|la|no|glos|sie** *die;* -, ...ien ⟨zu ↑ Glossa u. ↑²...ie⟩: krankhafte Schwarzfärbung der Zunge; Haarzunge (Med.). **me|la|no|krat** ⟨zu ↑...krat⟩: überwiegend dunkle Bestandteile aufweisend u. daher dunkel erscheinend (von Erstarrungsgesteinen, z. B. Basalt; Geol.). Ggs. ↑ leukokrat. **Me|la|nom** *das;* -s, -e ⟨zu ↑...om⟩: bösartige braune bis schwärzliche Geschwulst (Med.). **Me|la|no|pho|ren** *die* (Plur.) ⟨zu ↑...phor⟩: Melanin enthaltende Zellen in der Haut von Kaltblütern, die der Hautverfärbung dienen (z. B. der Anpassung an die Umwelt; Biol.). **Me|la|no|sar|kom** *das;* -s, -e: äußerst bösartiges Melanom, bes. in der Haut (Med.). **Me|la|no|se** *die;* -, -n ⟨zu ↑¹...ose⟩: [im Zusammenhang mit inneren Krankheiten] an Haut u. Schleimhäuten auftretende Form der Melanodermie (Med.). **Me|la|no|som** *das;* -s, -en (meist Plur.) ⟨zu *gr.* sōma „Körper"⟩: Vorstufe der pigmentierten Hautzellen (Med.). **Me|la|no|tro|pin** *das;* -s ⟨zu ↑...trop u. ↑...in (1)⟩: Hormon des Hypophysenmittellappens, das bei Fischen u. Amphibien Verdunkelung der Haut bewirkt (Gegenspieler des ↑ Melatonins). **Me|la|no|zy|ten** *die* (Plur.) ⟨zu ↑...zyt⟩: Melanin enthaltende Zellen in der Haut von Warmblütern u. des Menschen, die der Pigmentierung der Haut u. der Haare dienen (Biol.). **Me|lan|te|rit** [auch ...'rɪt] *der;* -s, -e ⟨zu *gr.* melantēría „Kupferschwärze, Schuhschwärze" (dies zu mélas „schwarz") u. ↑²...it⟩: ein hellgrünes, auch braunes od. graues Mineral, Verwitterungsprodukt von ↑ Pyrit. **Me|lan|urie** *die;* -, ...ien ⟨zu ↑ melano... u. ↑...urie⟩: Ausscheidung melaninhaltigen Harns (Med.)

Me|lan|za|ne, Me|lan|za|ni *die* (Plur.) ⟨aus *it.* melanzana (Sing.) „Eierpflanze, -frucht"⟩: (österr.) svw. Auberginen

Me|la|phyr *der;* -s, -e ⟨Kunstw. aus *gr.* mélas „schwarz" u. ↑ Porphyr⟩: ein basaltisches Ergußgestein aus dem ↑ Karbon od. ↑ Perm (Geol.)

Me|las *der;* -, - ⟨nach der Stadt Milas in Anatolien⟩: in Kleinasien hergestellter [Gebets]teppich

Me|las|ma *das;* -s, Plur. ...men u. -ta ⟨aus gleichbed. *gr.* mélasma aus mélas „schwarz"⟩: Hautkrankheit mit Bildung schwärzlicher Flecken (Med.)

Me|las|se *die;* -, -n ⟨aus *fr.* mélasse „Zuckersirup", dies aus gleichbed. *span.* melaza zu miel „Honig", dies aus *lat.* mel⟩: Rückstand bei der Zuckergewinnung; als Futtermittel u. zur Herstellung von Branntwein (↑ Arrak) verwendet

Me|la|to|nin *das;* -s ⟨zu *gr.* mélas „schwarz", ↑ Tonus u. ↑...in (1)⟩: Hormon der Zirbeldrüse, das bei Amphibien Aufhellung der Haut bewirkt (Gegenspieler des ↑ Melanotropins)

Mel|chit *der;* -en, -en (meist Plur.) ⟨zu *syr.* malkā „König" u. ↑³...it⟩: Angehöriger der syrischen, ägyptischen u. palästinensischen Christenheit mit byzantinischer Liturgie

me|lie|ren ⟨aus *fr.* mêler „mischen", vgl. Melange⟩: mischen, sprenkeln. **me|liert** ⟨aus gleichbed. *fr.* mêlé, Part. Perf. von mêler, vgl. melieren u. ...iert⟩: a) aus verschiedenen Farben gemischt (z. B. von Wolle od. Stoffen); b) (vom Haar) leicht ergraut

Me|lik *die;* - ⟨zu *gr.* melikós „zum Gesang gehörig", vgl. Melos⟩: melische Dichtung, gesungene Lyrik

Me|li|lith [auch ...'lɪt] *der;* -s, -e ⟨zu *gr.* méli „Honig" u. ↑...lith⟩: von farblos über gelb bis braun gefärbtes Gemenge aus Silikatmineralien

Me|li|nit [auch ...'nɪt] *der;* -s ⟨zu *gr.* mélinos „quittengelb"; vgl. ²...it⟩: pikrinsäurehaltiger Explosivstoff; Gelberde

Me|lio|ra|ti|on *die;* -, -en ⟨wohl unter Einfluß von *fr.* mélioration aus *spätlat.* melioratio „Verbesserung" zu melioratus, Part. Perf. von meliorare, vgl. meliorieren⟩: 1. Bodenverbesserung (z. B. durch Bewässerung). 2. (veraltet) Verbesserung. **me|lio|ra|tiv** ⟨zu ↑...iv⟩: einen positiven Bedeutungswandel durchmachend (von Wörtern; Sprachw.); vgl. pejorativ. **Me|lio|ra|ti|vum** [...vʊm] *das;* -s, ...va [...va] ⟨zu ↑...ivum⟩: ein Wort, das einen positiven Bedeutungswandel erfahren hat (z. B. *mhd.* marschalc „Pferdeknecht" zu *nhd.* Marschall „hoher militärischer Rang"; Sprachw.); vgl. Pejorativum. **me|lio|rie|ren** ⟨über gleichbed. *fr.* méliorer aus *spätlat.* meliorare zu *lat.* melior (Komparativ von bonus „gut")⟩: 1. Ackerland verbessern. 2. (veraltet) verbessern

Me|lis *der;* - ⟨wohl zu *gr.* méli „Honig"⟩: Verbrauchszucker aus verschiedenen Zuckersorten

me|lisch ⟨nach *gr.* melikós „sangbar, zum Gesang gehörend", vgl. Melos⟩: liedhaft (Mus.); -e **Dichtung**: die urspr. zur Musikbegleitung gesungene [griech.] Lyrik; Lieddichtung. **Me|lis|ma** *das;* -s, ...men ⟨zu *gr.* mélisma, Gen. melísmatos „Gesang, Lied" zu melízein „singen"⟩: melodische Verzierung, Koloratur (Mus.). **Me|lis|ma|tik** *die;* - ⟨zu ↑²...ik (2)⟩: melodischer Verzierungsstil (Mus.). **me|lis|ma|tisch**: verziert, ausgeschmückt (Mus.). **me|lis|misch**: svw. melodisch

Me|lis|se *die;* -, -n ⟨aus gleichbed. *mlat.* melissa, dies aus *gr.* mellissóphyllon „Bienenkraut" zu mélissa „Biene" u. phýllon „Blatt, Pflanze"⟩: nach Zitronen duftende, bes. im Mittelmeergebiet kultivierte Heil- u. Gewürzpflanze (häufig verwildert). **Me|li|tis|mus** *der;* -, ...men ⟨zu *gr.* méli, Gen. mélitos „Honig" u. ↑...ismus (2)⟩: alte Methode zur Anwendung des Honigs zu Heilzwecken, Honigkur. **Me|lit|urie** *die;* -, ...ien ⟨zu ↑...urie⟩: Ausscheidung von Zucker mit dem Harn (Med.)

Mel|lah *das;* -s ⟨Herkunft unsicher, vielleicht aus dem Arab.⟩: Bez. für das Judenviertel in den arab. Städten (vor allem in Marokko)

Mel|li|fi|ka|ti|on *die;* - ⟨zu *lat.* mel, Gen. mellis „Honig" u. ↑...fikation⟩: (veraltet) Honigbereitung. **Mel|lit** [auch ...lɪt] *der;* -s, -e ⟨zu *lat.* melleus „honigartig" u. ↑²...it⟩: ein honigfarbenes, körniges Mineral (ein Aluminiumsalz). **Mel|li|turie** *die;* -, ...ien ⟨zu *lat.* mel, Gen. mellis „Honig" u. ↑...urie⟩: svw. Melliturie

Mel|lo|tron *das;* -s, -s ⟨Kunstw. zu *engl.* mellow „sanft, lieblich" u. electronics „Elektronik"⟩: um 1962 in Großbritannien entwickeltes Tasteninstrument

Me|lo|die *die;* -, ...ien ⟨über *spätlat.* melodia aus *gr.* melōidía „Gesang, Singweise" zu mélos „Lied" u. ōidḗ, vgl. Ode⟩: a) singbare, sich nach Höhe od. Tiefe ändernde, abgeschlossene u. geordnete Tonfolge; b) Singweise; Wohlklang. **Me|lo|die|gi|tar|re** *die;* -, -n: Gitarre, die hauptsächlich zum Zupfen von Melodien (nicht zum Schlagen von Begleitakkorden) verwendet wird; Ggs. ↑Rhythmusgitar-

re. **Me|lo|dik** *die;* - ⟨zu *gr.* melōidikós „die Melodie betreffend", vgl. ²...ik (1)⟩: 1. Teilgebiet der Musikwissenschaft, Lehre von der Melodie. 2. der die Melodie betreffende Teil eines Musikstücks. **Me|lo|di|ker** *der;* -s, -: Schöpfer melodischer Tonfolgen. **Me|lo|di|on** *das;* -s, -s ⟨zu ↑¹...on, Analogiebildung zu ↑Akkordeon⟩: Tasteninstrument mit harmonikaartigem Ton. **me|lo|di|ös** ⟨aus gleichbed. *fr.* mélodieux; vgl. ...ös⟩: melodisch klingend. **me|lo|disch** ⟨über gleichbed. *spätlat.* melodus aus *gr.* melōidós⟩: 1. wohlklingend, sangbar, fließend, das ungewohnten Tonschritte (größere Intervalle) vermeidend. 2. die Melodie betreffend. **Me|lo|dist** *der;* -en, -en ⟨aus gleichbed. *kirchenlat.* melodista⟩: Verfasser von Melodien für Kirchenlieder. **Me|lo|dram** *das;* -s, -en ⟨aus gleichbed. *fr.* mélodrame; vgl. Drama⟩: 1. einzelner melodramatischer Teil einer Bühnenmusik od. Oper. 2. svw. Melodrama. **Me|lo|dra|ma** *das;* -s, ...men ⟨zu ↑Melodram⟩: 1. (mit ↑Pathos vorgetragenes) Schauspiel mit untermalender Musik; Musikschauspiel (Mus.). 2. beliebtes Schauer-, Sensations- u. Rührstück der ↑Trivialliteratur mit ↑stereotypen (2) Figuren (Ende 18. bis Mitte des 19. Jh.s; Literaturw.). 3. Theaterstück, Film o. ä., der durch (auf Grund grober u. oberflächlicher Effekte) spannende Handlung u. pathetischgekünstelte Dialoge gekennzeichnet ist. **Me|lo|dra|ma|tik** *die;* -: das Theatralische, (übertrieben) Pathetische (in einem Verhalten, in einer Situation). **me|lo|dra|ma|tisch**: das Melodram[a] betreffend. **Me|lo|dy sec|tion** ['mɛlədɪ 'sɛkʃən] *die;* -, - -s ⟨aus gleichbed. *engl.* melody section⟩: im Jazz melodietragende u. bes. auch solistisch hervortretende Instrumentengruppe einer Band bzw. Big Band. **Me|lo|graph** [melo...] *der;* -en, -en ⟨zu *gr.* mélos „Lied" u. ↑...graph⟩: mechanische Vorrichtung an Tasteninstrumenten seit dem 18. Jh., die dazu diente, gespielte Musikstücke in einer entzifferbaren Schrift auf Papier aufzuzeichnen, Tonhöhenschreiber. **Me|lo|ma|ne** *der* u. *die;* -n, -n ⟨zu ↑...mane⟩: Musikbesessene[r], sich für Musik Ereifernde[r]. **Me|lo|ma|nie** *die;* - ⟨zu ↑...manie⟩: Musikbesessenheit. **Me|lo|mi|mik** *die;* -: Versuch, den Inhalt eines Musikstücks durch Mimik (od. durch Ausdruckstanz) wiederzugeben

Me|lo|ne *die;* -, -n ⟨unter Einfluß von gleichbed. *fr.* melon aus *it.* melone, dies aus *spätlat.* melo, Kurzform von *lat.* melopepo, dies aus *gr.* mēlopépōn, eigtl. „reifer Apfel"⟩: 1. Kürbisgewächs wärmerer Gebiete mit zahlreichen Arten, z. B. Zuckermelone, Wassermelone. 2. (ugs. scherzh.) runder steifer Hut; vgl. Bowler. **Me|lo|nen|baum** *der;* -[e]s, ...bäume: in Tropenländern kultivierter Obstbaum mit melonenähnlichen Früchten, die ein eiweißspaltendes ↑Enzym enthalten. **Me|lo|ne|rie** *die;* -, ...ien ⟨nach gleichbed. *fr.* melonnière⟩: (veraltet) Melonenbeet, -pflanzung. **Me|lo|nit** [auch ...'nɪt] *der;* -s, -e ⟨zu ↑²...it⟩: ein Mineral (Tellurnickel)

Me|lo|phon *das;* -s, -e ⟨zu *gr.* mélos (vgl. Melos) u. ↑...phon⟩: sehr großes Akkordeon mit chromatischer Skala für jede Hand. **Me|lo|pöie** *die;* - ⟨aus gleichbed. *gr.* melopoiía zu mélos (vgl. Melos) u. poieīn „schaffen, machen"⟩: 1. im antiken Griechenland die Kunst, ein ↑Melos (1) zu verfertigen. 2. Lehre vom Bau der Melodien (Mus.). **Me|los** *das;* - ⟨über *lat.* melos aus *gr.* mélos „Lied, Singweise"⟩: 1. Melodie, Gesang, Lied. 2. a) die melodischen Eigenschaften der menschlichen Stimme, Sprachmelodie; b) klangliche Gestalt einer Dichtung (Sprachw.)

Me|lo|schi|se [...'sçi:zə] *die;* -, -n ⟨zu *gr.* mēlon „Apfel" u. schízein „spalten"⟩: eine angeborene Gesichtsmißbildung, Wangenspalte (Med.)

Me|lo|ty|pie *die;* - ⟨zu *gr.* mélos „Lied, Singweise" u. ↑...typie)⟩: Notendruck in Buchdrucklettern

Mel|ton [...tən] *der;* -[s], -s ⟨nach der engl. Stadt Melton Mowbray⟩: weicher Kammgarnstoff in Köperbindung (Webart) mit leicht verfilzter Oberfläche

Mem|ber of Par|lia|ment ['mɛmbə əv 'pɑ:ləmənt] *das;* - - -, -s - - ⟨*engl.*⟩: Mitglied des engl. Unterhauses; Abk.: M. P.

Mem|bra: Plur. von ↑ Membrum. **Mem|bran** u. **Mem|bra-ne** *die;* -, ...nen ⟨aus *lat.* membrana „Haut, Häutchen, (Schreib)pergament" zu membrum „Körperglied"⟩: 1. Schwingblättchen, das zur Übertragung von Druckänderungen geeignet ist (z. B. in Mikrophon u. Lautsprecher; Techn.). 2. zarte, dünne Haut im tierischen u. menschlichen Körper (z. B. Trommelfell; Biol.). 3. Oberflächenhäutchen der Zelle (undulierende Membran; Biol.). 4. Filterhäutchen mit äußerst feinen Poren (Chem.). **Mem|bra-no|phon** *das;* -s, -e ⟨zu ↑...phon⟩: jedes Musikinstrument, dessen Töne durch Erregung einer gespannten Membran erzeugt werden (z. B. Trommel). **mem|bra|nös** ⟨zu ↑...ös⟩: wie eine Membran beschaffen. **Mem|bra|no|to-mie** *die;* -, ...ien ⟨zu ↑...tomie⟩: Sprengung einer Membran (2) mit dem Finger od. mit einem ↑ Dilatator (Med.). **Mem|bran|syn|drom** *das;* -s, -e: Form des Atemnotsyndroms bei Neugeborenen (vor allem bei Frühgeburt; Med.). **Mem|bra|tur** *die;* -, -en ⟨aus gleichbed. *lat.* membratura⟩: (veraltet) Gliederbau. **mem|brie|ren** ⟨aus *lat.* membrari „sich gliedweise bilden"⟩: (veraltet) gliedern. **Mem-brum** *das;* -s, ...bra ⟨aus gleichbed. *lat.* membrum⟩: [Körper]glied, Extremität (Med.); - virile [v...]: svw. Penis

Me|men|to *das;* -s, -s ⟨aus *lat.* memento! „gedenke!", Imperativ von meminit „sich erinnern"⟩: 1. nach dem Anfangswort benanntes Bittgebet für Lebende u. Tote in der kath. Messe. 2. Erinnerung, Mahnung; Denkzettel; Rüge. **Me|men|to mo|ri** *das;* - -, - - ⟨*lat.;* „gedenke des Todes!"⟩: Vorfall, Gegenstand, der an den Tod gemahnt. **Me|mo** *das;* -s, -s: 1. Kurzform von ↑ Memorandum. 2. Merkzettel. **Me-moi|ren** [me'mɔa:rən] *die* (Plur.) ⟨aus gleichbed. *fr.* mémoires, Plur. von mémoire „Erinnerung", dies aus gleichbed. *lat.* memoria zu memor, vgl. memorieren⟩: Lebenserinnerungen einer berühmten Persönlichkeit, meist verbunden mit der Darstellung zeitgeschichtlicher Ereignisse; zeitkritisches Zeugnis; vgl. Autobiographie. **me|mo|ra-bel** ⟨aus gleichbed. *lat.* memorabilis⟩: (veraltet) denkwürdig. **Me|mo|ra|bi|li|en** [...iən] *die* (Plur.) ⟨zu *lat.* memorabilis „denkwürdig; erwähnenswert" u. ↑¹...ie⟩: (veraltend) Denkwürdigkeiten, Erinnerungen. **Me|mo|ran|dum** *das;* -s, Plur. ...den u. ...da ⟨zu *lat.* memorandum, substantiviertes Neutrum von memorandus „erwähnenswert", dies Gerundivum von memorare, vgl. memorieren⟩: [ausführliche] diplomatische] Denkschrift; [politische] Stellungnahme. **¹Me|mo|ri|al** *das;* -s, Plur. -e u. -ien [...iən] ⟨aus *spätlat.* memoriale „Erinnerung(szeichen)" zu *lat.* memoria „Gedächtnis"⟩: (veraltet) Tagebuch, Erinnerungs-, Vormerkbuch. **²Me|mo|ri|al** [mɪ'mɔ:rɪəl] *das;* -s, -s ⟨aus *engl.* memorial „Gedenkfeier; Denkmal", dies aus gleichbed. *spätlat.* memoriale zu *lat.* memoria, vgl. ¹Memorial⟩: 1. [sportliche] Veranstaltung zum Gedenken an einen Verstorbenen. 2. Denkmal. **Me|mo|ria|list** [memoria...] *der;* -en, -en ⟨zu ↑¹Memorial u. ↑...ist⟩: (veraltet) Verfasser einer Denkschrift, Bittschrift. **me|mo|rie|ren** ⟨aus *spätlat.* memorare „in Erinnerung bringen" zu *lat.* memor „eingedenk, sich erinnernd"⟩: (veraltend) a) auswendig lernen; b) wieder ins Gedächtnis rufen, an etw. erinnern. **Me|mo|rier|stoff** *der;* -[e]s, -e: (veraltend) Lernstoff. **Me|mo|ry** ⓦ ['mɛmərɪ] *das;* -s, -s ⟨aus *engl.* memory „Erinnerung, Gedächtnis"⟩: 1. Gesellschaftsspiel, bei dem man mit Bildern, Symbolen o. ä. bedruckte, jeweils doppelt vorhandene Karten zunächst einzeln aufdeckt, um dann später aus der Erinnerung das Gegenstück wiederzufinden. 2. Computerspeicher. **Me|mo|ry cells** ['mɛmərɪ sɛlz] *die* (Plur.) ⟨zu *engl.* cells „Zellen"⟩: Gedächtniszellen (Med.). **Me|mo|ry|le-gie|run|gen** *die* (Plur.): Metallegierungen mit Formgedächtnis, d. h. mit der Fähigkeit, sich beim Erwärmen in eine frühere Form zurückzubilden, weshalb sie z. B. für Stellelemente, die auf Wärme ansprechen sollen (bei Brandschutzeinrichtungen o. ä.), verwendet werden

¹Mem|phis *die;* - ⟨nach der gleichnamigen altägypt. Stadt⟩: eine Druckschrift. **²Mem|phis** *der;* -, - ⟨nach der Stadt Memphis in Tennessee (USA)⟩: Modetanz der 60er Jahre, bei dem die Tanzenden in einer Reihe stehen u. gemeinsam verschiedene Figuren tanzen

Me|na|ge [...ʒə] *die;* -, -n ⟨aus *fr.* ménage „Haushalt, Hausrat" zu *altfr.* maisnage, ma(s)nage, dies über das Galloroman. aus *lat.* mansio „die Bleibe, die Wohnung" (*fr.* maison) zu manere „bleiben"⟩: 1. a) Tischgestell für Essig, Öl, Pfeffer u. a.; b) (veraltet) Gefäß zum Transportieren einer warmen Mahlzeit. 2. (bes. österr., veraltet) Haushalt, [sparsame] Wirtschaft. 3. (österr.) [militärische] Verpflegung. **Me|na|ge|ment** [...ʒə'mã:] *das;* -s ⟨aus gleichbed. *fr.* ménagement⟩: (veraltet) Schonung, Mäßigung. **Me|na|ge-rie** [...ʒə'ri:] *die;* -, ...ien ⟨aus gleichbed. *fr.* ménagerie, eigtl. „Haustierhaltung, Haushaltung"; vgl. Menage⟩: (veraltet) Tierschau, -gehege. **Me|na|ge|rist** [...ʒə...] *der;* -en, -en ⟨zu ↑...ist⟩: (veraltet) Leiter einer Tierschau. **me-na|gie|ren** [...ʒi:...] ⟨zu ↑ Menage u. ↑...ieren, Bed. 3 über gleichbed. *fr.* (se) ménager⟩: 1. (veraltet, noch landsch.) sich selbst verkostigen; sparen; einrichten; schonen. 2. (österr.) Essen in Empfang nehmen (beim Militär). 3. sich -: (veraltet) sich mäßigen

Men|ar|che *die;* - ⟨zu *gr.* mēn „Monat" u. arché „Anfang"⟩: Zeitpunkt des ersten Eintritts der Regelblutung (Med.); vgl. Menopause. **Me|nä|um** *das;* -s, ...äen ⟨aus gleichbed. *kirchenlat.* menaeum, dies zu *gr.* mēniaīos „einen Monat lang"⟩: liturgisches Monatsbuch der orthodoxen Kirche mit den Texten für jeden Tag des unveränderlichen Festzyklus

Men|da|zi|tät *die;* - ⟨aus gleichbed. *spätlat.* mendacitas, Gen. mendacitatis zu *lat.* mendax, Gen. mendacis „lügenhaft"⟩: (veraltet) das Lügen

Men|de|le|vi|um [...v...] *das;* - ⟨nach dem russ. Chemiker D. Mendelejew (1834–1907) u. zu ↑...ium⟩: chem. Element, ein Transuran; Zeichen Md

Men|de|lis|mus *der;* - ⟨nach dem Augustinerabt u. Biologen J. G. Mendel (1822–1884) u. zu ↑...ismus (1)⟩: Richtung der Vererbungslehre, die sich auf die Mendelschen Gesetze beruft. **Men|del|po|pu|la|ti|on** *die;* -, -en: Gemeinschaft sich geschlechtlich fortpflanzender Individuen, zwischen denen regelmäßig Kreuzungen auftreten (Biol.)

Men|di|kant *der;* -en, -en ⟨zu *lat.* mendicans, Gen. mendicantis, Part. Präs. von mendicare „betteln"⟩: Bettelmönch. **Men|di|ka|ti|on** *die;* - ⟨aus gleichbed. *lat.* mendicatio⟩: (veraltet) das Betteln. **Men|di|zi|tät** *die;* - ⟨aus gleichbed. *lat.* mendicitas, Gen. mendicitatis⟩: (veraltet) sehr große Armut

Me|ne|strel *der;* -s, -s ⟨aus gleichbed. *fr.* ménestrel, dies aus *spätlat.* ministerialis „Diener, Beamter"⟩: altprovenzal. u. altfranz. Spielmann, fahrender Musikant; vgl. Minstrel

Me|ne|te|kel *das;* -s, - ⟨nach der Geisterschrift (*aram.* mĕnē mĕnē tĕqel ûfarsîn) für den babylon. König Belsazar († 539 v. Chr.), die im Alten Testament (Daniel 5,25) als „gezählt

menetekeln

(von den Tagen der Regierung), gewogen (aber zu leicht befunden) und zerteilt (Anspielung auf die Zukunft des Reiches)" gedeutet wird〉: ernster Warnungsruf, unheildrohendes Zeichen. **me|ne|te|keln:** (ugs.) sich in düsteren Prophezeiungen ergehen; unken

Men|ha|den [mɛn'heːdn̩] *der;* -s, -s 〈aus gleichbed. *engl.* menhaden, dies aus dem Algonkin (einer nordamerik. Indianersprache)〉: heringsähnlicher Speisefisch Nordamerikas

Men|hir *der;* -s, -e 〈über *fr.* menhir aus gleichbed. *bret.* maen-hir, eigtl. „langer Stein", zu maen „Stein" u. hir „lang"〉: unbehauene vorgeschichtliche Steinsäule

Me|ni|lit [auch ...'lɪt] *der;* -s, -e 〈nach der franz. Gemarkung Menilmontant (bei Paris) u. zu ↑²...it〉: Knollenopal, ein Mineral

Me|nin [məˈnɛ̃] *der;* -s, -s 〈aus gleichbed. *fr.* menin, dies aus *span.* menino „von Geburt an für den Pagendienst bestimmter Adliger"〉: ehemals mit dem ↑ Dauphin zusammen erzogener Edelknabe. **Me|nine** [məˈniːn] *die;* -, -s 〈aus gleichbed. *fr.* menine〉: ehemals Gesellschaftsdame einer Prinzessin

me|nin|ge|al [...ŋg...] 〈zu ↑ Meninx u. ↑¹...al (1)〉: die Hirnhäute betreffend (Med.). **Me|nin|gen:** Plur. von Meninx. **Me|nin|ge|om** vgl. Meningiom. **Me|nin|ges** [...ŋgeːs]: Plur. von Meninx. **Me|nin|gi|om** u. Meningeom u. Meningom *das;* -s, -e 〈zu ↑...om〉: langsam wachsende, von der ↑ Arachnoidea ausgehende Geschwulst der Hirnhäute (Med.). **Me|nin|gis|mus** *der;* -, ...men 〈zu ↑...ismus (3)〉: in den Symptomen der Meningitis ähnelnde Krankheit ohne nachweisbare Entzündung der Hirnhaut (Med.). **Me|nin|gi|tis** *die;* -, ...itiden 〈zu ↑...itis〉: Hirnhautentzündung (Med.). **Me|nin|go|en|ze|pha|li|tis** *die;* -, ...itiden: Form der ↑ Meningitis, bei der die Gehirnsubstanz in Mitleidenschaft gezogen ist (Med.). **Me|nin|go|kok|ke** *die;* -, -n (meist Plur.): Erreger der epidemischen Meningitis (Med.). **Me|nin|go|gom u. Me|nin|go|mye|li|tis** *die;* -, ...itiden 〈Kurzw. aus ↑ *Mening*itis u. ↑ *Myel*itis〉: Entzündung des Rückenmarks u. seiner Häute (Med.). **Me|nin|go|ze|le** *die;* -, -n 〈zu ↑ Meninx u. *gr.* kḗlē „Geschwulst; Bruch"〉: Hirn[haut]bruch (Med.). **Me|ninx** *die;* -, Plur. ...ninges [meˈnɪŋɡeːs] u. ...ningen [...gən] 〈aus *gr.* mēnigx, Gen. mēniggos „(Hirn)haut"〉: Hirn- bzw. Rückenmarkshaut (Med.)

Me|nis|ken|glas *das;* -es, ...gläser 〈zu ↑ Meniskus〉: sichelförmig (im Querschnitt) geschliffenes Brillenglas. **Me|nis|kus** *der;* -, ...ken 〈aus *gr.* menískos „mondförmiger Körper", Verkleinerungsform von mḗnē „Mond", Bed. 2 u. 3 nach der Form eines Meniskus (1)〉: 1. Zwischenknorpel im Kniegelenk (Med.). 2. gekrümmte Oberfläche einer Flüssigkeit in einer Röhre. 3. Linse mit zwei nach derselben Seite gekrümmten Linsenflächen (Phys.). **Me|nis|kus|ope|ra|ti|on** *die;* -, -en: Operation am Meniskus (1) (Med.)

Men|jou|bart [ˈmɛnʒu...] *der;* -[e]s, ...bärte u. **Men|jou|bärt|chen** *das;* -s, - 〈nach dem amerik.-franz. Filmschauspieler A. Menjou, 1890–1963〉: schmaler, gestutzter Schnurrbart dicht über der Oberlippe

Men|ni|ge *die;* - 〈aus *lat.* minium „Zinnober", dies aus dem Iber.〉: Bleioxyd, rote Malerfarbe, die als Schutzanstrich gegen Rost verwendet wird

Men|no|nit *der;* -en, -en 〈nach dem Westfriesen Menno Simons (1496–1561) u. zu ↑³...it〉: Anhänger einer weitverbreiteten ev. Freikirche (mit strenger Kirchenzucht u. Verwerfung von Eid u. Kriegsdienst)

me|no 〈*it.;* aus *lat.* minus, vgl. minus〉: weniger (Vortragsanweisung; Mus.)

Me|no|lo|gi|on *das;* -s, ...ien [...jən] 〈aus gleichbed. *mgr.* mēnológion zu *gr.* mḗn, Gen. mēnós „Monat" u. lógion „die Erzählung, (Orakel)spruch"〉: liturgisches Monatsbuch der orthodoxen Kirche mit Lebensbeschreibungen der Heiligen jedes Monats. **Me|no|ly|se** *die;* -, -n 〈zu ↑...lyse〉: Ausschaltung der Eierstockfunktion u. damit der monatlichen Regelblutung durch Bestrahlung (Med.). **Me|no|pau|se** *die;* -, -n 〈zu ↑¹Pause〉: das Aufhören der Monatsblutung in den Wechseljahren der Frau (Med.); vgl. Menarche

Me|no|ra *die;* -, - 〈aus *hebr.* měnôrā „Leuchter"〉: siebenarmiger [kultischer] Leuchter

Me|nor|rha|gie *die;* -, ...ien 〈zu *gr.* mḗn, Gen. menós „Monat", rhēgnýnai „reißen, brechen" u. ↑²...ie〉: abnorm starke u. lang anhaltende Monatsblutung (Med.). **Me|nor|rhö** *die;* -, -en u. **Me|nor|rhöe** [...'røː] *die;* -, -n [...'røːən] 〈zu *gr.* rheĩn „fließen"〉: svw. Menstruation. **me|nor|rhö|isch:** die Monatsblutung betreffend (Med.). **Me|no|sta|se** *die;* -, -n 〈zu *gr.* stásis „das Stehen, Stillstand"〉: das Ausbleiben der Monatsblutung (Med.)

Men|sa *die;* -, -s u. ...sen 〈kurz für *lat.* mensa domini „Tisch des Herrn", Bed. 2 kurz für ↑ Mensa academica〉: 1. Altartisch; steinerne Deckplatte des kath. Altars. 2. Kantine an Hochschulen u. Universitäten, die Hochschulangehörigen (bes. Studenten) ein preisgünstiges Essen bietet. **Men|sa aca|de|mi|ca** [– aka'deːmika] *die;* - -, ...sae ...cae [...zɛ ...tsɛ] 〈aus *nlat.* mensa academica „akademischer (Mittags)tisch" zu *lat.* mensa „Tisch" u. *nlat.* academicus „akademisch"〉: (veraltet) svw. Mensa (2). **Men|sal|gut** *das;* -[e]s, ...güter 〈zu *lat.* mensalis „zum Tisch gehörig"〉: Kirchenvermögen eines kath. Bischofs od. ↑ Kapitels (2 a) zur persönlichen Nutzung. **Men|sa pau|pe|rum** *die;* - -, ...sae [...zɛ] - 〈aus *lat.* mensa pauperum „Tisch der Armen"〉: früher für die Unterstützung der Armen bestimmtes Kirchengut

Men|sche|wik *der;* -en, Plur. -en u. -i 〈aus gleichbed. *russ.* menšewik, eigtl. „Minderheitler", zu menše „weniger, minder" (da sie 1903 die Minderheit der russ. Sozialdemokraten bildeten)〉: Anhänger des Menschewismus. **Men|sche|wis|mus** *der;* - 〈zu ↑...ismus (1)〉: gemäßigter russ. Sozialismus. **Men|sche|wist** *der;* -en, -en 〈zu ↑...ist〉: svw. Menschewik. **men|sche|wis|tisch** 〈zu ↑...istisch〉: den Menschewismus, die Menschewisten betreffend

Men|sel u. **Men|sul** *die;* -, -n 〈aus *lat.* mensula „kleiner Tisch", Verkleinerungsform von mensa, vgl. Mensa〉: Meßtisch (Geogr.)

men|sen|die|cken[1] 〈nach der niederl.-amerik. Ärztin B. Mensendieck, 1864–1957〉: eine besondere Art der [Frauen]gymnastik betreiben

Men|ses [...zeːs] *die* (Plur.) 〈aus *lat.* menses, Plur. von mensis „Monat"〉: Monatsblutung (Med.). **men|sis cur|ren|tis** [- kʊ...] 〈*lat.*〉: (veraltet) laufenden Monats; Abk.: m. c. **men|sis prae|te|ri|ti** [- prɛ...] 〈*lat.*〉: (veraltet) vergangenen Monats; Abk.: m. p.

mens sa|na in cor|po|re sa|no [– – – ˈkɔr... –] 〈*lat.;* aus den Satiren des altröm. Dichters Juvenal〉: in einem gesunden Körper [möge auch] ein gesunder Geist [wohnen]

Men|strua: Plur. von ↑ Menstruum. **men|stru|al** 〈aus gleichbed. *lat.* menstrualis zu menstruus „monatlich"; vgl. Menses〉: zur Menstruation gehörend (Med.); vgl. ...al/...ell. **Men|stru|a|ti|on** *die;* -, -en 〈zu ↑ menstruieren u. ↑¹...ion〉: Monatsblutung, Regel (Med.). **men|stru|ell** 〈zu ↑...ell〉: die Monatsblutung betreffend (Med.); vgl. ...al/...ell. **men|stru|ie|ren** 〈aus gleichbed. *spätlat.* menstruare zu menstruus, vgl. menstrual〉: die Monatsblutung haben (Med.).

Men|stru|um [...struʊm] *das;* -s, ...strua ⟨zu *lat.* menstruus „monatlich" (das Mittel sollte einen Monat lang wirken)⟩: altes pharmazeutisches Lösungs- u. Extraktionsmittel. **men|su|al** ⟨aus gleichbed. *lat.* mensualis zu mensis „Monat"⟩: (veraltet) monatlich

Men|sul vgl. Mensel

Men|sur *die;* -, -en ⟨aus *lat.* mensura „das Messen, das Maß" zu metiri „messen"⟩: 1. Abstand der beiden Fechter. 2. (Studentenspr.) studentischer Zweikampf. 3. meßbares Zeitmaß der Noten (Mus.). 4. a) Verhältnis von Weite u. Länge bei Orgelpfeifen; b) Verhältnis der Saiten zum Geigenkörper; c) Beziehung der Griffe zu den Tonlöchern bei Holzblasinstrumenten; d) Durchmesser des Rohres bei Blechblasinstrumenten (Mus.). 5. Meßzylinder, Meßglas (Chem.). **men|su|ra|bel** ⟨aus gleichbed. *spätlat.* mensurabilis⟩: meßbar. **Men|su|ra|bi|li|tät** *die;* - ⟨zu ↑...ität⟩: Meßbarkeit. **men|su|ral** ⟨aus gleichbed. *lat.* mensuralis⟩: a) zum Messen gehörend; b) zum Messen dienend. **Men|su|ral|mu|sik** *die;* -: die in Mensuralnotation aufgezeichnete Musik des 13. bis 16. Jh.s (Mus.). **Men|su|ral|no|ta|ti|on** *die;* -: im 13. Jh. entwickelte Notenschrift, die die Tondauer erkennen läßt; Ggs. ↑ Choralnotation. **men|su|rie|ren** ⟨aus gleichbed. *lat.* mensurare⟩: (veraltet) messen, abmessen. **men|su|riert** ⟨zu ↑...iert⟩: abgemessen, in Meßverhältnissen bestehend (Mus.)

¹...ment [...mɛnt] ⟨aus *lat.* -mentum⟩: Endung sächlicher Substantive, z. B. Dokument, Pigment. **²...ment** [...mã(:)] ⟨zu *fr.* -ment, dies zu ↑ ¹...ment⟩: Endung sächlicher Substantive, die meist ein Geschehen od. eine Handlung bezeichnen, z. B. Bombardement, Signalement

Ment|agra [auch ...'a:gra] *das;* -s ⟨aus gleichbed. *lat.* mentagra, Analogiebildung zu ↑ Podagra⟩: Kinn-, Bartflechte (Med.). **¹men|tal** ⟨zu ↑ Mentum u. ↑ ¹...al (1)⟩: zum Kinn gehörend (Med.)

²men|tal ⟨aus *spätlat.* mentalis „geistig, vorgestellt" zu *lat.* mens, Gen. mentis „Geist, Vernunft"⟩: 1. a) geistig; b) von Gedanken, Überlegungen hervorgegangen; c) den Verstand, die Psyche od. das Denkvermögen betreffend. 2. (veraltet) in Gedanken, heimlich. **Men|ta|lis|mus** *der;* - ⟨zu ↑...ismus (1)⟩: psychologisch-philosophische Richtung, die theoretische Modelle des Denkvorgangs erstellt u. so die Prinzipien der Organisation des menschlichen Geistes zu erklären versucht, Handlungen als das Ergebnis ²mentaler (1 a, b) Vorgänge ansieht. **men|ta|li|stisch** ⟨zu ↑...istisch⟩: den Mentalismus betreffend. **Men|ta|li|tät** *die;* -, -en ⟨z. T. unter Einfluß von *fr.* mentalité aus gleichbed. *engl.* mentality, dies zu *lat.* mentalis, vgl. ²mental u. ...ität⟩: Geisteshaltung, Sinnesart; Einstellung eines Menschen od. einer Gruppe. **Men|tal|re|ser|va|ti|on** [...v...] *die;* -, -en ⟨zu ↑ ²mental⟩: geheimer Vorbehalt (etwas Erklärtes nicht zu wollen; Rechtsw.). **Men|tal|sug|ge|sti|on** *die;* -, -en: Gedankenübertragung, -suggerierung auf außersinnlichem Weg (Parapsychol.)

Men|te *die;* -, -n ⟨aus gleichbed. *ung.* mente⟩: lange, blaue Tuchjacke der ung. Männertracht, die Kante ringsum mit Pelz besetzt, mit Schnurbesatz u. Posamenten

men|te cap|tus [– 'kap...] ⟨*lat.;* eigtl. „am Verstand gelähmt", zu capere „ergreifen, befallen"⟩: 1. begriffsstutzig. 2. nicht bei Verstand, unzurechnungsfähig

Men|thol *das;* -s ⟨zusammengezogen aus *lat.* ment(h)a „Minze" u. ↑ ...ol⟩: Hauptbestandteil des Pfefferminzöls

Men|ti|on *die;* -, -en ⟨aus gleichbed. *lat.* mentio zu mens, Gen. mentis „Verstand"⟩: (veraltet) Erwähnung, Meldung, Anzeige. **men|tio|nie|ren** ⟨nach gleichbed. *fr.* mentionner⟩: (veraltet) erwähnen, melden, erinnern. **Men|ti|zid** *das;* -[e]s, -e ⟨aus gleichbed. *engl.-amerik.* menticide, dies zu *lat.* mens, Gen. mentis „Geist" u. caedere „töten"; vgl. ...zid⟩: besondere Methode, jmds. Denkweise durch eine Art seelischer Folter (z. B. durch psychischen Druck, Suggestion) zu ändern, um Geständnisse o. ä. zu erzwingen; Gehirnwäsche

Men|tor *der;* -s, ...oren ⟨nach Mentor, dem Freund des Odysseus, für dessen Sohn Telemach er väterlicher Freund u. Erzieher war⟩: a) erfahrener Ratgeber, Helfer, Anreger; b) (veraltet) [Haus]lehrer, [Prinzen]erzieher; c) erfahrener Pädagoge, der Studenten, Lehramtskandidaten, Studienreferendare während ihres Schulpraktikums betreut. **men|to|ri|sie|ren** ⟨zu ↑ ...isieren⟩: im Obstbau nach der Mentormethode pfropfen. **Men|tor|me|tho|de** *die;* -: eine von I. W. Mitschurin für die Obstzüchtung entwickelte Pfropfmethode, bei der durch den wechselseitigen Einfluß von Unterlage u. Pfropfreis eine Sortenverbesserung angestrebt wird

Men|tum *das;* -s, ...ta ⟨aus gleichbed. *lat.* mentum⟩: 1. Kinn des Menschen (Med.). 2. Teil der Unterlippe der Insekten (Zool.)

Me|nu [me'ny:] ⟨zu ↑ Menü⟩: (schweiz.) svw. Menü. **Me|nü** *das;* -s, -s ⟨aus gleichbed. *fr.* menu, eigtl. „Detail, detaillierte Aufzählung", zu menu „klein, dünn", dies aus *lat.* minutus „vermindert"; vgl. Minute⟩: 1. Speisenfolge; aus mehreren Gängen bestehende Mahlzeit. 2. auf dem Computerbildschirm erscheinende Liste von Kommandos od. Darstellungselementen, die es dem Benutzer erlaubt, den nächsten Schritt zu veranlassen (EDV). **Me|nu|ett** *das;* -s, Plur. -e, auch -s ⟨aus gleichbed. *fr.* menuet, eigtl. „Tanz mit kleinen Schritten", zu menuet „klein, winzig", Verkleinerungsform von menu, vgl. Menü⟩: 1. aus Frankreich stammender, mäßig schneller Tanz im ¾-Takt. 2. meist der dritte Satz in einer Sonate od. Sinfonie

Me|phi|sto *der;* -[s], -s ⟨nach der Gestalt des Mephisto(pheles) in Goethes Faust⟩: jmd., der seine geistige Überlegenheit in zynisch-teuflischer Weise zeigt u. zur Geltung bringt. **me|phi|sto|phe|lisch**: teuflisch, von hinterhältiger Listigkeit

me|phi|tisch vgl. mefitisch

Me|pri|se *die;* -, -n ⟨aus gleichbed. *fr.* méprise zu méprendre „fehlgreifen", dies zu mé-, „miß-, fehl-" u. prendre „nehmen"⟩: (veraltet) Mißgriff, Irrtum, Versehen

...mer ⟨zu *gr.* méros „Teil"⟩: Wortbildungselement mit der Bedeutung „aus mehreren Teilen, Gliedern bestehend", z. B. polymer

Mer|an|thi|um *das;* -s, ...ien [...i̯ən] ⟨zu ↑ mero..., *gr.* ánthos „Blüte" u. ↑ ...ium⟩: aus mehreren Einzelblüten bestehender, einheitlich erscheinender Blütenstand (z. B. bei Korbblütlern; Bot.)

Mer|cal|li-Ska|la [...'kali...] *die;* - ⟨nach dem ital. Vulkanologen G. Mercalli (1850–1914) u. zu ↑ Skala⟩: zwölfstufige Skala, mit der die Stärke eines Erdbebens nach seinen Auswirkungen an der Erdoberfläche gemessen wird

Mer|ca|tor|pro|jek|ti|on [...'ka:...] *die;* -, -en ⟨nach dem niederl. Geographen G. Mercator (1512–1594) u. zu ↑ Projektion⟩: winkeltreuer Kartennetzentwurf, bei dem Meridiane u. Parallelkreise als sich rechtwinklig schneidende Parallelen abgebildet werden (Geogr.)

Mer|ce|do|ni|us [...tsə...] *der;* - ⟨aus gleichbed. *lat.* mercedonius zu *lat.* merces „Lohn" u. do, 1. Pers. Sing. von dare „geben", eigtl. „wo der Lohn ausgezahlt wird"⟩: altröm. Schaltmonat zur Ausgleichung des Mond- u. Sonnenjahres. **Mer|ce|rie** [...sə...] *die;* -, ...ien ⟨aus gleichbed. *fr.* mercerie, eigtl. „Handelsware", dies aus *lat.* merx, Gen. mercis „Ware"⟩: (schweiz.) 1. (ohne Plur.) Kurzwaren. 2. Kurzwarenhandlung

Mer|ce|ri|sa|ti|on [...tsə...] usw. vgl. Merzerisation usw.

Mer|chan|di|ser ['məːtʃəndaɪzə] *der;* -s, - ⟨aus gleichbed. *engl.-amerik.* merchandiser zu *engl.* to merchandise, vgl. Merchandising⟩: Fachmann für Warengestaltung im Hinblick auf Verbrauchergewohnheiten (Wirtsch.). **Mer|chandi|sing** [...daɪzɪŋ] *das;* - ⟨aus gleichbed. *engl.-amerik.* merchandising zu *engl.* to merchandise „durch Werbung den Absatz einer Ware steigern", zu merchant „Kaufmann", dies über *altfr.* marcheant zu *lat.* mercari „Handel treiben"⟩: a) Gesamtheit der absatzpolitischen u. verkaufsfördernden Maßnahmen des Herstellers einer Ware bzw. einer zusammengehörigen Warengruppe (z. B. Produktgestaltung, Werbung, Kundendienst); b) Mehrfachvermarktung eines erfolgreichen Produkts durch ähnliche Gestaltung bestimmter Nachfolgeprodukte (z. B. durch Übertragung typischer Gestaltungsmerkmale od. Symbole). **Merchant ad|ven|tu|rers** ['məːtʃənt əd'vɛntʃərəz] *die* (Plur.) ⟨aus *engl.* merchant adventurers, eigtl. „wagemutige Kaufleute"⟩: im 14. Jh. entstandene engl. Kaufmannsgilde. **Mer|chant banks** [- 'bæŋkz] *die* (Plur.) ⟨aus gleichbed. *engl.* merchant banks⟩: engl. Banken, die bes. den Außenhandel durch Wechselgeschäfte u. durch das Ausgeben von Anleihen (Anleihenbegebung) finanzieren

mer|ci! [mɛrˈsiː] ⟨aus gleichbed. *fr.* merci, eigtl. „Gnade, Gunst", dies aus *lat.* merces „Lohn"⟩: danke!

Mer|cu|ra|lia [...k...] u. Merkuralien [...jən] *die* (Plur.) ⟨aus gleichbed. *nlat.* mercuralia zu Mercurium, vgl. Merkur⟩: frühere fachspr. Bez. für Quecksilberpräparate

mer|de! ['mɛrdə] ⟨aus gleichbed. *fr.* merde, dies aus *lat.* merda⟩: Scheiße! (Ausruf der Enttäuschung o. ä.)

Me|re|dith *der;* -s, -s ⟨nach dem Namen eines Engländers, der Schachprobleme erfand⟩: Sammelname für alle [orthodoxen] Schachprobleme mit 8 bis 12 Steinen

Mer|gers and ac|qui|si|tions ['məːdʒəz ənd ækwɪˈzɪʃnz] *die* (Plur.) ⟨aus *engl.* mergers and acquisitions „Fusionen und Erwerbe"⟩: Unternehmenszusammenschlüsse u. Unternehmensübernahmen sowie deren Vermittlung durch Banken, Unternehmensberater od. besondere Vermittler

Me|ri|di|an *der;* -s, -e ⟨aus *lat.* (circulus) meridianus „Äquator", eigtl. „Mittagslinie", dann „Verbindungslinie aller Orte, die gleichzeitig Mittag haben"⟩ zu meridies „Mittag, Süden"⟩: 1. Längenkreis (von Pol zu Pol; Geogr.). 2. durch Zenit, Südpunkt, Nadir u. Nordpunkt gehender größter Kreis an der Himmelskugel; Mittagskreis (Astron.). **Me|ri|di|an|kreis** *der;* -es, -e: astronomisches Meßinstrument zur Ortsbestimmung von Gestirnen. **Meri|di|an|ter|tie** [...i̯ə] *die;* -, -n ⟨zu *lat.* tertia „dritte"⟩: die Strecke, die ein mit einer Fahrt von 1 Knoten laufendes Schiff in einer Sekunde zurücklegt; der 3600. Teil einer Seemeile (= 0,514 m). **me|ri|dio|nal** ⟨aus *spätlat.* meridionalis „mittägig"⟩: den Längenkreis betreffend. **Me|ri|diona|li|tät** *die;* - ⟨zu ↑...ität⟩: (veraltend) südliche Lage od. Richtung (Geogr.)

...me|rie ⟨zu ↑...mer u. ↑²...ie⟩: Wortbildungselement mit der Bedeutung „[Mehr]teiligkeit, [Viel]gliedrigkeit", z. B. Polymerie

Me|rim|no|phron|tist *der;* -en, -en ⟨aus gleichbed. *gr.* merimnophrontistés zu mérimna „Sorge, Kummer" u. phrontízein „nachdenken"⟩: (veraltet) ängstlicher Grübler. **Me|rim|no|so|phist** *der;* -en, -en ⟨aus gleichbed. *gr.* merimnosophistés; vgl. Sophist⟩: svw. Merimnophrontist

Me|rin|ge *die;* -, -n, **Me|rin|gel** *das;* -s, - u. **Me|ringue** ['mɛrɛ̃ːk, fr. məˈrɛ̃ːg] *die;* -, -s ⟨aus gleichbed. *fr.* meringue, weitere Herkunft unsicher⟩: Gebäck aus Eischnee u. Zucker

Me|ri|no *der;* -s, -s ⟨aus gleichbed. *span.* merino, weitere Herkunft ungeklärt⟩: 1. Merinoschaf, krauswolliges Schaf (eine Kreuzung nordafrik. u. span. Rassen). 2. Kleiderstoff in Köperbindung (Webart) aus Merinowolle. **Me|rino|wol|le** *die;* -: sehr feine u. weiche, stark gekräuselte Wolle des Merinos (1), die vorwiegend zu Kammgarnen verarbeitet wird

Me|ri|stem *das;* -s, -e ⟨zu *gr.* meristós „geteilt, teilbar" u. ↑...em⟩: pflanzliches Bildungsgewebe, das durch fortgesetzte Zweiteilungen neue Gewebe liefert (Bot.). **me|ri|stema|tisch** ⟨aus *nlat.* meristematicus⟩: teilungsfähig (von pflanzlichem Gewebe; Bot.). **Me|ri|stom** *das;* -s, -e ⟨zu ↑...om⟩: svw. Zytoblastom

Me|ri|ten: Plur. von ↑Meritum. **me|ri|tie|ren** ⟨aus gleichbed. *fr.* mériter zu mérite, dies aus *lat.* meritum, vgl. Meritum⟩: (veraltet) verdienen, sich verdient machen, wert sein. **Me|ri|to|kra|tie** *die;* -, ...ien ⟨zu *lat.* meritum (vgl. Meritum) u. ↑...kratie⟩: Verdienstadel; gesellschaftliche Vorherrschaft einer durch Leistung u. Verdienst ausgezeichneten Bevölkerungsschicht. **me|ri|to|kra|tisch**: die Meritokratie betreffend. **me|ri|to|risch** ⟨aus gleichbed. *lat.* meritorius⟩: (veraltet) verdienstlich. **Me|ri|tum** *das;* -s, ...iten (meist Plur.) ⟨z. T. unter Einfluß von gleichbed. *fr.* mérite aus *lat.* meritum zu mereri „sich verdient machen"⟩: das Verdienst

mer|kan|til ⟨aus gleichbed. *fr.* mercantile, dies aus *it.* mercantile zu mercante „Händler" (dies zu *lat.* mercans, Gen. mercantis zu mercari „Handel treiben"⟩: kaufmännisch, den Handel betreffend; vgl. ...isch/-. **mer|kan|ti|lisch**: (veraltet) svw. merkantil; vgl. ...isch/-. **Mer|kan|ti|lis|mus** *der;* - ⟨aus gleichbed. *fr.* mercantilisme; vgl. ...ismus (2)⟩: Wirtschaftspolitik im Zeitalter des ↑Absolutismus, die den Außenhandel u. damit die Industrie förderte, um den nationalen Reichtum u. die Macht des Staates zu vergrößern. **Merkan|ti|list** *der;* -en, -en ⟨aus gleichbed. *fr.* mercantiliste⟩: Vertreter des Merkantilismus. **mer|kan|ti|li|stisch** ⟨zu ↑merkantil u. ↑...istisch⟩: dem Merkantilismus entsprechend, auf seinem System beruhend. **Mer|kan|til|sy|stem** *das;* -s: svw. Merkantilismus

Mer|kap|tan *der;* -s, -e (meist Plur.) ⟨gebildet aus *mlat.* (corpus) mercurium captans „an Mercurium (vgl. Merkur) gebundene Substanz"⟩: alkoholartige chem. Verbindung, die u. a. zur Arzneiherstellung verwendet wird

Mer|kur *der* od. *das;* -s ⟨aus *nlat.* Mercurium, nach dem als sehr wendig beschriebenen röm. Götterboten Merkur (*lat.* Mercurius); wohl nach der großen Flexibilität dieses Elements⟩: [alchimistische] Bez. für Quecksilber. **Mer|ku|ra|lien** [...jən] vgl. Mercuralia. **mer|ku|ri|al** ⟨nach *lat.* Mercurialis „dem Merkur eigentümlich"⟩: (veraltet) kaufmännisch; geschäftstüchtig; vgl. ...isch/-. **Mer|ku|ria|lis|mus** *der;* - ⟨zu ↑...ismus (3)⟩: Quecksilbervergiftung. **mer|kurisch**: svw. merkurial; vgl. ...isch/-. **Mer|kur|stab** *der;* -[e]s, ...stäbe ⟨nach dem geflügelten, schlangenumwundenen Stab des röm. Götterboten Merkur⟩: Sinnbild des Handels; vgl. Caduceus

Mer|lan *der;* -s, -e ⟨aus gleichbed. *fr.* merlan, dies aus *lat.* merula (ein Fisch)⟩: Wittling, Schellfischart (ein Speisefisch)

Mer|lette [...ˈlɛt] *die;* -, -s ⟨aus *fr.* merlette „Amselweibchen", eigtl. Verkleinerungsform von merle „Amsel", dies aus gleichbed. *lat.* merula⟩: auf Wappen häufig vorkommende verstümmelte entenartige Vogelgestalt ohne Schnabel u. ohne Füße

¹**Mer|lin** *der;* -s, -e ⟨aus gleichbed. *engl.* merlin, dies aus *altfr.*

esmerillon (aus dem Germ.)〉: Zwergfalkenart Nord- u. Osteuropas (in Mitteleuropa Wintergast)

²**Mer|lin** [auch 'mɛr...] *der;* -s, -e 〈*fr.;* nach dem Seher u. Zauberer der Artussage〉: Zauberer

Mer|lusch|ka *die;* -, ...ki 〈aus gleichbed. *russ.* merluška, Verkleinerungsform von merlucha „Lammfell"〉: Lammfell mit meist offener größerer Locke

me|ro..., Me|ro... 〈zu gr. méros „Teil"〉: Wortbildungselement mit der Bedeutung „Teil; teilweise", z. B. merokrin, Merogamie. **me|ro|bla|stisch** 〈zu *gr.* blastós „Keim, Sproß"〉: nur teilweise gefurcht (von Eizellen, ihrer Plasmamasse). **Me|ro|ga|mie** *die;* - 〈zu ↑...gamie〉: Befruchtung durch Verschmelzung von Keimzellen, die aus der Vielfachteilung eines Individuums hervorgegangen sind (Biol.). **Me|ro|go|nie** *die;* -, ...ien 〈zu ↑...gonie〉: experimentell erreichbare Besamung kernloser Eiteilstücke mit einem Spermium (Biol.). **me|ro|krin** 〈zu *gr.* krínein „scheiden, trennen"〉: einen Teil des Zellinhaltes als Sekret abgebend; teilsezernierend (von Drüsen; Biol., Med.); Ggs. ↑holokrin. **me|ro|mik|tisch** 〈zu *gr.* meiktós, miktós „gemischt"〉: teilweise durchmischt (z. B. das Wasser von Seen im Herbst durch Mangel an Wind). **Me|ro|top** *der* u. *das;* -s, -e 〈zu *gr.* tópos „Ort, Gegend"〉: Teil eines ↑Biotops od. einer räumlichen Schicht desselben, der typische Strukturmerkmale aufweist (z. B. Wurzel od. Rinde eines Baumes; Biol., Ökologie). **Me|ro|xen** *der;* -s, -e 〈zu *gr.* xénos „fremd" u. ↑...en〉: eisenarme Abart des ↑Biotits, häufiges Glimmermaterial, in Graniten u. Gneisen weit verbreitet

Me|ro|ze|le *die;* -, -n 〈zu *gr.* mērós „Oberschenkel" u. kḗlē „Geschwulst; Bruch"〉: Schenkelbruch (Med.).

Me|ro|zo|it *der;* -en, -en 〈zu ↑mero..., *gr.* zōon „Lebewesen" u. ↑³...it〉: a) im Verlauf des Entwicklungszyklus vieler Sporentierchen entstehender ↑Agamet (Biol.); b) Agamet der Malariaerreger, die ins Blut des Menschen geschwemmt werden u. die roten Blutkörperchen befallen (Biol., Med.). **Me|ro|zö|no|se** *die;* -, -n 〈zu *gr.* koinós „gemeinsam", Analogiebildung zu ↑Biozönose〉: charakteristische Organismengemeinschaft, die in einem ↑Merotop lebt (Biol.)

Mer|veil|leuse [mɛrvɛ'jø:z] *die;* -, -s [...'jø:z] 〈aus gleichbed. *fr.* merveilleuse, eigtl. „die Wunderbare", zu merveilleux, vgl. Merveilleux〉: scherzhaft-spöttische Bez. für eine übermodisch gekleidete Dame des ↑Directoire; vgl. Incroyable. **Mer|veil|leux** [...'jø:] *der;* - 〈zu *fr.* merveilleux „wunderbar", dies zu merveille „Wunder", aus *spätlat.* mirabilia (Plur., vgl. Mirabilien), zu *lat.* mirabilis „wunderbar"〉: glänzender [Futter]stoff aus [Kunst]seide in Atlasbindung (Webart)

Me|ry|zis|mus *der;* -, ...men 〈zu *gr.* mērykízein „wiederkäuen" u. ↑...ismus (3)〉: erneutes Verschlucken von Speisen, die sich bereits im Magen befanden u. infolge einer Magenfunktionsstörung durch die Speiseröhre in den Mund zurückbefördert wurden (bes. bei Säuglingen; Med.).

Mer|ze|ri|sa|ti|on *die;* -, -en 〈nach dem engl. Erfinder J. Mercer (1791–1866) u. zu ↑...isation〉: das Veredeln u. Glänzendmachen von Baumwolle; vgl. ...[at]ion/...ierung.

mer|ze|ri|sie|ren 〈zu ↑...isieren〉: Baumwolle veredeln.

Mer|ze|ri|sie|rung *die;* -, -en 〈zu ↑...isierung〉: svw. Merzerisation; vgl. ...[at]ion/...ierung

mes..., Mes... vgl. meso..., Meso...

Me|sa *die;* - 〈aus *span.* mesa „Tisch, Tafel", dies aus gleichbed. *lat.* mensa〉: span., auch im spanischsprachigen Amerika u. in den USA übliche Bez. für Tafelberg

Mes|al|li|ance [meza'liã:s] *die;* -, -n [...sn̩] 〈aus gleichbed. *fr.* mésalliance zu més- „miß-, un-" u. alliance „Verbindung, Ehe"; vgl. Allianz〉: 1. nicht standesgemäße Ehe; Ehe zwischen Partnern ungleicher sozialer Herkunft. 2. unglückliche, unebenbürtige Verbindung od. Freundschaft. **mes|al|li|ie|ren**, sich 〈aus gleichbed. *fr.* se mésallier, zu s'allier „sich verbinden, sich verheiraten"〉: (veraltet) 1. sich nicht standesgemäß verheiraten. 2. eine unglückliche, unebenbürtige Verbindung od. Freundschaft eingehen

Mes|ar|te|ri|i|tis *die;* -, ...itiden 〈zu ↑meso... u. ↑Arteriitis〉: Entzündung der mittleren Gefäßwandschicht der Arterien (Med.)

Me|sa|tech|nik *die;* - 〈zu ↑Mesa u. ↑Technik〉: Verfahren der Halbleitertechnik zur Herstellung von Halbleiterbauelementen der Mikroelektronik sowie von Festkörperschaltkreisen

Mes|ca|lin [...ka...] vgl. Meskalin

me|schant 〈aus gleichbed. *fr.* méchant〉: (landsch.) boshaft, ungezogen, niederträchtig

Me|sched u. **Mesch|hed** vgl. Maschhad

me|schug|ge 〈über *jidd.* meschuggo aus gleichbed. *hebr.* mešugã〉: (ugs.) nicht ganz bei Verstand; verrückt

Mes|dames [me'dam]: Plur. von ↑Madame. **Mesde|moi|selles** [medmọa'zɛl]: Plur. von ↑Mademoiselle

Mes|dschid vgl. Masdschid

Mes|em|bri|an|the|mum *das;* -s 〈aus *nlat.* mesembrianthemum zu *gr.* mesēmbría „Mittag" u. ánthemon „Blüte, Blume"〉: Mittagsblume (eine Zierpflanze aus Südafrika).

Mes|en|ce|pha|lon [...'tse:...] *das;* -s, ...la 〈zu ↑meso... u. ↑Encephalon〉: Mittelhirn, Hirnabschnitt zwischen Hinterhirn u. Zwischenhirn (Med.). **Mes|en|chym** *das;* -s, -e 〈zu *gr.* égchyma „das Eingegossene, Aufguß", dies zu egcheĩn „eingießen; einfüllen"〉: einzelliges Gewebe, aus dem sich die Formen des Stützgewebes entwickeln; embryonales Bindegewebe (Med., Biol.). **mes|en|chy|mal** 〈zu ↑¹...al (1)〉: das Mesenchym betreffend (Med., Biol.). **mes|en|te|ri|al** 〈zu ↑Mesenterium u. ↑¹...al (1)〉: zum Dünndarmgekröse gehörend (Med.). **Mes|en|te|ri|um** *das;* -s 〈über *nlat.* mesenterium aus gleichbed. *gr.* mesentérion〉: Dünndarmgekröse (Med.). **mes|en|ze|phal** 〈zu ↑meso..., *gr.* egképhalos „Gehirn" u. ↑¹...al (1)〉: das Mittelhirn betreffend (Med.). **Mes|en|ze|pha|li|tis** *die;* -, ...itiden: Entzündung des Mittelhirns (Med.).

Me|se|ta *die;* -, ...ten 〈aus gleichbed. *span.* meseta, Verkleinerungsform von mesa; vgl. Mesa〉: span. Bez. für Hochebene

me|si|al 〈zu ↑meso... u. ↑¹...al (1)〉: nach der Mitte des Zahnbogens gerichtet (Zahnmed.). **Me|si|ty|len** *das;* -s 〈Analogiebildung zu ↑Acetylen〉: im Steinkohlenteer vorkommender ↑aromatischer Kohlenwasserstoff, ein Lösungsmittel

Mes|kal *der;* -s 〈aus gleichbed. *span.* mescal, mezcal, mexcal, dies aus *aztek.* (*Nahuatl*) mexcalli „ein Getränk"〉: Agavenbranntwein. **Mes|ka|lin** *das;* -s 〈zu ↑...in (1)〉: Alkaloid einer mexik. Kaktee, Rauschmittel

Mes|me|ria|ner *der;* -s, - 〈zu ↑Mesmerismus u. ↑...aner〉: Anhänger des Mesmerismus. **Mes|me|ris|mus** *der;* - 〈nach dem dt. Arzt F. Mesmer (1734–1815) u. zu ↑...ismus (1)〉: Lehre von der Heilkraft des Magnetismus, aus der die Hypnosetherapie entwickelt wurde

Mes|ner *der;* -s, - 〈aus gleichbed. *kirchenlat.* ma(n)sionarius, eigtl. „Haushüter", zu *lat.* mansio, vgl. Menage〉: [kath.] Kirchen-, Meßdiener

me|so..., Me|so..., vor Vokalen auch mes..., Mes... 〈zu *gr.* mésos „Mitte"〉: Wortbildungselement mit der Bedeutung „mittlere(r), in der Mitte zwischen mehreren Dingen befindlich", z. B. mesolithisch, Mesoklima, Mesenzephalitis.

Me|so|ba|re *die;* -n, -n ⟨zu *gr.* báros „Schwere, Gewicht; Druck"⟩: die ↑Isobare des gleichen mittleren Luftdrucks. **Me|so|blạst** *das;* -[e]s, -e ⟨zu *gr.* blastós „Sproß, Keim"⟩: svw. Mesoderm. **Me|so|dẹrm** *das;* -s, -e ⟨zu *gr.* dérma „Haut"⟩: mittleres Keimblatt in der menschlichen u. tierischen Embryonalentwicklung (Med., Biol.). **me|so|dermal:** das Mesoderm betreffend; aus dem Mesoderm hervorgehend (von Organen u. Geweben; Med., Biol.). **Me|so|eu|ro|pa:** der nach der ↑variskischen Gebirgsbildung verstelte Teil Europas (Geol.). **Me|so|fau|na** *die;* -, ...nen: Bez. für tierische Bodenorganismen, die kleiner als 2 mm sind. **Me|so|gạ|stri|um** *das;* -s, ...ien ⟨zu *gr.* gastér, Gen. gastrós „Bauch; Magen" u. ↑...ium⟩: 1. Mittelbauchgegend (Med., Biol.). 2. Gekröse des Magens (Med.). **me|so|gen** ⟨zu ↑...gen⟩: aus mittleren pflanzlichen Zellen od. Schichten entstehend (Biol.). **me|so|ha|lin** ⟨zu *gr.* háls „Salz" u. ↑...in (2)⟩: mittleren Salzgehalt bevorzugend (Biol.). **Me|so|kạrp** *das;* -s, -e u. **Me|so|kạr|pi|um** *das;* -s, ...ien [...i̯ən] ⟨zu ↑...karp (u. ↑...ium)⟩: Mittelschicht der Fruchtwand bei Pflanzen (z. B. das fleischige Gewebe der Steinfrüchte; Bot.); vgl. Endokarp u. Exokarp. **me|so|kephal** usw. vgl. mesozephal usw. **Me|so|kli|ma** *das;* -s, Plur. -s u. (fachspr.) ...mạte: Klima eines kleineren Landschaftsausschnittes (z. B. eines Hanges, Waldrandes); Kleinklima. **Me|so|ko|lon** *das;* -s, ...la: Dickdarmgekröse (Med.). **Me|so|lith** [auch ...'lɪt] *der;* Gen. -s u. -en, Plur. -e[n] ⟨zu ↑...lith⟩: ein farbloses, weißes, graues od. gelbliches Mineral. **Me|so|li|thi|kum** [auch ...'lɪ...] *das;* -s ⟨zu ↑...lithikum⟩: die mittlere Steinzeit. **me|so|li|thisch** [auch ...'lɪ...]: die mittlere Steinzeit betreffend. **me|so|mer** ⟨zu ↑...mer⟩: Mesomerie aufweisend (Chem.). **Me|so|me|ren** *die* (Plur.) ⟨zu *gr.* méros, Gen. méreos „Teil"⟩: Furchungszellen (Biol.). **Me|so|me|rie** *die;* - ⟨zu ↑...merie⟩: Erscheinung, daß die in einem organischen Molekül vorliegenden Bindungsverhältnisse nicht durch eine einzige Strukturformel dargestellt werden können, da sie sich aus der Überlagerung mehrerer durch die Elektronenanordnung unterschiedener Grenzzustände ergeben (Chem.). **Me|so|me|tri|um** *das;* -s, ...tria ⟨zu *gr.* métra „Gebärmutter" u. ↑...ium⟩: 1. breites Mutterband beiderseits der Gebärmutter (Med.). 2. (selten) mittlere muskuläre Wandschicht der Gebärmutter (Med.). **me|so|mọrph** ⟨zu ↑...morph⟩: der Mesomorphie entsprechend. **Me|so|mor|phie** *die;* - ⟨zu ↑...morphie⟩: Konstitution eines bestimmten Menschentyps, der ungefähr dem Athletiker entspricht; vgl. Ektomorphie u. Endomorphie. **Me|son** *das;* -s, ...onen (meist Plur.) ⟨aus gleichbed. *engl.* meson (für älter ↑Mesotron), dies nach *gr.* tò méson „das in der Mitte Befindliche"; vgl. ⁴...on⟩: instabiles ↑Elementarteilchen, dessen Masse geringer ist als die eines ↑Protons, jedoch größer als die eines ↑Leptons (Phys.); vgl. Baryon u. Tachyon. **Me|so|nenatom** *das;* -s, -e: instabiles Atom, bei dem ein Hüllenelektron durch ein Meson ersetzt ist (Phys.). **Me|so|nen|fa|brik** *die;* -, -en: Forschungseinrichtung mit Beschleuniger bes. hoher Strahlstromstärke zur Erzeugung intensiver Sekundärteilchenstrahlen z. B. von ↑²Pionen, ↑Myonen (1) u. a. **Me|so|ne|phros** *der;* - ⟨zu ↑meso... u. *gr.* nephrós „Niere"⟩: Urniere (bei Säugetier u. Mensch als Embryonalniere in Funktion). **Me|so|nyk|ti|kon** *das;* -s, ...ka ⟨aus gleichbed. *mgr.* mesonýktikon zu *gr.* mesonýktios „mitternächtig"⟩: mitternächtlicher Gottesdienst in der Ostkirche. **Me|so|pau|se** *die;* - ⟨zu ↑meso... u. ↑¹Pause⟩: obere Grenze der Mesosphäre. **me|so|phil** ⟨zu ↑...phil⟩: mittlere Feuchtigkeitsverhältnisse bevorzugend (von Pflanzen; Bot.). **Me|so|phyll** *das;* -s, -en ⟨zu *gr.* phýllon „Blatt"⟩: zwischen der oberen u. unteren ↑Epidermis gelegenes Gewebe des Pflanzenblattes (Bot.). **Me|so|phyt** *der;* -en, -en ⟨zu ↑...phyt⟩: Pflanze, die Böden mittleren Feuchtigkeitsgrades bevorzugt. **Me|so|phy|ti|kum** *das;* -s ⟨zu ↑...ikum⟩: das Mittelalter der Entwicklung der Pflanzenwelt im Verlauf der Erdgeschichte. **Me|so|psạm|mi|on** *das;* -s, ...ien [...i̯ən] ⟨zu *gr.* psammíon „Sandkörnchen", Verkleinerungsform von psámmos „Sand"; vgl. ²...ion⟩: die Gesamtheit der im natürlichen Lückensystem des Sandes lebenden Organismen (Biol.). **Mes|op|to|me|ter** *das;* -s, -: Apparat zur Prüfung der Leistung des Sehorgans zwischen Tagessehen u. völliger Dunkelanpassung (Med.). **Me|so|sau|ri|er** [...iɐ] *der;* -s, - u. **Me|so|sau|rus** *der;* -, ...rier [...iɐ] ⟨zu *gr.* saũros „Eidechse"⟩: bis 1 m langes, krokodilähnliches Reptil mit reusenähnlichen Zähnen, Seebewohner während des unteren ↑Perms von Südafrika u. -amerika (Gondwana). **Me|so|si|de|rit** [auch ...'rɪt] *der;* -s, -e: Meteorstein aus Silikaten u. Nickeleisen. **Me|so|sphä|re** *die;* -: in etwa 50 bis 80 Kilometer Höhe liegende Schicht der Erdatmosphäre (Meteor.). **Me|so|stẹ|ni|um** *das;* -s ⟨zu *gr.* stenós „eng," u. ↑...ium⟩: svw. Mesenterium. **Me|so|stichon** *das;* -s, Plur. ...chen u. ...cha ⟨zu *gr.* stíchos „Vers", eigtl. „Reihe, Zeile", u. ↑¹...on⟩: Gedicht, bei dem die an bestimmter Stelle in der Versmitte stehenden Buchstaben, von oben nach unten gelesen, ein Wort od. einen Satz ergeben; vgl. Akrostichon, Telestichon. **Me|so|sty|lon** *das;* -[s], ...la ⟨aus gleichbed. *gr.* mesóstylon⟩: Zwischenraum zwischen zwei Säulen (Archit.). **Me|so|tes** [...tes] *die;* - ⟨aus *gr.* mesótēs „die Mitte"⟩: Aristotelischer Begriff für die Kennzeichnung jedes sittlichen Wertes als Mitte zwischen zwei Extremen (z. B. Tapferkeit zwischen Feigheit u. Tollkühnheit; Philos.). **Me|so|thel** *das;* -s, Plur. -e u. -ien [...i̯ən] ⟨zu ↑meso... u. *gr.* thēlḗ „Mutterbrust, Brustwarze"⟩: dem ↑Mesenchym entstammende Deckzellenschicht der ↑serösen Häute, die die Bauch- u. Brusthöhle, das ↑Perikard u. a. auskleiden (Med.). **Me|so|the|li|om** *das;* -, -e ⟨zu ↑...om⟩: aus Mesothelien entstandene Geschwulst der serösen Häute in Körperhöhlen (Med.). **Me|so|tho|ri|um** *das;* -s ⟨zu ↑meso...⟩: Zerfallsprodukt des ↑Thoriums; Abk.: MsTh (Phys.). **Me|so|tron** *der;* -s, ...onen ⟨aus gleichbed. *engl.* mesotron, dies zu *gr.* mésos „Mitte" u. ↑...tron⟩: svw. Meson (meist Plur.). **me|so|troph** ⟨zu ↑meso... u. ↑...troph⟩: 1. sich als Halbschmarotzer ernährend (von Pflanzen; Bot.). 2. geringen Nährstoffgehalt, Sichttiefe von meist über 2 m u. geringe Planktonproduktion aufweisend (von Seen; Biol.). **me|so|typ** ⟨zu ↑...typ⟩: weder sehr hell noch sehr dunkel aussehend (von Erstarrungsgesteinen; Geol.). **me|so|ze|phal** ⟨zu *gr.* kephalḗ „Kopf"⟩: mittelköpfig, eine Kopfform besitzend, die zwischen dem sogenannten Kurzkopf u. dem Langkopf steht (Med.). **Me|so|ze|pha|le** *der* u. *die;* -n, -n: Mensch mit mittelhoher Kopfform (Med.). **Me|so|ze|pha|lie** *die;* - ⟨zu ↑²...ie⟩: mittelhohe Kopfform (Med.). **Me|so|zo|en:** Plur. von ↑Mesozoon. **Me|so|zo|i|kum** *das;* -s ⟨zu ↑...zoikum⟩: das erdgeschichtliche Mittelalter (umfaßt ↑Trias, ↑²Jura u. Kreide). **Me|so|zo|i|den** *die* (Plur.) ⟨zu ↑...oid⟩: bes. im Ost- u. Südostasien sowie im westlichen Nordamerika verbreitete Gebirgsbildungen, die im Ergebnis der mesozoischen ↑Tektogenese entstanden sind (Geol.). **me|so|zo|isch:** das erdgeschichtliche Mittelalter betreffend. **Me|so|zo|ne** *die;* -: die mittlere Tiefenzone bei der ↑Metamorphose (4) der Gesteine (Geol.). **Me|so|zo|on** *das;* -s, ...zoen (meist Plur.) ⟨zu *gr.* zōon „Lebewesen; Tier"⟩: einfach gebautes mehrzelliges Tier, das in Körper- u. Fortpflanzungszellen differenziert ist (meist als Parasit lebend)

mes|quin [mɛs'kɛ̃:] ⟨*fr.*; über *it.* meschino aus *arab.* miskīn „arm(selig)"⟩: (veraltet) karg, knauserig; armselig. **Mes|qui|ne|rie** [...ki...] *die;* -, ...ien ⟨aus gleichbed. *fr.* mesquinerie⟩: (veraltet) Kärglichkeit, Knauserei, Armseligkeit

Mes|qui|te|baum [mɛs'ki:...] *der;* -[e]s, ...bäume ⟨Lehnübersetzung von gleichbed. *span.* mezquite, dies aus *aztek.* (*Nahuatl*) mizquitl⟩: in den Tropen u. Subtropen (vor allem in Amerika) kultiviertes Mimosengewächs, dessen Hülsenfrüchte als Viehfutter verwendet werden

Mes|sa di vo|ce [- - 'vo:tʃə] *das;* - - - ⟨aus *it.* messa di voce „Aushalten des Tones", zu messa „Ausführung, Verwirklichung", dies zu ↑ ¹Messe⟩: allmähliches An- u. Abschwellen des Tones; Zeichen < > (Mus.). **Mes|sage** ['mɛsɪdʒ] *die;* -, -s [...dʒɪz] ⟨aus *engl.* message, eigtl. „Botschaft", zu *lat.* missus, Part. Perf. von mittere, vgl. ¹Messe⟩: 1. Mitteilung, Nachricht, Information, die durch die Verbindung von Zeichen ausgedrückt u. vom Sender zum Empfänger übertragen wird. 2. Gehalt, Aussage, Botschaft

Mes|sa|li|na *die;* -, ...nen ⟨nach dem Namen der wegen ihrer Sittenlosigkeit u. Grausamkeit berüchtigten Frau des röm. Kaisers Claudius⟩: (veraltet) ausschweifend lebende, sittenlose Frau. **Mes|sa|li|ne** *die;* - ⟨nach *fr.* Messaline „Messalina"; vgl. ...ine⟩: glänzender [Kunst]seidenatlas für Futter u. Besatz

Mes|sa vo|ce [- 'vo:tʃə] vgl. Messa di voce

¹Mes|se *die;* -, -n ⟨aus *kirchenlat.* missa (aus der Formel ite, missa est „geht, es ist Entlassung"), dies aus *lat.* missa „Entlassung", Part. Perf. (Fem.) von mittere „schicken, entlassen", Bed. 3 aus *kirchenlat.* missa „Heiligenfest (mit bes. feierlicher Messe u. großem Jahrmarkt)"⟩: 1. nach einer bestimmten Meßordnung abgehaltener kath. Gottesdienst mit der Feier der Eucharistie. 2. geistliche Komposition als Vertonung der [unveränderlichen] liturgischen Bestandteile der ¹Messe (1). 3. a) in bestimmten Zeitabständen stattfindende Ausstellung, bei der das Warenangebot eines größeren Gebietes od. Wirtschaftsbereiches in besonderen Ausstellungsräumen dem Handel u. der Industrie in Form von Mustern gezeigt wird (was dem Abschluß von Kaufverträgen dienen soll); b) (landsch.) Jahrmarkt, Kirmes

²Mes|se *die;* -, -n ⟨aus gleichbed. *engl.* mess, eigtl. „Gericht, Speise, Mahlzeit", dies über *afrz.* mes aus *lat.* missus „(aus der Küche) geschicktes, zu Tisch aufgetragenes Gericht", Part. Perf. von mittere, vgl. ¹Messe⟩: 1. Tischgemeinschaft von [Unter]offizieren auf [Kriegs]schiffen. 2. Speise- u. Aufenthaltsraum der Besatzung eines [Kriegs]schiffs; Schiffskantine

Mes|sen|ger boy ['mɛsɪndʒə 'bɔɪ] *der;* - -, - -s ⟨zu *engl.* messenger „Bote" u. boy, vgl. Boy⟩: (veraltet) Eilbote. **Mes|sen|ger-Ri|bo|nu|kle|in|säu|re**, **Mes|sen|ger-RNS** *die;* -: ↑ Ribonukleinsäure, die die Basensequenz der ↑ Desoxyribonukleinsäure in die ↑ Aminosäuren überträgt; Abk.: m-RNS

Mes|si|a|de *die;* -, -n ⟨zu ↑ Messias u. ↑ ...ade⟩: geistliche Dichtung, die das Leben u. Leiden Jesu Christi (des Messias) schildert. **mes|si|a|nisch** ⟨vgl. ...aner⟩: 1. auf den Messias bezüglich. 2. auf den Messianismus bezüglich. **Mes|si|a|nis|mus** *der;* - ⟨zu ↑ ...ismus (1)⟩: geistige Bewegung, die die (religiöse od. politische) Erlösung von einem dem Messias vergleichbaren Heilbringer erwartet. **Mes|sia|nist** *der;* -en, -en ⟨zu ↑ ...ist⟩: Anhänger des Messianismus. **Mes|sia|ni|tät** *die;* - ⟨zu ↑ ...ität⟩: die Eigenschaft, der Messias zu sein. **Mes|si|as** *der;* -, -se ⟨über *kirchenlat.* Messias aus *gr.* Messías, dies aus *aram.* mešîḥā, *hebr.* māšîaḥ „der Gesalbte"⟩: 1. (ohne Plur.) der im Alten Testament verheißene Heilskönig, in der christlichen Religion auf Jesus von Nazareth bezogen. 2. Befreier, Erlöser aus religiöser, sozialer o. ä. Unterdrückung

Mes|si|dor *der;* -[s], -s ⟨aus *fr.* messidor, eigtl. „Erntemonat"⟩: der zehnte Monat (19. Juni bis 18. Juli) im Kalender der Französischen Revolution

Mes|sieurs [mɛ'sjø:] Plur. von ↑ Monsieur

Mes|sing *das;* -s ⟨Herkunft unsicher⟩: hell- bis rotgelbe Kupfer-Zink-Legierung, die u. a. zu Rohren, Armaturen, Schmuckwaren u. Kunstgegenständen verarbeitet wird. **mes|sin|gen**: aus Messing [bestehend]

Meß|ka|non *der;* -s, -s ⟨zu ↑ ¹Messe u. ↑ ¹Kanon⟩: svw. ¹Kanon (7)

Mes|so|lan u. **Mesulan** *der;* -s ⟨zu *it.* mezzo „halb" u. lana „Wolle"⟩: (veraltet) Stoff aus Leinengarn u. Schafwolle

Meß|sti|pen|di|um *das;* -s, ...dien [...jən] ⟨zu ↑ ¹Messe u. ↑ Stipendium⟩: Geldspende od. Stiftung, die den kath. Priester verpflichtet, für ein Anliegen des Spenders ¹Messen zu lesen

Me|sti|ze *der;* -n, -n ⟨aus gleichbed. *span.* mestizo, dies aus *spätlat.* *mixticius „Mischling" zu *lat.* mixtus, Part. Perf. von miscere „mischen"⟩: Nachkomme eines weißen u. eines indian. Elternteils. **Me|sti|zin** *die;* -, -nen: weibliche Form zu ↑ Mestize

Mest|ni|tschest|wo *das;* -[s] ⟨aus gleichbed. *russ.* mestničestvo zu mesto „Platz"⟩: die Ämterbesetzung nach dem Geburtsadel der ↑ Bojaren im alten Rußland

me|sto ⟨*it.*; aus *lat.* maestus „traurig"⟩: traurig, elegisch (Vortragsanweisung; Mus.)

Me|su|lan vgl. Messolan

Me|su|sa *die;* -, ...sot ⟨aus *hebr.* mesusā „Pfosten"⟩: kleine Schriftrolle in einer Kapsel am Türpfosten jüd. Häuser mit den Schriftworten 5. Mose 6, 4–9 u. 11, 13–21

met..., **Met...** vgl. meta..., Meta...

Me|ta *die;* -, -ae [...tɛ] ⟨aus gleichbed. *lat.* meta⟩: Spitzsäule, eine Art Steinkegel am Ende der altröm. Rennbahn, um den die Wettfahrer herumlenken mußten

me|ta..., **Me|ta...**, vor Vokalen u. vor h met..., Met... ⟨aus *gr.* metá „inmitten, zwischen, hinter, nach"⟩: Präfix mit der Bedeutung „zwischen, inmitten, nach, nachher, später, ver... (im Sinne der Umwandlung, des Wechsels)", z. B. metaphysisch, Metamorphose, metonymisch, Methämoglobin

Me|ta|äs|the|tik *die;* - ⟨zu ↑ meta... u. ↑ Ästhetik⟩: die philos. Klärung der theoretischen Voraussetzungen, Methoden u. begrifflichen Instrumente der Ästhetik

Me|ta|ba|sis *die;* -, ...basen ⟨aus *gr.* metábasis „das Übergehen, der Übergang"⟩: Gedankensprung, [unzulässiger] Denkschritt [im Beweis] auf ein fremdes Gebiet (Logik)

Me|ta|ba|sit [auch ...'zɪt] *der;* -s, -e ⟨zu ↑ meta..., ↑ ¹Base u. ↑ ²...it⟩: aus basischem magmatischem Gestein (u. a. Basalt) entstandenes Gestein (z. B. Grünschiefer)

Me|ta|bi|on|ten *die* (Plur.) ⟨zu ↑ meta... u. ↑ ...biont⟩: Organismen, die mit ihrer Stoffwechseltätigkeit für andere die Lebensbedingungen schaffen. **Me|ta|bio|se** *die;* -, -n ⟨zu ↑ ...biose⟩: Form der ↑ Symbiose; Zusammenleben zweier Organismen, bei dem nur ein Teil Vorteile hat

Me|ta|bla|ste|se *die;* - ⟨zu ↑ meta... u. ↑ Blastese⟩: Vorgang bei der ↑ Metamorphose (4), bei dem eine Neu- u. Umkristallisation eines Gesteinskomplexes stattfindet, wobei das schieferartige Ausgangsmaterial ein granitartiges Gefüge erhält (Geol.)

me|ta|bol vgl. metabolisch. **Me|ta|bo|lie** *die;* -, ...ien ⟨aus *gr.* metabolḗ, metabolía „Veränderung"⟩: 1. Formveränderung bei Einzellern (Biol.). 2. Gestaltveränderung bei In-

metabolisch

sekten während der Embryonalentwicklung; vgl. ↑ Metamorphose (2; Biol.); vgl. Holometabolie u. Hemimetabolie. 3. Veränderung eines Organismus, die auf Stoffwechsel beruht (Biol.). **me|ta|bo|lisch** u. metabol ⟨aus *gr.* metábolos "veränderlich"⟩: 1. veränderlich (z. B. in bezug auf die Gestalt von Einzellern). 2. im Stoffwechselprozeß entstanden (Med., Biol.). **Me|ta|bo|lis|mus** *der;* - ⟨zu ↑ ...ismus (2)⟩: 1. Umwandlung, Veränderung. 2. Stoffwechsel (Med., Biol.). **Me|ta|bo|lit** [auch ...'lɪt] *der;* -en, -en ⟨zu ↑¹...it⟩: Substanz, deren Vorhandensein für den normalen Ablauf der Stoffwechselprozesse unentbehrlich ist (z. B. Vitamine, Enzyme, Hormone; Biol., Med.)

Me|ta|chro|ma|sie [...kro...] *die;* -, ...ien ⟨zu ↑ meta... u. ↑ Chromasie⟩: unterschiedliche Färbung verschiedener Gewebe durch den gleichen Farbstoff (Med.)

me|ta|chron [...'kro:n] ⟨aus *gr.* metáchronos "später geschehen"⟩: zu verschiedenen Zeiten auftretend (z. B. von Metastasen; Med.). **Me|ta|chro|nis|mus** [...kro...] *der;* -, ...men ⟨zu ↑ ...ismus (3)⟩: irrtümliche Einordnung eines Ereignisses in eine zu späte Zeit; vgl. Anachronismus

Me|ta|druck *der;* -[e]s ⟨zu ↑ meta...⟩: Verfahren zur Herstellung von Abziehbildern

Me|ta|dy|ne *die;* -, -n ⟨zu ↑ meta... u. *gr.* dýnamis "Kraft"⟩: Gleichstromgenerator in Sonderbauweise für Konstantstromerzeugung

Me|ta|gal|la|xis *die;* - ⟨zu ↑ meta... u. ↑ Galaxis⟩: hypothetisches System, dem das Milchstraßensystem u. viele andere Sternsysteme angehören (Astron.)

me|ta|gam ⟨zu ↑ meta... u. ↑ ...gam⟩ nach der Befruchtung erfolgend (z. B. von der Festlegung des Geschlechts; Med., Biol.)

Me|ta|ge|ne|se *die;* -, -n ⟨zu ↑ meta... u. ↑ Genese⟩: besondere Form des ↑ Generationswechsels bei vielzelligen Tieren, wobei auf eine sich ungeschlechtlich fortpflanzende Generation eine sich geschlechtlich fortpflanzende folgt. **me|ta|ge|ne|tisch**: die Metagenese betreffend

Me|ta|ge|schäft *das;* -[e]s, -e ⟨zu *it.* a metà "zur Hälfte"⟩: vertragliche Vereinbarung zwischen zwei Partnern, nach der Gewinn u. Verlust aus Geschäften, die die Vertragspartner abschließen, aufgeteilt werden

Me|ta|gnom *der;* -en, -en ⟨zu ↑ meta... u. *gr.* gnōmē "Erkenntnis"⟩: Mittler bei okkulten Phänomenen (Parapsychol.). **Me|ta|gno|mie** *die;* - ⟨zu ↑²...ie⟩: Fähigkeit zur Wahrnehmung von Phänomenen, die der normalen sinnlichen Wahrnehmung nicht zugänglich sind; Gedankenlesekunst (Parapsychol.)

Met|ago|gie *die;* -, ...ien ⟨zu *gr.* metagōgḗ "das Wegführen, Verändern", dies zu metágein "an eine andere Stelle führen"⟩: (veraltet) rednerische Wiederholung derselben Wörter (Rhet.)

Me|ta|gy|nie *die;* - ⟨zu ↑ meta..., *gr.* gynḗ "Weib, Frau" u. ↑²...ie⟩: das frühere Geschlechtsreifwerden der männlichen Blüten bei einer eingeschlechtigen Pflanze (Bot.); Ggs. ↑ Metandrie

me|ta|kar|pal ⟨zu *gr.* metakárpion "Mittelhand" u. ↑¹...al (1)⟩: zur Mittelhand gehörend, sie betreffend (Med.)

Me|ta|kom|mu|ni|ka|ti|on *die;* - ⟨zu ↑ meta... u. ↑ Kommunikation⟩: a) über die verbale Verständigung hinausgehende Kommunikation (z. B. Gesten, Mimik), b) Kommunikation über einzelne Ausdrücke, Aussagen od. die Kommunikation selbst

Me|ta|kri|tik *die;* - ⟨zu ↑ meta... u. ↑ Kritik⟩: auf die Kritik folgende u. sachlich über sie hinausgehende Kritik; Kritik der Kritik (Philos.)

Me|ta|lep|se u. **Me|ta|lep|sis** *die;* -, ...epsen ⟨aus *gr.* metálēpsis "Veränderung, Vertauschung" zu metalambánein "verändern, vertauschen"⟩: rhetorische Figur (Art der ↑ Metonymie), bei der das Nachfolgende mit dem Vorhergehenden vertauscht wird (z. B. „Grab" statt „Tod") od. ein mehrdeutiges Wort durch ein ↑ Synonym (1) zu einer im ↑ Kontext (1) nicht gemeinten Bedeutung ersetzt wird (z. B. „Geschickter" statt „Gesandter"; Rhet.)

Me|ta|lim|ni|on *das;* -s, ...ien [...jən] ⟨zu ↑ meta... u. ↑ Limnion⟩: Wasserschicht, in der die Temperatur sprunghaft absinkt (von Seen; Geogr.)

Me|ta|lin|gui|stik *die;* - ⟨zu ↑ meta... u. ↑ Linguistik⟩: Zweig der ↑ Linguistik, der sich mit den Beziehungen der Sprache zu außersprachlichen Phänomenen (z. B. zur Kultur, Gesellschaft) beschäftigt u. der untersucht, inwieweit die Muttersprache die Art des Erfassens der Wirklichkeit bestimmt; vgl. Makrolinguistik, Mikrolinguistik

Me|tall *das;* -s, -e ⟨über *lat.* metallum "Metall; Grube, Bergwerk" aus *gr.* métallon "Mine, Erzader, Schacht; Metall"⟩: Sammelbez. für chem. Elemente, die sich durch charakteristischen Glanz, Undurchsichtigkeit, Legierbarkeit u. gute Fähigkeit, Wärme u. Elektrizität zu leiten, auszeichnen. **me|tall|af|fin**: Metall aufnehmend, bindend (Chem.). **Me|tall|amid** *das;* -s, -e: Verbindung, die bei Ersetzen eines Wasserstoffatoms in Ammoniakmolekülen durch ein Metallatom entsteht (Chem.). **Me|tall|de|tek|tor** *der;* -s, -en: Metallsuchgerät, elektr. Gerät zur Feststellung metallischer Gegenstände in nichtmetallischer Umgebung (z. B. elektr. Leitungen im Mauerwerk). **me|tall|len**: aus Metall [bestehend]. **Me|tall|ler** *der;* -s, -: (ugs.) kurz für Metallarbeiter [als Gewerkschaftsangehöriger]. **Me|tall|hydrid** *das;* -[e]s, -e: ein aus Metallen mit Wasserstoff gebildetes metallisches ↑ Hydrid (Chem.). **me|tall|lic** [...lɪk] ⟨aus gleichbed. *engl.* metallic zu metal „Metall"⟩: metallisch schimmernd u. dabei von einem stumpfen, nicht leuchtenden Glanz. **Me|tal|li|sa|ti|on** *die;* -, -en ⟨zu ↑ Metall u. ↑ ...isation⟩: 1. Vererzung (beim Vorgang der Gesteinsbildung). 2. svw. Metallisierung; vgl. ...[at]ion/...ierung. **Me|tal|li|sa|tor** *der;* -s, ...oren ⟨zu ↑ ...or⟩: Spritzpistole zum Aufbringen von Metallüberzügen. **me|tal|lisch** ⟨über gleichbed. *lat.* metallicus aus *gr.* metallikós „zum Bergwerk gehörig"⟩: 1. aus Metall bestehend, die Eigenschaften eines Metalls besitzend. 2. a) hart klingend, im Klang hell u. durchdringend; b) in seinem optischen Eindruck wie Metall, an Metall erinnernd, metallartig. **mé|tal|li|sé** [metali'ze:] ⟨*fr.*⟩: svw. metallic. **me|tal|li|sie|ren** ⟨aus gleichbed. *fr.* métalliser⟩: einen Gegenstand mit einer widerstandsfähigen metallischen Schicht überziehen. **Me|tal|li|sie|rung** *die;* -, -en ⟨zu ↑ Metall u. ↑ ...isierung⟩: das Überziehen eines Gegenstandes mit Metall; vgl. ...[at]ion/...ierung. **Me|tal|lis|mus** *der;* - ⟨zu ↑...ismus (1)⟩: frühere Theorie, die den Geldwert aus dem Stoff- od. Metallwert des Geldes zu erklären versuchte. **me|tal|lo...**, **Me|tal|lo...** ⟨zu *gr.* métallon „Mine, Erzader, Schacht; Metall"⟩: Wortbildungselement mit der Bedeutung „Metall", z. B. Metallographie. **Me|tal|lo|chro|mie** [...kro...] *die;* - ⟨zu *gr.* chrōma „Farbe" u. ↑²...ie⟩: Färbung von Metallen im galvanischen Verfahren. **Me|tal|lo|ge** *der;* -n, -n ⟨zu ↑ Metall u. ↑...loge⟩: Fachwissenschaftler auf dem Gebiet der Metallogie. **Me|tal|lo|ge|ne|se** *die;* - ⟨zu ↑ metallo...⟩: Bildung von Erzlagerstätten in bestimmten Räumen der Erdkruste. **me|tal|lo|ge|ne|tisch**: durch Metallogenese entstehend; -e Epoche: erdgeschichtlicher Abschnitt, in dem die Metallogenese gehäuft stattfand. **Me|tal|lo|gie** *die;* - ⟨zu ↑ Metall u. ↑...logie⟩: Wissenschaft vom Aufbau, von den Eigenschaften u. Verarbeitungsmöglichkeiten der Metalle.

Me|tal|lo|graph *der;* -en, -en ⟨zu ↑ metallo... u. ↑ ...graph⟩: 1. jmd., der mikroskopische Werkstoffkontrollen durchführt (Berufsbez.). 2. Wissenschaftler auf dem Gebiet der Metallographie. **Me|tal|lo|gra|phie** *die;* - ⟨zu ↑ ...graphie⟩: Teilgebiet der Metallogie, das mit mikroskopischen Methoden Aufbau, Struktur u. Eigenschaften der Metalle untersucht. **Me|tal|lo|id** *das;* -[e]s, -e ⟨zu ↑ ...oid⟩: (veraltet) nichtmetallisches chem. Element. **Me|tal|lo|pho|bie** *die;* -, ...ien ⟨zu ↑ ...phobie⟩: zwanghafte Angst vor dem Berühren metallischer Gegenstände (Med.). **Me|tal|lo|phon** *das;* -s, -e ⟨zu ↑ ...phon⟩: mit einem Hammer geschlagenes, aus aufeinander abgestimmten Metallplatten bestehendes Glockenspiel. **Me|tal|lo|se** *die;* -, -n ⟨zu ↑¹ ...ose⟩: durch örtliche od. allgemeine Einwirkung von Metall (Fremdkörper od. Metallstaub) hervorgerufene Erkrankung (Med.). **Me|tall|oxyd**, chem. fachspr. Metalloxid *das;* -s, -e ⟨zu ↑ Metall⟩: Verbindung eines Metalls mit Sauerstoff. **Me|tall|pla|stik** *die;* -, -en: ¹Plastik aus Metallen wie Eisen, Stahl, Aluminium u. a. **Me|tall|urg** *der;* -en, -en u. **Me|tall|ur|ge** *der;* -n, -n ⟨nach *gr.* metallourgós „Bergwerksarbeiter"⟩: Fachwissenschaftler der Metallurgie. **Me|tall|ur|gie** *die;* - ⟨unter Einfluß von *fr.* métallurgie zu *gr.* metallourgeĩn „Metalle verarbeiten"⟩: Hüttenkunde; Wissenschaft vom Ausschmelzen der Metalle aus Erzen, von der Metallreinigung, -veredlung u. (im weiteren Sinne) -verarbeitung. **me|tall|ur|gisch** ⟨aus *gr.* metallourgós „Metalle verarbeitend"⟩: die Metallurgie betreffend

Me|ta|ma|the|ma|tik *die;* - ⟨zu ↑ meta... u. ↑ Mathematik⟩: math. Theorie, mit der die Mathematik selbst (als ↑ axiomatische Theorie) untersucht wird

me|ta|mer ⟨zu ↑ meta... u. ↑ ...mer⟩: in hintereinanderliegende, gleichartige Abschnitte gegliedert; die Metamerie betreffend (Biol.). **Me|ta|me|ren** *die* (Plur.) ⟨vgl. ...mer⟩: gleichartige Körperabschnitte in der Längsachse des Tierkörpers. **Me|ta|me|rie** *die;* - ⟨zu ↑ ...merie⟩: 1. Gliederung des Tierkörpers in hintereinanderliegende Abschnitte mit sich wiederholenden Organen. 2. Eigenschaft spektral unterschiedlicher Farbreize, die gleiche Farbempfindung auszulösen. **me|ta|me|risch**: die Metamerie betreffend

Me|ta|me|ta|spra|che *die;* -, -n ⟨zu ↑ meta... u. ↑ Metasprache⟩: Kritik an der Terminologie, d. h. an der ↑ Metasprache, die zur ↑ Objektsprache einer weiteren Metasprache gemacht worden ist

me|ta|mikt ⟨zu ↑ meta... u. *gr.* meiktós, miktós „gemischt"⟩: durch radioaktive Stoffe ein zerstörtes Kristallgitter aufweisend (von Kristallen; Mineral.)

me|ta|morph u. **me|ta|mor|phisch** ⟨zu *gr.* metamorpheĩn „verwandeln, die Gestalt ändern"; vgl. Metamorphose⟩: die Gestalt, den Zustand wandelnd; vgl. ...isch/-. **Me|ta|mor|phis|mus** *der;* -, ...men ⟨zu ↑ ...ismus (2)⟩: svw. Metamorphose. **Me|ta|mor|phit** [auch ...'fit] *der;* -s, -e (meist Plur.) ⟨zu ↑² ...it⟩: durch ↑ Metamorphose (4) entstandenes Gestein (Geol.). **Me|ta|morph|op|sie** *die;* -, ...ien ⟨zu ↑ Metamorphose u. ↑ ...opsie⟩: Sehstörung, bei der die Gegenstände verzerrt gesehen werden (Med.). **Me|ta|mor|pho|se** *die;* -, -n über *lat.* metamorphosis aus *gr.* metamórphōsis „das Umgestalten, die Verwandlung (in eine andere Gestalt)", zu ↑ meta... u. *gr.* morphḗ „Gestalt"⟩: 1. Umgestaltung, Verwandlung. 2. Entwicklung vom Ei zum geschlechtsreifen Tier durch Einschaltung gesondert gestalteter, selbständiger Larvenstadien (vor allem bei Insekten; Zool.). 3. Umwandlung der Grundform pflanzlicher Organe in Anpassung an die Funktion (Bot.). 4. Umwandlung, die ein Gestein durch Druck, Temperatur u. Bewegung in der Erdkruste erleidet (Geol.). 5. (nur Plur.) Variationen (Mus.). 6. Verwandlung von Menschen in Tiere, Pflanzen, Steine o. ä. (griech. Mythologie). **me|ta|mor|pho|sie|ren** ⟨zu ↑ ...ieren⟩: verwandeln, umwandeln; die Gestalt ändern. **me|ta|mor|pho|tisch**: umgestaltend

Met|an|drie *die;* - ⟨zu ↑ meta..., *gr.* anḗr, Gen. andrós „Mann" u. ↑² ...ie⟩: das spätere Geschlechtsreifwerden der männlichen Blüten bei einer eingeschlechtigen Pflanze (Bot.); Ggs. ↑ Metagynie

Me|ta|ne|phros *der;* - ⟨zu ↑ meta... u. *gr.* nephrós „Niere"⟩: Nachniere od. Dauerniere (entsteht aus dem ↑ Mesonephros u. bildet die dritte u. letzte Stufe im Entwicklungsgang des Harnapparates; Med., Biol.)

me|ta|no|ei|te! ⟨aus gleichbed. *gr.* metanoeĩte, Imperativ Plur. von metanoeĩn „umdenken, seinen Sinn ändern"⟩: ändert euren Sinn, kehrt um, tut Buße! (nach der Predigt Johannes' des Täufers u. Jesu, Matth. 3, 2; 4, 17). **me|ta|no|e|tisch** ⟨nach *gr.* metanoētikós „das Denken übersteigend, nicht mehr denkbar"⟩: das Denken übersteigend, nicht mehr denkbar (Philos.). **Me|ta|noia** [...noya] *die;* - ⟨aus *gr.* metánoia „das Umdenken, die Sinnesänderung" zu metanoeĩn, vgl. metanoeite!⟩: 1. innere Umkehr, Buße (Rel.). 2. Änderung der eigenen Lebensauffassung, Gewinnung einer neuen Weltsicht (Philos.). 3. in der orthodoxen Kirche Kniebeugung mit Verneigung bis zur Erde. **Me|ta|noi|lo|gie** *die;* - ⟨zu ↑ ...logie⟩: Lehre von der Buße

me|ta|öko|no|misch ⟨zu ↑ meta... u. ↑ ökonomisch⟩: außerwirtschaftlich

Me|ta|or|ga|nis|mus *der;* -, ...men ⟨zu ↑ meta... u. ↑ Organismus⟩: Verkörperung von Seelenkräften (Parapsychol.)

Me|ta|pe|let *die;* -, ...plot ⟨aus *hebr.* metapelet „Kinderpflegerin"⟩: Erzieherin u. Kindergärtnerin in einem ↑ Kibbuz

Me|ta|pha|se *die;* - ⟨zu ↑ meta... u. ↑ Phase⟩: Stadium der Kernteilung mit Anordnung der Chromosomen zu einer Kernplatte (Biol.)

Me|ta|pher *die;* -, -n ⟨über gleichbed. *lat.* metaphora aus *gr.* metaphorá zu metaphérein „anderswohin tragen, übertragen"⟩: sprachlicher Ausdruck, bei dem ein Wort, eine Wortgruppe aus seinem eigentlichen Bedeutungszusammenhang in einen anderen übertragen wird, ohne daß ein direkter Vergleich zwischen Bezeichnendem u. Bezeichnetem vorliegt; bildhafte Übertragung (z. B. das Haupt der Familie). **Me|ta|pho|rik** *die;* - ⟨zu ↑ metaphorisch u. ↑² ...ik (2)⟩: das Vorkommen, der Gebrauch von Metaphern [als Stilmittel]. **me|ta|pho|risch** ⟨nach gleichbed. *gr.* metaphorikós⟩: a) die Metapher betreffend; b) bildlich, übertragen [gebraucht]

Me|ta|phra|se *die;* -, -n ⟨über *lat.* metaphrasis aus *gr.* metáphrasis „die Übertragung (in einen anderen Ausdruck), Umschreibung" zu metaphrázein „übertragen, umschreiben"⟩: 1. umschreibende Übertragung einer Versdichtung in Prosa (Literaturw.). 2. erläuternde Wiederholung eines Wortes durch ein ↑ Synonym (Stilk.). **Me|ta|phrast** *der;* -en, -en ⟨aus gleichbed. *gr.* metaphrástēs, eigtl. „der in einen anderen Ausdruck überträgt, umschreibt"⟩: Verfasser einer Metaphrase. **me|ta|phra|stisch** ⟨nach gleichbed. *gr.* metaphrastikós⟩: 1. die Metaphrase betreffend. 2. umschreibend

Me|ta|phy|la|xe *die;* -, -n ⟨zu ↑ meta... u. *gr.* phýlaxis „Bewachung, Beschützung", Analogiebildung zu ↑ Prophylaxe⟩: Nachbehandlung eines Patienten nach überstandener Krankheit als vorbeugende Maßnahme gegen mögliche Rückfallerkrankungen der gleichen Art (Med.)

Me|ta|phy|se *die;* -, -n ⟨aus gleichbed. *nlat.* metaphysis, dies zu *gr.* metaphýein „nachher wachsen; sich umgestalten"⟩: Wachstumszone der Röhrenknochen (Med.). **Me|ta|phy-**

Metaphysiker

sik *die;* - ⟨aus gleichbed. *mlat.* metaphysica, dies zu *gr.* tà metà tà physiká „das, was hinter der Physik (steht)", von dem griech. Philosophen Andronikos von Rhodos († 80 v. Chr.) geprägter Titel für die philos. Schriften des Aristoteles, die in einer Ausgabe des 1. Jh.s v. Chr. hinter den naturwissenschaftlichen Schriften angeordnet waren⟩: 1. a) philos. Disziplin od. Lehre, die das hinter der sinnlich erfahrbaren, natürlichen Welt Liegende, die letzten Gründe u. Zusammenhänge des Seins behandelt; b) die Metaphysik (1 a) darstellendes Werk (Philos.). 2. (im Marxismus) der ↑ Dialektik entgegengesetzte Denkweise, die die Erscheinungen als isoliert u. als unveränderlich betrachtet (Philos.). **Me|ta|phy|si|ker** *der;* -s, -: Vertreter der Metaphysik. **me|ta|phy|sisch:** 1. zur Metaphysik (1 a) gehörend; überempirisch, jede mögliche Erfahrung überschreitend (Philos.). 2. die Metaphysik (2) betreffend; undialektisch

Me|ta|pla|sie *die;* -, ...ien ⟨aus *gr.* metáplasis „die Umbildung" zu metaplássein „umformen"⟩: Umwandlung eines Gewebes in ein anderes, das dem gleichen Mutterboden entstammt (z. B. als Folge von Gewebsreizungen; Med., Biol.). **Me|ta|plas|mus** *der;* -, ...men ⟨aus gleichbed. *gr.* metaplasmós⟩: Umbildung von Wortformen aus Gründen des Wohlklangs, der Metrik u. a. (z. B. durch ↑ Apokope). **me|ta|pla|stisch:** den Metaplasmus betreffend

Me|ta|psy|chik *die;* - ⟨zu ↑ meta... u. *gr.* psychikós (vgl. psychisch); vgl. ²...ik (1)⟩: svw. Parapsychologie. **me|ta|psychisch:** die Metapsychik betreffend. **Me|ta|psy|cho|lo|gie** *die;* -: 1. (von S. Freud gewählte Bez. für die von ihm begründete) psychologische Lehre in ihrer ausschließlich theoretischen Dimension. 2. svw. Parapsychologie

Me|ta|säu|re *die;* -, -n ⟨zu ↑ meta...⟩: wasserärmste Form einer Säure

Me|ta|se|quo|ia [...ja] *die;* -, ...oien [...'kvo:jən] ⟨zu ↑ meta... u. ↑ Sequoia⟩: chin. Mammutbaum

Me|ta|som *das;* -s, -e ⟨zu ↑ meta... u. *gr.* sõma, Gen. sõmatos „Körper"⟩: fester Bestandteil eines Gesteins (bei seiner Zerlegung durch hohe Temperatur; Geol.). **me|ta|so|matisch:** durch Metasomatose entstehend (Geol.). **Me|ta|so|ma|to|se** *die;* -: Umwandlung eines Gesteins durch Austausch von Bestandteilen (bei Zufuhr von Lösungen und Dämpfen; Geol.)

Me|ta|spra|che *die;* -, -n ⟨zu ↑ meta...⟩: wissenschaftliche, terminologische Beschreibung der natürlichen Sprache; Sprache od. Symbolsystem, das dazu dient, Sprache od. ein Symbolsystem zu beschreiben od. zu analysieren (Sprachw., Math., Kybern.); vgl. Metametasprache, Objektsprache. **me|ta|sprach|lich:** die Metasprache betreffend

me|ta|sta|bil ⟨zu ↑ meta... u. ↑ stabil⟩: durch Verzögerungserscheinung noch in einem Zustand befindlich, der den äußeren Bedingungen nicht mehr entspricht (Phys.).

Me|ta|sta|se *die;* -, -n ⟨aus *gr.* metástasis „Umstellung; Veränderung; Wanderung"⟩: 1. Tochtergeschwulst; durch Verschleppung von Geschwulstkeimen an vom Ursprungsort entfernt gelegene Körperstellen entstandener Tumor (z. B. bei Krebs; Med.). 2. Redefigur, mit der der Redner die Verantwortung für eine Sache auf eine andere Person überträgt (antike Rhet.). **me|ta|sta|sie|ren** ⟨zu ↑ ...ieren⟩: Tochtergeschwülste bilden (Med.). **Me|ta|sta|sie|rung** *die;* -, -en ⟨zu ↑ ...ierung⟩: Bildung von Metastasen (Med.). **me|ta|sta|tisch** ⟨nach *gr.* metástatos „weggestellt, entfernt"⟩: über die Blutbahn od. die Lymphgefäße an eine andere Körperstelle verschleppt (von Tumoren o. ä.; Med.)

Me|ta|stro|phe *die;* -, -n ⟨aus *gr.* metastrophḗ „das Umkehren"⟩: (veraltet) Ablenkung der Gedanken von einer Sache

Me|ta|tars|al|gie *die;* -, ...ien ⟨zu ↑ Metatarsus u. ↑ ...algie⟩: im Bereich der Mittelfußknochen auftretender Schmerz bei Spreizfuß (Med.). **Me|ta|tar|sus** *der;* -, ...si ⟨zu ↑ meta... u. ↑ Tarsus⟩: Mittelfuß, Teil des Fußes zwischen den Zehen u. der Fußwurzel (besteht aus den fünf Mittelfußknochen; Med.)

Me|ta|te *der;* -, -n ⟨aus gleichbed. *span.* metate, dies aus gleichbed. *aztek. (Nahuatl)* metlatl⟩: von den Indianern verwendeter rechteckiger, ovaler od. runder Mahlstein für Mais, Samen u. Fruchtkörner

Me|ta|tekt *das;* -[e]s, -e ⟨zu ↑ meta... u. *gr.* tēktós „geschmolzen, flüssig", dies zu tḗkein „schmelzen"⟩: flüssiger Bestandteil eines Gesteins (bei seiner Zerlegung durch hohe Temperatur; Geol.). **Me|ta|te|xis** *die;* - ⟨zu *gr.* tẽxis „das Schmelzen"⟩: Vorgang der Zerlegung eines Gesteins in feste u. flüssige Teile (bei hohen Temperaturen; Geol.)

Me|ta|theo|rie *die;* -, -n [...i:ən] ⟨zu ↑ meta... u. ↑ Theorie⟩: wissenschaftliche Theorie, die ihrerseits eine Theorie zum Gegenstand hat; vgl. Metasprache

Me|ta|the|se u. **Me|ta|the|sis** *die;* -, ...esen ⟨über *lat.* metathesis aus gleichbed. *gr.* metáthesis, eigtl. „das Umsetzen, -stellen"⟩: Lautumstellung in einem Wort, auch bei Entlehnung in eine andere Sprache (z. B. Wepse – Wespe, Born – Bronn; Sprachw.)

Me|ta|to|nie *die;* -, ...ien ⟨zu ↑ meta... u. *gr.* tónos „Ton" u. ↑²...ie⟩: Wechsel der ↑ Intonation (z. B. in slaw. Sprachen)

Me|ta|tor *der;* -s, ...oren ⟨aus *lat.* metator „Ab-, Vermesser" zu metari „abgrenzen"⟩: altröm. Feldvermesser

me|ta|trau|ma|tisch ⟨zu ↑ meta... u. ↑ traumatisch⟩: nach Verletzung entstehend (Med.)

Me|ta|tro|pis|mus *der;* - ⟨zu ↑ meta... u. ↑ Tropismus⟩: anderes geschlechtliches Empfinden od. Gefühlsleben, d. h. Verschiebung od. Vertauschung der Rollen von Mann u. Frau, wobei die Frau den aktiveren, der Mann den passiveren Teil übernimmt (Psychol.)

Me|ta|xa Ⓦ *der;* -[s], -s ⟨Kunstw.⟩: milder, aromatischer Branntwein aus Griechenland

Me|tay|age [metɛ'ja:ʒ] *die;* -, -n [...ʒən] ⟨aus gleichbed. *fr.* métayage zu métayer „(Teil)pächter", dies über *it.* metà „Hälfte" aus *lat.* mediétas zu medius „mitten"⟩: Teilpacht in Frankreich, ein Pachtverhältnis, bei dem die Hälfte des Ertrages dem Pächter, die andere dem Gutsherrn zufällt (bes. im 18. Jh.)

me|ta|zen|trisch ⟨zu ↑ meta... u. ↑ zentrisch⟩: das Metazentrum betreffend, sich auf das Metazentrum beziehend; schwankend. **Me|ta|zen|trum** *das;* -s, ...ren: der für die Stabilität wichtige Schnittpunkt der Auftriebsrichtung mit der vertikalen Symmetrieachse eines geneigten Schiffes (Schiffbau)

Me|ta|zo|on *das;* -s, ...zoen (meist Plur.) ⟨zu ↑ meta... u. *gr.* zõon „Lebewesen, Tier"⟩: vielzelliges Tier, das echte Gewebe bildet; Ggs. ↑ Protozoon

Met|em|psy|cho|se *die;* -, -n ⟨über *lat.* metempsychosis aus gleichbed. *gr.* metempsýchōsis⟩: Seelenwanderung. **Met|em|psy|cho|sit** *der;* -en, -en ⟨zu ↑³...it⟩: Anhänger der Lehre von der Seelenwanderung

Met|em|pto|se *die;* - ⟨aus gleichbed. *mgr.* metémptosis zu ↑ meta... u. *gr.* empíptein „hineinfallen"⟩: im Gregorianischen Kalender das Ausfallen des Schalttages in jedem Jahr, dessen Zahl durch 100 teilbar ist, während die durch 400 teilbaren Schaltjahre bleiben

Me|te|or [auch 'me:...] *der*, selten *das;* -s, ...ore ⟨aus *gr.* metéōron „Himmels-, Lufterscheinung" zu metéōros „in die Höhe gehoben, in der Luft schwebend"⟩: Lichterscheinung (Feuerkugel), die durch in die Erdatmosphäre eindringende kosmische Partikeln hervorgerufen wird. **Me|teo|rik** *die;* - ⟨zu ↑²...ik (1)⟩: (veraltet) svw. Meteorologie. **me|teo|risch:** die Lufterscheinungen u. Luftverhältnisse betreffend (Meteor.); -es Wasser: aus der Erdatmosphäre auf die Erdoberfläche gelangendes Wasser; -e Blüte: Blüte, deren Öffnung von den Wetterverhältnissen (Licht od. Wärme) abhängt. **Me|teo|ris|mus** *der;* -, ...men ⟨zu ↑...ismus (3)⟩: Darmblähungen, Blähsucht (Med.). **Me|teo|rit** [auch ...'rɪt] *der;* Gen. -s u. -en, Plur. -e[n] ⟨zu ↑²...it⟩: in die Erdatmosphäre eindringender kosmischer Kleinkörper, der unter [teilweiser] Verdampfung die Leuchterscheinung eines Meteors hervorruft. **me|teo|ri|tisch** [auch ...'rɪ...]: 1. von einem Meteor stammend. 2. von einem Meteoriten stammend. **Me|te|or|kra|ter** *der;* -s, -: großes, rundes Loch an der Erdoberfläche, das durch Einschlag eines großen Meteoriten entstanden ist. **Me|teo|ro|gramm** *das;* -s, -e ⟨zu ↑...gramm⟩: Meßergebnis eines Meteorographen. **Me|teo|ro|graph** *der;* -en, -en ⟨zu ↑...graph⟩: Gerät zur gleichzeitigen Messung mehrerer Witterungselemente (Meteor.). **Me|teo|ro|id** *der;* -s, -e ⟨zu ↑...oid⟩: ein kleiner natürlicher Himmelskörper (bis zu einer Größe von etwa 1 km), der sich auf einer Bahn um die Sonne bewegt. **Me|teo|ro|lo|ge** *der;* -n, -n ⟨nach gr. meteōrológos, eigtl. „wer von Himmelskörpern und Erscheinungen in Luft oder Himmel redet, sie beobachtet"⟩: Wissenschaftler auf dem Gebiet der Meteorologie. **Me|teo|ro|lo|gie** *die;* - ⟨aus gr. meteōrología „die Lehre von den Himmelserscheinungen"⟩: Teilgebiet der Geophysik, das die Vorgänge u. Gesetzmäßigkeiten in der Erdatmosphäre u. das sich in ihr abspielende Wettergeschehen untersucht. **me|teo|ro|lo|gisch** ⟨nach gleichbed. *gr.* meteōrologikós⟩: die Meteorologie betreffend. **Me|teo|ro|mant** *der;* -en, -en ⟨zu ↑ Meteor u. *gr.* mántis „Seher, Wahrsager"⟩: (veraltet) jmd., der das Wetter aus Lufterscheinungen voraussagt, Wetterprophet. **Me|teo|ro|man|tie** *die;* - ⟨zu *gr.* manteía „das Wahrsagen"⟩: (veraltet) das Vorhersagen des Wetters auf Grund von Lufterscheinungen. **Me|teo|ro|path** *der;* -en, -en ⟨zu ↑...path⟩: jmd., dessen körperliches Befinden in abnormer Weise von Witterungseinflüssen bestimmt wird. **Me|teo|ro|pa|tho|lo|gie** *die;* -: Zweig der ↑ Pathologie, der sich mit den Einflüssen des Wetters auf die Funktionen des kranken Organismus befaßt (Med.). **Me|teo|ro|phy|sio|lo|gie** *die;* -: Wissenschaft, die die Einflüsse des Wettergeschehens auf die Funktionen des pflanzlichen, tierischen u. menschlichen Organismus erforscht. **Me|teo|ro|skop** *das;* -s, -e ⟨zu ↑...skop⟩: theodolitähnliches (vgl. Theodolit) Meßgerät, das zur Verfolgung von rasch am Himmel erscheinenden Vorgängen (z. B. bei der Wolkenbeobachtung) dient. **me|teo|ro|trop** ⟨zu ↑...trop⟩: wetter-, klimabedingt. **Me|teo|ro|tro|pis|mus** *der;* -: durch Wetterfühligkeit bedingter Krankheitszustand

Me|ter *der* (schweiz. nur so), auch *das;* -s, - ⟨aus gleichbed. *fr.* mètre, dies über *lat.* metrum aus *gr.* métron „(Vers)maß, Silbenmaß, Teil des Verses"⟩: internationale Einheit der Länge; Zeichen m. **¹...me|ter** *das;* -s, - ⟨aus *gr.* métron „Maß"⟩: Wortbildungselement mit der Bedeutung „Meßgerät", z. B. Barometer. **²...me|ter** *der;* -s, - ⟨aus gleichbed. *gr.* -métrēs⟩: Wortbildungselement mit der Bedeutung „Person, die Messungen ausführt", z. B. Geometer. **³...me|ter** ⟨aus *gr.* -metros zu métron „Maß, Versmaß"⟩: Wortbildungselement mit der Bedeutung „ein Maß Enthaltendes, Messendes", z. B. Hexameter, Parameter. **Me|ter|ki|lo|pond** *das;* -s, - ⟨zu ↑ Meter⟩: svw. Kilopondmeter. **Me|ter|kon|ven|ti|on** [...v...] *die;* -: internationale Übereinkunft über genaueste Anfertigung u. Überprüfung der Urmaße (1875 in Paris). **Me|ter|se|kun|de** *die;* -, -n: Geschwindigkeit in Metern je Sekunde; Zeichen m/s, älter auch m/sec

Me|tha|don Ⓦ *das;* -s ⟨Kunstw.⟩: synthetisches ↑ Derivat (3) des Morphins, das als schmerzstillendes Mittel, aber auch als Drogenersatz [zur Behandlung von Heroinabhängigen] verwendet wird

Met|hä|mo|glo|bin *das;* -s ⟨zu ↑ meta... u. ↑ Hämoglobin⟩: Oxydationsform des roten Blutfarbstoffs, bei der sich der Sauerstoff, statt daß er an die Körperzellen abgegeben wird, fest mit dem Eisen des Blutfarbstoffs verbindet (Med., Biol.). **Met|hä|mo|glo|bin|ämie** *die;* -: Methämoglobinvergiftung infolge Sauerstoffmangels (innere Erstickung; Med.)

Me|than *das;* -s ⟨zu ↑ Methyl u. ↑...an⟩: farbloses, geruchloses u. brennbares Gas, einfachster gesättigter Kohlenwasserstoff (bes. als Heizgas verwendet). **Me|than|bak|te|rie** [...i̯ə] *die;* -, ...ien [...i̯ən] (meist Plur.): Bakterie, die nur ohne Sauerstoff leben kann u. Faulgas erzeugt. **Me|tha|ni|sie|rung** *die;* - ⟨zu ↑...isierung⟩: Verfahren zur Herstellung von Methan aus Kohlenmonoxyd u. Wasserstoff. **Me|tha|nol** *das;* -s ⟨Kurzw. aus *Methan* u. ↑ Alkohol⟩: svw. Methylalkohol. **Me|tha|nol|ver|gif|tung** *die;* -, -en: Erkrankung nach Aufnahme von Methanol, mit Übelkeit, Herz- u. Kreislaufversagen, Atemnot u. Erblindung einhergehend

Meth|exis *die;* - ⟨aus *gr.* méthexis „(An)teilnahme"⟩: Verhältnis der Einzeldinge der Sinnenwelt (Abbild) zu ihren Ideen (Urbild) (Zentralbegriff bei Plato; Philos.)

Me|thio|nin *das;* -s ⟨Kunstw.⟩: schwefelhaltige Aminosäure von vielfacher Heilwirkung

Me|tho|de *die;* -, -n ⟨über gleichbed. *lat.* methodus aus *gr.* méthodos „Weg od. Gang einer Untersuchung", eigtl. „Weg zu etwas hin", zu *gr.* metá „hinterher, nach" u. hodós „Weg"⟩: 1. auf einem Regelsystem aufbauendes Verfahren, das zur Erlangung von [wissenschaftlichen] Erkenntnissen od. praktischen Ergebnissen dient. 2. planmäßiges Vorgehen. **Mé|tho|de cham|pe|noise** [meˈtɔd ʃãpəˈnŏa:z] *die;* - - ⟨aus gleichbed. *fr.* méthode champenoise zu ↑ „Methode" (dies aus gleichbed. *lat.* methodus, vgl. Methode) u. champenoise „aus der Champagne"⟩: Bez. für die klassische Methode der Schaumweinzubereitung durch Flaschengärung. **Me|tho|den|bank** *die;* -, -en ⟨zu ↑ Methode⟩: nutzungserleichternde ↑ Software für EDV-Systeme. **Me|tho|dik** *die;* - ⟨aus *gr.* methodikḗ (téchnē) „Kunst des planmäßigen Vorgehens" zu methodikós, vgl. methodisch⟩: 1. Wissenschaft von den Verfahrensweisen der Wissenschaften. 2. (ohne Plur.) Unterrichtsmethode; Wissenschaft vom planmäßigen Vorgehen beim Unterrichten. 3. in der Art des Vorgehens festgelegte Arbeitsweise. **Me|tho|di|ker** *der;* -s, -: 1. planmäßig Verfahrender. 2. Begründer einer Forschungsrichtung. **me|tho|disch** ⟨über *lat.* methodicus aus gleichbed. *gr.* methodikós⟩: 1. die Methode (1) betreffend. 2. planmäßig, überlegt, durchdacht, schrittweise. **me|tho|di|sie|ren** ⟨zu ↑...isieren⟩: eine Methode in etwas hineinbringen. **Me|tho|dis|mus** *der;* - ⟨aus gleichbed. *engl.* methodism, eigtl. „methodisches Verfahren", zu method „Methode", dies über (alt)*fr.* méthode aus *lat.* methodus, vgl. Methode; vgl. ...ismus (1)⟩: aus dem Anglikanismus im 18. Jh. hervorgegangene ev. Erweckungsbewegung mit religiösen Übungen u. bedeutender Sozialarbeit. **Me|tho|dist** *der;* -en, -en ⟨aus

methodistisch

gleichbed. *engl.* methodist⟩: Mitglied einer Methodistenkirche (urspr. Spottname); vgl. Wesleyaner. **me|tho|distisch** ⟨zu ↑...istisch⟩: a) den Methodismus betreffend; b) in der Art des Methodismus denkend. **Me|tho|do|lo|gie** *die;* -, ...ien ⟨zu *gr.* méthodos (vgl. Methode) u. ↑...logie⟩: Methodenlehre, Theorie der wissenschaftlichen Methoden; vgl. Methodik (1). **me|tho|do|lo|gisch** ⟨zu ↑...logisch⟩: zur Methodenlehre gehörend

Me|tho|ma|nie *die;* - ⟨zu *gr.* méthē „Trunkenheit, Rausch" u. ↑...manie⟩: ↑ Delirium tremens, Säuferwahnsinn (Med.)

Me|thu|sa|lem *der;* -[s], -s ⟨nach der bibl. Gestalt in 1. Mose 5, 25 ff., die 969 Jahre alt geworden sein soll⟩: sehr alter Mann

Me|thyl *das;* -s ⟨zu *gr.* méthy „Wein" u. ↑...yl⟩: einwertiger Methanrest in zahlreichen organisch-chemischen Verbindungen. **Me|thyl|al|ko|hol** *der;* -s: Methanol, Holzgeist, einfachster Alkohol; farblose, brennend schmeckende, sehr giftige Flüssigkeit. **Me|thyl|amin** *das;* -s, -e: einfachste organische ↑ ¹Base, ein brennbares Gas. **Me|thyl|äthyl|keton** *das;* -s, -e ⟨zu ↑ Äthyl u. ↑ Keton⟩: farblose, acetonähnlich riechende Flüssigkeit, die als Lösungsmittel für Klebstoffe verwendet wird. **Me|thy|len** *das;* -s ⟨zu ↑...en⟩: eine frei nicht vorkommende, zweiwertige Atomgruppe (CH₂). **Me|thy|len|blau** *das;* -s: ein synthetischer Farbstoff. **Methy|len|chlo|rid** [...klo...] *das;* -s, -e: farblose, chloroformartig riechende Flüssigkeit, die als Lösungsmittel verwendet wird (Chem.). **Me|thy|len|gly|kol** *das;* -s, -e: eine farblose Flüssigkeit, die als Lösungsmittel für Zelluloselacke verwendet wird. **me|thy|lie|ren** ⟨zu ↑...ieren⟩: Methyl in eine organische Verbindung einführen (Chem.). **Me|thyl|orange** *das;* -s, Plur. -, ugs. -s ⟨zu ↑ ²Orange⟩: 1. Indikatorfarbstoff für Säuren u. Basen. 2. (veraltet) Wollfarbstoff. **Methyl|zel|lu|lo|se** *die;* -: in kaltem Wasser lösliches ↑ Derivat der Zellulose, das als Bindemittel für wäßrige Klebstoffe, als Klebstoff für Textilien u. zum Appretieren verwendet wird

Me|tier [me'tie:] *das;* -s, -s ⟨aus gleichbed. *fr.* métier, dies über *altfr.* mestier, menestier aus *lat.* ministerium „Dienst, Amt"⟩: bestimmte berufliche o. ä. Tätigkeit als jmds. Aufgabe, die er durch die Beherrschung der dabei erforderlichen Fertigkeiten erfüllt

Mé|tis [me'tis] *der;* -, - ⟨aus *fr.* métis „Mischling, Bastard", dies aus spätlat. *mixticius, vgl. Mestize⟩: svw. Mestize

Me|tist *der;* -en, -en ⟨zu *it.* a metà (vgl. Metageschäft) u. ↑...ist⟩: Teilnehmer an einem ↑ Metageschäft

Met|öke *der;* -n, -n ⟨über *lat.* metoecus aus gleichbed. *gr.* métoikos, eigtl. „Mitbewohner"⟩: ortsansässiger Fremder ohne politische Rechte (in den Städten des alten Griechenlands)

Me|tol ⓌⒼ *das;* -s ⟨Kunstw.⟩: fotografischer Entwickler

me|to|nisch ⟨nach dem altgriech. Mathematiker Meton (von Athen), 5. Jh. v. Chr.⟩; in der Fügung Metonischer Zyklus: alter Kalenderzyklus (Zeitraum von 19 Jahren), der bis heute die Grundlage für die Berechnung des christlichen Osterfestes ist

Met|ono|ma|sie *die;* -, ...ien ⟨aus *gr.* metonomasía „Umbenennung"⟩: Veränderung eines Eigennamens durch Übersetzung in eine fremde Sprache (z. B. Schwarzerd, griech. = Melan[chthon). **Met|ony|mie** *die;* -, ...ien ⟨über *spätlat.* metonymia aus gleichbed. *gr.* metōnymía, eigtl. „Namensvertauschung"⟩: übertragener Gebrauch eines Wortes od. einer Fügung für einen verwandten Begriff (z. B. Stahl für „Dolch", jung u. alt für „alle"). **met ony|misch** ⟨über *spätlat.* metonymicus aus gleichbed. *gr.* metōnymikós⟩: die Metonymie betreffend; nach Art der Metonymie

Me-too-Pro|dukt ['mi'tu:...] *das;* -[e]s, -e ⟨zu *engl.* me too „ich auch"⟩: nur unwesentlich sich von vorhandenen Produkten unterscheidende ↑ Imitation eines Produktes zum Sparen von Kosten u. Risiko (Wirtsch.)

Met|ope *die;* -, -n ⟨über *lat.* metopa aus *gr.* metópē, eigtl. „Zwischenöffnung"⟩: abgeteilte, fast quadratische, bemalte od. mit Reliefs verzierte Platte aus gebranntem Ton od. Stein als Teil des Gebälks beim dorischen Tempel

Met|opo|pa|ge *der;* -n, -n ⟨zu *gr.* metōpon „Stirn" u. pēgnýnai „befestigen"⟩: Zwillingsmißbildung, bei der die Köpfe an den Stirnen zusammengewachsen sind (Med.)

Me|tra: Plur. von ↑ Metrum. **Me|tra|ge** [...ʒə] *die;* -, -n ⟨aus *fr.* métrage „Ab-, Aus-, Vermessung (mit dem Metermaß)" zu métrer „vermessen", dies zu mètre, vgl. Meter⟩: in Meterzahl bzw. in entsprechender Zeit ausgedrückte Filmlänge

Me|tral|gie *die;* -, ...ien ⟨zu *gr.* métra „Gebärmutter" u. ↑...algie⟩: (veraltet) Gebärmutterschmerz. **me|tral|gisch:** (veraltet) den Gebärmutterschmerz betreffend, darauf beruhend

Mé|tras|ka|the|ter [me'tra...] *der;* -s, - ⟨nach dem franz. Chirurgen H. Métras, 1918–1958⟩: Spezialkatheter zur Untersuchung der Bronchien (Med.)

Me|tra|to|nie *die;* -, ...ien ⟨zu *gr.* métra „Gebärmutter" u. ↑ Atonie⟩: Erschlaffung der Gebärmuttermuskulatur (Med.)

Me|tren: Plur. von ↑ Metrum

Me|treu|ryn|ter *der;* -s, - ⟨zu *gr.* métra „Gebärmutter" u. eurýnein „erweitern, breit machen"⟩: kegelförmiger Gummiballon zur Erweiterung des Gebärmutterhalskanals (Med.)

...me|trie ⟨aus gleichbed. *gr.* -metría zu metreĩn „messen"⟩: Wortbildungselement mit der Bedeutung „[Ver]messung", z. B. Geometrie, Kalorimetrie. **Me|trik** *die;* -, -en ⟨über *lat.* (ars) metrica aus gleichbed. *gr.* metrikḗ (téchnē) zu metrikós, vgl. metrisch⟩: 1. a) Verslehre; Lehre von den Gesetzmäßigkeiten des Versbaus u. den Versmaßen; b) Verskunst. 2. Lehre vom Takt u. von der Taktbetonung (Mus.).

Me|tri|ker *der;* -s, -: Kenner u. Forscher auf dem Gebiet der Metrik. **me|trisch** ⟨über *lat.* metricus aus *gr.* metrikós „das (Silben)maß betreffend"; vgl. Metrum⟩: 1. die Metrik betreffend. 2. auf den ↑ Meter als Maßeinheit bezogen; -es System: urspr. auf dem Meter, dann auf Meter u. Kilogramm beruhendes Maß- u. Gewichtssystem. **...me|trisch** ⟨aus *gr.* metrikós „das Maß betreffend" zu metreĩn „messen"⟩: Wortbildungselement mit der Bedeutung „auf [Ver]messung beruhend, durch [Ver]messung bestimmt", z. B. geometrisch, kalorimetrisch

Me|tri|tis *die;* -, ...itiden ⟨zu *gr.* métra „Gebärmutter" u. ↑...itis⟩: Entzündung der Muskulatur der Gebärmutter (Med.)

Me|tro *die;* -, -s ⟨aus gleichbed. *fr.* métro, Kurzform von (chemin de fer) métropolitain „Stadtbahn" zu métropole „Hauptstadt", vgl. Metropole⟩: Untergrundbahn (bes. in Paris u. Moskau)

Me|tro|lo|gie *die;* - ⟨aus gleichbed. *gr.* metrología, zu métron „Maß"⟩: Lehre u. Wissenschaft vom Messen, von den Maßsystemen u. deren Einheiten. **me|tro|lo|gisch** ⟨zu ↑...logisch⟩: die Metrologie betreffend

Me|tro|ma|nie *die;* - ⟨zu *gr.* métra „Gebärmutter" u. ↑...manie⟩: svw. Nymphomanie

me|tro|morph ⟨zu *gr.* métron „Maß" u. ↑...morph⟩: von ausgeglichener [Körper]konstitution. **Me|tro|nom** *das;* -s, -e ⟨zu *gr.* nómos „Gesetz, Regel"; vgl. ¹...nom⟩: Gerät mit einer Skala, das im eingestellten Tempo zur Kontrolle mechanisch den Takt schlägt; Taktmesser (Mus.).

Me|tro|ny|mi|kon u. Matronymikon *das;* -s, ...ka ⟨über *spätlat.* matronymikon aus gleichbed. *gr.* mētrōnymikón, Neutrum von mētrōnymikós „nach der Mutter benannt"⟩: vom Namen der Mutter abgeleiteter Name (z. B. Niobide: Sohn der Niobe); Ggs. ↑ Patronymikon. **me|tro|ny|misch** ⟨aus gleichbed. *gr.* mētrōnymikós⟩: nach der Mutter benannt. **Me|tro|pa|thie** *die;* -, ...ien ⟨zu *gr.* métra „Gebärmutter" u. ↑ ...pathie⟩: eine Erkrankung od. krankhafte Störung der Gebärmutter (Med.). **Me|tro|po|le** *die;* -, -n ⟨über *lat.* metropolis aus gleichbed. *gr.* mētrópolis, eigtl. „Mutterstadt"⟩: a) Hauptstadt mit weltstädtischem Charakter; Weltstadt; b) Stadt, die als Zentrum für etwas gilt. **Me|tro|po|lis** *die;* -, ...polen: (veraltet) svw. Metropole. **Me|tro|po|lit** *der;* -en, -en ⟨aus *kirchenlat.* metropolita „Bischof in der Hauptstadt"; vgl. Metropole⟩: kath. Erzbischof; in der orthodoxen Kirche Bischof als Leiter einer Kirchenprovinz. **me|tro|po|li|tan** ⟨aus gleichbed. *kirchenlat.* metropolitanus⟩: dem Metropoliten zustehend. **Me|tro|po|li|tan|kir|che** *die;* -, -n: Hauptkirche eines Metropoliten. **Me|tro|pto|se** *die;* -, -n ⟨zu *gr.* métra „Gebärmutter" u. ptōsis „das Fallen"⟩: Gebärmuttervorfall (Med.). **Me|tror|rha|gie** *die;* -, ...ien ⟨zu *gr.* rhēgnýnai „reißen, brechen" u. ↑² ...ie⟩: nichtmenstruelle Blutung aus der Gebärmutter (Med.). **Me|tro|to|mie** *die;* -, ...ien ⟨zu ↑ ...tomie⟩: das Aufschneiden der Gebärmutter, Kaiserschnitt (Med.). **Me|trum** *das;* -s, Plur. ...tren u. (älter) ...tra ⟨über *lat.* metrum „Versmaß, Vers" aus *gr.* métron „Maß; Gleichmaß; Vers-, Silbenmaß; Teil des Verses"⟩: 1. Versmaß, metrisches Schema. 2. a) musikalisches Zeitmaß, ↑ Tempo (2 c); b) Taktart (z. B. ¾, ¼).

Met|ta|ge [...ʒə] *die;* -, -n ⟨aus gleichbed. *fr.* mettage zu mettre, vgl. Metteur⟩: Umbruch (Anordnung des Drucksatzes zu Seiten) [in einer Zeitungsdruckerei]

Met|te *die;* -, -n ⟨über *mhd.* met(t)en aus *kirchenlat.* mattina, dies verkürzt aus *lat.* matutina (hora), vgl. Matutin⟩: Nacht- od. Frühgottesdienst; nächtliches Gebet (Teil des ↑ Breviers)

Met|teur [mɛ'tøːɐ̯] *der;* -s, -e ⟨aus *fr.* metteur (en pages) „(Seiten)zurichter" zu mettre „setzen, stellen, zurichten", dies aus *lat.* mittere „schicken"⟩: Schriftsetzer, der den Satz zu Seiten umbricht u. druckfertig macht (Druckw.)

Meu|ble|ment [møblə'mãː] *das;* -s, -s ⟨nach gleichbed. *fr.* ameublement zu meubler „möblieren", vgl. möblieren u. Mobiliar⟩: (veraltet) Zimmer-, Wohnungseinrichtung

Meur|triè|re [mœr'triɛːrə] *die;* -, -n ⟨aus *fr.* meurtrière, eigtl. „Mörderin", zu meurtre „Mord", dies aus dem Germ.⟩: (veraltet) Schießscharte

Me|zair [mɛ'zɛːɐ̯] *die;* -, -s ⟨aus älter *fr.* mezair zu *it.* mezzo (vgl. mezzo...) u. aria „Luft"⟩: erster Teil der ↑ Kurbette. **Mez|za|ma|jo|li|ka** *die;* -, Plur. ...ken u. -s ⟨zu *it.* mezza „mittlere" u. ↑ Majolika⟩: eine Art ↑ Fayence, bei der Bemalung u. Glasur in verschiedenen Arbeitsgängen angebracht werden; Halbmajolika. **Mez|za|ni|ne** *die;* -, -s ⟨über *fr.* mezzanine aus gleichbed. *it.* mezzanino zu mezzo „mitten, mittlerer"⟩: niedriges Zwischengeschoß, meist zwischen Erdgeschoß u. erstem Obergeschoß od. unmittelbar unter dem Dach (bes. in der Baukunst der Renaissance u. des Barocks). **Mez|za|nin|woh|nung** *die;* -, -en: (österr.) Wohnung im Mezzanin. **mez|za vo|ce** [– 'voːtʃə] ⟨*it.*⟩: mit halber Stimme; Abk.: m. v. (Vortragsanweisung; Mus.). **mez|zo..., Mez|zo...** ⟨aus gleichbed. *it.* mezzo, dies aus *lat.* medius „mittlerer"⟩: Wortbildungselement (oft aus dem Gebiet der Musik) mit der Bedeutung „mittlere, halb", z. B. mezzoforte, Mezzosopran. **mez|zo|for|te**: halblaut, mittelstark, mit halber Tonstärke (Vortragsanweisung; Mus.). **Mez|zo|for|te** *das;* -s, Plur. -s u. ...ti: halblautes Spiel (Mus.). **Mez|zo|gior|no** [...'dʒorno] *der;* - ⟨aus gleichbed. *it.* mezzogiorno, eigtl. „Mittag"⟩: der Teil Italiens südlich von Rom, einschließlich Siziliens. **mez|zo|pia|no** ⟨zu ↑ mezzo...⟩: halbleise; Abk.: mp (Vortragsanweisung; Mus.). **Mez|zo|pia|no** *das;* -s, Plur. -s u. ...ni: halbleises Spiel (Mus.). **Mez|zo|so|pran** *der;* -s, -e: a) Stimmlage zwischen Sopran u. Alt; b) svw. Mezzosopranistin. **Mez|zo|so|pra|ni|stin** *die;* -, -nen: Sängerin mit Mezzosopranstimme. **Mez|zo|tin|to** *das;* -[s], Plur. -s u. ...ti ⟨aus gleichbed. *it.* mezzotinto, eigtl. „halb gefärbt"⟩: a) (ohne Plur.) Schabkunst, Technik des Kupferstichs (bes. im 17. Jh.); b) Produkt dieser Technik

mi ⟨*it.*⟩: Silbe, auf die man den Ton e singen kann; vgl. Solmisation

Mia: Kurzform von Milliarde[n]

Mi|ar|gy|rit [auch ...'rɪt] *der;* -s, -e ⟨zu *gr.* meíōn „kleiner", árgyros „Silber" u. ↑² ...it⟩: ein graues bis schwarzes Mineral, Silbererz

Mia|ro|le *die;* -, -n (meist Plur.) ⟨aus *it.* (mdal.) miarolo „Granit mit kleinen Höhlen"⟩: kleiner, unregelmäßiger, drusenartiger Hohlraum in magmatischen Gesteinen. **mia|ro|li|tisch** [auch ...'lɪ...] ⟨vgl. ².*it.*⟩: drusig (d. h. mit kleinen Hohlräumen durchsetzten) Granit betreffend

Mi|as|ma *das;* -s, ...men ⟨aus *gr.* míasma „Besudelung, Verunreinigung"⟩: (nach überholter Anschauung) Krankheiten auslösender Stoff in der Luft od. in der Erde; [aus dem Boden ausdünstender] Gift-, Pesthauch. **mi|as|ma|tisch** ⟨zu *gr.* míasma, Gen. miásmatos, vgl. Miasma⟩: giftig, ansteckend (Med.)

Mich|rab vgl. Mihrab

Mi|co|quien [miko'kjɛ̃:] *das;* -[s] ⟨aus gleichbed. *fr.* micoquien, nach der Fundstätte La Micoque in der Dordogne (Frankreich)⟩: Kulturgruppe der mittleren Altsteinzeit

Mi|cro|burst ['maɪkrəbə:st] *der;* -[s], -s ⟨zu *engl.* micro- (vgl. mikro...) u. burst „Bruch, Ausbruch"⟩: Bez. für einen Fallbö mit geringem Durchmesser. **Mi|cro|fiche** ['mi:krofi:ʃ] vgl. Mikrofiche. **Mi|cro|fi|nish** [...fɪnɪʃ] *das;* -s, -s ⟨zu *engl.* finish „Ende, Schluß"⟩: Arbeitsgang beim ↑ Honen

Mi|das|oh|ren *die* (Plur.) ⟨nach dem griech. Sagenkönig Midas, dem Eselsohren wuchsen, weil er es gewagt hatte, bei einem Sängerwettstreit sich als einziger Richter gegen den Gott Apollo zugunsten von Pan zu entscheiden⟩: Eselsohren

Mid|gard *der;* - ⟨aus gleichbed. *altnord.* miðgarðr, eigtl. „(die Menschen) umgebender Wall", zu mið „mittlere" u. garðr „Wall, Zaun"⟩: von den Menschen bewohnte Welt; die Erde (nord. Mythologie). **Mid|gard|schlan|ge** *die;* -: im Weltmeer lebendes Ungeheuer, das Midgard umschlingt (Sinnbild für das die Erde umgebende Meer)

mi|di ⟨wahrscheinlich Phantasiebildung, gebildet nach *engl.* middle „Mitte", Analogiebildung zu ↑ mini⟩: halblang, wadenlang (auf Kleider, Röcke od. Mäntel bezogen). **¹Mi|di** *das;* -s, -s ⟨zu ↑ midi⟩: a) halblange Kleidung; b) (von Mänteln, Kleidern, Röcken) Länge, die bis zur Mitte der Waden reicht. **²Mi|di** *der;* -s, -s ⟨zu ↑ midi⟩: Rock, der bis zur Mitte der Waden reicht

³Mi|di *der;* - ⟨aus gleichbed. *fr.* midi zu *lat.* „halb, mittlerer" (heute nur noch in Zusammensetzungen) u. *altfr.* di „Tag", dies aus gleichbed. *lat.* dies⟩: (veraltet) Süden; Mittag

Mi|di... ⟨zu ↑ midi⟩: Wortbildungselement mit der Bedeutung „mittellang, mittelgroß", z. B. Midimode. **Mi|di|mo|de** *die;* - ⟨zu ↑¹ Mode⟩: Mode, mit der nach der Minimode der Trend zur längeren Mode zögernd einsetzte

Mi|di|nette [...'nɛt] *die;* -, -n [...tn̩] ⟨aus gleichbed. *fr.* midinette, wohl eigtl. „Mädchen, das erst am Mittag (*fr.* midi) frühstückt" (weil es sehr lange ausgewesen ist)⟩: 1. Pariser Modistin, Näherin. 2. leichtlebiges Mädchen

Mid|life-cri|sis ['mɪdlaɪf 'kraɪsɪs] *die;* - ⟨aus gleichbed. *engl.* midlife crisis⟩: Phase in der Lebensmitte [des Mannes], in der der Betroffene sein bisheriges Leben kritisch überdenkt, gefühlsmäßig in Zweifel zieht; Krise des Übergangs vom verbrachten zum verbleibenden Leben

Mi|drasch *der;* -, ...schim ⟨aus *hebr.* midraš „(Er)forschung" zu dāraš „suchen, nach etw. forschen"⟩: 1. Auslegung des Alten Testaments nach den Regeln der jüd. Schriftgelehrten. 2. Sammlung von Auslegungen der Hl. Schrift

Mid|ship|man [...ʃɪpmən] *der;* -s, ...men ⟨aus gleichbed. *engl.* midshipman, nach der früher mittschiffs gelegenen Unterkunft⟩: a) in der brit. Marine unterster Rang eines Seeoffiziers; b) in der amerik. Marine Seeoffiziersanwärter

Mies *das;* -, - ⟨aus gleichbed. *amerik.* mdal. mies⟩: schlechtes Wurfergebnis beim Bowling

Mig|ma|tit [auch ...'tɪt] *der;* -s, -e ⟨zu *gr.* meĩgma, mĩgma, Gen. mígmatos „Mischung" u. ↑²...it⟩: zwischen Magma u. ↑ metamorphen Gesteinen stehendes Gestein (Geol.)

mi|gnard [mɪn'jaːr] ⟨*fr.;* mit Suffixwechsel aus mignon gebildet; vgl. Mignon⟩: (veraltet) zierlich, zart. **mi|gnar|die|ren** [mɪnjar'diː...] ⟨aus gleichbed. *fr.* mignarder⟩: (veraltet) verzärteln. **Mi|gnar|dise** [...'diːzə] *die;* -, -n [...zn̩] ⟨aus *fr.* mignardise „Feinheit; Besatz (an Kleidern)"⟩: (veraltet) Verzierung; schmales Börtchen (bes. aus Leinen od. Baumwolle) mit seitlich vorstehenden Fadenschlingen zum Anhäkeln von Spitzen. **Mi|gnon** [mɪn'jõː] *der;* -s, -s ⟨aus gleichbed. *fr.* mignon zu *altfr.* mignot „zierlich"⟩: (veraltet) 1. Liebling, Günstling. 2. svw. Kolonel. **Mi|gnonette** [mɪnjo'nɛt] *die;* -, -s ⟨aus gleichbed. *fr.* mignonnette, eigtl. Verkleinerungsform von mignon; vgl. Mignon⟩: 1. kleingemusterter Kattun. 2. schmale, feine Spitze aus Zwirn. **Mi|gnon|fas|sung** [mɪn'jõː...] *die;* -, -en ⟨zu ↑ Mignon⟩: Fassung für kleine Glühlampen. **Mi|gnonne** [mɪn'jɔn] *die;* -, -s ⟨aus gleichbed. *fr.* mignonne, Fem. von mignon, vgl. Mignon⟩: (veraltet) Liebling

Mi|grä|ne *die;* -, -n ⟨aus gleichbed. *fr.* migraine, dies über *lat.* hemicrania aus *gr.* hēmikranía „halbseitiger Kopfschmerz" zu hēmi- „halb" u. kraníon „Schädel"⟩: anfallsweise auftretender, meist einseitiger, u. a. mit Sehstörungen u. Erbrechen verbundener, heftiger Kopfschmerz

Mi|grant *der;* -en, -en ⟨zu *lat.* migrans, Gen. migrantis, Part. Präs. von migrare, vgl. migrieren⟩: 1. ab- od. eingewandertes Tier (Zool.). 2. jmd., der eine Migration (2) durchführt (Soziol.). **Mi|gran|ten|li|te|ra|tur** *die;* -: Bez. für literarische Werke, die von in Deutschland lebenden (häufig ausländischen) Autoren teils in deutscher Sprache, teils in der jeweiligen Muttersprache verfaßt u. ins Deutsche übersetzt veröffentlicht wurden. **Mi|gra|ti|on** *die;* -, -en ⟨aus *lat.* migratio „(Aus)wanderung" zu migrare, vgl. migrieren⟩: 1. a) dauerhafte Abwanderung od. dauerhafte Einwanderung einzelner Tiere od. einer Population in eine andere Population der gleichen Art (Zool.); b) Wirtschaftswechsel bei verschiedenen niederen Tieren, die von einer Pflanzenart auf eine andere überwandern (Zool.). 2. Wanderung, Bewegung von Individuen od. Gruppen im geographischen od. sozialen Raum, die mit einem Wechsel des Wohnsitzes verbunden ist (Soziol.). 3. das Wandern von Erdöl u. Erdgas vom Mutter- zum Speichergestein. **Mi|gra|ti|ons|theorie** *die;* -, ...ien: 1. Theorie der Wanderung von Kulturerscheinungen u. ganzen Kulturen zwischen den Völkern (nach F. Ratzel, 1844–1904). 2. biologische Theorie, die die Entstehung neuer Arten durch Auswanderung u. Verschleppung in neue Lebensräume erklären will (nach M. Wagner, 1868). **mi|gra|to|risch** ⟨aus gleichbed. *nlat.* migratorius zu *lat.* migratus, Part. Perf. von migrare, vgl. migrieren⟩: wandernd, durch Wanderung übertragen. **mi|grie|ren** ⟨aus *lat.* migrare „(aus)wandern"⟩: wandern (z. B. von tierischen ↑ Parasiten)

Mih|rab [mɪˈxraːp] *der;* -[s], -s ⟨aus gleichbed. *arab.* miḥrāb⟩: die nach Mekka weisende Gebetsnische in der Moschee

Mijn|heer [məˈneːɐ̯] *der;* -s, -s ⟨aus *niederl.* mijnheer „mein Herr"⟩: a) niederl. Bez. für Herr; b) (scherzh.) Niederländer

mi|jo|tie|ren [miʒo...] ⟨aus gleichbed. *fr.* mijoter⟩: bei mäßigem Feuer langsam kochen, schmoren (Gastr.)

Mi|ka *die,* auch *der;* - ⟨aus *lat.* mica „Körnchen"⟩: Glimmer

¹Mi|ka|do *der;* -s, -s ⟨aus *jap.* mi-kado (frühere Bez. für den japan. Kaiser), eigtl. „erhabenes Tor", Bed. 2 wegen des höchsten Werts dieses Stäbchens⟩: 1. frühere Bez. für den Kaiser von Japan; vgl. Tenno. 2. das Hauptstäbchen im Mikadospiel. **²Mi|ka|do** *das;* -s, -s ⟨das Spiel ist nach dem Stäbchen mit dem höchsten Zahlenwert benannt, vgl. ¹Mikado (2)⟩: Geschicklichkeitsspiel mit dünnen, langen Holzstäbchen

Mi|ka|nit [auch ...'nɪt] *das;* -[e]s ⟨Kunstw.; vgl. Mika u. ²...it⟩: zerkleinerter u. mit Bindemitteln (z. B. mit Lacken, Polyesterharzen) verpreßter Glimmer als Isolierstoff für elektrische Maschinen

mikr..., Mikr... vgl. mikro..., Mikro... **Mi|krat** *das;* -[e]s, -e ⟨Kunstw.⟩: sehr stark verkleinerte Wiedergabe eines Schriftstücks (etwa im Verhältnis 1:200). **Mi|kren|ze|pha|lie** *die;* -, ...ien ⟨zu ↑mikro..., *gr.* egképhalos „Gehirn" u. ↑²...ie⟩: abnorm geringe Größe des Gehirns (Med.). **¹Mi|kro** *das;* -s, -s: kurz für ↑ Mikrophon. **²Mi|kro** *die;* - ⟨zu *gr.* mikrós „klein"⟩: genormter kleinster Schriftgrad für Schreibmaschinen. **mi|kro..., ¹Mi|kro...,** vor Vokalen meist mikr..., Mikr... ⟨aus *gr.* mikrós „klein, kurz, gering"⟩: Wortbildungselement mit der Bedeutung „klein, gering, fein", z. B. Mikroskop, Mikrenzephalie. **²Mi|kro...** ⟨zu ↑mikro...⟩: Vorsatz vor Maßeinheiten mit der Bedeutung „ein Millionstel (der 10⁶te Teil)" der genannten Maßeinheit; Zeichen μ (z. B. Mikrofarad; Zeichen μF). **Mi|kro|ana|ly|sa|tor** *der;* -s, -en ⟨zu ↑ mikro...⟩: Gerät zur ↑ röntgenspektroskopischen Untersuchung der chem. Zusammensetzung kleinster Oberflächenbereiche (1–2 μm²). **Mi|kro|ana|ly|se** [auch 'mɪ...] *die;* -, -n: feinste Untersuchung mit kleinsten Stoffmengen; Ggs. ↑ Makroanalyse. **Mi|kro|auf|nah|me** *die;* -, -n: svw. Mikrofotografie. **Mi|kro|ba|ro|graph** *der;* -en, -en: sehr empfindlicher ↑ Barograph zur Messung u. Aufzeichnung kleinster Luftdruckschwankungen. **Mi|kro|be** *die;* -, -n (meist Plur.) ⟨aus gleichbed. *fr.* microbe zu *gr.* mikrós „klein" u. bíos „Leben"⟩: svw. Mikroorganismus. **Mi|kro|be|fehl** *der;* -[e]s, -e ⟨zu ↑ mikro...⟩: Steuerinformation für die Ausführung von Elementaroperationen (EDV). **mi|kro|bi|ell** ⟨zu ↑ Mikrobe u. ↑...ell⟩: a) Mikroorganismen betreffend; b) durch Mikroorganismen hervorgerufen od. erzeugt. **Mi|kro|bio|lo|ge** *der;* -n, -n ⟨zu ↑ mikro...⟩: Wissenschaftler auf dem Gebiet der Mikrobiologie. **Mi|kro|bio|lo|gie** *die;* -: Wissenschaftszweig, der mikroskopisch kleine Lebewesen erforscht. **Mi|kro|bi|on** *das;* -s, ...ien [...jən] (meist Plur.) ⟨zu *gr.* bioūn „leben"⟩: svw. Mikroorganismus. **mi|kro|bi|zid** ⟨zu ↑ Mikrobe u. ↑...zid⟩: Mikroorganismen abtötend; entkeimend. **Mi|kro|bi|zid** *das;* -[e]s, -e: Mittel zur Abtötung von Mikroorganismen.

Mikrominiaturisierung

Mi|kro|blạst *der;* -en, -en (meist Plur.) ⟨zu ↑mikro... u. *gr.* blastós „Keim, Sproß"⟩: svw. Mikrozyt. **Mi|kro|chei|lie** *die;* -, ...ien ⟨zu *gr.* cheílos „Lippe" u. ↑²...ie⟩: abnorm geringe Größe der Lippen. **Mi|kro|che|mie** *die;* -: Zweig der Chemie, der mit mikroanalytischen Methoden arbeitet; vgl. Mikroanalyse. **Mi|kro|chip** [...tʃɪp] *der;* -s, -s: svw. Chip (3). **Mi|kro|chir|ur|gie** *die;* -: Spezialgebiet der Chirurgie, das sich mit Operationen (z. B. Augenoperationen) unter dem Mikroskop befaßt. **Mi|kro|com|pu|ter** [...kɔmpjuːtɐ] *der;* -s, -: mit den Möglichkeiten der Mikroelektronik ausgeführter Computer ohne eigene Bedienungselemente, dessen zentraler Bestandteil ein Mikroprozessor ist. **Mi|kro|dak|ty|lie** *die;* - ⟨zu *gr.* dáktylos „Finger; Zehe" u. ↑²...ie⟩: Mißbildung in Form abnorm kleiner Finger od. Zehen. **Mi|kro|dis|ket|te** *die;* -, -n: ↑Diskette mit einem Plattendurchmesser von 3½ Zoll, in einer festen Kunststoffhülle. **mi|kro|dis|pers**: Farbstoffe mit einer Pigmentgröße unter 1 μm betreffend. **Mi|kro|do|ku|men|ta|ti|on** *die;* -, -en: Verfahren zur raumsparenden Archivierung von Schrift- od. Bilddokumenten durch ihre fotografische Reproduktion in stark verkleinertem Maßstab; vgl. Mikrofiche, Mikrofilm, Mikrofotografie, Mikrokarte. **Mi|kro|elek|tro|nik** *die;* -: moderner Zweig der ↑Elektronik, der den Entwurf u. die Herstellung von integrierten elektronischen Schaltungen mit hoher Dichte der sehr kleinen Bauelemente zum Gegenstand hat. **Mi|kro|evo|lu|ti|on** [auch 'miː...] *die;* -, -en: Evolution, die kurzzeitig u. in kleinen Schritten vor sich geht (Biol.); Ggs. ↑Makroevolution; vgl. Mikromutation. **Mi|kro|fa|rad** *das;* -[s], - ⟨zu ↑²Mikro...⟩: ein millionstel (der 10⁶te) Teil eines ↑Farad; Zeichen μF (Phys.). **Mi|kro|fau|na** [auch 'miː...] *die;* -, ...nen ⟨zu ↑mikro...⟩: Bez. für Kleinstlebewesen (unter 0,2 mm große Tiere des Bodens, z. B. Einzeller u. kleine Fadenwürmer) (Biol.); Ggs. ↑Makrofauna. **Mi|kro|fiche** [...fiːʃ] *das* od. *der;* -s, -s ⟨aus gleichbed. *fr.* microfiche zu fiche „Karteikarte"⟩: Mikrofilm mit reihenweise angeordneten Mikrokopien. **Mi|kro|film** *der;* -[e]s, -e ⟨zu ↑mikro...⟩: Film mit Mikrokopien. **Mi|kro|flop|py** *die;* -, ...pies [...pɪz]: svw. Mikrodiskette. **Mi|kro|fon** vgl. Mikrophon. **Mi|kro|fo|to|gra|fie** *die;* -, -n [...iːən]: 1. (ohne Plur.) fotografisches Aufnehmen mit Hilfe eines Mikroskops. 2. fotografisch aufgenommenes Bild eines kleinen Objekts mit Hilfe eines Mikroskops. **Mi|kro|fo|to|ko|pie** *die;* -, -n [...iən]: svw. Mikrokopie. **Mi|kro|ga|met** [auch 'miː...] *der;* -en, -en: kleinere, bewegliche männliche Form der ↑Gametozyten der Malariaerreger (Biol.); Ggs. ↑Makrogamet. **Mi|kro|ge|nie** *die;* -, ...ien ⟨zu *gr.* géneion „Kinn" u. ↑²...ie⟩: abnorm geringe Größe des Unterkiefers (Med.). **Mi|kro|glos|sie** *die;* -, ...ien ⟨zu *gr.* glõssa „Zunge" u. ↑²...ie⟩: abnorme Kleinheit der Zunge (Med.). **Mi|kro|gramm** *das;* -s, -e (aber: 5 -) ⟨zu ↑²Mikro... u. ↑Gramm⟩: ein millionstel (der 10⁶te) Teil eines Gramms; Zeichen μg. **Mi|kro|gra|phie** *die;* - ⟨zu ↑mikro... u. ↑...graphie⟩: Auftreten von abnorm kleinen Schriftzügen (bei bestimmten Gehirnerkrankungen; Med.). **Mi|kro|gy|rie** *die;* -, ...ien ⟨zu *gr.* gỹros „Kreis" u. ↑²...ie⟩: bei angeborener Idiotie vorliegende abnorme Kleinheit (u. irreguläre Anordnung) der Hirnwindungen (Med.). **Mi|kro|kar|te** *die;* -, -n: Karte aus Fotopapier, auf der Mikrokopien reihenweise angeordnet sind. Mikrofiche. **mi|kro|ke|phal** usw. vgl. mikrozephal usw. **Mi|kro|kli|ma** *das;* -s, Plur. -s u. (fachspr.) ...mate (Plur. selten): 1. svw. Mesoklima. 2. Klima der bodennahen Luftschicht. **Mi|kro|kli|ma|to|lo|gie** *die;* -: Wissenschaft des Mikroklimas. **Mi|kro|klin** *der;* -s, -e ⟨zu *gr.* klínein „neigen"⟩: ein dem ↑Orthoklas ähnliches Feldspatmineral. **Mi|kro|klin|per|tit** [auch ...'tɪt] *der;* -s, -e ⟨nach dem Ort Perth in Ontario (Kanada) u. zu ↑²...it⟩: ein Mikroklin mit Einschüssen von ↑Albit. **Mi|kro|kọk|ke** *die;* -, -n u. **Mi|kro|kọk|kus** *der;* -, ...kken (meist Plur.): kugelförmige, vorwiegend ↑grampositive Bakterie (paarweise, in Trauben od. in Ketten angeordnet). **Mi|kro|ko|pie** *die;* -, ...ien: stark verkleinerte, nur mit Lupe o. ä. lesbare fotografische Reproduktion von Schrift- od. Bilddokumenten. **mi|kro|ko|pie|ren**: eine Mikrokopie anfertigen. **Mi|kro|ko|rie** *die;* -, ...ien ⟨zu *gr.* kórē „Pupille" u. ↑²...ie⟩: abnorme Kleinheit der Pupille (angeborene Mißbildung; Med.). **mi|kro|kọs|misch** [auch 'miːkro...]: zum Mikrokosmos gehörend; Ggs. ↑makrokosmisch. **Mi|kro|kọs|mos** u. **Mi|kro|kọs|mus** [auch 'miːkro...] *der;* - ⟨über *spätlat.* microcosmus aus *gr.* mikrókosmos „die Welt im kleinen"; vgl. Kosmos⟩: 1. die Welt der Kleinlebewesen (Biol.). 2. die kleine Welt des Menschen als verkleinertes Abbild des Universums; Ggs. ↑Makrokosmos. **mi|kro|kri|stal|lin**: feinkristallin, aus sehr kleinen Kristallen zusammengesetzt (von Gesteinen). **Mi|kro|kul|tur** *die;* -, -en: Haltung u. Züchtung von Mikroorganismen in Kulturgefäßen, die eine kontinuierliche Beobachtung erlauben. **Mi|kro|lin|gui|stik** [auch 'miːkro...] *die;* -: Teil der ↑Makrolinguistik, der sich mit der Beschreibung des Sprachsystems selbst befaßt; vgl. Makrolinguistik, Metalinguistik. **Mi|kro|lith** [auch ...'lɪt] *der;* Gen. -s u. -en, Plur. -e[n] ⟨zu ↑...lith⟩: 1. mit dem bloßen Auge nicht erkennbarer, winziger Kristall. 2. Feuersteingerät der Jungsteinzeit. **Mi|kro|log** *das;* -s, -e: Sonde für Bohrlochmessungen, bei denen durch Widerstandsmessungen im Abstand weniger Zentimeter von der Bohrlochwand die Porosität u. Feinstrukturiertheit des Gesteins ermittelt werden kann (Geol.). **Mi|kro|lo|ge** *der;* -n, -n ⟨aus *gr.* mikrológos, eigtl. „der sich aus Kleinigkeiten etwas macht"⟩: (veraltet) Kleinigkeitskrämer. **Mi|kro|lo|gie** *die;* - ⟨aus gleichbed. *gr.* mikrología⟩: (veraltet) Kleinigkeitskrämerei. **mi|kro|lo|gisch** ⟨aus *gr.* mikrológos „Kleinigkeiten sammelnd"⟩: (veraltet) kleinlich denkend. **Mi|kro|ma|nie** *die;* - ⟨zu ↑mikro... u. ↑...manie⟩: übertriebenes Minderwertigkeitsgefühl (Med.). **Mi|kro|ma|ni|pu|la|tor** *der;* -s, ...oren: Gerät zur Ausführung von Feinstbewegungen [bei Operationen]. **Mi|kro|me|lie** *die;* -, ...ien ⟨zu *gr.* mikromelḗs „kleingliedrig" u. ↑²...ie⟩: abnorm geringe Größe der Gliedmaßen (Med.); Ggs. ↑Makromelie. **Mi|kro|me|ren** *die* (Plur.) ⟨zu *gr.* mikromerḗs „aus kleinen Teilen bestehend"⟩: kleine Furchungszellen (ohne Dotter) bei tierischen Embryonen; Ggs. ↑Makromeren. **Mi|kro|me|teo|rit** *der;* Gen. -s u. -en, Plur. -e[n] ⟨zu ↑mikro...⟩: sehr kleiner ↑Meteorit (¹/₁₀₀₀ mm Durchmesser). **Mi|kro|me|teo|ri|ten|sen|sor** *der;* -s, -en: elektron. Meßgerät in Forschungssatelliten zur Ermittlung der Meteoritenhäufigkeit im Weltraum. **Mi|kro|me|teo|ro|lo|gie** *die;* -: Teilbereich der Meteorologie, der die physik. Prozesse untersucht, die sich in der bodennahen Luftschicht abspielen u. in denen die Wechselwirkungen mit der Erdoberfläche deutlich hervortreten. **¹Mi|kro|me|ter** *das;* -s, - ⟨zu ↑mikro... u. ↑¹...meter⟩: ein Feinmeßgerät zur Messung kleiner Längen, z. B. Mikrometerschraube. **²Mi|kro|me|ter** [auch 'miːkro...] *der,* schweiz. nur so, auch *das;* -s, - ⟨zu ↑²Mikro... u. ↑Meter⟩: ein millionstel (der 10⁶te) Teil eines ↑Meters; Zeichen μm. **Mi|kro|me|tho|de** *die;* -, -n ⟨zu ↑mikro...⟩: laborchem. Untersuchungsmethode, bei der sehr kleine Stoffmengen benutzt werden, z. B. bei der Titration. **mi|kro|me|trisch** ⟨zu ↑...metrisch⟩: das ¹Mikrometer betreffend. **Mi|kro|mi|nia|tu|ri|sie|rung** *die;* -, -en: Verkleinerung, ↑Miniaturisierung der Strukturelemente von ↑monolithischen integrierten

Mikromodultechnik

Schaltungen. **Mi|kro|mo|dul|tech|nik** *die;* -: svw. Miniaturelektronik. **Mi|kro|mu|ta|ti|on** [auch 'mi:kro...] *die;* -, -en: ↑ Mutation, die nur ein ↑ Gen betrifft; Kleinmutation. **Mikro|mye|lie** *die;* -, ...ien ⟨zu *gr.* myelós „Mark" u. ↑²...ie⟩: ↑ Hypoplasie des Rückenmarks (angeborene Mißbildung; Med.). **Mi|kron** *das;* -s, - ⟨nach *gr.* mikrón „das Kleine"⟩: (veraltet) ²Mikrometer; Kurzform My; Zeichen μ. **Mi|kronu|kle|us** [...eʊs] *der;* -, ...klei [...ei] ⟨zu ↑ mikro...⟩: 1. Klein- od. Geschlechtskern der Wimpertierchen (regelt die geschlechtliche Fortpflanzung; Biol.). 2. Bez. für kleine, neben dem Zellkern liegende Kernfragmente, die durch Chromosomenbrüche entstanden sind (Genetik). **Mi|kroöko|no|mie** [auch 'mi:kro...] *die;* -: wirtschaftstheoretisches Konzept, das die einzelnen wirtschaftlichen Erscheinungen untersucht (Wirtsch.); Ggs. ↑ Makroökonomie. **mi|kro|öko|no|misch** [auch 'mi:kro...]: die Mikroökonomie betreffend; Ggs. ↑ makroökonomisch. **Mi|kro|ope|rati|on** *die;* -, -en: Ausführung von kleinsten Befehlen (Mikrobefehlen) eines Computers als Teil eines Mikroprogramms (EDV). **Mi|kro|or|ga|nis|mus** *der;* -, ...men (meist Plur.): pflanzlicher u. tierischer Organismus des mikroskopisch sichtbaren Bereiches (Biol.). **Mi|kro|pa|läo|bo|ta|nik** *die;* -: Zweig der ↑ Paläontologie, der mikroskopisch kleine pflanzliche ↑ Fossilien (z. B. Pollen) untersucht. **Mi|kro|palä|on|to|lo|gie** *die;* -: Zweig der ↑ Paläontologie, der mikroskopisch kleine pflanzliche u. tierische ↑ Fossilien untersucht. **Mi|kro|pha|ge** *der;* -n, -n ⟨zu ↑ ...phage⟩: 1. svw. Mikrozyt. 2. Tier, das nur kleinste Nahrungspartikel zu sich nimmt, z. B. Strudler, Filtrierer (Zool.). 3. Freßzelle, die im Unterschied zum ↑ Makrophagen nur kleine Fremdkörper aufnimmt. **Mi|kro|pha|kie** *die;* -, ...ien ⟨zu *gr.* phakós „Linse" u. ↑²...ie⟩: angeborene Kleinheit der Augenlinse (Med.). **Mi|kro|phon** *das;* -s, -e ⟨aus *engl.* microphone (urspr. Bez. für Lautsprecher); vgl. ...phon⟩: Gerät, durch das Akustisches auf ein Tonband, eine Kassette od. über einen Lautsprecher übertragen werden kann. **mi|kro|pho|nisch** ⟨zu ↑ Mikrophon⟩: 1. schwach-, feinstimmig. 2. zum Mikrophon gehörend, das Mikrophon betreffend. **Mi|kro|pho|to|gra|phie** vgl. Mikrofotografie. **Mi|kroph|thal|mie** *die;* -, ...ien ⟨zu ↑ Mikrophthalmus u. ↑²...ie⟩: svw. Mikrophthalmus. **Mi|kroph|thal|mus** *der;* -, ...mi ⟨aus *nlat.* microphthalmus zu ↑ mikro... u. *gr.* ophthalmós „Auge"⟩: angeborene krankhafte Kleinheit des Auges (Med.). **Mi|kro|phyll** *das;* -s, -en ⟨zu *gr.* mikróphyllos „kleinblättrig"⟩: kleines, ungegliedertes Blättchen (Bot.). **Mi|kro|phy|sik** [auch 'mi:kro...] *die;* - ⟨zu ↑ mikro...⟩: Physik der Moleküle u. Atome; Ggs. ↑ Makrophysik. **mi|kro|phy|si|ka|lisch** [auch 'mi:kro...]: die Mikrophysik betreffend; -es System: physik. System von atomarer od. ↑ subatomarer Größe. **Mi|kro|phyt** *der;* -en, -en (meist Plur.) ⟨zu ↑...phyt⟩: pflanzlicher Mikroorganismus (z. B. Pilze, Algen, Bakterien; Biol., Med.); Ggs. ↑ Makrophyt. **Mi|kro|po|ly|pho|nie** *die;* - ⟨von dem Komponisten G. Ligeti (*1923) geprägter Begriff⟩: das Erzeugen von sehr feinen ↑ polyphonen (2) Klangfeldern (in einem Zwischenbereich zwischen Klang u. Geräusch; Mus.). **Mi|kro|prä|parat** *das;* -[e]s, -e: zur mikroskopischen Untersuchung angefertigtes botanisches od. zoologisches Präparat (Bot., Zool.). **Mi|kro|pro|gramm** *die;* -s, -e: Folge von Mikrobefehlen, Programm (4), das den Ablauf der Elementaroperationen steuert, aus denen die Befehle eines Computers zusammengesetzt sind (EDV). **Mi|kro|pro|gram|mie|rung** *die;* -, -en: spezielle Form der Ablaufsteuerung in einem Computer, bei dem Maschinenbefehle als Folge von Mikrobefehlen dargestellt werden (EDV). **Mi|kro|pro|zessor** *der;* -s, -en: ↑ standardisierter Baustein eines Mikrocomputers, der Rechen- u. Steuerfunktion in sich vereint (Techn.). **Mi|kro|psie** *die;* -, ...ien ⟨zu *gr.* ópsis „das Sehen" u. ↑²...ie⟩: Sehstörung, bei der die Gegenstände kleiner wahrgenommen werden, als sie sind (Med.); Ggs. ↑ Makropsie. **Mi|kro|py|le** *die;* -, -n ⟨zu *gr.* pýlē „Tür, Tor"⟩: 1. kleiner Kanal der Samenanlage, durch den der Pollenschlauch zur Befruchtung eindringt (Bot.). 2. kleine Öffnung in der Eihülle, durch die bei der Befruchtung der Samenfaden eindringt u./od. die der Eiernährung dient. **Mi|kro|ra|dio|gra|phie** [auch 'mi:kro...] *die;* -, ...ien: mit ultraweichen Strahlen durchgeführte Röntgenaufnahme mikroskopischer Gewebeschnitte bzw. Präparate. **Mi|kro|radio|me|ter** [auch 'mi:kro...] *das;* -s, -: Meßgerät für kleinste Strahlungsmengen. **Mi|kror|chie** *die;* -, ...ien ⟨zu *gr.* órchis „Hoden" u. ↑²...ie⟩: abnorme Kleinheit des Hodens (Entwicklungsstörung, die einen od. auch beide Hoden betreffen kann; Med.). **Mi|kro|rech|ner** *der;* -s, -: auf der Basis von Mikroprozessoren aufgebauter Digitalrechner (Elektronik). **Mi|kro|re|pro|duk|ti|on** *die;* -, -en: fotografische Wiedergabe in starker Verkleinerung. **Mi|kro|seis|mik** [auch 'mi:kro...] *die;* -: Wissenschaft, Lehre von den nur mit Instrumenten wahrnehmbaren kleinsten Schwingungen der Erdkruste, z. B. den Erschütterungen durch die Brandung. **mi|kro|seis|misch** [auch 'mi:kro...]: nur mit Instrumenten wahrnehmbar (von Erdbeben). **Mi|kro|skop** *das;* -s, -e ⟨aus gleichbed. *nlat.* microscopium; vgl. ...skop⟩: optisches Vergrößerungsgerät; Gerät, mit dem man sehr kleine Objekte vergrößert sehen kann. **Mi|kro|sko|pie** *die;* - ⟨zu ↑ mikro... u. ↑ ...skopie⟩: Verwendung des Mikroskops zu wissenschaftlichen Untersuchungen. **mi|kro|skopie|ren** ⟨zu ↑...ieren⟩: mit dem Mikroskop arbeiten. **mikro|sko|pisch**: 1. nur durch das Mikroskop erkennbar. 2. verschwindend klein, winzig. 3. die Mikroskopie betreffend, mit Hilfe des Mikroskops. **Mi|kros|mat** *der;* -en, -en ⟨zu ↑ mikro..., *gr.* osmḗ „Geruch" u. ↑...at (1)⟩: schlecht witterndes Säugetier; Ggs. ↑ Makrosmat. **Mi|kro|so|men** ⟨zu *gr.* sōma „Leib, Körper"⟩: kleinste lichtbrechende Körnchen im Zellplasma (↑ Ribosomen u. ↑ Lysosomen; Biol.). **Mi|kro|so|mie** *die;* - ⟨zu ↑²...ie⟩: Zwergwuchs (Med.); Ggs. ↑ Makrosomie. **Mi|kro|so|zio|lo|gie** [auch 'mi:kro...] *die;* -: Teilbereich der ↑ Soziologie, der kleinste ↑ soziologische Gebilde unabhängig von gesamtgesellschaftlichen Zusammenhängen untersucht, analysiert; Ggs. ↑ Makrosoziologie. **Mi|kro|sper|mie** *die;* -, ...ien ⟨zu ↑ Sperma u. ↑²...ie⟩: Vorkommen abnorm kleiner Samenfäden in der Samenflüssigkeit (Med., Zool.). **Mi|kro|spermi|um** *das;* -s, ...ien [...iən]: abnorm kleiner Samenfaden (Med., Zool.). **Mi|kro|splanch|nie** *die;* -, ...ien ⟨zu *gr.* splágchnon „Eingeweide" u. ↑²...ie⟩: angeborene Kleinheit der Eingeweide (Med.). **Mi|kro|spo|re** [auch 'mi:kro...] *die;* -, -n (meist Plur.): a) kleine männliche Spore einiger Farnpflanzen; b) Pollenkorn der Blütenpflanzen. **Mi|kro|spo|rie** *die;* -, ...ien ⟨zu ↑²...ie⟩: Kopfhautflechte (Med.). **Mi|kro|sto|mie** *die;* -, ...ien ⟨zu *gr.* stóma „Mund" u. ↑²...ie⟩: angeborene Kleinheit des Mundes (Med.). **Mikro|strip** *der;* -s, -s: Streifen von Einzelbildern eines zerschnittenen Mikrofilms (Dokumentation). **Mi|kro|struktur** *die;* -, -en: a) Feinstruktur; b) mikroskopisch feine, nur mit optischen Hilfsmitteln erkennbare Struktur. **Mi|kro|tasi|me|ter** [auch 'mi:kro...] *das;* -s, - ⟨zu *gr.* tásis „Spannung" u. ↑¹...meter⟩: Gerät zur Registrierung von Längen- u. Druckänderungen u. der damit bewirkten Änderung des elektrischen Widerstandes (Elektrot., Phys.). **Mikro|tech|nik** *die;* -: die angewandte Technik bei mikroskopischen Untersuchungen, Herstellung mikroskopischer Präparate, Mikroskopie. **Mi|kro|thek** *die;* -, -en ⟨zu ↑...thek⟩: 1. karteimäßige Text- u. Bildsammlung auf Mikrofilmen. 2. Behälter für eine solche Sammlung. **Mi|krotheo|rie** *die;* -, -n: Teilbereich der wirtschaftswissenschaftlichen Theorie, dessen Erkenntnisobjekt die Einzelgebiete der Volkswirtschaft od. einzelne Wirtschaftseinheiten sind; Ggs. ↑ Makrotheorie. **Mi|kro|tie** *die;* -, ...ien ⟨zu ↑ mikro..., *gr.* oũs, Gen. ōtós „Ohr" u. ↑²...ie⟩: abnorme Kleinheit der Ohrmuschel (Med.); Ggs. ↑ Makrotie. **Mi|kro|tom** *der od. das;* -s, -e ⟨zu *gr.* tomē „das Schneiden, Schnitt"⟩: Gerät zur Herstellung feinster Schnitte für mikroskopische Untersuchungen. **Mi|kro|ton** *der;* -[e]s, ...töne: ↑ Intervall (2), das kleiner als ein Halbton ist. **Mi|kro|top|onym** *das;* -s, -e ⟨zu *gr.* tópos „Ort, Gegend" u. ónyma „Name"⟩: Flurname. **Mi|kro|top|ony|mie** *die;* - ⟨zu ↑²...ie⟩: die Gesamtheit der Flurnamen [eines bestimmten Gebietes]. **Mi|kro|tron** *das;* -s, Plur. -s od. ...one ⟨zu ↑ mikro... u. ↑...tron⟩: Kreisbeschleuniger für ↑ ¹Elektronen. **Mi|kro|tu|bu|li** *die* (Plur.) ⟨zu *lat.* tubuli, Plur. von tubulus „kleine Röhre", Verkleinerungsform von tubus „Röhre; Rohr"⟩: nur elektronenmikroskopisch sichtbare, röhrenförmige Plasmastrukturen in fast allen Zellen mit echtem Zellkern (Biol.). **Mi|kro|ver|meh|rung** *die;* -: Verfahren der Pflanzenvermehrung aus Sproßspitzen od. Bildungsgewebe (Bot.). **Mi|kro|vil|lus** [...v...] *der;* -, ...li (meist Plur.): kleiner, der ↑ Resorption dienender Zytoplasmafortsatz an der Oberfläche von Zellen (Biol.). **Mi|kro|wel|le** *die;* -, -n: 1. (meist Plur.) elektromagnetische Welle mit einer Länge zwischen 10 cm u. 1 mm, die bes. in der Radartechnik, zur Wärmeerzeugung u. a. eingesetzt wird (Elektrot.). 2. (ohne Plur.) Bestrahlung mit Mikrowellen. 3. Kurzform von ↑ Mikrowellenherd. **Mi|kro|wel|len|herd** *der;* -[e]s, -e: Gerät bes. zum Auftauen u. Erwärmen von Speisen in wenigen Minuten mit Hilfe von Mikrowellen (1). **Mi|kro|wel|len|tech|nik** *die;* -: Teilgebiet der Physik, das sich mit der Erzeugung, Verstärkung, Weiterleitung u. Anwendung von Mikrowellen befaßt. **Mi|kro|zen|sus** *der;* -, - [...zu:s]: statistische Repräsentativerhebung der Bevölkerung u. des Erwerbslebens. **mi|kro|ze|phal** ⟨aus gleichbed. *gr.* mikroképhalos⟩: kleinköpfig (Med.); Ggs. ↑ makrozephal. **Mi|kro|ze|pha|le** *der* u. *die;* -n, -n: jmd., der einen abnorm kleinen Kopf hat; Kleinköpfige[r] (Med.); Ggs. ↑ Makrozephale. **Mi|kro|ze|pha|lie** *die;* -, ...ien ⟨zu ↑²...ie⟩: abnorme Kleinheit des Kopfes (Abflachung des Hinterschädels u. fliehende Stirn; Med.); Ggs. ↑ Makrozephalie. **Mi|kro|zir|ku|la|ti|on** *die;* -, -en ⟨zu ↑ mikro...⟩: Blutkreislauf in den ↑ Kapillaren (Med.). **Mi|kro|zyt** *der;* -en, -en (meist Plur.) ⟨zu ↑...zyt⟩: abnorm kleines rotes Blutkörperchen (z. B. bei ↑ Anämie; Med.).

Mik|ti|on *die;* -, -en ⟨aus gleichbed. *lat.* mictio, minctio zu mingere „harnen"⟩: das Harnlassen (Med.).

Mik|we *die;* -, ...waot ⟨aus *hebr.* miqwe „Sammelbecken für Wasser"⟩: rituelles jüd. Tauchbad

Mi|lan [auch ...'la:n] *der;* -s, -e ⟨aus gleichbed. *fr.* milan zu *provenzal.* milan, dies über das Vulgärlat. aus *lat.* miluus⟩: weitverbreitete Greifvogelgattung mit gegabeltem Schwanz

Mi|la|ne|se *der;* -[s], -n ⟨nach der ital. Stadt Milano (*dt.* Mailand)⟩: maschenfeste, sehr feine Wirkware

Mi|las *der;* -, - ⟨nach der südwesttürk. Stadt Milâs⟩: handgeknüpfter, sehr bunter Gebetsteppich

Mi|les glo|rio|sus *der;* - - ⟨aus *lat.* miles gloriosus „ruhmrediger Soldat" (Titelheld eines Lustspiels von Plautus)⟩: Aufschneider, Prahlhans

mi|li|ar ⟨aus *lat.* miliarius „zur Hirse gehörig" zu milium „Hirse"⟩: hirsekorngroß (z. B. von ↑ Tuberkeln [2]; Med.)

Mi|lia|ren|se *die;* -, -n ⟨aus gleichbed. *spätlat.* miliarensis zu *lat.* miliarius „tausend enthaltend"⟩: spätröm. u. byzantinische Silbermünze (etwa von 344 n. Chr. bis in das 11. Jh.), wobei 1000 Miliarensen wertmäßig einem Goldpfund entsprechen sollten. **Mi|lia|ré|si|on** *das;* -s, ...ia ⟨aus gleichbed. *mgr.* miliarésion⟩: svw. Miliarense

Mi|lia|ria *die* (Plur.) ⟨aus gleichbed. *nlat.* miliaria (Plur.), substantiviertes Fem. von miliarius, vgl. miliar⟩: mit Flüssigkeit gefüllte Hautbläschen, die bei starkem Schwitzen im Gefolge von fieberhaften Erkrankungen auftreten; Frieselausschlag (Med.). **Mi|li|ar|tu|ber|ku|lo|se** *die;* -, -n ⟨zu ↑ miliar⟩: meist rasch tödlich verlaufende Allgemeininfektion des Körpers mit kleinsten Herden in fast allen Organen (Med.).

Mi|lieu [mi'liø:] *das;* -s, -s ⟨aus gleichbed. *fr.* milieu zu mi- „mitten, mittel-" (dies zu *lat.* medius) u. lieu „Ort, Stelle" (dies aus *lat.* locus)⟩: 1. [soziales] Umfeld, Umgebung. 2. Lebensraum von Pflanzen, Tieren, Kleinstlebewesen u. ä. 3. (österr. veraltend) kleine Tischdecke. 4. a) (bes. schweiz.) Welt der Prostituierten; b) Stadtteil, Straße, in der Prostituierte ihren Wirkungskreis haben. **mi|lieu|ge|schä|digt** [mi'liø:...]: durch nachteiligen Einfluß der persönlichen, familiären Umgebung psychisch geschädigt, verhaltensgestört. **Mi|lieu|theo|rie** *die;* -: Theorie, nach der das Milieu im Gegensatz zum Ererbten der allein entscheidende Faktor für die seelische u. charakterliche Entwicklung des Menschen sei (Psychol.)

mi|li|tant ⟨aus *lat.* militans, Gen. militantis, Part. Präs. von militare „Kriegsdienst leisten, kämpfen"⟩: mit kriegerischen Mitteln für eine Überzeugung kämpfend; streitbar. **Mi|li|tanz** *die;* - ⟨zu ↑...anz⟩: militantes Verhalten, militante Einstellung. **¹Mi|li|tär** *das;* -s ⟨aus gleichbed. *fr.* militaire, dies zu *lat.* militaris „den Kriegsdienst betreffend; soldatisch" zu miles „Soldat"⟩: 1. Heer[wesen], Gesamtheit der Soldaten eines Landes. 2. (eine bestimmte Anzahl von) Soldaten. **²Mi|li|tär** *der;* -s, -s ⟨aus *fr.* militaire „Angehöriger des Heeres", vgl. ¹Militär⟩: (meist Plur.) hoher Offizier. **Mi|li|tär|aka|de|mie** *die;* -, -n ⟨zu ↑ ¹Militär⟩: ↑ Akademie (2) zur Aus- u. Weiterbildung von Soldaten u. Beamten der Militärverwaltung. **Mi|li|tär|ap|pa|rat** *der;* -[e]s, -e (Plur. selten): militärischer Apparat (4), Gesamtheit der militärischen Einrichtungen u. Militärpersonen eines Staates. **Mi|li|tär|at|ta|ché** [...ʃe:] *der;* -s, -s: einer diplomatischen Vertretung zugeteilter Offizier. **Mi|li|tär|ba|sis** *die;* -, ...basen: Ort od. Gelände als Stützpunkt militärischer Operationen. **Mi|li|tär|bud|get** [...bydʒe:] *das;* -s, -s: Etat für militärische Zwecke. **Mi|li|tär|dik|ta|tur** *die;* -, -en: ↑ Diktatur, in der ²Militärs die Herrschaft innehaben. **Mi|li|tär|dok|trin** *die;* -, -en: Gesamtkonzept für die militärische Planung eines Staates bzw. eines Militärbündnisses. **Mi|li|tär|es|kor|te** *die;* -, -n: von ¹Militär (2) gebildete ↑ Eskorte. **Mi|li|tär|geo|gra|phie** *die;* -: Zweig der Geographie u. der Militärwissenschaft, der sich mit der Verwendung geographischer Kenntnisse für militärische Zwecke befaßt. **mi|li|tär|geo|gra|phisch**: die Militärgeographie betreffend. **Mi|li|ta|ria** *die* (Plur.) ⟨aus *lat.* militaria, Neutrum Plur. von militarius, dies Nebenform von militaris, vgl. ¹Militär⟩: 1. (veraltet) Heeresangelegenheiten. 2. Gegenstände, die mit dem Militär zusammenhängen, bes. Bücher über das Militärwesen. **mi|li|tä|risch** ⟨unter Einfluß von *fr.* militaire aus *lat.* militaris, vgl. ¹Militär⟩: 1. das ¹Militär betreffend; Ggs. ↑ zivil (1). 2. a) schneidig, forsch, soldatisch; b) streng geordnet. **mi|li|ta|ri|sie|ren** ⟨aus gleichbed. *fr.* militariser⟩:

Militarismus

militärische Anlagen errichten, Truppen aufstellen, das Heerwesen [eines Landes] organisieren. **Mi|li|ta|ris|mus** *der;* - ‹nach *fr.* militarisme; vgl. ...ismus (1)›: Zustand des Übergewichts militärischer Grundsätze, Ziele u. Wertvorstellungen in der Politik eines Staates u. die Übertragung militärischer Prinzipien auf alle Lebensbereiche. **Mi|li|ta|rist** *der;* -en, -en ‹aus gleichbed. *fr.* militariste›: Anhänger des Militarismus. **mi|li|ta|ri|stisch** ‹zu ↑...istisch›: a) im Geist des Militarismus; b) den Militarismus betreffend. **Mi|li|tär|jun|ta** *die;* -, ...ten ‹zu ↑¹Militär›: Regierung von Offizieren, die meist durch einen militärischen Handstreich, durch Putsch an die Macht gekommen sind; vgl. Junta. **Mi|li|tär|kon|ven|ti|on** [...v...] *die;* -, -en: militärische zwischenstaatliche Vereinbarung. **Mi|li|tär|ma|schi|ne|rie** *die;* -, ...ien [...i:ən]: (abwertend) Streitkräfte, großes, modern ausgerüstetes Heer [im Krieg]. **Mi|li|tär|mis|si|on** *die;* -, -en: a) ins Ausland entsandte Gruppe von Offizieren, die andere Staaten in militärischen Fragen beraten; b) Gebäude, in dem sich eine Militärmission (a) befindet. **Mi|li|tär|per|spek|ti|ve** [...və] *die;* -, -n: ein Verfahren der ↑Axonometrie, mit dessen Hilfe ein zweidimensionales Bild eines dreidimensionalen Gegenstandes konstruiert wird. **Mi|li|tär|po|li|zei** *die;* -: militärischer Verband mit polizeilicher Funktion. **Mi|li|tär|po|li|zist** *der;* -en, -en: Angehöriger der Militärpolizei. **Mi|li|tär|re|gime** [...reʒi:m] *das;* -s, Plur. - e u. -s: Regierung, Regierungssystem der Militärdiktatur. **Mi|li|tär|tri|bu|nal** *das;* -s, -e: Militärgericht zur Aburteilung militärischer Straftaten. **Mi|li|ta|ry** [ˈmɪlɪtərɪ] *die;* -, -s ‹aus älter *engl.* military „Militär(wettkampf)"›: reitsportliche Vielseitigkeitsprüfung (bestehend aus Dressurprüfung, Geländeritt u. Jagdspringen). **Mi|li|ta|ry Po|lice** [– pəˈliːs] *die;* - - ‹aus gleichbed. *engl.* military police›: Militärpolizei im anglo-amerik. Bereich; Abk.: MP

Mi|li|um *das;* -s, ...ien [...jən] (meist Plur.) ‹aus *lat.* milium „Hirse"›: Hautgrieß (Med.)

Mi|liz *die;* -, -en ‹aus *lat.* militia „Kriegsdienst, Gesamtheit der Soldaten" zu miles „Soldat", Bed. 2 nach *russ.* milicija, *poln.* milicja›: 1. a) (veraltet) Heer; b) Streitkräfte, deren Angehörige eine nur kurzfristige militärische Ausbildung haben u. erst im Kriegsfall einberufen werden. 2. Polizei mit halbmilitärischem Charakter (bes. in Osteuropa). 3. (schweiz.) Streitkräfte der Schweiz, denen nur Wehrpflichtige angehören. **Mi|li|zio|när** *der;* -s, -e ‹Analogiebildung zu ↑Legionär; Bed. 2 nach gleichbed. *russ.* milicioner›: 1. Angehöriger einer Miliz. 2. Polizist (bes. in Osteuropa)

Milk-Shake [ˈmɪlkʃeːk, engl. ...ʃeɪk] *der;* -s, -s ‹aus gleichbed. *engl.-amerik.* milk-shake zu *engl.* milk „Milch" u. to shake „schütteln"›: alkoholfreies Milchmixgetränk, das meist unter Verwendung von Eis im ↑Mixer (3) zubereitet wird

Mil|le *das;* -, - ‹zu *lat.* mille „tausend"›: Tausend; Abk.: M. **Mil|le|fio|ri|glas** *das;* -es ‹zu *it.* mille fiori „tausend Blumen"›: vielfarbiges, blumenartig gemustertes Kunstglas. **¹Mille|fleurs** [milˈflœːr] *der;* - ‹aus *fr.* millefleurs, eigtl. „tausend Blumen"›: Stoff mit Streublumenmusterung. **²Mille|fleurs** *das;* - ‹zu ↑¹Millefleurs›: Streublumenmuster. **Mil|le Mi|glia** [– ˈmiːlja] *die* (Plur.) ‹aus gleichbed. *it.* mille miglia, eigtl. „tausend Meilen"›: Langstreckenrennen für Sportwagen in Italien. **mil|le|nar** ‹aus *spätlat.* millenarius „tausend enthaltend"›: (selten) tausendfach, -fältig. **Mil|le|na|ris|mus** *der;* - ‹zu ↑...ismus (1)›: svw. Chiliasmus. **Mil|len|ni|um** *das;* -s, ...ien [...jən] ‹zu *lat.* mille „tausend", annus „Jahr" u. ↑...ium›: 1. (selten) Jahrtausend. 2. das Tausendjährige Reich der Offenbarung Johannis (20, 2ff.); vgl. Chiliasmus. **Mille|points** [milˈpŏɛ̃] *der* od. *das;* - ‹aus *fr.* millepoints, eigtl. „tausend Punkte"›: mit regelmäßig angeordneten Punkten gemusterter Stoff

Mil|le|rit [auch ...ˈrɪt] *der;* -s, -e ‹nach dem brit. Kristallographen W. H. Miller (1801–1880) u. zu ↑²...it›: Haarkies, messinggelbes, oft bunt angelaufenes Mineral

Mil|li... ‹zu *lat.* mille „tausend"›: Vorsatz vor Maßeinheiten mit der Bedeutung „ein Tausendstel" (der tausendste Teil) der genannten Maßeinheit; Zeichen m (z. B. Milliampere; Zeichen mA). **Mil|li|am|pere** [...amˈpɛːɐ] *das;* -[s], -: Maßeinheit kleiner elektr. Stromstärken; Zeichen mA. **Mil|li|am|pere|me|ter** [auch ˈmɪli...] *das;* -s, -: Gerät zur Messung geringer Stromstärken. **Mil|li|ar|där** *der;* -s, -e ‹aus gleichbed. *fr.* milliardaire; vgl. ...är›: Besitzer von Milliarden[werten]; steinreicher Mann. **Mil|li|ar|de** *die;* -, -n ‹aus gleichbed. *fr.* milliard zu million, vgl. Million›: 1000 Millionen; Abk.: Md., Mrd. **Mil|li|ard|stel** *das;* -s, -: der milliardste Teil. **Mil|li|bar** [auch ˈmɪli...] *das;* -s, -s (aber: 5 -) ‹zu ↑Milli... u. ↑¹Bar›: ein tausendstel ↑¹Bar; Zeichen mbar, in der Meteorologie nur mb. **Mil|lième** [milˈjɛm] *die;* -, -s ‹aus *fr.* millième „Tausendstel"›: Untereinheit der Währungseinheit von Ägypten (1000 M = 1 ägypt. Pfund). **Mil|li|gramm** [auch ˈmɪli...] *das;* -s, -e (aber: 10 -) ‹zu ↑Milli... u. ↑Gramm›: ein tausendstel ↑Gramm; Zeichen mg. **Mil|li|li|ter** [auch ˈmɪli...] *der,* schweiz. nur so, auch *das;* -s, -: ein tausendstel ↑Liter; Zeichen ml. **Mil|li|me** [mɪˈliːm] *der;* -[s], -s (aber: 5 -) ‹aus *arab.* millīma, dies zu *fr.* millième „Tausendstel"›: Untereinheit der Währungseinheit von Tunesien (1000 Millime = 1 Dinar). **Mil|li|me|ter** [auch ˈmɪli...] *der,* schweiz. nur so, auch *das;* -s, - ‹zu ↑Milli... u. ↑Meter›: ein tausendstel ↑Meter; Zeichen mm. **Mil|li|mol** [auch ˈmɪli...] *das;* -s, -e (aber: 10 -) ‹zu ↑Milli... u. ↑Mol›: ein tausendstel ↑Mol; Zeichen mmol. **Mil|li|on** *die;* -, -en ‹aus gleichbed. *it.* mil(l)ione, eigtl. „Großtausend", zu *it.* mille „tausend" (aus *lat.* mille) u. -one, ital. Vergrößerungssuffix›: 1000 mal 1000; Abk.: Mill. u. Mio. **Mil|lio|när** *der;* -s, -e ‹zu ↑...är›: Besitzer von Millionen[werten]; sehr reicher Mann. **Mil|li|on|[s]tel** *das;* -s, -: der millionste Teil. **Mil|li|se|kun|de** [auch ˈmɪli...] *die;* -, -n ‹zu ↑Milli...›: eine tausendstel ↑Sekunde (1 a); Abk.: ms

Mi|lon|ga *die;* -, -s u. *der;* -[s], -s ‹aus *span.* milonga „Volkstanz"›: argent. Volkstanz im ¾-Takt, der im Tango aufging

Mi|lo|ri|blau *das;* -[s] ‹nach dem franz. Farbenhersteller A. Milori (19. Jh.)›: Eisencyanblau, ein intensiv blau gefärbtes lichtechtes Pigment

Mil|pa *die;* -, -s ‹über *span.* milpa „Maisfeld" aus *aztek.* (*Nahuatl*) milli „kultiviertes Land, Grundstück" u. pa „in, auf"›: durch Brandrodung entstandenes Feld (bes. Maisfeld) in Mexiko u. Zentralamerika

Mil|reis [...ˈreis] *das;* -, - ‹aus gleichbed. *port.* mil-réis zu mil „tausend" u. ↑²Real›: Währungseinheit in Portugal u. Brasilien (= 1000 Reis)

Mi|ma *die;* -, -s ‹aus gleichbed. *lat.* mima, vgl. Mime›: weibliche Form zu ↑Mimus (1)

Mi|mam|sa *die;* - ‹aus *sanskr.* mīmāṁsā „Prüfung, Überlegung, Erörterung"›: ind. philos. System, das zunächst nur die Dogmatik des ↑wedischen Ritualismus u. ab 5. Jh. erkenntnistheoretische Grundsätze entwickelte

Mim|bar *der;* - ‹aus gleichbed. *arab.* minbar›: Predigtkanzel in der Moschee

Mim|bres|kul|tur *die;* - ‹nach dem Fluß Mimbres in New Mexiko (USA)›: prähistorische indian. Kultur im Südwesten von New Mexiko (USA)

Mi|me *der;* -n, -n ‹über *lat.* mimus aus *gr.* mīmos „Nachahmer; Gaukler; Schauspieler"›: [bedeutender] Schauspieler; vgl. Mimus. **mi|men:** (ugs.) a) ein Gefühl o. ä. zeigen, das in Wirklichkeit nicht vorhanden ist; vortäuschen; b) so tun, als ob man jmd., etwas sei. **Mi|men:** Plur. von ↑ Mime u. ↑ Mimus. **Mi|meo|graph** *der;* -en, -en ⟨Kunstw. zu *gr.* mimeīsthai „nachahmen" u. ↑ ...graph⟩: (von Edison erfundener) Vervielfältigungsapparat, mit dem man von einer Schrift über 2000 Abzüge herstellen konnte. **Mi|me|se** u. **Mimesis** *die;* -, ...esen ⟨über gleichbed. *spätlat.* mimesis aus *gr.* mímēsis⟩: 1. nachahmende Darstellung der Natur im Bereich der Kunst (Plato, Aristoteles). 2. a) spottende Wiederholung der Rede eines andern; b) Nachahmung eines Charakters dadurch, daß man der betreffenden Person Worte in den Mund legt, die den Charakter bes. gut kennzeichnen (antike Rhet.). 3. (nur Mimese) Schutztracht mancher Tiere, die sich vor allem in der Färbung belebten u. unbelebten Körpern ihrer Umgebung anpassen können (Biol.); vgl. Mimikry. **Mi|me|sie** *die;* -, ...ien ⟨zu ↑² ...ie⟩: Nachahmung einer höheren Symmetrie (bei Kristallzwillingen). **Mi|me|sis** vgl. Mimese. **Mi|me|te|sit** [auch ...'zɪt] *der;* -s, -e ⟨zu *gr.* mimētés „der Nachahmer" u. ↑²...it, wegen der Ähnlichkeit des Minerals mit Pyromorphit⟩: ein gelbes bis grünliches, auch graues, braunes od. weißes Mineral. **mi|me|tisch** ⟨aus gleichbed. *gr.* mimētikós⟩: 1. die Mimese betreffend; nachahmend, nachäffend. 2. die Mimesie betreffend, durch Mimesie ausgezeichnet; -e K r i s t a l l e : Zwillingsbildungen von Kristallen, die eine höhere Symmetrie vortäuschen, als der Kristallart zukommt. **Mim|i|am|ben** *die* (Plur.) ⟨über gleichbed. *lat.* mimiambi (Plur.) aus *gr.* mimíamboi, dies zu mīmos (vgl. Mime) u. íamboi, Plur. von íambos „Vers"⟩: in ↑ Choliamben geschriebene Mimen (vgl. Mimus 2). **Mi|mik** *die;* - ⟨unter Anlehnung an *lat.* (ars) mimica „Schauspiel(kunst)" zu mimicus, vgl. mimisch⟩: Gebärden- u. Mienenspiel des Gesichts [des Schauspielers] als Nachahmung fremden od. als Ausdruck eigenen seelischen Erlebens. **Mi|mi|ker** *der;* -s, - ⟨zu *gr.* mimikós „die Mimen betreffend"⟩: Mimus (1). **Mi|mik|fi|gur** *die;* -, -en ⟨zu ↑ Mimik⟩: Spielfigur, die vor allem durch ihr Mienenspiel agiert (mit beweglichen Gesichtsteilen wie Unterkiefer, Augenbrauen). **Mi|mi|kry** [...kri] *die;* - ⟨aus gleichbed. *engl.* mimicry, eigtl. „Nachahmung", zu mimic „Schauspieler, Nachahmer"; vgl. Mimik⟩: 1. Selbstschutz von Tieren, der dadurch erreicht wird, daß das Tier die Gestalt, die Färbung, Zeichnung wehrhafterer od. nicht genießbarer Tiere täuschend nachahmt. 2. der Täuschung u. dem Selbstschutz dienende Anpassung[sgabe]. **Mi|min** *die;* -, -nen: weibliche Form zu ↑ Mime. **mi|misch** ⟨über *lat.* mimicus aus *gr.* mimikós „komödiantisch, possenhaft"⟩: a) die Mimik betreffend; b) den Mimen betreffend; c) schauspielerisch, von Gebärden begleitet. **Mi|mo|dram** u. **Mi|mo|dra|ma** *das;* -s, ...men ⟨zu *gr.* mīmos (vgl. Mime) u. ↑ Drama⟩: 1. ohne Worte, nur mit Hilfe der Mimik aufgeführtes Drama (Literaturw.). 2. (veraltet) Schaustellung von Kunstreitern usw. **Mi|mo|se** *die;* -, -n ⟨zu *lat.* mimus, vgl. Mime; wohl wegen der Reaktion der Pflanze bei Berührung, die mit der eines empfindsamen Mimen verglichen wird⟩: 1. hoher Baum mit gefiederten Blättern, dessen gelbe Blüten wie kleine Kugeln an Rispen hängen; Silberakazie. 2. (im trop. Brasilien) als großer Strauch wachsende, rosaviolett blühende Pflanze, ihre gefiederten Blätter bei der geringsten Erschütterung abwärts klappt; Sinnpflanze. 3. überempfindlicher, leicht zu kränkender Mensch. **mi|mo|sen|haft:** überaus empfindlich, verletzlich; verschüchtert. **Mi|mus** *der;* -, ...men ⟨aus gleichbed. *lat.* mimus, vgl. Mime⟩: 1. Darsteller in Mimen (vgl. Mimus 2). 2. in der Antike [improvisierte] derb-komische Szene aus dem täglichen Leben auf der Bühne. 3. (ohne Plur.) svw. Mimik

Mi|na|rett *das;* -s, Plur. -e u. -s ⟨aus gleichbed. *fr.* minaret, dies über *türk.* mināre aus *arab.* manāra, eigtl. „Leuchtturm"⟩: schlanker Turm einer Moschee (zum Ausrufen der Gebetsstunden)

Mi|na|ti|on *die;* -, -en ⟨aus gleichbed. *lat.* minatio zu minari „drohen"⟩: (veraltet) Drohung. **mi|na|to|risch:** (veraltet) drohend. **Mi|na|zi|tät** *die;* - ⟨zu *lat.* minaciae „Drohungen" u. ↑...ität⟩: (veraltet) drohendes Aussehen

min|au|die|ren [...no...] ⟨aus *fr.* minauder „sich zieren" zu *fr.* mine, *bret.* minaud „Miene, Gesichtsausdruck"⟩: (veraltet) sich geziert benehmen, schöntun. **Min|au|drie** *die;* - ⟨aus gleichbed. *fr.* minauderie⟩: (veraltet) geziertes Benehmen

Min|bar vgl. Mimbar

Min|cha *die;* -, ...chot ⟨aus *hebr.* minḥāh „Gabe"⟩: 1. unblutiges Opfer im Alten Testament. 2. jüd. Nachmittagsgebet

¹Mi|ne *die;* -, -n ⟨über *fr.* mine aus *mlat.* mina, eigtl. „Erzader", urspr. (militärisches Fachwort) „Pulvergang, Sprenggang bei Belagerungen"; weitere Herkunft unsicher, vielleicht aus dem Kelt.⟩: 1. unterirdischer Gang. 2. Bergwerk; unterirdisches Erzvorkommen. 3. stäbchenförmige Bleistift-, Kugelschreibereinlage. 4. a) Sprengkörper; b) verborgener, heimtückischer Anschlag

²Mi|ne *die;* -, -n ⟨über *lat.* mina aus *gr.* mnā, dies aus dem Semit.⟩: 1. altgriech. Gewichtseinheit. 2. altgriech. Münze

Mi|ne|ral *das;* -s, Plur. -e u. -ien [...jən] ⟨aus *mlat.* (aes) minerale „Erzgestein", substantiviertes Neutrum von mineralis, zu minera „Erzgrube, -ader"⟩: jeder anorganische, chemisch u. physikalisch einheitliche u. natürlich gebildete Stoff der Erdkruste. **Mi|ne|ral|fa|zi|es** [...i̯es] *die;* -, [...i̯e:s]: gleichförmige Ausbildung von Gesteinen verschiedener Herkunft (Geol.). **Mi|ne|ra|li|sa|ti|on** *die;* -, -en ⟨zu ↑...isation⟩: Vorgang der Mineralbildung (Geol.); vgl. Mineralisierung; vgl. ...[at]ion/...ierung. **Mi|ne|ra|li|sa|to|ren** *die* (Plur.) ⟨vgl. ...or⟩: die verdunstenden Bestandteile einer Gesteinsschmelze (Geol.). **mi|ne|ra|lisch:** a) aus Mineralien entstanden; b) Mineralien enthaltend. **mi|ne|ra|li|sie|ren** ⟨zu ↑...isieren⟩: Mineralbildung bewirken; zum Mineral werden. **Mi|ne|ra|li|sie|rung** *die;* -, -en ⟨zu ↑...isierung⟩: Umwandlung von organischer in anorganische Substanz; vgl. Mineralisation; vgl. ...[at]ion/...ierung. **Mi|ne|ral|kor|ti|ko|id** *das;* -[e]s, -e (meist Plur.): Nebennierenrindenhormon mit überwiegender Wirkung auf den Elektrolytstoffwechsel, in dem in den Körperflüssigkeiten enthaltene Salze in ihrer Zusammensetzung u. Konzentration reguliert werden (Med.). **Mi|ne|ral|ma|le|rei** *die;* -, -en: Verfahren zur Herstellung von wetterfesten Fresken u. Ölgemälden durch Benutzung von Mineralfarben. **Mi|ne|ra|lo|ge** *der;* -n, -n ⟨zu ↑...loge⟩: Kenner u. Erforscher der Mineralien u. Gesteine. **Mi|ne|ra|lo|gie** *die;* - ⟨zu ↑...logie⟩: Wissenschaft von der Zusammensetzung der Mineralien u. Gesteine, ihrem Vorkommen u. ihren Lagerstätten. **mi|ne|ra|lo|gisch** ⟨zu ↑...logisch⟩: die Mineralogie betreffend. **Mi|ne|ral|öl** *das;* -s, -e: durch ↑ Destillation von Erdöl erzeugter Kohlenwasserstoff (z. B. Heizöl, Benzin, Bitumen). **Mi|ne|ral|pig|men|te** *die* (Plur.): künstlich hergestellte anorganische Pigmente für die verschiedensten Anstrichstoffe (z. B. Bleiweiß, Chromgelb, Berliner Blau). **Mi|ne|ral|quel|le** *die;* -, -n: Quelle, in deren Wasser eine bestimmte Menge an Mineralsalz od. Kohlensäure gelöst ist. **Mi|ne|ral|salz** *das;* -es, -e: ↑ anorganisches Salz, das sowohl in der Natur vorkommt als auch künstlich hergestellt wird.

Mineralsäure

Mi|ne|ral|säu|re *die;* -, -n: anorganische Säure (z. B. Phosphor-, Schwefelsäure; Chem.). **Mi|ne|ral|was|ser** *das;* -s, ...wässer: 1. Wasser, dem Mineralsalze u./od. Kohlensäure zugesetzt wurden. 2. Wasser einer Mineralquelle. **mi|ne|ro|gen** ⟨zu ↑...gen⟩: aus anorganischen Bestandteilen entstanden

Mi|ne|stra *die;* -, ...stren ⟨aus gleichbed. *it.* minestra zu minestrare „auftischen", dies aus *lat* ministrare; vgl. Ministrant⟩: svw. Minestrone. **Mi|ne|stro|ne** *die;* -, -n ⟨aus gleichbed. *it.* minestrone, Vergrößerungsform von minestra, vgl. Minestra⟩: ital. Gemüsesuppe mit Reis und Parmesankäse

Mi|net|te *die;* -, -n ⟨aus gleichbed. *fr.* minette, eigtl. „kleines Bergwerk", Verkleinerungsform von mine, vgl. ¹Mine⟩: 1. dunkelgraues, in gangförmiger Lagerung auftretendes Gestein. 2. eisenhaltige, abbauwürdige Schichten des mittleren ↑²Juras in Lothringen u. Luxemburg

mi|neur [mi'nø:ɐ̯] ⟨*fr.;* eigtl. „kleiner", dies aus gleichbed. *lat.* minor⟩: franz. Bez. für ↑¹Moll. Ggs. ↑majeur

Mi|neur [mi'nø:ɐ̯] *der;* -s, -e ⟨aus gleichbed. *fr.* mineur zu mine, vgl. ¹Mine⟩: im Minenbau ausgebildeter Pionier (Mil.)

Min|hag *der;* -s ⟨aus *hebr.* minhāg „Führung, Brauch, Sitte"⟩: die häusliche u. synagogische Liturgie des Judentums

mi|ni ⟨nach gleichbed. *engl.* mini, Kurzform von *engl.* miniature; vgl. Miniatur⟩: sehr kurz, [weit] oberhalb des Knies endend (auf Kleider, Röcke od. Mäntel bezogen); Ggs. ↑maxi, ↑midi. **¹Mi|ni** *das;* -s, -s: 1. (ohne Plur.) a) [weit] oberhalb des Knies endende, sehr kurze Kleidung; b) (von Röcken, Kleidern, Mänteln) Länge, die [weit] oberhalb des Knies endet. 2. (ugs.) Kleid, das [weit] oberhalb des Knies endet; Minikleid. **²Mi|ni** *der;* -s, -s ⟨Kurzform von ↑Minirock⟩: (ugs.) Rock, der [weit] oberhalb des Knies endet; Minirock. **Mi|ni...** ⟨aus gleichbed. *engl.* mini-, vgl. mini⟩: Wortbildungselement mit den Bedeutungen: a) „sehr kurz", z. B. Minirock, u. b) „klein, kleinformatig", z. B. Minicar, Minicomputer. **Mi|nia|tor** *der;* -s, ...oren ⟨aus gleichbed. *mlat.* miniator; vgl. Miniatur⟩: Handschriften-, Buchmaler. **Mi|nia|tur** *die;* -, -en ⟨aus *mlat.-it.* miniatura „Kunst, mit Zinnoberrot zu malen" (zu *lat.* minium „Zinnoberrot"), das unter Einfluß von *lat.* minor „kleiner" die Bed. „zierliche Kleinmalerei" entwickelte⟩: 1. a) Bild od. Zeichnung als Illustration einer [alten] Handschrift od. eines Buches; b) zierliche Kleinmalerei, kleines Bild[nis]. 2. Schachproblem, das aus höchstens sieben Figuren gefügt ist. **Mi|nia|tur|elek|tro nik** *die;* -: Technologie zur Herstellung kleiner elektron. Schaltungen. **mi|nia|tu|ri|sie|ren** ⟨wohl nach gleichbed. *engl.* miniaturize; vgl. ...isieren⟩: verkleinern (von elektronischen Elementen). **Mi|nia|tu|ri|sie|rung** *die;* -, -en ⟨zu ↑...isierung⟩: Verkleinerung, Kleinbauweise (z. B. von elektron. Anlagen, Kameras u. ä.). **Mi|nia|tu|rist** *der;* -en, -en ⟨zu ↑...ist⟩: jmd., der Miniaturen malt. **mi|ni|bi|ki|ni** *der;* -s, -s ⟨zu ↑Mini... u. ↑Bikini⟩: äußerst knapper, den Körper nur so wenig wie möglich bedeckender ↑Bikini. **Mi|ni|car** [...kaːɐ̯] *der;* -s, -s ⟨aus *engl.* minicar „Kleinstwagen"⟩: Kleintaxi. **Mi|ni|cart** [...kɑːt] *der;* -s, -s ⟨zu *engl.* cart „Wagen, Karren"⟩: ferngesteuertes Modellautomobil, in der Verkleinerung 1:8 Sportwagen nachgebaut, mit dem Welt- u. Europameisterschaften ausgetragen werden. **Mi|ni|com|pu|ter** [...kɔmpjuːtɐ] *der;* -s, -: kleine, mit 8 bis 16 Bit arbeitende Rechenanlage (EDV). **Mi|ni-Disc** [...dɪsk] *die;* -, -s ⟨zu *engl.* disc „(Schall)platte"⟩: miniaturisierte Kompaktschallplatte

mi|nie|ren ⟨aus gleichbed. *fr.* miner zu mine, vgl. ¹Mine⟩: unterirdische Gänge, Stollen anlegen. **Mi|nie|rer** *die* (Plur.): Insektenlarven, die ¹Minen (1) im Inneren von Pflanzengeweben anlegen (Biol.)

Mi|ni|golf *das;* -s ⟨zu ↑Mini... u. ↑²Golf⟩: Kleingolf, Bahnengolf (Sport). **mi|ni|gol|fen** *der;* -s, -: (ugs.) jmd., der Minigolf spielt. **Mi|ni|gol|fer** *der;* -s, -: (ugs.) jmd., der Minigolf spielt. **Mi|ni|ki|ni** *der;* -s, -s ⟨Mischbildung aus ↑*Mini*bikini u. ↑Mono*kini*⟩: Badebekleidung für Damen, die nur aus einer Art ↑Slip (3) besteht

mi|nim ⟨zu *lat.* minimus „kleinster", vgl. Minimum⟩: (veraltet) geringfügig, minimal. **¹Mi|ni|ma** *die;* -, Plur. ...mae [...mɛ] u. ...men ⟨aus gleichbed. *mlat.* (nota) minima eigtl. „die kleinste (Note)"⟩: kleiner Notenwert der Mensuralmusik (entspricht der halben Taktnote). **²Mi|ni|ma**: Plur. von ↑Minimum. **mi|ni|mal** ⟨zu *lat.* minimus „kleinster" u. ↑¹...al (1)⟩: a) sehr klein, sehr wenig, niedrigst; b) mindestens. **Mi|ni|mal** *das;* -s, -e: Kurzform von Minimalproblem. **Mi|ni|mal...**: Wortbildungselement mit der Bedeutung „kleinst[möglich]", z. B. Minimalproblem. **Mi|ni|mal art** ['mɪnɪməl 'ɑːt] *die;* - - ⟨aus gleichbed. *amerik.* minimal art⟩: amerik. Kunstrichtung, die Formen u. Farbe auf die einfachsten Elemente reduziert. **mi|ni|ma|li|sie|ren** ⟨zu ↑minimal u. ↑...isieren⟩: a) so klein wie möglich machen, sehr stark reduzieren, vereinfachen; b) abwerten, geringschätzen. **Mi|ni|ma|li|sie|rung** *die;* -, -en ⟨zu ↑...isierung⟩: Vereinfachung; Reduzierung auf die elementaren Bestandteile. **Mi|ni|ma|list** *der;* -en, -en ⟨aus gleichbed. *amerik.* minimalist⟩: Vertreter der Minimal art (Kunstw.). **Mi|ni|mal|kon|sens** *der;* -es, -e ⟨zu ↑Minimal...⟩: nur die notwendigsten Punkte betreffende Übereinstimmung verschiedener Gruppen, Parteien, Regierungen als Grundlage gemeinsamen Handelns (Pol.). **Mi|ni|mal mu|sic** ['mɪnɪməl 'mjuːzɪk] *die;* - - ⟨aus gleichbed. *amerik.* minimal music⟩: Musikrichtung, die mit unaufhörlicher Wiederholung u. geringster ↑Variation einfachster Klänge arbeitet. **Mi|ni|mal|paar** *das;* -[e]s, -e ⟨zu ↑Minimal...⟩: Wort- od. Morphempaar, das sich durch ein einziges ↑Phonem in der gleichen Position unterscheidet (z. B. *t*ot/*r*ot, schon/schön; Sprachw.). **Mi|ni|mal|pro|blem** *das;* -s, -e: Schachproblem, bei dem Weiß (od. Schwarz) außer dem König nur noch eine Figur zur Verfügung hat. **Mi|ni|max** Ⓦ [auch 'mɪnɪ...] *der;* -, -e ⟨Kunstw.⟩: ein Feuerlöscher. **Mi|ni|max-Prin|zip** [auch 'mɪnɪ...] *das;* -s ⟨verkürzt aus Minimum-Maximum-Prinzip⟩: spieltheoretisches Prinzip der Vorsicht, das dem Spieler denjenigen Gewinn garantiert, den er unter Berücksichtigung der für ihn ungünstigsten Reaktionen des Gegners in jedem Fall erzielen kann. **Mi|ni|max-Theo|rem** [auch 'mɪnɪ...] *das;* -s: math. Lehrsatz der Spieltheorie, nach dem Spieler nur dann ihren eigenen Anteil am Gesamtergebnis maximieren können, wenn sie den des Gegners zu minimieren vermögen. **Mi|ni|me|ter** *das;* -s, - ⟨zu ↑Mini... u. ↑¹...meter⟩: Meßgerät zum Bestimmen von geringen Luftdruckunterschieden im Bergbau. **mi|ni|mie|ren** ⟨zu ↑Minimum u. ↑...ieren⟩: 1. auf ein Minimum (1) senken, verringern, verkleinern. 2. durch Minimierung auf den niedrigsten, geringsten Wert festlegen (bes. Math.). **Mi|ni|mie|rung** *die;* -, -en ⟨zu ↑...ierung⟩: Verringerung, Verkleinerung. **mi|ni|mi|sie|ren** ⟨zu ↑...isieren⟩: svw. miniaturisieren. **Mi|ni|mo|de** *die;* - ⟨zu ↑Mini...⟩: Mode, die sehr kurze Kleidung bevorzugt. **Mi|ni|mum** [auch 'mɪnɪ...] *das;* -s, ...ma ⟨aus *lat.* minimum „das Geringste, Mindeste", substantiviertes Neutrum von minimus, dies Superlativ von parvus „klein"⟩: 1. geringstes, niedrigstes Maß; Mindestmaß; Ggs. ↑Maximum (1). 2. a) unterer Extremwert (Math.); Ggs. ↑Maximum (2 a); b) niedrigster Wert (bes. der Temperatur) eines Tages, einer Woche usw. od.

einer Beobachtungsreihe (Meteor.); Ggs. ↑ Maximum (2 b). 3. Kern eines Tiefdruckgebiets (Meteor.); Ggs. ↑ Maximum (3); - vi|si|bile [v...]: kleinster, gerade noch empfindbarer Sehreiz (Psychol.). **Mi|ni|mum|ther|mo|me|ter** [auch 'mini...] *das;* -s, -: ↑ Thermometer, mit dem der niedrigste Wert zwischen zwei Messungen festgestellt wird. **Mi|ni|pil|le** *die;* -, -n ⟨zu ↑ Mini...⟩: ↑ Antibabypille mit sehr geringer Hormonmenge. **Mi|ni|rock** *der;* -[e]s, ...röcke: sehr kurzer Rock. **Mi|ni|seis|mik** *die;* -: Methode zur Ortung von im Untergrund verborgenen Objekten. **Mi|ni|ski** [...ʃi:] *der;* -[s], Plur. - u. -er: äußerst kurzer ↑ Ski für Anfänger im Skilaufen. **Mi|ni|spi|on** *der;* -[e]s, -e: Kleinstabhörgerät **Mi|ni|ster** *der;* -s, - ⟨über gleichbed. *fr.* ministre, eigtl. „Diener (des Staates)", aus *lat.* minister „Diener, Gehilfe"⟩: Mitglied der Regierung eines Staates od. Landes, das einen bestimmten Geschäftsbereich verwaltet. **mi|ni|ste|ri|al** ⟨aus *spätlat.* ministerialis „den Dienst beim Kaiser betreffend"⟩: von einem Ministerium ausgehend, zu ihm gehörend; vgl. ...al/...ell. **Mi|ni|ste|ri|al|di|rek|tor** *der;* -s, -en: Abteilungsleiter in einem Ministerium. **Mi|ni|ste|ri|al|di|ri|gent** *der;* -en, -en: Unterabteilungsleiter, Referatsleiter in einem Ministerium. **Mi|ni|ste|ria|le** *der;* -n, -n ⟨aus *spätlat.* ministeriales (Plur.) „kaiserliche Beamte"⟩: Angehöriger des mittelalterlichen Dienstadels. **Mi|ni|ste|ria|li|tät** *die;* - ⟨aus gleichbed. *mlat.* ministerialitas, Gen. ministerialitatis⟩: der mittelalterliche Ministerialität. **Mi|ni|ste|ri|ell** ⟨aus gleichbed. *fr.* ministériel⟩: a) einen Minister betreffend; b) ein Ministerium betreffend; vgl. ...al/...ell. **Mi|ni|ste|rin** *die;* -, -nen ⟨zu ↑ Minister⟩: weibliche Form zu ↑ Minister. **Mi|ni|ste|ri|um** *das;* -s, ...ien [...iən] ⟨über gleichbed. *fr.* ministère aus *lat.* ministerium „Dienst, Amt"⟩: höchste Verwaltungsbehörde eines Staates od. Landes mit einem bestimmten Aufgabenbereich (Wirtschaft, Justiz u. a.). **Mi|ni|ster|prä|si|dent** *der;* -en, -en ⟨zu ↑ Minister⟩: 1. Leiter einer Landesregierung. 2. Leiter der Regierung in bestimmten Staaten. **Mi|ni|ster|prä|si|den|tin** *die;* -, -nen: weibliche Form zu ↑ Ministerpräsident. **mi|ni|stra|bel** ⟨zu ↑ ...abel⟩: (selten) befähigt, Minister zu werden. **Mi|ni|strant** *der;* -en, -en ⟨aus *lat.* ministrans, Gen. ministrantis, Part. Präs. von ministrare, vgl. ministrieren⟩: kath. Meßdiener. **Mi|ni|stran|tin** *die;* -, -nen: weibliche Form zu ↑ Ministrant. **mi|ni|strie|ren** ⟨aus *lat.* ministrare „(be)dienen" zu minister „Diener"⟩: bei der Messe dienen **Mi|ni|um** *das;* -s ⟨aus *lat.* minium „Zinnoberrot"⟩: (veraltet) Mennige

Mink *der;* -s, -e ⟨aus gleichbed. *engl.* mink⟩: nordamerik. Marderart, Nerz

Min|neo|la *die;* -, Plur. -s od. ...len ⟨Kunstw.⟩: eine Mandarinenart (ursprünglich Kreuzung von ↑ Tangerine u. Grapefruit) mit Höcker am Stil

Min|ne|so|ta|it [auch ...'ıt] *der;* -s, -e ⟨nach dem Vorkommen in Minnesota (USA) u. zu ↑ ²...it⟩: ein grünes, eisenhaltiges Mineral

mi|no|isch ⟨nach dem kretischen Sagenkönig Minos⟩: die Kultur Kretas von etwa 3000 bis 1200 v. Chr. (vor der Besiedlung durch griech. Stämme) betreffend

mi|nor ['maɪnə] ⟨aus *engl.* minor „kleiner, geringer", dies aus *lat.* minor⟩: engl. Bez. für ↑ ¹Moll (Mus.); Ggs. ↑ major. **Mi|nor** ['mi:nɔr] *der;* -s ⟨aus *lat.* minor (terminus) „der kleinere (Begriff)"⟩: Begriff mit engerem Umfang im ↑ Syllogismus. **Mi|no|ran|te** *die;* -, -n ⟨zu *lat.* minor „kleiner"; vgl. ...ant (1)⟩: Vergleichsreihe, deren Glieder kleiner od. gleich den Gliedern einer zu untersuchenden Reihe sind (Math.). **Mi|no|rat** *das;* -[e]s, -e ⟨gebildet nach ↑ Majorat zu *lat.* minor „kleiner, geringer; jünger"⟩: 1. Vorrecht des Jüngsten auf das Erbgut; Jüngstenrecht. 2. nach dem Jüngstenrecht zu vererbendes Gut; vgl. Majorat (Rechtsw.). **mi|no|re** ⟨*it.;* eigtl. „kleiner"⟩: ital. Bez. für ↑ ¹Moll; Ggs. ↑ maggiore. **Mi|no|re** *das;* -s, -s: Molltonart; Mittelteil in Moll eines Tonsatzes in Dur. **mi|no|renn** ⟨aus gleichbed. *mlat.* minorennis zu *lat.* minor (vgl. Minorat) u. annus „Jahr"⟩: (veraltet) minderjährig, unmündig; Ggs. ↑ majorenn. **Mi|no|ren|ni|tät** *die;* - ⟨aus gleichbed. *mlat.* minorennitas, Gen. minorennitatis⟩: (veraltet) Minderjährigkeit, Unmündigkeit (Rechtsw.); Ggs. ↑ Majorennität. **Mi|no|rist** *der;* -en, -en ⟨zu *lat.* minor „geringer" u. ↑ ...ist⟩: kath. Kleriker der niederen Weihegrade. **Mi|no|rit** *der;* -en, -en ⟨zu *mlat.* minoritas „Geringheit; Armut"; vgl. ³...it⟩: ↑ Franziskaner, insbesondere Angehöriger des Zweigs der ↑ Konventualen (2). **Mi|no|ri|tät** *die;* -, -en ⟨über *fr.* minorité aus gleichbed. *mlat.* minoritas, Gen. minoritatis zu *lat.* minor, vgl. Minorat⟩: Minderzahl, Minderheit; Ggs. ↑ Majorität

Mi|nor|ka *das;* -[s], -s ⟨nach der zu Spanien gehörenden Mittelmeerinsel Menorca⟩: engl. Hühnerrasse span. Ursprungs

Mi|not [mi'no:] *das;* -s, -[s] ⟨aus gleichbed. *fr.* minot⟩: altes Hohlmaß, Getreidemaß in Paris

Mi|no|tau|rus *der;* - ⟨über *lat.* minotaurus aus gleichbed. *gr.* minōtauros, eigtl. „Stier des Minos"⟩: Ungeheuer der griech. Sage mit Menschenleib u. Stierkopf

Min|strel *der;* -s, -s ⟨aus *engl.* minstrel, dies über *altfr.* minstrel, menestrel aus *mlat.* ministerialis „Dienstmann", vgl. Ministeriale⟩: 1. mittelalterl. Spielmann u. Sänger in England im Dienste eines Adligen; vgl. Menestrel. 2. fahrender Musiker od. Sänger im 18. u. 19. Jh. in den USA

Mint|so|ße *die;* -, -n ⟨Lehnübersetzung von *engl.* mintsauce zu mint „Minze" u. sauce „Soße"⟩: (bes. in England beliebte) würzige Soße aus Grüner Minze (Gastr.)

Mi|nu|end *der;* -en, -en ⟨aus *lat.* minuendus, Gerundivum von minuere, vgl. minuieren⟩: Zahl, von der etwas abgezogen werden soll. **Mi|nu|et|to** *das;* -s, Plur. -s u. ...tti ⟨aus gleichbed. *it.* minuetto⟩: ital. Bez. für ↑ Menuett. **mi|nu|ie|ren** ⟨aus gleichbed. *lat.* minuere⟩: (veraltet) verkleinern, verringern. **mi|nus** ⟨aus *lat.* minus „weniger", Neutrum von minor „kleiner, geringer", dies Komparativ von parvus „klein; gering"⟩: 1. weniger (Math.); Zeichen −. 2. unter dem Gefrierpunkt liegend. 3. negativ (Elektrot.). 4. abzüglich (Wirtsch.). **Mi|nus** *das;* -, -: 1. Verlust, Fehlbetrag. 2. Mangel, Nachteil. **Mi|nus|kel** *die;* -, -n ⟨zu *lat.* minusculus „etwas kleiner", dies zu minor, vgl. minus⟩: Kleinbuchstabe; Ggs. ↑ Majuskel. **Mi|nus|mann** *der;* -[e]s, ...männer ⟨zu ↑ Minus⟩: Mann mit dominant negativen Eigenschaften. **Mi|nus|va|ri|an|te** [...v...] *die;* -, -n: Individuum (Pflanze od. Tier), das (bes. in Bezug auf das genetische Material) nachteilig vom Mittelwert abweicht. **Mi|nu|te** *die;* -, -n ⟨aus *mlat.* minuta, dies aus *lat.* minutus „verringert, sehr klein", Part. Perf. von minuere, vgl. minuieren⟩: 1. ¹⁄₆₀ Stunde; Zeichen min (für die Uhrzeit ^{min} od. ^{m}, veraltet m); Abk.: Min. 2. ¹⁄₆₀ Grad; Zeichen ′ (Math.). **Mi|nu|ten|vo|lu|men** [...v...] *das;* -s: die Blutmenge, die das Herz in einer Minute fördert (Med.). **mi|nu|ti|ös** vgl. minuziös. **mi|nüt|lich**, seltener minutlich: jede Minute. **Mi|nu|zie** *die* (Plur.) ⟨aus *mlat.* minutia (Plur.) „Kleinigkeit(en)"⟩: (veraltet) Kleinigkeiten, Nichtigkeiten. **Mi|nu|zi|en|stift** *der;* -[e]s, -e: Aufstecknadel für Insektensammlungen. **mi|nu|zi|ös** ⟨aus gleichbed. *fr.* minutieux zu minutie „Kleinigkeit; peinliche Genauigkeit", dies aus *lat.* minutia zu minutus, vgl. Minute⟩: 1. peinlich genau, äußerst gründlich. 2. (veraltet) kleinlich

mio con|to [– k...] ⟨*it.*⟩: (veraltet) auf meine Rechnung
Mio|hip|pus *der;* - ⟨über *nlat.* miohippus zu *gr.* meíōn „kleiner, weniger" u. híppos „Pferd"⟩: ein ausgestorbener Einhufer Nordamerikas
Mi|om|bo|wald *der;* -[e]s, ...wälder ⟨aus einer afrik. Eingeborenensprache⟩: Trockenwald im tropisch-wechselfeuchten Afrika der Südhalbkugel
Mio|sis *die;* -, ...sen ⟨über *nlat.* miosis aus *gr.* meíōsis „das Verringern, Verkleinern"⟩: Pupillenverengung (Med.).
Mio|ti|kum *das;* -s, ...ka ⟨zu ↑ ...ikum⟩: pupillenverengendes Mittel. **mio|tisch** ⟨aus *gr.* meiōtikós „verkleinernd"⟩: pupillenverengend (Med.)
mio|zän ⟨zu *gr.* meíon „kleiner, weniger" u. kainós „neu"⟩: das Miozän betreffend. **Mio|zän** *das;* -s: zweitjüngste Abteilung des ↑ Tertiärs (Geol.)
Mi-par|ti *das;* - ⟨aus *fr.* mi-parti „halbiert, in zwei Hälften zerfallend" zu mi- „halb" u. parti „aus zwei gleichen Hälften bestehend", dies zu *lat.* pars, Gen. partis „Teil"⟩: geteilte Tracht; [Männer]kleidung des Mittelalters, bei der rechte u. linke Seite in Farbe u. Form verschieden waren
¹Mir *der;* -s ⟨aus *russ.* mir „Frieden(sgemeinschaft), Bauerngemeinde"⟩: a) bis 1917 russische Dorfgemeinschaft; b) Gemeinschaftsbesitz einer Dorfgemeinde
²Mir *der;* -[s], -s ⟨aus gleichbed. *pers* mīr⟩: kostbarer persischer Teppich mit dem Palmwedelmuster ↑ Miri
Mi|ra|bel|le *die;* -, -n ⟨aus gleichbed. *fr.* mirabelle⟩: eine gelbe, kleinfruchtige, süße Pflaume[nart]
mi|ra|bi|le dic|tu [...le 'dɪktu] ⟨*lat.;* „wundersam zu sagen"⟩: kaum zu glauben. **Mi|ra|bi|li|en** [..jən] *die* (Plur.) ⟨aus gleichbed. *spätlat.* mirabilia (Plur.) zu *lat.* mirabilis „wunderbar, erstaunlich"⟩: (veraltet) Wunderdinge. **Mi|ra|bi|lit** [auch ...'lɪt] *der;* -s ⟨zu ↑²...it⟩: Glaubersalz; kristallisiertes Natriumsulfat. **Mi|ra|cu|lin** [...k...] *das;* -s ⟨zu *lat.* miraculum „Wunder" (vgl. Mirakel) u. ↑...in (1)⟩: im Fruchtfleisch der Beeren des Wunderbeerenstrauches enthaltener Stoff, der die Geschmacksnerven auf der Zunge so beeinflußt, daß Süßes noch süßer, Saures aber süß schmeckt (Biochem.)
Mi|radsch [...dʒ] *die;* - ⟨aus *arab.* mirağ „Aufstieg"⟩: die Himmelfahrt Mohammeds auf dem Pferd Burak nach dem ↑ Koran
Mi|rage [mi'ra:ʒ] *die;* -, -n [mi'ra:ʒn̩] ⟨aus *fr.* mirage „Luftspiegelung, Trugbild" zu (se) mirer „(sich) spiegeln; (sich) besehen, bewundern", dies aus *lat.* mirari⟩: a) Luftspiegelung (Meteor.); b) (veraltet) leichter Selbstbetrug, Selbsttäuschung. **Mi|ra|kel** *das;* -s, - ⟨aus *lat.* miraculum „Wunder" zu mirari „sich wundern"⟩: 1 Wunder, wunderbare Begebenheit; Gebetserhörung (an Wallfahrtsorten); 2. mittelalterliches Drama über Marien- u. Heiligenwunder; Mirakelspiel. **mi|ra|ku|lös** ⟨aus *mlat.* miraculosus „wunderbar"⟩: (veraltet) durch ein Wunder bewirkt. **Mi|ra|mid** *das;* -s ⟨Kunstw.; vgl. ³...id⟩: aus Polyamid bestehender Werkstoff. **Mi|ra|stern** *der;* -[e]s, -e ⟨nach dem Stern Mira⟩: Stern, dessen Helligkeitsperiode zwischen 80 und 1000 Tagen liegt
Mir|ban|öl *das;* -[e]s ⟨zu *fr.* mirbane „Nitratbenzol"⟩: künstliches Bittermandelöl zur Parfümierung von Seifen
Mi|re *die;* -, -n ⟨aus *fr.* mire „Richtkorn (auf dem Gewehr)" zu mirer, vgl. Mirage⟩: Meridianmarke zur Einstellung des Fernrohres in Meridianrichtung
Mi|ri *das;* -[s] ⟨aus gleichbed. *pers.* mīrī⟩: [Teppich]muster, bestehend aus regelmäßig angeordneten, an der Spitze geknickten Palmblättern
Mir|li|ton [...'tõ:] *das;* -s, -s ⟨aus *fr.* mirliton „Flöte, Rohrflöte"⟩: Ansingtrommel, bei der eine Membran durch Ansingen in Schwingung versetzt wird u. die Stimme verstärkt u. verändert
Mi|roir [mi'rɔa:ɐ̯] *der;* -, -s ⟨aus gleichbed. *fr.* miroir zu mirer, vgl. Mirage⟩: (veraltet) Spiegel
Mir|za *der;* -s, -s ⟨aus *pers.* mīrzā „Fürstensohn" zu mīr „Herr" u. zā „der Geborene", dies zu zatan „geboren werden"⟩: persischer Ehrentitel (vor dem Namen: Herr; hinter dem Namen: Prinz)
mis..., Mis... vgl. miso..., Miso... **Mis|an|drie** *die;* - ⟨aus gleichbed. *gr.* misandría; vgl. miso...⟩: krankhafter Männerhaß (von Frauen; Psychol., Med.). **Mis|an|throp** *der;* -en, -en ⟨aus gleichbed. *gr.* misánthrōpos⟩: Menschenfeind, -hasser; Ggs. ↑ Philanthrop. **Mis|an|thro|pie** *die;* - ⟨aus gleichbed. *gr.* misanthrōpía⟩: 1. Menschenhaß, -scheu; Ggs. ↑ Philanthropie. 2. krankhafte Abneigung gegen andere Menschen (Med.). **mis|an|thro|pisch**: menschenfeindlich, menschenscheu; Ggs. ↑ philanthropisch
mis|ce [...ts...] ⟨*lat.*⟩: mische (Vermerk auf Rezepten). **Mis|cel|la|nea** *die* (Plur.) ⟨*lat.*⟩: svw. Miszellaneen
Misch|na *die;* - ⟨aus *hebr.* mišnā „Unterweisung" zu šānā „wiederholen, lernen"⟩: Sammlung der jüd. Gesetzeslehre aus dem 2. Jh. n. Chr. (Grundlage des ↑ Talmuds)
Misch|po|che u. **Misch|po|ke** *die;* - ⟨über *jidd.* mischpocho „Familie" aus *hebr.* mišpāḥā „Stamm, Genossenschaft"⟩: (ugs. abwertend) a) jmds. Familie, Verwandtschaft; b) üble Gesellschaft; Gruppe von unangenehmen Leuten
Mi|se ['mi:zə] *die;* -, -n ⟨aus gleichbed. *fr.* mise, eigtl. Part. Perf. (Fem.) von mettre „(ein)setzen, stellen, legen", dies über gleichbed. *spätlat.* mittere aus *lat.* mittere „schikken"⟩: 1. einmalige Prämie bei der Lebensversicherung. 2. Spieleinsatz beim Glücksspiel. **Mise en scène** [mizã'sɛn] *die;* - - -, - - - [miz...] ⟨aus gleichbed. *fr.* mise en scène⟩: Inszenierung
mi|se|ra|bel ⟨über *fr.* misérable aus *lat.* miserabilis „jämmerlich, kläglich"⟩: (ugs.) a) auf ärgerliche Weise sehr schlecht; b) erbärmlich; c) moralisch minderwertig, niederträchtig, gemein. **Mi|se|ra|bi|li|tät** *die;* - ⟨zu ↑...ität⟩: (veraltet) Bedauernswürdigkeit, Erbärmlichkeit. **Mi|se|re** *die;* -, -n ⟨aus gleichbed. *fr.* misère, dies aus *lat.* miseria „Elend" zu miser „elend, erbärmlich"⟩: Elend, Unglück, Notsituation, -lage. **Mi|se|re|or** *der;* -[s] ⟨zu *lat.* misereor „ich erbarme mich", 1. Pers. Sing. von misereri „sich erbarmen"⟩: kath. Organisation, die mit einem jährlichen Fastenopfer der deutschen Katholiken den Menschen in den Entwicklungsländern helfen will (seit 1959). **Mi|se|re|re** *das;* -s ⟨aus *lat.* miserere „erbarme dich!", Imperativ von misereri, vgl. Misereor⟩: 1. Anfang und Bez. des 51. Psalms (Bußpsalm) in der ↑ Vulgata. 2. Koterbrechen bei Darmverschluß (Med.). **Mi|se|ri|cor|di|as Do|mi|ni** [...'kɔr... –] ⟨*lat.;* „die Barmherzigkeit des Herrn"⟩: zweiter Sonntag nach Ostern, nach dem alten ↑ Introitus des Gottesdienstes (Psalm 89,2). **Mi|se|ri|kor|die** [...iə] *die;* -, -n ⟨zu *lat.* misericordia „Barmherzigkeit" (weil diese Sitze bes. älteren Priestern als Sitzgelegenheit dienten)⟩: [mit Schnitzereien versehener] Vorsprung an den Klappsitzen des Chorgestühls als Stütze während des Stehens. **Mi|se|ri|kor|di|en|bild** [...jən...] *das;* -[e]s, -er: Darstellung Christi als Schmerzensmann (bildende Kunst)
Mis|ne|fet *der;* -, -s ⟨aus gleichbed. *hebr.* mišnefet⟩: hohe, turbanartige Kopfbedeckung des jüd. Hohenpriesters
Mi|so *das;* -[s], -s ⟨aus gleichbed. *jap.* miso⟩: Paste aus fermentierten ↑ Sojabohnen
mi|so..., Mi|so..., vor Vokalen meist mis..., Mis... ⟨aus gleichbed. *gr.* miso- zu mĩsos „Haß", dies zu miseĩn „hassen"⟩: Wortbildungselement mit der Bedeutung „Feind-

schaft, Haß, Verachtung", z. B. Misogam, Misanthropie. **Mi|so|gam** *der;* Gen. -s u. -en, Plur. -e[n] ⟨zu ↑...gam (2)⟩: Ehefeind. **Mi|so|ga|mie** *die;* -⟨zu ↑...gamie (2)⟩: Ehescheu (bei Männern u. Frauen; Med., Psychol.). **Mi|so|gyn** *der;* Gen. -s u. -en, Plur. -e[n] ⟨aus gleichbed. *gr.* misogýnēs⟩: Frauenfeind (Med., Psychol.). **Mi|so|gy|nie** *die;* -⟨aus gleichbed. *gr.* misogýneia⟩: 1. krankhafter Haß von Männern gegenüber Frauen (Med., Psychol.). 2. Frauen entgegengebrachte Verachtung, Geringschätzung; Frauenfeindlichkeit. **Mi|so|lo|gie** *die;* -⟨aus gleichbed. *gr.* misología, eigtl. „Redehaß"⟩: Haß gegen den ↑ Logos; Abneigung gegen vernünftige, sachliche Auseinandersetzung (Philos.). **mi|so|lo|gisch** ⟨zu ↑...logisch⟩: denkscheu, vernunftfeindlich. **Mi|so|pä|die** *die;* -, ...ien ⟨zu ↑ miso..., *gr.* paīs, Gen. paidós „Kind" u. 1...ie⟩: krankhafter Haß gegen [die eigenen] Kinder (Med., Psychol.).

Mis|rach *der;* - ⟨aus *hebr.* mizrāḥ „Osten, Sonnenaufgang"⟩: jüd. Bez. der Himmelsrichtung, zu der man sich beim Gebet hinwendet. **Mis|ra|chi** *die;* - ⟨aus *neuhebr.* mizrāḥi, eigtl. „die Östliche", zu *hebr.* mizrāḥ „Osten"⟩: besonders in den USA verbreitete Organisation orthodoxer Zionisten

Miß u. (bei engl. Schreibung) **Miss** *die;* -, Misses ['mɪsɪz] ⟨aus *engl.* miss, dies zusammengezogen aus mistress, vgl. Mistress⟩: 1. (ohne Artikel) engl. Anrede für eine junge [unverheiratete] Frau. 2. (veraltet) aus England stammende Erzieherin. 3. Schönheitskönigin, häufig in Verbindung mit einem Länder- od. Ortsnamen, z. B. Miß Germany

Mis|sa *die;* -, ...ae [...sɛ] ⟨aus *kirchenlat.* missa, Part. Perf. Fem. von mittere „gehen lassen, entlassen", in der Schlußformel ite, missa est (concio) „geht, die Versammlung ist entlassen"⟩: kirchenlat. Bez. der ↑ ¹Messe (1); - lecta ['lɛkta]: stille od. Lesemesse; - pontificalis [...'ka:...]: svw. Pontifikalamt; - solemnis: feierliches Hochamt. **¹Mis|sal** *das;* -s, -e u. Missale *das;* -s, Plur. -n u. ...alien [...i̯ən] ⟨aus gleichbed. *mlat.* missale zu missa, vgl. Missa⟩: Meßbuch; Missale Romanum: amtliches Meßbuch der römisch-katholischen Kirche. **²Mis|sal** *die;* - ⟨zu ↑ ¹Missal (weil dieser Schriftgrad erstmals dafür verwendet wurde)⟩: Schriftgrad von 48 Punkt (ungefähr 20 mm Schrifthöhe; Druckw.). **Mis|sa|le** vgl. ¹Missal

Missed ab|or|tion ['mɪsd ə'bɔ:ʃn] *die;* - -, - -s ⟨aus *engl.* missed abortion „ausbleibender Abort" zu to miss „verfehlen, nicht haben" u. abortion „Abtreibung" (vgl. ¹Abort)⟩: Verbleiben einer toten, unreifen Frucht über längere Zeit in der Gebärmutter (Med.). **Missed la|bour** [- 'leɪbə] *die;* - -, - -s ⟨aus gleichbed. *engl.* missed labour⟩: erfolglose Wehentätigkeit (bei abgestorbener reifer Frucht, die nicht ausgestoßen werden kann; Med.)

Mis|ses [...sɪz]: Plur. von Miß

Mis|sile ['mɪsail, auch 'mɪsl] *das;* -s, -s ⟨aus gleichbed. *engl.-amerik.* missile zu *lat.* missilis „zum Werfen, Schleudern geeignet", dies zu mittere, vgl. Mission⟩: Flugkörpergeschoß (Mil.)

Mis|sing link *das;* - - ⟨aus *engl.* missing link „fehlendes Glied" zu to miss „verfehlen, nicht haben" u. link „Glied"⟩: 1. fehlende Übergangsform zwischen Mensch u. Affe. 2. fehlende Übergangsform in tierischen u. pflanzlichen Stammbäumen (Biol.)

Mis|sio ca|no|ni|ca [- k...ka] *die;* - - ⟨aus *mlat.* missio canonica, eigtl. „kanonische Sendung"⟩: kirchliche Ermächtigung zur Erteilung des Religionsunterrichts (kath. Kirchenrecht). **Mis|si|on** *die;* -, -en ⟨aus *(kirchen)lat.* missio „das Schicken, die Entsendung (christlicher Glaubensboten)", z. T. über *fr.* mission (Bed. 1, 3, 4), zu *lat.* mittere „gehen lassen, schicken; werfen"⟩: 1. Sendung, [ehrenvoller] Auftrag, innere Aufgabe. 2. Verbreitung einer religiösen Lehre unter Andersgläubigen; innere -: religiöse Erneuerung u. Sozialarbeit im eigenen Volk. 3. [ins Ausland] entsandte Person[engruppe] mit besonderem Auftrag (z. B. Abschluß eines Vertrages). 4. diplomatische Vertretung eines Staates im Ausland. **Mis|sio|nar** *der;* -s, -e ⟨zu ↑...ar (2)⟩: in der ↑ Mission (2) tätiger Priester od. Prediger; Glaubensbote. **Mis|sio|när** *der;* -s, -e ⟨zu ↑...är⟩: (österr.) svw. Missionar. **mis|sio|na|risch**: die Mission (2) betreffend; auf Bekehrung hinzielend. **mis|sio|nie|ren** ⟨zu ↑...ieren⟩: eine (bes. die christliche) Glaubenslehre verbreiten. **Mis|si|ons|chef** *der;* -s, -s: svw. Chef de mission. **Mis|si|ons|sta|ti|on** *die;* -, -en: von ↑ Missionaren eingerichtete u. unterhaltene Station mit Krankenhaus, Schule o. ä.

Mis|sis|sip|pi|kul|tur *die;* - ⟨nach dem Strom Mississippi in Nordamerika u. ↑zu Kultur⟩: bedeutende indian. Kulturtradition in der Zeit von 500 bis 1700 n. Chr. **Mis|sis|sip|pi|um** *das;* -s ⟨zu ↑...ium⟩: Bez. für das untere ↑ Karbon in Nordamerika

Mis|siv *das;* -s, -e [...və] u. **Mis|si|ve** [...və] *die;* -, -n ⟨aus *fr.* (lettre) missive „(amtliches) Schreiben", dies aus *lat.* missus „(ab)gesandt", Part. Perf. von mittere, vgl. Mission⟩: (veraltet) 1. Sendschreiben, Botschaft. 2. verschließbare Aktentasche

Mis|sou|ri|syn|ode *die;* - [...'su:...] ⟨nach dem nordamerik. Bundesstaat Missouri, wo sie 1847 gegründet wurde, u. zu ↑Synode⟩: streng lutherische Freikirche deutscher Herkunft in den USA. **Mis|sou|rit** [mɪsu'ri:t, auch ...'rɪt] *der;* -s, -e ⟨zu ↑²...it⟩: ein dunkelgraues Tiefengestein

Mist *der;* -s, -e ⟨aus gleichbed. *engl.* mist⟩: leichter Nebel (Seew.)

Mi|stel|la *der;* -s, ...llen ⟨aus gleichbed. *span.* mistela, eigtl. Verkleinerungsform von misto, mixto „gemischt", dies aus *lat.* mixtus⟩: Traubenmost der Mittelmeerländer, dessen Gärung durch Zusatz von Alkohol verhindert od. unterbrochen wurde

Mi|ster *der;* -s, - ⟨aus gleichbed. *engl.* mister, dies Nebenform von master, vgl. Master⟩: 1. (ohne Artikel) engl. Anrede für einen Mann in Verbindung mit dem Namen; Abk.: Mr. (engl. Mr) 2. Sieger in einem Schönheitswettbewerb für Männer, häufig in Verbindung mit einem Orts- od. Ländernamen, z. B. Mister Universum

mi|ste|rio|sa|men|te u. **mi|ste|rio|so** ⟨*it.;* zu mistero „Geheimnis", dies aus *lat.* mysterium, vgl. Mysterium⟩: geheimnisvoll (Vortragsanweisung; Mus.)

mi|stig ⟨zu *engl.* mist, vgl. Mist⟩: neblig (Seew.)

Mi|sti|gri *das;* -s ⟨aus *fr.* mistigri, eigtl. „Miezekatze", weitere Herkunft unsicher⟩: Kartenspiel für 3–6 Personen mit dem Treffbuben als Haupttrumpf

Mi|stor *der;* -s, ...oren ⟨Kunstw.⟩: ein Magnetfeldwiderstand, bei dem eine Wismutschicht mäanderförmig auf einen isolierenden Träger aufgetragen ist

Mist|puf|fers [...pʌfəz] *die* (Plur.) ⟨aus *engl.* (ugs.) mist puffers, eigtl. „Nebelstöße"⟩: scheinbar aus großer Entfernung kommende dumpfe Knallgeräusche unbekannter Herkunft, die man an Küsten wahrnimmt

Mi|stral *der;* -s, -e ⟨aus *provenzal.-fr.* mistral, älter maestral eigtl. „Haupt-, Meisterwind", zu *provenzal.* maestre „Herr, Meister", dies aus gleichbed. *lat.* magister⟩: kalter Nord[west]wind im Rhonetal, in der Provence u. an der franz. Mittelmeerküste. **Mi|streß** u. (bei engl. Schreibung) **Mi|stress** ['mɪstrɪs] *die;* -, ...stresses [...sɪz] ⟨aus *engl.* mistress „Herrin, Gebieterin", dies aus gleichbed. *altfr.*

misurato

maistresse, vgl. Mätresse⟩: 1. (ohne Artikel) engl. Anrede für eine [verheiratete] Frau in Verbindung mit dem Namen; Abk.: Mrs. (engl. Mrs) 2. (veraltet) Hausfrau, Herrin, Lehrerin

mi|su|ra|to ⟨it.; zu misura aus *lat.* mensura „Maß"⟩: gemessen, wieder streng im Takt (Vortragsanweisung; Mus.)

Mis|zel|la|ne|en [auch ...'la:neən] *die* (Plur.) ⟨aus *lat.* miscellanea, Neutrum Plur. von miscellaneus „vermischt", dies zu miscellus, vgl. Miszellen⟩: svw. Miszellen. **Mis|zel|len** *die* (Plur.) ⟨aus *lat.* miscella, Neutrum Plur. von miscellus „gemischt", dies zu miscere „mischen"⟩: kleine Aufsätze verschiedenen Inhalts; Vermischtes, bes. in wissenschaftlichen Zeitschriften

Mi|ta *die;* - ⟨über *span.* mita aus dem Indian. (Ketschua)⟩: Form der Zwangsarbeit im Inkareich

mi|te ⟨aus *lat.* mite (Adverb) „mild, gelinde"; vgl. mitis⟩: mild, ohne Reizstoffe (von Arzneimitteln, die bestimmte Wirkstoffe in reduzierter Konzentration enthalten); vgl. mitis

Mi|tel|la *die;* -, ...llen ⟨aus gleichbed. *spätlat.* mitella, Verkleinerungsform von mitra, vgl. Mitra⟩: Dreieckstuch; um den Nacken geschlungenes Tragetuch für den Arm zur Ruhigstellung bei Unterarm- u. Handverletzungen

Mi|thrä|um *das; -s,* ...äen ⟨über *spätlat.* Mithraeum aus gleichbed. *gr.* Mithraíon; nach dem altpers. Rechts- u. Lichtgott Mithras⟩: unterirdischer Kultraum des Mithras (vielfach im röm. Heeresgebiet an Rhein u. Donau)

Mi|thri|da|tis|mus *der;* - ⟨nach König Mithridates VI. von Pontos (um 132–63 v. Chr.), der sich zum Schutz vor dem Vergiftetwerden durch Einnahme von geringen Giftdosen immunisierte, u. zu ↑...ismus (3)⟩: durch Gewöhnung erworbene Immunität gegen Gifte (Med.)

Mi|thu|na *die;* - ⟨aus *sanskr.* mithurá „Liebespaar", eigtl. „Paarung"⟩: in der ind. religiösen Kunst häufig verwendetes Liebesmotiv (als Symbol des erfahrbaren Einsseins der individuellen Seele mit dem Göttlichen)

Mi|ti|gans *das; -,* Plur. ...anzien [...jən] u. ...antia ⟨aus *lat.* mitigans, Gen. mitigantis, Part. Präs. von mitigare, vgl. mitigieren⟩: 1. Linderungs-, Beruhigungsmittel (Med.). 2. (nur Plur.; veraltet) mildernde Umstände (Rechtsw.). **Mi|ti|ga|ti|on** *die; -,* -en ⟨aus *lat.* mitigatio „Besänftigung"⟩: 1. Abschwächung, Milderung (Med.). 2. (veraltet) Strafminderung (Rechtsw.). **mi|ti|gie|ren** ⟨aus gleichbed. *lat.* mitigare⟩: lindern, mildern (Med.). **mi|ti|giert** ⟨zu ↑...iert⟩: abgeschwächt, gemildert (z. B. von Krankheiten; Med.). **mi|tis** ⟨aus *lat.* mitis „mild, gelinde"⟩: leicht, mild verlaufend (von Krankheiten; Med.); vgl. mite

mi|to|chon|dri|al [...x...] ⟨zu ↑Mitochondrium u. ↑¹...al (1)⟩: die Mitochondrien betreffend. **Mi|to|chon|dri|um** *das; -s,* ...ien [...iən] ⟨aus gleichbed. *nlat.* mitochondrium zu *gr.* mítos „Faden" u. chondríon „Knötchen"⟩: fadenod. kugelförmiges Gebilde in menschlichen, tierischen u. pflanzlichen Zellen, das der Atmung u. dem Stoffwechsel der Zelle dient (Biol.). **mi|to|gen** ⟨zu ↑Mitose u. ↑...gen⟩: eine Mitose hervorrufend (von Substanzen; Biol.). **Mi|to|my|cin** [...'tsi:n] u. **Mi|to|my|zin** *das; -s,* -e ⟨Kurzw. aus ↑*Mito*se u. ↑Strepto*mycin*⟩: Gruppe chemisch nah verwandter ↑Antibiotika

mi|ton|nie|ren ⟨aus gleichbed. *fr.* mitonner⟩: langsam in einer Flüssigkeit kochen lassen

Mi|to|se *die; -,* -n ⟨aus *nlat.* mitosis zu *gr.* mítos „Faden, Kette"⟩: Zellkernteilung mit Längsspaltung der Chromosomen; indirekte Zellkernteilung (Biol.); Ggs. ↑Amitose. **Mi|to|se|gift** *das; -[e]s,* -e: Stoff, der den normalen Verlauf der Kernteilung stört (z. B. ↑Kolchizin; Biol.). **Mi|to|se|zy**

klus *der;* -, ...klen: svw. Zellzyklus. **mi|to|tisch**: die Zellkernteilung betreffend (Biol.)

Mi|tra *die; -,* ...ren ⟨über *lat.* mitra aus *gr.* mítra „Stirnbinde, Turban"⟩: 1. Kopfbedeckung hoher kath. Geistlicher; Bischofsmütze. 2. mützenartige Kopfbedeckung altorientalischer Herrscher. 3. a) bei den Griechen u. Römern Stirnbinde der Frauen; b) metallener Leibgurt der Krieger. 4. haubenartiger Kopfverband (Med.)

Mi|trail|la|de [mitra(l)'ja:də] *die;* -, -n ⟨aus gleichbed. *fr.* mitraillade zu mitraille; vgl. Mitraille⟩: (veraltet) a) Salve; b) Kartätschenfeuer. **Mi|trail|le** [mɪ'tra(l)jə] *die; -,* -n ⟨aus *fr.* mitraille „zerhackte Blei- u. Eisenstücke" zu älter *fr.* mite „Kupfermünze"⟩: (veraltet) Kartätschenladung. **Mi|trail|leur** [mɪtra(l)'jø:ɐ̯] *der; -s,* -e ⟨aus gleichbed. *fr.* mitrailleur⟩: (schweiz.) Maschinengewehrschütze. **Mi|trail|leu|se** [...jø:zə] *die; -,* -n ⟨aus gleichbed. *fr.* mitrailleuse⟩: franz. Salvengeschütz (1870–71), Vorläufer des Maschinengewehrs

mi|tral ⟨zu *gr.* mítra (vgl. Mitra) u. ↑¹...al (1)⟩: 1. sich auf die Mitralklappe beziehend (Med.). 2. von haubenförmiger Gestalt. **Mi|tral|in|suf|fi|zi|enz** *die; -,* -en: nicht ausreichende Schließfähigkeit der Mitralklappe (Med.). **Mi|tral|klap|pe** *die; -,* -n: zweizipfelige Herzklappe zwischen linkem Vorhof u. linker Kammer (Med.). **Mi|tral|ste|no|se** *die; -,* -n: Verengung der Mitralklappenlichtung [im Gefolge einer rheumatischen od. bakteriellen Herzklappenentzündung] (Med.). **Mi|tren**: Plur. von ↑Mitra

Mit|ro|pa *die;* - ⟨Kunstw.⟩: Mitteleuropäische Schlaf- und Speisewagen-Aktiengesellschaft

Mi|tsu|ma|ta|pa|pier *das; -s,* -e ⟨zu *jap.* mitsu „drei", mata „gegabelt" u. ↑Papier⟩: aus den langen, schneeweißen Bastfasern des in Japan kultivierten Papierseidelbasts hergestelltes (Seiden)papier

Mitz|wa *die; -,* Plur. ...wot od. -s ⟨aus gleichbed. *jidd.* mitzwa, dies aus *hebr.* miṣwā „Gebot" zu ṣāwā „gebieten"⟩: gute, gottgefällige Tat

Mix *der; -,* -e ⟨zu *engl.* to mix „(ein Getränk) mischen"; vgl. Mixed⟩: (Jargon) Gemisch, spezielle Mischung. **Mixed** [mɪkst] *das; -[s],* -[s] ⟨aus gleichbed. *engl.* mixed zu mixed „gemischt", dies über *(alt)fr.* mixte aus gleichbed. *lat.* mixtus, Part. Perf. von miscere „mischen"⟩: gemischtes Doppel (aus je einem Spieler u. einer Spielerin auf jeder Seite) im Tennis, Tischtennis u. Badminton. **Mixed drink** ['mɪkst –] *der;* - -[s], - -s ⟨aus gleichbed. *engl.* mixed drink⟩: alkoholisches Mischgetränk. **Mixed grill** *der;* - -[s], - -s ⟨aus gleichbed. *engl.* mixed grill⟩: Gericht, das aus verschiedenen gegrillten Fleischstücken [u. kleinen Würstchen] besteht (Gastr.). **Mixed me|dia** [– 'mi:djə] *die* (Plur.) ⟨aus gleichbed. *engl.-amerik.* mixed media⟩: Kombination verschiedener Medien (↑¹Medium 5) in künstlerischer Absicht. **Mixed Pickles** [– 'pɪk|s] u. **Mixpickles** ['mɪkspɪk|s] *die* (Plur.) ⟨aus gleichbed. *engl.* mixed pickles, mixpickles, zu pickle „Pökel, Eingemachtes"⟩: in Essig eingelegte Stückchen verschiedener Gemüsesorten, bes. Gurken. **mi|xen** ⟨aus *engl.* to mix „mischen" zu mixed „gemischt", vgl. Mixed⟩: 1. (bes. Getränke) mischen. 2. die auf verschiedene Bänder aufgenommenen akustischen Elemente eines Films (Sprache, Musik, Geräusche) aufeinander abstimmen u. auf eine Tonspur überspielen. 3. Speisen mit einem elektr. Küchengerät zerkleinern u. mischen. 4. (beim Eishockey) den Puck mit dem Schläger schnell hin u. her schieben. **Mi|xer** *der; -s,* - ⟨aus gleichbed. *engl.* mixer⟩: 1. jmd., der [in einer Bar] alkoholische Getränke mischt. 2. a) Tontechniker, der getrennt aufgenommene akustische Elemente eines Films auf eine Tonspur überspielt; b) Gerät zum Mixen (2)

3. elektr. Gerät zum Mischen u. Zerkleinern von Getränken u. Speisen

Mi|xo|ly|disch u. **Mi|xo|ly|di|sche** *das;* ...schen ⟨aus gleichbed. *gr.* mixolýdios, eigtl. „halblydisch", nach der kleinasiat. Landschaft Lydien⟩: a) altgriech. Tonart; b) 7. Kirchentonart (g-g') des Mittelalters (Mus.)

Mi|xo|sko|pie *die;* - ⟨zu *gr.* mîxis „geschlechtliche Vereinigung", eigtl. „Vermischung", u. ↑...skopie⟩: sexuelle Lust u. Befriedigung beim Betrachten des Koitus anderer; vgl. Voyeur. **mi|xo|troph** ⟨zu ↑...troph⟩: sich gemischt ernährend, sowohl aus anorganischen als auch aus organischen Stoffen (z. B. von bestimmten Bakterien, Algen, fleischfressenden Pflanzen; Biol.)

Mix|pickles ['mɪkspɪkls] vgl. Mixed Pickles. **Mix|ti|on** *die;* -, -en ⟨aus gleichbed. *lat.* mixtio zu miscere „mischen"⟩: (veraltet) Mischung. **Mix|tum com|po|si|tum** [– k...] *das;* - -, ...ta ...ta ⟨aus *nlat.* mixtum compositum „gemischt Zusammengesetztes"; vgl. Mixed u. Kompositum⟩: Durcheinander, Mischmasch, buntes Gemisch. **Mix|tur** *die;* -, -en ⟨aus *lat.* mixtura „Mischung" zu mixtus, Part. Perf. von miscere „mischen"⟩: 1. Mischung; flüssige Arzneimischung. 2. Orgelregister, das auf jeder Taste mehrere Pfeifen in Oktaven, Terzen, Quinten, auch Septimen ertönen läßt (Mus.). **Mix|tu|ra sol|vens** [– ...v...] *die;* ...rae solventes [...rɛ ...'vɛntes] ⟨zu *lat.* solvens, Gen. solventis, Part. Präs. von solvere „lösen"⟩: einzunehmende Arzneimittellösung zur Sekretverflüssigung bei Erkältungen

Mi|ya ['mi:ja] *der;* -[s], -[s] ⟨aus *jap.* mi-ya „erhabenes Haus"⟩: ↑ schintoistischer Götterschrein

Mi|zell *das;* -s, -e u. **Mi|zel|le** *die;* -, -n ⟨aus *nlat.* micella, Verkleinerungsform von *lat.* mica „Krümchen"⟩: Molekülgruppe, die sich am Aufbau eines Netz- u. Gerüstwerkes in der pflanzlichen Zellwand beteiligt (Biol.). **Mi|zel|len** *die* (Plur.): Kolloidteilchen, die aus zahlreichen kleineren Einzelmolekülen aufgebaut sind (Chem.)

Mne|me *die;* - ⟨aus *gr.* mnḗmē „Gedächtnis"⟩: Gedächtnis; Erinnerung, Fähigkeit lebender Substanz, für die Lebensvorgänge wichtige Information zu speichern (Med., Psychol.). **Mne|mis|mus** *der;* - ⟨zu ↑...ismus (1)⟩: Lehre, daß alle lebende Substanz eine Mneme habe, die die vitalen Funktionen steuere. **Mne|mo|nik** *die;* - über *lat.* mnemonicum aus *gr.* mnēmonikón „Erinnerungskunst, Gedächtniskraft"⟩: svw. Mnemotechnik. **Mne|mo|ni|ker** *der;* -s, -: svw. Mnemotechniker. **mne|mo|nisch** ⟨aus *gr.* mnēmonikós „ein gutes Gedächtnis habend"⟩: 1. svw. mnemotechnisch. 2. bei der ↑ Kodierung von Wörtern die Bedeutung des Wortes erkennen lassend (z. B. SUB für Subtraktion; EDV). **Mne|mo|tech|nik** *die;* -, -en ⟨nach gleichbed. *gr.* mnēmonikḗ téchnē⟩: Technik, Verfahren, sich etwas leichter einzuprägen, seine Gedächtnisleistung zu steigern, z. B. durch systematische Übung od. Lernhilfen (wie z. B. Merkverse). **Mne|mo|tech|ni|ker** *der;* -s, -: jmd., der die Mnemotechnik beherrscht. **mne|mo|tech|nisch**: die Mnemotechnik betreffend. **mne|stisch** ⟨zu *gr.* mnēstis „Gedächtnis"⟩: die Mneme betreffend

Moa *der;* -[s], -s ⟨aus gleichbed. *maorisch* (Eingeborenensprache Neuseelands) moa⟩: ausgestorbener, sehr großer, straußenähnlicher neuseeländischer Laufvogel (bis 3,50 m hoch). **Moa|holz** *das;* -es: aus Neuseeland eingeführtes, sehr hartes Holz

Mob *der;* -s ⟨aus gleichbed. *engl.* mob, eigtl. „aufgewiegelte Volksmenge", verkürzt aus gleichbed. *lat.* mobile vulgus⟩: (abwertend) 1. Pöbel. 2. mit kriminellen Mitteln vorgehende Bande. **mob|ben** ⟨aus *engl.* to mob „aufwiegeln, (tätlich) angreifen"⟩: jmdn. in ungerechter Weise grob angreifen, beleidigen. **Mob|bing** *das;* -s ⟨aus gleichbed. *engl.-amerik.* mobbing⟩: beleidigender Ausfall, grobe Verletzung der persönlichen Integrität, bes. am Arbeitsplatz

Mö|bel *das;* -s, - ⟨aus älter *fr.* meuble „bewegliches Gut; Hausgerät; Einrichtungsgegenstand", dies aus *mlat.* mobile „bewegliches Hab und Gut" zu *lat.* mobilis, vgl. mobil⟩: 1. a) Einrichtungsgegenstand für Wohn- u. Arbeitsräume; b) (nur Plur.) Einrichtung, Mobiliar. 2. (ohne Plur.; ugs.) großer, unhandlicher od. ungefüger Gegenstand. **mo|bil** ⟨über *fr.* mobile „beweglich, marschbereit" aus *lat.* mobilis „beweglich" zu movere „in Bewegung setzen"⟩: 1. a) beweglich, nicht an einen festen Standort gebunden; Ggs. ↑immobil (1); b) den Wohnsitz u. Arbeitsplatz häufig wechselnd. 2. für den militärischen, polizeilichen o. ä. Einsatz bestimmt od. ausgerüstet; einsatzbereit; Ggs. ↑immobil (2). 3. (ugs.) wohlauf, gesund; lebendig, munter; -es Buch: Loseblattsammlung; - machen: a) in den Kriegszustand versetzen; b) (ugs.) in Aufregung, Bewegung versetzen. **Mo|bil** *das;* -s, -e ⟨gekürzt aus ↑Automobil⟩: Fahrzeug, Auto. **mo|bi|le** ⟨*it.*⟩: beweglich, nicht steif (Vortragsanweisung; Mus.). **Mo|bi|le** *das;* -s, -s ⟨aus gleichbed. *engl.* mobile zu *it.* mobile „beweglich", dies aus *lat.* mobilis, vgl. mobil⟩: hängend befestigtes Gebilde aus [Metall]plättchen, Stäben, Figuren u. Drähten, das durch Luftzug, Warmluft od. Anstoßen in Bewegung gerät. **Mo|bil|funk** *der;* -s ⟨zu ↑ mobil⟩: die Gesamtheit aller beweglichen Funkeinrichtungen, die unabhängig von einem verkabelten Netz arbeiten (z. B. Autotelefon, schnurloses Telefon). **Mo|bi|li|ar** *das;* -s, -e ⟨unter Einfluß von gleichbed. *fr.* mobilier zu *mlat.* mobilia (Plur.), vgl. Mobilien⟩: Gesamtheit der Möbel u. Einrichtungsgegenstände [einer Wohnung]. **Mo|bi|li|ar|kre|dit** *der;* -[e]s, -e: Kredit gegen Verpfändung beweglicher Sachen. **Mo|bi|li|en** [...iən] *die* (Plur.) ⟨aus gleichbed. *mlat.* mobilia (Plur.) (wohl aus bona mobilia „bewegliche Güter") zu *lat.* mobilis, vgl. mobil⟩: 1. (veraltet) Hausrat, Möbel. 2. bewegliche Güter (Wirtsch.); Ggs. ↑Immobilien. **Mo|bi|li|sa|ti|on** *die;* -, -en ⟨aus gleichbed. *fr.* mobilisation⟩: 1. operativer Eingriff, mit dem festsitzende od. unbeweglich gewordene Organe (z. B. versteifte Gelenke) frei beweglich gemacht werden (Med.). 2. svw. Mobilmachung; Ggs. ↑ Demobilisation (a). 3. das Mobilisieren (4); vgl. ...[at]ion/...ierung. **Mo|bi|li|sa|tor** *der;* -s, ...oren ⟨zu ↑...or⟩: Faktor, der eine mobilisierende Wirkung auf jemanden, etwas ausübt. **mo|bi|li|sie|ren** ⟨aus gleichbed. *fr.* mobiliser zu mobile, vgl. mobil⟩: 1. mobil machen (Mil.); Ggs. ↑demobilisieren (a). 2. beweglich, zu Geld machen (Wirtsch.). 3. auf operativem Weg ein Organ [wieder] beweglich machen (Med.). 4. a) in Bewegung setzen, zum Handeln veranlassen; b) rege, wirksam machen; aktivieren. **Mo|bi|li|sie|rung** *die;* -, -en ⟨zu ↑...isierung⟩: 1. Aktivierung von Lebensvorgängen (Biol.). 2. Umwandlung von in Aktien o. ä. gebundenem Kapital in Geldvermögen. 3. svw. Mobilmachung; Ggs. ↑Demobilisierung. 4. das Mobilisieren (3, 4); vgl. ...[at]ion/...ierung. **Mo|bi|lis|mus** *der;* - ⟨zu ↑mobil u. ↑...ismus (1)⟩: Theorie, daß die Erdkruste auf dem sie unterlagernden Untergrund frei beweglich ist (Geol.); Ggs. ↑Fixismus. **Mo|bi|list** *der;* -en, -en ⟨verkürzt aus ↑Auto*mobilist*⟩: (ugs. scherzh.) Autofahrer. **Mo|bi|li|tät** *die;* - ⟨aus gleichbed. *lat.* mobilitas, Gen. mobilitatis zu mobilis, vgl. mobil⟩: 1. (geistige) Beweglichkeit. 2. Beweglichkeit von Individuen od. Gruppen innerhalb der Gesellschaft. 3. die Häufigkeit des Wohnsitzwechsels einer Person (Bevölkerungsstatistik). **Mo|bil|ma|chung** *die;* -, -en ⟨zu ↑mobil⟩: Vorbereitung auf einen bevorstehenden Krieg durch Einberufung der Reserve u. Aufstellung neuer Truppenteile. **Mo|bil|sta|ti|on** *die;* -, -en: Sprechfunkanlage im Auto, mobile (1 a) ↑ Station (3) beim Funksprech- bzw. Funktelefonverkehr. **Mo|bil|te|le|fon** *das;* -s, -e: über Mobilfunk angeschlossenes Telefon. **mö|blie|ren** ⟨aus gleichbed. *fr.* meubler zu meuble, vgl. Möbel⟩: mit Möbeln ausstatten, einrichten

Mob|ster *der;* -s, - ⟨aus gleichbed. *engl.-amerik.* ugs. mobster für *amerik.* mobsman „Gangster"⟩: Gangster, Bandit

Moc|ca dou|ble ['mɔka 'du:bl] *der;* - -, -s -s ['mɔka 'du:bl] ⟨französierende Bildung zu ↑ Mokka u. *fr.* double „doppelt", eigtl. „doppelter Mokka"⟩: extrastarkes Kaffeegetränk (Gastr.). **¹Mo|cha** ['mɔxa, auch 'mɔka] *der;* - ⟨nach der jemenit. Hafenstadt am Roten Meer Al-Muḫā (= Mokka, früher Mocha)⟩: Abart des Quarzes. **²Mo|cha** *das;* -s ⟨zu ↑ ¹Mocha⟩: abgeschliffenes, samtartiges Glacéleder aus Lamm- od. Zickenfellen

Mock|tur|tle|sup|pe ['mɔktœrtl...] *die;* -, -n ⟨Lehnübersetzung von gleichbed. *engl.* mock turtle soup zu mock „unecht" u. turtle „Schildkröte"⟩: unechte Schildkrötensuppe (aus Kalbskopf hergestellt)

Mod *der;* -s, -s (meist Plur.) ⟨aus gleichbed. *engl.* mod zu mode „Art und Weise, Lebensart", dies aus *lat.* modus, vgl. Mode⟩: Angehöriger einer Gruppe männlicher Jugendlicher, die den Musikstil der 50er Jahre u. als Kleidung Anzug u. Krawatte bevorzugen. **mo|dal** ⟨über gleichbed. *mlat.* modalis zu *lat.* modus (vgl. Modus)⟩: 1. den ↑ Modus (1) betreffend, die Art u. Weise bezeichnend (Philos., Sprachw.); -e Konjunktion: die Art u. Weise bestimmendes Bindewort (z. B. wie, indem; Sprachw.); -e Persönlichkeit: Persönlichkeit mit Verhaltensweisen, die typisch für den Kulturkreis sind, dem sie angehört (Soziol.). 2. in Modalnotation notiert, sie betreffend (Mus.). **Mo|dal|ad|verb** *das;* -s, -ien [...jən]: Adverb der Art u. Weise (z. B. kopfüber; Sprachw.). **Mo|dal|be|stim|mung** *die;* -, -en: Umstandsbestimmung der Art u. Weise (z. B. sie malt *ausdrucksvoll;* Sprachw.). **Mo|dal|fa|sern** *die* (Plur.): gegen Zugkräfte im nassen Zustand widerstandsfeste Viskosespezialfasern mit hohem Polymerisationsgrad. **Mo|da|lis|mus** *der;* - ⟨zu ↑ ...ismus (2)⟩: altkirchliche, der Lehre von der ↑ Trinität widersprechende Anschauung, die Christus nur als Erscheinungsform Gottes sah (Zweig des ↑ Monarchianismus). **Mo|da|li|tät** *die;* -, -en ⟨zu ↑ modal u. ↑ ...ität⟩: 1. Art u. Weise des Seins, des Denkens (Philos., Sprachw.). 2. (meist Plur.) Art u. Weise der Aus- u. Durchführung eines Vertrages, Beschlusses o. ä. 3. Grad der Bestimmtheit einer Aussage bzw. der Gültigkeit eines Urteils (z. B. Möglichkeit, Notwendigkeit). **Mo|da|li|tä|ten|lo|gik** *die;* -: svw. Modallogik. **Mo|dal|lo|gik** *die;* -: Zweig der formalen Logik, in dem zur Bildung von Aussagen auch die Modalitäten (3) herangezogen werden. **Mo|dal|no|ta|ti|on** *die;* -: vorwiegend der Unterscheidung verschiedener Rhythmen dienende Notenschrift des 12. u. 13. Jh.s, Vorstufe der ↑ Mensuralnotation (Mus.). **Mo|dal|satz** *der;* -es, ...sätze: Adverbialsatz der Art u. Weise (z. B. ich half ihm, *indem ich ihm Geld schickte;* Sprachw.). **Mo|dal|verb** *das;* -s, -en: Verb, das in Verbindung mit einem reinen Infinitiv ein anderes Sein od. Geschehen modifiziert (z. B. er *will* kommen; Sprachw.). **mode** [moːt] ⟨aus *engl.* mode „eine Art Grau", eigtl. „Mode(farbe)" zu mode „Mode", dies aus *fr.* mode, vgl. ¹Mode⟩: bräunlich. **¹Mo|de** ['moːdə] *die;* -, -n ⟨aus gleichbed. *fr.* mode, dies aus *lat.* modus, vgl. Modus⟩: 1. a) Brauch, Sitte zu einem bestimmten Zeitpunkt; b) Tages-, Zeitgeschmack. 2. die zu einem bestimmten Zeitpunkt bevorzugte Art, sich zu kleiden od. zu frisieren usw. 3. (meist Plur.) dem herrschenden Zeitgeschmack entsprechende od. ihn bestimmende Kleidung. **²Mo|de** *der;* -[s], -n od. *die;* -, -n ⟨aus gleichbed. *engl.* mode, dies aus *lat.* modus, vgl. Modus⟩: Schwingungsform elektromagnetischer Wellen insbesondere in Hohlleitern (Elektrot.). **Mo|de|de|si|gner** [...dizajne] *der;* -s, - ⟨zu ↑ ¹Mode⟩: im Zeichnen u. Beurteilen von Entwürfen, Modellen u. in damit zusammenhängenden kaufmännischen Tätigkeiten ausgebildete Fachkraft auf dem Gebiet der ¹Mode. **Mo|de|de|si|gne|rin** *die;* -, -nen: weibliche Form zu ↑ Modedesigner. **¹Mo|del** *der;* -s, - u. Modul *der;* -s, -n ⟨aus *lat.* modulus „Maß", Verkleinerungsform von modus, vgl. Modus⟩: 1. Halbmesser des unteren Teils einer antiken Säule (Maßeinheit zur Bestimmung architektonischer Verhältnisse, bes. in der Antike u. Renaissance). 2. Hohlform für die Herstellung von Gebäck od. zum Formen von Butter. 3. erhabene Druckform für Stoff- u. Tapetendruck. 4. Stick- u. Wirkmuster. **²Mo|del** *das;* -s, -s ⟨aus gleichbed. *engl.* model, dies über *mittelfr.* modelle aus älter *it.* modello, vgl. Modell⟩: Fotomodell, attraktive junge Frau, die als Blickfang für modische Kleidung u. Accessoires in der Werbung dient. **Mo|dell** *das;* -s, -e ⟨aus (älter) *it.* modello „Muster", dies über *spätlat.* modellus aus *lat.* modulus, vgl. ¹Model⟩: 1. Muster, Vorbild. 2. Entwurf od. Nachbildung in kleinerem Maßstab (z. B. eines Bauwerks). 3. [Holz]form zur Herstellung der Gußform. 4. Kleidungsstück, das eine Einzelanfertigung ist. 5. Mensch od. Gegenstand als Vorbild für ein Werk der bildenden Kunst. 6. Typ, Ausführungsart eines Fabrikats. 7. vereinfachte Darstellung der Funktion eines Gegenstands od. des Ablaufs eines Sachverhalts, die eine Untersuchung od. Erforschung erleichtert od. erst möglich macht. 8. svw. ²Model. 9. svw. Callgirl. **Mo|del|leur** [...'løːɐ] *der;* -s, -e ⟨nach gleichbed. *fr.* modeleur zu modèle „Modell"⟩: Modellierer. **mo|del|lie|ren** ⟨aus gleichbed. *it.* modellare zu modello, vgl. Modell⟩: 1. [eine Plastik] formen, gestalten; formend, gestaltend bearbeiten. 2. ein Modell herstellen. **Mo|del|lie|rer** *der;* -s, -: Former, Musterformer. **mo|del|lig**: in der Art eines Modells (von Kleidungsstücken). **Mo|del|list** *der;* -en, -en ⟨zu ↑ Modell u. ↑ ...ist⟩: svw. Modellierer. **Mo|dell|psy|cho|se** *die;* -, -n: durch ↑ Psychopharmaka künstlich erzeugte Psychose zum Studium der Symptomatik v. Problemen bei Psychosen (Med.). **Mo|dell|sta|tik** *die;* -: experimentelle Ermittlung der statischen Beanspruchung eines Bauwerkes od. eines Bauteils an einem meist verkleinerten Modell (2; z. B. aus Gips, Metall od. Kunststoff). **mo|deln** ⟨aus *mhd.* modelen zu ↑ ¹Model⟩: [um]gestalten, in eine bestimmte Form bringen. **Mo|dem** *der,* auch *das;* -s, -s ⟨aus gleichbed. *engl.* modem, Kurzw. aus *mo*dulator (vgl. Modulator) u. *dem*odulator (vgl. Demodulator)⟩: Gerät zur Übertragung von ↑ Daten (2) über Fernsprechleitungen. **Mo|de|ra|men** *das;* -s, Plur. - u. ...mina ⟨aus gleichbed. *lat.* moderamen, eigtl. „Mäßigungsmittel; Lenkungsmittel; Lenkung, Regierung" zu moderari, vgl. moderieren⟩: 1. (veraltet) Mäßigung. 2. gewähltes Vorstandskollegium einer reformierten ↑ Synode. **mo|de|rant** ⟨aus gleichbed. *lat.* moderans, Gen. moderantis, Part. Präs. von moderare, moderari, vgl. moderieren⟩: (veraltet) mäßigend. **Mo|de|ran|tis|mus** *der;* - ⟨zu ↑ ...ismus (1)⟩: (veraltet) gemäßigte Gesinnung (bes. in politischer Hinsicht). **Mo|de|ran|tist** *der;* -en, -en ⟨zu ↑ ...ist⟩: (veraltet) Vertreter des Moderantismus. **mo|de|rat** ⟨aus gleichbed. *lat.* moderatus, Part. Perf. von moderare, moderari, vgl. moderieren⟩: gemäßigt, maßvoll. **Mo|de|ra|ti|on** *die;* -, -en ⟨aus gleichbed. *lat.* moderatio⟩: 1. (veraltet) Mäßigung; Gleichmut. 2. Leitung und Redaktion einer Rundfunk- oder Fernsehsendung. **mo|de|ra|to** ⟨*it.;* zu *lat.-it.* moderare, vgl. moderieren⟩: gemäßigt, mäßig schnell; Abk.: mod. (Vortragsanweisung; Mus.). **Mo|de|ra|to** *das;* -s, Plur. -s u. ...ti: Musikstück in mäßig schnellem Zeitmaß (Mus.). **Mo|de|ra|tor** *der;* -s, ...oren ⟨aus *lat.* moderator "Mäßiger, Leiter"⟩: 1. [leitender] Redakteur einer Rundfunk- od. Fernsehanstalt, der durch eine Sendung führt u. dabei die einzelnen Programmpunkte ankündigt, erläutert u. kommentiert. 2. Stoff, der ↑Neutronen hoher Energie abbremst (Kernphys.). 3. Vorsteher eines Moderamens (2). **mo|de|rie|ren** ⟨aus *spätlat.* moderare, *lat.* moderari "mäßigen, regeln, lenken" zu modus, vgl. Modus⟩: 1. eine Rundfunkod. Fernsehsendung mit einleitenden u. verbindenden Worten versehen. 2. (veraltet, aber noch landsch.) mäßigen. **mo|dern** ⟨über gleichbed. *fr.* moderne aus *spätlat.* modernus "neu, neuzeitlich" zu modo "eben erst, gerade eben" (eigtl. "mit Maß", Ablativ von modus, vgl. Modus)⟩: 1. der ¹Mode entsprechend. 2. dem neuesten Stand der geschichtlichen, gesellschaftlichen, kulturellen, technischen o. ä. Entwicklung entsprechend; neuzeitlich, -artig. 3. der neuen od. neuesten Zeit zuzurechnen. **modern dance** ['mɔdən 'dɑ:ns] *der;* - - ⟨aus gleichbed. *engl.-amerik.* modern dance⟩: amerik. Form des Ausdruckstanzes. **Mo|der|ne** *die;* - ⟨zu ↑modern⟩: 1. moderne Richtung in Literatur, Musik u. Kunst. 2. die jetzige Zeit u. ihr Geist. **mo|der|ni|sie|ren** ⟨aus gleichbed. *fr.* moderniser zu moderne, vgl. modern⟩: 1. der gegenwärtigen ↑¹Mode entsprechend umgestalten, umändern (von Kleidungsstücken o. ä.). 2. nach neuesten technischen od. wissenschaftlichen Erkenntnissen ausstatten od. verändern. **Mo|der|nis|mus** *der;* -, ...men ⟨zu ↑modern u. ↑...ismus (2), Bed. 2 über *it.* modernismo⟩: 1. (ohne Plur.) Bejahung des Modernen; Streben nach Modernität [in Kunst u. Literatur]. 2. (ohne Plur.) liberalwissenschaftliche Reformbewegung in der kath. Kirche (1907 von Pius X. verurteilt). 3. modernes Stilelement. **Mo|der|nist** *der;* -en, -en ⟨aus gleichbed. *it.* modernista⟩: Anhänger des Modernismus (1, 2). **mo|der|ni|stisch** ⟨zu ↑modern u. ↑...istisch⟩: zum Modernismus gehörend; sich modern gebend. **Mo|der|ni|tät** *die;* -, -en ⟨nach gleichbed. *fr.* modernité⟩: 1. (ohne Plur.) neuzeitliches Verhalten, Gepräge. 2. Neuheit. **Modern Jazz** ['mɔdən 'dʒæz] *der;* - - ⟨aus gleichbed. *engl.-amerik.* modern jazz⟩: Stilrichtung des Jazz, etwa seit 1945. **modest** ⟨aus gleichbed. *lat.* modestus, eigtl. "maßhaltend", zu modus, vgl. Modus⟩: (veraltet) bescheiden, sittsam. **Mo|de|stie** *die;* - ⟨aus gleichbed. *lat.* modestia zu modestus, vgl. modest⟩: (veraltet) Bescheidenheit, Sittsamkeit. **Mo|di** [auch 'mɔdi]: Plur. von ↑Modus. **mo|di|fi|ka|ti|on**, -en ⟨aus gleichbed. *mlat.* modificatio zu *lat.* modificatio "das Abmessen, Abwägen", dies zu modificare, vgl. modifizieren⟩: 1. Abwandlung, Veränderung, Einschränkung. 2. das Abgewandelte, Veränderte, die durch äußere Faktoren bedingte nichterbliche Änderung bei Pflanzen, Tieren od. Menschen (Biol.). 3. durch die Kristallstruktur bedingte Zustandsform, in der ein Stoff vorkommt (Chem.). **mo|di|fi|ka|tiv** ⟨zu ↑...iv⟩: durch Modifikation bedingt. **Mo|di|fi|ka|tor** *der;* -s, ...oren ⟨aus *spätlat.* modificator "jmd., der etw. ordnungsgemäß einrichtet"⟩: 1. etwas, das abschwächende od. verstärkende Wirkung hat. 2. Gen, das modifizierend (verstärkend od. abschwächend) auf die Wirkung anderer Gene Einfluß nimmt (Biol.). **mo|di|fi|zie|ren** ⟨aus *lat.* modificare "richtig abmessen, mäßigen"; vgl. ...fizieren⟩: (in einer od. mehreren Einzelheiten) umgestalten, abändern; abwandeln. **mo|di|fi|zie|rend** ⟨zu ↑...ierend⟩: (in einer od. mehreren Einzelheiten) umgestaltend,

abändernd; abwandelnd; -es Verb: Verb, das ein durch einen Infinitiv mit "zu" ausgedrücktes Sein od. Geschehen modifiziert (z. B. er *pflegt* lange zu schlafen; Sprachw.). **Mo|dil|lon** [modi'jõ:] *der;* -s, -s ⟨aus gleichbed. *fr.* modillon, dies aus *it.* modiglione⟩: Sparrenkopf, in bestimmten Abständen unter dem Gesims angebrachte konsolartige Verzierung (Archit.). **mo|disch** ⟨zu ↑¹Mode⟩: der herrschenden od. neuesten ¹Mode entsprechend, folgend, nach der ¹Mode. **Mo|dist** *der;* -en, -en ⟨aus gleichbed. *fr.* modiste⟩: 1. Schreibkünstler des Spätmittelalters. 2. (veraltet) Modewarenhändler. **Mo|di|stin** *die;* -, -nen: Putzmacherin (Hutmacherin; Berufsbez.). **Mo|di|zi|tät** *die;* - ⟨aus gleichbed. *nlat.* modicitas, Gen. modicitatis zu *spätlat.* modicum "etwas, ein wenig"; vgl. ...izität⟩: (veraltet) Mäßigkeit. **¹Mo|dul** *der;* -s, -n ⟨aus *lat.* modulus, zu *lat.* modus, vgl. Modul⟩: 1. swv. ¹Model. 2. a) (in verschiedenen Zusammenhängen) zugrundeliegendes Verhältnis, zugrundeliegende Verhältniszahl; b) ↑Divisor (natürliche Zahl), in bezug auf die zwei ganzen Zahlen ↑kongruent (2 b) sind, d. h. bei der ↑Division (1) den gleichen Rest ergeben; c) ↑absoluter (5) Betrag einer ↑komplexen Zahl (Math.). 3. a) (in verschiedenen Zusammenhängen) ↑Materialkonstante (z. B. Elastizitätsmodul; Phys., Techn.); b) Maß für die Berechnung der Zahngröße bei Zahnrädern (Techn.). **²Mo|dul** *das;* -s, -e ⟨aus gleichbed. *engl.* module, dies aus *lat.* modulus, zu *lat.* ¹Modul⟩: 1. austauschbares, komplexes Teil eines Gerätes od. einer Maschine, das eine geschlossene Funktionseinheit bildet (bes. Elektrot.). 2. eine sich aus mehreren Elementen zusammensetzende Einheit innerhalb eines Gesamtsystems, die jederzeit ausgetauscht werden kann (Informatik). **mo|du|lar** ⟨aus gleichbed. *engl.* modular, dies über *nlat.* modularis zu *lat.* modulus, vgl. Modul⟩: 1. in der Art eines ↑²Moduls (1); wie ein Bauelement beschaffen. 2. das ²Modul (2) betreffend. **Mo|du|la|ri|sie|rung** *die;* -, -en ⟨zu ↑...isierung⟩: Unterteilung von Programmläufen in überschaubare Einzelbausteine, wobei die Funktion dieser Bausteine u. ihre Beziehungen zueinander beschrieben werden (z. B. bei der Programmierung; EDV). **Mo|du|la|ti|on** *der;* -, -en ⟨nach *lat.* modulatio "das Taktmäßige, Melodische, der Rhythmus" zu modulari, vgl. modulieren⟩: 1. Beeinflussung einer Trägerfrequenz zum Zwecke der Übertragung von Nachrichten auf Drahtleitungen od. auf drahtlosem Weg. 2. das Modulieren (3; Mus.). 3. das Abstimmen von Tonstärke u. Klangfarbe im Musikvortrag (z. B. beim Gesang; Mus.). **Mo|du|la|tor** *der;* -s, ...oren ⟨nach *lat.* modulator, eigtl. "Tonsetzer, Rhythmiker"; vgl. ...or⟩: Gerät zur Modulation (1). **mo|du|la|to|risch**: die Modulation betreffend. **mo|du|lie|ren** ⟨nach *lat.* modulari "abmessen, einrichten; taktmäßig, melodisch spielen"⟩: 1. abwandeln. 2. eine Frequenz zum Zwecke der Nachrichtenübermittlung beeinflussen. 3. a) beim Spiel, Vortrag von einer Tonart in die andere überleiten; b) in einer Komposition von einer Tonart in die andere übergehen (Mus.). **mo|du|lo** ⟨*lat.;* "mit dem Maß", Ablativ von modulus, vgl. ¹Modul⟩: plus ein Vielfaches von... (Begriff aus der Zahlentheorie zum Rechnen mit Resten; Math.). **Mo|dul|lor** *der;* -s ⟨zu ↑...or⟩: von Le Corbusier entwickeltes Proportionsschema, das die Proportionen des menschlichen Körpers auf Bauten überträgt. **Mo|dul|tech|nik** *die;* - ⟨zu ↑²Modul⟩: Methode der Miniaturisierung elektron. Geräte mit Hilfe von ²Modulen (1; Elektrot.). **Mo|dus** [auch 'mɔ...] *der;* -, Modi ⟨aus *lat.* modus "Maß; Art, (Aussage)weise, Melodie", eigtl. "Gemessenes, Erfaßtes"⟩: 1. Art u. Weise [des Geschehens od. Seins]; - operandi: Art u.

Weise des Handelns, Tätigwerdens; - procedendi [...ts...]: Verfahrensweise; - vivendi [vi'vɛndi]: Form eines erträglichen Zusammenlebens zweier od. mehrerer Parteien ohne Rechtsgrundlage od. völlige Übereinstimmung. 2. Aussageweise des Verbs (im Deutschen: ↑ Indikativ, ↑ Konjunktiv, ↑ Imperativ; Sprachw.). 3. a) Bez. für die Kirchentonart; b) Bez. der Zeitwerte (6 Modi) im Mittelalter; c) Taktmaß der beiden größten Notenwerte der Mensuralnotation (Mus.)

¹**Moel|lon** [mọa'lõ:] *der;* -s, -s ⟨aus gleichbed. *fr.* moellon, dies über *vulgärlat.* mutellione aus *lat.* mutulus „Kragstein"⟩: (selten) quaderartig behauener Bruchstein

²**Moel|lon** [mọa'lõ:] *das;* -s ⟨wahrscheinlich aus *fr.* moelle „Mark", dies aus *lat.* medulla⟩: svw. Degras

Moe|ri|the|ri|um [mø...] *das;* -s, ...ien [...jən] ⟨aus gleichbed. *nlat.* moeritherium, eigtl. „Tier vom Moerissee" (nach der Fundstelle im Becken von Faijum in Ägypten)⟩: ausgestorbene, nur aus dem ↑ Eozän u. ↑ Oligozän West- u. Nordostafrikas bekannte Gattung schweine- bis tapirgroßer Säugetiere

Mo|fa *das;* -s, -s ⟨Kurzw. aus *Motorfahrrad*⟩: Kleinkraftrad mit geringer Höchstgeschwindigkeit. **mo|feln:** (ugs.) mit dem Mofa fahren

Mo|fet|te *die;* -, -n ⟨aus gleichbed. *fr.* mofette, älter *fr.* moufette zu moufir „in Fäulnis übergehen"⟩: Stelle der Erdoberfläche, an der Kohlensäure vulkanischen Ursprungs ausströmt (Geol.)

Mo|gi|gra|phie *die;* -, ...ien ⟨zu *gr.* mógis „mit Anstrengung" u. ↑...graphie⟩: Schreibkrampf (Med.). **Mo|gi|la|lie** *die;* -, ...ien ⟨zu *gr.* laleĩn „sprechen, schwatzen" u. ↑²...ie⟩: erschwertes Aussprechen bestimmter Laute (Med.)

Mo|gil|le *die;* -, -n ⟨aus *russ.* mogila „Grab(hügel), Gruft"⟩: Erdhügel, alter Grabhügel in den Steppen Südrußlands

Mo|gi|pho|nie *die;* -, ...ien ⟨zu *gr.* mógis „mit Anstrengung" u. ↑...phonie⟩: Schwäche bzw. Versagen der Stimme bei gewohnheitsmäßiger Überanstrengung (Med.). **mo|gi|pho|nisch:** beim Sprechen rasch ermüdend (Med.)

Mo|gul [auch ...'gu:l] *der;* -s, -n ⟨über *engl.* Mogul aus gleichbed. *pers.* moġol, eigtl. „der Mongole"⟩: Herrscher einer mohammedanischen Herrscherdynastie mong. Herkunft in Indien (1526–1857)

Mo|hair [mo'hɛ:ɐ̯] *der;* -s, -e ⟨aus gleichbed. *engl.* mohair, dies aus *arab.* muḥayyar „Stoff aus Ziegenhaar"⟩: 1. Wolle der Angoraziege. 2. Stoff aus der Wolle der Angoraziege

Mo|ham|me|da|ner *der;* -s, - ⟨nach Mohammed, dem Stifter des Islams (um 570–632 n. Chr.), u. zu ↑...aner⟩: Anhänger der Lehre Mohammeds. **mo|ham|me|da|nisch:** zu Mohammed u. seiner Lehre gehörend. **Mo|ham|me|da|nis|mus** *der;* - ⟨zu ↑...ismus (1)⟩: svw. Islam

Mo|här *der;* -s, -e: eindeutschend für Mohair

Mo|har|rem, Muharram *der;* -[s], - ⟨aus *arab.* muḥarram „verboten, geheiligt" zu ḥarama „verbieten"⟩: der erste Monat des islam. Mondjahrs, in dem früher Krieg verboten war

Mo|ha|tra *die;* -, -s ⟨aus *span.* mohatra „Wuchergeschäft" zu *arab.* muḥātara „Gefahr"⟩: (veraltet) zur Umgehung des Wucherverbotes abgeschlossenes Scheingeschäft

Mo|ha|vit [...'vi:t, auch ...'vɪt] *der;* -s, -e ⟨nach der Mohavewüste in Kalifornien u. zu ↑²...it⟩: svw. Tinkalkonit

Mo|hel *der;* -s, ...halim ⟨aus gleichbed. *hebr.* môhēl zu lāmôl „rituell beschneiden"⟩: (im jüd. Ritus) jmd., der die Beschneidung vornimmt

Mo|hi|ka|ner ⟨nach dem nordamerik. Indianerstamm u. zu ↑...aner⟩; in der Wendung der letzte - od. der Letzte der -: (ugs. scherzh.) jmd., der von vielen übriggeblieben ist; etwas, was von vielem übriggeblieben ist

Moie|ty ['mɔɪətɪ] *die;* -, ...ties [...tɪz] ⟨aus *engl.* moiety „Hälfte", dies über älter *fr.* moité, *altfr.* meitiet aus *lat.* medietas „Mitte; Hälfte" zu medius „mittlerer"⟩: als Hälfte eines Stammes od. einer Siedlung ausgebildete ↑ unilineale Sozialeinheit, die ihre Abstammung von einem gemeinsamen Vorfahren ableitet (Völkerk.)

Moi|ra ['mɔyra] *die;* -, ...ren ⟨aus *gr.* moĩra „Schicksal", eigtl. „Anteil, Zugeteiltes"⟩: 1. (ohne Plur.) das nach griech. Glauben Göttern u. Menschen zugeteilte Schicksal. 2. (meist Plur.) eine der drei altgriech. Schicksalsgöttinnen (Klotho, Lachesis, Atropos)

Moi|ré [mọa're:] *das;* -s, -s ⟨aus gleichbed. *fr.* moiré zu moire „Ziegenhaarstoff", dies aus *engl.* mohair, vgl. Mohair⟩: 1. (auch *der*) Stoff mit Wasserlinienmusterung (hervorgerufen durch Lichtreflexe). 2. fehlerhafte Musterung beim Mehrfarbendruck, wenn mehrere Rasterplatten übereinander gedruckt werden od. wenn von einem Autotypiedruck eine neue ↑ Autotypie angefertigt wird (Druckw.). 3. bei der Überlagerung von Streifengittern auftretende [unruhige] Bildmusterung (z. B. auf dem Fernsehbildschirm)

Moi|ren ['mɔyrən]: Plur. von ↑ Moira

Moi|ré|pa|pier [mọa're:...] *das;* -s, -e ⟨zu ↑ Moiré⟩: wie Moiré (1) aussehendes Papier mit bunten, ineinanderlaufenden Farbstreifen. **moi|rie|ren** [mọa...] ⟨aus gleichbed. *fr.* moirer⟩: Geweben ein schillerndes Aussehen geben; flammen; vgl. Moiré (1). **moi|riert** ⟨zu ↑...iert⟩: geflammt

Moi|stu|ri|zer ['mɔɪstʃəraɪzɐ] *der;* -s, - ⟨aus gleichbed. *engl.* moisturizer zu to moisturize „mit einer Feuchtigkeitscreme behandeln"⟩: svw. Moisturizing Cream. **Moi|stu|ri|zing Cream** [...zɪŋ kri:m] *die;* - -, - -s ⟨aus gleichbed. *engl.* moisturizing cream⟩: Feuchtigkeitscreme

mo|kant ⟨aus gleichbed. *fr.* moquant, Part. Präs. von se moquer, vgl. mokieren⟩: spöttisch

Mo|kas|sin [auch 'mo...] *der;* -s, Plur. -s u. -e ⟨aus gleichbed. *engl.* moccasin, dies aus *Algonkin* (einer nordamerik. Indianersprache) mockasin⟩: 1. [farbig gestickter] absatzloser Wildlederschuh der nordamerik. Indianer. 2. modischer [Haus]schuh in der Art eines indian. Mokassins

Mo|ke|rie *die;* -, ...ien ⟨aus gleichbed. *fr.* moquerie zu se moquer, vgl. mokieren⟩: (veraltet) Spottlust

Mo|kett *der;* -s ⟨aus gleichbed. *fr.* moquette, weitere Herkunft ungeklärt⟩: buntgemusterter u. bedruckter Möbelplüsch aus [Baum]wolle

Mo|kick *das;* -s, -s ⟨Kurzw. aus ↑ *Mo*ped u. ↑ *Kick*starter⟩: Kleinkraftrad mit Kickstarter an Stelle von Tretkurbeln; vgl. Moped

mo|kie|ren, sich ⟨aus gleichbed. *fr.* se moquer, weitere Herkunft unsicher⟩: sich abfällig od. spöttisch äußern, sich lustig machen

Mok|ka *der;* -s, -s ⟨aus *engl.* mocha (coffee), nach dem jemenitischen Hafen Al-Muḫā (= Mokka) am Roten Meer, dem früheren Hauptausfuhrhafen bes. für den Mokka⟩: 1. eine Kaffeesorte. 2. starkes Kaffeegetränk

Mol *das;* -s, -e (aber: 1000 -) ⟨Kurzform von ↑ Molekül⟩: Menge eines chem. einheitlichen Stoffes, die seinem relativen ↑ Molekulargewicht in Gramm entspricht (gesetzliche Einheit der molaren Masse; Chem.). **Mo|la|li|tät** *die;* - ⟨zu ↑¹...al (1) u. ↑...ität (unterscheidende Bildung zu ↑ Molarität)⟩: Maßangabe der Konzentration von Lösungen in Mol je kg (Chem.). **mo|lar** ⟨zu ↑...ar (1)⟩: das Mol betreffend; je 1 Mol; -e Lösung: svw. Molarlösung; -e Masse: svw. Molmasse

Mo|lar *der;* Gen. -s, auch -en, Plur. -en ⟨aus gleichbed. *lat.*

(dens) molaris, eigtl. „Mühlstein", zu mola „Mühle, Mühlstein"): Mahlzahn, Backenzahn (Med.)

Mo|la|ri|tät *die;* - ⟨zu ↑*molar* u. ↑...*ität*⟩: Gehalt einer Lösung an chem. wirksamer Substanz in Mol je Liter (Chem.). **Mo|lar|lö|sung** *die;* -, -en: Lösung, die 1 Mol einer chem. Substanz in 1 Liter enthält

Mol|las|se *die;* - ⟨zu *fr.* mol(l)asse „schlaff, sehr weich", dies zu mou (vor Vokalen mol bzw. molle) aus *lat.* mollis „weich"⟩: 1. weicher, lockerer Sandstein im Alpenrandgebiet, bes. in der Schweiz (Geol.). 2. Sandstein u. Konglomeratschichten ↑tertiären Alters im nördlichen Alpenvorland (Geol.)

Mol|da|va|nes|ca [...va'nɛska] *die;* - ⟨nach der Landschaft Moldau (rumän. Moldava)⟩: moldauischer Tanz

Mol|da|vit [...'vi:t, auch ...'vɪt] *der;* -s, -e ⟨nach den Fundorten an der Moldau (*nlat.* Moldava) in Böhmen u. zu ↑²...*it*⟩: ein flaschengrünes, in Südböhmen vorkommendes glasiges Gestein (wahrscheinlich ein Glasmeteorit); vgl. Tektit

¹Mo|le *die;* -, -n ⟨aus *lat.* mola „verunstalteter Embryo, Mondkalb", dies aus *gr.* mýlē „Mißgeburt"⟩: Windei, abgestorbene entartete Leibesfrucht (Med.)

²Mo|le *die;* -, -n ⟨aus gleichbed. *it.* molo, dies aus *lat.* moles „Damm"⟩: sich von der Küste dammartig ins Meer erstreckendes Bauwerk zum Schutz eines Hafens od. einer Hafeneinfahrt gegen Wellen, Strömung usw.

Mo|le|kel *die;* -, -n, österr. auch *das;* -s, - ⟨nach gleichbed. *fr.* molécule, vgl. Molekül⟩: svw. Molekül. **Mo|lek|tro|nik** *die;* - ⟨Kunstw. aus ↑*molekular* u. ↑*Elektronik*⟩: svw. Molekularelektronik. **Mo|le|kül** *das;* -s, -e ⟨aus gleichbed. *fr.* molécule, dies aus *lat.* moles „Masse"⟩: kleinste Einheit einer chem. Verbindung, die noch die charakteristischen Eigenschaften dieser Verbindung aufweist. **mo|le|ku|lar** ⟨nach gleichbed. *fr.* moléculaire⟩: die Moleküle betreffend. **Mo|le|ku|lar|bio|lo|ge** *der;* -n, -n: Wissenschaftler auf dem Gebiet der Molekularbiologie. **Mo|le|ku|lar|bio|lo|gie** *die;* -: Forschungszweig der Biologie, der sich mit den chem.-physik. Eigenschaften organischer Verbindungen im lebenden Organismus beschäftigt. **Mo|le|ku|lar|de|stil|la|ti|on** *die;* -, -en: im Hochvakuum durchgeführtes ↑destillatives Trennverfahren für thermisch empfindliche u. hochsiedende Flüssigkeitsgemische. **mo|le|ku|lar|di|spers**: bis zur Größenordnung von einfachen Molekülen zerteilt. **Mo|le|ku|lar|elek|tro|nik** *die;* -: Teilgebiet der ↑Elektronik, das mit Halbleitern kleiner Größe arbeitet (Elektrot.). **Mo|le|ku|lar|ge|ne|tik** *die;* -: Teilgebiet der ↑Genetik u. der Molekularbiologie, das sich mit den Zusammenhängen zwischen der Vererbung u. den chem.-physik. Eigenschaften der ↑Gene beschäftigt. **Mo|le|ku|lar|ge|wicht** *das;* -[e]s, -e: Summe der Atomgewichte der in einem Molekül vorhandenen Atome. **Mo|le|kül|spek|trum** *das;* -s, Plur. ...tren u. ...tra ⟨zu ↑Molekül⟩: Banden- od. Linienspektrum, das durch ↑Absorption u. ↑Emission von elektromagnetischer Strahlung bei Änderung des Rotations-, Schwingungs- u. Elektronenzustandes von Molekülen auftritt (Kernphys.)

Mole|skin ['mo:lskɪn, engl. 'moʊl...] *der* od. *das;* -s, -s ⟨aus gleichbed. *engl.* moleskin, eigtl. „Maulwurfsfell"⟩: ein dichtes Baumwollgewebe in Atlasbindung (Webart); Englischleder

Mo|le|sten *die* (Plur.) ⟨aus gleichbed. *lat.* molestiae zu molestus „beschwerlich, lästig", dies zu moles „Last, Masse"⟩: (veraltet, aber noch landsch.) Beschwerden; Belästigungen. **mo|le|stie|ren** ⟨aus *lat.* molestare „belästigen, bedrängen"⟩: (veraltet, aber noch landsch.) belästigen

Mo|le|tro|nik *die;* - ⟨Kurzwort aus ↑*molekular* u. ↑*Elektronik*⟩: svw. Molekularelektronik

Mo|let|te *die;* -, -n ⟨aus gleichbed. *fr.* molette zu *lat.* mola „Mühlstein"⟩: kleine Stahlwalze, deren erhabene Muster gravur in die eigentliche Kupferdruckwelle eingepreßt wird; Rändelrad; Prägewalze

Mo|li Plur. von ↑Molo

Mo|li|men *das;* -s, ...mina (meist Plur.) ⟨aus *lat.* molimen, Gen. moliminis „Anstrengung, Beschwerlichkeit"⟩: (veraltet) Schmerzen, Beschwerden (Med.)

Mo|li|nis|mus *der;* - ⟨nach dem span. Jesuiten Luis de Molina (1535–1600) u. zu ↑...*ismus* (1)⟩: kath.-theologische Richtung, nach der göttliche Gnade u. menschliche Willensfreiheit sich nicht ausschließen, sondern zusammenwirken sollen

¹Moll *das;* -, - ⟨zu *mlat.* B molle (für den Ton b), dies zu *lat.* mollis „weich" (die kleine Terz wird als weicher Klang empfunden)⟩: Tonart mit kleiner Terz (1) im Dreiklang auf der ersten Stufe (Mus.); Ggs. ↑Dur. **²Moll** *der;* -[e]s, Plur. -e u. -s ⟨zu *fr.* mollet „weich"⟩: Kurzform von ↑Molton

Mol|la vgl. Mulla[h]

Moll|ak|kord *der;* -[e]s, -e ⟨zu ↑¹Moll⟩: Dreiklang mit kleiner Terz (1). **mol|les|zie|ren** ⟨aus gleichbed. *lat.* mollescere zu mollis „weich"⟩: weich werden

Mol|lier-Dia|gramm [mɔ'lje:...] *das;* -s, -e ⟨nach dem dt. Maschinenbauingenieur R. Mollier (1863–1935) u. zu ↑Diagramm⟩: Bez. für verschiedene Zustandsdiagramme der Dämpfe, Gase u. Gasgemische in der ↑Thermodynamik

mol|li|fi|zie|ren ⟨zu *lat.* mollis „weich" u. ↑...*fizieren*⟩: weich machen, erweichen. **Mol|li|men|tum** *das;* -s, ...ta ⟨aus gleichbed. *lat.* mollimentum⟩: (veraltet) Linderungsmittel (Med.). **Mol|li|sol** *der;* -s ⟨zu *lat.* mollis „weich, locker" u. *russ.* zola „Asche"⟩: Bodentyp der amerik. Bodensystematik mit mächtigem, dunklem, humusreichem, krümeligem Oberboden (z. B. ↑Tschernosem u. Steppenboden). **Mol|lus|ke** *die;* -, -n (meist Plur.) ⟨aus gleichbed. *nlat.* mollusca zu *lat.* molluscus „weich", dies zu mollis „weich, zart"⟩: Weichtier (Muscheln, Schnecken, Tintenfische u. Käferschnecken). **Mol|lus|ki|zid** *das;* -s, -e ⟨zu ↑...*zid*⟩: ein schneckentötendes Pflanzenschutzmittel

Moll|mas|se *die;* - ⟨zu ↑Mol⟩: die Masse eines Mols einer bestimmten Substanz. **Mo|lo** *der;* -s, Moli ⟨aus gleichbed. *it.* molo zu *lat.* moles „wuchtige Masse, Damm"⟩: (österr.) ²Mole, Hafendamm

Mo|loch [auch 'mɔlɔx] *der;* -s, -e ⟨über *gr.* Molóch aus *hebr.* mōlek, nach einer kanaanitisch-phönizischen Gottheit, vermutlich als Personifikation des altorientalischen Menschen- (bes. Kinder)opfers⟩: grausame Macht, die immer wieder neue Opfer fordert u. alles zu verschlingen droht, z. B. der - Verkehr

Mo|lo|ka|nen *die* (Plur.) ⟨aus gleichbed. *russ.* molokany zu moloko „Milch" (weil sie ständig Milch tranken)⟩: Angehörige einer weitverzweigten christlichen Sekte des 18. Jh.s in Rußland

Mo|los|ser *der;* -s, - ⟨über *lat.* (canis) Molossus aus *gr.* (kýōn) Molossós „Molosserhund", nach dem alten illyrischen Volksstamm⟩: griech. Hunderasse des Altertums. **Mo|los|sus** *der;* -, ...ssi ⟨über *lat.* Molossus aus gleichbed. *gr.* Molossós⟩: antiker Versfuß (rhythmische Einheit – – –)

Mo|lo|tow|cock|tail [...tɔfkɔkteɪl] *der;* -s, -s ⟨nach dem ehemaligen sowjetischen Außenminister W. M. Molotow, 1890–1986⟩: mit Benzin u. Phosphor gefüllte Flasche, die als einfache Handgranate bzw. als Brandsatz verwendet wird

mol|to u. di molto ⟨aus gleichbed. *it.* (di) molto, dies aus *lat.* multum „viel"⟩: viel, sehr (Vortragsanweisung; Mus.); - adagio [a'da:dʒo] od. adagio [di] -: sehr langsam (Vortragsanweisung; Mus.); - allegro od. allegro [di] -: sehr schnell (Vortragsanweisung; Mus.); - vivace [vi'va:tʃə]: äußerst lebhaft (Vortragsanweisung; Mus.)

Mol|ton *der;* -s, -s ⟨aus gleichbed. *fr.* molton zu mollet „weich", dies aus *lat.* mollis⟩: weiche, doppelseitig gerauhte Baumwollware in Köperbindung (Webart). **Mol|to|pren** Ⓦ *das;* -s, -e ⟨Kunstw. aus ↑*Mol*ton u. ↑*Propylen*⟩: sehr leichter, druckfester, schaumartiger Kunststoff

mol|lum ⟨latinisiert (aus der Studentensprache) zu *hebr.* mālē „voll, angefüllt (sein)"⟩: (landsch.) betrunken

Mol|vo|lu|men […v…] *das;* -s, Plur. - u. …mina ⟨zu ↑Mol u. ↑Volumen⟩: Volumen, das von einem Mol eines Stoffes eingenommen wird (Chem.)

Mo|lyb|dän *das;* -s ⟨über *lat.* molybdaena aus *gr.* molýbdaina „Bleiglanz" zu mólybdos „Blei"⟩: chem. Element, Metall; Zeichen Mo. **Mo|lyb|dän|glanz** *der;* -es u. **Mo|lyb|dä|nit** [auch …'nɪt] *der;* -s, -e ⟨zu ↑²…it⟩: ein metallglänzendes, undurchsichtiges Mineral. **Mo|lyb|dän|kar|bid**, fachspr. Molybdäncarbid […k…] *das;* -[e]s, -e: Verbindung aus Molybdän u. Kohlenstoff, die in geringem Umfang zur Herstellung gesinterter Hartmetalle verwendet wird. **Mo|lyb|dän|sul|fid** *das;* -[e]s, -e: Verbindung des Molybdäns mit Schwefel, das als Schmierstoff u. Korrosionsschutz verwendet wird. **Mo|lyb|dat** *das;* -[e]s, -e (meist Plur.) ⟨zu ↑…at (2)⟩: Molybdänverbindung, Salz od. Ester der Molybdänsäure (Chem.). **Mo|lyb|dit** [auch …'dɪt] *der;* -s, -e ⟨zu ↑²…it⟩: ein schwefelgelbes Mineral

Mo|ly|sit [auch …'zɪt] *der;* -s, -e ⟨zu *gr.* mólysis „das Garen, Braten" u. ↑²…it⟩: in der Lava des Vesuvs vorkommendes gelbbraunes Mineral

Mom|bin|pflau|me *die;* -, - ⟨über *span.* mombin aus einer südamerik. Indianersprache (vgl. Sumach)⟩: kultivierte Art der zu den Sumachgewächsen gehörenden Balsampflaume

¹Mo|ment *der;* -[e]s, -e ⟨z. T. über gleichbed. *fr.* moment aus *lat.* momentum „(entscheidender) Augenblick", vgl. ²Moment⟩: 1. Augenblick, Zeitpunkt. 2. kurze Zeitspanne. **²Mo|ment** *das;* -[e]s, -e ⟨aus *lat.* momentum „Bewegung, Bewegkraft, ausschlaggebender Augenblick" zu movere „bewegen"⟩: 1. ausschlaggebender Umstand; Merkmal; Gesichtspunkt; erregendes -: Szene im Drama, die zum Höhepunkt des Konflikts hinleitet. 2. Produkt aus zwei physik. Größen, wobei die eine meist eine Kraft ist (z. B. Kraft × Hebelarm; Phys.). **mo|men|tan** ⟨aus gleichbed. *lat.* momentaneus⟩: a) augenblicklich, jetzig, gegenwärtig, zur Zeit [herrschend]; b) nur kurz andauernd, vorübergehend. **Mo|men|tan|laut** *der;* -[e]s, -e: Verschlußlaut mit nur ganz kurz während Sprengung (z. B. *p;* Sprachw.). **Mo|men|tan|pol** *der;* -es, -e ⟨zu ↑¹Pol⟩: augenblicklicher Drehpunkt eines eine beliebige Bewegung ausführenden Körpers (Phys.). **Mo|men|ten|li|nie** […iə] *die;* -, -n ⟨zu ↑²Moment⟩: graphische Darstellung des Biegemoments in Abhängigkeit von der längs der Trägerachse gemessenen Koordinate (Phys.). **Mo|ment mu|si|cal** [mɔmãmyzi'kal] *das;* - -, -s …caux […'ko] ⟨*fr.* moment musical „musikalischer Augenblick", vgl. ¹Moment⟩: kleineres, lyrisches Musikstück (meist für Klavier; Mus.)

Mom|me *die;* -, -n ⟨aus gleichbed. *jap.* mome⟩: japan. [Seiden]gewicht

mon…, Mon… vgl. mono…, Mono… **mo|na|chisch** ⟨aus *gr.* monachós „einzeln", eigtl. „abgesondert (lebend)" zu mónos „allein, einzeln"⟩: die Mönche od. das Ordenswesen betreffend (Rel.). **mo|na|chi|sie|ren** ⟨zu ↑…isieren⟩: (veraltet) wie ein Mönch leben. **Mo|na|chis|mus** *der;* - ⟨zu ↑…ismus (1)⟩: (veraltet) Mönchtum, Ordensstand. **Mo|na|de** *die;* -, -n ⟨über *lat.* monas, Gen. monadis aus *gr.* monás, Gen. monádos „Einzelheit"⟩: 1. (ohne Plur.) das Einfache, Nichtzusammengesetzte, Unteilbare (Philos.). 2. (meist Plur.) eine der letzten, in sich geschlossenen, vollendeten, nicht mehr auflösbaren Ureinheiten (auch ↑Entelechie), aus denen die Weltsubstanz zusammengesetzt ist (bei Leibniz; Philos.). **Mo|na|dis|mus** *der;* - ⟨zu ↑…ismus (1)⟩: svw. Monadologie

Mo|nad|nock [məˈnædnɔk] *der;* -s, -s ⟨nach einem Berg in den USA⟩: Gesteinskomplex, der der Verwitterung gegenüber widerstandsfähig ist; Härtling (Geol.)

Mo|na|do|lo|gie *die;* - ⟨zu ↑Monade u. ↑…logie⟩: Lehre von den ↑Monaden (vgl. Monade 2), den letzten sich selbst genügenden Einheiten ohne Außenbezug (Abhandlung von Leibniz, 1714). **mo|na|do|lo|gisch** ⟨zu ↑…logisch⟩: die Monadologie betreffend. **Mon|arch** *der;* -en, -en ⟨über *mlat.* monarcha aus *gr.* mónarchos „Alleinherrscher" zu mónos „allein" u. árchein „herrschen"⟩: legitimer [Allein]herrscher (z. B. Kaiser od. König). **Mon|ar|chi|a|ner** *der;* -s, - ⟨aus gleichbed. *mlat.* monarchianus; vgl. …aner⟩: Anhänger des Monarchianismus. **Mon|ar|chi|a|nis|mus** *der;* - ⟨zu ↑…ismus (1)⟩: altkirchliche Lehre, die die Einheit Gottes vertrat und Christus als vergöttlichten Menschen od. als bloße Erscheinungsform Gottes (vgl. Modalismus) ansah. **Mon|ar|chie** *die;* -, …ien ⟨über *spätlat.* monarchia aus *gr.* monarchía „Alleinherrschaft"⟩: a) (ohne Plur.) Staatsform, in der die Staatsgewalt vom Monarchen ausgeübt wird; vgl. Polyarchie; b) Staat mit der Monarchie (a) als Staatsform. **Mon|ar|chin** *die;* -, -nen: weibliche Form zu ↑Monarch. **mon|ar|chisch** ⟨nach gleichbed. *gr.* monarchikós⟩: a) einen Monarchen betreffend; b) die Monarchie betreffend. **Mon|ar|chis|mus** *der;* - ⟨zu ↑…ismus (2)⟩: ideologische Rechtfertigung der Monarchie. **Mon|ar|chist** *der;* -en, -en ⟨zu ↑…ist⟩: Anhänger des Monarchismus, der Monarchie. **mon|ar|chi|stisch** ⟨zu ↑…istisch⟩: den Monarchismus betreffend. **Mon|ar|thri|tis** *die;* -, …itiden ⟨zu ↑mono… u. ↑Arthritis⟩: eine auf ein einzelnes Gelenk beschränkte Entzündung (Med.). **mon|ar|ti|ku|lär** ⟨zu *lat.* articularis „zum Gelenk gehörend"⟩: nur ein Gelenk betreffend (Med.). **Mon|as|ter** *der* ⟨zu *gr.* astér „Stern"⟩: sternförmige Anordnung der ↑Chromosomen vor der Chromosomenspaltung in einer bestimmten Phase der ↑Mitose (Biol.). **Mo|na|ste|ri|um** *das;* -s, …ien […jən] ⟨über *kirchenlat.* monasterium aus *gr.* monastérion „Einsiedelei, Kloster" zu monázein „allein leben, sich absondern"⟩: lat. Bez. für Kloster, Münster. **mo|na|stisch** ⟨aus gleichbed. *gr.* monastikós zu monastés „Mönch"⟩: mönchisch, klösterlich. **mon|au|ral** ⟨zu ↑mono…, *lat.* auris „Ohr" u. ↑¹…al (1)⟩: 1. ein Ohr bzw. das Gehör auf einer Seite betreffend. 2. einkanalig (von der Tonaufnahme u. Tonwiedergabe auf Tonbändern u. Schallplatten); Ggs. ↑binaural, ↑stereophon. **mon|axon** ⟨zu *lat.* axon, Gen. axonis „(durchgehende) Linie, Achse", dies aus *gr.* áxōn „(Wagen)achse"⟩: einachsig, radialsymmetrisch (Biol.). **Mon|axo|ni|er** […iɐ] *die* (Plur.): Kieselschwämme mit einachsigen Kieselnadeln (Biol.). **Mon|azit** [auch …'tsɪt] *der;* -s, -e ⟨zu *gr.* monázein „einzeln sein" (wegen des seltenen Vorkommens) u. ↑²…it⟩: ein in sandigen Ablagerungen vorkommendes Mineral

Mon|chi|quit [auch …'kvɪt] *der;* -s, -e ⟨nach der Serra de Monchique in Südportugal u. zu ↑²…it⟩: ein dunkles Ganggestein mit Einsprenglingen

Mon|da|min ⓌⓏ *das;* -s ⟨aus *indian.* mondamin „Mais", nach dem Jüngling Mondámin in einem Versepos des amerik. Schriftstellers H. W. Longfellow, 1807–1882⟩: zum Kochen u. Backen verwendeter Maisstärkepuder

mon|dän ⟨aus gleichbed. *fr.* mondain, eigtl. „weltlich", dies aus *lat.* mundanus „zur Welt gehörend" zu mundus „Welt"⟩: nach Art der großen Welt; betont modern, von auffälliger Eleganz. **mon|di|al** ⟨aus gleichbed. *fr.* mondial zu monde „Welt", dies aus *lat.* mundus⟩: weltweit, weltumspannend. **Mon|di|al** *das;* -s ⟨zu ↑¹...al (2)⟩: künstliche Weltsprache; vgl. Esperanto

mon dieu! [mõ'djø] ⟨*fr.*⟩: mein Gott! (Ausruf der Bestürzung o. ä.)

Mo|nel ⓌⓏ *das;* -s ⟨Kunstw.⟩: korrosionsbeständige, hochfeste Legierung aus Nickel, Kupfer u. a. für Schiffe, Turbinen u. Pumpenbau

Mo|nem *das;* -s, -e ⟨nach gleichbed. *fr.* monème (geprägt vom franz. Sprachwissenschaftler A. Martinet, geb. 1908) zu *gr.* mónos „einzig, allein" u. ↑...em⟩: kleinste bedeutungstragende Spracheinheit (Sprachw.); vgl. Morphem.

mon|epi|gra|phisch ⟨zu ↑mono... u. *gr.* epigraphé „Aufschrift"⟩: nur Schrift aufweisend (von Münzen). **Mo|ne|re** *die;* -, -n (meist Plur.) ⟨aus gleichbed. *nlat.* moneron, Plur. monera, dies zu *gr.* monérēs „einsam"⟩: 1. (veraltet) Organismus ohne Zellkern (nach Haeckel). 2. Entwicklungsstadium bei Einzellern, in dem kein Zellkern erkennbar ist (Biol.). **Mon|er|gol** *das;* -s, -e ⟨Kunstw. aus mono..., *gr.* érgon „Werk" u. ↑...ol⟩: fester od. flüssiger Raketentreibstoff, der aus Brennstoff u. Oxydator besteht u. zur Reaktion keiner weiteren Partner bedarf

mo|ne|tal ⟨aus *lat.* monetalis „zur Münze gehörig" zu moneta, vgl. Moneten⟩: a) die Münze od. das Münzwesen betreffend; b) gemünzt. **mo|ne|tär** ⟨nach gleichbed. *fr.* monétaire aus *lat.* monetarius „zur Münze gehörig"⟩: geldlich; die Finanzen betreffend. **Mo|ne|ta|rist** *der;* -en, -en ⟨zu *lat.* monetarius (vgl. monetär) u. ↑...ist⟩: Vertreter, Anhänger des Monetarismus. **Mo|ne|ta|ris|mus** *der;* - ⟨zu ↑...ismus (2)⟩: Theorie in den Wirtschaftswissenschaften, die besagt, daß in einer Volkswirtschaft der Geldmenge (d. h. der Menge des umlaufenden Bar- u. ↑Giralgeldes) überragende Bedeutung beigemessen werden muß u. deshalb die Wirtschaft primär über die Geldmenge zu steuern ist. **mo|ne|ta|ri|stisch** ⟨zu ↑...istisch⟩: den Monetarismus betreffend. **Mo|ne|tar|sy|stem** *das;* -s, -e: Währungssystem. **Mo|ne|ten** *die* (Plur.) ⟨urspr. Studentenspr., aus *lat.* monetae, Plur. von moneta „gemünztes Geld"⟩: (ugs.) Geld. **mo|ne|ti|sie|ren** ⟨zu ↑...isieren⟩: in Geld umwandeln. **Mo|ne|ti|sie|rung** *die;* - ⟨zu ↑...isierung⟩: Umwandlung in Geld. **Mo|ney|ma|ker** ['mʌnɪmeɪkə] *der;* -s, - ⟨aus *engl.* moneymaker „jmd., der gut verdient", eigtl. „Geldmacher"⟩: (ugs. abwertend) gerissener Geschäftsmann, der aus allem u. jedem Kapital zu schlagen versteht; cleverer Großverdiener

Mon|go *der;* -s, -s ⟨Kurzform von ↑Mongolismus⟩: (Jargon) an Mongolismus leidendes Kind. **Mon|go|len|fal|te** *die;* -, -n ⟨nach den Mongolen⟩: Hautfalte bes. der mongoliden Rasse, die den inneren Augenwinkel vom Oberlid her überlagert. **mon|go|lid** ⟨zum Volksnamen der Mongolen u. zu ↑²...id⟩: zum asiat.-nordamerik. Rassenkreis gehörend, dessen Angehörige z. B. durch die ↑Mongolenfalte, flaches Gesicht mit niedriger Nasenwurzel u. durch untersetzten Körperbau gekennzeichnet sind. **Mon|go|li|de** *der* u. *die;* -n, -n ⟨zu ↑...ide⟩: Angehörige[r] des mongoliden Rassenkreises. **mon|go|lisch**: die Völkergruppe der Mongolen betreffend. **Mon|go|lis|mus** *der;* - ⟨zu ↑...ismus (3),

nach der Kopf- u. Gesichtsbildung, die dem äußeren Erscheinungsbild eines Mongoliden gleicht⟩: angeborene, durch Schlitzaugen mit schrägen Lidspalten, Schielen u. durch verschiedene Mißbildungen gekennzeichnete Form des Schwachsinns (Med.). **Mon|go|list** *der;* -en, -en ⟨zu ↑...ist⟩: jmd., der sich wissenschaftlich mit der mong. Sprachen, der mong. Literatur u. Kultur befaßt. **Mon|go|li|stik** *die;* - ⟨zu ↑...istik⟩: wissenschaftliche Erforschung der mongolischen Sprachen. **mon|go|lo|id** ⟨zu ↑...oid⟩: 1. den Mongolen ähnlich (z. B. in der Gesichtsbildung). 2. die Merkmale des Mongolismus aufweisend (Med.). **Mon|go|loi|de** *der* u. *die;* -n, -n ⟨zu ↑...oide⟩: Angehörige[r] einer nicht rein mongoliden Rasse mit mongolenähnlichen Merkmalen. **Mon|go|loi|dis|mus** *der;* - ⟨zu ↑...ismus (3)⟩: svw. Mongolismus

Mo|nier|bau|wei|se *die;* - ⟨nach dem franz. Gärtner J. Monier, dem Erfinder des Stahlbetons, 1823–1906⟩: Bauweise mit Stahlbeton

mo|nie|ren ⟨aus *lat.* monere „(er)mahnen; warnen"⟩: [etwas] bemängeln, tadeln, rügen, beanstanden

Mo|ni|lia *die;* - ⟨aus gleichbed. *nlat.* monilia zu *lat.* monile „(Hals)kette"⟩: Fruchtschimmel, Gattung der Schlauchpilze (Erreger verschiedener Pflanzenkrankheiten). **Mo|ni|lia|krank|heit** *die;* -, -en: durch ↑Monilia hervorgerufene Fäule des Kern- u. Steinobstes. **Mo|ni|lia|sis** *die;* -, ...asen ⟨zu *lat.* monile „Halsband" u. ↑...iasis⟩: (veraltet) svw. Soor

Mo|nis|mus *der;* - ⟨zu *gr.* mónos „allein" u. ↑...ismus (1)⟩: Lehre, die alles aus einem Prinzip heraus erklärt, z. B. aus der Vernunft (Philos.); Ggs. ↑Dualismus (2). **Mo|nist** *der;* -en, -en ⟨zu ↑...ist⟩: Vertreter des Monismus. **mo|ni|stisch** ⟨zu ↑...istisch⟩: den Monismus betreffend

Mo|ni|ta: Plur. von ↑Monitum. **Mo|ni|teur** [...'tø:ɐ] *der;* -s, -e ⟨aus *fr.* moniteur, eigtl. „Ratgeber", dies aus *lat.* monitor⟩: Anzeiger (Name franz. Zeitungen). **Mo|ni|tor** *der;* -s, Plur. ...oren, auch -e ⟨aus gleichbed. *engl.* monitor, eigtl. „Warner, Überwacher", dies aus *lat.* monitor zu monere, vgl. monieren⟩: 1. Kontrollbildschirm beim Fernsehen für Redakteure, Sprecher u. Kommentatoren, die das Bild kommentieren. 2. Kontrollgerät zur Überwachung elektron. Anlagen u. Abläufe. 3. einfaches Strahlennachweis- u. -meßgerät (Kernphys.). 4. Gerät zur Gewinnung von lockerem Gestein mittels Druckwasserspülung (Bergw.). 5. (veraltet) Aufseher. 6. veralteter Panzerschiffstyp. **mo|ni|to|risch** ⟨aus gleichbed. *lat.* monitorius⟩: (veraltet) erinnernd, mahnend, als Warnung dienend. **Mo|ni|to|ri|um** *das;* -s, ...ien [...jən] ⟨aus gleichbed. *mlat.* monitorium zu *lat.* monitorius, vgl. monitorisch⟩: (veraltet) Mahnschreiben (Rechtsw.). **Mo|ni|tum** *das;* -s, ...ta ⟨aus *lat.* monitum „Erinnerung, Mahnung", substantiviertes Part. Perf. (Neutrum) von monere „erinnern, (er)mahnen"⟩: Mahnung, Rüge, Beanstandung

mo|no [auch 'mɔno]: Kurzform von ↑monophon. **Mo|no** [auch 'mɔno] *das;* -s: Kurzform von ↑Monophonie. **Mo|no..., Mo|no...**, vor Vokalen meist mon..., Mon... ⟨aus *gr.* mónos „allein, einzeln, einzig"⟩: Wortbildungselement mit der Bedeutung „allein, einzeln, einmalig", z. B. monoton, Monolog. **Mo|no|am|nio|ten** (Plur.): Zwillinge mit gemeinsamer Eihaut (Med.). **mo|no|ar|ti|ku|lär** [auch 'mo:no...] ⟨zu *lat.* articulus „Gelenk"; vgl. ↑...är⟩: nur ein Gelenk betreffend (z. B. von Entzündungen; Med.). **Mo|no|bib|los** *das;* -, ...bla ⟨aus gleichbed. *gr.* monóbiblos⟩: aus einer einzigen Buchrolle bestehende Schrift in der Antike. **Mo|no|bra|chie** [...x...] *die;* - ⟨zu *lat.* brachium „Arm" u. ↑²...ie⟩: angeborene Einarmigkeit (Med.). Mo-

no|cha|si|um [...'ça:..., ...'xa...] *das;* -s, ...ien [...jən] ⟨zu *gr.* chásma „Spalte, Schlund" u. ↑...ium, Analogiebildung zu ↑ Dichasium⟩: eine Form der Verzweigung des Pflanzensprosses, bei der ein einziger Seitenzweig jeweils die Verzweigung fortsetzt (Bot.). **Mo|no|chip|tech|nik** ['mɔnətʃɪp...] *die;* -: Großintegration von Schaltungen auf jeweils einem ↑ Chip (3; Mikroelektronik). **Mo|no|chla|my|de|en** [monox..., auch ...ç...] *die* (Plur.) ⟨aus gleichbed. *nlat.* monochlamydeae zu *gr.* chlamýs, Gen. chlamýdos „Oberkleid"⟩: zusammenfassende systematische Bez. für zweikeimblättrige Blütenpflanzen ohne Blütenblätter od. mit unscheinbaren kelchblattartigen Blütenblättern (Bot.). **Mo|no|chord** [...'kɔrt] *das;* -s, -e ⟨aus gleichbed. *mlat.* monochordum zu *spätlat.* monochordon, dies aus *gr.* monóchordon (zu *gr.* chórda „Saite")⟩: Instrument zur Ton- u. Intervallmessung, das aus einer über einen Resonanzkasten gespannten Saite besteht (Mus.). **Mo|no|cho|ri|a|ten** [...k...] *die* (Plur.) ⟨zu ↑ mono..., *gr.* chórion „Haut, Fell; häutige Hülle der Frucht im Mutterleib" u. ↑...at (1)⟩: Zwillinge mit gemeinsamer Zottenhaut (Med.). **mo|no|chrom** [...k..., auch 'mo:no...] ⟨zu *gr.* chrõma, Gen. chrõmatos „Farbe"⟩: einfarbig (Kunstw.). **Mo|no|chrom** *das;* -s, -en: einfarbiges Gemälde. **Mo|no|chro|ma|sie** *die;* - ⟨zu ↑²...ie⟩: das Einfarbigsehen; völlige Farbenblindheit (Med.); vgl. Achromasie (2). **¹Mo|no|chro|mat** [auch 'mo:no...] *das* od. *der;* -[e]s, -e ⟨zu ↑ monochrom⟩: Objektiv, das nur mit Licht einer bestimmten Wellenlänge verwendet werden kann (Phys.). **²Mo|no|chro|mat** [auch 'mo:no...] *der;* -en, -en ⟨zu ↑ monochrom⟩: Einfarbenseher, jmd., der zwei der drei Farbkomponenten nicht sehen kann; völlig Farbenblinder (Med.). **mo|no|chro|ma|tisch:** einfarbig, nur einer Spektrallinie gehörend (Phys.). **Mo|no|chro|mat|op|sie** *die;* -, ...ien: Form der Farbenfehlsichtigkeit (Med.). **Mo|no|chro|ma|tor** *der;* -s, ...oren ⟨zu ↑...or⟩: Gerät zur Gewinnung einfarbigen Lichtes (Phys.). **Mo|no|chro|mie** *die;* - ⟨zu *mlat.* monochroma „einfarbiges Bild" u. ↑²...ie⟩: Einfarbigkeit (Kunstw.). **mo|no|co|lor** [...k..., auch 'mo:no...] ⟨zu ↑ mono... u. *lat.* color „Farbe"⟩: (österr.) von einer Partei gebildet. **Mo|no|coque** [...'kɔk] *das;* -[s], -s ⟨aus gleichbed. *engl.* monocoque (construction)⟩: bestimmte Schalenkonstruktion bes. in Rennwagen, die das ↑ Chassis u. den Rahmen ersetzt. **Mo|no|cy|clisch** [...'tsy:k..., auch ...'tsyk...] vgl. monozyklisch. **Monodie** *die;* - ⟨über *lat.* monodia aus *gr.* monōidía „Einzelgesang"; vgl. Ode⟩: 1. einstimmiger Gesang, Arie (Mus.). 2. klare einstimmige Melodieführung mit Akkordbegleitung (Generalbaßzeitalter; Mus.); vgl. Homophonie. **Mon|odik** *die;* - ⟨zu *gr.* monōidikós „zur Monodie gehörig"⟩: einstimmiger Kompositionsstil (Mus.). **mon|odisch** ⟨aus *gr.* monōidós „allein, einzeln singend"⟩: a) die Monodie betreffend; b) einstimmig; vgl. homophon. **Mo|no|di|sti|chon** *das;* -s, ...chen ⟨zu ↑ mono...⟩: aus einem einzigen ↑ Distichon bestehendes Gedicht. **mon|odon|tisch** ⟨zu *gr.* odoús, Gen. odóntos „Zahn"⟩: einzahnig (Biol.). **Mo|no|dra|ma** *das;* -s, ...men: Drama, in dem nur eine Person auftritt; vgl. Duodrama. **mo|no|dra|ma|tisch:** in Form eines ↑ Monodramas. **mo|no|fil** ⟨zu *lat.* filum „Faden"⟩: aus einer einzigen [langen] Faser bestehend, einfädig; Ggs. ↑multifil. **Mo|no|fil** *das;* -[s]: aus einer einzigen Faser bestehender vollsynthetischer Faden; vgl. Multifil. **Mo|no|flop** ['mɔnəflɔp] *der;* -s, -s ⟨zu *engl.* to flop „plumpsen; flattern"⟩: ↑monostabiler ↑ Multivibrator (Mikroelektronik). **mo|no|gam** [mono...] ⟨zu *gr.* monógamos „der nur einmal heiratet, in Einehe lebt"; vgl. ...gam (2)⟩: a) von der Anlage her auf nur einen Geschlechtspartner bezogen (von Tieren u. Menschen); b) in Einehe lebend; c) mit nur einem Partner geschlechtlich verkehrend; Ggs. ↑polygam; vgl. ...isch/-. **Mo|no|ga|mie** *die;* - ⟨zu ↑...gamie (2)⟩: a) Einehe (Völkerk.); b) geschlechtlicher Verkehr mit nur einem Partner; Ggs. ↑Polygamie (1 b). **mo|no|ga|misch:** a) die Monogamie betreffend; b) svw. monogam; vgl. ...isch/-. **Mo|no|ga|mist** *der;* -en, -en ⟨zu ↑...ist⟩: jmd., der in Monogamie lebt. **Mo|no|ga|stri|den** *die* (Plur.) ⟨zu *gr.* gaster, Gen. gastrós „Magen" u. ↑...iden⟩: Tiere mit einhöhligem Magen (im Unterschied zu Wiederkäuern; Biol.) **Mo|no|ga|ta|ri** [auch mo'no:...] *das;* -, - ⟨aus *jap.* monogatari „Erzählungen"⟩: klassische japan. Erzählungsliteratur, die aus mündlicher Tradition entwickelt wurde **mo|no|gen** ⟨aus *gr.* monogenés „einzeln, allein geboren"⟩: 1. durch nur ein ↑ Gen bestimmt (von einem Erbvorgang); Ggs. ↑polygen (1). 2. aus einer einmaligen Ursache entstanden; Ggs. ↑polygen (2); -er Vulkan: durch einen einzigen Ausbruch entstandener Vulkan. **Mo|no|ge|ne|se** u. **Mo|no|ge|ne|sis** [auch ...'ge:...] *die;* -, ...nesen ⟨zu ↑ mono...⟩: 1. (ohne Plur.) biologische Theorie von der Herleitung jeder gegebenen Gruppe von Lebewesen aus je einer gemeinsamen Urform (Stammform); Ggs. ↑ Polygenese. 2. ungeschlechtliche Fortpflanzung (Biol.). **Mo|no|ge|ne|ti|ker** *der;* -s, : Vertreter u. Anhänger der Monogenese (1). **mo|no|ge|ne|tisch:** aus einer Urform entstanden. **Mo|no|ge|nie** *die;* -, ...ien ⟨zu ↑...genie⟩: 1. (bei bestimmten Tieren als Sonderfall) die Hervorbringung nur männlicher od. nur weiblicher Nachkommen (Biol.). 2. die Erscheinung, daß an der Ausbildung eines Merkmals eines ↑ Phänotyps nur ein ↑ Gen beteiligt ist (Biol.); Ggs. ↑ Polygenie. **Mo|no|ge|nis|mus** *der;* - ⟨zu ↑...ismus (2)⟩: 1. svw. Monogenese (1). 2. Lehre der kath. Theologie, nach der alle Menschen auf einen gemeinsamen Stammvater (Adam) zurückgehen; Ggs. ↑ Polygenismus (2). **mo|no|glott** ⟨aus gleichbed. *gr.* monóglōttos⟩: nur eine Sprache sprechend. **Mo|no|go|nie** *die;* -, ...ien ⟨zu ↑ mono... u. ...gonie⟩: svw. Monogenese (2). **Mo|no|gramm** *das;* -s, -e ⟨aus gleichbed. *spätlat.* monogramma, dies zu *gr.* mónos „allein" u. grámma „Buchstabe, Schriftzeichen"⟩: [künstlerisch gestaltetes] Namenszeichen, meist aus den Anfangsbuchstaben von Vor- u. Familiennamen bestehend. **mo|no|gram|mie|ren** ⟨zu ↑...ieren⟩: als Signatur nur mit einem Monogramm versehen. **Mo|no|gram|mist** *der;* -en, -en ⟨zu ↑...ist⟩: Künstler, von dem man nur das Monogramm, nicht den vollen Namen kennt. **Mo|no|gra|phie** *die;* -, ...ien ⟨zu ↑ mono... u. ↑...graphie⟩: wissenschaftliche Darstellung, die einem einzelnen Gegenstand, einer einzelnen Erscheinung gewidmet ist; Einzeldarstellung. **mo|no|gra|phisch** ⟨zu ↑...graphisch⟩: nur ein einziges Problem od. eine Persönlichkeit untersuchend od. darstellend. **Mo|no|grap|tus** *der;* -, ...ten ⟨zu *gr.* graptós „geschrieben"; vgl. Graptolith⟩: ↑ Graptolith, dessen gerade od. spiralige Äste nur einseitig mit Tieren besetzt waren, wichtigstes Leitfossil des ↑ Silurs. **mo|no|gyn** ⟨zu *gr.* gyné „Weib, Frau"⟩: nur ein einziges eierlegendes Weibchen (als Königin) aufweisend (von Staaten sozialer Insekten, z. B. soziale Bienen, Faltenwespen; Biol.). **mo|no|hy|brid:** von Eltern, die sich nur in einem Merkmal unterscheiden, abstammend (von tierischen od. pflanzlichen Kreuzungsprodukten; Biol.); Ggs. ↑polyhybrid. **Mo|no|hy|bri|de** *die;* -, -n, auch *der;* -n, -n: Bastard, dessen Eltern sich nur in einem Merkmal unterscheiden (Biol.); Ggs. ↑ Polyhybride. **Mo|no|ide|is|mus** *der;* - ⟨zu *gr.* monoeidés „einförmig, von einerlei Art" u. ↑...ismus (2)⟩: 1. das Beherrschtsein von einem einzigen Gedankenkomplex (Psychol.); Ggs. ↑ Polyideismus. 2. halluzinatorische Einen-

Monophthong

gung des Bewußtseins in der Hypnose (Psychol.). **mo|no|kau|sal** ⟨zu ↑mono...⟩: sich auf nur eine Grundlage stützend; auf nur einen Grund zurückgehend. **Mon|okel** *das;* -s, - ⟨aus gleichbed. *fr.* monocle, dies zu *spätlat.* monoculus „einäugig" (zu *gr.* mónos „allein" u. *lat.* oculus „Auge")⟩: Einglas; Korrekturlinse für ein Auge, die durch die Muskulatur der Augenlider gehalten wird; vgl. Binokel. **Mo|no|ki|ni** *der;* -s, -s ⟨zu ↑mono...; Analogiebildung zu ↑Bikini (ohne *lat.* bi „zwei", weil er nur aus dem Unterteil besteht)⟩: svw. Minikini. **mo|no|klin** ⟨zu *gr.* klínein „neigen" bzw. klíne „(Ehe)bett"⟩: 1. die Kristallform eines Kristallsystems (-es System) betreffend, bei dem eine Kristallachse schiefwinklig zu den beiden anderen, aufeinander senkrechten Achsen steht. 2. zweigeschlechtig (von Blüten; Bot.). **Mo|no|kli|ne** *die;* -n, -: nach einer Richtung geneigtes Gesteinspaket (Geol.). **Mo|no|kli|nie** *die;* -, ...ien ⟨zu ↑²...ie⟩: Gemischtgeschlechtigkeit bei Blüten, die gleichzeitig Staub- u. Fruchtblätter tragen, d. h. zwittrig sind (Bot.). **mo|no|klo|nal** ⟨zu ↑Klon u. ↑¹...al (1)⟩: nur einen ↑Klon enthaltend (von Zellen; Biol.); -e Antikörper: Immunglobuline, die aus einer einzigen Zellkern gebildet u. zur Diagnose u. Therapie verschiedener Krankheiten verwendet werden (Med.). **mo|no|kon|dyl** ⟨aus *gr.* monokóndylos „mit einem Gelenk"⟩; in der Fügung -es Gelenk: Gelenk mit nur einem Gelenkhöcker, das bei Insekten Bewegungen in alle Richtungen ermöglicht (Zool.). **mo|no|ko|tyl** ⟨aus *gr.* monokótylos „mit einer Reihe (Saugwarzen)", zu kotýle „Höhlung"⟩: ein Keimblatt aufweisend, einkeimblättrig (von Pflanzen; Bot.). **Mo|no|ko|ty|le|do|ne** *die;* -, -n ⟨zu ↑mono...⟩: einkeimblättrige Pflanze (Bot.). **Mo|no|krat** *der;* -en, -en ⟨zu ↑...krat⟩: Alleinherrscher. **Mo|no|kra|tie** *die;* -, ...ien ⟨zu gleichbed. *gr.* monokratía⟩: (legitime od. illegitime) Alleinherrschaft. **mo|no|kra|tisch**: die Monokratie betreffend; -es System: die Leitung eines Amtes durch einen einzelnen, der mit alleinigem Entscheidungsrecht ausgestattet ist. **mo|no|krot** ⟨aus *gr.* monókrotos „sich durch einen Schlag bewegend"⟩: einmal schlagend (vom normalen Puls, der in seinem Kurvenverlauf pro Herzsystole nur eine Druckwelle zeigt; Med.). **mon|oku|lar** ⟨zu ↑mono..., *lat.* oculus „Auge" u. ↑...ar (1)⟩: a) mit [nur] einem Auge; b) für [nur] ein Auge (Med.). **Mo|no|kul|tur** [auch 'mono...] *die;* -, -en: durch ein bestimmtes Produktionsziel bedingte Form der landwirtschaftlichen Bodennutzung, bei der nur eine Nutzpflanze angebaut wird. **Mon|oku|lus** *der;* -, ...li ⟨zu *lat.* oculus „Auge"⟩: Schutzverband für ein Auge (Med.). **mo|no|la|te|ral** [auch ...'ra:l]: einseitig (Med.). **Mo|no|la|trie** *die;* -: Verehrung nur eines Gottes (ohne andere zu leugnen). **mo|no|lin|gu|al** [auch 'mono...]: nur eine Sprache sprechend, verwendend; ↑monoglott. **mo|no|lith** ⟨aus *gr.* monólithos „aus (nur) einem Stein"⟩: svw. monolithisch; vgl. ...isch/-. **Mo|no|lith** [auch ...'lɪt] *der;* Gen. -s od. -en, Plur. -e[n] 1. Säule, Denkmal aus einem einzigen Steinblock. 2. festgefügter Machtblock; Staatenblock. **mo|no|li|thisch** [auch ...'lɪtɪʃ]: 1. aus nur einem Stein bestehend; -e Bauweise: fugenlose Bauweise (z. B. Betonguß- od. Ziegelbauweise) im Gegensatz zur Montagebauweise. 2. eine feste [u. starke] Einheit bildend. 3. aus sehr kleinen elektron. Bauelementen untrennbar zusammengesetzt; vgl. ...isch/-. **Mo|no|log** *der;* -[e]s, -e ⟨aus gleichbed. *fr.* monologue (Analogiebildung zu dialogue „Dialog") zu *gr.* monológos „allein, mit sich selbst redend"⟩: a) Selbstgespräch (als literarische Form, bes. im Drama); b) [längere] Rede, die jmd. während eines Gesprächs hält; Ggs. ↑Dialog (a). **mo|no|lo|gisch**: in der Form eines Monologs. **mo|no|lo|gi|sie|ren** ⟨zu ↑...isieren⟩: innerhalb eines Gesprächs für längere Zeit allein reden. **Mo|no|lo|gist** *der;* -en, -en ⟨zu ↑...ist⟩: Monologsprecher (Theat.). **Mo|no|nom** *das;* -s, -e ⟨gekürzt aus Mononom, zu ↑mono... u. *gr.* ónoma „Name"⟩: eingliedrige Zahlengröße (Math.). **mo|no|man** ⟨zu ↑mono... u. ↑...man⟩: von einer einzigen Idee od. Zwangsneigung besessen (Psychol.); vgl. ...isch/-. **Mo|no|ma|ne** *der;* -n, -n ⟨zu ↑...mane⟩: jmd., der an Monomanie leidet. **Mo|no|ma|nie** *die;* -, ...ien ⟨zu ↑...manie⟩: abnormer Zustand des Besessenseins von einer einzigen Idee od. Zwangsneigung (Psychol.). **mo|no|ma|nisch**: svw. monoman; vgl. ...isch/-. **mo|no|mer** ⟨aus *gr.* monomerés „aus einem Teil bestehend"⟩: aus einzelnen, voneinander getrennten, selbständigen Molekülen bestehend (Chem.); Ggs. ↑polymer. **Mo|no|mer** *das;* -s, -e u. **Mo|no|me|re** *das;* -n, -n (meist Plur.): Stoff, dessen Moleküle monomer sind (Chem.). **Mo|no|me|tal|lis|mus** *der;* - ⟨zu ↑mono...⟩: Währungssystem, in dem nur ein Währungsmetall als gesetzliches Zahlungsmittel anerkannt ist. **Mo|no|me|ter** *der;* -s, - ⟨zu ↑³...meter⟩: aus nur einem ↑Metrum (1) bestehende metrische Einheit, die selbständig nur am Satzschluß verwendet wird (antike Metrik). **mo|no|me|trisch** ⟨aus gleichbed. *gr.* monómetros⟩: aus nur einem Metrum bestehend (antike Metrik). **mo|no|mik|tisch** ⟨zu ↑mono... u. *gr.* miktós „gemischt"⟩: einmalig durchmischt (von Seen, deren Wasser sich zu einer bestimmten Jahreszeit umschichtet; Biol.). **mo|no|mi|ne|ra|lisch**: fast ausschließlich aus einer Mineralart bestehend (von Gesteinen; Mineral.). **mo|no|misch** ⟨zu ↑Monom⟩: eingliedrig (Math.). **mo|no|mo|le|ku|lar** ⟨zu ↑mono...⟩: aus nur einem Molekül bestehend (Chem.). **mo|no|morph** ⟨zu ↑...morph⟩: gleichartig, gleichgestaltet (in bezug auf Blüten u. Gewebe; Bot.). **Mo|no|mor|phie** *die;* -, ...ien ⟨zu ↑...morphie⟩: Gleichartigkeit, Gleichgestaltigkeit (in bezug auf Blüten u. Gewebe; Bot.). **Mo|no|myo|si|tis** *die;* -, ...itiden: Entzündung eines einzelnen Muskels (Med.). **Mo|no|neu|ri|tis** *die;* -, ...itiden: Entzündung eines einzelnen Nervs (Med.). **Mo|no|nom** *das;* -s, -e ⟨zu ↑mono... u. *gr.* ónoma „Name"⟩: svw. Monom. **mo|no|no|misch**: svw. monomisch. **mo|no|nu|kle|är**: einen einfachen (nicht gelappten od. geteilten) Zellkern besitzend (von Zellen; Biol.). **Mo|no|nu|kle|o|se** *die;* -, -n ⟨zu *lat.* nucleus „Frucht(kern)" u. ↑¹...ose⟩: Überzahl einkerniger Zellen im Blutbild, gutartige Infektion von den Drüsen (Med.). **mo|no|phag** ⟨zu ↑...phag⟩: 1. hinsichtlich der Ernährung auf nur eine Pflanzen- od. Tierart spezialisiert (von Tieren); Ggs. ↑polyphag (Biol.). 2. auf nur eine Wirtspflanze spezialisiert (von schmarotzenden Pflanzen; Biol.). **Mo|no|pha|ge** *der;* -n, -n (meist Plur.): Tier, das in seiner Ernährung monophag (1) ist (Biol.); Ggs. ↑Polyphage (1). **Mo|no|pha|gie** *die;* - ⟨zu ↑...phagie⟩: Beschränkung in der Nahrungswahl auf eine Pflanzen- od. Tierart (Biol.). **Mo|no|phar|ma|kon** *das;* -s, ...ka: aus einem einzigen Wirkstoff hergestelltes Arzneimittel (Med.). **Mo|no|pha|sie** *die;* - ⟨zu *gr.* phásis „Sprache, Rede" u. ↑²...ie⟩: Sprachstörung mit Beschränkung des Wortschatzes auf einen Satz od. ein Wort (Med.). **mo|no|pha|sisch**: die Monophasie betreffend. **Mo|no|pho|bie** *die;* - ⟨zu ↑...phobie⟩: Angst vor dem Alleinsein, der Einsamkeit (Psychol.). **mo|no|phon** ⟨zu ↑...phon⟩: einkanalig (in bezug auf die Schallübertragung). **Mo|no|pho|nie** *die;* - ⟨zu ↑...phonie⟩: einkanalige Schallübertragung. **Mo|no|pho|to** [auch 'mono...] *die;* -, -s: eine Lichtsetzmaschine (Druckw.). **Mon|oph|thal|mie** *die;* - ⟨zu *gr.* monóphthalmos „einäugig" u. ↑²...ie⟩: Einäugigkeit (Med.). **Mo|no|phthong** *der;* -s, -e ⟨aus *gr.* monóphthoggos „allein tönend; einfacher Vokal" zu phthóggos

„Ton, Laut"⟩: einfacher Vokal (z. B. a, i); Ggs. ↑Diphthong. **mo|no|phthon|gie|ren** ⟨zu ↑...ieren⟩: einen Diphthong in einen Monophthong umwandeln (z. B. mhd. *guot* zu nhd. *gut*); Ggs. ↑diphthongieren. **Mo|no|phthongie|rung** *die;* -, -en ⟨zu ↑...ierung⟩: die Umwandlung eines Diphthongs in einen Monophthong (Sprachw.); Ggs. Diphthongierung. **mo|no|phthon|gisch**: aus einem einzelnen Vokal bestehend; Ggs. ↑diphthongisch. **mo|nophthon|gi|sie|ren** ⟨zu ↑...isieren⟩: svw. monophthongieren. **mo|no|phy|le|tisch** ⟨zu *gr.* phyletikós „zum Stamm gehörig", dies zu phylé „Stamm"⟩: einstämmig; von einer Urform abstammend (Biol.); Ggs. ↑polyphyletisch. **Mono|phy|le|tis|mus** *der;* - ⟨zu ↑...ismus (2)⟩: svw. Monogenese (1). **Mo|no|phy|lie** *die;* - ⟨zu *gr.* phylé „Stamm" u. ↑²...ie⟩: Abstammung von einer gemeinsamen Urform (Biol.). **Mo|no|phy|lodont** *der;* -en, -en ⟨zu *gr.* mónos „einmal wachsend" u. odoús, Gen. odóntos „Zahn"⟩: Säugetier, bei dem kein Zahnwechsel stattfindet (Biol.). **Mono|phy|odon|tie** *die;* - ⟨zu ↑²...ie⟩: einmalige Zahnung (Med.). **Mo|no|phy|sit** *der;* -en, -en (meist Plur.) ⟨aus gleichbed. *mgr.* Monophysités, zu ↑mono..., *gr.* physis „Natur", u. ↑³...it⟩: Anhänger des Monophysitismus (z. B. die ↑koptischen u. die armenischen Christen). **mo|no|phy|si|tisch**: den Monophysitismus betreffend, ihm entsprechend. **Mo|no|phy|si|tis|mus** *der;* - ⟨aus gleichbed. *mgr.* Monophysitismós, vgl. ...ismus (1)⟩: altkirchliche Lehre, nach der die zwei Naturen Christi (vgl. Dyophysitismus) zu einer neuen gottmenschlichen Natur verbunden sind. **Mo|no|plan** *der;* -s, -e ⟨zu ↑mono... u. *fr.* planer „schweben" (dies zu *lat.* planus „eben, flach"), Analogiebildung zu ↑Aeroplan⟩: (veraltet) Eindecker (Flugw.). **Mo|no|plat|te** *die;* -, -n: Schallplatte, die (nur) monophon abgespielt werden kann. **Mo|no|ple|gie** *die;* -, ...ien ⟨zu *gr.* plēgé „Schlag, Hieb, Stoß" u. ↑²...ie⟩: Lähmung eines einzelnen Gliedes od. Gliedabschnittes; vgl. Hemiplegie. **Mo|no|ploi|die** [...ploi...] *die;* - ⟨verkürzt aus ↑mono..., *gr.* haploeidés „einfach" u. ↑²...ie⟩: das Vorhandensein des einfachen Chromosomensatzes in der Zelle (Biol.). **Mo|no|po|die** *die;* -, ...ien ⟨aus gleichbed. *gr.* monopodía, zu poús, Gen. podós „Fuß"⟩: aus nur einem Versfuß bestehender Takt in einem Vers. **mo|no|po|disch** ⟨aus gleichbed. *gr.* monopodiaĩos⟩: aus nur einem Versfuß bestehend; e Verse: Verse, deren Monopodien gleichmäßiges Gewicht der Hebungen haben. **Mo|no|po|di|um** *das;* -s ⟨zu ↑mono...⟩: einheitliche echte Hauptachse bei pflanzlichen Verzweigungen (Bot.); Ggs. ↑Sympodium. **Mo|no|pol** *das;* -s, -e ⟨über *lat.* monopolium aus *gr.* monopṓlion „(Recht auf) Alleinverkauf" zu monopōleĩn „allein verkaufen, Alleinhandel betreiben"⟩: 1. Vorrecht, alleiniger Anspruch, alleiniges Recht, bes. auf Herstellung u. Verkauf eines bestimmten Produktes. 2. marktbeherrschendes Unternehmen od. Unternehmensgruppe, die auf einem Markt als alleiniger Anbieter od. Nachfrager auftritt u. damit die Preise diktieren kann. **mo|no|po|li|sie|ren** [mo'no:...] ⟨nach gleichbed. *fr.* monopoliser; vgl. ...isieren⟩: ein Monopol aufbauen, die Entwicklung von Monopolen vorantreiben. **Mo|no|po|lis|mus** *der;* - ⟨zu ↑...ismus (2)⟩: auf Marktbeherrschung gerichtetes wirtschaftspolitisches Streben. **Mo|no|po|list** *der;* -en, -en ⟨zu ↑...ist⟩: svw. Monopolkapitalist. **mo|no|po|lis|tisch** ⟨zu ↑...istisch⟩: auf Marktbeherrschung und Höchstgewinnerzielung ausgehend. **Mo|no|pol|ka|pi|tal** *das;* -s ⟨zu ↑Monopol⟩: 1. Gesamtheit monopolistischer Unternehmungen. 2. in Monopolen (2) arbeitendes Kapital. **Mo|no|pol|ka|pi|ta|lis|mus** *der;* -: Entwicklungsepoche des Kapitalismus, die durch Unternehmungszusammenschlüsse mit monopolähnlichen Merkmalen gekennzeichnet ist (Schlagwort politischer Agitation). **Mo|no|pol|ka|pi|ta|list** *der;* -en, -en: Eigentümer eines [Industrie]unternehmens, das entweder das Angebot od. die Nachfrage auf einem Markt in sich vereinigt. **mo|no|pol|ka|pi|ta|lis|tisch**: den Monopolkapitalismus betreffend. **Mo|no|po|lo|id** *das;* -[e]s, -e ⟨zu ↑...oid⟩: unvollständiges Monopol. **Mo|no|poly** Ⓡⓦ [...li] *das;* - ⟨nach *engl.* monopoly „Monopol"⟩: Gesellschaftsspiel, bei dem mit Hilfe von Würfeln, Spielgeld, Anteilscheinen u. ä. Grundstücksspekulation simuliert wird. **Mo|no|po|sto** *der;* -s, -s ⟨aus gleichbed. *it.* monoposto zu mono- (vgl. mono...) u. posto „Platz; Sitzplatz"⟩: Einsitzer mit freilaufenden Rädern (Automobilrennsport). **Mon|op|son** *das;* -s, -e ⟨zu ↑mono... u. *gr.* opsōneĩn „(Zukost) einkaufen"⟩: Nachfragemonopol; vgl. Monopol (2). **Mo|no|psy|chis|mus** *der;* - ⟨zu ↑mono...⟩: Lehre von Averroes, nach der es nur ein Seelisches gibt u. alle unterschiedenen menschlichen Seelen nur leiblich bedingt sind (Philos.). **Mo|no|pte|ros** *der;* -, ...eren ⟨zu *gr.* monópteros „mit einer Säulenreihe", eigtl. „einflügelig"⟩: 1. antiker Säulentempel ohne ↑Cella (1). 2. Gartentempel im Barock u. Empire. **Mo|no|rail** ['mɔnəreɪl] *der;* -, -s ⟨aus gleichbed. *engl.* monorail, zu mono- (vgl. mono...) u. rail „Gleis, Schiene"⟩: Einschienenbahn. **Mon|or|chie** [mɔnɔr...] *die;* -, ...ien ⟨zu *gr.* mónorchis „mit nur einem Hoden" u. ↑²...ie⟩: Vorhandensein nur eines Hodens (Med.). **Mo|no|re|zi|div** *das;* -s, -e [...və] ⟨zu ↑mono...⟩: Rückfall bei einer nicht völlig ausgeheilten Krankheit (z. B. Syphilis), von dem nur ein einzelnes Organ betroffen wird. **Mo|no|saccha|rid** [...zaxa...] u. **Mo|no|sa|cha|rid** *das;* -[e]s, -e: einfach gebauter Zucker (z. B. ↑Glucose). **Mo|no|se** *die;* -, -n ⟨zu ↑²...ose⟩: svw. Monosaccharid. **mo|no|sem** ⟨aus gleichbed. *gr.* monosḗmos⟩: nur eine Bedeutung habend (von Wörtern; Sprachw.); Ggs. ↑polysem. **Mo|no|se|man|ti|kon** *das;* -s, ...ka ⟨zu ↑mono... u. *gr.* sēmantikós, vgl. semantisch⟩: Wort für eine nur einmal vorkommende Sache (z. B. Weltall; Sonne; Sprachw.). **mo|no|se|man|tisch** ⟨aus gleichbed. *gr.* monosḗmantos⟩: svw. monosem. **Mo|no|se|mie** *die;* - ⟨zu ↑monosem u. ↑²...ie⟩: 1. das Vorhandensein nur einer Bedeutung zu einem Wort (z. B. Kugelschreiber); Ggs. ↑Polysemie. 2. durch Monosemierung [im Kontext] erreichte Eindeutigkeit zwischen einem sprachlichen Zeichen (Wort) u. einer zugehörigen Bedeutung. **mono|se|mie|ren** ⟨zu ↑...ieren⟩: monosem machen. **Mo|no|skop** *das;* -s, -e ⟨zu ↑mono... u. ↑...skop⟩: früher verwendete Prüfbildröhre mit festem Bildmuster. **Mo|no|som** *das;* -s, -en ⟨verkürzt aus ↑mono... u. ↑Chromosom⟩: das einzeln bleibende Chromosom im ↑diploiden Zellkern (Biol.). **Mo|no|so|mie** *die;* - ⟨zu ↑²...ie⟩: Vorkommen eines unpaarigen Chromosoms im ↑diploiden Chromosomensatz des Zellkerns (Biol.). **Mo|no|sper|mie** *die;* -, ...ien ⟨zu *gr.* spérma „Samen" u. ↑²...ie⟩: Besamung einer Eizelle durch nur eine männliche Geschlechtszelle; Ggs. ↑Polyspermie. **mo|no|sta|bil** [auch 'mo:no...]: einen stabilen Zustand besitzend (von elektronischen Schaltungen). **Mo|no|sti|cha**: Plur. von ↑Monostichon. **mo|no|sti|chisch** ⟨aus *gr.* monóstichos „aus einem Vers bestehend"⟩: das Monostichon betreffend; aus metrisch gleichen Einzelversen bestehend (in bezug auf Gedichte); ↑distichisch. **mo|no|sti|chi|tisch** vgl. monostichisch. **Mo|no|sti|chon** *das;* -s, ...cha ⟨aus gleichbed. *gr.* monóstichon, substantiviertes Neutrum von monóstichos „aus nur einer Reihe, einem Vers bestehend"⟩: ein einzelner Vers; Einzelvers (Metrik). **mon|os|tisch** ⟨zu ↑mono... u. *gr.* ostéon „Knochen"⟩: nur einen Knochen befallend (von Krankheiten; Med.). **mo-**

no|stro|phisch ⟨aus *gr.* monostrophikós „aus einer Strophe bestehend; einstrophig"⟩: a) ein nur aus einer Strophe bestehendes Gedicht od. Lied bezeichnend; b) eine Dichtung aus baugleichen Strophen (z. B. Nibelungenlied) bezeichnend im Unterschied zu Dichtungen mit wechselnden Strophenformen. **Mo|no|sub|stanz** *die;* -, -en ⟨zu ↑ mono...⟩: Arzneimittel, das aus einem einzigen Wirkstoff besteht. **mo|no|syl|la|bisch** ⟨aus gleichbed. *gr.* monosýllabos⟩: einsilbig (von Wörtern). **Mo|no|syl|la|bum** *das;* -s, ...ba ⟨aus gleichbed. *lat.* monosyllabum, dies über monosyllabos „einsilbig" aus *gr.* monosýllabos⟩: einsilbiges Wort (Sprachw.). **mo|no|symp|to|ma|tisch** ⟨zu ↑ mono...⟩: nur ein einziges charakteristisches Symptom zeigend (von Krankheiten; Med.). **Mo|no|syn|de|ta:** Plur. von ↑ Monosyndeton. **mo|no|syn|de|tisch** ⟨zu ↑ Monosyndeton⟩: in der Art eines Monosyndetons (Sprachw.). **Mo|no|syn|de|ton** *das;* -s, ...ta ⟨zu ↑ mono... u. *gr.* sýndetos „verbunden"⟩: Reihe von Sätzen od. Satzteilen, vor deren letztem eine Konjunktion steht (z. B. alles lacht, jubelt und kreischt; Sprachw.). **Mo|no|tek|ti|kum** *das;* -s, ...ka ⟨zu *gr.* tektaínein „zusammenfügen" u. ↑...ikum⟩: durch monotektische Reaktion entstehender Gefügebestandteil (Geol.). **mo|no|tek|tisch:** das Monotektikum betreffend (Geol.); -e Reaktion: Ausscheidung einer Kristallart bei der chem. Umsetzung von zwei nicht ineinander löslichen Schmelzen unter Aufzehrung einer der beiden Schmelzen. **Mo|no|the|is|mus** *der;* -: Glaube an einen einzigen Gott (unter Leugnung aller anderen); vgl. Henotheismus. **Mo|no|the|ist** *der;* -en, -en: Bekenner des Monotheismus; jmd., der nur an einen Gott glaubt. **mo|no|the|is|tisch:** an einen einzigen Gott glaubend. **Mo|no|the|let** *der;* -en, -en ⟨aus gleichbed. *mlat.* Monotheleta, dies aus *mgr.* Monotheletḗs zu *gr.* mónos (vgl. mono...) u. theletḗs „der Wollende"⟩: Vertreter des Monotheletismus. **Mo|no|the|le|tis|mus** *der;* - ⟨zu ↑ ...ismus (1)⟩: altchristl. Sektenlehre, die in Christus wohl zwei unvereinigte Naturen (vgl. Dyophysitismus), aber nur einen gottmenschlichen Willen (vgl. Monophysitismus) wirksam glaubte. **Mo|no|the|ra|pie** *die;* -, ...ien ⟨zu ↑ mono...⟩: Behandlung einer Krankheit mit einem einzigen Arzneimittel. **mo|no|ton** ⟨über *fr.* monotone aus *spätlat.* monotonus, dies aus gleichbed. *gr.* monótonos, eigtl. „aus einem Ton"⟩: gleichförmig, ermüdend-eintönig; -e Funktion: eine entweder dauernd steigende od. dauernd fallende ↑ Funktion (2; Math.). **Mo|no|to|nie** *die;* -, ...ien ⟨über *fr.* monotonie aus *spätlat.* monotonia, dies aus gleichbed. *gr.* monotonía⟩: Gleichförmigkeit, [ermüdende] Eintönigkeit. **Mo|no|to|no|me|ter** *das;* -s, - ⟨zu ↑ ¹...meter⟩: Gerät zur Untersuchung der Auswirkung eintöniger, ermüdend wirkender Arbeit (Psychol.). **mo|no|top** ⟨zu ↑ mono... u. *gr.* tópos „Ort, Stelle, Platz"⟩: auf ein Organ (1) beschränkt (Med.). **Mo|no|top** *der* u. *das;* -s, -e: Lebensort einer Organismenart, an dem diese dauernd zu existieren vermag (Biol.). **Mo|no|tre|men** *die* (Plur.) ⟨zu *gr.* trẽma „das Loch, Öffnung"⟩: Kloakentiere. **mo|no|trop** ⟨über *lat.* monotropus aus *gr.* monótropos „ganz für sich allein (lebend)"⟩: beschränkt anpassungsfähig (Biol.). **Mo|no|tro|pie** *die;* - ⟨zu ↑ ...tropie⟩: nur in einer Richtung mögliche Umwandelbarkeit der Zustandsform eines Stoffes in eine andere (Chem.). **Mo|no|ty|pe** ⓦ [...taip] *die;* -, -s ⟨aus gleichbed. *engl.* Monotype; vgl. mono... u. Type (1)⟩: Gieß- u. Setzmaschine für Einzelbuchstaben (Druckw.). **Mo|no|ty|pie** [...ty...] *die;* -, ...ien ⟨zu ↑ mono... u. ↑...typie⟩: 1. ein graphisches Verfahren, das nur einen Abdruck gestattet (Kunstw.). 2. im Monotypieverfahren hergestellte Reproduktion. **mo|no|ty|pisch:** in nur einer Art vertreten (von Gattungen u. anderen systematischen Kategorien; Biol.). **mo|no|va|lent** [...v..., auch ˈmoːno...] ⟨zu *lat.* valens, Gen. valentis, Part. Präs. von valere „wert sein", eigtl. „stark, kräftig sein"⟩: einwertig (Chem.). **Mon|oxyd** [auch ...ˈksyːt], chem. fachspr. **Mo|noxid** *das;* -[e]s, -e: Oxyd, das ein Sauerstoffatom enthält. **Mo|no|zel|le** *die;* -, -n: kleines, aus nur einer Zelle bestehendes elektrochem. Element als Stromquelle für Kofferradios o. ä. **Mon|özie** *die;* - ⟨zu *gr.* oîkos „Haus" u. ↑²...ie⟩: Einhäusigkeit; das Vorkommen männlicher u. weiblicher Blüten auf einem Pflanzenindividuum (Bot.). **mon|özisch:** männliche u. weibliche Blüten auf einem Pflanzenindividuum aufweisend; einhäusig (Bot.). **Mo|no|zön** *das;* -s, -e ⟨zu *gr.* koinós „gemeinsam"⟩: die Einheit von Monotop u. Monozönose (Biol.). **Mo|no|zö|no|se** *die;* -, -n ⟨Analogiebildung zu ↑ Biozönose⟩: Vergesellschaftung der Angehörigen einer Organismenart, die infolge gleicher Umweltansprüche einen Monotop besiedeln (Biol.). **mo|no|zy|got** ⟨zu ↑ Zygote⟩: eineiig; aus einer einzigen befruchteten Eizelle stammend (von Mehrlingen). **mo|no|zy|klisch,** chem. fachspr. monocyclisch [...ˈtsyːk..., auch ...ˈtsyk...]: nur einen Ring im Molekül aufweisend (von organischen chem. Verbindungen); Ggs. ↑ polyzyklisch. **Mo|no|zyt** *der;* -en, -en (meist Plur.) ⟨zu ↑ ...zyt⟩: großer Leukozyt; größtes Blutkörperchen im peripheren Blut (Med.). **mo|no|zy|tär** ⟨zu ↑ ...är⟩: die Monozyten betreffend, auf Monozyten zurückgehend (Med.). **mo|no|zy|to|gen:** durch Monozyten hervorgerufen; Monozyten erzeugend. **Mo|no|zy|to|se** *die;* -, -n ⟨zu ↑¹...ose⟩: krankhafte Vermehrung der Monozyten (z. B. bei ↑ Malaria)

Mon|roe|dok|trin [ˈmɔnro...] *die;* - ⟨aus *amerik.* Monroe Doctrine, nach dem *amerik.* Präsidenten J. Monroe (1758 bis 1831); vgl. Doktrin⟩: von J. Monroe aufgestellter Grundsatz der gegenseitigen Nichteinmischung

Mons *das;* - ⟨nach der Stadt Mons in Belgien⟩: unterste Stufe des ↑ Paläozäns (Geol.).

Mon|sei|gneur [mõsɛnˈjøːɐ̯] *der;* -s, Plur. -e u. -s ⟨aus gleichbed. *fr.* monseigneur, eigtl. „mein Herr", dies über das Galloroman. zu *lat.* meus „mein" u. senior, vgl. Senior⟩: 1. (ohne Plur.) Titel u. Anrede hoher Geistlicher, Adliger u. hochgestellter Personen (in Frankreich); Abk.: Mgr. 2. Träger dieses Titels. **Mon|sieur** [məˈsjøː] *der;* -[s], Messieurs [mɛˈsjoː] ⟨aus *fr.* monsieur, eigtl. „mein Herr", vgl. Monseigneur⟩: franz. Bez. für Herr; als Anrede ohne Artikel; Abk.: M., Plur. MM. **Mon|si|gno|re** [mɔnzinˈjoːrə] *der;* -[s], ...ri ⟨aus *it.* monsignore, eigtl. „mein Herr"; vgl. Monseigneur⟩: 1. (ohne Plur.) Titel u. Anrede von Prälaten der kath. Kirche; Abk.: Mgr., Msgr. 2. Träger dieses Titels

Mon|ster *das;* -s, - ⟨über *engl.* monster aus gleichbed. *(alt)fr.* monstre, dies aus *lat.* monstrum, vgl. Monstrum⟩: [riesenhaftes] Ungeheuer; [furchterregendes] Fabelwesen. **Monster...** ⟨zu *engl.* monster „riesig"⟩: Wortbildungselement mit der Bedeutung „überdimensional groß u. auffallend (in räumlicher od. zeitlicher Hinsicht)", z. B. Monsterfilm, Monstershow

Mon|ste|ra *die;* -, ...rae [...rɛ] ⟨*nlat.;* Herkunft unsicher⟩: ↑ Philodendron, Gattung der trop. Aronstabgewächse (Zimmerpflanze)

Mon|ster|film *der;* -[e]s, -e ⟨zu ↑ Monster...⟩: 1. Film, der mit einem Riesenaufwand an Menschen u. Material gedreht wird. 2. Film, der von ↑ Monstern handelt. **Mon|stra:** Plur. von ↑ Monstrum. **Mon|stranz** *die;* -, -en ⟨aus gleichbed. *mlat.* monstrantia, eigtl. „die zu zeigenden (Gefäße)", zu *lat.* monstrare „zeigen"⟩: meist kostbares Gefäß zum Tragen u. Zeigen der geweihten ↑Hostie. **Mon|stre|film** ⟨zu *fr.* monstre, vgl. Monstrum⟩: svw. Monsterfilm (1). **Monstren:** Plur. von ↑Monstrum. **mon|strös** ⟨über *fr.* monstrueux aus gleichbed. *lat.* monstr(u)osus⟩: 1. ungeheuerlich. 2. mißgestaltet (Med.). **Mon|stro|si|tät** *die;* -, -en ⟨aus gleichbed. *spätlat.* monstrositas, Gen. monstrositatis⟩: 1. Ungeheuerlichkeit. 2. Mißbildung, Mißgeburt (Med.). **Mon|strum** *das;* -s, Plur. ...ren u. ...ra ⟨aus gleichbed. *lat.* monstrum, eigtl. „Mahnzeichen", zu monere, vgl. monieren⟩: 1. Monster, Ungeheuer. 2. etwas von großen, als zu gewaltig empfundenen Ausmaßen; Ungetüm. 3. Mißbildung, Mißgeburt (Med.).

Mon|sun *der;* -s, -e ⟨über *engl.* monsoon aus gleichbed. *port.* monção, älter *port.* moução, dies aus *arab.* mausim „(für die Seefahrt) geeignete Jahreszeit"⟩: a) jahreszeitlich wechselnder Wind in Asien; b) die mit dem Sommermonsun einsetzende Regenzeit [in Süd- u. Ostasien]. **mon|sunisch:** den Monsun betreffend, vom Monsun beeinflußt

Mon|ta|ge [mɔn'ta:ʒə, auch mõ'ta:ʒə] *die;* -, -n ⟨aus gleichbed. *fr.* montage zu monter, vgl. montieren⟩: 1. a) das Zusammensetzen [einer Maschine, technischen Anlage] aus vorgefertigten Teilen zum fertigen Produkt; b) das Aufstellen u. Anschließen [einer Maschine] zur Inbetriebnahme. 2. Kunstwerk (Literatur, Musik, bildende Kunst), das aus urspr. nicht zusammengehörenden Einzelteilen zu einer neuen Einheit zusammengesetzt ist. 3. a) künstlerischer Aufbau eines Films aus einzelnen Bild- u. Handlungseinheiten; b) der zur letzten bildwirksamen Gestaltung eines Films notwendige Feinschnitt mit den technischen Mitteln der Ein- u. Überblendung u. der Mehrfachbelichtung. 4. a) Zusammenstellung einzelner vorgefertigter Vorlagen von Kopien zu einer Druckform; b) Abteilung in einem Unternehmen, in der Montagen (4a) hergestellt werden (Druckw.). **Mon|ta|gnard** [mõta'ɲjaːr] *der;* -s, -s ⟨aus gleichbed. *fr.* montagnard zu montagne „Gebirge; Berg", nach den höher gelegenen Plätzen in der verfassunggebenden Versammlung⟩: Mitglied der Bergpartei während der Franz. Revolution

Mon|ta|gue-Gram|ma|tik ['mɔntəgjuː...] *die;* - ⟨nach dem amerik. Sprachwissenschaftler R. Montague (1932–1971) u. zu ↑Grammatik⟩: grammatisches Modell zur Beschreibung natürlicher Sprachen auf mathematisch-logischer Basis

mon|tan ⟨aus *lat.* montanus „Berge u. Gebirge betreffend; bergig" zu mons, Gen. montis „Berg, Gebirge"⟩: Bergbau und Hüttenwesen betreffend. **Mon|tan|ge|sell|schaft** *die;* -, -en: Handelsgesellschaft, die den Bergbau betreibt. **Mon|tan|in|du|strie** *die;* -, -n: Gesamtheit der bergbaulichen Industrieunternehmen

Mon|ta|nis|mus *der;* - ⟨nach dem Begründer Montanus (†vor 179) u. zu ↑...ismus (1)⟩: schwärmerische, sittenstrenge christliche Sekte in Kleinasien (2.–8. Jh.)

¹Mon|ta|nist *der;* -en, -en ⟨zu ↑montan u. ↑...ist⟩: Fachmann im Bergbau u. Hüttenwesen

²Mon|ta|nist *der;* -en, -en ⟨zu ↑Montanismus, vgl. ...ist⟩: Anhänger des Montanismus

mon|ta|ni|stisch ⟨zu ↑montan u. ↑...istisch⟩: svw. montan. **Mon|tan|uni|on** *die;* -: Europäische Gemeinschaft für Kohle und Stahl. **Mon|tan|wachs** *das;* -es: ↑Bitumen der Braunkohle

Mont|bre|tie [mõ'breːtsjə] *die;* -, -n ⟨nach dem franz. Naturforscher A. F. E. C. de Montbret (1805–1837) u. zu ↑'...ie⟩: Gattung der Irisgewächse (südafrik. Zwiebelpflanzen)

Mon|te-Car|lo-Me|tho|de [...'kar...] *die;* - ⟨nach der wegen ihrer Spielkasinos bekannten Stadt Monte Carlo (in Monaco)⟩: ein Verfahren der Statistik, bei dem komplexe Problemstellungen nicht vollständig durchgerechnet, sondern mit Zufallszahlen exemplarisch durchgespielt werden

Mon|te|jus [mõt'ʒy:] *das;* -, - ⟨aus gleichbed. *fr.* monte-jus zu monter „steigen" u. jus „Saft"⟩: ein früher verwendetes Gefäß zum Heben od. Fortbewegen von Flüssigkeit durch Luftdruck

Mon|tes *die* (Plur.) ⟨zu *it.* monte „Berg", dies aus *lat.* mons, Plur. montes⟩: ital. Staatsanleihen im Mittelalter. **Mon|teur** [...'tøːɐ̯, auch mõ'tøːɐ̯] *der;* -s, -e ⟨aus gleichbed. *fr.* monteur zu monter, vgl. montieren⟩: Montagefacharbeiter

Mont|gol|fie|re [mõgɔl...] *die;* -, -n ⟨aus gleichbed. *fr.* montgolfière; nach den Erfindern, den Brüdern Montgolfier⟩: Warmluftballon; vgl. Charlière

mon|tie|ren [auch mõ'tiː...] ⟨aus gleichbed. *fr.* monter, auch „hinaufbringen, aufwärtssteigen", eigtl. „auf einen Berg steigen", dies zu *lat.* mons, Gen. montis „Berg"⟩: 1. eine Maschine o. ä. aus Einzelteilen zusammensetzen u. betriebsbereit machen. 2. etwas an einer bestimmten Stelle mit technischen Hilfsmitteln anbringen; installieren. 3. etwas aus nicht zusammengehörenden Einzelteilen zusammensetzen, um einen künstlerischen Effekt zu erzielen. 4. einen Edelstein fassen. 5. einzelne vorgefertigte Vorlagen von Kopien zu einer Druckform zusammenstellen (graphische Technik). **Mon|tie|rung** *die;* -, -en ⟨zu ↑...ierung⟩: (veraltet) Uniform

Mont|mo|ril|lo|nit [mõmɔrijɔ..., auch ...'nɪt] *der;* -s, -e ⟨nach dem Ort Montmorillon in Frankreich u. zu ↑²...it⟩: ein grauweißes bis gelbliches, sehr quellfähiges Mineral

Mon|tur *die;* -, -en ⟨aus *fr.* monture „Ausrüstung" zu monter, vgl. montieren⟩: 1. (veraltet) Uniform, Dienstkleidung. 2. (ugs., oft scherzh.) Kleidung, bes. als Ausrüstung für einen bestimmten Zweck. 3. Unterbau für eine Perücke. 4. Fassung für Edelsteine

Mo|nu|ment *das;* -[e]s, -e ⟨aus gleichbed. *lat.* monumentum zu monere, vgl. monieren⟩: 1. [großes] Denkmal. 2. [wichtiges] Zeichen der Vergangenheit; Kulturdenkmal, Erinnerungszeichen. **mo|nu|men|tal** ⟨zu ↑¹...al (1)⟩: 1. denkmalartig. 2. a) gewaltig, großartig; b) ins Gewaltige, Übermächtige gesteigert. **Mo|nu|men|ta|li|tät** *die;* - ⟨zu ↑...ität⟩: eindrucksvolle Größe, Großartigkeit. **Mo|nu|men|tal|schrift** *die;* -: svw. Lapidarschrift

Mon|zo|nit [auch ...'nɪt] *der;* -s, -e ⟨nach dem Monte Monzoni in Südtirol u. zu ↑²...it⟩: ein plagioklasreiches Tiefengestein

Moon|boot ['muːnbuːt] *der;* -s, -s (meist Plur.) ⟨aus gleichbed. *engl.* moonboot, eigtl. „Mondstiefel"⟩: dick gefütterter Winterstiefel [aus Kunststoff]

Moore|lam|pe [muːr...] *die;* -, -n ⟨nach dem nordamerik. Physiker Moore⟩: Hochspannungsleuchtröhre mit Kohlendioxydfüllung. **Moore|licht** *das;* -[e]s: a) das von der Moorelampe ausgestrahlte Licht; b) (veraltet) das von Gasentladungen ausgesandte Licht

Moo|ring ['muː...] *das;* -s, -s ⟨aus *engl.* mooring „das Festmachen (von Schiffen)" zu to moor „(Schiffe) vertäuen, festmachen"⟩: svw. Muring

Mop *der;* -s, -s ⟨aus gleichbed. *engl.* mop, weitere Herkunft unbekannt⟩: Staubbesen mit [ölgetränkten] Fransen

Mo|pa|ne|wald *der;* -[e]s, ...wälder ⟨aus einer afrik. Sprache⟩: Trockenwaldtyp in Afrika

Mo|ped ['moːpɛt, auch moˈpeːt] *das;* -s, -s ⟨Kurzw. aus *Mo*torveloziped od. ↑*Mo*tor u. ↑*Ped*al⟩: a) Fahrrad mit Hilfsmotor; b) Kleinkraftrad mit höchstens 50 cm³ Hubraum u. einer festgelegten Höchstgeschwindigkeit

mop|pen ⟨nach gleichbed. *engl.* to mop⟩: mit dem Mop saubermachen
Mo|quette [mɔˈkɛt] vgl. Mokett
¹Mo|ra *die;* - ⟨aus gleichbed. *it.* mor(r)a, weitere Herkunft unbekannt⟩: ital. Fingerspiel
²Mo|ra, auch **More** *die;* -, Moren ⟨aus *lat.* mora „das Verweilen, Verzögerung, Zeitraum"⟩: 1. kleinste Zeiteinheit im Verstakt, der Dauer einer kurzen Silbe entsprechend. 2. (veraltet) [Zahlungs-, Weisungs]verzug
Mo|ral *die;* -, -en (Plur. selten) ⟨über gleichbed. *fr.* morale aus *lat.* (philosophia) moralis „die Sitten betreffend(e Philosophie)", vgl. Mores⟩: 1. System von auf Tradition, Gesellschaftsform, Religion beruhenden sittlichen Grundsätzen u. Normen, das zu einem bestimmten Zeitpunkt das zwischenmenschliche Verhalten reguliert. 2. (ohne Plur.) Stimmung, Kampfgeist; Bereitschaft, sich einzusetzen; Disziplin; gefestigte innere Haltung, Selbstvertrauen. 3. philos. Lehre von der Sittlichkeit. 4. das sittliche Verhalten eines einzelnen od. einer Gruppe. 5. (ohne Plur.) lehrreiche Nutzanwendung. **Mo|ra|lin** *das;* -s ⟨zu ↑...in (1); geprägt vom dt. Philosophen F. Nietzsche, 1844–1900⟩: heuchlerische Entrüstung in moralischen Dingen; enge, spießbürgerliche Sittlichkeitsauffassung. **Mo|ral in|sa|ni|ty** [ˈmɔrəl ɪnˈsænəti] *die;* - - ⟨aus *engl.* moral insanity, eigtl. „sittlicher Irrsinn"⟩: Defekt der moralischen Gefühle u. Begriffe [bei normaler Intelligenz] (Med., Psychol.). **mo|ra|lin|sau|er** ⟨zu ↑ Moralin⟩: in übertriebener, aufdringlicher Weise sittenstreng, moralisierend. **mo|ra|lisch** ⟨nach *lat.* moralis „die Sitten betreffend"⟩: 1. der Moral (1) entsprechend, sie befolgend; im Einklang mit den [eigenen] Moralgesetzen stehend. 2. die Moral (3) betreffend. 3. sittenstreng, tugendhaft. 4. eine Moral (5) enthaltend. 5. (veraltet) geistig, nur gedanklich, nicht körperlich. **mo|ra|li|sie|ren** ⟨aus gleichbed. *fr.* moraliser; vgl. Moral⟩: 1. moralische (1) Überlegungen anstellen. 2. die Moral (2, 4) verbessern. 3. sich für sittliche Dinge ereifern, den Sittenprediger spielen. **Mo|ra|lis|mus** *der;* - ⟨zu ↑...ismus (2, 5)⟩: 1. Anerkennung der Sittlichkeit als Zweck u. Sinn des menschlichen Lebens. 2. [übertriebene] Beurteilung aller Dinge unter moralischen Gesichtspunkten. **Mo|ra|list** *der;* -en, -en ⟨aus gleichbed. *fr.* moraliste; vgl. ...ist⟩: 1. Vertreter des Moralismus (1); Moralphilosoph, Sittenlehrer. 2. (abwertend) Sittenrichter. **mo|ra|lis|tisch** ⟨zu ↑...istisch⟩: den Moralismus betreffend, ihm gemäß handelnd. **Mo|ra|li|tät** *die;* -, -en ⟨über *fr.* moralité aus gleichbed. *lat.* moralitas, Gen. moralitatis⟩: 1. (ohne Plur.) moralische Haltung, moralisches Bewußtsein; sittliches Empfinden, Verhalten; Sittlichkeit. 2. mittelalterliches Drama mit ausgeprägt lehrhafter Tendenz mit Personifizierung u. Allegorisierung abstrakter Begriffe wie Tugend, Laster, Leben, Tod o. ä. (Literaturw.). **Mo|ral|ko|dex** *der;* -[es], Plur. -e u. ...dizes [...tse:s]: sittliche Ordnung; sittliches, moralisches Gebot; Grundsatz sittlichen Handelns. **Mo|ral|päd|ago|gik** *die;* -: Lehre von der sittlichen Erziehung als Mittel der Charakterbildung. **Mo|ral|phi|lo|soph** *der;* -en, -en: svw. Ethiker (a). **Mo|ral|phi|lo|so|phie** *die;* -: Lehre von den Grundlagen u. dem Wesen der Sittlichkeit; vgl. Ethik. **Mo|ral|prin|zip** *das;* -s, -ien [...iən]: oberster Grundsatz der Sittlichkeit, des sittlichen Verhaltens (Philos.). **Mo|ral|psy|cho|lo|gie** *die;* -: Teilgebiet der Psychologie, das sich mit dem sittlichen Verhalten, der Entwicklung u. dem Versagen von sittlichem Bewußtsein bei Individuen, sozialen u. kulturellen Gruppen befaßt. **Mo|ral sense** [ˈmɔrəl ˈsɛns] *der;* - - ⟨aus *engl.* moral sense „sittliches Empfinden"⟩: Ansicht, daß dem Menschen ein moralisches Vermögen innewohnt, das ihn zu sittlich angemessenem Handeln befähigt (Philos.). **Mo|ral sua|sion** [ˈmɔrəl ˈsweɪʒn] *die;* - ⟨aus *engl.* moral suasion „gütliches Zureden"⟩: Begriff u. Instrument der Wirtschaftspolitik, ihre Maßnahmen z. B. durch öffentliche Stellungnahmen durchzusetzen. **Mo|ral|theo|lo|gie** [moˈraːl...] *die;* -, ...ien [...iːən] ⟨zu ↑ Moral⟩: Disziplin der kath. Theologie, die sich mit dem praktischen Leben des Christen u. den normativen Vorgaben beschäftigt
Mo|rä|ne *die;* -, -n ⟨aus gleichbed. *fr.* moraine, eigtl. „Geröll"⟩: vom Gletscher bewegter u. abgelagerter Gesteinsschutt (Grund-, Seiten-, Mittel-, Innen- u. Endmoräne)
Mo|rast *der;* -[e]s, Plur. -e u. Moräste ⟨über *mittelniederd.* moras, maras, *altfr.* maresc aus gleichbed. *altfränk.* *marisk⟩: a) sumpfige, schwarze Erde; Sumpfland; b) schlammiger Boden, Schlamm; c) Sumpf, Schmutz (bes. in sittlicher Beziehung). **mo|ra|stig:** sumpfig, schlammig
Mo|ra|to|ri|um *das;* -s, ...ien [...iən] ⟨zu *spätlat.* moratorius „säumend"; vgl. ...ium⟩: gesetzlich angeordneter od. [vertraglich] vereinbarter Aufschub der Erfüllung von [finanziellen] Verbindlichkeiten
Mor|bi: Plur. von ↑ Morbus. **mor|bid** ⟨aus gleichbed. *fr.* morbide, dies aus *lat.* morbidus „krank (machend)"⟩: 1. kränklich, krankhaft; angekränkelt (Med.). 2. im [sittlichen] Verfall begriffen. **Mor|bi|dez|za** *die;* - ⟨aus gleichbed. *it.* morbidezza zu morbido „weich, kränklich", dies aus *lat.* morbidus, vgl. morbid⟩: (veraltet) Weichheit, Weichlichkeit (in der Malerei). **Mor|bi|di|tät** *die;* - ⟨zu ↑ morbid u. ↑...ität⟩: 1. morbider Zustand. 2. Häufigkeit der Erkrankungen innerhalb einer Bevölkerungsgruppe (Med.). **Mor|bil|li** *die* (Plur.) ⟨zu *mlat.* morbillus, Verkleinerungsform von *lat.* morbus, vgl. Morbus⟩: Masern, Viruskrankheit (bes. im Kindesalter) mit rötlichem Ausschlag. **mor|bil|lös** ⟨zu ↑...ös⟩: maserig, die Masern betreffend (Med.). **mor|bi|phor** ⟨zu ↑ Morbus u. ↑...phor⟩: ansteckend; Krankheiten übertragend (Med.). **mor|bleu!** [mɔrˈblø] ⟨*fr.*⟩: (veraltet) verwünscht, potztausend! **mor|bös** ⟨aus gleichbed. *lat.* morbosus⟩: krank, kränklich, krankhaft, mit Krankheiten behaftet. **Mor|bo|si|tät** *die;* - ⟨aus gleichbed. *spätlat.* morbositas, Gen. morbositatis zu *lat.* morbosus, vgl. morbös⟩: Kränklichkeit, Siechtum (Med.). **Mor|bus** *der;* -, ...bi ⟨aus gleichbed. *lat.* morbus⟩: Krankheit (Med.); - sacer [ˈzaːtsɐ]: Epilepsie
Mor|cel|le|ment [mɔrsɛlaˈmãː] *das;* -s ⟨aus gleichbed. *fr.* morcellement zu morceler „(zer)stückeln", dies zu morceau „Bissen, Stück" aus *lat.* morsus „Biß"⟩: Zerstückelung sehr großer Tumoren zur besseren Entfernung (Med.). **Mor|dants** [...ˈdãː] *die* (Plur.) ⟨zu *fr.* mordant „Beize, Ätzmittel", eigtl. „beißend", zu mordre „beißen", dies aus gleichbed. *lat.* mordere⟩: Ätzmittel, ätzende Pasten, die mit dem Pinsel auf die Platte aufgetragen werden (Graphik). **Mor|da|zi|tät** *die;* - ⟨aus *lat.* mordacitas, Gen. mordacitatis „Bissigkeit" zu *lat.* mordax „bissig"⟩: Ätzkraft (Chem.). **Mor|dent** *der;* -s, -e ⟨aus gleichbed. *it.* mordente, eigtl. „Beißer", zu *lat.* mordere „beißen"⟩: musikalische Verzierung, die aus einfachem od. mehrfachem Wechsel einer Note mit ihrer unteren Nebennote besteht (Mus.)
¹Mo|re vgl. ²Mora
²Mo|re *die;* -, -n ⟨Herkunft unsicher⟩: (alemann.) Mutterschwein
Mo|re geo|me|tri|co [- ...ko] *die;* - - ⟨aus *lat.* more geometrico „nach geometrischer Art" zu mos „Art, Beschaffenheit" (vgl. Mores) u. geometricus „geometrisch"⟩: philos. Methode der ↑ Deduktion von Sätzen aus Prinzipien u. Axiomen nach Art der Mathematik (Philos.)
Mo|rel|le u. **Marelle** *die;* -, -n ⟨aus gleichbed. *fr.* morelle, dies

Moren

aus *spätlat.* maurella, Verkleinerungsform von *lat.* maurus „Mohr" (wohl wegen der dunklen Farbe)⟩: eine Sauerkirsche[nart]

Mo|ren: Plur. von ↑²Mora u. ↑²More

mo|ren|do ⟨*it.;* zu morire „sterben", dies aus *lat.* mori⟩: hinsterbend, erlöschend, verhauchend (Vortragsanweisung; Mus.). **Mo|ren|do** *das;* -s, Plur. -s u. ...di: hinsterbende, erlöschende, verhauchende Art des Spiels (Mus.)

Mo|re|nu ⟨aus *hebr.* môrenû „unser Lehrer" zu môre „Lehrer"⟩: Titel für rabbinische Gelehrte seit dem Mittelalter

Mo|res [...reːs] *die* (Plur.) ⟨aus *lat.* mores „Denkart, Charakter", Plur. von mos „Sitte, Brauch; Gewohnheit; Charakter"⟩: Sitte[n], Anstand; jmdn. - lehren: jmdn. energisch zurechtweisen

Mo|res|ca [...ka] vgl. Morisca. **Mo|res|ke** vgl. Maureske

¹Mor|gan [ˈmɔːgən] *der;* -[s] ⟨nach dem amerik. Lehrer J. Morgan, †1798⟩: seit Beginn des 19. Jh.s typtreu gezüchtete nordamerik. Pferderasse

²Mor|gan [ˈmɔːgən] *das;* -[s] ⟨nach dem amerik. Zoologen Th. H. Morgan, 1866–1945⟩: Längeneinheit auf der Genkarte (Med.); vgl. Morganismus

mor|ga|na|tisch ⟨aus *mlat.* (matrimonium ad) morganaticam „Ehe auf bloße) Morgengabe" zu *ahd.* morgan „Morgen"⟩: (veraltet) nicht standesgemäß (in bezug auf die Ehe); -e Ehe: Ehe zur linken Hand; nicht standesgemäße Ehe (Rechtsw.)

Mor|ga|nis|mus *der;* - ⟨nach dem nordamerik. Zoologen Th. H. Morgan (1866–1945) u. zu ↑...ismus (1)⟩: moderne Vererbungslehre

Mor|ga|nit [auch ...ˈnɪt] *der;* -s, -e ⟨nach dem amerik. Bankier J. P. Morgan (1837–1913) u. zu ↑²...it⟩: ein beryllähnliches Mineral

Morgue [mɔrg] *die;* -, -n [ˈmɔrgn̩] ⟨aus gleichbed. *fr.* morgue⟩: Leichenschauhaus [in Paris]

Mo|ria *die;* - ⟨aus *gr.* môría „Torheit, Dummheit"⟩: Narrheit; leichte geistige Störung mit krankhafter Geschwätzigkeit u. Albernheit (Med.)

mo|ri|bund ⟨aus gleichbed. *lat.* moribundus⟩: im Sterben liegend; sterbend; dem Tode geweiht (Med.)

Mo|rin *das;* -s ⟨aus gleichbed. *fr.* morine⟩: zu den ↑Flavonen zählender gelber Naturfarbstoff, der aus Gelbholz gewonnen wird

Mo|ri|nell *der;* -s, -e ⟨aus gleichbed. *nlat.* morinellus zu *lat.* Morini (Plur.), einem altbritischen Volksstamm⟩: Schnepfenvogel in Schottland u. Skandinavien

Mo|rio-Mus|kat *der;* -, -s ⟨nach dem dt. Züchter P. Morio (1887–1960) u. zu ↑Muskat (wegen des Buketts)⟩: a) (ohne Plur.) Rebsorte aus einer Kreuzung zwischen ˄Silvaner u. weißem Burgunder, die einen Wein mit intensivem muskatähnlichem Bukett liefert; b) Wein dieser Rebsorte

Mo|ri|on *der;* -s ⟨wohl verkürzt aus gleichbed. *lat.* mormorion⟩: dunkelbrauner bis fast schwarzer Bergkristall (Rauchquarz)

Mo|ris|ca u. **Moresca** [...ka] *die;* - ⟨aus gleichbed. *span.* morisca, eigtl. „Maurin"; vgl. Moriske⟩: maurischer, Sarazenenkämpfe schildernder, mäßig schneller, mit Schellen an den Waden ausgeführter Tanz. **Mo|ris|ke** *der;* -n, -n (meist Plur.) ⟨aus *span.* morisco zu moro „Maure", dies aus gleichbed. *lat.* Maurus⟩: nach der arab. Herrschaft in Spanien zurückgebliebener Maure, der [nach außen hin] Christ war

mo|ri|tu|ri te sa|lu|tant vgl. Ave imperator, morituri te salutant

Mor|mo|ne *der;* -n, -n ⟨aus *amerik.* Mormon, nach dem Buch Mormon des Stifters Joseph Smith, 1805–1844⟩: Angehöriger einer ↑chiliastischen Sekte (Kirche Jesu Christi der Heiligen der letzten Tage) mit einer speziell auf Amerika gerichteten Geschichtsauffassung. **Mor|mo|nin** *die;* -, -nen: weibliche Form zu ↑Mormone. **mor|mo|nisch:** die Mormonen betreffend, zu den Mormonen gehörend

mor|mo|ran|do, mor|mo|ro|so ⟨*it.;* zu mormorare „murmeln, murren", dies aus *lat.* murmurare⟩: murmelnd, eben noch vernehmlich (Vortragsanweisung; Mus.)

Mor|ning-af|ter-Pil|le [ˈmɔːnɪŋˈɑːftə...] *die;* -, -n ⟨zu *engl.* morning after „Morgen danach"⟩: Pille, die, bis 24 Stunden nach einem Geschlechtsverkehr eingenommen, eine Schwangerschaft verhindert (Med.)

mo|ros ⟨aus *lat.* morosus „eigensinnig, verdrießlich"⟩: (veraltet) mürrisch, verdrießlich. **Mo|ro|si|tät** *die;* - ⟨aus *lat.* morositas, Gen. morositatis „Eigensinn"⟩: (veraltet) Grämlichkeit, Verdrießlichkeit

Mo|ro|xit [auch ...ˈksɪt] *der;* -s, -e ⟨zu *gr.* móroxos „eine Erdart, mit der Stoffe weiß gefärbt wurden" u. ↑²...it⟩: ein apatitartiges Mineral

Morph *das;* -s, -e ⟨rückgebildet aus ↑Morphem⟩: kleinstes formales, bedeutungstragendes Bauelement in der Rede (vgl. Parole), noch nicht klassifiziertes Morphem (z. B. besteht „Schreib-tisch-e" aus 3 Morphen; Sprachw.); vgl. Morphem. **morph..., Morph...** vgl. morpho..., Morpho... **...morph** ⟨aus gleichbed. *gr.* -morphos zu morphé „Gestalt"⟩: Wortbildungselement mit der Bedeutung „die Gestalt betreffend", z. B. amorph, heteromorph. **Morph|ak|tin** *das;* -s, -e (meist Plur.) ⟨zu ↑morpho... u. *gr.* aktís, Gen. aktínos „Strahl"⟩: synthetisch hergestellte chem. Verbindung, die als Wachstumsregulator die Gestaltbildung bei höheren Pflanzen beeinflußt, z. B. Zwergwuchs bewirkt. **Morph|al|la|xis** *die;* - vgl. Morpholaxis ⟨zu *gr.* állaxis „das Vertauschen", dies zu allássein, alláttein „(ver)ändern"⟩: Ersatz verlorengegangener Körperteile durch Umbildung u. Verlagerung bereits vorhandener Teile (Biol.). **Mor|phe** *die;* - ⟨aus gleichbed. *gr.* morphé⟩: Gestalt, Form, Aussehen, ↑Eidos (1). **Mor|phem** *das;* -s, -e ⟨aus gleichbed. *fr.* morphème, dies zu *gr.* morphé (vgl. Morphe); vgl. ...em⟩: kleinste bedeutungstragende Gestalteinheit in der Sprache (vgl. Langue), ↑Monem, kleinstes sprachliches Zeichen (Sprachw.); freies -: isoliert auftretendes Morphem als eigenes Wort (z. B. Tür, gut); vgl. Lexem; gebundenes -: Morphem, das nur zusammen mit anderen Morphemen auftritt (z. B. aus- in *aus*fahren, -en in Frau*en*). **Mor|phe|ma|tik** *die;* - ⟨zu ↑²...ik (1)⟩: Wissenschaft von den Morphemen. **mor|phe|ma|tisch:** das Morphem betreffend. **Mor|phe|mik** *die;* - ⟨nach gleichbed. *engl.* morphemics; vgl. ²...ik (1)⟩: svw. Morphematik. **mor|phe|misch:** svw. morphematisch. **Mor|pheus** [...fɔys] ⟨über *lat.* Morpheus aus *gr.* Morpheús, eigtl. „Hervorbringer von (Traum)gestalten", griech. Gott des Schlafes⟩; in der Wendung in - Armen: schlafend, im Schlafe. **...mor|phie** ⟨aus *gr.* -morphía zu morphé „Gestalt"⟩: Wortbildungselement mit der Bedeutung „das Gestaltetsein; von einer bestimmten Gestalt", z. B. Hemimorphie. **Mor|phin** *das;* -s ⟨nach dem griech. Gott Morpheus (vgl. Morpheus) u. zu ↑...in (1)⟩: Hauptalkaloid des Opiums, Schmerzlinderungsmittel; vgl. Morphium. **Mor|phi|nis|mus** *der;* - ⟨zu ↑...ismus (3)⟩: Morphinsucht; chronische Morphinvergiftung mit allgemeinem körperlichen Verfall u. seelischer Zerrüttung. **Mor|phi|nist** *der;* -en, -en ⟨zu ↑...ist⟩: Morphinsüchtiger. **Mor|phi|ni|stin** *die;* -, -nen: weibliche Form zu ↑Morphinist. **Mor|phis|mus** *der;* -, ...men ⟨zu ↑morpho... u. ↑...ismus (2)⟩: strukturerhaltende Abbildung zwischen strukturierten Mengen (Math.). **Mor|phi|um** *das;* -s ⟨zu ↑Morphin

u. ↑ ...ium⟩: allgemeinsprachlich für Morphin. **mor|pho..., Mor|pho...,** vor Vokalen meist morph..., Morph... ⟨aus gleichbed. *gr.* morphḗ⟩: Wortbildungselement mit der Bedeutung „Gestalt, Form", z. B. Morphologie, Morphallaxis. **mor|pho|gen** ⟨zu ↑morpho... u. ↑...gen⟩: gestaltgebend. **Mor|pho|ge|ne|se** u. **Mor|pho|ge|ne|sis** *die; -, ...ne̲sen*: Ausgestaltung und Entwicklung von Organen od. Geweben eines pflanzlichen od. tierischen Organismus (Biol.). **mor|pho|ge|ne̲|tisch**: gestaltbildend (Biol.). **Morpho|ge|ni̲e** *die; -, ...i̲en* ⟨zu ↑...genie⟩: svw. Morphogenese. **Mor|pho|gra|phi̲e** *die;* - ⟨zu ↑...graphie⟩: (veraltet) Gestaltenbeschreibung u. -wissenschaft, bes. von der Erdoberfläche. **mor|pho|gra̲|phisch** ⟨zu ↑...graphisch⟩: (veraltet) gestaltbeschreibend. **Mor|pho|ki|ne̲|se** *die; -*: Strukturwandel von Organen zur Anpassung an wechselnde Bedingungen des inneren u. äußeren Milieus (Biol.). **Morpho|la̲|xis** vgl. Morphallaxis. **Mor|pho|lin** *das;* -s ⟨Kunstw.; vgl. ...in (1)⟩: farblose, mit Wasser mischbare Flüssigkeit, die als technisches Lösungsmittel u. Korrosionshemmer verwendet wird. **Mor|pho|lo̲|ge** *der; -n, -n* ⟨zu ↑morpho... u. ↑...loge⟩: 1. Wissenschaftler auf dem Gebiet der Morphologie. 2. svw. Geomorphologe. **Mor|pho|lo|gi̲e** *die;* - ⟨zu ↑...logie⟩: 1. Wissenschaft von den Gestalten u. Formen, Gestaltlehre. 2. Wissenschaft von der Gestalt u. dem Bau des Menschen, der Tiere u. Pflanzen (Med., Biol.). 3. Wissenschaft von den Formveränderungen, denen die Wörter durch ↑Deklination (1) u. ↑Konjugation (1) unterliegen; Formenlehre (Sprachw.). 4. svw. Geomorphologie. 5. Teilgebiet der ↑Soziologie, das sich mit der Struktur der Gesellschaft befaßt (z. B. mit Bevölkerungsdichte, Geschlecht, Alter, Berufen u. ä.). **mor|pho|lo̲|gisch** ⟨zu ↑...logisch⟩: die äußere Gestalt betreffend, der Form nach; vgl. auch geomorphologisch. **Mor|pho|me|trie̲** *die; -, ...i̲en* ⟨zu ↑...metrie⟩: 1. Gestaltmessung; Ausmessung der äußeren Form (z. B. von Körpern, Organen). 2. Zweig der ↑Geomorphologie mit der Aufgabe, die Formen der Erdoberfläche durch genaue Messungen zu erfassen. **mor|pho|me̲|trisch** ⟨zu ↑...metrisch⟩: durch Messungen erfaßt (von Geröllen; Geol.). **Mor|pho|nem** u. Morphophone̲m *das;* -s, -e ⟨zusammengezogen aus ↑Morph u. ↑Phonem⟩: Variation eines ↑Phonems, das im gleichen Morphem bei unterschiedlicher Umgebung auftaucht (z. B. i/a/u in binden, band, gebunden). **Mor|pho|ne̲|mik,** auch **Mor|pho|no|lo̲|gie** u. Morphophonologie *die;* - ⟨zusammengezogen aus ↑Morph u. ↑Phonemik bzw. ↑Phonologie⟩: Teilgebiet der ↑Linguistik, das sich mit den Beziehungen zwischen Phonologie u. Morphologie befaßt. **Mor|pho|ne̲m** vgl. Morphonem. **Mor|pho|no|lo̲|gie** vgl. Morphonemik. **Mor|pho̲|se** *die; -, -n* ⟨aus *gr.* mórphōsis „Gestalt, das Gestalten"⟩: Bez. für nichterbliche Gestaltvariationen der Organismen bzw. einzelner Organe, die durch Umwelteinflüsse verursacht werden (Bot.). **mor|pho|syn|tak|tisch** ⟨zu ↑morpho...⟩: die Morphosyntax betreffend. **Morpho|syn|ta̲x** *die; -*: ↑Syntax der äußeren Form eines Satzes; formale Syntax (Sprachw.); Ggs. ↑Nomosyntax. **Mor|pho|tomi̲e** *die; -, ...i̲en* ⟨zu ↑...tomie⟩: (veraltet) svw. Anatomie (1). **mor|pho|tro̲p** ⟨zu ↑...trop⟩: die Morphotropie betreffend; vgl. ...isch/-. **Mor|pho|tro|pi̲e** *die; -, ...i̲en* ⟨zu ↑...tropie⟩: 1. Änderung der Kristallform bei Änderung der chem. Zusammensetzung. 2. unterschiedliche Kristallstruktur bei Stoffen vom gleichen chem. Formeltyp. **morpho|tro̲|pisch**: 1. svw. morphotrop. 2. (veraltet) die Gestalt ändernd, auf Formveränderung beruhend; vgl. ...isch/-

Mor|ris dance ['mɔrɪs 'dɑːns] *der; - -* ⟨aus gleichbed. *engl.* morris dance⟩: der ↑Morisca ähnlicher alter Volkstanz (für Männer) in England

Mo̲r|se|al|pha|bet *das;* -[e]s ⟨nach dem nordamerik. Erfinder S. Morse, 1791–1872⟩: Punkt-Strich-Kombinationen zur Darstellung des Abc, die durch kurze u. lange Stromimpulse, Lichtsignale u. a. übermittelt werden; Telegrafenalphabet. **Mo̲r|se|ap|pa|rat** *der;* -[e]s, -e: Gerät zur telegrafischen Übermittlung von Nachrichten mit Hilfe von Zeichen des Morsealphabets

Mor|sel|le̲ *die; -, -n* ⟨französierende Form zu *lat.* morsus „Biß"; vgl. ...elle⟩: aus Zuckermasse gegossenes Täfelchen mit Schokolade, Mandeln u. a.

mo̲r|sen ⟨nach gleichbed. *engl.* to morse, gebildet nach dem Namen des nordamerik. Erfinders S. Morse, 1791–1872⟩: 1. den ↑Morseapparat bedienen. 2. unter Verwendung des Morsealphabets hörbare od. sichtbare Zeichen geben, Nachrichten, Informationen übermitteln

Mor|ta|del|la *die; -, -s* ⟨aus gleichbed. *it.* mortadella, dies aus *lat.* murtatum (farcimen), eigtl. „mit Myrte(nbeeren) gewürzt(e Wurst)", vgl. Myrte⟩: eine ital. ↑Zervelatwurst; eine Brühwurst aus Schweine- u. Kalbfleisch, Speckwürfeln u. Zunge

mor|ta̲l ⟨aus gleichbed. *lat.* mortalis⟩: (veraltet) sterblich, vergänglich. **Mor|ta|li|tä̲t** *die; -* ⟨aus *lat.* mortalitas, Gen. mortalitatis „Sterblichkeit; Sterbefälle"⟩: Sterblichkeit, Sterblichkeitsziffer; Verhältnis der Zahl der Todesfälle zur Gesamtzahl der berücksichtigten Personen (Med.); vgl. Letalität. **Mor|ti|fi|ka|ti|o̲n** *die; -, -en* ⟨aus *spätlat.* mortificatio „(Ab)tötung" zu mortificare, vgl. mortifizieren⟩: 1. (veraltet) Kränkung. 2. Abtötung (der Begierden in der Askese]. 3. Gewebstod, Absterben von Organen od. Geweben (Med.). 4. (veraltet) Ungültigkeitserklärung; Tilgung (Rechtsw.). **mor|ti|fi|zi̲e|ren** ⟨aus *spätlat.* mortificare „(ab)töten, martern"⟩: 1. (veraltet) demütigen, beleidigen. 2. kasteien. 3. absterben [lassen], abtöten. 4. (veraltet) tilgen, für ungültig erklären. **mo̲r|tis cau̲|sa** [- k...] ⟨*lat.*⟩: (Rechtsspr.) wegen Todesfall. **Mor|tu|a̲|ri|um** *das;* -s, ...ien [...i̲ən] ⟨aus gleichbed. *mlat.* mortuarium zu *lat.* mortuarius „den Tod betreffend", dies zu mors, Gen. mortis „Tod"⟩: 1. im Mittelalter beim Tod eines Hörigen von den Erben zu entrichtender Betrag. 2. Bestattungsort

Mo̲|ru|la *die;* - ⟨aus gleichbed. *nlat.* morula zu *lat.* morum „Maulbeere"⟩: maulbeerähnlicher, kugeliger Zellhaufen, der nach mehreren Furchungsteilungen aus der befruchteten Eizelle entsteht (Biol.).

Mo|sa̲|ik *das;* -s, Plur. -en, auch -e ⟨über *fr.* mosaïque, *it.* mosaico, *mlat.* musaicum aus gleichbed. *lat.* musivum (opus), dies zu *gr.* Moũsa, vgl. Muse⟩: 1. aus kleinen, bunten Steinen od. Glassplittern zusammengesetztes Bild, Ornament zur Verzierung von Fußböden, Wänden, Gewölben. 2. eine aus vielen kleinen Teilen zusammengesetzte Einheit. **Mo|sa̲|ik|ba|stard** *der;* -s, -e: Bastard, bei dem die Merkmale der beiden Elternteile mosaikartig über den Körper verteilt sind (Genetik). **Mo|sa̲|ik|glas** *das;* -es: antikes ↑Millefioriglas. **Mo|sa̲|ik|gold** *das;* -[e]s: svw. Musivgold. **mo|sa̲|isch** ⟨nach Mose(s), dem Stifter der israelitischen Religion⟩: jüdisch, israelitisch (in bezug auf den Glauben). **Mo|sa̲|is|mus** *der;* - ⟨zu ↑...ismus (2)⟩: (veraltet) Judentum, Gesamtheit des jüdischen Glaubens u. Lebens. **Mo|sa̲|ist** *der;* -en, -en ⟨zu ↑Mosaik u. ↑...ist⟩: (veraltet) svw. Mosaizist. **mo|sa̲|is|tisch** ⟨zu ↑...istisch⟩: Mosaiken betreffend. **Mo|sa|i|zi̲s|mus** *der;* - ⟨zu ↑...izismus⟩: Vorhandensein von zwei verschiedenen Blutgruppen in einem Individuum infolge einer genetischen Mißbildung (Med.).

Mo|sai|zịst *der;* -en, -en ⟨zu ↑...zist⟩: Künstler, der mit ↑ Musivgold arbeitet od. Mosaiken herstellt

Mo|sa|sau|ri|er [...iɐ] *der;* -s, - u. **Mo|sa|sau|rus** *der;* -, ...rier [...iɐ] ⟨nach *lat.* Mosa, dem lat. Namen des Flusses Maas, dem ersten Fundort, u. zu *gr.* saũros „Eidechse"⟩: ausgestorbene Familie bis 12 m langer, räuberischer, beschuppter Meeresechsen aus der Oberkreide

Mo|schaw [...ʃaf] *der;* -s, ...wim ⟨aus gleichbed. *hebr.* môšavā⟩: Genossenschaftssiedlung von Kleinbauern mit Privatbesitz in Israel

Mo|schee *die;* -, ...scheen ⟨über *fr.* mosquée, *it.* moschea, *span.* mezquita aus *arab.* masǧid „Haus, wo man sich niederwirft; Gebetshaus" zu saǧada „sich niederwerfen, beten"⟩: islamisches Gotteshaus

Mos|cho|la|trie [mɔsço...] *die;* -, ...jen ⟨zu *gr.* moscholatreĩn „ein Kalb verehren" u. ↑²...ie⟩: (veraltet) Anbetung einer Gottheit unter dem Bild eines Kalbes (z. B. Verehrung des Apisstieres, Tanz um das goldene Kalb)

Mo|schus *der;* - ⟨über *spätlat.* muscus, *gr.* móschos aus gleichbed. *pers.* mušk, dies aus *sanskr.* muṣkáḥ „Hoden(sack)", wegen der Ähnlichkeit mit dem Moschusbeutel⟩: Duftstoff aus der Moschusdrüse der männlichen Moschustiere. **Mo|schus|tier** *das;* -[e]s, -e: geweihlose, kleine Hirschart Zentralasiens

Mo|ses *der;* -, - ⟨wohl nach Mose(s), dem Stifter der israelitischen Religion, der als kleines Kind (vgl. 2. Mose 2, 6–10) in einem Körbchen im Nil ausgesetzt worden war⟩: 1. (seemännisch iron.) jüngstes Besatzungsmitglied an Bord; Schiffsjunge. 2. Beiboot einer Jacht, kleinstes Boot

MOSFET *der;* -s, -s ⟨Kurzw. aus *engl.* metal oxide semiconductor field effect transistor⟩: unipolarer Feldeffekttransistor in der Halbleitertechnik

Mos|ki|to *der;* -s, -s (meist Plur.) ⟨aus gleichbed. *span.* mosquito zu mosca „Fliege", dies aus *lat.* musca⟩: tropische Stechmücke, die gefährliche Krankheiten (z. B. Malaria) übertragen kann

Mos|lem *der;* -s, -s u. Muslim *der;* -[s], Plur. ...lime u. -s ⟨aus gleichbed. *arab.* muslim, eigtl. „der sich Gott unterwirft"⟩: Anhänger des Islams. **Mos|le|min** *die;* -, -nen: svw. Moslime. **mos|le|mi|nisch:** (veraltet) svw. moslemisch. **mos|lemisch** u. muslimisch: die Moslems, ihren Glauben, ihren Herrschaftsbereich betreffend. **Mos|li|me** u. Muslime *die;* -, -n: Anhängerin des Islams

mọs|so ⟨*it.;* zu muovere „bewegen", dies aus *lat.* movere⟩: bewegt, lebhaft (Vortragsanweisung; Mus.); molto -: sehr viel schneller; più [pju:] -: etwas schneller

Mo|sul *der;* -[s], -s ⟨nach der Stadt Mosul im Irak⟩: blaugrundiger, meist schafwollener Teppich

Mo|tel [auch mo'tɛl] *das;* -s, -s ⟨*engl.* motel, Kurzw. aus *motor* u. *hotel*⟩: an Autobahnen o. ä. gelegenes ↑ Hotel mit Garagen [u. Tankstelle]

Mo|tẹt|te *die;* -, -n ⟨aus gleichbed. *it.* mottetto (Verkleinerungsform von motto), dies über *miat.* motetum zu *spätlat.* muttum, vgl. Motto⟩: mehrstimmiger, auf einem Bibelspruch aufbauender Kirchengesang ohne Instrumentalbegleitung. **Mo|tẹt|ten|pas|si|on** *die;* -, -en: im Motettenstil vertonte Passionserzählung

Mo|ther|board ['mʌðəbɔːd] *der;* -s, -s ⟨zu *engl.* mother „Mutter" u. board „Brett, Tafel"⟩: Grundplatte eines Computers, auf der alle wesentlichen Baugruppen angeordnet sind (EDV)

Mo|teur [mo'tø:ɐ] *der;* -s, -e ⟨aus gleichbed. *fr.* moteur, dies aus *lat.* motor, vgl. Motor⟩: (veraltet) Urheber, Leiter. **Mo|ti|lin** *das;* -s, -e ⟨zu *lat.* motus (Part. Perf. von movere „bewegen") u. ↑...in (1)⟩: Gewebshormon, das die Magen-Darm-Motorik anregt (Med.). **Mo|ti|li|tät** *die;* - ⟨wohl unter Einfluß von *fr.* motilité zu *lat.* motus (vgl. Motilin) u. ↑...ität⟩: Gesamtheit der unwillkürlichen (reflektorischen, vegetativ gesteuerten) Muskelbewegungen; Ggs. ↑ Motorik (1 a; Med.). **Mo|ti|li|täts|neu|ro|se** *die;* -, -n: psychisch bedingte, durch übermäßige Muskeltätigkeit gekennzeichnete Bewegungsstörung (Med.). **Mo|ti|on** *die;* -, -en ⟨aus *fr.* motion, eigtl. „Bewegung", dies aus gleichbed. *lat.* motio⟩: 1. (veraltet) [Leibes]bewegung. 2. (schweiz.) schriftlicher Antrag in einem Parlament. 3. Abwandlung bes. des Adjektivs nach dem jeweiligen Geschlecht (Sprachw.); vgl. movieren. **Mo|tio|när** *der;* -s, -e ⟨zu ↑...är⟩: (schweiz.) jmd., der eine Motion (2) einreicht. **Mo|tion-Pic|ture** ['moʊʃən'pɪktʃə] *das;* -[s], -s ⟨aus *engl.* motion picture, eigtl. „bewegtes Bild"⟩: engl. Bez. für Film, Spielfilm. **Motiv** [mo...] *das;* -s, -e [...və] ⟨aus gleichbed. *mlat.* motivum, substantiviertes Neutrum von *spätlat.* motivus „bewegend, antreibend", zu *lat.* motum, vgl. Motor; Bed. 2 u. 3 über *fr.* motif⟩: 1. Beweggrund, Antrieb, Ursache; Zweck; Leitgedanke. 2. Gegenstand einer künstlerischen Darstellung; Vorlage (bild. Kunst; Literaturw.). 3. kleinste, gestaltbildende musikalische Einheit [innerhalb eines Themas] (Mus.). **Mo|ti|va|ti|on** [...v...] *die;* -, -en ⟨zu ↑...ation⟩: 1. Summe der Beweggründe, die jmds. Entscheidung, Handlung beeinflussen; vgl. ↑ extrinsische, ↑ intrinsische Motivation. 2. Durchschaubarkeit einer Wortbildung in bezug auf die Teile, aus denen sie zusammengesetzt ist (Sprachw.). 3. das Motiviertsein; Ggs. ↑ Demotivation (2); vgl. ...[at]ion/...ierung. **mo|ti|va|tio|nal** ⟨zu ↑¹...al (1)⟩: auf Motivation (1) beruhend, sie betreffend (Psychol.). **Mo|ti|va|ti|ons|psy|cho|lo|gie** *die;* -: Arbeitsgebiet, das ein Erklärungsmodell für zielgerichtetes Verhalten zu erarbeiten versucht. **Mo|tiv|for|schung** *die;* -, -en ⟨zu ↑ Motiv⟩: Teil der Marktforschung, der die psychologischen Motive für das Verhalten u. Handeln [der Käufer] untersucht. **mo|ti|vie|ren** [...v...] ⟨aus gleichbed. *fr.* motiver; vgl. Motiv⟩: 1. begründen. 2. zu etwas anregen, veranlassen; Ggs. ↑ demotivieren. **mo|ti|viert** ⟨zu ↑...iert⟩: als Wort in der semantischen Struktur durchsichtig u. in ↑ Lexeme zerlegbar (z. B. mannbar, männlich im Unterschied zu Mann; Sprachw.); Ggs. ↑ arbiträr (2). **Mo|ti|vie|rung** *die;* -, -en ⟨zu ↑...ierung⟩: das Motivieren; vgl. ...[at]ion/...ierung. **Mo|ti|vik** *die;* - ⟨zu ↑²...ik (2)⟩: Kunst der Motivverarbeitung in einem Tonwerk (Mus.). **mo|ti|visch:** a) das Motiv betreffend; b) die Motivik betreffend. **Mo|to** *das;* -s, -s: (schweiz.) Kurzform von Motorrad. **Mo|to|ball** *der;* -s ⟨aus gleichbed. *fr.* motoball zu moto „Motorrad" u. ball „Ball"⟩: Fußballspiel auf Motorrädern; Motorradfußball. **Mo|to-Cross** [...'krɔs] *das;* -, -e ⟨über *engl.* moto-cross aus gleichbed. *fr.* motocross zu cross (-country), vgl. Cross-Country⟩: Gelände-, Vielseitigkeitsprüfung für Motorradsportler; vgl. Auto-Cross. **Mo|to|drom** *das;* -s, -e ⟨nach *fr.* motodrome, dies zu *fr.* moto- „Motor-" u. *gr.* drómos „Lauf; Rennbahn", Analogiebildung zu *lat.* hippodromos, vgl. Hippodrom⟩: Rennstrecke (Rundkurs) für Motorsportveranstaltungen. **Mo|to|lo|ge** *der;* -n, -n ⟨zu ↑ Motorik u. ↑...loge⟩: Fachmann auf dem Gebiet der Motologie (Med.). **Mo|to|lo|gie** *die;* - ⟨zu ↑...logie⟩: Lehre von der menschlichen ↑ Motorik u. deren Anwendung in Erziehung u. Therapie (Med.). **mo|to|lo|gisch** ⟨zu ↑...logisch⟩: die Motologie betreffend. **Mo|to|neu|ron** *das;* -s, Plur. ...ronen u. ...ren ⟨Kurzw. aus ↑ *motorisch* u. ↑ *Neuron*⟩: ↑ Neuron, das die quergestreifte Muskulatur versorgt (Med.). **Mo|to|päd|ago|gik** *die;* -: Arbeitsgebiet der Pädagogik, das sich mit Bewegungstherapie hirngeschädigter Kinder befaßt. **Mo-**

tor *der;* -s, ...oren, auch **Motor** *der;* -s, -e ⟨aus *lat.* motor „Beweger" zu motus, Part. Perf. von movere „bewegen"⟩: 1. Maschine, die durch Umwandlung von Energie Kraft zum Antrieb (z. B. eines Fahrzeugs) erzeugt u. etwas in Bewegung setzt. 2. Kraft, die etwas antreibt; jmd., der etwas voranbringt. **Mo|to|ren|ana|ly|sa|tor** *der;* -s, -en: Überwachungsgerät in Propellerflugzeugen zur sofortigen Erkennung von Motorschäden. **Mo|tor|ge|ne|ra|tor** *der;* -s, -en: 1. Kombination eines Verbrennungsmotors mit einem elektr. Generator, z. B. zur Notstromversorgung. 2. Aggregat zum Umformen einer gegebenen Stromart in eine andere (z. B. Drehstrom in Gleichstrom). **Mo|to|rik** *die;* - ⟨zu ↑²...ik (2)⟩: 1. a) Gesamtheit der willkürlichen aktiven Muskelbewegungen (Med.); Ggs. ↑ Motilität; b) die Bewegungen (↑ Gestik, ↑ Mimik) eines Menschen als Ausdruck der Persönlichkeit (Psychol.); c) Lehre von den Funktionen der Bewegungen des menschlichen Körpers u. seiner Organe. 2. gleichmäßige, motorartige Rhythmik (Mus.). 3. die Gesamtheit von [gleichförmigen, regelmäßigen] Bewegungsabläufen. **Mo|to|ri|ker** *der;* -s, -: Menschentyp, der vorwiegend mit Bewegungsvorstellungen arbeitet (Psychol.). **mo|to|risch** ⟨aus *lat.* motorius „voll Bewegung; lebhaft"⟩: 1. bewegend; der Bewegung dienend, von einem Motor angetrieben. 2. die Motorik (1 a) betreffend. 3. einen Muskelreiz aussendend u. weiterleitend (von Nerven; Med.). 4. von motorartiger, eintönig hämmernder Rhythmik (Mus.). 5. gleichförmig, automatisch ablaufend. **mo|to|ri|sie|ren** ⟨zu ↑ ...isieren⟩: 1. a) mit Maschinen od. Motorfahrzeugen ausstatten; b) in etw. einen Motor einbauen; mit einem Motor versehen. 2. sich -: sich ein Kraftfahrzeug anschaffen. **Mo|to|ri|sie|rung** *die;* -, -en ⟨zu ↑ ...isierung⟩: das Ausstatten mit einem Motor (1) bzw. mit Kraftfahrzeugen. **Mo|tor|test** *der;* -[e]s, Plur. -s, auch -e: Funktionsprüfung eines Fahrzeugmotors mit einem modernen elektronischen Diagnosesystem

Mot|to *das;* -s, -s ⟨aus *it.* motto „Witzwort, Wahlspruch", älter it. „Wort", dies aus *(alt)fr.* mot od. direkt entlehnt aus *spätlat.* muttum „Muckser" zu muttire „sprechen", *lat.* muttire „mucksen, halblaut reden"⟩: Denk-, Wahl-, Leitspruch; Kennwort

Mo|tu|pro|prio *das;* -s, -s ⟨aus *lat.* motu proprio „aus eigenem Antrieb"⟩: (nicht auf Eingaben beruhender) päpstlicher Erlaß

Mou|chard [muˈʃaːʀ] *der;* -s, -s ⟨aus gleichbed. *fr.* mouchard zu mouche in der Bed. „Spion"; vgl. Mouche⟩: (veraltet) Spitzel, Spion im Dienst der Polizei. **mou|char|die|ren** [muʃarˈdiː...] ⟨aus gleichbed. *fr.* moucharder⟩: (veraltet) spionieren, auskundschaften. **Mouche** [muʃ] *die;* -, Plur. -s [muʃ] u. -n [...ʃn] ⟨aus *fr.* mouche „Fliege", dies aus *lat.* musca⟩: 1. Schönheitspflästerchen. 2. Treffer in den absoluten Mittelpunkt der Zielscheibe beim Schießen. **Mouches volantes** [muʃvɔˈlãːt] *die* (Plur.) ⟨aus *fr.* mouches volantes, eigtl. „fliegende Mücken"⟩: gegen einen hellen Hintergrund zu sehende kleine, schwarze Flecken im Gesichtsfeld; Mückensehen (eine Sehstörung; Med.)

mouil|lie|ren [muˈji:...] ⟨aus gleichbed. *fr.* mouiller, dies über *vulgärlat.* molliare zu *lat.* mollis „weich"⟩: bestimmte Konsonanten mit Hilfe von *j* erweichen (z. B. *l* in brillant [brɪlˈjant]). **Mouil|lie|rung** *die;* -, -en ⟨zu ↑ ...ierung⟩: Vorgang des Mouillierens

Mou|la|ge [muˈlaːʒə] *der;* -, -s, auch *die;* -, -n ⟨aus gleichbed. *fr.* moulage zu moule „Gießform", dies aus *lat.* modulus, vgl. ¹Modul⟩: Abdruck, Abguß, bes. farbiges anatomisches Wachsmodell [von Organen]

Mou|li|na|ge [muliˈnaːʒə] *die;* - ⟨*fr.* moulinage zu mouliner, vgl. moulinieren⟩: (veraltet) Zwirnen der Seide. **Mou|li|né** [...ˈneː] *der;* -s, -s ⟨aus *fr.* mouliné, Part. Perf. Pass. von mouliner „(Seide) zwirnen", vgl. moulinieren⟩: 1. Zwirn aus verschiedenfarbigen Garnen. 2. gesprenkeltes Gewebe aus Moulinégarnen. **mou|li|nie|ren** u. **mu|li|nie|ren** ⟨aus gleichbed. *fr.* mouliner, eigtl. „mahlen", zu moulin „Mühle", dies aus *spätlat.* molinum⟩: Seidenfäden zwirnen

Mound [maʊnd] *der;* -s, -s ⟨aus gleichbed. *engl.* mound, weitere Herkunft ungeklärt⟩: vorgeschichtlicher Grabhügel, Verteidigungsanlage u. Kultstätte in Nordamerika

Mount [maʊnt] *der;* -s, -s ⟨aus *engl.* mount⟩: engl. Bez. für Berg. **Moun|tain|bike** [ˈmaʊntɪnbaɪk] *das;* -s, -s ⟨zu *engl.* mountain „Berg, Gebirgs-" u. bike „Fahrrad", eigtl. „Bergfahrrad"⟩: mit grobstolliger Bereifung und Kettenschaltung ausgerüstetes Fahrrad, das zum Fahren in bergigem Gelände bzw. im Gebirge vorgesehen ist

Mouse [maʊs, engl. maʊs] *die;* -, -s [...sɪz] ⟨aus *engl.* mouse „Maus"⟩: Gerät, das die Positionierung des ↑ Cursors auf dem Computerbildschirm ermöglicht (EDV)

Mous|sa|ka [mu...] *das;* -s, -s u. *die;* -, -s ⟨aus gleichbed. *ngr.* mousakás⟩: Gericht aus überbackenen Auberginen u. a.

Mousse [mʊs] *die;* -, -s [mʊs] ⟨aus *fr.* mousse „Schaum", dies aus *lat.* mulsum „mit Honig vermischter Wein"⟩: 1. kaltes Vor- od. Zwischengericht aus mit Sahne aufgeschlagener Fleisch-, Fisch-, Geflügel- od. Wildfarce. 2. schaumartige [Süß]speise

Mous|se|line [mʊsəˈliːn] vgl. Musselin

Mous|se|ron [mʊsəˈrõː] vgl. Musseron

Mous|seux [mʊˈsø:] *der;* -, - ⟨zu *fr.* mousseux „schäumend; perlend", dies zu mousser, vgl. moussieren⟩: Schaumwein. **mous|sie|ren** [mʊ...] ⟨aus gleichbed. *fr.* mousser zu mousse „Schaum", vgl. Mousse⟩: (von Wein od. Sekt) perlen, in Bläschen schäumen. **mous|sie|rend** ⟨zu ↑ ...ierend⟩: schäumend, perlend (von Wein od. Sekt)

Mous|té|ri|en [mʊsteˈriɛ̃:] *das;* -[s] ⟨aus *fr.* moustérien, nach dem franz. Fundort Le Moustiers⟩: Kulturstufe der älteren Altsteinzeit (Anthropol.)

Mo|vens [ˈmoːvɛns] *das;* - ⟨zu *lat.* movens, Part. Präs. von movere, vgl. movieren⟩: bewegender Grund, Antriebskraft. **Mo|vie** [ˈmuːvi] *das;* -[s], -s (meist Plur.) ⟨aus *engl.-amerik.* movie zu moving pictures „bewegte Bilder"⟩: Unterhaltungsfilm, Kino. **mo|vie|ren** [moˈvi:...] ⟨aus *lat.* movere „bewegen"⟩: 1. ein Wort, bes. ein Adjektiv, nach dem jeweiligen Geschlecht abwandeln (Sprachw.); vgl. Motion (3). 2. die weibliche Form zu einer männlichen Personenbezeichnung bilden (z. B. Lehrer*in*; Sprachw.). **Mo|vie|rung** *die;* -, -en ⟨zu ↑ ...ierung⟩: das Movieren. **Mo|vi|men|to** *das;* -s, ...ti ⟨aus *it.* movimento, eigtl. „Bewegung": ital. Bez. für Zeitmaß, Tempo (Mus.)

Mo|xa *die;* -, ...xen ⟨aus *nlat.* moxa, dies aus gleichbed. *jap.* moguso⟩: 1. (in Ostasien, bes. in Japan) als Brennkraut verwendete Beifußwolle. 2. svw. Moxibustion. **Mo|xi|bu|sti|on** *die;* - ⟨zu *spätlat.* combustio „Verbrennung", dies zu *lat.* comburere „verbrennen, versengen"⟩: ostasiat. Heilmethode, die durch Einbrennen von Moxa (1) in bestimmte Hautstellen eine Erhöhung der allgemeinen Abwehrreaktion bewirkt

Mo|za|ra|ber [auch moˈtsara...] *die* (Plur.) ⟨aus *span.* mozárabe, dies zu *arab.* mustaˈrib „zum Araber geworden"⟩: die unter arab. Herrschaft lebenden span. Christen der Maurenzeit (711 bis 1492). **mo|za|ra|bisch**: die Mozaraber, ihre Kunst u. Kultur betreffend

Mo|zęt|ta u. **Moz|zet|ta** *die;* -, ...tten ⟨aus gleichbed. *it.* mozzetta, dies gekürzt aus almozzetta zu *mlat.* almutia, almucia u. -etta (ital. Verkleinerungssuffix)⟩: vorn geknöpfter

Mozzarella

Schulterkragen mit kleiner Kapuze für hohe kath. Geistliche

Moz|za|rel|la der; - ⟨aus gleichbed. it. mozzarella⟩: südital. Frischkäse aus Kuh- od. Büffelmilch

Mri|dan|ga die; -, -s ⟨aus sanskr. mṛdaṅga „Trommel"⟩: klassische ind. Trommel mit einem Holzkörper in länglicher Faßform u. zwei Fellen unterschiedlicher Größe

Mr.: Abk. für Mister. **Mrs.:** Abk. für Mistreß

MS-DOS [ɛm'ɛs...] ⟨Abk. für gleichbed. engl. microsoft disc operating system⟩: Diskettenverarbeitungssystem für kleinere u. mittlere Computer

Much|tar der; -s, -s ⟨aus gleichbed. türk. muhtar, dies zu arab. muḥtā „gewählt"⟩: türk. Dorfschulze, Ortsvorsteher

Muck|ra|ker ['mʌkreɪkə] der; -s, -[s] ⟨aus gleichbed. engl.-amerik. muckraker zu to muckrake „Skandale aufdecken; im Dreck wühlen"⟩: Journalist od. Schriftsteller (bes. in den USA zu Beginn dieses Jh.s), der soziale, politische u. ökonomische Mißstände aufdeckt u. an die Öffentlichkeit bringt

Mu|cor [...koːɐ̯] der; - ⟨aus lat. mucor „Schimmel"⟩: ein Schimmelpilz (z. B. auf Brot). **Mu|cor|my|ko|se** die; -, -n: Erkrankung einzelner Organe durch Kleinpilze der Gattung Mucor (Med.)

Mu|co|sa [...k...] vgl. Mukosa. **Mu|cus** der; - ⟨aus gleichbed. lat. mucus⟩: Schleim (Med.)

Mu|de|jar|stil [muˈdɛxar...] der; -[e]s ⟨Lehnübersetzung von span. estilo mudéjar, dies zu arab. mudáǧǧan „einer, der wohnen bleibt"; nach der Bez. für die im christlichen Spanien verbliebenen Moslims⟩: nach den Mudejaren, den arab. Künstlern u. Handwerkern, benannter span.-islam. Kunststil (12.–16. Jh.)

Mu|dir der; -s, -e ⟨über türk. müdir aus gleichbed. arab. mudīr⟩: 1. Leiter eines Verwaltungsbezirks (in Ägypten). 2. Beamtentitel in der Türkei. **Mu|di|ri|je** die; -, Plur. -n u. -s ⟨aus gleichbed. arab. mudīriyā⟩: Verwaltungsgebiet, Provinz (in Ägypten)

Mu|dja|hed [mʊdʒa...] vgl. Mudschahed.

Mud|lumps ['mʌdlʌmps] die (Plur.) ⟨aus gleichbed. engl. mudlumps, eigtl. „Schlammhaufen"⟩: Schlammvulkane im Mississippidelta

Mu|dra die; -, -s ⟨aus sanskr. mudrā „Zeichen"⟩: magischsymbolische Finger- u. Handstellung in buddhistischen u. hinduistischen Kulten

Mu|dscha|hed [...dʒ...] der; -, -din ⟨aus arab. muǧāhid „Kämpfer"⟩: Freischärler im islamischen Raum

Mu|ez|zin der; -s, -s ⟨aus arab. muʾaddin⟩: Ausrufer, der vom Minarett die Zeiten zum Gebet verkündet (islam. Rel.)

Muf|fins ['ma...] die (Plur.) ⟨aus gleichbed. engl. muffins (Plur.), weitere Herkunft ungeklärt⟩: in kleinen Förmchen gebackenes Kleingebäck aus Mürbteig

Muff|lon der; -s, -s ⟨über fr. mouflon aus gleichbed. it. mdal. mufloné, dies aus dem Altsardischen⟩: braunes Wildschaf mit großen, quer geringelten, nach hinten gebogenen od. kurzen, nach oben gerichteten Hörnern (auf Sardinien, Korsika)

Muf|ti der; -s, -s ⟨aus arab. muftī, eigtl. „Berater, Entscheider"⟩: islam. Rechtsgelehrter und Gutachter; vgl. par ordre du mufti

Mu|har|ram vgl. Moharrem

Muid [mỹi] der; -, -s ⟨aus gleichbed. fr. muid, dies aus lat. modius „Scheffel"⟩: altes franz. Hohlmaß unterschiedlicher Größe

mu|ko..., **Mu|ko...** ⟨aus lat. mucus, vgl. Mucus⟩: Wortbildungselement mit der Bedeutung „Schleim", z. B. mukopurulent, Mukozele. **Mu|koi|de** die (Plur.) ⟨zu ↑...oide⟩: den ↑Muzinen ähnliche Schleimstoffe. **Mu|ko|ly|ti|kum** das; -s, ...ka ⟨zu gr. lytikós „(auf)lösend" (dies zu lýein „lösen") u. ↑...ikum⟩: schleimlösendes Arzneimittel (Med.). **Mu|ko|po|ly|sac|cha|rid** [...zaxa...] u. **Mu|ko|po|ly|sa|cha|rid** das; -[e]s, -e: hochpolymeres Kohlenhydrat, das aus ↑Aminosäuren u. ↑Uronsäuren aufgebaut ist (Chem.). **Mu|ko|po|ly|sac|cha|ri|do|se** u. **Mu|ko|po|ly|sa|cha|ri|do|se** die; -, -n ⟨zu ↑¹...ose⟩: Sammelbez. für alle Störungen der Knorpel-Knochen-Bildung, die oft mit anderen Mißbildungen kombiniert sind u. eine abnorme Bildung von Mukopolysacchariden aufweisen (Med.). **mu|ko|pu|ru|lent:** schleimig-eitrig (Med.)

Mu|kor|my|ko|se vgl. Mucormykose

mu|kös ⟨aus gleichbed. lat. mucosus zu mucus, vgl. Mucus⟩: schleimig (Med.). **Mu|ko|sa** die; -, ...sen ⟨aus gleichbed. nlat. mucosa, substantiviertes Fem. von mucosus, eigtl. „die Schleimige"⟩: Schleimhaut (Med.). **Mu|ko|sta|se** die; -, -n ⟨zu ↑muko... u. gr. stásis „das Stehen, der Stillstand"⟩: Schleimstauung (z. B. in den Bronchien; Med.). **Mu|ko|vis|zi|do|se** [...v...] die; -, -n ⟨zu lat. viscidus „zähflüssig, klebrig" u. ↑¹...ose⟩: Erbkrankheit mit Funktionsstörungen der sekretproduzierenden Drüsen (Med.). **Mu|ko|ze|le** die; -, -n ⟨zu gr. kēlē „Geschwulst; Bruch"⟩: Schleimansammlung in einer ↑Zyste (1; Med.)

Mu|lat|te der; -n, -n ⟨aus gleichbed. span. mulato zu mulo „Maultier", dies aus lat. mulus, nach dem Vergleich mit dem Bastard aus Pferd u. Esel⟩: Nachkomme eines weißen u. eines schwarzen Elternteils. **Mu|lat|tin** die; -, -nen: weibliche Form zu ↑Mulatte. **Mu|le|ta** die; -, -s ⟨aus gleichbed. span. muleta, Verkleinerungsform von mula „weiblicher Maulesel", dies aus lat. mulus, vgl. Mulus⟩: rotes Tuch der Stierkämpfer

Mul|ga die; -, -s ⟨aus gleichbed. austr. mulga⟩: svw. Scrub

Mu|li das, auch der; -s, -[s] ⟨über gleichbed. it. mulo aus lat. mulus, vgl. Mulus⟩: (südd. u. österr.) Kreuzung zwischen Esel u. Pferd; Maultier, -esel; vgl. Mulus (1)

mu|li|er ta|ce|at in ec|cle|sia [...jɛ 'taːts... - ɛ'kleː...] ⟨lat.⟩: „die Frau schweige in der Gemeindeversammlung" (nach 1. Kor. 14,34)⟩: traditionelle Auffassung in der kath. Kirche u. in den Ostkirchen, daß Frauen von [höheren] kirchlichen Ämtern ausgeschlossen werden sollen

Mu|li|nee: eindeutschende Schreibung für Mouliné. **mu|li|nie|ren** vgl. moulinieren

Mul|la[h] der; -s, -s ⟨aus pers. mollā, dies aus arab. mawlā⟩: 1. a) (ohne Plur.) Titel der untersten Stufe der ↑schiitischen Geistlichen; b) Träger dieses Titels. 2. a) (ohne Plur.) von ↑Sunniten für islamische Würdenträger u. Gelehrte gebrauchte Ehrenbezeichnung; b) Träger dieser Ehrenbezeichnung

Mul|lat|schag, Mul|lat|schak der; -s, -s ⟨aus ung. mulatság „Belustigung, Vergnügen"⟩: (österr.) ausgelassenes Fest [bei dem am Schluß Geschirr zertrümmert wird]

Mul|lit [auch ...'lɪt] der; -s, -e ⟨nach der schott. Insel Mull u. zu ↑²...it⟩: kristallines Aluminiumsilikat, das auch in keramischen Werkstoffen enthalten ist

Mul|ti der; -s, -s ⟨kurz für multinational⟩: (ugs.) multinationaler Konzern. **mul|ti..., Mul|ti...** ⟨aus gleichbed. lat. multus⟩: Wortbildungselement mit der Bedeutung „viel, vielfach, mehrer...", z. B. Multimillionär. **Mul|ti|chip|tech|nik** [...tʃɪp...] die; -: Verfahren, bei dem mehrere ↑Chips (3) auf ein gemeinsames Plättchen montiert u. nach einem Verfahren der Schichttechnik zusammengeschaltet werden (Elektronik). **Mul|ti|coa|ting** ['mʊltikoː..., engl. 'mʌltɪkoʊtɪŋ] das; -s, -s: aus mehreren Schichten bestehender An-

multiplizieren

tireflexbelag bei fotografischen Schichten, der reflexmindernde Eigenschaften für das gesamte Spektrum besitzt (Fotogr.). **Mul|ti|com|pu|ter|sy|stem** [...kɔm'pju:tɐ...] *das; -s*: Zusammenschaltung von Computern, die von einer gemeinsamen Funktionseinheit gesteuert werden, um bestimmte komplexe Aufgabenstellungen zu lösen (EDV). **mul|ti|di|men|sio|nal** [auch 'mʊl...]: mehrere Dimensionen umfassend; vielschichtig. **Mul|ti|di|men|sio|na|li|tät** *die; -*: Vielschichtigkeit (Psychol., Soziol.). **mul|ti|dis|zi|pli|när:** sehr viele Disziplinen (2) umfassend, die Zusammenarbeit vieler Disziplinen betreffend; vgl. interdisziplinär. **Mul|ti|emit|ter|tran|si|stor** *der; -s, -en*: Transistor mit mehreren Emitterzonen, bes. zur Parallelschaltung von mehreren gleichartigen Transistoren (Elektronik). **Mul|ti|en|zym|kom|plex** *der; -es, -e*: verschiedene Einzelenzyme einer biologischen Reaktionskette (z. B. Fettsäuresynthese) od. eines Substrats (z. B. Hefepreßsaft), die sich gegenseitig strukturell u. funktionell beeinflussen u. damit regulieren (Biochem.). **mul|ti|fak|to|ri|ell:** durch viele Faktoren, Einflüsse bedingt. **mul|ti|fil** ⟨zu *lat.* filum „Faden"⟩: aus mehreren [miteinander verdrehten] einzelnen Fasern bestehend; vgl. monofil. **Mul|ti|fil** *das; -[s]*: aus mehreren bestehender vollsynthetischer Faden; vgl. Monofil. **Mul|ti|fo|kal|glä|ser** *die* (Plur.): Mehrstärkengläser (Optik). **mul|ti|funk|tio|nal:** vielen Funktionen gerecht werdend. **Mul|ti|funk|ti|ons|dis|play** *das; -s, -s*: multifunktionales ↑ Display (2). **Mul|ti|klon** *der; -s, -e* ⟨Kurzw. aus ↑*multi*... u. ↑²*Zyklon*⟩: aus mehreren nebeneinander angeordneten ↑²Zyklonen bestehendes Gerät zur Entstaubung von Gasen (auch zur Abwasserreinigung verwendet; Techn.). **Mul|ti|kol|lek|tor|tran|si|stor** *der; -s, -en*: Transistor mit mehreren Kollektorzonen, bes. für integrierte Analogschaltungen (Elektronik). **mul|ti|kul|tu|rell:** viele Kulturen umfassend, beinhaltend; *-e* Gesellschaft: auf vielfältige Lebensformen, Welt- u. Menschenbilder ausgerichtete Gesellschaft, die eine auf Toleranz u. wechselseitige Anerkennung der verschiedenen kulturellen Erfahrungen gerichtete Sozialordnung zum Ziel hat. **mul|ti|la|te|ral** [auch 'mʊl...]: mehrseitig, mehrere Seiten betreffend; Ggs. ↑ bilateral. **Mul|ti|la|te|ra|lis|mus** *der; -* ⟨zu ↑...ismus (2)⟩: System einer vielfach verknüpften Weltwirtschaft mit allseitig geöffneten Märkten. **mul|ti|lin|gu|al:** a) mehrsprachig, mehrere Sprachen sprechend; b) die Mehr-, Vielsprachigkeit betreffend, darauf bezogen. **Mul|ti|lin|gu|is|mus** *der; -* ⟨zu ↑ lingual u. ↑...ismus (2)⟩: Vielsprachigkeit (von Personengruppen, Büchern u. ä.); vgl. Bilinguismus. **mul|ti|lo|bu|lär:** vielappig, aus vielen Lobuli (vgl. Lobulus) bestehend (z. B. von Drüsen; Med.). **Mul|ti|me|dia** *die* (Plur.) ⟨nach *engl.* multimedia „viele Medien (gleichzeitig) einsetzend"; vgl. ¹Medium⟩: aufeinander abgestimmte Verwendung verschiedener Medien (z. B. im Medienverbund). **mul|ti|me|di|al:** a) viele Medien betreffend, berücksichtigend; b) für viele Medien bestimmt; c) aus vielen Medien bestehend, zusammengesetzt. **Mul|ti|me|dia|show** [...ʃoʊ] *die; -, -s*: Veranstaltung, bei der visuelle u. akustische Medien komplex eingesetzt werden, um dadurch einen künstlerischen Gesamteindruck zu erzielen. **Mul|ti|me|dia|sy|stem** *das; -s, -e*: Informations- u. Unterrichtssystem, das mehrere Medien (z. B. Fernsehen, Dias, Bücher) gleichzeitig verwendet. **Mul|ti|me|ter** *der; -s, -* ⟨zu ↑¹...meter⟩: Meßgerät mit mehreren Meßbereichen. **Mul|ti|mil|lio|när** *der; -s, -e*: mehrfacher ↑ Millionär. **Mul|ti|mor|bi|di|tät** *die; -*: das gleichzeitige Bestehen mehrerer Krankheiten bei einem Patienten (Med.). **mul|ti|na|tio|nal** [auch 'mʊl...]: a) aus vielen Nationen bestehend (von Vereinigungen); b) in vielen Staaten vertreten (z. B. von einem Industrieunternehmen). **Mul|ti|no|mi|al|ver|tei|lung** *die; -* ⟨zu *gr.* nómos „Gesetz, Ordnung" u. ↑...ial⟩: Verallgemeinerung der ↑ Binomialverteilung durch vielfache Wiederholung eines Versuches (Statistik). **mul|ti|nu|kle|ar:** viele Atomkerne enthaltend betreffend. **mul|ti|nu|kle|är:** vielkernig, viele Zellkerne enthaltend (Bot.). **Mul|ti|pack** *das,* auch *der; -s, -s* ⟨aus gleichbed. *engl.* multipack, zu *engl.* multi- „mehrere" u. *mittelniederl.* pac „(Woll)ballen"⟩: Verpackung, die mehrere Waren der gleichen Art enthält u. als Einheit verkauft wird. **Mul|ti|pa|ra** *die; -, ...paren* ⟨zu ↑ multi... u. *lat.* parere „gebären"⟩: svw. Pluripara. **mul|ti|pel** ⟨aus *lat.* multiplex „vielfältig, vielfach"⟩: 1. vielfältig; multiple Persönlichkeit: Persönlichkeit, in der anscheinend Erlebnis- u. Verhaltenssysteme mehrfach vorhanden sind (Psychol.). 2. an vielen Stellen am od. im Körper auftretend (Med.); multiple Sklerose: Erkrankung des Gehirns u. Rückenmarks unter Bildung zahlreicher Verhärtungsherde in den Nervenbahnen. **Mul|ti|ple** *das; -s, -s* ⟨aus gleichbed. *fr.* multiple⟩: modernes Kunstwerk (Plastik, Graphik), das in mehreren Exemplaren hergestellt wird. **Mul|ti|ple-choice-Ver|fah|ren** ['mʌltɪpl'tʃɔɪs...] *das; -s* ⟨nach *engl.* multiple-choice test „Mehrfachauswahl"⟩: Prüfungsmethode od. Test, bei dem der Prüfling unter mehreren Antworten eine od. mehrere ankreuzen muß. **Mul|ti|plett** [mʊlti...] *das; -s, -s* ⟨aus gleichbed. *engl.* multiplet⟩: Folge eng benachbarter Werte einer meßbaren physik. Größe (z. B. in der Spektroskopie eine Gruppe dicht beieinanderliegender Spektrallinien). **mul|ti|plex** ⟨teilweise über *engl.* multiplex aus *lat.* multiplex „reich gegliedert"⟩: 1. (veraltet) vielfältig. 2. [mit mehreren Geräten] verbunden, vernetzt (EDV). **Mul|ti|ple|xer** *der; -,* ⟨aus gleichbed. *engl.* multiplexer; vgl. multiplex⟩: Gerät, das Signale von mehreren Eingangsleitungen auf eine Ausgangsleitung überträgt (EDV). **Mul|ti|plex|ver|fah|ren** *das; -s, -*: gleichzeitige Übertragung von mehreren Nachrichten über denselben Sender. **Mul|ti|pli|er** ['mʌltɪplaɪə] *der; -s, -s* ⟨aus gleichbed. *engl.* multi- u. vgl. multipel⟩: Sekundärelektronenvervielfacher, ein Gerät zur Verstärkung schwacher, durch Lichteinfall ausgelöster Elektronenströme (Phys.). **Mul|ti|pli|kand** [mʊl...] *der; -en, -en* ⟨aus *lat.* multiplicandus, Gerundivum von multiplicare, vgl. multiplizieren⟩: Zahl, die mit einer anderen multipliziert werden soll. **Mul|ti|pli|ka|ti|on** *die; -, -en* ⟨aus gleichbed. *lat.* multiplicatio⟩: a) Vervielfachung, Malnehmen, eine Grundrechnungsart; Ggs. ↑ Division (1); b) Vervielfältigung. **Mul|ti|pli|ka|ti|ons|fak|tor** *der; -s, -en*: Vermehrungsfaktor der Neutronen bei einer Kernspaltung (Kernphys.). **mul|ti|pli|ka|tiv** ⟨nach gleichbed. *spätlat.* multiplicativus⟩: die Multiplikation betreffend. **Mul|ti|pli|ka|ti|vum** [...vʊm] *das; -s, ...va* [...va] ⟨aus *spätlat.* multiplicativum, substantiviertes Neutrum von multiplicativus, vgl. multiplikativ⟩: Zahlwort, das angibt, wievielmal etwas vorkommt; Wiederholungszahlwort, Vervielfältigungszahlwort (z. B. dreifach, zweimal). **Mul|ti|pli|ka|tor** *der; -s, ...oren* ⟨aus gleichbed. *spätlat.* multiplicator⟩: 1. Zahl, mit der eine vorgegebene Zahl multipliziert wird. 2. jmd., der erworbenes Wissen od. Informationen an [größere] Gruppen weitergibt u. es dadurch multipliziert. **Mul|ti|pli|ka|tor|ana|ly|se** *die; -, -n*: Untersuchung der durch eine Investition hervorgerufenen Zunahme des Gesamteinkommens einer Volkswirtschaft. **mul|ti|pli|zie|ren** ⟨aus gleichbed. *lat.* multiplicare⟩: 1. um eine bestimmte Zahl vervielfachen, malnehmen (Math.); Ggs. ↑ dividieren. 2. a) vervielfältigen, [steigernd] zunehmen lassen, vermehren; b) sich -: sich steigernd zu-

Multiplizität

nehmen. **Mul|ti|pli|zi|tät** *die;* -, -en ⟨aus *spätlat.* multiplicitas, Gen. multiplicitatis „Vielfalt"⟩: mehrfaches Vorkommen, Vorhandensein. **Mul|ti|plum** *das;* -s, ...pla ⟨aus gleichbed. *spätlat.* multiplum, substantiviertes Neutrum von multiplus „vielfach"⟩: (veraltet) Vielfaches, Mehrfaches. **Mul|ti|pol** *der;* -s, -e ⟨zu ↑multi... u. ↑¹Pol⟩: aus mehreren ↑Dipolen bestehende Anordnung elektrischer od. magnetischer Ladungen. **mul|ti|po|lar** [auch 'mʊlti...]: mehrpolig. **Mul|ti|pro|ces|sing** [mʌltɪ'prɔʊsə...] *das;* -[s] ⟨aus gleichbed. *engl.* multiprocessing⟩: gleichzeitige Bearbeitung eines Programms (4) durch mehrere miteinander verbundene Computer (EDV). **Mul|ti|pro|gram|ming** [mʌltɪ'prɔʊgræ...] *das;* -[s] ⟨aus gleichbed. *engl.* multiprogramming⟩: Betrieb von Computern in der Weise, daß gleichzeitig mehrere Programme (4) in zeitlicher Verzahnung ablaufen (EDV). **Mul|ti|pro|zes|sor** ['mʊl...] *der;* -s, ...oren ⟨zu ↑multi...⟩: System von Computern, die gleichzeitig od. nacheinander ein gemeinsames Programm (4) bearbeiten (EDV). **Mul|ti|spek|tral|fo|to|gra|fie** *die;* -: gleichzeitige Aufnahme eines Objekts in mehreren Spektralbereichen. **Mul|ti|spek|tral|scan|ner** [...skɛnɐ] *der;* -s, -: Gerät zur primären Bildaufnahme od. zur Abtastung von Bildvorlagen gleichzeitig in verschiedenen elektromagnetischen Spektralbereichen. **Mul|ti|tas|king** [mʌltɪ'ta:skɪŋ] *das;* -[s] ⟨aus gleichbed. *engl.* multitasking, zu task „Auftrag"⟩: das gleichzeitige Abarbeiten mehrerer ↑Tasks (2) in einem Computer (EDV). **mul|ti|va|lent** [mʊltiva...] ⟨zu ↑multi... u. *lat.* valens, Gen. valentis „wertig"⟩: mehr-, vielwertig (von Tests, die mehrere Lösungen zulassen; Psychol.). **Mul|ti|va|lenz** *die;* -, -en: Mehrwertigkeit von psychischen Eigenschaften, Schriftmerkmalen, Tests (Psychol.). **mul|ti|va|ri|at** [...v...] ⟨aus gleichbed. *engl.* multivariate⟩: mehrere ↑Variablen (1) betreffend. **Mul|ti|ver|sum** *das;* -s ⟨zu ↑multi...; Analogiebildung zu ↑Universum (von dem Philosophen H. Rickert, 1863–1936)⟩: das Weltall, sofern es als eine nicht auf eine Einheit zurückführbare Vielheit betrachtet wird. **Mul|ti|vi|bra|tor** *der;* -s, ...oren: elektr. Schaltung mit zwei steuerbaren Schaltelementen, von denen jeweils eines Strom führt (in EDV-Anlagen u. Fernsehgeräten verwendet). **Mul|ti|vi|si|on** *die;* -: Technik der gleichzeitigen ↑Projektion (1) von ↑Dias auf eine Leinwand, wobei jedes Dia entweder ein eigenes ↑Motiv (1) od. einen Bildausschnitt darstellen kann. **mul|ti|vor** ⟨zu *lat.* vorare „fressen"⟩: svw. polyphag. **Mul|ti|zet** Ⓦ *das;* -[e]s, -e ⟨Kunstw.⟩: Vielfachmeßgerät (Elektrot.). **mul|tum, non mul|ta** ⟨*lat.;* eigtl. „viel, nicht vieles"⟩: lieber etwas ganz als vieles halb, d. h. Gründlichkeit, nicht Oberflächlichkeit
Mu|lun|gu *der;* - ⟨aus *Bantuspr.* mulungu, eigtl. „der da oben"⟩: ostafrik. Gottesbezeichnung (urspr. eine geheimnisvolle übernatürliche Kraft)
Mu|lus *der;* -, Muli ⟨aus *lat.* mulus⟩: 1. *lat.* Bez. für Maulesel, -tier; vgl. Muli. 2. (veraltet, scherzh.) Abiturient vor Beginn des Studiums
Mu|mie [...iə] *die;* -, -n ⟨über *it.* mummia aus gleichbed. *arab.* mūmiyā' zu *pers.* mūm „Wachs"⟩: durch natürliche Umstände (Trockenheit, Luftabschluß u. ä.) od. durch Einbalsamieren vor Verwesung geschützter Leichnam. **Mu|mi|en|por|trät** [...trɛ] *das;* -s, -s: (bes. vom 1. bis 4. Jh. in Ägypten) das Gesicht der Mumie bedeckendes, auf Holz od. Leinwand gemaltes Porträt. **Mu|mi|fi|ka|ti|on** *die;* -, -en ⟨zu ↑Mumie u. ↑...fikation⟩: 1. svw. Mumifizierung. 2. Austrocknung abgestorbener Gewebeteile an der Luft (Med.); vgl. ...[at]ion/...ierung. **mu|mi|fi|zie|ren** ⟨zu ↑ ...fizieren⟩: 1. einen toten Körper zum Schutz gegen Verwesung austrocknen lassen od. einbalsamieren. 2. eintrock-

nen lassen, absterben lassen (bes. Gewebe; Med.). **Mu|mi|fi|zie|rung** *die;* -, -en ⟨zu ↑...fizierung⟩: das Mumifizieren (1); vgl. ...[at]ion/...ierung. **Mum|my** ['mʌmi] *der;* -s, -s [...mɪz] ⟨aus gleichbed. *engl.* mummy, eigtl. „Mumie"⟩: Auftraggeber eines ↑Ghostwriters
Mumps *der,* landsch. auch *die,* - ⟨aus gleichbed. *engl.* mumps⟩: Ziegenpeter; durch ein Virus hervorgerufene Entzündung der Ohrspeicheldrüse mit schmerzhaften Schwellungen (Med.)
Mun|da: Plur. von ↑Mundum. **mun|dan** ⟨aus *lat.* mundanus „weltlich" zu mundus, vgl. Mundus⟩: (veraltet) weltlich, auf das Weltganze bezüglich. **Mun|dan|astro|lo|gie** *die;* -: a) Teilgebiet der ↑Astrologie, das sich mit astrologischen Berechnungen befaßt, die bestimmte Orte, Zonen od. Länder der Erde betreffen (z. B. die astrologische Analyse eines Erdbebens od. einer Überschwemmung); b) politische Astrologie. **Mun|da|nis|mus** *der;* - ⟨zu ↑...ismus (1)⟩: (veraltet) weltliche Gesinnung. **Mun|da|ni|tät** *die;* - ⟨zu ↑...ität⟩: (veraltet) svw. Mundanismus. **Mun|da|ti|on** *die;* -, -en ⟨aus gleichbed. *spätlat.* mundatio zu *lat.* mundare, vgl. mundieren⟩: (veraltet) Reinigung, Säuberung. **mun|die|ren** ⟨aus *lat.* mundare „reinigen"⟩: (veraltet) ins reine schreiben; reinigen
Mun|di|um *das;* -s, Plur. ...ien [...jən] u. ...ia ⟨aus gleichbed. *mlat.* mundium zu *ahd.* munt „(Rechts)schutz", dies verwandt mit *lat.* manus „(schützende) Hand"⟩: Schutzverpflichtung, -gewalt im frühen deutschen Recht
Mun|do|lin|gue [...guə] *die;* - ⟨Kunstw. zu *lat.* mundus „Welt" u. lingua „Sprache"⟩: von Lott 1890 aufgestellte Welthilfssprache. **Mun|dum** *das;* -s, Munda ⟨aus gleichbed. *mlat.* mundum, substantiviertes Neutrum von *lat.* mundus „sauber"⟩: (veraltet) Reinschrift. **Mun|dus** *der;* - ⟨aus gleichbed. *lat.* mundus⟩: Welt, Weltall, Weltordnung; - archetypus: urbildliche Welt; - intelligibilis: die geistige, nur mit der Vernunft erfaßbare Welt (der Ideen); - sensibilis: die sinnlich wahrnehmbare Welt (Philos.). **mun|dus vult de|ci|pi** [- 'vʊlt 'de:tsipi] ⟨*lat.*⟩: die Welt will betrogen sein (nach Sebastian Brant)
Mu|ñei|ra [mu'njɛɪra] *die;* - ⟨aus *span. (galicisch)* muñeira „Mühle"⟩: aus Nordspanien stammender Volkstanz (auch Tanzlied)
¹Mun|go *der;* -[s], -s ⟨über *engl.* mungo, mongoose aus gleichbed. *tamil.* maṅgūs⟩: Schleichkatzengattung Afrikas u. Asiens mit zahlreichen Arten (↑Ichneumon, ↑Manguste)
²Mun|go *der;* -[s], -s ⟨aus gleichbed. *engl.* mungo, weitere Herkunft unbekannt⟩: Garn, Gewebe aus Reißwolle
Mu|ni|fi|zenz *die;* -, -en ⟨aus gleichbed. *lat.* munificentia⟩: (veraltet) Freigebigkeit
Mu|ni|ti|on *die;* - ⟨aus gleichbed. *fr.* munition (de guerre), dies aus *lat.* munitio „Befestigung; Schanzwerk"⟩: das aus Geschossen, Sprengladungen, Zünd- u. Leuchtpursätzen bestehende Schießmaterial für Feuerwaffen sowie Handgranaten, Bomben, Sprengladungen für Raketen, Minen u. ↑pyrotechnische Signalmittel. **mu|ni|tio|nie|ren** ⟨zu ↑...ieren⟩: mit Munition versehen, ausrüsten. **Mu|ni|ti|ons|de|pot** [...po:] *das;* -s, -s: Depot, in dem Munition gelagert wird
mu|ni|zi|pal ⟨aus *lat.* municipalis „zu einem Munizipium gehörig"⟩: (veraltet) städtisch. **mu|ni|zi|pa|li|sie|ren** ⟨zu ↑...isieren⟩: 1. (veraltet) einer Stadt od. Gemeinde eine Verfassung geben. 2. in Gemeineigentum überführen. **Mu|ni|zi|pa|li|tät** *die;* -, -en ⟨aus gleichbed. *spätlat.* municipalitas, Gen. municipalitatis⟩: (veraltet) Stadtobrigkeit. **Mu|ni-**

zi|pi|um *das;* -s, ...ien [...jən] ⟨aus *lat.* municipium⟩: 1. altröm. Landstadt. 2. (veraltet) Stadtverwaltung

Munt|jak *der;* -s, -s ⟨aus gleichbed. *jav.-engl.* muntjak⟩: im tropischen Südasien lebender Hirsch mit rotbraunem Rücken, weißem Bauch u. kleinem Geweih (Zool.)

Mu|rä|ne *die;* -, -n ⟨über *lat.* murena aus gleichbed. *gr.* mýraina⟩: aalartiger Knochenfisch, bes. in tropischen u. subtropischen Meeren

Mu|ra|no|glas *das;* -es, ...gläser ⟨nach dem Herstellungsort, der Insel Murano bei Venedig⟩: künstlerisches Glas von besonderer Feinheit

Mu|re|in *das;* -s, -e ⟨zu *lat.* murus „Mauer" u. ↑...in (1)⟩: Bestandteil der inneren Zellwandschicht aller Bakterien (Biol.)

mu|ren ⟨aus gleichbed. *engl.* to moor⟩: ein Schiff mit einer Muring verankern (Seew.)

Mu|re|xid *das;* -s ⟨zu *lat.* murex „Purpur(schnecke)" u. ↑³...id⟩: als Indikator zum Nachweis von ↑Purinen u. Metallen verwendeter organischer Farbstoff

mu|ria|tisch ⟨zu *lat.* muriaticus „in Salzlake eingelegt, gepökelt", dies zu muria „Salzlake"⟩: kochsalzhaltig (von Quellen)

Mu|ri|dis|mus *der;* - ⟨zu *arab.* murīd „Novize (im islam. Ordenswesen)" u. ↑...ismus (1)⟩: eine aus der islamischen Mystik hervorgegangene religiös-politische Bewegung bei den ostkaukasischen Bergvölkern (Dagestan)

Mu|ring *die;* -, -e ⟨aus gleichbed. *engl.* mooring zu to moore, vgl. muren⟩: Vorrichtung zum Verankern mit zwei Ankern (Seew.)

Mur|ky|bäs|se *die* (Plur.) ⟨zu *engl.* murky „dunkel, düster"⟩: Akkordbrechungen in der Baßstimme, meist in Oktavschritten (Brillen- od. Trommelbässe; Mus.)

Mu|sa *die;* - ⟨aus gleichbed. *nlat.* musa, dies über *arab.* mos, mus aus *sanskr.* mauca⟩: Banane (z. B. die philippinische Faserbanane). **Mu|sa|fa|ser** *die;* -, -n: svw. Manilahanf

Mus|aget *der;* -en, -en ⟨über *spätlat.* Musagetes aus *gr.* Mousagétēs, eigtl. „Anführer der Musen", Beiname des griech. Gottes Apollo⟩: (veraltet) Musenfreund, Gönner der Künste u. Wissenschaften

Mus|ca|det [myska'dɛ] *der;* -[s], - [...'dɛ(s)] ⟨aus gleichbed. *fr.* muscadet zu muscade, vgl. Muskat⟩: leichter, trockener, würziger Weißwein aus der Gegend um die franz. Stadt Nantes

Mu|sche vgl. Mouche (1)

Mu|schik [auch ...'ʃik] *der;* -s, -s ⟨aus *russ.* mužik, eigtl. „kleiner Mann"⟩: Bauer im zaristischen Rußland

Mu|schir u. **Mü|schir** *der;* -s, -e ⟨aus *türk.* müşür „Marschall", dies zu *arab.* šāra „beraten"⟩: 1. hoher türk. Beamter. 2. türk. Feldmarschall

Musch|ko|te *der;* -n, -n ⟨entstellt aus ↑Musketier⟩: (Soldatenspr. abwertend) Fußsoldat

Musch|po|ke vgl. Mischpoche

Mus|con [...'ko:n] u. **Muskon** *das;* -s ⟨zu *spätlat.* muscus (vgl. Moschus) u. ↑²...on⟩: farblose, intensiv nach Moschus riechende, ölige Substanz, die als wichtigster Geruchsstoff aus ↑Moschus extrahiert wird

Mu|se *die;* -, -n ⟨über *lat.* Musa aus *gr.* Moŭsa⟩: eine der [neun] griech. Göttinnen der Künste. **mu|se|al** ⟨zu ↑Museum u. ↑¹...al (1)⟩: 1. zum im Museum gehörend, Museums... 2. (ugs.) veraltet, verstaubt, unzeitgemäß. **Museen:** Plur. von ↑Museum. **Mu|sei|on** *das;* -s, Museia ⟨aus gleichbed. *gr.* mouseîon; vgl. Museum⟩: in der Antike den ↑Musen geweihte Stätte in Hainen od. Grotten (aus denen sich z. T. Lehrstätten u. Schulen entwickelt haben)

Mu|sel|man *der;* -en, -en ⟨über *it.* musulmano, *türk.* müslüman aus *pers.* musalmān, muslimān, vgl. Moslem⟩: (veraltet) svw. Moslem. **Mu|sel|ma|nin** *die;* -, -nen: (veraltet) svw. Moslime. **mu|sel|ma|nisch:** (veraltet) svw. moslemisch. **Mu|sel|mann** *der;* -s, ...männer: (veraltet) eindeutschend für Muselman

Mu|sen|al|ma|nach *der;* -s, -e ⟨zu ↑Muse u. ↑Almanach⟩: im 18. u. 19. Jh. jährlich erschienene Sammlung bisher ungedruckter Gedichte usw. **Mu|seo|lo|ge** *der;* -n, -n ⟨zu ↑Museum u. ↑...loge⟩: Fachmann auf dem Gebiet der Museumswissenschaft. **Mu|seo|lo|gie** *die;* - ⟨zu ↑...logie⟩: Museumskunde. **Mu|seo|lo|gin** *die;* -, -nen: weibliche Form zu ↑Museologe

Mu|sette [my'zɛt] *die;* -, -s ⟨aus gleichbed. *fr.* musette zu *altfr.* muse „Dudelsack", dies zu muser „dudeln"⟩: 1. franz. Bez. für Dudelsack. 2. mäßig-schneller Tanz im ⅝-, ¾- od. ¾-Takt mit liegendem Baß (den Dudelsack nachahmend). 3. Zwischensatz der Gavotte. 4. kleines Tanz- u. Unterhaltungsorchester mit Akkordeon

Mu|se|um *das;* -s, Museen ⟨aus *lat.* museum „Ort für gelehrte Beschäftigung; Bibliothek, Akademie", dies aus *gr.* mouseîon „Musensitz, Musentempel"; vgl. Muse⟩: Ausstellungsgebäude für Kunstgegenstände u. wissenschaftliche od. technische Sammlungen. **Mu|se|ums|ka|ta|log** *der;* -[e]s, -e: Katalog über einzelne od. alle Sammlungen eines Museums. **Mu|si|ca** [...ka] *die;* - ⟨aus *lat.* (ars) musica zu gleichbed. *gr.* mousikḗ (téchnē), eigtl. „Musenkunst"⟩: Musik, Tonkunst als eine der ↑Artes liberales; - antiqua: alte Musik; - mensurata: Mensuralmusik; - mundana od. celestis [tse...]: himmlische, sphärische Musik; - nova ['no:va]: neue Musik; - sacra ['za:kra]: Kirchenmusik; - viva ['vi:va]: moderne Musik. **Mu|si|cal** ['mju:zɪkl] *das;* -s, -s ⟨aus gleichbed. *amerik.* musical (comedy)⟩: populäres Musiktheater, das Elemente des Dramas, der Operette, Revue u. des Varietés miteinander verbindet. **Mu|si|cal-clown** [...klaun] *der;* -s, -s: Clown, der vorwiegend mit grotesken Musikdarbietungen unterhält. **Mu|si|cas|set|te, Mu|si-Cas|set|te** [...ka...] vgl. Musikkassette. **Mu|sic|box** ['mju:zɪk...] *die;* -, -es [...bɔksɪz] ⟨aus gleichbed. *engl.-amerik.* music box⟩: svw. Musikbox. **mu|siert** ⟨zu *lat.* museus (dies aus *gr.* mouseîos, vgl. musiv) u. ↑...iert⟩: svw. musivisch. **Mu|sik** *die;* -, -en ⟨aus gleichbed. *fr.* musique, dies aus *lat.* musica, vgl. Musica⟩: 1. (ohne Plur.) die Kunst, Töne in melodischer, harmonischer u. rhythmischer Ordnung zu einem Ganzen zu fügen; Tonkunst. 2. Kunstwerk, bei dem Töne u. Rhythmus eine Einheit bilden. 3. (ugs.) Unterhaltungsorchester. **Mu|sik|aka|de|mie** *die;* -, ...ien: Musikhochschule. **Mu|si|ka|li|en** [...jən] *die* (Plur.) ⟨aus *mlat.* musicalia, Neutrum Plur. von musicalis, vgl. musikalisch⟩: (urspr. in Kupfer gestochene, seit 1755 gedruckte) Musikwerke. **mu|si|ka|lisch** ⟨aus gleichbed. *mlat.* musicalis⟩: 1. die Musik betreffend; tonkünstlerisch. 2. musikbegabt, musikliebend. 3. klangvoll, wohltönend. **Mu|si|ka|li|tät** *die;* - ⟨zu ↑...ität⟩: 1. a) musikalisches Empfinden; b) Musikbegabung. 2. Wirkung wie Musik (2). **Mu|si|kant** *der;* -en, -en ⟨aus *mlat.* musicans, Gen. musicantis, Part. Präs. von musicare, vgl. musizieren⟩: Musiker, der zum Tanz, zu Umzügen u. ä. aufspielt. **Mu|si|kan|tin** *die;* -, -nen: weibliche Form zu ↑Musikant. **mu|si|kan|tisch:** musizierfreudig, musikliebhaberisch. **Mu|sik|äs|the|tik** *die;* -: Gebiet der Musikwissenschaft, das sich mit den künstlerischen Wesen der Musik u. ihren Wirkungen befaßt. **Mu|sik|au|to|mat** *der;* -en, -en: a) Apparat, der mit mechanischer Antriebsvorrichtung ein od. mehrere Musikstücke abspielt; b) svw. Musikbox. **Mu|sik|bi|blio|thek** *die;* -, -en: private od. öffentliche Sammlung von Musikdrucken,

-handschriften u. -literatur sowie von Tonträgern. **Mu|sik|box** *die;* -, -en ⟨nach gleichbed. *engl.-amerik.* music box⟩: Schallplattenapparat (bes. in Gaststätten), der gegen Geldeinwurf nach freier Wahl Musikstücke (meist Schlager) abspielt. **Mu|sik|di|rek|tor** *der;* -s, -en: staatlicher od. städtischer Dirigent u. Betreuer musikalischer Aufführungen u. des Musikwesens; Abk.: MD. **Mu|sik|dra|ma** *das;* -s, ...men: Oper mit besonderem Akzent auf dem Dramatischen (bes. die Opern Richard Wagners). **Mu|si|ker** *der;* -s, - ⟨nach *lat.* musicus, vgl. Musikus⟩: a) jmd., der beruflich Musik, eine Tätigkeit im musikalischen Bereich ausübt; b) Mitglied eines Orchesters; Orchestermusiker. **Mu|si|ke|rin** *die;* -, -nen: weibliche Form zu ↑ Musiker. **Mu|sik|eth|no|lo|gie** *die;* -: Bereich der Musikwissenschaft, der die Musik außereuropäischer Völker u. fremder Kulturen untersucht. **Mu|sik|hi|sto|ri|ker** *der;* -s, -: Kenner u. Erforscher der Musikgeschichte. **Mu|sik|hi|sto|ri|ke|rin** *die;* -, -nen: weibliche Form zu ↑ Musikhistoriker. **mu|sik|hi|sto|risch**: musikgeschichtlich. **Mu|sik|in|stru|ment** *das;* -[e]s, -e: Instrument zum Hervorbringen von Tönen u. Klängen, zum Musikmachen. **Mu|sik|kas|set|te** *die;* -, -n: ↑ Kassette (5), auf der Musik aufgenommen ist. **Mu|sik|korps** [...ko:ɐ̯] *das;* - [...ko:ɐ̯(s)], - [...ko:ɐ̯s]: Blasorchester als militär. Einheit. **Mu|sik|kri|tik** *die;* -, -en: die publizistische Darstellung, Analyse u. Beurteilung von Musikwerken, -aufführungen u. -veranstaltungen. **Mu|sik|kri|ti|ker** *der;* -s, -: jmd., der Musikkritiken schreibt. **Mu|sik|kri|ti|ke|rin** *die;* -, -nen: weibliche Form zu ↑ Musikkritiker. **Mu|sik|le|xi|kon** *das;* -, Plur. ...ka od. ...ken: alphabetisch geordnetes Nachschlagewerk zur Musik. **Mu|si|ko|lo|ge** *der;* -n, -n ⟨zu ↑ Musik u. ↑ ...loge⟩: Musikgelehrter, Musikwissenschaftler. **Mu|si|ko|lo|gie** *die;* - ⟨zu ↑ ...logie⟩: Musikwissenschaft. **Mu|si|ko|lo|gin** *die;* -, -nen: weibliche Form zu ↑ Musikologe. **mu|si|ko|lo|gisch** ⟨zu ↑ ...logisch⟩: musikwissenschaftlich. **Mu|si|ko|ma|ne** *der* u. *die;* -n, -n ⟨zu ↑ ...mane⟩: Musikbesessene[r]. **Mu|sik|päd|ago|ge** *der;* -n, -n: a) Pädagoge (a), der Musikunterricht erteilt; b) Wissenschaftler auf dem Gebiet der Musikpädagogik. **Mu|sik|päd|ago|gik** *die;* -: Wissenschaft von der Erziehung im Bereich der Musik. **Mu|sik|päd|ago|gin** *die;* -, -nen: weibliche Form zu ↑ Musikpädagoge. **Mu|sik|so|zio|lo|gie** *die;* -: Gebiet der Musikwissenschaft, das die Beziehungen zwischen Musik u. Gesellschaft untersucht. **Mu|sik|thea|ter** *das;* -s: Einheit aus Bühnendichtung u. Musik als Gattung. **Mu|sik|theo|rie** *die;* -: a) begriffliche Erfassung u. systematische Darstellung musikalischer Sachverhalte; b) Musiktheorie (a) als Lehrfach, das allgemeine Musiklehre, Harmonielehre, Kontrapunkt und Formenlehre umfaßt. **Mu|sik|the|ra|pie** *die;* -, -en [...i:ən]: Anwendung musikalischer Mittel zu psychotherapeutischen Zwecken. **Mu|si|kus** *der;* -, Plur. ...sizi, auch -se ⟨nach *lat.* musicus „Tonsetzer, Tonkünstler"⟩: (veraltet, noch scherzh. od. iron.) Musiker. **Mu|sik|vi|deo** [...v...] *das;* -s, -s: ↑ Videoclip zu einem Titel der Pop- od. Rockmusik. **Mu|sique con|crète** [myzikkõ'krɛt] *die;* - - ⟨aus gleichbed. *fr.* musique concrète⟩: konkrete Musik, Art der elektron. Musik, die sich alltäglicher realer Klangelemente u. Geräusche (z. B. Wassertropfen, Aufprallen eines Hammers) bedient u. die mittels Klangmontage über Tonband verarbeitet. **mu|sisch** ['mu:...] ⟨aus gleichbed. *gr.* mousikós zu moũsa, vgl. Muse⟩: 1. die schönen Künste betreffend. 2. künstlerisch [begabt], kunstempfänglich. **mu|siv** ⟨aus *lat.* musivus „zur Musivarbeit gehörend", dies aus *gr.* mouseĩos „künstlerisch"⟩: svw. musivisch; vgl. ...isch/-. **Mu|siv|ar|beit** *die;* -, -en ⟨zu *lat.* musivum „Einlegearbeit"⟩: svw. Mosaik. **Mu|siv|gold** *das;* -es: goldglänzende Schuppen aus Zinndisulfid (früher zu Vergoldungen von Spiegel- u. Bilderrahmen verwendet). **mu|si|visch** [...vɪʃ]: eingelegt (von Glassplittern od. Steinen); vgl. ...isch/-. **Mu|siv|sil|ber** *das;* -s: Legierung aus Zinn, Wismut u. Quecksilber zum Bronzieren. **Mu|si|zi**: Plur. von ↑ Musikus. **mu|si|zie|ren** ⟨aus gleichbed. *mlat.* musicare⟩: [mit jmdm. zusammen] Musik machen, spielen, zu Gehör bringen; eine Musik darbieten

Mus|ka|rin *das;* -s ⟨zu *nlat.* (amanita) muscaria „Fliegenpilz" (dies zu *lat.* musca „Fliege") u. ↑ ...in (1)⟩: Gift des Fliegenpilzes (in Asien als Rauschgift verwendet)

Mus|kat *der;* -[e]s, -e ⟨über *altfr.* muscate aus gleichbed. *mlat.* (nux) muscata, eigtl. „nach Moschus duftend", zu *spätlat.* muscus, vgl. Moschus⟩: als Gewürz verwendeter Samen des Muskatnußbaumes. **Mus|kat|blü|te** *die;* -, -n: als Gewürz verwendete Blüte des Muskatnußbaumes. **Mus|ka|te** *die;* -, -n: (veraltet) svw. Muskatnuß. **Mus|ka|tel|ler** *der;* -s, - ⟨über *it.* moscatello aus gleichbed. *mlat.* muscatellum⟩: 1. (ohne Plur.) Traubensorte mit Muskatgeschmack. 2. [süßer] Wein aus der Muskatellertraube. **Mus|kat|nuß** *die;* -, ...nüsse ⟨zu ↑ Muskat⟩: getrockneter [als Gewürz verwendeter] Samen des Muskatnußbaumes. **Mus|kat|wein** *der;* -[e]s, -e: svw. Muskateller (2)

Mus|ka|zon *das;* -s ⟨Kunstw. zu ↑ Muskarin u. ↑ ²...on⟩: dem ↑ Muskimol strukturell nahestehender, jedoch schwächer wirksamer Giftstoff des Fliegenpilzes (Chem.)

Mus|kel *der;* -s, -n ⟨aus gleichbed. *lat.* musculus, eigtl. „Mäuschen", vielleicht nach einem Vergleich des unter der Haut zuckenden Muskels mit einer hin- und herlaufenden Maus⟩: Gewebsorgan aus zusammenziehbaren Faserbündeln mit der Fähigkeit, bei Verkürzung Zugkräfte auszuüben u. dadurch Bewegungen [des Körpers od. seiner Teile] verschiedenster Art auszuführen

Mus|ke|te *die;* -, -n ⟨über *fr.* mousquet aus gleichbed. *it.* moschetto, eigtl. „wie mit ‚Fliegen' gesprenkelter Sperber" (Verkleinerungsform von mosca „Fliege", dies aus *lat.* musca; vgl. Mouche), dann „bei der Jagd auf diesen Vogel gebrauchte (Schuß)waffe"⟩: alte, schwere Handfeuerwaffe. **Mus|ke|tier** *der;* -s, -e ⟨über *fr.* mousquetaire aus gleichbed. *it.* moschettiere⟩: [mit einer Muskete bewaffneter] Fußsoldat; vgl. Muschkote. **Mus|ke|ton** [...'tõ:] *der;* -s, -s ⟨aus gleichbed. *fr.* mousqueton⟩: alte Handfeuerwaffe mit trichterförmiger Laufmündung, die mehrere Kugeln zugleich verschoß

Mus|ki|mol *das;* -s ⟨Kunstw. zu ↑ Muskarin u. ↑ ...ol⟩: wichtigster Giftstoff des Fliegenpilzes mit starker Wirkung auf das Zentralnervensystem

Mus|ko|lo|gie *die;* - ⟨zu *lat.* muscus „Moos" u. ↑ ...logie⟩: Mooskunde. **mus|kos** ⟨aus *lat.* muscosus „moosig"⟩: moosartig, mit Moos bewachsen

Mus|kon vgl. Muscon

Mus|ko|vit [...'vi:t, auch ...'vɪt], auch **Mus|ko|wit** [auch ...'vɪt] *der;* -s, -e ⟨aus *engl.* muscovite; nach Muscovia, dem *nlat.* Namen von Moskau (da das Mineral früher als „Moskauer Glas" im Handel war) u. zu ↑²...it⟩: heller Glimmer, der bes. in der Elektrotechnik als Isolierstoff verwendet wird

mus|ku|lär ⟨zu ↑ Muskel u. ↑ ...är⟩: zu den Muskeln gehörend, die Muskulatur betreffend. **Mus|ku|la|tur** *die;* -, -en ⟨zu ↑ ...at (1) u. ↑ ...ur⟩: Muskelgefüge, Gesamtheit der Muskeln eines Körpers od. Organs. **mus|ku|lös** ⟨über *fr.* musculeux aus gleichbed. *lat.* musculosus⟩: mit starken Muskeln versehen, äußerst kräftig. **Mus|ku|lo|si|tät** *die;* - ⟨zu ↑ ...osität⟩: Muskelstärke. **mus|ku|lo|trop** ⟨zu ↑ Muskel

myasthenisch

u. ↑...trop⟩: auf die Muskulatur einwirkend (von Arzneimitteln; Med.)

Muṣ|lim: fachspr. für ↑Moslem. **Muṣ|li|me:** fachspr. für ↑Moslime. **muṣ|li|misch:** fachspr. für ↑moslemisch

Mus|se|lin u. **Mousseline** [musəˈliːn] *der;* -s, -e ⟨über *fr.* mousseline aus gleichbed. *it.* mussolina, nach dem ital. Namen der Stadt Mos(s)ul (*arab.* Mauṣil) am Tigris; vgl. ...ine⟩: feines, locker gewebtes [Baum]wollgewebe. **mus|se|li|nen:** aus Musselin

Mus|se|ron [...ˈrõː] *der;* -s, -s ⟨aus gleichbed. *fr.* mousseron, dies aus *vulgärlat.* mussirione, weitere Herkunft ungeklärt⟩: nach Knoblauch riechender Pilz zum Würzen von Soßen

Mus|si|ta|ti|on *die;* -, -en ⟨aus *lat.* mussitatio „das Murren, Knurren" zu mussitare „murmeln, leise sprechen"⟩: leises Gemurmel, leises unverständliches Vorsichhinsprechen bei Schizophrenen (Med.)

Muṣ|tang *der;* -s, -s ⟨über *engl.* mustang aus gleichbed. *mex.-span.* mestengo, mesteño, eigtl. „herrenlos(es Pferd)"⟩: wildlebendes Präriepferd in Nordamerika

Muṣ|tard|so|ße [ˈmʌstəd...] *die;* -, -n ⟨zu *engl.* mustard „Senf", dies über *altfr.* moustarde zu moust „Most" aus *lat.* mustum⟩: aus Senf, Essig u. Gewürzen zubereitete kalte Soße zum Würzen von Fisch- u. Fleischspeisen, Salaten u. a.

Mu̱ṣ|tie [ˈmustjə] *die;* -, -n ⟨weibliche Form zu ↑Mustio⟩: Tochter eines Weißen u. einer Mulattin. **Mu̱ṣ|tio** *der;* -s, -s ⟨aus dem Span., weitere Herkunft ungeklärt⟩: Sohn eines Weißen u. einer Mulattin

muˈta ⟨*lat.;* „verändere!", Imperativ von mutare, vgl. mutieren⟩: Anweisung für das Umstimmen bei den transponierenden Blasinstrumenten u. Pauken (Mus.)

Muˈta *die;* -, ...tä ⟨zu *lat.* muta, Fem. von mutus „stumm"⟩: (veraltet) Explosiv-, Verschlußlaut; vgl. Explosiv u. Klusil (Sprachw.); - cum [kʊm] liquida: Verbindung von Verschluß- u. Fließlaut (Sprachw.)

mu|ta|bel ⟨aus gleichbed. *lat.* mutabilis zu mutare, vgl. mutieren⟩: veränderlich; wandelbar. **Mu|ta|bi|li|tät** *die;* - ⟨aus gleichbed. *lat.* mutabilitas, Gen. mutabilitatis⟩: Veränderlichkeit, Wandelbarkeit. **mu|ta|gen** ⟨zu ↑...gen⟩: Mutationen auslösend. **Mu|ta|gen** *das;* -s, -e (meist Plur.): chem. Stoff od. physik. Faktor (z. B. Gammastrahlung), der ↑Mutationen (1) auslöst (Biol.). **Mu|ta|ge|ne|se** *die;* -, -n: Entstehung von Mutationen (1; Biol.). **Mu|ta|ge|ni|tät** *die;* - ⟨zu ↑...ität⟩: die Fähigkeit [eines chem. od. physik. Stoffes], Mutationen (1) auszulösen. **Mu|tạnt** *der;* -en, -en ⟨zu *lat.* mutans, Gen. mutantis, Part. Präs. von mutieren⟩: 1. (österr.) Junge, der mutiert (2). 2. svw. Mutante. **Mu|tạn|te** *die;* -, -n: durch Mutation (1) verändertes Individuum. **Mu|ta|ro|ta|ti|on** *die;* -, -en ⟨zu *lat.* mutare „(ver)ändern"⟩: allmähliche Veränderung der Schwingungsebene von polarisiertem Licht (bei wäßrigen Lösungen von einfachen Zuckern; Chem.). **Mu|ta|ti|on** *die;* -, -en ⟨aus *lat.* mutatio „(Ver)änderung"⟩: 1. spontane od. künstlich erzeugte Veränderung im Erbgefüge (Biol.). 2. Stimmbruch (bei Eintritt der Pubertät; Med.). 3. (veraltet) Änderung, Wandlung. **Mu|ta|ti|ons|ra|te** *die;* -, -n: die Häufigkeit, mit der eine Mutation (1) spontan auftritt bei erzeugt werden kann (Biol.). **mu|ta|tis mu|tan|dis** ⟨*lat.*⟩: mit den nötigen Abänderungen; Abk.: m. m. **mu|ta|tiv** ⟨zu ↑mutieren u. ↑...iv⟩: sich spontan ändernd (Biol.). **Mu|ta|tor** *der;* -s, ...oren ⟨aus *lat.* mutator „Veränderer, Vertauscher"⟩: Stromrichter (Elektrot.)

Mu|ta|zi|li|ten *die* (Plur.) ⟨aus *arab.* muˈtazilah „die sich Zurückziehenden" u. ↑³...it⟩: Anhänger einer philos. Richtung des Islams im 8. Jh.

mu|tie|ren ⟨aus *lat.* mutare „(ver)ändern"⟩: 1. sich spontan im Erbgefüge ändern (Biol.). 2. sich im Stimmwechsel befinden (Med.)

Mu|ti|la|ti|on *die;* -, -en ⟨aus gleichbed. *lat.* mutilatio zu mutilare, vgl. mutilieren⟩: Verstümmelung; das Absterben von Geweben u. Körperteilen [im Bereich der Extremitäten] (Med.). **mu|ti|lie|ren** ⟨aus gleichbed. *lat.* mutilare⟩: verstümmeln (Med.)

Mu|ti|ne|rie [my...] *die;* - ⟨aus gleichbed. *fr.* mutinerie zu mutiner, vgl. mutinieren⟩: (veraltet) Meuterei, Aufruhr

Muˈting [ˈmjuː...] *das;* -s ⟨aus gleichbed. *engl.* muting, Gerundium von to mute „dämpfen"⟩: 1. elektron. Filterschaltung zur Unterdrückung von Tonsignalen in elektroakustischen Anlagen (z. B. von Störgeräuschen beim Abstimmen im UKW-Bereich). 2. Stummschaltung an elektroakustischen Geräten, z. B bei Kopfhörerbetrieb

mu|ti|nie|ren [my...] ⟨aus gleichbed. *fr.* mutiner⟩: (veraltet) meutern

Mu̱|tịs|mus *der;* - ⟨zu *lat.* mutus „stumm" u. ↑...ismus (3)⟩: absichtliche od. psychisch bedingte Stummheit; Stummheit ohne organischen Defekt (Med.). **Mu|tịst** *der;* -en, -en ⟨zu ↑...ist⟩: jmd., der an Mutismus leidet (Med.). **mu|tịstisch:** in der Art des Mutismus, stumm (Med.). **Mu|ti|tät** *die;* - ⟨zu ↑...ität⟩: Stummheit (Med.)

Mu̱|ton *das;* -s, -s ⟨zu ↑mutieren u. ↑¹...on⟩: kleinster Chromosomenabschnitt, der durch eine Mutation verändert werden kann (Biol.). **Mu|to|skop** *das;* -s, -e ⟨zu ↑...skop⟩: Guckkasten, in dem durch eine bestimmte Bildanordnung Bewegungsvorgänge vorgetäuscht werden

Mu̱|tsu *der;* -[s], -s ⟨aus gleichbed. *jap.* mu-tsu⟩: großer, süß schmeckender, gelblichgrüner u. rot gefärbter Apfel mit glatter bis leicht rauher Schale

mu|tu|al ⟨zu ↑mutieren u. ↑¹...al (1)⟩: (selten) gegenseitig, wechselseitig; vgl. ...al/...ell. **Mu|tua|lịs|mus** *der;* - ⟨zu ↑...ismus (2)⟩: 1. Form der Lebensgemeinschaft zwischen Tieren od. zwischen Pflanzen mit gegenseitigem Nutzen (Biol.). 2. System des utopischen Sozialismus von P. J. Proudhon (1809–1865). 3. finanzwissenschaftliche Hypothese, nach der bei relativ gleicher steuerlicher Belastung jeder Steuerzahler auch solche Geldopfer auf sich nehmen würde, von denen andere einen Nutzen haben (Wirtschaftswesen). 4. (selten) gegenseitige Anerkennung, Duldung. **Mu|tua|lịst** *der;* -en, -en ⟨zu ↑...ist⟩: Vertreter, Anhänger des Mutualismus (3). **Mu|tua|li|tät** *die;* -, -en ⟨zu ↑...ität⟩: (selten) Gegenseitigkeit, Wechselseitigkeit. **mu|tu|ẹll** ⟨zu ↑...ell⟩: svw. mutual; vgl. ...al/...ell

Mu̱|tu|lus *der;* -, ...li ⟨aus gleichbed. *lat.* mutulus, dies aus dem Etrusk.⟩: Dielenkopf; plattenförmige Verzierung an der Unterseite des Kranzgesimses dorischer Tempel

Mu|zi|la|go *die;* -, ...agines [...neːs] ⟨aus *lat.* mucilago „schleimiger Saft"⟩: Pflanzenschleim, aus Pflanzenstoff gewonnenes dickflüssiges Arzneimittel. **Mu|zịn** *das;* -s, -e (meist Plur.) ⟨zu *lat.* mucus „Schleim" u. ↑...in (1)⟩: Schleimstoff, der von Hautdrüsen od. Schleimhäuten abgesondert wird (Med., Biol.)

Mvet [mvɛt] *der;* -[s], -s ⟨aus dem Afrik.⟩: eine Stabzither im westlichen Zentralafrika

My [myː] *das;* -[s], -s ⟨aus *gr.* mỹ⟩: 1. zwölfter Buchstabe des griech. Alphabets: M, μ. 2. Kurzform von ↑Mikron

my..., My... vgl. myo..., Myo... **My|al|gie** *die;* -, ...jen ⟨zu ↑myo... u. ↑...algie⟩: Muskelschmerz (Med.). **My|asthenie** *die;* -, ...ien: krankhafte Muskelschwäche (Med.). **my|asthe|nisch:** die Myasthenie betreffend (Med.). **My|ato-**

Myatrophie

nie *die;* -, ...jen: [angeborene] Muskelerschlaffung (Med.). **My|atro|phie** *die;* -, ...jen: Muskelschwund, krankhafte Verkümmerung der Muskulatur (Med.). **my|atro|phisch:** mit Myatrophie einhergehend, auf Myatrophie beruhend (Med.)

My|dria|se *die;* -, -n ⟨aus gleichbed. *gr.* mydríasis⟩: Pupillenerweiterung (Med.). **My|dria|ti|kum** *das;* -s, ...ka ⟨zu ↑...ikum⟩: pupillenerweiterndes Arzneimittel (Med.). **mydria|tisch:** pupillenerweiternd (Med.)

my|el..., **My|el...** vgl. myelo..., Myelo... **My|el|asthe|nie** *die;* -, ...jen ⟨zu ↑ myelo...⟩: vom Rückenmark ausgehende Nervenschwäche (Med.). **My|el|en|ze|pha|li|tis** *die;* -, ...itiden: Entzündung des Gehirns u. des Rückenmarks (Med.). **Mye|lin** *das;* -s ⟨zu ↑...in (2)⟩: Gemisch fettähnlicher Stoffe (Med.). **Mye|li|no|ly|se** *die;* -, -n ⟨zu ↑...lyse⟩: Entmarkung, Zerfall der Markscheiden (z. B. bei multipler Sklerose; Med.). **Mye|li|tis** *die;* -, ...itiden ⟨zu ↑ myelo... u. ↑...itis⟩: Rückenmarksentzündung (Med.). **mye|lo...**, **Mye|lo...**, vor Vokalen auch myel..., Myel... ⟨aus *gr.* myelós „(Knochen-, Rücken)mark"⟩: Wortbildungselement mit den Bedeutungen: a) „das Knochenmark betreffend", z. B. Myeloblast; b) „das Nerven-, insbesondere das Rückenmark betreffend", z. B. Myelomeningitis, Myelenzephalitis. **Mye|lo|blast** *der;* -en, -en (meist Plur.) ⟨zu *gr.* blastós „Sproß, Trieb"⟩: Keimzelle des Knochenmarks (Med.). **Mye|lo|bla|stom** *das;* -s, -e: bösartige Geschwulst aus Myeloblasten (Med.). **Mye|lo|de|le|se** *die;* -, -n ⟨zu *gr.* deleĩsthai „zerstören, beschädigen"⟩: Zerstörung der Rückenmarksubstanz mit Höhlenbildung nach Verletzungen (Med.). **Mye|lo|fi|bro|se** *die;* -, -n: ↑ Fibrose des Knochenmarks u. Anämie (eine Form der Leukämie; Med.). **mye|lo|gen** ⟨zu ↑...gen⟩: vom Knochenmark ausgehend (Med.). **Mye|lo|gramm** *das;* -s, -e ⟨zu ↑...gramm⟩: das bei der Myelographie gewonnene Röntgenbild des Wirbelkanals u. des Rückenmarks (Med.). **Mye|lo|gra|phie** *die;* - , ...jen ⟨zu ↑...graphie⟩: röntgenologische Darstellung des Wirbelkanals (Med.). **mye|lo|id** ⟨zu ↑...oid⟩: knochenmarkähnlich (von Zellen; Med.). **mye|lo|isch:** das Knochenmark betreffend, von ihm ausgehend (Med.). **Mye|lom** *das;* -s, -e ⟨zu ↑...om⟩: Knochenmarksgeschwulst (Med.). **Mye|lo|ma|la|zie** *die;* -, ...jen: Rückenmarkserweichung (Med.). **Mye|lo|ma|to|se** *die;* -, -n ⟨zu ↑...om u. ↑¹...ose⟩: zahlreiches Auftreten bösartiger Myelome (Med.). **Mye|lo|me|nin|gi|tis** *die;* -, ...itiden ⟨zu ↑ myelo...⟩: Entzündung des Rückenmarks u. seiner Häute (Med.). **Mye|lo|pa|thie** *die;* -, ...jen ⟨zu ↑...pathie⟩: 1. Rückenmarkserkrankung (Med.). 2. Knochenmarkserkrankung (Med.). **Mye|lo|poe|se** *die;* - ⟨zu *gr.* poíēsis „das Machen, Hervorbringen"⟩: Entwicklung des Knochenmarks (Med.). **Mye|lo|se** *die;* -, -n ⟨zu ↑¹...ose⟩: Wucherung des Markgewebes, bes. bei ↑ Leukämie. **Mye|lo|to|mie** *die;* -, ...jen ⟨zu ↑...tomie⟩: operativer Einschnitt in das Rückenmark (z. B. bei Rückenmarkstumoren; Med.). **Mye|lo|to|xi|sch:** knochenmarksschädigend (Med.). **Mye|lo|to|xi|zi|tät** *die;* -: Schädlichkeit für das Knochenmark (von Substanzen; Med.). **Mye|lo|zyt** *der;* -en, -en (meist Plur.) ⟨zu ↑...zyt⟩: a) Knochenmarkszelle; b) kernhaltige Vorstufe von ↑ Granulozyten (Med.)

my house (home) is my castle [maı 'haʊs ('hoʊm) ız maı 'kɑːsl] ⟨*engl.;* „mein Haus (Heim) ist meine Burg" (nach einem alten engl. Rechtsgrundsatz)⟩: in meiner Wohnung kann ich tun u. lassen, was ich will

My|ia|se *die;* -, -n ⟨aus gleichbed. *nlat.* myiasis, dies zu *gr.* myĩa „Fliege"; vgl. ...iasis⟩: Madenkrankheit, Madenfraß; durch Fliegenmaden verursachte Krankheit (Med.). **Myi|odes|op|sie** *die;* - ⟨zu *gr.* myioeidḗs (myiṓdēs) „fliegenartig", ópsis „das Sehen" u. ↑²...ie⟩: svw. Mouches volantes **Myi|tis** *die;* -, ...itiden ⟨zu ↑ myo... u. ↑...itis⟩: svw. Myositis

myk..., **Myk...** vgl. myko..., Myko

my|ke|nisch ⟨nach der altgriech. Ruinenstätte Mykenä (*gr.* Mykēnai)⟩: die griech. Kultur der Bronzezeit betreffend

My|ke|tis|mus *der;* - ⟨zu *gr.* mýkēs, Gen. mýkētos „Pilz" u. ↑...ismus (3)⟩: svw. Myzetismus. **my|ko...**, **My|ko...**, vor Vokalen auch myk..., Myk... ⟨zu *gr.* mýkēs „Pilz"⟩: Wortbildungselement mit der Bedeutung „Pilze betreffend, Pilz", z. B. Mykologie. **My|ko|bak|te|ri|en** *die* (Plur.): weltweit verbreitete Gattung unbeweglicher, sporenloser, säurefester, ↑ gramnegativer Stäbchenbakterien, von denen einige Erreger z. B. von Tuberkulose u. Lepra sind (Biol.). **My|ko|bak|te|rio|se** *die;* -, -n: durch Mykobakterien hervorgerufene Erkrankung beim Menschen u. vielen Tierarten (Med.). **My|ko|holz** *das;* -es, ...hölzer: Rotbuchenholz, dessen Holzsubstanz durch Verwendung von Kulturpilzen zielgerichtet abgebaut wurde, wodurch es poröser, weicher, leichter u. besser bearbeitbar ist. **My|koi|ne** *die* (Plur.) ⟨vgl. ...in (1)⟩: aus Pilzen gewonnene Antibiotika. **My|ko|lo|ge** *der;* -n, -n ⟨zu ↑...loge⟩: Wissenschaftler, der auf dem Gebiet der Mykologie arbeitet. **My|ko|lo|gie** *die;* - ⟨zu ↑...logie⟩: 1. Pilzkunde (Biol.). 2. Wissenschaft von den Mykosen (Med.). **my|ko|lo|gisch** ⟨zu ↑...logisch⟩: die Mykologie od. die Pilzkrankheiten betreffend. **My|ko|pha|gen** *die* (Plur.) ⟨zu ↑...phage⟩: pilzfressende Organismen (Biol.). **My|ko|plas|men** *die* (Plur.): kleinste freilebende Bakterien ohne Zellwand (und ohne feste Gestalt). **My|kor|rhi|za** *die;* -, ...zen ⟨zu *gr.* rhíza „Wurzel"⟩: Lebensgemeinschaft zwischen den Wurzeln von höheren Pflanzen u. Pilzen (Bot.). **My|ko|se** *die;* -, -n ⟨zu ↑¹...ose⟩: jede durch [niedere] Pilze hervorgerufene Krankheit (Med.). **My|ko|sta|ti|kum** *das;* -s, ...ka (meist Plur.) ⟨zu *gr.* statikós „zum Stillstand bringend" (eigtl. „stehend") u. ↑...ikum⟩: das Pilzwachstum hemmendes Mittel (Med.). **my|ko|sta|tisch:** das Pilzwachstum hemmend (von Arzneimitteln; Med.). **my|ko|tisch** ⟨zu ↑...otisch⟩: auf einer Mykose beruhend, mit Mykose verbunden (von Krankheiten; Med.). **My|ko|to|xi|ko|se** *die;* -, -n: durch Mykotoxine hervorgerufene Erkrankungserscheinungen (z. B. Ergotismus; Med.). **My|ko|to|xin** *das;* -s, -e: giftiges Stoffwechselprodukt einiger niederer Pilze (z. B. Mutterkornpilz). **my|ko|troph** ⟨zu ↑...troph⟩: sich mit Hilfe einer Mykorrhiza ernährend (Biol.). **My|ko|tro|phie** *die;* - , ...jen ⟨zu ↑...trophie⟩: auf dem Zusammenleben mit Pilzen beruhende Ernährungsweise höherer Pflanzen (Biol.)

My|la|dy [mɪˈleːdi, engl. mɪˈleɪdɪ] ⟨aus *engl.* mylady, eigtl. „meine Dame"⟩: (in England bes. von Dienstboten gebrauchte) Anrede an eine Trägerin des Titels ↑ Lady (1)

Myl|odon *das;* -s, ...donten ⟨zu *gr.* mylódous, Gen. mylódontos „mit Backenzahn"⟩: ausgestorbene Gattung bodenbewohnender Riesenfaultiere aus dem ↑ Pleistozän Nord- u. Südamerikas

My|lo|nit [auch ...ˈnɪt] *der;* -s, -e ⟨zu *gr.* mýlos „Mühle" u. ↑²...it⟩: durch Druck an ↑ tektonischen Bewegungsflächen zerriebenes u. wieder verfestigtes Gestein (Geol.). **my|lo|ni|tisch** [auch ...ˈnɪtɪʃ]: die Struktur eines zerriebenen Gesteins betreffend (Geol.). **my|lo|ni|ti|sie|ren** ⟨zu ↑...isieren⟩: durch ↑ tektonische Kräfte zu feinen Bruchstücken zerreiben (von Gesteinen; Geol.)

My|lord [mɪˈlɔrt, engl. mɪˈlɔːd] ⟨aus *engl.* mylord, eigtl. „mein Herr"⟩: 1. (in England) Anrede an einen Träger des Titels ↑ Lord (1). 2. (in England) Anrede an einen Richter

Myn|heer [mə'ne:ɐ̯] ⟨aus älter *niederl.* mynheer „mein Herr"⟩: veraltete Schreibung für ↑Mijnheer

myo...,Myo..., vor Vokalen meist **my..., My...** ⟨aus *gr.* mỹs, Gen. myós „Muskel", eigtl. „Maus"⟩: Wortbildungselement mit der Bedeutung „Muskel", z. B. myoelektrisch, Myokard, Myalgie. **Myo|blast** *der;* -en, -en (meist Plur.) ⟨zu *gr.* blastós „Sproß, Trieb"⟩: Bildungszelle der Muskelfasern (Med.). **Myo|car|di|um** [...'kar...] vgl. Myokard. **Myo|chrom** [...'kro:m] *das;* -s ⟨zu *gr.* chrõma „Farbe"⟩: svw. Myoglobin. **My|ody|nie** *die;* -, ...ien ⟨zu ↑...odynie⟩: Muskelschmerz (Med.). **myo|elek|trisch:** (von Prothesen) mit einer Batterie betrieben und durch die Kontraktion eines Muskels in Bewegung gesetzt. **myo|fa|zi|al:** die Gesichtsmuskeln betreffend (Med.). **Myo|fi|bril|le** *die;* -, -n: zusammenziehbare Faser des Muskelgewebes (Med.). **Myo|ge|lo|se** *die;* -, -n ⟨zu *lat.* gelare „gefrieren machen" u. ↑¹...ose⟩: das Auftreten von Verhärtungen in den Muskeln (Med.). **myo|gen** ⟨zu ↑...gen⟩: vom Muskel ausgehend (Med.). **Myo|glo|bin** *das;* -s: roter Muskelfarbstoff (Med.). **Myo|gramm** *das;* -s, -e ⟨zu ↑...gramm⟩: mit Hilfe eines Myographen aufgezeichnetes Kurvenbild der Muskelzuckungen. **Myo|graph** *der;* -en, -en ⟨zu ↑...graph⟩: Gerät, das die Zuckungen eines Muskels in Kurvenform aufzeichnet. **Myo|gra|phie** *die;* -, ...ien ⟨zu ↑...graphie⟩: graphische Darstellung der Muskelzuckungen mit Hilfe des Myographen. **myo|id** ⟨zu ↑...oid⟩: muskelähnlich (vom Aussehen u. von der Beschaffenheit eines Gewebes; Med.). **Myo|kard** *das;* -s, -e ⟨zu *gr.* kardía „Herz"⟩: [mittlere] Muskelschicht, Wandschicht des Herzens, Herzmuskel (Med.). **myo|kar|di|al:** den Herzmuskel betreffend (Med.). **Myo|kar|die** *die;* -, ...ien ⟨zu ↑²...ie⟩: Kreislaufstörungen mit Beteiligung des Herzmuskels (Med.). **Myo|kard|infarkt** *der;* -[e]s, -e: Herzinfarkt; Untergang eines Gewebsbezirks des Herzens nach schlagartiger Unterbrechung der Blutzufuhr (z. B. infolge Gefäßverschlusses; Med.). **Myo|kar|dio|ly|se** *die;* -, -n: Abbau der Herzmuskulatur (z. B. durch eiweißarme Ernährung; Med.). **Myo|kar|dio|pa|thie** *die;* -, ...ien ⟨zu ↑...pathie⟩: Sammelbez. für alle Erkrankungen des Myokards (Med.). **Myo|kar|di|tis** *die;* -, ...itiden ⟨zu ↑Myokard u. ↑...itis⟩: Herzmuskelentzündung (Med.). **Myo|kar|di|um** *das;* -s, ...dia ⟨aus *nlat.* myocardium⟩: svw. Myokard. **Myo|kar|do|se** *die;* -, -n ⟨zu ↑¹...ose⟩: svw. Myokardie. **Myo|klo|nie** *die;* -, ...ien ⟨zu ↑myo..., *gr.* klónos „heftige, verworrene Bewegung" u. ↑²...ie⟩: Schüttelkrampf (Med.). **Myo|klo|nus|epi|lep|sie** *die;* -, -n [...i:ən]: erbliche Sonderform der Epilepsie mit chronischen Krämpfen eines Muskels od. einer Muskelgruppe (Med.). **Myo|ky|mie** *die;* -, ...ien ⟨zu ↑myo..., *gr.* kỹma „Welle, Woge" u. ↑²...ie⟩: langsam verlaufende Muskelzuckungen (Med.). **Myo|lo|gie** *die;* - ⟨zu ↑...logie⟩: Wissenschaft von den Muskeln, ihren Krankheiten u. deren Behandlung (Med.). **Myo|ly|se** *die;* -, -n ⟨zu ↑...lyse⟩: degenerativer Abbau von Muskelgewebe (Med.). **My|om** *das;* -s, -e ⟨zu ↑...om⟩: gutartige Geschwulst des Muskelgewebes (Med.). **myo|ma|tös** ⟨zu ↑...ös⟩: mit Myomen behaftet (von Organen; Med.). **Myo|ma|la|zie** *die;* -, ...ien: degenerative Erweichung des Muskelgewebes (z. B. durch toxische Schädigungen; Med.). **My|om|ek|to|mie** *die;* -, ...ien ⟨zu ↑Myom u. ↑...ektomie⟩: operative Entfernung eines Gebärmuttermyoms (Med.). **Myo|me|re** *die;* -, -n ⟨zu ↑myo... u. *gr.* méros „Teil"⟩: Muskelabschnitt (Med.). **myo|me|tri|al** ⟨zu *gr.* mḗtra „Gebärmutter" u. ↑¹...al (1)⟩: das Myometrium betreffend, von diesem ausgehend (Med.). **Myo|me|tri|tis** *die;* -, ...itiden ⟨zu ↑...itis⟩: Entzündung der Gebärmuttermuskulatur (Med.). **Myo|me|tri|um** *das;* -s, ...ien [...jən] ⟨zu ↑...ium⟩: Muskelschicht der Gebärmutterwand (Med.). **myo|morph** ⟨zu ↑...morph⟩: muskelfaserig (Med.).

My|on *das;* -s, ...onen ⟨aus gleichbed. *engl.* myon (nach seinem Symbol μ); vgl. ⁴...on⟩: 1. zur Klasse der ↑Leptonen gehörendes Elementarteilchen (Phys.). 2. kleinste Funktionseinheit eines Muskels, bestehend aus einer Nervenfaser mit Muskelfasern (Med.). **Myo|nem** *das;* -s, -e (meist Plur.) ⟨zu *gr.* nēma „Gespinst, Faden"⟩: kontraktile Faser bei Einzellern, z. B. im Stiel von Glockentierchen (Biol.). **Myo|ni|um|atom** *das;* -s, -e ⟨zu ↑...ium⟩: Atom, das aus einem positiven Myon (als Kern) u. einem Elektron besteht (Phys.).

my|op u. **my|opisch** ⟨aus gleichbed. *gr.* mýōps, Gen. mýōpos⟩: kurzsichtig (Med.); vgl. ...isch/-; Ggs. ↑hypermetropisch

Myo|pa|ra|ly|se *die;* -, -n ⟨zu ↑myo... u. ↑Paralyse⟩: Muskellähmung (Med.). **Myo|pa|thie** *die;* -, ...ien ⟨zu ↑...pathie⟩: Muskelerkrankung (Med.). **myo|pa|thisch:** auf Myopathie beruhend

My|ope *der* od. *die;* -n, -n ⟨zu *gr.* mýōps, Gen. mýōpos „kurzsichtig"⟩: Kurzsichtige[r]. **My|opie** *die;* -, ...ien ⟨aus gleichbed. *gr.* myōpía⟩: Kurzsichtigkeit (Med.); Ggs. ↑Hypermetropie. **my|opisch** vgl. myop

Myo|pla|stik *die;* -, -en ⟨zu ↑myo... u. ↑¹Plastik⟩: operatives Einsetzen eines Muskels zur Schließung von Muskeldefekten (Med.). **myo|pla|stisch:** einen Muskeldefekt behebend (Med.). **Myo|ple|gie** *die;* -, ...ien ⟨zu *gr.* plēgḗ „Schlag" u. ↑²...ie⟩: Muskellähmung (Med.). **Myo|re|la|xans** *das;* -, Plur. ...antia u. ...anzien [...jən]: Arzneimittel zur Entspannung verkrampfter Muskeln (Med.). **My|or|rhe|xis** *die;* - ⟨zu *gr.* rhēxis „das Reißen, Brechen"⟩: Muskelzerreißung (Med.). **Myo|sin** *das;* -s ⟨zu ↑...in (1)⟩: Muskeleiweiß (Med.). **Myo|si|tis** *die;* -, ...itiden ⟨zu ↑...itis⟩: Muskelentzündung (Med.). **Myo|skle|ro|se** *die;* -, -n: Muskelverhärtung (Med.). **My|os|otis** *die;* - ⟨aus *nlat.* myosotis, eigtl. „Mäuseohr", zu *gr.* mỹs, Gen. myós „Maus" u. oũs, Gen. ōtós „Ohr"⟩: Vergißmeinnicht (Bot.). **Myo|spas|mus** *der;* -, ...men ⟨zu ↑myo...⟩: Muskelkrampf (Med.). **Myo|sta|tik** *die;* -: das unbewußte, automatische Zusammenwirken der quergestreiften Muskulatur zur Aufrechterhaltung des Körpers (Med.). **myo|sta|tisch:** das koordinierte Zusammenwirken von Muskeln betreffend (Med.). **Myo|to|mie** *die;* -, ...ien ⟨zu ↑...tomie⟩: operative Muskeldurchtrennung (Med.). **Myo|to|nie** *die;* -, ...ien ⟨zu *gr.* tónos „das Spannen, Spannung" u. ↑²...ie⟩: langdauernde Muskelspannung; Muskelkrampf (Med.). **myo|to|xisch:** muskelschädigend (z. B. von Arzneimitteln; Med.). **myo|trop** ⟨zu ↑...trop⟩: auf Muskeln einwirkend (Med.).

Myr|cen [...'tse:n] *das;* -s ⟨Kunstw.; vgl. ...en⟩: in vielen ätherischen Ölen vorkommender dreifach ungesättigter Kohlenwasserstoff (Chem.)

My|ria... ⟨aus *gr.* myriás „Zahl von Zehntausend"⟩: (veraltet) Vorsatz vor Maßeinheiten mit der Bedeutung „das Zehntausendfache" der genannten Maßeinheit, z. B. Myriagramm. **My|ria|de** *die;* -, -n ⟨aus gleichbed. *engl.* myriad, dies über *lat.* myrias, Gen. myriadis aus *gr.* myriás, Gen. myriádos „Zahl von Zehntausend"⟩: 1. Anzahl von 10 000. 2. (nur Plur.) Unzahl, unzählig große Menge. **My|ria|gramm** *das;* -s, -e (aber: 2 -) ⟨zu ↑Myria... u. ↑Gramm⟩: (veraltet) 10 000 Gramm. **My|ria|me|ter** *der;* -s ⟨zu ↑Meter⟩: Zehnkilometerstein, der alle zehntausend Meter rechts u. links des Rheins zwischen Basel u. Rotterdam angebracht ist. **My|ria|po|de** vgl. Myriopode

My|ring|ek|to|mie *die;* -, ...ien ⟨zu *mlat.* myringa „Trommelfell" u. ↑...ektomie⟩: operative Entfernung [eines Teiles]

Myringitis

des Trommelfells (Med.). **My|rin|gi|tis** *die;* -, ...itiden ⟨zu ↑...itis⟩: Trommelfellentzündung (Med.). **My|rin|go|my|ko|se** *die;* -, -n: Pilzbefall des Trommelfells (Med.). **My|rin|go|to|mie** *die;* -, ...ien ⟨zu ↑...tomie⟩: svw. Parazentese

My|rio... ⟨zu *gr.* myríos „unzählig, sehr zahlreich; tausendfach"⟩: Wortbildungselement mit der Bedeutung „Tausend", z. B. Myriopode. **My|rio|phyl|lum** *das;* -s, ...llen ⟨zu *gr.* phýllon „Blatt"⟩: Tausendblatt (Wasserpflanze Mitteleuropas, bekannte Aquarienpflanze). **My|rio|po|de** u. Myriapode *der;* -n, -n (meist Plur.) ⟨zu ↑...pode⟩: Tausendfüßer (Zool.).

My|ri|stin|säu|re *die;* -, -n ⟨zu *gr.* myristikós „zum Salben gehörig" (dies zu myrízein „salben") u. ↑...in (1)⟩: organische Säure, die in verschiedenen tierischen u. pflanzlichen Fetten vorkommt (Chem.)

Myr|me|kia *die* (Plur.) ⟨aus *gr.* myrmēkía „(kribbelnde) Warze", eigtl. „Ameisenhaufen"⟩: meist schmerzhaftentzündliche Warzen an Handfläche u. Fußsohlen (Med.). **myr|me|ko...**, **Myr|me|ko...** ⟨aus *gr.* mýrmēx, Gen. mýrmēkos „Ameise"⟩: Wortbildungselement mit der Bedeutung „Ameise", z. B. myrmekologisch, Myrmekophyt. **Myr|me|ko|cho|rie** [...k...] *die;* - ⟨zu *gr.* chorízein „absondern, trennen" u. ↑²...ie⟩: Ausbreitung von Pflanzensamen durch Ameisen (z. B. bei der Wolfsmilch; Bot.). **Myr|me|ko|lo|ge** *der;* -n, -n ⟨zu ↑...loge⟩: Wissenschaftler, der sich mit der Myrmekologie befaßt. **Myr|me|ko|lo|gie** *die;* - ⟨zu ↑...logie⟩: Teilgebiet der Zoologie, das sich mit den Ameisen befaßt. **myr|me|ko|lo|gisch** ⟨zu ↑...logisch⟩: ameisenkundlich. **Myr|me|ko|pha|ge** *der;* -n, -n (meist Plur.) ⟨zu ↑...phage⟩: Tier, das sich von Ameisen ernährt (z. B. Ameisenbär). **Myr|me|ko|phi|le** *der;* -n, -n (meist Plur.) ⟨zu *gr.* phílos „Freund"⟩: Ameisengast, Gliederfüßer, der in den Ameisennestern lebt (z. B. Wurzellaus). **Myr|me|ko|phi|lie** *die;* - ⟨zu ↑...philie⟩: das Zusammenleben (vgl. ↑Symbiose) mit Ameisen (z. B. bei Myrmekophilen u. Myrmekophyten). **Myr|me|ko|phyt** *der;* -en, -en (meist Plur.) ⟨zu ↑...phyt⟩: Pflanze, die Ameisen zu gegenseitigem Nutzen aufnimmt (Biol.).

My|ro|bal|la|ne *die;* -, -n ⟨über *lat.* myrobalanum aus *gr.* myrobálanos „eine Art Nuß"⟩: gerbstoffreiche Frucht vorderindischer Holzgewächse

My|ron *das;* -s ⟨aus *gr.* mýron „Öl, Salbe"⟩: geweihtes Salböl in der griech.-orthodoxen Kirche. **My|ron|säu|re** *die;* -: Bestandteil des ↑Glykosids (Chem.) **My|ro|sin** *das;* -s ⟨zu ↑...in (1)⟩: Enzym, das Senföle freisetzt u. in Kreuzblütlern vorkommt (Biochem.)

Myr|rhe *die;* -, -n ⟨über *(kirchen)lat.* myrrha aus gleichbed. *gr.* mýrrha, dies aus dem Semit. (vgl. *aram.* mūrā, *hebr.* mōr)⟩: aus nordafrik. Bäumen gewonnenes Harz, das als Räuchermittel u. für Arzneien verwendet wird. **Myr|rhen|öl** *das;* -s: aus Myrrhe gewonnenes aromatisches Öl. **Myrrhen|tink|tur** *die;* -: alkoholischer Auszug aus Myrrhe zur Zahnfleischbehandlung

Myr|te *die;* -, -n ⟨über *lat.* myrtus, martus aus gleichbed. *gr.* mýrtos, vielleicht aus dem Semit.⟩: immergrüner Baum od. Strauch des Mittelmeergebietes u. Südamerikas, dessen weißblühende Zweige oft als Brautschmuck verwendet werden

My|so|pho|bie *die;* - ⟨zu *gr.* mýsos „Ekel Verursachendes, Besudelung" u. ↑...phobie⟩: krankhafte Angst vor Beschmutzung bzw. vor Berührung mit vermeintlich beschmutzenden Gegenständen (Med.)

Myst|agog u. **Myst|ago|ge** *der;* ...gen, ...gen ⟨aus gleichbed. *gr.* mystagōgós zu mystagōgeīn „in die Mysterien einführen"⟩: Priester der Antike, der in die Mysterien einführte. **Myst|ago|gie** *die;* -, ...ien ⟨aus gleichbed. *gr.* mystagōgía⟩: Einführung in die Mysterien, die Geheimkulte der Antike. **myst|ago|gisch**: in die Geheimlehren einweisend. **My|ste** *der;* -n, -n ⟨aus *gr.* mýstēs „der Geweihte", eigtl. „wer die Augen schließt"⟩: Eingeweihter eines Mysterienkults; vgl. Epopt. **My|ste|ri|en** [...i̯ən] *die* (Plur.) ⟨über *lat.* mysteria aus gleichbed. *gr.* mystḗria, Plur. von mystḗrion, vgl. Mysterium⟩: griech. u. röm. Geheimkulte der Antike, die nur Eingeweihten zugänglich waren u. ein persönliches Verhältnis zu der verehrten Gottheit vermitteln wollten (z. B. die Eleusinischen -; vgl. eleusinisch); vgl. Mysterium. **My|ste|ri|en|re|li|gio|nen** *die* (Plur.): spätantike, bes. vorchristliche Religionen aus Griechenland, Kleinasien u. Ägypten, in deren Mittelpunkt die Feier von Mysterien stand. **My|ste|ri|en|spiel** *das;* -s, -e: mittelalterliches geistliches Drama. **my|ste|ri|ös** ⟨aus gleichbed. *fr.* mystérieux zu mystère „Mysterium", dies aus *lat.* mysterium, vgl. Mysterium⟩: geheimnisvoll; rätselhaft, dunkel. **My|ste|ri|um** *das;* -s, ...ien [...i̯ən] ⟨über *lat.* mysterium aus gleichbed. *gr.* mystḗrion⟩: 1. [religiöses] Geheimnis; Geheimlehre (vgl. Mysterien), bes. das Sakrament; - **mysterium tremendum**: die erschauern machende Wirkung des Göttlichen (↑Numen) in der Religion. 2. svw. Mysterienspiel. **My|sti|fi|ka|ti|on** *die;* -, -en ⟨aus gleichbed. *fr.* mystification, dies zu mystère, vgl. mysteriös⟩: Täuschung, Vorspiegelung. **my|sti|fi|zie|ren** ⟨zu ↑...fizieren⟩: täuschen, vorspiegeln. **My|stik** *die;* - ⟨zu *lat.* mysticus „zur Geheimlehre gehörend; geheimnisvoll" (in *mlat.* theologia mystica, unio mystica), dies aus gleichbed. *gr.* mystikós⟩: besondere Form der Religiosität, bei der der Mensch durch Hingabe u. Versenkung zu persönlicher Vereinigung mit Gott zu gelangen sucht; vgl. Unio mystica. **My|sti|ker** *der;* -s, -: Vertreter, Anhänger der Mystik od. einer mystischen religiösen Strömung. **My|sti|ke|rin** *die;* -, -nen: weibliche Form zu ↑Mystiker. **my|stisch** ⟨über *lat.* mysticus aus gleichbed. *gr.* mystikós⟩: 1. geheimnisvoll, dunkel. 2. zur Mystik gehörend; -e Partizipation: svw. Sympathie (2). **My|sti|zis|mus** *der;* -, ...men ⟨zu ↑...izismus⟩: 1. (ohne Plur.) Wunderglaube; [Glaubens]schwärmerei. 2. schwärmerischer Gedanke. **my|sti|zi|stisch** ⟨zu ↑...istisch⟩: wundergläubig; schwärmerisch

My|the *die;* -, -n ⟨zu ↑Mythos⟩: svw. Mythos (1). **my|thisch** ⟨über *lat.* mythicus aus gleichbed. *gr.* mythikós⟩: dem Mythos angehörend; sagenhaft, erdichtet. **my|thi|sie|ren** ⟨zu ↑...isieren⟩: svw. mythologisieren. **My|tho|graph** *der;* -en, -en ⟨aus *gr.* mythográphos „Fabeldichter, Sagenschreiber"⟩: jmd., der Mythen aufschreibt und sammelt. **My|tho|lo|ge** *der;* -n, -n ⟨aus *gr.* mythológos „Erzähler von Fabeln, Sagen, Göttergeschichten"⟩: Kenner u. Erforscher der Mythologie (1). **My|tho|lo|gem** *das;* -s, -e ⟨zu ↑Mythologie u. ↑...em⟩: mythologisches Element innerhalb einer Mythologie; abgrenzbare, in sich abgeschlossene mythologische Aussage. **My|tho|lo|gie** *die;* -, ...ien ⟨aus *gr.* mythología „das Erzählen von Götter- u. Sagengeschichten"⟩: 1. [systematisch verknüpfte] Gesamtheit der mythischen Überlieferungen eines Volkes. 2. wissenschaftliche Erforschung u. Darstellung der Mythen. **my|tho|lo|gisch** ⟨nach gleichbed. *gr.* mythologikós⟩: auf die Mythen bezogen, sie betreffend. **my|tho|lo|gi|sie|ren** ⟨zu *gr.* mythologeīn „erdichten" u. ↑...isieren⟩: etwas in mythischer Form darstellen od. mythologisch erklären. **My|tho|ma|nie** *die;* -, ...ien ⟨zu ↑Mythos u. ↑...manie⟩: krankhafte Lügensucht (z. B. bei Psychopathen; Med.). **My|thos** u. **My|thus** *der;* -, ...then ⟨über *lat.* mythus aus *gr.* mỹthos „Wort, Rede; Erzählung, Fabel, Sage"⟩: 1. überlieferte Dichtung, Sage, Er-

zählung o. ä. aus der Vorzeit eines Volkes (die sich bes. mit Göttern, Dämonen, Entstehung der Welt, Erschaffung des Menschen befaßt). 2. Person, Sache, Begebenheit, die (aus meist irrationalen Vorstellungen heraus) glorifiziert wird, legendären Charakter hat. 3. falsche Vorstellung, „Ammenmärchen", z. B. der - von ihrer Jungfräulichkeit
My|ti|lit [auch ...'lɪt] *der;* -s, -e ⟨zu ↑Mytilus u. ↑²...it⟩: versteinerte Miesmuschel. **My|ti|lus** *die;* - ⟨über *lat.* mytilus aus *gr.* mytílos „eßbare Muschel"⟩: Miesmuschel; eßbare Muschel aller nordeuropäischen Meere
myx..., **Myx...** vgl. myxo..., Myxo... **Myx|ade|ni|tis** *die;* -, ...itiden ⟨zu ↑myxo... u. ↑Adenitis⟩: Entzündung einer Schleimdrüse (Med.). **Myx|ade|nom** *das;* -s, -e: gutartige Geschwulst, die vom schleimabsondernden ↑Epithel einer mukösen Drüse herrührt (Med.). **my|xo...**, **My|xo...**, vor Vokalen meist myx..., Myx... ⟨zu *gr.* mýxa „Schleim"⟩: Wortbildungselement mit der Bedeutung „Schleim, Schleimgewebe", z. B. myxödematös, Myxomyzet. **My|xo|bak|te|ri|en** [...i̯ən] *die* (Plur.): kleine, zellwand- u. geißellose Stäbchen, die sich gleitend bewegen können; koloniebildende Bakterien auf Erdboden u. Mist; Schleimbakterien. **My|xo|chon|drom** [...ç...] *das;* -s, -e: mit Schleimgewebe durchsetzte gutartige Knorpelgeschwulst. **Myxödem** *das;* -s, -e: auf Unterfunktion der Schilddrüse beruhende körperliche u. geistige Erkrankung mit heftigen Hautanschwellungen u. anderen Symptomen (Med.). **myxöde|ma|tös**: ein Myxödem betreffend, mit einem Myxödem zusammenhängend (Med.). **my|xo|disch** ⟨aus gleichbed. *gr.* myxṓdēs⟩: schleimartig. **My|xo|fi|brom** *das;* -s, -e ⟨zu ↑myxo...⟩: Mischgeschwulst aus Schleim- u. Bindegewebe (Med.). **my|xo|id** ⟨zu ↑...oid⟩: schleimähnlich (z. B. von Geschwülsten; Med.). **My|xo|li|pom** *das;* -s, -e: Mischgeschwulst aus Schleim- u. Fettgewebe (Med.). **Myxom** *das;* -s, -e ⟨zu ↑...om⟩: gutartige Geschwulst aus Schleimgewebe (Med.). **my|xo|ma|tös** ⟨zu ↑...ös⟩: myxomartig (Med.). **My|xo|ma|to|se** *die;* -, -n ⟨zu ↑¹...ose⟩: seuchenhaft auftretende, tödlich verlaufende Viruskrankheit bei Hasen u. Kaninchen. **My|xo|my|zet** *der;* -en, -en ⟨zu ↑myxo...⟩: Schleimpilz; niederer Pilz (z. B. gelbe Lohblüte auf Gerberlohe). **My|xo|pte|ry|gi|um** *das;* -s, ...gia: Begattungsorgan der Knorpelfische (Biol.). **My|xo|sarkom** *das;* -s, -e: bösartige Schleimgewebsgeschwulst (Med.). **My|xo|vi|ren** [...v...] *die* (Plur.): große, komplex gebaute ↑RNS-Viren, zu denen die ↑Influenzaviren des Menschen gehören (Med.)
My|zel u. **My|ze|li|um** *das;* -s, ...lien [...i̯ən] ⟨aus gleichbed. *(n)lat.* mycelium zu *gr.* mýkēs „Pilz", hḗlos „Nagel, Stift" (u. ↑...ium)⟩: Gesamtheit der Pilzfäden eines höheren Pilzes, Pilzgeflecht. **My|zet** *der;* -en, -en ⟨aus gleichbed. *gr.* mýkēs, Gen. mýkētos⟩: (selten) Pilz (Biol.). **My|ze|tis|mus** *der;* -, ...men ⟨zu ↑...ismus (3)⟩: Pilzvergiftung (Med.). **Myze|to|lo|gie** *die;* - ⟨zu ↑...logie⟩: (veraltet) svw. Mykologie. **My|ze|tom** *das;* -s, -e ⟨zu ↑...om⟩: 1. Organ (od. Zellgruppe) bei Tieren, das Mikroorganismen als Symbionten aufnimmt (Biol.). 2. durch Pilze hervorgerufene geschwulstartige Infektion (Med.).

Na|bis [naˈbiː] *die* (Plur.) ⟨zu *hebr.* nāvî „Prophet"⟩: Künstlergruppe vorwiegend franz. symbolistischer Maler um die Jahrhundertwende

Na|bla|ope|ra|tor *der;* -s, -en ⟨zu *gr.* nábla(s) „eine Art Saiteninstrument" u. ↑Operator⟩: ein symbolischer ↑Vektor, dessen Einführung Berechnungen in der Vektoranalysis vereinfacht (Math.)

Na|bob *der;* -s, -s ⟨über *engl.* nabob aus gleichbed. *Hindi* nabāb, nawwāb, dies aus *arab.* nuwwāb, Plur. von nāʾib „Stellvertreter, Regent, Fürst"⟩: 1. Provinzgouverneur in Indien. 2. sehr reicher Mann

Na|chal *der;* -s, ...lim ⟨zu *hebr.* nāḥal „in Besitz nehmen, erben"⟩: kibbuzähnliche Siedlungsform in Israel

Na|dir [auch ˈnaː...] *der;* -s ⟨aus *arab.* naẓīr (as-samt) „(dem Zenit) entgegengesetzt"⟩: Fußpunkt; dem ↑Zenit genau gegenüberliegender Punkt an der Himmelskugel (Astron.)

Nae|vus [ˈnɛːvʊs] *der;* -, Naevi [ˈnɛːvi] ⟨aus gleichbed. *lat.* naevus⟩: Mal, Muttermal (Med.)

Na|gai|ka *die;* -, -s ⟨aus gleichbed. *russ.* nagajka⟩: aus Lederstreifen geflochtene Peitsche der Kosaken

Na|ga|na *die;* - ⟨aus *Zulu* u-nakane⟩: durch die ↑Tsetsefliege übertragene, oft seuchenartige, fiebrige Krankheit bei Haustieren (bes. Rindern u. anderen Huftieren) in Afrika

Na|ga|ra|stil *der;* -s ⟨zu *sanskr.* nágara „Stadt"⟩: Tempelbauweise in Nordindien mit sich nach oben verjüngendem Tempelturm

Na|gas|baum *der;* -[e]s, ...bäume ⟨zu *sanskr.* nága „Pflanze, Baum"⟩: Eisenbaum; Baumgattung in Hinterindien u. auf Java mit sehr hartem Holz. **Na|ga|swa|ram** *die;* -, - ⟨zu *sanskr.* svára, svará „Schall, Ton, Stimme"⟩: südind. Oboe mit konischer Bohrung, großem hölzernen Schalltrichter u. sieben Grifflöchern

Na|ga|uta *das;* - ⟨aus *jap.* naga-uta „Langgedicht"⟩: Form der japan. Lyrik, die aus einer beliebigen Anzahl von Verspaaren u. einem abschließenden siebensilbigen Vers besteht

Na|ge-Wa|za *der;* - ⟨aus *jap.* nage-waza „Wurftechniken"⟩: Sammelbez. für Wurftechniken beim ↑Judo

Na|gua|lis|mus [nagua...] *der;* - ⟨zu *aztek. (Nahuatl)* nahualli, nauálli „schützender Geist" u. ↑...ismus (2)⟩: (bes. in Zentralamerika verbreiteter) Glaube an einen meist als Tier od. Pflanze vorgestellten persönlichen Schutzgeist, den sich ein Individuum während der Pubertätsweihen in der Einsamkeit durch Fasten u. Gebete erwirbt u. mit dem es sich in schicksalhafter Simultanexistenz verbunden fühlt

Na|gyá|git [auch ...ˈgıt] *der;* -s, -e ⟨nach der ungar. Namen Nagyág für die rumän. Stadt Săcărîmbu u. zu ↑²...it⟩: ein dunkelgraues, rhombisches Mineral

Na|hi̯e u. **Na|hi|je** *die;* -, -s ⟨aus *türk.* nahiye „Bezirk, Gebiet", dies aus gleichbed. *arab.* nāḥija⟩: untergeordneter Verwaltungsbezirk in der Türkei

Na|hu|atl [naˈu̯atl] *das;* -[s] ⟨aus gleichbed. *aztek.* nahuatl⟩: die Sprache der Azteken u. deren Nachkommen, der Nahua

Na|hur *der;* -s, -s ⟨aus *Hindi* bzw. *Nepali* nahūr⟩: (in der zoologischen Systematik zwischen Schaf u. Ziege stehendes) Halbschaf aus den Hochländern Zentralasiens mit in der Jugend blaugrauem, später graubraunem Fell; Blauschaf

Na|ib *der;* -[s], Plur. -s od. Nuw[w]ab ⟨aus *arab.* nāʾib „Stellvertreter, Regent, Fürst"; vgl. Nabob⟩: Titel für Beamte in arab. Staaten

Na|in *der;* -s, -e ⟨nach der iran. Oasenstadt Nain⟩: im Muster dem ↑Isfahan ähnlicher, sehr wertvoller Teppich

Na|is|kos *der;* -, ...koi [...kɔy] ⟨aus *gr.* naískos „Kapelle", Verkleinerungsform von naós „Tempel"⟩: kleiner (Rund)tempel, z. B. in der minoischen Kultur

na|iv ⟨aus gleichbed. *fr.* naïf, dies aus *lat.* nativus „durch Geburt entstanden; angeboren, natürlich"⟩: 1. a) natürlich und unbedarft, von kindlich unbefangener, direkter u. unkritischer Gemüts-, Denkart [zeugend]; treuherzige Arglosigkeit beweisend; b) wenig Erfahrung, Sachkenntnis od. Urteilsvermögen erkennen lassend u. entsprechend einfältig, töricht [wirkend]. 2. in vollem Einklang mit Natur u. Wirklichkeit stehend (Literaturw.); Ggs. ↑sentimentalisch (b). **Nai|ve** [...və] *die;* -n, -n (aber: 2 Naive): Darstellerin jugendlich-naiver Mädchengestalten (Rollenfach beim Theater). **Nai|vi|tät** [naivi...] *die;* - ⟨nach gleichbed. *fr.* naïveté; vgl. ...ität⟩: 1. Natürlichkeit, Unbefangenheit, Offenheit; Treuherzigkeit, Kindlichkeit, Arglosigkeit. 2. Einfalt; Leichtgläubigkeit

Naj vgl. Nay

Na|ja *die;* -, -s ⟨über *nlat.* naja aus *Hindi* noya „(Brillen)schlange", dies aus *sanskr.* nāgá „Schlange"⟩: Giftnatter (Kobra, Königshutschlange u. a.)

Na|ja|de *die;* -, -n ⟨über *lat.* Naias, Gen. Naiadis aus *gr.* Naïás, Gen. Naïádos „Quellnymphe"⟩: 1. in Quellen u. Gewässern wohnende Nymphe der griech. Sage. 2. Flußmuschel (z. B. Teichmuschel, Flußmuschel; Zool.)

Na|ka|da|kul|tur *die;* - ⟨nach dem Fundort Nakada bei Luxor in Oberägypten⟩: dreiphasige Kulturstufe des 4. Jahrtausends v. Chr. in Ägypten mit bemalter Keramik, mit Stein- u. Elfenbeingefäßen

Na|ka|ra *die;* -, -s ⟨zu *arab.* naḳara „aushöhlen"⟩: kupferne Kesselpauke der türk. Militärmusik

Na|kib *der;* -s, -e ⟨aus gleichbed. *arab.* naḳīb zu naḳaba „durchwandern"⟩: (veraltet) Anführer, Vorsteher, Befehlshaber im arab.-türk. Raum

Na|krit [auch naˈkrıt] *der;* -s, -e ⟨zu *fr.* nacre „Perlmutter(glanz)" u. ↑²...it⟩: ein weißes od. leicht gefärbtes ↑monoklines Tonmineral

Na|la|na|ne *die;* - ⟨aus einer Bantuspr.⟩: Schlafkrankheit, ↑Trypanosomiasis (Med.)

Na|liw|ka [naˈlıfka] *die;* -, ...ki ⟨aus gleichbed. *russ.* nalivka⟩: leichter russ. Fruchtbranntwein

Na|lor|phin *das;* -s ⟨Kunstw.⟩; vgl. ...in (1)⟩: vom ↑Morphin

Narkose

abgeleitete Verbindung, die bei Morphinvergiftung bes. die Atemhemmung behebt

Na|mas u. **Na|maz** [naˈmaːs] *das;* - ⟨über *türk.* namaz aus *pers.* namāz „Gebet", dies aus *sanskr.* nāmas „Verbeugung, Verehrung, Huldigung"⟩: täglich fünfmal zu betendes Stundengebet der Mohammedaner; vgl. ²Salat

Name-drop|ping [ˈneɪm...] *das;* -s, -s ⟨aus gleichbed. *engl.* name-dropping zu to name-drop „(beiläufig) bekannte Namen erwähnen"⟩: das Erwähnen bekannter Persönlichkeiten, um den Anschein zu erwecken, sie zu kennen

Na|mur [naˈmyːr] *das;* -s ⟨nach der belgischen Provinz Namur⟩: untere Stufe des Oberkarbons (Geol.)

nan..., **Nan...** vgl. nano..., Nano...

Nan|du *der;* -s, -s ⟨über *span.* ñandu aus gleichbed. *Tupi* (einer südamerik. Indianersprache) nhandu⟩: straußenähnlicher flugunfähiger Laufvogel, der in den Steppen u. Savannen Südamerikas lebt

Nan|ga [nanˈgaː] *das;* -[s] ⟨aus *jap.* nan-ga „Südmalerei"⟩: Schule der späten ostasiat. Malerei in Japan

Nä|nie [...iə] *die;* -, -n ⟨aus gleichbed. *lat.* naenia, nenia⟩: altröm. Totenklage; Trauergesang

Na|nis|mus *der;* - ⟨zu ↑nano... u. ↑...ismus (3)⟩: Zwergwuchs (Med., Biol.)

Nan|king *der;* -s, Plur. -e u. -s ⟨nach der chin. Stadt Nanking⟩: glattes, dichtes, meist als Futter verwendetes Baumwollgewebe

Nan|no|plank|ton *das;* -s ⟨zu *gr.* nánnos „Zwerg, zwerghaftes Wesen" u. ↑Plankton⟩: durch Zentrifugieren des Wassers gewonnenes feinstes ↑Plankton (Biol.). **na|no...**, **¹Na|no...** vor Vokalen meist nan..., Nan... ⟨über *lat.* nanus aus *gr.* nãnos „Zwerg"⟩: Wortbildungselement mit der Bedeutung „zwergenhaft klein", z. B. nanozephal, Nanismus. **²Na|no...** ⟨zu *gr.* nãnos, vgl. nano...⟩: Vorsatz vor Maßeinheiten mit der Bedeutung „ein Milliardstel (der 10⁻⁹te Teil)" der genannten Maßeinheit; Zeichen n, z. B. Nanofarad. **Na|no|fa|rad** *das;* -[s], - ⟨zu ↑²Nano...⟩: ein milliardstel ↑Farad; Zeichen nF. **na|no|ke|phal** usw. vgl. nanozephal usw. **Na|no|me|lie** *die;* - ⟨zu ↑nano..., *gr.* mélos „Glied" u. ↑²...ie⟩: abnorme Kleinheit der Gliedmaßen (Med.). **Na|no|me|ter** *der* od. *das;* -s, - ⟨zu ↑²Nano...⟩: ein milliardstel ↑Meter; Zeichen nm. **Na|no|so|mie** *die;* - ⟨zu ↑nano..., *gr.* sõma „Körper" u. ↑²...ie⟩: svw. Nanismus. **na|no|ze|phal** usw. *gr.* kephalḗ „Kopf" u. ↑¹...al (1)⟩: zwergköpfig (Med.). **Na|no|ze|pha|lie** *die;* - ⟨zu ↑²...ie⟩: Zwergköpfigkeit, Verkleinerung des Kopfes in allen Dimensionen bei Zwergwüchsigkeit (Med.)

Na|os *der;* - ⟨aus *gr.* naós „Tempel"⟩: 1. Hauptraum im altgriech. Tempel, in dem das Götter- od. Kultbild stand; vgl. Cella. 2. Hauptraum für die Gläubigen in der orthodoxen Kirche; vgl. Pronaos

Na|palm Ⓦ *das;* -s ⟨Kurzw. aus ↑Naphthensäure u. ↑Palmitinsäure⟩: hochwirksamer Füllstoff für Benzinbrandbomben. **Na|palm|bom|be** *die;* -, -n: mit Napalm gefüllte Brandbombe, die bei der Explosion extrem hohe Temperaturen (über 2000° C) erzeugt u. dadurch große zerstörerische Wirkung hat. **Naph|tha** *das;* -s od. *die;* - ⟨über *lat.* naphtha aus *gr.* náphtha, dies aus gleichbed. *pers.* naft⟩: (veraltet) Roherdöl. **Naph|tha|lin** *das;* -s ⟨zu ↑²...al u. ↑...in (1)⟩: aus Steinkohlenteer gewonnener bizyklischer, aromatischer Kohlenwasserstoff, der als Ausgangsmaterial für Lösungsmittel, Farb-, Kunststoffe, Weichmacher u. a. sowie als starkriechendes Mottenvernichtungs- u. Desinfektionsmittel dient. **Naph|the|nat** *das;* -[e]s, -e ⟨zu ↑Naphthene u. ↑...at (2)⟩: Salz od. Ester einer Naphthensäure (Chem.). **Naph|the|ne** *die* (Plur.) ⟨zu ↑Naphtha u. ↑...en⟩:

Kohlenwasserstoffe, die Hauptbestandteil des galizischen u. kaukasischen Erdöls sind. **Naph|then|säu|re** *die;* -, -n: von gesättigten Kohlenwasserstoffen abgeleitete Karbonsäure, deren Salze als ↑Sikkative u. Schmieröladditive verwendet werden. **Naph|tho|le** *die* (Plur.) ⟨zu ↑...ol⟩: aromatische Alkohole zur Herstellung künstlicher Farb- u. Riechstoffe. **Naph|thyl** *das;* -s, -e ⟨zu ↑...yl⟩: von Naphthalin durch Entzug eines Wasserstoffatoms entstandene Verbindung

Na|po|le|on|dor *der;* -s, -e (aber: 5 -) ⟨aus *fr.* napoléon d'or, eigtl. „goldener Napoleon", vom Namen Napoleons I. (1769–1821), der diese Münze zuerst prägen ließ⟩: 20-Franc-Stück in Gold, das unter Napoleon I. u. Napoleon III. geprägt wurde. **Na|po|leo|ni|de** *der;* -n, -n ⟨zu ↑...ide⟩: Abkömmling der Familie Napoleons. **na|po|leo|nisch**: wie Napoleon (vorgehend, handelnd)

Na|po|li|tain [...ˈtɛ̃ː] *das;* -s, -s ⟨aus gleichbed. *fr.* napolitain, nach der ital. Stadt Napoli (Neapel)⟩: Schokoladentäfelchen. **Na|po|li|taine** [...ˈtɛːn] *die;* - ⟨aus gleichbed. *fr.* napolitaine, eigtl. „Neapolitanerin"⟩: feinfädiges, dem Flanell ähnliches Wollgewebe

Nap|pa *das;* -[s], -s u. **Nap|pa|le|der** *das;* -s, - ⟨aus gleichbed. *amerik.* nap(p)a (leather), nach der kalifornischen Stadt Napa⟩: durch Nachgerbung mit pflanzlichen Gerbstoffen od. mit Chromsalz waschbar gemachtes u. immer durchgefärbtes Glacéleder (Handschuh-, Handtaschen-, Bekleidungsleder) vor allem aus Schaf- u. Ziegenfellen

nap|pie|ren ⟨aus *fr.* napper „mit einer Soße übergießen" zu nappe „Decke", dies aus *lat.* mappa⟩: svw. maskieren (3).

Nap|pis|mus *der;* -s ⟨zu ↑...ismus (1)⟩: Theorie des Gebirgsaufbaus, nach der zahlreiche Gebirge aus einer Vielzahl von Überschiebungsdecken aufgebaut sind (Geol.)

Nar|ce|in [...ts...] vgl. Narzein. **Nar|co|tin** [...ko...] vgl. Narkotin

Nar|de *die;* -, -n ⟨über *lat.* nardus aus gleichbed. *gr.* nárdos, wohl über das Semit. aus *pers.* nārdīn, *sanskr.* nálada „Narde"⟩: a) eine der wohlriechenden Pflanzen, Pflanzenwurzeln o. ä., die schon im Altertum für Salböle verwendet wurden, z. B. Indische Narde; b) Öl od. Salbe aus der Narde (a)

Na|res [ˈnaːrɛs]: Plur. von ↑Naris

Nar|gi|leh [auch ...ˈgiː...] *die;* -, -[s] od. *das;* -s, -s ⟨aus gleichbed. *pers.* nārgīla⟩: orientalische Wasserpfeife zum Rauchen

Na|ris *die;* -, Nares [ˈnaːrɛs] (meist Plur.) ⟨aus gleichbed. *lat.* naris⟩: eine der beiden Nasenöffnungen, die den Eingang zur Nasenhöhle bilden, Nasenloch (Anat.)

nar|ko..., **Nar|ko...** ⟨zu *gr.* nárkē „Krampf; Lähmung, Erstarrung"⟩: Wortbildungselement mit der Bedeutung „Betäubung, Schmerzstillung", z. B. Narkologie. **Nar|ko|ana|ly|se** *die;* -, -n: unter Narkose des Patienten durchgeführte ↑Psychoanalyse. **Nar|ko|lep|sie** *die;* -, ...ien ⟨zu *gr.* lēpsis „das Fangen; Anfall" u. ↑²...ie⟩: meist kurzdauernder, unvermittelt u. anfallartig auftretender unwiderstehlicher Schlafdrang, der häufig auf Störungen des Zentralnervensystems beruht (Med.). **Nar|ko|lo|gie** *die;* - ⟨zu ↑...logie⟩: Lehre von der Schmerzbetäubung; ↑Anästhesiologie (Med.). **Nar|ko|ma|ne** *der* u. *die;* -n, -n ⟨zu ↑...mane⟩: jmd., der an Narkomanie leidet (Med.). **Nar|ko|ma|nie** *die;* - ⟨zu ↑...manie⟩: krankhaftes Verlangen nach Schlaf- od. Betäubungsmitteln; Rauschgiftsucht (Med.). **Nar|ko|pha|ge** *der;* -n, -n ⟨zu ↑...phage⟩: jmd., der gewohnheitsmäßig Schlaf- u. Beruhigungsmittel einnimmt. **Nar|ko|se** *die;* -, -n ⟨aus *gr.* nárkōsis „Erstarrung"⟩: allgemeine Betäubung des Organismus mit zentraler Schmerz- u. Bewußtseinsausschaltung durch Zufuhr von Betäubungsmitteln (Med.). **Nar|ko|se|ap|pa|rat** *der;* -[e]s, -e: Apparatur, die alle zur Durchführung u. Überwachung einer Narkose erforderlichen Geräte enthält (Med.). **Nar|ko|se|ri|si|ko** *das;* -s, ...ken: das mit der Narkose verbundene, vom Allgemeinzustand des ↑Patienten sowie von Art u. Umfang der ↑Operation abhängige ↑Risiko (Med.). **Nar|ko|ti|kum** *das;* -s, ...ka ⟨zu ↑...ikum⟩: Betäubungsmittel; Rauschmittel. **Nar|ko|tin,** chem. fachspr. Narcotin [...ko...] *das;* -s ⟨zu ↑...in (1)⟩: den Hustenreiz stillendes Mittel mit nur geringer narkotischer Wirkung, ein Hauptalkaloid des Opiums. **nar|ko|tisch** ⟨aus *gr.* narkōtikós „erstarren machend, betäubend"⟩: betäubend; berauschend (Med.). **Nar|ko|ti|seur** [...'zø:ɐ] *der;* -s, -e ⟨zu ↑narkotisieren u. ↑...eur⟩: jmd., bes. ein Arzt, der eine Narkose durchführt; vgl. Anästhesist. **nar|ko|ti|sie|ren** ⟨zu ↑Narkose u. ↑...isieren⟩: betäuben, unter Narkose setzen. **Nar|ko|tis|mus** *der;* - ⟨zu ↑...ismus (3)⟩: Sucht nach Narkosemitteln

Na|rod|na|ja Wol|ja *die;* - - ⟨aus *russ.* Narodnaja Volja, eigtl. „Volkswille"⟩: russ. Geheimorganisation, die um 1880 im Geiste der Narodniki die soziale Erneuerung durch das Bauerntum vertrat. **Na|rod|ni|ki** *die* (Plur.) ⟨aus *russ.* narodniki „die Volkstümler"⟩: Anhänger einer russ. Bewegung in der zweiten Hälfte des 19. Jh.s, die eine soziale Erneuerung Rußlands durch das Bauerntum u. den Übergang zum Agrarkommunismus (vgl. ¹Mir) erhoffte. **Na|ro|do|wol|zen** *die* (Plur.) ⟨aus gleichbed. *russ.* narodovolci⟩: (veraltet) Mitglieder der Geheimorganisation Narodnaja Wolja

Nar|ra|ti|on *die;* -, -en ⟨aus gleichbed. *lat.* narratio zu narrare „erzählen"⟩: (veraltet) Erzählung, Bericht. **nar|ra|tiv** ⟨aus gleichbed. *spätlat.* narrativus⟩: erzählend, in erzählender Form darstellend (Sprachw.). **Nar|ra|tive art** ['nærətɪv 'ɑ:t] *die;* - - ⟨aus *engl.* narrative art „erzählende Kunst"⟩: Richtung der zeitgenössischen Kunst, die in Form von Fotosequenzen (oft in Verbindung mit Texten) pointierte Geschichten erzählt. **Nar|ra|ti|vik** [nara'ti:vɪk] *die;* - ⟨zu ↑²...ik (1)⟩: Wissenschaft, die sich mit der Kunst des Erzählens (als Darstellungsform), der Struktur von (literarischen) Erzählungen befaßt. **Nar|ra|ti|vi|tät** [...v...] *die;* - ⟨zu ↑...ität⟩: Erzählbarkeit (eines literarischen Stoffes). **Nar|ra|ti|vum** [...vʊm] *das;* -s, ...va [...va] ⟨aus *lat.* (tempus) narrativum; vgl. narrativ⟩: Tempus, das vorwiegend bei der Erzählung verwendet wird (z. B. ↑Aorist, Imperfekt; Sprachw.). **Nar|ra|tor** *der;* -s, ...oren ⟨aus gleichbed. *lat.* narrator⟩: Erzähler (Literaturw.). **nar|ra|to|risch** ⟨aus gleichbed. *spätlat.* narratorius⟩: den Erzähler, die Erzählung betreffend; erzählerisch (Literaturw.)

Nar|thex *der;* -, ...thizes [...tse:s] ⟨über *mlat.* narthex, Gen. narthicis aus *mgr.* nárthēx, Gen. nárthēkos „Vorraum"⟩: schmale Binnenvorhalle der altchristlichen u. byzantinischen ↑Basiliken

Nar|wal *der;* -[e]s, -e ⟨über *nord.* nar(a)val aus gleichbed. *altnord.* náhvalr, eigtl. „Leichenwal" (wahrscheinlich wegen der schwarz u. weiß gefleckten Haut)⟩: vier bis sechs Meter langer, grauweißer, dunkelbraun gefleckter Einhornwal der Arktis mit (beim Männchen) 2-3 m langem Stoßzahn

Nar|ze|in, chem. fachspr. Narcein [...ts...] *das;* -s ⟨aus gleichbed. *fr.* narcéine, dies zu *gr.* nárkē „Krampf, Lähmung, Erstarrung" u. ↑...in (1)⟩: ein ↑Alkaloid des Opiums

Nar|ziß *der;* Gen. - u. ...isses, Plur. ..isse ⟨nach *lat.* Narcissus, *gr.* Nárkissos, einem schönen Jüngling der griech. Sage, der sich in sein Spiegelbild verliebte, u. dessen Leichnam in die gleichnamige Blume verwandelt wurde; vgl. Narzisse⟩: a) ganz auf sich selbst bezogener Mensch; b) jmd., der sich selbst bewundert u. liebt. **Nar|zis|se** *die;* -, -n ⟨über *lat.* narcissus aus gleichbed. *gr.* nárkissos⟩: als Zier- u. Schnittpflanze beliebte, in etwa 30 Arten vorkommende, meist stark duftende Zwiebelpflanze. **Nar|ziß|mus** *der;* - ⟨zu ↑Narziß u. ↑...ismus (3)⟩: 1. das Verliebtsein in sich selbst; [krankhafte] Selbstliebe, Ichbezogenheit; vgl. Autoerotik. 2. vorübergehende Zurücknahme der Libido von äußeren Objekten auf sich selbst, z. B. nach enttäuschter Liebe (sog. sekundärer -). **Nar|ziß|t** *der;* -en, -en ⟨vgl. ...ist⟩: jmd., der [erotisch] nur auf sich selbst bezogen, zu sich hingewandt ist, der nach Liebesversagungen, Selbstwertkränkungen seine Libido von den Objekten der Außenwelt abzieht u. auf sich selbst zurücklenkt, aber weder sich selbst noch andere trotz aller Suche nach Liebe zu lieben vermag. **nar|ziß|tisch** ⟨vgl. ...istisch⟩: a) eigensüchtig, voller Selbstbewunderung; b) den Narzißmus betreffend, auf ihm beruhend

NASA *die;* - ⟨Kurzw. aus *amerik.* National Aeronautics and Space Administration⟩: Nationale Luft- u. Raumfahrtbehörde der USA

na|sal ⟨zu *lat.* nasus „Nase" u. ↑¹...al (1)⟩: 1. zur Nase gehörend, die Nase betreffend (Med.). 2. a) durch die Nase gesprochen, als Nasal ausgesprochen (Sprachw.); b) [unbeabsichtigt] näselnd (z. B. von jmds. Aussprache, Stimme). **Na|sal** *der;* -s, -e: Konsonant od. Vokal, bei dessen Aussprache die Luft [zum Teil] durch die Nase entweicht; Nasenlaut (z. B. *m, ng*). **na|sa|lie|ren** ⟨zu ↑...ieren⟩: einen Laut durch die Nase, nasal aussprechen (Sprachw.). **Na|sa|lie|rung** *die;* -, -en ⟨zu ↑...ierung⟩: Aussprache eines Lautes durch die Nase als Nasal (Sprachw.). **Na|sal|laut** *der;* -[e]s, -e: svw. Nasal. **Na|sal|vo|kal** [...v...] *der;* -s, -e: nasalierter Vokal (z. B. o in Bon [fr. bõ]; Sprachw.). **Na|sar|de** *die;* -, -n ⟨aus gleichbed. *fr.* nasarde⟩: (veraltet) Nasenstüber. **na|sar|die|ren** ⟨aus gleichbed. *fr.* nasarder⟩: (veraltet) einen Nasenstüber geben

Na|sat *der;* -[s], -s ⟨aus *niederl.* nazaat „Nachsatz"⟩: ein Flötenregister in Quintlage mit zartem, näselndem Klang bei der Orgel

Na|si-go|reng *das;* -[s], -s ⟨aus gleichbed. *indones.* nasi goréng, eigtl. „gebratener Reis"⟩: indones. Reisgericht, dessen Zutaten (Gemüse, Fleisch u. a.) gedünstet werden

Na|si|rä|er *der;* -s, - ⟨aus *hebr.* nāzîr „gottgeweihter Mensch" zu nāzar „sich weihen; enthaltsam sein"⟩: im A. T. Israelit, der ein besonderes Gelübde der Enthaltsamkeit abgelegt hat (4. Mose 6)

Na|so|bem *das;* -s, -e ⟨Phantasiebildung zu *lat.* nasus „Nase" u. *gr.* bēma „Schritt, Gang"⟩: (von Christian Morgenstern erdachtes) Fabeltier (in den „Galgenliedern"), das auf seinen Nasen schreitet. **Na|so|pha|rynx** *der;* - ⟨zu ↑Pharynx⟩: svw. Epipharynx

Na|stie *die;* -, ...ien ⟨zu *gr.* nastós „festgedrückt, gestampft" u. ↑²...ie⟩: durch Reiz ausgelöste Bewegung von Organen festgewachsener Pflanzen ohne Beziehung zur Richtung des Reizes (Bot.); vgl. Chemonastie

nas|zie|rend ⟨zu *lat.* nasci „geboren werden" u. ↑...ierend⟩: entstehend, im Werden begriffen (bes. von chem. Stoffen). **Nas|zi|tu|rus** *der;* -, ...ri ⟨aus *lat.* nasciturus „einer, der geboren werden wird", Part. Futur von nasci, vgl. naszierend⟩: die grundsätzlich noch nicht rechtsfähige, aber bereits erbfähige ungeborene Leibesfrucht (Rechtsw.). **Na|ta|li|ci|um** [...tsiʊm] *das;* -s, ...ien [...iən] ⟨aus gleichbed. *spätlat.* natalicium, eigtl. „Geburtstag"⟩: Heiligenfest, Todestag eines ↑Märtyrers (als Tag seiner Geburt zum ewigen Leben). **Na|ta|li|tät** *die;* - ⟨zu *lat.* natalis „zur Geburt gehörig" u. ↑...ität⟩: Geburtenhäufigkeit (Zahl der Lebendgeborenen auf je 1000 Einwohner im Jahr)

Na|tes ['na:te:s]: Plur. von ↑ Natis

Na|ti|on *die;* -, -en ⟨unter Einfluß von *fr.* nation aus *lat.* natio „das Geborenwerden; Geschlecht; Volk(sstamm)"⟩: Lebensgemeinschaft von Menschen mit dem Bewußtsein gleicher politisch-kultureller Vergangenheit und dem Willen zum Staat. **na|tio|nal** ⟨aus gleichbed. *fr.* national; vgl. Nation⟩: a) zur Nation gehörend, sie betreffend, für sie charakteristisch; b) überwiegend die Interessen der eigenen Nation vertretend, vaterländisch. **na|tio|nal..., Na|tio|nal...** ⟨zu ↑national⟩: Wortbildungselement mit der Bedeutung „die [eigene] Nation betreffend, einem bestimmten Staat zugehörig; die Interessen der eigenen Nation [übertrieben] vertretend", z. B. Nationalökonomie, Nationalstaat. **Na|tio|nal|at|las** *der;* Gen. - u. -ses, Plur. -se u. ...lanten: systematische Kartensammlung mit überwiegend thematischen Karten für den Bereich eines Staates. **Na|tio|nal|bi|blio|thek** *die;* -, -en: Bibliothek, die vor allem mit der möglichst lückenlosen Sammlung, Archivierung u. bibliographischen Verzeichnung des nationalen Schrifttums betraut ist. **Na|tio|na|le** *das;* -s, -: (österr.) a) Personalangaben (Name, Alter, Wohnort u. a.); b) Formular, Fragebogen für die Personalangaben. **Na|tio|nal|elf** *die;* -, -en: (aus 11 Spielern bestehende) Fußball- od. Hockeymannschaft eines Landes für internationale Begegnungen. **Na|tio|nal|epos** *das;* -, ...epen: Heldenepos eines Volkes, dessen Grundhaltung ihm besonders wesensgemäß zu sein scheint. **Na|tio|nal|far|ben** *die* (Plur.): die Farben eines Staates (z. B. Blau-Weiß-Rot für Frankreich). **Na|tio|nal|gar|de** *die;* -, -n: 1. (ohne Plur.) die 1789 gegründete, nach dem Krieg 1870/71 wieder aufgelöste franz. Bürgerwehr. 2. die Miliz der US-Einzelstaaten (zugleich Reserve der US-Streitkräfte). **Na|tio|nal|hym|ne** *die;* -, -n: [meist bei feierlichen Anlässen gespieltes oder gesungenes] Lied, dessen Text Ausdruck des National- u. Staatsgefühls eines Volkes ist. **na|tio|na|li|sie|ren** ⟨zu ↑...isieren⟩: 1. [einen Wirtschaftszweig] verstaatlichen, zum Nationaleigentum erklären. 2. die Staatsangehörigkeit verleihen, ↑naturalisieren (1), einbürgern. **Na|tio|na|li|sie|rung** *die;* -, -en ⟨zu ↑...isierung⟩: 1. Verstaatlichung. 2. Verleihung der Staatsangehörigkeit, ↑Naturalisation (1). **Na|tio|na|lis|mus** *der;* - ⟨nach gleichbed. *fr.* nationalisme; vgl. ...ismus (2, 5)⟩: a) (meist abwertend) starkes, meist intolerantes, übersteigertes Nationalbewußtsein, das Macht u. Größe der eigenen Nation als höchsten Wert erachtet; b) erwachendes Selbstbewußtsein einer Nation mit dem Bestreben, einen eigenen Staat zu bilden. **Na|tio|na|list** *der;* -en, -en ⟨zu ↑national... u. ↑...ist⟩: (meist abwertend) jemand, der nationalistisch eingestellt ist; Verfechter des Nationalismus (a). **na|tio|na|li|stisch** ⟨zu ↑...istisch⟩: (meist abwertend) den Nationalismus (a) betreffend, aus ihm erwachsend, für ihn charakteristisch, im Sinne des Nationalismus. **Na|tio|na|li|tät** *die;* -, -en ⟨nach gleichbed. *fr.* nationalité; vgl. ...ität⟩: 1. Volks- od. Staatszugehörigkeit. 2. Volksgruppe in einem Staat; nationale Minderheit. **Na|tio|na|li|tä|ten|fra|ge** *die;* -: Bez. für politische, wirtschaftlich-soziale u. kulturelle Probleme, die sich aus dem Zusammenleben verschiedener [Teil]nationen in einem Staat ergeben. **Na|tio|na|li|tä|ten|staat** *der;* -[e]s, -en: Vielvölkerstaat, Staat, dessen Bevölkerung aus mehreren (weitgehend eigenständigen) nationalen Gruppen besteht; vgl. Nationalstaat. **Na|tio|na|li|täts|prin|zip** *das;* -s: (bes. im 19. Jh. erhobene) Forderung, daß jede Nation in einem Staat vereint sein solle. **Na|tio|nal|kir-**

che *die;* -, -n ⟨zu ↑national...⟩: auf den Bereich einer Nation begrenzte, rechtlich selbständige Kirche (z. B. die ↑autokephalen Kirchen des Ostens). **Na|tio|nal|kom|mu|nis|mus** *der;* -: Ausprägung kommunistischer Ideologie, Politik und Herrschaft (bes. in der Mitte des 20. Jh.s), bei der die nationalen Interessen und Besonderheiten im Vordergrund standen. **Na|tio|nal|kon|vent** *der;* -[e]s: die 1792 in Frankreich gewählte Volksvertretung. **na|tio|nal|li|be|ral**: a) nationalistische u. liberale Ziele verfolgend; b) einer nationalliberalen Partei, z. B. der Nationalliberalen Partei (von 1867 bis 1918) angehörend, sie betreffend, im Gedankengut vertretend. **Na|tio|nal|li|te|ra|tur** *die;* -, -en: das in einer bestimmten Nationalsprache verfaßte Schrifttum. **Na|tio|nal|mann|schaft** *die;* -, -en: Auswahl der besten Sportler eines Landes in einer Sportart für internationale Wettkämpfe. **Na|tio|nal|öko|no|mie** *die;* -: Volkswirtschaftslehre. **na|tio|nal|öko|no|misch**: die Nationalökonomie betreffend. **Na|tio|nal|rat** *der;* -[e]s, ...räte: 1. in Österreich u. in der Schweiz Volksvertretung, Abgeordnetenhaus des Parlaments. 2. in Österreich u. in der Schweiz Mitglied der Volksvertretung. **Na|tio|nal|so|zia|lis|mus** *der;* -: (nach dem 1. Weltkrieg in Deutschland aufgekommene) extrem nationalistische, imperialistische u. rassistische Bewegung [u. die darauf basierende faschistische Herrschaft in Deutschland von 1933 bis 1945]. **Na|tio|nal|so|zia|list** *der;* -en, -en: a) Anhänger des Nationalsozialismus; b) Mitglied der Nationalsozialistischen Deutschen Arbeiterpartei (bis 1945). **na|tio|nal|so|zia|li|stisch**: den Nationalsozialismus betreffend, für ihn charakteristisch, auf ihm beruhend. **Na|tio|nal|staat** *der;* -[e]s, -en: Staat, dessen Bürger einem einzigen Volk angehören; vgl. Nationalitätenstaat. **Na|tio|nal|staats|prin|zip** *das;* -s: politischer Grundsatz, den Nationalitäten das Recht auf einen eigenen Staat zuzuerkennen im Gegensatz zum Nationalitätenstaat. **Na|tio|nal|syn|ode** *die;* -, -n: 1. Gesamtsynode aller kath. Bistümer eines Landes. 2. Konzil der Nationalkirchen der frühen Mittelalters. **Na|tio|nal|thea|ter** *das;* -s, -: 1. ein für eine Nation repräsentatives u. vorbildliches Theater. 2. die nationale ↑Dramatik eines Landes pflegendes Theater. **Na|tio|nal|trai|ner** [...trɛ:...] *der;* -s, -: Trainer einer Nationalmannschaft im Sport

Na|tis *die;* -, Na̱tes [...te:s] (meist Plur.) ⟨aus gleichbed. *lat.* natis⟩: Gesäßbacke, (im Plur. auch) Gesäß (Anat.).

na|tiv ⟨aus *lat.* nativus „angeboren, natürlich"⟩: 1. natürlich, unverändert, im natürlichen Zustand befindlich (z. B. von Eiweißstoffen; Chem., Med.). 2. angeboren (Med.). 3. einheimisch (Sprachw.). **¹Na|tive** ['neɪtɪv] *der;* -s, -s ⟨aus gleichbed. *engl.* native zu *lat.* nativus, vgl. nativ⟩: Eingeborener in den britischen Kolonien. **²Na|tive** *die;* -, -s ⟨zu *engl.* native „natürlich gewachsen"; vgl. nativ⟩: nicht in Austernbänken gezüchtete Auster. **Na|tive spea|ker** [- 'spi:kə] *der;* -, - - ⟨aus gleichbed. *engl.* native speaker⟩: jmd., der eine Sprache als Muttersprache spricht. **Na|ti|vis|mus** [nati'vɪs...] *der;* - ⟨zu *lat.* nativus (vgl. nativ) u. ↑...ismus (2)⟩: 1. Theorie, nach der dem Menschen Vorstellungen, Begriffe, Grundeinsichten, bes. Raum- u. Zeitvorstellungen angeboren sind (Psychol.). 2. betontes Festhalten an bestimmten Elementen der eigenen Kultur infolge ihrer Bedrohung durch eine überlegene fremde Kultur. **Na|ti|vist** [...v...] *der;* -en, -en ⟨zu ↑...ist⟩: Vertreter des Nativismus. **na|ti|vi|stisch** ⟨zu ↑...istisch⟩: 1. den Nativismus betreffend, zu ihm gehörend, auf ihm beruhend. 2. angeboren; auf Vererbung beruhend (Med., Biol.). **Na|ti|vi|tät** *die;* -, -en ⟨aus *lat.* nativitas, Gen. nativitatis „Geburt"⟩: 1. (veraltet) Geburtsstunde, Geburt. 2. Stand der Gestirne bei

Nativitätsstil

der Geburt u. das angeblich dadurch vorbestimmte Schicksal (Astrol.). **Na|ti|vi|täts|stil** *der;* -[e]s: mittelalterliche Zeitbestimmung mit dem Jahresanfang am 25. Dezember (Geburtsfest Christi)
NATO, auch **Na|to** *die;* - ⟨Kurzw. aus *engl.* North Atlantic Treaty Organization⟩: westliches Verteidigungsbündnis
Na|trä|mie vgl. Natriämie. **Na|tri|ämie** *die;* -, ...ien ⟨zu ↑Natrium u. ↑...ämie⟩: vermehrter Natriumgehalt des Blutes (Chem.). **Na|trit** [auch na'trɪt] *der;* -s, -e ⟨zu ↑Natron u. ↑²...it⟩: als Mineral vorkommende ↑Soda. **Na|tri|um** *das;* -s ⟨zu ↑Natron u. ↑...ium⟩: chem. Element, Alkalimetall; Zeichen Na. **Na|tri|um|chlo|rid** [...klo...] *das;* -[e]s: chem. Verbindung von Natrium mit Chlor; Kochsalz. **Na|tri|um|chlo|rit** *das;* -[e]s: Natriumsalz der chlorigen Säure. **Na|tri|um|hy|dro|gen|kar|bo|nat,** chem. fachspr. ...carbonat *das;* -s, -e: chem. Verbindung, die als Back- u. Limonadenpulver sowie als Magenmittel verwendet wird. **Na|tri|um|kar|bo|nat,** chem. fachspr. ...carbonat *das;* -[e]s: svw. Soda. **Na|tri|um|ni|trat** *das;* -[e]s: Natriumsalz der Salpetersäure, das als Düngemittel verwendet wird. **Na|tri|um|salz** *das;* -es, -e: Salz des Natriums. **Na|tri|um|sul|fid** *das;* -[e]s, -e: eine ätzende, farblose, sehr hygroskopische chem. Substanz. **Na|tri|ure|se** *die;* -, -n ⟨zu ↑Natrium⟩: Ausscheidung von Natrium mit dem Harn (Med.). **na|tri|ure|tisch:** die Natriurese betreffend (Med.). **Na|tri|urie** *die;* -, ...ien ⟨zu ↑...urie⟩: vermehrte Ausscheidung von Natrium mit dem Harn. **Na|tro|kre|ne** *die;* -, -n ⟨zu ↑Natrium u. *gr.* krḗnē „Quelle"⟩: (veraltet) Quelle mit natronhaltigem Wasser. **Na|tro|lith** [auch ...'lɪt] *der;* Gen. -s u. -en, Plur. -e[n] ⟨zu ↑...lith⟩: häufiges Mineral aus der Gruppe der ↑Zeolithe. **Na|tron** *das;* -s ⟨wohl unter Einfluß von *fr.* und *engl.* natron aus *span.* natrón, dies über *arab.* naṭrūn aus gleichbed. *ägypt.* nṭr(j)⟩: als Mittel gegen Übersäuerung des Magens verwendetes doppeltkohlensaures Natrium. **Na|tron|bio|tit** [auch ...'tɪt] *der;* -s, -e: natriumhaltige Abart des ↑Biotits. **na|tro|phil** ⟨zu ↑...phil⟩: natriumverträglich (von Pflanzen). **na|tro|phob** ⟨zu ↑...phob⟩: natriumempfindlich (von Pflanzen)
Na|tschaj [na'tʃai] *das;* -s, - ⟨aus gleichbed. *russ.* na čaj, eigtl. „für den Tee"⟩: (veraltet) Trinkgeld
Na|tschal|nik *der;* -s, -s ⟨aus gleichbed. *russ.* načal'nik⟩: Vorgesetzter, Vorsteher, Leiter
Natsch|ni *die;* -, -s ⟨zu *Hindi* nāc „Tanz", dies aus gleichbed. *sanskr.* nātya⟩: (veraltet) Tanzmädchen in Indien (bei öffentlichen Festlichkeiten)
Nat|té [na'te:] *der;* -[s], -s ⟨aus *fr.* natté, eigtl. „Geflochtenes", substantiviertes Part. Perf. von natter „flechten", zu natte „Matte", dies wohl aus gleichbed. *spätlat.* matta⟩: feines, glänzendes, meist für Wäsche, Damenkleider, auch Vorhänge verwendetes Gewebe in Panama- od. Würfelbindung (Webart) aus Wolle, Baumwolle, Zellwolle, auch Kunstfasern mit feingekästelter Würfelmusterung
Na|tu|fien [naty'fjɛ̃:] *das;* -[s] ⟨*fr.;* nach dem Fundort Wadi an-Natuf in Palästina⟩: mittelsteinzeitliche Kultur in Palästina mit ortsfesten Siedlungen u. Intensivierung der Sammelwirtschaft
na|tur ⟨zu ↑Natur⟩: naturbelassen, naturfarben, z. B. Eiche -. **Na|tur** *die;* -, -en ⟨aus *lat.* natura „das Hervorbringen; Geburt; natürliche Beschaffenheit; Natur, Schöpfung"⟩: 1. (ohne Plur.) alles, was an organischen u. anorganischen Erscheinungen ohne Zutun des Menschen existiert od. sich entwickelt; Stoff, Substanz, Materie in allen Erscheinungsformen. 2. (ohne Plur.) [Gesamtheit der] Pflanzen, Tiere, Gewässer u. Gesteine als Teil der Erdoberfläche od. eines bestimmten Gebietes [das nicht od. nur wenig von Menschen besiedelt od. umgestaltet ist]. 3. a) [auf Veranlagung beruhende] geistige, seelische, körperliche od. biologische Eigentümlichkeit, Besonderheit, Eigenart von [bestimmten] Menschen od. Tieren, die ihr spontanes Verhalten o. ä. entscheidend prägt; b) Mensch im Hinblick auf eine bestimmte, typische Eigenschaft, Eigenart. 4. (ohne Plur.) einer Sache o. ä. eigentümliche Beschaffenheit. 5. (ohne Plur.) natürliche, ursprüngliche Beschaffenheit, natürlicher Zustand von etw. 6. (landsch. veraltend, verhüll.) a) (weibliches od. männliches) Geschlechtsteil; b) (ohne Plur.) Sperma; vgl. in natura. **na|tu|ral** ⟨aus *lat.* naturalis „zur Natur gehörig, natürlich"⟩: (selten) svw. naturell; vgl. ...al/...ell. **Na|tu|ral...** ⟨zu ↑natural⟩: Wortbildungselement mit der Bedeutung „in Form von Waren od. Sachleistungen erfolgend", z. B. Naturallohn. **Na|tu|ra|li|en** [...jən] *die* (Plur.) ⟨aus gleichbed. *lat.* naturalia, Neutrum Plur. von naturalis, vgl. natural⟩: 1. Naturprodukte; Lebensmittel, Waren, Rohstoffe (meist im Hinblick auf ihre Verwendbarkeit als Zahlungsmittel). 2. (selten) Gegenstände einer naturwissenschaftlichen Sammlung. **Na|tu|ra|li|en|ka|bi|nett** *das;* -s, -e: (veraltet) naturwissenschaftliche Sammlung von Gesteinen, Versteinerungen, Tierpräparaten usw. **Na|tu|ra|li|sa|ti|on** *die;* -, -en ⟨aus gleichbed. *fr.* naturalisation zu naturaliser, vgl. naturalisieren⟩: 1. Einbürgerung eines Ausländers in einen Staatsverband (Rechtsw.). 2. allmähliche Anpassung von Pflanzen u. Tieren an ihnen ursprünglich fremde Lebensräume (Biol.). 3. a) Ausstopfen von Tierbälgen; b) Präparierung, Herrichten von Tierköpfen an Fellen in Kürschnereien; vgl. ...[at]ion/...ierung. **na|tu|ra|li|sie|ren** ⟨aus gleichbed. *fr.* naturaliser⟩: 1. einen Ausländer einbürgern, ihm die Staatsbürgerrechte verleihen. 2. sich an ursprünglich fremde Lebensräume anpassen (von Pflanzen u. Tieren; Biol.). 3. a) Tierbälge ausstopfen; b) Tierköpfe an Fellen in Kürschnereien präparieren. **Na|tu|ra|li|sie|rung** *die;* -, -en ⟨zu ↑...isierung⟩: svw. Naturalisation; vgl. ...[at]ion/...ierung. **Na|tu|ra|lis|mus** *der;* -, ...men ⟨nach gleichbed. *fr.* naturalisme; vgl. natural u. ...ismus⟩: 1. a) (ohne Plur.) Wirklichkeitstreue, -nähe; Naturnachahmung; b) Wirklichkeitstreue aufweisender, naturalistischer Zug (z. B. eines Kunstwerks). 2. (ohne Plur.) philos., religiöse Weltanschauung, nach der alles aus der Natur u. diese allein aus sich selbst erklärbar ist. 3. eine möglichst genaue Wiedergabe der Wirklichkeit anstrebender, naturgetreu abbildender Kunststil, bes. die gesamteuropäische literarische Richtung von etwa 1880 bis 1900. **Na|tu|ra|list** *der;* -en, -en ⟨aus gleichbed. *fr.* naturaliste⟩: Vertreter des Naturalismus (3). **Na|tu|ra|li|stik** *die;* - ⟨zu ↑...istik⟩: svw. Naturalismus (1 a). **Na|tu|ra|li|stin** *die;* -, -nen: weibliche Form zu ↑Naturalist. **na|tu|ra|li|stisch** ⟨zu ↑...istisch⟩: a) den Naturalismus betreffend; b) naturgetreu, wirklichkeitsnah. **Na|tu|ral|lohn** *der;* -[e]s, ...löhne ⟨zu ↑Natural...⟩: Arbeitsentgelt in Form von Naturalien. **Na|tu|ral|ob|li|ga|ti|on** *die;* -, -en: nicht [mehr] einklagbarer Rechtsanspruch (z. B. Spiel-, Wettschuld, verjährte Forderung). **Na|tu|ral|re|gi|ster** *das;* -s, -: in der landwirtschaftlichen Buchführung das Buch zur Eintragung der Hofvorräte u. des Viehbestandes. **Na|tu|ral|re|sti|tu|ti|on** *die;* -, -en: Wiederherstellung des vor Eintritt des Schadens bestehenden Zustandes (grundsätzliche Form des Schadenersatzes; Rechtsw.). **Na|tu|ral|vi|si|on** *die;* - ⟨aus gleichbed. *engl.* natural vision⟩: Stereofilmverfahren, bei dem zwei Filme synchron aufgenommen u. projiziert werden. **Na|tu|ra na|tu|rans** *die;* - - ⟨aus gleichbed. *lat.* natura naturans⟩: die schaffende Natur (oft gleichbedeutend mit Gott, bes. bei Spinoza); Ggs. ↑Natu-

ra naturata. **Na|tu|ra na|tu|ra|ta** *die;* - - ⟨aus gleichbed. *lat.* natura naturata⟩: die geschaffene Natur (oft gleichbedeutend mit der Welt, bes. bei Spinoza); Ggs. ↑Natura naturans. **na|tu|ra non fa|cit sal|tus** [- -ˈfatsɪt -] ⟨*lat.;* „die Natur macht keine Sprünge"⟩: philos. Ansicht, daß in der Natur zwar eine kontinuierliche Entwicklung stattfindet, aber keine sprunghaften Veränderungen auftreten können. **Na|tur|apo|stel** *der;* -s, -: (iron.) jmd, der ein betont einfaches, naturverbundenes Leben führt. **na|ture** [naˈtyːɐ̯] ⟨*fr.*⟩: natürlich, ohne Zusätze (Gastr.). **na|tu|rell** [natu...] ⟨aus gleichbed. *fr.* naturel, vgl. natural⟩: 1. natürlich; ungefärbt, unbearbeitet. 2. ohne besondere Zutaten zubereitet (Gastr.); vgl. ...al/...ell. **Na|tu|rell** *das;* -s, -e ⟨aus gleichbed. *fr.* naturel⟩: Veranlagung, Wesensart. **Na|ture morte** [natyrˈmɔrt] *die;* - - ⟨aus *fr.* nature morte, eigtl. „tote Natur"⟩: franz. Bez. für Stilleben (Malerei). **na|tur|iden|tisch** [naˈtuːɐ̯...] ⟨zu ↑Natur⟩: natürlichen Stoffen angenähert, wie sie beschaffen; -e Aromastoffe: Aromastoffe, die denselben chem. Aufbau wie natürliche haben, aber synthetisch hergestellt werden. **Na|tu|ris|mus** *der;* - ⟨zu ↑...ismus⟩: (selten) svw. Nudismus. **Na|tu|rist** *der;* -en, -en ⟨zu ↑...ist⟩: (selten) svw. Nudist. **na|tu|ri|stisch** ⟨zu ↑...istisch⟩: (selten) svw. nudistisch. **Na|tur|ka|ta|stro|phe** *die;* -, -n: Naturereignis mit katastrophalen Auswirkungen für den Menschen. **Na|tur|kon|stan|te** *die;* -[n], -n: physik. Größe, die als von der Natur konstant vorgegeben angesehen wird (z. B. die Lichtgeschwindigkeit im Vakuum; Phys.). **Na|tur|phi|lo|so|phie** *die;* -: alle philosophischen, erkenntniskritischen, metaphysischen Versuche u. Bemühungen, die Natur zu interpretieren u. zu einem Gesamtbild ihres Wesens zu kommen. **Na|tur|pro|dukt** *das;* -[e]s, -e: a) Rohstoff, den die Natur liefert (z. B. Holz); b) landwirtschaftliches Erzeugnis. **Na|tur|recht** *das;* -[e]s: Auffassung vom Recht als einem in der Vernunft des Menschen begründeten Prinzip, unabhängig von der gesetzlich fixierten Rechtsauffassung eines bestimmten Staates o. ä. **Na|tur|re|li|gi|on** *die;* -, -en: Religion [der Naturvölker], deren Gottheiten als Mächte begriffen werden, die in engem Zusammenhang mit den Erscheinungen der Natur stehen. **Na|tur|schutz** *der;* -es: [gesetzliche] Maßnahme zum Schutz, zur Pflege u. Erhaltung von Naturlandschaften, Naturdenkmälern o. ä. od. von seltenen, in ihrem Bestand gefährdeten Pflanzen u. Tieren. **Na|tur|ska|la** *die;* -: Tonleiter aus dem Grundton u. dessen Obertonreihe (Mus.). **Na|tur|ta|lent** *das;* -[e]s, -e: 1. (ohne Plur.) außergewöhnliche Begabung. 2. (ugs.) jmd., der von Natur aus eine besondere Begabung, Veranlagung, ein Talent zu etwas hat. **Na|tur|thea|ter** *das;* -s, -: Freilichtbühne, Theater mit den natürlichen Kulissen einer meist eindrucksvollen Landschaft. **Na|tur|ton** *der;* -[e]s, ...töne (meist Plur.): Oberton; ohne Verkürzung od. Verlängerung (durch Klappen) des Schallrohrs hervorgebrachter Ton bei Blasinstrumenten (Mus.)

Na|tya|man|da|pa *die;* -, -s ⟨zu *sanskr.* nāṭya „Tanz" u. maṇḍapa „Halle, Tempel"⟩: Tanzhalle ind. Tempel, die zumeist als offene Säulenhalle dem Hauptbau vorgelagert ist
Nau|arch *der;* -en, -en ⟨über *lat.* nauarchus aus gleichbed. *gr.* naúarchos⟩: Flottenführer im alten Griechenland. **Nau|ar|chie** *die;* -, ...ien ⟨*lat.* nauarchia aus gleichbed. *gr.* nauarchía⟩: Befehl über ein Schiff; Amt u. Würde eines Nauarchen im alten Griechenland
Nau|ba *die;* - ⟨aus *arab.* nauba „Musik"⟩: klassische Form der arab. Kunstmusik
nau|fra|gie|ren ⟨aus gleichbed. *lat.* naufragare zu navis „Schiff" u. frangere „(zer)brechen"⟩: (veraltet) Schiff-

bruch erleiden. **Nau|fra|gi|um** *das;* -s, ...ia ⟨aus gleichbed. *lat.* naufragium⟩: (veraltet) Schiffbruch. **Nau|ma|chie** *die;* -, ...ien ⟨über *lat.* naumachia aus gleichbed. *gr.* naumachía⟩: 1. Seeschlacht im alten Griechenland. 2. Darstellung einer Seeschlacht in den altröm. ↑Amphitheatern.
Nau|pli|us *der;* -, ...ien [...iən] ⟨über *lat.* nauplius aus *gr.* naúplios „ein Schaltier"⟩: Larve im ursprünglichen Stadium der Krebstiere (Zool.)
Nau|ra *die;* -, -s ⟨aus *arab.* naʿūra „Wasserschöpfwerk"⟩: in Mesopotamien verwendetes Wasserschöpfrad
Nau|roz *der;* - ⟨aus gleichbed. *pers.* nou-ruz, eigtl. „Neujahr"⟩: das pers. Neujahrsfest (21. März), seit der vorislamischen Zeit das größte Fest der Perser
Nau|sea *die;* - ⟨über *lat.* nausea aus *spätgr.* nausía „Seekrankheit" zu *gr.* naũs „Schiff"⟩: Übelkeit, Brechreiz, vor allem im Zusammenhang mit einer ↑Kinetose; Seekrankheit (Med.). **...naut** ⟨aus *gr.* naútēs „Seefahrer, Schiffer"⟩: Wortbildungselement mit der Bedeutung „Fahrer, Flieger, Teilnehmer an einem Weltraum- od. Tiefseeunternehmen", z. B. Aeronaut, Astronaut
Nau|te *die;* - ⟨aus gleichbed. *jidd.* naute, nawte, dies wohl zu *hebr.* nōfet „Honig"⟩: in jüd. Familien am Purimfest gegessenes Konfekt aus Mohn, Nüssen u. Honig
Nau|tik *die;* - ⟨aus gleichbed. *gr.* nautikḗ (téchnē) zu naũs „Schiff"⟩: 1. Schiffahrtskunde. 2. Kunst, Fähigkeit, ein Schiff zu führen u. zu navigieren. **Nau|ti|ker** *der;* -s, - ⟨nach gleichbed. *gr.* nautikós; vgl. nautisch⟩: Seemann, der in der Führung eines Schiffes u. in dessen Nautik (2) Erfahrung besitzt. **Nau|ti|lus** *der;* -, Plur. - u. -se ⟨über *lat.* nautilus aus *gr.* nautílos „ein Tintenfisch", eigtl. „Seefahrer, Schiffer"⟩: im Indischen u. Pazifischen Ozean in 60 bis 600 Meter Tiefe am Boden lebender Tintenfisch mit schneckenähnlichem Gehäuse. **Nau|ti|lus|be|cher** *der;* -s, - u. **Nau|ti|lus|po|kal** *der;* -s, -e: Becher oder Schale aus Nautilusmuscheln in Gold- od. Silberfassung (bes. in der Renaissance). **nau|tisch** ⟨aus *gr.* nautikós „zur Seefahrt gehörend"⟩: die Nautik betreffend, zu ihr gehörend
Na|va|ra|tri [...v...] vgl. Nawaratri
Na|vel [ˈnaːvl̩, auch ˈnɛvl̩] *die;* -, -s u. **Na|vel|oran|ge** *die;* -, -n ⟨aus gleichbed. *engl.-amerik.* navel (orange), eigtl. „(Nabel)orange" (wegen der nabelförmigen Nebenfrucht)⟩: Orange einer kernlosen Sorte
Na|ve|tas [...v...] *die* (Plur.) ⟨aus gleichbed. *katal.* navetas (Plur.), eigtl. „kleine Schiffe", Verkleinerungsbildung zu nau „Schiff", dies aus *lat.* navis⟩: auf den Balearen verbreitete vorgeschichtliche Grabräume in Form eines kielobenliegenden Schiffes. **Na|vi|cert** [ˈnævɪsəːt] *das;* -s, -s ⟨Kurzw. aus *engl.* navigation cer*ti*ficate „Seefahrtszulassung"⟩: von Konsulaten einer [kriegführenden] Nation ausgestelltes Unbedenklichkeitszeugnis für neutrale [Handels]schiffe. **Na|vi|cu|la** [naˈviːkula] *die;* -, ...lae [...lɛ] ⟨aus gleichbed. *mlat.* navicula, eigtl. „Schiffchen", Verkleinerungsform von *lat.* navis „Schiff"⟩: Gefäß zur Aufbewahrung des Weihrauchs (kath. Kirche). **na|vi|ga|bel** [...v...] ⟨unter Einfluß von *fr.* navigable aus gleichbed. *lat.* navigabilis⟩: (veraltet) schiffbar. **Na|vi|ga|teur** [...ˈtøːɐ̯] *der;* -s, -e ⟨aus gleichbed. *fr.* navigateur, dies aus *lat.* navigator, vgl. Navigator⟩: Seemann, der die Navigation beherrscht. **Na|vi|ga|ti|on** *die;* - ⟨aus gleichbed. *lat.* navigatio „Schiffahrt"⟩: bei Schiffen u. Flugzeugen die Einhaltung des gewählten Kurses u. die Standortbestimmung. **Na|vi|ga|ti|ons|ak|te** *die;* -: Gesetze zum Schutz der eigenen Schiffahrt in England (17. Jh.). **Na|vi|ga|tor** *der;* -s, ...oren ⟨aus *lat.* navigator „Schiffer, Seemann"⟩: Mitglied der Flugzeugbesatzung, das für die Navigation verantwortlich ist. **na|vi|ga|to|risch**: die Navi-

gation betreffend, mit ihr zusammenhängend. **na|vi|gie|ren** ⟨aus *lat.* navigare „schiffen, zur See fahren"⟩: ein Schiff od. Flugzeug führen; die Navigation durchführen

na|vrant [naˈvrã:] ⟨aus gleichbed. *fr.* navrant, eigtl. Part. Präs. von navrer „großen Schmerz verursachen"⟩: (veraltet) herzzerreißend

Nä|vus […vʊs] vgl. Naevus

Na|vy [ˈneɪvɪ] *die;* - ⟨aus gleichbed. *engl.-amerik.* navy, dies über *altfr.* navie u. *spätlat.* navia aus *lat.* navis „Schiff"⟩: Kriegsmarine, Flotte

Na|wa|ra|tri *das;* - ⟨zu *sanskr.* navarātra „Zeitraum von neun Nächten"⟩: zehn Tage dauerndes hinduistisches Fest der Herbst-Tagundnachtgleiche

Na|xa|lit *der;* -en, -en ⟨nach dem ind. Dorf Naxalbari u. zu ↑³…it⟩: Anhänger einer linksradikalen politischen Bewegung in Indien

Nay [naɪ] *der;* -s, -s ⟨aus gleichbed. *arab.* nāj, dies aus *pers.* nej⟩: in Persien u. in den arab. Ländern beheimatetes flötenähnliches Blasinstrument

Na|za|rä|er u. Nazoräer *der;* -s, - ⟨nach *gr.* Nazōraîos, einer Bezeichnung Jesu nach alttest. Vorbild (vermutlich nachträglich in den Geburtsort Nazareth in Beziehung gebracht)⟩: 1. (ohne Plur.) Beiname Jesu (Matth. 2, 23 u. a.); vgl. Nazarener (1). 2. zu den ersten Christen Gehörender (Apostelgesch. 24, 5); vgl. Nazarener (2). 3. zu den syrischen Judenchristen Gehörender. **Na|za|re|ner** *der;* -s, - ⟨aus *gr.* Nazarēnós, eigtl. „aus Nazareth stammend", nach der Stadt Nazareth in Galiläa⟩: 1. (ohne Plur.) Beiname Jesu (Markus 1, 24); vgl. Nazaräer (1). 2. Nazaräer, Anhänger Jesu (Apostelgesch. 24, 5); vgl. Nazaräer (2). 3. Angehöriger einer adventistischen Sekte des 19. Jh.s in Südwestdeutschland u. der Schweiz. 4. Angehöriger einer Gruppe deutscher romantischer Künstler, die eine Erneuerung christlicher Kunst im Sinne der Kunst des Mittelalters anstrebte. **na|za|re|nisch:** a) in der Art der Nazarener (4); b) die Nazarener (4) betreffend, zu ihnen gehörend

Na|zi *der;* -s, -s: (abwertend) Kurzform von ↑ Nationalsozialist. **Na|zis|mus** *der;* - ⟨zu ↑…ismus (5)⟩: (abwertend) Kurzform von ↑ Nationalsozialismus. **Na|zis|se** *die;* -, -n ⟨zu ↑…isse⟩: (abwertend) Frau mit betont nationalsozialistischer Denk- u. Verhaltensweise. **na|zi|stisch** ⟨zu ↑…istisch⟩: (abwertend) Kurzform von ↑ nationalsozialistisch

Na|zo|rä|er vgl. Nazaräer

NC-Ma|schi|ne [ɛnˈsiː…] *die;* -, -n ⟨zu *engl.* numerical control „numerische Steuerung"⟩: Maschine (meist Werkzeugmaschine), deren Arbeitsablauf durch numerisch dargestellte Informationen gesteuert wird

n-di|men|sio|nal [ˈɛn…] ⟨zu *n* (math. Formelzeichen für eine beliebige reelle Zahl) u. ↑ dimensional⟩: mehr als drei Dimensionen betreffend (Math.)

ne…, Ne… vgl. neo…, Neo… **Ne|an thro|pi|nen** *die* (Plur.) ⟨zu ↑ neo… u. *gr.* anthrṓpinos „menschlich"⟩: Jetztmenschen, im Unterschied zu den Frühmenschen u. Altmenschen die Gruppe der heute lebenden Menschen

Nea|po|li|ta|ner *der;* -s, - ⟨nach der ital. Stadt Neapel⟩: 1. Scheinsextakkord mit kleiner Sexte u. kleiner Terz anstatt der sonst üblichen Quinte auf der Subdominante (vierte Stufe der diatonischen Tonleiter; Mus.). 2. a) eine altital. Pferderasse; b) kräftiges, doch graziöses Pferd mit besonderer Begabung für die Hohe Schule

Ne|ark|tis *die;* - ⟨zu ↑ neo… u. ↑ Arktis⟩: tiergeographisches Gebiet, das Nordamerika u. Mexiko umfaßt. **ne|ark|tisch:** die Nearktis betreffend; -e Region: Nearktis. **Ne|ar-thro|se** *die;* -, -n: 1. krankhafte Neubildung eines falschen Gelenks (z. B. zwischen den Bruchenden eines gebrochenen Knochens (Med.). 2. operative Neubildung eines Gelenks (Med.)

neb|bich ⟨Herkunft unsicher, vielleicht aus dem Jidd.⟩: 1. (Gaunerspr.) leider!, schade! 2. (ugs.) nun wenn schon!, was macht das! **Neb|bich** *der;* -s, -e: (abwertend) jmd., der als unbedeutend, unwichtig o. ä. angesehen wird

Ne|bi|im *die* (Plur.) ⟨aus *hebr.* neviîm „Propheten", Plur. von nāvî „Prophet", dies zu nāvā „weissagen"⟩: 1. alttestamentliche Propheten, z. T. mit ↑ ekstatischen Zügen (vgl. 1. Samuelis 10). 2. im hebr. ↑ Kanon der zweite Teil des Alten Testaments (Josua bis 2. Könige u. die prophetischen Bücher)

ne bis in idem ⟨*lat.;* „nicht zweimal gegen dasselbe"⟩: in einer Strafsache, die materiell rechtskräftig abgeurteilt ist, darf kein neues Verfahren eröffnet werden (Verfahrensgrundsatz des Strafrechts; Rechtsw.)

Ne|bu|lar|hy|po|the|se *die;* - ⟨zu *nlat.* nebularis „durch Nebel erfolgend" (dies zu *lat.* nebula „Nebel" u. ↑…ar) u. ↑ Hypothese⟩: von Kant aufgestellte Hypothese über die Entstehung des Sonnensystems aus einem Urnebel (Gas, Staub). **ne|bu|los** u. **ne|bu|lös** ⟨teilweise unter Einfluß von *fr.* nébuleux aus *lat.* nebulosus „neblig, dunkel; schwer verständlich"⟩: a) unklar, undurchsichtig, nicht fest umrissen (von Vorstellungen, Ideen u. ä.); b) dunkel, verworren, geheimnisvoll

Ne|ces|saire [nesɛˈsɛːɐ̯] *das;* -s, -s ⟨aus gleichbed. *fr.* nécessaire, eigtl. „Notwendiges", dies zu *lat.* necessarius „notwendig, unentbehrlich"⟩: Täschchen, Beutel o. ä. für Toiletten-, Nähutensilien u. a.

Neck *der;* -s, -s ⟨aus gleichbed. *engl.* neck, eigtl. „Hals"⟩: durch Abtragung freigelegter vulkanischer Schlot (Durchschlagsröhre; Geol.). **Necking¹** *das;* -[s], -s ⟨aus gleichbed. *engl.-amerik.* necking zu *engl.* to neck „knutschen", eigtl. „umhalsen", dies zu neck „Hals, Nacken"⟩: das Schmusen; Austausch von Liebkosungen (Vorstufe des ↑ Pettings, bes. bei heranwachsenden Jugendlichen; Sozialpsychol.)

Ne|dun|ja *die;* -, Plur. -s u. …jot ⟨aus gleichbed. *hebr.* nedûnyā⟩: die Mitgift der Braut (in Israel)

Need [niːd] *das;* -[s] ⟨aus *engl.* need „Bedürfnis"⟩: Gesamtheit der auf die Umwelt bezogenen inneren Spannungslagen von Bedürfnissen, Antrieben, subjektiven Wünschen u. Haltungen (Psychol.)

Ne|fas *das;* - ⟨aus *lat.* nefas „Frevel, Sünde"⟩: in der römischen Antike das von den Göttern Verbotene; Ggs. ↑ Fas; vgl. per fas, per nefas

Ne|ga|de|kul|tur vgl. Nakadakultur

Ne|gat *das;* -[e]s, -e ⟨aus *lat.* negatum, Part. Perf. (Neutrum) von negare „verneinen"⟩: Ergebnis der Verneinung eines logischen Ausdrucks od. Begriffs (z. B. *nicht schön* von *schön;* Logik). **Ne|ga|ti|on** *die;* -, -en ⟨aus gleichbed. *lat.* negatio zu negare, vgl. negieren⟩: 1. Verneinung, Ablehnung einer Aussage; Ggs. ↑ Affirmation. 2. Verneinungswort (z. B. *nicht*). 3. Aussagenverbindung, die den Wahrheitswert einer Aussage in ihr Gegenteil verkehrt (Logik); vgl. …[at]ion/…ierung. **Ne|ga|ti|ons|schal|tung** *die;* -, -en: digitale Grundschaltung, deren Ausgangssignal die Umkehrung des Eingangssignals ist (Informatik). **Ne|ga|ti|ons|par|ti|kel** *die;* -, -n: ↑ Partikel (1) der Verneinung (z. B. *nein, nicht;* Sprachw.). **ne|ga|tiv** [auch …ˈtiːf, ˈnɛ…] ⟨aus *lat.* negativus „verneinend"⟩: 1. a) verneinend, ablehnend; Ggs. ↑ positiv (1 a); b) ergebnislos; ungünstig, schlecht; Ggs. ↑ positiv (1 b). 2. kleiner als Null; Zeichen − (Math.);

Ggs. ↑positiv (2). 3. das Negativ betreffend; in der Helligkeit, in den Farben gegenüber dem Original vertauscht (Fotogr.); Ggs. ↑positiv (3). 4. eine der beiden Formen elektr. Ladung betreffend, bezeichnend (Phys.); Ggs. ↑positiv (4). 5. nicht für das Bestehen einer Krankheit sprechend, keinen krankhaften Befund zeigend (Med.); Ggs. ↑positiv (5). **Ne|ga|tiv** [auch ...'ti:f, 'nɛ...] *das;* -s, -e [...və]: fotografisches Bild, das gegenüber der Vorlage od. dem Aufnahmeobjekt umgekehrte Helligkeits- od. Farbenverhältnisse aufweist u. aus dem das ↑²Positiv (2) entsteht (Fotogr.). **Ne|ga|tiv|bi|lanz** *die;* -, -en: ↑Bilanz, in der die Verluste überwiegen (Wirtsch.). **Ne|ga|tiv|druck** *der;* -[e]s, -e: 1. (ohne Plur.) Druckverfahren, bei dem Schrift od. Zeichnung dadurch sichtbar wird, daß ihre Umgebung mit Farbe bedruckt wird, sie selbst jedoch ausgespart bleibt. 2. im Hochdruck (Druckverfahren, bei dem die druckenden Teile der Druckform höher liegen als die nichtdruckenden) hergestelltes gedrucktes Werk, Bild. **Ne|ga|ti|ve** [...və, auch 'ne:..., 'nɛ...] *die;* -, -n ‹aus *lat.* negativa, substantiviertes Fem. von negativus, vgl. negativ›: (veraltet) Verneinung, Ablehnung. **Ne|ga|tiv|image** [...ɪmɪtʃ] *das;* -[s], -s [...ɪmɪtʃ(s)]: durch negativ auffallendes Verhalten entstandenes ↑Image. **Ne|ga|ti|vis|mus** [...v...] *der;* - ‹zu ↑...ismus (3, 5)›: 1. ablehnende Haltung, negative Einstellung, Grundhaltung, meist als Trotzverhalten Jugendlicher in einer bestimmten Entwicklungsphase (Psychol.). 2. Widerstand Geisteskranker gegen jede äußere Einwirkung u. gegen die eigenen Triebe; Antriebsanomalie (z. B. bei Schizophrenie; Med.). **Ne|ga|ti|vist** *der;* -en, -en ‹zu ↑...ist›: jmd., der grundsätzlich ablehnt u. verneint. **ne|ga|ti|vi|stisch** ‹zu ↑...istisch›: aus Grundsatz ablehnend. **Ne|ga|ti|vi|tät** *die;* - ‹zu ↑...ität›: (selten) verneinendes, ablehnendes Verhalten. **Ne|ga|tiv|steu|er** *die;* -, -n: Zahlung des Staates an Bürger [mit geringem Einkommen] (Wirtsch.). **Ne|ga|tiv|te|sta|ment** *das;* -[e]s, -e: Testament, durch das der Erblasser einen Erbberechtigten von der gesetzlichen Erbfolge ausschließt, ohne einen Erben einzusetzen (Rechtsw.). **Ne|ga|ti|vum** [...vʊm] *das;* -s, ...va [...va] ‹aus *lat.* negativum, substantiviertes Neutrum von negativus, vgl. negativ›: etwas, was an einer Sache als negativ (1 b), ungünstig, schlecht empfunden wird; etwas Negatives; Ggs. ↑Positivum. **Ne|ga|tor** *der;* -s, ...oren ‹aus *lat.* negator „Verneiner"›: logischer ↑Junktor, durch den das Ergebnis der Negation symbolisiert werden kann; Zeichen ¬ (auch) ~ (Logistik). **Ne|ga|tron** *das;* -s, ...onen ‹Analogiebildung zu ↑Elektron›: svw. ¹Elektron. **Ne|gen|tro|pie** *die;* -, ...ien ‹Kurzw. aus *negative Entropie*›: mittlerer Informationsgehalt einer Informationsquelle; negative ↑Entropie (2). **ne|gie|ren** ‹aus *lat.* negare „nein sagen"›: 1. a) ablehnen, verneinen; b) bestreiten. 2. mit einer Negation (2) versehen. **Ne|gie|rung** *die;* -, -en ‹zu ↑...ierung›: a) Verneinung, Bestreitung; b) das Negiertwerden; vgl. ...[at]ion/ ...ierung

Ne|glekt *das;* -[e]s, -e ‹aus *lat.* neglectum, Part. Perf. (Neutrum) von neglegere, vgl. negligieren›: durch Hirntumore hervorgerufenes Phänomen, daß Reize auf einer Seite des Gesichtsfeldes weniger deutlich od. gar nicht wahrgenommen werden (Med.). **Ne|glek|ti|on** *die;* -, -en ‹aus gleichbed. *lat.* neglectio›: (veraltet) Vernachlässigung. **Ne|gli|gé**, schweiz. **Né|gli|gé** [negli'ʒe:] *das;* -s, -s ‹aus gleichbed. *fr.* (habillement) négligé, eigtl. „vernachlässigt(e Kleidung)", zu négliger, vgl. negligieren›: zarter, oft durchsichtiger Überwurfmantel, meist passend zur Damennachtwäsche. **ne|gli|geant** [...'ʒant] ‹aus *fr.* négligeant, Part. Präs. von négliger, vgl. negligieren›: unachtsam, sorglos, nachlässig.

ne|gli|gen|te [...'dʒɛntə] ‹*it.*›: nachlässig, flüchtig, darüber hinhuschend (Vortragsanweisung; Mus.). **Ne|gli|genz** [...'gɛnts, auch ...'ʒɛnts] *die;* -, -en ‹aus gleichbed. *fr.* négligence, dies aus *lat.* neglegentia›: Unachtsamkeit, Nachlässigkeit, Sorglosigkeit. **ne|gli|gie|ren** [...'ʒi:...] ‹über *fr.* négliger aus gleichbed. *lat.* neglegere›: vernachlässigen

ne|go|zia|bel ‹aus gleichbed. *fr.* négociable zu négocier, vgl. negoziieren›: handelsfähig (von Waren, Wertpapieren; Wirtsch.). **Ne|go|zi|ant** *der;* -en, -en ‹aus gleichbed. *fr.* négociant›: Kaufmann, Geschäftsmann. **Ne|go|zia|tis|mus** *der;* - ‹zu ↑...ismus (2)›: (veraltet) Handels-, Geschäftsgeist. **Ne|go|zia|ti|on** *die;* -, -en ‹aus gleichbed. *fr.* négociation›: 1. Verkauf von Wertpapieren durch feste Übernahme dieser Wertpapiere durch eine Bank od. ein Bankenkonsortium (Wirtsch.). 2. das In-Umlauf-Setzen, Verkauf, Verwertung eines Wechsels durch Weitergabe (Wirtsch.). **Ne|go|zia|ti|ons|kre|dit** *der;* -[e]s, -e: Wechselkredit zur Finanzierung von Außenhandelsgeschäften (Wirtsch.). **ne|go|zi|ie|ren** ‹über *fr.* négocier, *it.* negoziare aus *lat.* negotiari „Handel treiben"›: Handel treiben, Wechsel ausgeben, in Umlauf setzen (Wirtsch.).

ne|grid ‹zu *span.* negro „Neger", eigtl. „schwarz" (dies aus gleichbed. *lat.* niger), u. ↑²...id›: zum afrikan. Rassenkreis gehörend, dessen Angehörige z. B. durch dunkle Haut, krauses Haar, breite Nase u. dicke Lippen gekennzeichnet sind. **Ne|gri|de** *der* u. *die;* -n, -n ‹zu ↑...ide›: Angehörige[r] des negriden Rassenkreises. **Ne|gril|le** *der;* -n, -n ‹aus *span.* negrillo, eigtl. „kleiner Neger"›: Pygmäe. **Ne|gri|to** *der;* -[s], -s ‹aus gleichbed. *span.* negrito, Verkleinerungsform von negro, vgl. negrid›: Angehöriger einer aussterbenden zwergwüchsigen Rasse auf den Philippinen, Andamanen u. auf Malakka. **Ne|gri|tude** [...'tyd] *die;* - ‹aus *fr.* négritude, eigtl. „das Negersein" (vom afrokarib. Schriftsteller A. Césaire, geb. 1913, geprägt), zu nègre „Neger"›: aus der Rückbesinnung der Afrikaner u. Afroamerikaner auf afrik. Kulturtraditionen erwachsene philos. u. politische Ideologie, die mit der Forderung nach [kultureller] Eigenständigkeit vor allem der französischsprechenden Länder Afrikas verbunden ist. **ne|gro|id** ‹zu *span.* negro (vgl. negrid) u. ↑...oid›: zur Rasse der Negroiden gehörend. **Ne|groi|de** *der* u. *die;* -n, -n ‹zu ↑...oide›: jmd., der einer Rasse angehört, die den Negriden ähnliche Rassenmerkmale aufweist. **Ne|gro Spi|ri|tu|al** ['ni:grou 'spɪrɪtjuəl] *das,* auch *der;* - -s, - -s ‹aus *engl.-amerik.* Negro spiritual›: geistliches Volkslied der im Süden Nordamerikas lebenden Afroamerikaner mit schwermütiger, synkopierter Melodie

Ne|gus *der;* -, Plur. - u. Ne̱gusse ‹aus *amharisch* negus›: a) (ohne Plur.) alter abessinischer Herrschertitel; b) (früher) Herrscher, Kaiser von Äthiopien

Neill-Pa|ra|bel ['ni:l...] *die;* -, -n ‹nach dem engl. Mathematiker W. Neill, 1637–1670›: eine ebene algebraische Kurve 3. Ordnung (Math.)

nekr..., Nekr... vgl. nekro..., Nekro... **ne|kro..., Ne|kro...**, vor Vokalen meist nekr..., Nekr... ‹aus *gr.* nekrós „Leichnam"›: Wortbildungselement mit den Bedeutungen: a) „Toter, Leiche", z. B. Nekropsie, u. b) „das Absterben von Gewebe", z. B. Nekrose. **Ne|kro|bi|ont** *der;* -en, -en ‹zu ↑...biont›: Saprophyt, der auf abgestorbenen Teilen eines noch lebenden Organismus schmarotzt (Biol.). **Ne|kro|bio|se** *die;* - ‹zu ↑...biose›: allmähliches Absterben von Geweben, von Zellen im Organismus (als natürlicher od. pathologischer Vorgang; Med., Biol.). **Ne|kro|kau|stie** *die;* -, ...ien ‹zu *gr.* kaustós „brennend" u. ↑²...ie›: Leichenverbrennung. **Ne|kro|la|trie** *die;* - ‹aus gleichbed. *gr.* nekrolatreía›: (veraltet) Totendienst, Totenverehrung. **Ne-

Nekrologie

kro│log *der;* -[e]s, -e ⟨über gleichbed. *fr.* nécrologe aus *mlat.* necrologium, vgl. Nekrologium⟩: mit einem kurzen Lebensabriß verbundener Nachruf auf einen Verstorbenen. **Ne│kro│lo│gie** *die;* - ⟨zu ↑nekro... u. ↑...logie⟩: Lehre u. statistische Erfassung der Todesursachen; Todesstatistik. **ne│kro│lo│gisch:** einen Nachruf betreffend, dazu gehörig. **Ne│kro│lo│gi│um** *das;* -s, ...ien [...jən] ⟨aus gleichbed. *mlat.* necrologium, vielleicht Analogiebildung zu *lat.* eulogium „Grabinschrift"⟩: kalenderartiges Verzeichnis der Toten einer mittelalterlichen kirchlichen Gemeinschaft zur Verwendung in der liturgischen Fürbitte, für die jährliche Gedächtnisfeier o. ä. **Ne│kro│ma│nie** *die;* -, ...ien ⟨zu ↑nekro... u. ↑...manie⟩: svw. Nekrophilie. **Ne│kro│mant** *der;* -en, -en ⟨über *spätlat.* necromantius aus gleichbed. *gr.* nekrómantis⟩: Toten-, Geisterbeschwörer (bes. des Altertums). **Ne│kro│man│tie** *die;* - ⟨über *spätlat.* necromantia aus gleichbed. *gr.* nekromanteía⟩: Weissagung durch Geister- u. Totenbeschwörung. **ne│kro│phag** ⟨zu ↑nekro... u. ↑...phag⟩: sich von toten Organismen ernährend (von Tieren; Zool.); -es Tier: svw. Nekrophage. **Ne│kro│pha│ge** *der;* -en, -en (meist Plur.) ⟨zu ↑...phage⟩: Tier, das sich von toten Organismen ernährt. **Ne│kro│pha│gie** *die;* - ⟨zu ↑...phagie⟩: 1. Ernährungsform von Tieren, die sich von toten Organismen ernähren. 2. Form des ↑Kannibalismus, bei der das Fleisch Verstorbener verzehrt wird (Völkerk.). **Ne│kro│phi│lie** *die;* -, ...ien ⟨zu ↑...philie⟩: abartiges, auf Leichen gerichtetes sexuelles Triebverlangen; sexuelle Leichenschändung (Psychol., Med.). **Ne│kro│pho│bie** *die;* - ⟨zu ↑...phobie⟩: krankhafte Angst vor dem Tod od. vor Toten (Psychol., Med.). **Ne│kro│pie** vgl. Nekropsie. **Ne│kro│po│le** u. **Ne│kro│po│lis** *die;* -, ...polen ⟨aus *gr.* nekrópolis „Totenstadt"⟩: großes Gräberfeld des Altertums, der vorgeschichtlichen Zeit. **Ne│krop│sie** *die;* -, ...ien ⟨zu ↑nekro... u. ↑...opsie⟩: Toten-, Leichenschau, Leichenöffnung. **Ne│kro│sa│dis│mus** *der;* -: Verstümmelung von Leichen zur sexuellen Befriedigung (Psychol.). **Ne│kro│se** *die;* -, -n ⟨aus *gr.* nékrōsis „das Töten; das Absterben"⟩: örtlicher Gewebstod, Absterben von Zellen, Gewebs- od. Organbezirken als pathologische Reaktion auf bestimmte Einwirkungen (Med.). **Ne│kros│ek│to│mie** *die;* -, ...ien ⟨zu ↑...ektomie⟩: operative Entfernung abgestorbenen Gewebes (Med.). **Ne│kro│sko│pie** *die;* -, ...ien ⟨zu ↑...skopie⟩: svw. Nekropsie. **Ne│kro│sper│mie** *die;* - ⟨zu *gr.* spérma „Samen" u. ↑²...ie⟩: Zeugungsunfähigkeit infolge von Abgestorbensein od. Funktionsunfähigkeit der männlichen Samenzellen. **ne│kro│tisch** ⟨zu *gr.* nékrōsis (vgl. Nekrose) u. ↑...otisch⟩: abgestorben, brandig. **ne│kro│ti│sie│ren** ⟨zu ↑...isieren⟩: absterben, nekrotisch werden (von Gewebe). **Ne│kro│to│mie** *die;* -, ...ien ⟨zu ↑...tomie⟩: svw. Sequestrotomie

Nek│tar *der;* -s, -e ⟨über *lat.* nectar aus *gr.* néktar „(jugendspendender) Göttertrank"⟩: 1. (ohne Plur.) ewige Jugend spendender Göttertrank der griech. Sage. 2. vor einem ↑Nektarium ausgeschiedene Zuckerlösung zur Anlockung von Insekten (Biol.). 3. (fachspr.) Getränk aus zu Mus zerdrückten, gezuckerten u. mit Wasser [u. Säure] verdünntem Fruchtfleisch. **Nek│ta│ri│en** [...jən]: Plur. von ↑Nektarium. **Nek│ta│ri│ne** *die;* -, -n ⟨zu ↑Nektar (3) u. ↑...ine⟩: glatthäutiger Pfirsich mit leicht herauslösbarem Stein (eine ↑Varietät des Pfirsichs). **Nek│ta│ri│ni│en** [...jən] *die* (Plur.) ⟨aus gleichbed. *nlat.* nectariniae⟩: bunte u. schillernde, bis 20 cm große tropische Singvögel Afrikas und Asiens, deren Zunge zum Saugorgan umgewandelt ist, mit dem Nektar (2) u. Insekten vom Grund der Blüten aufgesammelt werden können; Nektarvögel, Honigsauger. **nek│ta│risch** ⟨nach gleichbed. *spätlat.* nectareus⟩: süß wie Nektar; göttlich. **Nek│ta│ri│um** *das;* -s, ...ien [...jən] ⟨zu ↑Nektar u. ↑...ium⟩: Honigdrüse im Bereich der Blüte, seltener der Blätter, die der Anlockung von Insekten und anderen Tieren für die Bestäubung dient (Biol.). **nęk│tarn** (veraltet) svw. nektarisch

nek│tie│ren ⟨aus *lat.* nectere „(ver)knüpfen"⟩: verbinden, verknüpfen. **Nek│ti│on** *die;* -, -en ⟨aus gleichbed. *nlat.* nectio zu *lat.* nectere, vgl. nektieren⟩: Verbindung, Verknüpfung mehrerer gleichartiger, ↑kommutierender Satzteile od. Sätze (z. B. *Hund und Katze* [sind Haustiere]; Sprachw.)

nęk│tisch ⟨zu ↑Nekton⟩: svw. nektonisch

Nek│tiv *das;* -s, -e [...və] ⟨aus *nlat.* (nomen) nectivum „verbindend(es Wort)"⟩: koordinierende Konjunktion (z. B. in: Hund *und* Katze; Sprachw.)

Nęk│ton *das;* -s ⟨aus *gr.* nēktón „das Schwimmende" zu nēktós „schwimmend, zum Schwimmen fähig"⟩: 1. das ↑Pelagial (2) bewohnende Organismen mit großer Eigenbewegung (Biol.). 2. Gesamtheit der sich im Wasser aktiv bewegenden Tiere (Biol.). **nek│to│nisch:** das Nekton betreffend, zu ihm gehörend (Biol.)

Nę│ky│ia [...ja] *die;* -, ...yien [ne'ky:jən] ⟨aus gleichbed. *gr.* nékyia zu nékys „Leichnam"⟩: Totenbeschwörung, Totenopfer (Untertitel des 11. Gesangs der Homerischen Odyssee nach dem Besuch des Odysseus im Hades). **Ne│ky│man│tie** *die;* - ⟨aus *gr.* neky(o)manteía „Totenbeschwörung"⟩: svw. Nekromantie

Nel│la│na│ne vgl. Nalanane

Nęl│son *der;* -[s], -[s] ⟨aus gleichbed. *amerik.* nelson, vielleicht nach einem nordamerik. Sportler⟩: Nackenhebel beim Ringen (Sport); vgl. Doppelnelson, Halbnelson

Ne│ma│lith [auch ...'lɪt] *der;* -s, -e ⟨zu *gr.* nēma, Gen. nématos „Gespinst, Faden" u. ↑...lith⟩: ein blättriger, nur selten fasriger ↑Brucit. **Ne│mat│hel│min│then** *die* (Plur.): (veraltet) Schlauchwürmer, Rundwürmer, Hohlwürmer (z. B. Rädertiere, Fadenwürmer, Igelwürmer; Zool.). **ne│ma│ti│zid** ⟨zu ↑Nematoden u. ↑...zid⟩: Nematoden bekämpfend, vernichtend. **Ne│ma│ti│zid**, Nematozid *das;* -[e]s, -e: Bekämpfungsmittel für Fadenwürmer. **ne│ma│to│bla│stisch** ⟨zu *gr.* blastikós „keimend", dies zu blastós „Keim, Trieb"⟩: a) mit fadenförmigen Fruchtkeimen (Biol.); b) schuppig, langsäulig-nadlig (von Kristallen). **Ne│ma│to│den** *die* (Plur.) ⟨aus *nlat.* nematodes zu *gr.* nēmatoeidés „fadenähnlich gestaltet"⟩: Fadenwürmer (z. B. Spulwürmer, Trichinen; Zool.). **Ne│ma│to│zid** vgl. Nematizid

Ne│mec│tro│dyn [nemɛk...] *das;* -s, -e ⟨Kunstw.; nach dem Konstrukteur Nemec⟩: Gerät für die therapeutische Anwendung von Interferenzströmen (gekreuzte Wechselströme mittlerer, gering unterschiedlicher Frequenz), wobei die zu behandelnde Körperstelle in zwei getrennte Stromkreise gebracht wird (Med.); vgl. Neodynator

Ne│me│sis *die;* - ⟨nach *gr.* Némesis, der griech. Göttin des Gleichmaßes u. der ausgleichenden Gerechtigkeit, personifiziert aus némesis „gerechter Unwille, Vergeltung", eigtl. „das (rechte) Zuteilen"⟩: ausgleichende, vergeltende, strafende Gerechtigkeit

NE-Me│tal│le [ɛn'e:...] *die* (Plur.): Abk. für *N*ichteisenmetalle (Chem.)

neo..., **Neo...**, vor Vokalen auch ne..., Ne... ⟨aus *gr.* néos „neu; jung"⟩: Wortbildungselement mit den Bedeutungen: a) „neu, jung", z. B. Neologismus, Neozoikum, u. b) „in erneuerter Form, weiterentwickelt; wieder aufgelebt", z. B. Neoklassizismus, Neolinguistik. **neo│ad│ju│vant** [...'vant, auch 'ne:o...] ⟨zu *lat.* adiuvans, Gen. adiuvantis, Part. Präs. von adiuvare „unterstützen"⟩: präoperativ unterstützend (von Medikamenten; Med.). **neo|bo|re|al**; in der Fügung -e Region: Kanada u. Teile der USA umfassender pflanzen- u. tiergeographischer Bereich. **Neo|darwi|nis|mus** [auch 'neːo...] *der;* -: 1. (auf Weismann zurückgehende) Abstammungslehre, die sich im wesentlichen auf die ↑darwinistische Theorie stützt. 2. moderne Abstammungslehre, die das Auftreten neuer Arten durch Mutationen in Verbindung mit natürlicher Auslese zu erklären versucht (Biol.). **Neo|di|ge|nit** [auch ...'nɪt] *der;* -s, -e ⟨zu ↑digen u. ↑².....it⟩: ein blauschwarzes Mineral von metallischem Glanz (Mineral.). **Neo|dym** u. **Neo|dy|mi|um** *das;* -s ⟨zu ↑Didym (u. ↑...ium)⟩: chem. Element, Metall der seltenen Erden; Zeichen Nd. **Neo|dy|na|tor** *der;* -s, ...oren ⟨zu *gr.* dýnamis „Kraft" u. ↑...or⟩: Gerät für die therapeutische Anwendung diadynamischer Ströme (Wechselströme, die in modulierbarer Form auch in seiner Intensität frei einstellbaren Gleichstrom überlagert sind; Med.); vgl. Nemectrodyn. **Neo|eu|ro|pa** *das;* -s: Bez. für den alpidisch gefalteten Teil des südlichen Europa (Geol.). **Neo|ex|pressio|nis|mus** [auch 'neːo...] *der;* -: Richtung der zeitgenössischen Malerei mit kraftvollen, vitalen Ausdrucksformen. **Neo|fa|schis|mus** [auch 'neːo...] *der;* -: rechtsradikale Bewegung, die in der Zielsetzung u. Ideologie an die Epoche des Faschismus anknüpft. **Neo|fa|schist** [auch 'neːo...] *der;* -en, -en: Vertreter des Neofaschismus. **neo|fa|schi|stisch** [auch 'neːo...]: den Neofaschismus betreffend, zu ihm gehörend. **Neo|gäa** *die;* - ⟨nach der griech. Göttin Gäa (*gr.* Gaĩa), der Mutter der Erde⟩: 1. die aus der ↑Megagäa hervorgegangene Erde; das bis heute andauernde geologische Zeitalter. 2. Süd- u. Mittelamerika umfassender pflanzen- u. tiergeographischer Bereich. **neo|gen** ⟨zu ↑...gen⟩: zum ↑Neogen gehörig, daraus stammend, es betreffend. **Neogen** *das;* -s: Jungtertiär (umfaßt ↑Miozän u. ↑Pliozän; Geol.). **Neo|ge|ne|se** *die;* -, -n: Neubildung, bes. von Körpersubstanzen (Med.). **Neo|grä|zist** *der;* -en, -en: jmd., der sich wissenschaftlich mit dem Neugriechischen befaßt. **Neo|grä|zi|stik** *die;* -: Wissenschaft von der neugriech. Sprache und Kultur. **neo|grä|zi|stisch**: das Neugriechische, die Neogräzistik betreffend. **Neo|klas|si|zis|mus** [auch 'neːo...] *der;* -: sich bes. in kolossalen Säulenordnungen ausdrückende formalistische u. historisierende Tendenzen in der Architektur des 20. Jh.s. **neo|klas|si|zi|stisch** [auch 'neːo...]: den Neoklassizismus betreffend. **Neo|ko|lo|nia|lis|mus** [auch 'neːo...] *der;* -: Politik entwickelter Industrienationen, ehemalige Kolonien, Entwicklungsländer wirtschaftlich u. politisch abhängig zu halten. **neo|kom** ⟨zu ↑Neokom⟩: zum Neokom gehörig, daraus stammend, es betreffend. **Neo|kom** u. **Neo|ko|mi|um** *das;* -s ⟨nach dem nlat. Namen Neocom(i)um für Neuenburg i. d. Schweiz⟩: älterer Teil der unteren Kreideformation (Geol.). **Neo|kor|tex** *der;* -[e]s, Plur. -e u. ...tizes [...tseːs]: stammesgeschichtlich junger Teil der Großhirnrinde (Med.). **Neo|la|marck|is|mus** [auch 'neːo...] *der;* -: Abstammungslehre, die sich auf die unbewiesene Annahme der Vererbung erworbener Eigenschaften stützt. **Neo|li|be|ra|lis|mus** [auch 'neːo...] *der;* -: wirtschaftspolitisches u. sozialphilos. ↑Konzept für eine Wirtschaftsordnung, die alles über den freien Wettbewerb steuert (Wirtsch.). **Neo|lin|gui|stik** [auch 'neːo...] *die;* -: (von dem ital. Sprachwissenschaftler Bartoli begründete) linguistische Richtung, die sich gegen die starren, ausnahmslosen Gesetze der junggrammatischen Schule richtete. **Neo|lin|gui|sti|ker** [auch 'neːo...] *der;* -s, -: Vertreter der Neolinguistik. **Neo|li|thi|ker** [auch ...'lɪ...] *der;* -s, -: Mensch des Neolithikums. **Neo|li|thi|kum** [auch ...'lɪ...] *das;* -s ⟨zu ↑...lithikum⟩:

Jungsteinzeit; Epoche des vorgeschichtlichen Menschen, deren Beginn meist mit dem Beginn produktiver Nahrungserzeugung (Haustiere, Kulturpflanzen) gleichgesetzt wird. **neo|li|thisch** [auch ...'lɪ...]: das Neolithikum betreffend, zu ihm gehörend. **Neo|lo|ge** *der;* -n, -n ⟨zu ↑...loge⟩: jmd., der Neologismen (2) prägt; Spracherneuerer. **Neo|lo|gie** *die;* -, ...ien ⟨zu ↑...logie⟩: 1. Neuerung, bes. auf religiösem od. sprachlichem Gebiet. 2. aufklärerische Richtung der ev. Theologie des 18. Jh.s, die die kirchliche Überlieferung rein historisch deutete, ohne die Offenbarung selbst zu leugnen. **neo|lo|gisch** ⟨zu ↑...logisch⟩: 1. a) Neuerungen, bes. auf religiösem od. sprachlichem Gebiet betreffend; b) neuerungssüchtig. 2. aufklärerisch im Sinne der Neologie (2). **Neo|lo|gis|men|kom|plex** *der;* -es, -e ⟨zu ↑Neologismus⟩: sinnlose Aneinanderreihung von Wörtern als Ausdruck höchster Denkzerfahrenheit bei Schizophrenie (Med.). **Neo|lo|gis|mus** *der;* -, ...men ⟨aus gleichbed. *fr.* néologisme zu ↑neo-... u. *gr.* lógos „Wort, Rede, Lehre"; vgl. ...ismus (4)⟩: 1. (ohne Plur.) Neuerungssucht, bes. auf religiösem od. sprachlichem Gebiet. 2. [in den allgemeinen Sprachgebrauch übergegangene] sprachliche Neubildung (Neuwort bzw. Neuprägung). **Neo|mar|xis|mus** [auch 'neːo...] *der;* -: Gesamtheit der wissenschaftlichen u. literarischen Versuche, die marxistische Theorie angesichts der veränderten wirtschaftlichen u. politischen Gegebenheiten neu zu überdenken. **neo|mar|xi|stisch** [auch 'neːo...]: den Neomarxismus betreffend, zu ihm gehörig. **Neo|me|ta|bo|lie** *die;* -: Form der unvollkommenen Verwandlung bei ↑Insekten (Biol.). **Neo|mor|ta|li|tät** [auch 'neːo...] *die;* -: Frühsterblichkeit der Säuglinge (in den ersten zehn Lebenstagen). **Neo|my|cin** [...'tsiːn] u. Neomyzin *das;* -s, -e ⟨Kunstw.⟩: aus Streptomycin gewonnenes Breitbandantibiotikum (Med.). **Neo|myst** *der;* -en, -en ⟨zu *gr.* neómystos „neu geweiht"⟩: (veraltet) neu geweihter kath. Priester. **Neo|my|zin** vgl. Neomycin. **Ne|on** *das;* -s ⟨aus gleichbed. *engl.* neon, dies aus *gr.* néon „das Neue"⟩: chem. Element, Edelgas; Zeichen Ne. **neo|na|tal** ⟨zu *lat.* neonatus „neugeboren" u. ↑¹...al (1)⟩: das Neugeborene betreffend (Med.). **Neo|na|to|lo|ge** *der;* -n, -n ⟨zu ↑...loge⟩: Kinderarzt, der bes. Neugeborene behandelt u. medizinisch betreut. **Neo|na|to|lo|gie** *die;* - ⟨zu ↑...logie⟩: Zweig der Medizin, der sich bes. mit der Physiologie u. Pathologie Neugeborener befaßt. **neo|na|to|lo|gisch** ⟨zu ↑...logisch⟩: die Neonatalogie betreffend. **Neo|na|zi** *der;* -s, -s: Anhänger des Neonazismus. **Neo|na|zis|mus** [auch 'neːo...] *der;* -: rechtsradikale Bewegung (nach 1945) zur Wiederbelebung des ↑Nationalsozialismus. **Neo|na|zist** [auch 'neːo...] *der;* -en, -en: svw. Neonazi. **neo|na|zi|stisch** [auch 'neːo...]: den Neonazismus betreffend, zu ihm gehörend. **Ne|on|fisch** *der;* -[e]s, -e ⟨zu ↑Neon⟩: winzig kleiner Fisch mit einem schillernden Streifen auf beiden Körperseiten (beliebter Aquarienfisch; Zool.). **Ne|on|röh|re** *die;* -, -n: [mit Neon gefüllte] Leuchtröhre. **Neo|pal|li|um** *das;* -s, ...lien [...i̯ən] ⟨zu *lat.* pallium „Mantel"⟩: [Haupt]teil der vorderen Hirnrinde der Wirbeltiere (Anat.). **Neo|phan|glas** *das;* -es, ...gläser ⟨Kunstw. zu ↑Neodym u. *gr.* diaphanés „durchsichtig"⟩: Blendschutzglas, das durch seinen Gehalt an oxydiertem ↑Neodym ultraviolette Strahlen des Lichtes absorbiert. **Neo|pho|bie** *die;* - ⟨zu ↑...phobie⟩: (veraltet) krankhafte Scheu vor Veränderungen. **Neo|phyt** *der;* -en, -en ⟨z. T. über *(kirchen)lat.* neophytus „der Neubekehrte" zu *gr.* neóphytos „neu (ein)gepflanzt"⟩: 1. a) in der alten Kirche durch die Taufe in die christliche Gemeinschaft neu Aufgenommener; b) in bestimmte Geheimbünde neu Aufgenommener. 2. Pflan-

ze, die sich in historischer Zeit in bestimmten, ihr ursprünglich fremden Gebieten eingebürgert hat (Bot.); vgl. Adventivpflanze. **Neo|phy|ti|kum** *das;* -s ⟨zu ↑neo... u. ↑...phytikum⟩: svw. Känozoikum. **Neo|pla|sie** *die;* -, ...ien ⟨zu *gr.* plássein „bilden, gestalten" u. ↑²...ie⟩: Bildung von Neoplasma. **Neo|plas|ma** *das;* -s, ...men: Neubildung von Gewebe, meist in Form einer [bösartigen] Geschwulst (Med.). **neo|pla|stisch**: zum Neoplasma gehörend; die Neoplasie betreffend. **Neo|pla|sti|zis|mus** *der;* - ⟨nach gleichbed. *fr.* néoplasticisme; vgl. ...ismus (1)⟩: (von dem niederl. Maler P. Mondrian [1872–1944] entwickelte) Stilrichtung in der modernen Malerei, die Formen u. Farben auf eine Horizontal-vertikal-Beziehung reduziert. **Neo|po|si|ti|vis|mus** [...v..., auch 'ne:o...] *der;* - ⟨zu ↑neo...⟩: philos. Richtung, die nach 1918 bes. in Wien u. Berlin Grundlagenprobleme des älteren Positivismus mit Mitteln der formalen Logik u. mit analytischen Methoden zu lösen versucht. **Neo|pren** ⓦ *das;* -s, -e ⟨Kunstw.⟩: Handelsname für einen aus ↑Chloropren hergestellten ↑Synthesekautschuk. **Neo|psy|cho|ana|ly|se** *die;* - ⟨zu ↑neo...⟩: von H. Schultz-Hencke unter Verwendung Jungscher u. Adlerscher Thesen in Abwandlung der Freudschen Lehre entwickeltes tiefenpsychologisches System, das neben den biologischen Antrieben bes. die kulturellen u. sozialen Komponenten als Konflikt- u. Neurosestoffe betont. **Neo|pti|len** *die* (Plur.) ⟨zu *gr.* ptílon „Feder, Flaumfeder"⟩: mehrästige Form der Daunen, die das erste Federkleid der nestjungen Vögel bilden. **Neo|rea|lis|mus** [auch 'ne:o...] *der;* -: svw. Neoverismus. **Neo|sto|mie** *die;* -, ...ien ⟨zu *gr.* stóma „Mund, Mundöffnung" u. ↑²...ie⟩: Herstellung einer künstlichen Verbindung zwischen zwei Organen od. zwischen einem Organ u. der Körperoberfläche (Med.). **Neo|te|nie** *die;* - ⟨zu *gr.* teínein „spannen, ausdehnen" u. ↑²...ie⟩: 1. unvollkommener Entwicklungszustand eines Organs (Med.). 2. Eintritt der Geschlechtsreife im Larvenstadium (Biol.). **Neo|te|ri|ker** *die* (Plur.) ⟨aus gleichbed. *lat.* neoterici, eigtl. „die Neueren", zu neotericus, vgl. neoterisch⟩: Dichterkreis im alten Rom (1. Jh. v. Chr.), der einen neuen literarischen Stil vertrat. **neo|te|risch** ⟨aus *lat.* neotericus „neu", dies aus *gr.* neōterikós zu neōteros, eigtl. „jünger", Komparativ von néos „neu"⟩: (veraltet) a) neuartig; b) neuerungssüchtig. **Neo|tro|pis** *die;* - ⟨aus *nlat.* neotropis „Gebiet der neuen Tropen" zu ↑neo... u. ↑'Tropen⟩: tier- u. pflanzengeographisches Gebiet, das Zentral- u. Südamerika (ausgenommen die zentralen Hochflächen) umfaßt. **neo|tro|pisch**: zu den Tropen der Neuen Welt gehörend, die Neotropis betreffend; -e Region: svw. Neotropis. **Ne|ot|tia** *die;* - ⟨zu *gr.* neottía, neossía „Nest"⟩: Nestwurz (Orchideenart in schattigen Wäldern). **Neo|ve|ris|mus** [...v..., auch 'ne:o...] *der;* - ⟨aus gleichbed. *it.* neoverismo zu ↑neo... u. ↑Verismo⟩: eine nach dem 2. Weltkrieg besonders von Italien ausgehende Stilrichtung des modernen Films u. der Literatur mit der Tendenz zur sachlichen u. formal-realistischen Erneuerung der vom ↑Verismo vorgezeichneten Gegebenheiten u. Ausdrucksmöglichkeiten. **Neo|vi|ta|lis|mus** [...v..., auch 'ne:o...] *der;* - ⟨zu ↑neo...⟩: auf den Biologen Hans Driesch (1867–1941) zurückgehende Lehre von der Eigengesetzlichkeit des Lebendigen (Biol.). **neo|vul|ka|nisch** [...v..., auch 'ne:o...]: von neuerem vulkanischem Ursprung. **Neo|zo|i|kum** *das;* -s ⟨zu ↑...zoikum⟩: svw. Känozoikum. **neo|zo|isch**: svw. känozoisch
Ne|pen|thes *die;* -, - ⟨über *lat.* nepenthes aus *gr.* nēpenthés, eigtl. „Kummer stillend" (weil die zu kannenförmigen Tierfallen umgewandelten Blätter der Pflanze an einen Becher mit Wein erinnern)⟩: Kannenpflanze (fleischfressende Pflanze des tropischen Regenwaldes)
Ne|per *das;* -, - ⟨nach dem schottischen Mathematiker John Napier bzw. Neper, 1550–1617⟩: Maßeinheit für die Dämpfung bei elektrischen u. akustischen Schwingungen (Phys.); Zeichen N
neph..., **Neph...** vgl. nepho..., Nepho... **ne|phel...**, **Nephel...** vgl. nephelo..., Nephelo... **Ne|phe|l|in** *der;* -s, -e ⟨zu ↑nephelo... u. ↑...in (1)⟩: ein weißes od. graues, glasglänzendes, gesteinbildendes Mineral. **Ne|phe|li|nit** [auch ...'nɪt] *der;* -s, -e ⟨zu ↑²...it⟩: ein junges, olivinfreies basaltähnliches Ergußgestein. **Ne|phe|li|um** *das;* -s, ...ien [...jən] ⟨zu ↑...ium⟩: javanischer Baum, der Nutzholz und eßbare Früchte liefert. **ne|phe|lo...**, **Ne|phe|lo...**, vor Vokalen meist nephel..., Nephel... ⟨aus *gr.* nephélē „Wolke, Nebel"⟩: Wortbildungselement mit der Bedeutung „(nebelartige) Trübung", z. B. Nephelometrie, Nephelin. **Ne|phe|lo|me|ter** *das;* -s, - ⟨zu ↑¹...meter⟩: optisches Gerät zur Messung der Trübung von Flüssigkeiten od. Gasen (Chem.). **Ne|phe|lo|me|trie** *die;* - ⟨zu ↑...metrie⟩: Messung der Trübung von Flüssigkeiten od. Gasen (Chem.). **Ne|phel|op|sie** *die;* - ⟨zu ↑...opsie⟩: Sehstörung mit Wahrnehmung verschwommener, nebliger Bilder infolge Trübung der Hornhaut, der Linse od. des Glaskörpers des Auges; das Nebelsehen (Med.). **ne|phisch** ⟨zu ↑nepho...⟩: Wolken betreffend (Meteor.). **ne|pho...**, **Ne|pho...**, vor Vokalen meist neph..., Neph... ⟨aus *gr.* néphos „Wolke, Gewölk"⟩: Wortbildungselement mit der Bedeutung „Wolke, Bewölkung", z. B. Nephometer. **Ne|pho|graph** *der;* -en, -en ⟨zu ↑...graph⟩: Gerät, das die verschiedenen Arten u. die Dichte der Bewölkung fotografisch aufzeichnet (Meteor.). **Ne|pho|me|ter** *das;* -s, - ⟨zu ↑¹...meter⟩: Gerät zur unmittelbaren Bestimmung der Wolkendichte u. -geschwindigkeit (Meteor.). **Ne|pho|skop** *das;* -s, -e ⟨zu ↑...skop⟩: Gerät zur Bestimmung der Zugrichtung u. -geschwindigkeit von Wolken (Meteor.)
nephr..., **Nephr...** vgl. nephro..., Nephro... **Ne|phral|gie** *die;* -, ...ien ⟨zu ↑nephro... u. ↑...algie⟩: Nierenschmerz (Med.). **Ne|phra|to|nie** *die;* - ⟨zu ↑Atonie⟩: Nierenschwäche, Erschlaffung der Niere. **Ne|phrek|to|mie** *die;* -, ...ien ⟨zu ↑...ektomie⟩: operative Entfernung einer Niere (Med.). **ne|phrek|to|mie|ren** ⟨zu ↑...ieren⟩: eine Niere operativ entfernen (Med.). **Ne|phri|di|um** *das;* -s, ...ien [...jən] ⟨aus gleichbed. *nlat.* nephridium zu *gr.* nephrídios „die Nieren betreffend"; vgl. nephro... u. ...ium⟩: Ausscheidungsorgan in Form einer gewundenen Röhre mit einer Mündung nach außen, das mit der Leibeshöhle durch einen Flimmertrichter verbunden ist (bei vielen wirbellosen Tieren, bes. bei Ringelwürmern, Weichtieren u. am ↑Mesonephros der Wirbeltiere). **Ne|phrit** [auch ...'frɪt] *der;* -s, -e ⟨zu *gr.* nephrós „Niere" (da er angeblich gegen Nierenleiden helfen sollte) u. ↑²...it⟩: lauchgrüner bis graugrüner, durchscheinender, aus wirr durcheinandergeflochten Mineralfasern zusammengesetzter Stein, der zu Schmuck- u. kleinen Kunstgegenständen verarbeitet wird u. in vorgeschichtlicher Zeit als Material für Waffen u. Geräte diente. **Ne|phri|tis** *die;* -, ...itiden ⟨zu ↑...itis⟩: Nierenentzündung (Med.). **ne|phro...**, **Ne|phro...**, vor Vokalen meist nephr..., Nephr... ⟨aus gleichbed. *gr.* nephrós⟩: Wortbildungselement mit der Bedeutung „Niere", z. B. nephrogen, Nephrolith, Nephralgie. **ne|phro|gen** ⟨zu ↑...gen⟩: von den Nieren ausgehend (Med.). **Ne|phro|gra|phie** *die;* -, ...ien ⟨zu ↑...graphie⟩: Nierenabbildung zu Untersuchungszwecken durch ↑Computertomographie u. Röntgen (Med.). **Ne|phro|kal|zi|no|se** *die;* -, -n: Ablage-

rung von Kalksalzen in den Nierenkanälchen u. im Nierenzwischengewebe (Med.). **Ne|phro|le|pis** *die;* - ⟨aus *nlat.* nephrolepis, eigtl. „Nierenschuppe", zu ↑nephro... u. *gr.* lepís „Schuppe"⟩: als Zierpflanze beliebter trop. und subtrop. Tüpfelfarn; Nierenschuppenfarn (Bot.). **Ne|phro|lith** [auch ...'lɪt] *der;* Gen. -s od. -en, Plur. -e[n] ⟨zu ↑...lith⟩: Nierenstein (Med.). **Ne|phro|li|thia|se** u. **Ne|phro|li|thia|sis** *die;* -, ...iasen ⟨zu ↑...iasis⟩: Bildung von Nierensteinen u. dadurch verursachte Erkrankung (Med.). **Ne|phro|li|tho|to|mie** *die;* -, ...ien ⟨zu ↑...tomie⟩: operative Entfernung von Nierensteinen (Med.). **Ne|phro|lo|ge** *der;* -n, -n ⟨zu ↑nephro... u. ↑...loge⟩: Facharzt für Nierenkrankheiten (Med.). **Ne|phro|lo|gie** *die;* - ⟨zu ↑...logie⟩: Wissenschaft von den Nierenkrankheiten (Med.). **ne|phro|logisch** ⟨zu ↑...logisch⟩: die Nierenkrankheiten betreffend, für sie charakteristisch (Med.). **Ne|phro|ly|se** *die;* -, -n ⟨zu ↑...lyse⟩: operative Herauslösung der Niere aus perinephritischen Verwachsungen (Med.). **Ne|phrom** *das;* -s, -e ⟨zu ↑...om⟩: [bösartige] Nierengeschwulst (Med.). **Ne|phron** *das;* -s, ...ra ⟨zu ↑¹...on⟩: Grundbaustein der Niere (Anat.). **Ne|phro|pa|thie** *die;* -, ...ien ⟨zu ↑...pathie⟩: Nierenleiden (Med.). **Ne|phro|pe|xie** *die;* -, ...ien ⟨zu *gr.* pêxis „das Befestigen" (dies zu pēgnýnai „festmachen, befestigen") u. ↑²...ie⟩: Befestigung der Niere zwischen Nierenhinterwand u. Muskulatur des Nierenlagers (Med.). **Ne|phro|phthi|se** u. **Ne|phro|phthi|sis** *die;* -, ...sen ⟨zu *gr.* phthísis „Auszehrung, Schwindsucht"⟩: Nierentuberkulose (Med.). **Ne|phro|pro|tek|ti|on** *die;* -: Steigerung der Nierenleistung durch Medikamente. **ne|phro|pro|tek|tiv** ⟨zu ↑...iv⟩: die Nierenleistung steigernd (z. B. von Arzneimitteln; Med.). **Ne|phro|pto|se** *die;* -, -n ⟨zu *gr.* ptōsis „das Fallen, der Fall"⟩: abnorme Beweglichkeit u. Abwärtsverlagerung der Nieren; Nierensenkung, Senkniere, Wanderniere (Med.). **Ne|phro|pye|li|tis** *die;* -, ...itiden: Nierenbeckenentzündung (Med.). **Ne|phror|rha|gie** *die;* -, ...ien ⟨zu *gr.* rhagḗ „Riß" u. ↑²...ie⟩: Blutung in der Niere, Nierenbluten (Med.). **Ne|phro|se** *die;* -, -n ⟨zu ↑¹...ose⟩: nichtentzündliche Nierenerkrankung mit Gewebeschädigung (Med.). **Ne|phro|skle|ro|se** *die;* -, -n: von den kleinen Nierengefäßen ausgehende Erkrankung der Nieren mit nachfolgender Verhärtung u. Schrumpfung des Nierengewebes; Nierenschrumpfung, Schrumpfniere (Med.). **Ne|phro|sto|mie** *die;* -, ...ien ⟨zu *gr.* stóma „Mund" u. ↑²...ie⟩: Anlegung einer Nierenfistel zur Ableitung des Urins nach außen (Med.). **ne|phro|tisch** ⟨zu ↑...otisch⟩: die Nephrose betreffend, auf Nephrose beruhend (Med.). **Ne|phro|to|mie** *die;* -, ...ien ⟨zu ↑...tomie⟩: operative Öffnung der Niere (Med.). **ne|phro|to|xisch**: nierenschädigend (z. B. von Arzneimitteln; Med.). **Ne|phro|to|xi|zi|tät** *die;* -: nierenschädigende Eigenschaft von Substanzen (Med.). **ne|phro|trop** ⟨zu ↑...trop⟩: auf die Nieren einwirkend, nierenwirksam (z. B. von Arzneimitteln; Med.)

Ne|po|te *der;* -n, -n ⟨aus *lat.* nepos, Gen. nepotis „Enkel; Neffe"⟩: (veraltet) 1. Neffe. 2. Enkel. 3. Vetter. 4. Verwandter. **ne|po|ti|sie|ren** ⟨zu ↑...isieren⟩: (veraltet) Verwandte begünstigen. **Ne|po|tis|mus** *der;* - ⟨aus gleichbed. *it.* nepotismo zu *lat.* nepos (vgl. Nepote) u. ↑...ismus (5)⟩: Vetternwirtschaft, bes. bei den Päpsten der Renaissancezeit. **ne|po|tis|tisch** ⟨zu ↑...istisch⟩: den Nepotismus betreffend; durch Nepotismus begünstigt

Ne|pou|it [nəpu..., auch ...'ɪt] *der;* -s, -e ⟨nach Nepoui, dem Fundort in Neukaledonien, u. zu ↑²...it⟩: nickelhaltige Abart des ↑Serpentins

nep|tu|nisch ⟨aus gleichbed. *lat.* Neptunius, nach dem röm. Meeresgott Neptun⟩: den Meeresgott Neptun betreffend; -es Gestein: (veraltet) Sedimentgestein (Geol.). **Nep|tu|nis|mus** *der;* - ⟨zu ↑...ismus (1)⟩: geologische Hypothese, die sämtliche Gesteine (auch die vulkanischen) als Ablagerungen im Wasser erklärt (Geol.); vgl. Plutonismus (2). **Nep|tu|nist** *der;* -en, -en ⟨zu ↑...ist⟩: Verfechter des Neptunismus. **Nep|tu|nit** [auch ...'nɪt] *der;* -s, -e ⟨zu ↑²...it⟩: ein schwarzes glasiges, in dünnen Splittern blutrot erscheinendes Mineral. **Nep|tu|ni|um** *das;* -s ⟨aus gleichbed. *amerik.* neptunium, nach dem Planeten Neptun u. zu ↑...ium⟩: radioaktives chem. Element, ein ↑Transuran; Zeichen Np

Ne|rei|de *die;* -, -n (meist Plur.) ⟨über *lat.* Nereis, Gen. Nereidos aus *gr.* Nērēís, Gen. Nērēídos, eigtl. „Tochter des (Meeresgottes) Nereus"; Bed. 2 über *nlat.* nereidae⟩: 1. Meernymphe der griech. Sage. 2. Vertreter der Familie der vielborstigen Würmer (Zool.). **Ne|ri|ti|de** *die;* -, -n (meist Plur.) ⟨aus gleichbed. *nlat.* neritidae (Plur.) zu *gr.* nērítēs „(bunte) Meeresschnecke"⟩: Vertreter der Familie der Süßwasserschnecken; Schwimmschnecke (Zool.). **ne|ri|tisch**: 1. in erwachsenem Zustand auf dem Meeresboden u. im Larvenstadium im freien Wasser lebend (von Tieren der Küstenregion). 2. den Raum u. die Absatzgesteine der Flachmeere betreffend

Ne|ro|li|öl *das;* -s, -e ⟨nach der Frau des Fürsten von Nerola (17. Jh.), die dieses Öl zuerst verwendet od. für seine Verbreitung gesorgt haben soll⟩: angenehm riechendes, für Parfüms, Liköre, Feinbackwaren verwendetes Blütenöl der ↑Pomeranze

Ner ta|mid *das;* - - ⟨aus *hebr.* nēr-tāmîd „ewige Lampe"⟩: in jeder Synagoge ununterbrochen brennende Lampe

Nerv *der;* Gen. -s, fachspr. auch -en, Plur. -en [...fŋ] ⟨unter Einfluß von *engl.* nerve aus *lat.* nervus „Sehne, Flechse"⟩: 1. Blattader oder -rippe. 2. rippenartige Versteifung, Ader der Insektenflügel. 3. aus parallel angeordneten Fasern bestehender, in einer Bindegewebshülle liegender Strang, der der Reizleitung zwischen Gehirn, Rückenmark u. Körperorgan od. -teil dient (Med.). 4. (nur Plur.) nervliche Konstitution, psychische Verfassung. 5. Kernpunkt; kritische Stelle. **ner|val** [...'vaːl] ⟨aus *nlat.* nervalis „zu den Nerven gehörend"⟩: die Nerventätigkeit betreffend, durch die Nervenfunktion bewirkt; nervlich (Med.). **Ner|va|tur** [...v...] *die;* -, -en ⟨aus gleichbed. *nlat.* nervatura; vgl. ...at (1) u. ...ur⟩: 1. Blattaderung. 2. Aderung der Insektenflügel. **ner|ven** [...fŋ] ⟨zu ↑Nerv⟩: (ugs.) a) jmdm. auf die Nerven gehen; b) nervlich strapazieren, anstrengen; an die Nerven gehen; c) hartnäckig bedrängen; jmdm. in zermürbender Weise zusetzen. **Ner|ven|pla|stik** *die;* -, -en ⟨zu ↑¹Plastik⟩: operative Überbrückung von durch Verletzung entstandenen Gewebslücken eines Körpernervs (Med.). **Ner|ven|sys|tem** *das;* -s, -e: Gesamtheit der Nervengewebe eines Organismus als anatomische u. funktionelle Einheit mit der Fähigkeit zur Reizaufnahme, Erregungsleitung, Signalverarbeitung u. motorischen Beantwortung (Med.). **ner|vig** [...fɪç, auch ...vɪç]: sehnig, kraftvoll. **Ner|vi|num** [...v...] *das;* -s, ...na ⟨aus (n)*lat.* nervinum, substantiviertes Neutrum von *lat.* nervinus „auf die Nerven bezogen"⟩: Arzneimittel, das auf das Nervensystem einwirkt (Med., Pharm.). **Ner|vis|mus** *der;* - ⟨zu ↑...ismus (2)⟩: Lehre von der führenden Rolle des Nervensystems für alle im Organismus ablaufenden Prozesse. **nerv|lich**: die Nerven, das Nervensystem betreffend. **ner|vös** [...v...] ⟨unter Einfluß von *fr.* nerveux, *engl.* nervous aus *lat.* nervosus „sehnig, nervig"⟩: 1. svw. nerval. 2. a) unruhig, leicht reizbar, aufgeregt; b) fahrig, zerfahren. **Ner|vo|si|tät** *die;* -, -en ⟨zu ↑...ität⟩: 1. (ohne Plur.) nervöser (2) Zustand, nervöse Art. 2. einzelne nervöse Äußerung, Handlung. 3. (veraltend) svw. Neurasthenie. **Ner|vus** *der;* -, ...vi ⟨aus *lat.* nervus „Sehne, Flechse"⟩: svw. Nerv (Med.). **Ner|vus ab|du|cens** [- ...tsɛns] *der;* - - ⟨zu *lat.* abducens „abziehend, wegführend", Part. Präs. von abducere „wegführen"⟩: 6. Gehirnnerv; vgl. Abduzens. **Ner|vus pro ban|di** *der;* - - ⟨zu *lat.* probandi, Gerundium von probare „gutheißen, beweisen"⟩: (veraltet) Beweiskraft, Hauptbeweisgrund (Rechtsw.). **Ner|vus re|rum** *der;* - - ⟨aus *lat.* nervus rerum „Nerv (d. h. Triebfeder) der Dinge"⟩: 1. Triebfeder, Hauptsache. 2. (scherzh.) Geld als Zielpunkt allen Strebens, als wichtige Grundlage

Nes|ca|fé ⓌⓏ [...fe] *der;* -s ⟨Kurzw. aus dem Namen der schweiz. Firma *Nes*tlé u. *fr.* café „Kaffee"⟩: löslicher Kaffee-Extrakt in Pulverform

Nes|chi ['nɛski, ...çi, ...xi] *das* od. *die;* - ⟨aus gleichbed. *arab.* nashī⟩: [runde] arab. Schreibschrift

Ne|si|dio|blast *der;* -en, -en (meist Plur.) ⟨zu *gr.* nēsídion „Inselchen" u. blastós „Sproß, Trieb"⟩: Inselzelle der Bauchspeicheldrüse (Med.)

Nes|sus|ge|wand *das;* -[e]s, ...gewänder ⟨nach dem mit dem Blut des Zentaurn Nessus (*gr.* Néssos) vergifteten Gewand des Herakles in der griech. Sage⟩: verderbenbringendes Geschenk

Ne|stor *der;* -s, ...oren ⟨über *lat.* Nestor aus *gr.* Néstōr, nach dem klugen u. redegewandten Helden der Ilias u. der Odyssee, der drei Menschenalter gelebt haben soll⟩: herausragender ältester Vertreter einer Wissenschaft, eines [künstlerischen] Faches; Ältester eines bestimmten Kreises

Ne|sto|ria|ner *der;* -s, - ⟨nach dem Patriarchen Nestorius v. Konstantinopel († um 451) u. zu ↑ ...aner⟩: Anhänger des Nestorianismus u. einer von dieser Lehre bestimmten Kirche. **Ne|sto|ria|nis|mus** *der;* - ⟨zu ↑ ...ismus (1)⟩: von der Kirche verworfene Lehre des Nestorius, die die göttliche u. menschliche Natur in Christus für unverbunden hielt u. in Maria nur die Christusgebärerin, nicht aber die Gottesgebärerin sah

Net|ball ['nɛtbɔ:l] *der;* -s ⟨aus gleichbed. *engl.* netball zu net „Netz" u. ball „Ball"⟩: ein aus dem Basketball entwickeltes Ballspiel für Mannschaften mit sieben Spielern

Net|su|ke [...ke] *die;* -, -[s], auch *das;* -[s], -[s] ⟨aus gleichbed. *jap.* netsuke⟩: in Japan kleine, knopfartige Holz- od. Elfenbeinplastik am Gürtel zum Befestigen kleiner Gegenstände

net|to ⟨aus gleichbed. *it.* netto, eigtl. „gereinigt, unvermischt", dies aus *lat.* nitidus „glänzend"⟩: rein, nach Abzug, ohne Verpackung (Wirtsch., Handel). **Net|to...**: Wortbildungselement aus dem Gebiet der Wirtschaft u. des Handels mit der Bedeutung „rein, nach Abzug, ohne Verpackung", z. B. Nettogewicht, Nettopreis. **net|to à point** [- a 'pɔɛ̃:] ⟨zu *fr.* à point, eigtl. „auf den Punkt"⟩: 1. Bezahlung einer geschuldeten Summe durch mehrere nach dem Wunsch des Gläubigers auszustellende Teilwechsel od. andere Schuldurkunden, die zusammen der geschuldeten Summe entsprechen. 2. Einberechnung der Spesen in eine Hauptsumme im Gegensatz zur Erhöhung der Hauptsumme um die Spesen. **net|to cas|sa** [- k...] ⟨zu *it.* cassa, vgl. Kasse⟩: bar u. ohne jeden Abzug. **Net|to|ge|wicht** *das;* -[e]s, -e: Reingewicht einer Ware ohne Verpackung. **Net|to|preis** *der;* -es, -e: Endpreis einer Ware, von dem keinerlei Abzug mehr möglich ist. **Net|to|pro|duk|ti|ons|in|dex** *der;* Gen. - u. -es, Plur. -e u. ...indizes [...tse:s]: eine statistische Meßzahl, die die wirtschaftliche Produktionsentwicklung charakterisiert u. eine wichtige Grundlage für die Berechnung der Arbeitsproduktivität bildet. **Net|to|re|gi**-**ster|ton|ne** *die;* -, -n: Raummaß im Seewesen zur Bestimmung des Schiffsraumes, der für die Ladung zur Verfügung steht; Abk.: NRT. **Net|to|re|pro|duk|ti|ons|zif|fer** *die;* -, -n: statistisches Maß für das Wachstum einer Bevölkerung, berechnet aus dem Verhältnis von Geburtenniveau u. Sterblichkeit. **Net|to|so|zi|al|pro|dukt** *das;* -[e]s, -e: ↑ Bruttosozialprodukt abzüglich der Abschreibungen

Net|work ['nɛtwə:k] *das;* -[s], -s ⟨aus gleichbed. *engl.* network, eigtl. „Netzwerk"⟩: 1. Rundfunkverbundsystem zur großflächigen Verteilung von Hörfunk- u. Fernsehprogrammen od. Einzelsendungen durch Zusammenschalten mehrerer Sender od. Umsetzer. 2. Datenverbundsystem, das den Datenaustausch zwischen mehreren, voneinander unabhängigen Geräten ermöglicht (EDV)

neu|apo|sto|lisch ⟨zu ↑ apostolisch⟩: einer aus den ↑ katholisch-apostolischen Gemeinden hervorgegangenen Religionsgemeinschaft angehörend, deren Bekenntnis entsprechend

Neu|me *die;* -, -n (meist Plur.) ⟨aus *mlat.* neuma „Melodie, Note", dies aus *gr.* neũma, eigtl. „Wink"⟩: vor der Erfindung der Notenschrift im Mittelalter übliches Notenhilfszeichen. **neu|mie|ren** ⟨zu ↑ ...ieren⟩: eine Musik in Neumen niederschreiben; einen Text mit Neumen versehen

Neu|mi|nu|te *die;* -, -n ⟨zu ↑ Minute⟩: hundertster Teil eines ↑ Gons (Math.)

Neu|pla|to|nis|mus *der;* - ⟨zu ↑ Platonismus⟩: bedeutende Strömung der griech. Philosophie zwischen 200 u. 500 n. Chr., die eine Weiterbildung der Philosophie Platons darstellte, wobei auch anderes philosophisches u. mystisches Gedankengut eingeflossen ist

neur..., Neur... vgl. neuro..., Neuro... **neu|ral** ⟨aus gleichbed. *nlat.* neuralis zu *gr.* neũron „Nerv" u. ↑ ¹...al (1)⟩: einen Nerv, die Nerven betreffend, vom Nervensystem ausgehend (Med.). **Neur|al|gie** *die;* -, ...ien ⟨zu ↑ neuro... u. ↑ ...algie⟩: in Anfällen auftretender Schmerz im Ausbreitungsgebiet bestimmter Nerven ohne nachweisbare entzündliche Veränderungen od. Störung der ↑ Sensibilität (2; Med.). **neur|al|gi|form** ⟨zu ↑ ...form⟩: einer Neuralgie ähnlich (von Krankheitszeichen od. Krankheiten; Med.). **Neur|al|gi|ker** *der;* -s, -: an Neuralgie Leidender (Med.). **neur|al|gisch**: 1. auf Neuralgie beruhend, für sie charakteristisch (Med.). 2. a) sehr problematisch, kritisch; b) besonders empfindlich, reizbar. **Neu|ral|lei|ste** *die;* -, -n ⟨zu ↑ neural⟩: embryonales Gewebe, aus dem sich u. a. ↑ Neuronen entwickeln. **Neu|ral|me|di|zin** *die;* -: Richtung der Erfahrungsmedizin, die davon ausgeht, daß jede Zell- u. Organfunktion u. somit auch jede krankhafte Veränderung im Organismus ihren Ursprung im Nervensystem hat. **Neu|ral|pa|tho|lo|gie** *die;* -: wissenschaftliche Theorie, nach der die krankhaften Veränderungen im Organismus vom Nervensystem ausgehen (Med.). **Neu|ral|the|ra|peut** *der;* -en, -en: jmd., der Neuraltherapie anwendet. **Neu|ral|the|ra|pie** *die;* -: Behandlungsmethode zur Beeinflussung von Krankheiten bzw. zur Ausschaltung von Störherden durch Einwirkung auf das örtliche Nervensystem (Med.). **Neur|apra|xie** *die;* -, ...ien ⟨zu ↑ neuro... u. *gr.* apraxía „Untätigkeit"⟩: leichtere Nervenverletzung od. -schädigung mit vorübergehenden Ausfallserscheinungen (Med.). **Neur|asthe|nie** *die;* -, ...ien: 1. (Plur. selten) leichte Erregbarkeit des Nervensystems infolge körperlicher u. seelischer Überforderung; Nervenschwäche (Med.). 2. Erschöpfung nervöser Art. **Neur|asthe|ni|ker** *der;* -s, -: an Neurasthenie Leidender (Med.). **neur|asthe|nisch**: 1. die Neurasthenie betreffend, auf ihr beruhend (Med.). 2. nervenschwach. **Neur|ek|to|mie** *die;* - ⟨zu ↑ ...ektomie⟩: das

Herausschneiden eines Nervs od. Nervenstücks zur Heilung einer Neuralgie (Med.). **Neur|ex|aire|se** *die;* -, -n ⟨zu *gr.* exaíresis „das Heraus-, Wegnehmen"⟩: operative Entfernung (Herausreißen od. Herausdrehen) eines schmerzüberempfindlichen, erkrankten Nervs (Med.). **neu|ri...,** **Neu|ri...** vgl. neuro..., Neuro... **Neu|ri|lemm** u. **Neu|ri|lem|ma** *das;* -s, ...lemmen ⟨zu ↑neuro... u. *gr.* lémma „Rinde, Schale"⟩: aus Bindegewebe bestehende Hülle der Nervenfasern; Nervenscheide (Med., Biol.). **Neu|rin** *das;* -s ⟨zu ↑...in (1)⟩: starkes Fäulnisgift. **Neur|inom** *das;* -s, -e ⟨zu *gr.* ís, Gen. inós „Sehne, Gewebefaser" u. ↑...om⟩: von den Zellen der Nervenscheide ausgehende, meist gutartige Nervenfasergeschwulst (Med.). **Neu|rit** *der;* -en, -en ⟨vgl. ³...it⟩: oft lang ausgezogener, der Reizleitung dienender Fortsatz der Nervenzellen (Med., Biol.). **Neu|ri|tis** *die;* -, ...itiden ⟨zu ↑...itis⟩: akute od. chronische Erkrankung der peripheren Nerven mit entzündlichen Veränderungen, häufig auch mit degenerativen Veränderungen des betroffenen Gewebes u. Ausfallserscheinungen (wie partiellen Lähmungen); Nervenentzündung (Med.). **neu|ri|tisch:** auf einer Neuritis beruhend, das Krankheitsbild einer Neuritis zeigend (Med.). **neu|ro..., Neu|ro...,** selten neuri..., Neuri..., vor Vokalen auch neur..., Neur... ⟨aus *gr.* neũron „Sehne, Flechse, Nerv"⟩: Wortbildungselement mit der Bedeutung „Nerv; Nervengewebe; Nervensystem", z. B. Neurologie, Neurilemm, Neuralgie. **Neu|ro|ana|to|mie** [auch 'nɔyro...] *die;* -: ↑Anatomie der Nerven bzw. des Nervensystems (Med.). **Neu|ro|bio|lo|gie** [auch 'nɔyro...] *die;* -: ↑interdisziplinäre Forschungsrichtung, die sich die Aufklärung von Struktur u. Funktion des Nervensystems zum Ziel gesetzt hat. **Neu|ro|blast** *der;* -en, -en ⟨zu *gr.* blastós „Sproß, Trieb"⟩: unausgereifte Nervenzelle (Vorstufe der Nervenzellen; Med., Biol.). **Neu|ro|bla|stom** *das;* -s, -e: 1. Geschwulst aus Neuroblasten (Med.). 2. svw. Neurom (Med.). **Neu|ro|che|mie** [auch 'nɔyro...] *die;* -: Wissenschaft von den chemischen Vorgängen, die in Nervenzellen ablaufen u. die Erregungsreaktionen auslösen (Med.). **Neu|ro|chip** [...tʃɪp] *der;* -s, -s: eine Form des ↑Biochips, die ähnlich wie eine Nervenzelle des menschlichen Gehirns funktionieren soll. **Neu|ro|chir|urg** [auch 'nɔyro...] *der;* -en, -en: Facharzt auf dem Gebiet der Neurochirurgie. **Neu|ro|chir|ur|gie** [auch 'nɔyro...] *die;* -: Spezialgebiet der Chirurgie, das alle operativen Eingriffe am Zentralnervensystem umfaßt. **neu|ro|chir|ur|gisch** [auch 'nɔyro...]: die Neurochirurgie betreffend, mit den Mitteln der Neurochirurgie. **Neu|ro|cra|ni|um** [...'kra:...] u. Neurokranium *das;* -s, ...ia: Teil des Schädels, der das Gehirn umschließt (Med., Biol.). **Neu|ro|der|ma|to|se** *die;* -, -n: nervöse Hauterkrankung (Med.). **Neu|ro|der|mi|tis** *die;* -, ...itiden: zu den ↑Ekzemen zählende entzündliche, auf nervalen Störungen beruhende chronische Hauterkrankung mit Bläschenbildung u. ↑Lichenifikation; Juckflechte (Med.). **neu|ro|en|do|krin:** durch nervale Störungen u. Störungen der inneren Sekretion bedingt (Med.). **Neu|ro|en|do|kri|no|pa|thie** *die;* -, ...ien ⟨zu ↑...pathie⟩: Krankheit, die durch nervale u. endokrine Störungen bedingt ist (Med.). **Neu|ro|epi|thel** *das;* -s, -e: ↑epithelialer Zellverband aus Sinneszellen (Med.). **Neu|ro|epi|the|li|om** *das;* -s, -e: meist bösartige Geschwulst ausgehend an der Netzhaut des Auges od. im Gehirn; Med.). **Neu|ro|fi|bril|le** *die;* -, -n (meist Plur.): feinste Nervenfaser (Med., Biol.). **Neu|ro|fi|brom** *das;* -s, -e: gutartige Geschwulst im Bereich peripherer Nerven, die sich aus bindegewebigen Anteilen des Nervengewebes aufbaut (Med.). **neu|ro|gen** ⟨zu ↑...gen⟩: von den Nerven ausgehend (Med.). **Neu|ro|glia** *die;* - ⟨zu *gr.* glía „Leim"⟩: bindegewebige Stützsubstanz des Zentralnervensystems (Med., Biol.). **Neu|ro|gli|om** *das;* -s, -e ⟨zu ↑...om⟩: vom Neurogliagewebe ausgehende gutartige Geschwulst (Med.). **Neu|ro|gramm** *das;* -s, -e ⟨zu ↑...gramm⟩: Aufzeichnung der Nervenleitgeschwindigkeit (Med.). **Neu|ro|gra|phie** *die;* -, ...ien ⟨zu ↑...graphie⟩: Verfahren zur Aufzeichnung der Nervenleitgeschwindigkeit (Med.). **Neu|ro|hor|mon** [auch 'nɔyro...] *das;* -s, -e: hormonartiger, körpereigener Wirkstoff (Gewebshormon) des vegetativen Nervensystems, der für die Reizweiterleitung von Bedeutung ist (z. B. Adrenalin; Med.). **Neu|ro|in|for|ma|tik** *die;* -: Arbeitsgebiet der ↑Informatik, das die menschlichen Gehirnstrukturen für die Computertechnik zu nutzen sucht. **Neu|ro|kra|ni|um** vgl. Neurocranium. **Neu|ro|lemm** u. **Neu|ro|lem|ma** *das;* -s, ...lemmen ⟨zu *gr.* lémma „Rinde, Schale"⟩: svw. Neurilemm. **Neu|ro|lep|sie** *die;* -, ...ien ⟨zu *gr.* lēpsis „Anfall"⟩: Verminderung der psychischen Spannung durch Verabreichung eines Neuroleptikums (Med.). **Neu|ro|lep|ti|kum** *das;* -s, ...ka (meist Plur.) ⟨zu ↑...ikum⟩: zur Behandlung von Psychosen angewandtes Arzneimittel, das die motorische Aktivität hemmt, Erregung u. Aggressivität dämpft u. das vegetative Nervensystem beeinflußt (Med., Pharm.). **neu|ro|lep|tisch:** erregungshemmend (von Arzneimitteln; Med.). **Neu|ro|lin|gui|stik** [auch 'nɔyro...] *die;* -: Wissenschaft von den Wechselbeziehungen, die zwischen den klinisch-anatomischen u. der linguistischen ↑Typologie (1) der ↑Aphasie (1) bestehen; Sprachpathologie. **neu|ro|lin|gui|stisch** [auch 'nɔyro...]: die Neurolinguistik betreffend. **Neu|ro|lo|ge** *der;* -n, -n ⟨zu ↑...loge⟩: Facharzt auf dem Gebiet der Neurologie (2); Nervenarzt. **Neu|ro|lo|gie** *die;* - ⟨zu ↑...logie⟩: 1. Wissenschaft vom Aufbau u. Funktion des Nervensystems. 2. Wissenschaft von den Nervenkrankheiten, ihrer Entstehung u. Behandlung. **neu|ro|lo|gisch** ⟨zu ↑...logisch⟩: 1. Aufbau u. Funktion des Nervensystems betreffend, zur Neurologie (1) gehörend, auf ihr beruhend. 2. die Nervenkrankheiten betreffend; zur Neurologie (2) gehörend, auf ihr beruhend. **Neu|ro|ly|se** *die;* -, -n ⟨zu ↑...lyse⟩: operative Herauslösung von Nerven aus Narbengewebe (Med.). **Neu|rom** *das;* -s, -e ⟨zu ↑neuro... u. ↑...om⟩: aus einer Wucherung der Nervenfasern u. -zellen entstandene Geschwulst (Med.). **Neu|ro|mo|du|la|tor** *der;* -s, ...oren: körpereigene Substanz, die die Erregungsbereitschaft der Neuronen erhöhen od. herabsetzen kann (Med.). **Neu|ro|myo|si|tis** *die;* -, ...itiden ⟨Kurzbildung aus ↑Neuritis u. ↑Myositis⟩: akute Nerven- u. Muskelentzündung (Med.). **Neu|ron** *das;* -s, Plur. ...onen, auch ...one ⟨aus *gr.* neũron „Sehne, Flechse, Nerv"⟩: Nerveneinheit, Nervenzelle mit Fortsätzen (Med., Biol.). **neu|ro|nal** ⟨zu ↑¹...al (1)⟩: ein Neuron betreffend, von einem Neuron ausgehend (Med., Biol.). **Neu|ro|päd|ia|trie** [auch 'nɔyro...] *die;* -: Teilgebiet der ↑Pädiatrie, das sich mit nervalen Vorgängen u. Nervenkrankheiten befaßt. **Neu|ro|path** *das;* -en, -en ⟨zu ↑...path⟩: jmd., der an einer Neuropathie leidet (Med.). **Neu|ro|pa|thie** *die;* -, ...ien ⟨zu ↑...pathie⟩: Nervenleiden, -krankheit, bes. anlagebedingte Anfälligkeit des Organismus für Störungen im Bereich des vegetativen Nervensystems (Med.). **neu|ro|pa|thisch:** die Neuropathie betreffend, auf Neuropathie beruhend (Med.). **Neu|ro|pa|tho|lo|ge** [auch 'nɔyro...] *der;* -n, -n: Arzt mit Spezialkenntnissen auf dem Gebiet der Neuropathologie; Nervenarzt. **Neu|ro|pa|tho|lo|gie** [auch 'nɔyro...] *die;* -: Teilgebiet der ↑Pathologie, das sich mit den krankhaften Vorgängen u. Veränderungen des Nervensystems u. mit den Nervenkrankheiten befaßt. **neu|ro|pa|tho|lo|gisch** [auch 'nɔyro...]: die Neuro-

Neuropharmakologie

pathologie betreffend, zu ihr gehörend. **Neu|ro|phar|ma|ko||lo|gie** [auch 'nɔyro...] *die;* -: Teilgebiet der Pharmakologie, das sich mit der Wirkung von Pharmaka auf das Nervensystem u. das neurosekretorisch beeinflußte Gewebe befaßt. **Neu|ro|phar|ma|kon** *das;* -s, ...ka: Arzneimittel, das das Nervensystem beeinflußt. **Neu|ro|phy|sio|lo|ge** [auch 'nɔyro...] *der;* -n, -n: Wissenschaftler auf dem Gebiet der Neurophysiologie. **Neu|ro|phy|sio|lo|gie** [auch 'nɔyro...] *die;* -: ↑ Physiologie des Nervensystems. **neu|ro|phy|sio|lo|gisch** [auch 'nɔyro...]: die Neurophysiologie betreffend, zu ihr gehörend. **Neu|ro|ple|gi|kum** *das;* -s, ...ka (meist Plur.) ⟨zu gr. plēgḗ „Schlag" u. ↑...ikum⟩: (veraltet) svw. Neuroleptikum. **neu|ro|psy|chisch** [auch 'nɔyro...]: den Zusammenhang zwischen nervalen u. psychischen Vorgängen betreffend; für seelisch gehalten (von Nervenvorgängen; Psychol.). **Neu|ro|psy|cho|lo|ge** [auch 'nɔyro...] *der;* -n, -n: Wissenschaftler auf dem Gebiet der Neuropsychologie. **Neu|ro|psy|cho|lo|gie** [auch 'nɔyro...] *die;* -: Teilgebiet der ↑ Psychologie, das sich mit den Zusammenhängen von Nervensystem u. psychischen Vorgängen befaßt. **Neu|ro|pte|ren** *die* (Plur.) ⟨zu gr. pterón „Flügel"⟩: zusammenfassende systematische Bez. für die Netzflügler (Zool.). **Neu|ro|ra|dio|lo|gie** [auch 'nɔyro...] *die;* -: Teilgebiet der medizinischen ↑ Radiologie, das sich mit der röntgenologischen u. nuklearmedizinischen Diagnostik von Erkrankungen des Zentralnervensystems befaßt. **Neu|ro|re|ti|ni|tis** *die;* -, ...it|den: Entzündung der Sehnerven u. der Netzhaut des Auges (Med.). **Neu|ro|se** *die;* -, -n ⟨aus gleichbed. engl. neurosis zu gr. neũron „Sehne, Flechse, Nerv" u. ↑¹...ose⟩: durch unverarbeitete seelische Konflikte mit der Umwelt entstandene krankhafte, aber heilbare Verhaltensanomalie mit seelischen Ausnahmezuständen u. verschiedenen körperlichen Funktionsstörungen ohne organische Ursachen (Med.). **Neu|ro|se|kret** [auch 'nɔyro...] *das;* -[e]s, -e ⟨zu ↑neuro...⟩: hormonales Sekret von Nervenzellen (bei Gliederfüßern z. B. enthält es Hormone, die die Larvenhäutung regeln; Biol.). **Neu|ro|se|kre|ti|on** [auch 'nɔyro...] *die;* -, -en: Absonderung hormonaler Stoffe aus Nervenzellen (bei den meisten Wirbeltiergruppen u. beim Menschen; Biol.). **neu|ro|sen|so|risch** [auch 'nɔyro...]: einen an der Sinneswahrnehmung beteiligten Nerv betreffend; sich auf einen sensiblen Nerv beziehend (Physiol.). **Neu|ro|spas|mus** *der;* -, ...men: Nervenkrampf (Med.). **Neu|ro|spo|ra** *die* (Plur.) ⟨aus gleichbed. *nlat.* neurospora zu ↑ neuro... u. gr. sporá „das Säen, die Saat; der Samen"⟩: ↑ saprophytische Schlauchpilzgattung, deren raschwüchsige Arten (z. B. der Brotpilz) wichtige Forschungsobjekte der Genetik u. Biochemie sind. **Neu|ro|sy|phi|lis** [auch 'nɔyro...] *die;* -: allg. Bez. für syphilitische Prozesse im Nervensystem (Med.). **Neu|ro|ten|sin** *das;* -s, -e ⟨zu *lat.* tensus, Part. Perf. von tendere „spannen, ausdehnen", u. ↑...in (1)⟩: Gewebshormon, das u. a. die Magensäurebildung und die Darmbewegung anregt (Med.). **Neu|ro|thy|mo|lep|ti|kum** *das;* -s, ...ka (meist Plur.) ⟨Kurzw. aus ↑Neuroleptikum u. ↑ Thymoleptikum⟩: Arzneimittel, das Antrieb, Affektivität u. ↑psychomotorische Funktionen dämpft, die Gemütsverfassung aber hebt (Med.). **Neu|ro|ti|ker** *der;* -s, - ⟨zu ↑neurotisch⟩: jmd., der an einer Neurose leidet (Med.). **Neu|ro|ti|ke|rin** *die;* -, -nen: weibliche Form zu ↑Neurotiker. **Neu|ro|ti|sa|ti|on** *die;* - ⟨zu ↑...isation⟩: 1. operative Einpflanzung eines Nervs in einen gelähmten Muskel (Med.). 2. Regeneration, Neubildung eines durchtrennten Nervs (Med.). **neu|ro|tisch** ⟨zu ↑Neurose u. ↑...otisch⟩: a) auf einer Neurose beruhend, im Zusammenhang mit ihr stehend; b) an einer Neurose leidend. **neu|ro|ti|sie|ren** ⟨zu ↑...isieren⟩: eine Neurose hervorrufen. **Neu|ro|ti|zis|mus** *der;* - ⟨zu ↑...izismus⟩: Gesamtverfassung, die durch emotionale Labilität, Schüchternheit u. Gehemmtheit charakterisiert ist (Med.). **Neu|ro|tom** *das;* -s, -e ⟨zu *gr.* ↑neuro... u. tomós „schneidend", dies zu témnein „schneiden"⟩: feines Skalpell zur Durchführung neurochirurgischer Operationen (Med.). **Neu|ro|to|mie** *die;* -, ...ien ⟨zu ↑...tomie⟩: Nervendurchtrennung (zur Schmerzausschaltung, bes. bei einer Neuralgie; Med.). **Neu|ro|to|nie** *die;* -, ...ien ⟨zu gr. tónos „das Spannen" u. ↑²...ie⟩: Nervendehnung, -lockerung (bes. zur Schmerzlinderung, z. B. bei Ischias; Med.). **Neu|ro|to|xi|ko|se** *die;* -, -n: auf Gifteinwirkung beruhende Schädigung des Nervensystems (Med.). **Neu|ro|to|xin** *das;* -s, -e (meist Plur.): Stoff (z. B. Bakteriengift), der eine schädigende Wirkung auf das Nervensystem hat; Nervengift (Med.). **neu|ro|to|xisch**: das Nervensystem schädigend (von bestimmten Stoffen; Med.). **Neu|ro|to|xi|zi|tät** *die;* - ⟨zu ↑...izität⟩: das Nervensystem schädigende Eigenschaft von Substanzen (Pharm., Med.). **Neu|ro|trans|mit|ter** [auch 'nɔyro...] *der;* -s, - (meist Plur.): Bez. für neurogen gebildete Substanzen, die an den ↑ Synapsen im Nervengewebe den Nervenimpuls auf chem. Weg an die nächste Nervenzelle weiterleiten (Med.). **Neu|ro|trip|sie** *die;* -, ...ien ⟨zu gr. trĩpsis „das Reiben, die Reibung" (zu tríbein „reiben") u. ↑²...ie⟩: Nervenquetschung, Druckschädigung eines Nervs durch Unfall, Prothesen o. ä. (Med.). **neu|ro|trop** ⟨zu ↑...trop⟩: auf Nerven gerichtet, das Nervensystem beeinflussend (Med.). **Neu|ro|tro|pi|kum** *das;* -, ...ka (meist Plur.) ⟨zu ↑...ikum⟩: neurotropes Arzneimittel (Med.). **neu|ro|vas|ku|lär** [...v...]: das Nervensystem u. das Gefäßsystem betreffend (Med.). **neu|ro|ve|ge|ta|tiv** [...v...], auch 'nɔyro...]: das ↑vegetative Nervensystem betreffend, zum vegetativen Nervensystem gehörend (Med.). **neu|ro|zir|ku|la|to|risch** ⟨zu ↑Zirkulation⟩: das Nervensystem u. den Kreislauf betreffend, vom Nervensystem u. vom Kreislauf ausgehend (Med.). **Neu|ro|zyt** *der;* -en, -en (meist Plur.) ⟨zu ↑...zyt⟩: Nervenzelle, Zellelement des Nervengewebes, bestehend aus dem Zellkörper sowie aus den ↑ Dendriten (2) u. den ↑Neuriten (Med.). **Neu|ru|la** *die;* - ⟨aus gleichbed. *nlat.* neurula zu gr. neũron, vgl. Neuron⟩: auf die ↑Gastrula folgendes Entwicklungsstadium der Wirbeltiere, das durch erste sichtbare Differenzierungen des künftigen Nervengewebes gekennzeichnet ist (Biol.)

Neu|ston *das;* -s ⟨aus gr. neustón „das Schwimmende", substantiviertes Neutrum von neustós „schwimmend"⟩: Gesamtheit mikroskopisch kleiner Lebewesen auf dem Oberflächenhäutchen stehender Gewässer (z. B. die sogenannten Wasserblüten; Biol.)

Neu|tra: Plur. von ↑Neutrum. **neu|tral** ⟨über *mlat.* neutralis „keiner Partei angehörend" aus *spätlat.* neutralis „sächlich (in der Grammatik)" zu *lat.* neuter „keiner von beiden", vgl. Neutrum⟩: 1. a) unparteiisch, unabhängig, nicht an eine Interessengruppe, Partei o. ä. gebunden; b) keinem Staatenbündnis angehörend; nicht an einem Krieg, Konflikt o. ä. zwischen anderen Staaten teilnehmend. 2. sächlich, sächlichen Geschlechts (Sprachw.). 3. [nicht auffällig u. daher] zu allem passend, nicht einseitig festgelegt (z. B. von einer Farbe). 4. a) weder basisch noch sauer reagierend (z. B. von einer Lösung); b) weder positiv noch negativ reagierend (z. B. von Elementarteilchen; Chem.). 5. weder positiv noch negativ elektrisch geladen (Phys.). **...neu|tral** ⟨zu ↑neutral⟩: Wortbildungselement mit den Bedeutungen: a) „auf etw. keinen Einfluß habend, sich nicht auswirkend", z. B. kostenneutral, produktneutral, u. b) „von etw. nicht bestimmt od. betroffen, etw. nicht habend", z. B. geruchsneutral, geschlechtsneutral. **Neu|tra|le** *der;* -n, -n: (Jargon) Schiedsrichter (bei Sportspielen). **Neu|tra|li|sa|ti|on** *die;* -, -en ⟨aus gleichbed. *fr.* neutralisation; vgl. neutral⟩: 1. svw. Neutralisierung (1). 2. Aufhebung der Säurewirkung durch Zugabe von Basen u. umgekehrt (Chem.). 3. Aufhebung, gegenseitige Auslöschung von Spannungen, Kräften, Ladungen u. a. (Phys.). 4. vorübergehende Unterbrechung eines Rennens, bes. beim Sechstagerennen der tägliche, für eine bestimmte Zeit festgesetzte Stillstand des Rennens (Sport); vgl. ...[at]ion/...ierung. **Neu|tra|li|sa|ti|ons|test** *der;* -[e]s, Plur. -s, auch -e: ↑ serologisches Verfahren zur Bestimmung von Antigenen u. Antikörpern od. zur Erprobung der Wirksamkeit von Seren durch Prüfung der Reaktion am lebenden Gewebe (Kultur, Versuchstier). **neu|tra|li|sie|ren** ⟨aus gleichbed. *fr.* neutraliser⟩: 1. unwirksam machen, eine Wirkung, einen Einfluß aufheben, ausschalten. 2. einen Staat durch Vertrag zur Neutralität verpflichten (Rechtsw.). 3. ein [Grenz]gebiet von militärischen Anlagen u. Truppen räumen, frei machen (Mil.). 4. bewirken, daß eine Lösung weder basisch noch sauer reagiert (Chem.). 5. Spannungen, Kräfte, Ladungen u. a. aufheben, gegenseitig auslöschen (Phys.). 6. ein Rennen unterbrechen, für eine bestimmte Zeit nicht bewerten (Sport). **Neu|tra|li|sie|rung** *die;* -, -en ⟨zu ↑...isierung⟩: 1. Aufhebung einer Wirkung, eines Einflusses. 2. einem Staat durch Vertrag auferlegte Verpflichtung zur Neutralität bei kriegerischen Auseinandersetzungen (Rechtsw.). 3. Räumung bestimmter [Grenz]gebiete von militärischen Anlagen u. Truppen (Mil.); vgl. ...[at]ion/...ierung. **Neu|tra|lis|mus** *der;* - ⟨zu ↑ neutral u. ↑...ismus (2)⟩: Grundsatz der Nichteinmischung in fremde Angelegenheiten (vor allem in der Politik); Politik der Blockfreiheit. **Neu|tra|list** *der;* -en, -en ⟨zu ↑...ist⟩: Verfechter u. Vertreter des Neutralismus. **neu|tra|li|stisch** ⟨zu ↑...istisch⟩: den Grundsätzen des Neutralismus folgend; blockfrei. **Neu|tra|li|tät** *die;* - ⟨z. T. unter Einfluß von *fr.* neutralité aus gleichbed. *mlat.* neutralitas, Gen. neutralitatis⟩: a) unparteiische Haltung, Nichteinmischung, Nichtbeteiligung; b) die Nichtbeteiligung eines Staates an einem Krieg od. Konflikt. **Neu|tra|li|täts|po|li|tik** *die;* -: auf die Erreichung u. Erhaltung der Neutralität in einer bestimmten internationalen Konstellation gerichtete Politik. **Neu|tren:** Plur. von ↑ Neutrum. **Neu|tri|no** *das;* -s, -s ⟨aus gleichbed. *it.* neutrino, eigtl. „kleines Neutron", vgl. Neutron⟩: masseloses Elementarteilchen ohne elektrische Ladung (Phys.). **Neu|tri|no|astro|no|mie** *die;* -: astrophys. Forschungsgebiet, das von Himmelskörpern, insbesondere der Sonne, ausgehenden Neutrinoströme untersucht. **Neutron** *das;* -s, ...onen ⟨aus gleichbed. *engl.* neutron (zu *lat.* neuter, vgl. neutral), Analogiebildung zu ↑ ¹Elektron⟩: Elementarteilchen ohne elektrische Ladung u. mit der Masse des Wasserstoffkerns; Zeichen n (Phys.). **Neu|tro|nen|bom|be** vgl. Neutronenwaffe. **Neu|tro|nen|ge|ne|ra|tor** *der;* -s, -en: Gerät zur Erzeugung schneller Neutronen durch Beschuß von Materie mit beschleunigten Teilchen (Kernphys.). **Neu|tro|nen|waf|fe** *die;* -, -n: Kernwaffe, die bei verhältnismäßig geringer Sprengwirkung eine extrem starke Neutronenstrahlung auslöst u. dadurch bes. Lebewesen schädigt od. tötet, Objekte dagegen weitgehend unbeschädigt läßt. **neu|tro|phil** ⟨zu ↑ neutral u. ↑...phil⟩: mit chemisch neutralen Stoffen leicht färbbar, besonders empfänglich für neutrale Farbstoffe (z. B. von Leukozyten; Med.). **Neu|tro|phi|lie** *die;* -, ...ien ⟨zu ↑...philie⟩: übermä-

ßige Vermehrung der neutrophilen weißen Blutkörperchen (Med.). **Neu|trum** *das;* -s, Plur. ...tra, auch ...tren ⟨aus *lat.* neutrum (genus) „keines von beiden (Geschlechtern)" zu neuter „keiner von beiden", dies zu ne- „nicht" u. uter „einer von beiden"⟩: sächliches Substantiv (z. B. das Kind); Abk.: n., N., Neutr.

Ne|va|do [ne'vaðo] ⟨aus *span.* nevado „schneebedeckter Gipfel"⟩: Bestandteil von Bergnamen in Lateinamerika, z. B. Nevado de Colina

Ne|veu [nə'vøː] *der;* -s, -s ⟨aus gleichbed. *fr.* neveu⟩: (veraltet, noch scherzh.) Neffe

New Age ['njuː 'eɪdʒ; - - ⟨aus *engl.* new age „neues Zeitalter"⟩: neues Zeitalter als Inbegriff eines von verschiedenen spirituell-religiösen Strömungen u. alternativen Bewegungen vertretenen neuen integralen Weltbildes zur ganzheitlichen Lösung der globalen Menschheitsprobleme. **New|co|mer** ['njuːkʌmə] *der;* -[s], -[s] ⟨aus gleichbed. *engl.* newcomer, eigtl. „Neuankömmling, Neuling"⟩: jmd., der noch nicht lange bekannt, etwas, was noch neu ist [aber schon einen gewissen Erfolg hat]; Neuling. **New Criticism** ['njuː 'krɪtɪsɪzm] *der;* - - ⟨aus gleichbed. *engl.-amerik.* new criticism, eigtl. „neue Kritik"⟩: eine vorwiegend formalästhetisch wertende Form der Literaturkritik in den USA u. in England. **New Deal** ['njuː 'diːl] *der;* - - ⟨aus gleichbed. *engl.-amerik.* New Deal, eigtl. „neues Austeilen, neues Geben der Karten", d. h. jeder Mitspieler erhält erneut die Chance zu gewinnen⟩: das wirtschafts- u. sozialpolitische Reformprogramm des ehemaligen amerik. Präsidenten F. D. Roosevelt. **New Look** ['njuː 'lʊk] *der;* - -[s] ⟨aus gleichbed. *engl.-amerik.* new look, eigtl. „neues Aussehen"⟩: neue Linie, neuer Stil (z. B. in der Mode). **New-Or|leans-Jazz** [njuː'ɔːlɪənzdʒæz, auch ...ɔːˈliːnz...] *der;* - ⟨aus *amerik.* New Orleans jazz, vgl. Jazz⟩: frühester, improvisierender Jazzstil der Afroamerikaner in u. um New Orleans; vgl. Chikago-Jazz. **News** [njuːz] *die* (Plur.) ⟨aus *engl.* news „Nachricht(en), Neuigkeit(en)"⟩: [sensationelle] Neuigkeiten, Nachrichten, Meldungen (häufig als Name engl. Zeitungen)

New|ton ['njuːtn] *das;* -s, - ⟨aus gleichbed. *engl.* newton, nach dem engl. Physiker Sir I. Newton, 1643–1727⟩: Maßeinheit der Kraft; Zeichen N. **New|ton|me|ter** ['njuːtn...] *das;* -s, - ⟨zu ↑ Meter⟩: Maßeinheit des Kraftmoments; Zeichen Nm. **New|ton|se|kun|de** *die;* -, -n: Maßeinheit des Kraftimpulses; Zeichen Ns

New Wave ['njuː 'weɪv] - - ⟨aus *engl.* new wave, eigtl. „neue Welle"⟩: Mitte der 1970er Jahre aufgekommene Richtung in der ↑ Rockmusik, die durch einfachere Formen (z. B. in der Instrumentierung, im Arrangement), durch Verzicht auf Perfektion u. durch zeitgemäße Texte gekennzeichnet ist

Ne|xus *der;* - - ['nɛksuːs] ⟨aus *lat.* nexus „das Zusammenknüpfen" zu nectere „binden, (ver)knüpfen"⟩: Zusammenhang, Verbindung, Verflechtung

Ne|zes|si|tät *die;* -, -en ⟨aus gleichbed. *lat.* necessitas, Gen. necessitatis⟩: (veraltet) Notwendigkeit

Ngo|ko *das;* -[s] ⟨aus dem Jav.⟩: Sprache der Unterschicht auf Java; Ggs. ↑ Kromo

Nia|cin [...'tsiːn] *das;* -s ⟨Kunstw.; vgl. ...in (1)⟩: svw. Nikotinsäure

Ni|ai|se|rie [niɛzə...] *die;* -, ...ien ⟨aus gleichbed. *fr.* niaiserie zu niais „albern", eigtl. „unerfahren (wie ein Nestvogel)", dies über *vulgärlat.* *nidax aus *lat.* nidus „Nest"⟩: (veraltet) Albernheit, Dummheit, Einfältigkeit

Nib|ble [nɪbl] *das;* -[s], -[s] ⟨aus gleichbed. *engl.* nibble, eigtl.

„Bissen, Happen"): die Hälfte eines ↑Bytes, d. h. eine Gruppe von vier ↑¹Bits (EDV)

Ni|blick *der;* -s, -s ⟨aus gleichbed. *engl.* niblick, weitere Herkunft unbekannt⟩: schwerer Golfschläger mit Eisenkopf (der z. B. dazu verwendet wird, den Ball aus sandigem Untergrund herauszuschlagen)

Ni|cae|num [ni'tsɛ:...] vgl. Nizänum

Ni|chi|ren|sek|te ['nitʃi...] vgl. Nitschirensekte

nicht|eu|kli|disch ⟨zu ↑euklidisch⟩: nicht auf den geometrischen Grundsätzen des Euklid beruhend; -e Geometrie: Geometrie, die sich in ihrem axiomatischen Aufbau von der Geometrie des Euklid bes. dadurch unterscheidet, daß sie das ↑Parallelenaxiom nicht anerkennt (z. B. die hyperbolische Geometrie, bei der die Winkelsumme im Dreieck stets kleiner ist als 180°, od. die elliptische Geometrie, die keine Parallelen kennt u. bei der die Winkelsumme im Dreieck stets größer ist als 180°; Math.); Ggs. ↑euklidische Geometrie

Nicke|lin¹ *der;* -s, -e ⟨zu *dt.* Nickel u. ↑...in (1)⟩: Rotnickelkies, ein Mineral mit körnigen, metallglänzenden, kupferroten Aggregaten

Nicki¹ *der;* -[s], -s ⟨nach der Kurzform des männlichen Vornamens Nikolaus⟩: Pullover aus plüschartigem Material

Ni|col ['niːkɔl] *das;* -s, -s ⟨aus gleichbed. *engl.* nicol (prism), nach dem engl. Physiker W. Nicol, 1768-1851⟩: aus zwei geeignet geschliffenen Teilprismen aus Kalkspat zusammengesetzter ↑Polarisator des Lichts; Polarisationsprisma (Optik)

Ni|co|tin [niko...] vgl. Nikotin

Ni|da|men|tal|drü|se *die;* -, -n (meist Plur.) ⟨zu *lat.* nidamentum „das zum Nestbau Erforderliche" (zu nidus „Nest") u. ↑¹...al (1)⟩: Drüse bei den weiblichen Tieren vieler Kopffüßer, deren klebriges Sekret zur Umhüllung u. Befestigung der Eier dient (Zool.). **Ni|da|ti|on** *der;* - ⟨aus gleichbed. *nlat.* nidatio zu *lat.* nidus „Nest"⟩: Einnistung des befruchteten Eies in die Gebärmutterschleimhaut (Med., Biol.). **Ni|da|ti|ons|hem|mer** *der;* -s, -: Empfängnisverhütungsmittel, dessen Wirkung darin besteht, eine Nidation zu verhindern (Med.)

Nid|dah *die;* - ⟨aus *hebr.* niddā „Unreinheit, Menstruation"⟩: die durch den Blutfluß bewirkte rituelle Unreinheit der menstruierenden Frau u. der Wöchnerin (nach jüdischem Ritus)

Ni|di|fi|ka|ti|on *die;* - ⟨aus gleichbed. *nlat.* nidificatio zu *lat.* nidificare, vgl. nidifizieren⟩: (veraltet) der Nestbau, das Nisten. **ni|di|fi|zie|ren** ⟨aus gleichbed. *lat.* nidificare zu nidus „Nest" u. facere „machen"⟩: (veraltet) Nester bauen, nisten. **ni|di|kol** ⟨zu *lat.* colere „(be)wohnen"⟩: vogelnestbewohnend (von in Vogelnestern lebenden Tieren, z. B. manchen Milben u. Flöhen; Biol.). **Ni|do|gen** *das;* -s, -e ⟨zu ↑...gen⟩: ↑Protein des Bindegewebes (Biochem.)

Nie|der|fre|quenz *die;* -, -en ⟨zu ↑Frequenz⟩: Bereich der elektrischen Schwingungen unterhalb der Mittelfrequenz (5000 bis 10000 Hertz)

ni|el|lie|ren [niɛ...] ⟨aus gleichbed. *it.* niellare zu niello, vgl. Niello⟩: in Metall (meist Silber od. Gold) gravierte Zeichnungen mit Niello (1) ausfüllen (Kunstw.). **Ni|el|lo** *das;* -[s], Plur. -s u. ...llen (bei Kunstwerken auch ...lli) ⟨aus gleichbed. *it.* niello zu *lat.* nigellus „schwärzlich", Verkleinerungsform von niger „schwarz"⟩: 1. Masse u. a. aus Blei, Kupfer u. Schwefel, die zum Ausfüllen einer in Metall eingravierten Zeichnung dient u. die sich als schwarze od. schwärzliche Verzierung von dem Metall abhebt (Kunstw.). 2. mit Niello (1) bearbeitete Metallzeichnung, mit Niello (1) verzierter Metallgegenstand (meist aus Silber od. Gold). 3. Abdruck einer zur Aufnahme von Niello (1) bestimmten gravierten Platte auf Papier

Niels|boh|ri|um *das;* -s ⟨nach dem dän. Physiker Niels Bohr (1885-1962) u. zu ↑...ium⟩: chem. Element, ein Transuran; Zeichen Ns

Ni|fe [auch 'niːfe] *das;* - ⟨Kurzw. aus *Ni*ckel u. *lat. fe*rrum „Eisen"⟩: im wesentlichen wahrscheinlich aus Eisen u. Nickel bestehende Materie des Erdkerns (Geol.). **Ni|fekern** *der;* -[e]s: Erdkern im Hinblick auf seine wahrscheinlichen wesentlichen Bestandteile Eisen u. Nickel (Geol.)

Ni|gaud [niˈgoː] *der;* -s, -s ⟨aus gleichbed. *fr.* nigaud, weitere Herkunft unsicher⟩: (veraltet) Einfaltspinsel. **Ni|gau|de|rie** *die;* -, ...ien ⟨aus gleichbed. *fr.* nigauderie⟩: (veraltet) Albernheit, Dummheit. **ni|gau|die|ren** ⟨aus gleichbed. *fr.* nigauder⟩: (veraltet) sich einfältig od. albern benehmen

Nig|ger *der;* -s, - ⟨aus gleichbed. *amerik.* nigger für älter (mundartl.) ne(e)ger, dies über im ↑nègre aus gleichbed. *span.* negro, vgl. negrid⟩: (abwertend) Neger

Night|club ['naɪtklʌb] *der;* -s, -s ⟨aus gleichbed. *engl.* nightclub; vgl. Klub⟩: Nachtbar, [exklusives] Nachtlokal

Ni|grin *der;* -s, -e ⟨zu *lat.* niger, Gen. nigri „schwarz" u. ↑...in (1)⟩: schwarze Varietät des ↑Rutils. **Ni|gro|mant** *der;* -en, -en ⟨aus gleichbed. *mlat.* nigromantus; vgl. Nigromantie⟩: Zauberer, Wahrsager, Magier. **Ni|gro|man|tie** *die;* - ⟨aus gleichbed. *mlat.* nigromantia, dies unter Anlehnung an *lat.* niger „schwarz" entstellt aus necromantia, vgl. Nekromantie⟩: Schwarze Kunst, Magie, Zauberei. **Ni|gro|sin** *das;* -s, -e ⟨zu *lat.* niger, Gen. nigri „schwarz" u. ↑...in (1)⟩: in der Leder- u. Textilindustrie vielfach verwendeter indigoähnlicher Farbstoff

ni|hil est in in|tel|lec|tu, quod non sit pri|us in sen|su [– – – – ˘ – – – – – – –] ⟨*lat.*; „nichts ist im Verstand, was nicht vorher in den Sinnesvermögen gewesen ist"⟩: erkenntnistheoretische Grundformel des philos. Sensualismus bzw. Empirismus (Philos.). **Ni|hi|lis|mus** *der;* - ⟨zu *lat.* nihil „nichts" u. ↑...ismus (1)⟩: a) [philos.] Anschauung, Überzeugung von der Nichtigkeit alles Bestehenden, Seienden; b) bedingungslose Verneinung aller Normen, Werte, Ziele. **Ni|hi|list** *der;* -en, -en ⟨zu ↑...ist⟩: Vertreter des Nihilismus; alles verneinender, auch zerstörerischer Mensch. **ni|hi|li|stisch** ⟨zu ↑...istisch⟩: a) in der Art des Nihilismus; b) verneinend, zerstörend. **Ni|hi|li|tät** *die;* - ⟨zu ↑...ität⟩: (veraltet) Nichtigkeit. **Ni|hil ob|stat** ⟨*lat.*⟩: es steht nichts im Wege (Unbedenklichkeitsformel der kath. Kirche für die Erteilung der Druckerlaubnis od. der ↑Missio canonica); vgl. Imprimatur (2)

Ni|hon|gi *der;* - ⟨aus *jap.* ni-hongi „Annalen von Nihon (= Japan)"⟩: erste jap. Reichsgeschichte, Quellenschrift des ↑Schintoismus (720 n. Chr.); vgl. Kodschiki

Ni|kol vgl. Nicol

Ni|ko|laus [auch 'niː...] *der;* -, Plur. -e, ugs. ...läuse ⟨nach einem als Heiliger verehrten Bischof von Myra, um 270 bis um 342 n. Chr.⟩: 1. als hl. Nikolaus verkleidete Person. 2. (ohne Plur.) mit bestimmten Bräuchen verbundener Tag des hl. Nikolaus (6. Dezember); Nikolaustag. 3. Geschenk [für Kinder] zum Nikolaustag. **Ni|ko|lo** *der;* -s, -s ⟨aus *it.* Niccolò „Nikolaus"⟩: (österr.) svw. Nikolaus

Ni|ko|tin, chem. fachspr. Nicotin [niko...] *das;* -s ⟨aus gleichbed. *fr.* nicotine zu nicotiana „Tabakspflanze", dies aus gleichbed. *nlat.* herba Nicotiana, nach dem franz. Gelehrten J. Nicot, um 1530-1600⟩: in den Wurzeln der Tabakpflanze gebildetes ↑Alkaloid, das sich in den Blättern ablagert u. beim Tabakrauchen als [anregendes] Genußmittel dient. **Ni|ko|ti|nis|mus** *der;* - ⟨zu ↑...ismus (3)⟩: durch übermäßige Aufnahme von Nikotin hervorgerufene Erkrankung des Nervensystems; Nikotinvergiftung. **Ni|ko|tin|säu|re** *die;* -: ein Bestandteil des Vitamin-B₂-Komplexes (Biochem.). **Ni|ko|tin|säu|re|amid** *das;* -s: zum Vitamin-B₂-Komplex gehörende Substanz, die vor allem gegen ↑Pellagra angewendet wird (Biochem.). **Nik|ta|ti|on** u. **Nik|ti|ta|ti|on** *die;* - ⟨aus *spätlat.* nictatio „das Zwinkern (mit den Augen)" zu nictare „zwinkern, blinzeln"⟩: Blinzelkrampf, durch eine schnelle Folge von Zuckungen gekennzeichneter Augenlidkrampf (Med.). **Nil|gau** *der;* -[e]s, -e ⟨aus gleichbed. *Hindi* nīlgāw, eigtl. „blaue Kuh"⟩: antilopenartiger, blaugrauer indischer Waldbock. **Ni|lo|ti|de** *der* u. *die;* -n, -n ⟨nach dem Fluß Nil u. zu ↑...ide⟩: Angehörige[r] eines schlanken, hochwüchsigen u. langbeinigen Menschenrassentyps mit sehr dunkler Haut (eine Unterform der Negriden). **nim|bie|ren** ⟨zu ↑ Nimbus u. ↑...ieren⟩: mit einem bestimmten Nimbus (2) umgeben; in seiner Bedeutung aufwerten. **nim|biert** ⟨zu ↑...iert⟩: mit einem Nimbus (1) versehen (Heraldik). **Nim|bo|stra|tus** *der;* -, ...ti ⟨zu *lat.* nimbus „Sturzregen; Regenwolke" u. ↑Stratus⟩: bis zu mehreren Kilometern mächtige, tiefhängende Regenwolke (Meteor.). **Nim|bus** *der;* -, -se ⟨aus gleichbed. *mlat.* nimbus, dies aus *lat.* nimbus „Sturzregen; Regenwolke; Nebelhülle, die die Götter umgibt"⟩: 1. Heiligenschein, bes. bei Darstellungen Gottes od. Heiliger; Gloriole. 2. Ruhmesglanz; Ansehen, Geltung. 3. (veraltet) svw. Nimbostratus. **Nim|bus|ef|fekt** *der;* -: Beeinflussung des Einzeleindrucks durch den nimbierenden Gesamteindruck, der z. B. in der Werbung durch Mitwirkung einer bekannten Persönlichkeit eintritt. **Ni|mie|tät** [nimje...] *die;* - ⟨aus gleichbed. *lat.* nimietas, Gen. nimietatis zu nimius „sehr groß, zu groß, übermäßig"⟩: (veraltet) Übermaß. **Nim|rod** [...rɔt] *der;* -s, -e [...ro:də] ⟨aus *hebr.* nimrōd, nach der biblischen Gestalt⟩: [leidenschaftlicher] Jäger. **Nin|hy|drin** *das;* -s ⟨Kunstw.; vgl. ...in (1)⟩: Reagenz zum Nachweis vor allem von ↑Aminosäuren, ↑Peptiden u. ↑Proteinen (Biochem.). **Ni|ob** u. **Niobium** *das;* -s ⟨nach der griech. Sagengestalt Niobe (gr. Nióbē), der Tochter des Tantalus (weil das Element zusammen mit ↑Tantal vorkommt); vgl. ...ium⟩: chem. Element, hellgraues, glänzendes Metall, das sich gut walzen u. schmieden läßt; Zeichen Nb. **Nio|bat** *das;* -s, -e (meist Plur.) ⟨zu ↑...at (2)⟩: Salz von Säuren mit fünfwertigem Niob im Molekül (Chem.). **Nio|bi|de** *der;* -n, -n u. *die;* -, -n ⟨zu ↑...ide⟩: Nachkomme der griech. Sagengestalt, Abkömmling der Niobe. **Nio|bit** [auch ...'bɪt] *der;* -s, -e ⟨zu ↑²...it⟩: ein Niob enthaltendes Mineral, schwarzglänzendes Metall. **Nio|bi|um** vgl. Niob. **Nio|po** *das;* - ⟨aus einer südamerik. Indianersprache⟩: Genußmittel, das aus pulverisierten Samen bestimmter Mimosengewächse besteht u. aus langen Rohren durch die Nase eingesogen wird. **Niph|ab|le|psie** *die;* -, ...ien ⟨zu *gr.* nípha „Schnee" u. ↑Ablepsie⟩: akute, nichtinfektiöse Bindehautentzündung infolge übermäßiger Einwirkung ultravioletter Strahlen auf die Augen; Schneeblindheit (Med.). **Nip|pes** [auch nɪps, nɪp] u. **Nipp|sa|chen** *die* (Plur.) ⟨zu älter *fr.* nippes „Putzsachen", weitere Herkunft unsicher⟩: kleine Ziergegenstände [aus Porzellan]. **Nir|wa|na** *das;* -[s] ⟨aus *sanskr.* nirvāṇa, eigtl. „das Erlöschen, Verwehen"⟩: im Buddhismus die völlige, selige Ruhe als erhoffter Endzustand. **Ni|san** u. **Nis|san** *der;* - ⟨aus *hebr.* nîsān „Frühlingsmonat"⟩: siebenter Monat im jüd. Jahr (März, April), Monat des ↑Passahs. **Ni|sus** *der;* -, - ['ni:zu:s] ⟨aus *lat.* nisus „Ansatz; Anstrengung; Schwung"⟩: Trieb (Med.). **Ni|sus for|ma|ti|vus** [–...'ti:vʊs] *der;* - - ⟨aus gleichbed. *(n)lat.* nisus formativus, eigtl. „gestaltende Kraft"⟩: Bildungstrieb, Lebenskraft jedes Menschen (Anthropol.). **Ni|sus se|xu|a|lis** *der;* - - ⟨aus gleichbed. *lat.* nisus sexualis⟩: Geschlechtstrieb (Med.). **Ni|ter** *der;* -s, - ⟨zu *lat.* nitrum „Soda, Natron", vgl. Nitrum⟩: ein farbloses, weißes od. graues Mineral, das als Ausblühung des Bodens vorkommt. **Ni|ti|nol** ⓦ *das;* -s ⟨Kunstw. aus *Ni*ckel, *Ti*tanium u. *amerik.* *N*aval *O*rdnance *L*aboratory „Marine-Forschungslabor"⟩: eine in den USA entwickelte Nickel-Titan-Legierung mit Formgedächtnis (aus der Gruppe der ↑Memorylegierungen). **Ni|ton** *das;* -s ⟨aus gleichbed. *engl.* niton zu *lat.* nitere „glänzen"⟩: (veraltet) svw. Radon. **Ni|to|sol** *der;* -s ⟨zu *lat.* solum „Boden"⟩: leuchtend rot gefärbter, tonreicher Boden der feuchten Tropen u. Subtropen. **Ni|trat** *das;* -[e]s, -e ⟨zu ↑ Nitrum u. ↑...at (2)⟩: häufig als Oxydations- u. Düngemittel verwendetes Salz der Salpetersäure. **Ni|trat|bak|te|ri|en** [...jən] *die* (Plur.): Nitrit zu Nitrat oxydierende Bakterien. **Ni|trat|zel|lu|lo|se** *die;* -, -n: svw. Zellulosenitrat. **Ni|trid** *das;* -s, -e ⟨zu ↑³...id⟩: Metall-Stickstoff-Verbindung. **ni|trie|ren** ⟨zu ↑...ieren⟩: organische Substanzen mit Salpetersäure od. Gemischen aus konzentrierter Salpeter- u. Schwefelsäure behandeln, bes. zur Gewinnung von Sprengstoffen, Farbstoffen, Heilmitteln (Chem., Technik). **Ni|tri|fi|kant** *der;* -en, -en ⟨zu ↑nitrifizieren u. ↑...ant (1)⟩: svw. Nitrobakterie. **Ni|tri|fi|ka|ti|on** *die;* -, -en ⟨nach gleichbed. *fr.* nitrification; vgl. ...[at]ion⟩: Salpeterbildung durch Bodenbakterien; vgl. ...[at]ion/...ierung. **ni|tri|fi|zie|ren** ⟨nach gleichbed. *fr.* nitrifier; vgl. ...fizieren⟩: durch Bodenbakterien Salpeter bilden. **Ni|tri|fi|zie|rung** *die;* -, -en ⟨zu ↑...fizierung⟩: svw. Nitrifikation; vgl. ...[at]ion/...ierung. **Ni|tril** *das;* -s, -e ⟨zu ↑ Nitrum u. ↑...il (2)⟩: organische Verbindung mit einer Cyangruppe. **Ni|trit** *das;* -s, -e ⟨zu ↑¹...it⟩: Salz der salpetrigen Säure, bes. das zum Erhalten der roten Farbe bei Fleischwaren verwendete Natriumnitrit. **Ni|trit|bak|te|ri|en** [...jən] *die* (Plur.): Bakterien, die ↑Ammoniak zu Nitrit oxydieren. **Ni|tro...** ⟨zu *lat.* nitrum, vgl. Nitrum⟩: Wortbildungselement mit den Bedeutungen: a) „Stickstoff bildend od. enthaltend", z. B. Nitrobakterie, u. b) „die Nitrogruppe im Molekül enthaltend", z. B. Nitrobenzol. **Ni|tro|bak|te|ri|en** [...jən] *die* (Plur.): Bakterien, die das Ammoniak des Akkerbodens in Nitrit bzw. in Nitrat verwandeln (Chem., Landw.). **Ni|tro|ben|zol** *das;* -s: einfachste aromatische Verbindung mit der Nitrogruppe im Molekül, Zwischenprodukt bei der Anilin- u. Farbenherstellung. **Ni|tro|ge|la|ti|ne** [...ʒe...] *die;* -: Sprenggelatine, brisanter Sprengstoff (wirksamer Bestandteil des ↑Dynamits). **Ni|tro|gen** u. **Ni|tro|ge|ni|um** *das;* -s ⟨nach gleichbed. *fr.* nitrogène, eigtl. „Salpeter bildend"; vgl. ...gen u. ...ium⟩: Stickstoff, chem. Element; Zeichen N. **Ni|tro|ge|na|se** *die;* - ⟨zu ↑...ase⟩: Multienzymkomplex der luftstickstoffbindenden Bakterien. **Ni|tro|ge|ni|um** vgl. Nitrogen. **Ni|tro|gly|ze|rin** *das;* -s: ältere Bez. für ↑Glyzerintrinitrat. **Ni|tro|grup|pe** *die;* -: chem. ziemlich beständige, besonders in organischen Verbindungen vorkommende, aus einem Stickstoffatom und zwei Sauerstoffatomen bestehende Gruppe. **Ni|tro|me|than** *das;* -s, -e: farblose, ätherisch riechende, brennbare Flüssigkeit (Chem.). **Ni|tro|pen|ta** *das;* -[s] ⟨Kunstw.; zu *gr.* pénte „fünf"⟩: hochbrisanter Sprengstoff. **ni|tro|phil** ⟨zu

Nitrophoska

↑...phil⟩: Nitrate speichernd u. auf nitratreichem Boden besonders gut wachsend (von bestimmten Pflanzen; Bot.). **Ni|tro|phos|ka** Ⓦ *die;* - ⟨Kunstw.⟩: Stickstoff, Phosphor u. Kalium enthaltendes Düngemittel. **Ni|tro|phos|phat** Ⓦ *das;* -[e]s, -e: Stickstoff, Phosphor, Kali u. Kalk enthaltender Handelsdünger. **ni|tros** ⟨aus *lat.* nitrosus „voller Natron"⟩: Stickoxyd enthaltend. **Ni|tros|amin** *das;* -s, -e: bestimmte Stickstoffverbindung, die u. a. beim Räuchern, Rösten entsteht u. in hoher Konzentration krebserregend sein kann. **Ni|tro|se** *die;* - ⟨Substantivierung zu ↑nitros⟩: nitrose Schwefelsäure. **Ni|tro|si|tät** *die;* - ⟨zu ↑...ität⟩: Gehalt an Salpeter. **Ni|tro|to|lu|ol** *das;* -[e]s, -e (meist Plur.) ⟨zu ↑Nitro...⟩: ↑Derivat des ↑Toluols mit einer, zwei od. drei Nitrogruppen am Benzolring. **Ni|tro|zel|lu|lo|se** *die;* - ⟨zu ↑Nitro...⟩: weiße, faserige Masse, die beim Entzünden ohne Rauchentwicklung verbrennt; Schießbaumwolle, Kollodiumwolle. **Ni|trum** *das;* -s ⟨über *lat.* nitrum aus *gr.* nítron „Laugensalz, Soda, Natron", dies aus gleichbed. *ägypt.* ntr(j), vgl. Natron⟩: (veraltet) Salpeter

ni|tsche|wo ⟨aus gleichbed. *russ.* ničego⟩: (ugs. scherzh.) nichts; macht nichts!

Ni|tschi|ren|sek|te, Nichirensekte ['nitʃi...] *die;* - ⟨nach dem jap. Priester Nitschiren⟩: jap. buddhistische Sekte, die die Erlösung nur in eigener Anstrengung sucht

ni|val [ni'va:l] ⟨aus gleichbed. *lat.* nivalis zu nix, Gen. nivis „Schnee"⟩: den Schnee[fall] betreffend (Meteor.); -es Klima: Klima in Polarzonen u. Hochgebirgsregionen, das durch Niederschläge in fester Form (Schnee, Eisregen) gekennzeichnet ist. **Ni|val** *das;* -s, -: Gebiet mit dauernder od. langfristiger Schnee- od. Eisbedeckung. **Ni|val|or|ga|nis|mus** *der;* -, ...men (meist Plur.): Tier od. Pflanze aus Gebieten mit ständiger Schnee- od. Eisdecke (Biol.). **Ni|va|ti|on** *die;* -, -en ⟨zu *lat.* nix, Gen. nivis „Schnee" u. ↑...ation⟩: Einwirkung von Schnee auf die Erdoberfläche, wobei durch Bewegung u. Druck des Schnees sowie durch das Schmelzwasser typische muldenartige Hohlformen entstehen

Ni|veau [ni'vo:] *das;* -s, -s ⟨aus gleichbed. *fr.* niveau, dissimiliert aus *altfr.* livel, dies aus *vulgärlat.* *libellus für *lat.* libella „kleine Waage, Wasserwaage; waagrechte Fläche"⟩: 1. waagerechte, ebene Fläche; Höhenstufe (auf der sich etw. erstreckt). 2. Wertstufe o. ä., die etw. innehat, auf der sich etw. bewegt. 3. geistiger Rang; Stand, Grad, Stufe der bildungsmäßigen, künstlerischen o. ä. Ausprägung. 4. feine Wasserwaage an geodätischen u. astronomischen Instrumenten. 5. Gesamtbild einer persönlich gestalteten, ausdruckskräftigen Handschrift (Graphologie). **Ni|veau|dia|gno|se** [ni'vo:...] *die;* -, -n: Feststellung des Sitzes eines Krankheitsherdes auf Grund der neurologischen Ausfallserscheinung (Med.). **Ni|veau|flä|che** *die;* -, -n: Fläche, die gleichwertige Punkte verbindet (Math.). **ni|veau|frei**: nicht in gleicher Höhe, auf gleichem Niveau mit einer [anderen] Fahrbahn liegend od. diese kreuzend, z. B. ein -␣ er Zugang zu einer Haltestelle, eine -␣ e Straßenkreuzung (Verkehrsw.). **Ni|veau|li|nie** [...i̯ə] *die;* -, -n: ↑Isohypse, Höhenlinie (Geogr.). **ni|veau|los**: Bildung, Takt, geistigen Rang vermissen lassend. **Ni|veau|re|gu|lie|rung** *die;* -: das Einhalten der Bodenfreiheit bei Personen- u. Nutz- bzw. Lastkraftwagen durch [elektronisch] geregelte Federung. **Ni|veau|sphä|ro|id** *das;* -[e]s: Gestalt, die die Erdoberfläche annehmen würde, wenn sie den auf sie wirkenden Kräften nachgeben würde. **Ni|veau|va|rio|me|ter** [...va...] *das;* -s, -: Drehwaage als Meßgerät zur Bestimmung der Krümmungsverhältnisse der Niveaufläche der Erde. **Ni|vel|lement** [nivɛlə'mã:] *das;* -s, -s ⟨aus gleichbed. *fr.* nivellement zu niveller, vgl. nivellieren⟩: 1. Einebnung, Ausgleichung. 2. Messungsverfahren zur Bestimmung des Höhenunterschieds von Punkten durch horizontales Zielen mit Hilfe von Nivellierinstrumenten nach lotrecht gestellten Meßlatten (Geodäsie). **Ni|vel|lier** *das;* -s, -s ⟨aus gleichbed. *fr.* nivellier⟩: Instrument für Nivellements (2) mit den Hauptbestandteilen Zielfernrohr u. Vorrichtung zum Horizontieren der Zielachse. **ni|vel|lie|ren** ⟨aus gleichbed. *fr.* niveler, eigtl. „mit der Wasserwaage abmessen"; vgl. Niveau⟩: 1. gleichmachen, einebnen; Unterschiede ausgleichen. 2. Höhenunterschiede mit Hilfe des Nivellements (2) bestimmen. **Ni|vel|lier|in|stru|ment** *das;* -[e]s, -e: Gerät für die nivellitische Höhenmessung. **ni|vel|li|tisch**: das Nivellement (2) betreffend

Ni|ve|nit [nivə..., auch ...'nit] *der;* -s, -e ⟨nach dem amerik. Mineralogen W. Niven († 1937) u. ↑²...it⟩: Mineral mit hohem Gehalt an seltenen Erden

Ni|vo|me|ter [nivo...] *das;* -s, - ⟨zu *lat.* nix, Gen. nivis „Schnee" u. ↑¹...meter⟩: Gerät zur Messung der Dichte gefallenen Schnees (Meteor.). **Ni|vo|se** [ni'vo:z] *der;* -, -s [ni'vo:z] ⟨aus *fr.* nivôse „Schneemonat" zu *lat.* nivosus „schneereich, voll Schnee"⟩: der vierte Monat des franz. Revolutionskalenders (21. Dez. bis 19. Jan.)

Ni|zä|num u. **Ni|zä|um** u. Nicaenum [ni'tsɛ:...] *das;* -s ⟨aus *lat.* Nicaenum, eigtl. „das Nizänische", nach der kleinasiat. Stadt Nizäa (*lat.* Nicaea, *gr.* Níkaia), heute Isnik⟩: das auf dem ersten allgemeinen Konzil zu Nizäa 325 n. Chr. angenommene und 381 in Konstantinopel fortgebildete zweite ↑ökumenische Glaubensbekenntnis (↑Symbol 2 der morgenländischen Kirche; auch im ↑Credo der kath. Messe)

N. N. ⟨Abk. für *lat.* nomen nescio „den Namen weiß ich nicht" od. nomen nominandum „der zu nennende Name"⟩: Name [noch] unbekannt (Abkürzung, die irgendeinen Namen ersetzen soll, den man nicht kennt od. nicht ausdrücklich nennen will, z. B. in Vorlesungsverzeichnissen)

No *das;* - ⟨aus *jap.* no „das Können"⟩: svw. No-Spiel

noa ⟨*polynes.*⟩: frei (zum Gebrauch bestimmt, nicht tabu)

no|bel ⟨über *fr.* noble aus gleichbed. *lat.* nobilis, eigtl. „kenntlich, bekannt"⟩: 1. edel, vornehm. 2. (ugs.) freigebig, großzügig. **No|bel|gar|de** *die;* - ⟨aus italienischen Adligen gebildete päpstliche Ehrenwache (1801–1969)

No|be|li|um *das;* -s ⟨nach dem schwed. Chemiker A. Nobel (1833–1896) u. zu ↑...ium⟩: chem. Element, ein ↑Transuran; Zeichen No. **No|bel|preis** *der;* -es, -e: von dem schwed. Chemiker A. Nobel gestifteter Preis für bedeutende wissenschaftliche Leistungen auf verschiedenen Gebieten (z. B. Physik, Medizin, Literatur)

No|bi|les [...le:s] *die* (Plur.) ⟨aus *lat.* nobiles, substantivierter Plur. von nobilis, vgl. nobel⟩: die Angehörigen der Nobilität im alten Rom. **No|bi|li** *die* (Plur.) ⟨aus *it.* nobili (Plur.), dies aus *lat.* nobiles, vgl. Nobiles⟩: die adeligen Geschlechter in den ehemaligen ital. Freistaaten, bes. in Venedig. **No|bi|lis|si|mus** *der;* - ⟨aus *lat.* nobilissimus „der Vornehmste, Berühmteste"⟩: Titel der altröm. Kaiser u. der Mitglieder der kaiserlichen Familie. **No|bi|li|tät** *die;* - ⟨aus *lat.* nobilitas, Gen. nobilitatis, eigtl. „Berühmtheit, Adel"⟩: Amtsadel im alten Rom. **No|bi|li|ta|ti|on** *die;* -, -en ⟨aus gleichbed. *nlat.* nobilitatio zu *lat.* nobilitare, vgl. nobilitieren⟩: Verleihung des Adels; vgl. ...[at]ion/...ierung. **no|bi|li|tie|ren** ⟨aus *lat.* nobilitare, eigtl. „bekannt, berühmt machen"⟩: adeln. **No|bi|li|tie|rung** *die;* -, -en ⟨zu ↑...ierung⟩: svw. Nobilitation; vgl. ...[at]ion/...ierung. **No|bi|li|ty** [...tɪ] *die;* - ⟨aus *engl.* nobility, dies aus *lat.* nobilitas, vgl.

Nomen

Nobilität⟩: Hochadel Großbritanniens. **No|bles|se** [auch nɔ'blɛs] *die;* -, -n ⟨aus gleichbed. *fr.* noblesse zu noble, vgl. nobel⟩: 1. (veraltet) Adel; adelige, vornehme Gesellschaft. 2. (ohne Plur.) edle Gesinnung, Vornehmheit, vornehmes Benehmen. **no|blesse ob|lige** [nɔblɛsɔ'bliːʒ] ⟨*fr.*⟩: Adel verpflichtet, d. h., eine herausragende Stellung erfordert ein entsprechendes Verhalten

No|bo|dy ['noʊbədɪ] *der;* -[s], Plur. -s od. ...dies ⟨aus *engl.* nobody „niemand"⟩: jmd., der [noch] ein Niemand ist

Nock *das;* -[e]s, -e, auch *die;* -, -en ⟨wohl aus gleichbed. *niederl.* nok⟩: 1. äußerstes Ende eines Rundholzes, einer Spiere. 2. seitliche Verlängerungen, Endigungen der Schiffsbrücke (Seew.).

Noc|ti|lu|ca [nɔkti'luːka] *die;* - ⟨aus *lat.* noctiluca, eigtl. „Nachtleuchte", zu nox, Gen. noctis „Nacht" u. lucere „leuchten"⟩: im Oberflächenwasser der Meere lebende, das Meeresleuchten verursachende, 1–2 mm große Geißeltierchenart mit rundem, ungepanzertem Körper. **Nocturne** [nɔk'tyrn] *das;* -s, -s od. *die;* -, -s ⟨aus gleichbed. *fr.* nocturne, eigtl. „nächtlich", aus gleichbed. *lat.* nocturnus⟩: 1. elegisches od. träumerisches Charakterstück in einem Satz (für Klavier; Mus.). 2. (selten) svw. Notturno. **noc|tur|nus** [...'tʊr...] ⟨*lat.*⟩: nächtlich, nachts auftretend (bes. von Schmerzen u. Krankheitserscheinungen; Med.).

No|di: Plur. von Nodus. **no|dös** ⟨aus gleichbed. *lat.* nodosus zu nodus, vgl. Nodus⟩: knotig, mit Knötchenbildung (Med.). **No|do|si|tas** *die;* - ⟨aus gleichbed. *lat.* nodositas, Gen. nodositatis⟩: knotige Beschaffenheit (bes. der Haare; Med.). **No|do|si|tät** *die;* - ⟨zu ↑...ität⟩: kleine, knotenartige Verdickung an Wurzeln des Weinstocks. **no|du|lär** ⟨zu ↑...är⟩: knötchenförmig; mit Knötchen versehen, Knötchen aufweisend (Med.). **No|dus** *der;* -, Nodi ⟨aus *lat.* nodus „Knoten"⟩: 1. Knoten (z. B. Lymphknoten; Med.). 2. oft knotig verdickte Ansatzstelle des Blattes (Bot.). 3. Knauf am Schaft eines Gerätes (z. B. eines Kelchs)

No-ef|fect-le|vel ['noʊ-ɪˈfɛktlɛvl] *der;* -s, -s ⟨zu *engl.* no effect „keine Wirkung" u. ↑ Level⟩: die höchstmögliche Konzentration eines chem. Wirkstoffes, die noch keine Vergiftungserscheinungen bewirkt (bei Tierversuchen; Pharm.)

No|ël [nɔ'ɛl] *der;* - ⟨*fr.*⟩ „Weihnachten"⟩: franz. mundartliches Weihnachtslied, -spiel

No|em *das;* -s, -e ⟨zu ↑ Noema; vgl. ...em⟩: Bedeutung eines ↑ Glossems (1; Sprachw.). **Noe|ma** *das;* -s, Noemata ⟨aus *gr.* nóēma, Gen. noḗmatos „Gedanke, Sinn"⟩: geistig Wahrgenommenes; Gedanke; Inhalt des Gedachten im Gegensatz zum Denkakt (Phänomenologie). **Noe|ma|tik** *die;* - ⟨zu ↑ ²...ik (1)⟩: Lehre von den Gedankeninhalten. **Noe|sis** *die;* - ⟨aus *gr.* nóēsis „das Denken"⟩: geistiges Wahrnehmen, Denken; Denkakt mit Sinngehalten, Wesenheiten (Phänomenologie). **Noe|tik** *die;* - ⟨aus gleichbed. *gr.* noetikḗ (téchnē) zu noetikós „das Denken betreffend"⟩: Denklehre, Erkenntnislehre, das Denken betreffende Grundsätze. **noe|tisch** ⟨aus *gr.* noētós „geistig wahrnehmbar"⟩: die Noetik, die Noesis betreffend

no fu|ture! ['noʊ 'fjuːtʃə] ⟨*engl.*⟩: keine Zukunft! (Schlagwort meist arbeitsloser Jugendlicher zu Beginn der 1980er Jahre in den westeuropäischen Industriestaaten)

Noir [noaːɐ̯] *das;* -s ⟨aus *fr.* noir „schwarz", dies aus *lat.* niger⟩: die Farbe Schwarz als Gewinnmöglichkeit beim ↑ Roulett

no iron ['noʊ 'aɪən] ⟨nach *engl.* non-iron, eigtl. „nicht zu bügeln"⟩: bügelfrei (Hinweis auf Geweben aus knitterfesten, nicht einlaufenden Textilfasern). **No-iron-Blu|se** *die;* -, -n: bügelfreie Bluse. **No-iron-Hemd** *das;* -[e]s, -en: bügelfreies Hemd

Noi|sette [noa'zɛt] *die;* -, -s ⟨aus gleichbed. *fr.* noisette, eigtl. „Haselnuß", Verkleinerungsform von noix „Nuß", dies aus *lat.* nux⟩: 1. kurz für ↑ Noisetteschokolade. 2. (meist Plur.) rundes Fleischstück aus der Keule von bestimmten Schlachttieren. **Noi|sette|scho|ko|la|de** *die;* -, -n: mit fein gemahlenen Haselnüssen durchsetzte Milchschokolade

Nokt|am|bu|lis|mus *der;* - ⟨zu *lat.* nox, Gen. noctis „Nacht", ambulare „wandern, herumgehen" u. ↑...ismus (3)⟩: svw. Somnambulismus (Med.). **Nok|turn** *die;* -, -en ⟨aus gleichbed. *fr.* nocturne, aus *lat.* nocturnus „nächtlich"⟩: Teil der ↑ Matutin im kath. Breviergebet. **Nok|tur|ne** *die;* -, -n (selten) svw. Nocturne

no|lens vo|lens [– 'voː...] ⟨*lat.;* „nicht wollend wollend"⟩: wohl od. übel

No|li|me|tan|ge|re *das;* - ⟨aus *lat.* noli me tangere „rühr mich nicht an"⟩: 1. Darstellung des der Maria Magdalena am Grab erscheinenden auferstandenen Christus, den sie für den Gärtner hält (nach Joh. 20, 14–18). 2. Springkraut, dessen Früchte den Samen bei Berührung ausschleudern

No|lis|se|ment [nɔlisə'mã:] *das;* -s, -s ⟨aus *fr.* nolisement „Ladung; Transportkosten" zu noliser „befrachten, mieten", dies aus *it.* noleggiare zu nolo „Befrachtung, Miete (eines Schiffes)", dies über *lat.* naulum aus *gr.* naûlon „Fährgeld"⟩: franz. Bez. für Seefrachtvertrag

¹**...nom** ⟨aus *gr.* nómos „Gesetz" zu némein „teilen, zuteilen; verwalten"⟩: Wortbildungselement mit der Bedeutung „von bestimmten Gesetzen abhängend, ...wertig", z. B. heteronom. ²**...nom** ⟨aus *gr.* -nómos „verwaltend; Verwalter", vgl. ¹...nom⟩: Wortbildungselement mit der Bedeutung „Sachkundiger; Verwalter", z. B. Astronom.
³**...nom** ⟨aus *lat.* nomen „Name"⟩: Wortbildungselement mit der Bedeutung „(mathematischer) Ausdruck", z. B. Binom

No|ma *das;* -s, -s u. *die;* -, Nomae [...mɛ] ⟨über *lat.* noma aus *gr.* nomḗ „um sich fressendes Geschwür", eigtl. „(Weide)platz", vgl. Nomade⟩: brandiges Absterben der Wangen bei unterernährten od. durch Krankheit geschwächten Kindern (Med.). **No|ma|de** *der;* -n, -n ⟨über *lat.* nomades aus *gr.* nomádes, substantivierter Plur. von nomás „Viehherden weidend u. mit ihnen umherziehend" zu *gr.* nomḗ, nomós „Weide(platz)"⟩: 1. Angehöriger eines Hirten- od. Wanderstamms. 2. (scherzh.) wenig seßhafter, ruheloser Mensch. **no|ma|disch** ⟨nach *gr.* nomadikós „umherstreifend"⟩: 1. die Nomaden (1) betreffend; nicht seßhaft, [mit Herden] wandernd. 2. (scherzh.) ruhelos umherziehend, unstet. **no|ma|di|sie|ren** ⟨zu ↑...isieren⟩: 1. [mit Herden] wandern. 2. (scherzh.) ruhelos, unstet umherschweifen. **No|ma|dis|mus** *der;* - ⟨zu ↑...ismus (2)⟩: 1. nomadische Wirtschafts-, Gesellschafts- und Lebensform. 2. [durch Nahrungssuche u. arteigenen Bewegungstrieb bedingte] ständige [Gruppen]wanderungen von Tierarten

No-Mas|ke *die;* -, -n ⟨zu *jap.* no, vgl. No-Spiel⟩: Maske, die der jap. Schauspieler im ↑ No-Spiel trägt

Nom de guerre [nõd'gɛːr] *der;* - -, -s - - [nõd'gɛːr] ⟨aus *fr.* nom de guerre, eigtl. „Kriegsname" (weil die Soldaten urspr. bei Eintritt in die Armee einen anderen Namen bekamen)⟩: franz. Bez. für Deck-, Künstlername. **Nom de plume** [nõd'plym] *der;* - -, -s - - [nõd'plym] ⟨aus *fr.* nom de plume, eigtl. „(Schreib)federname"⟩: franz. Bez. für Schriftstellerdeckname. **No|men** *das;* -s, Plur. - u. Nomina ⟨aus gleichbed. *lat.* nomen, Gen. nominis⟩: 1. Name; - gen|ti|le, - gentilicium [...tsiʊm] (Plur. Nomina gentilia, gentilicia [...tsia]): an zweiter Stelle stehender altröm. Geschlechtsname (z. B. Gajus *Julius* Caesar); vgl. Kognomen u. Pränomen; - pro|pri|um (Plur. Nomina propria):

Eigenname. 2. deklinierbares Wort (mit Ausnahme des ↑Pronomens), vorwiegend Substantiv, auch Adjektiv u. Numerale (z. B. Haus, schwarz; Sprachw.); - acti ['akti]: Substantiv, das das Ergebnis eines Geschehens bezeichnet (z. B. *Wurf* junger Hunde); - actionis [ak...]: Substantiv, das ein Geschehen bezeichnet (z. B. Schlaf); - agentis: Substantiv, das den Träger eines Geschehens bezeichnet (z. B. Schläfer); vgl. Agens (3); - instrumenti: Substantiv, das Geräte u. Werkzeuge bezeichnet (z. B. Bohrer); - loci ['lo:tsi]: Substantiv, das den Ort eines Geschehens bezeichnet (z. B. Schmiede); - patientis: Substantiv mit passivischer Bedeutung (z. B. Hammer = Werkzeug, mit dem gehämmert wird); - postverbale [...vɛr...] (Plur. Nomina postverbalia): Substantiv, das von einem Verb [rück]gebildet ist (z. B. Kauf von kaufen); - qualitatis: Substantiv, das einen Zustand od. eine Eigenschaft bezeichnet (z. B. Hitze). **nomen est omen** ⟨*lat.;* „Name ist Schicksal"⟩: im Namen liegt eine Vorbedeutung. **No|men|kla|tor** *der;* -s, ...oren ⟨aus *lat.* nomenclator, eigtl. „Namennenner", dies zu nomen „Name" u. calare „ausrufen"⟩: 1. altröm. Sklave, der seinem Herrn die Namen seiner Sklaven, Besucher usw. anzugeben hatte. 2. Buch, das die in einem Wissenschaftszweig vorkommenden gültigen Namen u. Fachbezeichnungen verzeichnet. **no|men|kla|to|risch**: den Nomenklator (2) u. die Nomenklatur betreffend. **No|men|kla|tur** *die;* -, -en ⟨aus *lat.* nomenclatura „Namenverzeichnis", vgl. Nomenklator⟩: a) System der Namen u. Fachbezeichnungen mit Gültigkeit in einem bestimmten Wissenschaftszweig bzw. Fachgebiet; b) Verzeichnis von Sach- od. Fachbezeichnungen eines Wissensgebietes. **No|men|kla|tu|ra** *die;* - ⟨aus gleichbed. *russ.* nomenklatura⟩: 1. Verzeichnis der wichtigen Führungspositionen in der ehemaligen Sowjetunion. 2. alles beherrschende Führungsschicht in der ehemaligen Sowjetunion. **no|men ne|scio** [- 'nestsio] vgl. N. N.
¹...no|mie ⟨aus *gr.* -nomía zu nómos „Gesetz, Grundlage"; vgl. ¹...nom⟩: Wortbildungselement mit der Bedeutung „Gesetzlichkeit, Wertigkeit", z. B. Heteronomie. **²...no|mie** ⟨aus *gr.* -nomía zu -nomos „verwaltend"; vgl. ²...nom⟩: Wortbildungselement mit der Bedeutung „Sachkunde; Verwaltung", z. B. Astronomie.
No|mi|na: Plur. von ↑Nomen. **No|mi|na an|te res** *die* (Plur.) ⟨aus *lat.* nomina ante res „die Namen vor den Dingen"⟩: Bezeichnungen, die bereits früher vorkamen, jedoch in anderer Bedeutung als heute, z. B. Streichholz = eine Vorrichtung zum Schärfen der Sense (Sprachw.). **no|mi|nal** ⟨aus gleichbed. *fr.* nominal, dies aus *lat.* nominalis „zum Namen gehörig, namentlich" zu nomen, vgl. Nomen⟩: 1. das Nomen (2) betreffend, mit einem Nomen (2) gebildet (Sprachw.). 2. zum Nennwert (Wirtschaft); vgl. ...al/...ell. **No|mi|nal|ab|strak|tum** *das;* -s, ...ta: ↑Abstraktum, das von einem Nomen (2) abgeleitet ist (z. B. *Schwärze*, abgeleitet von *schwarz*). **No|mi|nal|de|fi|ni|ti|on** *die;* -, -en: Erklärung des Namens od. der Bezeichnung einer Sache (Philos.); Ggs. ↑Realdefinition. **No|mi|na|le** *die;* -, -n ⟨zu ↑...ale⟩: Nominalwert [einer Münze] (Wirtschaft). **No|mi|nal|ein|kom|men** *das;* -s, -: (in Form einer bestimmten Summe angegebenes) Einkommen, dessen Höhe allein nichts über seine Kaufkraft aussagt (Wirtsch.); Ggs. ↑Realeinkommen. **No|mi|nal|form** *die;* -, -en: die ↑infinite Form eines Verbs, die als ↑Nomen (2) gebraucht werden kann (z. B. erwachend). **no|mi|na|li|sie|ren** ⟨zu ↑...isieren⟩: 1. svw. substantivieren. 2. einen ganzen Satz in eine Nominalphrase verwandeln. **No|mi|na|li|sie|rung** *die;* -, -en ⟨zu ↑...isierung⟩: 1. svw. Substantivierung. 2. ↑Transformation von Verbalkomplexen od. Sätzen in eine ↑Nominalphrase in der generativen Transformationsgrammatik. **No|mi|na|lis|mus** *der;* - ⟨zu ↑...ismus (2)⟩: sich gegen den Begriffsrealismus Platos wendende Denkrichtung der Scholastik, wonach den Allgemeinbegriffen (= Universalien) außerhalb des Denkens nichts Wirkliches entspricht, sondern ihre Geltung nur in Namen (= Nomina) besteht (Philos.). **No|mi|na|list** *der;* -en, -en ⟨zu ↑...ist⟩: Vertreter des Nominalismus. **no|mi|na|li|stisch** ⟨zu ↑...istisch⟩: den Nominalismus betreffend, auf ihm beruhend, zu ihm gehörend. **No|mi|nal|ka|pi|tal** *das;* -s, Plur. -e u. (österr. nur) -ien [...iən]: a) Grundkapital einer Aktiengesellschaft; b) Stammkapital einer Gesellschaft mit beschränkter Haftung (Wirtsch.). **No|mi|nal|ka|ta|log** *der;* -[e]s, -e: alphabetischer Namenkatalog einer Bibliothek; Ggs. ↑Realkatalog. **No|mi|nal|kom|po|si|ti|on** *die;* -, -en: ↑Komposition (4), deren Glieder aus Nomina (vgl. Nomen 2) bestehen (z. B. Wassereimer, wasserarm). **No|mi|nal|kom|po|si|tum** *das;* -s, ...ta: aus Nomina zusammengesetztes ↑Kompositum (Sprachw.). **No|mi|nal|phra|se** *die;* -, -n: Wortgruppe in einem Satz mit einem Nomen (2) als Kernglied. **No|mi|nal|prä|fix** *das;* -es, -e: ↑Präfix, das vor ein ↑Nomen (2) tritt (z. B. Ur-, ur- in Urbild, uralt). **No|mi|nal|satz** *der;* -es, ...sätze: nur aus Nomina (vgl. Nomen 2) bestehender verbloser Satz (z. B. Viel Feind', viel Ehr'!). **No|mi|nal|stil** *der;* -[e]s: Stil, der durch Häufung von Substantiven gekennzeichnet ist; Ggs. ↑Verbalstil. **No|mi|nal|wert** *der;* -[e]s, -e: der auf Münzen, Banknoten, Wertpapieren usw. in Zahlen od. Worten angegebene Wert (Wirtsch.). **No|mi|nal|zins** *der;* -es, -en: der sich bei einer Schuldverschreibung auf den Nominalwert beziehende Zinssatz (Bankw.). **No|mi|na post res** *die* (Plur.) ⟨aus *lat.* nomina post res „die Namen nach den Sachen"⟩: Bezeichnungen, die notwendig wurden, weil neue Verhältnisse eine nähere Differenzierung verlangten (z. B. Zug = Personenzug bzw. Güterzug; Eilzug bzw. Schnellzug). **no|mi|na|tim** ⟨*lat.*⟩: (veraltet) namentlich. **No|mi|na|ti|on** *die;* -, -en ⟨aus *lat.* nominatio „(Be)nennung" zu nominare, vgl. nominieren⟩: 1. a) Ernennung der bischöflichen Beamten (kath. Kirchenrecht); b) Benennung eines Bewerbers für das Bischofsamt durch die Landesregierung. 2. (veraltet) svw. Nominierung; vgl. ...[at]ion/...ierung. **No|mi|na|tiv** *der;* -s, -e [...və] ⟨aus gleichbed. *lat.* (casus) nominativus, eigtl. „zur Nennung gehörig(er Fall)"⟩: Werfall; Abk.: Nom. **no|mi|na|ti|visch** [...v..]: den Nominativ betreffend; im Nominativ stehend. **No|mi|na|tor** *der;* -s, ...oren ⟨aus *lat.* nominator „Benenner, Bezeichner"; vgl. ...or⟩: ein benennender sprachlicher Ausdruck, der den benannten konkreten od. abstrakten Gegenstand in der Rede vertritt (Logik). **no|mi|nell** ⟨mit französierender Endung zu *fr.* nominal, vgl. nominal u. ↑...ell⟩: 1. [nur] dem Namen nach [bestehend], vorgeblich. 2. svw. nominal (2); vgl....al/...ell. **no|mi|nie|ren** ⟨aus gleichbed. *lat.* nominare, eigtl. „(be)nennen"⟩: zur Wahl, für ein Amt, für die Teilnahme an etwas namentlich vorschlagen, ernennen. **No|mi|nie|rung** *die;* -, -en ⟨zu ↑...ierung⟩: das Vorschlagen eines Kandidaten, Ernennung; vgl. ...[at]ion/...ierung
No|mis|mus *der;* - ⟨zu ↑Nomos u. ↑...ismus (2)⟩: Bindung an Gesetze, Gesetzlichkeit, bes. die vom alttestamentlichen Gesetz bestimmte Haltung der strengen Juden u. mancher christlicher Gemeinschaften. **no|mo..., No|mo...** ⟨zu ↑Nomos⟩: Wortbildungselement mit der Bedeutung „Gesetz, die Gesetzgebung betreffend", z. B. Nomokratie. **No|mo|di|dakt** *der;* -en, -en ⟨aus gleichbed. *gr.* nomodidáktēs zu didáskein „lehren, unterrichten"⟩: Gesetzeslehrer

im alten Griechenland. **No|mo|gramm** *das;* -s, -e ⟨zu ↑ nomo... u. ↑...gramm⟩: Schaubild od. Zeichnung zum graphischen Rechnen (Math.). **No|mo|gra|phie** *die;* - ⟨aus *gr.* nomographía „das Gesetzeschreiben"⟩: 1. Lehre von den Möglichkeiten, Schaubilder u. Zeichnungen zum graphischen Rechnen herzustellen (Math.). 2. schriftliche Gesetzgebung im alten Griechenland. **no|mo|gra|phisch** ⟨aus *gr.* nomográphos „Gesetze schreibend"⟩: die Nomographie betreffend, zu ihr gehörend, auf ihr beruhend. **No|moi** ['nɔmɔy]: Plur. von ↑ Nomos. **No|mo|ka|non** *der;* -s ⟨zu ↑ nomo...⟩: spezielle Gattung der Rechtskodifizierung in der Ostkirche, die aus Staatskirchenrecht u. Synodalrecht besteht. **No|mo|kra|tie** *die;* -, ...ien ⟨zu ↑...kratie⟩: Ausübung der Herrschaft nach [geschriebenen] Gesetzen (Rechtsw.); Ggs. ↑ Autokratie
No|mo|li *die* (Plur.) ⟨aus einer afrik. Eingeborenensprache⟩: in Westafrika gefundene Specksteinfiguren aus dem 15./16. Jh., die auf Ackerbaukult hinweisen u. z. T. noch heute als Zauberfiguren gelten
No|mo|lo|gie *die;* - ⟨zu ↑ nomo... u. ↑...logie⟩: 1. (veraltet) Gesetzes-, Gesetzgebungslehre. 2. Lehre von den Denkgesetzen (Philos.). **No|mos** *der;* -, Nomoi ['nɔmɔy] ⟨aus gleichbed. *gr.* nómos, Plur. nómoi⟩: 1. Gesetz, Sitte, Ordnung, Herkommen, Rechtsvorschrift (Philos.). 2. a) bestimmte Singweise in der altgriech. Musik; b) kunstvoll komponiertes Musikstück des Mittelalters (Mus.). **No|mo|sphä|re** *die;* - ⟨zu ↑ nomo...⟩: begrifflich-inhaltliche Seite der Sprache im Gegensatz zu den konkreten sprachlichen Zeichen (Sprachw.). **no|mo|syn|tak|tisch** ⟨zu ↑ nomo...⟩: die Nomosyntax betreffend. **No|mo|syn|tax** *die;* -: Syntax des Inhalts eines Satzes (Sprachw.); Ggs. ↑ Morphosyntax. **No|mo|the|sie** *die;* -, ...ien ⟨aus gleichbed. *gr.* nomothesía⟩: (veraltet) Gesetzgebung (Rechtsw.). **No|mo|thet** *der;* -en, -en ⟨aus gleichbed. *gr.* nomothétēs⟩: (veraltet) Gesetzgeber (Rechtsw.). **no|mo|the|tisch** ⟨aus *gr.* nomothetikós „das Gesetzgeben betreffend"⟩: 1. (veraltet) gesetzgebend (Rechtsw.). 2. (von wissenschaftlichen Aussagen) auf die Aufstellung von Gesetzen, auf die Auffindung von Gesetzmäßigkeiten zielend. **no|mo|top** ⟨zu ↑ nomo... u. *gr.* tópos „Platz"⟩: an der physiologisch richtigen Stelle im Körper vorkommend (Med.).
Non *die;* -, - ⟨aus *mlat.* nona „die neunte"⟩: svw. None (1)
Non|af|fek|ta|ti|on *die;* - ⟨zu *lat.* non „nicht" u. ↑ Affektation⟩: Haushaltsgrundsatz, daß alle öffentlichen Einnahmen unterschiedslos als Deckungsmittel für alle öffentlichen Ausgaben zur Verfügung stehen müssen (Verbot der Zweckbindung; Wirtsch.).
No|na|gon *das;* -s, -e ⟨zu *lat.* nonus „der neunte" u. *gr.* gōnía „Winkel"⟩: Neuneck. **no|na|go|nal** ⟨zu ↑¹...al (1)⟩: von der Form eines Nonagons
Non-align|ment [nɔn-ə'laɪnmənt] *das;* -s ⟨aus gleichbed. *engl.* non-alignment zu non- „nicht-" u. alignment „das Ausrichten, In-Linie-Bringen"⟩: Blockfreiheit, Bündnisfreiheit (von neutralen Staaten)
No-name-Pro|dukt ['noʊneɪm...] *das;* -[e]s, -e ⟨zu *engl.* no name „kein Name" u. ↑ Produkt⟩: Ware (z. B. Waschpulver, Lebensmittel), deren Verpackung einfach u. neutral (d. h. ohne Marken-, Firmenzeichen o. ä.) ist
No|nan *das;* -s, -e ⟨zu *lat.* nonus „der neunte"⟩: flüssiger, gesättigter ↑ aliphatischer Kohlenwasserstoff mit 9 Kohlenstoffatomen im Molekül (Chem.). **No|na|ri|me** *die;* -, -n ⟨aus *it.* nona rima „Neunzeiler" zu nono „der neunte" (aus *lat.* nonus) u. rima „Reim" (aus *fr.* rime)⟩: neunzeilige, d. h. um eine Zeile erweiterte ↑ Stanze
Non-book ['nɔnbʊk] *das;* -[s], -s ⟨zu *engl.-amerik.* non-book „kein Buch (seiend)"⟩: svw. Non-book-Artikel. **Non-book-Ab|tei|lung** *die;* -, -en: Abteilung in einer Buchhandlung, in der Schallplatten, Spiele, Kunstblätter o. ä. verkauft werden. **Non-book-Ar|ti|kel** *der;* -s, - (meist Plur.): in einer Buchhandlung angebotener Artikel, der kein Buch ist, z. B. Tonträger, Spiel
Non|cha|lance [nõʃa'lãːs] *die;* - ⟨aus gleichbed. *fr.* nonchalance; vgl. nonchalant⟩: Nachlässigkeit; formlose Ungezwungenheit, Lässigkeit, Unbekümmertheit. **non|cha|lant** [...'lãː, bei attributivem Gebrauch ...'lant...] ⟨aus gleichbed. *fr.* nonchalant zu non- „nicht" u. *(alt)fr.* chalant, Part. Präs. von chaloir, dies aus *lat.* calere „sich erwärmen für jmdn. od. etw."⟩: nachlässig; formlos ungezwungen, lässig
Non-Com|pliance [nɔnkəm'plaɪəns] *die;* - ⟨aus *engl.* noncompliance „Unbotmäßigkeit"⟩: das Nichteinhalten ärztlicher Ratschläge durch den Patienten
Non-co|ope|ra|tion [nɔnkoʊpə'reɪʃən] *die;* - ⟨aus gleichbed. *engl.* noncooperation, eigtl. „Nichtzusammenarbeit"⟩: Kampfesweise Gandhis, mit der er durch Verweigerung der Zusammenarbeit mit den engl. Behörden u. durch Boykott engl. Einrichtungen die Unabhängigkeit Indiens zu erreichen suchte
Non-dis|junc|tion [nɔndɪs'dʒʌŋkʃən] *die;* - ⟨aus gleichbed. *engl.* non-disjunction, eigtl. „Nichttrennung"⟩: unregelmäßiger Teilungsprozeß von ↑ Chromosomen bei der Reifeteilung (Biol.)
No|ne *die;* -, -n ⟨aus gleichbed. *mlat.* nona, dies aus *lat.* nona (hora) „die neunte (Stunde)", Fem. von nonus „neunter" (zu novem „neun")⟩: 1. Teil des kath. Stundengebets (zur neunten Tagesstunde = 3 Uhr nachmittags). 2. a) der 9. Ton einer ↑ diatonischen Tonleiter vom Grundton aus (= die Sekunde der Oktave); b) ↑ Intervall (2) von 9 diatonischen Stufen (Mus.). **No|nen** *die* (Plur.) ⟨aus *lat.* Nonae (dies)⟩: im altröm. Kalender der neunte Tag vor den ↑ Iden. **No|nen|ak|kord** *der;* -[e]s, -e: aus vier ↑ Terzen (1) bestehender ↑ Akkord (1; Mus.)
Non-Es|sen|tials [nɔn-ɪ'senʃlz] *die* (Plur.) ⟨aus gleichbed. *engl.* non-essentials zu non- „nicht-" u. essentials (Plur.) „wesentliche Bestandteile"⟩: nicht lebensnotwendige Güter (Wirtsch.)
No|nett *das;* -[e]s, -e ⟨aus gleichbed. *it.* nonetto zu nono „der neunte", Analogiebildung zu ↑ Duett, ↑ Quartett⟩: a) Komposition für neun Instrumente; b) Vereinigung von neun Instrumentalsolisten (Mus.)
Non|exi|stenz *die;* - ⟨aus gleichbed. *engl.* nonexistence zu non- „nicht-" u. existence „Dasein, Existenz"⟩: das Nichtvorhandensein; Nichtwirklichkeit
non ex|pe|dit ⟨*lat.*⟩: es ist nicht angebracht (Formel kath. Päpste im 19. Jh., mit der sie ital. Katholiken die Beteiligung an politischen Wahlen wegen der Säkularisation (1) von Kircheneigentum untersagten)
Non-fic|tion [nɔn'fɪkʃən] *das;* -[s], -s ⟨aus *engl.* nonfiction „Sachliteratur"⟩: Sach- od. Fachbuch; Ggs. ↑ Fiction
non|fi|gu|ra|tiv ⟨zu *lat.* non „nicht" u. ↑ figurativ⟩: gegenstandslos (z. B. von Malerei; bildende Kunst)
Non-food-Ab|tei|lung [nɔn'fuːd...] *die;* -, -en ⟨zu *engl.* non- „nicht-" u. food „Lebensmittel, Nahrungsmittel"⟩: Abteilung in einem vorwiegend auf Lebensmittel ausgerichteten Supermarkt, in der Non-food-Artikel angeboten werden. **Non-food-Ar|ti|kel** *der;* -s, - (meist Plur.): Artikel, der nicht zur Kategorie der Lebensmittel gehört (z. B. Elektrogerät, Waschmittel). **Non-foods** *die* (Plur.): svw. Non-food-Artikel
non-iron [nɔn'aɪən] vgl. no iron
No|ni|us *der;* -, Plur. ...ien [...jən] u. -se ⟨*nlat.;* nach dem lati-

Nonkonformismus

nisierten Namen des port. Mathematikers Nuñez, 1492-1577⟩: verschiebbarer Meßstabzusatz, der die Ablesung von Zehnteln der Einheiten des eigentlichen Meßstabes ermöglicht

Non|kon|for|mis|mus [auch 'nɔːn...] *der;* - ⟨aus gleichbed. *engl.* nonconformism; vgl. Nonkonformist u. ...ismus (1)⟩: ↑individualistische Haltung in politischen, weltanschaulichen, religiösen u. sozialen Fragen; Ggs. ↑ Konformismus. **Non|kon|for|mist** [auch 'nɔːn...] *der;* -en, -en ⟨aus gleichbed. *engl.* nonconformist, dies zu *lat.* non „nicht" u. conformist, vgl. Konformist⟩: 1. jmd., der sich in seiner politischen, weltanschaulichen, religiösen, sozialen Einstellung nicht nach der herrschenden Meinung richtet; Ggs. ↑ Konformist (1). 2. Anhänger brit. protestantischer Kirchen (die die Staatskirche ablehnen); Ggs. ↑ Konformist (2). **non|kon|for|mi|stisch** [auch 'nɔːn...]: 1. auf Nonkonformismus (1) beruhend; seine eigene Einstellung nicht nach der herrschenden Meinung richtend; Ggs. ↑ konformistisch (1). 2. im Sinne eines Nonkonformisten (2) denkend od. handelnd; Ggs. ↑ konformistisch (2). **Non|kon|for|mi|tät** [auch 'nɔːn...] *die;* -: 1. Nichtübereinstimmung; mangelnde Anpassung; Ggs. ↑ Konformität (1 a). 2. svw. Nonkonformismus

non li|quet ⟨*lat.*⟩: es ist nicht klar (Feststellung, daß eine Behauptung od. ein Sachverhalt unklar u. nicht durch Beweis od. Gegenbeweis erhellt ist; Rechtsw.)

non mul|ta, sed mul|tum ⟨*lat.;* „nicht vieles, sondern viel"⟩: svw. multum, non multa

non nu|me|ran|da, sed pon|de|ran|da ar|gu|men|ti ⟨*lat.*⟩: man soll die Gründe nicht zählen, sondern wägen

Non|ode *die;* -, -n ⟨zu *lat.* nonus „neunter" u. ↑ ...ode⟩: Elektronenröhre mit 9 Elektroden

non olet ⟨*lat.;* „es (das Geld) stinkt nicht", angeblich Ausspruch des röm. Kaisers Vespasian auf einen Vorwurf wegen der Besteuerung der öffentlichen Toiletten⟩: man sieht es dem Geld nicht an, auf welche [unsaubere] Weise es verdient wird

Non-pa|per [nɔn'peɪpə] *das;* -, - ⟨aus gleichbed. *engl.* nonpaper, eigtl. „Nichtpapier"⟩: nicht sanktionierte u. daher offiziell nicht zitierfähige Veröffentlichung (Pol.)

Non|pa|reille [nõpa'rɛːj] *die;* -, -s ⟨aus gleichbed. *fr.* nonpareille, Substantivierung von nonpareil „unvergleichlich", dies zu *lat.* non „nicht" u. par „gleich"⟩: 1. (ohne Plur.) Schriftgrad von 6 Punkt (ungefähr 2,3 mm; Druckw.). 2. (meist Plur.) sehr kleine, farbige Zuckerkörner zum Bestreuen von Backwerk o. ä.

Non|plus|ul|tra *das;* - ⟨aus *lat.* non plus ultra „nicht noch weiter"⟩: Unübertreffbares, Unvergleichliches

non pos|su|mus ⟨*lat.*⟩: wir können nicht (Weigerungsformel der röm. ↑ Kurie gegenüber der weltlichen Macht)

Non|pro|li|fe|ra|tion [nɔnprovlɪfə'reɪʃən] *die;* - ⟨aus gleichbed. *engl.-amerik.* non-proliferation, eigtl. „Nichtvermehrung"⟩: Nichtweitergabe von Atomwaffen u. der zu ihrer Herstellung erforderlichen Produktionsmittel durch die Atommächte

Non|re|spon|der [nɔnrɪ'spɔndə] *der;* -s, - ⟨aus gleichbed. *engl.* nonresponder (eigtl. „jmd., der nicht anspricht") zu to respond to „ansprechen auf"⟩: Patient, bei dem eine therapeutisch angewandte Substanz keine Wirkung zeigt (Med.)

non scho|lae, sed vi|tae dis|ci|mus [- 'sçoːlɛ (auch 'skoːlɛ) - 'viːtɛ 'dɪstsɪmʊs] ⟨*lat.*⟩: nicht für die Schule, sondern für das Leben lernen wir (meist so umgekehrt zitiert nach einer Briefstelle des Seneca); vgl. non vitae, sed scholae discimus

Non|sens *der;* Gen. - u. -es ⟨aus gleichbed. *engl.* nonsense, dies zu *lat.* non „nicht" u. sensus „Sinn"⟩: Unsinn; absurde, unlogische Gedankenverbindung. **Non|sens|ver|se** *die* (Plur.): Dichtungen, die, unter dem Aspekt der Logik od. Semantik betrachtet, unsinnig sind

non|stop ⟨*engl.*⟩: ohne Halt, ohne Pause; im Nonstop: ohne Halt, ohne Unterbrechung. **Non|stop|flug** *der;* -[e]s, ...flüge: Flug ohne Zwischenlandung. **Non|stop|ki|no** *das;* -s, -s: Filmtheater mit fortlaufenden Vorführungen

non tan|to ⟨*it.;* „nicht so sehr"⟩: svw. ma non tanto

Non|tro|nit [auch ...'nɪt] *der;* -s, -e ⟨nach dem Vorkommen bei der franz. Stadt Nontron u. zu ↑² ...it⟩: ein gelbes, gelbgrünes od. bläulichgrünes Mineral

non trop|po ⟨*it.;* „nicht zu sehr"⟩: svw. ma non troppo

Non|usus *der;* - ⟨zu *lat.* non „nicht" u. ↑ Usus⟩: (veraltet) Verzicht auf die Inanspruchnahme eines Rechts (Rechtsw.)

Non|va|lenz [...va...] *die;* - ⟨zu *lat.* non „nicht" u. ↑ Valenz⟩: (selten) svw. Insolvenz

Non|va|leur [nõva'løːɐ] *der;* -s, -s ⟨aus gleichbed. *fr.* non-valeur zu non „nicht, un-" u. valeur, vgl. Valeur⟩: 1. wertloses od. wertlos erscheinendes Wertpapier. 2. Investition, die keine Rendite abwirft

non|ver|bal [...v...] ⟨zu *lat.* non „nicht" u. ↑ verbal⟩: nicht durch Sprache, sondern durch Gestik, Mimik od. optische Zeichen vermittelt (z. B. von Information)

non vi|tae, sed scho|lae dis|ci|mus [- 'viːtɛ - 'sçoːlɛ (auch 'skoːlɛ) 'dɪstsɪmʊs] ⟨*lat.*⟩: wir lernen (leider) nicht für das Leben, sondern für die Schule (originaler Wortlaut der meist belehrend ↑ non scholae, sed vitae discimus" zitierten Briefstelle bei Seneca)

Non|wo|ven [nɔn'woʊvən] *das;* -s, -s ⟨aus gleichbed. *engl.* nonwoven, eigtl. „nicht gewebt(e Stoffe)"⟩: Oberbegriff für alle nicht gewebten Textilien, Vliesstoffe sowie auf der Papiermaschine erzeugte textilähnliche, flächenhafte Gebilde

noo..., Noo... [noo...] ⟨aus *gr.* noo- zu noũs, Gen. noós „Geist, Gedanke"⟩: Wortbildungselement mit der Bedeutung „Geist, Vernunft", z. B. noogen, Noologie. **noo|gen** ⟨zu ↑ ...gen⟩: (von Neurosen) ein geistiges Problem, eine existentielle Krise o. ä. zur Ursache habend (Psychol.). **Noo|lep|ti|kum** *das;* -s, ...ka ⟨zu *gr.* lēptós „zu nehmen" (dies zu lambánein „nehmen, fassen, ergreifen") u. ↑ ...ikum⟩: Substanz (bes. Arzneimittel), die die intellektuelle Wachheit herabsetzt (Pharm., Med.). **Noo|lo|gie** *die;* - ⟨zu ↑ ...logie⟩: Geisteslehre (bes. als Bez. für die Philosophie von R. Eucken, 1846-1926, die eine selbständige Existenz des Geistes annimmt; Philos.). **noo|lo|gisch** ⟨zu ↑ ...logisch⟩: die Noologie, die selbständige Existenz des Geistes betreffend (Philos.). **Noo|lo|gist** *der;* -en, -en ⟨zu ↑ ...ist⟩: Philosoph, der (wie Plato) die Vernunft als Quelle der Vernunfterkenntnis annimmt (Philos.). **Noo|psy|che** *die;* -: intellektuelle Seite des Seelenlebens (Psychol.); Ggs. ↑Thymopsyche

Noor *das;* -[e]s, -e ⟨aus gleichbed. *dän.* nor zu narv „Narbe, Vertiefung"⟩: (landsch.) Haff; flaches Gewässer, das durch einen Kanal mit dem Meer verbunden ist

Noo|sphä|re [noo...] *die;* - ⟨zu ↑ noo... u. ↑ Sphäre⟩: von der bewußten menschlichen Tätigkeit erfaßter u. gestalteter Bereich der Erde, der mit der Entwicklung der menschlichen Gesellschaft aus der ↑ Biosphäre einhergeht. **noo|trop** ⟨zu ↑ ...trop⟩: die intellektuellen Fähigkeiten beeinflussend (von Medikamenten; Med.). **Noo|tro|pi|kum** *das;* -s, ...ka ⟨zu ↑ ...ikum⟩: Arzneimittel, das die intellektuellen

Fähigkeiten (Merkfähigkeit, Gedächtnis, Sprache u. Bewußtsein) beeinflußt (Med.)
Nor *das;* -s ⟨Kurzform von *Nor*icum, dem lat. Namen für das Ostalpenland⟩: mittlere Stufe der alpinen ↑Trias (1; Geol.).
Nor|ad|re|na|lin *das;* -s ⟨Kunstw. aus ↑*normal* u. ↑*Adrenalin*⟩: Hormon des Nebennierenmarks, das gefäßverengend u. blutdrucksteigernd wirkt (Physiol.).
Nord|at|lan|tik|pakt *der;* -[e]s ⟨zu *dt.* Nord, ↑Atlantik u. ↑Pakt⟩: svw. NATO. **Nor|di|de** *der* u. *die;* -n, -n ⟨zu ↑...ide⟩: Angehörige[r] eines schlanken, hochwüchsigen u. schmalgesichtigen Menschenrassentyps, eine Unterform des ↑Europiden. **Nor|dist** *der;* -en, -en ⟨zu ↑...ist⟩: jmd., der sich wissenschaftlich mit einer od. mehreren nordischen Sprachen u. Literaturen befaßt [hat]. **Nor|di|stik** *die;* - ⟨zu ↑...istik⟩: Wissenschaft von den nordischen Sprachen u. Literaturen
No-re|straint-Sy|stem [noʊrɪsˈtreɪnt...] *das;* -s ⟨aus gleichbed. *engl.* no-restraint-system zu no restraint „keine (Freiheits)beschränkung"⟩: ein Behandlungssystem in der Psychiatrie, das dem Patienten weitgehende Freiheit läßt
No|ria *die;* -, -s ⟨aus gleichbed. *span.* noria, dies aus *arab.* nāʿūra, vgl. Naura⟩: svw. Naura
No|rit [auch ...ˈrɪt] *der;* -s, -e ⟨nach Norwegen u. zu ↑²...it⟩: dunkles Tiefengestein aus der Gruppe der ↑Gabbros (Geol.).
No|ri|to *die* (Plur.) ⟨aus dem Jap.⟩: (im ↑Engischiki enthaltene) altjap. Ritualgebete in feierlicher Sprache
Norm *die;* -, -en ⟨aus *lat.* norma „Winkelmaß; Regel", weitere Herkunft unsicher, wohl aus dem Griech.⟩: 1. a) allgemein anerkannte, als verbindlich geltende Regel, Richtschnur, Maßstab; b) Durchschnitt; normaler, gewöhnlicher Zustand; c) vorgeschriebene Arbeitsleistung, [Leistungs]soll. 2. das sittliche Gebot od. Verbot als Grundlage der Rechtsordnung, dessen Übertretung strafrechtlich geahndet wird (Rechtsw.). 3. Größenanweisung für die Technik (z. B. DIN). 4. der absolute Betrag einer komplexen Zahl im Quadrat (Math.). 5. am Fuß der ersten Seite eines jeden Bogens stehende Kurzfassung des Buchtitels u. Nummer des Bogens (Druckw.). **norm...**, **Norm...** vgl. normo..., Normo... **norm|acid** [...aˈtsiːt] ⟨zu *lat.* acidus „sauer"⟩: einen normalen Säuregehalt aufweisend (bes. vom Magensaft; Med.). **Norm|aci|di|tät** [...tsidi...] *die;* -: normaler Säurewert einer Lösung (bes. des Magensaftes; Med.). **nor|mal** ⟨aus *lat.* normalis „nach dem Winkelmaß gemacht" zu norma, vgl. Norm⟩: 1. a) der Norm entsprechend; vorschriftsmäßig; b) so [beschaffen, geartet], wie es sich die allgemeine Meinung als das Übliche, Richtige vorstellt; so, wie es bisher üblich war, wie man es gewöhnt ist. 2. in [geistiger] Entwicklung u. Wachstum keine ins Auge fallenden Abweichungen aufweisend; geistig [u. körperlich] gesund. **Nor|mal** *das;* -s, -e: 1. ein mit besonderer Genauigkeit hergestellter Maßstab, der als Kontrollstab für andere Stäbe dient. 2. (meist ohne Art.; ohne Plur.; ugs.) kurz für ↑Normalbenzin. **Nor|mal|ben|zin** *das;* -s: Benzin mit geringerer Klopffestigkeit, mit niedrigerer Oktanzahl (vgl. ²Super). **Nor|ma|le** *die;* -[n], -n ⟨zu ↑...ale⟩: auf einer Ebene od. Kurve in einem vorgegebenen Punkt errichtete Senkrechte (Tangentenlot; Math.). **Nor|ma|li|en** [...jən] *die* (Plur.) ⟨aus *lat.* normalia, Neutrum Plur. von normalis, vgl. normal⟩: 1. Grundformen; Regeln, Vorschriften. 2. nach bestimmten Systemen vereinheitlichte Bauelemente für den Bau von Formen u. Werkzeugen (Techn.). **nor|ma|li|sie|ren** ⟨aus gleichbed. *fr.* normaliser⟩: 1. normal gestalten, auf ein normales Maß zurückführen. 2. sich -: wieder normal (1 b) werden; wieder in einen normalen Zustand zurückkehren. 3. eine Normallösung herstellen (Chem.). **Nor|ma|li|tät** *die;* - ⟨nach gleichbed. *fr.* normalité; vgl. ...ität⟩: normale Beschaffenheit, normaler Zustand; Vorschriftsmäßigkeit. **Nor|mal|mo|tiv** *das;* -s, -e: fotografisches Motiv, dessen Bildwinkel annähernd dem Gesichtskreis des normalen Sehens entspricht. **Nor|mal|null** *das;* -s: festgelegte Höhe, auf die sich die Höhenmessungen beziehen; Abk.: N. N. od. NN. **Nor|mal|ob|jek|tiv** *das;* -s, -e: fotografisches Objekt, dessen Brennweite der Formatdiagonale u. dessen Bildwinkel annähernd dem Gesichtswinkel des normalen Sehens entspricht. **Nor|mal|po|ten|ti|al** *das;* -s, -e: elektrochem. Standardpotential, das für das elektrochem. Verhalten eines Metalls kennzeichnend ist. **Nor|mal|pro|fil** *das;* -s, -e: 1. Querschnitt eines genormten Stücks aus Stahl. 2. Lichtraumbemessung bei Eisenbahnen u. Straßen für Brücken u. Tunnel; Lademaß. **Nor|mal|ton** *der;* -[e]s: Kammerton, Stimmton a¹, international mit 440 Hertz vereinbart (Mus.). **nor|ma|tiv** ⟨nach gleichbed. *fr.* normatif; vgl. ...iv⟩: 1. als Norm (1 a) geltend, maßgebend, als Richtschnur dienend. 2. nicht nur beschreibend, sondern auch Normen (1 a) setzend, z. B. -e Grammatik (Sprachw.); vgl. präskriptiv. **Nor|ma|tiv** *das;* -s, -e [...və]: auf Grund von Erfahrung gewonnene, besonderen Erfordernissen entsprechende Regel, Anweisung, Vorschrift. **Nor|ma|ti|ve** [...və] *die;* -, -n ⟨zu ↑...ive⟩: Grundbestimmung, grundlegende Festsetzung. **Nor|ma|ti|vis|mus** [...v...] *der;* - ⟨zu ↑...ismus (1)⟩: Theorie vom Vorrang des als Norm (1 a) Geltenden, des Sollens vor dem Sein, der praktischen Vernunft vor der theoretischen (Philos.). **Nor|ma|ti|vi|tät** *die;* - ⟨zu ↑...ität⟩: a) das Normativsein; b) normative (1) Wirkung. **norm|azid** usw. vgl. normacid usw. **Norm|blatt** *das;* -[e]s, ...blätter: (vom Deutschen Institut für Normung herausgegebenes) Verzeichnis mit normativen Festlegungen. **nor|men**: (zur Vereinheitlichung) für etw. eine Norm aufstellen. **Nor|men|kon|trol|le** *die;* -, -n: 1. Kontrolle der Einhaltung der Normen (1). 2. durch ein Gericht vorgenommene Prüfung u. Entscheidung der Frage, ob eine Rechtsnorm (z. B. ein Gesetz) einer anderen übergeordneten (z. B. der Verfassung) widerspricht od. nicht (Rechtsw.). **Nor|men|kon|troll|kla|ge** *die;* -, -n: Klage der Bundes- od. einer Landesregierung, auch eines Drittels der Mitglieder des Bundestages beim Bundesverfassungsgericht zur grundsätzlichen Klärung der Vereinbarkeit von Bundes- od. Landesrecht mit dem Grundgesetz einerseits od. von Bundesrecht mit Landesrecht andererseits (Rechtsw.). **Norm|er|gie** *die;* -, ...ien ⟨zu ↑normo..., *gr.* érgon „Werk, Tätigkeit" u. ↑²...ie; Analogiebildung zu ↑Allergie⟩: normale Reaktion des Organismus auf einen Reiz im Gegensatz zu ↑Allergie u. ↑Hyperergie (Med.). **nor|mie|ren** ⟨aus gleichbed. *fr.* normer, dies aus *lat.* normare „nach dem Winkelmaß abmessen; gehörig einrichten"⟩: a) vereinheitlichen, nach einem einheitlichen Schema, in einer bestimmten Weise festlegen, regeln; b) svw. normen. **Nor|mie|rung** *die;* -, -en ⟨zu ↑...ierung⟩: das Normieren. **nor|mo...**, **Nor|mo...**, vor Vokalen meist norm..., Norm... ⟨aus *lat.* norma, vgl. Norm (mit dem Bindevokal -o-)⟩: Wortbildungselement mit der Bedeutung „der Norm entsprechend, regelgemäß", z. B. normosom, Normozyt, normacid. **Nor|mo|blast** *der;* -en, -en (meist Plur.) ⟨zu *gr.* blastós „Sproß, Keim"⟩: kernhaltige Vorstufe eines roten Blutkörperchens von der ungefähren Größe u. Reife eines normalen roten Blutkörperchens (Med.); vgl. Normozyt. **Nor|mo|leu|ko|zy|to|se** *die;* -: normaler Gehalt an weißen Blutkörperchen im Blut (Med.). **nor|mo|som** ⟨zu *gr.* sōma „Körper"⟩: von normalem Kör-

Normospermie

perwuchs (Med.). **Nor|mo|sper|mie** *die;* - ⟨zu *gr.* spérma „Samen" u. ↑²...ie⟩: normaler Gehalt der Samenflüssigkeit an funktionstüchtigen Spermien (Med.). **nor|mo|tensiv** *zu nlat.* tensivus, dies zu *lat.* tendere „spannen, anspannen"⟩: svw. normotonisch. **nor|mo|ton** vgl. normotonisch. **Nor|mo|to|nie** *die;* - ⟨zu ↑Tonus u. ↑²...ie⟩: regelrechter, normaler Blutdruck (Med.). **nor|mo|to|nisch**, normoton ⟨zu ↑¹tonisch⟩: einen regelrechten, normalen Blutdruck aufweisend (Med.); vgl. ...isch/-. **Nor|mo|to|nus** *der;* -: normaler Spannungszustand von Muskeln, Gefäßen od. Nerven (Med.). **Nor|mo|zyt** *der;* -en, -en ⟨zu ↑...zyt⟩: hinsichtlich Gestalt, Größe u. Farbe normales rotes Blutkörperchen (Med.); vgl. Makrozyt u. Mikrozyt. **Nor̩|mung** *die;* -, -en ⟨zu ↑Norm⟩: einheitliche Gestaltung, Festsetzung [als Norm (1 a)]

Nor̩|ne *die;* -, -n (meist Plur.) ⟨aus *altnord.* norn „Schicksalsgöttin"⟩: eine der drei nord. Schicksalsgöttinnen (Urd, Werdandi, Skuld)

nor|rø̩n ⟨aus *norw.* norrøn⟩: altnordisch, z. B. -e Literatur

Nor̩|tes [...tes] *die* (Plur.) ⟨aus *span.* norte „Norden, Nordwind"⟩: 1. feuchtwarme Nordwinde in Argentinien, die oft dem Kaltlufteinbruch des ↑Pampero vorangehen. 2. stürmische, mit großen Temperaturstürzen einhergehende Nordostwinde in Mexiko, entsprechend den ↑Northers in den USA. 3. kalte, durchdringende Nordwinde, die von den winterlichen, schneebedeckten Höhen der Pyrenäen nach Spanien herabwehen

North [nɔːθ] ⟨aus *engl.* north⟩: engl. Bez. für Norden; Abk.: N. **Nor̩|ther** [ˈnɔːðə] *der;* -s, - ⟨aus gleichbed. *engl.* norther⟩: 1. heftiger, kalter Nordwind in Nord- u. Mittelamerika. 2. heißer, trockener Wüstenwind an der Südküste Australiens

Nor̩|ton|ge|trie|be *das;* -s, - ⟨nach dem engl. Erfinder W. P. Norton (19. Jh.)⟩: bes. bei Werkzeugmaschinen verwendetes Zahnradstufengetriebe; Leitspindelgetriebe (Techn.). **Nor̩|ton|ska|la** *die;* -: Abstufung für die Härtegrade eines Schleifkörpers, z. B. einer Schleifscheibe

nos|ce te ip|sum [ˈnɔstsə te –] ⟨*lat.*⟩: lerne dich selbst kennen, erkenne dich selbst

No|se|an *der;* -s, -e ⟨nach dem dt. Geologen K. W. Nose (1753–1835) u. zu *lat.* -anus (Zugehörigkeitssuffix)⟩: ein braunes Mineral aus der Gruppe der Feldspatvertreter

No|se̩|ma *die;* -, ...men ⟨aus gleichbed. *nlat.* nosema, dies aus *gr.* nósēma „Krankheit"⟩: ein Sporentierchen, Erreger der Nosemaseuche. **No|se̩|ma|seu|che** *die;* -: durch das Sporentierchen Nosema hervorgerufene Darmkrankheit der Bienen. **no|so...**, **No|so...** ⟨aus gleichbed. *gr.* nósos⟩: Wortbildungselement mit der Bedeutung „Krankheit", z. B. nosologisch, Nosomanie. **No|so|agno|sie** *die;* -: Störung der Sinneswahrnehmung in Form einer Unfähigkeit, krankhafte Veränderungen od. Störungen am eigenen Körper zu erkennen (Med.). **No|so̩|de** *die;* -, -n ⟨Kunstw. zu *gr.* nósos „Krankheit"⟩: aus krankhaften Körpermaterialien hergestelltes Arzneimittel zur Behandlung entsprechender Krankheiten (Med.). **No|so|ge|nie** *die;* -, ...ien ⟨zu ↑noso... u. ↑...genie⟩: svw. Pathogenese. **No|so|geogra|phie** *die;* -: Lehre von der geographischen u. klimatischen Verbreitung der Krankheiten. **No|so|graph** *der;* -en, -en ⟨zu ↑...graph⟩: (veraltet) jmd., der Krankheiten beschreibt. **No|so|gra|phie** *die;* - ⟨zu ↑...graphie⟩: Krankheitsbeschreibung (Med.). **no|so|ko|mi̩|al** ⟨zu *gr.* nosokomeĩon „Krankenhaus" u. ↑¹...al (1)⟩: zu einem Krankenhaus gehörend, ein Krankenhaus betreffend, in einem Krankenhaus erfolgend; -e Infektionen: Infektionskrankheiten, die durch Übertragung von Erregern im Krankenhausbereich hervorgerufen werden. **No|so|ko|mie** *die;* - ⟨aus gleichbed. *gr.* nosokomía⟩: (veraltet) Krankenpflege. **No|so|lo|gie** *die;* - ⟨zu ↑noso... u. ↑...logie⟩: Krankheitslehre; systematische Einordnung u. Beschreibung der Krankheiten. **no|so|lo|gisch** ⟨zu ↑...logisch⟩: die Nosologie betreffend; Krankheiten systematisch beschreibend (Med.). **No|so|ma|nie** *die;* -, ...ien ⟨zu ↑...manie⟩: wahnhafte Einbildung, an einer Krankheit zu leiden (Med., Psychol.). **No|so|pho|bie** *die;* -, ...ien ⟨zu ↑...phobie⟩: krankhafte Angst, krank zu sein od. zu werden (Med., Psychol.). **no|so|trop** ⟨zu ↑...trop⟩: gegen einen Krankheitsprozeß gerichtet (z. B. von den natürlichen Abwehrstoffen des Körpers; Med.)

No̩-Spiel *das;* -[e]s, -e ⟨zu *jap.* nō, eigtl. „Fähigkeit, Talent"⟩: streng stilisiertes japan. Bühnenspiel mit Musik, Tanz, Gesang u. Pantomime

nost|al|gi|co [nɔsˈtaldʒiko] ⟨*it.;* vgl. Nostalgie⟩: sehnsüchtig (Mus.). **Nost|al|gie** [...ˈgi:] *die;* -, ...ien ⟨aus gleichbed. *engl.-amerik.* nostalgia, eigtl. „Heimweh", dies aus gleichbed. *nlat.* nostalgia zu *gr.* nóstos „Rückkehr (in die Heimat)" u. álgos „Schmerz"⟩: 1. von unbestimmter Sehnsucht erfüllte Gestimmtheit, die sich in der Rückwendung zu früheren, in der Erinnerung sich verklärenden Zeiten, Erlebnissen, Erscheinungen in Kunst, Musik, Mode u. a. äußert. 2. (veraltend) [krankmachendes] Heimweh (Med.). **Nost|al|gie-Look** [...lʊk] *der;* -s: nostalgische Mode. **Nost|al|gi|ker** *der;* -s, -: jmd., der sich der Nostalgie überläßt, der nostalgisch gestimmt ist. **nost|al|gisch:** 1. die Nostalgie (1) betreffend, zu ihr gehörend; verklärend vergangenheitsbezogen. 2. (veraltend) an Nostalgie (2) leidend, heimwehkrank (Med.).

No|strat *der;* -en, -en ⟨aus gleichbed. *lat.* nostras, Gen. nostratis, eigtl. „einer von unseren (Leuten)", zu noster „unser"⟩: (veraltet) Landsmann. **No|stri|fi|ka|ti|on** *die;* -, -en ⟨zu *lat.* noster, Gen. nostri „uns" u. ↑...fikation⟩: 1. Einbürgerung, Erteilung der [Bürger]rechte (Rechtsw.). 2. Anerkennung eines ausländischen Examens, Diploms. **no|stri|fi|zie|ren** ⟨zu ↑...fizieren⟩: 1. einbürgern. 2. ein ausländisches Examen, Diplom anerkennen. **No|stro|ef|fek|ten** *die* (Plur.) ⟨zu *it.* nostro „unser", dies aus *lat.* noster, Gen. nostri⟩: im Eigentum eines Kreditinstitutes befindliche Wertpapiere. **No|stro|kon|to** *das;* -s, Plur. ...ten, auch -s od. ...ti: Konto einer Bank, das sie bei einer anderen Bank als Kunde unterhält

No̩|ta *die;* -, -s ⟨aus *lat.* nota, Imperativ von notare „bezeichnen, bemerken"⟩: 1. (veraltend) a) Rechnung; b) Auftrag. 2. (veraltet) Zeichen, Anmerkung, Notiz; vgl. ad notam. **no|ta̩|bel** ⟨aus gleichbed. *fr.* notabel, dies aus *lat.* notabilis⟩: (veraltet) bemerkenswert, wichtig; denkwürdig. **No|ta|beln** *die* (Plur.) ⟨aus *fr.* notables, substantivierter Plur. von notable „angesehen, bedeutend"; vgl. notabel⟩: die durch Bildung, Rang u. Vermögen ausgezeichneten Mitglieder der bürgerlichen Oberschicht in Frankreich. **no|ta|be̩|ne** ⟨aus *lat.* nota bene „merke wohl!"⟩: übrigens; Abk.: NB. **No|ta|be̩|ne** *das;* -[s], -[s]: Merkzeichen, Vermerk. **No|ta|bi|li|tät** *die;* -, -en ⟨unter Einfluß von *fr.* notabilité aus gleichbed. *spätlat.* notabilitas, Gen. notabilitatis⟩: (veraltet) 1. (ohne Plur.) Vornehmheit. 2. (meist Plur.) vornehme, berühmte Persönlichkeit

Not|al|gie *die;* -, ...ien ⟨zu *gr.* nõtos „Rücken" u. ↑...algie⟩: Rückenschmerz, Schmerzen im Bereich des Rückens (Med.)

No|ta|phon *das;* -s, -e ⟨zu *lat.* nota „(Schrift)zeichen" u. ↑...phon; Analogiebildung zu ↑Grammophon⟩: elektromechanisches Gerät zur Tonaufzeichnung von Telefongesprächen, Vorform des Anrufbeantworters. **No|ta pun|ta|ta** *die;* - -, ...tae ...tae [...tɛ ...tɛ] ⟨aus gleichbed. *it.* nota puntata zu nota „Note" u. *mlat.* punctare „punktieren"⟩: punktierte Note (Mus.); vgl. punktieren (2 a). **No|ta qua|dra|ta** *die;* - -, ...tae ...tae [...tɛ ...tɛ] ⟨zu *lat.* quadratus „viereckig"⟩: viereckiges Notenzeichen der ↑ Choralnotation (Mus.). **No|tar** *der;* -s, -e ⟨aus *mlat.* notarius „öffentlicher Schreiber", dies aus *lat.* notarius „(Schnell)schreiber, Sekretär"⟩: staatlich vereidigter Volljurist, zu dessen Aufgabenkreis die Beglaubigung u. Beurkundung von Rechtsgeschäften gehört. **No|ta|ri|at** *das;* -[e]s, -e ⟨aus gleichbed. *mlat.* notariatus⟩: a) Amt eines Notars; b) Büro eines Notars. **no|ta|ri|ell** ⟨zu ↑...ell⟩: von einem Notar ausgefertigt u. beglaubigt (Rechtsw.). **no|ta|risch:** (selten) svw. notariell. **No|ta Ro|ma|na** *die;* - -, ...tae ...nae [...tɛ ...nɛ]: ⟨aus *mlat.* nota Romana „römische Note"⟩: svw. Nota quadrata. **No|tat** *das;* -[e]s, -e ⟨aus *(m)lat.* notatum, substantiviertes Part. Perf. (Neutrum) von notare, vgl. notieren⟩: niedergeschriebene Bemerkung; Aufzeichnung, Notiz (1). **No|ta|ti|on** *die;* -, -en ⟨aus *lat.* notatio „Bezeichnung, Beschreibung"⟩: 1. a) das Aufzeichnen von Musik in Notenschrift; b) Notenschrift (Mus.). 2. das Aufzeichnen der einzelnen Züge einer Schachpartie. 3. Darstellung von Informationen durch Symbole, bes. für die Beschreibung von Sprache entwickeltes Zeichen- od. Symbolsystem, z. B. phonetisches Alphabet. 4. Festlegung der Reihenfolge von Rechenoperationen (EDV); vgl. ...[at]ion/...ierung. **Notebook** [ˈnoʊtbʊk] *der;* -s, -s ⟨aus *engl.* notebook „Notizbuch"⟩: Personalcomputer in Buchformatgröße, der kleiner als ein ↑ Laptop ist. **No|te|lett** [notə...] *das;* -s, -s ⟨Verkleinerungsbildung zu *fr.* note „Notiz; Aufzeichnung", vgl. ...ett⟩: kleines Briefblatt für kurze Mitteilungen. **Notepad** [ˈnoʊtpæd] *der;* -s, -s ⟨aus *engl.* notepad „Notizblock"⟩: Computer in der Größe eines DIN-A4-Schreibblocks mit den Funktionen eines ↑ Laptops, der nicht über eine Tastatur, sondern mittels eines elektron. Stifts bedient wird. **Note sen|si|ble** [nɔtsãˈsibl] *die;* - -, -s -s [nɔtsãˈsibl] ⟨aus gleichbed. *fr.* note sensible, eigtl. „empfindliche Note"⟩: Leitton (Mus.).

No|tho|sau|ri|er [...i̯ɐ] *der;* -s, - u. **No|tho|sau|rus** *der;* -, ...rier [...i̯ɐ] ⟨aus gleichbed. *nlat.* nothosaurus zu *gr.* nóthos „unehelich; verfälscht" u. saûros „Eidechse"⟩: ausgestorbenes Meeresreptil der ↑ Trias (1)

no|tie|ren ⟨aus gleichbed. *(m)lat.* notare⟩: 1. a) aufzeichnen, schriftlich vermerken, aufschreiben (um etwas nicht zu vergessen); b) vormerken. 2. in Notenschrift schreiben (Mus.). 3. a) den offiziellen Kurs eines Wertpapiers an der Börse, den Preis einer Ware feststellen bzw. festsetzen; b) einen bestimmten Börsenkurs haben, erhalten (Wirtsch.). **No|tie|rung** *die;* -, -en ⟨zu ↑ ...ierung⟩: 1. a) das Aufzeichnen, schriftliche Vermerken; b) das Vormerken. 2. Aufzeichnen von Musik in Notenschrift (Mus.). 3. Feststellung bzw. Festsetzung von Kursen od. Warenpreisen [an der Börse] (Wirtsch.); vgl. ...[at]ion/...ierung. **No|ti|fi|ka|ti|on** *die;* -, -en ⟨aus gleichbed. *fr.* notification zu notifier „bekanntgeben, mitteilen", dies aus *spätlat.* notificare, vgl. notifizieren⟩: 1. (veraltet) Anzeige, Benachrichtigung. 2. im Völkerrecht offizielle Benachrichtigung, die mit bestimmten Rechtsfolgen verbunden ist; Übergabe einer diplomatischen Note; vgl. ...[at]ion/...ierung. **no|ti|fi|zie|ren** ⟨aus *spätlat.* notificare „bekanntmachen"⟩: 1. (veraltet) anzeigen, benachrichtigen. 2. im diplomatischen Verkehr durch eine Note förmlich übermitteln. **No|ti|fi|zie|rung** *die;* -, -en ⟨zu ↑ ...fizieren⟩: svw. Notifikation; vgl. ...[at]ion/...ierung. **No|tio** *die;* -, ...iones [...neːs] u. Notion *die;* -, -en ⟨aus *lat.* notio „das Kennenlernen; Kenntnis; „Begriff" zu notus, Part. Perf. von noscere „kennenlernen, erkennen"⟩: Begriff, Gedanke (Philos.). **No|tio|lo|gie** *die;* - ⟨zu *gr.* nótios „feucht" u. ↑ ...logie⟩: (veraltet) Lehre von der Luftfeuchtigkeit. **No|tio|me|ter** *das;* -s, - ⟨zu ↑¹...meter⟩: (veraltet) svw. Hygrometer

No|ti|on vgl. Notio. **No|tio|nes com|mu|nes** [...neːs kɔmuˈneːs] *die* (Plur.) ⟨aus *lat.* notiones communes „allgemeine Kenntnisse"⟩: die dem Menschen angeborenen u. daher allen Menschen gemeinsamen Begriffe u. Vorstellungen (im Stoizismus; Philos.). **no|tio|nie|ren** ⟨zu ↑...ieren⟩: (österr.) einer Behörde zur Kenntnis bringen. **No|tist** *der;* -en, -en ⟨zu ↑ notieren u. ↑...ist⟩: (veraltet) Notenkopist, -schreiber. **No|tiz** *die;* -, -en ⟨aus *lat.* notitia „Kenntnis; Nachricht", eigtl. „das Bekanntsein"⟩: 1. Aufzeichnung, Vermerk. 2. Nachricht, Meldung, Anzeige. 3. (Kaufmannsspr.) Notierung (3), Preisfeststellung; - **von jmdm., etwas nehmen:** jmdm., einer Sache Beachtung schenken

No|to|gäa u. **No|to|gä|is** *die;* - ⟨zu *gr.* nótos „Süden" u. gaîa „Erde"⟩: tiergeographische Region, die Tierwelt von Neuseeland über Australien, Neuguinea, Polynesien bis Hawaii

No|to|graph *der;* -en, -en ⟨zu *mlat.* nota „Note" u. ↑...graph, eigtl. „Notenschreiber"⟩: alte, die Noten eines gespielten Stückes sofort niederschreibende, mit Klavier od. Harmonium verbundene Vorrichtung

No|to|rie|tät [...rie...] *die;* - ⟨aus gleichbed. *mlat.* notorietas, Gen. notorietatis zu *spätlat.* notorius, vgl. notorisch⟩: (veraltet) das Offenkundigsein. **no|to|risch** ⟨aus *spätlat.* notorius „anzeigend, kundtuend"⟩: 1. offenkundig, allbekannt. 2. für eine negative Eigenschaft, Gewohnheit bekannt; gewohnheitsmäßig

No|tre-Dame [nɔtrəˈdam] *die;* - ⟨*fr.;* „unsere Herrin"⟩: 1. franz. Bez. für Jungfrau Maria. 2. Name franz. Kirchen

Not|tur|no *das;* -s, Plur. -s u. ...ni ⟨aus gleichbed. *it.* notturno, vgl. Nocturne⟩: 1. a) stimmungsvolles Musikstück in mehreren Sätzen (für eine nächtliche Aufführung im Freien); b) einem Ständchen ähnliches Musikstück für eine od. mehrere Singstimmen [mit Begleitung] (Mus.). 2. (selten) svw. Nocturne.

No|tu|la *die;* -, ...lae [...lɛ] ⟨aus gleichbed. *spätlat.* notula, Verkleinerungsform von *lat.* nota, vgl. Nota⟩: (veraltet) 1. kurze schriftliche Darstellung, kleine Bemerkung, Rechnung. 2. kurze, ergänzende Bemerkung zu einem Vertrag (Rechtsw.).

No|tum *das;* -s, ...ta ⟨aus *nlat.* notum zu *gr.* nõtos „Rükken"⟩: Rückenteil eines Insektenbrustrings in Form einer meist annähernd viereckigen Platte (Zool.)

Nou|gat [ˈnuː...], eindeutschend **Nugat** *der* od. *das;* -s, -s ⟨aus gleichbed. *fr.* nougat, dies aus *provenzal.* nogat zu noga „Nuß", dies über *galloroman.* *nuca aus gleichbed. *lat.* nux, Gen. nucis⟩: aus fein zerkleinerten gerösteten Nüssen od. Mandeln, Zucker u. Kakao zubereitete pastenartig weiche Masse (z. B. als Füllung von Pralinen)

Nou|mea|it [nu..., auch ...ˈɪt] *der;* -s, -e ⟨nach Nouméa, der Hauptstadt von Neukaledonien, u. zu ↑²...it⟩: svw. Garnierit

Nou|me|non *das;* - ⟨aus *gr.* nooúmenon „das Gedachte", Part. Perf. von noeĩn „denken, ersinnen"⟩: 1. das mit dem Geist zu Erkennende im Gegensatz zu dem mit den Augen zu Sehenden (Plato). 2. das bloß Gedachte, objektiv nicht Wirkliche, Begriff ohne Gegenstand (Kant). **Nous** [nuːs] vgl. Nus

Nou|veau réa|lisme [nuvoreaˈlism] *der;* - - ⟨aus *fr.* nouveau réalisme „neuer Realismus"⟩: 1960 begründeter Realismusbegriff, der auf den Ideen des ↑Dadaismus basiert (Kunstw.). **Nou|veau ro|man** [...rɔ̃ˈmã] *der; - -* ⟨aus *fr.* nouveau roman „neuer Roman"⟩: (nach 1945 in Frankreich entstandene) experimentelle Form des ↑Romans (a), die unter Verzicht auf den allwissenden Erzähler die distanzierte Beschreibung einer eigengesetzlichen Welt in den Vordergrund stellt (Literaturw.). **Nou|veau|té** [nuvoˈte:] *die; -, -s* ⟨aus gleichbed. *fr.* nouveauté zu nouveau „neu"⟩: Neuheit, Neuigkeit [in der Mode]. **Nou|velle cui|si|ne** [nuvɛlkɥiˈziːn] *die; - -* ⟨aus *fr.* nouvelle cuisine, eigtl. „neue Küche"⟩: um 1970 in Frankreich aufgekommene Richtung der Kochkunst, die auf neuen Ernährungserkenntnissen beruht u. bes. frische Zutaten bei kurzen Garzeiten verwendet (Gastr.). **¹No|va** [...va] *die; -, Plur. ...vae* [...vɛ], eindeutschend ...vä ⟨aus *lat.* nova (stella) „neuer (Stern)"⟩: Stern, der kurzfristig durch innere Explosionen hell aufleuchtet (Astron.). **²No|va** *die* (Plur.) ⟨aus *lat.* nova „Neue", Plur. von novum, vgl. Novum⟩: 1. Plur. von ↑Novum. 2. Neuerscheinungen des Buchhandels. **No|va|le** *das; -s, -n* ⟨aus *lat.* novalis „Brachland, Acker" zu novare „erneuern; verändern"⟩: (veraltet) erst seit kurzem urbar gemachtes, bebautes Ackerland

No|va|tia|ner [...v...] *die* (Plur.) ⟨nach dem röm. Presbyter Novatian (3. Jh.) u. zu ↑...aner⟩: Anhänger einer sittenstrengen, rechtgläubigen altchristlichen Sekte

No|va|ti|on [...v...] *die; -, -en* ⟨aus *spätlat.* novatio „Erneuerung" zu *lat.* novare „neu machen, erneuern"⟩: Schuldumwandlung, Aufhebung eines bestehenden Schuldverhältnisses durch Schaffung eines neuen (Rechtsw.). **No|va|to|ren** *die* (Plur.) ⟨aus *russ.* novatory „(Er)neuerer", Plur. von novator, dies aus gleichbed. *lat.* novator⟩: eine Gruppe russischer Komponisten (Balakirew, Borodin, Kjui, Mussorgski, Rimski-Korsakow)

No|ve|cen|to [noveˈtʃɛnto] *das; -[s]* ⟨aus *it.* novecento, eigtl. „neunhundert" (verkürzt für 1900)⟩: 1. ital. Bez. für das 20. Jh. (bes. in der Kunstw.). 2. 1923 hervorgetretene, in Mailand gegründete ital. Künstlergruppe

No|vel|le [...v...] *die; -, -n* ⟨aus gleichbed. *it.* novella zu *lat.* novellus, Verkleinerungsform von novus „neu"; Bed. 2 aus *lat.* novella (lex) „neues (Gesetz)"⟩: 1. a) (ohne Plur.) literarische Kunstform der Prosaerzählung meist geringeren Umfangs, die über eine besondere Begebenheit pointiert berichtet; b) Erzählung dieser literarischen Kunstform. 2. abändernder od. ergänzender Nachtrag zu einem Gesetz (Rechtsw.). **¹No|vel|let|te** *die; -, -n* ⟨aus gleichbed. *it.* novelletta, Verkleinerungsform von novella, vgl. Novelle (1)⟩: kleine Novelle (1 b)

²No|vel|let|te [...v...] *die; -, -n* ⟨von R. Schumann 1838 nach dem Namen der engl. Sängerin C. Novello (1818–1908) geprägt; vgl. ...ette⟩: ↑Charakterstück mit mehreren aneinandergereihten [heiteren] Themen

no|vel|lie|ren [...v...] ⟨zu ↑Novelle (2) u. ↑...ieren⟩: ein Gesetz[buch] mit Novellen (2) versehen (Rechtsw.). **No|vel|ist** *der; -en, -en* ⟨zu ↑Novelle (1) u. ↑...ist⟩: Verfasser einer Novelle (1 b). **No|vel|li|stik** *die; -* ⟨zu ↑...istik⟩: 1. Kunst der Novelle (1). 2. Gesamtheit der novellistischen Dichtung. **no|vel|li|stisch** ⟨zu ↑...istisch⟩: die Novelle (1), die Novellistik betreffend; in der Art der Novelle (1), der Novellistik

No|vem|ber [...v...] *der; -[s], -* ⟨aus *lat.* (mensis) November zu novem „neun", urspr. der 9. Monat des mit dem März beginnenden altrömischen Kalenderjahres⟩: elfter Monat im Jahr; Nebelmond, Neb[e]lung, Windmonat, Wintermonat; Abk.: Nov. **No|ven|dia|le** *das; -, -n* ⟨aus *lat.* novendiale „neun Tage dauernd"⟩: die neuntägige Trauerfeier (im Petersdom in Rom) für einen verstorbenen Papst. **No|ve|ne** *die; -, -n* ⟨aus gleichbed. *mlat.* novena zu *lat.* novem „neun"⟩: neuntägige kath. Andacht (als Vorbereitung auf ein Fest od. für ein besonderes Anliegen des Gläubigen)

No|vi|al [...v...] *das; -[s]* ⟨Kunstw. zu *lat.* novus „neu" u. ↑¹...al (2)⟩: (1928 von dem dän. Sprachwissenschaftler Jespersen ausgearbeitete) Welthilfssprache. **No|vi|lu|ni|um** *das; -s, ...ien* [...i̯ən] ⟨aus gleichbed. *spätlat.* novilunium zu *lat.* novus „neu" u. luna „Mond"⟩: das erste Sichtbarwerden der Mondsichel nach Neumond, Neulicht (Astron.). **no|vis|si|me** [...me] ⟨*lat.*; eigtl. „neuest"⟩: (veraltet) vor kurzem, zuletzt. **No|vi|tät** *die; -, -en* ⟨aus *lat.* novitas, Gen. novitatis „Neuheit"⟩: 1. Neuerscheinung; Neuheit (von Büchern, Theaterstücken, von Modeerscheinungen u. a.). 2. (veraltet) Neuigkeit. **No|vi|ze** *der; -n, -n u. die; -, -n* ⟨aus gleichbed. *mlat.* novicius, dies aus *lat.* novicius „Neuling"⟩: Mönch od. Nonne während der Probezeit. **No|vi|zi|at** *das; -[e]s, -e* ⟨aus gleichbed. *mlat.* noviciatum⟩: a) Probezeit eines Ordensneulings; b) Stand eines Ordensneulings. **No|vi|zin** *die; -, -nen* ⟨zu ↑Novize⟩: Nonne während der Probezeit. **No|vo|ca|in** ⓦ [...ka...] *das; -s* ⟨Kunstw. aus *lat.* novus „neu" u. ↑*Cocain*⟩: wichtiges Mittel zur örtlichen Betäubung. **No|vul|la** *die; -, ...lae* [...lɛ] ⟨aus *lat.* novula „Sternchen", Verkleinerungsform von novus, vgl. ¹Nova⟩: Stern, der wiederholt als ¹Nova aufleuchtete (Astron.). **No|vum** *das; -s, No-va* ⟨aus *lat.* novum „Neues" zu novus „neu"⟩: Neuheit; neuer Gesichtspunkt, neu hinzukommende Tatsache, die die bisherige Kenntnis od. Lage ändert

No|xe *die; -, -n* ⟨aus *lat.* noxa „Schaden"⟩: Krankheitsursache; Stoff od. Umstand, der eine schädigende Wirkung auf den Organismus ausübt (Med.). **No|xin** *das; -s, -e* (meist Plur.) ⟨Kunstw. aus ↑*Noxe* u. ↑*Toxin*⟩: aus zugrunde gegangenem Körpereiweiß stammender Giftstoff (Med.)

Nu|an|ce [ˈnyã:sə] *die; -, -n* ⟨aus gleichbed. *fr.* nuance, dies wohl zu nue „Wolke" (aus gleichbed. *vulgärlat.* *nuba, *lat.* nubes) od. zu nuer „bewölken; abstufen, abschattieren"⟩: 1. Abstufung, feiner Übergang; Feinheit; Ton, [Ab]tönung. 2. Schimmer, Spur, Kleinigkeit. **nu|an|cie|ren** ⟨aus gleichbed. *fr.* nuancer⟩: abstufen, ein wenig verändern, feine Unterschiede machen. **nu|an|ciert** ⟨zu ↑...iert⟩: 1. äußerst differenziert, subtil. 2. pointiert

Nu|be|ku|la *die; -, ...lä* ⟨aus *lat.* nubecula „kleine Wolke", Verkleinerungsform von nubes „Wolke"⟩: 1. leichte Hornhauttrübung (Med.). 2. zu Boden sinkende wolkige Trübung in stehendem Harn (Med.)

Nu|bi|li|tät *die; -* ⟨aus gleichbed. *lat.* nubilitas, Gen. nubilitatis zu nubilis „mannbar, heiratsfähig"⟩: (veraltet) heiratsfähiges Alter

Nu|buk *das; -[s]* ⟨aus gleichbed. *engl.* nubuck⟩: Wildleder aus chromgegerbtem, auf der Narbenseite geschliffenem Kalbleder

Nu|cel|lus [nuˈtsɛ...] *der; -, ...lli* ⟨aus gleichbed. *nlat.* nucellus, Verkleinerungsform von *lat.* nux, Gen. nucis „Nuß"⟩: Gewebekern der Samenanlage bei Blütenpflanzen (Bot.)

Nu|cha *die; -, ...ae* [...xɛ] ⟨aus gleichbed. *mlat.* nucha, dies zu *arab.* nuḫa „Rückenmark"⟩: Nacken, hintere gewölbte Seite des Halses (Anat.). **nu|chal** ⟨zu ↑¹...al (1)⟩: zum Nacken gehörend, im Bereich des Nackens liegend (Anat.)

nu|cle|o|..., Nu|cle|o|... [...k...] ⟨vgl. nukleo..., Nukleo...⟩

Nu|da|ti|on *die; -, -en* ⟨aus gleichbed. *nlat.* nudatio zu nudus „nackt"⟩: (veraltet) Entblößung. **Nu|dis|mus** *der; -* ⟨zu *lat.* nudus „nackt" u. ↑...ismus (2)⟩: Freikörperkultur. **Nu|dist** *der; -en, -en* ⟨zu ↑...ist⟩: Anhänger des Nudismus. **Nu|di|stin** *die; -, -nen*: weibliche Form zu ↑Nudist. **nu|di|stisch**

⟨zu ↑ ...istisch⟩: den Nudismus betreffend. **nu|dis ver|bis** [– 'vɛrbi:s] ⟨*lat.*⟩: mit nackten, dürren Worten. **Nu|di|tät** *die;* -, -en ⟨aus gleichbed. *lat.* nuditas, Gen. nuditatis⟩: 1. (ohne Plur.) Nacktheit. 2. (meist Plur.) Darstellung eines nackten Körpers (als sexueller Anreiz)
Nu|gat vgl. Nougat
Nug|get ['nagɪt] *das;* -[s], -s ⟨aus gleichbed. *engl.* nugget, dies zusammengezogen aus an ingot „ein Barren"⟩: (in der Natur vorkommendes) Klümpchen reines Gold
nu|kle..., **Nu|kle...** vgl. nukleo..., Nukleo... **nu|kle|ar** ⟨aus gleichbed. *engl.-amerik.* nuclear zu *lat.* nucleus „(Frucht)kern" u. ↑...ar (1)⟩: a) den [Atom]kern betreffend; b) mit der Kernspaltung zusammenhängend, durch Kernenergie erfolgend; c) Atom-, Kernwaffen betreffend; -e Waffen: Kernwaffen; -er Winter: Bez. für die nach einem größeren Kernwaffeneinsatz zu erwartenden extremen klimatischen Veränderungen als Folge der massiven Rauch- u. Rußentwicklung, wodurch die Sonneneinstrahlung stark reduziert würde. **nu|kle|ar** ⟨zu ↑...är⟩: den Zellkern betreffend (Biol.). **Nu|kle|ar|me|di|zin** *die;* -: Zweig der medizinischen Wissenschaft, der sich mit der Anwendung von ↑ Isotopen für die Erkennung u. Behandlung von Krankheiten befaßt. **Nu|kle|ar|po|ten|ti|al** *das;* -s, -e: verfügbarer Bestand an nuklearen Waffen. **Nu|kle|ar|stra|te|gie** *die;* -, -n [...i:ən]: Bestandteil der Militär- u. damit der Gesamtstrategie eines Staates od. Bündnisses, einen möglichen Angreifer durch Kernwaffenpotential abzuschrecken. **Nu|klea|se** *die;* -, -n ⟨zu ↑...ase⟩: Nukleinsäuren spaltendes Enzym (Biochem.). **Nu|klea|ti|on** *die;* -, -en ⟨zu ↑...ation⟩: Veränderung lebenden Gewebes duch Einfrieren, wobei sich um die Zellkerne herum kleinen Eiskristalle bilden (Med.). **Nu|klei** [...ei]: Plur. von ↑ Nukleus. **Nu|kle|in** *das;* -s, -e ⟨zu ↑...in (1)⟩: svw. Nukleoproteid. **Nu|kle|in|säu|re** *die;* -, -n: (bes. im Zellkern u. in den ↑ Ribosomen vorkommende) aus Nukleotiden aufgebaute ↑ polymere (2) Verbindung, die als Grundsubstanz der Vererbung fungiert (Biochem.). **nu|kleo...**, **Nu|kleo...** vor Vokalen meist nukle..., Nukle..., chem. fachspr. nucle[o]..., Nucle[o]... ⟨aus *lat.* nucleus „(Frucht)kern"⟩: Wortbildungselement mit den Bedeutungen: a) „Zellkern", z. B. Nuklease, Nukleoproteid, u. b) „Atomkern", z. B. Nukleon, Nuklid. **Nu|kleo|bi|on|ten** *die* (Plur.) ⟨zu ↑...biont⟩: svw. Eukaryonten. **Nu|kleo|gramm** *das;* -s, -e ⟨zu ↑...gramm⟩: Röntgenbild einer Zwischenwirbelscheibe (Med.). **Nu|kleo|gra|phie** *die;* -, ...ien ⟨zu ↑...graphie⟩: röntgenographische Darstellung einer Zwischenwirbelscheibe durch ein injiziertes Kontrastmittel (Med.). **Nu|kleo|id** *das;* -[e]s, -e (meist Plur.) ⟨zu ↑...oid⟩: Kernäquivalent der Bakterienzelle. **Nu|kleo|le** *die;* -, -n u. Nukleolus *der;* -, Plur. ...li u. ...olen ⟨aus *lat.* nucleolus „kleiner Kern", Verkleinerungsform von nucleus, vgl. Nukleus⟩: Kernkörperchen des Zellkerns. **Nu|kleo|lith** [auch ...'lɪt] *der;* -en, -en ⟨zu ↑...lith⟩: Kernstein, eine Art versteinerter Seeigel. **Nu|kleo|lus** vgl. Nukleole. **Nu|kleo|ly|se** *die;* -, -n ⟨zu ↑...lyse⟩: Auflösung des Gallertkerns einer Bandscheibe durch Einspritzung von Enzympräparaten (Med.). **Nu|kle|on** *das;* -s, ...onen ⟨zu ↑ nukleo... u. ↑⁴...on⟩: Atomkernbaustein, Elementarteilchen (Sammelbez. für Proton u. Neutron; Phys.). **Nu|kleo|nik** *die;* - ⟨zu ↑²...ik (1)⟩: Wissenschaft von den Atomkernen. **Nu|kleo|ni|um** *das;* -s ⟨zu ↑...ium⟩: kurzzeitig gebundener Zustand aus einem ↑ Proton u. einem ↑ Antiproton (Kernphys.). **nu|kleo|phil** ⟨zu ↑...phil⟩: zur Anlagerung von Atomen mit Elektronenpaarlücken neigend (von Atomen, Molekülen mit Elektronenüberschuß; Chem., Kernphys.). **Nu|kleo|pro|te|id** *das;* -[e]s, -e: Eiweißverbindung des Zellkerns (Biochem.). **Nu|kleo|pro|te|in** *das;* -s, -e (meist Plur.): komplexe Verbindung von ↑ Proteinen u. Nukleinsäuren, die bes. im Chromatin des Zellkerns u. in den ↑ Ribosomen vorliegt (Biochem.). **Nu|kleo|sid** *das;* -[e]s, -e (meist Plur.) ⟨Kunstw.⟩: durch ↑ Hydrolyse der Nukleinsäuren entstehende chem. Verbindung. **Nu|kleo|som** *das;* -s, -en ⟨zu *gr.* sõma „Körper"⟩: Grundbaustein des ↑ Chromatins (Biol.). **Nu|kleo|tid** *das;* -[e]s, -e (meist Plur.) ⟨Kunstw.⟩: chem. Verbindung, die bes. für den Aufbau der Nukleinsäure wichtig ist. **Nu|kleo|to|mie** *die;* -, ...ien ⟨zu ↑...tomie⟩: operative Öffnung des krankhaft veränderten Gallertkerns der Zwischenwirbelscheiben (Med.). **Nu|kle|us** [...eʊs] *der;* -, ...ei [...ei] ⟨aus *lat.* nucleus „(Frucht)kern"⟩: 1. Zellkern (Biol.). 2. Nervenkern (Anat.; Physiol.). 3. [Feuer]steinblock, von dem der Steinzeitmensch Stücke zur Herstellung von Werkzeugen abschlug. 4. Kern, Kernglied einer sprachlich zusammengehörenden Einheit (Sprachw.). **Nu|klid** *das;* -[e]s, -e ⟨zu ↑ nukleo... u. ↑²...id⟩: Atomart mit bestimmter Ordnungszahl u. Nukleonenzahl
null ⟨nach *lat.* nullus „keiner"; vgl. ¹Null⟩: 1. kein. 2. nichts. **¹Null** *die;* -, -en ⟨aus gleichbed. *it.* nulla, dies aus *lat.* nulla „nichts", Neutrum Plur. von nullus, vgl. null⟩: 1. Ziffer 0; die Zahl 0. 2. (ohne Plur., ohne Artikel) Gefrierpunkt, Nullpunkt. 3. (ugs.) Mensch, der wenig leistet, Versager. 4. in der Notierung für Streichinstrumente die leere Saite (Mus.). 5. in der Generalbaßschrift Zeichen für ↑ tasto solo (Mus.). **²Null** *der,* auch *das;* -[s], -s ⟨zu ↑ ¹Null⟩: beim Skat Solospiel, bei dem der Spieler keinen Stich machen darf, um zu gewinnen. **nul|la di|es si|ne li|nea** [– 'di:es – –] ⟨*lat.;* „kein Tag ohne einen Strich"⟩: jeden Tag muß man etw. erledigen, kein Tag darf ungenutzt vergehen. **Null|a|ge**¹ *die;* -: Nullstellung bei Meßgeräten. **nul|la poe|na si|ne le|ge** [– 'pø:na – –] ⟨*lat.*⟩: keine Strafe ohne Gesetz (im Grundgesetz u. Strafgesetzbuch definierter Rechtsgrundsatz, nach dem eine Tat nur nach einem zur Tatzeit geltenden Gesetz bestraft werden kann). **Null|di|ät** *die;* -, -en ⟨zu ↑ ¹Null⟩: Fasten, bei dem man nur Wasser, Mineralstoffe u. Vitamine zu sich nimmt, um abzunehmen. **nul|len**: 1. eine elektr. Maschine mit dem Nulleiter des Verteilungssystems verbinden. 2. (ugs. scherzh.) in ein neues Lebensjahrzehnt eintreten. **Null|ler** *der;* -, -: 1. fehlerfreier Ritt beim Springreiten; Nullfehlerritt. 2. (schweiz.) Schuß, der sein Ziel verfehlt; Fehlschuß (Schießsport). 3. (schweiz.) a) Sprung, bei dem der Springer beim Weit- u. Dreisprung über den Absprungbalken tritt od. beim Hoch- u. Stabhochsprung die Latte nicht überqueren kann; Fehlsprung (Leichtathletik); b) begonnener, aber nicht ausgeführter Sprung am Pferd; Fehlsprung (Turnen). **Null|erl** *das;* -s, -n: (österr. ugs.) jmd., der nicht beachtet wird. **Null|hy|po|the|se** *die;* -: Annahme, daß die bei einer statistischen Untersuchung festgestellten Abweichungen von einem Normalwert zufällig Natur sind; Ggs. Alternativhypothese. **Nul|li|fi|ka|ti|on** *die;* -, -en ⟨teilweise unter Einfluß von *engl.* nullification „Ungültigmachung" aus *lat.* nullificatio „Geringschätzung" zu nullificare, vgl. nullifizieren⟩: a) Aufhebung, Ungültigkeitserklärung; b) Auffassung, daß die Einzelstaaten der USA Bundesgesetze für ungültig erklären können (Rechtsw.). **nul|li|fi|zie|ren** ⟨aus *lat.* nullificare „geringschätzen" zu nullus „gering, elend" u. facere „machen"⟩: für ungültig erklären, aufheben (Rechtsw.). **Null|im|pe|danz** *die;* - ⟨zu ↑ ¹Null⟩: komplexer Gesamtwiderstand des Mittelleiters (Nulleiters) eines Drehstromsystems. **Nul|li|nie**¹ [...iə] *die;* -, -n: den Anfang einer Maßeinteilung kennzeichnende Linie, Strich auf ei-

ner ↑ Skala. **Null|in|stru|ment** *das;* -[e]s, -e: elektr. Meßgerät, bei dem der Wert Null auf der Mitte der Skala liegt (Elektrot.). **Nul|li|pa|ra** *die;* -, ...aren ⟨aus gleichbed. *nlat.* nullipara zu *lat.* nullus „keiner" u. parere „gebären"⟩: Frau, die noch kein Kind geboren hat (Med.); vgl. Multipara, Pluripara, Primipara, Sekundipara. **Nul|li|tät** *die;* -, -en ⟨unter Einfluß von gleichbed. *fr.* nullité aus *mlat.* nullitas, Gen. nullitatis⟩: a) Nichtigkeit, Ungültigkeit; b) Wertlosigkeit; Person od. Sache, der man keine Bedeutung od. keinen Wert beimißt. **Null|ko|pie** *die;* -, ...ien [...i:ən] ⟨zu ↑ ¹Null⟩: Farbkopie, bei der der Farbstich noch nicht korrigiert ist. **Null|me|ri|di|an** *der;* -s: Längenkreis von Greenwich, von dem aus man die Längenkreise nach Ost u. West von 0° bis 180° zählt. **Null|me|tho|de** *die;* -: Meßverfahren, bei dem die Differenz zwischen einem vorgegebenen u. einem mit diesem zu vergleichenden Wert zum Verschwinden gebracht wird. **Null|mor|phem** *das;* -s, -e: grammatisches Morphem, das sprachlich nicht ausgedrückt ist (z. B. der Genitiv, Dativ u. Akkusativ Singular beim Substantiv *Frau*, bei dem die Fälle nur durch den Artikel u. im Satzzusammenhang deutlich werden). **Null|ni|veau** [...vo] *das;* -s, -s: Höhenlage, von der aus kartographische Messungen vorgenommen werden. **Null|ode** *die;* -, -n ⟨zu ↑ ¹...ode⟩: elektrodenlose Röhre (Elektrot.). **Null|ope|ra|tion** *die;* -, -en: dem ↑ Computer eingegebener Befehl, der keinen Rechenvorgang auslöst, sondern die Möglichkeit bietet, Teile eines ↑ Programms (4) während des Ablaufs zu modifizieren (EDV). **Null|op|ti|on** *die;* -: (im Zusammenhang mit der Nachrüstung bes. Anfang der 1980er Jahre diskutierter) Verzicht auf die Aufstellung bestimmter Raketen u. Waffensysteme sowohl im Osten als auch im Westen. **Nullö|sung¹** *die;* -, -en: 1. (aus der Nulloption resultierender) vollständiger Verzicht auf bestimmte Waffensysteme. 2. (ugs.) völliger Verzicht auf etwas. **Null ouvert** [nʊl uˈvɛːɐ̯] *der,* selten *das;* - -[s] [...ˈvɛːɐ̯(s)], - -s [...ˈvɛːɐ̯s] ⟨zu ↑²Null u. *fr.* ouvert „offen", eigtl. „geöffnet"⟩: ²Null, bei dem der Spieler seine Karten offen auf den Tisch legen muß. **Null|re|ak|tor** *der;* -s, -en ⟨zu ↑ ¹Null⟩: Kernreaktor, der keine Energie (2) erzeugt. **Null|se|rie** [...i̯ə] *die;* -, -n: nur in begrenzter Stückzahl hergestellte erste Probeserie eines technischen Produkts. **Null|ta|rif** *der;* -[e]s, -e: kostenlose Gewährung bestimmter, üblicherweise nicht unentgeltlicher Leistungen (wie z. B. Benutzung öffentlicher Verkehrsmittel u. a.). **Nul|lum** *das;* -s ⟨aus *lat.* nullum „nichts", Neutrum von nullus „keiner"⟩: etwas Gegenstandsloses, Wirkungsloses (Rechtsw.). **nul|lum crimen si|ne le|ge** [– ˈkriː... – –] ⟨*lat.*⟩: kein Verbrechen ohne Gesetz (strafrechtlicher Grundsatz, nach dem eine Tat nur nach vorheriger gesetzlicher Bestimmung bestraft werden kann). **Null|vek|tor** [...v...] *der;* -s, -en ⟨zu ↑ ¹Null⟩: Vektor, dessen Betrag Null ist
Nu|men *das;* -s ⟨aus gleichbed. *lat.* numen, eigtl. „(göttlicher) Wink"⟩: Gottheit, göttliches Wesen (als wirkende Macht ohne persönlichen Gestaltcharakter).
Nu|me|ra|le *das;* -s, Plur. ...lien [...i̯ən] u. ...lia ⟨aus gleichbed. *spätlat.* (nomen) numerale zu *lat.* numeralis „zu den Zahlen gehörig"⟩: Zahlwort (Sprachw.). **Nu|me|ra|tiv** *das;* -s, -e [...və] ⟨aus gleichbed. *nlat.* (verbum) numerativum⟩: Wort zwischen Numerale u. gezähltem Gegenstand (z. B. zwei *Stück* Zucker; Sprachw.). **¹Nu|me|ri** [auch ˈnuː...]: Plur. von ↑ Numerus. **²Nu|me|ri** [auch ˈnuː...] *die* (Plur.) ⟨aus *lat.* numeri „die Zählungen"⟩: viertes Buch Mose (nach der zu Anfang beschriebenen Volkszählung). **nu|me|rie|ren** ⟨aus *lat.* numerare „zählen, rechnen"; vgl. Numerus⟩: beziffern, mit fortlaufenden Ziffern versehen. **Nu|me|rik** *die;* - ⟨zu ↑ numerisch u. ↑²...ik (2)⟩: 1. Teilgebiet der Mathematik, das sich mit der zahlenmäßigen Behandlung mathematischer Probleme befaßt. 2. numerische Steuerung von Maschinen u. Anlagen (Techn.). **Nu|me|rik|ma|schi|ne** *die;* -, -n: svw. NC-Maschine. **nu|me|risch** ⟨nach gleichbed. *engl.* numeric⟩: a) zahlenmäßig, der Zahl nach; b) unter Verwendung von [bestimmten] Zahlen, Ziffern erfolgend; -e Exzentrizität: der Quotient aus dem Abstand der Brennpunkte vom Mittelpunkt u. der halben Achslänge (in Ellipsen u. Hyperbeln; Math.); -e Mathematik: svw. Numerik (1); -e Stabilität: Eigenschaft numerischer Verfahren, bei denen der Einfluß von Rundungsfehlern od. Störungen auf das Endergebnis gering ist; c) sich nur aus Ziffern zusammensetzend (EDV). **Nu|me|ro** [auch ˈnuː...] *das;* -s, -s ⟨aus gleichbed. *it.* numero, dies aus *lat.* numerus, vgl. Nummer (in Verbindung mit einer Zahl); Abk.: No., N°; vgl. Nummer (1). **Nu|me|ro|lo|gie** *die;* - ⟨zu ↑ ...logie⟩: meist mystische Zahlenlehre (im Bereich des Aberglaubens). **Nu|me|rus** [auch ˈnuː...] *der;* -, ...ri ⟨aus *lat.* numerus „(An)zahl, Menge"⟩: 1. Zahl; - clausus [ˈklau...]: zahlenmäßig beschränkte Zulassung (bes. zum Studium); - currens [ˈkʊ...]: (veraltet) laufende Nummer, mit der ein neu eingehendes Buch in der Bibliothek versehen wird. 2. Zahl, zu der der Logarithmus gesucht wird (Math.). 3. Zahlform des Nomens (2); vgl. Singular, Plural, Dual. 4. Bau eines Satzes in bezug auf Gliederung, Länge od. Kürze der Wörter, Verteilung der betonten od. unbetonten Wörter, in bezug auf die Klausel (2) u. die Pausen, d. h. die Verteilung des gesamten Sprachstoffes im Satz (Rhet., Stilk.).
nu|mi|nos ⟨zu *lat.* numen, Gen. numinis „göttlicher Wille" u. ↑...os⟩: göttlich, in der Art des Numinosen. **Nu|mi|no|se** *das;* -n: das Göttliche als unbegreifliche, zugleich Vertrauen u. Schauer erweckende Macht
Nu|mis|ma|tik *die;* - ⟨aus gleichbed. *fr.* numismatique zu *lat.* numisma, nomisma „Münze", dies aus gleichbed. *gr.* nómisma, eigtl. „das durch Gebrauch u. Sitte Anerkannte"⟩: Münzkunde, Beschäftigung mit [alten] Münzen als Wissenschaftler, Forscher od. Sammler. **Nu|mis|ma|ti|ker** *der;* -s, -: jmd., der sich [wissenschaftlich] mit der Numismatik beschäftigt; Münzkundiger; Münzsammler. **nu|mis|ma|tisch** ⟨nach gleichbed. *fr.* numismatique⟩: die Numismatik betreffend zu ihr gehörend; münzkundlich. **Nu|mis|ma|to|graph** *der;* -en, -en ⟨zu ↑...graph⟩: (veraltet) Münzbeschreiber. **Nu|mis|ma|to|gra|phie** *die;* - ⟨zu ↑...graphie⟩: (veraltet) Münzbeschreibung
Num|mer *die;* -, -n ⟨über *it.* numero aus *lat.* numerus, vgl. Numerus⟩: 1. zur Kennzeichnung dienende Ziffer, Zahl; Kennzahl (z. B. für das Telefon, für die Schuhgröße, für das Heft einer Zeitschrift; Abk.: Nr., Plur. Nrn.); vgl. Numero. 2. (ugs.) spaßige, unbekümmert-dreiste Person, Witzbold. 3. a) einzelne Darbietung im Zirkus, Varieté; b) (ugs.) Musikstück (der Unterhaltungsmusik). 4. (ugs.) Geschlechtsakt. **num|me|risch** vgl. numerisch. **num|mern:** svw. numerieren. **Num|mern|girl** [...gœrl] *das;* -s, -s: Mädchen, das im Zirkus, Varieté eine Tafel trägt, auf der die jeweilige nächste Nummer (3 a) angekündigt wird. **Nummern|kon|to** *das;* -s, Plur. ...ten, auch -s, u. ...ti: Konto, das nicht auf den Namen des Inhabers lautet, sondern nur durch eine Nummer (1) gekennzeichnet ist. **Num|mern|oper** *die;* -, -n: Oper mit durchnumerierten Arien, Ensemblesätzen, Chören, Rezitativen. **Num|me|rung** *die;* -, -en: das Zuordnen einer Schlüsselnummer zur ↑ Identifikation u. Klassifikation einer Menge (EDV)
num|mu|lär ⟨zu *lat.* nummulus (vgl. Nummulit) u. ↑...är⟩:

münzenförmig aussehend (z. B. von Organen; Med.). **Num|mu|lit** [auch ...'lɪt] *der;* Gen. -s u. -en, Plur. -e[n] ⟨zu *lat.* nummulus „kleine Münze" (wegen der scheibenförmigen Gestalt des Gehäuses) u. ↑²...it⟩: versteinerter Wurzelfüßer im ↑Eozän mit Kalkgehäuse (Geol.). **Num|mu|li|tenkalk** [auch ...'lɪ...] *der;* -[e]s, -e: Kalkstein, an dessen Aufbau die Gehäuse von Nummuliten wesentlich beteiligt sind
Nu|na|tak *der;* -s, Plur. -s u. -[e]r ⟨aus dem Eskim.⟩: Bergspitze, die aus dem Inlandeis, aus Gletschern hervorragt (Geogr.)
Nu|na|ti|on *die;* - ⟨zu *arab.* nun (der Buchstabe N) u. ↑...ation⟩: Anfügen eines -*n* zum Ausdruck der determinierten Nominalform im Arabischen (Sprachw.)
Nun|cha|ku [nʊn'tʃaːku] *das;* -s, -s ⟨aus gleichbed. *jap.* nuncha-ku⟩: asiat. Verteidigungswaffe aus zwei mit einer Schnur od. Kette verbundenen Holzstäben
Nun|ku|pa|ti|on *die;* - ⟨aus gleichbed. *lat.* nuncupatio zu nuncupare „(be)nennen"⟩: (veraltet) 1. a) feierliches Aussprechen von Gelübden; b) mündlich in aller Form abgeschlossenes Rechtsgeschäft. 2. das Ernennen zum Erben. **nun|ku|pa|tiv** ⟨zu *lat.* nuncupatus, Part. Perf. von nuncupare (vgl. Nunkupation) u. ↑...iv⟩: (veraltet) nach mündlicher Vereinbarung bzw. Erklärung
Nun|ti|ant *der;* -en, -en ⟨aus *lat.* nuntians, Gen. nuntiantis, Part. Präs. von nuntiare „melden, anzeigen"⟩: (veraltet) jmd., der eine Anzeige erstattet; vgl. Denunziant. **Nun|ti|at** *der;* -en, -en ⟨aus *lat.* nuntiatus, Part. Perf. von nuntiare, vgl. Nuntiant⟩: (veraltet) [vor Gericht] Angezeigter; vgl. Denunziat. **Nun|tia|ti|on** *die;* -, -en ⟨aus gleichbed. *lat.* nuntiatio⟩: (veraltet) Anklage, Anzeige; vgl. Denunziation. **Nun|tia|tur** *die;* -, -en ⟨aus *it.* nunziatura; vgl. Nuntius⟩: a) Amt eines Nuntius; b) Sitz eines Nuntius. **Nun|ti|us** *der;* -, ...ien [...i̯ən] ⟨aus gleichbed. *mlat.* Nuntius curiae, dies aus *lat.* nuntius „Bote"⟩: ständiger diplomatischer Vertreter des Papstes bei einer Staatsregierung (im Botschafterrang)
nup|ti|al ⟨aus gleichbed. *lat.* nuptialis zu nupta, Part. Perf. von nubere „heiraten (von der Frau)"⟩: (veraltet) ehelich, hochzeitlich. **Nup|tu|ri|en|ten** *die* (Plur.) ⟨aus gleichbed. *mlat.* nupturientes zu *lat.* nupturus, Part. Futur von nubere, vgl. nuptial⟩: (veraltet) Brautleute
Nu|ra|ge u. **Nu|ra|ghe** [...gə] *die;* -, -n ⟨aus *it.* nuraghe (altitalisches Wort)⟩: stumpf-kegelförmiger Wohnturm aus der Jungsteinzeit u. der Bronzezeit, bes. auf Sardinien
Nurse [nœrs, engl. nəːs] *die;* -, Plur. -s ['nəːsɪz] u. -n ['nœrsn̩] ⟨aus *engl.* nurse, dies über *(alt)fr.* nourrice aus *spätlat.* nutricia „Amme" zu *lat.* nutrire, vgl. nutrieren⟩: Kinderpflegerin (in England)
Nus u. **Nous** [nuːs] *der;* - ⟨über *spätlat.* nus aus *gr.* noũs „Verstand, Geist"⟩: a) Vermögen der geistigen Wahrnehmung, Intellekt, Verstand; das Bewußte, Geistige im Menschen; b) der weltordnende Geist, Gott, ↑Demiurg (Philos.)
Nu|tal|li|o|se *die;* -, -n ⟨nach dem Bakteriologen G. H. F. Nutall (1862–1937) u. zu ↑¹...ose⟩: svw. Babesiose
Nu|ta|ti|on *die;* -, -en ⟨aus *lat.* nutatio „das Schwanken" zu nutare „schwanken, wanken"⟩: 1. selbsttätige, ohne äußeren Reiz ausgeführte Wachstumsbewegung der Pflanze (Bot.). 2. Schwankung der Erdachse gegen den Himmelspol (Astron.)
Nu|tra|min *das;* -s, -e ⟨Kunstw. aus *lat.* nutrix „nährend" u. ↑*Amin*⟩: (veraltet) svw. Vitamin
¹Nu|tria *die;* -, -s ⟨aus *span.* nutria „Fischotter", dies aus gleichbed. *lat.* lutra⟩: in Südamerika heimische, bis zu einem halben Meter lange Biberratte mit braunem Fell; Sumpfbiber. **²Nu|tria** *der;* -s, -s ⟨zu ↑¹Nutria⟩: a) Fell der Biberratte; b) aus dem Fell der Biberratte gearbeiteter Pelz
nu|trie|ren ⟨aus *lat.* nutrire „ernähren, aufziehen"⟩: (veraltet) ernähren. **Nu|tri|ment** *das;* -[e]s, -e, älter **Nu|tri|mentum** *das;* -s, ...ta ⟨aus gleichbed. *lat.* nutrimentum⟩: Nahrungsmittel (Med.). **Nu|tri|ti|on** *die;* - ⟨aus gleichbed. *spätlat.* nutritio⟩: Ernährung (Med.). **Nu|tri|ti|ons|re|flex** *der;* -es, -e: reflektorische Gefäßerweiterung bei gestörter Durchblutung (Med.). **nu|tri|tiv** ⟨aus gleichbed. *nlat.* nutritivus; vgl. ...iv⟩: der Ernährung dienend; nährend, nahrhaft (Med.); -e [...və] E n e r g i e : auf Lustgewinn gerichtete seelische Energie (Psychol.). **Nu|trix** *die;* -, ...ices [...tseːs] ⟨aus gleichbed. *lat.* nutrix, Gen. nutricis⟩: (veraltet) Nährmutter, Amme
Nu|vi|stor [...v...] *der;* -s, ...oren ⟨Kunstw.⟩: sehr kleine Elektronenröhre
Nu|zel|lus vgl. Nucellus
Ny [nyː] *das;* -[s], -s ⟨aus *gr.* nỹ⟩: dreizehnter Buchstabe des griechischen Alphabets: N, ν
Nya|ya *der;* - ⟨aus *sanskr.* nyāyá „Regel, Prinzip, Methode"⟩: altind. philos. System, in dem bes. Logik u. Erkenntnistheorie ausgearbeitet waren
nykt..., **Nykt...** vgl. nykto..., Nykto... **Nykt|al|gie** *die;* -, ...ien ⟨zu ↑nykto... u. ↑...algie⟩: körperlicher Schmerz, der nur zur Nachtzeit auftritt, Nachtschmerz (Med.). **Nykt|al|opie** *die;* - ⟨zu *gr.* alaós „blind" u. ↑...opie⟩: Sehschwäche der Augen bei hellem Tageslicht, Tagblindheit (Med.). **nyk|ti...**, **Nyk|ti...** vgl. nykto..., Nykto... **Nyk|ti|nastie** *die;* -, ...ien ⟨zu ↑Nastie⟩: Schlafbewegung der Pflanzen (z. B. das Sichsenken der Bohnenblätter am Abend; Bot.). **Nyk|ti|tro|pie** *die;* -, ...ien ⟨zu ↑...tropie⟩: svw. Nyktinastie. **nyk|to...**, **Nyk|to...**, seltener nykti..., Nykti..., vor Vokalen meist nykt..., Nykt... ⟨aus *gr.* nýx, Gen. nyktós „Nacht"⟩: Wortbildungselement mit der Bedeutung „Nacht, Nachtzeit; Dunkelheit", z. B. Nyktophobie, Nyktinastie, Nyktalgie. **Nyk|to|me|ter** *das;* -s, - ⟨zu ↑¹...meter⟩: Instrument zur Erkennung der Nachtblindheit (Med.). **Nyk|to|pho|bie** *die;* -, ...ien ⟨zu ↑...phobie⟩: Nachtangst, krankhafte Angst vor der Dunkelheit (Med.). **Nykt|urie** *die;* -, ...ien ⟨zu ↑...urie⟩: vermehrte nächtliche Harnabsonderung bei bestimmten Krankheiten (Med.)
Ny|lon ⓦ ['nailɔn] *das;* -s ⟨aus gleichbed. *amerik.* nylon⟩: haltbare synthetische Textilfaser. **Ny|lons** *die* (Plur.): (ugs. veraltend) Damenstrümpfe aus Nylon
Nym|pha *die;* -, Plur. ...phae [...fɛ] u. ...phen ⟨aus gleichbed. *nlat.* nympha, dies aus *gr.* nýmphē „Braut; Klitoris"⟩: kleine Schamlippe (Med.). **Nym|phäa** u. **Nym|phäe** *die;* -, ...äen ⟨aus gleichbed. *nlat.* Nymphaea zu *gr.* Nymphe⟩: See- od. Wasserrose. **Nymph|ago|ge** *der;* -n, -n ⟨aus gleichbed. *gr.* nymphagōgós⟩: Brautführer im alten Griechenland, der dem Bräutigam die Braut aus dem elterlichen Haus zuführte. **Nym|phä|um** *das;* -s, ...äen ⟨über *lat.* nymphaeum aus gleichbed. *gr.* nymphaĩon⟩: den Nymphen geweihtes Brunnenhaus, geweihte Brunnenanlage der Antike. **Nymph|chen** *das;* -s, -: sehr junges u. unschuldig-verführerisches Mädchen; vgl. Lolita. **Nym|phe** *die;* -, -n ⟨über *lat.* Nympha aus gleichbed. *gr.* Nýmphē, eigtl. „Braut, Jungfrau"⟩: 1. weibliche Naturgottheit der griech. Sage. 2. Larve der Insekten, die bereits Anlagen zu Flügeln besitzt (Zool.). **Nym|phen:** Plur. von ↑Nympha u. ↑Nymphe. **Nym|phi|tis** *die;* -, ...itiden ⟨zu *gr.* nýmphē (vgl. Nympha) u. ↑...itis⟩: Entzündung der kleinen Schamlippen (Med.). **nym|pho|man** u. nymphomanisch ⟨zu ↑...man⟩: an Nymphomanie leidend, mannstoll; vgl. ...isch/-. **Nym|pho|ma|nie** *die;* - ⟨zu ↑...manie⟩: [krank-

Nymphomanin

haft] gesteigerter Geschlechtstrieb bei Frauen, Mannstollheit; Ggs. ↑Satyriasis. **Nym|pho|ma|nin** *die;* -, -nen: an Nymphomanie Leidende (Med.). **nym|pho|ma|nisch** vgl. nymphoman. **Nym|pho|to|mie** *die;* -, ...ien ⟨zu ↑...tomie⟩: 1. operativer Einschnitt in die kleinen Schamlippen. 2. operative Entfernung der kleinen Schamlippen (Med.)
Ny|norsk *das;* - ⟨aus *norw.* nynorsk „Neunorwegisch"⟩: mit dem ↑Bokmål gleichberechtigte norw. Schriftsprache, die im Gegensatz zum Bokmål auf den norw. Dialekten beruht; vgl. Landsmål
Nyon-Por|zel|lan ['njõ:...] *das;* -s ⟨nach der von 1788–1813 in dem Ort Nyon bestehenden Schweizer Porzellanmanufaktur⟩: Tafelgeschirr im Louis-seize-Stil, das mit Blumen, Girlanden, Schmetterlingen u. Trophäen bemalt war
Ny|stag|mo|gra|phie *die;* -, ...ien ⟨zu ↑Nystagmus u. ↑...graphie⟩: elektrische od. optische Registrierung der Augenbewegung zur Bestimmung des Nystagmus. **Ny|stag|mus** *der;* - ⟨über *lat.* nystagmus aus *gr.* nystagmós „das Nicken", dies zu nystázein „nicken"⟩: unwillkürliches Zittern des Augapfels
Ny|sta|tin *das;* -s ⟨Kunstw.; vgl. ...in (1)⟩: streptomycinartiges ↑Antibiotikum, das als ↑Fungizid verwendet wird

Oars [ɔːz] *die* (Plur.) ⟨zu *engl.* oar „Ruder, Riemen"⟩: früher auf der Themse verwendete Ruderboote

Oa|se *die;* -, -n ⟨über *spätlat.* Oasis aus *gr.* Óasis „fruchtbarer Ort (in der libyschen Wüste)", vermutlich aus dem Ägypt. u. verwandt mit *kopt.* ouahé „Oase", eigtl. „bewohnter Ort"⟩: 1. fruchtbare Stelle mit Wasser u. Pflanzen in der Wüste. 2. [stiller] Ort der Erholung

Oath [oʊθ] *der;* -, -s [oʊðz] ⟨aus gleichbed. *engl.* oath⟩: (veraltet) Eid, Schwur

ob..., Ob... ⟨aus gleichbed. *lat.* ob⟩, vor c, k, z angeglichen zu oc..., Oc..., meist eingedeutscht ok..., Ok...; vor f zu of..., Of...; vor p zu op..., Op...: Präfix mit der Bedeutung „[ent]gegen, dagegen, wider", z. B. Obstruktion, Offensive, okkasionell, opportun

ob|di|plo|ste|mon ⟨aus gleichbed. *nlat.* obdiplostemonus zu ↑ob..., *gr.* diplóos „zweifach, doppelt" u. stḗmōn „(Web-, Kett)faden"⟩: zwei Kreise von Staubgefäßen tragend, von denen der innere von den Kelchblättern, der äußere vor den Kronblättern (den Blütenblättern im engeren Sinne) steht (in bezug auf Blüten; Bot.)

Ob|dor|mi|ti|on *die;* - ⟨aus *lat.* obdormitio „das Einschlafen" zu obdormiscere „einschlafen", dies zu ↑ob... u. dormire „schlafen"⟩: durch anhaltenden Druck auf sensible Nerven ausgelöste Gefühllosigkeit (bes. der Gliedmaßen; Med.)

Ob|duk|ti|on *die;* -, -en ⟨aus *lat.* obductio „das Verhüllen, Bedecken" zu obducere, vgl. obduzieren; wohl nach dem Bedecken der Leiche nach dem Eingriff⟩: [gerichtlich angeordnete] Leichenöffnung [zur Klärung der Todesursache] (Med.). **Ob|duk|ti|ons|be|fund** *der;* -[e]s, -e: Befund einer Obduktion, der Aufschluß über die Todesursache gibt

Ob|du|ra|ti|on *die;* -, -en ⟨aus gleichbed. *spätlat.* obduratio zu obdurare, vgl. obdurieren⟩: Verhärtung von Körpergewebe (Med.). **ob|du|rie|ren** ⟨aus gleichbed. *lat.* obdurare⟩: verhärten (von Gewebe; Med.)

Ob|du|zent *der;* -en, -en ⟨zu ↑obduzieren u. ↑...ent⟩: Arzt, der eine Obduktion vornimmt. **ob|du|zie|ren** ⟨aus *lat.* obducere „verhüllen, bedecken"⟩: eine Obduktion vornehmen

Ob|edi|enz *die;* - ⟨aus *lat.* obedientia, oboedientia „Gehorsam; Anhang" zu oboediens „gehorsam"⟩: 1. Gehorsamspflicht der ↑Kleriker gegenüber den geistlichen Oberen 2. Gehorsamsgelübde von Ordensangehörigen. 3. Anhängerschaft eines Papstes während eines ↑Schismas

obe|li|sie|ren ⟨zu ↑Obelisk u. ↑...ieren⟩: (veraltet) mit einem Obelus bezeichnen. **Obe|lisk** *der;* -en, -en ⟨über *lat.* obeliscus aus gleichbed. *gr.* obelískos, Verkleinerungsform von obelós „(Brat)spieß; Spitzsäule"⟩: freistehende, rechteckige, spitz zulaufende Säule (meist ↑Monolith; urspr. in Ägypten paarweise vor Sonnentempeln aufgestellt). **Obe|lis|kus** *der;* -, ...ken ⟨aus *lat.* obeliscus, vgl. Obelisk⟩: (veraltet) svw. Obelus. **Obe|lus** *der;* -, Plur. - u. -se ⟨aus gleichbed. *spätlat.* obelus, dies aus *gr.* obelós, vgl. Obelisk⟩: in älteren Schriftstellerausgaben ein Strich zur Kennzeichnung einer für unecht od. unrichtig gehaltenen Stelle

Obe|rek *der;* -[s], -s ⟨aus dem Slaw.⟩: schneller Schlußteil des ↑Kujawiaks

Ober|li|ga *die;* -, ...gen ⟨zu ↑Liga⟩: Spielklasse in zahlreichen Sportarten. **Ober|li|gist** *der;* -en, -en: Mitglied[sverein] einer Oberliga

Ober|pro|ku|ror *der;* -s, ...oren ⟨zu ↑Prokuror⟩: vor 1917 der Vertreter des Zaren in der Leitung des ↑Synods; vgl. Prokuror

Ob|esi|tas *die;* - ⟨aus gleichbed. *lat.* obesitas, Gen. obesitatis⟩: svw. Obesität. **Ob|esi|tät** *die;* - ⟨zu ↑...ität⟩: Fettleibigkeit [infolge zu reichlicher Ernährung] (Med.)

Obi *der* od. *das;* -[s], -s ⟨aus *jap.* obi⟩: 1. breiter steifer Seidengürtel, der um den jap. Kimono geschlungen wird. 2. Gürtel der Kampfbekleidung beim Judo

ob|iit [ˈoːbiːt] ⟨aus *lat.* obiit „(er) ist gestorben", 3. Pers. Sing. Perf. von obire „dahingehen, sterben"⟩: ist gestorben (Inschrift auf alten Grabmälern; Abk.: ob

Obi|ter dic|tum [-ˈdɪk...] *das;* - -, - -ta ⟨aus *lat.* obiter dictum „beiläufige Bemerkung"⟩: Rechtsausführung (in einem Urteil eines obersten Gerichts) zur Urteilsfindung, auf der das Urteil aber nicht beruht (Rechtsw.)

Ob|itua|ri|um *das;* -s, Plur. ...ia od. ...ien [...jən] ⟨aus gleichbed. *kirchenlat.* obituarium zu *lat.* obitus „Tod; Untergang"; vgl. ...arium⟩: kalender- od. annalenartiges Verzeichnis [für die jährliche Gedächtnisfeier] der verstorbenen Mitglieder, Wohltäter u. Stifter einer mittelalterlichen kirchlichen Gemeinschaft

Ob|jekt *das;* -[e]s, -e ⟨aus *lat.* obiectum, eigtl. „das Entgegengeworfene", substantiviertes Part. Perf. (Neutrum) von obicere „entgegenwerfen; vorsetzen"⟩: 1. a) Gegenstand, mit dem etwas geschieht od. geschehen soll (auch in bezug auf Personen: z. B. jmdn. zum ~ seiner Aggressivität machen); b) unabhängig vom Bewußtsein existierende Erscheinung der materiellen Welt, auf die sich das Erkennen, die Wahrnehmung richtet (Philos.); Ggs. ↑Subjekt (1); c) aus verschiedenen Materialien zusammengestelltes plastisches Werk der modernen Kunst (Kunstw.). 2. [auch 'ɔp...] Satzglied, das von einem Verb als Ergänzung gefordert wird (z. B. ich kaufe *ein Buch*; Sprachw.); vgl. Prädikat, Subjekt (2). 3. a) Grundstück, Wertgegenstand, Vertrags-, Geschäftsgegenstand (Wirtsch.); b) (österr.) Gebäude. 4. Bez. für alle Größen, die in Form von Daten in der Programmierung auftreten können (EDV). **Ob|jekt|code** *der;* -s, -s ⟨aus gleichbed. *engl.* object code⟩: Programm (4) in Maschinensprache, das von einem ↑Assembler erzeugt wurde (EDV). **Ob|jek|te|ma|cher** *der;* -s, -: moderner Künstler, der aus verschiedenen Materialien Objekte komponiert, aufstellt. **Ob|jekt|ero|tik** *die;* -: Befriedigung des Sexualtriebes an einem Objekt (1 a). **Ob|jek|ti|on** *die;* -, -en ⟨zu ↑¹...ion⟩: Übertragung einer seelischen Erlebnisqualität auf einen Gegenstand, Vorstel-

objektiv

lungsinhalt od. auf Sachverhalte (Psychol.). **ob|jek|tiv** [auch 'ɔp...] ⟨über *nlat.* objectivus „tatsächlich vorhanden" aus *mlat.* obiectivus „der Vorstellung (von den realen Dingen) angehörend" zu *lat.* obiectus, Part. Perf. von obicere, vgl. Objekt⟩: 1. außerhalb des subjektiven Bewußtseins bestehend. 2. sachlich, nicht von Gefühlen u. Vorurteilen bestimmt; unvoreingenommen, unparteiisch; Ggs. ↑subjektiv (2). **Ob|jek|tiv** *das; -s, -e* [...və]: die dem zu beobachtenden Gegenstand zugewandte Linse[nkombination] eines optischen Gerätes. **Ob|jek|ti|va|ti|on** [...va...] *die; -, -en* ⟨zu ↑...ation⟩: Vergegenständlichung, vom rein Subjektiven abgelöste Darstellung; vgl. ...[at]ion/...ierung. **Ob|jek|ti|ve** [...və] *das; -n* ⟨zu ↑objektiv⟩: das von allem Subjektiven Unabhängige, das an sich Seiende (Philos.). **ob|jek|ti|vier|bar** [...v...] ⟨zu ↑objektivieren⟩: so beschaffen, daß man es objektivieren kann. **ob|jek|ti|vie|ren** ⟨zu ↑objektiv u. ↑...ieren⟩: 1. etwas in eine bestimmte, der objektiven Betrachtung zugängliche Form bringen; etwas von subjektiven, emotionalen Einflüssen befreien. 2. etwas so darstellen, wie es wirklich ist, unbeeinflußt vom Meßinstrument od. vom Beobachter (Phys.). **Ob|jek|ti|vie|rung** *die; -, -en* ⟨zu ↑...ierung⟩: das Objektivieren; vgl. ...[at]ion/...ierung. **Ob|jek|ti|vis|mus** *der; -* ⟨zu ↑...ismus (2, 5)⟩: 1. Annahme, daß es subjektunabhängige, objektive Wahrheiten u. Werte gibt. 2. erkenntnistheoretische Lehre, wonach die Erfahrungsinhalte objektiv Gegebenes sind (Philos.). 3. (abwertend) methodisches Prinzip, das davon ausgeht, daß wissenschaftliche Objektivität unabhängig von den Wertvorstellungen des Betrachters, von den gesellschaftlichen Realitäten existieren könne u. somit prinzipiell wertfrei sei. **Ob|jek|ti|vist** *der; -en, -en* ⟨zu ↑...ist⟩: Anhänger des Objektivismus. **ob|jek|ti|vi|stisch** ⟨zu ↑...istisch⟩: a) den Objektivismus (1, 2) betreffend, in der Art des Objektivismus; b) (abwertend) nach den Prinzipien des Objektivismus (3) verfahrend, ihn betreffend. **Ob|jek|ti|vi|tät** *die; -* ⟨zu ↑...ität⟩: strenge Sachlichkeit; objektive (2) Darstellung unter größtmöglicher Ausschaltung des Subjektiven (Ideal wissenschaftlicher Arbeit); Ggs. ↑Subjektivität. **Ob|jekt|kunst** *die; -* ⟨zu ↑Objekt⟩: moderne Kunstrichtung, die sich mit der Gestaltung von Objekten (1 c) befaßt (Kunstw.). **Ob|jekt|li|bi|do** *die; -*: auf Personen u. Gegenstände, nicht auf das eigene Ich gerichtete ↑Libido (Psychol.). **Ob|jekt|mi|kro|me|ter** *das; -s, -*: mit einer feinen Stricheinteilung versehene dünne Platte aus Glas od. Metall zur Bestimmung der Gesamtvergrößerung von [Meß]mikroskopen bzw. des Mikrometerwertes von ↑Okularmikrometern. **Ob|jekt|mo|dul** *das; -s, -e* ⟨zu ↑²Modul⟩: durchführbares Programm (4) innerhalb eines Betriebssystems (EDV). **Ob|jekt|psy|cho|lo|gie** *die; -*: Anwendung psychologischer Erkenntnisse auf die Gestaltung von Objekten (z. B. von Fahrzeugen, Maschinen). **Ob|jekt|psy|cho|tech|nik** *die; -*: Anpassung der objektiven Forderungen des Berufslebens an die subjektiven Erfordernisse des Berufsmenschen (z. B. Wahl der Beleuchtung, Gestaltung des Arbeitsplatzes usw.). **Ob|jekt|sa|nie|rung** *die; -, -en*: Sanierung eines einzelnen Gebäudes (im Rahmen der Sanierung eines Stadtteils). **Ob|jekt|satz** [auch 'ɔp...] *der; -es, ...sätze*: Gliedsatz in der Rolle eines Objekts (z. B. Klaus weiß, *was Tim macht;* Brunhilde hilft, *wem sie helfen kann;* Sprachw.). **Ob|jekt|schutz** *der; -es*: polizeilicher, militärischer o. ä. Schutz für Gebäude, Anlagen usw. **Ob|jekt|spra|che** *die; -*: Sprache als Gegenstand der Betrachtung, die mit der ↑Metasprache beschrieben wird (Sprachw.). **Ob|jet trou|vé** [ɔbʒɛtru've:] *das; - -* [ɔbʒɛtru've:], *-s -s* [ɔbʒɛtru've:] ⟨aus *fr.* objet trouvé „gefundener Gegenstand"⟩: triviales [Abfall]produkt der modernen Zivilisation, das ohne jede Veränderung in ein Kunstwerk einbezogen wird (Kunstw.). **ob|ji|zie|ren** ⟨aus *lat.* obicere „entgegenwerfen; entgegnen"⟩: (veraltet) einwenden, entgegnen

ob|ko|nisch ⟨zu ↑ob... u. ↑konisch⟩: nach oben stehend (in bezug auf die Bodenfläche eines Kegels)

Ob|last *die; -, -e* ⟨aus *russ.* oblast' „Gebiet"⟩: größeres Verwaltungsgebiet in der ehemaligen Sowjetunion

¹Ob|la|te *die; -, -n* ⟨aus *mlat.* oblata (hostia) „(als Opfer) dargebrachtes (Abendmahlsbrot)" zu *lat.* oblatus, vgl. ²Oblate⟩: 1. a) noch nicht ↑konsekrierte ↑Hostie (kath. Rel.); b) Abendmahlsbrot (ev. Rel.). 2. a) eine Art Waffel; b) sehr dünne Scheibe aus einem Teig aus Mehl u. Wasser (als Gebäckunterlage). 3. (landsch.) kleines Bildchen, das in ein Poesiealbum o. ä. eingeklebt wird. **²Ob|la|te** *der; -n, -n* (meist Plur.) ⟨aus *mlat.* oblatus „der Anerbotene", substantiviertes Part. Perf. von *lat.* offerre, vgl. offerieren⟩: 1. im Mittelalter im Kloster erzogenes, für den Ordensstand bestimmtes Kind. 2. Laie, der sich in stets widerruflichem Gehorsamsversprechen einem geistl. Orden angeschlossen hat. 3. Angehöriger kath. religiöser Genossenschaften. **Ob|la|ti|on** *die; -, -en* ⟨aus *spätlat.* oblatio „Gabe, Opfergabe", eigtl. „das Darreichen"⟩: 1. svw. Offertorium. 2. von den Gläubigen in der Eucharistie dargebrachte Gabe (heute meist durch die ↑Kollekte 1 ersetzt)

ob|lek|ta|bel ⟨aus gleichbed. *spätlat.* oblectabilis zu *lat.* oblectare, vgl. oblektieren⟩: (veraltet) unterhaltsam, ergötzlich. **Ob|lek|ta|ment** *das; -s, -e* ⟨aus gleichbed. *lat.* oblectamentum⟩: (veraltet) Unterhaltung, Zeitvertreib. **ob|lek|tie|ren** ⟨aus gleichbed. *lat.* oblectare⟩: (veraltet) belustigen, ergötzen

ob|li|gat ⟨aus *lat.* obligatus „verbunden, verpflichtet" zu obligare, vgl. obligieren⟩: 1. a) unerläßlich, erforderlich, unentbehrlich; b) (meist spöttisch) regelmäßig dazugehörend, üblich, unvermeidlich. 2. als selbständig geführte Stimme für eine Komposition unentbehrlich, z. B. eine Arie mit -er Violine (Mus.); Ggs. ↑ad libitum (2 b). **Ob|li|ga|ti|on** *die; -, -en* ⟨aus *lat.* obligatio „Verpflichtung"⟩: 1. Verpflichtung; persönliche Verbindlichkeit (Rechtsw.). 2. Schuldverschreibung eines Unternehmers (Wirtsch.). **Ob|li|ga|tio|när** *der; -s, -e* ⟨zu ↑...är⟩: (schweiz.) Besitzer von Obligationen (2). **Ob|li|ga|tio|nen|recht** *das; -[e]s*: (schweiz.) Schuldrecht. **ob|li|ga|to|risch** ⟨aus gleichbed. *lat.* obligatorius⟩: verpflichtend, bindend, verbindlich; Zwangs...; Ggs. ↑fakultativ. **Ob|li|ga|to|ri|um** *das; -s, ...ien* [...i̯ən] ⟨aus *lat.* obligatorium, Neutrum von obligatorius, vgl. obligatorisch⟩: (schweiz.) Verpflichtung, Pflichtfach, -leistung. **Ob|li|geance** [...ʒãːs] *die; -, -n* [...sən] ⟨aus gleichbed. *fr.* obligeance⟩: (veraltet) Verbindlichkeit, Gefälligkeit, Höflichkeit. **ob|li|geant** [...ʒant, auch ...ʒãː] ⟨aus gleichbed. *fr.* obligeant⟩: (veraltet) gefällig, verbindlich. **ob|li|gie|ren** [...ʒi..., auch ...ʒi...] ⟨teilweise unter Einfluß von *fr.* obliger aus *lat.* obligare „anbinden, verpflichten"⟩: (veraltet) [zu Dank] verpflichten. **Ob|li|go** [auch 'ɔb...] *das; -s, -s* ⟨aus gleichbed. *it.* ob(b)ligo, vgl. obligat⟩: 1. Verbindlichkeit, Verpflichtung (Wirtsch.); o h n e -: ohne Gewähr; Abk.: o. O. 2. Wechselkonto im ↑Obligobuch. **Ob|li|go|buch** *das; -[e]s, ...bücher*: bei Kreditinstituten geführtes Buch, in das alle eingereichten Wechsel eingetragen werden

ob|lique [o'bliːk] ⟨aus *lat.* obliquus „seitwärts gerichtet, schräg; abhängig"⟩: (veraltet) schräg, schief; -r [...kvə] Kasus vgl. Casus obliquus. **Ob|li|qui|tät** [...kvi...] *die; -* ⟨aus *lat.* obliquitas, Gen. obliquitatis „Schrägheit, Schief-

Obskurantismus

heit"): 1. Unregelmäßigkeit. 2. Abhängigkeit. 3. Schrägstellung (des kindlichen Schädels bei der Geburt; Med.). **ob|li|te|rans** ⟨aus gleichbed. *nlat.* obliterans zu *lat.* oblitus, Part. Perf. von oblinere „beschmieren; verstopfen"⟩: mit einer Obliteration (2) verbunden, zu einer Obliteration (2) führend. **Ob|li|te|ra|ti|on** *die;* -, -en ⟨nach *lat.* oblitteratio „das Vergessen" zu oblitterare, vgl. obliterieren; Bed. 2 zu *lat.* oblitum, vgl. obliterans⟩: 1. Tilgung (Wirtsch.). 2. Verstopfung von Hohlräumen, Kanälen od. Gefäßen des Körpers durch entzündliche Veränderungen o. ä. (Med.). **ob|li|te|rie|ren** ⟨aus *lat.* oblitterare „überstreichen, auslöschen"; Bed. 2 zu *lat.* oblitum, vgl. obliterans⟩: 1. tilgen (Wirtsch.). 2. verstopfen (in bezug auf Gefäße, Körperhohlräume u. Körperkanäle; Med.)
Ob|li|vi|on [...v...] *die;* -, -en ⟨aus gleichbed. *lat.* oblivio zu oblivisci „vergessen"⟩: (veraltet) das Vergessen; Vergeßlichkeit. **ob|li|vi|ös** ⟨aus gleichbed. *lat.* obliviosus⟩: (veraltet) vergeßlich
Ob|lo|mo|we|rei *die;* -, -en ⟨nach dem Titelhelden Oblomow eines Romans des russ. Schriftstellers I. A. Gontscharow (1812–1891)⟩: ↑lethargische (2) Grundhaltung, tatenloses Träumen. **ob|lo|mo|wie|ren** ⟨zu ↑...ieren⟩: lustlos, lebensunfähig sein, träge u. müßig leben
ob|long ⟨aus *lat.* oblongus „länglich"⟩: (veraltet) länglich, rechteckig. **Ob|long** *das;* -[e]s, -e: svw. Oblongum. **Ob|long|ta|blet|te** *die;* -, -n: längliche Tablette (Pharm.). **Ob|lon|gum** *das;* -s, Plur. ...gen u. ...ga ⟨substantiviertes Neutrum zu *lat.* oblongus, vgl. oblong⟩: (veraltet) 1. Rechteck. 2. rechteckiges Bauwerk
Obo *der;* -[s], -s ⟨aus *mong.* ovoo „Steinaufhäufung"⟩: kultischer, mit Gebetsfahnen besteckter Steinhaufen auf Paßhöhen in Tibet u. der Mongolei
Ob|ödi|enz vgl. Obedienz
Oboe *die;* -, -n ⟨unter Einfluß von *it.* oboe aus gleichbed. *fr.* hautbois, eigtl. „hohes (d. h. hoch klingendes) Holz"⟩: hölzernes Doppelrohrinstrument mit Löchern, Klappen u. engem Mundstück (Mus.). **Oboe da cac|cia** [– –'katʃa] *die;* - - -, - - - ⟨aus *it.* oboe da caccia „Jagdoboe"⟩: eine Quinte tiefer stehende Oboe mit birnenförmigem Schallbecher. **Oboe d'amo|re** *die;* - -, - - ⟨aus *it.* oboe d'amore „Liebesoboe"⟩: 1. eine Terz tiefer stehende Oboe mit zartem, mildem Ton. 2. ein Orgelregister. **Obo|er** *der;* -s, -: svw. Oboist. **Obo|ist** *der;* -en, -en ⟨zu ↑...ist⟩: Musiker, der Oboe spielt
Obo|lus *der;* -, Plur. - u. -se ⟨über *lat.* obolus aus *gr.* obolós, eigtl. „Bratspieß; spitzes Metallstückchen"⟩: 1. kleine Münze im alten Griechenland. 2. kleine Geldspende, kleiner Beitrag. 3. (Plur. nur -) primitiver, versteinerter Armfüßer (↑Brachiopode), der vom ↑Kambrium bis zum ↑Ordovizium gesteinsbildend war (Geol.)
OBO-Schiff *das;* -[e]s, -e: Kurzform von ↑Ore-bulk-oil-Schiff
ob|oval [...v...] ⟨zu ↑ob... u. ↑oval⟩: verkehrt eiförmig
Ob|rep|ti|on *die;-* ⟨aus *lat.* obreptio „das Heranschleichen" zu obrepere „heranschleichen, überraschen, überfallen"⟩: (veraltet) Erschleichung [eines Vorteils durch unzutreffende Angaben] (Rechtsw.)
Ob|rok *der;* -[s], Plur. -en u. -i ⟨aus gleichbed. *russ.* obrok⟩: im zaristischen Rußland jährliche Natural- od. Geldabgabe der Leibeigenen an die Gutsherren
ob|ru|ie|ren ⟨aus *lat.* obruere „überschütten"⟩: (veraltet) überladen, überhäufen, belasten
Ob|schtschi|na *die;* -s ⟨aus *russ.* obščina „Gemeinschaft; Vereinigung" zu obščij „gemeinsam"⟩: Dorfgenossenschaft im zaristischen Rußland
Ob|se|kra|ti|on *die;* -, -en ⟨aus gleichbed. *lat.* obsecratio zu obsecrare, vgl. obsekrieren⟩: (veraltet) Beschwörung durch eindringliches Bitten. **ob|se|krie|ren** ⟨aus gleichbed. *lat.* obsecrare⟩: (veraltet) beschwören, dringend bitten
ob|se|quent ⟨zu ↑ob... u. *lat.* sequens, Gen. sequentis, Part. Präs. von sequi „(nach)folgen"⟩: der Fallrichtung der Gesteinsschichten entgegengesetzt fließend (in bezug auf Nebenflüsse; Geogr.). **Ob|se|quia|le** *das;* -[s], ...lien [...i̯ən] ⟨aus gleichbed. *mlat.* obsequiale; vgl. Obsequien⟩: liturgisches Buch für die ↑Exequien. **Ob|se|qui|en** [...i̯ən] *die* (Plur.) ⟨aus gleichbed. *mlat.* obsequiae (Plur.), dies unter Einfluß von *lat.* exsequiae (vgl. Exequien) aus *lat.* obsequium „Nachgiebigkeit, Gefälligkeit"⟩: svw. Exequien
ob|ser|va|bel [...v...] ⟨aus gleichbed. *lat.* observabilis, eigtl. „beobachtbar", zu observare, vgl. observieren⟩: (veraltet) bemerkenswert. **Ob|ser|va|ble** *die;* -n, -n: eine meßbare physik. Größe, wie Energie, Impuls, ↑Spin od. Ladung. **ob|ser|vant** ⟨aus *(m)lat.* observans, Gen. observantis, Part. Präs. von *lat.* observare, vgl. observieren⟩: sich streng an die Regeln haltend. **Ob|ser|vant** *der;* -en, -en: Angehöriger der strengeren Richtung eines Mönchsordens, bes. bei den ↑Franziskanern. **Ob|ser|vanz** *die;* -, -en ⟨aus gleichbed. *mlat.* observantia, dies aus *lat.* observantia „Beobachtung; Befolgung"⟩: 1. Ausprägung, Form. 2. Gewohnheitsrecht [in unwesentlicheren Sachgebieten] (Rechtsw.). 3. Befolgung der eingeführten Regel [eines Mönchsordens]. **Ob|ser|va|ti|on** *die;* -, -en ⟨aus gleichbed. *lat.* observatio⟩: 1. wissenschaftliche Beobachtung [in einem Observatorium]. 2. das Observieren (2); vgl. ...[at]ion/...ierung. **Ob|ser|va|tor** *der;* -s, ...oren ⟨aus *lat.* observator „Beobachter"⟩: jmd., der in einem Observatorium tätig ist. **Ob|ser|va|to|ri|um** *das;* -s, ...ien [...i̯ən] ⟨aus gleichbed. *nlat.* observatorium; vgl. ...orium⟩: [astronomische, meteorologische, geophysikalische] Beobachtungsstation; Stern-, Wetterwarte. **ob|ser|vie|ren** ⟨aus *lat.* observare „beobachten, auf etwas achtgeben"⟩: 1. wissenschaftlich beobachten. 2. der Verfassungslichkeit, eines Verbrechens verdächtige Personen[gruppen] polizeilich überwachen. **Ob|ser|vie|rung** *die;* -, -en ⟨zu ↑...ierung⟩: das Observieren (2), das Observiertwerden; vgl. ...[at]ion/...ierung

Ob|ses|si|on *die;* -, -en ⟨unter Einfluß von gleichbed. *engl.* obsession aus *lat.* obsessio „Einschließung, Belagerung" zu obsidere „besetzt halten, blockieren"⟩: Zwangsvorstellung; Handlung, die mit Angsterlebnissen verbunden ist (Psychol.). **ob|ses|siv** ⟨nach gleichbed. *engl.* obsessive; vgl. ...iv⟩: in der Art einer Zwangsvorstellung (Psychol.)
Ob|si|di|an *der;* -s, -e ⟨zu *lat.* (lapis) Obsianus, nach dem altröm. Reisenden Obsius, der das Mineral in Äthiopien entdeckte⟩: dunkles, unterschiedlich gefärbtes vulkanisches, kieselsäurereiches Gesteinsglas
Ob|si|gna|ti|on *die;* -, -en ⟨aus gleichbed. *lat.* obsignatio zu obsignare, vgl. obsignieren⟩: (veraltet) Versiegelung [durch das Gericht]; Bestätigung, Genehmigung (Rechtsw.). **ob|si|gnie|ren** ⟨aus *lat.* obsignare „besiegeln"⟩: (veraltet) bestätigen
Ob|si|stenz *die;* -, -en ⟨zu *lat.* obsistere (vgl. obsistieren) u. ↑...enz⟩: (veraltet) Widerstand. **ob|si|stie|ren** ⟨aus gleichbed. *lat.* obsistere zu ↑ob... u. sistere „stellen"⟩: (veraltet) widerstehen, sich widersetzen
ob|skur ⟨aus gleichbed. *lat.* obscurus, eigtl. „bedeckt"⟩: a) dunkel; verdächtig; zweifelhafter Herkunft; b) unbekannt; vgl. Clairobscur. **Ob|sku|rant** *der;* -en, -en ⟨aus *lat.* obscurans, Gen. obscurantis, Part. Präs. von obscurare „verdunkeln"⟩: (veraltet) Dunkelmann. **Ob|sku|ran|tis|mus** *der;-* ⟨zu ↑...ismus (5)⟩: Bestreben, die Menschen bewußt in

963

Unwissenheit zu halten, ihr selbständiges Denken zu verhindern u. sie an Übernatürliches glauben zu lassen. **ob|sku|ran|ti|stisch** ⟨zu ↑...istisch⟩: dem Obskurantismus entsprechend. **Ob|sku|ri|tät** *die;* -, -en ⟨aus *lat.* obscuritas, Gen. obscuritatis „Dunkelheit, Verdunkelung"⟩: a) Dunkelheit, zweifelhafte Herkunft; b) Unbekanntheit

Ob|so|les|zenz *die;* - ⟨zu *lat.* obsolescere (vgl. obsoleszieren) u. ↑...enz⟩: das Veralten. **ob|so|les|zie|ren** ⟨aus *lat.* obsolescere „sich abnutzen, an Wert verlieren"⟩: (veraltet) veralten, ungebräuchlich werden. **ob|so|let** ⟨aus *lat.* obsoletus „abgenutzt, veraltet", eigtl. Part. Perf. von obsolescere, vgl. obsoleszieren⟩: ungebräuchlich, veraltet

Ob|sta|kel *das;* -s, - ⟨aus gleichbed. *lat.* obstaculum zu obstare, vgl. obstieren⟩: (veraltet) Hindernis. **Ob|ste|trik** *die;* - ⟨zu ↑Obstetrix u. ↑²...ik (1)⟩: Wissenschaft von der Geburtshilfe (Med.). **Ob|ste|trix** *die;* -, ...izes [...tse:s] ⟨aus gleichbed. *lat.* obstetrix, Gen. obstetricis⟩: Hebamme, Geburtshelferin, die u. a. auch die werdenden Mütter berät u. die Pflege von Wöchnerin u. Kind übernimmt (Med.). **ob|stie|ren** ⟨aus gleichbed. *lat.* obstare, dies zu ↑ob... u. stare „stehen"⟩: (veraltet) im Wege stehen, entgegenstehen

ob|sti|nat ⟨aus *lat.* obstinatus „darauf bestehend, hartnäckig"⟩: starrsinnig, widerspenstig, unbelehrbar. **Ob|sti|na|ti|on** *die;* - ⟨aus gleichbed. *lat.* obstinatio zu obstinare, vgl. obstinieren⟩: (veraltet) Halsstarrigkeit, Eigensinn. **ob|sti|nie|ren** ⟨aus *lat.* obstinare „sich etw. hartnäckig vornehmen"⟩: (veraltet) starrsinnig, widerspenstig sein

Ob|sti|pans *das;* -, Plur. ...panzien [...i̯ən] u. ...pantia ⟨aus *spätlat.* obstipans, Gen. obstipantis, Part. Präs. von obstipare, vgl. obstipieren⟩: stopfendes Mittel (gegen Durchfall; Pharm., Med.). **Ob|sti|pa|ti|on** *die;* -, -en ⟨aus *spätlat.* obstipatio „dichtes Zusammendrängen"⟩: Stuhlverstopfung (Med.). **ob|sti|pie|ren** ⟨aus gleichbed. *spätlat.* obstipare zu ↑ob... u. *lat.* stipare „dicht zusammendrängen, vollstopfen"⟩: 1. zu Stuhlverstopfung führen (Med.). 2. an Stuhlverstopfung leiden (Med.)

Ob|struc|tion-Box [əb'strʌkʃən...] *die;* -, -en ⟨aus gleichbed. *engl.* obstruction box; vgl. Obstruktion u. Box⟩: Apparatur (1926 von Warden konstruiert), die mittels einer Blockierung des Weges zum Futter die Intensität der Antriebe bei Tieren mißt (Psychol.). **Ob|stru|ent** *der;* -en, -en ⟨aus *lat.* obstruens, Gen. obstruentis, Part. Präs. von obstruere, vgl. obstruieren⟩: Konsonant, bei dessen Erzeugung der Atemstrom zu einem Teil (Frikativ, Spirant) od. völlig (Verschlußlaut) behindert ist (Sprachw.). **ob|stru|ie|ren** ⟨aus *lat.* obstruere „verbauen, versperren" zu ↑ob... u. struere „aufbauen"⟩: 1. hindern; entgegenarbeiten; Widerstand leisten. 2. verstopfen (z. B. einen Kanal durch entzündliche Veränderungen; Med.). **Ob|struk|ti|on** *die;* -, -en ⟨teilweise über *engl.* obstruction aus *lat.* obstructio „das Verbauen" zu obstruere, vgl. obstruieren⟩: 1. Widerstand, parlamentarische Verzögerungstaktik (z. B. durch sehr lange Reden, Fernbleiben von Sitzungen). 2. Verstopfung (z. B. von Körperkanälen o. ä. durch entzündliche Prozesse; Med.). **Ob|struk|ti|ons|ile|us** *der;* -: (entzündlicher) Darmverschluß (Med.). **Ob|struk|ti|ons|po|li|tik** *die;* -: Haltung, die verhindert, daß Beschlüsse im Parlament verabschiedet u. umgesetzt werden. **ob|struk|tiv** ⟨zu *lat.* obstructus, Part. Perf. von obstruere (vgl. obstruieren) u. ↑...iv⟩: 1. hemmend. 2. Gefäße od. Körperkanäle verstopfend (z. B. in bezug auf entzündliche Prozesse; Med.).

ob|szön ⟨aus gleichbed. *lat.* obscoenus, obscenus⟩: 1. in das Schamgefühl verletzender Weise auf den Sexual-, Fäkalbereich bezogen; unanständig, schlüpfrig. 2. [sittliche] Entrüstung hervorrufend, z. B. Krieg ist -. **Ob|szö|ni|tät** *die;* -, -en ⟨zu ↑...ität⟩: Schamlosigkeit, Schlüpfrigkeit

Ob|tu|ra|ti|on *die;* -, -en ⟨aus gleichbed. *mlat.* obturatio zu *lat.* obturare, vgl. obturieren⟩: Verstopfung von Hohlräumen u. Gefäßen (z. B. durch einen ↑Embolus; Med.). **Ob|tu|ra|ti|ons|ile|us** *der;* -: (meist mechanisch bedingter) Darmverschluß (Med.). **Ob|tu|ra|tor** *der;* -s, ...oren ⟨aus gleichbed. *nlat.* obturator; vgl. ...or⟩: Apparat zum Verschluß von Körperöffnungen, insbes. Verschlußplatte für angeborene Gaumenspalten (Med.). **ob|tu|ra|to|risch:** (veraltet) verstopfend, verschließend. **ob|tu|rie|ren** ⟨aus *lat.* obturare „verstopfen"⟩: Körperlücken verschließen (z. B. in bezug auf Muskeln, Nerven u. Venen, die durch Öffnungen von Knochen hindurchtreten; Med.)

Obus *der;* -ses, -se: Kurzw. für *O*berleitungsomni*bus*

oc..., Oc... vgl. ob..., Ob...

OCCAM ['ɔkam] ⟨Kunstw. zum Namen Ockham; vgl. Ockhamismus⟩: eine Programmiersprache, die die Programmverarbeitung in Transputersystemen (↑Transputer) unterstützt. **Oc|ca|mis|mus** vgl. Ockhamismus

Oc|ca|si|on [ɔka...] *die;* -, -en ⟨aus *fr.* occasion „Gelegenheit, dies aus *lat.* occasio zu occidere, eigtl. „untergehen, zugrunde gehen"⟩: (österr., schweiz.) svw. Okkasion (2)

Oc|chi ['ɔki] usw. vgl. Okki usw.

Oc|ci|den|tal [ɔktsi...] *das;* -[s] ⟨Kunstw. aus *lat.* occidentalis „westlich"⟩: Welthilfssprache des Estländers E. von Wahl (1922); vgl. Interlingue

Oc|ci|put ['ɔktsi...] vgl. Okziput

Ocean-dum|ping ['oʊʃəndʌmpɪŋ] *das;* -[s] ⟨aus gleichbed. *engl.* ocean dumping zu ocean „Ozean" u. dumping „das (Schutt)abladen"⟩: Verunreinigung der Weltmeere. **Ocean-Li|ner** [...laɪnə] *der;* -s, - ⟨aus *engl.* ocean liner „Überseeschiff"⟩: svw. Liner (1)

Och|lo|kra|tie [ɔx...] *die;* -, ...ien ⟨aus *gr.* ochlokratía „Pöbelherrschaft" zu óchlos „Volksmasse, Pöbel" u. kratein „herrschen"⟩: (in der Antike abwertend) zur Herrschaft der Massen entartete Demokratie. **och|lo|kra|tisch:** die Ochlokratie betreffend. **Och|lo|pho|bie** *die;* -, ...ien ⟨zu ↑...phobie⟩: krankhafte Angst vor Menschenansammlungen (Med., Psychol.)

Och|ra|na [ɔx'ra:na] *die;* - ⟨aus *russ.* ochrana „Bewachung, Schutz"⟩: politische Geheimpolizei im zaristischen Rußland

Och|rea ['o:krea] *die;* -, Ochreae [...ɛ] ⟨aus *lat.* ocrea „Beinschiene, -harnisch"⟩: den Pflanzenstengel wie eine Manschette umhüllendes, tütenförmiges Nebenblatt (Bot.)

Och|ro|no|se [ɔx...] *die;* -, -n ⟨zu *gr.* ōchrós „gelblich, blaß" u. nósos „Krankheit"⟩: Schwarzverfärbung von Knorpelgewebe u. Sehnen bei chronischer Karbolvergiftung (Med.). **ocker**[1] ⟨zu ↑Ocker⟩: von der Farbe des Ockers, gelbbraun. **Ocker**[1] *der* od. *das;* -s, - ⟨über *it.* ocra, *lat.* ochra aus *gr.* óchra „gelbliche Erdfarbe", dies zu ōchrós, vgl. Ochronose⟩: a) zur Farbenherstellung verwendete, ihres Eisenoxydgehalts wegen an gelben Farbtönen reiche Tonerde; b) gelbbraune Malerfarbe; c) gelbbraune Farbe. **Ocker|grab|kul|tur**[1] *die;* - ⟨nach dem Brauch, die Toten mit Ocker (a) zu bestreuen⟩: neusteinzeitliche Kultur Osteuropas (zwischen Karpaten u. Ural Ende des 3. Jahrtausends v. Chr.)

Ock|ha|mis|mus [ɔka..., auch ɔkɛ...] *der;* - ⟨nach dem *engl.* Philosophen W. von Ockham (1285–1349) u. zu ↑...ismus (1)⟩: (den ↑Nominalismus begründende) spätscholastische philos. Lehre, die nach der symbolischen Wahrheit von Worten (= Nomina), Sätzen u. Allgemeinbegriffen

(= Universalien) als angemessenem Ausdruck von Denkinhalten fragt

Ocki¹ usw. vgl. Okki usw.

OCR-Schrift [oʊsiːˈlɑː...] *die;* -, -en ⟨zu *engl.* Optical character recognition „optische Zeichenerkennung"⟩: Schrift, die so gestaltet ist, daß sie im Rahmen der Datenverarbeitung maschinell gelesen u. verarbeitet werden kann

Oc|tan [ɔk...] vgl. Oktan. **oc|ta|va** [...va] vgl. ottava. **Oc|to|gen** *das;* -s ⟨Kunstw. zu *lat.* octo „acht" u. ↑ ...gen⟩: bei der Herstellung von ↑ Hexogen entstandener hochexplosiver Sprengstoff. **Oc|tu|or** [ɔkˈtyoːɐ] *das;* -s, -s ⟨aus gleichbed. *fr.* octuor zu oct(o)- „acht-", dies zu *lat.* octo „acht"; vgl. Oktett⟩: franz. Bez. für Oktett (1). **Oc|tyl** vgl. Oktyl

Od *das;* -[e]s ⟨zu *altnord.* ōðr „Gefühl"; geprägt von dem dt. Chemiker u. Naturphilosophen C. L. v. Reichenbach, 1780–1869⟩: angeblich vom menschlichen Körper ausgestrahlte, das Leben lenkende Kraft

Odal *das;* -s, -e ⟨aus gleichbed. *altnord.* ōðal⟩: Sippeneigentum eines adligen germanischen Geschlechts an Grund u. Boden

Oda|lis|ke *die;* -, -n ⟨über *fr.* odali(s)que aus gleichbed. älter *türk.* odalyk zu oda „Zimmer"⟩: (früher) europäische od. kaukasische Sklavin in einem türkischen Harem

Odd Fel|low u. **Odd|fel|low** [...loʊ] *der;* -s, -s ⟨*engl.;* zu odd „sonderbar, seltsam" u. fellow „Gefährte"⟩: Mitglied einer ursprünglich engl. ordensähnlichen Gemeinschaft, die in Verfassung u. Bräuchen den Freimaurern verwandt ist

Odds *die* (Plur.) ⟨aus gleichbed. *engl.* odds (Plur.)⟩: a) Vorgaben beim Sport; b) das vom Buchmacher festgelegte Verhältnis des Einsatzes zum Gewinn bei Pferdewetten

¹...ode ⟨aus *gr.* hodós „Weg"⟩: Wortbildungselement mit der Bedeutung „Weg, Übergang(sstelle)", z. B. Elektrode

²...ode vgl. ...oden

Ode *die;* -, -n ⟨über *lat.* ode aus *gr.* ōidḗ „Gesang, Gedicht, Lied"⟩: 1. a) Chorgesangsstück der griech. Tragödie; b) lyrisches Strophengedicht der Antike. 2. erhabene, meist reimlose lyrische Dichtung in kunstvollem Stil. 3. Odenkomposition nach antiken Versmaßen (15. u. 16. Jh.; Mus.). **Ode|en:** Plur. von ↑ Odeum. **Odei|on** *das;* -s, Odeia ⟨aus gleichbed. *gr.* ōideîon⟩: svw. Odeum

Ödem *das;* -s, -e ⟨über *nlat.* oedema aus *gr.* oídēma, Gen. oidḗmatos „Schwellung, Geschwulst"⟩: Gewebewassersucht, krankhafte Ansammlung seröser Flüssigkeit in den Interzellularräumen nach Austritt aus den Lymphgefäßen u. Blutkapillaren infolge von Eiweißmangel, Durchblutungsstörungen u. a. (Med.). **öde|ma|tisch:** svw. ödematös. **öde|ma|ti|sie|ren** ⟨zu ↑ ...isieren⟩: (veraltet) anschwellen, mit Ödem[en] befallen werden. **öde|ma|tös** ⟨zu ↑ ...ös⟩: ödemartig verändert, Ödeme aufweisend (in bezug auf Gewebe). **Ödem|pro|tek|ti|on** *die;* -: medikamentöser Schutz des Gewebes vor Ödemen (Med.). **ödem|pro|tek|tiv:** Gewebe vor Ödemen schützend (von Substanzen; Med.). **Ödem|pro|tek|ti|vum** [...vʊm] *das;* -s, ...va [...va]: Arzneimittel, das ödemprotektiv wirkt (Med.)

...oden ⟨aus *gr.* -ōdēs „gleich, ähnlich"⟩: Pluralendung von Substantiven aus der Zoologie zur Bezeichnung systematischer Einheiten, z. B. Nematoden

Ode|on *das;* -s, -s ⟨aus *fr.* odéon „Musiksaal", dies aus *lat.* odeum, vgl. Odeum⟩: a) svw. Odeum; b) Name für größere Bauten, in denen Filmvorführungen, Tanzveranstaltungen o. ä. stattfinden

ode|rint, dum me|tu|ant ⟨*lat.*⟩: mögen sie (mich) hassen, wenn sie (mich) nur fürchten (Ausspruch des altröm. Kaisers Caligula)

Ode|um *das;* -s, Odeen ⟨über *lat.* odeum aus *gr.* ōideîon zu ōidḗ, vgl. Ode⟩: im Altertum rundes, theaterähnliches Gebäude für musikalische u. schauspielerische Aufführungen

Odeur [oˈdøːɐ] *das;* -s, Plur. -s u. -e ⟨aus *fr.* odeur „Geruch, Duft", dies aus gleichbed. *lat.* odor⟩: a) wohlriechender Stoff, Duft; b) seltsamer Geruch

odi|os u. **odi|ös** ⟨aus gleichbed. *fr.* odieux, dies aus *lat.* odiosus „verhaßt, lästig"; vgl. Odium⟩: gehässig, unausstehlich, widerwärtig. **Odio|si|tät** *die;* -, -en ⟨zu ↑ ...ität⟩: Gehässigkeit, Widerwärtigkeit

ödi|pal ⟨aus gleichbed. *nlat.* oedipalis; vgl. Ödipuskomplex u. ¹...al (1)⟩: vom Ödipuskomplex bestimmt. **Ödi|pus|kom|plex** *der;* -es ⟨nach dem thebanischen König Ödipus, der, ohne es zu wissen, seine Mutter geheiratet hatte⟩: psychoanalytische Bez. für die frühkindlich bei beiden Geschlechtern sich entwickelnde Beziehung zum gegengeschlechtlichen Elternteil (Psychol.)

Odi|um *das;* -s ⟨aus gleichbed. *lat.* odium, eigtl. „Haß"⟩: Anrüchigkeit, übler Beigeschmack, der einer Sache anhaftet

Ödo|me|ter *das;* -, - ⟨zu *gr.* oîdos „Schwellung" u. ↑ ...meter⟩: 1. Gerät zur Prüfung des Baugrundes durch Messung der Zusammendrückbarkeit bzw. der Setzungsfähigkeit des Bodens. 2. Gerät zum Messen des Quellungsdrucks keimender Pflanzen (Biol.)

...odon ⟨zu *gr.* odoús, Gen. odóntos „Zahn"⟩: Wortbildungselement aus der Zoologie mit der Bedeutung „Zähne bzw. zahnartige Anlagen besitzend", z. B. Mastodon

odont..., Odont... vgl. odonto..., Odonto... **Odont|al|gie** *die;* -, ...ien ⟨zu ↑ ...algie⟩: Zahnschmerz (Med.). **Odon|ti|tis** *die;* -, ...titiden ⟨zu ↑ ...itis⟩: Entzündung des Zahnes od. des Zahnfleischs (Med.). **odon|to..., Odon|to...,** vor Vokalen meist odont..., Odont... ⟨aus *gr.* odoús, Gen. odóntos „Zahn"⟩: Wortbildungselement mit der Bedeutung „Zahn; Kieferbereich", z. B. odontogen, Odontalgie. **Odon|to|blast** *der;* -en, -en (meist Plur.) ⟨zu *gr.* blastós „Sproß, Keim"⟩: Bildungszelle des Zahnbeins (Med.). **odon|to|gen** ⟨zu ↑ ...gen⟩: von den Zähnen ausgehend (in bezug auf Krankheiten; Med.). **Odon|to|ge|nie** *die;* - ⟨zu ↑ ...genie⟩: Zahnbildung, Entstehung der Zähne (Med.). **Odon|to|glos|sum** *das;* -s ⟨aus gleichbed. *nlat.* odontoglossum, zu *gr.* glôssa „Zunge"⟩: trop. Orchidee mit Blüten an meist aufrechten Trauben od. Rispen (Gewächshaus- u. Zierpflanze). **Odon|to|klast** *der;* -en, -en ⟨zu *gr.* klastázein, klãn „(zer)brechen"⟩: svw. Osteoklast (1). **Odon|to|lith** [auch ...ˈlɪt] *der;* -s, -e ⟨zu ↑ ...lith⟩: fossiler Zahnrest, der von einem vorzeitlichen Wirbeltier stammt. **Odon|to|lo|ge** *der;* -n, -n ⟨zu ↑ ...loge⟩: Wissenschaftler auf dem Gebiet der Odontologie, in der Forschung tätiger Zahnarzt. **Odon|to|lo|gie** *die;* - ⟨zu ↑ ...logie⟩: Zahnheilkunde. **odon|to|lo|gisch** ⟨zu ↑ ...logisch⟩: die Odontologie betreffend (Med.). **Odon|tom** *das;* -s, -e ⟨zu ↑ ...om⟩: meist am Unterkiefer auftretende Geschwulst am Zahngewebe (Med.). **Odon|to|me|ter** *der;* -s, - ⟨zu ↑ ...meter⟩: Hilfsmittel zur Ausmessung der Zähnung von Briefmarken; Zähnungsschlüssel. **Odon|to|me|trie** *die;* - ⟨zu ↑ ...metrie⟩: Verfahren zur Identifizierung [unbekannter] Toter durch Abnehmen eines Kieferabdrucks. **Odont|or|ni|then** *die* (Plur.) ⟨zu *gr.* órnis, Gen. órnithos „Vogel"⟩: ausgestorbene Vögel der Kreidezeit mit bezahntem Kiefer

Odor *der;* -s, ...ores [...reːs] ⟨aus gleichbed. *lat.* odor zu odorare, vgl. odorieren⟩: Geruch (Med.). **Odo|ra|men|tum** *das;* -s, ...ta ⟨aus gleichbed. *lat.* odoramentum⟩: (veraltet) Räucherwerk, Riechmittel. **odo|rant** ⟨aus gleichbed. *lat.* odorans, Gen. odorantis, Part. Präs. von odorare, vgl. odorieren⟩: (veraltet) duftend, wohlriechend. **odo|rat** ⟨aus gleichbed. *lat.* odoratus, eigtl. Part. Perf. von odorare, vgl.

odorieren

odorieren〉: (veraltet) svw. odorant. **odo|rie|ren** 〈aus *lat.* odorare „riechend machen"〉: [fast] geruchsfreie Gase mit intensiv unangenehm riechenden Substanzen anreichern. **Odo|rier|mit|tel** *das;* -s, -: intensiv unangenehm riechende Substanz, die aus Sicherheitsgründen [fast] geruchsfreien giftigen od. explosiven Gasen zugesetzt wird. **Odo|rie|rung** *die;* -, -en 〈zu ↑ ...ierung〉: das Odorieren. **odo|ro|fi|zie|ren** 〈zu ↑ ...fizieren〉: (veraltet) wohlriechend, duftend machen. **Odo|ro|lo|gie** *die;* - 〈zu ↑ ...logie〉: naturwissenschaftlich-technisches Gebiet der Kriminalistik, das sich mit der Untersuchung von Gerüchen zum Zwecke der Identifizierung von Personen befaßt
...ody|nie 〈zu *gr.* odýnē „Schmerz, Qual" u. ↑²...ie〉: Wortbildungselement mit der Bedeutung „mit Schmerzen verbunden, Schmerzen hervorrufend", z. B. Achillodynie. **Ody|no|pha|gie** *die;* - 〈zu ↑ ...phagie〉: schmerzhaftes Schlucken; Schluckbeschwerden beim Essen (Med.). **Odys|see** *die;* -, ...sseen 〈aus gleichbed. *fr.* odyssée, dies über *lat.* Odyssea aus *gr.* Odýsseia, nach dem Epos Homers, in dem die abenteuerlichen Irrfahrten des Odysseus auf seiner Heimfahrt von Troja geschildert werden〉: eine Art Irrfahrt [mit unerhörten od. seltsamen Erlebnissen]; lange, mit Schwierigkeiten verbundene Reise. **odys|se|isch:** eine Odyssee betreffend; in der Art einer Odyssee
Oeco|tro|pho|lo|ge [øko...] usw. vgl. Ökotrophologe usw.
Œil-de-bœuf [œjdəˈbœf] *das;* -, Œils-de-bœuf [œjdəˈbœf] 〈aus gleichbed. *fr.* œil de bœuf, eigtl. „Ochsenauge"〉: rundes od. ovales Dachfenster (Archit.). **Œil-de-per|drix** [œjdəpɛrˈdri] 〈aus gleichbed. *fr.* œil de perdrix, eigtl. „Rebhuhnauge"〉: in der Schweiz, vor allem im Wallis u. in Neuenburg, Bez. für Roséweine
Oel|la|che|rit [øla..., auch ...ˈrɪt] *der;* -s, - 〈nach dem österr. Chemiker J. Oellacher (1804–1880) u. zu ↑²...it〉: zu den ↑ Muskoviten zählender Glimmer
OEM [oʊ|iˈɛm] 〈Abk. für *original equipment manufacturer* „Hersteller des Originalerzeugnisses"〉: Bez. für Hersteller, deren Erzeugnisse als Baugruppen in Geräte anderer Hersteller eingebaut werden
Oeno|the|ra [øno...] *die;* -, ...ren 〈über *(n)lat.* oenothera aus *gr.* oinothḗras „Blume mit Weingeruch der Wurzel" (zu oînos „Wein")〉: Nachtkerze; krautige Pflanze mit größeren gelben Blüten (wildwachsend, aber auch als Gartenstaude)
Oer|sted [ˈøːɐ̯...] vgl. Örsted
Oeso|pha|gus [øˈzoː...] vgl. Ösophagus
Œu|vre [ˈøːvrə, ˈøːvʀ, fr. œːvr] *das;* -, -s 〈aus gleichbed. *fr.* œuvre, dies aus *lat.* opera „Mühe, Arbeit; erarbeitetes Werk"〉: Gesamtwerk eines Künstlers
of..., Of... vgl. ob..., Ob...
off 〈aus gleichbed. *engl.* off, eigtl. „fort, weg"〉: a) hinter der Bühne sprechend; b) außerhalb der Kameraeinstellung zu hören; Ggs. ↑on. **Off** *das;* -: das Unsichtbarbleiben des [kommentierenden] Sprechers [im Fernsehen]; im - sprechen; Ggs. ↑On. **Off-Beat** [ˈɔfbiːt] *der;* - 〈aus gleichbed. *engl.-amerik.* offbeat, eigtl. „weg vom Schlag"〉: spezielle Bewegungsrhythmik des Jazz, die die melodischen Akzente zwischen die des Metrums setzt. **Off|brands** [...brændz] *die* (Plur.) 〈aus *engl.* off brands, eigtl. „ohne Brandzeichen"〉: Produkte ohne Markername; vgl. No-name-Produkt
of|fen|siv 〈wohl nach gleichbed. *fr.* offensif, dies zu *lat.* offensus, Part. Perf. von offendere „anstoßen, verletzen, beschädigen", u. ↑...iv〉: angreifend, den Angriff bevorzugend; Ggs. ↑defensiv (a). **Of|fen|siv|al|li|anz** *die;* -, -en: zum Zwecke eines Angriffs geschlossenes Bündnis. **Of|fen|si|ve** [...və] *die;* -, -n 〈aus gleichbed. *fr.* offensive〉: a) [planmäßig vorbereiteter] Angriff [einer Heeresgruppe]; Ggs. ↑Defensive; b) (ohne Plur.) auf Angriff (Stürmen) eingestellte Spielweise (Sport). **Of|fen|siv|spie|ler** *der;* -s, -: offensiver, bes. für den Angriff geeigneter Spieler (Sport)
Of|fe|rent *der;* -en, -en 〈aus *lat.* offerens, Gen. offerentis, Part. Präs. von offerre, vgl. offerieren〉: jmd., der eine Offerte macht. **of|fe|rie|ren** 〈aus *lat.* offerre „entgegentragen; anbieten, antragen"〉: anbieten, darbieten. **Of|fert** *das;* -[e]s, -e 〈zu ↑Offerte〉: (österr.) svw. Offerte. **Of|fer|te** *die;* -, -n 〈aus gleichbed. *fr.* offerte, substantiviertes Part. Perf. von offrir „anbieten", dies aus *lat.* offerre〉: schriftliches [Waren]angebot; Anerbieten. **Of|fert|in|ge|nieur** *der;* -s, -e: Sachbearbeiter für den Entwurf von detaillierten Angeboten bei großen Objekten, insbesondere in der Elektro- u. Werkzeugmaschinenbranche. **Of|fer|to|ri|um** *das;* -s, ...ien [...i̯ən] 〈aus gleichbed. *mlat.* offertorium zu *lat.* offerre, vgl. offerieren〉: Darbringung von Brot u. Wein mit den dazugehörigen gesungenen Meßgebeten, die die ↑Konsekration vorbereiten (kath. Kirche)
¹Of|fice [ˈɔfɪs, fr. ɔˈfis] *das;* -, -s [ˈɔfɪs, fr. ɔˈfis] 〈aus gleichbed. *fr.* office, dies aus *lat.* officium, vgl. Offizium〉: (schweiz.) a) (selten) Büro; b) Anrichteraum [im Gasthaus]. **²Of|fice** [ˈɔfɪs] *das;* -, -s [ˈɔfɪsɪs] 〈aus *engl.* office, vgl. ¹Office〉: engl. Bez. für Büro. **Of|fice of the fu|ture** [ˈɔfɪs əv ðə ˈfjuːtʃə] *das;* - - -, -s [ˈɔfɪsɪs] - - 〈aus *engl.* office of the future, „Büro der Zukunft"〉: plakativer Begriff zur Beschreibung von Verwaltungseinrichtungen, die bes. stark automatisiert sind u. in denen die traditionelle Kommunikation mit Papier weitgehend entfällt. **Of|fi|cia|lia** [...ts...] *die* (Plur.) 〈aus gleichbed. *lat.* officialia, Neutrum Plur. von officialis „zum Amt gehörend"〉: svw. Offizialien. **Of|fi|cier** [...si̯eː] *der;* -s, -s 〈aus *fr.* officier „Angestellter"〉: Inhaber eines Hofamtes im alten Frankreich. **Of|fi|ci|um** [...tsi̯ʊm] *das;* -s, ...cia 〈aus *lat.* officium „Pflicht, Amt"〉: svw. Offizium (1, 2); officium absolutum: unbedingte Pflicht; officium humanitatis: Pflicht der Menschlichkeit; officium supremum: letzte Pflicht, letzte Ehre. **Of|fi|ci|um di|vi|num** [– diˈviː...] *das;* - - 〈aus *lat.* officium divinum „Gottesdienst"〉: svw. Offizium (2)
of|fir|mie|ren 〈aus *lat.* offirmare „festmachen" zu ↑ob... u. firmus „fest"〉: (veraltet) befestigen, bekräftigen, bestärken
Of|fiz *das;* -es, -e 〈aus gleichbed. *lat.* officium, vgl. Offizium〉: (veraltet) svw. Offizium (1). **Of|fi|zi|al** *der;* -s, -e 〈aus gleichbed. *mlat.* officialis, dies aus *lat.* officialis, vgl. Offizial...〉: 1. Vertreter des [Erz]bischofs als Vorsteher des Offizialats. 2. (österr.) ein Beamtentitel. **Of|fi|zi|al...** 〈zu *lat.* officialis „zum Amt gehörend"〉: Wortbildungselement mit der Bedeutung „von Amts wegen, pflichtgemäß", z. B. Offizialverteidiger. **Of|fi|zi|a|lat** *das;* -[e]s, -e 〈aus *nlat.* officialatum zu *mlat.* officialis „den Amtspflichten gehörend"〉: [erz]bischöfliche kirchliche Gerichtsbehörde. **Of|fi|zi|al|de|likt** *das;* -[e]s, -e: Straftat, deren Verfolgung von Amts wegen eintritt (Rechtsw.). **Of|fi|zi|a|li|en** [...i̯ən] *die* (Plur.) 〈aus gleichbed. *lat.* officialia, vgl. Officialia〉: (veraltet) Amtsgeschäfte, Dienstangelegenheiten. **Of|fi|zi|al|ma|xi|me** *die;* - 〈zu ↑Offizial...〉: svw. Offizialprinzip. **Of|fi|zi|al|prin|zip** *das;* -s: Verpflichtung des Gerichts, Ermittlungen in einer Sache über die von den Beteiligten vorgebrachten Tatsachen hinaus von Amts wegen anzustellen (Rechtsw.). **Of|fi|zi|al|ver|tei|di|ger** *der;* -s, -: Pflichtverteidiger in Strafsachen, der vom Gericht in besonderen Fällen bestellt werden muß (Rechtsw.). **Of|fi|zi|ant** *der;* -en, -en 〈aus *mlat.* officians, Gen. officiantis, Part. Präs. von of-

ficiare „ein (öffentliches) Amt versehen"; vgl. Offizium⟩: 1. (veraltet) Unterbeamter; Bediensteter. 2. einen Gottesdienst haltender kath. Geistlicher. **of|fi|zi|ell** ⟨aus gleichbed. *fr.* officiel, dies aus *(m)lat.* officialis „zur Pflicht, zum Amt gehörig"⟩: 1. amtlich, von einer Behörde, Dienststelle ausgehend, bestätigt; Ggs. ↑inoffiziell (1). 2. feierlich, förmlich; Ggs. ↑inoffiziell (2). **Of|fi|zi|el|le** *der;* -n, -n: Spielleiter, Spielaufsicht (Sport.). **Of|fi|zier** *der;* -s, -e ⟨aus gleichbed. *fr.* officier, dies aus *mlat.* officiarius „Beamter, Bediensteter", vgl. Offizium⟩: 1. a) (ohne Plur.) militärische Rangstufe, die die Dienstgrade vom Leutnant bis zum General umfaßt; b) Träger eines Dienstgrades innerhalb der Rangstufe der Offiziere. 2. Sammelbez. für diejenigen Figuren, die größere Beweglichkeit als die Bauern haben (z. B. Turm, Läufer, Springer; Schach). **Of|fi|zier[s]|korps** [...koːɐ̯] *das;* - [...koːɐ̯(s)], - [...koːɐ̯s]: Gesamtheit der Offiziere [einer Armee]. **Of|fi|zin** *die;* -, -en ⟨aus *(m)lat.* officina „Werkstätte; Wirtschaftsraum" zu *lat.* officium, vgl. Offizium⟩: 1. (veraltend) [größere] Buchdruckerei. 2. a) Arbeitsräume einer Apotheke; b) (veraltet) Apotheke. **of|fi|zi|nal** ⟨aus gleichbed. *nlat.* officinalis⟩: svw. offizinell. **of|fi|zi|nell** ⟨zu ↑...ell⟩: arzneilich; als Heilmittel durch Aufnahme in das amtliche Arzneibuch anerkannt; vgl. ...al/...ell. **of|fi|zi|ös** ⟨aus gleichbed. *fr.* officieux, dies aus *lat.* officiosus „dienstmäßig"⟩: halbamtlich; nicht verbürgt. **Of|fi|zio|si|tät** *die;* -, -en ⟨zu ↑...ität⟩: 1. (ohne Plur.) Anschein der Amtlichkeit, des Offiziellen. 2. (veraltet) Dienstfertigkeit. **Of|fi|zi|um** *das;* -s, -ien [...iən] ⟨aus *lat.* officium „Pflicht, (öffentliches) Amt; Dienst" zu opus (vgl. Opus) u. facere „machen, tun"⟩: 1. (veraltet) [Dienst]pflicht, Obliegenheit. 2. a) offizieller Gottesdienst der kath. Kirche, im engeren Sinne das Stundengebet (auch als Chorgebet); b) kath. Kirchenamt, Amt u. die damit verbundenen Pflichten eines Geistlichen; vgl. Benefizium

Off-Ki|no *das;* -s, -s ⟨zu *engl.* off „fort, weg" u. ↑Kino, eigtl. „fort vom (traditionellen, kommerziellen) Kino"⟩: weniger kommerziell ausgerichtetes Kino, in dem ältere, vergessene Filme od. Filme junger, unbekannter Regisseure gezeigt werden. **Off-la|bel-deal** ['ɔfleɪbldiːl] *das;* -[s] ⟨aus *engl.* off label deal, eigtl. „Geschäft ohne (Preis)etikett"⟩: Reduzierung des Preises gegenüber dem auf Packung od. Etikett angegebenen. **off li|mits!** ⟨*engl.;* eigtl. „weg von den Grenzen"; vgl. Limit⟩: Eintritt verboten! **off line** [-'laɪn] ⟨*engl.;* eigtl. „ohne Verbindung", zu line „(Verbindungs)linie, Leitung"⟩: getrennt von der Datenverarbeitungsanlage arbeitend, indirekt mit dieser gekoppelt (in bezug auf bestimmte Geräte in der EDV); Ggs. ↑on line. **Off-line-Be|trieb** *der;* -[e]s: Betriebsart von Geräten, wenn diese nicht direkt mit der Datenverarbeitungsanlage gekoppelt sind; Ggs. ↑On-line-Betrieb. **Off-off-Büh|ne** *die;* -, -n ⟨zu *amerik.* off-off „weit außerhalb, ohne jede Beziehung"⟩: kleines Theater außerhalb des üblichen etablierten Theaterbetriebes, in dem mit meist jungen, aufgeschlossenen u. experimentierfreudigen Schauspielern Stücke meist unbekannter Autoren phantasiereich u. zu niedrigen Kosten gespielt werden. **off road** [-'roʊd] ⟨*engl.;* zu road „Straße, Weg"⟩: a) abseits der Straße, im Gelände; b) geländegängig. **Off-road-Au|to** *das;* -s, -s: Geländefahrzeug. **Off|set|druck** *der;* -[e]s ⟨zu gleichbed. *engl.* offset, eigtl. „das Abziehen"⟩: Flachdruckverfahren, bei dem der Druck von einer Druckplatte über ein Gummituch (indirekter Druck) auf das Papier erfolgt. **off shore** [-'ʃoːɐ̯] ⟨*engl.;* zu shore „Ufer, Küste"⟩: in einiger Entfernung von der Küste. **Off-shore-Auf|trag**, fachspr. Offshoreauftrag *der;* -[e]s, ...träge (meist Plur.): Auftrag der USA (zur Lieferung an andere Länder), der zwar von den Vereinigten Staaten finanziert, jedoch außerhalb der USA vergeben wird. **Off-shore-Boh|rung**, fachspr. Offshorebohrung *die;* -, -en: von Plattformen aus durchgeführte Bohrung nach Erdöl od. Erdgas in Küstennähe. **off|side** [...saɪd] ⟨*engl.*⟩: (bes. schweiz.) abseits (beim Fußball). **Off|side** *das;* -s: (bes. schweiz.) das Abseits (beim Fußball). **Off-Spre|cher** *der;* -s, -: aus dem ↑Off kommentierender Sprecher. **Off-Stim|me** *die;* -, -n: [kommentierende] Stimme aus dem ↑Off. **off|white** [...waɪt] ⟨aus gleichbed. *engl.* off-white⟩: weiß mit leicht grauem od. gelbem Schimmer

Oger *der;* -s, - ⟨aus gleichbed. *fr.* ogre, wohl aus *lat.* orcus „Unterwelt"⟩: menschenfressendes Ungeheuer (im Märchen)

Ogi *das;* -[s], -[s] ⟨aus gleichbed. *jap.* ōgi⟩: [zusammenklappbarer] japan. Fächer

ogi|val [...'vaːl, auch oʒi...] ⟨aus gleichbed. *fr.* ogival zu ogive „Spitzbogen", zu *arab.* (*mdal.*) al-ǧibb „Zisterne"⟩: (selten) spitzbogig. **Ogi|val|stil** *der;* -[e]s: Baustil der [franz.] Gotik. **Ogi|ven** [...vn, auch o'ʒi...] *die* (Plur.) ⟨aus *fr.* ogive, eigtl. „Spitzbogen" (wohl wegen des Aussehens); vgl. ogival⟩: bogenartige Texturformen (vgl. Textur 2) im Bereich der Gletscherzunge

Ogres|se *die;* -, -n ⟨aus gleichbed. *fr.* ogresse, Femininum von ogre, vgl. Oger⟩: (veraltet) böses Weib

ogy|gisch ⟨über *lat.* Ogygius aus gleichbed. *gr.* Ōgýgios, nach dem uralten sagenhaften König von Theben, Ogygos⟩: (veraltet) uralt

¹Ohm *das;* -[e]s, -e ⟨über *mhd.* āme, ōme aus *kirchenlat.* ama „Gefäß, Weinmaß", dies über *lat.* (h)ama „Feuereimer" aus *gr.* ámē „Eimer, Schaufel"⟩: altes, bes. für Getränke verwendetes Flüssigkeitsmaß, etwa 150 l; vgl. Aam

²Ohm *das;* -[s], - ⟨nach dem dt. Physiker G. S. Ohm, 1789–1854⟩: Einheit für den elektr. Widerstand; Zeichen Ω. **Ohm|me|ter** *das;* -s, - ⟨zu ↑¹...meter⟩: Gerät zum Messen des elektr. Widerstandes

...oid ⟨aus *gr.* -eidḗs „...förmig" zu eĩdos „Form, Gestalt", in Verbindung mit dem Bindevokal od. Stammauslaut -o-⟩: Endung von Adjektiven u. Substantiven mit der Bedeutung „eine ähnliche Form aufweisend, ähnlich beschaffen od. aussehend", z. B. mongoloid, Kristalloid; vgl. ²...id. **...oi|de** ⟨zu ↑...oid⟩: Endung von Substantiven, bes. aus der Anthropologie, mit der Bedeutung „ähnliche Merkmale besitzend, ähnlich aussehend", z. B. Mongoloide; vgl. ...ide

Oi|di|um *das;* -[s], ...ien [...iən] ⟨aus gleichbed. *nlat.* oidium, eigtl. „kleines Ei", Verkleinerungsbildung zu *gr.* ōíon, ōón „Ei"⟩: 1. eine Schimmelpilzgattung (z. B. Milchschimmel). 2. Entwicklungsform des Rebenmehltaus bei Ausbildung der ↑Konidien. 3. (meist Plur.) sporenartige Dauerzelle bestimmter Pilze (Bot.)

Oi|kei|o|sis [ɔy...] *die;* - ⟨aus *gr.* oikeíōsis „Aneignung"⟩: in der stoischen (1) Ethik angenommener Grundtrieb des Lebewesens nach Selbsterhaltung. **Oi|ki|sten** *die* (Plur.) ⟨aus *gr.* oikistḗs „Gründer" zu oîkos, vgl. Oikos⟩: Bez. für die Gründer griech. Kolonien im Altertum. **Oi|kos** ['ɔy...] *der;* -, ...koi ['ɔykɔy] ⟨aus gleichbed. *gr.* oîkos⟩: Haus, Halle in der Antike, vor allem der in einem großen griech. Heiligtum gelegene Versammlungsraum einer Kultgemeinschaft. **oi|ko|ty|pisch** [ɔy...]: dem Bau[typ] gemäß, im Bau entsprechend (z. B. jmdm. geht ein Licht/ein Seifensieder auf; Sprachw.)

Oil|dag ['ɔɪldæg] *das;* -s ⟨aus gleichbed. *amerik.* oildag⟩: graphithaltiges Schmieröl

Oi|no|choe [ɔyno'ço:ə, ...nɔx...] *die;* -, -n ⟨aus gleichbed. gr. oinochóē zu oinochoeĩn „Wein einschenken"⟩: altgriech. Weinkanne mit Henkel

Oire|ach|tas ['ɛrəktɪs] *das;* - ⟨*ir.*⟩: das Parlament der irischen Republik

o. k., O. K. [o'ke:, engl. oʊ'keɪ]: Abk. für okay

ok..., Ok... vgl. ob..., Ob...

Oka vgl. Okka

Oka|pi *das;* -s, -s ⟨aus einer afrik. Sprache⟩: kurzhalsige, dunkelbraune Giraffe mit weißen Querstreifen an den Oberschenkeln

Oka|ri|na *die;* -, Plur. -s u. ...nen ⟨aus gleichbed. *it.* ocarina, eigtl. „Gänschen", Verkleinerungsform von oca „Gans", dies aus *lat.* auca „Vogel; Gans"⟩: kurze Flöte aus Ton od. Porzellan in Form eines Gänseeis (acht Grifflöcher)

okay [o'ke:, engl. oʊ'keɪ] ⟨aus gleichbed. *amerik.* O. K., OK, okay (Herkunft unsicher)⟩: (ugs.) 1. abgemacht, einverstanden. 2. in Ordnung, gut; Abk.: o. k. od. O. K. **Okay** *das;* -[s], -s: (ugs.) Einverständnis, Zustimmung

Okea|ni|de *die;* -, -n ⟨aus *gr.* Ōkeanís, Gen. Ōkeanídos⟩: Meernymphe (Tochter des griech. Meergottes Okeanos); vgl. Nereide

Ok|ka *die;* -, - ⟨aus gleichbed. *türk.* okka, dies aus *arab.* ūqijah⟩: früheres türkisches Handels- u. Münzgewicht

Ok|ka|si|on *die;* -, -en ⟨unter Einfluß von *fr.* occasion aus *lat.* occasio „Gelegenheit"⟩: 1. (veraltet) Gelegenheit, Anlaß. 2. Gelegenheitskauf (Wirtsch.). **Ok|ka|sio|na|lis|mus** *der;* -, ...men ⟨zu ↑...ismus (1, 4)⟩: 1. (ohne Plur.) (von dem franz. Philosophen R. Descartes [1596–1650] ausgehende) Theorie, nach der die Wechselwirkung zwischen Leib u. Seele auf direkte Eingriffe Gottes „bei Gelegenheit" zurückgeführt wird (Philos.). 2. (veraltend) bei einer bestimmten Gelegenheit, in einer bestimmten Situation gebildetes (nicht lexikalisiertes) Wort (Sprachw.). **Ok|ka|sio|na|list** *der;* -en, -en ⟨zu ↑...ist⟩: Vertreter, Anhänger des Okkasionalismus (1). **ok|ka|sio|na|li|stisch** ⟨zu ↑...istisch⟩: den Okkasionalismus (1) betreffend. **ok|ka|sio|nell** ⟨aus gleichbed. *fr.* occasionnel⟩: gelegentlich [vorkommend]; Gelegenheits-. **ok|ka|sio|nie|ren** ⟨aus gleichbed. *fr.* occasionner⟩: (veraltet) veranlassen, Gelegenheit geben

Ok|ki *das;* -[s], -s ⟨zu *it.* occhi (Plur.) „Knospen", eigtl. „Augen" (nach den Knoten)⟩: Kurzform von ↑ Okkispitze. **Ok|ki|ar|beit** *die;* -, -en: mit Schiffchen ausgeführte Handarbeit. **Ok|ki|spit|ze** *die;* -, -n: mit einem Schiffchen hergestellte Knüpfspitze

ok|klu|die|ren ⟨aus gleichbed. *lat.* occludere⟩: verschließen. **Ok|klu|si|on** *die;* -, -en ⟨aus gleichbed. *spätlat.* occlusio⟩: 1. a) Verschließung, Verschluß; b) normale Schlußbißstellung der Zähne (Med.). 2. das Zusammentreffen von Kalt- u. Warmfront (Meteor.). **ok|klu|siv** ⟨zu *lat.* occlusus, Part. Perf. von occludere (vgl. okkludieren), u. ↑...iv⟩: die Okklusion betreffend. **Ok|klu|siv** *der;* -s, -e [...və]: Verschlußlaut (z. B. p; Sprachw.). **Ok|klu|siv|pes|sar** *das;* -s, -e: den Muttermund verschließendes ↑ Pessar zur Empfängnisverhütung (Med.). **Ok|klu|siv|ver|band** *der;* -[e]s, ...bände: Verband aus Gips- od. Stärkebinden, durch den eine Wunde völlig abgeschlossen wird (Med.)

ok|kult ⟨aus gleichbed. *lat.* occultus⟩: verborgen, geheim (von übersinnlichen Dingen). **ok|kul|tie|ren** ⟨aus gleichbed. *lat.* occultare⟩: (veraltet) verbergen, verstecken. **Ok|kul|tis|mus** *der;* - ⟨zu *lat.* occultum „das Geheime" u. ↑...ismus (2)⟩: zusammenfassende Bez. für wissenschaftlich nicht fundierte Lehren u. Praktiken, die sich mit der Wahrnehmung übersinnlicher Kräfte (z. B. ↑ Telepathie, Hellsehen, ↑ Materialisation) beschäftigen u. entsprechend veranlagten ↑ ¹Medien (4) zugänglich werden können; vgl. Parapsychologie. **Ok|kul|tist** *der;* -en, -en ⟨zu ↑...ist⟩: Anhänger des Okkultismus. **Ok|kul|ti|stin** *die;* -, -nen: weibliche Form zu ↑ Okkultist. **ok|kul|ti|stisch** ⟨zu ↑...istisch⟩: zum Okkultismus gehörend. **Ok|kul|to|lo|ge** *der;* -n, -n ⟨zu ↑...loge⟩: Forscher auf dem Gebiet des Okkultismus. **Ok|kult|tä|ter** *der;* -s, -: von abergläubischen Ideen geleitete Person, die sich als Wundertäter, Hellseher, Hexenbanner u. dgl. betätigt u. dabei gegen strafrechtliche Vorschriften verstößt

Ok|ku|pant *der;* -en, -en (meist Plur.) ⟨unter Einfluß von gleichbed. *russ.* okkupant aus *lat.* occupans, Gen. occupantis, Part. Präs. von occupare, vgl. okkupieren⟩: (abwertend) jmd., der fremdes Gebiet okkupiert; Angehöriger einer Besatzungsmacht. **Ok|ku|pa|ti|on** *die;* -, -en ⟨aus gleichbed. *lat.* occupatio⟩: 1. (abwertend) [militärische] Besetzung eines fremden Gebietes. 2. (veraltend) Aneignung herrenlosen Gutes (Rechtsw.); vgl. ...[at]ion/...ierung. **ok|ku|pa|tio|ni|stisch** ⟨zu ↑...istisch⟩: (veraltend) eine Okkupation (2) betreffend. **Ok|ku|pa|tiv** *das;* -s, -e [...və] ⟨zu gleichbed. *nlat.* (verbum) occupativum zu *lat.* occupatus „beansprucht, beschäftigt"⟩: Verb des Beschäftigtseins (z. B. *lesen, tanzen;* Sprachw.). **ok|ku|pa|to|risch** ⟨aus gleichbed. *lat.* occupatorius⟩: die Okkupation betreffend. **ok|ku|pie|ren** ⟨aus gleichbed. *lat.* occupare⟩: (abwertend) ein fremdes Gebiet [militärisch] besetzen. **Ok|ku|pie|rung** *die;* -, -en ⟨zu ↑...ierung⟩: (abwertend) das Okkupieren; vgl. ...[at]ion/...ierung

Ok|kur|renz *die;* -, -en ⟨aus gleichbed. *engl.* occurrence, dies zu *lat.* occurrere „begegnen", eigtl. „entgegenlaufen"⟩: das Vorkommen einer sprachlichen Einheit in einem ²Korpus (2), einem ↑ Text, einem Sprechakt (Sprachw.).

ok|no|phil ⟨zu *gr.* óknos „Furcht, Scheu" u. ↑...phil⟩: aus Angst, verlassen zu werden, jmdn. mit seiner Liebe erdrückend (Psychol.); Ggs. ↑ philobat

öko..., ¹Öko... ⟨zu *gr.* oĩkos „Haus; Haushaltung"⟩: Wortbildungselement mit den Bedeutungen: 1. „Lebensraum", z. B. Ökologie, Ökosystem. 2. „Haushalt; Wirtschafts-", z. B. Ökonomie. **²Öko...** ⟨verkürzt aus ↑ ökologisch (2, 3)⟩: Wortbildungselement mit der Bedeutung „auf naturnahe Art u. Weise erfolgend, der natürlichen Umwelt gerecht werdend", z. B. Ökobauer, Ökoladen. **Öko|de|sign** [...dɪzaɪn] *das;* -s, -s ⟨zu ↑ öko... (1)⟩: Anwendungsform der ↑ Bionik, bei der Bauformen aus der Natur für technische Produkte nachgebildet werden. **Öko|etho|lo|gie** *die;* -: Zweig der Verhaltensforschung, der sich mit dem Zusammenhang zwischen Umweltbedingungen u. Verhalten einer Tierart beschäftigt. **Öko|ge|ne|tik** *die;* -: neueres Forschungsgebiet, das die Einflüsse der modernen Umwelt auf den Menschen unter Berücksichtigung seiner Erbanlagen u. die individuelle Reaktion auf diese Umwelteinflüsse untersucht. **Öko|geo|gra|phie** *die;* -: Teilgebiet der Ökologie, das sich mit der territorialen Verbreitung von Pflanzen u. Tieren auf ökologischer Grundlage befaßt. **Öko|la|bel** [...le:bl] *das;* -s, -s ⟨zu ↑ ²Öko... u. ↑ Label⟩: Markenzeichen für schadstoffgeprüfte Produkte, z. B. für Textilien. **Öko|la|den** *der;* -s, ...läden: Laden, in dem nur Waren verkauft werden, die den Vorstellungen von der Erhaltung der natürlichen Umwelt entsprechen. **Öko|lo|ge** *der;* -n, -n ⟨zu ↑ öko... (1) u. ↑...loge⟩: Wissenschaftler, Fachmann auf dem Gebiet der Ökologie. **Öko|lo|gie** *die;* - ⟨zu ↑...logie⟩: 1. Wissenschaft von den Beziehungen der Lebewesen zu ihrer Umwelt (Teilgebiet der Biologie). 2. a) Wechselbeziehungen zwischen den Lebewesen u. ihrer Umwelt; b) ungestörter Haushalt der Natur. **öko|lo|gisch** ⟨zu ↑...logisch⟩: 1. die Ökologie (1) betreffend. 2. die Wechselbeziehungen zwischen den Lebewesen u. ihrer Umwelt betreffend. 3. die natürliche Umwelt des Menschen betreffend, sich für ihren Schutz, ihre Erhaltung einsetzend, Umweltschutz u. -politik betreffend. **öko|lo|gi|sie|ren** ⟨zu ↑...isieren⟩: umweltgerecht[er] machen, ökologisch (3) gestalten. **Öko|lo|gi|sie|rung** die; - ⟨zu ↑...isierung⟩: das Ökologisieren; das Ökologisiertwerden. **Öko|lo|gis|mus** der; - ⟨zu ↑...ismus (2,5)⟩: das Bestreben, alles [einseitig] nach ökologischen (2) Gesichtspunkten zu bewerten. **Öko|mon** das; -s, -e (meist Plur.) ⟨verkürzt aus ↑öko... (1) u. ↑Hormon⟩: ein chem. Stoff, der von Pflanzen od. Tieren ausgeschieden wird u. als ökologischer (2) Signalstoff zur Informationsvermittlung dient (z. B. ↑Pheromone zur Geschlechteranlockung). **Öko|nom** der; -en, -en ⟨über lat. oeconomus aus gr. oikonómos „Haushalter, Verwalter"; vgl. öko... (2) u. ²...nom⟩: a) (veraltend) Landwirt, Verwalter [landwirtschaftlicher Güter]; b) Wirtschaftswissenschaftler. **Öko|no|me|trie** die; - ⟨zu ↑...metrie⟩: Teilgebiet der Wirtschaftswissenschaft, in der mit Hilfe mathematischstatistischer Methoden wirtschaftstheoretische Modelle u. Hypothesen auf ihren Realitätsgehalt, ihre ↑Verifikation untersucht werden. **Öko|no|me|tri|ker** der; -s, -: Wissenschaftler auf dem Gebiet der Ökonometrie. **öko|no|metrisch** ⟨zu ↑...metrisch⟩: die Ökonometrie betreffend. **Öko|no|mie** die; -, ...ien ⟨aus lat. oeconomia „gehörige Einteilung", dies aus gr. oikonomía „Haushaltung, Verwaltung"⟩: 1. a) Wirtschaftswissenschaft; b) Wirtschaft; c) (ohne Plur.) Wirtschaftlichkeit, sparsames Umgehen mit etwas, rationale Verwendung u. Einsatz von etwas. 2. (veraltet) Landwirtschaft[sbetrieb]. **Öko|no|mie|rat** der; -[e]s, ...räte: (österr.) a) (ohne Plur.) Ehrentitel für einen verdienten Landwirt; b) Träger dieses Titels. **Öko|no|mik** die; - ⟨nach gr. oikonomikḗ (téchnē) „Haushaltungskunst"⟩: 1. Wirtschaftswissenschaft, Wirtschaftstheorie. 2. Wirtschaftsverhältnisse eines Landes od. eines Sektors der Volkswirtschaft. **Öko|no|min** die; -, -nen: weibliche Form zu ↑Ökonom. **öko|no|misch** ⟨über lat. oeconomicus aus gr. oikonomikós „die Haushaltung betreffend; wirtschaftlich"⟩: a) die Wirtschaft betreffend; b) wirtschaftlich; c) sparsam. **öko|no|mi|sie|ren** ⟨zu ↑...isieren⟩: ökonomisch gestalten, auf eine ökonomische Basis stellen. **Öko|no|mi|sie|rung** die; -, -en ⟨zu ↑...isierung⟩: das Ökonomisieren. **Öko|no|mis|mus** der; - ⟨zu ↑...ismus (5)⟩: Betrachtung der Gesellschaft allein unter ökonomischen (a) Gesichtspunkten. **Öko|no|mist** der; -en, -en ⟨zu ↑...ist⟩: (veraltet) Wirtschaftssachverständiger. **öko|no|mi|stisch** ⟨zu ↑...istisch⟩: den Ökonomismus betreffend. **Öko|pax** der; -, -e ⟨Kunstw. aus ↑Ökologie u. lat. pax „Frieden"⟩: (ugs.) Mitglied, Anhänger der Ökopaxbewegung. **Öko|pax|be|we|gung** die; -: (ugs.) gemeinsames Vorgehen, loser Zusammenschluß von ↑²Alternativen, Mitgliedern von Bürgerinitiativen für Umweltschutz, Parteien, Friedensgruppen, Kirche u. kirchl. Organisationen zur Bewahrung des Friedens u. Erhaltung der Umwelt. **Öko|sko|pie** die; - ⟨zu ↑öko... (2) u. ↑...skopie⟩: 1. Methode der Marktforschung, mit der in empirischen Untersuchungen objektive Marktgrößen (z. B. Güterqualität, -menge, -preis, Zahl u. Struktur der Anbieter, der Käufer usw.) erfaßt werden. 2. früher übliches Wahrsagen aus zufälligen Begebenheiten in od. auf einem Haus. **Öko|sy|stem** das; -s, -e ⟨zu ↑öko... (1)⟩: aus Organismen und unbelebter Umwelt bestehende natürliche Einheit, die durch deren Wechselwirkung ein gleichbleibendes System bildet (z. B. See). **Öko|top** das; -s, -e ⟨zu gr. tópos „Ort, Raum", Analogiebildung zu ↑Biotop⟩: kleinste ökologische Einheit einer Landschaft. **Öko|to|xi|ko|lo|gie** die; -: Teilgebiet der Toxikologie, das die Schadwirkungen von chem. Stoffen auf Ökosysteme u. Rückwirkungen auf den Menschen untersucht. **Öko|tro|pho|lo|ge** der; -n, -n ⟨zu ↑öko... (2), gr. trophḗ „Ernährung" u. ↑...loge⟩: Wissenschaftler auf dem Gebiet der Ökotrophologie. **Öko|tro|pho|lo|gie** die; - ⟨zu ↑...logie⟩: Hauswirtschafts- u. Ernährungswissenschaft. **öko|tro|pho|lo|gisch** ⟨zu ↑...logisch⟩: die Ökotrophologie betreffend, auf ihr beruhend. **Öko|typ** [auch 'ø:ko...] der; -s, -en u. **Öko|ty|pus** [auch 'ø:ko...] der; -, ...pen ⟨zu ↑öko... (1) u. ↑Typus⟩: an die Bedingungen eines bestimmten Lebensraums angepaßte ↑Population (2) von Pflanzen od. Tieren (Biol.).

Okou|mé [oku'me:] u. **Okume** das; -[s] ⟨über fr. okoumé aus einer afrik. Sprache⟩: hellrotes bis rosagraues, ziemlich grob strukturiertes, weiches Laubholz; Verwendung zur Furnierherstellung, im Schiffbau, Innenbau u. Möbelbau **Öko|zid** der, auch das; -[e]s, -e ⟨zu ↑öko... (1) u. ↑...zid⟩: Störung des ökologischen Gleichgewichts durch Umweltverschmutzung.

Okra die; -, -s ⟨aus einer westafrik. Sprache⟩: längliche Frucht einer Eibischart

Okrosch|ka die; - ⟨aus gleichbed. russ. okróška⟩: säuerliche Suppe mit kleingeschnittenem Gemüse u. Fleisch

Okrug der; -s, -e ⟨aus gleichbed. russ. okrug⟩: russ. Bez. für Bezirk, Kreis (Verwaltungseinheit)

okt..., Okt... vgl. okto..., Okto... **Ok|ta** das; -[s], -s ⟨zu gr. oktṓ „acht"⟩: Bez. für ein Achtel der Himmelsfläche als Einheit des Bedeckungsgrades, mit der nach dem internationalen Wetterschlüssel die Bewölkung angegeben wird (Meteor.). **Ok|ta|chord** [...'kɔrt] das; -[e]s, -e ⟨über lat. octachordum aus gleichbed. gr. oktáchordon⟩: achtsaitiges Instrument (Mus.). **Ok|ta|eder** das; -s, - ⟨aus gleichbed. gr. oktáedron⟩: Achtflächner (meist regelmäßig). **ok|ta|edrisch**: das Oktaeder betreffend. **Ok|ta|ete|ris** die; - ⟨aus gleichbed. gr. oktaetēris⟩: Schaltzyklus von acht Jahren im Kalender der alten Griechen u. Babylonier. **Ok|ta|gon** vgl. Oktogon. **ok|ta|gy|nisch** ⟨zu gr. gynḗ „Weib, Frau"⟩: mit acht Griffeln od. Narben versehen (von Blüten; Bot.). **Ok|tal|sy|stem** das; -s ⟨zu engl. octal „auf der Zahl 8 basierend"⟩: Achtersystem, Zahlensystem aus acht Zeichen mit der Basis 8 (EDV, Math.). **Ok|tan**, chem. fachspr. **Octan** [ɔk...] das; -s ⟨zu lat. octo „acht" u. ↑...an⟩: gesättigter Kohlenwasserstoff mit acht Kohlenstoffatomen (in Erdöl u. Benzin). **Ok|ta|na** die; - ⟨aus nlat. octana, Fem. von lat. octanus „jeder achte"⟩: jeden achten Tag wiederkehrender Fieberanfall (Med.). **Ok|tant** der; -en, -en ⟨aus gleichbed. lat. octans, Gen. octantis⟩: 1. Achtelkreis. 2. nautisches Winkelmeßgerät. **Ok|tan|zahl** die; -, -en ⟨zu ↑Oktan⟩: Maßzahl für die Klopffestigkeit (das motorische Verhalten) der Kraftstoffe; Abk.: OZ. **Ok|ta|teuch** der; -s ⟨aus gleichbed. mlat. octateuchos, dies aus mgr. ‚Achtrollenbuch"⟩: Sammelbez. der griech. Kirche für die acht ersten Bücher des A. T. (1.–5. Mose, Josua, Richter, Ruth). **¹Ok|tav** das; -s ⟨zu lat. octavus „der achte" (weil sich aus einem Druckbogen acht Blätter ergeben)⟩: Achtelbogengröße (Buchformat); Zeichen 8°, z. B. Lex.-8°, in -. **²Ok|tav** die; -, -en [...vən] ⟨zu lat. octava (dies) „der achte (Tag)"⟩: 1. (österr.) svw. Oktave (1). 2. in der kath. Liturgie die Nachfeier der Hochfeste Weihnachten, Ostern u. Pfingsten mit Abschluß am achten Tag. **³Ok|tav** die; -, -en [...vən] ⟨zu lat. octava, eigtl. „achte (Fechtbewegung)" zu octavus, vgl. ¹Oktav⟩: bestimmte Klingenhaltung beim Fechten. **Ok|ta|va** [...va] die; -, ...ven [...vən]

⟨aus *lat.* octava „die achte"⟩: (österr.) achte Klasse eines Gymnasiums. **Ok|ta|va|ner** [...v...] *der;* -s, - ⟨zu ↑...aner⟩: (österr.) Schüler einer Oktava. **Ok|ta|ve** *die;* -, -n ⟨aus gleichbed. *mlat.* octava (vox), vgl. ²Oktav⟩: 1. a) der achte Ton einer ↑ diatonischen Tonleiter vom Grundton an, wobei der Zusammenklang als ↑ Konsonanz (2) empfunden wird; b) ↑ Intervall (2) von acht ↑ diatonischen Stufen (Mus.). 2. svw. Ottaverime. **Ok|tav|for|mat** *das;* -[e]s ⟨zu ↑ ¹Oktav⟩: svw. ¹Oktav. **ok|ta|vie|ren** [...'vi:...] ⟨zu ↑ Oktave u. ↑...ieren⟩: auf Blasinstrumenten beim Überblasen in die Oktave überschlagen. **Ok|tett** *das;* -[e]s, -e ⟨latinisiert aus *it.* ottetto zu *lat.* octo „acht"⟩ 1. a) Komposition für acht solistische Instrumente od. (selten) für acht Solostimmen; b) Vereinigung von acht Instrumentalsolisten (Mus.). 2. Achtergruppe von Elektronen in der Außenschale der Atomhülle (Phys.). **ok|to..., Ok|to...,** vor Vokalen meist okt..., Okt... ⟨aus gleichbed. *lat.* octo, dies aus *gr.* októ⟩: Wortbildungselement mit der Bedeutung „acht", z. B. oktogonal, Oktopode. **Ok|to|ber** *der;* -[s], - ⟨aus *lat.* (mensis) October zu octo „acht", urspr. der 8. Monat des mit dem März beginnenden altröm. Kalenderjahres; zehnter Monat im Jahr, Gilbhard, Weinmond, -mond; Abk.: Okt. **Ok|to|brist** *der;* -en, -en ⟨aus gleichbed. *russ.* oktjabrist⟩: Mitglied des „Verbandes des 17. Oktober", einer 1905 gegründeten russ. konstitutionellen Partei. **Ok|to|de** *die;* -, -n ⟨zu *gr.* oktṓ „acht" u. ↑'...ode⟩: Elektronenröhre mit 8 Elektroden. **Ok|to|de|ka|gon** *das;* -s, -e ⟨zu *gr.* dekágōnon „Zehneck"⟩: Achtzehneck. **Ok|to|dez** *das;* -es, -e ⟨zu *lat.* decem „zehn"⟩: Buchformat von Achtzehntelbogengröße; vgl. ¹Oktav. **Ok|to|echos** *der;* - ⟨aus gleichbed. *mgr.* oktōéchos⟩: 1. liturgisches Buch der byzantinischen Kirche; das die veränderlichen Teile des Stundengebets für die Zeit von Pfingsten bis zum Beginn der Vorfastenzeit enthält. 2. das Tonartensystem des byzantinischen Kirchengesangs, das ähnlich wie die Kirchentonarten in vier herrschende u. vier abgeleitete Tonarten unterteilt ist. **Ok|to|gon** u. Oktagon *das;* -s, -e ⟨aus gleichbed. *lat.* octogonum bzw. octagonon, dies zu *gr.* oktṓ „acht" u. ↑...gon⟩: a) Achteck; b) Gebäude mit achteckigem Grundriß. **ok|to|go|nal** ⟨zu ↑¹...al (1)⟩: achteckig. **Ok|to|ko|ral|le** *die;* -, -n (meist Plur.): Bez. für fast immer koloniebildende Korallentiere mit achtzähligem Aufbau u. gefiederten Tentakeln (Zool.). **Ok|to|nar** *der;* -s, -e ⟨aus gleichbed. *lat.* octonarius (versus)⟩: aus acht Versfüßen (rhythmischen Einheiten) bestehender Vers (antike Metrik). **ok|to|phyl|lisch** ⟨zu *gr.* phýllon „Laubblatt"⟩: achtblättrig (Bot.). **ok|to|plo|id** ⟨Analogiebildung zu ↑ diploid⟩: einen achtfachen Chromosomensatz enthaltend (in bezug auf Zellen; Biol.). **Ok|to|po|de** *der;* -n, -n ⟨zu *gr.* oktṓpous, Gen. oktṓpodos „achtfüßig"⟩: achtarmiger Tintenfisch (z. B. ↑ Krake).
Ok|troi [ɔk'trŏa] *der* od. *das;* -s, -s ⟨aus *fr.* octroi „Bewilligung" zu octroyer, vgl. oktroyieren⟩: a) früher an Handelsgesellschaften verliehenes Privileg; b) frühere Steuer auf eingeführte Lebensmittel. **ok|troy|ie|ren** [ɔktrŏa'ji:...] ⟨aus *fr.* octroyer „(landesherrlich) bewilligen, bevorrechten", dies aus *mlat.* auctorizare „sich verbürgen; bestätigen, bewilligen" zu *lat.* auctor, vgl. Autor⟩: 1. (veraltet) a) verleihen; b) (ein Gesetz) kraft landesherrlicher Machtvollkommenheit ohne die verfassungsgemäße Zustimmung der Landesvertretung erlassen. 2. aufdrängen, aufzwingen, aufoktroyieren.
ok|tu|plie|ren ⟨aus gleichbed. *fr.* octupler zu octuple „achtfach", dies aus *lat.* octuplus⟩: (veraltet) verachtfachen. **Ok|tu|plum** *das;* -s, ...pla ⟨aus gleichbed. *lat.* octuplum zu octuplus „achtfach"⟩: (veraltet) das Achtfache

Ok|tyl, chem. fachspr. Octyl [ɔk...] *das;* -s, -e ⟨zu ↑ okto... u. ↑...yl⟩: von ↑ Oktan durch Entzug eines Wasserstoffatoms abgeleitete Atomgruppe
oku|lar ⟨aus *spätlat.* ocularis „zu den Augen gehörig" zu *lat.* oculus „Auge"⟩: 1. das Auge betreffend. 2. a) mit dem Auge; b) für das Auge; c) dem Auge zugewandt. **Oku|lar** *das;* -s, -e: dem Auge zugewandte Linse od. Linsenkombination eines optischen Gerätes. **Oku|lar|in|spek|ti|on** *die;* -, -en: Besichtigung mit bloßem Auge (Med.). **Oku|la|ti|on** *die;* -, -en ⟨zu ↑ okulieren u. ↑...ation⟩: Veredelung einer Pflanze durch Anbringen von Augen (noch fest geschlossenen Pflanzenknospen) einer hochwertigen Sorte, die mit Rindenstückchen unter die angeschnittene Rinde der zu veredelnden Pflanzen geschoben werden. **Oku|li** ⟨aus *lat.* oculi, Plur. von oculus „Auge"; nach dem Eingangsvers des Gottesdienstes, Psalm 25, 15⟩: in der ev. Kirche Name des dritten Sonntags in der Passionszeit (vierter Sonntag vor Ostern). **oku|lie|ren** ⟨aus *nlat.* oculare für gleichbed. *lat.* inoculare, vgl. inokulieren⟩: durch Okulation veredeln. **Oku|lier|mes|ser** *das;* -s, -: Spezialmesser zum Okulieren, Pfropfmesser. **Oku|list** *der;* -en, -en ⟨zu *lat.* oculus „Auge" u. ↑...ist⟩: (veraltet) Augenarzt. **oku|lo|to|xisch:** das Auge schädigend (von Medikamenten; Med.). **Oku|lo|to|xi|zi|tät** *die;* -: okulotoxische Eigenschaft von Medikamenten (Med.).
Oku|me vgl. Okoumé
Öku|me|ne *die;* - ⟨über *kirchenlat.* oecumene aus *gr.* oikoumḗnē (gḗ) „die bewohnte (Erde)"⟩: a) die bewohnte Erde als menschlicher Lebens- u. Siedlungsraum; b) Gesamtheit der Christen; c) svw. ökumenische Bewegung. **öku|me|nisch:** allgemein, die ganze bewohnte Erde, die Welt betreffend; -e Bewegung: allgemeines Zusammenwirken der [nichtkath.] christlichen Kirchen u. Konfessionen zur Einigung in Fragen des Glaubens u. der religiösen Arbeit; -es Konzil: beratende Versammlung der Bischöfe der gesamten kath. Kirche. **Öku|me|nis|mus** *der;* - ⟨zu ↑...ismus (2)⟩: Bestrebungen der kath. Kirche zur Einigung aller christlichen Konfessionen (seit dem 2. Vatikanischen Konzil).
Ok|zi|dent [auch ...'dɛnt] *der;* -s ⟨aus gleichbed. *lat.* (sol) occidens, Gen. occidentis, eigtl. „untergehend(e Sonne)"⟩: 1. Abendland (Europa); Ggs. ↑ Orient. 2. (veraltet) Westen. **ok|zi|den|tal** u. **ok|zi|den|ta|lisch** ⟨aus gleichbed. *lat.* occidentalis⟩: 1. abendländisch. 2. (veraltet) westlich; vgl. ...isch/-
ok|zi|pi|tal ⟨aus *nlat.* occipitalis „das Hinterhaupt betreffend"; vgl. Okziput⟩: zum Hinterhaupt gehörend, es betreffend (Med.). **Ok|zi|put** *das;* -s, ...pita ⟨aus gleichbed. *lat.* occiput, Gen. occipitis, dies zu ↑ ob... u. *lat.* caput „Haupt, Kopf"⟩: Hinterhaupt, Hinterkopf (Med.).
...ol ⟨verselbständigt aus ↑ Alkohol bzw. ↑ Benzol⟩: Endung der Namen aller Alkohole, z. B. Methanol, Butanol, bzw. Suffix von Benennungen ringförmiger Kohlenwasserstoffe, z. B. Benzol, Glycerol (Chem.).
Ola *die;* -, -s ⟨aus *span.* ola „Welle"⟩: svw. La ola
Ola|di *die* (Plur.) ⟨aus gleichbed. *russ.* oladi (Plur.)⟩: russ. Hefepfannkuchen
Öl|dag [...dɛk] vgl. Oildag
Ol|die ['oʊldɪ] *der;* -s, -s ⟨aus gleichbed. *engl.-amerik.* oldie zu old „alt"⟩: a) etw., was nach langer Zeit noch od. wieder aktuell ist, z. B. alter, beliebt gebliebener Schlager; b) (ugs.) jmd. od. etw., der bzw. das einer älteren Generation bzw. einer schon vergangenen Zeit angehört
Ol|do|wan *das;* -s ⟨nach der Oldowayschlucht in Nordtansa-

nia (Afrika)⟩: Geröllgerätekultur des frühen ↑Pleistozäns in Afrika

Old|red ['oʊld...] *der;* -s ⟨aus *engl.* old red „altes Rot"⟩: roter Sandstein des ↑Devons (Geol.)

Old|time-Jazz ['oʊldtaɪmdʒæz] *der;* - ⟨zu *engl.* old-time „aus alter Zeit" u. ↑Jazz⟩: älterer Bereich des Jazz bis etwa 1930 (bes. New-Orleans-, Dixieland-Jazz u. Chicago-Stil).

Old|ti|mer ['oʊldtaɪmɐ] *der;* -s, - ⟨aus gleichbed. *engl.-amerik.* old-timer⟩: 1. altes, gut gepflegtes Original od. Modell eines Fahrzeugs mit Liebhaberwert (bes. Auto, aber auch Flugzeug, Schiff, Eisenbahn). 2. (scherzh.) jmd., der von Anfang an über lange Jahre bei einer Sache dabei war u. daher eine gewisse Verehrung genießt. **Ol|dy** ['oʊldɪ] vgl. Oldie

olé! [o'lɛ, o'le:] ⟨aus *span.* olé, dies aus *arab.* wa-'llāh(ī) „bei Gott"⟩: los!, auf!, hurra! (span. Ausruf)

ole..., Ole... vgl. oleo..., Oleo... **Olea**: Plur. von ↑Oleum

Ole|an|der *der;* -s, - ⟨aus *it.* oleandro, unter Einfluß von *lat.* olea „Olivenbaum" entstellt aus *mlat.* lorandum, dies zu *lat.* laurus „Lorbeerbaum", wohl nach den ähnlichen Blättern⟩: Rosenlorbeer; immergrüner Strauch aus dem Mittelmeergebiet mit rosa, weißen od. gelben Blüten (beliebte Kübelpflanze). **Ole|an|do|my|cin** [...ts...] u. **Ole|an|do|my|zin** *das;* -s, -e ⟨Kunstw.; zu *gr.* mýkes „Pilz" u. ↑...in (1)⟩: Antibiotikum gegen ↑grampositive Bakterien, ↑Rickettsien u. große Viren

Olea|ster *der;* - ⟨aus gleichbed. *lat.* oleaster⟩: strauchige Wildform des Ölbaums. **Ole|at** *das;* -[e]s, -e ⟨zu *lat.* oleum „(Oliven)öl" (vgl. Oleum) u. ↑...at (2)⟩: Salz der Ölsäure

Ole|cra|non [...k...], eindeutschend auch **Olekranon** *das;* -[s], ...na ⟨aus *gr.* ōlékranon „Ellbogen"⟩: Ellbogen, Ellbogenhöcker (Anat.)

Ole|fin *das;* -s, -e (meist Plur.) ⟨Kunstw. zu *fr.* oléfiant „Öl machend", dies zu *lat.* oleum „(Oliven)öl" u. -ficare, vgl. ...fizieren⟩: ungesättigter Kohlenwasserstoff mit einer od. mehreren Doppelbindungen im Molekül. **Ole|in** *das;* -s, -e ⟨aus gleichbed. *fr.* oléine⟩: ungereinigte Ölsäure

Ole|kra|non vgl. Olecranon

oleo..., Oleo..., vor Vokalen meist ole..., Ole... ⟨aus *lat.* oleum „(Oliven)öl"; vgl. Oleum⟩: Wortbildungselement mit der Bedeutung „Öl enthaltend, fettig", z. B. Oleodukt, Olein. **Oleo|chal|ko|gra|phie** [...ç...] *die;* -, ...ien: (veraltet) 1. (ohne Plur.) Kupferdruckverfahren mit Ölfarben. 2. Ölkupferdruck[blatt]. **Oleo|dukt** *der;* -[e]s, -e ⟨zu *lat.* ductus „Leitung", Analogiebildung zu ↑Aquädukt⟩: Ölleitung, Ölleitungsbrücke. **Ole|om** *das;* -s, -e: Kurzform von ↑Oleosklerom. **Oleo|sa** (Plur.) ⟨aus *lat.* oleosus, substantivierter Plur. von oleosus „ölig, fettig"⟩: ölige Arzneimittel (Med.). **Oleo|skle|rom** *das;* -s, -e ⟨zu ↑oleo... u. ↑Sklerom⟩: Öltumor; Geschwulst in der Haut infolge Bindegewebsreizung nach Einspritzung ölhaltiger Arzneimittel (Med.). **Oleo|tho|rax** *der;* -[es], -e: Ersatz der Luft durch Ölfüllung beim künstlichen ↑Pneumothorax (Med.). **Oleum** ['o:leʊm] *das;* -s, Olea ⟨aus *lat.* oleum „(Oliven)öl", dies aus gleichbed. *gr.* élaion⟩: 1. Öl. 2. rauchende Schwefelsäure. **Ole|yl|al|ko|hol** *der;* -s, -e ⟨zu ↑...yl⟩: durch Reduktion von Ölsäure entstehender Alkohol

Ol|fak|to|me|ter *das;* - ⟨zu *lat.* olfactus (vgl. Olfaktus) u. ↑...meter⟩: Gerät zur Prüfung des Geruchssinns (Med.). **Ol|fak|to|me|trie** *die;* - ⟨zu ↑...metrie⟩: Messung der Geruchsempfindlichkeit (Med.). **ol|fak|to|risch** ⟨zu *lat.* olfactorius „riechend"⟩: den Riechnerv betreffend (Med.). **Ol|fak|to|ri|um** *das;* -s, ...ien [...i̯ən] ⟨zu ↑...orium⟩: Riechmittel (Med.). **Ol|fak|to|ri|us** *der;* -, Plur. ...rii od. ...rien [...i̯ən] ⟨aus gleichbed. *nlat.* (nervus) olfactorius⟩: Riechnerv (Med.). **Ol|fak|tus** *der;* - ⟨aus *lat.* olfactus „das Riechen, der Geruch"⟩: Geruchssinn (Med.)

Oli|ba|num *das;* -s ⟨aus gleichbed. *mlat.* olibanum zu *vulgärlat.* oliba, dies aus *lat.* oliva, vgl. Olive⟩: Gummiharz der Weihrauchbaumarten an der Küste des Roten Meeres, in Südarabien u. Somalia; Weihrauch

Oli|fant [auch ...'fant] *der;* -[e]s, -e ⟨aus gleichbed. *(alt)fr.* olifant, dies aus *lat.* elephantus, vgl. Elefant; nach dem Namen des elfenbeinernen Hifthorns Rolands in der Karlssage⟩: reichverziertes mittelalterliches Jagd- u. Signalhorn

olig..., Olig... vgl. oligo..., Oligo... **Oli|ga|kis|urie** *die;* - ⟨zu *gr.* oligákis „selten" u. ↑...urie⟩: seltenes Urinlassen (Med.). **Olig|ämie** *die;* -, ...ien ⟨zu ↑oligo... u. ↑...ämie⟩: Blutarmut infolge Verminderung der Gesamtblutmenge des Körpers (Med.). **Oli|garch** *der;* -en, -en ⟨aus gleichbed. *gr.* oligárches⟩: a) Anhänger der Oligarchie; b) jmd., der mit wenigen anderen zusammen eine Herrschaft ausübt. **Olig|ar|chie** *die;* -, ...ien ⟨aus gleichbed. *gr.* oligarchía⟩: 1. (ohne Plur.) Staatsform, in der eine kleine Gruppe die Macht ausübt. 2. Staat, Gemeinwesen, in dem eine Oligarchie (1) besteht. **olig|ar|chisch** ⟨aus gleichbed. *gr.* oligarchikós⟩: die Oligarchie betreffend. **Olig|ar|thri|tis** *die;* -, ...tiden ⟨zu ↑oligo...⟩: nur wenige Gelenke befallende Arthritis (Med.). **Oli|ga|se** *die;* -, -n ⟨zu gr. ↑...ase⟩: zuckerspaltendes Enzym (Chem.). **oli|go..., Oli|go...**, vor Vokalen meist olig..., Olig... ⟨aus gleichbed. *gr.* olígos⟩: Wortbildungselement mit der Bedeutung „wenig, gering, arm an...", z. B. oligomer, Oligotrophie, Oligurie. **Oli|go|chäten** [...ç...] *die* (Plur.) ⟨aus gleichbed. *nlat.* oligochaetae, zu *gr.* chaíte „Borste", eigtl. „Mähne"⟩: Gattung der Borstenwürmer (z. B. Regenwurm; Zool.). **Oli|go|cho|lie** [...ço...] *die;* - ⟨zu *gr.* cholé „Galle" u. ↑²...ie⟩: Gallenmangel (z. B. bei Leber- und Gallenblasenkrankheiten; Med.). **Oli|go|chrom|ämie** [...krom...] *die;* -, ...ien ⟨zu *gr.* chrōma „Farbe" u. ↑...ämie⟩: Bleichsucht (Med.). **Oli|go|dak|ty|lie** *die;* -, ...ien ⟨zu *gr.* dáktylos „Finger" u. ↑²...ie⟩: svw. Ektrodaktylie. **Oli|go|dip|sie** *die;* - ⟨zu *gr.* dípsa „Durst" u. ↑²...ie⟩: abnorm herabgesetztes Durstgefühl (Med.); vgl. Polydipsie. **Olig|odon|tie** *die;* - ⟨zu *gr.* odoús, Gen. odóntos „Zahn" u. ↑²...ie⟩: angeborene Fehlentwicklung des Gebisses, bei der weit weniger als (normalerweise) 32 Zähne ausgebildet werden (Med.). **Oli|go|dy|na|mie** *die;* - ⟨zu *gr.* dýnamis „Kraft" u. ↑²...ie⟩: entkeimende Wirkung von Metallionen (z. B. des Silbers) in Flüssigkeiten (Chem.). **oli|go|dy|na|misch**: in kleinsten Mengen wirksam (Chem.). **Oli|go|ga|lak|tie** *die;* -, ...ien ⟨zu *gr.* gála, Gen. gálaktos „Milch" u. ↑²...ie⟩: svw. Hypogalaktie. **Oli|go|gen** *das;* -s, -e (meist Plur.): ↑Gen, das für die Ausbildung qualitativer Merkmalsunterschiede verantwortlich ist (Genetik); Ggs. ↑Polygen. **Oli|go|glo|bu|lie** *die;* - ⟨zu *lat.* globulus „Kügelchen" u. ↑²...ie⟩: svw. Oligozythämie. **Oli|go|hy|drä|mie** *die;* -, ...ien: Verminderung des Wassergehalts des Blutes (Med.). **Oli|go|hy|dram|nie** *die;* -, ...ien ⟨zu ↑Hydramnion u. ↑²...ie⟩: abnorme Verringerung der Fruchtwassermenge (Med.). **Oli|go|kar|die** *die;* - ⟨zu *gr.* kardía „Herz" u. ↑²...ie⟩: verminderte, zu langsame Herztätigkeit (Med.). **Oli|go|klas** *der;* -[es], -e ⟨zu *gr.* klân, erweitert klastázein „(ab)brechen"⟩: ein Feldspat. **Oli|go|kra|tie** *die;* - , ...ien ⟨zu ↑...kratie⟩: svw. Oligarchie. **Oli|go|ma|stie** *die;* - ⟨zu *gr.* mastós „(Mutter)brust" u. ↑²...ie⟩: ungewöhnlich geringe Entwicklung der Brüste (Med.). **Oli|go|me|nor|rhö** *die;* -, -en u. **Oli|go|me|nor|rhöe** [...'rø:] *die;* -, -n [...'rø:ən]: zu seltene Monatsblutung (Med.). **oli|go|mer** ⟨zu ↑...mer⟩: eine geringere als die normale Gliederzahl aufweisend (von Blütenkreisen; Bot.). **Oli|go|mer** *das;*

Oligomere

-s, -e u. **Oli|go|me|re** *das;* -n, -n (meist Plur.): organischer od. anorganischer Stoff, dessen Moleküle sich aus wenigen ↑Monomeren zusammensetzen (Chem.). **Oli|go|me|ri|sie|rung** *die;* -, -en ⟨zu ↑...isierung⟩: Aufbaureaktion, bei der nur wenige Moleküle eines ↑Monomers miteinander reagieren (Chem.). **oli|go|mik|tisch** ⟨zu *gr.* miktós „gemischt"⟩; in der Fügung -er See: selten bzw. wenig zirkulierender See. **Oli|go|pep|tid** *das;* -[e]s, -e (meist Plur.): chem. Verbindung, deren Moleküle bei der ↑Hydrolyse in wenige Aminosäuremoleküle zerfallen. **oli|go|phag** ⟨zu ↑...phag⟩: in der Ernährung auf einige Futterpflanzen od. Beutetiere spezialisiert (in bezug auf bestimmte Tiere; Zool.). **Oli|go|pha|ge** *der;* -n, -n ⟨zu ↑...phage⟩: Tier von oligophager Ernährungsweise (Zool.). **Oli|go|pha|gie** *die;* - ⟨zu ↑...phagie⟩: Ernährungsweise oligophager Tiere (Zool.). **oli|go|phren** ⟨zu *gr.* phrén „Geist, Gemüt"⟩: schwachsinnig (Med.). **Oli|go|phre|nie** *die;* -, ...ien ⟨zu ↑²...ie⟩: auf erblicher Grundlage beruhender od. im frühen Kindesalter erworbener Schwachsinn (Med.). **oli|go|phyllisch** ⟨zu *gr.* phýllon „Blatt"⟩: (veraltet) blätterarm, mit wenig Blättern (von Pflanzen). **Oli|go|plex** Ⓦ *das;* -es, -e ⟨zu *lat.* plexus „geflochten" (Part. Perf. von plecti „flechten"); Analogiebildung zu ↑Komplex⟩: Mischung von Pflanzenauszügen u. mineralischen Wirkstoffen in kleinsten Mengen. **Oli|go|pnoe** *die;* - ⟨zu *gr.* pnoḗ „Atem"⟩: verminderte Atmungsfrequenz (Med.). **oli|go|pod** ⟨zu *gr.* poús, Gen. podós „Fuß"⟩: nur wenige Beinpaare besitzend (von Insektenlarven; Biol.). **Oli|go|pol** *das;* -s, -e ⟨zu *gr.* pōleīn „Handel treiben", Analogiebildung zu ↑Monopol⟩: eine Marktform, bei der nur wenige Anbieter vielen Nachfragen gegenüberstehen (Wirtsch.); Ggs. ↑Oligopson. **Oli|go|po|list** *der;* -en, -en ⟨zu ↑...ist⟩: jmd., der einem Oligopol angehört. **oli|go|po|li|stisch** ⟨zu ↑...istisch⟩: die Marktform des Oligopols betreffend. **Olig|op|son** *das;* -s, -e ⟨zu *gr.* opsōnía „Einkauf"⟩: eine Marktform, bei der wenige Nachfrager vielen Anbietern gegenüberstehen (Wirtsch.); Ggs. ↑Oligopol. **Oli|go|sac|cha|rid** [...zaxa...] u. **Oli|go|sa|cha|rid** *das;* -[e]s, -e: aus wenigen ↑Monosacchariden aufgebauter Zucker (Chem.). **oli|go|se|mantisch**: nur wenige Bedeutungen habend (Sprachw.); vgl. polysemantisch. **Oli|go|se|mie** *die;* - ⟨zu *lat.* semen, Gen. seminis „Samen" u. ↑²...ie⟩: svw. Oligospermie. **Oli|go|sia|lie** *die;* -, ...ien ⟨zu *gr.* síalon „Speichel" u. ↑²...ie⟩: verminderte Speichelabsonderung (Med.). **Oli|go|si|de|rit** [auch ...'rɪt] *der;* -en, -en: Meteorstein mit geringem Eisengehalt. **Oli|go|sper|mie** *die;* -, ...ien ⟨zu *gr.* spérma „Samen" u. ↑²...ie⟩: starke Verminderung der ↑Spermien im ↑Ejakulat (Med.). **oli|go|stisch** ⟨zu *gr.* ostéon „Knochen"⟩: nur wenige Knochen befallend (von Krankheiten; Med.). **oli|go|sym|pto|ma|tisch**: nur mit einigen wenigen der typischen Krankheitszeichen verlaufend (von Krankheiten; Med.). **Oli|go|tri|chie** *die;* -, ...ien ⟨zu *gr.* thríx, Gen. trichós „Haar" u. ↑²...ie⟩: [angeborener] mangelnder Haarwuchs (Med.). **oli|go|troph** ⟨zu ↑...troph⟩: nährstoffarm (von Seen od. Ackerböden; Biol., Landw.). **Oli|go|trophie** *die;* - ⟨zu ↑...trophie⟩: Nährstoffarmut von Seen od. Ackerböden (Biol., Landw.). **oli|go|zän** ⟨zu *gr.* kainós „neu"⟩: das Oligozän betreffend (Geol.). **Oli|go|zän** *das;* -s: mittlere Abteilung des ↑Tertiärs (Geol.). **Oli|go|zyt|hämie** *die;* -, ...ien ⟨zu *gr.* kýtos „Wölbung, Höhlung" (vgl. ...zyt) u. ↑...ämie⟩: starke Verminderung der roten Blutkörperchen im Blut (Med.). **Olig|urie** *die;* -, ...ien ⟨zu ↑...urie⟩: mengenmäßig stark verminderte Harnausscheidung (Med.).
Olim ⟨aus *lat.* olim „ehemals"⟩; nur in der Wendung seit (od. zu) Olims Zeiten: (scherzh.) seit, vor undenklichen Zeiten
oliv ⟨zu ↑Olive⟩: von dunklem, bräunlichem Gelbgrün. **Olive** [...və] *die;* -, -n ⟨über *lat.* oliva „Ölbaum; Olive" aus gleichbed. *gr.* elaía; Bed. 2–5 nach der Fruchtform⟩: 1. a) [zu Vorspeisen u. Salat verwendete] Frucht des Ölbaumes, die das Olivenöl für die Zubereitung von Speisen liefert; b) Olivenbaum, Ölbaum. 2. olivenförmige Erhabenheit im verlängerten Mark (Anat.). 3. Handgriff für die Verschlußvorrichtung an Fenstern, Türen o. ä. 4. eine länglich-runde Bernsteinperle. 5. olivenförmiges Endstück verschiedener ärztlicher Instrumente od. Laborgeräte (z. B. eines Katheters; Med.). **Oli|ve|nit** [auch ...'nɪt] *der;* -s, -e ⟨zu ↑²...it⟩: ein olivgrünes od. grünschwarzes rhombisches Mineral. **Oli|vet|te** *die;* -, -n ⟨aus gleichbed. *fr.* olivette, Verkleinerungsform von olive, vgl. Olive⟩: Koralle od. Glasperle, die früher in Afrika zum Tauschhandel verwendet wurde. **Oli|vin** *der;* -s, -e ⟨zu ↑Olive (nach der Fruchtfarbe) u. ↑...in (1)⟩: in ↑prismatischen bis dicktafligen Kristallen auftretendes glasig glänzendes, flaschengrün bis gelblich durchscheinendes Mineral
Ol|la po|dri|da *die;* - -, -s -s ⟨aus gleichbed. *span.* olla podrida, eigtl. „fauliger Topf"⟩: span. Gericht aus gekochtem Fleisch, Kichererbsen u. geräucherter Wurst
Ol|pe *die;* -, -n ⟨aus gleichbed. *gr.* ólpē „Ölflasche"⟩: einhenklige Kanne aus der griech. Antike
Olymp *der;* -s ⟨über *lat.* Olympus aus *gr.* Ólympos, nach einem Berg in Nordgriechenland⟩: 1. Wohnsitz der Götter in der griech. Mythologie; Götterberg. 2. geistiger Standort, an dem man sich weit über anderen zu befinden glaubt, z. B. sich von seinem - herablassen. 3. (ugs. scherzh.) oberster Rang, Galerieplätze im Theater od. in der Oper. **Olym|pia** *das;* -[s] (meist ohne Artikel) ⟨aus gleichbed. *gr.* Olýmpia, nach der altgriech. Kultstätte in Olýmpia (Elis) auf dem Peloponnes, dem Schauplatz der altgriech. Olympischen Spiele⟩: svw. Olympische Spiele. **Olym|pia|de** *die;* -, -n ⟨über *lat.* Olympias aus gleichbed. *gr.* Olympiás, Gen. Olympiádos, Bed. 3 über *russ.* olimpiada⟩: 1. Zeitspanne von 4 Jahren, nach deren jeweiligem Ablauf im Griechenland der Antike die Olympischen Spiele gefeiert wurden. 2. svw. Olympische Spiele. 3. Wettbewerb (von Schülern, Amateuren) auf einem Wissensgebiet od. in einer Fachrichtung. **...olym|pia|de** ⟨zu ↑Olympiade (3)⟩: Wortbildungselement mit der Bedeutung „nach dem Vorbild der Olympischen Spiele durchgeführter Wettbewerb", z. B. Mathematikolympiade, Behindertenolympiade. **Olym|pia|me|dail|le** *die;* -, -n: Medaille, die bei einer Olympiade (2) an die Ersten eines Wettbewerbs vergeben wird. **Olym|pi|er** [...iɐ] *der;* -s, - ⟨zu ↑Olymp⟩: 1. Beiname der griech. Götter, bes. des Zeus. 2. erhabene Persönlichkeit; Gewaltiger, Herrscher in seinem Reich. **Olym|pio|ni|ke** *der;* -n, -n ⟨über *lat.* Olympionices aus *gr.* Olympioníkēs, zu ↑Olympia u. níkē „Sieg"⟩: 1. Sieger bei den Olympischen Spielen. 2. Teilnehmer an den Olympischen Spielen. **Olym|pio|ni|kin** *die;* -, -nen: weibliche Form zu ↑Olympionike. **olym|pisch** ⟨über *lat.* Olympicus aus *gr.* Olympikós „zu Olympia gehörig"⟩: 1. göttergleich, hoheitsvoll, erhaben. 2. die Olympischen Spiele betreffend; Olympische Spiele: die 4 Jahre stattfindende Wettkämpfe der Sportler aus aller Welt. **Olym|pis|mus** *der;* - ⟨zu ↑...ismus (2)⟩: ideale Vorstellung von gemeinsamen sportlichen Spielen der weltbesten Sportler, unbeeinflußt von politischen, rassischen, religiösen u. sozialen Unterschieden
Om ⟨aus gleichbed. *sanskr.* óm⟩: magische Silbe des ↑Brah-

omnipräsent

manismus, die als Hilfe zur Befreiung in der Meditation gesprochen wird

...om ⟨über *nlat.* -oma aus *gr.* -ōma, Gen. -ṓmatos⟩: aus dem Griech. übernommene Endung sächlicher Substantive aus der Medizin, meist mit der Bedeutung „Geschwulst", z. B. Karzinom, Myom

Om|agra *das;* - ⟨zu *gr.* ōmos „Schulter" u. ágra „das Fangen", in Zusammensetzungen „Gicht"⟩: Gichterkrankung eines od. beider Schultergelenke (Med.). **Om|al|gie** *die;* -, ...ien ⟨zu ↑...algie⟩: [rheumatischer] Schulterschmerz (Med.). **Om|ar|thri|tis** *die;* -, ...itiden: Entzündung des Schultergelenks (Med.). **Om|ar|thro|se** *die;* -, -n: nicht entzündliche, degenerative Erkrankung des Schultergelenks (Med.)

Oma|sus *der;* - ⟨aus gleichbed. *nlat.* omasus, dies aus *lat.* omasum „Rinderkaldaunen", dies wohl aus dem Gall.⟩: Blättermagen, Teil des Wiederkäuermagens, der den Nahrungsbrei nach dem Wiederkäuen aufnimmt (Zool.); vgl. Psalter

Om|bra|ge [õ'braːʒə] *die;* - ⟨aus gleichbed. *fr.* ombrage, eigtl. „schattiges Laub", zu ombre „Schatten", dies aus *lat.* umbra⟩: (veraltet) 1. Schatten. 2. Argwohn, Mißtrauen, Verdacht. **Om|bré** [õ'breː] *der;* -[s], -s ⟨zu *fr.* ombré „schattiert", Part. Perf. von ombrer „schattieren", dies wohl unter Einfluß von gleichbed. *it.* ombrare aus *lat.* umbrare⟩: Gewebe mit schattierender Farbwirkung. **Om|brelle** [õ'brɛl] *die;* -, -n [...lən] ⟨gleichbed. *fr.* ombrelle, dies aus *it.* ombrella, Verkleinerungsform von ombra „Schatten", vgl. Ombrage⟩: (veraltet) Sonnenschirm. **om|briert** ⟨zu ↑...iert⟩: schattiert (in bezug auf verschwommene Farben in Textilien o. ä.)

om|bro..., Om|bro... ⟨zu *gr.* ómbros „Regen"⟩: Wortbildungselement mit der Bedeutung „Regen, Feuchtigkeit", z. B. ombrophil, Ombrometer. **om|bro|gen** ⟨zu ↑...gen⟩; in der Fügung -es Moor: Moor, dessen Pflanzen ihren Nährstoffbedarf der Luftfeuchtigkeit entnehmen (Bot.). **Om|bro|graph** *der;* -en, -en ⟨zu ↑...graph⟩: Regenschreiber, Gerät zum Aufzeichnen der Niederschlagsmenge (Meteor.). **Om|bro|me|ter** *das;* -, - ⟨zu ↑¹...meter⟩: Regenmesser (Meteor.). **om|bro|phil** ⟨zu ↑...phil⟩: regen- bzw. feuchtigkeitsliebend (von Tieren u. Pflanzen; Biol.); Ggs. ↑ombrophob. **om|bro|phob** ⟨zu ↑...phob⟩: trockene Gebiete bevorzugend (von Tieren u. Pflanzen; Biol.); Ggs. ↑ombrophil. **Om|bro|phy|ten** *die* (Plur.) ⟨zu ↑...phyt⟩: Pflanzen, die nur das im Boden gespeicherte Regenwasser aufnehmen (Biol.). **om|bro|troph** ⟨zu ↑...troph⟩: auf Niederschlagswasser angewiesen (von Hochmooren; Biol.)

Om|buds|mann *der;* -[e]s, Plur. ...männer, selten ...leute ⟨aus gleichbed. *schwed.* ombudsman, eigtl. „Treuhänder"⟩: jmd., der die Rechte des Bürgers gegenüber den Behörden wahrnimmt

Ome|ga *das;* -[s], -s ⟨aus *gr.* ō méga, eigtl. „großes (d. h. langes) o"⟩: vierundzwanzigster (u. letzter) Buchstabe des griech. Alphabets (langes O): Ω, ω. **Ome|ga|hy|pe|ron** *das;* -s, -en: schweres, negativ geladenes, unstabiles Elementarteilchen aus der Gruppe der ↑Hyperonen (Phys.). **Ome|ga|me|son** *das;* -s, -en: ungeladenes, unstabiles Elementarteilchen aus der Gruppe der ↑Mesonen (Phys.). **Ome|ga|tron** *das;* -s, -s ⟨Analogiebildung zu Zyklotron⟩: als Massenspektrometer zur Gasanalyse u. zur Lecksuche verwendetes Gerät, das nach dem Prinzip des ↑Zyklotrons arbeitet (Phys.)

Ome|lett [ɔm(ə)'lɛt] *das;* -[e]s, Plur. -e u. -s, auch (österr. u. schweiz. nur so) **Ome|lette** [...'lɛt] *die;* -, -n [...tn] ⟨aus gleichbed. *fr.* omelette, weitere Herkunft unsicher; vgl. ...ett bzw. ...ette⟩: eine Art Eierkuchen; - aux confitures [ɔmlɛtokõfi'tyːr]: mit eingemachten Früchten od. Marmelade gefüllter Eierkuchen; - aux fines herbes [ɔmlɛtofin'zɛrb]: Eierkuchen mit Kräutern; - soufflée [ɔmlɛtsu'fleː]: Auflauf aus Eierkuchen; - en surprise [ɔmlɛtãsyr'priːz]: auf Biskuitböden angehäuftes u. mit Omelettmasse verziertes, überbackenes Eis

Omen *das;* -s, Plur. - u. Omina ⟨aus gleichbed. *lat.* omen⟩: (gutes od. schlechtes) Vorzeichen; Vorbedeutung; vgl. nomen est omen

Omen|tum *das;* -s, ...ta ⟨aus gleichbed. *lat.* omentum⟩: Teil des Bauchfells, das aus der schürzenartig vor dem Darm hängenden Bauchfellfalte (großes Netz) u. der Bauchfellfalte zwischen Magen u. unterem Leberrand (kleines Netz) besteht (Anat.)

Omer|tà [omer'ta] *die;* - ⟨aus gleichbed. *it.* omertà⟩: Gesetz des Schweigens, Schweigepflicht, solidarisches Schweigen (in der Mafia)

Omi|kron *das;* -[s], -s ⟨aus *gr.* ò mikrón, eigtl. „kleines (d. h. kurzes) o"⟩: fünfzehnter Buchstabe des griech. Alphabets (kurzes O): Ο, ο

Omi|na: Plur. von ↑Omen. **omi|nös** ⟨aus gleichbed. *fr.* omineux, dies aus *lat.* ominosus „voll von Vorbedeutungen" zu omen, vgl. Omen⟩: a) von schlimmer Vorbedeutung, unheilvoll; b) bedenklich, verdächtig, anrüchig

Omis|sa *die* (Plur.) ⟨aus gleichbed. *lat.* omissa, Neutrum Plur. von omissus, Part. Perf. von omittere, vgl. omittieren⟩: (veraltet) Fehlendes, Lücken, Ausgelassenes. **Omis|si|on** *die;* -, -en ⟨aus *spätlat.* omissio „Unterlassung" zu *lat.* omittere, vgl. omittieren⟩: (veraltet) Aus-, Unterlassung, Versäumnis (z. B. der Annahmefrist einer Erbschaft). **omis|siv** ⟨zu *lat.* omissus (vgl. Omissa) u. ↑...iv⟩: (veraltet) unterlassend, auf Unterlassung beruhend. **Omis|siv|de|likt** *das;* -[e]s, -e: Begehung einer Straftat durch Unterlassung eines gebotenen Verhaltens (Rechtsw.). **omit|tie|ren** ⟨aus gleichbed. *lat.* omittere⟩: (veraltet) aus-, unterlassen

Om|la|di|na *die;* - ⟨aus *serb.* omladina „Jugend"⟩: (1848 gegründeter) serb. Geheimbund zum Kampf für die Unabhängigkeit Serbiens

Om ma|ni pad|me hum ⟨*sanskr.*⟩: magisch-religiöse Formel (vgl. Mantra) des [↑lamaistischen] Buddhismus, die z. B. in Gebetsmühlen als unaufhörliches Gebet wirken soll

Om|ma|ti|di|um *das;* -s, ...ien [...jən] ⟨aus *nlat.* ommatidium, dies aus *gr.* ommatídion, Verkleinerungsform von ómma, Gen. ómmatos „Auge"⟩: Einzelauge eines ↑Facettenauges (Zool.). **Om|ma|to|pho|ren** *die* (Plur.) ⟨zu *gr.* phoreīn „tragen"⟩: hinteres, längeres Fühlerpaar der Schnecken (Zool.). **Om|mo|chro|me** *die* (Plur.) ⟨zu *gr.* chrōma „Farbe"⟩: tierische Farbstoffe, die in den Augen u. in der Haut von Krebsen u. Insekten vorkommen

om|nia ad maio|rem Dei glo|ri|am ⟨*lat.*⟩: alles zur größeren Ehre Gottes! (Wahlspruch der ↑Jesuiten, meist gekürzt zu ad maiorem Dei gloriam); Abk.: O. A. M. D. G. **om|nia mea me|cum por|to** [-- 'meːkʊm --] ⟨*lat.*⟩: all meinen Besitz trage ich bei mir! (lat. Übersetzung eines Ausspruchs von Bias, einem der Sieben Weisen Griechenlands, 625 bis 540 v. Chr.). **Om|ni|bus** *der;* -ses, -se ⟨aus gleichbed. *fr.* (voiture) omnibus, eigtl. „(Wagen) für alle", dies zu *lat.* omnibus, Dat. Plur. von omnis „jeder"⟩: Kraftwagen mit vielen Sitzen zur Beförderung einer größeren Anzahl von Personen; vgl. ¹Bus. **Om|ni|en** [...jən]: Plur. von ↑Omnium. **om|ni|po|tent** ⟨aus gleichbed. *lat.* omnipotens, Gen. omnipotentis⟩: allmächtig, einflußreich. **Om|ni|po|tenz** *die;* - ⟨aus gleichbed. *spätlat.* omnipotentia⟩: a) göttliche Allmacht; b) absolute Machtstellung. **om|ni|prä|sent** ⟨aus

gleichbed. *mlat.* omnipraesens, Gen. omnipraesentis⟩: allgegenwärtig. **Om|ni|prä|senz** *die;* - ⟨aus gleichbed. *mlat.* omnipraesentia⟩: Allgegenwart (Gottes). **Om|ni|szi|enz** *die;* - ⟨aus gleichbed. *mlat.* omniscientia⟩: Allwissenheit (Gottes). **Om|ni|um** *das;* -s, ...ien [...jən] ⟨aus *lat.* omnium „(Rennen) aller, für alle", Gen. Plur. von omnis „jeder"⟩: aus mehreren Bahnwettbewerben bestehender Wettkampf (Radsport). **Om|ni|um|ver|si|che|rung** *die;* -, -en: einheitliche Versicherung verschiedener Risiken. **om|ni|vor** [...'vo:ɐ̯] ⟨zu *lat.* omnis „all-, alle" u. vorare „fressen, verschlingen"⟩: sowohl pflanzliche als auch tierische Nahrungsstoffe verdauend (von bestimmten Tieren; Zool.); vgl. pantophag. **Om|ni|vo|re** *der;* -, -n (meist Plur.): Allesfresser, von Pflanzen u. Tiernahrung lebendes Tier. **Om|ni|vo|rie** *die;* - ⟨zu ↑²...ie⟩: Ernährungsweise von Tieren, denen sowohl Pflanzen als auch Tiere als Nahrung dienen. **Om|ni|zid** *der* od. *das;* -[e]s, -e ⟨zu ↑...zid⟩: das Sichselbst-Töten der Menschheit, das Auslöschen ihrer eigenen Art, Vernichtung allen menschlichen Lebens [durch Atomwaffen]
Om|ody|nie *die;* -, ...ien ⟨zu *gr.* ōmos „Schulter" u. ↑...odynie⟩: svw. Omalgie
Omo|pha|gie *die;* - ⟨über *lat.* omophagia aus gleichbed. *gr.* ōmophagía zu ōmophageĩn „roh essen, fressen"⟩: Verschlingen des rohen Fleisches eines Opfertieres (um sich die Kraft des darin verkörperten Gottes anzueignen; z. B. im antiken Dionysoskult)
Omo|pho|ri|on *das;* -s, ...ien [...jən] ⟨aus gleichbed. *mgr.* ōmophorion zu *gr.* ōmophoreĩn „auf den Schultern tragen"⟩: Schulterband (↑Pallium 3) der Bischöfe in der orthodoxen Kirche
Om|pha|cit [...'tsi:t, auch ...'tsɪt] vgl. Omphazit
Om|pha|li|tis *die;* -, ...itiden ⟨zu *gr.* omphalós „Nabel" u. ↑...itis⟩: Nabelentzündung (Med.). **Om|pha|lo|man|tie** *die;* - ⟨zu *gr.* manteía „das Weissagen"⟩: früher übliche Weissagerei des Lebensschicksals eines neugeborenen Kindes aus der Nabelschnur. **Om|pha|lo|pho|bie** *die;* -, ...ien ⟨zu ↑...phobie⟩: krankhaftes Entsetzen vor dem eigenen Nabel. **Om|pha|los** *der;* - ⟨aus gleichbed. *gr.* omphalós, eigtl. „Nabel, Mittelpunkt (der Erde)"⟩: 1. svw. Umbilicus (1). 2. in der Antike ein heiliger Stein von Delphi von bienenkorbförmiger Gestalt, der als Mittelpunkt der Erde gedeutet wurde. **Om|pha|lo|sko|pie** *die;* - ⟨zu ↑...skopie⟩: Nabelschau, meditative Betrachtung des eigenen Nabels (vor allem im ↑Hesychasmus)
Om|pha|zit [auch ...'tsɪt] *der;* -s, -e ⟨aus *gr.* omphakítēs „grüner Stein" zu ómphax „unreife (= grüne) Traube" u. ↑²...it⟩: ein licht- bis dunkelgrünes Mineral, Teil des Gemenges bestimmter kristalliner Schiefer
Om|rah *die;* - ⟨aus gleichbed. *arab.* umra⟩: kleine Pilgerfahrt nach Mekka; vgl. Hadsch
Omul *der;* -s, -e [o'mu:lə] ⟨aus *russ.* omul' „eine Art Lachs", vermutlich aus mulit' vody „das Wasser trüben" zu mul „Schlamm"⟩: Renke, Felchenart des Baikalsees
on ⟨*engl.-amerik.;* eigtl. „an, auf"⟩: auf der Bühne, im Fernsehbild beim Sprechen sichtbar; Ggs. ↑off. **On** *das;* -: das Sichtsein des [kommentierenden] Sprechers [im Fernsehen]; im - sprechen; Ggs. ↑Off
¹...on [...ɔn] ⟨aus *gr.* -on⟩: Endung sächlicher Substantive, z. B. Ostrakon, Paradoxon
²...on [...o:n] ⟨verkürzt aus ↑Keton bzw. ↑Hormon⟩: Suffix von Substantiven aus der Chemie bzw. der Biochemie, das das Vorhandensein von Ketonen bzw. Hormonen anzeigt, z. B. Aceton, Interferon
³...on [...ɔn] ⟨verkürzt aus ↑Nylon, der ersten vollsynthetischen Kunstfaser⟩: Suffix von Kunstfasern, z. B. Dralon, Perlon
⁴...on [...ɔn] ⟨verkürzt aus ↑Elektron⟩: Suffix von [hypothetischen] Elementarteilchen, z. B. Hyperon, Tachyon
Ona|ger *der;* -s, - ⟨aus gleichbed. *lat.* onager, onagrus, dies aus *gr.* ónagros, Bed. 2 nach der einem Esel gleichenden Form⟩: 1. südwestasiat. Halbesel. 2. röm. Wurfmaschine
Ona|nie *die;* -, ...ien ⟨aus gleichbed. älter *engl.* onania, Neubildung zum Namen der biblischen Gestalt Onan (1. Mos. 38, 8 f.)⟩: geschlechtliche Selbstbefriedigung durch manuelles Reizen der Geschlechtsorgane; Masturbation. **ona|nie|ren** ⟨zu ↑...ieren⟩: durch Manipulationen an den Geschlechtsorganen [sich selbst] sexuell erregen, zum Orgasmus bringen; masturbieren. **Ona|nist** *der;* -en, -en ⟨zu ↑...ist⟩: jmd., der onaniert. **ona|ni|stisch** ⟨zu ↑...istisch⟩: die Onanie betreffend
Ön|anth|al|de|hyd *der;* -s, - ⟨zu *gr.* oĩnos „Wein", ánthos „Blüte" u. ↑Aldehyd⟩: ölige, stark fruchtartig riechende, flüssige Substanz, die im Ingweröl vorkommt
on call [ɔn 'kɔ:l] ⟨*engl.*⟩: (Kaufmannsspr.) [Kauf] auf Abruf
On|ce [it. 'ɔntʃa, fr. ɔ̃s, niederl. 'ɔnsə] *der;* -, -n ⟨aus gleichbed. *fr.* once, dies aus *lat.* uncia „Unze"⟩: altes Gewicht in Italien, Frankreich, Belgien u. in den Niederlanden
On|cho|zer|ko|se [ɔŋço...] *die;* -, -n ⟨nach dem nlat. Namen des Erregers Onchocerca volvulus (einer Gattung fadenförmiger Rundwürmer) zu *gr.* óg̣kos „Krümmung; Widerhaken", kérkos „Schwanz" u. ↑...ose⟩: durch fadenförmige Rundwürmer ausgelöste Krankheit im tropischen Afrika u. in Zentralamerika, die zur Erblindung u. später meist zum Tode führt; Flußblindheit (Med.)
On|cia [ˈɔntʃa] *die;* -, ...ien [...jən] ⟨aus gleichbed. *it.* oncia, dies aus *lat.* uncia, vgl. Once⟩: alte Gold- u. Silbermünze in Süditalien
On|dé [õ'de:] *der;* -s ⟨zu *fr.* ondé „gewellt, wellig", dies zu *lat.* unda „Welle"⟩: Zwirn mit korkzieherartigem Aussehen, bei dem um einen glatten Grundfaden ein loses Effektgarn gedreht wurde. **on|deg|gia|men|to** [ɔndedʒa...] u. **on|deg|gian|do** ⟨*it.;* eigtl. „wogend", zu onda „Welle", dies aus *lat.* unda⟩: auf Streichinstrumenten durch regelmäßige Druckverstärkung u. -verminderung des Bogens den Ton rhythmisch an- u. abschwellen lassend (Mus.)
On-de|mand pu|bli|shing [ɔndɪ'mɑːnd 'pʌblɪʃɪŋ] *das;* -s ⟨aus *engl.* on-demand publishing „das Veröffentlichen auf Anforderung"⟩: Bez. für das Veröffentlichen ausschließlich bei Bedarf (auf Bestellung, z. B. bei Dissertationen)
Ondes Mar|te|not [õdmartə'no] *die* (Plur.) ⟨zu *fr.* ondes, Plur. von onde „Welle" u. nach dem franz. Konstrukteur M. Martenot (1898–1980)⟩: ein hochfrequentes, elektroakustisches Musikinstrument (1928 konstruiert)
On|dit [õ'di:] *das;* -[s], -s ⟨aus gleichbed. *fr.* on-dit, eigtl. „man sagt"⟩: Gerücht
On|du|la|ti|on *die;* -, -en ⟨aus gleichbed. *fr.* ondulation, dies aus *spätlat.* undula „kleine Welle", Verkleinerungsform von *lat.* unda „Welle"⟩: das Wellen der Haare mit einer Brennschere; vgl. Undulation. **On|du|lé** [õdy'le:] *der;* -[s], -s ⟨zu *fr.* ondulé „wellig", eigtl. Part. Perf. von onduler „wellenförmig verlaufen"⟩: Gewebe mit wellig gestalteter Oberfläche. **on|du|lie|ren** [ɔndu...] ⟨aus gleichbed. *fr.* onduler⟩: Haare wellen; vgl. ondulieren
Oneir|ody|nie *die;* - ⟨zu *gr.* óneiros „Traum" u. ↑...odynie⟩: Alpdrücken, nächtliche Unruhe (Med.). **onei|ro|id** ⟨zu ↑...oid⟩: traumartig, mit Bewußtseinstrübung einhergehend (z. B. bei Psychosen; Med.). **Onei|ro|lo|gie** *die;* - ⟨↑...logie⟩: Lehre von der [psychoanalytischen] Traumdeutung. **Onei|ro|man|tie** *die;* - ⟨zu *gr.* manteía „Weissa-

gung"): (veraltet) Traumdeutung. **One|ro|sko|pie** *die;* - ⟨zu ↑...skopie⟩: (veraltet) Traumbeobachtung

One-man-Show [ˈwʌnˈmænˈʃoʊ] *die;* -, -s ⟨aus gleichbed. engl. one-man show⟩: Show, die ein Unterhaltungskünstler allein bestreitet

One|ra: Plur. von ↑Onus. **one|rie|ren** ⟨aus gleichbed. *lat.* onerare⟩: (veraltet) belasten, aufbürden. **one|ros** u. **one|rös** ⟨aus gleichbed. *lat.* onerosus bzw. nach *fr.* onéreux, vgl. ...ös⟩: (veraltet) beschwerlich, mühevoll

One|step [ˈwʌnstɛp] *der;* -s, -s ⟨aus gleichbed. *engl.-amerik.* one-step, eigtl. „Einschritt"⟩: aus Nordamerika stammender schneller Tanz im ¾- od. ⅞-Takt (seit 1900)

on|ga|re|se u. **on|gha|re|se** [ɔŋga...] ⟨aus gleichbed. *it.* ongarese, dies zu *mlat.* hungarus „Ungar"⟩: ungarisch (Mus.); vgl. all' ongharese

Önin *das;* -s ⟨zu *gr.* οἶνος „Wein" u. ↑...in (1)⟩: ein roter Pflanzenfarbstoff (z. B. in den Schalen blauer Trauben u. in Heidelbeeren)

Onio|ma|nie *die;* - ⟨zu *gr.* ōneîsthai „kaufen" u. ↑...manie⟩: krankhafter Kauftrieb (Med.)

on|ko..., **On|ko...** ⟨zu *gr.* ógkos „groß an Umfang, geschwollen"⟩: Wortbildungselement mit der Bedeutung „Geschwulst", z. B. onkogen, Onkologie. **On|ko|bio|gramm** *das;* -s, -e: Darstellung der Empfindlichkeit von Geschwulstzellen gegenüber ↑zytostatischen Mitteln im Labor (Med.). **on|ko|gen** ⟨zu ↑...gen⟩: eine bösartige Geschwulst erzeugend (Med.). **On|ko|gen** *das;* -s, -e (meist Plur.) ⟨zu ↑Gen⟩: ↑Gen, das eine ↑maligne Entartung von Zellen bewirken kann (Med.). **On|ko|ge|ne|se** *die;* -, -n: Entstehung von [bösartigen] Geschwülsten (Med.). **On|ko|ge|ni|tät** *die;* - ⟨zu ↑...ität⟩: onkogene Eigenschaft von Viren (Med.). **On|ko|lo|ge** *der;* -n, -n ⟨zu ↑...loge⟩: Arzt mit speziellen Kenntnissen auf dem Gebiet der Geschwulstkrankheiten (Med.). **On|ko|lo|gie** *die;* - ⟨zu ↑...logie⟩: Teilgebiet der Medizin, das sich mit den Geschwülsten befaßt. **on|ko|lo|gisch** ⟨zu ↑...logisch⟩: die Onkologie betreffend. **On|ko|ly|se** *die;* -, -n ⟨zu ↑...lyse⟩: Auflösung von Geschwulstzellen durch Injektionen spezifischer Substanzen. **on|ko|ly|tisch**: die Onkolyse betreffend. **on|ko|r|na|vi|rus** [...v...] *das,* auch *der;* -, -ren (meist Plur.) ⟨Kurzw. aus ↑onko..., ↑RNA u. ↑Virus⟩: geschwulstbildendes Ribonukleinsäurevirus. **On|ko|sphae|ra** [...ˈsfɛːra] *die;* -, ...ren ⟨zu *gr.* sphaîra „Kugel"⟩: kugelförmige Hakenlarve der Bandwürmer

on line [-ˈlaɪn] ⟨*engl.;* „in Verbindung", zu ↑on u. line „(Verbindungs)linie, Leitung"⟩: in direkter Verbindung mit der Datenverarbeitungsanlage arbeitend (von bestimmten Geräten einer Rechenanlage; EDV); Ggs. ↑off line. **On-line-Be|trieb** *der;* -[e]s: Betriebsart von Geräten, wenn diese direkt mit der Datenverarbeitungsanlage gekoppelt sind; Ggs. ↑Off-line-Betrieb

Ono|frit [auch ...ˈfrɪt] *der;* -s, -e ⟨nach dem Fundort San Onofre in Mexiko u. zu ↑²...it⟩: ein schwarzes, selenhaltiges Mineral

Öno|gra|phie *die;* -, ...jen ⟨zu *gr.* οἶνος „Wein" u. ↑...graphie⟩: (veraltet) Beschreibung von Weinen

Ono|la|trie *die;* - ⟨aus gleichbed. *spätgr.* onolatreía, eigtl. „Eselsverehrung", zu *gr.* ónos „Esel", latreía „Dienst, Verehrung" u. ↑²...ie⟩: abwertende heidnische Bez. für den frühchristlichen Glauben, da Jesus auf einem Esel in Jerusalem einzog

Öno|lo|ge *der;* -n, -n ⟨zu *gr.* οἶνος „Wein" u. ↑...loge⟩: Fachmann auf dem Gebiet der Önologie. **Öno|lo|gie** *die;* - ⟨zu ↑...logie⟩: Wein[bau]kunde. **öno|lo|gisch** ⟨zu ↑...logisch⟩: die Önologie betreffend. **Öno|ma|nie** *die;* -, ...jen ⟨zu ↑...manie⟩: svw. Delirium tremens

Ono|man|tie *die;* - ⟨zu *gr.* ónoma „Name", manteía „Weissagung" u. ↑²...ie⟩: früher übliche Wahrsagerei aus Namen

Öno|man|tie *die;* - ⟨zu *gr.* οἶνος „Wein", manteía „Weissagung" u. ↑²...ie⟩: früher übliche Wahrsagerei aus Wein, bes. aus Opferwein

Ono|ma|sio|lo|gie *die;* - ⟨aus *gr.* onomasía „Benennung" u. ↑...logie⟩: Wissenschaft, die untersucht, wie Dinge, Wesen u. Geschehnisse sprachlich bezeichnet werden; Bezeichnungslehre (Sprachw.); Ggs. ↑Semasiologie; vgl. Semantik. **ono|ma|sio|lo|gisch** ⟨zu ↑...logisch⟩: die Onomasiologie betreffend. **Ono|ma|stik** *die;* - ⟨aus *gr.* onomastikḗ (téchnē) „(Kunst des) Namengeben(s)"⟩: Wissenschaft von den Eigennamen, Namenkunde (Sprachw.). **Ono|ma|sti|kon** *das;* -s, Plur. ...ken u. ...ka ⟨aus gleichbed. *gr.* onomastikón⟩: 1. in der Antike od. im Mittelalter erschienenes Namen- od. Wörterverzeichnis. 2. [kürzeres] Gedicht auf den Namenstag einer Person. **ono|ma|to...**, **Ono|ma|to...** ⟨aus *gr.* ónoma, Gen. onómatos „Name"⟩: Wortbildungselement mit der Bedeutung „Name; Wort", z. B. Onomatomanie, onomatopoetisch. **Ono|ma|to|la|lie** *die;* - ⟨zu *gr.* laleîn „schwatzen, reden" u. ↑²...ie⟩: krankhafter Zwang, [bestimmte] Wörter ständig zu wiederholen (Med.). **Ono|ma|to|la|trie** *die;* - ⟨zu *gr.* latreía „Dienst, Verehrung" u. ↑²...ie⟩: (veraltet) übermäßige Verehrung des Namens einer berühmten Persönlichkeit. **Ono|ma|to|lo|gie** *die;* - ⟨zu ↑...logie⟩: svw. Onomastik. **Ono|ma|to|ma|nie** *die;* - ⟨zu ↑...manie⟩: a) krankhafter Zwang zur Erinnerung an bestimmte Wörter od. Begriffe; b) krankhafter Zwang zum Aussprechen bestimmter [obszöner] Wörter (Med.). **Ono|ma|to|poe|se** *die;* - ⟨aus *gr.* onomatopoíēsis „das Wortbilden, Namengeben"⟩: svw. Onomatopöie. **Ono|ma|to|poe|ti|kon** *das;* -s, ...ka u. **Ono|ma|to|poe|ti|kum** *das;* -s, ...ka ⟨*nlat.* Bildung zu ↑onomato... u. *gr.* poiētikós „zur Dichtkunst gehörig, dichterisch"⟩; vgl. ¹...on u. ...ikum⟩: klangnachahmendes, lautmalendes Wort. **ono|ma|to|poe|tisch**: die Onomatopöie betreffend; lautnachahmend. **ono|ma|to|pö|e|tisch** vgl. onomatopoetisch. **Ono|ma|to|pö|ie** *die;* -, ...jen ⟨oder *spätlat.* onomatopoeia aus gleichbed. *gr.* onomatopoiía, eigtl. „das Namenmachen"⟩: a) Laut-, Schallnachahmung, Lautmalerei bei der Bildung von Wörtern (z. B. grunzen, bauz); b) Wortbildung des Kleinkindes durch Lautnachahmung (z. B. Wau-wau)

Öno|me|ter *das;* -s, - ⟨zu *gr.* οἶνος „Wein" u. ↑¹...meter⟩: Meßinstrument zur Bestimmung des Alkoholgehaltes des Weins

Önorm *die;* - ⟨Kurzw. aus Österreichische *Norm*⟩: dem dt. ↑DIN entsprechende österr. Industrienorm

Öno|thek *die;* -, -en ⟨zu *gr.* οἶνος „Wein" u. ↑...thek⟩: repräsentative Zusammenstellung von Weinen einer Region in passendem Rahmen, um über deren Produktion zu informieren u. die Möglichkeit der vergleichenden Verkostung zu geben

on parle fran|çais [õparlfrãˈsɛ] ⟨*fr.*⟩: man spricht [hier] Französisch

...ont ⟨aus *gr.* ōn, Gen. óntos, Part. Präs. von eînai „sein"⟩: Endung männlicher Substantive, die eine bestimmte Lebensweise kennzeichnet, z. B. Symbiont

on the road [ɔn ðə ˈroʊd] ⟨*engl.;* eigtl. „auf der Straße"⟩: unterwegs

on the rocks [ɔn ðə ˈrɔks] ⟨*engl.;* eigtl. „auf (Fels)brocken"⟩: mit Eiswürfeln (von Getränken)

ont..., Ont... vgl. onto..., Onto... **on|tisch** ⟨zu ↑ onto...⟩: als seiend, unabhängig vom Bewußtsein existierend verstanden, dem Sein nach (Philos.). **on|to..., On|to...**, vor Vokalen auch ont..., Ont... ⟨zu *gr.* ṓn, Gen. óntos, Part. Präs. von eĩnai „sein"⟩: Wortbildungselement mit der Bedeutungen „das Leben u. dessen Entwicklung betreffend; das Sein, Dasein betreffend", z. B. Ontogenese, ontisch. **On|to|ge|ne|se** *die;* -: die Entwicklung des Individuums von der Eizelle zum geschlechtsreifen Zustand (Biol.); vgl. Phylogenie. **on|to|ge|ne|tisch:** die Entwicklung des Individuums betreffend. **On|to|ge|nie** *die;* - ⟨zu ↑...genie⟩: svw. Ontogenese. **on|to|ge|nisch:** svw. ontogenetisch. **On|to|gra|phie** *die;* - ⟨zu ↑...graphie⟩: (veraltet) die Beschreibung der Dinge. **On|to|lo|ge** *der; -r,* -n ⟨zu ↑...loge⟩: Vertreter ontologischer Denkweise (Philos.). **On|to|lo|gie** *die;* - ⟨zu ↑...logie⟩: Lehre vom Sein, von den Ordnungs-, Begriffs- u. Wesensbestimmungen des Seienden (Philos.). **on|to|lo|gisch** ⟨zu ↑...logisch⟩: die Ontologie betreffend. **On|to|lo|gis|mus** *der;* - ⟨zu ↑...ismus (1)⟩: von Malebranche (17. Jh.) u. bes. von ital. kath. Philosophen im 19. Jh. wiederaufgenommene Anschauung der Erkenntnislehre des Descartes u. des ↑ Okkasionalismus, wonach alles endliche Seiende, auch Bewußtsein u. menschlicher Geist, als nur scheinbare Ursächlichkeit verstanden wird u. seine eigentliche Ursache in Gott als dem ersten Sein hat (Philos.). **On|to|so|phie** *die;* - ⟨zu *gr.* sophía „Weisheit"⟩: Bez. von J. Clauberg für ↑ Ontologie. **On|to|sta|tik** *die;* -: Lehre vom Gleichgewicht der Dinge

Onus *das;* -, **Onera** ⟨aus gleichbed. *lat.* onus⟩: (veraltet) Last, Bürde, Auflage, Verbindlichkeit (Rechtsw.)

onych..., Onych... [onyç...] vgl. oncho..., Oncho... **Onych|atro|phie** *die;* -: Verkümmerung der Nägel (Med.). **Onych|au|xis** *die;* - ⟨zu *gr.* aũxis „Zunahme, Vermehrung, Wachstum"⟩: verstärktes Wachstum der Finger- u. Zehennägel (Med.). **Ony|chie** *die;* -, ...ien ⟨zu ↑²...ie⟩: Nagelbettentzündung (Med.). **ony|cho..., Ony|cho...**, vor Vokalen auch onych..., Onych... ⟨zu *gr.* ónyx, Gen. ónychos „Nagel, Kralle"⟩: Wortbildungselement mit der Bedeutung „Finger- od. Zehennagel", z. B. Onychomykose, Onychie. **Ony|cho|gry|po|se** *die;* -, -n ⟨zu *gr.* grypós „gekrümmt" u. ↑¹...ose⟩: krallenartige Verbildung der Nägel (Med.). **Ony|cho|kryp|to|se** *die;* -, -n ⟨zu *gr.* kryptós „versteckt, verborgen" u. ↑¹...ose⟩: das Einwachsen der Nägel (Med.). **Ony|cho|ly|se** *die;* - ⟨zu ↑...lyse⟩: Ablösung des Nagels vom Nagelbett (Med.). **Ony|cho|ma|de|se** *die;* - ⟨zu *gr.* mádēsis „das Ausfallen"⟩: Ausfall aller Nägel (Med.). **Ony|cho|man|tie** *die;* - ⟨zu *gr.* manteía „das Weissagen" u. ↑²...ie⟩: früher übliche Wahrsagerei aus der Farbe u. Form der Fingernägel. **Ony|cho|my|ko|se** *die;* -, -n: Pilzerkrankung der Nägel (Med.). **Ony|cho|pha|gie** *die;* -, ...ien ⟨zu ↑...phagie⟩: das Nägelkauen (Med.). **Ony|cho|phym** *das; -s,* -e ⟨zu *gr.* phýma „Gewächs, Auswuchs"⟩: krankhafte Dickenzunahme bzw. Dickenwachstum u. Verbreiterung eines od. mehrerer Finger- od. Zehennägel (Med.). **Ony|chor|rhe|xis** *die;* - ⟨zu *gr.* rhẽxis „das Durchbrechen, das Durchreißen"⟩: Brüchigkeit der Nägel (Med.). **Ony|cho|se** *die;* -, -n ⟨zu ↑¹...ose⟩: Nagelkrankheit od. Nageldeformierung (Med.). **Ony|cho|til|lo|ma|nie** *die;* - ⟨zu *gr.* tíllein „tupfen, zupfen" u. ↑...manie⟩: die krankhafte Sucht zum Herausreißen bzw. Verstümmeln der eigenen Fingernägel (Med.). **Onyx** *der; -[e]s,* -e ⟨über *lat.* onyx aus *gr.* ónyx, eigtl. „(Finger)nagel", wohl nach der einem Fingernagel ähnlichen Färbung⟩: 1. a) aus unterschiedlich gefärbten Lagen bestehendes Mineral, Abart des Quarzes; b) Schmuckstein aus diesem Mineral. 2. Hornhautabszeß von der Form eines Nagels (Med.). **Onyx|glas** *das;* -es: unregelmäßig geädertes, farbiges Kunstglas

Onze et de|mi [õzed(ə)'mi] *das;* - - - ⟨aus gleichbed. *fr.* onze et demi, eigtl. „elfeinhalb"⟩: franz. Kartenglücksspiel mit 52 Karten, von denen das As 11, jedes Bild ½, die anderen nach Nennwert gewertet werden; Gewinner ist, wer 11½ Punkte erreicht od. ihnen am nächsten kommt

oo..., Oo... [oo...] ⟨aus gleichbed. *gr.* ōón, ōíon⟩: Wortbildungselement mit der Bedeutung „Ei", z. B. Oophoron. **Oo|ga|mie** *die;* - ⟨zu ↑...gamie⟩: Vereinigung einer großen unbeweglichen Eizelle mit einer kleinen, meist beweglichen männlichen Geschlechtszelle (Biol.). **Oo|ge|ne|se** *die;* -, -n: Entwicklung des Eis vom Keimepithel (vgl. Epithel) bis zum reifen Ei (Med., Biol.). **oo|ge|ne|tisch:** die Oogenese betreffend. **Oo|go|ni|um** *das;* -s, ...ien [...iən] ⟨zu *gr.* goné „Erzeugung; Geburt" u. ↑...ium⟩: Bildungsstelle der Eizelle niederer Pflanzen (Bot.). **Oo|id** *das;* -[e]s, -e ⟨zu ↑²...id⟩: kleines rundes Gebilde aus Kalk od. Eisenverbindungen, das sich schwebend in bewegtem Wasser bilden kann (Geol.). **Oo|ki|net** *der;* -en, -en ⟨zu *gr.* kinētḗs „der Bewegende" zu kineĩn „bewegen"⟩: parasitisches Sporentierchen (z. B. Malariaerreger) in einem bestimmten Entwicklungsstadium (Biol.). **Oo|lem|ma** *das;* -s, Plur. ...mmen od. -ta ⟨zu *gr.* lémma „Rinde, Schale"⟩: die Eizelle umhüllende Zellmembran (Biol., Med.). **Oo|lith** [auch ...'lɪt] *der;* Gen. -s u. -en, Plur. -e[n] ⟨zu ↑...lith⟩: ein aus Ooiden zusammengesetztes Gestein. **oo|li|thisch** [auch ...'lɪ...]: in Oolithen abgelagert. **Oo|lo|gie** *die;* - ⟨zu ↑...logie⟩: Eierkunde (Zweig der Vogelkunde). **Oo|ly|se** *die;* -, -n ⟨zu ↑...lyse⟩: Mißbildung pflanzlicher Samenanlagen, die zu teilweise ergrünenden blattartigen Anhängen der Fruchtblätter auswachsen. **Oo|man|tie** *die;* - ⟨zu *gr.* manteía „das Weissagen" u. ↑²...ie⟩: früher übliche Wahrsagerei aus Eiern. **Oo|my|ze|ten** *die* (Plur.) ⟨zu *gr.* mýkēs, Gen. mýkētos „Pilz"⟩: Ordnung der Algenpilze mit zahlreichen Pflanzenschädlingen (Bot.)

Öo|no|man|tie *die;* - ⟨aus gleichbed. *gr.* oiōnomanteía zu oiōnós „(Greif)vogel", manteía „das Weissagen" u. ↑²...ie⟩: früher übliche Wahrsagerei aus dem Flug u. den Stimmen der Vögel

Oo|phor|ek|to|mie [oo...] *die;* -, ...ien ⟨zu ↑ Oophoron u. ↑...ektomie⟩: svw. Ovariektomie. **Oo|pho|ri|tis** *die;* -, ...itiden ⟨zu ↑ Oophoron u. ↑...itis⟩: Eierstockentzündung (Med.). **oo|pho|ro|gen** ⟨zu ↑...gen⟩: von den Eierstöcken ausgehend (z. B. von Unterleibserkrankungen; Med.). **Oo|pho|ron** *das;* -s ⟨zu *gr.* ōophóros „Eier tragend" u. ↑¹...on⟩: svw. Ovarium. **Oo|plas|ma** *des;* -s ⟨zu ↑ oo...⟩: ↑ Plasma (1) der Eizelle (Biol.). **Oo|sko|pie** *die;* - ⟨zu ↑...skopie⟩: svw. Oomantie. **Oo|spo|re** *die;* -, -n: dickwandige, als Überdauerungsform dienende, manchmal bes. gefärbte ↑ Zygote bei einigen Grünalgen u. Algenpilzen (Bot.). **Oo|thek** *die;* -, -en ⟨zu *gr.* thḗkē „Behälter; Kapsel, Hülle"⟩: aus Sekreten gebildeten Hüllen umgebene Eierpakete (z. B. bei Schaben u. der Gottesanbeterin; Zool.). **Oo|ze|pha|lie** *die;* -, ...ien ⟨zu *gr.* kephalḗ „Kopf" u. ↑²...ie⟩: svw. Sphenozephalie. **Oo|zo|id** *das;* -[e]s, -e ⟨zu *gr.* zōon „Lebewesen" u. ↑²...id⟩: aus einem Ei entstandenes Individuum (bes. bei den ↑ Tunikaten; Biol.). **Oo|zyt** *der;* -en, -en u. **Oozy|te** *die;* -, -n ⟨zu ↑...zyt⟩: unreife Eizelle (Biol.)

OP [o'pe:] *der;* -[s], -[s]: Abk. für Operationssaal

op..., Op... vgl. ob..., Ob...

Opai|on *das;* -s, -s ⟨aus *gr.* opaĩon „Dachziegel mit dem Loch zum Abzug des Rauches"⟩: Lichtöffnung im Dach eines griech. Tempels

opak ⟨aus *lat.* opacus „schattig, dunkel"⟩: undurchsichtig, lichtundurchlässig; vgl. Opazität
Opal *der;* -s, -e ⟨unter Einfluß von gleichbed. *fr.* opale aus *lat.* opalus, dies aus gleichbed. *gr.* opállios, dies aus *sanskr.* úpalaḥ „Stein"⟩: 1. ein glasig bis wächsern glänzendes, milchigweißes od. verschiedenfarbiges Mineral, das in einigen farbenprächtigen Spielarten auch als Schmuckstein verwendet wird. 2. (ohne Plur.) feines Baumwollgewebe von milchigem Aussehen. **opa|len:** a) aus Opal bestehend; b) durchscheinend wie Opal. **opa|les|zent** ⟨nach gleichbed. *fr.* bzw. *engl.* opalescent⟩: Opaleszenz aufweisend, opalisierend. **Opa|les|zenz** *die;* - ⟨nach gleichbed. *fr.* bzw. *engl.* opalescence⟩: opalartiges, rötlichbläuliches Schillern. **opa|les|zie|ren** ⟨zu ↑...ieren⟩: Opaleszenz zeigen. **Opalglas** *das;* -es ⟨zu ↑Opal⟩: schwach milchiges, opalisierendes Glas. **opa|li|sie|ren** ⟨vielleicht unter Einfluß von *fr.* opalisé „in Opal verwandelt"; vgl. ...ieren⟩: in Farben schillern wie ein Opal
Opan|ke *die;* -, -n ⟨aus *serb.* opanki, Plur. von gleichbed. opanak⟩: sandalenartiger Schuh mit am Unterschenkel kreuzweise gebundenem Lederriemen
Op-art ['ɔp|a:ɐ̯t] *die;* - ⟨aus gleichbed. *amerik.* op art, dies gekürzt aus optical art, eigtl. „optische Kunst"⟩: Mitte des 20. Jh.s entwickelte illusionistische Kunstrichtung (mit starkem Einfluß auf die Mode), die durch (meist) mit Lineal u. Zirkel geschaffene geometrische Abstraktionen (in hart konturierten Farben) charakterisiert ist, deren optisch wechselnde Erscheinung durch Veränderung des Standortes des Betrachters erfahren werden soll. **Op-Ar|tist** *der;* -en, -en: (Jargon) Vertreter der Op-art
Opa|zi|tät *die;* - ⟨aus *lat.* opacitas, Gen. opacitatis „Beschattung, Schatten"⟩: Undurchsichtigkeit (Optik); vgl. opak
ope et con|si|lio [– – kɔn...] ⟨*lat.*⟩: mit Rat u. Tat
Open ['oʊpn] *das;* -s, -s ⟨zu *engl.* open „offen"⟩: offener Wettbewerb, d. h. Teilnahme ist auch für Sportler aus anderen Staaten möglich (bei nationalen Titelkämpfen; Sport). **Open-air-...** ['oʊpn'ɛə...] ⟨aus gleichbed. *engl.* open-air, eigtl. „Freiluft-"⟩: Wortbildungselement mit der Bedeutung „im Freien stattfindend", z. B. Open-air-Festival, Open-air-Film. **Open-air-Fe|sti|val** [...fɛstɪvəl] *das;* -s, -s: im Freien stattfindende kulturelle Großveranstaltung (für Folklore, Popmusik o. ä.). **Open-air-Kon|zert** *das;* -[e]s, -e: im Freien veranstaltetes Konzert, auf dem meist Pop- od. Folkloremusik dargeboten wird. **open end** ['oʊpn 'ɛnd] ⟨*engl.;* eigtl. „offenes Ende"⟩: ohne ein vorher auf einen bestimmten Zeitpunkt festgesetztes Ende (von Veranstaltungen u. ä.). **Open-end-Dis|kus|si|on** ['oʊpn'ɛnd...] *die;* -, -en: Diskussion, deren Ende nicht durch einen vorher festgesetzten Zeitpunkt festgelegt ist. **Open Loop** [– 'luːp] *der;* - -[s], - -s ⟨aus gleichbed. *engl.* open-loop, eigtl. „offene Schleife"⟩: Betriebsart von Computern, die automatisch Daten aus einem technischen Prozeß erhalten, den Prozeß aber nicht unmittelbar regeln (EDV); Ggs. ↑Closed Loop. **Open Shop** [– 'ʃɔp] *der;* - -[s], - -s ⟨aus gleichbed. *engl.* open shop, eigtl. „offenes Geschäft"⟩: 1. Betriebsart eines Rechenzentrums, bei der der Benutzer, der die Daten anliefert u. die Resultate abholt, zur Datenverarbeitungsanlage selbst Zutritt hat (EDV); Ggs. ↑Closed Shop (1). 2. in England u. in den USA ein Unternehmen, für dessen Betriebsangehörige kein Gewerkschaftszwang besteht; Ggs. ↑Closed Shop (2)
Oper *die;* -, -n ⟨aus gleichbed. *it.* opera (in musica), eigtl. „(Musik)werk", dies aus *lat.* opera „Mühe, Arbeit; erarbeitetes Werk"⟩: 1. a) (ohne Plur.) Gattung von musikalischen Bühnenwerken mit Darstellung einer Handlung durch Gesang (Soli, Ensembles, Chöre) u. Instrumentalmusik; b) einzelnes Werk dieser Gattung. 2. a) kurz für Opernhaus; b) (ohne Plur.) Opernhaus als kulturelle Institution; c) (ohne Plur.) Mitglieder, Personal eines Opernhauses. **¹Ope|ra:** Plur. von ↑Opus. **²Ope|ra** *die;* -, ...re ⟨aus gleichbed. *it.* opera, vgl. Oper⟩: ital. Bez. für Oper; - buffa: heitere, komische Oper (als Gattung); - eroica [...ka]: Heldenoper (als Gattung); - semiseria: teils ernste, teils heitere Oper (als Gattung); - seria: ernste, große Oper (als Gattung). **Opé|ra-bal|let** [ɔperaba'lɛ] *das;* -, -s ⟨aus gleichbed. *fr.* opéra-ballet⟩: die Ende des 17. Jh.s in Paris entstandene Gattung der aufwendig ausgestatteten Ballettoper mit Ballettszenen sowie eingefügten Arien, Rezitativen u. Chören. **ope|ra|bel** ⟨aus gleichbed. *fr.* opérable zu opérer; vgl. operieren⟩: 1. operierbar (Med.). 2. so beschaffen, daß man damit arbeiten, operieren kann. **Ope|ra|bi|li|tät** *die;* - ⟨zu ↑...ität⟩: operable (1) Beschaffenheit; Operierbarkeit (Med.); Ggs. ↑Inoperabilität. **Opé|ra comique** [ɔperakɔ'mik] *die;* - -, -s -s [ɔperakɔ'mik] ⟨aus gleichbed. *fr.* opéra-comique, eigtl. „komische Oper"⟩: 1. a) (ohne Plur.) Gattung der mit gesprochenen Dialogen durchsetzten Spieloper; b) einzelnes Werk dieser Gattung. 2. a) Haus, Institut, in dem solche Opern gespielt werden; b) Mitglieder, Personal dieses Instituts. **Ope|rand** *der;* -en, -en ⟨aus *lat.* operandum „das zu Bearbeitende", Gerundivum von operari, vgl. operieren⟩: Information, die der Computer mit andern zu einer bestimmten Operation (4 b) verknüpft. **ope|rant** ⟨unter Einfluß von gleichbed. *engl.* operant aus *lat.* operans, Gen. operantis, Part. Präs. von operari, vgl. operieren⟩: eine bestimmte Wirkungsweise in sich habend; -e Konditionierung: Veränderung bestimmter Verhaltensweisen durch Verknüpfung von Situationsgegebenheiten mit Verhaltensweisen, die Belohnungen od. Bestrafungen nach sich ziehen (Psychol., Soziol.); -es Verhalten: Reaktion, die nicht von einem auslösenden Reiz abhängt, sondern von den Auswirkungen dieser Reaktion (Psychol., Soziol.). **Ope|ra|teur** [ɔpəra'tø:ɐ̯] *der;* -s, -e ⟨aus gleichbed. *fr.* opérateur, dies aus *lat.* operator, vgl. Operator⟩: 1. Arzt, der eine Operation vornimmt. 2. a) (veraltend) Kameramann (bei Filmaufnahmen); b) Vorführer (in Lichtspieltheatern); c) Toningenieur. 3. svw. Operator (1). **Ope|ra|ting** ['ɔpəreitɪŋ] *das;* -[s] ⟨aus gleichbed. *engl.* operating zu to operate „(Maschinen o. ä.) in Gang setzen, bedienen"⟩: das Bedienen (von Maschinen, Computern o. ä.). **Ope|ra|ti|on** [ɔpəra...] *die;* -, -en ⟨aus *lat.* operatio „das Arbeiten, die Verrichtung"⟩: 1. chirurgischer Eingriff (Med.). 2. zielgerichtete Bewegung eines [größeren] Truppen- od. Schiffsverbandes mit genauer Abstimmung der Aufgabe der einzelnen Truppenteile od. Schiffe. 3. a) Lösungsverfahren (Math.); b) wissenschaftlich nachkontrollierbares Verfahren, nach bestimmten Grundsätzen vorgenommene ↑Prozedur. 4. a) Handlung, Unternehmung; Arbeits-, Denkvorgang; b) (von Computern) Durchführung eines Befehls einer Datenverarbeitungsanlage (EDV). **ope|ra|tio|na|bel** ⟨zu ↑...abel⟩: operationalisierbar. **ope|ra|tio|nal** ⟨zu ↑¹...al (1)⟩: sich durch Operationen (4 a) vollziehend, verfahrensbedingt; vgl. ...al/...ell. **ope|ra|tio|na|li|sie|ren** ⟨zu ↑...isieren⟩: 1. Begriffe präzisieren, standardisieren durch Angabe der Operationen (4 a), mit denen man den durch den Begriff bezeichneten Sachverhalt erfassen kann, od. durch Angabe der Indikatoren (meßbaren Ereignisse), die den betreffenden Sachverhalt anzeigen (Soziol.). 2. in der Curriculumforschung (vgl. Curriculum) Lernziele durch einen Ausbildungsgang in Verhaltensänderungen der Lernenden über-

Operationalisierung

setzen, die durch Tests o. ä. zu überprüfen sind. **Ope|ra|tio|na|li|sie|rung** *die;* -, -en ⟨zu ↑...isierung⟩: die Umformung von theoretischen Begriffen u. ↑Hypothesen im Sinn ihrer empirischen Überprüfbarkeit durch Angabe konkreter, im einzelnen prüfbarer Zielvorgaben u. Schritte (Soziol.). **Ope|ra|tio|na|lis|mus** *der;* - ⟨zu ↑...ismus (2)⟩: Wissenschaftstheorie, nach der wissenschaftliche Aussagen nur dann Gültigkeit haben, wenn sie sich auf physik. Operationen (4 a) zurückführen lassen; vgl. Operativismus. **ope|ra|tio|nell** ⟨zu ↑Operation u. ↑...ell⟩: svw. operational; vgl. ...al/...ell. **Ope|ra|tio|nis|mus** *der;* - ⟨zu ↑...ismus (2)⟩: svw. Operativismus. **Ope|ra|tions|ba|sis** *die;* -: Ausgangs-, Nachschubgebiet einer Operation (2). **Ope|ra|ti|ons|for|schung** *die;* -: Teilgebiet der Mathematik, in dem mit Hilfe der EDV bes. ökonomische, technische u. militärische Entscheidungen vorbereitet werden. **Ope|ra|ti|ons|pha|se** *die;* -, -n: aus der Instruktions- u. der Ausführungsphase bestehende Arbeitsphase des Computers (EDV). **Ope|ra|tions-Re|search** [ɔpəˈreɪʃənzrɪˈsɜːtʃ] *das;* -[s], auch *die;* - ⟨aus gleichbed. *engl.-amerik.* operations research zu operation „Unternehmen, Betrieb" u. research, vgl. Research⟩: Unternehmensforschung (Wirtsch.). **ope|ra|tiv** [opəra...] ⟨zu ↑Operation u. ↑...iv⟩: 1. die Operation (1) betreffend, chirurgisch eingreifend (Med.). 2. strategisch (Mil.). 3. (als konkrete Maßnahme) unmittelbar wirkend. **Ope|ra|ti|vis|mus** [...v...] *der;* - ⟨zu ↑...ismus (1)⟩: Lehre der modernen Naturphilosophie, wonach die Grundlage der Physik nicht die Erfahrung, sondern menschliches Handeln (Herstellung von Meßapparaten u. a.) sei. **Ope|ra|ti|vi|tät** *die;* - ⟨zu ↑...ität⟩: operative (3) Beschaffenheit, unmittelbare Wirksamkeit. **Ope|ra|tor** *der;* -s, Plur. ...oren (bei engl. Aussprache auch -s) ⟨aus *lat.* operator „Arbeiter, Verrichter", Bed. 1 über gleichbed. *engl.* operator⟩: 1. [auch ˈɔpəreɪtə] Fachkraft für die selbständige Bedienung von elektronischen Datenverarbeitungsanlagen (EDV). 2. Rechen-, Abbildungs- od. Transformationsvorschrift, die jedem Element einer Menge eindeutig ein Element einer zweiten Menge zuordnet (Math.). 3. a) etwas Materielles od. Ideelles, was auf etwas anderes verändernd einwirkt; b) Mittel od. Verfahren zur Durchführung einer Operation (3 u. 4). 4. Erkennungsstelle im ↑Operon für die negative Kontrolle der genetischen Transkription (Genetik). **Ope|ra|tor|gen** *das;* -s, -e: svw. Operon
Oper|cu|lum [...kulɔm] *das;* -s, ...la ⟨aus *lat.* operculum „Deckel"⟩: deckelartiger Teil eines Organs (Anat.).
Ope|re: Plur. von ↑²Opera. **Ope|ret|te** *die;* -, -n ⟨aus gleichbed. *it.* operetta, Verkleinerungsform von opera (vgl. Oper), eigtl. „Werkchen"⟩: a) (ohne Plur.) Gattung von leichten, unterhaltenden musikalischen Bühnenwerken mit gesprochenen Dialogen, [strophenliedartigen] Soli, Ensembles, Chören u. Balletteinlagen; b) einzelnes Werk dieser Gattung. **Ope|ret|ten|staat** *der;* -[e]s, -en: (scherzh.) kleiner, unbedeutender Staat (wie er z. B. oft als Schauplatz einer Operette vorkommt). **ope|rie|ren** ⟨aus *lat.* operari „arbeiten, sich abmühen" zu opus, vgl. Opus⟩: 1. eine Operation (1-4) durchführen. 2. in einer bestimmten Weise handeln, vorgehen; mit etwas -: (ugs.) etwas für etwas benutzen
Oper|ment *das;* -[e]s, -e ⟨Kunstw.⟩: eine als Malerfarbe verwendete gelbe, giftige Substanz; vgl. Auripigment
Ope|ron *das;* -s, Plur. -s u. ...ronen (meist Plur.) ⟨zu *lat.* operari (vgl. operieren) u. ↑²...on⟩: Gruppe funktionell u. strukturell zusammenhängender ↑Gene für die Regulation der genetischen Transkription; vgl. Transkription (3). **ope|rös** ⟨aus gleichbed. *lat.* operosus⟩: (veraltet) mühsam, mü-

hevoll. **Ope|ro|si|tät** *die;* - ⟨aus gleichbed. *lat.* operositas, Gen. operositatis⟩: (veraltet) Mühseligkeit; Geschäftigkeit
Ophe|li|mi|tät *die;* - ⟨zu *gr.* ōphélimos „nützlich" u. ↑...ität⟩: das Nutzen der Güter, die der Befriedigung von Bedürfnissen dienen
Ophia|se *die;* -, -n ⟨aus gleichbed. *gr.* ophíasis zu óphis „Schlange"⟩: Haarausfall, der am Hinterkopf beginnt u. sich bandförmig bis zur Stirn fortsetzt (Med.). **Ophi|klei|de** *die;* -, -n ⟨zu *gr.* óphis „Schlange", kleís „Schlüssel" u. ↑...ide, nach der Form des Instruments⟩: tiefes Blechblasinstrument der Romantik (1817 von Halary konstruiert). **Ophio|la|trie** *die;* - ⟨zu ↑Latrie⟩: religiöse Verehrung von Schlangen. **Ophio|lith** [auch ...ˈlɪt] *der;* Gen. -s u. -en, Plur. -e[n] ⟨zu ↑...lith⟩: submarines magmatisches Gestein (Geol.). **Ophio|to|xin** *das;* -s, -e: Schlangengift
Ophir *das;* -s (meist ohne Artikel) ⟨aus *lat.* Ophir, *gr.* Oupheír aus gleichbed. *hebr.* ʼôfīr⟩: fernes, sagenhaftes Goldland im Alten Testament
¹Ophit *der;* -en, -en (meist Plur.) ⟨zu *gr.* óphis „Schlange" u. ↑³...it⟩: Schlangenanbeter; Angehöriger einer ↑gnostischen Sekte, die die Schlange des Paradieses als Vermittlerin der Erkenntnis verehrte. **²Ophit** [auch oˈfɪt] *der;* -[e]s, -e ⟨aus gleichbed. *gr.* ophítēs, eigtl. „schlangenähnlich"; vgl. ²...it⟩: svw. Serpentin. **¹ophi|tisch** ⟨zu ↑¹Ophit⟩: zur Sekte der Ophiten gehörend (z. B. in bezug auf gnostische Offenbarungsschriften). **²ophi|tisch** [auch oˈfɪ...] ⟨zu ↑²Ophit⟩: einen bestimmten Gefügetyp dunkler magmatischer Gesteine bezeichnend (Mineral.). **Ophi|uroi|den** *die* (Plur.) ⟨zu *gr.* óphis „Schlange", ourá „Schwanz" u. ↑...oide⟩: Schlangensterne (Stachelhäuter mit schlangenartigen Armen; Biol.)
oph|thalm..., Oph|thalm... vgl. ophthalmo..., Ophthalmo... **Oph|thal|mia|trie** u. **Oph|thal|mia|trik** *die;* - ⟨zu ↑ophthalmo... u. ↑...iatrie bzw. *gr.* iatrikḗ (téchnē) „Heilkunst"⟩: Augenheilkunde (Med.). **Oph|thal|mie** *die;* -, ...ien ⟨aus *gr.* ophthalmía „Augenkrankheit"⟩: Augenentzündung (Med.). **Oph|thal|mi|kum** *das;* -s, ...ka ⟨zu ↑ophthalmo... u. ↑...ikum⟩: Augenheilmittel (Med.). **oph|thal|misch** ⟨aus *gr.* ophthalmikós „die Augen betreffend"⟩: zum Auge gehörend (Med.). **oph|thal|mo..., Oph|thal|mo...**, vor Vokalen auch ophthalm..., Ophthalm... ⟨aus gleichbed. *gr.* ophthalmós⟩: Wortbildungselement mit der Bedeutung „Auge", z. B. Ophthalmoskop, ophthalmisch. **Oph|thal|mo|blen|nor|rhö** *die;* -, -en u. **Oph|thal|mo|blen|nor|rhöe** [...ˈrøː] *die;* -, -n [...ˈrøːən]: Augentripper; akute eitrige Augenbindehautentzündung als Folge einer Gonokokkeninfektion (Med.). **Oph|thal|mo|dia|gno|stik** *die;* -: Feststellung gewisser Krankheiten an Reaktionen der Augenbindehaut (Med.). **Oph|thal|mo|dy|na|mo|me|ter** *das;* -s, -: Gerät zur Messung des Druckes in den Netzhautarterien (Med.). **Oph|thal|mo|dy|na|mo|me|trie** *die;* -: apparative Messung des Drucks in den Netzhautarterien (Med.). **Oph|thal|mo|gramm** *das;* -s, -e ⟨zu ↑...gramm⟩: apparative Aufzeichnung der Augenbewegungen (Med.). **Oph|thal|mo|lo|ge** *der;* -n, -n ⟨zu ↑...loge⟩: Augenarzt. **Oph|thal|mo|lo|gie** *die;* - ⟨zu ↑...logie⟩: Augenheilkunde. **oph|thal|mo|lo|gisch** ⟨zu ↑...logisch⟩: die Augenheilkunde betreffend. **Oph|thal|mo|me|ter** *das;* -s, - ⟨zu ↑¹...meter⟩: Gerät zur Bestimmung der Krümmungsradien der Augenhornhaut (Med.). **Oph|thal|mo|pa|thie** *die;* -, ...ien ⟨zu ↑...pathie⟩: Augenleiden (Med.). **Oph|thal|mo|phthi|sis** *die;* -, ...isen ⟨zu ↑Phthise⟩: Augapfelschwund (Med.). **Oph|thal|mo|ple|gie** *die;* -, ...ien ⟨zu *gr.* plēgḗ „Schlag, Stoß" u. ↑²...ie⟩: Augenmuskellähmung (Med.). **Oph|thal|mo|re|ak|ti|on** *die;* -, -en: vgl. Ophthalmodiagnostik. **Oph|thal-**

mor|rhe|xis *die;* -, ...xen: Zerreißung des Augapfels (z. B. als Unfallfolge; Med.). **Oph|thal|mo|skop** *das;* -s, -e ⟨zu ↑...skop⟩: Augenspiegel (Med.). **Oph|thal|mo|sko|pie** *die;* -, ...ien ⟨zu ↑...skopie⟩: Ausspiegelung des Augenhintergrundes (Med.). **oph|thal|mo|sko|pie|ren** ⟨zu ↑...ieren⟩: mit dem Augenspiegel untersuchen (Med.). **oph|thal|mo|sko|pisch:** die Ophthalmoskopie betreffend, unter Anwendung des Augenspiegels (Med.)

Oph|thio|le ⓌZ *die;* -, -n ⟨Kunstw.⟩: Behältnis, aus dem Augentropfen ohne Pipette eingeträufelt werden

Opi|at *das;* -[e]s, -e ⟨zu *mlat.* opiata, Plur. von opium, vgl. Opium⟩: a) Arzneimittel, das Opium enthält; b) (im weiteren Sinne) Arzneimittel, das dem Betäubungsmittelgesetz unterliegt

...opie ⟨zu *gr.* óps, Gen. ōpós „Auge" u. ↑²...ie⟩: Wortbildungselement mit der Bedeutung „das Sehen, Sehvermögen", z. B. Myopie

Opi|nio com|mu|nis [- k...] *die;* - - ⟨aus gleichbed. *lat.* opinio communis⟩: allgemeine Meinung. **Opi|nion-lea|der** [əˈpɪnjənliːdə] *der;* -[s], - ⟨aus gleichbed. *engl.-amerik.* opinion leader, eigtl. „Meinungsführer"⟩: jmd., der die öffentliche Meinung zu einem bestimmten Thema beeinflussen will

Opio|id *das;* -[e]s, -e ⟨zu ↑ Opium u. ↑...oid⟩: im Körper gebildetes ↑ Peptid, das eine opiumähnliche Wirkung hat (Med.). **Opio|pha|gie** *die;* -, ...ien ⟨zu ↑...phagie⟩: gewohnheitsmäßige Einnahme von Opium od. opiumhaltigen Mitteln (Med.).

opisth..., Opisth... vgl. opistho..., Opistho... **opis|tho..., Opis|tho...,** vor Vokalen auch opisth..., Opisth... ⟨aus gleichbed. *gr.* opistho- zu ópisthen „hinten, von od. nach hinten"⟩: Wortbildungselement mit der Bedeutung „hinten (gelegen), auf der Rückseite", z. B. opisthographisch, Opisthodomos. **Opis|tho|do|mos** *der;* -, ...moi [...mɔy] ⟨aus *gr.* opisthódomos „Hinterraum", eigtl. „Hinterhalle des klassischen griech. Tempels"⟩: Raum hinter der ↑ Cella (1) eines griech. Tempels. **Opis|tho|ge|nie** *die;* -, ...ien ⟨zu ↑ opistho..., *gr.* géneion „Kinn" u. ↑²...ie⟩: svw. Opisthognathie. **Opis|tho|gna|thie** *die;* -, ...ien ⟨zu *gr.* gnáthos „Kinnbacken" u. ↑²...ie⟩: das Zurücktreten des Unterkiefers; Vogelgesicht (Med.). **Opis|tho|graph** *das;* -s, -e ⟨zu *gr.* opisthógraphos „auf der Rückseite beschrieben"⟩: auf beiden Seiten beschriebene Handschrift od. Papyrusrolle. **Opis|tho|gra|phie** *die;* - ⟨aus gleichbed. *gr.* opisthographía⟩: das Beschreiben der Rückseite eines Blattes. **opis|tho|gra|phisch** ⟨aus gleichbed. *gr.* opisthógraphos⟩: a) auf beiden Seiten beschrieben (in bezug auf Papyrushandschriften); b) nur einseitig beschrieben; Ggs. ↑ anopisthographisch. **Opis|tho|so|ma** *das;* -s, -ta ⟨zu ↑ opistho... u. *gr.* sõma „Körper"⟩: Hinterleib der Spinnentiere (Biol.). **Opis|tho|to|nus** *der;* -: Starrkrampf im Bereich der Rückenmuskulatur, wobei der Rumpf bogenförmig nach hinten überstreckt ist (Med.). **opis|tho|zöl** ⟨zu *gr.* koîlos „hohl, ausgehöhlt"⟩: hinten ausgehöhlt (von Wirbelknochen; Med.)

Opi|um *das;* -s ⟨über *lat.* opium aus gleichbed. *gr.* ópion zu opós „Pflanzenmilch"⟩: aus dem Milchsaft des Schlafmohns gewonnenes schmerzstillendes Arzneimittel u. Rauschgift

Opo|del|dok *der* od. *das;* -s ⟨von Paracelsus gebildetes Kunstw.⟩: Einreibungsmittel gegen Rheumatismus. **Opo|pa|nax** [auch ...ˈpa:...] u. **Opo|po|nax** [auch opoˈpo:...] *der;* -[e]s ⟨aus *lat.* opopanax, dies zu *gr.* opós „Pflanzenmilch" u. ↑ Panax⟩: als Heilmittel verwendetes Harz einer mittelmeerländischen Pflanze

Opos|sum *das;* -s, -s ⟨aus gleichbed. *engl.* opossum, dies aus Algonkin (einer nordamerik. Indianersprache) oposom⟩: nordamerik. Beutelratte mit wertvollem Fell

Opo|the|ra|pie *die;* - ⟨zu *gr.* opós (vgl. Opopanax) u. ↑ Therapie⟩: svw. Organtherapie

Op|pi|la|ti|on *die;* -, -en ⟨aus gleichbed. *lat.* oppilatio zu oppilare „versperren, verschließen"⟩: (veraltet) Verstopfung (Med.)

Op|ple|ti|on *die;* -, -en ⟨aus gleichbed. *nlat.* oppletio zu *lat.* opplere „anfüllen"⟩: (veraltet) Überfüllung (des Magens)

Op|po|nent *der;* -en, -en ⟨aus *lat.* opponens, Gen. opponentis, Part. Präs. von opponere, vgl. opponieren⟩: jmd., der eine gegenteilige Anschauung vertritt; Gegner [in einem Streitgespräch]. **Op|po|nen|tin** *die;* -, -nen: weibliche Form zu ↑ Opponent. **op|po|nie|ren** ⟨aus *lat.* opponere „entgegensetzen; einwenden"⟩: 1. (in einer Auseinandersetzung) gegen jmdn., etw. Stellung beziehen; widersprechen, sich widersetzen. 2. gegenüberstellen (z. B. den Daumen durch eine Einwärtsbewegung in Gegenstellung zu den übrigen Fingern bringen; Med.). **op|po|niert** ⟨zu ↑...iert⟩: gegenständig, gegenüberstehend, entgegengestellt (z. B. in bezug auf Pflanzenblätter; Bot.)

op|por|tun ⟨aus gleichbed. *lat.* opportunus⟩: in der gegenwärtigen Situation von Vorteil, angebracht; Ggs. ↑ inopportun. **Op|por|tu|nis|mus** *der;* - ⟨nach gleichbed. *fr.* opportunisme; vgl. ...ismus (2)⟩: 1. allzu bereitwillige Anpassung an die jeweilige Lage (um persönlicher Vorteile willen). 2. (im Marxismus) bürgerliche ideologische Strömung, die dazu benutzt wird, die Arbeiterbewegung zu spalten u. Teile der Arbeiterklasse an das kapitalistische System zu binden. **Op|por|tu|nist** *der;* -en, -en ⟨nach gleichbed. *fr.* opportunist⟩: 1. jmd., der sich aus Nützlichkeitserwägungen schnell u. bedenkenlos der jeweiligen Lage anpaßt; vgl. Situationist. 2. (im Marxismus) Anhänger, Vertreter des Opportunismus (2). **Op|por|tu|ni|stin** *die;* -, -nen: weibliche Form zu ↑ Opportunist. **op|por|tu|ni|stisch** ⟨zu ↑ opportun u. ↑...istisch⟩: 1. a) im Opportunismus begründet; b) in der Art eines Opportunisten handelnd. 2. (im Hinblick auf Keime, Erreger) nur unter bestimmten Bedingungen ↑ pathogen werdend (Med.). **Op|por|tu|ni|tät** *die;* -, -en ⟨aus gleichbed. *lat.* opportunitas, Gen. opportunitatis⟩: Zweckmäßigkeit in der gegenwärtigen Situation; Ggs. ↑ Inopportunität. **Op|por|tu|ni|täts|ko|sten** *die* (Plur.): Kosten, die sich nicht auf den Wert der eingesetzten u. verbrauchten Güter beziehen, sondern auf den entgangenen Nutzen. **Op|por|tu|ni|täts|prin|zip** *das;* -s: strafrechtlicher Grundsatz, der besagt, daß die Strafverfolgung in den gesetzlich gekennzeichneten Ausnahmefällen dem Ermessen der Staatsanwaltschaft überlassen ist (Einschränkung des ↑ Legalitätsprinzips; Rechtsw.)

op|po|si|tär ⟨zu *lat.* oppositus „entgegengesetzt", Part. Perf. von opponere (vgl. opponieren), u. ↑...är⟩: gegensätzlich, eine Opposition ausdrückend. **Op|po|si|ti|on** *die;* -, -en ⟨aus *spätlat.* oppositio „das Entgegensetzen", Bed. 2 nach *engl.* bzw. *fr.* opposition⟩: 1. Widerstand, Widerspruch. 2. die Gesamtheit der an der Regierung nicht beteiligten u. mit der Regierungspolitik nicht einverstandenen Parteien u. Gruppen. 3. die Stellung eines Planeten od. des Mondes, bei der Sonne, Erde u. Planet auf einer Geraden liegen; 180° Winkelabstand zwischen Planeten (Astron.). 4. Gegensätzlichkeit sprachlicher Gebilde, z. B. zwischen Wörtern (kalt/warm) od. in rhetorischen Figuren (er ist nicht dumm, er ist gescheit; Sprachw.). 5. paradigmatische Relation einer sprachlichen Einheit zu einer anderen, gegen die sie in gleicher Umgebung ausgetauscht

werden kann (z. B. *die Studentin* macht eine Prüfung/*der Student* macht eine Prüfung; *grünes* Tuch/*rotes* Tuch; Sprachw.); vgl. Kontrast (2). 6. Gegenüberstellung des Daumens zu den anderen Fingern (Med.). 7. a) Gegenüberstellung zweier gleichartiger, aber verschiedenfarbiger Figuren auf der gleichen Linie, Reihe od. Diagonalen zum Zwecke der Sperrung; b) [unmittelbare] Gegenüberstellung beider Könige auf einer Linie od. Reihe (Schach). 8. (beim Fechten) auf die gegnerische Klinge ausgeübter Gegendruck. **op|po|si|tio|nell** ⟨zu ↑..ell, Bed. 2 nach gleichbed. *engl.* oppositional⟩: 1. a) gegensätzlich; gegnerisch; b) widersetzlich, zum Widerspruch neigend. 2. die Opposition (2) betreffend. **Op|po|si|tio|nel|le** *der* u. *die;* -n, -n: jmd., der der Opposition (2) angehört, sich ihr zugehörig fühlt. **op|po|si|tiv** ⟨zu *lat.* oppositus (vgl. oppositär) u. ↑..iv⟩: gegensätzlich, einen Gegensatz bildend
Op|pres|si|on *die;* -, -en ⟨aus gleichbed. *lat.* oppressio zu opprimere, vgl. opprimieren⟩: 1. (veraltet) Bedrückung, Unterdrückung. 2. Beklemmung (Med.). **op|pres|siv** ⟨zu ↑..iv⟩: unterdrückend, bedrückend. **op|pri|mie|ren** ⟨aus *lat.* opprimere „unterdrücken, niederdrücken"⟩: (veraltet) bedrücken, überwältigen
Op|pro|bra|ti|on *die;* -, -en ⟨aus gleichbed. *lat.* opprobratio zu opprobrare, vgl. opprobrieren⟩: (veraltet) Beschimpfung, Tadel. **op|pro|brie|ren** ⟨aus gleichbed. *lat.* opprobrare zu ↑ob... u. probrum „Schande, Schmähung"⟩: (veraltet) vorwerfen, zum Vorwurf machen. **op|pro|bri|ös** ⟨aus gleichbed. *lat.* opprobriosus⟩: (veraltet) schimpflich, schmählich, verwerflich
op|si|an|thisch ⟨aus gleichbed. *gr.* opsianthés zu opsé „spät" u. antheīn „blühen"⟩: spätblühend (Bot.)
...op|sie ⟨zu *gr.* ópsis „das Sehen" u. ↑²..ie⟩: Wortbildungselement mit der Bedeutung „das Sehen, Sehvermögen; das (genaue) Betrachten", z. B. Biopsie
Op|si|ga|mie *die;* -, ..ien ⟨zu *gr.* opsé „spät" u. ↑..gamie (2)⟩: (veraltet) Spätehe, Heirat in vorgerücktem Lebensalter. **op|si|go|nisch** ⟨aus gleichbed. *gr.* opsígonos⟩: (veraltet) spät geboren, spät entstanden
Op|so|ni|ne *die* (Plur.) ⟨zu *gr.* ópson „Speise, Zukost" u. ↑..in (1)⟩: Stoffe im Blutserum, die eingedrungene Bakterien so verändern, daß sie von den ↑Leukozyten unschädlich gemacht werden können. **Op|so|ni|sa|ti|on** *die;* -, -en ⟨zu ↑..isation⟩: Anlagerung von Opsonin an Keime (Med.). **Op|so|pha|ge** *der;* -en, -en ⟨aus *gr.* opsophágos „jmd., der Zubrot ohne Brot ißt"⟩: (veraltet) Leckermaul, Schlemmer. **Op|so|pha|gie** *die;* -, ..ien ⟨aus gleichbed. *gr.* opsophagía⟩: (veraltet) Schlemmerei, Leckerei
Op|tant *der;* -en, -en ⟨zu *lat.* optans, Gen. optantis, Part. Präs. von optare, vgl. optieren⟩: jmd., der (für etwas) optiert, eine Option ausübt. **op|ta|tiv** ⟨aus gleichbed. *spätlat.* optativus⟩: den Optativ betreffend; einen Wunsch ausdrückend (Sprachw.). **Op|ta|tiv** *der;* -s, -e [...və] ⟨aus gleichbed. *spätlat.* (modus) optativus⟩: ↑Modus (2) des Verbs, der einen Wunsch, die Möglichkeit eines Geschehens bezeichnet (z. B. im Altgriechischen).
Op|ti|cal art ['ɔptɪkl 'ɑːt] *die;* - - ⟨aus *engl.-amerik.* optical art, eigtl. „optische Kunst"⟩: svw. Op-art
op|tie|ren ⟨aus *lat.* optare „wählen"⟩: vom Recht der ↑Option (1-3) Gebrauch machen
Op|tik *die;* - ⟨über *lat.* optica aus *gr.* optiké (téchnē) „das Sehen betreffend(e) Lehre)" zu optikós, vgl. optisch⟩: 1. Wissenschaft vom Licht, seiner Entstehung, Ausbreitung u. seiner Wahrnehmung. 2. der die Linsen enthaltende Teil eines optischen Gerätes. 3. (ohne Plur.) optischer Eindruck, optische Wirkung, äußeres Erscheinungsbild. 4. (ohne Plur.) optische Darstellung in einer bestimmten Weise, z. B. die - eines Films. **Op|ti|ker** *der;* -s, - ⟨aus gleichbed. *mlat.* opticus, vgl. optisch⟩: Fachmann für Herstellung, Wartung u. Verkauf von optischen Geräten. **Op|ti|ke|rin** *die;* -, -nen: weibliche Form zu ↑Optiker. **Op|ti|kus** *der;* -, ..izi ⟨Kurzbez. für *nlat.* (nervus) opticus, vgl. optisch⟩: Sehnerv (Med.). **Op|ti|kus|atro|phie** *die;* -, ..ien [...iːən]: Sehnervenschwund, Degeneration u. Schwund der Sehnervenfasern (Med.)
Op|ti|ma: Plur. von ↑Optimum. **op|ti|ma fi|de** ⟨*lat.*⟩: im besten Glauben. **op|ti|ma for|ma** ⟨*lat.*⟩: in bester Form. **op|ti|mal** ⟨zu ↑Optimum u. ↑¹..al (1)⟩: [unter den gegebenen Voraussetzungen, im Hinblick auf ein zu erreichendes Ziel] sehr gut, bestmöglich. **op|ti|ma|li|sie|ren** ⟨zu ↑..isieren⟩: svw. optimieren (1 a). **Op|ti|mat** *der;* -en, -en ⟨aus *lat.* optimas, Gen. optimatis „der Beste"; vgl. Optimum⟩: Angehöriger der herrschenden Geschlechter u. Mitglied der Senatspartei im alten Rom. **op|ti|me** [...me] ⟨*lat.;* Superlativ von bene „gut"⟩: (veraltet) am besten, sehr gut, vorzüglich
Op|ti|me|ter *das;* -s, - ⟨zu ↑optisch u. ↑¹..meter⟩: Feinmeßgerät für Länge u. Dicke (Techn.).
op|ti|mie|ren ⟨zu ↑Optimum u. ↑..ieren⟩: 1. a) optimal gestalten; b) sich -: sich optimal gestalten (z. B. von betrieblichen Abläufen). 2. günstigste Lösungen für bestimmte Zielstellungen ermitteln (Math.). **Op|ti|mie|rung** *die;* -, -en ⟨zu ↑..ierung⟩: 1. das Optimieren. 2. Teilgebiet der numerischen Mathematik, bei dem man sich mit der optimalen Festlegung von Größen, Eigenschaften, zeitlichen Abläufen u. a. eines Systems unter gleichzeitiger Berücksichtigung von Nebenbedingungen befaßt. **Op|ti|mis|mus** *der;* - ⟨nach gleichbed. *fr.* optimisme (vgl. ..ismus 2), dies zu *lat.* optimus, vgl. Optimum⟩: 1. Lebensauffassung, die alles von der besten Seite betrachtet; heitere, zuversichtliche, lebensbejahende Grundhaltung; Ggs. ↑Pessimismus (1). 2. philos. Auffassung, daß diese Welt die beste von allen möglichen u. das geschichtliche Geschehen ein Fortschritt zum Guten u. Vernünftigen sei (Philos.); Ggs. ↑Pessimismus (2). 3. heiter-zuversichtliche, durch positive Erwartung bestimmte Haltung; Ggs. ↑Pessimismus (3). **Op|ti|mist** *der;* -en, -en ⟨zu ↑..ist⟩: a) lebensbejahender, zuversichtlicher Mensch; Ggs. ↑Pessimist; b) (scherzh.) jmd., der die sich ergebenden Schwierigkeiten o. ä. unterschätzt, sie für nicht so groß ansieht, wie sie in Wirklichkeit sind. **Op|ti|mi|stin** *die;* -, -nen: weibliche Form zu ↑Optimist. **op|ti|mi|stisch** ⟨zu ↑..istisch⟩: lebensbejahend, zuversichtlich; Ggs. ↑pessimistisch. **Op|ti|mi|tät** *die;* - ⟨zu ↑..ität⟩: (veraltet) Vortrefflichkeit. **Op|ti|mum** *das;* -s, Optima ⟨aus *lat.* optimum, Neutrum von optimus „bester, hervorragendster", Superlativ von bonus „gut"⟩: 1. (unter den gegebenen Voraussetzungen, im Hinblick auf ein Ziel) höchstes erreichbares Maß, höchster erreichbarer Wert; Bestwert; Höchstmaß; Bestfall. 2. günstigste Umweltbedingungen für ein Lebewesen (z. B. die günstigste Temperatur; Biol.)
Op|ti|on *die;* -, -en ⟨aus *lat.* optio „freier Wille, Belieben"⟩: 1. freie Entscheidung, bes. für eine bestimmte Staatsangehörigkeit (in bezug auf Bewohner abgetretener Gebiete). 2. Voranwartschaft für Erwerb einer Sache od. das Recht zur zukünftigen Lieferung einer Sache (Rechtsw.). 3. [Wahl]möglichkeit. 4. Recht der Kardinäle u. der ↑Kanoniker, in eine freiwerdende Würde aufzurücken (kath. Kirche). **Op|ti|ons|ge|schäft** *das;* -[e]s, -e: ein ↑Termingeschäft des Börsenhandels (Wirtsch.). **Op|ti|ons|ob|li|ga|ti|on** *die;* -, -en: Bez. für eine besondere Anleihe, deren Inha-

ber über das Recht auf Verzinsung u. Rückzahlung hinaus ein Recht auf den Bezug von Aktien des Aktienschuldners zu einem im voraus bestimmten Preis haben (Wirtsch.). **Op|ti|ons|recht** *das; -[e]s*: das zumeist befristete, oft auch bedingte Recht, durch einseitige Erklärung einen bestimmten Vertrag zustande zu bringen (Rechtsw., Wirtsch.)
op|tisch ⟨über *mlat.* opticus aus *gr.* optikós „das Sehen betreffend"⟩: die ↑Optik (1–3) betreffend; die Augen, das Sehen betreffend; vom äußeren Eindruck her; vgl. visuell; - **aktiv**: die Schwingungsebene polarisierten Lichtes drehend (Phys.); -e **Aufheller**: in der Textilindustrie farblose chem. Verbindungen zur Erzeugung eines hohen Weißgrades; -er **Speicher**: beschichtete Kunststoffplatte, bei der das Schreiben u. Lesen der Information mit Hilfe von Laserstrahlen erfolgt u. die für Bild- u. Tonaufzeichnungen sowie in der Informatik verwendet wird. **Op|ti|zi**: Plur. von ↑Optikus. **Op|to|elek|tro|nik** *die; -* ⟨zu ↑Optik⟩: modernes Teilgebiet der Elektronik, das die auf der Wechselwirkung von Optik u. Elektronik beruhenden physik. Effekte zur Herstellung besonderer elektron. Schaltungen ausnutzt. **op|to|elek|tro|nisch**: die Optoelektronik betreffend, auf ihren Prinzipien beruhend. **Op|to|kopp|ler** *der; -, -*: Lichtkoppler, Bauelement aus einer signalwandelnden Lichtquelle, einem Lichtleiter sowie einem rückwandelnden Lichtempfänger zur optischen Übertragung elektr. Signale (Elektronik). **Op|to|me|ter** *das; -s, -* ⟨zu ↑¹...meter⟩: Instrument zur Bestimmung der Sehweite (Med.). **Op|to|me|trie** *die; -* ⟨zu ↑...metrie⟩: Sehkraftbestimmung (Med.). **Op|to|ty|pen** *die* (Plur.) ⟨zu ↑Type⟩: Sehzeichen (meist Blockbuchstaben) zur Bestimmung der Sehstärke (Med.). **Op|tro|nik** *die; -*: 1. Kurzform von ↑Optoelektronik. 2. Sammelbez. für optoelektronische Sensoren u. Beobachtungsgeräte. **op|tro|nisch**: Kurzform von ↑optoelektronisch
opu|lent ⟨aus *lat.* opulentus „vermögend; reichlich vorhanden" zu ops „Kraft, Macht; Reichtum"⟩: a) üppig, reichlich (von Essen u. Trinken); b) (veraltet) mit großem Aufwand [gestaltet]. **Opu|lenz** *die; -* ⟨aus *lat.* opulentia „Wohlhabenheit, Reichtum"⟩: a) Üppigkeit, Überfluß (von Essen u. Trinken); b) (veraltet) opulente (b) Art
Opun|tie [...i̯ə] *die; -, -n* ⟨nach der altgriech. Stadt Opoũs, Gen. Opoũntos u. zu ↑¹...ie⟩ (in vielen Arten verbreiteter) Feigenkaktus (mit eßbaren Früchten)
Opus *das; -,* Opera ⟨aus *lat.* opus, Gen. operis „Arbeit; erarbeitetes Werk"⟩: künstlerisches, literarisches, bes. musikalisches Werk; Abk. (in der Musik): op.; - **postumum** (auch **posthumum**): nachgelassenes [Musik]werk; Abk: op. posth. **Opus alex|an|dri|num** *das; -* ⟨aus gleichbed. *lat.* opus Alexandrinum, eigtl. „alexandrinische Arbeit", wohl nach der antiken Stadt Alexandria, wo diese Art Mosaik gefunden wurde⟩: zweifarbiges, geometrisch angeordnetes Fußbodenmosaik. **Opus|cu|lum** [...ku...] vgl. Opuskulum. **Opus ex|imi|um** *das; - -* ⟨aus gleichbed. *lat.* opus eximium⟩: herausragendes, außerordentliches Werk. **Opus in|cer|tum** [– in'tsɛr...] *das; - -* ⟨aus *lat.* opus incertum „unregelmäßiges Werk"⟩: röm. Mauerwerk aus Bruchsteinen mit Mörtelguß. **Opus|ku|lum** u. Opusculum [...ku...] *das; -s, ...la* ⟨aus *lat.* opusculum, Verkleinerungsform von opus, vgl. Opus⟩: kleines Opus, kleine Schrift. **Opus ope|ra|tum** *das; - -* ⟨über gleichbed. *mlat.* opus operatum aus *lat.* opus operatum „getane Arbeit"⟩: vollzogene sakramentale Handlung, deren Gnadenwirksamkeit unabhängig von der sittlichen Disposition des vollziehenden Priesters gilt (kath. Theol.); vgl. ex opere operato. **Opus re|ti|cu|la|tum** [– ...ku...] *das; - -* ⟨aus *lat.* opus reticulatum „netzförmiges Werk"⟩: röm. Mauerwerk aus netzförmig angeordneten Steinen. **Opus sec|ti|le** [– 'zɛktile] *das; - -* ⟨aus *nlat.* opus sectile „Mosaikarbeit" zu *lat.* sectilis „geschnitten, Mosaik-"⟩: svw. Opus alexandrinum. **Opus spi|ca|tum** [– spi'ka:...] *das; - -* ⟨aus *lat.* opus spicatum, „ährenförmiges Werk", zu spicatus „ährentragend; ährenförmig"⟩: röm. Mauerwerk, dessen Steine im Ähren- od. Fischgrätenmuster gefügt sind. **Opus tes|se|la|tum** *das; - -* ⟨aus *lat.* opus tesselatum, zu tesselatus „aus Mosaiksteinchen (bestehend)"⟩: farbiges Fußbodenmosaik
...or ⟨aus *lat.* -or, Gen. -oris⟩: Endung männlicher Substantive, die den Träger des im Wortstamm genannten Geschehens bezeichnet (Person od. Sache), z. B. Rektor, Motor.
...ör vgl. ...eur
Ora *die; -* ⟨aus gleichbed. *it.* ora, dies aus *lat.* aura „Lufthauch, das Wehen" (aus *gr.* aúra)⟩: Südwind auf der Nordseite des Gardasees
ora et la|bo|ra! ⟨*lat.*⟩: bete und arbeite! (alte Mönchsregel)
ora|geux [...'ʒø:] ⟨aus gleichbed. *fr.* orageux zu orage „Gewitter; Unwetter; Sturm", dies über *altfr.* orage zu *lat.* aura, vgl. Ora⟩: (veraltet) stürmisch, unruhig, ungestüm
Ora|kel *das; -s, -* ⟨aus *lat.* oraculum „Sprechstätte (als Institution der Göttersprucherteilung); Götter-, Schicksalsspruch; Weissagung" zu orare, vgl. Orans⟩: a) Stätte (bes. im Griechenland der Antike), wo Priester[innen], Seher[innen] o. ä. Weissagungen verkündeten od. [rätselhafte, mehrdeutige] Aussagen in bezug auf gebotene Handlungen, rechtliche Entscheidungen o. ä. machten; b) durch das Orakel (a) erhaltene Weissagung, [rätselhafte, mehrdeutige] Aussage. **ora|kel|haft**: dunkel, undurchschaubar, rätselhaft (in bezug auf Äußerungen, Aussprüche). **ora|keln**: a) in dunklen Andeutungen sprechen; b) ein Orakel (b) erstellen
oral ⟨zu *lat.* os, Gen. oris „Mund" u. ↑¹...al (1)⟩: a) den Mund betreffend, am Mund gelegen; durch den Mund [zu verabreichen] (Med.); b) mündlich (im Unterschied zu schriftlich überliefert o. ä.); c) mit nach oben geschlossenem Gaumensegel, zwischen Lippen- u. Gaumenzäpfchen artikuliert (von Lauten; Sprachw.); d) mit dem Mund [geschehend] (Sexualkunde). **Oral** *der; -s, -e* ⟨zu ↑¹...al (2)⟩: im Unterschied zum Nasal mit dem Mund gesprochener Laut. **Ora|le** *das; -s, ...lien* [...i̯ən] ⟨aus *kirchenlat.* orale, eigtl. „Mundtuch"⟩: svw. Fanon. **Oral|ero|tik** *die; -*: Lustgewinnung im Bereich der Mundzone (bes. von der Geburt bis zum Ende des 1. Lebensjahres; Psychol.). **oral-ge|ni|tal**: die Berührung u. Stimulierung der Genitalien mit dem Mund betreffend (Sexualkunde). **Oral hi|sto|ry** ['ɔ:rəl 'hɪstəri] *die; -* ⟨aus gleichbed. *engl.* oral history, eigtl. „mündliche (od. gesprochene) Geschichte"⟩: Geschichte, die sich mit der Befragung lebender Zeugen befaßt
oran|ge [o'rã:ʒ(ə), auch o'raŋʒ(ə)] ⟨aus gleichbed. *fr.* orange, vgl. Orange⟩: rötlichgelb, orangenfarbig. **¹Oran|ge** [o'rã:ʒə, auch o'raŋʒə] *die; -, -n* ⟨unter Einfluß von *niederl.* oranje(appel) aus *fr.* (pomme d')orange, vielleicht unter volksetymologischer Anlehnung an or „Gold" aus *span.* naranja, dies über *arab.* nāranǧ(a) „bittere Orange" aus *pers.* nāranǧ⟩: Apfelsine. **²Oran|ge** [o'rã:ʒ(ə), auch o'raŋʒ(ə)] *das; -,* Plur. -, ugs. -s ⟨zu ↑¹Orange⟩: orange Farbe. **Oran|gea|de** [orã'ʒa:də, auch oraŋ'ʒa:də] *die; -, -n* ⟨aus gleichbed. *fr.* orangeade⟩: Getränk aus Orangen-, Zitronensaft, Wasser u. Zucker. **Oran|geat** [...'ʒa:t] *das; -s, -e* ⟨aus gleichbed. *fr.* orangeat⟩: kandierte Orangenschale. **oran|gen** [o'rã:ʒn, o'raŋʒn] ⟨zu ↑¹Orange⟩: svw. orange. **Oran|gen|re|net|te** *die; -, -n*: svw. Cox' Orange. **Orange Pe|koe** ['ɔrɪndʒ 'pi:koʊ] *der; - -* ⟨aus gleichbed. *engl.* or-

ange pekoe, zu *chin.* mdal. pek-ho „weiße Daunen"): ind. Teesorte aus den größeren, von der Zweigspitze aus gesehen zweiten u. dritten Blättern der Teepflanze, z. T. mit weißlich-grauen u. goldbraun verfärbten Blattspitzen. **Oran|ge|rie** [orāʒə..., auch oraŋʒə...] *die;* -, ...ien ‹aus gleichbed. *fr.* orangerie›: Gewächshaus zum Überwintern von Orangenbäumen u. anderen Pflanzen (in Parkanlagen des 17. u. 18. Jh.s). **Oran|git** [orā'ʒiːt, ...'ʒɪt, auch oraŋ...] *der;* -s, -e ‹zu ↑ orange u. ↑²...it›: orangefarbene Abart des ↑Thorits

Orang-Utan, österr. Orangutan *der;* -s, -s ‹aus *malai.* orang (h)utan „Waldmensch"›: Menschenaffe mit braunem Fell auf Borneo u. Sumatra

Orans, Orant *der;* Oranten, Oranten u. **Oran|te** *die;* -, -n ‹aus *lat.* orans, Gen. orantis „der, die Betende", substantiviertes Part. Präs. von orare „beten, bitten"›: Gestalt der frühchristlichen Kunst in antiker Gebetshaltung mit erhobenen Armen [u. nach oben gewendeten Handflächen] (in Verbindung mit dem Totenkult in Reliefdarstellung auf Sarkophagen, in der Wandmalerei der Katakomben). **ora pro no|bis!** ‹*lat.*›: bitte für uns! (kath. Anrufung der Heiligen). **Ora|ri|on** *das;* -[s], ...ia ‹nach gleichbed. *(kirchen)lat.* orarium, eigtl. „Schweiß-, Mundtuch", zu *lat.* os, Gen. oris „Gesicht"; vgl. ¹...on›: Stola des Diakons im orthodoxen Gottesdienst. **Ora|tio** *die;* -, ...ones [...ne:s] ‹aus *(kirchen)lat.* oratio „Gebet", eigtl. „...Rede", zu orare, vgl. Orans›: lat. Form von ↑Oration; - dominica [...ka]: Gebet des Herrn, Vaterunser. **Ora|ti|on** *die;* -, -en ‹zu ↑Oratio›: liturgisches Gebet, bes. in der kath. Messe. **Ora|tio ob|li|qua** [- ...kva] *die;* - - ‹aus gleichbed. *lat.* oratio obliqua, vgl. oblique›: svw. indirekte Rede. **Ora|tio rec|ta** [- 'rɛkta] *die;* - - ‹aus gleichbed. *lat.* oratio recta, vgl. recte›: svw. direkte Rede. **Ora|tor** *der;* -s, ...oren ‹aus gleichbed. *lat.* orator›: Redner (in der Antike). **Ora|to|ria|ner** *der;* -s, - ‹nach ihrem ersten Versammlungsort, einem röm. Oratorium (1); vgl. ...aner›: Angehöriger einer Gemeinschaft von Weltpriestern, bes. der vom hl. Philipp Neri (16. Jh.) in Rom gegründeten. **ora|to|risch** ‹aus *lat.* oratorius „rednerisch", Bed. 2 nach *mlat.* oratorius „zur Kapelle gehörig"›: 1. rednerisch, schwungvoll, hinreißend. 2. in der Art eines Oratoriums (2). **Ora|to|ri|um** *das;* -s, ...ien [...ien] ‹aus *kirchenlat.* oratorium „Bethaus" zu *lat.* orare „bitten, beten", Bed. 2 nach *mlat.* oratorium „Kapelle, Kirche" (weil das Musikwerk urspr. zur Aufführung in der Kirche bestimmt war)›: 1. a) Betsaal, Hauskapelle in Klöstern u. a. kirchlichen Gebäuden; b) Versammlungsstätte der Oratorianer. 2. a) (ohne Plur.) Gattung von opernartigen Musikwerken ohne szenische Handlung mit meist religiösen od. episch-dramatischen Stoffen (zuerst von den Oratorianern aufgeführt); b) einzelnes Werk dieser Gattung

Or|ba|ti|on *die;* -, -en ‹aus gleichbed. *lat.* orbatio zu orbare „(der Kinder od. der Eltern) berauben"›: (veraltet) Beraubung, Verwaisung

or|bi|ku|lar ‹aus gleichbed. *nlat.* orbicularis zu *lat.* orbiculus, „kleiner Kreis", Verkleinerungsform von orbis, vgl. Orbis›: kreis-, ringförmig (Med.). **Or|bis** *der;* - ‹aus *lat.* orbis›: 1. lat. Bez. für Kreis. 2. Umkreis od. Wirkungsbereich, der sich aus der Stellung der Planeten zueinander u. zur Erde ergibt (Astrol.); - pictus ['pɪk...]: im 17. u. 18. Jh. beliebtes Unterrichtsbuch des Pädagogen Comenius; - terrarum: Erdkreis. **Or|bi|skop** *das;* -s, -e ‹zu ↑...skop›: Röntgengerät, bei dem die Lagerung des Patienten u. der Strahlengang unabhängig voneinander variabel eingestellt werden können (Med.). **Or|bit** *der;* -s, -s ‹aus gleichbed. *engl.* orbit, dies aus *lat.* orbita „Fahrgeleise; Bahn, Kreislauf", vgl. Orbis›: Umlaufbahn (eines Satelliten, einer Rakete) um die Erde od. um den Mond. **Or|bi|ta** *die;* -, ...tae [...tɛ] ‹aus gleichbed. *nlat.* orbita, dies aus *lat.* orbita, vgl. Orbit›: Augenhöhle (Med.). **or|bi|tal** ‹aus gleichbed. *engl.* orbital, Bed. 2 aus *nlat.* orbitalis; vgl. ¹...al (1)›: 1. den Orbit betreffend, zum Orbit gehörend. 2. die Augenhöhle betreffend, zu ihr gehörend (Med.). **Or|bi|tal** *das;* -s, -e ‹aus gleichbed. *engl.* orbital; vgl. Orbit›: a) Bereich, Umlaufbahn um den Atomkern (Atomorbital) oder die Atomkerne eines Moleküls (Molekülorbital); b) energetischer Zustand eines Elektrons innerhalb der Atomhülle (Phys., Quantenchem.). **Or|bi|tal|kom|plex** *der;* -es, -e: Bez. für eine aus einer Raumstation u. angekoppelten [un]bemannten Zubringer- bzw. Frachtraumkörpern bestehende, die Erde umkreisende, zeitweilig od. ständig bemannte Kombination. **Or|bi|tal|phleg|mo|ne** *die;* -, -n: infektiöse eitrige Entzündung der Augenhöhle mit Schwellung von Bindehaut u. Lidern, Schmerzen u. Fieber (Med.). **Or|bi|tal|rake|te** *die;* -, -n: ↑Interkontinentalrakete, die einen Teil ihrer Flugstrecke auf einer Abschnitt der Erdumlaufbahn zurücklegt. **Or|bi|tal|ring** *der;* -[e]s, -e: bei manchen Wirbeltieren die Augenhöhle umschließender Ring aus Knochenplatten od. -spangen (Zool.). **Or|bi|tal|sta|ti|on** *die;* -, -en: Forschungsstation in einem Orbit

Or|bi|tät *die;* - ‹aus gleichbed. *lat.* orbitas, Gen. orbitatis zu orbare, vgl. Orbation›: (veraltet) das Verwaistsein, Elternlosigkeit; Kinderlosigkeit

Or|bi|ter *der;* -s, - ‹aus gleichbed. *engl.-amerik.* orbiter zu *engl.* orbit, vgl. Orbit›: Teil eines Raumfahrtsystems, meist dessen dritte Stufe, die in einen Orbit gebracht wird. **Or|bi|to|gramm** *das;* -s, -e ‹zu ↑Orbita u. ↑...gramm›: Röntgenbild der Augenhöhlen (Med.). **Or|bi|to|gra|phie** *die;* -, ...ien ‹zu ↑...graphie›: röntgenographische Darstellung der Augenhöhlen (Med.)

Or|che|sis [ɔr'çe...] *die;* - ‹aus *gr.* órchēsis „das Tanzen" zu orcheïsthai „tanzen"›: in der Antike die Lehre vom pantomimischen Tanz. **Or|che|so|gra|phie** *die;* -, ...ien ‹zu *gr.* orcheïsthai „tanzen" u. ↑...graphie›: (selten) svw. Choreographie. **Or|che|ster** [ɔr'kɛ...] *das;* -s, - ‹über gleichbed. *it.* orchestra, *fr.* orchestre aus *lat.* orchestra „für die Senatoren bestimmter Ehrenplatz vorn im Theater, Erhöhung auf der Vorderbühne, auf der die Musiker u. Tänzer auftreten", dies aus *gr.* orchḗstra, vgl. Orchestra›: 1. Ensemble von Instrumentalmusikern verschiedener Besetzung; Klangkörper, Musikkapelle. 2. Raum für die Musiker vor der Opernbühne. **Or|che|ster|in|stru|ment** *das;* -[e]s, -e: Instrument, das vorwiegend im Orchester, weniger als Soloinstrument verwendet wird, z. B. die Harfe. **Or|che|stik** [...ç...] *die;* - ‹aus *gr.* orchēstikḗ (téchnē) „Tanzkunst"›: Tanzkunst, Lehre vom pantomimischen Tanz. **Or|che|stra** *die;* -, ...ren ‹aus *gr.* orchḗstra, eigtl. „Tanzplatz"›: a) runder Raum im altgriech. Theater, in dem der Chor bewegte; b) (im Theater des 15. u. 16. Jh.s) Raum zwischen Bühne u. Zuschauerreihen als Platz für die Hofgesellschaft; c) (im Theater des 17. Jh.s) Raum zwischen Bühne u. Zuschauerreihen als Platz für die Instrumentalisten. **or|che|stral** [...k...] ‹zu ↑¹...al (1)›: das Orchester betreffend, von orchesterhafter Klangfülle, orchestermäßig. **Or|che|stra|ti|on** *die;* -, -en ‹zu ↑...ation›: a) svw. Instrumentation; b) Umarbeitung einer Komposition für Orchesterbesetzung; vgl. ...[at]ion/...ierung. **Or|che|stren** [...ç...]: Plur. von ↑Orchestra. **or|che|strie|ren** [...k...] ‹zu ↑...ieren›: a) svw. instrumentieren (1); b) eine Komposition für Orchesterbesetzung umarbeiten. **Or|che|strie|rung** *die;* -, -en ‹zu ↑...ierung›: das Orchestrieren; vgl. ...[at]ion/...ierung. Or-

che|stri|on [...ç...] *das;* -s, Plur. -s u. ...ien [...iən] ⟨gräzisierende Bildung zu ↑Orchester (1) u. ↑²...ion⟩: 1. tragbare Orgel (1769 von Abt Vogler konstruiert). 2. Orgelklavier (1791 von Th. A. Kunz zuerst gebaut). 3. mechanisches Musikwerk (1828 von den Gebr. Bauer konstruiert). 4. Drehorgel (1851 von Fr. Th. Kaufmann zuerst gebaut) **Or|chi|da|ze|en** [...ç...] *die* (Plur.) ⟨aus gleichbed. *nlat.* orchidaceae; vgl. Orchidee⟩: Pflanzenordnung der Einkeimblättrigen mit Nutzpflanzen (z. B. Vanille) u. wertvollen Zierpflanzen (z. B. Orchidee). **Or|chi|dee** *die;* -, -n ⟨aus gleichbed. *fr.* orchidée zu *gr.* órchis „Hoden", nach den hodenförmigen Wurzelknollen der Pflanze⟩: zu den Orchidazeen gehörende wertvolle Gewächshauszierpflanze (auch tropische u. einheimische Wildformen). ¹**Or|chis** *der;* -, ...ches [...çe:s] ⟨über *spätlat.* orchis aus gleichbed. *gr.* órchis⟩: Hoden (Med.). ²**Or|chis** *die;* -, - ⟨zu ↑¹Orchis (wegen der hodenförmigen Wurzelknollen)⟩: Knabenkraut (Pflanzengattung der Orchidazeen). **Or|chi|tis** *die;* -, ...itiden ⟨zu ↑¹Orchis u. ↑...itis⟩: Hodenentzündung (Med.). **Or|chi|to|mie** *die;* -, ...ien ⟨zu ↑...tomie⟩: operative Freilegung des Hodens (Med.)
Or|dal *das;* -s, -ien [...iən] ⟨über *mlat.* ordalium, ordela aus gleichbed. *angels.* ordǣl, ordēl, eigtl. „das Ausgeteilte"⟩: Gottesurteil (im mittelalterlichen Recht)
Or|der *die;* -, Plur. -s u. -n ⟨aus gleichbed. *fr.* ordre, dies aus *lat.* ordo „Ordnung; Rang; Verordnung"⟩: 1. (veraltet) Befehl, Anweisung; - pa rie ren : (veraltet) einen Befehl ausführen; gehorchen. 2. (Plur. nur -s; Kaufmannsspr.) Bestellung, Auftrag. **Or|der|buch** *das;* -[e]s, ...bücher: (Kaufmannsspr.) Buch, in das die laufenden Aufträge, Bestellungen eingetragen werden, Auftragsbuch. **Or|der|klau|sel** *die;* -, -n: Vermerk auf Wertpapieren, durch den der Berechtigte einen anderen Berechtigten benennen kann (durch den Zusatz „oder an Order"; Wirtsch.). **or|dern** ⟨zu ↑Order (2)⟩: einen Auftrag erteilen; eine Ware bestellen (Wirtsch.). **Or|der|pa|pier** *das;* -s, -e: Wertpapier, das durch ↑Indossament der im Papier bezeichneten Person übertragen werden kann (Wirtsch.). **Or|der|satz** *der;* -es, ...sätze: (Kaufmannsspr.) Bestellliste des Großhandels, auf der alle Artikel des Sortiments verzeichnet sind. **Or|der|scheck** *der;* -s, -s: Scheck, der durch ↑Indossament übertragen werden kann (Wirtsch.). **or|der to ne|go|tiate** ['ɔ:də tə nɪ'gouʃɪeɪt] ⟨*engl.;* „Auftrag, zu verhandeln"⟩: Auftrag einer Bank an eine ausländische Bank, gezogene Wechsel gegen ↑Akkreditiv (2a) anzukaufen (Wirtsch.). **Or|di|na|le** *das;* -[s], ...lia ⟨aus gleichbed. *spätlat.* (nomen) ordinale, eigtl. „eine Ordnung anzeigend(es Wort)"⟩: (selten) svw. Ordinalzahl. **Or|di|nal|zahl** *die;* -, -en: Ordnungszahl (z. B. zweite). **or|di|när** ⟨aus *fr.* ordinaire „gewöhnlich, ordentlich", dies aus *lat.* ordinarius, vgl. Ordinarius⟩: 1. a) (abwertend) unfein, vulgär, die Gesetze des Schicklichen mißachtend; b) von schlechtem Geschmack [zeugend]. 2. alltäglich, gewöhnlich; -er Preis: svw. Ordinärpreis. **Or|di|na|ri|at** *das;* -[e]s, -e ⟨zu Ordinarius u. ↑...at (1)⟩: 1. oberste Verwaltungsstelle eines kath. Bistums od. eines ihm entsprechenden geistlichen Bezirks. 2. Amt eines ordentlichen Hochschulprofessors. **Or|di|na|ri|um** *das;* -s, ...ien [...iən] ⟨aus gleichbed. *mlat.* ordinarium, eigtl. „das Regelmäßige", zu *lat.* ordinarius, vgl. Ordinarius⟩: 1. kath. [handschriftliche] Gottesdienstordnung; - m i s s a e [...sɛ]: die im ganzen Kirchenjahr gleichbleibenden Gesänge der Messe; vgl. Ordo missae. 2. sogenannter ordentlicher Haushalt [eines Staates, Landes, einer Gemeinde] mit den regelmäßig wiederkehrenden Ausgaben u. Einnahmen. **Or|di|na|ri|us** *der;* -, ...ien [...iən] ⟨zu *lat.* ordinarius „ordentlich; regelmäßig mit etwas betraut"; Bed. 1 u. 3 gekürzt aus (Professor) ordinarius, Bed. 2 aus *mlat.* ordinarius „zuständiger Bischof"⟩: 1. ordentlicher Professor an einer Hochschule. 2. Inhaber einer kath. Oberhirtengewalt (z. B. Papst, Diözesanbischof, Abt u. a.). 3. (veraltet, landsch.) Klassenlehrer an einer höheren Schule. **Or|di|när|preis** *der;* -es, -e ⟨zu *fr.* ordinaire, vgl. ordinär⟩: 1. im Buchhandel vom Verleger festgesetzter Verkaufspreis. 2. Marktpreis im Warenhandel. **Or|di|na|te** *die;* -, -n ⟨aus *lat.* (linea) ordinata „geordnete (Linie)", vgl. ordinieren⟩: Größe des Abstandes von der horizontalen Achse (Abszisse) auf der vertikalen Achse des rechtwinkligen Koordinatensystems (Math.). **Or|di|na|ten|ach|se** *die;* -, -n: vertikale Achse des rechtwinkligen Koordinatensystems (Math.). **Or|di|na|ti|on** *die;* -, -en ⟨aus *(m)lat.* ordinatio „Anordnung; Einsetzung (in ein Amt); Weihe eines Priesters"⟩: 1. a) feierliche Einsetzung in ein ev. Pfarramt; b) kath. Priesterweihe. 2. a) ärztliche Verordnung; b) ärztliche Sprechstunde; c) (österr.) ärztliches Untersuchungszimmer. **Or|di|na|ti|ons|zim|mer** *das;* -s, -: (veraltet) Sprechzimmer des Arztes. **Or|di|nes** [...ne:s]: Plur. von ↑Ordo. **or|di|nie|ren** ⟨aus *(m)lat.* ordinare „(in ein Amt einsetzen; einen Priester weihen"⟩: 1. a) in das geistliche Amt einsetzen (ev. Kirche); b) zum Priester weihen (kath. Kirche). 2. a) [eine Arznei] verordnen; b) Sprechstunde halten (Med.). **Or|do** *der;* -, Ordines [...ne:s] ⟨über *kirchenlat.* ordo „geistlicher Stand; göttliche Weltordnung" aus *lat.* ordo, Gen. ordinis „Ordnung, Reihe; Stand"⟩: 1. (ohne Plur.) Hinordnung alles Weltlichen auf Gott (im Mittelalter); - a m o r i s : Rangordnung von ethischen Werten, durch die ein Mensch sich in seinem Verhalten bestimmen läßt (stärkstes individuelles Persönlichkeitsmerkmal bei M. Scheler). 2. Stand des ↑Klerikers, bes. des Priesters; Ordines maiores [...ne:s ma'jo:re:s]: die drei höheren Weihegrade (vgl. Subdiakon, Diakon u. Presbyter); Ordines minores [...ne:s ...re:s]: die vier niederen Weihegrade (vgl. Ostiarius, Lektor (3), Exorzist u. Akoluth); Ordo missae ['mɪsɛ]: Meßordnung der kath. Kirche für die unveränderlichen Teile der Messe; vgl. Proprium (2). 3. (ohne Plur.) verwandte Familien zusammenfassende systematische Einheit in der Biologie. **or|do|li|be|ral**: den Ordoliberalismus betreffend. **Or|do|li|be|ra|lis|mus** *der;* -: Variante des ↑Neoliberalismus, die eine Ergänzung der freien Wirtschaft durch eine Sozialordnung vorsieht. **Or|don|nanz** *die;* -, -en ⟨aus gleichbed. *fr.* ordonnance zu ordonner, vgl. ordonnieren⟩: 1. (veraltet) Befehl, Anordnung. 2. Soldat, der einem Offizier zur Befehlsübermittlung zugeteilt ist. 3. (nur Plur.) die Königlichen Erlasse in Frankreich vor der Franz. Revolution. **Or|don|nanz|kom|pa|ni|en** [...i:ən] *die* (Plur.): die vom franz. König Karl VII. 1445 geschaffenen Reitertruppen, die im Frieden beibehalten wurden u. zusammen mit den Schützen das erste stehende Heer Europas bildeten. **Or|don|nanz|of|fi|zier** *der;* -s, -e: meist jüngerer Offizier, der in besonderen Stäben den Stabsoffizieren zugeordnet ist. **or|don|nie|ren** ⟨aus gleichbed. *fr.* ordonner, dies aus *lat.* ordinare, vgl. ordinieren⟩: (veraltet) anordnen, befehlen
Or|dos|bron|zen [...brõsən] *die* (Plur.) ⟨nach dem Ordosgebiet in Nordchina⟩: vorgeschichtliche Funde aus der Hanzeit (206 v. Chr.–220 n. Chr.), darunter Dolche mit Tierkopfgriff, Knöpfe mit Tiermotiven
Or dou|blé [ɔrdu'ble] *das;* - - ⟨aus gleichbed. *fr.* or doublé zu or „Gold" (aus *lat.* aurum) u. doublé, vgl. Dublee⟩: mit Gold plattierte Kupferlegierung (für Schmucksachen); vgl. auch Dublee (1)

or|do|vi|zisch [...v...] ⟨nach dem britannischen Volksstamm der Ordovices⟩: das Ordovizium betreffend. **Or|do|vi|zi|um** *das;* -s ⟨zu ↑...ium⟩: erdgeschichtliche Formation; Unterabteilung des ↑Silurs (Untersilur; Geol.)

Or|dre ['ɔrdɐ, fr. 'ɔrdr] *die;* -, -s ⟨aus *fr.* ordre, vgl. Order⟩: franz. Form von Order; vgl. par ordre. **Or|dre du cœur** [ɔrdrədy'kœːr] *die;* - - - ⟨aus *fr.* ordre du cœur, eigtl. „Ordnung (od. Logik) des Herzens"⟩: 1. eine Art des Erkennens (Pascal). 2. Sinn für Werthöhe; Werthöhengefühl (M. Scheler, N. Hartmann). **Or|dre pu|blic** [...py'blik] *der;* - - ⟨aus *fr.* ordre public, eigtl. „öffentliche Ordnung"⟩: Gesamtheit der grundlegenden Rechtsbestimmungen eines Staates, die eine Sperre gegen ansonsten anzuwendendes ausländisches Recht im Rahmen des internationalen Privat-, Straf- od. öffentlichen Rechts darstellt

Öre *das;* -s, -, auch *die;* -, - ⟨aus *dän., norw.* øre, *schwed.* öre, dies aus *lat.* (nummus) aureus „Golddenar"⟩: dänische, norwegische u. schwedische Münze (= 0,01 Krone)

Orea|de *die;* -, -n ⟨über *lat.* oreas, Gen. oreadis, aus *gr.* oreiás, Gen. oreiádos, eigtl. „die zum Berg Gehörende"⟩: Bergnymphe der griech. Sage. **ore|al** ⟨zu *gr.* óreios „bergig; auf dem Berg befindlich" u. ↑¹...al (1)⟩: zum Gebirgswald gehörend (Geogr.)

Ore-bulk-oil-Schiff ['ɔː'bʌlk-'ɔɪl...] *das;* -[e]s, -e ⟨zu *engl.* ore „Erz", bulk „Masse(ngut)" u. oil „Öl"⟩: Spezialschiff für den abwechselnden Transport von Erz, Massengütern od. Öl

Ore|ga|no *der;* - ⟨aus gleichbed. *span.* oregano⟩: svw. Origano

Ore|gon|ze|der *die;* -, -n ⟨nach dem Staat Oregon im Nordwesten der USA⟩: svw. Douglasie

orek|tisch ⟨aus *gr.* orektikós „zum Streben geneigt, bemüht" zu orégesthai „streben, sich bemühen", eigtl. „sich strecken"⟩: die Aspekte der Erfahrung wie Impuls, Haltung, Wunsch, Emotion betreffend (Päd.)

ore|mus! ⟨aus *lat.* oremus, 1. Pers. Plur. Konj. Präs. von orare „bitten, beten"⟩: laßt uns beten! (Gebetsaufforderung des kath. Priesters in der Messe)

Oren|da *das;* -s ⟨aus dem Indian.⟩: übernatürlich wirkende Kraft in Menschen, Tieren u. Dingen (↑dynamistischer Glaube von Naturvölkern); vgl. Mana, Manitu

Or|fe *die;* -, -n ⟨über *lat.* orphus aus *gr.* orphós „ein Meeresfisch"⟩: amerik. Karpfenfisch mit zahlreichen Arten (auch Aquarienfisch)

Or|fe|vre|rie [ɔrfɛvrə...] *die;* - ⟨aus gleichbed. *fr.* orfèvrerie, dies über *galloroman.* *aurifaber zu *lat.* aurum „Gold" u. faber „Handwerker"⟩: (veraltet) Goldschmiedekunst

Or|gan *das;* -s, -e ⟨aus *lat.* organum „Werkzeug; Musikinstrument, Orgel", dies aus *gr.* órganon „Werkzeug; Sinneswerkzeug; Musikinstrument; Körperteil"; Bed. 2 u. 3 wohl nach gleichbed. *fr.* organe⟩: 1. aus verschiedenen Geweben zusammengesetzter einheitlicher Teil des menschlichen, tierischen u. pflanzlichen Körpers mit einer bestimmten Funktion. 2. (Plur. selten) Zeitung, Zeitschrift einer politischen od. gesellschaftlichen Vereinigung. 3. a) Institution od. Behörde, die bestimmte Aufgaben ausführt; b) Beauftragter. 4. Sinn, Empfindung, Empfänglichkeit, z. B. kein - haben für etwas. 5. (ugs.) Stimme, z. B. ein lautes - haben. **Or|ga|na:** Plur. von ↑Organum. **or|ga|nal** ⟨aus *spätlat.* organalis „zur Orgel gehörig"⟩: 1. das Organum betreffend. 2. orgelartig. **Or|gan|bank** *die;* -, -en ⟨zu ↑Organ⟩: Einrichtung, die der Aufbewahrung von Organen (1) od. Teilen davon für Transplantationen dient

Or|gan|din *der;* -s ⟨nach gleichbed. *fr.* organdi⟩: (österr.) svw. Organdy. **Or|gan|dy** [...di] *der;* -s ⟨über *engl.* organdy aus gleichbed. *fr.* organdi, Herkunft unsicher⟩: fast durchsichtiges, wie Glasbatist ausgerüstetes (behandeltes) Baumwollgewebe in zarten Pastellfarben

Or|ga|nell *das;* -s, -en u. **Or|ga|nel|le** *die;* -, -n ⟨Verkleinerungsbildung zu ↑Organ; vgl. ...elle⟩: organartige Bildung des Zellplasmas von Einzellern (Biol.). **Or|gan|ex|trak|te** *die* (Plur.) ⟨zu ↑Organ⟩: Medikamente, die aus tierischen Organen (1) gewonnen werden (Pharm.). **Or|ga|ni|gramm** *das;* -s, -e ⟨Kunstw. zu ↑Organ u. ↑...gramm⟩: 1. Stammbaumschema, das den Aufbau einer [wirtschaftlichen] Organisation erkennen läßt u. über Arbeitseinteilung od. über die Zuweisung bestimmter Aufgabenbereiche an bestimmte Personen Auskunft gibt. 2. svw. Organogramm (1). **Or|ga|nik** *die;* - ⟨zu ↑²...ik (1)⟩: Bezeichnung Hegels für die Lehre vom geologischen, vegetabilischen u. animalischen Organismus (Philos.). **Or|ga|ni|ker** *der;* -s, -: Chemiker mit speziellen Kenntnissen u. Interessen auf dem Gebiet der organischen Chemie. **or|ga|ni|sa|bel** ⟨aus gleichbed. *fr.* organisable; vgl. ...abel⟩: (selten) organisierbar, beschaffbar; sich verwirklichen lassend. **Or|ga|ni|sa|ti|on** *die;* -, -en ⟨aus gleichbed. *fr.* organisation zu organiser, vgl. organisieren⟩: 1. (ohne Plur.) a) das Organisieren; b) Aufbau, Gliederung, planmäßige Gestaltung. 2. Gruppe, Verband mit [sozial]politischen Zielen (z. B. Partei, Gewerkschaft). 3. Bauplan eines Organismus, Gestalt u. Anordnung seiner Organe (Biol.). 4. Umwandlung abgestorbenen Körpergewebes in gefäßhaltiges Bindegewebe (Med.). **Or|ga|ni|sa|ti|ons|akt** *der;* -[e]s, -e: staatliche Entscheidung über die Errichtung, Zuständigkeitsbestimmung, Änderung od. Aufhebung von staatlichen Körperschaften, Anstalten od. Behörden. **Or|ga|ni|sa|ti|ons|de|likt** *das;* -[e]s, -e: Straftat, die in Bildung, Fortführung od. Unterstützung verbotener (bes. verfassungsfeindlicher) Vereinigungen besteht (Rechtsw.). **Or|ga|ni|sa|ti|ons|kul|tur** *die;* -: die von den Mitgliedern einer Organisation hinsichtlich deren Zweck gemeinsam getragenen Grundüberzeugungen, Werte u. Einstellungen. **Or|ga|ni|sa|ti|ons|pro|gramm** *das;* -s, -e: Programmkomplex innerhalb des Betriebssystems eines Computers, der für das Zusammenspiel aller Anlagenteile u. für die Verwaltung der ablaufenden Aufträge (vgl. Job 2) u. Programme (4) zuständig ist (EDV). **Or|ga|ni|sa|ti|ons|ta|lent** *das;* -[e]s, -e: 1. (ohne Plur.) Talent (1) zum Organisieren. 2. jmd., der Organisationstalent (1) besitzt. **Or|ga|ni|sa|tor** *der;* -s, ...oren ⟨zu ↑...or⟩: 1. a) jmd., der etwas organisiert, eine Unternehmung nach einem bestimmten Plan vorbereitet; b) jmd., der organisatorische Fähigkeiten besitzt. 2. Keimbezirk, der auf die Differenzierung der Gewebe Einfluß nimmt (Biol.). **or|ga|ni|sa|to|risch:** die Organisation (1a) betreffend. **or|ga|nisch** ⟨nach gleichbed. *spätlat.* organicus, dies aus *gr.* organikós „mechanisch"⟩: 1. a) ein Organ od. den Organismus betreffend (Biol.); b) der belebten Natur angehörend; Ggs. ↑anorganisch (1 a); c) die Verbindungen des Kohlenstoffs betreffend; -e Chemie: Teilgebiet der Chemie, das sich mit den Verbindungen des Kohlenstoffs beschäftigt; Ggs. ↑anorganische Chemie. 2. einer inneren Ordnung gemäß in einen Zusammenhang hineinwachsend, mit etwas eine Einheit bildend. **or|ga|ni|sie|ren** ⟨aus *fr.* organiser „einrichten, anordnen, gestalten" zu organe, vgl. Organ⟩: 1. a) etwas sorgfältig u. systematisch vorbereiten [u. für einen reibungslosen, planmäßigen Ablauf sorgen]; b) etwas sorgfältig u. systematisch aufbauen, für einen bestimmten Zweck einheitlich gestalten. 2. (ugs. verhüllend) sich etwas [auf nicht ganz rechtmäßige Weise] beschaffen. 3. a) in einer Organisation (2), einem Verband

Orgiastin

o. ä. od. zu einem bestimmten Zweck zusammenschließen; b) sich -: sich zu einem Verband zusammenschließen. 4. totes Gewebe in gefäßführendes Bindegewebe umwandeln (Med.). **or|ga|ni|siert** ⟨zu ↑...iert⟩: einer Organisation (2) angehörend; -e K r i m i n a l i t ä t: verbreitete, jedoch nicht eindeutig abgrenzbare Bez. für von Gruppen verübte kriminelle Handlungen. **or|ga|nis|misch** ⟨zu ↑ Organismus⟩: zu einem Organismus gehörend, sich auf einen Organismus beziehend. **Or|ga|nis|mus** *der;* -, ...men ⟨aus gleichbed. *fr.* organisme; vgl. Organ u. ...ismus (2)⟩: 1. a) das gesamte System der ↑ Organe (1); b) (meist Plur.) tierisches od. pflanzliches Lebewesen (Biol.). 2. (Plur. selten) größeres Ganzes, Gebilde, dessen Teile, Kräfte o. ä. zusammenpassen, zusammenwirken. **Or|ga|nist** *der;* -en, -en ⟨aus gleichbed. *mlat.* organista zu *lat.* organum, vgl. Organum⟩: Musiker, der Orgel spielt. **Or|ga|ni|stin** *die;* -, -nen: weibliche Form zu ↑ Organist. **Or|ga|ni|strum** *das;* -s, ...stren ⟨aus gleichbed. *nlat.* organistrum zu *lat.* organum, vgl. Organum⟩: Drehleier. **Or|ga|ni|zis|mus** *der;* - ⟨zu ↑ Organ u. ↑...izismus⟩: metaphysischer Standpunkt, der die Wirklichkeit allein unter dem Gesichtspunkt des Organischen betrachtet (Philos.). **Or|gan|kla|ge** *die;* -, -n: Klage eines Verfassungsorgans des Bundes od. eines Landes gegen ein anderes vor dem Bundesverfassungsgericht (Rechtsw.). **Or|gan|kon|ser|ve** [...və] *die;* -, -n: konserviertes Organ (1) zur Organverpflanzung (Med.). **Or|gan|kon|ser|vie|rung** [...v...] *die;* -, -en: Konservierung eines Organs (1; Med.). **Or|gan|man|dat** *das;* -[e]s, -e: (österr. Amtsspr.) Strafe, die von der Polizei ohne Anzeige u. Verfahren verhängt wird. **or|ga|no..., Or|ga|no...** ⟨zu ↑Organ⟩: Wortbildungselement mit den Bedeutungen: a) „Organe (1) betreffend", z. B. organographisch, u. „Musikinstrumente, bes. die Orgel, betreffend", z. B. Organologe, u. c) „organische Stoffe, bes. Kohlenstoffverbindungen betreffend", z. B. organogen, organotroph. **or|ga|no|gen** ⟨zu ↑...gen⟩: 1. am Aufbau der organischen Verbindungen beteiligt (Chem.). 2. Organe bildend; organischen Ursprungs (Biol.). **Or|ga|no|gen** *das;* -s, -e: ↑Element (6), das am Aufbau organischer Stoffe beteiligt ist (z. B. Kohlenstoff, Wasserstoff, Stickstoff, Sauerstoff, Schwefel; Chem.). **Or|ga|no|ge|ne|se** *die;* -: Prozeß der Organbildung (Biol.). **Or|ga|no|gramm** *das;* -s, -e ⟨zu ↑...gramm⟩: 1. schaubildliche Wiedergabe der Verarbeitung von Informationen im Organismus (Psychol.). 2. svw. Organigramm (1). **Or|ga|no|gra|phie** *die;* -, ...jen ⟨zu ↑...graphie⟩: 1. Beschreibung der Organe (Med., Biol.). 2. Teilgebiet der Botanik, auf dem der Aufbau der Pflanzenorgane erforscht wird. 3. Lehre vom Bau der Musikinstrumente. **or|ga|no|gra|phisch** ⟨zu ↑...graphisch⟩: Lage u. Bau der Organe beschreibend (Med., Biol.). **or|ga|no|id** ⟨zu ↑...oid⟩: organähnlich (Med., Biol.). **Or|ga|no|id** *das;* -[e]s, -e: svw. Organell[e]. **or|ga|no|lep|tisch** ⟨zu *gr.* lēptós „faßbar, begreiflich", dies zu lambánein „fassen, begreifen"⟩: Lebensmittel nach einem bestimmten Bewertungsschema in bezug auf Eigenschaften wie Geschmack, Aussehen, Geruch, Farbe ohne Hilfsmittel, nur mit den Sinnen prüfend. **Or|ga|no|lo|ge** *der;* -n, -n ⟨zu ↑...loge⟩: Wissenschaftler auf dem Gebiet des Orgelbaues. **Or|ga|no|lo|gie** *die;* - ⟨zu ↑...logie⟩: 1. Organlehre (Med., Biol.). 2. Orgel[bau]kunde. **or|ga|no|lo|gisch** ⟨zu ↑...logisch⟩: die Organologie betreffend, zu ihr gehörend. **Or|ga|non** *das;* -s, ...na ⟨aus *gr.* órganon „Werkzeug, Instrument"⟩: a) (ohne Plur.) zusammenfassende Bez. für die logischen Schriften des Aristoteles als Hilfsmittel zur Wahrheitserkenntnis; b) [logische] Schrift zur Grundlegung der Erkenntnis. **or|ga|no ple|no** vgl. pleno

organo. **Or|ga|no|sol** *das;* -s, -e ⟨zu ↑ Organ u. ↑²Sol⟩: Lösung eines Kolloids in einem organischen Lösungsmittel (Chem.). **Or|ga|no|the|ra|pie** *die;* -: svw. Organtherapie. **or|ga|no|trop** ⟨zu ↑...trop⟩: auf Organe gerichtet, auf sie wirkend (Med.). **or|ga|no|troph** ⟨zu ↑...troph⟩: organische Substanzen zur Energiegewinnung verwendend. **Or|ga|no|zo|on** *das;* -s, ...zoen ⟨zu *gr.* zōon „Lebewesen"⟩: im Innern eines Organs lebender Parasit. **Or|gan|prä|pa|rat** *das;* -[e]s, -e: aus getrockneten tierischen Organen hergestelltes Arzneimittel (Med.). **Or|gan|psy|cho|se** *die;* -, -n: körperliche Erkrankung mit psychotischem Hintergrund (H. Meng). **Or|gan|schaft** *die;* -, -en: finanzielle, wirtschaftliche u. organisatorische Abhängigkeit einer rechtlich selbständigen Handelsgesellschaft gegenüber einem beherrschenden Unternehmen, in dem die Untergesellschaft als Organ (3 a) aufgeht. **Or|gan|sin** u. **Organ|zin** *der* od. *das;* -s ⟨aus gleichbed. *fr.* organsin, dies vermutlich (über *it.* organzino) zum Namen der usbek. Stadt Urgentsch, wo diese Seide erstmals hergestellt wurde⟩: beste Naturseide, die gezwirnt als Kettgarn verwendet wird. **or|gan|spe|zi|fisch** ⟨zu ↑ Organ u. ↑ spezifisch⟩: auf bestimmte Organe einwirkend (von Medikamenten, Giften; Med.). **Or|gan|theo|rie** *die;* -: steuerrechtliches Prinzip, nach dem eine Gesellschaft als unselbständig gilt, wenn sie in ein anderes Unternehmen eingegliedert u. dessen Willen unterworfen ist (Rechtsw.). **Or|gan|the|ra|pie** *die;* -: Verwendung von aus tierischen Organen od. Sekreten gewonnenen Arzneimitteln zur Behandlung von Krankheiten **Or|gan|tin** *der* od. *das;* -s ⟨nach gleichbed. *fr.* organdi⟩: (österr.) svw. Organdin **Or|gan|trans|plan|ta|ti|on** *die;* -, -en ⟨zu ↑ Organ u. ↑ Transplantation⟩: Übertragung eines gesunden Organs (z. B. einer Niere) von einem Spender auf einen Empfänger mit einem entsprechend unheilbaren Organ (Med.). **Or|ga|num** *das;* -s, ...gana ⟨aus gleichbed. *mlat.* organum, dies aus *lat.* organum, vgl. Organ⟩: 1. älteste Art der Mehrstimmigkeit, Parallelgänge zu den Weisen des ↑ Gregorianischen Gesanges. 2. Musikinstrument, bes. Orgel **Or|gan|za** *der;* -s ⟨aus gleichbed. *it.* organza; vgl. Organsin⟩: hauchzartes Gewebe aus nichtentbasteter Naturseide bzw. aus Chemiefasern. **Or|gan|zin** vgl. Organsin **Or|gas|mus** *der;* -, ...men ⟨über *nlat.* orgasmus aus gleichbed. *gr.* orgasmós zu orgãn „von Saft u. Kraft strotzen; heftig verlangen", dies zu orgḗ „Trieb, Erregung"⟩: Höhepunkt der geschlechtlichen Erregung. **or|ga|stisch:** den Orgasmus betreffend; wollüstig **Or|gel** *die;* -, -n ⟨über *althochd.* orgela (wohl durch Dissimilation entstandene Nebenform) aus *lat.* organum, vgl. Organ⟩: größtes Tasteninstrument mit ↑ Manualen, ↑ Pedalen, ↑ Registern, Gebläse, Windladen, Pfeifenwerk, Schweller u. Walze. **Or|gel|pro|spekt** *der;* -[e]s, -e: künstlerisch ausgestaltetes Pfeifengehäuse der Orgel, meist mit tragenden Teilen aus Holz, die reich mit Schnitzwerk verziert sind. **Or|gel|punkt** *der;* -[e]s: (lang) ausgehaltener, die Tonart bekräftigender Baßton auf der Orgel (auch unterbrochen), über dem sich die übrigen Stimmen harmonisch, rhythmisch u. melodisch frei bewegen (Mus.). **Or|gi|as|mus** *der;* -, ...men ⟨über *nlat.* orgiasmus aus gleichbed. *gr.* orgiasmós zu orgiázein „ein Fest orgiastisch feiern", dies zu órgia, vgl. Orgie⟩: ausschweifende kultische Feier in antiken ↑ Mysterien. **Or|gi|ast** *der;* -en, -en ⟨aus *gr.* orgiastḗs „der Orgien Feiernde"⟩: zügelloser Schwärmer. **Or|gi|a|stin** *die;* -, -nen: weibliche Form zu ↑ Orgiast. **or|gia-**

stisch ⟨aus *gr.* orgiastikós „enthusiastisch, begeistert", eigtl. „die Feiern der Orgien betreffend"⟩: schwärmerisch; wild, zügellos. **Or|gie** [...jə] *die;* -, -n ⟨aus *lat.* orgia (Plur.) „nächtliche Bacchusfeier", dies aus *gr.* órgia (Plur.) „(geheimer) Gottesdienst", weitere Herkunft unsicher⟩: 1. geheimer, wild verzückter Gottesdienst [in altgriech. ↑Mysterien]. 2. a) ausschweifendes Gelage; b) keine Grenzen kennendes Ausmaß von etwas; etwas feiert -n (etwas bricht in aller Deutlichkeit hervor u. tobt sich aus)

Org|ware [...wεə] *die;* -, -s ⟨Kunstw. aus *engl.* organisation u. -*ware,* Analogiebildung zu ↑Software⟩: a) zusammenfassende Bez. für sämtliche Methoden u. Hilfsmittel, die den Ablauf einer Informationsverarbeitungsanlage regeln; b) Betriebssystem eines Computers

Ori|bi *das;* -s ⟨aus dem Afrik.⟩: Bleichböckchen, eine vor allem in den Graslandschaften Afrikas vorkommende Antilopenart

Ori|ent ['o:riɛnt, auch o'riɛnt] *der;* -s ⟨aus gleichbed. *lat.* (sol) oriens, Gen. orientis, eigtl. „aufgehend(e Sonne)", substantiviertes Part. Präs. zu oriri „sich erheben; aufgehen"⟩: 1. Gesamtheit der vorder- u. mittelasiat. Länder; östliche Welt; Ggs. ↑Okzident. 2. (veraltet) Osten. **Ori|en|ta|le** *der;* -n, -n ⟨zu *lat.* orientales (Plur.) „die Morgenländer, die Orientalen"⟩: Bewohner der Länder des Orients. **Ori|en|ta|lia** *die* (Plur.) ⟨zu ↑...ia⟩: Werke über den Orient. **Ori|en|ta|li|de** *der* u. *die;* -n, -n ⟨zu ↑...ide⟩: Unterrasse der ↑Europiden (bes. auf der Halbinsel Arabien, in Mesopotamien u. in Nordafrika). **Ori|en|ta|lin** *die;* -, -nen: weibliche Form zu ↑Orientale. **ori|en|ta|lisch** ⟨aus *lat.* orientalis „morgenländisch"⟩: den Orient betreffend; östlich, morgenländisch; -e Region: tiergeographische Region (Vorder-, Hinterindien, Südchina, die Großen Sundainseln u. die Philippinen); -er Ritus: Sammelbez. für die Riten der mit Rom unierten Ostkirchen. **ori|en|ta|li|sie|ren** ⟨zu ↑...isieren⟩: a) orientalische Einflüsse aufnehmen (in bezug auf eine frühe Phase der griech. Kunst); b) etwas -: einer Sache (z. B. Gegend) ein orientalisches Gepräge geben. **Ori|en|ta|lis|mus** *der;* - ⟨zu ↑...ismus (2)⟩: Bez. für das sich bes. in Gemälden, Aquarellen u. Zeichnungen des 19. Jh.s ausdrückende Interesse an Kultur u. Lebensweise des Orients. **Ori|en|ta|list** *der;* -en, -en ⟨zu ↑...ist⟩: Wissenschaftler auf dem Gebiet der Orientalistik. **Ori|en|ta|li|stik** *die;* - ⟨zu ↑...istik⟩: Wissenschaft von den orientalischen Sprachen u. Kulturen. **Ori|en|ta|li|stin** *die;* -, -nen: weibliche Form zu ↑Orientalist. **ori|en|ta|li|stisch** ⟨zu ↑...istisch⟩: die Orientalistik betreffend. **Ori|en|ta|ti|on** *die;* -, -en ⟨zu ↑...ation⟩: svw. Orientierung (1); vgl. ...[at]ion/...ierung. **Ori|ent|beu|le** *die;* -, -n ⟨nach dem häufigen Vorkommen bes. im Vorderen Orient⟩: tropische Beulenkrankheit der Haut, z. B. ↑Aleppobeule (Med.). **ori|en|tie|ren** ⟨aus gleichbed. *fr.* (s')orienter, eigtl. „gegen Osten wenden", zu orient „Sonnenaufgang, Osten; Orient"; vgl. Orient⟩: 1. a) sich -: eine Richtung suchen, sich zurechtfinden; b) ein Kultgebäude, eine Kirche in der West-Ost-Richtung anlegen. 2. informieren, unterrichten. 3. auf etwas einstellen, nach etwas ausrichten (z. B. die Politik, sich an bestimmten Leitbildern o.). 4. a) auf etwas hinlenken; b) sich -: seine Aufmerksamkeit auf etwas, jmdn. konzentrieren. **ori|en|tiert** ⟨zu ↑...iert⟩: a) auf etwas ausgerichtet; b) über etwas gut unterrichtet. **...ori|en|tiert** ⟨zu ↑...iert⟩: Wortbildungselement mit der Bedeutung „auf etwas ausgerichtet, eingestellt", z. B. bedarfsorientiert, konsumorientiert. **Ori|en|tie|rung** *die;* -, -en ⟨zu ↑...ierung⟩: 1. Anlage eines Kultgebäudes, einer Kirche in der West-Ost-Richtung; vgl. ...[at]ion/...ierung. 2. das Sichzurechtfinden im Raum. 3. geistige Einstellung, Ausrichtung. 4. Informierung, Unterrichtung. 5. Hinlenkung auf etwas. **Ori|en|tie|rungs|re|ak|ti|on** *die;* -, -en: auf Außenreize erfolgende, aber auch auf Lernvorgängen beruhende, zu gerichteter Bewegung führende Reaktion bei Tieren u. Pflanzen (Biol.). **Ori|en|tie|rungs|stu|fe** *die;* -, -n: Zwischenstufe von zwei Jahren zwischen Grundschule u. weiterführender Schule

Ori|fi|ci|um [...tsiʊm] *das;* -s, ...cia ⟨aus *lat.* orificium „Mündung, Deckel"⟩: a) svw. Ostium; b) Mund der Orgelpfeifen

Ori|flam|me *die;* - ⟨aus gleichbed. *fr.* oriflamme, dies aus *mlat.* aurea flamma, eigtl. „Goldflamme"⟩: Kriegsfahne der franz. Könige

Ori|ga|mi *das;* -[s] ⟨aus gleichbed. *jap.* orígami, eigtl. „gefaltetes Papier"⟩: (in Japan beliebte) Kunst des Papierfaltens, bes. als symbolträchtiger Verpackungsschmuck zu bestimmten Anlässen

Ori|ga|no *der;* - ⟨aus gleichbed. *it.* origano, dies über *lat.* origanum aus *gr.* oríganon⟩: als Gewürz verwendete getrocknete Blätter u. Zweigspitzen des Origanums. **Ori|ga|num** *das;* -[s] ⟨aus gleichbed. *lat.* origanum⟩: Gewürzpflanze, wilder Majoran

ori|gi|nal ⟨aus *lat.* originalis „ursprünglich" zu origo, Gen. originis „Ursprung"⟩: 1. ursprünglich, echt; urschriftlich; eine Sendung - (direkt) übertragen. 2. von besonderer, einmaliger Art, urwüchsig, originell (1); vgl. ...al/...ell. **Ori|gi|nal** *das;* -s, -e ⟨zu ↑original, Bed. 1 aus gleichbed. *mlat.* originale (exemplar)⟩: 1. Urschrift, Urfassung; Urbild, Vorlage; Urtext, ursprünglicher fremdsprachiger Text, aus dem übersetzt worden ist; vom Künstler eigenhändig geschaffenes Werk der bildenden Kunst. 2. (ugs.) eigentümlicher, durch seine besondere Eigenart auffallender Mensch. **Ori|gi|na|li|en** [...jən] *die* (Plur.) ⟨zu ↑¹...ie⟩: Originalaufsätze, -schriften. **Ori|gi|na|li|tät** *die;* -, -en ⟨aus gleichbed. *fr.* originalité; vgl. original u. ...ität⟩: 1. (ohne Plur.) Ursprünglichkeit, Echtheit, Selbständigkeit. 2. Besonderheit, wesenhafte Eigentümlichkeit. **Ori|gi|nal|ko|pie** *die;* -, ...ien [...i:ən] ⟨zu ↑original⟩: 1. vom Künstler hergestellte od. autorisierte Kopie seines Kunstwerkes. 2. von einem Originalnegativ hergestellte Kopie (Fot., Film). **Ori|gi|nal|ton** *der;* -[e]s: im Rahmen einer Hörfunk-, Fernsehsendung verwendeter Ton einer Direktaufnahme, d. h. mit gesprochenen Personen, mit echter Geräuschkulisse o. ä.; Abk.: O-Ton. **ori|gi|när** ⟨über *fr.* originaire aus gleichbed. *lat.* originarius⟩: ursprünglich. **Ori|gi|na|ti|on** *die;* -, -en ⟨aus *lat.* originatio „(Wort)ableitung"⟩: (veraltet) Entstehung, Ursprung, Abstammung. **Ori|gi|na|tor** *der;* -s, ...toren ⟨zu ↑...ator⟩: Sender einer schriftlichen od. mündlichen Mitteilung (Sprachw.). **ori|gi|nell** ⟨aus gleichbed. *fr.* originel; vgl. original⟩: 1. ursprünglich, in seiner Art neu, schöpferisch; original (1). 2. (ugs.) eigenartig, eigentümlich, urwüchsig u. gelegentlich komisch; vgl. ...al/...ell. **Ori|go** *die;* -, ...gines [...ne:s] ⟨aus *lat.* origo, Gen. originis „Ursprung"⟩: Ursprungsstelle eines Organs od. Körperteils, bes. eines Muskels od. Nervs (Anat.)

Oril|lon [ɔri'jõ:] *der;* -s, -s ⟨aus gleichbed. *fr.* orillon⟩: (veraltet) runder Teil einer vorspringenden Befestigung

Orio|ni|den *die* (Plur.) ⟨zu *gr.* ōríōn „Sternbild des nördlichen Himmels" (da der Meteorschwarm von diesem Sternbild auszugehen scheint) u. ↑...iden⟩: ein (in der zweiten Oktoberhälfte zu beobachtender) Meteorstrom

...orisch/...iv vgl. ...iv/...orisch. **...ori|um** ⟨aus *lat.* -orium; vgl. ...or u. ...ium⟩: Endung sächlicher Substantive, die eine Körperschaft [u. deren Tagungsort] od. bestimmte Anlagen u. Einrichtungen od. Stütz- bzw. Haltevorrichtungen bezeichnet, z. B. Auditorium, Direktorium, Konservatorium, Sanatorium, Suspensorium

Or|kan *der;* -[e]s, -e ⟨aus gleichbed. *niederl.* orkaan, dies aus *span.* huracán „Wirbelsturm"; vgl. Hurrikan⟩: äußerst starker Sturm

Or|kus *der;* - ⟨aus *lat.* Orcus, vielleicht zu orca „Tonne"; nach dem altröm. Gott der Unterwelt⟩: Unterwelt, Totenreich

Or|le|an *der;* -s ⟨nach der franz. Namensform des Spaniers Fr. Orellana, um 1511-1549⟩: orangeroter pflanzlicher Farbstoff zum Färben von Nahrungs- u. Genußmitteln

Or|lea|nist *der;* -en, -en ⟨aus gleichbed. *fr.* orléaniste, nach den Herzögen von Orléans u. zu ↑ ...ist⟩: Anhänger des Hauses Orléans u. Gegner des franz. Königsgeschlechts der Bourbonen. **Or|le|ans** […leã] *der;* - ⟨nach der franz. Stadt Orléans⟩: leichter, glänzender Baumwollstoff, ähnlich dem ↑ Lüster (4)

Or|log *der;*-s, Plur. -e u. -s ⟨aus gleichbed. *niederl.* oorlog, älter orlog⟩: (veraltet) Krieg. **Or|log|schiff** *das;* -[e]s, -e: (veraltet) Kriegsschiff

Or|lon Ⓦ *das;* -s ⟨Kunstw.; vgl. ³...on⟩: synthetische Faser aus Polyacrylnitril

Or|low|tra|ber ['ɔrlɔf...] *der;* -s, - ⟨nach dem russ. Züchter Orlov⟩: kraftvolles, kompaktes, ausdauerndes Wagenpferd (älteste, planmäßig gezüchtete Traberrasse)

Or|na|ment *das;*-[e]s, -e ⟨aus *lat.* ornamentum „Ausrüstung; Schmuck, Zierde; Ausschmückung" zu ornare, vgl. ornieren⟩: Verzierung; Verzierungsmotiv. **or|na|men|tal** ⟨zu ↑ ¹...al (1)⟩: mit einem Ornament versehen, durch Ornamente wirkend; schmückend, zierend. **or|na|men|tie|ren** ⟨zu ↑ ...ieren⟩: mit Verzierungen versehen. **Or|na|men|tik** *die;* - ⟨zu ↑ ²...ik (2)⟩: 1. Gesamtheit der Ornamente im Hinblick auf ihre innerhalb einer bestimmten Stilepoche o. ä. od. für einen bestimmten Kunstgegenstand typischen Formen. 2. Verzierungskunst. **Or|na|men|tist** *der;* -en, -en ⟨zu ↑ ...ist⟩: jmd., der Verzierungen anfertigt (z. B. an Gebäuden). **Or|nat** *der,* auch *das;* -[e]s, -e ⟨aus *lat.* ornatus „Ausrüstung; Schmuck; schmuckvolle Kleidung" zu ornare, vgl. ornieren⟩: feierliche [kirchliche] Amtstracht. **or|na|tiv** ⟨aus *lat.* ornativus „zur Ausstattung geeignet od. dienend"⟩: das Ornativ betreffend, darauf bezüglich. **Or|na|tiv** *das;* -s, -e […və] ⟨aus *lat.* (verbum) ornativum⟩: Verb, das ein Versehen mit etwas od. ein Zuwenden von etwas ausdrückt (z. B. kleiden = mit Kleidern versehen). **or|nieren** ⟨aus *lat.* ornare „ausrüsten; schmücken"⟩: (veraltet) schmücken

Or|nis *die;* - ⟨aus *gr.* órnis, Gen. órnithos „Vogel"⟩: die Vogelwelt einer Landschaft (Biol.). **or|nith...**, **Or|nith...** vgl. ornitho..., Ornitho... **Or|ni|thin** *das;* -s, -e ⟨zu ↑ ...in (1)⟩: basisch reagierende Aminosäure, die für Umwandlung von Ammoniak in Harnstoff wichtig ist u. als Baustein in manchen ↑ Proteinen auftritt (Biochem.). **or|ni|tho...**, **Or|ni|tho...**, vor Vokalen auch ornith..., Ornith... ⟨aus *gr.* órnis, Gen. órnithos „Vogel"⟩: Wortbildungselement mit der Bedeutung „Vogel; durch Vögel erfolgend", z. B. Ornithogamie, ornithologisch, Ornithin. **Or|ni|tho|gäa** *die;* - ⟨zu *gr.* gaĩa „Erde"⟩: in der Tiergeographie die australische Region. **or|ni|tho|gam** ⟨zu ↑ ...gam (1)⟩: swv. ornithophil. **Or|ni|tho|ga|mie** *die;* - ⟨zu ↑ ...gamie (1)⟩: Vogelblütigkeit, Befruchtung von Blüten durch Vögel. **Or|ni|tho|lith** *der;* Gen. -s u. -en, Plur. -e[n] ⟨zu ↑ ...lith⟩: Vogelversteinerung. **Or|ni|tho|lo|ge** *der;* -n, -n ⟨zu ↑ ...loge⟩: Wissenschaftler auf dem Gebiet der Vogelkunde. **Or|ni|tho|lo|gie** *die;* - ⟨zu ↑ ...logie⟩: Vogelkunde. **Or|ni|tho|lo|gin** *die;* -, -nen: weibliche Form zu ↑ Ornithologe. **or|ni|tho|lo|gisch** ⟨zu ↑ ...logisch⟩: vogelkundlich. **or|ni|tho|phil** ⟨zu ↑ ...phil⟩: 1. den Blütenstaub durch Vögel übertragen lassend (in bezug auf bestimmte Pflanzen). 2. bevorzugt bei Vögeln vorkommend (z. B. Parasiten). **Or|ni|tho|phi|lie** *die;* - ⟨zu ↑ ...philie⟩: swv. Ornithogamie. **Or|ni|tho|pter** *der;* -s, - ⟨zu *gr.* pterón „Feder, Flügel"⟩: Schwingenflügler; Experimentierflugzeug, dessen Antriebsprinzip dem des Vogelflugs gleicht. **Or|ni|tho|rhyn|chus** [...'rynçʊs] *der;* - ⟨aus gleichbed. *nlat.* ornithorhynchus zu ↑ ornitho... u. *gr.* rhýgchos „Rüssel"⟩: austral. Schnabeltier. **Or|ni|tho|se** *die;* -, -n ⟨zu ↑ ¹...ose⟩: von Vögeln übertragene Infektionskrankheit (Med.)

oro..., **Oro...** ⟨aus gleichbed. *gr.* óros⟩: Wortbildungselement mit der Bedeutung „Berg, Gebirge; das Gebirge betreffend", z. B. orogen, Orometrie

Oro|ban|che *die;* -, -n ⟨zu *gr.* órobos „Kichererbse" u. ágchein „würgen, erdrosseln"⟩: Sommerwurz (Pflanzenschmarotzer auf Schmetterlingsblütlern u. a.)

oro|gen ⟨zu ↑ oro... u. ↑ ...gen⟩: gebirgsbildend (Geol.). **Oro|gen** *das;* -s: Gebirge mit Falten- od. Deckentektonik (Geol.). **Oro|ge|ne|se** *die;* -, -n: Gebirgsbildung, die eine ↑ Geosynklinale ausfaltet (Geol.). **oro|ge|ne|tisch:** swv. orogen. **Oro|ge|nie** *die;* - ⟨zu ↑ ...genie⟩: (veraltet) Lehre von der Entstehung der Gebirge (Geol.). **Oro|gno|sie** *die;* -, ...ien ⟨zu ↑ ...gnosie⟩: (veraltet) Gebirgsforschung u. -beschreibung. **oro|gno|stisch:** (veraltet) die Orognosie betreffend, auf ihr beruhend. **Oro|gra|phie** *die;* -, ...ien ⟨zu ↑ ...graphie⟩: Beschreibung der Reliefformen des Landes (Geogr.). **oro|gra|phisch** ⟨zu ↑ ...graphisch⟩: die Ebenheiten u. Unebenheiten des Landes betreffend (Geogr.). **Oro|hip|pus** *der;* -, ...pi ⟨zu *lat.* hippus, dies zu *gr.* híppos „Pferd", eigtl. „Bergpferd"⟩: Unpaarhufer Nordamerikas aus dem mittleren ↑ Eozän, Nachfolger des ↑ Eohippus. **Oro|hy|dro|gra|phie** *die;* -, ...ien: Gebirgs- u. Wasserlaufbeschreibung (Geogr.). **oro|hy|dro|gra|phisch:** die Orohydrographie betreffend. **Oro|lo|gie** *die;* - ⟨zu ↑ ...logie⟩: (veraltet) vergleichende Gebirgskunde. **Oro|me|trie** *die;* - ⟨zu ↑ ...metrie⟩: Methode, die alle charakteristischen Größen- u. Formenverhältnisse der Gebirge durch Mittelwerte ziffernmäßig erfaßt (z. B. mittlere Kammhöhe; Geogr.). **oro|me|trisch** ⟨zu ↑ ...metrisch⟩: die Orometrie betreffend

Oron|go *das;* -s, -s ⟨aus einer afrik. Eingeborenensprache⟩: swv. Tschiru

Oro|pla|stik *die;* - ⟨zu ↑ oro... u. ↑ Plastik⟩: Lehre von der äußeren Form der Gebirge. **oro|pla|stisch:** die Oroplastik betreffend

Oro|ya|fie|ber [...ja...] *das;* -s ⟨nach der peruanischen Stadt La Oroya⟩: meist tödlich verlaufende ↑ Bartonellose (Med.)

Orphe|um *das;* -s, ...een ⟨*nlat.;* nach Orpheus, dem mythischen Sänger der griech. Sage⟩: Tonhalle, Konzertsaal. **Or|phik** *die;* - ⟨aus *gr.* tà Orphiká, substantiviertes Neutrum Plur. von Orphikós „orphisch, des Orpheus", zu Orpheus, dem mythischen Begründer religiöser Geheimlehren⟩: aus Thrakien stammende religiös-philosophische Geheimlehre der Antike, bes. im alten Griechenland, die Erbsünde u. Seelenwanderung lehrte. **Or|phi|ker** *der;* -s, -: Anhänger der Orphik. **or|phisch** ⟨aus gleichbed. *gr.* orphikós⟩: zur Orphik gehörend; geheimnisvoll. **Or|phis|mus** *der;* - ⟨aus gleichbed. *fr.* orphisme; vgl. ...ismus (2)⟩: 1. Kunstrichtung zu Beginn des 20. Jh.s, die sich auf die Zerlegung des Lichteindrucks konzentrierte u. auf der Grundlage des Farbprismas einen Simultaneffekt von Farbkontrasten erreichte. 2. swv. Orphik. **Or|phi|zis|mus** *der;* - ⟨zu ↑ ...izismus⟩: swv. Orphik

¹**Or|ping|ton** [ˈɔːpɪŋtən] *die;* -, -s ⟨nach der gleichnamigen ehemaligen engl. Stadt, einem heutigen Stadtteil von London⟩: eine Mastentenrasse. ²**Or|ping|ton** *das;* -s, -s ⟨zu ↑¹Orpington⟩: Rasse von Hühnern mit schwerem Körper
Or|plid [auch ˈɔːrplɪt] *das;* -s ⟨Kunstw.⟩: (von Mörike u. seinen Freunden erfundener Name einer) Wunsch- u. Märcheninsel
Or|re|ry [ˈɔrərɪ] *das;* -s, -s ⟨nach Ch. Boyle, dem Earl of Orrery (1676–1731)⟩: mechanisches Gerät, das die relativen Bewegungen einiger Planeten u. Monde anzeigt (Astron.)
Or|sat|ap|pa|rat *der;* -[e]s, -e ⟨nach dem Erfinder Orsat (19. Jh.)⟩: physikalisch-chemisches Gasanalysengerät
Or|seille [ɔrˈsɛj] *das;* - ⟨aus *fr.* orseille (tinctoriale) „(Färber)flechte"⟩: durch ↑Extraktion bes. aus der Färberflechte gewonnener roter bis blauvioletter Farbstoff, der früher zum Färben von Wolle u. Seide verwendet wurde
Ör|sted u. Oersted [ˈøːɐ̯stɛt] *das;* -[s], - ⟨nach dem dän. Physiker H. Chr. Ørsted, 1777–1851⟩: Maßeinheit für die magnetische Feldstärke (Phys.); Zeichen Oe
orth..., **Orth...** vgl. ortho..., Ortho... **Orth|au|git** [auch ...ˈgɪt] *das;* -s, -e: zur Gruppe der rhombischen ↑Augite gehörendes Mineral. **Or|the|se** *die;* -, -n ⟨Kurzw. aus ↑orthopädisch u. ↑Pro*these*⟩: ↑Prothese (1), der zum Ausgleich von Funktionsausfällen der ↑Extremitäten (1) od. der Wirbelsäule eine Stützfunktion zukommt (z. B. bei ↑spinaler Kinderlähmung; Med.). **Or|the|tik** *die;* - ⟨zu ↑²...ik (1)⟩: medizinisch-technischer Wissenschaftszweig, der sich mit der Konstruktion von Orthesen befaßt (Med.). **or|the|tisch**: a) die Orthetik betreffend; b) die Orthese betreffend. **Or|thi|kon** *das;* -s, Plur. ...one, auch -s ⟨aus gleichbed. *engl.* Orthicon, dies zu ↑ortho... u. ↑Ikonoskop⟩: Speicherröhre zur Aufnahme von Fernsehbildern. **Or|thit** [auch ...ˈtɪt] *der;* -s, -e ⟨zu ↑ortho... u. ↑²...it⟩: ein graubraunes bis pechschwarzes radioaktives Mineral. **or|tho...**, **Or|tho...**, vor Vokalen auch orth..., Orth... ⟨aus gleichbed. *gr.* orthós⟩: Wortbildungselement mit der Bedeutung „gerade, aufrecht; richtig, recht", z. B. orthographisch, Orthopädie. **Or|tho|chro|ma|sie** [...kro...] *die;* -: Fähigkeit einer fotografischen Schicht, für alle Farben außer Rot empfindlich zu sein. **or|tho|chro|ma|tisch**: die Orthochromasie betreffend. **Or|tho|dia|gra|phie** *die;* -, ...ien ⟨zu ↑Diagraph u. ↑²...ie⟩: röntgenographische Darstellung von Körperorganen in ihrer natürlichen Größe u. ohne perspektivische Verzerrung (Med.). **Orth|odon|tie** *die;* -, ...ien ⟨zu *gr.* odoús, Gen. odóntos „Zahn" u. ↑²...ie⟩: Behandlung angeborener Gebißanomalien durch kieferorthopädische Maßnahmen (z. B. die Beseitigung von Zahnfehlstellungen; Med.). **or|tho|dox** ⟨über *spätlat.* orthodoxus aus *gr.* orthódoxos „von richtiger Meinung, die richtige Anschauung habend; rechtgläubig"⟩: 1. rechtgläubig, strenggläubig. 2. svw. griechisch-orthodox; -e Kirche: die seit 1054 von Rom getrennte morgenländische od. Ostkirche. 3. a) der strengen Lehrmeinung gemäß; der herkömmlichen Anschauung entsprechend; b) starr, unnachgiebig. **or|tho|dox-ana|to|lisch**: (veraltet) svw. griechisch-orthodox; vgl. orthodox (2). **Or|tho|do|xie** *die;* - ⟨über *spätlat.* orthodoxia aus *gr.* orthodoxía „rechte, richtige Meinung; Rechtgläubigkeit"⟩: 1. Rechtgläubigkeit; theologische Richtung, die das Erbe der reinen Lehre (z. B. Luthers od. Calvins) zu wahren sucht (bes. in der Zeit nach der Reformation). 2. [engstirniges] Festhalten an Lehrmeinungen. **or|tho|drom** ⟨zu *gr.* orthodromeín „geradeaus laufen"⟩: 1. die Orthodrome betreffend. 2. in normaler Richtung verlaufend (von der Nervenreizleitung; Med.); vgl. ...isch/-. **Or|tho|dro|me** *die;* -, -n: Großkreis auf der Erdkugel (kürzeste Verbindung zwischen zwei Punkten auf der Erdoberfläche; Nautik). **or|tho|dro|misch**: auf der Orthodrome gemessen; vgl. ...isch/-. **Or|tho|epie** *die;* - ⟨aus gleichbed. *gr.* orthoépeia⟩: Lehre von der richtigen Aussprache der Wörter. **Or|tho|epik** *die;* - ⟨zu ↑²...ik (1)⟩: svw. Orthoepie. **or|tho|episch**: die Orthoepie betreffend. **Or|tho|ge|ne|se** *die;* -, -n: Form einer stammesgeschichtlichen Entwicklung bei einigen Tiergruppen od. auch Organen, die in gerader Linie von einer Ursprungsform bis zu einer höheren Entwicklungsstufe verläuft (Biol.). **Or|tho|ge|stein** *das;* -[e]s, -e: Sammelbez. für kristalline Schiefer, die aus Erstarrungsgesteinen entstanden sind (Geol.). **or|tho|gnath** ⟨zu *gr.* gnáthos „Kinnbacken"⟩: einen normalen Biß bei gerader Stellung beider Kiefer aufweisend (Med.). **Or|tho|gna|thie** *die;* - ⟨zu ↑²...ie⟩: gerade Kieferstellung (Med.). **Or|tho|gneis** *der;* -es, -e: aus magmatischen Gesteinen hervorgegangener Gneis (Geol.). **Or|tho|gon** *das;* -s, -e ⟨über *lat.* orthogonium aus gleichbed. *gr.* orthogónion⟩: Rechteck. **or|tho|go|nal** ⟨zu ↑¹...al (1)⟩: rechtwinklig. **Or|tho|graph** *der;* -en, -en ⟨über *lat.* orthographus aus *gr.* orthográphos „richtig schreibend; Rechtschreiber"⟩: 1. jmd., der auf dem Gebiet der Rechtschreibung ist. 2. (veraltet) jmd., der orthographische Regeln aufstellt. **Or|tho|gra|phie** *die;* -, ...ien ⟨über *lat.* orthographia aus gleichbed. *gr.* orthographía⟩: nach bestimmten Regeln festgelegte Schreibung der Wörter; Rechtschreibung. **or|tho|gra|phisch** ⟨*gr.* orthográphos „richtig schreibend"⟩: die Orthographie betreffend, rechtschreiblich. **Or|tho|ke|phal** usw. vgl. orthozephal usw. **Or|tho|klas** *der;* -es, -e ⟨zu *gr.* klásis „Bruch" (wegen der fast senkrecht verlaufenden Spaltungsebene der einzelnen Kristalle)⟩: zu den Feldspäten gehörendes, farbloses bis rötlichbraunes, gesteinsbildendes Mineral. **Or|tho|lo|gie** *die;* - ⟨zu ↑...logie⟩: Wissenschaft vom Normalzustand u. von der normalen Funktion des Organismus od. von Teilen desselben (Med.). **orth|onym** ⟨zu *gr.* ónyma „Name"⟩: unter dem richtigen Namen des Autors veröffentlicht; Ggs. ↑anonym, ↑pseudonym. **Or|tho|pä|de** *der;* -n, -n ⟨zu ↑Orthopädie⟩: Facharzt für Orthopädie. **Or|tho|pä|die** *die;* - ⟨aus gleichbed. *fr.* orthopédie, dies zu ↑ortho... u. *gr.* paideía „Erziehung (des Kindes), Übung"⟩: Wissenschaft von der Erkennung u. Behandlung angeborener od. erworbener Fehler der Haltungs- u. Bewegungsorgane. **Or|tho|pä|die|me|cha|ni|ker** *der;* -s, -: Handwerker, der künstliche Gliedmaßen, Korsetts u. a. für Körperbehinderte herstellt (Berufsbez.). **or|tho|pä|disch**: die Orthopädie betreffend. **Or|tho|pä|dist** *der;* -en, -en ⟨zu ↑...ist⟩: Hersteller orthopädischer Geräte. **or|tho|pan|chro|ma|tisch**: ↑panchromatisch mit nur schwacher Rotempfindlichkeit (Fotogr.). **Or|tho|pho|nie** *die;* -, ...ien ⟨zu ↑...phonie⟩: nach bestimmten Regeln festgelegte Aussprache der Wörter. **Or|tho|pho|to|ver|fah|ren** *das;* -s: Verfahren zur Entzerrung von Meßbildern nichtebener Objekte, bes. von Luftbildern unebenen Geländes. **Or|tho|phyr** *der;* -s, -e ⟨Kurzw. aus ↑*Ortho*klas u. ↑*Porphyr*⟩: quarzfreies porphyrisches Ergußgestein mit Einsprenglingen hauptsächlich von Kalifeldspat u. Hornblende. **Or|tho|pnoe** *die;* - ⟨zu *gr.* pnoé „das Wehen, Atem"⟩: Zustand höchster Atemnot, in dem nur bei aufgerichtetem Oberkörper genügend Atemluft in die Lunge gelangt (Med.). **Or|tho|pra|xie** *die;* - ⟨aus *gr.* orthopragía „das Rechthandeln"⟩: das rechte Handeln, bes. im gesellschaftlichen u. politischen Bereich, als Analogie zum rechten Glauben (Rel.). **Or|tho|pte|re** *die;* -, -n u. **Or|tho|pte|ron** *das;* -s, ...pteren (meist Plur.) ⟨zu *gr.* pterón „Feder, Flügel"⟩: Geradflügler (z. B. Heuschrecke, Ohrwurm, Scha-

be; Zool.). **Orth|op|tik** *die;* -: Behandlung des Schielens durch Training der Augenmuskeln. **Orth|op|tist** *der; -en, -en* ⟨aus ↑...ist⟩: Helfer des Augenarztes, der Sehprüfungen, Schielwinkelmessungen o. ä. selbständig vornimmt u. bei der Behandlung durch entsprechendes Muskeltraining hilft. **Orth|op|ti|stin** *die;* -, -nen: weibliche Form zu ↑Orthoptist. **Or|tho|ra|dio|gra|phie** *die;* -: Röntgenabbildung von Organen (1), vor allem des Herzens, in natürlicher Größe u. ohne perspektivische Verzerrung (Med.). **Or|tho|säu|re** *die;* -, -n: wasserreichste Form einer anorganischen Sauerstoffsäure (Chem.). **Or|tho|skop** *das; -s, -e* ⟨zu ↑...skop⟩: Gerät für kristallographische Beobachtungen. **Or|tho|sko|pie** *die;* - ⟨zu ↑...skopie⟩: Abbildung durch Linsen ohne Verzeichnung (winkeltreu). **or|tho|skopisch**: a) die Orthoskopie betreffend; b) das Orthoskop betreffend. **Or|thos lo|gos** *der; -* - ⟨aus *gr.* orthòs lógos „rechte Vernunft"⟩: stoische Bezeichnung für ein allgemeines Weltgesetz, das Göttern u. Menschen gemeinsam ist (Philos.). **Or|tho|sta|se** *die;* -, -n ⟨aus gleichbed. *gr.* orthóstasis⟩: aufrechte Körperhaltung (Med.). **Or|tho|sta|se|syn|drom** *das; -s, -e*: beim plötzlichen Übergang vom Liegen od. Knien zur aufrechten Körperhaltung od. bei längerem Stehen durch Blutdruck hervorgerufene Symptome wie Schwarzwerden vor den Augen, Ohrensausen, Schwindel (Med.). **Or|tho|sta|ten** *die* (Plur.) ⟨zu *gr.* orthostátēs „stehender Pfeiler"⟩: hochkant stehende Quader od. starke stehende Platten als unterste Steinlage bei antiken Gebäuden. **or|tho|sta|tisch** ⟨aus *gr.* orthóstatos „aufrecht gestellt"⟩: 1. die Orthostase betreffend. 2. die Orthostaten betreffend. **Or|tho|stig|mat** *der od. das; -[e]s, -e* ⟨zu ↑ortho... u. *gr.* stígma, Gen. stígmatos „Punkt"⟩: Objektiv, bes. für winkeltreue Abbildungen (Optik). **Or|tho|to|nie** *die; -* ⟨zu *gr.* tónos „das Spannen" u. ↑²...ie⟩: richtige Betonung (Mus.). **or|tho|to|nie|ren** ⟨zu ↑...ieren⟩: sonst ↑enklitische Wörter mit einem Ton versehen (griech. Betonungslehre). **Or|tho|to|nus** *der; -, ...ni*: tetanische Verkrampfung des Körpers u. Rumpfes in Streckstellung (Med.). **or|tho|top** ⟨zu *gr.* tópos „Ort, Stelle"⟩: regelrecht liegend (von Organen; Med.). **¹or|tho|trop** ⟨zu ↑...trop⟩: senkrecht aufwärts od. abwärts wachsend (in bezug auf Pflanzen od. Pflanzenteile; Bot.). **²or|tho|trop** ⟨Kurzw. aus ↑*ortho*gonal u. ↑ani*sotrop*⟩; in der Fügung **-e Platten**: im Stahlbau, bes. im Brückenbau verwendetes Flächentragwerk (z. B. Fahrbahnplatten) mit verschiedenen elastischen Eigenschaften in zwei zueinander senkrecht verlaufenden Richtungen. **Or|tho|zen|trum** *das; -s, ...ren*: Schnittpunkt der Höhen eines Dreiecks (Geom.). **or|tho|ze|phal** ⟨zu *gr.* kephalḗ „Kopf"⟩: von mittelhoher Kopfform (Med.). **Or|tho|ze|pha|le** *der od. die; -n, -n*: Mensch mit mittelhoher Kopfform (Med.). **Or|tho|ze|pha|lie** *die; -* ⟨zu ↑²...ie⟩: mittelhohe Kopfform (Med.). **Or|tho|ze|ras** *der; -, ...zeren* ⟨zu *gr.* kéras „Horn"⟩: versteinerter Tintenfisch

Or|thros *der; -, ...troi* ['ɔrtrɔy] ⟨aus *gr.* órthros „Morgendämmerung"⟩: der Morgengottesdienst in den Ostkirchen, der den Gedanken der Auferstehung mit der Lichtsymbolik der aufgehenden Sonne verbindet

Or|to|lan *der; -s, -e* ⟨aus gleichbed. *it.* ortolano, eigtl. „Gärtner", dies aus *lat.* hortulanus⟩: Gartenammer (europ. Finkenvogel)

Oryk|to|ge|ne|se u. **Oryk|to|ge|nie** *die; -* ⟨zu *gr.* oryktós „(aus)gegraben" (dies zu orýssein „(aus)graben") u. ↑Genese bzw. ↑...genie⟩: (veraltet) Gesteinsbildung. **Oryk|to|gno|sie** *die; -* ⟨zu ↑...gnosie⟩: (veraltet) svw. Mineralogie. **oryk|to|gno|stisch**: (veraltet) svw. mineralogisch. **Oryk|to|gra|phie** *die; -* ⟨zu ↑...graphie⟩: (veraltet) svw. Petrographie. **Oryx|an|ti|lo|pe** *die; -, -n* ⟨zu *gr.* óryx „gehörntes Tier"⟩: Antilopenart in den offenen Landschaften südlich der Sahara u. Südarabiens mit langem, spießartigem Gehörn

Ory|ze|nin *das; -s* ⟨zu *gr.* óryza bzw. óryzon „Reis" u. ↑...in (1)⟩: Hauptbestandteil der im Reis enthaltenen ↑Proteine (Biochem.). **ory|zo|id** ⟨zu ↑...oid⟩: reiskornähnlich (von Gebilden im Organismus 1; Med.)

¹Os: chem. Zeichen für Osmium

²Os *der, auch das; -[e]s, -er* (meist Plur.) ⟨aus gleichbed. *schwed.* os⟩: mit Sand u. Schotter ausgefüllte ↑subglaziale Schmelzwasserrinne; Wallberg (Geol.)

³Os *das; -, Ossa* ⟨aus gleichbed. *lat.* os, Gen. ossis⟩: Knochen (Anat.)

⁴Os *das; -, Ora* ⟨aus *lat.* os, Gen. oris „Mund"⟩: 1. Mund (Anat.). 2. (veraltet) Öffnung eines Organs (Anat.); vgl. Ostium

¹...os [...ɔs] ⟨aus *gr.* -os⟩: Endung meist männlicher Substantive, z. B. Logos, Nomos

²...os [...o:s] ⟨aus *lat.* -osus⟩: Endung von Adjektiven, oft mit der Bedeutung „versehen, verbunden mit...", z. B. animos, rigoros, verbos; vgl. ...osität. **...ös** ⟨über *fr.* -eux bzw. -euse aus *lat.* -osus, vgl. ²...os⟩: Endung von Adjektiven, oft mit der Bedeutung „versehen, verbunden mit...", z. B. religiös, skandalös, trichinös; vgl. ...osität

Osae-Ko|mi-Wa|za [osae:...] *der; -,* - ⟨aus gleichbed. *jap.* osae-komi-waza⟩: Festhaltegriff beim Judo

Osage|dorn ['oʊseɪdʒ...] ⟨nach dem Indianerstamm der Osage⟩: a) bis 20 m hohes, dorniges Maulbeergewächs im südlichen Nordamerika; b) winterharter Zierstrauch od. -baum in mitteleurop. Weinbaugebieten

Osa|zo|ne *die* (Plur.) ⟨Kunstw.⟩: organische Verbindungen, die durch Reaktion von ↑Monosacchariden mit überschüssigem ↑Phenylhydrazin entstehen u. zur Isolierung u. Identifizierung von Zuckern verwendet werden (Chem.)

Os|car ['ɔskar] *der; -[s], -s* ⟨aus *amerik.* Oscar, weitere Herkunft unsicher⟩: volkstümlicher Name der Statuette, die als ↑Academy-award verliehen wird (Film)

Os|ce|do [ɔs'tse:do] vgl. Oszedo

¹...ose ⟨teilweise über *(n)lat.* -osis aus *gr.* -ōsis⟩: Endung weiblicher Substantive aus Medizin u. Biologie mit der Bedeutung „krankhafter Zustand, Erkrankung", z. B. Sklerose, Neurose, Trichinose, Paradontose

²...ose ⟨verkürzt aus *fr.* glucose „Traubenzucker", dies zu *gr.* glykýs „süß"⟩: Endung weiblicher Substantive aus Chemie u. Biochemie mit der Bedeutung „Zucker; Süßstoff; Stärke", z. B. Fructose, Maltose, Saccharose, Zellulose

...öse vgl. ...euse

Osel|la *die; -, ...len* ⟨zu *venez.* osél „Vogel" (*it.* uccello)⟩: als Geschenk für die Ratsmitglieder geprägte venezianische Gold- u. Silbermünze (zwischen 1521 u. 1797), die auch als Zahlungsmittel diente

...osis vgl. ¹...ose

...osi|tät ⟨teilweise über *fr.* -osité aus *lat.* -ositas, Gen. -ositatis⟩: Endung weiblicher Substantive, die von Adjektiven auf ²...os bzw. ...ös abgeleitet sind, z. B. Animosität, Religiosität, Rigorosität

Os|ku|la|ti|on *die; -, -en* ⟨aus *lat.* osculatio, eigtl. „das Küssen", zu osculari, vgl. oskulieren⟩: Berührung zweier Kurven (Math.). **Os|ku|la|ti|ons|kreis** *der; -es, -e*: Krümmungskreis, der eine Kurve zweiter Ordnung (im betrachteten Punkt) berührt (Math.). **os|ku|lie|ren** ⟨aus *lat.* osculari „küssen"⟩: eine Oskulation bilden

osm..., Osm... vgl. ¹osmo..., Osmo... **Os|mat** *das; -[e]s, -e* ⟨zu ↑Osmium u. ↑...at (2)⟩: Alkalisalz, das z. B. beim

Osmidrose

Schmelzen von Osmium mit Kaliumhydroxyd u. Salpeter entsteht (Chem.). **Os|mi|dro|se** *die;* -, -n ⟨zu ↑¹osmo... u. *gr.* hidrós „Schweiß"⟩: Absonderung stark riechenden Schweißes (Med.). **Os|mi|um** *das;* -s ⟨zu *gr.* osmḗ „Geruch" (wegen des starken, eigentümlichen Geruchs der Osmiumtetroxide) u. ↑...ium⟩: chem. Element, Metall; Zeichen Os. **¹os|mo..., Os|mo...**, vor Vokalen meist osm..., Osm... ⟨zu *gr.* osmḗ „Geruch"⟩: Wortbildungselement mit der Bedeutung „stark riechend; den Geruch betreffend", z. B. osmophor, Osmidrose
²os|mo..., Os|mo... ⟨zu *gr.* ōsmós „Stoß, Schub"⟩: Wortbildungselement mit der Bedeutung „die Osmose betreffend, unter osmotischem Einfluß erfolgend", z. B. Osmotherapie. **Os|mo|la|li|tät** *die;* - ⟨Kurzw. aus ↑*O*smose u. ↑*Molalität*⟩: Molkonzentration aller in einer Lösung osmotisch wirksamen Moleküle (als Massemaß; Chem.). **Os|mo|la|ri|tät** *die;* - ⟨Kurzw. aus ↑*O*smose u. ↑*Molarität*⟩: Molkonzentration aller in einer Lösung osmotisch wirksamen Moleküle (als Volumenmaß; Chem.)
Os|mo|lo|gie *die;* - ⟨zu ↑¹osmo... u. ↑...logie⟩: svw. Osphresiologie. **¹Os|mo|me|ter** *das;* -s, -: svw. Olfaktometer
²Os|mo|me|ter *das;* -s, - ⟨zu ↑²osmo... u. ↑¹...meter⟩: Gerät zur Bestimmung des osmotischen Drucks einer Lösung (Chem.). **Os|mo|me|trie** *die;* - ⟨zu ↑¹...metrie⟩: Verfahren zur Bestimmung des Molekulargewichts einer Substanz durch Messung des osmotischen Drucks ihrer Lösung (Chem.). **os|mo|me|trisch** ⟨zu ↑...metrisch⟩: durch Osmometrie bestimmt (Chem.). **os|mo|phil** ⟨zu ↑...phil⟩: zur ↑Osmose neigend (Bot.)
os|mo|phor ⟨zu ↑¹osmo... u. ↑...phor⟩: Geruchsempfindungen hervorrufend. **Os|mo|pho|ren** *die* (Plur.): Duftstoffträger, Blütenteile, von denen Duftstoffe ausgehen (Bot.)
Os|mo|re|gu|la|ti|on *die;* - ⟨zu ↑²osmo... u. ↑Regulation⟩: das Einhalten eines bestimmten osmotischen Drucks in den Zell- od. Körperflüssigkeiten von Organismen (Biol.). **Os|mo|re|zep|to|ren** *die* (Plur.): ↑Rezeptoren (2), die auf Änderungen des osmotischen Drucks in Körperflüssigkeiten reagieren (Biol.). **Os|mo|se** *die;* - ⟨aus gleichbed. *nlat.* osmosis; vgl. ²osmo...⟩: Übergang des Lösungsmittels (z. B. von Wasser) einer Lösung in eine stärker konzentrierte Lösung durch eine feinporige (↑semipermeable) Scheidewand, die zwar für das Lösungsmittel selbst, nicht aber für den gelösten Stoff durchlässig ist (Chem.). **Os|mo|the|ra|pie** *die;* -, ...ien: therapeutisches Verfahren zur günstigen Beeinflussung gewisser Krankheiten durch Erhöhung des osmotischen Drucks des Blutes (durch Einspritzung hochkonzentrierter Salz- u. Zuckerlösungen ins Blut; Med.). **os|mo|tisch** ⟨zu ↑...otisch⟩: auf Osmose beruhend
öso|phal|gisch ⟨zu ↑Ösophagus⟩: zum Ösophagus gehörend (Med.). **Öso|pha|gis|mus** *der;* -, ...men ⟨zu ↑...ismus (3)⟩: svw. Ösophagospasmus. **Öso|pha|gi|tis** *die;* -, ...itiden ⟨zu ↑...itis⟩: Entzündung der Speiseröhre (Med.). **Öso|phag|ody|nie** *die;* -, ...ien ⟨zu ↑...odynie⟩: Schmerzen in der Speiseröhre (bes. beim Schlucken; Med.). **Öso|pha|go|gra|phie** *die;* -, ...ien ⟨zu ↑...graphie⟩: röntgenographische Darstellung der Speiseröhre mit Hilfe von Kontrastmitteln (Med.). **Öso|pha|go|skop** *das;* -s, -e ⟨zu ↑...skop⟩: Speiseröhrenspiegel (Med.). **Öso|pha|go|sko|pie** *die;* -, ...ien ⟨zu ↑...skopie⟩: Speiseröhrenspiegelung, Untersuchung der Speiseröhre mit dem Ösophagoskop (Med.). **Öso|pha|go|spas|mus** *der;* -s, ...men: Speiseröhrenkrampf (Med.). **Öso|pha|go|to|mie** *die;* -, ...ien ⟨zu ↑...tomie⟩: Speiseröhrenschnitt (Med.). **Öso|pha|gus**, in der anatomischen Nomenklatur nur Oesophagus [ø...] *der;* -, ...gi ⟨über *nlat.* oesophagus aus gleichbed. *gr.* oisophágos zu oísein „tragen, bringen" u. phágēma „Speise"⟩: Speiseröhre (Anat.)
Os|phra|di|um *das;* -s, ...ien [...i̯ən] ⟨über *nlat.* osphradium aus *mittelgr.* osphrádion „duftendes Sträußchen", Verkleinerungsform von *spätgr.* ósphra „der Geruch"⟩: Sinnesorgan der Weichtiere, das vermutlich als Geruchsorgan dient (Zool.). **Os|phre|sio|lo|gie** *die;* - ⟨zu *gr.* ósphrēsis „Geruch; Geruchssinn" u. ↑...logie⟩: Lehre vom Geruchssinn
os|sal u. **os|sär** ⟨zu *lat.* os, Gen. ossis „Knochen" u. ↑¹...al (1) bzw. ↑...är⟩: die Knochen betreffend. **Os|sa|ri|um** *das;* -s, ...ien [...i̯ən] ⟨aus gleichbed. *spätlat.* oss(u)arium, substantiviertes Neutrum von ossuarius „zu den Knochen gehörig", Bed. 1 aus gleichbed. *mlat.* oss(u)arium⟩: 1. Beinhaus (auf Friedhöfen). 2. Gebeinurne der Antike. **Os|se|in** *das;* -s ⟨zu *lat.* os, (vgl. ossal) u. ↑...in (1)⟩: Bindegewebsleim der Wirbeltierknochen (zur Herstellung von Leimen u. ↑Gelatine verwendet)
os|sia ⟨*it.*⟩: oder, auch (in der Musik zur Bezeichnung einer abweichenden Lesart od. einer leichteren Ausführung)
Os|si|fi|ka|ti|on *die;* -, -en ⟨zu *lat.* os, Gen. ossis „Knochen" u. ↑...fikation⟩: Knochenbildung; Verknöcherung (Med.). **os|si|fi|zie|ren** ⟨zu ↑...fizieren⟩: Knorpelgewebe in Knochen umwandeln, verknöchern (Med.). **Os|si|ku|lum** *das;* -s, ...la ⟨aus gleichbed. *lat.* ossiculum, Verkleinerungsform von os, vgl. ³Os⟩: Knöchelchen (Anat.). **Os|sua|ri|um** *das;* -s, ...ien [...i̯ən] ⟨aus *spätlat.* ossuarium „Urne"⟩: svw. Ossarium
oste..., Oste... vgl. osteo..., Osteo... **Oste|al|gie** *die;* -, ...ien ⟨zu ↑osteo... u. ↑...algie⟩: Knochenschmerz (Med.)
osten|si|bel ⟨aus gleichbed. *fr.* ostensible, dies zu *lat.* ostensus, Part. Perf. von ostendere „zeigen"⟩: zum Vorzeigen berechnet, zur Schau gestellt, auffällig. **osten|siv** ⟨zu ↑...iv⟩: (veraltend) a) augenscheinlich, handgreiflich, offensichtlich; b) zeigend; anschaulich machend, dartuend; c) svw. ostentativ. **Osten|so|ri|um** *das;* -s, ...ien [...i̯ən] ⟨aus gleichbed. *kirchenlat.* ostensorium zu *lat.* ostendere „zeigen"⟩: svw. Monstranz. **Osten|ta|ti|on** *die;* -, -en ⟨aus *lat.* ostentatio „Schaustellung, Prahlerei" zu ostendere „darbieten, prahlend zeigen"⟩: (veraltet) Schaustellung, Prahlerei. **osten|ta|tiv** ⟨zu ↑...iv⟩: zur Schau gestellt, betont, herausfordernd. **osten|ti|ös** ⟨zu ↑...ös⟩: (veraltet) prahlerisch. **Osten|tum** *das;* -s, ...ta ⟨aus gleichbed. *lat.* ostentum⟩: (veraltet) ungewöhnliche, als Vorzeichen gedeutete Naturerscheinung, Vorzeichen
osteo..., Osteo..., vor Vokalen auch oste..., Oste... ⟨aus gleichbed. *gr.* ostéon⟩: Wortbildungselement mit der Bedeutung „Knochen", z. B. Osteoporose, Ostealgie. **Osteo|blast** *der;* -en, -en (meist Plur.) ⟨zu *gr.* blastós „Sproß, Trieb"⟩: knochenbildende Zelle (Med.). **Osteo|bla|stom** *das;* -s, -e: zusammenfassende Bez. für ↑Osteom u. ↑Osteosarkom (Med.). **Osteo|chon|dro|se** [...ç...] *die;* -, -n ⟨zu *gr.* chóndros „Korn, Knorpel" u. ↑¹...ose⟩: nicht entzündliche, ↑degenerative Entartung des Knochen- u. Knorpelgewebes (Med.). **Oste|ody|nie** *die;* -, ...ien ⟨↑...odynie⟩: svw. Ostealgie. **Osteo|dys|tro|phie** *die;* -, ...ien: Knochenerkrankung mit Störung der Knochenbildung u. des Knochenabbaus, die eine Knochendeformation zur Folge hat (Med.). **Osteo|ek|to|mie** *die;* -, ...ien ⟨↑...ektomie⟩: Ausmeißelung eines Knochenstücks (Med.). **Osteo|fi|brom** *das;* -s, -e: Knochenbindegewebsgeschwulst (Med.). **osteo|gen** ⟨aus *gr.* osteogenés „von Knochen erzeugt"⟩: a) knochenbildend; b) aus Knochen entstanden (Med.). **Osteo|ge|ne|se** *die;* -, -n ⟨zu ↑osteo...⟩: Knochenbildung (Med.). **osteo|id** ⟨zu ↑...oid⟩: knochenähnlich (Med.).

Oszillometrie

Osteo|kla|sie *die;* -, ...ien ⟨zu *gr.* klásis „das Zerbrechen; Bruch" u. ↑²...ie⟩: operatives Zerbrechen verkrümmter Knochen, um sie geradezurichten (Med.). **Osteo|klast** *der;* -en, -en ⟨zu *gr.* klastós „zerbrechbar", dies zu klastázein, Erweiterungsbildung zu klān „brechen, zerbrechen"⟩: 1. (meist Plur.) mehrkernige, das Knochengewebe zerstörende Riesenzelle (Med.; Biol.). 2. (auch *das;* -s, -en) Instrument zur Vornahme einer Osteoklasie (Med.). **Osteo|kol|le** *die;* -, -n ⟨zu *gr.* kólla „Leim"⟩: durch Kalk od. ↑Limonit versteinerte Wurzel von knochenähnlicher Gestalt (Geol.). **Osteo|lo|ge** *der;* -n, -n ⟨zu ↑ ...loge⟩: Fachanatom der Osteologie. **Osteo|lo|gie** *die;* - ⟨aus gleichbed. *gr.* osteología⟩: Lehre vom Bau der Knochen als Teilgebiet der Anatomie (Med.). **osteo|lo|gisch** ⟨zu ↑osteo... u. ↑...logisch⟩: die Osteologie betreffend. **Osteo|ly|se** *die;* -, -n ⟨zu ↑...lyse⟩: Auflösung von Knochengewebe (Med.). **Oste|om** *das;* -s, -e ⟨zu ↑...om⟩: Knochengewebsgeschwulst (Med.). **osteo|ma|la|kisch** vgl. osteomalazisch. **Osteo|ma|la|zie** *die;* -, ...ien: Knochenerweichung (Med.). **osteo|ma|la|zisch** u. osteomalakisch: knochenerweichend (Med.). **Osteo|mye|li|tis** *die;* -, ...itiden: Knochenmarkentzündung (Med.). **Oste|on** *das;* -s, ...onen ⟨aus *gr.* ostéon „Knochen"⟩: Baustein des Knochengewebes (Med.). **Osteo|ne|kro|se** *die;* -, -n: das Absterben von Knochengewebe (bes. durch entzündliche od. ↑ degenerative Gefäßveränderung bedingt; Med.). **Osteo|pa|thie** *die;* -, -ien ⟨zu ↑...pathie⟩: Knochenleiden, Knochenkrankheit (Med.). **Osteo|pe|nie** *die;* -, ...ien ⟨zu *gr.* penía „Armut" u. ↑²...ie⟩: Knochenschwund durch verminderten Knochenanbau u. erhöhten Knochenabbau (im Alter; Med.). **Osteo|pha|ge** *der;* -n, -n ⟨zu ↑...phage⟩: svw. Osteoklast (1). **Osteo|pla|stik** *die;* -, -en: Überbrückung, Ausfüllung od. Ersatz eines Knochendefekts unter Verwendung eines Knochentransplantats (Med.); vgl. ¹Plastik (2). **osteo|plastisch:** Knochenlücken schließend. **Osteo|po|ro|se** *die;* -, -n ⟨zu *gr.* póros „Durchgang; Öffnung; Pore" u. ↑¹...ose⟩: Schwund des festen Knochengewebes bei Zunahme der Markräume (Med.). **osteo|po|ro|tisch** ⟨zu ↑ ...otisch⟩: die Osteoporose betreffend; mit Osteoporose einhergehend (Med.). **Osteo|psa|thy|ro|se** *die;* -, -n ⟨zu *gr.* psathyrós „zerbrechlich" u. ↑¹...ose⟩: angeborene Knochenbrüchigkeit (Med.). **Osteo|sar|kom** *das;* -s, -e: bösartige Knochengeschwulst (Med.). **Osteo|skle|ro|se** *die;* -, -n: Verdichtung u. Verhärtung der Knochensubstanz infolge vermehrten Knochenanbaus od. verminderten Knochenabbaus (Med.). **osteo|skle|ro|tisch:** die Osteosklerose betreffend; mit Osteosklerose einhergehend (Med.). **Osteo|syn|the|se** *die;* -, -n: operative Verbindung der Endstellen eines Knochenbruchs durch mechanische Hilfsmittel (z. B. Marknagelung, Verschraubung; Med.). **Osteo|ta|xis** *die;* -, ...xen ⟨zu ↑¹Taxis⟩: Einrenkung von Knochenbrüchen (Med.). **Osteo|to|mie** *die;* -, ...ien ⟨zu ↑ ...tomie⟩: Durchtrennung eines Knochens (Med.).
Oste|ria *die;* -, Plur. -s u. ...ien ⟨aus gleichbed. *it.* osteria zu oste „Wirt", dies aus *lat.* hospes, Gen. hospitis⟩: volkstümliche Gaststätte (in Italien)
Ostia|ri|er [...i̯ɐ] *der;* -s, - u. **Ostia|ri|us** *der;* -, ...ier [...i̯ɐ] ⟨aus *lat.* ostiarius „Türhüter"⟩: (veraltet) in der kath. Kirche Kleriker des untersten Grades der niederen Weihen
osti|nat, osti|na|to ⟨aus gleichbed. *it.* ostinato, eigtl. „hartnäckig", dies aus *lat.* obstinatus, Part. Perf. von obstinare „beharren"⟩: eigensinnig, beharrlich, ständig wiederholt (zur Bezeichnung eines immer wiederkehrenden Baßthemas; Mus.). **Osti|na|to** *der* od. *das;* -s, Plur. -s u. ...ti: svw. Basso ostinato

Osti|tis *die;* -, ...itiden ⟨zu *gr.* ostéon „Knochen" u. ↑ ...itis⟩: Knochenentzündung (Med.)
Osti|um *das;* -s, Plur. ...tia u. ...ien [...i̯ən] ⟨aus gleichbed. *lat.* ostium⟩: Öffnung, Eingang, Mündung an einem Körperhohlraum od. Hohlorgan (Med.)
Östra|di|ol *das;* -s ⟨Kunstw.⟩: physiologisch wirksamstes ↑Steroidhormon aus der Reihe der ↑Östrogene
Ostra|ka: Plur. von ↑Ostrakon. **Ostra|kis|mos** *der;* - ⟨aus *gr.* ostrakismós, eigtl. „Scherbengericht", zu óstrakon, vgl. Ostrakon⟩: svw. Ostrazismus. **Ostra|ko|de** *der;* -n, -n ⟨zu *gr.* ostrakṓdēs „(ton)scherbenartig", nach der Form der Muschelschalen⟩: Muschelkrebs. **Ostra|kon** *das;* -s, ...ka ⟨aus gleichbed. *gr.* óstrakon, eigtl. „Ei-, Muschelschale"⟩: Scherbe (von zerbrochenen Gefäßen), die in der Antike als Schreibmaterial verwendet wurde. **Ostra|zis|mus** *der;* - ⟨über *nlat.* ostracismus aus gleichbed. *gr.* ostrakismós, vgl. Ostrakismos⟩: altathenisches Volksgericht, das die Verbannung eines Bürgers beschließen konnte (bei der Abstimmung wurde dessen Name von jedem ihn verurteilenden Bürger auf ein Ostrakon, eine Tonscherbe, geschrieben)
östro|gen ⟨zu ↑Östrus u. ↑ ...gen⟩: die Wirkung des Östrogens habend (Med.). **Östro|gen** *das;* -s, -e: weibliches Sexualhormon mit der Wirkung des Follikelhormons (Med.). **Östro|ma|nie** *die;* - ⟨zu ↑ ...manie⟩: (selten) svw. Nymphomanie. **Östron** *das;* -s ⟨zu ↑¹...on⟩: Follikelhormon (Med.). **Östron|grup|pe** *die;* -: Gruppe der Follikelhormone (Med.). **Östrus** *der;* - ⟨über *lat.* oestrus aus *gr.* oîstros „Pferdebremse; Stachel; Leidenschaft"⟩: Zustand gesteigerter geschlechtlicher Erregung u. Paarungsbereitschaft bei Tieren; Brunst (Zool.)
...osum ⟨aus *lat.* -osum⟩: Endung sächlicher Substantive, die von Adjektiven auf ...os bzw. ...ös abgeleitet sind (in der Medizin häufig mit der Bedeutung „[Heil]mittel"), z. B. Antiskabiosum, Rigorosum
Os|ze|do *die;* - ⟨aus *lat.* oscedo „Neigung zum Gähnen"⟩: Gähnkrampf (Med.)
Os|zil|la|ti|on *die;* -, -en ⟨aus *lat.* oscillatio „das Schaukeln" zu oscillare, vgl. oszillieren⟩: 1. Schwingung (Phys., Techn.). 2. a) Bez. für Schwankungen des Meeresspiegels; b) Gesamtheit der Vorstöße u. Rückschmelzbewegungen von Gletscherzungen; c) die abwechselnde Hebung u. Senkung von Krustenteilen der Erde (Geol.). **Os|zil|la|tor** *der;* -s, ...oren ⟨zu ↑...or⟩: Schwingungserzeuger, Schaltung zur Erzeugung elektr. Schwingungen bzw. Wellen (Phys.). **Os|zil|la|to|ria** *die;* -, ...ien [...i̯ən] ⟨aus gleichbed. *nlat.* oscillatoria, substantiviertes Fem. von *spätlat.* oscillatorius, vgl. oszillatorisch⟩: Schwingalge, die Gattung fadenförmiger Blaualgen. **os|zil|la|to|risch** ⟨aus gleichbed. *spätlat.* oscillatorius⟩: die Oszillation betreffend, zitternd, schwankend. **os|zil|lie|ren** ⟨aus *lat.* oscillare „(sich) schaukeln"⟩: 1. a) schwingen (Phys.); b) schwanken, pendeln. 2. a) sich durch ↑Tektonik auf- od. abwärts bewegen (von Teilen der Erdkruste); b) hin u. her schwanken (von Eisrändern u. Gletscherenden; Geogr.). **Os|zil|lo|gramm** *das;* -s, -e ⟨zu ↑...gramm⟩: von einem Oszillographen aufgezeichnetes Schwingungsbild (Phys.). **Os|zil|lo|graph** *der;* -en, -en ⟨zu ↑...graph⟩: Apparatur zum Aufzeichnen [schnell] veränderlicher [elektrischer] Vorgänge, bes. Schwingungen (Phys.). **Os|zil|lo|gra|phie** *die;* -, ...ien ⟨zu ↑ ...graphie⟩: graphische Darstellung der Pulsschwingungen, die in den ↑ peripheren Gefäßen (an Armen u. Beinen) beim Durchtritt der Pulswellen entstehen (Med.). **Os|zil|lo|me|trie** *die;* -, ...ien ⟨zu ↑ ...metrie⟩: Messung des Pulses (1 a) mit Hilfe eines Oszillographen (Med.)

ot..., Ot... vgl. oto..., Oto... **Ot|agra** *das;* -s, - ⟨zu ↑ oto... u. *gr.* -agra „-gicht" zu ágra „das Fangen; das Erjagte"⟩: svw. Otalgie. **Ot|al|gie** *die;* -, ...ien ⟨zu ↑...algie⟩: Ohrenschmerz (Med.). **Ot|al|gi|kum** *das;* -s, ...ka ⟨zu ↑...ikum⟩: Mittel zur Behandlung von Ohrenschmerzen (Med.)

OTC-Prä|pa|rat [o:te:'tse:...] *das;* -[e]s, -e ⟨Abk. von *engl.* over-the-counter „frei(händig) verkauft", eigtl. „über den Ladentisch"⟩: nicht rezeptpflichtiges Präparat

Ot|hä|ma|tom *das;* -s, -e ⟨zu ↑ oto... u. ↑ Hämatom⟩: ↑ traumatisch bedingter Bluterguß im Bereich der Ohrmuschel (bes. bei Ringern; Med.). **Ot|ia|ter** *der;* -s, - ⟨zu ↑...iater⟩: svw. Otologe. **Ot|ia|trie** *die;* - ⟨zu ↑...iatrie⟩: svw. Otologie. **ot|ia|trisch**: svw. otologisch

...otisch ⟨zu ↑¹...ose⟩: Endung von Adjektiven, die von Substantiven auf ↑¹...ose bzw. ...osis abgeleitet sind, z. B. neurotisch

Oti|tis *die;* -, ...itiden ⟨zu ↑ oto... u. ↑...itis⟩: Erkrankung des inneren Ohrs; Ohrenentzündung; - media: Mittelohrentzündung (Med.). **oti|tisch**: mit einer Ohrenerkrankung zusammenhängend

Oti|um *das;* -s ⟨aus gleichbed. *lat.* otium⟩: (veraltet) Beschaulichkeit, Muße; - cum [kʊm] dignitate: wohlverdienter Ruhestand

oto..., Oto..., vor Vokalen u. vor h ot..., Ot... ⟨aus gleichbed. *gr.* oũs, Gen. ōtós⟩: Wortbildungselement mit der Bedeutung „Ohr", z. B. Otoskop, Otiatrie. **Ot|ody|nie** *die;* -, ...ien ⟨zu ↑...odynie⟩: svw. Otalgie **oto|gen** ⟨zu ↑...gen⟩: vom Ohr ausgehend (Med.). **Oto|lith** [auch ...'lɪt] *der;* Gen. -s u. -en, Plur. -e[n] ⟨zu ↑...lith⟩: kleiner prismatischer Kristall aus kohlensaurem Kalk im Gleichgewichtsorgan des Ohres (Med.). **Oto|lo|ge** *der;* -n, -r. ⟨zu ↑...loge⟩: Ohrenarzt. **Oto|lo|gie** *die;* - ⟨zu ↑...logie⟩: Lehre von den Krankheiten des Ohres u. deren Behandlung, Ohrenheilkunde (Med.). **Oto|lo|gi|kum** *das;* -s, ...ka ⟨zu ↑...ikum⟩: Arzneimittel zur Behandlung von Ohrenleiden (Med.). **oto|logisch** ⟨zu ↑...logisch⟩: die Ohrenheilkunde betreffend (Med.)

O-Ton vgl. Originalton

Oto|pe|xie *die;* -, ...ien ⟨zu ↑ oto..., *gr.* pẽxis „das Befestigen, Verbinden" u. ↑²...ie⟩: operative Korrektur abstehender Ohrmuscheln (Med.). **Oto|phon** *das;* -s, -e ⟨zu ↑...phon⟩: Hörrohr, Schallverstärker für Schwerhörige. **Oto|pla|stik** *die;* -, -en: Ohrstück eines Hörgeräts. **Oto|rhi|no|la|ryn|go|lo|ge** *der;* -n, -n ⟨zu ↑ rhino... u. ↑ Laryngologe⟩: Facharzt für Hals-Nasen-Ohren-Heilkunde. **Oto|rhi|no|la|ryn|go|lo|gie** *die;* -: Hals-Nasen-Ohren-Heilkunde (als medizinisches Spezialgebiet). **Otor|rha|gie** *die;* -, ...ien ⟨zu *gr.* rhēgnýnai „reißen, sprengen" u. ↑²...ie⟩: Ohrenbluten (Med.). **Oto|skle|ro|se** *die;* -, -n: zur Schwerhörigkeit führende Erkrankung (Verknöcherung) des Mittelohres (Med.). **oto|skle|ro|tisch**: die Otosklerose betreffend (Med.). **Oto|skop** *das;* -s, -e ⟨zu ↑...skop⟩: Ohrenspiegel (Med.). **Oto|sko|pie** *die;* -, ...ien ⟨zu ↑...skopie⟩: Ausspiegelung des Ohres (Med.). **oto|to|xisch**: das Ohr schädigend (von Substanzen; Med.). **Oto|to|xi|zi|tät** *die;* -: die ohrschädigende Eigenschaft von Substanzen (Med.). **Oto|zy|on** *der;* -s, -s ⟨zu *gr.* kýon „Hund"⟩: Löffelfuchs, afrik. Fuchs mit großen Ohren

Otręs|ki *die* (Plur.) ⟨aus *russ.* otrezki, Plur. von otrezok „abgeschnittenes Stück, Stückchen"⟩: Bodenabschnitte, die die russ. Bauern nach Aufhebung der Leibeigenschaft 1861 den Gutsbesitzern abtreten mußten

ot|ta|va [...va] ⟨*it.;* „Oktave", dies aus *mlat.* octava (vox); vgl. Oktave⟩: in der Oktave (zu spielen; Mus.); - alta: eine Oktave höher (zu spielen; Mus.); - bassa: eine Oktave tiefer (zu spielen; Mus.); Abk. für höher (über den Noten stehend) u. tiefer (unter den Noten stehend): 8·· od. 8ᵛᵃ.... **Ot|ta|va** *die;* -, ...ve [...və]: svw. Ottaverime; vgl. Oktave (2). **Ot|ta|ve|ri|me** [...v...] *die* (Plur.) ⟨aus *it.* ottave rime „acht Reime"⟩: svw. Stanze; vgl. Oktave (2). **Ot|ta|vi|no** *der* od. *das;* -s, Plur. -s u. ...ni ⟨aus gleichbed. *it.* ottavino⟩: 1. Oktav-, Pikkoloflöte (Mus.). 2. Oktavklarinette (Mus.). **Ot|to|cen|to** [...'tʃɛnto] *das;* -[s] ⟨aus *it.* ottocento, eigtl. „achthundert" (verkürzt für 1800)⟩: das 19. Jh. in Italien als Stilbegriff

Ot|to|man *der;* -s, -e ⟨aus gleichbed. *fr.* ottoman, eigtl. „der Türkische", zu ottoman „osmanisch, türkisch", dies zu *arab.* 'uṭmān „Osmane", nach Osman († 1326), dem Begründer des Herrscherhauses der Ottomanen⟩: Ripsgewebe mit breiten, stark ausgeprägten Rippen. **Ot|to|ma|ne** *die;* -, -n ⟨aus gleichbed. *fr.* ottomane, eigtl. „die Türkische", wegen der vermutlich orientalischen Herkunft⟩: niedriges Liegesofa

Ot|tre|lith [auch ...'lɪt] *der;* -[e]s, -e[n] ⟨nach dem belgischen Fundort Ottrez in den Ardennen u. zu ↑...lith⟩: svw. Chloritoid

Ou|bli|et|ten [ubli...] *die* (Plur.) ⟨aus gleichbed. *fr.* oubliettes (Plur.) zu oublier „vergessen", dies zu *lat.* oblitus, Part. Perf. von oblivisci⟩: (veraltet) Burgverliese für die zu lebenslänglichem Kerker Verurteilten, die dort in Vergessenheit gerieten

Oued [uɛd] *das;* -[s], -s ⟨aus gleichbed. *fr.* oued, dies aus *arab.* wādī, vgl. Wadi⟩: im ↑ Maghreb Bez. für Fluß, Bach, Wadi

Ounce [auns] *die;* -, -s ['aunsɪz] ⟨aus gleichbed. *engl.* ounce, dies über *altfr.* unce aus *lat.* uncia „Unze"⟩: engl. Gewichtseinheit (28,35 g); Abk.: oz.

out [aut] ⟨*engl.*⟩: (österr.) aus, außerhalb des Spielfeldes (bei Ballspielen); - sein: (ugs.) 1. (bes. von Personen im Showgeschäft o. ä.) nicht mehr im Brennpunkt des Interesses stehen, nicht mehr gefragt sein; Ggs. ↑ in (sein 1). 2. nicht mehr in Mode sein; Ggs. ↑ in (sein 2). **Out** *das;* -[s], -[s]: (österr.) das Aus (wenn der Ball das Spielfeld verläßt; bei Ballspielen). **Out|board** ['autbɔ:d] *der;* -[s], -s ⟨aus gleichbed. *engl.* outboard, eigtl. „außenbords, Außenbord-"⟩: Außenbordmotor. **Out|bor|der** ['aut...] *der;* -s, - ⟨*engl.* outboarder, zu: outboard⟩: Außenbordmotorboot. **Out|cast** ['autka:st] *der;* -s, -s ⟨aus gleichbed. *engl.* outcaste, zu caste „Kaste, Gesellschaftsklasse"⟩: a) von der Gesellschaft Ausgestoßener, ↑ Paria (2); b) außerhalb der Kasten stehender Inder, ↑ Paria (1). **out|door** ['autdɔ:] ⟨*engl.;* „außer dem Haus, Außen-"⟩: draußen, im Freien [befindlich, stattfindend] (z. B. von Veranstaltungen). **Outdoor|jacke**¹ *die;* -, -n: Bez. für Jacken, die als Überbekleidung draußen getragen werden, meist in sportlichen Formen (z. B. als gegürtete Blousonvarianten, lange Anorak- u. Parkatypen). **ou|ten** ['autn̩] ⟨aus gleichbed. *engl.* to out zu out „heraus, an die Öffentlichkeit"⟩: (Jargon) 1. sich öffentlich zu etw. bekennen (z. B. zu homosexuellen Neigungen). 2. a) gegen jmds. Willen [aus dessen privater Sphäre] etw. öffentlichmachen (z. B. homosexuelle Neigungen); b) öffentlich brandmarken. **Outer-space-For|schung** ['autə'speɪs...] *die;* - ⟨zu *engl.* outer space „Weltraum", dies zu outer „Außen-, äußere" u. space „Raum"⟩: Weltraumforschung, vgl. Innerspace-Forschung. **Out|fit** ['autfɪt] *das;* -[s], -s ⟨aus gleichbed. *engl.* outfit⟩: Ausstattung, Ausrüstung, Kleidung; äußere Aufmachung. **Out|fit|ter** *der;* -s, - ⟨aus gleichbed. *engl.* outfitter⟩: Ausstatter, Ausrüster. **Out|group** [...gru:p] *die;* -, -s ⟨aus gleichbed. *engl.* outgroup⟩: Gruppe, der man sich nicht zugehörig fühlt u. von der man sich distanziert; Fremdgruppe, Außengruppe (Soziol.); Ggs. ↑Ingroup

Ou|til [u'ti] *das;* -s, -s ⟨aus gleichbed. *fr.* outil zu *lat.* utilis „nützlich"⟩: (veraltet) Werkzeug, Gerät

Ou|ting ['autɪŋ] *das;* -s ⟨aus *engl.* outing zu to out, vgl. outen⟩: das Outen; [öffentliches] Bekenntnis zu etw. **Out|law** ['autlo:, engl. 'autlɔ:] *der;* -[s],-s ⟨aus gleichbed. *engl.* outlaw, zu law „Gesetz"⟩: 1. (veraltet) Geächteter, Verfemter. 2. jmd., der sich nicht an die bestehende Rechtsordnung hält, Verbrecher. **Out|line** ['autlaɪn, engl. 'autlaɪn] *die;* -, -s ⟨aus gleichbed. *engl.* outline⟩: Umriß, Entwurf einer literarischen Arbeit. **Out|li|nie** ['autli:nɪə] *die;* -, -n: (österr., sonst veraltet) Auslinie (Ballspiele). **Out|place|ment** ['autpleɪsmənt] *das;* -[s], -s ⟨aus gleichbed. *engl.* outplacement, zu out „außerhalb" u. placement „Einstellung"⟩: Veränderungsberatung; Entlassung einer Führungskraft od. eines Mitarbeiters (nach vorheriger Beratung) unter gleichzeitiger Vermittlung an ein anderes Unternehmen. **Out|put** ['autpʊt] *der,* auch *das;* -s, -s ⟨aus gleichbed. *engl.* output, eigtl. „Ausstoß"⟩: 1. die von einem Unternehmen produzierten Güter; Güterausstoß (Wirtsch.); Ggs. ↑Input (1). 2. a) Ausgangsleistung einer Antenne od. eines Niederfrequenzverstärkers (Elektrot.); b) Ausgabe von Daten aus einer Rechenanlage (EDV); Ggs. ↑Input (2)

Ou|tra|ge [u'tra:ʒə] *die;* -, -n ⟨aus gleichbed. *fr.* outrage zu outrer, vgl. outrieren⟩: (veraltet) Beschimpfung, grobe Beleidigung. **ou|tra|gie|ren** [utra'ʒi:...] ⟨aus gleichbed. *fr.* outrager⟩: (veraltet) beschimpfen, beleidigen. **ou|trie|ren** ⟨aus gleichbed. *fr.* outrer zu outre „über – hinaus", dies aus *lat.* ultra⟩: (veraltend) übertrieben darstellen

Out|right-Ge|schäft ['autraɪt..., engl. 'autraɪt...] *das;* -[e]s, -e ⟨zu *engl.* outright „völlig, vorbehaltlos, direkt"⟩: eine Form des ↑Termingeschäftes, bei dem nicht gleichzeitig ein Gegengeschäft abgeschlossen wird (Wirtsch.). **out|side** ['autsaɪd] ⟨*engl.;* „außerhalb, außen"⟩: (schweiz.) außerhalb [des Spielfeldes] (Sport). **Out|side** *der;* -s, -s: (schweiz.) Außenstürmer (Fußball). **Out|si|der** ['autsaɪdə] *der;* -s, - ⟨aus gleichbed. *engl.* outsider zu outside „Außenseite", urspr. „das auf der (ungünstigen) Außenseite des Hauptfeldes laufende Pferd"⟩: Außenseiter; jmd., der keinen Zugang zu etw. hat. **Out|sour|cing** [...sɔ:sɪŋ] *das;* - ⟨Kurzw. aus *engl.* outside, resource „Hilfsmittel" u. ↑...ing⟩: Inanspruchnahme von spezialisierten Dienstleistungsunternehmen (z. B. für die Bewältigung der betrieblichen Datenverarbeitung; Wirtsch.)

Ou|ver|tü|re [uvɛr...] *die;* -, -n ⟨aus gleichbed. *fr.* ouverture, eigtl. „Öffnung. Eröffnung", dies über *vulgärlat.* *opertura aus *spätlat.* apertura „Öffnung" zu *lat.* aperire „(er)öffnen"⟩: 1. a) einleitendes Instrumentalstück am Anfang einer Oper, eines Oratoriums, Schauspiels, einer Suite; b) einsätziges Konzertstück für Orchester (bes. im 19. Jh.). 2. Einleitung, Eröffnung, Auftakt

Ou|vrée [u'vre:] *die;* - ⟨zu *fr.* ouvrée, Part. Perf. (Fem.) von ouvrer „arbeiten, verarbeiten", dies zu *spätlat.* operare⟩: gezwirnte Rohseide

Ou|zo ['u:zo] *der;* -[s], -s ⟨aus gleichbed. *ngr.* oũzo(n)⟩: griech. Anisbranntwein

ov..., Ov... vgl. ovo..., Ovo... **Ova** [...v...]: Plur. von ↑Ovum. **oval** ⟨aus gleichbed. *spätlat.* ovalis zu *lat.* ovum „Ei, Eigestalt"⟩: eirund, länglichrund. **Oval** *das;* -s, -e: ovale Fläche, ovale Anlage, ovale Form. **Ov|al|bu|min** *das;* -s, -e ⟨zu ↑ovo... u. ↑Albumin⟩: Eiweißkörper des Eiklars. **Oval|zir|kel** *der;* -s, - ⟨zu ↑oval⟩: Gerät zum Zeichnen von Ellipsen. **Ovar** *das;* -s, Plur. -e u. -ien [...iən]: Kurzform von ↑Ovarium (Med.). **Ovar|ek|to|mie** u. Ovarektomie *die;* -,

...ien ⟨zu ↑...ektomie⟩: operative Entfernung eines Eierstocks (Med.). **ova|ri|al** ⟨zu *lat.* ovarius „zum Ei gehörig" u. ↑¹...al (1)⟩: das Ovarium betreffend (Med.); vgl. ...al/...ell. **Ova|ri|al|gra|vi|di|tät** *die;* -, -en: Schwangerschaft, bei der sich der ↑Fetus im Eierstock entwickelt; Eierstockschwangerschaft (Med.). **Ova|ri|al|hor|mon** *das;* -s: das im Eierstock gebildete Geschlechtshormon (Med.). **Ova|ri|al|in|suf|fi|zi|enz** *die;* -: Unterfunktion der Eierstöcke (Med.). **Ova|ri|ek|to|mie** vgl. Ovarektomie. **ova|ri|ell** ⟨zu ↑...ell⟩: svw. ovarial; vgl. ...al/...ell. **Ova|rio|to|mie** *die;* -, ...ien ⟨zu ↑...tomie⟩: operativer Einschnitt am Eierstock (Med.). **Ova|ri|um** *das;* -s, ...ien [...iən] ⟨aus *spätlat.* ovarium „Ei"⟩: Gewebe od. Organ, in dem bei Tieren u. beim Menschen Eizellen gebildet werden, Eierstock (Biol., Med.)

Ova|ti|on [ova...] *die;* -, -en ⟨aus *lat.* ovatio „kleiner Triumph" zu ovare „jubeln"⟩: Huldigung, begeisterter, stürmischer Beifall

Over|achieve|ment ['ouvərə'tʃi:v...] *das;* -s ⟨zu *engl.* to overachieve „einen Leistungsüberschuß haben", dies zu over- „darüber hinaus, über-, Über-" u. to achieve „erreichen, erlangen"; vgl. ...ment⟩: wider Erwarten gutes Abschneiden in einem bestimmten Leistungsbereich (in bezug auf Arbeitsergebnisse); Ggs. ↑Underachievement. **Over|achie|ver** [...ə'tʃi:və] *der;* -s, -s ⟨aus *engl.* overachiever „jmd., der mehr leistet, leistungsbewußter Mensch"⟩: jmd., der bessere Leistungen zeigt, als man z. B. auf Grund von Intelligenztests hätte annehmen können; Ggs. ↑Underachiever. **Over|all** ['ouvərɔ:l] *der;* -s, -s ⟨aus gleichbed. *engl.* overall, eigtl. „über alles", zu all „alles"⟩: a) einteiliger, den ganzen Körper bekleidender Schutzanzug (für Mechaniker, Sportler u. a.); b) modischer, den Körper bedeckender einteiliger Anzug (bes. für Frauen). **over|dressed** ['ouvədrɛst] ⟨*engl.;* zu to overdress „(sich) übertrieben kleiden"⟩: (für einen bestimmten Anlaß) zu vornehm angezogen, zu feierlich gekleidet. **Over|drive** ['ouvədraɪv] *der;* -[s], -s ⟨aus gleichbed. *engl.* overdrive, zu to drive „fahren"⟩: zusätzlicher Gang im Getriebe von Kraftfahrzeugen, der nach Erreichen einer bestimmten Fahrgeschwindigkeit die Herabsetzung der Motordrehzahl ermöglicht (Techn.). **Over|flow** ['ouvəflou] *der;* -s ⟨aus gleichbed. *engl.* overflow, eigtl. „Überschwemmung"⟩: Überschreitung der Speicherkapazität von Computern (EDV). **Over|head|pro|jek|tor** ['ouvəhɛd...] *der;* -s, -en ⟨aus gleichbed. *engl.* overhead projector, zu overhead „oben"⟩: ↑Projektor, durch den eine sich auf einer horizontalen Glasfläche befindende Vorlage von unten beleuchtet u. über ein optisches System mit um 90° abgewinkeltem Strahlengang über den Kopf des Vortragenden rückseitig von ihm projiziert wird. **Over|heads** [...hɛdz] *die* (Plur.) ⟨aus gleichbed. *engl.-amerik.* overheads, eigtl. „über den Köpfen"⟩: Gemeinkosten (Wirtsch.). **Over|kill** ['ouvəkɪl] *das,* auch *der;* -[s] -[s] ⟨aus gleichbed. *engl.-amerik.* overkill, zu to kill „töten", eigtl. „als mehr als einmal töten"⟩: Situation, in der die gegnerischen Staaten mehr Waffen, bes. Atomwaffen, besitzen, als nötig sind, um den Gegner zu vernichten. **over|sized** ['ouvəsaɪzd] ⟨*engl.;* zu oversize „übergroß"⟩: größer als tatsächlich nötig (von Kleidungsstücken). **Over|state|ment** [ouvə'steɪt...] *das;* -s, -s ⟨aus gleichbed. *engl.* overstatement⟩: Übertreibung, Überspielung. **over|styled** ['ouvəstaɪld] ⟨*engl.*⟩: (für einen bestimmten Anlaß) zu perfekt gestylt. **Over-the-coun|ter-mar|ket** ['ouvəðə'kauntə'ma:kɪt] *der;* -[s] ⟨aus *engl.-amerik.* over-the-counter market „Freiverkehrsmarkt", eigtl. „Markt über den Ladentisch"⟩: a) in den USA der sich über den Telefonverkehr zwischen den Banken vollziehende Handel

in nicht zum offiziellen Handel zugelassenen Wertpapieren; b) in Großbritannien Wertpapiergeschäft am Bankschalter, Tafelgeschäft (Bankwesen)
ovi..., Ovi... [...v...] vgl. ovo..., Ovo... **Ovi|dukt** *der;* -[e]s, -e ⟨zu *lat.* ductus, Part. Perf. von ducere „leiten"⟩: Eileiter (Med.; Biol.)
Ovi|ne [o'vi:nə] *die* (Plur.) ⟨aus gleichbed. *nlat.* ovinia zu *spätlat.* ovinus „vom Schaf", dies zu ovis „Schaf"⟩: Schafspocken (Med.)
ovi|par [...v...] ⟨aus gleichbed. *spätlat.* oviparus zu ↑ovo... u. *lat.* parere „gebären"⟩: eierlegend (Biol.). **Ovi|pa|rie** *die;* - ⟨zu ↑²...ie⟩: Fortpflanzung durch Eiablage (Biol.). **Ovi|zid** *das;* -[e]s, -e ⟨zu ↑...zid⟩: in der Landwirtschaft gebräuchliches Mittel zur Abtötung von [Insekten]eiern.
ovo..., Ovo..., auch ovi..., Ovi..., vor Vokalen meist ov..., Ov... ⟨zu *lat.* ovum „Ei"⟩: Wortbildungselement mit der Bedeutung „Ei", z. B. Ovoviviparie, ovipar, Ovalbumin. **Ovo|ge|ne|se** *die;* -, -n: svw. Oogenese. **Ovo|go|ni|um** *das;* -s, ...ien [...jən] ⟨zu *gr.* goné „Erzeugung; Geburt" u. ↑...ium⟩: svw. Oogonium. **ovo|id** u. **ovoi|disch** ⟨zu ↑...oid⟩: eiförmig (Biol.); vgl. ...isch/-. **Ovo|plas|ma** *des;* -s: svw. Ooplasma. **Ovo|te|stis** *der;* -, ...tes [...te:s] ⟨zu *lat.* testis „Hoden"⟩: Zwitterorgan aus Hoden- u. Eierstockgewebe (Med.). **ovo|vi|vi|par** [...vivi...]: Eier mit mehr od. weniger entwickelten Embryonen ablegend (in bezug auf Tiere, z. B. Lurche, Kriechtiere; Biol.). **Ovo|vi|vi|pa|rie** *die;* -, ...ien: Fortpflanzung durch Ablage von Eiern, in denen die Embryonen sich bereits in einem fortgeschrittenen Entwicklungsstadium befinden (so daß bei manchen Tieren die Embryonen unmittelbar nach der Eiablage ausschlüpfen; Biol.). **Ovo|zyt** *der;* -en, -en ⟨zu ↑...zyt⟩: svw. Oozyt. **Ovu|la|ti|on** *die;* -, -en ⟨zu ↑Ovulum u. ↑...ation⟩: Ausstoßung des reifen Eies aus dem Eierstock bei geschlechtsreifen Säugetieren u. beim Menschen (Eisprung; Biol., Med.). **Ovu|la|ti|ons|hem|mer** *der;* -s, - (meist Plur.): Arzneimittel zur hormonalen Empfängnisverhütung (Med.). **ovu|la|to|risch** ⟨aus *nlat.* ovulatorius⟩: mit der Ovulation zusammenhängend, mit einer Ovulation verbunden (Med.). **Ovu|lum** *das;* -s, ...la ⟨aus *nlat.* ovulum, Verkleinerungsform von *lat.* ovum „Ei"⟩: svw. Ovum. **Ovum** *das;* -s, Ova ⟨aus *lat.* ovum „Ei"⟩: Ei, Eizelle (Med., Biol.)
Owrag [o'vra:k] *der;* -[s], -i [...gi] ⟨aus *russ.* ovrag „Schlucht"⟩: tief eingeschnittene, junge Erosionsform im Steppenklima (Geogr.)
Oxal|ämie *die;* -, ...ien ⟨Kurzw. aus ↑Oxalsäure u. ↑...ämie⟩: vermehrter Oxalsäuregehalt des Blutes (Med.). **Oxa|lat** *das;* -[e]s, -e ⟨zu *lat.* oxalis (dies aus *gr.* oxalís „Sauerampfer" zu oxýs „scharf, sauer") u. ↑...at (2)⟩: Salz der Oxalsäure. **Oxal|lat|stein** *der;* -[e]s, -e: Nierenstein aus oxalsaurem Kalk (Med.). **oxa|lie|ren** ⟨zu ↑...ieren⟩: Stahl mit oxalsäurehaltigen Lösungen zur Erzeugung einer [gleitfähigen] Oberflächenschicht behandeln. **Oxa|lis** *die;* - ⟨über *lat.* oxalis aus gleichbed. *gr.* oxalís, vgl. Oxalat⟩: Sauerklee. **Oxa|lit** [auch ...'lit] *der;* -s, -e ⟨zu ↑²...it⟩: ein gelbes, erdiges Mineral. **Oxa|lo|se** *die;* -, -n ⟨zu ↑Oxalat u. ↑¹...ose⟩: Ablagerungen von Oxalatkristallen im Gewebe (Med.). **Oxal|säu|re** *die;* -: Kleesäure, giftige, organische Säure, die u. a. im Harn vorkommt (Chem.). **Oxal|urie** *die;* -, ...ien ⟨zu ↑...urie⟩: vermehrte Ausscheidung von Oxalsäure im Harn (Med.). **Oxa|mid** *das;* -[e]s, -e ⟨Kurzw. aus *Oxal*säuredia*mid*⟩: farblose, in Wasser schwer lösliche Substanz, die als Stickstoffdünger mit Langzeitwirkung dient (Chem.)
Oxer *der;* -s, - ⟨aus gleichbed. *engl.* oxer zu ox „Ochse, Rind", wohl nach der Form⟩: a) Absperrung zwischen Viehweiden; b) Hindernis beim Springreiten, das aus zwei Stangen besteht, zwischen die Buschwerk gestellt wird
¹Ox|ford *das;* -s, -s ⟨nach der gleichnamigen engl. Stadt⟩: bunter Baumwoll[hemden]stoff. **²Ox|ford** *das;* -[s] ⟨zu ↑¹Oxford⟩: unterste Stufe des ↑Malms (Geol.). **Ox|ford|be|we|gung** *die;* -: 1. hochkirchliche Bewegung in der anglikanischen Kirche; Traktarianismus. 2. Oxfordgruppenbewegung; eine 1921 von F. N. D. Buchman begründete religiöse Gemeinschaftsbewegung. **Ox|ford|ein|heit** *die;* -, -en: internationales Maß für wirksame Penicillinmengen; Abk.: OE (Med.). **Ox|for|di|en** [...'diɛ:] *das;* -[s] ⟨*fr.*⟩: svw. ²Oxford
Oxid usw. vgl. Oxyd usw.
Oxo... ⟨gekürzt aus Oxygenium (mit dem Bindevokal -o-)⟩: Wortbildungselement aus der Chemie mit der Bedeutung „ein doppelt gebundenes Sauerstoffatom an einem Kohlenstoffatom enthaltend". **Oxo|syn|the|se** *die;* -: chem. Reaktion zur Herstellung von Oxoverbindungen, z. B. von ↑Olefinen mit Kohlenmonoxyd u. Wasserstoff zu ↑Aldehyden (Oxoaldehyden; Chem.)
Ox|tail|sup|pe ['ɔksteɪl...] *die;* -, -n ⟨Lehnübersetzung von gleichbed. *engl.* oxtail soup⟩: Ochsenschwanzsuppe
oxy..., Oxy... ⟨zu *gr.* oxýs „scharf, sauer"⟩: Wortbildungselement mit den Bedeutungen: a) „scharf, herb, sauer", z. B. Oxymoron, u. b) „Sauerstoff enthaltend, brauchend", z. B. Oxydation. **Oxy|bio|se** *die;* - ⟨zu ↑...biose⟩: svw. Aerobiose. **Oxyd**, chem. fachspr. Oxid *das;* -[e]s, -e ⟨aus gleichbed. *fr.* oxyde, dies zu *gr.* oxýs „scharf, sauer"⟩: jede Verbindung eines chem. Elements mit Sauerstoff. **oxy|da|bel**, chem. fachspr. oxidabel ⟨zu ↑...abel⟩: zur Oxydation fähig, oxydierbar (Chem.). **Oxy|da|se**, chem. fachspr. Oxidase *die;* -, -n ⟨zu ↑...ase⟩: sauerstoffübertragendes Enzym (Biochem., Chem.). **Oxy|da|ti|on**, chem. fachspr. Oxidation *die;* -, -en ⟨aus gleichbed. *fr.* oxydation⟩: 1. chem. Vereinigung eines Stoffes mit Sauerstoff; vgl. Desoxydation. 2. Entzug von Elektronen aus den Atomen eines chem. Elements od. einer chem. Verbindung, wobei diese von einem anderen Element bzw. einer anderen Verbindung aufgenommen werden. **Oxy|da|ti|ons|ka|ta|ly|sa|tor**, fachspr. meist Oxidationskatalysator *der;* -s, -en: in Kraftfahrzeugen verwendeter Katalysator, der zur Nachverbrennung von Kohlenmonoxyd u. Kohlenwasserstoffen dient. **Oxy|da|ti|ons|the|ra|pie**, fachspr. meist Oxidationstherapie *die;* -: Methode zur Behandlung von Sauerstoffmangelzuständen (Med.). **Oxy|da|ti|ons|zo|ne**, fachspr. meist Oxidationszone *die;* -, -n: oberste, bis zum Grundwasserspiegel reichende Verwitterungszone von Erzlagerstätten, in der sich oxydative Umsetzungsprozesse abspielen (Geol.). **oxy|da|tiv**, chem. fachspr. oxidativ ⟨zu ↑...iv⟩: durch eine Oxydation erfolgend, bewirkt. **Oxy|da|tor**, chem. fachspr. Oxidator *der;* -s, ...oren ⟨zu ↑...or⟩: Sauerstoffträger als Bestandteil von [Raketen]treibstoffen. **oxy|die|ren**, chem. fachspr. oxidieren ⟨aus gleichbed. *fr.* oxyder zu oxyde, vgl. Oxyd⟩: 1. a) sich mit Sauerstoff verbinden, Sauerstoff aufnehmen; b) bewirken, daß sich eine Substanz mit Sauerstoff verbindet. 2. ↑Elektronen abgeben, die von einer anderen Substanz aufgenommen werden; vgl. desoxydieren. **Oxy|di|me|ter**, chem. fachspr. Oxidimeter *das;* -s, - ⟨zu ↑Oxydation u. ↑¹...meter⟩: Gerät zur Maßanalyse bei der Vornahme einer Oxydimetrie (Chem.). **Oxy|di|me|trie**, chem. fachspr. Oxidimetrie *die;* - ⟨zu ↑...metrie⟩: Bestimmung von Mengen eines Stoffes durch bestimmte Oxydationsvorgänge (Chem.). **oxy|disch**, chem. fachspr. oxidisch: Oxyd enthaltend. **Oxyd|ke|ra|mik**, fachspr. meist

Ozontherapie

Oxidkeramik *die;* -, -en: 1. Werkstoff, der sich durch hohe Härte u. Verschleißfestigkeit auszeichnet u. deshalb z. B. im Turbinen- u. Reaktorbau verwendet wird. 2. Bez. für Fertigprodukte u. Halberzeugnisse aus Oxydkeramik (1). **Oxy|do|re|duk|ta|sen**, fachspr. meist Oxidoreduktasen *die* (Plur.): eine der sechs Hauptgruppen der ↑ Enzyme (Biochem.). **Oxy|dul**, chem. fachspr. Oxidul *das;* -s, -e ⟨aus *nlat.* oxydulum, Verkleinerungsbildung zu ↑ Oxyd⟩: (veraltet) sauerstoffärmeres Oxyd (Chem.). **Oxy|es|sig|säu|re** *die;* - ⟨zu ↑oxy...⟩: Glykolsäure. **Oxy|gen** *das;* -s ⟨zu ↑...gen, eigtl. „Säurebildner"⟩: svw. Oxygenium. **Oxy|ge|na|sen** *die* (Plur.) ⟨zu ↑...ase⟩: zur Gruppe der Oxydoreduktasen gehörende ↑ Enzyme, die Sauerstoff auf chem. Verbindungen übertragen (Biochem.). **Oxy|ge|na|te** *die* (Plur.) ⟨zu ↑...at (2)⟩: gasförmige od. verdampfbare Kraftstoffe, die zum Betrieb von [Otto]motoren mit Fremdzündung geeignet sind. **Oxy|ge|na|ti|on** *die;* -, -en ⟨zu ↑...ation⟩: Sättigung des Gewebes mit Sauerstoff (Med.); vgl. ...[at]ion/...ierung. **Oxy|ge|nie|rung** *die;* -, -en ⟨zu ↑...ierung⟩: svw. Oxygenation; vgl. ...[at]ion/...ierung. **Oxy|ge|ni|um** *das;* -s ⟨aus *nlat.* oxygenium zu *fr.* oxygène „Sauerstoff" u. ↑...ium⟩: Sauerstoff, chem. Element; Zeichen O. **Oxy|hä|mo|glo|bin** *das;* -s ⟨zu ↑oxy...⟩: sauerstoffhaltiger Blutfarbstoff. **Oxy|li|quit** *die;* -s ⟨zu *lat.* liquidus „flüssig" u. ↑¹...it⟩: früher verwendeter Sprengstoff aus einem brennbaren Stoff u. flüssigem Sauerstoff. **Oxy|me|ter** *der;* -s, - ⟨zu ↑¹...meter⟩: Gerät zur Bestimmung des Sauerstoffgehaltes im Blut (Med.). **Oxy|me|trie** *die;* -, ...ien ⟨zu ↑...metrie⟩: Messung des Blutsauerstoffgehaltes mit Hilfe eines Oxymeters (Med.). **Oxy|mo|ron** *das;* -s, ...ra ⟨aus gleichbed. *gr.* oxýmoron zu *gr.* oxýs „scharf, spitz" u. mōrós „stumpfsinnig, dumm"⟩: Zusammenstellung zweier sich widersprechender Begriffe in einem ↑ Additionswort od. als rhetorische Figur (z. B. *bittersüß, Eile mit Weile!*; Rhet., Stilk.). **oxy|phil** ⟨zu ↑oxy... u. ↑...phil⟩: saure Farbstoffe bindend. **Oxy|pro|pi|on|säu|re** *die;* - ⟨Kunstw.; zu *gr.* pĩon „fette Milch"⟩: Milchsäure. **Oxy|säu|re** *die;* -: Säure, die die Eigenschaften einer Säure u. eines Alkohols zugleich hat. **Oxy|sol** *der;* -s ⟨zu *lat.* solum „Boden"⟩: svw. Ferralsol. **Oxy|to|non** *das;* -s, ...na ⟨aus gleichbed. *gr.* oxýtonon, eigtl. „das scharf Klingende"⟩: ein Wort, das einen ↑ Akut auf der betonten Endsilbe trägt (z. B. *gr.* ἀγρός = Acker; griech. Betonungslehre); vgl. Paroxytonon u. Proparoxytonon. **Oxy|to|zin** *das;* -s ⟨zu ↑oxy... u. *gr.* tókos „das Gebären" u. ↑¹...in⟩: Hormon, das im Hypophysenhinterlappen gebildet wird u. die Uterusmuskulatur bei einer Geburt zu Kontraktionen anregt (Med.). **Oxy|ure** *die;* -, -n ⟨zu *gr.* ourá „¹Schwanz"⟩: Madenwurm des Menschen. **Oxyuria|sis** *die;* -, ...riasen ⟨zu ↑...iasis⟩: Erkrankung an Madenwürmern (Med.).

Oza|lid Ⓦ *das;* -s ⟨Kunstw.; vgl. ³...id⟩: Markenbezeichnung für Papier, Gewebe, Filme mit lichtempfindlichen ↑ Emulsionen (2) **Ozä|na** *die;* -, ...nen ⟨aus *gr.* ózaina „ein übelriechender Nasenpolyp" zu ózein „(gut od. schlecht) riechen"⟩: mit Absonderung eines übelriechenden Sekrets einhergehende chronische Erkrankung der Nasenschleimhaut (Med.). **Oze|an** *der;* -s, -e ⟨über *lat.* oceanus aus gleichbed. *gr.* ōkeanós⟩: Weltmeer u. Teile davon (die sich auszeichnen durch Größe, Salzgehalt, System von Gezeitenwellen u. Meeresströmungen). **oze|an...**, **Oze|an...** vgl. ozeano..., Ozeano... **Oze|a|na|ri|um** *das;* -s, ...ien [...jən] ⟨zu ↑...arium, Analogiebildung zu ↑ Aquarium⟩: Meerwasseraquarium größeren Ausmaßes. **Ozea|naut** *der;* -en, -en ⟨zu ↑...naut, Analogiebildung zu ↑ Aquanaut⟩: svw. Aquanaut. **Oze|a|ner** *der;* -s, -: (scherzh. veraltend) großer Ozeandampfer. **Oeza|ni|de** vgl. Okeanide. **ozea|nisch**: 1. den Ozean, das Meer betreffend, durch ihn bzw. es beeinflußt; -es Klima: vom Meer beeinflußtes Klima mit hoher Luftfeuchtigkeit, hohen Niederschlägen u. geringer Temperaturschwankung. 2. Ozeanien (die Inseln des Stillen Ozeans) betreffend. **Ozea|nist** *der;* -en, -en ⟨zu ↑...ist⟩: Kenner u. Erforscher der Kulturen der ozeanischen Völker. **Ozea|ni|stik** *die;* - ⟨zu ↑...istik⟩: Wissenschaft von der Kultur der ozeanischen Völker. **ozea|ni|stisch** ⟨zu ↑...istisch⟩: die Ozeanistik betreffend. **Ozea|nit** [auch ...'nɪt] *der;* -[e]s, -e ⟨zu ↑²...it⟩: ein basisches Ergußgestein mit hohem Olivingehalt (Geol.). **Ozea|ni|tät** *die;* - ⟨zu ↑...ität⟩: Abhängigkeit des Küstenklimas von den großen Meeresflächen (Geogr.). **ozea|no...**, **Ozean...** ⟨v., vor Vokalen meist ozean..., Ozean... ⟨über *lat.* oceanus aus *gr.* ōkeanós, vgl. Ozean⟩: Wortbildungselement mit der Bedeutung „das Meer, den Ozean betreffend", z. B. Ozeanographie, Ozeanistik. **Ozea|no|graph** *der;* -en, -en ⟨zu ↑...graph⟩: Meereskundler. **Ozea|no|gra|phie** *die;* - ⟨zu ↑...graphie⟩: Meereskunde. **ozea|no|gra|phisch** ⟨zu ↑...graphisch⟩: meereskundlich. **Ozea|no|lo|ge** *der;* -n, -n ⟨zu ↑...loge⟩: svw. Ozeanograph. **Ozea|no|lo|gie** *die;* - ⟨zu ↑...logie⟩: svw. Ozeanographie. **ozea|no|lo|gisch** ⟨zu ↑...logisch⟩: svw. ozeanographisch.

Ozel|le *die;* -, -n ⟨aus *lat.* ocellus „kleines Auge" zu oculus „Auge"; vgl. okulieren⟩: einfaches Lichtsinnesorgan niederer Tiere (Zool.).

Oze|lot [auch 'ɔtsə...] *der;* -s, Plur. -e u. -s ⟨über *fr.* ocelot aus *aztek. (Nahuatl)* ocelotl⟩: 1. katzenartiges Raubtier Mittel- u. Südamerikas (auch im südlichen Nordamerika) mit wertvollem Fell. 2. a) Fell dieses Tieres; b) aus diesem Fell gearbeiteter Pelz

Ozo|ke|rit [auch ...'rɪt] *der;* -s ⟨zu *gr.* ózein „riechen" u. kērós „Wachs"⟩: Erdwachs (natürlich vorkommendes mineralisches Wachs). **Ozon** *der,* auch *das;* -s ⟨aus *gr.* (tò) ózon „das Duftende" zu ózein „riechen, duften"⟩: besondere Form des Sauerstoffs (O_3); starkes Oxydations-, Desinfektions- u. Bleichmittel. **Ozo|nid** *das;* -[e]s, -e ⟨zu ↑³...id⟩: dikkes, stark oxydierendes Öl. **ozo|nie|ren** ⟨zu ↑...ieren⟩: svw. ozonisieren. **Ozo|nie|rung** *die;* -, -en ⟨zu ↑...ierung⟩: Methode zur Abtötung von Mikroorganismen durch ein Ozon-Luft-Gemisch. **ozo|ni|sie|ren** ⟨zu ↑...isieren⟩: 1. Sauerstoff in Ozon umwandeln. 2. a) mit Ozon behandeln; b) Wasser keimfrei machen. **Ozo|ni|sie|rung** *die;* -, -en ⟨zu ↑...isierung⟩: 1. das Ozonisieren. 2. Anlagerung von Ozon an Kohlenstoffdoppelbindungen unter Bildung von Ozoniden. 3. svw. Ozonierung. **Ozon|kil|ler** *der;* -s, - (meist Plur.): (Jargon) chem. Verbindung, die bes. stark an der Zerstörung der Ozonschicht beteiligt ist (z. B. bestimmte Treibgase). **Ozon|loch** *das;* -[e]s, ...löcher: ausgedehnte Zerstörung der Ozonschicht durch Treibgase, bes. durch Fluorchlorkohlenwasserstoffe, wodurch die ↑ Absorption ultravioletter Strahlung eingeschränkt wird. **Ozo|no|ly|se** *die;* -, -n ⟨zu ↑...lyse⟩: Methode zur ↑ Analyse der ↑ Konstitution ungesättigter organischer Verbindungen. **Ozo|no|sphä|re** *die;* -: svw. Ozonschicht. **Ozon|schicht** *die;* -: durch höheren Ozongehalt gekennzeichnete Schicht der Erdatmosphäre (Meteor.). **Ozon|the|ra|pie** *die;* -, ...ien [...i:ən]: therapeutische Anwendung eines Ozon-Sauerstoff-Gemischs, z. B. bei Durchblutungsstörungen (Med.).

Pä|an der; -s, -e ⟨aus gr. paián „an einen Gott gerichteter Hymnus"⟩: 1. feierliches altgriechisches [Dank-, Preis]lied. 2. svw. Päon

Pace [peɪs] die; - ⟨aus gleichbed. engl. pace, eigtl. „Schritt", dies über (alt)fr. pas aus gleichbed. lat. passus⟩: Tempo eines Rennens, auch einer Jagd, eines Geländerittes (Sport). **Pace|ma|cher** ['peɪs...] der; -s, - ⟨Lehnübersetzung von engl. pacemaker⟩: svw. Pacemaker (1). **Pace|ma|ker** [...meɪkə] der; -s, - ⟨aus engl. pacemaker „Schrittmacher"⟩: 1. in einem Rennen führendes Pferd, das (meist zugunsten eines anderen Pferdes, eines Stallgefährten) das Tempo des Rennens bestimmt (Pferdesport). 2. Schrittmacherzelle der glatten Muskulatur, die Aktionsströme zu erzeugen u. weiterzuleiten vermag (Med.). 3. elektrisches Gerät zur künstlichen Anregung der Herztätigkeit nach Ausfall der physiologischen Reizbildungszentren (Med.). **Pa|cer** ['peɪsə] der; -s, - ⟨aus gleichbed. engl. pacer⟩: Pferd, das im Schritt u. Trab beide Beine einer Seite gleichzeitig aufsetzt (Paßgänger; Pferdesport)

Pa|chul|ke der; -n, -n ⟨aus dem Slaw.; vgl. poln. pachołek „Bursche; Knecht"⟩: 1. (landsch.) ungehobelter Bursche, Tölpel. 2. (veraltet) Setzergehilfe (Druckw.)

pa|chy..., Pa|chy... [paxy...] ⟨aus gr. pachýs „dick"⟩: Wortbildungselement mit der Bedeutung „dick, verdickt; Dikke", z. B. Pachymeter, Pachyzephalie. **Pa|chy|akrie** die; -, ...jen ⟨zu gr. ákros „Spitze, äußerstes Ende" u. ↑²...ie⟩: 1. Verdickung der Finger u. Zehen; vgl. Pachydaktylie (Med.). 2. svw. Akromegalie (Med.). **Pa|chy|ble|pha|ro|se** die; -, -n ⟨zu gr. blépharon „Augenlid" u. ↑¹...ose⟩: Verdickung des Lidrandes (Med.). **Pa|chy chei|lie** [...çaɪ...] die; -, ...jen ⟨zu gr. cheĩlos „Lippe" u. ↑²...ie⟩: svw. Makrocheilie. **Pa|chy|dak|ty|lie** die; -, ...jen ⟨zu gr. dáktylos „Finger; Zehe" u. ↑²...ie⟩: svw. Pachyakrie (1). **Pa|chy|der|men** die (Plur.) ⟨zu gr. dérma „Haut"⟩: (veraltet) Dickhäuter (Sammelbez. für Elefanten, Nashörner, Flußpferde, ↑ Tapire u. Schweine). **Pa|chy|der|mie** die; -, ...jen ⟨zu ↑...dermie⟩: svw. Elefantiasis. **Pa|chy|ke|pha|lie** vgl. Pachyzephalie. **Pa|chy|me|nin|gi|tis** die; -, ...itiden: Entzündung der harten Haut des Gehirns u. des Rückenmarks (Med.). **Pa|chy|me|ninx** die; -, ...meningen: svw. Dura. **Pa|chy|me|ter** das; -s, - ⟨zu ↑¹...meter⟩: Dickenmeßgerät (Techn.). **Pa|chy|ony|chie** die; -, ...jen ⟨zu gr. ónyx, Gen. ónychos „Nagel" u. ↑²...ie⟩: Verdickung der Nagelplatten an Fingern u. Zehen (Med.). **Pa|chy|ze|pha|lie** die; -, ...jen ⟨zu gr. kephalé „Kopf" u. ↑²...ie⟩: verkürzte Schädelform mit gleichzeitiger abnormer Verdickung der Schädelknochen (Med.)

Pa|ci|fi|ca|le [patsifi'ka:lə] das; -[s] ⟨aus gleichbed. mlat. pacificale, eigtl. „das Friedenstiftende", zu lat. pacificare „Frieden stiften"⟩: lat. Bez. für ↑ Paxtafel

Pack [pæk] das; -, -s ⟨aus gleichbed. engl. pack, eigtl. „Packen, Bündel"⟩: engl. Gewicht für Wolle, Leinen u. Hanfgarn. **Package|tour¹** ['pækɪtʃ..., engl. 'pækɪdʒ...] die; -, -en ⟨aus gleichbed. engl.-amerik. package tour⟩: durch ein Reisebüro im einzelnen organisierte Reise im eigenen Auto

Pack|fong das; -s ⟨aus chin. pack-fong⟩: (im 18. Jh. aus China eingeführte) Kupfer-Nickel-Zink-Legierung

pac|ta sunt ser|van|da ['pakta – ...v...] ⟨lat.; „Verträge sind einzuhalten"⟩: Grundsatz der Vertragstreue (im späten röm. Recht u. bes. im Völkerrecht)

päd..., Päd... vgl. pädo..., Pädo... **Päd|ago|ge** der; -n, -n ⟨über lat. paedagogus aus gleichbed. gr. paidagōgós, eigtl. „Kinder-, Knabenführer", zu gr. paĩs, Gen. paidós „Kind, Knabe" u. ágein „führen"⟩: a) Erzieher, Lehrer; b) Erziehungswissenschaftler. **Päd|ago|gik** die; - ⟨aus gr. paidagōgikḗ (téchnē) „Erziehungskunst"⟩: Theorie u. Praxis der Erziehung u. Bildung; Erziehungswissenschaft. **Päd|ago|gi|kum** das; -s, ...ka ⟨aus nlat. (testamen) paedagogicum⟩: (in mehreren Bundesländern) im Rahmen des 1. Staatsexamens abzulegende Prüfung in Erziehungswissenschaften für Lehramtskandidaten. **Päd|ago|gin** die; -, -nen: weibliche Form zu ↑ Pädagoge. **päd|ago|gisch** ⟨nach gleichbed. gr. paidagōgikós⟩: a) die Pädagogik betreffend; zu ihr gehörend; b) die (richtige) Erziehung betreffend; erzieherisch; -e Psychologie: Teilgebiet der Psychologie, das sich mit den psychologischen Grundlagen, mit Problemen der Erziehung u. des Unterrichts beschäftigt; -e Soziologie: Teilgebiet der Soziologie, das sich mit den am Erziehungs- u. Bildungsprozeß beteiligten Faktoren beschäftigt. **päd|ago|gi|sie|ren** ⟨zu ↑ ...isieren⟩: etwas unter pädagogischen Aspekten sehen, für pädagogische Zwecke auswerten. **Päd|ago|gi|stik** die; - ⟨zu ↑ ...istik⟩: pädagogische Disziplin, die Lernprozesse unter den Aspekten u. mit den Methoden der ↑ Informatik bearbeitet. **Päd|ago|gi|um** das; -s, ...ien [...jən] ⟨aus lat. paedagogium „Erziehungs- u. Bildungsstätte für Knaben"⟩: (veraltet) 1. Erziehungsanstalt. 2. Vorbereitungsschule für das Studium an einer pädagogischen Hochschule. **Päd|atro|phie** die; - ⟨zu ↑ pädo...⟩: schwerste Form der Ernährungsstörung bei Kleinkindern (Med.). **Päd|au|dio|lo|ge** der; -n: Spezialist auf dem Gebiet der Pädaudiologie (Med.). **Päd|au|dio|lo|gie** die; -: 1. Wissenschaft vom Hören u. von den Hörstörungen im Kindesalter (Med.). 2. Hörerziehung des Kindes (Med.). **Päd|au|dio|lo|gin** die; -, -nen: weibliche Form zu ↑ Pädaudiologe. **päd|au|dio|lo|gisch**: die Pädaudiologie betreffend, auf ihr beruhend (Med.)

Pal|dauk vgl. Padouk

Pad|dock ['pɛdɔk] der; -s, -s ⟨aus gleichbed. engl. paddock⟩: Gehege, umzäunter Laufgang für Pferde

¹Pad|dy ['pɛdi] der; -s ⟨über engl. paddy aus gleichbed. malai. padi⟩: ungeschälter, noch mit Spelzen umgebener Reis

²Pad|dy ['pædɪ] der; -s, Plur. -s u. ...dies [...dɪz] ⟨engl.; nach der Koseform von Patrick, dem Schutzpatron der Iren⟩: (scherzh.) Ire (Spitzname)

Päd|erast der; -en, -en ⟨aus gr. paiderastḗs „jmd., der Knaben liebt" zu gr. paĩs, Gen. paidós „Kind, Knabe" und erastés „Liebender" (zu erãn „lieben")⟩: Mann mit homosexuellen Neigungen, Beziehungen zu Jungen. **Päd|era|stie** *die;* - ⟨aus gleichbed. *gr.* paiderastía⟩: homosexuelle Neigungen, Beziehungen von Männern zu Jungen; Knabenliebe. **Päd|ia|ter** *der;* -s, - ⟨zu ↑pädo... u. ↑...iater⟩: Facharzt für Krankheiten des Säuglings- u. Kindesalters; Kinderarzt. **Päd|ia|trie** *die;* - ⟨zu ↑...iatrie⟩: Teilgebiet der Medizin, das sich mit den Krankheiten des Säuglings- u. Kindesalters befaßt; Kinderheilkunde. **päd|ia|trisch:** die Kinderheilkunde betreffend, zu ihr gehörend, auf ihr beruhend

Pa|di|schah *der;* -s, -s ⟨aus gleichbed. *pers.* pādišāh, eigtl. „Beschützer; König"⟩: 1. (ohne Plur.) Titel islamischer Fürsten. 2. islamischer Fürst als Träger dieses Titels

Pad|ma *der;* -s ⟨aus gleichbed. *sanskr.* padma⟩: indischer Lotus als häufiges Symbol im ↑Buddhismus u. ↑Hinduismus. **Pad|ma|sa|na** *der;* - ⟨aus gleichbed. *sanskr.* padmāsana⟩: der Lotossitz als Meditationshaltung der ↑Asketen

Pä|do *der;* -s, -s: Kurzform von ↑Pädosexueller, Pädophiler. **pä|do...**, **Pä|do...**, vor Vokalen meist päd..., Päd... ⟨zu *gr.* paĩs, Gen. paidós „Kind, Knabe"⟩: Wortbildungselement mit der Bedeutung „das Kind bzw. das Kindesalter betreffend", z. B. Pädologie, Pädiater. **Pä|do|au|dio|lo|ge** usw. vgl. Pädaudiologe usw. **Pä|do|bap|tis|mus** *der;* -: (veraltet) Kindtaufe (Rel.). **Päd|odon|tie** *die;* - ⟨zu *gr.* odoús, Gen. odóntos „Zahn" u. ↑²...ie⟩: Kinderzahnheilkunde (Med.). **Pä|do|ga|mie** *die;* - ⟨zu ↑...gamie (1)⟩: bei Einzellern vorkommende Form geschlechtlicher Fortpflanzung, bei der sich zwei Tochterzellen nach jeweiliger ↑Meiose zu einer ↑Zygote vereinigen (Biol.). **Pä|do|ge|ne|se** u. **Pä|do|ge|ne|sis** *die;* -: Fortpflanzung im Larvenstadium (Sonderfall der Jungfernzeugung; Biol.). **pä|do|ge|ne|tisch:** sich im Larvenstadium fortpflanzend (Biol.). **Pä|do|lin|gui|stik** [auch ...lɪŋˈgʊɪstɪk] *die;* -: Teilgebiet der angewandten Sprachwissenschaft, das sich mit den Stadien des Spracherwerbs u. der systematischen Entwicklung der Kindersprache beschäftigt (Sprachw.). **Pä|do|lo|ge** *der;* -n, -n ⟨zu ↑...loge⟩: Wissenschaftler auf dem Gebiet der Pädologie. **Pä|do|lo|gie** *die;* - ⟨zu ↑...logie⟩: Wissenschaft vom gesunden Kind unter Berücksichtigung von Wachstum u. Entwicklung. **pä|do|lo|gisch** ⟨zu ↑...logisch⟩: die Pädologie betreffend. **Pä|do|pa|tho|lo|gie** *die;* -: Lehre von den im Kindesalter auftretenden Krankheiten (Med.). **pä|do|phil** ⟨zu ↑...phil⟩: a) die Pädophilie betreffend; b) zur Pädophilie neigend. **Pä|do|phi|le** *der;* -n, -n: pädophil empfindender Mann. **Pä|do|phi|lie** *die;* - ⟨zu ↑...philie⟩: [sexuelle] Zuneigung Erwachsener zu Kindern od. Jugendlichen beiderlei Geschlechts. **Pä|do|se|xu|el|le** *der;* -n, -n ⟨zu ↑sexuell⟩: svw. Pädophile

Pa|douk [paˈdaʊk] *das;* -s ⟨aus gleichbed. *engl.* padouk, dies aus dem Birman.⟩: hell- bis dunkelbraunrotes [farbig gestreiftes] hartes Edelholz eines in Afrika u. Asien beheimateten Baumes

Pa|dre *der;* -, Padri ⟨aus gleichbed. *it.* bzw. *span.* padre, eigtl. „Vater", dies aus *lat.* pater, vgl. Pater⟩: 1. (ohne Plur.) Titel der Ordenspriester in Italien. 2. Ordenspriester in Italien als Träger dieses Titels. **Pa|dro|na** *die;* -, -ne ⟨aus *it.* padrona⟩: ital. Bez. für Gebieterin; Wirtin; Hausfrau. **Pa|dro|ne** *der;* -[s], -ni ⟨aus *it.* padrone⟩: 1. ital. Bez. für Herr, Besitzer, Chef. 2. Schutzheiliger (vgl. ¹Patron). 3. Plur. von Padrona

Pa|dua|na *die;* -, ...nen ⟨nach der ital. Stadt Padua⟩: 1. im 16. Jh. verbreiteter schneller Tanz im Dreitakt. 2. svw. Pavane (2)

Pa|el|la [paˈɛlja] *die;* -, -s ⟨aus gleichbed. *span.* paella, eigtl. „Kasserolle", dies über *altfr.* paële aus *lat.* patella „(flache) Schüssel, Platte", Verkleinerungsform von patera „(Opfer)schale"⟩: 1. span. Reisgericht mit verschiedenen Fleisch- u. Fischsorten, Muscheln, Krebsen u. a. 2. zur Zubereitung der Paella (1) verwendete eiserne Pfanne

Pa|fel vgl. Bafel

Pa|fe|se, Pofese, Povese u. Bofese *die;* -, -n (meist Plur.) ⟨zu *it.* pavese „aus Pavia", nach der ital. Stadt⟩: (bayr., österr.) gefüllte, in Fett gebackene Weißbrotschnitte

Pa|gaie *die;* -, -n ⟨aus gleichbed. *fr.* pagaïe, dies aus *malai.* pang(g)ayong⟩: Stechpaddel mit breitem Blatt für den ↑Kanadier (1)

Pa|ga|ment *das;* -[e]s, -e ⟨aus *it.* pagamento „Zahlung" zu pagare „(be)zahlen", dies aus *lat.* pacare, vgl. pagatorisch⟩: im 17./18. Jh. Bez. für Rohmaterial zur Münzprägung, das hauptsächlich aus nicht mehr im Umlauf befindlichen Münzen gewonnen wurde

pa|gan ⟨aus gleichbed. *kirchenlat.* paganus zu *lat.* paganus „zum Dorf gehörig", dies zu pagus „Dorf(gemeinde)"; vgl. Pagus⟩: heidnisch. **Pa|ga|na|li|en** [...i̯ən] *die* (Plur.) ⟨aus gleichbed. *lat.* paganalia (Plur.) zu paganus, vgl. pagan⟩: ländliche Feste bei den alten Römern (bes. die nach beendeter Saat gefeierten). **pa|ga|ni|sie|ren** ⟨zu ↑...isieren⟩: dem Heidentum zuführen. **Pa|ga|nis|mus** *der;* -, ...men ⟨zu ↑...ismus (2)⟩: a) (ohne Plur.) Heidentum; b) heidnisches Element im christlichen Glauben u. Brauch. **Pa|ga|nus** *der;* -, ...ni ⟨aus gleichbed. *kirchenlat.* paganus, vgl. pagan⟩: Heide, Nichtchrist

Pa|gat *der;* -[e]s, -e ⟨aus *it.* bagattino „venezianische Münze von geringem Wert", nach dem auf dem ital. Blatt abgebildeten Schuster, der eine solche Münze als Arbeitslohn in der Hand hält⟩: niedrigster Trumpf im Tarockspiel

pa|ga|to|risch ⟨zu älter *it.* pagatura „(Be)zahlung" zu pagare „(be)zahlen", dies aus *lat.* pacare „(den Gläubiger) friedlich machen" zu pax „Friede"⟩: Zahlungen, verrechnungsmäßige Buchungen betreffend, auf ihnen beruhend

¹Pa|ge [ˈpaːʒə] *der;* -n, -n ⟨aus *fr.* page „Edelknabe"; weitere Herkunft unsicher⟩: 1. junger Adliger als Diener am Hof eines Fürsten. 2. junger, uniformierter Diener, Laufbursche [eines Hotels]

²Page [peɪdʒ] *die;* -, -s [ˈpeɪdʒɪz] ⟨aus gleichbed. *engl.* page, dies aus *lat.* pagina, vgl. Pagina⟩: Seite (EDV)

Pa|gen|kopf [ˈpaːʒən...] *der;* -[e]s, ...köpfe ⟨zu ↑¹Page⟩: Bez. für eine Mitte der 1920er Jahre aufgekommene kurze Damenfrisur, bei der das waagerecht geschnittene Haar glatt fallend Stirn u. Ohren bedeckt. **Pa|ge|rie** [paʒə...] *die;* -, ...ien ⟨französierende Bildung zu ↑¹Page⟩: frühere Pagenbildungsanstalt

Pa|gi: Plur. von ↑Pagus

Pa|gi|na *die;* -, Plur. -s u. ...nä ⟨aus gleichbed. *lat.* pagina⟩: (veraltet) Buchseite, Blattseite; Abk.: p., pag. **pa|gi|nie|ren** ⟨zu ↑...ieren⟩: mit Seitenzahlen versehen. **Pa|gi|nie|rung** *die;* -, -en ⟨zu ↑...ierung⟩: 1. (ohne Plur.) das Paginieren. 2. Seitenzahlen (mit denen Geschriebenes, Gedrucktes versehen ist)

Pa|gne [ˈpanjə] *der;* -[s], -s ⟨aus gleichbed. *fr.* pagne, dies aus *span.* paño „Tuch, Stoff"⟩: baumwollener Lendenschurz der afrik. Naturvölker

Pä|gni|um *das;* -s, ...nia ⟨über *nlat.* paegnium aus gleichbed. *gr.* paígnion, eigtl. „was zum Spielen, Scherzen dient", zu paízein „spielen, scherzen"⟩: in der altgriech. Dichtung kleines lyrisches Gedicht meist scherzhaften Inhalts

Pa|go|de *die;* -, -n ⟨aus gleichbed. *drawid.* pagōdi, dies zu *sanskr.* bhágavat „göttlich, heilig"⟩: 1. in Ostasien entwickelter, turmartiger Tempel-, Reliquienbau mit vielen

Stockwerken, die alle ein eigenes Vordach haben; vgl. Stupa. 2. (auch *der;* -n, -n) (veraltet, aber noch österr.) ostasiat. Götterbild, meist als kleine sitzende Porzellanfigur mit beweglichem Kopf

Pa|gus *der;* -, Pagi ⟨aus *lat.* pagus „Dorf; Distrikt, Gau" zu pangere „festmachen, befestigen"⟩: 1. älteste, ländliche Siedlungsform in Italien mit Einzelgehöften u. Dörfern, in denen das Zentralheiligtum lag. 2. im Mittelalter lat. Bez. für den kelt., germ. u. fränk. Gau

Pah|le|wi ['pax...] vgl. Pehlewi

Pai|dei̯a *die;* - ⟨aus *gr.* paideía „Erziehung, Bildung" zu paideúein „(Kinder) erziehen", dies zu paĩs, Gen. paidós „Kind, Knabe"⟩: altgriech. Erziehungsideal, das vor allem die musische, gymnastische u. politische Erziehung umfaßte. **Pai|deu|ma** *das;* -s ⟨aus *gr.* paídeuma „das durch Erziehung Vermittelte"⟩: Kulturseele (in den Bereich der ↑ Kulturmorphologie gehörender Begriff von L. Frobenius). **Pai|di|bett** Ⓦ *das;* -[e]s, -en ⟨zu *gr.* paidíon, Verkleinerungsform von paĩs „Kind"⟩: Kinderbett, dessen Boden verstellbar ist

Pai|gni|on ⟨aus *gr.* paígnion „Scherzgedicht", vgl. Pägnium⟩: griech. Form von Pägnium

pail|le ['paːjə, auch paj] ⟨aus gleichbed. *fr.* paille, eigtl. „Stroh", dies aus *lat.* palea „Spreu"⟩: strohfarben, strohgelb. **Pail|let|te** [pai̯ˈjɛtə] *die;* -, -n (meist Plur.) ⟨aus gleichbed. *fr.* paillette, Verkleinerungsform von paille, vgl. paille⟩: glitzerndes Metallblättchen zum Aufnähen. **pail|let|tiert** ⟨zu ↑ ...iert⟩: mit Pailletten besetzt

Pai|lou [...lou̯] *das;* -, -[s] ⟨aus gleichbed. *chin.* pai-lou⟩: freistehendes Ehrentor vor einem Tempel, einem Grab od. über einem Weg (in China)

Pain [pɛ̃ː] *der* od. *das;* -[s], -s ⟨aus *fr.* pain „Brot", dies über *altfr.* pan aus *lat.* panis⟩: Fleischkäse, Fleischkuchen

Paint [pei̯nt] *der;* -s, -s ⟨aus *engl.* paint „Farbe"⟩: ein gescheckes ↑ Quarter Horse, in den USA in Reinzucht gezüchtete eigenständige Pferderasse. **Paint-in** [...ˈɪn] *das;* -[s], -s ⟨zu *engl.* to paint „malen" u. in „darin"⟩: Ausstellung, in der das Publikum selbst Bilder malen kann

pair [pɛːɐ̯] ⟨aus gleichbed. *fr.* pair, eigtl. „gleich, ebenbürtig", dies über *altfr.* per aus *lat.* par „gleich; gerade"⟩: gerade (von den Zahlen beim Roulettspiel; Gewinnmöglichkeit); Ggs. ↑ impair. **Pair** *der;* -s, -s ⟨aus gleichbed. *fr.* pair, eigtl. „(dem König) Ebenbürtiger", zu pair, vgl. pair⟩: Mitglied des franz. Hochadels. **Pai|rie** [pɛˈriː] *die;* -, ...ien ⟨aus gleichbed. *fr.* pairie⟩: Würde eines Pairs. **Pai|ring** [ˈpɛːrɪŋ] *das;* -s ⟨aus gleichbed. *engl.* pairing zu to pair „ein Abkommen treffen"⟩: partnerschaftliches Verhalten; Partnerschaft

Pai|sa *der;* -[s], ...se ⟨aus gleichbed. *Hindi* paisā⟩: Münzeinheit in Indien, Pakistan u. Nepal

pai|si|ble [pɛˈziːbl] ⟨aus gleichbed. *fr.* paisible zu paix „Frieden", dies aus *lat.* pax, vgl. ¹Pax⟩: (veraltet) friedlich, friedfertig, ruhig

Pa|ka *das;* -s, -s ⟨über gleichbed. *port.* u. *span.* paca aus einer südamerik. Indianersprache⟩: in den Regenwäldern Mittel- u. Südamerikas lebendes plumpes, pflanzenfressendes, nachtaktives Nagetier

Pa|ka|ti|on *die;* -, -en ⟨aus gleichbed. *spätlat.* pacatio zu *lat.* pacare „befrieden, zum Frieden bringen", dies zu pax, vgl. ¹Pax⟩: (veraltet) Beruhigung, Friedensstiftung. **Pa|ka|tor** *der;* -s, ...oren ⟨aus gleichbed. *lat.* pacator⟩: (veraltet) Friedensstifter

Pa|ket *das;* -[e]s, -e ⟨aus gleichbed. *fr.* paquet zu älter *fr.* paque „Bündel, Ballen, Packen", dies aus dem Niederl.⟩: 1. a) mit Papier o. ä. umhüllter [u. verschnürter] Packen;

b) etwas in einen Karton, eine Schachtel o. ä. Eingepacktes; vgl. Lunchpaket; c) größere Packung, die eine bestimmte größere Menge einer Ware fertig abgepackt enthält (z. B. ein Paket Waschpulver). 2. größeres Päckchen als Postsendung in bestimmten Maßen u. mit einer Höchstgewichtsgrenze. 3. zu einer Sammlung, einem Bündel zusammengefaßte Anzahl politischer Pläne, Vorschläge, Forderungen. 4. (beim ↑ Rugby) dichte Gruppierung von Spielern beider Mannschaften um den Spieler, der den Ball hält. **pa|ke|tie|ren** ⟨zu ↑ ...ieren⟩: einwickeln, verpacken, zu einem Paket machen. **Pa|ke|tie|rung** *die;* - ⟨zu ↑ ...ierung⟩: das Paketieren

Pa|ko *der;* -s, -s ⟨über gleichbed. *span.* paco aus *Ketschua* (einer südamerik. Indianersprache) paco⟩: svw. ¹Alpaka (1)

Pa|ko|til|le [...ˈtɪljə] *die;* -, -n ⟨aus gleichbed. *fr.* pacotille, paquotille, eigtl. „Beilast", dies aus *span.* pacotilla⟩: auf einem Schiff frachtfreies Gepäck, das den Seeleuten gehört

Pakt *der;* -[e]s, -e ⟨aus gleichbed. *lat.* pactum, substantiviertes Part. Perf. (Neutrum) von pacisci „vereinbaren, vertraglich abschließen"⟩: Vertrag, Übereinkommen; politisches od. militärisches Bündnis. **pak|tie|ren** ⟨zu ↑ ...ieren⟩: einen Vertrag, ein Bündnis schließen; ein Abkommen treffen, gemeinsame Sache machen. **Pak|tie|rer** *der;* -s, -: (abwertend) jmd., der mit jmdm. paktiert. **Pak|tum** *das;* -s, ...ten ⟨aus *lat.* pactum „Vertrag, Vergleich", vgl. Pakt⟩: (veraltet) svw. Pakt

PAL vgl. PAL-System

pal..., Pal..., pa|lä..., Pa|lä... vgl. paläo..., Paläo... **Pa|lä|an|thro|pi|nen** *die* (Plur.) ⟨zu ↑ paläo... u. *gr.* ánthrōpos „Mensch"⟩: Altmenschen, Menschengruppe, die im Mittelpaläolithikum (vgl. Paläolithikum) hauptsächlich in Westeuropa u. Nordafrika gelebt hat. **Pa|lä|an|thro|po|lo|ge** *der;* -n, -n: Wissenschaftler auf dem Gebiet der Paläanthropologie. **Pa|lä|an|thro|po|lo|gie** *die;* -: auf fossile Funde gegründete Wissenschaft vom vorgeschichtlichen Menschen u. seinen Vorgängern. **pa|lä|an|thro|po|lo|gisch**: die Paläanthropologie betreffend, zu ihr gehörend, auf ihr beruhend. **Pa|lä|ark|tis** *die;* -: in der Tiergeographie der Eurasien u. Nordafrika umfassende Teil der ↑ holarktischen Region. **pa|lä|ark|tisch**: altarktisch; -e Region: relativ artenarme tiergeographische Region, Eurasien u. Nordafrika umfassend

Pa|la|din [auch ˈpa...] *der;* -s, -e ⟨aus gleichbed. *fr.* paladin, dies über *it.* palatino aus *mlat.* (comes) palatinus „kaiserlich(er Begleiter)" zu *lat.* palatinus „zum Palast, Hof gehörig", dies zu palatium, vgl. Palast⟩: 1. Angehöriger des Heldenkreises am Hofe Karls d. Gr. 2. Hofritter, Berater eines Fürsten. 3. treuer Gefolgsmann; Anhänger [aus einem Kreis um jmdn.]

Pa|la|don Ⓦ *das;* -s ⟨Kunstw.⟩: Kunststoff für Zahnersatz

Pa|la|go|nit [auch ...ˈnɪt] *der;* -s, -e ⟨nach der Stadt Palagonia auf Sizilien u. zu ↑² ...it⟩: gelb- bis rotbraunes, stark wasserhaltiges, basaltisch-vulkanisches Glas

Pa|lais [paˈlɛː] *das;* - [paˈlɛː(s)], - [paˈlɛːs] ⟨aus gleichbed. *fr.* palais; vgl. Palast⟩: Palast, Schloß. **Pa|lais de l'Ely|sée** [palɛdleliˈze] *das;* - - - ⟨*fr.*⟩: franz. Form von ↑ Elysee-Palast

pa|lä|ne|grid ⟨zu ↑ paläo... u. ↑ negrid⟩: die Merkmale eines bestimmten afrik. Rassentyps aufweisend

Pal|lan|kin *der;* -s, Plur. -e u. -s ⟨über *port.* palanquin aus gleichbed. *port.* palanquim, dies über *Prakrit* palaṅka aus *sanskr.* palyaṅka, paryaṅka „Diwan, Sofa"⟩: ind. Tragsessel; Sänfte

pa|läo..., Pa|läo..., vor Vokalen meist palä..., Palä..., auch pal..., Pal... ⟨aus *gr.* palaiós „alt"⟩: Wortbildungselement mit der Bedeutung „alt, altertümlich, ur-, Ur-", z. B. Paläographie, paläarktisch. **Pa|läo|an|thro|po|lo|ge** usw. vgl. Paläanthropologe usw. **pa|läo|ark|tisch** vgl. paläarktisch. **Pa|läo|bio|lo|gie** *die;* -: Teilgebiet der Paläontologie, das sich mit den ↑fossilen Organismen, ihren Lebensumständen u. ihren Beziehungen zur Umwelt befaßt. **Pa|läo|bo|ta|nik** *die;* -: Wissenschaft von den ↑fossilen Pflanzen. **Pa|läo|bo|ta|ni|ker** *der; -s, -:* Wissenschaftler auf dem Gebiet der Paläobotanik. **pa|läo|bo|ta|nisch:** die Paläobotanik betreffend, zu ihr gehörend, auf ihr beruhend. **Pa|läo|de|mo|gra|phie** *die;* -: Teilgebiet der prähistorisch-historischen ↑Anthropologie, das sich (auf Grund von Alters- u. Geschlechtsdiagnosen an Skelettüberresten) mit den Sterblichkeitsverhältnissen, mit Umfang u. Altersgliederungen menschlicher ↑Populationen (2) befaßt. **Pa|läo|eth|no|bo|ta|nik** *die;* -: Teilgebiet der Botanik, das sich mit den Beziehungen zwischen Pflanzen u. Menschen in ur- u. frühgeschichtlicher Zeit, im weiteren Sinne auch im Mittelalter u. in der frühen Neuzeit befaßt. **Pa|läo|gen** *das; -s* ⟨zu ↑...gen⟩: Alttertiär, untere Abteilung des Tertiärs, das ↑Paleozän, ↑Eozän u. ↑Oligozän umfaßt (Geol.). **Pa|läo|geo|gra|phie** *die;* -: Teilgebiet der Geologie, das sich mit der geographischen Gestaltung der Erdoberfläche in früheren geologischen Zeiten befaßt. **Pa|läo|geo|phy|sik** *die;* -: Teilgebiet der Geologie, das sich mit den geophysikalischen Verhältnissen der Erde während der geologischen Vergangenheit befaßt. **Pa|läo|graph** *der; -en, -en* ⟨zu ↑...graph⟩: Wissenschaftler auf dem Gebiet der Paläographie. **Pa|läo|gra|phie** *die;* - ⟨zu ↑...graphie⟩: Wissenschaft von den Formen u. Mitteln der Schrift im Altertum u. in der Neuzeit; Handschriftenkunde. **pa|läo|gra|phisch** ⟨zu ↑...graphisch⟩: die Paläographie betreffend, auf ihr beruhend; handschriftenkundlich. **Pa|läo|hi|sto|lo|gie** *die;* -: Wissenschaft von den Geweben der ↑fossilen Lebewesen. **Pa|läo|in|dia|ner|tum** *das; -s:* zusammenfassende Bez. für die ältesten prähistorischen Indianerkulturen, vor allem in Nordamerika. **pa|läo|kli|ma|to|lo|gie** *die;* -: Wissenschaft von den klimatischen Bedingungen u. Abläufen der Erdgeschichte. **pa|läo|kry|stisch** ⟨zu gr. krýstallos „Eis"⟩: die Aufeinanderhäufung gestauter Eismassen [aus der Eiszeit] betreffend (Geogr.). **Pa|läo|lim|no|lo|gie** *die;* -: Teilgebiet der ↑Limnologie, das die Geschichte eines Gewässers an Hand seiner Sedimente, der darin enthaltenen Tierspuren u. organischen Reste (Schalen von Pflanzen u. Tieren) erforscht. **Pa|läo|lin|gui|stik** *die; -:* Wissenschaft, die sich mit einer (angenommenen) allen Völkern gemeinsamen Ursprache befaßt. **pa|läo|lin|gui|stisch:** die Paläolinguistik betreffend, auf ihr beruhend. **pa|läo|lith** *der;* -en, -en (meist Plur.) ⟨zu gr. líthos „Stein"⟩: Steinwerkzeug des Paläolithikums. **Pa|läo|li|thi|ker** [auch ...'lı...] *der; -s, -:* Mensch der Altsteinzeit. **Pa|läo|li|thi|kum** [auch ...'lı...] *das; -s* ⟨zu ↑...lithikum⟩: älterer Abschnitt der Steinzeit; Altsteinzeit. **pa|läo|li|thisch** [auch ...'lı...]: zum Paläolithikum gehörend; altsteinzeitlich. **Pa|läo|ma|gne|tis|mus** *der;* -: die ↑remanente Magnetisierung von Gesteinen durch das erdmagnetische Feld in früheren erdgeschichtlichen Epochen (Geol.). **pa|läo|ma|gne|tisch:** die ↑Induktion (2) des erdmagnetischen Feldes während des Auskristallisierens von Mineralien betreffend (Geol.). **Pa|läo|on|to|lo|ge** *der; -n, -n:* Wissenschaftler, der sich mit den Lebewesen vergangener Erdperioden befaßt. **Pa|läo|on|to|lo|gie** *die;* -: Wissenschaft von den Lebewesen vergangener Erdperioden. **pa|läo|on|to|lo|gisch:** die Paläontologie betreffend, zu ihr gehörend, auf ihr beruhend. **Pa|läo|phy|ti|kum** *das; -s* ⟨zu gr. phytón „Pflanze" u. ↑...ikum⟩: Altertum der Entwicklung der Pflanzenwelt im Verlauf der Erdgeschichte. **Pa|läo|phy|to|lo|gie** *die; -:* svw. Paläobotanik. **Pa|läo|psy|cho|lo|gie** *die;* -: Psychologie von den Urzuständen des Seelischen. **Pa|läo|sol** *der; -s* ⟨zu lat. solum „Boden"⟩: fossiler Boden. **Pa|läo|tro|pis** *die;* - ⟨zu gr. tropé „Hinwendung", vgl. ¹Tropen⟩: pflanzengeographisches Gebiet, das die altweltlichen Tropen u. einen Teil der altweltlichen Subtropen umfaßt. **Pa|läo|ty|pe** *die; -, -n* ⟨zu ↑Type (1)⟩: (selten) svw. Inkunabel. **Pa|läo|ty|pie** *die; -* ⟨zu ↑²...ie⟩: Lehre von den Formen der gedruckten Buchstaben. **pa|läo|zän** ⟨zu gr. kainós „neu"⟩: das Paläozän betreffend. **Pa|läo|zän** *das; -s:* älteste Abteilung der Erdneuzeit; vgl. Tertiär (Geol.). **Pa|läo|zoi|kum** *das; -s* ⟨zu ↑...zoikum⟩: erdgeschichtliches Altertum, Erdaltertum (Geol.). **pa|läo|zo|isch:** das Paläozoikum betreffend. **Pa|läo|zoo|lo|ge** [...tsoo...] *der; -n, -n:* Wissenschaftler auf dem Gebiet der Paläozoologie. **Pa|läo|zoo|lo|gie** *die; -:* Wissenschaft von den ↑fossilen Tieren. **pa|läo|zoo|lo|gisch:** die Paläozoologie betreffend, zu ihr gehörend, auf ihr beruhend

Pal|las *der; -, -se* ⟨ältere Form von ↑Palast⟩: Hauptgebäude einer mittelalterlichen Burg mit Wohn- u. Festsaal. **Pa|last** *der; -[e]s,* Paläste ⟨mit sekundärem -t aus *mhd.* palas „Hauptgebäude einer Ritterburg mit Fest- und Speisesaal; Schloß", dies über *altfr.* pales, palais (vgl. Palais) aus *spätlat.* palatium „Palast, kaiserlicher Hof" (urspr. der Name einer der sieben Hügel Roms, auf dem Kaiser Augustus und seine Nachfolger residierten)⟩: schloßartiges Gebäude **Pa|lä|stra** *die; -, ...stren* ⟨aus gleichbed. gr. palaístra zu palaíein „ringen, kämpfen"⟩: (im Griechenland der Antike) Übungsplatz der Ringer

Pal|last|re|vo|lu|ti|on [...v...] *die; -, -en* ⟨zu ↑Palast⟩: a) Umsturzversuch von Personen in der nächsten Umgebung eines Herrschers, Staatsoberhaupts; b) Empörung in der Umgebung eines Vorgesetzten, Höhergestellten

pa|lat..., **Pa|lat...** vgl. palato..., Palato... **pa|la|tal** ⟨zu *lat.* palatum „Gaumen" u. ↑¹...al (1)⟩: a) das ↑Palatum betreffend; b) im vorderen Mund am harten Gaumen gebildet (von Lauten; Sprachw.). **Pa|la|tal** *der; -s, -e* ⟨zu ↑¹...al (2)⟩: im vorderen Mundraum gebildeter Laut, Gaumenlaut (z. B. *k*; Sprachw.). **Pa|la|ta|lis** *die;* -, ...les [...le:s]: (veraltet) svw. Palatal. **pa|la|ta|li|sie|ren** ⟨zu ↑...isieren⟩: 1. ↑Konsonanten durch Anhebung des vorderen Zungenrückens gegen den vorderen Gaumen erweichen (Sprachw.). 2. einen nichtpalatalen Laut in einen palatalen umwandeln (Sprachw.). **Pa|la|tal|laut** *der; -[e]s, -e:* svw. Palatal

Pa|la|tin *der; -s, -e* ⟨aus *mlat.* (comes) palatinus „kaiserlich(er Begleiter)"; vgl. Paladin⟩: 1. Pfalzgraf (im Mittelalter). 2. der Stellvertreter des Königs von Ungarn (bis 1848). **Pa|la|ti|nat** *das; -[e]s, -e* ⟨zu ↑...at (1)⟩: Pfalz[grafschaft]. **Pa|la|ti|ne** *die; -, -n* ⟨aus gleichbed. *fr.* palatine, eigtl. „die Pfälzische", dies zu *spätlat.* palatinus, vgl. Palatin; nach der Pfalzgräfin Elisabeth Charlotte († 1722), Herzogin von Orléans, die dieses Pelzwerk bevorzugte⟩: (veraltet) 1. Ausschnittumrandung aus Pelz, leichtem Stoff od. Spitze. 2. Hals- u. Brusttuch. **pa|la|ti|nisch** ⟨nach gleichbed. *fr.* palatin⟩: 1. den Palatin betreffend. 2. pfälzisch. **Pa|la|ti|um** *das; -s, ...tien* [...jən] ⟨aus gleichbed. *lat.* palatium, eigtl. „Palast"; nach dem mons Palatinus in Rom⟩: der kaiserliche Wohnsitz in der röm. Kaiserzeit. 2. Pfalz (im Mittelalter)

pa|la|to..., **Pa|la|to...**, vor Vokalen meist palat..., Palat... ⟨aus *lat.* palatum „Gaumen"⟩: Wortbildungselement mit der Bedeutung „Gaumen; den Gaumenbereich betreffend", z. B. Palatogramm, Palatodynie. **Pa|lat|ody|nie** *die;*

Palatogramm

-, ...jen ⟨zu ↑...odynie⟩: (bei Trigeminusneuralgie auftretender) Schmerz im Bereich des Gaumens (Med.). **Pa|la|to|gramm** *das;* -s, -e ⟨zu ↑¹...gramm⟩: Abbildung mit dem Palatographen. **Pa|la|to|graph** *der;* -en, -en ⟨zu ↑...graph⟩: Instrument zur Durchführung der Palatographie. **Pa|la|to|gra|phie** *die;* -, ...jen ⟨zu ↑...graphie⟩: Methode zur Ermittlung u. Aufzeichnung der Berührungsstellen zwischen Zunge u. Gaumen beim Sprechen eines Lautes (Phonetik). **Pa|la|to|pla|stik** *die;* -, -en: plastische Operation von Gaumendefekten (Med.). **Pa|la|to|schi|sis** [...'sçi:...] *die;* - ⟨zu *gr.* schísis „das Spalten, Trennen", dies zu schízein „spalten"⟩: angeborene Spaltung des harten Gaumens (Med.).
Pa|la|tschin|ke *die;* -, -n (meist Plur.) ⟨aus gleichbed. *ung.* palacsinta, dies über *rumän.* plăcintă aus *lat.* placenta „Kuchen"⟩: (österr.) dünner, zusammengerollter [mit Marmelade o. ä. gefüllter] Eierkuchen
Pa|la|tum *das;* -s, ...ta ⟨aus gleichbed. *lat.* palatum⟩: obere Wölbung der Mundhöhle; Gaumen (Med.)
Pa|la|ver [...vɐ] *das;* -s, - ⟨aus gleichbed. *engl.* palaver, dies über eine afrik. Eingeborenensprache in der Bed. „religiöse od. gerichtliche Versammlung" aus *port.* palavra „Unterredung, Erzählung", dies aus *lat.* parabola, vgl. Parabel⟩: 1. (ugs. abwertend) das Reden mehrerer Personen über etwas, wobei jeder sich äußert u. sich die Erörterung längere Zeit hinzieht, oft ohne rechte Ergebnisse. 2. (landsch.) Geschrei, Gelärme. **pa|la|vern:** (ugs. abwertend) mit anderen über etwas reden, etwas erörtern, ohne daß (wegen der unterschiedlichen Meinungen, Gesichtspunkte) dabei ein Ergebnis herauskommt
Pa|laz|zo *der;* -[s], ...zzi ⟨aus *it.* palazzo, dies aus *spätlat.* palatium, vgl. Palast⟩: ital. Bez. für Palast
Pa|lea *die;* -, Paleen ⟨aus *lat.* palea „Spreu"⟩: 1. Spreuschuppe od. Spreublatt bei Korbblütlern u. Farnen (Bot.). 2. Blütenspelze der Gräser (Bot.).
Pale Ale ['peɪl 'eɪl] *das;* - - ⟨aus gleichbed. *engl.* pale ale⟩: helles (engl.) Bier
Pale|froi [pal'frɔa] *der;* -, -s ⟨aus gleichbed. *fr.* palefroi, dies aus *mlat.* paraveredus „Nebenpferd" zu *gr.* pará „neben" u. *galloroman.* veredus „Pferd"⟩: Paradepferd der mittelalterlichen Ritter
pal|eo|zän usw. vgl. paläozän usw.
Pa|le|stri|na-Stil *der;* -s ⟨nach dem ital. Komponisten G. P. Palestrina, um 1525–1594⟩: [vom Tridentinischen Konzil (Trient 1545–1563) zum Stil der (kath.) Kirchenmusik schlechthin erklärter] Stil Palestrinas, der einen Höhepunkt der vokalen Polyphonie seiner Zeit darstellte (Mus.)
Pa|le|tot ['palətо, auch pal'to:] *der;* -s, -s ⟨aus *fr.* paletot „weiter Überrock", dies aus *mittelengl.* paltok „Überrock, Kittel"⟩: 1. (veraltet) doppelreihiger, leicht taillierter Herrenmantel mit Samtkragen, meist aus schwarzem Tuch. 2. dreiviertellanger Damen- od. Herrenmantel
Pa|let|te *die;* -, -n ⟨aus gleichbed. *fr.* palette, eigtl. „kleine Schaufel", Verkleinerungsform von pelle „Schaufel, Spaten", dies aus *lat.* pala⟩: 1. meist ovales, mit Daumenloch versehenes Mischbrett für Farben. 2. reiche Auswahl, viele Möglichkeiten bietende Menge. 3. genormte hölzerne od. metallene Hubplatte zum Stapeln von Waren mit dem Gabelstapler
pal|let|ti ⟨Herkunft unsicher⟩; in der Wendung [es ist] alles -: (ugs.) [es ist] alles in Ordnung
pa|let|tie|ren, auch **pa|let|ti|sie|ren** ⟨zu ↑ Palette u. ↑...ieren bzw. ...isieren⟩: Versandgut auf einer Palette (3) stapeln [u. so verladen]
Pal|eu|ro|pa, ohne Artikel; Gen. -s (in Verbindung mit Attributen *das;* -[s]) ⟨zu ↑ paläo... u. nach dem Erdteil Europa⟩: Alteuropa, der vor dem ↑ Devon versteifte Teil Europas (Geol.). **Pal|ich|no|lo|gie** *die;* - ⟨zu *gr.* íchnos „Fußspur, Fährte" u. ↑...logie⟩: Teilgebiet der Paläontologie, das fossile Lebensspuren untersucht u. Rückschlüsse auf die Lebensbedingungen zieht
pa|li..., Pa|li... vgl. palin..., Palin... **Pa|li|la|lie** *die;* - ⟨zu ↑ palin..., *gr.* laleīn „viel reden, schwatzen" u. ↑²...ie⟩: krankhafte Wiederholung desselben Wortes od. Satzes (Med.).
pa|lim..., Pa|lim... vgl. palin..., Palin... **Pa|li|mne|se** *die;* - ⟨zu *gr.* mnēsis „das Erinnern"⟩: Wiedererinnerung; Erinnerung an etwas, was bereits dem Gedächtnis entfallen war (Med., Psychol.). **Pa|lim|psęst** *der* od. *das;* -[e]s, -e ⟨über *lat.* palimpsestos aus gleichbed. *gr.* palímpsēstos, eigtl. „wieder abgekratzt", zu ↑ palin... u. *gr.* psēn „abkratzen"⟩: 1. antikes od. mittelalterliches Schriftstück, von dem der ursprüngliche Text aus Sparsamkeitsgründen getilgt und das danach neu beschriftet wurde. 2. Rest des alten Ausgangsgesteins in umgewandeltem Gestein (Geol.).
pa|lin..., Pa|lin..., vor Lippenlauten angeglichen zu palim..., Palim..., auch verkürzt zu pali..., Pali... ⟨aus *gr.* pálin „zurück; wiederum, erneut"⟩: Wortbildungselement mit der Bedeutung „zurück; wieder[um], erneut", z. B. Palindrom, Palimpsest, Palilalie. **pa|lin|drom** ⟨aus *gr.* palíndromos „rückläufig"⟩: in Form eines Palindroms [verfaßt]; -er Rheumatismus: schmerzhafte Schwellung im Gelenkbereich, die spontan wieder nachläßt (Med.). **Pa|lin|drom** *das;* -s, -e: 1. sinnvolle Buchstaben- od. Wortfolge, die rückwärts gelesen denselben od. einen anderen Sinn ergibt (z. B. Reliefpfeiler; Regen – Neger; die Liebe ist Sieger – rege ist sie bei Leid); vgl. Anagramm. 2. Bez. für DNS-Abschnitte (vgl. DNS), in denen die Nukleotidsequenz (vgl. Nukleotid) des einen Stranges mit dem anderen identisch ist, wenn man in 5-Schritt-Folge rückwärts liest (Genetik). **Pa|lin|dro|mie** *die;* -, ...jen ⟨zu ↑²...ie⟩: (veraltet) Rückfall einer Krankheit. **pa|lin|gen** [palɪn'ge:n] ⟨zu ↑ palin... u. ↑...gen⟩: die Palingenese (3) betreffend, durch sie entstanden; z. B. -es Gestein (Geol.). **Pa|lin|ge|ne|se** *die;* -, -n: 1. Wiedergeburt der Seele (durch Seelenwanderung). 2. das Auftreten von Merkmalen stammesgeschichtlicher Vorfahren während der Keimesentwicklung (Biol.). 3. Aufschmelzung eines Gesteins u. Bildung einer neuen Gesteinsschmelze (Geol.). **Pa|lin|ge|ne|sie** *die;* -, ...jen u. **Pa|lin|ge|ne|sis** *die;* -, ...esen: svw. Palingenese (2). **pa|lin|ge|ne|tisch:** die Palingenese (1, 2) betreffend. **Pa|lin|odie** *die;* -, ...jen ⟨aus *gr.* palinōidía „Widerruf"⟩: bes. in der Zeit des Humanismus u. des Barocks gepflegte Dichtungsart, bei der vom selben Verfasser die in einem früheren Werk aufgestellten Behauptungen mit denselben formalen Mitteln widerrufen werden (Literaturw.)
Pa|li|sa|de *die;* -, -n ⟨aus gleichbed. *fr.* palissade, eigtl. „Pfähle, Pfahlzaun", dies aus *altprovenzal.* palissada zu palissa „Pfahlzaun", dies zu pal „Pfahl" aus *lat.* palus⟩: 1. a) zur Befestigung dienender Pfahl; Schanzpfahl; b) Befestigungsanlage, Wand aus Palisaden (a). 2. hohes Hindernis aus Brettern (Pferdesport). **Pa|li|sa|den|ge|we|be** *das;* -s, -: an der Oberseite von Blättern gelegene Schicht pfahlförmig langgestreckter Zellen, die viel Blattgrün enthalten. **Pa|li|sa|den|par|en|chym** [...ç...] *das;* -s: svw. Palisadengewebe. **Pa|li|sa|den|zel|le** *die;* -, -n (meist Plur.): eine der das Palisadengewebe bildenden zylindrischen Zellen (Bot.). **pa|li|sa|die|ren** ⟨aus *fr.* palissader „einzäunen"⟩: (veraltet) mit Schanzpfählen befestigen
Pa|li|san|der *der;* -s, - ⟨aus *fr.* palissandre, dies über *niederl.* palissander wohl aus *span.* palo santo, eigtl. „heiliger

Pfahl"): violettbraunes, von dunklen Adern durchzogenes, wertvolles brasilianisches Nutzholz, ²Jakaranda. **pa|li|san|dern:** aus Palisanderholz

pa|li|sie|ren ⟨aus gleichbed. *fr.* palisser zu palis „Zaun", dies aus *altprovenzal.* palissa, vgl. Palisade⟩: junge Bäume so anbinden, daß sie in einer bestimmten Richtung wachsen

Pal-Kri|sen *die* (Plur.) ⟨nach dem österr. Internisten J. Pal, 1863–1936⟩: anfallsweise auftretende spastische Gefäßkrisen mit starker Blutdrucksteigerung, z. B. bei Arteriosklerose (Med.)

Pal|la *die;* -, -s ⟨aus gleichbed. *lat.* palla⟩: 1. altröm. Frauenmantel. 2. gesticktes Leinentuch über dem Meßkelch; vgl. Velum (2)

Pal|la|dia|nis|mus *der;* - ⟨nach dem ital. Architekten A. Palladio (1508–1580) u. zu ↑...ismus (2)⟩: der von Palladio beeinflußte [klassizistische] Architekturstil (17. u. 18. Jh.), bes. in Westeuropa und England

¹Pal|la|di|um *das;* -s, ...ien [...i̯ən] ⟨*lat.;* aus gleichbed. *gr.* Palládion, nach dem Namen der griech. Göttin Pallás (Gen. Palládos) Athḗnē⟩: a) Bild der griech. Göttin Pallas Athene als Schutzbild; b) schützendes Heiligtum. **²Pal|la|di|um** *das;* -s ⟨nach dem Planetoiden Pallas (vgl. ¹Palladium), der ein Jahr vor dem Element (1802) entdeckt wurde, u. zu ↑...ium⟩: chem. Element, dehnbares, silberweißes Edelmetall; Zeichen Pd

Pal|lasch *der;* -[e]s, -e ⟨durch slaw. Vermittlung über *ung.* pallos aus *türk.* pala „Schwert"⟩: schwerer [Korb]säbel

Pal|la|sit [auch ...'zit] *der;* -s, -e (meist Plur.) ⟨nach dem Arzt u. Forschungsreisenden P. S. Pallas (1741–1811) u. zu ↑²...it⟩: Übergangsform zwischen Stein- u. Eisenmeteorit

Pal|läs|the|sie *die;* -, ...ien ⟨zu *gr.* pállein „schwingen" u. ↑Ästhesie⟩: das Vermögen, ↑Vibrationen mit dem Tastsinn wahrzunehmen (fehlt z. B. bei multipler Sklerose; Med.)

Pal|la|watsch u. **Bal|la|watsch** *der;* -s, -e ⟨wohl aus *it.* balordaggine „Dummheit, Tölpelei"⟩: (österr. ugs.) 1. (ohne Plur.) Durcheinander, Blödsinn. 2. Versager, Niete

pal|le|ti vgl. paletti

Pal|li|a|ta *die;* -, ...ten ⟨aus gleichbed. *lat.* (fabula) palliata zu palliatus „mit einem Pallium bekleidet"; vgl. Pallium⟩: altröm. Komödie mit griech. Stoff u. Kostüm im Gegensatz zur ↑Togata. **Pal|li|a|ti|on** *die;* -, -en ⟨zu *(m)lat.* palliare „mit einem Mantel bedecken; verbergen" u. ↑...ation⟩: Linderung von Krankheitsbeschwerden (z. B. durch Medikamente; Med.). **pal|li|a|tiv** ⟨aus gleichbed. *nlat.* palliativus zu *spätlat.* palliatus (Part. Perf. von palliare, vgl. Palliation) u. ↑...iv⟩: die Beschwerden einer Krankheit lindernd, aber nicht die Ursachen bekämpfend; schmerzlindernd (Med.). **Pal|li|a|tiv** *das;* -s, -e [...və] u. **Pal|li|a|ti|vum** [...v...] *das;* -s, ...va ⟨zu ↑...iv bzw. ...ivum⟩: die Krankheitsbeschwerden linderndes, aber nicht die Krankheit selbst beseitigendes Arzneimittel; Linderungsmittel (Med.). **Pal|li|en|gel|der** [...li̯en...] *die* (Plur.) ⟨zu *kirchenlat.* pallium, vgl. Pallium (3)⟩: an den Papst zu zahlende Abgabe beim Empfang des Palliums (3)

Pal|li|no *der;* -s, -s ⟨aus *it.* pallino „kleiner Ball", Verkleinerungsform von älter *it.* palla „Kugel"⟩: Setz-, Zielkugel beim ↑Boccia

Pal|li|um *das;* -s, ...ien [...i̯en] ⟨aus *lat.* pallium „weiter Mantel (der Griechen)"; Bed. 3 über gleichbed. *kirchenlat.* pallium⟩: 1. im antiken Rom mantelartiger Überwurf. 2. Krönungsmantel der [mittelalterl.] Kaiser. 3. weiße Schulterbinde mit sechs schwarzen Kreuzen als persönliches Amtszeichen der kath. Erzbischöfe; vgl. Omophorion. 4. Großhirnrinde bei Wirbeltieren u. beim Menschen (Med.)

Pall-mall ['pɛl'mɛl] *das;* - ⟨aus gleichbed. *engl.* pall-mall, dies über älter *fr.* pallemaille aus *it.* pallamaglio „Schlagballspiel"⟩: schottisches Ballspiel

Pal|lo|graph *der;* -en, -en ⟨zu *gr.* pállein „schwingen, schütteln" u. ↑...graph⟩: (veraltet) svw. Vibrograph

Pal|lor *der;* -s, ...ores [...re:s] ⟨aus gleichbed. *lat.* pallor⟩: Blässe, bleiche Hautfarbe (Med.)

Pal|lot|ti|ner *der;* -s, - ⟨nach dem Gründer, dem italien. Priester V. Pallotti, 1795–1850⟩: Mitglied einer kath. Vereinigung zur Förderung des ↑Laienapostolats u. der Mission (2). **Pal|lot|ti|ne|rin** *die;* -, -nen: Schwester einer kath. Missionskongregation

¹Palm *der;* -s, -e (aber: 5 Palm) ⟨über roman. Vermittlung aus *lat.* palma „flache Hand", dies aus gleichbed. *gr.* palámē⟩: altes Maß zum Messen von Rundhölzern. **²Palm** *der;* -s, -e ⟨zu ↑Palme⟩: ein Zweig, der in kath. Gebieten zur Erinnerung an den Einzug Christi in Jerusalem am Sonntag Palmarum in der Kirche geweiht wird. **pal|mar** ⟨aus gleichbed. *lat.* palmaris; vgl. ¹Palm⟩: zur hohlen Hand gehörig (Med.). **Pal|mar|fle|xi|on** *die;* -, -en: Beugung der Finger zur Handfläche bzw. der Hand nach unten (Med.). **Pal|ma|rum** ⟨aus *lat.* (dies) palmarum „(Tag der) Palmen"⟩: Name des Sonntags vor Ostern (nach der ↑Perikope 1 vom Einzug Christi in Jerusalem, Matth. 21, 1–11). **Pal|me** *die;* -, -n ⟨aus gleichbed. *lat.* palma (wegen der Ähnlichkeit des Palmblattes mit einer gespreizten Hand); vgl. ¹Palm⟩: tropische od. subtropische Holzpflanze mit unverzweigtem Stamm u. großen gefiederten od. fächerförmigen Blättern

Pal|mer|ston ['pɑːməstən] *der;* -[s] ⟨nach dem brit. Politiker H. J. Temple, Viscount Palmerston, 1784–1865⟩: schwerer, doppelt gewebter, gewalkter Mantelstoff

Pal|met|te *die;* -, -n ⟨aus gleichbed. *fr.* palmette zu palme „Palme, Palmzweig", dies aus *lat.* palma; vgl. Palme⟩: 1. palmblattähnliches, streng symmetrisches Ornament der griech. Kunst. 2. an Wänden od. freistehendem Gerüst gezogene Spalierbaumform. **pal|mie|ren** ⟨zu ↑...ieren⟩: 1. beide Augen mit den Handflächen bedecken (Med.). 2. etwas hinter der Hand verschwinden lassen (bei einem Zaubertrick). **Pal|min** ⓦ *das;* -s ⟨zu Palme u. ↑...in (1)⟩: aus Kokosöl hergestelltes Speisefett. **Pal|mi|tat** *das;* -[e]s, -e ⟨zu ↑Palmitin u. ↑...at (2)⟩: Salz der Palmitinsäure. **Pal|mi|tin** *das;* -s ⟨zu *fr.* palmite „Mark der Palme" u. ↑...in (1)⟩: Hauptbestandteil der meisten Fette. **Pal|mi|tin|säu|re** *die;* -: feste, gesättigte Fettsäure, die in zahlreichen pflanzlichen u. tierischen Fetten vorkommt. **Pal|mi|tos** *die* (Plur.) ⟨zu *port.* palmito „Palmentrieb, Palmenmark"⟩: als Gemüse od. Salat zubereitete Blattknospen od. Sämlinge mit zartem Mark von verschiedenen Palmenarten

Pal|mu|re [...'myːrə] *die;* -, -n ⟨aus *fr.* palmure „Schwimmhaut"⟩: flügelartig bis zur Penisspitze reichende Haut des Hodensacks, eine angeborene Mißbildung (Med.)

Pal|mus *der;* -, ...mi ⟨aus *lat.* palmus „Handbreit"; vgl. ¹Palm⟩: altröm. Längenmaß (= 7,39 cm)

Pal|öko|lo|gie *die;* - ⟨zu ↑paläo-... u. ↑Ökologie⟩: Wissenschaft von den Organismus-Umwelt-Beziehungen in der Erdgeschichte

Pa|lo|lo|wurm *der;* -[e]s, ...würmer ⟨zu *polynes.* palolo⟩: Borstenwurm der Südsee, dessen frei im Meer schwärmende, die Geschlechtsorgane enthaltende Hinterabschnitte (vgl. Epitokie) von den Eingeborenen gegessen werden

Pa|lo|mi|no *der;* -[s], -s ⟨aus *span.* palomino „Täubchen",

Palotás

Verkleinerungsform von paloma „Taube"): bes. in den USA gezüchteter Pferdetyp mit arab. Einschlag

Pa|lo|tás ['pɔlɔta:ʃ] *der;* -, - ⟨zu *ung.* palota „Palast"⟩: mäßig langsamer ungarischer Gesellschaftstanz, meist mit mehreren Sätzen (Mus.)

pal|pa|bel ⟨aus *spätlat.* palpabilis „(be)tastbar" zu *lat.* palpare, vgl. palpieren⟩: 1. unter der Haut fühlbar (z. B. von Organen), greifbar, tastbar (z. B. vom Puls; Med.). 2. (veraltet) offenbar, deutlich. **Pal|pa|bi|li|tät** *die;* - ⟨zu ↑...ität⟩: (veraltet) Greifbarkeit, Fühlbarkeit. **Pal|pa|ti|on** *die;* -, -en ⟨aus *lat.* palpatio „das Betasten"⟩: Untersuchung durch Abtasten u. Befühlen von dicht unter der Körperoberfläche liegenden inneren Organen (Med.). **pal|pa|to|risch** ⟨aus gleichbed. *nlat.* palpatorius⟩: durch Palpation; abtastend, befühlend (Med.). **Pal|pe** *die;* -, -n ⟨aus *nlat.* palpus „Fühler (der Gliedertiere)"⟩, dies aus *lat.* palpus, vgl. Palpus⟩: Taster der Borstenwürmer u. Gliedertiere (Zool.). **Pal|pe|bra** *die;* -, ...brae [...brɛ] ⟨aus gleichbed. *lat.* palpebra⟩: Augenlid (Med.). **pal|pe|bral** ⟨zu ↑¹...al (1)⟩: zum Augenlid gehörig (Med.). **Pal|pi:** Plur von ↑Palpus. **pal|pie|ren** ⟨aus *lat.* palpare „betasten, sanft streicheln"⟩: abtasten, betastend untersuchen (Med.). **Pal|pi|ta|ti|on** *die;* -, -en ⟨aus *lat.* palpitatio „häufige u. schnelle Bewegung" zu palpitare, vgl. palpitieren⟩: verstärkter u. beschleunigter Puls; Herzklopfen (Med.). **pal|pi|tie|ren** ⟨aus *lat.* palpitare „zucken, (heftig) schlagen"⟩: [verstärkt, beschleunigt] schlagen, klopfen, pulsieren (Med.). **Pal|pus** *der;* -, Pl. Palpi u. Palpen ⟨aus *lat.* palpus „Klopfer"⟩: bes. dem Tasten dienender Anhang am Kopf verschiedener Wirbelloser (Zool.)

PAL-Sy|stem *das;* -s ⟨Kurzw. aus *engl.* Phase Alternating Line „phasenverändernde Zeile" u. zu ↑System⟩: ein Farbfernsehsystem, bei dem die auf dem Übertragungsweg entstehenden störenden Einflüsse, die bei der Wiedergabe Farbfehler verursachen würden, durch Kompensation behoben werden; vgl. SECAM-System

Pa|lu|da|men|tum *das;* -s, -ta ⟨aus gleichbed. *lat.* paludamentum⟩: a) Mantel der altröm. Soldaten; b) Fürstenmantel bei den alten Römern

Pa|lu|da|ri|um *das;* -s, ...ien [...jen] ⟨zu *lat.* palus, Gen. paludis „Sumpf" (dies aus *gr.* pēlós „Schlamm, Morast") u. ↑...arium⟩: Behälter, Anlage zur Haltung von Pflanzen u. Tieren, die in Moor u. Sumpf heimisch sind. **Pa|lu|dis|mus** *der;* - ⟨zu ↑...ismus (3)⟩: (veraltet) Sumpffieber, Malaria

Pa|ly|gor|skit [auch ...'skɪt] *der;* -s, -e ⟨nach dem Fundort Palygorsk im Ural u. zu ↑²...it⟩: ein weißes Mineral wechselnder Zusammensetzung

Pa|ly|no|lo|gie *die;* - ⟨zu *gr.* palýnein „streuen" u. ↑...logie⟩: Zweig der Botanik, der sich mit der Erforschung der Blütenpollen u. Sporen befaßt

Pa|mir|schaf *das;* -[e]s, -e ⟨nach dem zentralasiat. Hochgebirge⟩: im Hochland von Pamir beheimatetes Wildschaf

Pam|pa *die;* -, -s (meist Plur.) ⟨über *span.* pampa aus *Quiché* (einer mittelamerik. Indianersprache) pampa „Feld, Ebene"⟩: ebene, baumarme Grassteppe in Südamerika. **Pam|pas|for|ma|ti|on** *die;* -: bis 300 m mächtige ↑pleistozäne Lößablagerungen in Südamerika

Pam|pel|mu|se *die;* -, -n ⟨unter Einfluß von *fr.* pamplemousse über *niederl.* pompelmoes aus *tamil.* bambolmas⟩: große, gelbe Zitrusfrucht von säuerlich-bitterem Geschmack

Pam|pe|ro *der;* -[s], -s ⟨aus gleichbed. *span.* pampero zu pampa, vgl. Pampa⟩: kalter, stürmischer Süd- bis Südwestwind in der argentinischen Pampa

Pam|phlet *das;* -[e]s, -e ⟨über *fr.* pamphlet aus gleichbed. *engl.* pamphlet „Broschüre, kleine (satirische) Abhandlung", vermutlich entstellt aus dem Titelwort des mlat. Liebesromans „Pamphilus seu de amore"⟩: [politische] Streitu. Schmähschrift, verunglimpfende Flugschrift. **Pam|phle|tist** *der;* -en, -en ⟨zu ↑...ist⟩: Verfasser von Pamphleten. **pam|phle|ti|stisch** ⟨zu ↑...istisch⟩: in der Art eines Pamphlets

Pam|pu|sche [auch ...'puːʃe] vgl. Babusche

¹Pan *der;* -s, -s ⟨aus *poln.* pan „Herr"⟩: 1. kleiner poln. Gutsbesitzer. 2. Herr (poln. Anrede)

²Pan ⓦ *das;* -s ⟨Kurzw. aus *Polyacrylnitril*⟩: synthetische Faser, die in den USA als ↑Orlon hergestellt wird

³Pan *der;* -s ⟨aus gleichbed. *gr.* Pán⟩: Hirten- u. Waldgott in der griech. Mythologie

pan..., Pan... ⟨aus *gr.* pān „ganz, all, jeder" (Neutrum von pãs)⟩: Präfix mit der Bedeutung „ganz, gesamt, umfassend, völlig", z. B. Panorama, Pantheismus; vgl. panto..., Panto...

Pa|na|ché [...'ʃeː] usw. vgl. Panaschee usw.

Pa|na|de *die;* -, -n ⟨über *fr.* panade aus *provenzal.* panada, dies zu pan „Brot" aus *lat.* panis⟩: a) Brei aus Semmelbröseln bzw. Mehl u. geschlagenem Eigelb zum ↑Panieren; b) breiige Mischung (z. B. aus Mehl, Eiern, Fett mit Gewürzen) als Streck- u. Bindemittel für ↑Farcen (3). **Pa|na|del|sup|pe** *die;* -, -n: (südd., österr.) Suppe mit Weißbroteinlage u. Ei

pan|afri|ka|nisch ⟨zu ↑pan... u. nach dem Erdteil Afrika⟩: den Panafrikanismus, alle afrikanischen Staaten betreffend. **Pan|afri|ka|nis|mus** *der;* - ⟨zu ↑...ismus (2)⟩: das Bestreben, die wirtschaftliche u. politische Zusammenarbeit aller afrikanischen Staaten zu verstärken

Pan|agia u. Panhagia *die;* -, ...ien ⟨aus *mgr.* panhágia „die Allheilige" zu ↑pan... u. *gr.* hágios „heilig"⟩: 1. (ohne Plur.) Beiname Marias in der orthodoxen Kirche. 2. liturgisches Marienmedaillon des Bischofs der orthodoxen Kirche. 3. Marienbild in der ↑Ikonostase. 4. Brotsegnung zu Ehren Marias

Pa|na|ma *der;* -s, -s ⟨nach der mittelamerikan. Stadt Panama⟩: Gewebe in Würfelbindung, sog. Panamabindung (Webart). **Pa|na|ma|hut** *der;* -[e]s, ...hüte: aus den Blattfasern einer bestimmten Palmenart geflochtener Hut

pan|ame|ri|ka|nisch ⟨zu ↑pan... u. nach dem Erdteil Amerika⟩: den Panamerikanismus, alle amerik. Staaten betreffend. **Pan|ame|ri|ka|nis|mus** *der;* - ⟨zu ↑...ismus (2)⟩: das Bestreben, die wirtschaftliche u. politische Zusammenarbeit aller amerikanischen Staaten zu verstärken

pan|ara|bisch ⟨zu ↑pan... u. ↑Araber⟩: den Panarabismus, alle arab. Staaten betreffend. **Pan|ara|bis|mus** *der;* - ⟨zu ↑...ismus (2)⟩: das Streben aller arab. Staaten nach Zusammenarbeit auf politischem u. kulturellem Gebiet

Pa|na|ri|ti|um *das;* -s, ...ien [...jen] ⟨aus *lat.* panaricium „Krankheit an den Nägeln" (vermutlich zu *gr.* parōnychía „Niednagel")⟩: Nagelgeschwür, eitrige Entzündung an den Fingern (Med.)

Pan|ar|thri|tis *die;* -, ...itiden ⟨zu ↑pan... u. ↑Arthritis⟩: Entzündung aller Teile eines Gelenkes (Med.)

Pa|nasch *der;* -[e]s, -e ⟨aus gleichbed. *fr.* panache, dies aus *it.* pennachio, zu *lat.* penna, pinna „Feder, Mauerzinne"⟩: Helmbusch, Federbusch. **Pa|na|schee** *das;* -s, -s ⟨aus gleichbed. *fr.* panaché, eigtl. Part. Perf. von panacher, vgl. panaschieren⟩: (veraltet) 1. mehrfarbiges Speiseeis. 2. a) aus verschiedenen Obstsorten bereitetes Kompott, Gelee; b) gemischtes Getränk, bes. Bier u. Limonade. 3. svw. Panaschierung (2). **pa|na|schie|ren** ⟨aus *fr.* panacher „buntstreifig machen", eigtl. „mit einem Federbusch zieren", zu panache, vgl. Panasch⟩: 1. bei einer Wahl seine Stimme für Kandidaten verschiedener Parteien abgeben (z. B. in bestimmten Bundesländern bei Gemeinderatswahlen). 2. (veraltet) mit Federbusch schmücken. **pa|na|schiert** ⟨zu ↑...iert⟩: mit weißer od. bunter Musterung (von grünen Pflanzenblättern; Bot.). **Pa|na|schie|rung** *die;* -, -en ⟨zu ↑...ierung⟩: 1. das Panaschieren. 2. weiße Musterung auf Pflanzenblättern durch Mangel an Blattgrün in den Farbstoffträgern (Bot.). **Pa|na|schü|re** *die;* -, -n ⟨aus *fr.* panachure „farbiger Streifen"⟩: svw. Panaschierung (2)

Pan|athe|nä|en *die* (Plur.) ⟨aus gleichbed. *gr.* (tá) Panathénaia⟩: jährlich, bes. aber alle vier Jahre gefeiertes Fest zu Ehren der Athene im alten Athen

Pa|nax *der;* -, - ⟨über *lat.* panax aus *gr.* pánax „Allheilkraut", eigtl. „alles heilend"⟩: Araliengewächs, dessen Wurzel als ↑ Ginseng in der Heilkunde bekannt ist. **Pan|azee** [auch ...'tse:] *die;* -, -n ⟨über *lat.* panacea aus gleichbed. *gr.* panákeia, dies zu ↑ pan... u. *gr.* akeīsthai „heilen"⟩: Allheilmittel, Wundermittel

Pan|chen-La|ma ['pantʃn...] vgl. Pantschen-Lama

Pan|chro|ma|sie [...kro...] *die;* -, ...ien ⟨zu ↑ pan... u. ↑ Chromasie⟩: Sensibilisierung einer fotografischen Emulsion für alle Farben einschließlich Rot. **pan|chro|ma|tisch**: empfindlich für alle Farben u. Spektralbereiche (von Filmmaterial; Fotogr.)

Pan|cre|as [...k...] vgl. Pankreas

Pan|da *der;* -s, -s ⟨Herkunft unsicher⟩: a) vorwiegend im Himalaja heimisches Tier mit fuchsrotem, an Bauch u. Beinen schwarzbraunem Pelz; Katzenbär; b) scheuer Bär (bis 1,50 m Körperlänge), weiß mit schwarzem Gürtel, schwarzen Ohren u. Augenringen, der von Bambus lebt; Bambusbär

Pan|dai|mo|ni|on u. **Pan|dä|mo|ni|um** *das;* -s, ...ien [...iən] ⟨über *nlat.* pandaemonium aus gleichbed. *(n)gr.* pandaimónion⟩: a) Aufenthalt aller ↑ Dämonen; b) Gesamtheit aller ↑ Dämonen

Pan|da|ne *die;* -, -n u. **Pan|da|nus** *der;* -, - ⟨aus gleichbed. *nlat.* pandanus, dies aus *malai.* pandang, eigtl. „ansehnlich"⟩: Schraubenbaum (Zierpflanze mit langen, schmalen Blättern)

Pan|dek|ten *die* (Plur.) ⟨aus *spätlat.* pandectes, dies zu *gr.* pandéktēs „allumfassend"⟩: Sammlung altröm. Privatrechts im ↑ Corpus juris civilis; vgl. Digesten. **Pan|dek|tist** *der;* -en, -en ⟨zu ↑...ist⟩: deutscher Zivilrechtler für röm. Recht, bes. im 19. Jh.

Pan|de|mie *die;* -, ...ien ⟨aus gleichbed. *nlat.* pandemia, zu ↑ pan... u. *gr.* dēmos „Volk"⟩: sich weit verbreitende, ganze Länder od. Landstriche erfassende Seuche; Epidemie großen Ausmaßes (Med.). **pan|de|misch**: sich über mehrere Länder od. Landstriche ausbreitend (von Seuchen; Med.)

Pan|der|ma *der;* -[s], -s ⟨nach der türk. Hafenstadt Panderma, heute Bandirma⟩: vielfarbiger türk. [Gebets]teppich ohne charakteristisches Muster u. meist von geringerer Qualität. **Pan|der|mit** [auch ...'mɪt] *der;* -s, -e ⟨zu ↑²...it⟩: in feinkörnigen Knollen vorkommendes seltenes Mineral

Pan|de|ro *der;* -s, -s ⟨aus gleichbed. *span.* pandero⟩: baskische Schellentrommel; vgl. Tamburin

Pan|dit *der;* -s, -e ⟨aus gleichbed. *Hindi* paṇḍit zu *sanskr.* paṇḍitá „klug, gelehrt"⟩: 1. (ohne Plur.) Titel brahmanischer Gelehrter. 2. Träger dieses Titels

¹Pan|do|ra ⟨nach Pandora, der ersten, von Hephaistos gebildeten Frau in der griech. Mythologie, die alles Unheil in einem Gefäß trägt, um es auf Zeus' Befehl unter die Menschen zu bringen⟩; in der Fügung die Büchse der -: Quelle aller Übel

²Pan|do|ra *die;* -, -s ⟨aus gleichbed. *it.* pandora; vgl. Bandura⟩: Zupfinstrument engl. Ursprungs als Generalbaßinstrument des 16. u. 17. Jh.s

Pan|dur *der;* -en, -en ⟨aus gleichbed. *ung.* pandúr⟩: (früher) a) ung. [bewaffneter] Leibdiener; b) leichter ung. Fußsoldat

Pan|du|ra vgl. Bandura. **Pan|du|ri|na** *die;* -, -s ⟨italienisierende Verkleinerungsform von *lat.* pandura, vgl. Bandura⟩: svw. ↑ Mandola

Pa|neel *das;* -s, -e ⟨über *mniederl.* panneel, paneel „Holzbekleidung" aus *altfr.* panel „eingefaßte Fläche, Tafel, Wand", wohl zu *lat.* panis „Türfüllung"⟩: 1. a) das vertieft liegende Feld einer Holztäfelung; b) gesamte Holztäfelung. 2. Holztafel der Gemälde. **pa|nee|lie|ren** ⟨zu ↑...ieren⟩: [eine Wand] mit Holz vertäfeln

Pan|egy|ri|ker *der;* -s, - ⟨zu ↑ Panegyrikos⟩: Verfasser von Panegyriken. **Pan|egy|ri|kon** *das;* -[s], ...ka ⟨aus gleichbed. *mgr.* panēgyrikón zu *gr.* panēgyrikós, vgl. Panegyrikos⟩: liturgisches Buch der orthodoxen Kirche mit predigtartigen Lobreden auf die Heiligen. **Pan|egy|ri|kos** *der;* -, ...koi [...kɔy] u. **Pan|egy|ri|kus** *der;* -, Plur. ...ken u. ...zi ⟨über *lat.* panegyricus aus *gr.* panēgyrikós, eigtl. „zur Versammlung, zum Fest gehörig", zu ↑ pan... u. *gr.* ágyris „Versammlung"⟩: Fest-, Lobrede, Lobgedicht im Altertum. **pan|egy|risch**: den Panegyrikus betreffend, lobrednerisch

Pa|nel ['pɛnl] *das;* -s, -s ⟨aus gleichbed. *engl.* panel, eigtl. „Feld, Paneel"; vgl. Paneel⟩: 1. repräsentative Personengruppe für die Meinungsforschung. 2. Schalttafel (Elektrot.). **Pa|nel|tech|nik** *die;* -: Methode der Meinungsforschung, die gleiche Gruppe von Personen innerhalb eines bestimmten Zeitraums mehrfach zu ein u. derselben Sache zu befragen

pa|nem et cir|cen|ses [- - tsɪr'tsɛnze:s] ⟨*lat.;* „Brot und Zirkusspiele"⟩: Lebensunterhalt u. Vergnügungen als Mittel zur Zufriedenstellung des Volkes (urspr. Anspruch des röm. Volkes während der Kaiserzeit, den die Herrscher zu erfüllen hatten, wenn sie sich die Gunst des Volkes erhalten wollten)

Pan|en|the|is|mus *der;* - ⟨zu pan..., *gr.* en „in" u. ↑ Theismus⟩: religiös-philosophische Lehre, nach der die Welt in Gott eingeschlossen ist, ihren Halt hat; vgl. Pantheismus. **pan|en|thei|stisch** ⟨zu ↑...istisch⟩: den Panentheismus betreffend, auf ihm beruhend; in der Art des Panentheismus

Pan|en|ze|pha|li|tis *die;* -, ...itiden ⟨zu ↑ pan... u. ↑ Enzephalitis⟩: Sammelbez. für verschiedene Formen der Hirnentzündung, bei denen das ganze Zentralnervensystem in Mitleidenschaft gezogen ist (Med.)

Pa|net|to|ne *der;* -[s], ...ni ⟨aus gleichbed. *it.* panettone zu pane „Brot", dies aus *lat.* panis⟩: ital. Hefekuchen mit kandierten Früchten

Pan|eu|ro|pa, ohne Artikel; Gen. -s ⟨in Verbindung mit Attributen *das;* -[s]⟩ ⟨zu ↑ pan... u. nach dem Erdteil Europa⟩: [von vielen Seiten erstrebte] künftige Gemeinschaft aller europäischen Staaten. **pan|eu|ro|pä|isch**: gesamteuropäisch

Pan|film *der;* -[e]s, -e ⟨Kurzw. aus *pan*chromatischer *Film*⟩: Film mit ↑ panchromatischer Schicht

Pan|flö|te *die;* -, -n ⟨nach dem altgriech. Hirtengott Pan, vgl. ³Pan⟩: aus 5–7 verschieden langen, grifflochlosen, floßartig aneinandergereihten Pfeifen bestehendes Holzblasinstrument; Faunflöte, Faunpfeife, Papagenopfeife; vgl. Syrinx

Pan|gäa *die;* - ⟨zu ↑ pan... u. *gr.* gaīa „Erde"⟩: großer einheitlicher, zusammenhängender Urkontinent der Erde in der Zeit vor dem Jura

Pan|ge lin|gua *das;* -- ⟨aus *lat.* pange lingua „erklinge, Zunge"⟩: oft vertonter, Thomas v. Aquin zugeschriebener Fronleichnamshymnus

Pan|ge|ne *die* (Plur.) ⟨zu ↑ pan... u. ↑ Gen⟩: kleinste Zellteilchen, die eine Vererbung erworbener Eigenschaften ermöglichen sollen (nach Darwin; Biol.). **Pan|ge|ne|sis|theo|rie** *die;* -: von Darwin aufgestellte Vererbungstheorie, nach der die Vererbung erworbener Eigenschaften durch kleinste Zellteilchen vonstatten gehen soll (Biol.).

Pan|ger|ma|nis|mus *der;* - ⟨zu ↑ pan... u. ↑ Germanismus⟩: politische Haltung, die die Gemeinsamkeiten der Völker germanischen Ursprungs betont u. eine Vereinigung aller Deutschsprechenden anstrebt; Alldeutschtum

Pan|go|lin ['paŋgoli:n] *der;* -s, -e [.. 'li:nə] ⟨aus gleichbed. *malai.* pengguling zu guling „sich herumwälzend", nach dem arttypischen Verhaltensmuster, sich einzurollen⟩: Schuppentier

pan|gram|ma|tisch ⟨zu ↑ pan... u. *gr.* grámma, Gen. grámmatos „Buchstabe"⟩; in der Fügung -e Werke: Bez. für sprachliche Werke, bei denen alle od. möglichst viele Wörter mit dem gleichen Buchstaben beginnen

Pan|ha|gia vgl. Panagia

Pan|han|dle ['pænhændl] *der;* -[s], -s ⟨aus *engl.-amerik.* panhandle, eigtl. „Pfannenstiel"⟩: Bez. für einen halbinselartigen, weit in fremdes Territorium hineinragenden Teil eines Staates, der z. T. auch von Gewässern umgeben sein kann (z. B. der Panhandle von Alaska)

pan|hel|le|nisch ⟨zu ↑ pan... u. ↑ hellenisch⟩: alle Griechen betreffend. **Pan|hel|le|nis|mus** *der;* -: Bestrebungen, alle griech. Länder in einem großen griech. Reich zu vereinigen; Allgriechentum

Pa|ni *die;* -, -s ⟨aus *poln.* pani⟩: poln. Bez. für Herrin, Frau

pan|idio|morph ⟨zu ↑ pan... u. ↑ idiomorph⟩: mehr od. weniger gut ausgeprägte Eigengestalt besitzend (von Gesteinen; Geol.)

¹Pa|nier *das;* -s, -e ⟨aus gleichbed. *(ait)fr.* bannière, dies aus dem Germ.⟩: 1. (veraltet) Banner, Fahne. 2. Wahlspruch; etwas, dem man sich zur Treue verpflichtet fühlt

²Pa|nier *die;* - ⟨zu ↑ panieren⟩: (österr.) svw. Panade (a). **pa|nie|ren** ⟨aus *fr.* paner „mit geriebenem Brot bestreuen" zu pain „Brot", vgl. Pain⟩: (Fleisch, Fisch u. a.) vor dem Braten in geschlagenes Eigelb, Mehl o. ä. tauchen u. mit Semmelbröseln bestreuen od. in Mehl wälzen. **Pa|nie|rung** *die;* -, -en ⟨zu ↑ ...ierung⟩: 1. (ohne Plur.) das Panieren. 2. svw. Panade (a)

Pa|nik *die;* -, -en ⟨aus gleichbed. *fr.* panique, Substantivierung des Adjektivs panique, vgl. panisch⟩: durch eine plötzliche Bedrohung, Gefahr hervorgerufene existentielle Angst, die das Denken lähmt, so daß man nicht mehr sinnvoll u. überlegt handelt, u. die bes. bei größeren Menschenansammlungen zu kopflosen Reaktionen führt; Massenangst. **pa|nik|ar|tig:** in der Art einer Panik, wie eine Panik. **Pa|nik|ma|che** *die;* -: (ugs. abwertend) das Heraufbeschwören einer [eigentlich unbegründeten] Panikstimmung durch aufgebauschte Darstellung eines Sachverhalts o. ä. **pa|nisch** ⟨über gleichbed. *fr.* panique aus *gr.* panikós „vom Hirten- und Waldgott Pan herrührend"; weil der Griechen glaubten, daß die Nähe des Gottes Pan die Ursache für die Angst sei, die den Menschen manchmal in der freien Natur überfällt⟩: von Panik bestimmt [u. wie gelähmt]

Pan|is|la|mis|mus *der;* - ⟨zu ↑ pan... u. ↑ Islamismus⟩: Streben nach Vereinigung aller islam. Völker

Pan|je *der;* -s, -s ⟨zu *poln.* panje, Anredeform von pan „Herr, Gutsherr"⟩: (veraltet, noch scherzh.) poln. od. russ. Bauer; vgl. ¹Pan. **Pan|je|pferd** *das;* -[e]s, -e: ein in Osteuropa verbreiteter Pferdetyp (genügsame, zähe Landrasse)

pan|kar|di|al ⟨zu ↑ pan... u. ↑ kardial⟩: das ganze Herz betreffend (Med.). **Pan|kar|di|tis** *die;* -, ...itiden: Entzündung aller Schichten der Herzwand (Med.); vgl. Karditis

Pan|kra|te|sie *die;* - ⟨zu *gr.* pagkratés „allmächtig, allgewaltig" (zu kratein „herrschen", dies zu krátos „Gewalt, Kraft") u. ↑²...ie⟩: (veraltet) Allgewalt, alleiniger Besitz. **Pan|kra|ti|on** *das;* -s, -s ⟨aus gleichbed. *gr.* pagkrátion, eigtl. „der Gesamtkampf"⟩: altgriech. Zweikampf, der Freistilringen u. Faustkampf in sich vereinigte

Pan|kre|as *das;* -, Plur. ...aten u. ...eata ⟨aus gleichbed. *gr.* págkreas, Gen. pagkréatos⟩: Bauchspeicheldrüse (Med.). **Pan|kre|as|in|suf|fi|zi|enz** *die;* -, -en: Minderung der Funktion der Bauchspeicheldrüse (Med.). **Pan|kre|at|ek|to|mie** *die;* -, ...ien ⟨zu ↑ ...ektomie⟩: operative Entfernung der Bauchspeicheldrüse (Med.). **pan|kre|at|ek|to|mie|ren:** eine Pankreatektomie durchführen (Med.). **Pan|krea|tin** *das;* -s ⟨zu ↑ ...in (1)⟩: aus tierischen Bauchspeicheldrüsen hergestelltes ↑ Enzym. **Pan|krea|ti|tis** *die;* -, ...itiden ⟨zu ↑ ...itis⟩: Entzündung der Bauchspeicheldrüse (Med.). **pan|krea|to|gen** ⟨zu ↑ ...gen⟩: von der Bauchspeicheldrüse ausgehend (z. B. von Erkrankungen; Med.). **Pan|krea|to|gramm** *das;* -s, -e ⟨zu ↑ ...gramm⟩: Röntgenbild der Bauchspeicheldrüse. **Pan|krea|to|gra|phie** *die;* -, ...ien ⟨zu ↑ ...graphie⟩: röntgenographische Kontrastdarstellung der Bauchspeicheldrüse (Med.). **pan|kreo|gen** ⟨zu ↑ ...gen⟩: svw. pankreatogen. **Pan|kreo|zy|min** *das;* -s, -e ⟨Kurzbildung aus ↑ Pankreas, ↑ Enzym u. ↑ ...in (1)⟩: Gewebshormon aus der Schleimhaut des Zwölffingerdarms, das die Sekretion von Bauchspeichel u. Bauchspeichelenzymen steigert (Med.)

Pan|lo|gis|mus *der;* - ⟨zu ↑ pan... u. ↑ Logismus⟩: Lehre von der logischen Struktur des Universums, nach der das ganze Weltall als Verwirklichung der Vernunft aufzufassen sei (Philos.)

Pan|mi|xie *die;* -, ...ien ⟨zu ↑ pan..., *gr.* mixis „Mischung" u. ↑²...ie, eigtl. „Allmischung"⟩: 1. Mischung guter u. schlechter Erbanlagen (Biol.). 2. das Zustandekommen rein zufallsbedingter Paarungen zwischen Angehörigen der gleichen Art, ohne daß Selektionsfaktoren od. bestimmte (z. B. geographische) Isolierungsfaktoren wirksam werden (Biol.); Ggs. ↑ Amixie

Pan|mye|lo|pa|thie *die;* -, ...ien ⟨zu ↑ pan... u. ↑ Myelopathie⟩: svw. Panmyelophthise. **Pan|mye|lo|phthi|se** *die;* -, -n ⟨zu ↑ myelo... u. ↑ Phthise⟩: völliger Schwund bzw. das Versagen aller blutbildenden Zellen des Knochenmarks (Med.)

¹Pan|ne *die;* -, -n ⟨aus gleichbed. *fr.* panne, urspr. „das Steckenbleiben des Schauspielers", weitere Herkunft unsicher⟩: (ugs.) a) Unfall, Schaden, Betriebsstörung (bes. bei Fahrzeugen); b) Störung, Mißgeschick, Fehler

²Panne [pan] *der;* -[s], -s ⟨aus gleichbed. *fr.* panne zu *altfr.* panne, penne „(Woll)flaum", dies aus *lat.* penna, pinna „Feder"⟩: Seidensamt mit gepreßtem Flor; Spiegelsamt

Pan|neau [pa'no:] *der;* -s, -s ⟨aus gleichbed. *fr.* panneau, dies über *vulgärlat.* *pannelus aus *lat.* pannulus, Verkleinerungsform von pannus „(ein Stück) Tuch, Lappen"⟩: 1. Holzplatte, -täfelchen zum Bemalen. 2. Sattelkissen für Kunstreiter. **Pan|neau|rei|ten** *das;* -s: Stehendreiten auf einem Panneau (2). **Pan|ni|ku|li|tis** *die;* -, ...itiden ⟨zu *lat.* panniculus, Verkleinerungsform von pannus (vgl. Panneau), u. ↑ ...itis⟩: Entzündung des Unterhautfettgewebes

Pantheon

(Med.). **Pan|ni|sęl|lus** *der;* -, ...lli ⟨aus *kirchenlat.* pannisellus, Verkleinerungsbildung zu *lat.* pannus, vgl. Panneau⟩: kleiner Leinenstreifen als Handhabe am Abtsstab. **Pạnnus** *der;* - ⟨aus *lat.* pannus, vgl. Panneau⟩: Hornhauttrübung durch einwachsendes Bindehautgewebe als Folge von Binde- od. Hornhautentzündung (Med.)
Pan|ny|chịs *die;* -, ...nychien [...çi̯ən] ⟨aus gleichbed. *gr.* pannychís zu ↑pan... u. *gr.* nýx „Nacht"⟩: Nachtfeier; [ganz]nächtliche Vorfeier höherer Feste in der Ostkirche
Pan|oph|thal|mie u. Pantophthalmie *die;* -, ...jen ⟨zu ↑pan... bzw. ↑panto... u. ↑Ophthalmie⟩: eitrige Augenentzündung (Med.). **Pan|op|ti|kum** *das;* -s, ...ken ⟨zu ↑pan..., *gr.* optikós „zum Sehen gehörig" (eigtl. „Gesamtschau")⟩ u. ↑...ikum⟩: Sammlung von Sehenswürdigkeiten, meist Kuriositäten, od. von Wachsfiguren. **pan|op|tisch:** von überall einsehbar; -**es System**: im Interesse einer zentralen Überwachung angewandte strahlenförmige Anordnung der Zellen mancher Strafanstalten (Rechtsw.)
Pan|ora|ma *das;* -s, ...men ⟨zu ↑pan... u. *gr.* hórama „das Geschaute" (zu horān „schauen; erblicken")⟩: 1. Rundblick, Ausblick von einem erhöhten Punkt aus in die Weite, über die Landschaft. 2. a) auf einem Rundhorizont gemaltes, perspektiv-plastisch wirkendes Gemälde; b) fotografische Rundaufnahme. **Pan|ora|ma|bus** *der;* -ses, -se: doppelstöckiger Bus für Stadtrundfahrten o. ä., von dessen oberer Etage ein freier Rundblick möglich ist. **Pan|ora|ma|fern|rohr** *das;* -[e]s, -e: Fernrohr mit beweglichen ↑Prismen u. feststehendem ↑Okular zum Beobachten des ganzen Horizonts. **Pan|ora|ma|kar|te** *die;* -, -n: meist als Werbemittel für Touristikgebiete hergestellte [Land]karte, auf der der ganze Horizont od. ein Teil davon in vereinfachter, bildhafter Form dargestellt wird. **Pan|ora|ma|kopf** *der;* -[e]s, ...köpfe: drehbarer Stativkopf für Rundaufnahmen (Fotogr.). **Pan|ora|ma|spie|gel** *der;* -s, -: leicht gewölbter Rückspiegel, der ein breites Blickfeld freigibt (an bzw. in Kraftfahrzeugen). **Pan|ora|ma|ver|fah|ren** *das;* -s, -: Breitwand- u. Raumtonverfahren (Film); vgl. Cinemascope u. Cinerama. **pan|ora|mie|ren** ⟨zu ↑...ieren⟩: ein Gesamtbild (Rundblick) durch Drehen der Kamera herstellen (Film)
Pan|oti|tis *die;* -, ...itiden ⟨zu ↑pan... u. ↑Otitis⟩: das gesamte Mittel- u. Innenohr in Mitleidenschaft ziehende ↑Otitis (Med.)
Pan|pho|bie *die;* -, ...jen ⟨zu ↑pan... u. ↑...phobie⟩: krankhafte Furcht vor allen Vorgängen der Außenwelt (Med., Psychol.)
Pan|ple|gie *die;* -, ...jen ⟨zu ↑pan..., *gr.* plēgḗ „Schlag" u. ↑²...ie⟩: allgemeine, vollständige Lähmung der Muskulatur (Med.)
pan|po|ti|sie|ren ⟨Kunstw.⟩: eine einkanalige Tonaufzeichnung auf mehrere Kanäle zur Erzeugung einer Pseudostereophonie verteilen
Pan|psy|chịs|mus *der;* - ⟨zu ↑pan... u. ↑Psychismus⟩: Vorstellung der Allbeseelung der Natur, auch der nichtbelebten (Philos.)
Pan|ro|mạn *das;* -[s] ⟨Kunstw.⟩: eine Welthilfssprache, Vorläuferin des ↑Universal
Pan|se|xua|lịs|mus *der;* - ⟨zu ↑pan..., *spätlat.* sexualis (vgl. sexuell) u. ↑...ismus (3)⟩: von nur sexuellen Trieben ausgehende frühe Richtung der ↑Psychoanalyse S. Freuds
Pạns|flö|te vgl. Panflöte
Pan|si|nu|si|tis *die;* -, ...itiden ⟨zu ↑pan... u. ↑Sinusitis⟩: Entzündung der Nasennebenhöhlen (Med.)
Pan|sla|vịs|mus [...v...] usw. vgl. Panslawismus usw. **Pan|sla|wịs|mus** *der;* - ⟨zu ↑pan... u. ↑Slawismus⟩: Bestrebungen, alle slawischen Völker in einem Großreich zu vereinigen; Allslawentum. **Pan|sla|wịst** *der;* -en, -en: Anhänger des Panslawismus. **pan|sla|wị|stisch:** den Panslawismus betreffend, auf ihm beruhend
Pan|so|phie *die;* - ⟨zu ↑pan... u. *gr.* sophía „Weisheit"⟩: religiös-philosophische Bewegung des 16.–18. Jh.s, die eine Zusammenfassung aller Wissenschaften u. ein weltweites Gelehrten- u. Friedensreich anstrebte. **pan|so|phisch:** die Pansophie betreffend, auf ihr beruhend; in der Art der Pansophie
Pan|sper|mie *die;* - ⟨zu ↑pan..., ↑Sperma u. ↑²...ie⟩: Theorie von der Entstehung des Lebens auf der Erde durch Keime von anderen Planeten (Biol.)
pant..., Pant... vgl. panto..., Panto...
Pant|ago|gum *das;* -s, ...ga ⟨aus gleichbed. *nlat.* pantagogum zu ↑panto... u. *gr.* agōgós „treibend"⟩: den Darm völlig entleerendes Mittel (Med.)
pan|ta|gru|ẹ|lisch ⟨nach der Romanfigur Pantagruel von F. Rabelais (um 1490–1553)⟩: derb, deftig; lebensvoll
Pan|ta|le|on *das;* -, -s ⟨nach dem dt. Erfinder Pantaleon Hebenstreit, 1667–1750⟩: Hackbrett mit doppeltem Resonanzboden u. Darm- od. Drahtsaiten (Vorläufer des Hammerklaviers). **¹Pan|ta|lon** *das;* -s, -s: svw. Pantaleon
²Pan|ta|lon [pãta'lõ:] *das;* -s, -s ⟨aus gleichbed. *fr.* pantalon, vgl. Pantalons⟩: erster Teil der ↑Contredanse. **Pan|ta|lo|ne** [panta...] *der;* -[s], Plur. -s u. ...ni ⟨aus *it.* Pantal(e)one, ital. Form des in Venedig bes. verehrten heiligen Pantaleon⟩: Maske, Figur des dummen, oft verliebten u. stets geprellten Alten im ital. Volkslustspiel. **Pan|ta|lon|na|de** *die;* -, -n ⟨aus gleichbed. *fr.* pantalonnade⟩: (veraltet) 1. Possenspiel, Gaukelei. 2. (meist Plur.) lächerliche Ausflüchte. **Pan|ta|lons** [pãta'lõ:s, auch panta'lõ:s] *die* (Plur.) ⟨aus gleichbed. *fr.* pantalons (Plur.), nach der mittelfranz. Wendung vestu en pantalon „gekleidet wie Pantalone" (da dieser meist mit langen, engen Beinkleidern auftrat)⟩: 1. während der Franz. Revolution aufgekommene lange Männerhose. 2. enganliegende [Strumpf]hose ohne Fußteil, die meist als Oberbekleidungsstück getragen wird
Pant|apho|bie *die;* - ⟨zu ↑panto..., *gr.* a- „un-, nicht-" u. ↑...phobie⟩: (veraltet) gänzliche Furchtlosigkeit
pạn|ta rhei [– 'rai̯] ⟨*gr.;* „alles fließt"⟩: es gibt kein bleibendes Sein (fälschlich Heraklit zugeschriebener Grundsatz, nach dem das Sein als ewiges Werden, ewige Bewegung gedacht wird)
Pant|askie *die;* - ⟨zu *gr.* pantáskios „ganz ohne Schatten" (dies zu ↑panto..., *gr.* a- „un-, nicht-" u. skiá „Schatten") u. ↑²...ie⟩: (veraltet) völlige Schattenlosigkeit
Pant|atro|phie *die;* - ⟨zu ↑panto... u. ↑Atrophie⟩: (veraltet) gänzliche Nahrungslosigkeit
Pan|te|lịs|mus *der;* - ⟨zu ↑pan..., *gr.* télos „Ende, Ziel; Zweck" u. ↑...ismus (1)⟩: Anschauung, nach der das gesamte Seiende ↑teleologisch erklärbar ist (Philos.)
Pan|the|ịs|mus *der;* - ⟨aus gleichbed. *engl.* pantheism zu ↑pan... u. theism, vgl. Theismus⟩: Allgottlehre; Lehre, in der Gott u. Welt identisch sind; Anschauung, nach der Gott das Leben des Weltalls selbst ist (Philos.). **Pan|the|ịst** *der;* -en, -en ⟨aus gleichbed. *engl.* pantheist⟩: Vertreter des Pantheismus. **pan|the|ị|stisch:** den Pantheismus betreffend; in der Art des Pantheismus
Pan|the|lịs|mus *der;* - ⟨zu ↑pan... u. ↑Thelismus⟩: Lehre, nach der der Wille das innerste Wesen der Welt, aller Dinge ist (Philos.)
Pạn|the|on *das;* s, -s ⟨aus *gr.* pánthe(i)on (hierón), zu pãn „ganz, all" u. theĩos „göttlich", Bed. 2 über gleichbed. *fr.* panthéon⟩: 1. antiker Tempel (bes. in Rom) für alle Göt-

ter. 2. Ehrentempel (z. B. in Paris). 3. Gesamtheit der Götter einer Religion

Pan|ther *der;* -s, - ⟨aus gleichbed. *gr.* pánthēr, weitere Herkunft ungeklärt⟩: svw. Leopard

Pan|the|re *die;* -, -n ⟨zu ↑pan... u. *gr.* théra „Jagd"⟩: (veraltet) Fangnetz für Vögel

Pan|ti|ne *die;* -, -n (meist Plur.) ⟨über gleichbed. *mittelniederl.* patijn aus *(alt)fr.* patin „Schuh mit Holzsohle" zu pat(e) „Pfote, Tatze"⟩: Holzschuh, Holzpantoffel

pan|to..., **Pan|to...**, vor Vokalen auch **pant...**, **Pant...** ⟨aus *gr.* pān, Gen. pantós „ganz, all, jeder"⟩: Präfix mit der Bedeutung „all, ganz, gesamt, völlig", z. B. pantomimisch, Pantomimik, Pantagogum; vgl. pan..., Pan...

Pan|tof|fel *der;* -s, Plur. -n, ugs. - (meist Plur.) ⟨aus gleichbed. *fr.* pantoufle, weitere Herkunft unsicher⟩: leichter Hausschuh [ohne Fersenteil]. **pan|tof|feln:** [mit einem pantoffelförmigen Holz] Leder geschmeidig, weich machen

Pan|to|graph *der;* -en, -en ⟨zu ↑panto... u. ↑...graph⟩: Storchschnabel (Instrument zum Übertragen von Zeichnungen im gleichen, größeren od. kleineren Maßstab). **Pan|to|gra|phie** *die;* -, ...ien ⟨zu ↑...graphie⟩: mit dem Pantographen hergestelltes Bild. **pan|to|gra|phisch** ⟨zu ↑...graphisch⟩: mit Hilfe eines Pantographen

Pan|to|kra|tor *der;* -s, ...oren ⟨aus *gr.* pantokrátōr „Allherrscher", zu ↑panto... u. krateīn „mächtig sein, (be)herrschen"⟩: 1. (ohne Plur.) Ehrentitel für [den höchsten] Gott, auch für den auferstandenen Christus (nach Offenb. 1, 8). 2. Darstellung des thronenden Christus in der christlichen, bes. in der byzantinischen Kunst

Pan|to|let|te *die;* -, -n (meist Plur.) ⟨Kunstw. aus *Pant*offel u. Sand*alette*⟩: leichter Sommerschuh ohne Fersenteil

Pan|to|me|ter *das;* -s, - ⟨zu ↑panto... u. ↑...meter⟩: Instrument zur Messung von Längen, Horizontal- u. Vertikalwinkeln (Techn.)

¹Pan|to|mi|me *die;* -, -n ⟨über *fr.* pantomime aus *lat.* pantomima zu pantomimus, vgl. ²*Pantomime*⟩: Darstellung einer Szene, Handlung nur mit Gebärden, Mienenspiel u. Tanz. **²Pan|to|mi|me** *der;* -n, -n ⟨wohl unter Einfluß von *fr.* pantomime aus *lat.* pantomimus, dies aus *gr.* pantómimos, eigtl. „der alles Nachahmende", zu ↑panto... u. ↑Mimus⟩: Darsteller einer Pantomime (1). **Pan|to|mi|mik** *die;* - ⟨zu ↑²...ik (2)⟩: 1. Kunst der Pantomime. 2. Gesamtheit der Ausdrucksbewegungen des Körpers; Gebärdenspiel, Körperhaltung u. Gang (Psychol.). **pan|to|mi|misch** ⟨über *lat.* pantomimus aus *gr.* pantómimos, vgl. ²*Pantomime*⟩: 1. die Pantomime betreffend, mit den Mitteln, in der Art der Pantomime. 2. die Pantomimik (2), die Ausdrucksbewegungen des Körpers betreffend (Psychol.)

pan|to|phag ⟨zu ↑panto... u. ↑...phag⟩: sowohl pflanzliche als auch tierische Nahrung fressend, verdauend (in bezug auf bestimmte Tiere; Zool.); vgl. omnivore. **Pan|to|pha|ge** *der;* -n, -n ⟨zu ↑...phage⟩: Allesfresser (von bestimmten Tieren; Zool.); vgl. Omnivore. **Pan|to|pha|gie** *die;* - ⟨zu ↑...phagie⟩: Allesfresserei (Zool.); vgl. Monophagie

Pant|oph|thal|mie vgl. Panophthalmie

Pan|to|pla|stik *die;* - ⟨zu ↑panto... u. ↑Plastik⟩: (veraltet) die Kunst, Modelle von Bildwerken zu vergrößern od. zu verkleinern

Pan|to|po|de *der;* -n, -n ⟨aus gleichbed. *nlat.* pantopoda zu ↑panto... u. ↑...pode⟩: Asselspinne (räuberischer, aber auch parasitischer Meeresbewohner)

Pan|to|then|säu|re *die;* -, -n ⟨Lehnübersetzung von gleichbed. *engl.* pantothen acid, zu *gr.* pántothen „von überall her"; weil die Verbindung aus den verschiedensten Organismen isoliert werden kann⟩: zur B₂-Gruppe gehörendes ↑Vitamin

Pan|toun ['panton] vgl. Pantun

Pan|tra|gis|mus *der;* - ⟨zu ↑pan..., ↑tragisch u. ↑...ismus (1)⟩: das tragische, nicht überwindbare Weltgesetz über dem menschlichen Leben, das vom Kampf zwischen dem einzelnen u. dem Universum beherrscht wird (nach Hebbel)

pan|tro|pisch ⟨zu ↑pan... u. ↑tropisch⟩: in allen Tropengebieten der Erde vorkommend (von bestimmten Pflanzen u. Tieren; Biol.)

Pan|try ['pɛntri] *die;* -, -s ⟨aus gleichbed. *engl.* pantry, dies über *mittelengl.* pan(e)trie, *altfr.* paneterie aus *mlat.* panetaria „Raum zur Aufbewahrung von Brot", dies zu *lat.* panis „Brot"⟩: Speisekammer, Raum zum Anrichten [auf Schiffen od. in Flugzeugen]

Pant|schen-La|ma *der;* -[s], -s ⟨aus *tibet.* pan-chen (b)lama, vgl. ²*Lama*⟩: svw. Taschi-Lama

Pan|tun u. Pantoun ['panton] *das;* -[s], -s ⟨aus *malai.* pantun⟩: malaiische Gedichtform mit vierzeiligen, kreuzweise gereimten Strophen

Pan|ty ['pɛnti] *die;* -, ...ties [...ti:s] ⟨verkürzt aus *engl.* pantyhose, panti-hose, eigtl. „Strumpfhose", zu pantaloons (Plur.) „Hosen", dies aus *fr.* pantalons, vgl. Pantalons⟩: Miederhöschen

Pä|nu|la *die;* -, ...len ⟨aus gleichbed. *lat.* paenula, dies aus *gr.* phainólēs „dickes Obergewand"⟩: rund geschnittenes röm. Übergewand

Pän|ul|ti|ma *die;* -, Plur. ...mä u. ...men ⟨aus gleichbed. *lat.* paenultima (syllaba), zu paene „fast" u. ultima, Fem. von ultimus „der letzte"⟩: vorletzte Silbe in einem Wort (lat. Grammatik)

Pan|ur|gie *die;* - ⟨aus gleichbed. *gr.* panourgía⟩: (veraltet) Verschlagenheit, Verschmitztheit, List. **pan|ur|gisch** ⟨aus gleichbed. *gr.* panoūrgos⟩: (veraltet) listig, verschmitzt

Pan|vi|ta|lis|mus [...v...] *der;* - ⟨zu ↑pan... u. ↑Vitalismus⟩: naturphilosophische Lehre, nach der das ganze Weltall lebendig ist

Pan|zoo|tie [...tsoo...] *die;* -, ...ien ⟨zu ↑pan..., *gr.* zōótēs „das Tiersein" u. ↑²...ie⟩: eine ↑Epizootie (1 b) großen Ausmaßes, bei der ein ganzes Land, mehrere Länder od. gar ein ganzer Erdteil heimgesucht werden (Tiermed.)

Pä|on *der;* -s, -e ⟨über gleichbed. *lat.* paeon, dies aus paián, eigtl. „Klagelied, Trauergesang"⟩: im ↑Päan (1) verwendeter antiker Versfuß mit drei kurzen Silben u. einer beliebig einsetzbaren langen Silbe (antike Metrik)

Päo|nie [...i̯ə] *die;* -, -n ⟨über *lat.* paeonia aus *gr.* paiōnía, eigtl. „die Heilende"⟩: Pfingstrose (eine Zierstaude)

¹Pa|pa [veraltend pa'pa:] *der;* -s, -s ⟨aus gleichbed. *(alt)fr.* papa, altfr. Lallwort aus der Kinderspr.⟩: (ugs.) Vater

²Pa|pa *der;* -s ⟨aus gleichbed. *mlat.* papa, eigtl. „Vater", dies aus *gr.* pápas, páppas, Bed. 2 über gleichbed. *(m)gr.* pápas⟩: 1. kirchliche Bez. des Papstes. 2. in der orthodoxen Kirche Titel höherer Geistlicher; Abk.: P.; vgl. Papas, Pope. **Pa|pa|bi|li** *die* (Plur.) ⟨aus gleichbed. *it.* papabili zu papabile „zum Papst wählbar"⟩: ital. Bez. für als Papstkandidaten in Frage kommende Kardinäle

Pa|pa|gal|lo *der;* -[s], Plur. -s u. ...lli ⟨aus gleichbed. *it.* pappagallo, eigtl. „Papagei"⟩: auf erotische Abenteuer bei Touristinnen ausgehender [südländischer, bes. ital. junger] Mann. **Pa|pa|gal|yos** [...'ga:jɔs] *die* (Plur.) ⟨zu *span.* papagayo „Papagei", nach dem Papagayogolf im Stillen Ozean⟩: kalte Fallwinde in den Anden. **Pa|pa|gei** [auch 'pa...] *der;* Gen. -s u. -en, Plur. -e[n] ⟨aus gleichbed. *fr.* papegai, weitere Herkunft unsicher, vielleicht aus dem Arab.⟩:

buntgefiederter tropischer Vogel mit kurzem, abwärts gebogenem Oberschnabel, der die Fähigkeit hat, Wörter nachzusprechen. **Pa|pa|gei|en|krank|heit** *die;* -: svw. Psittakose (Med.)

Pa|pa|in *das;* -s ⟨zu ↑ Papaya u. ↑ ...in (1)⟩: eiweißspaltendes pflanzliches Enzym

pa|pal ⟨aus gleichbed. *mlat.* papalis; vgl. ²Papa⟩: päpstlich.
Pa|pa|lis|mus *der;* - ⟨zu ↑ ...ismus (2)⟩: kirchenrechtliche Anschauung, nach der dem Papst die volle Kirchengewalt zusteht; Ggs. ↑ Episkopalismus; vgl. Kurialismus. **Pa|pa|list** *der;* -en, -en ⟨zu ↑ ...ist⟩: Anhänger des Papalismus. **pa|pa|li|stisch** ⟨zu ↑ ...istisch⟩: im Sinne des Papalismus [denkend]. **Pa|pal|sy|stem** *das;* -s: kath. System der päpstlichen Kirchenhoheit

Pa|pa|raz|zo *der;* -s, ...zzi ⟨aus *it.* paparazzo, nach dem Beinamen eines Fotografen in Fellinis Film „La dolce vita"⟩: (scherzh. od. abwertend) [aufdringlicher] Pressefotograf, Skandalreporter

Pa|pas *der;* -, - ⟨über gleichbed. *ngr.* pápas aus *gr.* pápas, páppas, eigtl. „Vater"⟩: Weltgeistlicher in der orthodoxen Kirche. **Pa|pat** *der,* auch *das;* -[e]s ⟨aus gleichbed. *mlat.* papatus; vgl. ²Papa u. ...at (1)⟩: Amt u. Würde des Papstes

Pa|pa|ve|ra|ze|en [...v...] *die* (Plur.) ⟨aus gleichbed. *nlat.* papaveraceae zu *lat.* papaver „Mohn"⟩: Familie der Mohngewächse (Bot.). **Pa|pa|ve|rin** *das;* -s ⟨zu ↑ ...in (1)⟩: krampflösendes ↑ Alkaloid des Opiums

Pa|pa|ya [...ja] *die;* -, -s u. **Pa|pa|ye** [...jə] *die;* -, -n ⟨aus gleichbed. *span.* papaya, dies aus dem Karib.⟩: 1. svw. Melonenbaum. 2. Frucht des Melonenbaums, Baummelone

Pa|pel *die;* -, -n u. Papula *die;* -, ...lae [...lɛ] ⟨aus *lat.* papula „Blatter; Bläschen"⟩: Hautknötchen, kleine, bis linsengroße Hauterhebung (Med.)

Pape|lard [pap'la:r] *der;* -s, -s ⟨aus gleichbed. *fr.* papelard, vermutlich zu älter *fr.* paper „essen" u. *fr.* lard „Speck", also wohl eigtl. „Speckesser"⟩: (veraltet) Heuchler, Scheinheiliger

Pa|per ['peɪpə] *das;* -s, -s ⟨aus gleichbed. *engl.* paper, eigtl. „Papier", dies über *(alt)fr.* papier aus *lat.* papyrus, vgl. Papier⟩: schriftliche Unterlage, Schriftstück; vgl. Papier (2).
Pa|per|back [...bæk] *das;* -s, -s ⟨aus gleichbed. *engl.* paperback, eigtl. „Papierrücken"⟩: kartoniertes, meist in Klebebindung hergestelltes [Taschen]buch; Ggs. ↑ Hard cover.
Pa|pe|te|rie [papetə...] *die;* -, ...ien ⟨aus gleichbed. *fr.* papeterie zu papier „Papier", dies zu *lat.* papyrius „aus Papier" zu papyrus, vgl. Papier⟩: (bes. schweiz.) Papierwaren, Schreibwarenhandlung. **Pa|pe|te|rist** *der;* -en, -en ⟨zu ↑ ...ist⟩: (bes. schweiz.) Schreibwarenhändler

Pa|pia|men|to *das;* -s ⟨aus gleichbed. *amerik.-span.* papiamento zu papia „Sprache", dies vielleicht zu *port.* papear „plappern"⟩: auf den Niederländischen Antillen gesprochene Mischsprache, die sich aus dem Portugiesischen entwickelte u. in der heute Elemente des Niederländischen, Englischen u. Spanischen vermischt sind

Pa|pier *das;* -s, -e ⟨aus *lat.* papyrum, Nebenform von papyrus „Papyrus(staude)", dies aus *gr.* pápyros, weitere Herkunft ungeklärt⟩: 1. aus Fasern hergestelltes, blattartig gepreßtes, zum Beschreiben, Bedrucken, zur Verpackung o. ä. dienendes Material. 2. Schriftstück, Dokument, schriftliche Unterlage, Manuskript; vgl. Paper. 3. (meist Plur.) Ausweis, Personaldokument, Unterlagen. 4. Wertpapier, Urkunde über Vermögensrechte. **pa|pie|ren:** a) aus Papier bestehend; b) wie Papier beschaffen, aussehend. **Pa|pier|kon|ser|vie|rung** *die;* -: das Haltbarmachen alter Schriftstücke, Zeichnungen, Bücher u. a. durch Neutralisierung der Säure im Papier mit gasförmigen Substanzen od. alkoholischen Lösungen. **Pa|pier|ma|ché** [papjema'ʃe:, österr. pa'pi:ʂ...] u. Pappmaché *das;* -s, -s ⟨aus gleichbed. *fr.* papier mâché, eigtl. „zerfetztes Papier"⟩: verformbares Hartpapier. **Pa|pier|thea|ter** *das;* -s, - ⟨zu ↑ Papier⟩: modellmäßig verkleinerte Form einer Schauspielbühne

Pa|pil|lio|na|ze|en *die* (Plur.) ⟨aus gleichbed. *nlat.* papilionaceae, zu papilionaceus „schmetterlingsartig", dies zu *lat.* papilio „Schmetterling"⟩: Familie der Schmetterlingsblütler (Bot.)

Pa|pil|la vgl. Papille. **pa|pil|lar** ⟨zu ↑ Papille u. ↑ ...ar (1)⟩: warzenartig, -förmig (Med.). **Pa|pil|lar|lei|ste** *die;* -, -n: svw. Papillarlinie. **Pa|pil|lar|li|nie** [...iə] *die;* -, ...ien [...iən] (meist Plur.): Hautleiste, leistenförmiger Vorsprung der Lederhaut in die ↑ Epidermis (bes. ausgeprägt an Fingern u. Zehen sowie Hand- u. Fußflächen; Med.). **Pa|pil|lar|schicht** *die;* -, -en: die mit Papillen versehene obere Schicht der Lederhaut (Med.). **Pa|pil|le** *die;* -, -n u. Papilla *die;* -, ...llae [...lɛ] ⟨aus *lat.* papilla „(Brust)warze, Zitze"⟩: 1. a) Brustwarze; b) warzenartige Erhebung an der Oberfläche von Organen (z. B. Haarpapille, Sehnervenpapille; Med.). 2. (meist Plur.) haarähnliche Ausstülpung der Pflanzenoberhaut (Bot.). **pa|pil|li|form** ⟨zu ↑ ...form⟩: warzenförmig (Med.). **Pa|pil|li|tis** *die;* -, ...itiden ⟨zu ↑ ...itis⟩: Entzündung einer od. mehrerer Papillen (Med.). **Pa|pil|lom** *das;* -s, -e ⟨zu ↑ ...om⟩: Warzen-, Zottengeschwulst aus gefäßhaltigem Bindegewebe (Med.). **Pa|pil|lo|ma|to|se** *die;* -, -n ⟨zu ↑¹...ose⟩: Bildung zahlreicher Papillome (Med.).
Pa|pil|lon [papi'jõ] *der;* -s, -s ⟨aus gleichbed. *fr.* papillon, dies aus *lat.* papilio „Schmetterling", Bed. 3 nach dem Vergleich mit den Schmetterlingsflügeln, Bed. 4 nach der Form der Ohren⟩: 1. franz. Bez. für Schmetterling. 2. (veraltet) flatterhafter Mensch. 3. feinfädiges Woll- od. Mischgewebe von ripsähnlichem Aussehen. 4. aus Belgien stammender Zwergspaniel mit weißem bis braunem od. geflecktem, weichem Fell

pa|pil|lös ⟨zu ↑ Papille u. ↑ ...ös⟩: warzig (Biol., Med.).
Pa|pil|lo|te [papi'jo:tə] *die;* -, -n ⟨aus gleichbed. *fr.* papillote zu papillon, vgl. Papillon⟩: 1. Hülle aus herzförmig zugeschnittenem Pergamentpapier die (mit Öl bestrichen) um kurz zu bratende od. grillende Fleisch- od. Fischstücke geschlagen wird. 2. Haarwickel in Form einer biegsamen Rolle aus Schaumstoff, die an den aufgerollten Haarsträhnen befestigt wird, indem man die Enden U-förmig einbiegt. **pa|pil|lo|tie|ren** ⟨aus gleichbed. *fr.* papilloter⟩: die einzelnen [wie eine Kordel um sich selbst gedrehten] Haarsträhnen auf Papilloten wickeln, um das Haar zu wellen
Pa|pil|lo|to|mie *die;* -, ...ien ⟨zu ↑ Papille u. ↑ ...tomie⟩: operative Eröffnung einer Papille (Med.)

Pa|pi|ros|sa *die;* -, ...ossy [...si] ⟨über *russ.* papirosa aus *poln.* papieros zu papier „Papier"⟩: russ. Zigarette mit langem Hohlmundstück aus Pappe

Pa|pis|mus *der;* - ⟨zu ↑ ²Papa (1) u. ↑ ...ismus (5)⟩: (abwertend) Papsttum. **Pa|pist** *der;* -en, -en ⟨zu ↑ ...ist⟩: (abwertend) Anhänger des Papsttums. **pa|pi|stisch** ⟨zu ↑ ...istisch⟩: (abwertend) den Papismus betreffend, auf ihm beruhend; päpstlich

Pa|po|va|vi|rus [...vavi:...] *das,* auch *der;* -, ...ren (meist Plur.) ⟨Kunstw.⟩: Virus, das Wucherungen (z. B. Warzen) erzeugen kann (Med.)

Pap|pas *der;* -, - ⟨aus gleichbed. *gr.* páppas, vgl. ²Papa⟩: svw. ²Papa (2)

Pap|pa|ta|ci|fie|ber [...'ta:tʃi...] *das;* -s ⟨zu *it.* pappataci „Moskito, Stechmücke"⟩: in den Tropen u. in Südeuropa auftretende, durch ↑ Moskitos übertragene Krankheit mit Fieber u. grippeartigen Symptomen (Med.)

Pappmaché

Papp|ma|ché [...maʃeː] vgl. Papiermaché

Pap|pus *der;* -, Plur. - u. -se ⟨über *lat.* pappus aus *gr.* páppos „Großvater", weil die meist grauweiße Behaarung dem Kopfhaar eines Greises ähnelt⟩: Haarkrone der Frucht von Korbblütlern (Bot.)

Pa|pri|ka *der;* -s, -[s] ⟨über das Ungar. aus *serb.* paprika zu papar „Pfeffer", dies über *lat.* piper aus *gr.* péperi, dies über das Pers. aus *sanskr.* píppala „Beere"⟩: 1. in Südeuropa u. Amerika angebaute Gemüse-, Gewürzpflanze mit kleinen weißen Blüten u. hohlen Beerenfrüchten. 2. grüne, gelbe, orangefarbene od. rote Frucht des Paprikas mit dünner, wenig fleischiger, aber saftiger, vitaminreicher Fruchtwand, die als Gemüse od. als Gewürz verwendet wird; Paprikaschote. 3. (ohne Plur.) leicht scharfes, rotes Gewürz in Pulverform aus der getrockneten reifen Frucht der Paprikapflanze. **pa|pri|zie|ren** ⟨zu ↑ ...izieren⟩: mit Paprika würzen

Pa|pul|la vgl. Papel. **pa|pu|lös** ⟨aus gleichbed. *nlat.* papulosus, zu ↑ Papel u. ↑ ...ös⟩: mit der Bildung von Papeln einhergehend; papelartig (Med.)

Pa|py|ri: Plur. von ↑ Papyrus. **Pa|py|rin** *das;* -s ⟨zu ↑ Papyrus u. ↑ ...in (1)⟩: Pergamentpapier. **Pa|py|ro|lin** *das;* -s ⟨zu ↑ ...in (1)⟩: zähes u. festes Papier mit einer Textilgewebeschicht, das u. a. zur Herstellung von Landkarten u. Urkunden verwendet wird. **Pa|py|ro|lo|ge** *der;* -n, -n ⟨zu ↑ ...loge⟩: Wissenschaftler auf dem Gebiet der Papyrologie. **Pa|py|ro|lo|gie** *die;* - ⟨zu ↑ ...logie⟩: Wissenschaft, die Papyri (3) erforscht, konserviert, entziffert u. zeitlich bestimmt; Papyruskunde. **pa|py|ro|lo|gisch** ⟨zu ↑ ...logisch⟩: die Papyrologie betreffend. **Pa|py|rus** *der;* -, ...ri ⟨aus gleichbed. *lat.* papyrus, vgl. Papier⟩: 1. Papierstaude. 2. in der Antike gebräuchliches, aus der Papierstaude gewonnenes Schreibmaterial in Blatt- u. Rollenform. 3. aus der Antike u. bes. aus dem alten Ägypten stammendes beschriftetes Papyrusblatt; Papyrusrolle; Papyrustext

Par *das;* -[s], -s ⟨aus gleichbed. *engl.* par, dies aus *lat.* par „gleich"⟩: für jedes Loch des Golfplatzes festgesetzte Anzahl von Schlägen, die sich nach dem Abstand des Abschlags vom Loch richtet (Golf)

par..., **Par...** vgl. para..., Para...

¹Pa|ra *der;* -, - ⟨aus *türk.* para „Geld, Münze", dies vermutlich aus dem Pers., Bed. 2 über *slowen., serbokroat.* para⟩: 1. kleinste türk. Münzrechnungseinheit (vom 17. Jh. bis 1924). 2. kleine Münzeinheit in einigen Balkanstaaten

²Pa|ra *der;* -s, -s ⟨aus gleichbed. *fr.* (ugs.) para, dies verkürzt aus parachutiste „Fallschirmjäger"⟩: franz. Bez. für Fallschirmjäger

pa|ra..., **Pa|ra...**, vor Vokalen meist par..., Par... ⟨aus *gr.* pará, pára „entlang; neben; bei; über – hinaus; gegen"⟩: Präfix mit der Bedeutung „bei, neben, entlang; über – hinaus; gegen, abweichend", z. B. parataktisch, Paragraph, Parallel, Parodie

Pa|ra|bal|lis|mus *der;* -, ...men ⟨zu ↑ para... u. ↑ Ballismus⟩: heftige, sich wiederholende unwillkürliche Schlenkerbewegungen der Extremitäten beider Körperseiten (Med.)

Pa|ra|ba|se *die;* -, -n ⟨aus gleichbed. *gr.* parábasis, eigtl. „das Vorbeigehen, Hervortreten (des Chors)"⟩: in der attischen Komödie Einschub in Gestalt einer satirisch-politischen Ansprache, gemischt aus Gesang u. Rezitation des Chorführers u. des Chors

Pa|ra|bel *die;* -, -n ⟨über *lat.* parabola aus *gr.* parabolé „Gleichnis", eigtl. „die Vergleichung, das Nebeneinanderwerfen", zu paraballein „vergleichen", eigtl. „daneben (hin)werfen"⟩: 1. lehrhafte Dichtung, die eine allgemeingültige sittliche Wahrheit an einem Beispiel (indirekt) veranschaulicht; lehrhafte Erzählung, Lehrstück; Gleichnis. 2. eine symmetrisch ins Unendliche verlaufende Kurve der Kegelschnitte, deren Punkte von einer festen Geraden u. einem festen Punkt gleichen Abstand haben (Math.). 3. Wurfbahn in einem ↑ Vakuum (Phys.)

Pa|ra|bel|lum Ⓦ *die;* -, -s ⟨Kunstw.; wohl gekürzt aus *lat.* (si vis pacem,) para bellum „(wenn du Frieden willst,) bereite den Krieg vor"⟩: Pistole mit Selbstladevorrichtung. **Pa|ra|bel|lum|pi|sto|le** *die;* -, -n: svw. Parabellum

Pa|ra|bel|seg|ment *das;* -[e]s, -e ⟨zu ↑ Parabel u. ↑ Segment⟩: Fläche, die von einer Parabel u. einer Geraden begrenzt wird (Math.)

Pa|ra|bi|ont *der;* -en, -en ⟨zu ↑ para... u. ↑ ...biont⟩: Lebewesen, das mit einem anderen gleicher Art zusammengewachsen ist, in Parabiose lebender Organismus (Biol.); vgl. siamesische Zwillinge. **Pa|ra|bi|o|se** *die;* -, -n ⟨zu ↑ ...biose⟩: das Zusammenleben u. Aufeinandereinwirken zweier Lebewesen der gleichen Art, die miteinander verwachsen sind (Biol.)

Pa|ra|blacks [auch ...blɛks] *die* (Plur.) ⟨aus gleichbed. *engl.* parablacks⟩: auf den Skiern (zwischen Skispitze u. Bindung) angebrachte [Kunststoff]klötze, die das Überkreuzen der Skier verhindern sollen

Pa|ra|blep|sie *die;* -, ...ien ⟨zu ↑ para..., *gr.* blépsis „das Sehen" (dies zu blépein „sehen") u. ↑ ²...ie⟩: Sehstörung (Med.)

Pa|ra|bol|an|ten|ne *die;* -, -n ⟨zu *gr.* parabolé (vgl. Parabel) u. ↑ Antenne⟩: Antenne in der Form eines Parabolspiegels, mit deren Hilfe Ultrakurzwellen gebündelt werden (Techn.). **pa|ra|bo|lisch** ⟨nach *gr.* parabolikós „zur Vergleichung gehörig, vergleichsweise"; vgl. Parabel⟩: 1. die Parabel (1) betreffend, in der Art einer Parabel (1); gleichnishaft, sinnbildlich. 2. parabelförmig gekrümmt. **Pa|ra|bo|lo|id** *das;* -[e]s, -e ⟨zu ↑ Parabel u. ↑ ...oid⟩: gekrümmte Fläche ohne Mittelpunkt (Math.). **Pa|ra|bol|spie|gel** *der;* -s, -: Hohlspiegel von der Form eines Paraboloids, das durch die Drehung einer Parabel um ihre Achse entstanden ist (Rotationsparaboloid)

Pa|ra|bu|lie *die;* -, ...ien ⟨zu ↑ para..., *gr.* boulé „Wille" u. ↑ ²...ie⟩: durch entgegengesetzte Antriebe od. Gefühle bedingte krankhafte Willensschwäche (bes. bei Schizophrenie; Med.)

par ac|cla|ma|ti|on [paraklamas'jõ] ⟨*fr.*⟩: durch Zuruf [wählen]; vgl. Akklamation

par ac|cord [para'kɔr] ⟨*fr.*⟩: durch Vergleich; vgl. Akkord

Pa|ra|chor [...k...] *der;* -s, -e ⟨zu *gr.* parachōreīn „Platz machen"⟩: Maß für das Molvolumen von Flüssigkeiten mit gleicher Oberflächenspannung; Zeichen P

Pa|ra|chro|nis|mus [...kro...] *der;* -s, ...men ⟨aus gleichbed. *nlat.* parachronismus zu ↑ para... u. *gr.* chronismós „lange Zeit; das Zögern, Spätkommen"⟩: (veraltet) svw. Anachronismus

Pa|ra|chu|tist [...ʃy...] *der;* -en, -en ⟨aus *fr.* parachutiste „Fallschirmjäger"⟩: svw. ²Para

¹Pa|ra|de *die;* -, -n ⟨über gleichbed. *fr.* parade (unter Einfluß von *fr.* parer „schmücken") aus *span.* parada „das Kürzen der Gangart, Zügeln des Pferdes"⟩: Truppenschau, Vorbeimarsch militärischer Verbände; prunkvoller Aufmarsch. **²Pa|ra|de** *die;* -, -n ⟨zu ↑ ²parieren, gebildet nach *fr.* parade, vgl. ¹Parade⟩: das Anhalten eines Pferdes od. Gespanns bzw. der Wechsel des Tempos od. der Dressurlektionen (im Pferdesport). **³Pa|ra|de** *die;* -, -n ⟨zu ↑ ¹parieren, gebildet nach *fr.* parade, für älteres parat aus *it.* parata (Fechtausdruck)⟩: a) Abwehr eines Angriffs (bes. beim Fechten u. Boxen); b) Abwehr durch den Torhüter (bei

Ballspielen); c) Abwehr eines Angriffs, vor allem eines Schachgebotes (z. B. durch Schlagen des Angreifers; Schach). **Pa|ra|de|bei|spiel** *das;* -[e]s, -e ⟨zu ↑¹'Parade⟩: Beispiel, an Hand dessen etwas bes. deutlich gezeigt, erläutert werden kann, Musterbeispiel
Pa|ra|de̲i̲ser *der;* -s, - ⟨aus Paradeisapfel (= Paradiesapfel) gekürzt; vgl. Paradies⟩: (österr.) Tomate
Pa|ra|de|marsch *der;* -[e]s, ...märsche ⟨zu ↑¹'Parade⟩: Marsch im Paradeschritt
Pa|ra|den|ti̲|tis *die;* -, ...iti̲den ⟨zu ↑para..., *lat.* dens, Gen. dentis „Zahn" u. ↑...itis⟩: (veraltet) svw. Parodontitis. **Pa|ra|den|to̲|se** *die;* -, -n ⟨zu ↑¹...ose⟩: (veraltet) svw. Parodontose
Pa|ra|de|uni|form *die;* -, -en ⟨zu ↑¹'Parade⟩: prächtige Uniform, Uniform für die ¹Parade. **pa|ra|die̲|ren** ⟨aus gleichbed. *fr.* parader zu parade, vgl. ¹Parade⟩: 1. [anläßlich einer Parade] vorbeimarschieren; feierlich vorbeiziehen. 2. sich mit etw. brüsten; mit etw. prunken
Pa|ra|di̲es *das;* -es, -e ⟨über *(kirchen)lat.* paradisus, *gr.* parádeisos aus dem Pers.; vgl. *awest.* pairidaēza „Einzäunung, Garten"⟩: 1. (ohne Plur.) a) Garten Eden, Garten Gottes; b) Himmel; Ort der Seligkeit. 2. a) ein Ort od. eine Gegend, die durch ihre Gegebenheiten, ihre Schönheit, ihre guten Lebensbedingungen o. ä. alle Voraussetzungen für ein schönes, glückliches o. ä. Dasein erfüllt, z. B. diese Südseeinsel ist ein -; b) Ort, Bereich, der für einen Personenkreis oder für eine Gruppe von Lebewesen ideale Gegebenheiten, Voraussetzungen bietet, z. B. ein - für Angler, ein - für Vögel. 3. Portalvorbau an mittelalterlichen Kirchen. **pa|ra|die̲|sisch**: 1. das Paradies (1) betreffend. 2. herrlich, himmlisch, wunderbar
Pa|ra|dig|ma *das;* -s, Plur. ...men, auch -ta ⟨über *lat.* paradigma aus *gr.* parádeigma zu paradeiknýnai „vorzeigen, sehen, lassen"⟩: 1. Beispiel, Muster; Erzählung, Geschichte mit beispielhaftem, modellhaftem Charakter. 2. Muster einer bestimmten Deklinations- od. Konjugationsklasse, das beispielhaft für alle gleich gebeugten Wörter steht; Flexionsmuster (Sprachw.). 3. Anzahl von sprachlichen Einheiten, zwischen denen in einem gegebenen Kontext zu wählen ist (z. B. er steht *hier/dort/oben/unten*), im Unterschied zu Einheiten, die zusammen vorkommen, ein Syntagma bilden (z. B. in Eile sein; *Eile* kann nicht ausgetauscht werden; Sprachw.). 4. Denkmuster, das die wissenschaftliche Weltbild, die Weltsicht einer Zeit prägt. **Pa|ra|dig|ma|ti|ker** *der;* -s, - ⟨zu *gr.* paradeigmatikós „was zum Beweis od. Beispiel dienen kann"⟩: (veraltet) Verfasser von Lebensbeschreibungen frommer Menschen. **pa|ra|dig|ma|tisch** ⟨über *spätlat.* paradigmaticos aus *gr.* paradeigmatikós, vgl. Paradigmatiker⟩: 1. als Beispiel, Muster dienend. 2. das Paradigma (2) betreffend (Sprachw.). 3. Beziehungen zwischen sprachlichen Elementen betreffend, die an einer Stelle eines Satzes austauschbar sind u. sich dort gegenseitig ausschließen (z. B. ich sehe einen *Stuhl/Tisch/Mann;* Sprachw.); Ggs. ↑ syntagmatisch (2). **pa|ra|dig|ma|ti|sie|ren** ⟨zu ↑...isieren⟩: (veraltet) durch aufgestellte Beispiele veranschaulichen. **Pa|ra|dig|men|wech|sel** *der;* -s, -: Wechsel von einer rationalistischen zu einer ganzheitlichen Weltsicht (im New Age)
Pa|ra|do̲r *der,* auch *das;* -s, -e ⟨aus *span.* parador „Gasthaus"⟩: staatliches span. Luxushotel für Touristen
Pa|ra|dos [...'do:] *der;* -, - [...'do:(s)] ⟨aus gleichbed. *fr.* parados zu para- (Wortbildungselement mit der Bedeutung „Schutz vor..."‚ dies zu parer à „abwehren, sich schützen gegen") u. dos „Rücken"⟩: (veraltet) Rückenwehr (einer Befestigungsanlage)

pa|ra|dox ⟨über *(spät)lat.* paradoxus aus gleichbed. *gr.* parádoxos zu ↑para... u. dóxa „Meinung"⟩: 1. widersinnig, einen Widerspruch in sich enthaltend. 2. (ugs.) sehr merkwürdig; ganz u. gar abwegig, unsinnig. **Pa|ra|dox** vgl. Paradoxon. **Pa|ra|do̲|xa:** Plur. von ↑ Paradoxon. **pa|ra|do̲|xal** ⟨zu ↑¹...al (1)⟩: svw. paradox. **Pa|ra|do̲|xie** *die;* -, ...ien ⟨aus *gr.* paradoxía „Verwunderung über einen sinnwidrigen Sachverhalt"⟩: das dem Geglaubten, Gemeinten, Erwarteten Zuwiderlaufende; das Widersinnige, der Widerspruch in sich. **Pa|ra|do|xi|tät** *die;* -, -en ⟨zu ↑...ität⟩: (selten) paradoxes Verhalten; das Paradoxsein. **Pa|ra|do|xo|ma|nie̲** *die;* - ⟨zu ↑¹...manie⟩: (veraltet) Sucht nach Absonderlichkeiten, nach Aufstellung ungewöhnlicher Ansichten. **Pa|ra|do|xon** *das;* -s, ...xa u. **Paradox** *das;* -es, -e ⟨aus gleichbed. *gr.* parádoxon⟩: 1. etwas, was einen Widerspruch in sich enthält, paradox (1) ist. 2. scheinbar falsche Aussage (oft in Form einer Sentenz oder eines Aphorismus), die aber bei genauerer Analyse auf eine höhere Wahrheit hinweist
Par|af|fin *das;* -s, -e ⟨Kunstw. zu *lat.* parum „zu wenig, nicht genug" u. affinis „teilnehmend an etwas; verwandt", eigtl. „wenig reaktionsfähiger Stoff"⟩: 1. festes, wachsähnliches od. flüssiges, farbloses Gemisch wasserunlöslicher gesättigter Kohlenwasserstoffe, das bes. zur Herstellung von Kerzen, Bohnerwachs o. ä. dient. 2. (meist Plur.) gesättigter, ↑aliphatischer Kohlenwasserstoff (z. B. Methan, Propan, Butan). **par|af|fi|nie|ren** ⟨zu ↑...ieren⟩: mit Paraffin (1) behandeln. **par|af|fi|nisch:** vorwiegend aus Paraffinen (2) bestehend; Eigenschaften u. Bindungsverhältnisse der Paraffine aufweisend. **Par|af|fi|nom** *das;* -s, -e ⟨zu ↑...om⟩: Bindegewebsgeschwulst, die infolge Bindegewebswucherung nach Einspritzung von Paraffin (z. B. zu therapeutischen Zwecken) entstehen kann (Med.)
Pa|ra|fuch|sin *das;* -s ⟨zu ↑para... u. ↑Fuchsin⟩: einer der ältesten synthetisch hergestellten organischen Farbstoffe
Pa|ra|gam|ma|zis|mus *der;* -, ...men ⟨zu ↑para... u. ↑Gammazismus⟩: Sprechstörung, bei der an Stelle der Kehllaute *g* u. *k* die Laute *d* u. *t* ausgesprochen werden (Med., Psychol.)
pa|ra|ga|stral ⟨zu ↑para... u. ↑gastral⟩: neben dem Magen lokalisiert (Med.)
Pa|ra|ge|ne|se u. **Pa|ra|ge|ne|sis** *die;* -⟨zu ↑para... u. ↑Genese bzw. ↑Genesis⟩: gesetzmäßiges Vorkommen bestimmter Mineralien bei der Bildung von Gesteinen u. Lagerstätten (Geol.). **pa|ra|ge|ne|tisch:** die Paragenese betreffend
Pa|ra|geu|sie *die;* -, ...ien ⟨zu ↑para..., *gr.* geũsis „Geschmack" u. ↑²...ie⟩: schlechter Geschmack im Mund; abnorme Geschmacksempfindung (Med.)
Par|agi|tats|li|nie [...jə] *die;* -, -n ⟨*mlat.* paragitatus „gleich abgefunden" (dies zu *lat.* par „gleich" u. agitare „betreiben") u. ↑Linie⟩: mit einem Paragium abgefundene Nebenlinie eines regierenden Hauses. **Par|agi|um** *das;* -s, ...ien [...jən] ⟨aus gleichbed. *mlat.* paragium⟩: Abfindung nachgeborener Prinzen (mit Liegenschaften, Landbesitz)
Pa|ra|glei|ter *der;* -s, - ⟨zu *engl.* parachute „Fallschirm" (aus *fr.* parachute) u. *dt.* gleiten⟩: 1. Gleitfluggerät aus einem dreiholmigen Gestell mit sich beim Gleitflug zwischen den Holmen aufwölbenden Stoffflächen. 2. jmd., der Paragliding betreibt. **Pa|ra|gli|ding** [...glaɪdɪŋ] *das;* -s ⟨aus gleichbed. *engl.* paragliding, zu to glide „(dahin)gleiten"⟩: das Fliegen von Berghängen mit einem fallschirmähnlichen Gleitsegel
Pa|ra|gneis *der;* -es, -e ⟨zu ↑para... u. *dt.* Gneis⟩: aus Sedimentgesteinen hervorgegangener Gneis (Geol.)

Paragnosie

Pa|ra|gno|sie *die;* -, ...jen ⟨zu ↑para... u. ↑...gnosie⟩: außersinnliche Wahrnehmung (Psychol.). **Pa|ra|gnost** *der;* -en, -en ⟨zu *gr.* gnṓstēs „Zeuge", eigtl. „Kenner eines Sachverhaltes"⟩: Medium mit hellseherischen Fähigkeiten (Parapsychol.)

Par|ago|nit [auch ...'nɪt] *der;* -s, -e ⟨zu *gr.* parágein „irreführen" u. ↑²...it⟩: ein weißes bis grünes, perlmuttartig schimmerndes Mineral

Pa|ra|gramm *das;* -s, -e ⟨über *spätlat.* paragramma aus gleichbed. *gr.* parágramma, eigtl. „das, was man hinzufügt od. verändert"⟩: Buchstabenänderung in einem Wort od. Namen (wodurch ein scherzhaft-komischer Sinn entstehen kann, z. B. *B*iberius [= Trunkenbold von lat. bibere „trinken"] statt *T*iberius). **Pa|ra|gram|ma|tis|mus** *der;* -, ...men ⟨zu ↑...ismus (3)⟩: Sprechstörung, die den Zerfall des Satzbaues (z. B. Telegrammstil) zur Folge hat (Med., Psychol.). **Pa|ra|graph** *der;* -en, -en ⟨über *spätlat.* paragraphus aus *gr.* parágraphos (grammḗ) „Zeichen am Rande der antiken Buchrolle", eigtl. „danebengeschriebene Linie", zu paragráphein „daneben schreiben"⟩: a) in Gesetzbüchern, wissenschaftlichen Werken u. a. ein fortlaufend numerierter kleiner Abschnitt; b) das Zeichen für einen solchen Abschnitt: § (Plur. §§). **Pa|ra|gra|phen|dschun|gel** *der,* selten *das;* -s, -: (abwertend) [in Verträgen, Gesetzestexten o. ä.] gehäufte Anzahl von Paragraphen, Vorschriften o. ä., die bes. für den Laien verwirrend, nicht einsehbar sind. **Pa|ra|gra|phen|rei|ter** *der;* -s, -: (abwertend) jmd., der sich nur an Vorschriften hält, der Gesetze kleinlich u. pedantisch nur nach den Buchstaben auslegt. **Pa|ra|gra|phie** *die;* -, ...jen ⟨zu *gr.* paragráphein (vgl. Paragraph) u. ↑²...ie⟩: Störung des Schreibvermögens, bei der Buchstaben, Silben od. Wörter vertauscht werden (Med.). **pa|ra|gra|phie|ren** ⟨zu ↑Paragraph u. ↑...ieren⟩: in Paragraphen einteilen. **Pa|ra|gra|phie|rung** *die;* -, -en ⟨zu ↑...ierung⟩: Einteilung in Paragraphen

Pa|ra|grêle [...'grɛ:l] *der;* -[s], -s ⟨aus gleichbed. *fr.* paragrêle zu para- (vgl. Parados) u. grêle „Hagel"⟩: (veraltet) Hagelableiter

Pa|ra|hi|dro|se *die;* -, -n ⟨zu ↑para... u. ↑Hidrose⟩: Absonderung eines nicht normal beschaffenen Schweißes (Med.)

Pa|ra|hip|pus *der;* - ⟨aus *nlat.* parahippus zu ↑para... u. *gr.* híppos „Pferd"⟩: ausgestorbene Gattung nordamerik. Pferdevorfahren aus dem ↑Miozän

Pa|ra|in|flu|en|za *die;* - ⟨zu ↑para... u. ↑Influenza⟩: durch Viren hervorgerufene Erkältungskrankheit (bes. bei Säuglingen u. Kleinkindern; Med.)

pa|ra|kar|di|al ⟨zu ↑para... u. ↑kardial⟩: neben dem Herzen liegend (Med.)

pa|ra|karp ⟨zu ↑para... u. ↑...karp⟩: nicht durch echte Scheidewände gefächert (bezogen auf den Fruchtknoten bzw. das ↑Gynäzeum 2 einer Pflanze; Bot.); vgl. synkarp

Pa|ra|kau|tschuk *der;* -s ⟨nach dem bras. Staat Pará u. zu ↑Kautschuk⟩: der aus dem Parakautschukbaum gewonnene Naturkautschuk

Pa|ra|ke|ra|to|se *die;* -, -n ⟨zu ↑para... u. ↑Keratose⟩: zu Schuppenbildung führende Verhornungsstörung der Haut (Med.)

Pa|ra|ki|ne|se *die;* -, -n ⟨aus *gr.* parakínēsis „Verrenkung" zu parakineīn „daneben bewegen"⟩: 1. Störung in der Muskelkoordination, die zu irregulären Bewegungsabläufen führt (Med.). 2. durch Umweltfaktoren hervorgerufene phänotypische Veränderung eines Organismus (Biol.)

Pa|ra|kla|se *die;* -, -n ⟨zu ↑para... u. *gr.* klásis „das Zerbrechen, Bruch"⟩: Verwerfung (Geol.)

Pa|ra|klet *der;* Gen. -[e]s u. -en, Plur. -e[n] ⟨aus gleichbed. *spätlat.* paracletus, dies aus *gr.* paráklētos „der Sachwalter; der Fürbittende"⟩: Helfer, Fürsprecher vor Gott, bes. der Heilige Geist (Joh. 14, 16 u. a.). **Pa|ra|kle|ti|kon** *das;* -s, ...ka ⟨zu *gr.* paraklētikós „ermunternd" u. ↑¹...on⟩: Trostsprüche enthaltendes Gebet- u. Gesangbuch in der griech. Kirche

pa|ra|kli|nisch ⟨zu ↑para... u. ↑klinisch⟩: über die üblichen klinischen Maßnahmen hinausgehend (Med.)

Par|ak|me *die;* -, ...een ⟨aus *gr.* parakmḗ „das Zuendegehen der Kräfte" zu pará „vorbei" u. akmḗ „Spitze, Gipfel"⟩: in der Stammesgeschichte das Ende der Entwicklung einer Organismengruppe (z. B. der Saurier; Zool.); Ggs. ↑Epakme; vgl. Akme (2)

pa|ra|ko|lisch ⟨zu ↑para... u. ↑Kolon⟩: neben dem ↑Kolon liegend (Med.)

Pa|ra|ko|ni|kon *das;* -[s], ...ka ⟨aus gleichbed. *mgr.* parakónikon, Analogiebildung zu ↑Diakonikon⟩: Nordtür der ↑Ikonostase in der orthodoxen Kirche

Pa|ra|ko|pe [...pe] *die;* -, ...open ⟨aus *gr.* parakopḗ „Wahnsinn" zu parakóptein „wahnsinnig machen"⟩: das Irrereden im Fieber (Med.)

Pa|ra|ko|rol|le *die;* -, -n ⟨zu ↑para... u. ↑Korolla⟩: Nebenkrone der Blüte (Bot.)

Par|aku|sie *die;* -, ...jen ⟨aus *gr.* parákousis „das Verhören" (dies zu parakoúein „verhören", eigtl. „daneben hören") u. ↑²...ie⟩: Störung der akustischen Wahrnehmung, falsches Hören (Med., Psychol.)

Pa|ra|la|lie *die;* -, ...jen ⟨zu *gr.* paralaleīn „daneben, unrichtig reden od. schwatzen" u. ↑²...ie⟩: Sprachstörung, bei der es zu Lautverwechslungen u. -entstellungen kommt (Med., Psychol.)

Pa|ra|lamb|da|zis|mus *der;* - ⟨zu ↑para... u. ↑Lambdazismus⟩: Sprachstörung, bei der statt des *l* oft ein anderer Laut (z. B. *n* od. *t*) gesprochen wird (Med., Psychol.)

Pa|ra|le|xie *die;* -, ...jen ⟨zu ↑para..., *gr.* léxis „Wort" u. ↑²...ie⟩: Lesestörung mit Verwechslung der gelesenen Wörter (Med., Psychol.)

Par|al|ge|sie u. **Par|al|gie** *die;* -, ...jen ⟨zu ↑para... u. ↑Algesie bzw. ↑...algie⟩: Störung der Schmerzempfindung, bei der Schmerzreize als angenehm empfunden werden (Med.)

pa|ra|lin|gu|al ⟨zu ↑para... u. ↑lingual⟩: durch Artikulationsorgane hervorgebracht, aber keine sprachliche Funktion ausübend (Sprachw.); vgl. Paralinguistik. **Pa|ra|lin|gui|stik** *die;* -: Teilbereich der Linguistik, in dem man sich mit Erscheinungen befaßt, die das menschliche Sprachverhalten begleiten od. mit ihm verbunden sind, ohne im engeren Sinne sprachlich zu sein (z. B. Sprechintensität, Mimik; Sprachw.). **pa|ra|lin|gui|stisch**: die Paralinguistik betreffend, auf ihr beruhend

Pa|ra|li|po|me|non *das;* -s, ...mena ⟨aus *gr.* paralipómenon „das Ausgelassene" zu paraleípein „auslassen; unterlassen", Bed. 2 über gleichbed. *spätlat.* paralipomena (Plur.)⟩: 1. (meist Plur.) Randbemerkung, Ergänzung, Nachtrag zu einem literarischen Werk. 2. (nur Plur.) die Bücher der Chronik im Alten Testament. **Pa|ra|li|po|pho|bie** *die;* - ⟨zu *gr.* paraleípein (vgl. Paralipomenon) u. ↑...phobie⟩: Zwangsvorstellung, daß die Unterlassung bestimmter Handlungen Unheil bringe (Psychol.). **Pa|ra|lip|se** *die;* -, -n ⟨aus gleichbed. *gr.* paráleipsis „das Unterlassen"⟩: rhetorische Figur, die darin besteht, daß man etwas durch die Erklärung, es übergehen zu wollen, nachdrücklich hervorhebt

par|alisch ⟨zu *gr.* páralos „in Küstennähe"⟩: die marine

Entstehung in Küstennähe betreffend (von Kohlenlagern; Geol.).
par|al|lak|tisch ‹aus gleichbed. *gr.* parallaktikós›: die Parallaxe betreffend, auf ihr beruhend, durch sie bedingt. **Par|al|la|xe** *die;* -, -n ‹aus *gr.* parállaxis „Vertauschung; Abweichung" zu parallássein „vertauschen"›: 1. Winkel, den zwei Gerade bilden, die von verschiedenen Standorten auf einen Punkt gerichtet sind (Phys.). 2. Entfernung eines Sterns, die mit Hilfe zweier von verschiedenen Standorten ausgehender Geraden bestimmt wird (Astron.). 3. Unterschied zwischen dem Bildausschnitt im Sucher u. auf dem Film (Fotogr.). **Par|al|la|xen|aus|gleich** *der;* -[e]s: Einrichtung an fotografischen Suchern zum Ausgleich der Parallaxe (Fotogr.). **par|al|lel** ‹über *lat.* parallelus, parallelos aus gleichbed. *gr.* parállēlos (zu ↑para... u. allḗlōn „einander"), eigtl. „nebeneinander stehend, laufend"›: 1. in gleichem Abstand ohne gemeinsamen Schnittpunkt nebeneinander verlaufend (Math.). 2. im gleichen Intervallabstand (z. B. in Quinten od. Oktaven), in gleicher Richtung fortschreitend (Mus.). 3. a) gleichzeitig, in gleicher, ähnlicher Weise neben etw. anderem [vorhanden, erfolgend, geschehend]; b) gleichlaufend, gleich-, nebeneinandergeschaltet; c) gleichzeitig u. voneinander unabhängig ablaufend (von Arbeitsprozessen, bes. EDV). **Par|al|le|le** *die;* -, -n (drei Parallele[n]) ‹wohl unter dem Einfluß von gleichbed. *fr.* parallèle zu *lat.* parallelus, vgl. parallel›: 1. Gerade, die zu einer anderen Geraden in gleichem Abstand u. ohne Schnittpunkt im Endlichen verläuft (Math.). 2. (im strengen mehrstimmigen Satz verbotenes) gleichlaufendes Fortschreiten im Quint- od. Oktavabstand (Mus.). 3. Entsprechung; Vergleich; vergleichbarer Fall. **Par|al|le|len|axi|om** *das;* -s: geometrischer Grundsatz des Euklid, daß es zu einer gegebenen Geraden durch einen nicht auf ihr gelegenen Punkt nur eine Parallele gibt (Math.). **Par|al|lel|epi|ped** *das;* -[e]s, -e u. **Par|al|lel|epi|pe|don** *das;* -s, Plur. ...da u. ...peden ‹zu *gr.* epípedon „Ebene, Fläche"›: svw. Parallelflach. **Par|al|lel|flach** *das;* -[e]s, -e ‹zu ↑parallel›: von drei Paaren paralleler Ebenen begrenzter Körper (z. B. Rhomboeder, Würfel; Math.). **par|al|le|li|sie|ren** ‹zu ↑...isieren›: vergleichend nebeneinander-, zusammenstellen. **Par|al|le|lis|mus** *der;* -, ...men ‹zu ↑...ismus (2)›: 1. [formale] Übereinstimmung verschiedener Dinge od. Vorgänge. 2. inhaltlich u. grammatisch gleichmäßiger Bau von Satzgliedern od. Sätzen (Sprachw., Stilk.); Ggs. ↑Chiasmus. **Par|al|le|li|tät** *die;* -, -en ‹zu ↑...ität›: 1. (ohne Plur.) Eigenschaft zweier paralleler Geraden (Math.). 2. Gleichlauf, Gleichheit, Ähnlichkeit (von Geschehnissen, Erscheinungen o. ä.). **Par|al|lel|kreis** *der;* -es, -e: Breitenkreis (Geogr.). **Par|al|le|lo** *der;* -[s], -s ‹aus gleichbed. *it.* parallelo, eigtl. „parallel"›: (veraltet) längsgestrickter Pullover [mit durchgehend quer verlaufenden Rippen]. **Par|al|le|lo|gramm** *das;* -s, -e ‹über *lat.* parallelogrammum aus gleichbed. *gr.* parallelógrammon, substantiviertes Neutrum von parallelógrammos „gleichlaufend(e Linien habend)"›: Viereck mit parallelen gegenüberliegenden Seiten (Math.). **Par|al|le|lo|graph** *der;* -en, -en ‹zu ↑...graph›: altes Gerät zum Ziehen von Notenlinien. **Par|al|lel|pro|jek|ti|on** *die;* -, -en ‹zu ↑parallel›: durch parallele Strahlen auf einer Ebene dargestelltes Raumgebilde (Math.). **Par|al|lel|sla|lom** *der;* -s, -s: Slalom, bei dem zwei Läufer auf zwei parallelen Strecken gleichzeitig starten (Skisport). **Par|al|lel|ton|art** *die;* -, -en: mit einer Molltonart die gleichen Vorzeichen aufweisende Durtonart bzw. mit einer Durtonart die gleichen Vorzeichen aufweisende Molltonart (z. B. D-Dur u. h-Moll). **Par|al|lel|ver|ar|bei|tung** *die;* -, -en ‹Lehnübersetzung aus gleichbed. *engl.* parallel processing›: gleichzeitige Verarbeitung eines Programms (4) durch mehrere ↑Prozessoren (EDV). **Par|al|lel|wäh|rung** *die;* -: Währungssystem, in dem zwei Metalle (meist Gold u. Silber) zur Ausprägung von Münzen verwendet werden, zwischen denen jedoch kein bestimmtes Wertverhältnis festgelegt ist (Wirtsch.).
Par|al|ler|gie *die;* -, ...ien ‹zu ↑para... u. ↑Allergie›: die nach überstandener Infektionskrankheit veränderte Reaktion gegenüber anderen Erkrankungen (Med.).
Pa|ra|lo|gie *die;* -, ...ien ‹zu ↑para..., *gr.* lógos „Wort, Rede" u. ↑²...ie›: 1. Vernunftwidrigkeit, Widervernünftigkeit (Logik). 2. Gebrauch falscher Wörter beim Bezeichnen von Gegenständen, das Vorbeireden an einer Sache, Verfehlen eines Problems aus Konzentrationsmangel (z. B. bei Hirnschädigungen; Med., Psychol.). **Pa|ra|lo|gis|mus** *der;* -, ...men: auf Denkfehlern beruhender Fehlschluß (Logik). **Pa|ra|lo|gi|stik** *die;* - ‹zu ↑¹Logistik›: Verwendung von Trugschlüssen (Logik)
Pa|ra|lym|pics [pærə'lɪmpɪks] *die* (Plur.) ‹*engl.;* zu *engl.* para- „daneben, nebenher" (aus *gr.* pará, vgl. para...) u. Olympics „Olympiade"›: Olympiade für Behindertensportler (meist im Anschluß an die Olympischen Spiele)
Pa|ra|ly|se *die;* -, -n ‹über *lat.* paralysis „Lähmung, Schlaganfall" aus *gr.* parálysis, eigtl. „Auflösung", zu paralýein „auflösen"›: vollständige Bewegungslähmung; progressive [...və] -: fortschreitende Gehirnerweichung, chronische Entzündung u. ↑Atrophie vorwiegend der grauen Substanz des Gehirns als Spätfolge der Syphilis (Med.). **pa|ra|ly|sie|ren** ‹zu ↑...ieren›: 1. lähmen, schwächen (Med.). 2. unwirksam machen, aufheben, entkräften. **Pa|ra|ly|sis** *die;* -, ...lysen ‹aus *lat.* paralysis, vgl. Paralyse›: (fachspr.) svw. Paralyse, z. B. - agitans (Schüttellähmung; Med.). **Pa|ra|ly|ti|ker** *der;* -s, - ‹aus gleichbed. *lat.* paralyticus, dies zu *gr.* paralytikós „an einer Seite gelähmt"›: 1. Patient, der an Kinderlähmung od. an Halbseitenlähmung leidet; Gelähmter (Med.). 2. an progressiver Paralyse Leidender (Med.). **pa|ra|ly|tisch** ‹über *lat.* paralyticus aus gleichbed. *gr.* paralytikós, vgl. Paralytiker›: die progressive Paralyse betreffend; gelähmt (Med.).
Pa|ra|mae|ci|um [...'mɛːtsiʊm] vgl. Paramecium
pa|ra|ma|gne|tisch ‹zu ↑para... u. ↑magnetisch›: den Paramagnetismus betreffend; in einem Stoff durch größere Dichte der magnetischen Kraftlinien den Magnetismus verstärkend (Phys.). **Pa|ra|ma|gne|tis|mus** *der;* -: Verstärkung des ↑Magnetismus durch Stoffe mit (von den Drehimpulsen der Elementarteilchen erzeugtem) atomarem magnetischem Moment (Phys.).
Pa|ra|me|ci|um [...tsiʊm] u. Paramaecium [...'mɛː...] *das;* -s, ...ien [...iən] ‹aus gleichbed. *nlat.* param(a)ecium, dies zu *gr.* paramḗkēs „länglich", nach der Form›: Pantoffeltierchen, eine Gattung gestreckt-ovaler, pantoffelförmiger Wimpertierchen.
Pa|ra|me|di|zin *die;* - ‹zu ↑para... u. ↑Medizin›: alle von der Schulmedizin abweichenden Auffassungen in bezug auf Erkennung u. Behandlung von Krankheiten
Pa|ra|ment *das;* -[e]s, -e (meist Plur.) ‹aus gleichbed. *mlat.* paramentum zu *lat.* parare „bereiten, zurüsten"›: im christlichen Gottesdienst übliche, oft kostbar ausgeführte liturgische Bekleidung; für Altar, Kanzel u. liturgische Geräte verwendetes Tuch (Rel.). **Pa|ra|men|tik** *die;* - ‹zu ↑²...ik (1)›: 1. wissenschaftliche Paramentenkunde. 2. Kunst der Paramentenherstellung
Pa|ra|me|ren *die* (Plur.) ‹zu ↑para... u. *gr.* méros „Teil"›:

Parameter

die spiegelbildlich gleichen Hälften ↑bilateral-symmetrischer Tiere (Zool.)

Pa|ra|me|ter *der;* -s, - ⟨zu ↑para... u. ↑³...meter⟩: 1. in Funktionen u. Gleichungen eine neben den eigentlichen ↑Variablen auftretende, entweder unbestimmt gelassene od. konstant gehaltene Hilfsgröße (Math.). 2. bei Kegelschnitten die im Brennpunkt die Hauptachse senkrecht schneidende Sehne (Math.). 3. kennzeichnende Größe in technischen Prozessen o. ä., mit deren Hilfe Aussagen über Aufbau, Leistungsfähigkeit einer Maschine, eines Gerätes, Werkzeugs o. ä. gewonnen werden. 4. veränderliche Größe (z. B. Materialkosten, Zeit), durch die ein ökonomischer Prozeß beeinflußt wird (Wirtsch.). 5. Klangeigenschaft der Musik, eine der Dimensionen des musikalischen Wahrnehmungsbereichs

pa|ra|me|tran ⟨aus gleichbed. *nlat.* parametraneus, vgl. Parametrium⟩: a) im Parametrium gelegen (z. B. von einem Abszeß); b) in das Parametrium hinein erfolgend (z. B. von Injektionen; Med.)

pa|ra|me|tri|sie|ren ⟨zu ↑Parameter u. ↑...isieren⟩: mit einem Parameter versehen

Pa|ra|me|tri|tis *die;* -, ...iti|den ⟨zu ↑para... u. ↑Metritis⟩: Entzündung des Beckenzellgewebes (Med.). **Pa|ra|me|trium** *das;* -s ⟨zu ↑...ium⟩: die Gebärmutter umgebendes Bindegewebe im Becken (Med.)

pa|ra|mi|li|tä|risch ⟨zu ↑para... u. ↑militärisch⟩: halbmilitärisch, militärähnlich

Pa|ra|mi|mie *die;* - ⟨zu ↑para..., *gr.* mimēsthai „nachahmen" u. ↑²...ie⟩: Mißverhältnis zwischen einem seelischen Affekt u. der entsprechenden Mimik (Psychol.)

Pa|ra|mne|sie *die;* -, ...ien ⟨zu ↑para..., *gr.* mnēsis „das Erinnern, Erinnerung" u. ↑²...ie⟩: Erinnerungstäuschung, -fälschung, Gedächtnisstörung, bei der der Patient glaubt, sich an Ereignisse zu erinnern, die überhaupt nicht stattgefunden haben (Psychol., Med.)

Pa|ra|mo *der;* -[s], -s ⟨aus gleichbed. *amerik.-span.* páramo zu *span.* páramo „Ödland"⟩: durch Grasfluren gekennzeichneter Vegetationstyp über der Baumgrenze der tropischen Hochgebirge Süd- u. Mittelamerikas

Pa|ra|mor|pho|se *die;* -, -n ⟨zu ↑para... u. ↑Morphose⟩: die Erscheinung, daß ein Mineral bei gleicher chem. Zusammensetzung unter verschiedenen Druck- u. Temperaturbedingungen unterschiedliche Kristallformen zeigt (Geol., Mineral.)

Pa|ra|myo|to|nie *die;* -, ...ien ⟨zu ↑para... u. ↑Myotonie⟩: bei Kälte auftretende Muskelstarre in einzelnen Körperteilen (Med.)

Pa|ra|my|thie *die;* -, ...ien ⟨aus *gr.* paramythía „Ermunterung, Ermahnung"⟩: durch Herder eingeführte Dichtungsart, die mit Darstellungen aus alten Mythen eine ethische od. religiöse Wahrheit ausspricht

Pa|ra|neo|pla|sie *die;* -, ...ien ⟨zu ↑para... u. ↑Neoplasie⟩: Gewebsneubildung, die sich in Struktur u. Funktion von einem [bösartigen] Tumor unterscheidet (Med.). **pa|ra|neo|pla|stisch:** von einer echten Geschwulst hinsichtlich Bau u. Funktion abweichend (von Gewebsneubildungen; Med.)

Pa|ra|ne|phri|tis *die;* -, ...iti|den ⟨zu ↑para... u. ↑Nephritis⟩: Entzündung der Fettkapsel der Niere u. des umgebenden Bindegewebes (Med.). **pa|ra|ne|phri|tisch:** die Paranephritis betreffend, von entzündlichen Vorgängen in der Fett- u. Bindegewebskapsel der Niere ausgehend (z. B. von einem Abszeß; Med.)

Par|äne|se *die;* -, -n ⟨aus gleichbed. *spätlat.* paraenesis, dies aus *gr.* paraínesis „das Zureden, Ermahnung" zu paraineīn „zureden, raten"⟩: Ermahnungsschrift od. -rede, Mahnpredigt; Nutzanwendung einer Predigt. **par|äne|tisch** ⟨aus gleichbed. *gr.* parainetikós⟩: 1. die Paränese betreffend, in der Art einer Paränese. 2. ermahnend

pa|ra|neu|ral ⟨zu ↑para... u. ↑neural⟩: neben einem Nerv liegend bzw. verlaufend (Med.)

Pa|rang *der;* -s, -s ⟨aus dem Malai.⟩: schwert- od. dolchartige malaiische Waffe

Pa|ra|noia [...'nɔya] *die;* - ⟨aus *gr.* paránoia „Torheit; Wahnsinn" zu pará „neben" u. noūs „Verstand"⟩: aus inneren Ursachen erfolgende, schleichende Entwicklung eines dauernden Systems von Wahnvorstellungen; sich in festen Wahnvorstellungen (z. B. Eifersuchts-, Propheten-, Verfolgungswahn) äußernde Geistesgestörtheit (Med.). **pa|ra|no|id** ⟨zu ↑...oid⟩: der Paranoia ähnlich (z. B. von Formen der Schizophrenie, bei denen Wahnideen vorherrschen; Med.). **Pa|ra|noi|ker** *der;* -s, -: an Paranoia Leidender. **pa|ra|no|isch:** 1. die Paranoia betreffend, zu ihrem Erscheinungsbild gehörend (Med.). 2. geistesgestört (Med.). **Pa|ra|no|is|mus** *der;* - ⟨zu ↑...ismus (3)⟩: eine Form der Verfolgungswahns (Med.)

Pa|ra|no|mie *die;* -, ...ien ⟨aus gleichbed. *gr.* paranomía⟩: (veraltet) Gesetzwidrigkeit. **pa|ra|no|misch** ⟨aus gleichbed. *gr.* paránomos⟩: (veraltet) gesetzwidrig

pa|ra|nor|mal ⟨zu ↑para... u. ↑normal⟩: nicht auf natürliche Weise erklärbar; übersinnlich (Parapsychol.)

Par|an|thro|pus *der;* -, ...pi ⟨zu ↑para... u. ↑Anthropus⟩: dem ↑Plesianthropus ähnlicher südafrik. Frühmensch des ↑Pliozäns

Pa|ra|nuß *die;* -, ...nüsse ⟨nach der bras. Stadt Pará (Ausfuhrhafen)⟩: dreikantige, dick- u. hartschalige Nuß des südamerik. Paranußbaums

Pa|ra|pa|re|se *die;* -, -n ⟨zu ↑para... u. ↑Parese⟩: auf beiden Körperhälften gleichmäßig auftretende unvollständige Lähmung der Extremitäten (im Gegensatz zur ↑Hemiparese; Med.)

Pa|ra|pau|se *die;* -, -n ⟨zu ↑para... u. ↑¹Pause⟩: Ruhepause in der Entwicklung von Insekten als Anpassung an die unterschiedlichen Lebensbedingungen verschiedener Jahreszeiten (Biol.)

Pa|ra|peg|ma *das;* -[s], -ta ⟨aus *gr.* parápēgma „Anschlag, Kalender"⟩: von den Griechen in der 2. Hälfte des 5. Jh.s v. Chr. eingeführter Kalender, der einen Zusammenhang zwischen natürlichem Sonnenjahr u. bürgerlichem Kalender herstellte

Pa|ra|pett *das;* -s, -s ⟨aus gleichbed. *it.* parapetto zu parare „abwehren; schützen" (dies aus *lat.* parare „vorbereiten") u. petto „Brust" (dies aus gleichbed. *lat.* pectus)⟩: Brustwehr eines Walles

Pa|raph *der;* -s, -e ⟨*fr.* paraphe „Namenszug", vgl. Paraphe⟩: (selten) svw. Paraphe

Pa|ra|pha|ge *der;* -n, -n ⟨zu ↑para... u. ↑...phage⟩: Tier, das auf einem anderen Tier (Wirtstier) od. in dessen nächster Umgebung lebt, ohne diesem zu nützen od. zu schaden (Zool.)

Pa|ra|pha|sie *die;* -, ...ien ⟨zu ↑para..., *gr.* phásis „das Sprechen" u. ↑²...ie⟩: eine Form der Aphasie (1), bei der es zum Versprechen, zur Vertauschung von Wörtern u. Lauten od. zur Verstümmelung von Wörtern kommt (Med.)

Pa|ra|phe *die;* -, -n ⟨aus gleichbed. *fr.* paraphe, einer Nebenform von paragraphe; vgl. Paragraph⟩: Namenszug, Namenszeichen, Namensstempel

¹Pa|ra|pher|na|li|en [...ǰən] *die* (Plur.) ⟨aus gleichbed. *mlat.* paraphernalia (bona), Neutrum Plur. von paraphernalis, dies aus *gr.* parápherna⟩: (veraltet) das außer der Mitgift

Pararthrie

eingebrachte Sondervermögen einer Frau (Rechtsw.). ²**Pa|ra|pher|na|li|en** *die* (Plur.) ⟨aus gleichbed. *engl.* paraphernalia, vgl. ¹Paraphernalien⟩: 1. persönlicher Besitz. 2. Zubehör, Ausrüstung

pa|ra|phie|ren ⟨nach gleichbed. *fr.* parapher⟩: mit der Paraphe versehen, abzeichnen, bes. einen Vertrag[sentwurf], ein Verhandlungsprotokoll als Bevollmächtigter [vorläufig] unterzeichnen. **Pa|ra|phie|rung** *die;* -, -en ⟨zu ↑...ierung⟩: das Paraphieren

pa|ra|phil ⟨zu ↑para... u. ↑...phil⟩: an Paraphilie leidend, die Paraphilie betreffend, für sie charakteristisch (Med., Psychol.). **Pa|ra|phi|le** *der* u. *die;* -n, -n: Person, die an Paraphilie leidet. **Pa|ra|phi|lie** *die;* -, ...ien ⟨zu ↑...philie⟩: zwanghaftes Verhalten, andere Menschen durch Aussprechen anstößiger Wörter od. dgl. sexuell zu belästigen (Med., Psychol.)

Pa|ra|phi|mo|se *die;* -, -n ⟨zu ↑para... u. ↑Phimose⟩: Einklemmung der zu engen Vorhaut in der Eichelkranzfurche (Med.)

Pa|ra|pho|nie *die;* -, ...ien ⟨aus gr. paraphōnía „Nebenton"⟩: 1. a) das Umschlagen, Überschnappen der Stimme, bes. bei Erregung u. im Stimmbruch; b) [krankhafte] Veränderung des Stimmklangs (z. B. durch Nebengeräusche; Med.). 2. a) in der antiken Musiklehre das Zusammenklingen eines Tones mit seiner Quinte od. Quarte; b) Parallelbewegung in Quinten od. Quarten in mittelalterlichen ↑Organum (1); c) Nebenklang, Mißklang (Mus.). **pa|ra|pho|nisch:** (veraltet) nebentönend, mißklingend. **Pa|ra|pho|nist** *der;* -en, -en ⟨zu ↑...ist⟩: (veraltet) mit Paraphonie (1) behafteter Mensch

Pa|ra|pho|re *die;* -, -n (meist Plur.) ⟨zu *gr.* paráphoros „(seitlich) fortgerissen, abirrend"⟩: weite Seitenverschiebung großer Schollen der Erdkruste (Geol.)

Pa|ra|phra|se *die;* -, -n ⟨über *lat.* paraphrasis aus gleichbed. *gr.* paráphrasis zu paraphrázein „umschreiben"⟩: 1. a) Umschreibung eines sprachlichen Ausdrucks mit anderen Wörtern oder Ausdrücken; freie, nur sinngemäße Übertragung, Übersetzung in eine andere Sprache (Sprachw.). 2. a) Ausschmückung, ausschmückende Bearbeitung einer Melodie o. ä.; b) Konzertfantasie über bekannte [Opern]melodien od. Lieder (Mus.). **Pa|ra|phra|sie** *die;* -, ...ien ⟨zu ↑para..., *gr.* phrásis „das Reden; Ausdruck; Ausdrucksweise" u. ↑²...ie⟩: 1. svw. Paraphasie. 2. bei Geisteskrankheiten vorkommende Sprachstörung, die sich bes. in Wortneubildungen u. -abwandlungen äußert (Med.). **pa|ra|phra|sie|ren** ⟨zu ↑Paraphrase u. ↑...ieren⟩: 1. eine Paraphrase (1) von etwas geben; etwas verdeutlichend umschreiben (Sprachw.). 2. a) eine Melodie frei umspielen, ausschmücken; b) eine bekannte [Opern]melodie, ein Lied zur Paraphrase (2 b) auskomponieren (Mus.). **Pa|ra|phra|sis** *die;* -, ...asen ⟨aus *lat.* paraphrasis, vgl. Paraphrase⟩: (veraltet) svw. Paraphrase. **Pa|ra|phrast** *der;* -en, -en ⟨aus gleichbed. *gr.* paraphrastés⟩: (veraltet) jmd., der eine Paraphrase (1) eines Text paraphrasiert; Verfasser einer Paraphrase (1). **pa|ra|phra|stisch** ⟨aus gleichbed. *gr.* paraphrastikós⟩: in der Art einer Paraphrase ausgedrückt

Pa|ra|phre|nie *die;* -, ...ien ⟨zu ↑para..., *gr.* phrén „Zwerchfell; Geist; Gemüt" u. ↑²...ie⟩: leichtere Form der ↑Schizophrenie, die durch das Auftreten von paranoiden Wahnvorstellungen gekennzeichnet ist (Med.)

Pa|ra|phro|sy|ne *die;* - ⟨aus *gr.* paraphrosýnē „Verrücktheit, Wahnsinn"⟩: geistige Verwirrtheit im Fieber; Fieberwahnsinn (Med.)

Pa|ra|phy|se *die;* -, -n (meist Plur.) ⟨aus *gr.* paráphysis „Nebengebilde, -schößling"⟩: 1. sterile Zelle in den Fruchtkörpern vieler Pilze (Bot.). 2. haarähnliche Zelle bei Farnen u. Moosen (Bot.)

Pa|ra|phy|sik *die;* - ⟨zu ↑para... u. ↑Physik⟩: Teilgebiet der ↑Parapsychologie, das sich mit physik. Vorgängen (z. B. ↑Psychokinese) beschäftigt, die anscheinend mit Naturgesetzen nicht vereinbar sind

Pa|ra|plank|ton *das;* -s ⟨zu ↑para... u. ↑Plankton⟩: Gesamtheit der als Schmarotzer lebenden Planktonorganismen (Biol.)

Pa|ra|pla|sie *die;* -, ...ien ⟨zu ↑para..., *gr.* plásis „Bildung" u. ↑²...ie⟩: krankhafte Bildung, [angeborene] Mißbildung (Med.). **Pa|ra|plas|ma** *das;* -s, ...men: im Protoplasma der Zellen od. zwischen den Zellen abgelagerte Substanz (Biol.)

Pa|ra|ple|gie *die;* -, ...ien ⟨zu ↑para..., *gr.* plēgé „Schlag" u. ↑²...ie⟩: doppelseitige Lähmung; auf beiden Körperseiten gleichmäßig auftretende Lähmung der oberen od. unteren Extremitäten (Med.). **Pa|ra|ple|gi|ker** *der;* -s, -: an Paraplegie Leidender (Med.). **pa|ra|ple|gisch:** an Paraplegie leidend; auf Paraplegie beruhend, mit ihr zusammenhängend (Med.)

Pa|ra|pluie [...'plyː] *der,* auch *das;* -s, -s ⟨aus gleichbed. *fr.* parapluie zu para- (vgl. Parados) u. pluie „Regen", eigtl. „etwas gegen den Regen", Analogiebildung zu Parasol⟩: (veraltet) Regenschirm

pa|ra|pneu|mo|nisch ⟨zu ↑para... u. ↑pneumonisch⟩: im Verlauf einer Lungenentzündung als Begleitkrankheit auftretend (z. B. von einer Rippenfellentzündung; Med.)

Pa|ra|po|di|um *das;* -s, ...ien [...i̯ən] (meist Plur.) ⟨aus gleichbed. *nlat.* parapodium, zu ↑para... u. *gr.* pódion, Verkleinerungsform von poús, Gen. podós „Fuß"⟩: 1. Stummelfuß der Borstenwürmer (Zool.). 2. Seitenlappen der Flossenfüßer (Zool.)

Pa|ra|pra|xie *die;* - ⟨zu ↑para..., *gr.* práxis „Handlung, Tätigkeit" u. ↑²...ie⟩: in der Psychoanalyse Bez. für Fehlleistungen leichteren Grades

Pa|ra|prok|ti|tis *die;* -, ...itiden ⟨zu ↑para... u. ↑Proktitis⟩: svw. Periproktitis

Pa|ra|pros|opie *die;* -, ...ien ⟨zu ↑para..., *gr.* prósōpon „Gesicht" u. ↑²...ie⟩: krankhaftes Verkennen der Gesichtszüge anderer (bei Schizophrenie; Med.)

Pa|ra|pro|te|in *das;* -s, -e (meist Plur.) ⟨zu ↑para... u. ↑Protein⟩: entarteter Eiweißkörper im Blut, der sich bei bestimmten Blutkrankheiten bildet (Med.). **Pa|ra|pro|te|in|ämie** *die;* -, ...ien ⟨zu ↑...ämie⟩: das Auftreten von Paraproteinen im Blut (Med.). **Pa|ra|pro|te|in|urie** *die;* -, ...ien ⟨zu ↑...urie⟩: Ausscheidung von Paraproteinen mit dem Harn (Med.)

Par|ap|sis *die;* - ⟨zu ↑para..., *gr.* hápsis „das Berühren" u. ↑²...ie⟩: Tastsinnstörung; Unvermögen, Gegenstände durch Betasten zu erkennen (Med.)

pa|ra|psy|chisch ⟨zu ↑para... u. ↑psychisch⟩: 1. die von der Parapsychologie erforschten Phänomene betreffend, zu ihnen gehörend. 2. übersinnlich. **Pa|ra|psy|cho|lo|gie** *die;* -: Lehre von den okkulten, außerhalb der normalen Wahrnehmbarkeit liegenden, übersinnlichen Erscheinungen (z. B. Telepathie, Telekinese). **pa|ra|psy|cho|lo|gisch:** die Parapsychologie betreffend

pa|ra|re|nal ⟨zu ↑para... u. ↑renal⟩: neben bzw. in der Umgebung der Niere liegend (z. B. von Geschwülsten; Med.)

Pa|ra|rho|ta|zis|mus *der;* - ⟨zu ↑para... u. ↑Rhotazismus⟩: Abart des ↑Rhotazismus, bei der statt *r* ein anderer Laut (meist *l*) gesprochen wird (Psychol., Med.)

Par|ar|thrie *die;* -, ...ien ⟨zu ↑para..., *gr.* arthroūn „gliedern; artikulierte Laute hervorbringen" u. ↑²...ie⟩: durch fehler-

Parasailing

hafte Artikulation von Lauten u. Silben gekennzeichnete Sprachstörung (Med.); vgl. Anarthrie

Pa|ra|sai|ling ['pærəseılıŋ] *das;* -s ⟨zu *engl.* parachute „Fallschirm" u. to sail „segeln"⟩: Freizeitsport, bei dem ein von einem Motorboot gezogener Sportler mit einem fallschirmartigen Segel über größere Meeres- od. Flußstrecken fliegt

pa|ra|sa|kral ⟨zu ↑para... u. ↑sakral⟩: neben bzw. in der Umgebung des Kreuzbeins befindlich (Med.). **Pa|ra|sa|kral|an|äs|the|sie** *die;* -: Anästhesie durch Einspritzung des Anästhetikums in die Kreuzbeingegend (Med.)

Pa|ra|san|ge *die;* -, -n ⟨über *lat.* parasanga aus *gr.* paraságēs, dies aus gleichbed. *pers.* farsang⟩: altpers. Wegemaß

Pa|ra|sche *die;* -, -n ⟨aus gleichbed. *hebr.* pārāšâ, eigtl. „genaue Erklärung"⟩: 1. einer der 54 Abschnitte der ↑Thora. 2. die aus diesem Abschnitt im jüd. Gottesdienst gehaltene Gesetzeslesung; vgl. Sidra

Pa|ra|se|le|ne *die;* - ⟨zu ↑para... u. *gr.* selḗnē „Mond"⟩: (veraltet) Nebenmond, Luftspiegelung des Mondes

pa|ra|sem ⟨zu ↑para... u. ↑Sem⟩: im Hinblick auf die ↑Semantik (1) nebengeordnet (z. B. Hengst/Stute; Sprachw.). **Pa|ra|sem** *das;* -s, -e: im Hinblick auf die ↑Semantik (1) nebengeordneter Begriff (Sprachw.). **Pa|ra|se|mon** *das;* -s, ...ma ⟨aus gleichbed. *gr.* parásēmon⟩: (veraltet) Zeichen, Abzeichen, Wappen. **Pa|ra|se|ma|to|lo|gie** *die;* - ⟨zu ↑...logie⟩: (veraltet) svw. Heraldik

Pa|ra|sig|ma|tis|mus *der;* - ⟨zu ↑para... u. ↑Sigmatismus⟩: ↑Sigmatismus, bei dem die Zischlaute durch andere Laute (z. B. *d, t, w*) ersetzt werden (Med.)

Pa|ra|sit *der;* -en, -en ⟨über *lat.* parasitus aus *gr.* parásitos „Tischgenosse; Schmarotzer", eigtl. „neben einem anderen essend", zu pará „neben" u. sítos „Speise"⟩: 1. Lebewesen, das auf Kosten eines anderen lebt, dieses zwar nicht tötet, aber durch Nahrungsentzug, durch seine Ausscheidungen u. a. schädigt u. ihm Krankheiten hervorrufen kann; tierischer od. pflanzlicher Schmarotzer (Biol.). 2. Figur des hungernden, gefräßigen u. kriecherischen Schmarotzers im antiken Lustspiel. 3. am Hang eines Vulkans entstandener kleiner Schmarotzerkrater (Geol.). **Pa|ra|sit|ämie** *die;* -, ...ien ⟨zu ↑para... u. ↑...ämie⟩: Vorkommen von Parasiten im Blut, Verbreitung von Parasiten über den Körper auf dem Blutwege (z. B. bei Malaria; Med.). **pa|ra|si|tär** ⟨nach gleichbed. *fr.* parasitaire; vgl. ...är⟩: 1. Parasiten (1) betreffend, durch sie hervorgerufen. 2. in der Art eines Parasiten; parasitenähnlich, schmarotzerhaft. **pa|ra|si|tie|ren** ⟨zu ↑Parasit u. ↑...ieren⟩: als Parasit (1) leben; schmarotzen. **pa|ra|si|tisch**: parasitär, schmarotzerartig; -er Laut: eingeschobener Laut (Sprachw.). **Pa|ra|si|tis|mus** *der;* - ⟨zu ↑...ismus (2)⟩: Schmarotzertum; parasitäre Lebensweise. **Pa|ra|si|to|lo|ge** *der;* -n, -n ⟨zu ↑...loge⟩: Wissenschaftler auf dem Gebiet der Parasitologie. **Pa|ra|si|to|lo|gie** *die;* - ⟨zu ↑...logie⟩: Wissenschaft von den pflanzlichen u. tierischen Schmarotzern, besonders den krankheitserregenden. **pa|ra|si|to|lo|gisch** ⟨zu ↑...logisch⟩: die Parasitologie betreffend, zu ihr gehörend. **Pa|ra|si|to|pho|bie** *die;* -, ...ien ⟨zu ↑...phobie⟩: krankhafte Furcht, von Schmarotzern befallen zu sein od. zu werden (Med.). **Pa|ra|si|to|se** *die;* -, -n ⟨zu ↑¹...ose⟩: durch Parasiten hervorgerufene Erkrankung (Med.). **pa|ra|si|to|trop** ⟨zu ↑...trop⟩: gegen Parasiten (1) wirkend (Med.)

Pa|ra|ske|ne *die;* - ⟨aus *gr.* paraskenḗ „Vorbereitung" zu ↑para... u. *gr.* skenḗ „Rüstung"⟩: der Rüsttag, der nach jüd. Ritus dem Sabbat od. einem Fest vorhergehende Tag

Pa|ra|ski *der;* - ⟨zu ↑²Para u. ↑Ski⟩: Kombination aus Fallschirmspringen u. Riesenslalom als Disziplin beim Wintersport

¹Pa|ra|sol *der* od. *das;* -s, -s ⟨aus gleichbed. *fr.* parasol zu para- (vgl. Parados) u. sol „Sonne", eigtl. „etwas gegen die Sonne"⟩: (veraltet) Sonnenschirm. **²Pa|ra|sol** *der;* -s, Plur. -e u. -s ⟨zu ↑¹Parasol, nach der Form⟩: großer, wohlschmeckender Blätterpilz. **Pa|ra|sol|pilz** *der;* -es, -e: svw. ²Parasol

Pa|ra|som|nie *die;* -, ...ien ⟨zu ↑para..., *lat.* somnus „Schlaf" u. ↑²...ie⟩: abnormes Schlafverhalten, Störung der Schlafqualität (z. B. Alptraum; Med.)

Pa|ra|spa|die *die;* -, ...ien ⟨zu ↑para..., *gr.* spadón „Riß, Spalte" u. ↑²...ie⟩: Harnröhrenmißbildung, bei der die Harnröhre seitlich am Penis ausmündet (Med.)

pa|ra|spi|nal ⟨zu ↑para... u. ↑spinal⟩: neben dem Rückgrat lokalisiert (Med.)

Pa|ra|sta|den *die* (Plur.) ⟨aus gleichbed. *gr.* parastádes zu parastás „alles Danebenstehende (bes. Pfosten, Pfeiler, Säulen)"⟩: Vorhof, Säulenhalle eines griech. Tempels

Par|äs|the|sie *die;* -, ...ien ⟨zu ↑para... u. ↑Ästhesie⟩: anormale Körperempfindung (z. B. Kribbeln, Einschlafen der Glieder; Med.)

Pa|ra|stru|ma *die;* -, ...men ⟨zu ↑para... u. ↑Struma⟩: Geschwulst der Nebenschilddrüse (Med.)

Pa|ra|sym|pa|thi|kus *der;* -, ...thizi ⟨zu ↑para... u. ↑Sympathikus⟩: dem ↑Sympathikus entgegengesetzt wirkender Teil des ↑vegetativen (3) Nervensystems (Med.). **pa|ra|sym|pa|thisch**: den Parasympathikus betreffend, durch ihn bedingt (Med.)

Pa|ra|syn|the|tum *das;* -s, ...ta ⟨über *nlat.* parasynthetum aus gleichbed. *gr.* parasýntheton, substantiviertes Neutrum von parasýnthetos „gebildet aus einer Zusammensetzung"⟩: svw. Dekompositum

pa|rat ⟨aus *lat.* paratus, Part. Perf. von parare „bereiten, (aus)rüsten"⟩: (für den Gebrauchs-, Bedarfsfall) zur Verfügung [stehend], bereit

pa|ra|tak|tisch ⟨zu ↑Parataxe⟩: der Parataxe unterliegend, nebenordnend (Sprachw.); Ggs. ↑hypotaktisch. **Pa|ra|ta|xe** *die;* -, -n ⟨aus *gr.* parátaxis „das Neben- od. Gegenüberstellen" zu paratássein, paratáttein „nebeneinander ordnen"⟩: Nebenordnung, ↑Koordination (2) von Satzgliedern od. Sätzen (Sprachw.); Ggs. ↑Hypotaxe. **Pa|ra|ta|xie** *die;* -, ...ien ⟨zu ↑para..., *gr.* táxis „Ordnung" u. ↑²...ie⟩: 1. Störung sozialer, zwischenmenschlicher Beziehungen durch Übertragung falscher subjektiver Vorstellungen u. Wertungen auf den Partner (nach Sullivan; Psychol.). 2. nichtperspektivische Wiedergabe (z. B. in Kinderzeichnungen; Psychol.). **Pa|ra|ta|xis** *die;* -, ...taxen ⟨aus *gr.* parátaxis, vgl. Parataxe⟩: (veraltet) svw. Parataxe

Pa|ra|tect ⓦ [...'tɛkt] *das;* -[e]s, -e ⟨Kunstw.⟩: Dichtungs- u. Anstrichmittel, meist auf ↑bituminöser Grundlage (Bauwirtsch.)

Pa|ra|ten|di|ni|tis *die;* -, ...itiden ⟨zu ↑para... u. ↑Tendinitis⟩: Entzündung des eine Sehne od. Sehnenscheide umhüllenden Bindegewebes (Med.)

Pa|ra|the|se *die;* -, -n ⟨zu ↑para... u. ↑These⟩: (veraltet) a) Hinzufügung; b) Darlegung, Denkschrift

Pa|rat|hor|mon *das;* -s, -e ⟨Kunstw.; verkürzt aus Parathyreoidhormon⟩: Hormon der Nebenschilddrüse, das den Kalzium- u. Phosphatspiegel des Blutes konstant hält

Pa|ra|thy|mie *die;* - ⟨zu ↑para..., *gr.* thymós „Gemüt, Lebenskraft" u. ↑²...ie⟩: Gefühlsverkehrung (Psychol.)

pa|ra|thy|reo|gen ⟨zu ↑Parathyreoidea u. ↑...gen⟩: von der Nebenschilddrüse ausgehend (Med.). **Pa|ra|thy|reo|idea** *die;* - ⟨zu ↑para... u. ↑Thyreoidea⟩: Nebenschilddrüse

(Med.). **Pa|ra|thy|reo|id|ek|to|mie** *die;* -, -n [...i:ən] ⟨zu ↑...ektomie⟩: operative Entfernung der Nebenschilddrüse (Med.). **Pa|ra|thy|reo|id|hor|mon** *das;* -s, -e: svw. Parathormon. **Pa|ra|thy|rin** *das;* -s, -e ⟨zu ↑...in (1)⟩: svw. Parathormon

pa|ra|to|nisch ⟨nach *gr.* parátonos „an der Seite ausgestreckt"⟩: durch Reize der Umwelt ausgelöst (von bestimmten Pflanzenbewegungen)

pa|ra|ton|sil|lär ⟨zu ↑para... u. ↑tonsillär⟩: in der Umgebung der Rachenmandeln befindlich (z. B. von Abszessen; Med.)

Pa|ra|tra|chom *das;* -s, -e ⟨zu ↑para... u. ↑Trachom⟩: trachomähnliche, durch andere Erreger verursachte Augenkrankheit, die keine Narben hinterläßt (Med.)

Pa|ra|tro|phie *die;* -, ...ien ⟨zu ↑para... u. ↑...trophie⟩: (veraltet) unnatürliche, unregelmäßige Ernährung

Pa|ra|tu|ber|ku|lo|se *die;* -, -n ⟨zu ↑para... u. ↑Tuberkulose⟩: meldepflichtige, durch ↑Bakterien hervorgerufene Infektionskrankheit bei Widerkäuern

Pa|ra|ty|phus *der;* - ⟨zu ↑para... u. ↑Typhus⟩: dem Typhus ähnliche, aber leichter verlaufende u. von anderen Erregern hervorgerufene Infektionskrankheit (Med.)

pa|ra|ty|pisch ⟨zu ↑para... u. ↑typisch⟩: nichterblich (Med.)

Pa|ra|va|ria|ti|on [...v...] *die;* -, -en ⟨zu ↑para... u. ↑Variation⟩: durch Umwelteinflüsse erworbene Eigenschaft, die nicht erblich ist (Biol.)

pa|ra|va|sal [...v...] ⟨zu ↑para... u. ↑vasal⟩: neben einem Blutgefäß befindlich (Med.)

pa|ra|ve|nös [...v...] ⟨zu ↑para... u. ↑venös⟩: neben einer Vene gelegen; in die Umgebung einer Vene (z. B. von Injektionen; Med.)

Pa|ra|vent [...'vã:] *der* od. *das;* -s, -s ⟨aus gleichbed. *fr.* paravent, dies aus *it.* paravento zu parare „(vor etw.) schützen" u. vento „Wind", eigtl. „etw., was den Wind abhält"⟩: (österr., sonst veraltet) spanische Wand, Ofenschirm

pa|ra|ver|te|bral [...v...] ⟨zu ↑para... u. ↑vertebral⟩: neben einem Wirbel, der Wirbelsäule liegend; neben einen Wirbel, in die Umgebung eines Wirbels (z. B. von Injektionen; Med.). **Pa|ra|ver|te|bral|an|äs|the|sie** *die;* -, ...ien [...i:ən]: örtliche Betäubung durch Injektion des ↑Anästhetikums neben dem entsprechenden Wirbel in die Umgebung der Austrittsstelle der Spinalnerven (Med.)

par avion [para'vjõ] ⟨*fr.;* eigtl. „mit (dem) Flugzeug"⟩: durch Luftpost (Vermerk auf Luftpost im Auslandsverkehr)

par|axi|al ⟨zu ↑para... u. ↑axial⟩: achsennah, in unmittelbarer Nähe der optischen Achse gelegen

Pa|ra|zen|te|se *die;* -, -n ⟨zu *gr.* parakenteīn „daneben od. an der Seite durchstechen" u. ↑...ese⟩: das Durchstoßen des Trommelfells bei Mittelohrvereiterung (zur Schaffung einer Abflußmöglichkeit für den Eiter; Med.)

pa|ra|zen|tral ⟨zu ↑para... u. ↑zentral⟩: neben den Zentralwindungen des Gehirns liegend (Med.). **pa|ra|zen|trisch**: um den Mittelpunkt liegend od. beweglich (Math.)

Pa|ra|zoa *die* (Plur.) ⟨zu ↑para... u. *gr.* zōon „Lebewesen"⟩: wissenschaftlicher Name der Schwämme in Gegenüberstellung zu den anderen vielzelligen Lebewesen (Biol.)

Pa|ra|zy|sti|tis *die;* -, ...itiden ⟨zu ↑para... u. ↑Zystitis⟩: Entzündung des die Harnblase umgebenden Bindegewebes (Med.)

par|bleu! [...'blø:] ⟨aus gleichbed. *fr.* parbleu, entstellt aus par Dieu! „bei Gott!"⟩: (veraltet) nanu!; Donnerwetter!

par|boiled ['pɑ:bɔild] ⟨verkürzt aus gleichbed. *engl.* parboiled (rice) zu to parboil „halbgar kochen", dies über älter *fr.* parboillir, parboullir aus *spätlat.* perbullire zu ↑per... u. *lat.* bullire „sprudeln, wallen"⟩: (von Reis) in bestimmter Weise vorbehandelt, damit die Vitamine erhalten bleiben

Par|ce|ria [parse...] *die;* -, ...ien ⟨aus gleichbed. *port.* parceria, dies aus *lat.* pars „(An)teil"⟩: in Brasilien übliche Form der Halbpacht (Bewirtschaftung eines Landgutes durch zwei gleichberechtigte Teilhaber)

Parc-fer|mé [parkfɛr'me:] *der;* -s, -s ⟨aus gleichbed. *fr.* parc fermé zu parc „Park(platz)" (dies aus *mlat.* parricus „Einfriedung, Gehege") u. fermer „schließen"⟩: geschlossener Parkplatz für Wettbewerbsfahrzeuge vor u. zwischen den Wettkampftagen (Motorsport)

Par|cours [...'ku:ɐ̯] *der;* - [...'ku:ɐ̯(s)], - [...'ku:ɐ̯s] ⟨aus gleichbed. *fr.* parcours, dies aus *spätlat.* percursus „das Durchlaufen", Part. Perf. von percurrere „durcheilen, -laufen"⟩: abgesteckte Hindernisbahn für Jagdspringen od. Jagdrennen (Reiten)

Pard *der;* -en, -en u. **Parder** *der;* -s, - ⟨aus *lat.* pardus, vgl. Leopard⟩: (veraltet) svw. Leopard. **Par|del** *der;* -s, - ⟨über *lat.* pardalis aus *gr.* párdalis „(weiblicher) Panther"⟩: (veraltet) svw. Leopard. **Par|der** vgl. Pard

par di|stance [– dis'tã:s] ⟨*fr.*⟩: aus der Ferne, mit Abstand

Par|don [...'dõ, österr. ...'do:n] *der,* auch *das;* -s ⟨aus gleichbed. *fr.* pardon zu pardonner „verzeihen", dies über *vulgärlat.* perdonare, eigtl. „völlig schenken", zu ↑per... u. *lat.* donare „schenken"⟩: (veraltet) Verzeihung, Nachsicht; heute nur noch üblich in bestimmten Verwendungen, z. B. kein[en] - kennen (schonungslos vorgehen); Pardon! (Verzeihung!). **par|do|na|bel** [pardo'na:...] ⟨aus gleichbed. *fr.* pardonnable⟩: (veraltet) verzeihlich. **par|do|nie|ren** ⟨aus gleichbed. *fr.* pardonner, vgl. Pardon⟩: (veraltet) verzeihen; begnadigen

Par|dun *das;* -[e]s, -s u. **Par|du|ne** *die;* -, -n ⟨Herkunft ungeklärt⟩: (Seemannsspr.) Tau, das die Masten od. Stengen nach hinten stützt

Par|eche|se [...ç...] *die;* -, -n ⟨aus *gr.* paréchēsis „das Nachahmen eines Lautes od. Wortes"⟩: Zusammenstellung lautlich gleicher od. ähnlicher Wörter von verschiedener Herkunft (Rhet.); vgl. Paronomasie, Annomination

Pa|reia|sau|ri|er [...i̯ɐ] *der;* -s, - u. **Pa|reia|sau|rus** *der;* -, ...rier [...i̯ɐ] ⟨aus *nlat.* pareiasaurus zu *gr.* pareiá „Wange" u. saũros „Eidechse"⟩: ausgestorbene Ordnung der ↑Reptilien aus dem ↑Perm Europas u. Südafrikas

Par|ei|do|lie *die;* -, ...ien ⟨zu ↑para..., ↑Eidolon u. ↑²...ie⟩: 1. Sinnestäuschung, bei der tatsächlich vorhandene Gegenstände subjektiv verändert wahrgenommen werden. 2. Wahrnehmung von Gestalten, z. B. in Kleckbildern (Psychol.)

par|elek|trisch ⟨zu ↑para... u. ↑elektrisch⟩: die Ausrichtung, Polarisation von Dipolen (1) in einem elektrischen od. magnetischen Feld betreffend; -e Materialien: Stoffe, in denen die einzelnen Moleküle ein elektrisches Dipolmoment besitzen u. die Dipole in einem elektrischen od. magnetischen Feld ausgerichtet werden, wodurch eine parelektrische Polarisation erfolgt; -e Polarisation: Ausrichtung von Dipolen im elektrischen od. magnetischen Feld

Par|el|lip|se *die;* -, -n ⟨aus *gr.* parélleipsis „das Auslassen des Danebenstehenden"⟩: (veraltet) Auslassung des danebenstehenden Lautes, bes. eines Selbstlautes (Sprachw.)

Par|em|bo|le [...le] *die;* -, -n ⟨aus *gr.* parembolē „das Dazwischeneinschieben"⟩: (veraltet) svw. Parenthese (1)

Par|en|chym [...çy:m] *das;* -s, -e ⟨zu ↑para... u. *gr.* égchyma „das Eingegossene; Aufguß"⟩: pflanzliches u. tierisches

parenchymatös

Grundgewebe, Organgewebe im Unterschied zum Binde- u. Stützgewebe (Med., Biol.). **par|en|chy|ma|tös** ⟨zu ↑...ös⟩: reich an Parenchym; zum Parenchym gehörend, das Parenchym betreffend (Med., Biol.)

pa|ren|tal ⟨aus gleichbed. *lat.* parentalis zu parentes „Eltern"⟩: a) den Eltern, der Parentalgeneration zugehörend; b) von der Parentalgeneration stammend. **Pa|ren|tal|ge|ne|ra|ti|on** *die;* -, -en: Elterngeneration; Zeichen P (Biol.). **Pa|ren|ta|li|en** [...iən] *die* (Plur.) ⟨aus *lat.* parentalia „Totenfeier (für Eltern u. Verwandte)", substantiviertes Neutrum von parentalis, vgl. parental⟩: altröm. Totenfest im Februar; vgl. Feralien. **Pa|ren|ta|ti|on** *die;* -, -en ⟨aus gleichbed. *spätlat.* parentatio⟩: (veraltet) Totenfeier, Trauerrede. **Pa|ren|tel** *die;* -, -en ⟨aus *spätlat.* parentela „Verwandtschaft"⟩: Gesamtheit der Abkömmlinge eines Stammvaters (Rechtsw.). **Pa|ren|tel|sy|stem** *das;* -s: für die 1.–3. Ordnung gültige Erbfolge nach Stämmen, bei der die Abkömmlinge eines wegfallenden Erben gleichberechtigt an dessen Stelle nachrücken (Rechtsw.); vgl. Gradualsystem

par|en|te|ral ⟨zu ↑para..., ↑Enteron u. ↑¹...al (1)⟩: unter Umgehung des Verdauungsweges (z. B. von Medikamenten, die injiziert u. nicht oral verabreicht werden; Med.). **Par|en|te|ra|li|um** *das;* -s, Plur. ...a u. ...ien [...iən] ⟨zu ↑...ium⟩: Arzneimittel, das unter Umgehung des Verdauungstraktes durch ↑Injektion od. ↑Infusion direkt in das Körpergewebe od. in die Blutbahn gelangt (Med.)

Par|en|the|se *die;* -, -n ⟨aus gleichbed. *spätlat.* parenthesis, dies aus *gr.* parénthesis, eigtl. „das Dazwischenstellen; Einschub", zu parentithénai „dazwischen stellen, einschieben"⟩: 1. Redeteil, der außerhalb des eigentlichen Satzverbandes steht, Einschaltung (z. B. ↑Interjektion, ↑Vokativ, ↑absoluter Nominativ; Sprachw.). 2. Gedankenstriche od. Klammern, die einen außerhalb des eigentlichen Satzverbandes stehenden Redeteil vom übrigen Satz abheben (Sprachw.). **par|en|the|tisch**: 1. die Parenthese betreffend, mit Hilfe einer Parenthese konstruiert (Sprachw.). 2. eingeschaltet, nebenbei [gesagt]

Pa|re|re *das;* -[s], -[s] ⟨aus *it.* parere „Meinung; Gutachten" zu parere „scheinen, aussehen wie", dies aus *lat.* parere „erscheinen, sichtbar sein"⟩: 1. (veraltet) Gutachten unparteiischer Kaufleute od. Handelskammern über kaufmännische Streitsachen. 2. (österr.) amtsärztliches Gutachten, das die Einlieferung in eine psychiatrische Klinik erlaubt

Par|er|ga: Plur. von ↑Parergon. **Par|er|ga|sie** *die;* - ⟨aus *gr.* parergasía, eigtl. „das Danebengetane"⟩: Falschlenkung von Impulsen bei Geisteskrankheiten u. ↑Psychosen (z. B. Augenschließen statt Mundöffnen; Psychol.). **Par|er|gon** *das;* -s, ...ga (meist Plur.) ⟨über gleichbed. *lat.* parergon aus *gr.* párergon „Nebenwerk, Anhang"⟩: (veraltet) Beiwerk, Anhang; gesammelte kleine Schriften

Pa|re|se *die;* -, -n ⟨aus *gr.* páresis „das Vorbeilassen; Erschlaffung"⟩: leichte, unvollständige Lähmung, Schwäche eines Muskels, einer Muskelgruppe (Med.). **pa|re|tisch** ⟨aus *gr.* páretos „schlaff, matt"⟩: teilweise gelähmt, geschwächt (Med.)

par ex|cel|lence [parɛksɛˈlãːs] ⟨*fr.;* vgl. Exzellenz⟩: in typischer Ausprägung, in höchster Vollendung, schlechthin (nachgestellt), z. B. unfreiwillige Arbeitslosigkeit ist Streß - -

par ex|em|ple [parɛgˈzãːpl] ⟨*fr.*⟩: (veraltet) zum Beispiel; Abk.: p. e.

par ex|près [parɛksˈprɛ] ⟨*fr.*⟩: durch Eilboten (Vermerk auf Schnellsendungen im Postverkehr)

Par|fait [parˈfɛ] *das;* -s, -s ⟨aus gleichbed. *fr.* parfait, eigtl. substantiviertes Part. Perf. von parfaire „vollenden", dies über *vulgärlat.* perfacere aus *lat.* perficere⟩: 1. Pastete aus Fleisch od. Fisch. 2. Halbgefrorenes

par force [– ˈfɔrs] ⟨*fr.;* vgl. Force⟩: (veraltet) 1. mit Gewalt, heftig. 2. unbedingt. **Par|force|jagd** [...ˈfɔrs...] *die;* -, -en: Hetzjagd mit Pferden u. Hunden (Sport). **Par|force|ritt** *der;* -[e]s, -e: mit großer Anstrengung unternommener Ritt, Gewaltritt

Par|fum [parˈfœ̃ː] *das;* -s, -s ⟨zu ↑Parfüm⟩: franz. Form von ↑Parfüm. **Par|füm** *das;* -s, Plur. -e u. -s ⟨aus gleichbed. *fr.* parfum zu parfumer „durchduften", dies über älter *it.* perfumare zu *lat.* per „durch" u. fumare „dampfen, rauchen"⟩: 1. Flüssigkeit mit intensivem [länger anhaltendem] Duft (als Kosmetikartikel). 2. Duft, Wohlgeruch. **Par|fü|me|rie** *die;* -, ...ien ⟨französierende Bildung zu ↑Parfüm⟩: 1. Geschäft, in dem Parfüme, Kosmetikartikel o. ä. verkauft werden. 2. Betrieb, in dem Parfüme hergestellt werden. **Par|fü|meur** [...ˈmøːɐ̯] *der;* -s, -e ⟨nach gleichbed. *fr.* parfumeur⟩: Fachkraft für die Herstellung von Parfümen. **par|fü|mie|ren** ⟨aus gleichbed. *fr.* parfumer⟩: mit Parfüm besprengen; wohlriechend machen

Par|ga|sit [auch ...ˈzɪt] *der;* -s, -e ⟨nach dem finn. Ort Pargas u. zu ↑²...it⟩: ein kalkhaltiges Mineral

pa|ri ⟨*it.;* aus *lat.* par, Gen. paris „gleich"⟩: svw. al pari

Pa|ria *der;* -s, -s ⟨über *engl.* pariah aus *angloind.* parriar, dies aus *tamil.* (einer Eingeborenenspr. der südlichen Indien) paraiyar (Plur.) „Trommelschläger" zu parai „Trommel"; die Trommelschläger bei Hindufesten gehörten einer niederen Kaste an⟩: 1. außerhalb jeder Kaste stehender bzw. der niedersten Kaste angehörender Inder, ↑Outcast (b); vgl. Haridschan. 2. von der menschlichen Gesellschaft Ausgestoßener, Entrechteter; Unterprivilegierter, ↑Outcast (a). **Pa|ria|hund** *der;* -[e]s, -e: Angehöriger einer verwilderten Hunderasse, die vom Balkan u. von Nordafrika bis Südostasien verbreitet ist

Par|idro|se *die;* -, -n ⟨zu ↑para... u. ↑Hidrose⟩: svw. Parahidrose

¹pa|rie|ren ⟨aus gleichbed. *it.* parare, eigtl. „vorbereiten; Vorkehrungen treffen", dies aus *lat.* parare „bereiten, (aus)rüsten"⟩: einen Angriff abwehren (Sport)

²pa|rie|ren ⟨über gleichbed. *fr.* parer aus *span.* parar „anhalten, zum Stehen bringen", dies aus *lat.* parare, vgl. ¹parieren⟩: ein Pferd (durch reiterliche Hilfen) in eine mäßigere Gangart od. zum Stehen bringen (Sport)

³pa|rie|ren ⟨aus *fr.* parer „zubereiten", dies aus *lat.* parare, vgl. ¹parieren⟩: (veraltet) Fleischstücke sauber zuschneiden, von Haut u. Fett befreien

⁴pa|rie|ren ⟨aus *lat.* parare „sich einstellen, Folge leisten", eigtl. „erscheinen"⟩: (ugs.) ohne Widerspruch gehorchen

Pa|rier|frak|tur *die;* -, -en ⟨zu ↑¹parieren u. ↑Fraktur⟩: typische Form des Ellenbruchs, die entsteht, wenn ein gegen Kopf od. Oberkörper gerichteter Schlag od. Stoß mit dem erhobenen Unterarm abgefangen wird (Med.)

pa|rie|tal [parje...] ⟨aus *spätlat.* parietalis „zur Wand gehörig" zu *lat.* paries „Wand"; zu Bed. 2: das Scheitelbein bildet teilweise die Seitenwand des Schädels⟩: 1. nach der Körperwand hin gelegen; zur Wand (eines Organs, einer Körperhöhle) gehörend, eine Wand bildend; wandständig, seitlich (Biol., Med.). 2. zum Scheitelbein gehörend (Med.). **Pa|rie|tal|au|ge** *das;* -s, -n: vom Zwischenhirn gebildetes, lichtempfindliches Sinnesorgan niederer Wirbeltiere (Biol.). **Pa|rie|tal|or|gan** *das;* -s, -e: svw. Parietalauge. **Pa|rie|ta|ri|en** [...iən] *die* (Plur.) ⟨zu *lat.* parietarius „zur Wand gehörig"⟩: Inschriften auf Mauern, bes. lat. Wandinschriften in Pompeji. **Pa|rie|to|gramm** *das;* -s, -e ⟨zu ↑...gramm⟩: das bei einer Parietographie gewonnene Röntgenbild (Med.). **Pa|rie|to|gra|phie** *die;* -, ...ien ⟨zu ↑...graphie⟩: röntgenographische Darstellung der Wandschichten von Teilen des Verdauungstraktes (Med.). **Pa|ri|fi|ka|ti|on** *die;* -, -en ⟨zu *lat.* par, Gen. paris „gleich" u. ↑...fikation⟩: (veraltet) Gleichstellung, Ausgleichung. **pa|ri|fi|zie|ren** ⟨zu ↑...fizieren⟩: (veraltet) gleichmachen, gleichstellen. **Pa|ri|kurs** *der;* -es, -e: dem Nennwert eines Wertpapiers entsprechender Kurs (Wirtsch.). **Pa|ri|sei|de** *die;* -: entbastete (von den bei der Rohseide noch vorhandenen Bestandteilen befreite) Naturseide, die auf ihr ursprüngliches Gewicht beschwert wurde **Pa|ri|ser** *der;* -s, - ⟨als Verhütungsmittel aus Paris⟩: (salopp) svw. Kondom. **Pa|ri|si|enne** [...'zi̯ɛn] *die;* - ⟨zu *fr.* parisienne „aus Paris", wohl nach der Herkunft⟩: 1. kleingemustertes, von Metallfäden durchzogenes Seidengewebe. 2. franz. Freiheitslied zur Verherrlichung der Julirevolution von 1830. 3. veraltete Schriftgattung. **Pa|ri|sis|mus** *der;* -, ...men ⟨nach der Stadt Paris u. zu ↑...ismus (4)⟩: der Pariser Umgangssprache eigentümlicher Ausdruck (od. eigentümliche Redewendung). **Par|ison** *das;* -s, ...sa ⟨aus *gr.* párison „das fast Gleiche", substantiviertes Neutrum von párisos „fast gleich"⟩: nur annähernd gleiches ↑ Isokolon (antike Rhet.). **pa|ri|syl|la|bisch** ⟨zu *lat.* par, Gen. paris „gleich" u. ↑ syllabisch⟩: in allen Beugungsfällen des Singulars u. des Plurals die gleiche Anzahl von Silben aufweisend (auf griech. u. lat. Substantive bezogen). **Pa|ri|syl|la|bum** *das;* -s, ...ba ⟨aus gleichbed. *nlat.* parisyllabum⟩: parisyllabisches Substantiv. **Pa|ri|tät** *die;* -, -en (Plur. selten) ⟨aus *lat.* paritas, Gen. paritatis „Gleichheit"⟩: 1. Gleichstellung, Gleichsetzung, [zahlenmäßige] Gleichheit. 2. im Wechselkurs zum Ausdruck kommendes Austauschverhältnis zwischen verschiedenen Währungen (Wirtsch.). **pa|ri|tä|tisch**: gleichgestellt, gleichberechtigt. **Pa|ri|täts|bit** *das;* -[s], -[s] ⟨zu ↑¹Bit⟩: Stelle in einem nach einem ↑ Binärcode verschlüsselten Zeichen u. Wort, die bes. zur Datensicherung beim Speichern u. Übertragen von Daten dient (EDV). **Pa|ri|täts|kon|trol|le** *die;* -, -n: Prüfung auf Parität, d. h. Geradzahligkeit bzw. Ungeradzahligkeit (je nach Übereinkunft) der Anzahl gleicher Zeichen (Paritätsbits) als Maßnahme der Datensicherung (EDV).

Par|ka *der;* -[s], -s od. *die;* -, -s ⟨aus gleichbed. *engl.* parka, dies aus *samojed.* (einer Eskimosprache) parka „Pelz, Kleidungsstück aus Fell"⟩: knielanger, oft gefütterter, warmer Anorak mit Kapuze

Park-and-ride-Sy|stem ['pɑːkənd'raɪd...] *das;* -s, -e ⟨aus gleichbed. *engl.-amerik.* park-and-ride-system zu to park „parken, abstellen" u. to ride „fahren"⟩: Regelung zur Entlastung der Innenstadt vom Autoverkehr, nach der Kraftfahrer ihre Autos auf Parkplätzen am Rande einer Großstadt abstellen u. von dort [unentgeltlich] die öffentlichen Verkehrsmittel benutzen

par|ke|ri|sie|ren, par|kern ⟨nach dem Erfinder Parker u. zu ↑...isieren⟩: Eisen durch einen Phosphatüberzug rostsicher machen; phosphatieren **Par|kett** *das;* -[e]s, Plur. -e u. -s ⟨aus gleichbed. *fr.* parquet, eigtl. „kleiner, abgegrenzter Raum, hölzerne Einfassung", Verkleinerungsform von *(alt)fr.* parc „eingehegter Raum; Park", dies aus *mlat.* parricus „Einfriedung, Gehege"⟩: 1. in bestimmter Weise verlegter Holzfußboden, bei dem die Einzelbretter meist durch Nut u. Feder miteinander verbunden sind u. auf die Unterlage aufgeklebt od. verdeckt genagelt werden. 2. im Theater od. Kino meist vorderer Raum zu ebener Erde. 3. amtlicher Börsenverkehr. 4. (veraltet) Schauplatz des großen gesellschaftlichen Lebens. **Par|ket|te** *die;* -, -n ⟨zu ↑...ette⟩: (österr.) Einzelbrett des Parkettfußbodens. **par|ket|tie|ren** ⟨nach gleichbed. *fr.* parqueter⟩: mit Parkettfußboden versehen. **par|kie|ren** ⟨zu *dt.* Park u. ↑...ieren⟩: (schweiz.) parken. **Par|king|me|ter** *der;* -s, - ⟨aus gleichbed. *engl.* parking-meter⟩: (schweiz.) svw. Parkometer

Par|kin|so|nis|mus *der;* -, ...men ⟨nach dem engl. Arzt J. Parkinson (1755–1824) u. zu ↑...ismus (3)⟩: Schüttellähmung u. andere ihr ähnliche, jedoch auf verschiedenen Ursachen beruhende Erscheinungen (häufig als Folgezustand anderer Krankheiten). **Par|kin|son|krank|heit** *die;* -: svw. Parkinsonismus. **Par|kin|so|no|id** *das;* -[e]s, -e ⟨zu ↑...oid⟩: durch bestimmte Medikamente ausgelöster Parkinsonismus (Med.)

Par|ko|me|ter *das,* ugs. auch *der;* -s, - ⟨zu *dt.* parken (mit dem Bindevokal -o-) u. ↑¹...meter⟩: Parkzeituhr am Straßenrand u. auf öffentlichen Plätzen. **Park|stu|di|um** *das;* -s: (ugs.) (seit Einführung des ↑ Numerus clausus) bis zum Erhalt eines Studienplatzes im gewünschten Fach vorläufig aufgenommenes Studium in einem anderen [ähnlichen] Studienfach

Par|la|ment *das;* -[e]s, -e ⟨unter Einfluß von gleichbed. *engl.* parliament aus *altfr.* parlement „Unterredung, Erörterung" (daraus schon *mhd.* parlament) zu parler, vgl. parlieren⟩: 1. repräsentative Versammlung, Volksvertretung mit beratender od. gesetzgebender Funktion. 2. Parlamentsgebäude. **Par|la|men|tär** *der;* -s, -e ⟨(formal angeglichen an Parlament) aus gleichbed. *fr.* parlementaire zu parlementer „in Unterhandlungen treten"⟩: Unterhändler zwischen feindlichen Heeren. **Par|la|men|ta|ri|er** [...i̯ɐ] *der;* -s, - ⟨nach gleichbed. *engl.* parliamentarian⟩: Abgeordneter, Mitglied eines Parlaments. **Par|la|men|ta|rie|rin** [...ri̯ə...] *die;* -, -nen: weibliche Form zu ↑ Parlamentarier. **par|la|men|ta|risch** ⟨nach gleichbed. *engl.* parliamentary⟩: das Parlament betreffend, vom Parlament ausgehend. **par|la|men|ta|ri|sie|ren** ⟨zu ↑ Parlament u. ↑...isieren⟩: (selten) den Parlamentarismus einführen. **Par|la|men|ta|ris|mus** *der;* - ⟨zu ↑...ismus (2)⟩: demokratische Regierungsform, in der die Regierung dem Parlament verantwortlich ist. **par|la|men|tie|ren** ⟨zu ↑...ieren, Bed. 1 nach gleichbed. *fr.* parlementer⟩: 1. (veraltet) unterhandeln. 2. (landsch.) eifrig hin und her reden, verhandeln. **par|lan|do** ⟨*it.;* „sprechend"; zu parlare „sprechen, erzählen", dies aus *mlat.* parabolare, vgl. parlieren⟩: rhythmisch exakt u. mit nur leichter Tongebung, dem Sprechen nahekommend (von einer bestimmten Gesangsweise bes. in Arien der komischen Oper; Mus.). **Par|lan|do** *das;* -s, Plur. -s u. ...di: parlando vorgetragener Gesang; Sprechgesang (Mus.). **par|lan|te** ⟨*it.;* Part. Präs. von parlare, vgl. parlando⟩: svw. parlando. **Par|la|to|ri|um** *das;* -s, ...ien [...i̯ən] ⟨unter Einfluß von *altfr.* parler (vgl. parlieren) aus gleichbed. *mlat.* parlatorium⟩: Raum in Klöstern, vor allem in Zisterzienserklöstern, in dem sich die Mönche unterhalten dürfen. **Par|leur** [...'løːɐ] *der;* -s, -s ⟨aus *fr.* parleur „Sprecher" zu parler, vgl. parlieren⟩: (veraltet) Schwätzer. **par|lie|ren** ⟨aus *fr.* parler „reden, sprechen", dies über *altfr.* parler, paroler aus *mlat.* parabolare „sich unterhalten" zu *lat.* parabola, vgl. Parabel⟩: (veraltet) a) reden, plaudern; sich miteinander unterhalten, leichte Konversation machen; b) in einer fremden Sprache sprechen, sich unterhalten. **Par|lo|graph** Ⓦ *der;* -en, -en ⟨zu ↑...graph⟩: elektromechanisches Gerät zur Aufnahme u. Wiedergabe von Gesprächen, eine Vorform des ↑ Diktaphons

Parmäne

Par|mä|ne *die;* -, -n ⟨aus *fr.* permaine, älter *fr.* parmain, weitere Herkunft unsicher⟩: Apfel einer zu den ↑Renetten gehörenden Sorte

Par|me|lia *die;* -, ...ien [...jən] ⟨wahrscheinlich zu *lat.* parma „kleiner Schild" u. ↑¹...ia⟩: Schüsselflechte (dunkelgraue Flechte auf Rinde u. Steinen)

Par|me|san *der;* -[s] ⟨aus gleichbed. *fr.* parmesan, dies aus *it.* parmigiano, eigtl. „der aus Parma Stammende", nach der ital. Stadt⟩: sehr fester, vollfetter ital. [Reib]käse

Par|naß *der;* ...nasses ⟨über *lat.* Parnas(s)us, Parnas(s)os aus *gr.* Parnas(s)ós, nach einem mittelgriech. Gebirgszug, in der griech. Mythologie Sitz des Apollo u. der Musen⟩: Musenberg, Reich der Dichtkunst. **Par|nas|si|ens** [...'sjɛ̃] *die* (Plur.) ⟨*fr.;* nach dem Buchtitel „Le Parnasse contemporain"⟩: Gruppe franz. Dichter in der 2. Hälfte des 19. Jh.s, die im Gegensatz zur gefühlsbetonten Romantik stand. **par|nas|sisch** ⟨nach gleichbed. *fr.* parnassien⟩: den Parnaß betreffend. **Par|nas|sos** u. **Par|nas|sus** *der;* - ⟨aus *lat.* Parnas(s)os, Parnas(s)us, vgl. Parnaß⟩: svw. Parnaß

Par|nes *der;* -, - ⟨über das Jidd. aus gleichbed. *hebr.* parnās⟩: jüd. Gemeindevorsteher

Par|ochi [...xi]: Plur. von ↑Parochus. **par|ochi|al** ⟨zu ↑Parochie u. ↑¹...al (1)⟩: zum Kirchspiel, zur Pfarrei gehörend. **Par|ochi|al|kir|che** *die;* -, -n: Pfarrkirche. **Par|ochie** *die;* -, ...ien ⟨aus gleichbed. *spätlat.* parochia, paroecia, dies aus *gr.* paroikía, eigtl. „das Wohnen in der Nachbarschaft"⟩: Kirchspiel, Amtsbezirk eines Pfarrers. **Par|ochus** *der;* -, ...ochi ⟨aus gleichbed. *kirchenlat.* parochus zu *lat.* ochus „(Gast)wirt", dies aus *gr.* pároikos „Nachbar"⟩: (selten) Pfarrer als Inhaber einer Parochie

Par|odie *die;* -, ...ien ⟨aus gleichbed. *fr.* parodie, dies über *lat.* parodia aus *gr.* parōidía, eigtl. „Nebengesang", zu ↑para... u. ōidḗ, vgl. Ode⟩: 1. komisch-satirische Umbildung od. Nachahmung eines meist künstlerischen, oft literarischen Werkes od. des Stils eines Künstlers; vgl. Travestie. 2. [komisch-spöttische] Unterlegung eines anderen Textes unter eine Komposition. 3. a) Verwendung von Teilen einer eigenen od. fremden Komposition für eine andere Komposition, bes. im 15. u. 16. Jh. b) Vertauschung geistlicher u. weltlicher Texte u. Kompositionen, bes. im 18. Jh. (Mus.). **Par|odie|mes|se** *die;* -, -n: Messenkomposition unter Verwendung eines schon vorhandenen Musikstücks. **par|odie|ren** ⟨aus gleichbed. *fr.* parodier⟩: in einer Parodie (1) nachahmen, verspotten. **par|odisch**: die Parodie (2, 3) betreffend, anwendend, mit ihren Mitteln umwandelnd. **Par|odist** *der;* -en, -en ⟨aus gleichbed. *fr.* parodiste⟩: jmd., der Parodien (1) verfaßt od. [im Varieté, Zirkus od. Kabarett] vorträgt. **Par|odi|stik** *die;* - ⟨zu ↑...istik⟩: Kunst, Art, Anwendung der Parodie (1). **par|odi|stisch** ⟨zu ↑...istisch⟩: die Parodie (1), den Parodisten betreffend; in Form, in der Art einer Parodie (1); komisch-satirisch nachahmend, verspottend

par|odon|tisch ⟨zu ↑para... u. *gr.* odoús, Gen. odóntos „Zahn"⟩: an od. neben den Zähnen befindlich (Med.). **Par|odon|ti|tis** *die;* -, ...itiden ⟨zu ↑...itis⟩: Entzündung des Zahnfleischsaumes mit Ablagerung von Zahnstein, Bildung eitriger Zahnfleischtaschen u. Lockerung der Zähne, Zahnbettentzündung (Med.). **Par|odon|ti|um** *das;* -s, Plur. ...tien [...jən] u. ...tia ⟨zu ↑...ium⟩: Zahnhalt, Zahnbett, Zahnhalteapparat (Med.). **Par|odon|to|pa|thie** *die;* -, ...ien ⟨zu ↑...pathie⟩: Sammelbez. für Erkrankungen des Zahnhalteapparats, insbesondere für die Parodontitis (Med.). **Par|odon|to|se** *die;* -, -n ⟨zu ↑¹...ose⟩: ohne Entzündung verlaufende Erkrankung des Zahnbettes mit Lockerung der Zähne; Zahnfleischschwund (Med.)

Par|odos *der;* - ...doi [...dɔy] ⟨aus gleichbed. *gr.* párodos, eigtl. „das Vorbeigehen, Entlangziehen" zu pará „neben, bei" u. hodós „Weg"⟩: Einzugslied des Chores im altgriech. Drama; Ggs. ↑Exodos (a)

Par|öke *der;* -n, -n ⟨aus gleichbed. *gr.* pároikos, eigtl. „Nachbar"⟩: Einwohner ohne od. mit geringerem Bürgerrecht im Byzantinischen Reich. **Par|ökie** *die;* - ⟨aus *gr.* paroikía „das Wohnen eines Fremden in der Nachbarschaft"⟩: Form des Zusammenlebens von Tieren verschiedener Arten, ohne die Behausung zu teilen (z. B. von Kuhreihern u. weidenden Großsäugern; Zool.)

¹Pa|role [pa'rɔl] *die;* - ⟨aus gleichbed. *fr.* parole, eigtl. „Wort, Spruch", dies über das Vulgärlat. aus *lat.* parabola, vgl. Parabel⟩: die gesprochene (aktualisierte) Sprache, Rede (nach F. de Saussure; Sprachw.); Ggs. ↑Langue. **²Pa|role** *die;* -, -n ⟨aus gleichbed. *fr.* parole, zu ↑¹Parole⟩: 1. [militärisches] Kennwort; Losung. 2. Leit-, Wahlspruch [politisch] Gleichgesinnter. 3. (meist Plur.) [unwahre] Meldung, Behauptung. **Pa|role d'hon|neur** [parɔlɔ'nœr] *das;* - - ⟨aus gleichbed. *fr.* parole d'honneur⟩: Ehrenwort

Pa|ro|li *das;* -s, -s ⟨über *fr.* paroli aus gleichbed. *it.* mdal. paroli, weitere Herkunft unsicher⟩: Verdopplung des ersten Einsatzes im Pharaospiel (vgl. ²Pharao); **Paroli bieten**: Widerstand entgegensetzen, sich widersetzen, dagegenhalten

Par|ömia|kus *der;* -, ...zi ⟨über *spätlat.* (versus) paroemiacus aus gleichbed. *gr.* paroimiakón zu paroimiakós „sprichwörtlich"⟩: altgriech. Vers, Sprichwortvers. **Par|ömie** *die;* -, ...ien ⟨über *spätlat.* paroemia aus gleichbed. *gr.* paroimía⟩: [altgriech.] Sprichwort, Denkspruch. **Par|ömio|graph** *der;* -en, -en (meist Plur.) ⟨zu *gr.* paroimiográphos „Sprichwörter aufschreibend"⟩: altgriech. Gelehrter, der die Parömien des griech. Volkes zusammenstellte. **Par|ömio|gra|phie** *die;* -, ...ien ⟨zu ↑...graphie⟩: altgriech. Sprichwörtersammlung. **Par|ömio|lo|gie** *die;* - ⟨zu ↑...logie⟩: Lehre von der Herkunft u. von der Entwicklung der Sprichwörter, Sprichwortkunde

Par|ono|ma|sie *die;* -, ...ien ⟨über *spätlat.* paronomasia aus gleichbed. *gr.* paronomasía⟩: Zusammenstellung lautlich gleicher od. ähnlicher Wörter [von gleicher Herkunft] (Rhet.); vgl. Parechese, Annomination. **par|ono|ma|sie|ren** ⟨zu ↑...ieren⟩: lautlich gleiche od. ähnliche Wörter in verschiedenem Sinn gebrauchen, sie zu einem Wortspiel verwenden (Rhet.). **par|ono|ma|stisch**: die Paronomasie betreffend, ihr zugehörend, **-er Intensitätsgenitiv**: Genitiv der Steigerung (z. B.: Buch der Bücher, die Frage aller Fragen; Sprachw.)

Par|ony|chie *die;* -, ...ien ⟨zu ↑para..., *gr.* ónyx, Gen. ónychos „Nagel" u. ↑²...ie⟩: eitrige Entzündung des Nagelbetts (Med.)

Par|ony|ma u. **Par|ony|me**: Plur. von ↑Paronymon. **Par|ony|mie** *die;* - ⟨aus gleichbed. *gr.* parōnymía⟩: das Ableiten von einem Stammwort (Sprachw.). **Par|ony|mik** *die;* - ⟨zu ↑²...ik (1)⟩: (veraltet) die Paronymie betreffendes Teilgebiet der Sprachwissenschaft. **par|ony|misch** ⟨aus gleichbed. *gr.* parṓnymos⟩: (veraltet) die Paronymie betreffend, vom gleichen Wortstamm abgeleitet. **Par|ony|mon** *das;* -s, Plur. ...ma u. ...nyme ⟨über *lat.* paronymon aus gleichbed. *gr.* parṓnymon, Neutrum von parṓnymos, vgl. paronymisch⟩: (veraltet) stammverwandtes, mit einem od. mit mehreren anderen Wörtern vom gleichen Stamm abgeleitetes Wort (z. B. Rede – reden – Redner – redlich – beredt; Sprachw.)

Par|op|te|se *die;* -, -n ⟨zu ↑para..., *gr.* optān „braten" u.

Parthenogenese

↑...ese⟩: (veraltet) 1. das Anbraten, teilweises Braten. 2. Schwitzbad in heißem Sand o. ä.
par or|dre [pa'rɔrdr] ⟨fr.⟩: auf Befehl; vgl. Order. **par or|dre du muf|ti** [pa'rɔrdr dy –] ⟨fr.; eigtl. „auf Befehl des Mufti"⟩: a) durch Erlaß, auf Anordnung von vorgesetzter Stelle, auf fremden Befehl; b) notgedrungen
Par|ore|xie die; -, ...ien ⟨zu ↑para..., gr. órexis „Streben, Verlangen" u. ↑²...ie⟩: krankhaftes Verlangen nach ungewöhnlichen, auch unverdaulichen Speisen (z. B. in der Schwangerschaft; Med.)
Par|os|mie die; -, ...ien ⟨zu ↑para..., gr. osmḗ „Geruch" u. ↑²...ie⟩: Geruchstäuschung, Störung der Geruchswahrnehmung (z. B. in der Schwangerschaft; Med.). **Par|os|phre|sie** die; -, ...ien ⟨zu gr. ósphrēsis „das Riechen; der Geruchssinn" u. ↑²...ie⟩: svw. Parosmie
Par|otis die; -, ...tiden ⟨aus nlat. (glandula) parotis „Ohrspeicheldrüse", zu ↑para... u. gr. oũs, Gen. ōtós „Ohr"⟩: Ohrspeicheldrüse (Med.). **Par|oti|tis** die; -, ...itiden ⟨zu ↑...itis⟩: durch ein Virus hervorgerufene Entzündung der Ohrspeicheldrüse; Ziegenpeter, Mumps (Med.)
par|oxys|mal ⟨zu ↑Paroxysmus u. ↑¹...al (1)⟩: anfallsweise auftretend, sich in der Art eines Anfalls steigernd (Med.). **Par|oxys|mus** der; -, ...men ⟨über nlat. paroxysmus aus gr. paroxysmós „(Fieber)anfall", eigtl. „Reizung; Erbitterung" zu paroxýnein „(zum Zorn) reizen; erbittern"⟩: 1. anfallartiges Auftreten einer Krankheitserscheinung; anfallartige starke Steigerung bestehender Beschwerden (Med.). 2. aufs höchste gesteigerte Tätigkeit eines Vulkans (Geogr.). **Par|oxy|to|non** das; -s, ...tona ⟨aus gr. paroxýtonon, Neutrum von paroxýtonos „auf der vorletzten Silbe betont", eigtl. „scharf klingend"; vgl. Oxytonon⟩: in der griech. Betonungslehre ein Wort, das den ↑Akut auf der vorletzten Silbe trägt (z. B. gr. μανία = Manie); vgl. Oxytonon u. Proparoxytonon
par pi|sto|let [– ...'lɛ] ⟨fr.⟩; „durch die Pistole"): aus freier Hand (ohne Auflegen der Hand) spielen (Billard)
par pré|fé|rence [– prefe'rãs] ⟨fr.⟩: (veraltet) vorzugsweise; vgl. Präferenz (1)
par re|nom|mée [– rənɔ'me] ⟨fr.⟩: (veraltet) dem Ruf nach; vgl. Renommee
Par|rhe|sie die; - ⟨aus gleichbed. gr. parrhēsía⟩: (veraltet) Freimütigkeit im Reden
Par|ri|ci|da [...ts...] u. **Par|ri|zi|da** der; -s, -s ⟨aus gleichbed. lat. parricida⟩: (selten) Verwandten-, bes. Vatermörder
Par|se der; -n, -n ⟨aus pers. Pārsī „Perser" zu Pārs „Persien"⟩: Anhänger des Parsismus [in Indien]
Par|sec [...'zɛk] das; -, - ⟨Kurzw. aus engl. parallax second „Parallaxensekunde"⟩: Maß der Entfernung von Sternen (1 Parsec = 3,257 Lichtjahre; Astron.); Abk.: pc
par|sen ⟨aus gleichbed. engl.-amerik. to parse, eigtl. „(grammatisch) zerlegen, zergliedern"⟩: (maschinenlesbare Daten) analysieren, segmentieren u. kodieren (EDV).
Par|ser [engl. 'pɑːsə] der; -s, - ⟨aus gleichbed. engl. parser⟩: ein Programm, meist Teil eines ↑Compilers od. ↑Übersetzers, das die syntaktische Analyse eines in einer höheren Programmiersprache geschriebenen Computerquellprogramms durchführt (EDV)
Par|set|ten|sit [auch ...'zɪt] der; -s, -e ⟨nach dem Fundort, den Parsettensitalpen im Schweizer Kanton Graubünden, u. zu ↑²...it⟩: ein rotes Mineral, manganhaltiger Glimmer
Par|si|mo|nie die; - ⟨aus gleichbed. lat. parsimonia zu parcere „schonen"⟩: (veraltet) Sparsamkeit
Par|sing [engl. 'pɑːsɪŋ] das; -s ⟨aus gleichbed. engl.-amerik. parsing, zu to parse, vgl. parsen⟩: das Analysieren, Segmentieren u. Kodieren von Daten (EDV)

par|sisch ⟨zu ↑Parse⟩: die Parsen betreffend. **Par|sis|mus** der; - ⟨zu ↑...ismus (1)⟩: von Zarathustra gestiftete altpers. Religion, bes. in ihrer heutigen indischen Form
Pars pro to|to das; - - - ⟨aus lat. pars pro toto „ein Teil für das Ganze"⟩: Redefigur, die einen Teilbegriff an Stelle eines Gesamtbegriffs setzt (z. B. unter einem Dach = in einem Haus; Sprachw.)
Part der; -s, Plur. -s, auch -e[n] ⟨aus (alt)fr. part „(An)teil; Teilnahme, Mitteilung", dies aus lat. pars, Gen. partis „Teil"⟩: 1. (Plur. -en) Anteil des Miteigentums an einem Schiff. 2. (Plur. -s, auch -e) a) Stimme eines Instrumental- od. Gesangsstücks; b) Rolle in einem Theaterstück. **Par|tage** [...'taːʒ] die; -, -n [...ʒn] ⟨aus gleichbed. fr. partage zu altfr. partir „teilen", dies aus lat. partiri⟩: (veraltet) Teilung, Anteil. **par|ta|gie|ren** [...ta'ʒiː...] ⟨aus gleichbed. (alt)fr. partager⟩: (veraltet) teilen, verteilen. **¹Par|te** die; -, -n ⟨aus it. parte „Partei"⟩: 1. (landsch.) Familie, Wohnpartei in einem [Miets]haus. 2. svw. Part (2 a); vgl. auch colla parte. **²Par|te** die; -, -n ⟨kurz für ↑Partezettel, zu fr. donner (od. faire) part „Nachricht geben"⟩: (österr.) Kurzform von ↑Partezettel. **Par|tei** die; -, -en ⟨aus fr. partie „Teil, Abteilung, Gruppe; Beteiligung" zu partir „teilen", dies aus lat. partiri zu pars, vgl. Part⟩: 1. Organisation, Vereinigung von Personen mit gleichen politischen Überzeugungen, die den Zweck verfolgen, bestimmte Ziele zu verwirklichen. 2. Beklagter od. Kläger in Rechtsstreitigkeiten. 3. Mietpartei, Wohnungsinhaber in einem [Miets]haus. 4. Gruppe von Gleichgesinnten. **Par|tei|dis|zi|plin** die; -: Verzicht auf eigene Meinungsvertretung von Parteimitgliedern zugunsten des einheitlichen Auftretens der Partei. **Par|tei|en|so|zio|lo|gie** die; -: Teilgebiet der Soziologie, das sich mit der Stellung der politischen Parteien im Parlamentarismus u. in der Demokratie befaßt. **par|tei|in|tern**: innerhalb einer politischen Partei, nur die Mitglieder einer Partei (2) betreffend; -e Differenzen: Meinungsverschiedenheiten innerhalb einer Partei, die nicht für die Öffentlichkeit bestimmt sind. **par|tei|isch**: a) voreingenommen, befangen; b) rechthaberisch. **par|tei|lich**: a) eine Partei betreffend, Partei ergreifend; b) die Grundsätze einer Partei vertretend. **Par|tei|pro|gramm** das; -s, -e: die in einem einheitlichen Dokument festgelegte Zusammenfassung der Grundprinzipien u. Ordnungsvorstellungen einer Partei. **Par|tei|se|kre|tär** der; -s, -e: für die Verwaltung der Parteiangelegenheiten bestelltes (meist leitendes) Parteimitglied. **Par|te|ke** die; -, -n ⟨entstellt aus lat. particula „Teilchen"⟩: (veraltet) Stückchen, Stück [Almosen]brot.
Par|ten|ree|de|rei die; -, -en ⟨zu ↑Part u. dt. Reederei⟩: Reederei, deren Schiffe mehreren Eigentümern gehören
par|terre [...'tɛr] ⟨aus gleichbed. fr. par terre⟩: im Erdgeschoß, zu ebener Erde; Abk.: part. **Par|ter|re** das; -s, -s ⟨zu ↑parterre, Bed. 2 aus gleichbed. fr. parterre⟩: 1. Erdgeschoß; Abk.: Part. 2. (veraltend) Sitzreihen zu ebener Erde im Theater od. Kino. **Par|terre|akro|ba|tik** [...'tɛr...] die; -: artistisches Bodenturnen
Par|tes [...teːs] die (Plur.) ⟨aus lat. partes, Plur. von pars, vgl. Part⟩: Stimmen, Stimmhefte (Mus.). **Par|te|zet|tel** der; -s, - ⟨zu ↑²Parte⟩: (österr.) Todesanzeige
Par|the|ni|en [...ǝn] die (Plur.) ⟨zu gr. partheneion „Jungfrauenlied", substantiviertes Neutrum von parthéneios „jungfräulich"⟩: altgriech. Hymnen für Jungfrauenchöre
par|the|no..., Par|the|no... ⟨zu gr. parthénos „Jungfrau"⟩: Wortbildungselement mit der Bedeutung „ohne Befruchtung entstanden, jungfräulich", z. B. parthenogenetisch, Parthenokarpie. **Par|the|no|ga|mie** die; -, ...ien ⟨zu ↑...gamie (1)⟩: svw. Parthenogenese (2). **Par|the|no|ge|ne|se**

1019

parthenogenetisch

die; -: 1. Jungfrauengeburt, Geburt eines Gottes od. Helden durch eine Jungfrau (Rel.). 2. Jungfernzeugung, Fortpflanzung durch unbefruchtete Keimzellen (z. B. bei Insekten; Biol.). **par|the|no|ge|ne|tisch:** die Parthenogenese (2) betreffend; aus unbefruchteten Keimzellen entstehend (Biol.). **par|the|no|karp** ⟨zu ↑...karp⟩: die Parthenokarpie betreffend, ohne Befruchtung entstanden (Biol.). **Par|the|no|kar|pie** *die;* - ⟨zu ↑...karpie⟩: Entstehung von samenlosen Früchten ohne Befruchtung (Biol.) **par|ti|al** ⟨aus *spätlat.* partialis „(an)teilig" zu *lat.* pars, vgl. Part⟩: svw. partiell; vgl. ...al/...ell. **Par|ti|al...:** Wortbildungselement mit der Bedeutung „(nur) einen Teil bzw. einen Teilbereich betreffend", z. B. Partialobligation. **Par|ti|al|ana|ly|se** *die;* -, -n: Untersuchungen einzelner Teilbereiche eines ökonomischen Gesamtzusammenhanges (Wirtsch.). **Par|ti|al|bruch** *der;* -[e]s, ...brüche: Teilbruch eines Bruches mit zusammengesetztem Nenner (Math.). **Par|ti|al|druck** *der;* -[e]s, ...drücke: der Druck eines einzelnen Gases od. Dampfes in einem Gemisch von Gasen od. Dämpfen. **Par|ti|al|ge|fühl** *das;* -[e]s, -e: Teilgefühl, Einzelausprägung von Gefühlen, die sich zum Totalgefühl zusammenschließen können (nach S. Freud; Psychol.). **Par|ti|al|ob|li|ga|ti|on** *die;* -, -en: Teilschuldverschreibung (Wirtsch.). **Par|ti|al|ob|jekt** *das;* -[e]s, -e: Gegenstand od. Teil einer Person, der an Stelle der Person selbst Ziel des Sexualtriebs geworden ist (nach S. Freud; Psychol.). **Par|ti|al|ton** *der;* -[e]s, ...töne (meist Plur.): Teilton eines Klanges (Mus.). **Par|ti|al|trieb** *der;* -[e]s, -e: einer der als Komponenten des Sexualtriebs angesehenen, in den verschiedenen Entwicklungsstadien nacheinander sich entwickelnden Triebe, z. B. ↑oraler, ↑analer, ↑genitaler Trieb (nach S. Freud; Psychol.). **par|tia|risch** ⟨zu ↑Part⟩: mit Gewinnbeteiligung (Wirtsch., Rechtsw.). **par|ti|bel** ⟨aus gleichbed. *lat.* partibilis⟩: (veraltet) teilbar. **Par|ti|bi|li|tät** *die;* - ⟨aus gleichbed. *mlat.* partibilitas, Gen. partibilitatis⟩: (veraltet) Teilbarkeit. **Par|ti|cell** [...'tʃɛl] *das;* -s, -e u. **Par|ti|cel|la** [...'tʃɛla] *die;* -, ...lle ⟨aus *it.* particella, eigtl. „Teilchen", Verkleinerungsform von parte, vgl. ¹Parte⟩: ausführlicher Kompositionsentwurf, Entwurf zu einer ↑Partitur (Mus.). **Par|ti|cu|la pen|dens** [...kula -] *die;* - - ⟨aus *lat.* particula pendens, eigtl. „(in der Luft) hängendes Teilchen"⟩: ohne Entsprechung bleibende Partikel (1) beim ↑Anantapodoton (Rhet., Stilk.). **Par|tie** *die;* -, ...ien ⟨aus gleichbed. *fr.* partie (vgl. Partei), Bed. 6 über *fr.* parti⟩: 1. Abschnitt, Ausschnitt, Teil, z. B. die untere - des Gesichtes. 2. Durchgang, Runde bei bestimmten Spielen, z. B. eine - Schach, Billard. 3. Rolle in einem gesungenen [Bühnen]werk. 4. (veraltet) [gemeinsamer] Ausflug. 5. (Kaufmannsspr.) Warenposten. 6. Heirat(smöglichkeit); eine gute - sein: viel Geld mit in die Ehe bringen; eine gute - machen: einen vermögenden Ehepartner heiraten. 7. (österr.) für eine bestimmte Arbeit zusammengestellte Gruppe von Arbeitern. **Par|tie|füh|rer** *der;* -s, - ⟨...: (österr.) Vorarbeiter, Führer einer Gruppe von Arbeitern. **par|ti|ell** ⟨nach gleichbed. *fr.* partiel, dies aus *spätlat.* partialis, vgl. partial⟩: teilweise [vorhanden]; einseitig; anteilig; vgl. ...al/...ell. **par|tie|ren** ⟨aus gleichbed. *lat.* partiri zu pars, vgl. Part⟩: 1. teilen. 2. die einzelnen Stimmen in Partiturform anordnen (Mus.). **Par|tie|wa|re** *die;* -, -n ⟨zu ↑Partie⟩: unmoderne od. unansehnliche Ware, die billiger verkauft wird. **Par|ti|kel** [auch ...'tɪkl] *die;* -, -n ⟨aus *lat.* particula „Teilchen, Stück", Verkleinerungsform von pars, vgl. Part⟩: 1. a) zusammenfassende Bez. für die keiner Flexion unterliegenden Wortarten (Adverbien, Präpositionen, Konjunktionen); b) die Bedeutung nur modifizierendes Wörtchen ohne syntaktische Funktion (z. B. doch, etwa); Adverb, das aber im Unterschied zu den echten Adverbien nicht als Antwort auf nichtelliptische Fragen fungieren kann (z. B. *auch*; Sprachw.). 2. (auch *das;* -s, -) [sehr] kleiner materieller Körper; Elementarteilchen (Phys.; Techn.). 3. a) Teilchen der ↑Hostie; b) als Reliquie verehrter Span des Kreuzes Christi (kath. Kirche). **par|ti|ku|lar** u. **par|ti|ku|lär** ⟨aus gleichbed. *spätlat.* particularis; vgl. ...ar (1) u. ...är⟩: einen Teil, eine Minderheit betreffend; einzeln. **Par|ti|ku|lar** *der;* -s, -e ⟨zu ↑...ar (2)⟩: (schweiz. veraltet) Privatmann, Rentner, Partikülier. **par|ti|ku|la|ri|sie|ren** ⟨zu ↑partikular u. ↑...isieren⟩: (veraltet) absondern, in Einzelheiten darstellen. **Par|ti|ku|la|ris|mus** *der;* - ⟨zu ↑...ismus (5)⟩: (meist abwertend) das Streben staatlicher Teilgebiete, ihre besonderen Interessen gegen die allgemeinen Interessen der übergeordneten staatlichen Gemeinschaft durchzusetzen. **Par|ti|ku|la|rist** *der;* -en, -en ⟨zu ↑...ist⟩: Anhänger des Partikularismus. **par|ti|ku|la|ri|stisch** ⟨zu ↑...istisch⟩: den Partikularismus betreffend. **Par|ti|ku|lar|recht** *das;* -[e]s, -e ⟨zu ↑partikular⟩: Sonderrecht von Teilgebieten im Unterschied zum Recht des Gesamtgebietes. **Par|ti|ku|lier** *der;* -s, -e ⟨zu ↑Partikülier; vgl. ¹...ier⟩: selbständiger Schiffseigentümer, Selbstfahrer in der Binnenschiffahrt. **Par|ti|kü|lier** [...'lje:] *der;* -s, -s ⟨aus gleichbed. *fr.* particulier⟩: (veraltet) Privatmann, Rentner; vgl. Privatier. **Par|ti|men** *das;* -[s], -[s] ⟨zu *provenzal.* partir (un joc) „zur Wahl stellen"⟩: altprovenzal. Streitgedicht; vgl. Tenzone. **Par|ti|men|to** *der;* -[s], ...ti ⟨italianisierende Bildung zu partire, eigtl. „Teilung"⟩: mit beziffertem Baß versehene Zusammenfassung eines ↑polyphonen Satzes in einer Stimme, die zum Continuospiel verwendet werden kann (Mus.). **Par|ti|san** *der;* Gen. -s u. -en, Plur. -en ⟨aus gleichbed. *it.* partigiano, eigtl. „Parteigänger; Verfechter", zu parte „Teil; Partei", dies aus *lat.* pars, vgl. Part⟩: jmd., der nicht als regulärer Soldat, sondern als Angehöriger bewaffneter, aus dem Hinterhalt operierender Gruppen od. Verbände gegen den in sein Land eingedrungenen Feind kämpft; Widerstandskämpfer. **Par|ti|sa|ne** *die;* -, -n ⟨aus gleichbed. *fr.* pertuisane, älter *fr.* partisane, dies aus *it.* partigiana, eigtl. „Waffe eines partigiano", vgl. Partisan⟩: spießartige Stoßwaffe (des 15.–18. Jh.s). **Par|ti|sa|nin** *die;* -, -nen: weibliche Form zu ↑Partisan. **Par|ti|ta** *die;* -, ...ten ⟨aus *it.* partita, Part. Perf. (Fem.) von partire „teilen", dies aus *lat.* partiri⟩: Folge von mehreren in der gleichen Tonart stehenden Stücken (im Sinne einer ↑Suite 4; Mus.). **Par|ti|te** *die;* -, -n ⟨aus *lat.* partitus, Part. Perf. von partiri „teilen"⟩: 1. Geldsumme, die in Rechnung gebracht wird. 2. (veraltet) Schelmenstreich. **Par|ti|ten|ma|cher** *der;* -s, - : (veraltet) listiger Betrüger. **Par|ti|ti|on** *die;* -, -en ⟨aus *lat.* partitio „(Ver)teilung"⟩: Zerlegung des Begriffsinhaltes in seine Teile od. Merkmale (Logik). **par|ti|tiv** ⟨aus gleichbed. *mlat.* partitivus⟩: die Teilung ausdrückend (Sprachw.); -er [...vɐ] Genitiv: svw. Genitivus partitivus. **Par|ti|tiv** *der;* -s, -e ⟨aus gleichbed. *lat.* (casus) partitivus⟩: Kasus mit partitiver Funktion, zur Bezeichnung des Teils eines Ganzen (z. B. im Finnischen; Sprachw.). **Par|ti|tiv|zahl** *die;* -, -en: (selten) Bruchzahl. **Par|ti|tur** *die;* -, -en ⟨aus gleichbed. *it.* partitura, eigtl. „Einteilung", zu partire „(ein)teilen", dies aus *lat.* partiri, vgl. Partei⟩: übersichtliche, Takt für Takt in Notenschrift auf einzelnen übereinanderliegenden Liniensystemen angeordnete Zusammenstellung aller zu einer vielstimmigen Komposition gehörenden Stimmen. **Par|ti|zip** *das;* -s, -ien [...jən] ⟨aus gleichbed. *lat.* participium zu particeps „teilhabend" (nämlich an der Wortart Verb u. an der Wortart Adjektiv), dies zu

pars (↑ Part) u. capere „nehmen, fassen"⟩: Mittelwort, Verbform, die eine Mittelstellung zwischen Verb u. Adjektiv einnimmt (Sprachw.); - Perfekt: Mittelwort der Vergangenheit (Partizip II, z. B. geschlagen); - Präsens: Mittelwort der Gegenwart (Partizip I, z. B. schlafend). **Par|ti|zi|pa|ti|on** *die;* -, -en ⟨aus gleichbed. *spätlat.* participatio⟩: das Partizipieren. **Par|ti|zi|pa|ti|ons|ge|schäft** *das;* -[e]s, -e: ein auf der Basis vorübergehenden Zusammenschlusses von mehreren Personen getätigtes Handelsgeschäft (Wirtsch.). **Par|ti|zi|pa|ti|ons|kon|to** *das;* -s, Plur. ...ten, auch -s u. ...ti: das gemeinsame Konto der Teilhaber eines Partizipationsgeschäftes (Wirtsch.). **par|ti|zi|pi|al** ⟨aus gleichbed. *lat.* participialis⟩: a) das Partizip betreffend; b) mittelwörtlich. **Par|ti|zi|pi|al|grup|pe** *die;* -, -n u. **Par|ti|zi|pi|al|kon|struk|ti|on** *die;* -, -en: grammatikalische Konstruktion, bei der ein Partizip durch das Hinzutreten anderer [von ihm abhängender] Glieder aus dem eigentlichen Satz herausgelöst ist, dessen Wirkungsbereich sich deutlich vom verbalen Wirkungsbereich des eigentlichen Satzes abhebt; satzwertiges Partizip (z. B. *gestützt auf seine Erfahrungen,* konnte er die Arbeit in Angriff nehmen; Sprachw.). **Par|ti|zi|pi|ent** *der;* -en, -en ⟨aus *lat.* participiens, Gen. participientis „jmd., der teilnimmt", Part. Präs. von participare, vgl. partizipieren⟩: (veraltet) Teilnehmer [an einem Handelsgeschäft]. **par|ti|zi|pie|ren** ⟨aus gleichbed. *lat.* participare zu particeps, vgl. Partizip⟩: von etw., was ein anderer hat, etwas abbekommen; teilhaben. **Par|ti|zi|pi|um** *das;* -s, ...pia ⟨aus *lat.* participium, eigtl. „das Teilnehmen"⟩: (veraltet) Partizip; - Perfekti, - Präsentis: svw. Partizip Perfekt, Partizip Präsens (vgl. Partizip); - Präteriti: svw. Partizip Perfekt. **Part|ner** *der;* -s, - ⟨aus gleichbed. *engl.* partner, dies unter Einfluß von part zu *mittelengl.* parcener, dies über *altfr.* parçonier „Teilhaber" zu parçon, dies aus *lat.* partitio „Teilung" zu partiri „teilen"⟩: 1. a) jmd., der mit anderen etw. gemeinsam [zu einem bestimmten Zweck] unternimmt, sich mit anderen zusammentut; Genosse; b) Mit-, Gegenspieler (Sport). 2. Teilhaber; [Lebens]gefährte. **Part|ne|rin** *die;* -, -nen: weibliche Form zu ↑ Partner. **Part|ner|look** [...lʊk] *der;* -s ⟨zu ↑ Look⟩: [modische] Kleidung, die der des Partners in Farbe, Schnitt o. ä. gleicht
Par|to|gramm *das;* -s, -e ⟨zu ↑ Partus u. ↑ ...gramm⟩: graphische Aufzeichnung aller Befunde, die vom Beginn bis zum Ende der Geburt bei Mutter u. Kind festgestellt werden (Med.)
Par|ton *das;* -s, ...onen (meist Plur.) ⟨zu *lat.* pars, Gen. partis „Teil" u. ↑⁴...on⟩: hypothetischer Bestandteil von Atomkernbausteinen (Nukleonen) u. anderen Elementarteilchen (Phys.).
par|tout [...'tu:] ⟨aus *fr.* partout „überall; allenthalben" zu par „durch" u. tout „ganz"⟩: (ugs.) durchaus, unbedingt, um jeden Preis
Parts per mil|lion ['pɑːts pə 'mɪljən] *die* (Plur.) ⟨aus *engl.* parts per million „Teile auf eine Million"; vgl. Part⟩: bei Konzentrationsangaben (z. B. Schadstoffe in der Luft) Bez., die besagt, daß eine Substanz in einer Grund- od. Gesamtsubstanz in einer bestimmten Konzentration enthalten ist; Abk.: ppm (1 ppm entspricht einer Konzentration von 1 Gramm pro Tonne)
par|tu|ri|ent mon|tes, nas|ce|tur ri|di|cu|lus mus [...ɛnt ...teːs ...tse:... ...kʊs –] ⟨*lat.;* „die Berge werden kreißen, aber nur eine lächerliche Maus wird geboren werden" (Zitat aus der „Ars poetica" von Horaz)⟩: trotz großer Worte, gewaltiger Anstrengungen u. ä. wird nur ein kümmerliches Ergebnis erzielt. **Par|tus** *der;* -, - [...tuːs] ⟨aus gleichbed. *lat.* partus, eigtl. substantiviertes Part. Perf. von parere „gebären"⟩: Geburt, Entbindung (Med.)
Part|work ['pɑːtwəːk] *das;* -s, -s ⟨aus gleichbed. *engl.-amerik.* partwork, eigtl. „Teilwerk"⟩: in Lieferungen od. Einzelbänden erscheinendes Buch bzw. Buchreihe (Buchw.)
Par|ty ['pɑːɐ̯ti, engl. 'paːti] *die;* -, Plur. -s u. ...ties [...tiːs] ⟨aus gleichbed. *engl.-amerik.* party, dies aus *fr.* partie; vgl. Partie⟩: zwangloses Fest, gesellige Feier [im Bekanntenkreis, mit Musik u. Tanz]. **Par|ty|ser|vice** [...səːvɪs] *der,* auch *das;* -, -s [...vɪs od. ...vɪsɪs] ⟨zu ↑²Service⟩: a) (ohne Plur.) von Hotels, Restaurants o. ä. angebotener ↑²Service, für Partys Speisen zuzubereiten u. zu liefern [u. Bedienungspersonal zur Verfügung zu stellen]; b) Betrieb od. Abteilung eines Hotels, Restaurants o. ä., die Partyservice (1) anbieten
Par|ulis *die;* - ⟨aus *gr.* paroulís „Geschwür am Zahnfleisch"⟩: Zahnfleischabszeß (Med.)
Par|usie *die;* - ⟨aus gleichbed. *gr.* parousía, eigtl. „Gegenwart"⟩: 1. die Wiederkunft Christi beim Jüngsten Gericht (Theol.). 2. Anwesenheit, Gegenwart, Dasein der Ideen in den Dingen (Plato; Philos.)
Par|ve|nü [...v...] *der;* -s, -s ⟨aus gleichbed. *fr.* parvenu, eigtl. Part. Perf. von parvenir „an-, emporkommen"⟩: Emporkömmling, Neureicher
Par|vis [...'viː] *der;* - [...'viː(s)], - [...'viːs] ⟨aus gleichbed. *fr.* parvis, dies aus *(kirchen)lat.* paradisus „Paradies"⟩: (veraltet) Vorhof, Vorplatz (bes. einer Kirche)
Par|vi|se|mie [...v...] *die;* - ⟨zu *lat.* parvus „klein, gering", semen „Samen" u. ↑²...ie⟩: krankhafte Verminderung der Samenflüssigkeit (Med.). **Par|vi|tät** *die;* - ⟨zu ↑...ität⟩: (veraltet) Kleinheit, geringes Vorkommen. **Par|vo|vi|rus** [...voviː...] *das,* auch *der;* -, ...ren (meist Plur.): Virus, das bes. bei Katzen ernsthafte Erkrankungen, aber auch beim Menschen u. a. Brechdurchfall verursachen kann
Par|ze *die;* -, -n (meist Plur.) ⟨aus gleichbed. *lat.* Parca zu *par(i)ca „die Gebärende", dies zu parere „gebären", also eigtl. „Geburtsgöttin"⟩: eine der drei altröm. Schicksalsgöttinnen (Klotho, Lachesis, Atropos)
Par|zel|le *die;* -, -n ⟨aus *fr.* parcelle „Teilchen, Stückchen", dies über *vulgärlat.* particella „Teilchen" aus *lat.* particula, vgl. Partikel⟩: vermessenes Grundstück (als Bauland od. zur landwirtschaftlichen Nutzung). **Par|zel|len|sy|stem** *das;* -s: Ordnung des Jagdrechts, nach der jeder auf seiner Parzelle, seinem Eigentum jagen darf. **par|zel|lie|ren** ⟨zu ↑...ieren⟩: Großflächen in Parzellen zerlegen
Pas [pa] *der;* - [pa(s)], - [pas] ⟨aus *fr.* pas, dies aus *lat.* passus „Schritt, Tritt"⟩: Schritt, Tanzbewegung (Ballett)
pa|sa|de|nisch ⟨nach der kalifornischen Stadt Pasadena⟩: die alpidische (vgl. Alpiden) Faltungsphase zu Ende des ↑ Pliozäns betreffend, zu ihr gehörend (Geol.)
Pas|cal [...'kal] *das;* -s, - ⟨nach dem franz. Philosophen u. Physiker B. Pascal, 1623–1662⟩: Maßeinheit des Drucks u. der mechanischen Spannung; Zeichen Pa
PASCAL [...'kal] *das;* -s ⟨Kurzw. aus *engl.* primary algorithmic scientific commercial application language, angelehnt an ↑ Pascal⟩: eine Programmiersprache, die umfangreiche Möglichkeiten für strukturiertes Programmieren bietet (EDV)
Pas|cal|se|kun|de [pas'kal...] *die;* - ⟨zu ↑ Pascal⟩: Maßeinheit der dynamischen ↑ Viskosität; Zeichen Pa
Pasch *der;* -[e]s, Plur. -e u. Päsche ⟨zu *fr.* passe-dix, eigtl. „überschreite zehn" (bei dem franz. Spiel gewinnt, wer mehr als zehn Augen wirft)⟩: 1. Wurf mit gleicher Augenzahl auf mehreren Würfeln. 2. Stein mit Doppelzahl (Dominospiel)

Pascha

¹Pa|scha *der;* -s, -s ⟨aus *türk.* paşa „Exzellenz"⟩: 1. a) (früher) Titel hoher oriental. Offiziere od. Beamter; b) Träger dieses Titels. 2. (ugs.) a) rücksichtsloser, herrischer Mensch; b) Mann, der sich gern [von Frauen] bedienen, verwöhnen läßt

²Pas|cha ['pasça] *das;* -s ⟨aus *kirchenlat.* pascha, dies über *gr.* páscha aus gleichbed. *aram.* pāshâ zu *hebr.* pesaḥ⟩: ökumen. Form von Passah

Pa|scha|lik *das;* -s, Plur. -e u. -s ⟨aus gleichbed. *türk.* paşalik⟩: Würde od. Amtsbezirk eines ¹Paschas (1 b)

Pas|chal|stil […'ça:l...] *der;* -[e]s ⟨zu *spätlat.* paschalis „österlich" (dies zu pascha, vgl. ²Pascha) u. ↑ Stil⟩: mittelalterliche Zeitbestimmung mit dem Jahresanfang zu Ostern

¹pa|schen ⟨Gaunerspr., vielleicht aus der Zigeunerspr.⟩: (ugs.) schmuggeln

²pa|schen ⟨zu ↑ Pasch⟩: 1. würfeln. 2. (bayr., österr.) in die Hände klatschen

Pa|scher *der;* -s, - ⟨zu ↑¹paschen⟩: (ugs.) Schmuggler

pa|scholl! ⟨aus *russ.* ugs. pošël „geh weg!", zu pojti „losgehen"⟩: los!, vorwärts!

Pasch|to u. **Pasch|tu** *das;* -s ⟨aus *pers.* paštu, poštu, dies aus dem Afghan.⟩: Amtssprache in Afghanistan

Pas de deux [padə'dø] *der;* - - -, - - - ⟨aus gleichbed. *fr.* pas de deux, eigtl. „Tanz(schritt) zu zweit"⟩: Ballettanz für eine Solotänzerin u. einen Solotänzer. **Pas de qua|tre** [pad'katr] *der;* - - -, - - - ⟨aus gleichbed. *fr.* pas de quatre, eigtl. „Tanz(schritt) zu viert"⟩: Ballettanz für vier Tänzer. **Pas de trois** [padə'troa] *der;* - - -, - - - ⟨aus gleichbed. *fr.* pas de trois, eigtl. „Tanz(schritt) zu dritt"⟩: Ballettanz für drei Tänzer. **Pa|seo** *der;* -s, -s ⟨aus gleichbed. *span.* paseo zu paso, vgl. Paso⟩: span. Bez. für Promenade, Spazierweg

Pa|si|gra|phie *die;* -, …ien ⟨zu *gr.* pãsi „allen" (Dativ Plur. von pās „alle, jeder") u. ↑…graphie, eigtl. „Allgemeinschrift"⟩: [theoret.] allen Völkern verständliche Schrift ohne Hilfe der Laute, Begriffsschrift, ↑ Ideographie. **Pa|si|la|lie** *die;* - ⟨zu *gr.* laleĩn „sprechen" u. ↑²…ie⟩: (veraltet) Wissenschaft von den künstlichen Welthilfssprachen. **Pa|si|lin|gua** *die;* - ⟨zu *lat.* lingua „Sprache"⟩: von Steiner 1885 aufgestellte Welthilfssprache. **Pa|si|lo|gie** *die;* - ⟨zu ↑…logie⟩: svw. Pasilalie

Pas|lack *der;* -s, -s ⟨wohl zu *poln.* pósłanka „Gesandter" zu posłać „(hin)schicken"⟩: (landsch.) jmd., der für andere schuften muß

Pa|so *der;* -, -s ⟨aus gleichbed. *span.* paso, eigtl. „Schritt", dies aus *lat.* passus⟩: 1. [Gebirgs]paß. 2. (auch *das*) komisches Zwischenspiel auf der klassischen span. Bühne. **Pa|so do|ble** *der;* - -, - - ⟨aus gleichbed. *span.* paso doble, eigtl. „Doppelschritt"⟩: Gesellschaftstanz in schnellem ¾-Takt. **Pa|so fi|no** *der;* - -, - -s ⟨aus gleichbed. *span.* paso fino, eigtl. „feiner Schritt"⟩: vor allem aus Peru u. Kolumbien stammendes edles, feingliedriges Reitpferd

Pas|pel *der;* -s, -n, selten *der;* -s, - u. (bes. österr.) Passepoil [pas'pọal] *der;* -s, -s ⟨aus gleichbed. *fr.* passepoil zu passe, Imp. von passer „darüber hinausgehen" (vgl. passieren) u. poil „Haar(franse)" (zu *lat.* pilus „Haar")⟩: schmaler Nahtbesatz bei Kleidungsstücken. **pas|pe|lie|ren** u. (bes. österr.) **passepoilieren** [paspọa...] ⟨nach gleichbed. *fr.* passepoiler⟩: mit Paspel (Passepoil) versehen

Pas|quill *das;* -s, -e ⟨aus gleichbed. *it.* pasquillo, nach einer im Volksmund „Pasquino" genannten Skulptur in Rom, an der (bes. im 16. u. 17. Jh.) Schmähschriften angebracht wurden⟩: anonyme Schmäh-, Spottschrift, schriftlich verbreitete Beleidigung. **Pas|quil|lant** *der;* -en, -en ⟨zu ↑…ant⟩: Verfasser od. Verbreiter eines Pasquills. **Pas|qui|na|de** [paski...] *die;* -, -n ⟨über *fr.* pasquinade aus *it.* pasquinata „Schmähschrift"⟩: (selten) svw. Pasquill

pas|sa|bel ⟨aus gleichbed. *fr.* passable, eigtl. „gangbar", zu passer, vgl. passieren⟩: annehmbar, leidlich. **Pas|sa|ca|glia** […'kalja] *die;* -, …ien […jən] ⟨über *it.* passacaglia aus *span.* pasacalle „von der Gitarre begleiteter Gesang" zu pasar „hindurchgehen" u. calle „Gasse", nach den durch die Straßen ziehenden Musikantengruppen⟩: [langsames] Instrumentalstück mit Variationen in den Oberstimmen über einem ↑ Ostinato, meist im ¾-Takt. **Pas|sa|cail|le** […'ka:jə] *die;* -, -n ⟨aus *fr.* passacaille „spanischer Tanz"⟩: svw. Passacaglia. **Pas|sa|de** *die;* -, -n ⟨aus *fr.* passade „flüchtige Durchreise, Wendung"⟩: kurz ausgeführte Wendung im Galopp mit gleichzeitigem Fußwechsel (in der Hohen Schule). **pas|sa|die|ren** ⟨zu ↑…ieren⟩: die Passade reiten. **Pas|sa|ge** […ʒə] *die;* -, -n ⟨aus gleichbed. *(alt)fr.* passage zu passer, vgl. passieren⟩: 1. a) Durchfahrt, Durchgang; b) (ohne Plur.) das Durchfahren, Passieren (1). 2. überdachte Ladenstraße. 3. Reise mit Schiff od. Flugzeug, bes. übers Meer. 4. Durchgang eines Gestirns durch den Meridian (2; Astron.). 5. aus melodischen Figuren zusammengesetzter Teil eines Musikwerks. 6. fortlaufender, zusammenhängender Teil einer Rede od. eines Textes. 7. Gangart der Hohen Schule, bei der das Pferd im Trab die abfedernden Beine länger in der Beugung hält (Reiten). **Pas|sa|ge|in|stru|ment** *das;* -[e]s, -e ⟨einfache Form des ↑ Meridiankreises⟩ zur Bestimmung der Durchgangszeiten der Sterne durch den Meridian (Astron.). **pas|sa|ger** […'ʒe:ɐ̯] ⟨aus *fr.* passager „vorübergehend"⟩: nur vorübergehend auftretend (von Krankheitszeichen, Krankheiten o. ä., z. B. von einer Lähmung; Med.). **Pas|sa|gier** […'ʒi:ɐ̯] *der;* -s, -e ⟨unter Einfluß von *fr.* passager „Passagier" aus *it.* passeggiere, Nebenform von passeggero „(Durch)reisender" zu passare „reisen"⟩: Flug-, Fahrgast; Schiffsreisender. **Pas|sa|gi|um** […giʊm] *das;* -s, Plur. …ien […jən] u. …ia ⟨aus gleichbed. *mlat.* passagium⟩: Heereszug, Kreuzzug

Pas|sah *das;* -s ⟨über *spätlat.* pascha, *gr.* páscha aus *hebr.* pesaḥ zu pāsaḥ „verschonen"⟩: 1. jüd. Fest zum Gedenken an den Auszug aus Ägypten; vgl. Azyma (2). 2. beim Passahmahl gegessenes Lamm

Pas|sa|me|ter *das;* -s, - ⟨mit Bindevokal -a- zu *lat.* passus „ausgebreitet" (Part. Perf. von pandere „ausbreiten") u. zu ↑¹…meter⟩: Feinmeßgerät für Außenmessungen an Werkstücken (Techn.). **Pas|sa|mez|zo** *der;* -s, …zzi ⟨aus gleichbed. *it.* passamezzo zu passo e mezzo „anderthalb Schritt"⟩: 1. alter ital. Tanz, eine Art schnelle ↑ Pavane. 2. Teil der Suite (4). **Pas|sant** *der;* -en, -en ⟨aus gleichbed. *(alt)fr.* passant bzw. *it.* passante, substantiviertes Part. Präs. von passer bzw. passare, vgl. passieren⟩: 1. Fußgänger; [zufällig] Vorübergehender. 2. (schweiz.) Durchreisender

Pas|sat *der;* -[e]s, -e ⟨aus gleichbed. *niederl.* passaat(wind), weitere Herkunft ungeklärt⟩: beständig in Richtung Äquator wehender Ostwind in den Tropen

passe [pas] ⟨zu *fr.* passe, eigtl. „übertrifft" (nach dem höheren Gewinn im Ggs. zu ↑ manque), dies zu passer „übertreffen, vorbeigehen", vgl. passen⟩: von 19 bis 36 (in bezug auf eine Gewinnmöglichkeit beim Roulett). **pas|sé** [pa'se:] ⟨aus gleichbed. *fr.* passé, Part. Perf. von passer, vgl. passieren⟩: (ugs.) vorbei, vergangen, abgetan, überlebt. **Pas|se|men|te|rie** […mãtə...] *die;* -, …ien ⟨aus *fr.* passementerie „Posamentenherstellung"⟩: svw. Posamentierarbeit. **pas|sen** ⟨nach *fr.* passer „(vorüber)gehen"⟩: 1. nicht mithalten, verzichten. 2. a) ein Spiel vorübergehen lassen, auf ein

Spiel verzichten (Kartenspiel); b) keine Augen machen (beim Bridge). **Passe|par|tout** [paspar'tu:] *das,* schweiz. *der;* -s, -s ⟨aus gleichbed. *fr.* passe-partout, eigtl. „etwas, was überall paßt"⟩: 1. Umrahmung aus leichter Pappe für Graphiken, Aquarelle, Zeichnungen u. a. 2. (schweiz., sonst veraltet) Freipaß; Dauerkarte. 3. (selten, noch schweiz.) Hauptschlüssel. **Passe|pied** [pas'pi̯e:] *der;* -s, -s ⟨aus gleichbed. *fr.* passe-pied, eigtl. „setze den Fuß über (den anderen)"⟩: 1. alter franz. Rundtanz aus der Bretagne in schnellem, ungeradem Takt (z. B. ¾-Takt). 2. Einlage in der Suite (4). **Passe|poil** [pas'poal] vgl. Paspel. **pas|se|poi|lie|ren** vgl. paspelieren. **Passe|port** [pas'po:ɐ] *der;* -s, -s ⟨aus *fr.* passeport⟩: franz. Bez. für Reisepaß. **Pas|se|rel|le** *die;* -, -n ⟨aus gleichbed. *fr.* passerelle zu passer, vgl. passieren⟩: (schweiz.) Fußgängerüberweg, kleiner Viadukt. **Pas seul** [pa'sœl] *der;* - -, - - ⟨aus gleichbed. *fr.* pas seul⟩: Tanz allein, Solotanz
pas|si|bel ⟨aus gleichbed. *fr.* passible, dies aus *lat.* patibilis zu pati, vgl. Passion⟩: (veraltet) empfindungsfähig, empfänglich für Einflüsse. **Pas|si|bi|li|tät** *die;* - ⟨aus gleichbed. *fr.* passibilité, vgl. …ität⟩: (veraltet) Empfindungsfähigkeit, Empfindsamkeit
Pas|sier|ball *der;* -[e]s, …bälle ⟨zu ↑passieren⟩: svw. Passierschlag. **pas|sier|bar:** so beschaffen, daß man es passieren kann, gangbar, überschreitbar. **pas|sie|ren** ⟨aus gleichbed. *fr.* passer, dies über *vulgärlat.* passare zu *lat.* passus „Schritt, Tritt"⟩: 1. a) durchreisen, durch-, überqueren; vorüber-, durchgehen; b) durchlaufen (z. B. von einem Schriftstück). 2. a) etwas passiert: etwas geschieht, ereignet sich, trägt sich zu; b) etwas passiert jmdm.: etwas widerfährt jmdm., stößt jmdm. zu. 3. (veraltet) noch angehen, gerade noch erträglich sein. 4. a) durchseihen; durch ein Sieb rühren (Gastr.); b) durch eine Passiermaschine rühren (Techn.). **Pas|sier|ge|wicht** *das;* -[e]s: das Mindestgewicht einer Edelmetall-, vor allem Goldmünze, mit dem sie bei Überprüfung noch als vollwertig passieren durfte. **Pas|sier|ma|schi|ne** *die;* -, -n: Gefäß mit verschiedenen Siebeinsätzen u. Rührwerk (z. B. bei der Schokoladenherstellung). **Pas|sier|schein** *der;* -[e]s, -e: Schein, der zum Betreten eines Bereichs o. ä. berechtigt, der einem bestimmten Personenkreis vorbehalten ist. **Pas|sier|schlag** *der;* -[e]s, …schläge: meist hart geschlagener Ball, der an dem ans Netz vorgerückten Gegner vorbeigeschlagen wird (Tennis)
Pas|si|flo|ra *die;* -, …ren ⟨zu *spätlat.* passio (vgl. Passio) u. *lat.* flos, Gen. floris „Blume"⟩: Passionsblume, (bes. in Südamerika heimische) rankende Pflanze mit großen, gelappten bis gefingerten Blättern u. großen, strahligen Blüten
pas|sim ⟨*lat.*⟩: da und dort, zerstreut, allenthalben; Abk.: pass. **Pas|si|me|ter** *das;* -s, - ⟨mit Bindevokal i zu *lat.* passus „ausgebreitet" (Part. Perf. von pandere „ausbreiten") u. ↑¹…meter⟩: Feinmeßgerät für Innenmessungen an Werkstücken (Techn.)
Pas|sio *die;* - ⟨aus gleichbed. *spätlat.* passio; vgl. Passion⟩: das Erleiden, Erdulden (Philos.); Ggs. ↑Actio (2). **Pas|si|on** *die;* -, -en ⟨aus *(spät)lat.* passio „Leiden, Krankheit" zu *lat.* passus, Part. Perf. von pati „erdulden, erleiden", Bed. 1 über *fr.* passion, Bed. 2 über *kirchenlat.* passio „Passionszeit"⟩: 1. a) Leidenschaft, leidenschaftliche Hingabe; b) Vorliebe, Liebhaberei. 2. a) (ohne Plur.) das Leiden u. die Leidensgeschichte Jesu Christi; b) die Darstellung der Leidensgeschichte Jesu Christi in der bildenden Kunst, die Vertonung der Leidensgeschichte Jesu Christi als Chorwerk od. ↑Oratorium (2). **Pas|sio|nal** u. **Pas|sio|nar** *das;* -s, -e ⟨aus gleichbed. *mlat.* Passionale bzw. Passionarius⟩: 1. mittelalterliches liturgisches Buch mit Heiligengeschichten. 2. größte Legendensammlung des deutschen Mittelalters (um 1300). **pas|sio|na|to** ⟨*it.;* „leidenschaftlich", zu passione „Leidenschaft; Leiden", dies aus *lat.* passio, vgl. Passion⟩: svw. appassionato. **Pas|sio|na|to** *das;* -s, Plur. -s u. …ti: leidenschaftlicher Vortrag (Mus.). **pas|sio|nie|ren, sich** ⟨nach *fr.* se passionner zu passion, vgl. Passion (1)⟩: (veraltet) sich leidenschaftlich für etwas einsetzen, begeistern. **pas|sio|niert** ⟨zu ↑…iert⟩: leidenschaftlich [für etwas begeistert]. **Pas|si|ons|sonn|tag** *der;* -[e]s, -e ⟨zu ↑Passion⟩: kath. Bez. für Sonntag ↑Judika. **Pas|si|ons|spiel** *das;* -[e]s, -e: volkstümliche dramatische Darstellung der Passion Christi. **pas|siv** [auch …'si:f] ⟨vermutlich unter Einfluß von gleichbed. *(alt)fr.* passif aus *lat.* passivus „duldend, empfindsam" zu pati, vgl. Passion⟩: 1. a) untätig, nicht zielstrebig, (eine Sache) nicht ausübend (aber davon betroffen); Ggs. ↑aktiv (1 a); b) teilnahmslos; still, duldend. 2. a) als Mitglied einer Vereinigung nicht aktiv an dem, was diese Vereinigung gestaltet, durchführt o. ä., teilnehmend; b) nicht an Training od. Wettkämpfen einer Sportgemeinschaft teilnehmend. 3. svw. passivisch; -e […və] Bestechung: das Annehmen von Geschenken, Geld od. anderen Vorteilen durch einen Beamten für eine Handlung, die in seinen Amtsbereich fällt (Rechtsw.); Ggs. ↑aktive Bestechung; -e […və] Handelsbilanz: Handelsbilanz eines Landes, bei der die Ausfuhren hinter den Einfuhren zurückbleiben (Wirtsch.); Ggs. ↑aktive Handelsbilanz; -e […və] Immunität: durch Injektion von zellfreiem, antikörperhaltigem Serum erzeugte Immunität (Med.); -es […vəs] Wahlrecht: das Recht, gewählt zu werden (Pol.); Ggs. ↑aktives Wahlrecht; -er […vɐ] Wortschatz: Gesamtheit aller Wörter, die ein Sprecher in seiner Muttersprache kennt, ohne sie jedoch in einer konkreten Sprechsituation zu gebrauchen (Sprachw.); Ggs. ↑aktiver Wortschatz. **Pas|siv** *das;* -s, -e […və] ⟨aus gleichbed. *lat.* (genus) passivum⟩: Leideform, Verhaltensrichtung des Verbs, die vom „leidenden" Subjekt her gesehen ist (z. B. der Hund *wird* [von Fritz] *geschlagen;* Sprachw.); Ggs. ↑Aktiv (I). **Pas|si|va** […va] u. **Pas|si|ven** […vən] *die* (Plur.) ⟨aus *lat.* passiva, substantiviertes Neutrum Plur. von passivus; vgl. passiv⟩: das auf der rechten Bilanzseite verzeichnete Eigen- u. Fremdkapital eines Unternehmens; Schulden, Verbindlichkeiten; Ggs. ↑Aktiva. **Pas|siv|ge|schäft** *das;* -[e]s, -e: Bankgeschäft, bei dem sich die Bank Geld beschafft, um ↑¹Kredite (2 a) gewähren zu können; Ggs. ↑Aktivgeschäft. **Pas|siv|han|del** *der;* -s: von den Kaufleuten eines anderen Landes betriebener Außenhandel; Ggs. ↑Aktivhandel. **pas|si|vie|ren** […v…] ⟨zu ↑…ieren⟩: 1. Verbindlichkeiten aller Art in der Bilanz erfassen u. ausweisen; Ggs. ↑aktivieren (2). 2. unedle Metalle in den Zustand der Passivität (2) überführen (Chem.). **Pas|si|vie|rung** *die;* -, -en ⟨zu ↑…ierung⟩: 1. Bildung von Passivposten in der Bilanz (Wirtsch.). 2. die Ausbildung eines elektrochem. Zustandes, in dem bestimmte Metalle nahezu beständig gegenüber ↑Korrosion sind (Chem.). **pas|si|visch** [auch 'pa…]: das Passiv betreffend, zum Passiv gehörend, im Passiv stehend (Sprachw.); vgl. …isch/-; Ggs. ↑aktivisch. **Pas|si|vis|mus** *der;* - ⟨zu ↑…ismus (3)⟩: Verzicht auf Aktivität, bes. in sexueller Hinsicht; vgl. Masochismus. **Pas|si|vi|tät** *die;* - ⟨aus gleichbed. *fr.* passivité, älter *fr.* passiveté, zu passif, vgl. passiv u. …ität⟩: 1. Untätigkeit, Teilnahmslosigkeit, Inaktivität; Ggs. ↑Aktivität. 2. herabgesetzte Reaktionsfähigkeit bei unedlen Metallen (Chem.). 3. mangelhafter Einsatz von Sportlern bei

Passivkonten

Kampfsportarten, der zur Disqualifikation führen kann (z. B. beim Ringen; Sport). **Pas|siv|kon|ten, Pas|siv|kon|ti** u. **Pas|siv|kon|tos** *die* (Plur.) ⟨zu ↑passiv⟩: Konten der Passivseite der Bilanz (Wirtsch.); vgl. Passiva; Ggs. ↑Aktivkonten. **Pas|siv|le|gi|ti|ma|ti|on** *die;* -, -en: im Zivilprozeß die sachliche Berechtigung (bzw. Verpflichtung) einer Person, in einem bestimmten Rechtsstreit als Beklagter aufzutreten (Rechtsw.); Ggs. ↑Aktivlegitimation. **Pas|siv|po|sten** *der;* -s, -: auf der Passivseite der Bilanz aufgeführter Posten. **Pas|siv|pro|zeß** *der;* ...zesses, ...zesse: Prozeß, in dem jmd. als Beklagter auftritt (Rechtsw.); Ggs. ↑Aktivprozeß. **Pas|siv|rau|chen** *das;* -s: das Einatmen von Tabakrauch, zu dem ein Nichtraucher durch die Anwesenheit eines Rauchers gezwungen ist. **Pas|siv|sal|do** *der;* -s, Plur. -s u. ...salden od. ...saldi: Saldo, der sich auf der rechten Seite eines ↑Kontos ergibt; Ggs. ↑Aktivsaldo. **Pas|si|vum** [...vʊm] *das;* -s, ...va [..va] ⟨aus *lat.* (verbum) passivum „Leideform (des Verbs)"⟩: (veraltet) Passiv. **Pas|siv|zin|sen** *die* (Plur.) ⟨zu ↑passiv⟩: Zinsen, die ein Unternehmen zu zahlen hat; Ggs. ↑Aktivzinsen
Pas|so|me|ter *das;* -s, - ⟨zu *lat.* passus (vgl. Passus) u. ↑¹...meter⟩: Schrittzähler. **Pas|su|la** *die;* -, ...lae [...lɛ] ⟨aus gleichbed. *lat.* (uva) passula, Verkleinerungsform von (uva) passa „ausgebreitete (d. h. getrocknete) Weintraube", dies zu pandere „ausbreiten"⟩: (veraltet) getrocknete Weintraube. **Pas|sus** *der;* -, - [ˈpasuːs] ⟨über gleichbed. *mlat.* passus aus *lat.* passus „Schritt, Tritt"⟩: 1. Abschnitt in einem Text, Textstelle. 2. (selten) Angelegenheit, Fall
Pa|sta vgl. Paste. **Pa|sta asciut|ta** [– aˈʃʊta] *die;* - -, ...te ...tte [...tə ...tə] u. **Past|asciut|ta** [...ˈʃʊta] *die;* -, ...tte ⟨aus gleichbed. *it.* pasta asciutta, eigtl. „trockener Teig"⟩: ital. Spaghettigericht mit Hackfleisch, Tomaten, geriebenem Käse u. a. **Pa|ste** u. **Pa͟sta** *die;* -, ...sten ⟨teilweise unter Einfluß von *it.* pasta aus *mlat.* pasta „Teig", dies über *spätlat.* pasta „Teig, Art Eintopf" aus gleichbed. *gr.* pástē, Fem. von pastós „gestreut" zu pássein „streuen"⟩: 1. streichbare Masse [aus Fisch, Gänseleber o. ä.]. 2. streichbare Masse als Grundlage für Arzneien u. kosmetische Mittel. 3. a) Abdruck von Gemmen od. Medaillen in einer weichen Masse aus feinem Gips od. Schwefel; b) [antike] Nachbildung von Gemmen in Glas. **Pa|stell** *das;* -[e]s, -e ⟨über *fr.* pastel aus *it.* pastello „Farbstift", eigtl. „geformter Farbteig", dies über *vulgärlat.* *pastellus (Verkleinerungsform) zu *spätlat.* pasta, vgl. Paste⟩: 1. Technik des Malens mit Pastellfarben (1). 2. mit Pastellfarben (1) gemaltes Bild (von heller, samtartiger Wirkung). 3. Kurzform von ↑Pastellfarbe (2). **pa|stel|len:** [wie] mit Pastellfarben (1) gemalt; von heller, samtartiger Wirkung. **Pa|stell|far|be** *die;* -, -n: 1. aus einer Mischung von Kreide u. Ton mit einem Farbstoff u. einem Bindemittel hergestellte trockene Malfarbe in Stiftform. 2. (meist Plur.) zarter, heller Farbton. **Pa|ste|te** *die;* -, -n ⟨aus gleichbed. *mittelniederl.* pasteide, dies über das Galloroman. aus *vulgärlat.* *pastata zu *spätlat.* pasta, vgl. Paste⟩: 1. Fleisch-, Fischspeise u. a. in Teighülle. 2. Speise aus fein gemahlenem Fleisch od. Leber, z. B. Gänseleberpastete (Gastr.). **Pa|steu|ri|sa|ti|on** [...tø...] *die;* -, -en ⟨aus gleichbed. *fr.* pasteurisation, nach dem franz. Chemiker L. Pasteur, 1822 bis 1895⟩: Entkeimung u. Haltbarmachung von Nahrungsmitteln (z. B. Milch) durch schonendes Erhitzen; vgl. ...[at]ion/...ierung. **pa|steu|ri|sie|ren** ⟨aus gleichbed. *fr.* pasteuriser⟩: durch Pasteurisation entkeimen, haltbar machen. **Pa|steu|ri|sie|rung** *die;* -, -en ⟨zu ↑...isierung⟩: das Pasteurisieren
Pa|stic|cio [pasˈtɪtʃo] *das;* -s, Plur. -s od. ...cci [...tʃi] ⟨aus gleichbed. *it.* pasticcio, eigtl. „Pastete; (auch) Pfuschwerk", dies über das Vulgärlat. aus *spätlat.* pasta, vgl. Paste⟩: 1. Bild, das in betrügerischer Absicht in der Manier eines großen Meisters gemalt wurde. 2. aus Stücken verschiedener Komponisten [mit einem neuen Text] zusammengesetztes Musikstück. **Pa|stiche** [pasˈtiːʃ] *der;* -s, -s ⟨aus gleichbed. *fr.* pastiche, dies aus *it.* pasticcio, vgl. Pasticcio⟩: 1. franz. Form von Pasticcio. 2. (veraltet) Nachahmung des Stils u. der Ideen eines Autors
Pa|stil|lage [pastiˈjaːʒ] *die;* - ⟨aus *fr.* pastillage „Zuckerwerk" zu pastille „Zuckerkügelchen", dies aus *lat.* pastillus, vgl. Pastille⟩: (veraltet) zu Figuren geformte Süßigkeiten. **Pa|stil|le** *die;* -, -n ⟨aus *lat.* pastillus „Kügelchen aus Mehlteig", Verkleinerungsform von panis „Brot"⟩: [als Arzneimittel dienendes] Plättchen zum Lutschen, dem Geschmackmittel zugesetzt sind
Pa|sti|nak *der;* -s, -e u. **Pa|sti|na|ke** *die;* -, -n ⟨aus gleichbed. *lat.* pastinaca⟩: krautige Pflanze, deren Wurzeln als Gemüse u. Viehfutter dienen
Pa|stis *der;* -, - ⟨*fr.*⟩: franz. Kräuteraperitif mit großem Anteil von Anisöl
Pa|sto|pho|ri|en [...jən] *die* (Plur.) ⟨aus *mgr.* pastophórion „Vorhalle am Tempel" zu *gr.* pastás „Türpfeiler; Vorhalle"⟩: die zu beiden Seiten der Apsis gelegenen Räume bei frühchristlichen Kirchen
Pa|stor [auch ...ˈtoːɐ̯] *der;* -s, ...oren ⟨aus *mlat.* pastor, eigtl. „Seelenhirt", dies aus *lat.* pastor „Hirt" zu pascere „weiden lassen"⟩: ev. Pfarrer, Geistlicher; Abk.: P. **pa|sto|ral** ⟨aus *lat.* pastoralis „zu den Hirten gehörig, Hirten-"; Bed. 2 über gleichbed. *mlat.* pastoralis⟩: 1. ländlich, idyllisch. 2. den Pastor, sein Amt betreffend, ihm zustehend; pfarramtlich, seelsorgerisch. 3. a) feierlich, würdig; b) (abwertend) salbungsvoll. **Pa|sto|ral** *der;* -: Kurzform von ↑Pastoraltheologie. **Pa|sto|ral...** ⟨aus gleichbed. *nlat.* pastoralis, vgl. pastoral⟩: Wortbildungselement mit der Bedeutung „das Pfarramt, die Seelsorge betreffend", z. B. Pastoraltheologie. **Pa|sto|ral|as|si|stent** *der;* -en, -en: ausgebildeter kath. Theologe im Laienstand, der nach der 2. Dienstprüfung als Seelsorger arbeitet. **Pa|sto|ral|brief** *der;* -[e]s, -e (meist Plur.): einer der (von Gemeindeämtern handelnden) Paulusbriefe an Timotheus [...teʊs] u. Titus. **¹Pa|sto|ra|le** *das;* -s, -s, auch *die;* -, -n ⟨aus gleichbed. *it.* pastorale, zu pastorale „zu den Hirten gehörig", dies aus *lat.* pastoralis, vgl. pastoral⟩: a) Hirtenmusik, ländlich-idyllisches Musikstück; musikalisches Schäferspiel, kleine idyllische Oper; b) idyllische Darstellung von Hirten- od. Schäferszenen in der Malerei. **²Pa|sto|ra|le** *das;* -s, -s ⟨aus gleichbed. *it.* (bastone) pastorale, dies aus *mlat.* pastoralis, vgl. pastoral⟩: Krummstab, Hirtenstab des katholischen Bischofs. **Pa|sto|ra|li|en** [...jən] *die* (Plur.) ⟨aus gleichbed. *mlat.* pastoralia⟩: Pfarramtsangelegenheiten. **Pa|sto|ral|kon|zil** *das;* -s, Plur. -e u. ...ien [...jən] ⟨zu ↑Pastoral...⟩: die aus Bischöfen, Klerikern u. Laien zusammengesetzte Gesamtsynode der kath. Kirche eines Landes. **Pa|sto|ral|me|di|zin** *die;* - ⟨zu *mlat.* pastoralis, vgl. pastoral⟩: Grenzwissenschaft zwischen Medizin u. Theologie, bes. für die Seelsorge an Kranken. **Pa|sto|ral|psy|cho|lo|gie** *die;* -: Psychologie als Teil der Seelsorge. **Pa|sto|ral|so|zio|lo|gie** *die;* - ⟨↑Pastoral...⟩: Zweig der Religionssoziologie, die die Struktur von Kirchgemeinden u. deren Wandel analysiert. **Pa|sto|ral|syn|ode** *die;* -, -n: svw. Pastoralkonzil. **Pa|sto|ral|theo|lo|gie** *die;* -: in der kath. Kirche die praktische Theologie, die Lehre von den Gemeindeämtern u. der Seelsorge. **Pa|sto|rat** *das;* -[e]s, -e ⟨aus gleichbed. *mlat.* pastoratus⟩: (landsch.) a) Pfarramt; b) Pfarrwohnung. Pa-

sto|ra|ti|on *die;* -, -en ⟨zu ↑ Pastor u. ↑...ation⟩: seelsorgerische Betreuung einer Gemeinde od. Anstalt. **Pa|sto|rel|le** *die;* -, -n ⟨aus gleichbed. *it.* pastorella, Verkleinerungsform von pastorale, vgl. ¹Pastorale⟩: kleines Hirtenlied (Mus.). **Pa|sto|rin** *die;* -, -nen: weibliche Form zu ↑ Pastor. **Pa|stor pri|ma|ri|us** *der;* - -, ...ores [...re:s] ...rii ⟨aus gleichbed. *mlat.* pastor primarius, eigtl. „erster Pastor"⟩: ev. Oberpfarrer, Hauptpastor; Abk.: P. prim.
pa|stos ⟨aus *it.* pastoso „teigig, breiig", zu pasta, vgl. Paste⟩: 1. dick aufgetragen (bes. von Ölfarben auf Gemälden, so daß eine reliefartige Fläche entsteht). 2. dickflüssig, teigartig (Gastr.). **pa|stös** ⟨zu ↑...ös⟩: 1. gedunsen, aufgeschwemmt (Med.). 2. pastenartig, teigig (Techn.). **Pa|sto|si|tät** *die;* - ⟨zu ↑ pastos u. ↑...ität⟩: Aussehen einer Schrift, Schriftbild mit dicken, teigigen Strichen
Pa|stou|rel|le [pastu...] *die;* -, -n ⟨aus *fr.* pastourelle „Hirtenlied" zu pasteur „Hirt", dies aus *lat.* pastor, vgl. Pastor⟩: svw. Pastorelle
Pa|ta|gi|um *das;* -s, ...ien [...jən] ⟨aus *lat.* patagium „Borte"⟩: die Flughaut der Wirbeltiere (z. B. der Fledermäuse; Biol.)
Pa|ta|vi|ni|tät [...v...] *die;* - ⟨nach der Stadt Patavium (heute Padua) u. zu ↑...ität⟩: die (an dem altröm. Geschichtsschreiber Livius getadelte) lat. Mundart der Bewohner der Stadt Patavium
Patch [pætʃ] *das;* -[s], -s ⟨aus *engl.* patch „Flicken, Stück"⟩: Hautlappen od. ein entsprechend geformtes Gewebestück als ↑ Implantat od. ↑ Transplantat, meist zur Abdeckung von Weichteildefekten (Med.)
Pat|chou|li [fr. patʃu'li, engl. 'pætʃuli] vgl. Patschuli
Patch|work ['pætʃwə:k] *das;* -s, -s ⟨aus *engl.-amerik.* patchwork „Flickwerk", zu *engl.* patch, vgl. Patch⟩: 1. (ohne Plur.) Technik zur Herstellung von Kleiderstoffen, Decken, Wandbehängen o. ä., bei der Stoff- od. Lederflicken in den verschiedensten Formen, Farben und Mustern zusammengesetzt werden. 2. Stoff[stück], das aus vielen kleinen Stoff- od. Lederstücken zusammengesetzt ist
Pa|te|fak|ti|on *die;* -, -en ⟨aus gleichbed. *lat.* patefactio zu patefacere „öffnen"⟩: (veraltet) Eröffnung, Bekanntmachung
Pa|tel|la *die;* -, ...llen ⟨aus *lat.* patella „Schüssel; Platte"⟩: Kniescheibe (Med.). **pa|tel|lar** ⟨zu *lat.* patellarius „zur Schüssel gehörig"⟩: zur Kniescheibe gehörend (Med.). **Pa|tel|lar|re|flex** *der;* -es, -e: reflektorische Streckbewegung des Unterschenkels bei einem Schlag auf die Patellarsehne unterhalb der Kniescheibe (Med.). **pa|tel|li|form** ⟨zu ↑...form⟩: (veraltet) schüssel- od. tellerförmig
Pa|te|lne *die;* -, -n ⟨aus gleichbed. *mlat.* patena aus *lat.* patina „Schüssel, Pfanne", dies aus *gr.* patánē⟩: Hostienteller (zur Darreichung des Abendmahlsbrotes)
pa|tent ⟨zu ↑ Patent, zuerst in der Studentenspr. gebraucht, wohl mit dem Gedanken, daß patentierte Waren von besonderer Güte seien⟩: 1. (ugs.) geschickt, praktisch, tüchtig, brauchbar; großartig, famos. 2. (landsch.) hübsch gekleidet, flott u. selbstbewußt. **Pa|tent** *das;* -[e]s, -e ⟨aus *mlat.* (littera) patens „landesherrlicher offener (d. h. offen vorzuzeigender) Brief" zu *lat.* patens, Gen. patentis „offen(stehend)", Part. Präs. von patere „offenstehen, offen vor den Augen liegen"⟩: 1. amtlich verliehenes Recht zur alleinigen Benutzung u. gewerblichen Verwertung einer Erfindung. 2. Ernennungs-, Bestallungsurkunde bes. eines [Schiffs]offiziers. 3. (schweiz.) Erlaubnis[urkunde] für die Ausübung bestimmter Berufe, Tätigkeiten. 4. (früher) Urkunde über die Gewährung bestimmter Rechte (z. B. die Gewährung von Religionsfreiheit). **pa|ten|tie|ren** ⟨zu ↑...ieren⟩: 1. einer Erfindung durch Verwaltungsakt Rechtsschutz gewähren. 2. stark erhitzte Stahldrähte durch Abkühlen im Bleibad veredeln (Techn.). **Pa|tent|in|ge|nieur** [...ʒeniø:r] *der;* -s, -e: Diplomingenieur unterschiedlicher Fachrichtungen, dem die patentjuristische u. technische Darstellung der Erfindungen obliegt. **Pa|tent|kal|li** *das;* -s: svw. Kalimagnesium. **Pa|tent|re|zept** *das;* -[e]s, -e: erwünschte, einfache Lösung, die alle Schwierigkeiten behebt
Pa|ter *der;* -s, Plur. - u. Patres [...re:s] ⟨aus *mlat.* pater (monasterii) „Abt; Ordensgeistlicher" zu *lat.* pater „Vater"⟩: Ordensgeistlicher; Abk.: P. (Plur. PP.)
Pa|te|ra *die;* -, ...rae [...rɛ] ⟨aus gleichbed. *lat.* patera zu patere „offenstehen"⟩: [henkellose] Opferschale zum Spenden des Trankopfers im alten Rom
Pa|ter|fa|mi|li|as *der;* -, - ⟨aus *lat.* pater familias „Vater der Familie"⟩: (scherzh.) Familienoberhaupt, Familienvater. **Pa|ter|na|lis|mus** *der;* - ⟨zu *mlat.* paternalis „väterlich" u. ↑...ismus (5)⟩: das Bestreben [eines Staates], andere [Staaten] zu bevormunden, zu gängeln. **pa|ter|na|li|stisch** ⟨zu ↑...istisch⟩: (veraltet) den Paternalismus betreffend, für ihn charakteristisch; bevormundend. **pa|ter|nell** ⟨aus gleichbed. *fr.* paternel, paternelle⟩: (veraltet) väterlich
Pa|ter|nia *die;* - ⟨nach dem Río Paternia in Spanien⟩: auf kalkarmen Flußablagerungen entstandener grauer bis brauner Auenboden (Bodenkunde)
pa|ter|ni|tär ⟨zu ↑ Paternität u. ↑...är⟩: 1. die Paternität betreffend. 2. von einer vaterrechtlichen Gesellschaftsform bestimmt; vgl. Patriarchat (2). **Pa|ter|ni|tät** *die;* - ⟨aus gleichbed. *lat.* paternitas, Gen. paternitatis⟩: (veraltet) Vaterschaft. **¹Pa|ter|no|ster** *das;* -s, - ⟨aus gleichbed. *mlat.* Pater noster zu *lat.* pater noster „unser Vater", nach den Anfangsworten des Gebets bei Matth. 6,9⟩: das Vaterunser; in verschiedene Bitten gegliedertes Gebet aller christlichen Konfessionen. **²Pa|ter|no|ster** *der;* -s, - ⟨urspr. kurz für Paternosterwerk, einer alten Bez. für ein [Wasser]hebewerk mit einer endlosen Kette; nach einem Vergleich mit den aneinandergereihten Perlen der Paternoster-Gebetsschnur (= Rosenkranz)⟩: ständig umlaufender Aufzug ohne Tür zur ununterbrochenen Beförderung von Personen od. Gütern; Umlaufaufzug. **Pa|ter pa|triae** [- ...triɛ] *der;* - - ⟨aus gleichbed. *lat.* pater patriae⟩: Vater des Vaterlandes (Ehrentitel röm. Kaiser u. verdienter hoher Staatsbeamter). **pa|ter, pec|ca|vi** [- pɛ'ka:vi] ⟨*lat.*⟩: Vater, ich habe gesündigt! (Luk. 15, 18); - - sagen: flehentlich um Verzeihung bitten. **Pa|ter|pec|ca|vi** *das;* -, -: reuiges Geständnis
Pâte sur pâte [patsyr'pa:t] *das;* - - - ⟨aus *fr.* pâte sur pâte „Masse auf Masse"⟩: Art der Porzellan- od. Steingutverzierung, bei der die glasierte Grund bei den dünnen Stellen eines flachen Reliefs durchschimmert
pa|te|ti|co [...ko] ⟨*it.;* aus *spätlat.* patheticus, vgl. pathetisch⟩: leidenschaftlich, pathetisch, erhaben, feierlich (Mus.). **path..., Path...** vgl. patho..., Patho... **...path** ⟨zu *gr.* páthos „Leiden; Schmerz; Krankheit"⟩: Wortbildungselement mit den Bedeutungen: 1. „an einer [psychischen] Krankheit Leidender", z. B. Psychopath. 2. „Facharzt, Vertreter einer medizinischen Schule od. Krankheitslehre", z. B. Homöopath. **Path|er|gie** *die;* -, ...ien ⟨zu ↑ patho..., *gr.* érgon „Werk; Tätigkeit" u. ↑²...ie, Analogiebildung zu ↑ Allergie⟩: Gesamtheit aller krankhaften Gewebsreaktionen (z. B. Entzündungen, Allergien; Med.). **Pa|the|tik** *die;* - ⟨zu ↑ pathetisch u. ↑²...ik (3)⟩: unnatürliche, übertriebene, gespreizte Feierlichkeit. **Pa|the|ti|ker** *der;* -s, -: jmd., der sich pathetisch gebärdet. **pa|thé|tique** [pate'tik] ⟨*fr.*⟩: pathetisch, leidenschaftlich (Vor-

tragsanweisung; Mus.). **pa|the|tisch** ‹über *spätlat.* patheticus aus *gr.* pathētikós „leidend; leidenschaftlich, gefühlvoll" zu páthos, vgl. Pathos›: 1. ausdrucksvoll, feierlich. 2. (abwertend) übertrieben gefühlvoll, empfindungsvoll, salbungsvoll, affektiert. **pa|the|ti|sie|ren** ‹zu ↑ ...isieren›: etw. pathetisch, [übertrieben] gefühlvoll gestalten. **...pa|thie** ‹über *lat.* -pathia aus gleichbed. *gr.* -patheia zu *gr.* páthos, vgl. ...path u. Pathos›: Wortbildungselement mit den Bedeutungen: 1. a) „Krankheit; Erkrankung", z. B. Psychopathie. b) „Krankheitslehre; Heilmethode", z. B. Homöopathie. 2. „Gefühl, Neigung", z. B. Antipathie. **patho..., Patho...**, vor Vokalen meist path..., Path... ‹aus gleichbed. *gr.* patho- zu páthos, vgl. ...path›: Wortbildungselement mit der Bedeutung „Leiden, Krankheit", z. B. Pathologie, Pathergie. **Pa|tho|bio|che|mie** *die;* -: Wissenschaft von den gestörten Stoffwechselvorgängen im Organismus. **pa|tho|gen** ‹zu ↑ patho... u. ↑ ...gen›: krankheitserregend, Krankheiten verursachend (z. B. von Bakterien im menschlichen Organismus; Med.); Ggs. ↑ apathogen. **Pa|tho|ge|ne|se** *die;* -, -n: Gesamtheit der an der Entstehung u. Entwicklung einer Krankheit beteiligten Faktoren (Med.); vgl. Ätiologie (2). **pa|tho|ge|ne|tisch**: die Pathogenese betreffend, zu ihr gehörend. **Pa|tho|ge|ni|tät** *die;* - ‹zu ↑ pathogen u. ↑ ...ität›: Fähigkeit, Eigenschaft bestimmter Substanzen u. Organismen, krankhafte Veränderungen im Organismus hervorzurufen (Med.). **Pa|tho|gno|mik** *die;* - ‹zu ↑ patho..., *gr.* gnōmē „Erkenntnis" u. ↑² ...ik (1)›: 1. svw. Pathognostik. 2. Deutung des seelischen Zustandes aus Gesichts- u. Körperbewegungen (nach J. K. Lavater; Ausdruckspsychologie). **pa|tho|gno|mo|nisch** ‹nach gleichbed. *gr.* pathognōmonikós›: für eine Krankheit, ein Krankheitsbild charakteristisch, kennzeichnend (Med.). **Pa|tho|gno|stik** *die;* - ‹zu ↑ patho... u. *gr.* gnōstikós „das Erkennen, Einsehen betreffend"›: Erkennung einer Krankheit aus charakteristischen Symptomen (Med.). **pa|tho|gno|stisch**: svw. pathognomonisch. **Pa|tho|gra|phie** *die;* -, ...ien ‹zu ↑ ...graphie›: Untersuchung u. Darstellung von Krankheitseinflüssen auf Entwicklung u. Leistungen eines Menschen (Med., Psychol.). **Pa|tho|kli|se** *die;* -, -n ‹zu *gr.* éqklisis „das Hineinneigen"›: Disposition bestimmter Teile eines Organs zu spezifischen Erkrankungen, z. B. Anfälligkeit bestimmter Gehirnteile für Schädigungen durch toxische Einflüsse od. Sauerstoffmangel (Med.). **Pa|tho|lin|gu|ist** *der;* -en, -en: Spezialist auf dem Gebiet der Patholinguistik. **pa|tho|lin|gu|is|tisch**: die Patholinguistik betreffend. **Pa|tho|lin|gu|is|tik** *die;* -: Teilgebiet der angewandten Sprachwissenschaft, das sich mit Sprachstörungen u. gestörter Sprache beschäftigt. **Pa|tho|lo|ge** *der;* -n, -n ‹zu ↑ ...loge›: Wissenschaftler auf dem Gebiet der Pathologie. **Pa|tho|lo|gie** *die;* -, ...ien ‹aus gleichbed. *nlat.* pathologia, dies aus *gr.* pathología „Lehre von den Leiden"›: 1. (ohne Plur.) Wissenschaft von den Krankheiten, bes. von ihrer Entstehung u. den durch sie hervorgerufenen organisch-anatomischen Veränderungen. 2. pathologische Abteilung, pathologisches Institut. **pa|tho|lo|gisch** ‹nach *gr.* pathologikós „die Leiden, Krankheiten betreffend"›: 1. die Pathologie betreffend, zu ihr gehörend (Med.). 2. krankhaft [verändert] (von Organen; Med.). **Pa|tho|mor|pho|lo|gie** *die;* - ‹zu ↑ patho...›: Lehre vom krankhaft veränderten Bau der Organe (Med.). **Pa|tho|mor|pho|se** *die;* -, -n ‹verkürzt aus ↑ patho... u. ↑ Metamorphose›: Wandlung eines Krankheitsbildes durch Medikamente u. andere Behandlungsmaßnahmen (Med.). **Pa|tho|neu|ro|se** *die;* -, -n: Neurose, die auf eine durch körperliche Krankheit bedingte Störung des seelischen Gleichgewichts zurückzuführen ist (Med.). **Pa|tho|pho|bie** *die;* -, ...ien ‹zu ↑ ...phobie›: svw. Nosophobie. **Pa|tho|phy|sio|lo|ge** *der;* -n, -n: Wissenschaftler auf dem Gebiet der Pathophysiologie. **Pa|tho|phy|sio|lo|gie** *die;* -: Teilgebiet der Medizin, das sich mit den Krankheitsvorgängen u. Funktionsstörungen im menschlichen Organismus befaßt (Med.). **pa|tho|pla|stisch**: 1. Gestaltwandel eines Krankheitsbildes bewirkend. 2. die Symptome einer Krankheit formend. **Pa|tho|psy|cho|lo|gie** *die;* -: Richtung der Psychologie, bei der Krankheiten u. ihre Ursachen im Seelenleben u. die durch Krankheit bedingten seelischen Störungen erforscht werden. **Pa|tho|the|sau|ro|se** *die;* -, -n ‹zu *gr.* thēsaurós „Vorrats-, Schatzkammer; Vorrat, Schatz" u. ↑¹ ...ose›: Speicherkrankheit, krankhafte Ablagerung bzw. Speicherung von Stoffwechselprodukten in Zellen u. Geweben als Folge von Störungen des Zellstoffwechsels (Med.). **Pa|thos** *das;* - ‹aus gleichbed. *gr.* páthos, eigtl. „Leiden; Schmerz, Krankheit", zu páschein „leiden"›: 1. leidenschaftlich-bewegter Ausdruck, feierliche Ergriffenheit. 2. (abwertend) Gefühlsüberschwang, übertriebene Gefühlsäußerung

Pa|ti|ence [pa'siā:s] *die;* -, -n [...sn̩] ‹aus gleichbed. *fr.* patience, eigtl. „Geduld", dies aus *lat.* patientia zu pati, vgl. Patient›: [von einer Person gespieltes] Kartengeduldsspiel. **Pa|ti|ence|bäcke|rei¹** *die;* -, -en ‹zu ↑ Patience, da die Herstellung dieses Gebäcks Geduld erfordert›: (österr.) Backwerk in Form von Figuren. **Pa|ti|ens** *das;* -, - ‹zu *lat.* patiens „leidend", vgl. Patient›: Ziel eines durch ein Verbum ausgedrückten Verhaltens, ↑ Akkusativobjekt (Sprachw.); vgl. ³Agens. **Pa|ti|ent** *der;* -en, -en ‹zu *lat.* patiens, Gen. patientis „[er]duldend, leidend", substantiviertes Part. Präs. von pati „erdulden, leiden"›: vom Arzt od. einem Angehörigen anderer Heilberufe behandelte [od. betreute] Person (aus der Sicht dessen, der sie [ärztlich] behandelt od. betreut, od. dessen, der diese Perspektive einnimmt). **Pa|ti|en|ten|iso|la|tor** *der;* -s, -en: svw. Life-island. **Pa|ti|en|ten|tes|ta|ment** *das;* -[e]s, -e: Formular, eine Art Testament, in dem sich jmd. für den Fall, daß er unheilbar krank wird, dafür ausspricht, daß man ihm „passive Sterbehilfe" gewährt, d. h., sein Leben u. Leiden nicht noch medikamentös o. ä. verlängert. **pa|ti|en|ten|zen|triert**: svw. klientenzentriert. **Pa|ti|en|tin** *die;* -, -nen: weibliche Form zu ↑ Patient

¹Pa|ti|na *die;* - ‹aus gleichbed. *it.* patina, eigtl. „Firnis, Glanzmittel für Felle", weitere Herkunft unsicher›: a) grünliche Schutzschicht auf Kupfer od. Kupferlegierungen (basisches Kupferkarbonat); Edelrost; b) sichtbares Zeichen dafür, daß etwas nicht mehr ganz taufrisch ist **²Pa|ti|na** u. **Pa|ti|ne** *die;* -, ...inen ‹aus *lat.* patina „Schüssel, Pfanne", dies aus *gr.* patánē „Schüssel"›: (veraltet) Schüssel

pa|ti|nie|ren ‹zu ↑ ¹Patina u. ↑ ...ieren›: eine ¹Patina chemisch erzeugen; mit ¹Patina überziehen, Gegenständen künstlich ein älteres Aussehen geben

Pa|tio *der;* -s, -s ‹aus gleichbed. *span.* patio, dies aus *mlat.* patuum, weitere Herkunft ungeklärt›: Innenhof des span. Wohnhauses

Pa|tis|se|rie *die;* -, ...ien ‹aus gleichbed. *fr.* pâtisserie zu pâtisser „Teig anrühren", dies über das Vulgärlat. zu *spätlat.* pasta, vgl. Paste›: 1. (schweiz.) a) feines Backwerk, Konditoreierzeugnisse; b) Feinbäckerei. 2. [in Hotels] Raum zur Herstellung von Backwaren. **Pa|tis|sier** [...'sie:] *der;* -s, -s ‹aus gleichbed. *fr.* pâtissier›: [Hotel]konditor

Pat|na|reis *der;* -es, -e ‹nach der ind. Stadt Patna›: langkörniger Reis

Paltois [pa'toa] *das;* -, - ‹aus gleichbed. *fr.* patois zu *altfr.* patoier „gestikulieren", dies zu patte „Pfote"›: franz. Bez. für Volksmundart, Provinzidiom (bes. der Landbevölkerung)

Paltres [...re:s]: Plur. von ↑ Pater. **Paltrilarch** *der;* -en, -en ‹über *kirchenlat.* patriarcha aus *gr.* patriárchēs, eigtl. „Sippenoberhaupt", zu patriá „Abstammung, Geschlecht; Stamm, Familie" (dies zu patér „Vater") u. árchein „der erste sein, Führer sein, herrschen"›: 1. a) biblischer Erzvater; b) [alter] Mann, der autoritär über eine Familie herrscht. 2. a) (ohne Plur.) Amts- und Ehrentitel einiger röm.-kath. [Erz]bischöfe; b) röm.-kath. [Erz]bischof, der diesen Titel trägt. 3. a) (ohne Plur.) Titel der obersten orthodoxen Geistlichen (in Jerusalem, Moskau u. Konstantinopel) u. der leitenden Bischöfe in einzelnen ↑ autokephalen Ostkirchen; b) Träger dieses Titels. **Paltrilarlchalde** *die;* -, -n ‹zu ↑ ...ade›: epische Dichtung des 18. Jh.s, die ihren Stoff aus den Patriarchengeschichten des A. T. nahm. **paltrilarlchallisch** ‹aus *kirchenlat.* patriarchalis „zum Patriarchen gehörig, ihn betreffend", dies aus *gr.* patriarchikós, vgl. patriarchisch›: 1. a) das Patriarchat (2) betreffend; vaterrechtlich; b) den Patriarchen betreffend; altväterlich, ehrwürdig. 2. als Mann seine Autorität bes. im familiären Bereich geltend machend. **Paltrilarlchallislmus** *der;* - ‹zu ↑ ...ismus (1)›: Staats-, Gesellschafts- u. Wirtschaftsauffassung, in der Staatsoberhaupt, Grundherr od. Unternehmer verstanden wird als eine Art Familienoberhaupt über Untertanen, Gesinde od. Arbeitnehmer. **Paltrilarlchallkirlche** *die;* -, -n: eine dem Papst unmittelbar unterstehende Kirche in Rom (z. B. Peterskirche, Lateranbasilika). **Paltrilarlchat** *das;* -[e]s, -e ‹aus gleichbed. *mlat.* patriarchatus, dies zu *gr.* patriarchía, eigtl. „Männerherrschaft"›: 1. (auch *gr.* Würde u. Amtsbereich eines kirchlichen Patriarchen. 2. Gesellschaftsform, in der der Mann eine bevorzugte Stellung in Staat u. Familie innehat u. in der die männliche Linie bei Erbfolge u. sozialer Stellung ausschlaggebend ist; Ggs. ↑ Matriarchat. **paltrilarlchisch** ‹aus gleichbed. *gr.* patriarchikós›: a) das Patriarchat (2) betreffend; b) durch das Patriarchat (2) geprägt. **paltrillilnelal** u. **paltrillilnelar** ‹zu *lat.* pater „Vater" u. ↑ lineal bzw. linear›: in der Erbfolge der väterlichen Linie folgend; vaterrechtlich; Ggs. ↑ matrilineal, matrilinear. **paltrillolkal**: am Wohnsitz der Familie des Mannes befindlich; Ggs. ↑ matrilokal. **Paltrilmolnilal** ‹aus gleichbed. *spätlat.* patrimonialis›: das Patrimonium betreffend, erbherrlich. **Paltrilmolnilallgelrichtslbarlkeit** *die;* -: (früher) private Ausübung der Rechtsprechung von seiten des Grundherrn über seine Hörigen. **Paltrilmolnilum** *das;* -s, ...ien [...jən] ‹aus gleichbed. *lat.* patrimonium›: väterliches Erbgut (im röm. Recht). **Paltrilmolnilum Peltri** *das;* - - ‹aus *lat.* patrimonium Petri „Erbteil des hl. Petrus"›: der alte Grundbesitz der röm. Kirche als Grundlage des späteren Kirchenstaates. **Paltrilot** *der;* -en, -en ‹z. T. unter Einfluß von *fr.* patriote „Vaterlandsfreund" aus *spätlat.* patriota „Landsmann", dies aus *gr.* patriōtēs, eigtl. „jmd., der aus demselben Geschlecht stammt", zu patér „Vater"›: jmd., der von Patriotismus erfüllt ist u. sich für sein Land einsetzt. **Paltrioltin** *die;* -, -nen: weibliche Form zu ↑ Patriot. **paltrioltisch** ‹z. T. unter Einfluß von *fr.* patriotique aus *spätlat.* patrioticus aus *gr.* patriōtikós›: a) den Patriotismus betreffend; b) vom Patriotismus geprägt; vaterländisch. **Paltrioltislmus** *der;* - ‹aus gleichbed. *fr.* patriotisme, vgl. ...ismus (2)›: [begeisterte] Liebe zum Vaterland; gefühlsmäßige Bindung an Werte, Traditionen u. kulturhistorische Leistungen des eigenen Volkes bzw. der eigenen Nation. **Paltrilstik** *die;* - ‹zu *lat.* pater „Vater" u. ↑ ...istik›: Wissenschaft von den Schriften u. Lehren der Kirchenväter; altchristliche Literaturgeschichte. **Paltrilstilker** *der;* -s, -: Wissenschaftler auf dem Gebiet der Patristik. **paltrilstisch** ‹zu ↑ ...istisch›: die Patristik u. das philosophisch-theologische Denken der Kirchenväter betreffend. **Paltrilze** *die;* -, -n ‹zu *lat.* pater „Vater", Analogiebildung zu Matrize›: Stempel, Prägestock (als Gegenform zur ↑ Matrize 1 a; Druckw.). **paltrilzilal** ‹zu *lat.* patricius „dem altröm. Adel angehörend" u. ↑¹...al (1)›: svw. patrizisch. **Paltrilzilat** *das;* -[e]s, -e ‹aus *lat.* patriciatus „Würde eines Patriziers"›: die Gesamtheit der altröm. adligen Geschlechter; Bürger-, Stadtadel. **Paltrilziler** [...ie] *der;* -s, - ‹aus *lat.* patricius „Nachkomme eines römischen Sippenhauptes" zu pater „Vater"›: 1. Mitglied des altröm. Adels. 2. vornehmer, wohlhabender Bürger (bes. im Mittelalter). **Paltrilzielrin** [...tsiə...] *die;* -, -nen: weibliche Form zu ↑ Patrizier. **paltrizisch** ‹aus gleichbed. *lat.* patricius›: 1. den Patrizier (1), den altröm. Adel betreffend, zu ihm gehörend. 2. den Patrizier (2) betreffend, für ihn, seine Lebensweise charakteristisch; wohlhabend, vornehm. **paltrolklin** ‹zu *gr.* patér, Gen. patrós „Vater" u. klínein „neigen, sich neigen"›: mehr dem väterlichen Elternteil ähnelnd (Biol.); Ggs. ↑ matroklin. **Paltrollolge** *der;* -n, -n ‹zu ↑ ...loge›: svw. Patristiker. **Paltrollolgie** *die;* - ‹zu ↑ ...logie›: svw. Patristik. **paltrollolgisch** ‹zu ↑ ...logisch›: svw. patristisch. **¹Paltron** *der;* -s, -e ‹aus gleichbed. *lat.* patronus zu pater „Vater", Bed. 2 über gleichbed. *mlat.* patronus; Bed. 6 über gleichbed. *fr.* patron›: 1. Schutzherr seiner Freigelassenen od. ↑ Klienten (2; im alten Rom). 2. Schutzheiliger einer Kirche od. einer Berufs- od. Standesgruppe. 3. Inhaber eines kirchlichen ↑ Patronats (2). 4. (veraltet) a) Schutzherr, Gönner; b) Schiffs-, Handelsherr. 5. (ugs. abwertend) übler Bursche, Kerl, Schuft. 6. (auch [pa'trõ:]; Plur. -s) franz. Bez. für Inhaber eines Geschäftes, einer Gaststätte o. ä. **²Paltron** [pa'trõ:] *das;* -s, -s ‹aus *fr.* patron „Modell, Muster", dies aus *lat.* patronus, vgl. ¹Patron›: Modell, äußere Form eines Saiteninstruments (Mus.). **Paltrolna** [...na] *die;* -, ...nä ‹aus gleichbed. *lat.* patrona›: [heilige] Beschützerin. **Paltrolnalge** [...ʒə] *die;* -, -n ‹aus *fr.* patronage „Schirmherrschaft" zu patron „Schutzherr", dies aus gleichbed. *lat.* patronus, vgl. ¹Patron›: Günstlingswirtschaft, Protektion. **Paltrolnanz** *die;* - ‹zu ↑ ¹Patron u. ↑ ...anz›: 1. (veraltet) svw. Patronage. 2. (österr.) svw. Patronat (3). **Paltrolnat** *das;* -[e]s, -e ‹aus gleichbed. *lat.* patronatus›: 1. Würde u. Amt eines Schutzherrn (im alten Rom). 2. Rechtsstellung des Stifters einer Kirche od. seines Nachfolgers mit Vorschlags- od. Ernennungsrecht u. Unterhaltspflicht für die Pfarrstelle). 3. Schirmherrschaft. **Paltrolne** *die;* -, -n ‹aus *fr.* patron „Musterform" (für Pulverladungen), dies aus *mlat.* patronus „Musterform", eigtl. „Vaterform", zu *lat.* patronus, vgl. ¹Patron›: 1. als Munition gewöhnlich für Handfeuerwaffen dienende, Treibsatz, Zündung u. Geschoß bzw. Geschoßvorlage enthaltende [Metall]hülse. 2. Musterzeichnung auf kariertem Papier bei der Jacquardweberei. 3. kleiner, in ein Gerät od. einen Apparat einsetzbarer Behälter (für Kleinbildfilm, Tinte u. a.). 4. (veraltet) [gefettetes] Papier, das man zum Schutz vor zu starker Hitze über Speisen deckt (Gastr.). **paltrolnielren** ‹nach gleichbed. *fr.* patronner›: (österr. ugs.) Zimmerwände mit einer Schablone bemalen, schablonieren. **Paltrolnin** *die;* -, -nen ‹aus *lat.* patrona, vgl. Patrona›: Schutzherrin; Schutzheilige. **paltrolnilsielren** ‹zu ↑ ¹Patron u. ↑ ...isieren›: (veraltet) beschützen, begünstigen

Paltrolnit [auch ...'nıt] *der;* -s, -e ‹nach dem peruan. Mineralogen A. Rizo-Patrona (20. Jh.) u. zu ↑²...it): ein graues bis schwarzes vanadinhaltiges Mineral

Pa|tro|ny|mi|kon u. **Pa|tro|ny|mi|kum** *das;* -s, ...ka ⟨über gleichbed. *spätlat.* patronymikum aus *gr.* patrōnymikón zu patrōnymikós „nach dem Namen des Vaters benannt"⟩: vom Namen des Vaters abgeleiteter Name (z. B. Petersen = Peters Sohn); Ggs. ↑ Metronymikon. **pa|tro|ny|misch** ⟨nach gleichbed. *gr.* patrōnymikós⟩: das Patronymikon betreffend, vom Namen des Vaters abgeleitet

Pa|trouil|le [pa'trʊljə] *die;* -, -n ⟨aus gleichbed. *fr.* patrouille, eigtl. „das Herumwaten im Schmutz" zu patrouiller „patschen", dies über *altfr.* patoillier zu patte „Pfote"⟩: a) Spähtrupp, Streife; b) Kontrollgang. **Pa|trouil|len|boot** *das;* -[e]s, -e: Boot für Patrouillenfahrten. **pa|trouil|lie|ren** [patrʊl'jiː...] ⟨aus gleichbed. *fr.* patrouiller⟩: [als Posten od. Wache] auf u. ab gehen, auf Patrouille gehen, fahren

Pa|tro|zi|na|ti|on *die;* - ⟨zu ↑ Patrozinium u. ↑ ...ation⟩: (veraltet) Schutz, Fürsorge. **pa|tro|zi|nie|ren** ⟨zu ↑ ...ieren⟩: (veraltet) beschirmen, jmdm. als ¹Patron (4 a) zur Seite stehen. **Pa|tro|zi|ni|um** *das;* -s, ...ien [...iən] ⟨aus *lat.* patrocinium „Beistand, Schutz" zu patronus, vgl. ¹Patron⟩: 1. im alten Rom die Vertretung durch einen ↑ ¹Patron (1) vor Gericht. 2. im Mittelalter der Rechtsschutz, den der Gutsherr seinen Untergebenen gegen Staat u. Stadt gewährte. 3. [himmlische] Schutzherrschaft eines Heiligen über eine Kirche. 4. Fest des od. der Ortsheiligen

Pat|schu|li *das;* -s, -s ⟨über gleichbed. *fr.* u. *engl.* patchouli aus *tamil.* (einer Eingeborenensprache des südlichen Indien) pacculi, eigtl. „grünes Blatt"⟩: asiatische, zu den Lippenblütlern gehörende krautige Pflanze mit kleinen weißen u. violetten Blüten, die das für Parfums verwendete Patschuliöl liefert

patt ⟨aus gleichbed. *fr.* pat, weitere Herkunft unsicher⟩: zugunfähig (von einer Stellung beim Schachspiel, in der keine Figur der einen Partei ziehen kann, wobei der König nicht im Schach stehen darf). **Patt** *das;* -s, -s: 1. als unentschieden gewertete Stellung im Schachspiel, bei der eine Partei patt ist. 2. Situation, in der keine Partei einen Vorteil erringen, den Gegner schlagen kann

Pat|tern ['pɛtən] *das;* -s, -s ⟨aus gleichbed. *engl.* pattern, dies über *mittelengl.* patron aus *(alt)fr.* patron, vgl. Patrone⟩: 1. [Verhaltens]muster, [Denk]schema, Modell (bes. in der angelsächsischen Psychol.). 2. Satzbaumuster, Modell einer Satzstruktur (Sprachw.). **Pat|tern-Drill** ['pɛtən...] *der;* -[e]s ⟨aus *engl.* pattern-drill „Beispielübung"⟩: svw. Patternpraxis. **Pat|tern pain|ting** ['pætən 'peɪntɪŋ] *das;* - - ⟨aus *engl.-amerik.* pattern painting „Mustermalerei"⟩: Richtung der zeitgenössischen Malerei mit Schwerpunkt 1980 in den USA, die großformatig-dekorative Ornamente zu farbenfrohen Kompositionen vereinigt. **Pat|tern|pra|xis** ['pɛtən...] *die;* -: Verfahren in der Fremdsprachendidaktik, bei dem beim Lernenden durch systematisches Einprägen bestimmter wichtiger fremdsprachlicher Satzstrukturmuster die mechanischen Tätigkeiten beim Sprachgebrauch zu Sprachgewohnheiten verfestigt werden sollen (Sprachw.)

pat|tie|ren ⟨aus gleichbed. *fr.* patter⟩: rastern, mit Notenlinien versehen

Pat|ti|nan|do *das;* -s, Plur. -s u. ...di ⟨aus gleichbed. *it.* pattinando zu pattinare, eigtl. „Schlittschuh laufen"⟩: mit einem Schritt vorwärts verbundener Ausfall (beim Fechten)

Pat|tin|son-Pro|zeß ['pætɪnsn...] *der;* ...esses ⟨nach dem brit. Chemiker L. H. Pattinson, 1796–1858⟩: älteres Verfahren zur Gewinnung von Silber aus silberhaltigem Werkblei

Pau|kal *der;* -s, -e ⟨zu *lat.* paucus „wenig, gering" u. ↑¹...al (1)⟩: Numerus, der eine geringe Anzahl ausdrückt (Sprachw.)

Pau|kant *der;* en-, -en ⟨zu *dt.* pauken u. ↑ ...ant⟩: (Studentenspr.) Fechter, Zweikämpfer bei einer ↑ Mensur (2). **Pau|kist** *der;* -en, -en ⟨zu *dt.* Pauke u. ↑ ...ist⟩: jmd., der [berufsmäßig] die Pauke schlägt

pau|li|nisch ⟨zu *kirchenlat.* Paulinus, nach dem Apostel Paulus⟩: der Lehre des Apostels Paulus entsprechend, auf ihr beruhend. **Pau|li|nis|mus** *der;* - ⟨zu ↑ ...ismus (1)⟩: die in den Paulusbriefen des N. T. niedergelegte theologische Lehre des Apostels Paulus

Pau|low|nia *die;* -, ...ien [...iən] ⟨nach einer russ. Prinzessin Anna Paulówna u. zu ↑¹...ia⟩: Kaiserbaum (schnellwüchsiger Zierbaum aus Ostasien)

Paume|spiel ['poːm...] *das;* -[e]s, -e ⟨zu *fr.* paume „Handfläche, flache Hand" (weil urspr. ohne Schläger gespielt wurde), dies aus gleichbed. *lat.* palma⟩: altes franz., früher sehr beliebtes Ballspiel, das seit dem 15. Jh. mit Schlägern gespielt wird

pau|pe|rie|ren ⟨nach *lat.* pauperare „arm machen"⟩: sich kümmerlich entwickeln (z. B. von Pflanzenbastarden; Biol.). **Pau|pe|ris|mus** *der;* - ⟨zu *lat.* pauper „arm" u. ↑ ...ismus (2)⟩: Verarmung, Verelendung; Massenarmut. **Pau|pe|ri|tät** *die;* - ⟨nach *lat.* paupertas, Gen. paupertatis „Armut"; vgl. ...ität⟩: (veraltet) Armut, Dürftigkeit

Pau|ro|me|ta|bo|lie *die;* - ⟨zu *gr.* paũros „klein, gering" u. ↑ Metabolie⟩: Form der unvollkommenen Metamorphose (2) bei bestimmten Insekten (Zool.)

Pau|sa|form *die;* -, -en ⟨zu *lat.* pausa, vgl. ¹Pause⟩: Lautgestalt eines Wortes vor einer Pause, d. h. wenn es allein od. am Satzende steht (mit absolutem Auslaut, z. B. die Aussprache [kɪnt] für Kind); vgl. Sandhi

pau|schal ⟨zu ↑ Pauschale, vgl. ¹...al (1)⟩: a) im ganzen, ohne Spezifizierung o. ä.; b) sehr allgemein [beurteilt], ohne näher zu differenzieren. **Pau|scha|le** *die;* -, -n ⟨zu *dt.* Pausch(e), Nebenform von Bausch, u. ↑ ...ale⟩: einmalige Abfindung od. Vergütung an Stelle von Einzelleistungen. **Pau|schal|ho|no|rar** *das;* -s, -e: einmalig an den Autor zu zahlendes Honorar für eine od. mehrere Auflagen eines Werkes. **pau|scha|lie|ren** ⟨zu ↑ ...ieren⟩: Teilsummen od. -leistungen zu einer einzigen Summe od. Leistung zusammenlegen. **pau|scha|li|sie|ren** ⟨zu ↑ ...isieren⟩: etwas pauschal (b) behandeln, sehr stark verallgemeinern. **Pau|scha|li|tät** *die;* - ⟨zu ↑ ...ität⟩: das Pauschalsein, das Undifferenziertsein. **Pau|schal|tou|ris|mus** *der;* -: Form des Tourismus, bei der das Reisebüro die jeweilige Reise vermittelt u. Fahrt, Hotel usw. pauschal berechnet. **Pausch|quan|tum** *das;* -s, ...ten: svw. Pauschale

¹Pau|se *die;* -, -n ⟨über das Roman. aus *lat.* pausa „Pause, das Innehalten; Ende", dies zu *gr.* paúein „aufhören"⟩: 1. a) Unterbrechung [einer Tätigkeit]; b) kurze Zeit des Ausruhens, Rastens. 2. a) Taktteil eines Musikwerks, der nicht durch Töne ausgefüllt ist; b) Pausenzeichen (Musik). 3. vom metrischen Schema geforderte Takteinheit, die nicht durch Sprache ausgefüllt ist (Verslehre)

²Pau|se *die;* -, -n ⟨zu ↑ pausen⟩: auf durchscheinendem Papier durchgezeichnete Kopie. **pau|sen** ⟨Herkunft unsicher, wohl unter Einfluß von *fr.* ébaucher „grob skizzieren" u. poncer „pausen"⟩: eine Originalzeichnung od. ein Originalschriftstück durch Nachzeichnen od. mit lichtempfindlichem Papier wiedergeben

Pau|sen|gym|na|stik *die;* - ⟨zu ↑ ¹Pause⟩: Gymnastik als Ausgleich für einseitige Tätigkeit in bes. dafür vorgesehenen Arbeitspausen. **pau|sie|ren** ⟨aus gleichbed. *spätlat.*

pausare zu *lat.* pausa, vgl. ¹Pause⟩: a) eine Tätigkeit [für kurze Zeit] unterbrechen; mit etwas vorübergehend aufhören; b) ausruhen, ausspannen

Paus|pa|pier *das;* -s, -e ⟨zu ↑²Pause⟩: 1. durchscheinendes Papier, das das Nachzeichnen einer darunterliegenden Vorlage ermöglicht. 2. Kohlepapier

Pau|vret [po'vrɛ] *der;* -, -s [po'vrɛ(s)] ⟨aus gleichbed. *fr.* pauvret zu pauvre „arm; ärmlich", dies aus *lat.* pauper⟩: (veraltet) armer Kerl, armer Teufel. **Pau|vre|té** [...'te:] *die;* - ⟨aus gleichbed. *fr.* pauvreté⟩: (veraltet) Armut, Armseligkeit. **Pau|vrette** [po'vrɛt] *die;* -, -n [...tən] ⟨aus gleichbed. *fr.* pauvrette⟩: (veraltet) armes Ding

Pa|va|ne [...v...] *die;* -, -n ⟨aus gleichbed. *fr.* pavane, dies aus *it.* pavana, eigtl. „(Tanz) aus Padua"⟩: 1. im 16. u. 17. Jh. verbreiteter, auch gesungener Reigen, Reihentanz in halbem Takt. 2. Einleitungssatz der ↑ Suite (4) des 17. Jh.s

pa|va|nie|ren [...v...] sich ⟨aus gleichbed. *fr.* se pavaner, dies zu *lat.* pavo, Gen. pavonis „Pfau"⟩: (veraltet) sich wie ein Pfau brüsten, stolz einherschreiten

Pa|vé [pa've:] *das;* - ⟨aus gleichbed. *fr.* pavé zu paver „pflastern", dies aus *lat.* pavire „feststampfen"⟩: (veraltet) Stein- od. Holzpflaster

Pa|ve|se [...v...] *die;* -, -n ⟨wohl nach der ital. Stadt Pavia⟩: im Mittelalter gebräuchlicher großer Schild zum Schutz der Armbrustschützen mit einem am unteren Ende befestigten Stachel zum Einsetzen in die Erde

Pa|vie ['pa:viə] *die;* -, -n ⟨aus gleichbed. *nlat.* pavia, nach dem niederl. Botaniker P. Pa(a)w, †1617⟩: die rotblühende Roßkastanie

Pa|vi|an [...v...] *der;* -s, -e ⟨aus gleichbed. *niederl.* baviaan, dies über *mittelniederl.* baubijn aus *fr.* babouin, weitere Herkunft unsicher⟩: meerkatzenartiger Affe mit blauroten Gesäßschwielen

Pa|vil|lon ['paviljɔn, auch 'paviljõ, ...'jõ:] *der;* -s, -s ⟨aus gleichbed. *fr.* pavillon, älter *fr.* „Zelt", dies über *spätlat.* papilio „(Soldaten)zelt" aus *lat.* papilio, Gen. papilionis „Schmetterling", nach dem Vergleich mit den aufgespannten Flügeln⟩: 1. großes viereckiges [Fest]zelt. 2. kleines rundes od. mehreckiges, [teilweise] offenes, freistehendes Gebäude (z. B. Gartenhaus). 3. Einzelbau auf einem Ausstellungsgelände. 4. vorspringender Eckteil des Hauptbaus eines [Barock]schlosses (Archit.). **Pa|vil|lon|sy|stem** *das;* -s: Bauweise, bei der mehrere kleine, meist eingeschossige Bauten (Pavillons), als Einheit konzipiert, einem gemeinsamen Zweck dienen (Archit.)

Pa|vo|naz|zo [...v...] *der;* - ⟨zu *it.* paonazzo „violett-blau" zu pavone „Pfau", dies aus *lat.* pavo, nach der Farbe⟩: eine Abart des ↑ carrarischen Marmors

Pa|vor [...v...] *der;* -s, ...ores [...re:s] ⟨aus gleichbed. *lat.* pavor⟩: [Anfall von] Angst, Schreck (Med.); - nocturnus [nok...]: nächtliches Aufschrecken (meist bei Kindern) aus dem Schlaf (Med.)

Paw|lat|sche *die;* -, -n ⟨aus *tschech.* pavlač „offener Hauseingang"⟩: (österr.) 1. offener Gang an der Hofseite eines [Wiener] Hauses. 2. baufälliges Haus. 3. Bretterbühne. **Paw|lat|schen|thea|ter** *das;* -s, -: (österr.) [Vorstadt]theater, das auf einer einfachen Bretterbühne spielt

¹Pax *die;* - ⟨aus *lat.* pax, Gen. pacis „Friede"⟩: 1. lat. Bez. für Friede[n]. 2. Friedensgruß, bes. der Friedenskuß in der kath. Messe. 3. svw. Paxtafel

²Pax *der;* -es, -e ⟨gekürzt aus *engl.* passenger X⟩: (Jargon) Passagier, Fluggast

Pax Chri|sti *die;* - - ⟨aus *lat.* pax Christi „der Friede Christi"⟩: die durch die Initiative des Bischofs von Lourdes 1944 in Frankreich gegründete kath. Weltfriedensbewegung

Pa|xil|lus *der;* -, ...li ⟨aus *lat.* paxillus „kleiner Pfahl, Pflock", Verkleinerungsform von palus „Pfahl"⟩: wissenschaftlicher Name für die Pilzgattung der Kremplinge (Bot.)

Pax Ro|ma|na *die;* - - ⟨aus *lat.* pax Romana „römischer Friede"⟩: 1. in der röm. Kaiserzeit der befriedete Bereich römisch-griechischer Kultur. 2. 1921 gegründete internationale kath. Studentenbewegung. **Pax|ta|fel** *die;* -, -n: mit Darstellungen Christi, Mariens od. Heiliger verziertes Täfelchen, das früher zur Weitergabe des liturgischen Friedenskusses in der Messe diente. **Pax vo|bis|cum** [- vo'bɪskʊm] ⟨aus gleichbed. *lat.* pax vobiscum⟩: Friede (sei) mit euch! (Gruß in der kath. Meßliturgie)

pay|able [pɛ'ja:bl] ⟨aus gleichbed. *fr.* payable zu payer „(be)zahlen", dies aus *lat.* pacare „befrieden, befriedigen"⟩: (veraltet) zahlbar, fällig. **Pay-back** ['peɪbæk] *das;* -s ⟨zu *engl.* to pay back „zurückzahlen"⟩: svw. Pay-out. **Paye|ment** [pɛj'mã:] *das;* -s, -s ⟨aus gleichbed. *fr.* payement⟩: (veraltet) Bezahlung, Zahlungsfrist. **Pay|eur** [pɛ'jø:ɐ] *der;* -s, Plur. -e u. -s ⟨aus gleichbed. *fr.* payeur⟩: (veraltet) Zahlender, Zahlmeister. **Pay|ing guest** ['peɪɪŋ 'gɛst] *der;* --, --s ⟨aus *engl.* paying guest „zahlender Gast"⟩: im Ausland bei einer Familie mit vollem Familienanschluß wohnender Gast, der für Unterkunft u. Verpflegung bezahlt. **Pay-off-Pe|ri|ode** [peɪ'ɔf...] *die;* -, -en ⟨aus gleichbed. *engl.* pay-off period zu to pay off „entlöhnen, abbezahlen, tilgen"⟩: Amortisationsdauer bei der Investitionsrechnung (Wirtsch.). **Pay-out** ['peɪ'aʊt] *das;* -s ⟨aus gleichbed. *engl.* pay-out zu to pay out „aus-, zurückzahlen"⟩: Rückgewinnung investierten Kapitals (Wirtsch.)

Pay|sage [pei'za:ʒ] *die;* -, -n [...ʒn] ⟨aus gleichbed. *fr.* paysage⟩: (veraltet) Landschaft, Landschaftsbild. **Pay|sage in|time** [peizaʒɛ̃'tim] *das;* - - ⟨aus gleichbed. *fr.* paysage intime, eigtl. „intime Landschaft"⟩: Richtung der Landschaftsmalerei, die der stimmungsvolle Darstellung bevorzugte (bes. im 19. Jh. in Frankreich). **Pay|sa|gist** [...'ʒɪst] *der;* -en, -en ⟨aus gleichbed. *fr.* paysagiste⟩: (veraltet) Landschaftsmaler

Pay-TV ['peɪ tɪ'wi] *das;* -s ⟨Kunstw. zu *engl.* to pay „bezahlen" u. television „Fernsehen"⟩: an das Kabel- od. Satellitenfernsehen gebundene Art des kommerziellen Fernsehens, bei dem sich der Zuschauer gegen Entgelt (über einen Decoder) in ein bestimmtes, verschlüsselt gesendetes Programm einschalten kann

Pa|zi|fik *der;* -s ⟨aus gleichbed. *engl.* Pacific (Ocean) nach *port.* Mar Pacífico, eigtl. „friedlich(er Ozean)", vgl. pazifisch, die Bezeichnung bezieht sich auf die ruhig verlaufene Reise Magellans durch dieses Meer⟩: Pazifischer Ozean. **Pa|zi|fi|ka|ti|on** *die;* -, -en ⟨aus gleichbed. *lat.* pacificatio zu pacificare, vgl. pazifizieren⟩: Beruhigung, Befriedung; vgl. ...[at]ion/...ierung. **pa|zi|fisch** ⟨zu *lat.* pacificus „Frieden schließend" zu pax (vgl. Pax) u. facere „machen, tun"⟩: den Raum, den Küstentyp u. die Inseln des Pazifischen Ozeans betreffend. **Pa|zi|fis|mus** *der;* - ⟨aus gleichbed. *fr.* pacifisme zu pacifier, vgl. pazifizieren⟩: a) weltanschauliche Strömung, die jeden Krieg als Mittel der Auseinandersetzung ablehnt und den Verzicht auf Rüstung und militärische Ausbildung fordert; b) jmds. Haltung, Einstellung, die durch den Pazifismus (a) bestimmt ist. **Pa|zi|fist** *der;* -en, -en ⟨aus gleichbed. *fr.* pacifiste⟩: Anhänger des Pazifismus. **pa|zi|fi|stisch**: den Pazifismus betreffend. **Pa|zi|fi|stin** *die;* -, -nen: weibliche Form zu ↑ Pazifist. **pa|zi|fi|zie|ren** ⟨nach gleichbed. *fr.* pacifier aus *lat.* pacificare

Pazifizierung

„Frieden schließen"): [ein Land] befrieden. **Pa|zi|fi|zierung** *die;* -, -en ⟨zu ↑ ...fizierung⟩: a) das Pazifizieren; b) das Pazifiziertwerden; vgl. ...[at]ion/...ierung. **Pa|zis|zent** *der;* -en, -en ⟨zu ↑ paszieren u. ↑ ...ent⟩: (veraltet) jmd., der einen Vertrag schließt od. einen Vergleich mit einem anderen eingeht (Rechtsw.). **pa|zis|zie|ren** ⟨aus *lat.* pacisci „eine Abrede treffen, übereinkommen"; vgl. ...ieren⟩: (veraltet) einen Vertrag schließen bzw. einen Vergleich mit einem andern eingehen (Rechtsw.)
PC: Abk. für Personalcomputer
PE: Abk. für Polyethylen; vgl. Polyäthylen
Peak [pi:k] *der;* -[s], -s ⟨aus *engl.* peak⟩: 1. engl. Bez. für Berggipfel, -spitze. 2. relativ spitzes ↑ Maximum (2 a) im Verlauf einer ↑ Kurve (2; bes. Chem.). 3. fachspr. für Signal (1)
Pear|ceit [pɪəˈsɪt] *der;* -s, -e ⟨nach dem amerik. Metallurgen (R.) Pearce († 1927) u. zu ↑²...it⟩: ein schwarzes, ↑ monoklines, schwefelhaltiges Mineral
PEARL [pəːl] *das;* - ⟨Kurzw. aus *engl.* process and experiment *a*utomation *r*ealtime *l*anguage⟩: problemorientierte Programmiersprache, bes. zur Lösung von Echtzeitaufgaben (EDV)
Pearl-In|dex [ˈpəːl...] *der;* Gen. - u. -es, Plur. - u. ...dizes [...tse:s] ⟨nach dem amerik. Biologen R. Pearl, 1879 bis 1940⟩: Maßzahl für die Zuverlässigkeit eines empfängnisverhütenden Mittels
Peau d'ange [poˈdãːʒ] *die;* - - ⟨aus *fr.* peau d'ange „Engelshaut"⟩: weicher ↑ Crêpe Satin
Peb|ble tools [ˈpɛbl ˈtuːlz] *die* (Plur.) ⟨aus *engl.* pebble tools „Geröllgeräte" zu pebble „Kiesel(stein)" u. tool „Werkzeug"⟩: aus gerundeten Fluß- bzw. Strandgeröllen od. Feuersteinknollen meist zu ↑ Choppern geschlagene Steinwerkzeuge der Frühzeit
Pe|bri|ne *die;* - ⟨aus gleichbed. *fr.* pébrine, dies über *provenzal.* pebrino, pebre „Pfeffer" aus gleichbed. *lat.* piper⟩: (veraltet) Flecksucht der Seidenraupen
Pe|can|nuß [...k...] vgl. Pekannuß
Pec|ca|tum [pɛˈka:...] *das;* - ⟨aus gleichbed. *(kirchen)lat.* peccatum⟩: (veraltet) Vergehen, Sünde (Rel.)
Pe-Ce-Fa|ser [peːˈtseː...] *die;* -, -n ⟨Kurzw. aus *P*olyvinyl*c*hlorid u. *Faser*⟩: sehr beständige Kunstfaser
Pec|co|pte|ris [...k...] *der;* -, ...pteriden ⟨aus *nlat.* pecopteris zu *gr.* pékein „kämmen" u. ptéris „Farn", eigtl. „Kammfarn"⟩: ausgestorbene Farngattung des Erdaltertums mit mehrfach gefiederten Wedeln
Pec|to|ra|lis [...k...] *der;* -, ...les [...leːs] ⟨aus gleichbed. *lat.* (musculus) pectoralis, vgl. pektoral⟩: Brustmuskel (Anat.)
Pec|tus *das;* -, ...tora ⟨aus gleichbed. *lat.* pectus⟩: Brust, Brustkorb (Med.)
Pe|da: Plur. von ↑ Pedum
Pe|dal *das;* -s, -e ⟨zu *lat.* pedalis „zum Fuß gehörig", dies zu pes, Gen. pedis „Fuß"⟩: 1. mit dem Fuß zu bedienender Teil an der Tretkurbel des Fahrrads. 2. mit dem Fuß zu bedienender Hebel für Bremse, Gas u. Kupplung in Kraftfahrzeugen. 3. a) Fußhebel am Klavier zum Dämpfen der Töne od. zum Nachschwingenlassen der Saiten; b) Fußhebel am Cembalo zum Mitschwingenlassen anderer Saiten; c) Fußhebel an der Harfe zum chromatischen Umstimmen. 4. a) Tastatur an der Orgel, die mit den Füßen bedient wird; b) einzelne mit dem Fuß zu bedienende Taste an der Orgel. **pe|da|len:** (bes. schweiz.) radfahren. **Pe|da|le|rie** *die;* -, ...jen ⟨mit französierender Endung zu ↑ Pedal gebildet⟩: Gesamtheit der Pedale (in einem Kraftfahrzeug). **Pe|da|leur** [...ˈløːɐ̯] *der;* -s, Plur. -s u. -e ⟨aus gleichbed. *fr.* pedaleur⟩: (scherzh.) Radfahrer, Radsportler. **Pe-**

da|kla|via|tur [...v...] *die;* -, -en ⟨zu ↑ Pedal⟩: in Fußhöhe angebrachte, mit den Füßen zu spielende ↑ Klaviatur. **Pe|dal|kla|vier** *das;* -s, -e: Klavier mit Fußklaviatur, das bes. im 18. Jh. als Übungsinstrument von Organisten benutzt wurde
pe|dant ⟨zu ↑ pedantisch⟩: (österr.) svw. pedantisch. **Pe|dant** *der;* -en, -en ⟨aus *fr.* pédant, dies aus *it.* pedante, eigtl. „Lehrer, Schulmeister", weitere Herkunft unsicher⟩: jmd., der die Dinge übertrieben genau nimmt; Kleinigkeits-, Umstandskrämer. **Pe|dan|te|rie** *die;* -, ...jen ⟨aus gleichbed. *fr.* pédanterie⟩: übertriebene Genauigkeit, Ordnungsliebe, Gewissenhaftigkeit, Kleinigkeitskrämerei. **pe|dan|tisch** ⟨nach *fr.* pédantesque⟩: übertrieben genau, ordnungsliebend, gewissenhaft. **Pe|dan|tis|mus** *der;* - ⟨zu ↑...ismus (5)⟩: (veraltet) svw. Pedanterie
Pe|dell *der;* -s, -e ⟨aus *mlat.* pedellus, bedellus „(Gerichts)diener", dies aus dem Germ.⟩: (veraltend) Hausmeister einer [Hoch]schule
Pe|des [ˈpeːdeːs]: Plur. von ↑ Pes. **Pe|dest** *das* od. *der;* -[e]s, -e ⟨zu ↑ pedestrisch⟩: (veraltet) svw. Podest. **pe|de|strisch** ⟨aus *lat.* pedester, Gen. pedestris „zu Fuß"⟩: (veraltet) niedrig, gewöhnlich, prosaisch
pe|di..., **Pe|di...** vgl. ¹pedo..., Pedo...
Pe|di|ca|tio [...k...] *die;* -, ...iones [...ne:s] ⟨zu *lat.* pedicare „sexuell mit Knaben verkehren", verwandt mit podex, vgl. Podex⟩: Analverkehr (Med.)
Pe|di|gree [ˈpɛdigri] *der;* -s, -s ⟨aus *engl.* pedigree „Stammbaum", dies über *mittelengl.* pedegru aus *mittelfr.* pié de gru „Kranichfuß" (weil die genealogischen Linien einem stilisierten Vogelfuß ähneln)⟩: Stammbaum in der Pflanzen- u. Tierzucht (Biol.)
Pe|di|ku|lo|se *die;* -, -n ⟨zu *lat.* pediculus „kleine Laus" u. ↑¹...ose⟩: Läusebefall beim Menschen u. die damit zusammenhängenden krankhaften Erscheinungen
Pe|di|kü|re *die;* -, -n ⟨aus gleichbed. *fr.* pédicure, dies aus *lat.* pes, Gen. pedis „Fuß" u. cura „Sorge, Pflege"⟩: 1. (ohne Plur.) Fußpflege. 2. Fußpflegerin. **pe|di|kü|ren** ⟨zu ↑...ieren⟩: Fußpflege machen. **Pe|di|ment** *das;* -s, -e ⟨wohl zu *lat.* pes (vgl. Pediküre), Analogiebildung zu ↑ Fundament⟩: mit Sandmaterial bedeckte Fläche am Fuß von Gebirgen in Trockengebieten (Geogr.)
Pe|di|on [...ˈiːən [...jən]] ⟨aus *gr.* pedíon „Ebene, Fläche"⟩: Kristallform mit einer einzigen selbständigen Fläche, ohne symmetrische Gegenfläche
Pe|di|pu|la|tor *der;* -s, ...toren ⟨zu *lat.* pes, Gen. pedis „Fuß", Analogiebildung zu ↑ Manipulator⟩: Maschine mit Schreitvorrichtung (zur Fortbewegung; Techn.). **Pe|di|zel|la|rie** [...jə] *die;* -, -n ⟨aus gleichbed. *nlat.* pedicellaria zu *lat.* pedicellus „(Blüten)stiel", dies zu *lat.* pediculus, Verkleinerungsform von pes, Gen. pedis „Fuß"⟩: zangenartiger Greifapparat der Stachelhäuter. **¹pe|do...**, **Pe|do...** u. pe|di..., Pedi... ⟨zu *lat.* pes, Gen. pedis „Fuß"⟩: Wortbildungselement mit der Bedeutung „Fuß", z. B. Pedometer, Pediküre

²pe|do..., **Pe|do...** ⟨aus *gr.* pédon „Boden"⟩: Wortbildungselement mit der Bedeutung „Boden", z. B. Pedotop. **Pe|do|ge|ne|se** *die;* - ⟨zu ↑²pedo... u. ↑ Genese⟩: Bodenbildung im obersten Bereich der festen Erdrinde
Pe|do|gramm vgl. Podogramm. **Pe|do|graph** *der;* -en, -en ⟨zu ↑¹pedo... u. ↑...graph⟩: Wegmesser
Pe|do|lo|gie *die;* - ⟨zu ↑²pedo... u. ↑...logie⟩: Bodenkunde. **pe|do|lo|gisch** ⟨zu ↑...logisch⟩: die Bodenkunde betreffend
Pe|do|me|ter *das;* -s, - ⟨zu ↑¹pedo... u. ↑¹...meter⟩: Schrittzähler

Pe|don *das;* -s ⟨aus *gr.* pédon „(Erd)boden"⟩: kleinster einheitlicher Bodenkörper (etwa 1 m³; Bodenkunde). **Pe|dotop** *der;* -[e]s, -e ⟨zu ↑²pedo... u. ↑...top⟩: weitgehend homogene Arealeinheit der Bodendecke, in der die Merkmale annähernd gleich bleiben (Bodenkunde)

Pe|dro|li|no *der;* -s ⟨aus *it.* pedrolino „Peterchen", Verkleinerungsform von Pedro „Peter"⟩: eine komische Figur des ital. Lustspiels

Pe|dro Xi|mé|nez [– xi'menes] *der;* - - ⟨aus gleichbed. *span.* pedrojiménez, nach dem Namen Pedro Ximénez⟩: likörähnlicher span. Süßwein

Pe|dum *das;* -s, Peda ⟨aus *lat.* pedum „Hirtenstab" zu pes, vgl. ¹pedo...⟩: bischöflicher Krummstab; - rectum ['rɛk...]: der gerade Hirtenstab als (nicht getragenes) kanonisches Abzeichen des Papstes

Pee|ling ['pi:lɪŋ] *das;* -s, -s ⟨aus gleichbed. *engl.* peeling zu to peel „schälen"⟩: kosmetische Schälung der [Gesichts]haut zur Beseitigung von Hautunreinheiten

Peep-Show ['pi:pʃoʊ] *die;* -, -s ⟨aus gleichbed. *engl.* peep show zu to peep „verstohlen gucken" u. show, vgl. Show⟩: auf sexuelle Stimulation zielendes Sichzurschaustellen einer nackten [weiblichen] Person, die gegen Geldeinwurf durch das Guckfenster einer Kabine betrachtet werden kann

Peer [pi:ɐ̯, auch pɪə] *der;* -s, -s ⟨aus gleichbed. *engl.* peer, eigtl. „Gleichrangiger", dies über *altfr.* per zu *lat.* par „gleich"⟩: 1. Angehöriger des hohen engl. Adels. 2. Mitglied des engl. Oberhauses. **Pee|rage** ['pɪərɪdʒ] *die;* - ⟨aus gleichbed. *engl.* peerage⟩: 1. Würde eines Peers. 2. die Gesamtheit der Peers. **Pee|reß** ['pi:rɛs, auch 'pɪərɪs] *die;* -, ...resses [...rɛsɪs, auch ...rɪsɪz] ⟨aus gleichbed. *engl.* peeress⟩: Gemahlin eines Peers. **Peer-group** ['pi:ɐ̯'gru:p] *die;* -, -s ⟨aus gleichbed. *engl.* peer group, dies zu peer (vgl. Peer) u. group „Gruppe"⟩: Bezugsgruppe eines Individuums, die aus Personen gleichen Alters, gleicher od. ähnlicher Interessenlage u. ähnlicher sozialer Herkunft besteht u. es in bezug auf Handeln u. Urteilen stark beeinflußt (Psychol., Soziol.)

Pe|ga|mo|id ⓦ *das;* -[e]s, -e ⟨Kunstw.⟩: ein Kunstleder

Pe|ga|sos u. **Pe|ga|sus** *der;* - ⟨über *lat.* Pegasus aus *gr.* Pégasos, nach dem geflügelten Pferd des Perseus in der griech. Sage⟩: geflügeltes Pferd als Sinnbild dichterischer Phantasie; den - besteigen: (scherzh.) sich als Dichter versuchen; dichten; vgl. Hippogryph

Pe|ge *die;* -, -n ⟨aus *gr.* pēgḗ „Quelle"⟩: kalte Quelle (Wassertemperatur unter 20°). **Pe|gia|ter** *der;* -s, - ⟨zu ↑...iater⟩: (veraltet) jmd., der Pegiatrie betreibt. **Pe|gia|trie** *die;* - ⟨zu ↑...iatrie⟩: (veraltet) [Lehre von der] Heilung durch Mineralquellen

Peg|ma|tit [auch ...'tɪt] *der;* -s, -e ⟨zu *gr.* pḗgma „das Festgewordene" u. ↑²...it⟩: aus gasreichen Resten von Tiefengesteinsschmelzflüssen entstandenes grobkörniges Ganggestein (Geol.)

Pe|go|lo|gie *die;* - ⟨zu ↑ Pege u. ↑...logie⟩: (veraltet) svw. Pegiatrie

Pe|ha|me|ter *das;* -s, - ⟨Kunstw.; zu pH (gesprochen pe:ha:), Abk. für *nlat.* potentia *h*ydrogenii, eigtl. „Wirksamkeit des Wasserstoffs", u. ↑¹...meter⟩: Gerät zum Bestimmen der pH-Zahl (die Aussagen über die Wasserstoffionenkonzentration macht)

Peh|le|wi ['peçlevi] u. **Pahlewi** ['pax...] *das;* -s ⟨aus gleichbed. *pers.* pahlawi zu *altpers.* Parthava „Parthien"⟩: mittelpersische Sprache u. Schrift (3. Jh. v. Chr.–10. Jh. n. Chr.), Amtssprache der ↑ Sassaniden

Pei|es *die* (Plur.) ⟨aus gleichbed. *jidd.* péjess zu *hebr.* pē'ôṯ (Plur.) „Ecken"⟩: Schläfenlocken (der orthodoxen Ostjuden)

Pei|gneur [pɛn'jøːɐ̯] *der;* -s, -e ⟨aus *fr.* peigneur „Wollkämmer" zu peigner „kämmen", vgl. peignieren⟩: Kammwalze od. Abnehmer an der Krempelmaschine in der Spinnerei. **pei|gnie|ren** [pɛn'ji:...] ⟨aus *fr.* peigner „kämmen", dies aus *lat.* pectinare⟩: [Wolle] kämmen. **Pei|gnoir** [...'joaːɐ̯] *der;* -s, -s ⟨aus gleichbed. *fr.* peignoir zu peigner, vgl. peignieren⟩: (veraltet) Frisiermantel, Morgenmantel

Pein|tre-gra|veur [pɛ̃trəgra'vœːr] *der;* -s, -e ⟨aus *fr.* peintregraveur⟩: franz. Bez. für Malerstecher od. Malerradierer (ein eigenschöpferischer Kupferstecher od. Radierer)

Pein|ture [pɛ̃'tyːɐ̯] *die;* - ⟨aus *fr.* peinture „Malerei", dies über *vulgärlat.* pinctura aus *lat.* pictura zu pingere „malen"⟩: kultivierte, meist zarte Farbgebung, Malweise

Pei|re|skia u. **Pereskia** *die;* -, ...ien [...i̯ən] ⟨nach dem franz. Gelehrten N. C. F. de Peiresc (1580–1637) u. zu ↑¹...ia⟩: Kaktusgewächs (eine Zierpflanze)

Pe|je|rant *der;* -en, -en ⟨aus *lat.* peierans, Gen. peierantis, Part. Präs. von peierare, vgl. pejerieren⟩: svw. Perjurant. **Pe|je|ra|ti|on** *die;* -, -en ⟨aus gleichbed. *lat.* peieratio⟩: svw. Perjuration. **pe|je|rie|ren** ⟨aus gleichbed. *lat.* peierare, dies aus älter periurare zu ↑ per... u. lat. iurare „schwören", einen Eid ablegen"⟩: svw. perjurieren

Pe|jo|ra|ti|on *die;* -, -en ⟨zu ↑ pejorativ u. ↑¹...ion⟩: Bedeutungsverschlechterung, -abwertung eines Wortes, das Annehmen eines negativen Sinnes bei einem Wort (z. B. *gemein;* urspr. *gemeinsam, mehreren in gleicher Weise zukommend,* jetzt *niederträchtig, unfein;* Sprachw.). **pe|jo|ra|tiv** ⟨zu *lat.* peioratus, Part. Perf. von peiorare „verschlechtern" (dies zu peior, Komparativ von malus „schlecht, schlimm"), u. ↑...iv⟩: die Pejoration betreffend; bedeutungsverschlechternd; abwertend (Sprachw.). **Pe|jo|ra|tivum** [...v...] *das;* -s, -va ⟨aus *lat.* (verbum) peiorativum⟩: mit verkleinerndem od. abschwächendem ↑ Suffix gebildetes Wort mit abwertendem Sinn (z. B. Jüng*elchen,* fröm*meln;* Sprachw.). **Pe|jus** *das;* - ⟨zu *lat.* peius „schlechter", Komparativ von malus „schlecht"⟩: äußerster Grad ungünstiger Lebensbedingungen (Biol.)

Pe|kan|nuß *die;* -, ...nüsse ⟨Lehnübersetzung von gleichbed. *engl.* pecan, dies über *fr.* pacane aus *Algonkin* (einer nordamerik. Indianersprache) pakan⟩: Nuß des Hickorywalnußbaums; vgl. Hickory

Pe|ka|ri *das;* -s, -s ⟨über *fr.* pécari aus *karib.* pakira⟩: Nabelschwein, eine in Mittel- u. Südamerika heimische Familie schweineartiger Paarhufer

Pe|ke|sche *die;* -, -n ⟨aus gleichbed. *poln.* bekiesza, Bed. 2 nach dem Aussehen⟩: 1. mit Pelz verarbeiteter Schnürrock der Polen. 2. geschnürte Festjacke der Verbindungsstudenten

Pe|ki|ne|se *der;* -n, -n ⟨nach der chin. Hauptstadt Peking, u. zu -ese, charakterisierendes Suffix von Namen⟩: Hund einer chines. Zwerghunderasse. **Pe|king|en|te** *die;* -, -n: 1. ein chines. Gericht. 2. eine weißgefiederte Frühmastente mit guter Legeleistung. **Pe|kin|ge|se** vgl. Pekinese. **Peking|mensch** *der;* -en, -en: svw. Sinanthropus. **Pe|king-oper** *die;* -: die bekannteste der mit 300 chines. Theaterformen, die sich aus verschiedenen Darbietungsarten (Singen, Gestikulieren, Rezitieren u. a.) zusammensetzt

Pe|koe ['pi:koʊ] *der;* -[s] ⟨aus gleichbed. *engl.* pekoe, dies aus *chin.* mdal. pek-ho zu pek „weiß" u. ho „unten"⟩: gute, aus bestimmten Blättern des Teestrauchs hergestellte [indische] Teesorte

pekt|an|gi|nös ⟨mit Wortumstellung zu ↑ Angina pectoris

Pektase

gebildet; vgl. ...ös⟩: die ↑Angina pectoris betreffend, ihr ähnlich; brust- u. herzbeklemmend (Med.)

Pek|ta|se *die;* - ⟨zu *gr.* pēktós „fest; geronnen" (zu pēgnýnai „befestigen; gerinnen lassen") u. ↑...ase⟩: ↑Enzym in Mohrrüben, Früchten, Pilzen

Pek|ten|mu|schel *die;* -, -n ⟨zu *lat.* pecten „Kamm"⟩: auf Sandgrund lebende Kammuschel mit tief gerippten Schalen, einer tief gewölbten u. einer flachen, deckelförmigen (Zool.)

Pek|tin *das;* -s, -e (meist Plur.) ⟨zu *gr.* pēktós (vgl. Pektase) u. ↑...in (1)⟩: gelierender Pflanzenstoff in Früchten, Wurzeln u. Blättern. **Pek|ti|na|se** *die;* - ⟨zu ↑...ase⟩: ↑Enzym in Malz, Pollenkörnern, ↑Penicillium. **Pek|tin|bak|te|ri|en** [...iən] *die* (Plur.): zum Abbau von Pektin befähigte Bakterien verschiedener Artzugehörigkeit. **Pek|to|lith** [auch ...'lɪt] *der;* Gen. -s u. -en, Plur. -e[n] ⟨zu ↑...lith⟩: ein weißes bis grünliches Mineral

pek|to|ral ⟨aus gleichbed. *lat.* pectoralis zu pectus, Gen. pectoris „Brust"⟩: die Brust betreffend, zu ihr gehörend (Med.). **¹Pek|to|ra|le** *das;* -[s], Plur. -s u. ...lien [...iən] ⟨zu ↑...ale⟩: Brustkreuz kath. geistlicher Würdenträger; vgl. Enkolpion (2). **²Pek|to|ra|le** *das;* -[s], Plur. -s u. ...lien [...iən] ⟨aus gleichbed. *mlat.* pectorale zu *lat.* pectoralia „Brustharnisch", substantiviertes Neutrum (Plur.) von pectoralis, vgl. ¹Pektorale⟩: mittelalterlicher Brustschmuck (z. B. Schließe des geistlichen Chormantels). **Pek|to|ra|lis** vgl. Pectoralis

Pe|ku|li|ar|be|we|gung *die;* -, -en ⟨zu *lat.* peculiaris „eigentümlich, verschieden"⟩: die bei den gegenseitigen Bewegungen der Fixsterne beobachtete unsystematische Eigenbewegung innerhalb großer Sterngruppen (Astron.)

pe|ku|ni|är ⟨aus gleichbed. *fr.* pécuniaire, dies von *lat.* pecuniarius „zum Geld gehörig" zu pecunia „Geld"⟩: das Geld betreffend; finanziell, geldlich

pek|zie|ren u. pexieren ⟨aus *lat.* peccare „sündigen"⟩: (landsch.) etwas anstellen, eine Dummheit machen

Pe|la|de *die;* -, -n ⟨aus gleichbed. *fr.* pelade bzw peler „enthaaren", dies über *altfr.* poile-peler aus *lat.* pilare⟩: krankhafter Haarausfall; Haarschwund (Med.); vgl. Alopezie

pe|la|gi|al ⟨zu *lat.* pelagius „zum Meer, zur (offenen) See gehörig" (dies aus *gr.* pelágios zu pélagos „offene See") u. ↑...al (1)⟩: svw. pelagisch. **Pe|la|gi|al** *das;* -s ⟨zu ↑¹...al (2)⟩: 1. die Region des freien Meeres (Geol.). 2. die Gesamtheit der Lebewesen des freien Meeres u. weiträumiger Binnenseen (Biol.)

Pe|la|gia|ner *der;* -s, - ⟨nach dem engl. Mönch Pelagius (5. Jh.) u. zu ↑...aner⟩: Anhänger des Pelagianismus. **Pe|la|gia|nis|mus** *der;* - ⟨zu ↑...ismus (1)⟩: kirchlich verurteilte Lehre des Pelagius, die gegen Augustins Gnadenlehre die menschliche Willensfreiheit vertrat; vgl. Synergismus (2)

pe|la|gisch ⟨zu gleichbed. *lat.* pelagius; vgl. pelagial⟩: 1. im freien Meer u. in weiträumigen Binnenseen lebend (von Tieren u. Pflanzen; Biol.). 2. dem tieferen Meer (unterhalb 800 m) angehörend (Geol.). **Pe|la|go|skop** *das;* -s, -e ⟨zu ↑...skop⟩: altes Gerät zum Hinabschauen in die Meerestiefe

Pe|lar|go|ni|din *das;* -s ⟨zu ↑Pelargonie u. ↑...in (1)⟩: ein Pflanzenfarbstoff, bes. in Pelargonien, orangefarbenen Dahlien u. roten Johannisbeeren. **Pe|lar|go|nie** [...iə] *die;* -, -n ⟨zu *gr.* pelargós „Storch" u. ↑¹...ie, nach der einem Storchschnabel ähnlichen Frucht⟩: zur Gattung der Storchschnabelgewächse gehörende Pflanze mit meist leuchtend roten Blüten, die in vielen Zuchtsorten als Zierpflanze gehalten wird. **Pe|lar|gon|säu|re** *die;* -: farblose,

charakteristisch riechende, ölige Flüssigkeit, die in ranzigen Fetten vorkommt u. die synthetisch hergestellt u. a. zur Herstellung von Weichmachern u. Alkydharzen verwendet wird

pêle-mêle [pɛl'mɛl] ⟨aus gleichbed. *fr.* pêle-mêle, entstellt aus *altfr.* mesle-mesle, verdoppelnde Bildung zu mesler (*fr.* mêler) „mischen"⟩: durcheinander. **Pele|mele** [pɛl'mɛl] *das;* - ⟨zu ↑pêle-mêle⟩: 1. Mischmasch, Durcheinander. 2. Süßspeise aus Vanillecreme u. Fruchtgelee

Pe|le|ri|ne *die;* -, -n ⟨aus gleichbed. *fr.* pèlerine, eigtl. „von Pilgern getragener Umhang", zu pèlerin „Pilger", dies aus *spätlat.* pelegrinus, vgl. Pilger⟩: weiter, einem ↑Cape ähnlicher, ärmelloser [Regen]umhang

Pel|ham ['pɛləm] *der;* -s, -s ⟨nach dem Namen eines engl. Adligen⟩: ↑Kandare mit beweglichem Trensenmundstück (Reiten)

Pe|li|di|si|zahl *die;* - ⟨Kunstw.⟩: Index für den Ernährungszustand eines Kindes, errechnet aus der Kubikwurzel des zehnfachen Körpergewichtes (in Gramm), dividiert durch die Sitzhöhe (in Zentimetern; Med.)

Pe|li|kan [auch ...'ka:n] *der;* -s, -e ⟨über *kirchenlat.* pelicanus aus *gr.* pelekán zu pélekys „Axt, Beil", nach der Form des oberen Schnabels⟩: tropischer u. subtropischer Schwimmvogel mit mächtigem Körper u. langem, am unteren Teil mit einem dehnbaren Kehlsack versehenen Schnabel. **Pe|li|ka|nol** ⓇⓌ *das;* -s ⟨Kunstw.; vgl. ...ol⟩: ein Klebstoff

Pe|li|ke *die;* -, -n ⟨zu *gr.* pēlós „Ton, Lehm"⟩: altgriech. bemalte Vase mit zwei Henkeln

Pe|li|ko|lo|gie *die;* - ⟨zu *gr.* pélix, Gen. pélikos „Becken" u. ↑...logie⟩: Lehre vom Becken, seinen Erkrankungen u. deren Behandlung (Med.). **Pe|li|me|trie** *die;* -, ...ien ⟨zu ↑...metrie⟩: Messung des Beckens (bei Frauen vor allem, um festzustellen, ob eine zu erwartende Geburt normal od. kompliziert verlaufen wird; Med.)

Pe|lit [auch ...'lɪt] *der;* -s, -e (meist Plur.) ⟨zu *gr.* pēlós „Ton, Lehm" u. ↑²...it⟩: Sedimentgestein aus staubfeinen Bestandteilen (z. B. Tonschiefer; Geol.). **pe|li|tisch** [auch ...'lɪ...]: Pelite betreffend

Pell|agra *das;* -s ⟨zu *gr.* pélla „Haut" u. ágra „das Fangen; -gicht"; Analogiebildung zu ↑Podagra⟩: bes. durch Mangel an Vitamin B₂ hervorgerufene Vitaminmangelkrankheit, die sich hauptsächlich in Haut- u. Schleimhautveränderungen, Psychosen u. Durchfällen äußert (Med.). **pell|agrös** ⟨zu ↑...ös⟩: das Pellagra betreffend, mit Pellagra behaftet (Med.)

Pel|let vgl. Pellets. **pel|le|tie|ren** u. pelletisieren ⟨zu ↑Pellets u. ↑...ieren bzw. ...isieren⟩: feinkörnige Stoffe durch besondere Verfahren zu kugelförmigen Stücken (von einigen Zentimetern Durchmesser) zusammenfügen, ↑granulieren (1; Techn.).

Pel|le|tie|rin [...tiə...] *das;* -s ⟨nach dem franz. Apotheker P. J. Pelletier (1788–1842) u. ↑...in (1)⟩: giftiges Alkaloid in Wurzel u. Rinde des Granatapfelbaumes, früher wegen seiner spezifischen Giftwirkung auf Bandwürmer als Bandwurmmittel verwendet

pel|le|ti|sie|ren vgl. pelletieren. **Pel|lets** *die* (Plur.) ⟨zu *engl.* pellet „kleiner Ball", dies über *altfr.* pelote „(Spiel)ball" aus *vulgärlat.* pilotta, *lat.* pilotta, Verkleinerungsform von *lat.* pila „(Spiel)ball; Knäuel; Haufen"⟩: 1. beim Pelletieren entstehende kleinere Kugeln (Techn.). 2. durch Pelletieren von gehäckseltem od. gemahlenem Trockenfutter hergestellte, meist zylinderförmige Preßkörper zur Verfütterung an Tiere (bes. Geflügel, Schweine, Rinder)

Pel|li|cu|la [...kula] *die;* -, ...lae [...lɛ] u. **Pel|li|ku|la** *die;* -, ...lä ⟨aus *lat.* pellicula „Fellchen, kleine Haut", Verkleinerungsform von pellis „Haut"): äußerste, dünne, elastische Plasmaschicht des Zellkörpers vieler Einzeller (Biol.); vgl. Kutikula

pel|lu|zid ⟨aus *lat.* pellucidus, Nebenform von perlucidus, „durchsichtig"⟩: lichtdurchlässig (von Mineralien). **Pel|lu|zi|di|tät** *die;* - ⟨aus *lat.* pelluciditas, Gen. pelluciditatis, Nebenform von perluciditas „Durchsichtigkeit"⟩: Lichtdurchlässigkeit (von Mineralien)

Pe|log u. **Pe̱lok** *das; -[s]* ⟨aus dem Javan.⟩: javanisches siebentöniges Tonsystem (Mus.)

Pe|lo|id *das; -[e]s, -e* ⟨zu *gr.* pēlós „Ton, Lehm; Schlamm" u. ↑...oid⟩: Sammelbez. für durch biologisch-geologische Vorgänge entstandene [organische] Substanzen, die als Aufschwemmungen mit Wasser für medizinische Bäder (z. B. Moorbäder, Schlammbäder) verwendet werden

Pe̱|lok vgl. Pelog

Pe|lo|rie [...i̯ə] *die; -, -n* ⟨aus gleichbed. *nlat.* peloria zu *gr.* pélōros „monströs, gewaltig"⟩: strahlige Blüte bei einer Pflanze, die normalerweise ↑ zygomorph ausgebildete Blüten trägt (Bot.)

Pe|lo|se *die; -, -n* ⟨aus *gr.* pélōsis „das Bestreichen mit Schlamm" zu pēlós „Ton, Lehm; Schlamm"⟩: in Moorgebieten gewonnener Faulschlamm (zu Moorbädern u. Packungen verwendet). **Pe|lo|sol** *der; -s* ⟨zu *lat.* solum „Boden"⟩: auf tonigen Gesteinen entstandener Bodentyp der gemäßigten Breiten

Pe|lo|ta *die; -* ⟨aus gleichbed. *span.* pelota, eigtl. „Ball", dies über *provenzal.* pelota aus *altfr.* pelote, vgl. Pellets⟩: baskisches, tennisartiges Rückschlagspiel, bei dem der Ball von zwei Spielern od. Mannschaften mit der Faust od. einem Lederhandschuh an eine Wand geschlagen wird. **Pe|lo|ton** [...'tõ:] *das; -s, -s* ⟨aus gleichbed. *fr.* peloton, eigtl. „kleiner Haufen", Verkleinerungsform von pelote „Knäuel", dies aus *altfr.* pelote, vgl. Pellets⟩: 1. (veraltet) Schützenzug (militärische Unterabteilung). 2. Exekutionskommando (im 18. Jh.). 3. geschlossenes Feld, Hauptfeld im Straßenrennen (Radsport). **Pe|lot|te** *die; -, -n* ⟨aus *fr.* pelote, vgl. Peloton⟩: ballenförmiges Druckpolster (z. B. an einem Bruchband; Med.)

Pel|sei|de *die; -* ⟨zu *it.* pelo „Haar"⟩: geringwertiges, lose gedrehtes Rohseidengarn

Pel|ta *die; -, ...ten* ⟨aus *gr.* péltē „kleiner, leichter Schild"⟩: kleiner, mit Leder überzogener runder Schild im antiken Griechenland. **Pel|tast** *der; -en, -en* ⟨aus gleichbed. *gr.* peltastḗs zu péltē, vgl. Pelta⟩: leichtbewaffneter Fußsoldat im antiken Griechenland

Pel|tier-Ef|fekt [pɛl'tje:...] *der, -[e]s* ⟨nach dem franz. Uhrmacher J. C. A. Peltier, 1785–1845⟩: Änderung der Temperatur beim Durchgang von Strom durch die Verbindungsstelle zweier metallischer Leiter, wobei in der einen Stromrichtung eine zusätzliche Erwärmung, in der anderen eine Abkühlung auftritt

Pel|lure|pa|pier [pə'lu:ʀ̯..., fr. pə'ly:r...] *das; -s, -e* ⟨Lehnübersetzung aus *fr.* papier pelure „sehr feines Schreibpapier"⟩: dünnes, festes Papier, ähnlich dem Zigarettenpapier

Pel|lusch|ke *die; -, -n* ⟨aus dem Slaw.⟩: (landsch.) Ackererbse, Sanderbse (feldmäßig angebaute Futter- u. Gründüngungspflanze)

Pel|vis [...vis] *die; -, Pe̱lves* [...ve:s] ⟨aus *lat.* pelvis „Schüssel; Becken"⟩: 1. beckenförmiges Organ (z. B. das Nierenbecken; Med.). 2. das knöcherne Becken, ein Knochengürtel, der aus den beiden Hüftbeinen u. dem Kreuzbein gebildet wird u. die Baucheingeweide trägt (Med.). **Pel|vi|sko-pie** *die; -, ...i̯en* ⟨zu ↑...skopie⟩: Untersuchung der im Bauchraum gelegenen Organe (Med.)

Pe|ma̱|li *das; -[s], -s* ⟨aus dem Indones.⟩: dem Tabu ähnliches Verbot in Indonesien

Pem|mi|kan *der; -s* ⟨aus gleichbed. *engl.* pemmican, dies aus *Kri* (einer Indianersprache Nordamerikas) pimikān zu pimii „Fett"⟩: aus getrocknetem, zerstampftem, mit heißem Fett übergossenem Fleisch hergestelltes, sehr haltbares Nahrungsmittel der Indianer Nordamerikas

Pem|phi|gus *der; -* ⟨aus gleichbed. *nlat.* pemphigus, dies zu *gr.* pémphix, Gen. pémphigos „(Brand)blase", eigtl. „Hauch, Odem"⟩: Blasensucht der Haut u. der Schleimhäute (Med.)

Pe|ña ['penja] *die; -, -s* ⟨aus gleichbed. *span.* peña⟩: span. Bez. für Fels, Berggipfel

pe|nal ⟨aus *fr.* pénal „Straf-, Kriminal-, strafrechtlich", dies aus *spätlat.* penalis, *lat.* poenalis „zur Strafe gehörig" zu poena „Strafe"⟩: (veraltet) strafend, das Strafrecht betreffend. **Pe|nal|ty** ['pɛnlti] *der; -[s], -s* ⟨aus gleichbed. *engl.* penalty, eigtl. „Strafe", dies über *(alt)fr.* pénalité aus *mlat.* poenalitas „Bestrafung" zu *lat.* poenalis, vgl. penal⟩: Strafstoß (besonders im Eishockey)

Pe|na̱|ten *die* (Plur.) ⟨aus gleichbed. *lat.* penates zu penus „Vorrat"⟩: altröm. Schutzgötter des Hauses u. der Familie

Pence [pɛns]: Plur. von ↑ Penny

Pen|chant [pã'ʃã:] *der, -s, -s* ⟨aus gleichbed. *fr.* penchant zu pencher „neigen", dies über *vulgärlat.* pendicare aus *lat.* pendere „(herab)hängen"⟩: (veraltet) Hang, Neigung, Vorliebe

PEN-Club *der; -s* ⟨Kurzw. aus *engl.* poets, essayists, novelists u. Club (zugleich anklingend an *engl.* pen „Feder")⟩: 1921 gegründete internationale Dichter- u. Schriftstellervereinigung (mit nationalen Sektionen)

Pen|dant [pã'dã:] *das; -s, -s* ⟨aus gleichbed. *fr.* pendant, eigtl. „das Hängende", substantiviertes Part. Präs. von pendre „(herab)hängen", dies aus *lat.* pendere⟩: 1. ergänzendes Gegenstück; Entsprechung. 2. (veraltet) Ohrgehänge

Pen|deh *der; -[s]* ⟨nach Pendeh, dem Namen einer Oase südlich von Mary in Turkmenien⟩: schafwollener Teppich, rotgrundig mit weißer, blauer, hellroter u. elfenbeinfarbener Musterung

pen|dent ⟨über gleichbed. *it.* pendente aus *lat.* pendens, Gen. pendentis, Part. Präs. von pendere „hängen"⟩: (schweiz.) unerledigt, schwebend, anhängig. **Pen|den|tif** [pãdã...] *das; -s, -s* ⟨aus gleichbed. *fr.* pendentif zu pendre, vgl. Pendant⟩: Konstruktion in Form eines ↑ sphärischen (2) Dreiecks, die den Übergang von einem mehreckigen Grundriß in die Rundung einer Kuppel ermöglicht; Hängezwickel (Archit.). **Pen|denz** [pɛn...] *die; -, -en* (meist Plur.) ⟨zu ↑pendent u. ↑...enz⟩: (schweiz.) unerledigtes Geschäft, schwebende Sache, Angelegenheit. **Pen|do|li|no** *der; -s, -s* ⟨italianisierende Bildung zu *it.* pendolare „hin- u. herschwingen, pendeln"⟩: auf kurvenreichen Strecken eingesetzter Zug, der den Fliehkraftausgleich durch automatische Pendelbewegungen durchführt u. dadurch auch enge Kurven mit hoher Geschwindigkeit befahren kann. **Pen|du|le** [pã'dy:lə] vgl. Pendüle. **Pen|dü|le** [pɛn..., auch pã...] *die; -, -n* ⟨aus gleichbed. *fr.* pendule⟩: (veraltet) größere Uhr, die durch ein Pendel in Gang gehalten wird

Pe|ne|plain ['pi:nɪpleɪn] *die; -, -s* ⟨aus gleichbed. *engl.* peneplain, dies zu *lat.* pene, paene „fast" u. *engl.* plain „Ebene"⟩: fast ebene Landoberfläche in geringer Höhe über dem Meeresspiegel, die nur von breiten Muldentälern u. niederen Bodenwellen in ihrer Ebenheit unterbrochen wird; Fastebene (Geogr.)

Pe|nes ['pe:ne:s]: Plur. von ↑ Penis
pe|ne|seis|misch ⟨zu *lat.* pene, paene „beinahe, fast; gänzlich" u. ↑ seismisch⟩: öfter von schwachen Erdbeben heimgesucht (Geol.)
pe|ne|tra|bel ⟨aus gleichbed. *fr.* pénétrable, dies aus *lat.* penetrabilis zu penetrare, vgl. penetrieren⟩: (veraltet) durchdringbar; durchdringend. **pe|ne|trant** ⟨aus gleichbed. *fr.* pénétrant, Part. Präs. von pénétrer „durchdringen"; vgl. penetrieren⟩: a) in störender Weise durchdringend, z. B. -er Geruch; b) in störender Weise aufdringlich, z. B. -er Mensch. **Pe|ne|tranz** *die;* -, -en ⟨zu ↑ ...anz⟩: 1. a) durchdringende Schärfe, penetrante (a) Beschaffenheit; b) Aufdringlichkeit. 2. die prozentuale Häufigkeit, mit der ein Erbfaktor bei Individuen gleichen Erbgutes im äußeren Erscheinungsbild wirksam wird (Biol.). **Pe|ne|tra|ti|on** *die;* -, -en ⟨aus *spätlat.* penetratio „das Eindringen"⟩: 1. Durchdringung, Durchsetzung, das Penetrieren. 2. Eindringtiefe (bei der Prüfung der ↑ Viskosität von Schmierfetten; Techn.). 3. das Eindringen (in etwas, z. B. des ↑ Penis in die weibliche Scheide). 4. Durchbruch (z. B. von einem Geschwür in angrenzende Gewebsgebiete, Med.); vgl. ...[at]ion/...ierung. **pe|ne|trie|ren** ⟨teilweise über *fr.* pénétrer (vgl. penetrant) aus *lat.* penetrare „eindringen, durchdringen"⟩: 1. durchsetzen, durchdringen. 2. mit dem ↑ Penis [in die weibliche Scheide] eindringen. 3. durchbrechen, auf benachbarte Gewebe od. Organe übergreifen (z. B. von Geschwüren; Med.). **Pe|ne|trier|mit|tel** *das;* -s, -: Anstrichstoff, der den zu behandelnden Gegenstand durchdringt (z. B. Holzschutzfarbe). **Pe|ne|trie|rung** *die;* -, -en ⟨zu ↑ ...ierung⟩: das Penetrieren; vgl. ...[at]ion/...ierung. **Pe|ne|tro|me|ter** *das;* -s, - ⟨zu ↑ penetrieren u. ↑ ¹...meter⟩: Gerät zum Messen der ↑ Penetration (2; Techn.)
Pen|gö *der;* -[s], -s (aber: 5 Pengö) ⟨aus gleichbed. *ung.* pengö⟩: bis 1946 geltende ung. Währungseinheit; Abk.: P.
Pen|hol|der [...hoʊldə] *der;* -s, u. **Pen|hol|der|griff** *der;* -[e]s ⟨zu *engl.* penholder „Federhalter"⟩: Haltung des Schlägers, bei der der Ball nach oben gezeigte Griff zwischen Daumen u. Zeigefinger liegt; Federhaltergriff (Tischtennis)
Pe|nia *die;* - ⟨aus gleichbed. *gr.* penía⟩: (veraltet) Armut, Dürftigkeit
pe|ni|bel ⟨aus *fr.* pénible „mühsam; schmerzlich", zu *fr.* peine „Strafe; Schmerz, Mühe"; dies aus *lat.* poena⟩: 1. sehr sorgfältig, [übertrieben] genau. 2. (landsch.) unangenehm, peinlich. **Pe|ni|bi|li|tät** *die;* -, -en ⟨aus *fr.* pénibilité „Mühseligkeit"; vgl. ...ität⟩: [übertriebene] Genauigkeit, Sorgfalt
Pe|ni|cil|lin [...tsɪ...] u. Penizillin *das;* -s, -e ⟨aus gleichbed. *engl.* penicillin zu *nlat.* penicillium „Schimmelpilz", dies zu *lat.* penicillum „Pinsel" (nach den büscheligen Enden der Sporenträger)⟩: besonders wirksames ↑ Antibiotikum; vgl. Penicillium. **Pe|ni|cil|lin|am|pul|le** u. Penizillinampulle *die;* -, -n: Ampulle mit Penicillin. **Pe|ni|cil|li|na|se** *die;* - ⟨zu ↑ ...ase⟩: von manchen Bakterien gebildetes, penizillinzerstörendes Enzym. **Pe|ni|cil|li|um** *das;* -s ⟨aus *nlat.* penicillium⟩: eine Gattung der ↑ Askomyzeten, zu der die Penicillin liefernden Schimmelpilze gehören
Pen|in|su|la *die;* -, ...suln ⟨aus *lat.* paeninsula, eigtl. „Fastinsel", zu pene, paene „fast" u. insula „Insel"⟩: Halbinsel. **pen|in|su|lar** u. **pen|in|su|la|risch** ⟨zu ↑ ...ar (1)⟩: zu einer Halbinsel gehörend, halbinselartig
Pe|nis *der;* -, Plur. -se u. Penes ['pe:ne:s] ⟨aus *lat.* penis, eigtl. „Schwanz"⟩: männliches Glied (Med.). **Pe|nis|fut|te|ral** *das;* -s, -e: bei Naturvölkern im trop. Afrika u. Amerika sowie in Melanesien verbreitete, meist aus pflanzlichem Material hergestellte Umhüllung des Penis. **Pe|nis|neid** *der;* -[e]s: Empfindung eines Mangels, die sich bei Mädchen nach der Entdeckung des Geschlechtsunterschieds durch das Nichtvorhandensein des Penis einstellen kann (Psychoanalyse)
Pe|ni|ten|tes [...te:s] *die* (Plur.) ⟨aus *spätlat.* paenitentes, Plur. von paenitens, Part. Präs. von paeniteri „bereuen"⟩: durch Verdunsten u. Abschmelzen entstandene Eisfiguren auf Schnee- od. Firnflächen; Büßerschnee
Pe|ni|zil|lin usw. vgl. Penicillin usw.
Pen|na *die* od. *das;* -, Plur. ...nä od. ...nen ⟨aus *it.* penna „Feder", dies aus gleichbed. *lat.* penna⟩: Anreißplättchen der Mandoline. **Pen|nal** *das;* -s, -e ⟨aus *mlat.* pennale „Federkasten" zu *lat.* penna „Feder"⟩: 1. (veraltet) Federbüchse. 2. (Schülerspr. veraltet) höhere Lehranstalt. **Pen|nä|ler** *der;* -s, -: (ugs.) Schüler einer höheren Lehranstalt. **Pen|na|lis|mus** *der;* - ⟨zu ↑ ...ismus (2)⟩: im 16. u. 17. Jh. Dienstverhältnis zwischen jüngeren u. älteren Studierenden an deutschen Universitäten
Pen|ni *der;* -[s], -[s] (aber: 10 Penni ⟨aus gleichbed. *finn.* penni⟩: finnische Münzeinheit (0,01 Markka). **Pen|ny** ['pɛni] *der;* -s, Plur. (für einzelne Stücke, Münzen), Pennies [...ni:s] u. (bei Wertangabe) Pence [pɛns] ⟨aus gleichbed. *engl.* penny⟩: engl. Münze; Abk. [für Sing. u. Plur. beim neuen Penny im Dezimalsystem]: p, vor 1971: d (= *lat.* denarius; vgl. Denar). **Pen|ny|weight** [...weɪt] *das,* -[s], -s ⟨aus *engl.* pennyweight „Pennygewicht"⟩: engl. Feingewicht (1,5552 g); Abk.: dwt.; pwt.
Pen|sa: Plur. von ↑ Pensum. **pen|see** [pã'se:] ⟨aus gleichbed. *fr.* pensée, eigtl. „stiefmütterchenfarben"; vgl. Pensee⟩: dunkellila. **Pen|see** *das;* -s, -s ⟨aus *fr.* (herbe de la) pensée, eigtl. „(Pflanze des) Andenken(s)" (weil die Blume als Symbol des Gedenkens gilt), zu penser „denken", dies aus *lat.* pensare „(gegeneinander) abwägen"; vgl. Pensum⟩: Gartenstiefmütterchen. **Pen|sen** ['pɛn...]: Plur. von ↑ Pensum. **pen|sie|ro|so** [...zie...] ⟨aus gleichbed. *it.* pensieroso zu pensare „(nach)denken", dies aus *lat.* pensare, vgl. Pensee⟩: gedankenvoll, tiefsinnig (Vortragsanweisung; Mus.). **Pen|si|on** [pã'zio:n, auch pã'sio:n, paŋ'zio:n, pɛn'zio:n] *die;* -, -en ⟨aus gleichbed. *fr.* pension, dies aus *lat.* pensio „das Abwägen, Zuwägen; Auszählung"; vgl. Pensum⟩: 1. (ohne Plur.) Ruhestand. 2. Ruhegehalt eines Beamten od. der Witwe eines Beamten. 3. Unterkunft u. Verpflegung. 4. kleineres Hotel [mit familiärem Charakter], Fremdenheim. 5. (veraltet) svw. Pensionat. **Pen|sio|när** [pãzio..., auch pãsio..., paŋzio..., pɛnzio...] *der;* -s, -e ⟨aus gleichbed. *fr.* pensionnaire⟩: jmd., der sich im Ruhestand befindet; Ruhegehaltsempfänger. **Pen|sio|nä|rin** *die;* -, -nen: weibliche Form zu ↑ Pensionär. **Pen|sio|nat** *das;* -[e]s, -e ⟨aus gleichbed. *fr.* pensionnat⟩: (veraltend) Erziehungsinstitut, in dem die Schüler (bes. Mädchen) auch beköstigt u. untergebracht werden. **pen|sio|nie|ren** ⟨aus gleichbed. *fr.* pensionner⟩: [einen Beamten] in den Ruhestand versetzen. **Pen|sio|nie|rung** *die;* -, -en ⟨zu ↑ ...ierung⟩: Versetzung in den Ruhestand. **Pen|sio|nie|rungs|bank|rott** *der;* -[e]s: svw. Pensionierungsschock. **Pen|sio|nie|rungs|schock** *der;* -s: infolge des Verlustes der beruflichen u. gesellschaftlichen Stellung (durch Erreichung der Altersgrenze) auftretende Altersneurose (Psychol.). **Pen|sio|nist** *der;* -en, -en ⟨zu ↑ ...ist⟩: (österr., schweiz.) Pensionär. **Pen|sio|ni|stin** *die;* -, -nen: (österr., schweiz.) weibliche Form zu ↑ Pensionist. **Pen|sum** ['pɛn...] *das;* -s, Plur. Pensen u. Pensa ⟨aus gleichbed. *lat.* pensum zu pendere „(ab)wägen; zuwägen"⟩: a) zugeteilte Aufgabe, Arbeit, die man in einer bestimmten Zeit erledigen muß; b) in einer bestimmten Zeit zu bewältigender Lehrstoff

pent..., Pent... vgl. penta..., Penta... **pen|ta..., Pen|ta...,** vor Vokalen meist pent..., Pent... ⟨aus gr. pénte „fünf"⟩: Wortbildungselement mit der Bedeutung „fünf", z. B. Pentagramm, Pentameron. **Pen|ta|chord** [...'kɔrt] *das;* -[e]s, -e ⟨zu *spätlat.* pentachordus aus *gr.* pentáchordos „fünfsaitig"⟩: fünfsaitiges Streich- od. Zupfinstrument. **Pen|ta|dak|ty|lie** *die;* - ⟨zu ↑penta..., *gr.* dáktylos „Finger, Zehe" u. ↑²...ie⟩: das Vorhandensein von fünf Fingern bzw. Zehen bei höheren Wirbeltieren (Biol.). **Pen|ta|de** *die;* -, -n ⟨zu *gr.* pentás, Gen. pentádos „Anzahl von fünf"⟩: Einheit von fünf aufeinanderfolgenden Tagen (Meteor.). **Pen|ta|dik** *die;* - ⟨zu ↑²...ik (2)⟩: Zahlensystem mit der Grundzahl 5 (Math.). **Pen|ta|eder** *das;* -s, - ⟨zu ↑penta... u. *gr.* hédra „Fläche"⟩: Fünfflächner. **Pen|ta|ery|thrit** [auch ...'trɪt] *der;* -[e]s, -e: ein farbloser, wasserlöslicher, kampferartig riechender Alkohol, der zur Herstellung von Alkydharzen u. Explosivstoffen verwendet wird. **Pen|ta|ete|ris** *die;* -, ...ren ⟨über *spätlat.* pentaeteris aus gleichbed. *gr.* pent(a)etērís⟩: Zeitraum von fünf Jahren im alten Griechenland; vgl. Lustrum (2). **pen|ta|ete|risch:** alle fünf Jahre stattfindend, wiederkehrend. **Pen|ta|glot|te** *die;* -, -n ⟨zu ↑penta... u. *gr.* (attisch) glôtta „Sprache, Zunge"⟩: ein in fünf Sprachen abgefaßtes Buch, bes. eine fünfsprachige Bibel. **¹Pen|ta|gon** *das;* -s, -e ⟨über *lat.* pentagonus aus *gr.* pentágōnos, eigtl. „fünfeckig"⟩: Fünfeck. **²Pen|ta|gon** *das;* -s ⟨*amerik.;* u. ↑¹Pentagon⟩: auf einem fünfeckigen Grundriß errichtetes amerikanisches Verteidigungsministerium. **pen|ta|go|nal** ⟨zu ↑¹Pentagon u. ↑¹...al (1)⟩: fünfeckig. **Pen|ta|gon|do|de|ka|eder** *das;* -s, -: aus untereinander kongruenten Fünfecken bestehender zwölfflächiger Körper. **Pen|ta|gon|iko|si|te|tra|eder** *das;* -s, -: aus untereinander kongruenten Fünfecken bestehender vierundzwanzigflächiger [Kristall]körper. **Pen|ta|gon|pris|ma** *das;* -s, ...men: svw. Pentaprisma. **Pen|ta|gramm** *das;* -s, -e ⟨zu ↑penta... u. ↑...gramm⟩: fünfeckiger Stern, der in einem Zug mit fünf gleich langen Linien gezeichnet werden kann; Drudenfuß. **pen|ta|gyn** ⟨zu ↑penta u. *gr.* gynḗ „Weib, Frau"⟩: mit fünf Griffeln ausgestattet (von Blüten; Bot.). **Pen|ta|gy|nie** *die;* - ⟨zu ↑²...ie⟩: das Vorhandensein von fünf Griffeln od. Narben in einer Blüte (Bot.). **Pent|al|pha** *das;* -, -s ⟨zu ↑penta... u. ↑Alpha (weil in dem Stern fünf große Alpha zu erkennen sind)⟩: svw. Pentagramm. **pen|ta|mer** ⟨zu ↑...mer⟩: fünfgliedrig, fünfteilig. **Pent|ame|ron** *das;* -s ⟨zu *gr.* pénte hēmérōn „der fünf Tage" (Analogiebildung zu ↑Dekameron)⟩: Sammlung neapolitanischer Märchen, die der Herausgeber Basile in fünf Tagen erzählen läßt. **Pen|ta|me|ter** *der;* -s, - ⟨über gleichbed. *lat.* pentameter aus *gr.* pentámetros u. ↑penta... u. *gr.* métron „Maß, Versmaß"⟩: antiker daktylischer Vers (mit verkürztem drittem u. letztem Versfuß), der urspr. ungenau zu fünf Versfüßen gezählt wurde, in der dt. Dichtung aber sechs Hebungen hat u. der mit dem ↑Hexameter im ↑Distichon verwendet wird. **pen|ta|me|trisch:** in Pentametern verfaßt, auf den Pentameter bezüglich (Sprachw.). **Pen|tan** *das;* -s, -e ⟨zu ↑penta... u. ↑...an⟩: in Petroleum u. Benzin enthaltener, sehr flüchtiger gesättigter Kohlenwasserstoff mit fünf Kohlenstoffatomen im Molekül. **pent|an|gu|lär** ⟨zu *lat.* angularis „winklig"; vgl. ...är⟩: (veraltet) fünfeckig, fünfwinklig. **Pen|ta|nol** *das;* -s ⟨zu ↑...ol⟩: ein ↑Amylalkohol. **Pen|tan|ther|mo|me|ter** *das;* -s, -: mit Pentan gefülltes ↑Thermometer zum Messen tiefer Temperaturen (bis −200° C). **pen|ta|pe|ta|lisch** ⟨zu *gr.* pétalon „Blatt"⟩: fünfblättrig, mit fünf Blütenblättern (Bot.). **Pen|ta|pla** *die;* -, ...aplen ⟨zu *gr.* pentaplásios „fünffach"⟩: svw. Pentaglotte. **Pen|ta|pris|ma** *das;* -s, ...men ⟨zu ↑penta...⟩: in optischen Geräten verwendetes Fünfkantprisma, Reflexionsprisma. **Pent|ar|chie** *die;* -, ...jen ⟨nach *gr.* pentarchía (Plur.) „Behörde der fünf Männer" (urspr. in Karthago)⟩: Herrschaft von fünf Mächten, Fünfherrschaft (z. B. die Großmächteherrschaft Englands, Frankreichs, Rußlands, Österreichs u. Preußens 1815 bis 1860). **Pen|ta|so|mie** *die;* - ⟨zu ↑penta..., *gr.* sôma „Körper" u. ↑²...ie⟩: fünffaches Vorkommen eines einzelnen Chromosoms in einem sonst diploiden Chromosomensatz (Biol., Med.). **Pen|ta|sti|chon** *das;* -s, ...cha ⟨zu *gr.* stíchos „Zeile, Vers"⟩: Strophe mit fünf Versen (Sprachw.). **Pen|ta|sto|mi|den** *die* (Plur.) ⟨zu *gr.* stóma „Mund" u. ↑...ide⟩: Zungenwürmer (parasitische Gliedertiere in der Lunge von Reptilien, Vögeln u. Säugetieren). **Pen|ta|sty|los** *der;* -, ...ylen ⟨aus *gr.* pentástylos (naós) „fünfsäulig(er Tempel)"⟩: antiker Tempel mit je fünf Säulen an den Schmalseiten. **Pen|ta|syl|la|bum** *das;* -s, ...ba ⟨aus *lat.* (verbum) pentasyllabum zu ↑penta... u. *gr.* syllabḗ „Silbe"⟩: fünfsilbiges Wort. **Pen|ta|teuch** *der;* -s ⟨aus gleichbed. *lat.* pentateuchus, aus *gr.* pentáteuchos „Fünfrollenbuch"⟩: die fünf Bücher Mose im Alten Testament. **Pent|ath|lon** [auch 'pɛnt...] *das;* -s ⟨aus gleichbed. *gr.* péntathlon; vgl. Athlet⟩: bei den Olympischen Spielen im Griechenland der Antike ausgetragener Fünfkampf (Diskuswerfen, Wettlauf, Weitsprung, Ringen, Speerwerfen). **Pen|ta|to|nik** *die;* - ⟨zu *gr.* pentátonos „mit fünf Tönen" u. ↑²...ik (2)⟩: fünfstufiges, halbtonloses Tonsystem (in der europäischen Volksmusik, bes. aber in der Musik vieler Völker der Südsee, Ostasiens u. Afrikas). **pen|ta|to|nisch:** die Pentatonik betreffend. **pen|ta|zy|klisch:** fünf Blütenkreise aufweisend (von bestimmten Zwitterblüten; Bot.). **pen|te|ko|stal** ⟨aus *kirchenlat.* pentecostalis „pfingstlich" zu pentecoste, vgl. Pentekoste⟩: a) die Pentekoste betreffend, pfingstlich; b) pfingstlerisch; die Pfingstbewegung betreffend. **Pen|te|ko|ste** *die;* - ⟨über *kirchenlat.* pentecoste aus *gr.* pentēkostḗ „Pfingsten", eigtl. „der fünfzigste"⟩: a) Pfingsten als der fünfzigste Tag nach Ostern; b) Zeitraum zwischen Ostern u. Pfingsten. **Pen|ten** *das;* -s, -e ⟨zu ↑penta... u. ↑...en⟩: ein ungesättigter Kohlenwasserstoff der Olefinreihe (vgl. Olefin; Chem.). **Pen|te|re** *die;* -, -n ⟨über *lat.* penteris aus gleichbed. *gr.* pentḗrēs (naũs) „Fünfruderer"⟩: antikes Kriegsschiff mit etwa 300 Ruderern in fünf Reihen übereinander. **Pent|haus** *das;* -es, ...häuser ⟨Lehnübersetzung von ↑Penthouse⟩: svw. Penthouse. **Penth|emi|me|res** *die;* -, - ⟨aus *gr.* penthēmimerḗs „aus fünf halben Versfüßen bestehend"⟩: Verseinschnitt (↑Zäsur) nach dem fünften Halbfuß, bes. im Hexameter u. jambischen Trimeter (antike Metrik); vgl. Hephthemimeres u. Trithemimeres. **Pent|house** [...haʊs] *das;* -, -s [...sɪz, auch ...sɪs] ⟨aus gleichbed. *engl.-amerik.* penthouse, dies zu *mittelengl.* pentice, eigtl. „Anbau, Anhang" (zu *lat.* appendix, vgl. Appendix) u. *engl.* house „Haus"⟩: exklusives Apartment auf dem Flachdach eines Etagen- od. Hochhauses. **Pen|ti|men|ti** *die* (Plur.) ⟨aus gleichbed. *it.* pentimenti, eigtl. „Reuezüge", Plur. von pentimento „Reue"⟩: Linien od. Untermalungen auf Gemälden od. Zeichnungen, die vom Künstler abgeändert, aber [später] wieder sichtbar wurden. **Pen|tit** [auch ...'tɪt] *der;* -s, -e ⟨zu ↑penta... u. ↑⁴...it⟩: fünfwertiger Zuckeralkohol. **Pent|lan|dit** [auch ...'dɪt] *der;* -s, -e ⟨nach dem Entdecker J. B. Pentland (1797–1873) u. zu ↑²...it⟩: Eisennickelkies, ein wichtiges Nickelerz. **Pent|ode** *die;* -, -n ⟨zu ↑penta... u. ↑...ode, Analogiebildung zu ↑Anode usw.⟩: Fünfpolröhre (Schirmgitterröhre mit

Pentosan

Anode, Kathode u. drei Gittern; Elektrot.). **Pen|to|san** *das;* -s, -e ⟨zu ↑ Pentose u. ↑ ...an⟩: aus Pentose aufgebautes ↑ Polysaccharid. **Pen|to|se** *die;* -, -n ⟨zu ↑²...ose⟩: ↑ Monosaccharid mit fünf Kohlenstoffatomen im Molekül, wichtiger Bestandteil der ↑ Nukleine. **Pen|tos|urie** *die;* - ⟨zu ↑ ...urie⟩: das Auftreten von Pentosen im Harn (Med.)
Pen|to|thal ⓦ *das;* -s ⟨Kunstw.⟩: ein Narkosemittel
Pen|um|bra *die;* - ⟨zu *lat.* pene, paene „beinahe, fast" u. umbra „Schatten"⟩: nicht ganz dunkles Randgebiet um den Kern eines Sonnenflecks (Astron.)
Pe|nun|se vgl. Penunze. **Pe|nun|ze** *die;* -, -n (meist Plur.) ⟨aus *poln.* pieniądze (Plur.) „Geld"⟩: (ugs.) Geld, Geldmittel
Pen|uria *die;* - ⟨aus *lat.* penuria „Mangel" zu *gr.* peîna „Hunger"⟩: (veraltet) drückender Mangel
Pe|on *der;* -en, -en ⟨aus gleichbed. *span.* peón, eigtl. „Fußsoldat", dies über das Vulgärlat. aus *lat.* pes „Fuß"⟩: 1. südamerikan. Tagelöhner, der durch Verschuldung oft zum Leibeigenen wurde. 2. (in Argentinien, Mexiko) Pferdeknecht, Viehhirte. **Peo|na|ge** [peoˈnaːʒə, engl. ˈpiːənɪdʒ] *die;* - ⟨aus gleichbed. *amerik.* peonage zu *span.* peón, vgl. Peon): Lohnsystem (bes. in Mexiko), das zur Verschuldung der Peonen führte
Pep *der;* -[s] ⟨aus gleichbed. *engl.-amerik.* pep, gekürzt aus pepper „Pfeffer", dies über *altengl.* pipor, *lat.* piper, *gr.* péperi, unter pers. Vermittlung aus *altind.* pippalī „Pfeffer(korn)"⟩: (ugs.) Elan, Schwung, Temperament (als Wirkung von etwas). **Pe|pe|rin** *der;* -s, -e ⟨aus gleichbed. *it.* peperino⟩: vulkanisches Tuffgestein mit Auswürflingen in der Masse (im Albanergebirge; Geol.). **Pe|pe|ro|ne** *der;* -, ...oni, häufiger **Pe|pe|ro|ni** *die;* -, - (meist Plur.) ⟨aus gleichbed. *it.* peperone zu pepe „Pfeffer"; vgl. Pep⟩: kleine [in Essig eingelegte] Paprikafrucht von scharfem Geschmack
Pe|pi|nie|re *die;* -, -n ⟨aus gleichbed. *fr.* pépinière zu pépin „(Obst)kern"⟩: (veraltet) Baumschule
Pe|pi|ta *der* od. *das,* -s ⟨aus *span.* pepita, nach einer span. Tänzerin der Biedermeierzeit⟩: a) kleinkariertes [schwarzweiße] Hahnentrittmusterung; b) [Woll- od. Baumwoll]gewebe mit dieser Musterung
Pe|plon *das;* -s, Plur. ...plen u. -s u. **Peplos** *der;* -, Plur. ...plen u. - ⟨aus gleichbed. *gr.* péplos, eigtl. „Decke"⟩: altgriech. faltenreiches, gegürtetes Obergewand vor allem der Frauen. **Pe|plo|pau|se** ⟨zu ↑ ¹Pause⟩ *die;* -: Obergrenze der untersten Luftschicht der ↑ Atmosphäre (1 b; Meteor.). **Pe|plos** vgl. Peplon. **Pe|plo|sphä|re** *die;* -: Grundschicht der Atmosphäre
Pep|mit|tel *das;* -s, - ⟨zu ↑ Pep⟩: (Jargon) Aufputschmittel. **Pep|pil|le** *die;* -, -n: (Jargon) Aufputschmittel in Tablettenform
Pep|ping *der;* -s, Plur. -e u. -s ⟨Herkunft unsicher⟩: eine Renettenart
Pep|sin *das;* -s, -e ⟨zu *gr.* pépsis „Verdauung" (zu péssein „reifen lassen; kochen; verdauen") u. ↑ ...in (1)⟩: 1. eiweißspaltendes Enzym des Magensaftes. 2. aus diesem Enzym hergestelltes Arzneimittel. **Pep|si|no|gen** *das;* -s ⟨zu ↑ ...gen⟩: die in den Fundusdrüsen der Magenschleimhaut gebildete inaktive Vorstufe des Pepsins (1). **Pep|sin|wein** *der;* -[e]s, -e: Dessertwein, der die Magentätigkeit anregt. **Pep|tid** *das;* -[e]s, -e ⟨zu *gr.* peptós „gekocht, verdaut" u. ↑³...id⟩: Spaltprodukt des Eiweißabbaues. **Pep|tid|an|ti|bio|ti|kum** *das;* -s, ...ka: aus Bakterien isoliertes ↑ Antibiotikum, das wegen seiner ↑ Neuro- u. ↑ Nephrotoxizität nur äußerlich angewendet wird (Med.). **Pep|ti|da|se** *die;* -, -n ⟨zu ↑ ...ase⟩: peptidspaltendes Enzym. **Pep|tid|hor|mon** *das;* -s, -e: svw. Proteohormon. **Pep|ti|sa|ti|on** *die;* - ⟨zu ↑ ...isation⟩: Rückverwandlung eines ↑ Gels in ein ↑ ²Sol. **pep|tisch:** das Pepsin betreffend, verdauungsfördernd. **pep|ti|sie|ren** ⟨zu ↑ ...isieren⟩: ein ↑ Gel in ein ↑ ²Sol zurückverwandeln. **Pep|to|kok|ke** *die;* -, -n (meist Plur.): ↑ Kokke, die normal im Verdauungstrakt, in den Tonsillen u. im weiblichen Genitaltrakt vorkommt u. gelegentlich ↑ Puerperalfieber u. ↑ Appendizitis verursacht (Med.). **Pep|ton** *das;* -s, -e ⟨zu ↑²...on⟩: Abbaustoff des Eiweißes. **Pep|to|nurie** *die;* - ⟨zu ↑ ...urie⟩: Ausscheidung von Peptonen mit dem Harn (Med.). **Pep|to|strep|to|kok|ke** *die;* -, -n (meist Plur.): ↑ Kokke, die normal im Verdauungstrakt vorkommt u. als pathogener Erreger eitrige Prozesse u. a. im Mittelohr u. an den Schleimhäuten verursacht (Med.)
per ⟨*lat.*⟩: 1. mit, mittels, durch, z. B. - Bahn, - Telefon. 2. (Amts-, Kaufmannsspr.) a) je, pro, z. B. etwas - Kilo verkaufen; b) bis zum, am, z. B. - ersten Januar liefern
Per *das;* -s ⟨Kurzw. aus ↑ *Per*chloräthylen⟩: (Jargon) als Lösungsmittel bes. bei der chem. Reinigung verwendetes Perchloräthylen
per..., ¹Per... ⟨aus gleichbed. *lat.* per⟩: Präfix mit der Bedeutung „durch, hindurch, während, völlig", z. B. perennierend, Perfekt
²Per... ⟨zu *lat.* per „über, völlig"; vgl. per⟩: Präfix in Fachwörtern der Chemie mit der Bedeutung, daß das Zentralatom einer chem. Verbindung in seiner höchsten od. in einer höheren als der normalen Oxydationsstufe vorliegt, z. B. Perchlorat
per ab|usum ⟨*lat.*⟩: (veraltet) durch Mißbrauch
per ac|ci|dens [– ˈaktsi...] ⟨*lat.*⟩: (veraltet) durch Zufall
per ac|cla|ma|tio|nem [– akla...] ⟨*lat.*⟩: durch Zuruf, z. B. eine Wahl - -
per Adres|se ⟨zu ↑ ¹Adresse⟩: bei; über die Anschrift von (bei Postsendungen); Abk.: p. A.
per|agie|ren ⟨aus gleichbed. *lat.* peragere zu ↑ per... u. *lat.* agere „treiben, betreiben"⟩: (veraltet) durchführen, vollenden. **Per|ak|ti|on** *die;* - ⟨aus gleichbed. *lat.* peractio⟩: (veraltet) Vollendung
per|akut ⟨zu ↑ per... u. ↑ akut⟩: heftig einsetzend, schnell verlaufend (von Krankheiten; Med.)
Per|am|bu|la|ti|on *die;* -, -en ⟨zu *lat.* perambulare (vgl. perambulieren) u. ↑ ...ation⟩: (veraltet) Durchwanderung, Besichtigungsreise. **per|am|bu|lie|ren** ⟨aus gleichbed. *lat.* perambulare zu ↑ per... u. *lat.* ambulare „reisen, wandern"⟩: (veraltet) durchreisen, durchwandern
per an|num ⟨*lat.*⟩: (veraltet) jährlich, für das Jahr; Abk.: p. a.
per anum ⟨*lat.*⟩: durch den After, den Mastdarm [eingeführt] (Med.)
Per|äo|po|den *die* (Plur.) ⟨zu *gr.* peraîos „jenseits liegend" u. ↑ ...pode⟩: Lauf- u. Schwimmbeine der Krebse (Zool.)
Per|äqua|ti|on *die;* - ⟨aus gleichbed. *lat.* peraequatio zu peraequare, vgl. peräquieren⟩: (veraltet) das Ausgleichen, das Gleichmachen, bes. von Schulden. **Per|äqua|tor** *der;* -s, ...oren ⟨aus gleichbed. *lat.* peraequator⟩: (veraltet) Schiedsmann. **per|äqui|eren** ⟨aus gleichbed. *lat.* peraequare zu ↑ per... u. *lat.* aequare „gleichmachen"⟩: (veraltet) ausgleichen, gleich verteilen
per as|pe|ra ad astra ⟨*lat.*; „auf rauhen Wegen zu den Sternen"⟩: nach vielen Mühen zum Erfolg; durch Nacht zum Licht
Per|bo|rat *das;* -[e]s, -e ⟨zu ↑ ²Per... u. ↑ Borat⟩: technisch wichtige chem. Verbindung aus Wasserstoffperoxyd u. Boraten (z. B. Wasch-, Bleichmittel)

Per|bu|nan *der;* -s ⟨Kunstw.⟩: künstlicher Kautschuk, der von Benzin u. Ölen nicht angegriffen wird

per cas|sa [– k...] ⟨*it.;* vgl. Kasse⟩: (Kaufmannsspr.) gegen Barzahlung; vgl. Kassa

Per|cent [...'tsɛnt] vgl. Perzent

Perch [pə:tʃ] *das;* - ⟨aus gleichbed. *engl.* perch, dies aus *fr.* perche, vgl. Perche⟩: altes engl. Längenmaß. **Perche** [pɛrʃ] *die;* -, -s ⟨aus *fr.* perche „Stange, Rute", dies aus *lat.* pertica⟩: elastische [Baumbus]stange der Artisten zur Darbietung von Balanceakten u. a. **Perche-Akt** ['pɛrʃ...] *der;* -[e]s, -e: Darbietung artistischer Nummern an der Perche

Per|che|ron [pɛrʃə'rõ:] *der;* -[s], -s ⟨aus gleichbed. *fr.* percheron, nach der ehem. Grafschaft Perche in Nordfrankreich⟩: [als Zugpferd geeignetes] franz. Kaltblutpferd

Per|chlo|rat [...klo...] *das;* -[e]s, -e ⟨zu ↑²Per... u. ↑Chlorat⟩: Salz der Perchlorsäure. **Per|chlor|äthy|len** *das;* -, -s: ein Lösungsmittel, bes. für Fette u. Öle. **Per|chlor|säu|re** *die;* -: die sauerstoffreichste Säure des Chlors (farblose Flüssigkeit)

per con|ti|gui|ta|tem [– k...] ⟨*lat.;* „durch Angrenzung"⟩: durch das Übergreifen auf Nachbargewebe entstehend (z. B. von Abszessen; Med.)

per con|to [– k...] ⟨*it.;* vgl. Konto⟩: (Kaufmannsspr.) auf Rechnung; vgl. Konto

Per|cus|sion [pə'kʌʃən] *die;* -, -s ⟨aus *engl.* percussion „Schlagzeug", dies aus *lat.* percussio, vgl. Perkussion⟩: 1. in der Jazzkapelle o. ä. Gruppe der Schlaginstrumente. 2. kurzer od. langer Abklingeffekt bei der elektronischen Orgel; vgl. Perkussion

per da|to ⟨*it.;* vgl. Datum⟩: (Kaufmannsspr.) am heutigen Tag [zu erledigen od. fällig]

per de|fi|ni|tio|nem ⟨*lat.;* vgl. Definition⟩: wie es das Wort ausdrückt, wie in der Aussage enthalten; erklärtermaßen

per|den|do u. **per|den|do|si** ⟨*it.*⟩: abnehmend, allmählich schwächer, sehr leise werdend (Vortragsanweisung; Mus.). **Per|di|ti|on** *die;* - ⟨aus gleichbed. *spätlat.* perditio zu *lat.* perdere „zugrunde richten, zerstören"⟩: (veraltet) Verderben, ewige Verdammnis. **per|du** [...'dy:] ⟨*fr.;* Part. Perf. von perdre „verlieren" aus *lat.* perdere⟩: (ugs.) verloren, weg, auf und davon

per|du|ra|bel ⟨zu *lat.* perdurus „sehr hart" u. ↑...abel⟩: (veraltet) ausdauernd, dauerhaft. **Per|du|ra|bi|li|tät** *die;* - ⟨zu ↑...ität⟩: (veraltet) Fortdauer, Beharrlichkeit. **per|du|rie|ren** ⟨aus gleichbed. *lat.* perdurare⟩: (veraltet) ausdauern, aushalten

Père [pɛ:r] ⟨aus *fr.* père „Vater", dies aus *lat.* pater, vgl. Pater⟩: franz. Anrede für kath. Ordensgeistliche

per|eant! ⟨*lat.;* „sie mögen zugrunde gehen!", 3. Pers. Plur. Präs. Konj. von perire⟩: (Studentenspr.) nieder mit ihnen! **per|eat!** ⟨*lat.;* „er gehe zugrunde!", 3. Pers. Sing. Präs. Konj. von perire⟩: (Studentenspr.) nieder mit ihm! **Per|eat** *das;* -s, -s: studentischer Schimpfruf, „Nieder!"

Pe|re|dwisch|ni|ki *die* (Plur.) ⟨aus *russ.* peredvižniki, eigtl. „die Wandernden"⟩: Gruppe russ. realistischer Künstler, die im 19. Jh. auf Wanderausstellungen hervortraten

Pe|re|gri|na|ti|on *die;* - ⟨aus gleichbed. *lat.* peregrinatio zu peregrinari, vgl. peregrinieren⟩: (veraltet) Wanderung u. Reise im Ausland. **Pe|re|gri|na|tor** *der;* -s, ...oren ⟨aus *lat.* peregrinator „Freund des Reisens"⟩: (veraltet) Wanderer. **pe|re|gri|nie|ren** ⟨aus *lat.* peregrinari „in der Fremde umherreisen"⟩: (veraltet) in der Fremde auf Wanderschaft od. auf einer Wallfahrt sein. **Pe|re|gri|nus** *der;* -, ...ni ⟨aus gleichbed. *lat.* peregrinus⟩: jmd., der kein röm. Bürger war u. deshalb keine Rechtsfähigkeit gemäß dem röm. Recht besaß

Per|emp|ti|on u. **Peremtion** *die;* -, -en ⟨aus *spätlat.* peremptio „Aufhebung"⟩: (veraltet) Verfall, Verjährung (Rechtsw.). **per|emp|to|risch** u. **peremtorisch** ⟨aus gleichbed. *spätlat.* peremptorius⟩: aufhebend; -e Einrede: Klageansprüche vernichtende Einrede bei Gericht (Rechtsw.); Ggs. ↑dilatorische Einrede. **Per|em|ti|on** usw. vgl. Peremption usw.

Per|en|ne *die;* -, -n ⟨zu *lat.* perennis „das ganze Jahr hindurch" zu per „durch" u. annus „Jahr"⟩: mehrjährige, unterirdisch ausdauernde, krautige Pflanze. **per|en|nie|rend** ⟨zu ↑...ierend⟩: 1. ausdauernd; hartnäckig. 2. mehrjährig (von Stauden- u. Holzgewächsen; Bot.). 3. mit dauernder, wenn auch jahreszeitlich schwankender Wasserführung, Schüttung (von Wasserläufen, Quellen). **per|en|nis** ⟨*lat.*⟩: (veraltet) das Jahr hindurch, beständig. **Per|en|ni|tät** *die;* - ⟨aus *lat.* perennitas, Gen. perennitatis „lange Dauer, Beständigkeit"⟩: (veraltet) Fortdauer, Überwinterung

Pe|re|skia vgl. Peireskia

Pe|re|stroi|ka *die;* - ⟨aus *russ.* perestrojka „Umbau, Umgestaltung"⟩: Umbildung, Neugestaltung, bes. im innen- u. wirtschaftspolitischen Bereich (urspr. die Umbildung des erstarrten politischen Systems in der ehemaligen Sowjetunion in den 1980er Jahren)

Pe|ret|te *die;* -, -n ⟨zu *it.* pereto „Birnbaumgarten"⟩: eine kleine, birnenförmige Zitronenart

per ex|em|plum ⟨*lat.*⟩: (veraltet) zum Beispiel

per fas ⟨*lat.*⟩: (veraltet) auf rechtliche Weise; vgl. Fas. **per fas et ne|fas** ⟨*lat.*⟩: (veraltet) auf jede [erlaubte od. unerlaubte] Weise; vgl. Fas u. per nefas

per|fekt ⟨aus gleichbed. *lat.* perfectus, Part. Perf. von perficere „vollenden"⟩: 1. vollendet, vollkommen [ausgebildet]. 2. (ugs.) so beschaffen, daß es nicht mehr geändert werden kann, muß; abgemacht, gültig. **Per|fekt** *das;* -s, -e ⟨aus *lat.* perfectum (tempus) „vollendet(e) Zeit")⟩: 1. (ohne Plur.) Zeitform, mit der ein verbales Geschehen od. Sein aus der Sicht des Sprechers als vollendet charakterisiert wird (Sprachw.). 2. Verbform des Perfekts (1; Sprachw.). **Per|fek|ta**: Plur. von ↑Perfektum. **per|fek|ti|bel** ⟨nach gleichbed. *fr.* perfectible; vgl. ...ibel⟩: vervollkommnungsfähig (im Sinne des Perfektibilismus). **Per|fek|ti|bi|lis|mus** *der;* - ⟨zu ↑...ismus (1)⟩: Anschauung, Lehre aufklärerischen Geschichtsdenkens, nach der der Sinn der Geschichte im Fortschritt zu immer größerer Vervollkommnung der Menschheit liegt. **Per|fek|ti|bi|list** *der;* -en, -en ⟨zu ↑...ist⟩: Anhänger des Perfektibilismus. **Per|fek|ti|bi|li|tät** *die;* - ⟨aus gleichbed. *fr.* perfectibilité; vgl. ...ität⟩: Fähigkeit zur Vervollkommnung. **Per|fek|ti|on** *die;* -, -en ⟨aus gleichbed. *fr.* perfection, dies aus *lat.* perfectio zu perficere; vgl. perfekt⟩: 1. Vollendung, Vollkommenheit, vollendete Meisterschaft. 2. (veraltet) das Zustandekommen eines Rechtsgeschäftes. **per|fek|tio|nie|ren** ⟨aus gleichbed. *fr.* perfectionner⟩: etwas bis zur Perfektion (1) bringen, vollenden, vervollkommnen. **Per|fek|tio|nie|rung** *die;* - ⟨zu ↑...ierung⟩: das Vervollkommnen, Perfektionieren. **Per|fek|tio|nis|mus** *der;* - ⟨zu ↑...ismus (1, 5)⟩: 1. (abwertend) übertriebenes Streben nach Vervollkommnung. 2. a) svw. Perfektibilismus; b) ethische Lehre von der Erhebung der Selbstvervollkommnung zur Norm der Sittlichkeit, die zu einer harmonisch vollendeten Persönlichkeit führen soll. 3. Lehre der Perfektionisten (3). **Per|fek|tio|nist** *der;* -en, -en ⟨zu ↑...ist⟩: 1. (abwertend) jmd., der in übertriebener Weise nach Perfektion (1) strebt. 2. Vertreter, Anhänger des Perfektionismus (2 b). 3. (nur Plur.) radikale ↑methodistische nordamerikanische christliche Gemeinschaften, die von der inneren Wiedergeburt vollkommene Sündlosigkeit des

perfektionistisch

einzelnen Gläubigen erwarten. **per|fek|tio|ni|stisch** ⟨zu ↑...istisch⟩: (abwertend) a) in übertriebener Weise Perfektion (1) anstrebend; b) bis in alle Einzelheiten vollständig umfassend. **per|fek|tisch** ⟨zu *lat.* perfectum, vgl. Perfekt⟩: das Perfekt betreffend. **per|fek|tiv** [auch ...'ti:f] ⟨zu ↑...iv⟩: die zeitliche Begrenzung eines Geschehens ausdrückend (Sprachw.); vgl. ...isch/-; -er [...vɐ] Aspekt: zeitlich begrenzte Verlaufsweise eines verbalen Geschehens (z. B. *verblühen*). **Per|fek|tiv** [auch ...'ti:f] *das;* -s: grammatischer ↑ Aspekt (3) zur Kennzeichnung eines zeitlich begrenzten Geschehens (Sprachw.). **per|fek|ti|vie|ren** [...v...] ⟨zu ↑...ieren⟩: ein Verb mit Hilfe sprachlicher Mittel, bes. von Partikeln, in die perfektive Aktionsart überführen (z. B. *ausklingen* gegenüber *klingen*; Sprachw.). **per|fek|ti|visch**: 1. svw. perfektisch. 2. (veraltet) svw. perfektiv; vgl. ...isch/-. **Per|fekt|par|ti|zip** *das;* -s, -ien [...jən]: svw. Partizip Perfekt (vgl. Partizip). **Per|fek|tum** *das;* -s, ...ta ⟨aus *lat.* perfectum (tempus)⟩: (veraltet) svw. Perfekt

per|fer et ob|du|ra ⟨*lat.*⟩: trage und dulde

per|fid u. **per|fi|de** ⟨aus gleichbed. *fr.* perfide, dies aus *lat.* perfidus „wortbrüchig, treulos" zu per „durch" und fides „Treue, Versprechen"⟩: hinterhältig, hinterlistig, tückisch. **Per|fi|die** *die;* -, ...ien ⟨aus gleichbed. *fr.* perfidie, dies aus *lat.* perfidia⟩: a) (ohne Plur.) Hinterhältigkeit, Hinterlist, Falschheit; b) perfide Handlung, Äußerung. **Per|fi|di|tät** *die;* -, -en ⟨zu ↑...ität⟩: svw. Perfidie

per|fi|zie|ren ⟨aus gleichbed. *lat.* perficere zu ↑ per... u. facere „machen"⟩: (veraltet) zustande bringen, vollenden; vervollkommnen

per|fo|rat ⟨aus *lat.* perforatus, Part. Perf. von perforare, vgl. perforieren⟩: (veraltet) durchlöchert. **Per|fo|ra|ti|on** *die;* -, -en ⟨nach *lat.* perforatio „Durchbohrung"⟩: 1. a) Durchbruch eines Abszesses od. Geschwürs durch die Hautoberfläche od. in eine Körperhöhle; b) unbeabsichtigte Durchstoßung der Wand eines Organs o. ä. bei einer Operation; c) operative Zerstückelung des Kopfes eines abgestorbenen Kindes im Mutterleib bei bestimmten Komplikationen (Med.). 2. a) Reiß-, Trennlinie an einem Papierblatt; [Briefmarken]zähnung; b) die zum Transportieren erforderliche Lochung am Rande eines Films. **Per|fo|ra|tor** *der;* -s, ...oren ⟨unter Einfluß von gleichbed. *engl.* perforator zu *lat.* perforatus (vgl. perforat) u. ↑...or⟩: 1. Gerät zum Herstellen einer Perforation (2 a; Techn.). 2. Schriftsetzer, der mit Hilfe einer entsprechenden Maschine den Drucksatz auf Papierstreifen locht (Druckw.). **per|fo|rie|ren** ⟨aus *lat.* perforare „durchbohren, durchlöchern"⟩: 1. bei einer Operation unbeabsichtigt die Wand eines Organs o. ä. durchstoßen (Med.). 2. a) durchlöchern; b) eine Perforation (2 a) herstellen, lochen

Per|for|mance [pə'fɔ:məns] *die;* -, -s [...sɪs] ⟨aus gleichbed. *engl.-amerik.* performance, eigtl. „Verrichtung, Vorführung", zu *engl.* to perform „verrichten, ausführen, tun", dies aus *lat.* performare, vgl. Performanz⟩: 1. dem Happening ähnliche, meist von einem einzelnen Künstler dargebotene künstlerische Aktion. 2. Bez. für die Leistung in Handlungstests (im Unterschied zur Leistung in verbalen Tests; Psychol.). 3. die Wertentwicklung einer Kapitalanlage, meist im Sinne eines jährlichen Wertzuwachses in Prozent (Börsenw.). 4. Geschwindigkeit u. Qualität, mit der ein Auftrag od. eine Auftragsmenge von einem Computer bewältigt wird (EDV). **Per|for|manz** [per...] *die;* -, -en ⟨nach *engl.* performance (vgl. Performance) zu *lat.* performare „völlig bilden" u. ↑...anz⟩: Gebrauch der Sprache, konkrete Realisierung von Ausdrücken in einer bestimmten Situation durch einen individuellen Sprecher (Sprachw.); vgl. Kompetenz (2). **per|for|ma|tiv** u. **per|for|ma|to|risch**: eine mit einer sprachlichen Äußerung beschriebene Handlung zugleich vollziehend (z. B. ich gratuliere dir...; Sprachw.); vgl. ...iv/...orisch. **Per|for|mer** [pə'fɔ:mə] *der;* -s, - ⟨aus gleichbed. *engl.-amerik.* performer⟩: Künstler, der Performances (1) darbietet

Per|fri|ge|ri|um *das;* -s ⟨zu *lat.* perfrigidus „sehr kalt, eiskalt" (zu ↑per... u. frigus „Kälte") u. ↑...ium⟩: (veraltet) a) starkes Frostgefühl bei Fieber; b) Gänsehaut (Med.)

per|fun|die|ren ⟨aus *lat.* perfundere „durchströmen"⟩: auf dem Wege der Perfusion in einen Organismus einführen (Med.). **Per|fu|sat** *das;* -[e]s, -e ⟨zu *lat.* perfusus, Part. Perf. von perfundere (vgl. perfundieren), u. ↑...at (1)⟩: Flüssigkeit für die künstliche Durchströmung von Organen (Med.). **Per|fu|si|on** *die;* -, -en ⟨aus *lat.* perfusio „das Benetzen, Durchströmen"⟩: der Ernährung u. der Reinigung des Gewebes dienende [künstliche] Durchströmung eines Hohlorgans od. Gefäßes (Med.)

Per|ga|men *das;* -s, -e ⟨aus *mlat.* pergamenum, vgl. Pergament⟩: (veraltet) svw. Pergament. **per|ga|me|nen**: (veraltet) svw. pergamenten. **Per|ga|ment** *das;* -[e]s, -e ⟨aus *mlat.* pergamen(t)um, dies aus (charta) Pergamena „Papier aus Pergamon" (weil in der antiken kleinasiatischen Stadt Pergamon die Verarbeitung von Tierhäuten zu Schreibmaterial entwickelt worden sein soll)⟩: 1. enthaarte, geglättete, zum Beschreiben zubereitete Tierhaut, die bes. vor der Erfindung des Papiers als Schreibmaterial diente. 2. Handschrift auf solcher Tierhaut. **per|ga|men|ten**: aus Pergament (1). **Per|ga|men|ter** *der;* -s, -: Pergamentmacher. **per|ga|men|tie|ren** ⟨zu ↑...ieren⟩: 1. ein dem Pergament (1) ähnliches Papier herstellen. 2. Baumwollgewebe durch Behandlung mit Schwefelsäure pergamentähnlich machen. **Per|ga|ment|pa|pier** *das;* -s, -e: mit Hilfe von Chemikalien fettdicht u. naßfest gemachtes Papier aus Zellstoff. **Per|ga|min** u. **Per|ga|myn** *das;* -s ⟨Kunstw.⟩: pergamentartiges, durchscheinendes Papier

per|ge ⟨*lat.*⟩: fahre fort, weiter; perge, perge: und so weiter (Abk.: pp.)

Per|ge|li|sol *der;* -s, -e ⟨Kunstw. aus ↑*per*manent, *lat.* gel*are* „gefrieren" u. *sol*um „Erde, Erdboden"⟩: Dauerfrostboden (Geol.)

per|gie|ren ⟨aus gleichbed. *lat.* pergere⟩: (veraltet) fortsetzen, fortfahren [etw. zu tun]

Per|go|la *die;* -, ...len ⟨aus gleichbed. *it.* pergola, dies aus *lat.* pergula „Vor-, Anbau"⟩: Laube od. Laubengang aus Pfeilern od. Säulen als Stützen für eine Holzkonstruktion, an der sich Pflanzen [empor]ranken

per|hor|res|zie|ren ⟨aus gleichbed. *lat.* perhorrescere⟩: mit Abscheu zurückweisen; verabscheuen, entschieden ablehnen

per|hu|mid ⟨zu ↑per... u. ↑humid⟩: sehr feucht, niederschlagsreich (Meteor.)

Pe|ri *der;* -s, -s od. *die;* -, -s (meist Plur.) ⟨aus gleichbed. *pers.* peri⟩: [ursprünglich böses, aber] zum Licht des Guten strebendes feenhaftes Wesen der altpersischen Sage

pe|ri..., Pe|ri... ⟨aus gleichbed. *gr.* perí⟩: Präfix mit der Bedeutung „um – herum, umher, über – hinaus", z. B. periodisch, Peripherie

Pe|ri|ade|ni|tis *die;* -, ...itjden ⟨zu ↑peri... u. ↑Adenitis⟩: Entzündung des Gewebes um eine Drüse (Med.)

Pe|ri|akt *der;* -[e]s, -e ⟨zu *gr.* períaktoi (mechanaí) „rings drehbar" (vgl. peri... u. Akt), eigtl. „das Herumgedrehte"⟩: drehbares Dekorationselement im antiken griech. Theater

pe|ri|anal ⟨zu ↑peri... u. ↑anal⟩: um den After herum, in der

Perikarditis

Umgebung des Afters gelegen (z. B. von Ekzemen, Abszessen u. a.; Med.)
Pe|ri|anth *das;* -s, -e u. **Pe|ri|an|thi|um** *das;* -s, ...ien [...i̯ən] ⟨aus gleichbed. *nlat.* perianthium zu ↑peri... u. *gr.* ánthos „Blume, Blüte"⟩: Blütenhülle der Blütenpflanzen (Bot.)
Pe|ri|ap|sis *die;* -, ...iden ⟨zu ↑peri... u. ↑Apsis⟩: kleinste der beiden ↑Apsiden (1)
pe|ri|ar|te|ri|ell ⟨zu ↑peri... u. ↑arteriell⟩: um eine Arterie herum [liegend] (Med.)
Pe|ri|ar|thri|tis *die;* -, ...itiden ⟨zu ↑peri... u. ↑Arthritis⟩: Entzündung der Weichteile in der Umgebung von Gelenken (Med.)
pe|ri|ar|ti|ku|lär ⟨zu ↑peri... u. ↑artikulär⟩: um ein Gelenk herum, in der Umgebung eines Gelenks [liegend] (Med.)
Pe|ri|astron u. **Pe|ri|astrum** *das;* -s, ...astren ⟨zu ↑peri... u. *gr.* astḗr „Stern"⟩: bei Doppelsternen der dem Hauptstern am nächsten liegende Punkt der Bahn des Begleitsterns (Astron.)
Pe|ri|blem *das;* -s, -e ⟨aus *gr.* períblēma „Umhüllung, Bedeckung"⟩: unter dem ↑Dermatogen gelegene, das ↑Plerom umhüllende schwach teilungsfähige Gewebes, die später zur Rinde wird (Bot.). **Pe|ri|bol|los** *der;* -, ...loi [...lɔy] ⟨aus *gr.* períbolos „das Umgebende, Hof", eigtl. „das Umfassen"⟩: heiliger Bezirk um den antiken Tempel
Pe|ri|car|di|um [...k...] vgl. Perikardium
Pe|ri|chon|dri|tis [...çon...] *die;* -, ...itiden ⟨zu ↑Perichondrium u. ↑...itis⟩: Knorpelhautentzündung (Med.). **Pe|ri|chon|dri|um** *das;* -s, ...ien [...i̯ən] ⟨zu ↑peri..., *gr.* chóndros „Knorpel", eigtl. „Korn", u. ↑...ium⟩: den Knorpel umgebendes, aufbauendes u. ernährendes Bindegewebe; Knorpelhaut (Med.)
Pe|ri|cho|re|se [...ço...] *die;* - ⟨aus gleichbed. *spätgr.* perichṓrēsis zu *gr.* perichōreĩn „benachbart sein"⟩: 1. Einheit u. wechselseitige Durchdringung der drei göttlichen Personen in der ↑Trinität (Rel.). 2. Einheit der göttlichen u. der menschlichen Natur in Christus (Rel.)
Pe|ri|cra|ni|um [...k...] u. Perikranium *das;* -[s], ...ia ⟨aus gleichbed. *nlat.* pericranium zu ↑peri... u. *gr.* kraníon „Schädel"⟩: Knochenhaut des Schädeldaches (Med.)
pe|ri|cu|lum in mo|ra [...ku... – –] ⟨*lat.;* „Gefahr besteht im Zögern"⟩: Gefahr ist im Verzug
Pe|ri|derm *das;* -s, -e ⟨zu ↑peri... u. *gr.* dérma „Haut"⟩: Pflanzengewebe, dessen äußere Schicht verkorkte Zellen bildet, während die innere unverkorkte blattgrünreiche Zellen aufbaut
Pe|ri|di|ni|um *das;* -s, ...ien ⟨aus gleichbed. *nlat.* peridinium zu ↑peri... u. *gr.* dínē „(Wasser)strudel"⟩: Vertreter einer Gattung meerbewohnender Einzeller (Geißeltierchen) mit Zellulosepanzer
Pe|ri|dot *der;* -s, -e ⟨aus gleichbed. *fr.* péridot, weitere Herkunft unsicher⟩: eine gelbgrüne bis bräunliche Varietät des ↑Olivins. **Pe|ri|do|tit** [auch ...'tɪt] *der;* -s, -e ⟨zu ↑²...it⟩: ein körniges, grünes, oft schwarzes Tiefengestein
Pe|ri|drom *der;* -s, -e ⟨*gr.* perídromos „Galerie, der Gang um etw. herum"⟩: Gang zwischen Säulen u. Mauer im antiken Tempel
Pe|ri|ege|se *die;* -, -n ⟨aus gleichbed. *gr.* periḗgēsis⟩: Orts- u. Länderbeschreibung (speziell im alten Griechenland). **Pe|ri|eget** *der;* -en, -en ⟨aus gleichbed. *gr.* periēgētḗs⟩: Verfasser einer Periegese od. einer Beschreibung der Bau- u. Kunstdenkmäler einzelner Städte (speziell im alten Griechenland). **pe|ri|ege|tisch** ⟨aus gleichbed. *gr.* periēgētikós⟩: die Periegese, die Periegeten betreffend
Pe|ri|en|ze|pha|li|tis *die;* -, ...itiden ⟨zu ↑peri... u. ↑Enzephalitis⟩: Entzündung der Hirnrinde (Med.)

pe|ri|fo|kal ⟨zu ↑peri... u. ↑fokal⟩: um einen Krankheitsherd herum (Med.)
Pe|ri|fol|li|ku|li|tis *die;* -, ...itiden ⟨zu ↑peri... u. ↑Follikulitis⟩: Entzündung des die Talgdrüsen der Haut umgebenden Gewebes (bes. im Bereich der behaarten Kopfhaut; Med.)
Pe|ri|gä|en: Plur. von ↑Perigäum
Pe|ri|ga|lak|ti|kum *das;* -s ⟨zu ↑peri..., *gr.* gála, Gen. gálaktos „Milch" u. ↑...ikum⟩: vom Zentrum des Milchstraßensystems nächster Punkt auf der Bahn eines Sterns der Milchstraße (Astron.)
Pe|ri|ga|stri|tis *die;* -, ...itiden ⟨zu ↑peri... u. ↑Gastritis⟩: Entzündung der Bauchfelldecke des Magens (Med.)
Pe|ri|gä|um *das;* -s, ...äen ⟨zu ↑peri... u. *gr.* gaĩa „Erde"⟩: erdnächster Punkt der Bahn eines Körpers um die Erde (Astron.); Ggs. ↑Apogäum
pe|ri|gla|zi|al ⟨zu ↑peri... u. ↑glazial⟩: Erscheinungen, Zustände, Prozesse in Eisrandgebieten, in der Umgebung vergletscherter Gebiete betreffend (Geogr.). **pe|ri|gla|zi|är:** zur Zeit periglazialer Klimaverhältnisse entstanden (z. B. Relief-, Gesteinsbildungen; Geol.)
Pe|ri|gon *das;* -s, -e u. **Pe|ri|go|ni|um** *das;* -s, ...ien [...i̯ən] ⟨aus gleichbed. *nlat.* perigonium zu ↑peri... u. *gr.* gónos „Erzeugung"⟩: Blütenhülle aus gleichartigen, meist auffällig gefärbten Blättern (z. B. bei Tulpen, Lilien, Orchideen; Bot.); Zeichen P
Pé|ri|gor|di|en [perigɔr'dj̃ɛ] *das;* -[s] ⟨*fr.;* nach der franz. Landschaft Périgord⟩: eine Kulturstufe u. Formengruppe der Altsteinzeit. **Pe|ri|gour|di|ne** [...gʊr...] *die;* -, -n ⟨aus *fr.* périgourdine, eigtl. „die aus dem Périgord Stammende"⟩: dem ↑Passepied (1) ähnelnder alter franz. Tanz im ⅜- od. ⅝-Takt
Pe|ri|gramm *das;* -s, -e ⟨zu ↑peri... u. ...gramm⟩: durch Kreisausschnitte od. mehrere Kreise bewirkte diagrammartige Darstellung statistischer Größenverhältnisse. **Pe|ri|graph** *der;* -en, -en ⟨zu ↑...graph⟩: Zeichengerät für graphische Darstellungen wie Kurven, Diagramme u. ä. **pe|ri|gra|phisch** ⟨zu ↑...graphisch⟩: mit Hilfe eines Perigraphen ausgeführt
pe|ri|gyn ⟨zu ↑peri... u. *gr.* gynḗ „Weib, Frau"⟩: halbhoch stehend, mittelständig (von Blüten mit schüssel- od. becherförmigem Blütenboden, der den Fruchtknoten umfaßt, nicht mit ihm verwachsen ist; Bot.)
Pe|ri|hel *das;* -s, -e u. Perihelium *das;* -s, ...ien [...i̯ən] ⟨zu ↑peri... u. *gr.* hḗlios „Sonne"; vgl. ...ium⟩: Punkt einer Planeten- od. Kometenbahn, der der Sonne am nächsten liegt (Astron.); Ggs. ↑Aphel. **Pe|ri|hel|dre|hung** *die;* -: Drehung der großen Achse einer Planetenbahn (Astron.). **Pe|ri|he|li|um** vgl. Perihel
Pe|ri|he|pa|ti|tis *die;* -, ...itiden ⟨zu ↑peri... u. ↑Hepatitis⟩: Entzündung des Bauchfellüberzuges der Leber (Med.)
Pe|ri|kam|bi|um *das;* -s, ...ien [...i̯ən] ⟨zu ↑peri... u. ↑Kambium⟩: svw. Perizykel
Pe|ri|kard *das;* -s, -e ⟨aus gleichbed. *nlat.* pericardium zu ↑peri... u. *gr.* kardía „Herz"⟩: aus zwei ↑epithelialen Schichten (↑Myokard u. ↑Epikard) bestehende äußerste Umhüllung des Herzens; Herzbeutel (Med.). **Pe|ri|kard|ek|to|mie** *die;* -, ...ien ⟨zu ↑...ektomie⟩: operative Entfernung des Herzbeutels (Med.). **pe|ri|kar|di|al:** zum Herzbeutel gehörend, ihn betreffend (Med.). **Pe|ri|kar|di|al|si|nus** *der;* -: das Herz von Insekten umgebender Blutraum, der vom ↑Abdomen durch eine Membran abgegrenzt ist (Zool.). **Pe|ri|kar|dio|to|mie** *die;* -, ...ien ⟨zu ↑...tomie⟩: operative Öffnung des Herzbeutels (Med.). **Pe|ri|kar|di|tis** *die;* -, ...itiden: Herzbeutelentzündung (Med.). **Pe|ri|kar-**

1039

Perikarp

di|um, fachspr. Pericardium [...k...] *das;* -s, ...ien [...iən] ⟨aus *nlat.* pericardium⟩: svw. Perikard

Pe|ri|karp *das;* -s, -e ⟨zu ↑peri... u. *gr.* karpós „Frucht"⟩: Fruchtwand der Früchte von Samenpflanzen (Bot.)

Pe|ri|ka|ry|on *das;* -s, ...rya ⟨zu ↑peri... u. *gr.* káryon „Nuß"⟩: der den Zellkern umgebende Zellkörper (Biol., Med.)

Pe|ri|klas *der;* Gen. - u. -es, Plur. -e ⟨zu ↑peri... u. *gr.* klásis „Bruch"⟩: ein grauweißes, glasig glänzendes Mineral, meist vulkanischen Ursprungs

pe|ri|klin ⟨zu ↑peri... u. *gr.* klínein „(sich) neigen"⟩: parallel zur Organoberfläche verlaufend (von Zellteilungen, z. B. im Bildungsgewebe von Pflanzensprossen; Biol.). **Pe|ri|klin** *der;* -s, -e: ein Feldspatmineral, Abart des ↑Albits. **pe|ri|kli|nal** ⟨zu ↑¹...al (1)⟩: 1. übereinandergelegt, überdeckt (von verschiedenartigem Gewebe; Biol.). 2. nach allen Seiten geneigt (von Gesteinsschichten od. -flächen; Geol.). **Pe|ri|kli|nal|chi|mä|re** [...çi...] *die;* -, -n: Chimäre (2 a); Pfropfbastard mit übereinandergeschichteten, genetisch verschiedenen Gewebearten (Biol.)

pe|ri|kli|tie|ren ⟨aus *lat.* periclitari „versuchen, wagen" zu periculum „Gefahr"⟩: (veraltet) sich einer Gefahr aussetzen, Gefahr laufen; wagen, unternehmen

Pe|ri|ko|li|tis *die;* -, ...itiden ⟨zu ↑peri... u. ↑Kolitis⟩: Entzündung des den Dickdarm umgebenden Gewebes (Med.)

Pe|ri|ko|pe *die;* -, -n ⟨aus gleichbed. *gr.* perikopḗ, eigtl. „Abschnitt, Abgeschnittenes" zu perikóptein „abschneiden, behauen"⟩: 1. zur gottesdienstlichen Verlesung als ↑Evangelium (2 b) u. ↑Epistel (2) vorgeschriebener Bibelabschnitt. 2. Strophengruppe, metrischer Abschnitt (Metrik)

Pe|ri|kra|ni|um vgl. Pericranium

pe|ri|ku|lös ⟨aus gleichbed. *lat.* periculosus⟩: (veraltet) mißlich; gefährlich

Pe|ril|la *die;* - ⟨Herkunft unsicher, vielleicht aus dem Ind.⟩: Schwarznessel, eine in China u. Indien vorkommende Gattung von Lippenblütlern, deren Samen techn. verwertbare Öle liefern

Pe|ri|lun *das;* -s, -e ⟨zu ↑peri... u. *lat.* luna „Mond"⟩: svw. Periselen

pe|ri|lym|pha|tisch ⟨zu ↑peri... u. ↑lymphatisch⟩: die Perilymphe betreffend, zu ihr gehörend (Med.). **Pe|ri|lym|phe** *die;* -: klare Flüssigkeit, die den Raum zwischen häutigem u. knöchernem Labyrinth des Innenohrs ausfüllt (Med.)

pe|ri|mag|ma|tisch ⟨zu ↑peri... u. ↑magmatisch⟩: um die Schmelze herum entstanden (von Erzlagerstätten; Geol.)

Pe|ri|me|no|pau|se *die;* -, -n ⟨zu ↑peri... u. ↑Menopause⟩: Zeitabschnitt um den Eintritt der ↑Menopause herum (Med.)

¹Pe|ri|me|ter *der;* -s, - ⟨zu ↑peri... u. ↑³...meter⟩: (veraltet) Umfang einer [ebenen] Figur (Math.). **²Pe|ri|me|ter** *das;* -s, - ⟨zu ↑¹...meter⟩: Gerät zur Bestimmung des Gesichtsfeldumfangs (Med.). **Pe|ri|me|ter|ge|büh|ren** *die* (Plur.) ⟨zu ↑²Perimeter⟩: (schweiz.) Anliegergebühren. **Pe|ri|me|trie** *die;* -, ...ien ⟨zu ↑...metrie⟩: Bestimmung der Grenzen des Gesichtsfeldes (Med.). **pe|ri|me|trie|ren** ⟨zu ↑...ieren⟩: das Gesichtsfeld ausmessen, bestimmen (Med.). **pe|ri|me|trisch** ⟨zu ↑...metrisch⟩: den Umfang des Gesichtsfeldes betreffend (Med.)

Pe|ri|me|tri|tis *die;* -, ...itiden ⟨zu ↑Perimetrium u. ↑...itis⟩: Entzündung des Perimetriums (Med.). **Pe|ri|me|tri|um** *das;* -s, Plur. ...tria u. ...trien [...iən] ⟨aus gleichbed. *nlat.* perimetrium zu ↑peri... u. *gr.* métra „Gebärmutter"⟩: Bauchfellüberzug der Gebärmutter (Med.)

Pe|ri|my|si|um *das;* -s, Plur. ...sia u. ...sien [...iən] ⟨zu ↑peri..., *gr.* mỹs „Muskel" u. ↑...ium⟩: das die einzelnen Muskelfasern sowie den ganzen Muskel umgebende Bindegewebe (Med.)

pe|ri|na|tal ⟨aus gleichbed. *nlat.* perinatalis zu ↑peri... u. *lat.* natalis „zur Geburt gehörig", dies zu natus „Geburt"⟩: den Zeitraum kurz vor, während und nach der Entbindung betreffend, während dieser Zeit eintretend, in diesen Zeitraum fallend (Med.); -e Medizin: svw. Perinatologie. **Pe|ri|na|to|lo|ge** *der;* -n, -n ⟨zu ↑...loge⟩: Wissenschaftler auf dem Gebiet der Perinatologie (Med.). **Pe|ri|na|to|lo|gie** *die;* - ⟨zu ↑...logie⟩: Teilgebiet der Medizin, dessen Schwerpunkt in der Erforschung des Lebens u. der Lebensgefährdung von Mutter u. Kind vor, während u. nach der Geburt liegt (Med.). **pe|ri|na|to|lo|gisch** ⟨zu ↑...logisch⟩: die Perinatologie betreffend

Pe|ri|nea Plur. von ↑Perineum. **pe|ri|ne|al** ⟨aus gleichbed. *nlat.* perinealis zu perineum (vgl. Perineum) u. ↑¹...al (1)⟩: zum Damm gehörend, den Damm betreffend (Med.). **Pe|ri|ne|en** Plur. von ↑Perineum. **Pe|ri|neo|pla|stik** *die;* -, -en: operative Behandlung von Verletzungen des Dammes (z. B. nach der Entbindung; Med.)

Pe|ri|ne|phri|tis *die;* -, ...itiden ⟨zu ↑peri... u. ↑Nephritis⟩: Entzündung des Bauchfellüberzuges der Niere (Nierenkapsel; Med.). **pe|ri|ne|phri|tisch**: den Bauchfellüberzug der Niere (Nierenkapsel) betreffend (Med.)

Pe|ri|ne|um *das;* -s, Plur. ...nea u. ...neen ⟨über *nlat.* perineum aus *gr.* períneon „Raum zwischen After u. Wurzel des männlichen Glieds"⟩: Damm, Weichteilbrücke zwischen After u. äußeren Geschlechtsteilen (Med.)

Pe|ri|neu|ri|tis *die;* -, ...itiden ⟨zu ↑Perineurium u. ↑...itis⟩: Entzündung des die Nerven umgebenden Bindegewebes (Med.). **Pe|ri|neu|ri|um** *das;* -s, Plur. ...ria u. ...rien [...iən] ⟨aus gleichbed. *nlat.* perineurium zu ↑peri... u. *gr.* neûron „Sehne; Nerv"⟩: die Nervenfaserbündel umgebendes Bindegewebe, Nervenscheide, Nervenhülle (Med.)

Pe|ri|ode *die;* -, -n ⟨über *(m)lat.* periodus aus *gr.* períodos „das Herumgehen; Umlauf; Wiederkehr", zu ↑peri... u. *gr.* hodós „Gang, Weg"⟩: 1. durch etwas Bestimmtes (z. B. Ereignisse, Persönlichkeiten) charakterisierter Zeitabschnitt, -raum. 2. etwas periodisch Auftretendes, regelmäßig Wiederkehrendes. 3. Umlaufzeit eines Sternes (Astron.). 4. Zeitabschnitt einer ↑Formation (5 a) der Erdgeschichte (Geol.). 5. Schwingungsdauer (Elektrot.). 6. Zahl od. Zahlengruppe einer unendlichen Dezimalzahl, die sich ständig wiederholt (z. B. 0,646464; Math.). 7. Verbindung von zwei od. mehreren Kola (vgl. Kolon 2) zu einer Einheit (Metrik). 8. meist mehrfach zusammengesetzter, kunstvoll gebauter längerer Satz; Satzgefüge, Satzgebilde (Sprachw., Stilk.). 9. in sich geschlossene, meist aus acht Takten bestehende musikalische Grundform (Mus.). 10. Monatsblutung, Regel, ↑Menstruation (Med.). 11. fester Beobachtungszeitraum über eine bestimmte Zeitspanne (Meteor.). **Pe|ri|oden|sy|stem** *das;* -s: svw. periodisches System. **Pe|ri|o|di|kum** [...kʊm] *das,* Periodikum. **Pe|ri|o|dik** *die;* ⟨zu ↑²...ik (2)⟩: svw. Periodizität (1). **Pe|ri|o|di|kum** u. Periodicum [...kʊm] *das;* -s, Plur. ...ka bzw. ...ca [...ka] (meist Plur.) ⟨aus gleichbed. *nlat.* periodicum zu *lat.* periodicus (vgl. periodisch) u. ↑...ikum⟩: periodisch erscheinende Schrift (z. B. Zeitung, Zeitschrift). **pe|ri|odisch** ⟨zu *lat.* periodicus „zeitweilig", dies aus *gr.* periodikós „zu bestimmter Zeit wiederkehrend"⟩: 1. regelmäßig auftretend, wiederkehrend; -es System [der chemischen Elemente]: natürliche Anordnung der chem. Elemente nach steigenden Atomgewichten u. entsprechenden, periodisch wiederkehrenden Eigenschaften (Chem.). 2. von Zeit zu Zeit [auftretend]; phasenhaft; -e Gewässer: stehende od. fließende Gewässer, die nur in u. nach einer Regenzeit Wasser führen. pe|ri|odi|sie|ren ⟨zu ↑...isieren⟩: in Zeitabschnitte einteilen. Pe|ri|odi|sie|rung *die;* -, -en ⟨zu ↑...isierung⟩: 1. Einteilung in bestimmte Zeitabschnitte. 2. Gliederung des Verlaufs der Geschichte in bestimmte, in sich weitgehend abgeschlossene Epochen. Pe|ri|odi|zi|tät *die;* - ⟨zu ↑...izität⟩: 1. regelmäßige Wiederkehr. 2. das regelmäßige, kontinuierliche Erscheinen von Zeitungen u. Zeitschriften sowie von audiovisuellen Medien u. Sendungen. 3. Vorstellung eines immer wiederkehrenden Geschehens in Naturreligionen, das kultisch gefeiert wird, z. B. in Form von Frühjahrs- u. Erntefesten. Pe|ri|odo|gramm *das;* -s, -e ⟨zu ↑...gramm⟩: Aufzeichnung, graphische Darstellung eines periodisch verlaufenden od. periodische Bestandteile enthaltenden Vorgangs, Ablaufs, Geschehens (Wirtsch., Techn.). Pe|ri|odo|lo|gie *die;* - ⟨zu ↑...logie⟩: Lehre vom Bau musikalischer Sätze (Mus.). Pe|ri|odon|ti|tis *die;* -, ...itiden ⟨zu ↑ Periodontium u. ↑...itis⟩: Wurzelhautentzündung (Med.). Pe|ri|odon|ti|um *das;* -s, Plur. ...tia u. ...tien [...iən] ⟨aus gleichbed. *nlat.* periodontium zu ↑ peri... u. *gr.* odoús, Gen. odóntos „Zahn"⟩: Wurzelhaut des Zahnes. Pe|ri|öke *der;* -n, -n ⟨aus *gr.* períoikos „Nachbar", eigtl. „Umwohner"⟩: freier u. grundeigentumsberechtigter, aber politisch rechtloser Bewohner des antiken Sparta. pe|ri|ope|ra|tiv ⟨zu ↑ peri... u. ↑ operativ⟩: den Zeitraum um eine Operation herum betreffend (Med.). pe|ri|oral ⟨zu ↑peri... u. ↑ oral⟩: um den Mund herum [liegend] (Med.). Pe|ri|or|chi|tis *die;* -, ...itiden ⟨zu ↑ peri... u. ↑ Orchitis⟩: Hodenscheidenhautentzündung (Med.). Pe|ri|ost *das;* -[e]s, -e ⟨zu ↑peri... u. *gr.* ostéon „Knochen"⟩: Knochenhaut (Med.). pe|ri|ostal ⟨zu ↑¹...al (1)⟩: die Knochenhaut betreffend (Med.). Pe|ri|osti|tis *die;* -, ...itiden ⟨↑...itis⟩: Knochenhautentzündung (Med.). Pe|ri|osto|se *die;* , -n ⟨zu ↑¹...ose⟩: durch Überbeanspruchung bedingte Entzündung u. Verdickung der Knochenhaut an Muskel- u. Sehnenansatzstellen (Med.). Pe|ri|pa|te|ti|ker *der;* -s, - ⟨aus gleichbed. *lat.* peripateticus zu *gr.* peripatētikós „zum Herumgehen geneigt", dies zu perípatos (vgl. Peripatos), eigtl. „das Herumspazieren"; Aristoteles trug seine Lehre auf u. ab gehend vor⟩: Schüler des Aristoteles (nach dem Wandelgang der Schule, dem Peripatos; Philos.). pe|ri|pa|te|tisch ⟨aus gleichbed. *gr.* peripatētikós⟩: die Peripatetiker betreffend. Pe|ri|pa|te|tis|mus *der;* - ⟨zu ↑...ismus (1)⟩: Lehre der Peripatetiker. Pe|ri|pa|tos *der;* - ⟨aus *gr.* perípatos „Wandelgang"⟩: Wandelgang, Teil der Schule in Athen, wo Aristoteles lehrte. Pe|ri|pe|tie *die;* -, ...ien ⟨aus *gr.* peripéteia „das plötzliche Umschlagen"⟩: entscheidender Wendepunkt, Umschwung, bes. im Drama. pe|ri|pher ⟨über *spätlat.* peripheres aus *gr.* peripherḗs „sich herumbewegend"⟩: 1. a) am Rande befindlich, den Rand betreffend; b) nicht sehr wichtig, nebensächlich. 2. in den äußeren Zonen des Körpers liegend (Med.). 3. an die Zentraleinheit eines Computers angeschlossen bzw. anschließbar. Pe|ri|phe|rie *die;* -, ...ien ⟨aus *spätlat.* peripheria aus *gr.* periphéreia, eigtl. „das Herumgehen, Umlauf", zu periphérein „herumtragen"⟩: 1. Umfangslinie, bes. des Kreises (Math.). 2. Rand, Randgebiet (z. B. Stadtrand). 3. zusammenfassende Bez. für ↑ Peripheriegeräte. Pe|ri|phe|rie|ge|rät *das;* -[e]s, -e: Gerät, das über eine Schnittstelle an einen Computer angeschlossen ist bzw. angeschlossen werden kann (z. B. Drucker; EDV). pe|ri|phe|risch: (veraltet) svw. peripher. pe|ri|phe|ri|sie|ren ⟨zu ↑...isieren⟩: (veraltet) den Umfang messen. Pe|ri|phle|bi|tis *die;* -, ...itiden ⟨zu ↑peri... u. ↑ Phlebitis⟩: Entzündung der äußeren Venenhaut (Med.). Pe|ri|phra|se *die;* -, -n ⟨über *lat.* periphrasis aus *gr.* períphrasis⟩: 1. Umschreibung eines Begriffs, einer Person od. Sache durch kennzeichnende Eigenschaften (z. B. *der Allmächtige* für *Gott*). 2. svw. Paraphrase (2). pe|ri|phra|sie|ren ⟨zu ↑...ieren⟩: eine Periphrase (1) von etwas geben. pe|ri|phra|stisch ⟨aus gleichbed. *gr.* periphrastikós⟩: die Periphrase (1) betreffend, umschreibend; -e Konjugation: Konjugation des Verbs, die sich umschreibender Formen bedient (z. B. ich *werde* schreiben; Sprachw.). Pe|ri|plas|ma *das;* -s ⟨zu ↑peri... u. ↑ Plasma⟩: der Zellwand anliegendes ↑ Plasma (1; Biol.). Pe|ri|pleu|ri|tis *die;* -, ...itiden ⟨zu ↑peri... u. ↑ Pleuritis⟩: Entzündung des zwischen Rippenfell u. Brustwand gelegenen Bindegewebes (Med.). Pe|ri|plus *der;* -, Plur. ...ploi [...plɔy], auch ...plen ⟨aus *gr.* períplous „die Umschiffung"⟩: antike Beschreibung von Meeresküsten, Erdteilen, Ländern od. Inseln, auch mit nautisch-technischen Angaben. Pe|ri|po|ri|tis *die;* -, ...itiden ⟨zu ↑peri..., ↑ Pore u. ↑...itis⟩: durch Eitererreger hervorgerufene pustulöse Entzündung der Schweißdrüsen der Haut; Porenschwären (bei Säuglingen; Med.). pe|ri|por|tal ⟨zu ↑ peri... u. ↑ portal⟩: in der Umgebung der Pfortader gelegen (Med.). Pe|ri|prok|ti|tis *die;* -, ...itiden ⟨zu ↑peri... u. ↑ Proktitis⟩: Entzündung des den After u. den Mastdarm umgebenden Bindegewebes (Med.). pe|ri|pte|ral ⟨zu ↑ Peripteros u. ↑¹...al (1)⟩: mit einer Säulenreihe umgeben. Pe|ri|pte|ral|tem|pel *der;* -s, -: svw. Peripteros. Pe|ri|pte|ros *der;* -, Plur. - od. ...pteren ⟨über gleichbed. *lat.* peripteros aus *gr.* perípteros ⟨zu ↑peri... u. *gr.* pterón „Feder, Flügel", eigtl. „ringsum mit Flügeln versehen"⟩: griech. Tempel mit einem umlaufenden Säulengang. Pe|ri|py|le|phle|bi|tis *die;* -, ...itiden ⟨zu ↑peri... u. ↑ Pylephlebitis⟩: Entzündung des die Pfortader umgebenden Gewebes (Med.). pe|ri|rek|tal ⟨zu ↑ peri... u. ↑ rektal⟩: in der Umgebung des Rektums gelegen (z. B. perirektale Lymphknoten; Med.). pe|ri|re|nal ⟨zu ↑peri... u. ↑ renal⟩: die Umgebung der Nieren betreffend, in der Umgebung der Niere [liegend] (Med.). Pe|ri|sal|pin|gi|tis *die;* -, ...itiden ⟨zu ↑ peri... u. ↑ Salpingitis⟩: Entzündung des Bauchfellüberzuges der Eileiter (Med.). Pe|ri|sel|len *das;* -s, -e ⟨zu ↑peri... u. *gr.* selḗnē „Mond"⟩: mondnächster Punkt einer Mondumlaufbahn (Astron.); Ggs. ↑ Aposelen. Pe|ri|skop *das;* -s, -e ⟨zu ↑peri... u. ↑...skop⟩: [ausfahrbares, drehbares] Fernrohr mit geknicktem Strahlengang (z. B. Sehrohr für Unterseeboote). pe|ri|sko|pisch: in der Art, mit Hilfe eines Periskops. Pe|ri|sperm *das;* -s, -e ⟨zu ↑peri... u. *gr.* spérma, Gen. spérmatos „Samen"⟩: das vom Gewebekern der Samenanlage gebildete Nährgewebe vieler Samen (Bot.). Pe|ri|sper|ma|to|zy|sti|tis *die;* -, ...itiden: Entzündung des die Samenblasen umgebenden Gewebes (Med.). Pe|ri|sple|ni|tis *die;* -, ...itiden ⟨zu ↑peri... u. ↑ Splenitis⟩: Entzündung des Bauchfellüberzuges der Milz (Med.). Pe|ri|spo|me|non *das;* -s, ...na ⟨über gleichbed. *spätlat.* peri-

Perisprit

spomenon aus *gr.* perispómenon, eigtl. substantiviertes Part. Präs. (Neutrum) von perispán „eine (mit Zirkumflex gekennzeichnete) Silbe lang aussprechen"): in der griech. Betonungslehre Wort mit einem ↑Zirkumflex auf der letzten Silbe (z. B. griech. φιλῶ = „ich liebe"); vgl. Properispomenon

Pe|ri|sprit *das;* -, -en ⟨zu ↑peri... u. *lat.* spiritus „Geist"⟩: (veraltet) svw. Astralleib (1)

Pe|ri|stal|tik *die;* - ⟨aus gleichbed. *gr.* (dýnamis) peristaltikós, eigtl. „umfassend(e) und zusammendrückend(e) Kräfte)"⟩: von den Wänden der muskulösen Hohlorgane (z. B. des Magens, Darms u. Harnleiters) ausgeführte Bewegung, bei der sich die einzelnen Organabschnitte nacheinander zusammenziehen u. so den Inhalt des Hohlorgans transportieren (Med.). **pe|ri|stal|tisch:** die Peristaltik betreffend, auf ihr beruhend (Med.)

Pe|ri|sta|se *die;* -, -n ⟨aus *gr.* perístasis „Umwelt", eigtl. „das Herumstehen, Umgebung", zu peristateīn „umgeben"⟩: neben den ↑Genen auf die Entwicklung des Organismus einwirkende Umwelt (Vererbungslehre). **pe|ri|statisch** ⟨aus *gr.* peristatikós „die äußeren Umstände betreffend, durch diese bewirkt"⟩: 1. (veraltet) ausführlich, umständlich. 2. die Peristase betreffend; umweltbedingt (Vererbungslehre)

Pe|ri|ste|ri|um *das;* -s, ...ien [...jən] ⟨aus gleichbed. *mlat.* peristerium, dies aus *gr.* peristérion, Verkleinerungsform von peristerá „Taube"⟩: mittelalterliches Hostiengefäß in Gestalt einer Taube

Pe|ri|stom *das;* -s ⟨aus gleichbed. *nlat.* peristoma, zu ↑peri... u. *gr.* stóma „Mund"⟩: 1. besonders ausgeprägtes Mundfeld bei niederen Tieren (z. B. bei Wimpertierchen, Seeigeln; Zool.). 2. einfacher od. doppelter Zahnkranz an der Mündung der Sporenkapsel von Laubmoosen (Bot.)

Pe|ri|styl *das;* -s, -e ⟨über *lat.* peristylum aus gleichbed. *gr.* perístylon, zu ↑peri... u. *gr.* stýlos „Säule"⟩: von Säulen umgebener Innenhof eines antiken Hauses. **Pe|ri|sty|li|um** *das;* -s, ...ien [...jən] ⟨über *lat.* peristylium aus gleichbed. *gr.* peristýlion, Verkleinerungsform von perístylon, vgl. Peristyl⟩: svw. Peristyl

Pe|ri|thel *das;* -s, -e ⟨zu ↑peri... u. *gr.* thēlé „Brustwarze"; vgl. Perithelium⟩: die Kapillaren u. die kleinen Blutgefäße umgebende Gewebsschicht (Med.). **Pe|ri|the|li|om** *das;* -s, -e ⟨zu ↑...om⟩: Geschwulst aus Perithelzellen (Med.). **Pe|ri|the|li|um** *das;* -s, ...ien [...jən] ⟨aus *nlat.* perithelium „Hautpapille, papillenreiche Zellschicht"⟩: svw. Perithel

Pe|ri|the|zi|um *das;* -s, ...ien [...jən] ⟨zu ↑peri..., ↑Theka u. ↑...ium⟩: kugel- bis flaschenförmiger Fruchtkörper der Schlauchpilze (Bot.)

pe|ri|to|ne|al ⟨zu ↑Peritoneum u. ↑¹...al (1)⟩: zum Bauchfell gehörend, dieses betreffend (Med.). **Pe|ri|to|ne|al|dia|ly|se** *die;* -, -n: Reinigung der Bauchfellflüssigkeit von Substanzen, die mit dem Urin ausgeschieden werden müssen (bei Nierenversagen; Med.). **Pe|ri|to|ne|um** *das;* -s, ...neen ⟨über gleichbed. *spätlat.* periton(a)eum aus *gr.* peritónaion, Neutrum von peritónaios, eigtl. „das Darübergespannte"⟩: die Bauchhöhle auskleidende Haut; Bauchfell (Med.). **Pe|ri|to|ni|tis** *die;* -, ...itiden ⟨zu ↑...itis⟩: Bauchfellentzündung (Med.)

pe|ri|ton|sil|lär ⟨zu ↑peri... u. ↑tonsillär⟩: im Bereich der Mandeln [liegend], um die Mandeln herum (Med.). **Pe|ri|ton|sil|li|tis** *die;* -, ...itiden: Entzündung der Weichteile, die die Mandeln, vor allem die Gaumenmandeln, umgeben (Med.)

pe|ri|trich ⟨zu ↑peri... u. *gr.* thríx, Gen. trichós „Haar"⟩: auf der ganzen Oberfläche mit Geißeln besetzt (von Mikroorganismen, z. B. Typhusbakterien; Med., Biol.)

pe|ri|tu|bar ⟨zu ↑peri..., ↑Tube u. ↑...ar⟩: in der Umgebung der ↑Tube (3, 4) [liegend] (Med.)

pe|ri|tu|mo|ral ⟨zu ↑peri..., ↑Tumor u. ↑¹...al (1)⟩: in der Umgebung einer Geschwulst [liegend] (z. B. peritumorales Gewebe; Med.)

Pe|ri|tus *der;* -, ...ti ⟨aus *lat.* peritus „Sachverständiger" zu peritus „erfahren"⟩: theologischer Berater der Bischöfe auf dem 2. Vatikanischen Konzil (1962–65)

Pe|ri|ty|phli|tis *die;* -, ...itiden ⟨zu ↑peri... u. ↑Typhlitis⟩: Entzündung des Bauchfellüberzuges des Blinddarms u. Wurmfortsatzes (Med.). **pe|ri|ty|phli|tisch:** die Perityphlitis betreffend, von einer Perityphlitis ausgehend (z. B. von Abszessen, Med.)

pe|ri|ure|thral ⟨zu ↑peri... u. ↑urethral⟩: um die Harnröhre herum, in der Umgebung der Harnröhre liegend (z. B. von Abszessen, Drüsen u. ä.; Med.). **Pe|ri|ure|thri|tis** *die;* -, ...itiden: Entzündung der Harnröhrenumgebung (Med.)

pe|ri|vas|ku|lär [...v...] ⟨zu ↑peri... u. ↑vaskulär⟩: in der Umgebung der Blutgefäße, um die Blutgefäße herum [liegend] (Med.). **Pe|ri|vas|ku|li|tis** *die;* -, ...itiden ⟨zu ↑...itis⟩: Entzündung der bindegewebigen Weichteile, die die Gefäße (Arterien u. Venen) umgeben (Med.)

pe|ri|ve|nös [...v...] ⟨zu ↑peri... u. ↑venös⟩: in der Umgebung einer Vene lokalisiert (Med.)

Pe|ri|xe|ni|tis *die;* -, ...itiden ⟨zu ↑peri..., *gr.* xénos „fremd" u. ↑...itis⟩: entzündliche Reaktion des Gewebes auf einen eingedrungenen Fremdkörper (Med.)

Pe|ri|zy|kel *der;* -s, - ⟨über gleichbed. *nlat.* pericyclus aus *gr.* perikyklos „Umkreis"⟩: äußerste Zellschicht des Zentralzylinders der Wurzel (Bot.)

Per|jo|dat *das;* -[e]s, -e ⟨zu ↑²Per... u. ↑Jodat⟩: Salz der Perjodsäure (Chem.). **Per|jod|säu|re** *die;* -: die sauerstoffreichste Säure des Jods (farblose Kristalle; Chem.)

Per|ju|rant *der;* -en, -en ⟨aus *lat.* periurans, Gen. periurantis, Part. Präs. von periurare, vgl. perjurieren⟩: (veraltet) Meineidiger (Rechtsw.). **Per|ju|ra|ti|on** *die;* -, -en ⟨aus gleichbed. *lat.* periuratio⟩: (veraltet) Meineid (Rechtsw.). **per|ju|rie|ren** ⟨aus gleichbed. *lat.* periurare zu ↑per... u. iurare „schwören, einen Eid ablegen"⟩: (veraltet) einen Meineid schwören (Rechtsw.)

Per|kal *der;* -s, -e ⟨aus gleichbed. *fr.* percale, dies aus dem Pers.⟩: feinfädiger [bedruckter] Baumwollstoff in Leinwandbindung (Webart). **Per|ka|lin** *das;* -s, -e ⟨zu ↑...in (1)⟩: stark appretiertes Baumwollgewebe für Bucheinbände

Per|ko|lat *das;* -[e]s, -e ⟨aus *lat.* percolatum „das Durchgeseihte", substantiviertes Part. Perf. (Neutrum) von percolare, vgl. perkolieren⟩: durch Perkolation gewonnener Pflanzenauszug. **Per|ko|la|ti|on** *die;* -, -en ⟨aus *lat.* percolatio „das Durchseihen"⟩: Verfahren zur Gewinnung von Pflanzenauszügen aus gepulverten Pflanzenteilen durch Kaltextraktion. **Per|ko|la|tor** *der;* -s, ...oren ⟨zu ↑...or⟩: Apparat zur Herstellung von Pflanzenauszügen. **per|ko|lie|ren** ⟨aus *lat.* percolare „durchseihen, filtern"⟩: Pflanzenauszüge durch Perkolation gewinnen

Per|kon|ta|ti|on *die;* -, -en ⟨aus *lat.* percontatio „Frage, Erkundigung" zu percontare, vgl. perkontieren⟩: (veraltet) Erforschung, Erkundung, Nachforschung. **Per|kon|ta|tor** *der;* -s, ...oren ⟨aus *lat.* percontator „Ausfrager, Aushorcher"⟩: (veraltet) Erforscher, jmd., der etwas erkundet. **per|kon|tie|ren** ⟨aus *lat.* percontare „sich erkundigen"⟩: (veraltet) sich erkundigen, erforschen

Per|kus|si|on *die;* -, -en ⟨aus *lat.* percussio „das Schlagen"

zu percussum, substantiviertes Part. Perf. (Neutrum) von percutere, vgl. perkutieren〉: 1. Organuntersuchung durch Beklopfen der Körperoberfläche u. Deutung des Klopfschalles (Med.). 2. Zündung durch Stoß od. Schlag (z. B. beim Perkussionsgewehr im 19. Jh.). 3. Anschlagvorrichtung beim Harmonium, die bewirkt, daß zum klareren Toneinsatz zuerst Hämmerchen gegen die Zungen schlagen; vgl. Percussion. **Per|kus|si|ons|in|stru|ment** *das;* -es, -e: Schlaginstrument (Mus.). **Per|kus|si|ons|waf|fe** *die;* -, -n: Handfeuerwaffe mit Zündhütchenzündung (z. B. Perkussionsgewehr). **per|kus|siv** 〈zu ↑...iv〉: vorwiegend vom [außerhalb des melodischen u. tonalen Bereichs liegenden] Rhythmus geprägt, bestimmt; durch rhythmische Geräusche erzeugt, hervorgebracht (Mus.). **per|kus|so|risch** 〈aus *nlat.* percussorius〉: die Perkussion (1) betreffend, durch sie nachweisbar (Med.).

per|ku|tan 〈zu ↑ per... u. ↑ kutan〉: durch die Haut hindurch (z. B. bei der Anwendung einer Salbe; Med.)

per|ku|tie|ren 〈aus *lat.* percutere „schlagen, klopfen"〉: eine Perkussion (1) durchführen, Körperhohlräume zur Untersuchung abklopfen, beklopfen (Med.). **per|ku|to|risch** 〈aus *nlat.* percutorius〉: svw. perkussorisch

Per|lé [...'le:] *der;* -[s], -s 〈zu *fr.* perlé „mit Perlen besetzt", dies über perle „Perle" aus *vulgärlat.* *perla, weitere Herkunft ungeklärt〉: weicher, flauschartiger Mantelstoff mit perlartigen Flocken auf der rechten Seite

Per|lèche [...'lɛʃ] *die;* -, -s 〈aus gleichbed. *fr.* perlèche (Dialektform von pourlèche) zu pourlécher „ringsherum belecken"〉: Faulecke, Entzündung der Mundwinkel mit Rhagadenbildung (vgl. Rhagade; häufig bei Stoffwechselerkrankungen; Med.)

per|lin|gu|al 〈zu ↑ per... u. ↑ lingual〉: durch die Zungenschleimhaut wirkend (bezogen auf Arzneimittel, die von der Oberfläche der Zunge aus resorbiert werden; Med.)

Per|lit [auch ...'lɪt] *der;* -s, -e 〈zu *dt.* Perle u. ↑ ²...it〉: 1. Gefügebestandteil des Eisens (Gemenge von Ferrit und Zementit). 2. ein glasig erstarrtes Gestein. **per|li|tisch** [auch ...'lɪ...]: 1. aus Perlit (1) bestehend. 2. perlenartig (von der Struktur glasiger Gesteine)

Per|lo|ku|ti|on *die;* -, -en 〈zu ↑ per... u. ↑ Lokution〉: Sprechhandlung mit Wirkung auf den Kommunikationspartner (Sprachw.). **per|lo|ku|tio|när** 〈zu ↑...är〉: die Perlokution betreffend; -er Akt: Sprechakt im Hinblick auf die Konsequenzen der Aussage, der Sprechhandlung (z. B. die Wirkung auf die Gefühle, Gedanken u. Handlungen des Hörers, die der Äußerung als Plan, Absicht zugrunde liegt; Sprachw.); vgl. illokutionärer Akt, lokutionärer Akt. **per|lo|ku|tiv** 〈zu ↑...iv〉: svw. illokutorisch; -er [...və] Akt: svw. illokutionärer Akt

Per|lon Ⓦ *das;* -s 〈Kunstw.; Analogiebildung zu Nylon〉: sehr haltbare Kunstfaser

per|lu|die|ren 〈wohl über *vulgärlat.* *perludere zu ↑ per... u. *lat.* ludere „spielen; täuschen"〉: (veraltet) vortäuschen, vorspiegeln. **Per|lu|si|on** *die;* - 〈zu *vulgärlat.* perlusus, Part. Perf. von *perludere (vgl. perludieren) u. ↑ ¹...ion〉: (veraltet) Vortäuschung, Vorspiegelung. **per|lu|so|risch**: (veraltet) vorspiegelnd; scherzend

Per|lu|stra|ti|on *die;* -, -en 〈zu ↑ perlustrieren u. ↑...ation〉: (österr.) das Anhalten u. Durchsuchen [eines Verdächtigen] zur Feststellung der Identität o. ä.; vgl. ...[at]ion/...ierung. **per|lu|strie|ren** 〈aus *lat.* perlustrare „(prüfend) schauen"〉: (österr.) [einen Verdächtigen] anhalten u. genau durchsuchen; jmdn. zur Feststellung der Identität anhalten. **Per|lu|strie|rung** *die;* -, -en 〈zu ↑...ierung〉: (österr.) das Perlustrieren; vgl. ...[at]ion/...ierung

¹Perm *das;* -s 〈nach dem ehemaligen russ. Gouvernement Perm〉: die jüngste erdgeschichtliche Formation des ↑ Paläozoikums (umfaßt Rotliegendes u. Zechstein; Geol.)

²Perm *das;* -[s], - 〈Kurzform von ↑ permeabel〉: frühere Einheit für die spezifische Gasdurchlässigkeit fester Stoffe; Abk.: Pm

Per|ma|frost *der;* -[e]s 〈Kunstw. aus ↑ permanent u. *dt.* Frost〉: svw. Pergelisol. **Per|ma|kul|tur** *die;* - 〈Kurzw.; nach *engl.* permanent agriculture „dauerhafte Landwirtschaft"〉: eine Anbaumethode, deren Ziel es ist, nutzbare Ökosysteme zu schaffen, die sich selbst erhalten können

Per|mal|loy ['pə:mələɪ] *das;* -s 〈Kunstw.; aus gleichbed. *engl.* Permalloy〉: magnetisch sehr ansprechbare Nickel-Eisen-Legierung

per|ma|nent 〈über *fr.* permanent aus *lat.* permanens, Gen. permanentis, Part. Präs. von permanere, vgl. permanieren"〉: dauernd, anhaltend, ununterbrochen, ständig. **Per|ma|nent|pig|men|te** *die* (Plur.): bes. farbkräftige u. lichtbeständige, anorganische od. organische Pigmente zur Herstellung von Anstrich- u. Druckfarben. **per|ma|nent press** ['pə:mənənt –] 〈*engl.;* zu permanent „beständig" u. press „das Bügeln"〉: formbeständig, bügelfrei (Hinweis an Kleidungsstücken). **Per|ma|nent|weiß** [pɛrma...] *das;* -[e]s 〈zu ↑ permanent〉: svw. Barytweiß. **Per|ma|nenz** *die;* - 〈über gleichbed. *fr.* permanence aus *mlat.* permanentia〉: ununterbrochene, permanente Dauer, in -: ständig, ohne Unterbrechung. **Per|ma|nenz|ge|biet** *das;* -[e]s, -e: ein Areal, in dem eine bestimmte Tier- od. Pflanzenart nahezu ständig in hoher Besiedlungsdichte lebt (Ökologie). **Per|ma|nenz|theo|rie** *die;* -: Annahme, nach der Kontinente u. Ozeane während der Erdgeschichte eine der heutigen Verteilung weitgehend gleichende Anordnung hatten (Geol.).

Per|man|ga|nat *das;* -[e]s, -e 〈zu ↑ ²Per... u. ↑ Manganat〉: hauptsächlich als Oxydations- u. Desinfektionsmittel verwendetes, als wäßrige Lösung stark violett gefärbtes Salz der Übermangansäure. **Per|man|gan|säu|re** *die;* -, -n: Übermangansäure

per|ma|nie|ren 〈aus gleichbed. *lat.* permanere zu ↑ per... u. manere „bleiben"〉: (veraltet) fortdauern, ausharren

per|mea|bel 〈aus *spätlat.* permeabilis „gangbar"〉: durchdringbar, durchlässig. **Per|mea|bi|li|tät** *die;* - 〈zu ↑...ität〉: 1. Durchlässigkeit von Scheidewänden (Chem.). 2. im magnetischen Feld das Verhältnis B/H zwischen magnetischer Induktion (B) u. magnetischer Feldstärke (H). 3. Verhältnis der tatsächlich im Leckfall in die Schiffsräume eindringenden Wassermenge zum theoretischen Rauminhalt (Schiffsbau). **Per|mea|ti|on** *die;* -, -en 〈zu *lat.* permeare „durchgehen" u. ↑...ation〉: Bez. für das Hindurchdiffundieren eines gelösten Stoffs durch eine Membran od. eines Gases durch eine Materieschicht

per mil|le vgl. pro mille

per|misch 〈zu ↑ ¹Perm〉: das ¹Perm betreffend

Per|miß *der;* -misses, Permisse 〈aus gleichbed. *lat.* permissus zu permittere, vgl. permittieren〉: (veraltet) Erlaubnis, Erlaubnisschein. **Per|mis|si|on** *die;* -, -en 〈aus gleichbed. *lat.* permissio〉: (veraltet) Erlaubnis. **per|mis|siv** 〈zu *lat.* permissus, Part. Perf. von permittere (vgl. permittieren), u. ↑ ...iv〉: die Einhaltung bestimmter Verhaltensnormen nur locker kontrollierend, in nicht ↑ autoritärer (2 b) Weise gewähren lassend, z. B. -er Führungsstil (Soziol.). **Per|mis|siv** *der;* -s, -e [...və]: modale Verbform zur Bez. der Zulässigkeit einer Handlung (Sprachw.). **Per|mis|si|vi|tät** [...v...] *die;* - 〈zu ↑...ität〉: das freie, permissive Gewährenlassen (Soziol.).

per|mis|zi|bel 〈zu *lat.* permiscus, Part. Perf. von permiscere

(vgl. permiszieren), u. ↑...ibel⟩: (veraltet) vermischbar.
per|mis|zie|ren ⟨aus gleichbed. *lat.* permiscere⟩: (veraltet) vermengen, vermischen
Per|mit ['pə:mɪt] *das;* -s, -s ⟨aus *engl.* permit⟩: engl. Bez. für Erlaubnis, Erlaubnisschein. **per|mit|tie|ren** [pɛr...] ⟨aus gleichbed. *lat.* permittere⟩: (veraltet) erlauben, zulassen
Per|mo|kar|bon *das;* -s ⟨zu ↑¹Perm u. ↑Karbon⟩: die als Einheit gesehenen geologischen Zeiten ↑¹Perm u. ↑Karbon
Per|mo|ti|on *die;* -, -en ⟨aus gleichbed. *lat.* permotio zu permovere, vgl. permovieren⟩: (veraltet) Bewegung, Erregung, Rührung
Per|mo|tri|as *die;* - ⟨zu ↑¹Perm u. ↑Trias⟩: die als Einheit gesehenen geologischen Zeiten ↑¹Perm u. ↑Trias
per|mo|vie|ren [...v...] ⟨aus gleichbed. *lat.* permovere⟩: (veraltet) bewegen, veranlassen, rühren
per|mu|ta|bel ⟨aus *lat.* permutabilis „veränderlich" zu permutare, vgl. permutieren⟩: aus-, vertauschbar (Math.).
Per|mu|ta|ti|on *die;* -, -en ⟨aus *lat.* permutatio, eigtl. „die Veränderung"⟩: 1. Vertauschung, Umstellung. 2. Umstellung in der Reihenfolge bei einer Zusammenstellung einer bestimmten Anzahl geordneter Größen, Elemente (Math.). 3. Umstellung aufeinander folgender sprachlicher Elemente einer ↑linearen Redekette bei Wahrung der Funktion dieser Elemente; Umstellprobe, Verschiebeprobe (Sprachw.). **per|mu|tie|ren** ⟨aus gleichbed. *lat.* permutare, eigtl. „völlig verändern"⟩: 1. vertauschen, umstellen. 2. die Reihenfolge in einer Zusammenstellung einer bestimmten Anzahl geordneter Größen, Elemente ändern (Math.). 3. eine Permutation (3), Umstellprobe vornehmen (Sprachw.). **Per|mu|tit** [auch ...'tɪt] *das;* -s, -e ⟨zu ↑²...it⟩: Ionenaustauscher vom Typ der ↑Zeolithe, der zur Wasserenthärtung dient (Chem.)
Per|nam|buk|holz *das;* -es ⟨nach dem bras. Bundesstaat Pernambuco⟩: svw. Brasilienholz
per|na|sal ⟨zu ↑per... u. ↑nasal⟩: durch die Nase (z. B. von der Anwendung eines Arzneimittels; Med.)
per ne|fas ⟨*lat.;* vgl. Nefas⟩: (veraltet) auf widerrechtliche Weise; vgl. Fas, Nefas u. per fas et nefas
per|ne|gie|ren ⟨aus gleichbed. *lat.* pernegare⟩: (veraltet) vollkommen verneinen, rundweg abschlagen
Per|nio *der;* -, Plur. ...iones [...ne:s] u. ...ionen (meist Plur.) ⟨aus gleichbed. *lat.* pernio⟩: Frostbeule (Med.). **Per|nio|se** *die;* -, ...sen ⟨zu ↑¹...ose⟩: 1. das Auftreten von Frostbeulen. 2. auf Gewebsschädigung durch Kälte beruhende Hautkrankheit, Frostschäden der Haut (Med.). **Per|niosis** *die;* -, ...sen ⟨aus *nlat.* perniosis⟩: svw. Perniose
per|ni|zi|ös ⟨über gleichbed. *fr.* pernicieux aus *lat.* perniciosus zu pernicies „das Verderben"; vgl. ...ös⟩: bösartig, unheilbar (Med.); -e Anämie: schwere Blutkrankheit, die durch den Mangel an einem in der Magenwand produzierten Enzym hervorgerufen wird (Med.)
Per|no *der;* -[s], -s ⟨aus *it.* perno „Zapfen, Stift"⟩: Stachel (Fußzapfen) des Violoncellos
Per|nod Ⓦ [...'no:] *der;* -[s], -[s] ⟨nach dem franz. Fabrikanten H.-L. Pernod⟩: aus echtem Wermut, Anis u. anderen Kräutern hergestelltes alkoholisches Getränk
Pe|ro|bra|chie [...x...] *die;* -, ...ien ⟨zu *gr.* pērós „an einem Glied gelähmt, verstümmelt", ↑Brachium u. ↑²...ie⟩: angeborene stummelartige Verkürzung der oberen Extremitäten (Med.). **Pe|ro|chi|rie** [...ç...] *die;* -, ...ien ⟨zu *gr.* cheír „Hand" u. ↑²...ie⟩: angeborene stummelartige Ausbildung der Hände (Med.). **Pe|ro|me|lie** *die;* , ...ien ⟨zu *gr.* mélos „Glied" u. ↑²...ie⟩: angeborene stummelartige Verkürzung der Gliedmaßen (Med.)

Pe|ro|na|tris *die;* - ⟨aus gleichbed. *gr.* peronãtrís⟩: ärmelloses, auf den Schultern gefibeltes Übergewand der hellenistischen Frauentracht
Pe|ro|nis|mus *der;* - ⟨nach dem argentinischen Staatspräsidenten Perón (1895–1974) u. zu ↑...ismus (1)⟩: Bewegung mit politisch-sozialen [u. diktatorischen] Zielen in Argentinien. **Pe|ro|nist** *der;* -en, -en ⟨zu ↑...ist⟩: Anhänger Peróns. **pe|ro|nis|tisch** ⟨zu ↑...istisch⟩: den Peronismus betreffend, auf ihm beruhend, in der Art des Peronismus
Pe|ro|no|spo|ra *die;* - ⟨zu *gr.* perónē „Stachel" u. sporá „Zeugung", eigtl. „das Säen", dies zu speírein „säen"⟩: Pflanzenkrankheiten hervorrufende Gattung von Algenpilzen
per|oral ⟨zu ↑per... u. ↑oral⟩: durch den Mund, über den Verdauungsweg (z. B. von der Anwendung eines Arzneimittels; Med.); vgl. per os.
Per|ora|ti|on *die;* -, -en ⟨nach *lat.* peroratio „Schluß(rede)" zu perorare, vgl. perorieren⟩: (veraltet) 1. mit bes. Nachdruck vorgetragene Rede. 2. zusammenfassender Schluß einer Rede. **per|orie|ren** ⟨nach *lat.* perorare „(eine Rede) beenden"⟩: (veraltet) 1. laut u. mit Nachdruck sprechen. 2. eine Rede zum Ende bringen
per os ⟨*lat.*⟩: durch den Mund (Anweisung für die Form der Einnahme von Medikamenten; Med.); vgl. peroral
Pe|row|skit [auch ...'ɪt] *der;* -s, -e ⟨nach dem russ. Politiker Graf L. A. Perowskij (1792–1856) u. zu ↑²...it⟩: ein schwarzes, seltener rötliches od. braungelbes, durchscheinendes bis undurchsichtiges, diamantähnliches bis metallisch glänzendes Mineral
Per|oxyd u. Superoxyd, chem. fachspr. Peroxid u. Superoxid *das;* -[e]s, -e ⟨zu ↑²Per... bzw. ↑super... u. ↑Oxyd⟩: sauerstoffreiche chemische Verbindung. **Per|oxy|da|se,** chem. fachspr. Peroxidase *die;* -, -n ⟨zu ↑...ase⟩: Enzym, das die Spaltung von Peroxyden beschleunigt
per pe|des [– 'pe:de:s] ⟨*lat.*⟩: (ugs. scherzh.) zu Fuß. **per pe|des apo|sto|lo|rum** ⟨*lat.*⟩: (scherzh.) zu Fuß (wie die Apostel)
per|pen|die|ren ⟨aus gleichbed. *lat.* perpendere⟩: (veraltet) genau abwägen, untersuchen. **Per|pen|di|kel** [auch ...'dɪkl] *das* od. *der;* -s, - ⟨aus *lat.* perpendiculum „Richtblei, Senkblei" zu perpendere, vgl. perpendieren⟩: 1. Uhrpendel. 2. durch Vorder- u. Hintersteven gehende gedachte Senkrechte, deren Abstand voneinander die Länge des Schiffes angibt. **per|pen|di|ku|lar** u. **per|pen|di|ku|lär** ⟨aus gleichbed. *lat.* perpendicularis; vgl. ...ar u. ...är⟩: senkrecht, lotrecht. **Per|pen|di|ku|la|ri|tät** *die;* - ⟨zu ↑...ität⟩: (veraltet) lotrechte, senkrechte Lage. **Per|pen|di|ku|lar|stil** *der;* -[e]s: durch das Vorherrschen der senkrechten Linien gekennzeichneter Baustil der engl. Spätgotik (14.–16. Jh.)
per|pe|trie|ren ⟨aus *lat.* perpetrare, eigtl. „durchsetzen"⟩: (veraltet) ausüben; begehen, verüben
Per|pe|tu|als [pə'pɛtʃʊəlz] *die* (Plur.) ⟨aus *engl.* perpetual „immerwährend, ununterbrochen, unkündbar", dies aus *(mittel)fr.* perpétuel, vgl. perpetuell⟩: Schuldverschreibungen ohne Laufzeitbegrenzung (Börsenw.). **per|pe|tu|ell** [pɛr...] ⟨über *fr.* perpétuel aus gleichbed. *lat.* perpetualis⟩: (veraltet) beständig, fortwährend. **per|pe|tu|ie|ren** ⟨aus gleichbed. *lat.* perpetuare zu perpetuus „fortwährend, ewig"⟩: ständig [in gleicher Weise] fortfahren, weitermachen; fortdauern. **per|pe|tu|ier|lich:** svw. perpetuell. **Per|pe|tui|tät** *die;* - ⟨aus *lat.* perpetuitas, Gen. perpetuitatis „Fortdauer, Stetigkeit"⟩: (veraltet) ununterbrochene (Fort)dauer, Beständigkeit. **Per|pe|tu|um mo|bi|le** *das;* - -, Plur. - -[s] u. ...tua ...bilia ⟨aus *lat.* perpetuum mobile „das sich ständig Bewegende"⟩: 1. a) nach den physik. Geset-

zen nicht mögliche Maschine, die ohne Energieverbrauch dauernd Arbeit leistet; b) nach den physik. Gesetzen nicht mögliche Maschine, die nur durch Abkühlung eines Wärmebehälters mechanische Energie gewinnt, ohne daß in den beteiligten Körpern bleibende Veränderungen vor sich gehen; c) nach den physik. Gesetzen nicht mögliche Maschine, mit der durch einen endlichen Prozeß der absolute Nullpunkt erreicht werden kann. 2. von Anfang bis Ende in gleichmäßig rascher Bewegung verlaufendes virtuoses Instrumentalstück (Mus.)

per|plex ⟨wohl über *fr.* perplexe aus *lat.* perplexus „verschlungen, verworren"⟩: (ugs.) verwirrt, verblüfft, überrascht, bestürzt, betroffen. Per|ple|xi|tät *die;* -, -en ⟨aus gleichbed. *spätlat.* perplexitas, Gen. perplexitatis⟩: Bestürzung, Verwirrung, Verlegenheit, Ratlosigkeit

per pri|mam in|ten|ti|o|nem ⟨*lat.;* „nach erster Anstrengung"⟩: unkompliziert, störungsfrei, glatt verlaufend (von Wundheilungen; Med.)

per pro|cu|ra [– ...'ku:ra] ⟨*it.;* vgl. Prokura⟩: in Vollmacht; Abk.: pp., ppa.; vgl. Prokura

per rec|tum [– 'rɛk...] ⟨*lat.;* vgl. Rektum⟩: durch den Mastdarm (von der Anwendung eines Medikaments, z. B. eines Zäpfchens; Med.); vgl. Rektum

Per|rhe|nat *das;* -[e]s, -e (meist Plur.) ⟨zu ↑²Per..., ↑Rhenium u. ↑...at (2)⟩: Salz od. Ester der Perrheniumsäure (Chem.). Per|rhe|ni|um|säu|re *die;* -, -n: anorganische Säure mit siebenwertigem ↑Rhenium als säurebildendem Element (Chem.)

Per|ron [pɛ'rõː, auch pɛ'rɔŋ, österr. pɛ'roːn] *der;* -s, -s ⟨aus *fr.* perron „Freitreppe", dies über *altfr.* perron „großer Stein" zu *lat.* petra „Stein", dies aus *gr.* pétra⟩: 1. (veraltet, aber noch schweiz.) Bahnsteig. 2. (veraltet) Plattform der Straßenbahn

per sal|do ⟨*it.;* vgl. Saldo⟩: (Kaufmannsspr.) auf Grund des ↑Saldos; als Rest zum Ausgleich (auf einem Konto)

per se ⟨*lat.;* eigtl. „durch sich (selbst)"⟩: an sich, von selbst

per se|cun|dam in|ten|ti|o|nem [– ze'kʊn... –] ⟨*lat.;* „nach zweiter Anstrengung"⟩: unter ↑ Komplikationen (Entzündung, Eiterung) verlaufend, verzögert (von der Wundheilung; Med.)

Per|sei|den *die* (Plur.) ⟨zu *gr.* Perseús (in der griech. Sage Sohn des Zeus u. der Danae) u. ↑...ide, da der Meteorschwarm vom Sternbild des Perseus auszugehen scheint⟩: regelmäßig in der ersten Augusthälfte zu beobachtender Meteorstrom

Per|sei|tät [...zei...] *die;* - ⟨zu ↑ per se u. ↑...ität⟩: das Durch-sich-selbst-Sein, das nur von sich abhängt (Aussage der Scholastiker über die erste Ursache, die Substanz od. Gott; Philos.)

per|se|ku|tie|ren ⟨nach *fr.* persécuter aus gleichbed. *lat.* persequi⟩: (veraltet) verfolgen, (gerichtlich) belangen. Per|se|ku|ti|on *die;* -, -en ⟨aus gleichbed. *lat.* persecutio zu persequi „verfolgen"⟩: (veraltet) Verfolgung, bes. Christenverfolgung. Per|se|ku|ti|ons|de|li|ri|um *das;* -s, ...rien [...iən]: Verfolgungswahn (Med.)

Per|sen|ning u. Presenning *die;* -, Plur. -e[n] u. -s ⟨aus gleichbed. *niederl.* presenning, dies über älter *fr.* préceinte „Umhüllung", dies (unter Einfluß von *lat.* praecingere „mit etw. umgeben") zu *altfr.* proceindre „rund einschließen"⟩: 1. (ohne Plur.) starkfädiges, wasserdichtes Gewebe für Segel, Zelte u. a. 2. Schutzbezug aus wasserdichtem Segeltuch

Per|se|ve|ranz [...v...] *die;* - ⟨aus gleichbed. *lat.* perseverantia zu perseverare, vgl. perseverieren⟩: Ausdauer, Beharrlichkeit. Per|se|ve|ra|ti|on *die;* -, -en ⟨aus *spätlat.* per-

severatio „das Beharren, Ausdauer"⟩: 1. Tendenz seelischer Erlebnisse u. Inhalte, im Bewußtsein zu verharren (Pychol.). 2. krankhaftes Verweilen bei ein u. demselben Denkinhalt; Hängenbleiben an einem Gedanken od. einer sprachlichen Äußerung ohne Rücksicht auf den Fortgang des Gesprächs (Med., Psychol.). per|se|ve|rie|ren ⟨aus gleichbed. *lat.* perseverare⟩: 1. bei etwas beharren; etwas ständig wiederholen. 2. hartnäckig immer wieder auftauchen (von Gedanken, Redewendungen, Melodien; Psychol.)

Per|sia|ner *der;* -s, - ⟨zu Persien (ursprüngliches Herkunftsland war Persien) u. ↑...aner⟩: a) Fell der [3–14 Tage alten] Lämmer des Karakulschafes; b) aus diesen Fellen gearbeiteter Pelz. Per|sienne [pɛr'siɛn] *die;* -, -n [...nən] ⟨aus gleichbed. *fr.* persienne, eigtl. „die Persische"⟩: (veraltet) Fensterladen mit schrägen, feststehenden Brettchen

Per|si|fla|ge [...ʒə] *die;* -, -n ⟨aus gleichbed. *fr.* persiflage zu persifler, vgl. persiflieren⟩: feine, geistreiche Verspottung durch übertreibende od. ironisierende Darstellung bzw. Nachahmung. per|si|flie|ren ⟨aus gleichbed. *fr.* persifler, latinisierende Bildung zu siffler „(aus)pfeifen", dies über *spätlat.* sifilare aus *lat.* sibilare „zischen"⟩: durch Persiflage auf geistreiche Art verspotten

Per|si|ko *der;* -s, -s ⟨aus gleichbed. *fr.* persicot, dies über *vulgärlat.* persicus „Pfirsich" aus *lat.* Persicus, eigtl. „der Persische"⟩: a) Likör aus Pfirsich- od. Bittermandelkernen; b) Likör aus Pfirsichsaft

Per|si|mo|ne *die;* -, -n ⟨aus gleichbed. *engl.* persimmon, dies aus dem Algonkin (einer nordamerik. Indianersprache)⟩: eßbare Frucht einer nordamerik. Dattelpflaumenart

Per|si|pan [auch 'pɛr...] *das;* -s, -e ⟨Kunstw. aus *lat.* Persicus (vgl. Persiko) u. ↑Marzipan⟩: mit Hilfe von Pfirsich- od. Aprikosenkernen bereiteter Marzipanersatz

per|si|stent ⟨aus gleichbed. *lat.* persistens, Gen. persistentis, Part. Präs. von persistere, vgl. persistieren⟩: anhaltend, dauernd, hartnäckig (Med., Biol.). Per|si|stenz *die;* -, -en ⟨zu ↑...enz⟩: 1. (veraltet) Beharrlichkeit, Ausdauer; Eigensinn. 2. das Bestehenbleiben eines Zustandes über längere Zeiträume (Med., Biol.). Per|si|stenz|quo|te *die;* -: prozentualer Anteil der erhalten gebliebenen Keime bzw. des nach einer bestimmten Zeit im Organismus noch vorhandenen Arzneimittels (Med.). per|si|stie|ren ⟨aus gleichbed. *lat.* persistere⟩: 1. (veraltet) auf etwas beharren, bestehen. 2. bestehenbleiben, fortdauern (von krankhaften Zuständen; Med.). Per|si|stor *der;* -s, ...oren ⟨aus gleichbed. *engl.* persistor zu to persist „bestehen (bleiben)", dies über (älter) *fr.* persister aus *lat.* persistere, vgl. persistieren⟩: Tiefsttemperaturspeicherelement mit kurzer Schaltzeit, hoher Bitdichte u. geringem Energieverbrauch (EDV)

per|sol|vie|ren [...v...] ⟨aus *lat.* persolvere „(be)zahlen"⟩: 1. eine Schuld völlig bezahlen (Wirtsch.). 2. (veraltet) Gebete sprechen; eine ¹Messe (1) lesen

Per|son *die;* -, -en ⟨aus gleichbed. *lat.* persona, eigtl. „Maske des Schauspielers; Rolle, die durch die Maske dargestellt wird", wohl aus dem Etrusk.⟩: 1. a) Mensch, menschliches Wesen; b) Mensch als individuelles geistiges Wesen, in seiner spezifischen Eigenart als Träger eines einheitlichen, bewußten Ichs; c) Mensch hinsichtlich seiner äußeren Eigenschaften. 2. Figur in einem Drama, Film o. ä. 3. Frau, junges Mädchen, z. B. eine hübsche -. 4. a) Mensch im Gefüge rechtlicher u. staatlicher Ordnung, als Träger von Rechten u. Pflichten; b) svw. juristische Person (Rechtsw.). 5. (ohne Plur.) Träger eines durch ein Verb gekennzeichneten Geschehens (z. B. *ich gehe;* Sprachw.); vgl. Personalform. Per|so|na|ge [...ʒə] *die;* -, -n ⟨zu

Persona grata

↑...age〉: svw. Personnage. **Per|so|na gra|ta** *die;* - - 〈aus *lat.* persona grata „willkommener Mensch"〉: 1. willkommener, gern gesehener Mensch. 2. Angehöriger des diplomatischen Dienstes, gegen dessen Aufenthalt in einem fremden Staat von seiten der Regierung dieses Staates keine Einwände erhoben werden. **Per|so|na gra|tis|si|ma** *die;* - - 〈aus gleichbed. *lat.* persona gratissima〉: sehr willkommener, gern gesehener Mensch. **Per|so|na in|gra|ta** *die;* - - 〈aus *lat.* persona ingrata „unwillkommener Mensch"〉: Angehöriger des diplomatischen Dienstes, dessen [vorher genehmigter] Aufenthalt in einem fremden Staat von der Regierung des betreffenden Staates nicht [mehr] gewünscht wird. **per|so|nal** 〈aus *spätlat.* personalis „persönlich" zu *lat.* persona, vgl. Person〉: die Person (1), den Einzelmenschen betreffend; von einer Einzelperson ausgehend; z. B. die -e Autorität eines Lehrers; vgl. personell; vgl. ...al/...ell. **Per|so|nal** *das;* -s 〈aus *mlat.* personale „Dienerschaft, Hausangestellte", substantiviertes Neutrum Sing. von personalis, dies aus *spätlat.* personalis, vgl. personal〉: 1. Gesamtheit der Hausangestellten. 2. Gesamtheit der Angestellten, Beschäftigten in einem Betrieb o. ä., Belegschaft. **Per|so|nal|ak|te** *die;* -, -n (meist Plur.): Schriftstück mit persönlichen Angaben über einen Angestellten, Beschäftigten. **Per|so|nal|bi|blio|gra|phie** *die;* -, -n [...i:ən]: 1. Zusammenstellung der Werke eines Autors u. der dazu erschienenen Sekundärliteratur. 2. nach Verfassernamen geordnete Bibliographie (Buchw.). **Per|so|nal|bü|ro** *das;* -s, -s: das für Personalangelegenheiten zuständige ↑Büro einer Firma, Behörde o. ä. **Per|so|nal|chef** *der;* -s, -s: Leiter eines Personalbüros. **Per|so|nal|com|pu|ter** *der;* -s, - 〈Lehnübersetzung aus *engl.* personal computer „persönlicher, personenbezogener Computer"〉: universell einsetzbarer [Mikro]computer, der nur geringen Platz beansprucht, mit großem Datenspeicher, ausgeprägter Menütechnik (vgl. Menü 2), zahlreichen Möglichkeiten, periphere Geräte (Drucker usw.) anzuschließen, u. mit benutzerfreundlichen Anwenderprogrammen (z. B. Windows) ausgestattet u. dadurch leicht handhabbar ist; Abk.: PC. **Per|so|na|le** *das;* -s, Plur. ...lia u. ...lien [...ən] 〈aus gleichbed. *spätlat.* (verbum) personale〉: 1. a) persönliches Verb, das in allen drei Personen (5) gebraucht wird; b) Personalpronomen (Sprachw.); Ggs. ↑Impersonale. 2. (veraltet) Personalie (1 a). **Per|so|nal|fo|li|um** *das;* -, ...lien [...ən] 〈zu ↑personal〉: Grundbuchblatt, das sämtliche Grundstücke eines Eigentümers erfaßt (Rechtsw.); Ggs. ↑Realfolium. **Per|so|nal|form** *die;* -, -en: ↑finite Form, Form des Verbs, die die Person (5) kennzeichnet (z. B. er *geht;* Sprachw.). **Per|so|na|lie** [...ə] *die;* -, -n 〈aus *spätlat.* personalia „persönliche Dinge", substantiviertes Neutrum Plur. von personalis, vgl. personal〉: 1. (nur Plur.) a) Angaben zur Person (wie Name, Lebensdaten usw.); b) [Ausweis]papiere, die Angaben zur Person enthalten. 2. Einzelheit, die jmds. persönliche Verhältnisse betrifft. **Per|so|nal|in|for|ma|ti|ons|sy|stem** *das;* -s, -e 〈zu ↑Personal〉: Informations- u. Verwaltungssystem für die Bewältigung personalwirtschaftlicher Aufgaben im betrieblichen od. öffentlichen Bereich (EDV); Abk.: PIS. **Per|so|nal|in|spi|ra|ti|on** *die;* - 〈zu ↑personal〉: Einwirkung des Heiligen Geistes auf das persönliche bestimmte Glaubenszeugnis der Verfasser biblischer Schriften (theologische Lehre); vgl. Realinspiration, Verbalinspiration. **per|so|nal|in|ten|siv** 〈zu ↑Personal〉: viele Arbeitskräfte erfordernd (Wirtsch.). **Per|so|na|li|sa|ti|on** *die;* -, -en 〈zu ↑personal u. ↑...isation〉: Vorgang der Persönlichkeitsbildung (Psychol.). **per|so|na|li|sie|ren** 〈zu ↑...isieren〉: auf Einzelpersonen ausrichten. **Per|so|na|lis|mus** *der;* - 〈zu ↑...ismus (1)〉: 1. im philosophisch-theologischen Sprachgebrauch der Glaube an einen persönlichen Gott. 2. a) philos. Lehre von der Vervollkommnung der Persönlichkeit als höchstem sittlichem Ziel (Kant, Fichte); b) den Menschen nicht primär als denkendes, sondern als handelndes, wertendes, praktisches Wesen betrachtende moderne philos. Richtung (etwa seit Nietzsche). 3. psychologische Lehre, die das Verhältnis des Ichs zum Gegenstand betont u. den Personenbegriff in den Mittelpunkt stellt (W. Stern). **Per|so|na|list** *der;* -en, -en 〈zu ↑...ist〉: Vertreter des Personalismus (2 b u. 3). **per|so|na|li|stisch** 〈zu ↑...istisch〉: den Personalismus (2 b u. 3) betreffend. **Per|so|na|li|tät** *die;* -, -en 〈zu ↑...ität〉: die Persönlichkeit, das Ganze der das Wesen einer Person ausmachenden Eigenschaften. **Per|so|na|li|täts|prin|zip** *das;* -s: Grundsatz des internationalen Strafrechts, bestimmte Straftaten nach den im Heimatrecht des Täters gültigen Gesetzen abzuurteilen (Rechtsw.); Ggs. ↑Territorialitätsprinzip. **per|so|na|li|ter** 〈*lat.*〉: in Person, persönlich, selbst. **Per|so|na|li|ty-Show** [pəːsəˈnælɪtiˈʃoʊ] *die;* -, -s 〈zu *engl.* personality „Persönlichkeit" u. show, vgl. Show〉: Show, Unterhaltungssendung im Fernsehen, die von der Persönlichkeit eines Künstlers getragen wird u. in der dessen Fähigkeiten [u. bes. dessen Vielseitigkeit] demonstriert werden. **Per|so|nal|kre|dit** [pɛr...] *der;* -[e]s, -e 〈zu ↑personal〉: Kredit, der ohne Sicherung im Vertrauen auf die Fähigkeit des Schuldners zur Rückzahlung gewährt wird (Wirtsch.); Ggs. ↑Realkredit. **Per|so|nal|lea|sing** [...liːsɪŋ] *das;* -s, -s 〈zu ↑Personal〉: das Zurverfügungstellen von Arbeitnehmern an einen anderen Arbeitgeber zur befristeten Arbeitsleistung, bes. in Form von Zeitarbeit (Wirtsch.). **Per|so|nal|po|li|tik** *die;* -: Überlegungen u. Maßnahmen im Bereich der das Personal (2) betreffenden Angelegenheiten (Wirtsch.). **Per|so|nal|pro|no|men** *das;* -s, Plur. - u. ...mina 〈zu ↑personal〉: persönliches Fürwort (z. B. *er, wir;* Sprachw.). **Per|so|nal|rat** *der;* -[e]s, ...räte 〈zu ↑Personal〉: Organ (3) der Personalvertretung (im Bereich des öffentlichen Dienstes die Vertretung der Beamten, Angestellten, Arbeiter sowie Richter). **Per|so|nal|sta|tut** *das;* -[e]s, -en 〈zu ↑personal〉: die Rechtsordnung, die für alle persönlichen Rechtsverhältnisse eines Menschen od. einer juristischen Person maßgebend ist (Rechtsw.). **Per|so|nal|uni|on** *die;* -: 1. Vereinigung von Ämtern in der Hand einer Person. 2. früher die [durch Erbfolge bedingte] zufällige Vereinigung selbständiger Staaten unter einem Monarchen. **Per|so|na non gra|ta** *die;* - - - 〈aus *lat.* persona non grata „unwillkommener Mensch"〉: 1. nicht gern gesehener Mensch. 2. svw. Persona ingrata. **Per|so|nal|ri|um** *das;* -s, ...ien [...ən] 〈zu ↑Person u. ↑...arium, wohl Analogiebildung zu ↑Szenarium〉: a) Gesamtheit der auf einem Programmzettel aufgeführten Personen; b) Gesamtheit der bei einem Theaterstück mitwirkenden Personen. **per|so|nell** 〈aus gleichbed. *fr.* personnel, dies aus *spätlat.* personalis, vgl. personal〉: 1. das Personal, die Gesamtheit der Angestellten, Beschäftigten in einem Betrieb o. ä. betreffend. 2. die Person (1) betreffend; vgl. personal; vgl. ...al/...ell. **Per|so|nen|ki|lo|me|ter** *der;* -s, - 〈zu ↑Person〉: Rechnungseinheit im Personenverkehr, definiert als Produkt aus der Anzahl der beförderten Personen u. der zurückgelegten Strecke (Verkehrsw.). **Per|so|nen|kult** *der;* -[e]s, -e (Plur. selten): (abwertend) a) übertriebene persönliche Verehrung einer politischen Führungspersönlichkeit; b) starke Überbewertung, Überbetonung der Führungsrolle der Einzelpersönlichkeit in Politik u. Gesellschaft. **Per|so|ni|fi|ka|ti|on** *die;* -, -en 〈aus gleichbed. *fr.* personnification zu personnifier, vgl. personifizieren): Vermenschlichung von Göttern, Begriffen od. leblosen Dingen (z. B. die Sonne *lacht*); vgl. ...[at]ion/...ierung. **per|so|ni|fi|zie|ren** ⟨nach gleichbed. *fr.* personnifier zu personne „Mensch", dies aus *lat.* persona (vgl. Person); vgl. ...fizieren⟩: 1. vermenschlichen; in Gestalt einer menschlichen Person darstellen. 2. verkörpern, als Symbol für etw. dienen. **Per|so|ni|fi|zierung** *die;* -, -en ⟨zu ↑...fizierung⟩: das Personifizieren; vgl. ...[at]ion/...ierung. **Per|son|nage** [pɛrsɔˈnaːʒ] *die;* -, -n [...ʒn̩] ⟨nach *fr.* personnage „Persönlichkeit"; vgl. ...age⟩: die Gesamtheit der Gestalten in einem Roman, Theaterstück, Hörspiel, Ballett u. a. **Per|so|noi|de** *der;* -n, -n ⟨zu ↑ Person u. ↑...oide⟩: Vorform der Person bei noch fehlender Ausbildung der einheitstiftenden Ichfunktion (besonders beim Kleinkind; Psychol.).

Per|sorp|ti|on *die;* -, -en ⟨aus gleichbed. *nlat.* persorptio zu *lat.* persorbere „einschlürfen"⟩: Durchtritt unverdauter, ungelöster, kleinster Nahrungspartikel durch die Epithelschicht des Darms in den Blut- bzw. Lymphkreislauf (Med.).

per|spek|tiv ⟨aus *mlat.* perspectivus „durchblickend", vgl. Perspektive⟩: svw. perspektivisch; vgl. ...isch/-. **Per|spektiv** *das;* -s, -e [...və] ⟨aus *mlat.* perspectivum, eigtl. „das Durchblick Gewährende", Neutrum von perspectivus, vgl. perspektiv⟩: kleines Fernrohr aus mehreren ineinanderschiebbaren Rohrstücken. **Per|spek|ti|ve** [...və] *die;* -, -n ⟨aus *mlat.* (ars) perspectiva, eigtl. „durchblickend(e Kunst)", Fem. von perspectivus „durchblickend", dies zu *lat.* perspectus, Part. Perf. von perspicere „mit dem Blick durchdringen, deutlich sehen", Bed. 1 b unter Einfluß von gleichbed. *russ.* perspektiva⟩: 1. a) Betrachtungsweise, -möglichkeit von einem bestimmten Standpunkt aus; Sicht, Blickwinkel; b) Aussicht für die Zukunft; Erwartung im Hinblick auf eine künftige persönliche, wirtschaftliche, gesellschaftliche u. ä. Entwicklung. 2. dem Augenschein entsprechende ebene Darstellung räumlicher Verhältnisse u. Gegenstände. **per|spek|ti|visch** [...v...]: 1. die Perspektive (1 b) betreffend; in die Zukunft gerichtet, planend. 2. die Perspektive (2) betreffend, ihren Regeln entsprechend; vgl. ...isch/-. **Per|spek|ti|vis|mus** *der;* - ⟨zu ↑...ismus (2)⟩: Betrachtung der Welt unter bestimmten Gesichtspunkten (Leibniz, Nietzsche). **Per|spek|ti|vi|tät** *die;* - ⟨zu ↑...ität⟩: besondere projektive Abbildung, bei der alle Geraden eines Punktes zu seinem Bildpunkt durch einen festen Punkt gehen (Math.). **Per|spek|to|graph** *der;* -en, -en ⟨zu *lat.* perspectus (vgl. Perspektive) u. ↑...graph⟩: Zeichengerät, mit dem man ein perspektivisches Bild als Grund- u. Aufriß eines Gegenstandes mechanisch zeichnen kann. **per|spi|ka|bel** ⟨aus *lat.* perspicabilis „sehenswert"⟩: (veraltet) erkennbar. **Per|spi|ka|zi|tät** *die;* - ⟨aus gleichbed. *lat.* perspicacitas, Gen. perspicacitatis⟩: (veraltet) Scharfsinn, Scharfblick. **Per|spi|kui|tät** [...kui...] *die;* - ⟨aus gleichbed. *lat.* perspicuitas, Gen. perspicuitatis zu perspicuus „durchsichtig"⟩: (veraltet) Durchsichtigkeit; Deutlichkeit, Klarheit

Per|spi|ra|ti|on *die;* - ⟨zu *lat.* perspirare (vgl. perspirieren) u. ↑...ation⟩: Hautatmung (Med.). **per|spi|ra|to|risch** ⟨aus *nlat.* perspiratorius⟩: die Perspiration betreffend; auf dem Wege der Hautatmung [abgesondert] (Med.). **per|spi|rieren** ⟨aus *lat.* perspirare „überall atmen"⟩: ausatmen, ausdünsten (Med.).

per|strin|gie|ren ⟨aus *lat.* perstringere „fest zusammenziehen, -schnüren"⟩: (veraltet) durchziehen, durchhecheln; tadeln

per|sua|die|ren ⟨aus gleichbed. *lat.* persuadere⟩: überreden. **per|sua|si|bel** ⟨aus *lat.* persuasibilis „leicht überzeugend" zu persuasus, Part. Perf. von persuadere, vgl. persuadieren⟩: leicht zu überreden. **Per|sua|si|on** *die;* -, -en ⟨aus gleichbed. *lat.* persuasio⟩: Überredung. **Per|sua|si|ons|the|ra|pie** *die;* -, -n [...iːən]: seelische Behandlung durch Belehrung des Patienten über die ursächlichen Zusammenhänge seines Leidens u. durch Zureden zur eigenen Mithilfe bei der Heilung (Psychol.). **per|sua|siv** ⟨zu ↑...iv⟩: überredend, zum Überzeugen, Überreden geeignet; vgl. ...iv/...orisch. **per|sua|so|risch** ⟨aus gleichbed. *lat.* persuasorius⟩: svw. persuasiv; vgl. ...iv/...orisch.

Per|sul|fat *das;* -[e]s, -e ⟨zu ↑²Per... u. ↑ Sulfat⟩: Salz der Perschwefelsäure (vgl. ²Per...)

per|ter|rie|ren ⟨aus gleichbed. *lat.* perterrere zu ↑per... u. terror, vgl. Terror⟩: (veraltet) erschrecken, in Furcht versetzen. **Per|ter|ri|ti|on** *die;* -, -en ⟨zu *lat.* perterritus, Part. Perf. von perterrere (vgl. perterrieren), u. ↑¹...ion⟩: (veraltet) Ängstigung

Per|ti|ca [...ka] *die;* -, ...cae [...tsɛ] ⟨aus gleichbed. *lat.* pertica, eigtl. „langer Stock"⟩: antikes röm. Längenmaß

Per|thit [auch ...ˈtit] *der;* -s, -e ⟨nach der kanadischen Stadt Perth u. zu ↑²...it⟩: ein durch Entmischen von Alkalifeldspat vor allem in Tiefengesteinen entstandenes Mineral

Per|ti|nens *das;* -, ...nenzien [...jən] (meist Plur.) ⟨zu *lat.* pertinens, Gen. pertinentis, Part. Präs. von pertinere, vgl. pertinieren⟩: svw. Pertinenz. **per|ti|nent** ⟨zu ↑...ent⟩: (veraltet) passend, angemessen. **Per|ti|nenz** *die;* -, -en ⟨aus gleichbed. *fr.* pertinence zu pertinent „zu etw. gehörend", dies zu *lat.* pertinere, vgl. pertinieren⟩: (veraltet) Zubehör, Zugehörigkeit. **Per|ti|nenz|da|tiv** *der;* -s, -e [...və]: Dativ, der die Zugehörigkeit angibt u. durch ein Genitivattribut od. Possessivpronomen ersetzt werden kann; Zugehörigkeitsdativ (z. B. der Regen tropfte *mir* auf den Hut = auf meinen Hut; Sprachw.). **Per|ti|nenz|sy|stem** *das;* -s: zugunsten des ↑ Provenienzsystems weitgehend abgelöstes Ordnungsprinzip nach Sachgruppen (bes. in Archiven). **per|ti|nie|ren** ⟨aus gleichbed. *lat.* pertinere⟩: (veraltet) sich auf etw. od. jmdn. beziehen, dazu gehören

Per|tu|ba|ti|on *die;* -, -en ⟨zu ↑ per..., ↑ Tuba u. ↑...ation⟩: Eileiterdurchblasung (Med.).

Per|tur|ba|ti|on *die;* -, -en ⟨aus *lat.* perturbatio „Verwirrung; Beunruhigung" zu perturbare, vgl. perturbieren⟩: 1. (veraltet) Verwirrung, Störung. 2. Störung in den Bewegungen eines Sterns (Astron.). **per|tur|bie|ren** ⟨aus gleichbed. *lat.* perturbare⟩: (veraltet) beunruhigen, [total] verwirren

Per|tus|sis *die;* -, ...sses [...seːs] ⟨zu ↑per... u. ↑ Tussis⟩: Keuchhusten (Med.). **per|tus|so|id** ⟨zu ↑...oid⟩: keuchhustenähnlich (vom Husten; Med.)

Pe|ru|bal|sam *der;* -s ⟨nach dem südamerik. Staat Peru u. zu ↑ Balsam⟩: von einem mittelamerik. Baum gewonnener Wundbalsam

Pe|rücke¹ *die;* -, -n ⟨aus gleichbed. *fr.* perruque, eigtl. „Haarschopf", weitere Herkunft ungeklärt⟩: 1. zu einer bestimmten Frisur gearbeiteter Haarersatz aus echten od. künstlichen Haaren. 2. krankhafte Gehörn-, seltener Geweihwucherung (Jagdw.).

per ul|ti|mo ⟨*it.*; vgl. Ultimo⟩: (Kaufmannsspr.) am Monatsende [ist Zahlung zu leisten]; vgl. Ultimo

Pe|ru|rin|de *die;* - ⟨nach dem südamerik. Staat Peru⟩: (veraltet) svw. Chinarinde

per|vers [...v...] ⟨vermutlich über *fr.* pervers aus *lat.* perversus „verdreht, verkehrt", eigtl. Part. Perf. von pervertere, vgl. pervertieren⟩: andersartig [veranlagt, empfindend], widernatürlich; von der Norm abweichend, bes. in sexueller Hinsicht. **Per|ver|si|on** *die;* -, -en ⟨aus *spätlat.* perversio

Perversität

"Verdrehung, Umkehrung"): krankhafte Abweichung vom Normalen, bes. in sexueller Hinsicht. **Per|ver|si|tät** *die;* -, -en ⟨aus *lat.* perversitas, Gen. perversitatis „Verkehrtheit"⟩: 1. (ohne Plur.) das Perverssein. 2. (meist Plur.) Erscheinungsform der Perversion; perverse Verhaltensweise. **per|ver|tie|ren** ⟨aus *lat.* pervertere „umkehren, umstürzen"⟩: 1. vom Normalen abweichen, entarten. 2. verdrehen, verfälschen; ins Abnormale verkehren. **Per|ver|tiert|heit** *die;* -, -en ⟨zu ↑...iert⟩: 1. (ohne Plur.) das Pervertiertsein. 2. svw. Perversität (2). **Per|ver|tie|rung** *die;* -, -en ⟨zu ↑...ierung⟩: 1. das Pervertieren, Verkehrung ins Abnormale. 2. das Pervertiertsein, Entartung
Per|ve|sti|ga|ti|on [...v...] *die;* -, -en ⟨aus *lat.* pervestigatio, eigtl. „(Aus)forschung", zu pervestigare, vgl. pervestigieren⟩: (veraltet) Durchsuchung. **per|ve|sti|gie|ren** ⟨aus *lat.* pervestigare „aufspüren, erforschen"⟩: (veraltet) durchsuchen, untersuchen
per vi|as na|tu|ra|les [– 'viːaːs ...leːs] *lat.;* eigtl. „auf natürlichen Wegen"⟩: auf natürlichem Wege (z. B. Abgang verschluckter Fremdkörper mit dem Stuhl; Med.)
Per|vi|gi|li|en [...viˈgiːli̯ən] *die* (Plur.) ⟨aus gleichbed. *lat.* pervigilia, Plur. von pervigilium, eigtl. „das Wachbleiben die Nacht hindurch", zu pervigilare „(die Nacht) durchwachen"⟩: 1. altröm. religiöse Nachtfeier. 2. (veraltet) svw. Vigil. **Per|vi|gi|li|um** *das;* -, ...lien [...i̯ən] ⟨aus gleichbed. *lat.* pervigilium, vgl. Pervigilien⟩: Schlaflosigkeit (Med.)
Per|vi|tin Ⓦ [...v...] *das;* -s ⟨Kunstw. zu ↑per..., *lat.* vita „Leben" u. ↑...in (1)⟩: Weckamin, stark belebendes, psychisch anregendes Kreislaufmittel (Med.)
Per|vul|ga|ti|on [...v...] *die;* -, -en ⟨zu ↑pervulgieren u. ↑...ation⟩: (veraltet) Verbreitung. **per|vul|gie|ren** ⟨aus gleichbed. *lat.* pervulgare zu ↑per... u. vulgus „Menge, Volksmenge"⟩: (veraltet) unters Volk bringen, verbreiten
Per|zent *das;* -[e]s, -e ⟨aus *it.* per cento „für hundert"⟩: (österr.) svw. Prozent. **per|zen|tu|ell** ⟨zu ↑...ell⟩: (österr.) svw. prozentual
per|zep|ti|bel ⟨aus gleichbed. *spätlat.* perceptibilis zu *lat.* percipere, vgl. perzipieren⟩: wahrnehmbar, faßbar (Philos.). **Per|zep|ti|bi|li|tät** *die;* -, -en ⟨zu ↑...ität⟩: Wahrnehmbarkeit, Faßlichkeit, Wahrnehmungsfähigkeit (Philos.). **Per|zep|ti|on** *die;* -, -en ⟨aus *lat.* perceptio „das Erfassen, Begreifen"⟩: 1. sinnliches Wahrnehmen als erste Stufe der Erkenntnis im Unterschied zur ↑Apperzeption (1; Philos.). 2. Reizaufnahme durch Sinneszellen od. -organe (Med., Biol.). **Per|zep|tio|na|lis|mus** *der;* - ⟨zu ↑...al (1) u. ↑...ismus (1)⟩: philos. Lehre, nach der die Wahrnehmung allein die Grundlage des Denkens u. Wissens bildet (E. J. Hamilton). **per|zep|tiv** ⟨zu ↑...iv⟩: svw. perzeptorisch; vgl. ...iv/...orisch. **Per|zep|ti|vi|tät** [...v...] *die;* - ⟨zu ↑...ität⟩: Aufnahmefähigkeit. **per|zep|to|risch** ⟨aus *nlat.* perceptorius⟩: die Perzeption betreffend; vgl. ...iv/...orisch. **Per|zep|tron** *der;* -s, Plur. -s od. -e ⟨Kunstw. aus *engl.* percept „Gegenstand sinnlicher Wahrnehmung" u. ↑...tron⟩: kybernetisches Modell zur Imitation von bestimmten Prozessen, die im menschlichen Gehirn ablaufen. **Per|zi|pi|ent** *der;* -en, -en ⟨zu *lat.* percipiens, Gen. percipientis, Part. Präs. von percipere, vgl. perzipieren⟩: Empfänger. **per|zi|pie|ren** ⟨aus *lat.* percipere „wahrnehmen, ergreifen"⟩: 1. sinnlich wahrnehmen im Unterschied zu ↑apperzipieren (Philos.). 2. durch Sinneszellen od. -organe Reize aufnehmen (Med., Biol.). 3. (veraltet) [Geld] einnehmen
Pes *der;* -, Pedes [...deːs] ⟨aus gleichbed. *lat.* pes, Gen. pedis⟩: 1. a) Fuß; b) fußartiges Gebilde, Ansatzstelle eines Organs (Anat.). 2. röm. Längeneinheit (= 29,6 cm)
Pe|sa|de *die;* -, -n ⟨aus gleichbed. *fr.* pesade, dies über älter *fr.* posade aus *it.* posata „das Anhalten" zu posare „(ab)setzen", dies aus *lat.* pausare, vgl. pausieren⟩: Figur der Hohen Schule, bei der sich das Pferd, auf die Hinterhand gestützt, mit eingeschlagener Vorderhand kurz aufbäumt (Reitsport)
pe|san|te ⟨*it.;* Part. Präs. von pesare „(schwer) wiegen" zu peso „Gewicht", dies aus *lat.* pensum, vgl. Pensum⟩: schwerfällig, schleppend, wuchtig, gedrungen (Vortragsanweisung; Mus.). **Pe|san|te** *das;* -s, -s: wuchtiger Vortrag (Mus.)
Pe|schit|ta *die;* - ⟨aus gleichbed. *syr.* pešitā, eigtl. „die Einfache"⟩: die kirchlich anerkannte Übersetzung der Bibel ins Syrische (4.–5. Jh.)
Pe|se|ta, auch **Pe|se|te** *die;* -, ...ten ⟨aus *span.* peseta, eigtl. „kleines Gewicht", zu peso, vgl. Peso⟩: span. Währungseinheit. **Pe|so** *der;* -[s], -[s] ⟨aus *span.* peso, eigtl. „Gewicht", dies aus *lat.* pensum, vgl. Pensum⟩: Währungseinheit in Chile, in der Dominikanischen Republik, in Kolumbien, Kuba, Mexiko u. Uruguay
Pes|sar *das;* -s, -e ⟨aus gleichbed. *spätlat.* pess(ari)um, dies aus *gr.* pessón, pessós „Tampon"⟩: länglichrunder, ringod. schalenförmiger Körper aus Kunststoff od. Metall, der um den äußeren Muttermund gelegt wird als Stützvorrichtung für Gebärmutter u. Scheide od. zur Empfängnisverhütung; Mutterring (Med.)
Pes|si|mis|mus *der;* - ⟨zu *lat.* pessimus „der schlechteste, sehr schlecht" (Superlativ von malus „schlecht") u. ↑...ismus (2)⟩: 1. Lebensauffassung, bei der alles von der negativen Seite betrachtet wird; negative Grundhaltung; Schwarzseherei; Ggs. ↑Optimismus (1). 2. philos. Auffassung, wonach die bestehende Welt schlecht ist, keinen Sinn enthält u. eine Entwicklung zum Besseren nicht zu erwarten ist; Ggs. ↑Optimismus (2). 3. durch negative Erwartung bestimmte Haltung; Ggs. ↑Optimismus (3). **Pes|si|mist** *der;* -en, -en ⟨zu ↑...ist⟩: negativ eingestellter Mensch, der immer die schlechten Seiten des Lebens sieht; Schwarzseher; Ggs. ↑Optimist. **Pes|si|mi|stin** *die;* -, -nen: weibliche Form zu ↑Pessimist. **pes|si|mi|stisch** ⟨zu ↑...istisch⟩: lebensunfroh, niedergedrückt, schwarzseherisch; Ggs. ↑optimistisch. **Pes|si|mum** *das;* -s, ...ma ⟨zu *lat.* pessimum, Neutrum von pessimus, vgl. Pessimismus⟩: schlechteste Umweltbedingungen für Tier u. Pflanze (Biol.)
Pe|sti|lenz *die;* -, -en ⟨aus gleichbed. *lat.* pestilentia zu pestilens, Gen. pestilentis „verpestet", dies zu pestis „Seuche, Pest"⟩: (veraltet) Pest; schwere Seuche. **pe|sti|len|zia|lisch** ⟨zu ↑¹...al (1)⟩: verpestet; stinkend. **Pe|sti|zid** *das;* -[e]s, -e ⟨zu *lat.* pestis (vgl. Pestilenz) u. ↑...zid⟩: chem. Mittel zur Vernichtung von pflanzlichen u. tierischen Schädlingen aller Art; Schädlingsbekämpfungsmittel
Pe|ta... ⟨vermutlich zu *gr.* pénte „fünf"⟩: Vorsatz vor Maßeinheiten mit der Bedeutung „das Billiardenfache (10^15fache)" der genannten Maßeinheit; Zeichen P (z. B. Petameter; Zeichen Pm)
Pe|tal od. **Pe|ta|lum** *das;* -s, ...talen (meist Plur.) ⟨aus gleichbed. *nlat.* petalum, dies aus *gr.* pétalon „Blatt"⟩: Kron- od. Blumenblatt (Bot.). **Pe|ta|lis|mus** *der;* - ⟨zu ↑...ismus (2)⟩: dem ↑Ostrazismus ähnlicher Brauch im alten Syrakus, wobei die Namen der zu Verbannenden auf Olivenblätter geschrieben wurden. **Pe|ta|lit** [auch ...'lɪt] *der;* -s, -e ⟨zu ↑²...it⟩: ein weißes od. graues, auch rötliches, durchsichtiges bis durchscheinendes Mineral. **pe|ta|lo|id** ⟨zu ↑...oid⟩: die Petaloidie betreffend; kronblattartig (Bot.). **Pe|ta|loi|die** [...loi...] *die;* - ⟨zu ↑²...ie⟩: kronblattartiges Aussehen

von Hoch-, Kelch-, Staub- od. Fruchtblättern (Bot.). **Pe|ta|lum** vgl. Petal

Pe|ta|me|ter [auch 'pɛ..., ...'me:...] *der,* schweiz. nur so, od. *das;* -s, - ⟨zu ↑ Peta... u. ↑ Meter⟩: eine Billiarde (10^{15}) ↑ Meter; Zeichen Pm

Pé|tanque [pe'tãk] *das; -[s]* od. *die;* - ⟨aus gleichbed. *fr.* pétanque (aus dem Provenzal.)⟩: aus Südfrankreich stammendes, dem ↑ Boccia ähnliches Spiel mit Stahlkugeln, das auf jedem Naturboden gespielt werden kann

Pe|tar|de *die;* -, -n ⟨aus gleichbed. *fr.* pétard zu péter „knallen, zerspringen", dies zu pet „Blähung", dies über *lat.* peditum zu pedere „eine Blähung entweichen lassen"⟩: a) früher [zur Sprengung von Festungstoren u. a. benutztes] mit Sprengpulver gefülltes Gefäß, das mit einer Zündschnur zur Explosion gebracht wurde; b) knallender Feuerwerkskörper. **Pe|tar|dier** [...'dje:] *der;* -s, -s ⟨aus gleichbed. *fr.* pétardier zu pétarder, vgl. petardieren⟩: (veraltet) Feuerwerker. **pe|tar|die|ren** ⟨aus gleichbed. *fr.* pétarder⟩: (veraltet) eine Petarde anwenden, aufsprengen

Pe|ta|sos *der;* -, - ⟨aus gleichbed. *gr.* pétasos⟩: breitkrempiger Hut mit flachem Kopf u. Kinnriemen im antiken Griechenland (mit einem Flügelpaar versehen als ↑ Attribut des Hermes)

pe|te|chi|al [...ç...] ⟨zu ↑ Petechien u. ↑¹...al (1)⟩: mit der Bildung von Petechien einhergehend (von bestimmten Krankheiten, wie z. B. Typhus; Med.). **Pe|te|chi|en** [...i̯ən] *die* (Plur.) ⟨aus gleichbed. *it.* petecchie, dies über das Vulgärlat. aus *lat.* petigo „Ausschlag, Räude"⟩: punktförmige Hautblutungen aus den ↑ Kapillaren (1; Med.)

Pe|tent *der;* -en, -en ⟨zu *lat.* petens, Gen. petentis, Part. Präs. von petere, vgl. Petition⟩: Bittsteller

Pe|ter|sil *der;* -s ⟨zu ↑ Petersilie⟩: (österr. neben) Petersilie. **Pe|ter|si|lie** [...i̯ə] *die;* -, -n ⟨über gleichbed. *mlat.* petrosilium aus *lat.* petroselinon, dies aus *gr.* petrosélinon „Felsen-, Steineppich"⟩: zweijährige Gewürz- u. Gemüsepflanze (Doldenblütler), die sehr reich an Vitamin C ist u. deren Blätter als Küchenkraut dienen

Pe|ti|net [auch 'pɛ...] *der* od. *das; -[s], -s* ⟨zu *engl.* petty net „kleines Netz"⟩: feines gaze- od. spitzenähnliches Gewebe aus Seide od. Baumwolle bzw. Leinenzwirn zu Ballkleidern, Halstüchern, Handschuhen u. a.

Pe|ti|o|lus *der;* -, ...li ⟨aus *lat.* petiolus, Verkleinerungsform von pes, Gen. pedis „Fuß"⟩: Blattstiel (Bot.)

Pe|tit [pə'ti:] *die;* - ⟨zu *fr.* petit „klein"⟩: Schriftgrad von 8 Punkt (ungefähr 3 mm; Druckw.)

Pe|ti|ta: Plur. von ↑ Petitum

Pe|ti|tes|se *die;* -, -n ⟨aus gleichbed. *fr.* petitesse zu petit „klein"⟩: Kleinigkeit, Geringfügigkeit, unbedeutende Sache, Bagatelle. **Pe|tit|grain|öl** [pəti'grɛ̃...] *das; -[s], -e* ⟨zu *fr.* grain „kleine Frucht"⟩: ätherisches Öl aus den Zweigen, Blüten u. grünen Früchten bestimmter Zitrusarten, das bei der Herstellung von Parfums, Seifen o. ä. verwendet wird

Pe|ti|ti|on *die;* -, -en ⟨aus *lat.* petitio (Gen. petitionis) „Verlangen, Bitte, Gesuch" zu petere „zu erreichen suchen, verlangen, bitten"⟩: Bittschrift, Eingabe, Gesuch. **pe|ti|tio|nie|ren** ⟨zu ↑...ieren⟩: eine Bittschrift einreichen. **Pe|ti|tion of Rights** [pɪ'tɪʃn əv 'raɪts] *die;* - - - ⟨aus *engl.* petition of rights „Bittschrift um Rechte"⟩: Forderung der engl. Bourgeoisie nach gerechter Besteuerung u. nach Rechtssicherheit (1628). **Pe|ti|ti|ons|recht** [peti...] *das; -[e]s, -e* ⟨zu ↑ Petition⟩: verfassungsmäßig garantiertes Recht eines jeden, sich einzeln od. in Gemeinschaft mit anderen mit Bitten od. Beschwerden an die zuständigen Stellen u. die Volksvertretung zu wenden; Bittrecht, Beschwerderecht.

Pe|ti|tio prin|ci|pii [- ...'tsi:...] *die;* - - ⟨aus *lat.* petitio principii „Beanspruchung eines Grundsatzes"⟩: Verwendung eines unbewiesenen, erst noch zu beweisenden Satzes als Beweisgrund für einen anderen Satz (Philos.)

Pe|tit-maî|tre [pəti'mɛtr(ə)] *der;* -, -s [...tr(ə)] ⟨aus gleichbed. *fr.* petit-maître, eigtl. „kleiner Herr"⟩: (veraltet) eitler [junger] Mann mit auffallend modischer Kleidung u. auffälligem Benehmen; Stutzer, Geck. **Pe|tit mal** [pəti'mal] *das;* - - ⟨aus gleichbed. *fr.* petit mal, eigtl. „kleines Übel"⟩: kleiner epileptischer Anfall, kurzzeitige Trübung des Bewußtseins (ohne eigentliche Krämpfe; Med.)

Pe|ti|tor *der;* -s, ...oren ⟨aus gleichbed. *lat.* petitor zu petere, vgl. Petition⟩: 1. (veraltet) [Amts]bewerber. 2. Privatkläger (Rechtsw.). **pe|ti|to|risch** ⟨aus *lat.* petitorius „zum (Amts)bewerber gehörig"⟩: in der Fügung: -e Ansprüche: Ansprüche auf ein Besitzrecht (Rechtsw.)

Pe|tit point [pəti'põɛ̃] *das,* auch *der;* - - ⟨aus *fr.* petit point, eigtl. „kleiner Punkt, (Nadel)stich"⟩: sehr feine Nadelarbeit, bei der mit Perlstich bunte Stickereien [auf Taschen, Etuis o. ä.] hergestellt werden; Wiener Arbeit. **Pe|tit|satz** [pə'ti:...] *der;* -es ⟨zu ↑ Petit⟩: a) das Setzen in ↑ Petit; b) in ↑ Petit Gesetztes (Druckw.). **Pe|tit|schrift** *die;* -, -en ⟨zu ↑ Petit⟩: Druckschrift in ↑ Petit (Druckw.). **Pe|tits fours** [pəti'fu:r] *die* (Plur.) ⟨aus gleichbed. *fr.* petits fours zu petit „klein" u. four „Backofen"⟩: [gefülltes u.] mit bunter Zuckerglasur überzogenes Feingebäck

Pe|ti|tum *das;* -s, Petita ⟨zu *lat.* petitum, Part. Perf. (Neutrum) von petere, vgl. Petition⟩: (Amtsspr. veraltet) Gesuch, Antrag

Pe|tong *das; -[s]* ⟨aus dem Chines.⟩: sehr harte chines. Kupferlegierung

petr..., Petr... vgl. petro..., Petro...

Pe|trar|kis|mus *der;* - ⟨nach dem ital. Dichter F. Petrarca (1304–1374) u. zu ↑...ismus (1), Bed. 2 zu ↑...ismus (5)⟩: 1. europäische Liebesdichtung in der Nachfolge des ital. Dichters Petrarca. 2. (abwertend) gezierte, schablonenhafte Liebeslyrik. **Pe|trar|kist** *der;* -en, -en ⟨zu ↑...ist⟩: Vertreter des Petrarkismus (1). **pe|trar|ki|stisch** ⟨zu ↑...istisch⟩: den Petrarkismus betreffend, ihm eigen

pe|tre..., Pe|tre... vgl. petro..., Petro... **Pe|tre|fakt** *das; -[e]s, -e[n]* ⟨zu ↑ petro... u. *lat.* facere „machen"⟩: Versteinerung von Pflanzen od. Tieren (Geol., Biol.). **pe|tre|faktisch:** (veraltet) versteinert. **pe|tri..., Pe|tri...** vgl. petro..., Petro... **Pe|tri|fi|ka|ti|on** *die;* -, -en ⟨zu ↑ petro... u. ↑...fikation⟩: Vorgang des Versteinerns (Geol., Biol.). **pe|tri|fi|zie|ren** ⟨zu ↑...fizieren⟩: versteinern (Geol., Biol.). **pe|tri|fi|ziert** ⟨zu ↑...iert⟩: versteinert (Geol., Biol.). **pe|tri|kol** ⟨zu *lat.* colere „bewohnen"⟩: felsbewohnend, auf Steinen lebend (von Organismen; Biol.)

Pe|tris|sa|ge [...ʒə] *die;* -, -n ⟨Kurzw. aus *fr.* pétri*r* „kneten" u. Ma*ssage*⟩: Massage in Form von Kneten u. Walken mit den Händen (Med.)

pe|tro..., Pe|tro..., auch petre..., Petre... u. petri..., Petri..., vor Vokalen meist petr..., Petr... ⟨zu *gr.* pétros „Stein, Fels"⟩: Wortbildungselement mit der Bedeutung „Stein", z. B. Petrographie, Petrefakt, petrifizieren. **Pe|tro|che|mie** [auch 'pe:...] *die;* -: 1. Wissenschaft von der chem. Zusammensetzung der Gesteine. 2. svw. Petrolchemie. **Pe|tro|che|mi|ka|lie** [...i̯ə] *die;* -, -n (meist Plur.): Produkt der Petrolchemie. **pe|tro|che|misch:** 1. a) die Petrochemie betreffend; b) die chem. Zusammensetzung der Gesteine betreffend. 2. svw. petrolchemisch. **Pe|tro|dol|lar** [auch 'pɛ...] *der; -[s], -[s]* (meist Plur.) ⟨Kunstw. aus *Petro*leum u. *Dollar*⟩: amerik. Währung im Besitz der erdölproduzierenden Staaten, die auf dem internationalen Markt angelegt

Petrofazies

wird. **Pe|tro|fa|zies** [...tsi̯ɛs] *die;* -, - [...tsi̯eːs]: der für ein bestimmtes Bildungsmilieu typische stoffliche u. strukturelle Aufbau eines Gesteins (Geol.). **Pe|tro|ge|ne|se** *die;* -, -n: 1. Entstehungsgeschichte der Gesteine. 2. Gesteinsbildung. **pe|tro|ge|ne|tisch**: die Petrogenese betreffend, gesteinsbildend. **Pe|tro|gly|phe** *die;* -, -n: vorgeschichtliche [eingemeißelte] Felszeichnung. **Pe|tro|gno|sie** *die;* - ⟨zu ↑...gnosie⟩: (veraltet) Gesteinskunde. **Pe|tro|gramm** *das;* -[e]s, -e (meist Plur.) ⟨zu ↑...gramm⟩: vorgeschichtliche [aufgemalte] Felszeichnung. **Pe|tro|graph** *der;* -en, -en ⟨zu ↑...graph⟩: Wissenschaftler auf dem Gebiet der Petrographie. **Pe|tro|gra|phie** *die;* - ⟨zu ↑...graphie⟩: Wissenschaft von der mineralogischen u. chemischen Zusammensetzung der Gesteine, ihrer Gefüge, ihrer ↑Nomenklatur u. ↑Klassifikation; beschreibende Gesteinskunde; vgl. Petrologie. **pe|tro|gra|phisch** ⟨zu ↑...graphisch⟩: die Petrographie betreffend. **Pe|trol** *das;* -s ⟨verkürzt aus ↑Petroleum⟩: (schweiz.) Petroleum. **Pe|trol|äther** *der;* -s: Leichtbenzin, das u. a. als Lösungsmittel verwendet wird. **Pe|tro|la|tum** *das;* -s ⟨wohl zu lat. oleatus „mit Öl getränkt"⟩: aus Erdölrückständen gewonnenes weiches Wachs, Vaseline (Chem.). **Pe|trol|che|mie** *die;* - ⟨zu ↑Petroleum⟩: Zweig der technischen Chemie, dessen Aufgabe bes. in der Gewinnung von chem. Rohstoffen aus Erdöl u. Erdgas besteht. **pe|trol|che|misch**: die Petrolchemie, die Gewinnung von chem. Rohstoffen aus Erdöl u. Erdgas betreffend. **Pe|tro|le|um** [...leʊm] *das;* -s ⟨aus *mlat.* petroleum zu ↑petro... u. *lat.* oleum „Öl", eigtl. „Steinöl"⟩: 1. (veraltet) Erdöl. 2. Destillationsprodukt des Erdöls. **Pe|trol|koks** *der;* -es, -e: beim thermischen Kracken (vgl. kracken) von Erdöl zurückbleibender, koksähnlicher Bestandteil, der bes. zur Elektroden- u. Elektrographitherstellung verwendet wird. **Pe|tro|lo|ge** *der;* -n, -n ⟨zu ↑petro... u. ↑...loge⟩: Wissenschaftler auf dem Gebiet der Petrologie u. Petrographie. **Pe|tro|lo|gie** *die;* - ⟨zu ↑...logie⟩: Wissenschaft von der Bildung u. Umwandlung der Gesteine, von den physikalisch-chemischen Bedingungen bei der Gesteinsbildung; vgl. Petrographie. **pe|tro|phil** ⟨zu ↑...phil⟩: steinigen Untergrund bevorzugend, stein- u. felsenliebend (von bestimmten Organismen, z. B. Flechten; Biol.). **Pe|tro|phy|sik** *die;* - [auch 'peː...]: Teilgebiet der Petrologie, das sich mit der Bestimmung der physik. Eigenschaften von Gesteinen (z. B. Dichte, Porosität, Radioaktivität usw.) befaßt. **Pe|tro|phyt** *der;* -en, -en (meist Plur.) ⟨zu ↑...phyt⟩: anspruchslose, ausdauernde Pflanze, die auf humusarmen, felsigen od. steinigen Standorten vorkommt (z. B. Steinbrech, Moos, Farn, Alge)

Pe|trusch|ka *der;* -s, -s ⟨aus *russ.* Petruška, Verkleinerungsform zu Pëtr „Peter"⟩: 1. Hauptfigur des alten russ. Puppenspiels. 2. russ. Bez. für Handpuppe

Pet|schaft *das;* -s, -e ⟨wohl aus *tschech.* pečeť „Siegel" zu *alttschech.* pečat', (volksetymologisch) mit dem dt. Suffix -schaft⟩: Handstempel zum Siegeln, Siegel. **pet|schie|ren** ⟨zu ↑...ieren⟩: mit einem Petschaft schließen. **Pet|schie|rer** *der;* -s, -: (veraltet) a) Siegelschneider; b) Versiegler. **pet|schiert** ⟨zu ↑...iert⟩: in der Fügung - sein: (österr. ugs.) in einer schwierigen, peinlichen Situation sein, ruiniert sein

Pet|ti|coat ['pɛtɪkoʊt] *der;* -s, -s ⟨aus gleichbed. *engl.* petticoat, zu petty „klein" u. coat „Rock"⟩: versteifter Taillenunterrock

Pet|ting *das;* -[s], -s ⟨aus gleichbed. *engl.-amerik.* petting zu to pet „liebkosen"⟩: erotisch-sexueller [bis zum Orgasmus betriebener] Kontakt ohne Ausübung des eigentlichen Geschlechtsverkehrs (bes. bei heranwachsenden Jugendlichen; Sozialpsychol.); vgl. Necking

pet|to vgl. in petto

pe|tu|lant ⟨aus gleichbed. *lat.* petulans, Gen. petulantis⟩: (veraltet) mutwillig; ausgelassen, frech, leichtfertig. **Pe|tu|lanz** *die;* - ⟨aus gleichbed. *lat.* petulantia⟩: (veraltet) Ausgelassenheit; Heftigkeit

Pe|tum *das;* -s ⟨über das Portug. aus *Tupi* (einer südamerik. Indianersprache) petyma, petyn „Tabak(pflanze)"⟩: ursprüngliche Bez. für den Tabak in Europa. **Pe|tu|nie** [...i̯ə] *die;* -, -n ⟨aus gleichbed. *fr.* pétunia zu *fr.* (landsch.) petun „Tabak" (vgl. Petum); die Pflanze ähnelt der Tabakpflanze⟩: eine Balkonpflanze mit violetten, roten od. weißen Trichterblüten (Nachtschattengewächs)

Pet|zit [auch ...'tsɪt] *der;* -s, -e ⟨nach dem ungar. Geologen W. K. Pecz (†1873) u. zu ↑²...it⟩: ein gold- od. silberhaltiges, metallisch glänzendes kubisches Mineral

peu à peu [pøa'pø] ⟨*fr.*⟩: allmählich, nach u. nach

peu|plie|ren [pœ...] ⟨aus gleichbed. *fr.* peupler zu peuple „Volk", dies aus *lat.* populus⟩: (veraltet) bevölkern. **Peu|plie|rungs|po|li|tik** *die;* - ⟨zu ↑...ierung⟩: Bevölkerungspolitik im 17./18. Jh. zur Besiedlung der nach Kriegen od. Seuchen entvölkerten Gebiete

Pew|ter ['pjuːtɐ] *der;* -s ⟨aus gleichbed. *engl.* pewter, dies über älter *fr.* peltre, peautre, aus *altprovenzal.* peltre, dies aus *vulgärlat.* *peltrum⟩: Zinn-Antimon-Kupfer-Legierung (für Tafelgeräte, Notendruckplatten)

pe|xie|ren vgl. pekzieren. **Pe|xis** *die;* - ⟨aus *gr.* pêxis „das Festmachen, Befestigen, Gerinnen" zu pēgnýnai „befestigen, gerinnen lassen"⟩: (veraltet) [Blut]gerinnung

Pe|yo|te [pe'joːtə] *der;* - ⟨aus gleichbed. *mexik.-span.* peyote; vgl. Peyotl⟩: narkotisch wirkendes Getränk nordamerik. Indianer aus einer mexik. Kaktusart. **Pe|yo|te|kult** *der;* -[e]s: unter nordamerik. Indianern verbreiteter religiöser Kult, bei dem das Kauen von Peyotl im Mittelpunkt der Handlung steht. **Pe|yotl** *der* u. *das;* -s ⟨aus gleichbed. *Nahuatl* (einer südamerik. Indianersprache) peyotl⟩: in Scheiben geschnittener oberer Teil einer mexik. Kaktusart, dessen Genuß rauschhafte Zustände hervorruft

Pfef|fe|ro|ne *der;* -, Plur. ...ni u. -n, häufiger **Pfef|fe|ro|ni** *der;* -, - (meist Plur.) ⟨eindeutschend für ↑Peperone bzw. ↑Peperoni⟩: (österr.) kurz für ↑Peperone bzw. ↑Peperoni

Pfif|fi|kus *der;* -, -se ⟨Scherzbildung zu *dt.* pfiffig u. ↑...ikus⟩: (ugs. scherzh.) jmd., der pfiffig ist

Pfund|se|rie [...i̯ə] *die;* -, -n ⟨nach dem dt. Physiker A. H. Pfund (1879–1949) u. zu ↑Serie⟩: Spektralserie des Wasserstoffatoms mit Elektronenübergängen auf das Energieniveau der Hauptquantenzahl 5 (Kernphys.)

Pfund Ster|ling [– 'stɛːlɪŋ] *das;* Gen. -[e]s - u. - -, Plur. - - ⟨zu ↑Sterling⟩: Währungseinheit in Großbritannien; Abk.: L. ST., Lstr. (eigtl. *Livre Sterling*), Pfd. St.; Zeichen £

pH ⟨Abk. für *lat.* potentia *hydrogenii* „Stärke (Konzentration) des Wasserstoffs"⟩: Maßeinheit für die Konzentration von Wasserstoffionen in wäßrigen Lösungen, die den Säure- od. Laugengehalt der Lösung bestimmt

Phä|ake *der;* -n, -n ⟨nach dem als besonders glücklich geltenden Volk der Phäaken in der griech. Sage⟩: sorgloser Genießer

phae|tho|nisch u. **phae|thon|tisch** [fɛ...] ⟨nach Phaethon, dem Sohn des Sonnengottes in der griech. Sage⟩: kühn, verwegen

...phag ⟨zu *gr.* phageĩn, Inf. Aorist von esthíein „essen, verzehren, fressen"⟩: Wortbildungselement mit den Bedeutungen: a) „eine bestimmte Ernährungsweise bevorzugend", z. B. phytophag, u. b) „[Mikroorganismen, Zellen

Phänokopie

vertilgend", z. B. bakteriophag. **Pha|ge** *der;* -n, -n ⟨über *lat.* phago aus *gr.* phágos „der Fresser"⟩: svw. Bakteriophage. **...pha|ge** ⟨zu *gr.* phágos, vgl. Phage⟩: Wortbildungselement mit den Bedeutungen: a) „eine bestimmte Ernährungsweise bevorzugendes Lebewesen", z. B. Ichthyophage, u. b) „[Mikroorganismen, Zellen] vertilgendes Kleinstlebewesen", z. B. Bakteriophage. **Pha|ge|dä|na** *die;* -, ...nen ⟨aus *gr.* phagédaina „um sich fressendes, krebsartiges Geschwür"⟩: fortschreitendes, sich ausbreitendes [Syphilis]geschwür (Med.). **pha|ge|dä|nisch** ⟨aus gleichbed. *gr.* phagedainikós⟩: sich ausbreitend (von Geschwüren; Med.). **Pha|ge|dä|nis|mus** *der;* - ⟨zu ↑...ismus (3)⟩: das Auftreten fressender Geschwüre (Med.). **...pha|gie** ⟨zu *gr.* -phagía, dies zu phageĩn, vgl. ...phag⟩: Wortbildungselement mit den Bedeutungen: a) „eine bestimmte Ernährungsweise bezeichnend", z. B. Monophagie, u. b) „Vertilgung, Auflösung [von Mikroorganismen]", z. B. Bakteriophagie. **pha|go...**, **Pha|go...** ⟨zu *gr.* phageĩn, vgl. ...phag⟩: Wortbildungselement mit der Bedeutung „Fremdstoffe aufnehmend u. auflösend", z. B. Phagozyt. **Pha|go|de|ter|rent** [fægoʊdɪ...] *das;* -s, -s (meist Plur.) ⟨zu ↑phago... u. deterrent „abschreckend"⟩: Stoff in Schädlingsbekämpfungsmitteln, der Biß, Einstich od. Fraß von Schädlingen hemmt, ohne diese zu vertreiben. **Pha|gopho|bie** [fago...] *die;* - ⟨zu ↑phago... u. ...phobie⟩: krankhafte Furcht vor dem Schluckvorgang (Med., Psychol.). **Pha|go|sti|mu|lant** [fægoʊ'stɪmjʊlənt] *das;* -s, -s (meist Plur.) ⟨zu ↑phago... u. stimulant „Anregungsmittel", dies zu *lat.* stimulans, Gen. stimulantis, Part. Präs. von stimulare „ansporen, reizen"⟩: in der Schädlingsbekämpfung Stoff, der den Biß (z. B. bei der Anwendung von Giftködern), den Einstich od. die Eiablage eines Schädlings an Substrat aktiviert. **Pha|go|zyt** [fago...] *der;* -en, -en (meist Plur.) ⟨zu ↑phago... u. ↑...zyt⟩: weißes Blutkörperchen, das eingedrungene Fremdstoffe, bes. Bakterien, aufnehmen, durch ↑Enzyme auflösen u. unschädlich machen kann, Freßzelle (Med.). **pha|go|zy|tie|ren** ⟨zu ↑...ieren⟩: Fremdstoffe, Mikroorganismen, Gewebetrümmer in sich aufnehmen u. durch ↑Enzyme auflösen (von Blutzellen; Med.). **Pha|go|zy|to|se** *die;* - ⟨zu ↑¹...ose⟩: 1. durch Phagozyten bewirkte Auflösung u. Unschädlichmachung von Fremdstoffen im Organismus (Med.). 2. Aufnahme von Nahrung, auch lebender Zellen (z. B. Bakterien), durch einzellige Lebewesen (z. B. Amöben; Biol.).

Pha|ko|lith [auch ...'lɪt] *der;* Gen. -s u. -en, Plur. -en ⟨zu *gr.* phakós „Linse, Linsenfrucht" u. ↑...lith⟩: linsen- od. sichelförmiger Intrusivkörper (vgl. Intrusion; Geol.). **Phakom** *das;* -s, -e ⟨zu ↑...om⟩: Tumor der Augenlinse (Med.). **Pha|ko|ma|to|se** *die;* -, -n ⟨zu ↑¹...ose⟩: Bez. für angeborene Krankheiten, die durch tumorähnliche Mißbildungen an Haut, Auge u. Zentralnervensystem gekennzeichnet sind (Med.) **Pha|ko|me|ter** *das;* -s, - ⟨zu ↑¹...meter⟩: Gerät zur Ausmessung optischer Linsen. **Pha|ko|skle|ro|se** *die;* -, -n: Altersstar (Med.). **Pha|ko|ze|le** *die;* - ⟨zu *gr.* kḗlē „Geschwulst, Bruch"⟩: Vorverlagerung der Augenlinse (als Verletzungsfolge; Med.)

Pha|lan|gen [...ŋgən] Plur. von ↑Phalanx. **Pha||lanx** *die;* -, ...langen [...ŋgən] ⟨über gleichbed. *lat.* phalanx aus *gr.* phálagx, eigtl. „Balken, (Baum)stamm"⟩: 1. tiefgestaffelte, geschlossene Schlachtreihe des schweren Fußvolks im Griechenland der Antike. 2. geschlossene Front (z. B. des Widerstands). 3. Finger- od. Zehenglied (Anat.).

Pha|la|ris *die;* - ⟨aus gleichbed. *nlat.* phalaris zu *gr.* phalarós „glänzend"⟩: Glanzgras, eine Süßgrasgattung

Phal|li: Plur. von ↑Phallus. **phal|lisch** ⟨über *spätlat.* phallicus aus gleichbed. *gr.* phallikós⟩: den Phallus betreffend. **phal|lo...**, **Phal|lo...** ⟨über *spätlat.* phallus zu gleichbed. *gr.* phallós⟩: Wortbildungselement mit der Bedeutung „männliches Glied", z. B. Phalloplastik. **Phal|lo|graph** *der;* -en, -en ⟨zu ↑...graph⟩: Gerät zur Durchführung einer Phallographie. **Phal|lo|gra|phie** *die;* -, ...ien ⟨zu ↑...graphie⟩: Aufzeichnung der Penisreaktion mittels eines ↑Erektometers. **Phal|loi|din** [...loi...] *das;* -s ⟨zu *nlat.* (amanita) phalloides „Knollenblätterpilz" u. ↑...in (1)⟩: Giftstoff des Grünen Knollenblätterpilzes (Biochem.). **Phal|lo|krat** *der;* -en, -en ⟨zu ↑phallo... u. ↑...krat⟩: (abwertend) phallokratischer Mann. **Phal|lo|kra|tie** *die;* - ⟨zu ↑...kratie⟩: 1. (abwertend) gesellschaftliche Unterdrückung der Frau durch den Mann. 2. Überzeugtheit von der angeblich natürlichen Überlegenheit des männlichen Geschlechts. **phal|lo|kratisch:** die Phallokratie betreffend. **Phal|lo|me|trie** *die;* -, ...ien ⟨zu ↑...metrie⟩: Verfahren zum Messen der Penisreaktion bei sexualpsychologischen Untersuchungen. **Phal|lo|pla|stik** *die;* -, -en: operative Neu- od. Nachbildung des Penis. **Phal|los** *der;* -, Plur. ...lloi [...lɔy] u. ...llen u. **Phal|lus** *der;* -, Plur. ...lli u. ...llen, auch -se ⟨über *spätlat.* phallus aus gleichbed. *gr.* phallós⟩: das [erigierte] männliche Glied (meist als Symbol der Kraft und Fruchtbarkeit). **Phal|luskult** *der;* -[e]s: religiöse Verehrung des männlichen Gliedes als Sinnbild der Naturkraft, der Fruchtbarkeit (Völkerk.)

Phän *das;* -s, -e ⟨verkürzt aus ↑Phänomen⟩: deutlich in Erscheinung tretendes [Erb]merkmal eines Lebewesens, das mit anderen zusammen den ↑Phänotypus ausbildet (Biol.). **Phän|ana|ly|se** *die;* -, -n: Merkmalsanalyse, Untersuchung von Merkmalen auf ihre Häufigkeit u. ihr Zustandekommen bei Individuen u. Gruppen u. damit auf ihre Abhängigkeit von Erbanlagen u. Umwelteinflüssen (Biol.). **pha|ne|ro...**, **Pha|ne|ro...** ⟨aus gleichbed. *gr.* phanerós⟩: Wortbildungselement mit der Bedeutung „sichtbar, offen hervortretend", z. B. phanerokristallin, Phanerophyt. **Pha|ne|ro|ga|me** *die;* -, -n (meist Plur.) ⟨zu ↑...game (1)⟩: Blütenpflanze; Ggs. ↑Kryptogame. **pha|ne|ro|kri|stal|lin:** aus deutlich sichtbaren Kristallen bestehend. **pha|ne|ro|mer** ⟨zu ↑...mer⟩: ohne Vergrößerung erkennbar (von den Bestandteilen eines Gesteins; Geol.); Ggs. ↑kryptomer. **Pha|ne|ro|phyt** *der;* -en, -en (meist Plur.) ⟨zu ↑...phyt⟩: Pflanze, die ungünstige Jahreszeiten durch oberirdische Sprosse überdauert, wobei sich die Erneuerungsknospen beträchtlich über dem Erdboden befinden (meist Bäume u. Sträucher; Bot.). **Pha|ne|ro|se** *die;* - ⟨aus *gr.* phanérōsis „das Offenbarwerden"⟩: das Sichtbarwerden, Sichtbarmachen von sonst nicht erkennbaren Einzelheiten, krankhaften Veränderungen, Ablagerungen o. ä. mit Hilfe besonderer Techniken (Med.). **Pha|ne|ro|sko|pie** *die;* -, ...ien ⟨zu ↑phanero... u. ↑...skopie⟩: Untersuchung von Hautveränderungen unter der Lupe bei gebündeltem Licht (Med.). **Pha|ne|ro|zoi|kum** *das;* - ⟨zu ↑...zoikum⟩: die Zeit des deutlich erkennbaren Lebens (vom ↑Kambrium bis heute), in der die Tier- u. Pflanzenwelt eine deutlich erkennbare Entwicklung durchlief (Geol.). **phä|nisch** ⟨zu ↑Phän⟩: in Abhängigkeit von einem bestimmten Gen eine spezifische Eigenschaft besitzend (Biol.). **phä|no...**, **Phä|no...** ⟨zu *gr.* phaínesthai „erscheinen"⟩: Wortbildungselement mit der Bedeutung „die Erscheinung (betreffend)", z. B. Phänotypus. **Phä|no|ge|ne|se** *die;* -: der durch die Wechselwirkung von Genotyp u. Umwelt charakterisierte entwicklungsgeschichtliche Prozeß der Merkmalsentwicklung eines Individuums (Biol.). **Phä|no|ge|ne|tik** *die;* -: Zweig der Genetik, der sich mit der Erforschung der Phänogenese beschäftigt. **Phä|no|ko|pie** *die;* -, ...ien: durch äu-

ßere Faktoren entstandenes, nichterbliches Merkmal, das in seinem Erscheinungsbild mit einem auf einer ↑ Mutation beruhenden entsprechenden Erbmerkmal weitgehend übereinstimmt (Biol.). **phä|no|kri|tisch:** im Verlauf der Phänogenese sich auseinanderentwickelnd (Biol.). **Phä|nolo|gie** *die;* - ⟨zu ↑ ...logie⟩: Wissenschaft von den jahreszeitlich bedingten Erscheinungsformen bei Tier u. Pflanze (z. B. die Laubverfärbung der Bäume; Biol.). **phä|no|logisch** ⟨zu ↑...logisch⟩: die Phänologie betreffend. **Phä|nomen** *das;* -s, -e ⟨über *spätlat.* phaenomenon „(Luft)erscheinung" aus *gr.* phainómenon „das Erscheinende" zu phaínesthai „erscheinen"⟩: 1. etwas, was als Erscheinungsform auffällt, ungewöhnlich ist; außergewöhnliches Ereignis, Vorkommnis; Erscheinung. 2. das Erscheinende, sich den Sinnen Zeigende; der sich der Erkenntnis darbietende Bewußtseinsinhalt (Philos.). 3. Mensch mit außergewöhnlichen Fähigkeiten. **Phä|no|me|na** [auch ...'nɔ...]: Plur. von ↑Phänomenon. **phä|no|me|nal** ⟨aus gleichbed. *fr.* phénoménal⟩: 1. das Phänomen (1) betreffend; sich den Sinnen, der Erkenntnis darbietend (Philos., Psychol.). 2. außergewöhnlich, einzigartig, erstaunlich, unglaublich. **Phä|no|me|na|lis|mus** *der;* - ⟨zu ↑...ismus (1)⟩: philos. Richtung, nach der die Gegenstände nur so erkannt werden können, wie sie uns erscheinen, nicht wie sie an sich sind. **Phä|no me|na|list** *der;* -en, -en ⟨zu ↑...ist⟩: Anhänger des Phänomenalismus. **phä|no|me|na|li|stisch** ⟨zu ↑...istisch⟩: den Phänomenalismus betreffend. **Phä|nome|no|lo|gie** *die;* - ⟨zu ↑Phänomen u. ↑...logie⟩: 1. Wissenschaft von den sich dialektisch entwickelnden Erscheinungen der Gestalten des [absoluten] Geistes u. Wissenschaft der Erfahrung des Bewußtseins (Hegel; Philos.). 2. streng objektive Aufzeigung u. Beschreibung des Gegebenen, der Phänomene (nach N. Hartmann; Philos.). 3. Wissenschaft, Lehre, die von der geistigen Anschauung des Wesens der Gegenstände od. Sachverhalte ausgeht u. die geistig-intuitive Wesensschau (an Stelle rationaler Erkenntnis) vertritt (Husserl; Philos.). **phä|no|me|no|logisch** ⟨zu ↑...logisch⟩: die Phänomenologie betreffend. **Phä|no|me|non** [auch ...'nɔ...] *das,* -s, ...na ⟨zu ↑Phänomen⟩: svw. Phänomen (2). **Phä|no|mo|tiv** *das;* -[e]s, -e ⟨zu ↑phäno...⟩: von W. Stern eingeführte Bez. für das Motiv, das einem Individuum in seinem Bewußtsein erscheint u. mit dem es seine Handlungen begründet (Psychol.). **Phäno|typ** [auch 'fɛ:...] *der;* -s, -en u. Phänotypus [auch 'fɛ:...] *der;* -, ...pen: das Erscheinungsbild eines Organismus, das durch Erbanlagen u. Umwelteinflüsse geprägt wird (Biol.); vgl. Genotyp. **phä|no|ty|pisch** [auch 'fɛ:...]: das Erscheinungsbild eines Organismus betreffend (Biol.). **Phä|no|ty|pus** [auch 'fɛ:...] vgl. Phänotyp
Phan|ta|sie *die;* -, ...ien ⟨über *lat.* phantasia aus *gr.* phantasía, eigtl. „das Sichtbarmachen, Erscheinen", zu phantázesthai „sichtbar werden, erscheinen", dies zu phaínesthai, vgl. Phänomen⟩: 1. (ohne Plur.) a) Vorstellung, Vorstellungskraft, Einbildung, Einbildungskraft; b) Erfindungsgabe, Einfallsreichtum. 2. (meist Plur.) Trugbild, Traumgebilde, Fiebertraum; vgl. Fantasie. **Phan|ta|sie|bil|dung** *die;* -, -en: freie Wortbildung, die meist in Analogie zu einem bereits vorhandenen Wort, bes. als Warenname, geprägt wird (z. B. Aida = Baumwollgewebe; Sprachw.). **phan|ta|sie|ren** ⟨nach *mlat.* phantasiari „sich vorstellen, einbilden"⟩: 1. sich den wiederkehrenden Bildern, Vorstellungen der Phantasie (1), der Einbildungskraft hingeben; frei erfinden; erdichten; ausdenken. 2. in Fieberträumen irrereden (Med.). 3. frei über eine Melodie od. ein Thema musizieren (Mus.); vgl. improvisieren. **Phan|ta|sie|stein** *der;* -[e]s, -e: a) lebhaft gefärbter Stein; b) Schmuckstein mit außergewöhnlichem Schliff od. Kunstprodukt zur Imitation von Schmucksteinen. **Phan|tas|ma** *das;* -s, ...men ⟨über *lat.* phantasma aus gleichbed. *gr.* phántasma⟩: Sinnestäuschung, Trugbild (Psychol.). **Phan|tas|ma|go|rie** *die;* -, ...ien ⟨zu *gr.* agorá „Versammlung" u. ↑²...ie⟩: 1. Zauber, Truggebilde, Wahngebilde. 2. künstliche Darstellung von Trugbildern, Gespenstern u. a. auf der Bühne. **phan|tas|ma|go|risch:** traumhaft, bizarr, gespenstisch, trügerisch. **Phan|tast** *der;* -en, -en ⟨aus *mlat.* phantasta, dies aus *gr.* phantastés „Prahler"⟩: (abwertend) Träumer, Schwärmer; Mensch mit überspannten Ideen. **Phan|taste|rei** *die;* -, -en: Träumerei, Überspanntheit. **Phan|ta|stik** *die;* - ⟨aus *spätgr.* phantastikḗ „die Vorstellungskraft" zu *gr.* phantastikós, vgl. phantastisch⟩: das Phantastische, Unwirkliche. **Phan|ta|sti|ka** *die* (Plur.) ⟨zu ↑...ika⟩: Naturstoffe, Pharmaka (1) u. a., die stark erregend auf die Psyche wirken (Med.). **phan|ta|stisch** ⟨über *lat.* phantasticus aus *gr.* phantastikós „auf Vorstellung beruhend"⟩: 1. a) auf Phantasie (1) beruhend, nur in der Phantasie bestehend, unwirklich; b) verstiegen, überspannt. 2. (ugs.) unglaublich; großartig, wunderbar. **Phan|to|geu|sie** *die;* -, ...ien ⟨verkürzt aus *gr.* phántasma (vgl. Phantasma), geûsis „Geschmack" u. ↑²...ie⟩: Geschmackshalluzination (Med.). **Phan|tom** *das;* -s, -e ⟨aus gleichbed. *fr.* fantôme, dies über *altfr.* fanto(s)me aus *altprovenzal.* fantauma zu *galloroman.* *phantagma, dies aus *lat.* phantasma, vgl. Phantasma⟩: 1. gespenstische Erscheinung, Trugbild. 2. Nachbildung von Körperteilen u. Organen für den Unterricht (Med.). **Phan|tom|bild** *das;* -[e]s, -er: nach Zeugenaussagen gezeichnetes Bild eines gesuchten Täters. **Phantom|schmerz** *der;* -es, -en: Schmerzen, die man in einem bereits amputierten Körperglied empfindet (Med.). **Phant|os|mie** *die;* -, ...ien ⟨verkürzt aus *gr.* phántasma (vgl. Phantasma), osmḗ „Geruch" u. ↑²...ie⟩: Geruchshalluzination (Med.)
phäo..., Phäo... ⟨aus gleichbed. *gr.* phaiós⟩: Wortbildungselement mit der Bedeutung „schwärzlich", z. B. Phäoderm. **Phäo|chro|mo|zy|tom** [...kro...] *das;* -s, -e ⟨zu *gr.* chrõma „Farbe", kýtos „Höhlung, Wölbung, Zelle" u. ↑...om⟩: Adrenalin produzierende gutartige Geschwulst des Nebennierenmarks, der histologisch mit Chromsalzen färbbar ist (Med.). **Phäo|derm** *das;* -s ⟨zu *gr.* dérma „Haut"⟩: durch Austrocknung entstehende graubraune bis schwärzliche Verfärbung der Haut (Med.). **Phäo|phytin** *das;* -s ⟨zu *gr.* phytón „Pflanze" u. ↑...in (1)⟩: aus ↑Chlorophyll durch Säurebehandlung entstehende Verbindung (Biol.). **Phäo|phy|zee** *die;* -, -n ⟨aus gleichbed. *nlat.* phaeophycea, zu ↑phäo... u. phỹkos „Meertang"⟩: Braunalge, Tang (Biol.)
¹Pha|rao *der;* -s, ...onen ⟨über *gr.* pharaṓ aus *altägypt.* per-a'a, eigtl. „großes Haus, Palast"⟩: a) (ohne Plur.) Titel der altägyptischen Könige; b) Träger des Titels. **²Pha|rao** *das;* -s ⟨zu ¹Pharao; vgl. Pharo⟩: altes franz. Kartenglücksspiel. **pha|rao|nisch:** den ¹Pharao betreffend
Pha|ri|sä|er *der;* -s, - ⟨über *spätlat.* Pharisaeus aus *gr.* Pharisaîos, dies über *aram.* perîšayyā (Plur.) aus *hebr.* perûšîm „die Abgeordneten"; Bed. 2 nach Luk. 18,10 ff.; zu Bed. 3: das Getränk soll den Anschein erwecken, man trinke keinen Alkohol, sondern nur Kaffee⟩: 1. Angehöriger einer altjüdischen, streng gesetzesfrommen religiös-politischen Partei. 2. selbstgerechter Mensch; Heuchler. 3. heißer Kaffee mit Rum und geschlagener Sahne. **pha|ri|sä|isch:** 1. die Pharisäer (1) betreffend. 2. selbstgerecht; heuchlerisch. **Pha|ri|sä|is|mus** *der;* - ⟨zu ↑...ismus (1)⟩: 1. religiös-politi-

sche Lehre der Pharisäer (1). 2. Selbstgerechtigkeit; Heuchelei

Phar|ma... ⟨verkürzt aus ↑Pharmakon⟩: Wortbildungselement mit der Bedeutung „Arzneimittel", z. B. Pharmaindustrie, Pharmareferent. **Phar|ma|in|du|strie** *die;* -, -n: Arzneimittelindustrie. **phar|mak...**, **Phar|mak...** vgl. pharmako..., Pharmako... **Phar|ma|ka:** Plur. von ↑Pharmakon. **Phar|ma|kant** *der;* -en, -en ⟨zu ↑pharmako... u. ↑...ant⟩: Facharbeiter für die Herstellung pharmazeutischer Erzeugnisse. **Phar|ma|kan|tin** *die;* -, -nen: weibliche Form zu ↑Pharmakant. **Phar|ma|keu|le** *die;* -, -n ⟨zu ↑Pharma...⟩: (ugs.) übermäßig große Menge von Pharmaka, die für eine Behandlung eingesetzt wird. **phar|mako...**, **Phar|ma|ko...**, vor Vokalen auch pharmak..., Pharmak... ⟨zu ↑Pharmakon⟩: Wortbildungselement mit der Bedeutung „Arzneimittel", z. B. Pharmakologie, Pharmakant. **Phar|ma|ko|dy|na|mik** *die;* -: Teilgebiet der Medizin u. Pharmazie, das sich mit den spezifischen Wirkungen der Arzneimittel u. Gifte befaßt (Med., Pharm.). **phar|ma|ko|dy|na|misch:** die spezifische Wirkung von Arzneimitteln u. Giften betreffend. **phar|ma|ko|gen** ⟨zu ↑...gen⟩: durch Arzneimittel verursacht (von Krankheiten od. Krankheitserscheinungen; Med.). **Phar|ma|ko|ge|ne|tik** *die;* -: Teilgebiet der Medizin, das sich mit den möglichen Einwirkungen der Arzneimittel auf die Erbbeschaffenheit des Menschen befaßt (Med.). **Phar|ma|ko|gno|sie** *die;* - ⟨zu ↑...gnosie⟩: svw. pharmazeutische Biologie. **phar|ma|ko|gno|stisch:** die Pharmakognosie betreffend. **Phar|ma|ko|ki|ne|tik** *die;* -: Wissenschaft vom Verlauf der Konzentration eines Arzneimittels im Organismus (Med.). **Phar|ma|ko|lith** [auch ...'lɪt] *der;* Gen. -s u. -en, Plur. -[e]n ⟨zu ↑...lith⟩: ein weißes, auch rötliches od. grünliches Mineral. **Phar|ma|ko|lo|ge** *der;* -n, -n ⟨zu ↑...loge⟩: Wissenschaftler auf dem Gebiet der Pharmakologie. **Phar|ma|ko|lo|gie** *die;* - ⟨zu ↑...logie⟩: Wissenschaft von Art u. Aufbau der Heilmittel, ihren Wirkungen u. Anwendungsgebieten; Arzneimittelkunde, Arzneiverordnungslehre. **phar|ma|ko|lo|gisch** ⟨zu ↑...logisch⟩: die Pharmakologie, Arzneimittel betreffend. **Phar|ma|ko|ma|nie** *die;* -, ...jen ⟨zu ↑...manie⟩: übermäßiger Gebrauch von Arzneimitteln, Arzneimittelsucht, -mißbrauch (Med.). **Phar|ma|kon** *das;* -s, ...ka ⟨aus gleichbed. gr. phármakon⟩: 1. Arzneimittel. 2. (veraltet) Zauber-, Liebestrank. **Phar|ma|ko|phi|lie** *die;* -, ...jen ⟨zu ↑pharmako... u. ↑...philie⟩: Arzneimittelsucht, gehäuft bei stimulierenden u. sedierenden (vgl. sedieren) Mittteln (Med.). **Phar|ma|ko|pho|bie** *die;* -, ...jen ⟨zu ↑...phobie⟩: krankhafte Furcht vor der Einnahme von Arzneimitteln (Med.). **Phar|ma|ko|phor** *das;* -s, -en (meist Plur.) ⟨zu ↑...phor⟩: die für die eigentliche pharmakologische Wirkung verantwortlichen chem. Gruppierungen im Atommolekül (Chem., Pharm.). **Phar|ma|ko|pöe** [...'pø:, selten ...'pø:ə] *die;* -, ...pöen ⟨zu gr. pharmakopoieĩn „Arzneien zubereiten"⟩: amtliches Arzneibuch, Verzeichnis der ↑offiziellen Arzneimittel mit Vorschriften über ihre Zubereitung, Beschaffenheit, Anwendung o. ä. **Phar|ma|ko|psych|ia|trie** *die;* - ⟨zu ↑pharmako...⟩: Teilgebiet der Psychiatrie, auf dem man sich mit der Behandlung bestimmter Geisteskrankheiten mit ↑Psychopharmaka befaßt. **Phar|ma|ko|psy|cho|lo|gie** *die;* -: Teilgebiet der Psychologie, das die Wirkung von Arzneimitteln u. Drogen auf die seelischen Vorgänge umfaßt. **Phar|ma|ko|ra|dio|gra|phie** *die;* -: Verfahren der Röntgendiagnostik, bei dem die Funktion von Organen (bes. von Magen, Zwölffingerdarm, Gallenwegen) durch Zufuhr krampflösender od. peristaltikfördernder Arzneimittel sichtbar gemacht wird (Med.). **Phar|ma|ko|si|de|rit** [auch ...'rɪt] *der;* -s, -e: ein grünes bis gelbes od. braunes Mineral. **Phar|ma|ko|the|ke** *die;* -, -n ⟨zu gr. thḗkē „Behälter"⟩: (veraltet) Hausapotheke. **phar|ma|ko|the|ra|peu|tisch:** die Behandlung mit Arzneimitteln betreffend, mittels Pharmakotherapie (Med.). **Phar|ma|ko|the|ra|pie** *die;* -, ...jen: 1. (ohne Plur.) Lehre von der medikamentösen Behandlung von Krankheiten. 2. Behandlung von Krankheiten mit Arzneimitteln pflanzlicher, tierischer od. chemischer Herkunft (Med.). **Phar|ma|re|fe|rent** *der;* -en, -en ⟨zu ↑Pharma...⟩: Vertreter, der bei Ärzten für die Arzneimittel o. ä. einer Firma wirbt. **Phar|ma|re|fe|ren|tin** *die;* -, -nen: weibliche Form zu ↑Pharmareferent. **Phar|ma|un|ter|neh|men** *das;* -s, -: Unternehmen der Pharmaindustrie. **Phar|ma|zeut** *der;* -en, -en ⟨aus gr. pharmakeutḗs „Hersteller von Heilmitteln, Giftmischer" zu pharmakeúein „Arzneimittel anwenden, verabreichen"⟩: Fachmann, Wissenschaftler auf dem Gebiet der Pharmazie; Arzneimittelhersteller (z. B. Apotheker). **Phar|ma|zeu|tik** *die;* - ⟨aus gleichbed. gr. pharmakeutikḗ (téchnē)⟩: Arzneimittelkunde. **Phar|ma|zeu|ti|kum** *das;* -s, ...ka ⟨aus gleichbed. mlat. pharmaceuticum, substantiviertes Neutrum von spätlat. pharmaceuticus, vgl. pharmazeutisch⟩: Arzneimittel. **phar|ma|zeu|tisch** ⟨über gleichbed. spätlat. pharmaceuticus aus gr. pharmakeutikós⟩: zur Pharmazie gehörend; die Herstellung von Arzneimitteln betreffend; -e Biologie: Lehre von der Erkennung u. Bestimmung der als Arznei verwendeten Drogen. **phar|ma|zeu|tisch-tech|nisch:** die Pharmazie in Verbindung mit entsprechenden technischen, praktischen Handhabungen betreffend; -e Assistentin: weibliche Person, die durch Zubereitung, Kontrolle, Abgabe von Arzneimitteln u. Verkauf von Körperpflege- u. Hygieneartikeln die Tätigkeit eines Apothekers o. ä. unterstützt (Berufsbez.; Abk.: PTA). **Phar|ma|zie** *die;* - ⟨über spätlat. pharmacia aus gr. pharmakeía „(Gebrauch von) Arznei"⟩: Wissenschaft von den Arzneimitteln, ihrer Zusammensetzung, Herstellung usw.

Pha|ro *das;* -s ⟨über engl. faro aus fr. pharaon, wohl nach dem Bildnis des Pharaos, der statt des Königs auf einer nach England eingeführten Spielkarte des franz. Blatts dargestellt war⟩: svw. ²Pharao

Pha|rus *der;* -, Plur. - u. -se ⟨nach der griech. Insel Pháros (lat. Pharos, Pharus) bei Alexandria, auf der im Altertum ein berühmter Leuchtturm stand⟩: (veraltet) Leuchtturm

pha|ryng..., **Pha|ryng...** vgl. pharyngo..., Pharyngo... **pha|ryn|gal** [...ŋ'ga:l] ⟨zu ↑pharyngo... u. ↑¹...al (1)⟩: auf den Pharynx bezüglich, dort artikuliert (Sprachw.). **Pha|ryn|gal** *der;* -s, -e ⟨zu ↑¹...al (2)⟩: im Rachenraum gebildeter Konsonant, der nicht immer deutlich von Laryngalen Lauten zu unterscheiden ist, Rachenlaut (Sprachw.). **pha|ryn|ga|li|sie|ren** ⟨zu ↑...isieren⟩: mit verengtem Rachenraum artikulieren. **Pha|ryn|gen:** Plur. von ↑Pharynx. **Pha|ryn|gis|mus** *der;* -, ...men ⟨zu ↑...ismus (3)⟩: Verkrampfung der Schlundmuskulatur, Schlundkrampf (Med.). **Pha|ryn|gi|tis** *die;* -, ...itiden ⟨zu ↑...itis⟩: Rachenentzündung (Med.). **pha|ryn|go...**, **Pha|ryn|go...**, vor Vokalen meist pharyng..., Pharyng... ⟨zu gr. phárygx, Gen. pháryggos „Schlund, Rachen"⟩: Wortbildungselement mit der Bedeutung „oberer Teil der Speiseröhre, Rachen", z. B. Pharyngoskopie, Pharyngismus. **Pha|ryn|go|lo|ge** *der;* -n, -n ⟨zu ↑...loge⟩: Facharzt auf dem Gebiet der Pharyngologie (Med.). **Pha|ryn|go|lo|gie** *die;* - ⟨zu ↑...logie⟩: Teilgebiet der Medizin, das sich mit den Krankheiten des Rachens befaßt. **pha|ryn|go|lo|gisch** ⟨zu ↑...logisch⟩: die Pharyngologie, die Rachenkrankheiten betreffend (Med.). **Pha-**

Pharyngoskop

ryn|go|pla|stik *die;* -, -en: operative Behandlung von [angeborenen] Defekten des Rachens (z. B. von Rachenspalten; Med.). **Pha|ryn|go|skop** *das;* -s, -e ⟨zu ↑ ...skop⟩: Instrument zur Untersuchung des Rachens, Rachenspiegel (Med.). **Pha|ryn|go|sko|pie** *die;* -, ...ien ⟨zu ↑ ...skopie⟩: Untersuchung des Rachens mit Hilfe des Pharyngoskops, Ausspiegelung des Rachens (Med.). **pha|ryn|go|skopisch:** die Pharyngoskopie betreffend; unter Anwendung des Pharyngoskops. **Pha|ryn|go|spas|mus** *der;* -, ...men: svw. Pharyngismus. **Pha|ryn|go|to|mie** *die;* -, ...ien ⟨zu ↑ ...tomie⟩: operative Öffnung des Schlundes vom Halse aus (Med.). **Pha|rynx** *der;* -, ...ryngen [...ŋgən] ⟨aus gleichbed. *gr.* phárygx, Gen. pháryggos⟩: zwischen Speiseröhre u. Mund- bzw. Nasenhöhle liegender Abschnitt der oberen Luftwege; Schlund, Rachen (Med.). **Pha|rynx|kri|se** *die;* -, -n: das Auftreten schmerzhafter Schluckkrämpfe (Med.).
Pha|se *die;* -, -n ⟨aus gleichbed. *fr.* phase, dies aus *gr.* phásis „Erscheinung; Aufgang eines Gestirns" zu phaínesthai, vgl. Phänomen⟩: 1. Abschnitt einer [stetigen] Entwicklung od. eines Ablaufs; Zustandsform, Stufe. 2. a) bei nicht selbstleuchtenden Monden od. Planeten die Zeit, in der die Himmelskörper nur z. T. erleuchtet sind; b) die daraus resultierende jeweilige Erscheinungsform der Himmelskörper (Astron.). 3. Aggregatzustand eines chem. Stoffes, z. B. feste, flüssige - (Chem.). 4. Größe, die den Schwingungszustand einer Welle an einer bestimmten Stelle, bezogen auf den Anfangszustand, charakterisiert (Phys.). 5. a) Schwingungszustand beim Wechselstrom; b) (nur Plur.) die drei Wechselströme des Drehstromes; c) eine der drei Leitungen des Drehstromnetzes (Elektrot.). **Pha|sen|diffe|renz** *die;* -, -en: augenblicklicher Unterschied im Bewegungszustand bei Schwingungen od. Wellen (Phys.). **Phasen|kon|trast|mi|kro|skop** *das;* -, -e: Lichtmikroskop, das kontrastlose Objekte durch Ausnutzung von Phasendifferenzen beim Durchgang des Lichts durch das Objekt sichtbar macht. **Pha|sen|mo|du|la|ti|on** *die;* -, -en: 1. das Verändern der Phase. 2. Verfahren der Überlagerung von niederfrequenter Schwingung mit hochfrequenter Trägerwelle (Phys.). **Pha|sen|theo|rie** *die;* -: Annahme, daß die Entwicklung des Menschen in einer festgelegten Abfolge ohne zeitliche Fixierung vor sich geht. **Pha|ser** ['feɪzə] *der;* -s, - ⟨zu *engl.* to phase „in Phasen (ein)teilen"⟩: ein elektron. Effektgerät (bes. der Rockmusik), dessen Funktion auf der Aufspaltung u. Phasenverschiebung eines eingegebenen Signals beruht u. das einen in sich kreisenden Klangeindruck hervorruft
Pha|sin *das;* -s ⟨zu *gr.* phásēlos „eine Art Bohnen" u. ↑ ...in (1)⟩: durch längeres Kochen zerstörbarer giftiger Eiweißbestandteil der Bohnen
pha|sisch ⟨zu ↑ Phase⟩: die Phase (1) betreffend; in bestimmten Abständen regelmäßig wiederkehrend. **Phas|ma** *das;* -s, -ta ⟨aus gleichbed. *gr.* phásma⟩: (veraltet) Erscheinung, Gestalt, Gespenst. **Pha|so...** ⟨zu ↑ Phase (mit dem Bindevokal -o-)⟩: Wortbildungselement aus der Medizin mit der Bedeutung „nur phasenweise auftretend, ab und zu", z. B. Phasopathie. **Pha|so|pa|thie** *die;* -, ...ien ⟨zu ↑ ...pathie⟩: vorübergehende charakterliche Abnormität (Psychol.). **Pha|so|phre|nie** *die;* -, ...ien ⟨zu ↑ ...phrenie⟩: in Phasen verlaufende ↑ Psychose
pha|tisch ⟨nach *gr.* phatós „gesagt" zu phatízein „reden, sprechen"⟩: kontaktknüpfend u. -erhaltend, z. B. die -e Funktion eines Textes (Sprachw.).
Pha|ze|lie [...iə] *die;* -, -n ⟨aus *nlat.* phacelia zu *gr.* phákel(l)os „Bündel" u. ↑¹...ie⟩: Büschelschön (Wasserblattgewächs, das als Bienenweide angepflanzt wird)

phel|lo..., Phel|lo... ⟨über *lat.* phellos „Kork(eiche)" zu *gr.* phellós⟩: Wortbildungselement mit der Bedeutung „Kork", z. B. Phelloplastik. **Phel|lo|den|dron** *der,* auch *das;* -s, ...dren ⟨zu *gr.* déndron „Baum"⟩: Korkbaum (ein ostasiat. Zierbaum). **Phel|lo|derm** *das;* -s, -e ⟨zu *gr.* dérma „Haut"⟩: unverkorktes, blattgrünreiches Rindengewebe (Bot.). **Phel|lo|gen** *das;* -s, -e ⟨zu ↑ ...gen⟩: Korkzellen bildendes Pflanzengewebe (Bot.). **Phel|lo|id** *das;* -[e]s, -e ⟨zu ↑ ...oid⟩: unverkorkte tote Zellschicht im Korkgewebe (Bot.). **Phel|lo|pla|stik** *die;* -, -en: 1. (ohne Plur.) bes. im 18. u. 19. Jh. übliche Korkschnitzkunst. 2. aus Kork geschnitzte Figur. **phel|lo|pla|stisch:** die Korkschnitzkunst betreffend
Phe|lo|ni|um *das;* -s, ...ien [...iən] ⟨aus gleichbed. *mgr.* phelónion, Nebenform von phailónion, zu *gr.* phailónēs „Reisemantel"; vgl. ...ium⟩: mantelartiges Meßgewand des orthodoxen Priesters
Phen|ace|tin [...atse...] *das;* -s ⟨Kunstw.; umgestellt aus Para-*acetphen*etidin⟩: früher häufig verwendetes Schmerz- u. Fiebermittel, das wegen seiner beträchtlichen Nebenwirkungen seit 1986 verboten ist
Phen|akit ⟨auch ...'kɪt⟩ *der;* -s, -e ⟨zu *gr.* phénax, Gen. phénakos „Betrüger" (weil das Mineral nur unwesentlich von Quarz zu unterscheiden ist) u. ↑²...it⟩: ein farbloses, durchsichtiges Mineral, Schmuckstein
Phen|an|thren *das;* -s ⟨Kurzw. aus ↑ *Phen*ol u. ↑ *Anthracen*⟩: aromatischer Kohlenwasserstoff im Steinkohlenteer mit vielen wichtigen Abkömmlingen
Phen|go|pho|bie *die;* - ⟨zu *gr.* phéggos „Licht, Glanz" u. ↑ ...phobie⟩: (veraltet) Widerwille gegen glänzende Gegenstände (Med.)
Phe|nol *das;* -s ⟨aus gleichbed. *fr.* phénol, dies zu *gr.* phaínein „scheinen, leuchten"; vgl. ...ol⟩: Karbolsäure, eine aus dem Steinkohlenteer gewonnene, technisch vielfach verwendete organische Verbindung. **Phe|no|le** *die* (Plur.): Oxybenzole, wichtige organische Verbindungen im Teer (z. B. Phenol, Kresol). **Phe|nol|harz** *das;* -es, -e: aus Phenolen u. Formaldehyd synthetisch hergestelltes Harz. **Phenol|phtha|le|in** *das;* -s: als ↑ Indikator (3) dienende chem. Verbindung. **Phe|no|plast** *der;* -[e]s, -e ⟨zu ↑ Phenol⟩: svw. Phenolharz. **Phe|nyl** *das;* -s, -e u. **Phe|nyl|grup|pe** *die;* -, -n ⟨zu ↑ ...yl⟩: bestimmte, in vielen aromatischen Kohlenwasserstoffen enthaltene einwertige Atomgruppe. **Phe|nyl|hydra|zin** *das;* -s: kristalline, sich an der Luft dunkel färbende Substanz mit reduzierenden Eigenschaften, die als wichtiges Reagenz für den Nachweis u. die Identifizierung von Verbindungen, die ↑ Carbonylgruppen enthalten, dient. **Phe|nyl|ke|ton|urie** *die;* -, ...ien: [bei Babys auftretende] Stoffwechselkrankheit, die durch das Fehlen bestimmter ↑ Aminosäuren bedingt ist (Med.)
Phe|re|kra|te|us *der;* -, ...teen ⟨nach *lat.* Pherecratius zum Namen des altattischen Dichters Pherekrátēs⟩: 1. antiker Vers in der Form eines ↑ katalektischen ↑ Glykoneus. 2. svw. Aristophaneus
Phe|ro|mon *das;* -s, -e (meist Plur.) ⟨Kunstw. zu *gr.* phérein „tragen" u. ↑ Hor*mon*⟩: Wirkstoff, der nach außen abgegeben wird u. auf andere Individuen der gleichen Art Einfluß hat (z. B. Lockstoffe von Insekten; Biol.). **Phe|ro|phon** *das;* -s, -e ⟨zu ↑ ...phon⟩: früher verwendetes, an die Hausklingel angeschlossenes Haustelefon
Phi *das;* -[s], -s ⟨aus *gr.* phī⟩: einundzwanzigster Buchstabe des griech. Alphabets: Φ, φ
Phia|le *die;* -, -n ⟨aus gleichbed. *gr.* phiálē⟩: altgriech. flache [Opfer]schale
phil..., Phil... vgl. philo..., Philo... **...phil** ⟨aus *gr.* phílos

„freundlich; Freund"): Wortbildungselement mit der Bedeutung „eine Vorliebe für etwas od. jmdn. habend, etwas od. jmdn. sehr schätzend", z. B. bibliophil, frankophil. **Phil|aleth** *der;* -en, -en ⟨aus gleichbed. *gr.* philaléthēs⟩: (veraltet) Wahrheitsfreund. **Phil|ale|thie** *die;* - ⟨zu ↑²...ie⟩: (veraltet) Wahrheitsliebe. **Phil|an|throp** *der;* -en, -en ⟨zu *gr.* philánthrōpos „menschenfreundlich", dies zu ↑philo... u. ánthrōpos „Mensch"⟩: Menschenfreund; Ggs. ↑Misanthrop. **Phil|an|thro|pie** *die;* - ⟨aus gleichbed. *gr.* philanthrōpía⟩: Menschenfreundlichkeit, Menschenliebe; Ggs. ↑Misanthropie. **¹Phil|an|thro|pin** *die;* -, -nen: weibliche Form zu ↑Philanthrop. **²Phil|an|thro|pin** *das;* -s, -e u. Philanthropinum *das;* -s, ...na ⟨aus gleichbed. *(n)lat.* philanthropinum zu *gr.* philanthrṓpinos „menschenfreundlich gestaltet"⟩: (veraltet) Erziehungsanstalt, die nach den Grundsätzen des Philanthropinismus arbeitete. **Phil|an|thro|pi|nis|mus** u. Philanthropismus *der;* - ⟨zu ↑...ismus (2)⟩: eine am Ende des 18. Jh.s einsetzende, von Basedow begründete Erziehungsbewegung, die eine natur- u. vernunftgemäße Erziehung anstrebte. **Phil|an|thro|pi|nist** *der;* -en, -en ⟨zu ↑...ist⟩: Anhänger des Philanthropinismus. **Phil|an|thro|pi|num** vgl. ²Philanthropin. **phil|an|thro|pisch** ⟨aus gleichbed. *gr.* philánthrōpos⟩: menschenfreundlich, menschlich [gesinnt]; Ggs. ↑misanthropisch. **Phil|an|thro|pis|mus** vgl. Philanthropinismus. **Phil|ate|lie** *die;* - ⟨aus gleichbed. *fr.* philatélie zu ↑philo... u. *gr.* atéleia „Abgabenfreiheit", atelés „abgaben-, steuerfrei", weil die Marke den Empfänger davon befreite, den Boten zu bezahlen⟩: Briefmarkenkunde, [wissenschaftliche] Beschäftigung mit Briefmarken, das Sammeln von Briefmarken. **Phil|ate|list** *der;* -en, -en ⟨aus gleichbed. *fr.* philatéliste; vgl. ...ist⟩: jmd., der sich [wissenschaftlich] mit Briefmarken beschäftigt; Briefmarkensammler. **phil|ate|li|stisch** ⟨zu ↑...istisch⟩: die Philatelie betreffend. **Phil|har|mo|nie** *die;* -, ...ien ⟨aus gleichbed. *nlat.* philharmonia, eigtl. „Liebe zur Musik", zu ↑philo... u. *gr.* harmonía „Wohlklang, Musik"⟩: 1. Name philharmonischer Orchester od. musikalischer Gesellschaften. 2. (Gebäude mit einem) Konzertsaal eines philharmonischen Orchesters. **Phil|har|mo|ni|ker** *der;* -s, -: a) Mitglied eines philharmonischen Orchesters; b) (nur Plur.) Name eines Sinfonieorchesters mit großer Besetzung, z. B. Berliner -, Wiener -. **phil|har|mo|nisch** ⟨nach gleichbed. *fr.* philharmonique⟩: die Musikliebe, -pflege betreffend; musikpflegend; -es Orchester: Sinfonieorchester mit großer Besetzung (als Name). **Phil|hel|le|ne** *der;* -n, -n ⟨zu *gr.* philéllēn „griechenfreundlich"⟩: Anhänger, Vertreter des Philhellenismus. **phil|hel|le|nisch**: griechenfreundlich, zum Philhellenismus gehörend. **Phil|hel|le|nis|mus** *der;* - ⟨zu ↑...ismus (2)⟩: politisch-romantische Bewegung, die den Befreiungskampf der Griechen gegen die Türken unterstützte. **...phi|lie** ⟨aus *gr.* philía „Liebe, Freundschaft"⟩: Wortbildungselement mit der Bedeutung „Vorliebe, Liebhaberei", z. B. Bibliophilie. **Phil|ip|pi|ka** *die;* -, ...ken ⟨aus gleichbed. *gr.* (tà) Philippiká (Plur.), nach den Kampfreden des Demosthenes gegen König Philipp von Makedonien⟩: Straf-, Kampfrede

Phil|lip|sit [auch ...'sɪt] *der;* -s, -e ⟨nach dem brit. Mineralogen W. Phillips (1775-1828) u. zu ↑²...it⟩: zu den ↑Zeolithen gehörendes weißes bis farbloses, durchsichtiges Mineral

Phi|li|ster *der;* -s, - ⟨über *gr.* Philistieím aus *hebr.* pelištîm, nach dem nichtsemitischen Volk an der Küste Palästinas, das in der Bibel als ärgster Feind der Israeliten dargestellt wird⟩: 1. kleinbürgerlicher Mensch mit sehr konservativen Ansichten; Spießbürger. 2. (Studentenspr.) im Berufsleben stehender Alter Herr. 3. (Studentenspr. veraltend) Nichtakademiker. **Phi|li|ste|ri|um** *das;* -s ⟨aus gleichbed. *nlat.* philisterium, vgl. ...ium⟩: (Studentenspr.) das spätere Berufsleben eines Studenten. **phi|li|strie|ren** ⟨zu ↑...ieren⟩: (Studentenspr.) einen ↑Inaktiven in die Altherrenschaft aufnehmen. **phi|li|strös** ⟨französierende Bildung; vgl. ...ös⟩: spießbürgerlich; engstirnig. **Phi|li|stro|si|tät** *die;* -, -en ⟨zu ↑...ität⟩: (veraltet) Spießbürgerlichkeit, Engherzigkeit, geistige Beschränktheit

Phil|lu|me|nie *die;* - ⟨zu ↑philo..., *lat.* lumen „Licht" u. ↑²...ie, Analogiebildung ↑Philatelie⟩: das Sammeln von Zündholzschachteletiketten. **Phil|lu|me|nist** *der;* -en, -en ⟨zu ↑...ist⟩: Sammler von Zündholzschachteln od. Zündholzschachteletiketten. **phi|lo..., Phi|lo...**, vor Vokalen u. vor h phil..., Phil... ⟨aus *gr.* phílos „freundlich; Freund"⟩: Wortbildungselement mit der Bedeutung „Freund, Verehrer (von etwas), Liebhaber, Anhänger, geistig Engagierter; Liebe, Verehrung, wissenschaftliche Beschäftigung", z. B. Philosoph, Philanthrop, Philhellene. **phi|lo|bat** ⟨zu *gr.* batós „im Gehen befindlich", dies zu baínein „(wohin) gehen"⟩: enge Bindungen meidend, Distanz liebend (Psychol.); Ggs. ↑oknophil. **Phi|lo|car|die** [...k...] *die;* - ⟨zu *engl.* card „Karte" u. ↑²...ie⟩: svw. Philokartie. **Phi|lo|car|dist** *der;* -en, -en ⟨zu ↑...ist⟩: svw. Philokartist. **Phi|lo|den|dron** *der;* -s, ...ren ⟨aus gleichbed. *nlat.* philodendron, eigtl. „Baumfreund" (weil die Pflanze gern an Bäumen hochklettert), zu ↑philo... u. *gr.* déndron „Baum"⟩: einer Gattung der Aronstabgewächse angehörende Blattpflanze mit Luftwurzeln u. gelappten Blättern; vgl. Monstera. **Phi|lo|gyn** *der;* -en, -en ⟨aus gleichbed. *gr.* philógynos, zu gynḗ „Frau"⟩: (veraltet) Frauenfreund. **Phi|lo|gy|nie** *die;* - ⟨zu ↑²...ie⟩: (veraltet) Vorliebe für das weibliche Geschlecht. **Phi|lo|ka|lia** u. **Phi|lo|ka|lie** *die;* - ⟨aus *gr.* philokalía „Liebe zum Schönen"⟩: vielgelesenes Erbauungsbuch der orthodoxen Kirche mit Auszügen aus dem mittelalterlichen mystischen Schrifttum. **Phi|lo|kar|tie** *die;* - ⟨zu *fr.* carte (postale) „(Post)karte" u. ↑²...ie⟩: systematisches Sammeln von Ansichtskarten. **Phi|lo|kar|tist** *der;* -en, -en ⟨zu ↑...ist⟩: Ansichtskartensammler. **Phi|lo|lo|ge** *der;* -n, -n ⟨über *lat.* philologus aus *gr.* philólogos „Freund der Wissenschaften, Sprach-, Geschichtsforscher" zu ↑philo... u. lógos „Wort, Rede"⟩: jmd., der sich wissenschaftlich mit Philologie befaßt (z. B. Hochschullehrer, Student). **Phi|lo|lo|gie** *die;* - ⟨über *lat.* philologia aus *gr.* philología, eigtl. „Liebe zur (gelehrten) Unterhaltung"⟩: Wissenschaft, die sich mit der Erforschung von Texten in einer bestimmten Sprache beschäftigt; Sprach- u. Literaturwissenschaft. **Phi|lo|lo|gin** *die;* -, -nen: weibliche Form zu ↑Philologe. **phi|lo|lo|gisch** ⟨über *lat.* philologus aus *gr.* philólogos „(in der Literatur) bewandert, gelehrt"⟩: die Philologie betreffend, auf ihr beruhend, zu ihr gehörend. **Phi|lo|ma|thie** *die;* - ⟨aus gleichbed. *gr.* philomathía⟩: (veraltet) Wissensdrang. **Phi|lo|me|la** u. **Phi|lo|me|le** *die;* -, ...len ⟨aus gleichbed. *lat.* philomela, dies zu *gr.* Philoméla, nach dem Namen der Tochter König Pandions von Athen, die der Sage nach in eine Nachtigall verwandelt wurde⟩: (veraltet) Nachtigall. **Phi|lo|mi|me|sie** *die;* - ⟨zu *gr.* mímēsis „Nachahmung" u. ↑²...ie⟩: (veraltet) Nachahmungssucht. **Phi|lo|pho|nist** *der;* -en, -en ⟨zu ↑...phon u. ↑...ist⟩: (selten) Schallplattenfreund, Schallplattensammler. **Phi|lo|se|mit** *der;* -en, -en ⟨zu ↑philo... u. ↑Semit⟩: Vertreter des Philosemitismus. **phi|lo|se|mi|tisch**: den Philosemitismus betreffend, judenfreundlich. **Phi|lo|se|mi|tis|mus** *der;* - ⟨zu ↑...ismus (2, 5)⟩: a) (bes. im 17. u. 18. Jh.) geistige Bewegung, die gegenüber Juden und ihrer Religion eine sehr to-

Philosoph

lerante Haltung einnimmt; b) (abwertend) [unkritische] Haltung, die die Politik des Staates Israel vorbehaltlos unterstützt. **Phi|lo|soph** *der;* -en, -en ⟨über gleichbed. *lat.* philosophus aus *gr.* philósophos, eigtl. „Freund der Weisheit", zu ↑philo... u. sophía „Weisheit"⟩: 1. a) jmd., der nach dem letzten Sinn, den Ursprüngen des Denkens u. Seins, dem Wesen der Welt, der Stellung des Menschen im Universum fragt; b) Begründer einer Denkmethode, einer Philosophie (1). 2. Wissenschaftler auf dem Gebiet der Philosophie (2). 3. jmd., der gern philosophiert (2), über etwas nachdenkt, grübelt. **Phi|lo|so|pha|ster** *der;* -s, - ⟨aus *spätlat.* philosophaster „Scheinphilosoph"⟩: philosophisch unzuverlässiger Schwätzer, Scheinphilosoph. **Phi|lo|sophem** *das;* -s, -e ⟨aus gleichbed. *gr.* philosóphēma⟩: Ergebnis philos. Nachforschung od. Lehre; philos. Ergebnis. **Phi|lo|so|phia per|en|nis** *die;* - - ⟨*lat.;* „immerwährende Philosophie"⟩: Philosophie (1) im Hinblick auf die in ihr enthaltenen, überall u. zu allen Zeiten bleibenden Grundwahrheiten (A. Steuco). **Phi|lo|so|phia pri|ma** *die;* - - ⟨*lat.;* „erste Philosophie"⟩: die ↑Metaphysik bei Aristoteles. **Phi|lo|so|phie** *die;* -, ...ien ⟨über *lat.* philosophia aus *gr.* philosophía „Weisheitsliebe"⟩: 1. forschendes Fragen u. Streben nach Erkenntnis des letzten Sinnes, der Ursprünge des Denkens u. Seins, der Stellung des Menschen im Universum, des Zusammenhanges der Dinge in der Welt. 2. (ohne Plur.) Wissenschaft von den verschiedenen philos. Systemen, Denkgebäuden. **phi|lo|so|phie|ren** ⟨zu ↑...ieren⟩: 1. Philosophie (1) betreiben, sich philosophisch über einen Gegenstand verbreiten. 2. über etwas nachdenken, grübeln; nachdenklich über etwas reden. **Phi|lo|so|phi|kum** *das;* -s ⟨aus gleichbed. *nlat.* philosophicum⟩: 1. (in mehreren Bundesländern) im Rahmen des 1. Staatsexamens abzulegende Prüfung in Philosophie für Lehramtskandidaten. 2. Zwischenexamen bei Kandidaten für das Priesteramt. **Phi|lo|so|phin** *die;* -, -nen: weibliche Form zu ↑Philosoph. **phi|lo|so|phisch** ⟨über *spätlat.* philosophus aus gleichbed. *gr.* philósophos⟩: 1. a) die Philosophie (1) betreffend; b) auf einen Philosophen (1) bezogen. 2. durchdenkend, überlegend; weise. 3. (abwertend) weltfremd, verstiegen. **Phi|lo|xe|nie** *die;* - ⟨aus gleichbed. *gr.* philoxenía⟩: (veraltet) Gastfreundschaft
Phil|trum *das;* -s, ...tren ⟨über *lat.* philtrum aus gleichbed. *gr.* phíltron, eigtl. „Liebeszauber"⟩: Einbuchtung in der Mitte der Oberlippe (Med.).
Phi|me|son *das;* -s, -en ⟨zu ↑Phi u. ↑Meson⟩: zu den Mesonenresonanzen zählendes, extrem kurzlebiges, ungeladenes Elementarteilchen (Phys.).
Phi|mo|se *die;* -, -n ⟨aus gleichbed. *gr.* phímōsis, eigtl. „das Verschließen, die Verengung"⟩: angeborene od. erworbene Vorhautverengung des Penis (Med.). **phi|mo|tisch** ⟨zu ↑...otisch⟩: die Phimose betreffend, von ihr herrührend (Med.).
Phio|le *die;* -, -n ⟨aus gleichbed. *mlat.* fiola, dies über *lat.* phiala aus *gr.* phiálē, vgl. Phiale⟩: kugelförmige Glasflasche mit langem Hals
Phi-Phä|no|men *das;* -s, -e ⟨zu ↑Phi u. ↑Phänomen⟩: Wahrnehmung einer Scheinbewegung, wenn zwei Punkte im Abstand von 0,15° vor dunklem Hintergrund im zeitlichen Abstand von etwa ¹⁄₁₆ Sekunde nacheinander aufleuchten (Phys.).
phleb..., Phleb... vgl. phlebo..., Phlebo... **Phleb|ek|ta|sie** *die;* -, ...ien ⟨zu ↑phlebo... u. ↑Ektasie⟩: meist durch Bindegewebsschäden bedingte Bildung von Ausbuchtungen in der Venenwand; Venenerweiterung (Med.). **Phle|bi|tis** *die;* -, ...iti̱den ⟨zu ↑...itis⟩: Venenentzündung (Med.).

phle|bo..., Phle|bo..., vor Vokalen meist phleb..., Phleb... ⟨aus *gr.* phléps, Gen. phlebós „Blutader"⟩: Wortbildungselement mit der Bedeutung „Vene", z. B. Phlebographie, Phlebektasie. **Phle|bo|dy|na|mo|me|trie** *die;* -, ...ien: apparative Messung des Druckes in den Venen (Med.). **phle|bo|gen** ⟨zu ↑...gen⟩: von den Venen ausgehend (z. B. von krankhaften Veränderungen; Med.). **Phle|bo|gramm** *das;* -s, -e ⟨zu ↑...gramm⟩: Röntgenbild kontrastmittelgefüllter Venen (Med.). **Phle|bo|gra|phie** *die;* -, ...ien ⟨zu ↑...graphie⟩: röntgenologische Darstellung der Venen mit Hilfe von Kontrastmitteln (Med.). **Phle|bo|lith** [auch ...'lɪt] *der;* Gen. -s u. -en, Plur. -e[n] ⟨zu ↑...lith⟩: Venenstein, verkalkter ↑Thrombus (Med.). **Phle|bo|lo|ge** *der;* -n, -n ⟨zu ↑...loge⟩: Arzt mit Spezialkenntnissen auf dem Gebiet der Venenerkrankungen (Med.). **Phle|bo|lo|gie** *die;* - ⟨zu ↑...logie⟩: die Venen u. ihre Erkrankungen umfassendes Teilgebiet der Medizin. **Phle|bo|skle|ro|se** *die;* -, -n: bindegewebige Verhärtung der Venen (Med.). **phle|bo|skle|ro|tisch**: mit Phlebosklerose verbunden (Med.). **Phle|bo|sko|pie** *die;* -, ...ien ⟨zu ↑...skopie⟩: Beobachtung der Venenfunktionen am Durchleuchtungsapparat nach Verabreichung eines Kontrastmittels (Med.). **Phle|bo|to|mie** *die;* -, ...ien ⟨zu ↑...tomie⟩: Freilegung u. Eröffnung einer oberflächlich gelegenen Vene zur Vornahme einer Infusion, Transfusion od. Blutentnahme (Med.). **Phle|bo|to|mus** *der;* -, ...mi ⟨aus gleichbed. *nlat.* phlebotomus zu ↑phlebo... u. *gr.* tomós „schneidend", dies zu témnein „schneiden"⟩: Gattung von Sandmücken, die gefährliche Infektionskrankheiten (z. B. Kala-Azar) auf den Menschen übertragen können (Zool.). **Phle|bo|to|mus|fie|ber** *das;* -s: eine durch den Phlebotomus hervorgerufene subtrop. bzw. trop. Erkrankung (Med.).
Phle|do|nie *die;* - ⟨aus *gr.* phledoneía „unnützes Geschwätz"⟩: (veraltet) das Irrereden (Med.). **phle|do|nisch** ⟨zu *gr.* phledonṓdēs „geschwätzig"⟩: (veraltet) irreredend (Med.).
Phleg|ma *das;* Gen. -s, österr. meist - ⟨über *spätlat.* phlegma aus *gr.* phlégma, Gen. phlégmatos „zähflüssiger Körperschleim" (dem zähflüssigen Körpersaft entsprach nach antiken Vorstellungen das schwerfällige Temperament), eigtl. „Brand, Hitze; Entzündung", zu phlégein „entzünden, (ver)brennen"⟩: a) [Geistes]trägheit, Schwerfälligkeit; b) Gleichgültigkeit, Dickfelligkeit. **Phleg|ma|sie** *die;* -, ...ien ⟨aus gleichbed. *gr.* phlegmasía⟩: Entzündung (Med.). **Phleg|ma|ti|ker** *der;* -s, - ⟨zu *gr.* phlegmatikós, vgl. phlegmatisch⟩: a) (nach dem von Hippokrates aufgestellten Temperamentstyp) ruhiger, langsamer, schwerfälliger Mensch; vgl. Choleriker, Melancholiker, Sanguiniker; b) Vertreter dieses Temperamentstyps. **Phleg|ma|ti|kus** *der;* -, -se ⟨nach *spätlat.* phlegmaticus, vgl. phlegmatisch⟩: (ugs. scherzh.) träger, schwerfälliger Mensch. **phleg|ma|tisch** ⟨über *spätlat.* phlegmaticus aus *gr.* phlegmatikós „zum Schleim gehörend; an Schleim leidend"⟩: träge, schwerfällig; gleichgültig; vgl. cholerisch, melancholisch, sanguinisch. **phleg|ma|ti|sie|ren** ⟨zu ↑...isieren⟩: die Empfindlichkeit brisanter Explosivstoffe (z. B. von Nitropenta, Hexogen) gegen Schlag u. Reibung durch Zusatz von Wachs od. Kunststoffen herabsetzen (Techn.). **Phleg|mo|ne** *die;* -, -n ⟨über *spätlat.* phlegmon aus *gr.* phlegmonḗ „Entzündung"⟩: [sich ausbreitende] eitrige Zellgewebsentzündung (Med.). **phleg|mo|nös** ⟨zu ↑...ös⟩: mit Phlegmone einhergehend (Med.).
Phlo|ba|phe|ne *die* (Plur.) ⟨zu *gr.* phlóos „Rinde, Bast", baphḗ „Farbe" u. ↑...en⟩: durch Kondensation von Pflanzenfarbstoffen entstehende, rötlichbraune Pigmente (z. B.

im braunen Herbstlaub). **Phlo|ęm** *das;* -s, -e ⟨zu ↑...em⟩: Siebteil der pflanzlichen Leitbündel (Bot.)
Phlo|gi|stik *die;* - ⟨zu *gr.* phlogistós „verbrannt" (dies zu phlogízein „verbrennen") u. ↑²...ik⟩: Lehre von den brennbaren Körpern od. von der Wirksamkeit des Phlogistons. **Phlo|gi|sti|ker** *der;* -s, -: Anhänger der Phlogistik. **phlo|gi|stisch** ⟨nach *gr.* phlogistós; vgl. Phlogistik⟩: eine Entzündung betreffend, zu ihr gehörend. **Phlo|gi|ston** *das;* -s ⟨aus *gr.* phlogistón „das Verbrannte"⟩: nach einer wissenschaftlichen Theorie des 18. Jh.s ein Stoff, der allen brennbaren Körpern beim Verbrennungsvorgang entweichen sollte. **phlo|go|gen** ⟨nach *gr.* phlogogenés „im Feuer geboren"⟩: Entzündungen erregend (Med.). **Phlo|go|pit** [auch ...'prt] *der;* -s, -e ⟨zu *gr.* phlogōpós „feurig, glänzend" u. ↑²...it⟩: zu den Glimmern gehörendes, rötliches bis braunes Mineral. **Phlo|go|se** u. **Phlo|go|sis** *die;* -, ...osen ⟨aus gleichbed. *gr.* phlógōsis; vgl. ¹...ose⟩: Entzündung (Med.)
Phlo|ro|glu|cin [...'tsi:n] *das;* -s ⟨Kunstw. aus *gr.* phlóos „Rinde", rhíza „Wurzel", glykýs „süß" u. ↑...in (1)⟩: ein Phenol, das farblose, wenig wasserlösliche Kristalle von süßem Geschmack bildet u. Zwischenprodukt zur Herstellung von Farbstoffen u. Arzneimitteln ist
Phlox *der;* -es, -e, auch *die;* -, -e ⟨aus *gr.* phlóx, Gen. phlogós „Flamme, Feuer"⟩: Zierpflanze mit rispenartigen, farbenprächtigen Blütenständen. **Phlo|xin** *das;* -s ⟨zu ↑...in (1)⟩: nicht lichtechter roter Säurefarbstoff
Phlya|ken *die* (Plur.) ⟨zu *gr.* phlýax, Gen. phlýakos „Schwätzer, Possenreißer"⟩: Spaßmacher der altgriech. Volksposse
Phlyk|tä|ne *die;* -, -n ⟨aus *gr.* phlýktaina „Blase"⟩: Bläschen an der Bindehaut des Auges (Med.).
phob..., **Phob...** vgl. phobo..., Phobo... **...phob** ⟨zu *gr.* phóbos „Furcht"⟩: Wortbildungselement mit der Bedeutung „eine Abneigung gegen etw. habend; etw. meidend", z. B. frankophob, hydrophob. **Pho|bie** *die;* -, ...ien ⟨zu *gr.* phóbos „Furcht" u. ↑²...ie⟩: krankhafte Angst (Med.). **...pho|bie** ⟨zu ↑ Phobie⟩: Wortbildungselement mit den Bedeutungen: a) „[zwanghafte] Angst vor etw. od. jmdm. habend, Abneigung gegen etw.", z. B. Agoraphobie, Klaustrophobie, Spinnenphobie, u. b) „überempfindlich sein gegen etw., etw. meiden", z. B. Photophobie. **Pho|bi|ker** *der;* -s, -: jmd., der an einer Phobie leidet (Med.). **pho|bisch** ⟨zu ↑ Phobie⟩: die Phobie betreffend, auf ihr beruhend; in der Art einer Phobie (Med.). **pho|bo...**, **Pho|bo...**, vor Vokalen auch phob..., Phob... ⟨zu ↑ Phobie⟩: Wortbildungselement mit der Bedeutung „[zwanghafte] Angst od. Abneigung", z. B. Phobophobie, phobotaktisch. **Pho|bo|pho|bie** *die;* -, ...ien ⟨zu ↑...phobie⟩: Angst vor Angstanfällen (Med.). **pho|bo|tak|tisch**: die Phobotaxis betreffend, auf ihr beruhend (Biol.). **Pho|bo|ta|xis** *die;* -, ...xen ⟨zu ↑²Taxis⟩: Änderung der Bewegungsrichtung bei freibeweglichen Organismen (z. B. Einzellern) auf Grund einer phobischen Reaktion auf eine Intensitätsänderung von einwirkenden Reizen (z. B. Licht, Kälte; Biol.)
Pho|ko|me|lie *die;* -, ...ien ⟨zu *gr.* phőkē „Robbe, Seehund", mélos „Glied" u. ↑²...ie⟩: angeborene körperliche Mißbildung, bei der Hände u. Füße fast am Rumpf ansetzen (Med.). **Pho|ko|me|lus** *der;* -, ...len ⟨aus gleichbed. *nlat.* phocomelus⟩: Individuum, das die Merkmale der Phokomelie zeigt (Med.)
Phon *das;* -s, -s (aber: 50 Phon) ⟨aus *gr.* phōnḗ „Laut, Ton; Stimme"⟩: Maß der Lautstärke; Zeichen phon. **phon...**, **Phon...** vgl. phono..., Phono... **...phon** ⟨zu ↑ Phon⟩: Wortbildungselement mit der Bedeutung „Laut, Ton; Stimme", z. B. polyphon, Megaphon. **Phon|asthe|nie** *die;* -, ...ien ⟨zu ↑ phono...⟩: Stimmschwäche, Versagen der Stimme (Med.). **Pho|na|ti|on** *die;* - ⟨zu *gr.* phōnḗ (vgl. Phon) u. ↑...ation⟩: Laut- u. Stimmbildung; Art u. Weise der Entstehung von Stimmlauten (Med.). **pho|na|to|risch** ⟨aus *nlat.* phonatorius⟩: die Phonation, die Stimme betreffend; stimmlich. **Pho|nem** *das;* -s, -e ⟨nach *gr.* phṓnēma, Gen. phōnḗmatos „Laut, Ton, Stimme"⟩: 1. kleinste bedeutungsunterscheidende, aber nicht selbst bedeutungstragende sprachliche Einheit (z. B. *b* in Bein im Unterschied zu *p* in Pein; Sprachw.). 2. (nur Plur.) Gehörhalluzinationen in Form von Stimmen (z. B. bei Schizophrenie; Med.). **Pho|ne|ma|tik** *die;* - ⟨zu ↑²...ik (1)⟩: svw. Phonologie. **pho|ne|ma|tisch**: das Phonem betreffend. **Pho|ne|mik** *die;* - ⟨zu ↑ Phonem u. ↑²...ik (1)⟩: svw. Phonologie. **pho|ne|misch**: svw. phonematisch. **Phon|en|do|skop** *das;* -s, -e ⟨zu ↑ phono... u. ↑¹Endoskop⟩: ↑Stethoskop, das den Schall über eine Membran u. einen veränderlichen Resonanzraum weiterleitet, Schlauchhörrohr (Med.). **Pho|ne|tik** *die;* - ⟨zu *gr.* phōnētikós „zum Reden, Sprechen gehörig"; vgl. ²...ik (1)⟩: Teilgebiet der Sprachwissenschaft, das die Vorgänge beim Sprechen untersucht; Lautlehre, Stimmbildungslehre. **Pho|ne|ti|ker** *der;* -s, -: Wissenschaftler auf dem Gebiet der Phonetik. **pho|ne|tisch**: die Phonetik betreffend, lautlich. **Pho|ne|to|graph** *der;* -en, -en ⟨zu ↑...graph⟩: Gerät, das gesprochene Worte direkt in Schrift od. andere Zeichen überführt (Techn.). **Pho|ni|a|ter** *der;* -s, - ⟨zu ↑ phono... u. ↑...iater⟩: Spezialist auf dem Gebiet der Phoniatrie (Med., Psychol.). **Pho|ni|a|trie** *die;* - ⟨zu ↑...iatrie⟩: Teilgebiet der Medizin, das sich mit krankhaften Erscheinungen bei der Sprach- u. Stimmbildung befaßt; Stimm-, Sprachheilkunde. **...pho|nie** ⟨zu ↑ Phon u. ↑²...ie⟩: Wortbildungselement mit der Bedeutung „Ton, Klang", vgl. Stereophonie, Kakophonie. **pho|nie|ren** ⟨zu ↑...ieren⟩: den Stimmklang in hoher Tonlage einsetzen lassen (Med.). **Pho|nik** *die;* - ⟨zu *gr.* phōnḗ (vgl. Phon) u. ↑²...ik (1)⟩: (veraltet) Lehre vom Schall, Tonlehre. **pho|nisch**: die Stimme, die Stimmbildung betreffend. **Pho|nis|mus** *der;* -, ...men (meist Plur.) ⟨zu ↑...ismus (3)⟩: nicht auf Gehörswahrnehmungen beruhende Tonempfindung bei Reizung anderer Sinnesnerven (z. B. des Auges; Med.)
Phö|nix *der;* -[es], -e ⟨über *lat.* phoenix aus gleichbed. *gr.* phoínix, nach dem sich im Feuer verjüngenden Vogel der altägypt. Sage, der in verschiedenen Versionen zum Symbol der ewigen Erneuerung u. zum christlichen Sinnbild der Auferstehung wurde⟩; in der Wendung **wie ein - aus der Asche steigen**: nach scheinbar vollständigem Niedergang etwas mit ganz neuer Kraft beginnen
pho|no..., **Pho|no...**, vor Vokalen meist phon..., Phon... ⟨zu *gr.* phōnḗ „Laut, Ton; Stimme"⟩: Wortbildungselement mit der Bedeutung „Schall, Laut, Stimme, Ton", z. B. Phonogramm, Phonasthenie. **Pho|no|dik|tat** *das;* -[e]s, -e: in ein Diktiergerät gesprochenes ↑Diktat (1 b); vgl. Phonotypistin. **pho|no|gen** ⟨zu ↑...gen⟩: bühnenwirksam, zum Vortrag geeignet (von der menschlichen Stimme). **Pho|no|gno|mik** *die;* - ⟨zu *gr.* gnṓmē „Erkenntnis" u. ↑²...ik (1)⟩: Lehre vom seelischen Ausdrucksgehalt der Sprechstimme (Psychol.). **Pho|no|gramm** *das;* -s, -e ⟨zu ↑...gramm⟩: jede Aufzeichnung von Schallwellen (z. B. Sprache, Musik) auf Schallplatten, Tonbändern usw. **Pho|no|graph** *der;* -en, -en ⟨zu ↑...graph⟩: 1877 von Edison erfundenes Tonaufnahmegerät (Techn.). **Pho|no|gra|phie** *die;* -, ...ien ⟨zu ↑...graphie⟩: 1. (veraltet) Aufzeichnung von Lauten in lautgetreuer Schrift. 2. Verzeichnis von Tonaufnahmen. **pho|no|gra|phisch** ⟨zu ↑...graphisch⟩:

Phonographismus

die Phonographie betreffend, lautgetreu. **Pho|no|gra|phis|mus** *der;* -, ...men ⟨zu ↑...ismus (3)⟩: Sprachauffälligkeit im Kindesalter, bei der Gehörtes od. Gesehenes erfaßt, aber nicht verarbeitet wird u. deshalb erst später gleichsam mechanisch (wie von einer Schallplatte) wiedergegeben wird. **Pho|no|kar|dio|gra|phie** *die;* -, ...ien: Registrierung der Herztöne auf elektroakustischem Wege (mittels Mikrophon u. Verstärker; Med.). **Pho|no|kar|dio|to|ko|gra|phie** *die;* -, ...ien ⟨zu *gr.* kardía „Herz", tókos „das Gebären" u. ↑...graphie⟩: Aufnahme u. Registrierung der kindlichen Herztöne im Mutterleib (Med.). **Pho|no|la** Ⓦ *das;* -s, -s od. *die;* -, -s ⟨Kunstw.⟩: mechanisches mit Tretpedalen zu bedienendes Klavier, bei dem die Notenreihenfolge auf einem durchlaufenden Band festgelegt ist; vgl. Pianola. **Pho|no|lith** [auch ...'lɪt] *der;* Gen. -s u. -en, Plur. -e[n] ⟨zu ↑ phono... u. ↑...lith⟩: ein graues od. grünliches, meist in Platten od. Säulen vorkommendes, beim Anschlagen hell klingendes Ergußgestein, das als Baustein od. für Düngemittel verwendet wird. **Pho|no|lo|ge** *der;* -n, -n ⟨zu ↑...loge⟩: jmd., der sich wissenschaftlich mit der Phonologie befaßt. **Pho|no|lo|gie** *die;* - ⟨zu ↑...logie⟩: Teilgebiet der Sprachwissenschaft, auf dem das System u. die bedeutungsmäßige Funktion der einzelnen Laute u. Lautgruppen untersucht werden. **pho|no|lo|gisch** ⟨zu ↑...logisch⟩: die Phonologie betreffend. **Pho|no|lo|gi|sie|rung** *die;* -, -en ⟨zu ↑...isierung⟩: die Entwicklung einer Phonemvariante zu einem Phonem (Sprachw.).
Pho|no|ma|nie *die;* -, ...ien ⟨zu *gr.* phónos „Mord" u. ↑...manie⟩: krankhafter Tötungstrieb, Mordsucht (Med.). **Pho|no|me|ter** *das;* -s, - ⟨zu ↑ phono... u. ↑¹...meter⟩: Apparat zur Prüfung u. Messung von Klang, Ton u. Schall od. zur Prüfung der Hörschärfe. **Pho|no|me|trie** *die;* - ⟨zu ↑...metrie⟩: 1. Teilgebiet der ↑ Akustik, das sich mit akustischen Reizen u. ihrer Wirkung auf den Gehörsinn befaßt. 2. für die Entwicklung der modernen Phonetik wichtiger, auf experimenteller Vergleichung von Gesprochenem durch Maß u. Zahl beruhender Forschungszweig (nach Zwirner). **pho|no|me|trisch** ⟨zu ↑...metrisch⟩: die Phonometrie betreffend. **Pho|non** *das;* -s, ...onen ⟨zu ↑⁴...on⟩: Quant der Gitterschwingungen eines Kristalls (1) bzw. der Schallschwingungen (Phys.). **Pho|no|neu|ro|se** *die;* -, -n: psychisch bedingte Stimmstörung (Med.). **Pho|no|pho|bie** *die;* -, ...ien ⟨zu ↑...phobie⟩: 1. Sprechangst, krankhafte Angst vor dem Sprechen bei Stotternden (Med.). 2. krankhafte Angst vor Geräuschen od. lauter Sprache (Med.). **Pho|no|po|no|se** *die;* -, -n ⟨zu *gr.* pónos „Arbeit, Mühe, Leiden"; vgl. ¹...ose⟩: mechanisch bedingte Stimmstörung (Med.). **Pho|no|skop** *das;* -s, -e ⟨zu ↑...skop⟩: ↑ Stethoskop mit Verstärkungsanlage zur Wiedergabe der Herztöne bzw. Herzgeräusche mit dem Lautsprecher (zu Lehrzwecken; Med.). **Pho|no|ta|xie** *die;* -, ...ien u. **Pho|no|ta|xis** *die;* -, ...taxen ⟨zu ↑ Taxie bzw. ↑²Taxis⟩: die sich nach Schallwellen richtende Ortsbewegung bestimmter Tiere (z. B. die Ultraschallortung bei Fledermäusen). **Pho|no|thek** *die;* -, -en ⟨zu ↑...thek⟩: Tonarchiv mit Beständen an Compact Discs, Schallplatten, Tonbändern u. a. **Pho|no|ty|pi|stin** *die;* -, -nen ⟨Analogiebildung zu ↑ Stenotypistin⟩: weibliche Schreibkraft, die vorwiegend nach einem Diktiergerät schreibt

phor..., **Phor...** vgl. phoro..., Phoro... **phor** ⟨aus gleichbed. *gr.* -phóros zu phoreĩn, phérein „tragen, bringen"⟩: Wortbildungselement mit der Bedeutung „tragend, (hervor)bringend", z. B. morbiphor. **Pho|re|sie** *die;* - ⟨aus *gr.* phoresía „das, was man trägt", zu phoreĩn „eine Last tragen", Intensivbildung zu phérein, vgl. ...phor⟩: Beziehung zwischen zwei Tieren verschiedener Arten, bei der das eine Tier das andere vorübergehend zum Transport benutzt, ohne es zu schädigen (Zool.). **Phor|minx** *die;* -, ...mingen [...'mɪŋən] ⟨aus gleichbed. *gr.* phórmigx⟩: der ↑ Kithara ähnliches Saiteninstrument aus der Zeit Homers (auf Abbildungen seit dem 9. Jh. v. Chr. bezeugt)
Phor|mi|um *das;* -s, ...ien [...jən] ⟨aus gleichbed. *nlat.* phormium, dies aus *gr.* phormíon „Matte", eigtl. „das Geflochtene", Verkleinerungsform von phormós „Matte", eigtl. „geflochten(er Korb)"⟩: Neuseeländischer Flachs (Liliengewächs, Faserpflanze)
pho|ro..., **Pho|ro...**, vor Vokalen meist phor..., Phor... ⟨zu *gr.* phoreĩn, phérein, vgl. ...phor⟩: Wortbildungselement mit der Bedeutung „das Tragen (von Gegenständen) betreffend, z. B. Phorometer, Phoropter. **Pho|ro|me|ter** *das;* -s, - ⟨zu ↑¹...meter⟩: altes Gerät zur Bestimmung der Tragfähigkeit. **Pho|ro|me|trie** *die;* - ⟨zu ↑¹...metrie⟩: (veraltet) [Lehre von der] Tragfähigkeitsmessung. **Pho|ro|no|mie** *die;* - ⟨zu ↑¹...nomie⟩: 1. svw. Kinematik. 2. Wissenschaft, Lehre vom Arbeits- u. Energieaufwand bei bestimmten körperlichen Tätigkeiten (Psychol.). **Phor|op|ter** *der;* -s, - ⟨zu *gr.* optér „Späher, Kundschafter" bzw. optikós „das Sehen betreffend"⟩: Gerät zur vereinfachten u. schnellen Durchführung einer Sehprüfung, das an Stelle von Probierbrillen eingesetzt wird

Phos|gen *das;* -s ⟨aus gleichbed. *engl.* phosgene, dies zu *gr.* phõs „Licht" u. ↑...gen⟩: zur Herstellung von Farbstoffen u. Arzneimitteln, im 1. Weltkrieg als Kampfgas verwendete Verbindung von Kohlenmonoxyd u. Chlor (Carbonylchlorid). **Phos|ge|nit** [auch ...'nɪt] *der;* -s, -e ⟨zu *gr.* -genés „verursachend", u. ↑²...it⟩: ein weiß bis gelblich durchscheinendes Mineral. **Phos|phat** *das;* -[e]s, -e ⟨zu ↑ Phosphor u. ↑...at (2)⟩: Salz der Phosphorsäure, dessen verschiedene Arten wichtige technische Rohstoffe sind (z. B. für Düngemittel). **Phos|pha|ta|se** *die;* -, -n (meist Plur.) ⟨zu ↑...ase⟩: bei den meisten Stoffwechselvorgängen wirksames ↑ Enzym, das Phosphorsäureester zu spalten vermag. **Phos|pha|tid** *das;* -[e]s, -e ⟨zu ↑³...id⟩: zu den ↑ Lipoiden gehörende organische Verbindung (Biochem., Chem.). **phos|pha|tie|ren** ⟨zu ↑...ieren⟩: Oberflächen von Metallen mit phosphorsäure- u. phosphathaltigen Lösungen korrosionsbeständig machen. **Phos|pha|tie|rung** *die;* -, -en ⟨zu ↑...ierung⟩: das Phosphatieren. **Phos|pha|turie** *die;* -, ...ien ⟨zu ↑...urie⟩: vermehrte Ausscheidung von Phosphaten im Harn, der hierdurch eine milchig-trübe Farbe annimmt (Med.). **Phos|phen** *das;* -s, -e ⟨Kunstw. zu *gr.* phõs „Licht" u. phaínesthai „erscheinen"⟩: bei ↑ Photopsie auftretende, subjektiv wahrgenommene Lichterscheinung (Med.). **Phos|phid** *das;* -[e]s, -e (meist Plur.) ⟨zu ↑ Phosphor u. ↑³...id⟩: Verbindung des Phosphors mit einem elektropositiven Grundstoff. **Phos|phin** *das;* -s, -e ⟨zu ↑¹...in (1)⟩: 1. (ohne Plur.) svw. Phosphorwasserstoff. 2. (nur Plur.) vom Phosphorwasserstoff abgeleitete, übelriechende, sehr giftige organische Verbindungen. **Phos|phit** [auch ...'fɪt] *das;* -s, -e (meist Plur.) ⟨zu ↑¹...it⟩: Salz der phosphorigen Säure. **Phos|pho|ki|na|se** *die;* -, -n: ↑ Enzym, das an der Regulation der Zellvermehrung beteiligt ist.
Phos|phor *der;* -s ⟨aus gleichbed. *nlat.* phosphorus, dies aus *gr.* phõsphóros „lichttragend" zu phõs „Licht" u. phórós „tragend", dies zu phoreĩn, phérein „tragen"; nach der Leuchtkraft des Elements⟩: chem. Element, Nichtmetall; Zeichen P. **Phos|pho|re** *die* (Plur.): phosphoreszierende Leuchtmassen. **Phos|pho|res|zenz** *die;* - ⟨nach gleichbed. *engl.* phosphorescence⟩: vorübergehendes Aussenden von

Licht, Nachleuchten bestimmter, vorher mit Licht o. ä. bestrahlter Stoffe. **phos|pho|res|zie|ren** ⟨zu ↑...ieren⟩: nach vorheriger Bestrahlung nachleuchten. **phos|pho|rig**: Phosphor enthaltend. **Phos|pho|ris|mus** *der;* -, ...men ⟨zu ↑Phosphor u. ↑...ismus (3)⟩: Phosphorvergiftung. **Phospho|rit** [auch ...'rɪt] *der;* -s, -e ⟨zu ↑²...it⟩: durch Verwitterung von ↑Apatit od. durch Umwandlung von phosphathaltigen tierischen Substanzen entstandenes Mineral (wichtiger Ausgangsstoff für die Phosphorgewinnung sowie zur Herstellung von Düngemitteln). **Phos|pho|ro|skop** *das;* -s, -e ⟨zu ↑...skop⟩: Gerät zur Untersuchung der Phosphoreszenz. **Phot** *das;* -s, - ⟨zu *gr.* phõs, *Gen.* phõtós „Licht"; vgl. Foto⟩: Maßeinheit der spezifischen Lichtausstrahlung; Zeichen ph (1 ph = 1 Lumen pro cm² = 10 000 Lux). **phot...**, **Phot...** vgl. photo..., Photo... **Pho|tis|mus** *der;* -, ...men ⟨zu ↑photo... u. ↑...ismus (3)⟩: bei affektiver Belastung (z. B. bei Schreck) od. starken, nichtoptischen Sinnesreizen auftretende Farb- od. Lichtempfindungen. **Pho|to** vgl. Foto. **pho|to...**, **Pho|to...**, vor Vokalen auch phot..., Phot... ⟨zu ↑Phot⟩: Wortbildungselement mit der Bedeutung „Licht", z. B. Photochemie, Photopsie; vgl. auch foto..., Foto... **Pho|to|al|ler|gie** [auch 'fo:...] *die;* -, ...jen: allergische Reaktion der Haut auf Licht bzw. Strahlen (Med.). **Pho|to|bio|lo|gie** [auch 'fo:...] *die;* -: Teilgebiet der Biologie, das sich mit der Wirkung des Lichts auf tierische u. pflanzliche Organismen befaßt. **pho|to|bio|lo|gisch** [auch 'fo:...]: die Photobiologie betreffend. **Pho|to-CD** *die;* -, -s: 1. svw. Photo-Disc. 2. als Lehrmaterial einsetzbare multifunktionale Kompaktschallplatte, auf der Diapositive mit Begleittext u. -ton gespeichert sind. **Pho|to|che|mie** [auch 'fo:...] *die;* -: Teilgebiet der Chemie, das die chem. Wirkungen des Lichtes erforscht. **Pho|to|che|mi|gra|phie** [auch 'fo:...] *die;* -: Herstellung von Ätzungen aller Art im Lichtbildverfahren. **pho|to|che|misch** [auch 'fo:...]: chem. Reaktionen betreffend, die durch Licht, radioaktive oder Röntgenstrahlung bewirkt werden. **Pho|to|che|mo|the|ra|pie** [auch 'fo:...] *die;* -: die kombinierte Anwendung von langwelligem Ultraviolettlicht u. einer photosensibilisierenden Substanz zur Behandlung von Hautkrankheiten (Med.). **pho|to|chrom** [...'kro:m] ⟨zu *gr.* chrõma „Farbe"⟩: svw. phototrop (1). **Pho|to|di|ne|se** *die;* -: Anregung u. Beschleunigung der Protoplasmaströmung in Pflanzenzellen nach Lichtreiz (Bot.). **Pho|to-Disc** [...dɪsk] *die;* -, -s ⟨zu *engl.* disc „Schallplatte"⟩: Kompaktschallplatte für ↑Videoclips. **Pho|to|ef|fekt** *der;* -[e]s, -e: Austritt von Elektronen aus bestimmten Stoffen durch deren Bestrahlung mit Licht (Elektrot.). **Pho|to|elek|tri|zi|tät** [auch 'fo:...] *die;* -: durch Licht hervorgerufene Elektrizität (beim Photoeffekt). **Pho|to|elek|tron** *das;* -s, -en: durch Licht ausgelöstes Elektron; vgl. Photoeffekt. **Pho|to|ele|ment** *das;* -[e]s, -e: elektrisches Element, Halbleiterelement, das (durch Ausnutzung des Photoeffekts) Lichtenergie in elektrische Energie umwandelt. **Pho|to|fi|nish** vgl. Fotofinish. **pho|to|gen** vgl. fotogen. **Pho|to|ge|ni|tät** vgl. Fotogenität. **Pho|to|geo|lo|gie** [auch 'fo:...] *die;* -: svw. Aerogeologie. **Pho|to|gramm** vgl. Fotogramm. **Pho|to|gram|me|trie**¹ vgl. Fotogrammetrie. **pho|to|gram|me|trisch**¹ vgl. fotogrammetrisch. **Pho|to|graph** vgl. Fotograf. **Pho|to|gra|phie** vgl. Fotografie. **pho|to|gra|phie|ren** vgl. fotografieren. **Pho|to|gra|phik** [auch 'fo:...] vgl. Fotografik. **Pho|to|gra|phin** vgl. Fotografin. **pho|to|gra|phisch** vgl. fotografisch. **Pho|to|gra|phis|mus** vgl. Fotografismus. **Pho|to|gra|vü|re** [...'vy:rə, auch 'fo:...] *die;* -, -n: svw. Heliogravüre. **Pho|to|in|duk|ti|on** *die;* -, -en: Auslösung physiologischer Prozesse durch Lichteinwirkung (Biol.). **Pho|to|in|du|strie** vgl. Fotoindustrie. **Pho|to|ki|ne|se** *die;* -: lichtinduzierte Änderung der Beweglichkeit eines Organismus (Zool.). **Pho|to|koa|gu|la|ti|on** [auch 'fo:...] *die;* -, -en: Blutstillung mit Hilfe von Strahlen (meist Laser; Med.). **Pho|to|ko|pie** vgl. Fotokopie. **pho|to|ko|pie|ren** vgl. fotokopieren. **pho|to|la|bil**: lichtunbeständig, durch Licht zerstörbar. **Pho|to|la|bor** vgl. Fotolabor. **Pho|to|li|tho|gra|phie** vgl. Fotolithografie. **Pho|to|ly|se** *die;* -, -n ⟨zu ↑...lyse⟩: mit der Photosynthese einhergehende Zersetzung chem. Verbindungen durch Licht. **Pho|tom** *das;* -s, -e (meist Plur.) ⟨zu *gr.* phõs (vgl. Phot), Analogiebildung zu ↑Phantom⟩: subjektive Wahrnehmung nicht vorhandener Licht- od. Farberscheinungen in Gestalt von Wolken, Wellen, Schatten (Med.). **Pho|to|ma|te|ri|al** vgl. Fotomaterial. **Pho|to|ma|ton** ⓦ *das;* -s, -e ⟨Kunstw.⟩: Fotografierautomat (z. B. für Paßbilder), der die fertigen Aufnahmen nach kurzer Zeit auswirft. **pho|to|me|cha|nisch** [auch 'fo:...] ⟨zu ↑photo...⟩: unter Einsatz von Fotografie u. Ätztechnik arbeitend. **Pho|to|me|ter** *das;* -s, - ⟨zu ↑¹...meter⟩: Gerät, mit dem (durch Vergleich zweier Lichtquellen) die Lichtstärke gemessen wird. **Pho|to|me|trie** *die;* - ⟨zu ↑...metrie⟩: Verfahren zur Messung der Lichtstärke, Lichtmessung. **pho|to|me|trisch** ⟨zu ↑...metrisch⟩: die Lichtstärkemessung betreffend; mit Hilfe der Photometrie erfolgend. **Pho|to|mo|dell** vgl. Fotomodell. **Pho|to|mon|ta|ge** [...ʒə] vgl. Fotomontage. **Pho|ton** *das;* -s, ...onen ⟨Kunstw. (von Einstein geprägt) zu *gr.* phõs (vgl. Phot) u. ↑⁴...on⟩: in der Quantentheorie das kleinste Energieteilchen einer elektromagnetischen Strahlung. **Pho|to|na|stie** *die;* -, ...jen ⟨zu ↑photo...⟩: durch Lichtreize bewirkte Krümmungsbewegung von Organen (z. B. von Blütenblättern) festgewachsener Pflanzen (Bot.). **Pho|to|ob|jek|tiv** vgl. Fotoobjektiv. **Pho|to|op|tik** vgl. Fotooptik. **pho|to|pe|ri|odisch**: auf die Länge der täglichen Licht- u. Dunkelperioden reagierend (z. B. bei der Blütenbildung; Bot.). **Pho|to|pe|ri|odis|mus** *der;* - ⟨zu ↑Periode u. ↑...ismus (2)⟩: Abhängigkeit der Pflanzen in der Blütenausbildung von der täglichen Licht-Dunkel-Periode (Bot.). **pho|to|phil** ⟨zu ↑...phil⟩: das Leben im Licht bevorzugend (von Tieren u. Pflanzen; Biol.); Ggs. ↑photophob. **pho|to|phob** ⟨zu ↑...phob⟩: 1. lichtscheu, -empfindlich (bei gesteigerter Reizbarkeit der Augen; Med.). 2. das Licht meidend (von Tieren u. Pflanzen; Biol.); Ggs. ↑photophil. **Pho|to|pho|bie** *die;* - ⟨zu ↑...phobie⟩: gesteigerte, schmerzhafte Lichtempfindlichkeit der Augen (z. B. bei Entzündungen, Migräne; Med.). **Pho|to|pho|re|se** *die;* - ⟨zu *gr.* phoreĩn „forttragen, wegbringen" (vgl. Phoresie) u. ↑...ese⟩: die Erscheinung, daß extrem kleine, in einem Gas schwebende Teilchen sich unter Einwirkung einer intensiven Lichtstrahlung in Strahlungsrichtung od. entgegen der Strahlungsrichtung bewegen (Phys.). **Pho|to|phy|sio|lo|gie** [auch 'fo:...] *die;* -: die Wirkung des Lichts auf Entwicklung u. Lebensfunktionen der Pflanzen behandelndes Teilgebiet der ↑Physiologie. **Pho|to|pla|stik** vgl. Fotoplastik. **Phot|op|sie** *die;* - ⟨zu ↑...opsie⟩: das Auftreten von subjektiven Lichtempfindungen (in Gestalt von Blitzen, Funken o. ä., z. B. bei Reizung der Augen od. Störung der Sehbahnen; Med.); vgl. Phosphen. **Pho|to|rea|lis|mus** vgl. Fotorealismus. **Pho|to|rea|list** vgl. Fotorealist. **Pho|to|re|por|ter** vgl. Fotoreporter. **Pho|to|re|zep|to|ren** *die* (Plur.): der Wahrnehmung von Licht dienende ↑Organellen, Zellen od. Moleküle bei Pflanzen (z. B. Chlorophyll) u. Tieren (Auge; Biol.). **Pho|to|sa|fa|ri** vgl. Fotosafari. **Pho|to|set|ter** vgl. Fotosetter. **Pho|to|sphä|re** [auch 'fo:...] *die;* -: strahlende Gashülle der Sonne (Meteor.). **pho|to|sta|bil**: lichtbeständig, lichtecht. **Pho|to-**

syn|the|se *die;* -: Aufbau chem. Verbindungen durch die Lichteinwirkung, bes. organischer Stoffe aus anorganischen in grünen Pflanzen; vgl. Assimilation (2 b). **pho|to|tak|tisch**: die Phototaxis betreffend, auf ihr beruhend; sich durch einen Lichtreiz bewegend (Bot.). **Pho|to|ta|xis** *die;* -, ...xen ⟨zu ↑ ²Taxis⟩: durch Lichtreiz ausgelöste Bewegung zu einer Lichtquelle hin od. von ihr fort (Bot.). **Pho|to|termin** vgl. Fototermin. **Pho|to|thek** vgl. Fothek. **Pho|totheo|do|lit** *der;* -[e]s, -e: Meßkammer zur Erdbildmessung im Gelände (Vermessungstechnik). **Pho|to|the|ra|pie** [auch 'fo:...] *die;* -, -n: Behandlung von Krankheiten mit natürlicher od. künstlicher Lichtstrahlung; Lichtheilverfahren (Med.). **Pho|to|ther|mo|me|trie** [auch 'fo:...] *die;* -: Messung von Temperaturen strahlender Körper (Phys.). **Pho|to|thy|ri|stor** *der;* -s, ...oren: ein ↑ Thyristor, der nicht mit elektrischen Impulsen, sondern mit Lichtenergie gesteuert wird (Phys., Elektrot.). **Pho|to|to|po|gra|phie** [auch 'fo:...] *die;* -: svw. Photogrammetrie. **Pho|to|tran|sistor** *der;* -s, -en: optoelektronisches Halbleiterbauelement, bei dem der Stromfluß durch den inneren Photoeffekt gesteuert wird (Phys., Elektrot.). **pho|to|trop** ⟨zu ↑ ...trop⟩: 1. die Phototropie betreffend; -e Gläser: Brillengläser, die sich unter Einwirkung des Sonnenlichts verfärben. 2. svw. phototropisch; vgl. ...isch/-. **pho|to|troph** ⟨zu ↑ ...troph⟩: die Phototrophie betreffend (Biol.); -e Bakterien: Bakterien, die die Fähigkeit besitzen, Licht als Energiequelle zu nutzen. **Pho|to|tro|phie** *die;* - ⟨zu ↑ ...trophie⟩: Ernährungstyp, bei dem Lichtenergie als Energiequelle für den Aufbau körpereigener Substanz genutzt wird (Biol.). **Pho|to|tro|pie** *die;* - ⟨zu ↑ ...tropie⟩: unter dem Einfluß von sichtbarem od. ultraviolettem Licht (z. B. Sonnenstrahlen) eintreffende ↑ reversible (1) Farbänderung, Verfärbung. **pho|to|tro|pisch**: den Phototropismus betreffend; lichtwendig; vgl. ...isch/-. **Pho|to|tro|pis|mus** *der;* -, ...men: bei Zimmerpflanzen häufig zu beobachtende Krümmungsreaktion von Pflanzenteilen bei einseitigem Lichteinfall (Bot.). **Pho|to|ty|pie** *die;* -, ...ien ⟨zu ↑ ...typie⟩: 1. (ohne Plur.) Verfahren zur photomechanischen Herstellung von Druckplatten. 2. photomechanisch hergestellte Druckplatte. **Pho|to|vol|ta|ik** [...v..., auch 'fo:...] *die;* - ⟨zu ↑ Volt u. ↑ ²...ik (1)⟩: Teilgebiet der Elektronik bzw. der Energietechnik, das sich mit der Gewinnung von elektr. Energie bes. aus Sonnenenergie befaßt. **pho|to|vol|ta|isch** [auch 'fo:...]: die Photovoltaik betreffend. **Pho|to|wi|der|stand** *der;* -[e]s, ...stände: auf Lichtleitung beruhendes Halbleiterbauelement (Elektrot.). **Pho|to|zel|le** *die;* -, -n: Vorrichtung, die unter Ausnutzung des ↑ Photoeffektes Lichtschwankungen in Stromschwankungen umwandelt bzw. Strahlungsenergie in elektrische Energie (Phys.). **Pho|to|zin|ko|gra|phie** vgl. Fotozinkografie.

Phrag|mo|ba|si|dio|my|zet *der;* -en, -en ⟨zu gr. phragmós „Zaun" (eigtl. „das Einzäunen"), ↑ Basidie u. ↑ Myzet⟩: Ständerpilz mit vierteiliger ↑ Basidie (z. B. Getreiderostpilz)

¹Phra|se *die;* -, -n ⟨über spätlat. phrasis aus gr. phrásis, Gen. phráseōs „das Sprechen, Ausdruck" zu phrázein „zeigen, darlegen"⟩: 1. a) Satz; typische Wortverbindung, Redensart, Redewendung; b) aus einem Einzelwort od. aus mehreren, eine Einheit bildenden Wörtern bestehender Satzteil (Sprachw.). 2. selbständiger Abschnitt eines musikalischen Gedankens (Mus.). **²Phra|se** *die;* -, -n ⟨aus gleichbed. *fr.* phrase, dies aus *lat.* phrasis, vgl. ¹Phrase⟩: abgegriffene, leere Redensart; Geschwätz. **Phra|sen|struk|tur|gram|ma|tik** *die;* - ⟨zu ↑ ¹Phrase⟩: Grammatik, die durch Einteilung u. Abgrenzung der einzelnen ¹Phrasen (1 b)

Sätze, komplexe sprachliche Einheiten analysiert, Satzbaupläne ermittelt (Sprachw.); vgl. Konstituentenstrukturgrammatik. **phra|seo..., Phra|seo...** ⟨zu *gr.* phrásis, Gen. phráseōs, vgl. ¹Phrase⟩: Wortbildungselement mit der Bedeutung „Redewendung, Redensart", z. B. Phraseologie. **Phra|seo|le|xem** *das;* -s, -e: phraseologische Einheit, die durch Idiomatizität, Stabilität u. Lexikalisierung gekennzeichnet ist (z. B. jmdm. platzt der Kragen). **Phra|seo|lo|gie** *die;* -, ...jen ⟨zu ↑ ...logie⟩: a) Gesamtheit typischer Wortverbindungen, charakteristischer Redensarten, Redewendungen einer Sprache; b) Zusammenstellung, Sammlung solcher Redewendungen (Sprachw.). **phra|seo|lo|gisch** ⟨zu ↑ ...logisch⟩: die Phraseologie betreffend. **Phra|seo|lo|gis|mus** *der;* -, ...men ⟨zu ↑ ...ismus (4)⟩: feste Wortverbindung, Redewendung; vgl. Idiom (2). **Phra|seonym** *das;* -s, -e ⟨zu ↑ ¹Phrase u. *gr.* ónyma „Name"⟩: Deckname, Verfassername, der aus einer Redewendung besteht (z. B. „von einem, der das Lachen verlernt hat"). **Phra|seur** [...'zø:ɐ̯] *der;* -s, -e ⟨aus gleichbed. *fr.* phraseur zu phrase „leere Redensart", vgl. ²Phrase⟩: (veraltet) Phrasenmacher, Schwätzer. **phra|sie|ren** ⟨zu ↑ ¹Phrase u. ↑ ...ieren⟩: a) in das Notenbild Phrasierungszeichen eintragen; ein Tonstück in melodisch-rhythmische Abschnitte einteilen; b) beim Vortrag eines Tonstücks die entsprechenden Phrasierungszeichen beachten, die Gliederung in melodisch-rhythmische Abschnitte zum Ausdruck bringen (Mus.). **Phra|sie|rung** *die;* -, -en ⟨zu ↑ ...ierung⟩: a) melodisch-rhythmische Einteilung eines Tonstücks; b) Gliederung der Motive, Themen, Sätze u. Perioden beim musikalischen Vortrag (Mus.).

Phra|tri|arch *der;* -en, -en ⟨aus gleichbed. *gr.* phratríarchos⟩: Vorsteher einer Phratrie. **Phra|trie** *die;* -, ...ien ⟨aus gleichbed. *gr.* phratría⟩: altgriech. Sippengemeinschaft

phrea|tisch ⟨zu *gr.* phréar, Gen. phréatos „Brunnen"⟩: Grundwasserbildung u. -speicherung aufweisend (von Gebieten des humiden Klimabereichs; Geol., Meteor.). **phrea|to|mag|ma|tisch**: durch Kontakt des aufsteigenden Magmas mit Wasser eingeleitet od. ausgelöst (von vulkanischen Eruptionen; Geol.)

phren..., Phren... vgl. phreno..., Phreno... **Phren|al|gie** *die;* -, ...jen ⟨zu ↑ phreno... u. ↑ ...algie⟩: Schmerz im Zwerchfell (Med.). **Phren|ek|to|mie** *die;* -, ...jen ⟨zu ↑ ...ektomie⟩: operative Entfernung eines Teils des Zwerchfells bei bösartigen Tumoren; Med.). **Phre|ne|sie** *die;* - ⟨aus gleichbed. *nlat.* phrenesia zu *gr.* phrén, Gen. phrenós (vgl. phreno...) u. zu ↑ ...ie⟩: (selten) das Besessensein von Wahnvorstellungen; Wahnsinn (Med.). **phre|ne|tisch** ⟨über *lat.* phreneticus, phreniticus aus gleichbed. *gr.* phrenētikós, phrenitikós⟩: (selten) wahnsinnig (Med.); vgl. frenetisch. **...phre|nie** ⟨zu *gr.* phrén (vgl. phreno...) u. ↑ ²...ie⟩: Wortbildungselement mit der Bedeutung „das Irresein", z. B. Schizophrenie. **Phre|ni|kus** *der;* - ⟨aus gleichbed. *nlat.* (nervus) phrenicus, dies zu *gr.* phrén, vgl. phreno...⟩: Zwerchfellnerv (Med.). **phre|nisch**: das Zwerchfell betreffend, zum Zwerchfell gehörend (Med.). **Phre|ni|tis** *die;* -, ...iti|den ⟨über *lat.* phrenitis aus *gr.* phrenītis, eigtl. „Wahnsinn", weil das Zwerchfell als Sitz des Verstandes galt⟩: Zwerchfellentzündung (Med.). **phre|no..., Phre|no...**, vor Vokalen meist phren..., Phren... ⟨zu *gr.* phrén „Zwerchfell; Geist; Gemüt"⟩: Wortbildungselement mit der Bedeutung „den Geistes- od. Gemütszustand betreffend", z. B. Phrenolepsie. **Phre|no|kar|die** *die;* -, ...jen ⟨zu *gr.* kardía „Herz" u. ↑ ²...ie⟩: Herzneurose mit Herzklopfen, Herzstichen u. Atemnot (Med.). **Phre|no|lep|sie** *die;* -, ...jen ⟨zu *gr.* lēpsis „das Annehmen" u. ↑ ²...ie⟩: Zwangsvorstellung,

-zustand (Med.). **Phre|no|lo|ge** *der;* -n, -n ⟨zu ↑...loge⟩: Anhänger der Phrenologie. **Phre|no|lo|gie** *die;* - ⟨zu ↑...logie⟩: als irrig erwiesene Anschauung, daß aus den Schädelformen auf bestimmte geistig-seelische Veranlagungen zu schließen sei. **phre|no|lo|gisch** ⟨zu ↑...logisch⟩: die Phrenologie betreffend. **Phren|onym** *das;* -s, -e ⟨zu *gr.* phrḗn „Geist, Sinn" u. ónyma „Name"⟩: Deckname, der aus der Bezeichnung einer Charaktereigenschaft besteht (z. B. „von einem Vernünftigen"). **Phre|no|pa|thie** *die;* - ⟨zu ↑phreno... u. ↑...pathie⟩: svw. Psychose
Phri|lon Ⓦ *das;* -s ⟨Kunstw.⟩: vollsynthetische Chemiefaser
Phry|ga|na *die;* -, -s ⟨aus gleichbed. *nlat.* phrygana (Plur.), dies zu *gr.* phrýganon „kleines trockenes Holz, Reisig", zu phrýgein „rösten, trocknen"⟩: Felsenheide; der ↑ Garigue entsprechender Vegetationstyp im Mittelmeergebiet. **Phry|ga|ni|den** *die* (Plur.) ⟨aus gleichbed. *nlat.* phryganeidae, dies aus *gr.* phrýganon (vgl. Phrygana), nach dem zum Bau ihrer Gehäuse (Köcher) verwendeten Material⟩: Familie der Köcherfliegen
phry|gisch ⟨nach der historischen Landschaft Phrygien (heute Teil der Türkei)⟩: die kleinasiatische Landschaft Phrygien betreffend; -e Mütze: (in der Französischen Revolution) Sinnbild der Freiheit, ↑Jakobinermütze; -e Tonart: 1. altgriech. Tonart (Mus.). 2. zu den authentischen Tonreihen gehörende, auf e stehende Tonleiter der Kirchentonarten des Mittelalters (Mus.). **Phry|gi|sche** *das;* -n: 1. altgriech. Tonart (Mus.). 2. Kirchentonart (Mus.)
Phry|ne [...ne] *die;* -, -n [...nən] ⟨nach der altathenischen Hetäre Phrýnē, eigtl. „Kröte"⟩: (veraltet) verführerische Frau
Phtha|lat *das;* -[e]s, -e ⟨Kunstw.; verkürzt aus ↑ Naphthalin u. ↑...at (2)⟩: Salz der Phthalsäure. **Phtha|le|in** *das;* -s, -e ⟨zu ↑...in (1)⟩: synthetischer Farbstoff (z. B. Eosin). **Phthal|säu|re** *die;* -, -n: Säure, die in großen Mengen bei der Herstellung von Farbstoffen, Weichmachern u. ä. verarbeitet wird
Phthi|ria|se *die;* -, -n u. **Phthi|ria|sis** *die;* -, ...iasen ⟨über *lat.* phthiriasis aus gleichbed. *gr.* phtheiríasis zu phtheír „Laus"⟩: Läuse-, bes. Filzlausbefall (Med.)
Phthi|se u. Phthisis *die;* -, ...sen ⟨über *lat.* phthisis aus *gr.* phthísis „Schwindsucht", eigtl. „das Abnehmen", zu phthíein „abnehmen, schwinden"⟩: 1. allgemeiner Verfall des Körpers od. einzelner Organe (Med.). 2. Lungentuberkulose, die mit Schrumpfung u. Einschmelzung des Lungengewebes verbunden ist (Med.). **Phthi|seo|pho|bie** *die;* - ⟨zu ↑...phobie⟩: krankhafte Angst vor der Ansteckung mit Lungentuberkulose (Med.). **Phthi|si|ker** *der;* -s, - ⟨aus gleichbed. *lat.* phthisicus, dies zu *gr.* phthisikós, vgl. phthisisch⟩: Schwindsüchtiger (Med.). **Phthi|sio|lo|gie** *die;* - ⟨zu ↑...logie⟩: (veraltet) medizinisches Teilgebiet, das sich mit der Schwindsucht befaßt. **Phthi|sis** vgl. Phthise. **phthisisch** u. **phthi|tisch** ⟨aus gleichbed. *gr.* phthisikós⟩: die Phthise betreffend; schwindsüchtig (Med.)
ph-Wert [peːˈhaː...] vgl. pH
Phy|ko|bi|li|ne *die* (Plur.) ⟨zu *gr.* phýkos „Tang, Seegras", *lat.* bilis „Galle" (wegen der Farbe des Gallenfarbstoffs) u. ↑...in (1)⟩: blaue u. rote Farbstoffe in den ↑ Chloroplasten von Rotalgen u. in Grünalgen, die die Photosynthese unterstützen (Biol.). **Phy|ko|den|schie|fer** *der;* -s ⟨zu *gr.* phykṓdēs „tangähnlich", dies zu phýkos, vgl. Phykobiline⟩: Schichten mit der Versteinerung algenähnlicher Gebilde im Frankenwald u. in Ostthüringen (Geol.). **Phy|ko|erythrin** *das;* -s ⟨zu *gr.* phýkos (vgl. Phykobiline) u. ↑¹Erythrin⟩: roter Farbstoff bei Blau- u. Rotalgen. **Phy|ko|lo|gie**
die; - ⟨zu ↑...logie⟩: auf die Algen spezialisiertes Teilgebiet der Botanik; Algenkunde. **Phy|ko|my|ze|ten** *die* (Plur.) ⟨zu ↑Myzet⟩: Algenpilze od. niedere Pilze
phyl..., Phyl..., vgl. phylo..., Phylo...
Phyl|lak|te|ri|on *das;* -s, ...ien [...i̯ən] (meist Plur.) ⟨aus *gr.* phylaktḗrion „Amulett", eigtl. „Verwahrungsort", zu phylássein, phyláttein „bewahren, beschützen"⟩: 1. als ↑ Amulett benutzter [geweihter] Gegenstand. 2. jüd. Gebetsriemen, ↑Tefillin. **phyl|lak|tisch** ⟨aus *gr.* phylaktikós „gut bewahrend, vorsichtig im Beschützen"⟩: (veraltet) bewahrend, behütend
Phyl|arch *der;* -en, -en ⟨aus gleichbed. *gr.* phylárchēs⟩: Vorsteher od. Anführer einer ↑ Phyle
Phy|lax *der;* -, -e ⟨aus gleichbed. *gr.* phýlax zu phylássein, vgl. Phylakterion⟩: (veraltet) Wächter, Hüter
Phy|le *die;* -, -n ⟨aus gleichbed. *gr.* phylḗ zu phýesthai „entstehen, abstammen"⟩: altgriech. Stammesverband der Landnahmezeit, in Athen als politischer Verband des Stadtstaates organisiert; vgl. Tribus (1). **phy|le|tisch** ⟨nach gleichbed. *gr.* phyletikós⟩: die Abstammung, die Stammesgeschichte betreffend (Biol.)
phyll..., Phyll..., vgl. phyllo..., Phyllo... **Phyl|lit** [auch ...ˈlɪt] *der;* -s, -e ⟨zu *gr.* phýllon „Blatt" u. ↑²...it⟩: feinblättriger kristalliner Schiefer (Geol.). **phyl|li|tisch** [auch ...ˈlɪ...]: feinblättrig (von Gesteinen; Geol.). **phyl|lo..., Phyl|lo...,** vor Vokalen meist phyll..., Phyll... ⟨aus gleichbed. *gr.* phýllon⟩: Wortbildungselement mit der Bedeutung „Blatt", z. B. Phyllophage, Phyllit. **Phyl|lo|bio|lo|gie** [auch ˈfylo...] *die;* -: (veraltet) das Leben der Blätter untersuchendes Teilgebiet der Botanik. **Phyl|lo|chi|non** *das;* -s: in grünen Blättern enthaltenes, für die Blutgerinnung wichtiges Vitamin K. **phyl|lo|disch** ⟨aus gleichbed. *gr.* phyllṓdēs⟩: blattähnlich, blattartig (Bot.). **Phyl|lo|di|um** *das;* -s, ...ien [...i̯ən] ⟨aus gleichbed. *nlat.* phyllodium zu *gr.* phyllṓdēs, vgl. phyllodisch⟩: blattartig verbreiterter Blattstiel (Bot.). **Phyl|lo|id** *das;* -s, -e ⟨zu ↑phyllo... u. ↑...oid⟩: blattähnlicher Pflanzenteil bei niederen Pflanzen, der zur Assimilation dient (Bot.). **Phyl|lo|kak|tus** *der;* -, ...een: amerikan. Kaktus mit blattartigen Sprossen u. großen Blüten, der in zahlreichen Zuchtsorten vorkommt. **Phyl|lo|kla|di|um** *das;* -s, ...ien [...i̯ən] ⟨aus gleichbed. *nlat.* phyllocladium, dies zu ↑phyllo... u. *gr.* kládion „Sproß"⟩: blattähnlicher kurzer Trieb, der die Funktion des Blattes übernimmt (z. B. beim Spargel; Bot.). **Phyl|lo|ma|nie** *die;* - ⟨zu ↑phyllo... u. ↑...manie⟩: das Vergrünen u. Umwandeln von Blüten u. Blütenorganen zu Blättern, auch Bildung von Blättern an ungewöhnlichen Stellen, zum Teil durch Blattläuse bewirkt (Bot.). **Phyl|lo|pha|ge** *der;* -n, -n (meist Plur.) ⟨zu ↑...phage⟩: Pflanzen-, Blattfresser (Biol.). **Phyl|lo|po|de** *der;* -n, -n (meist Plur.) ⟨zu ↑...pode⟩: Blattfüßer (niederer Krebs, z. B. Wasserfloh). **Phyl|lo|ta|xis** *die;* -, ...xen ⟨zu ↑²Taxis⟩: durch äußere Reize verursachte Blattstellung (Bot.). **Phyl|lo|xe|ra** *die;* -, ...ren ⟨aus gleichbed. *nlat.* phylloxera zu ↑phyllo... u. *gr.* xērós „trocken", eigtl. „die Blattaustrocknende"⟩: Reblaus
phy|lo..., Phy|lo..., vor Vokalen meist phyl..., Phyl... ⟨aus gleichbed. *gr.* phýlon⟩: Wortbildungselement mit der Bedeutung „(Volks)stamm", z. B. Phylogenese, Phylarch. **Phy|lo|ge|ne|se** *die;* -, -n: Entwicklung eines ganzen Pflanzen- od. Tierstammes, Stammesentwicklung, Stammesgeschichte (Biol.). **Phy|lo|ge|ne|tik** *die;* -: Lehre, Wissenschaft von der Stammesgeschichte der Lebewesen, Abstammungslehre (Biol.). **phy|lo|ge|ne|tisch**: die Stammesgeschichte betreffend (Biol.). **Phy|lo|ge|nie** *die;* -, ...ien ⟨zu ↑...genie⟩: svw. Phylogenese. **Phy|lo|go|nie** *die;* -, ...ien

⟨zu ↑...gonie⟩: (veraltet) svw. Phylogenie. **Phy|lum** *das;* -s, ...la ⟨aus gleichbed. *nlat.* phylum, dies aus *gr.* phỹlon „Stamm, Gattung"⟩: systematische Bez. für Tier- od. Pflanzenstamm (Biol.)

Phy|ma *das;* -s, -ta ⟨aus *gr.* phýma „Gewächs, Auswuchs"⟩: knolliger Auswuchs (bes. der Nase; Med.). **phy|ma|tisch** ⟨zu *gr.* phymatoūn „Geschwüre, Auswüchse bekommen"⟩: geschwollen, geschwulstig (Med.)

Phy|ra|sis *die;* - ⟨aus *gr.* phýrasis „das Kneten, Durcheinanderrühren" zu phýrein „zusammenmengen, kneten"⟩: durch intensive tektonische Bewegungsvorgänge verursachte Verknetung von Gesteinslagen (Geol.)

phys..., Phys... vgl. physio..., Physio...

Phy|sa *die;* -, ...sen ⟨aus gleichbed. *gr.* phỹsa zu physãn „aufblasen, aufblähen"⟩: (veraltet) 1. Blase, Wasserblase. 2. Blähung. **Phys|ago|gum** *das;* -s, ...ga ⟨aus gleichbed. *nlat.* physagogum zu *gr.* phỹsa (vgl. Physa) u. ágein „ableiten, führen"⟩: (veraltet) Mittel zum Abtreiben von Blähungen. **Phy|sa|lis** *die;* -, ...alen ⟨aus gleichbed. *gr.* physalís, eigtl. „Blase", zu physãn „(auf)blasen", weil die Samenhülle wie aufgeblasen aussieht⟩: Lampionblume; Blasen- od. Judenkirsche (Nachtschattengewächs mit eßbaren Beeren)

...phy|se ⟨aus *gr.* phýsis „Wuchs, Abstammung" zu phýein „entstehen, wachsen; erzeugt werden"⟩: Wortbildungselement mit der Bedeutung „etwas Gewachsenes", z. B. Hypophyse. **phy|si..., Phy|si...** vgl. physio..., Physio... **Phys|ia|ter** *der;* -s, - ⟨zu ↑ physio... u. ↑...iater⟩: Naturheilkundiger. **Phys|ia|trie** *die;* - ⟨zu ↑...iatrie⟩: Naturheilkunde. **Phy|si|au|to|kra|tie** *die;* -: (veraltet) Naturheilkraft. **Phy|sik** *die;* - ⟨aus *lat.* physica „Naturlehre", dies aus gleichbed. *gr.* physikḗ (theōría), eigtl. „das die Natur Betreffende" (nach dem Titel einer Schrift des Aristoteles), zu physikón, Neutrum von physikós, vgl. physisch⟩: der Mathematik u. Chemie nahestehende Naturwissenschaft, die vor allem durch experimentelle Erforschung u. messende Erfassung die Grundgesetze der Natur, bes. Bewegung u. Aufbau der unbelebten Materie u. die Eigenschaften der Strahlung u. der Kraftfelder, untersucht. **phy|si|ka|lisch** ⟨aus gleichbed. *mlat.* physicalis⟩: a) die Physik betreffend, zu ihr gehörend, auf ihr beruhend; -e Chemie: Gebiet der Chemie, in dem Stoffe u. Vorgänge durch exakte Messungen mittels physikalischer Methoden untersucht werden; b) den Gesetzen, Erkenntnissen der Physik folgend, nach ihnen ablaufend, durch sie bestimmt; -e Geographie: Gebiet der Geographie, das ↑ Geomorphologie, ↑ Klimatologie u. ↑ Hydrologie umfaßt; c) bestimmte Gesetze, Erkenntnisse der Physik nützend, anwendend; mit Hilfe bestimmter Gesetze, Erkenntnisse der Physik; -e Therapie: arzneilose, nur mit physikalischen Mitteln (Wärme, Licht u. a.) arbeitende Heilmethode. **Phy|si|ka|lis|mus** *der;* - ⟨zu ↑...ismus (2)⟩: grundsätzlich nach den Methoden der Physik ausgerichtete Betrachtung der biologischen Prozesse u. der Lebensvorgänge (Philos.). **phy|si|ka|li|stisch** ⟨zu ↑...istisch⟩: den Physikalismus betreffend, zu ihm gehörend, auf ihm beruhend, für ihn charakteristisch. **Phy|si|kat** *das;* -[e]s, -e ⟨zu *lat.* physicus (vgl. Physiker) u. ↑...at (1)⟩: (veraltet) Amt eines Physikus. **Phy|si|ker** *der;* -s, - ⟨aus *lat.* physicus „Naturkundiger, Naturphilosoph", dies aus *gr.* physikós „Naturforscher"⟩: Wissenschaftler auf dem Gebiet der Physik. **Phy|si|ke|rin** *die;* -, -nen: weibliche Form zu ↑ Physiker. **Phy|si|ko|che|mie** *die;* - ⟨zu *lat.* physicus, vgl. physisch⟩: svw. physikalische Chemie. **phy|si|ko|che|misch**: die physikalische Chemie betreffend, zu ihr gehörend, auf ihr beruhend, für sie charakteristisch. **Phy|si|ko|tech|ni**-

ker *der;* -s, -: (selten) handwerklich begabter Techniker auf physikalischem Gebiet. **Phy|si|ko|theo|lo|gie** *die;* -: Schluß von der zweckmäßigen u. sinnvollen Einrichtung dieser Welt auf die Existenz Gottes. **phy|si|ko|theo|lo|gisch**: die Physikotheologie betreffend, zu ihr gehörend. **Phy|si|ko|the|ra|pie** *die;* -: svw. Physiotherapie. **Phy|si|kum** *das;* -s, ...ka ⟨nach *lat.* (testamen) physicum „Prüfung in den Naturwissenschaften"⟩: ärztliches Vorexamen, bei dem die Kenntnisse auf dem Gebiet der allgemeinen naturwissenschaftlichen u. anatomischen Grundlagen der Medizin geprüft werden. **Phy|si|kus** *der;* -, -se ⟨aus *lat.* physicus, vgl. Physiker⟩: (veraltet) Kreis-, Bezirksarzt. **phy|sio..., Phy|sio...**, auch physi..., Physi..., vor Vokalen meist phys..., Phys... ⟨aus gleichbed. *gr.* physio- zu phýsis, vgl. Physis⟩: Wortbildungselement mit der Bedeutung „Natur; natürliche Beschaffenheit; Leben", z. B. Physiographie, Physiater. **phy|sio|gen** ⟨zu ↑...gen⟩: körperlich bedingt, verursacht (Psychol.). **Phy|sio|geo|gra|phie** *die;* -: svw. physikalische Geographie. **phy|sio|geo|gra|phisch**: die physikalische Geographie betreffend, zu ihr gehörend, auf ihr beruhend. **Phy|sio|gnom** *der;* -en, -en u. Physiognomiker *der;* -s, - ⟨über *lat.* physiognomon aus gleichbed. *gr.* physiognómōn zu ↑ physio... u. gnṓmōn „Kenner, Beurteiler", dies zu gignṓskein „erkennen"⟩: jmd., der sich [wissenschaftlich] mit der Physiognomik beschäftigt, der die äußere Erscheinung eines Menschen deutet. **Phy|sio|gno|mie** *die;* -, ...ien ⟨über *mlat.* phis(i)onomia aus *spätlat.* physiognomia, dies aus *gr.* physiognōmía, physiognōmonía „die Fähigkeit, einen Menschen nach seinem Gesichtsausdruck zu erkennen"⟩: äußere Erscheinung, bes. der Gesichtsausdruck eines Menschen, auch eines Tieres. **phy|sio|gno|mie|ren** ⟨zu ↑...ieren⟩: sich mit Physiognomik beschäftigen. **Phy|sio|gno|mik** *die;* - ⟨zu ↑ physio... u. *gr.* gnōmonikós „zur Beurteilung fähig"⟩: bes. die Beziehung zwischen der Gestaltung des menschlichen Körpers u. dem Charakter behandelndes Teilgebiet der Ausdruckspsychologie u. die darauf gründende Lehre von der Fähigkeit, aus der Physiognomie auf innere Eigenschaften zu schließen. **Phy|sio|gno|mi|ker** vgl. Physiognom. **phy|sio|gno|misch** ⟨aus gleichbed. *spätlat.* physiognomicus⟩: die Physiognomie betreffend. **phy|sio|gno|mi|sie|ren** ⟨zu ↑...isieren⟩: svw. physiognomieren. **Phy|sio|graph** *der;* -en, -en ⟨zu ↑ physio... u. ↑...graph⟩: (veraltet) Naturbeschreiber; jmd., der sich mit Physiographie beschäftigt. **Phy|sio|gra|phie** *die;* - ⟨zu ↑...graphie⟩: (veraltet) 1. Naturbeschreibung; Landschaftskunde. 2. svw. physikalische Geographie. **phy|sio|gra|phisch** ⟨zu ↑...graphisch⟩: die Physiographie betreffend, zu ihr gehörend. **Phy|sio|kli|ma|to|lo|gie** *die;* -: erklärende Klimabeschreibung (Meteor.). **Phy|sio|krat** *der;* -en, -en ⟨zu ↑...krat⟩: Vertreter des Physiokratismus. **Phy|sio|kra|tie** *die;* - ⟨zu ↑...kratie⟩: (veraltet) Herrschaft der Natur. **phy|sio|kra|tisch**: 1. (veraltet) die Physiokratie betreffend. 2. den Physiokratismus betreffend. **Phy|sio|kra|tis|mus** *der;* - ⟨zu ↑...ismus (1)⟩: volkswirtschaftliche Theorie des 18. Jh.s, nach der Boden u. Landwirtschaft die alleinigen Quellen des Reichtums sind. **Phy|sio|lo|ge** *der;* -n, -n ⟨über *lat.* physiologus aus *gr.* physiológos „Naturforscher"⟩: Wissenschaftler auf dem Gebiet der Physiologie. **Phy|sio|lo|gie** *die;* - ⟨über *lat.* physiologia aus *gr.* physiología „Naturkunde"⟩: Wissenschaft von den Grundlagen des allgemeinen Lebensgeschehens, bes. von den normalen Lebensvorgängen u. Funktionen des menschlichen Organismus. **phy|sio|lo|gisch** ⟨über *lat.* physiologicus aus gleichbed. *gr.* physiologikós⟩: die Physiologie betreffend; die Lebensvorgänge im Organismus betreffend; -e Chemie: Teilgebiet der Physiologie, in dem die Lebensvorgänge mit physikalischen u. chemischen Methoden erforscht werden. **Phy|sio|lo|gus** *der;* - ⟨aus *lat.* physiologus, vgl. Physiologe⟩: Titel eines im Mittelalter weitverbreiteten Buches, das christliche Glaubenssätze in allegorischer Auslegung an [oft fabelhafte] Eigenschaften der Tiere knüpfte. **Phy|sio|nom** *der;* -en, -en ⟨zu ↑physio... u. ↑²...nom⟩: (veraltet) jmd., der sich mit Physionomie beschäftigt. **Phy|sio|no|mie** *die;* - ⟨zu ↑²...nomie⟩: (veraltet) Lehre von den Naturgesetzen. **Phy|sio|phi|le** *der;* -n, -n ⟨zu *gr.* phílos „Freund"⟩: (veraltet) Naturfreund. **Phy|sio|skle|ro|se** *die;* -, -n: natürliche, mit dem Lebensalter fortschreitende ↑Sklerose der Blutgefäße (Med.). **Phy|sio|the|ra|peut** *der;* -en, -en: Masseur, Krankengymnast, der nach ärztlicher Verordnung Behandlungen mit den Mitteln der Physiotherapie durchführt. **Phy|sio|the|ra|peu|tin** *die;* -, -nen: weibliche Form zu ↑Physiotherapeut. **Phy|sio|the|ra|pie** *die;* -: Behandlung von bestimmten Krankheiten mit naturgegebenen od. physikalischen (c) Mitteln wie Wasser, Wärme, Licht, Luft, Strom. **Phy|sio|top** *der* od. *das;* -s, -e ⟨zu *gr.* tópos „Ort"⟩: kleinste Landschaftseinheit (z. B. Delle, Quellschlucht, Schwemmkegel u. a.; Geogr.). **Phy|sis** *die;* - ⟨aus *gr.* phýsis „Natur, natürliche Beschaffenheit" zu phýein „hervorbringen, entstehen"⟩: 1. die Natur, das Reale, Wirkliche, Gewachsene, Erfahrbare im Gegensatz zum Unerfahrbaren der ↑Metaphysik (Philos.). 2. körperliche Beschaffenheit [des Menschen]. **phy|sisch** ⟨über *lat.* physicus aus *gr.* physikós „von der Natur geschaffen, natürlich" zu phýsis „Natur"⟩: 1. in der Natur begründet, natürlich. 2. die körperliche Beschaffenheit betreffend; körperlich; vgl. psychisch; **-e Geographie:** svw. physikalische Geographie; **-e Karte:** kleinmaßstäbige Karte mit ausgearbeiteter farbiger Reliefdarstellung (vgl. Relief 1). **Phy|si|sorp|ti|on** *die;* -, -en ⟨zu ↑physio...⟩: svw. Adsorption

Phy|so|kli|sten *die* (Plur.) ⟨zu *gr.* phýsa „Blasebalg, Wind" u. kleistós „verschlossen" (dies zu kleíein „verschließen, verriegeln")⟩: Fische, bei denen sich der Schwimmblaseneingang zum Darm bereits bei der Brut zurückbildet (z. B. Barsche, Makrelen; Biol.). **Phy|so|me|tra** *die;* - ⟨zu *gr.* métra „Gebärmutter"⟩: Gasbildung in der Gebärmutter (Med.). **Phy|so|stig|min** *das;* -s ⟨Kunstw.⟩: Heilmittel aus dem Samen einer afrik. Bohnenart. **Phy|so|sto|men** *die* (Plur.) ⟨zu *gr.* stóma, Gen. stómatos „Mund"⟩: Fische, bei denen Darm u. Schwimmblase miteinander verbunden sind (z. B. Karpfen, Heringe, Welse; Biol.)

phyt..., Phyt... vgl. phyto..., Phyto... **...phyt** ⟨aus *gr.* phytón „Pflanze", eigtl. „das Gewachsene" zu phýein „hervorbringen; entstehen"⟩: Wortbildungselement mit der Bedeutung „Pflanze, pflanzlicher Organismus; Pilz", z. B. Epiphyt, Gametophyt. **Phy|tal** *das;* -s ⟨zu ↑¹...al (2)⟩: untermeerischer Lebensraum entlang der Küste aller ↑Kontinente bis in etwa 200 m Tiefe, wo noch ausreichend Licht für die ↑Photosynthese vorhanden ist. **...phy|ti|kum** ⟨zu ↑...ikum⟩: Wortbildungselement mit der Bedeutung „Zeitalter, in dem bestimmte Pflanzen vorkommen", z. B. Paläophytikum. **phy|to..., Phy|to...,** vor Vokalen auch phyt..., Phyt... ⟨aus *gr.* phytón „Pflanze"; vgl. ...phyt⟩: Wortbildungselement mit der Bedeutung „Pflanze", z. B. phytopathogen, Phytologie. **Phy|to|ale|xi|ne** *die* (Plur.): in Pflanzen als Reaktion auf Parasitenbefall gebildete Abwehrstoffe (Bot.). **Phy|to|bio|lo|gie** *die;* -: Teilbereich der Biologie, der sich mit den Lebensabläufen der Pflanzen beschäftigt. **Phy|to|che|mie** *die;* -: Teilbereich der ↑Biochemie, der sich mit ↑Isolierung, Untersuchung u. Bestim-

mung der Pflanzenstoffe befaßt. **Phy|to|chrom** [...'kro:m] *das;* -s ⟨zu *gr.* chrôma „Farbe"⟩: in Pflanzen weit verbreitetes bläuliches ↑Protein, das an der Steuerung lichtinduzierter Entwicklungsvorgänge (z. B. Samenkeimung, Längenwachstum) beteiligt ist. **Phy|to|fla|gel|lat** *der;* -en, -en (meist Plur.): pflanzlicher ↑Flagellat. **phy|to|gen** ⟨zu ↑...gen⟩: 1. aus Pflanzen[resten] entstanden (z. B. Torf, Kohle). 2. durch Pflanzen od. pflanzliche Stoffe verursacht (z. B. von Hautkrankheiten; Med.). **Phy|to|geo|gra|phie** *die;* -: Pflanzengeographie. **Phy|to|glyph** *der;* -en, -en ⟨zu *gr.* glyphḗ „das Ausmeißeln, Gravieren; das Ausgemeißelte", dies zu glýphein „aushöhlen, einschneiden"⟩: Stein mit Pflanzenabdrücken. **Phy|to|gno|sie** *die;* -, ...ien ⟨zu ↑...gnosie⟩: (veraltet) auf äußeren Merkmalen aufbauende Pflanzenlehre. **Phy|to|graph** *der;* -en, -en ⟨zu ↑...graph⟩: (veraltet) Pflanzenkundler, Botaniker. **Phy|to|gra|phie** *die;* - ⟨zu ↑...graphie⟩: (veraltet) genaue Beschreibung der Pflanzen, Pflanzenkunde, Botanik. **Phy|to|hor|mon** *das;* -s, -e: pflanzliches ↑Hormon. **Phy|tol** *das;* -s ⟨zu ↑...ol⟩: ungesättigter ↑aliphatischer Alkohol, der in der Natur verbreitet vorkommt, z. B. frei im Jasminöl, chemisch gebunden im ↑Chlorophyll (Bot.). **Phy|to|lith** [auch ...'lɪt] *der;* Gen. -s u. -en, Plur. -e[n] (meist Plur.) ⟨zu ↑...lith⟩: Sedimentgestein, das ausschließlich od. größtenteils aus Pflanzenresten entstanden ist (z. B. Kohle; Geol.). **Phy|to|lo|gie** *die;* - ⟨zu ↑...logie⟩: Pflanzenkunde, Botanik. **phy|to|lo|gisch** ⟨zu ↑...logisch⟩: pflanzenkundlich, botanisch. **Phy|tom** *das;* -s, -e ⟨zu *gr.* phytón, vgl. ...phyt: Analogiebildung zu ↑Biom⟩: pflanzlicher Bestand innerhalb eines ↑Bioms; vgl. ²Zoom. **Phy|to|me|di|zin** *die;* - ⟨zu ↑phyto...⟩: Pflanzenmedizin; pflanzenpathologische Wissenschaft, die sich mit der Erforschung der Pflanzenkrankheiten u. -schädlinge sowie mit deren Verhütung bzw. Bekämpfung befaßt. **Phy|to|morph** *der;* -en, -en ⟨zu ↑...morph⟩: (veraltet) Stein mit pflanzenähnlichen Strukturen, z. B. Äderungen. **Phy|to|no|se** *die;* -, -n ⟨zu *gr.* nósos „Krankheit"; vgl. ¹...ose⟩: durch Pflanzengiftstoffe hervorgerufene Hautkrankheit (Med.). **Phy|ton|zid** *das;* -[e]s, -e (meist Plur.) ⟨zu *gr.* phytón „Pflanze" u. ↑...zid⟩: von Pflanzen gebildeter Abwehrstoff gegen eingedrungene Mikroorganismen (Bot.). **Phy|to|pa|lä|on|to|lo|gie** *die;* -: svw. Paläobotanik. **phy|to|pa|tho|gen:** Pflanzenkrankheiten hervorrufend (Biol.). **Phy|to|pa|tho|lo|gie** *die;* -: Wissenschaft von den Pflanzenkrankheiten u. -schädlingen (Bot.). **phy|to|pa|tho|lo|gisch:** die Phytopathologie betreffend, zu ihr gehörend, auf ihr beruhend. **phy|to|phag** ⟨zu ↑...phag⟩: pflanzenfressend (Biol.). **Phy|to|pha|ge** *der;* -n, -n (meist Plur.) ⟨zu ↑...phage⟩: Pflanzenfresser (Biol.). **Phy|to|phtho|ra** *die;* - ⟨zu *gr.* phthorá „Vernichtung, Zerstörung", eigtl. „die Blattvernichtende"⟩: Gattung der Eipilze (z. B. der Kartoffelpilz, Erreger der Kartoffelfäule). **Phy|to|phy|sio|lo|gie** *die;* -: Lehre von den Lebenserscheinungen der Pflanzen. **Phy|to|plank|ton** *das;* -s: Gesamtheit der im Wasser schwebenden pflanzlichen Organismen. **Phy|to|sau|rier** [...iɐ̯] *der;* -s, - u. **Phy|to|sau|rus** *der;* -, ...rier [...iɐ̯]: ausgestorbene Gruppe der ↑Reptilien aus der ↑Trias (1). **Phy|to|so|zio|lo|gie** *die;* -: Teilgebiet der ↑Ökologie, das sich mit den Pflanzengesellschaften befaßt; Pflanzensoziologie. **Phy|to|tel|mal** *der;* -s, -e ⟨zu *gr.* télma „Sumpf; Mörtel" u. ↑¹...al (2)⟩: der Lebensraum eines Phytotelmons. **Phy|to|tel|mon** *das;* -s ⟨zu *gr.* ṓn, Part. Präs. von eînai „sein"⟩: Lebensgemeinschaft in pflanzlichen Wasserbehältern wie Baumhöhlen, Blattachseln von Banane od. Bromelie (Biol.). **Phy|to|tel|mo|zön** *das;* -s ⟨zu *gr.* koinós „gemeinsam"⟩: das Ökosystem des Phytotelmals (Biol.). **Phy|to|the|ra|pie** *die;* -: Wis-

Phytotomie

senschaft von der Heilbehandlung mit pflanzl. Substanzen. **Phy|to|to|mie** *die;* - ⟨zu ↑...tomie⟩: Gewebelehre der Pflanzen; Pflanzenanatomie. **Phy|to|to|xin** *das;* -s, -e (meist Plur.): pflanzlicher Giftstoff, der in anderen Organismen ↑Immunreaktionen (Allergien) auslöst. **Phy|to|tron** *das;* -s, -e ⟨zu ↑...tron⟩: modernes Laboratorium zur Untersuchung von Pflanzen bei entsprechenden Klimabedingungen. **Phy|to|zö|no|lo|gie** *die;* - ⟨zu *gr.* koinós „gemeinsam" u. ↑...logie⟩: die soziologische Pflanzengeographie. **Phy|to|zö|no|se** *die;* -, -n: Gesamtheit der Pflanzen in einer bestimmten Lebensgemeinschaft. **Phy|to|zo|on** *das;* -s, ...zoen ⟨zu *gr.* zōon „Lebewesen"⟩: (veraltet) Meerestier von pflanzenähnlichem Aussehen (z. B. Nesseltier)

Pi *das;* -[s], -s ⟨aus *gr.* pĩ⟩: 1. sechzehnter Buchstabe des griechischen Alphabets: Π, π. 2. Ludolfsche Zahl, die das Verhältnis von Kreisumfang zu Kreisdurchmesser angibt (π = 3,1415...; Math.)

pia|ce|re [pia'tʃe:rə] vgl. a piacere. **Pia|ce|re** *das;* - ⟨aus *it.* piacere „Gefallen; Gunst" zu *lat.* placere „gefallen"⟩: Belieben, Willkür (beim musikalischen Vortrag). **pia|ce|vo|le** [pia'tʃe:vole] ⟨*it.*; aus *spätlat.* placibilis⟩: gefällig, lieblich (Vortragsanweisung; Mus.)

Pi|af|fe *die;* -, -n ⟨aus gleichbed. *fr.* piaffe, eigtl. „Prahlerei, Großtuerei", zu piaffer, vgl. piaffieren⟩: trabähnliche Bewegung auf der Stelle (aus der Hohen Schule übernommene Übung moderner Dressurprüfungen; Reitsport). **pi|af|fie|ren** ⟨aus *fr.* piaffer „lärmend mit den Füßen stampfen", dies aus dem Provenzal.⟩: (selten) die Piaffe ausführen

Pia ma|ter *die;* - - ⟨aus gleichbed. *(m)lat.* pia mater, eigtl. „fromme Mutter", wohl weil die Hirnhaut das Gehirn wie eine Mutter ihr Kind mit den Armen umfängt⟩: Kurzbez. für ↑Pia mater encephali u. ↑Pia mater spinalis (Med.). **Pia ma|ter en|ce|pha|li** [- - ɛn'tse:...] *die;* - - - ⟨zu *nlat.* encephalus „Gehirn", dies aus *gr.* egképhalos⟩: weiche Hirnhaut (Med.). **Pia ma|ter spi|na|lis** *die;* - - - ⟨zu *lat.* spinalis, vgl. spinal⟩: weiche Haut des Rückenmarks (Med.)

pi|an|gen|do [pian'dʒɛndo] ⟨*it.;* zu piangere „weinen", dies aus *lat.* plangere „(laut) betrauern"⟩: weinend, klagend (Vortragsanweisung; Mus.)

Pia|ni|no *das;* -s, -s ⟨aus gleichbed. *it.* pianino, Verkleinerungsform von piano, vgl. piano⟩: kleines Klavier. **pia|nis|si|mo** ⟨*it.;* Superlativ von piano, vgl. piano⟩: sehr leise (Vortragsanweisung; Mus.); Abk.: pp; - quanto possibile [...le]: so leise wie möglich. **Pia|nis|si|mo** *das;* -s, Plur. -s u. ...mi: sehr leises Spielen od. Singen (Mus.). **Pia|nist** *der;* -en, -en ⟨aus gleichbed. *fr.* pianiste bzw. *it.* pianista⟩: Musiker, der Klavier spielt. **Pia|ni|stin** *die;* -, -nen: weibliche Form zu ↑Pianist. **pia|ni|stisch** ⟨zu ↑Piano u. ↑...istisch⟩: klaviermäßig, klavierkünstlerisch. **pia|no** ⟨*it.;* eigtl. „eben, flach", dies aus *lat.* planus, vgl. plan⟩: schwach, leise (Vortragsanweisung; Mus.); Abk.: p. **Pia|no** *das;* -s, -s ⟨aus gleichbed. *fr.* piano, verkürzt aus piano-forte, vgl. Pianoforte⟩: 1. (veraltend, noch scherzh.) Klavier. 2. (Plur. auch ...ni) schwaches, leises Spielen od. Singen (Mus.). **Pia|no|ak|kor|de|on** *das;* -s, -s: ↑Akkordeon mit Klaviertastatur auf der Melodieseite. **Pia|no|chord** [...'kɔrt] *das;* -[e]s, -e ⟨zu *gr.* chordé „Saite"⟩: kleines, 6 ⅔ Oktaven umfassendes Klavier als Haus- u. Übungsinstrument. **Pia|no|for|te** *das;* -s, -s ⟨aus gleichbed. *fr.* piano-forte (älter *fr.* piano et forte), dies aus *it.* pianoforte, eigtl. „leise und laut", weil (im Ggs. zum Cembalo, Spinett u. Klavichord) die Tasten des Hammerklaviers leise u. laut angeschlagen werden können⟩: (veraltet) svw. Klavier. **Pia|no|graph** *der;* -en, -en ⟨zu ↑...graph⟩: svw. Melograph. **Pia-**

no|la *das;* -s, -s ⟨aus gleichbed. *it.* pianola⟩: selbsttätig spielendes Klavier; vgl. Phonola

Pia|rist *der;* -en, -en ⟨aus gleichbed. *mlat.* piarista, eigtl. „der Fromme"⟩: Mitglied eines priesterlichen kath. Lehrordens

Pi|as|sa|va [...va] u. **Pi|as|sa|ve** [...və] *die;* -, ...ven ⟨aus gleichbed. *port.* piassaba, dies aus *Tupi* (einer südamerik. Indianersprache) piassába⟩: für Besen u. Bürsten verwendete Blattfaser verschiedener Palmen

Pia|ster *der;* -s, - ⟨über *engl.* piaster, piastre u. *fr.* piastre aus *it.* piastra, eigtl. „Metallplatte", dies über *lat.* emplastrum aus *gr.* émplast(r)on (phármakon) „Wundpflaster"⟩: 1. span. u. südamerik. ↑Peso im europ. Handelsverkehr. 2. seit dem 17. Jh. die türk. Währungseinheit zu 40 Para (heutige Bez. Kuruş). 3. Währungseinheit in Ägypten, Syrien, im Libanon, Sudan

Pi|at|ti *die* (Plur.) ⟨aus gleichbed. *it.* piatti, eigtl. „Teller", zu piatto „flach", dies über *vulgärlat.* *plattus aus *gr.* platýs „eben, breit"⟩: Schlaginstrument aus zwei Becken (Mus.).

Pi|az|za *die;* -, Plur. -s u. Piazze ⟨aus *it.* piazza, dies über *vulgärlat.* platea aus *lat.* platea „Straße" zu *gr.* plateĩa (hodós) „die breite (Straße)", dies zu platýs, vgl. Piatti⟩: ital. Bez. für [Markt]platz. **Pi|az|zet|ta** *die;* -, ...tte ⟨aus *it.* piazzetta, Verkleinerungsform von piazza, vgl. Piazza⟩: kleine Piazza

Pi|broch [...brɔx, *engl.* ...brɔk] *der;* -[s], -s ⟨aus gleichbed. *engl.* pibroch, dies verkürzt aus gleichbed. *schott.* piobaireachd zu piobair „(Dudelsack)pfeifer", dies zu pìob „Pfeife"⟩: altschott. Musikstück mit Variationen für den Dudelsack

¹Pi|ca ['pi:ka] *die;* - ⟨aus gleichbed. *engl.* pica (Bez. für ↑Cicero), weitere Herkunft ungeklärt⟩: 1. genormte Schriftgröße bei der Schreibmaschine mit 2,6 mm Schrifthöhe

²Pi|ca ['pi:ka] *die;* - ⟨zu *fr.* pica, vgl. Pikazismus⟩: svw. Pikazismus

Pi|ca|dor [...k...] u. (eindeutschend) Pikador *der;* -s, -es ⟨aus gleichbed. *span.* picador zu picar „stechen"⟩: Lanzenreiter, der beim Stierkampf den auf den Kampfplatz gelassenen Stier durch Stiche in den Nacken zu reizen hat

Pi|ca|ro [...k...] *der;* -s, -s ⟨aus *span.* pícaro⟩: span. Bez. für Schelm, Spitzbube

Pic|ca|lil|li [pɪka...] *die* (Plur.) ⟨aus gleichbed. *engl.* piccalilli⟩: eine Art ↑Mixed Pickles

Pic|cio|li|ni [pitʃo...] *die* (Plur.) ⟨aus gleichbed. *it.* picciolini⟩: eingemachte Oliven. **pic|co|lo** ['pɪkolo] ⟨aus *it.* piccolo⟩: ital. Bez. für klein (in Verbindung mit Instrumentennamen, z. B. Flauto - = Pikkoloflöte). **Pic|co|lo** (österr.) vgl. Pikkolo

Pi|chet [pi'ʃe:, *fr.* pi'ʃɛ] *der;* -[s], -s [...e:(s), *fr.* ...ɛ] ⟨aus *fr.* (mundartlich) pichet „Kanne, Krug" (für Wein usw.), dies vielleicht über das Mlat. aus dem Germ.⟩: Krug, in dem in Frankreich traditionell offene Weine serviert werden

Pich|wai *das;* -s, -s ⟨vermutl. zu *sanskr.* picavya „aus Baumwolle"⟩: großformatiges, auf Stoff gemaltes ind. Kultbild, das meist Krischna als zentrale Figur zeigt

Pick vgl. ³Pik

Pickel|flö|te¹ *die;* -, -n ⟨Lehnübersetzung von gleichbed. *it.* flauto piccolo, eigtl. „kleine Flöte"⟩: Pikkoloflöte

Picker¹ *der;* -s, - ⟨aus gleichbed. *engl.* picker⟩: Teil am mechanischen Webstuhl, das den Schützen (das Schiffchen) durch das Fach (Zwischenraum zwischen den Kettfäden) schlägt

Pickles ['pɪk|s] *die* (Plur.) ⟨aus *engl.* pickles „Pökel, Eingemachtes"⟩: Kurzform von ↑Mixed Pickles

Pick|nick *das;* -s, Plur. -e u. -s ⟨zum Teil unter Einfluß von *engl.* picnic aus *fr.* pique-nique „gemeinsame Mahlzeit in

einem Landwirtshaus; Mahlzeit, zu der jeder Speisen und Getränke beisteuert", zu *fr.* mdal. piquer „aufpicken, aufschnappen" u. nique „Nichtigkeit"⟩: Mahlzeit, Imbiß im Freien. **pick|nicken¹**: ein Picknick abhalten
Pick-up [pɪk'|ap, engl. 'pɪk-ʌp] *der;* -s, -s ⟨aus gleichbed. *engl.* pick-up zu to pick up „aufnehmen"⟩: 1. Tonabnehmer für Schallplatten. 2. Aufsammelvorrichtung an landwirtschaftlichen Geräten. **Pick-up-Re|ak|ti|on** [pɪk'|ap...] *die;* -, -en: Kernreaktion, bei der das energiereiche stoßende Teilchen (z. B. ein ↑Proton) aus der Oberfläche des getroffenen Atomkerns ein ↑Nukleon (z. B. ein Neutron) herauslöst u. mit diesem verbunden (z. B. als Deuteron) weiterfliegt (Kernphys.). **Pick-up-Shop** [...ʃɔp] *der;* -s, -s ⟨zu *engl.* shop, vgl. Shop⟩: Laden, bei dem der Käufer eines [großen, sperrigen] Artikels den Transport nach Hause selbst übernehmen muß
Pico... [piko...] vgl. Piko...
pi|co|bel|lo [piko...] ⟨italienisiert aus *niederdt.* pük „ausgesucht" (in piekfein) u. *it.* bello „schön"⟩: (ugs.) ganz besonders fein, ausgezeichnet
Pi|co|fa|rad [piko...] vgl. Pikofarad
Pi|cot [pi'ko:] *der;* -s, -s ⟨aus gleichbed. *fr.* picot⟩: 1. Häkchen, Zäckchen am Rand von Spitzen. 2. Spitzkeil. **Pi|co|ta|ge** [piko'ta:ʒə] *die;* -, -n ⟨aus gleichbed. *fr.* picotage⟩: Ausbau eines wasserdichten Grubenschachtes mit ↑Picots (2; Bergw.)
Pi|co|tit [piko..., auch ...'tɪt] *der;* -s, -e ⟨nach dem franz. Naturforscher P. Picot de Lapeyrouse (1744–1818) u. zu ↑²...it⟩: ein chromhaltiger, schwarzer ↑Spinell
Pid|gin ['pɪdʒɪn] *das;* -, -s ⟨zu ↑Pidgin-Englisch⟩: aus Elementen der Ausgangs- u. der Zielsprache bestehende Mischsprache, deren Kennzeichen vor allem eine stark reduzierte Morphologie der Zielsprache ist (Sprachw.). **Pid|gin-Eng|lisch** u. **Pid|gin-Eng|lish** [...'ɪŋglɪʃ] *das;* - ⟨aus gleichbed. *engl.* pidgin (English), chines. Entstellung des engl. Wortes business, vgl. Busineß⟩: Mischsprache aus einem sehr vereinfachten Englisch u. einer od. mehreren anderen [ostasiat., afrik.] Sprachen. **pid|gi|ni|sie|ren** ⟨zu ↑...isieren⟩: eine Sprache durch eingeschränkten Gebrauch ihrer Morphologie zum Pidgin machen
¹Pie [paɪ] *die;* -, -s ⟨aus gleichbed. *engl.* pie⟩: in England u. Amerika beliebte warme Pastete aus Fleisch od. Obst
²Pie [pje] *der;* -, -s ⟨aus gleichbed. *span.* pie, eigtl. „Fuß", dies aus *lat.* pes⟩: altes span. Längenmaß (= 27,83 cm)
Pie|ce ['pie:s(ə), 'pjɛ:s(ə)] *die;* -, -n ⟨aus gleichbed. *fr.* pièce, dies aus *mlat.* picia, petia, aus dem Kelt.⟩: [Theater]stück; Tonstück, musikalisches Zwischenspiel. **Pièce de ré|si|stance** [pjɛsdərezis'tãs] *die;* - - -, - - - [pjɛs...] ⟨aus gleichbed. *fr.* pièce de résistance⟩: (veraltet) Hauptgericht, großes Fleischstück. **pièce tou|chée, pièce jouée** [pjɛstu'ʃe pjɛs'ʒue] ⟨*fr.*; eigtl. „Figur berührt (heißt), Figur gespielt"⟩: franz. Bez. für das in den Regeln des Weltschachbundes getroffene Abkommen, daß eine berührte Figur gezogen werden muß (Schach); vgl. j'adoube
Pied [pje] *der;* -, -s ⟨aus gleichbed. älter *fr.* pied, eigtl. „Fuß", dies aus *lat.* pes, Gen. pedis⟩: altes Längenmaß in Frankreich (= 33,33 cm). **Pie|de** *der;* -, -s ⟨aus gleichbed. *it.* piede, dies aus *lat.* pes, Gen. pedis⟩: altes Längenmaß in Italien (= 30 cm). **Pie|de|stal** [pie...] *das;* -s, -e ⟨aus gleichbed. *fr.* piédestal, dies aus älter *it.* piedestallo zu piede (vgl. Piede) u. stallo „Sitz"⟩: 1. a) [gegliederter] Sockel (Archit.); b) sockelartiger Ständer für bestimmte Zier-, Kunstgegenstände. 2. hohes Gestell mit schräggestellten Beinen für Vorführungen (bes. von Tieren) im Zirkus. **Pied|mont|flä|che** ['pi:dmənt...] *die;* -, -n ⟨zu *engl.* piedmont „Gebirgsfuß"⟩: meist flache, sanft geneigte Fläche vor dem Fuß eines Gebirges, gegen den sie deutlich abgesetzt ist
Pie|dra *die;* - ⟨aus *span.* piedra „Stein", dies über *lat.* petra aus *gr.* pétros⟩: Form der ↑Trichosporie, bei der sich harte Knötchen an den Haaren u. in der Kopfhaut bilden (in den Tropen heimische Haarpilzerkrankung; Med.)
Pie|mon|tit [pie..., auch ...'tɪt] *der;* -s, -e ⟨nach der oberital. Landschaft Piemont u. zu ↑²...it⟩: ein manganhaltiger, kirsch- od. braunroter ↑Epidot
pie|no ⟨*it.;* aus *lat.* plenus, vgl. Plenum⟩: voll, vollstimmig (Vortragsanweisung; Mus.)
Pier *der;* -s, -e, in der Seemannsspr. *die;* -, -s ⟨aus gleichbed. *engl.* pier, dies aus *mlat.* pera, weitere Herkunft unsicher⟩: Hafendamm; Landungsbrücke
Pie|ri|den [pie...] *die* (Plur.) ⟨nach Pierien, der südlichsten Küstenlandschaft des alten Makedoniens u. zu ↑...ide⟩: die ↑Musen (Beiname)
Pi|er|ret|te [piɛ...] *die;* -, -n ⟨aus gleichbed. *fr.* Pierrette, weibliche Verkleinerungsform von Pierre, vgl. Pierrot⟩: weibliche Lustspielfigur der in Paris gespielten ital. ↑Commedia dell'arte
Pi|er|rot [piɛ'ro:] *der;* -s, -s ⟨aus gleichbed. *fr.* Pierrot, Verkleinerungsform von Pierre „Peter"⟩: männliche Lustspielfigur der in Paris gespielten ital. ↑Commedia dell'arte
Pie|ta [pie...] u. (bei ital. Schreibung) **Pie|tà** [...'ta] *die;* -, -s ⟨aus gleichbed. *it.* pietà, eigtl. „Frömmigkeit", dies aus *lat.* pietas, vgl. Pietät⟩: Darstellung Marias mit dem Leichnam Christi auf dem Schoß; vgl. Vesperbild. **Pie|tät** *die;* - ⟨aus *lat.* pietas, Gen. pietatis „Pflichtgefühl; Frömmigkeit, Barmherzigkeit" zu pius „pflichtbewußt, fromm"⟩: Ehrfurcht, Achtung (bes. gegenüber Toten), Rücksichtnahme auf die Gefühle anderer (bes. bei der Trauer um Verstorbene). **Pie|tis|mus** *der;* - ⟨zu ↑...ismus (1)⟩: ev. Bewegung des 17. u. 18. Jh.s, die gegenüber der ↑Orthodoxie (1) u. dem Vernunftglauben Herzensfrömmigkeit u. tätige Nächstenliebe als entscheidende christliche Haltung betont. **Pie|tist** *der;* -en, -en ⟨zu ↑...ist⟩: Anhänger, Vertreter des Pietismus. **Pie|ti|stin** *die;* -, -nen: weibliche Form zu ↑Pietist. **pie|ti|stisch** ⟨zu ↑...istisch⟩: den Pietismus betreffend; fromm im Sinne des Pietismus. **pie|to|so** ⟨*it.;* aus *mlat.* pietosus⟩: mitleidsvoll, andächtig (Vortragsanweisung; Mus.)
Pie|tra du|ra *die;* - - ⟨aus *it.* pietra dura, eigtl. „harter Stein"⟩: ital. Bez. für Florentiner Mosaik
pie|zo..., Pie|zo... ⟨zu *gr.* piézein „drücken, Druck ausüben"⟩: Wortbildungselement mit der Bedeutung „Druck", z. B. piezoelektrisch, Piezometer. **Pie|zo|che|mie** *die;* -: Erforschung chem. Wirkungen unter hohem Druck. **pie|zo|elek|trisch**: elektrisch durch Druck; -er Effekt: von P. Curie entdeckte Aufladung mancher Kristalle unter Druckeinwirkung. **Pie|zo|elek|tri|zi|tät** *die;* -: durch Druck entstandene Elektrizität bei manchen Kristallen. **Pie|zo|kon|takt|me|ta|mor|pho|se** *die;* -, -n: Einwirkung einer erstarrenden Schmelze auf das Nebengestein bei gleichzeitiger Gebirgsfaltung (Geol.). **Pie|zo|me|ter** *das;* -s, - ⟨zu ↑¹...meter⟩: Instrument zur Messung des Grades der Zusammendrückbarkeit von Flüssigkeiten, Gasen u. festen Stoffen (Techn.). **Pie|zo|quarz** *der;* -es, -e: Platte aus einem Quarzkristall, die als Bauelement (z. B. von Quarzuhren) dazu dient, die Schwingung konstant zu halten (Phys., Techn.). **Pie|zo|tran|si|stor** *der;* -s, -en: bipolarer Transistor aus einem Halbleitermaterial, dessen Bandstruktur u. elektr. Eigenschaften stark druckabhängig sind (Elektrot.)
Pif|fe|ra|ri *die* (Plur.) ⟨aus gleichbed. *it.* pifferari, Plur. von pifferaro, vgl. Pifferaro⟩: die traditionell zur Weihnachts-

Pifferaro

zeit in Rom vor Madonnenbildern den Pifferaro blasenden Hirten. **Pif|fe|ra|ro** *der;* -s, ...ri ⟨aus gleichbed. *it.* pifferaro, wohl zu *lat.* piperare „piepen"⟩: 1. Querpfeife, Schalmei. 2. Querpfeifer. **Pif|fe|ro** *der;* -s, ...ri ⟨aus gleichbed. *it.* piffero, vgl. Pifferaro⟩: svw. Pifferaro (1)
Pig *der;* -s, -s ⟨aus gleichbed. *engl.* pig⟩: (ugs. abwertend) Polizist
Pi|geon-Eng|lish ['pɪdʒɪn'ɪŋglɪʃ] *das;* ⟨Variante von ↑ Pidgin-Englisch⟩: svw. Pidgin-English
Pi|geo|nit [pɪdʒo..., auch ...'nɪt] *der;* -s, -e ⟨nach Pigeon Point, Minnesota (USA), u. zu ↑²...it⟩: ein brauner bis schwarzer ↑ Pyroxen, der meist als Einsprengling in Basalt, auch in Meteoriten u. Mondgesteinen vorkommt
Pig|ment *das;* -[e]s, -e ⟨aus *lat.* pigmentum „Färbestoff, Farbe; Würze" zu pingere „(be)malen"⟩: 1. in Form von Körnern in den Zellen bes. der Haut eingelagerter, die Färbung der Gewebe bestimmender Farbstoff; Körperfarbstoff (Med., Biol.). 2. im Binde- od. Lösungsmittel unlöslicher, aber feinstverteilter Farbstoff. **Pig|men|ta|ti|on** *die;* -, -en ⟨zu ↑ ...ation⟩: Einlagerung von Pigment, Färbung; vgl. ...[at]ion/...ierung. **Pig|ment|bak|te|ri|en** [...jən] *die* (Plur.): farbstoffbildende Bakterien (Biol.). **Pig|ment|de|ge|ne|ra|ti|on** *die;* -: a) Pigmententartung, Umwandlung des eingelagerten Pigments in ↑ maligne Formen (z. B. Melanin); b) krankhafte Pigmenteinlagerung im Zusammenhang mit degenerativen Vorgängen in Organen (Med.). **Pig|ment|druck** *der;* -[e]s, -e: a) (ohne Plur.) Kohledruck, ein fotografisches Kopierverfahren, bei dem durch die mit einer Chromgelatineschicht versetzte Kohle (auch Rötel u. a.) nach entsprechender Behandlung ein reliefartiges Bild entsteht; b) in diesem Kopierverfahren hergestelltes reliefartiges Bild. **pig|men|tie|ren** ⟨zu ↑ ...ieren⟩: 1. Farbstoffe in kleinste Teilchen (Pigmentkörnchen) zerteilen. 2. körpereigenes Pigment bilden. 3. [sich] einfärben durch Pigmente. **Pig|men|tie|rung** *die;* -, -en ⟨zu ↑ ...ierung⟩: 1. (ohne Plur.) das Pigmentieren. 2. svw. Pigmentation; vgl. ...[at]ion/...ierung
Pi|gno|le [pɪnˈjoːlə], österr. **Pi|gno|lie** [...jə] *die;* -, -n ⟨aus gleichbed. *it.* pi(g)nolo zu pino „Pinie", dies aus *lat.* pinus „Fichte, Föhre"⟩: wohlschmeckender Samenkern der Pinie
Pi|jacke¹ *die;* -, -n ⟨aus gleichbed. *engl.* pea-jacket, dies aus dem Niederl.⟩: (landsch.) blaue Seemannsüberjacke
Pi|ji|ki *die* (Plur.) ⟨aus dem Lappischen (einer finn.-ugrischen Sprache)⟩: Felle der Rentierkälber
Pi|jut u. Piut *die;* - ⟨aus *hebr.* piyyûṯ „Dichtkunst"⟩: jüd. religiöse Dichtung (3.–17. Jh.), die als synagogale Dichtung insbesondere der Ausschmückung u. Anreicherung der Gebete u. religiösen Zeremonien dient
¹Pik *das;* -[s], -[s] ⟨aus gleichbed. *fr.* pique, eigtl. „Spieß, Lanze"; vgl. Pike, nach dem stilisierten Spieß auf der Spielkarte⟩: a) schwarze Figur in Form einer stilisierten Lanzenspitze; b) (ohne Plur.; ohne Artikel) mit dieser Figur versehene [zweithöchste] Farbe im Kartenspiel; c) (Plur. Pik) Spiel, bei dem ¹Pik (b) Trumpf ist; d) (Plur. Pik) Spielkarte mit ¹Pik (b) als Farbe
²Pik *der;* -s, Plur. -e u. -s ⟨wohl nach *(m)fr.* pic, eigtl. „Spitze", weitere Herkunft ungeklärt⟩: Berggipfel, -spitze
³Pik *der;* -s ⟨über das Niederl. aus *(m)fr.* pique „Rachegefühl, Groll" zu piquer, vgl. pikiert⟩: (ugs.) heimlicher Groll
Pi|ka *der;* -[s], -s ⟨aus gleichbed. *tungus.* piika⟩: Pfeifhase, ein in Asien u. im westlichen Nordamerika in Erdbauen lebendes Nagetier
Pi|ka|de *die;* -, -n ⟨aus gleichbed. *amerik.-span.* picada, dies zu *span.* picar „stechen"⟩: Durchhau, Pfad im Urwald (bes. in Argentinien u. Brasilien). **Pi|ka|dor** vgl. Picador.
pi|kant ⟨aus gleichbed. *fr.* piquant, Part. Präs. von piquer, vgl. pikiert⟩: 1. den Geschmack reizend, gut gewürzt, scharf. 2. (veraltend) interessant, prickelnd, reizvoll. 3. zweideutig, anzüglich, schlüpfrig. **Pi|kan|te|rie** *die;* -, ...ien ⟨zu ↑ pikant, Analogiebildung zu Galanterie⟩: 1. (ohne Plur.) reizvolle Note, Reiz. 2. Zweideutigkeit, Anzüglichkeit
pi|ka|resk u. **pi|ka|risch** ⟨unter Einfluß von *fr.* picaresque aus gleichbed. *span.* picaresco zu pícaro „Gauner, Schelm", nach der Bez. für den Helden der im 16. Jh. in Spanien entstandenen Gattung des Schelmenromans, vgl. Picaro⟩: schelmenhaft; -er Roman: Schelmenroman
Pi|ka|zis|mus *der;* -, ...men ⟨zu *fr.* pica „abnorme Eßlust" (dies aus *lat.* pica „Elster", da die Elster als gefräßig dargestellt wird) u. ↑ ...ismus (3)⟩: 1. svw. Parorexie. 2. sexuell bedingtes Verlangen, Nahrungsmittel zu sich zu nehmen, die mit Sekreten des Geschlechtspartners versehen sind
Pi|ke *die;* -, -n ⟨aus gleichbed. *fr.* pique zu piquer, vgl. pikiert⟩: (im späten Mittelalter) aus langem hölzernem Schaft u. Eisenspitze bestehende Stoßwaffe des Fußvolkes; von der - auf: von Grund auf, von der untersten Stufe an. **¹Pi|kee** *der,* österr. auch *das;* -s, -s ⟨aus *fr.* piqué „Steppstich" zu piquer, vgl. pikiert⟩: [Baumwoll]gewebe mit erhabener Musterung. **²Pi|kee** *das;* -s, -s ⟨zu ↑ ¹Pikee⟩: svw. ²Piqué. **Pi|ke|nier** *der;* -s, -e ⟨nach gleichbed. *fr.* piquier⟩: mit der Pike kämpfender Landsknecht. **Pi|kett** *das;* -[e]s, -e ⟨aus gleichbed. *fr.* piquet zu pique, vgl. Pike; Bed. 2 u. 3 aus *fr.* piquet „kleine Abteilung von Soldaten" zu pique, vgl. Pike⟩: 1. franz. Kartenspiel, in dem es keine Trumpffarbe gibt. 2. (veraltet) Vorposten[kompanie]. 3. (schweiz.) a) einsatzbereite Mannschaft im Heer u. bei der Feuerwehr; b) Bereitschaft. **Pi|kett|stel|lung** *die;* -, -en: (schweiz.) Bereitstellung. **pi|kie|ren** ⟨aus *fr.* piquer, vgl. pikiert⟩: 1. [junge Pflanzen] auspflanzen, verziehen. 2. verschiedene Stofflagen aufeinandernähen, wobei der Stich auf der Außenseite nicht sichtbar sein darf. **pi|kiert** ⟨Part. Perf. von veraltetem pikieren „reizen, verstimmen", dies aus gleichbed. *fr.* piquer, eigtl. „stechen; anstacheln"; vgl. ...iert⟩: gekränkt, [leicht] beleidigt, gereizt, verletzt, verstimmt
¹Pik|ko|lo *der;* -s, -s ⟨aus gleichbed. *it.* piccolo, eigtl. „Kleiner; klein"⟩: Kellner, der sich noch in der Ausbildung befindet. **²Pik|ko|lo** *das;* -s, -s ⟨verkürzt aus ↑ Pikkoloflöte⟩: svw. Pikkoloflöte. **³Pik|ko|lo** *der;* -[s] ⟨verkürzt aus Pikkoloflasche, vgl. ¹Pikkolo⟩: (ugs.) kleine Sektflasche für eine Person; Pikkoloflasche. **Pik|ko|lo|flö|te** *die;* -, -n ⟨zu *it.* piccolo „klein", vgl. Pickelflöte⟩: kleine Querflöte in C od. Des, eine Oktave od. None höher als die Querflöte klingend. **Pi|ko...** ⟨zu *it.* piccolo „klein"⟩: Vorsatz vor Maßeinheiten mit der Bedeutung „ein Billionstel (der 10^{12}te Teil)" der genannten Maßeinheit; Zeichen p (z. B. Pikofarad; Zeichen pF). **Pi|ko|fa|rad** *das;* -[s], -: der billionste (der 10^{12}te) Teil eines ↑ Farad; Zeichen pF (Phys.)
Pi|kör *der;* -s, -e ⟨aus gleichbed. *fr.* piqueur zu piquer, vgl. pikiert⟩: Vorreiter bei der ↑ Parforcejagd (Sport). **Pi|kot** [piˈkoː] usw. vgl. Picot usw. **pi|ko|tie|ren** [piko...] ⟨zu *fr.* picot „Spitzkeil" u. ↑ ...ieren⟩: einen wasserdichten Grubenschacht mit ↑ Picots (2) ausbauen (Bergw.); vgl. Picotage
Pi|krat *das;* -[e]s, -e ⟨zu *gr.* pikrós „bitter" u. ↑ ...at (2)⟩: Salz der Pikrinsäure (Chem.). **Pi|krin|säu|re** *die;* -, -n ⟨zu ↑ ...in (1)⟩: Trinitrophenol, explosible organische Verbindung (Chem.). **Pi|krit** [auch ...ɪt] *der;* -s, -e ⟨zu ↑²...it (1)⟩: ein grünlichschwarzes, körniges Ergußgestein. **Pi|kro|pe|ge** *die;* -, -n ⟨zu *gr.* pēgé „Quelle"⟩: Quelle mit Bitterwasser.

Pi|kro|to|xin *das;* -s: Gift der ↑ Kokkelskörner, das früher als anregendes Mittel verwendet wurde u. in höherer Dosierung als Krampfgift wirkt

Pik|to|gramm *das;* -s, -e ⟨zu *lat.* pictum, Part. Perf. von pingere „malen", u. ↑…gramm⟩: formelhaftes graphisches Symbol mit international festgelegter Bedeutung, Bildsymbol (z. B. Totenkopf als Symbol für „Gift"). **Pik|to|graphie** *die;* - ⟨zu ↑…graphie⟩: Symbol-, Bilderschrift. **pik|to|gra|phisch** ⟨zu ↑…graphisch⟩: die Piktographie betreffend. **Pik|to|ra|lis|mus** *der;* - ⟨zu *nlat.* pictoralis „gemalt" (dies zu *lat.* pingere „malen") u. ↑…ismus (1)⟩: Richtung der künstlerischen Fotografie, die sich stilistisch u. thematisch an ↑ Tendenzen der zeitgenössischen Malerei orientiert

Pi|kul *der* od. *das;* -s, - ⟨zu *malai.* pikul „eine schwere Last tragen"⟩: 1. asiat. Gewichtsmaß von verschiedener Größe. 2. indones. Hohlmaß

Pi|laf vgl. Pilaw

Pi|lar *der;* -en, -en ⟨aus gleichbed. *span.* pilar, eigtl. „Pfeiler", dies aus gleichbed. *lat.* pila⟩: Pflock, Rundholz zum Anbinden der Halteleinen bei der Abrichtung von Pferden. **Pi|la|ster** *der;* -s, - ⟨über gleichbed. *fr.* pilastre aus *it.* pilastro, dies aus *lat.* pila, vgl. Pilar⟩: [flacher] Wandpfeiler

Pi|la|tus vgl. Pontius

Pi|lau vgl. Pilaw. **Pi|law**, **Pi|laf** u. **Pi|lau** *der;* -s ⟨aus gleichbed. *türk.* pilâv, dies aus dem Pers.⟩: orientalisches Reisgericht [mit Hammel- od. Hühnerfleisch]

Pil|chard ['pɪltʃət] *der;* -s, -s ⟨aus gleichbed. *engl.* pilchard, weitere Herkunft ungeklärt⟩: Sardine (kleiner Heringsfisch)

¹Pile [paɪl] *das;* -s, -s ⟨aus *engl.* pile „Haufen, Säule" zu *lat.* pila „Säule"⟩: 1. engl. Bez. für Reaktor. 2. Stapel (z. B. von gesalzenen Rohhäuten)

²Pile [pil] *die;* -, -n […lən] ⟨aus gleichbed. *fr.* pile, weitere Herkunft unsicher⟩: (veraltet) Schrift- bzw. Rückseite einer Münze; vgl. Revers

Pi|lea *die;* -, -s ⟨aus gleichbed. *nlat.* pilea, dies aus *lat.* pileus, pilleus „Filzkappe", dies aus *gr.* pîlos „Filz"⟩: in den Tropen heimische Gattung der Nesselgewächse, Kanonierblume (auch als Zimmerpflanze kultiviert). **Pi|le|o|lus** *der;* -, Plur. …li u. …olen ⟨aus gleichbed. *mlat.* pileolus, Verkleinerungsform von pileus, vgl. Pilea⟩: Scheitelkäppchen der kath. Geistlichen (verschiedenfarbig nach dem Rang); vgl. Kalotte (4)

pi|lie|ren ⟨aus gleichbed. *fr.* piler, dies aus *lat.* pilare „zusammendrücken"⟩: stampfen, zerstoßen, schnitzeln (bes. Rohseife zur Verarbeitung in Feinseife)

pil|lie|ren ⟨mit französierung. Endung zu *dt.* Pille; vgl. …ieren⟩: (Samen für die Aussaat) mit einer Hüllmasse, die auch Nähr- u. Schutzstoffe enthält, umgeben u. zu Kügelchen formen (Landw.). **Pil|ling** *das;* -s ⟨aus gleichbed. *engl.* pilling, eigtl. substantiviertes Part. Präs. von to pill „Knötchen bilden"⟩: unerwünschte Knötchenbildung an der Oberfläche von Textilien

Pil|low|la|va ['pɪlola:va] *die;* - ⟨zu *engl.* pillow „Kissen, Polster" u. ↑ Lava⟩: für untermeerischen Erguß typische Lava von kissenähnlicher Form

Pi|lo|kar|pin *das;* -s ⟨zu *gr.* pîlos „Filz", karpós „Frucht" u. ↑…in (1), nach den behaarten Früchten eines Rautengewächses, aus denen es gewonnen wird⟩: aus ↑ Jaborandiblättern gewonnenes giftiges, schweiß- u. speicheltreibendes Alkaloid. **Pi|los** *der;* -, …len ⟨aus *gr.* pîlos „Filz, Helmfutter"⟩: altgriech. Kopfbedeckung, meist aus Filz

pi|lös ⟨aus gleichbed. *lat.* pilosus zu pilus „Haar"⟩: (veraltet) dicht behaart, haarig. **Pi|lo|se** u. **Pi|lo|sis** *die;* -, …osen ⟨zu ↑¹…ose⟩: übermäßiger Haarwuchs (Med.). **Pi|lo|si|tät** *die;* - ⟨zu ↑…ität⟩: (veraltet) Behaartheit

Pi|lot *der;* -en, -en ⟨aus gleichbed. *fr.* pilote, dies über *it.* pilota, piloto, älter *it.* pedotta, pedoto „Steuermann, Lotse" aus *mgr.* *pēdótēs „Steuermann" zu *gr.* pēdón „Steuerruder", dies zu poús, Gen. podós „Fuß"⟩: 1. a) Flugzeugführer; b) Rennfahrer. 2. (veraltet) Lotse. 3. Lotsenfisch (zu den Stachelflossern zählender räuberischer Knochenfisch im Atlantik u. Mittelmeer, Begleitfisch der Haie). **Pi|lot…**: Wortbildungselement mit der Bedeutung „als Muster, Vorbild, Versuchsobjekt dienend (mit beispielhafter Wirkung)", z. B. Pilotstudie; Pilotfilm. **Pi|lot|bal|lon** […lɔŋ, auch bes. südd., österr. u. schweiz. …lo:n] *der;* -s, Plur. -s u. (bei nicht nasalierter Ausspr.) -e: unbemannter Ballon zur Feststellung des Höhenwindes (Meteor.). **Pi|lot Charts** ['paɪlət 'tʃɑ:ts] *die* (Plur.) ⟨aus gleichbed. *engl.* pilot charts, eigtl. „Steuerkarten"⟩: engl. Bez. für von Seeleuten verwendete Karten, die wichtige meteorologische u. geographische Aufzeichnungen enthalten

Pi|lo|te *die;* -, -n ⟨aus gleichbed. *fr.* pilot zu pile „Pfeiler", dies aus *lat.* pila⟩: im Bauwesen Rammpfahl für Gründungen

Pi|lot|film *der;* -[e]s, -e ⟨zu ↑ Pilot…⟩: einer Fernsehserie od. -sendung vorausgehender Film, mit dem man das Interesse der Zuschauer zu wecken u. die Breitenwirkung zu testen versucht. **¹pi|lo|tie|ren** ⟨zu ↑…ieren⟩: ein Flugzeug, einen Sport- od. Rennwagen (bei Autorennen) steuern. **²pi|lo|tie|ren** ⟨aus gleichbed. *fr.* piloter zu pilot, vgl. Pilote⟩: Grund-, Rammpfähle einrammen

Pi|lot|fre|quenz|ver|fah|ren *das;* -s, - ⟨zu ↑ Pilot…⟩: phasenbildsynchrone Tonaufzeichnung bei Filmaufnahmen mit Wechselspannung, deren Frequenz von der Bildwechselfrequenz der Kamera abhängt. **Pi|lo|tin** *die;* -, -nen: weibliche Form zu ↑ Pilot. **Pi|lot|pro|jekt** *das;* -[e]s, -e: Versuchsprojekt als Vorstufe eines größeren Unternehmens. **Pi|lot|stu|die** […jə] *die;* -, -n: einem Projekt vorausgehende Untersuchung, in der alle in Betracht kommenden, wichtigen Faktoren zusammengetragen werden; Leitstudie. **Pi|lot|ton** *der;* -[e]s, …töne: 1. zusätzlich aufgezeichneter hochfrequenter Ton, der bei getrennter Wiedergabe von Bild u. Ton zur synchronen Steuerung von Filmprojektor u. Tonbandgerät dient. 2. hochfrequentes Signal, das der Sender bei Stereoprogrammen zusätzlich ausstrahlt u. das im ↑ Decoder die Entschlüsselung der insgesamt übertragenen Signale bewirkt

Pi|lum *das;* -s, …la ⟨aus gleichbed. *lat.* pilum⟩: altröm. Wurfspieß

Pi|lus *der;* -, …li ⟨aus *lat.* pilus „Haar"⟩: 1. Haar bei Menschen u. Säugetieren (Anat.). 2. fädige Proteinanhänge (vgl. Protein) an der Oberfläche von ↑ Bakterien (Biol.)

Pi|me|lin|säu|re *die;* - ⟨zu *gr.* pimelḗ „Fett" u. ↑…in (1)⟩: gesättigte ↑ aliphatische Dikarbonsäure, die als Oxydationsprodukt von Fetten auftritt. **Pi|me|lo|se** *die;* - ⟨zu ↑¹…ose⟩: Fettleibigkeit (Med.)

Pi|ment *der* od. *das;* -[e]s, -e ⟨aus gleichbed. *(m)fr.* piment, dies über das Roman. aus *lat.* pigmentum „Würze, Kräutersaft; Farbstoff", vgl. Pigment⟩: Nelkenpfeffer, englisches Gewürz, dem Pfeffer ähnlicher Samen eines mittelamerik. Baumes, der als Gewürz verwendet wird

Pim|per|nell *der;* -s, -e, häufiger **Pim|pi|nel|le** *die;* -, -n ⟨aus gleichbed. *spätlat.* pimpinella, weitere Herkunft unsicher⟩: zu den Doldengewächsen gehörende, aromatisch duftende Pflanze, die als Gewürz u. Heilmittel verwendet wird

Pin *der;* -s, -s ⟨aus gleichbed. *engl.* pin, eigtl. „Nadel, Stift, Zapfen"⟩: 1. getroffener Kegel als Wertungseinheit beim

Bowling (2). 2. a) (zum Nageln von Knochen dienender) langer, dünner Stift (Med.); b) Stecknadel; c) Anschlußstift zur Verbindung von elektron. Bauelement u. Leiterplatte (Elektronik)

PIN ⟨Abk. für *engl.* personal identification number „persönliche Identifizierungszahl"⟩: persönliche, nur dem Nutzer bekannte Codenummer für Geldautomaten, Telefone usw.

Pi|na|kes [...ke:s]: Plur. von ↑ Pinax. **Pi|na|ko|id** *das;* -[e]s, -e ⟨zu *gr.* pinakoeidés „wie eine Tafel", dies zu *gr.* pínax, Gen. pínakos „Tafel; Gemälde", vgl. ...oid⟩: offene, nur aus zwei Parallelflächen gebildete Kristallform. **Pi|na|kol** *das;* -s ⟨zu ↑...ol⟩: ein zweiwertiger ↑ aliphatischer Alkohol. **Pi|na|ko|thek** *die;* -, -en ⟨aus gleichbed. *lat.* pinacotheca, dies aus *gr.* pinakothḗkē „Aufbewahrungsort von Weihgeschenktafeln" zu pínax (vgl. Pinax) u. ↑...thek⟩: Bilder-, Gemäldesammlung

Pi|nas|se *die;* -, -n ⟨aus *fr.* u. *niederl.* pinasse, eigtl. „Boot aus Fichtenholz", dies über das Roman. aus *lat.* pinus „Fichte"⟩: Beiboot (von Kriegsschiffen)

Pi|nax *der;* -, Pinakes [...ke:s] ⟨aus gleichbed. *gr.* pínax, Gen. pínakos⟩: altgriech. Tafel aus Holz, Ton od. Marmor, die beschriftet od. [als Weihgeschenk] bemalt wurde

Pin|board [...bo:d] *das;* -s, -s ⟨zu *engl.* pin (vgl. Pin) u. board „Brett"⟩: an der Wand zu befestigende Tafel aus Kunststoff, Kork o. ä., an die man mit Stecknadeln o. ä. etwas (bes. Merkzettel) heftet; Pinnwand

pin|cé [pɛ̃'se] ⟨aus gleichbed. *fr.* pincé, Part. Perf. von pincer „zwicken, zupfen"⟩: svw. pizzicato. **Pin|ce|nez** [pɛ̃s'ne:] *das;* - [...'ne:(s)], - [...ne:s] ⟨aus gleichbed. *fr.* pince-nez zu pincer „zwicken, kneifen" u. nez „Nase"⟩: (veraltet) Kneifer, Zwicker

Pin|che [...tʃə] *die;* -, -n ⟨aus gleichbed. *amerik.-span.* pinche⟩: kleiner kolumbianischer Krallenaffe

Pinch|ef|fekt [pɪntʃ...] *der;* -[e]s, -e ⟨zu *engl.* to pinch „zusammendrücken, pressen" u. ↑ Effekt⟩: bei einer Starkstromgasentladung auftretende Erscheinung der Art, daß das ↑ Plasma (3) durch das eigene Magnetfeld zusammengedrückt wird (Phys.)

Pin|cop [...kɔp] *der;* -s, -s ⟨zu *engl.* pin (vgl. Pin) u. cop „Garnspule"⟩: auf dem ↑ Selfaktor bewickelte Schußspule in der Baumwollspinnerei

pin|da|ri|sie|ren ⟨nach dem altgriech. Lyriker Pindar (*gr.* Píndaros) u. zu ↑...isieren⟩: (veraltet) die Sprache u. ↑ Metrik Pindars nachahmen. **Pin|da|ri|sten** *die* (Plur.) ⟨zu ↑...ist⟩: Gruppe ital. Dichter im 16./17. Jh., die sich um metrisch genaue Nachahmung des griech. Lyrikers Pindar bemühten

pi|ne|al ⟨zu *lat.* pinea „Fichtenkern" (dies zu pinus „Fichte") u. ↑¹...al (1)⟩: fichtenzapfenähnlich. **Pi|ne|al|or|gan** *das;* -s, -e ⟨zu ↑ pineal (nach der Form)⟩: lichtempfindliches Sinnesorgan der ↑ Reptilien

Pine|ap|ple ['paɪnæpl] *der;* -[s], -s ⟨aus *engl.* pineapple⟩: engl. Bez. für ↑ Ananas

Pi|nen *das;* -s, -e ⟨zu *lat.* pinus (vgl. Pinie) u. ↑...en⟩: technisch wichtiger Hauptbestandteil der Terpentinöle. **Pi|neyharz** ['paɪnɪ...] *das;* -[e]s ⟨zu *engl.* piney, Nebenform von piny „die Kiefer betreffend", dies zu *lat.* pinus, vgl. Pinie⟩: Harz eines ostind. Baumes. **Pi|ney|talg** *der;* -[e]s: gelbliches Fett aus den Samen eines ostind. Baumes (z. B. für Kerzen)

Pin|go *der;* -[s], -s ⟨aus dem Eskim.⟩: Hügel in Dauerfrostgebieten mit mächtigem Eiskern, bei dessen Abschmelzen eine kraterähnliche Hohlform zurückbleibt (Geol.)

Ping|pong *das;* -s ⟨aus gleichbed. *engl.* ping-pong (lautmalenden Ursprungs)⟩: (gelegentlich scherzh., oft leicht abwertend) nicht turniermäßig betriebenes Tischtennis

Pin|gu|in [selten ...'i:n] *der;* -s, -e ⟨Herkunft ungeklärt⟩: flugunfähiger, dem Wasserleben angepaßter Meeresvogel der Antarktis mit schuppenförmigen Federn u. flossenähnlichen Flügeln

Pin|holes ['pɪnhoʊlz] *die* (Plur.) ⟨aus gleichbed. *engl.* pinholes, eigtl. „Nadellöcher", zu *engl.* pin (vgl. Pin) u. hole „Loch"⟩: kleine, langgestreckte Gasblasen unmittelbar unter der Oberfläche von Gußstücken (Techn.)

Pi|nie [...i̯ə] *die;* -, -n ⟨aus gleichbed. *(n)lat.* pinea, substantiviertes Fem. von *lat.* pineus „zur Fichte gehörig, fichten", dies zu pinus „(wilde) Fichte, Kiefer"⟩: Kiefer des Mittelmeerraumes mit schirmförmiger Krone. **Pi|nio|le** *die;* -, -n ⟨zu *it.* pi(g)nolo (vgl. Pignole), in Anlehnung an Pinie⟩: svw. Pignole

Pi|nit [auch ...'nɪt] *der;* -s, -e ⟨nach der ehemaligen Grube Pini bei Irfersgrün im Vogtland u. zu ↑²...it⟩: ein feinschuppiges Mineral, Zusatzprodukt des ↑ Cordierits

pink ⟨aus gleichbed. *engl.* pink, weitere Herkunft ungeklärt⟩ von kräftigem, grellem Rosa. **Pink** *das;* -s, -s: kräftiges, grelles Rosa. **Pink|co|lour** [...kʌlə] *das;* -s ⟨zu *engl.* colour „Farbe"⟩: zur Porzellan- od. Fayencemalerei benutzter roter Farbstoff

pin|kom|pa|ti|bel ⟨zu *engl.* pin „[Kontakt]stift" u. ↑ kompatibel⟩: die Übereinstimmung der Pins (2 c) betreffend, die die Austauschbarkeit der Bauelemente ohne Anschlußänderungen ermöglicht

Pin|ku|la|to|ri|um *das;* -s, ...ien [...i̯ən] ⟨mit latinisierender Endung zu *dt.* pinkeln; vgl. ...orium⟩: (scherzh.) Pissoir, Toilette für Männer

Pin|na *die;* - ⟨über *lat.* pin(n)a aus *gr.* pínna, pínnē „Steckmuschel"⟩: Gattung grauer bis brauner Meeresmuscheln, deren größte Art im Mittelmeer vorkommt

Pi|no|le *die;* -, -n ⟨aus *it.* pi(g)nola zu pigna „Pinienzapfen", dies aus *lat.* pinea, vgl. Pinie⟩: Maschinenteil der Spitzendrehbank, in dem die Spitze gelagert ist. **Pi|not** [pi'no] *das* ⟨aus gleichbed. *fr.* pinot zu pin „Kiefer" (vgl. Pinie), wegen der Ähnlichkeit der Traube mit einem Zapfen⟩: Bestandteil von Namen meist franz. u. ital. Burgunderreben; - blanc [pino'blã]: Weißburgunder; - noir [pino'nwar]: Spätburgunder. **Pi|no|tage** [...'taːʒ] *die;* - ⟨Kunstw. aus *Pinot* noir u. Hermit*age*⟩: früh reifende, anpassungsfähige Rotweinrebe mit hohen Mostgewichten, aber nur mittleren Erträgen

Pi|no|zy|to|se *die;* -, -n ⟨aus gleichbed. *nlat.* pinocytosis, dies zu *gr.* pínein „trinken" u. kýtos „Rundung, Wölbung"⟩: tröpfchenweise erfolgende Aufnahme flüssiger Stoffe in das Zellinnere (Biol.)

Pint [paɪnt] *das;* -s, -s ⟨aus gleichbed. *engl.* pint, dies über *(alt)fr.* pinte aus *mlat.* pin(c)ta, dies wohl über das Vulgärlat. zu *lat.* pictum, Part. Perf. (Neutrum) von pingere „malen", also eigtl. „gemalte Linie des Eichstriches"⟩: engl. u. amerikan. Hohlmaß, das etwas mehr als einem halben Liter entspricht; Abk.: pt. **¹Pin|ta** ['pɪn...] *die;* -, -s ⟨aus gleichbed. *it.* pinta; vgl. Pint⟩: altes ital. Hohlmaß (= 1,574 l). **²Pin|ta** *die;* - ⟨aus gleichbed. *span.* pinta, eigtl. „Fleck"⟩: trop. Hautkrankheit mit charakteristischen rötlichen, juckenden Flecken auf der Haut (Med.). **Pin|ta|de|ra** *die;* -, -s ⟨aus gleichbed. *span.* pintadera: Musterstempel aus Ton (vor allem aus der Jungsteinzeit Kleinasiens u. Südosteuropas), der wohl zur Körperbemalung u. Gefäßverzierung verwendet wurde. **Pin|te** *die;* -, -n ⟨zu *(alt)fr.* pinte, vgl. Pint⟩: 1. (schweiz.) [Blech]kanne. 2. (ugs.) kleines Wirtshaus, Kneipe. **Pin|to** *der;* -[s], -s ⟨über *engl.* pinto aus *span.*

Pirouette

pinta „Fleck", vgl. Pint⟩: Sammelbez. für gescheckte Pferde unterschiedlicher Rasse (bes. in Nordamerika)

Pin-up-Girl [pɪnˈ|ap...] *das;* -s, -s ⟨aus gleichbed. *engl.-amerik.* pin-up-girl, zu to pin up „anheften, anstecken" u. girl, vgl. Girl⟩: 1. Bild eines hübschen, erotisch anziehenden, meist leichter bekleideten Mädchens, bes. auf dem Titelblatt von Illustrierten [das ausgeschnitten u. an die Wand geheftet wird]. 2. Mädchen, das einem solchen Bild gleicht, dafür posiert

pin|xit ⟨*lat.;* „hat (es) gemalt"⟩, 3. Pers. Sing. Perf. von pingere „malen"⟩: Zusatz zur Signatur eines Künstlers auf Gemälden; Abk.: p. od. pinx.

Pin|yin [ˈpɪnjɪn] *das;* - ⟨aus *chin.* pin yin, eigtl. „Laute zusammensetzen"⟩: das seit Anfang 1979 in China einheitlich verwendete Transkriptionssystem der chines. Begriffszeichen mit lat. Buchstaben

Pin|zęt|te *die;* -, -n ⟨aus gleichbed. *fr.* pincette, Verkleinerungsform von pince „Zange", zu pincer, vgl. pinzieren⟩: kleine Greif-, Federzange zum [Er]fassen von kleinen, empfindlichen Gegenständen. **Pin|zętt|fi|sche** *die* (Plur.): farbenprächtige Korallenfische im Indopazifik, die auch beliebte Aquarienfische sind. **pin|zie|ren** ⟨aus gleichbed. *fr.* pincer, eigtl. „kneifen, zwicken"⟩: entspitzen, den Kopftrieb einer Pflanze abschneiden (Obstbau)

PIO [peːˈiːˈ|oː, *engl.* piːaɪˈoʊ] ⟨Abk. für *engl.* programmable parallel *i*nput-*o*utput device „programmierbare parallele Eingabe-Ausgabe-Einheit"⟩: eine programmierbare Schaltung für die parallele Dateneingabe u. -ausgabe bei elektron. Rechnern

Pi|ọm|bi *die* (Plur.) ⟨aus *it.* piombi (di Venezia) „(die) Bleikammern (von Venedig)" zu piombo „Blei", dies aus gleichbed. *lat.* plumbum⟩: Staatsgefängnisse im Dogenpalast von Venedig

¹**Pi|on** [pi̯ɔ̃ː] *der;* -, -s [pi̯ɔ̃ː] ⟨aus gleichbed. *fr.* pion, eigtl. „Fußsoldat", vgl. Pionier⟩: franz. Bez. für Bauer (Schach)

²**Pi|on** *das;* -s, ...onen (meist Plur.) ⟨zu ↑ Pi u. ↑⁴...on⟩: zu den ⁴Mesonen gehörendes Elementarteilchen (Phys.)

Pio|nier *der;* -s, -e ⟨aus gleichbed. *fr.* pionnier zu pion „Fußgänger; Fußsoldat" aus gleichbed. *(alt)fr.* peon, dies über das Vulgärlat. aus *lat.* pes, Gen. pedis „Fuß", Bed. 3 über *russ.* pioner⟩: 1. Soldat der techn. Truppe. 2. Wegbereiter, Vorkämpfer, Bahnbrecher. 3. Mitglied einer kommunistischen Organisation für Kinder, bes. in der ehemaligen DDR

Pio|ni|um *das;* -s ⟨zu ↑ ²Pion u. ↑ ...ium⟩: kurzlebiges Atom, das aus einem ²Pion u. einem entgegengesetzt geladenen Myon besteht, die sich umeinander bewegen (Phys.)

Pio|skop *das;* -s, -e ⟨zu *gr.* pĩon „Fett; fette Milch" u. ↑...skop⟩: Gerät zur [↑ kolorimetrischen] Bestimmung des Fettgehalts der Milch

¹**Pi|pa** *die;* -, -s ⟨aus gleichbed. *chin.* p'i-p'a⟩: lautenähnliches chines. Zupfinstrument mit vier Saiten

²**Pi|pa** *die;* -, -s ⟨aus gleichbed. *span.* pipa, dies aus *vulgärlat.* *pipa, vgl. Pipe⟩: altes span. u. port. Flüssigkeitsmaß. **Pipe** [paɪp] *die;* -, -s ⟨aus gleichbed. *engl.* pipe, eigtl. „Pfeife" (nach der Form), dies über *vulgärlat.* *pipa zu lat. pipare „piepen"⟩: 1. (auch *das*) engl. u. amerik. Hohlmaß von unterschiedlicher Größe für Wein u. Branntwein. 2. runde od. ovale vulkanische Durchschlagsröhre. **Pipe|line** [ˈpaɪplaɪn] *die;* -, -s ⟨aus gleichbed. *engl.* pipeline zu pipe „Rohr, Röhre" u. line „Leitung, Linie"⟩: (über weite Strecken verlegte) Rohrleitung (für Gas, Erdöl). **Pipe|line-pio|nier** *der;* -s, -e: 1. (Plur.) Teil der Pioniertruppen, der für die Verlegung u. Instandhaltung von Versorgungsleitungen ausgebildet wird. 2. Angehöriger der Pipelinepio-

niere (1). **Pipe|line|theo|rie** *die;* -: eine Hypothese, nach der die Ausbreitung von Radiowellen in der oberen Atmosphäre wie in Hohlleitern erfolgt

Pi|per|azịn *das;* -s ⟨zu *lat.* piper „Pfeffer" (vgl. Pep) u. ↑ Azine⟩: farblose, kristalline Substanz, die zur Herstellung zahlreicher Arzneimittel sowie in Form einiger Salze als Wurmmittel in der Veterinärmedizin verwendet wird. **Pi|pe|ri|din** *das;* -s ⟨zu ↑³...id u. ↑...in (1)⟩: eine farblose, leicht wasserlösliche Flüssigkeit von basischem Charakter u. ammoniakähnlichem Geruch. **Pi|pe|rịn** *das;* -s ⟨zu ↑ ...in (1)⟩: organische Verbindung, Hauptträger des scharfen Geschmacks von Pfeffer. **Pi|pe|ro|nal** *das;* -s ⟨zu ↑²...on u. ↑...al⟩: farblose, süßlich vanilleartig riechende Substanz, die in geringen Mengen in einigen Blütenölen vorkommt u. als Riechstoff verwendet wird

Pi|pęt|te *die;* -, -n ⟨aus gleichbed. *fr.* pipette, Verkleinerungsform von pipe „Pfeife", dies über das Vulgärlat. zu *lat.* pipare, „piepen, wimmern"⟩: Saugröhrchen, Stechheber. **pi|pet|tie|ren** ⟨zu ↑...ieren⟩: (veraltet) mit einem Stechheber entnehmen

Pique [piːk] *die;* -, -s [piːk] ⟨aus *fr.* pique, vgl. ¹Pik⟩: franz. Form von ↑ ¹Pik

¹**Pi|qué** [piˈkeː] *der,* österr. auch *das;* -s, -s ⟨aus *fr.* piqué, vgl. ¹Pikee⟩: 1. franz. Form von ↑ ¹Pikee. 2. Stoß beim Billard, der einen schnellen Rückwärtseffet vermittelt; Ggs. Massé. ²**Pi|qué** *das;* -s, -s ⟨aus *fr.* piqué, vgl. ¹Pikee⟩: Maßeinheit für die mit bloßem Auge zu erkennenden Einschlüsse bei ↑ ¹Diamanten. **Pi|queur** [piˈkøːr] *der;* -s, -s ⟨aus *fr.* piqueur, vgl. Pikör⟩: 1. franz. Form von ↑ Pikör. 2. Sadist, der seine geschlechtliche Befriedigung nach Verletzung des Opfers findet (Med.)

Pi|rạn|ha [piˈranja] *der;* -[s], -s ⟨über *port.* piranha aus *Tupi* (einer südamerik. Indianersprache) piranha⟩: Karibenfisch (gefürchteter südamerik. Raubfisch, der im Schwarm jagt u. seine Beute in kürzester Zeit bis auf das Skelett abfrißt)

Pi|rat *der;* -en, -en ⟨aus gleichbed. *it.* pirata, dies über *lat.* pirata aus *gr.* peiratés „Seeräuber" zu peirān „wagen, unternehmen"⟩: Seeräuber. **Pi|ra|ten|sen|der** *der;* -s, -: außerhalb der Staatsgebiete betriebener (meist auf hoher See von Schiffen od. künstlichen Inseln) Rundfunk- od. Fernsehsender. **Pi|ra|te|rie** *die;* -, ...ien ⟨aus gleichbed. *fr.* piraterie⟩: 1. Seeräuberei. 2. gewaltsame Übernahme des Kommandos über ein Schiff, Flugzeug, um eine Kursänderung zu erzwingen, eine bestimmte Forderung durchzusetzen. ...**pi|ra|te|rie**: Wortbildungselement mit den Bedeutungen: a) „[erpresserischer] Überfall [auf Verkehrsmittel]", z. B. Luftpiraterie. b) „nichtberechtigte Übernahme u. Ausnutzung [von fremden Rechten]", z. B. Softwarepiraterie, Videopiraterie

Pi|ra|ya [piˈraːja] *der;* -[s], -s ⟨zu *port.* piranha „Karibenfisch"⟩: svw. Piranha

Pi|ro|ge *die;* -, -n ⟨über gleichbed. *fr.* pirogue aus *span.* piragua, dies aus einer Indianersprache der Karibik⟩: primitives Indianerboot, Einbaum [mit Plankenaufsatz]

Pi|rog|ge *die;* -, -n ⟨aus gleichbed. *russ.* pirog zu pir „Gastmahl"⟩: in Rußland Pastete [aus Hefeteig], gefüllt mit Fleisch, Fisch, Kraut, Eiern u. dgl.

Pi|ro|plạs|ma *das;* -s, ...men ⟨zu *lat.* pirum „Birne" u. ↑ Plasma⟩: Gattungsbez. für birnenförmige Einzeller, die in den roten Blutkörperchen schmarotzen. **Pi|ro|plas|mo|se** *die;* -, -n ⟨zu ↑¹...ose⟩: durch Piroplasmen hervorgerufene seuchenhafte Blutinfektion bei Tieren

Pi|rou|ęt|te [piˈrʊɛta] *die;* -, -n ⟨aus gleichbed. *fr.* pirouette, weitere Herkunft unsicher⟩: 1. Drehschwung (Ring-

1069

pirouettieren

kampf). 2. Drehen auf der Hinterhand (Figur der Hohen Schule; Reiten). 3. Standwirbel um die eigene Körperachse (Eiskunst-, Rollschuhlauf, Tanz). **pi|rou|et|tie|ren** ⟨aus gleichbed. *fr.* pirouetter⟩: eine Pirouette ausführen

Pi|sang *der;* -s, -e ⟨aus *malai.* pisang⟩: malai. Bez. für Banane. **Pi|sang|fres|ser** *der;* -s, -: tropischer, etwa krähengroßer, metallisch blau od. violett schimmernder, langschwänziger Waldvogel; Bananenfresser. **Pi|sang|hanf** *der;* -s: svw. Manilahanf

Pi|sa|nit [auch ...'nɪt] *der;* -s, -e ⟨nach dem franz. Chemiker u. Mineralogen F. Pisani († 1920) u. zu ↑²...it⟩: ein blaues Mineral

Pis|ci|na [...'tsiːna] *die;* -, ...nen ⟨aus *lat.* piscina „Wasserbehälter", eigtl. „Fischteich"⟩: 1. Taufbrunnen im altchristlichen ↑ Baptisterium. 2. Ausgußbecken in mittelalterlichen Kirchen für das zur liturgischen Waschung der Hände u. Gefäße bei der Messe benutzte Wasser

Pis|co [...ko] *der;* - ⟨über gleichbed. *span.* pisco aus dem Ketschua (einer südamerik. Indianersprache)⟩: Tresterbranntwein aus Peru u. Chile, meist gekühlt mit Zitronensaft als Aperitif getrunken

Pi|see|bau *der;* -[e]s ⟨zu *fr.* pisé(e) „Stampferde, -bau", dies zu piser (mdal.) „stampfen" aus *lat.* pi(n)sare „(zer)stampfen"⟩: Stampfbauweise, bei der die Mauern durch Einstampfen der Baumaterialien zwischen Schalungen hergestellt werden

Pi|so|lith [auch ...'lɪt] *der;* Gen. -s u. -en, Plur. -e[n] ⟨zu *lat.* pisum „Erbse" u. ↑ ...lith⟩: Erbsenstein, ein Mineral

Pis|soir [pɪˈsoaːɐ̯] *das;* -s, Plur. -e u. -s ⟨aus gleichbed. *fr.* pissoir zu pisser „urinieren"⟩: Bedürfnisanstalt für Männer

Pi|sta|zie [...i̯ə] *die;* -, -n ⟨über *spätlat.* pistacia aus *gr.* pistákē, dies aus gleichbed. *pers.* pistah⟩: 1. immergrüner Baum od. Strauch des Mittelmeergebietes, dessen wohlschmeckende, mandelähnliche Samenkerne ölreich sind. 2. Frucht, Samenkern des Pistazienbaums. **Pi|sta|zit** [auch ...'tsɪt] *der;* -s, -e ⟨zu ↑²...it⟩: eisenreicher, pistaziengrüner ↑ Epidot

Pi|ste *die;* -, -n ⟨aus gleichbed. *fr.* piste, dies aus *it.* pista, Nebenform von pesta „gestampfter Weg" zu pestare „stampfen", dies aus gleichbed. *spätlat.* pistare⟩: 1. a) Strecke für Abfahrten (Skisport; b) [Auto]rennstrecke. 2. Einfassung der Manege im Zirkus. 3. Rollbahn, Start- u. Landebahn auf Flugplätzen. 4. nicht ausgebauter, für Autos benutzbarer Verkehrsweg, Karawanenweg in der Wüste. **Pi|still** *das;* -s, -e ⟨aus gleichbed. *lat.* pistillum zu pistare, vgl. Piste⟩: 1. Stößel, Stampfer, Mörserkeule. 2. Blütenstempel (Bot.). **Pi|stil|lat** *das;* -s, -e ⟨zu ↑ ...at (1)⟩: weibliche Blüte (Bot.); Ggs. ↑ Staminat

Pi|stol *das;* -s, -en ⟨zu ↑ ¹Pistole⟩: (veraltet) svw. ¹Pistole. **¹Pi|sto|le** *die;* -, -n ⟨aus gleichbed. *tschech.* píšťala, eigtl. „Rohr, Pfeife", zu pištěti „pfeifen"⟩: kurze Handfeuerwaffe

²Pi|sto|le *die;* -, -n ⟨Herkunft unsicher⟩: früher in Spanien, später auch in anderen europäischen Ländern geprägte Goldmünze

Pi|ston [...'tõː] *das;* -s, -s ⟨aus gleichbed. *fr.* piston, dies aus *it.* pistone, Nebenform pestone „Kolben, Stampfer" zu pestare, vgl. Piste⟩: 1. Pumpenventil der Blechinstrumente (Mus.). 2. Pumpenkolben. 3. Zündstift bei Perkussionsgewehren; vgl. ¹Perkussion (2)

Pit *das;* -s, -s ⟨aus *engl.* pit „Grube"⟩: 1. im altengl. Theater der der Spielfläche gegenüberliegende Hof, in dem ärmere Zuschauer Stehplätze hatten. 2. (meist Plur.) Informationsträger auf Kompaktschallplatten (Elektrot.)

Pi|ta *die;* - ⟨aus *span.* pita „Agavefaser", dies aus dem Indian.⟩: vor allem zur Herstellung von Stricken u. Säcken verwendete Blattfaser aus zentral- u. südamerik. Agaven

Pi|ta|val [...'val] *der;* -[s], -s ⟨nach dem franz. Rechtsgelehrten F. G. de Pitaval, 1673–1743⟩: Sammlung von [berühmten] Strafrechtsfällen u. Kriminalgeschichten

Pit|bull|ter|rier [...i̯ɐ] *der;* -s, - ⟨zu *engl.* pit „Grube (als Kampfplatz)" u. ↑ Bullterrier⟩: bes. als Kampfhund abrichtbare engl. Hunderasse

Pitch [pɪtʃ] *das* od. *der;* -s, -s ⟨aus *engl.-amerik.* pitch „Werbung; Verkaufsgespräch", eigtl. „Wurf", zu *engl.* to pitch, vgl. pitchen⟩: gezielte Werbekampagne; Absatzförderung (Wirtsch.). **pit|chen** ['pɪtʃn] ⟨aus *engl.* to pitch „werfen, schleudern"⟩: einen ↑ Pitch-shot schlagen (Golf). **Pit|cher** *der;* -s, - ⟨aus gleichbed. *engl.* pitcher⟩: Spieler, der den Ball dem Schläger des Balles zuwirft; Werfer (Baseball)

Pitch|pine ['pɪtʃpaɪn] *der;* -, -s ⟨aus gleichbed. *engl.* pitchpine zu pitch „Harz" u. pine „Kiefer"⟩: a) in Nordamerika wachsende Kiefer mit schwarzbrauner Rinde; b) Holz der Pitchpine (a), das für Möbel, Schiffe, Bottiche verwendet wird

Pitch-shot ['pɪtʃʃɔt] *der;* -s, -s ⟨aus gleichbed. *engl.* pitch shot zu to pitch (vgl. pitchen) u. shot „Schuß, Wurf"⟩: steiler Annäherungsschlag beim Golfspiel

Pi|tha *die;* -, -s ⟨aus *sanskr.* pīṭha „Stuhl, Bank, Sitz, Unterlage"⟩: 1. die stets horizontal gegliederte u. meist verzierte Basis eines ind. Tempels. 2. Untersatz eines Götterbildes bei ind. Skulpturen

Pi|thek|an|thro|pus, fachspr. Pithecanthropus *der;* -, ...pi ⟨über gleichbed. *nlat.* pithecanthropus zu *gr.* píthēkos „Affe" u. ánthrōpos „Mensch"⟩: javanischer u. chinesischer Frühmensch des ↑ Pleistozäns. **Pi|the|ko|id** ⟨zu ↑ ...oid⟩: affenähnlich. **Pi|the|koi|den** *die* (Plur.): menschenähnliche Affen (Biol.)

Pi|thia|tis|mus *der;* - ⟨zu *gr.* peíthein „überreden, überzeugen", iatós „heilbar" u. ↑ ...ismus (1)⟩: suggestive Heilmethode, bes. für Hysterie u. a. psychische Störungen

Pi|thos *der;* -, ...then ⟨aus *gr.* píthos „Gefäß, Krug, Faß"⟩: großes, tönernes Vorratsgefäß im Altertum, das auch für Bestattungen verwendet wurde

Pi|tot|rohr [pi'toː...] *das;* -[e]s, -e ⟨nach dem franz. Physiker H. Pitot, 1695–1771⟩: Staurohr zum Messen des Staudrucks von strömenden Flüssigkeiten u. zur Bestimmung der Strömungsgeschwindigkeit

pi|toya|bel [pitɔaˈjaːbl] ⟨aus gleichbed. *fr.* pitoyable zu pitié „Mitleid", dies aus *lat.* pietas „Frömmigkeit, Milde"⟩: (veraltet) erbärmlich, kläglich

Pit|ting *das;* -s, -s (meist Plur.) ⟨aus gleichbed. *engl.* pitting zu to pit „angreifen, (Vertiefungen) einfressen"⟩: kleine, an Maschinenteilen usw. durch Rost o. ä. entstandene Vertiefung

pit|to|resk ⟨aus gleichbed. *fr.* pittoresque, dies aus *it.* pittoresco (zu *lat.* pictus, Part. Perf. von pingere „malen")⟩: malerisch. **Pit|tu|ra me|ta|fi|si|ca** [– ...ka] *die;* - - ⟨aus *it.* pittura metafisica „metaphysische Malerei"⟩: Richtung der modernen ital. Malerei, bei der plastisch gestaltete Bilder eine Kulissenwelt darstellen, die durch ungewohnte Verbindungen fremd u. rätselhaft erscheinen

Pi|tui|ta|ris|mus [pitui...] *der;* - ⟨zu *nlat.* pituitarius „schleimig" (dies zu *lat.* pituita „zähe Flüssigkeit, Schleim") u. ↑ ...ismus (2)⟩: mit Überproduktion von Hormonen einhergehende Erkrankung des Hypophysenvorderlappens (Med.)

Pi|ty|ria|sis *die;* -, ...iasen ⟨aus gleichbed. *nlat.* pityriasis zu *gr.* pítyron „Kleie" u. ↑ ...iasis⟩: Hautkrankheit mit Schuppenbildung (Med.)

plakatieren

più [pi̯u:] ⟨*it.;* dies aus gleichbed. *lat.* plus⟩: mehr (Vortragsanweisung, die in vielen Verbindungen vorkommt). **più alle|gro** ⟨*it.;* vgl. allegro⟩: schneller (Vortragsanweisung; Mus.). **più for|te** ⟨*it.;* vgl. forte⟩: lauter, stärker (Vortragsanweisung; Mus.). **più pia|no** ⟨*it.;* vgl. piano⟩: schwächer (Vortragsanweisung; Mus.)

Pi|um cor|pus [– k...] *das;* - - ⟨aus *lat.* corpus pium, eigtl. „frommer Körper"⟩: (veraltet) Stiftung für wohltätige Zwecke (Rechtsw.)

Pi|ut vgl. Pijut

Pi|va ['pi:va] *die;* -, Piven ⟨aus gleichbed. *it.* piva, dies aus *vulgärlat.* *pipa „Pfeife" zu *lat.* pip(i)are „(wie ein Vogel) pfeifen"⟩: 1. ital. Bez. für Dudelsack. 2. schneller ital. Tanz

Pi|vot [pi'vo:] *der* od. *das;* -s, -s ⟨aus gleichbed. *fr.* pivot, weitere Herkunft ungeklärt⟩: Schwenkzapfen an Drehkränen u. a. **pi|vo|tie|ren** [...v...] ⟨nach *fr.* pivoter „sich drehen"⟩: sich um das Standbein drehen (Basketball)

Pix *der;* -es ⟨aus *lat.* pix „Teer, Pech"⟩: auf Teerbasis hergestelltes Arzneimittel gegen einige Hautkrankheiten (Med.)

Pi|xel *das;* -[e]s, - ⟨Kurzw. aus *engl.* picture element⟩: das kleinste darstellbare u. adressierbare Element bei der gerasterten digitalen Bilddarstellung (EDV)

Piz *der;* -es, -e ⟨aus *ladin.* piz, weitere Herkunft ungeklärt⟩: Bergspitze (meist als Teil eines Namens)

Piz|za *die;* -, Plur. -s, auch ...zzen ⟨aus gleichbed. *it.* pizza⟩: im allgemeinen heiß servierter flacher, meist runder Hefeteig mit Tomaten, Käse, Sardellen, Pilzen u. a. **Piz|ze|ria** *die;* -, Plur. -s, auch ...rien ⟨aus gleichbed. *it.* pizzeria⟩: Lokal, in dem es neben anderen ital. Spezialitäten hauptsächlich Pizzas gibt

piz|zi|ca|to [...'ka:to] ⟨*it.;* Part. Perf. von pizzicare „zwicken, zupfen"⟩: mit den Fingern gezupft, angerissen (Vortragsanweisung bei Streichinstrumenten; Mus.); Abk.: pizz. **Piz|zi|ka|to** *das;* -s, Plur. -s u. ...ti: gezupftes Spiel (bei Streichinstrumenten; Mus.)

Pla|ce|bo [...ts...] *das;* -s, -s ⟨aus *lat.* placebo „ich werde gefallen", 1. Pers. Sing. Futur von placere⟩: einem echten Arzneimittel in Aussehen, Geschmack usw. gleichendes, unwirksames Scheinmedikament (Med.). **Pla|ce|bo|effekt** *der;* -[e]s, -e: Wirkung, die durch Einnahme eines Placebos eintreten kann (Med., Psychol.)

Pla|ce|ment [plasə'mã:] *das;* -s, -s ⟨aus gleichbed. *fr.* placement zu placer, vgl. plazieren⟩: a) Anlage, Unterbringung von Kapitalien; b) Absatz von Waren (Wirtsch.)

pla|cet [...tsɛt] ⟨*lat.;* eigtl. 3. Pers. Sing. von placere⟩: (veraltet) es gefällt, wird genehmigt; vgl. Plazet. **pla|ci|do** [...tʃido] ⟨*it.*⟩: ruhig, still, gemessen (Vortragsanweisung; Mus.)

pla|cie|ren [...'tsi:..., selten ...'si:...] vgl. plazieren

Pla|ci|tum [...tsi...] *das;* -s, ...ta ⟨aus *lat.* placitum „geäußerte Meinung; Verordnung"⟩: (veraltet) Gutachten, Beschluß, Verordnung (Rechtsw.). **Plä|deur** [...'døːɐ̯] *der;* -s, -e ⟨aus gleichbed. *fr.* plaideur zu plaider, vgl. plädieren⟩: (veraltet) Strafverteidiger. **plä|die|ren** ⟨aus gleichbed. *fr.* plaider zu plaid „Rechtsversammlung; Prozeß", dies über *altfr.* plait aus *lat.* placitum, vgl. Placitum⟩: 1. ein Plädoyer halten (Rechtsw.). 2. für etwas eintreten, stimmen; sich für etwas aussprechen, etwas befürworten. 3. (ugs.) viel, eifrig [u. laut] reden. **Plä|doy|er** [plɛdoa'je:] *das;* -s ⟨aus gleichbed. *fr.* plaidoyer⟩: 1. zusammenfassender Schlußvortrag des Strafverteidigers od. Staatsanwalts vor Gericht (Rechtsw.). 2. Äußerung, Rede o. ä., mit der jmd. entschieden für od. gegen etwas eintritt, stimmt; engagierte Befürwortung

Pla|fond [pla'fõ:] *der;* -s, -s ⟨aus gleichbed. *fr.* plafond, dies aus plat fond „platter Boden"⟩: 1. (landsch. u. österr.) [flache] Decke eines Raumes. 2. oberer Grenzbetrag bei der Kreditgewährung (Wirtsch.). **pla|fo|nie|ren** [...fo'ni:...] ⟨aus gleichbed. *fr.* plafonner⟩: (schweiz.) nach oben hin begrenzen, beschränken

pla|gal ⟨aus gleichbed. *mlat.* plagalis zu *gr.* plágios „seitlich; hergeleitet"⟩: von einer Tonart abgeleitet, daneben stehend; außer (Mus.); -e Kadenz: Schlußfolge von der ↑Subdominante zur ¹Tonika (2) unter Umgehung der ²Dominante (1)

pla|gi..., **Pla|gi...** vgl. plagio..., Plagio...

Pla|gi|ar *der;* -s, -e u. **Pla|gia|ri|us** *der;* -, ...rii ⟨aus *lat.* plagiarius „Menschenräuber, Seelenverkäufer"⟩: (veraltet) svw. Plagiator. **Pla|gi|at** *das;* -[e]s, -e ⟨nach gleichbed. *fr.* plagiat zu *lat.* plagium „Seelenverkauf, Menschendiebstahl"⟩: a) das unrechtmäßige Nachahmen u. Veröffentlichen eines von einem anderen geschaffenen künstlerischen od. wissenschaftlichen Werkes; Diebstahl geistigen Eigentums; b) durch unrechtmäßiges Nachahmen entstandenes künstlerisches od. wissenschaftliches Werk. **Pla|gia|tor** *der;* -s, ...oren ⟨aus gleichbed. *nlat.* plagiator zu ↑Plagiat u. ↑...or⟩: jmd., der ein Plagiat begeht. **pla|gia|to|risch**: a) den Plagiator betreffend; b) nach Art eines Plagiators

Pla|gi|eder *das;* -s, - ⟨zu *gr.* plágios „schräg, seitlich" (vgl. plagio...) u. hédra „Fläche"⟩: svw. Pentagonikositetraeder

pla|gi|ie|ren ⟨aus *spätlat.* plagiare „Menschenraub begehen"⟩: ein Plagiat begehen

pla|gio..., **Pla|gio...**, vor Vokalen meist plagi..., Plagi... ⟨aus *gr.* plágios „schief, schräg, quer, seitlich"⟩: Wortbildungselement mit der Bedeutung „schief, schräg, quer [verlaufend], seitlich [angeordnet], zur Seite", z. B. Plagioklas, Plagieder. **pla|gio|geo|trop**: schräg zur Richtung der Schwerkraft orientiert (von Pflanzenteilen, z. B. Seitenwurzeln; Bot.). **Pla|gio|klas** *der;* -es, -e ⟨zu *gr.* klásis „Bruch" (nach der schräg verlaufenden Spaltungsebene der einzelnen Kristalle)⟩: Kalknatronfeldspat, ein häufiges gesteinsbildendes Mineral. **Pla|gio|nit** [auch ...'nɪt] *der;* -s, -e ⟨zu *gr.* plágion „das Schräge" (vgl. plagio...) u. ↑²...it⟩: ein schwärzlich-bleigraues Mineral. **Pla|gio|sto|men** *die* (Plur.) ⟨zu *gr.* stóma „Mund"⟩: (veraltet) Quermäuler (zusammenfassende Bez. für Haie u. Rochen). **pla|giotrop** ⟨zu ↑...trop⟩: svw. plagiogeotrop. **Pla|gio|ze|pha|lie** *die;* - ⟨zu *gr.* kephalé „Kopf" u. ↑²...ie⟩: angeborene Schädelmißbildung, bei der der Schädel eine unsymmetrische Form hat; Schiefköpfigkeit (Med.)

Plaid [ple:t, engl. pleɪd] *das,* älter *der;* -s, -s ⟨aus gleichbed. *schott.-engl.* plaid⟩: 1. [karierte] Reisedecke; vgl. ¹Tartan (1). 2. großes Umhangtuch aus Wolle; vgl. ¹Tartan (2)

Plain-chant [plɛ̃'ʃã] *der;* -s, -s ⟨aus *fr.* plain-chant „gregorianischer Kirchengesang"⟩: svw. Cantus planus

Plainte [plɛ̃t] *die;* -, -s ⟨aus *fr.* plainte „(Weh)klage, Jammer"⟩: Musikstück mit verhalten klagendem Charakter im 17./18. Jh.

Plai|san|te|rie [plɛzãtə...] *die;* -, ...ien ⟨aus *fr.* plaisanterie „Scherz, Spaß, Spott", vgl. Pläsanterie⟩: scherzartiger Satz in Suiten (4) des 17./18. Jh.s (Mus.)

Pla|kat *das;* -[e]s, -e ⟨aus gleichbed. *niederl.* plakkaat, dies aus *fr.* placard „(Tür-, Wand)verkleidung; Aushang" zu plaquer „verkleiden, überziehen"⟩: großformatiges Stück festes Papier in graphischer Gestaltung, das zum Zwecke der Information, Werbung, politischen Propaganda o. ä. öffentlich u. an gut sichtbaren Stellen befestigt wird. **²Plakat** *die;* - ⟨zu ↑¹Plakat (wegen der Schriftgröße)⟩: Bez. des größten Schriftgrades für Schreibmaschinen. **pla|ka|tieren** ⟨zu ↑...ieren⟩: öffentlich anschlagen, ein Plakat ankle-

1071

ben. **Pla|ka|tie|rung** *die;* -, -en ⟨zu ↑...ierung⟩: das Plakatieren; öffentliche Bekanntmachung durch Plakate; vgl. ...[at]ion/...ierung. **Pla|ka|ti|on** *die;* -, -en ⟨zu ↑¹...ion⟩: svw. Plakatierung; vgl. ...[at]ion/.. ierung. **pla|ka|tiv** ⟨zu ↑...iv⟩: 1. das Plakat betreffend, durch Plakate dargestellt; plakatmäßig, plakathaft. 2. auffallend, aufdringlich; demonstrativ herausgestellt; betont. **Pla|ket|te** *die;* -, -n ⟨aus gleichbed. *fr.* plaquette, eigtl. „kleine Platte", zu plaque „Platte, Tafel"⟩: kleine, medaillenähnliche Platte mit einer figürlichen Darstellung od. Inschrift (als Gedenkmünze, Anstecknadel u. dgl.)

Pla|ko|der|men *die* (Plur.) ⟨zu *gr.* pláx, Gen. plakós „Platte, Fläche" u. dérma „Haut"⟩: ausgestorbene Panzerfische der Obersilur- u. Unterdevonzeit mit kieferlosen u. kiefertragenden Formen (älteste Wirbeltiere). **Plak|odont** *der;* -en, -en ⟨zu *gr.* odoús, Gen. odóntos „Zahn"⟩: Vertreter einer ausgestorbenen Echsenart der ↑ Trias (1). **pla|ko|id** ⟨zu ↑...oid⟩: plattenförmig. **Pla|ko|id|schup|pe** *die;* -, -n: Schuppe der Haie (Hautzähnchen)

plan ⟨aus gleichbed. *lat.* planus⟩: flach, eben, platt. **Pla|nar** ⓦ *das;* -s, -e ⟨Kunstw.; vgl. ...ar (2)⟩: ein bestimmtes Fotoobjektiv. **Pla|na|rie** [...jə] *die;* -, -n ⟨aus gleichbed. *nlat.* planaria zu *spätlat.* planarius „flach", dies zu *lat.* planus, vgl. plan⟩: Strudelwurm (Plattwurm). **Pla|nar|pro|zeß** *der;* ...sses, ...sse: Technik zur Herstellung von Halbleiterbauelementen, bei der alle Bauelemente u. Verbindungsleitungen in einer Ebene angeordnet sind. **Pla|nar|tech|nik** *die;* -: Verfahren in der Halbleitertechnik u. Mikroelektronik zur Herstellung von Halbleiterbauelementen u. Chips

Planche [plãːʃ] *die;* -, -n [...ʃn] ⟨aus gleichbed. *fr.* planche, eigtl. „Planke, Brett" dies über *spätlat.* planca aus *lat.* p(h)alanga, vgl. Phalanx⟩: Fechtbahn. **Plan|chet|te** [plãˈʃɛtə] *die;* -, -n ⟨aus *fr.* planchette, eigtl. „Brettchen", Verkleinerungsform von planche, vgl. Planche⟩: 1. Vorrichtung zum automatischen Schreiben für ein ↑ ¹Medium (4) im ↑ Spiritismus. 2. Korsettstäbchen

Pla|net *der;* -en, -en ⟨über *spätlat.* planetes (Plur.) aus gleichbed. *gr.* planétes zu plánēs „umherschweifend"⟩: Wandelstern; nicht selbst leuchtender, sich um eine Sonne bewegender Himmelskörper. **pla|ne|tar** ⟨zu ↑...ar (1)⟩: svw. planetarisch; vgl. ...isch/-. **Pla|ne|ta ri|en** [...jən]: Plur. von ↑ Planetarium. **pla|ne|ta|risch**: die Planeten betreffend; planetenartig; vgl. ...isch/-. **Pla|ne ta|ri|um** *das;* -s, ...ien [...jən] ⟨zu ↑...arium⟩: 1. Vorrichtung, Gerät zur Darstellung der Bewegung, Lage u. Größe der Gestirne. 2. Gebäude, auf dessen halbkugelförmiger Kuppel durch Projektion aus einem Planetarium (1) die Erscheinungen am Sternenhimmel sichtbar gemacht werden. **Pla|ne|ten|system** *das;* -s, -e: Gesamtheit der die Sonne od. einen anderen Stern umkreisenden Planeten. **Pla|ne|to|id** *der;* -en, -en ⟨zu ↑...oid⟩: sich in elliptischer Bahn um die Sonne bewegender planetenähnlicher Himmelskörper. **Pla|ne|to|lo|gie** *die;* - ⟨zu ↑...logie⟩: geologische Erforschung u. Deutung der Oberflächengestalt der Planeten u. ihrer Satelliten

Plan|film *der;* -[e]s, -e ⟨zu *lat.* planus, vgl. plan⟩: eben gelagerter Film im Unterschied zum Rollfilm

Plan|gi *das;* -s ⟨zu *malai.* plangi „bunt"⟩: Verfahren zur Einfärbung oder Mustern auf Stoffen, bei dem im Stoff durch Falten, Binden, Knoten od. Abdecken ungefärbte Stellen verbleiben

pla|ni..., **Pla|ni...** ⟨zu *lat.* planus, vgl. plan⟩: Wortbildungselement mit der Bedeutung „eben, flach", z. B. Planiglob, planimetrisch. **Pla|nier|bank** *die;* -, ...bänke ⟨zu ↑planieren⟩: Maschine mit Schlittenführung zur Herstellung runder, hohler Metallgegenstände. **pla|nie|ren** ⟨wohl unter Einfluß von gleichbed. *fr.* planer aus *spätlat.* planare „ebnen" zu *lat.* planus, vgl. plan⟩: [ein]ebnen; [maschinell] eben machen. **Pla|nier|rau|pe** *die;* -, -n: Raupenschlepper mit verstellbarem Brustschild, der bei Erd- u. Straßenarbeiten die Unebenheiten beseitigt u. den Aushub transportiert u. verteilt. **Pla|ni|fi|ka|teur** [...ˈtøːʁ] *der;* -s, -e ⟨aus gleichbed. *fr.* planificateur zu planifier „planmäßig lenken"⟩: Fachmann für volkswirtschaftliche Gesamtplanung. **Pla|ni|fi|ka|ti|on** *die;* -, -en ⟨aus gleichbed. *fr.* planification⟩: zwanglose, staatlich organisierte, langfristige gesamtwirtschaftliche Rahmenplanung. **Pla|ni|glob** *das;* -s, -en, älter **Pla|ni|glo|bi|um** *das;* -s, ...ien [...jən] ⟨zu ↑plani..., ↑Globus (u. ↑...ium)⟩: kartographische Darstellung der Erdhalbkugeln in zwei Kreisflächen. **Pla|ni|gra|phie** *die;* -, ...ien ⟨zu ↑...graphie⟩: Schichtaufnahmeverfahren der Röntgenuntersuchung (Med.). **Pla|ni|me|ter** *das;* -s, - ⟨zu ↑¹...meter⟩: auf ↑Integralrechnung beruhendes math. Instrument zur mechanischen Bestimmung des Flächeninhalts beliebiger ebener Flächen. **Pla|ni|me|trie** *die;* - ⟨zu ↑...metrie⟩: die ebenen geometrischen Figuren, bes. die Messung u. Berechnung der Flächeninhalte behandelndes Teilgebiet der ↑ Geometrie; Geometrie der Ebene; vgl. Stereometrie. **pla|ni|me|trie|ren** ⟨zu ↑...ieren⟩: [krummlinig begrenzte] Flächen mit einem Planimeter ausmessen. **pla|ni|me|trisch** ⟨zu ↑...metrisch⟩: die Planimetrie betreffend. **Pla|ni|sphä|re** *die;* -, -n: 1. altes astronomisches Instrument. 2. Karte, die die Erdoberfläche in zusammenhängender Form u. meist flächengetreu darstellt. **Pla|ni|tia** *die;* - ⟨aus *lat.* planitia „Ebene, Fläche"⟩: Bez. für ebene Oberflächenformationen auf den Planeten (Astron.). **plan|kon|kav** ⟨zu ↑plan⟩: auf einer Seite eben, auf der anderen nach innen (konkav) gekrümmt (bes. von Linsen). **plan|kon|vex**: auf einer Seite eben, auf der anderen nach außen (konvex) gekrümmt (bes. von Linsen)

Plank|ter *der;* -s, - ⟨aus *gr.* plagktḗr „der Umherirrende" zu plagktós, vgl. Plankton⟩: svw. Plankton. **Plank|ton** *das;* -s ⟨aus *gr.* plagktón „das Umherirrende, Umhertreibendes", substantiviertes Neutrum von plagktós „umherschweifend, irrend" zu plázesthai „hin und her getrieben werden"⟩: Gesamtheit der im Wasser schwebenden Lebewesen mit geringer Eigenbewegung (Biol.). **Plank|to|neu|ston** *das;* -s: an der Wasseroberfläche treibendes Plankton (Biol.). **plank|to|nisch** u. planktontisch: das Plankton, den Planktonten betreffend; (als Plankton, Planktont) im Wasser schwebend (Biol.). **Plank|tont** *der;* -en, -en ⟨zu ↑...ont⟩: im Wasser schwebendes Lebewesen (Biol.). **plank|ton|tisch** vgl. planktonisch

pla|no ⟨*lat.;* Adverb von planus, vgl. plan⟩: glatt, ungefalzt (von Druckbogen u. [Land]karten). **Pla|no|bo|gen** *der;* -s, -n: flach liegender, ungefalzter Papierbogen von beliebigem Format

Pla|no|ga|met *der;* -en, -en (meist Plur.) ⟨zu *gr.* plános „umherschweifend" u. ↑Gamet⟩: Geschlechtszelle, die sich mit Geißeln fortbewegt (Biol.). **Pla|no|spo|re** *die;* -, -n (meist Plur.): begeißelte, bewegliche Spore niederer Pflanzen (von Algen u. Pilzen), die der ungeschlechtlichen Fortpflanzung dient (Biol.)

Pla|no|zyt *der;* -en, -en (meist Plur.) ⟨zu ↑plano u. ↑...zyt⟩: flacher, hämoglobinarmer ↑Erythrozyt (bei verschiedenen Anämien auftretende Degenerationsform; Med.). **plan|par|al|lel** ⟨zu ↑plan u. ↑parallel⟩: genau parallel angeordnete Flächen habend

Plan|ta|ge [...ʒə] *die;* -, -n ⟨aus gleichbed. *fr.* plantage zu planter „pflanzen", dies aus gleichbed. *lat.* plantare⟩: [größere] Pflanzung, landwirtschaftlicher Großbetrieb (bes. in trop. Gebieten). **Plan|ta|gen|wirt|schaft** *die;* -, -en: landwirtschaftlicher Großbetrieb, hauptsächlich in trop. Gebieten, der durch den vorwiegenden Anbau mehrjähriger Pflanzen in Monokultur (z. B. Kaffee, Tee) gekennzeichnet ist. **plan|tar** ⟨aus gleichbed. *spätlat.* plantaris zu planta „Fußsohle"⟩: zur Fußsohle gehörend, sie betreffend (Med.). **Plan|tar|fle|xi|on** *die;* -, -en: Beugung des Fußes zur Fußsohle hin (Med.). **Plan|ta|tion-Song** [plæn'teɪʃən...] *der;* -s, -s ⟨aus gleichbed. *engl.-amerik.* plantation song zu *engl.* plantation „Plantage, Anpflanzung" u. ↑Song⟩: Arbeitslied der afroamerik. Plantagenarbeiter, bes. auf den Plantagen im Süden der USA (eine Quelle des Jazz). **Plan|to|wol|le** ['plan...] *die;* - ⟨Kunstw. zu *lat.* planta „Pflanze"⟩: veredelte Jutefaser

Pla|nu|la *die;* -, -s ⟨aus gleichbed. *nlat.* planula, substantiviertes Fem. von planulus, dies Verkleinerungsform von *lat.* planus, vgl. plan⟩: platte, ovale, bewimperte, frei schwimmende Larvenform der Nesseltiere. **Pla|num** *das;* -s ⟨aus *lat.* planum „Fläche", substantiviertes Neutrum von planus, vgl. plan⟩: vorbereitete eingeebnete Unterlagsfläche für die Fahrbahnbettung, bes. bei Eisenbahn- u. Straßenbahnlinien

Plaque [plak] *die;* -, -s ⟨aus *fr.* plaque „Platte, Fleck", dies aus dem Germ.⟩: 1. umschriebener, etwas erhöhter Hautfleck (Med.). 2. Zahnbelag (Zahnmed.). 3. durch Auflösung einer Gruppe benachbarter Bakterienzellen entstandenes rundes Loch in einem Nährboden (Biol.). **Pla|qué** [...'ke:] *das;* -s, -s ⟨aus gleichbed. *fr.* plaqué, eigtl. Part. Perf. von plaquer „plattieren, überziehen", vgl. plattieren⟩: plattierte (vgl. plattieren 1) Arbeit

Plä|san|te|rie *die;* -, ...ien ⟨aus gleichbed. *fr.* plaisanterie zu plaisanter „scherzen", dies zu *altfr.* plaisir, vgl. Pläsier⟩: (veraltet) Scherz, Belustigung. **Plä|sier** *das;* -s, -e ⟨aus gleichbed. *fr.* plaisir zu *altfr.* plaisir „gefallen", dies aus *lat.* placere⟩: (veraltend) Vergnügen, Spaß; Unterhaltung. **plä|sier|lich**: (veraltend) heiter, vergnüglich, angenehm, freundlich

Plas|ma *das;* -s, ...men ⟨über *spätlat.* plasma aus *gr.* plásma, Gen. plásmatos „das Gebildete, Geformte" zu plássein, vgl. plastisch⟩: 1. svw. Protoplasma. 2. flüssiger Teil des Blutes; Blutplasma (Med.). 3. leuchtendes, elektrisch leitendes Gasgemisch, das u. a. in elektr. Entladungen von Gas, in heißen Flammen u. bei Kernfusionen (z. B. auf der Sonne) entsteht (Phys.). 4. dunkelgrüne Abart des ↑Chalzedons (ein Schmuckstein). **Plas|ma|che|mie** *die;* -: Forschungsrichtung der Chemie, die sich mit den Eigenschaften von Stoffen u. dem Ablauf von chem. Reaktionen in Plasmen (3) befaßt. **Plas|ma|dia|gno|stik** *die;* -: Teilgebiet der Plasmaphysik, das sich mit der experimentellen Untersuchung u. Messung der makroskopischen Kenngrößen eines Plasmas (3) beschäftigt. **Plas|ma|ex|pan|der** *der;* -, -: wäßrige Lösung, die zum vorübergehenden Flüssigkeitsersatz bei größeren Blutverlusten verwendet wird (Med.). **Plas|ma|gen** *das;* -s, -e (meist Plur.): im ↑Zytoplasma vorkommendes ↑Gen (Biol.). **Plas|ma|kon|ser|ve** [...və] *die;* -, -n: durch Abtrennen der Blutkörperchen gewonnene Blutkonserve (Med.). **Plas|ma|phe|re|se** *die;* -, -n ⟨zu gr. phereín „herbeibringen" u. ↑...ese⟩: Gewinnung von Blutplasma mit Wiederzuführung der roten [u. weißen] Blutkörperchen an den Blutspender (Med.). **Plas|ma|pho|re|se** *die;* -, -n ⟨zu gr. phoreín „tragen, bringen" u. ↑...ese⟩: Bestimmung des Eiweißstoffwechsels mit Hilfe von Blut, dessen Plasmaeiweiß entfernt wurde (die roten Blutkörperchen werden dem Blutkreislauf wieder zugeführt, wo-

durch der Eiweißspiegel absinkt; Med.). **Plas|ma|phy|sik** *die;* -: die Eigenschaften u. Anwendungen ionisierter Gase (vgl. Plasma 3) behandelndes Teilgebiet der Physik. **Plas|ma|skim|ming** *das;* -s ⟨zu *engl.* to skim „abschöpfen" u. ↑...ing⟩: Trennung von Plasma (2) u. Blutkörperchen im strömenden Blut bei Zirkulationsstörungen im Kapillarbereich mit der Folge einer mangelhaften Sauerstoffversorgung des Gewebes (Med.). **plas|ma|tisch**: Plasma od. ↑Protoplasma betreffend. **plas|ma|to|id** ⟨zu ↑...oid⟩: einer Plasmazelle ähnlich. **Plas|mo|chin** ⓇW [...'xi:n] *das;* -s ⟨Kunstw. zu ↑Plasma u. ↑Chinin⟩: synthetisches Malariaheilmittel. **Plas|mo|des|men** *die* (Plur.) ⟨aus *nlat.* plasmodesma zu ↑Plasma u. *gr.* desmós „Band, Fessel"⟩: vom ↑Protoplasma gebildete feinste Verbindungen zwischen benachbarten Zellen (Biol.). **Plas|mo|dio|pho|ra** *die;* - ⟨zu ↑Plasmodium (2) u. *gr.* phorós „tragend", dies zu phoreín „tragen, bringen"⟩: eine Gattung parasitischer Schleimpilze, zu denen der Erreger der Kohlhernie (vgl. Hernie 2) gehört (Biol.). **Plas|mo|di|um** *das;* -s, ...ien [...i̯ən] ⟨zu ↑Plasma, *gr.* eĩdos „Form, Gestalt" u. ↑...ium⟩: 1. vielkernige Protoplasmamasse, die durch Kernteilungen ohne nachfolgende Zellteilungen entstanden ist; vgl. Synzytium. 2. Protoplasmakörper der Schleimpilze. 3. Gattung der Sporentierchen mit verschiedenen Arten, zu denen der Malariaerreger gehört. **Plas|mo|ga|mie** *die;* -, ...ien ⟨zu ↑...gamie (1)⟩: Zellverschmelzung, Vereinigung der Plasmamassen ohne Kernverschmelzung (Biol.). **Plas|mo|go|nie** *die;* - ⟨zu ↑...gonie⟩: Hypothese Haeckels, nach der es eine Urzeugung aus toten organischen Stoffen geben soll. **Plas|mo|ly|se** *die;* - ⟨zu ↑...lyse⟩: Loslösung des ↑Protoplasmas einer Pflanzenzelle von der Zellwand u. Zusammenziehung um den Kern durch Wasserentzug (Bot.). **Plas|mon** *das;* -s ⟨zu *gr.* -ōn, Suffix zur Bezeichnung biologisch-chem. Wirkungen; vgl. ²...on⟩: die Gesamtheit der Erbfaktoren des ↑Zytoplasmas (Biol.). **Plas|mo|typ** *der;* -s, -en: durch das Plasmon übertragener Anteil des Erbgutes (Biol.). **Pla|som** *das;* -s ⟨verkürzt aus *Plasmatosom* zu ↑Plasma u. *gr.* sõma „Leib, Körper"⟩: (selten) svw. Biophor. **Plast** *der;* -[e]s, -e ⟨zu ↑²Plastik⟩: (bes. fachspr.) makromolekularer Kunststoff. **Pla|ste** *die;* -, -n: (landsch.) svw. ²Plastik. **Pla|stics** ['plæstıks] *die* (Plur.) ⟨aus *engl.* plastics⟩: *engl.* Bez. für Kunststoffe, Plaste. **Pla|sti|den** *die* (Plur.) ⟨zu *gr.* plastós „gebildet, geformt" (dies zu plássein, vgl. plastisch) u. ↑...ide⟩: Gesamtheit der ↑Chromatophoren (1) u. ↑Leukoplasten der Pflanzenzelle (Bot.). **Pla|sti|dom** *das;* -s ⟨zu ↑...om⟩: svw. Plastom. **Pla|sti|fi|ka|tor** *der;* -s, ...oren ⟨zu ↑plastifizieren u. ↑...ator⟩: Weichmacher (Techn.). **pla|sti|fi|zie|ren** ⟨zu *gr.* plastós (vgl. Plastiden) u. ↑...fizieren⟩: spröde Kunststoffe weich u. geschmeidig machen. **¹Pla|stik** *die;* -, -en ⟨aus gleichbed. *fr.* plastique, dies über *lat.* plastice aus *gr.* plastiké (téchnē) „Kunst des Gestaltens" zu plastikós, vgl. plastisch⟩: 1. a) (ohne Plur.) Bildhauerkunst; b) Werk der Bildhauerkunst. 2. operative Formung, Wiederherstellung von zerstörten Gewebs- u. Organteilen (Med.). **²Pla|stik** *das;* -s (meist ohne Artikel) ⟨aus gleichbed. *engl.-amerik.* plastics zu plastic „weich, knetbar, verformbar", dies aus *lat.* plasticus, vgl. plastisch⟩: Kunststoff, Plast. **Pla|stik...**: Wortbildungselement mit der Bedeutung „Kunststoff", z. B. Plastikfolie. **Pla|stik|bom|be** *die;* -, -n: mit einem Zeit- od. Aufschlagzünder versehener Sprengkörper aus durchscheinenden und weich-elastischen Sprenggelatinezubereitungen. **Pla|sti|ker** *der;* -s, -: Bildhauer. **Pla|stik|fo|lie** [...i̯ə] *die;* -, -n ⟨zu ↑Plastik... u. ↑¹Folie⟩: aus weichem Kunststoff gefertigte

Plastilin

¹Folie (1). **Pla|sti|lin** *das;* -s u. **Pla|sti|li|na** *die;* - ⟨aus gleichbed. *it.* plastilina⟩: kittartige, oft farbige Knetmasse zum Modellieren. **Pla|sti|na|ti|on** *die;* - ⟨zu ↑plastisch u. ↑...ation⟩: Verfahren zur Konservierung biologischer Präparate. **Pla|sti|naut** *der;* -en, -en ⟨zu ↑²Plastik u. ↑...naut⟩: Nachbildung eines Menschen aus Kunststoff als Versuchsobjekt in der Weltraumfahrt. **Pla|sti|queur** [...'køːɐ̯] *der;* -s, -e ⟨aus *fr.* plastiqueur „jmd., der mit plastischem Sprengstoff sprengt"⟩: Terrorist, der seine Anschläge mit Plastikbomben durchführt. **pla|stisch** ⟨aus gleichbed. *fr.* plastique, dies über *lat.* plasticus aus *gr.* plastikós „zum Bilden, Formen gehörig", zu plássein „formen, bilden"⟩: 1. bildhauerisch; die Bildhauerei, die Plastik betreffend. 2. Plastizität (2) aufweisend; unter Belastung eine bleibende Formänderung ohne Bruch erfahrend; modellierfähig, knetbar, formbar. 3. a) räumlich, körperhaft, nicht flächenhaft wirkend; b) anschaulich, deutlich hervortretend, bildhaft, einprägsam. 4. die operative ¹Plastik (2) betreffend, auf ihr beruhend. **Pla|sti|sol** *das;* -s, -e ⟨zu *gr.* plastós „geformt, gebildet" bzw. ↑²Plastik u. ↑...ol⟩: Dispersion von Kunststoffpulvern (vor allem Polyvinylchlorid) in Weichmachern zur Herstellung gummielastischer Produkte wie Folien, Kunstleder, Fußbodenbeläge, Beschichtungen, Spielzeug. **pla|sti|zie|ren** ⟨zu *lat.* plasticus (vgl. plastisch) u. ↑...ieren⟩: svw. plastifizieren. **Pla|sti|zi|tät** *die;* - ⟨zu ↑...ität⟩: 1. Bildhaftigkeit, Anschaulichkeit; Körperlichkeit. 2. Formbarkeit eines Materials. **pla|sto..., Plasto...** ⟨zu *gr.* plastós „gebildet, geformt"; vgl. ²Plastik⟩: Wortbildungselement mit der Bedeutung „formbar, veränderbar; veränderlich", z. B. Plastogen, Plastoponik. **Pla|sto|chi|non** *das;* -s, -e: in Chloroplasten enthaltene Chinonverbindung, die bei der Photosynthese beteiligt ist (Biol.). **Pla|sto|chron** [...'kroːn] *das;* -s, -e ⟨zu *gr.* chrónos „Zeit"⟩: die Zeit zwischen zwei sichtbaren Veränderungen von Pflanzen (Bot.). **Pla|sto|gen** *das;* -s, -e ⟨zu ↑...gen⟩: in den Plastiden lokalisierte Erbanlage (Biol.). **Pla|sto|graph** *der;* -en, -en ⟨zu ↑...graph⟩: (veraltet) Schriftfälscher. **Pla|sto|gra|phie** *die;* - ⟨zu ↑...graphie⟩: (veraltet) Schriftfälschung. **Pla|stom** *das;* -s ⟨Kurzw. aus ↑*Plastidom*⟩: Gesamtheit der in den Plastiden angenommenen Erbfaktoren (Biol.). **Pla|sto|pal** *das;* -s, -e ⟨Kunstw.⟩: in verschiedenen Typen herstellbares Kunstharz für die Lackbereitung. **Pla|sto|po|nik** *die;* - ⟨zu ↑plasto..., *lat.* ponere „setzen, stellen, legen" u. ↑²...ik (2)⟩: Kulturverfahren zur Wiederbegrünung u. Wiedergewinnung unfruchtbarer Böden mit Hilfe von Kunststoffschaum (Landw.). **Pla|sto|sol** *der;* -s ⟨zu *lat.* solum „Boden"⟩: aus Silikaten bestehender, durch hohe Plastizität gekennzeichneter Bodentyp

Pla|stron [plas'trõː, österr. ...'troːn] *der* od. *das;* -s, -s ⟨aus gleichbed. *fr.* plastron, eigtl. „Brustharnisch", dies aus *it.* piastrone zu piastra „Metallplatte", dies aus *mlat.* (em)plastra, Plur. von *lat.* emplastrum, vgl. Piaster⟩: 1. (veraltet) a) breiter Seidenschlips zur festlichen Herrenkleidung im 19. Jh.; b) gestickter Brustlatz an Frauentrachten. 2. stählerner Brust- od. Armschutz im Mittelalter. 3. a) Stoßkissen zum Training der Genauigkeit der Treffer; b) Schutzpolster für Brust u. Arme beim Training (Fechten). 4. Bauchpanzer der Schildkröten (Zool.).

plat..., Plat... vgl. platy..., Platy...

Pla|ta|ne *die;* -, -n ⟨über *lat.* platanus aus gleichbed. *gr.* plátanos, weitere Herkunft unsicher⟩: Laubbaum mit ahornähnlichen Blättern, kugeligen Früchten u. hellgeflecktem Stamm

Pla|teau [pla'toː] *das;* -s, -s ⟨aus gleichbed. *fr.* plateau zu *(alt)fr.* plat, dies über *vulgärlat.* *plattus, vgl. *gr.* platýs „flach", „platt, breit"⟩: Hochebene, Tafelland. **Pla|teau|wa|gen** *der;* -s, -: (bes. österr.) niedriger Tafelwagen. **Pla|teo|sau|ri|er** [...i̯ɐ] *der;* -s, - u. **Pla|teo|sau|rus** *der;* -, ...rier [...i̯ɐ] ⟨zu *gr.* platýs, Gen. plateós „breit" u. saũros „Eidechse"⟩: Gattung der Dinosaurier aus dem oberen Keuper. **Plate-out** ['pleɪtˈaʊt] *das;* - -[s] ⟨aus gleichbed. *engl.* plate-out zu plate „Platte" u. out „aus"⟩: die Spaltproduktablagerung im Primärkreislauf von Kernreaktoren sowie beim Transport vom Primärkreislauf zum Sicherheitsbehälter (bei Störfällen). **pla|te|resk** [pla...] *der;* -[e]s ⟨aus gleichbed. *span.* plateresco, eigtl. „nach Art von Silberschmiedearbeit", zu platero „Silberschmied", dies aus plata „Silber" zu *vulgärlat.* *plattus, vgl. Plateau⟩: (veraltet) eigenartig verziert; -er Stil: Schmuckstil der span. Spätgotik u. der ital. Frührenaissance (Archit.). **Pla|te|resk** *das;* -[e]s ⟨aus gleichbed. *span.* (estilo) plateresco⟩: svw. plateresker Stil. **Plat|for|ming** ['plætfɔːmɪŋ] *das;* -s ⟨Kurzw. aus *engl.* platinum reforming process „Veränderungsprozeß mit Hilfe von Platin"⟩: katalytisches Verfahren mit Platin als Katalysator zur Verbesserung der Eigenschaften von Benzinen. **Plat|hel|min|then** [pla...] *die* (Plur.) ⟨zu *gr.* platýs „platt, breit" (vgl. platy...) u. hélmins, Gen. hélminthos „Wurm"⟩: Würmer mit abgeplatteter Leibeshöhle (z. B. die Bandwürmer). **Pla|tin** [auch ...'tiːn] *das;* -s ⟨aus gleichbed. älter *span.* platina, eigtl. „Silberkörnchen" zu plata (de ariento), vgl. plateresk⟩: chem. Element, Edelmetall; Zeichen Pt. **Pla|ti|ne** *die;* -, -n ⟨aus *fr.* platine zu *(alt)fr.* plat, vgl. Plateau⟩: 1. flacher Metallblock, aus dem dünne Bleche gewalzt werden (Techn.). 2. bei der Jacquardmaschine Haken zum Anheben der Kettfäden (Weberei). 3. Stahlblättchen, das gerade Fäden zu Schleifen umlegt (Wirktechnik). 4. ebenes Formteil aus Blech, das durch Umformen weiterverarbeitet wird. 5. mit Löchern versehene Platte, durch die Anschlüsse elektronischer Bauelemente gesteckt werden, die dann verlötet werden. **pla|ti|nie|ren** ⟨zu ↑Platin u. ↑...ieren⟩: mit Platin überziehen. **Pla|ti|nit** Ⓦ [auch ...'nɪt] *das;* -s ⟨zu ↑¹...it⟩: eine Eisen-Nickel-Legierung als Ersatzstoff für Platin in der Technik. **Pla|tin|mohr** [auch ...'tiːn...] *das;* -s: tiefschwarzes feinstverteiltes Platin in Pulverform. **Pla|ti|no|id** *das;* -[e]s, -e ⟨zu ↑...oid⟩: Legierung aus Kupfer, Nickel, Zink u. Wolfram für elektrische Widerstände. **Pla|ti|tü|de** *die;* -, -n ⟨aus gleichbed. *fr.* platitude zu plat, vgl. Plateau⟩: Plattheit, nichtssagende, abgedroschene Redewendung, Gemeinplatz

Pla|to|ni|ker *der;* -s, - ⟨über *lat.* Platonicus aus gleichbed. *gr.* Platōnikós, nach dem griech. Philosophen Platon (*gr.* Plátōn, *lat.* Platon), etwa 428–347 v. Chr.⟩: Kenner od. Vertreter der Philosophie Platons. **pla|to|nisch** ⟨über *lat.* Platonicus aus gleichbed. *gr.* Platōnikós⟩: 1. die Philosophie Platons betreffend, zu ihr gehörend, auf ihr beruhend. 2. nicht sinnlich, rein geistig-seelisch. **Pla|to|nis|mus** *der;* - ⟨nach dem griech. Philosophen Platon u. zu ↑...ismus (1)⟩: die Weiterentwicklung u. Abwandlung der Philosophie u. bes. der Ideenlehre Platons

Plat|ony|chie [...çi̯ː] *die;* - ⟨zu ↑platy... u. *gr.* ónyx, Gen. ónychos „Nagel" u. ↑²...ie⟩: abnorme Abplattung der Nägel (Med.). **plat|tie|ren** ⟨zu *fr.* plat (vgl. Plateau) u. ↑...ieren⟩: 1. edlere Metallschichten auf unedlere Metalle aufbringen (Techn.). 2. einen Faden mit einem anderen hinterlegen, umspinnen (Textilw.).

Platt|ne|rit [auch ...'rɪt] *der;* -s, -e ⟨nach dem dt. Metallurgen K. F. Plattner (1880–1958) u. zu ↑²...it⟩: ein schwarzes bis braunes Mineral

Pla|ty *der;* -s, -s ⟨zu *gr.* platýs „flach"⟩: bis 6 cm langer, lebendgebärender, als Aquarienfisch beliebter Zahnkarpfen.

pla|ty..., **Pla|ty...**, vor Vokalen meist plat..., Plat... ⟨aus gr. platýs „platt, breit"⟩: Wortbildungselement mit der Bedeutung „platt; breit; flach", z. B. Platonychie, Platypodie. **Pla|ty|ba|sie** die; -, ...ien ⟨zu ↑ Basis u. ↑²...ie⟩: Abflachung, Abplattung der Schädelbasis (Med.). **Pla|ty|morphie** die; -, ...ien ⟨zu ↑...morphie⟩: Flachbau des Augapfels mit Verkürzung der optischen Achse des Auges (Weitsichtigkeit; Med.). **Pla|ty|po|die** die; - ⟨zu gr. poús, Gen. podós „Fuß" u. ↑²...ie⟩: Plattfüßigkeit (Med.). **Pla|tyr|rhi|na** die (Plur.) ⟨aus gleichbed. nlat. platyrrhina zu gr. platýrrhin „breitnasig"⟩: zusammenfassende systematisch Bez. für Breitnasenaffen. **Pla|ty|spon|dy|lie** die; -, ...ien ⟨zu ↑platy..., gr. spóndylos „Wirbelknochen" u. ↑²...ie⟩: krankhafte Abflachung der Wirbel (Med.). **pla|ty|ze|phal** ⟨zu gr. kephalḗ „Kopf"⟩: flachköpfig (Med.). **Pla|ty|ze|phalle** der u. die; -n, -n: jmd., der einen abnorm flachen Kopf hat; Flachköpfige[r] (Med.). **Pla|ty|ze|pha|lie** die; - ⟨zu ↑²...ie⟩: flacher, niedriger Bau des Schädels ohne Scheitelwölbung; Flachköpfigkeit (Med.)

plau|si|bel ⟨aus gleichbed. fr. plausible, dies aus lat. plausibilis „Beifall verdienend; einleuchtend" zu plaudere „klatschen"⟩: so beschaffen, daß es einleuchtet; verständlich, begreiflich. **plau|si|bi|lie|ren** ⟨zu ↑...ieren⟩: svw. plausibilisieren. **plau|si|bi|li|sie|ren** ⟨zu ↑...isieren⟩: plausibel machen. **Plau|si|bi|li|tät** die; - ⟨zu ↑...ität⟩: das Plausibelsein. **plau|si|bi|li|tie|ren** ⟨zu ↑...ieren⟩: svw. plausibilisieren

Play [pleɪ] ⟨zu engl. to play „spielen"⟩: (in Verbindung mit nachfolgenden Namen) spiel[t], spielen wir (etwas von od. über..., in der Art, in Nachahmung von...)!, z. B. - Bach! **Pla|ya** ['plaːja] die; -, -s ⟨aus span. playa⟩: 1. span. Bez. für Strand. 2. svw. Playe

Play|back ['pleɪbæk] das; -, -s ⟨aus engl. playback „das Abspielen, Wiedergabe" zu to play (vgl. Play) u. back „zurück"⟩: a) nachträgliche Abstimmung der Bildaufnahme mit der bereits vorher isoliert vorgenommenen Tonaufnahme (Film, Fernsehen); b) weitere Tonaufnahme (z. B. Gesang, Soloinstrument) beim Abspielen des schon vorher aufgenommenen Tons (z. B. der Begleitmusik; Tonband-, Schallplattenaufnahmen). **Play|boy** ['pleɪbɔy] der; -s, -s ⟨aus gleichbed. engl.-amerik. playboy, eigtl. „Spieljunge"; vgl. Boy⟩: [jüngerer] Mann, der auf Grund seiner gesicherten wirtschaftlichen Unabhängigkeit seinem Vergnügen lebt. **play dir|ty** ['pleɪ 'dəːtɪ] engl.-amerik.; eigtl. „unsauber spielen"⟩: in Schwebeklängen zwischen Dur u. Moll spielen (beim Blues; Mus.).

Pla|ye ['plaːjə] die; -, -n ⟨zu span. playa, vgl. Playa⟩: Salztonebene, die manchmal ein See ausfüllt (z. B. in Trockengebieten Mexikos)

Play|er roll ['pleɪɐ 'roʊl] die; - -, - -s ⟨aus gleichbed. engl. player roll, zu to play „spielen" u. roll „Walze"⟩: Walze für mechanische Klaviere. **Play|girl** ['pleɪgəːl] das; -s, -s ⟨aus gleichbed. engl.-amerik. playgirl, eigtl. „Spielmädchen"; vgl. Girl⟩: 1. attraktive junge Frau, die sich meist in Begleitung [prominenter] reicher Männer befindet. 2. svw. Hosteß (2). **Play|mate** [...meɪt] das; -s, -s ⟨aus gleichbed. engl.-amerik. playmate, eigtl. „Spielgefährtin", zu mate „Gefährtin, Freundin"⟩: junge Frau, die Begleiterin, Gefährtin eines Playboys ist. **Play-off** [...'ɔf, engl. 'pleɪ-ɔf] das; -, - ⟨aus engl. play-off „Entscheidungsspiel"⟩: System von Ausscheidungsspielen in verschiedenen Sportarten, bei dem der Verlierer jeweils aus dem Turnier ausscheidet (Sport)

Pla|za die; -, -s ⟨aus span. plaza⟩: span. Bez. für [öffentlicher] Platz; Marktplatz

Pla|ze|bo vgl. Placebo

Pla|zen|ta die; -, Plur. -s u. ...zenten ⟨über lat. placenta aus gr. plakoũnta, Akkusativ von plakoũs „flacher Kuchen" zu pláx, Gen. plakós „Fläche"⟩: 1. sich während der Schwangerschaft ausbildendes schwammiges Organ, das den Stoffaustausch zwischen Mutter u. Embryo vermittelt u. nach der Geburt ausgestoßen wird; Mutterkuchen (Med., Biol.). 2. leistenförmige Verdickung des Fruchtblattes, auf der die Samenanlage entspringt (Bot.). **pla|zen|tal** ⟨zu ↑¹...al (1)⟩: svw. plazentar. **Pla|zen|ta|li|er** [...iɐ] der; -s, - (meist Plur.) ⟨aus gleichbed. nlat. placentalia⟩: Säugetier, dessen Embryonalentwicklung mit Ausbildung einer Plazenta (1) erfolgt; Ggs. ↑Aplazentalier. **pla|zen|tar** ⟨zu ↑Plazenta u. ↑...ar (1)⟩: die Plazenta betreffend, zu ihr gehörend. **Pla|zen|ta|ti|on** die; -, -en ⟨zu ↑...ation⟩: Bildung der Plazenta (Med.). **Pla|zen|ten:** Plur. von ↑Plazenta. **Pla|zen|ti|tis** die; -, ...itiden ⟨zu ↑...itis⟩: Entzündung der Plazenta (Med.)

Pla|zet das; -s, -s ⟨aus lat. placet „es gefällt", 3. Pers. Sing. Präs. von placere „gefallen"⟩: Zustimmung, Einwilligung (durch [mit]entscheidende Personen od. Behörden), Erlaubnis; vgl. placet. **Pla|zi|di|tät** die; - ⟨aus gleichbed. lat. placiditas, Gen. placiditatis⟩: (veraltet) Ruhe, Sanftheit

pla|zie|ren u. placieren [...'tsiː..., selten ...'siː...] ⟨aus gleichbed. fr. placer zu place „Platz, Stelle"⟩: 1. an einen bestimmten Platz bringen, setzen, stellen; jmdm., einer Sache einen bestimmten Platz zuweisen. 2. Kapitalien unterbringen, anlegen (Wirtsch.). 3. a) einen gut gezielten Wurf, Schuß abgeben (Ballspiele); b) einen Schlag gut gezielt beim Gegner anbringen (Boxen; Sport). 4. sich -: bei einem Wettkampf einen der vorderen Plätze erringen (Sport). 5. (schweiz.) unterbringen. **pla|ziert** ⟨zu ↑...iert⟩: genau gezielt, bes. beim Sport. **Pla|zie|rung** die; -, -en ⟨zu ↑...ierung⟩: 1. das Plazieren. 2. nach Abschluß eines Wettkampfes erreichte Einstufung im Klassement (Sport)

ple..., Ple... vgl. pleo..., Pleo...

Ple|ban der; -s, -e u. **Ple|ba|nus** der; -, ...ni ⟨aus gleichbed. mlat. plebanus zu plebium „Obhut; Verantwortung (für das Volk)", dies zu lat. plebs, vgl. ¹Plebs⟩: (veraltet) [stellvertretender] Seelsorger einer Pfarrei. **Ple|be|jer** der; -s, - ⟨aus gleichbed. lat. plebeius⟩: 1. Angehöriger der ¹Plebs im alten Rom. 2. (abwertend) gewöhnlicher, ungehobelter Mensch. **ple|be|jisch** ⟨aus lat. plebeius „zur Plebs gehörend"⟩: 1. zur ¹Plebs gehörend. 2. (abwertend) ungebildet, ungehobelt. **Ple|bis|zit** das; -[e]s, -e ⟨unter Einfluß von fr. plébiscite aus gleichbed. lat. plebiscitum zu plebs „Volk" u. scitum „Beschluß"⟩: Volksbeschluß, Volksabstimmung; Volksbefragung. **ple|bis|zi|tär** ⟨aus gleichbed. fr. plébiscitaire; vgl. ...är⟩: das Plebiszit betreffend, auf ihm beruhend. **¹Plebs** [auch ple:ps] die; - ⟨aus gleichbed. lat. plebs, Gen. plebis⟩: das gemeine Volk im alten Rom. **²Plebs** der; -es, österr. die; - ⟨zu ↑ ¹Plebs⟩: (abwertend) die Masse niedrig u. gemein denkender, roher Menschen

Pledge [plɛdʒ] das; - ⟨aus gleichbed. engl. pledge⟩: (veraltet) Handgeld, Unterpfand

Ple|gie die; -, ...ien ⟨aus gr. plēgḗ „Schlag, Hieb" u. ↑²...ie⟩: motorische Lähmung eines Muskels, einer ↑Extremität od. eines größeren Körperabschnitts (Med.)

Pléi|ade [ple'jaːd(ə), fr. ple'jad] die; - ⟨fr.; zu pléiade „Gruppe von sieben Personen"⟩: Kreis von sieben franz. Dichtern im 16. Jh. **Plei|as** ['plaɪas] die; - ⟨aus gr. Pleiás; nach dem Siebengestirn (gr. Pleiádes) im Sternbild des Stiers⟩: Gruppe von sieben Tragikern im alten Alexandria

Plein|air [plɛ'nɛːɐ̯] das; -s, -s ⟨aus gleichbed. fr. plein-air, eigtl. „freier Himmel", zu plein „voll" u. air „Luft"⟩: a)

Pleinairismus

(ohne Plur.) Freilichtmalerei, auch Bildhauerei im Freien; b) in der Malweise der Freilichtmalerei entstandenes Bild; im Freien geschaffene Skulptur. **Plein|ai|rįs|mus** *der;* - ⟨zu ↑...ismus (2)⟩: Pleinairmalerei; Bildhauerei im Freien. **Plein|ai|rįst** *der;* -en, -en ⟨zu ↑...ist⟩: Vertreter des Pleinairismus. **Plein|air|ma|le|rei** *die;* -: Freilichtmalerei. **Plein-pou|voir** [plɛpu'vŏa:ɐ] *das;* -s ⟨aus gleichbed. *fr.* plein pouvoir (zu plein „voll" u. pouvoir „Können; Ermächtigung")⟩: unbeschränkte Vollmacht. **plein-jeu** [plɛ̃'ʒø] ⟨*fr.;* „volles Spiel"⟩: svw. pleno organo
Pleio|cha|si|um [...ça:...] *das;* -s, ...ien [...jən] ⟨zu *gr.* pleĩon „mehr, größer, dichter" (Komparativ von polýs „viel"), chásma „Spalt, Schlund" u. ↑...ium⟩: geschlossener, vielästiger Blütenstand, Trugdolde (Bot.). **Pleio|chro|mie** [...kro...] *die;* -, ...ien ⟨zu *gr.* chrõma „Farbe" u. ↑²...ie⟩: vermehrte Sekretion von Gallenfarbstoff (Med.). **Pleio-tro|pie** *die;* -, ...ien ⟨zu *gr.* tropḗ „(Hin)wendung" u. ↑²...ie⟩: das Eingreifen eines einzigen Erbfaktors in mehrere Reaktionsketten od. Entwicklungsvorgänge (Genetik). **plei|sto|seist** ⟨zu *gr.* pleĩstos „am meisten" (Superlativ von polýs „viel") u. seistós „erschüttert" (zu seíein „erschüttern"); vgl. Seismik⟩: am stärksten erschüttert (vom Gebiet nahe des Epizentrums bei Erdbeben; Geol.). **plei-sto|zän** ⟨zu ↑Pleistozän⟩: das Pleistozän betreffend. **Plei-sto|zän** *das;* -s ⟨zu *gr.* pleĩstos (vgl. pleistoseist) u. kainós „neu" (= neueste, jüngste Zeit in der Erdentwicklung)⟩: ältere Zeitstufe des ↑Quartärs (Geol.)
Plekt|en|chym [...çy:m] *das;* -s, -e ⟨zu *gr.* plektós „geflochten" (dies zu plékein „flechten, knüpfen") u. égchyma „das Aufgegossene, Aufguß"⟩: Flechtgewebe (besonders bei höheren Pilzen; Bot.). **Plek|to|gy|ne** *die;* -, -n ⟨zu *gr.* gynḗ „Weib; Frau"⟩: svw. Aspidistra
Plęk|tron u. **Plęk|trum** *das;* -s, Plur. ...tren u. ...tra ⟨über *lat.* plectrum aus *gr.* plēktron „Werkzeug zum Schlagen" zu pléssein „schlagen"⟩: [Kunststoff]plättchen, mit dem die Saiten von Zupfinstrumenten angerissen werden
Ple|nar... ⟨teilweise unter Einfluß von *engl.* plenary aus *spätlat.* plenarius „vollständig"; vgl. Plenum⟩: Wortbildungselement mit der Bedeutung „voll, vollständig; in seiner Gesamtheit", z. B. Plenarversammlung. **Ple|na|ri|um** *das;* -s, ...ien [...jən] ⟨aus *mlat.* plenarium „Vollbuch", substantiviertes Neutrum von *lat.* plenarius, vgl. Plenar...⟩: mittelalterliches liturgisches Buch mit den ↑Perikopen (1), später auch mit den [erläuterten] Formularen der Messe. **Ple|nar|kon|zil** *das;* -s, Plur. -e u. -ien [...jən]: kath. ↑Konzil für mehrere Kirchenprovinzen (unter einem päpstlichen ↑Legaten). **Ple|ni|lu|ni|um** *das;* -s ⟨aus gleichbed. *lat.* plenilunium zu plenus „voll" u. luna „Mond"⟩: Vollmond (Astron.). **ple|ni|po|tęnt** ⟨aus gleichbed. *lat.* plenipotens, Gen. plenipotentis⟩: (veraltet) ohne Einschränkung bevollmächtigt (Rechtsw.). **Ple|ni|po|tęnz** *die;* - ⟨zu ↑...enz⟩: (veraltet) unbeschränkte Vollmacht (Rechtsw.). **ple|no iu-re** ⟨*lat.*⟩: mit vollem Recht (Rechtsw.). **ple|no or|ga|no** ⟨*lat.;* vgl. Organ⟩: mit vollem Werk, mit allen Registern (bei der Orgel; Mus.); vgl. forte a. Organum. **ple|no ti|tu|lo** ⟨*lat.;* vgl. Titel⟩: (österr.) svw. titulo pleno; Abk.: P. T. (Zusatz bei der Nennung von Personen[gruppen]). **Ple-num** *das;* -s, ...nen ⟨aus gleichbed. *engl.* plenum, dies aus *lat.* plenum consilium „vollzählige Versammlung" zu plenus „voll"⟩: Vollversammlung einer [politischen] Körperschaft, bes. der Mitglieder eines Parlamentes; vgl. in pleno
pleo..., **Pleo...**, vor Vokalen auch ple..., Ple... ⟨aus *gr.* pléon „mehr", Komparativ von polýs „viel"⟩: Wortbildungselement mit der Bedeutung „mehr", z. B. pleomorph, Pleonasmus. **Pleo|chro|is|mus** [...kro...] *der;* - ⟨zu *gr.* chrós „Farbe" u. ↑...ismus (2)⟩: Eigenschaft gewisser Kristalle, Licht nach mehreren Richtungen in verschiedene Farben zu zerlegen; vgl. Dichroismus. **pleo|morph** usw. ⟨zu ↑...morph⟩: svw. polymorph usw. **Pleo|nąs|mus** *der;* -, ...men ⟨über *spätlat.* pleonasmos aus *gr.* pleonasmós „Überfluß, Übermaß" zu pleonázein „Überfluß haben, reichlich vorhanden sein"⟩: überflüssige Häufung sinngleicher od. sinnähnlicher [nach der Wortart verschiedener] Ausdrücke (z. B. gewöhnlich pflegen, leider zu meinem Bedauern; Rhet., Stilk.); vgl. Redundanz (2 b). 2. svw. Tautologie (1). **Pleo|nąst** *der;* -en, -en ⟨zu *gr.* pleonázein „im Überfluß vorhanden sein" u. ↑...ast⟩: ein dunkelgrünes bis schwarzes Mineral. **pleo|na|stisch** ⟨nach gleichbed. *gr.* pleonastikós⟩: den Pleonasmus betreffend, überflüssig gehäuft; vgl. tautologisch. **pleon|ęk|tisch** ⟨aus gleichbed. *gr.* pleonéktēs⟩: (veraltet) habsüchtig. **Ple|on-exie** *die;* - ⟨aus gleichbed. *gr.* pleonexía zu pleonekteĩn „habsüchtig sein"⟩: a) Habsucht, Unersättlichkeit; b) Geltungssucht. **Pleo|pha|gie** *die;* -, ...ien ⟨zu ↑pleo..., *gr.* phágein „essen" u. ↑²...ie⟩: Fähigkeit eines Organismus zur Verwertung verschiedener Nahrungsstoffe (Biol.). **Pleo-po|den** *die* (Plur.) ⟨zu ↑...pode⟩: Gliedmaßenpaare bei höheren Krebsen (Biol.). **Ple|op|tik** *die;* - ⟨zu ↑pleo... u. ↑Optik⟩: Behandlung der Schwachsichtigkeit durch Training der Augenmuskeln (Med.). **Ple|orth|op|tik** *die;* -: Übungstherapie gegen beidseitiges Schielen (Med.).
Ple|rem *das;* -s, -e ⟨zu *gr.* plḗrēs „voll, angefüllt" u. ↑...em⟩: (nach der Kopenhagener Schule) kleinste sprachliche Einheit auf inhaltlicher Ebene, die zusammen mit dem ↑Kenem das ↑Glossem bildet (Sprachw.). **Ple|re|mik** *die;* - ⟨zu ↑²...ik (1)⟩: Sprachzeichenbildung; Teilgebiet der Sprachwissenschaft, das sich mit den Inhaltsformen, mit der Bildung der Sprachzeichen als Basis für Wort-, Satz- u. Textbildung einer Gruppen- od. Einzelsprache beschäftigt (Sprachw.). **Ple|rom** *das;* -s, -e ⟨aus *gr.* plḗrōma „Fülle, Ausfüllung, Vervollständigung"⟩: der in Bildung begriffene Zentralzylinder der Wurzel (Bot.). **Ple|ro|tįs|mus** *der;* - ⟨zu *gr.* plērōtḗs „der Einsammelnde" u. ↑...ismus (1)⟩: Auffassung, daß das Weltall aus unendlich oft teilbaren, zusammenhängenden Materialteilchen zusammengesetzt ist (Philos.)
Ple|si|an|thro|pus *der;* -, ...pi ⟨zu *gr.* plēsíos „nahe" u. ánthrōpos „Mensch"; vgl. anthropo...⟩: südafrik. Frühmensch des ↑Pliozäns. **Ple|si|opie** *die;* -, ...ien ⟨zu ↑...opie⟩: svw. Pseudomyopie. **Ple|sio|sau|ri|er** [...iɐ] *der;* -s, - u. **Ple|sio|sau|rus** *der;* -, ...rier [...iɐ] ⟨aus gleichbed. *nlat.* plesiosaurus zu *gr.* plēsíos „nahe" u. saũros „Eidechse"⟩: langhalsiges Kriechtier des ↑Lias mit paddelförmigen Gliedmaßen
Ples|si|me|ter *das;* -s, - ⟨zu *gr.* pléssein „schlagen" u. ↑¹...meter⟩: Klopfplättchen aus Hartgummi, Holz u. a. als Unterlage für eine ↑¹Perkussion (1; Med.)
Ple|thi vgl. Krethi und Plethi
Ple|tho|ra *die;* -, ...ren ⟨aus *gr.* plēthṓrē „Fülle, Anfüllung"⟩: allgemeine od. lokale Vermehrung der normalen Blutmenge (Med.). **ple|tho|risch** ⟨aus gleichbed. *gr.* plēthōrikós⟩: vollblütig (Med.)
Ple|thron *das;* -s, ...ren ⟨aus gleichbed. *gr.* pléthron⟩: altgriech. Längenmaß (etwa 29,7 m bis 35,5 m)
Ple|thys|mo|graph *der;* -en, -en ⟨zu *gr.* plēthysmós „Vermehrung, Vergrößerung" u. ↑...graph⟩: Apparat zur Messung von Umfangsveränderungen an den ↑Extremitäten (1) u. an Organen (z. B. beim Durchlaufen einer Pulswelle; Med.). **Ple|thys|mo|gra|phie** *die;* -, ...ien ⟨zu ↑...graphie⟩: Aufzeichnung der Volumenzunahme mit Hilfe eines

plumös

Plethysmographen (Med.). **ple|thys|mo|gra|phisch** ‹zu ↑...graphisch›: mit Hilfe der Plethysmographie erfolgend (Med.)

pleur..., Pleur... vgl. pleuro..., Pleuro... **Pleu|ra** *die;* -, ...ren ‹aus *gr.* pleurá „Seite des Leibes, die Rippen"›: die inneren Wände des Brustkorbs auskleidende Haut; Brust-, Rippenfell (Med.). **Pleu|ra|em|py|em** *das;* -s, -e: Brustfellvereiterung (Med.). **pleu|ral** ‹aus gleichbed. *nlat.* pleuralis; vgl. ¹...al (1)›: die Pleura betreffend, zu ihr gehörend. **Pleu|ral|gan|glien** [...gaŋ(g)liən] *die* (Plur.): im Nervensystem der Weichtiere an der vorderen Körperseite gelegene Nervenknoten (Biol.). **Pleu|ral|gie** *die;* -, ...ien ‹zu ↑...algie›: Brustfellschmerz

Pleu|rant [plø'rã:] *der;* -, -s ‹aus *fr.* pleurant „weinend" zu pleurer „weinen", dies aus gleichbed. *lat.* plorare›: stehende, trauernde Figur an Grabmälern (Kunst)

Pleu|ra|punk|ti|on *die;* -, -en ‹zu ↑ Pleura›: das Anstechen u. Ablassen einer durch Krankheit zwischen Rippenfell u. Lungenfell angesammelten Flüssigkeit (Med.). **Pleu|ren:** Plur. von ↑ Pleura. **Pleu|re|sie** *die;* -, ...ien ‹aus gleichbed. *nlat.* pleuresia›: Brustfellentzündung (Med.)

Pleu|reu|se [plø'rø:zə] *die;* -, -n ‹aus gleichbed. *fr.* pleureuse, eigtl. „Trauerbesatz (an Kleidern)" zu pleurer „(be)weinen, betrauern"; vgl. Pleurant›: (veraltet) 1. Trauerbesatz an Kleidern. 2. lange, geknüpfte, farbige Straußenfedern als Hutschmuck

Pleu|ri|tis *die;* -, ...itiden ‹zu ↑pleuro... u. ↑...itis›: Brustfell-, Rippenfellentzündung (Med.). **pleu|ro..., Pleu|ro...,** vor Vokalen meist pleur..., Pleur... ‹zu *gr.* pleurá, vgl. Pleura›: Wortbildungselement mit der Bedeutung „das Brust-, Rippenfell betreffend", z. B. pleurokarp, Pleurolyse; Pleuralgie. **Pleu|r|ody|nie** *die;* -, ...ien ‹zu ↑...odynie›: seitlicher Brust- u. Rippenfellschmerz; Seitenschmerz, Seitenstechen (Med.). **pleu|ro|karp** ‹zu *gr.* karpós „Frucht"›: seitenfrüchtig (bei der Gruppe der Moose, deren Sporenkapseln auf Seitenzweigen stehen; Bot.). **Pleu|ro|ly|se** *die;* -, -n ‹zu ↑...lyse›: operative Lösung von Pleuraverwachsungen (Med.). **Pleu|ro|pneu|mo|nie** *die;* -, ...ien: Rippenfell- u. Lungenentzündung (Med.). **Pleur|or|rhö** *die;* -, -en u. **Pleur|or|rhöe** [...'rø:] *die;* -, -n [...'rø:ən] ‹zu *gr.* rheĩn „fließen"›: Pleuraerguß; Flüssigkeitsansammlung im Brustfellraum. **Pleu|ro|sto|ma** *das;* -[s], -ta ‹zu *gr.* stóma „Mund, Öffnung"›: offene Verbindung zwischen Lunge u. Pleuraraum (Med.)

Pleu|ston *das;* -s ‹zu *gr.* pleĩn „segeln, auf dem Wasser schwimmen", Analogiebildung zu ↑Plankton›: Gesamtheit der an der Wasseroberfläche treibenden Pflanzen- u. Tierarten (z. B. Staatsqualle u. Wasserlinse; Biol.)

ple|xi|form ‹zu *lat.* plexus „geflochten", Part. Perf. von plectere „flechten", u. ↑...form›: geflechtartig (von der Anordnung von Nerven u. Gefäßen; Med.). **Ple|xi|glas** ⓦ *das;* -es: nichtsplitternder, glasartiger Kunststoff. **Ple|xus** *der;* -, - [...ksu:s] ‹zu *lat.* plexus, Part. Perf. von plectere „flechten"›: Gefäß- od. Nervengeflecht (Med.). **Ple|xus-an|äs|the|sie** *die;* -: ↑Anästhesie bestimmter Körperabschnitte durch Einspritzen des Betäubungsmittels in die den betreffenden Abschnitt versorgenden Nervengeflechte (Med.)

Pli *der;* - ‹aus franz. Wendungen wie prendre un pli „eine Gewohnheit annehmen" zu pli „Falte, Art (des Faltens); Wendung", dies zu plier „falten" aus *lat.* plicare›: (landsch.) Gewandtheit, Mutterwitz, Schliff (im Benehmen). **Pli|ca** [...ka] *die;* -, ...cae [...kɛ] ‹aus *lat.* plica „Falte"›: Falte, faltenartige Bildung bes. der Haut od. der Schleimhäute (Med.). **Plié** [pli'je:] *das;* -s, -s ‹zu *fr.* plié „gebeugt", Part. Perf. von plier, vgl. Pli›: Kniebeuge mit seitwärts ausgestellten Füßen u. Knien (im Ballett). **pli|ie|ren** ‹nach gleichbed. *fr.* plier, vgl. Pli›: (veraltet) falten, biegen. **pli|ka|bel** ‹zu *lat.* plicatus, Part. Perf. von plicare (vgl. Pli) u. ↑...abel›: (veraltet) faltbar, biegsam, gelenkig; gewandt. **Pli|ka|ti|on** *die;* -, -en ‹zu ↑...ation›: operative Aneinanderheftung (z. B. einzelner Darmschlingen; Med.). **pli|ka|tiv** ‹zu *lat.* plicatus, Part. Perf. von plicare (vgl. Pli), u. ↑...iv›: gefaltet (von Knospenanlagen; Bot.)

Plin|the *die;* -, -n ‹über gleichbed. *lat.* plinthus aus *gr.* plínthos, eigtl. „Ziegel"›: Sockel, [Fuß]platte unter Säulen, Pfeilern od. Statuen. **Plin|thit** [auch ...'tɪt] *der;* -s, -e ‹zu ↑²...it›: svw. Laterit

plio|zän ‹zu ↑Pliozän›: das Pliozän betreffend. **Plio|zän** *das;* -s ‹zu *gr.* pleĩon „mehr" u. kainós „neu" (= neuere, jüngere Stufe in der Erdentwicklung)›: jüngste Stufe des ↑Tertiärs (Geol.)

Plis|see *das;* -s, -s ‹aus gleichbed. *fr.* plissé, Part. Perf. von plisser, vgl. plissieren›: a) Gesamtheit schmaler, gepreßter Falten in einem Gewebe, Stoff; b) gefälteltes Gewebe. **plis|sie|ren** ‹aus gleichbed. *fr.* plisser, eigtl. „falten, fälteln", zu pli, vgl. Pli›: in Falten legen

Plom|ba|ge [...ʒə] *die;* -, -n ‹aus gleichbed. *fr.* plombage zu plomber, vgl. plombieren›: (veraltet) svw. Plombe (2). **Plom|be** *die;* -, -n ‹rückgebildet zu ↑plombieren›: 1. a) (veraltet) Zahnfüllung; b) Füllstoff (z. B. Öl), der in eine operativ geschaffene Pleurahöhle eingebracht wird (z. B. zum Ruhigstellen der Lunge; Med.). 2. Blei-, Metallsiegel zum Verschließen von Behältern u. Räumen u. zur Gütekennzeichnung. **plom|bie|ren** ‹aus gleichbed. *fr.* plomber, dies aus *altfr.* plomer „mit Blei versehen" zu plon(c), plom „Blei", dies aus *lat.* plumbum›: 1. a) (veraltet) (den Hohlraum in einem defekten Zahn) mit einer Füllmasse ausfüllen; b) einen operativ geschaffenen Pleuraraum mit einem gewebsneutralen Füllstoff ausfüllen (Med.). 2. mit einer Plombe (2) versehen

plo|ra|bel ‹aus gleichbed. *lat.* plorabilis zu plorare „laut wehklagen, (be)weinen"›: (veraltet) beweinenswert, beklagenswert

plo|siv ‹zu *lat.* plosus, Part. Perf. von plodere, Nebenform von plaudere „klatschen, schlagen", u. ↑...iv›: als Plosiv artikuliert (Sprachw.). **Plo|siv** *der;* -s, -e [...və] u. **Plo|siv|laut** *der;* -[e]s, -e: svw. Explosivlaut (Sprachw.)

Plot *der,* auch *das;* -s, -s ‹aus gleichbed. *engl.* plot, auch „(Grund)position", eigtl. „Stück Land", weitere Herkunft ungeklärt›: Aufbau u. Ablauf der Handlung einer epischen od. dramatischen Dichtung, eines Films. **plot|ten** ‹nach gleichbed. *engl.-amerik.* to plot›: mit einem Plotter konstruieren, zeichnen. **Plot|ter** *der;* -s, - ‹aus gleichbed. *engl.-amerik.* plotter›: Gerät zur automatischen graphischen Darstellung bestimmter Linien, Zeichen, Diagramme o. ä. (bes. als Zusatzgerät eines Computers; EDV)

Plu|mage [ply'ma:ʒ] *die;* - ‹aus *fr.* plumage „Gefieder" zu plume „Feder", dies aus *lat.* pluma›: Federschmuck; Federbesatz (bes. des Dreispitzes, 17. u. 18. Jh.)

Plum|ban *das;* -s ‹zu ↑Plumbum u. ↑...an›: Bleiwasserstoff. **Plum|bat** *das;* -[e]s, -e ‹zu ↑...at (2)›: Salz der Bleisäure. **Plum|ba|te|ke|ra|mik** *die;* -: Bleiglanzkeramik. **Plum|bo-gum|mit** [auch ...'mɪt] *das;* -s: bleihaltiger Gummit. **Plum|bum** *das;* -s ‹aus gleichbed. *lat.* plumbum›: lat. Bez. für Blei, chem. Element; Metall; Zeichen Pb

Plu|meau [ply'mo:] *das;* -s, -s ‹aus gleichbed. *fr.* plumeau zu plume, vgl. Plumage›: halblanges, dickeres Federdeckbett. **plu|mie|ren** [plu...] ‹aus gleichbed. *lat.* plumare›: (veraltet) mit Federn schmücken. **plu|mös** ‹aus gleichbed. *lat.*

1077

Plumosit

plumosus⟩: (veraltet) befiedert. **Plu|mo|sit** [auch ...'zɪt] *der;* -s, -e ⟨zu ↑²...it⟩: Federerz, ein sehr feiner, nadeliger, verfilzter, eisenfreier Bleispießglanz (Mineral.)
Plum|pud|ding ['plʌm'pʊdɪŋ] *der;* -s, -s ⟨aus gleichbed. *engl.* plum pudding zu plum „Rosine" u. pudding, vgl. Pudding⟩: mit vielerlei Zutaten im Wasserbad gekochter engl. Rosinenpudding
Plu|mu|la *die;* -, ...lae [...lɛ] ⟨aus *lat.* plumula, Verkleinerungsform von pluma „Feder"⟩: Knospe des Pflanzenkeimlings (Bot.)
Plun|ger ['plʌndʒə] u. **Plun|scher** *der;* -s, - ⟨aus gleichbed. *engl.* plunger zu to plunge „stoßen, treiben"⟩: Kolben mit langem Kolbenkörper u. Dichtungsmanschetten zwischen Kolben u. Zylinder (Techn.)
plu|ral ⟨aus *lat.* pluralis „zu mehreren, zur Mehrzahl gehörig" zu plures, vgl. Plural⟩: den Pluralismus (2) betreffend, pluralistisch. **Plu|ral** *der;* -s, -e ⟨aus *lat.* (numerus) pluralis „in der Mehrzahl stehend" zu plures „mehrere", Plur. von plus, vgl. plus⟩: 1. (ohne Plur.) Numerus, der beim Nomen u. Pronomen anzeigt, daß dieses sich auf zwei od. mehrere Personen od. Sachen bezieht, u. der beim Verb anzeigt, daß zwei od. mehrere Subjekte zu dem Verb gehören; Mehrzahl. 2. Wort, das im Plural steht; Pluralform; Abk.: pl., Pl., Plur.; Ggs. ↑Singular. **Plu|ra|le|tan|tum** *das;* -s, Plur. -s u. Pluraliatantum ⟨zu *lat.* pluralis (vgl. Plural) u. tantum „nur"⟩: nur im Plural vorkommendes Wort (z. B. Ferien, Leute). **Plu|ra|lis** *der;* -, ...les [...leːs] ⟨aus *lat.* pluralis⟩: (veraltet) svw. Plural; - majestatis: Bezeichnung der eigenen Person (z. B. eines Fürsten) durch den Plural (z. B. *Wir*, Wilhelm, von Gottes Gnaden...); - modestiae [...tiɛ]: Bezeichnung der eigenen Person (z. B. eines Autors) durch den Plural; Plural der Bescheidenheit (z. B. *Wir* kommen damit zu einer Frage...). **plu|ra|lisch**: den Plural betreffend, im Plural stehend, gebraucht, vorkommend. **plu|ra|li|sie|ren** ⟨zu ↑...isieren⟩: in den Plural setzen (von Wörtern). **Plu|ra|lis|mus** *der;* - ⟨zu *lat.* pluralis (vgl. plural) u. ↑...ismus (1)⟩: 1. philos. Anschauung, nach der die Wirklichkeit aus vielen selbständigen, einheitslosen Weltprinzipien besteht (Philos.); Ggs. ↑Singularismus. 2. a) Vielgestaltigkeit weltanschaulicher, politischer od. gesellschaftlicher Phänomene; b) politische Anschauung, Einstellung, nach der ein Pluralismus (2 a) erstrebenswert ist. **Plu|ra|list** *der;* -en, -en ⟨zu ↑...ist⟩: Vertreter des Pluralismus (1). **plu|ra|li|stisch** ⟨zu ↑...istisch⟩: den Pluralismus betreffend, auf ihm basierend; vielgestaltig. **Plu|ra|li|tät** *die;* -, -en ⟨aus *lat.* pluralitas, Gen. pluralitatis „Mehrzahl"⟩: 1. mehrfaches, vielfaches, vielfältiges Vorhandensein, Nebeneinanderbestehen; Vielzahl. 2. svw. Majorität. **plu|ri..., Pluri...** ⟨aus *lat.* plus, Gen. pluris „mehr"⟩: Wortbildungselement mit der Bedeutung „mehr, mehrfach", z. B. plurienn, Pluripara. **Plu|ri|arc** [plyri'ark] *der;* -, -s ⟨zu *fr.* arc „Bogen" (aus *lat.* arcus)⟩: franz. Bez. für eine nur in West-, Südwest- u. Zentralafrika vorkommende Bogenlaute mit drei bis acht Saiten. **plu|ri|enn** [plu...] ⟨zu *lat.* annus „Jahr", Analogiebildung zu ↑perennis⟩: mehrjährig (von Samenpflanzen, die erst nach einigen Jahren zu einmaliger Blüte u. Fruchtreife gelangen u. danach absterben, z. B. Agaven, Bananen; Bot.). **Plu|ri|gra|vi|da** [...vida] *die;* -, ...dae [...dɛ] ⟨zu pluri... u. ↑Gravida⟩: Frau, die mehrere Schwangerschaften gehabt hat (Med.). **plu|ri|lin|gue** [...guɛ] ⟨zu *lat.* lingua „Sprache"⟩: in mehreren Sprachen abgefaßt; vielsprachig, z. B. - Atlanten. **plu|ri|lo|ku|lär** ⟨zu *lat.* loculus „Kästchen" u. ↑...är⟩: gekammert (z. B. von Keimzellen; Biol.). **Plu|ri|pa|ra** *die;* -, ...paren ⟨zu *lat.* parere „gebären"⟩: Frau, die mehrmals geboren hat (Med.);

vgl. Multipara, Nullipara, Primi-, Sekundipara. **plu|ri|po|tent**: viele Potenzen, viele Entwicklungsmöglichkeiten in sich bergend (von noch nicht ausdifferenziertem Gewebe; Biol., Med.). **plus** ⟨*lat.;* „mehr, größer", Komparativ von multus „viel"⟩: 1. zuzüglich, und; Zeichen +. 2. über dem Gefrierpunkt liegend. 3. svw. positiv (4). **Plus** *das;* -, -: 1. Gewinn, Überschuß. 2. Vorteil, Nutzen. **Plus|quam|per|fekt** *das;* -s, -e ⟨aus gleichbed. *spätlat.* plusquamperfectum, eigtl. „mehr als vollendet"; vgl. Perfekt⟩: 1. (ohne Plur.) Zeitform, mit der ein verbales Geschehen od. Sein aus der Sicht des Sprechers als vorzeitig (im Verhältnis zu etwas Vergangenem) charakterisiert wird (Sprachw.). 2. Verbform des Plusquamperfekts (1), z. B. ich *hatte gegessen* (Sprachw.). **Plus|quam|per|fek|tum** *das;* -s, ...ta ⟨aus gleichbed. *spätlat.* plusquamperfectum, vgl. Plusquamperfekt⟩: (veraltet) svw. Plusquamperfekt
Plu|te|us [...teʊs] *der;* - ⟨aus *lat.* pluteus „Schirmdach, Schutzwand" (Bed. 2 wegen der Form der Larven)⟩: 1. fahrbarer Schutz gegen feindliche Geschosse im altröm. Heerwesen. 2. Larvenform der Seeigel u. Schlangensterne (Biol.)
Plu|to|krat *der;* -en, -en ⟨aus gleichbed. *gr.* ploutokratés zu ploũtos „Reichtum" u. krateĩn „herrschen"⟩: jmd., der durch seinen Reichtum politische Macht ausübt. **Plu|to|kra|tie** *die;* -, ...ien ⟨aus gleichbed. *gr.* ploutokratía⟩: Geldherrschaft; Staatsform, in der allein der Besitz politische Macht garantiert. **plu|to|kra|tisch**: die Plutokratie betreffend, auf ihr beruhend; in der Art der Plutokratie
Plu|ton *der;* -s, -e ⟨nach *lat.* Pluto, Pluton (*gr.* Ploútōn), dem griech. Gott der Unterwelt⟩: Tiefengesteinskörper od. -massiv (Geol.). **plu|to|nisch** ⟨aus gleichbed. *lat.* Plutonius, eigtl. „dem Pluto zugehörig"⟩: der Unterwelt zugehörig (Rel.); -e Gesteine: Tiefengesteine (z. B. Granit; Geol.). **Plu|to|nis|mus** *der;* - ⟨zu ↑...ismus (2)⟩: 1. Tiefenvulkanismus; alle Vorgänge u. Erscheinungen innerhalb der Erdkruste, die durch aufsteigendes ↑Magma (1) hervorgerufen werden (Geol.). 2. widerlegte Hypothese u. Lehre, nach der das geologische Geschehen im wesentlichen von den Kräften des Erdinnern bestimmt wird, alle Gesteine einen feuerflüssigen Ursprung haben (Geol.); vgl. Neptunismus. **Plu|to|nist** *der;* -en, -en ⟨zu ↑...ist⟩: Anhänger des Plutonismus (2). **Plu|to|nit** [auch ...'nɪt] *der;* -s, -e ⟨zu ↑²...it⟩: plutonisches Gestein. **Plu|to|ni|um** *das;* -s ⟨nach dem Planeten Pluto (vgl. Pluton) u. zu ↑...ium⟩: überwiegend künstlich erzeugtes chem. Element, ein ↑Transuran; Zeichen Pu. **Plu|to|ni|um|bom|be** *die;* -, -n: Atombombe, die zu einem großen Teil aus Plutonium besteht
plu|vi|al [...v...] ⟨aus *lat.* pluvialis „zum Regen gehörig" zu pluvia „Regen"⟩: (von Niederschlägen) als Regen fallend. **Plu|via|le** *das;* -s, -[s] ⟨aus *mlat.* (pallium) pluviale „Regenmantel" zu pluvialis, vgl. pluvial⟩: 1. liturgisches Obergewand des kath. Geistlichen für feierliche Gottesdienste außerhalb der Messe (z. B. bei Prozessionen). 2. kaiserlicher od. königlicher Krönungsmantel. **Plu|vi|al|zeit** *die;* - ⟨zu ↑pluvial⟩: in den heute trockenen subtropischen Gebieten (Sahara u. a.) eine den Eiszeiten der höheren Breiten entsprechende Periode mit kühlerem Klima u. stärkeren Niederschlägen (Geogr.). **Plu|vio|graph** *der;* -en, -en ⟨zu *lat.* pluvia „Regen" u. ↑...graph⟩: Gerät zur Aufzeichnung der Niederschläge (Meteor.). **Plu|vio|me|ter** *das;* -s, - ⟨zu ↑¹...meter⟩: Niederschlagsmesser (Meteor.). **Plu|vio|ni|vo|me|ter** [...nivo...] *das;* -s, - ⟨zu *lat.* nix, Gen. nivis „Schnee" u. ↑¹...meter⟩: Gerät zur Aufzeichnung des als Regen od. Schnee fallenden Niederschlags (Meteor.). **Plu|vi|ose** [ply'vjoːz] *der;* -, -s [...oːz] ⟨aus gleichbed. *fr.* pluviôse, eigtl.

„Regenmonat", dies wohl zu *lat.* pluviosus „regnerisch", zu pluvia „Regen"⟩: der fünfte Monat des franz. Revolutionskalenders (vom 20., 21. od. 22. Januar bis 18., 19. oder 20. Februar)

Ply|mouth|brü|der ['plıməθ...] *die* (Plur.) ⟨nach der engl. Stadt Plymouth⟩: ↑pietistische engl. Sekte des 19. Jh.s ohne äußere Organisation

Ply|mouth Rocks ['plıməθ –] *die* (Plur.) ⟨*engl.*; nach der Landungsstelle der Pilgerväter (1620) in Massachusetts, USA⟩: dunkelgrau-weiß gestreifte Hühnerrasse

p. m. [pi:'ɛm] ⟨engl. Abk. für *lat.* post meridiem „nach Mittag"⟩: (engl.) Uhrzeitangabe: nachmittags; Ggs.: a. m.

P-Mar|ker ['pi:...] *der; -s, -[s]* ⟨Kurzform für gleichbed. *engl.* p(hrase)-marker⟩: (in der ↑generativen Grammatik) ↑Marker (1 b), dessen Knoten im ↑Stemma (2) durch syntaktische Kategorien (NP = Nominalphrase, VP = Verbalphrase usw.) bezeichnet sind (Sprachw.)

¹Pneu *der; -s, -s* ⟨Kurzw. aus ↑¹Pneumatik⟩: 1. aus Gummi hergestellter Luftreifen an Fahrzeugrädern. **²Pneu** *der; -s, -s*: (fachspr.) Kurzform von ↑Pneumothorax. **Pneu|draulik** *die; -* ⟨aus gleichbed. *engl.-amerik.* pneudraulic(s)⟩: (fachspr.) zusammenfassende Bez. für Pneumatik u. Hydraulik (kombiniert genutzt, z. B. in der Steuer- u. Regelungstechnik). **pneum...,** **Pneum...** vgl. pneumo..., Pneumo... **Pneu|ma** *das; -s* ⟨aus *gr.* pneûma, Gen. pneúmatos, eigtl. „Luft, Hauch, Atem, Geist" zu pneîn „wehen, atmen"⟩: 1. in der ↑Stoa ätherische, luftartige Substanz, die als Lebensprinzip angesehen wurde (Philos.). 2. Geist Gottes, Heiliger Geist (Theol.). **Pneum|al|ler|gen** *das; -s, -e* (meist Plur.) ⟨zu ↑pneumo...⟩: ↑Allergen, das mit der Atemluft in die Atemwege gelangt (z. B. Hausstaub, Blütenstaub; Med.). **Pneum|ar|thro|se** *die; -, -n* ⟨zu ↑pneumo...⟩: 1. Anwesenheit von Luft in einem Gelenk, z. B. als Folge einer Verletzung (Med.). 2. das Füllen des Gelenkinneren mit künstlich eingeblasener Luft (als Kontrastmittel bei Röntgenuntersuchungen; Med.). **pneumat...,** **Pneumat...** vgl. pneumato..., Pneumato... **Pneu|ma|tho|de** *die; -, -n* ⟨zu ↑pneumato... u. *gr.* hodós „Weg"⟩: Öffnung in der Atemwurzel der Mangrovenpflanzen zur Aufnahme von Sauerstoff (Bot.). **¹Pneu|ma|tik** *der; -s, -s*, österr. *die; -, -en* ⟨aus gleichbed. *engl.* pneumatic, dies zu *lat.* pneumaticus, vgl. pneumatisch⟩: (veraltend) svw. ¹Pneu. **²Pneu|ma|tik** *die; -, -en* ⟨aus *gr.* pneumatiké (téchnē) „Lehre von der (bewegten) Luft" zu pneumatikós, vgl. pneumatisch⟩: 1. (ohne Plur.) Teilgebiet der ↑Mechanik (1), das sich mit dem Verhalten der Gase beschäftigt. 2. (ohne Plur.) philos. Lehre vom Pneuma (1) u. seinem Wirken. 3. Luftdruckmechanik bei der Orgel. **¹Pneu|ma|ti|ker** *der; -s, -* ⟨aus gleichbed. *gr.* pneumatikoí, Plur. von pneumatikós, vgl. pneumatisch⟩: 1. Vertreter, Anhänger einer ärztlichen Richtung der Antike, die im Atem (Pneuma) den Träger des Lebens u. in seinem Versagen das Wesen der Krankheit sah. 2. a) vom Geist Gottes Getriebener; b) in der ↑Gnosis Angehöriger der höchsten, allein zur wahren Gotteserkenntnis fähigen Menschenklasse; vgl. Hyliker, Psychiker. **²Pneu|ma|ti|ker** *der; -s, -* ⟨zu ↑²Pneumatik⟩: Forscher, Spezialist auf dem Gebiet der ²Pneumatik.

Pneu|ma|ti|sa|ti|on *die; -, -en* ⟨zu *gr.* pneûma (vgl. Pneuma) u. ↑...isation⟩: Bildung lufthaltiger Zellen od. Hohlräume in Geweben, vor allem in Knochen (z. B. die Bildung der Nasennebenhöhlen in den Schädelknochen; Med.). **pneu|ma|tisch** ⟨über *lat.* pneumaticus aus *gr.* pneumatikós „zum Wind, zur Luft gehörig"⟩: 1. das Pneuma (1) betreffend (Philos.). 2. geistgewirkt, vom Geist Gottes erfüllt (Theol.). -e Exegese: altchristliche Bibelauslegung, die mit Hilfe des Heiligen Geistes den übergeschichtlichen Sinn der Schrift erforschen will. 3. die Luft, das Atmen betreffend (Med.). 4. voll Luft, luftgefüllt. 5. mit Luftdruck betrieben (Techn.); -e Knochen: Knochen mit luftgefüllten Räumen zur Verminderung des Körpergewichtes (z. B. bei Vögeln; Biol.); -e Konstruktionen: Tragluftkonstruktionen (in der Bautechnik). **Pneu|ma|tis|mus** *der; -* ⟨zu ↑...ismus (1)⟩: Lehre von der Wirklichkeit als Erscheinungsform des Geistes (Philos.); vgl. Spiritualismus. **pneu|ma|to...,** **Pneu|ma|to...,** vor Vokalen u. vor h meist pneumat..., Pneumat... ⟨zu *gr.* pneûma, Gen. pneúmatos, vgl. Pneuma⟩: Wortbildungselement mit der Bedeutung „Luft, Gas, Atem", z. B. Pneumatometer, Pneumaturie. **Pneu|ma|to|chord** [...'kɔrt] *das; -[e]s, -e* ⟨zu *gr.* chordé „Saite"⟩: altgriech. Windharfe, ↑Äolsharfe. **Pneu|ma|to|gramm** *das; -s, -e* ⟨zu ↑...gramm⟩: svw. Pneumogramm. **Pneu|ma|to|lo|gie** *die; -* ⟨zu ↑...logie⟩: 1. (veraltet) svw. Psychologie. 2. svw. ²Pneumatik (2). 3. a) Lehre vom Heiligen Geist; b) Lehre von den Engeln u. Dämonen (Theol.). **Pneu|ma|to|ly|se** *die; -, -n* ⟨zu ↑...lyse⟩: Wirkung der Gase einer Schmelze auf das Nebengestein u. die erstarrende Schmelze selbst (Geol.). **pneu|ma|to|ly|tisch**: durch Pneumatolyse entstanden (von Erzlagerstätten; Geol.); -e Phase: der Bildungsbereich von Mineralen aus Flüssigkeiten mit vorwiegend überkritischem Wasser zwischen etwa 550 u. 400 °C. **Pneu|ma|to|me|ter** *das; -* ⟨zu ↑¹...meter⟩: Gerät zur Messung des Luftdrucks beim Aus- u. Einatmen (Med.). **Pneu|ma|to|me|trie** *die; -* ⟨zu ↑...metrie⟩: Messung des Luftdrucks beim Aus- u. Einatmen mit Hilfe des Pneumatometers (Med.). **Pneu|ma|to|phor** *das; -s, -e* ⟨zu ↑...phor⟩: Atemwurzel der Mangrovenpflanzen (Biol.). **Pneu|ma|to|ze|le** *die; -, -n* ⟨zu ↑¹...ose⟩: abnorme Luftansammlung in natürlichen Körperhöhlen, Organen od. Geweben (z. B. Emphysem; Med.). **Pneu|ma|to|ze|le** *die; -, -n* ⟨nach *gr.* pneumatokélē, eigtl. „Windbruch"⟩: 1. bruchartige Vorwölbung od. Ausbuchtung von Lungengewebe durch einen Defekt in der Brustkorbwand; Lungenvorfall (Med.). 2. krankhafte Luftansammlung in Geweben (Med.). **Pneu|mat|urie** *die; -, ...jen* ⟨zu ↑pneumato... u. ↑...urie⟩: Ausscheidung von Gasen im Harn (Med.). **Pneum|ek|to|mie** *die; -, ...jen* ⟨zu ↑pneumo... u. ↑...ektomie⟩: svw. Pneumonektomie. **Pneum|en|ze|pha|lo|gramm** *das; -s, -e*: Röntgenbild des Schädels nach Füllung der Hirnkammern mit Luft (Med.). **Pneum|en|ze|pha|lo|gra|phie** *die; -, ...jen*: besondere Form der Enzephalographie, bei der die Hirnkammern zur Kontrastbildung mit Luft gefüllt werden (Med.). **pneu|mo...,** **Pneu|mo...,** auch pneumono..., Pneumono..., vor Vokalen meist pneum..., Pneum... bzw. pneumon..., Pneumon... ⟨aus *gr.* pneûma (vgl. Pneuma) u. pneúmōn, Gen. pneúmonos „Lunge"⟩: Wortbildungselement mit den Bedeutungen: a) „Luft, Gas", z. B. Pneumothorax, b) „Atem(luft)", z. B. Pneumograph, u. c) „Lunge", z. B. pneumotrop, Pneumonose. **Pneu|mo|at|mo|se** *die; -, -n* ⟨zu *gr.* atmós „Dampf" u. ↑¹...ose⟩: Gasvergiftung der Lunge (Med.). **Pneu|mo|ek|to|mie** vgl. Pneumonektomie. **Pneu|mo|ga|ster** *der; -s* ⟨zu *gr.* gastér „Bauch, Magen"⟩: Kiemendarm, der vordere Teil des Darmtrakts bei Fischen (Biol.). **Pneu|mo|gramm** *das; -s, -e* ⟨zu ↑...gramm⟩: mit dem Pneumographen gewonnenes Kurvenbild (Med.). **Pneu|mo|graph** *der; -en, -en* ⟨zu ↑...graph⟩: Apparat zur Aufzeichnung der Atembewegungen des Brustkorbs (Med.). **Pneu|mo|gra|phie** *die; -, ...jen* ⟨zu ↑...graphie⟩: graphische Darstellung der Atembewegung des Brustkorbs (Med.). **Pneu|mo|kok|ke** *die; -, -n* u.

Pneumokokkus

Pneu|mo|kọk̇|kus *der;* -, ...kken (meist Plur.): Krankheitserreger, bes. der Lungenentzündung (Med.). **Pneu|mo|ko|nio|se** *die;* -, -n: durch Einatmen von Staub hervorgerufene Lungenkrankheit; Staublunge (Med.). **Pneu|mo|lith** [auch ...'lɪt] *der;* Gen. -s u. -en, Plur. -e[n] ⟨zu ↑...lith⟩: durch Kalkablagerung entstandener Lungenstein (Med.). **Pneu|mo|lo|ge** *der;* -n, -n ⟨zu ↑...loge⟩: Facharzt für Lungenkrankheiten. **Pneu|mo|lo|gie** *die;* - ⟨zu ↑...logie⟩: die Lunge u. die Lungenkrankheiten behandelndes Teilgebiet der Medizin. **pneu|mo|lo|gisch** ⟨zu ↑...logisch⟩: die Pneumologie betreffend. **Pneu|mo|ly|se** *die;* -, -n ⟨zu ↑...lyse⟩: operative Lösung der Lunge von der Brustwand (Med.). **Pneu|mo|mas|sa|ge** [...ʒə] *die;* -, -n: Massage des Trommelfells durch Abwechseln von Luftdruck u. Luftsog (Med.). **pneu|mon...**, **Pneu|mon...** vgl. pneumo..., Pneumo... **Pneu|mon|ek|to|mie** *die;* -, ...ien ⟨zu ↑...ektomie⟩: operative Entfernung eines Lungenflügels (Med.). **Pneu|mo|nie** *die;* -, ...ien ⟨aus *gr.* pneumonía „Lungensucht"⟩: Lungenentzündung (Med.). **Pneu|mo|nik** *die;* - ⟨Kunstw. aus *gr.* pneûma „Luft" u. ↑Elektronik⟩: pneumatische (4) Steuerungstechnik mit Hilfe von Schaltelementen, die keine mechanisch beweglichen Teile haben (Techn.). **pneu|mo|nisch** ⟨nach *gr.* pneumonikós „zur Lunge gehörig, an der Lunge leidend"⟩: die Lungenentzündung betreffend, zu ihrem Krankheitsbild gehörend, durch sie bedingt (Med.). **Pneu|mo|ni|tis** *die;* -, ...itiden ⟨zu ↑pneumo... u. ↑...itis⟩: Bez. für entzündliche Prozesse des Lungenzwischengewebes (Med.). **pneu|mo|no...**, **Pneu|mo|no...** vgl. pneumo..., Pneumo... **Pneu|mo|no|ko|nio|se** *die;* -, -n: svw. Pneumokoniose. **Pneu|mo|no|se** *die;* - ⟨zu ↑¹...ose⟩: Verminderung des Gasaustausches in den Lungenbläschen (Med.). **Pneu|mo|pa|thie** *die;* -, ...ien ⟨zu ↑...pathie⟩: Bez. für Lungenerkrankungen aller Art (Med.). **Pneu|mo|pe|ri|kard** *das;* -[e]s: Luftansammlung im Herzbeutel (Med.). **Pneu|mo|pe|ri|to|ne|um** *das;* -s: Ansammlung von Luft od. Gasen in der Bauchhöhle als Folge von Magenod. Darmwandzerreißung (Med.). **Pneu|mo|pleu|ri|tis** *die;* -, ...itiden: heftige Rippenfellentzündung bei leichter Lungenentzündung (Med.). **Pneu|mo|ra|dio|gra|phie** *die;* -: Röntgenkontrastdarstellung von Körperhöhlen od. Hohlorganen durch Einbringen von Gasen als Kontrastmittel (Med.). **Pneu|mo|rönt|ge|no|gra|phie** *die;* -: Röntgenkontrastdarstellung von Organen, Höhlen od. Gelenken durch Einbringen von Gasen als Kontrastmittel (Med.). **Pneu|mo|tho|rax** *der;* -[es], -e: krankhafte od. künstlich therapeutisch geschaffene Luftansammlung im Brustfellraum (Med.). **Pneu|mo|to|mie** *die;* -, ...ien ⟨zu ↑...tomie⟩: Einschnitt in das Lungengewebe (Med.). **pneu|mo|trop** ⟨zu ↑...trop⟩: auf die Lunge einwirkend, vorwiegend die Lunge befallend (z. B. von Krankheitserregern; Med.). **Pneu|mo|ze|le** *die;* -, -n ⟨zu *gr.* kḗlē „Geschwulst; Bruch"⟩: svw. Pneumatozele. **Pneu|mo|zy|sto|gra|phie** *die;* -, ...ien: Röntgenuntersuchung der Harnblase nach vorheriger Einblasung von Luft als Kontrastmittel durch die Harnröhre (Med.).

Pni|go|pho|bie *die;* -, ...ien ⟨zu *gr.* pnîgos (vgl. Pnigos) u. ↑...phobie⟩: krankhafte Angst zu ersticken (Med.). **Pni|gos** *der;* - ⟨aus gleichbed. *gr.* pnîgos „das Ersticken" zu pnígein „ersticken", weil es in einem Atemzug erfolgt⟩: in schnellem Tempo gesprochener Abschluß des ↑Epirrhems; vgl. Antipnigos

Poc|cet|ta [pɔˈtʃɛta] *die;* -, ...tten ⟨aus *it.* poccetta, eigtl. „die sehr Kleine", zu poco „Kleines"⟩: svw. Pochette

Po|chet|te [pɔˈʃɛta] *die;* -, ...tten ⟨aus gleichbed. *fr.* pochette, Verkleinerungsform von poche „Tasche", dies aus fränk. *pokka⟩: kleine, eine Quarte höher als die normale Geige stehende Taschengeige der alten Tanzmeister

po|chet|ti|no [pokɛ...] ⟨*it.;* zu *lat.* paucus „wenig"⟩: ein klein wenig (Mus.)

po|chie|ren [pɔˈʃi:...] ⟨aus gleichbed. *fr.* pocher (des œufs) zu poche „Tasche" (vgl. Pochette), weil das Eigelb im Eiweiß wie in einer Tasche steckt⟩: Speisen, bes. aufgeschlagene Eier, in kochendem Wasser, einer Brühe o. ä. gar werden lassen

Po|choir [pɔˈʃoa:r] *das;* -s, -s ⟨aus *fr.* pochoir „Schablone"⟩: 1. (ohne Plur.) mit Schablonen u. Spraydosen arbeitende Maltechnik. 2. in dieser Technik hergestelltes Bild

Pocket|book¹ [...bʊk] *das;* -s, -s ⟨aus gleichbed. *engl.* pocket book zu pocket „Tasche" u. book „Buch"⟩: Taschenbuch.
Pocke|ting¹ *der;* -[s] ⟨aus gleichbed. *engl.* pocketing zu to pocket „in die Tasche stecken"⟩: als Taschenfutter verwendetes Gewebe. **Pocket|ka|me|ra¹** *die;* -, -s ⟨aus gleichbed. *engl.* pocket camera, eigtl. „Taschenkamera"⟩: kleiner, handlicher, einfach zu bedienender Fotoapparat

po|co [ˈpɔko, ˈpo:ko] ⟨*it.;* dies aus *lat.* paucus „wenig"⟩: ein wenig, etwas (in vielen Verbindungen vorkommende Vortragsbezeichnung; Mus.); - forte: nicht sehr laut; - a poco: nach u. nach, allmählich; Abk.: p. a. p.

Pod [pɔt, po:t] *der;* -s, -s ⟨aus gleichbed. *ukrain.* pod⟩: periodisch mit Wasser gefüllte Hohlform im Löß der Ukraine (Geol.)

pod..., **Pod...** vgl. podo..., Podo... **Pod|agra** *das;* -s ⟨über *lat.* podagra aus gleichbed. *gr.* podágra⟩: Fußgicht, bes. Gicht der großen Zehe (Med.). **pod|agrisch**: an Podagra leidend, mit Podagra behaftet (Med.). **Pod|agrist** *der;* -en, -en ⟨zu ↑...ist⟩: (veraltet) an Podagra Leidender. **Pod|algie** *die;* -, ...ien ⟨zu ↑...algie⟩: Fußschmerz (Med.). **Pod|arthri|tis** *die;* -, ...itiden: (veraltet) Fußgelenkentzündung (Med.). **...po|de** ⟨aus *gr.* poús, Gen. podós „Fuß"⟩: Wortbildungselement mit der Bedeutung „Fuß; -füßer", z. B. Rhizopode. **Po|dest** *das,* auch *der;* -[e]s, -e ⟨wohl in Anlehnung an ↑Podium umgestaltet aus *lat.* pedester „auf den Füßen (stehend)", dies zu pes, Gen. pedis „Fuß" aus *gr.* poús, vgl. ...pode⟩: 1. (landsch.) Treppenabsatz. 2. niedriges, schmales Podium

Po|de|stà, ital. Schreibung **Po|de|stạ** *der;* -[s], -s ⟨aus gleichbed. *it.* podestà, dies aus *lat.* potestas „(politische) Macht, Gewalt"⟩: ital. Bez. für Ortsvorsteher, Bürgermeister

Po|dex *der;* -[es], -e ⟨aus gleichbed. *lat.* podex⟩: (scherzh.) Gesäß

Po|di|um *das;* -s, Podien [...iən] ⟨aus gleichbed. *lat.* podium, dies aus *gr.* pódion, eigtl. „Füßchen", zu poús, Gen. podós „Fuß"⟩: a) erhöhte hölzerne Plattform, Bühne für (außerhalb des Theaters stattfindende) Veranstaltungen; b) trittartige, breitere Erhöhung (z. B. für Redner u. Dirigenten); Rednerpult; c) erhöhter Unterbau für ein Bauwerk (Archit.). **Po|di|ums|dis|kus|si|on** *die;* -, -en u. **Po|di|ums|gespräch** *das;* -[e]s, -e: Diskussion, Gespräch mehrerer kompetenter Teilnehmer über ein bestimmtes Thema vor (gelegentlich auch unter Einbeziehung) einer Zuhörerschaft. **Po|di|um|tem|pel** *der;* -s, -: etrusk. Tempelform mit einem steinernen Unterbau, die von den Römern übernommen wurde

Pod|kwas|sa *die;* - ⟨aus *bulgar.* podkvasa „Hefe, Sauerteig, Ferment"⟩: Ansatz zur Joghurtherstellung

po|do..., **Po|do...**, vor Vokalen meist **pod...**, **Pod...** ⟨aus *gr.* poús, Gen. podós „Fuß"⟩: Wortbildungselement mit der Bedeutung „Fuß; Schritt", z. B. Podometer, Podagra. **Po|do|der|ma|ti|tis** *die;* -, ...titiden: Entzündung der Huf-

pointiert

bzw. Klauenlederhaut von Haustieren (Tiermed.). **Po|do|gramm** *das;* -s, -e ⟨zu ↑...gramm⟩: graphische Darstellung der Spur des Fußes, bes. bei Belastung od. bestimmten Phasen des Gehens (Med.). **Po|do|lo|ge** *der;* -n, -n ⟨zu ↑...loge⟩: (veraltet) Fußpfleger. **Po|do|me|ter** *das;* -s, - ⟨zu ↑¹...meter⟩: Schrittzähler. **Po|do|phyl|lin** *das;* -s ⟨zu ↑ Podophyllum u. ↑...in (1)⟩: früher verwendetes Abführmittel aus dem Wurzelstock des Maiapfels. **Po|do|phyl|lum** *das;* -s ⟨aus gleichbed. nlat. podophyllum, eigtl. „Fußblatt"⟩: Maiapfel, kleine, zur Gattung der Sauerdorngewächse gehörende Staude mit großen, handförmigen Blättern (als Zierpflanze in Parkanlagen u. Steingärten). **Po|do|skop** *das;* -s, -e ⟨zu ↑ podo... u. ↑...skop⟩: früher benutztes Gerät in Schuhgeschäften, mit dem die Füße (in Schuhen) durchleuchtet wurden, um die korrekte Schuhgröße zu ermitteln **Pod|sol** *der;* -s ⟨aus gleichbed. russ. podzol zu pod „unter" u. zola „Asche"⟩: graue bis weiße Bleicherde (durch Mineralsalzverlust verarmter, holzaschefarbener, unter Nadel- u. Mischwäldern vorkommender Oberboden in feuchten Klimabereichen). **pod|so|liert** ⟨zu ↑...iert⟩: a) durch Podsolierung verändert; b) gebleicht. **Pod|so|lie|rung** *die;* -, -en ⟨zu ↑...ierung⟩: der Prozeß, durch den ein Podsol entsteht
Po|em *das;* -s, -e ⟨über gleichbed. lat. poema aus gr. poíēma „Gedicht"⟩: (meist scherzh. od. iron.) längere Verserzählung, [endlos] langes Gedicht. **Poe|sie** [poe...] *die;* -, ...jen ⟨aus gleichbed. fr. poésie, dies über lat. poesis aus gr. poíēsis „das Machen, Verfertigen; Dichten; Dichtkunst" zu poieĩn „machen; verfertigen; dichten"⟩: 1. Dichtkunst, Dichtung, bes. in Versen geschriebene Dichtung im Gegensatz zur ↑ Prosa (1). 2. (ohne Plur.) [dichterischer] Stimmungsgehalt, Zauber. **Poe|sie|al|bum** *das;* -s, ...ben (bes. bei Kindern u. jungen Mädchen) Album, in das Verwandte, Freunde, Lehrer o. ä. zur Erinnerung Verse u. Sprüche schreiben. **Poé|sie en|ga|gée** [pɔeziãgaˈʒe] *die;* - - ⟨aus fr. poésie engagée „engagierte Dichtung"⟩: Tendenzdichtung. **Po|et** *der;* -en, -en ⟨aus gleichbed. lat. poeta⟩: (meist scherzh.) Dichter, Lyriker. **Poe|ta doc|tus** [-ˈdɔk...] *der;* - -, ...tae [...tɛ] ...ti ⟨aus lat. poeta doctus „gelehrter Dichter"⟩: gelehrter, gebildeter Dichter, der Wissen, Bildungsgut o. ä. in Reflexionen, Zitaten o. ä. durchscheinen läßt u. somit ein gebildetes Publikum voraussetzt. **Poe|ta lau|rea|tus** *der;* - -, ...tae [...tɛ] ...ti ⟨aus lat. poeta laureatus, eigtl. „gelobter Dichter"; vgl. Laureat⟩: a) (ohne Plur.) einem Dichter für seine besonderen Leistungen im Rahmen einer Dichterkrönung verliehener Ehrentitel; b) Träger dieses Titels; vgl. Laureat. **Poe|ta|ster** *der;* -s, - ⟨Analogiebildung zu ↑ Philosophaster⟩: (abwertend) Dichterling, Verseschmied. **Poe|tik** *die;* -, -en ⟨über lat. poetica aus gleichbed. gr. poiētikḗ (téchnē) zu poiētikós, vgl. poetisch⟩: 1. (ohne Plur.) wissenschaftliche Beschreibung, Deutung, Wertung der Dichtkunst; Theorie der Dichtung als Teil der Literaturwissenschaft. 2. Lehr-, Regelbuch der Dichtkunst. **¹Poe|tin** *die;* -, -nen: weibliche Form zu ↑ Poet. **²Poe|tin** *das;* -s, -e (meist Plur.) ⟨zu gr. poieĩn „machen, bewirken" u. ↑...in (1)⟩: Hormon, das die Entwicklungsrichtung der einzelnen Zellen bestimmt (Biol., Med.). **poe|tisch** ⟨aus gleichbed. fr. poétique, dies über lat. poeticus aus gr. poiētikós „dichterisch"⟩: a) die Poesie betreffend, dichterisch; b) bilderreich, ausdrucksvoll; -e Lizenz: dichterische Freiheit, in künstlerischer Absicht von Detailwahrheiten od. dem allgemeinen Sprachgebrauch abzuweichen. **poe|ti|sie|ren** ⟨nach gleichbed. fr. poétiser⟩: dichterisch ausschmücken; dichtend erfassen u. durchdringen. **Poe|to|lo|ge** *der;* -n, -n ⟨zu ↑ Poetik u. ↑...loge⟩: Wissenschaftler, Forscher auf dem Gebiet der Poetologie. **Poe|to|lo|gie** *die;* - ⟨zu ↑...logie⟩: Wissenschaft von der Dichtung, Poetik. **poe|to|lo|gisch** ⟨zu ↑...logisch⟩: die Poetik betreffend, auf ihr basierend
Po|fe|se vgl. Pafese
Po|gat|sche *die;* -, -n ⟨aus gleichbed. ung. pogácsa⟩: (österr.) kleiner, flacher, süßer Eierkuchen mit Grieben
Po|grom *der,* auch *das;* -s, -e ⟨aus gleichbed. russ. pogrom, eigtl. „Verwüstung, Unwetter"⟩: Hetze, Ausschreitungen gegen nationale, religiöse, rassische Minderheiten
poie|tisch [pɔyˈe:...] ⟨aus gr. poiētós „zu machen, bildend" zu poieĩn „zustande bringen, schaffen"⟩: bildend, das Schaffen betreffend; -e Philosophie: bei Plato die dem Herstellen von etwas dienende Wissenschaft (z. B. Architektur)

poi|kil..., **Poi|kil...** [pɔy...] vgl. poikilo..., Poikilo... **poi|ki|li|tisch** ⟨zu gr. poikílos (vgl. poikilo...) u. ²...it⟩: Mineralkörner einschließend (von magmatischen Gesteinen; Geol.). **poi|ki|lo...,** **Poi|ki|lo...,** vor Vokalen meist poikil..., Poikil... ⟨aus gr. poikílos „bunt; verschiedenartig, mannigfaltig"⟩: Wortbildungselement mit der Bedeutung „verschiedenartig, nicht regelgemäß", z. B. poikilotherm, Poikilozytose. **poi|ki|lo|bla|stisch** ⟨zu gr. blastós „Sproß, Keim"⟩: andere Minerale einschließend (von Mineralkörnern metamorpher Gesteine; Geol.). **Poi|ki|lo|der|mie** *die;* -, ...jen ⟨zu gr. dérma „Haut" u. ↑²...ie⟩: ungleichmäßige Ablagerung von ↑ Pigmenten in der Haut; buntscheckig gefleckte Haut (Med.). **Poi|ki|lo|pi|krie** *die;* -, ...jen ⟨zu gr. pikrós „spitz, scharf" u. ↑²...ie⟩: ↑ Inkonstanz des Säure-Basen-Gleichgewichts im Organismus (bei bestimmten Nierenerkrankungen; Med.). **poi|ki|los|mo|tisch:** svw. poikilotherm. **poi|ki|lo|therm** ⟨zu ↑...therm⟩: wechselwarm (von Tieren, deren Körpertemperatur sich entsprechend der Umwelttemperatur ändert, z. B. Lurche; Biol.); Ggs. ↑ homöotherm. **Poi|ki|lo|ther|mie** *die;* -, ...jen ⟨zu ↑...thermie⟩: Inkonstanz der Körpertemperatur infolge mangelhafter Wärmeregulation des Organismus (z. B. bei Frühgeburten; Med.). **Poi|ki|lo|zyt** *der;* -en, -en (meist Plur.) ⟨zu ↑...zyt⟩: nach Form u. Größe von der Normalform roter Blutkörperchen abweichender ↑ Erythrozyt (Med.). **Poi|ki|lo|zy|to|se** *die;* -, -n ⟨zu ↑¹...ose⟩: das Auftreten nicht runder Formen der roten Blutkörperchen (Med.)
Poil [pɔal] *der;* -s, -e ⟨aus fr. poil „Haar", dies aus lat. pilus⟩: svw. ²Pol. **Poi|lu** [pɔaˈly] *der;* -[s], -s ⟨aus gleichbed. fr. poilu, eigtl. „der Tüchtige, Unerschrockene" (poilu „haarig, behaart" zu poil, vgl. Poil)⟩: Spitzname für den franz. Soldaten (im 1. Weltkrieg)
Poin|set|tie [pɔynˈzɛtiə] *die;* -, -n ⟨aus gleichbed. nlat. poinsettia, nach dem nordamerik. Entdecker J. R. Poinsett, 1779–1851⟩: Weihnachtsstern (Wolfsmilchgewächs, eine Zimmerpflanze)
Point [pɔɛ̃:] *der;* -s, -s ⟨aus gleichbed. fr. point, dies aus lat. punctum, vgl. Punktum⟩: 1. a) Stich (bei Kartenspielen); b) Auge (bei Würfelspielen). 2. Notierungseinheit von Warenpreisen an Produktenbörsen (Wirtsch.). **Point d'hon|neur** [pɔɛ̃dɔˈnœːɐ̯] *der;* - - ⟨aus fr. point d'honneur, eigtl. „Ehrenpunkt"⟩: (veraltet) Ehrenstandpunkt. **Poin|te** [ˈpɔɛ̃:tə] *die;* -, -n ⟨aus fr. pointe, eigtl. „Spitze; Schärfe", dies aus lat. puncta „Stich"; vgl. punktieren⟩: geistreicher, überraschender Schlußeffekt (z. B. bei einem Witz). **Poin|ter** [ˈpɔyn...] *der;* -s, - ⟨aus gleichbed. engl. pointer zu to point „zeigen, das Wild dem Jäger anzeigen"⟩: gescheckter Vorsteh- od. Hühnerhund. **poin|tie|ren** [pɔɛ̃ˈti:...] ⟨aus gleichbed. fr. pointer⟩: betonen, unterstreichen, hervorheben. **poin|tiert** ⟨zu ↑...iert⟩: betont, zuge-

1081

spitzt; gut u. wirksam formuliert. **Poin|tie|rung** *die;* -, -en ⟨zu ↑...ierung⟩: Zuspitzung, Hervorhebung. **Poin|til|le|rie** [pɔɛtijə...] *die;* - ⟨aus gleichbed. *fr.* pointillerie⟩: (veraltet) Streit um Kleinigkeiten. **poin|til|lie|ren** [pɔɛti'jiː...] ⟨aus *fr.* pointiller, eigtl. „mit Punkten darstellen", zu point, vgl. Point⟩: in der Art des Pointillismus malen. **Poin|til|lis|mus** *der;* - ⟨aus gleichbed. *fr.* pointillisme; vgl. ...ismus (2)⟩: spätimpressionistische Stilrichtung in der Malerei, in der ungemischte Farben punktförmig nebeneinandergesetzt wurden. **Poin|til|list** *der;* -en, -en ⟨aus gleichbed. *fr.* pointilliste⟩: Vertreter des Pointillismus. **poin|til|li|stisch** ⟨zu ↑...istisch⟩: den Pointillismus betreffend, in der Art des Pointillismus [gemalt]. **poin|til|lös** [pɔɛti'jøːs] ⟨aus gleichbed. *fr.* pointilleux; vgl. ...ös⟩: (veraltet) kleinlich. **Point|lace** ['pɔɪntleɪs] *die;* - ⟨aus gleichbed. *engl.* point lace⟩: Bandspitze, genähte Spitze. **Point of sale** ['pɔɪnt əv 'seɪl] *der;* - - -, -s - - ⟨aus gleichbed. *engl.* point of sale⟩: für die Werbung zu nutzender Ort, an dem ein Produkt verkauft wird (z. B. die Verkaufstheke; Werbesprache). **Points secrets** [pɔɛsə'krɛ] *die* (Plur.) ⟨aus *fr.* points secrets „geheime Punkte"⟩: spezielle Zeichen (Punkte, Ringel, Dreiekke) unter den Buchstaben franz. Münzen im Mittelalter zur Unterscheidung der Münzstätten

Poise ['pɔa:z] *das;* -, - ⟨nach dem franz. Arzt J. L. M. Poiseuille, 1799–1869⟩: Maßeinheit der ↑ Viskosität von Flüssigkeiten u. Gasen; Zeichen P

Po|kal *der;* -s, -e ⟨aus gleichbed. *it.* boccale, dies über *spätlat.* baucalis aus *gr.* baúkalis „enghalsiges Gefäß"⟩: 1. a) [kostbares] kelchartiges Trinkgefäß aus Glas od. [Edel]metall mit Fuß [u. Deckel]; b) Siegestrophäe in Form eines Pokals (1 a) bei sportlichen Wettkämpfen. 2. (ohne Plur.) kurz für Pokalwettbewerb; Wettbewerb um einen Pokal (1 b)

Po|ker *das;* -s ⟨aus gleichbed. *engl.-amerik.* poker, weitere Herkunft unsicher⟩: amerik. Kartenglücksspiel. **Po|kerface** [...feɪs] *das;* -, -s [...sɪz] ⟨aus gleichbed. *engl.* pokerface, eigtl. „Pokergesicht"⟩: 1. Mensch, dessen Gesicht u. Haltung keine Gefühlsregung widerspiegeln. 2. unbewegter, gleichgültig wirkender, starrer Gesichtsausdruck. **po|kern**: 1. Poker spielen. 2. bei Geschäften, Verhandlungen o. ä. ein Risiko eingehen, einen hohen Einsatz wagen

po|ku|lie|ren ⟨zu *lat.* poculum „Becher" u. ↑...ieren⟩: (veraltet) zechen, stark trinken

¹Pol *der;* -s, -e ⟨aus *lat.* polus, dies von *gr.* pólos zu pélein „in Bewegung sein, sich drehen"⟩: 1. Drehpunkt, Mittelpunkt, Zielpunkt. 2. Endpunkt der Erdachse u. seine Umgebung; Nordpol, Südpol. 3. Schnittpunkt der verlängerten Erdachse mit dem Himmelsgewölbe, Himmelspol (Astron.). 4. Punkt, der eine besondere Bedeutung hat, Bezugspunkt (Math.). 5. der Aus- u. Eintrittspunkt des Stromes bei einer elektrischen Stromquelle (Phys.). 6. Aus- u. Eintrittspunkt magnetischer Kraftlinien beim Magneten

²Pol *der;* -s, -e ⟨eindeutschend für ↑ Poil⟩: Haardecke aus Samt u. Plüsch

Po|lac|ca [...ka] *die;* -, -s ⟨aus gleichbed. *it.* polacca, eigtl. „die Polnische", zu polacco „polnisch"⟩: svw. Polonäse; vgl. alla polacca

¹Po|lacke¹ *die;* -, -n ⟨aus *it.* polacca, vgl. Polacker⟩: svw. Polacker

²Po|lacke¹ *der;* -n, -n ⟨aus *poln.* Polak „Pole"⟩: (ugs. abwertend) Pole

Po|lacker¹ *der;* -s, - ⟨aus gleichbed. *it.* polacca, weitere Herkunft ungeklärt⟩: dreimastiges Segelschiff im Mittelmeer

Po|la|da|kul|tur *die;* - ⟨nach dem Fundort Polada bei Desenzano del Garda in Norditalien⟩: älteste bronzezeitliche Kultur in Norditalien

po|lar ⟨aus gleichbed. *mlat.* polaris zu ↑ ¹Pol u. ↑...ar (1)⟩: 1. die Erdpole betreffend, zu den Polargebieten gehörend, aus ihnen stammend; arktisch. 2. gegensätzlich es wesenhafter Zusammengehörigkeit; nicht vereinbar. **Po|lar|diagramm** *das;* -[e]s, -e: graphische Darstellung des Zusammenhangs zwischen Auftriebs- u. Widerstandskraft eines Flugzeugtragflügels bei verschiedenen Anstellwinkeln (Aerodynamik). **Po|lar|di|stanz** *die;* -, -en: Winkelabstand eines Sterns vom Himmelsnordpol (Astron.). **Po|la|re** *die;* -, -n ⟨zu ↑...are⟩: 1. Verbindungslinie der Berührungspunkte zweier von einem Pol an einen Kegelschnitt gezogener Tangenten (Math.). 2. svw. Polardiagramm. **Po|lar|ex|pe|di|ti|on** *die;* -, -en: 1. ↑ Expedition zur Erforschung der Polargebiete. 2. (früher) ↑ Expedition zur Entdeckung der Pole. **Po|lar|front** *die;* -, -en: 1. Front zwischen polarer Kaltluft u. tropischer Warmluft (Meteor.). 2. Grenze zwischen kalten polaren u. wärmeren subpolaren Wassermassen (Meereskunde). **po|la|ri..., Po|la|ri...**, auch polaro..., Polaro... ⟨zu *mlat.* polaris (vgl. polar)⟩: Wortbildungselement mit der Bedeutung „gegensätzliche Erscheinungen bzw. unterschiedliche Pole betreffend", z. B. Polarimetrie, Polarigraphie. **Po|la|ri|me|ter** *das;* -s, - ⟨zu ↑¹...meter⟩: Instrument zur Messung der Drehung der Polarisationsebene des Lichtes in optisch aktiven Substanzen (Phys.). **Po|la|ri|me|trie** *die;* -, ...ien ⟨zu ↑...metrie⟩: Messung der optischen Aktivität von Substanzen (Phys.). **po|la|ri|me|trisch** ⟨zu ↑...metrisch⟩: mit dem Polarimeter gemessen. **Po|la|ris** *der;* - ⟨aus *mlat.* (stella) polaris „der nördliche (Stern)"⟩: svw. Polarstern. **Po|la|ri|sa|ti|on** *die;* -, -en ⟨zu ↑ polari... u. ↑...isation⟩: 1. das deutliche Hervortreten von Gegensätzen, Herausbildung einer Gegensätzlichkeit; Polarisierung. 2. gegensätzliches Verhalten von Substanzen od. Erscheinungen (Chem.); vgl. ...[at]ion/...ierung; - des Lichts: das Herstellen einer festen Schwingungsrichtung aus sonst regellosen ↑ Transversalschwingungen des natürlichen Lichts (Phys.). **Po|la|ri|sa|ti|ons|fil|ter** *der*, fachspr. *das;* -s, -: Filter zur Herstellung bzw. ↑ Absorption linear polarisierten Lichts (Optik). **Po|la|ri|sa|ti|ons|mi|kro|skop** *das;* -[e]s, -e: Mikroskop für Untersuchungen im polarisierten Licht. **Po|la|ri|sa|ti|ons|pris|ma** *das;* -s, ...men: Prisma, das durch Doppelbrechung polarisiertes Licht erzeugt (Optik). **Po|la|ri|sa|tor** *der;* -s, ...oren ⟨zu ↑...ator⟩: Vorrichtung, die linear polarisiertes Licht aus natürlichem erzeugt. **po|la|ri|sie|ren** ⟨zu ↑...isieren⟩: 1. sich -: in seiner Gegensätzlichkeit immer deutlicher hervortreten, sich immer mehr zu Gegensätzen entwickeln. 2. elektrische od. magnetische Pole hervorrufen (Chem.). 3. bei natürlichem Licht eine feste Schwingungsrichtung aus sonst regellosen ↑ Transversalschwingungen herstellen (Phys.). **Po|la|ri|sie|rung** *die;* -, -en ⟨zu ↑...isierung⟩: das Polarisieren (1); vgl. ...[at]ion/...ierung. **Po|la|ri|skop** *das;* -[e]s, -e ⟨zu ↑...skop⟩: (veraltet) Gerät zur Beobachtung der Polarisationserscheinungen des Lichts. **Po|la|ris|si|ma** *die;* - ⟨aus gleichbed. *mlat.* (stella) polarissima „nördlichste(r Stern)"; vgl. Polaris⟩: dem derzeitigen nördlichen Himmelspol noch näher als der Polarstern stehender Stern (Astron.). **Po|la|ri|tät** *die;* -, -en ⟨zu ↑ polari... u. ↑...ität⟩: 1. Vorhandensein zweier ¹Pole (2, 3, 5, 6; Geogr., Astron., Phys.). 2. Gegensätzlichkeit bei wesenhafter Zusammengehörigkeit. 3. verschiedenartige Ausbildung zweier entgegengesetzter Pole einer Zelle, eines Gewebes, Organs od. Organismus (z. B. Sproß u. Wurzel einer Pflanze; Biol.). **Po|la|ri|ton** *das;* -s, ...tonen ⟨Kunstw.; vgl. ⁴...on⟩: ein ↑ Quasiteilchen in einem Festkörper, das bei starker Wechselwirkung von ↑Photonen mit nichtlokalisierten Anregungszuständen eines Kristalls erzeugt wird (Phys.). **Po|la|ri|um** *das;* -s, ...ien [...i̯ən] ⟨zu ↑¹Pol u. ↑...arium⟩: Abteilung eines Zoos, in der Tiere aus den Polargebieten gehalten werden (Zool.). **Po|lar|kli|ma** *das;* -s ⟨zu ↑polar⟩: Klima der Nord- u. Südpolargebiete mit langem, sehr kaltem Winter u. nebelreichem, kaltem Sommer. **Po|lar|ko|or|di|na|ten** *die* (Plur.): im Polarkoordinatensystem Bestimmungsgrößen eines Punktes (Math.). **Po|lar|ko|or|di|na|ten|sy|stem** *das,* -s, -e: Koordinatensystem, in dem die Lage eines Punktes durch einen Winkel u. eine Strecke gekennzeichnet ist (Math.). **Po|lar|kreis** *der;* -es, -e: Breitenkreis von etwa 66,5° nördlicher bzw. südlicher Breite, der die Polarzone von der gemäßigten Zone trennt. **po|la|ro...**, **po|la|ro...**, vgl. polari..., Polari... **Po|la|ro|graph** *der;* -en, -en ⟨zu ↑polari... u. ↑...graph⟩: Apparat (meist mit Quecksilbertropfkathode u. Quecksilberanode) zur Ausführung elektrochem. Analysen durch [fotografische] Aufzeichnung von Stromspannungskurven (Techn., Chem.). **Po|la|ro|gra|phie** *die;* -, ...ien ⟨zu ↑...graphie⟩: elektrochem. Analyse mittels Polarographen zur qualitativen u. quantitativen Untersuchung von bestimmten gelösten Stoffen (Techn., Chem.). **po|la|ro|gra|phisch** ⟨zu ↑...graphisch⟩: durch Polarographie erfolgend (Techn., Chem.). **Po|la|ro|id|ka|me|ra** Ⓦ [auch ...rɔyt...] *die;* -, -s ⟨Kunstw.⟩: Fotoapparat, der in Sekunden ein fertiges ↑²Positiv (2) produziert. **Po|la|ron** *das;* -s, ...onen ⟨Kunstw. zu ↑polar u. ↑⁴...on⟩: Quasiteilchen in einem Halbleiter, das als freier Ladungsträger aufgefaßt werden kann (Phys.). **Po|lar|stern** *der;* -[e]s: hellster Stern im Sternbild des Kleinen Bären, nach dem wegen seiner Nähe zum nördlichen Himmelspol die Nordrichtung bestimmt wird; Nord[polar]stern (Astron.). **Pol|di|stanz** *die;* -, -en ⟨zu ↑¹Pol⟩: svw. Polardistanz

Po|lei *der;* -[e]s, -e u. **Po|lei|min|ze** *die;* -, -n ⟨zu gleichbed. *lat.* pule(g)ium⟩: früher zur Gewinnung von ↑Menthol angebaute Minze

Po|leis [...lais]: Plur. von ↑Polis

Pol|em|arch *der;* -en, -en ⟨aus gleichbed. *gr.* polémarchos, eigtl. „Kriegsführer", zu pólemos „Krieg" bzw. polemeĩn „Krieg führen" u. árchein „vorangehen, führen"⟩: Titel der mit der Leitung des Militärwesens u. mit dem Heereskommando beauftragten Beamten in den altgriech. Stadtstaaten. **Po|lem|ar|chie** *die;* - ⟨aus gleichbed. *gr.* polemarchía⟩: Amt, Würde eines Polemarchen. **Po|le|mik** *die;* -, -en ⟨aus gleichbed. *fr.* polémique zu polémique „streitbar, kriegerisch", das aus *gr.* polemikós „kriegerisch" zu pólemos „Krieg"⟩: 1. literarische od. wissenschaftliche Auseinandersetzung; wissenschaftlicher Meinungsstreit, literarische Fehde. 2. unsachlicher Angriff, scharfe Kritik. 3. (ohne Plur.) polemischer (2) Charakter (einer Äußerung o. ä.). **Po|le|mi|ker** *der;* -s, -: 1. jmd., der in einer Polemik (1) steht. 2. jmd., der zur Polemik (2) neigt, scharfe u. unsachliche Kritik übt. **Po|le|mi|ke|rin** *die;* -, -nen: weibliche Form zu ↑Polemiker. **po|le|misch** ⟨aus gleichbed. *fr.* polémique, dies aus *gr.* polemikós, vgl. Polemik⟩: 1. die Polemik (1) betreffend; streitbar. 2. scharf u. unsachlich (von kritischen Äußerungen). **po|le|mi|sie|ren** ⟨zu ↑...isieren⟩: 1. eine Polemik (1) ausfechten, gegen eine andere literarische od. wissenschaftliche Meinung kämpfen. 2. scharfe, unsachliche Kritik üben; jmdn. mit unsachlichen Argumenten scharf angreifen. **Po|le|mo|lo|gie** *die;* - ⟨zu ↑...logie⟩: Konflikt-, Kriegsforschung

¹po|len ⟨zu ↑¹Pol⟩: an einen elektrischen Pol anschließen

²po|len ⟨nach *engl.* to pole „mit Stangen versehen"⟩: Metallbäder mechanisch spülen, indem feuchte Holzstämme eingeführt werden, deren freiwerdende Gase od. Dämpfe die Verunreinigungen oxydieren lassen

Pol|len|ta *die;* -, Plur. ...ten u. -s ⟨aus gleichbed. *it.* polenta, eigtl. „Gerstengraupen", dies aus *lat.* polenta zu pollen, vgl. Pollen⟩: ital. Maisgericht [mit Käse]

Pol|len|te *die;* - ⟨wohl aus *jidd.* paltin „Polizeirevier", eigtl. „Burg", lautlich beeinflußt von ↑Polizei⟩: (ugs., oft abwertend) svw. Polizei (2)

Pole-po|si|tion [poʊlpəˈzɪʃən] *die;* - ⟨aus gleichbed. *engl.-amerik.* pole position zu *engl.* pole „äußerste Spitze" u. position „Position, Stand(ort)"⟩: bei Autorennen bester (vorderster) Startplatz für den Fahrer mit der schnellsten Zeit im Training

Po|li|ce [poˈliːsə] *die;* -, -n ⟨aus gleichbed. *fr.* police, dies über *it.* polizza, *mlat.* apodixa aus *gr.* apódeixis „Nachweis"⟩: Urkunde über einen Versicherungsvertrag, die vom Versicherer ausgefertigt wird; vgl. Polizze

Po|li|chi|nelle [...ʃiˈnɛl] *der;* -s, -s ⟨aus *fr.* Polichinelle⟩: franz. Form von Pulcinella. **Po|li|ci|nel|lo** [...tʃiˈnɛlo] *der;* -s, -lli ⟨aus gleichbed. *it.* (mdal.) Policinello zu *it.* Pulcinella, dies zu pulcino „Hühnchen", vgl. Pulcinella⟩: (veraltet) svw. Pulcinella

Po|li|cy-Mix [ˈpɔləsɪ...] *das;* -, - ⟨aus *engl.* policy-mix „Mischung der Vorgehensweisen"⟩: abgestimmte Maßnahmen aus verschiedenen wirtschaftlichen Bereichen (z. B. Geld- u. Lohnpolitik), um vorgegebene gesamtwirtschaftliche Ziele zu erreichen (Wirtsch.)

Po|li|en|ze|pha|li|tis vgl. Polioenzephalitis

Po|lier *der;* -s, -e ⟨unter dem Einfluß von ↑polieren umgedeutet aus *spätmhd.* parlier(er), eigtl. „Sprecher, Wortführer"⟩: Vorarbeiter der Maurer u. Zimmerleute; [Maurer]facharbeiter, der die Arbeitskräfte auf einer Baustelle beaufsichtigt; Bauführer

po|lie|ren ⟨aus gleichbed. *(alt)fr.* polir, dies aus *lat.* polire⟩: a) glätten, schleifen; b) glänzend machen, blank reiben; putzen

Po|li|kli|nik [auch ˈpɔli...] *die;* -, -en ⟨zu *gr.* pólis „Stadt" u. ↑Klinik⟩: Krankenhaus od. -abteilung für ↑ambulante Krankenbehandlung. **Po|li|kli|ni|ker** *der;* -s, -: in einer Poliklinik tätiger Arzt. **po|li|kli|nisch**: die Poliklinik betreffend; in der Poliklinik erfolgend (z. B. von Behandlungen)

Po|li|ment *das;* -[e]s, -e ⟨aus *fr.* poliment „das Glätten, mit Glanz versehen" zu polir, vgl. polieren⟩: 1. zum Polieren, Glänzendmachen geeigneter Stoff. 2. aus einer fettigen Substanz bestehende Unterlage für Blattgold

Po|lio *die;* - ⟨Kurzform von ↑Poliomyelitis⟩: svw. Poliomyelitis. **Po|lio|en|ze|pha|li|tis** u. **Polienzephalitis** *die;* -, ...iden ⟨zu *gr.* poliós „grau", die Farbe der Rückenmarksubstanz betreffend⟩: Entzündung der grauen Hirnsubstanz (Med.). **Po|lio|mye|li|tis** *die;* -, ...itjden: Entzündung der grauen Rückenmarksubstanz; spinale Kinderlähmung (Med.). **Po|lio|sis** *die;* -, ...osen ⟨zu ↑¹...ose⟩: das Ergrauen der Haare (Med.)

Po|lis *die;* -, Poleis [...lais] ⟨aus gleichbed. *gr.* pólis, vgl. politisch⟩: altgriech. Stadtstaat (z. B. Athen)

Po|lis|son|ne|rie *die;* -, ...ien ⟨aus gleichbed. *fr.* polissonnerie zu polisson „Gassenjunge", dies aus der Gaunerspr.⟩: (veraltet) Ungezogenheit, Streich

Po|lit... ⟨zum Teil unter Einfluß von *russ.* političeskij zu ↑politisch⟩: Wortbildungselement mit der Bedeutung „die Politik betreffend, politisch geprägt od. motiviert sein", z. B. Politprominenz, -karriere, -gangster, -song. **Po|lit|bü|ro** *das;* -s, -s ⟨aus gleichbed. *russ.* politbjuro⟩: zentraler [Lenkungs]ausschuß einer kommunistischen Partei

Politesse

¹Po|li|tęs|se *die;* -, -n ⟨aus gleichbed. *fr.* politesse zu polir, vgl. polieren⟩: 1. Höflichkeit, Artigkeit. 2. (landsch.) Kniff, Schlauheit

²Po|li|tęs|se *die;* -, -n ⟨Kunstw. zu ⁻Polizei u. ↑Hosteß⟩: Angestellte bei einer Gemeinde für bestimmte Aufgaben (z. B. zur Überwachung des ruhenden Verkehrs)

po|li|tie|ren ⟨zu ↑Pulitur u. ↑...ieren⟩: (österr.) glänzend reiben, polieren, mit Politur einreiben

Po|li|tik [auch ...'tɪk] *die;* -, -en ⟨aus gleichbed. *fr.* politique, dies aus *gr.* politikḗ (téchnē) „Kunst der Staatsverwaltung" zu politikós, vgl. politisch⟩: 1. auf die Durchsetzung bestimmter Ziele bes. im staatlichen Bereich u. auf die Gestaltung des öffentlichen Lebens gerichtetes Handeln von Regierungen, Parlamenten, Parteien, Organisationen o. ä. 2. berechnendes, zielgerichtetes Verhalten, Vorgehen.

...po|li|tik ⟨zu ↑Politik⟩: Wortbildungselement mit der Bedeutung „Gesamtheit von Bestrebungen mit bestimmter Aufgabenstellung u. Zielsetzung im Hinblick auf das im ersten Bestandteil der Zusammensetzung Genannte", z. B. Strukturpolitik, Lohnpolitik. Po|li|ti|ka: Plur. von ↑Politikum. Po|li|ti|ka|ster *der;* -s, - ⟨zu ↑Politik, Analogiebildung zu ↑Kritikaster u. ↑Philosophaster⟩: (abwertend) jmd., der viel über Politik spricht, ohne viel davon zu verstehen. Po|li|ti|ker [auch ...'lɪ...] *der;* -s, - ⟨über *mlat.* politicus aus *gr.* politikós „Staatsmann"⟩: jmd., der aktiv an der Politik (1) an der Führung eines Gemeinwesens teilnimmt; Staatsmann. Po|li|ti|ke|rin *die;* -, -nen: weibliche Form zu ↑Politiker. Po|li|ti|kum [auch ...'lɪ...] *das;* -s, ...ka ⟨zu *lat.* politicus, vgl. politisch u. vgl. ...ikum⟩: Tatsache, Vorgang von politischer Bedeutung. Po|li|ti|kus [auch ...'lɪ...] *der;* -, -se ⟨nach *mlat.* politicus, vgl. Politiker⟩: (scherzh.) jmd., der sich eifrig mit Politik (1) beschäftigt. po|li|tisch [auch ...'lɪ...] ⟨aus gleichbed. *fr.* politique, dies über *lat.* politicus aus *gr.* politikós „die Bürgerschaft betreffend, zur Staatsverwaltung gehörend" zu pólis „Stadt, Bürgerschaft"⟩: 1. die Politik (1) betreffend, zu ihr gehörend; staatsmännisch; -er Gefangener, Häftling: aus politischen Gründen gefangengehaltene Person; -er Vers: fünfzehnsilbiger, akzentuierender Vers der byzantinischen u. neugriech. volkstümlichen Dichtung; -es Asyl: Zufluchts- u. Aufenthaltsrecht in einem fremden Land für jemanden, der aus politischen Gründen geflüchtet ist. 2. auf ein Ziel gerichtet, klug u. berechnend. ...po|li|tisch ⟨zu ↑politisch⟩: Wortbildungselement mit der Bedeutung „Absichten, Pläne mit der im ersten Bestandteil der Zusammensetzung genannten od. angedeuteten Aufgabenstellung u. Zielsetzung verfolgend u. in entsprechender Weise vorgehend", z. B. kulturpolitisch, verkehrspolitisch. po|li|ti|sie|ren ⟨zu ↑politisch u. ↑...isieren⟩: 1. [laienhaft] von Politik reden. 2. bei jmdm. Anteilnahme, Interesse an der Politik (1) erwecken; jmdn. zu politischer Aktivität bringen. 3. etwas, was nicht unmittelbar in den politischen Bereich gehört, unter politischen Gesichtspunkten behandeln, betrachten. Po|li|ti|sie|rung *die;* - ⟨zu ↑...isierung⟩: 1. das Erwecken politischer Interessen, Erziehung zu politischer Aktivität. 2. politische Behandlung, Betrachtung von Dingen, die nicht unmittelbar in den politischen Bereich gehören. Po|li|to|lo|ge *der;* -n, -n ⟨zu ↑...loge⟩: Wissenschaftler auf dem Gebiet der Politologie. Po|li|to|lo|gie *die;* - ⟨zu ↑...logie⟩: Politikwissenschaft, Wissenschaft, die sich mit politischen Strukturen u. Prozessen befaßt. po|li|to|lo|gisch ⟨zu ↑...logisch⟩: die Politologie betreffend, zu ihr gehörend, auf ihr basierend. Po|lit|pro|mi|nenz *die;* - ⟨zu ↑Polit...⟩: Prominenz (1) aus dem Bereich der Politik. Po|lit|ruk *der;* -s, -s ⟨aus gleichbed. *russ.* politruk zu ↑Polit... u.

russ. rukovoditel' „Leiter, Führer"⟩: in der ehemaligen Sowjetunion politischer Offizier einer Truppeneinheit. Po|lit|thril|ler *der;* -s, - ⟨zu ↑Polit...⟩: 1. ↑Thriller mit politischer Thematik. 2. Vorgang im Bereich der Politik, der Züge eines ↑Thrillers aufweist

Po|li|tur *die;* -, -en ⟨aus gleichbed. *lat.* politura zu polire, vgl. polieren⟩: 1. durch Polieren hervorgebrachte Glätte, Glanz. 2. Mittel zum Glänzendmachen; Poliermittel. 3. (ohne Plur.; veraltet) Lebensart; gutes Benehmen

Po|li|zei *die;* -, -en ⟨über *mlat.* policia, *(spät)lat.* politia aus *gr.* politeía „Bürgerrecht; Staatsverwaltung; Staatsverfassung" zu pólis, vgl. politisch⟩: 1. Sicherheitsbehörde, die über die Wahrung der öffentlichen Ordnung zu wachen hat. 2. (ohne Plur.) Angehörige der Polizei. 3. (ohne Plur.) Dienststelle der Polizei. Po|li|zei|staat *der;* -[e]s, -en: (abwertend) totalitärer Staat, in dem die Bürger durch einen staatlichen Kontrollapparat unterdrückt werden. po|li|zie|ren ⟨aus gleichbed. *fr.* policer⟩: (veraltet) an bürgerliche Ordnung gewöhnen. Po|li|zist *der;* -en, -en ⟨zu ↑Polizei u. ↑...ist⟩: Angehöriger der Polizei; Schutzmann. Po|li|zi|stin *die;* -, -nen: weibliche Form zu ↑Polizist

Pol|iz|ze *die;* -, -n ⟨aus gleichbed. *it.* polizza, vgl. Police⟩: (österr.) svw. Police

Pol|je *die;* -, -n, auch *das;* -[s], -n ⟨aus dem Slaw.; vgl. *russ.* pole „Acker, Feld"⟩: großes wannen- od. kesselartiges Becken mit ebenem Boden in Karstgebieten (Geogr.)

Polk *der;* -s, Plur. -s, auch -e ⟨aus *russ.* polk, vgl. ¹Pulk⟩: svw. ¹Pulk

Pol|ka *die;* -, -s ⟨aus gleichbed. *tschech.* polka, eigtl. „Polin", um 1831 in Prag so zu Ehren der damals unterdrückten Polen benannt⟩: böhmischer Rundtanz im lebhaften bis raschen ¾-Takt (etwa seit 1831)

Poll [poʊl] *der;* -s, -s ⟨aus gleichbed. *engl.-amerik.* poll, eigtl. „Kopf(zahl)"⟩: 1. Meinungsumfrage, -befragung. 2. Wahl, Abstimmung. 3. Liste der Wähler od. Befragten

Pol|lack *der;* -s, -s ⟨aus gleichbed. *engl.* pollack⟩: Dorsch des östlichen Atlantiks mit schmackhaftem Fleisch

pol|lak|anth ⟨zu *gr.* pollákis „oft" u. ánthos „Blüte"⟩: mehrjährig u. immer wieder blühend (bezogen auf bestimmte Pflanzen, z. B. Apfelbaum; Bot.); Ggs. ↑hapaxanth. Pol|la|kis|urie u. Pol|lak[i]|urie *die;* -, ...ien ⟨zu ↑...urie⟩: häufiger Harndrang, wobei jedesmal nur kleine Harnmengen gelassen werden (Med.)

Pol|len *der;* -s, - ⟨aus *lat.* pollen, Gen. pollinis „sehr feines Mehl, Mehlstaub"⟩: Blütenstaub. Pol|len|ana|ly|se *die;* -, -n: Methode der Paläobotanik zur Bestimmung der Flora der erdgeschichtlich jüngeren Vegetationsperioden aus Pollenkörnern

Pol|lex *der;* -, ...lices [...tse:s] ⟨aus gleichbed. *lat.* pollex⟩: Daumen (Med.)

Pol|li|na|ri|um *das;* -s, ...rien [...jən] ⟨zu *lat.* pollen, Gen. pollinis (vgl. Pollen) u. ↑...arium⟩: mit einem Stielchen u. Klebekörper versehenes ↑Pollinium mancher Orchideenarten, das die Pollenverbreitung durch Insekten erleichtert (Bot.). Pol|li|na|ti|on *die;* -, -en ⟨zu ↑...ation⟩: Blütenbestäubung (Bot.)

Pol|ling *das;* -[s] ⟨aus gleichbed. *engl.* polling, eigtl. „das Wählen", zu to poll „wählen"⟩: Abfrage in Datennetzen od. ähnlichen Kommunikationsstrukturen, ob Daten gesendet werden können od. sollen (EDV)

Pol|li|ni|um *das;* -s, ...ien [...jən] ⟨zu *lat.* pollen, Gen. pollinis (vgl. Pollen) u. ↑...ium⟩: regelmäßig zu einem Klümpchen verklebender Blütenstaub, der als Ganzes von Insekten übertragen wird (z. B. bei Orchideen; Bot.). Pol|li|no-

se *die;* -, -n ⟨zu ↑¹...ose⟩: durch Blütenstaub hervorgerufene ↑ Allergie (Med.)

Pol|lu|ti|on *die;* -, -en ⟨aus *spätlat.* pollutio „Besudelung" zu polluere „besudeln, verunreinigen"⟩: unwillkürlicher Samenerguß im Schlaf (z. B. in der Pubertät; Med.)

Pol|lux vgl. Kastor und Pollux

Pol|lu|zit [auch ...'tsɪt] *der;* -s, -e ⟨nach Pollux, einem der Dioskuren, u. zu ↑²...it⟩: ein farbloses bis weißes, durchsichtiges bis trübes Mineral, wichtigstes Mineral für die Gewinnung von ↑ Cäsium

¹Po|lo *der;* -s, -s ⟨aus dem Span.⟩: andalus. Volkstanz, andalus. Tanzlied im gemäßigten ⅜-Takt

²Po|lo *das;* -s ⟨aus gleichbed. *engl.* polo, eigtl. „Ball", dies aus einer Eingeborenensprache des nordwestlichen Indien⟩: zu Pferde gespieltes Treibballspiel. **Po|lo|hemd** *das;* -[e]s, -en: kurzärmeliges, enges Trikothemd mit offenem Kragen

Po|lo|nai|se [...'nɛ:zə] u. (eindeutschend) **Po|lo|nä|se** *die;* -, -n ⟨aus gleichbed. *fr.* (danse) polonaise, substantiviertes Fem. von polonais „polnisch", eigtl. „polnische(r Tanz)"⟩: festlicher Schreittanz im ¾-Takt; vgl. Polacca

Pol|lon|ceau|trä|ger [pɔlõ'so...] *der;* -s, - ⟨nach dem franz. Erfinder Polonceau⟩: Dachbinderkonstruktion für größere Spannweiten

po|lo|ni|sie|ren ⟨zu *(m)lat.* Polonia (Polen) u. zu ↑ ...isieren⟩: polnisch machen. **Po|lo|nist** *der;* -en, -en ⟨zu ↑ ...ist⟩: Wissenschaftler auf dem Gebiet der Polonistik. **Po|lo|ni|stik** *die;* - ⟨zu ↑ ...istik⟩: Wissenschaft von der poln. Sprache u. Literatur. **po|lo|ni|stisch** ⟨zu ↑ ...istisch⟩: die Polonistik betreffend, zu ihr gehörend. **Po|lo|ni|um** *das;* -s ⟨zu ↑ ...ium⟩: radioaktives chem. Element, Halbmetall; Zeichen Po

Po|los *der;* - ⟨aus gleichbed. *gr.* pólos, eigtl. „Achse, Gewölbe"⟩: eine zylindrische Kopfbedeckung des Altertums, die seit dem 2. Jahrtausend v. Chr. in Babylonien u. Anatolien nachweisbar ist. **Po|lo|zyt** *der;* -en, -en ⟨zu ↑¹Pol u. ↑...zyt⟩: Polzelle, einzelliges Anhangsgebilde am Pol der reifen Eizelle (Med.)

Pol|tron [pɔl'trõ:] *der;* -s, -s ⟨aus *fr.* poltron „Feigling", dies aus *it.* poltrone, weitere Herkunft unsicher⟩: (veraltet) Feigling; Maulheld. **Pol|tron|ne|rie** [pɔltrɔnə...] *die;* -, ⟨aus *fr.* poltronnerie „Feigheit"⟩: (veraltet) Feigheit, Prahlerei

Pol|tu|ra *der;* -, - ⟨aus *poln.* polturak⟩: Silber- u. Kupfermünze des 17./18. Jh.s in Ungarn, Böhmen u. Schlesien

po|ly..., Po|ly... ⟨aus *gr.* polýs „viel"⟩: Wortbildungselement mit der Bedeutung „mehr, oft", z. B. polygam, Polymeter, Polyphonie. **Po|ly|acry|lat** [...akry...] *das;* -[e]s, -e: Kunststoff aus Acrylsäure. **Po|ly|acryl|ni|tril** *das;* -s: polymerisiertes Acrylsäurenitril, Ausgangsstoff wichtiger Kunstfasern. **Po|ly|ad|di|ti|on** *die;* -, -en: Verfahren zur Herstellung hochmolekularer Kunststoffe (Chem.). **Po|ly|ad|dukt** *das;* -[e]s, -e ⟨zu *lat.* adductus, Part. Perf. von adducere „hinführen"⟩: durch Polyaddition entstandener hochmolekularer Kunststoff (Chem.). **Po|ly|ade|ni|tis** *die;* -, ...itiden: Entzündung zahlreicher Lymphknoten (Med.).

Po|ly|amid *das;* -[e]s, -e (meist Plur.): fadenbildender elastischer Kunststoff (z. B. Perlon, Nylon). **Po|ly|ämie** *die;* -, ...jen ⟨aus *gr.* polyaimía „Vollblütigkeit" zu polyaimeīn „viel Blut haben"⟩: krankhafte Vermehrung der zirkulierenden Blutmenge; Vollblütigkeit (Med.). **Po|ly|an|drie** *die;* - ⟨aus gleichbed. *gr.* polyandría zu polyandreīn „viele Männer haben"⟩: Vielmännerei, Ehegemeinschaft einer Frau mit mehreren Männern (vereinzelt bei Naturvölkern [mit Mutterrecht]; Völkerk.); Ggs. ↑ Polygynie; vgl. Polygamie (1 a). **po|ly|an|drisch** ⟨aus gleichbed. *gr.* polýandros⟩: die Vielmännerei betreffend. **Po|ly|an|tha|ro|se** *die;* -, -n ⟨zu *gr.* polyanthḗs „viel blühend"⟩: Gartenrose von meist niedrigem, buschigem Wuchs (Bot.). **Po|ly|ar|chie** *die;* -, ...jen ⟨aus gleichbed. *gr.* polyarchía zu polýarchos „vielherrschend"⟩: (selten) Herrschaft mehrerer in einem Staat, im Unterschied zur ↑ Monarchie. **Po|ly|ar|thri|tis** *die;* -, ...itiden ⟨zu ↑ poly...⟩: an mehreren Gelenken gleichzeitig auftretende ↑ Arthritis (Med.). **Po|ly|ar|thro|se** *die;* -, -n: degenerative Erkrankung mehrerer Gelenke (Med.). **po|ly|ar|ti|ku|lär**: viele Gelenke betreffend, in vielen Gelenken auftretend (z. B. von krankhaften Veränderungen; Med.). **Po|ly|ase** *die;* -, -n (meist Plur.) ⟨zu ↑ ...ase⟩: hochmolekulare Kohlenhydrate spaltendes Enzym (Biochem.). **Po|ly|äs|the|sie** *die;* -, ...jen: subjektive Wahrnehmung einer Hautreizung an mehreren Stellen (Med.). **Po|ly|äthy|len,** fachspr. Polyethylen *das;* -s, -e: ein ↑ thermoplastischer Kunststoff. **Po|ly|ba|sit** [auch ...'zɪt] *der;* -s, -e: ein grauschwarzes, in feinen Bestandteilen rotes Mineral. **Po|ly|chä|ten** [...'çɛ...] *die* (Plur.) ⟨zu *gr.* polychaítēs „mit vielen Haaren"⟩: meerbewohnende Borstenwürmer (z. B. ↑ Palolowurm; Zool.). **Po|ly|che|mo|the|ra|pie** *die;* - ⟨zu ↑ poly...⟩: Behandlung einer Krankheit mit mehreren Chemotherapeutika (zur Erhöhung der Wirkung; Med.). **Po|ly|chord** [...'kɔrt] *das;* -[e]s, -e ⟨zu *gr.* polýchordos „mit vielen Saiten"⟩: 10saitiges Streichinstrument in Kontrabaßform mit beweglichem Griffbrett. **po|ly|chrest** [...'çrɛst] ⟨zu ↑ poly... u. *gr.* chrēstós „brauchbar"⟩: (veraltet) zu vielen Dingen brauchbar, vielseitig verwendbar. **po|ly|chrom** [...'kro:m, auch 'poli...] ⟨aus gleichbed. *gr.* polýchrōmos⟩: vielfarbig, bunt. **Po|ly|chro|ma|sie** *die;* -, ...jen ⟨zu ↑ poly...⟩: Eigenschaft von Geweben (bes. von Blutkörperchen), sich mit verschiedenen Farbstoffen anfärben zu lassen (Biochem.). **Po|ly|chro|mie** *die;* -, ...jen ⟨zu ↑ polychrom u. ↑²...ie⟩: Vielfarbigkeit, [dekorative] bunte Bemalung ohne einheitlichen Gesamtton mit kräftig voneinander abgesetzten Farben (z. B. bei Keramiken, Glasgemälden, Bauwerken). **po|ly|chro|mie|ren** ⟨zu ↑ ...ieren⟩: (selten) bunt ausstatten (z. B. die Innenwände eines Gebäudes mit Mosaik od. verschiedenfarbigem Marmor. **Po|ly|chro|mo|gra|phie** *die;* -, ...jen ⟨zu ↑ ...graphie⟩: (veraltet) Vielfarbendruck. **po|ly|cy|clisch** [...'tsy:k..., auch ...'tsʏk...] vgl. polyzyklisch. **Po|ly|dak|ty|lie** *die;* -, ...jen ⟨zu *gr.* polydáktylos „vielfingrig" u. ↑²...ie⟩: angeborene Mißbildung der Hand od. des Fußes mit Bildung überzähliger Finger od. Zehen (Med.). **Po|ly|dä|mo|nis|mus** *der;* - ⟨zu ↑ poly...⟩: Glaube an eine Vielheit nicht persönlich ausgeprägten Geistern als Vorstufe des ↑ Polytheismus. **Po|ly|dip|sie** *die;* - ⟨zu *gr.* polydípsios „heftigen Durst habend" u. ↑²...ie⟩: krankhaft gesteigerter Durst (z. B. bei Diabetes mellitus; Med.); vgl. Oligodipsie. **Po|ly|dy|na|mie** *die;* - ⟨zu ↑ poly..., *gr.* dýnamis „Kraft" u. ↑²...ie⟩: (veraltet) Kraftfülle. **po|ly|dy|na|misch**: (veraltet) sehr kräftig, kraftvoll. **Po|ly|eder** *das;* -s, - ⟨zu *gr.* hédra „Fläche, Basis"; vgl. polyedrisch⟩: Vielflächner, von Vielecken begrenzter Körper (Math.). **Po|ly|eder|krank|heit** *die;* -: den Seidenspinner befallende seuchenhafte, tödliche Viruskrankheit (Tiermed.). **po|ly|edrisch** ⟨nach *gr.* polýedros „mit vielen Sitz(fläch)en; vieleckig"⟩: vielflächig (Math.). **Po|ly|em|bryo|nie** *die;* -, ...jen ⟨zu ↑ poly..., ↑ Embryo u. ↑²...ie⟩: Bildung mehrerer Embryonen aus einer pflanzlichen Samenanlage od. einer tierischen Keimanlage (z. B. bei Moostierchen; Biol.). **Po|ly|en** *das;* -s, -e ⟨zu ↑ ...en⟩: organische Verbindung mit mehreren Doppelbindungen im Molekül (Chem.). **Po|ly|ester** *der;* -s, - ⟨Kunstw.⟩: aus Säuren u. Alkoholen gebildete Verbindung hohen Molekulargewichts,

Polyesterfasern

die als wichtiger Rohstoff zur Herstellung synthetischer Fasern u. Harze dient. **Po|ly|es|ter|fa|sern** *die* (Plur.): im Schmelzspinnverfahren hergestellte Chemiefasern; Abk.: PES. **Po|ly|ga|la** *die;* -, -s ⟨über gleichbed. *lat.* polygala aus *gr.* polýgalon zu ↑ poly... u. gála, Gen. gálaktos „Milch"; nach alter Vorstellung ein bestimmtes Kraut, das bei der Wöchnerin reichlichen Milchfluß hervorrufen sollte⟩: Pflanzengattung der Kreuzblumengewächse mit zahlreichen Arten (u. a. Kraut, Strauch od. Baum). **Po|ly|ga|laktie** *die;* - ⟨zu ↑ poly..., *gr.* gála (vgl. Polygala) u. ↑²...ie⟩: übermäßige Milchabsonderung während des Stillens (Med.). **po|ly|gam** ⟨aus *gr.* polýgamos „oft verheiratet"; vgl. ...gam⟩: 1. a) von der Anlage her auf mehrere Geschlechtspartner bezogen (von Tieren u. Menschen); b) die Polygamie (1) betreffend; in Mehrehe lebend (Völkerk.); c) (selten) mit mehreren Partnern geschlechtlich verkehrend; Ggs. ↑ monogam. 2. zwittrige u. eingeschlechtige Blüten gleichzeitig tragend (bezogen auf bestimmte Pflanzen; Bot.). **Po|ly|ga|mie** *die;* - ⟨aus gleichbed. *gr.* polygamía; vgl. ...gamie⟩: 1. a) Mehrehe, Vielehe, bes. Vielweiberei (meist in vaterrechtlichen Kulturen; Völkerk.); vgl. Polyandrie, Polygynie; b) geschlechtlicher Verkehr mit mehreren Partnern; Ggs. ↑ Monogamie. 2. das Auftreten von zwittrigen u. eingeschlechtigen Blüten auf einer Pflanze (Bot.). **Po|ly|ga|mist** *der;* -en, -en ⟨zu ↑ ...ist⟩: in Vielehe lebender Mann. **po|ly|gen** ⟨aus *gr.* polygenés „von vielen (Geschlechtern)"⟩: 1. durch mehrere Erbfaktoren bedingt (Biol.); Ggs. ↑ monogen (1). 2. vielfachen Ursprung habend (z. B. von einem durch mehrere Ausbrüche entstandenen Vulkan; Geol.); Ggs. ↑ monogen (2). **Po|ly|gen** *das;* -s, -e (meist Plur.): eines der ↑ Gene, die gemeinsam für die Ausbildung eines quantitativen Merkmals verantwortlich sind (Genetik); Ggs. ↑ Oligogen. **Po|ly|ge|ne|se** u. **Po|ly|ge|ne|sis** *die;* - ⟨zu ↑ poly...⟩: biologische Theorie von der stammesgeschichtlichen Herleitung jeder gegebenen Gruppe von Lebewesen aus jeweils mehreren Stammformen; Ggs. ↑ Monogenese (1). **Po|ly|ge|nie** *die;* -, ...ien ⟨zu ↑ ...genie⟩: die Erscheinung, daß an der Ausbildung eines Merkmals eines ↑ Phänotyps mehrere ↑ Gene beteiligt sind (Biol.); Ggs. ↑ Monogenie (2). **Po|ly|ge|nis|mus** *der;* - ⟨zu ↑ polygen u. ↑ ...ismus (2)⟩: 1. svw. Polygenese. 2. von der kath. Kirche verworfene Lehre, nach der das Menschengeschlecht auf mehrere Stammpaare zurückgeht; Ggs. ↑ Monogenismus (2). **po|ly|germ** ⟨zu ↑ poly... u. *lat.* germen „Keim, Sproß"⟩: mehrkeimig (von Nutzpflanzen; Landw.). **Po|ly|glo|bu|lie** *die;* - ⟨zu *lat.* globulus, Verkleinerungsform von globus „Kugel, Klumpen", u. ↑²...ie⟩: svw. Polyzythämie. **po|ly|glott** ⟨aus gleichbed. *gr.* (attisch) polýglōttos, eigtl. „vielzüngig"⟩: 1. in mehreren Sprachen abgefaßt, mehr-, vielsprachig (von Buchausgaben). 2. viele Sprachen sprechend; vgl. ...isch/-. **¹Po|ly|glot|te** *der. die;* -n, -n: jmd., der viele Sprachen beherrscht. **²Po|ly|glot|te** *die;* -, -n: 1. (veraltet) mehrsprachiges Wörterbuch. 2. Buch (bes. Bibel) mit Textfassung in verschiedenen Sprachen. **po|ly|glot|tisch**: (veraltet) svw. polyglott; vgl. ...isch/-. **Po|ly|gon** *das;* -s, -e ⟨aus gleichbed. *gr.* polýgōnon, substantiviertes Neutrum von polýgōnos „vielwinkelig" zu gōnía „Ecke, Winkel"⟩: Vieleck mit meist mehr als drei Seiten (Math.). **po|ly|go|nal** ⟨zu ↑¹...al (1)⟩: vieleckig (Math.). **Po|ly|gon|bo|den** *der;* -s, ...böden: durch polygonale Steinringe od. -netze gekennzeichneter ↑ Strukturboden (Geol.). **Po|ly|go|nie** *die;* - ⟨zu ↑ poly... u. ↑ ...gonie⟩: (veraltet) große Zeugungsfähigkeit, Fruchtbarkeit. **Po|ly|go|num** *das;* -s ⟨aus gleichbed. *nlat.* polygonum, dies aus *gr.* polýgōnon, substantiviertes Neutrum von polýgōnos

„fruchtbar"⟩: Knöterich (verbreitete Unkraut- u. Heilpflanze). **Po|ly|gramm** *das;* -s, -e ⟨zu ↑ poly... u. ↑ ...gramm⟩: bei der Polygraphie (1) gewonnenes Röntgenbild (Med.). **Po|ly|graph** *der;* -en, -en ⟨zu *gr.* polýgraphein „viel schreiben"; vgl. ...graph⟩: 1. Gerät zur gleichzeitigen Registrierung mehrerer Vorgänge u. Erscheinungen, das z. B. in der Medizin bei der ↑ Elektrokardiographie u. der ↑ Elektroenzephalographie od. in der Kriminologie als Lügendetektor verwendet wird. 2. Angehöriger des graphischen Gewerbes in der ehemaligen DDR. **Po|ly|gra|phie** *die;* - ⟨aus *gr.* polygraphía „Vielschreiberei"; Bed. 2 nach gleichbed. *russ.* poligrafija⟩: 1. röntgenologische Darstellung von Organbewegungen durch mehrfaches Belichten eines Films (Med.). 2. Bez. für alle Zweige des graphischen Gewerbes in der ehemaligen DDR. **po|ly|gra|phisch** ⟨nach *gr.* polýgraphos „vielschreibend"; vgl. ...graphisch⟩: die Polygraphie (2) betreffend. **po|ly|gyn** ⟨zu *gr.* polygýnaios „viele Frauen habend"⟩: die Polygynie betreffend; in Vielweiberei lebend. **Po|ly|gy|nie** *die;* - ⟨zu ↑²...ie⟩: Vielweiberei, Ehegemeinschaft eines Mannes mit mehreren Frauen (in den unterschiedlichsten Kulturen vorkommend; Völkerk.); Ggs. ↑ Polyandrie; vgl. Polygamie (1 a). **Po|ly|ha|lit** [auch ...'lit] *der;* -s, -e ⟨zu ↑ poly...⟩: fettig glänzendes, weißes, graues, gelbes oder rotes Mineral, komplexes Kalimagnesiumsalz, das als Düngemittel verwendet wird (Chem.). **Po|ly|hi|stor** *der;* -s, ...oren ⟨zu *gr.* polyhístōr „vielwissend"⟩: (veraltet) in vielen Fächern bewanderter Gelehrter. **Po|ly|hi|sto|rie** *die;* - ⟨zu ↑²...ie⟩: (veraltet) das Bewandertsein auf vielen verschiedenen Wissensgebieten; Vielgelehrsamkeit. **po|ly|hi|sto|risch**: (veraltet) vielwissend, in vielen Wissensgebieten bewandert. **po|ly|hy|brid**: von Eltern abstammend, die sich in mehreren Merkmalen unterscheiden (von tierischen od. pflanzlichen Kreuzungsprodukten; Biol.); Ggs. ↑ monohybrid. **Po|ly|hy|bri|de** *der;* -, -n, auch *der;* -n, -n: Nachkomme von Eltern, die sich in mehreren Erbmerkmalen unterscheiden (Biol.). Ggs. ↑ Monohybride. **Po|ly|ide|is|mus** *der;* - ⟨zu ↑ Idee u. ↑ ...ismus (2)⟩: Vielfalt der Gedanken, Ideenfülle; Horizontbreite des Bewußtseins (Psychol.); Ggs. ↑ Monoideismus (1). **po|ly|karp** u. **po|ly|kar|pisch** ⟨aus gleichbed. *gr.* polýkarpos⟩: in einem bestimmten Zeitraum mehrmals Blüten u. Früchte ausbildend (von bestimmten Pflanzen; Bot.); vgl. ...isch/-. **Po|ly|kar|pie** *die;* - ⟨zu ↑ ...karpie⟩: Vielfrüchtigkeit; Ausbildung vieler Fruchtblätter, jedes für sich zum Stempel umgebildet (Bot.). **po|ly|kar|pisch** vgl. polykarp. **Po|ly|kla|die** *die;* - ⟨zu *gr.* polýklados „viele Äste habend" u. ↑²...ie⟩: nach Verletzung einer Pflanze entstehende Seitensprosse (Bot.). **Po|ly|kla|se** *die;* -, -n ⟨zu ↑ poly... u. *gr.* klásis „Bruch, das Brechen"⟩: Gesteinsspalte mit einer Füllung aus nachträglich verfestigten Trümmern des Nebengesteins (Geol.). **Po|ly|kon|den|sa|ti|on** *die;* -: Zusammenfügen einfachster Moleküle zu größeren (unter Austritt kleinerer Spaltprodukte wie Wasser, Ammoniak o. ä.) zur Herstellung von Chemiefasern, Kunstharzen u. Kunststoffen (Chem.). **po|ly|kon|den|sie|ren**: den Prozeß der Polykondensation bewirken; durch Polykondensation gewinnen (Chem.). **Po|ly|ko|rie** *die;* -, ...ien ⟨zu *gr.* kórē „Mädchen; Pupille" u. ↑²...ie⟩: angeborene abnorme Ausbildung mehrerer Pupillen in einem Auge (Med.). **Po|ly|krat** *der;* -en, -en ⟨aus *gr.* polykratés „der sehr Mächtige"⟩: mit vielen gemeinschaftlich regierender Herrscher; mächtiger Herrscher. **Po|ly|kra|tie** *die;* -, ...ien ⟨zu ↑ ...kratie⟩: Machtausübung von vielen. **po|ly|kra|tisch** ⟨zu *gr.* polykratés „sehr mächtig"⟩: von vielen Herrschern gemeinschaftlich regiert. **po|ly|krot** ⟨aus *gr.* polýkrotos „viel schla-

gend"⟩: mehrgipfelig (z. B. von der Pulswelle; Med.). **Polykrotie** *die;* -, ...ien ⟨zu ↑²...ie⟩: Mehrgipfeligkeit der Pulswelle (Med.). **Polykultur** *die;* -, -en ⟨zu ↑poly...⟩: gleichzeitiger Anbau mehrerer Kulturpflanzen auf einer Nutzfläche. **polylezithal** ⟨zu *gr.* lékithos „Eigelb" u. ↑¹...al (1)⟩: sehr dotterreich (Biol.). **Polylingualismus** *der; -* ⟨zu ↑lingual u. ↑...ismus (2)⟩: svw. Multilingualismus, Multilinguismus. **Polylogie** *die; -* ⟨aus gleichbed. *gr.* polylogía⟩: (veraltet) Redseligkeit. **polylogisch** ⟨aus gleichbed. *gr.* polylógos⟩: (veraltet) redselig, geschwätzig. **Polymastie** *die;* -, ...ien ⟨zu ↑poly..., *gr.* mastós „(Mutter)brust" u. ↑²...ie⟩: abnorme Ausbildung überzähliger Brustdrüsen bei Frauen, bes. als ↑atavistische (1) Mißbildung (Med.); vgl. Hyperthelie. **Polymathie** *die; -* ⟨aus gleichbed. *gr.* polymathía zu polymatheῖn „gelehrt sein"⟩: (veraltet) vielseitiges Wissen. **Polymelie** *die;* -, ...ien ⟨zu *gr.* polymelḗs „vielgliedrig" u. ↑²...ie⟩: angeborene Mißbildung, bei der bestimmte Gliedmaßen doppelt ausgebildet sind (Med.). **Polymenorrhö** *die;* -, -en u. **Polymenorrhöe** [...'rø:] *die;* -, -en [...'rø:ən] ⟨zu ↑poly...⟩: zu häufige, nach zu kurzen Abständen eintretende Regelblutung (Med.). **polymer** ⟨aus gleichbed. *gr.* polymerḗs⟩: 1. vielteilig, vielzählig. 2. aus größeren Molekülen bestehend, die durch Verknüpfung kleinerer entstanden sind (Chem.); Ggs. ↑monomer. **Polymer** *das;* -s, -e u. **Polymere** *das;* -n, -n (meist Plur.): Verbindung aus Riesenmolekülen (Chem.). **Polymerase** *die;* -, -n (meist Plur.) ⟨zu ↑...ase⟩: Enzym, das die Biosynthese der Nukleinsäuren steuert. **Polymere** vgl. Polymer. **Polymerie** *die;* -, ...ien ⟨aus *gr.* polyméreia „das Vielteilige"⟩: 1. das Zusammenwirken mehrerer gleichartiger Erbfaktoren bei der Ausbildung eines erblichen Merkmals (Biol.). 2. das Untereinanderverbundensein vieler gleicher u. gleichartiger Moleküle in einer chem. Verbindung. **Polymerisat** *das;* -[e]s, -e (meist Plur.) ⟨aus gleichbed. *nlat.* polymerisatus; vgl. polymerisieren u. ...at (2)⟩: durch Polymerisation entstandener neuer Stoff (Chem.). **Polymerisation** *die;* -, -en ⟨zu ↑polymer u. ↑...isation⟩: auf Polymerie (2) beruhendes chem. Verfahren zur Herstellung von Kunststoffen, wobei langkettige Moleküle entstehen. **polymerisieren** ⟨zu ↑...isieren⟩: den Prozeß der Polymerisation bewirken; einfache Moleküle zu größeren Molekülen vereinigen (Chem.). **polymetamorph** ⟨zu ↑poly...⟩: Gesteine u. Gegenden betreffend, die mehrmals ↑metamorph verändert wurden (Geol.). **Polymeter** *das;* -s, - ⟨zu ↑¹...meter⟩: vorwiegend in der ↑Klimatologie verwendetes, aus einer Kombination von ↑Hygrometer u. ↑Thermometer bestehendes Vielzweckmeßgerät (Meteor.). **Polymetrie** *die;* -, ...ien ⟨aus gleichbed. *gr.* polymetría⟩: 1. Anwendung verschiedener ↑Metren (1) in einem Gedicht. 2. svw. Polymetrik. **Polymetrik** *die; -* ⟨zu ↑poly...⟩: a) gleichzeitiges Auftreten verschiedener Taktarten in mehrstimmiger Musik; b) häufiger Taktwechsel innerhalb eines Tonstückes (Mus.). **Polymolekularität** *die; -* ⟨zu ↑molekular u. ↑...ität⟩: das Auftreten verschieden großer Moleküle in einem Stoff. **polymorph** ⟨aus gleichbed. *gr.* polýmorphos, vgl. ...morph⟩: viel-, verschiedengestaltig (bes. Mineral., Biol.). **Polymorphie** *die; -* ⟨aus gleichbed. *gr.* polymorphía⟩: 1. Vielgestaltigkeit, Verschiedengestaltigkeit. 2. a) das Vorkommen mancher Mineralien in verschiedener Form, mit verschiedenen Eigenschaften, aber mit gleicher chem. Zusammensetzung (Mineral.); b) das Auftreten verschiedener Zustandsformen bei chem. Verbindungen (Chem.). 3. a) Vielgestaltigkeit der Blätter od. der Blüte einer Pflanze; vgl. Heterophyllie, Heterostylie; b) die Aufeinanderfolge mehrerer verschieden gestalteter ungeschlechtlicher Generationen bei Algen u. Pilzen (Bot.). 4. a) Vielgestaltigkeit in Tierstöcken u. Tierstaaten; b) jahreszeitlich bedingte Vielgestaltigkeit der Zeichnungsmuster bei Schmetterlingen (Zool.). 5. das Vorhandensein mehrerer sprachlicher Formen für den gleichen Inhalt, die gleiche Funktion (z. B. die verschiedenartigen Pluralbildungen in: die Wies*en*, die Feld*er*, die Schaf*e*; Sprachw.). **Polymorphismus** *der; -* ⟨zu ↑...ismus (2)⟩: svw. Polymorphie (1–4). **Polyneuritis** *die;* -, ...itiden ⟨zu ↑poly...⟩: auf größere Abschnitte des ↑peripheren Nervensystems ausgedehnte Entzündung (Med.). **Polyneuropathie** *die;* -, ...ien: nichtentzündliche Erkrankung mehrerer ↑peripherer Nerven (Med.)
Polynja *die;* -, -s ⟨aus gleichbed. *russ.* polyn'ja⟩: Bez. für eine bis mehrere tausend Quadratkilometer große offene Wasserfläche in den eisbedeckten Polarmeeren
Polynom *das;* -s, -e ⟨zu ↑poly... u. ↑³...nom⟩: aus mehr als zwei Gliedern bestehender, durch Plus- od. Minuszeichen verbundener mathematischer Ausdruck. **polynomisch**: a) das Polynom betreffend; b) vielgliedrig (Math.). **polynukleär**: vielkernig (z. B. von Zellen; Biol., Med.). **Polyopie** *die;* -, ...ien ⟨zu ↑...opie⟩: Sehstörung, bei der ein Gegenstand mehrfach gesehen wird; das Vielfachsehen (Med.). **polyostisch** ⟨zu *gr.* ostéon „Knochen"⟩: viele Knochen befallend (von Krankheiten; Med.). **polyözisch** ⟨zu *gr.* oĩkos „Haus"⟩: mehrhäusig (von Pflanzenarten, die sowohl zwittrige als auch eingeschlechtige Blüten hervorbringen, z. B. Esche, Silberwurz; Bot.). **Polyp** *der;* -en, -en ⟨über gleichbed. *lat.* polypus aus *gr.* polýpous, eigtl. „vielfüßig", zu polýs „viel" u. poús „Fuß", Bed. 4 umgebildet aus gaunersprachlichem polipee „Polizei", da die Fangarme des Tieres scherzhaft mit den sog. „Fangarmen" der Polizei verglichen werden): 1. festsitzendes, durch Knospung stockbildendes Nesseltier; vgl. Meduse. 2. (veraltet, noch ugs.) Tintenfisch, bes. ↑Krake. 3. (meist Plur.) gutartige, oft gestielte Geschwulst der Schleimhäute (Med.). 4. (salopp) Polizist, Polizeibeamter. **Polypädie** *die; -* ⟨aus gleichbed. *gr.* polypaidía⟩: (veraltet) Kinderreichtum. **Polypektomie** *die;* -, ...ien ⟨zu ↑Polyp u. ↑...ektomie⟩: operative Entfernung von Polypen (3; Med.). **Polypeptid** *das;* -[e]s, -e ⟨zu ↑poly...⟩: aus verschiedenen Aminosäuren aufgebautes Zwischenprodukt beim Ab- od. Aufbau der Eiweißkörper (Biochem.). **polyphag** ⟨aus *gr.* polyphágos „vielessend"⟩: Nahrung verschiedenster Herkunft aufnehmend (Biol.); Ggs. ↑monophag. **Polyphage** *der;* -n, -n (meist Plur.) ⟨aus *lat.* polyphagus ↑zu *gr.* polyphágos, vgl. polyphag⟩: 1. ein Tier, das Nahrung verschiedenster Herkunft aufnimmt; Ggs. ↑Monophage (Zool.). 2. (nur Plur.) Unterordnung der Käfer (Zool.). **Polyphagie** *die;* -, ...ien ⟨aus *gr.* polyphagía „das Vielessen" zu polyphageῖn „viel essen"⟩: 1. krankhaft gesteigerter Appetit, Gefräßigkeit (Med.). 2. Ernährungsweise von Tieren, die die verschiedenartigsten Tiere u. Pflanzen fressen, bzw. von Parasiten, die auf vielen verschiedenen Wirtsorganismen schmarotzen (Biol.). **polyphän** ⟨aus *gr.* polyphanḗs „vielfach erscheinend"⟩: an der Ausbildung mehrerer Merkmale eines Organismus beteiligt (von ↑Genen; Biol.). **Polyphilie** *die; -* ⟨nach *gr.* polyphilía „Besitz vieler Freunde"⟩: (veraltet) Liebe zu vielen. **polyphon** ⟨aus *gr.* polýphōnos „vielstimmig"⟩: 1. die Polyphonie betreffend (Mus.). 2. nach den Gesetzen der Polyphonie komponiert; mehrstimmig (Mus.); Ggs. ↑homophon (1), monodisch; vgl. ...isch/-. **Polyphonie** *die; -* ⟨aus *gr.* polyphōnía „Vieltönigkeit, Vielstimmigkeit" zu polyphōneῖn „viel reden, tönen"⟩:

Mehrstimmigkeit mit selbständigem ↑linearem (3) Verlauf jeder Stimme ohne akkordische Bindung (Mus.); Ggs. ↑Homophonie, Monodie. **Po|ly|pho|ni|ker** *der;* -s, -: Komponist der polyphonen Satzweise. **po|ly|pho|nisch** ⟨aus *gr.* polýphōnos, vgl. polyphon⟩: (veraltet) svw. polyphon; vgl. ...isch/-. **po|ly|pho|tisch** ⟨zu ↑poly... u. *gr.* phōs, Gen. phōtós „Licht"⟩: svw. euphotisch. **Po|ly|phra|sie** *die;* - ⟨zu *gr.* phrásis „das Reden" u. ↑²...ie⟩: krankhafte Geschwätzigkeit (Med.). **po|ly|phy|le|tisch** ⟨zu *gr.* phyletikós „zum Stamm gehörig"⟩: mehrstämmig in bezug auf die Stammesgeschichte; Ggs. ↑monophyletisch. **Po|ly|phy|le|tismus** *der;* - ⟨zu ↑...ismus (2)⟩: svw. Polygenese. **Po|ly|phy|lie** *die;* - ⟨zu ↑poly..., *gr.* phylḗ „Stamm" u. ↑²...ie⟩: Mehrstämmigkeit in bezug auf die Stammesgeschichte. **Po|ly|phyl|lie** *die;* - ⟨zu *gr.* phýllon „Blatt" u. ↑²...ie⟩: Überzähligkeit in der Gliederzahl eines Blattwirbels (Bot.). **Po|ly|phyl|odon|tie** *die;* - ⟨zu *gr.* phýein „hervorbringen, wachsen", odoús, Gen. odóntos „Zahn" u. ↑²...ie⟩: mehrmaliges Zahnen (Biol.). **Po|ly|pio|nie** *die;* -, ...ien ⟨zu *gr.* píōn „fett, feist" u. ↑²...ie⟩: svw. Adipositas. **Po|ly|pi|rie** *die;* - ⟨aus *gr.* polypeiría „Reichtum an Erfahrungen"⟩: (veraltet) Lebensklugheit, Erfahrungsreichtum. **Po|ly|plast** *das;* -[e]s, -e ⟨zu ↑poly...⟩: in der Technik verwendeter Kunststoff, Kunstharz (selten verwendete Sammelbez.). **po|ly|plo|id** ⟨zu *gr.* -plóos „-fach" u. ↑²...id, Analogiebildung zu ↑diploid, haploid⟩: mehr als zwei Chromosomensätze aufweisend (von Zellen, Organismen; Biol.). **Po|ly|ploi|die** [...ploi...] *die;* - ⟨zu ↑²...ie⟩: das Vorhandensein von mehr als zwei Chromosomensätzen; Vervielfachung des Chromosomensatzes (Biol.). **Po|ly|pnoe** *die;* - ⟨aus *gr.* polýpnoia „vieles (heftiges) Wehen, Atmen"⟩: svw. Tachypnoe. **po|ly|pod** ⟨aus *gr.* polýpous „vielfüßig", vgl. Polyp⟩: Insektenlarven bezeichnend, die die volle Zahl an Segmenten u. Extremitätenpaaren besitzen (Zool.). **Po|ly|po|di|um** *das;* -s, ...ien [...iən] ⟨aus gleichbed. *nlat.* polypodium zu *lat.* polypodion, dies aus *gr.* polypódion, Verkleinerungsform von polýpous, vgl. Polyp⟩: Tüpfelfarn, überwiegend in den Tropen heimische, häufig als ↑Epiphyten wachsende Gattung der Farne (Bot.). **po|ly|po|id** ⟨zu ↑Polyp u. ↑...oid⟩: polypenähnlich (z. B. von Schleimhautwucherungen; Med.). **Po|ly|pol** *das;* -s, -e ⟨zu ↑poly... u. *gr.* pōleīn „Handel treiben", Analogiebildung zu ↑Monopol⟩: Marktform, bei der auf der Angebots- od. Nachfrageseite jeweils viele kleine Anbieter bzw. Nachfrager stehen (Wirtsch.). **Po|ly|po|se** *die;* -, -n ⟨zu ↑Polyp u. ↑¹...ose⟩: ausgebreitete Polypenbildung (Med.). **Po|ly|prag|ma|sie** *die;* -, ...ien ⟨zu ↑poly..., *gr.* prāgma „Tat, Handlung" (dies zu prássein „betreiben") u. ↑²...ie⟩: das Ausprobieren vieler Behandlungsmethoden u. Arzneien (Med.). **Po|ly|prag|ma|ti|ker** *der;* -s, - ⟨zu *gr.* pragmatikós „in Geschäften Erfahrener, Geschäftsmann"⟩: (veraltet) Vielgeschäftiger. **po|ly|prag|ma|tisch** ⟨zu *gr.* pragmatikós „geschäftig"⟩: (veraltet) vielgeschäftig. **Po|ly|prag|mo|sy|ne** *die;* - ⟨aus gleichbed. *gr.* polypragmosýnē⟩: (veraltet) Vielgeschäftigkeit. **Po|ly|pto|ton** *das;* -s, ...ta ⟨über gleichbed. *lat.* polyptoton aus *gr.* polýptōton, Neutrum von polýptōtos „mit od. in vielen Fällen"⟩: Wiederholung desselben Wortes in einem Satz in verschiedenen Kasus (z. B. der alte Urstand der Natur kehrt wieder, wo *Mensch* dem *Menschen* gegenübersteht; Rhet.). **Po|ly|pty|chon** *das;* -s, Plur. ...chen u. ...cha ⟨aus gleichbed. *mgr.* polýptychon zu *gr.* polýptychos „faltenreich, vielfach (gefaltet)"⟩: 1. aus mehr als drei Teilen bestehende, zusammenklappbare Schreibtafel des Altertums. 2. Flügelaltar mit mehr als zwei Flügeln; vgl. Diptychon, Triptychon. **Po|ly|re|ak|ti|on** *die;* -, -en ⟨zu ↑poly...⟩: Bildung hochmolekularer Verbindungen (Chem.). **Po|ly|rhyth|mik** *die;* -: das Auftreten verschiedenartiger, aber gleichzeitig ablaufender Rhythmen in einer Komposition (im Jazz bes. in den afroamerik. Formen; Mus.). **Po|ly|rhyth|mi|ker** *der;* -s, -: Komponist polyrhythmischer Tonstücke (Mus.). **po|ly|rhyth|misch**: a) die Polyrhythmik betreffend; b) nach den Gesetzen der Polyrhythmik komponiert (Mus.). **Po|ly|ri|bo|so|men** *die* (Plur.): Komplex von ↑Ribosomen (Genetik). **Po|ly|sac|cha|rid** [...zaxa...] u. **Po|ly|sa|cha|rid** *das;* -[e]s, -e: Vielfachzucker, in seinen Großmolekülen aus zahlreichen Molekülen einfacher Zukker aufgebaut (z. B. Glykogen). **po|ly|sa|prob** ⟨zu ↑Polysaprobie⟩: stark mit organischen Abwässern belastet, mit Polysaprobien durchsetzt (von Gewässern). **Po|ly|sa|pro|bie** [...iə] *die;* -, -n (meist Plur.) ⟨aus gleichbed. *nlat.* polysaprobia zu ↑poly... u. *gr.* saprós „faul, verfault, stinkend"⟩: Organismus, der in faulendem Wasser lebt. **Po|ly|sa|pro|bi|ont** *der;* -en, -en (meist Plur.) ⟨zu ↑...biont⟩: svw. Polysaprobie. **Po|ly|sar|kie** *die;* - ⟨zu ↑poly..., *gr.* sárx, Gen. sarkós „Fleisch" u. ↑²...ie⟩: (veraltet) Adipositas. **Po|ly|säu|ren** *die* (Plur.): Säuren, die aus mehreren Molekülen anorganischer Säuren unter Wasserabspaltung entstehen (Chem.). **po|ly|sem** u. **polysemantisch** ⟨aus *gr.* polýsēmos, polysḗmantos „vieles bezeichnend"⟩: Polysemie besitzend, mehrere Bedeutungen habend (von Wörtern; Sprachw.); Ggs. ↑monosem. **Po|ly|sem** *das;* -s, -e: sprachlicher Ausdruck mit mehreren Bedeutungen (Sprachw.). **po|ly|se|man|tisch** vgl. polysem. **Po|ly|se|mie** *die;* -, ...ien ⟨zu ↑²...ie⟩: das Vorhandensein mehrerer Bedeutungen zu einem Wort (z. B. *Pferd:* 1. Tier. 2. Turngerät. 3. Schachfigur; Sprachw.); Ggs. ↑Monosemie; vgl. Homonymie. **Po|ly|se|ro|si|tis** *die;* -, ...itiden ⟨zu ↑poly...⟩: gleichzeitige Entzündung der serösen Häute mehrerer Körperhöhlen (z. B. Pleuritis, Perikarditis; Med.). **Po|ly|sia|lie** *die;* - ⟨zu *gr.* síalon „Speichel" u. ↑²...ie⟩: krankhaft vermehrter Speichelfluß (Med.); vgl. Ptyalismus. **Po|ly|skle|ro|se** *die;* -, -n: svw. multiple Sklerose. **Po|ly|som** *das;* -s, -en (meist Plur.) ⟨zu *gr.* sōma „Körper"⟩: perlschnurartige Aufreihung mehrerer ↑Ribosomen an einem Strang der Ribonukleinsäure (Biol.). **Po|ly|sper|mie** *die;* -, ...ien ⟨aus *gr.* polyspermía „Überfluß an Samen" zu polýspermos „vielsamig"⟩: 1. Eindringen mehrerer Samenfäden in ein Ei (Biol.); Ggs. ↑Monospermie. 2. svw. Spermatorrhö. **po|ly|sty|lisch** ⟨aus gleichbed. *gr.* polýstylos⟩: (veraltet) vielsäulig, mit vielen Säulen. **Po|ly|sty|lon** *das;* -s, ...la ⟨zu ↑¹...on⟩: (veraltet) Gebäude mit vielen Säulen. **Po|ly|sty|rol** *das;* -s, -e ⟨zu ↑poly...⟩: in zahlreichen Formen gehandelter, vielseitig verwendeter Kunststoff aus polymerisiertem Styrol. **po|ly|syl|la|bisch** ⟨aus *lat.* polysyllabus; vgl. Polysyllabum⟩: mehrsilbig, aus vielen Silben bestehend (von Wörtern; Sprachw.). **Po|ly|syl|la|bum** *das;* -s, ...ba ⟨aus gleichbed. *nlat.* polysyllabum zu *lat.* polysyllabus „vielsilbig", dies zu *gr.* polysýllabos⟩: vielsilbiges Wort (Sprachw.). **Po|ly|syl|lo|gis|mus** *der;* -, ...men ⟨zu ↑poly...⟩: aus vielen ↑Syllogismen zusammengesetzte Schlußkette, bei der der vorangehende Schlußsatz zur ↑Prämisse für den folgenden wird (Philos.). **Po|ly|syn|de|ta:** Plur. von ↑Polysyndeton. **po|ly|syn|de|tisch** ⟨aus *gr.* polysýndetos „vielfach verbunden"⟩: a) das Polysyndeton betreffend; b) durch mehrere Konjunktionen verbunden (Sprachw.). **Po|ly|syn|de|ton** *das;* -s, ...ta ⟨aus gleichbed. *gr.* polysýndeton, eigtl. „das vielfach Verbundene"⟩: Wortod. Satzreihe, deren Glieder durch ↑Konjunktionen (1) miteinander verbunden sind (z. B. *Und* es wallet *und* siedet *und* brauset *und* zischt; Schiller; Sprachw.); vgl. Asyndeton. **Po|ly|syn|the|se** *die;* -, -n 〈zu ↑poly...〉: Zusammenfassung vieler Teile. **po|ly|syn|the|tisch** 〈aus gleichbed. *gr.* polysýnthetos〉: vielfach zusammengesetzt; -e Sprachen: Sprachen, die die Bestandteile des Satzes durch Inkorpotelung zu einem großen Satzwort verschmelzen (Sprachw.); vgl. inkorporierende Sprachen. **Po|ly|syn|the|tis|mus** *der;* - 〈zu ↑...ismus (2)〉: Erscheinung des ↑polysynthetischen Sprachbaus (Sprachw.). **Po|ly|tech|nik** *die;* - 〈zu ↑poly...〉: [Einrichtung zum Zwecke der] Ausbildung in polytechnischen Fähigkeiten. **Po|ly|tech|ni|ker** *der;* -s, -: (veraltet) Student am Polytechnikum. **Po|ly|tech|ni|kum** *das;* -s, Plur. ...ka, auch ...ken: a) (früher) techn. Hochschule, techn. Universität; b) gehobene techn. Lehranstalt; vgl. Technikum. **Po|ly|tech|nisch**: mehrere Zweige der Technik, auch der Wirtschaft o. ä. umfassend. **Po|ly|the|is|mus** *der;* -: Vielgötterei, Verehrung einer Vielzahl persönlich gedachter Götter; vgl. Polydämonismus. **Po|ly|the|ist** *der;* -en, -en: Anhänger des Polytheismus. **po|ly|the|istisch**: den Polytheismus betreffend, zu ihm gehörend, auf ihm beruhend. **Po|ly|the|lie** *die;* -, ...ien 〈zu *gr.* thēlḗ „Mutterbrust; Brustwarze" u. ↑²...ie〉: svw. Polymastie. **Po|ly|to|mie** *die;* - 〈zu *gr.* tomḗ „das Schneiden, Schnitt" u. ↑²...ie〉: Vielfachverzweigung der Sproßspitzen (Bot.). **po|ly|to|nal**: verschiedenen Tonarten angehörende Melodien od. Klangfolgen gleichzeitig aufweisend (Mus.). **Po|ly|to|na|li|tät** *die;* -: Vieltonart; gleichzeitiges Durchführen mehrerer Tonarten in den verschiedenen Stimmen eines Tonstücks (Mus.). **Po|ly|to|nie** *die;* - 〈zu *lat.* tonus „Spannung" u. ↑²...ie〉: das Vorkommen mehrerer bedeutungsunterscheidender Silbentöne in bestimmten Sprachen (z. B. im Chinesischen; Sprachw.). **po|ly|top** 〈zu *gr.* tópos „Platz, Stelle"〉: von vielen Abschnitten [eines Organs] ausgehend, an mehreren Stellen auftretend (von Krankheitserscheinungen; Med.). **po|ly|to|xi|ko|man**: von mehreren Drogen abhängig (Med.). **Po|ly|to|xi|ko|ma|nie** *die;* -: Abhängigkeit von mehreren süchtigmachenden Drogen (Med.). **Po|ly|trau|ma** *das;* -s, Plur. ...men u. -ta: Verletzung von zwei od. mehreren Körperregionen bzw. Organsystemen, wobei jede einzelne Verletzung für sich eine Lebensbedrohung darstellt (Med.). **Po|ly|tri|chie** *die;* -, ...ien 〈zu *gr.* thríx, Gen. trichós „Haar" u. ↑²...ie〉: abnorm starke Körperbehaarung (Med.). **po|ly|trop** 〈zu ↑...trop〉: sehr anpassungsfähig (von Organismen; Biol.). **Po|ly|tro|pe** *die;* -, -n 〈zu *gr.* tropḗ „Wendung"〉: Kurve, die Zustandsänderungen eines Gases unter Temperaturänderung u. teilweisem Wärmeaustausch mit der Umgebung beschreibt (Phys.). **Po|ly|tro|pis|mus** *der;* -: große Anpassungsfähigkeit bestimmter Organismen (Biol.). **Po|ly|ty|pe** *die;* -, -n: Drucktype mit mehreren Buchstaben. **Po|ly|ure|than** *das;* -s, -e (meist Plur.): Kunststoff aus einer Gruppe wichtiger, vielseitig verwendbarer Kunststoffe. **Po|ly|urie** *die;* -, ...ien 〈zu ↑...urie〉: krankhafte Vermehrung der Harnmenge (Med.). **po|ly|va|lent** [...v...] 〈zu *lat.* valens, Gen. valentis „kräftig; wirksam", dies zu valere „stark sein, wirken"〉: in mehrfacher Beziehung wirksam, gegen verschiedene Erreger od. Giftstoffe gerichtet (z. B. von Seren; Med.). **Po|ly|va|lenz** *die;* -: Wirksamkeit eines ↑Serums gegen verschiedene Krankheitserreger od. Giftstoffe (Med.). **Po|ly|vi|nyl|acetat** [...v...atse...] *das;* -s, -e (meist Plur.): durch ↑Polymerisation von Vinylacetat gewonnener, vielseitig verwendbarer Kunststoff. **Po|ly|vi|nyl|al|ko|hol** *der;* -s, -e: durch ↑Hydrolyse der Estergruppen aus Polyvinylacetat gewonnener löslicher Kunststoff (für Klebstoffe, Appreturen usw.; Chem.). **Po|ly|vi|nyl|äther** *der;* -s, -: durch Anlagerung von Alkoholen an ↑Äthylen u. ↑Polymerisation unter Druck hergestellter öl-, harz- od. gummiartiger Kunststoff zur Herstellung von Klebstoffen, Klebebändern u. a. (Chem.). **Po|ly|vi|nyl|chlo|rid** [...klo...] *das;* -[e]s, -e: durch ↑Polymerisation von Vinylchlorid hergestellter Kunststoff, der durch Zusatz von Weichmachern biegsam gemacht u. hauptsächlich für Fußbodenbeläge, Folien usw. verwendet wird; Abk.: PVC. **Po|ly|vi|si|on** [...v...] *die;* -: svw. Multivision. **Po|ly|xen** *der;* -s, -e 〈zu *gr.* polýxenos „gastfrei, von vielen Freunden besucht"〉: Platin, das als gediegenes Mineral mit vielen Beimengungen vorkommt. **po|ly|zentrisch** 〈zu ↑poly...〉: zu mehreren Zentren gehörend, von ihnen ausgehend. **Po|ly|zen|tris|mus** *der;* -: 1. Herrschaftsform, in der die ideologische Vorherrschaft nicht mehr nur von einer Stelle (z. B. einer Partei) ausgeübt wird, sondern von mehreren Machtzentren ausgeht (Pol.). 2. städtebauliche Anlage einer Stadt mit nicht nur einem Mittelpunkt, sondern mehreren Zentren. **po|ly|zy|klisch** [auch ...'tsyk...], chem. fachspr. polycyclisch [...'tsy:k..., auch ...'tsyk...]: aus mehreren Benzolringen zusammengesetzt (Chem.). **Po|ly|zyt|hä|mie** *die;* -, ...ien 〈zu ↑zyto... u. ↑...ämie〉: Rotblütigkeit; Erkrankung durch starke Vermehrung vor allem der ↑Erythrozyten, auch der ↑Leukozyten u. der ↑Thrombozyten (Med.).

po|ma|de 〈wohl aus dem Slaw. (vgl. *poln.* pomału, *tschech.* pomalu), beeinflußt von ↑Pomade〉: (landsch. veraltend) langsam, träge; gemächlich, in aller Ruhe; jmdm. - sein: jmdm. gleichgültig sein

Po|ma|de *die;* -, -n 〈aus gleichbed. *fr.* pommade, dies aus *it.* pomata zu pomo „Apfel", dies aus *lat.* pomum, Plur. poma „Baumfrucht"; wahrscheinlich wurde urspr. ein Hauptbestandteil aus einer bestimmten Apfelsorte gewonnen〉: (veraltet) parfümierte salbenähnliche Substanz zur Haarpflege. **¹po|ma|dig** 〈zu ↑Pomade〉: mit Pomade eingerieben

²po|ma|dig 〈zu ↑pomade〉: (ugs.) a) langsam, träge; b) blasiert, anmaßend, dünkelhaft

po|ma|di|sie|ren 〈zu ↑Pomade u. ↑...isieren〉: mit Pomade einreiben

Po|ma|ken *die* (Plur.) 〈aus gleichbed. *bulgar.* pomaki〉: zum ↑Islam bekehrte Bulgaren u. ihre Nachkommen, die die bulgar. Sprache beibehalten haben

Po|man|der *der;* -s, - 〈über *mittelfr.* pome d'ambre aus *mlat.* pomum de ambra, eigtl. „Apfel, Kugel aus Ambra"〉: kleines, mit Löchern versehenes kugliges Gefäß, das mit duftenden Kräutern o. ä. gefüllt in Kleider- od. Wäscheschränke gehängt wird

Pom|be *die;* - 〈aus dem Suaheli, einer afrik. Sprache〉: angenehm bitter schmeckendes afrik. Bier aus gemalzter Hirse

Po|me|ran|ze *die;* -, -n 〈über gleichbed. *mlat.* pomarancia u. älter *it.* pomarancia zu *it.* pomo „Apfel" (dies aus *lat.* pomum, vgl. Pomade) u. arancia „Orange, Apfelsine" (dies aus *pers.* nāranǧ „goldene Orange"; vgl. Orange)〉: Apfelsine einer bitteren Art, aus deren Schalen ↑Orangeat hergestellt wird, deren Blätter in der Heilkunde u. deren Blüten in der Parfümerie verwendet werden

Po|me|ri|um *das;* -s 〈aus *lat.* pomerium „Stadtanger"〉: außerhalb u. innerhalb der Stadtmauer markierte sakrale Stadtgrenze im antiken Rom

Po|me|schtschik *der;* -s, Plur. -s od. -i 〈aus gleichbed. *russ.* pomeščik〉: Besitzer eines Pomestje. **Po|me|stje** *das;* - 〈aus gleichbed. *russ.* pomeste zu po mestu „auf dem Platz"〉: [urspr. nicht erbliches] Land-, Lehngut im zarist. Rußland

Pom|mes *die* (Plur.) 〈nach *fr.* pommes de terre „Kartoffeln", eigtl. „Erdäpfel", zu pomme „Apfel" u. terre „Erde"〉: (ugs.) Kurzform von ↑Pommes frites. **Pommes**

chips [pɔm'tʃɪps] *die* (Plur.) ⟨aus gleichbed. *fr.* pommes chips, zu *engl.* chips (Plur.) „kleine Stücke", vgl. Chip⟩: roh in Fett gebackene Kartoffelscheibchen. **Pommes croquettes** [...krɔ'kɛt] *die* (Plur.) ⟨aus gleichbed. *fr.* pommes croquettes, zu ↑Krokette⟩: in Fett gebackene Klößchen aus Kartoffelbrei (Gastr.); vgl. Krokette. **Pommes Dauphine** [...do'fin] *die* (Plur.) ⟨aus gleichbed. *fr.* pommes Dauphine, zu ↑Dauphine⟩: eine Art Kartoffelkroketten. **Pommes frites** [...'frɪt] *die* (Plur.) ⟨aus gleichbed. *fr.* pommes frites, zu frit, Part. Perf. von frire „braten, bakken", vgl. fritieren⟩: roh in Fett gebackene Kartoffelstäbchen. **Pommes malcaire** [...ma'kɛːʀ] *die* (Plur.) ⟨aus gleichbed. *fr.* pommes macaire⟩: kurz in Fett gebackene Klößchen aus Kartoffelbrei mit bestimmten Zutaten
Po|mo|lo|ge *der;* -n, -n ⟨zu *lat.* pomum „Baumfrucht" u. ↑...loge⟩: Fachmann auf dem Gebiet der Pomologie. **Po|mo|lo|gie** *die;* - ⟨zu ↑...logie⟩: den Obstbau umfassendes Teilgebiet der Botanik. **po|mo|lo|gisch** ⟨zu ↑...logisch⟩: die Pomologie, den Obstbau betreffend
Pomp *der;* -[e]s ⟨aus gleichbed. *fr.* pompe, dies über *lat.* pompa aus *gr.* pompḗ „festlicher Aufzug", eigtl. „Sendung, Geleit"⟩: [übertriebener] Prunk, Schaugepränge; glanzvoller Aufzug, großartiges Auftreten
Pom|pa|dour [...duːʀ] *der;* -s, Plur. -e u. -s ⟨nach der Marquise de Pompadour, der franz. Adligen, Mätresse Ludwigs XV., 1721-1764⟩: (veraltet) beutelartige Damenhandtasche aus weichem Leder, bes. für Handarbeiten
Pom|pon [põ'põ, auch pɔm'põ] *der;* -s, -s ⟨aus gleichbed. *fr.* pompon, eigtl. „Zierat"⟩: knäuelartige Quaste aus Wolle od. Seide. **pom|po|nie|ren** [pɔmpo'niː...] ⟨aus gleichbed. *fr.* pomponner⟩: (veraltet) mit Quasten versehen
pom|pös ⟨aus gleichbed. *fr.* pompeux, dies aus *spätlat.* pomposus zu *lat.* pompa, vgl. Pomp⟩: [übertrieben] prunkhaft, prächtig. **pom|po|so** ⟨*it.;* vgl. pompös⟩: feierlich, prächtig (Vortragsanweisung; Mus.)
Pom|tan *die* (Plur.) ⟨aus einer afrik. Eingeborenensprache⟩: kleine, den ↑Nomoli ähnelnde Specksteinfiguren in Westafrika, die bis in die jüngere Vergangenheit hergestellt wurden
Po|mu|chel *der;* -s, - ⟨Herkunft unsicher; vielleicht über das Lit. aus dem Slaw.; vgl. *lit.* pomúkolis, *poln. mdal.* pomuchla⟩: (landsch.) Dorsch. **Po|mu|chels|kopp** *der;* -s, ...köppe: (landsch. abwertend) dummer Mensch, Dummkopf, Trottel
Pön *die;* -, -en ⟨aus *lat.* poena „Strafe" zu *gr.* poinḗ „(Strafe als) Sühne für eine Bluttat"⟩: (veraltet) Strafe, Buße (Rechtsw.). **pö|nal** ⟨aus *lat.* poenalis „zur Strafe gehörig"⟩: die Strafe, das Strafrecht betreffend (Rechtsw.). **Pö|na|le** *das;* -s, Plur. ...lien [...jən] u. - ⟨aus *spätlat.* poenale, substantiviertes Neutrum von *lat.* poenalis, vgl. pönal⟩: (österr., sonst veraltet) 1. Strafe, Buße. 2. Strafgebühr, Strafgeld. **pö|na|li|sie|ren** ⟨zu ↑...isieren⟩: 1. unter Strafe stellen, bestrafen. 2. einem Pferd eine Pönalität auferlegen. **Pö|na|li|sie|rung** *die;* -, -en ⟨zu ↑...isierung⟩: 1. das Pönalisieren (1). 2. das Pönalisieren (2). **Pö|na|li|tät** *die;* -, -en ⟨aus *mlat.* poenalitas, Gen. poenalitatis „Bestrafung"⟩: Beschwerung leistungsstärkerer Pferde zum Ausgleich der Wettbewerbschancen bei Galopp- od. Trabrennen (Sport). **Pö|nal|ko|dex** *der;* Gen. -es u. -, Plur. -e u. ...dizes [...tseːs] ⟨zu ↑pönal⟩: (veraltet) Strafgesetzbuch
pon|ceau [põ'soː] ⟨*fr.;* eigtl. „Klatschmohn"⟩: leuchtend orangerot. **Pon|ceau** *das;* -s: leuchtendes Orangerot
Pon|cette [põ'sɛt] *die;* -, -n [...tn̩] ⟨aus gleichbed. *fr.* poncette, Verkleinerungsform von ponce „Bimsstein", dies über *vulgärlat.* *pomice aus gleichbed. *lat.* pumice, Ablativ von pumex⟩: Kohlenstaubbeutel zum Durchpausen perforierter Zeichnungen
Pon|cho ['pɔntʃo] *der;* -s, -s ⟨über *span.* poncho aus gleichbed. *Arauka* (einer südamerik. Indianersprache) poncho⟩: 1. von den Indianern Mittel- u. Südamerikas getragene Schulterdecke mit Kopfschlitz. 2. ärmelloser, nach unten radförmig ausfallender, mantelartiger Umhang, bes. für Frauen
pon|cie|ren [põˈsiː...] ⟨aus gleichbed. *fr.* poncer zu ponce, vgl. Poncette⟩: 1. mit Bimsstein abreiben, schleifen. 2. mit der ↑Poncette durchpausen
Pond *das;* -s, - ⟨aus *lat.* pondus, Gen. ponderis „Gewicht" zu pendere „(ab)wägen"⟩: ältere Maßeinheit der Kraft (Phys.); Zeichen p. **pon|de|ra|bel** ⟨aus gleichbed. *spätlat.* ponderabilis, vgl. Pond⟩: (veraltet) wägbar. **Pon|de|ra|bi|li|en** [...jən] *die* (Plur.) ⟨aus *spätlat.* ponderabilia, Neutrum Plur. von ponderabilis, vgl. ponderabel⟩: kalkulierbare, faßbare, wägbare Dinge; Ggs. ↑Imponderabilien. **Pon|de|ra|ti|on** *die;* -, -en ⟨aus *lat.* ponderatio „das (Ab)wägen" zu ponderare, vgl. ponderieren⟩: gleichmäßige Verteilung des Gewichts der Körpermassen auf die stützenden Gliedmaßen (Bildhauerei). **pon|de|rie|ren** ⟨aus *lat.* ponderare „(ab)wägen, wiegen"⟩: das Schwergewicht u. die Bewegungshaltung einer ↑Statue harmonisch verteilen. **pon|de|rös** ⟨aus gleichbed. *lat.* ponderosus⟩: (veraltet) schwer, gewichtig. **Pon|de|ro|si|tät** *die;* - ⟨zu ↑...ität⟩: (veraltet) Schwere, Gewichtigkeit
Pon|gé [põ'ʒeː] *der;* -[s], -s ⟨aus gleichbed. *fr.* pongé(e), dies über *engl.* pongee vermutlich aus dem Chin.⟩: 1. leichtes, glattes Gewebe aus Naturseide. 2. feiner Seidenfaden einer chines. Schmetterlingsart
po|nie|ren ⟨zu *lat.* ponere „setzen, niederlegen"⟩: (veraltet) 1. bewirten, spendieren, zahlen. 2. als gegeben annehmen, den Fall setzen
Pö|ni|tent *der;* -en, -en ⟨aus gleichbed. *mlat.* poenitens, Gen. poenitentis zu *lat.* poena, vgl. Pön⟩: Büßender; Beichtender (kath. Kirche). **pö|ni|ten|ti|al** ⟨aus *mlat.* poenitentialis, dies aus *lat.* paenitentialis; vgl. Pönitent⟩: (veraltet) die Buße betreffend, als Buße dienend. **Pö|ni|ten|tia|le** *das;* -s, ...lien [...jən] ⟨aus gleichbed. *mlat.* poenitentiale⟩: (veraltet) Bußordnung, Buch mit Anweisungen über Beichte u. Bußübungen (Rel.). **Pö|ni|ten|ti|ar** *der;* -s, -e ⟨aus gleichbed. *mlat.* poenitentiarius⟩: Beichtvater, bes. der Bevollmächtigte des Bischofs für die ↑Absolution in ↑Reservatfällen. **Pö|ni|ten|tia|rie** *die;* - ⟨zu ↑²...ie⟩: päpstliche Behörde für Ablaßfragen. **Pö|ni|tenz** *die;* -, -en ⟨aus gleichbed. *mlat.* poenitentia⟩: [kirchliche] Buße, Bußübung. **Pö|no|lo|ge** *der;* -n, -n ⟨zu *lat.* poena „Strafe" u. ↑...loge⟩: Psychologe, der sich bes. mit der Pönologie befaßt. **Pö|no|lo|gie** *die;* - ⟨zu ↑...logie⟩: Erforschung der seelischen Wirkung der Strafe, bes. der Freiheitsstrafe (Psychol.)
Po|nor *der;* -s, Ponore ⟨aus *serbokroat.* ponor „Abgrund"⟩: Schluckloch in Karstgebieten, in dem Flüsse u. Seen versickern (Geogr.)
¹Pons *der;* -es, -e ⟨verkürzt aus *mlat.* pons asinorum „Eselsbrücke"⟩: (landsch. Schülerspr.) gedruckte Übersetzung eines altsprachlichen Textes, die bes. bei Klassenarbeiten heimlich benutzt wird. **²Pons** *der;* -, Pontes [...teːs] ⟨aus *lat.* pons „Brücke"⟩: an der Hirnbasis liegender Hirnabschnitt als Verbindung zwischen Groß- u. Kleinhirn (Med.). **pon|sen** ⟨zu ↑¹Pons⟩: (landsch. Schülerspr.) einen ¹Pons benutzen
Pont *das;* -s ⟨nach *lat.* Pontus Euxinus (*gr.* Póntos eúxeinos, eigtl. „gastliches Meer"), dem antiken Namen des Schwarzen Meers⟩: älteste Stufe des ↑Pliozäns (Geol.)

Pon|te *die;* -, -n ⟨unter Einfluß von *fr.* pont „Brücke" aus gleichbed. *lat.* pons, Gen. pontis⟩: (landsch.) breite Fähre
Pon|te|de|rie [...i̯ə] *die;* -, -n ⟨aus gleichbed. *nlat.* pontederia, nach dem ital. Botaniker G. Pontedera, †1757⟩: Hechtkraut, Gattung nordamerik. Wasserpflanzen
Pon|ti|cel|lo [...'tʃɛlo] *der;* -s, Plur. -s u. ...lli ⟨aus gleichbed. *it.* ponticello, eigtl. „Brückchen", Verkleinerungsform von ponte „Brücke", dies aus *lat.* pons, Gen. pontis⟩: Steg bei Geigeninstrumenten; vgl. sul ponticello
Pon|ti|en [põ'tjɛ̃:] *das;* -[s] ⟨*fr.*⟩: svw. Pont
Pon|ti|fex *der;* -, ...tifizes [...tse:s] ⟨aus gleichbed. *lat.* pontifex, eigtl. „Brückenmacher", zu pons „Brücke" und facere „machen"⟩: Oberpriester im alten Rom. **Pon|ti|fex ma|xi|mus** *der;* -, ...ifices [...tse:s] ...mi ⟨aus gleichbed. *lat.* pontifex maximus⟩: 1. oberster Priester im alten Rom. 2. (ohne Plur.) Titel der röm. Kaiser. 3. (ohne Plur.) Titel des Papstes. **Pon|ti|fi|ca|le Ro|ma|num** [...'ka:lə –] *das;* - - ⟨*mlat.;* vgl. Pontifikale⟩: amtliches kath. Formelbuch für die Amtshandlungen des Bischofs außerhalb der Messe. **pon|ti|fi|kal** ⟨aus *lat.* pontificalis „oberpriesterlich"⟩: bischöflich; vgl. in pontificalibus. **Pon|ti|fi|kal|amt** *das;* -[e]s, ...ämter (vom Bischof (od. einem Prälaten) gehaltene feierliche Messe. **Pon|ti|fi|kal|le** *das;* -[s], ...lien [...i̯ən] ⟨aus gleichbed. *mlat.* pontificale⟩: liturgisches Buch für die bischöflichen Amtshandlungen; vgl. Pontificale Romanum. **Pon|ti|fi|ka|li|en** [...i̯ən] *die* (Plur.) ⟨aus *mlat.* pontificalia, Neutrum Plur. von *lat.* pontificalis, vgl. pontifikal⟩: 1. liturgische Gewänder u. Abzeichen des kath. Bischofs. 2. Amtshandlungen des Bischofs, bei denen er seine Abzeichen trägt. **Pon|ti|fi|kal|mes|se** *die;* -, -n ⟨zu ↑²Messe⟩: svw. Pontifikalamt. **Pon|ti|fi|kat** *das* od. *der;* -[e]s, -e ⟨aus *lat.* pontificatus „Amt und Würde eines Oberpriesters"⟩: Amtsdauer u. Würde des Papstes od. eines Bischofs. **Pon|ti|fi|zes** [...tse:s]: Plur. von ↑Pontifex. **pon|tin** ⟨aus gleichbed. *nlat.* pontinus⟩: zum ²Pons gehörend (Med.)
pon|tisch ⟨zu ↑Pont; Bed. 2 nach dem ehemaligen Hauptverbreitungsgebiet⟩: 1. das ↑Pont betreffend (Geol.). 2. steppenhaft (Geogr.)
Pon|ti|us ⟨nach dem Namen des röm. Statthalters Pontius Pilatus († 39 n. Chr.) im damaligen Palästina⟩; in der Fügung von - zu Pilatus: (in bezug auf eine Angelegenheit) von einer Stelle zur andern, immer wieder woandershin (um an die richtige Stelle, die etwas entscheiden kann o. ä., zu gelangen), z. B. ich bin von - zu Pilatus geschickt worden, als ich eine Genehmigung dafür haben wollte
Pon|tok *das;* -s, -s ⟨aus *afrikaans* pontok⟩: bienenkorbartige Rundhütte der Hottentotten u. Kaffern
Pon|ton [põ'tõ:, auch pɔn'tõ:, 'pɔntɔŋ, pɔn'toːn] *der;* -s, -s ⟨aus gleichbed. *fr.* ponton, dies aus *lat.* ponto zu pons „Brücke"⟩: einem breiten, flachen Kahn ähnlicher, schwimmender Hohlkörper zum Bau von Behelfsbrücken (Seew., Mil.). **Pon|to|nier** [pɔntɔ'niːɐ̯] *der;* -s, -e ⟨aus gleichbed. *fr.* pontonnier⟩: (schweiz.) Brückenbaupionier, Soldat einer Spezialtruppe für das Übersetzen über Flüsse u. Seen u. für den Bau von Behelfsbrücken
¹Po|ny ['pɔni] *das;* -s, -s ⟨aus gleichbed. *engl.* pony⟩: zwerg- u. kleinwüchsiges Pferd. **²Po|ny** *die;* -, -s ⟨zu ↑¹Pony⟩: fransenartig in die Stirn gekämmtes Haar
¹Pool [puːl] *der;* -s, -s ⟨aus *engl.* pool⟩: Kurzform von ↑Swimmingpool
²Pool [puːl] *der;* -s, -s ⟨aus *engl.* pool „gemeinsame Kasse", eigtl. „Wett-, Spieleinsatz", dies aus *fr.* poule, vgl. Poule⟩: 1. Vertrag zwischen verschiedenen Unternehmungen über die Zusammenlegung der Gewinne u. die Gewinnverteilung untereinander (Wirtsch.). 2. Zusammenfassung von Beteiligungen am gleichen Objekt (Wirtsch.). **³Pool** *das;* -s: Kurzform von ↑Poolbillard. **Pool|bil|lard** ['puːlbɪljart] *das;* -s, -e ⟨aus gleichbed. *amerik.* poolbillard, zu ↑²Pool (weil das Spiel urspr. mit Wetteinsatz gespielt wurde)⟩: Billard, bei dem 15 rote u. 6 verschiedenfarbige Bälle mit einem weißen Spielball in ein bestimmtes Loch getrieben werden; Taschenbillard. **poo|len** ['puːlən] ⟨aus gleichbed. *engl.* to pool⟩: 1. Gewinne zusammenlegen u. verteilen (Wirtsch.). 2. Beteiligungen am gleichen Objekt zusammenfassen (Wirtsch.). 3. (fachspr.) verschiedene Chargen (6) miteinander mischen. **Poo|lung** ['puː...] *die;* -, -en: svw. ²Pool
Poop [puːp] *die;* -, -s ⟨aus gleichbed. *engl.* poop, dies über *mittelfr.* poupe aus *lat.* puppis⟩: (Seemannsspr.) Hütte, hinterer Aufbau bei einem Handelsschiff
Pop *der;* -[s] ⟨Kurzform von *engl.-amerik.* pop art zu pop, gekürzt aus popular „volkstümlich" (wohl mit gleichzeitiger Anlehnung an *engl.* pop „Knall") u. art „Kunst"⟩: 1. zusammenfassende Kurzform für Popkunst, -musik, -literatur. 2. svw. Popmusik. 3. (ugs.) poppige Art, poppiger Einschlag. **pop...,** ⟨aus gleichbed. *engl.-amerik.* pop, vgl. Pop⟩: Wortbildungselement mit der Bedeutung „von der Pop-art beeinflußt, modern u. auffallend", z. B. Popfestival, Popfan
Po|panz *der;* -es, -e ⟨Herkunft unsicher⟩: 1. Schreckgestalt, Vogelscheuche. 2. (abwertend) willenloses Geschöpf; unselbständiger, von anderen abhängiger Mensch
Pop-art ['pɔpla:ɐ̯t] *die;* - ⟨aus gleichbed. *engl.-amerik.* pop art, eigtl. „populäre Kunst"; vgl. Pop⟩: um die Mitte des 20. Jh.s aufgekommene Kunstrichtung, die einen neuen Realismus propagiert u. Dinge des alltäglichen Lebens in bewußter Hinwendung zum Populären darstellt, als darstellens- u. ausstellungswert erachtet, um die Kunst aus ihrer Isolation herauszuführen u. mit der modernen Lebenswirklichkeit zu verbinden; vgl. Op-art
Pop|corn [...kɔrn] *das;* -s ⟨aus gleichbed. *engl.-amerik.* popcorn zu *engl.* pop „Knall" u. corn „Mais"⟩: Puffmais, Röstmais
Po|pe *der;* -n, -n ⟨aus gleichbed. *russ.* pop; vgl. ²Papa⟩: [Welt]priester im slaw. Sprachraum der orthodoxen Kirche; vgl. Papas
Po|pe|lin [auch pɔ'pliːn] *der;* -s, -e ⟨zu ↑Popeline⟩: (österr., sonst veraltet) svw. Popeline. **Po|pe|line** [...'liːn] *der;* -s, - [...'liːnə] u. *die;* -, - [...'liːnə] ⟨aus gleichbed. *fr.* popeline, weitere Herkunft unsicher⟩: feinerer, ripsartiger Stoff in Leinenbindung (eine Webart)
Pop|fan [...fɛn] *der;* -s, -s ⟨zu ↑pop... u. ↑Fan⟩: Fan, Anhänger des Pop, bes. der Popmusik. **Pop|far|be** *die;* -, -n: modische, auffallende Farbe, Farbzusammenstellung. **Pop|gym|na|stik** *die;* -: rhythmische Gymnastik nach [Pop]musik. **Pop|kon|zert** *das;* -[e]s, -e: Konzert, bei dem Popmusik gespielt wird. **Pop|li|te|ra|tur** *die;* -: Techniken u. Elemente der Trivialliteratur benutzende Richtung der modernen Literatur, die provozierend exzentrische, obszöne, unsinnige od. primitive, bes. auch der Konsumwelt entnommene Inhalte bevorzugt. **Pop|mu|sik** *die;* -: von ↑Beat u. ↑Rockmusik beeinflußte populäre [Unterhaltungs]musik. **pop|pen** ⟨zu ↑Pop⟩: (ugs.) hervorragend u. effektvoll, wirkungsvoll od. beeindruckend sein; z. B. die Sache poppt. **¹Pop|per** *der;* -s, - ⟨zu ↑Pop⟩: Jugendlicher, der sich durch gepflegtes Äußeres u. modische Kleidung bewußt [von einem Punk (2)] abheben will
²Pop|per *der;* -s, -s ⟨aus gleichbed. *engl.* (ugs.) popper, eigtl. „etw., das knallt wie eine Schußwaffe", zu to pop „knallen, platzen"⟩: Fläschchen, Hülse mit Poppers. **Pop|pers** *das;* - ⟨aus *engl.* (ugs.) poppers zu to pop „(regelmäßig) Drogen

nehmen", eigtl. „knallen, platzen"): (Jargon) ein Rauschmittel, dessen Dämpfe eingeatmet werden
pop|pig ⟨zu ↑Pop⟩: [Stil]elemente der Pop-art enthaltend, modern-auffallend. **Pop|star** *der;* -s, -s ⟨zu ↑pop...⟩: erfolgreicher Künstler auf dem Gebiet der Popmusik. **Pop|szene** *die;* -, -n ⟨zu ↑...szene⟩: Szene (6), [künstlerisches] Milieu, in dem Anhänger des Pop, bes. der Popmusik, verkehren. **Po|pu|lar** *der;* -s, Plur. -en u. -es [...reːs] (meist Plur.) ⟨aus gleichbed. *lat.* popularis, eigtl. „Landsmann"⟩: Mitglied der altröm. Volkspartei, die in Opposition zu den ↑Optimaten stand. **po|pu|lär** ⟨aus gleichbed. *fr.* populaire, dies aus *lat.* popularis „zum Volk gehörend" zu populus „Volk"; vgl. ...är⟩: 1. gemeinverständlich, volkstümlich. 2. a) beliebt, allgemein bekannt; b) Anklang, Beifall, Zustimmung findend. **Po|pu|la|ri|sa|tor** *der;* -s, ...oren ⟨zu *lat.* popularis (vgl. populär) u. ↑...ator⟩: jmd., der etwas gemeinverständlich darstellt u. verbreitet, in die Öffentlichkeit bringt. **po|pu|la|ri|sie|ren** ⟨aus gleichbed. *fr.* populariser⟩: 1. gemeinverständlich darstellen. 2. verbreiten, in die Öffentlichkeit bringen. **Po|pu|la|ri|tät** *die;* - ⟨über gleichbed. *fr.* popularité aus *lat.* popularitas, Gen. popularitatis „die Gefälligkeit dem Volk gegenüber, Leutseligkeit"⟩: Volkstümlichkeit, Beliebtheit. **Po|pu|lar|phi|lo|so|phie** *die;* - ⟨zu *lat.* popularis, vgl. populär⟩: die von einer Schriftstellergruppe des 18. Jh.s verbreitete volkstümliche, auf Allgemeinverständlichkeit ausgehende [Aufklärungs]philosophie. **po|pu|lär|wis|sen|schaft|lich** ⟨zu ↑populär⟩: in populärer, gemeinverständlicher Form wissenschaftlich. **Po|pu|la|ti|on** *die;* -, -en ⟨aus gleichbed. *spätlat.* populatio zu *lat.* populus, vgl. populär⟩: 1. (veraltet) Bevölkerung. 2. Gesamtheit der Individuen einer Art od. Rasse in einem engeren Bereich (Biol.). 3. Gruppe von Fixsternen mit bestimmten astrophysikalischen Eigenheiten (Astron.). **Po|pu|la|tio|ni|stik** *die;* - ⟨zu ↑...istik⟩: Bevölkerungslehre, Bevölkerungsstatistik. **Po|pu|lis|mus** *der;* - ⟨zu *lat.* populus „Volk" u. ↑...ismus (1)⟩: 1. von ↑Opportunismus geprägte, volksnahe, oft demagogische Politik mit dem Ziel, durch Dramatisierung der politischen Lage die Gunst der Massen zu gewinnen (Pol.). 2. literarische Richtung des 20. Jh.s mit dem Ziel, das Leben des einfachen Volkes in natürlichem, realistischem Stil für das einfache Volk zu schildern. **Po|pu|list** *der;* -en, -en ⟨zu ↑...ist⟩: Vertreter des Populismus. **po|pu|li|stisch** ⟨zu ↑...istisch⟩: den Populismus betreffend. **Po|pu|lus Ro|ma|nus** ⟨aus gleichbed. *lat.* populus Romanus⟩: das röm. Volk, Gesamtheit aller altröm. Bürger
Por|fi|do *der;* - ⟨aus *it.* porfido „Porphyr(stein)"; vgl. Porphyr⟩: eine Abart des ↑Porphyrits
Po|ri: Plur. von ↑Porus
Po|rio|ma|nie *die;* -, ...ien ⟨zu *gr.* poreía „Reise, Wanderung" (eigtl. „das Gehen") u. ↑...manie⟩: krankhafter Reise- u. Wandertrieb (Med.)
Po|ris|ma *das;* -s, Plur. ...men u. -ta ⟨aus gleichbed. *gr.* pórisma, eigtl. „das Herbeigeschaffte, Erworbene", zu porízein „zustande bringen, herbeischaffen"⟩: Ableitung aus einem anderen Satz (Logik). **po|ris|ma|tisch**: in der Art eines Porismas, aus einem anderen Satz abgeleitet, gefolgert (Logik). **Po|ri|stik** *die;* - ⟨zu *gr.* poristós „verschafft, erworben" u. ↑²...ik (1)⟩: (veraltet) Lehre von den Schlußfolgerungen. **po|ri|stisch** ⟨aus *gr.* poristikós „verschaffend"⟩: (veraltet) die Poristik betreffend, zu ihr gehörend; durch Schlußfolgerungen erhalten
Pör|kel[t] vgl. Pörkölt. **Pör|költ** u. **Pörkel[t]** *das;* -s ⟨aus gleichbed. *ung.* pörkölt⟩: dem Gulasch ähnliches Fleischgericht mit Paprika

Por|ko|graph *der;* -en, -en ⟨zu *lat.* porcus „Schwein" u. ↑...graph⟩: (veraltet) jmd., der Zoten verfaßt u. aufschreibt. **Por|ko|gra|phie** *die;* - ⟨zu ↑...graphie⟩: (veraltet) das Verfassen u. Aufschreiben von Zoten
Por|nie *die;* - ⟨aus gleichbed. *gr.* porneía zu pórnē „Hure"; vgl. Pornograph⟩: (veraltet) Hurerei. **Por|no** *der;* -s, -s ⟨verselbständigt aus ↑porno...⟩: (ugs.) Kurzform von Pornofilm, Pornoheft o. ä. **por|no..., Por|no...** ⟨zu ↑pornographisch⟩: Wortbildungselement mit der Bedeutung „pornographisch, obszön", z. B. Pornofilm, Pornoliteratur. **Por|no|film** *der;* -[e]s, -e: pornographischer Film. **Por|no|graph** *der;* -en, -en ⟨aus gleichbed. *fr.* pornographe, dies zu *gr.* pornográphos „von Huren schreibend" zu pórnē „Hure" bzw. pórnos „Hurer" u. ↑...graph⟩: Verfasser pornographischer Werke. **Por|no|gra|phie** *die;* -, ...ien ⟨aus gleichbed. *fr.* pornographie, dies zu *gr.* pornográphos, vgl. Pornograph⟩: a) Darstellung sexueller Akte unter einseitiger Betonung des genitalen Bereichs u. unter Ausklammerung der psychischen u. partnerschaftlichen Gesichtspunkte der Sexualität; b) pornographisches Erzeugnis. **por|no|gra|phisch** ⟨nach *gr.* pornográphos, vgl. Pornograph⟩: auf [die] Pornographie bezüglich, in ihrer Art, ihr eigentümlich. **Por|no|ki|no** *das;* -s, -s ⟨zu ↑porno...⟩: Kino, in dem hauptsächlich Pornofilme vorgeführt werden. **Por|no|la|lie** *die;* - ⟨zu *gr.* laleĩn „schwatzen" u. ↑²...ie⟩: abartige Neigung, zur Steigerung der sexuellen Lust Wörter u. Sätze obszönen bzw. pornographischen Inhalts auszusprechen, insbesondere fremde Personen anonym telefonisch entsprechend zu belästigen. **Por|no|li|te|ra|tur** *die;* -: Literatur mit pornographischem Inhalt. **por|no|phil** ⟨zu ↑...phil⟩: eine Vorliebe für Pornographie habend. **Por|no|shop** [...ʃɔp] *der;* -s, -s: Geschäft, in dem pornographische Erzeugnisse verkauft werden, zum Teil auch Pornofilme vorgeführt werden
po|ro|din ⟨aus gleichbed. *nlat.* porodinus zu *lat.* porus, *gr.* póros „Durchgang; Öffnung" u. ↑...in (2)⟩: glasig, erstarrt (von Gesteinen; Geol.). **Po|ro|ga|mie** *die;* - ⟨zu *lat.* porus (vgl. porodin) u. ↑...gamie (1)⟩: eine Befruchtungsweise bei Blütenpflanzen (Bot.). **Po|ro|kra|nie** *die;* -, ...ien ⟨zu *gr.* kraníon „Schädel" u. ↑²...ie⟩: durch Substanzverlust bedingte Lückenbildung im knöchernen Schädel (Med.). **Po|ro|me|re** *die* (Plur.) ⟨zu *gr.* méros „(An)teil"⟩: poröse, luftdurchlässige Kunststoffe, die in der Schuhindustrie an Stelle von Leder verwendet werden. **po|rös** ⟨aus gleichbed. *fr.* poreux zu pore „Pore", dies aus *lat.* porus, vgl. porodin⟩: durchlässig, porig, löchrig. **Po|ro|si|tät** *die;* - ⟨aus gleichbed. *fr.* porosité; vgl. ...ität⟩: Durchlässigkeit, Porigkeit, Löchrigkeit
Por|phin *das;* -s, -e ⟨zu ↑Porphyr u. ↑...in (1)⟩: Grundsubstanz der Porphyrine. **Por|phyr** [auch pɔrˈfyːɐ̯] *der;* -s, -e ⟨aus gleichbed. älter *it.* porfiro (heute *it.* porfido), eigtl. „der Purpurfarbige", dies über *mlat.* porphyrium aus *lat.* porphyrites, dies aus *gr.* porphyrítēs (líthos) „Porphyr(stein)" zu porphýra „Purpur(schnecke)"⟩: dichtes, feinkörniges Ergußgestein mit eingestreuten Kristalleinsprenglingen. **Por|phy|rie** *die;* -, ...ien ⟨zu ↑²...ie⟩: vermehrte Bildung u. Ausscheidung von Porphyrinen im Urin; Med.). **Por|phy|rin** *das;* -s, -e (meist Plur.) ⟨zu ↑...in (1)⟩: biologisch wichtiges, eisen- od. magnesiumfreies Abbauprodukt der Blut- u. Blattfarbstoffe (Med., Biol.). **porphy|risch**: eine Strukturart aufweisend, bei der große Kristalle in der dichten Grundmasse eingelagert sind (Geol.). **Por|phy|rit** [auch ...ˈrɪt] *der;* -s, -e ⟨zu ↑²...it⟩: ein dunkelgraues, oft auch grünliches od. braunes Ergußgestein mit Einsprenglingen (Geol.). **Por|phy|ro|bla|sten** *die* (Plur.)

⟨zu *gr.* blastós „Sproß, Trieb"⟩: große Kristallneubildungen in dichter Grundmasse (bei ↑metamorphen Gesteinen; Geol.). **por|phy|ro|bla|stisch:** Porphyroblasten betreffend, wie ein Porphyroblast gebildet (Geol.). **Por|phy|ro|id** *der;* -[e]s, -e ⟨zu ↑...oid⟩: ↑dynamometamorph geschieferter Porphyr (Geol.)

Por|ree *der;* -s, -s ⟨über *fr.* (landsch.) por(r)ée „Lauch" aus *altfr.* poree „Lauchgemüse", dies über das Vulgärlat. aus *lat.* porrum, porrus „Lauch"⟩: aus dem Mittelmeergebiet stammender, als Gemüse angebauter Lauch mit dickem, runden Schaft

Por|ridge ['pɔrɪtʃ] *das* u. *der;* -s ⟨aus gleichbed. *engl.* porridge, entstellt aus pottage „Suppe", dies aus *fr.* potage zu pot, vgl. ³Pot⟩: [Frühstücks]haferbrei (bes. in den angelsächsischen Ländern)

Porr|opsie *die;* -, ...ien ⟨zu *gr.* pórrō „vorwärts; fern; weiter in die Ferne" u. ↑...opsie⟩: optische Sinnestäuschung, bei der alle Gegenstände in die Ferne gerückt erscheinen (Med.)

¹Port *der;* -[e]s, -e ⟨aus *(alt)fr.* port „Hafen", dies aus gleichbed. *lat.* portus zu porta „Tor, Pforte"⟩: 1. (veraltet) Hafen. 2. Ziel, Ort der Geborgenheit, Sicherheit. **²Port** *der;* -[s], -s ⟨aus gleichbed. *engl.* port, eigtl. „Pforte, Tor", dies über *(alt)fr.* porte aus *lat.* porta, vgl. ¹Port⟩: Schnittstelle zwischen ↑Mikroprozessor od. ↑Mikrocomputer u. Außenwelt (EDV). **Por|ta** *die;* -, ...tae [...tɛ] ⟨aus *lat.* porta „Tür, Eingang"⟩: Pforte, Zugang, Stelle der Einmündung od. des Eintretens, bes. von Gefäßen in ein Organ (Anat.)

por|ta|bel ⟨aus *(alt)fr.* portable, dies aus *spätlat.* portabilis zu *lat.* portare „tragen"⟩: (veraltet) tragbar. **Por|ta|bi|li|tät** *die;* - ⟨nach gleichbed. *engl.* portability, eigtl. „(Über)tragbarkeit"; vgl. ...ität⟩: Eigenschaft von Programmen (4), ohne größere Änderung auf unterschiedlichen Rechenanlagen ausgeführt werden zu können (EDV). **¹Por|ta|ble** ['pɔrtəbl] *der,* auch *das;* -s, -s ⟨aus gleichbed. *engl.* portable, eigtl. „tragbar", dies aus *(alt)fr.* portable, vgl. portabel⟩: 1. tragbares, nicht an einen festen Standplatz gebundenes Kleinfernsehgerät od. Rundfunkgerät. 2. tragbarer, vom Stromnetz unabhängiger Computer. **²Por|ta|ble** *die;* -, -s ⟨zu ↑¹Portable⟩: tragbare Schreibmaschine

Por|ta|ge [pɔr'ta:ʒə] *die;* -, -n ⟨aus *fr.* portage „das Tragen (einer Last)" zu porter „tragen", dies aus *lat.* portare, vgl. ¹Portable⟩: 1. Warenladung an Bord eines Schiffes. 2. svw. Pakotille

por|tal ⟨aus *mlat.* portalis, vgl. Portal⟩: die zur Leber führende Pfortader betreffend, durch sie bewirkt (Med.). **Por|tal** *das;* -s, -e ⟨aus *mlat.* portale „Vorhalle", substantiviertes Neutrum von portalis „zum Tor gehörig", zu *lat.* porta „Tor, Pforte"⟩: 1. [prunkvolles] Tor, Pforte, großer Eingang. 2. torartige feststehende od. fahrbare Tragkonstruktion für einen Kran

Por|ta|ment *das;* -[e]s, -e u. **Por|ta|men|to** *das;* -s, Plur. s u. ...ti ⟨aus gleichbed. *it.* portamento, eigtl. „das Tragen", zu portare „tragen", dies aus *lat.* portare⟩: das gleitende Übergehen von einem Ton zu dem darauffolgenden, aber abgehobener als ↑legato (Mus.). **Por|ta|ti|le** *das;* -[s], ...tilien [...jən] ⟨aus gleichbed. *kirchenlat.* portatile in *lat.* portare, vgl. Portament⟩: [mittelalterlicher] Tragaltar (Steinplatte mit Reliquiar zum Messelesen auf Reisen). **Por|ta|tiv** *das;* -s, -e [...və] ⟨aus gleichbed. *mlat.* portativum⟩: kleine tragbare Orgel; vgl. ²Positiv (1). **por|ta|to** ⟨*it.*⟩; Part. Perf. von portare, vgl. Portament⟩: getragen, abgehoben, ohne Bindung (Vortragsanweisung; Mus.). **Por|ta|to** *das;* -s, Plur. -s u. ...ti: getragene Vortragsweise ohne Bindung der Töne (Mus.). **Porte|chai|se** [pɔrt'ʃɛ:zə] *die;* -, -n ⟨zu *fr.* chaise à porteurs „Stuhl für Träger; Sänfte" zu porte-„-träger" (dies zu porter, vgl. portieren) u. chaise „Stuhl; Sessel", wohl Analogiebildung zu Portefeuille, Portemonnaie⟩: (veraltet) Tragsessel, Sänfte. **Por|tées** [pɔr'te:] *die* (Plur.) ⟨aus gleichbed. *fr.* portées, eigtl. „die Zugeführten"⟩: gezinkte, d. h. zu betrügerischen Zwecken mit Zeichen versehene Spielkarten. **Porte|feuille** [pɔrt'fø:j] *das;* -s, -s ⟨aus gleichbed. *fr.* portefeuille zu porte- (vgl. Portechaise) u. feuille, vgl. Feuilleton⟩: 1. (veraltet) Brieftasche, Aktenmappe. 2. Geschäftsbereich eines Ministers. 3. Wertpapierbestand einer Bank (Wirtsch.). **Porte|mon|naie** [...mɔˈne:, auch ˈpɔrtmɔne] *das;* -s, -s ⟨aus gleichbed. *fr.* porte-monnaie zu porte- (vgl. Portechaise) u. monnaie „Münze, Geld" (dies aus *lat.* moneta)⟩: Geldbeutel, -börse. **Por|te|pa|gen** [pɔrtə'pa:ʒn] *die* (Plur.) ⟨aus gleichbed. *fr.* porte-pages zu porte- (vgl. Portechaise) u. page „(Druck)seite"⟩: Kartons als Zwischenlage bei der Aufbewahrung von Stehsatz (Druckw.). **Port|epee** *das;* -s, -s ⟨aus *fr.* porte-épée „Degengehenk" zu porte- (vgl. Portechaise) u. épée „Degen, Schwert"⟩: [silberne od. goldene] Quaste am Degen, Säbel od. Dolch (eines Offiziers od. Unteroffiziers vom Feldwebel an); jmdn. beim - fassen: jmds. Ehre od. etw., was er als persönliche Wertvorstellung intakt halten möchte, ansprechen, um ihn auf diese Weise zu etw. zu motivieren, was er sonst nicht so ohne weiteres täte (z. B. sich für etw./jmdn. einzusetzen). **Por|ter** *der,* auch (bes. österr.) *das;* -s, - ⟨aus gleichbed. *engl.* porter, wohl gekürzt aus porter's beer, eigtl. „Bier des Lastenträgers", weil es früher bevorzugt von Dienstmännern getrunken wurde⟩: dunkles, starkes [engl.] Bier. **Por|ter|house|steak** ['pɔ:təhaʊsste:k] *das;* -s, -s ⟨aus gleichbed. *engl.* porterhouse steak zu porterhouse „Ausschank für Porter" u. steak, vgl. Steak⟩: (vorzugsweise auf dem Rost zu bratende) dicke Scheibe aus dem Rippenstück des Rinds mit [Knochen u.] Filet (Gastr.); vgl. T-bone-Steak. **Por|teur** [pɔr'tø:ɐ̯] *der;* -s, -e ⟨aus gleichbed. *fr.* porteur zu porter, vgl. portieren⟩: Inhaber, Überbringer eines Inhaberpapiers (Wertpapier, das nicht auf den Namen des Besitzers lautet; Wirtsch.). **Port|fo|lio** *das;* -s, -s ⟨aus *it.* portafoglio zu portare „tragen" u. foglio „Blatt (Papier)"⟩: 1. a) mit Fotografien ausgestatteter Bildband (Buchw.); b) Mappe mit einer Serie von Druckgrafiken od. Fotografien eines od. mehrerer Künstler (Kunstw.). 2. (selten) svw. Portefeuille. **Port|fo|lio|in|ve|sti|ti|on** *die;* -, -en: Kauf ausländischer Wertpapiere durch Inländer als ausschließlich ertrags- u. risikoorientierte Kapitalanlage (Wirtsch.). **Port|fo|lio|ma|nage|ment** [...mænɪdʒmənt] *das;* -s: konzeptioneller Ansatz der strategischen Unternehmensplanung, welcher der bei Finanzanlagen gebräuchlichen Portfolio selection nachempfunden ist (Wirtsch.). **Port|fo|lio se|lec|tion** [pɔːtˈfoʊljoʊ sɪˈlekʃn] *die;* - ⟨aus gleichbed. *engl.* portfolio selection; vgl. Selektion⟩: die Verteilung eines gegebenen Vermögensbestandes auf unterschiedliche Vermögensobjekte (Wirtsch.). **Por|ti:** Plur. von ↑Porto

Por|tier [pɔr'ti̯e:, österr. ...'ti:ɐ̯] *der;* -s, Plur. -s, österr. auch -e ⟨aus gleichbed. *fr.* portier, dies aus *spätlat.* portarius „Türhüter" zu *lat.* porta „Tor, Eingang"⟩: 1. Pförtner. 2. (veraltend) Hausmeister. **Por|tie|re** *die;* -, -n ⟨aus gleichbed. *fr.* portière zu porte „Tür"⟩: Türvorhang

por|tie|ren ⟨aus gleichbed. *fr.* porter, eigtl. „tragen", dies aus *lat.* portare⟩: (schweiz.) zur Wahl vorschlagen

Por|ti|kus *der,* fachspr. auch *die;* -, Plur. - [...ku:s] u. ...ken ⟨aus gleichbed. *lat.* porticus zu porta, vgl. Portier⟩: Säulenhalle als Vorbau an der Haupteingangsseite eines Gebäudes

Por|tio *die;* -, ...iones [...ne:s] ⟨aus *lat.* portio „Abteilung; Teil, Anteil" zu pars „Teil"⟩: [abgegrenzter] Teil eines Organs (Anat.); - vaginalis [v...]: Teil des Gebärmutterhalses. **Por|tio|kap|pe** *die;* -, -n: aus Kunststoff hergestellte Kappe, die dem in die Scheide ragenden Teil der Gebärmutter als mechanisches Verhütungsmittel aufgestülpt wird (Med.). **Por|tio|kar|zi|nom** *das;* -s, -e: eine Form des Gebärmutterkrebses (Med.). **Por|ti|on** *die;* -, -en ⟨aus gleichbed. *lat.* portio, Gen. portionis, vgl. Portio⟩: 1. [An]teil, abgemessene Menge (bes. bei Speisen). 2. (ugs.) [bestimmte, nicht geringe] Menge. **Por|tio|nes** [...ne:s]: Plur. von ↑ Portio. **por|tio|nie|ren** ⟨zu ↑ ...ieren⟩: in Portionen teilen. **Por|tio|nie|rer** *der;* -s, -: Gerät zum Einteilen von Portionen (z. B. bei Speiseeis)

Por|ti|un|ku|la|ab|laß *der;* ...lasses ⟨nach der Marienkapelle Porziuncola bei Assisi⟩: vollkommener ↑ Toties-quoties-Ablaß, der am 2. August (Weihe der Portiunkula) vor allem in Franziskanerkirchen gewonnen werden kann

Port|land *das;* -[s] ⟨nach der engl. Insel Portland⟩: oberste Stufe des Weißen ²Jura. **Port|lan|dit** [auch ...'dɪt] *der;* -s, -e ⟨zu ↑²...it⟩: weißes Verwitterungsprodukt von Kalken am Kontakt mit Basalt, das dem Löschkalk entspricht. **Port|land|ze|ment** *der;* -[e]s: Zement mit bestimmten genormten Eigenschaften; Abk.: PZ

Por|to *das;* -s, Plur. -s u. ...ti ⟨aus *it.* porto „Transport(kosten)", eigtl. „das Tragen", zu portare „tragen", dies aus *lat.* portare⟩: Gebühr für die Beförderung von Postsendungen

Por|to|gra|phie *die;* -, ...ien ⟨zu ↑ Porta u. ↑ ...graphie⟩: röntgenographische Untersuchung u. Darstellung des Pfortadersystems mit Hilfe von Kontrastmitteln (Med.)

Por|to|lan vgl. Portulan

Por|trait [...'trɛ:] *das;* -s, -s ⟨aus gleichbed. *fr.* portrait, substantiviertes Part. Perf. von *altfr.* po(u)rtraire „entwerfen, darstellen", dies aus *lat.* protrahere „hervorziehen; ans Licht bringen"⟩: (veraltet) svw. Porträt. **Por|trät** [...'trɛ:] *das;* -s, -s ⟨zu ↑ Portrait⟩: Bild (bes. Brustbild) eines Menschen; Bildnis. **por|trä|tie|ren** ⟨zu ↑ ...ieren⟩: jmds. Porträt anfertigen. **Por|trä|tist** *der;* -en, -en ⟨aus gleichbed. *fr.* portraitiste⟩: Künstler, der Porträts anfertigt

Por|tu|gie|ser *der;* -s, - ⟨Herkunft ungeklärt; diese Rebsorte stammt nicht aus Portugal⟩: a) (ohne Plur.) eine bestimmte Rebsorte; b) Wein dieser Rebsorte

Por|tu|lak *der;* -s, Plur. -e u. -s ⟨aus gleichbed. *lat.* portulaca zu portula, Verkleinerungsform von porta „Pforte, Tor"⟩: in vielen Arten verbreitete Pflanze mit dickfleischigen Blättern u. häufig unscheinbaren Blüten

Por|tu|lan u. **Portolan** *der;* -s, -e ⟨über gleichbed. *it.* portolano aus *mlat.* portulanus zu *lat.* portus „Hafen"⟩: mittelalterliches Segelhandbuch

Port|wein *der;* -[e]s, -e ⟨nach der portugies. Stadt Porto⟩: dunkelroter od. weißer Wein aus den portugiesischen Gebieten des Douro

Po|rus *der;* -, Pori ⟨über *lat.* porus aus *gr.* póros „Durchgang, Ausgang; Öffnung"⟩: Ausgang eines Körperkanals; Körperöffnung (Anat.)

Por|zel|lan *das;* -s, -e ⟨aus gleichbed. *it.* porcellana, eigtl. „eine Meeresschnecke mit weißglänzender Schale" (wegen deren schimmernder milchweißer Farbe wird der Name des Tieres auf den des Werkstoffes übertragen), zu *it.* mdal. porzela „Muschel", eigtl. „kleines weibliches Schwein", dies aus *lat.* porcella⟩: 1. feinste Tonware, die durch Brennen einer aus Kaolin, Feldspat u. Quarz bestehenden Masse hergestellt wird. 2. (ohne Plur.) Geschirr aus Porzellan (1). **por|zel|la|nen**: aus Porzellan [bestehend]. **Por|zel|la|nit** [auch ...'nɪt] *der;* -s, -e ⟨zu ↑²...it⟩: hartes, dichtes, splittrig brechendes metamorphes Gestein, das aus Ton durch Hitzeeinwirkung glutheißer Lava entstanden ist

Po|sa *die;* -, -s ⟨aus *span.* posa „Ruhe, Stille", dies aus *lat.* pausa, vgl. Posada⟩: kleine pavillonartige Kapelle (im 16. Jh. im span.-amerik. Kolonialreich), die jeweils an einer der vier Ecken eines ummauerten Klosterhofs als Prozessionsstation errichtet wurde. **Po|sa|da** *die;* -, -den ⟨aus *span.* posada, eigtl. Part. Perf. (Fem.) von posar „...Einkehr halten, absteigen", dies aus *spätlat.* pausare „(aus)ruhen"⟩: span. Bez. für Wirtshaus. **Po|sa|de|ro** *der;* -s, -s ⟨aus gleichbed. *span.* posadero⟩: Wirt einer Posada

Po|sa|ment *das;* -[e]s, -en (meist Plur.) ⟨aus *(m)fr.* passement „Borte, Tresse" zu passer „sich an etwas hinziehen"⟩: textiler Besatzartikel (Borte, Schnur, Quaste u. a.). **Po|sa|men|ter** *der;* -s, - ⟨zu ↑ Posamentier⟩: (selten) Posamentenhersteller und -händler. **Po|sa|men|te|rie** *die;* -, ...ien ⟨französierende Bildung zu ↑ Posament⟩: Geschäft, in dem Posamente angeboten werden. **Po|sa|men|tier** *der;* -s, -e ⟨nach gleichbed. *fr.* passementier⟩: svw. Posamenter. **Po|sa|men|tier|ar|beit** *die;* -, -en: mit Posamenten verzierte Arbeit. **po|sa|men|tie|ren** ⟨zu ↑ Posament u. ↑ ...ieren⟩: Posamenten herstellen. **Po|sa|men|tie|rer** *der;* -s, -: svw. Posamenter

Po|sau|ne *die;* -, -n ⟨aus *altfr.* bu(i)sine „Trompete", dies über das Galloroman. aus *lat.* bucina „Jagd-, Signalhorn"⟩: zur Trompetenfamilie gehörendes Blechblasinstrument. **po|sau|nen**: 1. (meist ugs.) die Posaune blasen. 2. (ugs. abwertend) a) [etwas, was nicht bekanntwerden sollte] überall herumerzählen; b) laut[stark] verkünden. **Po|sau|nist** *der;* -en, -en ⟨zu ↑ ...ist⟩: Musiker, der Posaune spielt

POS-Ban|king ['pɔsbæŋkɪŋ] *das;* -[s] ⟨Abk. für *engl.* point of sale „Ort des Verkaufs" u. banking „Zahlungswesen"⟩: elektron. Zahlungsweise, bei der die Kunden bargeldlos mit Hilfe von Kreditkarten am Verkaufsort bezahlen können

po|schie|ren vgl. pochieren

Posch|ti u. **Puschti** *der;* -[s], -s ⟨aus dem Pers.⟩: sehr kleiner, handgeknüpfter Vorlegeteppich, bes. aus der Gegend um die iran. Stadt Schiras

Po|se *die;* -, -n ⟨aus gleichbed. *fr.* pose zu poser „hinstellen", älter *fr.* „innehalten", dies aus *spätlat.* pausare, vgl. pausieren⟩: 1. gekünstelte Stellung; gesuchte, unnatürliche, affektierte Haltung. 2. Schwimmkörper an der Angelleine, Schwimmer. **Po|seur** [po'zø:ɐ] *der;* -s, -e ⟨aus gleichbed. *fr.* poseur⟩: (abwertend) Blender, Wichtigtuer; jmd., der sich ständig in Szene setzt

Po|si|do|nia *die;* -, ...ien [...iən] ⟨aus *nlat.* posidonia, nach dem griech.-röm. Meeresgott Poseidon (*gr.* Poseidōn)⟩: flache Muschel mit dünnen, konzentrisch gefurchten Schalen, Leitfossil im oberen ↑ Lias. **Po|si|do|ni|en|schie|fer** [...niən...] *der;* -s ⟨nach dem Leitfossil Posidonia⟩: versteinerungsreicher, ↑ bituminöser schwarzer Schieferhorizont im ↑ Lias (Geol.)

po|sie|ren ⟨aus gleichbed. *fr.* poser, vgl. Pose⟩: 1. aus einem bestimmten Anlaß eine Pose, eine besonders wirkungsvolle Stellung einnehmen. 2. sich gekünstelt benehmen

Po|si|ti|on *die;* -, -en ⟨(in fachspr. Bedeutungen z. T. unter Einfluß von *fr.* position) aus *lat.* positio „Stellung, Lage" zu positum, Part. Perf. (Neutrum) von ponere „setzen, stellen, legen"⟩: 1. a) Stellung, Stelle [im Beruf]; b) Situation, Lage, in der sich jmd. im Verhältnis zu einem andern befindet; c) Einstellung, Standpunkt. 2. bestimmte Stellung, Haltung. 3. Platz, Stelle in einer Wertungsskala (Sport). 4. Einzelposten einer [Waren]liste, eines Planes; Abk.: Pos. 5. a) Standort eines Schiffes od. Flugzeugs; b) Standort eines Gestirns (Astron.). 6. militärische Stellung. 7. a) metrische Länge, Positionslänge eines an sich kurzen Vokals vor zwei od. mehr folgenden Konsonanten (antike Metrik); b) jede geordnete Einheit in einer sprachlichen Konstruktion (nach Bloomfield; Sprachw.). 8. a) Setzung, Annahme, Aufstellung einer These; b) Bejahung eines Urteils; c) Behauptung des Daseins einer Sache (Philos.). **po|si|tio|nell** ⟨zu ↑...ell⟩: 1. stellungsmäßig. 2. in der Stellung (im strategischen Aufbau) einer Schachpartie begründet. **po|si|tio|nie|ren** ⟨zu ↑...ieren⟩: (bes. fachspr.) in eine bestimmte Position (2), Stellung bringen; einordnen. **Po|si|tio|nie|rung** *die;* -, -en ⟨zu ↑...ierung⟩: 1. das Positionieren. 2. der auf dem Bildschirm vorgenommene Umbruch. **Po|si|ti|ons|astro|no|mie** *die;* -: svw. Astrometrie. **Po|si|ti|ons|ef|fekt** *der;* -[e]s, -e: Veränderung der ↑ phänotypischen Merkmalsausbildung von Genen durch deren Positionsverlagerung im ↑ Chromosom (Biol.). **Po|si|ti|ons|lam|pe** *die;* -, -n: Leuchte zur Kennzeichnung von Wasser- u. Luftfahrzeugen. **Po|si|ti|ons|sy|stem** *das;* -s, -e: Stellenwertsystem, Zahlensystem, dessen Ziffern je nach ihrer Stellung einen anderen Wert darstellen. **Po|si|ti|ons|va|ri|an|te** *die;* -, -n: stellungsbedingter Ausspracheunterschied eines Lautes (z. B. des *d* im Auslaut Klei*d* [...t] u. im Inlaut Klei*d*er [...d...]; Sprachw.). **Po|si|ti|ons|verb** *das;* -s, -en: Verb zur Bezeichnung einer Lagebefindlichkeit (z. B. *sitzen, stehen, liegen;* Sprachw.). **Po|si|ti|ons|win|kel** *der;* -s, -: Winkel zwischen der Richtung zum Himmelsnordpol u. der Richtung der Verbindungslinie zweier Sterne (Astron.). **po|si|tiv** [auch ...'ti:f] ⟨z. T. unter Einfluß von *fr.* positif „bejahend" aus *(spät)lat.* positivus „gesetzt, gegeben" zu *lat.* positum, vgl. Position⟩: 1. a) bejahend, zustimmend; Ggs. ↑ negativ (1 a); b) ein Ergebnis bringend; vorteilhaft, günstig, gut; Ggs. ↑ negativ (1 b); c) sicher, genau, tatsächlich. 2. größer als Null; Zeichen + (Math.); Ggs. ↑ negativ (2). 3. das ²Positiv (2) betreffend; der Natur entsprechende Licht- u. Schattenverteilung habend (Fotogr.); Ggs. ↑ negativ (3). 4. im ungeladenen Zustand mehr Elektronen enthaltend als im geladenen (Phys.); Ggs. ↑ negativ (4). 5. für das Bestehen einer Krankheit sprechend, einen krankhaften Befund zeigend (Med.); Ggs. ↑ negativ (5). **¹Po|si|tiv** *der;* -s, -e [...və] ⟨aus gleichbed. *spätlat.* (gradus) positivus⟩: die ungesteigerte Form des Adjektivs, Grundstufe (z. B. *schön;* Sprachw.). **²Po|si|tiv** [auch ...'ti:f] *das;* -s, -e [...və] ⟨aus gleichbed. *mlat.* positivum (organum), eigtl. „hingestellt(es Instrument)", Bed. 2 wohl Analogiebildung von Negativ⟩: 1. kleine Standorgel, meist ohne Pedal; vgl. Portativ. 2. über das ↑ Negativ gewonnenes, seitenrichtiges, der Natur entsprechendes Bild. **Po|si|ti|va** [...və]: Plur. von ↑ Positivum. **Po|si|ti|vis|mus** [...v...] *der;* - ⟨zu ↑ positiv u. ↑...ismus (1)⟩: Philosophie, die ihre Forschung auf das Positive, Tatsächliche, Wirkliche u. Zweifellose beschränkt, sich allein auf Erfahrung beruft u. jegliche Metaphysik als theoretisch unmöglich u. praktisch nutzlos ablehnt (A. Comte). **Po|si|ti|vist** *der;* -en, -en ⟨zu ↑...ist⟩: Vertreter, Anhänger des Positivismus. **po|si|ti|vi|stisch** ⟨zu ↑...istisch⟩: 1. den Positivismus betreffend, zu ihm gehörend, auf ihm beruhend. 2. (oft abwertend) vordergründig; sich bei einer wissenschaftlichen Arbeit nur auf das Sammeln o. ä. beschränkend [u. keine eigene Gedankenarbeit aufweisend]. **Po|si|ti|vi|tät** *die;* - ⟨zu ↑...ität⟩: (veraltet) Bestimmtheit, Wirklichkeit. **Po|si|tiv|mo|du|la|ti|on** *die;* -: ein Übertragungsverfahren, bei dem das Bildsignal der Trä-

gerschwingung so aufmoduliert wird, daß die großen Amplituden des modulierten Trägers den hellen Bildpartien entsprechen u. die kleinen Amplituden den dunklen (Elektrot.). **Po|si|tiv|pro|zeß** *der;* ...zesses, ...zesse: chem. Vorgang zur Herstellung von ²Positiven (2; Fotogr.). **Po|si|ti|vum** [...vʊm] *das;* -s, ...va [...va] ⟨aus *lat.* positivum, substantiviertes Neutrum von positivus, vgl. positiv⟩: etwas, was an einer Sache als positiv (1 b), vorteilhaft, gut empfunden wird; etwas Positives; Ggs. ↑ Negativum. **po|si|to** ⟨*lat.;* Dativ od. Ablativ von positum, vgl. Position⟩: (veraltet) angenommen, gesetzt den Fall. **Po|si|tron** *das;* -s, ...onen ⟨Kurzw. aus ↑*posit*iv u. ↑ Elek*tron*⟩: positiv geladenes Elementarteilchen, dessen Masse gleich der Elektronenmasse ist (Phys.); Zeichen e^+. **Po|si|tro|nen|emis|si|ons|to|mo|gra|phie** *die;* -, ...ien [...i:ən]: bildhafte Darstellung u. quantitative Erfassung des Stoffwechsels u. des Funktionszustandes von Organen (z. B. des Gehirns) unter Verwendung von Positronen emittierender ↑ Radionukleide (Med.); Abk. PET. **Po|si|tro|ni|um** *das;* -s ⟨zu ↑...ium⟩: kurzlebiges Atom, das beim Einschuß niederenergetischer Positronen in Materie aus einem Positron (e^+) u. einem Elektron (e^-) entstehen kann (Phys.); Zeichen Ps. **Po|si|tur** *die;* -, -en ⟨aus *lat.* positura „Stellung, Lage" zu ponere, vgl. Position⟩: 1. für eine bestimmte Situation gewählte [betonte, herausfordernde] Haltung od. Stellung. 2. (landsch.) Gestalt, Figur, Statur.

Po|so|lo|gie *die;* - ⟨zu *gr.* pósos „wie groß?, wieviel?" u. ↑...logie⟩: Lehre von der Dosierung der Arzneimittel (Med.)

Pos|ses|si|on *die;* -, -en ⟨aus gleichbed. *lat.* possessio zu possidere „besitzen"⟩: Besitz (Rechtsw.). **pos|ses|sio|niert** ⟨zu ↑...iert⟩: (veraltet) wohlhabend, begütert. **pos|ses|siv** [auch ...'si:f] ⟨aus *lat.* possessivus, Intensivbildung von possessus, Part. Perf. von possidere, vgl. Possession⟩: 1. von einer Art, die jmdn. fest an sich gebunden wissen will, die jmdn. ganz für sich beansprucht (z. B. -e Männer, -es Verhalten. 2. besitzanzeigend (Sprachw.). **Pos|ses|siv** [auch ...'si:f] *das;* -s, -e [...və] ⟨verkürzt aus ↑ Possessivpronomen⟩: svw. Possessivpronomen. **Pos|ses|si|va** [...va]: Plur. von ↑ Possessiv. **Pos|ses|siv|kom|po|si|tum** [auch ...'si:f...] *das;* -s, Plur. ...ta u. ...siten: svw. Bahuvrihi. **Pos|ses|siv|pro|no|men** [auch ...'si:f...] *das;* -s, Plur. - u. ...mina ⟨aus gleichbed. *spätlat.* pronomen possessivum⟩: besitzanzeigendes Fürwort (z. B. *mein;* Sprachw.). **Pos|ses|si|vum** [...vʊm] *das;* -s, ...va [...va] ⟨verkürzt aus *spätlat.* (pronomen) possessivum, vgl. Possessivpronomen⟩: svw. Possessivpronomen. **Pos|ses|sor** *der;* -s, ...oren ⟨aus gleichbed. *lat.* possessor⟩: (veraltet) Besitzer, Inhaber. **pos|ses|so|risch** ⟨aus gleichbed. *lat.* possessorius zu possessor „Besitzer"⟩: den Besitz betreffend (Rechtsw.). **Pos|sest** *das;* - ⟨zu *lat.* posse „können" u. est „es ist"⟩: das Seinkönnen als Bezeichnung des Göttlichen, in dem Möglichkeit (Können) u. Wirklichkeit (Sein) zusammenfallen (N. v. Kues; Philos.). **pos|si|bel** ⟨aus gleichbed. *fr.* possible, dies aus *spätlat.* possibilis⟩: (veraltet) möglich. **Pos|si|bi|lis|mus** *der;* - ⟨aus gleichbed. *fr.* possibilisme; vgl. ...ismus (1)⟩: (1882 entstandene) Bewegung innerhalb des franz. Sozialismus, die sich mit erreichbaren sozialistischen Zielen begnügen wollte. **Pos|si|bi|list** *der;* -en, -en ⟨aus gleichbed. *fr.* possibiliste⟩: Vertreter, Anhänger des Possibilismus. **Pos|si|bi|li|tät** *die;* -, -en ⟨unter Einfluß von *fr.* possibilité aus gleichbed. *lat.* possibilitas, Gen. possibilitatis⟩: (veraltet) Möglichkeit

post..., Post... ⟨aus *lat.* post „hinter, nach"⟩: Präfix mit der Bedeutung „nach, hinter", z. B. Postskriptum, postglazial.

Postadaption

Post|ad|ap|ti|on *die;* -, -en: durch Mutation u. Auslese entstandene Anpassung an die veränderte Umwelt (Biol.)
po|sta|lisch ⟨nach gleichbed. *fr.* postal, *it.* postale zu *fr.* poste bzw. *it.* posta „Post(station)", dies aus *spätlat.* posita (statio od. mansio) „festgesetzt(er Aufenthaltsort)" zu *lat.* positum, vgl. Position⟩: die Post betreffend, von der Post ausgehend. **Po|sta|ment** *das;* -[e]s, -e ⟨wohl aus älter *it.* postamento zu *it.* posto „feste Stellung, Stand, Posten", vgl. postieren⟩: Unterbau, Sockel einer Säule od. Statue. **Post|car** [...ka:ɐ] *der;* -s, -s ⟨zu *fr.* car „Bus"⟩: (schweiz.) Linienbus der Post
post Chri|stum [na|tum] ⟨*lat.*⟩: nach Christi [Geburt], nach Christus; Abk.: p. Chr. [n.]. **Post|com|mu|nio** [...k...] *die;* -, -nes [...ne:s] ⟨aus *kirchenlat.* (oratio) post communium „(Gebet) nach der Kommunion"⟩: Schlußgebet des kath. Priesters nach der Kommunion. **post|da|tie|ren** ⟨zu ↑post...⟩: (veraltet) a) mit einer früheren Zeitangabe versehen; b) mit einer späteren Zeitangabe versehen
Post|de|bit *der;* -s ⟨zu ↑Debit⟩: Zeitungsvertrieb durch die Post
Post|dor|mi|ti|um *das;* -s ⟨zu ↑post..., *lat.* dormitare „schläfrig sein, einnicken" u. ↑...ium⟩: Übergang zwischen Schlaf u. Wachsein, der durch lebhafte Träume gekennzeichnet ist (Psychol.). **post|em|bryo|nal**: nach der Embryonalzeit (Med.)
Po|ster [engl. 'poʊstə] *das,* auch *der;* -s, Plur. -, bei engl. Ausspr. -s ⟨aus gleichbed. *engl.* poster, eigtl. „Plakat", zu to post „(an einem Pfosten) anschlagen", dies über post „Pfosten" aus *lat.* postis⟩: plakatartig aufgemachtes, in seinen Motiven der modernen Kunst od. Fotografie folgendes Bild
poste re|stante ['pɔst rɛs'tã:t] ⟨*fr.*⟩: franz. Bez. für postlagernd
po|ste|ri|or ⟨*lat.;* eigtl. Komparativ von posterus „,(nach)folgend"⟩: hinten, nach hinten gelegen (Lagebez. im Körper; Med.); Ggs. ↑anterior. **Po|ste rio|ra** *die* (Plur.) ⟨aus gleichbed. *spätlat.* posteriora, eigtl. „die Hinteren", Neutrum Plur. von *lat.* posterior „letzter, hinterer"⟩: (scherzh.) Gesäß. **Po|ste|rio|ri|tät** *die;* - ⟨aus gleichbed. *mlat.* posterioritas, Gen. posterioritatis zu *lat.* posterior, vgl. Posteriora⟩: (veraltet) das Nachstehen [im Amt]. **Po|ste|ri|tät** *die;* -, -en ⟨über gleichbed. *fr.* postérité aus *lat.* posteritas, Gen. posteritatis⟩: (veraltet) a) Nachkommenschaft; b) Nachwelt. **Post|exi|stenz** *die;* - ⟨zu ↑post...⟩: das Fortbestehen der Seele nach dem Tod (Philos.); Ggs. ↑Präexistenz (2).
post fac|tum [- 'fak...] ⟨*lat.;* „nach der Tat"⟩: danach, hinterher. **Post fa|ding** [poʊst 'feɪdɪŋ] *das;* - -[s] ⟨aus *engl.* post fading „nachträgliches Ausblenden"⟩: Vorrichtung an Magnetbandgeräten, die ein weiches Ausblenden (Löschen) von Teilen eines bespielten Magnetbandes erlaubt. **post fe|stum** ⟨*lat.;* „nach dem Fest"⟩: hinterher, im nachhinein; zu einem Zeitpunkt, zu dem es eigentlich zu spät ist, keinen Zweck od. Sinn mehr hat. **post|flo|ral** ⟨zu ↑post...⟩: nach dem Abblühen (Bot.). **post|gla|zi|al**: nacheiszeitlich (Geol.). **Post|gla|zi|al** *das;* -s: Nacheiszeit (Geol.). **Post|glos|sa|tor** *der;* -s, ...oren (meist Plur.): Vertreter einer Gruppe ital. Rechtslehrer des 13./14. Jh.s, die durch die Kommentierung des ↑Corpus Juris Civilis die praktische Grundlage der modernen Rechtswissenschaft schufen. **post|gra|du|al**: nach Abschluß eines [Hoch-schul]studiums stattfindend. **post|gra|du|ell**: nach der Graduierung, dem Erwerb eines akademischen Grades erfolgend
Pos|thi|tis *die;* -, ...itiden ⟨zu *gr.* pósthion „Vorhaut" u. ↑...itis⟩: Vorhautentzündung (Med.)

post ho|mi|num me|mo|ri|am ⟨*lat.*⟩: seit Menschengedenken. **post|hum** usw. vgl. postum usw. **post|hyp|no|tisch** ⟨zu ↑post...⟩: den Zeitraum nach der Hypnose betreffend (Psychol.); -es Phänomen: im Anschluß u. als Folge einer Hypnose auftretende Erscheinung (z. B. die Ausführung von unter Hypnose erhaltenen Aufträgen)
Po|sti|che [pɔs'tiʃə] *die;* -, -s ⟨aus *fr.* postiche „Perücke" zu postiche „unecht", dies aus *it.* posticcio, weitere Herkunft unsicher⟩: Haarteil. **Po|sti|cheur** [...'ʃø:ɐ] *der;* -s, -e ⟨aus gleichbed. *fr.* posticheur⟩: Fachkraft für die Anfertigung u. Pflege von Perücken u. Haarteilen; Perückenmacher. **Po|sti|cheu|se** [...'ʃø:zə] *die;* -, -n ⟨aus gleichbed. *fr.* posticheuse⟩: weibliche Fachkraft für die Anfertigung u. Pflege von Perücken u. Haarteilen
po|stie|ren ⟨aus gleichbed. *fr.* poster zu poste „Stelle, Posten", dies über *it.* posto aus *lat.* positus (locus) „festgesetzt(er Ort)"⟩: a) jmdn./sich an einer bestimmten Stelle zur Beobachtung hinstellen; b) etwas an einer bestimmten Stelle aufstellen, aufbauen
post|ik|tal ⟨zu ↑post..., *lat.* ictus „Stoß, Schlag" u. ↑¹...al (1)⟩: nach einem [epileptischen] Anfall auftretend (Med.).
Po|stil|le *die;* -, -n ⟨aus gleichbed. *mlat.* postilla, gekürzt aus *lat.* post illa (verba sacrae scripturae) „nach jenen (Worten der Heiligen Schrift)", Formel zur Ankündigung der Predigt nach Verlesung des Bibeltextes⟩: 1. religiöses Erbauungsbuch. 2. Predigtbuch, -sammlung
Po|stil|li|on [auch 'pɔ...] *der;* -s, -e ⟨aus gleichbed. *fr.* postillon bzw. *it.* postiglione zu *fr.* poste bzw. *it.* posta „Post"⟩: 1. Postkutscher. 2. Weißling mit gelben schwarzgeränderten Flügeln (Schmetterlingsart). **Po|stil|lon d'amour** [pɔstijõda'mu:r] *der;* - -, -s - [...jõ...] ⟨scherzhafte französierende Bildung des 18. Jh.s zu *fr.* postillon „Bote" u. amour „Liebe", eigtl. „Postillion der Liebe"⟩: (scherzh.) Überbringer eines Liebesbriefes
post|in|du|stri|ell ⟨zu ↑post... u. ↑industriell⟩: nachindustriell, zu einer Stufe der gesellschaftlichen Entwicklung gehörend, die auf die ausschließliche Industrialisierung folgt (Soziol.); -e Gesellschaft: Gesellschaftsform, die durch die Verlagerung des wirtschaftlichen Schwerpunkts vom Bereich der Industrieproduktion zu den Dienstleistungen, aber auch durch Verwissenschaftlichung, Technisierung u. verstärkte Informationstechnologie gekennzeichnet ist. **post in|jec|tio|nem** [- ɪnjɛk...] ⟨*lat.;* vgl. Injektion⟩: nach einer ↑Injektion [auftretend] (Med.). **post|ka|pi|ta|li|stisch** ⟨zu ↑post...⟩: zu einer Stufe der gesellschaftlichen Entwicklung gehörend, die dem Kapitalismus folgt (Soziol.). **post|kar|bo|nisch**: nach dem ↑Karbon [liegend] (Geol.). **post|koi|tal** [...koi...] ⟨zu ↑Koitus u. ↑¹...al (1)⟩: nach dem Geschlechtsverkehr [auftretend] (Med.). **Post|kom|mu|ni|on** *die;* -, -en: Schlußgebet der kath. Messe nach ↑Kommunion. **post|kon|zep|tio|nell**: nach der Befruchtung [auftretend] (Med.). **Post|lu|di|um** *das;* -s, ...ien [...jən] ⟨aus gleichbed. *nlat.* postludium, Analogiebildung zu ↑Präludium⟩: musikalisches Nachspiel; vgl. Präludium.
Post|ma|te|ria|lis|mus *der;* - ⟨zu ↑post...⟩: Lebenseinstellung, die keinen Wert mehr auf das Materielle legt, sondern immaterielle Bedürfnisse (z. B. eine intakten, natürlichen u. sozialen Umwelt) für dringlicher hält. **post|ma|te|ria|li|stisch**: den Postmaterialismus betreffend. **post|ma|te|ri|ell**: svw. postmaterialistisch. **post me|ri|di|em** ⟨*lat.;* „nach Mittag"⟩: nachmittags; vgl. p. m.; Ggs. ↑ante meridiem. **post|mo|dern** ⟨zu ↑post...⟩: die Postmoderne betreffend. **Post|mo|der|ne** *die;* -: 1. Stilrichtung der modernen Architektur, die gekennzeichnet ist durch eine Abkehr vom Funktionalismus u. eine Hinwendung zu

Potamon

freierem, spielerischem Umgang mit unterschiedlichen Bauformen auch aus früheren Epochen. 2. der ↑Moderne (2) folgende Zeit; Zeitabschnitt nach der Moderne, für die ↑Dezentralisation, Teilautonomie im Kleinbereich, ↑Pluralität, Offenheit für Städtebau, Wirtschaft u. Wissenschaft sowie demokratisch mitgestaltende Kontrolle der Machtzentren charakteristisch sind. **Post|mo|lar** *der;* -en, -en: hinterer Backenzahn, Mahlzahn (Anat.). **post|mortal:** nach dem Tode [auftretend] (z. B. von Organveränderungen; Med.). **post mortem** ⟨*lat.*⟩: nach dem Tode; Abk.: p. m. **post|na|tal** ⟨zu ↑post... u. *lat.* natalis „zur Geburt gehörig"⟩: nach der Geburt [auftretend] (z. B. von Schädigungen des Kindes; Med.). **post|ne|kro|tisch:** nach einer ↑Nekrose [auftretend] (Med.). **post|nu|me|ran|do** ⟨zu *lat.* numerando, Gerundium von numerare „zählen, zahlen"⟩: nachträglich (zahlbar); Ggs. ↑pränumerando. **Post|nu|me|ra|ti|on** *die;* -, -en ⟨zu ↑...ation⟩: Nachzahlung; Ggs. ↑Pränumeration. **post|nu|me|rie|ren** ⟨zu *lat.* numerare „zählen, bezahlen"⟩: (veraltet) nachzahlen
Po|sto ⟨aus *it.* posto, vgl. Postament⟩: Stand, Stellung; - fassen: (veraltet) sich aufstellen
Po|sto|mat *der;* -en, -en ⟨Kurzw. aus *Post*scheckkonto u. ↑*Auto*mat⟩: Automat, an dem Postscheckkontoinhaber mit Hilfe einer Kennkarte u. einer verschlüsselten Zahl Geldbeträge abheben können
post|ope|ra|tiv ⟨zu ↑post... u. ↑operativ⟩: nach der Operation auftretend, einer Operation folgend (Med.). **Postpain|ter|ly-ab|strac|tion** [poʊst ˈpeɪntəli æbˈstrækʃn] *die;* - ⟨aus *engl.* post painterly abstraction „nachmalerische Abstraktion"⟩: Malerei, die sich auf die Ausdruckskraft der reinen Farben konzentriert. **post|pa|la|tal** [pɔst...] ⟨zu ↑post...⟩: hinter dem Gaumen gesprochen (von Lauten; Sprachw.); Ggs. ↑präpalatal; vgl. Palatum. **post par|tum** ⟨*lat.*⟩: nach der Geburt bzw. Entbindung [auftretend] (Med.). **post|pneu|mo|nisch** ⟨zu ↑post...⟩: nach einer Lungenentzündung [auftretend] (Med.). **post|po|nie|ren:** (veraltet) dahintersetzen. **post|po|nie|rend** ⟨zu ↑...ierend⟩: verspätet eintretend (z. B. von Krankheitssymptomen; Med.). **Post|po|si|ti|on** *die;* -, -en ⟨Analogiebildung zu ↑Präposition⟩: 1. dem Substantiv nachgestellte Präposition (Sprachw.). 2. a) Verlagerung eines Organs nach hinten; b) verspätetes Auftreten (z. B. von Krankheitssymptomen (Med.); Ggs. ↑Anteposition (1). **post|po|si|tiv:** die Postposition (1) betreffend, dem Substantiv nachgestellt (von Präpositionen; Sprachw.). **Post|prä|di|ka|men|te** *die* (Plur.): die aus den ↑Kategorien (3) abgeleiteten Begriffe der scholastischen Philosophie. **postpu|be|ral:** nach der ↑Pubertät [auftretend] (Med.).
Post|re|gal *das;* -s ⟨zu ↑³Regal⟩: das Recht des Staates, das gesamte Postwesen in eigener Regie zu führen. **Postscheck** *der;* -s, -s: Zahlungsanweisung auf ein Guthaben des Ausstellers bei einem Postscheckamt. **Post|scheckkon|to** *das;* -s, ...ten: Konto bei einem Postscheckamt
Post|skript *das;* -[e]s, -e u. **Post|skrip|tum** *das;* -s, ...ta ⟨aus *lat.* postscriptum, substantiviertes Part. Perf. (Neutrum) von postscribere „nachträglich dazuschreiben"⟩: Nachschrift; Abk.: PS. **Post|struk|tu|ra|lis|mus** *der;* - ⟨zu ↑post...⟩: eine durch kritische Haltung gekennzeichnete geistes- u. sozialwissenschaftliche Forschungsrichtung, die sich Ende der 1960er Jahre vom traditionellen ↑Strukturalismus abspaltete. **Post|sze|ni|um** *das;* -s, ...ien [...jən] ⟨zu *lat.* scena (vgl. Szene) u. ↑...ium⟩: Raum hinter der Bühne; Ggs. ↑Proszenium (2)
Post|ta|xe *die;* -, -n ⟨zu ¹Taxe (2)⟩: (schweiz.) Postgebühr
post|tek|to|nisch ⟨zu ↑post... u. ↑tektonisch⟩: sich nach tektonischen Bewegungen ergebend (von Veränderungen in Gesteinen; Geol.). **post|ter|ti|är:** nach dem ↑Tertiär [liegend] (Geol.). **post|trau|ma|tisch:** nach einer Verletzung auftretend (Med.)
Po|stu|lant *der;* -en, -en ⟨zu *lat.* postulans, Gen. postulantis, Part. Präs. von postulare, vgl. postulieren⟩: 1. Bewerber. 2. Kandidat eines kath. Ordens während der Probezeit. **Po|stu|lan|tin** *die;* -, -nen: weibliche Form zu ↑Postulant. **Po|stu|lat** *das;* -[e]s, -e ⟨aus gleichbed. *lat.* postulatum⟩: 1. unbedingte [sittliche] Forderung. 2. sachlich od. denkerisch notwendige Annahme, These, die unbeweisbar od. noch nicht bewiesen, aber durchaus glaubhaft u. einsichtig ist (Philos.). 3. Probezeit für die Kandidaten eines kath. Ordens. 4. vom schweiz. Parlament ausgehender Auftrag an den Bundesrat, die Notwendigkeit eines Gesetzentwurfs, einer bestimmten Maßnahme zu prüfen (schweiz. Verfassungswesen). **Po|stu|la|ti|on** *die;* -, -en ⟨aus *lat.* postulatio „Forderung, Verlangen"⟩: Benennung eines Bewerbers für ein hohes kath. Kirchenamt, der erst von einem ↑kanonischen Hindernis befreit werden muß. **po|stu|lie|ren** ⟨aus gleichbed. *lat.* postulare⟩: 1. fordern, zur Bedingung machen. 2. feststellen. 3. ein Postulat (2) aufstellen
po|stum ⟨aus *lat.* postumus „nachgeboren, spät geboren", eigtl. „letzter, hinterster", Superlativ von posterus; vgl. Posteriora⟩: a) nach jmds. Tod erfolgt (z. B. eine Ehrung); b) nach jmds. Tod erschienen, nachgelassen (z. B. ein Roman); c) nach dem Tod des Vaters geboren, nachgeboren. **Po|stu|mus** *der;* -, ...mi ⟨aus gleichbed. *spätlat.* postumus zu *lat.* postumus, vgl. postum⟩: Spät-, Nachgeborener (Rechtsw.)
Po|stur *die;* - ⟨aus gleichbed. *it.* postura, dies aus *lat.* positura, vgl. Positur⟩: (schweiz.) svw. Positur
post ur|bem con|di|tam [- - k...] ⟨*lat.*⟩: nach der Gründung der Stadt [Rom] (altrömische Jahreszählung); Abk.: p. u. c.; vgl. ab urbe condita. **post|vak|zi|nal** [...v...] ⟨zu ↑post..., ↑Vakzine u. ↑¹...al (1)⟩: nach einer Impfung auftretend (von Komplikationen; Med.). **Post|ven|ti|on** *die;* -, -en ⟨Analogiebildung zu ↑Prävention⟩: Betreuung eines Patienten durch einen Arzt nach einer Krankheit, einer Operation; Nachsorge (Med.). **Post|ver|ba|le** *das;* -[s], ...lia: svw. Nomen postverbale. **post|vul|ka|nisch:** Nachwirkungen vulkanischer Tätigkeiten betreffend (Geol.)
¹Pot *das;* -s ⟨aus gleichbed. *engl.* pot, eigtl. „Topf", wohl verkürzt aus potshot ⟨*engl.*⟩ „Schuß, Angriff" od. aus *engl.* mdal. pot „tiefes Loch"⟩: (Jargon) ↑Haschisch, Marihuana. **²Pot** *der;* -s ⟨aus gleichbed. *engl.-amerik.* pot, eigtl. „Topf"⟩: (beim ↑Poker) Summe aller Einsätze, Kasse
³Pot *der;* -, -s ⟨aus gleichbed. *fr.* pot, dies aus *spätlat.* *pot(t)us „Trinkbecher" (fälschlich angelehnt an *lat.* potus „Trank", weitere Herkunft unsicher⟩: (schweiz.) Topf. **Po|ta|ge** [...ʒə] *die;* -, -n ⟨aus gleichbed. *fr.* potage zu pot, vgl. ³Pot⟩: (veraltet) Suppe. **Po|ta|ger** [...ˈʒe:] *das;* -s, -s ⟨aus gleichbed. *fr.* potager, eigtl. „Suppentopf"⟩: (schweiz.) Küchenherd
Po|ta|mal *das;* -s ⟨zu *gr.* potamós „Fluß" u. ↑¹...al (2), Analogiebildung zu Pental⟩: Lebensraum der unteren Regionen eines fließenden Gewässers (Biol.). **po|ta|misch:** die Potamologie betreffend (Geogr.). **po|ta|mo|gen** ⟨zu ↑...gen⟩: durch Flüsse entstanden (Geogr.). **Po|ta|mo|lo|gie** *die;* - ⟨zu ↑...logie⟩: Forschungszweig der ↑Hydrologie u. Geographie zur Erforschung von Flüssen. **po|ta|mo|lo|gisch** ⟨zu ↑...logisch⟩: die Potamologie betreffend. **Po|ta|mon** *das;* -s ⟨zu *gr.* ṓn, Part. Präs. von eînai „sein"⟩: Lebensgemeinschaft der unteren Regionen eines fließenden

Potamoplankton

Gewässers (Biol.). **Po|ta|mo|plank|ton** *das;* -s: ↑ Plankton der fließenden Gewässer (Biol.)
Po|tas|si|um *das;* -s ⟨mit latinisierender Endung aus *engl.* potash bzw. *fr.* potasse, dies aus gleichbed. *niederl.* potas, älter potasch; vgl. ...ium⟩: engl. u. franz. Bez. für ↑ Kalium
Po|ta|tor *der;* -s, ...oren ⟨aus gleichbed. *lat.* potator zu potare „trinken, zechen, saufen"⟩: Trinker (Med.). **Po|ta|to|rium** *das;* -s ⟨zu *lat.* potatorius „zum Trinken gehörig"; vgl. ...ium⟩: Trunksucht (Med.)
Pot|au|feu [pɔtoˈføː] *der* od. *das;* -[s], -s ⟨aus *fr.* pot au feu „Topf auf dem Feuer"⟩: franz. Bez. für Fleischbrühe, die über Weißbrotscheiben angerichtet u. zu Fleisch u. Gemüse gegessen wird
Pot|bel|lies [ˈpɔtbelɪz] *die* (Plur.) ⟨zu *engl.* potbelly „Dickwanst"⟩: massive Steinskulpturen (etwa 500 v. Chr. bis 100 n. Chr.), die im südlichen Mittelamerika gefunden wurden
Po|tée [pɔˈteː] *die;* - ⟨aus *fr.* potée „Kruginhalt; Formerde"⟩: geschlämmtes Eisenoxydrot zum Polieren (z. B. von Glas, Metall, Stein)
Po|tem|kin|sche Dör|fer [russ. paˈtjɔm...–] *die* (Plur.) ⟨nach dem russ. Fürsten G. A. Potjomkin (1739–1791), der angeblich anläßlich einer Reise der Zarin Katharina II. auf die Krim (1787) Dorfattrappen errichten ließ, um Wohlstand vorzutäuschen⟩: a) Trugbilder, Vorgetäuschtes; b) Vorspiegelung falscher Tatsachen
po|tent ⟨aus *lat.* potens, Gen. potentis „stark, mächtig"⟩: 1. a) leistungsfähig; b) mächtig, einflußreich; c) zahlungskräftig, vermögend. 2. a) fähig zum Geschlechtsverkehr (in bezug auf den Mann); b) zeugungsfähig (Med.); Ggs. ↑ impotent (1). **Po|ten|tat** *der;* -en, -en ⟨aus *lat.* potentatus „Macht; Oberherrschaft" zu potens, vgl. potent⟩: 1. jmd., der Macht hat u. Macht zu seinem Vorteil ausübt. 2. (veraltet) souveräner, regierender Fürst. **po|ten|ti|al** ⟨aus *spätlat.* potentialis „nach Vermögen; tätig wirkend"⟩: 1. die bloße Möglichkeit betreffend (Philos.); Ggs. ↑ aktual (1). 2. die Möglichkeit ausdrückend (Sprachw.). **Po|ten|ti|al** *das;* -s, -e: 1. Leistungsfähigkeit; Gesamtheit der zur Verfügung stehenden Möglichkeiten, Mittel, Personen. 2. a) Maß für die Stärke eines Kraftfeldes in einem Punkt des Raumes; b) svw. potentielle Energie (Phys.). **Po|ten|ti|al|dif|fe|renz** *die;* -: Unterschied elektrischer Kräfte bei aufgeladenen Körpern (Phys.). **Po|ten|ti|al|flä|che** *die;* -, -n: svw. Äquipotentialfläche (2). **Po|ten|ti|al|ge|fäl|le** *das;* -s: svw. Potentialdifferenz. **Po|ten|ti|a|lis** *der;* -, ...les [...leːs] ⟨aus gleichbed. *spätlat.* (modus) potentialis⟩: ↑ Modus (2) der Möglichkeit, Möglichkeitsform (Sprachw.). **Po|ten|ti|a|li|tät** *die;* - ⟨zu ↑ potential u. ↑ ...ität⟩: Möglichkeit, die zur Wirklichkeit werden kann (Philos.); Ggs. ↑ Aktualität (3). **po|ten|ti|ell** ⟨aus gleichbed. *fr.* potentiel⟩: möglich (im Unterschied zu wirklich), denkbar; der Anlage, Möglichkeit nach; Ggs. ↑ aktual (2, 3), ↑ aktuell (2); -e Energie: Energie, die ein Körper auf Grund seiner Lage in einem Kraftfeld besitzt (Phys.). **Po|ten|til|la** *die;* -, ...llen ⟨zu *lat.* potens (vgl. potent) mit der lat. Verkleinerungssilbe -illa; wohl wegen der der Pflanze zugeschriebenen Kraft, Krankheiten heilen zu können⟩: Fingerkraut ([gelbblühendes] Rosengewächs mit vielen Arten, bes. auf Wiesen). **Po|ten|tio|me|ter** *das;* -s, - ⟨zu *lat.* potentia (vgl. Potenz) u. ↑¹...meter⟩: Gerät zur Abnahme od. Herstellung von Teilspannungen, Spannungsteiler (Elektrot.). **Po|ten|tio|me|trie** *die;* -, ...ien ⟨zu ↑ ...metrie⟩: maßanalytisches Verfahren, bei dem der Verlauf der ↑ Titration durch Potentialmessung an der zu bestimmenden Lösung verfolgt wird (Chem.). **po|ten|tio|me|trisch** ⟨zu ↑ ...metrisch⟩: das Potentiometer betref-

fend, mit ihm durchgeführt (Elektrot.). **Po|tenz** *die;* -, -en ⟨aus *lat.* potentia „Macht, Vermögen, Fähigkeit"⟩: 1. Fähigkeit, Leistungsvermögen. 2. a) Fähigkeit des Mannes zum Geschlechtsverkehr; b) Zeugungsfähigkeit (Med.). 3. Grad der Verdünnung einer Arznei in der ↑ Homöopathie (Med.). 4. Produkt mehrerer gleicher Faktoren, dargestellt durch die ↑ Basis (4 c) u. den ↑ Exponenten (2; Math.). **Po|tenz|ex|po|nent** *der;* -en, -en: Hochzahl einer Potenz (4; Math.). **po|ten|zie|ren** ⟨zu ↑ ...ieren⟩: 1. erhöhen, steigern. 2. a) die Wirkung eines Arznei- od. Narkosemittels verstärken; b) eine Arznei homöopathisch verdünnen (Med.). 3. eine Zahl mit sich selbst multiplizieren (Math.)
Po|te|rie *die;* -, -s ⟨aus gleichbed. *fr.* poterie zu pot, vgl. ³Pot⟩: (veraltet) a) Töpferware; b) Töpferwerkstatt
Po|ter|ne *die;* -, -n ⟨aus *fr.* poterne, älter posterne „Ausfallpforte", dies aus *spätlat.* posterula „Hintertürchen"⟩: (veraltet) unterirdischer, bombensicherer Festungsgang
Po|te|stas *die;* - ⟨aus *lat.* potestas „Macht, Gewalt" zu potis „mächtig"⟩: 1. im antiken Rom der staatsrechtliche Amtsgewalt aller Beamten. 2. in der mittelalterlichen Staatslehre die Herrschaftsbefugnisse der Obrigkeit. 3. im Kirchenrecht die Kirchengewalt
Po|te|to|me|ter *das;* -s, - ⟨zu *gr.* potés, Gen. potétos „das Trinken" u. ↑¹...meter⟩: svw. Potometer
Po|thos *der;* - ⟨aus gleichbed. *gr.* póthos⟩: (veraltet) Verlangen, Liebessehnsucht
Po|tiche [pɔˈtiʃ] *die;* -, -n [...ʃn] ⟨aus gleichbed. *fr.* potiche zu pot, vgl. ³Pot⟩: (veraltet) a) bemaltes chines. od. japan. Porzellangefäß; b) diesem nachgeahmtes, mit bunten Bildern, bes. mit Zigarrenringen, beklebtes Glasgefäß. **Po|ti|cho|ma|nie** [pɔtiʃɔ...] *die;* - ⟨aus gleichbed. *fr.* potichomanie⟩: (veraltet) a) Vorliebe für chines. od. japan. Porzellan; b) Anfertigung von Nachahmungen dieses Porzellans als Liebhaberkunst
po|ti|or tem|po|re, po|ti|or ju|re *lat.;* eigtl. „früher in der Zeit, früher im Recht"⟩: wer zuerst kommt, mahlt zuerst
Pot|jom|kin|sche Dör|fer vgl. Potemkinsche Dörfer
Pot|la[t]ch [ˈpɔtlætʃ] *der;* -[e]s [...ɪz] u. **Pot|latsch** *der;* -[e]s ⟨aus gleichbed. *engl.* potla(t)ch, dies aus *Nootka* (einer nordamerik. Indianersprache) patshatl „Gabe, Geschenk"⟩: Fest der Nordwestküstenindianer, bei dem Geschenke verteilt und Verdienste gewürdigt werden
Po|to|gra|phie *die;* -, ...ien ⟨zu *lat.* potus (vgl. Potus) u. ↑ ...graphie⟩: (veraltet) Beschreibung der Getränke. **Po|to|lo|gie** *die;* - ⟨zu ↑ ...logie⟩: (veraltet) Getränkelehre. **po|to|lo|gisch** ⟨zu ↑ ...logisch⟩: (veraltet) die Lehre von den Getränken betreffend. **Po|to|ma|ne** *der;* -n, -n ⟨zu ↑ ...mane⟩: svw. Dipsomane. **Po|to|ma|nie** *die;* - ⟨zu *lat.* ↑ ...manie⟩: svw. Dipsomanie. **Po|to|me|ter** *das;* -s, - ⟨zu ↑¹...meter⟩: einfaches Gerät zur Messung der Transpiration von Pflanzen (Biol.)
Pot|pour|ri [ˈpɔtpʊri, auch ...ˈriː] *das;* -s, -s ⟨aus gleichbed. *fr.* potpourri, eigtl. „Eintopf (aus allerlei Zutaten)", zu pot, vgl. ³Pot⟩: 1. Zusammenstellung verschiedenartiger, durch Übergänge verbundener (meist bekannter u. beliebter) Melodien. 2. Allerlei, Kunterbunt. **Pot|pour|ri|va|se** *die;* -, -n: (veraltet) [mit Blumen od. Figuren verzierte] Porzellanvase mit durchbrochenem Deckel (durch den der Duft der darin aufbewahrten Kräuter herausströmen kann)
Po|tus *der;* -, - [...tuːs] ⟨aus *lat.* potus „das Trinken, der Trank", dies aus gleichbed. *gr.* pótos⟩: Trank, Heiltrank, flüssiges Arzneimittel (das in größerer Menge eingenommen wird; Med.)
Pou|dret|te [pu...] *die;* - ⟨aus gleichbed. *fr.* poudrette, eigtl. „Staubdünger", zu poudre „Pulver, Staub"⟩: (selten) Fä-

kaldünger. **Pou|dreu|se** [puˈdrøːz(ə)] *die;* -, -n ⟨aus gleichbed. *fr.* poudreuse⟩: bes. im 18. Jh. beliebter Toilettentisch mit aufklappbarem Spiegel u. vielen Seitenfächern

Pou|ja|dis|mus [puʒa...] *der;* - ⟨aus gleichbed. *fr.* poujadisme, nach dem franz. Politiker P. Poujade, geb. 1920; vgl. ...ismus (1)⟩: aus der wirtschaftlichen Unzufriedenheit der Bauern u. kleinen Kaufleute entstandene radikale politische Bewegung in Frankreich. **Pou|ja|dist** *der;* -en, -en ⟨aus gleichbed. *fr.* poujadiste⟩: Anhänger des Poujadismus. **pou|ja|di|stisch** ⟨zu ↑...istisch⟩: den Poujadismus betreffend

Pou|lard *das;* -s, -s ⟨zu ↑ Poularde⟩: svw. Poularde. **Pou|lar|de** *die;* -, -n ⟨aus gleichbed. *fr.* poularde zu poule „Huhn", dies aus *lat.* pulla⟩: junges [verschnittenes] Masthuhn. **Poule** [puːl] *die;* -, -n [...lən] ⟨aus gleichbed. *fr.* poule, eigtl. „Huhn", vgl. Poularde⟩: 1. Spiel- od. Wetteinsatz. 2. bestimmtes Spiel beim Billard od. Kegeln. **Poul|let** [puˈleː] *das;* -s, -s ⟨aus gleichbed. *fr.* poulet, Verkleinerungsform von poule, vgl. Poulard⟩: junges, zartes Masthuhn od. -hähnchen

Pound [paʊnt] *das;* -, -s ⟨aus gleichbed. *engl.* pound, eigtl. „Pfund", dies über *altengl.* pund aus *lat.* pondo „(ein) Pfund (an Gewicht)"⟩: engl. Gewichtseinheit (453,60 g); Abk.: Singular lb., Plural lbs.

pour ac|quit [puraˈki] ⟨*fr.*⟩: (selten) als Quittung; vgl. Acquit. **pour fé|li|ci|ter** [purfelisiˈte] ⟨*fr.*⟩: (veraltet) um Glück zu wünschen (meist als Abkürzung auf Visitenkarten); Abk.: p. f. **Pour le mé|rite** [purləˈmrit] *der;* - - - ⟨aus *fr.* pour le mérite „für das Verdienst"⟩: hoher Verdienstorden, von dem seit 1918 nur noch die Friedensklasse [für Wissenschaften u. Künste] verliehen wird. **Pour|par|ler** [purparˈleː] *das;* -s, -s ⟨aus gleichbed. *fr.* pourparler, eigtl. „um zu reden", zu pour „um" u. parler „reden"⟩: (veraltet) diplomatische Besprechung, Unterredung; Meinungsaustausch

Pous|sa|de [pu..., pʊ...] *die;* -, -n ⟨mit französierender Endung zu ↑ poussieren; vgl. ...ade⟩: (veraltet) svw. Poussage. **Pous|sa|ge** [puˈsaːʒə, pʊ...] *die;* -, -n ⟨zu ↑...age⟩: (veraltet) 1. [nicht ernstgemeinte] Liebschaft. 2. (oft abwertend) Geliebte. **pous|sé** [puˈseː, pʊˈseː] ⟨aus gleichbed. *fr.* poussé, eigtl. „gestoßen", Part. Perf. von pousser ⟨gleichbed.⟩: (bei Streichinstrumenten) mit Aufstrich (gespielt); etw. -spielen (Vortragsanweisung; Mus.). **Pous|seur** [puˈsœːr] *der;* -s, -e ⟨französierende Bildung zu ↑ poussieren; vgl. ...eur⟩: (veraltet) Liebhaber; jmd., der einem Mädchen den Hof macht. **pous|sez!** [puˈseː, pʊˈseː] ⟨aus gleichbed. *fr.* poussez, eigtl. „stoßt!, stoßen Sie!", Imp. von pousser, vgl. poussé⟩: mit Aufstrich spielen! (Vortragsanweisung; Mus.). **pous|sie|ren** ⟨wohl unter Einfluß von „an sich drücken" im 19. Jh. studentenspr. gebildet zu *fr.* pousser „drücken, stoßen"⟩: 1. (landsch.) flirten, anbändeln; mit jmdm. in einem Liebesverhältnis stehen. 2. (veraltet) jmdm. schmeicheln; jmdn. gut behandeln u. verwöhnen, um etwas zu erreichen. **Pous|sier|sten|gel** *der;* -s, - ⟨ugs. veraltend scherzh.⟩ junger Mann, der gern, viel mit Mädchen poussiert (1)

Pou|voir [puˈvoaːr] *das;* -s, -s ⟨aus gleichbed. *fr.* pouvoir, eigtl. „das Können; Kraft, Macht", zu pouvoir „können", dies über *vulgärlat.* *potere aus *lat.* posse⟩: (österr.) Handlungs-, Verhandlungsvollmacht (Wirtsch.).

Po|ve|se [...f...] vgl. Pafese

Po|wel|lit [auch ...ˈlɪt] *der;* -s, -e ⟨nach dem amerik. Geologen u. Ethnologen J. W. Powell (1834–1902) u. zu ↑²...it⟩: ein blaßgelbes bis gelblichgrünes, diamantglänzendes Mineral

po|wer ⟨aus gleichbed. *fr.* pauvre, dies über älter *fr.* povre aus *lat.* pauper „arm"⟩: (landsch.) armselig, ärmlich, dürftig, minderwertig

Pow|er [ˈpaʊɐ] *die;* - ⟨aus gleichbed. *engl.* power⟩: (Jargon) Kraft, Stärke, Leistung. **pow|ern** [ˈpaʊɐn]: (Jargon) a) große Leistung entfalten; b) mit großem Aufwand fördern, unterstützen. **Pow|er|play** [ˈpaʊɐpleɪ] *das;* -[s] ⟨aus gleichbed. *engl.-amerik.* power play, eigtl. „Kraftspiel", zu *engl.* power „Kraft" u. play „Spiel"⟩: gemeinsames, anhaltendes Anstürmen aller fünf Feldspieler auf das gegnerische Tor im Verteidigungsdrittel des Gegners (Eishockey). **Pow|er-sha|ring** [...ˈʃɛərɪŋ] *das;* -[s] ⟨zu *engl.* power „Macht" u. to share „teilen"⟩: politikwissenschaftlicher Begriff für die Teilung der Macht zwischen mehreren Interessengruppen. **Pow|er|slide** [...slaɪd] *das;* -[s] ⟨aus gleichbed. *engl.* power slide, eigtl. „Kraftrutschen", zu slide „das Rutschen"⟩: im Autorennsport die besondere Technik, mit erhöhter Geschwindigkeit durch eine Kurve zu schlittern, ohne das Fahrzeug aus der Gewalt zu verlieren. **Pow|er|tests** *die* (Plur.) ⟨aus gleichbed. *engl.* power tests⟩: psychodiagnostisches Untersuchungsverfahren zur Prüfung der Leistungsfähigkeit von Individuen (Psychol.); Ggs. Speedtests

Po|wi|del u. **Po|widl** *der;* -s, - ⟨aus gleichbed. *tschech.* povidla (Plur.)⟩: (österr.) Pflaumenmus. **Po|widl|ko|lat|sche** *die;* -, -n: (österr.) mit Pflaumenmus gefülltes Hefegebäckstück. **Po|widl|tatsch|kerl** *das;* -s, -n ⟨zu *österr.* (umg.) Tatschkerl, eigtl. „kleine (Hand)tasche"⟩: mit Pflaumenmus gefüllte u. in Salzwasser gekochte, flache, halbkreisförmige Speise aus Kartoffelteig

Pow|wow [ˈpaʊwaʊ] *das;* -[s], -s ⟨aus gleichbed. *engl.* powwow, dies aus dem Algonkin (einer nordamerik. Indianersprache)⟩: Bez. für Feste, Tänze u. öffentliche Kundgebungen nordamerik. Indianer, auch für den indian. Medizinmann u. seine Zauberhandlungen

Poz|z[u]o|lan|er|de *die;* - ⟨Lehnübersetzung von gleichbed. *it.* pozzolana, nach dem Ort Pozzuoli am Vesuv⟩: Aschentuff; vgl. Puzzolan

PR [peːˈɛr, engl. piːˈɑː]: Abk. für Public Relations

Prä *das;* -s ⟨Substantivierung von *lat.* prae, eigtl. „das Vor"⟩: Vorteil, Vorrang; das - haben: den Vorrang haben. **prä..., Prä...** ⟨aus *lat.* prae „vor"⟩: Präfix mit der Bedeutung „vor, voran, voraus", z. B. prädisponieren, Präludium

PR-Ab|tei|lung [peːˈɛr..., engl. piːˈɑː...] *die;* -, -en ⟨zu ↑ PR⟩: Abteilung eines Unternehmens, die für ↑ Public Relations zuständig ist

Prä|am|bel *die;* -, -n ⟨aus *mlat.* praeambulum „Vorangehendes, Einleitung", dies aus *spätlat.* praeambulus „Vorläufer" zu ↑ prä... u. ambulare „gehen"⟩: 1. Einleitung, feierliche Erklärung als Einleitung einer [Verfassungs]urkunde od. eines Staatsvertrages. 2. Vorspiel in der Lauten- u. Orgelliteratur des 15. u. 16. Jh.s

Prä|ani|mis|mus *der;* - ⟨zu ↑ prä... u. ↑ Animismus⟩: angenommene Vorstufe des ↑ Animismus (1), z. B. der ↑ Dynamismus (2; Völkerk.)

Prä|astro|nau|tik *die;* - ⟨zu ↑ prä... u. ↑ Astronautik⟩: zusammenfassende Bez. für Versuche, ungelöste Rätsel aus der Geschichte der Menschheit u. ihrer Kultur mit der vorgeschichtlichen Landung von außerirdischen Lebewesen als Kulturstiftern zu erklären

prä|au|ri|ku|lär ⟨zu ↑ prä... u. ↑ aurikulär (vgl. aurikular)⟩: vor dem Ohr [gelegen] (Med.)

Prä|ben|dar *der;* -s, -e u. **Prä|ben|da|ri|us** *der;* -, ...ien [...jən] ⟨aus gleichbed. *kirchenlat.* praebendarius zu praebenda,

Präbende

vgl. Präbende⟩: Inhaber einer Präbende. **Prä|ben|de** *die;* -, -n ⟨aus gleichbed. *kirchenlat.* praebenda zu *spätlat.* praebenda, eigtl. „das einem vom Staat zu zahlende Nahrungsgeld", zu *lat.* praebere „darreichen, gewähren"⟩: kirchliche Pfründe; vgl. Benefizium (3)

Prä|bio|lo|gie *die;* - ⟨zu ↑prä... u. ↑Biologie⟩: Spezialgebiet der Biologie, das sich theoretisch u. in Modellexperimenten mit der Entstehung des Lebens befaßt

Prä|bo|re|al *das;* -s ⟨zu ↑prä... u. ↑Boreal⟩: ↑postglaziale Klima- u. Vegetationsperiode, in der in Mitteleuropa Birken- u. Kiefernwälder vorherrschend waren

Prä|chel|lé|en [prɛʃɛle'ɛ̃:] *das;* -[s] ⟨zu ↑prä... u. ↑Chelléen⟩: (veraltet) svw. Abbevillien

prä|de|i|stisch ⟨zu ↑prä... u. ↑deistisch⟩: noch nicht auf göttliche Wesen bezogen (von magischen Bräuchen u. Vorstellungen bei Naturvölkern)

Prä|de|sti|na|ti|on *die;* - ⟨aus gleichbed. *kirchenlat.* praedestinatio zu *(kirchen)lat.* praedestinare, vgl. prädestinieren⟩: 1. göttliche Vorherbestimmung, bes. die Bestimmung des einzelnen Menschen zur Seligkeit od. Verdammnis durch Gottes Gnadenwahl (Lehre Augustins u. vor allem Calvins; auch im Islam); Ggs. ↑Universalismus (2). 2. das Geeignetsein, Vorherbestimmtsein durch Fähigkeiten, charakterliche Anlagen für ein bestimmtes Lebensziel, einen Beruf o. ä. **prä|de|sti|nie|ren** ⟨aus gleichbed. *(kirchen)lat.* praedestinare⟩: vorherbestimmen. **prä|de|sti|niert** ⟨zu ↑...iert⟩: vorherbestimmt; ideal geeignet, wie geschaffen

Prä|de|ter|mi|na|ti|on *die;* - ⟨zu ↑prä... u. ↑Determination⟩: das Vorherfestgelegtsein der Keimesentwicklung (Biol.). **prä|de|ter|mi|nie|ren**: durch Prädetermination bestimmen, lenken (Biol.). **Prä|de|ter|mi|nis|mus** *der;* -: Lehre des Thomas v. Aquin von der göttlichen Vorherbestimmtheit menschlichen Handelns. **Prä|de|ter|mi|nist** *der;* -en, -en: Vertreter des Prädeterminismus. **prä|de|ter|mi|ni|stisch**: den Prädeterminismus betreffend

Prä|de|zes|sor *der;* -s, ...oren ⟨aus gleichbed. *spätlat.* praedecessor zu *lat.* decedere „weggehen"⟩: (veraltet) Amtsvorgänger

prä|di|ka|bel ⟨aus gleichbed. *lat.* praedicabilis zu praedicare „preisen, rühmen", eigtl. „öffentlich ausrufen, verkünden, predigen"⟩: (veraltet) lobenswert, rühmlich. **Prä|di|ka|bi|li|en** [...i̯ən] *die* (Plur.) ⟨aus gleichbed. *mlat.* praedicabilia, Neutrum Plur. von *lat.* praedicabilis, vgl. prädikabel⟩: 1. nach Porphyrius die fünf logischen Begriffe des Aristoteles (Gattung, Art, Unterschied, wesentliches u. unwesentliches Merkmal). 2. die aus den ↑Kategorien (4) abgeleiteten reinen Verstandesbegriffe (Kant; Philos.). **Prä|di|ka|ment** *das;* -[e]s, -e ⟨aus *spätlat.* praedicamentum „die im voraus erfolgende Hinweisung (auf etw.)" zu *lat.* praedicare „öffentlich ausrufen, verkünden"⟩: eine der sechs nach Platon u. Aristoteles in der Scholastik weitergelehrten Kategorien (Philos.). **Prä|di|kant** *der;* -en, -en ⟨aus gleichbed. *mlat.* praedicans, Gen. praedicantis, Part. Präs. von *(m)lat.* praedicare, vgl. prädikabel⟩: [Hilfs]prediger in der ev. Kirche. **Prä|di|kan|ten|or|den** *der;* -s: kath. Predigerorden (der ↑Dominikaner). **prä|di|kan|tisch**: predigtartig. **Prä|di|kat** *das;* -[e]s, -e ⟨aus gleichbed. *lat.* praedicatum, substantiviertes Part. Perf. (Neutrum) von praedicare, vgl. Prädikament⟩: 1. Note, Bewertung, Zensur. 2. Rangbezeichnung, Titel (beim Adel). 3. grammatischer Kern einer Aussage, Satzaussage (z. B. der Bauer *pflügt* den Acker; Sprachw.); vgl. Objekt (2), Subjekt (2). 4. in der Logik der die Aussage enthaltende Teil des Urteils (Philos.). **Prä|di|ka|ten|lo|gik** *die;* -: Teilgebiet der Logik, das die innere logische Struktur der Aussage untersucht. **prä|di|ka|tie|ren**

vgl. prädikatisieren. **Prä|di|ka|ti|on** *die;* -, -en ⟨aus *lat.* praedicatio „das Verkünden"⟩: Bestimmung eines Begriffs durch ein Prädikat (4; Philos.). **prä|di|ka|ti|sie|ren** u. prädikatieren ⟨zu ↑Prädikat u. ↑...(is)ieren⟩: mit einem Prädikat (1) versehen (z. B. Filme). **prä|di|ka|tiv** ⟨aus gleichbed. *spätlat.* praedicativus⟩: das Prädikat (3) betreffend, zum Prädikat (3) gehörend; aussagend (Sprachw.). **Prä|di|ka|tiv** *das;* -s, -e [...və] ⟨verkürzt aus gleichbed. *spätlat.* (nomen) praedicativum⟩: auf das Subjekt od. Objekt bezogener Teil der Satzaussage (z. B. Karl ist *Lehrer;* er ist *krank;* ich nenne ihn *feige;* ich nenne ihn *meinen Freund;* Sprachw.). **Prä|di|ka|tiv|satz** *der;* -es, ...sätze: Prädikativ in der Form eines Gliedsatzes (z. B. er bleibt, *was er immer war;* Sprachw.). **Prä|di|ka|ti|vum** [...vʊm] *das;* -s, ...va [...va] ⟨aus *spätlat.* (nomen) praedicativum, vgl. Prädikativ⟩: (veraltet) svw. Prädikativ. **Prä|di|ka|tor** *der;* -s, ...oren ⟨nach *lat.* praedicator, eigtl. „der Verkündiger"⟩: 1. in der Logik derjenige Teil des ↑Prädikats (4), der einem Gegenstand zu- oder abgesprochen wird (Philos.). 2. Bedingung od. Variable, die eine Vorhersage bestimmter Wirkungen gestattet (Math., Phys.). **Prä|di|kats|no|men** *das;* -s, Plur. - u. ...mina ⟨zu ↑Prädikat⟩: Prädikativ, das aus einem ↑Nomen (2; Substantiv od. Adjektiv) besteht (z. B. Klaus ist *Lehrer;* Tim ist *groß*). **Prä|di|kats|wein** *der;* -[e]s, -e: Wein aus der obersten Güteklasse der deutschen Weine. **prä|dik|ta|bel** ⟨zu *mlat.* praedictare „vorhersehen" u. ↑...abel⟩: durch wissenschaftliche Verallgemeinerung vorhersagbar. **Prä|dik|ta|bi|li|tät** *die;* - ⟨zu ↑...ität⟩: Vorhersagbarkeit durch wissenschaftliche Verallgemeinerung. **Prä|dik|ti|on** *die;* -, -en ⟨aus gleichbed. *lat.* praedictio⟩: Vorhersage, Voraussage durch wissenschaftliche Verallgemeinerung. **prä|dik|tiv** ⟨aus gleichbed. *spätlat.* praedictivus⟩: svw. prädiktabel. **Prä|dik|tor** *der;* -s, ...oren ⟨zu *lat.* praedictus, Part. Perf. von praedicere „vorhersagen" u. ↑...or⟩: (in der Statistik) zur Vorhersage eines Merkmals herangezogene Variable

Prä|di|lek|ti|on *die;* -, -en ⟨zu ↑prä... u. *spätlat.* dilectio, Gen. dilectionis „Liebe", dies zu diligere „lieben"⟩: (veraltet) Vorliebe. **Prä|di|lek|ti|ons|stel|le** *die;* -, -n: bevorzugte Stelle für das Auftreten einer Krankheit (z. B. ein bestimmtes Organ; Med.)

prä|dis|po|nie|ren ⟨zu ↑prä... u. ↑disponieren⟩: 1. vorher bestimmen, im voraus festlegen. 2. empfänglich machen (z. B. für eine Krankheit). **Prä|dis|po|si|ti|on** *die;* -, -en: Anlage, Empfänglichkeit für bestimmte Krankheiten (Med.)

Prä|dis|so|zia|ti|on *die;* - ⟨zu ↑prä... u. ↑Dissoziation⟩: strahlungsloser Zerfall eines Moleküls bei Mehrfachanregung, der eintreten kann, bevor die Anregungsenergie abgegeben wird (Phys.)

prä|di|zie|ren ⟨aus *lat.* praedicere „vorausbestimmen, zuschreiben" zu ↑prä... u. dicere „sagen"⟩: ein ↑Prädikat (4) beilegen, einen Begriff durch ein Prädikat bestimmen (Philos.). **prä|di|zie|rend** ⟨zu ↑...ierend⟩; in der Fügung -es Verb: mit einem ↑Prädikatsnomen verbundenes ↑Verb (z. B. *sein* in dem Satz: er *ist* Lehrer; Sprachw.)

Prä|do|mi|na|ti|on *die;* - ⟨zu ↑prä... u. ↑Domination⟩: das Vorherrschen. **prä|do|mi|nie|ren**: vorherrschen, überwiegen

Prä|dor|mi|ti|um *das;* -s ⟨zu ↑prä..., *lat.* dormitare „schläfrig sein; einnicken" u. ↑...ium⟩: die Übergangsphase vom Wachen zum Schlafzustand (Psychol.)

Prae|am|bu|lum [prɛ...] *das;* -s, ...la ⟨aus *mlat.* praeambulum „Vorspiel", eigtl. „Vorhergehendes", zu *spätlat.* praeambulus „vorangehend"⟩: svw. Präambel (2)

Prae|cep|tor Ger|ma|niae [prɛ'tsɛp... ...niɛ] ⟨*lat.*⟩: Lehrmeister, Lehrer Deutschlands (Beiname für Hrabanus Maurus u. P. Melanchthon); vgl. Präzeptor

prae|cox ['prɛːkɔks] ⟨*lat.*⟩: vorzeitig, frühzeitig, zu früh auftretend, z. B. ↑Ejaculatio praecox (Med.)

prä|emi|nent ⟨aus gleichbed. *spätlat.* praeeminens, Gen. praeeminentis, Part. Präs. von praeeminere „hervorragen; überragen"⟩: (veraltet) hervorragend, ausgezeichnet. **Prä|emi|nenz** *die;* - ⟨aus *spätlat.* praeeminentia „Vorzug, Vortrefflichkeit"⟩: (veraltet) Vorrang

prae|mis|sis prae|mit|ten|dis [prɛ'mɪsiːs prɛmɪ'tɛndiːs] ⟨*lat.;* „nach Vorausschickung des Vorauszuschickenden"⟩: (veraltet) man nehme an, der gebührende Titel sei vorausgeschickt; Abk.: P. P. **prae|mis|so ti|tu|lo** ⟨*lat.*⟩: (veraltet) nach vorausgeschicktem gebührendem Titel; Abk.: P. T.

Prae|sens hi|sto|ri|cum ['prɛː... ...kʊm] *das;* - -, ...sentia ...ca [- ...ka] ⟨aus gleichbed. *lat.* praesens historicum⟩: Gegenwartsform des Verbs, die längst Vergangenes ausdrückt, historisches Präsens; vgl. Präsens

prae|ter le|gem ['prɛː... -] ⟨*lat.*⟩: außerhalb des Gesetzes

Prae|tex|ta [prɛ...] *die;* -, ...ten ⟨aus gleichbed. *lat.* (fabula) praetexta⟩: altröm. ernstes Nationaldrama; vgl. Prätext

prä|exi|stent ⟨zu ↑prä... u. ↑existent⟩: 1. Präexistenz besitzend, vorher bestehend. 2. vor dem Einsetzen einer bestimmten Entwicklung vorhanden (Geol.). **Prä|exi|stenz** *die;* -: 1. das Existieren, Vorhandensein der Welt als Idee im Gedanken Gottes vor ihrer stofflichen Erschaffung (Philos.). 2. das Bestehen der Seele vor ihrem Eintritt in den Leib (Plato; Philos.); Ggs. ↑Postexistenz. 3. Dasein Christi als ↑Logos (6) bei Gott vor seiner Menschwerdung (Theol.). **Prä|exi|sten|zia|nis|mus** *der;* - ⟨vgl. ...aner u. ...ismus (1)⟩: philosophisch-religiöse Lehre, die besagt, daß die Seelen (aller Menschen) bereits vor ihrem Eintritt ins irdische Dasein als Einzelseelen von Gott geschaffen seien; vgl. Generatianismus u. Kreatianismus. **prä|exi|stie|ren**: Präexistenz haben, vorher bestehen

prä|fa|bri|zie|ren ⟨zu ↑prä... u. ↑fabrizieren⟩: im voraus in seiner Form, Art festlegen

Prä|fa|ti|on *die;* -, -en ⟨aus gleichbed. *kirchenlat.* praefatio zu *lat.* praefatio „Vorrede", dies zu praefari „vorausschicken, vorher sagen"⟩: liturgische Einleitung der ↑Eucharistie (vgl. z. B. sursum corda!)

Prä|fekt *der;* -en, -en ⟨aus *lat.* praefectus „Vorgesetzter", eigtl. substantiviertes Part. Perf. von praeficere „vorsetzen"⟩: 1. hoher Zivil- od. Militärbeamter im alten Rom. 2. oberster Verwaltungsbeamter eines Departements (in Frankreich) od. einer Provinz (in Italien). 3. mit besonderen Aufgaben betrauter leitender kath. Geistlicher, bes. in Missionsgebieten (sog. Apostolischer -) u. im kath. Vereinswesen. 4. älterer Schüler in einem ↑Internat (1), der jüngere beaufsichtigt. 5. älterer Schüler des Chores [einer Schule], der den Chorleiter bzw. Kantor als Dirigent vertritt. **Prä|fek|tur** *die;* -, -en ⟨aus gleichbed. *lat.* praefectura⟩: a) Amt, Amtsbezirk eines Präfekten (2); b) Amtsräume eines Präfekten (2)

Prä|fe|ren|dum *das;* -s, Plur. ...da u. ...den ⟨aus *lat.* praeferendum „Vorzuziehendes", Gerundivum von praeferre „den Vorzug geben, vorziehen"⟩: Behaglichkeitszone, bevorzugter Aufenthaltsbereich von Tieren auf Grund optimaler Umweltbedingungen (z. B. Temperatur, Licht, Feuchtigkeit; Ökologie). **Prä|fe|ren|ti|al|zoll** *der;* -[e]s, ...zölle ⟨zu ↑Präferenz u. ↑...ial⟩: svw. Präferenzzoll. **prä|fe|ren|ti|ell** ⟨aus gleichbed. *fr.* préférentiel zu préférence, vgl. Präferenz⟩: Präferenzen betreffend. **Prä|fe|renz** *die;* -, -en ⟨aus gleichbed. *fr.* préférence zu préférer „den Vorrang geben, vorziehen", dies aus *lat.* praeferre „den Vorzug geben", eigtl. „vorantragen"⟩: 1. a) Vorrang, Vorzug, Vergünstigung; vgl. par préférence; b) bestimmten Ländern gewährte Vergünstigung im Außenhandel (Wirtsch.); c) bestimmte Vorliebe im Verhalten der Marktteilnehmer (Wirtsch.). 2. Bevorzugung einer Person, eines Ziels, Werts vor anderen (Soziol.). 3. (veraltet) Trumpffarbe (bei Kartenspielen). **Prä|fe|renz|sy|stem** *das;* -s: die gegenseitige handelspolitische Vorzugsbehandlung für Einfuhrwaren zwischen zwei od. mehreren Ländern, meist durch Präferenzzölle. **Prä|fe|renz|zoll** *der;* -[e]s, ...zölle: Zoll, der einen Handelspartner begünstigt. **prä|fe|rie|ren** ⟨nach gleichbed. *fr.* préférer, vgl. Preferenz⟩: vorziehen, den Vorzug geben

prä|fi|gie|ren ⟨aus *lat.* praefigere „vorn anheften" zu ↑prä... u. *lat.* figere „anheften"⟩: mit Präfix versehen (Sprachw.)

Prä|fi|gu|ra|ti|on *die;* -, -en ⟨aus *lat.* praefiguratio, eigtl. „Vorbildung", zu praefigurare, vgl. praefigurieren⟩: 1. vorausdeutende Darstellung, Vorgestaltung, Vorverkörperung (z. B. im mittelalterlichen Drama). 2. Urbild. **prä|fi|gu|rie|ren** ⟨aus *lat.* praefigurare, eigtl. „vorbilden"⟩: vorausweisen

prä|fi|nal ⟨zu ↑prä... u. ↑final⟩: vor dem Ende (des Lebens) auftretend (Med.). **prä|fi|nie|ren** ⟨aus gleichbed. *lat.* praefinire⟩: (veraltet) im voraus bestimmen, vorher festsetzen. **Prä|fi|ni|ti|on** *die;* -, -en ⟨aus gleichbed. *lat.* praefinitio⟩: (veraltet) Vorherbestimmung, Vorschrift

Prä|fix [auch 'prɛː...] *das;* -es, -e ⟨aus *lat.* praefixum, Part. Perf. (Neutrum) von praefigere, vgl. präfigieren⟩: 1. vor den Wortstamm oder vor ein Wort tretende Silbe, Vorsilbe (z. B. *un*schön, *be*steigen, *un*beherrscht); vgl. Affix, Infix, Suffix (Sprachw.). 2. svw. Präverb (Sprachw.). **Prä|fi|xi|on** *die;* -, -en ⟨zu ↑'...ion⟩: Anberaumung. **prä|fi|xo|id** ⟨zu ↑ ...oid⟩: in der Art eines Präfixes, einem Präfix ähnlich gestaltet, sich verhaltend o. ä. (Sprachw.). **Prä|fi|xo|id** *das;* -[e]s, -e: [expressives] Halbpräfix, präfixähnlicher Wortbestandteil (z. B. sau-/Sau- in *sau*blöd, *Sau*wetter; Sprachw.); vgl. Suffixoid. **Prä|fix|verb** [auch 'prɛː...] *das;* -s, -en: präfigiertes Verb (z. B. *ent*sorgen)

Prä|for|ma|ti|on *die;* -, -en ⟨zu ↑prä... u. ↑Formation⟩: angenommene Vorherbildung des fertigen Organismus im Keim (Biol.). **Prä|for|ma|ti|ons|theo|rie** *die;* -: im 17. u. 18. Jh. vertretene Entwicklungstheorie, nach der jeder Organismus durch Entfaltung bereits in der Ei- od. Samenzelle vorgebildeter Teile entsteht (Biol.). **prä|for|mie|ren** ⟨aus *lat.* praeformare „vorher bilden"⟩: im Keim vorbilden (Biol.). **Prä|for|mist** *der;* -en, -en ⟨zu ↑ ...ist⟩: Anhänger der Präformationstheorie

prä|ge|ni|tal ⟨zu ↑prä... u. ↑genital⟩: die noch nicht im Bereich der ↑Genitalien, sondern im Bereich des Afters u. des Mundes erfolgende Lustgewinnung betreffend (von frühkindlichen Entwicklungsphasen des Sexuallebens; Psychol.)

prä|gla|zi|al ⟨zu ↑prä... u. ↑glazial⟩: voreiszeitlich (Geol.). **Prä|gla|zi|al** *das;* -s: die zum ↑Pleistozän gehörende Voreiszeit (Geol.)

Prag|ma *das;* -s, -ta ⟨aus gleichbed. *gr.* prāgma, dies zu prássein „handeln, tun"⟩: (veraltet) 1. das Handeln, Tat, Geschäft. 2. (nur Plur.) Lage der Dinge, bes. der Staatsverhältnisse. **Prag|ma|lin|gu|i|stik** [auch 'prag...] *die;* - ⟨zu ↑Pragmatik u. ↑Linguistik⟩: Pragmatik (3) als Teil der ↑Soziolinguistik (Sprachw.). **prag|ma|lin|gu|i|stisch** [auch 'prag...]: die Pragmalinguistik betreffend, zu ihr gehörend

Pragmatik

(Sprachw.). **Prag|ma|tik** *die;* -, -en ⟨aus *gr.* pragmatikē (téchnē) „Kunst, richtig zu handeln" zu pragmatikós, vgl. pragmatisch⟩: 1. Orientierung auf das Nützliche, Sinn für Tatsachen, Sachbezogenheit. 2. (österr.) Ordnung des Staatsdienstes, Dienstordnung. 3. das Sprachverhalten, das Verhältnis zwischen sprachlichen Zeichen u. interpretierendem Menschen untersuchende linguistische Disziplin (Sprachw.). **Prag|ma|ti|ker** *der;* -s, -: 1. Vertreter der pragmatischen Geschichtsschreibung. 2. Vertreter des Pragmatismus, Pragmatist. **Prag|ma|ti|ke|rin** *die;* -, -nen: weibliche Form zu ↑ Pragmatiker. **prag|ma|tisch** ⟨über *lat.* pragmaticus aus *gr.* pragmatikós „in Geschäften geschickt, tüchtig, sachkundig" zu prāgma, vgl. Pragma⟩: 1. anwendungs-, handlungs-, sachbezogen; sachlich, auf Tatsachen beruhend. 2. fach-, geschäftskundig. 3. das Sprachverhalten, die Pragmatik (3) betreffend (Sprachw.); -e Bedeutung: Bedeutung eines sprachlichen Zeichens (Wort, Wortkomplex), die sich aus der Beziehung des Zeichens zu den Zeichenbenutzern ergibt, die zwar an das sprachliche Zeichen gebunden ist, aber (im Unterschied zur referentiellen Bedeutung) nicht direkt zur Lexikoneinheit gehört, obwohl sie durch diese ausgedrückt wird, die weniger die lexikalische Einheit als solche als vielmehr den Text insgesamt charakterisiert, z. B. stilistische Charakteristik, Kommunikationsbedingungen u. -situationen, die die Auswahl der sprachlichen Mittel bedingen, emotionale Färbungen u. Konnotationen; -e Geschichtsschreibung: Geschichtsschreibung, die aus der Untersuchung von Ursache u. Wirkung historischer Ereignisse Erkenntnisse für künftige Entwicklungen zu gewinnen sucht; Pragmatische Sanktion: 1713 erlassenes Grundgesetz des Hauses Habsburg über die Unteilbarkeit der habsburgischen Länder u. die Erbfolge. **prag|ma|ti|sie|ren** ⟨zu ↑...isieren⟩: (österr.) [auf Lebenszeit] fest anstellen. **Prag|ma|ti|sie|rung** *die;* -, -en ⟨zu ↑...isierung⟩: (österr.) das Pragmatisieren, Anstellung auf Lebenszeit. **Prag|ma|tis|mus** *der;* - ⟨zu ↑...ismus (1)⟩: 1. philos. Lehre, die im Handeln das Wesen des Menschen erblickt u. Wert u. Unwert des Denkens danach bemißt. 2. pragmatisches Denken, Handeln, pragmatische Einstellung. **Prag|ma|tist** *der;* -en, -en ⟨zu ↑...ist⟩: Vertreter des Pragmatismus, Pragmatiker (2)

prägnant ⟨unter Einfluß von gleichbed. *fr.* prégnant aus *lat.* praegnans, Gen. praegnantis „schwanger; trächtig; strotzend"⟩: etwas in knapper Form genau, treffend darstellend. **Prä|gnanz** *die;* - ⟨zu ↑...anz⟩: Schärfe, Genauigkeit, Knappheit des Ausdrucks. **Prä|gnanz|ten|denz** *die;* -: das Bestreben, Bewußtseinsinhalte in eine bündige, bedeutsame Form zu bringen (Psychol.)

Prä|gra|va|ti|on [...v...] *die;* -, -en ⟨aus *lat.* praegravatio „die Schwere" zu praegravare, vgl. prägravieren⟩: (veraltet) Überlastung, Überbürdung (z. B. mit Steuern). **prä|gra|vie|ren** ⟨aus gleichbed. *lat.* praegravare⟩: (veraltet) überlasten, mehr als andere mit etwas belasten

Prä|gu|sta|ti|on *die;* -, -en ⟨zu *lat.* praegustare (vgl. prägustieren) u. ↑...ation⟩: (veraltet) das Vorkosten. **Prä|gu|sta|tor** *der;* -s, ...oren ⟨aus gleichbed. *lat.* praegustator⟩: (veraltet) Vorkoster. **prä|gu|stie|ren** ⟨aus gleichbed. *lat.* praegustare⟩: (veraltet) vorher kosten, vorkosten. **Prä|gu|stus** *der;* - ⟨zu ↑ prä... u. *lat.* gustus „Kostprobe; Geschmack"⟩: (veraltet) Vorgeschmack

prä|he|pa|tisch ⟨zu ↑ prä... u. ↑ hepatisch⟩: vor der Leber [befindlich] (Anat.)

Prä|hi|sto|rie [...ə, auch 'prɛ:...] *die;* - ⟨zu ↑ prä... u. ↑ Historie⟩: Vorgeschichte. **Prä|hi|sto|ri|ker** [auch 'prɛ:...] *der;* -s,

-: Wissenschaftler auf dem Gebiet der Prähistorie. **prä|hi|sto|risch** [auch 'prɛ:...]: vorgeschichtlich

Prahm *der;* -[e]s, -e ⟨aus dem Slaw.; vgl. *tschech.* prám⟩: kastenförmiges, flaches Wasserfahrzeug für Arbeitszwecke, großer Lastkahn

Prä|ho|mi|ni|nen *die* (Plur.) ⟨zu ↑ prä... u. *lat.* homo, Gen. hominis „Mensch"⟩: Vormenschen, Übergangsformen vom Menschenaffen zum Menschen (Biol.)

Prä|ima|go *die;* -, ...gines [...ne:s] ⟨zu ↑ prä... u. ↑ Imago⟩: Entwicklungsstadium bei Insekten, das schon vor der letzten Häutung der Imago (2) ähnelt (Biol.)

Prä|io|ni|sa|ti|on *die;* -, -en ⟨zu ↑ prä... u. ↑ Ionisation⟩: svw. Autoionisation

Prai|ri|al [prɛ'rĭal] *der;* -[s], -s ⟨aus gleichbed. *fr.* prairial, eigtl. „Wiesenmonat", zu prairie „Wiese"⟩: in der 1. Französischen Republik der 9. Monat des Jahres (20. Mai bis 18. Juni)

Prä|ju|diz *das;* -es, -e ⟨aus gleichbed. *lat.* praeiudicium zu ↑ prä... u. iudicium, vgl. Judizium⟩: 1. vorgefaßte Meinung, Vorentscheidung. 2. a) hochrichterliche Entscheidung, die bei der Beurteilung künftiger u. ähnlicher Rechtsfälle zur Auslegung des positiven Rechts herangezogen wird; b) (veraltet) durch Nichtbefolgung einer Verordnung entstehender Schaden (Rechtsw.). 3. Vorwegnahme einer Entscheidung durch zwingendes Verhalten (Staatspolitik). **prä|ju|di|zi|al** ⟨aus *spätlat.* praeiudicialis „zur Vorentscheidung gehörig"⟩: svw. präjudiziell; vgl. ...al/...ell. **prä|ju|di|zi|ell** ⟨nach gleichbed. *fr.* préjudiciel, dies aus *spätlat.* praeiudicialis, vgl. präjudizial⟩: bedeutsam für die Beurteilung eines späteren Sachverhalts (Rechtsw.); vgl. ...al/...ell. **prä|ju|di|zie|ren** ⟨aus *spätlat.* praeiudicare „vorgreifen, im voraus entscheiden" zu ↑ prä... u. iudicare, vgl. judizieren⟩: der [richterlichen] Entscheidung vorgreifen (Rechtsw., Pol.)

prä|kam|brisch ⟨zu ↑ prä... u. ↑ kambrisch⟩: die vor dem ↑ Kambrium liegenden Zeiten betreffend (Geol.). **Prä|kam|bri|um** *das;* -s: ↑ Archaikum u. ↑ Algonkium umfassender Zeitraum der erdgeschichtlichen Frühzeit (Geol.)

prä|kan|ze|rös ⟨zu ↑ prä... u. ↑ kanzerös⟩: svw. präkarzinomatös. **Prä|kan|ze|ro|se** *die;* -, -n ⟨zu ↑ ...ose⟩: Gewebsveränderung, die zu präkarzinomatöser Entartung neigt, als Vorstadium eines Krebses aufzufassen ist (Med.)

prä|kar|bo|nisch ⟨zu ↑ prä... u. ↑ karbonisch⟩: vor dem ↑ Karbon [liegend] (Geol.)

prä|kar|di|al ⟨zu ↑ prä... u. ↑ kardial⟩: vor dem Herzen liegend, die vor dem Herzen liegende Brustwand betreffend (Med.). **Prä|kar|di|al|gie** *die;* -, ...ien: Schmerzen in der Herzgegend (Med.)

prä|kar|zi|no|ma|tös ⟨zu ↑ prä... u. ↑ karzinomatös⟩: die Entstehung eines Krebses vorbereitend od. begünstigend (Med.)

Prä|kau|ti|on *die;* -, -en ⟨aus gleichbed. *spätlat.* praecautio zu praecautus, Part. Perf. von *lat.* praecavere, vgl. präkavieren⟩: (veraltet) Vorsicht, Vorkehrung. **prä|ka|vie|ren** [...'vi:...] ⟨aus gleichbed. *lat.* praecavere⟩: sich vorsehen, Vorkehrungen treffen

Prä|ke|ra|mi|kum *das;* -s ⟨zu ↑ prä..., ↑ Keramik u. ↑ ...ium⟩: Frühphase in verschiedenen Gebieten der Jungsteinzeit, in der Kultivierung von Pflanzen u. Tieren, aber noch keine ↑ Keramik nachweisbar ist

prä|klu|die|ren ⟨aus *lat.* praecludere „verschließen, versperren"⟩: jmdm. die (verspätete) Geltendmachung eines Rechts[mittels, -anspruchs] wegen Versäumnis einer festgesetzten Frist (↑ Präklusivfrist) gerichtlich verweigern (Rechtsw.). **Prä|klu|si|on** *die;* -, -en ⟨aus gleichbed. *lat.*

Präliminare

praeclusio⟩: das Präkludieren (Rechtsw.). **prä|klu|siv** u. präklusi̱visch [...vɪʃ] ⟨zu ↑...iv⟩: ausschließend; rechtsverwirkend infolge versäumter Geltendmachung eines Rechts (Rechtsw.); vgl. ...isch/-. **Prä|klu|siv|frist** *die;* -, -en: gerichtlich festgelegte Frist, nach deren Ablauf ein Recht infolge Versäumung nicht mehr geltend gemacht werden kann (Rechtsw.). **prä|klu|si̱|visch** [...vɪʃ] vgl. präklusiv
Prä|ko|gni|ti|on *die;* - ⟨aus *spätlat.* praecognitio „das Vorhererkennen" zu praecognoscere „vorher erfahren"⟩: außersinnliche Wahrnehmung; Vorauswissen zukünftiger Vorgänge (Parapsychol.)
prä|ko|lum|bisch ⟨zu ↑prä... u. nach Chr. Kolumbus, 1451–1506⟩: (in bezug auf Amerika) den Zeitraum vor der Entdeckung durch Kolumbus betreffend; -e K u l t u r e n : die in Amerika existierenden Kulturen vor der Entdeckung durch Kolumbus
Prä|ko̱|ma *das;* -s, -s ⟨zu ↑prä... u. ↑¹Koma⟩: beginnende Bewußtseinsstörung, Vorstadium eines ↑¹Komas (Med.)
Prä|ko|ni|sa|ti|on *die;* -, -en ⟨aus gleichbed. *kirchenlat.* praeconizatio zu praeconizare, vgl. präkonisieren⟩: feierliche Bekanntgabe einer Bischofsernennung durch den Papst vor den Kardinälen. **prä|ko|ni|sie̱|ren** ⟨aus gleichbed. *kirchenlat.* praeconizare, wohl aus *lat.* praedicare „öffentlich ausrufen, verkünden"⟩: feierlich zum Bischof ernennen.
Prä|ko|ni|um *das;* -s, ...ien [...jən] ⟨aus *lat.* praeconium, eigtl. „Heroldsdienst", substantiviertes Neutrum von praeconius „zum Herold gehörig", dies zu praeco „Herold"⟩: (veraltet) 1. Bekanntmachung, Ausrufung. 2. Verherrlichung
prä|kon|zep|tio|nell ⟨zu ↑prä... u. ↑konzeptionell⟩: vor der Befruchtung bereits vorhanden (Med.)
prä|kor|di|al ⟨zu *lat.* praecordia „Zwerchfell" u. ↑¹...al (1)⟩: svw. präkardial. **Prä|kor|di|al|angst** *die;* -: mit Angstgefühl verbundene Beklemmung in der Herzgegend (Med.). **Prä|kor|di|al|schmerz** *der;* -[e]s: Schmerzgefühl beim Auftreten von ↑Angina pectoris (Med.)
Pra̱|krit *das;* -s, -s ⟨aus *sanskr.* prākṛta „(mittelind.) Volkssprache"⟩: Sammelbez. für die mittelind. Volkssprachen, die etwa seit Buddhas Zeit (5. Jh. v. Chr.) bis etwa 1000 n. Chr. neben der Hochsprache des Sanskrit gebraucht wurden
prak|ti|fi|zie̱|ren ⟨zu ↑Praxis u. ↑...fizieren⟩: in die Praxis umsetzen, verwirklichen. **Prak|ti|fi|zie̱|rung** *die;* -, -en ⟨zu ↑...fizierung⟩: das Praktifizieren. **Prak|tik** *die;* -, -en ⟨über *mlat.* practica, *spätlat.* practice „Ausübung, Tätigkeit, Vollendung" aus *gr.* praktikḗ (téchnē) „Tätigkeit, Tatkraft", eigtl. „Lehre vom aktiven Handeln", substantiviertes Fem. von praktikós, vgl. praktisch⟩: 1. [Art der] Ausübung von etwas; Handhabung, Verfahren[sart]. 2. (meist Plur.) (als bedenklich empfundene) Methode, nicht immer einwandfreies u. erlaubtes Vorgehen; Kunstgriff, Kniff. 3. vom 15. bis 17. Jh. Kalenderanhang od. selbständige Schrift mit Wettervorhersagen, astrologischen Prophezeiungen, Gesundheitslehren, Ratschlägen u. a. **Prak|ti|ka:** Plur. von ↑Praktikum. **prak|ti|ka|bel** ⟨nach *fr.* practicable aus *mlat.* practicabilis „tunlich, ausführbar"⟩: 1. brauchbar, benutzbar, zweckmäßig; durch-, ausführbar. 2. begehbar, benutzbar, nicht gemalt od. nur angedeutet (von Teilen der Theaterdekoration). **Prak|ti|ka|bel** *das;* -s, -: begehbarer, benutzbarer Teil der Theaterdekoration (z. B. ein Podium). **Prak|ti|ka|bi|li|tät** *die;* - ⟨aus gleichbed. *fr.* practicabilité; vgl. ...ität⟩: Brauchbarkeit, Zweckmäßigkeit; Durchführbarkeit. **Prak|ti|kant** *der;* -en, -en ⟨zu *mlat.* practicans, Gen. practicantis, Part. Präs. von practicare, vgl. praktizieren⟩: in praktischer Ausbildung Stehender. **Prak-**

ti|kan|tin *die;* -, -nen: weibliche Form zu ↑Praktikant. **Prak|ti|ken:** Plur. von ↑Praktik. **Prak|ti|ker** *der;* -s, - ⟨zu *spätlat.* practicus, vgl. praktisch⟩: 1. Mann der [praktischen] Erfahrung; Ggs. ↑Theoretiker (1). 2. (Fachjargon) praktischer Arzt. **Prak|ti|kum** *das;* -s, ...ka ⟨latinisierende Bildung zu ↑Praktik; vgl. ...ikum⟩: 1. zur praktischen Anwendung des Erlernten eingerichtete Übungsstunde, Übung (bes. an den naturwissenschaftlichen Fakultäten einer Hochschule). 2. im Rahmen einer Ausbildung außerhalb der [Hoch]schule abzuleistende praktische Tätigkeit. **Prak|ti|kus** *der;* -, -se ⟨zu *spätlat.* practicus, vgl. praktisch⟩: (scherzh.) jmd., der immer u. überall Rat weiß. **prak|tisch** ⟨über *spätlat.* practicus aus *gr.* praktikós „auf das Handeln gerichtet, tätig, tüchtig" zu prássein „handeln, tun"⟩: 1. a) die Praxis, das Tun, das Handeln betreffend; ausübend; b) in der Wirklichkeit auftretend; wirklich, tatsächlich. 2. zweckmäßig, gut zu handhaben. 3. geschickt; [durch stetige Übung] erfahren; findig. 4. (ugs.) fast, so gut wie, in der Tat; -er Arzt: nicht spezialisierter Arzt, Arzt für Allgemeinmedizin (Abk.: prakt. Arzt); -e P h i l o s o p h i e : Teilbereich der Philosophie, der sich mit dem menschlichen Handeln in seinen vielfältigen Bezügen beschäftigt, bes. im Hinblick auf ethisch-moralische, rechtlich-politische u. technisch-pragmatische Formen des menschlichen Zusammenlebens; -e T h e o l o g i e : Teilbereich der Theologie, der sich mit Seelsorge, Predigt u. religiöser Unterweisung beschäftigt. **prak|ti|zie̱|ren** ⟨unter Einfluß von *(m)fr.* pratiquer aus *mlat.* practicare „eine Tätigkeit ausüben"⟩: 1. a) eine Sache betreiben, ins Werk setzen; [Methoden] anwenden; b) etwas aktiv ausüben (z. B. praktizierender Katholik). 2. a) seinen Beruf ausüben (bes. als Arzt); b) (selten) ein Praktikum durchmachen. 3. (österr.) seine praktische berufliche Ausbildung beginnen od. vervollkommnen. 4. (ugs.) etwas geschickt irgendwohin bringen, befördern. **Prak|ti|zis|mus** *der;* - ⟨zu ↑...ismus (5)⟩: Neigung, bei der praktischen Arbeit die theoretischen Grundlagen zu vernachlässigen. **prak|ti|zi|stisch** ⟨zu ↑...istisch⟩: den Praktizismus betreffend, auf ihm beruhend
prä|kul|misch ⟨zu ↑prä... u. ↑kulmisch⟩: vor dem ↑²Kulm [liegend] (Geol.)
Prä|kur|sor *der;* -s, ...oren ⟨aus gleichbed. *lat.* praecursor zu praecurrere „vorauslaufen, zuvorkommen"⟩: (veraltet) 1. Vorläufer, Vorbote. 2. Kundschafter. **prä|kur|so̱|risch** ⟨aus *lat.* praecursorius „vorauseilend"⟩: (veraltet) vorläufig, einleitend
Prä|lat *der;* -en, -en ⟨aus gleichbed. *mlat.* praelatus, eigtl. „der Vorgezogene", substantiviertes Part. Perf. von *lat.* praeferre „vorziehen, bevorzugen"⟩: 1. kath. geistlicher Würdenträger [mit bestimmter oberhirtlicher Gewalt]. 2. leitender ev. Geistlicher in einigen deutschen Landeskirchen. **Prä|la|tur** *die;* -, -en ⟨aus *mlat.* praelatura „Amt eines Prälaten"⟩: Amt od. Wohnung eines Prälaten
Prä|le|gat *das;* -[e]s, -e ⟨aus *lat.* praelegatum, substantiviertes Part. Perf. (Neutrum) von praelegare, vgl. prälegieren⟩: (veraltet) Vorausvermächtnis. **prä|le|gie̱|ren** ⟨aus *lat.* praelegare „im voraus vermachen"⟩: (veraltet) voraus verfügen, vermachen
prä|li|mi|när ⟨aus gleichbed. *fr.* préliminaire; vgl. Präliminar...⟩: 1. vorläufig. 2. einleitend, vorbereitend. **Prä|li|mi|nar...** ⟨zu ↑prä... u. *lat.* liminaris „zur Schwelle gehörend" (zu limen, Gen. liminis „Schwelle; Anfang")⟩: Wortbildungselement mit der Bedeutung „vorläufig, einleitend", z. B. Präliminarfrieden. **Prä|li|mi|na̱|re** *das;* -s, ...rien [...jən] (meist Plur.) ⟨aus gleichbed. *nlat.* praeliminare⟩: 1. diplomatische Vorverhandlung (bes. zu einem Friedens-

1103

Präliminarfrieden

vertrag). 2. Vorbereitung, Einleitung, Vorspiel. **Prä|li|mi|nar|frie|den** *der;* -s: in Vorverhandlungen erreichte Vereinbarung, die nicht nur die Einstellung der Kampfhandlungen, sondern schon wesentliche Bedingungen eines späteren Friedensvertrages enthält. **Prä|li|mi|na|rist** *der;* -en, -en ⟨zu ↑...ist⟩: (veraltet) jmd., der im Zustand der Vorbereitung od. des Übergangs ist (z. B. angehender Student). **prä|li|mi|nie|ren** ⟨zu ↑...ieren⟩: (selten) vorläufig feststellen, -legen

Pra|li|ne *die;* -, -n ⟨aus gleichbed. *fr.* praline, eigtl. „gebrannte Mandel", wohl nach dem franz. Marschall du Plessis-Praslin (†1675), dessen Koch als Erfinder gilt⟩: kleines Stück Schokoladenkonfekt mit einer Füllung. **Pra|li|né** [...'ne:, auch 'praline] u. **Pra|li|nee** [auch 'pra...] *das;* -s, -s ⟨nach *fr.* praliné, pralinée, Part. Perf. von praliner „mit gebranntem Zucker überziehen"⟩: (bes. österr. u. schweiz.) svw. Praline. **pra|li|nie|ren** ⟨aus *fr.* praliner „mit gebranntem Zucker überziehen"⟩: (veraltet) in Zucker rösten

prä|lo|gisch ⟨zu ↑prä... u. ↑logisch⟩: vorlogisch; das primitive, natürliche, gefühlsmäßige, einfallsmäßige Denken betreffend (Philos.). **Prä|lo|gis|mus** *der;* - ⟨zu ↑...ismus (1)⟩: Lehre von den natürlichen, vorlogischen Denkformen (Philos.)

prä|lu|die|ren ⟨aus *lat.* praeludere „vorspielen, ein Vorspiel halten"⟩: durch ein musikalisches Vorspiel einleiten. **Prä|lu|di|um** *das;* -s, ...ien [...jən] ⟨aus gleichbed. *mlat.* praeludium⟩: a) oft frei improvisiertes musikalisches Vorspiel (z. B. auf der Orgel vor dem Gemeindegesang in der Kirche); b) Einleitung der Suite u. Fuge; c) selbständiges Instrumentalstück; vgl. Postludium

prä|ma|tur ⟨aus gleichbed. *lat.* praematurus⟩: vorzeitig, frühzeitig, verfrüht auftretend (z. B. vom Einsetzen der Geschlechtsreife; Med.). **Prä|ma|tu|ri|tät** *die;* - ⟨zu ↑...ität⟩: Frühreife, vorzeitige Pubertät (Med.)

Prä|me|di|ta|ti|on *die;* -, -en ⟨aus gleichbed. *lat.* praemeditatio zu praemeditari „etw. vorher bedenken"⟩: Vorüberlegung, das Vorausdenken (Philos.)

Prä|me|di|ka|ti|on *die;* -, -en ⟨zu ↑prä... u. ↑Medikation⟩: medikamentöse Vorbereitung eines ↑Patienten für einen größeren Eingriff (z. B. vor Operationen; Med.)

Prä|me|no|pau|se *die;* -, -n ⟨zu ↑prä... u. ↑Menopause⟩: Zeitabschnitt vor Eintritt der ↑Menopause (Med.)

prä|men|stru|ell ⟨zu ↑prä... u. ↑menstruell⟩: in den letzten Tagen vor Eintritt der Menstruation auftretend (von Beschwerden; Med.)

Prä|mie [...jə] *die;* -, -n ⟨aus *lat.* praemia, als Fem. Sing. angesehener Plur. (Neutrum) von praemium „Vorteil, Auszeichnung; Preis, Belohnung"⟩: 1. Belohnung, Preis. 2. bes. in der Wirtschaft für besondere Leistungen zusätzlich zur normalen Vergütung gezahlter Betrag. 3. Zugabe beim Warenkauf. 4. Leistung, die der Versicherungsnehmer dem Versicherer für Übernahme des Versicherungsschutzes schuldet. 5. Gewinn in der Lotterie, im Lotto o. ä. **Prä|mi|en|de|pot** [...miəndepo:] *das;* -s, -s: Guthaben, das ein Versicherter durch vorzeitige Zahlung bei einer [Lebens]versicherung hat. **Prä|mi|en|fonds** [...fõ:] *der;* - [...fõ:(s)], - [...fõ:s]: ↑Fonds (1 a), aus dem Prämien (2) gezahlt werden. **prä|mie|ren** u. **prä|mi|ie|ren** ⟨aus gleichbed. *spätlat.* praemiare⟩: mit einem Preis belohnen, auszeichnen

Prä|mis|se *die;* -, -n ⟨aus *lat.* praemissa (res) „die vorausgeschickte (Sache)" zu praemittere; vgl. prämittieren⟩: 1. Vordersatz im ↑Syllogismus (Philos.). 2. Voraussetzung, das, was einem Plan od. Projekt gedanklich zugrunde liegt.

prä|mit|tie|ren ⟨aus gleichbed. *lat.* praemittere⟩: (veraltet) vorausschicken

Prä|mo|lar *der;* -en, -en ⟨zu ↑prä... u. ↑Molar⟩: vorderer zweihöckeriger Backenzahn (Med.)

prä|mo|ni|to|risch ⟨aus gleichbed. *lat.* praemonitorius zu praemonitor „der Warner", dies zu praemonere „(im voraus) erinnern, warnen"⟩: (veraltet) warnend

Prä|mon|stra|ten|ser *der;* -s, - ⟨aus gleichbed. *mlat.* praemonstratensis, nach dem franz. Kloster Prémontré (zu *fr.* prémontre, *lat.* pratum monstratum „gezeigte Wiese", da nach der Legende dem hl. Norbert 1120 von Gott ein Wiesental zur Ordensgründung gezeigt wurde)⟩: 1120 gegründeter Orden ↑regulierter Chorherren; Abk.: O. Praem.

prä|mor|bid ⟨zu ↑prä... u. ↑morbid⟩: die Prämorbidität betreffend, zu ihr gehörend, durch sie geprägt (Med.). **Prä|mor|bi|di|tät** *die;* -: Gesamtheit der Krankheitserscheinungen, die sich bereits vor dem eigentlichen Ausbruch einer Krankheit zeigen (bes. bei ↑Psychopathien; Med.)

prä|mor|tal ⟨zu ↑prä... u. ↑mortal⟩: vor dem Tode [auftretend], dem Tode vorausgehend (Med.)

prä|mun|dan ⟨zu ↑prä... u. ↑mundan⟩: vorweltlich, vor der Entstehung der Welt vorhanden (Philos.)

Prä|mu|ni|sie|rung *die;* -, -en ⟨Kurzw. aus ↑*prä*... u. ↑*Immunisierung*⟩: durch ↑Impfung bewirkter Schutz des ↑Organismus gegenüber einer Vielzahl von Infektionskrankheiten (Med.). **Prä|mu|ni|tät** *die;* - ⟨Kurzw. aus ↑*prä*... u. ↑*Immunität*⟩: Summe der durch Schutzimpfungen bewirkten ↑Resistenz (Med.)

Prä|mu|ta|ti|on *die;* -, -en ⟨zu ↑prä... u. ↑Mutation⟩: Vorstufe einer ↑Mutation (1)

Pra|na *der;* -s, -s ⟨aus *sanskr.* prāṇā „Atem"⟩: der Atem als Lebenskraft (nach altind. Vorstellung)

prä|na|tal ⟨zu ↑prä... u. *lat.* natalis „zur Geburt gehörig"⟩: vor der Geburt, der Geburt vorausgehend (Med.); -e Diagnostik: Untersuchung zur Früherkennung von Entwicklungsstörungen u. genetischen Schäden des ungeborenen Kindes (Med.)

pran|di|al ⟨zu *lat.* prandium „(Vor)mahlzeit" u. ↑¹...al (1)⟩: während des Essens auftretend (von Schmerzen; Med.)

Prä|neo|pla|sie *die;* -, ...ien ⟨zu ↑prä... u. ↑Neoplasie⟩: svw. Präkanzerose

Prang *der;* -s, -s ⟨aus *thailändisch* prang „Heiligtum"⟩: Tempelform in Thailand, bei der das Turmheiligtum mit einer Vorhalle verbunden ist

Prä|no|men *das;* -s, Plur. - u. ...mina ⟨aus gleichbed. *lat.* praenomen zu ↑prä... u. nomen „Name"⟩: der an erster Stelle stehende altrömische Vorname (z. B. *Marcus* Tullius Cicero); vgl. Kognomen u. Nomen gentile

Prä|no|ta|ti|on *die;* -, -en ⟨aus gleichbed. *lat.* praenotatio, eigtl. „Titel", zu praenotare, vgl. pränotieren⟩: (veraltet) a) Vorbemerkung; b) Benachrichtigung. **prä|no|tie|ren** ⟨aus gleichbed. *lat.* praenotare⟩: (veraltet) vor[be]merken

Prä|no|va [...va] *die;* -, ...vä ⟨zu ↑prä... u. ↑¹Nova⟩: Zustand vor dem Helligkeitsausbruch eines temporär veränderlichen Sterns (Astron.)

prä|nu|me|ran|do ⟨zu ↑prä... u. *lat.* numerando, Gerundium von numerare, vgl. numerieren⟩: im voraus (zu zahlen); Ggs. ↑postnumerando. **Prä|nu|me|ra|ti|on** *die;* -, -en ⟨zu ↑...ation⟩: Vorauszahlung; Ggs. ↑Postnumeration. **prä|nu|me|rie|ren**: vorausbezahlen

Prä|nun|ti|a|ti|on *die;* -, -en ⟨aus gleichbed. *spätlat.* praenuntiatio zu praenuntiare „vorher verkündigen"⟩: (veraltet) Vorherverkündigung

Präok|ku|pa|ti|on *die;* -, -en ⟨aus gleichbed. *lat.* praeoccupatio, eigtl. „Besetzung zur rechten Zeit", zu praeoccupare, vgl. präokkupieren〉: a) Vorwegnahme; b) Voreingenommenheit, Vorurteil, Befangenheit. **prä|ok|ku|pie|ren** 〈aus gleichbed. *lat.* praeoccupare, eigtl. „vorher einnehmen, (recht)zeitig besetzen"〉: a) zuvorkommen; b) befangen machen

Prä|on *das;* -s, ...onen (meist Plur.) 〈Kunstw.; vgl. ⁴...on〉: Sammelbegriff für hypothetische Elementarteilchen, aus denen ↑Quarks u. ↑Leptonen zusammengesetzt sein könnten (Phys.)

prä|ope|ra|tiv 〈zu ↑prä... u. ↑operativ〉: vor einer Operation [stattfindend] (z. B. von Behandlungen; Med.)

prä|op|tie|ren 〈aus gleichbed. *lat.* praeoptare〉: (veraltet) vorziehen, lieber wollen

prä|oral 〈zu ↑prä... u. ↑oral〉: vor dem Mund gelegen (bei Tieren; Zool.)

prä|pa|la|tal 〈zu ↑prä... u. ↑palatal〉: vor dem Gaumen gesprochen (von Lauten; Sprachw.); Ggs. ↑postpalatal; vgl. Palatum

Prä|pa|rand *der;* -en, -en 〈aus *lat.* praeparandus, Gerundivum von praeparare (vgl. präparieren), eigtl. „der Vorzubereitende, Auszurüstende"〉: 1. (früher) Vorbereitungsschüler (bei der Lehrerausbildung). 2. Kind, das den Vorkonfirmandenunterricht besucht. **Prä|pa|ran|de** *die;* -, -n: (ugs.) Kurzform von ↑Präparandenanstalt. **Prä|pa|ran|den|an|stalt** *die;* -, -en: (früher) Unterstufe der Lehrerbildungsanstalt. **Prä|pa|rat** *das;* -[e]s, -e 〈aus *lat.* praeparatum „das Zubereitete", substantiviertes Part. Perf. (Neutrum) von praeparare, vgl. präparieren〉: 1. etwas kunstgerecht Zubereitetes (z. B. Arzneimittel, chem. Mittel). 2. a) konservierte Pflanze od. konservierter Tierkörper [zu Lehrzwecken]; b) Gewebsschnitt zum Mikroskopieren. **Prä|pa|ra|ti|on** *die;* -, -en 〈aus gleichbed. *lat.* praeparatio〉: 1. (veraltet) Vorbereitung; häusliche Aufgabe. 2. Herstellung eines Präparates (2 a, b). **prä|pa|ra|tiv** 〈zu ↑...iv〉: die Herstellung von Präparaten (2 a, b) betreffend. **Prä|pa|ra|tor** *der;* -s, ...oren 〈aus gleichbed. *lat.* praeparator, eigtl. „der Vorbereiter"〉: jmd., der (bes. an biologischen od. medizinischen Instituten, Museen o. ä.) naturwissenschaftliche Präparate (2 a, b) herstellt u. pflegt. **Prä|pa|ra|to|rin** *die;* -, -nen: weibliche Form zu ↑Präparator. **prä|pa|ra|to|risch** 〈aus gleichbed. *spätlat.* praeparatorius〉: (veraltet) vorbereitend; vorläufig. **prä|pa|rie|ren** 〈aus gleichbed. *lat.* praeparare〉: 1. a) [einen Stoff, ein Kapitel] vorbereiten; b) sich -: sich vorbereiten. 2. tote menschliche od. tierische Körper od. Pflanzen [für Lehrzwecke] zerlegen [u. konservieren, dauerhaft, haltbar machen]. **Prä|pa|rier|kurs** *der;* -es, -e: ↑Kurs, in dem Studenten der Medizin, Biologie und Pharmazie tote Organismen od. Teile davon zu Lehrzwekken präparieren (2)

prä|par|tal 〈zu ↑prä..., ↑Partus u. ↑¹...al (1)〉: vor der Geburt bzw. Entbindung [auftretend] (Med.)

Prä|pon|de|ranz *die;* - 〈aus gleichbed. *fr.* prépondérance zu prépondérant „überwiegend", dies aus *lat.* praeponderans, Gen. praeponderantis, Part. Präs. von praeponderare, vgl. präponderieren〉: (veraltet) Übergewicht, Vorherrschaft (z. B. eines Staates). **prä|pon|de|rie|ren** 〈aus gleichbed. *lat.* praeponderare〉: (veraltet) überwiegen

prä|po|nie|ren 〈aus gleichbed. *lat.* praeponere〉: voranstellen, vorsetzen. **Prä|po|si|ti:** Plur. von ↑Präpositus. **Prä|po|si|ti|on** *die;* -, -en 〈aus gleichbed. *lat.* praepositio, Gen. praepositionis, eigtl. „das Vor(an)setzen"〉: Verhältniswort (z. B. *auf, in*). **prä|po|si|tio|nal** 〈zu ↑¹...al (1)〉: die Präposition betreffend, verhältniswörtlich; -es Attribut; svw. Präpositionalattribut. **Prä|po|si|tio|nal|at|tri|but** *das;* -[e]s, -e: Beifügung als nähere Bestimmung, die aus einer Präposition mit Substantiv, Adjektiv od. Adverb besteht (z. B. das Haus *am Markt;* Sprachw.). **Prä|po|si|tio|nal|ka|sus** *der;* -, - [...zu:s]: ↑Kasus eines Substantivs, der von einer Präposition abhängig ist (z. B. *auf dem* Acker; Sprachw.). **Prä|po|si|tio|nal|ob|jekt** *das;* -[e]s, -e: ↑Objekt, dessen ↑Kasus durch eine Präposition hervorgerufen wird; Verhältnisergänzung (z. B.: Ich warte *auf meine Schwester;* Sprachw.). **Prä|po|si|tio|nal|phra|se** *die;* -, -n: syntaktische Konstruktion, die aus Präposition u. ↑Nominalphrase besteht (z. B. *vor vielen Jahren;* Sprachw.). **Prä|po|si|tiv** *der;* -s, -e [...və] 〈aus gleichbed. *spätlat.* (casus) praepositivus, eigtl. Intensivbildung von praepositus „vor(an)gestellt, vorgesetzt", Part. Perf. von praeponere, vgl. präponieren〉: bes. im Russischen ein ↑Kasus, der von einer Präposition abhängig ist, bes. der ↑Lokativ (z. B. *w gorode* = in der Stadt; Sprachw.). **Prä|po|si|tur** *die;* -, -en 〈aus gleichbed. *mlat.* praepositura〉: Stelle eines Präpositus. **Prä|po|si|tus** *der;* -, ...ti 〈aus *lat.* praepositus〉: *lat.* Bez. für Vorgesetzter, Propst

prä|po|tent 〈aus gleichbed. *lat.* praepotens, Gen. praepotentis〉: 1. (veraltet) überlegen, übermächtig. 2. (österr., abwertend) aufdringlich, frech, überheblich. **Prä|po|tenz** *die;* -, -en 〈aus gleichbed. *lat.* praepotentia〉: (veraltet) Übermacht, Überlegenheit

prä|pran|di|al 〈zu ↑prä... u. ↑prandial〉: vor dem Essen auftretend (von Schmerzen; Med.)

prä|pu|be|ral 〈zu ↑prä... u. ↑puberal〉: vor der ↑Pubertät [auftretend] (Med.)

Prä|pu|ti|um *das;* -s, ...ien [...iən] 〈aus gleichbed. *lat.* praeputium〉: die Eichel des ↑Penis umgebende Vorhaut (Med.)

Prä|raf|fae|lis|mus [...fae...] u. Präraffaelitismus *der;* - 〈zu ↑prä..., nach Raffael(lo Santi) (Name des ital. Renaissancemalers, etwa 1443–1520) u. zu ↑...ismus (2)〉: Theorie, Ziele, Ausprägung der Kunst der Präraffaeliten. **Prä|raf|fae|lit** *der;* -en, -en 〈u. zu ↑³...it〉: Angehöriger einer (1848 gegründeten) Gruppe von engl. Malern, die im Sinne [der Vorläufer] Raffaels die Kunst durch seelische Vertiefung zu erneuern suchten. **Prä|raf|fae|li|tis|mus** vgl. Präraffaelismus

Prä|rie *die;* -, ...ien 〈aus gleichbed. *fr.* prairie, eigtl. „Wiese(nland)", zu pré „Wiese", dies aus *lat.* pratum〉: Grasland im mittleren Westen Nordamerikas. **Prä|rie|au|ster** *die;* -, -n 〈aus gleichbed. *engl.* prairie oyster, weitere Herkunft ungeklärt〉: je zur Hälfte aus Weinbrand u. einem mit Öl übergossenen Eigelb bestehendes, scharf gewürztes Mixgetränk

Prä|ro|ga|tiv *das;* -s, -e [...və] u. **Prä|ro|ga|ti|ve** [...və] *die;* -, -n 〈aus *lat.* praerogativa „Vorrang, Vorrecht", Fem. von praerogativus „vor anderen zuerst um seine Meinung gefragt", dies zu praerogare „in Vorschlag bringen"〉: Vorrecht, früher bes. des Herrschers, das er ohne Mitwirkung einer Volksvertretung ausüben durfte, z. B. Ministerernennungen, Sanktion von Gesetzen u. a.

Pra|sa|da *der;* -s, -s 〈aus *sanskr.* prāsāda „Turm, Palast, Tempel"〉: das ummauerte u. übertürmte Allerheiligste indischer Tempel

Prä|sa|pi|ens|mensch [...piɛns...] *der;* -en, -en 〈zu ↑prä... u. *lat.* (homo) sapiens, Gen. sapientis „vernunftbegabt(er Mensch)"〉: Frühmensch, in der Stammesgeschichte des Menschen dem ↑Homo sapiens vorangegangene Menschenform (Biol.)

Pra|sem *der;* -s 〈Kunstw.; zu *lat.* prasinus „ein lauchgrüner Stein" (eigtl. „lauchgrün"), dies aus *gr.* prásinos〉: lauchgrüner Quarz, ein Schmuckstein

präsenil

prä|se|nil ⟨zu ↑prä... u. ↑senil⟩: vor dem Greisenalter, das Greisenalter einleitend (Med.). **Prä|se|ni|um** *das;* -s: Zeitabschnitt unmittelbar vor Beginn des Greisenalters (Med.)
Prä|sens *das;* -, Plur. ...sentia od. ...senzien [...jən] ⟨aus *lat.* (tempus) praesens „gegenwärtig(e Zeit)", vgl. präsent⟩: 1. (ohne Plur.) Zeitform, mit der ein verbales Geschehen od. Sein aus der Sicht des Sprechers als gegenwärtig charakterisiert wird; Gegenwart (Sprachw.). 2. Verbform des Präsens (1; z. B. ich *esse* [gerade]; Sprachw.); vgl. Praesens historicum. **Prä|sens|par|ti|zip** *das;* -s, -ien [...jən]: svw. Partizip Präsens; vgl. Partizip. **prä sent** ⟨aus gleichbed. *lat.* praesens, Gen. praesentis, Part. Präs. von praeesse „zur Hand sein"⟩: anwesend; gegenwärtig; zur Hand. **Präsent** *das;* -[e]s, -e ⟨aus gleichbed. *fr.* présent zu présenter „darbieten", dies aus *spätlat.* praesentare, vgl. präsentieren⟩: Geschenk, kleine Aufmerksamkeit. **prä|sen|ta|bel** ⟨aus gleichbed. *fr.* présentable, eigtl. „darbietbar, vorzeigbar"⟩: ansehnlich, vorzeigbar. **Prä|sen|tant** *der;* -en, -en ⟨zu ↑präsentieren u. ↑...ant⟩: jmd., der einen Wechsel zur Annahme od. Bezahlung vorlegt (Wirtschaft). **Prä|sen|ta|ta:** Plur. von ↑Präsentatum. **Prä|sen ta|ti|on** *die;* -, -en ⟨unter Einfluß von gleichbed. *fr.* présentation aus *mlat.* praesentatio⟩: 1. a) Veranstaltung, bei der etwas Neues bzw. ein neues Produkt der Öffentlichkeit vorgestellt wird; b) svw. Präsentierung. 2. Vorlage, bes. das Vorlegen eines Wechsels; vgl. ...[at]ion/...ierung. **Prä|sen|ta|ti|ons|recht** *das;* -[e]s: Vorschlagsrecht (z. B. des ↑¹Patrons 3 einer Pfarrkirche) für die Besetzung einer erledigten (freien, unbesetzten) Stelle. **Prä|sen|ta|tor** *der;* -s, ...oren ⟨zu ↑...ator⟩: jmd., der etwas (z. B. eine Sendung in Funk od. Fernsehen) vorstellt, darbietet, kommentiert. **Prä|sen|ta|tum** *das;* -s, Plur. -s od. ...ta ⟨aus *spätlat.* praesentatum, substantiviertes Part. Perf. (Neutrum) von praesentare, vgl. präsentieren⟩: (veraltet) Tag der Vorlage, Einreichung (eines Schriftstückes). **Prä|sen|tia:** Plur. von ↑Präsens.
prä|sen|tie|ren ⟨aus gleichbed. *fr.* présenter, dies aus *spätlat.* praesentare „zeigen"; vgl. präsent⟩: 1. überreichen, darbieten. 2. vorlegen, vorzeigen, vorweisen (z. B. einen Wechsel zur Annahme od. Bezahlung). 3. sich -: sich zeigen, vorstellen. 4. mit der Waffe eine militärische Ehrenbezeigung machen. **Prä|sen|tie|rung** *die;* -, -en ⟨zu ↑...ierung⟩: Vorstellung, Vorzeigung, Überreichung; vgl. Präsentation; vgl. ...[at]ion/...ierung. **prä|sen|tisch** ⟨zu ↑Präsens⟩: a) das Präsens betreffend; b) im Sinne des Präsens gebraucht. **Prä|senz** *die;* - ⟨aus gleichbed. *fr.* présence, dies aus *lat.* praesentia; vgl. präsent⟩: 1. Gegenwart, Anwesenheit. 2. das akustische Hervorheben eines bestimmten Frequenzintervalls, bes. für eine deutliche Sprachwiedergabe (Elektrot.). 3. Zustand des Gegenwärtigseins von Wahrnehmungsinhalten im Bewußtsein (Psychol.). **Prä|senz|bi|blio|thek** *die;* -, -en: Bibliothek, deren Bücher nicht nach Hause mitgenommen, sondern nur im Lesesaal gelesen werden können. **Prä|senz|die|ner** *der;* -s, -: (österr. Amtsspr.) Soldat des österr. Bundesheeres. **Prä|senzdienst** *der;* -[e]s, -e: (österr. Amtsspr.) Militärdienst beim österr. Bundesheer. **Prä|senz|li|ste** *die;* -, -n: Anwesenheitsliste. **Prä|senz|zeit** *die;* -, -en: Zeitspanne, in der erlebte Inhalte noch im Bewußtsein sind, ohne als Nacheinander erlebt oder als Erinnerung von neuem reproduziert zu werden (W. Stern; Psychol.).
Pra|seo|dym u. **Pra|seo|dy|ni|um** *das;* -s ⟨zu *spätgr.* praseĩos „lauchgrün", ↑Didym (u. ↑...ium)⟩: chem. Element, Seltenerdmetall; Zeichen Pr
Prä|ser *der;* -s, -: (salopp) Kurzform von ↑Präservativ (b).
Prä|ser|va|ti|on [...v...] *die;* -, -en ⟨aus gleichbed. *fr.* préservation⟩: (veraltet) Schutz; Verhütung. **prä|ser|va|tiv** ⟨aus gleichbed. *nlat.* praeservativus; vgl. Präservativ⟩: vorbeugend, verhütend. **Prä|ser|va|tiv** *das;* -s, -e [...və] ⟨aus gleichbed. *fr.* préservatif, eigtl. „der Schützende", zu préserver „schützen, bewahren", dies aus *spätlat.* praeservare, vgl. präservieren⟩: a) Schutz-, Verhütungsmittel; b) svw. Kondom. **Prä|ser|ve** [...və] *die;* -, -n (meist Plur.) ⟨aus gleichbed. *engl.* preserve zu to preserve „schützen, bewahren", dies über *fr.* préserver aus *spätlat.* praeservare, vgl. präservieren⟩: nicht vollständig keimfreie Konserve, Halbkonserve. **prä|ser|vie|ren** [...v...] ⟨aus *spätlat.* praeservare „vorher beobachten"⟩: 1. schützen, vor einem Übel bewahren. 2. erhalten, haltbar machen
Prä|ses *der;* -, Plur. Präsides [...de:s] u. Präsiden ⟨aus gleichbed. *lat.* praeses, Gen. praesidis, eigtl. „vor etwas sitzend", zu praesidere, vgl. präsidieren⟩: 1. geistlicher Vorstand eines kath. kirchlichen Vereins. 2. Vorsitzender einer ev. Synode (der im Rheinland u. in Westfalen zugleich Kirchenpräsident ist). 3. altröm. Provinzstatthalter (seit dem 2. Jh. n. Chr.). **Prä|si|de** *der;* -n, -n: 1. (ugs.) Mitglied eines Präsidiums (1 a). 2. Vorsitzender, Leiter einer studentischen Kneipe, eines Kommerses. **Prä|si|den:** Plur. von ↑Präses u. ↑Präside. **Prä|si|dent** *der;* -en, -en ⟨aus gleichbed. *fr.* président, dies aus *lat.* praesidens, Gen. praesidentis, Part. Präs. von praesidere, vgl. präsidieren⟩: 1. Vorsitzender (einer Versammlung o. ä.). 2. Leiter (einer Behörde, einer Organisation o. ä.). 3. Staatsoberhaupt einer Republik. **Prä|si|des** [...de:s]: Plur. von ↑Präses. **prä|si|dia|bel** ⟨zu ↑...abel⟩: befähigt, ein Präsidentenamt zu übernehmen. **prä|si|di|al** ⟨aus *spätlat.* praesidialis „den Statthalter betreffend"⟩: a) vom Präsidium (1) od. Präsidenten ausgehend, auf ihm beruhend; -es Regierungssystem: svw. Präsidialsystem; b) den Präsidenten od. das Präsidium (1) betreffend. **Prä|si|di|al|rat** *der;* -[e]s, ...räte: besondere Richtervertretung, deren Aufgabe die Mitwirkung bei der Ernennung od. Wahl von Richtern ist. **Prä|si|di|al|sy|stem** *das;* -s: Regierungsform, bei der der Staatspräsident auf Grund eigener Autorität und unabhängig vom Vertrauen des Parlamentes zugleich Chef der Regierung ist. **prä|si|die|ren** ⟨aus gleichbed. *fr.* présider, dies aus *lat.* praesidere „vorsitzen, leiten" zu ↑prä... u. sedere „sitzen"⟩: 1. (einem Gremium o. ä.) vorsitzen. 2. (eine Versammlung o. ä.) leiten. **Prä|si|di|um** *das;* -s, ...ien [...jən] ⟨aus *lat.* praesidium „Vorsitz"⟩: 1. a) leitendes ↑Gremium (a) einer Versammlung, einer Organisation o. ä.; b) Vorsitz, Leitung. 2. Amtsgebäude eines [Polizei]präsidenten
prä|si|lu|risch ⟨zu ↑prä... u. ↑Silur⟩: vor dem ↑Silur [liegend] (Geol.)
Pra|si|nit [auch ...'nɪt] *der;* -s, -e ⟨zu *gr.* prásinos „lauchgrün" u. ↑²...it⟩: zu den Grünschiefern gehörendes metamorphes Gestein (Geol.). **Pra|sio|lith** [auch ...'lɪt] *der;* Gen. -s u. -en, Plur. -e[n] ⟨zu *gr.* prásios „lauchgrün" u. ↑...lith⟩: durch Brennen grün gewordener Amethyst, ein Schmuckstein
Prä|skle|ro|se *die;* -, -n ⟨zu ↑prä... u. ↑Sklerose⟩: 1. Vorstadium einer Arterienverkalkung (Med.). 2. im Verhältnis zum Lebensalter zu früh eintretende Arterienverkalkung (Med.). **prä|skle|ro|tisch:** die Präsklerose betreffend; Anzeichen einer Präsklerose aufweisend (Med.)
prä|skri|bie|ren ⟨aus gleichbed. *lat.* praescribere zu ↑prä... u. scribere „schreiben"⟩: 1. vorschreiben, verordnen. 2. als verjährt erklären (Rechtsw.). **Prä|skrip|ti|on** *die;* -, -en ⟨aus gleichbed. *lat.* praescriptio⟩: 1. Vorschrift, Verordnung. 2. Verjährung (Rechtsw.). **prä|skrip|tiv** ⟨nach *spätlat.* praescriptivus „zur (rechtlichen) Ausnahme gehörig"⟩: vor-

Prävalenz

schreibend, festgelegten ↑Normen (1 a) folgend; nicht nur beschreibend, sondern auch Normen setzend (Sprachw.); Ggs. ↑deskriptiv; vgl. normativ

Pras|opal *der;* -s, -e ⟨Kurzw. aus ↑*Prasem* u. ↑*Opal*⟩: ein Mineral, durch Nickelanteile grün gefärbter Opal

prä|sta|bi|lie|ren ⟨zu ↑prä..., *lat.* stabilis „feststehend" (vgl. stabil) u. ↑...ieren⟩: vorher festsetzen. **prä|sta|bi|liert** ⟨zu ↑...iert⟩: im voraus festgelegt, nicht veränderbar; -e Harmonie ⟨nach *fr.* harmonie préétablie⟩: von Leibniz 1696 eingeführte Bezeichnung der von Gott im voraus festgelegten harmonischen Übereinstimmung von Körper u. Seele (Philos.). **Prä|sta|bi|lis|mus** *der;* - ⟨zu ↑...ismus (1)⟩: (veraltet) Glaube an eine von Gott getroffene Vorherbestimmung. **Prä|sta|bi|list** *der;* -en, -en ⟨zu ↑...ist⟩: Anhänger des Prästabilismus. **Prä|sta|se** *die;* -, -n ⟨zu ↑prä...⟩: der ↑Stase unmittelbar vorhergehendes Stadium, in dem die Blutströmung durch Eindickung stark verringert ist (Med.). **Prä|stan|dum** *das;* -s, ...da ⟨aus *lat.* praestandum, Gerundivum von praestare, vgl. prästieren⟩: (veraltet) pflichtmäßige Leistung; Abgabe. **Prä|stant** *der;* -en, -en ⟨zu *lat.* praestans, Gen. praestantis „vorstehend", Part. Präs. von praestare, vgl. prästieren⟩: große, sichtbar im ↑Prospekt (3) stehende Orgelpfeife. **Prä|stanz** *die;* -, -en ⟨aus *lat.* praestantia „Vortrefflichkeit"⟩: (veraltet) Leistungsfähigkeit. **Prä|sta|ti|on** *die;* -, -en ⟨aus *lat.* praestatio „das (Gewähr)leisten"⟩: (veraltet) Abgabe, Leistung. **prä|stie|ren** ⟨aus gleichbed. *(spät)lat.* praestare, eigtl. „vor(an)stehen", zu ↑prä... u. *lat.* stare „stehen"⟩: (veraltet) a) entrichten, leisten; b) für etwas haften

Prä|sti|gi|en [...i̯ən] *die* (Plur.) ⟨aus gleichbed. *lat.* praestigiae zu praestringere „blenden, verdunkeln"⟩: (veraltet) Blendwerk, Gaukelei

prä|sti|tu|ie|ren ⟨aus gleichbed. *lat.* praestituere zu ↑prä... u. statuere „aufstellen, festsetzen"⟩: (veraltet) im voraus bestimmen, vorher festsetzen

prä|stru|ie|ren ⟨aus gleichbed. *lat.* praestruere zu ↑prä... u. struere „bauen"⟩: (veraltet) 1. verbauen, unzugänglich machen. 2. Vorsichtsmaßnahmen treffen, vorbereiten

prä|su|mie|ren ⟨aus *lat.* praesumere „vorwegnehmen, im voraus annehmen, vermuten" zu ↑prä... u. sumere „nehmen"⟩: 1. voraussetzen, annehmen, vermuten (Philos., Rechtsw.). 2. (landsch.) argwöhnen. **Prä|sump|ti|on** usw. vgl. Präsumtion usw. **Prä|sum|ti|on** *die;* -, -en ⟨aus gleichbed. *lat.* praesumptio⟩: Voraussetzung, Vermutung, Annahme (Philos., Rechtsw.). **prä|sum|tiv** ⟨aus *(m)lat.* praesumptivus „vermutlich"⟩: voraussetzend, wahrscheinlich, vermutlich (Philos., Rechtsw.)

prä|sup|po|nie|ren ⟨zu ↑prä... u. ↑supponieren⟩: stillschweigend voraussetzen. **Prä|sup|po|si|ti|on** *die;* -, -en: 1. stillschweigende Voraussetzung. 2. einem Satz, einer Aussage zugrunde liegende, als gegeben angenommene Voraussetzung, die zwar nicht unmittelbar ausgesprochen ist, aber meist gefolgert werden kann (Sprachw.)

prä|syn|ap|tisch ⟨zu ↑prä... u. ↑Synapse⟩: vor einer Synapse [gelegen] (z. B. von Rezeptoren; Biol., Med.)

Prä|sy|sto|le [auch ...'zystole] *die;* -, ...len ⟨zu ↑prä... u. ↑Systole⟩: der ↑Systole unmittelbar vorausgehender Zeitabschnitt (Med.). **prä|sy|sto|lisch**: der ↑Systole unmittelbar vorausgehend (z. B. von bestimmten Herzgeräuschen; Med.)

prä|tek|to|nisch ⟨zu ↑prä... u. ↑tektonisch⟩: vor tektonischen Bewegungen eingetreten (von Veränderungen in Gesteinen)

Prä|ten|dent *der;* -en, -en ⟨aus gleichbed. *fr.* prétendant zu prétendre, vgl. prätendieren⟩: jmd., der Ansprüche auf ein Amt, eine Stellung, bes. auf den Thron, erhebt. **prä|ten|die|ren** ⟨aus gleichbed. *fr.* prétendre „beanspruchen", dies aus *lat.* praetendere „vorschützen"⟩: 1. Anspruch erheben, fordern, beanspruchen. 2. behaupten, vorgeben. **Prä|ten|ti|on** *die;* -, -en ⟨aus gleichbed. *fr.* prétention⟩: Anspruch, Anmaßung. **prä|ten|ti|ös** ⟨aus gleichbed. *fr.* prétentieux⟩: anspruchsvoll; anmaßend, selbstgefällig

prä|ter..., **Präter...** ⟨aus gleichbed. *lat.* praeter⟩: Präfix mit der Bedeutung „vorüber", z. B. Präteritum, präterpropter. **prä|te|rie|ren** ⟨aus *lat.* praeterire „vorübergehen"⟩: (veraltet) auslassen, übergehen. **Prä|ter|ita:** Plur. von ↑Präteritum. **prä|ter|ital** ⟨zu *lat.* praeteritus, Part. Perf. von praeterire (vgl. präterieren) u. ↑¹...al (1)⟩: das Präteritum betreffend. **Prä|ter|iti|o** vgl. **Prä|ter|iti|on** *die;* -, ...onen ⟨aus *lat.* praeteritio „das Vorübergehen"⟩: svw. Paralipse. **Prä|ter|ito|prä|sens** *das;* -, Plur. ...sentia od. ...senzien [...i̯ən] ⟨zu ↑Präteritum u. ↑Präsens⟩: Verb, dessen Präsens ein früheres starkes Präteritum ist (z. B. *kann* als Präteritum zu ahd. *kunnan*, das „wissen, verstehen" bedeutete). **Prä|ter|itum** *das;* -s, ...ta ⟨aus *lat.* (tempus) praeteritum „vorübergegangen(e) Zeit)" zu ↑präterire „vorübergehen"⟩: 1. (ohne Plur.) Zeitform, die das verbale Geschehen od. Sein aus der Sicht des Sprechers als vergangen charakterisiert, bes. in literarischen (erzählenden od. beschreibenden) Texten, in denen etw. als abgeschlossen u. als ohne Bezug zur Gegenwart (im Unterschied zum Perfekt) dargestellt wird; Imperfekt (Sprachw.). 2. Verbform des Präteritums (1; Sprachw.)

prä|ter|mi|nal ⟨zu ↑prä... u. ↑terminal⟩: vor dem Ende [des Lebens] (Med.)

prä|ter|mit|tie|ren ⟨aus gleichbed. *lat.* praetermittere zu ↑präter... u. mittere „schicken"⟩: (veraltet) vorbeilassen; übergehen. **prä|ter|prop|ter** ⟨aus gleichbed. *lat.* praeterpropter⟩: etwa, ungefähr

Prä|text [auch 'prɛ:...] *der;* -[e]s, -e ⟨aus gleichbed. *lat.* praetextus, substantiviertes Part. Perf. von praetexere „verbrämen, beschönigen"⟩: (veraltet) Vorwand, Scheingrund; vgl. Praetexta

prä|the|ra|peu|tisch ⟨zu ↑prä... u. ↑therapeutisch⟩: vor einer Behandlung stattfindend, einer Behandlung vorausgehend (Med.)

Prä|tor *der;* -s, ...oren ⟨aus gleichbed. *lat.* praetor, eigtl. „der (dem Heer) Voranschreitende"⟩: der höchste [Justiz]beamte im Rom der Antike. **Prä|to|ria|ner** *der;* -s, - ⟨aus gleichbed. *lat.* praetoriani (Plur.) zu praetorium, vgl. Prätorium⟩: Angehöriger der Leibwache römischer Feldherren od. Kaiser. **Prä|to|ria|ner|prä|fekt** *der;* -en, -en ⟨Lehnübersetzung von *lat.* praefectus praetorianorum⟩: Kommandant der Prätorianer. **prä|to|risch** ⟨aus gleichbed. *lat.* praetorius⟩: das Amt, die Person des Prätors betreffend. **Prä|to|ri|um** *das;* -s, ...rien [...i̯ən] ⟨aus *lat.* praetorium „Amtswohnung, Palast"⟩: Amtssitz des Prätors. **Prä|tur** *die;* -, -en ⟨aus *lat.* praetura⟩: Amt, Amtszeit eines Prätors

Prau *die;* -, -e ⟨über *niederl.* prauw od. *engl.* proa aus *malai.* perahu „Boot"⟩: Boot der Malaien

Prä|ur|ämie *die;* -, ...ien ⟨zu ↑prä... u. ↑Urämie⟩: Vorstadium der ↑Urämie. **prä|ur|ämisch**: der ↑Urämie vorangehend (von Krankheitssymptomen; Med.)

prä|vak|zi|nal [...v...] ⟨zu ↑prä..., ↑Vakzin u. ↑¹...al (1)⟩: vor einer Impfung auftretend, erfolgend (Med.)

prä|va|lent [...v...] ⟨aus *lat.* praevalens, Gen. praevalentis, Part. Präs. von praevalere, vgl. prävalieren⟩: überlegen; vorherrschend, überwiegend. **Prä|va|lenz** *die;* - ⟨aus gleichbed. *spätlat.* praevalentia⟩: 1. Überlegenheit; das Vorherr-

prävalieren

schen. 2. die zu einem bestimmten Zeitpunkt od. innerhalb eines Zeitraums bestehende Häufigkeitsrate einer Krankheit (Med.). **prä|va|lie|ren** ⟨aus *lat.* praevalere „mehr gelten"⟩: vorherrschen, vor-, überwiegen

Prä|va|ri|ka|ti|on [...v...] *die;* -, -en ⟨aus *lat.* praevaricatio „Pflichtverletzung (des Anwalts)" zu praevaricari „den geraden Weg der Pflicht verlassen; es mit der Gegenpartei halten"⟩: Amtsuntreue, Parteiverrat (bes. von einem Anwalt, der beiden Prozeßparteien dient)

prä|ve|nie|ren [...v...] ⟨aus gleichbed. *lat.* praevenire⟩: zuvorkommen. **Prä|ve|ni|re** *das;* -[s]: (veraltet) das Zuvorkommen. **Prä|ven|ti|on** *die;* -, -en ⟨aus gleichbed. *fr.* prévention, dies aus gleichbed. *spätlat.* praeventio zu *lat.* praevenire, vgl. prävenieren⟩: 1. a) Vorbeugung, Verhütung; b) das Zuvorkommen (z. B. mit einer Rechtshandlung). 2. Vorbeugemaßnahme; Abschreckung künftiger Verbrecher durch Maßnahmen der Strafe, Sicherung u. Besserung (Rechtsw.); vgl. General-, Spezialprävention. 3. Gesamtheit der Maßnahmen zur Gesundheitsvorsorge (Med.). **prä|ven|tiv** ⟨aus gleichbed. *fr.* préventif⟩: vorbeugend, verhütend. **Prä|ven|tiv...:** Wortbildungselement mit der Bedeutung „zur Vorbeugung eingeleitet; einer nicht gewünschten Entwicklung zuvorkommend", z. B. Präventivmittel. **Prä|ven|tiv|krieg** *der;* -[e]s, -e: Angriffskrieg, der dem voraussichtlichen Angriff des Gegners zuvorkommt. **Prä|ven|tiv|me|di|zin** *die;* -: Teilgebiet der ↑Medizin, das sich mit vorbeugender Gesundheitsfürsorge befaßt. **Prä|ven|tiv|mit|tel** *das;* -s, -: 1. zur Vorbeugung gegen eine Erkrankung angewandtes Mittel (Med.). 2. svw. Präservativ. **Prä|ven|tiv|ver|kehr** *der;* -[e]s, -e: Geschlechtsverkehr mit empfängnisverhütenden Mitteln

Prä|verb [...v...] *das;* -s, -ien [...jən] ⟨aus gleichbed. *nlat.* praeverbium zu ↑prä-.. u. *lat.* verbum, vgl. Verb⟩: mit dem Wortstamm nicht fest verbundener Teil eines zusammengesetzten ↑Verbs (z. B. *teil*nehmen – er nimmt *teil*)

prä|ver|te|bral [...v...] ⟨zu ↑prä-.. u. ↑vertebral⟩: vor der Wirbelsäule gelegen (z. B. von Ganglien; Biol., Med.)

Pra|xen: Plur. von ↑Praxis. **Pra|xeo|lo|gie** *die;* - ⟨zu *gr.* prãxis, Gen. práxeõs (vgl. Praxis) u. ↑...logie⟩: Wissenschaft vom (rationalen) Handeln, Entscheidungslogik. **pra|xeo|lo|gisch** ⟨zu ↑...logisch⟩: die Praxeologie betreffend. **Pra|xis** *die;* -, Praxen ⟨über *lat.* praxis aus *gr.* prãxis „das Tun; Handlungsweise; Unternehmen" zu prássein „tun, handeln"; vgl. Pragma⟩: 1. (ohne Plur.) Anwendung von Gedanken, Vorstellungen, Theorien o. ä. in der Wirklichkeit; Ausübung, Tätigsein, Erfahrung; Ggs. ↑Theorie (2 a); vgl. in praxi. 2. (ohne Plur.) durch praktische Tätigkeit gewonnene Erfahrung, Berufserfahrung. 3. Handhabung, Verfahrensart, ↑Praktik (1). 4. a) gewerbliches Unternehmen, Tätigkeitsbereich, bes. eines Arztes od. Anwalts; b) Arbeitsräume eines Arztes od. Anwalts. **pra|xis|ori|en|tiert:** nach praktischen Bedürfnissen ausgerichtet; nach Prinzipien der Praxis (2) entworfen, hergestellt

Prä|ze|dens *das;* -, ...denzien [...jən] ⟨aus *lat.* praecedens, Part. Präs. von praecedere, vgl. präzedieren⟩: früherer Fall, früheres Beispiel. **Prä|ze|denz** *die;* -, -en ⟨zu ↑...enz⟩: Rangfolge, Vortritt bei Prozessionen u. Versammlungen der kath. Kirche. **Prä|ze|denz|fall** *der;* -[e]s, ...fälle: Musterfall, der für zukünftige, ähnlich gelagerte Situationen richtungweisend ist (Pol.); vgl. Präjudiz. **prä|ze|die|ren** ⟨aus *lat.* praecedere „vorangehen" zu ↑prä-.. u. cedere „gehen; weichen"⟩: 1. (veraltet) vorangehen, vorher geschehen. 2. in ↑Präzession sein

Prä|zen|tor *der;* -s, ...oren ⟨aus gleichbed. *mlat.* praecentor zu *lat.* praecentare „vorsingen"⟩: Vorsänger in Kirchenchören

Prä|zep|ti|on *die;* -, -en ⟨aus *lat.* praeceptio „Unterrichtung" zu praecipere „lernen, unterrichten", eigtl. „vorwegnehmen"⟩: (veraltet) Unterweisung; Vorschrift, Verfügung. **Prä|zep|tor** *der;* -s, ...oren ⟨aus gleichbed. *lat.* praeceptor⟩: (veraltet) Lehrer, Erzieher; vgl. Praeceptor Germaniae

prä|zes|sie|ren ⟨zu *lat.* praecessus, Part. Perf. von praecedere (vgl. präzedieren), u. ↑...ieren⟩: svw. präzedieren. **Prä|zes|si|on** *die;* -, -en ⟨aus *spätlat.* praecessio „das Vorangehen"⟩: 1. durch Kreiselbewegung der Erdachse (in etwa 26 000 Jahren) verursachte Rücklaufbewegung des Schnittpunktes (Frühlingspunktes) zwischen Himmelsäquator u. Ekliptik (Astron.). 2. ausweichende Bewegung der Rotationsachse eines Kreisels bei Krafteinwirkung

Prä|zi|pi|tat *das;* -[e]s, -e ⟨aus *lat.* praecipitatum, substantiviertes Part. Perf. (Neutrum) von praecipitare, vgl. präzipitieren⟩: 1. [chem.] Niederschlag, Bodensatz; Produkt einer Ausfüllung od. Ausflockung (Med., Chem.). 2. noch gelegentlich angewendete Bez. für mehrere Quecksilberverbindungen. **Prä|zi|pi|ta|ti|on** *die;* - ⟨aus *lat.* praecipitatio „das Herabstürzen"⟩: Ausfällung od. Ausflockung (z. B. von Eiweißkörpern; Med., Chem.). **Prä|zi|pi|tat|sal|be** *die;* -: eine antiseptische Augensalbe. **prä|zi|pi|tie|ren** ⟨aus *lat.* praecipitare „jählings herabstürzen"⟩: ausfällen, ausflocken (Med., Chem.). **Prä|zi|pi|tin** *das;* -s, -e ⟨zu ↑...in (1)⟩: ↑Antikörper, der Fremdstoffe im Blut ausfällt

Prä|zi|pu|um [...puʊm] *das;* -s, ...pua ⟨aus *lat.* praecipuum „das Besondere, das besondere Recht, Sonderteil"⟩: Geldbetrag, der vor Aufteilung des Gesellschaftsgewinns einem Gesellschafter für besondere Leistungen aus dem Gewinn gezahlt wird (Wirtsch.)

prä|zis, österr. nur so, u. **prä|zi|se** ⟨aus gleichbed. *fr.* précis, dies aus *lat.* praecisus „abgekürzt", eigtl. „vorn abgeschnitten", zu praecidere „(vorn) abschneiden"⟩: bis ins einzelne gehend; genau [umrissen, angegeben]; nicht nur vage. **prä|zi|sie|ren** ⟨aus gleichbed. *fr.* préciser⟩: genauer bestimmen, eindeutiger beschreiben, angeben. **Prä|zi|si|on** *die;* - ⟨aus gleichbed. *fr.* précision⟩: Genauigkeit, Eindeutigkeit; Feinheit. **Prä|zi|sio|nis|mus** *der;* - ⟨nach gleichbed. *amerik.* precisionism; vgl. ...ismus (1)⟩: Stilrichtung der amerik. Malerei zu Beginn des 20. Jh., die sich um eine präzise Wiedergabe der Umwelt bemühte

Pre|can|cel [priːˈkænsl] *das;* -[s], -s ⟨aus gleichbed. *engl.* precancel zu to precancel „entwerten"⟩: a) im voraus vom Absender entwertete Briefmarke (bei Massensendungen; Philatelie); b) (bes. in den USA) Entwertung einer Briefmarke im voraus durch den Absender

Pre|ces [...tseːs] *die* (Plur.) ⟨aus *lat.* preces „Bitten", Plur. von prex „Bitte, Wunsch"⟩: formelhafte Gebete am Ende bestimmter ¹Horen des Stundengebets in der kath. Liturgie

Pré|ci|euses [preˈsjøːz] *die* (Plur.) ⟨aus gleichbed. *fr.* précieuses zu précieux, précieuse, vgl. preziös⟩: literarischer Kreis von Damen im Paris des 17. Jh.s, die sich um die Pflege der gesellschaftlichen Sitten u. der franz. Sprache verdient machten; vgl. preziös

pre|ci|pi|tan|do [pretʃi...] ⟨*it.;* Part. Präs. von precipitare, dies aus *lat.* praecipitare, vgl. präzipitieren⟩: plötzlich eilend, beschleunigend, stürzend (Vortragsanweisung; Mus.)

Pré|cis [preˈsiː] *der;* - [...ˈsiː(s)] - [...ˈsiːs] ⟨aus gleichbed. *fr.* précis; vgl. präzise⟩: kurz u. präzise abgefaßte Inhaltsangabe (Aufsatzform)

Pre|cur|sor [priːˈkəːsə] *der;* -s, - ⟨aus gleichbed. *engl.* precursor, eigtl. „Vorläufer"⟩: Vor-, Ausgangsstufe beim Aufbau einer komplizierten chem. Verbindung (Biochem.)

Pre|del|la *die;* -, Plur. -s u. ...llen, auch **Pre|del|le** *die;* -, -n ⟨unter Einfluß von *fr.* prédelle aus gleichbed. *it.* predella, dies wohl aus dem Germ. (vgl. *dt.* Brett)⟩: 1. oberste Altarstufe. 2. Staffel eines [spätgot.] Altars mit gemaltem od. geschnitztem Bildwerk

Pred|ni|son *das;* -s ⟨Kunstw.; vgl. ²...on⟩: ein synthetisches Steroidhormon aus der Gruppe der ↑Kortikoide mit entzündungshemmender u. antiallergener Wirkung

Pre|em|pha|sis *die;* - ⟨aus gleichbed. *engl.* preemphasis zu pre- (vgl. prä...) u. emphasis (vgl. Emphase)⟩: im Funkwesen Vorverzerrung (Verstärkung) der hohen Töne, um sie von Störungen zu unterscheiden (im Empfänger erfolgt die Nachentzerrung); vgl. Deemphasis

Pre|fe|rence [prefeˈrãːs] *die;* -, -n [...sn̩] ⟨aus *fr.* préférence, eigtl. „Vorzug", zu préférer „vorziehen, bevorzugen", dies aus gleichbed. *lat.* praeferre⟩: ein franz. Kartenspiel für drei Spieler mit 32 Karten

Preis|in|dex *der;* Gen. - u. -es, Plur. -e u. ...dizes [...tse:s] ⟨zu ↑Index⟩: statistische Meßzahl für die Höhe bestimmter Preise zu einem bestimmten Zeitpunkt (Wirtsch.)

pre|kär ⟨aus *fr.* précaire „durch Bitten erlangt; widerruflich, unsicher", dies aus *lat.* precarius zu precari „bitten"⟩: so beschaffen, daß es recht schwierig ist, richtige Maßnahmen, Entscheidungen zu treffen, daß man nicht weiß, wie man aus einer schwierigen Lage herauskommen kann; mißlich, schwierig, heikel. **Pre|ka|rei|han|del** *der;* -s ⟨zu *mlat.* precarius „notdürftig, vorübergehend", eigtl. „durch Bitten erlangt"; vgl. Prekarium⟩: Handel zwischen Angehörigen gegeneinander Krieg führender Staaten unter neutraler Flagge. **Pre|ka|ria**: Plur. von ↑Prekarium. **Pre|ka|rie** [...i̯ə] *die;* -, -n ⟨aus *mlat.* precaria „in Lehnsabhängigkeit (bestehendes Gut)"⟩: 1. im Mittelalter auf Widerruf verliehenes Gut (z. B. eine Pfründe). 2. Schenkung eines Grundstücks o. ä. an die Kirche, das der Schenkende als Lehen zurückerhielt. **Pre|ka|ri|um** *das;* -s, ...ia ⟨aus gleichbed. *spätlat.* precarium zu *lat.* precarius „durch Bitten erlangt; auf Widerruf gewährt"⟩: widerrufbare, auf Bitte hin erfolgende Einräumung eines Rechts, das keinen Rechtsanspruch begründet (röm. Recht). **Pre|ka|tiv** *der;* -s, -e [...və] ⟨aus gleichbed. *nlat.* (modus) precativus zu *lat.* precativus „bittweise geschehend"⟩: Modus zum Ausdruck der Bitte (bes. in den Turksprachen; Sprachw.)

Pré|lude [preˈlyd] *das;* -s, -s ⟨aus gleichbed. *fr.* prélude; vgl. Präludium⟩: 1. fantasieartiges Musikstück für Klavier od. Orchester. 2. franz. Bez. für Präludium

Pre|mier [prəˈmi̯eː, preˈ...] *der;* -s, -s ⟨gekürzt aus Premierminister nach *engl.* premier (aus premier minister), dies aus *fr.* premier „erster"; vgl. Premiere⟩: svw. Premierminister.
Pre|mie|re *die;* -, -n ⟨aus gleichbed. *fr.* première (représentation) zu premier „erster", dies aus *lat.* primaria „einer der ersten"; vgl. Primus⟩: Erst-, Uraufführung eines Bühnenstücks (auch einer Neuinszenierung), eines Films od. einer Komposition. **Pre|mier jus** [prəmi̯eˈʒy] *das;* - - ⟨aus gleichbed. *fr.* premier jus, eigtl. „erster Saft"⟩: mit Salzwasser ausgeschmolzenes u. gereinigtes Rinderfett. **Premier|leut|nant** [prəˈmi̯eː...] *der;* -s, Plur. -s, selten -e ⟨zu ↑Premiere⟩: (veraltet) Oberleutnant. **Pre|mier|mi|ni|ster** *der;* -s, -: der erste Minister, Ministerpräsident. **pre|mi|um** ⟨zu *engl.* to be at premium „hoch im Kurs stehen", dies zu *lat.* praemium „Gewinn; Vorzug"⟩: von besonderer, bester Qualität

Pren|onym *das;* -s, -e ⟨zu *fr.* prénom „Vorname" (dies aus *lat.* praenomen) u. *gr.* ónyma „Name"⟩: Deckname, der aus einem Vornamen besteht od. gebildet ist (z. B. Heinrich George = Georg Heinrich Schulz)

Pre|pakt|be|ton *der;* -s ⟨Kunstw. aus *engl.* pre „vorher", com*pact* „fest, dicht" u. ↑Beton⟩: Beton, bei dem zunächst sandfreier Grobzuschlag in der Schalung verdichtet wird u. dann die Hohlräume mit bes. geschmeidigem Zementmörtel unter Druck ausgefüllt werden

Pré|pa|ra|ti|on [preparasˈjõː] *die;* -, -s ⟨aus *fr.* préparation „Vorbereitung" zu préparer „vorbereiten", dies aus *lat.* praeparare, vgl. präparieren⟩: Sammelbez. für alle vorbereitenden Handlungen der Fechter für Angriff od. Abwehr. **Pre|pared pia|no** [prɪˈpɛəd pɪˈænoʊ] *das;* - -s, - -s ⟨aus *engl.* prepared piano „präpariertes Klavier" zu to prepare „vorbereiten, präparieren" u. ↑Piano⟩: Klavier, bei dem verschiedene Gegenstände (z. B. Ketten) auf od. zwischen den Saiten angebracht sind, um den Klang zu verfremden

Pre|per|cep|tion [priːpəˈsɛpʃən] *die;* -, -s ⟨aus gleichbed. *engl.* preperception zu pre „vor" u. perception „Wahrnehmung"; geprägt von dem engl. Psychologen McDougall, 1871–1938⟩: primitivste Art der Vorstellung, in der eine Beeinflussung der sinnlichen durch die intellektuelle Aufmerksamkeit stattfindet (Psychol.)

Pre|preg *das;* -s, Plur. -s u. -e ⟨Kunstw.; zu *engl.* preimpragnated „vorimprägniert"⟩: Bez. für glasfaserverstärkte Kunststoffe

Pre|print [priː..., *engl.* ˈpriːprɪnt] *das;* -s, -s ⟨aus gleichbed. *engl.* preprint zu pre „vor(ab)" u. print, vgl. Printed in ...⟩: Vorausdruck, Vorabdruck (z. B. eines wissenschaftlichen Werkes, eines Tagungsreferates o. ä.; Buchw.); vgl. Reprint

Pres|by|aku|sis *die;* - ⟨zu *gr.* présbys „alt" u. ákousis „das Hören" (dies zu akoúein „hören")⟩: Altersschwerhörigkeit (Med.). **Pres|by|opie** *die;* - ⟨zu ↑...opie⟩: Altersweitsichtigkeit (Med.). **Pres|by|ter** *der;* -s, - ⟨aus *kirchenlat.* presbyter „Ältester; Priester", dies aus *gr.* presbýteros, eigtl. „der ältere", Komparativ von présbys „alt"⟩: 1. Gemeindeältester im Urchristentum. 2. Mitglied eines ev. Kirchenvorstandes. 3. lat. Bez. für Priester (dritter Grad der kath. höheren Weihen). **pres|by|te|ri|al** ⟨zu ↑...ial⟩: das Presbyterium (1) betreffend, zu ihm gehörend, von ihm ausgehend. **Pres|by|te|ri|al|ver|fas|sung** *die;* -: ev. [reformierte] Kirchenordnung, nach der sich die Einzelgemeinde durch ein ↑Presbyterium (1) selbst verwaltet.
Pres|by|te|ria|ner *der;* -s, - ⟨nach gleichbed. *engl.* Presbyterian; vgl. ...aner⟩: Angehöriger protestantischer Kirchen mit Presbyterialverfassung in England u. Amerika. **pres|by|te|ria|nisch**: die Presbyterialverfassung, Kirchen mit Presbyterialverfassung betreffend. **Pres|by|te|ri|um** *das;* -s, ...ien [...i̯ən] ⟨über *kirchenlat.* presbyterium aus *gr.* presbytérion „Rat der Älteren"⟩: 1. aus dem Pfarrer u. den Presbytern bestehender ev. Kirchenvorstand. 2. Versammlungsraum eines ev. Kirchenvorstands. 3. kath. Priesterkollegium. 4. Chorraum einer Kirche

Pre|sen|ning vgl. Persenning

Pre|sen|ter [priː...] *der;* -s, - ⟨aus gleichbed. *engl.* presenter zu to present „überreichen, präsentieren"⟩: jmd., der eine Ware vorstellt, anpreist

Pre-shave [ˈpriːˈʃeɪv] *das;* -[s], -s u. **Pre-shave-Lo|tion** [ˈpriːʃeɪvˈloʊʃən] *die;* -, -s ⟨zu *engl.* pre „vor" u. to shave „rasieren", Analogiebildung zu ↑After-shave-Lotion⟩: Gesichtswasser, das vor der Rasur angewendet wird, um die Rasur zu erleichtern

pres|sant ⟨aus gleichbed. *fr.* pressant, Part. Präs. von presser, vgl. pressieren⟩: (landsch.) eilig, dringend. **pres|san|te**

Presse

⟨*it.*⟩: drängend, treibend (Vortragsanweisung; Mus.). **Pres|se** *die;* -, -n ⟨unter teilweisem Einfluß von *fr.* presse „Vorrichtung zum Zusammendrücken; (Druck)Presse", eigtl. „Gedränge", aus *mlat.* pressa „Druck, Zwang" zu *lat.* pressum, Part. Perf. (Neutrum) von premere „pressen, drücken"⟩: 1. a) Vorrichtung, Maschine, die durch Druck Rohstoffe, Werkstücke o. ä. formt; b) Gerät zum Auspressen von Obst; c) Druckmaschine, Druckpresse. 2. (ohne Plur.) a) Gesamtheit der periodischen Druckschriften, der Zeitungen u. Zeitschriften (einschließlich der Mitarbeiter u. Institutionen); b) Beurteilung in Zeitungen u. Zeitschriften, Presseecho. 3. (ugs. abwertend) Privatschule zur intensiven Vorbereitung von [schwachen] Schülern auf bestimmte Prüfungen. **Pres|se|chef** *der;* -s, -s: Leiter der Presse-, Werbe- bzw. Public-Relations-Abteilung von Behörden, Unternehmen, Organisationen u. a. **Pres|se|delikt** *das;* -[e]s, -e: verbotene Handlung im Pressewesen, die als Straftatbestand od. Ordnungswidrigkeit mit einer Strafe bzw. Geldbuße geahndet wird (Rechtsw.). **Pres|se|kampa|gne** *die;* -, -n: Kampagne, die von der Presse (2 a) od. einzelnen Presseorganen geführt wird. **Pres|se|kon|ferenz** *die;* -, -en: Zusammenkunft prominenter Persönlichkeiten od. ihrer Beauftragten mit Vertretern von Publikationsorganen zur Beantwortung gezielter Fragen **Pres|sen|ti|ment** [prɛsãti'mã:] *das;* -s, -s ⟨aus gleichbed. *fr.* pressentiment zu pressentir „vorherahnen", dies aus *lat.* praesentire⟩: (veraltet) Ahnung, Vorgefühl **Pres|se|re|fe|rent** *der;* -en, -en ⟨zu ↑Presse u. ↑Referent⟩: meist journalistischer Mitarbeiter einer amtlichen od. privaten Pressestelle. **Pres|seur** [...'søːɐ̯] *der;* -s, -e ⟨aus *fr.* presseur, eigtl. „Presser", zu presser, vgl. pressieren⟩: mit Gummi überzogene Stahlwalze der Tiefdruckmaschine, die das Papier an den Schriftträger preßt. **Pres|se|zentrum** *das;* -s, ...ren ⟨zu ↑Presse⟩: zentraler Bau od. mit allen wichtigen technischen Einrichtungen für den Fernsprech- u. Funkverkehr eingerichtetes, den Pressevertretern zur Verfügung stehendes Büro bei Großveranstaltungen, Kongressen u. ä. **pres|sie|ren** ⟨aus gleichbed. *fr.* presser, eigtl. „pressen", dies aus *lat.* pressare, Intensivbildung von premere „drücken, pressen"⟩: (landsch., bes. südd., sonst veraltend) eilig, dringend sein; drängen. **Pres|si|on** *die;* -, -en ⟨aus gleichbed. *fr.* pression, dies aus *lat.* pressio⟩: Druck, Nötigung, Zwang. **Pres|so|re|zep|tor** *der;* -s, ...oren (meist Plur.) ⟨zu *lat.* pressum (vgl. Presse) u. ↑Rezeptor⟩: ↑Rezeptoren (2) in den Arterienwänden, die auf Blutdruckschwankungen reagieren u. die Herztätigkeit entsprechend regulieren (Med.). **pres|so|sen|si|bel** ⟨zu ↑sensibel⟩: druckempfindlich (Med.). **Pres|sur** *die;* - ⟨aus *lat.* pressura „Druck"⟩: (veraltet) Druck, Bedrückung, Beschwerde. **Pres|sure-group** ['prɛʃə'gruːp] *die;* -, -s ⟨aus gleichbed. *engl.-amerik.* pressure group, zu pressure „Druck, Zwang" u. group „Gruppe"⟩: Interessenverband, der (oft mit Druckmitteln) auf Parteien, Parlament, Regierung, Verwaltung u. a. Einfluß zu gewinnen sucht; vgl. Lobbyismus **Pre|sti**: Plur. von ↑Presto. **Pre|sti|di|gi|ta|teur** [...diʒita'tøːɐ̯] *der;* -s, -e ⟨aus gleichbed. *fr.* prestidigitateur (eigtl. „Schnellfinger") zu preste „schnell, flink" u. *lat.* digitus „Finger", vielleicht lautlich umgedeutet aus *prestigiateur, dies aus *lat.* praestigiator zu praestigiae (Plur.) „Gaukeleien"⟩: (veraltet) Gaukler, Taschenspieler **Pre|sti|ge** [...'tiːʒə] *das;* -s ⟨aus gleichbed. *fr.* prestige, eigtl. „Blendwerk, Zauber", dies aus gleichbed. *spätlat.* praestigium⟩: [positives] Ansehen, Geltung, Wertschätzung [in der Öffentlichkeit]. **Pre|sti|ge pa|per** [prɛs'tiːʒ 'peɪpə] *das;*

- -s, - -s ⟨zu *engl.* prestige „Ansehen" u. paper „Zeitung"⟩: Zeitung von internationaler Bedeutung **Pre|stis|si|mi**: Plur. von ↑Prestissimo. **pre|stis|si|mo** ⟨*it.;* Superlativ von ↑presto⟩: sehr schnell, in schnellstem Tempo (Vortragsanweisung; Mus.). **Pre|stis|si|mo** *das;* -s, Plur. -s u. ...mi: 1. äußerst schnelles Tempo (Mus.). 2. Musikstück in schnellstem Zeitmaß. **pre|sto** ⟨*it.;* aus *lat.* praesto „bei der Hand"⟩: schnell; in schnellem Tempo (Vortragsanweisung; Mus.). **Pre|sto** *das;* -s, Plur. -s u. ...ti: 1. schnelles Tempo (Mus.). 2. Musikstück in schnellem Zeitmaß **Prêt-à-por|ter** [prɛtapɔr'teː] *das;* -s, -s ⟨aus gleichbed. *fr.* prêt-à-porter, eigtl. „fertig zum Tragen"⟩: a) (ohne Plur.) von einem Modeschöpfer entworfene Konfektionskleidung; b) von einem Modeschöpfer entworfenes Konfektionskleid **Pre|test** ['priː...] *der;* -s, -s ⟨aus gleichbed. *engl.-amerik.* pretest zu *engl.* pre „vor" u. test, vgl. Test⟩: Erprobung eines Mittels für Untersuchungen o. ä. (z. B. eines Fragebogens) vor der Durchführung der eigentlichen Erhebung; Vortest (Soziol.). **pre|ti|al** ⟨zu *lat.* pretium (vgl. Pretium) u. ↑¹...al (1)⟩: vom Preis her erfolgend, geldmäßig (Wirtsch.). **pre|ti|os** ⟨aus gleichbed. *lat.* pretiosus⟩: (veraltet) kostbar, wertvoll. **Pre|tio|sen** u. Preziosen *die* (Plur.) ⟨aus gleichbed. *lat.* pretiosa, Neutrum Plur. von pretiosus (vgl. pretios)⟩: Kostbarkeiten, Geschmeide. **Pre|ti|um** *das;* -s, ...tia ⟨aus gleichbed. *lat.* pretium⟩: (veraltet) Wert, Preis, Belohnung **Pre|ven|ter** [...v...] *der;* -s, - ⟨aus *engl.* preventer „Verhüter" zu to prevent „verhindern"⟩: Sicherheitsarmatur an Bohrlochanlagen, um z. B. bei Eruptionen das Bohrloch gefahrlos verschließen zu können (Bohrtechnik) **Pre|view** ['priːvjuː] *die;* -, -s ⟨aus gleichbed. *engl.* preview zu pre „vor" u. view „das Ansehen, Betrachten"⟩: Voraufführung (bes. eines Films) **pre|zi|ös** ⟨aus *fr.* précieux, eigtl. „kostbar, wertvoll", dies aus *lat.* pretiosus, vgl. pretios⟩: geziert, geschraubt, gekünstelt; vgl. Précieuses. **Pre|zio|sen** vgl. Pretiosen. **Pre|zio|si|tät** *die;* - ⟨aus gleichbed. *fr.* préciosité; vgl. ...ität⟩: a) geziertes Benehmen, Ziererei; b) dem ↑Manierismus (5) verwandtes Stilphänomen, das durch eine oft bis zur verschlüsselte, gekünstelte u. gesuchte, affekt- u. effektbetonte, maximale Originalität anstrebende Ausdrucksweise gekennzeichnet ist (Literaturw.) **Pri|a|mel** *die;* -, -n, auch *das;* -s, - ⟨entstellt aus gleichbed. *frühnhd.* preambel, dies aus *mlat.* praeambulum, vgl. Präambel⟩: 1. kurzes volkstümliches Spruchgedicht, bes. des dt. Spätmittelalters. 2. svw. Präambel (2) **Pri|a|pea** *die* (Plur.) ⟨aus gleichbed. *spätlat.* Priapeia, nach dem griech.-röm. Fruchtbarkeitsgott Priapus (*gr.* Príapos)⟩: kurze, geistreiche, obszöne lat. Gedichte aus dem 1. Jh. n. Chr. **pri|a|pe|isch** u. priapisch ⟨nach gleichbed. *lat.* Priapeius⟩: unzüchtig. **Pri|a|pe|us** *der;* -, ...pei ⟨aus gleichbed. *lat.* (versus) Priapeus⟩: antiker Vers, eine Verbindung von ↑Glykoneus u. ↑Pherekrateus mit Zäsur nach dem Glykoneus. **pri|a|pisch** vgl. priapeisch. **Pri|a|pis|mus** *der;* - ⟨aus gleichbed. *lat.* priapismos, priapismus, dies aus *gr.* priapismós; vgl. ...ismus (3)⟩: krankhaft anhaltende, schmerzhafte Erektion des ↑Penis (Med.) **Pri|kas** *der;* -, -i ⟨aus *russ.* prikaz „Kanzlei, Amt"⟩: Bez. für eine Behörde im zentralistischen Moskauer Staat vom 16. Jh. bis zum Beginn des 18. Jh.s **prim** ⟨zu *lat.* prima, Fem. von primus, vgl. Primus, rückgebildet aus Primzahl⟩: nur durch 1 u. sich selbst teilbar (von Zahlen; Math.). **Prim** *die;* -, -en ⟨zu *lat.* prima, Fem. von

primus, vgl. Primus): 1. bestimmte Klingenhaltung beim Fechten. 2. Morgengebet (bes. bei Sonnenaufgang) im kath. Brevier. 3. svw. Prime (1). **pri|ma** ‹aus gleichbed. *it.* prima (gekürzt aus Fügungen wie prima sorte, prima qualità „erste, feinste Warenart"), Fem. von primo „erster", dies aus *lat.* primus, vgl. Primus): a) vom Besten, erstklassig; Abk.: pa., I a; b) (ugs.) vorzüglich, prächtig, wunderbar, sehr gut, ausgezeichnet. **¹Pri|ma** *die;* -, Primen ‹aus *nlat.* prima (classis) „erste (Klasse)", da die Klassen früher von oben nach unten gezählt wurden): (veraltend) in Unter- u. Oberprima geteilte letzte Klasse eines Gymnasiums. **²Pri|ma** *der;* -s, -s ‹zu *lat.* prima, vgl. Prim): Kurzform von ↑ Primawechsel. **Pri|ma|bal|le|ri|na** *die;* -, ...nen ‹aus gleichbed. *it.* prima ballerina zu ↑ prima u. ↑ Ballerina): die erste u. Vortänzerin einer Ballettgruppe; vgl. Ballerina; - assoluta: Spitzentänzerin, die außer Konkurrenz stehende Meisterin im Kunsttanz. **Pri|ma|don|na** *die;* -, ...nnen ‹aus gleichbed. *it.* prima donna, eigtl. „erste Dame", vgl. Donna): 1. Darstellerin der weiblichen Hauptpartie in der Oper, erste Sängerin. 2. verwöhnter u. empfindlicher Mensch, der eine entsprechende Behandlung u. Sonderstellung für sich beansprucht. **Pri|ma-fa|cie-Beweis** [...'fa:tsi̯ə...] *der;* -es, -e ‹zu *lat.* prima (vgl. Prim) u. facies „Aussehen, Anschein"): Beweis auf Grund des ersten Anscheins, Anscheinsbeweis (der nach der normalen Lebenserfahrung typischen Geschehensablauf gilt als bewiesen, solange sich nicht Tatsachen ergeben, die ein von diesem typischen Ablauf abweichendes Geschehen als möglich erscheinen lassen; Rechtsw.).
Pri|ma|ge [pri'ma:ʒə] *die;* -, -n ‹aus gleichbed. *fr.* primage zu prime „Prämie", dies über *engl.* premium aus *lat.* praemium, vgl. Prämie): ↑ Prämie (2), die ein Ladungsinteressent unter bestimmten Bedingungen an den Schiffer zu zahlen bereit ist (Seew.).
Pri|ma|li|tä|ten *die* (Plur.) ‹aus gleichbed. *mlat.* primalitates, Plur. von primalitas „Grundlage"): Grundbestimmungen des Seins u. der Dinge in der Scholastik (Philos.). **Pri|ma|ma|le|rei** *die;* - ‹zu *lat.* prima, vgl. Prim): Malerei ↑ alla prima. **Pri|ma|nen** *die* (Plur.) ‹nach *lat.* primani, eigtl. „die (Soldaten) von der ersten Legion"): die zuerst ausgebildeten Dauergewebszellen einer Pflanze (Bot.). **Pri|ma|ner** *der;* -s, - ‹zu ¹Prima u. ↑ ...aner, nach *lat.* primanus „von der ersten Legion"): (veraltend) Schüler einer ¹Prima. **Pri|ma|ne|rin** *die;* -, -nen: weibliche Form zu ↑ Primaner. **Pri|ma|no|ta** *die;* - ‹aus *it.* prima nota, eigtl. „erste Aufzeichnung"): Grundbuch in der Bankbuchhaltung. **Pri|ma|pa|pie|re** *die* (Plur.): erstklassige Geldmarktpapiere (Wirtsch.). **Pri|ma phi|lo|so|phia** *die;* - - ‹aus *lat.* prima philosophia „erste Philosophie"): svw. Philosophia prima. **pri|mär** ‹aus gleichbed. *fr.* primaire, dies aus *lat.* primarius „einer der ersten" zu primus, vgl. Primus u. Premiere): 1. a) zuerst vorhanden, ursprünglich; b) an erster Stelle stehend, erst-, vorrangig; grundlegend, wesentlich. 2. ‹von bestimmten chem. Verbindungen o. ä.) nur eines von mehreren gleichartigen Atomen durch nur ein bestimmtes anderes Atom ersetzend; vgl. sekundär (2), tertiär (2). 3. den Teil eines Netzgerätes betreffend, der unmittelbar an das Stromnetz angeschlossen ist u. in den die umzuformende Spannung einfließt (Elektrot.); vgl. sekundär (3). **Pri|mar** *der;* -s, -e: Kurzform von ↑ Primararzt. **Pri|mär...** ‹zu ↑ primär): Wortbildungselement mit der Bedeutung „die Grundlage bildend; zuerst auftretend", z. B. Primärliteratur, Primärtumor. **Pri|mär|af|fekt** *der;* -[e]s, -e: erstes Anzeichen, erstes Stadium einer Infektionskrankheit, bes. der Syphilis (Med.). **Pri|mar|arzt** *der;* -es, ...ärzte ‹zu *lat.* primarius, vgl. primär): (österr.) leitender Arzt eines Krankenhauses; Chefarzt, Oberarzt; Ggs. ↑ Sekundararzt. **Pri|mar|ärz|tin** *die;* -, -nen: (österr.) weibliche Form zu ↑ Primararzt. **Pri|mär|elek|tron** *das;* -s, -en ‹zu ↑ Primär...): Elektron, das durch Wärme od. Strahlung aus einer Elektronenhülle abgespalten wurde (Phys.). **Pri|mär|ener|gie** *die;* -, -n: von natürlichen, noch nicht weiterbearbeiteten Energieträgern (wie Kohle, Erdöl, Erdgas) stammende Energie (Techn.). **Pri|mär|far|ben** *die* (Plur.): ausgewählte Farben mit genau angegebenen Wellenlängen (Rot, Grün, Blauviolett), aus denen alle Farben des Farbfernsehbildes gemischt werden können. **Pri|mär|ge|stein** *das;* -s: (veraltet) Erstarrungsgestein (Geol.). **Pri|mär|grup|pe** *die;* -, -n: Gruppe, deren Mitglieder enge, vorwiegend emotionell bestimmte Beziehungen untereinander pflegen u. sich deshalb gegenseitig stark beeinflussen (z. B. die Familie; Soziol.). **Pri|ma|ria** *die;* -, ...iae [...riɛ] ‹zu *lat.* primaria, vgl. primär): weibliche Form zu ↑ Primarius (2). **Pri|mär|in|sek|ten** *die* (Plur.) ‹zu ↑ Primär...): Insekten, die gesundes lebendes pflanzliches Gewebe befallen (z. B. Maikäfer); Ggs. ↑ Sekundärinsekten. **Pri|ma|ri|us** *der;* -, ...ien [...i̯ən] ‹zu *lat.* primarius, vgl. primär): 1. svw. Pastor primarius. 2. svw. Primararzt. 3. Primgeiger, der erste Geiger im Streichquartett. **Pri|mär|li|te|ra|tur** *die;* - ‹zu ↑ Primär...): der eigentliche dichterische Text als Gegenstand einer wissenschaftlichen Untersuchung; die Quellen, bes. der Sprach- u. Literaturwissenschaft; vgl. Sekundärliteratur. **Pri|mär|pro|zes|se** *die* (Plur.): svw. Primärvorgänge. **Pri|mär|re|ak|ti|on** *die;* -: Fähigkeit zur Ausbildung von Antikörpern nach erstmaliger Infektion durch ↑ Antigene (Med.). **Pri|mar|schu|le** *die;* -, -n ‹zu *lat.* primarius, vgl. primär): (schweiz.) allgemeine Volksschule. **Pri|mär|sta|tis|tik** *die;* - ‹zu ↑ Primär...): direkte, gezielt für statistische Zwecke durchgeführte Erhebungen u. deren Auswertung (z. B. Volkszählung); vgl. Sekundärstatistik. **Pri|mär|strom** *der;* -, ...ströme: elektr. Strom in der Primärspule eines Transformators (Elektrot.). **Pri|mar|stu|fe** *die;* -, -n ‹zu *lat.* primarius, vgl. primär): Grundschule (1.–4. Schuljahr); vgl. Sekundarstufe. **Pri|mär|tek|to|ge|ne|se** *die;* -, -n ‹zu ↑ Primär...): Verbiegung der Erdrinde in großräumige Schwellen u. Senken (Geol.); vgl. Sekundärtektogenese. **Pri|mär|the|ra|pie** *die;* -: auf den amerik. Psychologen A. Janov zurückgehende Form der Psychotherapie, bei der belastende Kindheitserlebnisse durch intensives Nacherleben bewältigt werden sollen (Psychol.). **Pri|mär|trie|be** *die* (Plur.): die beim Menschen ↑ phylogenetisch angelegten u. damit ererbten psychischen Antriebe (Psychol.). **Pri|mär|tu|mor** *der;* -s, -en: ↑ Tumor, von dem ↑ Metastasen ausgehen (Med.). **Pri|mär|ve|ge|ta|ti|on** *die;* -: durch menschliche Beeinflussung unversehrte Vegetation, die sich im Gleichgewicht mit ihren gegenwärtig wirkenden Umweltfaktoren befindet u. dem Standort entspricht (z. B. der ursprüngliche trop. Regenwald). **Pri|mär|ver|tei|lung** *die;* -: unmittelbare, sich aus dem Produktionsprozeß ergebende Einkommensverteilung (Wirtsch.). **Pri|mär|vor|gän|ge** *die* (Plur.): alle aus dem Unbewußten erwachsenden Gedanken, Gefühle, Handlungen (S. Freud; Psychol.). **Pri|mär|wald** *der;* -[e]s, ...wälder: eine sich ohne menschliche Beeinflussung einstellende Waldform. **Pri|mär|wick|lung** *die;* -, -en: Wicklung, Spule eines Transformators, durch die die Leistung aufgenommen wird (Elektrot.). **Pri|ma|ry** ['praɪmərɪ] *die;* -, ...ries [...rɪz] (meist Plur.) ‹aus gleichbed. *engl.-amerik.* primary (election), eigtl. „erste (Auswahl)"): Vorwahl (im Wahlsystem der USA). **Pri|mas** *der;* -, -se ‹aus gleichbed. *spätlat.* primas, Gen. primatis, eigtl. „der

dem Rang nach Erste, Vornehmste", zu *lat.* primus, vgl. Primus, Bed. 2 aus gleichbed. *ung.* primás⟩: 1. (Plur. auch Primaten) [Ehren]titel des würdehöchsten Erzbischofs eines Landes. 2. Solist und Vorgeiger einer Zigeunerkapelle. **Pri|ma|spi|ri|tus** *der;* -, -se ⟨zu ↑prima u. ↑²Spiritus⟩: von schädlichen Nebenbestandteilen befreiter, fast reiner Alkohol. **¹Pri|mat** *der* od. *das;* -[e]s, -e ⟨aus *lat.* primatus „erste Stelle, erster Rang" zu primus, vgl. Primus⟩: 1. Vorrang, bevorzugte Stellung. 2. Stellung des Papstes als Inhaber der obersten Kirchengewalt. **²Pri|mat** *der;* -en, -en (meist Plur.) ⟨zu *spätlat.* primates, Plur. von primas, vgl. Primas⟩: Herrentier (Halbaffen, Affen u. Menschen umfassende Ordnung der Säugetiere; Biol.). **Pri|ma|ten:** Plur. von ↑Primas (1) u. ↑²Primat. **Pri|ma to|lo|ge** *der;* -n, -n ⟨zu ↑²Primat u. ↑...loge⟩: Wissenschaftler auf dem Gebiet der Primatologie. **Pri|ma|to|lo|gie** *die;* - ⟨zu ↑...logie⟩: Wissenschaft, die sich mit der Erforschung der ²Primaten befaßt. **pri|ma vi|sta** [– vɪsta] ⟨*it.;* eigtl. a prima vista „auf den ersten Blick"⟩: 1. bei Sicht, z. B. einen Wechsel - - bezahlen (Wirtsch.). 2. vom Blatt, z. B. - - spielen oder singen (Mus.). **Pri|ma|vi|sta|dia|gno|se** *die;* -, -n: Diagnose auf Grund der typischen, sichtbaren körperlich-seelischen Veränderungen, die durch bestimmte Krankheiten beim Patienten eintreten (Med.). **pri|ma vol|ta** [– ˈvɔlta] ⟨*it.*⟩: das erste Mal (Anweisung für die erste Form des Schlusses eines zu wiederholenden Teils, der bei der Wiederholung eine zweite Form erhält; Mus.); vgl. seconda volta. **Pri|ma|wech|sel** *der;* -s, - ⟨zu *it.* prima (di cambio), vgl. Prim⟩: Erstausfertigung eines Wechsels (Wirtsch.). **Pri|me** *die;* -, -n ⟨zu *lat.* prima „die erste"; vgl. Prim⟩: 1. a) erste Tonstufe einer diatonischen Tonleiter; b) ↑Intervall (2) im Einklang zweier auf derselben Stufe stehender Noten (Mus.). 2. erste, die ↑Norm (5) enthaltende Seite eines Druckbogens (Druckw., Buchbinderei). **Pri|mel** *die;* -, -n ⟨aus *nlat.* primula veris „erste (Blume) des Frühlings", Fem. von *lat.* primulus „die erste", dies Verkleinerungsform von primus, vgl. Primus⟩: Vertreter einer Pflanzenfamilie mit zahlreichen einheimischen Arten (z. B. Schlüsselblume, Aurikel). **Pri|men:** Plur. von ↑Prim, ↑¹Prima u. ↑Prime. **Pri|mer** [ˈpraɪmə] *der;* -s, - ⟨aus gleichbed. *engl.* primer zu to prime „grundieren"⟩: Grundierung, Grundanstrich, Haftgrundmittel. **Prime rate** [ˈpraɪm ˈreɪt] *die;* - - ⟨aus gleichbed. *engl.-amerik.* prime rate⟩: (in den USA) Diskontsatz für Großbanken, dem Leitzinsfunktion zukommt (Wirtsch.). **Pri|meur** [priˈmøːɐ] *der;* -[s], -s ⟨aus gleichbed. *fr.* primeur zu prime „erster", dies aus *lat.* primus⟩: 1. junger, kurz nach der Gärung abgefüllter franz. Rotwein. 2. (Plur.) junges Frühgemüse, Frühobst. **Prim|gei|ger** *der;* -s, - ⟨zu *lat.* primus, vgl. Primus⟩: erster Geiger in der Kammermusik, besonders im Streichquartett
Prim|geld *das;* -[e]s, -er ⟨zu *fr.* prime „Prämie", vgl. Primage⟩: svw. Primage
Pri|mi: Plur. von ↑Primus. **Pri|ming** [ˈpraɪmɪŋ] *das;* -s, -s ⟨aus *engl.* priming „Vorbereitung", eigtl. „das Fertigmachen (einer Kanone zum Feuern)", zu to prime „vorbereiten"⟩: Einleitung einer ärztlichen Behandlung (Med.). **Pri|mi|pa|ra** *die;* -, ...paren ⟨aus gleichbed. *nlat.* primipara zu primus (vgl. Primus) u. *lat.* parere „gebären"⟩: Erstgebärende; Frau, die ihr erstes Kind gebiert, geboren hat (Med.); vgl. Multipara, Nullipara, Pluripara, Sekundipara. **pri|mis|si|ma** (italienisierender Superlativ von ↑prima): (ugs.) ganz prima, ausgezeichnet. **Pri|mi|ti|al|op|fer** *das;* -s, - ⟨zu *mlat.* primitialis „ursprünglich, Erst-", dies zu *lat.* primitus „zuerst"⟩: der Gottheit dargebrachte Gabe aus der ersten Beute bzw. Ernte; Erstlingsopfer (z. B. bei Sammlerkulturen bzw. Ackerbauvölkern). **pri|mi|tiv** ⟨aus gleichbed. *fr.* primitif, dies aus *lat.* primitivus „der erste in seiner Art" zu primus, vgl. Primus⟩: 1. auf niedriger Kultur-, Entwicklungsstufe stehend; urzuständlich, urtümlich. 2. (abwertend) von geringem geistig-kulturellem Niveau. 3. einfach; dürftig, behelfsmäßig; nur mit dem unbedingt Nötigen ausgestattet; -es [...vəs] Symbol: Zeichen der Logistik, dessen Bedeutung als bekannt vorausgesetzt wird. **Pri|mi|ti|va** [...v...]: Plur. von ↑Primitivum. **Pri|mi|ti|ven** *die* (Plur.) ⟨zu primitiv⟩: (veraltet) auf niedriger Kultur-, Entwicklungsstufe stehende Völker. **pri|mi|ti|vie|ren** ⟨zu ↑...ieren⟩: (selten) svw. primitivisieren. **pri|mi|ti|vi|sie|ren** ⟨zu ↑...isieren⟩: in unzulässiger Weise vereinfachen, vereinfacht darstellen, wiedergeben. **Pri|mi|ti|vis|mus** *der;* - ⟨zu ↑...ismus (2)⟩: moderne Kunstrichtung, die sich von der Kunst der Primitiven, der ↑primitiven (3) Kulturen anregen läßt. **Pri|mi|ti|vi|tät** *die;* - ⟨zu ↑...ität⟩: (abwertend) 1. geistig-seelische Unentwickeltheit. 2. Einfachheit, Behelfsmäßigkeit, Dürftigkeit. **Pri|mi|tiv|ras|sen** *die* (Plur.): Haustierrassen, die unmittelbar durch Domestikation aus Wildtieren hervorgegangen sind (Zool.). **Pri|mi|tiv|re|ak|ti|on** *die;* -, -en: unmittelbare, vom Verstand nicht kontrollierte Reaktion auf Außenreize (z. B. im Affekt; Med., Psychol.). **Pri|mi|ti|vum** [...vʊm] *das;* -s, ...va [...va] ⟨aus gleichbed. *spätlat.* (nomen) primitivum⟩: Stammwort im Unterschied zur Zusammensetzung (z. B. *geben* gegenüber *ausgeben, zugeben;* Sprachw.). **Pri|mi uo|mi|ni:** Plur. von ↑Primo uomo. **Pri|miz** *die;* -, -en ⟨aus gleichbed. *kirchenlat.* primites zu *lat.* primitiae (Plur.) „Erstlinge", dies zu primus, vgl. Primus⟩: erste [feierliche] Messe eines neugeweihten kath. Priesters. **Pri|mi|zi|ant** *der;* -en, -en ⟨zu ↑...ant⟩: neugeweihter kath. Priester. **Pri|mi|zi|en** [...jən] *die* (Plur.) ⟨aus *lat.* primitiae, vgl. Primiz⟩: svw. Primitialopfer. **pri|mo** ⟨*it.;* zu *lat.* primus, vgl. Primus⟩: erste, zuerst, z. B. violino - (die erste Geige; Mus.). **Pri|mo** *das;* -s: beim vierhändigen Klavierspiel der Diskantpart (vgl. Diskant 3; Mus.); Ggs. ↑Secondo (2). **Pri|mo|ge|ni|tur** *die;* -en ⟨aus gleichbed. *mlat.* primogenitura zu *lat.* primus (vgl. Primus) u. genitus „geboren"⟩: Erstgeburtsrecht; Vorzugsrecht des [fürstlichen] Erstgeborenen u. seiner Linie bei der Erbfolge; vgl. Sekundogenitur. **prim|or|di|al** ⟨zu *lat.* primordialis⟩: von erster Ordnung, uranfänglich, ursprünglich seiend, das Ur-Ich betreffend (bei Husserl; Philos.). **Pri|mor|di|al|kra|ni|um** *das;* -s, Plur. ...nia u. ...nien [...jən] ⟨zu ↑Cranium⟩: a) erste knorpelige Anlage des ↑Craniums in der Embryonalentwicklung (Med.); b) knorpelige Vorstufe des knöchernen Schädels (z. B. der Schädel des Haifisches; Zool.). **Pri|mor|di|en** [...jən] *die* (Plur.) ⟨zu *lat.* primordium „Anfang, Ursprung"⟩: Bez. für wenig differenzierte erste Anlagen von Organen; Organvorstufen (Biol.). **Pri|mo uo|mo** *der;* - -, ...mi ...mini ⟨aus gleichbed. *it.* primo uomo, eigtl. „erster Mann"⟩: erster Tenor in der Barockoper. **Prim|ton** *der;* -[e]s, ...töne ⟨zu ↑Prime⟩: Grundton (Mus.). **Pri|mum mo|bi|le** *das;* - - ⟨aus gleichbed. *lat.* primum mobile⟩: der erste [unbewegte] Beweger (bei Aristoteles; Philos.). **Pri|mus** *der;* -, Plur. Primi u. -se ⟨aus *lat.* primus „erster, vorderster" (Superlativ von prior „ersterer, vorderster") u. Plur. Primi als Bez. des „Ersten" in einer Schulklasse: - inter pares [...reːs], Plur. Primi -: Erster unter Ranggleichen, ohne Vorrang. **Prim|zahl** *die;* -, -en ⟨zu *lat.* prima, vgl. prim⟩: Zahl größer als 1, die nur durch 1 und sich selbst teilbar ist (z. B. 7, 13, 29, 67; Math.). **Prince of Wales** [ˈprɪns əv ˈweɪlz] *der;* - - - ⟨*engl.*⟩: eigtl. „Fürst von Wales", zu prince „König, Fürst", dies über *altfr.* prince „Prinz, Fürst" aus *lat.* princeps, vgl.

Prinzeps⟩: Prinz von Wales (Titel des engl. Thronfolgers). **prin|ci|pa|le** [prɪntsi...] ⟨*it.;* eigtl. „hauptsächlich", dies aus *lat.* principalis, vgl. prinzipal⟩: in Orchesterwerken Bez. für die solistisch hervortretende Instrumentalstimme (Mus.); vgl. obligat (2). **prin|ci|pa|li|ter** [...ts...] vgl. prinzipaliter. **Prin|ci|pe** ['prɪntʃipə] *der;* -, ...pi ⟨aus gleichbed. *it.* principe aus *lat.* princeps, vgl. Prinzeps⟩: ital. Bez. für Fürst, Prinz. **prin|ci|pi|is ob|sta!** [...'tsi:pii:s –] ⟨*lat.;* „wehre den Anfängen!"⟩: leiste gleich am Beginn [einer gefährlichen Entwicklung] Widerstand! **Prin|ci|pi|um con|tra|dic|tio|nis** [...'tsi:... kɔntradɪk...] *das;* - - ⟨aus gleichbed. *lat.* principium contradictionis⟩: Satz vom Widerspruch (Logik). **Prin|ci|pi|um ex|clu|si ter|tii** [– ɛks'klu:zi –] *das;* - - - ⟨aus gleichbed. *lat.* principium exclusi tertii⟩: Satz vom ausgeschlossenen Dritten (Logik). **Prin|ci|pi|um iden|ti|ta|tis** *das;* - - ⟨aus gleichbed. *lat.* principium identitatis⟩: Satz der Identität (Logik). **Prin|ci|pi|um ra|tio|nis suf|fi|ci|en|tis** [– – ...'tsiɛn...] *das;* - - - ⟨aus gleichbed. *lat.* principium rationis sufficientis⟩: Satz vom hinreichenden Grund (Logik)

Prin|te *die;* -, -n (meist Plur.) ⟨aus gleichbed. *niederl.* prent, eigtl. „Ab-, Aufdruck", dies über *altfr.* preindre aus *lat.* premere „(ab-, auf)drucken", wahrscheinlich nach den in älterer Zeit vielfach aufgedruckten (Heiligen)figuren⟩: lebkuchenähnliches Gebäck. **Prin|ted in ...** ['prɪntɪd –] ⟨aus *engl.* printed in ... „gedruckt in ..." zu to print „drucken", dies zu print „Druck", zu *altfr.* preindre, vgl. Printe⟩: (mit nachfolgendem Namen eines Landes) gedruckt in ... (Vermerk in Büchern). **Prin|ter** *der;* -s, - ⟨aus gleichbed. *engl.* printer, eigtl. „Drucker"⟩: 1. Drucker; Gerät zum Ausdrucken von Daten (EDV). 2. automatisches Kopiergerät, das von einem ↑ Negativ od. ↑ Dia in kurzer Zeit eine große Anzahl von Papierkopien herstellt. **Prin|ters** *die* (Plur.) ⟨aus *engl.* printers zu print „bedruckter Kattun"⟩: ungebleichter Kattun für die Zeugdruckerei. **Print|me|di|en** [...jən] *die* (Plur.) ⟨nach gleichbed. *engl.* print media⟩: Gesamtheit der Medien, die Druckwerke (Zeitungen, Bücher u. a.) hervorbringen

Prin|zeps *der;* -, Prinzipes [...pe:s] ⟨aus *lat.* princeps, Gen. principis „der Erste (im Rang), Vornehmster, Gebieter" zu primus (vgl. Primus) u. capere „(in Besitz) nehmen"⟩: 1. altröm. Senator von großem politischen Einfluß. 2. Titel röm. Kaiser. **Prin|zip** *das;* -s, Plur. -ien [...jən], seltener, im naturwissenschaftlichen Bereich meist -e ⟨aus *lat.* principium „Anfang, Ursprung, Grundlage" zu princeps, vgl. Prinzeps⟩: a) feste Regel, die jmd. zur Richtschnur seines Handelns macht, durch die er sich in seinem Denken u. Handeln leiten läßt; b) allgemeingültige Regel, Grundlage, auf die etw. aufgebaut ist, Grundnorm, Grundregel; Grundsatz; c) Gesetzmäßigkeit, Idee, die einer Sache zugrunde liegt, nach der etw. wirkt; Schema, nach dem etw. aufgebaut ist. **prin|zi|pal** *aus lat.* principalis „erster, vornehmster"⟩: (veraltet) ursprünglich, vornehmlich, hauptsächlich. **¹Prin|zi|pal** *der;* -s, -e ⟨aus *lat.* principalis „Vorsteher" zu princeps, vgl. Prinzeps⟩: 1. Leiter eines Theaters, einer Theatertruppe. 2. Lehrherr; Geschäftsinhaber. **²Prin|zi|pal** *das;* -s, -e ⟨zu ↑ ¹Prinzipal⟩: 1. Hauptregister der Orgel (Labialstimme mit weichem Ton; Mus.). 2. tiefe Trompete, bes. im 17. u. 18. Jh. (Mus.); Ggs. ↑ Clarino (1). **Prin|zi|pa|lin** *die;* -, -nen ⟨zu ↑ ¹Prinzipal⟩: weibliche Form zu ↑ ¹Prinzipal. **prin|zi|pa|li|ter** ⟨aus gleichbed. *lat.* principaliter⟩: vor allem, in erster Linie. **Prin|zi|pal|stim|me** *die;* -, -n (meist Plur.) ⟨zu ↑ ²Prinzipal⟩: eine der im ↑ Prospekt (3) der Orgel aufgestellten, besonders sorgfältig gearbeiteten Pfeifen (Mus.). **Prin|zi|pat** *das,* auch *der;* -[e]s, -e ⟨aus gleichbed. *lat.* principatus⟩: 1. (veraltet) Vorrang. 2. das ältere röm. Kaisertum; vgl. Dominat. **Prin|zi|pes** [...pe:s]: Plur. von ↑ Prinzeps. **prin|zi|pi|ell** ⟨zu *lat.* principalis „anfänglich" u. ↑...ell⟩: 1. im Prinzip, grundsätzlich. 2. einem Prinzip, Grundsatz entsprechend, aus Prinzip. **Prin|zi|pi|en** [...jən]: Plur. von ↑ Prinzip. **Prin|zi|pi|en|rei|ter** *der;* -s, -: (ugs.) jmd., der kleinlich auf seinen Prinzipien beharrt. **Prinz|re|gent** *der;* -en, -en: Vertreter eines (z. B. durch schwere Krankheit) an der Ausübung der Herrschaft gehinderten Monarchen

Pri|on *das;* -s, ...onen ⟨Kurzw. aus ↑ Protein, ↑ infektiös u. ↑ ¹...on⟩: Protein mit infektiösen Eigenschaften (Biochem.). **Pri|or** *der;* -s, Prioren ⟨aus gleichbed. *mlat.* prior, eigtl. „der Erstere, der dem Rang nach höher Stehende", zu *lat.* prior, vgl. Primus⟩: a) kath. Klosteroberer, -vorsteher (z. B. bei den ↑ Dominikanern); Vorsteher eines Priorats (2); b) Stellvertreter eines Abtes. **Prio|rat** *das;* -[e]s, -e ⟨aus gleichbed. *mlat.* prioratus zu *lat.* prioratus „die erste Stelle"⟩: 1. Amt, Würde eines Priors. 2. meist von einer Abtei abhängiges [kleineres] Kloster eines ↑ Konvents (1 a). **Prio|rin** [auch 'pri:ɔrɪn] *die;* -, -nen ⟨zu ↑ Prior⟩: a) Vorsteherin eines Priorats (2); b) Stellvertreterin einer Äbtissin. **Prio|ri|tät** *die;* -, -en ⟨aus gleichbed. *fr.* priorité, dies aus *mlat.* prioritas, Gen. prioritatis⟩: 1. a) Vorrecht, Vorrang eines Rechts, bes. eines älteren Rechts gegenüber einem später entstandenen; b) Rangfolge, Stellenwert, den etwas innerhalb einer Rangfolge einnimmt; c) (ohne Plur.) höherer Rang, größere Bedeutung, Vorrangigkeit. 2. (ohne Plur.) zeitliches Vorgehen. 3. (nur Plur.) Aktien, Obligationen, die mit bestimmten Vorrechten ausgestattet sind (Wirtsch.). 4. die Rangordnung, nach der Anforderungen in einem laufenden Programm (4) bedient werden sollen (EDV). **Prio|ri|täts|ak|tie** [...jə] *die;* -, -n: Aktie, die mit einem Vorzugsrecht ausgestattet ist. **Prio|ri|täts|prin|zip** *das;* -s: 1. in der wissenschaftlichen Benennung von Tierarten das Prinzip, nach welchem der älteste Name zu gelten hat, sofern er den internationalen Regeln der Nomenklatur entspricht. 2. Grundsatz, wonach frühere Rechte später entstandenen im Rang vorgehen (Rechtsw.)

Pri|se *die;* -, -n ⟨aus *fr.* prise „das Nehmen, Ergreifen; das Genommene", eigtl. substantiviertes Part. Perf. von prendre „nehmen, ergreifen", dies aus *lat.* prehendere⟩: 1. a) aufgebrachtes feindliches od. Konterbande führendes neutrales Schiff; b) beschlagnahmte Ladung eines solchen Schiffes. 2. kleine Menge eines pulverigen od. feinkörnigen Stoffes (die man zwischen zwei Fingern greifen kann, z. B. Salz, Pfeffer, Schnupftabak)

Pris|ma *das;* -s, ...men ⟨über gleichbed. *spätlat.* prisma aus *gr.* prísma, Gen. prísmatos, eigtl. „das Zersägte, Zerschnittene", zu príein „sägen"⟩: 1. von ebenen Flächen begrenzter Körper mit paralleler, kongruenter Grund- u. Deckfläche (Math.). 2. Kristallfläche, die nur zwei Achsen schneidet u. der dritten parallel ist (Mineral.). 3. lichtdurchlässiger u. lichtbrechender (bes. als optisches Bauteil verwendeter) Körper mit mindestens zwei zueinandergeneigten, meist ebenen Flächen (Optik). **Pris|ma|tin** *der;* -s, -e ⟨zu ↑ ¹...in⟩: ein prismatisches, durchsichtiges Mineral. **pris|ma|tisch:** von der Gestalt eines Prismas, prismenförmig; -e Absonderung: säulenförmige Ausbildung senkrecht zur Abkühlungsfläche (von Basalten; Mineral.). **Pris|ma|to|id** *das;* -[e]s, -e ⟨zu ↑ ...oid⟩: Körper mit geradlinigen Kanten, beliebigen Begrenzungsflächen u. zwei parallelen Grundflächen, auf denen sämtliche Ecken liegen (Math.). **Pris|men:** Plur. von ↑ Prisma. **Pris|men|astro|la|bi|um** *das;* -s, ...ien [...jən]: sehr genau arbeitendes Winkelmeßin-

Prismenbrille

strument zur Bestimmung von Sternendurchgängen durch einen bestimmten Höhenkreis. **Pris|men|bril|le** *die;* -, -n: Brille, durch die mit Hilfe von Prismen in bestimmter Anordnung das Schielen korrigiert wird. **Pris|men|glas** *das;* -es, ...gläser: Feldstecher, Fernglas. **Pris|men|in|stru|mente** *die* (Plur.): einfache optische Geräte zum Abstecken von Winkeln im Gelände (Vermessungskunde). **Pris|menspek|tro|graph** *der;* -en, -en: Gerät zur Zerlegung von Licht aus mehreren Wellenlängen in seine einzelnen Komponenten (Optik). **Pris|mo|id** *das;* -[e]s, -e ⟨zu ↑ Prisma u. ↑ ...oid⟩: svw. Prismatoid
Pri|son [priˈzɔ̃:] *die;* -, -s od. *das;* -s, -s ⟨aus gleichbed. *fr.* prison, dies aus *lat.* prensio „das Ergreifen" zu prendere, prehendere „ergreifen; verhaften"⟩: (veraltet) Gefängnis. **Priso|ner of war** [ˈprɪznə əv ˈwɔː] *der;* - - -, -s - - ⟨aus *engl.* prisoner of war⟩: engl. Bez. für Kriegsgefangener; Abk. PW. **Pri|son|nier de guerre** [prizɔnjedˈgɛːr] *der;* - - -, -s - - [prizɔnjedˈgɛːr] ⟨aus *fr.* prisonnier de guerre⟩: franz. Bez. für Kriegsgefangener; Abk. PG
Pri|staw *der;* -[s], -s ⟨aus gleichbed. *russ.* pristav⟩: (früher) russ. Polizeioffizier. **Prit|sta|bel** *der;* -s, - ⟨aus dem Slaw.; vgl. *poln.* przedstawiciel „Vertreter, Repräsentant"⟩: Wasservogt, Fischereiaufseher (früher in der Mark Brandenburg)
pri|vat [...v...] ⟨aus *lat.* privatus „gesondert, für sich stehend; nicht öffentlich" zu privare „sondern, befreien"⟩: 1. die eigene Person angehend, persönlich. 2. vertraulich. 3. familiär, häuslich, vertraut, zwanglosen Charakter aufweisend, ungezwungen. 4. nicht offiziell, nicht öffentlich, nicht geschäftlich, nicht dienstlich, außeramtlich. 5. nicht für die Öffentlichkeit bestimmt, nur einzelnen zugänglich. 6. einer od. mehreren Personen gehörend, nicht dem Staat od. einer Genossenschaft gehörend. **Pri|vat|adres|se** *die;* -, -n: die private (4), nicht dienstliche Adresse. **Pri|vat|audi|enz** *die;* -, -en: private (4), nicht dienstliche Angelegenheiten dienende Audienz. **Pri|vat|de|tek|tiv** *der;* -s, -e [...və]: freiberuflich tätiger od. bei einer Detektei angestellter Detektiv, der in privatem (2) Auftrag handelt. **Pri|vatdis|kont** *der;* -s, -e: Diskontsatz, zu dem ↑ Akzepte (2) besonders kreditwürdiger Banken abgerechnet werden. **Privat|do|zent** *der;* -en, -en 1. a) (ohne Plur.) Titel eines Hochschullehrers, der [noch] nicht Professor ist u. nicht im Beamtenverhältnis steht; b) Träger dieses Titels. **Privat|do|zen|tin** *die;* -, -nen: weibliche Form zu ↑ Privatdozent. **Pri|va|tier** [...ˈtie:] *der;* -s, -s ⟨französierende Bildung zu ↑ privat; vgl. ²...ier⟩: jmd., der keinen Beruf ausübt; Rentner; vgl. Partikülier. **Pri|va|tie|re** [auch ...ˈtiɛːrə] *die;* -, -n ⟨zu ↑ ¹...iere⟩: (veraltet) Rentnerin. **pri|va|tim** (*lat.*): in ganz persönlicher, vertraulicher Weise; unter vier Augen. **Pri|vat|ini|tia|ti|ve** *die;* - ⟨zu ↑ privat⟩: das Handeln aus eigenem Antrieb u. auf eigene Verantwortung. **Pri|va|ti|on** *die;* -, -en ⟨aus spätlat. privatio „Beraubung" zu *lat.* privatio „Befreiung", dies zu privare „berauben; befreien"⟩: 1. (veraltet) Beraubung; Entziehung. 2. Negation, bei der das negierende Prädikat dem Subjekt nicht nur eine Eigenschaft, sondern auch sein Wesen abspricht (Philos.). **priva|ti|sie|ren** ⟨zu ↑ privat u. ↑ ...isieren⟩: 1. staatliches Vermögen in Privatvermögen umwandeln. 2. als Rentner[in] od. als Privatperson vom eigenen Vermögen leben. **Pri|vati|sie|rung** *die;* - ⟨zu ↑ ...isierung⟩: Umwandlung von staatlichem Vermögen in privates Vermögen. **pri|va|tis|si|me** ⟨*lat.;* Adverb des Superlativs von privatus, vgl. privat⟩: im engsten Kreise; streng vertraulich, ganz allein. **Pri|va|tissi|mum** *das;* -s, ...ma ⟨aus *lat.* privatissimum, substantivierter Superlativ (Neutrum) von privatus, vgl. privat⟩: 1.

Vorlesung für einen ausgewählten Kreis. 2. (oft scherzh.) persönliche, eindringliche Ermahnung. **Pri|va|tist** *der;* -en, -en ⟨zu ↑ privat u. ↑ ...ist⟩: (österr.) Schüler, der sich, ohne die Schule zu besuchen, auf eine Schulprüfung vorbereitet. **Pri|va|ti|stin** *die;* -, -nen: weibliche Form zu ↑ Privatist. **priva|ti|stisch** ⟨zu ↑ ...istisch⟩: ins Private zurückgezogen. **pri|va|tiv** ⟨nach gleichbed. *lat.* privativus, eigtl. „eine Beraubung anzeigend; verneinend"⟩: 1. das Privativ betreffend (Sprachw.). 2. das Fehlen, die Ausschließung (z. B. eines bestimmten Merkmals) kennzeichnend (z. B. durch die privativen Affixe *ent-, un-, -los;* Sprachw.). **Pri|va|tiv** u. **Pri|va|ti|vum** [...vʊm] *das;* -s, -e [...və] ⟨aus gleichbed. *lat.* (verbum) privativum⟩: Verb, das inhaltlich ein Entfernen, Wegnehmen des im Grundwort Angesprochenen zum Ausdruck bringt (z. B. *aus*räumen, *ent*fetten, köpfen, (Federn) rupfen, häuten = die Haut abziehen; Sprachw.). **Pri|vat|kon|to** *das;* -s, ...ten ⟨zu ↑ privat⟩: 1. rein privaten Zwecken dienendes ↑ Konto. 2. Zwischenkonto, auf dem Einlagen u. Entnahmen der Inhaber [bei Personengesellschaften] verbucht werden (Bankw.). **Pri|vat|li|qui|da|ti|on** *die;* -, -en: Kostenrechnung eines Arztes für einen Privatpatienten. **Pri|vat|pa|ti|ent** *der;* -en, -en: Patient, der nicht bei einer gesetzlichen Krankenkasse versichert ist, sondern sich auf eigene Rechnung od. als Versicherter einer privaten (4) Krankenkasse in [ärztliche] Behandlung begibt. **Pri|vat|pa|ti|en|tin** *die;* -, -nen: weibliche Form zu ↑ Privatpatient. **Pri|vat|per|son** *die;* -, -en: jmd., der in privater (4) Eigenschaft, nicht im Auftrag einer Firma, Behörde o. ä. handelt. **Pri|vat|sphä|re** *die;* -: svw. Intimsphäre. **Pri|vat|sta|ti|on** *die;* -, -en: ↑ Station für Privatpatienten in einer Klinik, einem Krankenhaus. **Pri|vi|leg** [...v...] *das;* -[e]s, Plur. -ien [...iən], auch -e ⟨aus *lat.* privilegium „besondere Verordnung, Ausnahmegesetz; Vorrecht" zu privus „gesondert, einzeln" u. lex, Gen. legis, vgl. Lex⟩: einem einzelnen od. einer Gruppe vorbehaltenes Recht, Vor-, Sonderrecht. **pri|vi|le|gie|ren** ⟨aus gleichbed. *mlat.* privilegiare⟩: jmdm. eine Sonderstellung, ein Vorrecht einräumen. **Pri|vi|le|gi|um** *das;* -s, ...ien [...iən] ⟨aus *lat.* privilegium, vgl. Privileg⟩: (veraltet) svw. Privileg. **pri|vi|le|giert** ⟨zu ↑ ...iert⟩: bevorrechtet, mit Sonderrechten ausgestattet
Prix [pri:] *der;* - [pri:(s)], - [pri:s] ⟨aus *fr.* prix, dies aus gleichbed. *lat.* pretium⟩: franz. Bez. für Preis. **Prix fixe** [priˈfiks] *der;* - - ⟨aus *fr.* prix fixe „fester Preis"⟩: Geschäft mit festen Preisen. **Prix Gon|court** [prigõˈkuːr] *der;* - - ⟨nach dem Stifter, dem franz. Schriftsteller E. de Goncourt, 1822–1896⟩: von der Académie Goncourt jährlich verliehener Literaturpreis für ein während des Jahres erschienenes Erzählwerk in franz. Sprache

PR-Ma|na|ger [peːˈ|ɛr..., engl. piːˈɑ:...] *der;* -s, - ⟨zu ↑ PR u. ↑ Manager⟩: Manager, der für Public Relations, d. h. die Öffentlichkeitsarbeit eines Unternehmens zuständig ist

pro ⟨*lat.;* „für"⟩: je; - Stück. **¹Pro** *das;* -s ⟨zu *lat.* pro „für"⟩: das Für; das - u. [das] Kontra: das Für u. [das] Wider
²Pro *die;* -, -s ⟨Kurzform von ↑ Prostituierte⟩: (Jargon) kurz für Prostituierte
pro..., Pro... ⟨aus gleichbed. *lat.* pro⟩: Präfix mit folgenden Bedeutungen: 1. vor, vorher, zuvor, vorwärts, hervor, z. B. in *progressiv, Prognose.* 2. für jmdn. od. etw. eintretend, zu jmds. Gunsten, zum Schutze von jmdm., z. B. in *prowestlich.* 3. an Stelle von, z. B. in *Pronomen.* 4. im Verhältnis zu, z. B. in *Proportion*
Proa [ˈproʊə] *die;* -, -s ⟨über *engl.* proa, andere Form von prau, dies aus *malai.* perahu „Boot"⟩: svw. Prau
pro|ak|tiv ⟨zu ↑ pro... u. ↑ aktiv⟩: vorauswirkend; Ggs. ↑ re-

troaktiv. **pro an|no** ⟨*lat.;* eigtl. „für ein Jahr"⟩: aufs Jahr, jährlich; Abk.: p. a.

Pro|an|the|sis *die;* - ⟨aus *gr.* proánthēsis „Vorblüte"⟩: anomales Blühen der Bäume im Herbst (Bot.).

Pro|äre|se *die;* - ⟨aus *gr.* proaíresis „das Vornehmen, Vorsatz" zu proaireĩn „vornehmen"⟩: der freie, aber mit Überlegung u. Nachdenken vollzogene Entschluß, der sich nur auf das in unserer Macht Stehende bezieht (Aristoteles; Philos.).

Pro|avis [...vis] *der;* -, ...ves [...ve:s] ⟨zu ↑pro... u. *lat.* avis „Vogel"⟩: Vorläufer der Vögel aus der späten Trias

pro|ba|bel ⟨über *fr.* probable aus gleichbed. *lat.* probabilis zu probare, vgl. probieren⟩: wahrscheinlich, glaubwürdig; billigenswert (Philos.). **Pro|ba|bi|lis|mus** *der;* - ⟨zu ↑...ismus (2)⟩: 1. Auffassung, daß es in Wissenschaft u. Philosophie keine absoluten Wahrheiten, sondern nur Wahrscheinlichkeiten gibt (Philos.). 2. Lehre der kath. Moraltheologie, nach der in Zweifelsfällen eine Handlung erlaubt ist, wenn gute Gründe dafür sprechen. **pro|ba|bi|listisch** ⟨zu ↑...istisch⟩: die Probabilität betreffend, die Wahrscheinlichkeit berücksichtigend, wahrscheinlich. **Pro|ba|bi|li|tät** *die;* -, -en ⟨aus gleichbed. *lat.* probabilitas, Gen. probabilitatis⟩: Wahrscheinlichkeit, Glaubwürdigkeit (Philos.). **Pro|band** *der;* -en, -en ⟨aus *lat.* probandus „ein zu Untersuchender", Gerundivum von probare, vgl. probieren⟩: 1. Versuchsperson, Testperson (z. B. bei psychologischen Tests; Psychol., Med.). 2. jmd., für den zu erbbiologischen Forschungen innerhalb eines größeren verwandtschaftlichen Personenkreises eine Ahnentafel aufgestellt wird (Geneal.). 3. zur Bewährung entlassener Strafgefangener, der von einem Bewährungshelfer betreut wird. **pro|bat** ⟨aus gleichbed. *lat.* probatus⟩: a) erprobt, bewährt, wirksam; b) richtig, geeignet, tauglich. **Pro|ba|ti|on** *die;* -, -en ⟨aus gleichbed. *lat.* probatio⟩: (veraltet) a) Prüfung, Untersuchung; b) Nachweis, Beweis; c) Erprobung, Bewährung (Rechtsw.). **Pro|ba|tor** *der;* -s, -en ⟨aus gleichbed. *lat.* probator⟩: (veraltet) Prüfer, Kontrolleur. **pro|ba|to|risch**: zur Klärung einer Diagnose versuchsweise durchgeführt od. angewandt (Med.). **pro|bie|ren** ⟨aus *lat.* probare „beurteilen; billigen"⟩: 1. einen Versuch machen, ausprobieren, versuchen. 2. kosten, abschmecken. 3. proben, eine Probe abhalten (Theater). 4. anprobieren (z. B. ein Kleidungsstück). **Pro|bie|rer** *der;* -s, -: Prüfer im Bergbau, Hüttenwerk od. in der Edelmetallindustrie, der nach bestimmten Verfahren schnell Zusammensetzungen feststellen kann

Pro|bi|ont *der;* -en, -en (meist Plur.) ⟨zu ↑pro... u. ↑...biont⟩: primitiver Vorläufer höherer Lebensformen (Biol.). **Pro|bio|se** *die;* -, -n ⟨Analogiebildung zu Symbiose⟩: das Zusammenleben von zwei Organismen zum Nutzen eines Partners, ohne den anderen zu schädigen, z. B. in Form einer ↑Parökie (Biol.)

Pro|bi|tät *die;* - ⟨aus gleichbed. *lat.* probitas, Gen. probitatis zu probus „rechtschaffen"⟩: (veraltet) Rechtschaffenheit

Pro|blem *das;* -s, -e ⟨über *lat.* problema aus *gr.* próblēma „die gestellte (wissenschaftliche) Aufgabe, Streitfrage", eigtl. „das Vorgelegte", zu probállein „eine Frage vorlegen, eine Aufgabe stellen", eigtl. „vorwerfen, hinwerfen"⟩: 1. schwierige, zu lösende Aufgabe; Fragestellung; unentschiedene Frage; Schwierigkeit. 2. schwierige, geistvolle Aufgabe im Kunstschach (mit der Forderung: Matt, Hilfsmatt usw. in bestimmter Anzahl von Zügen). **Pro|blem|ana|ly|ti|ker** *der;* -s, -: jmd., der Probleme, die bei der Informationsverarbeitung auftreten, programmtechnisch aufbereitet. **Pro|ble|ma|tik** *die;* - ⟨zu *gr.* problēmatikós „zur Aufgabe gehörig"; vgl. ²...ik (2)⟩: 1. aus einer Frage, Aufgabe, Situation sich ergebende Schwierigkeit. 2. Gesamtheit aller Probleme (1), die eine bestimmte Angelegenheit, Sache betreffen. **pro|ble|ma|tisch** ⟨aus gleichbed. *lat.* problematicus, dies aus *gr.* problēmatikós vgl. Problematik⟩: 1. schwierig, voller Probleme. 2. fraglich, zweifelhaft, ungewiß. **pro|ble|ma|ti|sie|ren** ⟨zu ↑...isieren⟩: a) die Problematik von etwas darlegen, diskutieren, sichtbar machen; b) zum Problem (1) machen. **pro|blem|ori|en|tiert** ⟨zu ↑Problem⟩: a) auf ein bestimmtes Problem, auf bestimmte Probleme ausgerichtet; b) auf die Lösung bestimmter Aufgaben bezogen (EDV). **Pro|blem|schach** *das;* -s: Teilgebiet des Schachspiels, auf dem man sich mit dem Bauen von Schachaufgaben befaßt

Pro|ca|in ⓦ [...k...] *das;* -s ⟨Kunstw.⟩: Mittel zur örtlichen Betäubung, z. B. bei der Infiltrationsanästhesie; Novocain (Pharm., Med.). **Pro|ca|in|amid** *das;* -s: Herzmittel mit chinidinähnlicher Wirkung, das bei Herzrhythmusstörungen verwendet wird (Med.)

Pro|ce|de|re [...ts...], eindeutschend Prozedere *das;* -, - ⟨zu *lat.* procedere „vorwärtsgehen; fortschreiten"⟩: Verfahrensordnung, -weise (bes. in bezug auf eine Verhandlungsführung)

pro cen|tum [– 'tsɛn...] ⟨*lat.*⟩: für hundert (z. B. Mark); Abk.: p. c.; Zeichen %

Pro|cess-art ['prɔʊses'ɑ:t] *die;* - ⟨aus *engl.* process art, eigtl. „Prozeßkunst"⟩: eine Richtung der avantgardistischen Kunst seit den 1960er Jahren, in deren Zentrum die Vermittlung künstlerischer Prozesse steht. **Pro|ces|sus** [proˈtsɛ...] *der;* - ⟨aus gleichbed. *lat.* processus, eigtl. „das Fortschreiten"⟩: Fortsatz, Vorsprung, kleiner, hervorragender Teil eines Knochens (Med.)

Pro|chei|lie [...ç...] *die;* -, ...ien ⟨zu *gr.* prócheilos „mit vorstehenden Lippen" bzw. ↑pro..., cheĩlos „Lippe" u. ↑²...ie⟩: starkes Vorspringen der Lippen (Med.)

Pro|chlo|rit [...klo..., auch ...ˈrɪt] *der;* -s, -e ⟨zu ↑pro... u. ↑²Chlorit⟩: ein schuppiges, grünes bis schwarzgrünes Mineral

pro co|pia [– 'ko:...] ⟨*lat.;* vgl. Kopie⟩: (veraltet) die Richtigkeit der Abschrift wird bestätigt

Proc|tor ['prɔktə] *der;* -s, -s ⟨aus *engl.* proctor⟩: engl. Bez. für Prokurator (Rechtsw.)

pro|cul ne|go|ti|is [...kul –] ⟨*lat.*⟩: fern von Geschäften

Pro|de|kan *der;* -s, -e ⟨zu ↑pro... u. ↑Dekan⟩: Vertreter des Dekans (an einer Hochschule)

pro die ⟨*lat.*⟩: je Tag, täglich

Pro|di|ga|li|tät *die;* - ⟨aus gleichbed. *spätlat.* prodigalitas, Gen. prodigalitatis⟩: (veraltet) Verschwendung[ssucht]

pro|di|gi|ös ⟨aus *lat.* prodigiosus „unglaublich"⟩: (veraltet) wunderbar, seltsam, unnatürlich, unglaublich. **Pro|di|gi|um** *das;* -s, ...ien [...jən] ⟨aus gleichbed. *lat.* prodigium⟩: im altröm. Glauben wunderbares Zeichen göttlichen Zornes, dem man durch kultische Sühnemaßnahmen zu begegnen suchte

pro do|mo ⟨*lat.;* „für das (eigene) Haus"⟩: in eigener Sache, zum eigenen Nutzen, für sich selbst

Pro|don|tie *die;* -, ...ien ⟨zu ↑pro..., *gr.* odoús, Gen. odóntos „Zahn" u. ↑²...ie⟩: starkes Vorspringen des Unterkiefers (Med.)

pro do|si ⟨*lat.;* „als Gabe"⟩: als Einzelgabe verabreicht (von Arzneien)

Pro|drom *das;* -s, -e ⟨zu ↑Prodromus⟩: Frühsymptom einer Krankheit (Med.). **pro|dro|mal** ⟨zu ↑¹...al (1)⟩: ankündigend, vorangehend (von Krankheiten u. Krankheitssymptomen; Med.). **Pro|dro|mal|sym|ptom** *das;* -s, -e: svw.

Prodromus

Prodrom. Pro|dro|mus *der;* -, ...omən ⟨über *lat.* prodromus aus *gr.* pródromos „Vorbote, Vorläufer"⟩: (veraltet) Vorwort, Vorrede

Pro-drug ['proːdrʌg] *das od. die;* -[s], -s ⟨zu ↑pro... u. *engl.* drug „Droge, Arzneimittel"⟩: Substanz, die selbst biologisch weitgehend inaktiv ist, aber im Organismus enzymatisch od. nichtenzymatisch in eine aktive Form umgewandelt wird (Med.)

Pro|du|cer [proˈdjuːsɐ] *der;* -s, - ⟨aus *engl.* producer zu to produce, dies aus *lat.* producere, vgl. produzieren⟩: 1. engl. Bez. für Hersteller, Fabrikant. 2. a) Film-, Musikproduzent; b) (im Hörfunk) jmd., der eine Sendung technisch vorbereitet u. ihren Ablauf überwacht [u. für die Auswahl der Musik zuständig ist]. **Pro|duct place|ment** ['prɔdʌkt 'pleɪsmənt] *das;* -s, - s ⟨aus *engl.* product placement, zu product „Artikel, Erzeugnis" (vgl. Produkt) u. placement „Zuordnung, Plazierung"⟩: in Film u. Fernsehen eingesetzte Werbemaßnahme, bei der das jeweilige Produkt wie beiläufig, aber erkennbar ins Bild gebracht wird. **Pro|dukt** *das;* -[e]s, -e ⟨aus *lat.* productum „das Hervorgebrachte", Part. Perf. (Neutrum) von producere, vgl. produzieren⟩: 1. Erzeugnis, Ertrag. 2. Folge, Ergebnis [z. B. der Erziehung]. 3. Ergebnis einer ↑Multiplikation (Math.). 4. der Teil einer Zeitung od. Zeitschrift, der in einem Arbeitsgang gedruckt wird (z. B. besteht eine Zeitung aus meist zwei bis vier Produkten, die lose ineinandergelegt sind). **Pro|duk|ten|bör|se** *die;* -, -n: Börse für den Handel mit verschiedenen Waren (z. B. mit Rohstoffen, Nahrungs- u. Genußmitteln); Warenbörse (Wirtsch.). **Pro|duk|ten|han|del** *der;* -s: (Kaufmannsspr.) Handel mit Produkten bes. der [heimischen] Landwirtschaft. **Pro|dukt|ge|stal|tung** *die;* -: Teilgebiet der Absatzpolitik, das als wichtigste Aufgaben die äußere Gestaltung eines Produkts u. seiner charakteristischen Merkmale umfaßt (Wirtsch.). **Pro|dukt|haf|tung** *die;* -: Haftung des Produzenten einer Ware für Folgeschäden, die dem Verbraucher aus Grund einer fehlerhaften Ware entstehen (Personen- u. Sachschäden, nicht Schäden an der Ware selbst). **Pro|duk|ti|on** *die;* -, -en ⟨aus gleichbed. *fr.* production, dies nach *lat.* productio „das Hervorbringen"⟩: 1. Herstellung von Waren u. Gütern. 2. Herstellung eines Films, einer Schallplatte, einer Hörfunk-, Fernsehsendung o. ä. **Pro|duk|ti|ons|fak|tor** *der;* -s, -en: den Produktionsprozeß mitbestimmender maßgeblicher Faktor (z. B. Boden, Arbeit, Kapital; Wirtsch.). **Pro|duk|ti|ons|funk|tio|nen** *die* (Plur.): ein Ausdruck, der angibt, welche Produktionsmengen, d. h. Güter od. Dienstleistungen, in einem bestimmten Zeitraum mit alternativen Faktoreinsatzmengen jeweils erzeugt werden können u. welche Beziehungen dabei Produktionsmengen u. Faktormengen untereinander aufweisen (Wirtsch.). **Pro|duk|ti|ons|gü|ter** *die* (Plur.): Güter, die als Rohstoffe weiterverarbeitet werden (Wirtsch.). **Pro|duk|ti|ons|in|dex** *der;* -[es], Plur. -e u. ...izes [...tseːs]: Wert, der zeigt, wie sich die Nettoleistung einzelner Industriezweige bzw. der gesamten Industrie real entwickelt hat (Wirtsch.). **Pro|duk|ti|ons|po|ten|ti|al** *das;* -s, -e: die Produktionsleistung, die von einer Volkswirtschaft in einer Periode erbracht werden kann (Wirtsch.). **Pro|duk|ti|ons|wert** *der* -[e]s, -e: Summe der Herstellungskosten aller während eines Zeitraums produzierten Güter (Wirtsch.). **pro|duk|tiv** ⟨aus gleichbed. *fr.* productif, dies nach *spätlat.* productivus „zur Verlängerung geeignet"⟩: 1. ergiebig, viel hervorbringend. 2. leistungsstark, schöpferisch, fruchtbar. **Pro|duk|ti|vi|tät** [...viː...] *die;* - ⟨zu ↑...ität⟩: 1. Ergiebigkeit, Leistungsfähigkeit. 2. schöpferische Leistung, Schaffenskraft. **Pro|duk-**

tiv|kraft *die;* -, ...kräfte: Faktor des Produktionsprozesses (z. B. menschliche Arbeitskraft, Maschine, Rohstoff, Forschung). **Pro|duk|tiv|kre|dit** *der;* -[e]s, -e: ↑¹Kredit (2) für Unternehmen der gewerblichen Wirtschaft zur Errichtung von Anlagen od. zur Bestreitung der laufenden Betriebsausgaben (Wirtsch.). **Pro|dukt|li|nie** [...iə] *die;* -, -n ⟨zu ↑Produkt⟩: Teil des Produktionsprogramms (Sortiments) eines Unternehmens, das artmäßig verwandte Produkte umfaßt (Wirtsch.). **Pro|dukt|ma|na|ge|ment** [...mænɪdʒmənt] *das;* -s, -s: vor allem in der Konsumgüterindustrie übliche Betreuung der Produkte von der Entwicklung über die Produktion bis zur Einführung im Markt (Wirtsch.). **Pro|dukt|ma|na|ger** [...mænɪdʒɐ] *der;* -s, -: jmd., der im Produktmanagement arbeitet. **Pro|dukt|men|ge** *die;* -, -n: Menge aller geordneten Paare, deren erstes Glied Element einer Menge *A* u. deren zweites Glied Element einer Menge *B* ist (Math.). **Pro|duk|to|graph** *der;* -en, -en ⟨zu ↑...graph⟩: Apparatur, Gerät, das (wie ein Fahrtenschreiber im Auto) die Produktivität (1) des einzelnen am Arbeitsplatz mißt. **Pro|dukt|pi|ra|te|rie** *die;* -: das Nachahmen von Markenprodukten, die unter dem jeweiligen Markennamen auf den Markt gebracht werden. **Pro|du|zent** *der;* -en, -en ⟨aus *lat.* producens, Gen. producentis, Part. Präs. von producere, vgl. produzieren⟩: 1. jmd., der etwas produziert (1); Hersteller, Erzeuger. 2. a) Leiter einer Produktion; b) Beschaffer u. Verwalter der Geldmittel, die für eine Produktion (2) nötig sind. 3. (in der Nahrungskette) ein Lebewesen, das organische Nahrung aufbaut (Biol.). **pro|du|zi|bel** ⟨zu ↑...ibel⟩: (veraltet) herstellbar. **pro|du|zie|ren** ⟨aus *lat.* producere „vorwärtsführen, hervorbringen; vorführen"⟩: 1. a) [Güter] herstellen, erzeugen, schaffen; b) (ugs.) machen; hervorbringen (z. B. Unsinn -, eine Verbeugung -). 2. a) die Herstellung eines Films, einer Schallplatte, einer Hörfunk-, Fernsehsendung o. ä. leiten; b) Geldmittel zur Verfügung stellen u. verwalten. 3. (oft iron.) sich - mit etwas die Aufmerksamkeit auf sich lenken. 4. (schweiz., sonst veraltet) [herausnehmen u.] vorzeigen, vorlegen, präsentieren

Pro|edrie *die;* - ⟨aus *gr.* proedría „Sitz u. Würde des Proedros"⟩: (veraltet) Vorsitz. **Pro|edros** *der;* -, ...oi [...drɔy] ⟨aus *gr.* próedros „Vorsitzer im Gericht"⟩: (veraltet) Vorsitzender, Vorsteher

Pro|em|bryo *der;* -s, Plur. -onen u. -s ⟨zu ↑pro... u. ↑Embryo⟩: Vorembryo, Zellreihe aus der ↑Zygote einer Samenanlage, aus deren vorderen Zellen der Embryo entsteht (Bot.).

Pro|en|zym *das;* -s, -e ⟨zu ↑pro... u. ↑Enzym⟩: Vorstufe eines ↑Enzyms

Pro|ery|thro|blast *der;* -en, -en (meist Plur.) ⟨zu ↑pro... u. ↑Erythroblast⟩: Stammzelle der roten Blutkörperchen, Zelle mit scholligem Protoplasma u. großem Kern, aber ohne Hämoglobin (Biol., Med.)

pro et con|tra [-- ˈkɔn...] ⟨*lat.*⟩: für u. wider

Prof *der;* -s, -s: (Jargon) Kurzform von ↑Professor

pro|fan ⟨aus *lat.* profanus „ungeheiligt; gewöhnlich" zu pro „vor" u. fanum „Heiligtum", eigtl. „vor dem heiligen Bezirk liegend"⟩: 1. weltlich, unkirchlich; ungeweiht, unheilig (Rel.); Ggs. ↑sakral (1). 2. nicht außergewöhnlich, alltäglich. **Pro|fa|na|ti|on** *die;* -, -en ⟨aus *spätlat.* profanatio „Entweihung" zu *lat.* profanare, vgl. profanieren⟩: svw. Profanierung; vgl. ...[at]ion/...ierung. **Pro|fa|na|tor** *der;* -s, ...oren ⟨aus gleichbed. *lat.* profanator⟩: (veraltet) jmd., der etwas entweiht. **Pro|fan|bau** *der;* -[e]s, -ten ⟨zu ↑profan⟩: nichtkirchliches Bauwerk (Archit., Kunstw.); Ggs. ↑Sakralbau. **Pro|fa|ne** *der* u. *die;* -n, -n: Unheilige[r], Ungeweihte[r]. **pro|fa|nie|ren** ⟨aus gleichbed. *lat.* profanare⟩: entweihen, entwürdigen, verweltlichen. **Pro|fa|nie|rung** *die;* -, -en ⟨zu ↑...ierung⟩: Entweihung, Entwürdigung, Verweltlichung; vgl. ...[at]ion/...ierung. **Pro|fa|ni|tät** *die;* - ⟨aus gleichbed. *spätlat.* profanitas, Gen. profanitatis⟩: 1. Weltlichkeit. 2. Alltäglichkeit

pro|fa|schi|stisch ⟨zu ↑ pro... u. ↑ faschistisch⟩: sich für den ↑ Faschismus einsetzend

Pro|fer|ment *das;* -[e]s, -e ⟨zu ↑ pro... u. ↑ Ferment⟩: (veraltet) svw. Proenzym

¹**Pro|feß** *der;* ...feßen, ...feßen ⟨aus *mlat.* professus, Part. Perf. von profiteri „sich auf die Klostergelübde verpflichten" zu *lat.* profiteri, vgl. Profession⟩: jmd., der die ²Profeß ablegt u. Mitglied eines geistlichen Ordens od. einer ↑ Kongregation wird; vgl. Novize. ²**Pro|feß** *die;* ...fesse ⟨zu ↑ ¹Profeß⟩: Ablegung der [Ordens]gelübde. **Pro|fes|se** *der* u. *die;* -n -n ⟨zu *mlat.* professus, vgl. ¹Profeß⟩: svw. ¹Profeß. **Pro|fes|sio|gramm** *das;* -s, -e ⟨zu *lat.* professio (vgl. Profession) u. ↑...gramm⟩: durch Testreihen gewonnenes Persönlichkeitsbild als Grundlage für die Ermittlung von Berufsmöglichkeiten (speziell bei Versehrten im Zuge der Wiedereingliederung in den Arbeitsprozeß; Sozialpsychol.). **Pro|fes|si|on** *die;* -, -en ⟨aus gleichbed. *fr.* profession, dies aus *lat.* professio „öffentliches Bekenntnis (z. B. zu einem Gewerbe)" zu profiteri „öffentlich bekennen, erklären"⟩: Beruf, Gewerbe. **pro|fes|sio|nal** ⟨zu ↑¹...al (1)⟩: svw. professionell. **Pro|fes|sio|nal** [auch proˈfɛʃənəl, engl. prəˈfɛʃənəl] *der;* -s, Plur. -e u. (bei anglisierender u. engl. Ausspr.) -s ⟨aus gleichbed. *engl.* professional, eigtl. „beruflich, berufsmäßig"⟩: Berufssportler; Kurzw. Profi. **pro|fes|sio|na|li|sie|ren** ⟨zu ↑ professional u. ↑...isieren⟩: 1. zum Beruf, zur Erwerbsquelle machen. 2. zum Beruf erheben, als Beruf anerkennen. **Pro|fes|sio|na|lis|mus** *der;* - ⟨zu ↑ ...ismus (2)⟩: Ausübung des Berufssports. **Pro|fes|sio|na|li|tät** *die;* - ⟨zu ↑...ität⟩: das Professionellsein; souveräne Ausübung einer Tätigkeit bzw. Beherrschung eines Arbeitsgebietes. **pro|fes|sio|nell** ⟨aus gleichbed. *fr.* professionnel zu profession, vgl. Profession⟩: 1. (eine Tätigkeit) als Beruf ausübend, als Beruf betreibend. 2. fachmännisch, von Fachleuten zu benutzen. **pro|fes|sio|niert** ⟨zu ↑...iert⟩: gewerbsmäßig. **Pro|fes|sio|nist** *der;* -en, -en ⟨zu ↑...ist⟩: (bes. österr.) Fachmann, [gelernter] Handwerker. **Pro|fes|sor** *der;* -s, ...oren ⟨aus *lat.* professor „öffentlicher Lehrer", eigtl. „wer sich (berufsmäßig u. öffentlich zu einer wissenschaftlichen Tätigkeit) bekennt" zu profiteri, vgl. Profession⟩: 1. a) (ohne Plur.) akademischer Titel für Hochschullehrer, Forscher, Künstler; b) Träger dieses Titels. 2. (österr., sonst veraltet) Lehrer an einem Gymnasium; Abk.: Prof. **pro|fes|so|ral** ⟨zu ↑¹...al (1)⟩: a) den Professor betreffend, ihm entsprechend; in der Art eines Professors; b) (abwertend) [übertrieben] würdevoll; c) (abwertend) von wirklichkeitsfremder Gelehrsamkeit zeugend, weltfremd. **Pro|fes|so|rin** *die;* -, -nen: weibliche Form zu ↑ Professor. **Pro|fes|sur** *die;* -, -en ⟨zu ↑ ...ur⟩: Lehrstuhl, -amt. **Pro|fi** *der;* -s, -s ⟨Kurzform von ↑ Professional⟩: 1. Berufssportler; Ggs. ↑ Amateur (b). 2. jmd., der etw. fachmännisch betreibt u. eine Sache [souverän] beherrscht

pro|fi|ci|at! [...tsi̯at] ⟨*lat.;* 3. Pers. Sing. Konj. von proficere, vgl. Profit⟩: (veraltet) wohl bekomm's!, es möge nützen!

Pro|fil *das;* -s, -e ⟨aus *fr.* profil „Seitenansicht; Umriß", dies aus gleichbed. *it.* profilo zu profilare „umreißen", dies zu *lat.* filum „Faden; äußere Form"⟩: 1. Seitenansicht [eines Gesichtes]; Umriß. 2. zeichnerisch dargestellter senkrechter Schnitt durch ein Stück der Erdkruste (Geol.). 3. a) Schnitt in od. senkrecht zu einer Achse; b) Walzprofil bei Stahlerzeugung; c) Riffelung bei Gummireifen od. Schuhsohlen; d) festgelegter Querschnitt bei der Eisenbahn (Techn.). 4. a) stark ausgeprägte persönliche Eigenart, Charakter; b) Gesamtheit von [positiven] Eigenschaften, die unverwechselbar typisch für eine Person od. Sache sind. 5. aus einem Gebäude hervorspringender Teil eines architektonischen Elements (z. B. eines Gesimses; Archit.). 6. (veraltend) Höhe u./od. Breite einer Durchfahrt. **Pro|fil|ei|sen** *das;* -s, -: gewalzte Stahlstangen mit besonderem Querschnitt (Walztechn.). **Pro|fil|fa|sern** *die* (Plur.): synthetische Fasern auf Polyamid- u. Polyesterbasis mit Querschnitten, die von der Kreisform deutlich abweichen (z. B. sternförmige od. kleeblattförmige Fasern). **pro|fi|lie|ren** ⟨aus gleichbed. *fr.* profiler zu profil, vgl. Profil⟩: 1. im Profil, im Querschnitt darstellen. 2. a) einer Sache, jmdm. eine besondere, charakteristische, markante Prägung geben; b) sich -: seine Fähigkeiten [für einen bestimmten Aufgabenbereich] entwickeln u. dabei Anerkennung finden, sich einen Namen machen. 3. sich -: sich im Profil (1) abzeichnen. **pro|fi|liert** ⟨zu ↑...iert⟩: 1. mit Profil (3 c) versehen, gerillt. 2. in bestimmtem Querschnitt hergestellt. 3. scharf umrissen, markant, von ausgeprägter Art. **Pro|fi|lie|rung** *die;* - ⟨zu ↑...ierung⟩: 1. Umrisse eines Gebäudeteils. 2. Entwicklung der Fähigkeiten [für einen bestimmten Aufgabenbereich], das Sichprofilieren. **Pro|fil|neu|ro|se** *die;* -, -n: Befürchtung, Angst, (bes. im Beruf) zu wenig zu gelten [u. die daraus resultierenden größeren Bemühungen, sich zu profilieren]. **Pro|fi|lo|graph** *der;* -en, -en ⟨zu ↑...graph⟩: Instrument zur graphischen Aufzeichnung des Profils einer Straßenoberfläche

Pro|fi|sport *der;* -[e]s ⟨zu ↑ Profi⟩: berufsmäßig betriebener Sport

Pro|fit [auch ...ˈfit] *der;* -[e]s, -e ⟨über *mniederl.* profijt aus *(alt)fr.* profit „Gewinn", dies aus *lat.* profectus „Fortgang; Zunahme; Vorteil"; substantiviertes Part. Perf. von proficere „Fortschritte machen, vorwärtskommen; bewirken, nützen"⟩: 1. Nutzen, [materieller] Gewinn, den man aus einer Sache od. Tätigkeit zieht. 2. (Fachspr.) Kapitalertrag. **pro|fi|ta|bel** ⟨aus gleichbed. *fr.* profitable⟩: gewinnbringend. **Pro|fi|teur** [...ˈtøːɐ̯] *der;* -s, -e ⟨aus gleichbed. *fr.* profiteur⟩: (abwertend) jmd., der Profit (1) aus etwas zieht; Nutznießer. **pro|fi|tie|ren** ⟨aus gleichbed. *fr.* profiter zu profit, vgl. Profit⟩: Nutzen, Gewinn aus etw. ziehen, einen Vorteil haben. **pro|fit|ori|en|tiert** [auch ...ˈfit...]: nur auf Profit ausgerichtet

Pro-Form *die;* -, -en ⟨zu ↑ pro⟩: Form, die im fortlaufenden Text für einen anderen, meist vorangehenden Ausdruck steht (z. B. „es/das Fahrzeug" für „das Auto"; Sprachw.).

pro for|ma ⟨*lat.*⟩: der Form wegen, zum Schein

Pro|fos *der;* Gen. -es u. -en, Plur. -e[n] ⟨über *mittelniederl.* provoost aus gleichbed. *altfr.* prévost, dies aus *spätlat.* propos(i)tus für *lat.* praepositus „Vorsteher, Aufseher" zu praeponere, vgl. Präposition⟩: (früher) Verwalter der Militärgerichtsbarkeit; Stockmeister. **Pro|foß** *der;* ...fossen, ...fosse[n]: veraltete Schreibung für ↑ Profos

pro|fu|gie|ren ⟨aus *lat.* profugere „sich flüchten, meiden"⟩: (veraltet) entfliehen, seine Zuflucht [zu etwas] nehmen. **Pro|fu|gi|um** *das;* -s, ...ia [...i̯ən] ⟨aus gleichbed. *mlat.* profugium⟩: (veraltet) Zufluchts[ort], Schlupfwinkel. **Pro|fu|gus** *der;* -, ...gi ⟨aus gleichbed. *lat.* profugus⟩: (veraltet) Flüchtling, Verbannter

pro|fund ⟨aus gleichbed. *fr.* profond, dies aus *lat.* profundus „bodenlos; unergründlich tief"⟩: 1. tief, tiefgründig, gründlich. 2. tiefliegend, in den tieferen Körperregionen liegend, verlaufend (Med.). **Pro|fun|dal** *das;* -s, -e ⟨zu

Profundalzone

↑¹...al (2)⟩: a) Tiefenregion der Seen unterhalb der lichtdurchfluteten Zone; b) Gesamtheit der im Profundal (a) lebenden Organismen. **Pro|fun|dal|zo|ne** *die;* -, -n: svw. Profundal (a). **Pro|fun|di|tät** *die;* - ⟨aus *spätlat.* profunditas, Gen. profunditatis „Tiefe, Unergründlichkeit"⟩: Gründlichkeit, Tiefe

pro|fus ⟨aus *lat.* profusus „unmäßig, verschwenderisch" zu profundere „sich reichlich ergießen"⟩: reichlich, sehr stark [fließend] (z. B. von einer Blutung; Med.)

pro|gam ⟨zu ↑pro... u. ↑...gam⟩: vor der Befruchtung stattfindend (z. B. von der Festlegung des Geschlechts; Med., Biol.)

Pro|ge|ne|se *die;* -, -n ⟨zu ↑pro... u. ↑Genese⟩: vorzeitige Geschlechtsentwicklung (Med.)

Pro|ge|nie *die;* -, ...ien ⟨zu ↑pro..., *gr.* géneion „Kinn" u. ↑²...ie⟩: starkes Vorspringen des Kinns, Vorstehen des Unterkiefers (Med.)

Pro|ge|ni|tur *die;* -, -en ⟨zu *lat.* progenies „Abstammung" (dies zu progenitus, Part. Perf. von progignere „hervorbringen, gebären") u. ↑...ur⟩: Nachkommenschaft

Pro|ge|rie *die;* -, ...ien ⟨zu ↑pro..., *gr.* gérōn „Greis" u. ↑²...ie⟩: vorzeitige Vergreisung (Med.)

Pro|ge|sta|ti|ons|pha|se *die;* - ⟨zu ↑pro..., ↑Gestation u. ↑Phase⟩: die Zeit vom Eisprung bis zur Einnistung der befruchteten Eizelle in der Gebärmutterschleimhaut (Med.).

Pro|ge|ste|ron *das;* -s ⟨Kunstw. zu *lat.* progestum, Part. Perf. (Neutrum) von progerere „hervor-, heraustragen", u. ↑²...on⟩: Gelbkörperhormon, das die Schwangerschaftsvorgänge reguliert; vgl. Corpus luteum

Pro|glot|tid *der;* -en, -en (meist Plur.) ⟨zu *gr.* (attisch) proglōttís „Zungenspitze" u. ↑²...id⟩: Bandwurmglied (Med.)

pro|gnath ⟨zu ↑pro... u. *gr.* gnáthos „Kinnbacken"⟩: mit Prognathie behaftet (Med.); vgl. ...isch/-. **Pro|gnath** *der;* -en, -en: jmd., der an Prognathie leidet (Med.). **Pro|gna|thie** *die;* -, ...ien ⟨zu ↑²...ie⟩: das Vorstehen des Oberkiefers (Med.). **pro|gna|thisch:** die Prognathie betreffend; vgl. ...isch/-

Pro|gno|se *die;* -, -n ⟨über *spätlat.* prognosis aus *gr.* prógnōsis „das Vorherwissen" zu progignōskein „vorher wissen, erkennen"⟩: Vorhersage einer zukünftigen Entwicklung (z. B. eines Krankheitsverlaufes) auf Grund kritischer Beurteilung des Gegenwärtigen. **Pro|gno|stik** *die;* - ⟨zu *gr.* prognōstikós „zum Vorherwissen gehörig" u. ↑²...ik (1)⟩: Wissenschaft, Lehre von der Prognose. **Pro|gno|sti|ker** *der;* -s, -: jmd., der sich [wissenschaftlich] mit Prognosen beschäftigt, Prognosen stellt; Zukunftsdeuter. **Pro|gno|sti|kon** u. **Pro|gno|sti|kum** *das;* -s, Plur. ...ken u. ...ka ⟨über *spätlat.* prognosticum aus *gr.* prognōstikón „Vorzeichen"⟩: Vorzeichen, Zeichen, das etwas über den voraussichtlichen Verlauf einer zukünftigen Entwicklung (z. B. einer Krankheit) aussagt. **pro|gno|stisch** ⟨über *spätlat.* prognosticus aus gleichbed. *gr.* prognōstikós⟩: die Prognose betreffend; vorhersagend (z. B. den Verlauf einer Krankheit). **pro|gno|sti|zie|ren** ⟨aus gleichbed. *mlat.* prognosticare⟩: den voraussichtlichen Verlauf einer zukünftigen Entwicklung (z. B. einer Krankheit) vorhersagen, vorhererkennen

Pro|go|no|ta|xis *die;* -, ...xen ⟨zu ↑pro..., ↑gono... u. ↑¹Taxis⟩: (veraltet) Stammbaum einer Tierart (nach Haeckel; Zool.)

Pro|gramm *das;* -s, -e ⟨über *spätlat.* programma aus *gr.* prógramma „schriftliche Bekanntmachung, öffentlicher Anschlag; Tagesordnung" zu prográphein „vorschreiben"⟩: 1. a) Gesamtheit der Veranstaltungen, Darbietungen eines Theaters, Kinos, des Fernsehens, Rundfunks o. ä.; b) [vorgesehener] Ablauf [einer Reihe] von Darbietungen (bei einer Aufführung, einer Veranstaltung, einem Fest o. ä.); c) vorgesehener Ablauf, die nach einem Plan genau festgelegten Einzelheiten eines Vorhabens; d) festzulegende Folge, programmierbarer Ablauf von Arbeitsgängen einer Maschine (z. B. einer Waschmaschine). 2. Blatt, Heft, das über eine Darbietung (z. B. Theateraufführung, Konzert) informiert. 3. Konzeptionen, Grundsätze, die zur Erreichung eines bestimmten Zieles dienen. 4. Arbeitsanweisung in Form eines ↑Algorithmus (2) bzw. Folge von Anweisungen für einen Computer zur Lösung einer bestimmten Aufgabe (EDV). 5. Sortiment eines bestimmten Artikels in verschiedenen Ausführungen. **Pro|gram|ma|ta|ri|us** *der;* -, ...ien [...jən] ⟨zu *lat.* programma, Gen. programmatis (vgl. Programm) u. ↑...arius⟩: (veraltet) Programmschreiber, Verfasser von Gelegenheitsschriften an Hochschulen od. höheren Lehranstalten. **Pro|gram|ma|tik** *die;* -, -en (Plur. selten) ⟨zu ↑²...ik (2)⟩: Zielsetzung, Zielvorstellung. **Pro|gram|ma|ti|ker** *der;* -s, -: jmd., der ein Programm (3) aufstellt od. erläutert. **pro|gram|ma|tisch:** 1. einem Programm (3), einem Grundsatz entsprechend. 2. zielsetzend, richtungweisend; vorbildlich. **pro|gram|mier|bar** ⟨zu ↑programmieren⟩: sich programmieren lassend. **pro|gram|mie|ren** ⟨zu ↑...ieren⟩: 1. auf ein Programm (1, 2, 3) setzen. 2. für elektronische Rechenanlagen ein Programm (4) aufstellen; einen Computer mit Instruktionen versehen (EDV). 3. jmdn. auf ein bestimmtes Verhalten von vornherein festlegen. **Pro|gram|mie|rer** *der;* -s, -: Fachmann für die Erarbeitung u. Aufstellung von Schaltungen u. Ablaufplänen elektronischer Datenverarbeitungsmaschinen. **Pro|gram|mie|re|rin** *die;* -, -nen: weibliche Form zu ↑Programmierer. **Pro|gram|mier|spra|che** *die;* -, -n: Symbole, die zur Formulierung von Programmen (4) für die elektronische Datenverarbeitung verwendet werden; Maschinensprache (EDV). **pro|gram|miert** ⟨zu ↑...iert⟩: mit einem Programm (1-4) ausgestattet; -er Unterricht: dem Programme in Form von Lehrbüchern, Karteien o. ä. od. durch Lehrmaschinen bestimmtes Unterrichtsverfahren ohne direkte Beteiligung einer Lehrperson. **Pro|gram|mie|rung** *die;* -, -en ⟨zu ↑...ierung⟩: das Programmieren (2, 3). **Pro|gram|mie|rungs|tech|nik** *die;* -: Fertigkeit im Programmieren (2). **Pro|gramm|ki|no** *das;* -s, -s: Kino mit einem ausgewählten Programm, das in anderen Kinos nicht od. nicht mehr geboten wird. **Pro|gramm|steue|rung** *die;* -: automatische Steuerung eines Geräts durch ein Programm (4). **Pro|gram|mu|sik**¹ *die;* -: durch Darstellung literarischer Inhalte, seelischer, dramatischer, lyrischer od. äußerer [Natur]vorgänge die Phantasie des Hörers zu konkreten Vorstellungen anregende Instrumentalmusik; Ggs. ↑absolute (5) Musik

pro|gre|di|ent ⟨zu *lat.* progredi (vgl. Progreß) u. ↑...ent⟩: svw. progressiv. **Pro|gre|di|enz** *die;* - ⟨zu ↑...enz⟩: das Fortschreiten, die zunehmende Verschlimmerung einer Krankheit. **Pro|greß** *der;* ...gresses, ...gresse ⟨aus gleichbed. *lat.* progressus, Part. Perf. von progredi „fortschreiten"⟩: 1. Fortschritt. 2. Fortschreiten des Denkens von der Ursache zur Wirkung (Logik); vgl. Deduktion. **Pro|gres|si|on** *die;* -, -en ⟨aus *lat.* progressio „das Fortschreiten, Zunahme"⟩: 1. Steigerung, Fortschreiten, Stufenfolge. 2. math. Reihe. 3. stufenweise Steigerung der Steuersätze. **Pro|gres|sis|mus** *der;* - ⟨zu ↑...ismus (2)⟩: Fortschrittsdenken; Fortschrittlertum. **Pro|gres|sist** *der;* -en, -en ⟨zu ↑...ist⟩: Fortschrittler; Anhänger einer Fortschrittspartei. **pro|gres|si|stisch** ⟨zu ↑...istisch⟩: [übertrieben] fortschrittlich. **pro|gres|siv** ⟨z. T. unter Einfluß von *engl.* pro-

Proklamation

gressive aus gleichbed. *fr.* progressif zu progrès „Weiterentwicklung, Fortschritt", dies aus *lat.* progressus, vgl. Progreß⟩: 1. stufenweise fortschreitend, sich entwickelnd. 2. fortschrittlich; -e [...və] Paralyse: fortschreitende, sich verschlimmernde Gehirnerweichung als Spätfolge der Syphilis (Med.). **Pro|gres|sive Jazz** [prə'grɛsɪv 'dʒæz] *der;* - - ⟨aus *engl.-amerik.* progressive jazz „progressiver Jazz"⟩: stark effektbetonte, konzertante Entwicklungsphase des klassischen Swing, in betonter Anlehnung an tonale u. harmonische Charakteristika der gegenwärtigen europäischen Musik. **Pro|gres|si|vis|mus** [progrɛsi'vɪs...] *der;* - ⟨zu ↑progressiv u. ↑...ismus (2)⟩: svw. Progressismus. **Pro|gres|si|vist** [...v...] *der;* -en, -en ⟨zu ↑...ist⟩: svw. Progressist. **Pro|gres|siv|steu|er** *die;* -, -n: Steuer mit steigenden Belastungssätzen
Pro|gym|na|si|um *das;* -s, ...ien [...i̯ən] ⟨zu ↑pro... u. ↑Gymnasium⟩: meist sechsklassiges Gymnasium ohne Oberstufe
pro|hi|bie|ren ⟨aus gleichbed. *lat.* prohibere⟩: (veraltet) verhindern, verbieten. **Pro|hi|bi|tin** *das;* -s, -e (meist Plur.) ⟨zu ↑...in (1)⟩: pflanzlicher Abwehrstoff, der gegen Krankheitserreger u. Tierfraß schützt (z. B. Phenol in braunschaligen Zwiebeln; Biochem.). **Pro|hi|bi|ti|on** *die;* -, -en ⟨aus gleichbed. *lat.* prohibitio, eigtl. „(gesetzliches) Verbot", Bed. 2 über gleichbed. *engl.* prohibition⟩: 1. (veraltet) Verbot, Verhinderung. 2. (ohne Plur.) staatliches Verbot von Alkoholherstellung u. -abgabe. **Pro|hi|bi|tio|nist** *der;* -en, -en ⟨aus gleichbed. *engl.* prohibitionist⟩: Anhänger der Prohibition (2). **pro|hi|bi|tiv** ⟨zu *lat.* prohibitus, Part. Perf. von prohibere (vgl. prohibieren) u. ↑...iv⟩: verhindernd, abhaltend, vorbeugend; vgl. ...iv/...orisch. **Pro|hi|bi|tiv** *der;* -s, -e [...və] ⟨aus gleichbed. *(n)lat.* (modus) prohibitivus⟩: ↑Modus (2) des Verbots, bes. die verneinte Befehlsform (Sprachw.). **Pro|hi|bi|tiv|sy|stem** *das;* -s, -e: Maßnahmen des Staates, durch die er die persönliche u. wirtschaftliche Freiheit beschränkt, um Mißstände zu vermeiden. **Pro|hi|bi|tiv|zoll** *der;* -[e]s, ...zölle: besonders hoher Zoll zur Beschränkung der Einfuhr. **pro|hi|bi|to|risch** ⟨aus *spätlat.* prohibitorius „verhindernd, abhaltend"⟩: svw. prohibitiv; vgl. ...iv/...orisch. **Pro|hi|bi|to|ri|um** *das;* -s, ...ien [...i̯ən] ⟨aus *spätlat.* prohibitorium, eigtl. das Verhindernde", substantiviertes Neutrum von prohibitorius, vgl. prohibitorisch⟩: (veraltet) Aus- u. Einfuhrverbot für bestimmte Waren
pro in|fan|ti|bus ⟨*lat.*⟩: für Kinder (Hinweis auf Arzneimitteln, daß es für Kinder vorgesehen ist; Med.)
pro in|fu|sio|ne ⟨*nlat.*⟩: für eine Infusion (Hinweis auf Arzneimittel, die infundiert werden sollen; Med.)
pro in|jec|tio|ne [– ɪnjɛk...] ⟨*nlat.*⟩: für eine Injektion (Hinweis auf flüssigen Arzneimitteln, die ausschließlich als Injektion zu applizieren sind; Med.)
Pro|jekt *das;* -[e]s, -e ⟨aus *lat.* proiectum „das nach vorn Geworfene", substantiviertes Part. Perf. (Neutrum) von proicere, vgl. projizieren⟩: Plan, Unternehmen, Entwurf, Vorhaben. **Pro|jek|tant** *der;* -en, -en ⟨zu ↑projektieren u. ↑...ant⟩: jmd., der neue Projekte vorbereitet; Planer. **Pro|jek|teur** [...'tø:ɐ] *der;* -s, -e ⟨nach gleichbed. *fr.* projeter zu projeter „entwerfen, das aus *lat.* proicere, vgl. Projekt⟩: Vorplaner (Technik). **Pro|jekt|grup|pe** *die;* -, -n ⟨zu ↑Projekt⟩: für ein bestimmtes Projekt eingesetzte Arbeitsgruppe. **pro|jek|tie|ren** ⟨nach *lat.* proicere „vorwerfen, nach vorn werfen"⟩: entwerfen, planen, vorhaben. **Pro|jek|til** *das;* -s, -e ⟨aus gleichbed. *fr.* projectile⟩: Geschoß. **Pro|jek|ti|on** *die;* -, -en ⟨aus *lat.* proiectio „das Hervorwerfen"⟩: 1. Wiedergabe eines Bildes auf einem Schirm mit Hilfe eines Bildwerfers (Optik); vgl. Projektor. 2. Abbildung von Teilen der Erdoberfläche auf einer Ebene mit Hilfe von verschiedenen Gradnetzen. 3. bestimmtes Verfahren zur Abbildung von Körpern mit Hilfe paralleler (Parallelprojektion) od. zentraler Strahlen (Zentralprojektion) auf einer Ebene (Math.). 4. das Übertragen von eigenen Gefühlen, Wünschen, Vorstellungen o. ä. auf andere als Abwehrmechanismus (Psychol.). **Pro|jek|ti|ons|ap|pa|rat** *der;* -[e]s, -e: svw. Projektor. **Pro|jek|ti|ons|for|mel** *der;* -: chem. Formel, die zur Darstellung der beiden Antipoden bei optisch aktiven Verbindungen dient (Math.). **Pro|jek|ti|ons|ma|nage|ment** [...mænɪdʒmənt] *das;* -s: Gesamtheit der Planungs-, Leitungs- u. Kontrollaktivitäten, die bei zeitlich befristeten Vorhaben (z. B. Anlagenbau, Reorganisationsmaßnahmen, Forschungsprojekte) anfallen. **Pro|jek|ti|ons|re|geln** *die* (Plur.): Regeln zur sukzessiven Ermittlung der Satzbedeutung auf Grund der semantischen Beziehungen zwischen den Lexemen u. Morphemen u. der jeweiligen syntaktischen Relationen (Sprachw.). **pro|jek|tiv** ⟨zu ↑projektieren u. ↑...iv⟩: die Projektion betreffend; -e [...və] Geometrie: von Poncelet begründete Geometrie der Lage von geometrischen Gebilden zueinander ohne Rücksicht auf ihre Abmessungen (Math.). **Pro|jek|ti|vi|tät** [...v...] *die;* -, -en ⟨zu ↑...ität⟩: geometrische Abbildung od. Zuordnung, bei der Geraden u. Ebenen wieder in Geraden od. Ebenen überführt werden. **Pro|jek|tor** *der;* -s, ...oren ⟨zu ↑...or⟩: Bildwerfer, Gerät, mit dem man Bilder auf einer hellen Fläche vergrößert wiedergeben kann. **Pro|jekt|stu|di|um** *das;* -s ⟨zu ↑Projekt⟩: ein interdisziplinär angelegtes, in problemorientierten [Forschungs]projekten organisiertes Studium. **Pro|jek|tur** *die;* -, -en ⟨aus *lat.* proiectura „Vorsprung"⟩: Vorsprung (z. B. von Gesimsen; Archit.). **pro|ji|zie|ren** ⟨aus *lat.* proicere „nach vorn, vorwärts werfen; (räumlich) hervortreten lassen, hinwerfen"⟩: 1. ein geometrisches Gebilde auf einer Fläche gesetzmäßig mit Hilfe von Strahlen darstellen (Math.). 2. Bilder mit einem Projektor auf einen Bildschirm werfen (Optik). 3. a) etwas auf etwas übertragen; b) Gedanken, Vorstellungen o. ä. auf einen anderen Menschen übertragen, in diesen hineinsehen
Pro|ka|ry|on|ten *die* (Plur.) ⟨aus gleichbed. *nlat.* procaryontes zu ↑pro... u. *gr.* káryon „Nuß, Kern"⟩: Organismen, deren Zellen keinen durch eine Membran getrennten Zellkern aufweisen (Biol.); Ggs. ↑Eukaryonten
Pro|ka|ta|lep|sis *die;* -, ...lepsen ⟨aus *gr.* prokatálepsis „das Vorwegnehmen" zu prokatalambánein „vorwegnehmen, vorher abhandeln"⟩: Kunstgriff der antiken Redner, die Einwendungen eines möglichen Gegners vorwegzunehmen u. zu widerlegen. **pro|ka|ta|lep|tisch**: in der Form einer Prokatalepsis
Pro|ka|zi|tät *die;* - ⟨aus gleichbed. *lat.* procacitas, Gen. procacitatis zu procax „frech"⟩: (veraltet) Frechheit
Pro|ke|leus|ma|ti|kus [...lɔys...] *der;* -, ...zi ⟨aus *spätlat.* proceleusmaticus, dies aus *gr.* prokeleusmatikós⟩: aus vier Kürzen bestehender antiker Versfuß
Pro|ki|na|se *die;* - ⟨zu ↑pro..., *gr.* kineîn „bewegen" u. ↑...ase⟩: chem. Vorstufe der ↑Enterokinase (Med.). **Pro|ki|ne|ti|kum** *das;* -s, ...ka ⟨zu *gr.* kinētikós „zur Bewegung gehörig" u. ↑...ikum⟩: Arzneimittel, das die ↑Motilität (z. B. des Magens) steigert (Med.). **pro|ki|ne|tisch**: im Sinne eines Prokinetikums wirkend (Med.)
Pro|kla|ma|ti|on *die;* -, -en ⟨über gleichbed. *fr.* proclamation aus *spätlat.* proclamatio „das Ausrufen" zu *lat.* proclamare, vgl. proklamieren⟩: a) amtliche Verkündigung (z. B. einer Verfassung); b) Aufruf an die Bevölkerung; c) gemeinsame Erklärung mehrerer Staaten; vgl. ...[at]ion/...ierung.

Proklamator

Pro|kla|ma|tor *der;* -s, ...oren ‹aus *lat.* proclamator „Schreier"›: (veraltet) Ausrufer von Bekanntmachungen.
pro|kla|mie|ren ‹über gleichbed. *fr.* proclamer aus *lat.* proclamare „laut rufen"›: [durch eine Proklamation] verkündigen, erklären; aufrufen; kundgeben. **Pro|kla|mie|rung** *die;* -, -en ‹zu ↑ ...ierung›: das Proklamieren; vgl. ...[at]ion/...ierung
Pro|kli|se u. **Pro|kli|sis** *die;* -, Proklisen ‹aus *nlat.* proclisis zu *gr.* proklínein „vorwärts neigen"; Analogiebildung zu ↑ Enklise›: Anlehnung eines unbetonten Wortes an ein folgendes betontes (z. B. der Tisch, am Ende); Ggs. ↑ Enklise.
Pro|kli|ti|kon *das;* -s, ...ka ‹Analogiebildung zu ↑ Enklitikon›: unbetontes Wort, das sich an das folgende betonte anlehnt (z. B. und 's = und *das* Mädchen sprach; Sprachw.); Ggs. ↑ Enklitikon. **pro|kli|tisch**: sich an ein folgendes betontes Wort anlehnend (Sprachw.); Ggs. ↑ enklitisch
Pro|ko|agu|lans *das;* -, Plur. ...lantia u. ...lanzien [...iən] (meist Plur.) ‹zu ↑ pro... u. ↑ Koagulans›: Substanz, die die Blutgerinnung fördert (Med.).
Pro|kon|sul *der;* -s, -n ‹aus gleichbed. *lat.* proconsul›: ehemaliger Konsul als Statthalter einer Provinz (im Röm. Reich). **pro|kon|su|la|risch**: a) den Prokonsul betreffend; b) das Prokonsulat betreffend. **Pro|kon|su|lat** *das;* -[e]s, -e ‹aus gleichbed. *lat.* proconsulatus›: Amt, Statthalterschaft eines Prokonsuls
Pro|ko|pe *die;* -, -n ‹nach *gr.* prokopé „das Fortschreiten"›: Wegfall eines od. mehrerer Laute am Wortanfang, z. B. *Bischof* gegenüber dem griech. Ursprungswort *epískopos* (Sprachw.).
Pro|kru|stes|bett *das;* -[e]s ‹zu *lat.* Procrustes, *gr.* Prokroústēs, eigtl. „der Ausreckende", Beiname des Räubers Polypēmōn in der altgriech. Sage, der arglose Wanderer in ein Bett preßte, indem er ihnen die überstehenden Glieder abhieb od. die zu kurzen Glieder mit Gewalt streckte›: 1. unangenehme Lage, in die jmd. mit Gewalt gezwungen wird. 2. gewaltsames Hineinzwängen in ein allzu starres Schema
prokt..., **Prokt...** vgl. prokto..., Prokto... **Prokt|al|gie** *die;* -, ...ien ‹zu ↑ prokto... u. ↑ ...algie›: neuralgische Schmerzen in After u. Mastdarm (Med.). **Prokt|ek|to|mie** *die;* -, ...ien ‹zu ↑ ...ektomie›: operative Entfernung des Mastdarms (Med.). **Prok|ti|tis** *die;* -, ...itiden ‹zu ↑ ...itis›: Mastdarmentzündung (Med.). **prok|to...**, **Prok|to...**, vor Vokalen meist prokt..., Prokt... ‹aus gleichbed. *gr.* prōktós›: Wortbildungselement mit der Bedeutung „Steiß; After; Mastdarm", z. B. Proktostase, Proktalgie. **prok|to|gen** ‹zu ↑ ...gen›: vom Mastdarm ausgehend (Med.). **Prok|to|lo|ge** *der;* -n, -n ‹zu ↑ ...loge›: Facharzt auf dem Gebiet der Proktologie. **Prok|to|lo|gie** *die;* - ‹zu ↑ ...logie›: Teilgebiet der Medizin, das sich mit den Erkrankungen des Mastdarms beschäftigt. **prok|to|lo|gisch** ‹zu ↑ ...logisch›: die Proktologie betreffend, auf ihr beruhend. **Prok|to|pla|stik** *die;* -, -en: operative Bildung eines künstlichen Afters (Med.). **Prok|tor|rha|gie** *die;* -, ...ien ‹zu *gr.* rhēgnýnai „(zer)reißen, brechen" u. ↑²...ie, Analogiebildung zu ↑ Hämorrhagie›: Mastdarmblutung (Med.). **Prok|to|skop** *das;* -s, -e ‹zu ↑ ...skop›: svw. Rektoskop. **Prok|to|sko|pie** *die;* -, ...ien ‹zu ↑ ...skopie›: svw. Rektoskopie. **Prok|to|spasmus** *der;* -, ...men: Krampf in After u. Mastdarm (Med.). **Prok|to|sta|se** *die;* -, -n ‹zu *gr.* stásis „das Stehen, der Stillstand"›: Kotstauung u. -zurückhaltung im Mastdarm (Med.). **Prok|to|to|mie** *die;* -, ...ien ‹zu ↑ ...tomie›: operative Öffnung des Mastdarms, Mastdarmschnitt (Med.). **Prok|to|ze|le** *die;* -, -n ‹zu *gr.* kḗlē „Geschwulst; Bruch"›:

Mastdarmvorfall, Ausstülpung des Mastdarms aus dem After (Med.)
Pro|ku|ra *die;* -, ...ren ‹aus gleichbed. *it.* procura zu procurare „Sorge tragen, verwalten", dies aus *lat.* procurare›: einem Angestellten erteilte handelsrechtliche Vollmacht von gesetzlich bestimmtem Umfang, alle Arten von Rechtsgeschäften für seinen Betrieb vorzunehmen; vgl. per procura. **Pro|ku|ra|ti|on** *die;* -, -en ‹aus gleichbed. *lat.* procuratio›: 1. Stellvertretung durch Bevollmächtigte. 2. Vollmacht. **Pro|ku|ra|tor** *der;* -s, ...oren ‹aus gleichbed. *lat.* procurator, eigtl. „Verwalter", Bed. 2 aus gleichbed. *it.* procuratore›: 1. Statthalter einer Provinz des Röm. Reiches. 2. einer der neun höchsten Staatsbeamten der Republik Venedig, aus denen der Doge gewählt wurde. 3. bevollmächtigter Vertreter einer Person im kath. kirchlichen Prozeß. 4. Vermögensverwalter eines Klosters. **Pro|ku|ra|zi|en** [...iən] *die* (Plur.) ‹zu *it.* procuratia „Amt eines Prokurators"›: Palastbauten der Prokuratoren in Venedig. **Pro|ku|ren:** Plur. von ↑ Prokura. **Pro|ku|rist** *der;* -en, -en ‹zu ↑ Prokura u. ↑ ...ist›: Bevollmächtigter mit ↑ Prokura. **Pro|ku|ri|stin** *die;* -, -nen: weibliche Form zu ↑ Prokurist. **Pro|ku|ror** *der;* -s, ...oren ‹aus *russ.* prokuror „Staatsanwalt"›: Staatsanwalt im zaristischen Rußland; vgl. Oberprokuror
pro|la|bie|ren ‹zu *lat.* prolabi „vorwärtsgleiten, -fallen" u. ↑ ...ieren›: aus einer natürlichen Körperöffnung heraustreten (von Teilen innerer Organe; Med.)
Pro|lak|tin *das;* -s, -e ‹zu ↑ pro..., *lat.* lac, Gen. lactis „Milch" u. ↑¹...in›: Hormon des Hirnanhanges, das die Milchabsonderung während der Stillzeit anregt (Med., Biol.).
Prol|amin *das;* -s, -e (meist Plur.) ‹Kunstw.›: Eiweiß des Getreidekornes
Pro|lan *das;* -s, -e ‹Kunstw. zu *lat.* proles „Sprößling, Nachkomme"›: ältere Bez. für zwei Hormone des Hypophysenvorderlappens, die die Entwicklung u. die Tätigkeit der Geschlechtsdrüsen regulieren (Med.).
Pro|laps *der;* -es, -e u. **Pro|lap|sus** *der;* -, - [...su:s] ‹zu *lat.* prolapsus, Part. Perf. von prolabi, vgl. prolabieren›: Vorfall, das Heraustreten von Teilen eines inneren Organs aus einer natürlichen Körperöffnung infolge Bindegewebsschwäche (Med.)
Prol|e|go|me|non [auch ...'go...] *das;* -s, ...mena (meist Plur.) ‹aus *gr.* prolegómenon „vorher Gesagtes", substantiviertes Part. Präs. Pass. (Neutrum) von prolégein „vorher sagen"›: Vorwort, Einleitung, Vorbemerkung
Pro|lep|se u. **Pro|lep|sis** *die;* -, Prolepsen ‹aus gleichbed. spätlat. prolepsis, eigtl. „das Vorauserwähnen", dies aus *gr.* prólēpsis›: 1. svw. Prokatalepsis. 2. Vorwegnahme eines Satzgliedes, bes. des Satzgegenstandes eines Gliedsatzes (z. B.: Hast du *den Jungen* gesehen, wie er aussah?, statt: Hast du gesehen, wie *der Junge* aussah?); vgl. proleptischer Akkusativ. 3. a) natürlicher, durch angeborene Fähigkeit unmittelbar aus der Wahrnehmung gebildeter Begriff (bei Stoikern; Philos.); b) Allgemeinvorstellung als Gedächtnisbild, das die Erinnerung gleichartiger Wahrnehmungen desselben Gegenstandes in sich schließt (bei Epikureern; Philos.). **Pro|lep|sie** *die;* -, ...ien ‹zu ↑²...ie›: Bez. für eine Spracheigentümlichkeit des Kleinkindes, bei der, da die Wortvorstellung schneller als die Sprachmotorik abläuft, spätere Laute bereits früher u. an Stelle der richtigen Laute benutzt werden (z. B. „Kucker" statt „Zucker"; Psychol.). **Pro|lep|sis** vgl. Prolepse. **pro|leptisch** ‹nach gleichbed. *gr.* prolēptikós›: vorgreifend, vorwegnehmend; -er Akkusativ: als Akkusativ in den

Hauptsatz gezogener Satzgegenstand eines Gliedsatzes (vgl. Prolepse 2)

Pro|let *der;* -en, -en ⟨Kurzform von *Prolet*arier⟩: 1. (ugs. veraltet) svw. Proletarier (2). 2. (ugs. abwertend) roher, ungehobelter, ungebildeter Mensch. **Pro|le|ta|ri|at** *das;* -[e]s, -e ⟨aus gleichbed. *fr.* prolétariat zu prolétaire, vgl. Proletarier (2)⟩: wirtschaftlich abhängige, besitzlose [Arbeiter]klasse. **Pro|le|ta|ri|er** [...ɪɐ] *der;* -s, - ⟨aus *lat.* proletarius „Bürger der besitzlosen Klasse" zu proles „Nachkomme" (weil er dem Staat nur mit seiner Nachkommenschaft dienen konnte), Bed. 2 wohl über *fr.* prolétaire⟩: 1. im alten Rom Angehöriger der wirtschaftlich unselbständigen, besitzlosen Schicht. 2. (nach marxistischer Lehre) Lohnarbeiter, der im Gegensatz zum ↑ Bourgeois keine eigenen Produktionsmittel besitzt. **pro|le|ta|risch** ⟨den Proletarier, das Proletariat betreffend. **pro|le|ta|ri|sie|ren** ⟨zu ↑ ...isieren⟩: zu Proletariern machen. **Pro|let|kult** *der;* -[e]s ⟨Kurzw. aus *russ.* prolet*arskaja kult*ura „proletarische Kultur"⟩: kulturrevolutionäre Bewegung im Rußland der Oktoberrevolution mit dem Ziel, eine proletarische Kultur zu entwickeln.

¹**Pro|li|fe|ra|ti|on** *die;* -, -en ⟨zu *lat.* proles, Gen. prolis „Nachkomme", ferre „tragen" u. ↑ ...ation⟩: Wucherung des Gewebes durch Zellvermehrung (bei Entzündungen, Geschwülsten; Med.). ²**Pro|li|fe|ra|tion** [proʊlɪfəˈreɪʃən] *die;* -⟨über *engl.* proliferation aus *fr.* prolifération „Aus-, Verbreitung" zu proliférer „Nachwuchs hervorbringen", dies zu *lat.* proles „Nachkomme" u. ferre „tragen"⟩: Weitergabe von Atomwaffen od. Mitteln zu deren Herstellung an Länder, die selbst keine Atomwaffen entwickelt haben; vgl. Nonproliferation. **pro|li|fe|ra|tiv** ⟨zu ↑ ¹Proliferation u. ↑ ...iv⟩: wuchernd (Med.). **pro|li|fe|rie|ren** ⟨zu ↑ ...ieren⟩: wuchern (Med.).

pro|lix ⟨aus gleichbed. *spätlat.* prolixus, eigtl. „reichlich"⟩: (veraltet) ausführlich, weitschweifig. **pro|li|xie|ren** ⟨aus *spätlat.* prolixare „ausdehnen, verlängern"⟩: (veraltet) weit ausdehnen; sich weitschweifig ausdrücken. **Pro|li|xi|tät** *die;* -, -en ⟨aus *spätlat.* prolixitas, Gen. prolixitatis „Ausdehnung"⟩: (veraltet) Weitläufigkeit; Weitschweifigkeit

pro lo|co [– ˈlo:ko] ⟨*lat.*⟩: (veraltet) für den Platz, an Stelle

Pro|log *der;* -[e]s, -e ⟨über *lat.* prologus aus gleichbed. *gr.* prólogos⟩: 1. a) einleitender Teil des Dramas; Ggs. ↑ Epilog (a); b) Vorrede, Vorwort, Einleitung eines literarischen Werkes; Ggs. ↑ Epilog (b). 2. Radrennen, das den Auftakt einer über mehrere ↑ Etappen (1 a) gehenden Radrundfahrt bildet u. dessen Sieger bei der folgenden ersten Etappe das Trikot des Spitzenreiters trägt

Pro|lon|ga|ti|on *die;* -, -en ⟨zu ↑ prolongieren u. ↑ ...ation⟩: Stundung, Verlängerung einer Kreditfrist (Wirtsch.). **Pro|lon|ge|ment** [...lõʒəˈmãː] *das;* -s, -s ⟨aus *fr.* prolongement „Ausdehnung" zu prolonger „verlängern", dies aus gleichbed. *lat.* prolongare⟩: dem Weiterklingen der Töne od. Akkorde (nach dem Loslassen der Tasten) dienendes Pedal bei Tasteninstrumenten (Mus.). **pro|lon|gie|ren** [...lɔŋˈgiː...] ⟨aus *lat.* prolongare „verlängern"⟩: stunden, eine Kreditfrist verlängern (Wirtsch.).

Pro|lu|vi|um [...v...] *das;* -s ⟨aus *mlat.* proluvium, eigtl. „das Vergießen", zu *lat.* proluere „hervor-, wegspülen"⟩: Schwemmlöß, Löß, der durch Wasser umgelagert wurde u. dabei eine Schichtung erhielt (Geol.).

PROM *das;* -, -s ⟨Kurzw. aus *engl.* programmable read-only memory „programmierbarer Nur-Lese-Speicher"⟩: programmierbarer Festspeicher, dessen Inhalt in einem speziellen Programmiergerät festgelegt wird u. danach nicht mehr verändert werden kann (EDV).

pro me|mo|ria ⟨*lat.*⟩: zum Gedächtnis; Abk.: p. m. **Pro|me|mo|ria** *das;* -s, Plur. ...ien [...jən] u. -s: (veraltet) Denkschrift; Merkzettel

Pro|me|na|de *die;* -, -n ⟨aus gleichbed. *fr.* promenade zu promener, vgl. promenieren⟩: 1. (veraltend) Spaziergang. 2. großzügig angelegter, breiter Spazierweg. **Pro|me|na|den|kon|zert** *das;* -[e]s, -e: an, auf der Promenade (2) im Freien veranstaltetes Konzert. **pro|me|nie|ren** ⟨aus gleichbed. *fr.* (se) promener zu *mittelfr.* po(u)r mener, dies zu po(u)r „im Kreis" u. mener „(an)treiben" (dies aus *spätlat.* minare)⟩: spazierengehen, sich ergehen

Pro|mes|se *die;* -, -n ⟨aus *fr.* promesse „das Versprechen" zu promettre „versprechen", dies aus *lat.* promittere⟩: Schuldverschreibung; Urkunde, in der eine Leistung versprochen wird (Rechtsw.).

pro|me|the|isch ⟨nach Prometheus, dem Titanensohn der griech. Sage⟩: himmelstürmend; an Kraft, Gewalt, Größe alles übertreffend; vgl. epimetheisch. **Pro|me|thi|um** *das;* -s ⟨zu ↑ ...ium⟩: chem. Element, Metall; Zeichen Pm

Pro|mi *der;* -, -s od. *die;* -, -s: (Jargon) Kurzform von ↑ Prominente

pro mil|le ⟨*lat.*⟩: a) (bes. Kaufmannsspr.) für tausend (z. B. Mark); b) vom Tausend; Abk. p. m.; Zeichen ‰. **Pro|mil|le** *das;* -[s], -: 1. ein Teil vom Tausend, Tausendstel. 2. in Tausendsteln gemessener Alkoholanteil im Blut. **Pro|mil|le|gren|ze** *die;* -: gesetzlich festgelegter Grenzwert des Alkoholgehalts im Blut bei Kraftfahrern

pro|mi|nent ⟨aus *lat.* prominens, Gen. prominentis „hervorragend", eigtl. Part. Präs. von prominere „hervorragen"⟩: a) hervorragend, bedeutend, maßgebend; b) weithin bekannt, berühmt. **Pro|mi|nen|te** *der* u. *die;* -n, -n: prominente Persönlichkeit. **Pro|mi|nenz** *die;* -, -en ⟨aus gleichbed. *engl.* prominence, dies aus prominentia „das Hervorragen"⟩: 1. (ohne Plur.) Gesamtheit der prominenten Persönlichkeiten. 2. (ohne Plur.) a) das Prominentsein; b) [hervorragende] Bedeutung. 3. (Plur.) prominente Persönlichkeiten

pro|mis|cue [...kue] ⟨aus gleichbed. *lat.* promiscue, Adverb von promiscuus, vgl. Promiskuität⟩: vermengt, durcheinander. **Pro|mis|ku|i|tät** [...kui...] *die;* - ⟨zu *lat.* promiscuus „gemischt" u. ↑ ...ität⟩: Geschlechtsverkehr mit verschiedenen, häufig wechselnden Partnern. **pro|mis|ku|i|tiv** ⟨zu ↑ ...iv⟩: a) in Promiskuität lebend; b) durch Promiskuität gekennzeichnet. **pro|mis|ku|os** u. **pro|mis|ku|ös** ⟨wahrscheinlich nach *engl.* promiscuous „gemischt", dies aus *lat.* promiscuus; vgl. ...ös⟩: svw. promiskuitiv

Pro|mis|si|on *die;* -, -en ⟨aus gleichbed. *lat.* promissio zu promittere, vgl. promittieren⟩: (veraltet) Zusage, Versprechen. **pro|mis|so|risch** ⟨aus *mlat.* promissorius zu *lat.* promissus, Part. Perf. von promittere, vgl. promittieren⟩: (veraltet) versprechend; -er Eid: vor der Aussage geleisteter Eid (Rechtsw.). **Pro|mis|so|ri|um** *das;* -s, ...ien [...jən] ⟨zu ↑ ...orium⟩: (veraltet) schriftliches Versprechen (Rechtsw.). **Pro|mis|sum** *das;* -s, Plur. ...sen u. ...ssa ⟨aus gleichbed. *lat.* promissum, substantiviertes Part. Perf. (Neutrum) von promittere, vgl. promittieren⟩: (veraltet) das Versprochene, Versprechen. **Pro|mit|tent** *der;* -en, -en ⟨zu *lat.* promittens, Gen. promittentis, Part. Präs. von promittere, vgl. promittieren⟩: (veraltet) Versprechender (Rechtsw.). **pro|mit|tie|ren** ⟨aus gleichbed. *lat.* promittere⟩: (veraltet) versprechen, verheißen (Rechtsw.).

Pro|mon|to|ri|um *das;* -s, Plur. ...ria u. ...rien [...jən] ⟨aus *lat.* promontorium (Nebenform von promunturium) „Bergvorsprung, Ausläufer eines Berges"⟩: Vorwölbung (Anat.).

pro|mo|ten ⟨nach gleichbed. *engl.* to promote, eigtl. „för-

Promoter

dern, unterstützen"): für jmdn., etwas Werbung machen. **Pro|mo|ter** [engl. prə'moʊtə] *der;* -s, - ⟨aus gleichbed. *engl.* promoter zu to promote „fördern", dies zu *lat.* promotus, Part. Perf. von promovere, vgl. promovieren⟩: 1. Veranstalter (z. B. von Berufssportwettkämpfen, bes. Boxen, von Konzerten, Tourneen, Popfestivals). 2. svw. Sales-promoter. **¹Pro|mo|ti|on** *die;* -, -en ⟨aus *spätlat.* promotio „Beförderung (zu einem ehrenvollen Amt)" zu *lat.* promovere, vgl. promovieren⟩: 1. Erlangung, Verleihung der Doktorwürde. 2. (österr.) offizielle Feier, bei der die Doktorwürde verliehen wird. 3. negativer Anstoß, der von einer Substanz als Promotor (3) ausgeht (Med.). **²Pro|mo|tion** [prə'moʊʃən] *die;* - ⟨aus gleichbed. *engl.* promotion, dies aus *spätlat.* promotio, vgl. ¹Promotion⟩: Absatzförderung, Werbung [durch besondere Werbemaßnahmen]. **Pro|mo|ti|ons|ord|nung** [promo'tsio:n...] *die;* -, -en ⟨zu ↑¹Promotion⟩: Hochschulordnung, nach der das Promotionsverfahren durchgeführt wird. **Pro|mo|tor** *der;* -s, ...oren ⟨aus gleichbed. älter *engl.* promotor, dies aus *lat.* promotor „Vermehrer" zu promotus, vgl. Promoter⟩: 1. Förderer, Manager. 2. (österr.) Professor, der die formelle Verleihung der Doktorwürde vornimmt. 3. Substanz, die eine geschädigte Zelle zu krebsiger Entartung anregt (Med.). **Pro|mo|vend** [...v...] *der;* -en, -en ⟨zu ↑promovieren u. ↑...end⟩: jmd., der kurz vor seiner ↑¹Promotion (1) steht. **pro|mo|vie|ren** ⟨aus *lat.* promovere „vorwärts bewegen; befördern; vorrücken"⟩: 1. a) eine Dissertation schreiben; b) die Doktorwürde erlangen. 2. die Doktorwürde verleihen

prompt ⟨aus *fr.* prompt „bereit; geschwind", dies aus *lat.* promptus „gleich zur Hand; bereit", eigtl. Part. Perf. von promere „hervorholen"⟩: 1. unverzüglich, unmittelbar (als Reaktion auf etw.) erfolgend; umgehend, sofortig. 2. einer Befürchtung, böswilligen Erwartung erstaunlicher-, seltsamerweise genau entsprechend eintretend; doch tatsächlich (z. B. - hereingefallen). 3. (Kaufmannsspr.) bereit, verfügbar, lieferbar. **Promp|tua|ri|um** *das;* -s, ...ien [...jən] ⟨aus *spätlat.* promptuarium „Vorratskammer, Speicher"⟩: (veraltet) Nachschlagewerk, wissenschaftlicher Abriß

Pro|mul|ga|ti|on *die;* -, -en ⟨aus gleichbed. *spätlat.* promulgatio⟩: (veraltet) öffentliche Bekanntmachung, Veröffentlichung, Bekanntgabe (z. B. eines Gesetzes). **Pro|mul|ga|tor** *der;* -s, ...toren ⟨aus gleichbed. *mlat.* promulgator zu *lat.* promulgare, vgl. promulgieren⟩: (veraltet) Verkündiger. **pro|mul|gie|ren** ⟨aus gleichbed. *lat.* promulgare⟩: (veraltend) bekanntgeben, veröffentlichen, verbreiten

pro mun|do ⟨*lat.*⟩: (veraltet) für die [Richtigkeit der] Rein-, Abschrift

Pro|na|os [...naɔs] *der;* -, ...naoi [...naɔy] ⟨über gleichbed. *lat.* pronaus, pronaos aus *gr.* prónaos, eigtl. „vor dem Tempel befindlich"⟩: 1. Vorhalle des altgriech. Tempels. 2. Vorraum in der orthodoxen Kirche; vgl. Naos

Pro|na|ti|on *die;* -, -en ⟨zu *lat.* pronatus, Part. Perf. von pronare (vgl. pronieren), u. ↑¹...ion⟩: Einwärtsdrehung von Hand od. Fuß (Med.); Ggs. ↑Supination. **Pro|na|tor** *der;* -s, ...toren ⟨aus gleichbed. *nlat.* pronator⟩: Neiger, Einwärtsdreher, Muskel, der die Pronation bewirkt (Med.)

Pro|ne|phros *der;* - ⟨zu ↑pro... u. *gr.* nephrós „Niere"⟩: Vorniere, erstes Ausbildungsstadium der Nieren in der Entwicklung des Harnapparates (Med.)

pro|nie|ren ⟨aus *lat.* pronare „vorwärtsneigen, bücken"⟩: Hand u. Fuß einwärts drehen (Med.); Ggs. ↑supinieren

pro ni|hi|lo ⟨*lat.*⟩: (veraltet) um nichts, vergeblich

Pro|no|men *der;* -s, Plur. - u. ...mina ⟨aus gleichbed. *lat.* pronomen zu ↑pro... u. ↑Nomen⟩: Wort, das für ein ↑Nomen, an Stelle eines Nomens steht; Fürwort (z. B. *er, mein, welcher;* Sprachw.). **pro|no|mi|nal** ⟨aus gleichbed. *spätlat.* pronominalis⟩: das Pronomen betreffend, fürwörtlich (Sprachw.). **Pro|no|mi|nal|ad|jek|tiv** *das;* -s, -e [...və]: Adjektiv, das die Beugung eines nachfolgenden [substantivierten] Adjektivs teils wie ein Adjektiv, teils wie ein Pronomen beeinflußt (z. B. *kein, viel, beide, manch;* Sprachw.). **Pro|no|mi|nal|ad|verb** *das;* -s, -ien [...jən]: (aus einem alten pronominalen Stamm u. einer Präposition gebildetes) Adverb, das eine Fügung aus Präposition u. Pronomen vertritt; Umstandsfürwort (z. B. *darüber* für *über es, über das; womit* für ugs. *mit was* u. relativisches *mit dem* [Gegenstand, der Sache]; Sprachw.). **Pro|no|mi|na|le** *das;* -s, Plur. ...lia u. ...lien [...jən] ⟨zu ↑...ale⟩: Pronomen, das die Qualität od. Quantität bezeichnet (z. B. *lat. qualis* = wie beschaffen; Sprachw.). **Pro|no|mi|na|li|sie|rung** *die;* -, -en ⟨zu ↑...isierung⟩: Ersatz von Nomen, Nominalphrasen od. Sätzen durch Pronomen (z. B. *Der Schüler las ein Buch. Er...;* Sprachw.). **Pro|no|mi|na|ti|on** *die;* -, -en ⟨aus gleichbed. *lat.* pronominatio⟩: Ersatz eines Namens durch ein Charakteristikum der betreffenden Person (z. B. *der Entdecker Amerikas* für *Kolumbus*)

pro|non|cie|ren [...nõ'si:...] ⟨aus gleichbed. *fr.* prononcer, dies aus *lat.* pronuntiare⟩: (veraltet) offen erklären, aussprechen, bekanntgeben. **pro|non|ciert** ⟨zu ↑...iert⟩: a) deutlich ausgesprochen, scharf betont; b) ausgeprägt

Pron|to|sil Ⓦ *das;* -s ⟨Kunstw.⟩: in seiner Heilwirkung zuerst 1932 entdecktes ↑Sulfonamid

Pro|nun|cia|mi|en|to [...tsia'mento] *das;* -s, -s ⟨aus *span.* pronunciamiento, vgl. Pronunziamiento⟩: svw. Pronunziamiento. **Pro|nun|ti|us** *der;* -, ...ien [...jən] ⟨aus gleichbed. *mlat.* pronuntius, vgl. Nuntius⟩: päpstlicher ↑Nuntius mit Kardinalswürde. **Pro|nun|zia|men|to** *das;* -s, -s ⟨aus *it.* pronunciamento, älter *it.* pronunziamento „öffentlicher Aufruf (zum Aufstand)"⟩: svw. Pronunziamiento. **Pro|nun|zia|mi|en|to** *das;* -s, -s ⟨aus gleichbed. *span.* pronunciamiento, eigtl. „öffentlicher Aufruf, öffentliche Kundgebung", zu pronunciar „ausrufen, -sprechen", dies aus *lat.* pronuntiare, vgl. prononcieren⟩: a) Aufruf zum Sturz der Regierung; b) Militärputsch. **Pro|nun|zia|ti|on** *die;* - ⟨aus *lat.* pronuntiatio „Bekanntmachung, Ausspruch" zu pronuntiare „ankünden, vortragen"⟩: (veraltet) Aussprache. **pro|nun|zia|to** ⟨aus gleichbed. *it.* pronunciato, älter *it.* pronunziato, eigtl. „ausgesprochen"⟩: deutlich markiert, hervorgehoben (Vortragsanweisung; Mus.)

Proof [pru:f] *das;* -, - ⟨aus gleichbed. *engl.* proof „Probe, Versuch"⟩: Maß für den Alkoholgehalt von Getränken

Pro|oi|mi|on [...'ɔy...] *das;* -s, ...ia u. **Pro|ö|mi|um** *das;* -s, ...ien [...jən] ⟨über *lat.* prooemium aus gleichbed. *gr.* prooímion, eigtl. „Anfang; Vorspiel (in der Musik), Vorrede"⟩: 1. kleinere Hymne, die von den altgriech. Rhapsoden in einem großen Epos vorgetragen wurde. 2. in der Antike Einleitung, Vorrede zu einer Schrift

Pro|pä|deu|tik *die;* -, -en ⟨zu *gr.* propaideúein „vorher unterrichten" u. ↑²...ik (2)⟩: Einführung in die Vorkenntnisse zu einem wissenschaftlichen Studium. **Pro|pä|deu|ti|kum** *das;* -s, ...ka ⟨zu ↑...ikum⟩: (schweiz.) medizinische Vorprüfung. **pro|pä|deu|tisch**: vorbereitend, einführend; -e Philosophie: 1. svw. Logik (1). 2. der in die Grundprobleme der Logik, Psychologie, Erkenntnistheorie u. Ethik einführende Unterricht an höheren Schulen des frühen 19. Jh.s

Pro|pa|gan|da *die;* - ⟨unter Einfluß von *fr.* propagande zur Kurzform von *kirchenlat.* Congregatio de propaganda fide „Kongregation (= päpstliche Instanz) zur Verbreitung

Proportion

des Glaubens", dies zu *lat.* propaganda, Fem. des Gerundivums von propagare, vgl. propagieren): 1. systematische Verbreitung politischer, weltanschaulicher o. ä. Ideen u. Meinungen [mit massiven (publizistischen) Mitteln] mit dem Ziel, das allgemeine [politische] Bewußtsein in bestimmter Weise zu beeinflussen. 2. Werbung, Reklame (Wirtsch.). **Pro|pa|gan|da|ap|pa|rat** *der;* -[e]s: (abwertend) hauptsächlich für propagandistische Zwecke aufgebauter Apparat (4). **Pro|pa|gan|da|chef** *der;* -s, -s: jmd., der für die [offizielle] Propaganda (1) verantwortlich ist. **Pro|pa|gan|da|kon|gre|ga|ti|on** *die;* -: römische ↑ Kardinalskongregation zur Ausbreitung des Glaubens, die das kath. Missionswesen leitet. **Pro|pa|gan|dist** *der;* -en, -en (nach gleichbed. *fr.* propagandiste bzw. *engl.* propagandist): 1. jmd., der Propaganda treibt. 2. Werbefachmann. **pro|pa|gan|di|stisch** (zu ↑ ...istisch): die Propaganda betreffend, auf Propaganda beruhend. **Pro|pa|gan|di|stin** *die;* -, -nen: weibliche Form zu ↑ Propagandist. **Pro|pa|ga|ti|on** *die;* -, -en (aus gleichbed. *lat.* propagatio zu propagare, vgl. propagieren): Vermehrung, Fortpflanzung der Lebewesen (Biol.). **Pro|pa|ga|tor** *der;* -en, ...toren (aus gleichbed. *mlat.* propagator): jmd., der etwas propagiert, sich für etwas einsetzt. **pro|pa|gie|ren** (unter Einfluß von ↑ Propaganda u. *fr.* propager aus *lat.* propagare „(weiter) ausbreiten, verlängern, fortpflanzen"): verbreiten, für etwas Propaganda machen, werben

Pro|pan *das;* -s (Kurzw. aus ↑ *Pro*pylen u. ↑ Meth*an*): gesättigter Kohlenwasserstoff, der bes. als Brenngas verwendet wird. **Pro|pa|nol** *das;* -s, -e (zu ↑ ...ol): von Propan abgeleiteter Alkohol, der bes. als Lösungsmittel verwendet wird (Chem.). **Pro|pa|non** *das;* -s (zu ↑ ²...on): svw. Aceton

Pro|par|oxy|to|non *das;* -s, ...tona (aus gleichbed. *gr.* proparoxýtonon, substantiviertes Neutrum von proparoxýtonos „auf der drittletzten Silbe mit dem Akut bezeichnet"): in der griech. Betonungslehre ein Wort, das den ↑ Akut auf der drittletzten Silbe trägt (z. B. *gr.* ανάλυσις = Analyse)

pro pa|tria [auch – 'pa...] (*lat.*): für das Vaterland. **Pro|pa|tria** *das;* - (nach dem Wasserzeichen): ein früheres Papierformat

Pro|pel|ler *der;* -s, - (aus gleichbed. *engl.* propeller, eigtl. „Antreiber", zu to propel „vorwärts treiben, antreiben", dies aus *lat.* propellere): Antriebsschraube bei Schiffen od. Flugzeugen. **Pro|pel|ler|tur|bi|ne** *die;* -, -n: Turbine, deren Schaufeln propellerähnlich geformt sind

Pro|pemp|ti|kon *das;* -s, ...ka (über gleichbed. *lat.* propempticon aus *gr.* propemptikón, substantiviertes Neutrum von propemptikós „begleitend" zu propémpein „geleiten"): in der Antike Geleitgedicht für einen Abreisenden im Unterschied zum ↑ Apopemptikon

Pro|pen *das;* -s (verkürzt aus ↑ Propylen): svw. Propylen. **Pro|pe|nal** *das;* -s (zu ↑ ²...al): svw. Akrolein

Pro|pep|sin *die;* -e (zu ↑ pro... u. ↑ Pepsin): gegen ↑ Alkalien widerstandsfähige chem. Vorstufe des ↑ Pepsins

pro|per (aus gleichbed. *fr.* propre, dies aus *lat.* proprius „eigen, eigentümlich, wesentlich"): a) durch eine saubere, gepflegte, ordentliche äußere Erscheinung ansprechend, einen erfreulichen Anblick bietend; b) ordentlich u. sauber [gehalten]; c) sorgfältig, solide ausgeführt, gearbeitet

Pro|per|din *das;* -s (Kunstw.; vgl. ...in (1)): bakterienauflösender Bestandteil des Blutserums

Pro|per|ge|schäft *das;* -[e]s, -e (zu ↑ proper): Geschäft, Handel auf eigene Rechnung u. Gefahr; Eigengeschäft (Wirtsch.)

Pro|pe|ri|spo|me|non *das;* -s, ...mena (aus gleichbed. *gr.* properispómenon, substantiviertes Neutrum von properispōménos „auf der vorletzten Silbe mit dem Zirkumflex bezeichnet"): in der griech. Betonungslehre Wort mit dem ↑ Zirkumflex auf der vorletzten Silbe (z. B. *gr.* δῶρον = Geschenk); vgl. Perispomenon

Prop|fan ['prɔpfæn] *der;* -[s] (Kurzw. aus *Pro*peller u. *engl.* fan „Fächer, Flügel"): durch eine Gasturbine angetriebene mehrblättrige Luftschraube bei Flugzeugen

Pro|pha|se *die;* -, -n (zu ↑ pro... u. ↑ Phase): erste Phase der Kernteilung, in der die Chromosomen sichtbar werden (Biol.)

Pro|phet *der;* -en, -en (aus gleichbed. (kirchen)*lat.* propheta, prophetes, eigtl. „Weissager, Magier", dies aus *gr.* prophḗtēs „Orakeldeuter, Weissager, Verkünder" zu prophánai „vorhersagen, verkünden"): 1. jmd., der etwas prophezeit, weissagt. 2. [von Gott berufener] Seher, Mahner (bes. im A. T. u. als Bezeichnung Mohammeds). **Pro|phe|tie** *die;* -, ...ien (über gleichbed. *spätlat.* prophetia aus *gr.* prophēteía): Weissagung, seherische Voraussage (bes. als von Gott gewirkte Rede eines Menschen). **Pro|phe|tin** *die;* -, -nen: weibliche Form zu ↑ Prophet. **pro|phe|tisch** (über gleichbed. *spätlat.* propheticus aus *gr.* prophētikós): [seherisch] weissagend; vorausschauend. **pro|phe|zei|en:** weissagen; voraussagen. **Pro|phe|zei|ung** *die;* -, -en: 1. das Prophezeien. 2. das, was prophezeit worden ist, die Weissagung

Pro|phy|lak|ti|kum *das;* -s, ...ka (zu *gr.* prophylaktikós (vgl. prophylaktisch) u. ↑ ...ikum): vorbeugendes Mittel (Med.). **pro|phy|lak|tisch** (aus *gr.* prophylaktikós „zum Verwahren gehörig; schützend"): vorbeugend, verhütend, vor einer Erkrankung (z. B. Grippe) schützend (Med.). **Pro|phy|la|xe** *die;* -, -n u. **Pro|phy|la|xis** *die;* -, ...la|xen (aus *gr.* prophýlaxis „Vorsicht" zu prophylássein „bewachen, sich (vor Krankheiten) hüten"): Vorbeugung, vorbeugende Maßnahme; Verhütung von Krankheiten (Med.)

Pro|pin *das;* -s (Kunstw. zu ↑ Propan u. ↑ ...in (1)): vom Propan abgeleitete Verbindung aus der Reihe der ↑ Alkine, eine unangenehm riechende, sehr reaktionsfähige gasförmige Substanz (Chem.)

Pro|pin|qui|tät *die;* - (aus gleichbed. *lat.* propinquitas, Gen. propinquitatis zu propinquare „sich nähern"): (veraltet) Nähe, Verwandtschaft

Pro|pi|on|säu|re *die;* -, -n (zu ↑ pro... u. *gr.* píōn, pĩon „Fett"): eine Karbonsäure, die u. a. zum Konservieren von Lebensmitteln verwendet wird

Pro|pla|sti|den *die* (Plur.) (zu ↑ pro... u. ↑ Plastiden): undifferenzierte Ausgangsformen der ↑ Plastiden, die sich nach den gegebenen Bedingungen zu verschiedenen Plastidentypen differenzieren können (Genetik)

Pro|po|lis *die;* - (aus gleichbed. *gr.* própolis, eigtl. „Vorstadt", zu ↑ pro... u. pólis „Stadt, Staat"): Vorwachs (pflanzliches Harz, das von der Honigbiene gesammelt u. als Baustoff im Bienenstock verwendet wird)

Pro|po|nen|dum *das;* -s, ...da (aus gleichbed. *lat.* proponendum, Gerundivum von proponere, vgl. proponieren): (veraltet) zu stellender Antrag. **Pro|po|nent** *der;* -en, -en (zu *lat.* proponens, Gen. proponentis, Part. Präs. von proponere, vgl. proponieren): (veraltet) Antragsteller. **pro|po|nie|ren** (aus gleichbed. *lat.* proponere, eigtl. „öffentlich aufstellen"): (veraltet) vorschlagen, beantragen

Pro|por|ti|on *die;* -, -en (aus *lat.* proportio „das entsprechende Verhältnis; Ebenmaß, Gleichmaß" zu ↑ pro... u. portio, vgl. Portion): 1. Größenverhältnis; rechtes Maß; Eben-, Gleichmaß. 2. Takt- u. Zeitmaßbestimmung der Mensural-

1123

proportional

musik (Mus.). 3. a) durch einen Quotienten ausgedrücktes Verhältnis zweier od. mehrerer Zahlen zueinander; b) Gleichung, in der 2 Proportionen (3 a) gleichgesetzt sind; Verhältnisgleichung (Math.). **pro|por|tio|nal** ⟨aus gleichbed. *spätlat.* proportionalis⟩: verhältnisgleich, in gleichem Verhältnis stehend; angemessen, entsprechend; -e K o n junktion: Bindewort, das in Verbindung mit einem anderen ein gleichbleibendes Verhältnis ausdrückt (z. B. *je – desto*). **Pro|por|tio|na|le** *die;* -, -n ⟨zu ↑...ale⟩: Glied einer Verhältnisgleichung (Math.). **Pro|por|tio|na|li|tät** *die;* -, -en ⟨aus gleichbed. *spätlat.* proportionalitas, Gen. proportionalitatis⟩: Verhältnismäßigkeit, richtiges Verhältnis. **Pro|por|tio|nal|satz** *der;* -es, ...sätze ⟨zu ↑ proportional⟩: zusammengesetzter Satz, in dem sich der Grad od. die Intensität des Verhaltens im Hauptsatz mit der im Gliedsatz gleichmäßig ändert (z. B. je älter er wird, desto bescheidener wird er; Sprachw.). **Pro|por|tio|nal|steu|er** *die;* -, -n: unabhängig von der Größe des Steuerobjekts zu einem festen, prozentualen Steuersatz erhobene Steuer. **Pro|por|tio|nal|wahl** *die;* -, -en: Verhältniswahl. **pro|por|tio|nie|ren** ⟨zu ↑...ieren⟩: (veraltet) ins richtige Verhältnis setzen, ebenmäßig gliedern. **pro|por|tio|niert** ⟨zu ↑...iert⟩: in einem bestimmten Maßverhältnis stehend; ebenmäßig, wohlgebaut. **Pro|por|tio|nie|rung** *die;* -, -en ⟨zu ↑...ierung⟩: das Proportionieren, das Proportioniertsein (z. B. von Bauwerken). **Pro|porz** *der;* -es, -e ⟨Kurzw. aus Proportionalwahl⟩: 1. Verteilung von Sitzen u. Ämtern nach dem Verhältnis der abgegebenen Stimmen bzw. der Partei-, Konfessionszugehörigkeit o. ä. 2. (österr. u. schweiz.) Verhältniswahl[system]

Pro|po|si|ta: Plur. von ↑ Propositum. **Pro|po|si|tio** *die;* -, ...nes [...ne:s] ⟨aus *lat.* propositio, vgl. Proposition⟩: Satz, Urteil (Philos.); - maior ['ma:jo:ɐ̯]: Obersatz (im ↑ Syllogismus); - minor: Untersatz (im ↑ Syllogismus). **Pro|po|si|ti|on** *die;* -, -en ⟨aus *lat.* propositio „Vorstellung; Darlegung; Bekanntmachung" zu propositus, Part. Perf. von proponere, vgl. proponieren⟩: 1. (veraltet) Vorschlag, Antrag. 2. Ankündigung des Themas (antike Rhet., Stilk.). 3. der Satz als Informationseinheit (nicht im Hinblick auf seine grammatische Form; Sprachw.). 4. Ausschreibung bei Pferderennen. **pro|po|si|tio|nal** ⟨zu ↑¹...al (1)⟩: den Satz als Informationseinheit, die Proposition (3) betreffend (Sprachw.). **Pro|po|si|tum** *das;* -s, ...ta ⟨aus gleichbed. *lat.* propositum⟩: (veraltet) Äußerung, Rede. **Pro|po|sta** *die;* -, ...sten ⟨aus *it.* proposta „Darlegung, Vorschlag", dies aus *lat.* propositus, vgl. Proposition⟩: Vordersatz, die beginnende Stimme eines Kanons (Mus.); Ggs. ↑ Risposta

Pro|prä|tor *der;* -s, ...oren ⟨aus gleichbed. *lat.* propraetor⟩: gewesener Prätor, Statthalter einer Provinz (im Röm. Reich)

pro|pre ⟨aus *fr.* propre, vgl. proper⟩: svw. proper. **Pro|prege|schäft** *das;* -[e]s, -e: svw. Propergeschäft. **Pro|pre|tät** *die;* - ⟨aus gleichbed. *fr.* propreté⟩: (landsch.) Sauberkeit, Reinlichkeit. **pro|pria|li|sie|ren** ⟨zu *lat.* proprius „für eine Person eigentümlich, persönlich", ↑¹...al (1) u. ↑...isieren⟩: zum Eigennamen machen (Sprachw.). **pro|pria manu** ⟨*lat.*⟩: mit eigener Hand; Abk.: p. m. **pro|prie** [...prie] ⟨aus *lat.* proprie „besonders; individuell"⟩: (veraltet) eigentlich. **Pro|prie|tär** *der;* -s, -e ⟨aus gleichbed. *fr.* propriétaire, dies aus *spätlat.* proprietarius⟩: Eigentümer. **Pro|prie|tät** *die;* -, -en ⟨aus gleichbed. *fr.* propriété, dies aus *lat.* proprietas, Gen. proprietatis⟩: Eigentum[srecht] (Rechtsw.).

pro pri|mo ⟨*lat.*⟩: (veraltet) zuerst

pro|prio mo|tu [auch 'prɔ... –] ⟨*lat.*⟩: aus eigenem Antrieb.

Pro|prio|re|zep|ti|on *die;* - ⟨zu *lat.* proprius „eigen(tümlich), wesentlich" u. ↑¹Rezeption⟩: Aufnahme u. Verarbeitung mechanischer Reize, die über Lage u. Stellung der eigenen Körperteile Auskunft geben (Biol., Med.). **Pro|priore|zep|tor** *der;* -s, ...oren (meist Plur.): Sinnesorgan, das im Körper entstehende Reize verarbeitet (Biol., Med.). **pro|prio|zep|tiv** ⟨zu ↑ rezeptiv⟩: Wahrnehmungen aus dem eigenen Körper vermittelnd (z. B. aus Muskeln, Sehnen, Gelenken; Psychol., Medizin); Ggs. ↑ exterozeptiv. **Pro|pri|um** [auch 'pro...] *das;* -s ⟨aus *lat.* proprium „Eigentum"⟩: 1. das Selbst, das Ich; Identität, Selbstgefühl (Psychol.). 2. die wechselnden Texte u. Gesänge der kath. Messe; vgl. Ordo missae; - de tempore: nach den Erfordernissen des Kirchenjahres wechselnde Teile der Meßliturgie u. des ↑ Breviers (1 a); - sanctorum [zaŋk...]: nach den Heiligenfesten wechselnde Texte

Pro|pul|si|on *die;* -, -en ⟨zu *lat.* propulsus, Part. Perf. von propellere „vorwärts treiben, vorwärts stoßen", u. ↑¹...ion⟩: 1. (veraltet) das Vorwärts-, Forttreiben. 2. Gehstörung mit Neigung zum Vorwärtsfallen bzw. Verlust der Fähigkeit, in der Bewegung innezuhalten (bei ↑ Paralysis agitans; Med.). **pro|pul|siv** ⟨zu ↑...iv⟩: 1. (veraltet) vorwärts-, forttreibend. 2. die Propulsion (2) betreffend, auf ihr beruhend, für sie charakteristisch (Med.).

Pro|pusk [auch 'prɔ..., pro'pʊsk] *der;* -s, -e ⟨aus *russ.* propusk⟩: russ. Bez. für Passierschein, Ausweis

Pro|py|lä|en *die* (Plur.) ⟨über *lat.* propylaea aus *gr.* propýlaia, eigtl. „(Vorbau) vor den Toren"⟩: 1. Vorhalle griech. Tempel. 2. Zugang, Eingang

Pro|py|len *das;* -s ⟨Kunstw. zu *gr.* prõtos „erster", piõn „fett" u. hýlē „Holz"; vgl. ...en⟩: gasförmiger, ungesättigter Kohlenwasserstoff, technisch wichtiger Ausgangsstoff für Brenngase, Flüssiggase u. Benzin. **Pro|py|len|gly|kol** *das;* -s, -e: farblose, ölige, in Alkohol u. Wasser lösliche Flüssigkeit, die als Gefrierschutzmittel, als Trägersubstanz für Kosmetika u. Arzneimittel u. a. verwendet wird. **Pro|py|lit** [auch ...'lɪt] *der;* -s, -e ⟨zu ↑²...it⟩: durch Thermalwässer umgewandelter ↑ Andesit in der Nähe von Erzlagerstätten. **Pro|py|li|ti|sie|rung** *die;* -, -en ⟨zu ↑...isierung⟩: durch ↑ hydrothermale ↑ Autometamorphose bedingte Umwandlung von Gesteinen in der Umgebung von Gold-, Silber- u. Kupfererzgängen

Pro|py|lon *das;* -s, ...la ⟨aus *gr.* própylon „Vorhof, Vorbau"⟩: das Eingangstor zu ummauerten Heiligtümern, Burgen u. Palästen, später auch zu öffentlichen Gebäuden u. Plätzen in der Antike

pro ra|ta [par|te] ⟨*lat.*⟩: verhältnismäßig, dem vereinbarten Anteil entsprechend (Wirtsch.). **pro ra|ta tem|po|ris** ⟨*lat.*⟩: anteilmäßig auf einen bestimmten Zeitablauf bezogen; Abk.: p. r. t. (Wirtsch.). **pro|ra|ti|sie|ren** ⟨zu ↑...isieren⟩: (veraltet) anteilweise od. verhältnismäßig verteilen

Pro|rek|tor [auch ...'rɛk...] *der;* -s, Plur. -en, auch ...oren ⟨zu ↑ pro... u. ↑ Rektor⟩: Stellvertreter des amtierenden Rektors an Hochschulen. **Pro|rek|to|rat** [auch ...'ra:t] *das;* -[e]s, -e: 1. Amt u. Würde eines Prorektors. 2. Dienstzimmer eines Prorektors

Pro|ro|ga|ti|on *die;* -, -en ⟨aus *lat.* prorogatio „Verlängerung" zu prorogare, vgl. prorogieren⟩: 1. Aufschub, Vertagung. 2. stillschweigende od. ausdrückliche Anerkennung (von seiten beider Prozeßparteien) eines für eine Rechtssache an sich nicht zuständigen Gerichts erster Instanz (Rechtsw.). **pro|ro|ga|tiv** ⟨aus gleichbed. *spätlat.* prorogativus⟩: aufschiebend, vertagend. **pro|ro|gie|ren** ⟨aus gleichbed. *lat.* prorogare⟩: 1. aufschieben, vertagen. 2. eine Prorogation (2) vereinbaren (Rechtsw.).

Prosopolepsie

Pro|sa *die;* - ⟨aus gleichbed. *spätlat.* prosa (oratio), eigtl. „geradeaus gerichtete (= schlichte) Rede", zu *lat.* prorsus „nach vorn gewendet"⟩: 1. Rede od. Schrift in ungebundener Form im Gegensatz zur ↑Poesie (1). 2. Nüchternheit, nüchterne Sachlichkeit. 3. geistliches Lied des frühen Mittelalters; vgl. Sequenz (1). **Pro|sa|iker** *der;* -s, - ⟨zu *spätlat.* prosaicus, vgl. prosaisch⟩: 1. svw. Prosaist. 2. Mensch von nüchterner Geistesart. **pro|sa|isch** ⟨wohl unter Einfluß von gleichbed. *fr.* prosaïque aus *spätlat.* prosaicus⟩: 1. in Prosa (1) [abgefaßt]. 2. sachlich-nüchtern, trocken, ohne Phantasie. **Pro|sa|is|mus** *der;* -, ...men ⟨zu ↑Prosa u. ↑...ismus (4)⟩: Eigentümlichkeit der prosaischen Ausdrucksweise gegenüber der dichterischen. **Pro|sa|ist** *der;* -en, -en ⟨zu ↑...ist⟩: Prosa schreibender Schriftsteller. **pro|sa|istisch** ⟨zu ↑...istisch⟩: frei von romantischen Gefühlswerten, sachlich-nüchtern berichtend. **Pro|sa|rhyth|mus** *der;* - ⟨zu ↑Prosa⟩: Gliederung der ungebundenen Rede durch bestimmte Akzentuierungen

Pro|sek|tor [auch ...'zek...] *der;* -s, ...oren ⟨aus *lat.* prosector „der Zerschneider" zu prosecare „zerschneiden, abschneiden"⟩: 1. Arzt, der ↑Sektionen (2) durchführt (Med.). 2. Leiter der pathologischen Abteilung eines Krankenhauses (Med.). **Pro|sek|tur** *die;* -, -en ⟨zu ↑...ur⟩: Abteilung eines Krankenhauses, in der ↑Sektionen (2) durchgeführt werden (Med.)

Pro|se|ku|ti|on *die;* -, -en ⟨aus *mlat.* prosecutio „Aufeinanderfolge" zu *lat.* prosecutio „Begleitung", dies zu prosequi „folgen"⟩: gerichtliche Verfolgung, Belangung; Strafverfolgung (Rechtsw.). **Pro|se|ku|tiv** *der;* -s, -e [...və] ⟨aus gleichbed. *spätlat.* (casus) prosecutivus⟩: ↑Kasus der räumlichen od. zeitlichen Erstreckung, bes. in den finnisch-ugrischen Sprachen (Sprachw.). **Pro|se|ku|tor** *der;* -s, ...oren ⟨aus gleichbed. *mlat.* prosecutor, eigtl. „Begleiter"⟩: öffentlicher Ankläger, Staatsanwalt [als Ankläger] (Rechtsw.). **pro|se|ku|to|risch**: die Prosekution, den Prosekutor betreffend

Pro|se|lyt *der;* -en, -en ⟨über *kirchenlat.* proselytus aus *gr.* prosélytos, „der Ankömmling", eigtl. „Hinzugekommener"⟩: Neubekehrter, im Altertum bes. zur Religion Israels übergetretener Heide; -en machen: (abwertend) Personen für einen Glauben od. eine Anschauung durch aufdringliche Werbung gewinnen. **Pro|se|ly|ten|ma|che|rei** *die;* -: (abwertend) aufdringliche Werbung für einen Glauben od. eine Anschauung. **pro|se|ly|ti|sie|ren** ⟨zu ↑...isieren⟩: (abwertend) Proselytenmacherei betreiben

Pro|se|mi|nar *das;* -s, -e ⟨zu ↑pro... u. ↑Seminar⟩: einführende Übung [für Studienanfänger] an der Hochschule

Pros|en|ce|pha|lon [...ts...] *das;* -s, ...la ⟨aus *nlat.* prosencephalon zu *gr.* prós „hinzu" u. ↑Encephalon⟩: Vorderhirn, zusammenfassende Bez. für den Hirnabschnitt, der Zwischen- u. Endhirn umfaßt (Med.)

Pros|en|chym [...'çy:m] *das;* -s, -e ⟨aus *nlat.* prosenchyma zu *gr.* prós „hinzu" u. égchyma „das Aufgegossene"⟩: Verband aus stark gestreckten, zugespitzten faserähnlichen Zellen des ↑Parenchyms (1), eine Grundform des pflanzlichen Gewebes (Biol.). **pros|en|chy|ma|tisch:** aus Prosenchym bestehend; in die Länge gestreckt, zugespitzt u. faserähnlich (von Zellen, die hauptsächlich in den Grundgeweben der Pflanzen vorkommen; Biol.)

Pros|en|ze|pha|lon vgl. Prosencephalon

Pros|eu|cha [...ça] *die;* -, ...chen ⟨aus gleichbed. *gr.* proseuché, eigtl. „[Gebet(splatz)" zu proseúchesthai „beten"⟩: svw. Synagoge

Pro|si|me|trum *das;* -s, ...tra ⟨zu ↑Prosa u. ↑Metrum⟩: Mischung von Prosa u. Vers in literarischen Werken der Antike

pro|sit! u. **prost!** ⟨aus *lat.* prosit „es möge nützen", 3. Pers. Sing. Konj. Präs. von prodesse „nützen, zuträglich sein"⟩: wohl bekomm's!, zum Wohl! **Pro|sit** *das;* -s, -s u. **Prost** *das;* -[e]s, -e: Zutrunk, das Trinken auf das Wohl, z. B. eines Gastes, Jubilars o. ä.

Pro|ske|ni|on *das;* -, ...nia ⟨aus *gr.* proskénion⟩: griech. Form von ↑Proszenium

Pros|ko|mi|die *die;* - ⟨aus gleichbed. *mgr.* proskomidía, zu proskomízein „herbeibringen"⟩: die Zubereitung des Brotes für die Abendmahlsfeier in der Ostkirche

pro|skri|bie|ren ⟨aus gleichbed. *lat.* proscribere, eigtl. „öffentlich bekanntmachen"⟩: ächten, verbannen. **Pro|skrip|ti|on** *die;* -, -en ⟨aus gleichbed. *lat.* proscriptio⟩: 1. Ächtung [politischer Gegner]. 2. öffentliche Bekanntmachung der Namen der Geächteten im alten Rom (bes. durch Sulla)

Pros|ky|ne|se u. **Pros|ky|ne|sis** *die;* -, ...nesen ⟨aus gleichbed. *gr.* proskýnēsis zu proskyneĩn „fußfällig verehren"⟩: demütige Kniebeugung, Fußfall vor einem Herrscher od. vor einem religiösen Weihegegenstand, auch bei bestimmten kirchlichen Handlungen. **Pros|ky|ne|ta|ri|on** *das;* -, ...rien [...jən] ⟨aus *mgr.* proskynētárion zu *gr.* proskyneĩn, vgl. Proskynese⟩: Pult, auf dem die religiös verehrten Gegenstände zur Verehrung [durch Kuß] ausliegen. **pros|ky|ne|tisch** ⟨aus gleichbed. *gr.* proskynētós⟩: (veraltet) fußfällig verehrt od. verehrend

Pros|odem *das;* -s, -e ⟨zu ↑Prosodie u. ↑...em, Analogiebildung zu ↑Morphem, Phonem⟩: ↑prosodisches (↑suprasegmentales) Merkmal

Pros|odia Plur. von ↑Prosodion. **Pros|odia|kus** *der;* -, ...zi ⟨über *lat.* prosodiacus aus gleichbed. *gr.* (poús) prosodiakós zu prosódion, vgl. Prosodion⟩: bes. in den Prosodia gebrauchter altgriech. Vers

Pros|odie *die;* -, ...ien ⟨über *lat.* prosodia aus *gr.* prosōidía zu prós „zu" u. ōidé „Gesang"⟩: 1. in der antiken Metrik die Lehre von der Tonhöhe u. der Quantität der Silben, Silbenmessungslehre. 2. Lehre von der metrisch-rhythmischen Behandlung der Sprache. **Pros|odik** *die;* -, -en ⟨zu ↑²...ik (2)⟩: svw. Prosodie

Pros|odi|on *das;* -s, ...dia ⟨aus gleichbed. *gr.* prosódion, substantiviertes Neutrum von prosódios „zur Prozession gehörig", zu prósodos „Prozession (zu einem Tempel) mit Gesang", eigtl. „Zugang, das Hinzugehen"⟩: im Chor gesungenes altgriech. Prozessionslied. **¹pros|odisch** ⟨aus gleichbed. *gr.* prosódios⟩: zur Prozession gehörig

²pros|odisch ⟨aus gleichbed. *gr.* prosōidōs zu prosōidía, vgl. Prosodie⟩: die Prosodie betreffend, silbenmessend

Pros|odon|tie *die;* -, ...ien ⟨zu *gr.* prósō „nach vorn zu, vorwärts", odoús, Gen. odóntos „Zahn" u. ↑²...ie⟩: schräges Vorstehen der Zähne (Med.)

Pro|so|ma *das;* -s, -ta ⟨zu ↑pro... u. ↑²Soma⟩: vorderster Körperabschnitt der Tentakelträger, Kragentiere, Spinnentiere u. Fühlerlosen (Biol.)

pros|op..., **Pros|op...** vgl. prosopo..., Prosopo... **Pros|op|al|gie** *die;* -, ...ien ⟨zu ↑prosopo... u. ↑...algie⟩: Gesichtsschmerzen im Bereich des ↑Trigeminus (Med.). **prosopo...**, **Pros|opo...**, vor Vokalen meist prosop..., Pros|op... ⟨aus gleichbed. *gr.* prósōpon⟩: Wortbildungselement mit der Bedeutung „Gesicht; Person", z. B. Prosopoplegie, Prosopalgie; Prosopographie. **Pros|opo|gra|phie** *die;* -, ...ien ⟨zu ↑...graphie⟩: nach der Buchstabenfolge geordnetes Verzeichnis aller einem bestimmten Lebenskreis angehörenden Personen mit Quellenangaben. **Pros|opo|lep|sie** *die;* - ⟨nach *gr.* prosōpolēpsía „Rücksicht auf die Per-

Prosopoplegie

son"): Charakterdeutung aus den Gesichtszügen. **Pros|o|po|ple|gie** *die;* -, ...jen ⟨zu ↑prosopo..., *gr.* plēgḗ „Schlag, Stoß" u. ↑²...ie⟩: Lähmung der mimischen Muskulatur des Gesichts; Fazialislähmung (Med.). **Pros|opo|po|pö|ie** *die;* -, ...jen ⟨aus *gr.* prosōpopoiía „das Personifizieren von Abstraktem od. Leblosem" zu prosōpopoieīn „zur Person machen"⟩: das Personifizieren, Personifikation. **Pros|opo|schi|sis** [...'sçi:...] *die;* -, ...jsen ⟨zu ↑prosopo... u. *gr.* schísis „das Spalten", dies zu schízein „spalten"⟩: angeborene Mißbildung, bei der die beiden Gesichtshälften durch einen Spalt getrennt sind (Med.). **Pros|opo|spas|mus** *der;* -, ...men ⟨zu ↑prosopo... u. ↑Spasmus⟩: (veraltet) Gesichtskrampf (Med.)

pro|so|wje|tisch ⟨zu ↑pro... u. ↑sowjetisch⟩: sich für die [Wiedererrichtung der] Sowjetunion einsetzend

Pro|spekt *der;* -[e]s, -e ⟨aus *lat.* prospectus „Hinblick; Aussicht; Anblick von fern" zu prospicere „hin-, voraussehen, hinschauen", Bed. 6 über *russ.* prospekt⟩: 1. meist mit Bildern ausgestattete Werbeschrift. 2. Preisliste. 3. Vorderansicht des [künstlerisch ausgestalteten] Pfeifengehäuses der Orgel. 4. [gemalter] Bühnenhintergrund, Bühnenhimmel, Rundhorizont (Theater). 5. perspektivisch meist stark übertriebene Ansicht einer Stadt od. Landschaft als Gemälde, Zeichnung od. Kupferstich (Kunst). 6. *russ.* Bez. für lange, breite Straße. 7. allgemeine Darlegung der Lage eines Unternehmens bei geplanter Inanspruchnahme des Kapitalmarktes (Wirtsch.). **pro|spek|tie|ren** ⟨aus *lat.* prospectare, Intensivbildung von prospicere, „hinsehen; sich umsehen"⟩: Lagerstätten nutzbarer Mineralien durch geologische Beobachtung o. ä. ausfindig machen, erkunden, untersuchen (Bergw.). **Pro|spek|tie|rung** *die;* -, -en ⟨zu ↑...ierung⟩: 1. Erkundung nutzbarer Bodenschätze (Bergw.). 2. svw. Prospektion (2). 3. Herausgabe des Lageberichts einer Unternehmung vor einer Wertpapieremission (Wirtsch.); vgl. ...[at]ion/...ierung. **Pro|spek|ti|on** *die;* -, -en ⟨aus *spätlat.* prospectio „Vorsorge" zu prospicere, vgl. Prospekt⟩: 1. das Prospektieren. 2. Drucksachenwerbung mit Prospekten (1); vgl. ...ion/...ierung. **pro|spek|tiv** ⟨aus *spätlat.* prospectivus „zur Aussicht gehörend"⟩: a) der Aussicht, Möglichkeit nach; vorausschauend; b) die Weiterentwicklung betreffend; -er [...və] Konjunktiv: in der griech. Sprache der Konjunktiv der möglichen od. erwogenen Verwirklichung (Sprachw.); -e [...və] Potenz: Gesamtheit der Entwicklungsmöglichkeiten einer [embryonalen] Zelle od. Zellgruppe (Biol.). **Pro|spek|tiv** *der;* -s, -e [...və]: Verbform, die eine Erwartung ausdrückt, z. B. ich sehe, was daraus werden könnte (Sprachw.). **Pro|spek|tor** *der;* -s, ...oren ⟨aus gleichbed. *engl.* prospector zu prospect „(Erz)lagerstätte"⟩: Gold-, Erzschürfer (Bergw.)

pro|spe|rie|ren ⟨aus gleichbed. *fr.* prospérer, dies aus *lat.* prosperare „etw. gedeihen lassen"⟩: gedeihen, vorankommen, gutgehen. **Pro|spe|ri|tät** *die;* - ⟨aus gleichbed. *fr.* prospérité, dies aus *lat.* prosperitas, Gen. prosperitatis⟩: Wohlstand, Blüte, Periode allgemeinen wirtschaftlichen Aufschwungs

Pro|sper|mie *die;* -, ...jen ⟨zu ↑pro..., ↑Sperma u. ↑²...ie⟩: vorzeitiger Samenerguß (Med.)

Pros|pho|ra *die;* - ⟨aus *gr.* prosphorá „das Herzubringen"⟩: das während der orthodoxen Abendmahlsfeier gereichte Brot

pro|spi|zie|ren ⟨aus gleichbed. *lat.* prospicere⟩: vorausehen, Vorsichtsmaßregeln treffen

prost! usw. vgl. prosit! usw.

Pro|sta|glan|di|ne *die* (Plur.) ⟨Kunstw. aus ↑*Prosta*ta u. ↑*Glans*, vgl. ...in (1)⟩: hormonähnliche Stoffe mit gefäßerweiternder u. wehenauslösender Wirkung (Pharm., Med.). **Pro|sta|ta** *die;* -, ...tae [...tɛ] ⟨aus *nlat.* prostata, dies aus *gr.* prostátēs „Vorsteher"⟩: walnußgroßes Anhangsorgan der männlichen Geschlechtsorgane, das den Anfangsteil der Harnröhre umgibt, Vorsteherdrüse (Med.). **Pro|sta|ta|abszeß** *der;* ...szesses, ...szesse: Abszeß in der Prostata, akute Prostatitis (Med.). **Pro|sta|ta|ade|nom** *das;* -s, -e: tastbare, gutartige Vergrößerung der Prostata (Med.). **Pro|sta|ta|hy|per|tro|phie** *die;* -, -n [...i:ən]: svw. Prostataadenom. **Pro|sta|ta|kar|zi|nom** *das;* -s, -e: Krebs der Prostata (Med.). **Pro|stat|ek|to|mie** *die;* -, ...jen ⟨zu ↑...ektomie⟩: operative Entfernung von Prostatawucherungen od. der Prostata selbst (Med.). **Pro|sta|ti|ker** *der;* -s, - ⟨zu *gr.* prostatikós „zum Vorsteher gehörig"⟩: jmd., der an einer Vergrößerung der Prostata leidet (Med.). **Pro|sta|ti|tis** *die;* -, ...itiden ⟨zu ↑Prostata u. ↑...itis⟩: Entzündung der Prostata (Med.). **Pro|sta|to|pa|thie** *die;* -, ...jen ⟨zu ↑...pathie⟩: ↑abakterielle Entzündung der Prostata (Med.). **Pro|sta|tor|rhö** *die;* -, -en u. **Pro|sta|tor|rhöe** [...'rø:] *die;* -, -n [...'rø:ən] ⟨zu *gr.* rheīn „fließen"⟩: Ausfluß von Prostatasekret, z. B. nach einer Harn- od. Stuhlentleerung (Med.)

Pro|ster|na|ti|on *die;* -, -en ⟨zu *lat.* prosternere (vgl. prosternieren) u. ↑...ation⟩: *lat.* Bez. für ↑Proskynese. **pro|ster|nie|ren** ⟨aus gleichbed. *lat.* prosternere⟩: sich (zum Fußfall) niederwerfen

Pros|the|se u. **Pros|the|sis** *die;* -, ...thesen ⟨über *lat.* prosthesis aus *gr.* prósthesis „das Hinzusetzen, Ansetzen"⟩: (veraltet) svw. Prothese (2). **pros|the|tisch** ⟨zu *gr.* prósthetos „angesetzt, hinzugefügt"⟩: angesetzt, angefügt

pro|sti|tu|ie|ren ⟨z. T. unter Einfluß von gleichbed. *fr.* se prostituer aus *lat.* prostituere, eigtl. „vorn hinstellen"⟩: 1. in den Dienst eines niedrigen Zwecks stellen u. dadurch herabwürdigen, öffentlich preisgeben, bloßstellen. 2. sich -: sich gewerbsmäßig für sexuelle Zwecke zur Verfügung stellen. **Pro|sti|tu|ier|te** *die;* -n, -n ⟨vgl. ...iert⟩: Frau, die sich gewerbsmäßig zum Geschlechtsverkehr anbietet; Dirne. **Pro|sti|tu|ti|on** *die;* - ⟨unter Einfluß von gleichbed. *fr.* prostitution aus *lat.* prostitutio⟩: 1. gewerbsmäßige Ausübung sexueller Handlungen. 2. Herabwürdigung, öffentliche Preisgabe, Bloßstellung. **pro|sti|tu|tiv** ⟨zu ↑...iv⟩: die Prostitution betreffend

Pro|stra|ti|on *die;* -, -en ⟨aus *lat.* prostratio „das Niederwerfen, -schlagen" zu prosternere, vgl. prosternieren⟩: 1. liturgisches Sichhinstrecken auf den Boden (z. B. bei den kath. höheren Weihen u. bei der Einkleidung in eine geistliche Ordenstracht). 2. hochgradige Erschöpfung (bes. im Verlauf einer Krankheit; Med.)

Pro|sty|los *der;* -, ...oi [...ɔy] ⟨über *lat.* prostylos zu *gr.* próstylos „vorn mit Säulen versehen"⟩: griech. Tempel mit einer Säulenvorhalle

Pro|syl|lo|gis|mus *der;* -, ...men ⟨über gleichbed. *nlat.* prosyllogismus aus *gr.* prosyllogismós⟩: der Vorschluß; Schluß einer Schlußkette, dessen Schlußsatz die ↑Prämisse des folgenden Schlusses ist (Logik). **pro|syl|lo|gi|stisch** ⟨zu ↑...istisch⟩: von einem Schluß zum Vorschluß zurückgehend (Logik)

Pro|sze|ni|um *das;* -s, ...ien [...jən] ⟨über gleichbed. *lat.* prosc(a)enium aus *gr.* proskēnion⟩: 1. im antiken Theater der Platz vor der ↑Skene. 2. Raum zwischen Vorhang u. Rampe einer Bühne; Ggs. ↑Postszenium

prot..., **Prot...** vgl. proto..., Proto... **Prot|ac|ti|ni|um** [...k...] *das;* -s ⟨zu ↑proto... u. ↑Actinium⟩: radioaktives chem. Element, Metall; Zeichen Pa. **Prot|ago|nist** *der;* -en, -en ⟨aus gleichbed. *gr.* prōtagōnistḗs, eigtl. „erster Kämpfer", vgl. Agonist⟩: 1. Hauptdarsteller, erster Schauspieler im altgriech. Drama; vgl. Deuteragonist u. Tritagonist. 2. a) zentrale Gestalt, wichtigste Person; b) Vorkämpfer. **Prot|ago|ni|stin** *die;* -, -nen: weibliche Form zu ↑ Protagonist. **Prot|ak|ti|ni|um** vgl. Protactinium. **Prot|amin** *das;* -s, -e ⟨zu ↑ proto... u. ↑ Amin⟩: einfacher, schwefelfreier Eiweißkörper (Chem.). **Prot|an|drie** *die;* - ⟨zu *gr.* anḗr, Gen. andrós „Mann" u. ↑²...ie⟩: das Reifwerden der männlichen Geschlechtsprodukte zwittriger Tiere od. Pflanzen vor den weiblichen (zur Verhinderung von Selbstbefruchtung; Bot.); Ggs. ↑ Protogynie. **prot|an|drisch:** die Protandrie betreffend. **Prot|an|opie** *die;* -, ...ien ⟨zu *gr.* a(n)- „un-, nicht-" u. ↑...opie⟩: Form der Farbenblindheit, bei der rote Farben nicht wahrgenommen werden können; Rotblindheit (Med.).

Pro|ta|sis *die;* -, ...tasen ⟨über *lat.* protasis aus gleichbed. *gr.* prótasis, eigtl. „das Vorlegen (einer Frage)", zu protássein „voranstellen, in das erste Glied stellen"⟩: 1. Vordersatz, bes. der bedingende Gliedsatz eines Konditionalsatzes (Sprachw.); Ggs. ↑ Apodosis. 2. der ↑ Epitasis vorangehende Einleitung eines dreiaktigen Dramas

Pro|tea|se *die;* - ⟨zu ↑ Protein u. ↑...ase⟩: eiweißspaltendes ↑ Enzym

Pro|te|gé [...te'ʒe:] *der;* -s, -s ⟨aus gleichbed. *fr.* protégé, substantiviertes Part. Perf. von protéger, vgl. protegieren⟩: jmd., der protegiert wird; Günstling, Schützling. **pro|te|gie|ren** [...ʒi:...] ⟨aus gleichbed. *fr.* protéger, dies aus *lat.* protegere „(vorn) bedecken, beschützen"⟩: begünstigen, fördern, bevorzugen (hinsichtlich des beruflichen, gesellschaftlichen Fortkommens)

Pro|te|id *das;* -[e]s, -e ⟨zu ↑ Protein u. ↑³...id⟩: mit anderen chem. Verbindungen zusammengesetzter Eiweißkörper (Biochem.). **Pro|te|in** *das;* -s, -e ⟨zu *gr.* prōtos „erster" (nach der irrtümlichen Annahme, daß alle Eiweißkörper auf einer Grundsubstanz basieren) u. ↑...in (1)⟩: nur aus Aminosäuren aufgebauter einfacher Eiweißkörper (Biochem.). **Pro|tei|na|se** [...tei...] *die;* -, -n ⟨zu ↑...ase⟩: im Verdauungstrakt vorkommendes Enzym, das Proteine bis zu ↑ Polypeptiden abbaut (Biochem.). **Pro|te|in|bio|syn|the|se** *die;* -: Vorgang, bei dem die Reihenfolge der ↑ ¹Basen der ↑ DNS in eine bestimmte Aminosäuresequenz übersetzt wird u. dadurch ein artspezifisches Protein gebildet wird (Biochem.). **Pro|te|in|fa|sern** *die* (Plur.): a) aus Proteinen bestehenden natürlichen Fasern wie Seide, Wolle; b) aus tierischen od. pflanzlichen Proteinen (z. B. Kasein) durch Lösen in Alkalien u. Verspinnen in einem Säurebad hergestellte Chemiefasern. **Pro|tei|no|cho|lie** [...ç...] *die;* -, ...ien ⟨zu *gr.* cholḗ „Galle" u. ↑²...ie⟩: Übertritt von Eiweißkörpern aus dem Verdauungstrakt in die Gallenkapillaren (Med.). **Pro|tei|nor|rhö** *die;* -, -en u. **Pro|tei|nor|rhöe** [...'rø:] *die;* -, -n [...'rø:ən] ⟨zu *gr.* rhein „fließen"⟩: Eiweißverlust infolge Abgangs von Eiweiß mit dem Stuhl (Med.). **Pro|tei|no|se** *die;* -, -n ⟨zu ↑¹...ose⟩: Lungenerkrankung infolge Ausfüllung der Lungenalveolen mit Protein (Med.). **Pro|te|in|urie** *die;* -, ...ien ⟨zu ↑...urie⟩: Ausscheidung von Proteinen mit dem Harn (Med.).

pro|te|isch ⟨zu ↑ Proteus⟩: in der Art eines ↑ Proteus (1), wandelbar, unzuverlässig

Pro|tek|ti|on *die;* -, -en ⟨aus gleichbed. *fr.* protection, dies aus *spätlat.* protectio „Bedeckung, Beschützung" zu *lat.* protegere, vgl. protegieren⟩: 1. Förderung, Begünstigung, Bevorzugung in beruflicher, gesellschaftlicher Hinsicht. 2. (veraltend) Schutz, den man durch jmdn. erfährt, der den entsprechenden Einfluß hat. 3. Schutz von Organen od. des Organismus durch Medikamente vor schädigenden Einwirkungen (Med.). **Pro|tek|tio|nis|mus** *der;* - ⟨zu ↑...ismus (2)⟩: Schutz der einheimischen Produktion gegen die Konkurrenz des Auslandes durch Maßnahmen der Außenhandelspolitik (Wirtsch.). **Pro|tek|tio|nist** *der;* -en, -en ⟨zu ↑...ist⟩: Anhänger des Protektionismus. **pro|tek|tio|ni|stisch** ⟨zu ↑...istisch⟩: den Protektionismus betreffend, in der Art des Protektionismus. **pro|tek|tiv** ⟨zu ↑...iv⟩: vor schädigenden Einwirkungen schützend (Med.). **Pro|tek|ti|vum** [...vʊm] *das;* -s, ...va [...va] ⟨zu ↑...ivum⟩: chem. Substanz, die den Organismus od. ein Organ vor schädigenden Einwirkungen schützt (Med.). **Pro|tek|tor** *der;* -s, ...oren ⟨aus *spätlat.* protector „Bedecker, Beschützer" zu *lat.* protectus, Part. Perf. von protegere, vgl. protegieren⟩: 1. a) Beschützer, Förderer; b) Schutz-, Schirmherr; Ehrenvorsitzender. 2. mit Profil versehene Lauffläche des Autoreifens. **Pro|tek|to|rat** *das;* -[e]s, -e ⟨zu ↑...at (1)⟩: 1. Schirmherrschaft. 2. a) Schutzherrschaft eines Staates über ein fremdes Gebiet; b) unter Schutzherrschaft eines anderen Staates stehendes Gebiet

pro tem|po|re ⟨*lat.;* „für die Zeit"⟩: vorläufig, für jetzt; Abk.: p. t.

Pro|teo|gly|kan *das;* -s, -e (meist Plur.) ⟨zu ↑ Protein u. ↑ Glykan⟩: Sammelbez. für Eiweißanteile enthaltende Polysaccharidverbindungen, Hauptbestandteil der Knochensubstanz (Biochem.). **Pro|teo|hor|mon** *das;* -s, -e: Hormon vom Charakter eines Proteins od. Proteids (Biol.). **Pro|teo|ly|se** *die;* - ⟨zu ↑...lyse⟩: Aufspaltung von Eiweißkörpern in Aminosäuren (Chem.). **pro|teo|ly|tisch:** eiweißverdauend (Med.)

Pro|ter|an|drie *die;* - usw. ⟨zu *gr.* próteros „früher, eher", anḗr, Gen. andrós „Mann" u. ↑²...ie⟩: svw. Protandrie usw. **pro|te|ro|gyn** ⟨zu *gr.* gynḗ „Frau"⟩: svw. protogyn usw. **Pro|te|ro|zoi|kum** *das;* -s ⟨zu *gr.* zōḗ „Leben" u. ↑...ikum⟩: svw. Archäozoikum

Pro|ter|vi|tät [...v...] *die;* -, -en ⟨aus gleichbed. *lat.* protervitas, Gen. protervitatis zu protervus „dreist, frech"⟩: (veraltet) Dreistigkeit, Frechheit, Unverschämtheit

Pro|test *der;* -[e]s, -e ⟨aus gleichbed. *it.* protesto zu protestare, dies aus *lat.* protestari, vgl. protestieren, Bed. 1 unter Einfluß von ↑ protestieren⟩: 1. meist spontane u. temperamentvolle Bekundung des Mißfallens, des Nichteinverstandenseins. 2. a) amtliche Beurkundung über Annahmeverweigerung bei Wechseln, über Zahlungsverweigerung bei Wechseln od. Schecks; b) bestimmte Art der ↑ Demarche als Mittel zur Wahrung u. Einhaltung von Rechten im zwischenstaatlichen Bereich (Rechtsw.; Völkerrecht). **Pro|te|stant** *der;* -en, -en ⟨aus gleichbed. *lat.* protestans, Gen. protestantis, Part. Präs. von protestari, vgl. protestieren; Bed. 1 vgl. Protestantismus⟩: 1. Angehöriger einer den Protestantismus vertretenden Kirche. 2. jmd., der gegen etwas protestiert (1). **Pro|te|stan|tin** *die;* -, -nen: weibliche Form zu ↑ Protestant. **pro|te|stan|tisch:** zum Protestantismus gehörend, ihn vertretend; Abk.: prot.; vgl. evangelisch (2). **pro|te|stan|ti|sie|ren** ⟨zu ↑...isieren⟩: (früher) protestantisch machen, für die protestantische Kirche gewinnen. **Pro|te|stan|tis|mus** *der;* - ⟨zu ↑ Protestant u. ↑...ismus (2), nach der feierlichen Protestation der ev. Reichsstände auf dem Reichstag zu Speyer 1529⟩: aus der kirchlichen Reformation des 16. Jh.s hervorgegangene Glaubensbewegung, die die verschiedenen ev. Kirchengemeinschaften umfaßt. **Pro|te|sta|ti|on** *die;* -, -en ⟨nach *spätlat.* protestatio „das Bezeugen" zu *lat.* protestari, vgl. protestieren⟩: Mißfallensbekundung, Protest. **pro|te|stie|ren** ⟨aus gleichbed. *(alt)fr.* protester, dies aus *lat.* protestari „öffentlich bezeugen, verkünden"⟩: 1. a) Protest (1) einlegen; b) eine Behauptung, Forderung, einen Vorschlag o. ä. als unzutref-

fend, unpassend zurückweisen; widersprechen. 2. die Annahme, Zahlung eines Wechsels verweigern (Rechtsw.). **Pro|test|no|te** *die;* -, -n ⟨zu ↑Protest⟩: offizielle Beschwerde, schriftlicher Einspruch einer Regierung bei der Regierung eines anderen Staates gegen einen Übergriff (Pol.). **Pro|test|song** *der;* -s, -s: soziale, gesellschaftliche, politische Verhältnisse kritisierender ↑Song (1)
Pro|teus *der;* -, - ⟨nach *lat.* Proteus, *gr.* Prōteús, dem griech. Meergott, der sich in viele Gestalten verwandeln konnte⟩: 1. wandelbarer, wetterwendischer Mensch. 2. Gattung der Olme (Schwanzlurche). 3. Gattung ↑gramnegativer, zumeist beweglicher, vielgestaltiger Bakterien (Fäulniserreger, darunter z. B. die Erreger der ↑Enteritis; Med.)
Prot|evan|ge|li|um u. Protoevangelium [...v...] *das;* -s ⟨zu ↑proto... u. ↑Evangelium⟩: als erste Verkündigung des Erlösers aufgefaßte Stelle im A. T. (1. Mose 3, 15)
Pro|thal|li|um *das;* -s, ...ien [...i̯ən] ⟨zu ↑pro... u. ↑Thallium⟩: Vorkeim der Farnpflanzen (Bot.)
Pro|the|se *die;* -, -n ⟨zu *gr.* prósthesis „das Hinzufügen" bzw. próthesis „das Voransetzen; Vorsatz", Bed. 2 über *spätlat.* prothesis aus *gr.* prósthesis⟩: 1. künstlicher Ersatz eines amputierten, fehlenden Körperteils, bes. der Gliedmaßen od. der Zähne. 2. Bildung eines neuen Lautes (bes. eines Vokals) od. einer neuen Silbe am Wortanfang (z. B. franz. *esprit* aus lat. (i)spiritus; Sprachw.). **Pro|the|tik** *die;* - ⟨zu ↑²...ik (1)⟩: medizinisch-technischer Wissenschaftszweig, der sich mit der Konstruktion von Prothesen (1) befaßt. **pro|the|tisch**: 1. die Prothetik bzw. eine Prothese (1) betreffend (Med.). 2. die Prothese (2) betreffend, auf ihr beruhend
Pro|tho|rax *der;* -[es], Plur. -e, fachspr. ...races [...tse:s] ⟨zu ↑pro... u. ↑Thorax⟩: der vorderste der drei Brustringe bei Insekten, der das vorderste Beinpaar trägt (Zool.)
Pro|throm|bin *das;* -s ⟨zu ↑pro... u. ↑Thrombin⟩: im Blutplasma enthaltenes ↑Glykoproteid, Vorstufe des für die Blutgerinnung wichtigen ↑Thrombins (Biochem.)
Pro|tist *der;* -en, -en (meist Plur.) ⟨zu *gr.* prṓtistos „der allererste"⟩: einzelliges Lebewesen (Biol.). **Pro|ti|um** *das;* -s ⟨zu *gr.* prṓtos „erster" u. ↑...ium⟩: leichter Wasserstoff, Wasserstoffisotop; vgl. Isotop. **pro|to...**, **Pro|to...**, vor Vokalen meist prot..., Prot... ⟨aus gleichbed. *gr.* prōtos⟩: Wortbildungselement mit der Bedeutung „erster, vorderster, wichtigster; Ur-", z. B. prototypisch, Protoplasma, Protagonist. **Pro|to|bi|ont** *der;* -en, -en (meist Plur.) ⟨zu ↑...biont⟩: erste im Verlauf der biologischen Evolution entstandene Zelle mit der Fähigkeit zur Selbstvermehrung (Biol.). **Pro|to|derm** *das;* -s ⟨zu *gr.* dérma „Haut"⟩: äußerste Zellschicht des an den Vegetationspunkt der höheren Pflanzen unmittelbar anschließenden Gewebes, die sich später zur Epidermis entwickelt (Biol.). **Pro|to|evan|ge|li|um** vgl. Protevangelium. **pro|to|gen** ⟨zu *gr.* prōtogenḗs „ursprünglich"⟩: am Fundort entstanden (von Erzlagerstätten; Geol.). **pro|to|gyn** ⟨zu *gr.* gynḗ „Frau"⟩: die Protogynie betreffend. **Pro|to|gy|nie** *die;* - ⟨zu ↑²...ie⟩: das Reifwerden der weiblichen Geschlechtsprodukte zwittriger Tiere u. Pflanzen vor den männlichen Geschlechtsprodukten (Bot.); Ggs. ↑Protandrie. **Pro|to|kla|se** *die;* - ⟨zu *gr.* klásis „Bruch"⟩: Zertrümmerung bereits auskristallisierter Mineralbestandteile durch Bewegungsvorgänge in einem noch nicht völlig erstarrten Magma (Geol.). **Pro|to|koll** *das;* -s, -e ⟨über *mlat.* protocollum aus gleichbed. *mgr.* prōtókollon, eigtl. „(den amtlichen Papyrusrollen) vorgeleimtes (Blatt)" zu *gr.* prōtos „erster" u. kólla „Leim"⟩: 1. a) förmliche Niederschrift, Beurkundung einer Aussage, Verhandlung o. ä.; b) schriftliche Zusammenfassung der wesentlichsten Ergebnisse einer Sitzung; c) genauer schriftlicher Bericht über Verlauf u. Ergebnis eines Versuchs, Heilverfahrens o. ä. 2. die Gesamtheit der im diplomatischen Verkehr gebräuchlichen Formen. **Pro|to|kol|lant** *der;* -en, -en ⟨zu ↑...ant⟩: jmd., der etwas protokolliert; Schriftführer. **pro|to|kol|la|risch** ⟨zu ↑...ar (1)⟩: 1. a) in der Form eines Protokolls (1); b) im Protokoll (1) festgehalten, auf Grund des Protokolls. 2. dem Protokoll (2) entsprechend. **pro|to|kol|lie|ren** ⟨aus gleichbed. *mlat.* protocollare, vgl. Protokoll⟩: bei einer Sitzung o. ä. die wesentlichen Punkte schriftlich festhalten; ein Protokoll aufnehmen; beurkunden. **Pro|to|ly|se** *die;* -, -n ⟨zu ↑proto... u. ↑...lyse⟩: chem. Reaktion, bei der von einer Säure Protonen an eine Base abgegeben werden. **Pro|to|lyt** *der;* Gen. -s od. -en, Plur. -e[n] ⟨zu *gr.* lytikós „zum Auflösen gehörig", dies zu lýein „(auf)lösen"⟩: Molekül od. Ion, das durch Abgabe od. Aufnahme von Protonen reagieren kann (Chem.)
Pro|to|me *die;* -, ...tomen ⟨aus *gr.* protomḗ „Tiergesicht"⟩: Oberteil von menschlichen od. tierischen Körpern, als Schmuck an Gefäßen, Geräten u. auch an Toren od. an Bauten angebracht (Masken, Köpfe, Oberkörper)
pro|to|morph ⟨zu ↑proto... u. ↑...morph⟩: die Urform aufweisend. **Pro|ton** *das;* -s, ...onen ⟨aus *gr.* prōton, substantiviertes Neutrum von prōtos „erster"⟩: positiv geladenes, schweres Elementarteilchen, das den Wasserstoffatomkern bildet u. mit dem Neutron zusammen Baustein aller Atomkerne ist; Zeichen p (Phys.). **Pro|to|nen|mi|kro|skop** *das;* -s, -e: ein Feldionenmikroskop, das mit Wasserstoff arbeitet. **Pro|to|nen|re|so|nanz** *die;* -, -en: Resonanz der Kernspins von Protonen (Kernphys.). **Pro|to|nen|syn|chro|tron** [...kro...] *das;* -s, -e: Beschleuniger für Protonen; Protonenbeschleuniger. **Pro|to|ni|um** *das;* -s ⟨zu ↑...ium⟩: gebundenes System aus einem Proton u. einem ↑Antiproton (wasserstoffähnliches Atom, bei dem das Hüllenelektron durch ein Antiproton ersetzt ist; Kernphys.). **Pro|to|no|tar** *der;* -s, -e ⟨zu ↑proto...⟩: 1. Notar der päpstlichen Kanzlei. 2. (ohne Plur.) Ehrentitel geistlicher Würdenträger. **Pro|to|no|ta|ri|at** *das;* -[e]s, -e: Amt u. Würde eines Protonotars. **Pro|ton-Pro|ton-Re|ak|ti|on** *die;* -, -en: Folge von Kernreaktionen, durch die in Sternen unter Freisetzung von Energie Wasserstoff in Helium umgewandelt wird. **Pro|ton pseu|dos** *das;* - - ⟨aus *gr.* prōton pseūdos „die erste Lüge, Täuschung"⟩: 1. die erste falsche ↑Prämisse eines ↑Syllogismus, durch die der ganze Schluß falsch wird (Aristoteles; Philos.). 2. falsche Voraussetzung, aus der andere Irrtümer gefolgert werden. **Pro|to|phyt** *der;* -en, -en u. **Pro|to|phy|ton** *das;* -s, ...yten (meist Plur.) ⟨aus gleichbed. *nlat.* protophyta bzw. zu ↑proto... u. *gr.* phytón „Pflanze"⟩: einzellige Pflanze. **Pro|to|plas|ma** *das;* -s ⟨nach *spätlat.* protoplasma „das zuerst Gebildete" (bezogen auf die ersten Menschen) zu ↑proto... u. ↑Plasma⟩: Lebenssubstanz aller pflanzlichen, tierischen u. menschlichen Zellen, die sich aus ↑Karyoplasma u. ↑Zytoplasma zusammensetzt (Biol.). **pro|to|plas|ma|tisch**: aus Protoplasma bestehend, zum Protoplasma gehörend. **Pro|to|plast** *der;* -en, -en ⟨nach *spätlat.* protoplastus „der zuerst Gebildete" (bezogen auf Adam) zu *gr.* prōtóplastos „zuerst gebildet; geschaffen"⟩: 1. Zelleib der Pflanzenzelle mit Zellkern, Zellplasma u. ↑Plastiden (im Gegensatz zur unbelebten Zellwand; Bot.). 2. (nur Plur.) Adam u. Eva als die erstgeschaffenen Menschenwesen (Theol.). **Pro|to|re|nais|sance** [...rənɛsãs] *die;* - ⟨zu ↑proto...⟩: Vorrenaissance (in bezug auf die Übernahme antiker [Bau]formen im 12. u. 13. Jh. in Italien u. Südfrankreich). **Pro|tos** *der;* -

Provinzialismus

〈zu *gr.* prõtos „erster"〉: alte Bez. für die erste mittelalterliche (dorische) Kirchentonart (Mus.). **Pro|to|sphä|re** *die;* - 〈zu ↑ proto...〉: oberste Schicht der Atmosphäre, die ohne deutliche Grenze in den interplanetaren Raum übergeht. **pro|to|troph** 〈zu ↑ ...troph〉: zum Aufbau der für das Wachstum notwendigen organischen Verbindungen (z. B. der Vitamine) befähigt (von Mikroorganismen; Biol.). **Pro|to|typ** [auch proto'ty:p] *der;* -s, -en 〈aus gleichbed. *spätlat.* prototypos, eigtl. „Grundform", zu *gr.* prōtótypos „ursprünglich"〉: 1. Urbild, Muster, Inbegriff all dessen, was für eine bestimmte Art von Mensch, für eine berufliche, gesellschaftliche Gruppe od. dgl. gewöhnlich als typisch erachtet wird; Ggs. ↑ Ektypus. 2. erster Abdruck. 3. das vor der Serienproduktion gefertigte Probemodell (z. B. eines Flugzeugs, Autos, einer Maschine). 4. Rennwagen einer bestimmten Kategorie und Gruppe, der nur in Einzelstücken gefertigt wird. 5. a) die grundlegende Strukturvorstellung des einzelnen von seiner Umwelt auf Grund spezieller Lebenserfahrungen; b) das bereits bewährte Theoriemuster eines Wissenschaftlers, das zur Erklärung weiterer Probleme benutzt (Sozialwissenschaften). **pro|to|ty|pisch** 〈nach *spätlat.* prototypos „ursprünglich" aus *gr.* prōtótypos〉: den Prototyp (1) betreffend, in der Art eines Prototyps; urbildlich. **Pro|to|zo|en:** Plur. von ↑ Protozoon. **Pro|to|zoo|lo|ge** [...tsoo...] *der;* -n, -n 〈zu ↑ proto...〉: Wissenschaftler auf dem Gebiet der Protozoologie. **Pro|to|zoo|lo|gie** *die;* -: Wissenschaft von den Einzellern. **Pro|to|zo|on** *das;* -s, ...zoen (meist Plur.) 〈zu *gr.* zōon „Lebewesen"〉: mikroskopisch kleines, nur aus einer einzigen Zelle bestehendes tierisches Lebewesen, Urtierchen (Zool.); Ggs. ↑ Metazoon. **Pro|to|zoo|no|se** [...tsoo...] *die;* -, -n: meist von Insekten durch parasitierend lebende Protozoen übertragene Infektionskrankheit (z. B. Amöbenruhr, Toxoplasmose; Med.).

pro|tra|hie|ren 〈aus *lat.* protrahere „verzögern, verlängern"〉: die Wirkung (z. B. eines Medikaments, einer Bestrahlung) verzögern od. verlängern (z. B. durch geringe Dosierung; Med.). **pro|tra|hiert** 〈zu ↑ ...iert〉: verzögert od. über eine längere Zeit hinweg [wirkend] (z. B. von Medikamenten; Med.). **Pro|trak|ti|on** *die;* -, -en 〈aus *lat.* protractio, eigtl. „Ausdehnung; Verlängerung"〉: absichtliche Verzögerung der Wirkung eines Arzneimittels od. einer therapeutischen Maßnahme.

Pro|trep|tik *die;* - 〈über gleichbed. *spätlat.* protrepticon aus *gr.* protreptikón, substantiviertes Neutrum von protreptikós, vgl. protreptisch〉: 1. Aufmunterung, Ermahnung [zum Studium der Philosophie] als Bestandteil antiker didaktischer Schriften. 2. psychotherapeutische Methode, die darauf abzielt, dem Klienten durch gütliches Zureden bzw. massive Suggestion zunächst eine akute seelische Krise überwinden zu helfen u. ihn damit einer gezielten Psychotherapie besser zugänglich zu machen (Psychol.). **protrep|tisch** 〈nach gleichbed. *gr.* portreptikós〉: die Protreptik betreffend, ermahnend, aufmunternd

Pro|tru|si|on *die;* -, -en 〈zu *lat.* protrusus, Part. Perf. von protrudere „fortstoßen; hinausschieben" u. ↑¹...ion〉: das Hervortreten, Verlagern nach außen (z. B. eines Organs aus seiner normalen Lage; Med.).

Pro|tu|be|ranz *die;* -, -en 〈zu *lat.* protuberare „anschwellen, hervortreten" u. ↑...anz〉: 1. (meist Plur.) teils ruhende, teils aus dem Sonneninnern aufschießende, glühende Gasmasse (Astron.). 2. Vorsprung (an Organen, Knochen; Med.)

pro|ty|pisch 〈nach gleichbed. *gr.* prótypos, eigtl. „vorgebildet"〉: (veraltet) vorbildlich. **Pro|ty|pon** *das;* -s, ...typen u.

Pro|ty|pus *der;* -, ...pen 〈über *spätlat.* protypus aus gleichbed. *gr.* prótypon〉: (veraltet) Vorbild

Prou|stit [pru..., auch ...'tɪt] *der;* -s, -e 〈nach dem franz. Apotheker u. Chemiker J. L. Proust (1754–1826) u. zu ↑²...it〉: ein glänzendes, scharlach- bis zinnoberrotes, durchscheinendes Mineral

pro usu me|di|ci [– – ...tsi] vgl. ad usum medici

Pro|ven|cer|öl [...'vã:sǝ...] *das;* -[e]s, -e 〈nach der franz. Landschaft Provence〉: Öl der zweiten Pressung der Oliven

Pro|ve|ni|enz [...v...] *die;* -, -en 〈zu *lat.* provenire (vgl. provenieren) u. ↑...enz〉: Herkunft, Ursprung. **Pro|ve|ni|enz-sy|stem** *das;* -s: seit dem Ende des 19. Jh.s allgemein praktiziertes Prinzip der Bestandsbildung in Archiven, wonach archivalische Bestände in ihrer historischen Struktur u. Herkunft belassen u. ergänzt werden. **pro|ve|nie|ren** 〈aus *lat.* provenire „hervorkommen, entstehen"〉: (veraltet) hervorkommen, als Ergebnis herauskommen. **Pro|ve|nu** [...vǝ'ny:] *das;* -[s], -s 〈aus *fr.* provenu (eigtl. „das Entstammte"), substantiviertes Part. Perf. von provenir, dies aus *lat.* provenire (vgl. provenieren)〉: (veraltet) Ertrag, Gewinn, Vorteil

Pro|verb [...v...] *das;* -s, -en u. Proverbium *das;* -s, ...ien [...jǝn] 〈aus gleichbed. *lat.* proverbium〉: Sprichwort. **Proverbe dra|ma|tique** [prɔvɛrbǝdrama'tik] *das;* - -, -s -s [prɔvɛrbǝdrama'tik] 〈aus *fr.* proverbe dramatique „dramatisches Sprichwort"〉: kleines, spritziges Dialoglustspiel um eine Sprichwortweisheit (in Frankreich im 18. u. 19. Jh.). **Pro|ver|bia** *die* (Plur.) 〈aus *lat.* proverbia „Sprichwörter", Plur. von proverbium, vgl. Proverb〉: in der Vulgata (1) lat. Bez. für das alttestamentliche Buch der Sprichwörter (Sprüche Salomos). **pro|ver|bi|al** u. **pro|ver|bia-lisch** u. **pro|ver|bi|ell** 〈aus gleichbed. *spätlat.* proverbialis; vgl. ...ell〉: sprichwörtlich; vgl. ...al/...ell. **Pro|ver|bi|um** vgl. Proverb

Pro|vi|ant [...v...] *der;* -s, -e 〈aus gleichbed. *it.* provianda, dies über das Vulgärlat. aus *spätlat.* praebenda „(vom Staat zu zahlende) Beihilfe", eigtl. Gerundivum von *lat.* praebere „gewähren"〉: als Verpflegung auf eine Wanderung, Expedition o. ä. mitgenommener Vorrat an Nahrungsmitteln für die vorgesehene Zeit; Wegzehrung, Mundvorrat, Verpflegung, Ration. **pro|vi|an|tie|ren** 〈zu ↑...ieren〉: (selten) mit Proviant versorgen, ↑ verproviantieren

pro|vi|den|ti|ell [...v...] 〈aus gleichbed. *fr.* providentiel zu providence, vgl. Providenz〉: von der Vorsehung bestimmt. **Pro|vi|denz** *die;* - 〈über *fr.* providence u. aus gleichbed. *lat.* providentia〉: Vorsehung

Pro|vinz [...v...] *die;* -, -en 〈aus *spätlat.* provincia „Gegend, Bereich", dies aus *lat.* provincia „Geschäfts-, Herrschaftsbereich; unter römischer Oberherrschaft u. Verwaltung stehendes, erobertes Gebiet außerhalb Italiens"〉: 1. größeres Gebiet, das eine staatliche od. kirchliche Verwaltungseinheit bildet; Abk.: Prov. 2. (ohne Plur.; oft abwertend) Gegend, in der (mit großstädtischem Maßstab gemessen) in kultureller, gesellschaftlicher Hinsicht, für das Vergnügungsleben o. ä. nur sehr wenig od. nichts geboten wird. **pro|vin|zi|al** 〈aus gleichbed. *lat.* provincialis〉: eine Provinz betreffend, zu ihr gehörend; vgl. ...al/...ell. **Pro|vin|zi|al** *der;* -s, -e 〈aus gleichbed. *kirchenlat.* provincialis zu *lat.* provincialis, vgl. provinzial〉: Vorsteher einer (mehrere Klöster umfassenden) Ordensprovinz. **Pro|vin|zia|le** *der;* -n, -n 〈aus gleichbed. *spätlat.* provincialis〉: Provinzbewohner. **Pro|vin|zia|lis|mus** *der;* -, ...men 〈zu ↑ provinzial u. ↑...ismus (4, 5)〉: 1. in der Hochsprache auftretende, vom

Provinzialist

hochsprachlichen Wortschatz od. Sprachgebrauch abweichende, landschaftlich gebundene Spracheigentümlichkeit (z. B. Topfen für Quark). 2. kleinbürgerliche, spießige Einstellung, Engstirnigkeit. 3. (österr.) svw. Lokalpatriotismus. **Pro|vin|zia|list** *der;* -en, -en ⟨zu ↑...ist⟩: Provinzler, jmd., der eine kleinbürgerliche Denkungsart besitzt. **Pro|vin|zia|li|tät** *die;* - ⟨zu ↑...ität⟩: Art, Beschaffenheit, die der Provinz (2) entspricht. **Pro|vin|zi|al|syn|ode** *die;* -, -n: ↑Synode einer Kirchenprovinz. **pro|vin|zi|ell** ⟨französierende Bildung zu *lat.* provincialis (vgl. provinzial); vgl. ...ell⟩: 1. (meist abwertend) zur Provinz (2) gehörend; ihr entsprechend, für die Provinz (2), das Leben in ihr charakteristisch; von geringem geistigem, kulturellem Niveau zeugend; engstirnig. 2. landschaftlich, mundartlich; vgl. ...al/...ell. **Pro|vinz|ler** *der;* -s, - ⟨zu ↑Provinz⟩: (abwertend) Provinzbewohner, [kulturell] rückständiger Mensch. **pro|vinz|le|risch**: 1. (abwertend) wie ein Provinzler. 2. ländlich. **Pro|vinz|thea|ter** *das;* -s, -: 1. Theater außerhalb einer Metropole. 2. (abwertend) Theater od. Aufführung mit niedrigem künstlerischem Niveau

Pro|vi|si|on [...v...] *die;* -, -en ⟨aus gleichbed. *it.* provvisione, eigtl. „Vorsorge", dies aus *lat.* provisio „Vorausschau; Vorsorge" zu providere „vorhersehen, Vorsorge treffen"⟩: 1. vorwiegend im Handel übliche Form der Vergütung, die meist in Prozenten vom Umsatz berechnet wird; Vermittlungsgebühr. 2. rechtmäßige Verleihung eines Kirchenamtes (kath. Kirche). **Pro|vi|si|ons|ba|sis** *die;* -; in der Wendung auf -: (bes. Kaufmannsspr.) nach dem Modus einer Entlohnung in Form einer gezahlten Provision (1). **Pro|vi|sor** *der;* -s, ...oren ⟨aus *lat.* provisor „der Vorhersehende, Vorsorgende"⟩: 1. (veraltet) Verwalter, Verweser. 2. (österr.) Geistlicher, der vertretungsweise eine Pfarrei o. ä. betreut. 3. (veraltet) ↑approbierter, in einer Apotheke angestellter Apotheker. **pro|vi|so|risch** ⟨wohl nach gleichbed. *fr.* provisoire u. *engl.* provisory zu *lat.* provisus, Part. Perf. von providere, vgl. Provision⟩: nur als einstweiliger Notbehelf, nur zur Überbrückung eines noch nicht endgültigen Zustands dienend; nur vorläufig, behelfsmäßig. **Pro|vi|so|ri|um** *das;* -s, ...ien [...jən] ⟨zu ↑...orium⟩: 1. etw., was provisorisch ist; Übergangslösung. 2. Aushilfsausgabe (Philatelie)

Pro|vit|amin [...v...] *das;* -s, -e (meist Plur.) ⟨zu ↑...pro... u. ↑Vitamin⟩: Vorstufe eines Vitamins (Biochem.)

Pro|vo [...v...] *der;* -s, -s ⟨aus *niederl.* provo, gekürzt aus provoceren „provozieren", dies aus *lat.* provocare, vgl. provozieren⟩: 1. Vertreter einer 1965 in Amsterdam entstandenen antibürgerlichen Protestbewegung von Jugendlichen u. Studenten, deren Anhänger sich durch äußere Erscheinung, Verhalten u. Ablehnung von Konventionen bewußt in Gegensatz zu ihrer Umgebung setzten. 2. (Jargon) Kurzform von ↑Provokateur. **pro|vo|kant** ⟨aus *lat.* provocans, Gen. provocantis, Part. Präs. von provocare, vgl. provozieren⟩: herausfordernd, provozierend. **Pro|vo|kant** *der;* -en, -en: (veraltet) Herausforderer, Kläger (Rechtsw., Pol.). **Pro|vo|ka|teur** [...'tø:ɐ̯] *der;* -s, -e ⟨aus gleichbed. *fr.* provocateur, dies aus *lat.* provocator „Herausforderer"⟩: jmd., der andere provoziert od. zu etwas aufwiegelt. **Pro|vo|ka|ti|on** *die;* -, -en ⟨aus gleichbed. *lat.* provocatio⟩: 1. a) Herausforderung; Aufreizung; b) die bewußte Herausforderung eines Gegners, um ihn zu [unbedachten] Aussagen od. Handlungen zu bewegen. 2. künstliche Hervorrufung von Krankheitserscheinungen (z. B. um den Grad einer Ausheilung zu überprüfen; Med.). 3. Berufungsrecht eines vom ↑Konsul od. ↑Prätor verurteilten Bürgers in der Röm. Republik. **pro|vo|ka|tiv** ⟨nach gleichbed. *engl.* provocative, dies über *fr.* provocatif aus *spätlat.* provocativus „hervorlockend"⟩: herausfordernd, eine Provokation (1) enthaltend; vgl. ...iv/...orisch. **pro|vo|ka|to|risch** ⟨nach gleichbed. *spätlat.* provocatorius⟩: herausfordernd, eine Provokation (1) bezweckend; vgl. ...iv/...orisch. **pro|vo|zie|ren** ⟨aus *lat.* provocare „heraus-, hervorrufen; herausfordern, reizen"⟩: 1. a) herausfordern, aufreizen; b) bewußt hervorlocken, -rufen (z. B. eine Frage). 2. Krankheiten künstlich hervorrufen (Med.)

Pro|xe|mik *die;* - ⟨aus gleichbed. *engl.* proxemics (Plur.) zu proxemic „nachbarschaftsbezogen", dies aus *lat.* proximus „der nächste"⟩: die kommunikative Dimension des menschlichen Raumverhaltens (Psychol.)

Pro|xe|nie *die;* -, ...ien ⟨aus *gr.* proxenía, eigtl. „Staatsgastfreundschaft"⟩: in der Antike die Interessenvertretung eines griech. [Stadt]staates u. seiner Bürger in anderen Staaten

pro|xi|mal ⟨zu *lat.* proximus „der nächste" u. ↑¹...al (1)⟩: dem zentralen Teil eines Körpergliedes, der Körpermitte zu gelegen (Med.); vgl. distal

Pro|ze|de|re *das;* -, -: svw. Procedere. **pro|ze|die|ren** ⟨zu *lat.* procedere „vorrücken, fortschreiten; vor sich gehen"⟩: zu Werke gehen, verfahren. **Pro|ze|dur** *die;* -, -en ⟨aus gleichbed. *nlat.* procedura, Bed. 2 aus *engl.* procedure⟩: 1. Verfahren, [schwierige, unangenehme] Behandlungsweise. 2. Zusammenfassung mehrerer Befehle zu einem einheitlichen, selbständigen kleineren Programm (4; EDV). **pro|ze|du|ral** ⟨zu ↑¹...al (1)⟩: verfahrensmäßig, den äußeren Ablauf einer Sache betreffend

Pro|zent *das;* -[e]s, -e (aber: 5 -) ⟨aus gleichbed. *it.* per cento zu *lat.* centum „hundert"⟩: 1. vom Hundert, Hundertstel; Abk.: p. c.; Zeichen %; vgl. pro centum. 2. (Plur.) (ugs.) in Prozenten (1) berechneter Gewinn-, Verdienstanteil, z. B. -e bekommen. **pro|zen|tisch**: svw. prozentual. **Pro|zent|punkt** *der;* -[e]s, -e (meist Plur.): Differenz zwischen zwei Prozentzahlen. **Pro|zent|satz** *der;* -es, ...sätze: bestimmte Anzahl von Prozenten. **pro|zen|tu|al**, österr. prozentuell u. perzentuell ⟨zu ↑¹...al (1) bzw. ...ell⟩: im Verhältnis zum Hundert, in Prozenten ausgedrückt; vgl. ...al/...ell. **pro|zen|tua|li|ter** ⟨*lat.*⟩: prozentual (nur als Adverb gebraucht, z. B. - gesehen). **pro|zen|tu|ell**: svw. prozentual. **pro|zen|tu|ie|ren** ⟨zu ↑...ieren⟩: in Prozenten (1) ausdrücken

Pro|zeß *der;* ...esses, ...esse ⟨aus *mlat.* processus „Rechtsstreit", zu *lat.* processus „Fortgang, Verlauf", dies zu procedere, vgl. prozedieren⟩: 1. Verlauf, Ablauf, Hergang, Entwicklung. 2. Gerichtsverhandlung, systematische gerichtliche Durchführung von Rechtsstreitigkeiten nach den Grundsätzen des Verfahrensrechtes. **Pro|zeß|agent** *der;* -en, -en: Rechtsbeistand, dem das mündliche Verhandeln vor Gericht gestattet ist (Rechtsw.). **Pro|zeß|cha|rak|te|ri|stik** *die;* -, -en: graphische Darstellung des Zusammenhangs von Kenngrößen, die Rückschlüsse auf das Verhalten u. die Wirtschaftlichkeit von Prozessen (1) zulassen. **Pro|zeß|fo|to|gra|fie** vgl. Prozeßphotographie. **pro|zes|sie|ren** ⟨zu ↑...ieren⟩: einen Prozeß (2) [durch]führen. **Pro|zes|si|on** *die;* -, -en ⟨aus gleichbed. *kirchenlat.* processio zu *spätlat.* processio „feierlicher Aufzug (des Kaisers)", eigtl. „das Vorrücken"⟩: feierlicher [kirchlicher] Umzug, Bitt- od. Dankgang (kath. u. orthodoxe Kirche). **Pro|zeß|kunst** *die;* -: svw. Process-art. **Pro|zeß|ma|xi|men** *die* (Plur.): die einen Prozeß (2) bestimmenden u. prägenden verfahrensrechtlichen Regeln (Rechtsw.). **Pro|zes|sor** *der;* -s, ...oren ⟨aus gleichbed. *engl.* processor⟩: aus Leit- u. Rechenwerk bestehende zentrale Funktionseinheit in Computern (EDV). **Pro|zeß|pho|to|gra|phie** *die;* -: Sammelbez. für die in wissenschaftlichen u. wirtschaftlichen Prozessen genutzten phototechnischen Verfahren (z. B. zur Herstellung von Leiterplatten u. Mikrochips). **Pro|zeß|po|li|tik** *die;* -: Gesamtheit der wirtschaftspolitischen Maßnahmen, die den Wirtschaftsprozeß nach bestimmten Zielsetzungen (z. B. Preisstabilität, Vollbeschäftigung, wirtschaftliches Wachstum) zu steuern versucht. **Pro|zeß|theo|lo|gie** *die;* -: nordamerik. philos.-theologische Richtung, die eine kohärente Lehre von Gott, von Gottes Handeln in Raum u. Zeit, in Natur u. Geschichte zu entwickeln versucht. **pro|zes|su|al** ⟨zu ↑¹...al (1)⟩: 1. einen Prozeß (1) betreffend. 2. einen Prozeß (2) betreffend, gemäß den Grundsätzen des Verfahrensrechtes (Rechtsw.). **Pro|zes|sua|list** *der;* -en, -en ⟨zu ↑...ist⟩: Wissenschaftler auf dem Gebiet des Verfahrensrechts. **Pro|zeß|va|ria|ble** [...v...] *die;* -: eine [veränderliche] Größe in Physik u. Chemie, die nicht direkt beobachtet werden kann, sondern aus beobachtbaren Verläufen erschlossen wird

pro|zöl ⟨zu ↑pro... u. *gr.* koĩlos „hohl, ausgehöhlt"⟩: vorn ausgehöhlt (Biol.)

pro|zy|klisch [auch ...'tsyk...] ⟨zu ↑pro... u. ↑zyklisch⟩: einem bestehenden Konjunkturzustand entsprechend (Wirtsch.); Ggs. ↑antizyklisch (2)

Prsche|wal|ski|pferd *das;* -[e]s, -e ⟨nach dem Entdecker, dem russ. Asienforscher N. M. Prschewalski, 1839–1888⟩: einziges noch heute lebendes Wildpferd

prü|de ⟨aus gleichbed. *fr.* prude zu *altfr.* prod „tüchtig, tapfer; sittsam", wohl gelöst aus der Fügung prode fem(m)e „ehrbare Frau"⟩: in bezug auf Sexuelles gehemmt, unfrei u. alles, was direkt darauf Bezug nimmt, nach Möglichkeit vermeidend. **Prü|de|rie** *die;* - ⟨aus gleichbed. *fr.* pruderie zu prude, vgl. prüde⟩: prüde [Wesens]art, prüdes Verhalten

Prü|nel|le *die;* -, -n ⟨aus *fr.* prunelle „Schlehe, wilde Pflaume", dies über *vulgärlat.* *prunella, Verkleinerungsform von *pruna „Pflaume", aus *lat.* prunum⟩: entsteinte, getrocknete u. gepreßte Pflaume; vgl. Brignole. **Pru|nus** *die;* - ⟨aus *lat.* prunus „Pflaumenbaum"⟩: Pflanzengattung der Steinobstgewächse mit vielen einheimischen Obstbäumen (Kirsche, Pfirsich usw.)

pru|ri|gi|nös ⟨aus *spätlat.* pruriginosus „mit (juckendem) Grind behaftet" zu prurigo, vgl. Prurigo⟩: juckend, mit Hautjucken bzw. mit der Bildung von juckenden Hautknötchen einhergehend (Med.). **Pru|ri|go** *der;* -s, -s od. *die;* -, ...gines [...ne:s] ⟨aus *lat.* prurigo, Gen. pruriginis „Geilheit; juckender Grind am Körper" zu prurire „jucken; geil sein"⟩: mit der Bildung juckender Hautknötchen einhergehende Hautkrankheit (Med.). **Pru|ri|tus** *der;* - ⟨aus gleichbed. *spätlat.* pruritus⟩: Hautjucken, Juckreiz (Med.)

Pru|ta *die;* -, Prutot ⟨aus gleichbed. *hebr.* pérūṭā⟩: frühere Münzeinheit in Israel (0,001 israel. Pfund)

Pry|ta|ne *der;* -n, -n ⟨über gleichbed. *lat.* prytanis aus *gr.* prýtanis⟩: Mitglied der regierenden Behörde in altgriech. Staaten. **Pry|ta|nei|on** *das;* -s, ...eien u. **Pry|ta|ne|um** *das;* -s, ...een ⟨über gleichbed. *lat.* prytaneum aus *gr.* prytaneĩon⟩: Versammlungshaus der Prytanen

PR-Zahl [pe:'ɛr..., engl. pi:'ɑ:...] *die;* - ⟨kurz für *engl.* ply „(Gewebe)lage" u. rating „Leistung"⟩: Maß für die Höchsttragfähigkeit u. Unterbaufestigkeit von Reifen

Prze|wal|ski|pferd [pʃɛ...] vgl. Prschewalskipferd

Prze|worsk|kul|tur ['pʃɛ...] *die;* - ⟨nach einem Brandgräberfeld bei Przeworsk in Südostpolen⟩: Kulturgruppe von 100 v. Chr. bis 400 n. Chr. mit reichen Fürstengräbern, die röm. Luxusgüter enthielten

Psa|li|gra|phie *die;* - ⟨zu *gr.* psalízein „mit der Schere abschneiden" u. ↑...graphie⟩: Kunst des Scherenschnittes. **psa|li|gra|phisch** ⟨zu ↑...graphisch⟩: die Psaligraphie betreffend

Psalm *der;* -s, -en ⟨über *kirchenlat.* psalmus aus *gr.* psalmós „Saitenspiel; zum Saitenspiel vorgetragenes Lied; Psalm" zu psállein „Zither spielen", eigtl. „zupfen, berühren"⟩: 1. eines der religiösen Lieder Israels u. der jüd. Gemeinde, die im Psalter (1) gesammelt sind. 2. geistliches Lied, dessen Text ein Psalm (1) zugrunde liegt. **Psal|mist** *der;* -en, -en ⟨über gleichbed. *kirchenlat.* psalmista aus *gr.* psalmistḗs⟩: Psalmendichter od. -sänger. **Psalm|odie** *die;* -, ...ien ⟨über gleichbed. *kirchenlat.* psalmodia aus *gr.* psalmōidía⟩: Psalmengesang (nach liturgisch geregelter Melodie). **psalm|odie|ren** ⟨zu ↑...ieren⟩: Psalmen vortragen, in der Art der Psalmodie singen. **psalm|odisch**: in der Art der Psalmodie, psalmartig. **Psal|ter** *der;* -s, - ⟨aus gleichbed. *(kirchen)lat.* psalterium, dies aus *gr.* psaltḗrion „zitherartiges Saiteninstrument", Bed. 3 nach den Blättern eines Psalters (1), weil die Längsfalten des Magens blattartig nebeneinanderliegen⟩: 1. a) alttest. Buch der Psalmen; b) für den liturgischen Gebrauch eingerichtetes Psalmenbuch. 2. das den Gesang der Psalmen begleitende mittelalterliche Instrument, eine Art Zither ohne Griffbrett (Zupfinstrument in Trapezform). 3. Blättermagen der Wiederkäuer (mit blattartigen Falten; Zool.); vgl. Omasus. **Psal|te|ri|um** *das;* -s, ...ien [...i̯ən] ⟨aus *(kirchen)lat.* psalterium, vgl. Psalter⟩: svw. Psalter (1, 2)

Psam|mi|on vgl. Psammon. **Psam|mit** [auch ...'mɪt] *der;* -s, -e ⟨zu *gr.* psámmos „Sand" u. ↑²...it⟩: körniges Trümmergestein, das im verfestigten Zustand Sandstein bildet (Geol.). **Psam|mon** u. Psammion *das;* -s ⟨zu ↑¹...on bzw. ↑²...ion⟩: Lebensgemeinschaft der in od. auf dem Sand der Uferzone des Meeres od. von Süßgewässern lebenden Organismen. **psam|mo|phil** ⟨zu ↑...phil⟩: sandliebend (von Pflanzen u. Tieren; Biol.). **Psam|mo|phi|le** *der;* -en, -en (meist Plur.): Organismus, der an das Leben im Sand angepaßt ist (Biol.). **Psam|mo|phy|ten** *die* (Plur.) ⟨zu ↑...phyt⟩: Sandpflanzen (Bot.). **Psam|mo|the|ra|pie** *die;* -, ...ien: Behandlung mit Sand[bädern] (Med.)

Psel|lis|mus *der;* - ⟨über gleichbed. *nlat.* psellismus aus *gr.* psellismós „das Stammeln" zu psellízein „stammeln, stottern"⟩: das Stammeln (Med.)

Pse|phis|ma *das;* -s, -ta ⟨aus gleichbed. *gr.* psḗphisma zu psephízesthai „abstimmen (mit Stimmstein), beschließen"⟩: auf Stimmenmehrheit beruhender Beschluß im alten Griechenland. **Pse|phit** [auch ...'fit] *der;* -s, -e ⟨zu *gr.* psēphos „Steinchen" u. ↑²...it⟩: grobkörniges Trümmergestein (Geol.); vgl. Konglomerat (2) u. Breccie. **Pse|pho|kra|tie** *die;* - ⟨zu ↑...kratie⟩: Staatsform im alten Griechenland, bei der die Mehrheitsbeschlüsse der Volksversammlung maßgebend waren. **Pse|phol|o|ge** *der;* -n, -n ⟨zu ↑...loge⟩: jmd., der wissenschaftliche Untersuchungen über das Wählen, das Abstimmen anstellt

pseud..., Pseud... vgl. pseudo..., Pseudo... **Pseud|an|dro|nym** *das;* -s, -e ⟨zu ↑pseudo..., *gr.* anḗr, Gen. andrós „Mann" u. ónyma „Name"⟩: Deckname einer Frau, der aus einem männlichen Namen besteht (z. B. George Eliot = Mary Ann Evans); Ggs. Pseudogynym. **Pseud|an|thi|um** *das;* -s, ...ien [...i̯ən] ⟨aus *nlat.* pseudanthium, dies aus ↑pseudo... u. *gr.* ánthos Blüte; vgl. ...ium⟩: Scheinblüte; Blütenstand, der wie eine Einzelblüte wirkt (z. B. bei Korbblütlern; Bot.). **Pseud|ar|thro|se** *der;* -, -n: Scheingelenk, falsches Gelenk (an Bruchstellen von Knochen; Med.). **pseud|ar|thro|tisch**: die Pseudarthrose betreffend (Med.). **Pseud|epi|graph** *das;* -s, -en (meist Plur.): 1.

pseudepigraphisch

Schrift aus der Antike, die einem Autor fälschlich zugeschrieben wurde. 2. svw. Apokryph. **pseud|epi|gra|phisch:** untergeschoben, einem Verfasser fälschlich zugeschrieben. **pseu|do** ⟨verselbständigt aus ↑pseudo...⟩: (ugs.) nicht echt, nur nachgemacht, nachgeahmt. **pseu|do..., Pseu|do...,** vor Vokalen meist pseud..., Pseud... ⟨zu gr. pseúdein „belügen, täuschen"⟩: Wortbildungselement mit der Bedeutung „falsch, unecht, vorgetäuscht", z. B. Pseudonym, Pseudarthrose. **Pseu|do|an|ämie** die; -, ...ien [...i:ən]: scheinbare Blutarmut durch konstitutionell bedingtes blasses Aussehen u. Verengung der Hautgefäße bei völlig normalen Hämoglobin- u. Erythrozytenwerten (Med.). **pseu|do|an|ämisch:** die Pseudoanämie betreffend, mit Pseudoanämie einhergehend (Med.). **Pseu|do|ar|thro|se** vgl. Pseudarthrose. **Pseu|do|ba|si|li|ka** die; -, ...ken: Hallenkirche, deren erhöhte Mittelschiffwände keine Fenster haben. **Pseu|do|de|menz** die; -: vorgetäuschter [meist zweckbedingter] Schwachsinn (z. B. bei Untersuchungshäftlingen od. bei Hysterie). **Pseu|do|ga|mie** die; -, ...ien ⟨zu ↑...gamie (1)⟩: svw. Gynogenese. **Pseu|do|ge|ne** die (Plur.): durch ↑Mutation entstandene, nicht funktionsfähige Abkömmlinge aktiver ↑Gene (Biol.). **pseu|do|gla|zi|al:** eiszeitlichen Formen u. Erscheinungen täuschend ähnlich, aber anderen Ursprungs (Geol.). **Pseu|do|graph** der; -en, -en ⟨zu ↑...graph⟩: (veraltet) Schriftfälscher. **Pseu|do|gy|nym** das; -s, -e ⟨zu gr. gyné „Frau" u. ónyma „Name"⟩: Deckname eines Mannes, der aus einem weiblichen Namen besteht (z. B. Clara Gazul = Prosper Mérimée); Ggs. ↑Pseudandronym. **Pseu|do|hal|lu|zi|na|ti|on** die; -, -en: Trugwahrnehmung, die vom Betroffenen als unwirklich u. subjektiven Ursprungs erkannt wird (Med.). **Pseu|do|herm|aphro|di|tis|mus** der; -: Scheinzwittertum, Scheinzwittrigkeit, Zwittrigkeit der äußeren Geschlechtsmerkmale bei normal entwickelten Keimdrüsen (Med.). **Pseu|do|in|te|gra|ti|on** die; -, -en: soziales Gefüge einer Gruppe mit undifferenziert abstandslosem Verhältnis der Mitglieder zueinander (Soziol.). **pseu|do|isi|do|risch** ⟨nach dem angeblichen Verfasser Bischof Isidor von Sevilla, um 560-636⟩; in der Fügung - e Dekretalen: Sammlung kirchenrechtlicher Fälschungen aus dem 9. Jh., die man irrtümlich auf den Bischof Isidor von Sevilla zurückführte. **Pseu|do|kri|se** die; -, -n: vorübergehendes, rasches, eine Krise (3) vortäuschendes Absinken der Fiebertemperatur. **Pseu|do|krupp** der; -s: Krankheit, deren Symptome (Kehlkopfentzündung, Atemnot, Husten) einen ↑Krupp vortäuschen (Med.). **Pseu|do|le|gie|rung** die; -, -en: Legierung, die nicht durch Schmelzprozesse, sondern durch Sintern hergestellt wird (Fachspr.). **Pseu|do|leuk|ämie** die; -, ...ien: ältere Sammelbez. für leukämieähnliche Krankheitsbilder, die heute genauer bestimmt u. differenziert werden (Med.). **Pseu|do|lis|mus** der; - ⟨zu lat. Pseudolus „Lügenmaul" (Name der Titelfigur eines Lustspiels von Plautus) u. ↑...ismus (3)⟩: [männliche] Neigung, durch Phantasieren, Schreiben od. Sprechen über insbesondere sexuelle Wünsche eine gewisse Befriedigung zu erlangen (Psychol., Med.). **Pseu|do|list** der; -en, -en ⟨zu ↑...ist⟩: jmd., der einen Hang zum Pseudolismus hat (Psychol., Med.). **Pseu|do|lo|gie** die; -, ...ien ⟨zu gr. pseudologeĩn „falsch reden, lügen"; vgl. ...logie⟩: krankhafte Sucht zu lügen (Psychol., Med.). **pseu|do|lo|gisch** ⟨nach gleichbed. gr. pseudológos⟩: krankhaft lügnerisch (Psychol., Med.). **Pseu|do|lys|sa** die; - ⟨zu ↑pseudo...⟩: Juckseuche (Med.). **Pseu|do|mal|la|chit** [auch ...'xɪt] der; -s, -e: smaragd- bis schwärzlichgrünes, kupferhaltiges Mineral. **Pseu|do|me|la|no|se** die; -: dunkle Verfärbung des Gewebes nach Eintritt des Todes durch Blutpigmente, die beim Blutzerfall frei werden (Med.). **Pseu|do|mem|bran** die; -, -en: aus abgestorbenen Schleimhautpartikeln u. ä. bestehender, krankhafter Belag, bes. auf Schleimhäuten (z. B. im Rachenbereich; Med.). **Pseu|do|me|nos** der; - ⟨aus gr. pseudómenos „Trugschluß"⟩: in sich selbst widersprüchliche Behauptung (z. B. Epimenides von Kreta sagte, daß alle Kreter lügen). **Pseu|do|men|strua|ti|on** die; -, -en ⟨zu ↑pseudo...⟩: nicht zur ↑Menstruation gehörende Blutung aus der Gebärmutter (z. B. eine Abbruchblutung; Med.). **Pseu|do|mi|xis** die; - ⟨zu gr. mĩxis „Mischung"⟩: eine Form der vegetativen Fortpflanzung, bei der es durch Verschmelzung der Kerne vegetativer Zellen zur Entwicklung eines Embryos kommt (z. B. bei Pilzen; Biol.). **Pseu|do|mne|sie** die; -, ...ien ⟨zu gr. mnēsis „Erinnerung" u. ↑²...ie⟩: Erinnerungstäuschung, vermeintliche Erinnerung an Vorgänge, die sich nicht ereignet haben (Med.). **Pseu|do|mo|nas** die; -, ...naden ⟨zu gr. monás, Gen. monádos „Einheit; das Einfache"⟩: Gattung geißeltragender Bakterien mit einigen Arten, die als Krankheitserreger in Frage kommen (Biol., Med.). **pseu|do|morph** ⟨zu ↑...morph⟩: Pseudomorphose zeigend. **Pseu|do|mor|pho|se** die; -, -n ⟨zu gr. mórphōsis „das Gestalten"⟩: [Auftreten eines] Mineral[s] in der Kristallform eines anderen Minerals. **Pseu|do|my|opie** die; -, ...ien: scheinbare Kurzsichtigkeit bei Krampf des Akkommodationsmuskels (vgl. Akkomodation; Med.). **pseud|onym** ⟨aus gr. pseudónymos „mit falschem Namen (auftretend)", zu ónyma „Name"⟩: unter einem Decknamen [verfaßt]. **Pseud|onym** das; -s, -e: fingierter Name, Deckname [eines Autors], Künstlername (z. B. Jack London = John Griffith); Ggs. ↑Autonym. **Pseu|do|or|ga|nis|mus** der; -, ...men ⟨zu ↑pseudo...⟩: svw. Pseudopetrefakt. **Pseu|do|pa|ra|ly|se** die; -, -n: 1. schleichend fortschreitende, paralyseartige Verblödung (Med.). 2. nicht auf eine Lähmung, sondern auf eine [rheumatische] Erkrankung zurückzuführende Bewegungsunfähigkeit (Med.). **pseu|do|pa|ra|ly|tisch:** auf Pseudoparalyse beruhend; mit Pseudoparalyse einhergehend (Med.). **Pseu|do|pe|ri|pte|ros** der; -, Plur. - od. ...pteren: röm. Tempeltyp, bei dem statt des umlaufenden Säulengangs nur Halbsäulen od. Pfeiler an den Seitenwänden u. der Rückwand der ↑Cella (1) vorgeblendet sind. **Pseu|do|pe|tre|fakt** das; -[e]s, -e[n]: fälschlich als Versteinerung gedeutetes anorganisches Gebilde (Geol., Biol.). **Pseu|do|po|di|um** das; -s, ...ien [...iən] ⟨zu gr. podíon „Füßchen", Verkleinerungsform von poús, Gen. podós „Fuß"⟩: Scheinfüßchen mancher Einzeller (Biol.). **Pseu|do|pto|se** die; -, -n: nicht durch Lähmung, sondern durch Entzündung bedingtes Herabhängen des Augenlids (Med.). **Pseu|do|qua|dro|pho|nie** die; -: elektroakustisches Verfahren, bei dem stereophon aufgenommene Musik technisch so aufbereitet wird, daß bei der Wiedergabe ein ausgeprägter räumlicher Eindruck entsteht. **Pseu|do|säu|re** die; -, -n: organische Verbindung, die in neutraler u. saurer Form auftreten kann (Chem.). **Pseu|do|sphä|re** die; -, -n: Fläche mit konstanter negativer Krümmung (Math.). **Pseu|do|ste|reo|pho|nie** die; -: elektroakustisches Verfahren, bei dem monophon aufgenommene Musik technisch so aufbereitet wird, daß ein räumlicher Eindruck ähnlich wie bei Stereoaufnahmen entsteht. **Pseu|do|ta|bes** die; -: Krankheitsbild mit tabesähnlichen Krankheitszeichen (bes. bei Vergiftungen; Med.). **Pseu|do|te|tra|de** die; -, -n: eine der Tetraden (2), die bei der Binärkodierung nicht einer der Dezimalziffern zugeordnet wurde (EDV). **Pseu|do|tu|mor** der; -s, ...oren: Scheingeschwulst, bei der es sich um eine Gewebsanschwellung handelt (Med.). **Pseu|do|zya|no|se** *die;* -, -n: scheinbare ↑ Zyanose, die z. B. durch Ablagerung körperfremder Substanzen (z. B. Arsen) in der Haut hervorgerufen wird (Med.).

PS-Gram|ma|tik [peː'|ɛs...] *die;* -: Kurzform von ↑ Phrasenstrukturgrammatik (Sprachw.)

Psi *das;* -[s], -s ⟨aus *gr.* psĩ; Bed. 2 wohl nach dem ersten Buchstaben des griech. Wortes psyché „Seele"⟩: 1. dreiundzwanzigster (u. vorletzter) Buchstabe des griech. Alphabets: Ψ, ψ. 2. (ohne Plur., meist ohne Artikel) das bestimmende Element parapsychologischer Vorgänge (Parapsychol.)

Psi|di|um *das;* -s ⟨aus gleichbed. *nlat.* psidium, dies wohl zu *gr.* psiás, Gen. psiádos „Tropfen"⟩: Gattung der Myrtengewächse im [sub]tropischen Amerika, zu der die Bäume u. Sträucher mit birnenförmigen Früchten gehören, z. B. Guave

Psi|lo|me|lan *der;* -s, -e ⟨aus *gr.* psilós „nackt, kahl" u. mélas, Gen. mélanos „schwarz"⟩: wirtschaftlich wichtiges Manganerz. **Psi|lo|phyt** *der;* -en, -en ⟨zu ↑ ...phyt⟩: Nacktfarn, eine Landpflanze des ↑ Devons. **Psi|lo|se** *die;* -, -n u. **Psi|lo|sis** *die;* -, ...ses [...zeːs] ⟨aus gleichbed. *nlat.* psilosis; vgl. ¹...ose⟩: 1. krankhafter Haarausfall, Haarmangel; Kahlheit (Med.). 2. Schwund des Hauchlautes (vgl. ↑ Spiritus asper) im Altgriechischen (zuerst in bestimmten Dialekten; Sprachw.)

Psi|phä|no|men *das;* -s, -e (meist Plur.) ⟨zu ↑ Psi (2) u. ↑ Phänomen⟩: durch Psi (2) bewirkter Vorgang, durch Psi (2) hervorgerufene Wirkung, Erscheinung o. ä. (z. B. unerklärliche Klopfgeräusche; Parapsychol.)

Psit|ta|ci [...tsi] *die* (Plur.) ⟨aus *lat.* psittaci, Plur. von psittacus „Sittich, Papagei", dies aus *gr.* psíttakos⟩: zusammenfassende systematische Bez. für Papageien. **Psit|ta|ko|se** *die;* -, -n ⟨zu ↑ ¹...ose⟩: Papageienkrankheit, auf den Menschen übertragbare Viruserkrankung der Papageienvögel, die unter dem Bild einer schweren grippeartigen Allgemeinerkrankung verläuft (Med.)

Pso|as *der;* - ⟨aus gleichbed. *nlat.* (musculus) psoas zu *gr.* psóa „Lendengegend"⟩: zusammenfassende Bez. für den großen u. kleinen Lendenmuskel (Anat.). **Pso|i|tis** *die;* -, ...itiden ⟨zu ↑ ...itis⟩: Entzündung des [großen] Lendenmuskels (Med.)

Pso|ria|sis *die;* -, ...iasen ⟨aus gleichbed. *nlat.* psoriasis zu *gr.* psõra „Krätze, Räude" u. ↑ ...iasis⟩: Schuppenflechte (Med.). **pso|ria|tisch:** im Zusammenhang mit Psoriasis auftretend (Med.)

psych..., **Psych...** vgl. psycho..., Psycho... **Psych|ago|ge** *der;* -n, -n ⟨nach *gr.* psychagōgós „der die Seelen (der Verstorbenen) leitet"; nach dem Beinamen des Götterboten Hermes⟩: Psychologe, der sich bes. auf das Gebiet der Psychagogik spezialisiert hat. **Psych|ago|gik** *die;* - ⟨zu *gr.* agōgós „führend, leitend" u. ↑ ²...ik⟩: pädagogisch-therapeutische Betreuung zum Abbau von Verhaltensstörungen, zur Lösung von Konflikten o. ä. als Nachbardisziplin der ↑ Psychotherapie (Med., Psychol.). **Psych|ago|gin** *die;* -, -nen: weibliche Form zu ↑ Psychagoge. **psych|ago|gisch** ⟨nach *gr.* psychagōgós „Seelen (von Verstorbenen) heranführend od. beschwörend"⟩: die Psychagogik betreffend.

Psych|al|gie *die;* -, ...ien ⟨zu ↑ psycho... u. ↑ ...algie⟩: seelisch bedingte Nervenschmerzen (Med.). **Psych|ana|ly|se** *die;* -: (selten) svw. Psychoanalyse. **Psych|asthe|nie** *die;* -, ...ien: mit Angst- u. Zwangsvorstellungen verbundene seelische Schwäche (Med.). **Psy|che** *die;* -, -n ⟨aus *gr.* psyché „Hauch, Atem; Seele"; Bed. 2 über *it.* psiche aus gleichbed. *fr.* psyché, nach Psyche, einer Gestalt der griech. Mythologie von vollendeter Schönheit⟩: 1. a) Seele; Seelenleben; b) Wesen, Eigenart. 2. (österr.) mit Spiegel versehene Frisiertoilette. **Psy|che|de|lic Rock** [saɪkɪ'dɛlɪk 'rɔk] ⟨aus gleichbed. *amerik.* psychedelic rock zu *engl.* psychedelic (vgl. psychedelisch) u. rock, vgl. ²Rock (1)⟩: Form der Rockmusik in den 1960er Jahren, die oft unter Drogeneinfluß gespielt wurde u. sich in den Texten für den Genuß von Drogen (bes. LSD) mehr od. weniger offen einsetzte. **Psy|che|de|li|kum** [psyçe...] *das;* -s, ...ka ⟨zu ↑ psychedelisch u. ↑ ...ikum⟩: Halluzinationen hervorrufende Substanz, Rauschmittel. **psy|che|de|lisch** ⟨aus gleichbed. *engl.* psychedelic, dies zu *gr.* psyché (vgl. Psyche) u. dēloũn „offenbaren"⟩: auf einem bes. durch Rauschmittel hervorrufbaren euphorischen, tranceartigen Gemütszustand beruhend, einen solchen hervorrufend, in einem solchen befindlich. **Psych|ia|ter** *der;* -s, - ⟨zu ↑ psycho... u. ↑ ...iater⟩: Facharzt für Psychiatrie. **Psych|ia|trie** *die;* -, ...ien ⟨zu ↑ ...iatrie⟩: 1. (ohne Plur.) Teilgebiet der Medizin, das sich mit der Erkennung u. Behandlung von seelischen Störungen u. Geisteskrankheiten befaßt. 2. (ugs.) psychiatrische Abteilung (bzw. Klinik). **psych|ia|trie|ren** ⟨zu ↑ ...ieren⟩: (österr.) psychiatrisch untersuchen. **psych|ia|trisch:** die Psychiatrie betreffend, zu ihr gehörend, auf ihr beruhend. **Psy|chi|ker** *der;* -s, - ⟨aus gleichbed. *spätgr.* psychikós, eigtl. „dem irdischen Leben angehörig"⟩: in der ↑ Gnosis Angehöriger der mittleren Menschenklasse, die zu Glauben u. sittlicher Einsicht, aber nicht zur Erkenntnis Gottes fähig ist; vgl. Hyliker, Pneumatiker (2). **psy|chisch** ⟨aus *gr.* psychikós „zur Seele gehörig, geistig"⟩: die Psyche betreffend, seelisch; vgl. physisch; -es Moment: kürzeste, von einem Lebewesen gerade noch wahrnehmbare zeitliche Einheit (Psychol.); -es Trauma: durch außergewöhnliche Erlebnisse od. Belastungen (z. B. Folterung, Vergewaltigung, Geiselnahme) verursachte starke seelische Erschütterung, die oft durch Behandlung abgebaut werden muß (Med.; Psychol.). **Psy|chis|mus** *der;* -, ...men ⟨zu ↑ ...ismus (1)⟩: 1. (ohne Plur.) idealistische Auffassung, nach der das Psychische das Zentrum alles Wirklichen ist (Psychol.). 2. psychische Erscheinung, Verhaltensweise o. ä. **Psy|cho** *der;* -s, -s ⟨verselbständigt aus ↑ psycho...⟩: (Jargon) psychologisch angelegter [Kriminal]roman, -film u. ä. **psy|cho...**, **Psy|cho...**, vor Vokalen auch **psych...**, **Psych...** ⟨aus gleichbed. *gr.* psyché⟩: Wortbildungselement mit der Bedeutung „Seele, Seelenleben; Gemüt", z. B. psychologisch, Psychodrama, Psychiater. **Psy|cho|ana|ly|se** *die;* -, -n: 1. (ohne Plur.) auf S. Freud (1856–1939) zurückgehendes Verfahren zur Untersuchung u. Behandlung seelischer Fehlleistungen, Störungen od. Verdrängungen mit Hilfe der Traumdeutung u. der Erforschung der dem Unbewußten entstammenden Triebkonflikte. 2. psychoanalytische Behandlung. **psy|cho|ana|ly|sie|ren:** jmdn. psychoanalytisch behandeln. **Psy|cho|ana|ly|ti|ker** *der;* -s, -: ein die Psychoanalyse vertretender od. anwendender Psychologe, Arzt. **psy|cho|ana|ly|tisch:** die Psychoanalyse betreffend, mit den Mitteln der Psychoanalyse erfolgend. **Psy|cho|bio|lo|gie** *die;* -: von dem Neurologen H. Lungwitz (1881–1967) begründete Betrachtungsweise der psychischen Vorgänge als biologische Nerven-Gehirn-Funktionen, auf der bestimmte Behandlungsmethoden aufbauen. **psy|cho|de|lisch** vgl. psychedelisch. **Psy|cho|dia|gno|stik** *die;* -: Methode zur Gewinnung von Aussagen über psychologisch relevante Merkmale von Sachverhalten, Gegenständen, Institutionen u. ä., bes. hinsichtlich ihrer Wirkung auf Verhaltens- u. Erlebensaspekte der davon betroffenen Personen. **Psy|cho|dra|ma** *das;* -s, ...men: 1. [auch

Psychodynamik

'psy:ço...] Form des ↑Monodramas, die durch einen einzigen Sprecher die dramatische Handlung in der Seele des Zuhörers lebendig werden läßt (bes. im 19. Jh.). 2. psychotherapeutische Methode, die den Kranken dazu anregt, seine Konflikte schauspielerisch vorzuführen, um sich so von ihnen zu befreien. **Psy|cho|dy|na|mik** *die;* -: Erklärung der psychischen Erscheinungen aus den dynamischen Beziehungen der einzelnen Persönlichkeitsmerkmale untereinander (Psychoanalyse). **Psy|cho|en|do|kri|no|lo|gie** *die;* -: Forschungsgebiet, das die Wirkung endokriner Funktionen auf psychische Prozesse u. damit auf das Verhalten untersucht. **Psy|cho|ener|ge|ti|kum** *das;* -s, ...ka ⟨zu gr. energētikós „wirksam" u. ↑...ikum⟩: svw. Nootropikum. **Psy|cho|fa|schis|mus** *der;* -: durch Hoffnungslosigkeit u. Brutalisierung begünstigte, auf Kulte pseudoreligiöser Sekten mit totalitären Ansprüchen gründende, faschismusähnliche Denk- u. Empfindungsweise. **psy|cho|gal|va|nisch** [...v...]: sich durch seelische Erregung kurzfristig ändernd (vom elektr. Hautwiderstand; Psychol.); -e Reaktion: vom ↑Lügendetektor praktisch genutzte Verringerung des Hautwiderstandes bei seelischer Erregung u. beim Einfluß von sensorischen Reizen. **psy|cho|gen** ⟨zu ↑...gen⟩: seelisch bedingt, verursacht (Med., Psychol.). **Psy|cho|ge|ne|se** u. **Psy|cho|ge|ne|sis** *die;* -, ...nesen: Entstehung u. Entwicklung der Seele od. des Seelenlebens (Forschungsgebiet der Entwicklungspsychologie). **Psy|cho|ge|nie** *die;* - ⟨zu ↑...genie⟩: psychische Bedingtheit einer Krankheit, Entstehung einer Krankheit aus seelischen Ursachen (Med., Psychol.). **Psy|cho|ge|ria|trie** *die;* -: Teilgebiet der Medizin, das sich mit Diagnostik, Therapie u. Vorsorge aller psychischen Erkrankungen des höheren u. hohen Lebensalters befaßt. **Psy|cho|glos|sie** *die;* -, ...ien ⟨zu gr. glóssa „Zunge, Sprache" u. ↑²...ie⟩: [seelisch bedingtes] Stottern (Med.). **Psy|cho|gno|sie** *die;* - ⟨zu ↑...gnosie⟩: das Deuten u. Erkennen von seelischen Prozessen u. Erscheinungen (Psychol.). **Psy|cho|gno|stik** *die;* -: Menschenkenntnis auf Grund psychologischer Untersuchungen. **Psy|cho|gno|sti|ker** *der;* -s, -: Wissenschaftler, Forscher auf dem Gebiet der Psychognostik. **psy|cho|gno|stisch**: die Psychognostik betreffend. **Psy|cho|gramm** *das;* -s, -e ⟨zu ↑...gramm⟩: graphische Darstellung von Fähigkeiten u. Eigenschaften einer Persönlichkeit (z. B. in einem Koordinatensystem; Psychol.). **Psy|cho|graph** *der;* -en, -en ⟨zu ↑...graph⟩: Gerät zum automatischen Buchstabieren u. Niederschreiben angeblich aus dem Unbewußten stammender Aussagen (Psychol.). **Psy|cho|gra|phie** *die;* -, ...ien ⟨zu ↑...graphie⟩: auf alle erreichbaren Daten (mündliche Äußerungen, Tests, Verhaltensbeobachtung) gegründete, möglichst vollständige psychologische Beschreibung einer Person mit dem Ziel, ein strukturiertes Gesamtbild der Persönlichkeit zu erstellen (Psychol.). **Psy|cho|gym|na|stik** *die;* -: Übung u. Ausbildung der seelischen Fähigkeiten (Psychol.). **Psy|cho|hy|gie|ne** *die;* -: Teilgebiet der angewandten Psychologie mit der Aufgabe, für die Erhaltung seelischer u. geistiger Gesundheit zu sorgen, die Ursachen psychischer Krankheiten festzustellen u. über die Ursachen psychischer Störungen aufzuklären. **psy|cho|id** ⟨zu ↑...oid⟩: seelenähnlich, -artig. **Psy|cho|id** *das;* -[e]s: das zur unanschaulichen Tiefenschicht des kollektiven Unbewußten gehörende, bewußtseinsunfähige u. instinktgebundene Seelenähnliche (C. G. Jung; Psychol.). **Psy|cho|iko|no|gra|phie** *die;* -, -n: mit einem psychisch Kranken durchgeführter Zeichentest, dessen Auswertung die Grundlage für psychotherapeutische Maßnahmen bildet (Psychol., Med.). **Psy|cho|im|mu|no|lo|gie** *die;* -: Zweig der Medizin, der sich mit den Wechselwirkungen zwischen Psyche, Hormon- u. Immunsystem befaßt. **Psy|cho|ki|ne|se** *die;* -: physikalisch nicht erklärbare, unmittelbare Einwirkung eines Menschen auf die Körperwelt (z. B. das Bewegen eines Gegenstandes, ohne ihn zu berühren; Parapsychol.). **psy|cho|ki|ne|tisch**: die Psychokinese betreffend, zu ihr gehörend, auf ihr beruhend. **Psy|cho|kri|mi** *der;* -[s], Plur. -s, selten -: (ugs.) psychologischer Kriminalfilm, -roman, psychologisches Kriminalstück. **Psy|cho|lep|sie** *die;* -, ...ien ⟨zu gr. lēpsis „Anfall" u. ↑²...ie⟩: das plötzliche kurzzeitige Aussetzen der psychischen Aktivität, insbesondere des Denkens (z. B. bei Schizophrenie; Med.). **Psy|cho|lep|ti|kum** *das;* -s, ...ka (meist Plur.) ⟨zu ↑...ikum⟩: Arzneimittel, das die psychische Aktivität beeinflußt, z. B. Neuroleptikum, Thymoleptikum. **Psy|cho|lin|gui|stik** *die;* -: Wissenschaft von den psychischen Vorgängen beim Erlernen der Sprache u. bei ihrem Gebrauch; vgl. Soziolinguistik. **psy|cho|lin|gui|stisch**: die Psycholinguistik betreffend. **Psy|cho|lo|ge** *der;* -n, -n ⟨zu ↑...loge⟩: 1. wissenschaftlich ausgebildeter Fachmann auf dem Gebiet der Psychologie. 2. jmd., der sich in die Psyche anderer hineindenken kann. **Psy|cho|lo|gie** *die;* - ⟨zu ↑...logie⟩: 1. Wissenschaft, die sich mit dem Verhalten u. Erleben des Menschen befaßt. 2. einer inneren Gesetzmäßigkeit, der Psyche entsprechende Verhaltens-, Reaktionsweise, jmds. Denken u. Fühlen (z. B. die - des Kleinkindes). 3. Verständnis für das Eingehen auf die menschliche Psyche. **Psy|cho|lo|gin** *die;* -, -nen: weibliche Form zu ↑Psychologe. **psy|cho|lo|gisch** ⟨zu ↑...logisch⟩: 1. die Psychologie betreffend, zu ihr gehörend, auf ihr beruhend. 2. auf eine die Psyche (des anderen) berücksichtigende, geschickte u. auf diese Weise wirkungsvolle Art. 3. das Psychische mit Hilfe der Psychologie darstellend, psychisch [vorhanden] (z. B. die -en Grundlagen, Faktoren); -e Kriegsführung: Teilgebiet der Gesamtkriegsführung mit der Zielsetzung, den Kampfwillen der Bevölkerung u. der Truppen des Feindes zu schwächen, ihr Vertrauen zur politischen u. militärischen Führung zu untergraben. **psy|cho|lo|gi|sie|ren** ⟨zu ↑...isieren⟩: 1. nach psychologischen Gesichtspunkten aufschlüsseln, psychologisch durchgliedern (z. B. in einem dramatischen Stoff), die seelischen Hintergründe u. psychologischen Zusammenhänge eines Geschehens schlüssig aufzeigen. 2. (abwertend) [in übersteigerter Weise] psychologisch behandeln, schildern, gestalten. **Psy|cho|lo|gis|mus** *der;* - ⟨zu ↑...ismus (5)⟩: Überbewertung der Psychologie als Grundwissenschaft für alle Geisteswissenschaften, für Philosophie, Theologie, Ethik. **psy|cho|lo|gi|stisch** ⟨zu ↑...istisch⟩: den Psychologismus betreffend, zu ihm gehörend, auf ihm beruhend. **Psy|cho|ly|se** *die;* -, -n ⟨zu ↑psycho... u. ↑...lyse⟩: besondere Form der ↑Psychotherapie unter Verwendung wirkungssteigernder Medikamente. **Psy|chom** *das;* -s, -e ⟨Kurzw. aus ↑*Psycho*syndrom⟩: das jeweils mit einer bestimmten körperlichen Verfassung od. Krankheit einhergehende psychische Zustandsbild (z. B. Ermüdungs-, Fieberpsychom; Med., Psychol.). **Psy|cho|man|tie** *die;* - ⟨zu ↑psycho... u. gr. manteía „das Weissagen"⟩: svw. Nekromantie. **Psy|cho|me|trie** *die;* - ⟨zu ↑...metrie⟩: 1. Messung psychischer Funktionen, Fähigkeiten o. ä. mit Hilfe von quantitativen Methoden u. die math. Auswertung entsprechender Testergebnisse (Psychol.). 2. in der ↑Parapsychologie das Verfahren, durch Kontakt mit einem Gegenstand über dessen Besitzer Aussagen zu machen. **psy|cho|me|trisch**: die Psychometrie betreffend, zu ihr gehörend, auf ihr beruhend. **Psy|cho|mo|nis|mus** *der;* -: Weltanschau-

Ptarmikum

ung, nach der alles Sein seelischer Natur ist. **Psy|cho|mo|ti|li|tät** *die;* -: Auswirkung psychischer Vorgänge auf die ↑Motilität der (vegetativ gesteuerten) Organe. **Psy|cho|mo|to|rik** *die;* -: sich nach psychischen Gesetzen vollziehendes Bewegungsleben (wie Gehen, Sprechen, Ausdrucksbewegungen), in dem sich ein bestimmter normaler od. pathologischer Geisteszustand der Persönlichkeit ausdrückt (Psychol.). **psy|cho|mo|to|risch:** die Psychomotorik betreffend. **Psy|cho|neu|ro|se** *die;* -, -n: ↑Neurose, die sich weniger in körperlichen Störungen als in abnormen seelischen Reaktionen äußert (Med., Psychol.). **psy|cho|nom** ⟨zu ↑¹...nom (1)⟩: nach psychischen Gesetzen verlaufend, der Psyche unterstehend (Psychol.). **Psy|cho|on|ko|lo|ge** *der;* -n, -n: Spezialist auf dem Gebiet der Psychoonkologie. **Psy|cho|on|ko|lo|gie** *die;* -: Zweig der Medizin, der sich mit der konventionellen ↑onkologischen Therapie in Verbindung mit Psychotherapie befaßt. **psy|cho|on|ko|lo|gisch:** die Psychoonkologie betreffend. **Psy|cho|path** *der;* -en, -en ⟨zu ↑...path⟩: Mensch mit nicht mehr rückbildungsfähigen abnormen Erscheinungen des Gefühls- u. Gemütslebens, die sich im Laufe des Lebens auf dem Boden einer erblichen Disponiertheit entwickeln (Med., Psychol.). **Psy|cho|pa|thie** *die;* - ⟨zu ↑...pathie⟩: aus einer erblichen Disponiertheit heraus sich entwickelnde Abartigkeit des geistig-seelischen Verhaltens (Med., Psychol.). **Psy|cho|pa|thin** *die;* -, -nen: weibliche Form zu ↑Psychopath. **psy|cho|pa|thisch:** die Psychopathie betreffend; charakterlich von der Norm abweichend (Med., Psychol.). **Psy|cho|pa|tho|lo|ge** *der;* -n, -n: Wissenschaftler auf dem Gebiet der Psychopathologie. **Psy|cho|pa|tho|lo|gie** *die;* -: Lehre von den krankhaften psychischen Störungen u. Veränderungen, bes. von Psychosen u. Psychopathien. **psy|cho|pa|tho|lo|gisch:** die Psychopathologie betreffend. **Psy|cho|phar|ma|ko|lo|gie** *die;* -: Wissenschaft von den Arzneimitteln, die Einfluß auf psychische Erkrankungen haben. **Psy|cho|phar|ma|kon** *das;* -s, ...ka (meist Plur.): Arzneimittel, das eine steuernde (dämpfende, beruhigende, stimulierende) Wirkung auf die psychischen Abläufe im Menschen hat. **Psy|cho|phy|sik** *die;* -: Teilgebiet der experimentellen Psychologie, das sich speziell mit den Beziehungen zwischen Reizintensität u. -qualität einerseits u. Reizwahrnehmung u. -empfindung bzw. -beurteilung andererseits befaßt (Psychol.). **Psy|cho|phy|si|ker** *der;* -s, -: auf dem Gebiete der Psychophysik tätiger Wissenschaftler. **Psy|cho|phy|sio|lo|gie** *die;* -: Arbeitsrichtung, die die Zusammenhänge zwischen physiologischen Vorgängen u. Verhalten, Befinden u. a. untersucht (Med., Psychol.). **psy|cho|phy|sio|lo|gisch:** die Psychophysiologie betreffend (Med., Psychol.). **psy|cho|phy|sisch:** seelisch-körperlich. **Psy|cho|po|li|tik** *die;* -: psychologisch orientierte, bewußt mit den Mitteln der Psychologie (1) arbeitende Politik. **Psy|cho|pro|phy|la|xe** *die;* -: systematische psychologische Vorbereitung des Patienten auf zu erwartende Beanspruchungen (z. B. Schmerzen), wodurch psychogene Fehlreaktionen, Spasmen u. ä. ausgeschaltet od. vermindert werden (Psychol.). **Psy|cho|se** *die;* -, -n ⟨aus gleichbed. *nlat.* psychosis zu ↑psycho... u. ↑¹...ose⟩: seelische Störung; ererbte od. erworbene Geistes- od. Nervenkrankheit. **Psy|cho|so|ma|tik** *die;* - ⟨zu ↑psycho..., *gr.* sõma, Gen. sómatos „Körper" u. ↑²...ik (1)⟩: Wissenschaft von der Bedeutung seelischer Vorgänge für Entstehung u. Verlauf körperlicher Krankheiten (Med.). **Psy|cho|so|ma|ti|ker** *der;* -s, -: Wissenschaftler, Therapeut auf dem Gebiet der Psychosomatik. **psy|cho|so|ma|tisch:** die Psychosomatik, die seelisch-körperlichen Wechselwirkungen betreffend. **psy|cho|so|zi|al:** (von psychischen Faktoren o. ä.) durch soziale Gegebenheiten bedingt. **Psy|cho|syn|drom** *das;* -s, -e: zusammenfassende Bez. für organisch bedingte Störungen der psychischen Funktionen (Med., Psychol.). **Psy|cho|ter|ror** *der;* -s: (bes. in der politischen Auseinandersetzung angewandte) Methode, einen Gegner mit psychologischen Mitteln (wie z. B. Verunsicherung, Bedrohung) einzuschüchtern u. gefügig zu machen. **Psy|cho|test** *der;* -[e]s, Plur. -s, auch -e: psychologischer Test. **Psy|cho|the|ra|peut** *der;* -en, -en: Facharzt für Psychotherapie. **Psy|cho|the|ra|peu|tik** *die;* -: praktische Anwendung der Psychotherapie, Heilmaßnahmen u. Verfahren im Sinne der Psychotherapie (Med.). **Psy|cho|the|ra|peu|tin** *die;* -, -nen: weibliche Form zu ↑Psychotherapeut. **psy|cho|the|ra|peu|tisch:** die Psychotherapeutik, die Psychotherapie betreffend (Med.). **Psy|cho|the|ra|pie** *die;* -, -n: 1. (ohne Plur.) Wissenschaft von der Behandlung psychischer u. körperlicher Erkrankungen durch systematische Beeinflussung (z. B. Suggestion, Hypnose, Psychoanalyse) des Seelenlebens (Med.). 2. psychotherapeutische Behandlung. **Psy|cho|thril|ler** [...θrɪlə] *der;* -s, -: psychologischer ↑Thriller. **Psy|cho|ti|ker** *der;* -s, - ⟨zu ↑psychotisch; vgl. ²...ik (2)⟩: jmd., der an einer Psychose leidet (Med.). **psy|cho|tisch** ⟨zu ↑...otisch⟩: zum Erscheinungsbild einer Psychose gehörend; an einer Psychose leidend; gemütskrank, geisteskrank (Med.). **Psy|cho|ti|zis|mus** *der;* - ⟨zu ↑...izismus⟩: Gesamtverfassung, die durch psychische Störungen charakterisiert ist (Med.). **Psy|cho|to|ni|kum** *das;* -s, ...ka ⟨zu ↑psycho...⟩: Arzneimittel, das psychisch anregend wirkt. **Psy|cho|top** *das;* -s, -e ⟨zu *gr.* tópos „Ort, Raum"⟩: Landschaftstyp, der Tieren (bzw. Menschen) durch Gewöhnung vertraut ist (Biol.). **psy|cho|trop** ⟨zu ↑...trop⟩: auf die Psyche einwirkend, psychische Prozesse [günstig] beeinflussend (z. B. von Arzneimitteln; Med.). **psy|cho|ve|ge|ta|tiv** [...v...]: die Psyche u. das vegetative Nervensystem betreffend; auf einer von abnormen seelischen Vorgängen ausgelösten Fehlreaktion des vegetativen Nervensystems beruhend (Med.). **Psy|cho|vi|ta|lis|mus** *der;* -: Anschauung des ↑Vitalismus, nach der beim zweckmäßigen Verhalten der Organismen u. ihrer Anpassung an die Umwelt etwas überindividuell Seelisches vorhanden ist (Psychol.)

psy|chro..., Psy|chro... [psyçro...] ⟨zu *gr.* psychrós „kalt, frostig, kühl"⟩: Wortbildungselement mit der Bedeutung „Kälte; kalt", z. B. psychrophil, Psychrophyt. **Psy|chro|al|gie** *die;* -, ...ien ⟨zu ↑...algie⟩: schmerzhaftes Kältegefühl (als besondere Form der Sensibilitätsstörung; Med.). **Psy|chro|äs|the|sie** *die;* -, ...ien: krankhafte Gefühlsstörung, bei der Wärme als kalt empfunden wird (Med.). **Psy|chro|bi|ont** *der;* -en, -en (meist Plur.) ⟨zu ↑...biont⟩: Lebewesen, das in ↑Biotopen mit niederen Temperaturen lebt (z. B. Psychrophyten; Biol.). **Psy|chro|me|ter** *das;* -s, - ⟨zu ↑¹...meter⟩: aus zwei Thermometern kombinierter Luftfeuchtigkeitsmesser (Meteor.). **psy|chro|phil** ⟨zu ↑...phil⟩: kältefreundlich, kälteliebend (von bestimmten Bakterien; Biol.). **psy|chro|phob** ⟨zu ↑...phob⟩: kältescheu. **Psy|chro|pho|bie** *die;* - ⟨zu ↑...phobie⟩: Scheu vor Kälte, bes. vor kaltem Wasser. **Psy|chro|phyt** *der;* -en, -en (meist Plur.) ⟨zu ↑...phyt⟩: Pflanze kalter Böden, die lang anhaltenden Frost vertragen kann, z. B. Zwergsträucher, Flechten, Moose in der Tundravegetation (Bot.).

Psyk|ter *der;* -[s], - ⟨aus gleichbed. *gr.* psyktḗr⟩: antikes bauchiges Gefäß auf hohem zylindrischen Fuß, das bes. zum Kühlhalten von Wein benutzt wurde

Ptar|mi|kum *das;* -s, ...ka ⟨aus gleichbed. *spätlat.* ptarmi-

Ptarmus

cum, dies zu *gr.* ptarmikós „niesend"⟩: die Nasenschleimhaut reizendes, den Niesreflex auslösendes Mittel; Niesmittel (Med.). **Pt̲a̲r|mus** *der;* - ⟨aus *nlat.* ptarmus, dies aus *gr.* ptarmós „das Niesen"⟩: krampfartiger Niesanfall, Nieskrampf (Med.)

Pter|a̲n|o̲don *das;* -s, ...donten ⟨zu *gr.* pterón „Feder, Flügel", a(n)- „un-, nicht-" u. odoús, Gen. odóntos „Zahn"⟩: Flugsaurier der Kreidezeit. **Pte|ri|do|phyt** *der;* -en, -en (meist Plur.) ⟨zu *gr.* pterídios „gefiedert" u. ↑...phyt⟩: Farnpflanze (zusammenfassende systematische Bez.). **Pte|ri|do|sp̲e̲r|me** *die;* -, -n ⟨zu ↑ Sperma⟩: ausgestorbene Samenfarnpflanze. **Pte|ri|ne** *die* (Plur.) ⟨Kunstw. zu *gr.* pterón „Flügel" u. ↑...in (1)⟩: Gruppe purinähnlicher Farbstoffe, die in Schmetterlingsflügeln vorkommen. **Pte|ro|d̲a̲k|ty|lus** *der;* -, ...ylen: Flugsaurier des ↑²Juras mit rückgebildetem Schwanz. **Pte|ro|po̲|de** *der;* -n, -n (meist Plur.) ⟨zu ↑...pode⟩: Ruderschnecke (Meeresschnecke mit ruderartigem Fuß). **Pte|ro|sau̲|ri|er** [...i̯ɐ] *der;* -s, - u. **Pte|ro|sau̲|rus** *der;* -, ...rier [...i̯ɐ] ⟨zu *gr.* saũros „Eidechse"⟩: ausgestorbene Flugechse mit zahlreichen Arten; vgl. Pterodaktylus, Pteranodon. **Pte|ry̲|gi|um** *das;* -s, ...ia ⟨über gleichbed. *(n)lat.* pterygium aus *gr.* pterýgion, eigtl. „kleiner Flügel", Verkleinerungsform von ptéryx, Gen. ptérygos „Feder; Flügel"⟩: 1. dreieckige Bindehautwucherung, die sich über die Hornhaut schiebt (Med.). 2. häutige Verbindung, Schwimmhaut zwischen Fingern u. Zehen (angeborene Hautanomalie) (Med.). 3. a) Bez. für flächige Strukturen bei Tieren (z. B. das Flossenskelett von im Wasser lebenden Wirbeltieren od. die Flughäute bei einigen Reptilien u. Säugern); b) Insektenflügel (Zool.). **pte|ry̲|got** ⟨aus gleichbed. *gr.* pterygōtós *zu pteroũn* „befiedern, mit Flügeln versehen"⟩: geflügelt (von Insekten; Zool.)

Pti|sa̲|ne *die;* -, -n ⟨aus *lat.* ptisana „ein aus Gerstengrütze hergestellter Trank", eigtl. „die gestampfte u. gereinigte Gerste", dies aus *gr.* ptisánē zu ptíssein „(Gerste) stampfen"⟩: [schleimiger] Arzneitrank

Ptoch|i̲a|ter *der;* -s, - ⟨zu *gr.* ptōchós „Bettler" u. ↑...iater⟩: (veraltet) Armenarzt. **Pto|cho|do̲|chi|um** *das;* -s, ...ien [...i̯ən] ⟨aus gleichbed. *gr.* ptōchodocheĩon⟩: (veraltet) Armenhaus

Pto|ma|i̲n *das;* -s, -e (meist Plur.) ⟨zu *gr.* ptõma „Leichnam", eigtl. „der Gefallene", u. ↑...in (1)⟩: Leichengift. **Pto̲|se** u. **Pto̲|sis** *die;* -, ...sen ⟨aus *gr.* ptõsis „das Fallen, der Fall"⟩: Herabsinken des [gelähmten] Oberlides (Med.). **pto̲|tisch** ⟨nach *gr.* ptōtikós „beugbar", vgl. ...otisch⟩: a) krankhaft herabhängend (z. B. vom Oberlid); b) nach unten verlagert (z. B. von den Eingeweiden; Med.)

Ptya|l̲i̲n *das;* -s ⟨zu *gr.* ptýalon „Speichel" u. ↑...in (1)⟩: stärkespaltendes ↑ Enzym im Speichel. **Ptya|l̲i̲s|mus** *der;* - ⟨zu ↑...ismus (3)⟩: abnorme Vermehrung des Speichels, Speichelfluß (Med.); vgl. Polysialie. **Ptya|lo|lith** [auch ...'lɪt] *der;* Gen. -s u. -en, Plur. -e[n] ⟨zu ↑...lith⟩: ↑ Konkrement der Speicheldrüsen; Speichelstein (Med.)

Pub [pap, *engl.* pʌb] *das,* auch *der;* -s, -s ⟨aus gleichbed. *engl.* pub, gekürzt aus public house, eigtl. „öffentliches Haus"; vgl. publik⟩: 1. Gaststätte, Bierlokal in England. 2. Lokal, Bar im *engl.* Stil

Pub|a̲r|che *die;* -, -n ⟨zu ↑ Pubes u. *gr.* archḗ „Anfang", Analogiebildung zu ↑ Menarche⟩: entwicklungsgerechtes Einsetzen der Schambehaarung bei Mädchen (Med.). **Pu|beo|to|mi̲e** *die;* -, ...ien ⟨zu ↑...tomie⟩: Schambeinschnitt (geburtshilfliche Operation; Med.). **pu|be|r̲a̲l** u. **pu|ber|t̲ä̲r** ⟨zu ↑ Pubertät u. ↑¹...al (1) bzw. ...är⟩: mit der Geschlechtsreife zusammenhängend. **Pu|b̲e̲r|tas prae|cox** [- 'prɛːkɔks] *die;* - - ⟨aus gleichbed. *lat.* pubertas praecox,

vgl. Pubertät⟩: vorzeitig eintretende Geschlechtsreife (Med.). **Pu|b̲e̲r|tas t̲a̲r|da** *die;* - - ⟨aus gleichbed. *lat.* pubertas tarda⟩: verspätet eintretende Geschlechtsreife (Med.). **Pu|ber|tä̲t** *die;* - ⟨aus *lat.* pubertas, Gen. pubertatis „Geschlechtsreife, Mannbarkeit"⟩: Zeit der eintretenden Geschlechtsreife. **Pu|ber|tä̲ts|kri̲|se** *die;* -, -n: Gesamtheit der Reaktionen während der Pubertät, die als Zeichen seelischer Krisen angesehen werden können (Med.). **pu|ber|ti̲e̲|ren** ⟨zu ↑...ieren⟩: in die Pubertät eintreten, sich in ihr befinden. **Pu̲|bes** *die;* - [...beːs] ⟨aus *lat.* pubes „Mannbarkeit; Barthaare; Schamgegend"⟩: 1. Schambehaarung (Med.). 2. Bereich der äußeren Genitalien, Schamgegend (Med.). **pu|bes|z̲e̲nt** ⟨zu *lat.* pubescere „mannbar werden" u. ↑...ent⟩: heranwachsend, geschlechtsreif (Med.). **Pu|bes|z̲e̲nz** *die;* - ⟨zu ↑...enz⟩: Geschlechtsreifung (Med.). **pu̲|bisch:** die Schambehaarung, die Schamgegend betreffend (Med.)

pu|bli̲|ce [...tse] ⟨*lat.;* Adverb von publicus, vgl. publik⟩: öffentlich. **Pu|bli|ci|ty** [pa'blɪsɪtɪ, *engl.* pʌ'blɪsətɪ] *die;* - ⟨über *engl.* publicity aus gleichbed. *fr.* publicité zu public, vgl. publik⟩: 1. öffentliches Bekanntsein od. -werden. 2. Reklame, Propaganda, [Bemühung um] öffentliches Aufsehen; öffentliche Verbreitung. **Pu̲|blic Re|la̲|tions** ['pʌblɪk rɪ'leɪʃənz] *die* (Plur.) ⟨aus gleichbed. *engl.-amerik.* public relations, eigtl. „öffentliche Beziehungen"⟩: Bemühungen eines Unternehmens, einer führenden Persönlichkeit des Staatslebens od. einer Personengruppe um Vertrauen in der Öffentlichkeit; Öffentlichkeitsarbeit, Kontaktpflege; Abk.: PR. **Pu̲|blic School** [- 'skuːl] *die;* - -, - -s ['skuːlz] ⟨*engl.*⟩: höhere Privatschule mit Internat in England. **pu|bli̲k** [pu...] ⟨aus gleichbed. *fr.* public, dies aus *lat.* publicus „öffentlich; staatlich; allgemein"⟩: öffentlich; offenkundig; allgemein bekannt. **Pu|bli|k̲a̲n|dum** *das;* -s, ...da ⟨aus *lat.* publicandum, Gerundivum von publicare, vgl. publizieren⟩: Bekanntzumachendes, öffentliche Anzeige. **Pu|bli|ka̲|ti|on** *die;* -, -en ⟨aus gleichbed. *fr.* publication, dies aus (*spät*)*lat.* publicatio „Veröffentlichung" zu publicare, vgl. publizieren⟩: 1. publiziertes, im Druck erschienenes Werk. 2. Veröffentlichung, Publizierung; vgl. ...[at]ion/...ierung. **Pu|bli|ka̲|ti|ons|or|gan** *das;* -s, -e: Organ (2) zur Publikation (Zeitung, Zeitschrift o. ä.). **Pu̲|bli|kum** *das;* -s, ...ka ⟨wohl unter Einfluß von *fr.* public „Öffentlichkeit; Publikum" bzw. *engl.* public „Öffentlichkeit; Theaterpublikum" aus *mlat.* publicum (vulgus) „das gemeine Volk; Öffentlichkeit"; vgl. publik⟩: 1. (ohne Plur.) a) Gesamtheit von Menschen, die an etwas (z. B. einer Veranstaltung, Aufführung) teilnehmen (Zuhörer-, Leser-, Besucherschaft; b) Öffentlichkeit, Allgemeinheit. 2. (veraltet) unentgeltliche öffentliche Vorlesung. **pu|bli|zi̲e̲|ren** ⟨aus *lat.* publicare „zum Staatseigentum machen; veröffentlichen" zu publicus, vgl. publik⟩: 1. ein (literarisches od. wissenschaftliches) Werk veröffentlichen; Forschungsergebnisse wissenschaftlich bekanntmachen. 2. publik machen. **Pu|bli|zi̲e̲|rung** *die;* -, -en ⟨zu ↑...ierung⟩: Veröffentlichung (eines literarischen od. wissenschaftlichen Werkes); vgl. ...[at]ion/...ierung. **Pu|bli|z̲i̲st** *der;* -en, -en ⟨zu ↑...ist⟩: a) [politischer] Tagesschriftsteller; b) ↑ Journalist (speziell im Bereich des aktuellen [politischen] Geschehens). **Pu|bli|z̲i̲s|tik** *die;* - ⟨zu ↑...istik⟩: a) Tätigkeitsbereich, in dem mit den publizistischen Mitteln der Presse, des Films, des Rundfunks u. des Fernsehens gearbeitet wird; b) Zeitungswissenschaft. **Pu|bli|z̲i̲|stin** *die;* -, -nen: weibliche Form zu ↑ Publizist. **pu|bli|z̲i̲s|tisch** ⟨zu ↑...istisch⟩: den Publizisten, die Publizistik betreffend. **Pu|bli|zi|tä̲t** *die;* - ⟨zu *lat.* publicitus (Adverb von publicus, vgl. publik) u. ↑...ität⟩:

Pulque

das Bekannt-, Publiksein; Öffentlichkeit; Offenkundigkeit; öffentliche Darlegung

¹Puck *der;* -s, -s ⟨aus gleichbed. *engl.* puck, dies über *mittelengl.* puke aus *altengl.* pūca, dies aus dem Germ.⟩: Kobold

²Puck *der;* -s, -s ⟨Herkunft ungeklärt⟩: Hartgummischeibe beim Eishockey

Pud *das;* -, - ⟨aus *russ.* pud, dies über das Altnord. aus *lat.* pondus, vgl. Pond⟩: früheres russ. Gewicht (16,38 kg)

Pud|ding *der;* -s, Plur. -e u. -s ⟨aus gleichbed. *engl.* pudding, dies wohl aus *(alt)fr.* boudin „Wurst"⟩: 1. kalte, sturzfähige Süßspeise, ↑Flammeri. 2. im Wasserbad gekochte Mehl-, Fleisch- od. Gemüsespeise

pu|den|dal ⟨zu *lat.* pudendus (Gerundivum von pudere „sich schämen") u. ↑¹...al (1)⟩: die Schamgegend betreffend, zur Schamgegend gehörend (Med.)

Pu|du *der;* -s, -s ⟨über gleichbed. *span.* pudu aus *Mapuche* (einer südamerik. Indianersprache) pudu⟩: südamerik. Zwerghirsch

Pue|blo *der;* -[s], -s ⟨aus gleichbed. *span.* pueblo, eigtl. „Volksstamm", dies aus *lat.* populus, vgl. populär⟩: Siedlung der Puebloindianer (Indianerstämme, die im Südwesten Nordamerikas beheimatet sind) die aus oberirdisch angelegten mehrstöckigen Wohnbauten aus plattig behauenen Steinen od. Lehmziegeln besteht

pue|ril [pu̯e...] ⟨aus gleichbed. *lat.* puerilis zu puer „Kind, Knabe"⟩: kindlich, im Kindesalter vorkommend (Med.).
Pue|ri|lis|mus *der;* - ⟨zu ↑...ismus (3)⟩: Kindischsein, kindisches Wesen, dem ↑Infantilismus gleichendes Verhalten (z. B. bei Psychose, Hysterie, Schizophrenie; Med.). **Pue|ri|li|tät** *die;* - ⟨aus gleichbed. *lat.* puerilitas, Gen. puerilitatis, eigtl. „das Knabenalter"⟩: a) kindliches Wesen; b) kindisches Wesen. **Pu|er|pe|ra** *die;* -, ...rä ⟨aus gleichbed. *lat.* puerpera zu puer (vgl. pueril) u. parere „gebären"⟩: Wöchnerin (Med.). **pu|er|pe|ral** ⟨zu ↑¹...al (1)⟩: das Wochenbett betreffend, zu ihm gehörend; eine Wöchnerin betreffend (Med.). **Pu|er|pe|ral|fie|ber** *das;* -s: Infektionskrankheit bei Wöchnerinnen; Kindbettfieber (Med.). **Pu|er|pe|ri|um** *das;* -s, ...ien [...i̯ən] ⟨aus gleichbed. *lat.* puerperium⟩: Wochenbett, Zeitraum von 6–8 Wochen nach der Entbindung (Med.)

Pu|gi|lis|mus *der;* - ⟨zu *lat.* pugil „Faustkämpfer" u. ↑...ismus (2)⟩: (veraltet) Faustkampf; Boxsport; vgl. ...ismus/ ...istik. **Pu|gi|list** *der;* -en, -en ⟨zu ↑...ist⟩: (veraltet) Faust-, Boxkämpfer. **Pu|gi|li|stik** *die;* - ⟨zu ↑...istik⟩: svw. Pugilismus. **pu|gi|li|stisch** ⟨zu ↑...istisch⟩: (veraltet) den Faustkampf betreffend, boxsportlich

Pu|gna|zi|tät *die;* - ⟨aus gleichbed. *lat.* pugnacitas, Gen. pugnacitatis zu pugnax „streitbar", dies zu pugnare „kämpfen"⟩: (veraltet) Kampflust, Streitsucht

Pul *der;* -, -s (aber 5 -) ⟨aus *pers.* pūl⟩: Münzeinheit in Afghanistan (0,01 Afghani)

Pul|ci|nell [...tʃi...] *der;* -s, -e u. **Pul|ci|nel|la** *der;* -[s], ...elle ⟨aus gleichbed. *it.* Pulcinella, dies aus *lat.* pullicenus „Hühnchen", wohl nach dem Verhalten u. der schnabelähnlichen Maske dieser Bühnenfigur⟩: komischer Diener, Hanswurst in der neapolitanischen ↑Commedia dell'arte

¹Pulk *der;* -s, Plur. -s, selten auch -e ⟨über *poln.* pulk aus gleichbed. *russ.* polk, dies aus dem Germ.⟩: 1. Heeresabteilung. 2. [loser] Verband von Kampfflugzeugen od. militärischen Kraftfahrzeugen. 3. Anhäufung [von Fahrzeugen]; Haufen, Schar; Schwarm

²Pulk *der;* -s, -s u. **Pul|ka** *der;* -s, -s ⟨über *schwed.* pulka aus gleichbed. *finn.* pulkka, *lapp.* pulkke⟩: bootförmiger Schlitten, der von den Lappen zu Transporten benutzt wird

Pull *der;* -s, -s ⟨aus gleichbed. *engl.* pull zu to pull, vgl. pullen⟩: Golfschlag, der dem Ball einen Linksdrall gibt

Pul|la|ri|er [...i̯ɐ] *der;* -s, - ⟨aus gleichbed. *lat.* pullarius, dies zu pullus „junges Huhn"⟩: Wächter der heiligen Hühner im alten Rom

pul|len ⟨aus gleichbed. *engl.* to pull, eigtl. „ziehen, schlagen", weitere Herkunft ungeklärt⟩: 1. (Seemannsspr.) rudern. 2. einen Pull ausführen (Golf). 3. mit vorgestrecktem Kopf stark vorwärts drängen (vom Pferd)

Pull|man *der;* -s, -s ⟨aus *amerik.* pullman (car), vgl. Pullmanwagen⟩: Kurzform von ↑Pullmanwagen

Pull|man|kap|pe *die;* -, -n ⟨Herkunft ungeklärt⟩: (österr.) Baskenmütze

Pull|man|wa|gen *der;* -s, - ⟨Lehnübersetzung von gleichbed. *amerik.* Pullman (car), nach dem amerik. Konstrukteur G. M. Pullman, 1831–1897⟩: komfortabel ausgestatteter Schnellzugwagen

Pul|lo|man|tie *die;* -, ...ien ⟨zu *lat.* pullus (vgl. Pullarier) u. *gr.* manteia „das Weissagen"⟩: Wahrsagung aus dem Futter u. dem Freßverhalten der heiligen Hühner im alten Rom

Pull|over [...v...] *der;* -s, - ⟨aus gleichbed. *engl.* pullover, eigtl. „zieh über", zu to pull over „überziehen"⟩: gestricktes od. gewirktes Kleidungsstück für den Oberkörper, das über den Kopf gezogen wird. **Pull|un|der** *der;* -s, - ⟨anglisierende Bildung zu *engl.* to pull „ziehen" u. under „unter", Analogiebildung zu ↑Pullover⟩: meist kurzer, ärmelloser Pullover, der über einem Oberhemd, einer Bluse getragen wird

Pul|mo *der;* -[s], ...mones [...ne:s] ⟨aus gleichbed. *lat.* pulmo, Gen. pulmonis⟩: Lunge (Med.). **Pul|mo|lo|ge** *der;* -n, -n ⟨zu ↑...loge⟩: Facharzt auf dem Gebiet der Pulmologie. **Pul|mo|lo|gie** *die;* - ⟨zu ↑...logie⟩: Lunge u. Lungenkrankheiten umfassendes Teilgebiet der Medizin. **pul|mo|nal** ⟨zu ↑¹...al (1)⟩: die Lunge betreffend, zu ihr gehörend (Med.). **Pul|mo|nal|ste|no|se** *die;* -, -n: Verengung im Bereich der Lungenschlagader (z. B. bei Verwachsung der Herzklappen als angeborener Herzfehler; Med.). **Pul|mo|nes** [...ne:s]: Plur. von ↑Pulmo. **Pul|mo|nie** *die;* -, ...ien ⟨zu ↑²...ie⟩: (veraltet) Lungenschwindsucht (Med.)

¹Pulp *der;* -s, -e ⟨aus gleichbed. *fr.* poulpe zu polype, dies aus *lat.* polypus, vgl. Polyp⟩: (selten) Bez. für eine Art ↑Krake

²Pulp *der;* -s, -en ⟨über gleichbed. *engl.* pulp aus *fr.* pulpe, dies aus *lat.* pulpa, vgl. Pulpa⟩: svw. Pulpe. **Pul|pa** *die;* -, ...pae [...pɛ] ⟨aus *lat.* pulpa „Fleisch; das Fleischige"⟩: weiche, gefäßreiche Gewebemasse im Zahn (Zahnmark) u. in der Milz (Med.). **Pul|pe** *die;* -, -n ⟨aus *fr.* pulpe, vgl. ²Pulp⟩: breiige Masse mit größeren od. kleineren Fruchtstücken zur Marmeladenherstellung. **Pül|pe** *die;* -, -n: 1. svw. Pulpe. 2. als Futtermittel verwendeter Rückstand der Kartoffeln bei der Stärkefabrikation. **Pul|per** *der;* -s, - ⟨nach gleichbed. *engl.* pulper⟩: 1. Fachkraft in der Zuckerraffinerie. 2. Maschine zum Aufbereiten der frisch geernteten Kaffeebohnen. 3. Apparat zur Herstellung einer breiigen Masse. **Pul|pi|tis** *die;* -, ...itiden ⟨zu ↑Pulpa u. ↑...itis⟩: Entzündung des Zahnmarks (Med.)

Pul|pi|tum *das;* -s, ...ta ⟨aus *lat.* pulpitum „Podium, Bühne"⟩: der mittlere Teil des ↑Proszeniums (1) im antiken Theater. 2. (veraltet) erhöhter Platz für Redner, Rednerbühne. 3. (veraltet) tischartiges Gestell mit schräg geneigter Platte, Pult

pul|pös ⟨aus gleichbed. *spätlat.* pulposus zu *lat.* pulpa, vgl. Pulpa u. ...ös⟩: fleischig, markig; aus weicher Masse bestehend (Med.)

Pul|que ['pʊlkə] *der;* -[s] ⟨aus *span.* pulque, wohl aus dem

Aztek.⟩: in Mexiko beliebtes, süßes, stark berauschendes Getränk aus gegorenem Agavensaft

Puls *der;* -es, -e ⟨aus gleichbed. *mlat.* pulsus (venarum), dies aus *lat.* pulsus „das Stoßen, das Stampfen, der Schlag", eigtl. Part. Perf. von pulsare, Intensivbildung von pellere „schlagen, stoßen"⟩: 1. a) das Anschlagen der durch den Herzschlag fortgeleiteten Blutwelle an den Gefäßwänden; b) Schlagader (Pulsader) am Handgelenk. 2. gleichmäßige Folge gleichartiger Impulse (z. B. in der Schwachstrom- u. Nachrichtentechnik elektrische Strom- u. Spannungsstöße). **Pul|sar** *der;* -s, -e ⟨aus gleichbed. *engl.* pulsar, Kurzw. aus *pulse* „Impuls" (vgl. Puls 2) u. ↑*Quasar*⟩: kosmische Strahlungsquelle mit Strahlungspulsen von höchster periodischer Konstanz (Astron.). **Pul|sa|til|la** *die;* - ⟨aus *nlat.* pulsatilla zu *spätlat.* pulsatus „das (An)schlagen" mit der lat. Verkleinerungssilbe -illa, wohl nach der glockenähnlichen Blütenform⟩: Kuhschelle (Anemonenart, die für zahlreiche Heilmittel verwendet wird). **Pul|sa|ti|on** *die;* -, -en ⟨aus *lat.* pulsatio „das Stoßen, Schlagen" zu pulsare, vgl. pulsieren⟩: 1. rhythmische Zu- u. Abnahme des Gefäßvolumens, Pulsschlag (Med.). 2. Veränderung eines Sterndurchmessers (Astron.). **Pul|sa|tor** *der;* -s, ...oren u. **Pul|sa|tor|ma|schi|ne** *die;* -, -n ⟨nach *spätlat.* pulsator „der (An)klopfer"⟩: 1. Druckwechsler bei Melkmaschinen (Landw.). 2. beim Dauerschwingversuch verwendete Prüfmaschine (Werkstoffprüftechnik). 3. Entlüftungsapparat. **Puls|code|mo|du|la|ti|on** [...ko:t...] *die;* -, -en: Verfahren zur Umwandlung ↑analoger Signale in ↑digitale Signale (Nachrichtentechnik). **pul|sen** ⟨zu ↑Puls⟩: 1. svw. pulsieren. 2. (Jargon) den Puls messen (Med.). 3. in einzelne Pulse (2) zerlegen (Nachrichtentechnik). **Puls|fre|quenz** *die;* -, -en: Zahl der Pulsschläge pro Minute (Med.). **pul|sie|ren** ⟨aus *lat.* pulsare „stoßen, schlagen", Intensivbildung von pellere; vgl. Puls⟩: 1. rhythmisch dem Pulsschlag entsprechend an- u. abschwellen; schlagen, klopfen. 2. sich lebhaft regen, fließen, strömen. **Pul|si|on** *die;* -, -en ⟨aus *spätlat.* pulsio „das (Fort)stoßen"⟩: Stoß, Schlag. **Pul|si|ons|di|ver|ti|kel** [...v...] *das;* -s, -: Grenzvertikel, Wandausbuchtung an der Speiseröhre infolge Druckes von innen an muskelschwachen Wandstellen (Med.). **Pul|so|me|ter** *das;* -s, - ⟨zu *lat.* pulsus (vgl. Puls) u. ↑¹...meter⟩: kolbenlose Dampfpumpe, die durch Dampfkondensation arbeitet (Techn.).

Pul|ver [...f..., auch ...v...] *das;* -s, - ⟨über *mlat.* pulver aus *lat.* pulvis, Gen. pulveris „Staub"⟩: 1. a) fester Stoff in sehr feiner Zerteilung; b) Schießpulver. 2. (ohne Plur.) (ugs.) Geld. **Pul|ve|ri|sa|ti|on** [...v...] *die;* -, -en ⟨zu ↑ ...isation⟩: Umwandlung zu Staub; Zerstäubung (von Flüssigkeiten); vgl. ...[at]ion/...ierung. **Pul|ve|ri|sa|tor** *der;* -s, ...oren ⟨zu ↑ ...ator⟩: Maschine zur Pulverherstellung durch Stampfen od. Mahlen. **pul|ve|ri|sie|ren** ⟨über *fr.* pulvériser aus gleichbed. *spätlat.* pulverizare zu *lat.* pulvis, vgl. Pulver⟩: feste Stoffe zu Pulver (1 a) zerreiben, zerstäuben. **Pul|ve|ri|sie|rung** *die;* -, -en (Plur. selten) ⟨zu ↑ ...isierung⟩: das Pulverisieren; vgl. ...[at]ion/...ierung

Pul|vi|nar [...v...] *das;* -s, -e ⟨aus *lat.* pulvinar „Polstersitz"⟩: 1. Götterpolster, beim ↑Lectisternium aufgestelltes u. mit kostbaren Decken belegtes Ruhelager für die Götterbilder im alten Rom. 2. in der kath. Kirche früher an Stelle des Meßpultes als Unterlage für das Meßbuch gebrauchtes Kissen

Pul|wan *der;* -s, -e ⟨über das Poln. aus *russ.* bolvan „Klotz"⟩: früher bei der Birkhahnbalz als Lockvogel verwendeter ausgestopfter od. aus Stoff gefertigter Birkhahn

Pu|ma *der;* -s, -s ⟨über gleichbed. *span.* puma aus *Ketschua* (einer südamerik. Indianersprache) puma⟩: Silberlöwe, Berglöwe, ein in Amerika heimisches Raubtier

Pumps [pœmps] *der;* -, - ⟨aus gleichbed. *engl.* pumps (Plur.), weitere Herkunft ungeklärt⟩: ausgeschnittener, nicht durch Riemen od. Schnürung gehaltener Damenschuh

Pu|na *die;* - ⟨über gleichbed. *span.* puna aus *Ketschua* (einer südamerik. Indianersprache) púna, eigtl. „unbewohnt"⟩: Hochfläche der südamerik. Anden mit Steppennatur

Pu|na|lua|ehe *die;* - ⟨zu gleichbed. *hawaiisch* punalua⟩: frühere Form der Ehe auf den Hawaii-Inseln, bei der unter Verwandten der gleichen Generation Frauen- u. Männergemeinschaft herrschte

¹Punch [pantʃ] *der;* -s, -s ⟨aus gleichbed. *engl.* punch, weitere Herkunft ungeklärt⟩: a) Faustschlag, Boxhieb (von erheblicher Durchschlagskraft); b) Boxtraining am Punchingball (Boxen)

²Punch [pantʃ] *der;* -s, -s ⟨verkürzt aus gleichbed. *engl.* punchinello, dies entstellt aus *it.* Pulcinella, vgl. Pulcinella⟩: Hanswurst der engl. Komödie u. des engl. Puppenspiels

Pun|cher *der;* -s, - [ˈpantʃɐ] ⟨nach gleichbed. *engl.* puncher, vgl. ¹Punch⟩: 1. Boxer, der über einen kraftvollen Schlag verfügt. 2. Boxer, der mit dem Punchingball trainiert. **Pun|ching|ball** *der;* -[e]s, ...bälle u. **Pun|ching|bir|ne** *die;* -, -n ⟨aus gleichbed. *engl.* punching (ball), eigtl. „Stoß(ball)"⟩: oben u. unten befestigter, frei beweglicher Lederball, der dem Boxer als Übungsgerät dient

Punc|tum punc|ti [ˈpʊŋk... ˈpʊŋkti] *das;* - - ⟨aus gleichbed. *lat.* punctum puncti, eigtl. „der Punkt des Punktes"⟩: Hauptpunkt (bes. auf das Geld bezogen). **Punc|tum sa|li|ens** [- ˈzaːli̯ɛns] *das;* - - ⟨aus gleichbed. *lat.* punctum saliens, zu salire „hüpfen, springen"⟩: der springende Punkt, Kernpunkt; Entscheidendes

Pu|ni|ti|on *die;* -, -en ⟨aus gleichbed. *lat.* punitio zu punire „strafen"⟩: (veraltet) Bestrafung. **pu|ni|tiv** ⟨zu *lat.* punitus, Part. Perf. von punire (vgl. Punition), u. ↑...iv⟩: (veraltet) strafend

Punk [paŋk] *der;* -[s], -s ⟨aus gleichbed. *engl.-amerik.* punk, eigtl. „Abfall, Mist"⟩: 1. (ohne Plur., meist ohne Artikel) (Ende der 1970er Jahre auf dem Hintergrund von wachsenden wirtschaftlichen u. sozialen Krisen aufkommende) Bewegung von Jugendlichen, die sich den bürgerlichen Normen verweigern. 2. Anhänger des Punk (1), der durch bewußt auffallende Aufmachung (grelle Haare, zerrissene Kleidung, Metallketten o. ä.) u. bewußt exaltiertes Verhalten seine antibürgerliche Einstellung zum Ausdruck bringen will. 3. (ohne Plur.) Kurzform für ↑Punkrock. **Punker** [ˈpaŋkɐ] *der;* -s, -: 1. Musiker des Punkrock. 2. svw. Punk (2). **Pun|ke|rin** *die;* -, -nen: weibliche Form zu ↑Punker. **pun|kig**: aussehend wie ein Punk (2); sich in der Art eines Punk (2) verhaltend. **Punk|rock** *der;* -[s] ⟨aus gleichbed. *engl.-amerik.* punk rock zu punk (vgl. Punk) u. rock (vgl. ²Rock)⟩: Richtung in der ↑Rockmusik, die durch einfache Harmonik, harte Akkorde, hektisch-aggressive Spielweise u. meist zynisch-resignative Texte gekennzeichnet ist. **Punk|rocker¹** *der;* -s, - ⟨aus gleichbed. *engl.-amerik.* punk rocker, zu ↑Rocker⟩: svw. Punker (1)

Punkt *der;* -[e]s, -e ⟨über *spätlat.* punctus aus gleichbed. *lat.* punctum, eigtl. „das Gestochene"; eingestochenes (Satz)zeichen", dies eigtl. substantiviertes Part. Perf. (Neutrum) von pungere „stechen"⟩: 1. geometrisches Gebilde ohne Ausdehnung; bestimmte Stelle im Raum, die durch Koordinaten festgelegt ist (Math.). 2. kleines schriftliches Zeichen am Schlußzeichen eines Satzes od. einer im vollen Wortlaut gesprochenen Abkürzung, als Kennzeichen für eine Ordnungszahl, als Verlängerungszeichen

Purgativum

hinter einer Note, als Morsezeichen u. a. 3. sehr kleiner Fleck. 4. kleinste Einheit (0,376 mm) des typographischen Maßsystems für Schriftgrößen (z. B. eine Schrift von 8 Punkt; Druckw.). 5. bestimmte Stelle, bestimmter Ort. 6. Stelle, Abschnitt (z. B. eines Textes, einer Rede); einzelner Teil aus einem zusammenhängenden Ganzen. 7. Thema, Verhandlungsgegenstand innerhalb eines größeren Fragen-, Themenkomplexes. 8. bestimmter Zeitpunkt, Augenblick. 9. Wertungseinheit im Sport, bei bestimmten Spielen, für bestimmte Leistungen. **Punk|tal|glas** Ⓦ *das;* -es, ...gläser ⟨zu ↑¹...al (1)⟩: bes. geschliffenes Brillenglas, bei dem Verzerrungen so weit wie möglich vermieden werden; vgl. Astigmatismus (1). **Punk|tat** *das;* -[e]s, -e ⟨aus *mlat.* punctatum „das Eingestochene", substantiviertes Part. Perf. (Neutrum) von punctare, vgl. punktieren⟩: durch Punktion gewonnene Körperflüssigkeit (Med.). **Punk|ta|ti|on** *die;* -, -en ⟨zu *mlat.* punctatus, Part. Perf. von punctare (vgl. punktieren), u. ↑¹...ion⟩: 1. nicht bindender Vorvertrag (Rechtsw.). 2. [vorläufige] Festlegung der Hauptpunkte eines künftigen Staatsvertrages. 3. Kennzeichnung der Vokale im Hebräischen durch Punkte u. Striche unter u. über den Konsonanten. **Punk|ta|to|ren** *die* (Plur.) ⟨aus gleichbed. *mlat.* punctatores⟩: spätjüd. Schriftgelehrte (4.–6. Jh.), die durch die Punktation (3) der alttest. Schriften den ↑massoretischen Text festlegten. **Punkt|di|ät** *die;* - ⟨zu ↑Punkt⟩: Diät, die in der starken Einschränkung bzw. Meidung von Kohlenhydraten zugunsten von Eiweiß u. bes. Fett besteht. **punk|ten:** mit Punkten (9) bewerten. **punk|tie|ren** ⟨aus *mlat.* punctare „Einstiche machen; Punkte setzen" zu *lat.* punctus, Part. Perf. von pungere „stechen"⟩: 1. mit Punkten versehen, tüpfeln. 2. a) eine Note mit einem Punkt versehen u. sie dadurch um die Hälfte ihres Wertes verlängern; vgl. Nota puntata; b) die Töne einer Gesangspartie um eine Oktave (od. Terz) niedriger od. höher setzen (Mus.). 3. die wichtigsten Punkte eines Modells auf den zu bearbeitenden Holz- od. Steinblock maßstabgerecht übertragen (Bildhauerkunst). 4. eine Punktion durchführen (Med.). **Punk|tier|kunst** *die;* -: Wahrsagen aus zufällig in Sand od. Erde markierten od. auf Papier verteilten Punkten u. Strichen; vgl. Geomantie. **Punk|ti|on** *die;* -, -en ⟨nach *lat.* punctio „das Stechen, Einstich"⟩: Entnahme von Flüssigkeiten aus Körperhöhlen durch Einstich mit Hohlnadeln (Med.). **punk|to** ⟨aus *lat.* puncto, eigtl. Ablativ von punctus, vgl. Punkt⟩: (schweiz., sonst veraltet) in bezug auf, hinsichtlich; vgl. in puncto. **Punkt|sy|stem** *das;* -s, -e ⟨zu ↑Punkt⟩: 1. System einer Bewertung in Prüfungen, Wettbewerben o. ä. nach Plus- u. Minuspunkten. 2. Austragungsmodus von Meisterschaftskämpfen nach Punkten (9) u. nicht nach dem K.o.-System. **Punk|tua|lis|mus** *der;* - ⟨zu *mlat.* punctualis „den Punkt betreffend". ↑...ismus (2)⟩: Erscheinungsform der seriellen Musik, bei der sich im Noten- u. Klangbild einzelne Punkte ergeben, die Glieder einer auf verschiedene Instrumente verteilten Reihe sind (Mus.). **Punk|tua|li|tät** *die;* - ⟨zu ↑...ität⟩: Genauigkeit, Strenge. **punk|tu|ell** ⟨zu ↑...ell⟩: einen od. mehrere Punkte betreffend, Punkt für Punkt, punktweise; -e Aktionsart: ↑Aktionsart des Verbs, die einen bestimmten Punkt eines Geschehens herausgreift (z. B. *finden;* Sprachw.). **Punk|tum!** ⟨zu *lat.* punctum, vgl. Punkt⟩: basta!, genug damit!, Schluß! **Punk|tur** *die;* -, -en ⟨nach *spätlat.* punctura „das Stechen"⟩: svw. Punktion. **Pun|ta** ⟨aus *span.* bzw. *it.* punta „Spitze", dies zu *lat.* puncta, Part. Perf. (Fem.) von pungere, vgl. Punkt⟩: a) in Spanien u. Lateinamerika in geographischen Namen Bez. für Landzunge, Kap; b) in Italien in geographischen Namen Bez. für Berggipfel. **pun|ta d'ar|co** [– 'darko] ⟨*it.*⟩: mit der Spitze des Geigenbogens (zu spielen; Mus.). **Pun|ze** *die;* -, -n ⟨aus *it.* punzone „Locher; (Präge)stempel", dies aus *lat.* punctio, vgl. Punktion⟩: 1. Stempel, Stahlgriffel mit einer od. mehreren Spitzen zum Herstellen bestimmter Treib-, Ziselierarbeiten. 2. (österr., schweiz.) in Metalle eingestanzter Garantiestempel. **pun|zen** u. **pun|zie|ren** ⟨zu ↑...ieren⟩: 1. Zeichen, Muster in Metall, Leder u. a. einschlagen; ziselieren, Metall treiben. 2. den Feingehalt von Gold- u. Silberwaren kennzeichnen

Pu|pill *der;* -en, -en ⟨aus gleichbed. *lat.* pupillus, Verkleinerungsform von pupus „Knabe, Kind"⟩: (veraltet) Mündel, Pflegebefohlener; vgl. Pupille (2). **pu|pil|lar** ⟨aus gleichbed. *nlat.* pupillaris⟩: 1. die Pupille (1) betreffend, zu ihr gehörend (Med.). 2. svw. pupillarisch. **pu|pil|la|risch**: (veraltet) das Mündel betreffend (Rechtsw.). **Pu|pil|le** *die;* -, -n ⟨aus gleichbed. *lat.* pupilla (eigtl. Fem. von pupillus, vgl. Pupill), Verkleinerungsform von pupa „Mädchen, Puppe"⟩: 1. Sehloch (in der Regenbogenhaut des Auges; Anat.). 2. (veraltet) Mündel, Pflegebefohlene (Rechtsw.); vgl. Pupill. **Pu|pil|lo|me|ter** *das;* -s, - ⟨zu ↑¹...meter⟩: Apparat zum Messen der Pupillenweite. **Pu|pil|lo|to|nie** *die;* -, ...ien ⟨zu *gr.* tónos „das Spannen" u. ↑²...ie⟩: krankhafte Erweiterung u. Entrundung der Pupille (Med.) **pu|pi|ni|sie|ren** ⟨nach dem *amerik.* Elektrotechniker M. Pupin (1858–1935) u. zu ↑...isieren⟩: Pupinspulen einbauen. **Pu|pin|spu|le** *die;* -, -n: mit pulverisiertem Eisen gefüllte Spule zur Verbesserung der Übertragungsqualität (bes. bei Telefonkabeln)

pu|pi|par ⟨zu *lat.* pupa „Mädchen; Puppe" u. parere „gebären"⟩: sich gleich nach der Geburt verpuppend (von Larven bestimmter Insekten; Zool.). **Pu|pi|pa|rie** *die;* - ⟨zu ↑²...ie⟩: bestimmte Form der ↑Viviparie (1) bei Insekten, deren Larven sich sofort nach der Geburt verpuppen (Zool.). **Pup|pet** ['pʌpɪt] *das;* -[s], -s ⟨aus *engl.* puppet, dies über *mitelfr.* poupette „kleine Puppe", Verkleinerungsform von poupe „Puppe", *vulgärlat.* puppa aus *lat.* pupa⟩: engl. Bez. für Drahtpuppe, Marionette

pur ⟨aus gleichbed. *lat.* purus⟩: 1. rein, unverfälscht, lauter; unvermischt. 2. nur, bloß, nichts als; glatt

Pu|ra: Plur. von ↑Pus

Pu|ra|na *das;* -s, -s (meist Plur.) ⟨aus gleichbed. *sanskr.* purāná, eigtl. „alt; alte Sage"⟩: eine der umfangreichen mythisch-religiösen Einzelschriften des Hinduismus aus den ersten nachchristlichen Jahrhunderten (z. T. bis zur Gegenwart)

Pü|ree *das;* -s, -s ⟨aus gleichbed. *fr.* purée zu *altfr.* purer „abgießen, passieren", eigtl. „reinigen, sieben", dies aus *spätlat.* purare „reinigen" zu *lat.* purus, vgl. pur⟩: breiförmige Speise, Brei, z. B. aus Erbsen, Kartoffeln u. ä.

Pu|rex-Pro|zeß *der;* ...esses ⟨Kurzw. aus *engl.* Plutonium-Uranium refining by extraction u. ↑Prozeß⟩: Wiederaufbereitungsprozeß von verbrauchten Kernbrennstoffen mit Trennung von Uran, Plutonium u. Spaltprodukten

Pur|ga *die;* -, Purgi ⟨aus gleichbed. *russ.* purga, dies über *karel.* purgu aus *finn.* purku „Schneesturm"⟩: Schneesturm in Nordrußland u. Sibirien

Pur|gans *das;* -, ...anzien [...iən] u. ...antia ⟨zu *lat.* purgans, Part. Präs. von purgare (vgl. purgieren), eigtl. „das Reinigende"⟩: Abführmittel mittlerer Stärke (Med.). **Pur|ga|ti|on** *die;* -, -en ⟨aus gleichbed. *lat.* purgatio⟩: 1. Reinigung. 2. [gerichtliche] Rechtfertigung (Rechtsw.). **pur|ga|tiv** ⟨aus *lat.* purgativus, eigtl. „reinigend"⟩: abführend (Med.). **Pur|ga|tiv** *das;* -s, -e [...və] u. **Pur|ga|ti|vum** [...vʊm] *das;* -s, ...va [...va] ⟨aus *nlat.* purgativum zu *lat.*

purgativus, vgl. purgativ⟩: stärkeres Abführmittel (Med.). **Pur|ga|to|ri|um** *das;* -s ⟨aus gleichbed. *kirchenlat.* purgatorium, substantiviertes Neutrum von *spätlat.* purgatorius „reinigend"⟩: Fegefeuer (nach kath. Glauben Läuterungsort der abgeschiedenen Seelen)

Pur|gi: Plur. von ↑ Purga

pur|gie|ren ⟨aus *lat.* purgare „reinigen; entschuldigen; sühnen; abführen, entleeren" zu purus, vgl. pur⟩: 1. reinigen, läutern. 2. abführen, ein Abführmittel anwenden (Med.).

pü|rie|ren ⟨zu ↑ Püree u. ↑ ...ieren⟩: zu Püree machen, ein Püree herstellen (Gastr.). **Pu|ri|fi|ka|ti|on** *die;* -, -en ⟨über gleichbed. *kirchenlat.* purificatio aus *lat.* purificatio „Reinigung" zu purificare, vgl. purifizieren⟩: a) liturgische Reinigung der Altargefäße in der kath. Messe; b) svw. Ablution (2). **Pu|ri|fi|ka|ti|ons|eid** *der;* -[e]s, -e: Reinigungseid (Rechtsw.). **Pu|ri|fi|ka|to|ri|um** *das;* -s, ...ien [...iən] ⟨aus gleichbed. *kirchenlat.* purificatorium⟩: Kelchtuch zum Reinigen des Meßkelches. **pu|ri|fi|zie|ren** ⟨aus gleichbed. *lat.* purificare zu purus (vgl. pur) u. facere „machen, tun"⟩: reinigen, läutern

pu|ri|form ⟨zu *lat.* pus, Gen. puris (vgl. Pus) u. ↑ ...form⟩: eiterähnlich, eiterartig (Med.)

Pu|rim [auch 'pu:...] *das;* -s ⟨aus *hebr.* pûrîm, dies aus dem Pers.⟩: jüd. Freudenfest im Februar/März zur Erinnerung an die im alttest. Buch Esther beschriebene Rettung der persischen Juden

Pu|rin *das;* -s, -e (meist Plur.) ⟨aus *nlat.* purinum, zusammengezogen aus *pur*um (acidum) u*rin*um „reine Harnsäure"⟩: aus der ↑ Nukleinsäure der Zellkerne entstehende organische Verbindung (Biochem.). **Pu|ris|mus** *der;* - ⟨wohl unter Einfluß von *fr.* purisme zu *lat.* purus (vgl. pur) u. ↑ ...ismus (2, 5)⟩: 1. (als übertrieben empfundenes) Streben nach Sprachreinheit, Kampf gegen die Fremdwörter. 2. Bewegung in der Denkmalpflege, ein Kunstwerk um der Stilreinheit willen von stilfremden Elementen zu befreien (z. B. aus einer gotischen Kirche barocke Zutaten zu entfernen). 3. Kunstrichtung im 20. Jh., die eine klare, strenge Kunst auf der Basis rein architektonischer u. geometrischer Form fordert. **Pu|rist** *der;* -en, -en ⟨aus gleichbed. *fr.* puriste; vgl. ...ist⟩: Vertreter des Purismus. **pu|ri|stisch** ⟨zu ↑ ...istisch⟩: den Purismus betreffend; nach Art eines Puristen. **Pu|ri|ta|ner** *der;* -s, - ⟨aus gleichbed. *engl.* puritan, dies zu *spätlat.* puritas (vgl. Purität) u. ↑ ...aner⟩: a) Anhänger des Puritanismus; b) sittenstrenger Mensch. **Pu|ri|ta|ne|rin** *die;* -, -nen: weibliche Form zu ↑ Puritaner. **pu|ri|ta|nisch:** a) den Puritanismus betreffend; b) sittenstreng; c) bewußt einfach (vor allem in bezug auf die Lebensführung), spartanisch. **Pu|ri|ta|nis|mus** *der;* - ⟨aus gleichbed. *engl.* puritanism, vgl. ...ismus (1)⟩: streng kalvinistische Richtung im England des 16./17. Jh.s. **Pu|ri|tät** *die;* - ⟨aus gleichbed. *spätlat.* puritas, Gen. puritatis⟩: (veraltet) Reinheit; Sittenreinheit

Pu|ro|hi|ta *der;* -s, -s ⟨aus gleichbed. *sanskr.* puróhita, eigtl. „vorangestellt; beauftragt"⟩: indischer Hauspriester u. Berater des Königs in der Zeit der wedischen Religion

Pur|pur *der;* -s ⟨über *lat.* purpura aus gleichbed. *gr.* porphýra „(Farbstoff aus dem Saft der) Purpurschnecke"⟩: 1. hochroter Farbstoff, Farbton. 2. (von Herrschern, Kardinälen bei offiziellem Anlaß getragenes) purpurfarbenes, prächtiges Gewand. **Pur|pu|ra** *die;* -, ...rae [...rɛ]: Blutfleckenkrankheit (Med.). **Pur|pur|bak|te|ri|en** [...iən] *die* (Plur.): Gruppe phototroper Bakterien, die roten Farbstoff enthalten (Med.). **Pur|pu|rin** *das;* -s ⟨zu ↑ ...in (1)⟩: ein Farbstoff, der u. a. in der Färberröte vorkommt u. synthetisch durch Oxydation von ↑ Alizarin hergestellt wird (Chem.). **pur|purn:** mit Purpur (1) gefärbt, purpurfarbig

Pur|ser ['pɔ:sə] *der;* -s, - ⟨aus gleichbed. *engl.* purser zu purse „Geldtasche" (aus *spätlat.* bursa)⟩: a) Zahlmeister auf einem Schiff; b) Chefsteward im Flugzeug. **Pur|se|rin** *die;* -, -nen: weibliche Form zu ↑ Purser (b)

pu|ru|lent ⟨aus gleichbed. *lat.* purulentus zu pus, vgl. Pus⟩: eitrig (Med.). **Pu|ru|lenz** u. **Pu|ru|les|zenz** *die;* -, -en ⟨aus gleichbed. *lat.* purulentia bzw. *nlat.* purulescentia⟩: (veraltet) [Ver]eiterung (Med.)

pu|rum ⟨*lat.;* Neutrum von purus, vgl. pur⟩: rein (von Chemikalien, z. B. Acidum purum)

Pus *das;* -s, Pura ⟨aus gleichbed. *lat.* pus, Gen. puris⟩: (fachspr.) Eiter (Med.)

pu|schen ⟨nach gleichbed. *engl.-amerik.* to push, vgl. pushen⟩: (ugs.) antreiben, in Schwung bringen

Pusch|ti vgl. Poschti

Push [pʊʃ] *der;* -[e]s, -es [...ɪz, auch ...ɪs] ⟨aus gleichbed. *engl.* push zu to push, vgl. pushen⟩: 1. (Jargon) forcierte Förderung (z. B. von jmds. Bekanntheit) mit Mitteln der Werbung. 2. Schlag, bei dem der Ball an einem Punkt landet, der in der der Schlaghand entsprechenden Richtung vom Ziel entfernt liegt (Golf). **Push|ball** ['pʊʃbɔ:l] *der;* -s ⟨aus *engl.-amerik.* pushball, eigtl. „Schiebeball"⟩: amerik. Ballspiel. **pu|shen** ⟨aus gleichbed. *engl.-amerik.* to push, eigtl. „schieben, bedrängen", dies über das Altfr. aus *lat.* pulsare, vgl. pulsieren⟩: 1. (Jargon) durch forcierte Werbung die Aufmerksamkeit des Käufers auf etwas lenken. 2. einen Push (2) schlagen, spielen (Golf). 3. (Jargon) mit Rauschgift handeln. **Pu|sher** *der;* -s, - ⟨aus gleichbed. *engl.-amerik.* pusher: (Jargon) Rauschgifthändler, der mit harten Drogen handelt; vgl. Dealer (1)

Puß|ta *die;* -, ...ten ⟨aus *ung.* puszta, eigtl. „Gebiet"⟩: Grassteppe, Weideland in Ungarn

Pu|stel *die;* -, -n ⟨aus *lat.* pustula „(Haut)bläschen"⟩: Eiterbläschen in der Haut; Pickel (Med.). **pu|stu|lös** ⟨aus gleichbed. *vulgärlat.* pustulosus; vgl. ...ös⟩: mit Pustelbildung einhergehend (Med.). **Pu|stu|lo|se** *die;* -, -n ⟨zu ↑¹...ose⟩: mit Pustelbildung verbundene Hautkrankheit (Med.)

Put *der;* -s, -s ⟨aus gleichbed. *engl.-amerik.* put zu *engl.* to put „(weg)stellen"⟩: Verkaufsoption (Börsenw.)

pu|ta|tiv ⟨aus gleichbed. *spätlat.* putativus zu *lat.* putare „annehmen, vermuten"⟩: vermeintlich, auf einem Rechtsirrtum beruhend (Rechtsw.). **Pu|ta|tiv|ehe** *die;* -, -n: ungültige Ehe, die aber mindestens von einem Partner in Unkenntnis des bestehenden Ehehindernisses für gültig gehalten wird (kath. Kirchenrecht). **Pu|ta|tiv|not|wehr** *die;* -: Abwehrhandlung in der irrtümlichen Annahme, die Voraussetzungen der Notwehr seien gegeben (Rechtsw.)

Pu|tre|fak|ti|on *die;* -, -en ⟨aus gleichbed. *lat.* putrefactio zu putrefacere „verwesen, faulen", dies zu puter „verwest, faul, morsch" u. facere „machen, tun"⟩: 1. Verwesung, Fäulnis (Biol., Med.). 2. faulige ↑ Nekrose (Med.). **Pu|tres|cin** [...ts...] vgl. Putreszin. **Pu|tres|zenz** *die;* -, -en ⟨zu ↑ putreszieren u. ↑ ...enz⟩: svw. Putrefaktion. **pu|tres|zie|ren** ⟨aus gleichbed. *lat.* putrescere: verwesen (Med.). **Pu|tres|zin**, fachspr. Putrescin [...ts...] *das;* -s ⟨zu ↑ ...in (1)⟩: bei der Verwesung von Eiweiß entstehende, unangenehm riechende Flüssigkeit (Biochem.). **pu|trid** ⟨aus gleichbed. *lat.* putridus⟩: faulig, übelriechend (Med.)

Putt *der;* -[s], -s ⟨aus gleichbed. *engl.* putt zu to putt, vgl. putten⟩: Schlag auf dem Grün (Rasenfläche am Ende der Spielbahn mit dem Loch; Golf)

Put|te *die;* -, -n u. Putto *der;* -s, Plur. ...tti u. ...tten ⟨aus *it.*

putto „Knäblein", dies über *vulgärlat*. *puttus aus *lat*. putus „Knabe"⟩: Figur eines kleinen nackten Knaben [mit Flügeln], Kinderengel (bes. in den Werken der Barockkunst)

put|ten ⟨nach gleichbed. *engl*. to putt⟩: einen ↑ Putt schlagen, spielen (Golf). **Put|ter** *der;* -s, - ⟨aus gleichbed. *engl*. putter⟩: Spezialgolfschläger, mit dem der Ball ins Loch getrieben wird (Sport)

Put|to vgl. Putte

Pu|uc|stil [pu'uk...] *der;* -s ⟨nach der Puuc-Hügelkette in Mexiko⟩: Baustil der Mayakultur in Mexiko am Ende der klassischen Periode (etwa 800–1000)

puz|zeln ['pazļn, 'pasļn] ⟨nach gleichbed. *engl*. to puzzle „verwirren, vor ein Rätsel stellen"; vgl. Puzzle⟩: 1. Puzzlespiele machen, ein Puzzle zusammensetzen. 2. etwas mühsam zusammensetzen. **Puz|zle** ['pazļ, 'pasļ] *das;* -s, -s ⟨aus gleichbed. *engl*. puzzle, eigtl. „Problem, Frage(spiel)", weitere Herkunft unsicher⟩: Geduldsspiel, bei dem viele kleine Einzelteile zu einem Bild, einer Figur zusammengesetzt werden müssen. **Puzz|ler** *der;* -s, - ⟨aus gleichbed. *engl*. puzzler⟩: jmd., der Puzzlespiele macht, ein Puzzle zusammensetzt

Puz|zo|la|n *das;* -s, -e ⟨aus älter *it*. puzzolana, Nebenform von pozzolana, nach dem ursprünglichen Fundort Pozzuoli am Vesuv⟩: kalkhaltiger Ton; wasserbindender Zusatz zum Mörtel. **Puz|zo|la|ner|de** vgl. Pozz[u]olanerde

py..., Py... vgl. pyo..., Pyo... **Py|ämie** *die;* -, ...ien ⟨zu ↑pyo... u. ↑...ämie⟩: herdbildende Form einer Allgemeininfektion des Körpers durch Eitererreger in der Blutbahn (Med.). **Py|ar|thro|se** *die;* -, -n: eitrige Gelenkentzündung

pyel..., Pyel..., **Pye|el|ek|ta|sie** *die;* -, ...ien ⟨zu ↑pyelo... u. ↑Ektasie⟩: krankhafte Erweiterung des Nierenbeckens (Med.). **Pye|li|tis** *die;* -, ...itiden ⟨zu ↑...itis⟩: Nierenbeckenentzündung (Med.). **pye|lo..., Pye|lo...**, vor Vokalen meist pyel..., Pyel... ⟨aus *gr*. pýelos „Trog, Wanne; Becken"⟩: Wortbildungselement mit der Bedeutung „Nierenbecken", z. B. Pyelographie, Pyelektasie. **pye|lo|gen** ⟨zu ↑...gen⟩: vom Nierenbecken ausgehend, im Nierenbecken entstehend (Med.). **Pye|lo|gramm** *das;* -s, -e ⟨zu ↑...gramm⟩: Röntgenbild des Nierenbeckens (Med.). **Pye|lo|gra|phie** *die;* -, ...ien ⟨zu ↑...graphie⟩: Röntgenaufnahme des Nierenbeckens (Med.). **Pye|lo|ne|phri|tis** *die;* -, ...itiden: gleichzeitige Entzündung von Nierenbecken u. Nieren (Med.). **Pye|lo|skop** *das;* -s, -e ⟨zu ↑...skop⟩: optisches Instrument zur direkten Betrachtung u. Untersuchung des Nierenbeckens (Med.). **Pye|lo|sko|pie** *die;* -, ...ien ⟨zu ↑...skopie⟩: Betrachtung u. Untersuchung des Nierenbeckens vor dem Durchleuchtungsschirm od. mit dem Pyeloskop (Med.). **Pye|lo|to|mie** *die;* -, ...ien ⟨zu ↑...tomie⟩: operativer Einschnitt in das Nierenbecken (Med.). **Pye|lo|zy|sti|tis** *die;* -, ...itiden: gleichzeitige Entzündung von Nierenbecken u. Blase (Med.)

Pyg|ma *das;* -s, -ta ⟨aus gleichbed. *gr*. pygmḗ⟩: Faustkampf bei altgriech. Festspielen. **Pyg|mäe** *der;* -n, -n ⟨über *lat*. Pygmaeus aus gleichbed. *gr*. Pygmaîos (Angehöriger eines sagenhaften Volkes in der Ilias des Homer), eigtl. „Fäustling", zu pygmaîos „eine Faust lang, zwerghaft", dies zu pygmḗ „Faust"⟩: Angehöriger einer zwergwüchsigen Rasse Afrikas. **pyg|mä|isch**: zwergwüchsig

Pyg|ma|li|on|ef|fekt *der;* -[e]s ⟨nach dem Bildhauer Pygmalion in der griech. Mythologie, der sich in die von ihm selbst geschaffene Statue verliebt⟩: Bez. für die vermeintliche Tatsache, daß Schüler, die ihr Lehrer für intelligent hält, während der Schulzeit eine bessere Intelligenzentwicklung zeigen als Kinder, die dem Lehrer weniger intelligent zu sein scheinen (Psychol.). **Pyg|ma|lio|nis|mus** *der;* -, ...men ⟨zu ↑...ismus (3)⟩: sexuelle Erregung beim Anblick nackter Statuen

pyg|mid ⟨zu ↑Pygmäe u. ↑²...id⟩: zu den Pygmiden gehörend, typische Merkmale der Pygmiden aufweisend. **Pyg|mi|de** *der;* -n, -n ⟨zu ↑...ide⟩: Angehöriger einer zwergwüchsigen Menschengruppe (in Afrika, Südostasien od. Melanesien; Völkerk.). **pyg|mo|id** ⟨zu ↑...oid⟩: zu den Pygmoiden gehörend. **Pyg|moi|de** *der* u. *die;* -n, -n ⟨zu ↑...oide⟩: Mensch mit den Pygmiden ähnlichen Merkmalen

Py|ja|ma [pyd ʒ..., auch pyʒ...] *der*, österr., schweiz. auch *das;* -s, -s ⟨aus gleichbed. *engl*. pyjamas (Plur.), nach *Urdu* pā-jāma, pai-jāma „lose um die Hüfte geknüpfte Hose", eigtl. „Beinkleid"⟩: Schlafanzug

pykn..., Pykn... vgl. pykno..., Pykno... **Py|kni|die** [...iə] *die;* -, -n ⟨aus *nlat*. pycnidia, dies zu *gr*. pyknós (vgl. pyknisch) u. ↑¹...ie⟩: Fruchtkörper der Rostpilze. **Py|kni|ker** *der;* -s, - ⟨zu ↑pyknisch⟩: Mensch von kräftigem, gedrungenem u. zu Fettansatz neigendem Körperbau. **py|knisch** ⟨aus *gr*. pyknós „dicht, fest, derb"⟩: untersetzt, gedrungen u. zu Fettansatz neigend. **Py|knit** [auch ...'nɪt] *der;* -s, -e ⟨zu ↑²...it⟩: ein gelbes Mineral, Abart des Topas. **py|kno..., Py|kno...**, vor Vokalen auch pykn..., Pykn... ⟨nach *gr*. pyknós „dicht, fest, derb"⟩: Wortbildungselement mit der Bedeutung „dicht; untersetzt, gedrungen", z. B. Pyknometer, Pyknit. **Py|kno|lep|sie** *die;* -, ...ien ⟨zu *gr*. lēpsis „Anfall, das Annehmen" u. ↑²...ie⟩: bei Kindern gehäuft auftretendes Anfallsleiden mit kleiner Bewußtseinspause, oft mit Augenzucken od. bestimmten rhythmischen Körperbewegungen verbunden (Med.). **Py|kno|me|ter** *das;* -s, - ⟨zu ↑¹...meter⟩: Meßgerät (Glasfläschchen) zur Bestimmung des spezifischen Gewichts von Flüssigkeiten. **py|kno|morph** ⟨zu ↑...morph⟩: svw. pyknisch. **Py|kno|se** *die;* -, -n ⟨zu ↑¹...ose⟩: natürliche od. künstlich verursachte Zellkerndegeneration in Form einer Zusammenballung der Zellkernmasse (Med.). **py|kno|tisch** ⟨zu ↑...otisch⟩: verdichtet, dicht zusammengedrängt (von der Zellkernmasse)

Py|le|phle|bi|tis *die;* -, ...itiden ⟨zu *gr*. pýlē „Tor, Tür", phléps, Gen. phlebós „Blutader" u. ↑...itis⟩: Pfortaderentzündung (Med.). **Py|lon** *der;* -en, -en u. **Py|lo|ne** *der;* -n, -n ⟨aus *gr*. pylōn „Tor, Portal; Turm"⟩: 1. großes Eingangstor altägypt. Tempel u. Paläste, von zwei wuchtigen, abgeschrägten Ecktürmen flankiert. 2. [toränlicher] tragender Pfeiler einer Hängebrücke. 3. kegelförmige, bewegliche Absperrmarkierung auf Straßen. **Py|lor|ek|to|mie** *die;* -, ...ien ⟨zu ↑Pylorus u. ↑...ektomie⟩: operative (1) Entfernung des Magenpförtners (Med.). **Py|lo|ro|spas|mus** *der;* -, ...men: 1. Krampf des Magenpförtners. 2. svw. Pylorostenose (Med.). **Py|lo|ro|ste|no|se** *die;* -, -n: Verengung des Magenausgangs, die bis zum Magenverschluß reichen kann u. durch Geschwüre, Narbenschrumpfung, Geschwülste od. Pylorospasmus (1) bedingt ist (Med.). **Py|lo|rus** *der;* -, ...ren ⟨über gleichbed. *spätlat*. pylorus aus *gr*. pylōrós, eigtl. „Türhüter"⟩: [Magen]pförtner, Schließmuskel am Magenausgang (Med.). **Py|lo|rus|ste|no|se** vgl. Pylorostenose

pyo..., Pyo..., vor Vokalen meist py..., Py... ⟨aus *gr*. pýon „Eiter"⟩: Wortbildungselement mit der Bedeutung „eitrig, Eiter", z. B. Pyothorax, Pyämie. **Pyo|der|mie** *die;* -, ...ien ⟨zu *gr*. dérma „Haut" u. ↑²...ie⟩: durch Eitererreger verursachte Erkrankung der Haut; Eiterausschlag (Med.). **pyo|gen** ⟨zu ↑...gen⟩: Eiterungen verursachend (von bestimmten Bakterien; Med.). **Pyo|kok|ke** *der;* -, -n (meist Plur.):

Pyometra

Eiterungen verursachende ↑ Kokke (Med.). **Pyo|me|tra** *die;* - ⟨zu *gr.* métra „Gebärmutter"⟩: Eiteransammlung in der Gebärmutter (Med.). **Pyo|ne|phro|se** *die;* -, -n: Nierenvereiterung als Endstadium einer ↑ Nephrose (Med.). **Pyor|rhö** *die;* -, -en u. **Pyor|rhöe** [...'rø:] *die;* -, -n [...'rø:ən] ⟨zu *gr.* rheīn „fließen"⟩: eitriger Ausfluß, Eiterfluß (Med.). **pyor|rho|isch**: die Pyorrhö betreffend, in der Art einer Pyorrhö. **Pyo|sal|pinx** *die;* -, ...pingen [...'pɪŋɡən]: Eiteransammlung im Eileiter als Folge einer Entzündung (Med.). **Pyo|sis** *die;* - ⟨aus gleichbed. *gr.* pýosis⟩: (veraltet) Vereiterung. **Pyo|tho|rax** *der;* -[e]s, -e: Eiteransammlung im Brustkorb (Med.). **Pyo|ze|pha|lus** *der;* -, ...li ⟨aus *nlat.* pyocephalus zu *gr.* kephalē „Kopf"⟩: Eiterung in den Gehirnkammern (Med.)

pyr..., **pyr...** vgl. pyro..., Pyro...

py|ra|mi|dal ⟨vermutlich unter Einfluß von *fr.* pyramidal aus gleichbed. *spätlat.* pyramidalis, vgl. Pyramide⟩: 1. pyramidenförmig. 2. (ugs.) gewaltig, riesenhaft, von gigantischen Ausmaßen. 3. zur Pyramide (5) gehörig (Med.). **Py|ra|mi|de** *die;* -, -n ⟨über *lat.* pyramis, Gen. pyramidis aus gleichbed. *gr.* pyramís, Gen. pyramídos, wohl aus dem Ägypt.⟩: 1. monumentaler Grabbau der altägypt. Könige. 2. Körper, der dadurch entsteht, daß die Ecken eines Vielecks mit einem Punkt außerhalb der Ebene des Vielecks verbunden werden (Math.). 3. Kristallfläche, die alle drei Kristallachsen schneidet (Mineral.). 4. pyramidenförmiges Gebilde. 5. pyramidenförmige Bildung an der Vorderseite des verlängerten Marks (Med.). 6. Figur im Kunstkraftsport **Py|ran** *das;* -s, -e (meist Plur.) ⟨zu ↑ pyro... u. ↑ ...an⟩: sechsgliedrige ↑ heterozyklische Verbindung mit einem Sauerstoffatom im Ring (Chem.). **Pyr|ano|graph** *der;* -en, -en ⟨zu *gr.* ánō „nach oben" u. ↑ ...graph⟩: ein Pyranometer, das die Meßdaten auf einer Trommel mit Registrierstreifen aufzeichnet (Meteor.). **Pyr|ano|me|ter** *das;* -s, - ⟨zu ↑¹...meter⟩: Gerät zur Messung der Sonnen- u. Himmelsstrahlung (Meteor.). **Pyr|ano|se** *die;* -, -n (meist Plur.) ⟨zu ↑ Pyran u. ↑²...ose⟩: Zucker, dessen Molekül das Ringsystem des Pyrans enthält; vgl. Monosaccharid. **Pyr|ar|gy|rit** [auch ...'rɪt] *der;* -s, -e ⟨zu *gr.* árgyros „Silber" u. ↑²...it⟩: Antimonsilberblende, ein Mineral. **Pyr|azin** *das;* -s ⟨Kunstw.; vgl. ...in (1)⟩: sechsgliedrige ↑ heterozyklische Verbindung mit zwei Stickstoffatomen im Ring (Chem.). **Pyr|azol** *das;* -s ⟨Kunstw.; vgl. ...ol⟩: fünfgliedrige ↑ heterozyklische Verbindung mit zwei benachbarten Stickstoffatomen als Ringglieder (Chem.). **Py|ren** *das;* -s ⟨zu ↑ ...en⟩: ↑ polyzyklischer aromatischer Kohlenwasserstoff, der im Steinkohlenteer enthalten ist

Py|re|no|id *das;* -[e]s, -e (meist Plur.) ⟨zu *gr.* pyrén „Kern (einer Frucht)" u. ↑ ...oid⟩: eiweißreiches Körnchen, das den Farbstoffträgern der Algen eingelagert ist

Py|re|thrum *das;* -s, ...ra ⟨über *lat.* pyrethrum aus *gr.* pýrethron (Name einer Pflanze) zu *gr.* pŷr, vgl. pyro...⟩: (veraltet) Untergattung der Chrysanthemen. **Py|re|ti|kum** *das;* -s, ...ka ⟨zu *gr.* pyretós „Fieberhitze" u. ↑ ...ikum⟩: Fiebermittel, fiebererzeugendes Mittel (Med.). **py|re|tisch**: fiebererzeugend (von Medikamenten; Med.). **Pyr|exie** *die;* -, ...ien ⟨zu *gr.* pýrexis „das Fiebern" u. ↑²...ie⟩: Fieber (Med.). **Pyr|geo|me|ter** *das;* -s, - ⟨zu ↑ pyro..., ↑ geo... u. ↑¹...meter⟩: Gerät zur Messung der langwelligen Ausstrahlung des Erdbodens (Meteor.). **Pyr|go|ze|pha|lie** *die;* -, ...ien ⟨zu *gr.* pýrgos „Burg; Turm", kephalē „Kopf" u. ↑²...ie⟩: svw. Turrizephalie (Med.) **Pyr|he|lio|me|ter** *das;* -s, - ⟨zu ↑ pyro..., ↑ helio... u. ↑¹...meter⟩: Gerät zur Messung der direkten Sonnenstrahlung (Meteor.). **Py|ri|din** *das;* -s ⟨Kunstw. zu *gr.* pŷr „Feuer"; vgl. ³...id u. ...in (1)⟩: Benzolabkömmling, von dem zahlreiche chem. Verbindungen abgeleitet werden. **Py|ri|mi|din** *das;* -s, -e ⟨Kunstw.⟩: organische chem. Verbindung, Spaltprodukt von Nukleinsäuren. **Py|rit** [auch ...'rīt] *der;* -s, -e ⟨über *lat.* pyrites aus *gr.* pyrítēs (líthos), eigtl. „Feuerstein; Kupfer-Schwefelkies"⟩: Eisen-, Schwefelkies. **py|ro...**, **Py|ro...**, vor Vokalen auch pyr..., Pyr... ⟨aus *gr.* pŷr, Gen. pyrós „Feuer"⟩: Wortbildungselement mit den Bedeutungen „Feuer, Hitze" u. „das Fieber (betreffend)", z. B. Pyromanie, Pyrolyse, pyrogen, Pyranometer. **Py|ro|chlor** [...klo:ɐ] *der;* -s, -e: bräunliches od. grünliches, durchscheinendes Mineral. **py|ro|elek|trisch**: die Pyroelektrizität betreffend. **Py|ro|elek|tri|zi|tät** *die;* -: bei manchen Kristallen an entgegengesetzten Seiten bei schneller Erwärmung auftretende elektrische Ladungen. **Py|ro|gal|lol** *das;* -s ⟨zu *lat.* galla „Gallapfel" u. ↑ ...ol⟩: dreiwertiges aromatisches Phenol, das u. a. als fotografischer Entwickler verwendet wird. **Py|ro|gal|lus|säu|re** *die;* -: svw. Pyrogallol. **py|ro|gen** ⟨zu ↑ pyro... u. ↑ ...gen⟩: 1. fiebererzeugend (z. B. von Medikamenten; Med.). 2. aus Schmelze entstanden (von Mineralien; Geol.). **Py|ro|gen** *das;* -s, -e: aus bestimmten Bakterien gewonnener Eiweißstoff, der fiebererzeugende Wirkung hat (Med.). **py|ro|kla|stisch**: vulkanischen Ursprungs (von Aschen; Geol.). **Py|ro|lu|sit** [auch ...'zɪt] *der;* -s, -e ⟨zu *gr.* loúsis „das Waschen" u. ↑²...it⟩: ein graues Mineral von metallischem Glanz. **Py|ro|ly|se** *die;* -, -n ⟨zu ↑ ...lyse⟩: Zersetzung von Stoffen durch Hitze (z. B. Trokkendestillation). **py|ro|ly|tisch**: die Pyrolyse betreffend. **Py|ro|ma|ne** *der* u. *die;* -n, -n ⟨zu ↑ ...mane⟩: jmd., der zur Pyromanie neigt (Med.). **Py|ro|ma|nie** *die;* - ⟨zu ↑ ...manie⟩: zwanghafter Trieb, Brände zu legen [u. sich beim Anblick des Feuers insbesondere sexuell zu erregen] (Med.). **Py|ro|ma|nin** *die;* -, -nen: weibliche Form zu ↑ Pyromane. **py|ro|ma|nisch**: die Pyromanie betreffend, auf ihr beruhend. **Py|ro|mant** *der;* -en, -en ⟨zu *gr.* mántis „Seher, Weissager"⟩: im Altertum Wahrsager aus dem (Opfer)feuer. **Py|ro|man|tie** *die;* - ⟨aus gleichbed. *gr.* pyromantía⟩: im Altertum die Wahrsagung aus dem [Opfer]feuer. **Py|ro|me|tall|ur|gie** *die;* - ⟨zu ↑ pyro...⟩: Teilgebiet der Metallurgie, das die Gewinnung u. die Raffination von Metallen bei höheren Temperaturen umfaßt. **Py|ro|me|ter** *das;* -s, - ⟨zu ↑¹...meter⟩: Gerät zum Messen der hohen Temperaturen von glühenden Stoffen. **Py|ro|me|trie** *die;* - ⟨zu ↑ ...metrie⟩: Temperaturmessung bei Temperaturen über 500° C. **Py|ro|mor|phit** [auch ...'fɪt] *der;* -s, -e ⟨zu *gr.* morphē „Gestalt" u. ↑²...it⟩: Grün-, Braun-, Buntbleierz. **Py|ron** *der;* -s, -e ⟨zu ↑²...on⟩: organische Verbindung, die in verschiedenen Pflanzenfarbstoffen enthalten ist. **Py|rop** *der;* -[e]s, -e ⟨zu *gr.* pyrōpós „feueräugig"⟩: blutroter bis schwarzer Granat, Schmuckstein (Mineral.). **Py|ro|pa|pier** *das;* -s ⟨zu ↑ pyro...⟩: leicht brennbares Papier (für Feuerwerkskörper). **Py|ro|pha|nit** [auch ...'nɪt] *der;* -s: *gr.* phanós „glänzend" u. ↑²...it⟩: ein tiefrotes, metallisch glänzendes Mineral. **Py|ro|pho|bie** *die;* -, ...ien ⟨zu ↑ ...phobie⟩: krankhafte Furcht vor dem Umgang mit Feuer (Med.). **py|ro|phor** ⟨nach *gr.* pyrphóros „Feuer bringend"⟩: selbstentzündlich, in feinster Verteilung an der Luft aufglühend (z. B. Eisen u. Blei). **Py|ro|phor** *der;* -s, -e: Cer-Eisen-Legierung mit pyrophoren Eigenschaften. **Py|ro|phyl|lit** [auch ...'lɪt] *der;* -s, -e ⟨zu ↑ pyro..., *gr.* phýllon „Blatt" u. ↑²...it⟩: perlmuttglänzendes, weißes, gelbliches, braunes od. grünes Mineral. **Py|ro|phyt** *der;* -en, -en (meist Plur.) ⟨zu ↑ ...phyt⟩: Pflanze, die zu ihrer Vermehrung auf die Einwirkung von Feuer angewiesen ist. **Pyr|op|to** *das;* -s, -s

⟨Kurzw. aus ↑*Pyro*meter u. ↑*Opto*meter⟩: Strahlungspyrometer zur Messung der Stärke von Lichtstrahlen. **Py|ro|sis** *die;* - ⟨aus *gr.* pýrōsis „das Brennen; Entzündung"⟩: Sodbrennen (Med.). **Py|ro|sol** *das;* -s, -e ⟨zu ↑pyro... u. ↑²Sol⟩: kolloide Lösung eines Metalls in einer Glasschmelze (Techn.). **Py|ro|sphä|re** *die;* -: (veraltet) Erdinneres (Erdmantel u. Erdkern). **Py|ro|tech|nik** *die;* -: Herstellung u. Gebrauch von Feuerwerkskörpern; Feuerwerkerei. **Py|ro|tech|ni|ker** *der;* -s, -: Fachmann auf dem Gebiet der Pyrotechnik; Feuerwerker. **py|ro|tech|nisch**: die Pyrotechnik betreffend. **Py|ro|te|le|graph** *der;* -en, -en: (veraltet) Fernmelder, der mit Feuerzeichen arbeitet. **Py|ro|therm** *das;* -s ⟨zu ↑...therm⟩: eine hitzebeständige Eisenlegierung, die hauptsächlich Chrom u. Nickel enthält. **Py|ro|xe|ne** *die* (Plur.) ⟨zu *gr.* xénos „fremd"⟩: eine Gruppe gesteinsbildender Mineralien. **Py|ro|xe|nit** [auch ...'nɪt] *der;* -s, -e ⟨zu ↑²...it⟩: dunkles feldspatfreies Tiefengestein

Pyr|rhi|che *die;* -, -n ⟨aus gleichbed. *gr.* pyrrhíchē⟩: altgriech. Waffentanz, meist mit Flötenspiel. **Pyr|rhi|chi|us** *der;* -, ...chii ⟨über gleichbed. *lat.* pyrrhichius aus *gr.* pyrrhíchios, eigtl. „den Waffentanz betreffend"⟩: svw. Dibrachys

Pyr|rho|nis|mus *der;* - ⟨nach dem griech. Philosophen Pyrrhon (*gr.* Pýrrhōn) von Elis (um 360–270 v. Chr.) u. zu ↑...ismus (1)⟩: der von Pyrrhon ausgehende ↑Skeptizismus (2)

Pyr|rhus|sieg *der;* -[e]s, -e ⟨nach den verlustreichen Siegen des Königs Pyrrhus, *gr.* Pýrrhos (319–272 v. Chr.) von Epirus über die Römer (280/279 v. Chr.)⟩: Scheinsieg; Erfolg, der mit großen Opfern verbunden ist u. daher eher einem Fehlschlag gleichkommt

Pyr|rol *das;* -s ⟨zu *gr.* pyrrhós „feuerrot" u. ↑...ol⟩: stickstoffhaltige Kohlenstoffverbindung mit vielen Abkömmlingen (z. B. Blutfarbstoff)

Pyr|uvat [...v...] *das;* -[e]s, -e (meist Plur.) ⟨zu *gr.* pŷr „Feuer", *lat.* uva „Weintraube" u. ↑...at (2)⟩: Salz od. Ester der Brenztraubensäure (Stoffwechselprodukt; Biochem.)

Py|tha|go|rä|er usw. vgl. Pythagoreer usw. **Py|tha|go|ras** *der;* - ⟨nach dem altgriech. Philosophen Pythagoras (*gr.* Pythagóras) von Samos (6./5. Jh. v. Chr.)⟩: svw. pythagoreischer Lehrsatz. **Py|tha|go|re|er**, österr. Pythagoräer *der;* -s, - ⟨über *lat.* Pythagoreus aus gleichbed. *gr.* Pythagóreios⟩: Anhänger der Lehre des Pythagoras. **py|tha|go|re|isch**, österr. pythagoräisch: die Lehre des Pythagoras betreffend, nach der Lehre des Pythagoras; -er Lehrsatz: grundlegender Lehrsatz der Geometrie, nach dem im rechtwinkligen Dreieck das Hypothenusenquadrat gleich der Summe der Kathetenquadrate ist (Math.). **Py|tha|go|re|is|mus**, österr. Pythagoräismus *der;* -s ⟨zu ↑...ismus (1)⟩: Lehre der Pythagoreer, bes. ihre Zahlenmystik

Py|thia *die;* -, ...ien [...jən] ⟨nach Pythia, der Priesterin des ↑Orakels zu Delphi⟩: Frau, die in orakelhafter Weise Zukünftiges voraussagt. **py|thisch**: rätselhaft, dunkel, orakelhaft. **Py|thon** *der;* -s, Plur. -s u. ...onen ⟨über *lat.* Python aus *gr.* Pýthōn, nach der von Apollo getöteten Schlange in der griech. Mythologie⟩: Vertreter der Gattung der Riesenschlangen

Py|ure|ter *der;* -s, Plur. ...teren, auch - ⟨zu ↑pyo... u. ↑Ureter⟩: vereiterter Harnleiter, Eiteransammlung im Harnleiter durch Abflußstauung (Med.). **Py|urie** *die;* -, ...ien ⟨zu ↑...urie⟩: Ausscheidung eitrigen Harns (Med.)

Py|xis *die;* -, Plur. ..iden, auch ...ides [...de:s] ⟨über *lat.* pyxis, Gen. pyxidis, aus *gr.* pyxís „Büchse"⟩: Behältnis für liturgische Gegenstände, Hostienbehälter im ↑Tabernakel

Qat [kat] vgl. Kat
Qi|gong [tʃɪˈkʊŋ] *das;* -s, -s ⟨aus dem Chin.⟩: aus China stammende Atemtherapie (Med.)
Qin|dar [k...] *der;* -[s], ...darka ⟨aus gleichbed. *alban.* qindar, eigtl. „ein Hundertstel"⟩: Münzeinheit in Albanien (= 0,01 Lek)
qua ⟨*lat.;* „auf der Seite, wo ...; inwieweit, wie"⟩: 1. (Präposition) a) mittels, durch, auf dem Wege über, z. B. - Amt festsetzen; b) gemäß, entsprechend, z. B. den Schaden - Verdienstausfall bemessen. 2. (Konjunktion) [in der Eigenschaft] als, z. B. - Beamter
quadr..., Quadr... vgl. quadri..., Quadri... **Qua|dra|ge|na|ri|us** *der;* -, ...rii ⟨zu *lat.* quadragenarius „vierzigjährig"⟩: (veraltet) Vierziger, in den vierziger Jahren stehender Mann. **Qua|dra|ge|se** *die;* -: Kurzform von ↑Quadragesima. **Qua|dra|ge|si|ma** *die;* - ⟨aus gleichbed. *mlat.* quadragesima (dies), eigtl. „der vierzigste (Tag vor Ostern)" zu *lat.* quadragesimus „der vierzigste"⟩: die vierzigtägige christliche Fastenzeit vor Ostern. **Qua|dral** *der;* -s, -e ⟨zu ↑quadri... u. ↑¹...al (2)⟩: eigene sprachliche Form (↑Numerus) für vier Dinge od. Wesen (Sprachw.). **Qua|dran|gel** *das;* -s, - ⟨aus gleichbed. *spätlat.* quadr(i)angulum⟩: Viereck. **qua|dran|gu|lär** ⟨zu *lat.* quadr(i)angulus „viereckig" u. ↑...är⟩: viereckig, ein Viereck bildend. **Qua|drans** *der;* -, ...drantes [...teːs] ⟨aus *lat.* quadrans „Viertel (vom zwölfteiligen Ganzen)"⟩: ein Viertel einer zwölfteiligen Skala. **Qua|drant** *der;* -en, -en ⟨aus *lat.* quadrans, Gen. quadrantis „der vierte Teil", substantiviertes Part. Präs. von quadrare, vgl. quadrieren⟩: 1. a) Viertelkreis; b) beim ebenen Koordinatensystem die zwischen zwei Achsen liegende Viertelebene (Math.). 2. a) ein Viertel des Äquators od. eines Meridians; b) älteres Instrument zur Messung der Durchgangshöhe der Sterne (Vorläufer des ↑Meridiankreises; Astron.). 3. früher verwendetes Instrument zum Einstellen der Höhenrichtung eines Geschützes beim indirekten Schuß (ohne Sicht auf den Gegner; Mil.). 4. die Pinne ersetzendes Kraftübertragungsteil in Schiffsruderanlagen. **Qua|drant|ek|to|mie** *die;* -, ...ien ⟨zu ↑...ektomie⟩: operative Entfernung eines quadrantenförmigen Stückes aus der weiblichen Brust (vor allem bei Krebs; Med.). **Qua|dran|ten|elek|tro|me|ter** *das;* -s, -: elektrostatisches Spannungsmeßgerät sehr hoher Empfindlichkeit (Elektrot.). **Qua|drat** *das;* -[e]s, -e[n] ⟨aus *lat.* quadratum „Viereck", eigtl. substantiviertes Part. Perf. (Neutrum) von quadrare, vgl. quadrieren⟩: 1. (Plur. nur -e) a) Viereck mit vier rechten Winkeln u. vier gleichen Seiten; b) zweite ↑Potenz einer Zahl (Math.). 2. (Plur. nur -en) längeres, rechteckiges, nicht druckendes Stück Blei, das zum Auffüllen von Zeilen beim Schriftsatz verwendet wird (Druckw.). 3. 90° Winkelabstand zwischen Planeten (Astrol.). **Qua|drat...** ⟨zu ↑Quadrat⟩: Flächenmaßeinheiten bezeichnendes Wortbildungselement mit der Bedeutung „in der zweiten Potenz", z. B. Quadratmeter; Zeichen ² (Potenzzeichen), z. B. m², od. (älter) q, z. B. qm. **Qua|dra|ta** *die;* - ⟨nach *lat.* quadrata, substantiviertes Fem. von quadratus „viereckig", eigtl. „die Viereckige", nach der Form⟩: die Buchschriftform der ↑Kapitalis. **Qua|drat|de|zi|me|ter** *der,* auch *das;* -s, - ⟨zu ↑Quadrat...⟩: Fläche von 1 dm Länge u. 1 dm Breite; Zeichen dm². **qua|dra|tisch** ⟨zu ↑Quadrat⟩: 1. in der Form eines Quadrats. 2. in die zweite Potenz erhoben (Math.). **Qua|drat|ki|lo|me|ter** *der;* - ⟨zu ↑Quadrat...⟩: Fläche von 1 km Länge u. 1 km Breite; Zeichen km². **Qua|drat|me|ter** *der,* auch *das;* -s, -: Fläche von 1 m Breite u. 1 m Länge; Zeichen m². **Qua|drat|mil|li|me|ter** *der,* auch *das;* -s, -: Fläche von 1 mm Breite u. 1 mm Länge; Zeichen mm². **Qua|drat|no|ta|ti|on** *die;* -, -en: Notationsform des späten Mittelalters mit quadratischen Noten (Mus.). **Qua|drat|no|te** *die;* -, -n: svw. Nota quadrata. **Qua|dra|trix** *die;* -, ...trizes [...tseːs] ⟨aus gleichbed. *nlat.* quadratrix, Gen. quadratricis⟩: allgem. Bez. für jede zur geometrischen Quadratur des Kreises od. anderer Figuren verwendete Hilfskurve (Math.). **Qua|dra|tur** *die;* -, -en ⟨aus gleichbed. *spätlat.* quadratura zu *lat.* quadrare, vgl. quadrieren⟩: 1. a) Umwandlung einer beliebigen, ebenen Fläche in ein Quadrat gleichen Flächeninhalts durch geometrische Konstruktion; - des Kreises: Aufgabe, mit Zirkel u. Lineal für einen gegebenen Kreis flächengleiches Quadrat zu konstruieren (aus bestimmten math. Gründen nicht möglich); etwas ist die - des Kreises: etwas ist unmöglich; b) Inhaltsberechnung einer beliebigen Fläche durch ↑Planimeter od. ↑Integralrechnung (Math.). 2. zur Verbindungsachse Erde - Sonne rechtwinklige Planetenstellung (Astron.). 3. eine architektonische Konstruktionsform, bei der ein Quadrat zur Bestimmung konstruktiv wichtiger Punkte verwendet wird, bes..in der romanischen Baukunst. **Qua|dra|tur|ma|le|rei** *die;* -, -en: 1. (ohne Plur.) perspektivische Ausmalung von Innenräumen mit dem Zweck, die Größenverhältnisse optisch zu verändern. 2. Beispiel für die perspektivische Ausmalung von Innenräumen. **Qua|drat|wur|zel** *die;* -, -n ⟨zu ↑Quadrat...⟩: zweite Wurzel einer Zahl od. math. Größe; Zeichen √, ²√. **Qua|drat|zahl** *die;* -, -en: das Ergebnis der zweiten ↑Potenz (4) einer Zahl (Math.). **Qua|drat|zen|ti|me|ter** *der,* auch *das;* -s, -: Fläche von 1 cm Länge u. 1 cm Breite; Zeichen cm². **qua|dri..., Qua|dri...,** quadro..., Quadro... u. quadru..., Quadru..., vor Vokalen auch verkürzt quadr..., Quadr... ⟨aus *lat.* quadri-, quadru- zu quat(t)uor „vier"⟩: Wortbildungselement mit der Bedeutung „vier", z. B. Quadriga, quadrophon, Quadral. **Qua|dri|du|um** *das;* -s, ...duen [...ʊən] ⟨aus gleichbed. *lat.* quadriduum, zu diurnus „täglich", dies zu dies „Tag"⟩: (veraltet) Zeit(raum) von vier Tagen. **Qua|dri|en|na|le** *die;* -, -n ⟨aus gleichbed. *it.* quadriennale, dies zu *spätlat.* quadriennis „vierjährig"⟩: alle vier Jahre stattfindende Ausstellung od. repräsentative Vorführung (auf dem Gebiet der bildenden Kunst u. des Films). **Qua|dri|en|ni|um** *das;* -s, ...ien [...jən] ⟨aus gleich-

qualifizieren

bed. *lat.* quadriennium, zu annus „Jahr"⟩: (veraltet) Zeitraum von vier Jahren. **qua|drie|ren** ⟨aus *lat.* quadrare „viereckig machen" zu quadrus „viereckig", dies zu quat(t)uor „vier"⟩: eine Zahl in die zweite ↑ Potenz (4) erheben, d. h. mit sich selbst multiplizieren (Math.). **Quadrie|rung** *die;* -, -en ⟨zu ↑...ierung⟩: 1. Nachahmung von Quadersteinen durch Aufmalung von Scheinfugen auf den Putz (Baukunst). 2. Hilfsmittel zur Übertragung von zeichnerischen Entwürfen, deren Original mit einem Quadratnetz überzogen wird, das – entsprechend vergrößert auf einer Wand – die maßstabgerechte Übertragung des Entwurfs ermöglicht (Malerei). **Qua|dri|fi|ni|um** *das;* -s, ...ien [...jən] ⟨aus gleichbed. *lat.* quadrifinium zu ↑ quadri... u. zu finis „Grenze"⟩: (veraltet) Ort, an dem vier Grenzen zusammenstoßen, Kreuzweg. **qua|dri|fo|lisch** ⟨zu ↑ Quadrifolium⟩: (veraltet) vierblättrig. **Qua|dri|fo|li|um** *das;* -s, ...ien [...jən] ⟨zu ↑ quadri... u. *lat.* folium „Blatt"⟩: (veraltet) Vierblatt. **Qua|dri|ga** *die;* -, ...gen ⟨aus gleichbed. *lat.* quadriga zu ↑ quadri... u. iugum „Joch"⟩: von einem offenen Streit-, Renn- od. Triumphwagen [der Antike] aus gelenktes Viergespann (Darstellung in der Kunst [als Siegesdenkmal]). **qua|dri|ge|mi|nus** ⟨*lat.*⟩: vierfach [vorhanden]. **Qua|dril|le** [...'drɪljə, auch ka...] *die;* -, -n ⟨über gleichbed. *fr.* quadrille aus *span.* cuadrilla, eigtl. „Trupp von vier Reitern", zu cuadro „Viereck", dies zu *lat.* quadrum, vgl. quadrieren⟩: von je vier Personen im Karree getanzter Kontertanz im ⅜- od. ¾-Takt. **Qua|dril|lé** [kadri'je:] *der;* - ⟨zu *fr.* quadrillé „kariert"⟩: kariertes Seidengewebe. **Qua|dril|li|ar|de** [kva...] *die;* -, -n ⟨aus *fr.* quadrilliarde zu ↑ quadri... u. *fr.* milliard, vgl. Milliarde⟩: 1 000 Quadrillionen (dritte Potenz einer Milliarde = 10^{27}). **Qua|dril|li|on** *die;* -, -en ⟨aus *fr.* quadrillion, zu *fr.* million, vgl. Million⟩: eine Million ↑ Trillionen (vierte Potenz einer Million = 10^{24}). **Qua|dri|nom** *das;* -s, -e ⟨zu ↑ quadri... u. *lat.* nomen „Name"⟩: eine Summe aus vier Gliedern (Math.). **Qua|dri|ple|gie** *die;* -, ...ien ⟨zu *gr.* plēgḗ „Schlag" u. ↑²...ie⟩: Lähmung aller vier Extremitäten (Med.). **Qua|dri|re|me** *die;* -, -n ⟨aus gleichbed. *lat.* quadriremis, zu remus „Ruder"⟩: Vierruderer (antikes Kriegsschiff mit vier übereinanderliegenden Ruderbänken). **Qua|dri|vi|um** [...v...] *das;* -s ⟨aus gleichbed. *spätlat.* quadrivium, eigtl. „Ort, an dem vier Wege zusammenstoßen", zu *lat.* via „Weg"⟩: im mittelalterlichen Universitätsunterricht die vier höheren Fächer Arithmetik, Geometrie, Astronomie, Musik; vgl. Trivium. **Qua|drizeps** *der;* -es, -e ⟨zu *lat.* quadriceps „vierköpfig", Analogiebildung zu ↑ Bizeps⟩: vierköpfiger Muskel, der an der Vorderseite des Oberschenkels liegt u. im Kniegelenk die Streckung des Unterschenkels bewirkt (Anat.). **qua|dro...**, **Qua|dro...** vgl. quadri..., Quadri... **Qua|dro** *das;* -s: Kurzform von ↑ Quadrophonie. **Qua|dro|nal** ⓦ *das;* -s ⟨Kunstw.⟩: schmerzlinderndes Mittel. **qua|dro|phon** ⟨zu ↑ quadri... u. ↑...phon, wohl Analogiebildung zu mono-, stereophon⟩: über vier Kanäle laufend (in bezug auf die Übertragung von Musik, Sprache o. ä.). **Qua|dro|pho|nie** *die;* - ⟨zu ↑...phonie⟩: quadrophone Übertragungstechnik, durch die ein gegenüber der ↑ Stereophonie erhöhtes Maß an räumlicher Klangwirkung erreicht wird; vgl. Stereophonie. **qua|dro|pho|nisch**: die Quadrophonie betreffend; vgl. binaural (2). **Qua|dro|phon|uhr** *die;* -, -en ⟨zu ↑ quadrophon⟩: Uhr, die je nach Einstellung auf verschiedene Art u. Weise schlagen kann. **Qua|dro|sound** [...saʊnd] *der;* -s ⟨aus gleichbed. *engl.-amerik.* quadrosound zu ↑ quadri... u. *engl.* sound, vgl. Sound⟩: durch Quadrophonie erzeugte Klangwirkung. **qua|dru...**, **Qua|dru...** vgl. quadri..., Quadri... **Qua|dru|ma|ne** *der;* -n, -n (meist Plur.) ⟨zu *lat.* quadrumanis, quadrimanus „vierhändig", zu manus „Hand"⟩: (veraltet) Affe (im Unterschied zum Menschen). **qua|dru|ped** ⟨aus *lat.* quadrupedis „auf vier Füßen gehend" zu pes, Gen. pedis „Fuß"⟩: vierfüßig (z. B. Lurche, die meisten Säugetiere; Zool.). **Qua|dru|pe|de** *der;* -n, -n (meist Plur.): (veraltet) a) Vierfüßer, vierfüßiges Wirbeltier; b) Säugetier (nach Linné). **Qua|dru|pe|die** *die;* - ⟨zu ↑²...ie⟩: Vierfüßigkeit (Zool.). ¹**Qua|dru|pel** *das;* -s, - ⟨über *fr.* quadruple „Vierfaches" aus gleichbed. *lat.* quadruplum⟩: vier zusammengehörende mathematische Größen. ²**Qua|dru|pel** *der;* -s, - ⟨latinisiert aus *span.* cuádruplo zu cuádruple „vierfach" (dies aus *lat.* quadruplus), eigtl. „die Vierfache", weil die Münze den vierfachen Wert der ↑ Dublone besaß⟩: frühere span. Goldmünze. **Qua|dru|pel|al|li|anz** *die;* - ⟨zu ↑¹Quadrupel⟩: Bündnis von vier Staaten. **Qua|dru|pel|fu|ge** *die;* -, -n: ↑ Fuge mit vier verschiedenen Themen (Mus.). **qua|dru|plie|ren** ⟨aus gleichbed. *lat.* quadruplare⟩: (veraltet) vervierfachen. **Qua|dru|pol** *der;* -s, -e ⟨zu ↑ quadri... u. ↑¹Pol⟩: Anordnung von zwei elektrischen ↑ Dipolen od. zwei Magnetspulen

Quae|stio ['kvɛ(:)...] *die;* -, ...iones [...ne:s] ⟨aus *lat.* quaestio „(Streit)frage", eigtl. „das Suchen; zu quaerere „suchen; forschen nach etw."⟩: lat. Form von ↑ Quästion. **Quae|stio fac|ti** [– ...k...] *die;* - -, ...iones [...ne:s] – ⟨aus *lat.* quaestio facti „Frage nach dem Vorhandenen", zu factum, vgl. Faktum⟩: die Untersuchung des Sachverhalts, der tatsächlichen Geschehensabfolge einer Straftat im Unterschied zur Quaestio juris (Rechtsw.). **Quae|stio ju|ris** *die;* - -, ...ones [...ne:s] - ⟨aus *lat.* quaestio iuris „Frage nach dem Recht", zu ius, vgl. ¹Jus⟩: Untersuchung einer Straftat hinsichtlich ihrer Strafwürdigkeit u. tatbestandsmäßigen Erfaßbarkeit. **Quae|stio|nes** [...ne:s]: Plur. von ↑ Quaestio

Quag|ga *das;* -s, -s ⟨aus dem Hottentott.⟩: ausgerottetes zebraartiges Wildpferd

Quai [ke:, auch kɛ:] *der;* -s, -s ⟨aus *fr.* quai, vgl. Kai⟩: franz. Schreibung für ↑ Kai. **Quai d'Or|say** [kedɔr'sɛ] *der;* - - ⟨*fr.;* nach der gleichnamigen Straße in Paris⟩: das an der gleichnamigen Straße in Paris gelegene franz. Außenministerium

Quä|ker *der;* -s, - ⟨aus *engl.* Quaker zu to quake „zittern" (wohl vor dem Wort Gottes)⟩: Mitglied der im 17. Jh. gegründeten engl.-amerik. Society of Friends (= Gesellschaft der Freunde), einer sittenstrengen, pazifistischen Sekte mit bedeutender Sozialarbeit. **Quä|ke|rin** *die;* -, -nen: weibliche Form zu ↑ Quäker. **quä|ke|risch:** nach Art der Quäker. **Quä|ker|tum** *das;* -s: a) Art, Wesen der Quäker; b) Gesamtheit der Quäker

Qua|li|fi|ka|ti|on *die;* -, -en ⟨unter Einfluß von *fr.* qualification aus gleichbed. *mlat.* qualificatio zu qualificare, vgl. qualifizieren, Bed. 3 über *engl.* qualification⟩: 1. das Sichqualifizieren. 2. a) Befähigung, Eignung; b) Befähigungsnachweis. 3. a) durch vorausgegangene sportliche Erfolge erworbene Berechtigung, an sportlichen Wettbewerben teilzunehmen; b) Wettbewerb, Spiel, in dem sich die erfolgreichen Teilnehmer für die Teilnahme bei der nächsten Runde einer größeren Wettbewerbs qualifizieren (2 c; Sport); vgl. ...[at]ion/...ierung. 4. Beurteilung, Kennzeichnung. **Qua|li|fi|ka|ti|ons|struk|tur** *die;* -, -en: Bez. für die in einer Gesamtbevölkerung, in einer Organisation od. einem Betrieb zu beobachtende Verteilung von Qualifikationen auf den betreffenden Personenkreis. **qua|li|fi|zie|ren** ⟨aus *mlat.* qualificare zu *lat.* qualis (vgl. Qualität) u. facere „machen", Bed. 1 c über *engl.* to qualify⟩: a) sich weiterbil-

qualifiziert

den u. einen Befähigungsnachweis erbringen; b) seine berufliche Leistungsfähigkeit durch Vervollkommnung der fachlichen u. gesellschaftlichen Kenntnisse, Fähigkeiten o. ä. steigern; c) die für die Teilnahme an einem sportlichen Wettbewerb erforderliche Leistung erbringen. 2. etwas qualifiziert jmdn. als/für/zu etwas; etwas stellt die Voraussetzung für jmds. Eignung, Befähigung für etwas dar. 3. als etwas beurteilen, einstufen, kennzeichnen, bezeichnen. **qua|li|fi|ziert** ⟨zu ↑...iert⟩: 1. von Sachkenntnis zeugend. 2. tauglich, besonders geeignet. **Qua|li|fi|zie|rung** *die;* -, -en ⟨zu ↑...ierung⟩: das Qualifizieren (1–3); vgl. ...[at]ion/...ierung. **qua|lis rex, ta|lis grex** ⟨*lat.;* „wie der König, so die Herde"⟩: wie der Herr, so der Knecht. **qua|lis vir, ta|lis oratio** ⟨*lat.*⟩: wie der Mann, so die Rede. **Qua|li|tät** *die;* -, -en ⟨aus *lat.* qualitas, Gen. qualitatis „Beschaffenheit, Verhältnis, Eigenschaft" zu qualis „wie beschaffen"⟩: 1. a) charakteristische Eigenschaft, Beschaffenheit einer Sache; b) Güte, Wert; c) (meist Plur.) gute Eigenschaft (einer Sache, Person). 2. Klangfarbe eines Vokals (unterschiedlich z. B. bei offenen u. geschlossenen Vokalen; Sprachw.). 3. im Schachspiel der Turm hinsichtlich seiner relativen Überlegenheit gegenüber Läufer od. Springer; die - gewinnen: Läufer od. Springer gegen einen Turm eintauschen. **qua|li|ta|tiv** [auch 'kval...] ⟨unter Einfluß von *fr.* qualitatif aus gleichbed. *mlat.* qualitativus⟩: die Qualität betreffend; hinsichtlich der Qualität (1). **Qua|li|ta|tiv** [auch 'kval...] *das;* -s, -e [...və] ⟨aus *nlat.* (nomen) qualitativum⟩: svw. Adjektiv (Sprachw.). **Qua|li|täts|au|dit** *der* od. *das;* -s, -s: unabhängige Untersuchung der qualitätsbezogenen Fähigkeiten u. deren Ergebnisse (Wirtsch.). **Qua|li|täts|kon|trol|le** *die;* -, -n: die Überwachung der Qualität von in Massen produzierten Gütern mit Hilfe statistischer Methoden (Wirtsch.). **Qua|li|täts|ma|nage|ment** [...mænɪdʒmənt] *das;* -s: Gesamtheit der sozialen u. technischen Maßnahmen, die zum Zweck der Absicherung einer Mindestqualität von Ergebnissen betrieblicher Leistungsprozesse angewendet werden (z. B. Qualitätskontrolle, Endkontrolle; Wirtsch.)

Quant *das;* -s, -en ⟨zu *lat.* quantum, vgl. Quantum⟩: a) kleinstmöglicher Wert einer physik. Größe; b) bes. in einer Wellenstrahlung als Einheit auftretende kleinste Energiemenge (Phys.). **Quan|ta|som** *das;* -s, -e ⟨zu *gr.* sõma „Körper"⟩: Zellpartikel, dessen Funktion nicht eindeutig geklärt ist (Phys.). **quan|teln**: eine Energiemenge in Quanten darstellen. **Quan|te|lung** *die;* -: das Aufteilen der bei physik. Vorgängen erscheinenden Energie u. anderer atomarer Größen in bestimmte Stufen od. das Auftreten als Vielfaches von bestimmten Einheiten. **Quan|ten**: Plur. von ↑Quant u. ↑Quantum. **Quan|ten|bio|lo|gie** *die;* -: Teilgebiet der Biophysik, das sich mit der Quantentheorie bei biologischen Vorgängen befaßt. **Quan|ten|che|mie** *die;* -: Forschungsgebiet der theoretischen Chemie, in dem die Methoden der Quantenmechanik auf chem. Problemstellungen angewendet werden. **Quan|ten|elek|tro|nik** *die;* -: Teilgebiet der angewandten Physik, das sich mit den quantentheoretischen Grundlagen u. technischen Anwendungen der Erscheinungen bei der Wechselwirkung elektromagnetischer Strahlung mit atomaren Systemen u. Festkörpern befaßt. **Quan|ten|feld|theo|rie** *die;* -: Verschmelzung von Quantentheorie u. spezieller Relativitätstheorie. **Quan|ten|me|cha|nik** *die;* -: erweiterte elementare Mechanik, die es ermöglicht, das Geschehen des Mikrokosmos zu erfassen. **quan|ten|me|cha|nisch**: die Quantenmechanik betreffend, auf ihr beruhend. **Quan|ten|physik** *die;* -: Teilgebiet der Physik, dessen Gegenstand die mit den

Quanten zusammenhängenden Erscheinungen sind. **quan|ten|phy|si|ka|lisch**: die Quantenphysik betreffend. **Quan|ten|sprung** *der;* -[e]s, ...sprünge: Übergang eines mikrophysikalischen Systems aus einem stationären Energiezustand in einen anderen, wobei Emission od. Absorption eines ↑Quants erfolgt (Phys.). **Quan|ten|sta|ti|stik** *die;* -: statistische Behandlung sehr vieler Teilchen, die sich nach den Gesetzen der Quantentheorie bewegen (Phys.). **Quan|ten|theo|rie** *die;* -: Theorie über die mikrophysikalischen Erscheinungen, die das Auftreten von Quanten in diesem Bereich berücksichtigt. **quan|ten|theo|re|tisch**: die Quantentheorie betreffend, auf ihr beruhend. **Quan|ten|zahl** *die;* -, -en: ganz- od. halbzahlige Größe zur Charakterisierung der einzelnen Energiewerte eines quantenhaften Vorgangs (Phys.). **Quan|ti|fi|ka|ti|on** *die;* -, -en ⟨zu ↑quantifizieren u. ↑...ation⟩: Umformung der Qualitäten in Quantitäten, d. h. der Eigenschaften von etwas in Zahlen u. meßbare Größen (z. B. Farben u. Töne in Schwingungszahlen u. Wellenlängen); vgl. ...[at]ion/...ierung. **Quan|ti|fi|ka|tor** *der;* -s, ...oren ⟨zu ↑...ator⟩: svw. Quantor. **quan|ti|fi|zie|ren** ⟨aus *mlat.* quantificare „ausmachen, betragen" zu *lat.* quantus, vgl. Quantum u. ...fizieren⟩: in Mengenbegriffen, Zahlen o. ä. beschreiben. **Quan|ti|fi|zie|rung** *die;* -, -en ⟨zu ↑...ierung⟩: das Quantifizieren; vgl. ...[at]ion/...ierung. **Quan|til** *das;* -s, -s ⟨zu *lat.* quantillus, quantulus „wie groß – wie klein, wie viel – wie wenig"⟩: Merkmalswert, für den die Wahrscheinlichkeit für das Auftreten der Merkmale zwischen gewissen Schranken liegt (Statistik). **quan|ti|sie|ren** ⟨zu ↑Quantum u. ↑...isieren⟩: 1. (fachspr.) eine Quantisierung (2, 3) vornehmen. 2. sw. quanteln. **Quan|ti|sie|rung** *die;* - ⟨zu ↑...isierung⟩: 1. svw. Quantelung. 2. Übergang von der klassischen, d. h. mit kontinuierlich veränderlichen physik. Größen erfolgenden Beschreibung eines physik. Systems zur quantentheoretischen Beschreibung durch Aufstellung von Vertauschungsrelationen für die nunmehr im allgemeinen als nicht vertauschbar anzusehenden physik. Größen (Phys.). 3. Unterteilung des Amplitudenbereichs eines kontinuierlich verlaufenden Signals in eine endliche Anzahl kleiner Teilbereiche. **Quan|ti|tät** *die;* -, -en ⟨aus *lat.* quantitas, Gen. quantitatis „Größe, Menge" zu quantus, vgl. Quantum⟩: 1. Menge, Anzahl. 2. Dauer einer Silbe (Länge od. Kürze des Vokals) ohne Rücksicht auf die Betonung (antike Metrik; Sprachw.). **quan|ti|ta|tiv** [auch 'kvan...] ⟨zu ↑...iv⟩: der Quantität (1) nach, mengenmäßig. **Quan|ti|täts|grö|ße** *die;* -, -n: physik. Größe eines homogenen Systems, die proportional zur Stoffgröße ist (z. B. Masse, Volumen). **Quan|ti|täts|theo|rie** *die;* -: eine Geldtheorie, die einen Zusammenhang zwischen den Veränderungen der Geldmenge u. der Güterpreise annimmt (Wirtsch.). **Quan|ti|té né|gli|geable** [kãtitenegli'ʒabl] *die;* - - ⟨aus *fr.* quantité négligeable „belanglose Größe"⟩: wegen ihrer Kleinheit außer acht zu lassende Größe, Belanglosigkeit. **quan|ti|tie|ren** ⟨zu *lat.* quantitas (vgl. Quantität) u. ↑...ieren⟩: Silben im Vers nach der Quantität (2) messen. **Quan|to|me|ter** *das;* -s, - ⟨zu ↑Quantum u. ↑¹...meter⟩: sehr genaue Apparatur zur raschen Spektralanalyse von vorgelegten Metallproben. **Quan|tor** *der;* -s, ..oren ⟨Kurzw. aus ↑*Quantifika*tor⟩: logische Partikel (z. B. „für alle gilt") für quantifizierte Aussagen. **Quan|tum** *das;* -s, ...ten ⟨aus *lat.* quantum, substantiviertes Neutrum von quantus „wie groß, wie viel"⟩: jmdm. zukommende, einer Sache angemessene Menge von etw. (bes. Nahrungsmittel o. ä.). **quan|tum li|bet** u. **quan|tum pla|cet** [- ...ts...] ⟨*lat.*⟩: (veraltet) soviel beliebt od. gefällt, in beliebiger Größe od. Menge. **quan|tum sa|tis** ⟨*lat.*⟩: in

ausreichender Menge (Hinweis auf Rezepten); Abk.: q. s. (Med.). **quan|tum suf|fi|cit** [– ...tsɪt] ⟨*lat.*⟩: in ausreichender Menge, soviel wie nötig (Hinweis auf Rezepten); Abk.: q. s. (Med.). **quan|tum vis** [– 'vi:s] ⟨*lat.;* „so sehr du willst"⟩: soviel du nehmen willst, nach Belieben (Hinweis auf Rezepten); Abk.: q. v. (Med.)
Qua|ran|tä|ne [ka...] *die;* -, -n ⟨aus gleichbed. *fr.* quarantaine, eigtl. „Anzahl von 40 (Tagen)" zu quarante „vierzig", dies aus gleichbed. *vulgärlat.* quarranta, *lat.* quadraginta; nach der vierzigtägigen Hafensperre, mit der man früher Schiffe belegte, die seuchenverdächtige Personen an Bord hatten⟩: räumliche Absonderung, Isolierung Ansteckungsverdächtiger od. Absperrung eines Infektionsherdes (z. B. Wohnung, Ortsteil, Schiff) von der Umgebung als Schutzmaßregel gegen Ausbreitung od. Verschleppung von Seuchen. **Qua|ran|tä|ne|sta|ti|on** *die;* -, -en: Einrichtung zur Unterbringung von Personen, Tieren, die unter Quarantäne stehen

Quark [kwɑːk, engl. kwɔːk] *das;* -s, -s ⟨zu *engl.-amerik.* quarks; von dem amerik. Physiker M. Gell-Mann (*1929) geprägte Phantasiebezeichnung nach dem Namen schemenhafter Wesen aus dem Roman „Finnegan's Wake" von J. Joyce⟩: hypothetisches Elementarteilchen (Kernphys.). **Quar|ko|ni|um** [kvar...] *das;* -s ⟨Analogiebildung zu ↑ Positronium⟩: kurzlebiger, gebundener Zustand eines schweren Quarks u. dessen Antiquarks (Kernphys.)

¹Quart *die;* -, -en ⟨zu *lat.* quarta „die vierte", zu quartus, vgl. ²Quart, Bed. 2 eigtl. „vierte Fechtbewegung"⟩: 1. svw. Quarte. 2. bestimmte Klingenhaltung beim Fechten.
²Quart *das;* -[e]s ⟨substantiviert zu *lat.* in quarto „in Vierteln", dies aus quartus „der vierte", zu quat(t)uor „vier"⟩: Viertelbogengröße; Zeichen 4° (Buchformat). **³Quart** [engl. kwɔːt] *das;* -s, -s ⟨aus (*mittel*)*engl.* quart, dies über *mittelfr.* quarte aus *lat.* quarta (pars), Fem. von quartus, vgl. ²Quart⟩: 1. a) engl. Hohlmaß (1,136 l); Zeichen qt; b) amerik. Hohlmaß (für Flüssigkeiten): 0,946 l; Zeichen liq qt; c) amerik. Hohlmaß (für trockene Substanzen: 1,101 dm³); Zeichen dry qt. 2. (Plur. -e; aber: 5 Quart) früheres Flüssigkeitsmaß in Preußen u. Bayern (0,267 l).
Quar|ta ['kvarta] *die;* -, ...ten ⟨aus *nlat.* quarta (classis) „vierte (Klasse)" zu *lat.* quarta, Fem. von quartus (vgl. ²Quart); vgl. Prima⟩: (veraltend) dritte, in Österreich vierte Klasse eines Gymnasiums. **Quar|tal** *das;* -s, -e ⟨aus *mlat.* quartale (anni) „Viertel eines Jahres"; vgl. ²Quart⟩: Vierteljahr. **quar|ta|li|ter** ⟨*nlat.*⟩: (veraltet) vierteljährlich. **Quar|tals|säu|fer** *der;* -s, - ⟨zu ↑ Quartal⟩: (ugs.) svw. Dipsomane; vgl. Dipsomanie. **Quar|ta|na** *die;* -, ...nen ⟨aus *lat.* quartana „viertägiges Fieber", eigtl. Fem. von quartanus „zum vierten (Tag) gehörend"⟩: Viertagewechselfieber (Verlaufsform der Malaria; Med.). **Quar|ta|ner** *der;* -s, - ⟨zu ↑ Quarta u. ↑...aner⟩: (veraltend) Schüler der Quarta. **Quar|ta|ne|rin** *die;* -, -nen: weibliche Form zu ↑ Quartaner. **Quar|tant** *der;* -en, -en ⟨zu *mlat.* quartans, Gen. quartantis, Part. Präs. von quartare „vierteln"⟩: (selten) Buch in Viertelbogengröße. **quar|tär** ⟨zu *lat.* quartus „der vierte" u. ↑...är, Bed. 1 vgl. Quartär⟩: 1. das Quartär betreffend (Geol.). 2. an vierter Stelle in einer Reihe, [Rang]folge stehend; viertrangig. 3. a) (von Atomen in Molekülen) das zentrale Atom bildend, an das vier organische Reste gebunden sind, die je ein Wasserstoffatom ersetzen; b) (von chem. Verbindungen) aus Molekülen bestehend, die ein quartäres (3 a) Atom als Zentrum haben. **Quar|tär** *das;* -s ⟨zu ↑ quartär, eigtl. „die vierte (Formation)", nach der früheren Zählung des Paläozoikums als Primär⟩: erdge-

schichtliche Formation des ↑ Känozoikums (umfaßt ↑ Pleistozän u. ↑ Holozän; Geol.). **Quar|ta|ti|on** *die;* -, -en ⟨zu *lat.* quartus „der vierte" u. ↑...ation⟩: Trennung von Gold u. Silber durch konzentrierte Salpetersäure. **Quar|te** *die;* -, -n ⟨zu *lat.* quarta „die vierte"⟩: a) der vierte Ton einer ↑ diatonischen Tonleiter vom Grundton an; b) ↑ Intervall (2) von vier ↑ diatonischen Stufen (Mus.). **Quar|tel** *das;* -s, - ⟨Verkleinerungsform von ↑³Quart (2)⟩: (bayr.) kleines Biermaß. **Quar|ten**: Plur. von ↑ Quarta, ¹Quart (1 u. 2) u. ↑ Quarte. **Quar|ter** ['kwɔːtə] *der;* -s, - ⟨aus *engl.(-amerik.)* quarter, dies aus *altfr.* quartier, vgl. Quartier⟩: 1. engl. Gewicht (= 12,7 kg). 2. engl. Hohlmaß (= 290,95 l). 3. Getreidemaß in den USA (= 21,75 kg). 4. (ugs.) in den USA Bez. für den Vierteldollar. **Quar|ter|back** [...baek] *der;* -[s], -s ⟨aus gleichbed. *engl.-amerik.* quarterback⟩: (im amerik. Football) Spieler, der aus der Verteidigung heraus Angriffe einleitet u. führt; Spielmacher. **Quar|ter|deck** ['kvar...] *das;* -s, -s ⟨aus gleichbed. *engl.* quarterdeck zu quarter „Mannschaftsabteilung an Bord" (die Mannschaften auf Kriegsschiffen wurden früher für den Wachdienst in vier Abteilungen aufgeteilt), dies zu *altfr.* quartier, vgl. Quartier⟩: leicht erhöhtes hinteres Deck eines Schiffes (Seew.). **Quar|ter Horse** ['kwɔːtə hɔːs] *das;* - -, - -s [...sɪz, auch ...sɪs] ⟨aus gleichbed. *engl.* quarter horse (wegen ihrer hohen Schnelligkeit für die Viertelmeile so genannt)⟩: aus dem Westen der USA u. aus Kanada stammende, zunehmend weltweit gezüchtete Pferderasse. **Quar|ter|mei|ster** ['kvar...] *der;* -s, - ⟨Lehnübersetzung von gleichbed. *engl.* quartermaster, urspr. „Aufsicht über die auf dem Quarterdeck Beschäftigten"; das Schiff wurde vom Quarterdeck aus gesteuert⟩: Matrose, der insbesondere als Rudergänger eingesetzt wird (Seew.). **Quar|te|ron** *der;* -en, -en ⟨aus gleichbed. *span.* cuarterón zu cuarto „vierter", dies aus *lat.* quartus⟩: (veraltet) männlicher Nachkomme eines Weißen u. einer Terzeronin (vgl. Terzeron). **Quar|tett** *das;* -[e]s, -e ⟨aus gleichbed. *it.* quartetto zu quarto „vierter", dies aus *lat.* quartus⟩: 1. a) Komposition für vier solistische Instrumente od. vier Solostimmen; b) Vereinigung von vier Instrumental- od. Vokalsolisten; c) (iron.) Gruppe von vier Personen, die gemeinsam etwas tun. 2. die erste od. zweite der beiden vierzeiligen Strophen des ↑ Sonetts im Unterschied zum ↑ Terzett (2). 3. Kartenspiel, bes. für Kinder, bei dem jeweils vier zusammengehörende Karten abgelegt werden, nachdem man die fehlenden durch Fragen von den Mitspielern erhalten hat. **Quar|tier** *das;* -s, -e ⟨aus (*alt*)*fr.* quartier „vierter Teil (eines Heerlagers)", eigtl. „Viertel", dies aus *lat.* quartarius zu quartus, vgl. ¹Quart⟩: 1. a) Unterkunft, in der man vorübergehend (z. B. auf einer Reise) wohnt; b) (veraltend) Unterkunft von Truppen außerhalb einer Kaserne (Mil.). 2. (schweiz., österr.) Stadtviertel. **quar|tie|ren** ⟨zu ↑ Quartier u. ↑...ieren⟩: (veraltet) [Soldaten] in Privatunterkünften unterbringen; einquartieren. **Quar|tier la|tin** [kartjela'tɛ̃] *das;* - - ⟨aus *fr.* quartier latin „lateinisches Viertel"⟩: Pariser Hochschulviertel. **Quart|ma|jor** [kv...] *die;* - ⟨zu ↑¹Quart u. ↑¹Major⟩: bestimmte Reihenfolge von [Spiel]karten. **Quar|to** *das;* - ⟨aus *it.* quarto⟩: ital. Bez. für ²Quart. **Quar|to|le** *die;* -, -n ⟨italianisierende Bildung zu *lat.* quartus, vgl. ¹Quart, Analogiebildung zu ↑ Triole⟩: Figur von vier Noten, die an Stelle des Taktwertes von drei od. sechs Noten stehen (Mus.). **Quart|sext|ak|kord** *der;* -[e]s, -e ⟨zu ↑ Quarte⟩: Akkord von Quarte u. Sexte über der Quinte des Grundtons der jeweiligen Tonart (Mus.)

Quartz *der;* -es, -e ⟨aus *engl.* quartz⟩: engl. Schreibung von dt. Quarz (z. B. zur Kennzeichnung von quarzgesteuerten

Quarzit

Uhren). **Quar|zit** [auch ...'tsɪt] *der;* -s, -e ⟨zu *dt.* Quarz u. ↑²...it⟩: sehr hartes, meist dichtes, feinkörniges, überwiegend aus Quarzmineralen bestehendes Gestein

Qua|sar *der;* -s, -e ⟨aus *engl.* quasar, dies Kurzw. aus *quasi*stell*ar* sources „sternähnliche (Radio)quellen"⟩: Sternsystem, sternförmig erscheinendes Objekt im Kosmos mit extrem starker Radiofrequenzstrahlung (Astron.)

qua|si ⟨aus gleichbed. *lat.* quasi⟩: gewissermaßen, gleichsam, sozusagen. **qua|si...**, **Qua|si...** ⟨zu ↑quasi⟩: Wortbildungselement mit der Bedeutung „mit der bezeichneten Sache fast gleich zu setzen, im strengen Sinn aber doch etwas anderes; nur in gewissem Sinne, aber nicht wirklich so", z. B. quasiautomatisch, Quasisynonym. **Qua|si|kontrakt** *der;* -[e]s, -e: (veraltet) Scheinvertrag, einem Vertrag ähnliches Verhältnis od. Handeln (z. B. Geschäftsführung ohne Auftrag). **qua|si|kri|stal|lin**: in Teilbereichen kristallin, sonst aber ↑amorph (bes. Phys.). **Qua|si|mo|do|ge|ni|ti** ⟨aus *lat.* quasi modo geniti (infantes) „wie die eben geborenen (Kinder)"; nach dem Eingangsvers des Gottesdienstes, 1. Petrus 2,2⟩: in der ev. Kirche Name des ersten Sonntags nach Ostern (Weißer Sonntag). **qua|si|of|fi|zi|ell** ⟨zu ↑quasi...⟩: gewissermaßen offiziell. **qua|si|op|tisch**: sich ähnlich den Lichtwellen, also fast geradlinig ausbreitend (in bezug auf Ultrakurzwellen; Phys.). **qua|si|pe|ri|odisch**: sich nur wenig von einem periodischen Vorgang od. einer periodischen Größe unterscheidend. **Qua|si|sou|ve|rä|ni|tät** [...zuvə...] *die;* -: scheinbare Souveränität. **qua|si|stel|lar**: sternartig. **Qua|si|teil|chen** *die* (Plur.): Bez. für gewisse Anregungsformen in Vielteilchensystemen, die sich in mancher Hinsicht wie Teilchen verhalten (Phys.)

Quas|sie [...iə] *die;* -, -n ⟨aus *nlat.* quassia, nach dem surinamesischen Medizinmann Graman Quassie, 18. Jh.⟩: südamerik. Baum, dessen Holz Bitterstoff enthält (früher als Magenmittel verwendet)

Quäs|ti|on *die;* -, -en ⟨aus *(m)lat.* quaestio „(Streit)frage", eigtl. „das Suchen", zu *lat.* quaerere „suchen; fragen"⟩: in einer mündlichen ↑Diskussion entwickelte u. gelöste wissenschaftliche Streitfrage (Scholastik). **quä|stio|niert** ⟨zu ↑...iert⟩: (veraltet) fraglich, in Rede stehend; Abk.: qu. (Rechtsw.). **Quä|stor** [auch 'kvɛ...] *der;* -s, ...oren ⟨aus *lat.* quaestor, eigtl. „Untersuchungsrichter"⟩: 1. hoher Finanzu. Archivbeamter in der röm. Republik. 2. Leiter einer Quästur (2). 3. (schweiz.) Kassenwart (eines Vereins). **Quä|stur** *die;* -, -en ⟨aus *lat.* quaestura „Amt des Quästors"⟩: 1. a) Amt eines Quästors (1); b) Amtsbereich eines Quästors (1). 2. Universitätskasse, die die Hochschulgebühren einzieht

Qua|tem|ber *der;* -s, - ⟨aus *(m)lat.* quat(t)uor tempora „vier Zeiten"⟩: liturgisch begangener kath. Fasttag (am Mittwoch, Freitag u. Samstag nach Pfingsten, nach dem dritten Advents- u. ersten Fastensonntag). **qua|ter|när** ⟨aus *lat.* quaternarius „aus je vieren bestehend" zu quaterni „je vier", das zu quat(t)uor „vier"⟩: aus vier Bestandteilen zusammengesetzt, aus vier Teilen bestehend (Chem.). **Qua|ter|ne** *die;* -, -n ⟨aus gleichbed. *it.* quaterna, dies zu *lat.* quaterni, vgl. quaternär⟩: (veraltet) Gewinn von vier Nummern in der Zahlenlotterie od. im Lotto. **Qua|ter|nio** *der;* -s, ...onen ⟨aus *spätlat.* quaternio „die Vier"⟩: aus vier Einheiten zusammengesetztes Ganzes od. zusammengesetzte Zahl. **Qua|ter|ni|on** *die;* -, -en ⟨zu ↑ ¹...ion⟩: Zahlensystem mit vier komplexen Einheiten (Math.). **Qua|train** [ka'trɛː] *das* od. *der;* -s, Plur. -s od. -en [...'trɛːnən] ⟨aus gleichbed. *fr.* quatrain zu quatre „vier", dies über *vulgärlat.* quattor aus *lat.* quat(t)uor⟩: 1. vierzeiliges Gedicht. 2. Quartett (2). **quatre mains** [katrə'mɛ̃] ⟨*fr.*⟩: [für] vier Hände, vierhändig (Mus.). **Qua|tri|du|um** [kva...] *das;* -s ⟨aus gleichbed. *lat.* quatriduum, quadriduum, vgl. Quadriduum⟩: svw. Quadriduum. **Quat|tro|cen|tist** [...tʃɛn...] *der;* -en, -en ⟨aus gleichbed. *it.* quattrocentista; vgl. Quattrocento⟩: Künstler des Quattrocento. **Quat|tro|cen|to** *das;* -[s] ⟨aus gleichbed. *it.* (mil) quattrocento, eigtl. „(tausend)vierhundert" (nach den Jahreszahlen)⟩: das 15. Jahrhundert als Stilbegriff der ital. Kunst (Frührenaissance). **Qua|tu|or** *das;* -s, -s ⟨aus gleichbed. *fr.* quatuor, dies zu *lat.* quat(t)uor „vier"⟩: (veraltet) Instrumentalquartett

Que|bra|cho [ke'bratʃo] *das;* -s ⟨aus gleichbed. *span.* quebracho, quiebrahacha, eigtl. „Axtbrecher", zu quebrar „brechen" u. hacha „Axt"⟩: gerbstoffreiches, hartes Holz südamerik. Baumarten

Que|chua ['kɛtʃua] vgl. Ketschua

Queen [kwiːn] *die;* -, -s ⟨aus *engl.* queen „Königin"⟩: 1. englische Königin. 2. (ugs.) weibliche Person, die in einer Gruppe, in ihrer Umgebung im Mittelpunkt steht, am beliebtesten, begehrtesten o. ä. ist. 3. femininer Homosexueller, der bes. attraktiv ist für Homosexuelle, die die männliche Rolle übernehmen

Que|lea *die;* -, -s ⟨aus *nlat.* quelea, dies wohl aus dem *Afrik.*⟩: Blutschnabelweber, Gattung der Webervögel

Que|ma|de|ro [ke...] *der;* -[s], -s ⟨aus *span.* quemadero „Verbrennungsplatz" zu quemar „verbrennen", dies aus *lat.* cremare⟩: Richtstätte zum Verbrennen der von der ↑Inquisition (1) verurteilten Ketzer

Quem|pas *der;* - ⟨Kurzw. aus *lat.* quem pastores, nach dem Lied Quem pastores laudavere „Den die Hirten lobeten (sehre)"⟩: alter volkstümlicher Wechselgesang der Jugend in der Christmette od. -vesper

Quen|chen ['kvɛntʃən] u. **Quen|ching** *das;* -s ⟨zu *engl.* to quench „abkühlen, abschrecken"⟩: das Abschrecken von heißen Reaktionsprodukten mit Wasser, Öl, Gas u. a., um die chem. Reaktion zum Stillstand zu bringen (Techn.)

Quent *das;* -[e]s, -e (aber: 5 Quent) ⟨zu *lat.* quintus „fünfter"⟩: ehemaliges kleines deutsches Handelsgewicht unterschiedlicher Größe

Que|rel|le *die;* -, -n (meist Plur.) ⟨aus *lat.* querela „Klage, Beschwerde" zu queri, vgl. querulieren⟩: auf gegensätzlichen Bestrebungen, Interessen, Meinungen beruhende [kleinere] Streiterei. **Que|ru|lant** *der;* -en, -en ⟨aus *mlat.* querulans, Gen. querulantis, Part. Präs. von querulare, vgl. querulieren⟩: jmd., der immer etwas zu nörgeln hat u. sich über jede Kleinigkeit beschwert. **Que|ru|lan|tin** *die;* -, -nen: weibliche Form zu ↑Querulant. **Que|ru|lanz** *die;* - ⟨zu ↑...anz⟩: querulatorisches Verhalten mit krankhafter Steigerung des Rechtsgefühls. **Que|ru|la|ti|on** *die;* -, -en ⟨zu ↑ ¹...ion⟩: (veraltet) Beschwerde, Klage. **que|ru|la|to|risch** ⟨aus gleichbed. *nlat.* querulatorius⟩: nörglerisch, streitsüchtig. **que|ru|lie|ren** ⟨aus *mlat.* querulare „klagen", sich beschweren", dies aus *lat.* queri⟩: nörgeln, ohne Grund klagen

Quer|ze|tin *das;* -s ⟨zu *lat.* quercetum „Eichenwald" (dies zu quercus „Eiche") u. ↑...in (1)⟩: gelber Farb- u. Arzneistoff in der Rinde der Färbereiche, den Blüten des Goldlacks, des Stiefmütterchens u. anderer Pflanzen (früher als Farbstoff gebraucht, heute als antibakterielles Mittel verwendet)

Que|sal [ke...] vgl. ¹Quetzal. **¹Quet|zal** [kɛ...] u. Quesal [ke...] *der;* -s, -s ⟨über *span.* quetzal aus gleichbed. *Nahuatl* (einer mittelamerik. Indianersprache) quetzalli, eigtl. „Schwanzfeder"⟩: in Mittelamerika heimischer, zu den ↑Trogons gehöriger farbenprächtiger Urwaldvogel mit langen, metallisch schimmernden grünen Schwanzfedern

(Wappenvogel von Guatemala). ²**Quet|zal** *der;* -[s], -[s] (aber: 5 Quetzal) ⟨zu ↑ ¹Quetzal⟩: Münzeinheit in Guatemala

¹**Queue** [kø:] *das,* österr., ugs. auch *der;* -s, -s ⟨aus gleichbed. *fr.* queue, eigtl. „Schwanz", dies aus gleichbed. *lat.* coda, cauda⟩: Billardstock. ²**Queue** *die;* -, -s ⟨aus gleichbed. *fr.* queue, vgl. ¹Queue⟩: 1. lange Reihe, Schlange, z. B. eine - bilden. 2. (veraltet) Ende einer ↑ Kolonne (1 a) oder reitenden Abteilung; Ggs. ↑ Tete

Quib|ble [kwɪbl] *das;* -s, -s ⟨aus *engl.* quibble „Spitzfindigkeit" zu to quibble „streiten"⟩: (veraltet) a) spitzfindige Ausflucht; b) [sophistisches, witziges] Wortspiel

Quiche [kiʃ] *die;* -, -s [kiʃ] ⟨aus gleichbed. *fr.* quiche, dies wohl aus dem Germ.⟩: Speckkuchen aus ungezuckertem Mürbe- od. Blätterteig (Gastr.). **Quiche Lor|raine** [kiʃlɔ'rɛn] *die;* - -, -s -s [...rɛn] ⟨aus *fr.* quiche lorraine „Lothringer Speckkuchen"⟩: Quiche aus Mürbeteig, Speckscheiben, Käse u. einer Eier-Sahne-Soße (Gastr.)

Qui|ckie¹ [engl. 'kwɪkɪ] *das;* -s, -s ⟨aus *engl.* quickie „auf die Schnelle Gemachtes, schnelle Sache" zu quick „flink, schnell"⟩: 1. schnelles Ratespiel bei Quizveranstaltungen. 2. (Jargon) Geschlechtsverkehr ohne große Umschweife aus der Situation heraus. **Quick|sort** ['kwɪksɔːt] ⟨zu *engl.* to sort „sortieren"⟩: ein schnelles, rechnerinternes Sortierverfahren (EDV). **Quick|step** [...stɛp] *der;* -s, -s ⟨aus gleichbed. *engl.* quickstep, eigtl. „Schnellschritt"⟩: Standardtanz in schnellem Marschtempo u. stampfendem Rhythmus, der durch Fußspitzen- u. Fersenschläge ausgedrückt wird

Quick|test *der;* -[e]s, Plur. -s, auch -e ⟨nach dem amerik. Arzt A. J. Quick, 1894–1978⟩: ein Verfahren zur Diagnose von Störungen der Blutgerinnung (Med.)

Qui|cum|que [...k...] *das;* - ⟨aus *lat.* Quicumque (vult salvus esse) „Wer auch immer (gerettet werden will)", nach dem Anfangswort⟩: svw. Athanasianum

Qui|dam *der;* - ⟨aus *lat.* quidam „ein gewisser"⟩: ein gewisser Jemand. **Quid|di|tät** *die;* -, -en ⟨aus *mlat.* quid(d)itas, Gen. quid(d)itatis, eigtl. „die Washeit", zu *lat.* quid? „was?"⟩: das Wesen eines Seienden im Gegensatz zu seinem Dasein (Scholastik). **Quid|pro|quo** *das;* -s, -s ⟨aus *lat.* quid pro quo? „(irgend) etwas für (irgend) etwas"⟩: Verwechslung einer Sache mit einer anderen; Ersatz

Quie *die;* -, Qui̯en ⟨aus dem Altnord.⟩: (landsch.) a) junges weibliches Rind, das noch nicht gekalbt hat; b) gemästete junge Kuh

Qui|es|zenz [kviɛ...] *die;* - ⟨aus gleichbed. *spätlat.* quiescentia zu *lat.* quiescere, vgl. quieszieren⟩: (veraltet) 1. Ruhe. 2. Ruhestand. 3. als Reaktion auf ungünstige Umweltbedingungen einsetzende Ruheperiode bei wechselblütigen Tieren (Biol.). **qui|es|zie|ren** ⟨aus *lat.* quiescere „ausruhen, ruhen (lassen)"⟩: (veraltet) 1. jmdn. in den Ruhestand versetzen. 2. ruhen. 3. in Quieszenz (3) verharren (von wechselwarmen Tieren; Biol.). **Qui̯e|tis|mus** [kvie...] *der;* - ⟨zu *lat.* quietus „ruhig" u. ↑...ismus (2, 5)⟩: 1. der ↑ Mystik verwandte religiöse Haltung der Passivität, die innere Ruhe u. Ergebenheit in Gottes Willen anstrebt. 2. (meist abwertend) passive Geisteshaltung, die bes. durch das Streben nach einer gottergebenen Frömmigkeit gekennzeichnet ist. **Qui̯e|tist** *der;* -en, -en ⟨zu ↑...ist⟩: Anhänger des Quietismus. **qui̯e|ti|stisch** ⟨zu ↑...istisch⟩: den Quietismus betreffend. **Qui̯e|ti|vum** [...v...] *das;* -s, ...va ⟨zu ↑...ivum⟩: Beruhigungsmittel (Med.). **qui̯e|to** ⟨*it.;* dies aus gleichbed. *lat.* quietus⟩: ruhig, gelassen (Vortragsanweisung; Mus.)

Quil|la|ja *die;* -, -s ⟨über *span.* quillaja aus gleichbed. *Mapu-tsche* (einer südamerik. Indianersprache) quillay⟩: chilenischer Seifenbaum mit immergrünen, ledrigen Blättern. **Quil|la|ja|rin|de** *die;* -: gelbliche Rinde der Quillaja, deren Extrakte als milde Waschmittel u. als Zusätze zu Kosmetika verwendet werden

Quill|work ['kwɪlwəːk] *das;* -s ⟨aus gleichbed. *engl.* quillwork zu quill „Feder, Stachel" u. work „Arbeit"⟩: Applikationsarbeit mit gefärbten Stachelschweinborsten, bes. als Verzierung an Taschen, Kleidungsstücken u. Pferdegeschirren [der nordamerik. Indianer]

Quilt *der;* -s, -s ⟨aus *engl.* quilt „Schlafdecke"⟩: gesteppte, mit Applikationen verzierte Bettüberdecke od. künstlerisch gestalteter Wandbehang. **quil|ten** ⟨nach *engl.* to quilt „steppen, wattieren"⟩: einen Quilt herstellen

Qui|nar *der;* -s, -e u. **Qui|na|ri|us** *der;* -, ...rii ⟨aus *lat.* quinarius, eigtl. „Fünfer"⟩: röm. Silbermünze der Antike, urspr. im Wert von fünf ↑⁴As. **Quin|cunx** ['kvɪŋk...] *der;* - ⟨aus *lat.* quincunx „Anordnung auf Lücke, schräge Reihe", eigtl. „die Fünf (des Würfels)"⟩: 1. Bau- od. Säulenordnung in der Stellung der Fünf eines Würfels (:·:·:). 2. u. Quinkunx: 150° Winkelabstand zwischen den Planeten (Astrol.). **quin|ke|lie|ren** ⟨über älteres quintelieren zu *mhd.* quintieren „in Quinten singen", dies aus *mlat.* quintare zu *lat.* quinta, vgl. Quinte⟩: 1. (landsch.) trällern, zwitschern; mit schwacher, dünner Stimme singen. 2. (landsch.) Winkelzüge, Ausflüchte machen. **Quin|kunx** vgl. Quincunx (2). **Quin|qua|ge|si|ma** *die;* - ⟨aus gleichbed. *mlat.* quinquagesima (dies), eigtl. „der fünfzigste (Tag)" (vor bzw. nach Ostern) zu *lat.* quinquagesimus „der fünfzigste"⟩: 1. in der ev. u. in der kath. Kirche Name des letzten Sonntags vor der Passions- bzw. Fastenzeit; Sonntag- od. Quinquagesima; vgl. Estomihi. 2. früher der 50tägige Zeitraum zwischen Ostern u. Pfingsten. **quin|quen|nal** ⟨aus gleichbed. *lat.* quinquennalis⟩: (veraltet) fünf Jahre dauernd. **Quin|quen|nal|fa|kul|tä|ten** *die* (Plur.): auf fünf Jahre begrenzte Vollmachten für Bischöfe, ↑ Dispense zu erteilen, die sonst dem Papst vorbehalten sind. **Quin|quen|ni|um** *das;* -s, ...ien [...jən] ⟨aus gleichbed. *lat.* quinquennium zu quinque „fünf" u. annus „Jahr"⟩: (veraltet) Zeitraum von fünf Jahren. **quin|qui|lie|ren** vgl. quinkelieren. **Quin|quil|li|on** *die;* -, -en ⟨zu *lat.* quinque „fünf", Analogiebildung zu ↑ Million⟩: svw. Quintillion. **Quint** *die;* -, -en ⟨zu *lat.* quinta, eigtl. „fünfte (Fechtbewegung)" zu quintus „fünfter"⟩: 1. svw. Quinte. 2. bestimmte Klingenhaltung beim Fechten. **Quin|ta** *die;* -, ...ten ⟨aus *lat.* quinta (classis) „fünfte (Klasse)" zu quintus „fünfter", vgl. Quarta⟩: (veraltend) zweite, in Österreich fünfte Klasse einer höheren Schule

Quin|tal [franz. kɛ̃'tal, span. u. portug. kin'tal] *der;* -s, -e (aber: 5 Quintal) ⟨aus gleichbed. *fr., span.* u. *port.* quintal, dies über *mlat.* quintale aus *arab.* qinṭār, qinṭāl⟩: Gewichtsmaß (Zentner) in Frankreich, Spanien u. in mittel- u. südamerikan. Staaten; Zeichen q

Quin|ta|na *die;* - ⟨*lat.* (febris) quintana „Fünftagefieber" zu quintanus „zum fünften (Tag) gehörig"⟩: Fünftagefieber, Infektionskrankheit mit periodischen Fieberanfällen im Abstand von meist fünf Tagen (Med.). **Quin|ta|ner** *der;* -s, - ⟨zu ↑ Quinta u. ↑...aner⟩: (veraltend) Schüler einer Quinta. **Quint|de|zi|me** *die;* -, -n ⟨zu ↑ Quinte⟩: Intervall von 15 diatonischen Tonstufen, Doppeloktave (Mus.). **Quin|te** *die;* -, -n ⟨aus *mlat.* quinta (vox) „fünfte(r Ton)"⟩: a) der 5. Ton einer ↑ diatonischen Tonleiter vom Grundton an; b) ↑ Intervall (2) von 5 ↑ diatonischen Stufen (Mus.). **Quin|ten:** Plur. von ↑ Quinta, ↑ Quint u. ↑ Quinte. **Quin|ten|zir|kel** *der;* -s: Kreis, in dem alle Tonarten in Dur u. Moll in Quintenschritten dargestellt werden (Mus.). **Quin|ter|ne**

die; -, -n ⟨wohl nach *span.* quinterna zu *lat.* quintus „der fünfte"⟩: (veraltet) Fünfgewinn (5 Nummern in einer Reihe beim Lottospiel). **Quin|ter|nio** *der;* -, ...onen ⟨aus gleichbed. *nlat.* quinternio⟩: (veraltet) aus fünf Stücken zusammengesetztes Ganzes. **Quin|te|ron** *der;* -en, -en ⟨zu *span.* quinto „der fünfte", Analogiebildung zu ↑Quarteron⟩: (veraltet) männlicher Nachkomme eines Weißen u. einer Quarteronin (vgl. Quarteron). **Quint|es|senz** *die;* -, -en ⟨aus *mlat.* quinta essentia „feinster unsichtbarer Luftod. Ätherstoff als fünftes Element; feinster Stoffauszug", eigtl. „fünftes Seiendes", Lehnübersetzung für *gr.* pémptē ousía bei den Pythagoreern u. Aristoteles⟩: Endergebnis, Hauptgedanke, -inhalt, Wesen einer Sache. **Quin|tett** *das;* -[e]s, -e ⟨aus gleichbed. *it.* quintetto zu quinto „fünfter", vgl. Quinta): a) Komposition für fünf solistische Instrumente od. fünf Solostimmen; b) Vereinigung von fünf Instrumental- od. Vokalsolisten (Mus.). **quin|tie|ren** ⟨zu ↑Quinte u. ↑...ieren⟩: auf Blasinstrumenten, bes. der Klarinette, beim Überblasen statt in die Oktave in die ↑Duodezime überschlagen. **Quin|til|la** [kɪnˈtɪlja] *die;* -, -s ⟨aus *span.* quintilla „Strophe zu fünf Versen"⟩: seit dem 15. Jh. in Spanien übliche fünfzeilige Strophe aus achtsilbigen Versen. **Quin|til|le** [kɛ̃ˈtiːjə] *die;* - ⟨aus gleichbed. *fr.* quintille⟩: svw. Cinquille. **Quin|til|li|ar|de** [kvɪn...] *die;* -, -n ⟨zu *lat.* quintus „fünfter", Analogiebildung zu ↑Milliarde⟩: 1 000 Quintillionen = 10^{33}. **Quin|til|li|on** *die;* -, -en ⟨Analogiebildung zu ↑Million⟩: 10^{30}, Zahl mit 30 Nullen. **Quin|to|le** *die;* -, -n ⟨italianisierende Bildung zu lat. quintus „fünfter"; Analogiebildung zu ↑Triole⟩: Gruppe von fünf Tönen, die einen Zeitraum von drei, vier od. sechs Tönen gleichen Taktwertes in Anspruch nehmen (Mus.). **Quin|ton** [kɛ̃ˈtõ] *der;* -s, -s ⟨aus gleichbed. *fr.* quinton zu quint „fünfter", dies aus *lat.* quintus⟩: franz. fünfsaitiges Streichinstrument des 17./18. Jh.s. **Quint|sext|ak|kord** [kvɪnt...] *der;* -[e]s, -e: erste Umkehrung des Septimenakkordes, bei der die ursprüngliche Terz den Baßton abgibt (Mus.). **Quin|tu|or** *das;* -s, -s ⟨aus gleichbed. *fr.* quintuor⟩: (veraltet) Instrumentalquintett. **quin|tu|pel** ⟨aus gleichbed. *spätlat.* quintuplex⟩: (veraltet) fünffach. **Quin|tu|pel** *das;* -s, -: aus fünf in einer bestimmten Folge aneinandergereihten Größen bestehender Komplex (Math.). **Quin|tus** *der;* - ⟨zu *lat.* quintus „der Fünfte"⟩: die fünfte Stimme in den mehrstimmigen Kompositionen des 16. Jh.s (Mus.)

Quip|pu [ˈkɪpu] vgl. Quipu

Qui|pro|quo *das;* -s, -s ⟨aus *lat.* qui pro quo „(irgend)wer für (irgend)wen"⟩: Verwechslung einer Person mit einer anderen

Qui|pu u. Quippu [ˈkɪpu] *das;* -[s], -[s] ⟨aus gleichbed. *Ketschua* (einer südamerik. Indianersprache) quípu⟩: Knotenschnur der Inkas, die als Schriftersatz diente

qui|ri|lie|ren vgl. quinkelieren

Qui|ri|nal *der;* -s ⟨nach *lat.* Quirinalis, einem der sieben Hügel Roms⟩: seit 1948 Sitz des ital. Staatspräsidenten (früher des Königs)

Qui|ri|te *der;* -n, -n ⟨aus *lat.* Quiritis, eigtl. „Einwohner der sabinischen Stadt Cures"⟩: röm. Vollbürger zur Zeit der Antike

Quis|ling *der;* -s, -e ⟨nach dem norweg. Faschistenführer V. Quisling, 1887–1945⟩: (abwertend) svw. Kollaborateur

Quis|qui|li|en [...jən] *die* (Plur.) ⟨aus gleichbed. *lat.* quisquilia): etwas, dem man keinen Wert, keine Bedeutung beimißt; Belanglosigkeiten

quit|tie|ren ⟨aus *(alt)fr.* quitter „freimachen; aufgeben, sich trennen von", dies aus *mlat.* quietare, quit(t)are „befreien, entlassen" zu *lat.* quietus „ruhig, gelassen"⟩: 1. den Empfang einer Leistung, einer Lieferung durch Quittung bescheinigen, bestätigen. 2. auf etwas reagieren, etwas mit etwas beantworten; etwas - [müssen]: etwas hinnehmen [müssen]. **Quit|tung** *die;* -, -en: 1. Empfangsbescheinigung, -bestätigung (für eine Bezahlung). 2. (iron.) unangenehme Folgen (z. B. einer Tat, eines Verhaltens); Vergeltung

Qui|vive [kiˈviːf] ⟨aus gleichbed. *fr.* (être sur le) qui-vive zu qui vive „wer da?", eigtl. „wer lebt (da)?"⟩: in der Wendung auf dem - sein: (ugs.) auf der Hut sein. **qui vi|vra, ver|ra** [kiviˈvra ˈvera] ⟨*fr.;* „wer leben wird, wird [es] sehen"⟩: die Zukunft wird es zeigen

Quiz [kvɪs] *das;* -, - ⟨aus gleichbed. *engl.-amerik.* quiz, eigtl. „schrulliger Kauz; Neckerei, Ulk"⟩: Frage-und-Antwort-Spiel (bes. im Rundfunk u. Fernsehen), bei dem die Antworten innerhalb vorgeschriebener Zeit gegeben werden müssen. **Quiz|ma|ster** [ˈkvɪs...] *der;* -s, - ⟨aus gleichbed. *engl.-amerik.* quiz-master⟩: Fragesteller [u. Conférencier] bei einer Quizveranstaltung. **quiz|zen** [ˈkvɪsn̩] ⟨nach *engl.-amerik.* to quizz „ausfragen"⟩: a) Quiz spielen, Quizfragen stellen; b) in einem Quiz Antworten geben

quod erat de|mon|stran|dum ⟨*lat.;* „was zu beweisen war"⟩: durch diese Ausführung ist das klar, deutlich geworden; Abk.: q. e. d. **Quod|li|bet** *das;* -s, -s ⟨aus *lat.* quod libet „was beliebt"⟩: 1. humoristische musikalische Form, in der verschiedene Lieder unter Beachtung kontrapunktischer Regeln gleichzeitig od. [in Teilen] aneinandergereiht gesungen werden. 2. ein Kartenspiel. 3. (veraltet) Durcheinander, Mischmasch. **quod li|cet Jo|vi, non li|cet bo|vi** [– ˈliːtsɛt joːvi – ˈliːtsɛt boːvi] ⟨*lat.;* „was Jupiter erlaubt ist, ist nicht dem Ochsen erlaubt"⟩: was dem Höhergestellten zugebilligt, nachgesehen wird, wird bei dem Niedrigerstehenden beanstandet

Quok|ka *das;* -s, -s ⟨aus dem Austr.⟩: früher in Westaustralien weit verbreitetes, heute nur noch in Restpopulationen anzutreffendes Kurzschwanzkänguruh

Quo|mo|do [...mɔdo] *das;* -, ...modi ⟨aus *lat.* quo modo „auf welche Weise, wie"⟩: (veraltet) Art u. Weise des Verfahrens, Behandlungsart. **Quo|rum** *das;* -s ⟨aus *lat.* quorum „derer, von denen", Gen. Plur. von qui „welcher, der", nach dem Anfangswort bei Gerichtsentscheidungen im röm. u. mittelalterlichen Recht⟩: (bes. südd., schweiz.) die zur Beschlußfähigkeit einer [parlamentarischen] Vereinigung, Körperschaft o. ä. vorgeschriebene Zahl anwesender stimmberechtigter Mitglieder od. abgegebener Stimmen. **quos ego!** ⟨*lat.;* „euch (will) ich!", Einhalt gebietender Zuruf Neptuns an die tobenden Winde in Vergils „Äneis"⟩: euch will ich [helfen]!, euch will ich's zeigen!

Quo|ta|ti|on *die;* -, -en ⟨zu ↑Quote u. ↑...ation⟩: Kursnotierung an der Börse; vgl. ...[at]ion/...ierung. **quot ca|pi|ta, tot sen|sus** [– k... – ...zuːs] ⟨*lat.;* „soviel Köpfe, so viele Sinne"⟩: es gibt soviel [verschiedene] Meinungen, wieviel Personen [an einer Diskussion] beteiligt sind. **Quo|te** *die;* -, -n ⟨aus gleichbed. *mlat.* quota (pars) zu *lat.* quotus „der wievielte?"⟩: Anteil (von Sachen od. auch Personen), der bei Aufteilung eines Ganzen auf den einzelnen od. eine Einheit entfällt (Beziehungszahlen in der Statistik, Kartellquoten, Konkursquoten). **Quo|te|lung** *die;* -, -en: Aufteilung in Quoten (Wirtsch.). **Quo|ten|ak|ti|en** [...jən] *die* (Plur.): Aktien, die auf einen Bruchteil des Gesellschaftsvermögens od. Eigenkapitals einer Aktiengesellschaft laufen u. nicht auf eine bestimmte Summe. **Quo|ten|me|tho|de** *die;* -: Stichprobenverfahren der Meinungsforschung nach statistisch aufgeschlüsselten Quoten hinsichtlich der Personenzahl u. des Personenkreises der zu Befragenden;

vgl. Arealmethode. **Quo|ten|re|ge|lung** *die;* -: Regelung, die vorsieht, daß in bestimmten Funktionen od. Positionen ein bestimmter Personenkreis (meist Frauen) vertreten sein soll. **quo|ti|di|an** ⟨aus gleichbed. *lat.* quotidianus, Nebenform von cotidianus⟩: täglich [auftretend] (Med.). **Quo|ti|dia|na** *die;* -, Plur. ...nen od. ...nä ⟨zu *lat.* quotidiana, Fem. von quotidianus, vgl. quotidian⟩: Form der Malaria, bei der täglich ein Fieberanfall auftritt (Med.). **Quo|ti|ent** *der;* -en, -en ⟨aus *lat.* quoties „wie oft?, wievielmal? (eine Zahl durch eine andere teilbar ist)"⟩: a) Zähler u. Nenner eines Bruchs, die durch Bruchstrich voneinander getrennt sind; b) Ergebnis einer Division. **Quo|ti|en|ten|meß|in|stru|men|te** *die* (Plur.): elektr. Meßinstrumente, bei denen die Anzeige vom Verhältnis zweier gleichartiger Größen, z. B. Ströme, Spannungen, magnetische Flüsse, elektrische Felder, abhängig ist. **quo|tie|ren** ⟨zu ↑Quote u. ↑...ieren⟩: 1. den Preis (Kurs) angeben od. mitteilen, notieren (Wirtsch.). 2. svw. quotisieren. **Quo|tie|rung** *die;* -, -en ⟨zu ↑...ierung⟩: das Quotieren; vgl. ...[at]ion/...ierung. **Quo|ti|sa|ti|on** *die;* -, -en ⟨zu ↑...isation⟩: die Aufteilung einer Gesamtmenge od. eines Gesamtwertes in Quoten (Wirtsch.). **quo|ti|sie|ren** ⟨zu ↑...isieren⟩: eine Gesamtmenge od. einen Gesamtwert in Quoten aufteilen (Wirtsch.). **Quo|ti|tät** *die;* - ⟨zu ↑...ität⟩: Anteilsverhältnis. **Quo|ti|täts|steu|ern** *die* (Plur.): Steuern, bei denen Steuersatz u. Steuerbemessungsgrundlage festgesetzt werden, während das Steueraufkommen unbestimmt bleibt

quo|us|que tan|dem? ⟨aus *lat.* quousque tandem (, Catilina, abutere patientia nostra)? „wie lange noch (, Catilina, wirst du unsere Geduld mißbrauchen)?" (Anfang einer Rede Ciceros)⟩: wie lange noch (soll es dauern)?

quo va|dis? [– ˈvaː...] ⟨*lat.*; „wohin gehst du?" (eigtl. Domine, - -? „Herr, wohin gehst du?"), Frage des Apostels Petrus an Jesus bzw. an den ihm erscheinenden Christus (Joh. 13,36 u. in der Petruslegende)⟩: wohin wird das führen?; wer weiß, wie das noch enden wird?

Ra u. **Re** ⟨aus *ägypt.* rā, rē⟩: ägypt. Sonnengott
Ra|bab vgl. Rebab
Ra|baisse|ment [rabɛsˈmã:] *das;* -s, -s ⟨aus gleichbed. *fr.* rabaissement zu rabaisser, vgl. rabaissieren⟩: (veraltet) Preisminderung (Wirtsch.). **ra|bais|sie|ren** [rabɛ...] ⟨aus *fr.* rabaisser „niedriger setzen" zu bas „niedrig"⟩: (veraltet) die Preise herabsetzen (Wirtsch.). **Ra|bạt** [fr. raˈba] *der;* -, -s ⟨über *niederl.* rabat aus *fr.* rabat „Kragen, Umschlag" zu rabattre „nieder-, umschlagen"⟩: schmalrechteckiger leinener Überfallkragen auf dem Männerhemd Ende des 17. Jh.s, der im Beffchen weiterbesteht. **Ra|bạtt** *der;* -[e]s, -e ⟨aus gleichbed. (älter) *it.* rabatto zu rabattere (bzw. *(alt)fr.* rabat zu rabattre) „niederschlagen, abschlagen; einen Preisnachlaß gewähren", dies über das Vulgärlat. aus *lat.* battuere „schlagen"⟩: Preisnachlaß, der aus bestimmten Gründen (z. B. Bezug größerer Mengen od. Dauerbezug) gewährt wird. **Ra|bạt|te** *die;* -, -n ⟨aus gleichbed. *niederl.* rabat, eigtl. „Aufschlag am Hals- od. Rockkragen", dies aus *fr.* rabat, vgl. Rabat⟩: 1. schmales Beet [an Wegen, um Rasenflächen]. 2. (veraltet) Umschlag an Kragen od. Ärmeln (bes. bei Uniformen). **ra|bat|tie|ren** ⟨zu ↑ ...ieren⟩: Rabatt gewähren
Ra|bạtz *der;* -es ⟨wohl zu *poln.* rąbać „schlagen, hauen"⟩: (ugs.) 1. lärmendes Treiben, Geschrei, Krach. 2. laut vorgebrachter Protest
Ra|bau *der;* Gen. -s u. -en, Plur. -e[n] ⟨zu ↑Rabauke⟩: (landsch.) 1. svw. Rabauke. 2. kleine graue ↑ Renette. **Ra|bau|ke** *der;* -n, -n ⟨zu *niederl.* rabauw, rabaut „Schurke, Strolch", dies aus gleichbed. *altfr.* ribaud zu riber „sich wüst aufführen", dies aus *mhd.* rīben „brünstig sein, sich begatten"⟩: (ugs.) Jugendlicher, der sich laut u. rüpelhaft aufführt u. rücksichtslos vorgeht; Rohling
Rạb|bi *der;* -[s], Plur. -s u. ...inen ⟨über *kirchenlat.* rabbi aus *gr.* rabbí, dies aus *hebr.* rabbî „mein Lehrer", Anredetitel zu rav „Herr, Lehrer"⟩: 1. (ohne Plur.) Ehrentitel jüdischer Gesetzeslehrer. 2. Träger dieses Titels. **Rab|bi|nat** *das;* -[e]s, -e ⟨zu ↑ ...at (1)⟩: Amt, Würde eines Rabbiners. **Rab|bi|ner** *der;* -s, - ⟨aus gleichbed. *mlat.* rabbinus, vgl. Rabbi⟩: jüd. Gesetzes- u. Religionslehrer, Prediger u. Seelsorger. **rab|bi|nisch**: die Rabbiner betreffend. **Rab|bi|nis|mus** *der;* - ⟨zu ↑ ...ismus (1)⟩: Gesamtheit der rabbinischen Lehre
Rab|bit-punch [ˈræbɪtpʌntʃ] *der;* -[s], -s ⟨aus gleichbed. *engl.* rabbit punch zu rabbit „Kaninchen" u. punch „Schlag"⟩: [unerlaubter] kurz angesetzter Schlag ins Genick od. an den Unterteil des Schädels (Boxsport)
ra|bi|at ⟨aus *mlat.* rabiatus „wütend", Part. Perf. von rabiare „toll sein, toben", zu *spätlat.* rabia, *lat.* rabies „Wut, Tollheit, Raserei"⟩: a) rücksichtslos u. roh; b) wütend, wild. **Rạ|bi|es** [...bi̯ɛs] *die;* - ⟨aus gleichbed. *lat.* rabies⟩: Tollwut (Med.). **Ra|bu|lịst** *der;* -en, -en ⟨zu gleichbed. *lat.* rabula (dies zu rabere „toll sein, toben"; vgl. rabiat) u. ↑ ...ist⟩: jmd., der in geschickter Weise beredt-spitzfindig argumentiert, um damit einen Sachverhalt in einer von ihm gewünschten, aber nicht der Wahrheit entsprechenden Weise darzustellen; Wortverdreher. **Ra|bu|lị|stik** *die;* -, -en ⟨zu ↑ ...istik⟩: Argumentations-, Redeweise eines Rabulisten. **ra|bu|lị|stisch** ⟨zu ↑ ...istisch⟩: in der Argumentations-, Redeweise eines Rabulisten [vorgetragen]
Ra|bu|se vgl. Rapuse
Ra|caille [raˈkaːj] *die;* - ⟨aus gleichbed. *fr.* racaille, eigtl. „Lumpenpack", zu *altfr.* raca „Schindmähre"⟩: (veraltet) Ausschuß, Ausschußware (Wirtsch.)
Ra|ce|mat [...tse...] usw. vgl. Razemat usw.
Ra|chi|al|gie [...x...] usw. vgl. Rhachialgie usw. **Ra|chi|tis** *die;* -, ...itiden ⟨über *engl.* r(h)achitis aus gleichbed. *gr.* rhachītis (nósos), eigtl. „das Rückgrat betreffend(e Krankheit)", zu rháchis „Rückgrat"⟩: engl. Krankheit, Vitamin-D-Mangel-Krankheit bes. im frühen Kleinkindalter mit mangelhafter Verkalkung des Knochengewebes (Med.). **ra|chi|tisch**: a) an Rachitis leidend, die charakteristischen Symptome einer Rachitis zeigend; b) die Rachitis betreffend (Med.)
Ra|cing|rei|fen [ˈreɪsɪŋ...] *der;* -s, - ⟨zu *engl.* racing „(Wett)rennen", dies zu to race „um die Wette fahren, rennen, laufen"⟩: für starke Beanspruchung geeigneter, bes. bei Autorennen verwendeter Reifen
Rack [rɛk, engl. ræk] *das;* -s, -s ⟨aus *engl.* rack „Regal, Stellage"⟩: regalartiges Gestell zur Unterbringung einer Stereoanlage
¹Racket¹ [ˈrɛkət, auch raˈkɛt] *das;* -s, -s ⟨über *engl.* racket aus gleichbed. *fr.* raquette, eigtl. „Handfläche", zu gleichbed. *arab.* rāha.⟩: Tennisschläger
²Racket¹ [ˈrɛkət, engl. ˈrækɪt] *das;* -s, -s ⟨aus *engl.-amerik.* racket „Schwindel", eigtl. „Krach, Radau", weitere Herkunft ungeklärt⟩: Verbrecherbande in Amerika
³Racket¹ vgl. Rackett
Racke|teer¹ [rækəˈtɪə] *der;* -s, -s ⟨aus gleichbed. *engl.-amerik.* racketeer zu racket, vgl. ²Racket⟩: Gangster, Erpresser
Rackett¹ u. **Rackẹt** *das;* -s, -e ⟨Herkunft ungeklärt⟩: Holzblasinstrument (vom 15. bis 17. Jh.) mit doppeltem Rohrblatt u. langer, in neun Windungen in einer bis zu 35 cm hohen Holzbüchse eingepaßter Röhre mit elf Grifflöchern
Rack-job|ber [ˈrækdʒɔbɐ] *der;* -s, - ⟨aus gleichbed. *amerik.* rack jobber zu *engl.* rack (vgl. Rack) u. jobber „(Zwischen)händler"⟩: Großhändler od. Hersteller, der die Vertriebsform des Rack-jobbings anwendet. **Rack-job|bing** [...ˈdʒɔbɪŋ] *das;* -[s] ⟨aus gleichbed. *amerik.* rack jobbing, zu *engl.* jobbing „das Vermieten"⟩: Vertriebsform, in der eine Herstellerfirma od. ein Großhändler beim Einzelhändler eine Verkaufs- od. Ausstellungsfläche mietet, um sich das alleinige Belieferungsrecht für neue Produkte zu sichern u. dem Einzelhändler gleichzeitig das Verkaufsrisiko zu nehmen
¹Ra|clette [ˈraklɛt, raˈklɛt] *der;* -[s] ⟨aus gleichbed. *fr.* raclette, eigtl. „Kratzeisen", zu racler „abkratzen, -streifen",

dies über das Galloroman. aus *lat.* radere, vgl. radieren⟩: eine schweizerische Käsesorte. ²**Rac|lette** *die;* -, -s, auch *das;* -s, -s ⟨zu ↑¹Raclette⟩: 1. schweizerisches Gericht, bei dem man ¹Raclette an einem offenen Feuer schmelzen läßt u. die weich gewordene Masse nach u. nach auf einen Teller abstreift. 2. kleines Grillgerät zum Zubereiten von ²Raclette (1)

rad: 1. vgl. Rad. 2. vgl. Radiant. **Rad** *das;* -[s], - ⟨aus *engl.* rad, Kurzw. aus radiation absorbed dosis „absorbierte Strahlungsdosis"⟩: alte Einheit der Strahlungsdosis von Röntgen- od. Korpuskularstrahlen; Zeichen rad, rd (Phys.)

Ra|da *die;* - ⟨aus gleichbed. *ukrainisch* rada⟩: Rat, Versammlung, Regierung

Ra|dar [auch 'ra:...] *der* od. *das;* -s ⟨aus gleichbed. *engl.* radar, Kurzw. aus radio detecting and ranging, eigtl. „Funkermittlung u. Entfernungsmessung"⟩: Verfahren zur Ortung von Gegenständen im Raum mit Hilfe gebündelter elektromagnetischer Wellen, die von einem Sender ausgehen, reflektiert werden u. über einen Empfänger auf einem Anzeigegerät sichtbar gemacht werden. **Ra|dar|astro|no|mie** *die;* -: Untersuchung astronomischer Objekte mit Hilfe der Radartechnik. **Ra|dar|ge|rät** *das;* -[e]s, -e: Gerät, das mit Hilfe von Radar Gegenstände ortet, Funkmeßgerät. **Ra|dar|kon|trol|le** *die;* -, -n: polizeiliche Geschwindigkeitskontrolle mit Hilfe von Radargeräten (Verkehrsw.). **Ra|dar|na|vi|ga|ti|on** [...v...] *die;* -: Navigation mit Hilfe von Radargeräten, die optisch [bei Nacht u. Nebel] nicht erkennbare Hindernisse sichtbar machen. **Ra|dar|sta|ti|on** *die;* -, -en: Beobachtungsstation, die mit Radargeräten arbeitet. **Ra|dar|tech|nik** *die;* -: Verfahren, mit Hilfe von Radar die Entfernung, Flughöhe, Wassertiefe o. ä. von Objekten zu bestimmen. **Ra|dar|tech|ni|ker** *der;* -s, -: Funkmeßtechniker, Ingenieur auf dem Gebiet der Funkmeßtechnik

rad|dol|cen|do, rad|dol|cen|te [...'tʃɛn...] ⟨*it.*⟩: sanfter werdend, abnehmend, besänftigend (Vortragsanweisung; Mus.)

rad|dop|pia|to ⟨*it.*⟩: verdoppelt (Vortragsanweisung; Mus.). **Rad|dop|pio** *der;* -s, -s ⟨aus *it.* rad(d)oppio „Verdoppelung"⟩: Doppelausfall, eine Figur beim Fechten

ra|di|al ⟨aus gleichbed. *nlat.* radialis zu *lat.* radius, vgl. Radius⟩: den Radius betreffend, in Radiusrichtung; strahlenförmig, von einem Mittelpunkt ausgehend, auf einen Mittelpunkt hinzielend. **Ra|dia|li|tät** *die;* - ⟨zu ↑...ität⟩: radiale Anordnung. **Ra|di|al|li|nie** [...jə] *die;* -, -n: (österr.) von der Stadtmitte zum Stadtrand führende Straße, Straßenbahnlinie o. ä. **Ra|di|al|rei|fen** *der;* -s, -: Gürtelreifen. **Ra|di|al|sym|me|trie** *die;* -: Grundform des Körpers bestimmter Lebewesen, bei der neben einer Hauptachse mehrere untereinander gleiche Nebenachsen senkrecht verlaufen (z. B. bei Hohltieren; Zool.). **ra|di|al|sym|me|trisch:** die Radialsymmetrie betreffend; vgl. bilateralsymmetrisch. **Ra|di|al|tur|bi|ne** *die;* -, -n: Dampf- od. Wasserturbine. **ra|di|ant** ⟨aus *lat.* radians, Gen. radiantis, Part. Präs. von radiare „strahlen" zu radius, vgl. Radius⟩: (veraltet) strahlend, herrlich. **Ra|di|ant** *der;* -en, -en ⟨zu ↑...ant⟩: 1. scheinbarer Ausstrahlungspunkt eines Meteorschwarms an der Himmelssphäre (Astron.). 2. Einheit des Winkels im Bogenmaß; ebener Winkel, für den das Längenverhältnis Kreisbogen zu Kreisradius den Zahlenwert 1 besitzt; Abk.: rad. **ra|di|är** ⟨aus gleichbed. *fr.* radiaire, dies zu *lat.* radius, vgl. Radius⟩: strahlig. **ra|di|är|sym|me|trisch:** svw. radialsymmetrisch. **Ra|di|äs|the|sie** *die;* - ⟨zu *lat.* radius, vgl. Radius⟩: wissenschaftlich umstrittene Fähigkeit von Personen, mit Hilfe von Pendeln od. Wünschelruten sog. Erdstrahlen wahrzunehmen u. so z. B. Wasser- u. Metallvorkommen aufzuspüren (Parapsychol.). **ra|di|äs|the|tisch:** die Radiästhesie betreffend, auf ihr beruhend. **Ra|dia|ta** u. **Ra|dia|ten** *die* (Plur.) ⟨aus gleichbed. *nlat.* radiata, Neutrum Plur. von *lat.* radiatus „strahlend, sich mit Strahlen umgebend" zu radius, vgl. Radius⟩: (veraltet) Strahlentierchen, Tiere mit strahligem Bau (Hohltiere u. Stachelhäuter). **Ra|dia|ti|on** *die;* -, -en ⟨aus *lat.* radiatio „das Strahlen"⟩: 1. stammesgeschichtliche Ausstrahlung, d. h. auf Grund von Fossilfunden festgestellte Entwicklungsexplosion, die während eines relativ kurzen geologischen Zeitabschnittes aus einer Stammform zahlreiche neue Formen entstehen läßt (z. B. zu Anfang des ↑Tertiärs aus der Stammform Urinsektenfresser zahlreiche genetisch neue Formen mit neuen Möglichkeiten der Anpassung an die verschiedensten Umweltbedingungen; Biol.). 2. Strahlung, scheinbar von einem Punkt ausgehende Bewegung der Einzelteile eines Meteorschwarms (Astron.). **Ra|dia|tor** *der;* -s, ...oren ⟨zu ↑...or⟩: Heizkörper bei Dampf-, Wasser-, Gaszentralheizungen

Ra|dic|chio [...'dɪkio] *der;* -[s], ...cchi [...ki] ⟨aus gleichbed. *it.* radicchio, dies aus *lat.* radicula, eigtl. „Würzelchen", Verkleinerungsform von radix „Wurzel", vgl. Radix⟩: bes. in Italien angebaute Art der ↑Zichorie (3) mit rotweißen Blättern, die als Salat zubereitet werden

Ra|di|en [...jən] *die* (Plur.) ⟨zu *lat.* radius, vgl. Radius⟩: 1. Plur. von ↑Radius. 2. Flossenstrahlen der Fische. 3. Strahlen der Vogelfeder. 4. Strahlen (Achsen) ↑radialsymmetrischer Tiere

ra|die|ren ⟨aus *lat.* radere „(aus)kratzen, (ab)schaben; reinigen"⟩: 1. etwas Geschriebenes od. Gezeichnetes mit einem Radiergummi od. Messer entfernen, tilgen. 2. eine Zeichnung in eine Kupferplatte einritzen. **Ra|die|rer** *der;* -s, -: Künstler, der Radierungen herstellt. **Ra|die|rung** *die;* -, -en ⟨zu ↑...ierung⟩: 1. (ohne Plur.) Tiefdruckverfahren, bei dem die Zeichnung in eine Wachs-Harz-Schicht, die sich auf einer Kupferplatte befindet, eingeritzt wird, von der [nach der Ätzung durch ein Säurebad] Abzüge gemacht werden. 2. durch das Radierverfahren hergestelltes graphisches Blatt

ra|di|kal ⟨wohl unter dem Einfluß von *engl.* radical aus gleichbed. *fr.* radical, dies aus *spätlat.* radicalis „an die Wurzel gehend; von Grund auf, gründlich" zu *lat.* radix, vgl. Radix⟩: 1. a) bis auf die Wurzel gehend, vollständig, gründlich u. ohne Rücksichtnahme; b) hart, rücksichtslos. 2. einen politischen od. weltanschaulichen Radikalismus vertretend. 3. die Wurzel betreffend (Math.). **Ra|di|kal** *das;* -s, -e: 1. nicht auf andere Eigenschaften zurückzuführende Grundeigenschaft als Voraussetzung für den Personaufbau (z. B. Wahrnehmung, elementare Triebrichtungen; Psychol.). 2. a) Konsonant, der [zusammen mit anderen Konsonanten] die Wortwurzel bildet (in den semit. Sprachen); b) das sinnbildliche Wurzelelement des chines. Schriftzeichens (Sprachw.). 3. Gruppe von Atomen, die wie ein Element als Ganzes reagieren, eine begrenzte Lebensdauer besitzen u. chem. sehr reaktionsfähig sind (Chem.). 4. math. Größe, die sich aus dem Wurzelziehen ergibt (Math.). **Ra|di|ka|le** *der;* -n, -n ⟨zu *lat.* radicalis; vgl. radikal⟩: Anhänger[in] einer radikalen politischen Richtung. **Ra|di|ka|lin|ski** *der;* -s, -s ⟨zu ↑...inski⟩: (ugs. abwertend) politisch Radikaler. **ra|di|ka|li|sie|ren** ⟨zu ↑...isieren⟩: radikal, rücksichtslos, unerbittlich machen. **Ra|di|ka|li|sie|rung** *die;* -, -en ⟨zu ↑...isierung⟩: Entwicklung zu einer radikalen (2) Form. **Ra|di|ka|lis|mus** *der;* -,

...men ⟨zu ↑...ismus (5)⟩: 1. rücksichtslos bis zum Äußersten gehende [politische, religiöse usw.] Richtung. 2. unerbittliches, unnachgiebiges Vorgehen. **Ra|di|ka|list** *der;* -en, -en ⟨zu ↑...ist⟩: Vertreter des Radikalismus. **ra|di|ka|listisch** ⟨zu ↑...istisch⟩: den Radikalismus (1 u. 2) betreffend, im Sinne des Radikalismus. **Ra|di|ka|li|tät** *die;* - ⟨zu ↑...ität⟩: radikale Art od. Beschaffenheit, Radikalismus. **Ra|di|kal|ope|ra|ti|on** *die;* -, -en: vollständige operative Beseitigung eines kranken Organs od. eines Krankheitsherdes (Med.). **Ra|di|kand** *der;* -en, -en ⟨nach *lat.* radicandus, Gerundivum von radicare „Wurzel schlagen" zu radix, vgl. Radix⟩: math. Größe od. Zahl, deren Wurzel gezogen werden soll (Math.). **Ra|di|kan|ten** *die* (Plur.) ⟨aus *lat.* radicantes „die Wurzelnden", substantivierter Plur. von radicans, Gen. radicantis, Part. Präs. von radicare „Wurzel schlagen"⟩: Bez. für im Erdreich wurzelnde Pflanzen (Bot.). **Ra|di|ka|ti|on** *die;* - ⟨zu *lat.* radicatus, Part. Perf. von radicare „Wurzeln schlagen", u. ↑¹...ion⟩: Bewurzelung, die Ausbildung u. Entwicklung von Pflanzenwurzeln (Bot.).
Ra|di|klon *das;* -s, -e ⟨Kunstw.⟩: (veraltet) Wirbelsortierer bei der Papierherstellung zur Reinigung von Zellstoff
Ra|di|ku|la *die;* - ⟨aus *lat.* radicula „Würzelchen", Verkleinerungsform von radix, vgl. Radix⟩: Keimwurzel der Samenpflanzen (Bot.)
Ra|dio *das;* -s, -s ⟨aus gleichbed. *engl.-amerik.* radio, Kurzform von radiotelegraphy „Übermittlung von Nachrichten durch Ausstrahlung elektromagnetischer Wellen"⟩: 1. (ugs., bes. schweiz., auch *der*) Rundfunkgerät. 2. (ohne Plur.) Rundfunk. **ra|dio..., Ra|dio...** ⟨aus *lat.* radius „Strahl", vgl. Radius⟩: Wortbildungselement mit der Bedeutung „Strahl, Strahlung" od. „Rundfunk", z. B. radioaktiv, Radiologie; Radiotechnik. **ra|dio|ak|tiv**: durch Kernzerfall od. -umwandlung bestimmte Elementarteilchen aussendend (Phys.); **-er** [...vɐ] **Abfall**: Atommüll, beim Betrieb von Kernreaktoren od. bei Herstellung u. Anwendung von Radionukliden anfallende radioaktive Stoffe, die wegen ihrer Strahlung bestimmte Probleme (z. B. der Endlagerung) aufwerfen. **Ra|dio|ak|ti|vi|tät** [...v...] *die;* -: Eigenschaft der Atomkerne gewisser ↑Isotope, sich ohne äußere Einflüsse umzuwandeln und dabei bestimmte Strahlen auszusenden (Phys.). **Ra|dio|ama|teur** [...tø:ɐ] *der;* -s, -e: Bastler von [Rund]funkgeräten. **Ra|dio|astro|no|mie** *die;* -: Teilgebiet der Astronomie, das die von Gestirnen u. kosmischen Objekten sowie aus dem interstellaren Raum kommende Radiofrequenzstrahlung untersucht. **Ra|dio|au|to|gra|phie** *die;* -: svw. Autoradiographie. **Ra|dio|bio|che|mie** *die;* -: Teilgebiet der Radiochemie, in dem vorwiegend biochemische Vorgänge u. Stoffe mit radiochemischen Methoden untersucht werden. **Ra|dio|bio|lo|ge** *der;* -n, -n: Wissenschaftler auf dem Gebiet der Radiobiologie. **Ra|dio|bio|lo|gie** *die;* -: Strahlenbiologie; Teilgebiet der Biologie, das die Wirkung von Strahlen, bes. Lichtstrahlen, auf den lebenden Organismus erforscht. **Ra|dio|car|bon|me|tho|de** [...k...] vgl. Radiokarbonmethode. **Ra|dio|che|mie** *die;* -: Teilgebiet der Kernchemie, das sich mit den Radionukliden, ihren chem. Eigenschaften u. Reaktionen sowie mit ihrer Herstellung u. praktischen Anwendung befaßt. **ra|dio|che|misch**: die Radiochemie betreffend. **Ra|dio|da|ten|sy|stem** *das;* -s: mit automatischer Sendererkennung u. -anzeige verbundenes Empfangs- u. Wiedergabesystem, das sich bes. bei Autoradios immer auf den am besten zu empfangenden Sender einstellt; Abk.: RDS. **Ra|dio|der|ma|ti|tis** u. **Ra|dio|der|mi|tis** *die;* -, ...itiden: durch ionisierende Strahlen hervorgerufene Hautentzündung mit Rötung u. Blasenbildung. **Ra|dio|ele|ment** *das;* -[e]s, -e (meist Plur.): chem. Element mit natürlicher Radioaktivität, z. B. Radium. **Ra|dio|fre|quenz|be|reich** *der;* -[e]s: Frequenzbereich, der von Rundfunk u. Fernsehen genutzt werden kann. **Ra|dio|fre|quenz|strah|lung** *die;* -, -en: elektromagnetische Strahlung aus dem Weltraum im Meter- u. Dezimeterwellenbereich. **Ra|dio|ga|la|xi|en** [...ksi:ən] *die* (Plur.): ↑Galaxien mit sehr starker Radiostrahlung (Astron.). **ra|dio|gen** ⟨zu ↑...gen⟩: durch radioaktiven Zerfall entstanden, z. B. -es Blei (in Uranerzen). **Ra|dio|gen** *das;* -s, -e: durch Zerfall eines radioaktiven Stoffes entstandenes Element. **Ra|dio|go|nio|me|ter** *das;* -s, -: Winkelmesser für Funkpeilung. **Ra|dio|go|nio|me|trie** *die;* -: Winkelmessung für Funkpeilung. **Ra|dio|gramm** *das;* -s, -e ⟨zu ↑...gramm⟩: 1. (veraltet) Funktelegramm (Postw.). 2. durch Radiographie gewonnene fotografische Aufnahme, z. B. Röntgenogramm. **Ra|dio|gra|phie** *die;* -, ...ien ⟨zu ↑...graphie⟩: [Verfahren zur] Sichtbarmachung ionisierender Strahlung mit Hilfe fotografischer Materialien, z. B. Röntgenographie, Autoradiographie. **ra|dio|gra|phisch** ⟨zu ↑...graphisch⟩: die Radiographie betreffend; duch Radiographie erfolgend. **Ra|dio|im|mun|as|say**, auch **Ra|dio|im|mu|no|as|say** [...əseɪ] *der* od. *das;* -s, -s: Prüfung der Immunitätslage eines Organismus mit radioaktiv markierten Substanzen (Med.). **Ra|dio|in|di|ka|tor** *der;* -s, ...oren: künstlich radioaktiv gemachtes ↑Isotop. **Ra|dio|in|ter|fe|ro|me|ter** *das;* -s, -: Anlage zum Erhöhen des Auflösungsvermögens beim Radioteleskop (Phys.). **Ra|dio|iso|top** *das;* -s, -e (meist Plur.): natürliches od. künstliches radioaktives ↑Isotop eines chem. Elements. **Ra|dio|jod|test** *der;* -[e]s, Plur. -s, auch -e: Prüfung der Schilddrüsenfunktion durch orale Gabe von radioaktiv angereichertem Jod u. anschließender Radioaktivitätsmessung (Med.). **Ra|dio|jod|the|ra|pie** *die;* -: Strahlenbehandlung der Schilddrüse durch Einnahme eines radioaktiven Jodisotops. **Ra|dio|kar|bon|me|tho|de**, fachspr. Radiocarbonmethode [...k...] *die;* -: Verfahren zur Altersbestimmung ehemals organischer Stoffe durch Ermittlung ihres Gehalts an radioaktivem Kohlenstoff (Chem.; Geol.). **Ra|dio|kar|dio|gramm** *das;* -s, -e: durch Radiokardiographie gewonnenes Röntgenbild. **Ra|dio|kar|dio|gra|phie** *die;* -, ...ien: röntgenographische Darstellung des Herzens mit Hilfe eines radioaktiven Kontrastmittels. **Ra|dio|la|rie** [...iə] *die;* -, -n (meist Plur.) ⟨aus *nlat.* radiolaria zu *spätlat.* radiolus, Verkleinerungsform von *lat.* radius, vgl. Radius⟩: Strahlentierchen (meerbewohnender Wurzelfüßer). **Ra|dio|la|ri|en|schlamm** *der;* -[e]s, Plur. (selten) -e u. ...schlämme: Ablagerungen der Skelette abgestorbener Radiolarien. **Ra|dio|la|rit** [auch ...rrt] *der;* -s, -e ⟨zu ↑²...it⟩: aus Skeletten der Radiolarien entstandenes, rotes od. braunes, sehr hartes Gestein (Geol.). **Ra|dio|lo|ge** *der;* -n, -n ⟨zu ↑radio... u. ↑...loge⟩: Facharzt für Röntgenologie u. Strahlenheilkunde (Med.). **Ra|dio|lo|gie** *die;* - ⟨zu ↑...logie⟩: Wissenschaft von den Röntgenstrahlen u. den Strahlen radioaktiver Stoffe u. ihrer Anwendung; Strahlenkunde. **ra|dio|lo|gisch** ⟨zu ↑...logisch⟩: die Radiologie betreffend. **Ra|dio|lu|mi|nes|zenz** *die;* -: durch radioaktive Strahlung hervorgerufene ↑Luminescenz. **Ra|dio|ly|se** *die;* -, -n ⟨zu ↑...lyse⟩: Veränderung in einem chem. System, die durch ionisierende Strahlen hervorgerufen wird (Chem.). **Ra|dio|me|teo|ro|lo|gie** *die;* -: Teilgebiet der Meteorologie, das sich zur Erforschung meteorologischer Vorgänge in der Erdatmosphäre elektromagnetischer Wellen bedient. **Ra|dio|me|ter** *das;* -s, - ⟨zu ↑¹...meter⟩: Gerät zur Strahlungsmessung (bes. von Wärmestrah-

lung), das die Kraft nutzt, die infolge eines Temperaturunterschieds zwischen bestrahlter u. unbestrahlter Seite auf ein dünnes [Glimmer]plättchen ausgeübt wird. **Ra|dio|me|trie** *die;* - ⟨zu ↑...metrie⟩: 1. Messung von [Wärme]strahlung. 2. Messung radioaktiver Strahlung. **Ra|dio|mi|me|ti|kum** *das;* -s, ...ka (meist Plur.) ⟨zu *gr.* mímēsis „Nachahmung" u. ↑...ikum⟩: Substanz, die sich in ihrer Wirkung auf die lebende Zelle wie ionisierende Strahlung verhält (Med.). **Ra|dio|nu|klid** *das;* -[e]s, -e (meist Plur.): künstlich od. natürlich radioaktives ↑Nuklid, das sich beim radioaktiven Zerfall unter Aussendung von Strahlung in ein stabiles Nuklid umwandelt. **Ra|dio|nu|klid|bat|te|rie** *die;* -, ...ien [...i:ən]: svw. Isotopenbatterie. **Ra|dio|öko|lo|gie** *die;* -: Teilgebiet der Ökologie, das sich mit den Auswirkungen natürlicher u. künstlicher Strahlenbelastung auf Mensch, Tier u. Pflanze sowie mit den Folgen radioaktiver Verunreinigungen in Ökosystemen befaßt. **ra|di|opak** ⟨zu ↑radio... u. ↑opak⟩: für Röntgenstrahlen undurchlässig u. darum auf dem Röntgenbild schattengebend (Med.). **Ra|dio|phar|ma|kon** *das;* -s, ...ka: radioaktives Arzneimittel zur Behandlung meist bösartiger Geschwulsterkrankungen. **ra|dio|phon** ⟨zu ↑...phon⟩: die Radiophonie betreffend, auf Radiophonie beruhend. **Ra|dio|pho|nie** *die;* - ⟨zu ↑...phonie⟩: (veraltet) drahtlose ↑Telefonie. **Ra|dio|re|cor|der** [...k...] *der;* -s, -: [tragbares] Rundfunkgerät mit eingebautem ↑Kassettenrecorder. **Ra|dio|re|sek|ti|on** *die;* -: Verfahren zur Ausschaltung krankhaft veränderter Gewebsbereiche durch Zufuhr eines spezifischen Radionuklids, z. B. bei der Radiojodtherapie (Med.). **Ra|dio|sko|pie** *die;* -, ...ien ⟨zu ↑...skopie⟩: svw. Röntgenoskopie (Med.). **Ra|dio|son|de** *die;* -, -n: aus einem Kurzwellensender u. verschiedenen Meßgeräten bestehendes Gerät, das, an einem Ballon aufgelassen, die Verhältnisse der Erdatmosphäre erforscht (Meteor.). **Ra|dio|te|le|fo|nie** *die;* -: drahtlose ↑Telefonie. **Ra|dio|te|le|gra|fie** *die;* -: drahtlose Telegrafie. **Ra|dio|te|le|skop** *das;* -s, -e: ↑parabolisch gekrümmtes Gerät aus Metall für den Empfang von Radiofrequenzstrahlung aus dem Weltraum. **Ra|dio|the|ra|pie** *die;* -: Strahlenbehandlung, Behandlung von Krankheiten mit radioaktiven od. Röntgenstrahlen. **Ra|dio|tho|ri|um** *das;* -s: Isotop aus der radioaktiven Zerfallsreihe des Thoriums. **Ra|dio|to|xi|zi|tät** *die;* -: Maß für die Schädlichkeit eines in den menschlichen Organismus gelangten Radionuklids infolge seiner Strahlenwirkung. **Ra|dio|wel|len** *die* (Plur.): Bez. für elektromagnetische Wellen im Radiofrequenzbereich. **Ra|di|um** *das;* -s ⟨zu *lat.* radius „Strahl" (vgl. Radius) u. ↑...ium, weil das Metall unter Aussendung von „Strahlen" in radioaktive Bruchstücke zerfällt⟩: radioaktives chem. Element, Metall; Zeichen Ra. **Ra|di|um|ema|na|ti|on** *die;* -: (veraltet) svw. Radon. **Ra|di|us** *der;* -, ...ien [...jən] ⟨aus *lat.* radius „Stab; Speiche; Strahl", weitere Herkunft ungeklärt⟩: 1. Halbmesser des Kreises; Abk.: *r* (Math.). 2. auf der Daumenseite liegender Knochen des Unterarms, Speiche (Med.).

Ra|dix *die;* -, Plur. ...izes, fachspr. auch ...ices [...tse:s] ⟨aus *lat.* radix, Gen. radicis „Wurzel"⟩: 1. Pflanzenwurzel. 2. Basisteil eines Organs, Nervs od. sonstigen Körperteils (Anat.). **Ra|dix|ho|ro|skop** *das;* -s, -e: Geburtshoroskop (Astrol.). **ra|di|zie|ren** ⟨zu ↑...ieren⟩: die Wurzel (aus einer Zahl) ziehen (Math.).

Ra|dom *das;* -s, -s ⟨aus gleichbed. *engl.* radome, Kurzw. aus *radar dome* „Radarkuppel"⟩: für elektromagnetische Strahlen durchlässige, kugelförmige Hülle als Wetterschutz für Radar- od. Satellitenbodenantennen

Ra|don [auch ...'do:n] *das;* -s ⟨zu ↑Radium, Analogiebildung zu Argon, Krypton u. ä.⟩: radioaktives chem. Element, Edelgas; Zeichen Rn

Ra|do|ta|ge [...'ta:ʒə] *die;* -, -n ⟨aus gleichbed. *fr.* radotage⟩: (veraltet) leeres Geschwätz. **Ra|do|teur** [...'tø:ɐ̯] *der;* -s, -e ⟨aus gleichbed. *fr.* radoteur⟩: (veraltet) Schwätzer. **ra|do|tie|ren** ⟨aus gleichbed. *fr.* radoter⟩: (veraltet) ungehemmt schwatzen

Ra|dscha [auch 'ra...] *der;* -s, -s ⟨über *engl.* raja(h), aus *Hindi* rājā, dies aus *sanskr.* rájan „König; Fürst"⟩: ind. Fürstentitel

Ra|du|la *die;* -, ...lae [...lɛ] ⟨aus *lat.* radula „Schab-, Kratzeisen" zu radere „scharren, kratzen"⟩: 1. mit Zähnchen besetzte Chitinmembran am Boden des Schlundkopfes von Weichtieren (außer Muscheln). 2. Kratzmoos (hellgrünes Lebermoos auf der Rinde von Waldbäumen)

Raf|fa *das;* -[s] ⟨aus gleichbed. *it.* raffa⟩: eine Form des ↑Boccia, bei der mit Holzkugeln gespielt wird

Raf|fia|bast vgl. Raphiabast

Raf|fi|na|de *die;* -, -n ⟨aus gleichbed. *fr.* raffinade zu raffiner, vgl. raffinieren⟩: feingemahlener, gereinigter Zucker. **Raf|fi|na|ge** [...'na:ʒə] *die;* -, -n ⟨aus gleichbed. *fr.* raffinage⟩: Verfeinerung, Veredlung. **Raf|fi|nat** *das;* -[e]s, -e ⟨zu ↑raffinieren u. ↑...at (1)⟩: Raffinationsprodukt. **Raf|fi|na|ti|on** *die;* -, -en ⟨zu ↑¹...ion⟩: Reinigung u. Veredlung von Naturstoffen u. techn. Produkten. **Raf|fi|ne|ment** [...'mã:] *das;* -s, -s ⟨aus gleichbed. *fr.* raffinement⟩: 1. durch intellektuelle Geschicklichkeit erreichte höchste Verfeinerung [in einem kunstvollen Arrangement]. 2. mit einer gewissen Durchtriebenheit u. Gerissenheit klug berechnendes Handeln, um andere unmerklich zu beeinflussen. **Raf|fi|ne|rie** *die;* -, ...ien ⟨aus gleichbed. *fr.* raffinerie⟩: Betrieb zur Raffination von Zucker, Ölen u. anderen [Natur]produkten. **Raf|fi|nes|se** *die;* -, -n ⟨französierende Bildung zu ↑raffiniert, wohl Analogiebildung zu Finesse⟩: 1. besondere künstlerische, technische o. ä. Vervollkommnung, Feinheit. 2. schlau u. gerissen ausgeklügelte Vorgehensweise. **Raf|fi|neur** [...'nø:ɐ̯] *der;* -s, -e ⟨aus gleichbed. *fr.* raffineur⟩: Maschine zum Feinmahlen von Holzschliff, der beim Schleifen des Holzes entstehenden Splitter. **raf|fi|nie|ren** ⟨aus gleichbed. *fr.* raffiner, eigtl. „verfeinern, läutern", zu *(alt)fr.* fin „zart, rein, ausgezeichnet", dies zu *lat.* finis „Höchstes, Äußerstes"⟩: Zucker, Öle u. andere [Natur]produkte reinigen. **raf|fi|niert** ⟨nach *fr.* raffiné; eigtl. Part. Perf. von veraltet raffinieren „verfeinern, läutern", vgl. raffinieren u. ...iert⟩: 1. durchtrieben, gerissen, schlau, abgefeimt. 2. von Raffinement (1) zeugend, mit Raffinement (1) od. Raffinesse (1) erdacht, ausgesucht. 3. gereinigt (Techn.). **Raf|fi|niert|heit** *die;* -, -en: Durchtriebenheit, Gerissenheit. **Raf|fi|no|se** *die;* - ⟨zu ↑raffinieren u. ↑²...ose⟩: ein Kohlehydrat, das vor allem in Zuckerrübenmelasse vorkommt

ra|fraî|chie|ren [rafrɛ'ʃi:...] ⟨aus gleichbed. *fr.* rafraîchir zu frais, fraîche „frisch", dies aus dem *Germ.*⟩: kochendes Fleisch o. ä. mit kaltem Wasser abschrecken. **ra|fraî|chis|sant** [...ʃi'sã:] ⟨aus gleichbed. *fr.* rafraîchissant⟩: (veraltet) erfrischend. **Ra|fraî|chisse|ment** [...ʃis'mã:] *das;* -s, -s ⟨aus gleichbed. *fr.* rafraîchissement⟩: (veraltet) Erfrischung

Raft *das;* -s, -s ⟨aus gleichbed. *engl.* raft, eigtl. „Floß", zu rafter „(Dach)sparren", dies aus dem Altnord.⟩: schwimmende Insel aus Treibholz. **Raf|ting** *das;* -s ⟨aus gleichbed. *engl.* rafting zu to raft „flößen; auf einem Floß fahren" zu raft „Floß"⟩: das Wildwasserfahren einer Gruppe im Schlauchboot

Rag [ræg] *der;* -s: Kurzform von ↑Ragtime

Ra|ga *der;* -s, -s ⟨aus gleichbed. *sanskr.* rāga, eigtl. „das Färben"⟩: Melodietyp (zu bestimmten Anlässen) in der ind.

Musik, der auf einer Tonleiter beruht, deren Intervalle in einem bestimmten Schwingungsverhältnis zu einem festen Modus mit relativer, jeweils frei gewählter Tonhöhe stehen
Rag|doll ['ræg...] *die;* -, -s ⟨aus gleichbed. *engl.-amerik.* ragdoll zu *engl.* rag „Fetzen, Lumpen" u. doll „Puppe"⟩: amerik. Langhaarkatze mit halblangem, dichtem Fell u. buschigem Schwanz

Ra|ge ['ra:ʒə] *die;* - ⟨aus gleichbed. *fr.* rage, dies über das Galloroman. aus *vulgärlat.* *rabia zu *lat.* rabies⟩: (ugs.) unbeherrschte Aufgeregtheit, Wut, Raserei; in der -: in der Aufregung, Eile

Ra|gio|ne [ra'dʒo:...] *die;* -, -n ⟨aus älter *it.* ragione „Firma", eigtl. „Recht(sanspruch); Vernunft", dies aus *lat.* ratio, vgl. Ratio⟩: (schweiz.) im Handelsregister eingetragene Firma. **Ra|gio|nen|buch** *das;* -[e]s, ...bücher: (schweiz.) Verzeichnis der Ragionen

Ra|glan *der;* -s, -s ⟨nach dem engl. Lord Raglan, 1788 bis 1855⟩: Mantel mit Raglanärmeln. **Ra|glan|är|mel** *der;* -s, -: Ärmel[schnitt], bei dem Ärmel u. Schulterteil ein Stück bilden

Rag|na|rök *die;* - ⟨aus *altisländ.* ragna rök „Götterschicksal"⟩: Weltuntergang in der nordischen Mythologie

Ra|gout [ra'gu:] *das;* -s, -s ⟨aus gleichbed. *fr.* ragoût zu ragoûter, vgl. ragoutieren⟩: Mischgericht aus Fleisch, Wild, Geflügel od. Fisch in pikanter Soße. **ra|gou|tant** [...gu'tã:] ⟨aus gleichbed. *fr.* ragoûtant⟩: (veraltet) appetitanregend. **Ra|goût fin** [ragu'fɛ̃] *das;* - -, -s - [ragu'fɛ̃] ⟨zu *fr.* fin „fein"⟩: Ragout aus hellem Fleisch (z. B. Kalbfleisch, Geflügel) überbacken od. als Pastetenfüllung. **ra|gou|tie|ren** ⟨aus gleichbed. *fr.* ragoûter zu goût, vgl. Gout⟩: (veraltet) Appetit machen

Ra|go|zyt *der;* -en, -en (meist Plur.) ⟨zu *gr.* rháx, Gen. rhagós „Beere" u. ↑...zyt⟩: ↑Granulozyt von weinbeerähnlichem Aussehen mit runden Einschlüssen im ↑Zytoplasma (vor allem bei chronischer ↑Polyarthritis; Med.)

Rag|time ['rægtaɪm] *der;* - ⟨aus gleichbed. *engl.-amerik.* ragtime, eigtl. „zerrissener Takt"⟩: 1. nordamerik. Musikform (bes. für Klavier) mit melodischer Synkopierung bei regelmäßigem Beat (2). 2. auf dieser Form beruhender Gesellschaftstanz

Raid [reɪd] *der;* -s, -s ⟨aus gleichbed. *engl. (schott.)* raid, Herkunft unsicher⟩: militärischer Streifzug, begrenzte offensive militärische Operation; Überraschungsangriff

Rail|gras *das;* -es ⟨aus gleichbed. älter *engl.* rye-grass⟩: 1. franz. Glatthafer (über 1 m hohe Futterpflanze). 2. Gattung von Futter- u. Rasengräsern in Eurasien u. Nordafrika

Rail|le|rie [rajə'ri:] *die;* -, ...ien ⟨aus gleichbed. *fr.* raillerie zu railler, vgl. raillieren⟩: (veraltet) Scherz, Spöttelei. **rail|lie|ren** [ra'ji:...] ⟨aus gleichbed. *fr.* railler, dies über *provenzal.* ralhar „schwatzen, unnütz reden" aus *vulgärlat.* *ragulare, dies aus *spätlat.* ragere „wiehern"⟩: (veraltet) scherzen, spotten

rain|proof ['reɪnpru:f] ⟨aus gleichbed. *engl.* rainproof zu rain „Regen" u. proof „undurchlässig"⟩: durch Imprägnierung wasser-, regenabstoßend (von Geweben)

Ra|is [ra'i:s] *der;* -, Plur. -e u. Ruasa ⟨aus *arab.* ra'īs „Oberhaupt" zu ra's „Kopf"⟩: a) (ohne Plur.) in arab. Ländern Titel eines führenden Persönlichkeit, bes. des Präsidenten; b) Träger dieses Titels

Rai|son [rɛ'zõ:] usw. ⟨aus *fr.* raison⟩: franz. Schreibung für Räson usw.

Ra|jah *der;* -, - ⟨aus *arab.* rā'yā „Herde"⟩: nichtmoslemischer Untertan im Osmanischen Reich

ra|jo|len ⟨aus *niederl.* rajolen, vgl. rigolen⟩: svw. rigolen

Ra|kan *der;* -[s], -s ⟨aus dem Jap.⟩: jap. Bez. für ↑Lohan

Ra|ke|te *die;* -, -n ⟨aus gleichbed. *it.* rocchetta, eigtl. Verkleinerungsform von rocca „Spinnrocken" (nach der einem Spinnrocken ähnlichen zylindrischen Form), dies aus dem Germ.⟩: 1. Feuerwerkskörper. 2. a) als militärische Waffe verwendeter, langgestreckter, zylindrischer, nach oben spitz zulaufender [mit einem Sprengkopf versehener] Flugkörper, der eine sehr hohe Geschwindigkeit entwickelt; b) in der Raumfahrt verwendeter Flugkörper in der Form einer überdimensionalen Rakete (2 a), der dem Transport von Satelliten, Raumkapseln o. ä. dient. 3. begeistertes, das Heulen einer Rakete (1) nachahmendes Pfeifen bei [Karnevals]veranstaltungen. **Ra|ke|ten|ap|pa|rat** *der;* -[e]s, -e: bei Rettung Schiffbrüchiger verwendetes Gerät zum Abschießen einer Rettungsleine zum gestrandeten Schiff. **Ra|ke|ten|ba|sis** *die;* -, ...sen: (oft unterirdische) militärische Anlage, von der aus Raketen (2 a) eingesetzt werden können. **Ra|ke|ten|tech|nik** *die;* -: Zweig der Technik, der sich mit Entwicklung u. Bau von Raketen (2 a, b) befaßt. **Ra|ke|ten|zen|trum** *das;* -s, ...ren: großes, bedeutendes Raketenstartgelände

Ra|kett *das;* -s, Plur. -e u. -s ⟨aus *engl.* racket, vgl. ¹Racket⟩: svw. ¹Racket

Ra|ki *der;* -[s], -s ⟨aus *türk.* rakı, dies aus *arab.* araq „starker Branntwein", vgl. Arrak⟩: in der Türkei u. in Balkanländern hergestellter Trinkbranntwein aus Rosinen (gelegentlich auch aus Datteln od. Feigen) u. Anis

Ra|ku *das;* -[s] ⟨nach einer jap. Töpferfamilie⟩: japan. Keramikart

ral|len|tan|do [*it.;* Gerundium von rallentare „verlangsamen", dies zu *lat.* lentus „langsam, träge"⟩: langsamer werdend (Vortragsanweisung; Mus.); Abk.: rall.

Ral|lie|ment [rali'mã:] *das;* -s, -s ⟨aus gleichbed. *fr.* ralliement zu rallier, vgl. rallieren⟩: 1. (veraltet) Sammlung von verstreuten Truppen. 2. Annäherung der kath. Kirche an die franz. Republik am Ende des 19. Jh.s. **ral|li|ie|ren** ⟨aus gleichbed. *fr.* rallier zu ré- (vgl. re...) u. allier „vereinigen", dies aus *lat.* alligare „ver-, anbinden"⟩: (veraltet) verstreute Truppen sammeln. **Ral|lye** ['rali, auch 'rɛli] *die;* -, -s, schweiz. *das;* -s, -s ⟨über *fr.* bzw. *engl.* rallye aus *engl.* rally, eigtl. „das (Wieder)vereinigen, Sammeln", zu to rally „(sich wieder) vereinigen, sammeln", vgl. rallier, vgl. ralliieren⟩: Automobilwettbewerb [in mehreren Etappen] mit Sonderprüfungen; Sternfahrt (Sport). **Ral|lye-Cross** [...krɔs] *das;* -, -e: dem Moto-Cross ähnliches, jedoch mit Autos gefahrenes Rennen im Gelände

RAM *das;* -[s], -[s] ⟨Kurzw. aus *engl.* random access memory „Speicher mit wahlfreiem Zugriff"⟩: ein Schreib-Lese-Speicher, bei dem jede Speicherzelle einzeln adressierbar u. inhaltlich veränderbar ist (EDV)

Ra|ma|dan *der;* -[s] ⟨aus *arab.* ramaḍān, eigtl. „der heiße Monat"⟩: islam. Monat. Fastenmonat (9. Monat des Mondjahrs)

Ra|mage ['ræmɪdʒ] *die* od. *das;* - [...dʒɪz] ⟨aus gleichbed. *engl.* ramage, eigtl. „Geäst", aus *fr.* ramage zu *altfr.* ram, raim „Zweig, Stammbaumlinie", dies aus *lat.* ramus „Zweig"⟩: eine der ↑Lineage ähnliche Abstammungsgruppe, bei der die väterliche wie die mütterliche Abstammungslinie für die Zugehörigkeit maßgebend sein kann. **Ra|ma|gé** [rama'ʒe:] ⟨aus *fr.* ramagé, Part. Perf. von ramager „mit Blätter- od. Blütenmuster versehen", dies zu ramage, vgl. Ramage⟩: Gewebe mit rankenartiger Jacquardmusterung

Ra|ma|ja|na *das;* - ⟨aus gleichbed. *sanskr.* rāmāyaṇa, eigtl. „auf Rama bezüglich"⟩: ind. religiöses Nationalepos von den Taten des göttlichen Helden Rama; vgl. Mahabharata

Ra|man|ef|fekt *der;* -[e]s ⟨nach dem ind. Physiker Ch. V. Raman, 1888–1970⟩: das Auftreten von Spektrallinien kleinerer u. größerer Frequenz im Streulicht beim Durchgang von Licht durch Flüssigkeiten, Gase u. Kristalle

Ra|ma|san *der;* -[s] ⟨nach der türk. u. pers. Aussprache für ↑ Ramadan⟩: türk. u. pers. Bez. für ↑ Ramadan

ra|mas|sie|ren ⟨aus gleichbed. *fr.* ramasser zu ré- (vgl. re...) u. amasser „anhäufen", dies zu ↑ à u. masse „Masse, Haufen" (aus *lat.* massa)⟩: 1. (veraltet) anhäufen, zusammenfassen. 2. (landsch.) unordentlich u. polternd arbeiten. **ra|mas|siert** ⟨aus gleichbed. *fr.* ramassé, Part. Perf. von ramasser, vgl. ramassieren⟩: (landsch.) dick, gedrungen, untersetzt

Ra|ma|su|ri, auch Remasuri *die;* - ⟨wohl aus *rumän.* mdal. ramasuri „Durcheinander, Allerlei"⟩: (österr. ugs.) großes Durcheinander, Wirbel

Ram|bla *die;* -, -s ⟨aus gleichbed. *span.* rambla, dies aus *arab.* ramlā⟩: 1. a) ausgetrocknetes Flußbett der ↑ Torrenten in Spanien; b) breite Straße, Promenade (bes. in Katalonien). 2. durch Auflauf auf jungen, jedoch bereits dürftig bewachsenen Sedimenten eines Flusses

Ram|bo *der;* -s, -s ⟨nach dem amerik. Filmhelden⟩: (ugs.) jmd., der sich rücksichtslos [u. mit Gewalt] durchsetzt; Kraftprotz

Ram|bouil|let|schaf [rãbu'je:...] *das;* -[e]s, -e ⟨nach der nordfranz. Stadt Rambouillet⟩: feinwollige franz. Schafrasse

Ram|bur *der;* -s, -e ⟨aus *fr.* rambour, nach der franz. Ortschaft Rambures (Somme)⟩: säuerliche Apfelsorte

Ram|bu|tan *der;* -s, -e ⟨aus gleichbed. *malai.* rambutan zu rambut „Haar" (wegen der haarigen, d. h. mit langen, weichen Stacheln versehenen Fruchthaut)⟩: in Indonesien beheimateter großer Baum mit Fiederblättern, in Rispen stehenden Blüten u. pflaumengroßen, dicht mit langen, weichen Stacheln besetzten eßbaren Früchten

Ra|mi: Plur. von ↑ Ramus

Ra|mie *die;* -, ...ien ⟨über gleichbed. *engl.* ramie aus *malai.* rami⟩: Chinagras (kochfeste, gut färbbare Faser einer ostasiat. Nesselpflanze)

Ra|mi|fi|ka|ti|on *die;* -, -en ⟨zu ↑ Ramus u. ↑ ...fikation⟩: Verzweigung bei Pflanzen (Bot.). **ra|mi|fi|zie|ren** ⟨zu ↑ ...fizieren⟩: sich verzweigen (in bezug auf Pflanzen)

Ram|mels|ber|git [auch ...'gɪt] *der;* -s, -e ⟨nach dem dt. Mineralogen u. Chemiker K. F. Rammelsberg (1813–1889) u. zu ↑² ...it⟩: svw. Chloanthit

Ram|ming *die;* -, -s ⟨aus gleichbed. *engl.* ramming zu to ram „rammen"⟩: (Seemannsspr.) Kollision, Zusammenstoß

ram|po|nie|ren ⟨aus gleichbed. *mniederl.* ramponeren, dies aus *altfr.* ramposner „verhöhnen, hart anfassen", dies aus dem Germ.⟩: (ugs.) stark beschädigen. **ram|po|niert** ⟨zu ↑ ...iert⟩: (ugs.) in schlechtem Zustand, stark mitgenommen

Ram|till *der;* -s ⟨aus gleichbed. *Hindi* ramtil⟩: im tropischen Afrika u. in Indien angebaute Korbblütlerart, aus deren Samen Öl gewonnen wird

Ra|mus *der;* -, Rami ⟨aus *lat.* ramus, Gen. rami „Ast, Zweig"⟩: 1. a) Zweig eines Nervs, einer Arterie od. einer Vene; b) astartiger Teil eines Knochens (Med.). 2. Ast einer Vogelfeder (Zool.)

Ranch [rɛntʃ, auch ra:ntʃ] *die;* -, Plur. -s, auch -es [...tʃɪz] ⟨aus *amerik.* ranch, dies aus *mex.-span.* rancho „einzeln liegende Hütte (für Viehzucht)" zu *span.* rancharse, ranchearse „sich niederlassen"⟩: nordamerik. Viehwirtschaft, Farm. **Ran|cher** ['rɛntʃɐ, auch 'ra:ntʃɐ] *der;* -s, -[s] ⟨aus gleichbed. *amerik.* rancher⟩: nordamerik. Viehzüchter, Farmer. **Ran|che|ria** [rantʃe...] *die;* -, -s ⟨aus gleichbed. *mex.-span.* ranchería⟩: Viehhof, kleine Siedlung (in Südamerika). **Ran|che|ro** *der;* -s, -s ⟨aus gleichbed. *mex.-span.* ranchero⟩: im spanischsprachigen Amerika jmd., der auf einem Landgut lebt. **Ran|cho** ['rantʃo] *der;* -s, -s ⟨aus gleichbed. *mex.-span.* rancho⟩: kleiner Wohnplatz, Hütte im spanischsprachigen Amerika

Rand [*engl.* rænd] *der;* -s, -[s] (aber: 5 -) ⟨aus *engl.* rand, eigtl. „Medaille, Schild"⟩: Währungseinheit der Republik Südafrika

Ran|dal *der;* -s ⟨wohl zusammengezogen aus landsch. Rand „Auflauf; Possen" u. ↑ Skandal⟩: (Studentenspr., veraltet) Lärm, Gejohle. **Ran|da|le** *die;* - ⟨zu ↑ Randal⟩: (ugs.) Veranstaltung od. Gelegenheit, bei der randaliert wird; - machen: svw. randalieren. **ran|da|lie|ren** ⟨zu ↑ Randal u. ↑ ...ieren⟩: in einer Gruppe mutwillig lärmend durch die Straßen ziehen [u. dabei andere stark belästigen od. mutwillig Sachen beschädigen, zerstören]. **Ran|da|lie|rer** *der;* -s, -: jmd., der randaliert

ran|do|mi|sie|ren ⟨aus gleichbed. *engl.-amerik.* to randomize zu *engl.* random „zufällig"⟩: (aus einer Gesamtheit von Elementen) eine vom Zufall bestimmte Auswahl treffen (Statistik). **Ran|do|mi|sie|rung** *die;* -, -en ⟨zu ↑ ...isierung⟩: zufällige Auswahl, Zusammenstellung od. Anordnung einer Anzahl von Untersuchungselementen aus einer größeren Gesamtheit (z. B. die Auswahl von Probanden für einen klinischen Test; Statistik)

Ran|do|ri *das;* - ⟨aus dem Jap.⟩: freies Üben (beim Judo)

Ran|ger ['reɪndʒɐ] *der;* -s, -s [...dʒəz] ⟨über gleichbed. *amerik.* ranger aus *engl.* ranger, eigtl. „(königlicher) Forstaufseher", zu to range „(durch)streifen, wandern", eigtl. „(ein)reihen, (ordnend) aufstellen", dies aus (*alt*)*fr.* ranger, vgl. rangieren⟩: 1. Angehöriger einer [Polizei]truppe in Nordamerika, z. B. der Texas Rangers. 2. Aufseher in den Nationalparks der USA. 3. besonders ausgebildeter Soldat, der innerhalb kleiner Gruppen Überraschungsangriffe im feindlichen Gebiet macht. **ran|gie|ren** [raŋ'ʒi:...] ⟨aus *fr.* ranger „ordnungsgemäß aufstellen, ordnen" zu rang „Reihe, Ordnung", dies aus dem Germ.⟩: 1. einen Rang innehaben [vor, hinter jmdm.]. 2. Eisenbahnwagen od. -züge [in Bahnhöfen] durch entsprechende Fahrmanöver umstellen, auf andere Gleise fahren. 3. (landsch.) in Ordnung bringen, ordnen. **Ran|gie|rer** *der;* -s, -: Eisenbahner, der rangiert. **Ran|gier|ma|nö|ver** [...v...] *das;* -s, -: Manöver (2), mit dem ein Zug o. ä. rangiert wird

ra|ni|mie|ren ⟨aus gleichbed. *fr.* ranimer, réanimer zu ré- (vgl. re...) u. animer „beleben, beseelen", dies aus *lat.* animare zu animus „Seele, Geist"⟩: (veraltet) neu beleben, wieder beseelen; auffrischen

Ran|kett *das;* -s, -e ⟨Herkunft unsicher⟩: svw. Rackett

Ran|kine ['ræŋkɪn] *das;* -, - ⟨nach dem schott. Ingenieur W. J. M. Rankine, 1820–1872⟩: Gradeinheit einer in Großbritannien u. in den USA verwendeten Temperaturskala, die vom absoluten Nullpunkt aus zählt

Ran|kü|ne *die;* - ⟨über *fr.* rancune, *vulgärlat.* *rancura aus gleichbed. *lat.* rancor, eigtl. „das Ranzige" zu rancere „stinken, faulen"⟩: (veraltend) Groll, heimliche Feindschaft; Rachsucht

Ra|nu|la *die;* -, ...lä ⟨aus *lat.* ranula, Verkleinerungsform von rana „Frosch"⟩: Froschgeschwulst, Zyste neben dem Zungenbändchen (Med.). **Ra|nun|kel** *die;* -, -n ⟨aus gleichbed. *lat.* ranunculus, eigtl. „kleiner Frosch"⟩: Gartenpflanze der Gattung Hahnenfuß. **Ra|nun|ku|la|ze|en** *die* (Plur.) ⟨aus *nlat.* ranunculaceae zu *lat.* ranunculus, vgl. Ranunkel⟩: Pflanzenfamilie der Hahnenfußgewächse mit zahlreichen einheimischen Arten (z. B. Pfingstrose, Küchenschelle, Rittersporn)

Ranz des vaches [rãde'vaʃ] *der;* - - - ⟨aus *fr.* ranz des vaches „Kuhreigen"⟩: Kuhreigen der Greyerzer Sennen (Schweizer Volkslied)

Ran|zi|on *die;* -, -en ⟨aus gleichbed. *fr.* rançon, dies über *altfr.* raençon aus *lat.* redemptio „das Loskaufen" zu redimere „los-, zurückkaufen"⟩: (früher) Lösegeld für Kriegsgefangene od. für gekaperte Schiffe. **ran|zio|nie|ren** ⟨aus gleichbed. *fr.* rançonner zu rançon, vgl. Ranzion⟩: (früher) Kriegsgefangene durch Loskauf od. Austausch befreien

Rap [ræp] *der;* -[s], -s ⟨aus *engl.* rap „Plauderei, Unterhaltung" zu to rap „plaudern, schwatzen", eigtl. „stoßen, klopfen; stoßweise sprechen"⟩: schneller, rhythmischer Sprechgesang (in der Popmusik)

Ra|pa|ki|wi *der;* -s ⟨aus *finn.* rapakivi zu rapa „Bodensatz" u. kivi „Stein"⟩: eine Abart des ↑Granits

Ra|pa|zi|tät *die;* - ⟨über gleichbed. *fr.* rapacité aus *lat.* rapacitas, Gen. rapacitatis zu rapax „räuberisch", eigtl. „an sich reißend, raffend"⟩: (veraltet) Habgier, Raffsucht

Ra|pé [ra'peː] *der;* -[s] ⟨aus gleichbed. *fr.* râpé zu râpe, vgl. Rapier⟩: durch Zerreiben hergestellter Schnupftabak

Ra|phe *die;* -, -n ⟨aus *gr.* rhaphḗ „Naht"⟩: 1. strangförmige Verwachsungsnaht der Pflanzensamen aus ↑anatropen Samenanlagen (Bot.). 2. Spalt im Panzer stabförmiger Kieselalgen (Zool.)

Ra|phia *die;* -, ...ien [...iən] ⟨aus *nlat.* raphia, dies über gleichbed. *engl.* raffia aus *malagassisch* rafia⟩: afrik. Nadelpalme mit tannenzapfenähnlichen Früchten. **Ra|phiabast** *der;* -[e]s: aus den Blättern der Raphia gewonnener Bast

Ra|phi|den *die* (Plur.) ⟨zu *gr.* rhaphís, Gen. rhaphídos „Nadel"; vgl. ...ide⟩: Kristallnadeln in Pflanzenzellen (Bot.)

Ra|pia|ri|um *das;* -s, ...ien [...iən] ⟨aus gleichbed. *mlat.* rapiarium zu *lat.* rapere, vgl. rapid⟩: (veraltet) Heft zum eiligen Eintragen, Kladde. **ra|pid** u. **ra|pi|de** ⟨aus gleichbed. *fr.* rapide, dies aus *lat.* rapidus „raffend, reißend; schnell, ungestüm" zu rapere „fortreißen"⟩: (bes. von Entwicklungen, Veränderungen o. ä.) sehr, überaus, erstaunlich schnell [vor sich gehend]. **ra|pi|da|men|te** ⟨*it.*; „schnell" zu rapido, vgl. rapido⟩: sehr schnell, rasend (Vortragsanweisung; Mus.). **ra|pi|de** vgl. rapid. **ra|pid iron** ['ræpɪd 'aɪən] ⟨*engl.*; eigtl. „schnell bügeln"⟩: leicht zu bügeln (Hinweis auf pflegeleichten Geweben, die sich leicht bügeln lassen).

Ra|pi|di|tät *die;* - ⟨aus gleichbed. *fr.* rapidité zu rapide „schnell, stürmisch", vgl. rapid u. ...ität⟩: Blitzesschnelle, Ungestüm. **ra|pi|do** ⟨*it.;* „schnell", dies aus *lat.* rapidus, vgl. rapid⟩: sehr schnell, rasch (Vortragsanweisung; Mus.)

Ra|pier *das;* -s, -e ⟨aus gleichbed. *fr.* rapière zu râpe „Reibeisen", dies aus dem Germ.⟩: Fechtwaffe, Degen (Sport). **ra|pie|ren** ⟨aus *fr.* râper „(ab)schaben"⟩: 1. Fleisch von Haut u. Sehnen abschaben. 2. Tabakblätter zerstoßen (zur Herstellung von Schnupftabak)

Ra|pil|li *die* (Plur.) ⟨aus *it.* rapilli, dissimiliert aus lapilli, vgl. Lapilli⟩: svw. Lapilli

rap|pe|lie|ren ⟨aus gleichbed. *fr.* rappeler, dies zu re- (vgl. re...) u. appeler „rufen" (zu *lat.* appellare „ansprechen")⟩: (veraltet) zurückberufen, abberufen. **Rap|pell** *der;* -s ⟨aus gleichbed. *fr.* rappel zu rappeler, vgl. rappelieren⟩: (veraltet) Abruf, Schreiben zur Rückberufung eines Gesandten

Rap|ping ['ræpɪŋ] *das;* -[s] ⟨aus gleichbed. *engl.-amerik.* rapping zu to rap, vgl. Rap⟩: svw. Rap

Rap|po|ma|cher *der;* -s, - ⟨Herkunft ungeklärt, vielleicht aus dem Ital.⟩: Händler, der auf Messen u. Märkten seine Waren zu einem Preis anbietet, den er später stark herabsetzt

Rap|port *der;* -[e]s, -e ⟨aus gleichbed. *fr.* rapport, eigtl. „das Wiederbringen", zu rapporter, vgl. rapportieren⟩: 1. a) Bericht; b) (veraltet) dienstliche Meldung (Mil.). 2. a) regelmäßige Meldung an zentrale Verwaltungsstellen eines Unternehmens über Vorgänge, die für die Lenkung des Unternehmens von Bedeutung sind; b) Bericht eines Unternehmens an Behörden od. Wirtschaftsverbände für Zwecke der Statistik u. des Betriebsvergleichs (Wirtsch.). 3. unmittelbarer Kontakt zwischen zwei Personen, bes. zwischen Hypnotiseur u. Hypnotisiertem, zwischen Analytiker u. Analysand, Versuchsleiter u. Medium (Psychol.). 4. sich [auf Geweben, Teppichen, Tapeten] ständig wiederholendes Muster, Ornament od. Motiv. 5. Beziehung, Zusammenhang. **Rap|por|teur** [...'tøːɐ] *der;* -s, -e ⟨aus gleichbed. *fr.* rapporteur zu rapporter, vgl. rapportieren⟩: (veraltet) 1. Berichterstatter, Zuträger. 2. a) Winkelmesser zum Messen u. Übertragen von Winkeln; b) Richtzirkel der Uhrmacher. **rap|por|tie|ren** ⟨aus gleichbed. *fr.* rapporter, eigtl. „wiederbringen", zu *lat.* re- (vgl. re...) u. apportare (vgl. apportieren)⟩: 1. berichten, Meldung machen. 2. sich als Muster od. Motiv ständig wiederholen

Rap|pro|che|ment [...ʃə'mãː] *das;* -s, -s ⟨aus gleichbed. *fr.* rapprochement zu rapprocher „versöhnen", eigtl. „nähern", dies zu *lat.* re- (vgl. re...) u. appropiare „sich nähern"⟩: [politische] Wiederversöhnung

Rap|tus *der;* -, Plur. - [...tuːs] u. -se ⟨aus *lat.* raptus „das Hinreißen, Fortreißen; Zuckung" zu rapere „(fort)reißen"⟩: 1. (Plur. Raptusse; scherzh.) a) plötzlicher Zorn; b) Verrücktheit, plötzliche Besessenheit von einer merkwürdigen Idee. 2. (Plur. Raptus) plötzlich einsetzender Wutanfall (Med.). 3. (Plur. Raptus; veraltet) Raub, Entführung (Rechtsw.)

Ra|pu|se *die;* - ⟨Herkunft unsicher⟩: 1. (ugs. landsch.) a) Plünderung, Raub; b) Verlust; in die - kommen od. gehen: [im Durcheinander] verlorengehen; c) Wirrwarr; in die - geben: preisgeben. 2. ein Kartenspiel

rar ⟨aus gleichbed. *fr.* rare, dies aus *lat.* rarus „selten"⟩: nur in [zu] geringer Menge, Anzahl vorhanden; selten, aber gesucht. **Ra|ra:** Plur. von ↑Rarum. **Ra|ra avis** [- 'aːvis] *die;* - - ⟨aus *lat.* rara avis „seltener Vogel"⟩: etwas Seltenes. **Ra|re|fi|ka|ti|on** *die;* -, -en ⟨zu *lat.* rarefacere (vgl. rarefizieren) u. ↑...ation⟩: Gewebsschwund (bes. der Knochen; Med.). **ra|re|fi|zie|ren** ⟨aus gleichbed. *lat.* rarefacere zu rarus (vgl. rar) u. facere „machen"⟩: a) verdünnen, auflockern; b) schwinden (in bezug auf [Knochen]gewebe; Med.). **Ra|ris|si|mum** *das;* -s, ...ma ⟨aus *lat.* rarissimum „das Seltenste", substantivierter Superlativ von rarum, vgl. Rarum⟩: bes. seltenes, rares Stück. **Ra|ri|tät** *die;* -, -en ⟨aus *lat.* raritas, Gen. raritatis „Lockerheit; Seltenheit"⟩: a) etwas Rares; b) seltenes u. wertvolles Liebhaber- od. Sammlerstück. **Ra|ri|tä|ten|ka|bi|nett** *das;* -s, -e: Raum, in dem eine Raritätensammlung aufbewahrt u. ausgestellt wird. **Ra|rum** *das;* -s, Rara (meist Plur.) ⟨aus *lat.* rarum „das Seltene", substantiviertes Neutrum von rarus⟩: seltener, kostbarer Gegenstand, bes. seltenes Buch

Ras *der;* -, - ⟨aus *arab.* rāʾs „Kopf"⟩: 1. abessinischer Titel. 2. in geographischen Namen arab. Bez. für Gipfel, Kap (z. B. Ras Schamra)

ra|sant ⟨aus *fr.* rasant „bestreichend, den Erdboden streifend", eigtl. Part. Präs. von raser „scheren, rasieren; darüber hinstreichen, streifen; schleifen", vgl. rasieren; Bed. 1 volksetymologisch an *dt.* rasen angelehnt⟩: 1. (ugs.) a) erstaunlich schnell; b) stürmisch; mit unheimlicher Geschwindigkeit vor sich gehend (von Vorgängen, Entwicklungen). 2. (ugs.) in imponierender Weise und dadurch begeisternd, mitreißend wirkend, [begehrendes] Wohlgefallen hervorrufend. 3. sehr flach gestreckt (von der Flugbahn eines Geschosses; Ballistik). **Ra|sanz** *die;* - ⟨zu ↑...anz⟩: 1. (ugs.) rasende Geschwindigkeit; stürmische Bewegtheit. 2. (ugs.) in Erregung versetzende Schönheit, Großartigkeit. 3. rasante (3) Flugbahn eines Geschosses (Ballistik)

Rasch|nji|tschi *das;* -[s], -[s] ⟨aus gleichbed. *serb.* ražnjići⟩: ein serb. Fleischgericht aus kleinen, scharf gewürzten Fleischstücken

Ra|ser ['re:zɐ, *engl.* 'reɪzə] *der;* -s, - ⟨aus gleichbed. *engl.-amerik.* raser, Kurzw. aus *engl.* ratio amplification by *s*timulated *e*mission of *r*adiation, Analogiebildung zu *engl.* laser (vgl. Laser)⟩: Gerät zur Erzeugung u. Verstärkung kohärenter Röntgenstrahlen (Phys.)

Ra|seur [ra'zø:ɐ] *der;* -s, -e ⟨aus gleichbed. *fr.* raseur, eigtl. „Rasierer", zu raser „rasieren", dies über *vulgärlat.* *rasare aus *lat.* radere, vgl. rasieren⟩: (veraltet) Haarschneider, Friseur. **Rash** [ræʃ] *der;* -s, -s ⟨aus gleichbed. *engl.* rash, eigtl. „(Haut)ausschlag", dies über *(alt)fr.* rache „Schorf" zu raschier „kratzen", dies über das Vulgärlat. zu *lat.* rasus, Part. Perf. von radere, vgl. rasieren⟩: masern- od. scharlachartiger Hautausschlag (bei verschiedenen Krankheiten vorkommend; Med.). **Ra|sier|ap|pa|rat** *der;* -[e]s, -e ⟨zu ↑rasieren⟩: 1. aus einem Stiel u. einer Einrichtung zum Einlegen einer Rasierklinge bestehender Apparat zum Rasieren. 2. elektr. Gerät zum Rasieren. **Ra|sier|cre|me** *die;* -, -s: Creme zur Herstellung des Rasierschaums für die Naßrasur. **ra|sie|ren** ⟨über *niederl.* raseren u. *fr.* raser aus gleichbed. *vulgärlat.* *rasare zu *lat.* rasus, Part. Perf. von radere „kratzen, schaben; abscheren; darüber hinstreichen"⟩: 1. mit einem Rasiermesser od. -apparat die [Bart]haare entfernen. 2. (ugs.) übertölpeln, betrügen. **Ra|sie|rer** *der;* -s, -: (ugs.) elektr. Rasierapparat

Ras|kol *der;* -s ⟨aus gleichbed. *russ.* raskol, eigtl. „Spaltung"⟩: [Kirchen]spaltung, ↑ Schisma. **Ras|kol|nik** *der;* -[s], Plur. -i, auch -en ⟨aus gleichbed. *russ.* raskolnik, eigtl. „Spalter"⟩: Angehöriger einer der zahlreichen russ. Sekten, bes. der sog. Altgläubigen (seit dem 17. Jh.)

Ras|no|tschin|zen *die* (Plur.) ⟨aus gleichbed. *russ.* raznočinci zu razno- „anders, ungleich" u. čin „Rang"⟩: nichtadlige Intellektuelle im Rußland des 19. Jh.s, die für demokratische Ziele kämpften

Rä|son [rɛ'zõ:] *die;* - ⟨über *fr.* raison aus gleichbed. *lat.* ratio, vgl. Ratio⟩ (veraltend) Vernunft, Einsicht; jmdn. zur - bringen: durch sein Eingreifen dafür sorgen, daß sich jmd. ordentlich u. angemessen verhält. **rä|so|na|bel** [...zo'na:...] ⟨aus gleichbed. *fr.* raisonnable⟩: (landsch. veraltet) a) vernünftig; b) heftig; c) gehörig. **Rä|so|neur** [...'nø:ɐ] *der;* -s, -e ⟨aus gleichbed. *fr.* raisonneur⟩: (veraltet) a) Schwätzer, Klugredner; b) Nörgler. **rä|so|nie|ren** ⟨aus *fr.* raisonner „überlegen, vernunftgemäß handeln u. reden; Einwendungen machen" zu raison, vgl. Räson⟩: 1. (veraltet) vernünftig reden, Schlüsse ziehen. 2. (abwertend) a) viel und laut reden; b) seiner Unzufriedenheit Luft machen, nörgeln, schimpfen. **Rä|son|ne|ment** [...'mã:] *das;* -s, -s ⟨aus gleichbed. *fr.* raisonnement⟩: (veraltet) 1. vernünftige Beurteilung, Überlegung, Erwägung. 2. scheinbar vernünftige, aber wenig tiefsinnige Erwägung; Vernünftelei

Ra|so|rit [auch ...'rɪt] *der;* -s, -e ⟨nach dem amerik. Ingenieur M. Rasor (20. Jh.) u. zu ↑²...it⟩: svw. Kernit

Ras|pa *die;* -, -s, ugs. auch *der;* -s, -s ⟨aus gleichbed. *mex.-span.* raspa zu *span.* raspar „mit den Füßen scharren", dies aus dem Germ.⟩: um 1950 eingeführter lateinamerik. Gesellschaftstanz (meist im %-Takt). **Ras|pa|dor** *der;* Gen. -s, auch -en, Plur. -e[n] ⟨aus *span.* raspador „Schaber"⟩: Maschine zum Herausarbeiten der Sisalfasern aus den Blättern der Sisalagave. **Ras|pa|ti|on** *die;* -, -en ⟨aus gleichbed. *mlat.* raspatio zu raspare „raspeln, schaben"⟩: das Abreiben, das Abschaben (Med.). **Ras|pa|to|ri|um** *das;* -s, ...rien [...jən] ⟨zu ↑...orium⟩: raspelartiges chirurgisches Instrument (z. B. zum Abschieben der Knochenhaut bei operativen Eingriffen an Knochen; Med.)

Ras|sis|mus *der;* - ⟨zu *dt.* Rasse u. ↑...ismus (5)⟩: a) meist ideologisch begründete, zur Rechtfertigung von Diskriminierung, Unterdrückung u. ä. entwickelte Lehre, nach der bestimmte Rassen (od. Völker) hinsichtlich ihrer kulturellen Leistungsfähigkeit anderen von Natur aus überlegen seien; übersteigertes Rassenbewußtsein, Rassendenken; b) dem Rassismus (a) entsprechende Einstellung, Denk- u. Handlungsweise; Rassenhetze. **Ras|sist** *der;* -en, -en ⟨zu ↑...ist⟩: Anhänger des Rassismus. **ras|si|stisch** ⟨zu ↑...istisch⟩: den Rassismus betreffend

Ra|sta *der;* -s, -s: Kurzform von ↑ Rastafari. **Ra|sta|fa|ri** *der;* -s, -s ⟨aus *engl.* Rastafarian, nach Ras (= Fürst) Tafari, dem späteren äthiop. Kaiser Haile Selassi I. (1892–1975), der von den Rastafaris als Gott verehrt wurde⟩: Anhänger einer religiösen Bewegung in Jamaika, die den äthiopischen Kaiser Haile Selassie I. als Gott verehrt

Ra|ster|[elek|tro|nen]mi|kro|skop *das;* -s, -e ⟨zu *dt.* Raster (aus *lat.* rastrum) u. ↑Mikroskop⟩: ↑Elektronenmikroskop, bei dem das Objekt zeilenweise von einem Elektronenstrahl abgetastet wird u. das besonders plastisch wirkende Bilder liefert. **Ra|ster|scan** [...skɛn] *das;* -s ⟨zu *engl.* scan „Abtastung, Auflösung"⟩: Methode der Bild- u. Zeichendarstellung, bei der für jedes Bild der Bildschirm zeilenweise mit einem Elektronenstrahl abgetastet u. an jedem Bildpunkt entsprechend der Bildinformation hellgesteuert wird (EDV, Elektronik). **Ra|stral** *das;* -s, -e ⟨zu *mlat.* raster „Rechen", *lat.* raster, rastrum „(mehr)zinkige Hacke" u. ↑¹...al (2)⟩: Gerät mit fünf Zinken zum Ziehen von Notenlinien. **ra|strie|ren** ⟨zu ↑...ieren⟩: Notenlinien mit dem Rastral ziehen

Ra|sul Al|lāh *der;* - - ⟨aus *arab.* rasūl allāh⟩: der Gesandte, Prophet Gottes (Bezeichnung Mohammeds)

Ra|sur *die;* -, -en ⟨aus *lat.* rasura „das Schaben, Kratzen; Abscheren, Abrasieren", zu radere, vgl. rasieren⟩: 1. das Rasieren, Entfernung der [Bart]haare. 2. das Radieren, Schrifttilgung (z. B. in Geschäftsbüchern)

Rät u. **Rhät** *das;* -s ⟨nach den Rätischen Alpen⟩: jüngste Stufe des Keupers; vgl. Trias

Ra|ta|fia *der;* -[s], -s ⟨aus gleichbed. *fr.* ratafia, dies wohl aus dem Kreol.⟩: ein Frucht[saft]likör

Ra|tan|hia|wur|zel [ra'tanja...] *die;* -, -n ⟨über das Port. aus einer südamerik. Indianersprache⟩: als Heilmittel verwendete Wurzel eines peruan. Strauches

Ra|ta|touille [...'tuj] *die;* -, -s u. *das;* -s, -s ⟨aus gleichbed. *fr.* ratatouille, eigtl. „übles Gericht", dies über mdal. Formen zu touiller „umrühren", aus *lat.* tudiculare „stampfen"⟩: Gemüse aus Auberginen, Zucchini, Tomaten u. a.

Ra|tel *der;* -s, - ⟨aus gleichbed. *afrikaans* ratel⟩: Honigdachs

Ra|te|ro *der;* -[s], -s ⟨aus *span.* ratero⟩: span. Bez. für Gauner, Taschendieb

Rath *der;* -s, -s ⟨aus *sanskr.* rátha „Wagen"⟩: gewaltiger hölzerner Wagen, an dem an hohen Festtagen des Hinduismus Götterbilder in feierlicher Prozession durch die Straßen geführt werden

Ra|ti|fi|ka|ti|on *der;* -, -en ⟨aus *mlat.* ratificatio „Bestätigung, Genehmigung" zu ratificare, vgl. ratifizieren⟩: Genehmigung, Bestätigung eines von der Regierung abgeschlosse-

Ratifikationsurkunde

nen völkerrechtlichen Vertrages durch die gesetzgebende Körperschaft; vgl. ...[at]ion/...ierung. **Ra|ti|fi|ka|ti|ons|ur|kun|de** *die;* -, -n: Urkunde über die Ratifikation eines völkerrechtlichen Vertrages. **ra|ti|fi|zie|ren** ⟨aus *mlat.* ratificare „bestätigen, genehmigen" zu *lat.* ratus „berechnet; bestimmt, gültig" (eigtl. Part. Perf. von reri „schätzen, berechnen") u. ↑...fizieren⟩: als gesetzgebende Körperschaft einen völkerrechtlichen Vertrag in Kraft setzen. **Ra|ti|fi|zie|rung** *die;* -, -en ⟨zu ↑...ierung⟩: das Ratifizieren; vgl. ...[at]ion/...ierung

Ra|ti|né [...'ne:] *der;* -s, -s ⟨zu *fr.* ratiné „gekräuselt", Part. Perf. von ratiner, vgl. ratinieren⟩: flauschiger Mantelstoff mit noppenähnlicher Musterung

Ra|ting ['reɪtɪŋ] *das;* -[s] ⟨aus gleichbed. *engl.* rating zu to rate „(ein)schätzen"⟩: 1. Verfahren zur Einschätzung, Beurteilung von Personen, Situationen o. ä. mit Hilfe von Ratingskalen (Psychol., Soziol.). 2. Verfahren zur Ermittlung der Einschaltquote von [Fernseh]sendungen, bes. zur Einschätzung der Wirksamkeit von Werbespots. **Ra|ting|me|tho|de** *die;* -: svw. Rating. **Ra|ting|ska|la** *die;* -, Plur. ...len u. -s: in regelmäßige Intervalle aufgeteilte Strecke, die den Ausprägungsgrad (z. B. stark – mittel – gering) eines Merkmals (z. B. Ängstlichkeit) zeigt (Psychol., Soziol.)

ra|ti|nie|ren ⟨aus gleichbed. *fr.* ratiner⟩: aufgerauhtem [Woll]gewebe mit der Ratiniermaschine eine noppenähnliche Musterung geben

Ra|tio *die;* - ⟨aus gleichbed. *lat.* ratio „Vernunft; (Be)rechnung; Rechenschaft"⟩: Vernunft, schlußfolgernder, logischer Verstand. **Ra|tio|de|tek|tor** *der;* -s, ...oren: Schaltanordnung zur ↑Demodulation frequenzmodulierter (vgl. Frequenzmodulation) Schwingungen in der Nachrichtentechnik. **Ra|tio|dis|kri|mi|na|tor** *der;* -s, ...oren: svw. Ratiodetektor. **Ra|tio le|gis** *die;* - - ⟨aus gleichbed. *lat.* ratio legis⟩: (Rechtsspr.) Sinn, Absicht eines Gesetzes. **Ra|ti|on** *die;* -, -en ⟨aus gleichbed. *fr.* ration, dies aus *mlat.* ratio „berechneter Anteil" zu *lat.* ratio, vgl. Ratio⟩: a) zugeteiltes Maß, (An)teil, Menge; b) zugeteilte Menge an Lebens- u. Genußmitteln; [täglicher] Verpflegungssatz (bes. für Soldaten); eiserne -: (Soldatensprache) Proviant, der nur in einem bestimmten Notfall angegriffen werden darf. **ra|tio|na|bel** ⟨aus gleichbed. *lat.* rationabilis⟩: (veraltet) genau berechenbar, vernünftig. **Ra|tio|na|bi|li|tät** *die;* - ⟨aus *lat.* rationabilitas, Gen. rationabilitatis⟩: (veraltet) Berechenbarkeit, Vernunft. **ra|tio|nal** ⟨aus gleichbed. *lat.* rationalis⟩: die Ratio betreffend; vernünftig, aus der Vernunft stammend, von der Vernunft bestimmt; -e Zahlen: alle Zahlen, die sich durch Brüche ganzer Zahlen ausdrücken lassen (Math.); Ggs. ↑irrational; vgl. ...al/...ell. **Ra|tio|na|le** *das;* - ⟨aus gleichbed. *kirchenlat.* rationale, substantiviertes Neutrum von *lat.* rationalis, vgl. rational⟩: auszeichnender liturgischer Schulterschmuck einiger kath. Bischöfe (z. B. Paderborn, Eichstätt) nach dem Vorbild des Brustschildes der israelitischen Hohenpriester. **Ra|tio|na|li|sa|tor** *der;* -s, ...oren ⟨zu ↑rationalisieren u. ↑...ator⟩: Angestellter eines Unternehmens, der mit der Durchführung einer Rationalisierung (1) betraut ist. **ra|tio|na|li|sie|ren** ⟨z. T. unter Einfluß von *fr.* rationaliser „vernunftgemäß gestalten" zu ↑rational u. ↑...isieren⟩: 1. vereinheitlichen, straffen, [das Zusammenwirken der Produktionsfaktoren] zweckmäßiger gestalten. 2. rationalistisch denken, vernunftgemäß gestalten; durch Denken erfassen, erklären. 3. ein [emotionales] Verhalten nachträglich verstandesmäßig begründen (Psychol.); vgl. Rationalisierung (2). **Ra|tio|na|li|sie|rung** *die;* -, -en ⟨zu ↑...isierung⟩: 1. Ersatz überkommener Verfahren durch zweckmäßigere u. besser durchdachte Vereinheitlichung, Straffung (Wirtsch.). 2. nachträgliche verstandesmäßige Rechtfertigung eines aus irrationalen od. triebhaften Motiven erwachsenen Verhaltens (Psychol.). **Ra|tio|na|lis|mus** *der;* - ⟨zu ↑...ismus (2)⟩: 1. erkenntnistheoretische Richtung, die das rationale Denken als einzige Erkenntnisquelle ansieht. 2. vom Rationalismus (1) geprägte Geisteshaltung. **Ra|tio|na|list** *der;* -en, -en ⟨zu ↑...ist⟩: Vertreter des Rationalismus; einseitiger Verstandesmensch. **Ra|tio|na|li|stik** *die;* - ⟨zu ↑...istik⟩: Denkweise des Rationalisten. **ra|tio|na|li|stisch** ⟨zu ↑...istisch⟩: im Sinne des Rationalismus; einer Anschauung entsprechend, die die Vernunft in den Mittelpunkt stellt u. alles Denken u. Handeln von ihr bestimmen läßt. **Ra|tio|na|li|tät** *die;* - ⟨aus *mlat.* rationalitas, Gen. rationalitatis „Denkvermögen"⟩: 1. das Rationalsein; rationales, von der Vernunft bestimmtes Wesen. 2. Eigenschaft von Zahlen, sich als Bruch schreiben zu lassen (Math.). **Ra|tio|nal|prin|zip** *das;* -s: ein bestimmtes, rationales Entscheidungsverhalten (z. B. nach wirtschaftlichen Kosten, Nutzen, Gewinn; Wirtsch.). **ra|tio|nell** ⟨aus *fr.* rationnel „vernünftig"; dies aus *lat.* rationalis, vgl. rational⟩: vernünftig, zweckmäßig, sparsam; vgl. ...al/...ell. **ra|tio|nie|ren** ⟨aus gleichbed. *fr.* rationner zu ration, vgl. Ration⟩: in festgelegten, relativ kleinen Rationen zuteilen, haushälterisch einteilen. **Ra|tio stu|dio|rum** *die;* - - ⟨aus *lat.* Ratio (atque Institutio) studiorum (Societatis Jesu) „Grundsätze (u. Ordnung) der Studien (innerhalb der Gesellschaft Jesu)"⟩: die am 8. 1. 1599 verabschiedete, für alle Jesuitenkollegien verbindliche Studienordnung

Ra|ton|ku|chen *der;* -s, - ⟨zu *fr.* raton „eine Art Käsekuchen"⟩: (landsch.) Napfkuchen

Rat|tan *das;* -s, -e ⟨aus gleichbed. *engl.* rat(t)an, dies aus *malai.* rotan⟩: aus den Stengeln bestimmter Rotangpalmen gewonnenes Rohr, das bes. zur Herstellung von Korbwaren verwendet wird

Rau|ce|do [...'tse:...] *die;* -, ...dines [...ne:s] ⟨aus *lat.* raucedo, Gen. raucedinis „Heiserkeit" zu raucus „heiser"⟩: Heiserkeit, krankhafte Veränderung der Stimme, die einen unreinen, rauhen Ausdruck hat (bei Erkrankungen im Bereich des Kehlkopfes od. der Stimmbänder; Med.). **Rau|ci|tas** [...tsi...] *die;* -, ...tates [...te:s] ⟨aus *lat.* raucitas, Gen. raucitatis „Heiserkeit"⟩: svw. Raucedo

Rau|wol|fia *die;* - ⟨aus *nlat.* rauwolfia, nach dem Botaniker L. Rauwolf, 1540–1596⟩: in allen Tropengebieten verbreitete, nur in Australien fehlende Gattung der Hundsgiftgewächse mit etwa 110 Arten (Bot.). **Rau|wol|fia|al|ka|loi|de** [...loi:də] *die* (Plur.): als Gesamtextrakte od. Einzelalkaloide therapeutisch vor allem blutdrucksenkende u. sedierende Mittel (z. B. Reserpin; Med.)

Ra|vage [ra'va:ʒ] *die;* -, -n [...ʒn] ⟨aus gleichbed. *fr.* ravage zu ravir „rauben", dies über das Vulgärlat. aus *lat.* rapere „fortreißen"⟩: (veraltet) Verheerung, Verwüstung. **Ra|va|geur** [...'ʒø:ɐ̯] *der;* -s, -s ⟨aus gleichbed. *fr.* ravageur⟩: (veraltet) jmd., der etw. verheert, verwüstet. **ra|va|gie|ren** [...'ʒi:...] ⟨aus gleichbed. *fr.* ravager zu ravage, vgl. Ravage⟩: (veraltet) verheeren, verwüsten

Ra|ve|lin [ravə'lɛ̃:] *der;* -s, -s ⟨aus gleichbed. älter *fr.* ravelin, weitere Herkunft unsicher⟩: Außenwerk vor den ↑Kurtinen (1) älterer Festungen

Ra|vi|gote [ravi'gɔt] *die;* -, -s ⟨aus gleichbed. *fr.* ravigote zu vigueur „Lebenskraft", dies aus *lat.* vigor⟩: pikante Soße aus Kräutern (Kerbel, Estragon, Petersilie) sowie Essig, Öl, Zwiebeln, Pfeffer, Kapern u. Senf (Gastr.)

Ra|vio|li [...v...] *die* (Plur.) ⟨aus gleichbed. *it.* ravioli, *mdal.* rabiole, eigtl. „kleine Rüben", dies aus *lat.* rapa „Rübe"⟩:

Reaktionssimulator

mit kleingewiegtem Fleisch od. Gemüse gefüllte Nudelteigtaschen (Gastr.)
Ra|visse|ment [ravisˈmã:] *das;* -s, -s ⟨aus gleichbed. *fr.* ravissement⟩: (veraltet) Entzücken
rav|vi|van|do [raviˈvando] ⟨*it.;* Gerundium von ravvivare „wiederbeleben"⟩: sich wieder belebend, schneller werdend (Vortragsanweisung; Mus.)
Ra|yé [rɛˈje:] *der;* -[s], -s ⟨zu *fr.* rayé „gestreift", Part. Perf. von rayer „mit Streifen versehen"⟩: Sammelbez. für gestreifte Gewebe
Ray|gras [ˈrai...] vgl. Raigras
Rayl [reɪl] *das;* -, - ⟨nach dem engl. Physiker Sir Rayleigh, 1842–1919⟩: alte Maßeinheit für die spezifische Schallimpedanz
Ray|on [rɛˈjõ:, *österr.* meist raˈjo:n] *der;* -s, Plur. -s, österr. auch -e [raˈjo:nə] ⟨aus gleichbed. *fr.* rayon, eigtl. „Honigwabe", zu *altfr.* ree, dies aus *fränk.* *hrāta⟩: 1. Warenhausabteilung. 2. (österr., sonst veraltet) Bezirk, [Dienst]bereich. 3. Vorfeld von Festungen. 4. engl. Schreibung für ↑Reyon. 5. unterster Verwaltungsbezirk in Rußland u. a. Staaten der ehem. Sowjetunion. **Ray|on|chef** *der;* -s, -s: Abteilungsleiter [im Warenhaus]. **rayo|nie|ren** [rɛjoˈni:..., österr. meist rajoˈni:...] ⟨zu ↑...ieren⟩: (österr., sonst veraltet) nach Bezirken einteilen; zuweisen. **Ray|ons|in|spektor** [raˈjo:ns...] *der;* -s, -en: (österr.) für einen bestimmten Bezirk verantwortlicher Polizist
Ra|ze|mat, chem. fachspr. Racemat [...ts...] *das;* -[e]s, -e ⟨zu *lat.* racemus „Traube" (das Gemisch wurde zuerst in der Traubensäure entdeckt) u. ↑...at (1)⟩: zu gleichen Teilen aus rechts- u. linksdrehenden Molekülen einer ↑optisch aktiven Substanz bestehendes Gemisch, das nach außen keine optische Aktivität aufweist (Chem.). **ra|ze|misch**, chem. fachspr. racemisch: die Eigenschaften eines Razemats aufweisend (Chem.). **ra|ze|mos** u. **ra|ze|mös** ⟨aus gleichbed. *lat.* racemosus; vgl. ...ös⟩: traubenförmig (in bezug auf Verzweigung bestimmter Pflanzen)
Raž|nj|ići [ˈraʒnjitʃi] vgl. Raschnjitschi
Raz|zia *die;* -, Plur. ...ien [...iən], seltener -s ⟨aus gleichbed. *fr.* razzia, dies aus *algerisch-arab.* ġāziya „Kriegszug; militärische Expedition" zu *arab.* ġazwa „Kriegszug (eines Stammes gegen den anderen)"⟩: großangelegte, überraschende Fahndungsaktion der Polizei
RDS: Abk. für Radiodatensystem
re ⟨aus *it.* re⟩: Silbe, auf die man den Ton d singen kann; vgl. Solmisation
¹Re vgl. Ra
²Re *das;* -s, -s ⟨wohl gekürzt aus Rekontra, vgl. re... u. Kontra⟩: Erwiderung auf ein ↑Kontra (bei Kartenspielen).
re..., Re..., vor Vokalen gelegentlich red..., Red... ⟨aus gleichbed. *lat.* re-⟩: Präfix mit der Bedeutung „zurück; wieder" (räumlich u. zeitlich), z. B. reagieren, Regeneration, Redintegration
Reach vol|ley [ˈri:tʃ ˈvɔlɪ] *das;* - -s ⟨zu *engl.* to reach „(mit der Hand) greifen, nach etwas langen" u. volley „Flugball"⟩: Ballspiel, bei dem ein wie eine Klette präparierter Ball geworfen wird, den der Mitspieler mit einem Schläger auffängt, an dem der Ball wie eine Klette haftenbleibt
¹Rea|der [ˈri:dɐ] *der;* -s, - ⟨aus gleichbed. *engl.* reader zu to read „lesen"⟩: [Lese]buch mit Auszügen aus der [wissenschaftlichen] Literatur u. verbindendem Text. **²Rea|der** *der;* -s ⟨aus *engl.* reader, eigtl. „(Vor)leser"⟩: Titel engl. Hochschuldozenten, Lehrbeauftragter. **Read-on|ly-Speicher** [ˈriːd ˈoʊnlɪ...] *der;* -s, - ⟨zu *engl.* to read only „nur lesen"⟩: Nur-Lese-Speicher, Festspeicher (EDV)
Rea|dy-made [ˈrɛdɪmeɪd] *das;* -, - ⟨aus gleichbed. *engl.* ready-made, eigtl. „(gebrauchs)fertig Gemachtes"⟩: beliebiger, serienmäßig hergestellter Gegenstand, der als Kunstwerk ausgestellt wird
re|af|fe|rent ⟨zu ↑re... u. ↑afferent⟩: in der Art der Reafferenz ablaufend (Physiol.). **Re|af|fe|renz** *die;* -: über die Nervenbahnen erfolgende Rückmeldung über eine ausgeführte Bewegung (Physiol.)
Rea|gens *das;* -, ...genzien [...iən] ⟨aus *spätlat.* reagens, Gen. reagentis, substantiviertes Part. Präs. von reagere, vgl. reagieren⟩: svw. ↑Reagenz. **Rea|genz** *das;* -es, -ien [...iən] ⟨aus *spätlat.* reagentia, Neutrum Plur. von reagens, vgl. Reagens⟩: jeder Stoff, der mit einem anderen eine bestimmte chem. Reaktion herbeiführt u. ihn so identifiziert (Chem.). **Rea|genz|glas** *das;* -es, ...gläser: dünnwandiges, einseitig geschlossenes Glasröhrchen für chem. Untersuchungen. **Rea|gen|zi|en** [...iən]: Plur. von ↑Reagens u. ↑Reagenz. **rea|gi|bel** ⟨zu ↑...ibel⟩: sensibel bei kleinsten Anlässen reagierend. **Rea|gi|bi|li|tät** *die;* - ⟨zu ↑...ität⟩: Eigenschaft, Fähigkeit, sehr sensibel zu reagieren. **rea|gie|ren** ⟨aus *spätlat.* reagere „entgegenwirken; zurücktreiben" zu ↑re... u. *lat.* agere, vgl. agieren⟩: 1. auf etwas ansprechen, antworten, eingehen; eine Gegenwirkung zeigen. 2. eine chem. Reaktion eingehen, auf etwas einwirken (Chem.). **Rea|gin** *das;* -s, -e (meist Plur.) ⟨zu ↑...in (1)⟩: vom Organismus gegen eingedrungene Infektionserreger gebildeter Antikörper (Med.). **Re|akt** *der;* -[e]s, -e ⟨Kurzform von ↑Reaktion bzw. zu ↑re... u. ↑Akt⟩: Antworthandlung auf Verhaltensweisen der Mitmenschen als Erwiderung, Ablehnung, Mitmachen o. ä. (Psychol.). **Re|ak|tant** *der;* -en, -en ⟨zu ↑Reaktion u. ↑...ant⟩: Stoff, der mit einem andern eine Reaktion (2) eingeht (Chem.). **Re|ak|tanz** *die;* -, -en ⟨zu ↑...anz⟩: Blindwiderstand, elektrischer Wechselstromwiderstand, der nur durch ↑induktiven u. ↑kapazitativen Widerstand bewirkt wird (Elektrot.). **Re|ak|tanz|re|lais** [...rəˈlɛ:] *das;* - [...ˈlɛ:(s)], - [...ˈlɛ:s]: Blindwiderstandsschaltung (Elektrot.); vgl. Reaktanz. **Re|ak|ti|on** *die;* -, -en ⟨aus *mlat.* reactio „Rückwirkung" zu ↑re... u. ↑Aktion, Bed. 3 nach gleichbed. *fr.* réaction⟩: 1. a) das Reagieren, durch etwas hervorgerufene Wirkung, Gegenwirkung; b) svw. Response. 2. unter stofflichen Veränderungen ablaufender Vorgang (Chem.). 3. (ohne Plur.) a) fortschrittsfeindliches politisches Verhalten; b) Gesamtheit aller nicht fortschrittlichen politischen Kräfte. **re|ak|tio|när** ⟨aus gleichbed. *fr.* réactionnaire zu réaction, vgl. Reaktion u. ...är⟩: (abwertend) nicht [politisch] fortschrittlich. **Re|ak|tio|när** *der;* -s, -e: (abwertend) jmd., der die Notwendigkeit einer politischen od. sozialen Neuorientierung ignoriert u. sich jeder fortschrittlichen Entwicklung entgegenstellt. **Re|ak|ti|ons|en|er|gie** *die;* -: bei einer chem. Reaktion freiwerdende od. aufgenommene Energie. **Re|ak|ti|ons|en|thal|pie** *die;* -: bei einer chem. Reaktion unter konstantem Druck auftretende Reaktionswärme (Chem.). **Re|ak|ti|ons|ge|schwin|dig|keit** *die;* -, -en ⟨zu ↑Reaktion⟩: die Zeit, in der ein [chem.] Vorgang abläuft. **Re|ak|ti|ons|ki|ne|tik** *die;* -: Teilgebiet der physik. Chemie, das sich mit dem zeitlichen Ablauf von chem. Reaktionen u. der Aufklärung von Reaktionsmechanismen beschäftigt. **Re|ak|ti|ons|me|cha|nis|men** *die* (Plur.): zusammenfassende Bez. für alle molekularen Vorgänge im Laufe einer chem. Reaktion, bes. in der organischen Chemie. **Re|ak|ti|ons|norm** *die;* -, -en: die [meist] angeborene Art u. Weise, wie ein Organismus auf Reize der Umwelt reagiert. **Re|ak|ti|ons|prin|zip** *das;* -s: Axiom, nach dem zu jeder Wirkung eine gleich große, ihr entgegengerichtete Wirkung gehört (Phys.). **Re|ak|ti|ons|si|mu|la|tor** *der;* -s, -en:

reaktiv

Gerät, das auf bestimmte Verhaltensweisen (Fehler) von Versuchspersonen mit Elektroschocks reagiert. **re|ak|tiv** ⟨zu ↑ ...iv⟩: 1. als Reaktion auf einen Reiz, bes. auf eine außergewöhnliche Belastung (Krankheit od. unbewältigte Lebenssituation) auftretend (in bezug auf körperliche od. seelische Vorgänge); -e [...və] Depression: durch außergewöhnliche, unüberwindlich erscheinende Lebensschwierigkeiten u. ä. ausgelöste ↑Depression (Med.); -e Hyperämie: vermehrte Blutfülle in einem Organ od. Gewebsbezirk, bes. als Folge einer lokalen Reizung (z. B. bei entzündlichen Vorgängen; Med.). 2. Gegenwirkung ausübend od. erstrebend. **Re|ak|tiv** *das;* -s, -e [...və] ⟨nach *engl.* reactive „empfänglich für etw."⟩: psychisches Verhalten, das unmittelbar durch Umweltreize bedingt ist (Psychol.). **re|ak|ti|vie|ren** [...v...] ⟨nach gleichbed. *fr.* réactiver zu re- (vgl. re...) u. activer, vgl. aktivieren⟩: 1. a) wieder in Tätigkeit setzen, in Gebrauch nehmen, wirksam machen; b) wieder anstellen, in Dienst nehmen. 2. chemisch wieder umsetzungsfähig machen. **Re|ak|ti|vie|rung** *die;* -, -en ⟨zu ↑...ierung⟩: 1. das Reaktivieren, das Reaktiviertwerden. 2. die Wiederherstellung der normalen Bewegungsfähigkeit eines Körperteils (z. B. eines gebrochenen Beins). 3. das Wiederaufflackern eines Krankheitsprozesses (z. B. einer Tuberkulose; Med.). **Re|ak|ti|vi|tät** *die;* -, -en ⟨zu ↑reaktivieren u. ↑...ität⟩: 1. Rück-, Gegenwirkung, erneute Aktivität. 2. das Maß des Reagierens als Norm der Vitalität (Psychol.). 3. ein Maß für die Abweichung des Kernreaktors vom kritischen Zustand. **Re|ak|tor** *der;* -s, ...oren ⟨aus gleichbed. *engl.-amerik.* reactor zu *engl.* to react „reagieren"⟩: 1. Anlage, in der die geregelte Kernkettenreaktion zur Gewinnung von Energie od. von bestimmten radioaktiven Stoffen genutzt wird; Kernreaktor. 2. Vorrichtung, in der eine physik. od. chem. Reaktion abläuft (Phys.). **Re|ak|tor|phy|sik** *die;* -: Teilgebiet der Kernphysik, das die physik. Vorgänge in Reaktoren (1) behandelt. **Re|ak|tor|tech|nik** *die;* -: Teilbereich der Technik, der sich mit den technischen Problemen in Reaktoren (1) befaßt

re|al ⟨aus *mlat.* realis „sachlich, wesentlich; tatsächlich (vorhanden)" zu *lat.* res „Sache, Ding"⟩: 1. dinglich, sachlich; Ggs. ↑imaginär. 2. wirklich, tatsächlich; der Realität entsprechend; Ggs. ↑irreal. 3. nicht zahlenmäßig, nicht dem Nennwert nach (unter dem Aspekt der Kaufkraft)

¹**Re|al** *das;* -[e]s, -e ⟨Herkunft unsicher⟩: (landsch.) svw. ¹Regal

²**Re|al** *der;*-s, Plur. (span.) -es u. (port.) Reis [rɛiʃ] ⟨aus *span.* u. *port.* real, dies unter Einfluß von *span.* rey (*port.* rei) „König" zu *lat.* regalis „königlich", dies zu rex, vgl. ¹Rex⟩: alte span. u. port. Münze

Re|al|akt *der;* -[e]s, -e ⟨zu ↑real u. ↑Akt⟩: rein tatsächliche, nicht rechtsgeschäftliche Handlung, die lediglich auf einen äußeren Erfolg gerichtet ist, an den jedoch vom Gesetz Rechtsfolgen geknüpft sind (z. B. der Fund, der Erwerb des Besitzes; Rechtsw.). **Re|al|de|fi|ni|ti|on** *die;* -, -en: Sachbestimmung, die sich auf den Wirklichkeitsgehalt des zu bestimmenden Gegenstandes bezieht (Philos.); Ggs. ↑Nominaldefinition. **Re|al|ein|kom|men** *das;* -s, -: (in Form einer bestimmten Summe angegebenes) Einkommen unter dem Aspekt der Kaufkraft (Wirtsch.); Ggs. ↑Nominaleinkommen. **Re|al|len** *die* (Plur.): die letzten wirklichen Bestandteile des Seins (Philos.). **Re|al|en|zy|klo|pä|die** *die;* -, -n [...i:ən]: svw. Reallexikon. **Re|al|fo|li|um** *das;* -s, ...lien [...jən]: Grundbuchblatt, das für jedes Grundstück angelegt wird (Rechtsw.); Ggs. Personalfolium

Re|al|gar *der;* -s, -e ⟨aus gleichbed. *fr.* réalgar, dies wohl über *span.* rejalgar aus *arab.* rahğ al-ġhār „Höhlenstaub"⟩: durchscheinend rotes Mineral, Arsenerz

Re|al|gym|na|si|um *das;* -s, ...ien [...jən] ⟨zu ↑real u. ↑Gymnasium⟩: eine frühere Form der höheren Schule, die heute durch das neusprachliche Gymnasium abgelöst ist. **Rea|li|en** [...jən] *die* (Plur.) ⟨aus *mlat.* realia, Neutrum Plur. von realis, vgl. real⟩: 1. wirkliche Dinge, Tatsachen. 2. Naturwissenschaften als Grundlage der Bildung u. als Lehr- u. Prüfungsfächer. 3. Sachkenntnisse (Päd.); Ggs. ↑Verbalien (vgl. Verbale 3)

Re|align|ment [riːəˈlaɪnmənt] *das;* -s ⟨aus gleichbed. *engl.-amerik.* realignment zu re- (vgl. re...) u. *engl.* alignment „Anordnung"⟩: Neufestsetzung von Wechselkursen nach einer Zeit des ↑Floatings

Re|ali|men|ta|ti|on *die;* -, -en ⟨zu ↑re... u. ↑Alimentation⟩: Wiederbeginn der Nahrungsaufnahme nach [krankheitsbedingtem] totalen Fasten (Med.)

Re|al|in|dex *der;* -es, Plur. -e u. ...dizes [...tseːs] ⟨zu ↑real u. ↑Index⟩: (veraltet) Sachverzeichnis, -register. **Re|al|in|ju|rie** [...jə] *die;* -, -n: tätliche Beleidigung (Rechtsw.). **Re|al|in|spi|ra|ti|on** *die;* -, -en: Eingebung des sachlichen Inhalts der Heiligen Schrift durch den Heiligen Geist (aus der ↑Verbalinspiration entwickelte theologische Lehre); vgl. Personalinspiration. **Rea|li|sat** *das;* -s, -e ⟨zu ↑realisieren u. ↑...at (1)⟩: künstlerisches Erzeugnis. **Rea|li|sa|ti|on** *die;* -, -en ⟨nach gleichbed. *fr.* réalisation zu réaliser, vgl. realisieren⟩: 1. Verwirklichung. 2. Herstellung, Inszenierung eines Films od. einer Fernsehsendung. 3. Umsetzung einer abstrakten Einheit der ↑Langue in eine konkrete Einheit der ↑Parole (Sprachw.). 4. Umwandlung in Geld (Wirtsch.); vgl. ...[at]ion/...ierung. **Rea|li|sa|ti|ons|prin|zip** *das;* -s: Bilanzierungsgrundsatz, nach dem Gewinne erst nach ihrer Realisierung erfaßt werden dürfen, im Gegensatz zu Verlusten (Wirtsch.). **Rea|li|sa|tor** *der;* -s, ...oren ⟨zu ↑realisieren u. ↑...ator⟩: 1. geschlechtsbestimmender Faktor in den Fortpflanzungszellen vieler Pflanzen, Tiere u. des Menschen (z. B. das Geschlechtschromosom des Menschen). 2. Hersteller, Autor, Regisseur eines Films od. einer Fernsehsendung. **Rea|li|sa|tor|ge|ne** *die* (Plur.): in den Geschlechtschromosomen lokalisierte Gene, die als Geschlechtsbestimmer fungieren sollen (Med.). **rea|li|sie|ren** ⟨aus gleichbed. *fr.* réaliser zu réel „tatsächlich", dies aus *spätlat.* realis, vgl. real; Bed. 3 unter Einfluß von *engl.* to realize⟩: 1. verwirklichen, in die Tat umsetzen. 2. in Geld umwandeln. 3. klar erkennen, einsehen, begreifen, indem man sich die betreffende Sache bewußtmacht. 4. eine ↑Realisation (3) vornehmen. **Rea|li|sie|rung** *die;* -, -en ⟨zu ↑...ierung⟩: das Realisieren (1–3); vgl. ...[at]ion/...ierung. **Rea|lis|mo ma|gi|co** [–...ko] *der;* - - ⟨aus *amerik.-span.* realismo mágico „magischer Realismus"⟩: svw. magischer Realismus (b). **Rea|lis|mus** *der;* -, ...men ⟨zu ↑real u. ↑...ismus (2)⟩: 1. (ohne Plur.) a) Wirklichkeitssinn, wirklichkeitsnahe Einstellung; auf Nutzen bedachte Grundhaltung; b) ungeschminkte Wirklichkeit. 2. (ohne Plur.) philos. Denkrichtung, nach der eine außerhalb unseres Bewußtseins liegende Wirklichkeit angenommen wird, zu deren Erkenntnis man durch Wahrnehmung u. Denken kommt. 3. a) die Wirklichkeit nachahmende, mit der Wirklichkeit übereinstimmende künstlerische Darstellung[sweise] in Literatur u. bildender Kunst; b) (ohne Plur.) Stilrichtung in Literatur u. bildender Kunst, die sich des Realismus (3 a), der wirklichkeitsgetreuen Darstellung bedient; sozialistischer -: realistische künstlerische Darstellung unter den Bedingungen des Sozialismus (bes. in der sowjetischen Kunst u. Literatur Mitte des 20. Jh.s)

Rea|list *der;* -en, -en ⟨zu ↑ ...ist⟩: 1. jmd., der die Gegebenheiten des täglichen Lebens nüchtern u. sachlich betrachtet u. sich in seinen Handlungen danach richtet; Ggs. ↑Idealist (2). 2. Vertreter des Realismus (3). **Rea|li|stik** *die;* - ⟨zu ↑ ...istik⟩: ungeschminkte Wirklichkeitsdarstellung. **Rea|li|stin** *die*, -, -nen: weibliche Form zu ↑Realist. **rea|li|stisch** ⟨zu ↑ ...istisch⟩: 1. a) wirklichkeitsnah, lebensecht; b) ohne Illusion, sachlich-nüchtern; Ggs. ↑idealistisch (2). 2. zum Realismus (3) gehörend. **Rea|li|tät** *die;* -, -en ⟨unter Einfluß von *fr.* réalité aus gleichbed. *mlat.* realitas, Gen. realitatis⟩: Wirklichkeit, tatsächliche Lage, Gegebenheit; Ggs. ↑Irrealität. **Rea|li|tä|ten** *die* (Plur.) ⟨aus gleichbed. *mlat.* realitates, Plur. von realitas, vgl. Realität⟩: Grundstücke, Liegenschaften, Grundeigentum (Wirtsch.). **Rea|li|täts|prin|zip** *das;* -s ⟨zu ↑Realität⟩: Prinzip, nach dem ein psychisches Bedürfnis aufgeschoben u. damit den Erfordernissen der Umwelt angepaßt wird (Psychoanalyse). **rea|li|ter** ⟨*mlat.*; Adverb von realis, vgl. real⟩: in Wirklichkeit. **Rea|li|ty-Show** [rɪ'ælətɪʃoʊ] *die;* -, -s ⟨zu *engl.* reality „Wirklichkeit", dies aus *lat.* realitas; vgl. Realität⟩: Fernsehsendung, in der tatsächliche Ereignisse (z. B. Unglücksfälle, Katastrophen) am Ort des Geschehens in meist dramatisierter Form nachgestaltet werden. **Rea|li|ty-TV** [...tiːviː] *das;* - ⟨kurz für *engl.* reality television⟩: Fernsehdokumentation original aufgenommener Ereignisse (z. B. Kriegsgeschehen, Katastrophen), in der in schonungsloser Offenheit alle Details gezeigt werden. **Re|al|ka|pi|tal** [reˈaːl...] *das;* -s ⟨zu ↑real⟩: die Gesamtheit der im Produktionsprozeß verwendeten Sachgüter (Wirtsch.). **Re|al|ka|ta|log** *der;* -[e]s, -e: nach dem sachlichen Inhalt des betreffenden Werkes geordnetes Bücherverzeichnis, Sachkatalog; Ggs. ↑Nominalkatalog. **Re|al|kon|kor|danz** *die;* -, -en: ↑Konkordanz (1 a), die ein alphabetisches Verzeichnis von Sachen enthält; vgl. Verbalkonkordanz. **Re|al|kon|kur|renz** *die;* -, -en: Tatmehrheit, Verletzung mehrerer strafrechtlicher Tatbestände nacheinander durch den gleichen Täter; vgl. Idealkonkurrenz (Rechtsw.). **Re|al|kre|dit** *der;* -[e]s, -e: Kredit, der gegen Verpfändung von ↑Immobilien od. anderen realen Vermögenswerten gewährt wird (Wirtsch.); Ggs. Personalkredit. **Re|al|kri|stall** *der;* -[e]s, -e: jeder wirkliche, natürlich od. künstlich hergestellte Kristall (Kristallographie). **Re|al|le|xi|kon** *das;* -s, Plur. ...ka, auch ...ken: ↑Lexikon, das die Sachbegriffe einer Wissenschaft od. eines Wissenschaftsgebietes enthält. **Rea|lo** *der;* -s, -s ⟨italianisierende Bildung zu ↑real⟩: (ugs.) Anhänger, Vertreter der Partei der Grünen, der sich (im Unterschied zum Fundamentalisten) an den realen Gegebenheiten orientiert. **Re|al|ob|li|ga|ti|on** *die;* -, -en ⟨zu ↑real⟩: durch reale Vermögenswerte gesicherte Schuldverschreibung (z. B. Hypothekenpfandbrief; Geldw.). **Re|al|po|li|tik** *die;* -: Politik, die moralische Grundsätze od. nationale ↑Ressentiments nicht berücksichtigt, sondern auf der nüchternen Erkenntnis der Gegebenheiten u. des wirklich Erreichbaren beruht. **Re|al|po|li|ti|ker** *der;* -s, -: jmd., der Realpolitik betreibt. **re|al|po|li|tisch**: die Realpolitik betreffend, auf ihr beruhend. **Re|al|prä|senz** *die;* -: wirkliche Gegenwart Christi in Brot u. Wein beim heiligen Abendmahl; vgl. Konsubstantiation. **Re|al|pro|dukt** *das;* -[e]s, -e: zu konstanten Preisen bewertetes ↑Sozialprodukt (Wirtsch.). **Re|al|re|pu|gnanz** *die;* -: der in der Sache liegende Widerspruch im Gegensatz zu dem im Begriff liegenden (nach Kant; Philos.). **Re|al|schu|le** *die;* -, -n: sechsklassige, auf der Grundschule aufbauende Lehranstalt, die bis zur mittleren Reife führt; Mittelschule. **Real-Time** ['rɪəl'taɪm] *die;* - ⟨aus *engl.* real time, eigtl. „Echtzeit"⟩: die wirklich benötigte Zeit eines ↑Computers, bis er eine ↑Operation (4 b) abgeschlossen hat (EDV). **Real-Time-System** *das;* -s: Betriebsart eines Computers, bei der eine Verarbeitung von Daten sofort u. unmittelbar erfolgt (EDV). **Re|al|uni|on** [reˈaːl...] *die;* -, -en ⟨zu ↑real⟩: die Verbindung völkerrechtlich selbständiger Staaten durch eine [verfassungsrechtlich verankerte] Gemeinsamkeit von Institutionen (z. B. gemeinsamer Präsident, gemeinsame Leitung der Außen- od. Finanzpolitik)

re|ama|teu|ri|sie|ren [...tø:...] ⟨zu ↑re..., ↑Amateur u. ↑...isieren⟩: einen Berufssportler wieder zum Amateur machen (Sport). **Re|ama|teu|ri|sie|rung** *die;* -, -en ⟨zu ↑...isierung⟩: das Reamateurisieren od. Reamateurisiertwerden (Sport)

Re|ani|ma|ti|on *die;* - ⟨zu ↑re... u. ↑Animation⟩: Wiederbelebung, das Ingangbringen erloschener Lebensfunktionen durch künstliche Beatmung, Herzmassage o. ä. (Med.); vgl. ...[at]ion/...ierung. **Re|ani|ma|ti|ons|zen|trum** *das;* -s, ...tren: Sonderbereich einer Intensivpflegestation eines Krankenhauses für die Intensivtherapie von akut lebensbedrohlichen Zuständen bei Schwerkranken, Schwerletzten od. Vergifteten (Med.). **Re|ani|ma|tor** *der;* -s, ...toren: Apparat zur künstlichen Beatmung (Med.). **re|ani|mie|ren**: wiederbeleben (Med.). **Re|ani|mie|rung** *die;* -, -en: svw. Reanimation; vgl. ...[at]ion/...ierung

re|ar|mie|ren ⟨zu ↑re... u. ↑armieren⟩: (veraltet) wiederbewaffnen; ein [Kriegs]schiff von neuem ausrüsten

Re|as|se|ku|ranz *die;* -, -en ⟨zu ↑re... u. ↑Assekuranz⟩: (veraltet) Rückversicherung. **re|as|se|ku|rie|ren**: (veraltet) rückversichern

Re|as|sem|bler [...əˈsɛmblɐ] *der;* -s, - ⟨zu ↑re... u. ↑Assembler⟩: Rückübersetzungsprogramm, das eine spezielle Maschinensprache in das Quellprogramm überträgt (EDV)

re|as|su|mie|ren ⟨zu ↑re... u. ↑assumieren⟩: (veraltet) ein Verfahren wiederaufnehmen (Rechtsw.). **Re|as|sump|ti|on** *die;* -, -en: (veraltet) Wiederaufnahme eines Verfahrens

Re|at *das*, auch *der;* -[e]s, -e ⟨aus *spätlat.* reatus „Schuld", *lat.* „das Angeklagtsein" zu reus „angeklagt"⟩: (veraltet) a) Schuld, Straftat; b) Anklagezustand (Rechtsw.)

Re|au|mur ['rɛːomyːɐ] ⟨nach dem franz. Physiker R. A. Ferchault de Réaumur, 1683-1757⟩: Gradeinteilung beim heute veralteten 80teiligen Thermometer; Zeichen R

Re|bab *n.* Rabab *der;* -, -s ⟨aus gleichbed. *arab.* rebāb, rabāb⟩: ein arab. Streichinstrument, Vorform des ↑Rebecs

Reb|bach vgl. Reibach

Reb|be *der;* -[s], - ⟨aus gleichbed. *jidd.* rebe; vgl. Rabbi⟩: jidd. Bez. für den [als heilig verehrten] Lehrer im ↑Chassidismus

Re|bec [rəˈbɛk] *der;* -s, -s ⟨aus gleichbed. *fr.* rebec, dies aus *arab.* rebāb, vgl. Rebab⟩: kleine Geige des Mittelalters in Form einer halben Birne mit zwei bis drei Saiten

Re|bell *der;* -en, -en ⟨aus gleichbed. *fr.* rebelle zu *lat.* rebellis, eigtl. „den Krieg erneuernd", zu bellum „Krieg"⟩: 1. jmd., der sich an einer Rebellion (1) beteiligt, Aufrührer, Aufständischer. 2. jmd., der sich auflehnt, widersetzt, empört. **re|bel|lie|ren** ⟨über *fr.* rebeller aus gleichbed. *lat.* rebellare⟩: 1. sich gegen einen bestehenden Zustand, bestehende Verhältnisse od. gegen jmdn. empören, um eine Änderung herbeizuführen. 2. aufbegehren, sich auflehnen, sich widersetzen, sich empören. **Re|bel|lin** *die;* -, -nen: weibliche Form zu ↑Rebell. **Re|bel|li|on** *die;* -, -en ⟨über *fr.* rébellion aus gleichbed. *lat.* rebellio⟩: 1. Aufstand, offene Auflehnung u. Gehorsamsverweigerung. 2. Auflehnung, das Aufbegehren. **re|bel|lisch**: 1. rebellierend, aufständisch. 2. aufbegehrend, sich auflehnend

Re|bir|thing [rɪ'bəːθɪŋ] *das;* -[s] ⟨zu *engl.* rebirth „Wiedergeburt, Neubelebung"⟩: in den USA begründetes Psychotherapieverfahren zur Wiederbelebung früherer Erfahrungen durch eine bestimmte Atemtechnik

Re|bound [ri'baunt] *der;* -s, -s ⟨aus gleichbed. *engl.-amerik.* rebound, eigtl. „das Zurückprallen"⟩: 1. vom Brett od. Korbring abprallender Ball (Basketball). 2. Kampf um den Rebound (1). **Re|boun|der** [...dɐ] *der;* -s, -: Spieler, der um den Rebound (1) kämpft (Basketball). **Re|boun|ding** *das;* -s, -s ⟨aus gleichbed. *engl.* rebounding⟩: svw. Rebound (2)

Re|bo|zo *der;* -s, -s ⟨aus *span.* rebozo „Verhüllung"⟩: langes Umschlagtuch für Frauen in Mexiko

Re|bus *der* od. *das;* -, -se ⟨aus gleichbed. *fr.* rébus (de Picardie), dies aus *lat.* (de) rebus (quae geruntur) „(von) Sachen (die sich ereignen)"⟩: Bilderrätsel. **re|bus sic stan|ti|bus** [– 'ziːk 'stan...] ⟨*lat.;* „durch gleichbleibende Umstände"⟩: svw. Clausula rebus sic stantibus

Re|call [rɪ'kɔːl] *das;* -s ⟨aus *engl.* recall „Abberufung; Rückruf"⟩: Recht einer durch Gesetz näher qualifizierten Mehrheit von Wählern zur Abberufung gewählter ↑Repräsentanten od. Amtsinhaber. **Re|call|test** *der;* -s, Plur. -s, auch -e: Verfahren, durch das geprüft wird, welche Werbeappelle, -aussagen o. ä. bei der Versuchsperson im Gedächtnis geblieben sind

Ré|ca|mie|re [reka'mjeːrə] *die;* -, -n ⟨nach Madame J. Récamier, 1777–1849⟩: Sofa ohne Rückenlehne, aber mit hohen, nach außen geschwungenen Armlehnen

Re|cei|ver [ri'siːvɐ] *der;* -s, - ⟨aus *engl.* receiver „Empfänger" zu to receive „empfangen", dies über *altfr.* receivre aus *lat.* recipere, vgl. rezipieren⟩: 1. bei Verbunddampfmaschinen Dampfaufnehmer zwischen Hoch- u. Niederdruckzylinder (Techn.). 2. Spieler, der den Ball, bes. im Aufschlag, in die gegnerische Spielhälfte zurückschlägt; Rückschläger (Badminton, Tennis, Tischtennis). 3. Kombination von Rundfunkempfänger u. Verstärker für Hi-Fi-Wiedergabe. 4. Hochfrequenzteil für den Satellitenempfang

re|cen|ter pa|ra|tum [...'tsɛn...–] ⟨*lat.*⟩: frisch bereitet (Vorschrift auf ärztlichen Rezepten)

Re|cep|ta|cu|lum [retsɛp'taːkulʊm] *das;* -s, ...la ⟨aus *lat.* receptaculum „Behälter" zu receptare „(bei sich) aufnehmen"⟩: 1. Blütenboden der bedecktsamigen Pflanzen (Bot.). 2. Blattgewebshöcker bestimmter Farnpflanzen, auf den die sporenbildenden Organe entspringen (Bot.). 3. bei Braunalgen besondere Äste in Einsenkungen, auf denen die Fortpflanzungsorgane stehen (Bot.). 4. bei Würmern, Weich- u. Gliedertieren ein blasenförmiges weibliches Geschlechtsorgan, in dem die Samenzellen gespeichert werden (Zool.)

Re|ces|sus [...'tsɛs...] *der;* -, - [...suːs] ⟨aus *lat.* recessus „Vertiefung, Höhle", eigtl. „das Zurückgehen", zu recedere „zurücktreten, zurückweichen"⟩: Vertiefung, Mulde, Einbuchtung (z. B. in einem Organ od. zwischen benachbarten Organen; Med.)

Re|cha|bit *der;* -en, -en ⟨nach dem Gründer Jonadab ben Rekab (9. Jh. v. Chr., Jeremia 35) u. zu ↑³...it⟩: Angehöriger einer altisraelitischen religiösen Gemeinschaft, die am Nomadentum festhielt

Re|chaud [reˈʃoː] *der* od. *das;* -s, -s ⟨aus gleichbed. *fr.* réchaud zu réchauffer, vgl. rechauffieren⟩: 1. (südd., österr., schweiz.) [Gas]kocher. 2. durch Kerze od. Spiritusbrenner beheiztes Gerät od. elektrisch beheizbare Platte zum Warmhalten von Speisen u. zum Anwärmen von Tellern (Gastr.). **re|chauf|fie|ren** ⟨aus gleichbed. *fr.* réchauffer, dies zu ré- (vgl. re-...) u. échauffer, vgl. echauffieren⟩: (veraltet) wieder erwärmen, aufwärmen

Re|cher|che [reˈʃɛrʃə] *die;* -, -n (meist Plur.) ⟨aus gleichbed. *fr.* recherche zu rechercher, vgl. recherchieren⟩: Nachforschung, Ermittlung; intensive Suche nach bestimmten Informationen. **Re|cher|cheur** [...ˈʃøːɐ̯] *der;* -s, -e ⟨zu ↑recherchieren u. ↑...eur⟩: Ermittler. **re|cher|chie|ren** ⟨aus gleichbed. *fr.* rechercher, eigtl. „noch einmal (auf)suchen", zu re- (vgl. re-...) u. chercher „suchen"⟩: ermitteln, untersuchen, nachforschen, erkunden, sich genau über etw. informieren, um Bescheid zu wissen, Hintergründe u. Umstände kennenzulernen, sich ein Bild machen zu können (z. B. ein sorgfältig recherchiertes Thema)

Rechts|ex|tre|mis|mus *der;* - ⟨zu ↑Extremismus⟩: extrem nationalistische, gegen liberale u. demokratische Verhältnisse ankämpfende Haltung u. Richtung. **Rechts|ex|tre|mist** *der;* -en, -en: Anhänger, Vertreter des Rechtsextremismus. **rechts|ex|tre|mi|stisch**: den Rechtsextremismus betreffend, auf ihm beruhend. **rechts|ori|en|tiert**: rechtsgerichtet, an rechter Politik orientiert, rechten Gruppen, Parteien nahestehend. **rechts|ra|di|kal**: den Rechtsradikalismus betreffend, auf ihm beruhend. **Rechts|ra|di|ka|le** *der* u. *die;* -n, -n: Anhänger[in], Vertreter[in] des Rechtsradikalismus. **Rechts|ra|di|ka|lis|mus** *der;* -: (abwertend) radikaler Rechtsextremismus, der sich bes. in militanter Ausländerfeindlichkeit äußert

re|ci|pe! [ˈreːtsipe] ⟨*lat.;* Imperativ von recipere, vgl. rezipieren⟩: nimm! (auf ärztlichen Rezepten); Abk.: Rec. u. Rp.

Ré|cit [reˈsi] *das;* -s, -s ⟨aus gleichbed. *fr.* récit zu réciter „vortragen", dies aus *lat.* recitare, vgl. rezitieren⟩: seit dem 17. Jh. in Frankreich Bez. für den instrumental begleiteten Sologesang. **Re|ci|tal** [riˈsaɪtl] *das;* -s, -s u. Rezital [retsiˈtaːl] *das;* -s, Plur. -e od. -s ⟨aus gleichbed. *engl.* recital zu to recite „öffentlich vortragen", dies über *(mittel)fr.* réciter aus *lat.* recitare, vgl. rezitieren⟩: Solistenkonzert. **re|ci|tan|do** [retʃi...] ⟨*it.;* Gerundium von recitare „vortragen", dies aus *lat.* recitare, vgl. rezitieren⟩; frei, d. h. ohne strikte Einhaltung des Taktes, rezitierend (Vortragsanweisung; Mus.). **Re|ci|ta|ti|vo ac|com|pa|gna|to** [...ˈtiːvo akɔmpanˈjaːto] *das;* - -, ...vi - ...ti ⟨aus *it.* recitativo accompagnato „begleitetes Rezitativ"⟩: svw. Accompagnato; vgl. Rezitativ

re|com|man|dé [rəkɔmãˈdeː] ⟨*fr.*⟩: franz. Bez. für eingeschrieben (Postw.); Abk.: R

Re|con|nais|sance [rəkɔnɛˈsãːs] *die;* -, -n ⟨aus gleichbed. *fr.* reconnaissance zu reconnaître, vgl. reconnaissant⟩: (veraltet) Anerkennung, Dankbarkeit. **re|con|nais|sant** [...ˈsãː] ⟨aus *fr.* reconnaissant, Part. Präs. zu reconnaître „anerkennen", dies über *vulgärlat.* *reconnoscere aus *lat.* recognoscere „wiedererkennen, sich erinnern"⟩: (veraltet) erkenntlich, dankbar

Re|con|qui|sta [rekɔnˈkɪsta, auch rekɔn...] *die;* - ⟨aus gleichbed. *span.* (la) Reconquista, eigtl. „Wiedereroberung", zu reconquistar, dies zu re- (vgl. re-...) u. conquistar, vgl. Konquistador⟩: der Kampf der [christlichen] Bevölkerung Spaniens gegen die arab. Herrschaft (im Mittelalter)

Re|con|struc|tion [riːkənˈstrʌkʃn] *die;* - ⟨aus *engl.-amerik.* reconstruction „Wiederaufbau", dies aus *lat.* reconstructio, vgl. Rekonstruktion⟩: in den USA die Periode der Wiedereingliederung der elf Südstaaten in die Union nach dem Sezessionskrieg (1865–1877)

Re|cor|der [...k..., auch riˈkɔr...] *der;* -s, - ⟨aus gleichbed. *engl.* recorder zu to record, vgl. Rekord⟩: 1. Gerät zur elektromagnetischen Aufzeichnung u. Wiedergabe von

Redintegration

Bild- u./od. Tonsignalen. 2. Drehspulschnellschreiber im Funkdienst, ↑ Undulator

Re|cruit|ment [rɪˈkruːtmənt] *das;* -s, -s ⟨aus *engl.* recruitment „Verstärkung" zu to recruit „erneuern, ergänzen"⟩: Störung der Sinneszellenfunktion im Ohr, bei der der Mechanismus für geringe Lautstärken gestört, der für stärkere dagegen intakt ist (Med.)

rec|te [...k...] ⟨*lat.;* Adverb von rectus „gerade; richtig"⟩: richtig, recht. **Rec|to** vgl. Rekto. **rec|to fo|lio** ⟨*lat.*⟩: auf der Vorderseite des Blattes stehend; Ggs. ↑ verso folio.

Rec|tor ma|gni|fi|cen|tis|si|mus [... ...tsɛn...] *der;* - -, ...ores [...reːs] ...mi ⟨aus *lat.* rector magnificentissimus „erhabenster Leiter"⟩: früher der Titel des Landesherrn als Rektor der Hochschule. **Rec|tor ma|gni|fi|cus** [- ...kʊs] *der;* - -, ...ores [...reːs] ...fici [...tsi] ⟨aus *lat.* rector magnificus „erhabener Leiter"⟩: Titel des Hochschulrektors. **Rec|tum** vgl. Rektum

Re|cueil [rəˈkœj] *der;* -s, -s ⟨aus gleichbed. *fr.* recueil zu recueillir, vgl. recueillieren⟩: (veraltet) Sammlung. **re|cu|eil|lie|ren** [...kœˈjiː...] ⟨aus gleichbed. *fr.* recueillir, dies aus *lat.* recolligere „wieder sammeln, zusammenlesen"⟩: (veraltet) sammeln

re|cur|rens [...k...] ⟨*lat.;* Part. Präs. von recurrere „zurücklaufen", vgl. rekurrieren⟩: a) nach Unterbrechungen wiederkehrend (bes. vom Fieber); b) zurücklaufend, gegenläufig (von Nerven; Med.). **Re|cur|rent edu|ca|tion** [rɪˈkʌrənt edjuːˈkeɪʃn] *die;* - - ⟨aus *engl.* recurrent education „wiederholte Ausbildung", vgl. Edukation⟩: ein Konzept lebenslangen Lernens, das geschlossene Berufsbildungsgänge durch Lernen in Intervallen mit eingeschobenen Phasen der Berufstätigkeit ersetzen will

re|cy|celn [rɪˈsaɪkl̩n] ⟨nach *engl.* to recycle „wiederaufbereiten" zu re- (vgl. re...) u. cycle „Kreislauf, Zyklus"⟩: einem Recycling zuführen; [zur Wiederverwendung] aufbereiten. **Re|cy|cling** [...ˈsaɪklɪŋ] *das;* -s, -s ⟨aus gleichbed. *engl.-amerik.* recycling zu *engl.* to recycle, vgl. recyceln⟩: 1. Aufbereitung u. Wiederverwendung [bereits benutzter Rohstoffe, von Abfällen, Nebenprodukten]. 2. Wiedereinschleusen der (stark gestiegenen) Erlöse erdölexportierender Staaten in die Wirtschaft der erdölimportierenden Staaten, um deren Zahlungsbilanzdefizite zu verringern. **Re|cy|cling|pa|pier** *das;* -s: Papier, das aus 100% Altpapier hergestellt ist; Umweltschutzpapier

red..., Red... vgl. re..., Re...

Re|da *die;* -, ...dae [...dɛ] ⟨aus gleichbed. *lat.* reda, raeda, dies aus *kelt.* *redo-* „Wagen"⟩: vierrädriger Reisewagen im antiken Rom

Re|dak|teur [...tøːɐ̯] *der;* -s, -e ⟨aus gleichbed. *fr.* rédacteur zu rédiger, vgl. redigieren⟩: jmd., der für eine Zeitung, Zeitschrift, für Rundfunk od. Fernsehen, für ein [wissenschaftliches] Sammelwerk o. ä. Beiträge auswählt, bearbeitet od. auch selbst schreibt. **Re|dak|teu|rin** *die;* -, -nen: weibliche Form zu ↑ Redakteur. **Re|dak|ti|on** *die;* -, -en ⟨aus gleichbed. *fr.* rédaction, eigtl. „das Abfassen od. Ausarbeiten von Schriftstücken"⟩: 1. Tätigkeit des Redakteurs, Redigierung. 2. a) Gesamtheit der Redakteure; b) Raum, Abteilung, Büro o. ä., in dem Redakteure arbeiten. 3. (fachspr.) Veröffentlichung, [bestimmte] Ausgabe eines Textes. **re|dak|tio|nell** ⟨aus gleichbed. *fr.* rédactionnel⟩: die Redaktion betreffend. **Re|dak|ti|ons|kon|fe|renz** *die;* -, -en: regelmäßige, bei Tageszeitungen tägliche Zusammenkunft der Redakteure einer publizistischen Einrichtung zur Besprechung aktueller Fragen. **Re|dak|ti|ons|sta|tut** *das;* -s, -en: juristische Fixierung der Rechte von Verlag u. Redaktion bei Presseverlagen, aber auch zwischen Intendant u. Redaktion in den öffentlich-rechtlichen Rundfunkanstalten. **Re|dak|tor** *der;* -s, ...oren ⟨zu ↑ ...or⟩: 1. wissenschaftlicher Herausgeber. 2. (schweiz.) svw. Redakteur

red|ar|gu|ie|ren ⟨aus gleichbed. *lat.* redarguere⟩: (veraltet) widerlegen, überführen

re|da|tie|ren ⟨zu ↑ re... u. ↑ datieren⟩: (veraltet) zurückdatieren, unter ein früheres Datum als das der wirklichen Ausführung setzen

Red|di|ti|on *die;* -, -en ⟨aus gleichbed. *lat.* redditio zu reddere „zurückgeben"⟩: (veraltet) 1. Rückgabe. 2. Vorbringung eines [Rechts]grundes

Red|emp|ti|on *die;* - ⟨aus gleichbed. *kirchenlat.* redemptio, eigtl. „Loskauf", zu *lat.* redimere „loskaufen"⟩: Erlösung. **Red|emp|to|rist** *der;* -en, -en ⟨zu *kirchenlat.* redemptor „Erlöser" u. ↑ ...ist⟩: Mitglied der 1732 gegründeten, speziell in der Missionsarbeit tätigen kath. Kongregation vom allerheiligsten Erlöser; vgl. Liguorianer. **Red|emp|to|ri|stin** *die;* -, -nen: Angehörige des weiblichen Zweiges des Ordens der Redemptoristen

re|den|sie|ren ⟨aus *nlat.* redensere zu ↑ re... u. *lat.* densere „dicht machen", dies zu densus „dicht"⟩: (veraltet) wieder dicht machen, verdichten

Re|de|rij|kers [...rɛɪkərs] *die* (Plur.) ⟨aus gleichbed. *niederl.* rederijkers, volksetymologisch umgedeutet aus *fr.* rhétoriqueurs, eigtl. „Redner"⟩: die Mitglieder der Kamers van Rhetorica, literarischer Vereinigungen in den Niederlanden des 15./16. Jh.s, deren Ziel die Pflege der [dramatischen] Dichtung zur Unterhaltung des Volkes war

Re|de|vance [...ˈvãːs] *die;* -, -n [...sn̩] ⟨aus gleichbed. *fr.* redevance⟩: (veraltet) Schuldhaftigkeit, Verbindlichkeit, Grundzins

Red|gum|holz [ˈrɛdɡʌm...] *das;* -es ⟨zu *engl.* red „rot" u. gum „Gummi"⟩: rotes Holz des austral. Rotgummibaums (rotes Mahagoni)

red|hi|bie|ren ⟨aus gleichbed. *lat.* redhibere⟩: (Kaufmannsspr.) eine Sache gegen Erstattung des Kaufpreises wegen eines verborgenen Fehlers (z. Z. des Kaufes) zurückgeben (Rechtsw.). **Red|hi|bi|ti|on** *die;* - ⟨aus gleichbed. *lat.* redhibitio⟩: (Kaufmannsspr.) Rückgabe einer gekauften Sache gegen Erstattung des Kaufpreises wegen eines verborgenen Fehlers zur Zeit des Kaufes (Rechtsw.). **red|hi|bi|to|risch** ⟨aus gleichbed. *lat.* redhibitorius⟩: a) die Redhibition betreffend; b) die Redhibition zur Ziel habend; -e Klage: Klage auf Wandlung, auf Rückgängigmachen des Kaufvertrages wegen mangelhafter Beschaffenheit des Vertragsgegenstandes (Rechtsw.)

Re|die [...iə] *die;* -, ...dien [...iən] ⟨nach dem *ital.* Arzt F. Redi, 1626–1697⟩: aus einer ↑ Sporozyste hervorgehendes Larvenstadium vieler Saugwürmer (z. B. der Leberegel), das in einem Zwischenwirt lebt u. die ↑ Zerkarien erzeugt (Zool.)

re|di|gie|ren ⟨aus gleichbed. *fr.* rédiger, eigtl. „zurückführen", dies aus *lat.* redigere „zurücktreiben, zurückführen"; in Ordnung bringen"⟩: einen [eingesandten] Text bearbeiten, druckfertig machen

red|imie|ren ⟨aus gleichbed. *lat.* redimere zu ↑ re... u. emere „kaufen"⟩: (veraltet) [Kriegsgefangene] los-, freikaufen

Re|din|gote [rədɛ̃ˈɡot] *die;* -, -n [...tn̩] od. *der;* -[s], -s ⟨aus gleichbed. *fr.* redingote, dies aus *engl.* riding coat „Reitmantel"⟩: taillierter Damenmantel mit Reverskragen

Red|in|te|gra|ti|on *die;* -, -en ⟨aus *lat.* redintegratio „Wiederherstellung" zu redintegrare, vgl. redintegrieren⟩: 1. (veraltet) svw. Reintegration. 2. die durch einen Krieg eingeschränkte, nach dessen Beendigung wieder volle Rechtswirksamkeit eines völkerrechtlichen Vertrages. **red|in|te-**

grie|ren ⟨aus gleichbed. *lat.* redintegrare zu ↑re... u. *lat.* integrare „erneuern"⟩: (veraltet) wiederherstellen, erneuern

Re|dis|kont *der;* -s, -e ⟨zu ↑re... u. ↑Diskont⟩: Wiederverkauf diskontierter Wechsel durch eine Geschäftsbank an die Notenbank (Geldw.). **re|dis|kon|tie|ren:** diskontierte Wechsel ankaufen od. weiterverkaufen

Re|dis|tri|bu|ti|on *die;* -, -en ⟨zu ↑re... u. ↑Distribution⟩: Korrektur der [marktwirtschaftlichen] Einkommensverteilung mit Hilfe finanzwirtschaftlicher Maßnahmen (Wirtsch.)

re|di|vi|vus [...'vi:vʊs] ⟨aus gleichbed. *lat.* redivivus zu ↑re... u. vivus „lebendig"⟩: wiedererstanden

Re|don ⓦ *das;* -s ⟨Kunstw.⟩: eine synthetische Faser aus ↑Polyacrylnitril

Re|don|dil|la [auch ...'dɪlja] *die;* -, Plur. -s [...ljas] u. (bei dt. Aussprache) ...dillen ⟨aus gleichbed. *span.* redondilla zu redondo „rund", dies aus *lat.* rotundus⟩: in ↑Romanze (1) u. Drama verwendete span. Strophe aus vier achtsilbigen Versen (Reimfolge: a b b a)

Re|dopp *der;* -s ⟨aus *it.* rad(d)oppio „Verdoppelung"⟩: kürzester Galopp in der Hohen Schule (Reiten)

Re|dou|ble|ment [rədublə'mã:] *das;* -s, -s ⟨aus gleichbed. *fr.* redoublement zu redoubler, vgl. redoublieren⟩: (veraltet) Verdoppelung, Verstärkung. **re|dou|blie|ren** ⟨aus gleichbed. *fr.* redoubler⟩: (veraltet) verdoppeln, verstärken

Re|dou|te [re'du:tə] *die;* -, -n ⟨über *fr.* redoute aus gleichbed. *it.* ridotto, eigtl. „Zufluchtsort", dies aus *lat.* reductum, vgl. Reduktion⟩: 1. (veraltet) Saal für festliche od. Tanzveranstaltungen. 2. (österr., sonst veraltet) Maskenball. 3. Festungswerk in Form einer trapezförmigen geschlossenen Schanze

Red|ox... ⟨verkürzt aus ↑*Red*uktion u. ↑*Ox*ydation⟩: Wortbildungselement mit der Bedeutung „gleichzeitig eine Reduktion u. eine Oxydation bewirkend", z. B. Redoxsystem. **Red|ox|elek|tro|de** *die;* -, -n: Elektrode eines elektrochem. Elements, bei der das Elektrodenmaterial (meist Platin) nur zur Aufnahme od. Abgabe von Elektronen dient (Chem., Phys.). **Red|oxin** *das;* -s ⟨zu ↑...in (1)⟩: elektronenübertragendes Protein, das entweder Eisen enthält od. metallfrei ist (Biochem.). **Red|ox|io|nen|aus|tau|scher** *die* (Plur.): mit Redoxpaaren beladene organische Polymere, die als feste Reduktions- od. Oxydationsmittel verwendet werden können (Chem., Phys.). **Red|oxit** [auch ...'ksɪt] *der;* -s, -e ⟨zu ↑²...it⟩: ein reduzierend wirkendes Kunstharz. **Red|ox|po|ten|ti|al** *das;* -s, -e: Spannung eines Redoxsystems gegen die Normalelektrode (Chem., Phys.). **Red|ox|pro|por|tio|nie|rung** *die;* -, -en: Reaktion, bei der ein Stoff oxydiert u. ein anderer reduziert wird (Chem., Phys.). **Red|ox|re|ak|ti|on** *die;* -, -en: auf einem Elektronenübergang beruhende chem. Reaktion. **Red|ox|sy|stem** *das;* -s: System, bei dem ein Stoff oxydiert u. ein zweiter gleichzeitig reduziert wird, wobei Gleichgewicht zwischen den Vorgängen herrscht (Chem.)

Red Pow|er ['rɛd 'paʊə] *die;* - - ⟨aus gleichbed. *engl.-amerik.* red power zu *engl.* red „rot" u. power „Kraft; Macht"⟩: Bewegung nordamerik. Indianer, die sich gegen Überfremdung u. Bevormundung durch die weißen Amerikaner wendet u. sich für mehr politische Rechte, für Autonomie u. kulturelle Eigenständigkeit einsetzt

Re|dres|se|ment [...'mã:] *das;* -s, -s ⟨aus gleichbed. *fr.* redressement zu redresser, vgl. redressieren⟩: a) Wiedereinrenkung von Knochenbrüchen u. Verrenkungen; b) orthopädische Behandlung von Körperfehlern (bes. der Beine u. Füße; Med.). **re|dres|sie|ren** ⟨aus gleichbed. *fr.* redresser, eigtl. „geraderichten"⟩: 1. (veraltet) wiedergutmachen, rückgängig machen. 2. a) eine körperliche Deformierung durch orthopädische Maßnahmen korrigieren; b) einen gebrochenen Knochen wieder einrenken; c) einen schiefen Zahn mit der Zange geraderichten (Med.). **Re|dres|si|on** *die;* -, -en ⟨zu ↑¹...ion⟩: svw. Redressement

Re|dscheb *der;* -[s] ⟨aus gleichbed. *arab.* raǧad, eigtl. „Ehrfurcht"⟩: im islamischen Kalender der 7. Monat, in dem jeder Kampf verboten war

re|du|blie|ren ⟨zu ↑re... u. ↑dublieren⟩: (veraltet) verdoppeln, verstärken

Re|duit [re'dy̆i:] *das;* -s, -s ⟨aus gleichbed. *fr.* réduit, dies zu *lat.* reductum, vgl. Reduktion⟩: beschußsichere Verteidigungsanlage im Kern einer Festung. **Re|duk|ta|se** *die;* -, -n ⟨zu ↑Reduktion u. ↑...ase⟩: reduzierendes ↑Enzym in roher Milch. **Re|duk|ta|se|pro|be** *die;* -, -n: bakteriologische Prüfmethode zur Untersuchung von Milch auf ihren Keimgehalt. **Re|duk|ti|on** *die;* -, -en ⟨aus *lat.* reductio „Zurückführung" zu reductum, Part. Perf. (Neutrum) von reducere, vgl. reduzieren, Bed. 4 b über gleichbed. *amerik.-span.* reducción⟩: 1. a) Zurückführung; b) Verringerung, Herabsetzung. 2. Zurückführung des Komplizierten auf etwas Einfaches (Logik). 3. a) Verlust der ↑Qualität (2) u. ↑Quantität (2) bis zum Schwund des Vokals (z. B. *Nachbar* aus mittelhochdt. *nachgebur*); b) Sonderform der sprachlichen ↑Substitution (4), durch deren Anwendung sich die Zahl der sprachlichen Einheiten verringert (z. B. ich fliege *nach London,* ich fliege *dorthin;* Sprachw.). 4. a) svw. Lasierung; b) (meist Plur.) im 17./18. Jh. begründete christliche Indianersiedlung unter Missionarsleitung, z. B. bei den Jesuiten in Paraguay; vgl. Reservation. 5. a) chem. Vorgang, bei dem Elektronen von einem Stoff auf einen anderen übertragen u. von diesem aufgenommen werden (im Zusammenhang mit einer gleichzeitig stattfindenden ↑Oxydation); b) Entzug von Sauerstoff aus einer chem. Verbindung od. Einführung von Wasserstoff in eine chem. Verbindung; c) Verarbeitung eines Erzes zu Metall. 6. Verminderung der Chromosomenzahl während der ↑Reduktionsteilung (Biol.). 7. Umrechnung eines physik. Meßwertes auf den Normalwert (z. B. Reduktion des Luftdrucks an einem beliebigen Ort auf das Meeresniveau; Phys., Meteor.). 8. Rückbildung urspr. voll entwickelter Organe zu rudimentären Resten infolge der Einpassung von Lebewesen in eine andere Umwelt (z. B. beim Pferd der Huf als Reduktion des Fußes; Biol.); vgl. ...[at]ion/...ierung. **Re|duk|tio|nis|mus** *der;* - ⟨zu ↑...ismus (2)⟩: isolierte Betrachtung von Einzelelementen ohne ihre Verflechtung in einem Ganzen od. von einem Ganzen als einfacher Summe aus Einzelteilen unter Überbetonung der Einzelteile, von denen aus generalisiert wird. **re|duk|tio|ni|stisch** ⟨zu ↑...istisch⟩: dem Reduktionismus entsprechend. **Re|duk|ti|ons|di|ät** *die;* -: kalorienarme Nahrung für eine Abmagerungskur. **Re|duk|ti|ons|elek|tro|ly|se** *die;* -, -n: Abscheidung eines Metalls aus einer Metallsalzlösung od. -schmelze mit Hilfe des elektr. Stroms auf einer Kathode (Chem.). **Re|duk|ti|ons|mit|tel** *das;* -s, -: Stoff, der Elektronen abgeben u. Sauerstoff leicht aufnehmen kann u. dadurch Reduktionen ermöglicht (Chem.). **Re|duk|ti|ons|ofen** *der;* -s, ...öfen: Schmelzofen zur Läuterung der Metalle. **Re|duk|ti|ons|tei|lung** *die;* -, -en: Zellteilung, durch die der doppelte Chromosomensatz auf einen einfachen reduziert wird (Biol.). **Re|duk|ti|ons|zir|kel** *der;* -s, -: verstellbarer Zirkel zum Übertragen von vergrößerten od. verkleinerten Strecken. **re|duk|tiv** ⟨zu ↑...iv⟩: mit den Mitteln der Reduktion arbeitend, durch Reduktion bewirkt. **Re|duk|tor** *der;* -s, ...oren ⟨aus *lat.* reductor „Zurückfüh-

rer"⟩: 1. Klingeltransformator. 2. Glimmlampe im Gleichstromkreis zur Minderung der Netzspannung (Elektrot.)
red|un|dạnt ⟨aus *lat.* redundans, Gen. redundantis „überströmend, überflüssig", eigtl. Part. Präs. von redundare „überströmen; im Überfluß vorhanden sein"⟩: Redundanz (1–3) aufweisend; vgl. abundant. **Red|un|dạnz** *die;* -, -en ⟨aus *lat.* redundantia „Überfülle (des Ausdrucks)" zu redundare, vgl. redundant⟩: 1. Überreichlichkeit, Überfluß, Üppigkeit. 2. a) im Sprachsystem angelegte mehrfache Kennzeichnung derselben Information (z. B. *den* Kälb*ern*: mehrfach bezeichneter Dativ Plural; *die* groß*en* Wörterb*ücher sind* teuer: der Plural wird auf komplexe Weise ausgedrückt); b) stilistisch bedingte Überladung einer Aussage mit überflüssigen sprachinhaltlichen Elementen; vgl. Pleonasmus, Tautologie (Sprachw.). 3. in der Informationstheorie bzw. Nachrichtentechnik Bez. für das Vorhandensein von weglaßbaren Elementen in einer Nachricht, die keine zusätzliche Information liefern, sondern lediglich die beabsichtigte Grundinformation stützen; förderliche -: weglaßbare Bestandteile einer Information, die beim Weglassen anderer Bestandteile die Information sichern können; leere -: weglaßbare Bestandteile einer Information, die beim Weglassen anderer Bestandteile den Informationsgehalt nicht aufrechterhalten. 4. die Erscheinung, daß gleiche Gene, aber auch gleiche Signalstrukturen u. nicht kodierende Bereiche vielfach im ↑Genom vorhanden sind (Genetik). 5. Bez. für den Teil des Material- od. Betriebsaufwandes bei einem technischen System, der [primär] für ein ordnungsgemäßes Funktionieren nicht erforderlich ist (Techn.). **re|dun|dạnzfrei:** (fachspr.) ohne Redundanzen, auf das Wichtigste konzentriert

Re|du|pli|ka|ti|on *die;* -, -en ⟨aus *spätlat.* reduplicatio „Verdoppelung" zu reduplicare, vgl. reduplizieren⟩: 1. Verdoppelung eines Wortes od. einer Anlautsilbe (z. B. *Bonbon, Wirrwarr;* Sprachw.). 2. Verdoppelung von Zellen bei der Zellteilung (Biol.). **re|du|pli|ka|tiv** ⟨zu *lat.* reduplicatus (Part. Perf. von reduplicare, vgl. reduplizieren) u. ↑...iv⟩: verdoppelnd, eine Verdoppelung bezeichnend. **re|du|pli|zie|ren** ⟨aus *spätlat.* reduplicare „wieder verdoppeln"⟩: der Reduplikation unterworfen sein. **re|du|pli|zie|rend** ⟨zu ↑...ierend⟩: der Reduplikation unterworfen; -es Verb: Verb, das bestimmte Formen mit Hilfe der Reduplikation bildet (z. B. lat. cu*cu*rri = ich bin gelaufen)

Re|du|zạ|te *die* (Plur.) ⟨zu *lat.* reducere (vgl. reduzieren) u. ↑...at (2)⟩: Sedimente, die bei hohem Reduktionspotential abgelagert werden, z. B. Kohlen mit Faulschlamm (↑Sapropelit; Geochemie). **Re|du|zẹnt** *der;* -en, -en ⟨zu *lat.* reducens, Gen. reducentis „zurückführend", Part. Präs. von reducere, vgl. reduzieren⟩: ein Lebewesen (z. B. Bakterie, Pilz), das organische Stoffe wieder in anorganische überführt, sie ↑mineralisiert (Biol.). **re|du|zi|bel** ⟨zu ↑reduzieren u. ↑...ibel⟩: zerlegbar (in bezug auf einen mathematischen Ausdruck); Ggs. ↑irreduzibel. **re|du|zie|ren** ⟨aus *lat.* reducere „(auf das richtige Maß) zurückführen" zu re- (vgl. re...) u. ducere „führen, leiten"⟩: 1. a) auf etwas Einfacheres, das Wesentliche zurückführen; b) verringern, herabsetzen. 2. einen Vokal an ↑Qualität (2) u. ↑Quantität (2) abschwächen (Sprachw.). 3. a) einer chem. Verbindung Elektronen zuführen; b) einer chem. Verbindung Sauerstoff entziehen od. Wasserstoff in eine chem. Verbindung einführen. 4. Erz zu Metall verarbeiten. 5. einen physik. Meßwert auf den Normalwert umrechnen (z. B. den Luftdruck an einem beliebigen Ort auf das Meeresniveau). **re|du|ziert** ⟨zu ↑...iert⟩: a) verringert, [auf einen bestimmten Stand] zurückgeführt; b) beeinträchtigt, mitgenommen, nicht in guter Verfassung. **Re|du|zie|rung** *die;* -, -en ⟨zu ↑...ierung⟩: das Reduzieren; vgl. ...[at]ion/...ierung. **Re|du|zier|ven|til** [...v...] *das;* -s, -e: Druckminderungsventil, z. B. an Gasflaschen

Red|wood ['rɛdwʊd] *das;* -s, -s ⟨aus gleichbed. *engl.* redwood zu red „rot" u. wood „Wald, Holz"⟩: Rotholz eines kalifornischen Mammutbaums

Reed sec|tion ['riːd 'sɛkʃən] *die;* - -, - -s ⟨aus gleichbed. *engl.* reed section zu reed „Zunge (bei Instrumenten)" u. section „Abteilung"⟩: im Jazz Bez. für die Gruppe der Holzblasbzw. Rohrblattinstrumente einer Band od. ↑Big Band, d. h. Saxophon, Klarinette, Flöte, Oboe u. a.

Re|edu|ca|tion ['riːedjuˈkeɪʃn] *die;* - ⟨aus *engl.* reeducation „Umerziehung, Umschulung" zu re- (vgl. re...) u. education „Erziehung", dies aus *lat.* educatio, vgl. Edukation⟩: Bez. für die Schul- u. Bildungspolitik in der engl. u. amerik. Besatzungszone nach dem Zweiten Weltkrieg, die auf dem Weg der Umerziehung Vorstellungen des Nationalsozialismus entfernen sollte

Reel [riːl] *der;* -s, -s ⟨aus gleichbed. *engl.* reel, vielleicht zu to reel „schnell (herum)wirbeln"⟩: schott. u. ir., urspr. kreol. schneller [Paar]tanz in geradem Takt

re|ẹll ⟨aus gleichbed. *fr.* réel, dies aus *spätlat.* realis, vgl. real⟩: 1. a) anständig, ehrlich, redlich; b) (ugs.) ordentlich, den Erwartungen entsprechend. 2. wirklich, tatsächlich [vorhanden]. **Re|el|li|tät** [reɛ...] *die;* - ⟨zu ↑...ität⟩: Ehrlichkeit, Redlichkeit, [geschäftliche] Anständigkeit

Re|en|ga|ge|ment [reˈãgaʒəˈmãː] *das;* -s, -s ⟨zu ↑re... u. ↑Engagement⟩: Wiederverpflichtung. **re|en|ga|gie|ren:** wieder verpflichten

Re|evo|lu|ti|on [...v...] *die;* - ⟨zu ↑re... u. ↑Evolution⟩: allmähliche Wiederkehr der geistigen Funktionen nach einem epileptischen Anfall (Med.)

Re|ex|port *der;* -[e]s, -e ⟨zu ↑re... u. ↑Export⟩: Ausfuhr importierter Waren. **Re|ex|por|ta|ti|on** *die;* -, -en ⟨zu ↑...ation⟩: (veraltet) svw. Reexport

Re|fait [rəˈfɛː] *das;* -s, -s ⟨aus gleichbed. *fr.* refait, substantiviertes Part. Perf. von refaire „wiederherstellen", dies über *vulgärlat.* *refacere aus *lat.* reficere, vgl. refaktieren⟩: unentschiedenes Kartenspiel. **Re|fạk|tie** [...jə] *die;* -, -n ⟨aus gleichbed. *niederl.* refactie, dies aus *lat.* refectio „Wiederherstellung"⟩: Gewichts- od. Preisabzug wegen beschädigter od. fehlerhafter Waren, Nachlaß, Rückvergütung. **re|fạk|tie|ren** ⟨über *vulgärlat.* *refacere aus *lat.* reficere „zurückerhalten", eigtl. „wiederherstellen"⟩: Nachlaß gewähren. **Re|fạk|tie|ta|rif** [...jə...] *der;* -s, -e: frachtbegünstigter Ausnahmetarif (Wirtsch.)

Re|fa|schi|sie|rung *die;* - ⟨zu ↑re... u. ↑Faschisierung⟩: bewußte Anknüpfung an Ideologie u. Politik des Faschismus

Re|fek|to|ri|um *das;* -s, ...ien [...jən] ⟨aus gleichbed. *mlat.* refectorium zu *lat.* refectorius „erquickend", dies zu *spätlat.* reficere „erquicken"⟩: Speisesaal im Kloster

Re|fe|rạt *das;* -[e]s, -e ⟨aus *lat.* referat „er möge berichten", 3. Pers. Sing. Präs. Konj. von referre, vgl. referieren⟩: 1. a) Vortrag über ein bestimmtes Thema; b) eine Beurteilung enthaltender schriftlicher Bericht; Kurzbesprechung [eines Buches]. 2. Sachgebiet eines ↑Referenten (2). **Re|fe|ree** [...ˈriː] *der;* -s, -s ⟨aus gleichbed. *engl.* referee to refer „zur Entscheidung bringen", dies über *(mittel)fr.* référer aus *lat.* referre, vgl. referieren⟩: Schiedsrichter, Ringrichter (Sport). **Re|fe|rẹn|da:** Plur. von ↑Referendum. **Re|fe|rẹn|dar** *der;* -s, -e ⟨aus *mlat.* referendarius „(aus den Akten) Bericht Erstattender" zu *lat.* referre, vgl. referieren⟩: Anwärter auf die höhere Beamtenlaufbahn nach der ersten

Referendariat

Staatsprüfung. **Re|fe|ren|da|ri|at** *das;* -[e]s, -e ⟨zu ↑...at (1)⟩: Vorbereitungsdienst für Referendare. **Re|fe|ren|da|rin** *die;* -, -nen: weibliche Form zu ↑ Referendar. **Re|fe|ren|dum** *das;* -s, Plur. ...den u. ...da ⟨aus *lat.* referendum „zu Berichtendes", Gerundivum von referre, vgl. referieren⟩: 1. Volksabstimmung, Volksentscheid; vgl. ad referendum. 2. svw. Referent (3). **Re|fe|rens** *das;* -, ...entia ⟨zu *lat.* referens „(sich) beziehend auf", vgl. Referent⟩: erstes Glied einer aus zwei Objekten bestehenden Relation, das dasjenige Objekt wiedergibt, von dem die Handlung ausgeht (z. B. in „der Jäger schoß auf den Fuchs" ist „Jäger" das Referens; Sprachw.); vgl. Relatum. **Re|fe|rent** *der;* -en, -en ⟨aus *lat.* referens, Gen. referentis, Part. Präs. von referre, vgl. referieren⟩: 1. a) jmd., der ein Referat (1 a) hält, Redner; b) Gutachter [bei der Beurteilung einer wissenschaftlichen Arbeit]. 2. Sachbearbeiter in einer Dienststelle. 3. außersprachliches Bezugsobjekt des sprachlichen Zeichens (Sprachw.). **re|fe|ren|ti|ell** ⟨nach *fr.* référentiel⟩: die Referenz (3) betreffend; vgl. pragmatisch. **Re|fe|ren|tin** *die;* -, -nen: weibliche Form zu ↑ Referent. **Re|fe|renz** *die;* -, -en ⟨aus gleichbed. *fr.* référence (bzw. *engl.* reference), eigtl. „Bericht, Auskunft", zu référer, vgl. referieren⟩: 1. (meist Plur.) von einer Vertrauensperson gegebene Auskunft, die man als Empfehlung vorweisen kann; vgl. aber Reverenz. 2. Vertrauensperson, die über jmdn. eine positive Auskunft geben kann. 3. Beziehung zwischen sprachlichen Zeichen u. ihren Referenten (3) in der außersprachlichen Wirklichkeit (Sprachw.). **Re|fe|renz|di|ode** *die;* -, -n: svw. Referenzelement. **Re|fe|renz|ele|ment** *das;* -[e]s, -e: vorwiegend in integrierter Technik ausgeführtes Halbleiterbauelement zur Erzeugung temperaturkompensierter Bezugsspannung mit festgelegten Werten. **Re|fe|renz|el|lip|so|id** [...soi:t] *das;* -[e]s: international festgelegte Figur der Erde, auf die sich alle Messungen beziehen (Geophys.). **Re|fe|renz|iden|ti|tät** *die;* -, -en: Bezeichnung derselben Person durch zwei Nominalphrasen (z. B. das Kind will spielen = das Kind will, daß es spielt; das Kind will sein Spiel = das Kind will, daß es spielt; Sprachw.). **re|fe|rie|ren** ⟨aus gleichbed. *fr.* référer, dies aus *lat.* referre „zurücktragen; überbringen; mitteilen, berichten"⟩: a) einen kurzen [beurteilenden] Bericht von etwas geben; b) ein Referat (1 a) halten
Re|fer|ti|li|sie|rung *die;* -, -en ⟨zu ↑ re..., *lat.* fertilis „fruchtbar" u. ↑...isierung⟩: operative Wiederherstellung der Fruchtbarkeit nach vorausgegangener früherer ↑ Sterilisation (Med.).
re|fi|nan|zie|ren ⟨zu ↑ re... u. ↑ finanzieren⟩: fremde Mittel aufnehmen, um damit selbst Kredit zu geben. **Re|fi|nan|zie|rung** *die;* -, -en: das Refinanzieren
Re|fine|ment [rɪ'faɪnmənt] *das;* -s, -s (meist Plur.) ⟨aus *engl.* refinements „Verfeinerungen" zu to refine „verfeinern"⟩: letzte Ausformulierungsstufe eines Programms (4), bei der alle Stufen detailliert sind (EDV). **Re|fi|ner** [rɪ'faɪnə] *der;* -s, - ⟨aus *engl.* refiner „Verfeinerer"⟩: Maschine zur Aufbereitung (Mahlung) von Faserstoffen für die Papierherstellung
Re|fla|ti|on *die;* -, -en ⟨aus gleichbed. *engl.* reflation, Analogiebildung zu *engl.* inflation, vgl. Inflation⟩: finanzpolitische Maßnahme zur Erhöhung der im Umlauf befindlichen Geldmenge u. damit zur Überwindung einer ↑ Depression (3). **re|fla|tio|när** ⟨Analogiebildung zu ↑ inflationär⟩: die Reflation betreffend
Re|flek|tal *das;* -s ⟨Kunstw. aus *reflek*tieren u. *Al*uminium⟩: anodisch oxydiertes Reinstaluminium mit hoher Korrosionsbeständigkeit u. gutem Reflexionsvermögen. **Re|flek-**

tant *der;* -en, -en ⟨zu ↑reflektieren u. ↑...ant⟩: Bewerber, Kauf-, Pachtlustiger, Bieter. **re|flek|tie|ren** ⟨aus *lat.* (animum) reflectere „zurückbiegen, zurückwenden; seine Gedanken auf etwas hinwenden" u. ↑re... u. flectere, vgl. flektieren⟩: 1. zurückstrahlen, spiegeln. 2. nachdenken; erwägen. 3. (ugs.) an jmdm./etwas sehr interessiert sein, etwas erhalten wollen. **re|flek|tiert** ⟨zu ↑...iert⟩: durchdacht, gründlich überlegt. **Re|flek|to|me|ter** *das;* -s, - ⟨zu ↑¹...meter⟩: Gerät zur Bestimmung der optischen Brechungszahl aus dem Grenzwinkel der Totalreflexion (Phys.). **Re|flek|tor** *der;* -s, ...oren ⟨mit latinisierender Endung zu *fr.* réflecteur; vgl. reflektieren u. ...or⟩: 1. Hohlspiegel hinter einer Lichtquelle zur Bündelung des Lichtes. 2. Teil einer Richtantenne, der einfallende elektromagnetische Strahlen zur Bündelung nach einem Brennpunkt zurückwirft. 3. Fernrohr mit Parabolspiegel. 4. Umhüllung eines Atomreaktors mit Material von kleinem Absorptionsvermögen u. großer Neutronenreflexion zur Erhöhung des Neutronenflusses im Reaktor. 5. Gegenstand, Vorrichtung aus einem reflektierenden Material; Rückstrahler. **re|flek|to|risch:** durch einen Reflex bedingt. **Re|flek|to|skop** *das;* -[e]s, -e ⟨zu ↑reflektieren u. ↑...skop⟩: Gerät, das zur Reflektoskopie verwendet wird. **Re|flek|to|sko|pie** *die;* - ⟨zu ↑...skopie⟩: Verfahren zur zerstörungsfreien Untersuchung von Werkstoffen u. Bauteilen durch Ultraschall. **re|flek|to|sko|pisch:** zur Reflektoskopie gehörend, auf ihr beruhend. **Reflex** *der;* -es, -e ⟨aus gleichbed. *fr.* réflexe, dies aus *lat.* reflexus „das Zurückbeugen", substantiviertes Part. Perf. von reflectere, vgl. reflektieren⟩: 1. Widerschein, Rückstrahlung. 2. Reaktion des Organismus auf eine Reizung seines Nervensystems, durch äußere Reize ausgelöste unwillkürliche Muskelkontraktion; bedingter -: erworbene Reaktion des Organismus bei höher entwickelten Tieren u. beim Menschen auf einen [biologisch] neutralen Reiz (z. B. bei einem Hund die bedingt-reflektorische Speichelausscheidung beim Ertönen einer Glocke, wenn er eine Zeitlang vor Verabreichung des Futters diesen Glockenton gehört hat); unbedingter -: immer auftretende Muskelreaktion auf äußere Reize (Med.). **Re|flex|epi|lep|sie** *die;* -: reflektorisch (z. B. durch Lichtreize) ausgelöster epileptischer Anfall bei gesteigerter Anfallsbereitschaft (Med.). **Re|flex|fo|lie** [...jə] *die;* -, -n: ¹Folie, die als Reflexmaterial verwendet wird. **re|fle|xi|bel** ⟨aus gleichbed. *fr.* réflexible⟩: die Fähigkeit besitzend, das Licht zurückzustrahlen (von Materialien). **Re|fle|xi|bi|li|tät** *die;* - ⟨aus gleichbed. *fr.* réflexibilité; vgl. ...ität⟩: Reflektierbarkeit, Zurückstrahlbarkeit. **Re|flex|in|kon|ti|nenz** *die;* -: unwillkürlicher Harnabgang bei gestörter Kontrollfunktion des Blasenentleerungsreflexes (Med.). **Re|fle|xi|on** *die;* -, -en ⟨nach gleichbed. *fr.* réflexion, dies aus *spätlat.* reflexio „das Zurückbeugen"⟩: 1. das Zurückwerfen von Licht, elektromagnetischen Wellen, Schallwellen, Gaswellen u. Verdichtungsstößen an Körperoberflächen. 2. das Nachdenken, Überlegung, Betrachtung, vergleichendes u. prüfendes Denken, Vertiefung in einen Gedankengang. **Re|fle|xi|ons|git|ter** *das;* -s, -: Beugungsgitter, das aus einer reflektierenden Metallplatte mit in regelmäßigen Abständen eingeritzten Strichen besteht (Phys.). **Re|fle|xi|ons|go|nio|me|ter** *das;* -s, -: Instrument zum Messen von Neigungswinkeln der Flächen bei Kristallen. **Re|fle|xi|ons|ho|ri|zont** *der;* -[e]s, -e: physik. Grenzfläche im geologischen Schichtenaufbau, die von der Erdoberfläche ausgesandte seismische Wellen reflektiert. **Re|fle|xi|ons|pris|men** *die* (Plur.): Prismen od. Prismenkombinationen, die in ihrer Wirkungsweise einem ebenen Spiegel od. einer Kombination mehrerer ebener Spiegel gleichen. **Re|fle|xi|ons|psy-cho|lo|gie** *die;* -: Richtung der Psychologie, die ihre Erkenntnisse allein aus der Erlebnisbeobachtung herleitet. **Re|fle|xi|ons|seis|mik** *die;* -: Meßmethode der angewandten Geophysik zur Verfolgung geologischer Horizonte durch künstlich erzeugte Schallwellen, die im Untergrund reflektiert werden (z. B. bei Erdgas- u. Erdölsuche). **Re|fle-xi|ons|spek|tro|sko|pie** *die;* -, ...ien [...i:ən]: die ↑ Spektroskopie der von lichtundurchlässigen Stoffen reflektierten od. diffus gestreuten Strahlung mit Hilfe von ↑ Spektralphotometern (Phys.). **Re|fle|xi|ons|win|kel** *der;* -s, -: Winkel zwischen reflektiertem Strahl u. Einfallslot (Phys.). **re-fle|xiv** ⟨zu *lat.* reflexus (vgl. Reflex) u. ↑ ...iv⟩: 1. sich (auf das Subjekt) rückbeziehend; rückbezüglich (Sprachw.); -es [...vəs] V e r b : rückbezügliches Verb (z. B. sich schämen). 2. die Reflexion (2) betreffend, reflektiert. **Re|fle|xiv** *das;* -s, -e [...və] ⟨verkürzt aus *lat.* (pronomen) reflexivum „rückbezügliches Fürwort"⟩: svw. Reflexivpronomen. **Re-fle|xi|va** [...va]: Plur. von ↑ Reflexivum. **Re|fle|xi|vi|tät** [...v...] *die;* - ⟨zu ↑reflexiv u. ↑ ...ität⟩: reflexible Eigenschaft, Möglichkeit des [Sich]rückbeziehens (Sprachw., Philos.). **Re|fle|xiv|pro|no|men** *das;* -s, Plur. - u. ...mina ⟨aus gleichbed. *lat.* pronomen reflexivum⟩: rückbezügliches Fürwort (z. B. sich). **Re|fle|xi|vum** [...v...] *das;* -s, ...va ⟨verkürzt aus *lat.* (pronomen) reflexivum, vgl. Reflexiv⟩: svw. Reflexivpronomen. **Re|flex|kly|stron** *das;* -s, -e ⟨zu ↑ Reflex⟩: ein Einkammerklystron für kleine Leistungen, bei dem Geschwindigkeitssteuerung der Elektronen u. Auskopplung der Energie im gleichen Hohlraumresonator erfolgen (Hochfrequenztechnik). **Re|flex|ma|te|ri|al** *das;* -s: für die Beschichtung bes. von Verkehrsschildern entwickelter Belag, der in der Dunkelheit Scheinwerferlicht blendfrei reflektiert. **Re|fle|xo|lo|ge** *der;* -n, -n ⟨zu ↑ ...loge⟩: Wissenschafter auf dem Gebiet der Reflexologie. **Re|fle|xo|lo|gie** *die;* - ⟨zu ↑ ...logie⟩: Wissenschaft von den unbedingten u. den bedingten Reflexen (2). **Re|flex-zo|nen|mas|sa|ge** [...ʒə] *die;* -, -n: svw. Reflexzonentherapie. **Re|flex|zo|nen|the|ra|pie** *die;* -, -n [...i:ən]: ↑ Therapie, bei der eine Stelle am Fuß massiert wird, wodurch an anderer Stelle Einfluß auf eine entsprechende Zone (z. B. den Magen) ausgeübt wird

Re|flux *der;* -es ⟨aus *mlat.* refluxio „das Zurückfließen" zu *lat.* refluere „zurückfließen"⟩: Rückfluß, Transport eines flüssigen od. breiigen Stoffs innerhalb eines Hohlorgans entgegen der normalen Fließrichtung (Med.).

Re|form *die;* -, -en ⟨aus gleichbed. *fr.* réforme zu réformer, vgl. reformieren⟩: Umgestaltung, Neuordnung; Verbesserung des Bestehenden

Re|for|man|de *die;* -, -n ⟨in Anlehnung an ↑ Reform umgebildet aus ↑Reprimande⟩: (ugs.) Zurechtweisung, Strafpredigt

Re|for|mat *das;* -[e]s, -e ⟨zu reformieren u. ↑ ...at (2)⟩: durch Reformieren (2) gewonnenes, aromatenreiches Benzin mit hoher Klopffestigkeit (Chem.). **Re|for|ma|tio in pe|ius** [- - 'pe:jʊs] *die;* - - -, ...i**o**nes [...ne:s] - - ⟨aus *lat.* reformatio in peius, eigtl. „Umgestaltung ins Schlimmere"⟩: Abänderung eines angefochtenen Urteils in höherer Instanz zum Nachteil des Anfechtenden (Rechtsw.). **Re|for|ma|ti|on** *die;* - ⟨aus *lat.* reformatio „Umgestaltung; Erneuerung" zu reformare, vgl. reformieren⟩: 1. durch Luther ausgelöste Bewegung zur Erneuerung der Kirche im 16. Jh., die zur Bildung der evangelischen Kirchen führte. 2. Erneuerung, geistige Umgestaltung, Verbesserung. **Re|for|ma|tor** *der;* -s, ...**o**ren ⟨aus *lat.* reformator „Umgestalter, Erneuerer"⟩: 1. Begründer der Reformation (Luther, Zwingli, Calvin u.

a). 2. Umgestalter, Erneuerer. **re|for|ma|to|risch:** 1. in der Art eines Reformators (1); umgestaltend, erneuernd. 2. die Reformation betreffend, im Sinne der Reformation, der Reformatoren (2). **Re|for|mer** *der;* -s, - ⟨aus gleichbed. *engl.* reformer zu to reform „erneuern, verbessern", dies aus *lat.* reformare, vgl. reformieren⟩: jmd., der eine Reform erstrebt, Umgestalter, Verbesserer, Erneuerer. **Re-for|me|rin** *die;* -, -nen: weibliche Form zu ↑ Reformer. **re-for|me|risch:** Reformen betreibend; nach Verbesserung, Erneuerung strebend. **Re|form|haus** *das;* -es, ...häuser ⟨zu ↑Reform⟩: Fachgeschäft für gesunde, an vollwertigen Nährstoffen reiche Kost. **re|for|mie|ren** ⟨aus *lat.* reformare „umgestalten, umbilden, neu gestalten" zu re- (vgl. re-...) u. formare, vgl. formieren⟩: 1. verbessern, [geistig, sittlich] erneuern; neu gestalten. 2. die ↑ Oktanzahl von Benzinen durch Druck- u. Hochtemperaturbehandlung erhöhen (Techn.). **re|for|miert** ⟨zu ↑ ...iert⟩: 1. erneuert, umgestaltet. 2. svw. evangelisch-reformiert; -e K i r c h e : Sammelbez. für die von Zwingli u. Calvin ausgegangenen ev. Bekenntnisgemeinschaften. **Re|for|mier|te** *der* u. *die;* -n, -n: Angehörige[r] der reformierten Kirche. **Re|for|mie|rung** *die;* -, -en (Plur. selten) ⟨zu ↑ ...ierung⟩: Neugestaltung u. Verbesserung. **Re|for|mis|mus** *der;* - ⟨zu ↑ ...ismus (2), Bed. 2 nach gleichbed. *russ.* reformizm; vgl. ...ismus (5)⟩: 1. Bewegung zur Verbesserung eines [sozialen] Zustandes od. [politischen] Programms. 2. Strömung innerhalb der Arbeiterbewegung, die soziale Verbesserungen durch Reformen, nicht durch eine Revolution erreichen will. **Re-for|mist** *der;* -en, -en ⟨zu ↑ ...ist, Bed. 2 nach gleichbed. *russ.* reformist⟩: 1. jmd., der eine soziale od. politische Verbesserung bzw. Umgestaltung anstrebt. 2. Anhänger des Reformismus (2). **re|for|mi|stisch** ⟨zu ↑ ...istisch⟩: den Reformismus (2) betreffend. **Re|form|kom|mu|nis|mus** *der;* - ⟨zu ↑Reform⟩: Richtung des Kommunismus in der zweiten Hälfte des 20. Jh.s, der die nationalen Besonderheiten hervorzuheben versuchte, um sich dadurch von der diktatorisch-bürokratischen Ausprägung des Kommunismus in der ehemaligen UdSSR abzuheben. **Re|form|kon|zil** *das;* -s, Plur. -e u. -ien [...jən]: Kirchenversammlung des 15. [u. 16.] Jh.s, die die spätmittelalterliche kath. Kirche reformieren sollte. **Re|form|päd|ago|gik** *die;* -: pädagogische Bewegung, die, ausgehend von der Psychologie des Kindes, dessen Aktivität u. Kreativität fördern will u. sich gegen eine Schule wendet, in der hauptsächlich auf das Lernen Wert gelegt wird. **Re|form|po|li|tik** *die;* -: jedes politische Konzept, das bestehende politische u. gesellschaftliche Verhältnisse evolutionär verändern will

Re|fos|co [...ko] *der;* -[s], -s ⟨nach der Sortenbez.⟩: dunkelroter dalmatinischer Süßwein

re|frai|chie|ren [refrɛˈʃi:...] ⟨aus *altfr.* refreschier „erfrischen"⟩: svw. rafraichieren

Re|frain [rəˈfrɛ̃:, auch re...] *der;* -s, -s ⟨aus gleichbed. *fr.* refrain, eigtl. „Rückprall (der Wogen von den Klippen)", dies zu *vulgärlat.* *refrangere, *lat.* refringere „auf-, zurückbrechen; brechend zurückwerfen"⟩: in regelmäßigen Abständen wiederkehrende gleiche Laut- od. Wortfolge in einem Gedicht od. Lied, Kehrreim

re|frak|tär ⟨aus *lat.* refractarius „widerspenstig, steif, halsstarrig" zu refragari „widerstreben"⟩: unempfindlich, nicht beeinflußbar (bes. in bezug auf gereiztes Gewebe gegenüber Neureizen; Med.)

Re|frak|ti|on *die;* -, -en ⟨aus *nlat.* refractio zu *lat.* refractus, Part. Perf. von refringere, vgl. Refrain⟩: a) Brechung von Lichtwellen u. anderen an Grenzflächen zweier Medien (vgl. ¹Medium 3); b) Brechungswert (Phys.). **re|frak|tiv** ⟨zu

Refraktometer

↑...iv〉: strahlenbrechend (Phys.). **Re|frak|to|me|ter** *das;* -s, - 〈zu *lat.* refractus (vgl. Refraktion) u. ↑¹...meter〉: Instrument zur Bestimmung des Brechungsvermögens eines Stoffes. **Re|frak|to|me|trie** *die;* - 〈zu ↑...metrie〉: Lehre von der Bestimmung der Brechungsgrößen (Phys.). **re|frak|tome|trisch** 〈zu ↑...metrisch〉: mit Hilfe des Refraktometers durchgeführt. **Re|frak|tor** *der;* -s, ...oren 〈zu ↑...or〉: Linsenfernrohr mit mehreren Sammellinsen als Objektiv. **Refrak|tu|rie|rung** *die;* -, -en 〈zu ↑re..., ↑Fraktur u. ↑...ierung〉: operatives Wiederbrechen eines Knochens (bei schlecht od. in ungünstiger Stellung verheiltem Knochenbruch; Med.). **re|fran|gi|bel** 〈aus gleichbed. *nlat.* refrangibilis, zu *lat.* frangere „brechen"〉: brechbar (von Lichtstrahlen; Phys.). **Re|fran|gi|bi|li|tät** *die;* - 〈zu ↑...ität〉: Brechbarkeit (von Lichtstrahlen; Phys.)

Re|fre|na|ti|on *die;* - 〈aus gleichbed. *lat.* refrenatio zu refrenare, vgl. refrenieren〉: (veraltet) Zügelung. **re|fre|nie|ren** 〈aus gleichbed. *lat.* refrenare zu ↑re... u. frenum „Zügel"〉: (veraltet) zügeln

Re|fre|shing [rɪˈfreʃɪŋ] *das;* -s, -s 〈aus *engl.* refreshing „das Auffrischen" zu to refresh „auffrischen"〉: 1. Auffrischung; Erfrischung. 2. periodisch sich wiederholender Schaltzyklus in einem dynamischen Speicher (↑RAM) zur Auffrischung der gespeicherten Information, damit diese nicht verlorengeht (EDV)

Re|fri|ge|ran|tia u. **Re|fri|ge|ran|zi|en** [...i̯ən] *die* (Plur.) 〈aus gleichbed. *nlat.* refrigerantia, Neutrum Plur. von refrigerans, Gen. refrigerantis, Part. Präs. von *lat.* refrigerare, vgl. refrigerieren〉: abkühlende, erfrischende Mittel (Med.). **Re|fri|ge|ra|ti|on** *die;* -, -en 〈nach *lat.* refrigeratio „Abkühlung"〉: Erkältung (Med.). **Re|fri|ge|ra|tor** *der;* -s, ...oren 〈aus gleichbed. *lat.* refrigerare (vgl. refrigerieren) u. ↑...ator〉: Gefrieranlage. **re|fri|ge|rie|ren** 〈aus gleichbed. *lat.* refrigerare zu ↑re... u. frigus, Gen. frigoris „Kälte"〉: (veraltet) kühlen, abkühlen, erfrischen

Re|fuge [reˈfyːʃ, *fr.* rəˈfyːʒ] *das;* -s, -s 〈aus gleichbed. *fr.* refuge, dies aus *lat.* refugium, vgl. Refugium〉: Schutzhütte, Notquartier (Alpinistik). **Re|fu|gi|al|ge|biet** *das;* -[e]s, -e 〈zu ↑Refugium u. ↑¹...al (1)〉: Rückzugs- u. Erhaltungsgebiet von in ihrem Lebensraum bedrohten Arten. **Re|fu|gié** [refyˈʒi̯eː] *der;* -s, -s 〈aus gleichbed. *fr.* réfugié〉: Flüchtling, bes. aus Frankreich geflüchteter Protestant (17. Jh.). **re|fu|gie|ren** [refug...] 〈aus gleichbed. *fr.* réfugier zu refuge, vgl. Refuge〉: (veraltet) flüchten. **Re|fu|gi|um** *das;* -s, ...ien [...i̯ən] 〈aus gleichbed. *lat.* refugium zu refugere „zurückweichen; fliehen"〉: Zufluchtsort, -stätte

Re|ful|genz *die;* - 〈aus gleichbed. *lat.* refulgentia zu refulgere „zurückstrahlen"〉: (veraltet) Widerschein, Abglanz

re|fun|die|ren 〈aus gleichbed. *lat.* refundere, eigtl. „zurückgießen"〉: (veraltet) zurückzahlen; ersetzen. **Re|fus** u. **Refüs** [rəˈfyː, re...] *der;* - [...ˈfyː(s)], - [...ˈfyːs] 〈aus gleichbed. *fr.* refus zu refuser, vgl. refüsieren〉: (veraltet) abschlägige Antwort, Ablehnung, Weigerung. **re|fü|sie|ren** 〈aus gleichbed. *fr.* refuser, dies aus *vulgärlat.* *refusare, weitere Herkunft unsicher〉: (veraltet) ablehnen, abschlagen, verweigern. **Re|fu|si|on** *die;* -, -en 〈aus gleichbed. *lat.* refusio, eigtl. „Zurückgießung", zu refundere, vgl. refundieren〉: (veraltet) Rückgabe, Rückerstattung

Re|fu|ta|ti|on *die;* -, -en 〈aus gleichbed. *lat.* refutatio zu refutare, vgl. refutieren〉: 1. (veraltet) Widerlegung. 2. Lehnsaufkündigung durch den ↑Vasallen. **re|fu|tie|ren** 〈aus gleichbed. *lat.* refutare〉: zurückweisen, widerlegen

Reg *die;* -, - 〈aus gleichbed. *hamitisch* reg〉: Geröllwüste

re|gal 〈aus *lat.* regalis „zum König gehörig, königlich" zu rex, vgl. ¹Rex〉: (selten) königlich, fürstlich

¹Re|gal *das;* -s, -e 〈Herkunft unsicher〉: 1. [Bücher-, Waren]gestell mit Fächern; vgl. ¹Real. 2. Schriftkastengestell (Druckw.)

²Re|gal *das;* -s, -e 〈aus gleichbed. *fr.* régale, weitere Herkunft ungeklärt〉: 1. kleine, tragbare, nur mit Zungenstimmen besetzte Orgel; vgl. Portativ. 2. Zungenregister der Orgel

³Re|gal *das;* -s, -ien [...i̯ən] (meist Plur.) 〈aus *mlat.* regale „Königsrecht" zu *lat.* regalis, vgl. regal〉: [wirtschaftlich nutzbares] Hoheitsrecht (z. B. Zoll-, Münz-, Postrecht). **Re|ga|le** *das;* -s, ...lien [...i̯ən]: svw. ³Regal

re|ga|lie|ren 〈aus gleichbed. *fr.* (se) régaler zu régal „Festmahl, Vergnügen", dies zu *altfr.* galer, vgl. galant〉: (landsch.) 1. unentgeltlich bewirten, freihalten. 2. sich an etwas satt essen, gütlich tun

Re|ga|li|tät *die;* -, -en 〈zu ↑³Regal u. ↑...ität〉: (veraltet) Anspruch einer Regierung auf den Besitz von Hoheitsrechten

Re|gard [rəˈgaːr] *der;* -s, -s 〈aus gleichbed. *fr.* regard zu regarder, vgl. regardieren〉: (veraltet) Anblick; Rücksicht. **re|gar|die|ren** 〈aus gleichbed. *fr.* regarder, dies über das Galloroman. aus *fränk.* *wardôn „sorgen"〉: (veraltet) betrachten; beachten, berücksichtigen

Re|gat|ta *die;* -, ...tten 〈aus *it. (venez.)* regat(t)a „Gondelwettfahrt", weitere Herkunft unsicher〉: 1. Bootswettkampf (Wassersport). 2. schmalgestreiftes Baumwollgewebe in Köperbindung (Webart)

Re|ge|la|ti|on *die;* - 〈zu *lat.* regelatus, Part. Perf. von regelare „erkalten", u. ↑¹...ion〉: bei Druckentlastung das Wiedergefrieren von Wasser zu Eis, das vorher bei Druckzunahme geschmolzen war (bei der Entstehung von Gletschereis u. der Bewegung u. Erosionsarbeit von Gletschern)

Re|gel|de|tri *die;* - 〈aus *mlat.* regula de tribus (numeris) „Regel von den drei (Zahlen)"〉: Dreisatz; Rechnung zum Aufsuchen einer Größe, die sich zu einer zweiten ebenso verhält wie eine dritte Größe zu einer vierten (Math.). **Régence** [reˈʒɑ̃ːs] *die;* - u. **Régence|stil** *der;* -[e]s 〈aus *fr.* régence „Herrschaft" zu régent „Regent; Lenker", dies zu *lat.* regere „lenken, regieren"〉: nach der Regentschaft Philipps von Orleans (1715–1723) benannter franz. Kunststil, der Rundungen u. zierliche Formen bevorzugte. **Regency** [ˈriːdʒənsɪ] *die;* - 〈aus *engl.* regency „Regentschaft", dies aus *fr.* régence, vgl. Régence〉: Stufe der engl. Kunst zur Zeit der Regentschaft Georgs IV. (1811–1830), in der bes. antike Formelemente mit heimischen Motiven verbunden wurden

re|ge|ne|ra|bel 〈zu *lat.* regenerare, vgl. regenerieren u. ↑...abel〉: wieder herstellbar, erneuerbar. **Re|ge|ne|rat** *das;* -[e]s, -e 〈zu *lat.* regeneratum, Part. Perf. (Neutrum) von regenerare, vgl. regenerieren〉: durch chem. Aufarbeitung gewonnenes Material (z. B. Kautschuk aus Altgummi). **Re|ge|ne|ra|ti|on** *die;* -, -en 〈nach *fr.* régénération, dies aus *spätlat.* regeneratio „Wiedergeburt" zu regenerare, vgl. regenerieren〉: 1. Wiederauffrischung, Erneuerung, Zurückversetzung in den ursprünglichen Zustand. 2. a) Wiederherstellung bestimmter chem. od. physik. Eigenschaften; b) Rückgewinnung chem. Stoffe. 3. a) erneute Bildung, Entstehung, natürliche Wiederherstellung von verletztem, abgestorbenem Gewebe o. ä. (z. B. Haut, Haar; Med.); b) Ersatz verlorengegangener Organe od. Organteile bei Tieren u. Pflanzen (Biol.). **re|ge|ne|ra|tiv** 〈zu ↑regenerieren u. ↑...iv〉: 1. wiedergewinnend od. wiedergewonnen (z. B. in der Chemie aus Abfällen). 2. durch Regeneration (3) ent-

Regionalpresse

standen; vgl. ...iv/...orisch; -e [...və] Energie: erneuerbare Energie, eine Form der ↑Alternativenergie. Re|ge|ne|ra|tiv|ver|fah|ren *das;* -s: Verfahren zur Rückgewinnung von Wärme. Re|ge|ne|ra|tor *der;* -s, ...ọren ⟨zu ↑...or⟩: der Wärmeaufnahme dienendes Mauerwerk beim Regenerativverfahren (Techn.). re|ge|ne|ra|to|risch: svw. regenerativ; vgl. ...iv/...orisch. re|ge|ne|rie|ren ⟨z. T. unter Einfluß von *fr.* régénérer aus gleichbed. *lat.* regenerare⟩: a) erneuern, mit neuer Kraft versehen, auffrischen, wiederherstellen; b) wieder gebrauchsfähig machen, wiedergewinnen [von wertvollen Rohstoffen o. ä. aus verbrauchten, verschmutzten Materialien] (Chem., Techn.); c) sich -: sich neu bilden (von verletztem Gewebe, Organteilen o. ä.; Biol., Techn.)
Re|gens *der;* -, Plur. Regẹntes [...te:s] u. ...ẹnten ⟨aus gleichbed. *spätlat.* regens, vgl. Regent⟩: Vorsteher, Leiter (bes. eines kath. Priesterseminars). **Re|gens cho|ri** [- 'ko:ri] *der;* - -, Regentes [...te:s] - ⟨aus gleichbed. *kirchenlat.* regens chori, vgl. Regent u. Chor⟩: Dirigent eines kath. Kirchenchores. **Re|gens|cho|ri** [...'ko:ri] *der;* -, -: (österr.) svw. Regens chori. **Re|gẹnt** *der;* -en, -en ⟨aus *spätlat.* regens, Gen. regentis „Herrscher, Fürst", substantiviertes Part. Präs. von *lat.* regere, vgl. regieren⟩: 1. [fürstliches] Staatsoberhaupt. 2. verfassungsmäßiger Vertreter des Monarchen; Landesverweser. **Re|gẹn|ten|stück** *das;* -[e]s, -e ⟨Lehnübersetzung von gleichbed. *niederl.* regentenstuk⟩: Gruppenbildnis den Vorstehern (Regenten) einer Gilde (holländische Malerei des 17./18. Jh.s). **Re|gẹn|tes** [...te:s]: Plur. von ↑Regens. **Re|gẹn|tin** *die;* -, -nen: weibliche Form zu ↑Regent. **Re|gẹnt|schaft** *die;* -, -en: Herrschaft od. Amtszeit eines Regenten
Re|ger|mi|na|ti|on *die;* -, -en ⟨aus gleichbed. *lat.* regerminatio zu regerminare, vgl. regerminieren⟩: (veraltet) das Wiederausschlagen, Wiederaussprossen. **re|ger|mi|nie|ren** ⟨aus gleichbed. *lat.* regerminare zu ↑re... u. germinare „sprossen"⟩: (veraltet) wieder ausschlagen, wieder hervorsprossen
Re|ges [...ge:s]: Plur. von ↑¹Rex
Re|gẹst *das;* -[e]s, -en (meist Plur.) ⟨aus *spätlat.* regesta „Verzeichnis", vgl. Register⟩: zusammenfassende Inhaltsangabe einer Urkunde, Teil eines zeitlich geordneten Verzeichnisses von Urkunden, Urkundenverzeichnis
Reg|gae ['rɛgeɪ] *der;* -[s] ⟨aus gleichbed. *amerik.* reggae, amerik. Slangwort des westind. Bewohner der USA⟩: aus der volkstümlichen Tanzmusik Jamaikas stammende Stilrichtung der ↑Popmusik, deren Rhythmus durch die Hervorhebung unbetonter Taktteile gekennzeichnet ist (Mus.)
Regh [rɛk] *das;* -s, - ⟨aus dem Pers.⟩: Maß für die Feinheit der Knüpfung bei Orientteppichen, d. h. die Knotenzahl auf 7 cm Kette
Re|gie [re'ʒi:] *die;* -, ...ịen ⟨aus *fr.* régie „verantwortliche Leitung; Verwaltung", substantiviertes Part. Perf. von régir, dies aus *lat.* regere, vgl. regieren⟩: 1. verantwortliche Führung, [künstlerische] Leitung bei der Gestaltung einer Aufführung, eines Spielgeschehens, eines bestimmten Vorhabens. 2. (Plur.; österr.) Regie-, Verwaltungskosten. **Re|gie|as|si|stent** *der;* -en, -en: Assistent des ↑Regisseurs, der das Regiebuch führt u. auf Grund der dort festgelegten Regieanweisungen den Regisseur gelegentlich vertritt. **Re|gie|as|si|sten|tin** *die;* -, -nen: weibliche Form zu ↑Regieassistent. **Re|gie|as|si|stenz** *die;* -: Assistenz bei einer Regie (1). **re|gie|ren** [re'gi:...] ⟨nach gleichbed. *altfr.* reger bzw. aus *lat.* regere „geraderichten; lenken, herrschen"⟩: 1. [be]herrschen; die Verwaltung, die Politik eines [Staats]gebietes leiten. 2. einen bestimmten Fall fordern (Sprachw.). 3. in der Gewalt haben; bedienen, handhaben, führen, lenken. **Re|gie|rung** *die;* -, -en ⟨zu ↑...ierung⟩: 1. das Regieren; Ausübung der Regierungs-, Herrschaftsgewalt. 2. oberstes Organ eines Staates, eines Landes; Gesamtheit der Personen, die einen Staat, ein Land regieren (1). **Re|gie|rungs|chef** [...ʃɛf] *der;* -s, -s: Vorsitzender des Kabinetts, Leiter der Regierung (2). **Re|gie|rungs|che|fin** *die;* -, -nen: weibliche Form zu ↑Regierungschef. **Re|gie|rungs|de|le|ga|ti|on** *die;* -, -en: bevollmächtigte Delegation (1) einer Regierung (2). **Re|gie|rungs|koa|li|ti|on** *die;* -, -en: Koalition verschiedener Parteien bzw. ihrer Parlamentsfraktionen zum Zweck einer gemeinsamen Regierung. **Re|gier|werk** *das;* -[e]s, -e: die Einzelpfeifen der Orgel, Manuale u. Pedale, Traktur, Registratur (3). **Re|gie|spei|sen** [re'ʒi:...] *die* (Plur.) ⟨zu ↑Regie⟩: (veraltet) allgemeine Geschäftsunkosten. **Re|gie|spur** *die;* -, -en: eine Signalspur bei Videoaufzeichnungen am Rand od. in der Mitte eines Videobandes, in der Ton- od. Impulssignale gespeichert werden. **Re|gime** [re'ʒi:m] *das;* -s, Plur. - [...mə], auch -s [...'ʒi:ms] ⟨aus gleichbed. *fr.* régime, dies aus *lat.* regimen „Lenkung, Leitung; Regierung" zu regere, vgl. regieren⟩: 1. einem bestimmten politischen System entsprechende, von ihm geprägte [volksfeindliche] Regierung, Regierungs-, Herrschaftsform. 2. (selten) a) System, Schema, Ordnung; b) Lebensweise, -ordnung, Diätvorschrift, z. B. der Patient mußte sich einem strengen - unterziehen. **Re|gime|kri|ti|ker** *der;* -s, -: jmd., der an dem [totalitären] Regime (1) seines Landes aktiv Kritik übt. **Re|gime|kri|ti|ke|rin** *die;* -, -nen: weibliche Form zu ↑Regimekritiker. **Re|gi|mẹnt** [regi...] *das;* -[e]s, Plur. -e u. (Truppeneinheiten) -er ⟨aus *spätlat.* regimentum „Leitung, Oberbefehl" zu *lat.* regimen „Lenkung, Leitung", dies zu regere, vgl. regieren⟩: 1. Regierung, Herrschaft; Leitung. 2. größere, mehrere Bataillone einer Waffengattung umfassende (meist von einem Oberst od. Oberstleutnant befehligte) Truppeneinheit; Abk.: R., Reg., Regt., Rgt. **Re|gi|mẹnts|kom|man|deur** *der;* -s, -e: Kommandeur (meist Oberst) eines Regiments (2). **Re|gi|na coe|li** [- 'tsø:li] *die;* - - ⟨*kirchenlat.*⟩: Himmelskönigin (kath. Bez. Marias nach einem Marienhymnus). **re|gi|na re|git co|lo|rem** [- - ko...] ⟨*lat.;* eigtl. „die Königin bestimmt die Farbe"⟩: Grundsatz, nach dem bei der Ausgangsstellung einer Schachpartie die weiße Dame auf Weiß u. die schwarze Dame auf Schwarz steht. **Re|gio|lẹkt** *der;* -[e]s, -e ⟨zu ↑Region, Analogiebildung zu ↑Dialekt⟩: Dialekt in rein geographischer (u. nicht in soziologischer) Hinsicht. **Re|gi|on** *die;* -, -en ⟨aus *lat.* regio „Gegend; Bereich, Gebiet" eigtl. „Richtung", zu regere, vgl. regieren⟩: 1. a) durch bestimmte Merkmale geprägtes Gebiet, Gegend; b) (geh.) Bereich, Sphäre. 2. Bezirk, Abschnitt (z. B. eines Organs od. Körperteils), Körpergegend (Anat.). **re|gio|nal** ⟨aus *spätlat.* regionalis „zu einer Landschaft gehörend"⟩: 1. sich auf einen bestimmten Bereich erstreckend; gebietsmäßig, -weise, ein Gebiet betreffend. 2. einen bestimmten Körperbereich betreffend (Anat.). **Re|gio|na|lis|mus** *der;* - ⟨zu ↑...ismus (2)⟩: 1. Ausprägung landschaftlicher Eigeninteressen. 2. Heimatkunst, bodenständige Literatur um 1900. **Re|gio|na|list** *der;* -en, -en ⟨zu ↑...ist⟩: Vertreter des Regionalismus (1, 2). **Re|gio|nal|li|ga** *die;* -, ...ligen: (früher) zweithöchste deutsche Spielklasse in verschiedenen Sportarten. **Re|gio|nal|me|ta|mor|pho|se** *die;* -, -n: Gesteinsumwandlung durch Erhöhung von Druck u. Temperatur (Geol.). **Re|gio|nal|pres|se** *die;* -: Gesamtheit der Zeitungen, deren Verbreitungsgebiet auf eine Stadt, eine Provinz od. Landschaft (od. ein anders abgegrenztes größeres Gebiet) beschränkt ist. **Re|gio|nal-**

pro|gramm *das;* -s, -e: Rundfunk-, Fernsehprogramm für ein bestimmtes Sendegebiet. **re|gio|när** ⟨zu ↑ Region u. ↑ ...är⟩: svw. regional (2). **re|gio|nie|ren** ⟨zu ↑ ...ieren⟩: (veraltet) in einer Region sein od. herrschen. **Re|gis|seur** [reʒɪˈsøːɐ̯] *der;* -s, -e ⟨aus *fr.* régisseur „Verwalter; Spielleiter" zu régir, vgl. Regie⟩: jmd., der [berufsmäßig] Regie (1) führt, die Regie hat; Spielleiter. **Re|gis|seu|rin** *die;* -, -nen: weibliche Form zu ↑ Regisseur

Re|gi|ster *das;* -s, - ⟨aus *mlat.* registrum „Verzeichnis" zu gleichbed. *spätlat.* regesta, eigtl. substantiviertes Neutrum Plur. des Part. Perf. von *lat.* regerere „eintragen", eigtl. „zurückbringen", Bed. 5 über gleichbed. *engl.* register⟩: 1. a) alphabetisches Namen- od. Sachverzeichnis; ↑ Index (1); b) stufenförmig eingeschnittener u. mit den Buchstaben des Alphabets versehener Seitenrand in Telefon-, Wörter-, Notizbüchern o. ä., um das Auffinden zu erleichtern. 2. a) meist den ganzen Umfang einer Klaviatur deckende Orgelpfeifengruppe mit charakteristischer Klangfärbung; b) im Klangcharakter von anderen unterschiedene Lage der menschlichen Stimme (Brust-, Kopf-, Falsettstimme) od. von Holzblasinstrumenten. 3. amtliches Verzeichnis rechtlicher Vorgänge (z. B. Standesregister). 4. genaues Aufeinanderpassen der Farben beim Mehrfarbendruck u. der auf dem Druckbogen gegenständigen Buchseiten u. Seitenzahlen. 5. spezieller Speicher einer ↑ digitalen Rechenanlage mit besonders kleiner Zugriffszeit für vorübergehende Aufnahme von Daten (EDV). **re|gi|stered** [ˈrɛdʒɪstəd] ⟨*engl.;* Part. Perf. von to register „(sich) eintragen, erfassen", dies über *fr.* registrer aus *mlat.* registrare, vgl. registrieren⟩: 1. in ein Register eingetragen, patentiert, gesetzlich geschützt; Abk.: reg.; Zeichen ®. 2. eingeschrieben (auf Postsendungen). **Re|gi|ster|ton|ne** [reˈgɪstɐ...] *die;* -, -n ⟨zu ↑ Register⟩: Maß zur Angabe des Rauminhaltes von Schiffen; Abk.: RT (1 RT = 2,8316 m³). **Re|gi|stran|de** *die;* -, -n ⟨aus *mlat.* registranda „Einzutragende", substantiviertes Fem. des Gerundivums von registrare, vgl. registrieren⟩: (veraltet) Buch, in dem Eingänge registriert werden. **Re|gi|stra|tor** *der;* -s, ...oren ⟨zu ↑ registrieren u. ↑ ...ator⟩: (veraltet) 1. Register (3) führender Beamter. 2. Ordner[mappe]. **re|gi|stra|to|risch**: das Registrieren betreffend. **Re|gi|stra|tur** *die;* -, -en ⟨aus gleichbed. *mlat.* registratura⟩: 1. das Registrieren (1 a), Eintragen; Buchung. 2. a) Aufbewahrungsstelle für Karteien, Akten o. ä.; b) Regal, Gestell, Schrank zum Aufbewahren von Akten o. ä. 3. die die Register (2 a) u. Koppeln auslösende Schaltvorrichtung bei Orgel, Harmonium u. Cembalo. **Re|gi|strier|bal|lon** [...lɔŋ, ...loːn] *der;* -s, Plur. -s u. (bei nichtnasalierter Ausspr.) -e ⟨zu ↑ registrieren⟩: unbemannter Ballon mit Instrumenten, die meteorologische Beobachtungen aufzeichnen (Meteor.). **re|gi|strie|ren** ⟨aus gleichbed. *mlat.* registrare zu registrum, vgl. Register⟩: 1. a) [in ein Register] eintragen; b) selbsttätig aufzeichnen; einordnen. 2. a) bewußt wahrnehmen, ins Bewußtsein aufnehmen; b) sachlich feststellen; ohne urteilenden Kommentar feststellen, zur Kenntnis bringen. 3. die geeigneten Register betätigen u. dadurch die Klangfarbe bestimmen (bei Orgel, Harmonium u. Cembalo). **Re|gi|strie|rung** *die;* -, -en ⟨zu ↑ ...ierung⟩: 1. das Registrieren, das Registriertwerden. 2. Art u. Weise, ein Orgel- bzw. Harmonium- od. Cembalostück zu registrieren

Re|glage [...ˈglaːʒə] *die;* -, -n ⟨aus *fr.* réglage „Einstellung, Justierung" zu régler „(ein)regeln, justieren", dies aus *spätlat.* regulare, vgl. regulieren⟩: Feineinstellung, genaue Regulierung einer [mechanischen] Uhr. **Re|gle|ment** [...ˈmãː, schweiz. ...ˈmɛnt] *das;* -s, Plur. -s, schweiz. -e ⟨aus gleichbed. *fr.* règlement⟩: Gesamtheit von Vorschriften, Bestimmungen, die für einen bestimmten Bereich, für bestimmte Tätigkeiten, bes. auch für Sportarten, gelten; ↑ Statuten, Satzungen. **re|gle|men|ta|risch** [...mɛn...] ⟨zu ↑ ...ar (1)⟩: dem Reglement entsprechend gemäß, bestimmungsgemäß. **re|gle|men|tie|ren** ⟨wohl unter Einfluß von *fr.* réglementer „nach einem Reglement vorgehen"⟩: durch Vorschriften regeln, einschränken. **Re|gle|men|tie|rung** *die;* -, -en ⟨zu ↑ ...ierung⟩: a) das Reglementieren; b) Unterstellung (bes. von Prostituierten) unter behördliche Aufsicht. **Re|glet|te** *die;* -, -n ⟨aus gleichbed. *fr.* réglette, Verkleinerungsform von réglet „(Zier)leiste" zu règle „Lineal", dies aus *lat.* regula „Richtholz; Regel" zu regere, vgl. regieren⟩: streifenförmiges Blindmaterial für den Zeilendurchschuß (Druckw.). **Re|gleur** [...ˈløːɐ̯] *der;* -s, -e ⟨aus *fr.* régleur „Einsteller" zu régler, vgl. Reglage⟩: Feinsteller an Uhren

Re|gnum *das;* -s ⟨aus *lat.* regnum „Königsherrschaft, Königreich"⟩: Regierung[szeit], Herrschaft, [König]reich

Re|go|lith [auch ...ˈlɪt] *der;* Gen. -s u. -en, Plur. -e[n] ⟨zu *gr.* rhēgos „bunte Decke" u. ↑ ...lith⟩: Mondstaub, pulverisierte Oberschicht des Mondbodens. **Re|go|sol** *der;* -s ⟨zu *lat.* solum „Boden, Grund"⟩: im Anfangsstadium der Bodenentwicklung befindlicher Bodentyp, der auf frisch sedimentierten Lockergesteinen entsteht (Geol.)

Re|gra|da|ti|on *die;* -, -en ⟨zu ↑ re... u. ↑ Gradation⟩: (veraltet) Zurückversetzung in ein Amt, Wiedereinsetzung

Re|gra|nu|lat *das;* -[e]s, -e ⟨zu ↑ re... u. ↑ Granulat⟩: durch Regranulieren entstandenes Produkt (Techn). **re|gra|nu|lie|ren**: durch spezielle Aufbereitungsverfahren wieder zu ↑ Granulat umformen (von Abfällen, die bei der Herstellung von Kunststoffen anfallen; Techn.)

Re|gre|di|ent *der;* -en, -en ⟨zu *lat.* regrediens, Gen. regredientis, Part. Präs. von regredi, vgl. Regreß⟩: jmd., der Regreß (1) nimmt (Rechtsw.). **re|gre|die|ren** ⟨nach *lat.* regredi, vgl. Regreß u. ...ieren⟩: 1. auf Früheres zurückgehen, zurückgreifen. 2. Regreß (1) nehmen (Rechtsw.). **Re|greß** *der;* ...gresses, ...gresse ⟨aus *lat.* regressus „Rückkehr, Rückzug", eigtl. Part. Perf. von regredi „zurückgehen, (auf jmdn.) zurückkommen; Ersatzansprüche stellen"⟩: 1. Ersatzanspruch; Rückgriff eines ersatzweise haftenden Schuldners auf den Hauptschuldner (Rechtsw.). 2. das Zurückschreiten des Denkens vom Besonderen zum Allgemeinen, vom Bedingten zur Bedingung, von der Wirkung zur Ursache (Logik). **Re|gres|sand** *der;* -en, -en ⟨aus *mlat.* regressandus „(Wert,) der zurückgehen muß"; vgl. ...and⟩: abhängige ↑ Variable einer Regression (4) in der Statistik. **Re|gres|sat** *der;* -en, -en ⟨zu ↑ Regreß u. ↑ ...at (1)⟩: Rückgriffsschuldner, der dem vom Gläubiger in Anspruch genommenen Ersatzschuldner für dessen Haftung einstehen muß (Rechtsw.). **Re|gres|si|on** *die;* -, -en ⟨aus gleichbed. *lat.* regressio⟩: 1. langsamer Rückgang; rückläufige Tendenz, Entwicklung (bes. in der Wirtschaft). 2. langsamer Rückzug des Meeres (Geogr.). 3. a) Reaktivierung entwicklungsgeschichtlich älterer Verhaltensweisen bei Abbau od. Verlust des höheren Niveaus; b) das Zurückfallen auf frühere, kindliche Stufen der Triebvorgänge (Psychol.). 4. a) svw. Epanodos; b) nachträgliche, erläuternde Wiederaufnahme (Rhet.). 5. Aufteilung einer ↑ Variablen in einen systematischen u. einen zufälligen Teil zur näherungsweisen Beschreibung einer Variablen als Funktion anderer (Statistik). 6. das Schrumpfen des Ausbreitungsgebiets einer Art od. Rasse von Lebewesen (Biol.). **Re|gres|si|ons|ana|ly|se** *die;* -, -n: Verfahren der math. Statistik, das den Einfluß einer od. mehrerer Einflußgrö-

rehabilitieren

ßen auf eine Zielgröße durch Stichproben untersucht. **Re|gres|si|ons|funk|ti|on** *die;* -, -en: lineare Funktion, die die beste Annäherung an eine zufällige Größe gibt (Statistik). **re|gres|siv** ⟨wohl unter Einfluß von gleichbed. *fr.* régressif zu ↑Regreß u. ↑...iv⟩: 1. zurückschreitend in der Art des Regresses (3), zurückgehend vom Bedingten zur Bedingung (Logik). 2. a) sich zurückbildend (von Krankheiten; Med.); b) auf einer Regression (3 b) beruhend. 3. eine Regression (1) aufweisend, nicht progressiv, rückschrittlich; rückläufig. 4. einen Regreß (1) betreffend (Rechtsw.). 5. am vorangehenden orientiert (von Lauten); -e [...və] Assimilation: Angleichung eines Lautes an den vorangehenden (Sprachw.). **Re|gres|si|vi|tät** [...v...] *die;* - ⟨zu ↑...ität⟩: regressives Verhalten. **Re|gres|sor** *der;* -s, ...oren ⟨zu ↑Regreß u. ↑...or⟩: unabhängige ↑Variable einer Regression (5; Statistik). **Re|gres|sus** *der;* - ⟨aus *lat.* regressus „Rückkehr"; vgl. Regreß⟩: svw. Regreß (2)
Re|gu|la *die;* -, ...lae [...lɛ] ⟨aus *lat.* regula „Regel, Maßstab, Richtschnur"⟩: Tropfleiste im ↑Architrav des dorischen Tempels. **Re|gu|la fal|si** *die;* - - ⟨*lat.;* „Regel des Falschen, Vermeintlichen"⟩: Verfahren zur Verbesserung vorhandener Näherungslösungen von Gleichungen (Math.). **Re|gu|la fi|dei** [– ˈfiːdei] *die;* - -, ...lae [...lɛ] - ⟨*lat.;* „Regel des Glaubens"⟩: kurze Zusammenfassung der [früh]christlichen Glaubenslehre, bes. das Glaubensbekenntnis. **Re|gu|lar** *der;* -s, -e ⟨zu *mlat.* regularis „nach der Ordensregel (lebend)", dies aus *spätlat.* regularis, vgl. regulär⟩: Mitglied eines kath. Ordens mit feierlichen Gelübden. **re|gu|lär** ⟨aus *spätlat.* regularis „einer Regel gemäß" zu *lat.* regula „Richtholz, Regel", dies zu regere (vgl. regieren); vgl. ...är⟩: 1. der Regel gemäß; vorschriftsmäßig; üblich, gewöhnlich; Ggs. ↑irregulär; -es System: Kristallsystem mit drei gleichen, aufeinander senkrecht stehenden Achsen (Mineral.); -e Truppen: gemäß dem Wehrgesetz eines Staates aufgestellte Truppen; -e Ware: Wirk- u. Strickwaren, die schon auf der Maschine der Körperform angepaßt werden (Textiltechnik). 2. (ugs.) regelrecht. **Re|gu|la|re** *der;* -n, -n: svw. Regular. **Re|gu|la|ri|en** [...iən] *die* (Plur.) ⟨aus *spätlat.* regularia, substantiviertes Neutrum Plur. von regularis, vgl. regulär⟩: bei Aktionärs-, Vereinsversammlungen o. ä. auf der Tagesordnung stehende, regelmäßig abzuwickelnde Geschäftsangelegenheiten (Wirtsch.). **Re|gu|la|ri|tät** *die;* -, -en ⟨nach gleichbed. *fr.* régularité; vgl. ...ität⟩: a) Gesetzmäßigkeit, Richtigkeit; Ggs. ↑Irregularität (1 a); b) (meist Plur.) sprachübliche Erscheinung (Sprachw.); Ggs. ↑Irregularität (1 b). **Re|gu|lar|ka|no|ni|ker** *der;* -s, - ⟨zu ↑Regular⟩: svw. regulierter Kanoniker. **Re|gu|lar|kle|ri|ker** *der;* -s, -: Ordensgeistlicher, bes. das Mitglied einer jüngeren kath. Ordensgenossenschaft ohne Klöster u. Chorgebet (z. B. der ↑Jesuiten); Ggs. ↑Säkularkleriker. **Re|gu|la|ti|on** *die;* -, -en ⟨zu ↑regulieren u. ↑...ation⟩: 1. Regelung der Organsysteme eines lebenden Organismus durch verschiedene Steuerungseinrichtungen (z. B. Hormone, Nerven; Biol.). 2. selbsttätige Anpassung eines Lebewesens an wechselnde Umweltbedingungen unter Aufrechterhaltung eines physiologischen Gleichgewichtszustandes im Organismus (Biol.). 3. svw. Regulierung; vgl. ...[at]ion/...ierung. **re|gu|la|tiv** ⟨zu ↑...iv⟩: regulierend, regelnd; als Norm dienend. **Re|gu|la|tiv** *das;* -s, -e [...və]: a) regelnde Verfügung, Vorschrift, Verordnung; b) steuerndes, ausgleichendes Element. **Re|gu|la|tor** *der;* -s, ...oren ⟨zu ↑...or, Bed. 3 nach gleichbed. *amerik.* regulator⟩: 1. Apparat zur Einstellung des gleichmäßigen Ganges einer Maschine. 2. Pendeluhr, bei der das Pendel reguliert werden kann. 3. a) Angehöriger einer 1767 gegründeten revolutionären Gruppe von Farmern in den amerik. Südstaaten; b) im 19. Jahrhundert im Kampf gegen Viehräuber zur Selbsthilfe greifender amerik. Farmer. 4. steuernde, ausgleichende, regulierende Kraft. **Re|gu|la|tor|gen** *das;* -s, -e: ein Gen, das nicht unmittelbar zum ↑Operon gehört, durch Produktion von ↑Repressoren aber an der Regelung der Messenger-RNS beteiligt ist (Genetik). **re|gu|la|to|risch:** regulierend, steuernd. **Re|gu|li:** Plur. von ↑Regulus. **re|gu|lie|ren** ⟨aus *spätlat.* regulare „regeln, einrichten" zu *lat.* regula, vgl. regulär⟩: 1. a) regeln, ordnen; b) sich -: in ordnungsgemäßen Bahnen verlaufen; einen festen, geordneten Ablauf haben; sich regeln; regulierter Kanoniker: in mönchsähnlicher Gemeinschaft lebender Chorherr; vgl. Augustiner (a). 2. in Ordnung bringen, den gleichmäßigen, richtigen Gang einer Maschine, Uhr o. ä. einstellen. 3. einen Fluß begradigen. **Re|gu|lie|rung** *die;* -, -en ⟨zu ↑...ierung⟩: 1. Regelung. 2. Herstellung des gleichmäßigen, richtigen Ganges einer Maschine, Uhr o. ä. 3. Begradigung eines Flußlaufes; vgl. ↑...[at]ion/...ierung. **re|gu|li|nisch** ⟨zu *mlat.* regulus (vgl. Regulus) u. ...in (2)⟩: aus reinem Metall bestehend. **Re|gu|lus** *der;* -, Plur. ...li u. -se ⟨aus *lat.* regulus „(kleiner) König", Verkleinerungsform von rex, vgl. ¹Rex, Bed. 1 über *mlat.* (Alchimistenspr.) regulus „metallurgisch gewonnenes Antimon" (da sich das reinere Metall beim Schmelzen von der Schlacke trennt), Bed. 2 nach dem an eine Krone erinnernden leuchtendgelben Scheitel des Vogels⟩: 1. (veraltet) aus Erzen ausgeschmolzener Metallklumpen. 2. Singvogelgattung, zu der das Winter- u. das Sommergoldhähnchen gehören
Re|gur *der;* -s ⟨über *engl.* regur aus gleichbed. *Hindi* regar⟩: Schwarzerde in Südindien
Re|gur|gi|ta|ti|on *die;* -, -en ⟨zu ↑re..., *lat.* gurges, Gen. gurgitis „Strudel, Flut" u. ↑...ation⟩: 1. das Hochwürgen von flüssiger Nahrung aus dem Kropf bei manchen Tieren zur Weitergabe an Artgenossen od. Jungtiere (Biol.). 2. das unmittelbare Zurückströmen von flüssigen od. festen Nahrungsmitteln im Verdauungstrakt (z. B. von der Speiseröhre in die Mundhöhle; Med.). **Re|ha** *die;* -, -s: ugs. Kurzform von ↑Rehabilitation (1). **Re|ha|bi|li|tand** *der;* -en, -en ⟨aus *mlat.* rehabilitandus „in den früheren Stand Wiedereinzusetzender", Gerundivum von rehabilitare, vgl. rehabilitieren⟩: jmd., dem die Wiedereingliederung in das berufliche u. gesellschaftliche Leben ermöglicht werden soll. **Re|ha|bi|li|tan|din** *die;* -, -nen: weibliche Form zu ↑Rehabilitand. **Re|ha|bi|li|ta|ti|on** *die;* -, -en ⟨aus *mlat.* rehabilitatio „das Wiederherstellen (eines Zustandes)" zu rehabilitare, vgl. rehabilitieren, Bed. 1 nach gleichbed. *engl.-amerik.* rehabilitation⟩: 1. [Wieder]eingliederung eines Kranken, körperlich od. geistig Behinderten in das berufliche u. gesellschaftliche Leben. 2. svw. Rehabilitierung (1); vgl. ...[at]ion/...ierung. **Re|ha|bi|li|ta|ti|ons|päd|ago|gik** *die;* -: Zweig der ↑Pädagogik, der sich mit der Entwicklung, Erziehung u. Bildung körperlich od. geistig behinderter Kinder bzw. Jugendlicher befaßt. **Re|ha|bi|li|ta|ti|ons|trai|ning** *das;* -s: körperliche Übungen zur Wiederherstellung ursprünglicher Leistungsfähigkeit nach Verletzung od. Erkrankung. **Re|ha|bi|li|ta|ti|ons|zen|trum** *das;* -s, ...ren: der Rehabilitation (1) dienende Einrichtung. **re|ha|bi|li|ta|tiv** ⟨nach gleichbed. *engl.-amerik.* rehabilitative⟩: die Rehabilitation betreffend, ihr dienend. **re|ha|bi|li|tie|ren** ⟨aus *mlat.* rehabilitare „in den früheren Stand, in die früheren Rechte wiedereinsetzen", zu ↑re... u. habilitare (vgl. habilitieren), Bed. 1 nach gleichbed. *fr.* réhabiliter, Bed. 2 nach gleichbed. *engl.-amerik.* to rehabilitate⟩: 1. jmds. od. sein eigenes soziales Ansehen wiederherstellen, jmdn. in frühe-

Rehabilitierung

re [Ehren]rechte wiedereinsetzen. 2. einen durch Krankheit od. Unfall Geschädigten durch geeignete Maßnahmen wieder in die Gesellschaft eingliedern. **Re|ha|bi|li|tierung** *die;* -, -en ⟨zu ↑...ierung⟩: 1. Wiederherstellung des sozialen Ansehens, Wiedereinsetzung in frühere [Ehren]rechte. 2. svw. Rehabilitation (1); vgl. ↑...[at]ion/...ierung

Re|haut [rəˈoː] *der;* -s, -s ⟨aus gleichbed. *fr.* rehaut, dies zu rehausser „erhöhen"; (Licht od. Farbe) hervortreten lassen" (zu haut „hoch")⟩: Erhöhung, lichte Stelle auf Gemälden

Re|hy|dra|ta|ti|on *die;* -, -en ⟨zu ↑re..., ↑Hydrat u. ↑...ation⟩: Zufuhr von Salzlösung zum Ausgleich eines Flüssigkeitsmangels (z. B. bei Durchfall; Med.). **Re|hy|dra|ti|sa|ti|on** *die;* -, -en ⟨zu ↑...isation⟩: bei getrockneten ↑Produkten (1) die Wiederaufnahme von Wasser (Lebensmittelindustrie)

Rei|bach *der;* -s ⟨aus gleichbed. *jidd.* réwech zu *hebr.* rewaḥ⟩: unverhältnismäßig hoher Gewinn

Rei|fi|ka|ti|on [rei...] *die;* -, -en ⟨aus gleichbed. *engl.* reification (zu *lat.* res, Gen. rei „Sache, Ding"; vgl. ...fikation)⟩: Vergegenständlichung, Konkretisierung. **rei|fi|zie|ren** ⟨nach gleichbed. *engl.* to reify; vgl. ...fizieren⟩: eine Reifikation vornehmen

Rei|ki [reːkɪ] *das;* -s ⟨aus *jap.* rei-ki „universale Lebensenergie"⟩: alte japan. Heilkunst, die durch Händeauflegen versucht, die nach ihrer Auffassung unerschöpfliche Lebensenergie des ↑Universums für revitalisierende u. heilende Wirkung auf Körper, Seele u. Geist nutzbar zu machen

Re|im|plan|ta|ti|on *die;* -, -en ⟨zu ↑re... u. ↑Implantation⟩: Wiedereinheilung, Wiedereinpflanzung (z. B. von gezogenen Zähnen; Med.). **re|im|plan|tie|ren:** wiedereinpflanzen, eine Reimplantation vornehmen (Med.)

Re|im|port *der;* -[e]s, -e ⟨zu ↑re... u. ↑Import⟩: Wiedereinfuhr ausgeführter Güter. **Re|im|por|ta|ti|on** *die;* -, -en ⟨zu ↑...ation⟩: svw. Reimport. **re|im|por|tie|ren:** ausgeführte Güter wiedereinführen

Rei|ne|clau|de [rɛːnəˈkloːdə] vgl. Reneklode. **Rei|net|te** [rɛˈnɛtə] vgl. Renette

Re|in|farkt *der;* -[e]s, -e ⟨zu ↑re... u. ↑Infarkt⟩: wiederholter ↑Infarkt (Med.)

Re|in|fek|ti|on *die;* -, -en ⟨zu ↑re... u. ↑Infektion⟩: Wiederansteckung [mit den gleichen Erregern] (Med.). **re|in|fi|zie|ren:** mit den gleichen Erregern erneut infizieren (Med.)

Re|in|force|ment [riːɪnˈfɔːsmənt] *das;* - ⟨aus gleichbed. *engl.* reinforcement zu to reinforce „verstärken", zu re- (vgl. re...) u. enforce „(mit Nachdruck) geltend machen", dies aus *altfr.* enforcier, vgl. Renforcé⟩: das, was das ↑²Habit schafft, stärkt od. bekräftigt (z. B. Lob u. Erfolgsbestätigung; Psychol.)

re|in|fun|die|ren ⟨zu ↑re... u. ↑infundieren⟩: Flüssigkeiten, insbes. Blut, dem Organismus wieder zuführen (Med.)

Re|in|fu|si|on *die;* -, -en: intravenöse Wiederzuführung von verlorenem od. vorher dem Organismus entnommenem, noch nicht geronnenem Blut in den Blutkreislauf (Med.)

Re|in|kar|na|ti|on *die;* -, -en ⟨zu ↑re... u. ↑Inkarnation⟩: Übergang der Seele eines Menschen in einen neuen Körper u. eine neue Existenz (in der buddhistischen Lehre von der Seelenwanderung)

Re|in|ser|ti|on *die;* -, -en ⟨zu ↑re... u. *lat.* insertio „die Einfügung, das Einpfropfen"⟩: operatives Wiederannähen einer durchtrennten Muskelsehne am Knochen (Med.)

Re|in|stal|la|ti|on *die;* -, -en ⟨zu ↑re... u. ↑Installation⟩: Wiedereinsetzung (in ein Amt). **re|in|stal|lie|ren:** (in ein Amt) wiedereinsetzen

Re|in|te|gra|ti|on *die;* -, -en ⟨zu ↑re... u. ↑Integration⟩: 1. svw. Redintegration (2). 2. Wiedereingliederung. 3. (veraltet) Wiederherstellung. **re|in|te|grie|ren:** wiedereingliedern

Re|in|ter|ven|ti|on [...v...] *die;* -, -en ⟨zu ↑re... u. ↑Intervention⟩: wiederholter therapeutischer od. vorbeugender Eingriff (Med.)

Re|in|ver|si|on [...v...] *die;* -, -en ⟨zu ↑re... u. ↑Inversion⟩: Zurückstülpung eines ausgestülpten Organs in die normale Lage (z. B. der nach einer Entbindung ausgestülpten Gebärmutter; Med.)

re|in|ve|stie|ren [...v...] ⟨zu ↑re... u. ↑investieren⟩: freiwerdende Kapitalbeträge erneut anlegen (Wirtsch.). **Re|in|ve|sti|ti|on** *die;* -, -en: erneute Bindung frei gewordener Investitionsmittel zur Anschaffung od. Herstellung neuer Produktionsanlagen (Wirtsch.)

Reis [rais, port. rɛiʃ]: Plur. von ↑²Real

Re|is|mus *der;* - ⟨zu *lat.* res, Gen. rei „Sache, Ding" u. ↑...ismus (1)⟩: von R. Carnap (1891–1970) vertretene erkenntnistheoretische Position, die eine mit der Alltagssprache identische Dingsprache zu schaffen sucht (Philos.)

Re-issue [riːˈɪʃuː] *das;* -s, -s ⟨aus gleichbed. *engl.* reissue zu re- (vgl. re...) u. issue „Ausgabe"⟩: Wiederherausgabe (eines Buches o. ä.)

Re|ite|ra|ti|on *die;* -, -en ⟨aus gleichbed. *nlat.* reiteratio zu *lat.* reiterare, vgl. reiterieren⟩: (veraltet) Wiederholung. **re|ite|ra|tiv** ⟨zu ↑...iv⟩: (veraltet) wiederholt. **re|ite|re|tur** ⟨*lat.;* 3. Pers. Sing. Präs. Konj. Pass. von reiterare, vgl. reiterieren⟩: es werde erneuert (Hinweis auf Rezepten); Abk.: reit. **re|ite|rie|ren** ⟨aus gleichbed. *lat.* reiterare zu ↑re... u. iterare „zum zweitenmal tun"⟩: (veraltet) wiederholen

rei vin|di|ca|tio [– vɪndɪk...] ⟨*lat.;* vgl. Vindikation⟩: Anspruch auf Herausgabe einer Sache (Rechtsw.)

Rei|zi|a|num *das;* -s, ...na ⟨aus *nlat.* reizianum, nach dem dt. Gelehrten F. W. Reiz, 1733–1790⟩: antikes lyrisches Versmaß (Kurzvers)

Re|jek|ti|on *die;* -, -en ⟨aus *lat.* reiectio „das Zurückwerfen" zu reicere, vgl. rejizieren⟩: 1. Abstoßung transplantierter Organe durch den Organismus des Empfängers (Med.). 2. (selten) Abweisung, Verwerfung (eines Antrags, einer Klage; Rechtsw.). **Re|jek|to|ri|um** *das;* -s, ...ien [...i̯ən] ⟨zu ↑...orium⟩: abweisendes Revisionsurteil (Rechtsw.). **re|ji|zie|ren** ⟨aus *lat.* reicere „zurückwerfen, -weisen; abweisen"⟩: (einen Antrag, eine Klage o. ä.) verwerfen, abweisen (Rechtsw.)

Ré|jouis|sance [reʒu̯iˈsãːs] *die;* -, -n [...sn̩] ⟨aus *fr.* réjouissance „Fröhlichkeit" zu réjouir „erfreuen, erheitern", dies zu re- (vgl. re...) u. jouir „Freude empfinden" (über *galloroman.* gaudire aus *lat.* gaudere „sich freuen")⟩: scherzoartiger, schneller Satz einer Suite (17. u. 18. Jh.; Mus.)

Re|ju|ve|na|ti|on [...v...] *die;* -, -en ⟨aus *nlat.* reiuvenatio „Verjüngung" zu ↑re... u. *mlat.* iuvenatus, Part. Perf. von iuvenari „jung werden"⟩: Veränderung des Mineralinhalts eines Erzgangs durch jüngere, heißere Erzlösungen infolge Reaktivierung des Magmaherdes (Geol.). **Re|ju|ve|nes|zenz** *die;* - ⟨zu *lat.* iuvenescere „wieder jung werden" u. ↑...enz⟩: (veraltet) Verjüngung

Re|ka|denz *die;* -, -en ⟨aus *nlat.* recadentia „Rückfall" zu *lat.* recidere „zurückfallen"⟩: (veraltet) 1. Rückfall eines Rechtes an den früheren Besitzer (Rechtsw.). 2. Krankheitsrückfall (Med.)

Rekomposition

Re|ka|les|zenz *die;* - ⟨zu *lat.* recalescere „wieder warm werden" u. ↑ ...enz⟩: Wiedererwärmung, -erhitzung (Chem.)

Re|ka|na|li|sa|ti|on *die;* -, -en ⟨zu ↑ re... u. ↑ Kanalisation⟩: svw. Rekanalisierung; vgl. ...[at]ion/...ierung. **Re|ka|na|li|sie|rung** *die;* -, -en: Wiederherstellung einer Gefäßlichtung durch chirurgische Beseitigung eines Verschlusses (z. B. bei Thrombose; Med.); vgl. ...[at]ion/...ierung

Re|kan|ta|ti|on *die;* -, -en ⟨aus gleichbed. *nlat.* recantatio zu *lat.* recantare, vgl. rekantieren⟩: (veraltet) Widerruf. **re|kan|tie|ren** ⟨aus gleichbed. *lat.* recantare⟩: (veraltet) widerrufen

Re|ka|pi|tu|la|ti|on *die;* -, -en ⟨aus *spätlat.* recapitulatio „Zusammenfassung" zu recapitulare, vgl. rekapitulieren⟩: 1. das Rekapitulieren. 2. das Rekapitulierte. 3. gedrängte Wiederholung der Stammesentwicklung (von der vorgeburtlichen Entwicklung der Einzelwesen; Biol.). **Re|ka|pi|tu|la|ti|ons|theo|rie** *die;* -: 1. svw. biogenetisches Grundgesetz; vgl. biogenetisch. 2. eine von Irenäus von Lyon Ende des 2. Jh.s entwickelte Lehre über die Zusammenfassung der Heilsgeschichte in Jesus Christus (Theol.). **re|ka|pi|tu|lie|ren** ⟨aus gleichbed. *spätlat.* recapitulare zu ↑ re... u. *lat.* capitulum, vgl. Kapitel (1)⟩: a) wiederholen, noch einmal zusammenfassen; b) in Gedanken durchgehen, sich noch einmal vergegenwärtigen

Re|kau|les|zenz *die;* - ⟨zu ↑ re..., *gr.* kaulós „Stengel, Stiel" u. ↑ ...enz⟩: das Entlangwachsen eines Pflanzenteiles an einem anderen (z. B. bei Lindenblüten; Bot.)

Re|ke|ti|ry [...ri] *die* (Plur.) ⟨aus *russ.* reketiry, Plur. von reketir „Gangster, Erpresser", dies aus *engl.-amerik.* racketeer, vgl. Racketeer⟩: 1. mit Mafiamethoden arbeitende russ. Verbrecher- od. Erpresserbanden. 2. Angehörige dieser Banden

Re|kla|mant *der;* -en ⟨zu *lat.* reclamans, Gen. reclamantis, Part. Präs. von reclamare, vgl. reklamieren⟩: jmd., der Einspruch erhebt, Beschwerde führt (Rechtsw.). **Re|kla|man|te** *die;* -, -n: svw. ¹Kustode (1). **Re|kla|ma|ti|on** *die;* -, -en ⟨aus *lat.* reclamatio „das Gegengeschrei, das Neinrufen"⟩: Beanstandung, Beschwerde. **Re|kla|me** *die;* -, -n (Plur. selten) ⟨aus gleichbed. *fr.* réclame, eigtl. „das Ins-Gedächtnis-Rufen", zu älter *fr.* reclamer „zurückrufen", dies aus *lat.* reclamare, vgl. reklamieren⟩: Werbung; Anpreisung [von Waren zum Verkauf]; mit etwas - machen: sich einer Sache rühmen, mit etwas prahlen. **re|kla|mie|ren** ⟨aus *lat.* reclamare „dagegenschreien, widersprechen"⟩: 1. [zurück]fordern, für sich beanspruchen. 2. wegen irgendwelcher Mängel beanstanden, Einspruch erheben, Beschwerde führen

Re|kli|na|ti|on *die;* -, -en ⟨aus *spätlat.* reclinatio „das Zurückbeugen" zu *lat.* reclinare „zurückbeugen"⟩: das Zurückbiegen der verkrümmten Wirbelsäule, die darauf in einem Gipsbett in dieser Stellung fixiert wird (Med.)

re|klu|die|ren ⟨aus gleichbed. *lat.* recludere⟩: (veraltet) aufschließen, öffnen; einschließen. **Re|klu|sen** *die* (Plur.) ⟨aus *mlat.* reclusi „Eingeschlossene", substantivierter Plur. von *lat.* reclusus, Part. Perf. von recludere, vgl. rekludieren⟩: svw. Inklusen. **Re|klu|si|on** *die;* - ⟨aus gleichbed. *lat.* reclusio⟩: (veraltet) Abgeschlossenheit

Re|ko|die|rung *die;* -, -en ⟨zu ↑ re... u. ↑ Kodierung⟩: beim Übersetzen nach der Dekodierung (Analyse der Ausgangssprache) erfolgende Umsetzung in den Kode der Zielsprache (Sprache, in die übersetzt wird; Sprachw.)

Re|ko|gi|ta|ti|on *die;* -, -en ⟨aus gleichbed. *lat.* recogitatio zu recogitare, vgl. rekogitieren⟩: (veraltet) Erwägung, Überlegung. **re|ko|gi|tie|ren** ⟨aus gleichbed. *lat.* recogitare zu

↑ re... u. cogitare „be-, nachdenken, überlegen"⟩: (veraltet) [wieder] erwägen; überlegen

Re|ko|gni|ti|on *die;* -, -en ⟨aus *lat.* recognitio „das Wiedererkennen, Prüfung" zu recognoscere, vgl. rekognoszieren⟩: (veraltet) [gerichtliche od. amtliche] Anerkennung der Echtheit einer Person, Sache od. Urkunde (Rechtsw.). **re|ko|gnos|zie|ren** ⟨aus *lat.* recognoscere „wiedererkennen; durchsehen, prüfen"⟩: 1. die Echtheit einer Person, Sache od. Urkunde [gerichtlich od. amtlich] anerkennen. 2. (scherzh.) auskundschaften. 3. (schweiz., sonst veraltet) [Stärke od. Stellung des Feindes] erkunden, aufklären (Mil.). **Re|ko|gnos|zie|rung** *die;* -, -en ⟨zu ↑ ...ierung⟩: 1. Erkundung. 2. Identifizierung

Re|kol|lek|ten *die* (Plur.) ⟨aus *kirchenlat.* recollecti „geistig Erneuerte", Plur. von *lat.* recollectus, Part. Perf. von recolligere, vgl. rekolligieren⟩: monastische Reformrichtungen vor allem in Italien, Spanien u. Frankreich, die sich durch die Betonung von strenger Askese, Armut u. Kontemplation auszeichneten. **Re|kol|lek|ti|on** *die;* - ⟨aus gleichbed. *kirchenlat.* recollectio⟩: Sammlung des Geistes zu religiösen Betrachtungen. **re|kol|li|gie|ren** ⟨aus gleichbed. *lat.* recolligere zu ↑ re... u. colligere „sammeln"⟩: (veraltet) sich [zu religiösen Betrachtungen] sammeln. **Re|kol|te** [reˈkɔlt] *die;* -, -n [...tn̩] ⟨aus gleichbed. *fr.* récolte, dies aus *it.* ricolta zu ricogliere „ernten", dies aus *lat.* recolligere, vgl. rekolligieren⟩: (veraltet) Ernte

re|kom|bi|nant ⟨zu ↑ re... u. *spätlat.* combinans, Gen. combinantis, Part. Präs. von *lat.* combinare „vereinigen"⟩: durch Rekombination entstanden (z. B. Arzneimittel; Med.). **Re|kom|bi|nan|te** *die;* -, -n: durch Rekombination entstehende neue Genkombination (Biol.). **Re|kom|bi|na|ti|on** *die;* -, -en: 1. Wiedervereinigung der durch ↑ Dissoziation od. ↑ Ionisation gebildeten, entgegengesetzt elektrisch geladenen Teile eines Moleküls bzw. eines positiven Ions mit einem Elektron zu einem neutralen Gebilde (Chem., Phys.). 2. Bildung einer neuen Kombination der Gene im Verlauf der ↑ Meiose (Biol.)

Re|kom|man|da|ti|on *die;* -, -en ⟨aus gleichbed. *fr.* recommandation zu recommander, vgl. rekommandieren⟩: (veraltet) 1. Empfehlung. 2. Einschreiben (Postw.). **re|kom|man|die|ren** ⟨aus gleichbed. *fr.* recommander zu re- (vgl. re...) u. *lat.* commendare „anvertrauen"⟩: 1. (veraltet, landsch.) empfehlen; einschärfen. 2. (österr.) einschreiben lassen (Postw.); vgl. recommandé

Re|kom|pa|ra|ti|on *die;* -, -en ⟨zu ↑ re... u. ↑ Komparation⟩: Wiedererwerbung, -kauf

Re|kom|pa|ti|bi|li|tät *die;* - ⟨zu ↑ re... u. ↑ Kompatibilität⟩: Fähigkeit des Farbfernsehempfängers, auch Schwarz-Weiß-Sendungen wiederzugeben

Re|kom|pens *die;* -, -en ⟨über gleichbed. *engl.* recompense aus *(mittel)fr.* recompense zu récompenser, dies aus *spätlat.* recompensare, vgl. rekompensieren⟩: das Rekompensieren (1). **Re|kom|pen|sa|ti|on** *die;* -, -en ⟨aus *spätlat.* recompensatio „die Wiederausgleichung"⟩: 1. svw. Rekompens (Wirtsch.). 2. Wiederherstellung des Zustands der Kompensation (Med.). **re|kom|pen|sie|ren** ⟨aus *spätlat.* recompensare „wieder ausgleichen"⟩: 1. entschädigen (Wirtsch.). 2. den Zustand der Kompensation wiederherstellen (Med.)

Re|kom|po|si|ti|on *die;* -, -en ⟨zu ↑ re... u. ↑ Komposition⟩: Vorgang der Neubildung eines zusammengesetzten Wortes, bei der auf die ursprüngliche Form eines Kompositionsgliedes zurückgegriffen wird (z. B. *lat.* commendare, aber *fr.* commander zu *lat.* mandare; Sprachw.). **Re|kom-**

rekonstituieren

po|si|tum *das;* -s, ...ta: durch Rekomposition gebildetes zusammengesetztes Wort (Sprachw.).
re|kon|sti|tu|ie|ren ⟨zu ↑re... u. *lat.* constituere, vgl. konstituieren⟩: (veraltet) wiederherstellen; in die Rechte eines anderen einsetzen. **Re|kon|sti|tu|ti|on** *die;* -, -en: 1. (veraltet) Wiederherstellung; Übertragung der Rechte eines anderen. 2. Verschmelzung von einzelnen Zellfragmenten mit kernlosen od. ganzen Zellen zu neuen Zellen; Wiederanfeuchtung nach vorheriger konservierender Austrocknung (Biol.).
re|kon|stru|ie|ren ⟨nach *fr.* reconstruire „wiederaufbauen" zu re- (vgl. re...) u. construire, dies aus *lat.* construere, vgl. konstruieren⟩: 1. den ursprünglichen Zustand wiederherstellen od. nachbilden. 2. den Ablauf eines früheren Vorgangs od. Erlebnisses in den Einzelheiten darstellen, wiedergeben. **Re|kon|stru|ie|rung** *die;* -, -en ⟨zu ↑...ierung⟩: svw. Rekonstruktion (1 a, 2 a); vgl. ...[at]ion/...ierung. **re|kon|struk|ta|bel** ⟨zu ↑Rekonstruktion u. ↑...abel⟩: nachvollziehbar (z. B. vom Ablauf von Ereignissen); darstellbar. **Re|kon|struk|ti|on** *die;* -, -en ⟨nach gleichbed. *fr.* reconstruction zu re- (vgl. re...) u. construction, vgl. Konstruktion⟩: 1. a) das Wiederherstellen, Wiederaufbauen, Nachbilden; b) das Wiederhergestellte, Wiederaufgebaute, Nachgebildete. 2. a) das Wiedergeben, Darstellen eines Vorgangs in seinen Einzelteilen; b) detaillierte Wiedergabe, Darstellung; vgl. ...[at]ion/...ierung. **re|kon|struk|tiv** ⟨zu ↑...iv⟩: 1. im Sinne, zum Zweck einer Rekonstruktion. 2. wiederherstellend (z. B. von der Chirurgie, von Plastiken; Med.).
re|kon|va|les|zęnt [...v...] ⟨aus *spätlat.* reconvalescens, Gen. reconvalescentis, Part. Präs. von reconvalescere, vgl. rekonvaleszieren⟩: sich im Stadium der Genesung befindend. **Re|kon|va|les|zęnt** *der;* -en, -en: Genesender. **Re|kon|va|les|zęn|ten|se|rum** *das;* -s, Plur. ...ra u. ...ren: aus dem Blut Genesender gewonnenes, Antikörper gegen die überwundene Krankheit enthaltendes Serum. **Re|kon|va|les|zęn|tin** *die;* -, -nen: weibliche Form zu ↑Rekonvaleszent. **Re|kon|va|les|zęnz** *die;* - ⟨zu ↑...enz⟩: a) Genesung; b) Genesungszeit. **re|kon|va|les|zie|ren** ⟨aus *spätlat.* reconvalescere „wieder erstarken"⟩: sich auf dem Weg der Besserung befinden, genesen
Re|kon|zi|li|a|ti|on *die;* -, -en ⟨aus *lat.* reconciliatio „Wiederherstellung, Versöhnung" zu reconciliare, vgl. rekonziliieren⟩: 1. Wiederaufnahme eines aus der kath. Kirchengemeinschaft od. einer ihrer Ordnungen Ausgeschlossenen. 2. erneute Weihe einer entweihten kath. Kirche. **re|kon|zi|li|ie|ren** ⟨aus gleichbed. *lat.* reconciliare zu ↑re... u. conciliare „zusammenbringen, geneigt machen"⟩: (veraltet) wiedervereinigen, aussöhnen
Re|kord *der;* -[e]s, -e ⟨aus gleichbed. *engl.* record, eigtl. „Aufzeichnung; Urkunde" zu to record „(schriftlich) aufzeichnen", dies über *altfr.* recorder aus *lat.* recordari, vgl. rekordieren⟩: 1. (anerkannte) sportliche Höchstleistung. 2. Höchstmaß; etw., was es in diesem Ausmaß noch nicht gab. **Re|kor|der** vgl. Recorder. **re|kor|die|ren** ⟨aus gleichbed. *lat.* recordari zu ↑re... u. cor, Gen. cordis „Herz"⟩: (veraltet) erinnern, in Gedanken wiederholen; sich erinnern. **Re|kord|in|ter|na|tio|na|le** *der* u. *die;* -n, -n ⟨zu ↑Rekord u. ↑²Internationale⟩: Nationalspieler mit den meisten Einsätzen in Länderspielen (Sport)
Re|krea|ti|on *die;* -, -en ⟨aus *lat.* recreatio „Wiederherstellung, Erholung" zu recreare, vgl. rekreieren⟩: (veraltet) a) Erfrischung; b) Erholung. **re|krea|tiv** ⟨zu *lat.* recreatus (Part. Perf. von recreare, vgl. rekreieren) u. ↑...iv⟩: (veraltet) a) erfrischend; b) Erholung verschaffend

Re|kre|di|tiv *das;* -s, -e [...və] ⟨zu ↑re... u. ↑Kreditiv⟩: die schriftliche Bestätigung des Empfanges eines diplomatischen Abberufungsschreibens durch das Staatsoberhaupt
re|kre|ie|ren ⟨aus *lat.* recreare „wieder herstellen, sich erholen"⟩: (veraltet) erfrischen, erquicken, Erholung verschaffen
Re|kręt *das;* -[e]s, -e (meist Plur.) ⟨zu *lat.* re- (vgl. re...) u. cretum, Part. Perf. (Neutrum) von cernere „(ent)scheiden", Analogiebildung zu ↑Sekret⟩: von der Pflanze aufgenommener mineralischer Ballaststoff, der nicht in den pflanzlichen Stoffwechsel eingeht, sondern unverändert in den Zellwänden abgelagert wird (Biol.). **Re|kre|ti|on** *die;* -, -en ⟨zu ↑¹...ion⟩: das Wiederausscheiden von Rekreten (Biol.)
Re|kri|mi|na|ti|on *die;* -, -en ⟨unter Einfluß von gleichbed. *fr.* récrimination aus *mlat.* recriminatio zu recriminare, vgl. rekriminieren⟩: (veraltet) Gegenbeschuldigung, Gegenklage (Rechtsw.). **re|kri|mi|na|to|risch** ⟨unter Einfluß von gleichbed. *fr.* récrimatoire aus *mlat.* recriminatorius⟩: (veraltet) eine Gegenbeschuldigung enthaltend (Rechtsw.). **re|kri|mi|nie|ren** ⟨unter Einfluß von gleichbed. *fr.* récriminer aus *mlat.* recriminare⟩: den Kläger beklagen, Gegenklage erheben (Rechtsw.)
Re|kri|stal|li|sa|ti|on *die;* -, -en ⟨zu ↑re... u. ↑Kristallisation⟩: 1. Änderung des Kristallgefüges, vor allem bei kalt verformten metallischen Werkstoffen, durch Wärmebehandlung. 2. Neu- bzw. Umkristallisation des Mineralbestandes eines Gesteins bei der Metamorphose (4)
Re|kru|des|zęnz *die;* - ⟨zu *lat.* recrudescere „wieder schlimmer werden" u. ↑...enz⟩: Wiederverschlimmerung [einer Krankheit] (Med.)
Re|krut *der;* -en, -en ⟨nach gleichbed. *fr.* recrue, eigtl. „Nachwuchs (an Soldaten)", zu recroître „nachwachsen", dies aus *lat.* recrescere⟩: Soldat in der ersten Ausbildungszeit. **re|kru|tie|ren** ⟨aus gleichbed. *fr.* recruter⟩: 1. Rekruten ausheben, mustern. 2. a) zusammenstellen, zahlenmäßig aus etwas ergänzen, beschaffen; b) sich -: sich zusammensetzen, sich bilden [aus etwas]. **Re|kru|tie|rung** *die;* -, -en ⟨zu ↑...ierung⟩: 1. das Rekrutieren (1). 2. Beschaffung u. Auswahl od. die herkunftsmäßige Zusammensetzung der Mitglieder von Gruppen, Organisationen, sozialen Schichten. **Re|kru|tie|rungs|sy|stem** *das;* -s, -e: das in der Wehrverfassung eines Staates festgelegte System der Bestandssicherung des Personals für die Streitkräfte
rekt..., **Rekt...** vgl. rekto..., Rekto... **Ręk|ta:** Plur. von ↑Rektum. **Ręk|ta|in|dos|sa|ment** *das;* -[e]s, -e u. **Ręk|ta|klau|sel** *die;* -, -n ⟨zu *lat.* recta (via) „auf geradem (Wege)"⟩: Vermerk auf einem Wertpapier, der die Übertragung des Papiers verbietet („nicht an Order"). **rek|tal** ⟨aus gleichbed. *nlat.* rectalis zu ↑Rektum u. ↑¹...al (1)⟩: a) den Mastdarm betreffend; b) durch den, im Mastdarm erfolgend (Med.). **Rekt|al|gie** *die;* -, ...ien ⟨zu ↑rekto... u. ↑...algie⟩: Schmerz im Mastdarm (Med.). **rek|ta|li|sie|ren** ⟨zu ↑rektal u. ↑...isieren⟩: [ein Großtier als Tierarzt] untersuchen, wobei vom Mastdarm aus die umliegenden Beckenorgane abgetastet werden (Tiermed.). **Rek|tal|nar|ko|se** *die;* -, -n: Allgemeinbetäubung durch einen Darmeinlauf (Med.). **Rek|tal|tem|pe|ra|tur** *die;* -, -en: die im Mastdarm gemessene Körpertemperatur (Med.). **Rekt|an|gel** *das;* -s, - ⟨zu *lat.* rect(i)angulum, Neutrum von rect(i)angulus, vgl. rektangulär⟩: (veraltet) Rechteck. **rekt|an|gu|lär** ⟨zu gleichbed. *lat.* rect(i)angulus (dies zu rectus „gerade" u. angulus „Winkel") u. ↑...är⟩: (veraltet) rechtwinklig. **Ręk|ta|pa|pier** *das;* -s, -e ⟨zu *lat.* recta (via), vgl. Rektaindossament⟩: auf den Namen einer bestimmten Person aus-

gestelltes u. nicht übertragbares Wertpapier. **Rek|ta|scheck** *der;* -s, -s: Scheck, der eine ↑ Rektaklausel enthält u. deshalb nicht übertragbar ist. **Rekt|aszen|si|on** *die;* -, -en ⟨nach *lat.* ascensio recta „gerades Aufsteigen"⟩: gerade Aufsteigung, eine der beiden Koordinaten im äquatorialen astronomischen Koordinatensystem. **Rek|ta|wechsel** *der;* -s, - ⟨zu *lat.* recta (via), vgl. Rektaindossament⟩: Wechsel, der eine ↑ Rektaklausel enthält u. deshalb nicht übertragbar ist. **rek|te** vgl. recte. **Rek|ti|fi|kat** *das;* -[e]s, -e ⟨zu ↑ rektifizieren u. ↑ ...at (1)⟩: durch Rektifikation (3) gewonnene Fraktion (2; Chem.). **Rek|ti|fi|ka|ti|on** *die;* -, -en ⟨zu ↑¹...ion⟩: 1. (veraltet) Berichtigung, Zurechtweisung. 2. Bestimmung der Länge einer Kurve (Math.). 3. Trennung von Flüssigkeitsgemischen durch wiederholte Destillation (z. B. zur Reinigung von Benzin, Spiritus o. ä.; Chem.). **rek|ti|fi|zie|ren** ⟨aus *mlat.* rectificare „berichtigen" zu *lat.* rectus „gerade, richtig" u. ↑ ...fizieren⟩: 1. (veraltet) berichtigen, zurechtweisen. 2. die Länge einer Kurve bestimmen (Math.). 3. ein Flüssigkeitsgemisch durch wiederholte Destillation trennen (z. B. zur Reinigung von Benzin, Spiritus o. ä.; Chem.). **Rek|ti|on** *die;* -, -en ⟨aus *lat.* rectio „Regierung, Leitung" zu regere, vgl. regieren⟩: Eigenschaft eines Verbs, Adjektivs od. einer Präposition, den ↑ Kasus (2) eines abhängigen Wortes im Satz zu bestimmen. **Rek|to** *das;* -s, -s ⟨aus *lat.* recto (folio) „auf der rechten (Seite)"⟩: Vorderseite eines Blattes in einem Papyrus, einem Handschrift, einem Buch; Ggs. ↑ Verso. **rek|to...**, **Rek|to...**, vor Vokalen meist rekt..., Rekt... ⟨zu ↑ Rektum⟩: Wortbildungselement mit der Bedeutung „Mastdarm", z. B. rektoskopisch, Rektozele, Rektalgie. **Rek|tor** *der;* -s, ...oren ⟨aus gleichbed. *mlat.* rector zu *lat.* rector „Leiter, Lenker", dies zu regere, vgl. regieren⟩: 1. Leiter einer Hochschule. 2. Leiter einer Grund-, Haupt-, Sonder- od. Realschule. 3. kath. Geistlicher an einer Nebenkirche, einem Seminar o. ä. **Rek|to|rat** *das;* -[e]s, -e ⟨aus *mlat.* rectoratus „Amt, Würde od. Wohnung eines Geistlichen od. Rektors"⟩: 1. a) Amt eines Rektors; b) Amtszimmer eines Rektors; c) Amtszeit eines Rektors. 2. Verwaltungsgremium, dem der Rektor, die Prorektoren u. der Kanzler angehören. **Rek|to|rin** *die;* -, -nen: weibliche Form zu ↑ Rektor (1, 2). **Rek|to|skop** *das;* -s, -e ⟨zu ↑ rekto... u. ↑ ...skop⟩: Mastdarmspiegel (Med.). **Rek|to|sko|pie** *die;* -, ...ien ⟨zu ↑ ...skopie⟩: Untersuchung des Mastdarms mit dem Rektoskop (Med.). **rek|to|sko|pisch**: a) die Rektoskopie betreffend; b) mit Hilfe von Rektoskopie erfolgend. **Rek|to|ze|le** *die;* -, -n ⟨zu *gr.* kélē „Geschwulst; Bruch"⟩: Mastdarmvorfall (Med.). **Rek|tum** *das;* -s, Rekta ⟨gekürzt aus *lat.* intestinum rectum „Mastdarm", eigtl. „gestreckter, gerader Darm", vgl. recte⟩: Mastdarm (Med.)
re|kul|ti|vie|ren [...v...] ⟨zu ↑ re... u. ↑ kultivieren⟩: [durch Bergbau] unfruchtbar gewordenen Boden wieder kultivieren, als Kulturland nutzen. **Re|kul|ti|vie|rung** *die;* -, -en: Wiederherstellung der Bodenfruchtbarkeit in einem durch Eingriffe des Menschen [vorübergehend] zerstörten Teil der Landschaft (Tagebau, Müllkippen)
Re|ku|pe|ra|ti|on *die;* - ⟨aus *lat.* recuperatio „Wiedergewinnung" zu recuperare „wiedererlangen"⟩: 1. Verfahren zur Vorwärmung von Luft durch heiße Abgase (Techn.). 2. Rückgewinnung von Territorien auf Grund verbriefter Rechte (Gesch.). **Re|ku|pe|ra|tor** *der;* -s, ...oren ⟨zu ↑ ...or⟩: Vorwärmer (in technischen Feuerungsanlagen)
Re|kur|rens|fie|ber *das;* -s ⟨zu *lat.* recurrens, vgl. rekurrent⟩: Rückfallfieber. **re|kur|rent** ⟨aus *lat.* recurrens, Gen. recurrentis „zurückkehrend", Part. Präs. von recurrere,

vgl. rekurrieren⟩: svw. rekursiv. **Re|kur|renz** *die;* - ⟨aus *engl.* recurrence, eigtl. „Wiederholung"⟩: svw. Rekursivität. **re|kur|rie|ren** ⟨z. T. unter Einfluß von *fr.* recourir aus gleichbed. *lat.* recurrere, eigtl. „zurücklaufen"⟩: 1. Bezug nehmen, auf etwas zurückgreifen. 2. (österr., sonst veraltet) Beschwerde, Berufung einlegen gegen gerichtliche Urteile od. Verwaltungsakte (Rechtsw.). **re|kur|rie|rend** ⟨zu ↑ ...ierend⟩: wiederholt auftretend (von Krankheiten; Med.). **Re|kurs** *der;* -es, -e ⟨z. T. unter Einfluß von gleichbed. *fr.* recours aus *lat.* recursus „Rücklauf, Rückkehr"⟩: 1. Rückgriff auf etwas, Bezug[nahme]. 2. Einspruch, Beschwerde gegen gerichtliche Entscheidungen od. Verwaltungsakte (Rechtsw.). **Re|kur|si|on** *die;* - ⟨aus *spätlat.* recursio „das Zurücklaufen", zu *lat.* recursus, Part. Perf. von recurrere, vgl. rekurrieren⟩: 1. Definition eines Problems od. eines Verfahrens durch sich selbst (Informatik, EDV). 2. die Zurückführung einer zu definierenden Größe od. Funktion auf eine (od. mehrere) bereits definierten (Math.). 3. svw. Rekursivität. **re|kur|siv** ⟨zu ↑ ...iv, Bed. 2 über *amerik.* recursive⟩: 1. zurückgehend (bis zu bekannten Werten; Math.). 2. Rekursivität zeigend. **Re|kur|si|vi|tät** [...v...] *die;* - ⟨nach gleichbed. *amerik.* recursiveness; vgl. ...ität⟩: Eigenschaft einer Grammatik, mit der nach bestimmten Formationsregeln unendlich viele Sätze gebildet werden können (d. h., die ↑ Konstituenten eines jeden Satzes entsprechen jeweils neuen Sätzen u. ihre Zahl kann beliebig erweitert werden; Sprachw.)
Re|ku|sa|ti|on *die;* -, -en ⟨aus gleichbed. *lat.* recusatio zu recusare, vgl. rekusieren⟩: (veraltet) Weigerung, Ablehnung (z. B. gegenüber einem als befangen erachteten Richter in einem Rechtsstreit; Rechtsw.). **re|ku|sie|ren** ⟨aus gleichbed. *lat.* recusare⟩: (veraltet) ablehnen, verweigern (Rechtsw.)
Re|lais [rəˈlɛː] *das;* - [...ˈlɛː(s)], - [...ˈlɛːs] ⟨aus gleichbed. *fr.* relais, eigtl. „(Pferde)wechsel, Station für den Wechsel von (Post)pferden" zu *altfr.* relaier „zurücklassen"⟩: 1. zum Ein- bzw. Ausschalten eines stärkeren Stromes benutzte Einrichtung, die durch Steuerimpulse von geringer Leistung betätigt wird (Elektrot.). 2. (früher) a) Pferdewechsel im Postverkehr; b) Station für den Postpferdewechsel. 3. früher an bestimmten Orten aufgestellte kleinere Reiterabteilung zur Überbringung von Befehlen u. Meldungen. 4. Weg zwischen Wall u. Graben einer Festung. **Re|lais|dia|gramm** *das;* -[e]s, -e: zeichnerische Darstellung der zeitlichen Vorgänge bei einem Relais (1). **Re|lais|sta|ti|on** *die;* -, -en: 1. (früher) Station für den Pferdewechsel im Postverkehr u. beim Militär. 2. bei Wellen mit geradliniger Fortpflanzung Zwischenstelle zur Weiterleitung von Fernseh- u. UKW-Tonsendungen vom Sender zum Empfänger
Re|lance [rəˈlɑ̃ːs] *die;* -, -n [...sn̩] ⟨aus gleichbed. *fr.* relance zu relancer, „wiederbeleben", dies zu re- (vgl. re...) u. lancer, vgl. lancieren⟩: (schweiz.) das Wiederaufgreifen einer politischen Idee
Re|la|pa|ro|to|mie *die;* -, ...ien ⟨zu ↑ re... u. ↑ Laparotomie⟩: wiederholte operative Eröffnung der Bauchhöhle für eine Nachoperation (Med.)
Re|laps *der;* -es, -e ⟨zu *lat.* relapsus, Part. Perf. von relabi „zurückfallen"⟩: Rückfall, das Wiederausbrechen einer Krankheit nach vermeintlicher Heilung (Med.)
Re|la|ta: Plur. von ↑ Relatum
re|la|ti|ni|sie|ren ⟨zu ↑ re... u. ↑ latinisieren⟩: wieder in lat. Sprachform bringen (z. B. *Sextett* aus it. *sestetto*; Sprachw.)
Re|la|ti|on *die;* -, -en ⟨aus *lat.* relatio „Bericht(erstattung)", eigtl. „das Zurücktragen", zu relatus, vgl. relativ⟩: 1. a) Be-

relational

ziehung, in der sich [zwei od. mehrere] Dinge, Gegebenheiten, Begriffe vergleichen lassen od. [wechselseitig] bedingen; b) nicht unabhängig, sondern in Beziehung, z. B. zwischen den Elementen einer Menge stehend (Math.); - prim: teilerfremd (Math.); c) (veraltend) gesellschaftliche, geschäftliche o. ä. Verbindung. 2. (veraltet) Bericht, Mitteilung. 3. Rechtsgutachten. 4. Zurückschiebung eines zugeschobenen Eides im Zivilprozeß an den Gegner; Ggs. ↑ Delation (3). 5. regelmäßig befahrene [Schiffahrts]linie. **re|la|tio|nal** ‹zu ↑¹...al (1)›: a) die Relation betreffend; b) in Beziehung stehend, eine Beziehung darstellend. **Re|la|tio|na|lis|mus** *der;* - ‹zu ↑ relational bzw. Relation u. ↑ ...ismus (1)›: svw. Relativismus (1). **Re|la|tio|nen|lo|gik** *die;* - ‹zu ↑ Relation›: Teilgebiet der formalen Logik, das die Beziehungen von Relationen zueinander untersucht. **Re|la|tio|nis|mus** *der;* - ‹zu ↑ ...ismus (1)›: svw. Relativismus. **Re|la|ti|ons|ad|jek|tiv** *das; -s, -e [...ǝ]*: svw. Relativadjektiv (Sprachw.). **re|la|tiv** [auch ˈre:...] ‹über gleichbed. *fr.* relatif aus *spätlat.* relativus „sich beziehend, bezüglich" zu *lat.* relatus, Part. Perf. von referre, vgl. referieren›: 1. ziemlich, verhältnismäßig, vergleichsweise, je nach dem Standpunkt verschieden; re [...vǝ]• A d r e s s e : Bez. für den Adreßteil eines Befehls, der nicht unmittelbar als ²Adresse (2) einer Speicherzelle interpretiert werden darf, sondern zunächst um einen konstanten Wert od. um den Inhalt eines ↑ Indexregisters zu erhöhen ist (EDV). 2. bezüglich; -es [...vǝs] T e m p u s : unselbständiges, auf das Tempus eines anderen Geschehens im zusammengesetzten Satz bezogenes Tempus (z. B. Plusquamperfekt; Sprachw.). **Re|la|tiv** *das; -s, -e [...vǝ]* ‹verkürzt aus ↑ Relativum›: a) Oberbegriff für ↑ Relativpronomen u. ↑ Relativadverb; b) svw. Relativpronomen. **Re|la|ti|va** [...va]: Plur. von ↑ Relativum. **Re|la|tiv|ad|jek|tiv** *das; -s, -e [...vǝ]*: Adjektiv, das eine allgemeine Beziehung ausdrückt u. in der Regel nicht steigerungsfähig ist (z. B. chronologisch, orchestral, väterlich in: das väterliche Haus; Sprachw.). **Re|la|tiv|ad|verb** *das;* -s, -ien [...jǝn]: bezügliches Umstandswort (z. B. *wo;* Sprachw.). **re|la|ti|vie|ren** [...v...] ‹zu ↑ ...ieren›: mit etwas anderem in eine Beziehung bringen u. dadurch in seiner Gültigkeit einschränken. **Re|la|ti|vie|rung** *die;* -, -en ‹zu ↑ ...ierung›: das Relativieren. **re|la|ti|visch:** a) das Relativ betreffend; b) als Relativ gebraucht. **Re|la|ti|vis|mus** *der;* - ‹zu ↑ ...ismus (1)›: 1. erkenntnistheoretische Lehre, nach der nur die Verhältnisse der Dinge zueinander, nicht diese selbst erkennbar sind. 2. Anschauung, nach der jede Erkenntnis nur relativ (bedingt durch den Standpunkt des Erkennenden) richtig ist, nicht allgemeingültig (Philos.). **Re|la|ti|vist** *der;* -en, -en ‹zu ↑ ...ist›: a) Vertreter des Relativismus; b) jmd., für den alle Erkenntnis subjektiv ist. **re|la|ti|vi|stisch** ‹zu ↑ ...istisch›: 1. den Relativismus betreffend (Philos.). 2. die Relativitätstheorie betreffend, auf ihr beruhend (Phys.). 3. die Relativität (2) betreffend. **Re|la|ti|vi|tät** *die;* -, -en ‹zu ↑ ...ität›: 1. Bezogenheit, Bedingtheit; Verhältnismäßigkeit. 2. relative (1) Gültigkeit. **Re|la|ti|vi|täts|prin|zip** *das; -s*: Prinzip, nach dem sich jeder physik. Vorgang in gleichförmig gegeneinander bewegten Bezugssystemen in der gleichen Weise darstellen läßt (Phys.). **Re|la|ti|vi|täts|theo|rie** *die;* -: von A. Einstein begründete physik. Theorie, nach der Raum, Zeit u. Masse vom Bewegungszustand eines Beobachters abhängig u. deshalb relative (1) Größen sind (Phys.). **Re|la|tiv|pro|no|men** *das; -s,* Plur. - u. ...mina ‹nach gleichbed. *nlat.* pronomen relativum›: bezügliches Fürwort (z. B. der Mann, *der*...). **Re|la|tiv|satz** *der;* -es, ...sätze ‹zu ↑ Relativ›: durch ein Relativ eingeleiteter Gliedteilsatz, Bezugswortsatz (z. B. die Zeit,

die dafür noch bleibt...; kennst du ein Land, *wo es das noch gibt?*). **Re|la|ti|vum** [...v...] *das;* -s, ...va ‹aus *lat.* (nomen) relativum „rückbezügliches (Wort)"›: svw. Relativ. **Re|la|tor** *der;* -s, ...oren ‹zu *spätlat.* relator „Berichterstatter"›: mehrstelliger ↑ Prädikator (Logik, Philos.). **Re|la|tum** *das;* -s, ...ta ‹zu *lat.* relatum, Neutrum von relatus, vgl. relativ›: zweites Glied einer aus zwei Objekten bestehenden Relation, das dasjenige Objekt wiedergibt, auf das die Handlung gerichtet ist (z. B. in *der Jäger schoß auf den Fuchs* ist *Fuchs* das Relatum; Sprachw.); vgl. Referens

Re|launch [riːˈlɔːntʃ] *der u. das;* -[e]s, -[e]s ‹aus gleichbed. *engl.* relaunch zu re- (vgl. re...) u. to launch „in Gang setzen"›: verstärkter Werbeeinsatz für ein schon länger auf dem Markt befindliches Produkt (Werbespr.).

Re|la|xans *das;* -, Plur. ...xanzien [...jǝn] u. ...xantia ‹zu *lat.* relaxans, Part. Präs. von relaxare, vgl. relaxieren›: Arzneimittel, das eine Erschlaffung [der Muskeln] bewirkt. **Re|la|xan|tia** u. **Re|la|xan|zi|en** [...jǝn]: Plur. von ↑ Relaxans. **Re|la|xa|ti|on** *die;* - ‹aus *lat.* relaxatio „das Nachlassen, Abspannung; Erholung"›: 1. Erschlaffung, Entspannung (bes. der Muskulatur; Med.). 2. Minderung der Elastizität (Phys.). 3. Wiederherstellung eines chem. Gleichgewichts nach einer Störung (Chem.). **Re|la|xa|ti|ons|dy|na|mik** *die;* -: Teilgebiet der Gasdynamik, das sich mit der Untersuchung der in strömenden Gasen (z. B. durch Relaxation) verursachten Effekte befaßt. **Re|la|xa|ti|ons|me|tho|de** *die;* -: 1. Näherungsverfahren zur Auflösung einer Gleichung (Math.). 2. Verfahren zur Erreichung eines stabilen seelischen Gleichgewichts (z. B. autogenes Training; Psychol.). **Re|la|xa|ti|ons|zeit** *die;* -, -en: Zeitspanne, innerhalb der eine Reizerregung ausklingt (Biol.). **re|laxed** [riˈlɛkst] ‹aus gleichbed. *engl.* relaxed›: gelöst, zwanglos. **re|la|xen** [riˈlɛksn̩] ‹nach gleichbed. *engl.* to relax, dies aus *lat.* relaxare zu laxus „schlaff, locker", vgl. lax›: sich körperlich entspannen, sich nach einer Anspannung, Anstrengung erholen. **re|la|xie|ren** [rela...] ‹aus *lat.* relaxare „erweitern; lose, schlaff machen"›: 1. entspannen, erschlaffen (Med.). 2. svw. relaxen. **Re|la|xin** *das;* -s ‹zu ↑ ...in (1)›: im Gelbkörper entstehendes Schwangerschaftshormon, das den Gebärmutterhals erweitert u. die ↑ Symphyse des Schambeins lockert (Med.). **Re|la|xing** [riˈlɛksɪŋ] *das; -[s]* ‹aus gleichbed. *engl.* relaxing›: das Relaxen. **Re|lea|sa|bi|li|ty** [rɪliːzəˈbɪlətɪ] *die;* - ‹aus gleichbed. *engl.* releasibility zu to release „befreien", dies über *altfr.* relaiss(i)er aus *lat.* relaxare, vgl. relaxieren›: erhöhte Reaktionsbereitschaft von Zellen, die Überträgerstoffe produzieren (z. B. bei Infektionen; Med.). **Re|lease** [riˈliːs] *das;* -, -s [...sɪs, auch ...sɪz]: Kurzform von ↑ Release-Center. **Re|lease-Cen|ter** [...ˈsɛntɐ] *das;* -s, - ‹zu *engl.* to release „befreien" u. ↑ Center›: zentrale Einrichtung zur Heilung Rauschgiftsüchtiger. **Re|lea|ser** [riˈliːzɐ] *der;* -s, - ‹zu *engl.* to release „befreien"›: (Jargon) Psychotherapeut, Sozialarbeiter o. ä., der bei der Behandlung Rauschgiftsüchtiger mitwirkt. **Re|lea|ser|fak|tor** *der;* -s, -en: im Hypothalamus gebildetes Neurosekret, das die Produktion der im Hypophysenvorderlappen gebildeten Hormone reguliert u. nach Bedarf freigibt (Med.); Abk.: RF. **Re|lease-Zen|trum** *das; -s,* ...ren: svw. Release-Center. **Re|lea|sing|fak|tor** *der;* -s, -en: svw. Releaserfaktor

Re|le|ga|ti|on *die;* -, -en ‹aus *lat.* relegatio „Ausschließung" zu relegare, vgl. relegieren›: Verweisung von der [Hoch]schule. **Re|le|ga|ti|ons|spiel** *das; -[e]s, -e*: Qualifikationsspiel zwischen [einer] der schlechtesten Mannschaft[en] der höheren u. [einer] der besten der tieferen Spielklasse um das Verbleiben in der bzw. den Aufstieg in die höhere Spielklasse (Sport). **re|le|gie|ren** ⟨aus *lat.* relegare „fortschicken, verbannen"⟩: von der [Hoch]schule verweisen. **Re|le|gie|rung** *die;* -, -en ⟨zu ↑ ...ierung⟩: das Relegieren, das Relegiertwerden

re|le|vant [...v...] ⟨wohl zu *fr.* relevant, Part. Präs. von relever, vgl. Relief⟩: bedeutsam, wichtig; erheblich; Ggs. ↑ irrelevant. **Re|le|vanz** *die;* -, -en ⟨zu ↑ ...anz⟩: Wichtigkeit, Bedeutsamkeit [in einem bestimmten Zusammenhang]; Ggs. ↑ Irrelevanz. **Re|le|va|ti|on** *die;* -, -en ⟨aus *spätlat.* relevatio „Erleichterung", eigtl. „das Emporschweben", zu *lat.* relevare, vgl. relevieren⟩: (veraltet) Befreiung von einer Verbindlichkeit (Rechtsw.). **Re|le|vé** [...'ve:] *das;* -s, -s (Plur. selten) ⟨aus *fr.* relevé „das Aufheben"⟩: Ballettfigur, das Sicherheben des Tänzers vom flachen Fuß auf die Zehenspitzen. **re|le|vie|ren** ⟨aus *lat.* relevare „erleichtern, lindern", eigtl. „wieder erheben"⟩: (veraltet) freisprechen, befreien

re|lia|bel ⟨aus gleichbed. *engl.* reliable zu to rely „sich verlassen auf", dies über älter *fr.* relier aus *lat.* religare „festbinden"⟩: verläßlich. **Re|lia|bi|li|tät** *die;* -, -en ⟨aus *engl.* reliability „Zuverlässigkeit"⟩: Zuverlässigkeit eines wissenschaftlichen Versuchs (Psychol.).

Re|li|ef *das;* -s, Plur. -s u. -e ⟨aus gleichbed. *fr.* relief, eigtl. „das Hervorheben", zu relever „wieder aufheben, in die Höhe richten; hervorheben", dies aus *lat.* relevare „in die Höhe heben, aufheben"; vgl. relevieren⟩: 1. Geländeoberfläche od. deren plastische Nachbildung. 2. plastisches Bildwerk auf einer Fläche. **Re|li|ef|en|er|gie** *die;* -: die Höhenspannung des Erdreliefs, die sich ausdrückt durch die Mittelwerte der Höhenunterschiede in einem bestimmten Gebiet. **Re|li|ef|glo|bus** *der;* Gen. - u. -ses, Plur. ...ben od. -se: Globus mit dem Relief der Erdoberfläche. **re|lie|fie|ren** [...liɛ...] ⟨zu ↑ ...ieren⟩: mit einem Relief versehen. **Re|lie|fie|rung** *die;* -, -en ⟨zu ↑ ...ierung⟩: das Reliefieren, Herausarbeiten eines Reliefs. **Re|li|ef|in|tar|sia** u. **Re|li|ef|in|tar|sie** [...iə] *die;* -, ...ien [...iən]: Verbindung von Einlegearbeit u. Schnitzerei. **Re|li|ef|in|ver|si|on** *die;* -, -en: durch morphologische Prozesse bedingte Umkehr des Reliefs (1; Geogr.). **Re|li|ef|kli|schee** *das;* -s, -s: ↑ Autotypie mit reliefartiger Prägung auf der Rückseite, wodurch die entsprechenden Stellen auf der Vorderseite besser zum Druck kommen

Re|li|gio *die;* -, ...ones [...ne:s] ⟨aus *mlat.* religio „klösterliches Leben" zu *lat.* religio, vgl. Religion⟩: kath. religiöse Vereinigung mit eigener Regel u. öffentlichen Gelübden; vgl. Religiose. **Re|li|gi|on** *die;* -, -en ⟨aus *lat.* religio „religiöse Scheu, Gottesfurcht"⟩: 1. (meist von einer größeren Gemeinschaft angenommener) bestimmter Glaube u. sein Bekenntnis. 2. a) Gottesverehrung; b) innerliche Frömmigkeit. 3. (ohne Artikel, ohne Plur.) Religionslehre als Schulfach. **Re|li|gio|nes** [...ne:s]: Plur. von ↑ Religio. **Re|li|gi|ons|de|lik|te** *die* (Plur.): Straftaten, die sich auf die Religion beziehen, den öffentlichen Frieden in seiner religiösen od. weltanschaulichen Ausprägung. **Re|li|gi|ons|edikt** *das;* -[e]s, -e: Verordnung über Duldung od. Nichtduldung eines Glaubensbekenntnisses. **Re|li|gi|ons|eth|no|lo|gie** *die;* -: Teilbereich der Völkerkunde, der die Glaubensvorstellungen, den magischen u. rituellen Praktiken der einzelnen Völker zum Gegenstand hat. **Re|li|gi|ons|hi|sto|ri|ker** *der;* -s, -: Wissenschaftler auf dem Gebiet der Religionsgeschichte. **Re|li|gi|ons|kri|tik** *die;* -: die kritische Auseinandersetzung mit den Grundlagen u. zentralen Aussagen der Religionen, ihrem Wahrheitsanspruch u. ihrer Funktion für den einzelnen. **Re|li|gi|ons|päd|ago|gik** *die;* -: Theorie u. Praxis der christlichen Erziehung (bes. im Religionsunterricht). **Re|li|gi|ons|phä|no|me|no|lo|gie** *die;* -: Teildisziplin der Religionswissenschaft, die sachlich verwandte religiöse Phänomene einander zuordnen soll u. typische Ausdrucksformen religiösen Lebens untersucht. **Re|li|gi|ons|phi|lo|so|phie** *die;* -: Wissenschaft vom Ursprung, Wesen u. Wahrheitsgehalt der Religion u. ihrer Beziehung zur Philosophie. **Re|li|gi|ons|psy|cho|lo|gie** *die;* -: Teilgebiet der Religionswissenschaft, das die Formen religiösen Lebens u. Erlebens in ihrer Entwicklung u. Abhängigkeit von der Persönlichkeitsstruktur des einzelnen untersucht. **Re|li|gi|ons|so|zio|lo|gie** *die;* -: Zweig der Soziologie, der sich mit den gesellschaftlichen Voraussetzungen u. Auswirkungen der Religionen u. ihren Organisationsformen befaßt. **Re|li|gi|ons|theo|lo|gie** *die;* -: ↑ Reflexion über die Stellung der ↑ Theologie der christlichen Kirchen zum religionsgeschichtlichen ↑ Pluralismus, über die Frage nach der Absolutheit der Religionen. **re|li|gi|ös** ⟨nach gleichbed. *fr.* religieux, dies aus *lat.* religiosus „voll religiöser Scheu, gottesfürchtig, fromm"; vgl. ...ös⟩: 1. die Religion betreffend. 2. gottesfürchtig, fromm; Ggs. ↑ irreligiös. **Re|li|gio|se** *der* u. *die;* -n, -n (meist Plur.) ⟨aus gleichbed. *mlat.* religiosus bzw. religiosa „klösterlich Lebende(r)" zu *spätlat.* religiosus „dem geistlichen Stand angehörend"⟩: im kath. Kirchenrecht Mitglied religiöser Genossenschaften; vgl. Religio. **Re|li|gio|si|tät** *die;* - (z. T. unter Einfluß von *fr.* religiosité aus *spätlat.* religiositas, Gen. religiositatis „Frömmigkeit"⟩: religiöse Einstellung, [innere] Frömmigkeit, Gläubigkeit; Ggs. ↑ Irreligiosität. **re|li|gio|so** [...'dʒo:zo] ⟨*it.*⟩: feierlich, andächtig (Vortragsanweisung; Mus.)

re|likt ⟨aus gleichbed. *lat.* relictum, Part. Perf. (Neutrum) von relinquere, vgl. Reliquie⟩: in Resten vorkommend (von Tieren u. Pflanzen; Biol.). **Re|likt** *das;* -[e]s, -e: 1. Überrest, Überbleibsel. 2. vereinzelter Restbestand von Pflanzen od. Tieren, die in früheren Erdperioden weit verbreitet waren (Biol.). 3. ursprünglich gebliebener Gesteinsteil in einem umgewandelten Gestein (Geol.). 4. Boden, der von einer Klimaänderung kaum beeinflußt wurde (Geogr.). 5. mundartliche Restform, deren geographische Streuung in einer Sprachlandschaft ihre frühere weitere Verbreitung erkennen läßt (Sprachw.). **re|lik|tär** ⟨zu ↑ ...är⟩: nur noch in Restformen erhalten (von Pflanzen u. Tieren; Biol.). **Re|lik|ten** *die* (Plur.): (veraltet) a) Hinterbliebene; b) Hinterlassenschaft. **Re|lik|ten|fau|na** *die;* -, ...nen: noch als Relikte vorkommende Exemplare einer vormals lebenden Tierwelt (Biol.). **Re|lik|ten|flo|ra** *die;* -, ...nen: noch als Relikte vorkommende Exemplare einer vormals lebenden Pflanzenwelt (Biol.). **Re|lik|ti|on** *die;* -, -en ⟨aus *lat.* relictio „das Verlassen" zu relinquere, vgl. Reliquie⟩: (veraltet) Zurücklassung, Weglassung. **Re|li|qui|ar** *das;* -s, -e ⟨aus gleichbed. *mlat.* reliquiarium; vgl. Reliquie⟩: [künstlerisch gestalteter] Reliquienbehälter. **Re|li|quie** [...iə] *die;* -, ...ien [...iən] ⟨aus gleichbed. *kirchenlat.* reliquiae (Plur.), dies aus *lat.* reliquiae „Zurückgelassenes, Überrest" zu relinquere „zurücklassen, übriglassen"⟩: 1. körperlicher Überrest eines Heiligen, Überrest seiner Kleidung, seiner Gebrauchsgegenstände od. Marterwerkzeuge als Gegenstand religiöser Verehrung. 2. (selten) kostbares Andenken

Re|lish ['rɛlɪʃ] *das;* -s, -es [...ɪs, auch ...ʃɪz] ⟨aus *engl.* relish „Gewürz, Würze"⟩: würzige Soße aus pikant eingelegten, zerkleinerten Gemüsestückchen, z. B. als Beigabe zu gegrilltem Fleisch

Re|liure [rəl'jyr] *die;* -, -n ⟨aus gleichbed. *fr.* reliure zu relier „binden, zusammenfassen", dies zu re- (vgl. re...) u. lier

relocatable

„(ver)binden, (ver)knüpfen", zu *lat.* ligare⟩: (veraltet) Bucheinband
re|lo|ca|ta|ble [rɪloʊ'keɪtəbl] ⟨*engl.;* zu to relocate „verlegen", dies zu re- (vgl. re...) u. locate aus *lat.* locatus, Part. Perf. von locare „stellen, legen" zu locus „Platz, Ort"; vgl. ...abel⟩: svw. relozierbar. **Re|lo|ka|ti|on** [relo...] *die;* -, -en ⟨zu ↑re... u. ↑Lokation, Bed. 2 nach *fr.* relocation „Wiedervermietung"⟩: (veraltet) 1. wiederholte Platz-, Rangbestimmung. 2. Verlängerung des Mietverhältnisses. **re|lo|zier|bar** ⟨zu ↑relozieren⟩: verschieblich von Programmen im Hauptspeicher einer Rechenanlage; EDV). **re|lo|zie|ren** ⟨zu ↑re... u. ↑lozieren, Bed. 2 zu *lat.* locare „verpachten"⟩: (veraltet) 1. wieder an einen Ort setzen, stellen, neu plazieren, einordnen. 2. wieder od. auf weitere Zeit vermieten
Re|luk|tanz *die;* -, -en ⟨zu *lat.* reluctari „Widerstand leisten" u. ↑...anz⟩: der magnetische Widerstand
Re|lu|xa|ti|on *die;* -, -en ⟨zu ↑re... u. ↑Luxation⟩: wiederholte Ausrenkung eines Gelenks (z. B. bei angeborener Schwäche der Gelenkkapsel; Med.). **re|lu|xie|ren:** sich wiederholt ausrenken (von Gelenken; Med.)
Rem *das;* -s, -s ⟨Kurzw. aus *engl.* roentgen equivalent *m*an⟩: ältere Einheit für die Dosis (3) ionisierender Strahlen, die die gleiche Wirksamkeit am Gewebe des menschlichen Körpers hat wie eine Röntgeneinheit; Zeichen rem
Re|make [riːˈmeɪk, engl. 'riː...] *das;* -s, -s ⟨aus gleichbed. *engl.* remake zu to remake „wieder machen"⟩: 1. Neuverfilmung eines älteren Spielfilmstoffes. 2. Neufassung, Zweitfassung, Wiederholung einer künstlerischen Produktion
re|ma|nent ⟨aus gleichbed. *lat.* remanens, Gen. remanentis, Part. Präs. von remanere „zurückbleiben"⟩: zurückbleibend, dauernd. **Re|ma|nenz** *die;* - ⟨zu ↑...enz⟩: 1. svw. remanenter Magnetismus. 2. Rückstand, Weiterbestehen eines Reizes, ↑Engramm
re|mar|ka|bel ⟨aus gleichbed. *fr.* remarquable zu remarquer „an-, bemerken"⟩: (veraltet) bemerkenswert. **Re|marque|druck** [rəˈmark...] *der;* -[e]s, -e ⟨zu *fr.* remarque „Anmerkung"⟩: erster Druck von Kupferstichen, Lithographien u. Radierungen, der neben der eigentlichen Zeichnung auf dem Rande noch eine Anmerkung in Form einer kleinen Skizze od. Ätzprobe aufweist, die vor dem endgültigen Druck abgeschliffen wird
Re|ma|su|ri vgl. Ramasuri
Re|ma|te|ria|li|sa|ti|on *die;* -, -en ⟨zu ↑re... u. ↑Materialisation⟩: Rückführung eines dematerialisierten (unsichtbaren) Gegenstandes in seinen ursprünglichen materiellen Zustand (Parapsychol.); Ggs. ↑Dematerialisation
Rem|boî|tage [rãboaˈtaːʒə] *die;* -, -n ⟨aus gleichbed. älter *fr.* remboîtage zu remboîter „wieder einfügen"⟩: (veraltet) das Einbinden eines alten Buches in einen neuen Bucheinband
Rem|bours [rãˈbuːr] *der;* - [...r̥(s)], - [...r̥s] ⟨Kurzform aus *fr.* remboursement „Rückerstattung" zu rembourser, vgl. rembousieren⟩: Begleichung einer Forderung aus einem Geschäft im Überseehandel durch Vermittlung einer Bank. **rem|bour|sie|ren** [rãbʊr...] ⟨aus *fr.* rembourser „zurückzahlen"⟩: eine Forderung aus einem Geschäft im Überseehandel durch Vermittlung einer Bank begleichen
Re|me|del|lo|kul|tur *die;* - ⟨nach dem oberital. Fundort Remedello Sotto südlich von Brescia⟩: vorgeschichtliche Kulturgruppe vom Übergang der Jungsteinzeit zur Bronzezeit
Re|me|dia: Plur. von ↑Remedium. **re|me|dia|bel** ⟨aus gleichbed. *fr.* remédiable zu remédier „heilen", dies aus *lat.* remediare, vgl. remedieren⟩: (veraltet) heilbar. **Re|me|di|en** [...iən]: Plur. von ↑Remedium. **re|me|die|ren** ⟨aus gleichbed. *lat.* remediare, remediari⟩: heilen (Med.). **Re|me|di|um** *das;* -s, Plur. ...ien [...iən] u. ...ia ⟨aus *lat.* remedium „Heilmittel; Hilfs-, Rechtsmittel"⟩: 1. Heilmittel (Med.). 2. bei Münzen die zulässige Abweichung vom gesetzlich geforderten Gewicht u. Feingehalt. **Re|me|dur** *die;* -, -en ⟨zu ↑...ur⟩: (veraltet) [gerichtliche] Abhilfe; Abstellung eines Mißbrauchs
Re|mer|ci|ment [rəmɛrsiˈmã:] *das;* -s, -s ⟨aus *fr.* remerciement, remercîment „Dank" zu remercier „danken", dies zu merci „Dank"⟩: (veraltet) Danksagung
Re|mi|grant *der;* -en, -en ⟨zu *lat.* remigrans, Gen. remigrantis, Part. Präs. von remigrare, vgl. remigrieren⟩: ↑Emigrant, der in das Land zurückkehrt, das er aus politischen, rassischen, religiösen od. anderen Gründen verlassen hatte. **Re|mi|gran|tin** *die;* -, -nen: weibliche Form zu ↑Remigrant. **Re|mi|gra|ti|on** *die;* -, -en ⟨aus gleichbed. *nlat.* remigratio⟩: (veraltet) [Zu]rückwanderung, Heimkehr in die Heimat. **re|mi|grie|ren** ⟨aus gleichbed. *lat.* remigrare⟩: rückwandern, aus der Emigration zurückkehren. **Re|mi|grier|te** *der* u. *die;* -n, -n ⟨vgl. ...iert⟩: aus der ↑Emigration (1) Zurückgekehrte[r]
re|mi|li|ta|ri|sie|ren ⟨zu ↑re... u. ↑militarisieren⟩: wiederbewaffnen, wieder mit eigenen Truppen besetzen; das [aufgelöste] Heerwesen eines Landes von neuem organisieren. **Re|mi|li|ta|ri|sie|rung** *die;* -: das Remilitarisieren, das Remilitarisiertwerden
Re|mi|nis|zenz *die;* -, -en ⟨aus *spätlat.* reminiscentia „Rückerinnerung" zu reminisci „sich erinnern"⟩: Erinnerung, die etwas für jmdn. bedeutet; Anklang; Überbleibsel. **Re|mi|nis|ze|re** ⟨aus *lat.* reminiscere „gedenke!", Imp. Sing. von reminisci; nach dem Eingangsvers des Gottesdienstes, Psalm 25,6⟩: in der ev. Kirche Name des zweiten Sonntags in der Passionszeit (fünfter Sonntag vor Ostern)
re|mis [rəˈmi:] ⟨aus gleichbed. *fr.* remis, eigtl. „zurückgestellt (als ob nicht stattgefunden)", Part. Perf. von remettre „zurückstellen", dies zu *lat.* remittere, vgl. remittieren⟩: unentschieden (bes. in bezug auf Schachpartien u. Sportwettkämpfe). **Re|mis** *das;* - [...ˈmi:(s)], Plur. - [...ˈmi:s] u. -en [...iːzn]: Schachpartie, Sportwettkampf mit unentschiedenem Ausgang. **Re|mi|se** *die;* -, -n ⟨aus gleichbed. *fr.* remise, eigtl. substantiviertes Fem. von remis, vgl. remis⟩: 1. (veraltend) Geräte-, Wagenschuppen. 2. [künstlich angelegtes] dichtes Schutzgehölz für Wild (Forstw.). **Re|mi|sier** [rəmiˈzje:] *der;* -s, -s ⟨aus gleichbed. *fr.* remisier⟩: Vermittler von Wertpapiergeschäften zwischen Publikum u. Börsenmakler od. Banken. **re|mi|sie|ren** ⟨zu ↑remis u. ↑...ieren⟩: eine Schachpartie od. einen sportlichen Wettkampf unentschieden gestalten. **re|mis|si|bel** ⟨aus *fr.* remissible „verzeihlich", dies aus gleichbed. *lat.* remissibilis⟩: (veraltet) nachlaßbar, [er]läßlich. **Re|mis|si|on** *die;* -, -en ⟨aus *lat.* remissio „das Zurücksenden"⟩: 1. (veraltet) Erlaß, Nachsicht. 2. Rückgang von Krankheitserscheinungen; vorübergehendes Abklingen, bes. des Fiebers (Med.). 3. in der Lichttechnik das Zurückwerfen von Licht an undurchsichtigen Flächen. 4. Rücksendung von Remittenden. **Re|mit|ten|de** *die;* -, -n ⟨aus *lat.* remittenda „das Zurückzusendende", Neutrum Plur. des Gerundivums von remittere, vgl. remittieren⟩: beschädigtes od. fehlerhaftes Buch o. ä., das an den Verlag zum Umtausch zurückgeschickt wird. **Re|mit|tent** *der;* -en, -en ⟨zu *lat.* remittens, Gen. remittentis „zurücksendend", Part. Präs. von remittere, vgl. remittieren⟩: Wechselnehmer, an den od. an dessen Order die Wechselsumme gezahlt werden soll (Wirtsch.). **re|mit|tie|ren** ⟨aus *lat.* remittere „zurückschicken; nachlassen"⟩: 1. Remittenden zurücksenden. 2.

Zahlung für empfangene Leistung einsenden (Wirtsch.). 3. zeitweilig nachlassen, zurückgehen (von Krankheitserscheinungen; Med.). **re|mit|tie|rend** ⟨zu ↑...ierend⟩: zurückgehend, zeitweilig aussetzend (von Krankheitserscheinungen; Med.)

Rem|mi|dem|mi *das;* -s ⟨Herkunft ungeklärt⟩: (ugs.) lautes Treiben, Trubel, Lärm

re|mo|ne|ti|sie|ren ⟨zu ↑re... u. ↑monetisieren⟩: 1. wieder in Umlauf setzen (von Münzen; Geldw.). 2. in Geld zurückverwandeln (Wirtsch.)

Re|mon|stran|ten *die* (Plur.) ⟨aus gleichbed. *mlat.* remonstrantes, Part. Präs. Plur. von remonstrare, vgl. remonstrieren⟩: häufige Bez. der ↑Arminianer nach ihrer Bekenntnisschrift (Remonstration). **Re|mon|stra|ti|on** *die;* -, -en ⟨aus gleichbed. *mlat.* remonstratio⟩: (veraltet) Gegenvorstellung, Einspruch, Einwand (Rechtsw.). **re|mon|strie|ren** ⟨aus gleichbed. *mlat.* remonstrare⟩: (veraltet) Einwände erheben, Gegenvorstellungen machen (Rechtsw.)

re|mon|tant [auch ...mõ...] ⟨aus gleichbed. *fr.* remontant zu remonter, vgl. remontieren⟩: wiederblühend (nach der Hauptblüte; Bot.). **Re|mon|tan|te** *die;* -, -n (meist Plur.): mehrmals im Jahr blühende Zierpflanze (Bot.). **Re|mon|te** [auch ...'mõ:tə] *die;* -, -n ⟨aus gleichbed. *fr.* cheval de) remonte⟩: (früher) 1. Remontierung. 2. junges Militärpferd. **re|mon|tie|ren** [auch ...mõ...] ⟨aus gleichbed. *fr.* remonter, eigtl. „wieder (hin)aufgehen, aufsteigen", zu re- (vgl. re...) u. monter „hinaufsteigen" (dies über *vulgärlat.* *montare zu *lat.* mons, Gen. montis „Berg")⟩: 1. (nach der Hauptblüte) noch einmal blühen (Bot.). 2. (früher) den militärischen Pferdebestand durch Jungpferde ergänzen. **Re|mon|tie|rung** *die;* -, -en ⟨zu ↑...ierung⟩: (früher) die Ergänzung des militärischen Pferdebestandes durch Jungpferde. **Re|mon|toir|uhr** [rəmɔ'tŏa:ɐ̯...] *die;* -, -en ⟨zu *fr.* remontoir „Stellrad (an Uhren)", dies zu remonter „(eine Uhr) wieder aufziehen"⟩: Taschenuhr mit einer Vorrichtung zum Aufziehen des Uhrwerkes u. Stellen des Zeigers durch Kronenaufzug (gezahntes Rädchen)

Re|mor|queur [remɔr'køːɐ̯] *der;* -s, -e ⟨aus gleichbed. *fr.* remorqueur zu remorquer „bugsieren, schleppen", dies über *it.* rimorchiare aus *vulgärlat.* remulcare zu *lat.* remulcum „Schlepptau"⟩: (landsch.) kleiner Schleppdampfer. **re|mor|quie|ren** [...'kiː...] ⟨aus gleichbed. *fr.* remorquer, vgl. Remorqueur⟩: (landsch.) ins Schlepptau nehmen

Re|mote sen|sing [rɪ'moʊt 'sɛnsɪŋ] *das;* -s ⟨aus gleichbed. *engl.* remote sensing zu remote „(weit) entfernt" u. sensing „das Abtasten"⟩: Forschungsrichtung, die unter Einsatz verschiedener Mittel (z. B. Luft- u. Raumfahrzeuge, EDV-Anlagen) Phänomene aus großer Entfernung untersucht (z. B. Oberfläche u. Gashülle von Weltraumobjekten). **Re|mo|ti|on** [remo...] *die;* -, -en ⟨aus gleichbed. *lat.* remotio, eigtl. „das Zurückbewegen", zu removere, vgl. remotiv u. removieren⟩: (veraltet) Entfernung, Absetzung. **re|mo|tiv** ⟨zu *lat.* remotus (Part. Perf. von removere, vgl. removieren) u. ↑...iv⟩: entfernend, ausscheidend, verneinend (in bezug auf Urteile; Philos.)

Re|mou|la|de [remu'laːdə] *die;* -, -n ⟨aus gleichbed. *fr.* rémoulade, weitere Herkunft unsicher⟩: eine Art Kräutermayonnaise

re|mo|vie|ren [...v...] ⟨aus gleichbed. *lat.* removere⟩: (veraltet) entfernen, absetzen

REM-Pha|se *die;* -, -n ⟨Abk. für *engl.* rapid eye movements „schnelle Augenbewegungen" u. zu ↑Phase⟩: während des Schlafs [mehrmals] auftretende Traumphase, die an den schnellen Augenbewegungen des Schläfers erkennbar ist (Med., Psychol.)

Rem|pla|çant [rɑ̃pla'sɑ̃:] *der;* -s, -s ⟨aus gleichbed. *fr.* remplaçant zu remplacer, vgl. remplacieren⟩: Stellvertreter, Ersatzmann, den ein Wehrpflichtiger stellen kann. **rem|pla|cie|ren** ⟨aus gleichbed. *fr.* remplacer zu re- (vgl. re...) u. emplacer „aufstellen"⟩: einen Ersatzmann zur Ableitung des Wehrdienstes stellen

Re|mu|ne|ra|ti|on *die;* -, -en ⟨unter Einfluß von gleichbed. *fr.* rémunération aus *mlat.* remuneratio zu *lat.* remuneratio „Vergeltung, Erwiderung", dies zu remunerari, vgl. remunerieren⟩: (österr., sonst veraltet) Vergütung, Entschädigung. **re|mu|ne|ra|tiv** ⟨aus gleichbed. *fr.* rémunératif zu rémunérer, dies aus *lat.* remunerari, vgl. remunerieren⟩: (veraltet) vergeltend, belohnend. **re|mu|ne|rie|ren** ⟨unter Einfluß von gleichbed. *fr.* rémunérer aus *lat.* remunerari, eigtl. „vergelten, beschenken, belohnen"⟩: (österr., sonst veraltet) vergüten, entschädigen

¹Ren [rɛn, reːn] *das;* -s, Plur. -s [rɛns] u. Re̱ne ⟨aus dem Skand.⟩: kälteliebende Hirschart nördlicher Gebiete, deren Weibchen ebenfalls Geweihe tragen, Zug- u. Tragtier, gleichzeitig Fleisch-, Milch-, Fell- u. Lederlieferant der Lappen

²Ren *der;* -[s], Re̱nes [...neːs] ⟨aus gleichbed. *lat.* ren, Gen. renis⟩: Niere (Med.)

Re|nais|sance [rəne'sɑ̃:s] *die;* -, -n [...ã:sn̩] ⟨aus gleichbed. *fr.* renaissance, eigtl. „Wiedergeburt", zu renaître „wiedergeboren werden, wiederaufleben", dies über das Vulgärlat. aus gleichbed. *lat.* renasci⟩: 1. a) (ohne Plur.) Stil, kulturelle Bewegung in Europa im Übergang vom Mittelalter zur Neuzeit, von Italien ausgehend u. gekennzeichnet durch eine Rückbesinnung auf Werte u. Formen der griech.-röm. Antike in Literatur, Philosophie, Wissenschaft u. bes. in Kunst u. Architektur; b) Epoche der Renaissance (1a) vom 14. bis 16. Jh. 2. geistige u. künstlerische Bewegung, die bewußt an ältere Traditionen, bes. an die griech.-röm. Antike, anzuknüpfen versuchte (z. B. die karolingische Renaissance). 3. Wiederaufleben, neue Blüte. **re|nais|san|ci|stisch** [...sã'sɪ...] ⟨zu ↑...istisch⟩: für die Renaissance (1) typisch, im Stil der Renaissance

re|nal ⟨aus gleichbed. *lat.* renalis zu ren, vgl. ²Ren⟩: die Nieren betreffend, zu den Nieren gehörend (Med.)

re|na|tu|rie|ren ⟨zu ↑re..., ↑Natur u. ↑...ieren⟩: in einen naturnäheren Zustand zurückführen. **Re|na|tu|rie|rung** *die;* -, -en ⟨zu ↑...ierung⟩: Zurückführung in einen naturnäheren Zustand

Ren|con|tre [rã'kõːtrə] *das;* -s, -s ⟨aus gleichbed. *fr.* rencontre (eigtl. „Begegnung, Zusammenstoß") zu rencontrer „begegnen", Intensivbildung von gleichbed. *altfr.* encontrer, dies über *vulgärlat.* *incontrare zu *lat.* in contra „entgegen"⟩: Mannschaftskampf im Fechten

Ren|dant *der;* -en, -en ⟨zu *fr.* rendant, eigtl. „Berichtender, Wiedergebender", substantiviertes Part. Präs. von rendre „zurückerstatten", dies über *vulgärlat.* *rendere aus *lat.* reddere „zurückgeben"⟩: Rechnungsführer in größeren Kirchengemeinden od. Gemeindeverbänden. **Ren|dan|tur** *die;* -, -en ⟨zu ↑...ur⟩: (veraltet) Gelder einnehmende u. auszahlende Behörde. **Ren|de|ment** [rãdə'mã:] *das;* -s, -s ⟨aus *fr.* rendement, eigtl. „Ertrag"⟩: Gehalt eines Rohstoffes an reinen Bestandteilen, bes. der Gehalt an reiner [Schaf]wolle nach Abzug des Feuchtigkeitszuschlags. **Ren|dez|vous** [rãde'vuː, auch 'rãːdevu] *das;* - [...'vuː(s), auch 'rãːdevu(ːs), - [...'vuːs, auch 'rãːdevuːs] ⟨aus gleichbed. *fr.* rendez-vous, eigtl. „findet euch ein!", substantivierter Imp. Plur. von se rendre „sich irgendwohin begeben", Bed. b

1181

nach gleichbed. engl.-amerik. rendezvous, eigtl. „Treffpunkt"): a) (veraltend, noch scherzh.) Stelldichein, Verabredung; b) Annäherung u. Ankopplung von Raumfahrzeugen im Weltraum. **Ren|dez|vous|ma|nö|ver** *das;* -s, -: gesteuerte Flugbewegung zur Annäherung u. Ankopplung von Raumfahrzeugen. **Ren|di|te** [rɛn...] *die;* -, -n ⟨aus *it.* rendita „Einkünfte, Gewinn" zu rendere, dies aus *lat.* reddere „zurückerstatten"⟩: Jahresertrag eines angelegten Kapitals. **Ren|di|ten|haus** *das;* -es, ...häuser: (schweiz.) Miethaus

Ren|dzi|na *die;* - ⟨aus dem Slaw.⟩: Humuskarbonatboden, der sich unter Laubmischwäldern der Mittelgebirge u. Hügelländer in den gemäßigten Breiten nur auf Kalkstein bildet

Re|ne: Plur. von ↑ ¹Ren

Re|ne|gat *der;* -en, -en ⟨aus gleichbed. *fr.* renégat, dies über *it.* rinnegato (eigtl. substantiviertes Part. Perf. von rinnegare „abschwören") aus *mlat.* renegare, vgl. renegieren⟩: [Glaubens]abtrünniger, Abweichler; jmd., der seine bisherige politische od. religiöse Überzeugung wechselt. **Re|ne|ga|ti|on** *die;* -, -en ⟨zu ↑¹...ion⟩: Ableugnung; Abfall vom Glauben. **re|ne|gie|ren** ⟨aus *mlat.* renegare zu ↑ re... u. *lat.* negare, vgl. negieren⟩: (veraltet) wieder verleugnen, ableugnen

Re|ne|klo|de u. Reineclaude [rɛːnəˈkloːdə] *die;* -, -n ⟨aus gleichbed. *fr.* reine-claude, eigtl. „Königin Claude", nach der Gemahlin des franz. Königs Franz I. (1494–1547)⟩: Pflaumenart mit grünen Früchten; vgl. Ringlotte

Re|nes [...neːs]: Plur. von ↑ ²Ren

Re|net|te *die;* -, -n ⟨aus gleichbed. *fr.* reinette, rainette, vielleicht Verkleinerungsform von reine „Königin"⟩: saftige, süße Apfelsorte

Ren|for|cé [rãfɔrˈseː] *der* od. *das;* -s, -s ⟨zu *fr.* renforcé „verstärkt", Part. Perf. von renforcer „verstärken", dies über altfr. enforcier aus *vulgärlat.* *infortiare zu *lat.* fortis „stark"⟩: feinfädiger, gebleichter Baumwollstoff in Leinenbindung (eine Webart); kräftiges Taftband

Re|nie|rit [auch ...ˈrrit] *der;* -s, -e ⟨nach dem belg. Geologen M. A. Renier (1876–1951) u. zu ↑²...it⟩: svw. Germanit

Re|nin *das;* -s, -e ⟨zu *lat.* ren (vgl. ²Ren) u. ↑...in (1)⟩: zu den Gewebshormonen gehörender, der Nierenrinde entstammender Stoff von blutdrucksenkender Wirkung (Biochem.). **Re|ni|nom** *das;* -s, -e ⟨zu ↑...om⟩: Nierentumor, der zur Blutdrucksenkung führt (Med.)

re|ni|tent ⟨über *fr.* rénitent „dem Druck widerstehend" aus *lat.* renitens, Gen. renitentis, Part. Präs. von reniti, vgl. renitieren⟩: widerspenstig, widersetzlich. **Re|ni|ten|te** *der* u. *die;* -n, -n: jmd., der renitent ist. **Re|ni|tenz** *die;* - ⟨aus *fr.* rénitence „Gegendruck"⟩: renitentes Verhalten, Widersetzlichkeit. **re|ni|tie|ren** ⟨aus *lat.* reniti „sich entgegenstemmen, widersetzen" zu ↑ re... u. niti „sich anstrengen"⟩: (veraltet) sich widersetzen, widerstreben

Ren|kon|tre [rãˈkõːtrə] *das;* -s, -s ⟨aus *fr.* rencontre „Begegnung, Zusammenstoß", vgl. Rencontre⟩: 1. (veraltend) Zusammenstoß; feindliche Begegnung. 2. vgl. Rencontre

Ren|min|bi *der;* -s, -s ⟨aus dem Chin.⟩: Währungseinheit in China (= 10 Jiao = 100 Fen)

Re|no|gramm *das;* -s, -e ⟨zu *lat.* ren (vgl. ²Ren) u. ↑...gramm⟩: Röntgenbild der Nieren (Med.). **Re|no|graphie** *die;* -, ...ien ⟨zu ↑...graphie⟩: Röntgendarstellung der Nieren (Med.)

Re|nom|ma|ge [...ʒə] *die;* -, -n ⟨mit französierender Endung im 18. Jh. in Studentenkreisen scherzh. zu ↑ renommieren gebildet, vgl. auch Renommee u. ...age⟩: Prahlerei. **Re|nom|mee** *das;* -s, -s ⟨aus gleichbed. *fr.* renommée, substantiviertes Part. Perf. (Fem.) von renommer, vgl. renommieren⟩: guter Ruf, Leumund, Ansehen; vgl. par renommé. **re|nom|mie|ren** ⟨nach *fr.* renommer „rühmen" zu re- (vgl. re...) u. nommer „nennen", dies aus *lat.* nominare⟩: angeben, prahlen, großtun. **re|nom|miert** ⟨zu ↑ renommieren⟩; vgl. ...iert⟩: berühmt, angesehen, namhaft. **Re|nom|mist** *der;* -en, -en ⟨zu ↑ renommieren u. ↑ ...ist⟩: Prahlhans, Aufschneider

Re|non|ce [rəˈnõːs(ə), auch re...] *die;* -, -n ⟨aus *fr.* renonce „das Nichtbedienen" zu renoncer „nicht bedienen, verzichten", vgl. renoncieren⟩: Fehlfarbe (Kartenspiel). **re|non|cie|ren** [...nõˈsiː...] ⟨aus gleichbed. *fr.* renoncer, dies aus *lat.* renuntiare, eigtl. „berichten"⟩: (veraltet) verzichten

re|no|pro|tek|tiv ⟨zu *lat.* ren (vgl. ²Ren) u. ↑ protektiv⟩: die Nieren vor Schädigungen schützend (von Arzneimitteln; Med.)

Re|nor|mie|rung *die;* -, -en ⟨zu ↑ re... u. ↑ Normierung⟩: Verfahren in der Quantenfeldtheorie, das zur mathematischen Behandlung auftretender Divergenzen verwendet wird (Math., Phys.)

re|no|vas|ku|lär [...v...] ⟨zu *lat.* ren (vgl. ²Ren) u. ↑ vaskulär⟩: die Nierengefäße betreffend (Med.)

Re|no|va|ti|on [...v...] *die;* -, -en ⟨aus *lat.* renovatio „Erneuerung" zu renovare, vgl. renovieren⟩: svw. Renovierung; vgl. ...[at]ion/...ierung. **re|no|vie|ren** ⟨aus gleichbed. *lat.* renovare⟩: erneuern, instand setzen, wiederherstellen. **Re|no|vie|rung** *die;* -, -en ⟨zu ↑...ierung⟩: Erneuerung, Instandsetzung; vgl. ...[at]ion/...ierung

Ren|sei|gne|ment [rãsɛnjəˈmã:] *das;* -s, -s ⟨aus gleichbed. *fr.* renseignement zu renseigner „Auskunft geben (über etw.)", dies über enseigner „nennen, belehren" aus *vulgärlat.* *insignare zu *lat.* insignire „aus-, bezeichnen"⟩: (veraltet) Auskunft, Nachweis

ren|ta|bel ⟨französierende Bildung zu ↑ rentieren; vgl. ...abel⟩: einträglich, lohnend; gewinnbringend. **Ren|ta|bi|li|tät** *die;* - ⟨zu ↑ ...ität⟩: Einträglichkeit; Verhältnis des Gewinns einer Unternehmung zu dem eingesetzten Kapital in einem Rechnungszeitraum. **Ren|te** *die;* -, -n ⟨aus gleichbed. *(alt)fr.* rente, dies aus *vulgärlat.* *rendita, Part. Perf. (Fem.) von rendere „zurück-, übergeben", dies aus gleichbed. *lat.* reddere⟩: regelmäßiges Einkommen aus angelegtem Kapital od. Beträgen, die auf Grund von Rechtsansprüchen gezahlt werden; dynamische -: vgl. dynamisch. **Ren|ten|ba|sis** *die;* -: Art der Zahlung, bei der der Verkäufer den Kaufpreis [teilweise] als [Leib]rente erhält (bes. bei Immobiliengeschäften; Wirtsch.), z. B. ein Haus auf - kaufen. **Ren|ten|neu|ro|se** *die;* -, -n: Zweckneurose zur Erlangung einer im Verhältnis zur Schwere einer Krankheit nicht gerechtfertigten Rente

¹Ren|tier [ˈrɛn..., ˈreːn...] *das;* -[e]s, -e ⟨zu ↑ ¹Ren⟩: svw. ¹Ren

²Ren|tier [rɛnˈtieː] *der;* -s, -s ⟨aus gleichbed. *fr.* rentier zu rente, vgl. Rente⟩: Rentner. **Ren|tie|re** *die;* -, -n ⟨aus gleichbed. *fr.* rentière, Fem. von rentier, ↑ ²Rentier⟩: (veraltet) Rentnerin. **ren|tie|ren** ⟨französierende Bildung zu *mhd.* renten „Gewinn bringen"; vgl. ...ieren⟩: Zins, Gewinn bringen, einträglich sein; sich -: sich lohnen. **ren|tier|lich**: ertragreich

ren|toi|lie|ren [rãtoaˈliː...] ⟨aus gleichbed. *fr.* rentoiler zu toile „Leinwand", dies aus *lat.* tela „Gewebe"⟩: die schadhaft gewordene Leinwand eines Gemäldes durch eine neue ersetzen

Ren|trant [rãˈtrã:] *der;* -s, -s ⟨aus gleichbed. *fr.* rentrant zu rentrer „zurückspringen", eigtl. „zurückkehren", dies zu

Reperfusion

re- (vgl. re...) u. entrer „eintreten" (aus *lat*. intrare)⟩: einspringender Winkel in Festungswerken

Re|nu|me|ra|ti|on *die;* -, -en ⟨zu *lat*. renumerare (vgl. renumerieren) u. ↑...ation⟩: Rückzahlung, Rückgabe (Wirtsch.). **re|nu|me|rie|ren** ⟨aus gleichbed. *lat*. renumerare⟩: zurückzahlen, zurückgeben (Wirtsch.)

Re|nun|tia|ti|on vgl. Renunziation. **Re|nun|zia|ti|on** *die;* -, -en ⟨aus *(spät)lat*. renuntiatio „Verzicht", eigtl. „Ver-, Aufkündigung", zu renuntiare, vgl. renunzieren⟩: Abdankung [eines Monarchen]. **re|nun|zie|ren** ⟨aus *(spät)lat*. renuntiare „verzichten", eigtl. „ver-, aufkündigen"⟩: [als Monarch] abdanken

Ren|vers [rãˈvɛːɐ̯, auch ...'vɛrs] *das;* - ⟨zu *fr*. renverser „umkehren" (da der Bewegungsablauf umgekehrt zur normalen Gangart erfolgt); zu envers „verkehrt", dies aus *lat*. inversus⟩: Seitengang des Pferdes, bei dem das Pferd in die Richtung der Bewegung gestellt ist, die Hinterhand auf dem Hufschlag geht u. die Vorhand mindestens einen halben Schritt vom Hufschlag des inneren Hinterfußes entfernt in die Bahn gestellt ist (Dressurreiten); vgl. Travers.

Ren|ver|se|ment [rãvɛrsəˈmãː] *das;* -s, -s ⟨aus gleichbed. *fr*. renversement zu renverser, vgl. renversieren⟩: (veraltet) Umkehrung, Umstellung, Umsturz. **ren|ver|sie|ren** ⟨aus gleichbed. *fr*. renverser, eigtl. „umkehren"⟩: (veraltet) umstürzen, in Unordnung bringen

Ren|voi [rãˈvŏa] *der;* - ⟨aus gleichbed. *fr*. renvoi zu renvoyer „zurückschicken", dies zu re- (vgl. re...) u. envoyer „schicken, auf den Weg bringen" (dies über *gallorom*. *inviare zu *lat*. via „Weg")⟩: Rücksendung (Wirtsch.)

Re|ok|klu|si|on *die;* -, -en ⟨zu ↑re... u. ↑Okklusion⟩: Wiederverschluß eines medikamentös od. mechanisch durchgängig gemachten Blutgefäßes (Med.).

Re|ok|ku|pa|ti|on *die;* -, -en ⟨zu ↑re... u. ↑Okkupation⟩: [militärische] Wiederbesetzung eines Gebietes. **re|ok|ku|pie|ren**: [militärisch] wiederbesetzen

Re|ope|ra|ti|on *die;* -, -en ⟨zu ↑re... u. ↑Operation⟩: wiederholte Operation an der gleichen Stelle (Med.)

Re|or|ga|ni|sa|ti|on *die;* -, -en ⟨aus gleichbed. *fr*. réorganisation zu réorganiser, vgl. reorganisieren⟩: 1. Neugestaltung, Neuordnung. 2. Neubildung zerstörten Gewebes im Rahmen von Heilungsvorgängen im Organismus (Med.). **Re|or|ga|ni|sa|tor** *der;* -s, ...oren ⟨zu ↑re... u. ↑Organisator⟩: Neugestalter. **re|or|ga|ni|sie|ren** ⟨nach gleichbed. *fr*. réorganiser zu ré- (vgl. re...) u. organiser, vgl. organisieren⟩: neu gestalten, neu ordnen, wiedereinrichten

Reo|vi|rus [...v...] *das,* auch *der;* -, ...ren (meist Plur.) ⟨Kurzw. aus *engl*. respiratory, enteric, orphan u. ↑*Virus*⟩: Erreger leicht verlaufender Infektionskrankheiten (vor allem der Atemwege).

re|pan|die|ren ⟨aus *lat*. repandere „wieder öffnen" zu ↑re... u. ↑pandere „ausbreiten, öffnen"⟩: (veraltet) verbreiten, bekannt machen

re|pa|ra|bel ⟨aus gleichbed. *lat*. reparabilis zu reparare, vgl. reparieren⟩: wiederherstellbar; Ggs. ↑irreparabel. **Re|pa|rand** *der;* -en, -en ⟨nach *lat*. reparandus, Gerundivum von reparare, vgl. reparieren⟩: ausbesserungsbedürftiges od. nachzubehandelndes Kleidungsstück (Textilw.). **Re|pa|ra|teur** [...tøːɐ̯] *der;* -s, -e ⟨aus gleichbed. *fr*. réparateur⟩: jmd., der [berufsmäßig] repariert. **Re|pa|ra|ti|on** *die;* -, -en ⟨aus *spätlat*. reparatio „Instandsetzung", Bed. 3 nach gleichbed. *fr*. réparations (Plur.)⟩: 1. (selten) svw. Reparatur, Reparierung. 2. eine Form der ↑Regeneration, bei der durch Verletzung verlorengegangenes Körpergewebe durch Narben- od. Bindegewebe im Rahmen der Wundheilung wieder ersetzt wird (Med.); vgl. Restitution (3). 3. (nur Plur.) Kriegsentschädigungen, Wiedergutmachungsleistungen; vgl. ...[at]ion/...ierung. **re|pa|ra|tiv** ⟨zu ↑...iv⟩: wiederherstellend (im Sinne einer Erneuerung od. eines Ersatzes, vor allem von Körpergewebe; Med.). **Re|pa|ra|tur** *die;* -, -en ⟨aus gleichbed. *mlat*. reparatura⟩: Wiederherstellung, Ausbesserung, Instandsetzung. **Re|pa|ra|tur|en|zy|me** *die* (Plur.): spezielle ↑Enzyme, die durch Mutation (1) entstandene Schäden in der ↑DNS beseitigen können (Biochem.). **re|pa|rie|ren** ⟨aus *lat*. reparare „wiederherstellen, ausbessern" zu ↑re... u. parare, vgl. parieren⟩: in Ordnung bringen, ausbessern, wiederherstellen. **Re|pa|rie|rung** *die;* -, -en ⟨zu ↑...ierung⟩: Wiederherstellung; vgl. ...[at]ion/...ierung

re|par|tie|ren ⟨aus gleichbed. *fr*. répartir zu ré- (vgl. re...) u. älter *fr*. partir „teilen", dies aus *lat*. partiri⟩: (im Börsenhandel) Wertpapiere zuteilen, Teilbeträge auf einzelne Börsenaufträge zur Erledigung zuweisen, wenn Nachfrage u. Angebot nicht im Gleichgewicht sind od. wenn durch große Käufe bzw. Verkäufe zu starke Kursausschläge eintreten würden. **re|par|tiert** ⟨zu ↑...iert⟩: zugeteilt (vgl. repartieren); Abk.: rep. **Re|par|tie|rung** *die;* -, -en ⟨zu ↑...ierung⟩: das Repartieren; vgl. ...[at]ion/...ierung. **Re|par|ti|ti|on** *die;* -, -en ⟨aus gleichbed. *fr*. répartition⟩: Verteilung im Verhältnis der Beteiligten; vgl. ...[at]ion/...ierung

Re|pas|sa|ge [...ʒə] *die;* -, -n ⟨aus gleichbed. *fr*. repassage zu repasser, vgl. repassieren⟩: (veraltet) das Nachprüfen u. Instandsetzen neuer Uhren in der Uhrmacherei. **re|pas|sie|ren** ⟨aus *fr*. repasser „wieder durchgehen, wieder bearbeiten"⟩: 1. (veraltet) zurückweisen. 2. [Rechnungen] wieder durchsehen. 3. Laufmaschen aufnehmen (Wirkerei, Strickerei). 4. in der Färberei eine Behandlung wiederholen. 5. bei der Metallbearbeitung ein Werkstück durch Kaltformung nachglätten. **Re|pas|sie|re|rin** *die;* -, -nen: Arbeiterin, die Laufmaschen aufnimmt

Re|pa|tri|ant *der;* -en, -en ⟨zu ↑repatriieren u. ↑...ant⟩: in die Heimat zurückgeführter Kriegs- od. Zivilgefangener, Heimkehrer. **Re|pa|tri|a|ti|on** *die;* -, -en ⟨zu ↑...ation⟩: das Zurückführen von Kriegs- od. Zivilgefangenen in die Heimat. **re|pa|tri|ie|ren** ⟨nach *spätlat*. repatriare „ins Vaterland zurückkehren" zu ↑re... u. *lat*. patria „Vaterland"⟩: 1. die Staatsangehörigkeit wiederverleihen. 2. einen Kriegs- od. Zivilgefangenen in die Heimat entlassen

Re|peat [rɪˈpiːt] *das;* -s, -s ⟨aus *engl*. repeat „Wiederholung" zu to repeat „wiederholen", dies über *(mittel)fr*. répéter aus *lat*. repetere⟩: 1. Wiederholprogramm in vielen Programmiersprachen, durch das eine Anweisung mehrfach ausgeführt werden kann (EDV). 2. svw. Repeatperkussion. **Re|pea|ter** [...ˈpiːtə] *der;* -s, - ⟨aus gleichbed. *engl*. repeater⟩: Bauteil in digitalen Übertragungsstrecken (z. B. Lichtwellenleiter) zur Wiederaufbereitung digitaler Signale in bestimmten Abständen (Elektronik). **Re|peat|per|kus|si|on** *die;* -, -en: Wiederholung des angeschlagenen Tones od. Akkordes in rascher Folge (bei der elektronischen Orgel)

Re|pel|lents [rɪˈpɛlənts] *die* (Plur.) ⟨aus gleichbed. *engl*. repellents zu repellent „abstoßend", dies zu to repel „ab-, zurückstoßen" aus *lat*. repellere, vgl. repellieren⟩: a) Stoffe, die abstoßend wirken, ohne zu schädigen (z. B. Räuchermittel, Schutzanstriche o. ä.); b) wasserabstoßende Zusätze in Stoffgeweben (Chem.). **re|pel|lie|ren** [re...] ⟨aus gleichbed. *lat*. repellere⟩: (veraltet) zurücktreiben, abweisen, verstoßen

re|per|fun|die|ren ⟨zu ↑re... u. ↑perfundieren⟩: eine Reperfusion vornehmen (Med.). **Re|per|fu|si|on** *die;* -, -en: Wiederdurchströmung eines Blutgefäßes, das durch einen

Reperkussion

↑Thrombus verschlossen war u. medikamentös od. instrumentell für den Blutstrom durchgängig gemacht wurde (Med.)

Re|per|kus|si|on *die;* -, -en ⟨nach *lat.* repercussio „das Zurückschlagen, Zurückprallen" zu repercutere, vgl. reperkutieren⟩: 1. Sprechton beim Psalmenvortrag. 2. a) einmaliger Durchgang des Themas durch alle Stimmen bei der Fuge; b) Tonwiederholung bei einem Instrumentalthema (Mus.). **Re|per|kus|si|ons|ton** *der;* -[e]s, ...töne: Zentralton in der Kirchentonart. **re|per|ku|tie|ren** ⟨aus gleichbed. *lat.* repercutere zu ↑re... u. percutere „,(durch)stoßen, -werfen"⟩: (veraltet) zurückstoßen, zurückwerfen

Re|per|toire [...'toa:ɐ̯] *das;* -s, -s ⟨aus gleichbed. *fr.* répertoire, dies aus *spätlat.* repertorium „Verzeichnis", eigtl. „Fundstätte", zu reperire „wiederfinden"⟩: Vorrat einstudierter Theaterstücke, Bühnenrollen, Partien, Kompositionen o. ä. **Re|per|toire|stück** *das;* -[e]s, -e: sich über längere Zeit im Spielplan haltendes Bühnenwerk. **Re|per|to|ri|um** *das;* -s, ...ien [...jən] ⟨aus gleichbed. *spätlat.* repertorium, vgl. Repertoire⟩: wissenschaftliches Nachschlagewerk (oft als Bibliographie von Zeitschriftenaufsätzen u. anderen Erscheinungen eines bestimmten Fachgebietes)

re|pe|ta|tur ⟨*lat.;* „es möge wiederholt werden", 3. Pers. Konj. Präs. Pass. von repetere „wiederholen"⟩: soll erneuert werden (Hinweis auf ärztlichen Rezepten); Abk.: rep. **Re|pe|tent** *der;* -en, -en ⟨zu *lat.* repetens, Gen. repetentis, Part. Präs. von repetere, vgl. repetieren⟩: 1. (veraltet) svw. Repetitor. 2. (verhüllend) Schüler, der eine Klasse noch einmal wiederholt. **re|pe|tie|ren** ⟨aus gleichbed. *lat.* repetere⟩: 1. durch Wiederholen einüben, lernen. 2. (verhüllend) eine Klasse noch einmal durchlaufen (weil man das Klassenziel nicht erreicht hat). 3. (fachspr., veraltet) a) (von Uhren) auf Druck od. Zug die Stunde nochmals angeben, die zuletzt durch Schlagen angezeigt worden ist; b) (beim Klavier) als Ton richtig zu hören sein, richtig anschlagen. **Re|pe|tier|fak|to|ren** *die* (Plur.): Verbrauchsgüter, die im Produktionsprozeß vollständig verbraucht werden (Wirtsch.). **Re|pe|tier|ge|wehr** *das;* -[e]s, -e: Mehrladegewehr mit Patronenmagazin. **Re|pe|tier|uhr** *die;* -, -en: Taschenuhr mit Schlagwerk. **re|pe|ti|tio est ma|ter stu|dio|rum** ⟨*lat.*⟩: die Wiederholung ist die Mutter der Wissenschaften. **Re|pe|ti|ti|on** *die;* -, -en ⟨aus gleichbed. *lat.* repetitio, Bed. 2 über *engl.* repetition⟩: 1. Wiederholung. 2. svw. Iteration (4). **re|pe|ti|tiv** ⟨zu ↑...iv⟩: sich wiederholend. **Re|pe|ti|tor** *der;* -s, ...oren ⟨aus *spätlat.* repetitor „Wiederholer"⟩: 1. Akademiker, der Studierende [der juristischen Fakultät] durch Wiederholung des Lehrstoffes auf das Examen vorbereitet. 2. svw. Korrepetitor. **Re|pe|ti|to|ri|um** *das;* -s, ...ien [...jən] ⟨zu ↑...orium⟩: 1. Wiederholungsunterricht. 2. Wiederholungsbuch

Re|pit [re'pi:] *der;* -s, -s ⟨aus gleichbed. *fr.* répit über *mittelfr.* respit aus *lat.* respectus „Rücksicht", vgl. Respekt⟩: (veraltet) Nachsicht; Frist, Aufschub

Re|plan|ta|ti|on *die;* -, -en ⟨aus *nlat.* replantatio „das Wiedereinpflanzen" zu *spätlat.* replantare, vgl. replantieren⟩: svw. Reimplantation. **re|plan|tie|ren** ⟨aus *spätlat.* replantare „wieder einpflanzen" zu ↑re... u. *lat.* plantare „(be)pflanzen"⟩: svw. reimplantieren

Re|plik *die;* -, -en ⟨unter Einfluß von *fr.* réplique „Antwort, Gegenrede" aus *(m)lat.* replica(tio) „Wiederholung" zu *lat.* replicare, vgl. replizieren⟩: 1. a) Entgegnung, Erwiderung; b) Gegeneinrede; Erwiderung des Klägers auf die Verteidigung des Beklagten (Rechtsw.). 2. Nachbildung eines Kunstwerkes durch den Künstler selbst (Kunstw.). 3. Wiederholung eines musikalischen Abschnitts od. Themas (Mus.). **Re|pli|ka|se** *die;* -, -n ⟨Kurzw. aus Autoreduplikation u. ↑...*ase*⟩: zu den ↑Polymerasen gehörendes Enzym, das die identische Vermehrung genetischen Materials katalysiert (Biochem.). **Re|pli|kat** *das;* -[e]s, -e ⟨zu ↑Replik u. ↑¹...at (1)⟩: originalgetreue Nachbildung eines Kunstwerks (Kunstw.). **Re|pli|ka|ti|on** *die;* -, -en ⟨aus *lat.* replicatio, vgl. Replik⟩: Bildung einer exakten Kopie bes. von Genen od. Chromosomen durch Selbstverdopplung genetischen Materials (Biol.). **Re|pli|kon** *das;* -s, -s ⟨zu ↑¹...on⟩: Einheit der genetischen Replikation (Biol.). **re|pli|zie|ren** ⟨aus gleichbed. *lat.* replicare, eigtl. „wieder auseinanderfalten, wieder aufrollen", zu ↑re... u. plica „Falte"⟩: 1. a) entgegnen, erwidern; b) eine Replik (1 b) vorbringen (Rechtsw.). 2. eine Replik (2) herstellen (Kunstw.). **Re|plum** *das;* -s, ...pla ⟨aus *lat.* replum „Anschlagleiste, Rahmen einer Tür"⟩: in der Frucht von Kreuzblütlern auftretende falsche Scheidewand, die bei der Fruchtreife durch Abhebung der Fruchtblätter frei stehen bleibt (Bot.)

Re|po|la|ri|sa|ti|on *die;* -, -en ⟨zu ↑re... u. ↑Polarisation⟩: die Wiederherstellung des Ruhepotentials u. damit der Erregbarkeit von Nerven u. Muskelfasern (Biol., Physiol.)

re|po|ni|bel ⟨zu *lat.* reponere, vgl. reponieren u. ↑...ibel⟩: in die ursprüngliche Lage zurückbringbar (z. B. in bezug auf einen Eingeweidebruch, der in die Bauchhöhle zurückgeschoben werden kann; Med.); Ggs. ↑irreponibel. **re|po|nie|ren** ⟨zu *lat.* reponere „zurücklegen, -bringen; wiederherstellen"⟩: 1. (veraltet) [Akten] zurücklegen, einordnen. 2. a) gebrochene Knochen od. verrenkte Glieder wiedereinrichten; b) einen Eingeweidebruch in die Bauchhöhle zurückschieben (Med.)

¹Re|port *der;* -[e]s, -e ⟨aus gleichbed. *engl.* report zu to report „berichten", dies über ↑ fr. reporter aus *lat.* reportare „überbringen"⟩: 1. systematischer Bericht, wissenschaftliche Untersuchung o. ä. über wichtige [aktuelle] Ereignisse, Entwicklungen o. ä. **²Re|port** *der;* -[e]s, -e ⟨aus gleichbed. *(alt)fr.* report zu reporter, vgl. ¹Report⟩: an der Wertpapierbörse Kursaufschlag bei der ↑Prolongation von Termingeschäften; Ggs. ↑Deport. **Re|por|ta|ge** [...ʒə] *die;* -, -n ⟨aus gleichbed. *fr.* reportage zu reporter, vgl. ¹Report⟩: von einem Reporter hergestellter u. von Presse, Funk od. Fernsehen verbreiteter Bericht vom Ort des Geschehens über ein aktuelles Ereignis; Berichterstattung. **Re|por|ta|ge|ro|man** *der;* -s, -e: reportagehaft geschriebener, dokumentarischer Roman. **Re|por|ter** *der;* -s, - ⟨aus gleichbed. *engl.* reporter zu to report, vgl. ¹Report⟩: jmd., der berufsmäßig Reportagen macht, Zeitungs-, Fernseh-, Rundfunkberichterstatter. **Re|por|te|rin** *die;* -, -innen: weibliche Form zu ↑Reporter. **re|por|tie|ren** ⟨aus gleichbed. *lat.* reportare⟩: (veraltet) zurücktragen, zurückbringen; überbringen, berichten

Re|po|si|ti|on *die;* -, -en ⟨zu *lat.* repositus (Part. Perf. von reponere, vgl. reponieren) u. ↑¹...ion⟩: a) Wiedereinrichtung von gebrochenen Knochen od. verrenkten Gliedern; b) Zurückschiebung von Eingeweidebrüchen in die Bauchhöhle (Med.). **Re|po|si|to|ri|um** *das;* -s, ...ien [...jən] ⟨aus *(m)lat.* repositorium „Fach, Schrank", eigtl. „(Tafel)aufsatz"⟩: (veraltet) Büchergestell, Aktenschrank

re|pous|sa|bel [repu..., rəpʊ...] ⟨zu ↑repoussieren u. ↑..abel⟩: (veraltet) sich zurückstoßen lassend, zurückstoßbar. **re|pous|sie|ren** ⟨aus gleichbed. *fr.* repousser zu re- (vgl. re...) u. pousser „stoßen"⟩: (veraltet) zurückstoßen, zurückweisen. **Re|pous|soir** [...'soaːɐ̯] *das;* -s, -s ⟨aus gleichbed. *fr.* repoussoir, eigtl. „Gegenstellung"⟩: Gegenstand im Vordergrund eines Bildes od. einer Fotografie zur Steigerung der Tiefenwirkung

re|prä|sen|ta|bel ⟨nach *fr.* représentable „darstellbar" zu représenter, vgl. repräsentieren⟩: würdig, stattlich; wirkungsvoll. **Re|prä|sen|tand** *der;* -en, -en ⟨zu *lat.* repraesentandus, Gerundivum von repraesentare, vgl. repräsentieren⟩: (veraltet) der Vorzustellende, der zu Vertretende. **Re|prä|sen|tant** *der;* -en, -en ⟨nach gleichbed. *fr.* représentant, substantiviertes Part. Präs. von représenter, vgl. repräsentieren⟩: 1. [offizieller] Vertreter (z. B. eines Volkes, einer Gruppe) in der Öffentlichkeit. 2. Vertreter einer Firma. 3. Abgeordneter. **Re|prä|sen|tan|ten|haus** *das;* -es, ...häuser ⟨Lehnübersetzung zu *amerik.* House of Representatives⟩: die zweite Kammer des nordamerik. Kongresses, in die die Abgeordneten auf zwei Jahre gewählt werden. **Re|prä|sen|tanz** *die;* -, -en ⟨zu ↑ Repräsentation u. ↑...anz⟩: 1. Vertretung. 2. ständige Vertretung eines größeren Bank-, Makler- od. Industrieunternehmens im Ausland. 3. (ohne Plur.) das Repräsentativsein (vgl. repräsentativ 3). **Re|prä|sen|ta|ti|on** *die;* -, -en ⟨aus gleichbed. *fr.* représentation, dies aus *lat.* repraesentatio „Darstellung"⟩: 1. Vertretung einer Gesamtheit von Personen durch eine einzelne Person od. eine Gruppe von Personen. 2. (ohne Plur.) das Repräsentativsein. 3. a) Vertretung eines Staates, einer öffentlichen Einrichtung o. ä. auf gesellschaftlicher Ebene u. der damit verbundene Aufwand; b) an einem gehobenen gesellschaftlichen Status orientierter, auf Wirkung nach außen bedachter, aufwendiger [Lebens]stil. 4. die Vergegenwärtigung von nicht unmittelbar Gegebenem in der Vorstellung (Philos., Psychol.). **re|prä|sen|ta|tiv** ⟨aus gleichbed. *fr.* représentatif; vgl. ...iv⟩: 1. vom Prinzip der Repräsentation (1) bestimmt; -e [...və] Demokratie: demokratische Staatsform, in der alle Gesetze von den gewählten Volksvertretern beschlossen werden u. Volksentscheide nicht zulässig sind. 2. a) als einzelner, einzelnes so typisch für etwas, eine Gruppe o. ä., daß es das Wesen, die spezifische Eigenart der gesamten Erscheinung, Richtung o. ä. ausdrückt; b) verschiedene [Interessen]gruppen in ihrer Besonderheit, typischen Zusammensetzung berücksichtigend, z. B. -er Querschnitt, -e Umfrage. 3. a) in seiner Art, Anlage, Ausstattung wirkungs-, eindrucksvoll; b) der Repräsentation (3) dienend. **Re|prä|sen|ta|ti|vi|tät** [...v...] *die;* - ⟨zu ↑...ität⟩: das Repräsentativsein. **Re|prä|sen|ta|tiv|sy|stem** *das;* -s, -e: svw. repräsentative Demokratie. **re|prä|sen|tie|ren** ⟨unter Einfluß von gleichbed. *fr.* représenter aus *lat.* repraesentare „vergegenwärtigen, darstellen"⟩: 1. etwas, eine Gesamtheit von Personen nach außen, in der Öffentlichkeit vertreten. 2. repräsentativ (2) sein. 3. seiner gehobenen gesellschaftlichen Stellung entsprechend auftreten. 4. wert sein; [einen Wert] darstellen

Re|pres|sa|lie [...jə] *die;* -, -n [...jən] (meist Plur.) ⟨unter irrtümlicher Anlehnung an *dt.* (er)pressen aus *mlat.* repre(n)salia „das gewaltsame Zurücknehmen" zu *lat.* reprehensus, Part. Perf. von reprehendere „fassen, zurücknehmen"⟩: 1. Druckmittel, Vergeltungsmaßnahme. 2. erlaubte Selbsthilfemaßnahme eines Staates gegen einen anderen, um diesen zur Einhaltung des Völkerrechts zu veranlassen (z. B. durch Embargomaßnahmen; Völkerrecht). **Re|pres|si|on** *die;* -, -en ⟨aus gleichbed. *fr.* répression, dies aus *lat.* repressio „das Zurückdrängen" zu repressus, Part. Perf. von reprimere, vgl. reprimieren⟩: 1. Unterdrückung von Triebregungen (Psychol.). 2. [gewaltsame] Unterdrückung von Widerstand, Kritik, sozialen Bewegungen, individueller Bedürfnisse durch gesellschaftliche u. politische Strukturen u. Autoritätsverhältnisse (Soziol.). 3. Unterdrückung, Hemmung der genetischen Informationsübergabe (Genetik). **re|pres|siv** ⟨aus gleichbed. *fr.* répressif, vgl. ...iv⟩: hemmend, unterdrückend, Repression (1, 2) ausübend (bes. in bezug auf Gesetze, die im Interesse des Staates gegen allgemeingefährliche Umtriebe erlassen werden). **Re|pres|sor** *der;* -s, ...oren ⟨nach *lat.* repressor „Unterdrücker" zu reprimere, vgl. reprimieren⟩: Produkt des ↑ Regulatorgens, das den ↑ Operator (4) blockieren kann u. so die Messenger-RNS-Synthese (vgl. Messenger-Ribonukleinsäure) verhindert (Genetik). **Re|pres|su|ring** [rɪ'prɛʃərɪŋ] *das;* -s, -s ⟨zu *engl.* to repressure zu ↑ re... u. to pressure „unter Druck setzen", dies zu *lat.* pressus, Part. Perf. von premere, vgl. reprimieren⟩: Druckerhöhung, das Einpressen von Erdgas in die Gaskappe einer Erdöllagerstätte, um eine vollständige Ausbeutung bei der Erdölförderung zu erzielen. **Re|pri|man|de** [re...] *die;* -, -n ⟨aus gleichbed. *fr.* réprimande, dies aus *lat.* reprimanda „was zurückgedrängt werden muß", Fem. des Gerundivums von reprimere, vgl. reprimieren⟩: (landsch. veraltet) Zurechtweisung, Tadel. **re|pri|mie|ren** ⟨aus *lat.* reprimere „zurückdrücken, unterdrücken" zu ↑ re... u. premere „drücken, pressen"⟩: unterdrücken, hemmen (von genetischen Informationen; Genetik). **Re|print** [engl. 'riːprɪnt] *der;* -s, -s ⟨aus gleichbed. *engl.* reprint zu to reprint „nachdrucken", dies zu re- (vgl. re...) u. to print „drucken"⟩: unveränderter Nachdruck, Neudruck (Buchw.); vgl. Preprint **Re|pri|se** *die;* -, -n ⟨aus gleichbed. *fr.* reprise, substantiviertes Part. Perf. von reprendre „wiederaufnehmen", dies aus *lat.* reprehendere, vgl. Repressalie⟩: 1. a) Wiederaufnahme eines lange nicht gespielten Theaterstücks (in der alten Inszenierung) od. Films in den Spielplan; Neuauflage einer vergriffenen Schallplatte; b) in einem Sonaten[haupt]satz die Wiederaufnahme des ersten Teiles nach der Durchführung (Mus.). 2. dem Feind wieder abgenommene ↑ Prise (1). 3. Normalfeuchtigkeitszuschlag auf das Trockengewicht der Wolle (Textilindustrie). 4. Kurserholung, die vorhergegangene Kursverluste kompensiert (Börsenw.). 5. bei Keuchhusten im Wechsel mit Stakkatohusten auftretende tiefe, laut hörbare Einatmung (Med.). **Re|pri|sen|clown** [...klaʊn] *der;* -s, -s: Clown, der durch seine Darbietungen Pausen füllt

Re|pri|sti|na|ti|on *die;* -, -en ⟨zu ↑ re..., *lat.* pristinus „vorig" u. ↑...ation⟩: a) Wiederherstellung von etwas Früherem; b) Wiederbelebung einer wissenschaftlichen Theorie; c) jährliche Erneuerung u. Darstellung im Kult (Rel.). **re|pri|sti|nie|ren** ⟨zu ↑...ieren⟩: a) etwas Früheres wiederherstellen; wiederauffrischen; b) eine wissenschaftliche Theorie wiederbeleben; c) im Kult jährlich erneuern, darstellen (Rel.)

re|pri|va|ti|sie|ren ⟨zu ↑ re... u. ↑ privatisieren⟩: ein verstaatlichtes Unternehmen in Privateigentum zurückführen; Ggs. ↑ sozialisieren. **Re|pri|va|ti|sie|rung** *die;* -, -en: das Reprivatisierung; Ggs. ↑ Sozialisierung (1)

Re|pro *die;* -, auch *das;* -s, -s ⟨Kurzw. aus ↑ *Repro*duktion⟩: a) Kopiervorlage für die Druckformherstellung; b) fotografische Reproduktion nach einer Bildvorlage (Druckw.). **Re|pro|ba|ti|on** *die;* -, -en ⟨aus *lat.* reprobatio „die Verwerfung (einer Sache)" zu reprobare, vgl. reprobieren⟩: 1. in der Lehre von der ↑ Prädestination die Verwerfung der Seele (Ausschluß von der ewigen Seligkeit). 2. (veraltet) Zurückweisung, Mißbilligung (Rechtsw.). **re|pro|bie|ren** ⟨aus gleichbed. *lat.* reprobare⟩: (veraltet) etwas mißbilligen, verwerfen

Re|pro|ces|sing [rɪ'proʊsɛsɪŋ] *das;* -s ⟨aus gleichbed. *engl.* reprocessing zu to reprocess „wiederaufbereiten", dies zu

Reproduktion

↑re... u. to process „bearbeiten"⟩: Wiederaufarbeitung, Wiederaufbereitung von verwendeten Kernbrennstoffen
Re|pro|duk|ti|on *die;* -, -en ⟨zu ↑re... u. ↑Produktion⟩: 1. Wiedergabe. 2. (bes. Druckw.) a) das Abbilden u. Vervielfältigen von Büchern, Karten, Bildern, Notenschriften o. ä., bes. durch Druck; b) einzelnes Exemplar einer Reproduktion (2 a). 3. a) stetige Wiederholung des gesellschaftlichen Produktionsprozesses durch Ersatz od. Erweiterung der verbrauchten, alten, überholten Produktionsmittel; b) ständig neue Wiederherstellung der gesellschaftlichen u. individuellen Arbeitskraft durch den Verbrauch von Lebensmitteln, Kleidung o. ä. u. Aufwendungen für Freizeit, Kultur o. ä. (polit. Ökonomie). 4. geschlechtliche od. ungeschlechtliche Vermehrung, Fortpflanzung (Biol.). 5. das Sicherinnern an früher erlebte Bewußtseinsinhalte (Psychol.). **Re|pro|duk|ti|ons|in|dex** *der;* -[e]s: Meßziffer der Bevölkerungsstatistik für den Umfang der Bestandserhaltung der Bevölkerung. **Re|pro|duk|ti|ons|me|di|zin** *die;* -: Spezialgebiet der Medizin, das sich mit der Erforschung der biologischen Grundlagen der menschlichen Fortpflanzung beschäftigt. **re|pro|duk|tiv:** nachbildend, nachahmend. **re|pro|du|zie|ren:** 1. etwas genauso hervorbringen, [wieder]herstellen (wie das Genannte). 2. eine Reproduktion (2 b) herstellen. 3. a) ständig neu erzeugen, herstellen; b) die Reproduktion (3) bewirken. 4. sich -: sich fortpflanzen (Biol.). **Re|pro|graph** *der;* -en, -en ⟨zu ↑Repro u. ↑...graph⟩: Fachmann, der Schriftstücke, Zeichnungen u. Fotografien vervielfältigt. **Re|pro|gra|phie** *die;* -, ...ien ⟨zu ↑...graphie⟩: a) (Plur. selten) Gesamtheit der Kopierverfahren, mit denen mit Hilfe elektromagnetischer Strahlung Reproduktionen (2 b) hergestellt werden; b) Produkt der Reprographie (a). **re|pro|gra|phie|ren** ⟨zu ↑...ieren⟩: eine Reprographie (b) anfertigen. **re|pro|gra|phisch** ⟨zu ↑...graphisch⟩: a) die Reprographie betreffend, auf Reprographie beruhend; b) durch Reprographie hergestellt

REPROM *der;* -, -s ⟨Kurzw. aus engl. *re*programmable *r*ead-*o*nly *m*emory „wieder programmierbarer Nur-Lese-Speicher"⟩: Festwertspeicher, der gelöscht u. wieder programmiert werden kann, wie ↑EAROM u. ↑EPROM (EDV)

Re|pro|mis|si|on *die;* -, -en ⟨aus gleichbed. *lat.* repromissio „vgl. repromittieren"⟩: (veraltet) Gegenversprechen. **re|pro|mit|tie|ren** ⟨aus gleichbed. *lat.* repromittere zu ↑re... u. promittere „versprechen"⟩: (veraltet) ein Gegenversprechen abgeben

Re|pro|test *der;* -[e]s, -e ⟨zu ↑re... u. ↑Protest⟩: (veraltet) Gegenverwahrung. **re|pro|te|stie|ren:** (veraltet) Gegenverwahrung einlegen

Reps, Rep|se *die* (Plur.): (ugs.) Kurzform von ↑Republikaner (3)

Rep|til *das;* -s, Plur. -ien [...jən], selten -e ⟨aus *spätlat.* reptile „kriechendes Tier, Gewürm", substantiviertes Neutrum von reptilis „kriechend", zu *lat.* repere „kriechen"⟩: Kriechtier (z. B. Krokodil, Schildkröte, Eidechse, Schlange). **Rep|ti|li|en|fonds** [...fõ:] *der;* - [...fõ:(s)], - [...fõ:s] ⟨nach der urspr. spöttischen Bez. für den Geheimfonds Bismarcks, der ihm die Bekämpfung politischer Gegner (von ihm 1869 „bösartige Reptilien" genannt) mit Hilfe korrumpierter Presseorgane ermöglichte⟩: Fonds, über dessen Verwendung hohe Regierungsstellen keine Rechenschaft abzulegen brauchen

Re|pu|blik *die;* -, -en ⟨aus gleichbed. *fr.* république, dies aus *lat.* res publica „Gemeinwesen, Staat(sgewalt)", eigtl. „öffentliche Sache" zu publicus, vgl. publik⟩: Staatsform, in der das Volk souveräne Macht besitzt u. bei der die Regierenden für eine bestimmte Zeit vom Volk od. von Repräsentanten des Volkes gewählt werden. **Re|pu|bli|ka|ner** *der;* -s, - ⟨nach gleichbed. *fr.* républicain, Bed. 2 nach gleichbed. *amerik.* Republican; vgl. ...aner⟩: 1. Anhänger der republikanischen Staatsform. 2. Mitglied od. Anhänger der Republikanischen Partei in den USA. 3. Mitglied einer rechtsradikalen, nationalistischen Partei in Deutschland. **re|pu|bli|ka|nisch:** 1. die Republik betreffend. 2. die Republikanische Partei (der USA) betreffend. 3. die ↑Republikaner (3) betreffend. **Re|pu|bli|ka|nis|mus** *der;* - ⟨zu ↑...ismus (2)⟩: das Eintreten für die republikanische Verfassung

Re|pu|dia|ti|on *die;* -, -en ⟨aus *lat.* repudiatio „Zurückweisung" zu repudiare „zurückweisen, verschmähen"⟩: 1. (veraltet) Verwerfung, Verschmähung, Ausschlagung (z. B. eines Vermächtnisses; Rechtsw.). 2. Verweigerung der Annahme von Geld wegen geringer Kaufkraft (Wirtsch.). 3. ständige Ablehnung eines Staates, seine Anleiheverpflichtungen zu erfüllen (Wirtsch.)

Re|pu|gnanz *die;* -, -en ⟨aus gleichbed. *lat.* repugnantia zu repugnare „Widerstand leisten, widersprechen"⟩: Widerspruch, Gegensatz (Philos.)

Re|puls *der;* -es, -e ⟨aus *lat.* repulsus „das Zurückstoßen", eigtl. Part. Perf. von repellere „zurückstoßen, abweisen"⟩: (veraltet) Ab-, Zurückweisung [eines Gesuches]. **re|pul|sie|ren** ⟨zu ↑Repuls u. ↑...ieren⟩: (veraltet) zurückstoßen, abweisen. **Re|pul|si|on** *die;* -, -en ⟨über gleichbed. *fr.* répulsion aus *lat.* repulsio zu repellere, vgl. Repuls⟩: Ab-, Zurückstoßung (Techn.). **Re|pul|si|ons|mo|tor** *der;* -s, -en: für kleine Leistungen verwendeter Einphasenwechselstrommotor mit einfacher Drehzahl u. einem Anker, der über einen ↑Kommutator kurzgeschlossen wird. **re|pul|siv** ⟨nach (*n*)*lat.* repulsivus; vgl. ...iv⟩: zurückstoßend, abstoßend (bei elektrisch u. magnetisch geladenen Körpern). **Re|pul|siv|kraft** *die;* -, ...kräfte: Kraft, die im Gegensatz zur Anziehungskraft abstoßend wirkt, z. B. zwischen zwei Teilchen, die die elektr. Ladung gleichen Vorzeichens tragen (Phys.)

Re|pun|ze *die;* -, -n ⟨zu ↑re... u. *it.* punzone „das Einstechen", dies aus *lat.* punctio, vgl. Punktion⟩: Feingehaltsstempel für Waren aus Edelmetallen. **re|pun|zie|ren** ⟨zu ↑...ieren⟩: mit einem Feingehaltsstempel versehen

re|pu|ta|bel ⟨nach gleichbed. *fr.* réputable; vgl. Reputation⟩: svw. reputierlich. **Re|pu|ta|ti|on** *die;* - ⟨aus gleichbed. *fr.* réputation zu *lat.* reputatio „Erwägung, Berechnung", dies zu reputare „berechnen, erwägen"⟩: [guter] Ruf, Ansehen. **re|pu|tier|lich:** (veraltet) ansehnlich; achtbar; ordentlich

Re|que|té [reke'te:] *der;* -, -s ⟨aus gleichbed. *span.* requeté zu requete- „sehr" (Steigerungspräfix)⟩: 1. (ohne Plur.) Bund der Anhänger des span. Thronprätendenten Carlos u. seiner Nachfolger. 2. Mitglied dieses Bundes; vgl. Karlist

Re|qui|em [...kvjɛm] *das;* -s, Plur. -s, österr. auch ...quien [...jən] ⟨aus *lat.* requiem, Akk. von requies „Ruhe", nach dem Eingangsgebet „requiem aeternam dona eis, Domine" = „Herr, gib ihnen die ewige Ruhe"⟩: a) kath. Totenod. Seelenmesse; b) Komposition, die die Totenmesse zum Leitthema hat (z. B. von Mozart od. Verdi). **re|qui|es|cat in pa|ce!** [...kat – 'pa:tsə] ⟨*lat.*⟩: er, sie ruhe in Frieden! (Schlußformel der Totenmesse; Grabinschrift); Abk.: R. I. P. **re|qui|es|zie|ren** ⟨aus gleichbed. *lat.* requiescere⟩: (veraltet) ruhen, sich beruhigen. **Re|quie|to|ri|um** *das;* -s, ...ien [...jən] ⟨aus gleichbed. *lat.* requietorium zu requietus, Part. Perf. von requiescere, vgl. requieszieren⟩: (veraltet) Ruhestätte, Grab[stätte]

residual

Re|qui|rent *der;* -en, -en ⟨zu *lat.* requirens, Gen. requirentis, Part. Präs. von requirere, vgl. requirieren⟩: (veraltet) Nachforscher, Untersuchender (Rechtsw.). **re|qui|rie|ren** ⟨aus *lat.* requirere „aufsuchen; nachforschen; verlangen"⟩: 1. für Heereszwecke beschlagnahmen. 2. (scherzh.) [auf nicht ganz rechtmäßige Weise] beschaffen, herbeischaffen. 3. Nachforschungen anstellen, untersuchen. 4. ein anderes Gericht od. eine andere Behörde um Rechtshilfe in einer Sache ersuchen. **Re|qui|sit** *das;* -[e]s, -en ⟨aus *lat.* requisita (Plur.) „Erfordernisse" zu requisitus, Part. Perf. von requirere, vgl. requirieren⟩: 1. (meist Plur.) Zubehör für eine Bühnenaufführung od. Filmszene. 2. für etwas benötigtes Gerät, Zubehörteil. **Re|qui|si|te** *die;* -, -n: (Jargon) a) Raum für Requisiten (1); b) die für die Requisiten zuständige Stelle. **Re|qui|si|teur** […'tøːɐ̯] *der;* -s, -e ⟨französierende Bildung; vgl. …eur⟩: Verwalter der Requisiten (Theater u. Film). **Re|qui|si|teu|se** […'tøːzə] *die;* -, -n ⟨französierende Bildung; vgl. …euse⟩: weibliche Form zu ↑ Requisiteur. **Re|qui|si|ti|on** *die;* -, -en ⟨aus *lat.* requisitio „Nachfrage"⟩: 1. Beschlagnahme für Heereszwecke. 2. Nachforschung, Untersuchung. 3. Rechtshilfeersuchen

Res *die;* -, - ⟨aus gleichbed. *lat.* res⟩: Sache, Ding, Gegenstand (Philos.); - co g i t a n s ['koː…]: denkendes Wesen, Geist, Seele; - e x t e n s a: ausgedehntes Wesen, Materie, Körper (Descartes; Philos.)

Re|scue|the|ra|pie ['rɛskjuː…] *die;* -, …ien […ən] ⟨zu *engl.* rescue „Rettung" u. ↑ Therapie⟩: lebensverlängernde Therapie (z. B. Einsatz von ↑ Zytostatika bei fortgeschrittenen Tumoren; Med.)

Re|search [rɪ'səːtʃ] *das;* -[s], -s ⟨aus gleichbed. *engl.* research, eigtl. „Untersuchung", dies aus *mittelfr.* recerche zu recercher (*fr.* rechercher), vgl. recherchieren⟩: Marktforschung; Meinungsforschung (Soziol.). **Re|sear|cher** […'səːtʃə] *der;* -s, - ⟨aus gleichbed. *engl.* researcher⟩: jmd., der für die Markt- u. Meinungsforschung Untersuchungen durchführt (Soziol.)

Ré|seau [re'zoː] *das;* -s, -s ⟨aus gleichbed. *fr.* réseau, eigtl. „kleines Netz", zu rets „Netz", dies aus *lat.* rete, Gen. retis⟩: der maschenförmige Netzgrund der Klöppel- u. Nadelspitzen

Re|se|da *die;* -, Plur. …den, selten␣auch **Re|se|de** *die;* -, -n ⟨aus gleichbed. *lat.* reseda, eigtl. Imp. Sing: von resedare „wieder stillen, heilen", nach dem bei Anwendung der Pflanze gegen Entzündungen gebrauchten Zauberspruch „Reseda, morbos reseda!" = „Heile die Krankheiten, heile!"⟩: aus dem Mittelmeergebiet stammende krautige Zierpflanze mit grünlichen, wohlriechenden Blüten

Re|sek|ti|on *die;* -, -en ⟨aus *lat.* resectio „das Abschneiden" zu resecare, vgl. resezieren⟩: operative Entfernung kranker Organteile im Unterschied zur ↑ Ektomie (Med.). **Re|sek|to|skop** *das;* -s, -e ⟨zu ↑ …skop⟩: mit einer Lichtquelle u. einer Optik gekoppeltes chirurgisches Instrument zur Vornahme einer Elektroresektion (bes. im Bereich der Prostata u. der Harnblase; Med.)

Re|se|ne *die* (Plur.) ⟨zu *lat.* resina „Harz"⟩: neutrale, unverseifbare organische Bestandteile der natürlichen Harze

re|se|quent ⟨zu *lat.* resequens, Gen. resequentis, Part. Präs. von resequi „nachfolgen"⟩: in der Fallrichtung der geologischen Schichten fließend (in bezug auf Nebenflüsse; Geogr.)

Re|ser|pin *das;* -s ⟨Kunstw.; vgl. …in (1)⟩: ein den Blutdruck senkender Wirkstoff

Re|ser|va|ge […'vaːʒə] *die;* - ⟨zu *fr.* réserver (vgl. reservieren) u. ↑ …age⟩: beim Färben von Stoffen mustergemäß aufgetragene Schutzbeize, die das Aufnehmen der Farbe verhindert. **re|ser|van|do** ⟨*lat.;* Ablativ von reservandus, Gerundium von reservare, vgl. reservieren⟩: (veraltet) vorbehaltlich, mit Vorbehalt. **Re|ser|vat** *das;* -[e]s, -e ⟨zu *lat.* reservatum, Part. Perf. (Neutrum) von reservare, vgl. reservieren⟩: 1. Vorbehalt, Sonderrecht. 2. svw. Reservation (1). 3. natürliches Großraumgehege zum Schutz bestimmter, in freier Wildbahn lebender Tierarten u. seltener Pflanzenarten. **Re|ser|vat|fall** *der;* -[e]s, …fälle: bestimmte Sünde, deren Vergebung einem Oberhirten (Papst, Bischof) vorbehalten ist (kath. Kirche). **Re|ser|va|tio men|ta|lis** *die;* - -, …tiones …tales […neːs …leːs] ⟨aus gleichbed. *nlat.* reservatio mentalis, vgl. mental⟩: svw. Mentalreservation (Rechtsw.). **Re|ser|va|ti|on** *die;* -, -en ⟨aus *spätlat.* reservatio „Verwahrung; Vorbehalt", Bed. 1 über *engl.* reservation⟩: 1. den Indianern in Nordamerika vorbehaltenes Gebiet. 2. svw. Reservat (1). **Re|ser|ve** *die;* -, -n ⟨aus gleichbed. *fr.* réserve zu réserver, dies aus *lat.* reservare, vgl. reservieren⟩: 1. (ohne Plur.) Zurückhaltung, Verschlossenheit, zurückhaltendes Wesen. 2. Vorrat; Rücklage für den Bedarfs- od. Notfall. 3. (Plur. selten) a) im Frieden die Gesamtheit der ausgebildeten, aber nicht ↑ aktiv (2 a) dienenden Soldaten; [Leutnant usw.] der -; Abk.: d. R.; b) im Kriege die [zurückgehaltene, aber einsatzbereite] Ersatztruppe. 4. [Gesamtheit der] Ersatzspieler einer Mannschaft (Sport). **Re|ser|ve|ar|mee** *die;* -, -n: größere Anzahl von Personen, die für den Bedarfsfall zur Verfügung stehen. **Re|ser|ve|fonds** […fõː] *der;* - […fõː(s)], - […fõːs]: Rücklage. **Re|ser|ve|po|si|ti|on** *die;* -, -en: die Kreditlinie, die ein Mitglied des Internationalen Währungsfonds von diesem jederzeit ohne Bedingungen bei Zahlungsbilanzschwierigkeiten in Anspruch nehmen kann (Wirtsch.). **Re|ser|ve|wäh|rung** *die;* -, -en: eine Leitwährung, in der im Welthandel viel fakturiert wird u. in der deshalb andere Länder einen Teil ihrer Währungsreserven halten (Wirtsch.). **re|ser|vie|ren** ⟨über *fr.* réserver aus *lat.* reservare „aufbewahren, aufsparen"⟩: a) für jmdn. bis zur Inanspruchnahme freihalten od. zurücklegen; b) für einen bestimmten Anlaß, Fall aufbewahren. **re|ser|viert** ⟨zu ↑ …iert⟩: zurückhaltend, zugeknöpft, kühl, abweisend. **Re|ser|vist** *der;* -en, -en ⟨nach *fr.* réserviste⟩: 1. Soldat der Reserve (3). 2. Auswechselspieler, Ersatzspieler (Fußball). **Re|ser|voir** […'voaːɐ̯] *das;* -s, -e ⟨aus gleichbed. *fr.* réservoir⟩: 1. Sammelbecken, Wasserspeicher, Behälter für Vorräte. 2. Reservebestand, -fonds

re|se|zie|ren ⟨aus *lat.* resecare „abschneiden"⟩: eine Resektion vornehmen; operativ entfernen (Med.)

re|si|dent [engl. 'rezɪdənt] ⟨zu *engl.* resident, eigtl. „ansässig", dies aus *lat.* residens, Gen. residentis, Part. Präs. von residere, vgl. residieren⟩: ständig im Speicher eines Computers vorhanden (z. B. von Programmen des Betriebssystems; EDV). **Re|si|dent** *der;* -en, -en ⟨aus gleichbed. *fr.* résident zu *mlat.* residens, Gen. residentis „Statthalter", dies zu *lat.* residere, vgl. residieren⟩: a) Regierungsvertreter; Geschäftsträger; b) (veraltet) Statthalter einer Kolonialmacht in einem kolonialisierten Land. **Re|si|denz** *die;* -, -en ⟨aus *mlat.* residentia „Wohnsitz"; vgl. residieren⟩: Wohnsitz eines Staatsoberhauptes, eines Fürsten, eines hohen Geistlichen; Hauptstadt. **re|si|die|ren** ⟨aus *lat.* residere „sitzen (bleiben)"⟩: seinen Wohnsitz haben (in bezug auf [regierende] Fürsten). **re|si|du|al** ⟨aus gleichbed. *nlat.* residualis zu *lat.* residuus, vgl. Residuum⟩: a) als Reserve zurückbleibend (z. B. in bezug auf die nicht ausgeatmete Reserveluft); b) als Rest zurückbleibend (z. B. in bezug auf Urin, der in der Harnblase zurückbleibt); c) als [Dauer]folge einer Krankheit zurückbleibend (in bezug auf körperli-

Residualepilepsie

che, geistige od. psychische Schäden, z. B. Dauerlähmung bestimmter Muskeln nach einem Schlaganfall; Med.). **Re|si|du|al|epi|lep|sie** *die;* -, ...ien [...iən]: als Folgeerscheinung einer Hirnerkrankung od. -verletzung auftretende epileptische Anfälle (Med.). **Re|si|du|at** *das;* -[e]s, -e ⟨zu *lat.* residuus (vgl. Residuum) u. ↑...at (1)⟩: Rückstandsgestein (z. B. Bauxit, Kaolin; Geol.). **Re|si|du|um** *das;* -s, ...duen [...du̯ən] ⟨aus gleichbed. *lat.* residuum, substantiviertes Neutrum von residuus „noch übrig, übriggeblieben, rückständig"⟩: Rückstand, Rest [als Folge einer Krankheit o. ä.]

Re|si|gnant *der;* -en, -en ⟨aus *lat.* resignans, Gen. resignantis, Part. Präs. von resignare, vgl. resignieren⟩: (veraltet) Verzichtender. **Re|si|gna|ti|on** *die;* -, -en ⟨aus *mlat.* resignatio „Verzicht" zu *lat.* resignare, vgl. resignieren⟩: 1. das Resignieren; das Sichfügen in das unabänderlich Scheinende. 2. (Amtsspr. veraltet) freiwillige Niederlegung eines Amtes. **re|si|gna|tiv** ⟨zu *lat.* resignatus, Part. Perf. von resignare (vgl. resignieren) u. ↑...iv⟩: resignierend, durch Resignation (1) gekennzeichnet. **re|si|gnie|ren** ⟨aus *lat.* resignare „entsiegeln; ungültig machen; verzichten"⟩: entsagen, verzichten; sich widerspruchslos fügen, sich in eine Lage schicken. **re|si|gniert** ⟨zu ↑...iert⟩: durch Resignation (1) gekennzeichnet

Re|sin *das;* -s, -e (meist Plur.) ⟨Kurzw. aus ↑*Resina* u. ↑...*in* (1)⟩: Ester von Harzsäuren u. Harzalkoholen in Naturharzen. **Re|si|na** *die;* - ⟨aus gleichbed. *lat.* resina, dies aus *gr.* rhētínē⟩: Harz. **Re|si|nat** *das;* -[e]s, -e (meist Plur.) ⟨zu ↑...at (2)⟩: Salz der Harzsäure. **Re|si|na|to** *der;* -[s] ⟨aus gleichbed. *it.* resinato zu resina „Harz", dies aus *lat.* resina, vgl. Resina⟩: geharzter, durch Einlegen eines Harzstückes mit besonderem Geschmack versehener Wein. **re|si|nie|ren** ⟨zu ↑Resina u. ↑...ieren⟩: (veraltet) harzen, mit Harz überziehen. **Re|si|nit** [auch ...'nɪt] *der;* -s, -e ⟨zu ↑²...it⟩: Gefügebestandteil der Kohle, ↑Mazeral. **Re|si|no|i|de** *die* (Plur.) ⟨zu ↑...oid⟩: Extraktstoffe aus wohlriechenden Harzen (z. B. Ladanum, Myrrhe), die bei der Parfümherstellung als ↑Fixateure verwendet werden. **re|si|nös** ⟨nach gleichbed. *fr.* résineux; vgl. ...ös⟩: harzig. **Re|si|no|se** *die;* - ⟨zu ↑¹...ose⟩: Harzfluß, Abgabe von Harz bei Nadelhölzern in Folge einer Verletzung

Re|si|pis|zenz *die;* -, -en ⟨aus gleichbed. *spätlat.* resipiscentia zu *lat.* recipiscere „wieder zur Besinnung kommen"⟩: 1. (veraltet) Sinnesänderung, Bekehrung. 2. das Wiedererwachen aus einer Ohnmacht (Med.)

Ré|si|stance [rezis'tã:s] *die;* - ⟨aus *fr.* résistance „Widerstand" zu résister „widerstehen", dies aus *lat.* resistere, vgl. resistieren⟩: 1. Gruppe der konservativen franz. Parteien im 19. Jh. 2. franz. Widerstandsbewegung gegen die deutsche Besatzung im 2. Weltkrieg. **Re|si|stanz** *die;* - ⟨zu ↑resistieren u. ↑...anz⟩: Realteil eines komplexen Widerstandes; Wirkwiderstand im Wechselstromkreis (Phys.). **Re|si|sta|te** *die* (Plur.) ⟨zu ↑...at (2)⟩: chem. u. physik. widerstandsfähige Verwitterungsrückstände der Ausgangsgesteine (u. a. Konglomerate, Sandsteine; Geochem.). **re|si|stent** ⟨aus *lat.* resistens, Gen. resistentis, Part. Präs. von resistere, vgl. resistieren⟩: 1. gegenüber Krankheitserregern, Giften od. anderen äußeren Einflüssen widerstandsfähig, nicht anfällig (von Organismen; Biol., Med.). 2. auf Antibiotika od. andere Mittel nicht [mehr] ansprechend (von Krankheitserregern, Schädlingen; Biol., Med.). 3. einen Widerstand bietend, sich beim Betasten fest anfühlend (von verhärteten Organen od. Geweben; Med.). **Re|si|stenz** *die;* -, -en ⟨aus gleichbed. *spätlat.* resistentia⟩: 1. Widerstand, Gegenwehr. 2. anlagemäßig bedingte, erhöhte Widerstandsfähigkeit gegen Krankheiten u. Witterung (bei ↑Parasiten [1] auch gegen Bekämpfungsmittel; Biol., Med.). 3. Widerstand, den ein verhärtetes Organ od. Gewebe beim Betasten bietet (Med.). **Re|si|sten|za** *die;* - ⟨aus *it.* resistenza „Widerstand" zu resistere „widerstehen", dies aus *lat.* resistere, vgl. resistieren⟩: ital. Widerstandsbewegung gegen die deutsche Besatzung während des 2. Weltkriegs (1943–45). **re|si|stie|ren** ⟨aus *lat.* resistere „stehen bleiben, widerstehen"⟩: äußeren Einwirkungen widerstehen; ausdauern (Biol., Med.). **re|si|stiv** ⟨zu *lat.* resistere (vgl. resistieren) u. ↑...iv⟩: äußeren Einwirkungen widerstehend; hartnäckig (Biol., Med.). **Re|si|sti|vi|tät** [...v...] *die;* - ⟨zu ↑...ität⟩: Widerstandsfähigkeit, ↑Resistenz (2). **Re|si|sto|gramm** *das;* -s, -e ⟨zu ↑...gramm⟩: Aufzeichnung der Ergebnisse einer Resistenzprüfung von Erregern (Med.)

Res ju|di|ca|ta [– ...'ka:ta] *die;* - -, - ...tae [...tɛ] ⟨aus gleichbed. *lat.* res iudicata⟩: rechtskräftig entschiedene Sache (Rechtsw.)

re|skri|bie|ren ⟨aus gleichbed. *lat.* rescribere⟩: (veraltet) schriftlich antworten, zurückschreiben. **Re|skript** *das;* -[e]s, -e ⟨aus gleichbed. *mlat.* rescriptum, substantiviertes Part. Perf. (Neutrum) von rescribere, vgl. reskribieren⟩: 1. (veraltet) amtlicher Bescheid, Verfügung, Erlaß. 2. feierliche Rechtsentscheidung des Papstes od. eines Bischofs in Einzelfällen

re|so|lut ⟨über gleichbed. *fr.* résolu aus *lat.* resolutus, Part. Perf. von resolvere, vgl. resolvieren⟩: betont entschlossen u. mit dem Willen, sich durchzusetzen; in einer Weise sich darstellend, sich äußernd, die Entschlossenheit, Bestimmtheit zum Ausdruck bringt. **Re|so|lu|ti|on** *die;* -, -en ⟨aus gleichbed. *fr.* résolution zu résoudre „beschließen", dies aus *lat.* resolvere, vgl. resolvieren⟩: 1. schriftliche, auf einem entsprechenden Beschluß beruhende Erklärung einer politischen, gewerkschaftlichen Versammlung o. ä., in der bestimmte Forderungen erhoben werden. 2. Rückgang von Krankheitserscheinungen (Med.). **Re|sol|vens** [...v...] *das;* -, Plur. ...ventia od. ...ventien [...i̯ən] (meist Plur.) ⟨zu *lat.* resolvens, Gen. resolventis, Part. Präs. von resolvere (vgl. resolvieren), eigtl. „das Auflösende"⟩: Arzneimittel, das die Lösung eines Krankheitsprozesses fördert. **Re|sol|ven|te** *die;* -, -n: zur Auflösung einer algebraischen Gleichung benötigte Hilfsgleichung (Math.). **Re|sol|ver** *der;* -s, - ⟨aus gleichbed. *engl.* resolver (eigtl. „Auflöser") zu to resolve „auflösen", dies aus *lat.* resolvere, vgl. resolvieren⟩: Drehmelder, Gerät zur Drehwinkelerfassung od. Drehwinkelregelung (Phys.). **re|sol|vie|ren** ⟨aus *lat.* resolvere „wieder (auf)lösen, (von Zweifeln) befreien; beseitigen"⟩: 1. (veraltet) beschließen. 2. eine benannte Zahl durch eine kleinere Einheit darstellen (z. B. 1 km = 1 000 m)

Re|so|nanz *die;* -, -en ⟨über gleichbed. *fr.* résonance aus *spätlat.* resonantia „Widerhall" zu *lat.* resonare, vgl. resonieren⟩: 1. a) durch Schallwellen gleicher Schwingungszahl angeregtes Mitschwingen, Mittönen eines anderen Körpers od. schwingungsfähigen Systems (Phys.); b) Klangverstärkung u. -verfeinerung durch Mitschwingung in den Obertönen (bei jedem Grundton kaum hörbar mitklingende, über ihm liegende Teiltöne, die ihn zum Klang machen; Mus.). 2. Reaktionen (z. B. Diskussionen, Äußerungen), die durch etw. hervorgerufen worden sind u. sich darauf beziehen; Widerhall, Zustimmung. **Re|so|nanz|ab|sorp|ti|on** *die;* -, -en: atomare ↑Absorption von Lichtquanten solcher Frequenz, die umgekehrt von den Atomen auch emittiert werden können, z. B. bei ↑Elektronenreso-

1188

nanz (Kernphys.). **Re|so|na|tor** *der;* -s, ...oren ⟨zu *lat.* resonatus, Part. Perf. von resonare (vgl. resonieren) u. ↑...or⟩: a) ein schwingungsfähiges System, bes. ein System mit einer od. mehreren ausgeprägten Resonanzfrequenzen, das unter Ausnutzung seiner Resonanzeigenschaften verwendet wird; b) bei der Resonanz mitschwingender Körper (z. B. Luftsäule bei Blasinstrumenten, Holzgehäuse bei Saiteninstrumenten). **re|so|na|to|risch:** die Resonanz betreffend, auf ihr beruhend. **re|so|nie|ren** ⟨aus *lat.* resonare „wieder ertönen"⟩: mitschwingen (Mus.).
Re|so|pal ⓦ *das;* -s ⟨Kunstw.⟩: widerstandsfähiger Kunststoff, der als Schicht für Tischplatten o. ä. verwendet wird
Re|sor|bens *das;* -, Plur. ...bentia od. ...benzien [...i̯ən] (meist Plur.) ⟨aus *lat.* resorbens, Gen. resorbentis, Part. Präs. von resorbere, vgl. resorbieren⟩: Mittel zur Anregung der Resorption (1). **re|sor|bie|ren** ⟨aus *lat.* resorbere „zurückschlürfen"⟩: flüssige od. gelöste Stoffe in die Blut- od. Lymphbahn aufnehmen, aufsaugen
Re|sor|cin [...ts...] *das;* -s, -e ⟨Kunstw. aus ↑*Resina* u. *Orcin* (eine Phenolverbindung)⟩: zweiwertiges Phenol, das als Ausgangsprodukt für Phenolharze u. Farbstoffe dient u. in der Medizin gegen Erbrechen u. als Antiseptikum verwendet wird
Re|sorp|ti|on *die;* -, -en ⟨zu *lat.* resorptus, Part. Perf. von resorbere (vgl. resorbieren) u. ↑¹...ion⟩: 1. das Resorbieren. 2. Wiederauflösung eines Kristalls beim Erstarren einer Gesteinsschmelze
Re|sor|zin vgl. Resorcin
Re|so|zia|li|sa|ti|on *die;* -, -en ⟨nach *engl.* resocialization „Wiedereingliederung in die Gesellschaft"⟩: svw. Resozialisierung; vgl. ...[at]ion/...ierung. **re|so|zia|li|sie|ren** ⟨zu ↑re... u. ↑sozialisieren⟩: [nach Verbüßung einer längeren Haftstrafe] (mit den Mitteln der Pädagogik, Medizin u. Psychotherapie) schrittweise wieder in die Gesellschaft eingliedern (Rechtsw.). **Re|so|zia|li|sie|rung** *die;* -, -en: das Resozialisieren, Resozialisiertwerden (Rechtsw.); vgl. ...[at]ion/...ierung
Re|spekt *der;* -[e]s ⟨über gleichbed. *fr.* respect aus *lat.* respectus „das Zurückblicken, das Sichumsehen; Rücksicht" zu respicere „zurückschauen; Rücksicht nehmen"⟩: 1. a) Ehrerbietung; auf Anerkennung bzw. Bewunderung beruhende Achtung; b) Scheu. 2. freigelassener Rand bei Buchseiten, Kupferstichen. **re|spek|ta|bel** ⟨nach gleichbed. *fr.* bzw. *engl.* respectable⟩: ansehnlich; angesehen. **Re|spek|ta|bi|li|tät** *die;* - ⟨aus gleichbed. *fr.* respectabilité; vgl. ...ität⟩: (veraltet) Achtbarkeit, Ansehen. **Re|spekt|blatt** *das;* -[e]s, ...blätter ⟨zu ↑Respekt⟩: leeres Blatt am Anfang eines Buches, freie Seite eines mehrseitigen Schriftstücks. **re|spek|tie|ren** ⟨aus gleichbed. *fr.* respecter, dies aus *lat.* respicere, vgl. Respekt⟩: 1. achten; anerkennen, gelten lassen. 2. einen Wechsel anerkennen u. bezahlen (Wirtsch.). **re|spek|tier|lich:** (veraltet) ansehnlich, achtbar. **re|spek|tiv** ⟨zu ↑respektive⟩: (veraltet) jedesmalig, jeweils. **re|spek|ti|ve** [...və] ⟨zu *mlat.* respective, Adverb zu respectivus „beachtenswert", vgl. respektiv⟩: beziehungsweise; oder; Abk.: resp. **Re|spekts|per|son** *die;* -, -en ⟨zu ↑Respekt⟩: jmd., dem auf Grund seiner übergeordneten, hohen Stellung gemeinhin Respekt entgegengebracht wird. **Re|spekt|tag** *der;* -[e]s, -e: (veraltet) Zahlungsfrist nach dem Verfallstag eines Wechsels
re|spi|ra|bel ⟨aus gleichbed. *mlat.* respirabilis zu *lat.* respirare, vgl. respirieren⟩: atembar, zur Atmung geeignet (in bezug auf Gase od. Luft; Med.). **Re|spi|ra|ti|on** *die;* - ⟨aus *lat.* respiratio „das Atemholen" zu respirare, vgl. respirieren⟩: Atmung (Med.). **Re|spi|ra|ti|ons|trakt** *der;* -[e]s, -e:

Sammelbez. für die aus dem Nasen-Rachen-Raum, dem Kehlkopf, der Luftröhre u. den Bronchien bestehenden Atemwege (Med.). **Re|spi|ra|tor** *der;* -s, ...oren ⟨zu *lat.* respiratus, Part. Perf. von respirare (vgl. respirieren) u. ↑...or⟩: elektr. od. vom Patienten selbst gesteuertes Gerät zur Dauerbeatmung, z. B. nach Operationen angewandt (Med.). **re|spi|ra|to|risch:** mit der Atmung verbunden, auf sie bezüglich, ihr dienend (Med.). **re|spi|rie|ren** ⟨aus *lat.* respirare „zurückblasen, ausatmen; Atem holen"⟩: atmen (Med.). **Re|spi|ro|tag** *der;* -[e]s, -e ⟨zu *it.* respiro „Frist", eigtl. „Atem(pause)"⟩: (veraltet) svw. Respekttag
Re|spit *der;* -s ⟨aus *engl.* respite „(Zahlungs)aufschub", dies über *altfr.* respit aus *lat.* respectus, vgl. Respekt⟩: (veraltet) Stundung (Wirtsch.). **Re|spit|tag** *der;* -[e]s, -e: (veraltet) svw. Respekttag. **Re|spi|zi|ent** *der;* -en, -en ⟨aus *lat.* respiciens, Gen. respicientis, Part. Präs. von respicere, vgl. respizieren⟩: (veraltet) Berichterstatter. **re|spi|zie|ren** ⟨aus gleichbed. *lat.* respicere, eigtl. „zurückblicken"⟩: (veraltet) berücksichtigen
Re|spon|der *der;* -s, - ⟨aus gleichbed. *engl.* responder, eigtl. „jmd., der anspricht", zu to respond (to) „ansprechen (auf)", dies über *mittelfr.* respondre „antworten" aus *lat.* respondere, vgl. respondieren⟩: Patient, bei dem eine Substanz wirksam ist (Med.); Ggs. ↑Nonresponder. **re|spon|die|ren** ⟨aus *lat.* respondere „antworten"⟩: (veraltet) 1. antworten. 2. entsprechen. 3. widerlegen. **Re|spons** *der;* -es, -e ⟨aus *lat.* responsum „Antwort"⟩: Reaktion (1 a) auf bestimmte Bemühungen. **re|spon|sa|bel** ⟨über *fr.* responsable aus gleichbed. *mlat.* responsabilis⟩: (veraltet) verantwortlich. **Re|sponse** [rɪˈspɔns] *die;* -, -s [...sɪz] ⟨aus gleichbed. *engl.* response, eigtl. „Antwort", dies über *mittelfr.* respons(e) aus *lat.* responsum, vgl. Respons⟩: durch einen Reiz ausgelöstes u. bestimmtes Verhalten (Psychol., Sprachw.). **Re|spon|si|on** [re...] *die;* -, -en ⟨aus *lat.* responsio „Antwort"⟩: Entsprechung, Wiederholung eines Wortes im Satz, das dadurch stark betont wird (Rhet.). **Re|spon|so|ria|le** *das;* -[s], ...lien [...i̯ən] ⟨aus gleichbed. *mlat.* responsiale⟩: 1. (veraltet) Sammlung der Responsorien für das nächtliche kath. Chorgebet. 2. svw. Antiphonar. **Re|spon|so|ri|um** *das;* -s, ...ien [...i̯ən] ⟨aus *mlat.* responsorium zu gleichbed. *kirchenlat.* responsoria (Plur.)⟩: kirchlicher Wechselgesang. **Re|spon|sum** *das;* -s, ...sa ⟨aus *lat.* responsum „Antwort, Rechtsauskunft"⟩: Gutachten rabbinischer Schulen od. Gelehrter auf schriftliche Anfragen über rituelle u. rechtliche Probleme (jüd. Recht)
Res|sen|ti|ment [rɛsãtiˈmãː, rə...] *das;* -s, -s ⟨aus *fr.* ressentiment „heimlicher Groll" zu ressentir „fühlen"; vgl. Sentiment⟩: 1. auf Vorurteilen, Unterlegenheitsgefühlen, Neid o. ä. beruhende gefühlsmäßige Abneigung. 2. das Wiedererleben eines (dadurch verstärkten) meist schmerzlichen Gefühls (Psychol.)
Res|sort [rɛˈsoːɐ̯] *das;* -s, -s ⟨aus gleichbed. *fr.* ressort zu ressortir „ressortieren"⟩: Geschäfts-, Amtsbereich; Arbeits-, Aufgabengebiet. **res|sor|tie|ren** ⟨aus *fr.* ressortir „hervorgehen, zugehören"⟩: zugehören, unterstehen
Res|source [rɛˈsʊrsə] *die;* -, -n (meist Plur.) ⟨aus *fr.* ressource zu *altfr.* resourdre, dies aus *lat.* resurgere „wiedererstehen"⟩: a) natürlich vorhandener Bestand an Bodenschätzen, landwirtschaftlicher Nutzfläche, Arbeitskräften u. a., der für einen bestimmten Zweck, bes. zur Ernährung der Menschen u. zur wirtschaftlichen Produktion, benötigt wird u. in Zukunft benötigt werden wird; b) Hilfsmittel; Hilfsquelle, Reserve; Geldmittel, auf die man jederzeit zurückgreifen kann
Re|stant *der;* -en, -en ⟨(z. T. unter Einfluß von *it.* resto

„Rückstand") zu *lat.* restans, Gen. restantis, Part. Präs. von restare „übrigbleiben"⟩: 1. zahlungsrückständiger Schuldner. 2. ausgelostes od. gekündigtes, aber nicht abgeholtes Wertpapier. 3. Ladenhüter, Reststück. **Re|stanz** *die;* -, -en ⟨zu ↑ ...anz⟩: (schweiz.) Restbetrag

Re|stau|rant [rɛstoˈrɑ̃ː] *das;* -s, -s ⟨aus gleichbed. *fr.* restaurant, substantiviertes Part. Präs. von restaurer „(durch Nahrungsaufnahme) seine Kräfte wiederherstellen", vgl. restaurieren⟩: Gaststätte. **Re|stau|ra|teur** [...oraˈtøːɐ] *der;* -s, -e ⟨aus gleichbed. *fr.* restaurateur⟩: (veraltet) Gastwirt.

¹Re|stau|ra|ti|on [...tau...] *die;* -, -en ⟨aus *spätlat.* restauratio „Wiederherstellung"⟩: 1. das Restaurieren (1); vgl. ...[at]ion/...ierung. 2. a) Wiedereinrichtung der alten politischen u. sozialen Ordnung [nach einem Umsturz]; b) geistige, kulturelle, religiöse Rückbesinnung auf traditionelle, oft überlebte Werte. **²Re|stau|ra|ti|on** [...to...] *die;* -, -en ⟨aus gleichbed. älter *fr.* restauration zu restaurer, vgl. Restaurant⟩: (österr., sonst veraltet) Gastwirtschaft. **Re|stau|ra|ti|ons|po|li|tik** [...tau...] *die;* -: Politik, die auf Erhaltung bzw. Wiedererrichtung alter politischer u. sozialer Zustände ausgerichtet ist. **re|stau|ra|tiv** ⟨zu ↑¹Restauration u. ↑...iv⟩: die ¹Restauration (2) betreffend, sich auf die Restauration stützend. **Re|stau|ra|tor** *der;* -s, ...oren ⟨aus gleichbed. *spätlat.* restaurator⟩: Fachmann, der Kunstwerke wiederherstellt. **Re|stau|ra|to|rin** *die;* -, -nen: weibliche Form zu ↑Restaurator. **re|stau|rie|ren** ⟨aus gleichbed. *fr.* restaurer, dies aus *lat.* restaurare „wiederherstellen"⟩: 1. (ein Kunst-, Bauwerk, einen Kunstgegenstand, ein Gemälde o. ä.) in seinen ursprünglichen Zustand bringen, wiederherstellen, ausbessern. 2. eine frühere, bereits überwundene politische, gesellschaftliche Ordnung wiederherstellen. 3. sich -: (veraltend) sich erholen, sich erfrischen. **Re|stau|rie|rung** *die;* -, -en ⟨zu ↑...ierung⟩: 1. das Restaurieren (1). 2. (veraltend) das Sichrestaurieren; vgl. ...[at]ion/...ierung

Re|ste|no|se *die;* -, -n ⟨zu ↑re... u. ↑Stenose⟩: wiederholt auftretende Stenose (Med.). **Re|ste|no|sie|rung** *die;* -, -en ⟨zu ↑...ierung⟩: Tatsache, daß es wiederholt zu ↑Stenosen kommt (Med.).

re|stez! [rɛsˈte] ⟨*fr.;* Imp. Plur. von rester „(da)bleiben", dies aus *lat.* restare „zurückbleiben"⟩: bleiben Sie! (Anweisung für Instrumentalisten, in derselben Lage od. auf derselben Saite zu bleiben; Mus.). **re|stie|ren** „über das Roman. (vgl. *it.* restare „übrigbleiben") aus *lat.* restare (vgl. Restant)⟩: 1. (veraltet) übrig sein. 2. (veraltet) a) (von Zahlungen) noch ausstehen; b) schulden; c) (mit einer Zahlung) im Rückstand sein

Re|stin|ga *die;* -, -s ⟨aus *span.* restinga „Sandbank"⟩: offene Vegetationsform aus Sträuchern u. Bäumen an den sandigen Küsten Südostbrasiliens

re|sti|tu|ie|ren ⟨aus gleichbed. *lat.* restituere⟩: 1. wiederherstellen. 2. zurückerstatten. 3. ersetzen. **Re|sti|tu|ie|rung** *die;* -, -en ⟨zu ↑...ierung⟩: 1. das Restituieren (1). 2. svw. Restitution (1); vgl. ...[at]ion/...ierung. **Re|sti|tu|tio in** (od. **ad**) **in|te|grum** *die;* - - - ⟨aus gleichbed. *lat.* restitutio in (od. ad) integrum, eigtl. „Wiedereinsetzen in das Unversehrte"⟩: 1. Wiedereinsetzung in den vorigen Stand; die gerichtliche Aufhebung einer zum Nachteil des Betroffenen erfolgten Entscheidung aus Gründen der Billigkeit (Rechtsw.). 2. völlige Wiederherstellung der normalen Körperfunktionen nach einer überstandenen Krankheit od. Verletzung (Med.). **Re|sti|tu|ti|on** *die;* -, -en ⟨aus gleichbed. *lat.* restitutio⟩: 1. Wiederherstellung, Wiedererrichtung. 2. a) Wiedergutmachung od. Schadensersatzleistung für alle einem anderen Staat widerrechtlich zugefügten Schäden; b) im röm. Recht die Wiederaufhebung einer Entscheidung, die einen unbilligen Rechtserfolg begründet. 3. eine Form der ↑Regeneration, bei der die auf normalem Wege verlorengegangenen Organteile (z. B. Geweih, Federn, Haare) ersetzt werden (Biol.); vgl. Reparation (2) u. ...[at]ion/...ierung. **Re|sti|tu|ti|ons|kla|ge** *die;* -, -n: Klage auf Wiederaufnahme eines mit einem rechtskräftigen Urteil abgeschlossenen gerichtlichen Verfahrens wegen schwerwiegender Verfahrensmängel (Rechtsw.)

Rest|less legs [ˈrɛstlɪs lɛgz] *die* (Plur.) ⟨zu *engl.* restless legs „unruhige Beine"⟩: meist in Ruhe auftretende kribbelnde Hautempfindung an der Außenseite der Beine (Med.)

Re|stric|tio men|ta|lis [...k... –] *die;* - -, ...tiones ...tales [...neːs ...leːs] ⟨aus *spätlat.* restrictio mentalis „geheimer Vorbehalt"⟩: svw. Mentalreservation. **Re|strik|ti|on** *die;* -, -en ⟨aus gleichbed. *lat.* restrictio zu restringere, vgl. restringieren⟩: a) Einschränkung, Beschränkung (von jmds. Rechten, Befugnissen, Möglichkeiten); b) für den Gebrauch eines Wortes, einer Wendung o. ä. geltende, im System der Sprache liegende Einschränkung (Sprachw.). **Re|strik|ti|ons|en|zym** *das;* -s, -e: ↑Enzym, das bestimmte Teile der ↑Nukleinsäure heraustrennen kann (Med.). **Re|strik|ti|ons|po|li|tik** *die;* -: durch Restriktionen (a) gekennzeichnete Wirtschafts- u. Handelspolitik. **re|strik|tiv** ⟨zu ↑...iv⟩: einschränkend, einengend; -e [...və] K o n j u n k t i o n: einschränkendes Bindewort (z. B. insofern); -er [...və] C o d e: svw. restringierter Code. **Re|strik|tiv|satz** *der;* -es, ...sätze: restriktiver ↑Modalsatz (z. B. hilf ihm, soweit es deine Zeit erlaubt!; Sprachw.). **re|strin|gie|ren** ⟨aus *lat.* restringere „zurückziehen, beschränken", eigtl. „zurückbinden"⟩: (veraltet) 1. einschränken. 2. zusammenziehen (Med.). **re|strin|giert** ⟨zu ↑...iert⟩: eingeschränkt; - e r C o d e: individuell nicht stark differenzierter sprachlicher ↑Code (1) eines Sprachteilhabers (Sprachw.); Ggs. ↑elaborierter Code

re|struk|tu|rie|ren ⟨zu ↑re... u. ↑strukturieren⟩: durch bestimmte Maßnahmen neu gestalten, neu ordnen, neu strukturieren. **Re|struk|tu|rie|rung** *die;* -, -en: das Versehen mit einer neuen Struktur; Umgestaltung, Neuordnung

Re|sul|tan|te *die;* -, -n ⟨aus gleichbed. *fr.* résultante zu résulter, vgl. resultieren⟩: Ergebnisvektor von verschieden gerichteten Bewegungs- od. Kraftvektoren (vgl. Vektor). **Re|sul|tat** *das;* -[e]s, -e ⟨aus gleichbed. *fr.* résultat, dies aus *mlat.* resultat „es ergibt sich", 3. Pers. Sing. Präs. von resultare, vgl. resultieren⟩: 1. (in Zahlen ausdrückbares) Ergebnis [einer Rechnung]. 2. Erfolg, Ergebnis [von bestimmten Bemühungen]. **re|sul|ta|tiv** ⟨zu ↑...iv⟩: ein Resultat bewirkend; -e [...və] A k t i o n s a r t: ↑Aktionsart eines Verbs, die das Resultat, das Ende eines Geschehens ausdrückt (z. B. finden). **re|sul|tie|ren** ⟨aus gleichbed. *fr.* résulter, dies aus *mlat.* resultare „sich ergeben (aus)" zu *lat.* resultare „zurückspringen, -prallen"⟩: a) sich herleiten, sich [als Resultat] ergeben, die Folge von etwas sein; b) in etwas seine Wirkung haben; zur Folge haben. **Re|sul|tie|ren|de** *die;* -n, -n: svw. Resultante

Re|sü|mee *das;* -s, -s ⟨aus gleichbed. *fr.* résumé zu résumer, substantiviertes Part. Perf. von résumer, vgl. resümieren⟩: 1. Zusammenfassung. 2. als das Wesentliche, als eigentlicher Inhalt, als Kern von etwas Anzusehendes, als Schlußfolgerung aus etwas zu Ziehendes. **re|sü|mie|ren** ⟨aus gleichbed. *fr.* résumer, dies aus *lat.* resumere „wieder (an sich) nehmen, wiederholen"⟩: a) kurz in den wesentlichen Punkten darlegen; zusammenfassen; b) als Resümee (2) festhalten, feststellen

Re|su|pi|na|ti|on *die;* -, -en ⟨zu *lat.* resupinatus „zurückgebogen" (dies zu resupinare „zurückbeugen") u. ↑¹...ion⟩:

Retikulozyt

Drehung der Blütenglieder während der Entwicklung um 180° (z. B. bei Orchideen; Bot.)

Re|sur|rek|ti|on *die;* -, -en ⟨aus gleichbed. *kirchenlat.* resurrectio zu *lat.* resurgere „wiedererstehen"⟩: (selten) Auferstehung

Re|sus|zi|ta|ti|on *die;* -, -en ⟨aus *spätlat.* resuscitatio „Wiedererweckung" zu resuscitare „wiedererwecken (zum Leben)", eigtl. „wieder aufrichten"⟩: svw. Reanimation

re|szin|die|ren ⟨aus gleichbed. *lat.* rescindere, eigtl. „wiedereinreißen"⟩: (veraltet) vernichten, aufheben, für nichtig erklären (Rechtsw.). **Re|szis|si|bel** ⟨zu ↑ Reszission u. ↑...ibel⟩: (veraltet) anfechtbar (Rechtsw.). **Re|szis|si|bi|li|tät** *die;* - ⟨zu ↑...ität⟩: (veraltet) Anfechtbarkeit (Rechtsw.). **Re|szis|si|on** *die;* -, -en ⟨aus *lat.* rescissio „Aufhebung"⟩: (veraltet) Ungültigkeitserklärung, gerichtliche Verwerfung (z. B. eines Testaments)

Re|ta|bel *das;* -s, - ⟨aus gleichbed. *fr.* retable, dies über das Altprovenzal. u. vielleicht Span. mdal. zu *lat.* retro (vgl. retro...) u. tabula „(Bild)tafel", das Bild wurde urspr. auf die Rückseite des Altars gemalt⟩: Altaraufsatz (mit dem Altar fest verbundene, künstlerisch gestaltete Rückwand)

re|ta|blie|ren ⟨aus gleichbed. *fr.* rétablir zu ré- (vgl. re...) u. établir „befestigen", dies aus *lat.* stabilire⟩: (veraltet) wiederherstellen. **Re|ta|blie|rung** *die;* -, -en ⟨zu ↑...ierung⟩: (schweiz.) das Retablieren, Retablissement. **Re|ta|blis|se|ment** [...blɪsəˈmãː] *das;* -s, -s ⟨aus gleichbed. *fr.* rétablissement⟩: (veraltet) Wiederherstellung

Re|tail [ˈriːteɪl] *der* od. *das;* -s ⟨aus gleichbed. *engl.* retail zu to retail „als Einzelstück verkaufen", dies aus *altfr.* retaillier „zurückschneiden" zu re- (vgl. re...) u. taillier, vgl. Taille⟩: (veraltet) Kleinverkauf. **Re|tai|ler** [...teɪlɐ] *der;* -s, -s ⟨aus gleichbed. *engl.* retailer⟩: (veraltet) Einzelhändler

Re|take [ˈriːteɪk, engl. ˈriː...] *das;* -[s], -s (meist Plur.) ⟨aus gleichbed. *engl.* retake zu to retake „wieder an-, ein-, aufnehmen"⟩: Wiederholung einer mißglückten Aufnahme (Film)

Re|ta|lia|ti|on *die;* -, -en ⟨zu *spätlat.* retaliare „(mit Gleichem) vergelten" u. ↑...ation⟩: (veraltet) [Wieder]vergeltung

re|tard ⟨unter Einfluß von *fr.* retard (vgl. Retard) aus *nlat.* retardus „verlangsamt" zu *lat.* retardare, vgl. retardieren⟩: verzögert wirkend (Zusatzbezeichnung bei Arzneimitteln, deren Wirkstoffe verzögert freigesetzt werden; Med.). **Retard** [rəˈtaːɐ̯] *der;* -s ⟨aus gleichbed. *fr.* retard, eigtl. „Verzögerung", zu retarder, vgl. retardieren⟩: Hebelstellung zur Verringerung der Ganggeschwindigkeit von Uhren. **Re|tar|dat** *das;* -[e]s, -e ⟨aus *lat.* retardatum „Verzögertes", substantiviertes Part. Perf. (Neutrum) von retardare, vgl. retardieren⟩: (veraltet) Rückstand. **Re|tar|da|ti|on** *die;* -, -en ⟨über gleichbed. *fr.* retardation aus *lat.* retardatio zu retardare, vgl. retardieren⟩: 1. Verzögerung, Verlangsamung eines Ablaufs. 2. Hemmung od. Verlangsamung der körperlichen u. geistigen Entwicklung; vgl. ...[at]ion/...ierung. **Re|tard|ef|fekt** *der;* -[e]s, -e ⟨zu ↑ retard⟩: Verzögerungseffekt, der vorliegt, wenn z. B. Arzneimittel durch Strukturveränderungen verzögert resorbiert od. ausgeschieden werden (Med.). **Re|tar|de|ment** [...dəˈmãː] *das;* -s, -s ⟨aus gleichbed. *fr.* retardement zu retarder, vgl. retardieren⟩: (veraltet) Verzögerung, Aufschub, Verspätung. **re|tar|die|ren** ⟨aus gleichbed. *fr.* retarder zu *lat.* retardare⟩: 1. verzögern, hemmen. 2. (veraltet) nachgehen (in bezug auf Uhren); vgl. ritardando. **re|tar|die|rend** ⟨zu ↑...ierend⟩: hemmend, verzögernd; -es Moment: Szene im Drama, die zum Höhepunkt des Konflikts hinleitet od. durch absichtliche Verzögerung des Handlungsablaufs die Spannung erhöht (Literaturw.). **re|tar|diert** ⟨zu ↑...iert⟩: in der geistigen od. körperlichen Entwicklung zurückgeblieben; -es Potential: ↑ Potential elektromagnetischer Felder, bei dessen Berechnung die endliche Ausbreitungsgeschwindigkeit der Felder berücksichtigt wurde (Phys.). **Re|tar|die|rung** *die;* -, -en ⟨zu ↑...ierung⟩: 1. das Retardieren. 2. die zeitliche Verzögerung der von einer Quelle ausgehenden physik. Wirkung an einem anderen Ort (Phys.); vgl. ...[at]ion/...ierung. **Re|tard|prä|pa|rat** *das;* -[e]s, -e ⟨zu ↑ retard⟩: Arzneimittel mit verzögerter, langanhaltender Wirkung (Med.)

Re|te *das;* -[s], Retia ⟨aus *lat.* rete „Netz"⟩: Anhäufung netzartig verzweigter Arterien u. Venen (Med.)

Re|tent *das;* -[e]s, -e ⟨zu *lat.* retentum, eigtl. „Zurückbehaltenes", vgl. Retention⟩: zurückbehaltenes Aktenstück. **Re|ten|ti|on** *die;* -, -en ⟨aus *lat.* retentio „das Zurückhalten" zu retentum, Part. Perf. (Neutrum) von retinere „zurückhalten"⟩: 1. a) Funktionsstörung, die darin besteht, daß zur Ausscheidung bestimmte Körperflüssigkeiten od. andere Stoffe (bes. Urin) nicht [in ausreichendem Maße] ausgeschieden werden; b) Abflußbehinderung seröser Flüssigkeit, die sich in einer Zyste angesammelt hat; c) unvollständige od. fehlende Entwicklung eines Organs od. Körperteils aus seinem Ausgangsbereich (z. B. der Zähne od. der Hoden); d) Verankerung, Befestigung (der Kunststoffzähne in einer Prothese; Med.). 2. Leistung des Gedächtnisses in bezug auf Lernen, ↑ Reproduzieren (1) u. Wiedererkennen (Psychol.). **Re|ten|ti|ons|recht** *das;* -[e]s: Zurückbehaltungsrecht; Recht des Schuldners, eine fällige Leistung zu verweigern, solange ein Gegenanspruch nicht erfüllt ist (Rechtsw.).

Re|tia: Plur. von ↑ Rete. **Re|ti|cel|la** [...ˈtʃɛla] *die;* -, -s ⟨aus gleichbed. *it.* reticella, Verkleinerungsform von rete „Netz", dies aus *lat.* rete, vgl. Rete⟩: urspr. genähte, später geklöppelte ital. Spitze. **Re|ti|kül** *der* od. *das;* -s, Plur. -e u. -s ⟨aus gleichbed. *fr.* réticule, eigtl. „kleines Netz"⟩: svw. Ridikül. **Re|ti|ku|la**: Plur. von ↑ Retikulum. **re|ti|ku|lar** ⟨zu ↑ Retikulum u. ↑...ar (1)⟩: svw. retikulär. **re|ti|ku|lär** ⟨aus gleichbed. *nlat.* reticularis; vgl. Retikulum u. ...är⟩: netzartig; netzförmig [verzweigt]; -es Gewebe: Bindegewebe (Med.). **re|ti|ku|liert** ⟨zu ↑...iert⟩: mit netzartigem Muster versehen; -e Gläser: Gläser mit einem netzartigen Muster aus eingeschmolzenen Milchglasfäden. **Re|ti|ku|lin** *das;* -s ⟨zu ↑ Retikulum u. ↑...in (1)⟩: Bindegewebssubstanz aus ↑ Kollagen u. einem durch höheren Schwefelgehalt ausgezeichneten Eiweißkörper (Biochem.). **Re|ti|ku|lin|fa|sern** *die* (Plur.): Fasern des retikulären Bindegewebes, die sich durch ihren Gehalt an Retikulin von den ↑ kollagenen Fasern unterscheiden (Med.). **re|ti|ku|lo|en|do|the|li|al** ⟨zu ↑ Endothel u. ↑...ial⟩: in der Fügung -es System: von Zellen des ↑ Endothels u. des innerhalb des Zellplasmas gelegenen Retikulums gebildetes System von Zellen, das für den Stoffwechsel u. für die Bildung von Immunkörpern Bedeutung hat (Med.); Abk.: RES. **Re|ti|ku|lo|en|do|the|li|ose** *die;* -, -n: svw. Retikulose. **Re|ti|ku|lom** *das;* -s, -e ⟨zu ↑...om⟩: gutartige knotige Wucherung (insbes. im Bereich des Knochenmarks, der Lymphknoten u. der Milz; Med.). **Re|ti|ku|lo|po|di|en** *die* (Plur.) ⟨zu gr. pódion, Verkleinerungsform von poús, Gen. podós „Fuß"⟩: Scheinfüßchen (Biol.). **Re|ti|ku|lo|se** *die;* -, -n ⟨zu ↑¹...ose⟩: Sammelbez. für ursächlich u. erscheinungsmäßig verschiedenartige Wucherungen im Bereich von Knochenmark, Milz, Lymphknoten u. Leber (Med.). **Re|ti|ku|lo|zyt** *der;* -en, -en (meist Plur.) ⟨zu ↑...zyt⟩: fast reifes rotes Blutkörperchen im Knochenmark u. im zirkulierenden menschlichen Blut

1191

Retikulum

(Med.). **Re|ti|ku|lum** *das;* -s, ...la ⟨aus *lat.* reticulum, Verkleinerungsform von rete „Netz"⟩: 1. Netzmagen der Wiederkäuer (Zool.). 2. im Ruhekern der teilungsbereiten Zelle nach Fixierung u. Färbung sichtbares Netzwerk aus Teilen von entspiralisierten Chromosomen (Biol.). **Re|ti|na** *die;* -, ...nae [...nɛ] ⟨aus gleichbed. *nlat.* retina zu *lat.* rete „Netz"⟩: Netzhaut des Auges (Med.). **Re|ti|na|ku|lum** *das;* -s, ...la ⟨aus *lat.* retinaculum „Seil, Band"⟩: bindegewebiges Halteband für Organe od. Gewebsstrukturen (Med.). **re|ti|nal** ⟨zu ↑¹...al (1)⟩: zur Augennetzhaut gehörend, in der Retina liegend (Med.). **re|ti|nie|ren** ⟨zu ↑...ieren⟩: für die Ausscheidung bestimmte Stoffwechselprodukte zurückhalten (Med.). **Re|ti|nin** *das;* -s ⟨zu ↑...in (1)⟩: ein Bestandteil des Sehpurpurs in der Netzhaut (Med.). **Re|ti|ni|tis** *die;* -, ...itiden ⟨zu ↑...itis⟩: Netzhautentzündung (Med.). **Re|ti|no|bla|stom** *das;* -s, -e: bösartige Netzhautgeschwulst (Med.). **Re|ti|no|i|de** *die* (Plur.) ⟨zu ↑...oid⟩: synthetisch hergestellte Verbindungen, die strukturell u. in ihrer Wirkung unter anderem dem Vitamin A nahestehen (zur Behandlung von Hautkrankheiten, z. B. der Schuppenflechte; Med.). **Re|ti|nol** *das;* -s, -e ⟨zu ↑...ol⟩: internationale Bez. für Vitamin A. **Re|ti|no|pa|thie** *die;* -, ...ien ⟨zu ↑...pathie⟩: allgemeine Bez. für nichtentzündliche Erkrankungen der Netzhaut (Med.). **Re|ti|no|sko|pie** *die;* -, ...ien ⟨zu ↑...skopie⟩: svw. Skiaskopie

Re|ti|ra|de *die;* -, -n ⟨aus gleichbed. *fr.* retirade zu se retirer, vgl. retirieren, Bed. 1 nach Retirade (2)⟩: 1. (veraltend verhüllend) svw. Toilette (2 b). 2. (veraltet) [militär.] Rückzug. **re|ti|rie|ren** ⟨nach gleichbed. *fr.* se retirer zu re- (vgl. re...) u. tirer „ziehen"⟩: 1. (veraltet, aber noch scherzh.) sich [fluchtähnlich, eilig] zurückziehen. 2. (scherzh.) auf die Toilette (2 b) gehen

Re|tor|si|on *die;* -, -en ⟨aus gleichbed. *fr.* rétorsion, dies unter Einfluß von torsion (vgl. Torsion) zu *lat.* retorquere, vgl. Retorte⟩: Erwiderung einer Beleidigung; vor allem im zwischenstaatlichen [diplomatischen] Verkehr die einer unbilligen Maßnahme eines anderen Staates entsprechende Gegenmaßnahme (z. B. Ausweisung von Ausländern als Antwort auf ebensolche Vorkommnisse im Ausland). **Re|tor|te** *die;* -, -n ⟨aus *mlat.* retorta „die Zurückgedrehte", Part. Perf. (Fem.) von *lat.* retorquere „rückwärts drehen", nach der gedrehten Form des Gefäßhalses⟩: a) rundliches Labordestillationsgefäß aus Glas mit umgebogenem, verjüngtem Hals; aus der -: (ugs.) auf künstliche Weise hergestellt, geschaffen (z. B. ein Kind, eine Stadt aus der R.); b) in der chem. Industrie zylindrischer od. flacher langer Behälter, der innen mit feuerfestem Material ausgekleidet ist. **Re|tor|ten|ba|by** *das;* -s, -s: (Jargon) Kind, das sich aus einem außerhalb des Mutterleibs befruchteten u. dann wieder in die Gebärmutter zurückversetzten Ei entwickelt hat. **Re|tor|ten|gra|phit** *der;* -s: graphitähnliches Produkt, das sich bei Zersetzung von Kohlenwasserstoffen an heißen Retortenwänden absetzt u. unter anderem zur Herstellung von Elektroden verwendet wird

re|tour [re'tuːɐ̯] ⟨zu *fr.* retour „Rückkehr", dies zu retourner, vgl. retournieren⟩: (landsch., österr., schweiz., sonst veraltend) zurück. **Re|tour** *die;* -, -en ⟨Kurzform von Retour(fahr)karte⟩: (österr. ugs.) Rückfahrkarte. **Re|tour|bil|lett** [...bɪljɛt] *das;* -[e]s, Plur. -e u. -s: (schweiz., sonst veraltet) Rückfahrkarte. **Re|tou|re** [re'tuːrə] *die;* -, -n (meist Plur.) ⟨zu ↑retour⟩: 1. a) an den Verkäufer zurückgesandte Ware; b) nicht ausgezahlter, an den Überbringer zurückgegebener Scheck od. Wechsel. 2. (österr. Amtsspr. veraltend) Rücksendung. **Re|tour|kut|sche** *die;* -, -n: (ugs.) das Zurückgeben eines Vorwurfs, einer Beleidigung o. ä. [bei passender Gelegenheit] mit einem entsprechenden Vorwurf, einer entsprechenden Beleidigung. **re|tour|nie|ren** ⟨aus *fr.* retourner „umkehren, zurückdrehen", dies über das Vulgärlat. zu *lat.* tornare „runden, drechseln"⟩: 1. a) Waren zurücksenden (an den Verkäufer); b) (österr.) zurückgeben, -bringen. 2. den gegnerischen Aufschlag zurückschlagen (Tennis)

Re|trai|te [rəˈtrɛːtə] *die;* -, -n ⟨aus gleichbed. *fr.* retraite, substantiviertes Part. Perf. (Fem.) von älter *fr.* retraire „zurückziehen", dies aus *lat.* retrahere⟩: (veraltet) 1. Zapfenstreich der Kavallerie. 2. Rückzug. **Re|trakt** [re...] *der;* -[e]s, -e ⟨zu *lat.* retractus, Part. Perf. von retrahere, vgl. Retraite⟩: (veraltet) Befugnis, eine fremde, von einem Eigentümer an einen Dritten verkaufte Sache von diesem u. jedem weiteren Besitzer zum ursprünglichen Kaufpreis an sich zu nehmen; Näherrecht (Rechtsw.). **re|trak|tie|ren** ⟨aus *lat.* retractare „erneut bearbeiten od. behandeln; überdenken"⟩: (veraltet) umändern, verbessern. **Re|trak|ti|on** *die;* -, -en ⟨aus *lat.* retractio „das Zurückziehen, Verminderung" zu retrahere, vgl. Retraite⟩: Zusammenziehung, Verkürzung, Schrumpfung eines Organs, Gewebes (Med.).

Re|tran|che|ment [rətrãʃəˈmãː] *das;* -s, -s ⟨aus gleichbed. *fr.* retranchement zu retrancher „Stellung befestigen", dies zu re- (vgl. re...) u. trancher „durchschneiden"⟩: (veraltet) Verschanzung; verschanzte Linie

Re|trans|fu|si|on *die;* -, -en ⟨zu ↑re... u. ↑Transfusion⟩: svw. Reinfusion

Re|trans|plan|ta|ti|on *die;* -, -en ⟨zu ↑re... u. ↑Transplantation⟩: Ausschneiden eines Transplantats beim Empfänger u. Rückverpflanzung in den ursprünglichen Spender (Med.).

re|tri|bu|ie|ren ⟨aus gleichbed. *lat.* retribuere⟩: (veraltet) zurückgeben, vergelten. **Re|tri|bu|ti|on** *die;* -, -en ⟨aus gleichbed. *fr.* rétribution, dies aus *spätlat.* retributio „Vergeltung" zu retribuere, vgl. retribuieren⟩: 1. Rückgabe, Wiedererstattung (z. B. eines Geldbetrages). 2. (veraltet) Vergeltung, Rache. **re|tri|bu|tiv** ⟨zu *lat.* retributus, Part. Perf. von retribuere (vgl. retribuieren) u. ↑...iv⟩: die Retribution (1 u. 2) betreffend, auf Retribution beruhend

Re|trie|val [rɪˈtriːvl] *das;* -s, -s ⟨aus gleichbed. *engl.* retrieval zu to retrieve „wiederfinden"⟩: das Suchen u. Auffinden gespeicherter Daten in einer Datenbank (EDV)

re|tro..., Re|tro... ⟨aus *lat.* retro „zurück, rückwärts"⟩: Wortbildungselement mit der Bedeutung „hinter, rückwärts, zurück", z. B. retroflex, Retroversion. **re|tro|ak|tiv**: rückwirkend; Ggs. ↑proaktiv; -e [...və] Hemmung: Beeinträchtigung des Behaltens von etwas Gelerntem, wenn unmittelbar darauf etwas Neues eingeprägt wird; -e [...və] Suggestion: Suggestion, die frühere Bewußtseinsinhalte u. Erinnerungen aktiviert (Psychol.) **Re|tro|ak|ti|vi|tät** [...v...] *die;* -, -en: rückwirkende Kraft. **re|tro|au|ri|ku|lär**: hinter der Ohrmuschel gelegen (z. B. von Krankheitsprozessen; Med.). **re|tro|bul|bär**: hinter dem Augapfel gelegen (Med.). **Re|tro|chor** [...k...] *der;* -[e]s, Plur. -e u. ...chore ⟨nach gleichbed. *engl.* retrochoir⟩: in engl. Kathedralen die Choranlage hinter dem eigentlichen Chorraum. **re|tro|da|tie|ren** ⟨zu ↑retro...⟩: (veraltet) zurückdatieren. **re|tro|flek|tiert** ⟨zu *lat.* retroflectere (vgl. retroflex) u. ↑...iert⟩: zurückgebogen, nach hinten abgeknickt (von Organen od. Körperteilen; Med.). **re|tro|flex** ⟨zu *lat.* retroflexus, Part. Perf. von retroflectere „zurückbiegen"⟩: mit zurückgebogener Zungenspitze gebildet (in bezug auf Laute; Sprachw.). **Re|tro|flex** *der;* -es, -e: mit zurückgebogener Zungenspitze gebildeter Laut (Sprachw.); vgl. Zerebral.

Re|tro|fle|xi|on *die;* -, -en: Abknickung von Organen (bes. der Gebärmutter) nach hinten (Med.). **re|tro|grad** ⟨zu *lat.* retrogradus „zurückgehend"⟩: rückläufig, rückwirkend, in zurückliegende Situationen zurückreichend (z. B. in bezug auf eine ↑Amnesie; Med.); -e Bildung: Rückbildung; Wort (bes. Substantiv), das aus einem [meist abgeleiteten] Verb od. Adjektiv gebildet ist, aber den Eindruck erweckt, die Grundlage des betreffenden Verbs od. Adjektivs zu sein (z. B. *Kauf* aus *kaufen, Blödsinn* aus *blödsinnig;* Sprachw.). **Re|tro|gra|da|ti|on** *die;* -, -en ⟨zu ↑...ation⟩: das Ausfallen eines gelösten Stoffes beim Abkühlen des Lösungsmittels (Chem.). **re|tro|gra|die|ren** ⟨nach *lat.* retrogradi „zurückgehen"⟩: (veraltet) rückwärts gehen. **re|tro|kar|di|al:** den Bereich hinter dem Herzen betreffend; im Raum zwischen dem Herzen u. der Wirbelsäule liegend (Med.). **Re|tro|ko|gni|ti|on** *die;* -, -en: das Hellsehen in die Vergangenheit, eine Form der außersinnlichen Wahrnehmung (Parapsychol.). **re|tro|len|tal:** hinter der Augenlinse gelegen (Med.). **re|tro|na|sal:** im Nasen-Rachen-Raum gelegen (Med.). **re|tro|pe|ri|to|ne|al:** hinter dem Bauchfell gelegen (Med.). **Re|tro|pul|si|on** *die;* -, -en: krankhafte Neigung zum Rückwärtslaufen (Med.). **Re|tro|spek|ti|on** *die;* -, -en ⟨zu ↑retrospektiv u. ↑¹...ion⟩: Rückschau, Rückblick. **re|tro|spek|tiv** ⟨wohl nach gleichbed. *engl.* retrospective, dies aus *lat.* retrospectus, Part. Perf. von retrospicere „zurückschauen"; vgl. ...iv⟩: rückschauend, rückblickend. **Re|tro|spek|ti|ve** [...və] *die;* -, -n: a) Rückschau, Rückblick; b) Kunstausstellung od. Filmserie, die das Gesamtwerk eines Künstlers od. Filmregisseurs od. einer Epoche in einer Rückschau vorstellt. **Re|tro|spiel** *das;* -[e]s, -e ⟨zu ↑retro...⟩: schrittweises Zurücknehmen einer bestimmten Folge von Zügen bis zu einer bestimmten Ausgangsstellung (Schach). **re|tro|ster|nal:** hinter dem Brustbein gelegen (Med.). **Re|tro|vak|zi|na|ti|on** [...v...] *die;* -, -en Rückimpfung des aus menschlichen Pocken gewonnenen Impfstoffes auf Kühe. **Re|tro|vak|zi|ne** *die;* -, -n: Impfstoff, der von Kühen gewonnen wird, die vorher mit Pokkenlymphe von Menschen infiziert worden waren. **Re|tro|ver|si|on** *die;* -, -en ⟨zu *lat.* retroversus „rückwärtsgewandt" u. ↑¹...ion⟩: Rückwärtsneigung, bes. der Gebärmutter (Med.). **re|tro|ver|tie|ren** ⟨aus gleichbed. *lat.* retrovertere⟩: zurückneigen, zurückwenden. **Re|tro|vi|rus** [...v...] *das,* auch *der;* -, ...viren (meist Plur.) ⟨Kunstw. aus ↑reverse Transkriptase u. ↑Virus⟩: Virus aus der Familie der Ribonukleinsäure-Tumorviren (möglicherweise für die Krebsentstehung verantwortlich; Med.). **Re|tro|vi|sor** [...v...] *der;* -s, ...oren ⟨zu ↑retro..., *lat.* visus (Part. Perf. von videre „sehen") u. ↑...or⟩: Spiegelsystem, mit dem man über das eigene Auto u. durch die Fenster eines angehängten Wohnwagens sehen kann. **re|tro|ze|die|ren** ⟨aus *lat.* retrocedere „zurückweichen"⟩: 1. (veraltet) a) zurückweichen; b) [etwas] wieder abtreten. 2. rückversichern (Wirtsch.). **Re|tro|zes|si|on** *die;* -, -en ⟨aus *lat.* retrocessio „das Zurückweichen"⟩: 1. (veraltet) Wiederabtretung. 2. besondere Form der Rückversicherung (Wirtsch.). **Ret|si|na** *der;* -[s] ⟨aus gleichbed. *ngr.* retsína, dies über *(m)lat.* resina aus *gr.* rētínē „Harz"⟩: mit Harz versetzter griech. Weißwein. **Re|turn** [ri'tø:ɐ̯n, *engl.* rɪ'tə:n] *der;* -s, -s ⟨aus gleichbed. *engl.* return zu to return „zurückkehren", dies aus *(alt)fr.* retourner, vgl. retournieren⟩: Rückschlag; zurückgeschlagener Ball (bes. nach gegnerischem Aufschlag; [Tisch]tennis, Badminton). **Re|turn on in|vest|ment** [rɪ'tə:n ɔn ɪn'vestmənt] ⟨aus gleichbed. *engl.* return on investment, eigtl. „Gewinn aus Investition"⟩: Kennzahl, die eine Aussage über die Rentabilität des investierten Kapitals zuläßt (Wirtsch.); Abk.: ROI

Re|tu|sche *die;* -, -n ⟨aus gleichbed. *fr.* retouche zu retoucher, vgl. retuschieren⟩: a) das Retuschieren; b) Stelle, an der retuschiert worden ist. **Re|tu|scheur** [...'ʃø:ɐ̯] *der;* -s, -e ⟨zu ↑...eur⟩: jmd., der Retuschen ausführt. **Re|tu|scheu|rin** *die;* -, -nen: weibliche Form zu ↑Retuscheur. **re|tu|schie|ren** ⟨aus *fr.* retoucher „wieder berühren, überarbeiten" zu re- (vgl. re...) u. toucher, vgl. touchieren⟩: (bes. an einem Foto, einer Druckvorlage) nachträglich Veränderungen anbringen (um Fehler zu korrigieren, Details hinzuzufügen od. zu entfernen)

re|uni|ens [...i̯ə...] ⟨zu ↑re... u. *spätlat.* uniens, Gen. unientis, Part. Präs. von *lat.* unire „vereinigen"⟩: verschiedene Körperteile od. Organe miteinander verbindend (bes. von Körpergängen od. Kanälen; Med.). **re|unie|ren** [rey...] ⟨aus gleichbed. *fr.* réunir zu ré- (vgl. re...) u. unir, vgl. unieren; Bed. 2 aus gleichbed. *fr.* se réunir⟩: 1. (veraltet) wiedervereinigen, versöhnen. 2. sich -: sich versammeln. **¹Re|uni|on** [reu...] *die;* -, -en ⟨gleichbed. *fr.* réunion zu réunir, vgl. reunieren⟩: (veraltet) Wiedervereinigung. **²Re|uni|on** [rey'njõ:] *die;* -, -s ⟨aus *fr.* réunion „Versammlung; Gesellschaft" zu se réunir „sich versammeln"⟩: (veraltet) gesellige Veranstaltung zur Unterhaltung der Kurgäste (bes. in Kurorten). **Re|uni|o|nen** (Plur.) ⟨aus *fr.* reunions, Plur. von réunion, vgl. ¹Reunion⟩: gewaltsame Gebietsaneignungen Ludwigs XIV. von Frankreich im Elsaß u. in Lothringen. **Re|uni|ons|kam|mern** *die* (Plur.) ⟨Lehnübersetzung von *fr.* chambres de réunion⟩: durch Ludwig XIV. eingesetzte franz. Gerichte zur Durchsetzung territorialer ↑Annexionen

re|üs|sie|ren ⟨aus gleichbed. *fr.* réussir, dies aus gleichbed. *it.* riuscire, eigtl. „wieder hinausgehen"⟩: gelingen; Erfolg haben; ein Ziel erreichen

Re|vak|zi|na|ti|on *die;* -, -en ⟨zu ↑re... u. ↑Vakzination⟩: Zweitimpfung, wiederholte Impfung mit dem gleichen Impfstoff in einem bestimmten zeitlichen Abstand zur Erstimpfung (Med). **re|vak|zi|nie|ren:** wiederholt mit dem gleichen Impfstoff impfen (Med.)

re|va|li|die|ren [...v...] ⟨zu ↑re... u. *lat.* validare „stark machen, kräftigen"⟩: wieder gültig werden. **re|va|lie|ren** ⟨zu *lat.* valere „kräftig sein, Wert haben"⟩: 1. (Kaufmannsspr.) eine Schuld decken. 2. (veraltend) sich für eine Auslage schadlos halten. **Re|va|lie|rung** *die;* -, -en ⟨zu ↑...ierung⟩: (Kaufmannsspr.) Deckung [einer Schuld]. **Re|va|lo|ri|sa|ti|on** *die;* -, -en ⟨zu ↑re... u. ↑Valorisation⟩: svw. Revalorisierung; vgl. ...[at]ion/...ierung. **re|va|lo|ri|sie|ren:** eine Währung auf den ursprünglichen Wert erhöhen. **Re|va|lo|ri|sie|rung** *die;* -, -en: Erhöhung einer Währung auf den ursprünglichen Wert; vgl. ...[at]ion/...ierung. **Re|val|va|ti|on** [...valv...] *die;* -, -en ⟨Analogiebildung zu ↑Devalvation; vgl. re...⟩: Aufwertung einer Währung durch Korrektur des Wechselkurses. **re|val|vie|ren** ⟨Analogiebildung zu ↑devalvieren⟩: eine Währung (durch Korrektur des Wechselkurses) aufwerten

Re|van|che [re'vã:ʃ(ə), ugs. auch re'vaŋʃə] *die;* -, -n [...ʃn] ⟨aus *fr.* revanche „Vergeltung, Rache" zu (se) revancher, vgl. revanchieren⟩: 1. (veraltend) Vergeltung (eines Landes) für eine erlittene militärische Niederlage. 2. das Sichrevanchieren (1). 3. Gegendienst, Gegenleistung. 4. a) Chance, eine erlittene Niederlage bei einem Wettkampf in einer Wiederholung wettzumachen; b) Rückkampf, Rückspiel eines Hinspiels, das verloren wurde (Sport). **Re|van|che|foul** [...faul] *das;* -s, -s: Foul, das man seinerseits an dem Spieler begeht, von dem man vorher gefoult wurde

revanchieren

(Sport). **re|van|chie|ren**, sich ⟨aus *fr.* (se) revancher „(sich) rächen" zu venger, dies aus *lat.* vindicare „rächen"⟩: 1. vergelten, sich für etwas rächen; jmdm. etwas [bei passender Gelegenheit] heimzahlen. 2. sich erkenntlich zeigen, durch eine Gegenleistung ausgleichen, einen Gegendienst erweisen. 3. eine erlittene Niederlage durch einen Sieg in einem zweiten Spiel gegen denselben Gegner ausgleichen, wettmachen (Sport). **Re|van|chis|mus** *der;* - ⟨nach gleichbed. *russ.* revanšizm zu *fr.* revanche „Vergeltung"; vgl. ...ismus (5)⟩: (abwertend) Politik, die auf Rückgewinnung in einem Krieg verlorener Gebiete od. die Annullierung aufgezwungener Verträge mit militärischen Mitteln ausgerichtet ist. **Re|van|chist** *der;* -en, -en ⟨nach gleichbed. *russ.* revanšist; vgl. ...ist⟩: (abwertend) Vertreter des Revanchismus. **re|van|chi|stisch** ⟨nach gleichbed. *russ.* revanšistskij; vgl. ...istisch⟩: (abwertend) den Revanchismus betreffend

Re|vas|ku|la|ri|sa|ti|on [...v...] *die;* -, -en ⟨zu ↑re... u. ↑Vaskularisation⟩: svw. Vaskularisation

Re|veil|le [rɛˈvɛ(ː)jə, auch ...ˈvɛljə] *die;* -, -n ⟨aus gleichbed. *fr.* réveil zu réveiller „(auf)wecken"⟩: (veraltet) militär. Weckruf

Re|ve|la|ti|on [...v...] *die;* -, -en ⟨aus gleichbed. *spätlat.* revelatio zu *lat.* revelare „enthüllen"⟩: Enthüllung, Offenbarung. **re|ve|la|to|risch** ⟨aus gleichbed. *spätlat.* revelatorius⟩: enthüllend, etwas ans Licht bringend

Re|ve|nant [rəvəˈnãː] *der;* -s, -s ⟨aus gleichbed. *fr.* revenant, eigtl. Part. Präs. von revenir, vgl. Revenue⟩: Gespenst; Geist, der aus einer anderen Welt wiederkehrt. **Re|ve|nue** [...ˈnyː] *die;* -, -n [...ˈnyːən]: (meist Plur.) ⟨aus gleichbed. *fr.* revenu zu revenir „wiederkommen", dies aus *lat.* revenire⟩: Einkommen, Einkünfte aus Vermögen

re ve|ra [- ˈveːra] ⟨*lat.*⟩: (veraltet) in der Tat, in Wahrheit

Re|ve|rend [ˈrɛvərənd] *der;* -s, -s ⟨aus gleichbed. *engl.* Reverend, dies aus *lat.* reverendus, vgl. Reverendus⟩: a) (ohne Plur.) Titel der Geistlichen in England u. Amerika; Abk.: Rev.; b) Träger dieses Titels. **Re|ve|ren|dis|si|mus** [reverɛn...] *der;* - ⟨aus *kirchenlat.* reverendissimus, eigtl. „der Verehrungswürdigste", Superlativ von *lat.* reverendus, vgl. Reverendus⟩: Titel der kath. ↑Prälaten. **Re|ve|ren|dus** *der;* - ⟨aus gleichbed. *kirchenlat.* reverendus, eigtl. „Verehrungswürdiger", zu *lat.* reverendus „ehrwürdig", dies zu revereri „Scheu empfinden; verehren"⟩: Ehrwürden, Hochwürden (Titel der kath. Geistlichen); Abk.: Rev.; - Pater: ehrwürdiger Vater (Titel der Ordensgeistlichen); Abk.: R. P. **re|ve|rent** ⟨aus gleichbed. *lat.* reverens, Gen. reverentis⟩: (veraltet) ehrerbietig. **Re|ve|renz** *die;* -, -en ⟨aus *lat.* reverentia „Scheu, Ehrfurcht"⟩: a) Ehrerbietung; b) Verbeugung; vgl. aber Referenz

Re|ve|rie [rɛvə...] *die;* -, ...ien ⟨aus gleichbed. *fr.* rêverie zu rêver „träumen"⟩: Titel eines elegisch-träumerischen Instrumentalstücks, bes. Klavierstücks der Romantik; Träumerei

re|vers [rɛˈvɛrs] ⟨aus gleichbed. *lat.* reversus, Part. Perf. von revertere „umwenden"⟩: umgekehrt; -e Transkriptase: ↑Enzym, das für die Vermehrung von Viren notwendig ist u. der Rückübersetzung der Virusnukleinsäure dient, die die Erbinformation ändert (Biochem., Med.). ¹**Re|vers** [rɛˈveːɐ̯, auch ...ˈvɛːɐ̯, rəˈv...] *das* od. (österr. nur) *der;* - [...ɐ̯(s)], - [...ɐ̯s] ⟨aus gleichbed. *fr.* revers, dies aus *lat.* reversus, vgl. revers⟩: [mit dem Kragen eine Einheit bildender] Umschlag od. Aufschlag an Kleidungsstücken. ²**Revers** [rɛˈvɛrs, franz. Ausspr. rəˈvɛːɐ̯] *der;* Gen. -es u. (bei franz. Ausspr.) - [...ɐ̯(s)], Plur. -e u. (bei franz. Ausspr.) - [...ɐ̯s] ⟨aus *fr.* revers „Rückseite"; vgl. ¹Revers⟩: Rückseite [einer Münze]; Ggs. ↑Avers. ³**Re|vers** [rɛˈvɛrs] *der;* -es, -e ⟨zu *mlat.* reversum „Antwort", eigtl. „umgekehrtes (Schreiben)"; vgl. ¹Revers⟩: Erklärung, Verpflichtungsschein. **re|ver|sal** ⟨zu ↑³Revers u. ↑...al (1)⟩: (veraltet) durch ³Revers festgesetzt, als Pflicht übernommen. **Re|ver|sa|le** *das;* -, ...lien [...jən] ⟨aus gleichbed. *nlat.* reversale⟩: offizielle Versicherung eines Staates, seine Verträge mit anderen Staaten einzuhalten u. den bestehenden Zustand nicht einseitig zu ändern. **Re|ver|se** *das;* -s, ⟨aus gleichbed. *engl.* reverse zu to reverse „rückwärts laufen lassen; umkehren", vgl. reversibel⟩: Umschaltautomatik für den Rücklauf (bes. bei Kassetten- u. Videorecordern). **re|ver|si|bel** [rɛvɛr...] ⟨nach gleichbed. *fr.* réversible, *engl.* reversible zu *lat.* reversus, Part. Perf. von revertere „umkehren"⟩: 1. umkehrbar (z. B. von technischen, chemischen, biologischen Vorgängen); Ggs. ↑irreversibel. 2. heilbar (Med.). **Re|ver|si|bi|li|tät** *die;* - ⟨zu ↑...ität⟩: Umkehrbarkeit; Ggs. ↑Irreversibilität. ¹**Re|ver|si|ble** [...bl] *der;* -s, -s ⟨zu *engl.* reversible „doppelseitig, wendbar", dies zu to reverse aus *fr.* reverser, vgl. Reverse⟩: Sammelbez. für Gewebe mit einer glänzenden u. einer matten Seite. ²**Re|ver|si|ble** [...bl] *das;* -s, -s ⟨zu ↑¹Reversible⟩: Kleidungsstück, das beidseitig getragen werden kann; Wendemantel, Wendejacke. ¹**re|ver|sie|ren** ⟨zu ↑³Revers u. ↑...ieren⟩: (veraltet) sich schriftlich verpflichten. ²**re|ver|sie|ren** ⟨aus *fr.* reverser „umkehren", dies aus *spätlat.* reversare „rückwärts wenden, umdrehen", Intensivbildung zu *lat.* revertere, vgl. reversibel⟩: 1. (österr.) zurücksetzen, rückwärts fahren (mit einem Fahrzeug). 2. [bei Maschinen] den Gang umschalten. **Re|ver|sing** [rɪˈvɜːsɪŋ] *das;* - ⟨aus gleichbed. *engl.* reversing zu to reverse, vgl. Reverse⟩: 1. das Zurückspulen des Magnet- od. Videobandes. 2. Form der Geschäftsabwicklung im engl. Baumwollterminhandel. **Re|ver|si|on** [rɛvɛr...] *die;* -, -en ⟨aus gleichbed. *lat.* reversio zu reversus, vgl. reversibel⟩: Umkehrung, Umdrehung. **Re|ver|si|ons|pen|del** *das;* -s, ⟨wichtiges Instrument zur Messung der Erdbeschleunigung. **Re|ver|si|ons|pris|ma** *das;* -s, ...men: Prisma, das das Bild seiten- bzw. höhenverkehrt wiedergibt. **Re|vers|ma|te|ri|al** *das;* -s, ...lien [...jən] ⟨zu ↑³Revers⟩: Aufführungsmaterialien (von Musikverlagen), die nur gegen Unterzeichnung eines ↑³Reverses verliehen werden, der ihre Verwendung einschränkt. **Re|vers|sy|stem** *das;* -s: Sicherstellung von Preisbindungen durch Verpflichtung der Zwischenhändler u. Einzelhändler (Wirtsch.)

Re|veur [rɛˈvøːɐ̯] *der;* -s, -e ⟨aus gleichbed. *fr.* rêveur zu rêver „träumen"⟩: (veraltet) Träumer

Re|vi|dent [...v...] *der;* -en, -en ⟨aus *lat.* revidens, Gen. revidentis, Part. Präs. von revidere, vgl. revidieren⟩: 1. jmd., der ↑Revision (3) einlegt. 2. (veraltet) svw. Revisor (1 u. 2). 3. (österr.) a) (ohne Plur.) Beamtentitel; b) Träger dieses Titels. **re|vi|die|ren** ⟨über *mlat.* revidere „prüfend hinsehen" aus *lat.* revidere „wieder hinsehen"; vgl. Revision⟩: 1. überprüfen, prüfen, kontrollieren, durchsuchen. 2. formal abändern, korrigieren; nach eingehender Prüfung ändern, z. B. sein Urteil -. 3. eine Wunde nochmals operativ behandeln (Med.)

Re|vier [...v...] *das;* -s, -e ⟨über *mittelniederl.* riviere, *(alt)fr.* rivière „Ufergegend entlang eines Wasserlaufs" aus *vulgärlat.* riparia „am Ufer Befindliches" zu *lat.* ripa „Ufer"⟩: 1. Bezirk, Gebiet; Tätigkeitsbereich (z. B. eines Kellners). 2. kleinere Polizeidienststelle [eines Stadtbezirks]. 3. a) von einem Truppenteil belegte Räume in einer Kaserne od. in einem Lager; b) Sanitätsbereich eines Truppenteils (Mil.). 4. a) Teilbezirk eines Forstamts; b) be-

Revolverdrehbank

grenzter Jagdbezirk (Forstw.). 5. Abbaugebiet (Bergw.). 6. Lebensraum, Wohngebiet bestimmter Tiere. re|vie|ren ⟨zu ↑...ieren⟩: ein Jagdgelände von einem Hund absuchen lassen (Forstw.). Re|vier|mar|kie|rung *die;* -: von einem Tier vorgenommene Kennzeichnung eines Reviers (6) durch Absonderung von Duftstoffen. Re|vier|sy|stem *das;* -s: Ordnung des Jagdrechts, bei der verschiedene Jagdbezirke eine Einheit bilden

Re|view [rɪ'vjuː] *die;* -, -s ⟨aus *engl.* review „Überblick; Rückblick", dies aus *(mittel)fr.* revue, Part. Perf. (Fem.) von revoir, vgl. Revue⟩: Titel od. Bestandteil des Titels engl. u. amerik. Zeitschriften; vgl. Revue (1). Re|vie|wer [...'vjuːɐ] *der;* -s, -: (veraltet) Verfasser od. Herausgeber einer Rundschau, einer Review

Re|vin|di|ka|ti|on [...v...] *die;* -, -en ⟨zu ↑re... u. *spätlat.* vindicatio „Anspruch(srecht)", dies zu *lat.* vindicare, vgl. vindizieren⟩: (veraltet) Rückforderung, Geltendmachung eines Herausgabeanspruchs (Rechtsw.). re|vin|di|zie|ren: einen Herausgabeanspruch geltend machen (Rechtsw.)

Re|vi|re|ment [revirə'mãː] *das;* -s, -s ⟨aus *fr.* revirement „Umschwung" zu re- (vgl. re...) u. virer „wenden", dies aus dem Galloroman., weitere Herkunft unsicher⟩: 1. Wechsel in der Besetzung von Ämtern. 2. Form der Abrechnung zwischen Schuldnern u. Gläubigern

re|vi|si|bel [...v...] ⟨zu *lat.* revisum (vgl. Revision) u. ↑...ibel⟩: (selten) auf dem Wege der ↑Revision (3) anfechtbar (Rechtsw.); Ggs. ↑irrevisibel. Re|vi|si|bi|li|tät *die;* - ⟨zu ↑...ität⟩: (selten) Anfechtbarkeit eines Urteils auf dem Wege der Revision (Rechtsw.). Re|vi|si|on *die;* -, -en ⟨aus *mlat.* revisio „prüfende Wiederdurchsicht" zu *lat.* revisus, Part. Perf. von revidere, vgl. revidieren⟩: 1. [nochmalige] Durchsicht, Nachprüfung; bes. die ↑Korrektur des bereits umbrochenen (zu Druckseiten zusammengestellten) Satzes (Druckw.). 2. Änderung nach eingehender Prüfung (z. B. in bezug auf eine Ansicht). 3. bei einem Gericht mit grundsätzlicher Entscheidungsvollmacht (Bundesgerichtshof, Oberlandesgericht) gegen ein [Berufungs]urteil einzulegendes Rechtsmittel, das die Überprüfung dieses Urteils fordert (Rechtsw.). 4. nochmalige operative Behandlung einer schlecht heilenden Wunde (Med.). Re|vi|sio|nis|mus *der;* - ⟨zu ↑...ismus (2)⟩: 1. das Streben nach Änderung eines bestehenden [völkerrechtlichen] Zustandes od. eines [polit.] Programms. 2. im 19. Jh. eine Richtung innerhalb der dt. Sozialdemokratie mit der Tendenz, den auf revolutionäre Umwälzungen ausgerichteten Marxismus durch Sozialreformen abzulösen. Re|vi|sio|nist *der;* -en, -en ⟨zu ↑...ist⟩: Verfechter des Revisionismus. re|vi|sio|ni|stisch ⟨zu ↑...istisch⟩: den Revisionismus betreffend. Re|vi|si|ons|in|stanz *die;* -, -en: für die Revision zuständige letzte Instanz (Rechtsw.). Re|vi|sor *der;* -s, ...oren ⟨zu *lat.* revisum (vgl. Revision) u. ↑...or⟩: 1. [Wirtschafts]prüfer. 2. Korrektor, dem die Überprüfung der letzten Korrekturen im druckfertigen Bogen obliegt

re|vi|ta|li|sie|ren [...v...] ⟨zu ↑re... u. ↑vitalisieren⟩: 1. wieder kräftigen, wieder funktionsfähig machen (Med.). 2. wieder in ein natürliches Gleichgewicht bringen (Biol.). Re|vi|ta|li|sie|rung *die;* -, -en ⟨zu ↑...ierung⟩: das Revitalisieren, das Revitalisiertwerden

Re|vi|val [rɪ'vaɪvl] *das;* -s, -s ⟨aus gleichbed. *engl.* revival zu to revive „wieder beleben", dies aus *lat.* revivere⟩: Wiederbelebung, Erneuerung (z. B. beim Jazz)

re|vo|ka|bel [...v...] ⟨über *fr.* révocable aus *lat.* revocabilis „zurückrufbar" zu revocare, vgl. revozieren⟩: (veraltet) zurücknehmbar, widerruflich. Re|vo|ka|ti|on *die;* -, -en ⟨aus gleichbed. *mlat.* revocatio, eigtl. „das Zurückrufen",

zu *lat.* revocare, vgl. revozieren⟩: Widerruf (z. B. eines wirtschaftl. Auftrages). Re|vo|ka|to|ri|um *das;* -s, ...ien [...iən] ⟨aus gleichbed. *nlat.* revocatorium, eigtl. „das Zurückrufende", substantiviertes Neutrum von *lat.* revocatorius „zurückrufend"⟩: Abberufungs-, Rückberufungsschreiben (Rechtsw.). Re|voke [rɪ'voʊk] *die;* -, -s ⟨aus gleichbed. *engl.* revoke zu to revoke „nicht bedienen, widerrufen", dies aus *lat.* revocare, vgl. revozieren⟩: versehentlich falsches Bedienen (Kartenspiele)

Re|vol|te [...v...] *die;* -, -n ⟨aus gleichbed. *fr.* révolte, eigtl. „Umwälzung", zu révolter, vgl. revoltieren⟩: [politisch motivierter] Aufruhr, Aufstand (einer kleinen Gruppe). Re|vol|teur [...'tøːɐ] *der;* -s, -e ⟨zu ↑...eur⟩: jmd., der sich an einer Revolte beteiligt. re|vol|tie|ren ⟨aus gleichbed. *fr.* révolter, eigtl. „zurück-, umwälzen", dies aus *it.* rivoltare „umdrehen, empören", dies über das Vulgärlat. aus *lat.* revolvere „zurückrollen, -drehen"⟩: an einer Revolte teilnehmen; sich empören, sich auflehnen, meutern. Re|vo|lu|ti|on *die;* -, -en ⟨unter Einfluß von gleichbed. *fr.* révolution, eigtl. „Umdrehung, Umwälzung", aus *spätlat.* revolutio „das Zurückwälzen, -drehen" zu *lat.* revolvere, vgl. revoltieren⟩: 1. [gewaltsamer] Umsturz der bestehenden politischen u. sozialen Ordnung. 2. Aufhebung, Umwälzung der bisher als gültig anerkannten Gesetze od. der bisher geübten Praxis durch neue Erkenntnisse u. Methoden (z. B. in der Wissenschaft). 3. Gebirgsbildung (Geol.). 4. (veraltet) Umlauf eines Himmelskörpers um eine Hauptgestirn (Astron.). 5. Null ouvert Hand, bei dem die gegnerischen Spieler die Karten austauschen (Skat). re|vo|lu|tio|när ⟨aus gleichbed. *fr.* révolutionnaire⟩: 1. die Revolution (1) betreffend, zum Ziele habend; für die Revolution eintretend. 2. eine Revolution (2) bewirkend, umwälzend. Re|vo|lu|tio|när *der;* -s, -e ⟨nach gleichbed. *fr.* révolutionnaire⟩: 1. jmd., der auf eine Revolution (1) hinarbeitet od. an ihr beteiligt ist. 2. jmd., der sich gegen Überkommenes auflehnt u. grundlegende Veränderungen auf einem Gebiet herbeiführt. Re|vo|lu|tio|nä|rin *die;* -, -nen: weibliche Form zu ↑Revolutionär. Re|vo|lu|tio|na|ris|mus *der;* - ⟨zu ↑...ismus (5)⟩: das Bestehen von Strömungen, die eine revolutionäre Veränderung um jeden Preis anstreben. re|vo|lu|tio|nie|ren ⟨aus gleichbed. *fr.* révolutionner⟩: 1. a) in Aufruhr bringen, für seine revolutionären (1) Ziele gewinnen; b) (selten) revoltieren. 2. grundlegend verändern. Re|vo|lu|tio|nie|rung *die;* -, -en ⟨zu ↑...ierung⟩: das Revolutionieren, das Revolutioniertwerden. Re|vo|lu|ti|ons|ar|chi|tek|tur *die;* -: Richtung der Architektur Ende des 18. Jh.s in nüchtern-monumentalen Formen. Re|vo|lu|ti|ons|ka|len|der *der;* -s: während der Franz. Revolution offiziell eingeführter Kalender (1793–1806) mit 12 Monaten von je 30 Tagen u. 5 Ergänzungstagen (Nationalfesten). Re|vo|lu|ti|ons|re|gie|rung *die;* -, -en: aus einer Revolution (1) hervorgegangene Regierung. Re|vo|lu|ti|ons|tri|bu|nal *das;* -s, -e: während einer Revolution eingesetzter Gerichtshof zur Aburteilung politischer Gegner. Re|vo|luz|zer *der;* -s, - ⟨nach gleichbed. *it.* rivoluzionario zu rivoluzione „Revolution"⟩: (abwertend) jmd., der sich [bes. mit Worten, in nicht ernst zu nehmender Weise] als Revolutionär gebärdet. Re|vol|ver [...vɐ] *der;* -s, - ⟨aus gleichbed. *engl.-amerik.* revolver zu *engl.* to revolve „drehen", dies aus *lat.* revolvere, vgl. revoltieren, nach sich drehenden Trommel⟩: 1. kurze Handfeuerwaffe mit einer drehbaren Trommel als Magazin. 2. drehbare Vorrichtung an Werkzeugmaschinen zum Einspannen mehrerer Werkzeuge. Re|vol|ver|dreh|bank *die;* -, ...bänke: Drehbank mit Revolver (2) zur schnelleren Werkstückbearbeitung (Techn.). Re|vol|ver-

pres|se *die;* -: (ugs.) Gesamtheit der reißerisch aufgemachten Sensationszeitungen. **re|vol|vie|ren** ⟨aus gleichbed. *lat.* revolvere, vgl. revoltieren⟩: zurückdrehen (Techn.). **Re|vol|ving|kre|dit** [rɪ'vɔlvɪŋ...] *der;* -[e]s, -e ⟨nach gleichbed. *engl.-amerik.* revolving credit zu *engl.* to revolve „(sich) drehen (lassen)" u. credit „Kredit"⟩: 1. Kredit, der dem Leistungsumschlag des Unternehmens entsprechend von diesem beglichen u. erneut beansprucht werden kann. 2. zur Finanzierung langfristiger Projekte dienender Kredit in Form von immer wieder prolongierten od. durch verschiedene Gläubiger gewährten formal kurzfristigen Krediten. **Re|vol|ving|sy|stem** *das;* -s: Finanzierung langfristiger Projekte über fortlaufende kurzfristige Anschlußfinanzierungen

re|vo|zie|ren [...v...] ⟨aus *lat.* revocare „zurückrufen"⟩: 1. [eine Äußerung] zurücknehmen; widerrufen. 2. vor Gericht einen mündlichen Antrag sofort zurückziehen, wenn der Prozeßgegner durch Beweise die im Antrag aufgestellte Behauptung widerlegt

Re|vue [rə'vy:, auch rə...] *die;* -, -n [...y:ən] ⟨aus gleichbed. *fr.* revue, eigtl. „Übersicht, Überblick", substantiviertes Part. Perf. (Fem.) von revoir „wiedersehen", dies aus *lat.* revidere⟩: 1. Titel od. Bestandteil des Titels von Zeitschriften; vgl. Review. 2. a) musikalisches Ausstattungsstück mit einer Programmfolge von sängerischen, tänzerischen u. artistischen Darbietungen, die oft durch eine lose Rahmenhandlung verbunden sind; b) Truppe, die eine Revue (2 a) darbietet. 3. (veraltet) Truppenschau. **Re|vue|film** *der;* -[e]s, -e: Film mit großer Ausstattung sowie Gesangs- u. Tanzeinlagen, verfilmte Revue (2 a). **Re|vue|girl** [...gø:ɐl] *das;* -s, -s: zu einer Revue (2 a) gehörende Tänzerin. **Re|vue|thea|ter** *das;* -s, -: Theater, an dem vorwiegend Revuestücke aufgeführt werden

Re|vul|si|vum [...vʊl'si:vʊm] *das;* -s, ...va ⟨zu *lat.* revulsum (Part. Perf. von revellere „wegreißen; vernichten") u. ↑...ivum⟩: fieberableitendes Mittel (z. B. Wadenwickel; Med.)

Re|wach *der;* -s ⟨aus *jidd.* réwech, vgl. Reibach⟩: svw. Reibach

Re|ward [rɪ'wɔːd] *das;* -s ⟨aus *engl.* reward „Lohn" zu to reward „be-, entlohnen", dies aus *altfr.* reguarder (*fr.* regarder) „anschauen, betrachten"⟩: der belohnende Reiz bei der klassischen ↑ Konditionierung (1) im Gegensatz zum ↑ Reinforcement (Psychol.)

Re|wri|ter [riːˈraɪtə] *der;* -s, - ⟨aus gleichbed. *engl.-amerik.* rewriter zu to rewrite „neu schreiben, umschreiben"⟩: jmd., der Nachrichten, Berichte, politische Reden, Aufsätze o. ä. für die Veröffentlichung bearbeitet

¹Rex *der;* -, Reges [...geːs] ⟨aus *lat.* rex „Lenker, König" zu regere, vgl. regieren⟩: [altröm.] Königstitel

²Rex *der;* -s, -e (Plur. selten) ⟨verkürzt aus ↑ Direx⟩: (Schülerspr.) svw. Direx

Rex|ap|pa|rat Ⓦ *der;* -[e]s, -e ⟨nach dem Namen der Firma u. zu ↑ Apparat⟩: (österr.) Einkochtopf

Rex sa|cro|rum [...k...] *der;* - - ⟨aus *lat.* rex sacrorum „Opferkönig"; vgl. ¹Rex⟩: im altröm. Kult der vornehmste, jedoch politisch völlig machtlose Priester

Rey|nolds-Zahl ['rɛnldz...] *die;* - ⟨nach dem engl. Physiker O. Reynolds, 1842–1912⟩: Kennzahl für Strömungsvorgänge, bei denen Trägheit u. Reibung eine Rolle spielen; Zeichen Re

Rey|on [rɛˈjõː] *der* od. *das;* - ⟨in Deutschland festgelegte Schreibung für ↑ Rayon (4); nach gleichbed. *engl.* rayon, *fr.* rayonne, dies zu *fr.* rayon „Strahl, Schimmer" (nach dem glänzenden Aussehen), weitere Herkunft unsicher⟩: (veraltet) svw. Viskose

Rez-de-chaus|sée [redəʃoˈseː] *das;* -, - ⟨aus gleichbed. *fr.* rez-de-chaussée, eigtl. „in Höhe der Straße"⟩: (veraltet) Erdgeschoß

Re|ze|den|ten *die* (Plur.) ⟨aus *lat.* recedentes, eigtl. „die Zurückweichenden", Plur. des Part. Präs. von recedere, vgl. rezedieren⟩: Organismen, die in einer Tier- od. Pflanzengesellschaft zwar zahlreich vertreten sind, aber an der gesamten lebenden ↑ Substanz nur einen geringen Anteil u. Einfluß haben (Biol.). **re|ze|die|ren** ⟨aus *lat.* recedere „zurückweichen, weggehen"⟩: (veraltet) überlassen, wieder abtreten

Re|zen|sent *der;* -en, -en ⟨aus *lat.* recensens, Gen. recensentis, Part. Präs. von recensere, vgl. rezensieren⟩: Verfasser einer Rezension, [Literatur]kritiker. **Re|zen|sen|tin** *die;* -, -nen: weibliche Form zu ↑ Rezensent. **re|zen|sie|ren** ⟨aus *lat.* recensere „prüfend betrachten"⟩: eine künstlerische, wissenschaftliche o. ä. Arbeit kritisch besprechen. **Re|zen|si|on** *die;* -, -en ⟨aus *lat.* recensio „Musterung"⟩: 1. kritische Besprechung eines Buches, einer künstlerischen Darbietung, wissenschaftlichen Arbeit o. ä., bes. in einer Zeitung od. Zeitschrift. 2. berichtigende Durchsicht eines alten, oft mehrfach überlieferten Textes. **Re|zen|si|ons|exem|plar** *das;* -s, -e: für eine Rezension (1) zur Verfügung gestelltes Buch

re|zent ⟨aus *lat.* recens, Gen. recentis „jung", Bed. 2 aus der mlat. Apothekerspr., eigtl. wohl „erfrischend"⟩: 1. gegenwärtig noch lebend (von Tier- u. Pflanzenarten; Biol.); Ggs. ↑ fossil. 2. (landsch.) herzhaft, pikant, säuerlich

Re|ze|pis|se [österr. ...ˈpɪs] *das;* -[s], -, österr. *die;* -, -n [...sn] ⟨zu *lat.* recepisse „erhalten zu haben", Inf. Perf. von recipere, vgl. rezipieren⟩: Empfangsbescheinigung (Postw.). **re|ze|pis|sie|ren** ⟨zu ↑ ...ieren⟩: (veraltet) den Empfang bestätigen. **Re|zept** *das;* -[e]s, -e ⟨aus *mlat.* receptum „(es wurde) genommen", Part. Perf. von (m)*lat.* recipere, vgl. rezipieren⟩: 1. schriftliche Anweisung des Arztes an den Apotheker für die Abgabe, seltener auch für die Zubereitung von Arzneimitteln. 2. Back-, Kochanweisung, -rezept. **Re|zep|ta|kel** *das;* -s, - ⟨aus *lat.* receptaculum „Behältnis"⟩: a) das die Sporenmasse tragende Organ (bei Stinkmorcheln u. verwandten Pilzen); b) Blütenachse (von Samenpflanzen; Bot.). **Re|zep|ta|ri|um** *das;* -s, ...rien [...jən] ⟨zu *mlat.* receptum (vgl. Rezept) u. ↑...arium⟩: Arzneibuch im frühen Mittelalter. **Re|zep|ta|tor** *der;* -s, ...oren ⟨aus gleichbed. *lat.* receptator⟩: (veraltet) Hehler. **re|zep|ti|bel** ⟨aus *lat.* receptibilis „annehmbar"⟩: (veraltet) aufnehmbar, empfänglich. **Re|zep|ti|bi|li|tät** *die;* - ⟨zu ↑...ität⟩: (veraltet) Empfänglichkeit. **re|zep|tie|ren** ⟨zu ↑ Rezept u. ↑...ieren⟩: (als Arzt) ein Rezept (1) ausschreiben (Med.). **¹Re|zep|ti|on** *die;* -, -en ⟨aus *lat.* receptio „Aufnahme", eigtl. „das Zurückbehalten", zu recipere, vgl. rezipieren⟩: 1. a) Aufnahme, Übernahme fremden Gedanken-, Kulturgutes, z. B. die Übernahme des römischen Rechts; b) verstehende u. geistig erfassende Aufnahme eines Textes, eines Werks der bildenden Kunst o. ä. durch den Hörer, Leser, Betrachter. 2. (veraltet) Aufnahme in eine Gemeinschaft. **²Re|zep|ti|on** *die;* -, -en ⟨aus gleichbed. *fr.* réception, zu *lat.* receptio, vgl. ¹Rezeption⟩: Empfangs[raum], Empfangsbüro im Foyer eines Hotels. **Re|zep|ti|ons|äs|the|tik** *die;* -: ⟨zu ↑ ¹Rezeption⟩: Richtung in der modernen Literatur-, Kunst- u. Musikwissenschaft, die sich mit der Wechselwirkung zwischen dem, was ein Kunstwerk an Gehalt, Bedeutung usw. anbietet, u. dem Erwartungshorizont sowie der Verständnisbereitschaft des

↑Rezipienten (1) befaßt. **re|zep|ti|ons|äs|the|tisch**: die Rezeptionsästhetik betreffend. **re|zep|tiv** ⟨nach gleichbed. engl. receptive; vgl. ...iv⟩: [nur] aufnehmend, empfangend; empfänglich; vgl. iv/...orisch. **Re|zep|ti|vi|tät** [...v...] die; - ⟨nach gleichbed. engl. receptivity; vgl. ...ität⟩: Aufnahmefähigkeit; bes. in der Psychologie die Empfänglichkeit für Sinneseindrücke. **Re|zep|tor** der; -s, ...oren ⟨aus lat. receptor „Aufnehmer, Empfänger"⟩: 1. (veraltet) Empfänger; Steuereinnehmer. 2. (meist Plur.) Ende einer Nervenfaser od. spezialisierte Zelle in der Haut u. in inneren Organen zur Aufnahme von Reizen (Med.). **Re|zepto|rat** das; -[e]s, -e ⟨zu ↑...at (1)⟩: (veraltet) Amt des Steuereinnehmers. **re|zep|to|risch**: von Rezeptoren (2) aufgenommen (Med.); ...iv/...orisch. **Re|zep|tur** der; -, -en ⟨zu ↑Rezept bzw. ↑rezeptieren u. ↑...ur⟩: 1. a) Zubereitung von Arzneimitteln in kleinen Mengen nach Rezept (1); Ggs. ↑Defektur; b) Zusammenstellung, Zubereitung nach einem bestimmten Rezept (2). 2. (veraltet) Steuereinnehmerei
Re|zeß der; ...zesses, ...zesse ⟨aus lat. recessus, substantiviertes Part. Perf. von recedere „zurückweichen, -gehen"⟩: Auseinandersetzung, Vergleich (Rechtsw.). **Re|zes|si|on** die; -, -en ⟨über gleichbed. engl. recession aus lat. recessio „das Zurückgehen" zu recedere, vgl. Rezeß⟩: Verminderung der wirtschaftlichen Wachstumsgeschwindigkeit, leichter Rückgang der Konjunktur; vgl. Depression (3). **re|zes|siv** ⟨zu lat. recessus, Part. Perf. von recedere (vgl. Rezeß) u. ↑...iv⟩: 1. zurücktretend, nicht in Erscheinung tretend (in bezug auf Erbfaktoren; Biol.); Ggs. ↑dominant (1). 2. die Rezession betreffend. **Re|zes|si|vi|tät** [...v...] die; - ⟨zu ↑...ität⟩: Eigenschaft eines Gens bzw. des entsprechenden Merkmals, gegenüber seinem ↑allelen Partner nicht in Erscheinung zu treten (Biol.); Ggs. ↑Dominanz (1)
re|zi|div ⟨aus gleichbed. lat. recidivus zu recidere „wiederkommen"⟩: wiederkehrend, wiederauflebend; rückfällig (von einer Krankheit od. von Krankheitssymptomen; Med.). **Re|zi|div** das; -s, -e [...və]: Rückfall (von einer gerade überstandenen Krankheit; Med.). **re|zi|di|vie|ren** [...v...] ⟨zu ↑...ieren⟩: in Abständen wiederkehren (von einer Krankheit; Med.).
Re|zi|pi|ent der; -en, -en ⟨aus lat. recipiens, Gen. recipientis, Part. Präs. von recipere, vgl. rezipieren⟩: 1. a) jmd., der einen Text, ein Werk der bildenden Kunst, ein Musikstück o. ä. aufnimmt; Hörer, Leser, Betrachter; b) jmd., der im Dialog mit einem ↑Kommunikator eine Information empfängt. 2. Glasglocke mit Ansatzrohr für eine Vakuumpumpe zum Herstellen eines luftleeren Raumes (Phys.). **Re|zipi|en|ten|ana|ly|se** die; -, -n: die Analyse des Verhaltens der Rezipienten (1 b) im Kommunikationsprozeß (Soziol.). **re|zi|pie|ren** ⟨aus gleichbed. lat. recipere zu ↑re... u. capere „nehmen, fassen; begreifen"⟩: a) fremdes Gedanken-, Kulturgut aufnehmen, übernehmen; b) einen Text, ein Werk der bildenden Kunst o. ä. als Hörer, Leser, Betrachter [verstehend] aufnehmen
re|zi|prok ⟨aus lat. reciprocus „auf demselben Wege zurückkehrend"⟩: wechsel-, gegenseitig, aufeinander bezüglich; -er Wert: Kehrwert (Vertauschung von Zähler u. Nenner eines Bruches; Math.); -es Pronomen: wechselbezügliches Fürwort, Pronomen zur Bezeichnung einer wechselseitigen Beziehung (z. B. sich [gegenseitig] lieben). **re|zi|pro|ka|bel** ⟨zu ↑...abel⟩: (veraltet) miteinander vertauschbar. **Re|zi|pro|ka|bi|li|tät** die; - ⟨zu ↑...ität⟩: (veraltet) Austauschbarkeit. **Re|zi|pro|ka|ti|on** die; - ⟨aus lat. reciprocatio „Wechselseitigkeit", eigtl. „das Zurückgehen (auf demselben Weg)"⟩: (veraltet) Erwiderung, Gegenleistung. **Re|zi|prok|pro|no|men** das; -s, - ⟨zu ↑reziprok⟩: svw. reziprokes Pronomen. **Re|zi|pro|zi|tät** die; - ⟨zu ↑...ität⟩: Gegen-, Wechselseitigkeit; Wechselbezüglichkeit
Re|zi|tal vgl. Recital. **re|zi|tan|do** vgl. recitando. **Re|zi|ta|ti|on** die; -, -en ⟨aus lat. recitatio „das Vorlesen" zu recitare, vgl. rezitieren⟩: künstlerischer Vortrag einer Dichtung, eines literarischen Werks. **Re|zi|ta|tiv** das; -s, -e [...və] ⟨aus gleichbed. it. recitativo zu recitare „vorlesen", dies aus lat. recitare, vgl. rezitieren⟩: solistischer Sprechgesang, eine in Tönen deklamierte u. vom Wort bestimmte Gesangsart (in Oper, Operette, Kantate, Oratorium); vgl. Accompagnato u. Secco. **re|zi|ta|ti|visch** [...v...]: in der Art des Rezitativs vorgetragen (Mus.). **Re|zi|ta|tor** der; -s, ...oren ⟨aus lat. recitator „Vorleser"⟩: jmd., der rezitiert; Vortragskünstler. **re|zi|ta|to|risch**: a) den Rezitator betreffend; b) die Rezitation betreffend. **re|zi|tie|ren** ⟨aus lat. recitare „vorlesen, deklamieren"⟩: eine Dichtung, ein literarisches Werk künstlerisch vortragen
re|zy|klie|ren ⟨zu ↑re..., ↑Zyklus u. ↑...ieren⟩: svw. recyceln. **Re|zy|klo|tron** der; -s, Plur. -e, auch -s: ein ↑Zyklotron, bei dem durch magnetische Rückführung des Elektronenstrahls die Strecke zur Beschleunigung der Teilchen mehrfach ausgenützt wird (Kernphys.)
Rha|bar|ber der; -s ⟨über gleichbed. it. rabarbaro aus mlat. rha (rheu) barbarum, eigtl. „fremdländische (barbarische) Wurzel", dies aus (m)gr. rhā bárbaron zu gr. rhā „Wurzel" (wohl aus pers. rāwand, rēwend) u. bárbaros „fremd(ländisch)"⟩: Knöterichgewächs mit großen Blättern, dessen fleischige, grüne od. rote Stiele zu Kompott o. ä. verarbeitet werden
Rhab|do|id das; -[e]s, -e (meist Plur.) ⟨zu gr. rhábdos „Rute, Stab" u. ↑...oid⟩: stabförmiger Sekretkörper in der Epidermis vieler Strudelwürmer zum Nahrungserwerb od. zur Abwehr (Zool.). **rhab|do|disch** ⟨aus gleichbed. gr. rhabdoeidés⟩: stabförmig (Med., Biol.). **Rhab|dom** das; -s, -e ⟨zu gr. rhábdos „Rute, Stab" u. ↑...om⟩: Sehstäbchen in der Netzhaut des Auges (Med.). **Rhab|do|mant** der; -en, -en ⟨zu gr. mántis „Seher, Wahrsager"⟩: jmd., der mit geworfenen Stäben od. mit der Wünschelrute wahrsagt. **Rhab|do|man|tie** die; - ⟨aus gleichbed. gr. rhabdomanteía⟩: das Wahrsagen mit geworfenen Stäben od. mit der Wünschelrute. **Rhab|do|myo|ly|se** die; -, -n: krankhafte Selbstauflösung der quergestreiften Muskulatur (Med.). **Rhab|do|my|om** das; -s, -e: gutartige bindegewebige Geschwulst mit mehr od. weniger ausgebildeten quergestreiften Muskelfasern, Riesenzellen u. glykogenreichen (vgl. Glykogen) Zellen (Med.). **Rhab|do|myo|sar|kom** das; -s, -e ⟨zu ↑myo... u. ↑Sarkom⟩: bösartige Geschwulst der quergestreiften Muskulatur (Med.). **Rhab|do|vi|ren** [...v...] die (Plur.): Gruppe stäbchenförmiger Viren, zu denen u. a. das Tollwutvirus gehört (Med.)
rha|chi..., Rha|chi..., auch rhachio..., Rhachio... ⟨aus gr. rháchis „Rücken, Rückgrat"⟩: Wortbildungselement mit der Bedeutung „Wirbelsäule, Rückenmark", z. B. Rhachialgie, Rhachiotomie. **Rha|chi|al|gie** die; -, ...ien ⟨zu ↑...algie⟩: Schmerz im Bereich der Wirbelsäule (Med.). **rhachio..., Rhachio...** vgl. rhachi..., Rhachi... **Rha|chio|to|mie** die; -, ...ien ⟨zu ↑...tomie⟩: operative Eröffnung der Wirbelsäule bzw. des Wirbelsäulenkanals (z. B. bei einer Bandscheibenoperation; Med.). **Rha|chi|pa|gus** der; -, Plur. ...pagi u. ...pagen ⟨aus nlat. rhachipagus, zu gr. pēgnýnai „festmachen"⟩: Doppelmißgeburt, bei der beide Feten an der Wirbelsäule zusammengewachsen sind (Med.). **Rha|chis** [...xɪs] die; - ⟨aus gr. rháchis „Rückgrat; Gebirgs-

kamm"⟩: 1. Spindel od. Hauptachse eines gefiederten Blattes od. eines Blütenstandes. 2. Schaft der Vogelfeder.
Rha|chis|agra *das;* -s ⟨zu *gr.* ágra „das Fangen"⟩: Gicht der Wirbelgelenke (Med.). **Rha|chi|schi|sis** [...sç...] *die;* -, ...schisen ⟨zu *gr.* schízein „spalten"⟩: mangelhafter Verschluß des Wirbelkanals (Med.). **Rha|chi|tis** vgl. Rachitis
Rha|da|mé [...'me:] *das;* - ⟨Phantasiebildung nach dem Namen der nordafrik. Oase Rhadamès (heute Ghudamis)⟩: schwerer, glänzender Futterstoff mit starken Diagonalrippen, vor allem aus Viskose u. Seide
Rha|ga|de *die;* -, -n (meist Plur.) ⟨aus *gr.* rhagás, Gen. rhagádos „Riß, Ritze"⟩: Hautriß, Schrunde (Med.). **rha|ga|di|form** ⟨zu ↑...form⟩: schrundenförmig (z. B. von Hautverletzungen; Med.)
Rham|no|li|pid *das;* -[e]s, -e ⟨Kurzw. aus ↑*Rhamno*se u. ↑*Lipid*⟩: hitzestabiles Zellgift (Biochem.). **Rham|no|se** *die;* - ⟨zu *gr.* rhámnos (vgl. Rhamnus) u. ↑²...ose⟩: von der ↑Mannose abgeleiteter ↑Desoxyzucker, der vor allem in Form von Glykosiden vorkommt u. farb- u. geruchlose Kristalle bildet (Biochem.). **Rham|nus** *der;* - ⟨über *(n)lat.* rhamnus aus *gr.* rhámnos „eine Art Dornstrauch"⟩: Kreuzdorn, Faulbaum, dessen Rinde u. Früchte als Abführmittel dienen
Rha|phi|den vgl. Raphiden
Rhap|so|de *der;* -n, -n ⟨aus *gr.* rhapsōidós „Liedersänger", eigtl. „Zusammenfüger von Liedern", zu rháptein „zusammennähen" u. ōidḗ „Gesang"⟩: fahrender Sänger im antiken Griechenland, der eigene od. fremde [epische] Dichtungen z. T. mit Kitharabegleitung vortrug. **Rhap|so|die** *die;* -, ...ien ⟨aus *lat.* rhapsodia, dies aus *gr.* rhapsōidía⟩: 1. a) von einem Rhapsoden vorgetragene epische Dichtung; b) Gedicht in freien Rhythmen. 2. a) Instrumentalfantasie [für Orchester] mit Betonung des Nationalcharakters (seit dem 19. Jh.); b) romantisches Klavierstück freien, balladesken Charakters; c) kantatenartige Vokalkomposition mit Instrumentalbegleitung (z. B. bei Brahms). **Rhap|so|dik** *die;* - ⟨aus gleichbed. *gr.* rhapsōidikḗ (téchnē)⟩: Kunst der Rhapsodiendichtung; vgl. Rhapsodie (1). **rhap|so|disch** ⟨aus *gr.* rhapsōidikós „den Rhapsoden betreffend"⟩: a) die Rhapsodie betreffend; in freier [Rhapsodie]form; b) bruchstückartig, unzusammenhängend; c) den Rhapsoden betreffend, charakterisierend. **Rhap|so|dis|mus** *der;* -, ...men ⟨zu ↑...ismus (1)⟩: (veraltet) zusammenhanglose Behandlung einer Sache. **Rhap|so|dist** *der;* -en, -en ⟨zu ↑...ist⟩: Verfasser von Rhapsodien
Rhät vgl. Rät
Rhe|ma *das;* -s, -ta ⟨aus *gr.* rhḗma „Rede, Aussage"⟩: a) Aussage eines Satzes, die formal in Opposition zur Subjektgruppe steht; b) Teil des Satzes, der die neue Information des Sprechers für den Hörer enthält (Sprachw.); vgl. Thema-Rhema; Ggs. ↑Thema (2). **rhe|ma|tisch** ⟨nach *gr.* rhēmatikós „zum Wort gehörend"⟩: das Rhema betreffend. **Rhe|ma|ti|sie|rung** *die;* -, -en ⟨zu ↑...isierung⟩: Übertragung einer rhematischen Funktion auf ein thematisches Element, wobei das Rhema eines Satzes zum Thema des nächsten wird (z. B. *sie trägt ein Baumwollkleid. Es* ist bunt gemustert; Sprachw.)
rhe|na|nisch ⟨aus *spätlat.* Rhenanus „vom Rhein stammend" zu *lat.* Rhenus „Rhein", dies aus dem Kelt.⟩: rheinisch
Rhen|cho|spas|mus *der;* - ⟨zu *gr.* rhégchein „schnarchen" u. ↑Spasmus⟩: Schnarchkrampf (Med.)
Rhe|nat *das;* -s, -e ⟨zu ↑Rhenium u. ↑...at (2)⟩: Sauerstoffsalz des Rheniums, z. B. Kaliumrhenat (Chem.). **Rhe|ni|um** *das;* -s ⟨zu *lat.* Rhenus „Rhein" (nach der rheinischen Heimat der Mitentdeckerin I. Noddack-Tacke, 1896 bis 1978) u. zu ↑...ium⟩: metallisches chem. Element; Zeichen Re

rheo..., Rheo... ⟨zu *gr.* rhéos „das Fließen; Strömen", dies zu rhein „fließen"⟩: Wortbildungselement mit der Bedeutung „das Fließen von Wasser u. anderen fließfähigen Stoffen betreffend; den elektr. Stromfluß betreffend", z. B. rheobiont, Rheometer. **rheo|bi|ont** ⟨zu ↑...biont⟩: nur in strömenden [Süß]gewässern lebend (von Fischen; Biol.). **Rheo|bi|ont** *der;* -en, -en (meist Plur.): in der Strömung von Fließgewässern od. in der Uferzone von Seen mit starker Wasserbewegung lebende Organismen (Biol.). **Rheo|gramm** *das;* -s, -e ⟨zu ↑...gramm⟩: graphische Darstellung des Fließverhaltens von Werkstoffen u. anderen Materialien. **Rheo|gra|phie** *die;* -, ...ien ⟨zu ↑...graphie⟩: Verfahren zur Beurteilung peripherer Gefäße (Med.); vgl. Rheokardiographie. **Rheo|kar|dio|gra|phie** *die;* -, ...ien: der Erfassung mechanischer u. elektrischer Erscheinungen der Herztätigkeit dienende Registrierung des Widerstandes, der einem elektrischen Strom beim Durchfließen des Brustkorbs geleistet wird. **Rheo|kre|ne** *die;* -, -n ⟨zu *gr.* krḗnē „Quelle, Brunnen"⟩: Sturzquelle. **Rheo|lo|ge** *der;* -n, -n ⟨zu ↑...loge⟩: Wissenschaftler auf dem Gebiet der Rheologie. **Rheo|lo|gie** *die;* - ⟨zu ↑...logie⟩: Teilgebiet der Mechanik, das die Erscheinungen des Fließens u. der ↑Relaxation (2) von flüssigen, ↑kolloidalen u. festen Systemen unter der Einwirkung äußerer Kräfte untersucht. **rheo|lo|gisch** ⟨zu ↑...logisch⟩: die Rheologie betreffend, zu ihr gehörend. **Rheo|me|ter** *das;* -s, - ⟨zu ↑¹...meter⟩: 1. (veraltet) Strommesser. 2. Bez. für ein bestimmtes ↑Viskosimeter. **Rheo|me|trie** *die;* - ⟨zu ↑...metrie⟩: Meßtechnik der Rheologie. **Rheo|mor|pho|se** *die;* -, -n ⟨zu *gr.* mórphōsis „Gestalt"⟩: Verflüssigung eines Gesteins bei der ↑Metamorphose (4) infolge der Temperaturerhöhung (Geol.). **Rheo|pe|xie** *die;* - ⟨zu *gr.* pēxis „das Befestigen, Verbinden" u. ↑²...ie⟩: die Erscheinung, daß die Teilchen einer Suspension sich bei Bewegung schneller zu einer festen Masse, einem Gel, zusammenlagern als ohne Bewegung (Phys.). **rheo|phil** ⟨zu ↑...phil⟩: vorzugsweise in strömendem Wasser lebend (Biol.). **Rheo|stat** *der;* Gen. -[e]s u. -en, Plur. -e[n] ⟨zu ↑...stat⟩: mit veränderlichen Kontakten ausgerüsteter Apparat zur Regelung des elektrischen Widerstandes. **Rheo|tan** Ⓦ *das;* -s ⟨Kunstw.⟩: als elektrisches Widerstandsmaterial verwendete Nickelbronze. **Rheo|ta|xis** *die;* -, ...xen ⟨zu ↑²Taxis⟩: Fähigkeit eines Tieres, seine Körperachse in Richtung der Wasserströmung einzustellen (Biol.). **Rheo|tron** *das;* -s, Plur. ...one, auch -s ⟨zu ↑...tron⟩: svw. Betatron. **Rheo|tro|pis|mus** *der;* -, ...men: durch strömendes Wasser beeinflußte Wachstumsrichtung von Pflanzenteilen (Bot.)
Rhe|sis *die;* -, ...sen ⟨aus *gr.* rhḗsis „Rede, das Sagen"⟩: im antiken griech. Drama eine längere Rede von Einzelpersonen
Rhe|sus *der;* -, - u. **Rhe|sus|af|fe** *der;* -n, -n ⟨Bildung des franz. Naturforschers J.-B. Audebert (1759–1800) nach dem Namen des thrakischen Sagenkönigs Rhesus (*gr.* Rhḗsos)⟩: indischer meerkatzenartiger Affe (wichtiges Versuchstier der Mediziner). **Rhe|sus|fak|tor** *der;* -s ⟨nach seiner Entdeckung beim Rhesusaffen⟩: von den Blutgruppen unabhängiger, dominant erblicher Faktor der roten Blutkörperchen, dessen Vorhandensein od. Fehlen ein entscheidendes Bestimmungsmerkmal beim Menschen ist, um Komplikationen bei Schwangerschaften u. Transfusionen vorzubeugen; Zeichen Rh (= Rhesusfaktor positiv), rh (= Rhesusfaktor negativ)

Rhe|ti|nit [auch ...'nɪt] *der;* -s, -e ⟨zu *gr.* rhētínē „Harz" u. ↑²...it⟩: versteinertes Harz, bes. in Braunkohlenlagern vorkommend
Rhe|tor *der;* -s, ...oren ⟨über *lat.* rhetor aus *gr.* rhḗtōr „Redner"⟩: Redner der Antike. **Rhe|to|rik** *die;* -, -en ⟨über *lat.* rhetorica aus gleichbed. *gr.* rhētorikḗ (téchnē)⟩: a) (ohne Plur.) Wissenschaft von der wirkungsvollen Gestaltung öffentlicher Reden; vgl. Stilistik (1); b) (ohne Plur.) Redebegabung, Redekunst; c) Lehrbuch der Redekunst. **Rhe|to|ri|ker** *der;* -s, -: jmd., der die Rhetorik (a) beherrscht; guter Redner. **rhe|to|risch** ⟨über *lat.* rhetoricus aus gleichbed. *gr.* rhētorikós⟩: a) die Rhetorik (a) betreffend, den Regeln der Rhetorik entsprechend; -e Figur: Redefigur (z. B. ↑ Figura etymologica, ↑ Anapher); -e Frage: nur zum Schein [aus Gründen der Rhetorik (a)] gestellte Frage, auf die keine Antwort erwartet wird; b) die Rhetorik (b) betreffend, rednerisch; c) phrasenhaft, schönrednerisch.
Rhe|tra *die;* -, ⟨aus *gr.* rhḗtra „Verabredung, Vertrag"⟩: Gesamtheit der als göttlich angesehenen Verträge u. Gesetze in der archaischen griech. Welt
Rheu|ma *das;* -s ⟨über *lat.* rheuma aus gleichbed. *gr.* rheūma, eigtl. „das Fließen", zu rheīn „fließen, strömen"⟩: (ugs.) Kurzform von ↑ Rheumatismus. **Rheu|ma|fak|tor** *der;* -s, ...oren: serologisch nachzuweisende Veränderung von Eiweißsubstanzen im Blut u. in der Gelenkflüssigkeit mit Bildung von ↑ Autoantikörpern gegen menschliche u. tierische ↑ Immunglobuline (Med.). **Rheum|ar|thri|tis** *die;* -, ...itiden ⟨Kurzw. aus ↑ *Rheum*atismus u. ↑ *Arthritis*⟩: Gelenkrheumatismus (Med.). **Rheu|ma|ti|ker** *der;* -s, - ⟨zu ↑ rheumatisch⟩: an Rheumatismus Leidender. **rheu|matisch** ⟨aus gleichbed. *gr.* rheumatikós⟩: durch Rheumatismus bedingt, auf ihn bezüglich. **Rheu|ma|tis|mus** *der;* -, ...men ⟨über *lat.* rheumatismus aus gleichbed. *gr.* rheumatismós, eigtl. „das Fließen (der Krankheitsstoffe)"⟩: schmerzhafte, das Allgemeinbefinden vielfach beeinträchtigende Erkrankung der Gelenke, Muskeln, Nerven, Sehnen. **rheu|ma|to|id** ⟨zu ↑...oid⟩: rheumatismusähnlich (Med.). **Rheu|ma|to|id** *das;* -[e]s, -e: im Gefolge schwerer allgemeiner od. Infektionskrankheiten auftretende rheumatismusähnliche Erkrankung (Med.). **Rheu|ma|to|lo|ge** *der;* -n, -n ⟨zu ↑...loge⟩: Arzt mit speziellen Kenntnissen auf dem Gebiet rheumatischer Krankheiten (Med.). **Rheu|ma|to|lo|gie** *die;* - ⟨zu ↑...logie⟩: Teilgebiet der inneren Medizin u. der Orthopädie, das sich mit der Entstehung, Diagnose u. Behandlung der rheumatischen Erkrankungen befaßt
rhe|xi|gen ⟨zu ↑ Rhexis u. ↑...gen⟩: durch Zerreißen von Zellen infolge ungleich verteilten Wachstums entstanden, z. B. die Markhöhlen vieler Pflanzen (Bot.). **Rhe|xis** *die;* -, Rhexes [...kse:s] ⟨aus *gr.* rhḗxis „das Reißen; Riß"⟩: Zerreißung (z. B. eines Blutgefäßes; Med.)
Rh-Fak|tor [ɛr'ha:...] vgl. Rhesusfaktor
rhin..., **Rhin...** vgl. rhino..., Rhino... **Rhin|al|gie** *die;* -, ...ien ⟨zu ↑ rhino... u. ↑...algie⟩: Nasenschmerz (Med.). **Rhin|al|ler|go|se** *die;* -, -n: Heuschnupfen (Med.)
Rhin|grave [rɛ̃'gra:v] *die;* -, -s ⟨aus gleichbed. *fr.* rhingrave, wahrscheinlich nach Rheingraf von Salm (1651–1685), einem niederl. Gesandten in Paris⟩: nach Mitte des 17. Jh.s aufgekommene knielange Hose mit rockartig weiten, reich mit Spitzen besetzten Hosenbeinen
Rhi|ni|tis *die;* -, ...itiden ⟨zu ↑ rhino... u. ↑...itis⟩: Nasenkatarrh, Schnupfen, Nasenschleimhautentzündung (Med.).
rhi|no..., **Rhi|no...**, vor Vokalen meist rhin..., Rhin... ⟨zu *gr.* rhís, Gen. rhinós „Nase"⟩: Wortbildungselement mit der Bedeutung „Nase", z. B. rhinogen, Rhinologie, Rhinalgie. **Rhi|no|blen|nor|rhö** *die;* -, -en u. **Rhi|no|blen|nor|rhöe** [...'rø:] *die;* -, -n [...'rø:ən]: eitrig-schleimiger Nasenkatarrh (Med.). **rhi|no|gen** ⟨zu ↑...gen⟩: in der Nase entstanden, von ihr ausgehend (Med.). **Rhi|no|la|lie** *die;* - ⟨zu *gr.* laleīn „reden, schwatzen" u. ↑²...ie⟩: das Näseln, organisch od. funktionell (durch falsche Sprachgewohnheiten) bedingte Sprachstörung (Med.). **Rhi|no|lith** [auch ...'lɪt] *der;* Gen. -s u. -en, Plur. -e[n] ⟨zu ↑...lith; eigtl. „Nasenstein"⟩: ↑ Konkrement in der Nase aus verkalkten Nasenfremdkörpern (Med.). **Rhi|no|lo|ge** *der;* -n, -n ⟨zu ↑...loge⟩: Nasenarzt. **Rhi|no|lo|gie** *die;* - ⟨zu ↑...logie⟩: Nasenheilkunde. **Rhi|no|lo|gi|kum** *das;* -s, ...ka ⟨zu ↑...ikum⟩: in der Nase anzuwendendes Arzneimittel. **Rhi|no|pa|thie** *die;* -, ...ien ⟨zu ↑...pathie⟩: Sammelbez. für alle Erkrankungen im Bereich der Nase (Med.). **Rhi|no|pha|ryn|gi|tis** *die;* -, ...itiden: Entzündung der Nasen- u. Rachenschleimhaut (Med.). **Rhi|no|pho|nie** *die;* - ⟨zu ↑...phonie⟩: svw. Rhinolalie. **Rhi|no|phym** *das;* -s, -e ⟨zu *gr.* phýma „Gewächs; Geschwulst"⟩: knollige Verdickung der Nase, Knollennase (Med.). **Rhi|no|pla|stik** *die;* -, -en: operative Bildung einer künstlichen Nase (Med.). **Rhi|nor|rha|gie** *die;* -, ...ien ⟨zu *gr.* rhēgnýnai „reißen, sprengen" u. ↑²...ie⟩: heftiges Nasenbluten (Med.). **Rhi|no|skle|rom** *das;* -s, -e: Nasenverhärtung mit wulstiger Verdickung der Nasenhaut (Med.). **Rhi|no|skop** *das;* -s, -e ⟨zu ↑...skop⟩: zangenähnliches Instrument zur Untersuchung der Nase von vorn; Nasenspiegel (Med.). **Rhi|no|sko|pie** *die;* -, ...ien ⟨zu ↑...skopie⟩: Untersuchung der Nase mit dem Rhinoskop (Med.). **Rhi|no|ze|ros** *das;* Gen. - u. -ses, Plur. -se ⟨über *lat.* rhinoceros aus gleichbed. *gr.* rhīnókerōs, zu kéras „Horn"⟩: 1. Nashorn (asiatische Nashornart mit einem Nasenhorn u. zipfliger Oberlippe). 2. (salopp) Dummkopf, Trottel (als Schimpfwort)
Rhip|tas|mus *der;* -, ...men ⟨aus *gr.* rhiptasmós „das (sich) Hin- u. Herwerfen"⟩: (veraltet) krampfhaftes Sichumherwerfen, Veitstanz
Rhi|thral *das;* -s ⟨zu ↑ Rhithron u. ↑¹...al (2)⟩: in der Biogeographie Bez. für die Gebirgsbachregion. **Rhi|thron** *das;* -s ⟨aus *gr.* rheīthron „Bach, Fluß"⟩: Lebensgemeinschaft in einer Gebirgsbachregion (Biol.)
rhiz..., **Rhiz...** vgl. rhizo..., Rhizo... **Rhiz|ar|thro|se** *die;* -, -n ⟨zu ↑ rhizo... u. ↑ Arthrose⟩: Erkrankung eines Grundgelenks der Gliedmaßen (z. B. eines Fingers; Med.). **rhizo...**, **Rhi|zo...**, vor Vokalen meist rhiz..., Rhiz... ⟨zu *gr.* rhíza „Wurzel"⟩: Wortbildungselement mit der Bedeutung „Wurzel, wurzelförmiges Gebilde", z. B. rhizoid, Rhizophyt, Rhizarthrose. **Rhi|zo|der|mis** *die;* -, ...men ⟨zu *gr.* dérma „Haut", Analogiebildung zu ↑ Epidermis⟩: die Wurzel der höheren Pflanze umgebende Gewebe, das zur Aufnahme von Wasser u. Nährsalzen aus dem Boden dient (Bot.). **rhi|zo|id** ⟨zu ↑...oid⟩: wurzelartig (Biol.). **Rhi|zo|id** *das;* -[e]s, -e: wurzelähnliches Gebilde bei Algen u. Moosen (Bot.). **Rhi|zom** *das;* -s, -e ⟨*gr.* rhízōma „das Eingewurzelte, die Wurzel"⟩: Wurzelstock, Erdsproß mit Speicherfunktion (Bot.). **Rhi|zo|mor|phe** *die;* -, -n ⟨zu *gr.* morphḗ „Gestalt"⟩: der Nährstoffleitung dienende, mehrere Millimeter dicke Myzelstränge (Bot.). **Rhi|zo|pho|re** *die;* -, -n ⟨zu *gr.* phorós „tragend", dies zu pheraīn, phoreīn „tragen"⟩: Mangrovebaum, Gattung der Mangrovegewächse mit kurzem Stamm, abstehenden dicken Ästen u. lederartigen Blättern, mit Atem- u. Stelzwurzeln. **Rhi|zophyt** *der;* -en, -en (meist Plur.) ⟨zu ↑...phyt⟩: seltenere Bez. für ↑ Kormophyt (Bot.). **Rhi|zo|po|de** *der;* -n, -n (meist Plur.) ⟨zu ↑...pode⟩: Wurzelfüßer (Einzeller, der durch formveränderliche, kurzseitige, der Fortbewegung u. Nah-

rungsaufnahme dienende Protoplasmafortsätze gekennzeichnet ist; Biol.). **Rhi|zo|po|di|um** *das;* -s, ...ien [...jən] (meist Plur.) ⟨zu *lat.* podium „Füßchen", dies aus gleichbed. *gr.* pódion, Verkleinerungsform von poús, Gen. podós „Fuß"⟩: Protoplasmafortsatz der Rhizopoden. **Rhi|zo|sphä|re** *die;* -, -n: die von Pflanzenwurzeln durchsetzte Bodenschicht. **Rhi|zo|to|mie** *die;* -, ...ien ⟨zu ↑ ...tomie⟩: operative Durchtrennung der Wurzeln von Rückenmarksnerven (zur Schmerzausschaltung; Med.)
Rh-ne|ga|tiv: den ↑ Rhesusfaktor nicht aufweisend (Med.); Ggs. ↑ Rh-positiv
Rho *das;* -[s], -s ⟨aus *gr.* rhō⟩: siebzehnter Buchstabe des griechischen Alphabets: P, ρ
rhod..., Rhod... vgl. rhodo..., Rhodo... **Rhod|ami|ne** *die* (Plur.) ⟨Kunstw. aus *gr.* rhódon „Rose" u. ↑ *Amin*⟩: Gruppe von stark fluoreszierenden roten Farbstoffen, die früher zum Färben von Wolle u. Seide dienten (Chem.). **Rhodan** *das;* -s ⟨zu ↑ rhodo... u. ↑ ...an⟩: einwertige Schwefel-Kohlenstoff-Stickstoff-Gruppe in chem. Verbindungen (Chem.). **Rho|da|nid** *das;* -[e]s, -e (meist Plur.) ⟨zu ↑³...id⟩: Salz der Rhodanwasserstoffsäure, einer flüchtigen, stechend riechenden Flüssigkeit (Chem.). **Rho|dan|zahl** *die;* -: Kennzahl für den Grad der Ungesättigtheit von Fetten u. Ölen (Chem.) **Rho|de|län|der** *das;* -s, - ⟨nach dem US-amerik. Staat Rhode Island⟩: rotbraunes, schweres Huhn einer amerik. Rasse mit guter Legeleistung
rho|di|nie|ren ⟨zu ↑ Rhodium u. ↑ ...ieren⟩: mit Rhodium überziehen. **Rho|di|um** *das;* -s ⟨zu *gr.* rhódon „Rose" (wegen der meist rosenroten Farbe der Rhodiumverbindungen) u. ↑ ...ium⟩: chem. Element, Edelmetall; Zeichen Rh. **rho|do..., Rhodo...,** vor Vokalen meist rhod..., Rhod... ⟨zu *gr.* rhódon „Rose"⟩: Wortbildungselement mit der Bedeutung „Rose; [rosen]rot", z. B. Rhododendron, Rhodopsin. **Rho|do|chro|sit** [auch ...'sɪt] *der;* -s, -e ⟨zu *gr.* chrōma „Farbe" u. ↑²...it⟩: ein rosafarbenes bis bräunliches Mineral. **Rho|do|den|dron** *der,* auch *das;* -s, ...dren ⟨über *lat.* rhododendron aus *gr.* rhodódendron „Oleander", eigtl. „Rosenbaum", zu ↑ rhodo... u. déndron „Baum"⟩: Pflanzengattung der Erikagewächse mit zahlreichen Arten, z. B. Alpenrose. **Rho|do|nit** [auch ...'nɪt] *der;* -s, -e ⟨zu ↑²...it⟩: ein magnesiumhaltiges rötliches Mineral. **Rho|do|phy|ze|en** *die* (Plur.) ⟨aus gleichbed. *nlat.* rhodophyceae, zu *gr.* phỹkos „Alge, Tang"⟩: zusammenfassende systematische Bez. für die Rotalgen. **Rhod|op|sin** *das;* -s ⟨zu ↑ rhodo..., *gr.* ópsis „das Sehen" u. ↑...in (1)⟩: lichtempfindlicher roter Sehfarbstoff in den Stäbchen der Netzhaut (bes. von Wirbeltieren)
Rhom|ben: Plur. von ↑ Rhombus. **Rhom|ben|do|de|ka|eder** *das;* -s, - ⟨zu ↑ Rhombus⟩: Körper, der von zwölf Rhomben begrenzt wird (Geom.). **rhom|bisch:** von der Form eines Rhombus, rautenförmig. **Rhom|bo|eder** *das;* -s, - ⟨zu *gr.* hédra „Fläche"⟩: von sechs gleich ebenen Rhomben begrenzte Kristallform. **rhom|bo|edrisch:** in Form eines Rhomboeders. **rhom|bo|id** ⟨aus gleichbed. *gr.* rhomboeidḗs⟩: einem Rhombus ähnlich; rautenähnlich. **Rhom|bo|id** *das;* -[e]s, -e: ↑ Parallelogramm mit paarweise ungleichen Seiten. **Rhom|bus** *der;* -, ...ben ⟨über *lat.* rhombus aus *gr.* rhómbos „Kreisel, Doppelkegel, verschobenes Quadrat", eigtl. „kreisförmige Bewegung"⟩: ↑ Parallelogramm mit gleichen Seiten; Raute. **Rhom|bus|an|ten|ne** *die;* -, -n: Sende- u. Empfangsantenne der Kurzwellentechnik
Rhon|chus u. Ronchus *der;* - ⟨über *lat.* r(h)onchus aus *gr.* rhógchos „das Schnarchen"⟩: Rasselgeräusch (bes. bei Bronchialerkrankungen; Med.)

Rho|ne|kul|tur [franz. 'ro:n...] *die;* - ⟨nach der Verbreitung entlang dem schweiz.-franz. Fluß Rhône⟩: Kultur der frühen Bronzezeit (1800–1500 v. Chr.)
rho|pa|lisch ⟨über *lat.* rhopalicus aus *gr.* rhopalikós „keulenförmig" zu rhópalon „Stock, Keule"⟩; in der Fügung -er Vers: Vers, in dem jedes folgende Wort eine Silbe mehr hat als das vorangehende (spätantike Metrik)
Rho|po|gra|phie *die;* - ⟨aus *gr.* rhōpographía „Malerei von kleinen Gegenständen" zu rhōpos „Geringfügigkeit, Tand"⟩: antike naturalistische Kleinmalerei
Rho|ta|zis|mus *der;* -, ...men ⟨nach *gr.* rhōtakismós „Gebrauch od. Mißbrauch des Rho"; vgl. ...ismus (4)⟩: Übergang eines zwischen Vokalen stehenden stimmhaften *s* zu *r* (z. B. griech. gene*s*eos gegenüber lat. gene*r*is)
Rho|vyl ⓌⓏ [...v...] *das;* -s ⟨Kunstw.⟩: Handelsbez. für eine aus ↑ Polyvinylchlorid hergestellte Chemiefaser
Rh-po|si|tiv: den ↑ Rhesusfaktor aufweisend (Med.); Ggs. ↑ Rh-negativ
Rhus *der;* - ⟨über *lat.* rhus aus gleichbed. *gr.* rhoũs⟩: tropische u. subtropische Pflanzengattung sommer- od. immergrüner Bäume od. [Zier]sträucher mit gefiederten od. dreizähligen Blättern, Blüten in Rispen u. kleinen trockenen Steinfrüchten; Essigbaum; vgl. Sumach
Rhyn|cho|te [...ç...] *der;* -n, -n (meist Plur.) ⟨zu *gr.* rhýgchos „Schnabel, Schnauze"⟩: Schnabelkerf (z. B. Wanze)
Rhyo|da|zit [auch ...'tsɪt] *der;* -s, -e ⟨zu *gr.* rhyás „flüssig" u. ↑ Dazit⟩: vulkanisches Tiefengestein, ein Mineral. **Rhyolith** [auch ...'lɪt] *der;* Gen. -s u. -en, Plur. -e[n] ⟨zu ↑ ...lith⟩: ein Ergußgestein
Rhy|pia vgl. Rupia
Rhy|po|pho|bie *die;* -, ...ien ⟨zu *gr.* rhýpos „Schmutz" u. ↑ ...phobie⟩: krankhafte Angst vor Schmutz, Unrat u. Kot (Med.)
Rhythm and Blues ['rɪðəm ənd 'blu:z] *der;* - - - ⟨aus gleichbed. *engl.-amerik.* rhythm and blues⟩: Musikstil der Afroamerikaner Nordamerikas, der durch die Verbindung der Melodik des ↑ Blues (1 b) mit einem stark akzentuierten, aufrüttelnden Beatrhythmus gekennzeichnet ist. **Rhythmen:** Plur. von ↑ Rhythmus. **Rhyth|mik** *die;* - ⟨zu *lat.* rhythmicus, *gr.* rhythmikós (vgl. rhythmisch) u. ↑²...ik⟩: 1. rhythmischer Charakter, Art des Rhythmus (1–4). 2. a) Kunst der rhythmischen (1, 2) Gestaltung; b) Lehre vom Rhythmus, von rhythmischer (1, 2) Gestaltung. 3. rhythmische Erziehung; Anleitung zum Umsetzen von Melodie, Rhythmus, Dynamik der Musik in Bewegung (Päd.). 4. Kurzform von ↑ Biorhythmik. **Rhyth|mi|ker** *der;* -s, -: 1. Komponist, der die Rhythmik (2) besonders gut beherrscht u. das rhythmische Element in seiner Musik herausstellt. 2. Pädagoge, der Rhythmik (2) unterrichtet (Berufsbez.). **Rhyth|mi|ke|rin** *die;* -, -nen: weibliche Form zu ↑ Rhythmiker. **rhyth|misch** ⟨nach gleichbed. *lat.* rhythmicus, *gr.* rhythmikós⟩: 1. den Rhythmus (1–4) betreffend; 2. nach, in einem bestimmten Rhythmus (1) erfolgend; -e Gymnastik: die Umsetzung von musikalischen Rhythmen in Bewegungen als Teil der rhythmischen Erziehung; -e Prosa: rituelle, rhetorische od. poetische Prosa, in der bestimmte rhythmische Figuren od. metrische Modelle wiederkehren; -e Travée [...'ve:]: in einem bestimmten Rhythmus (4) gegliederter Wandabschnitt (z. B. durch den Wechsel von Pfeiler u. Säule). **rhyth|mi|sie|ren** ⟨zu ↑ ...isieren⟩: in einen bestimmten Rhythmus versetzen. **rhyth|mo|gen** ⟨zu ↑ Rhythmus u. ↑ ...gen⟩: durch den Herzrhythmus verursacht od. bedingt (Med.). **Rhyth|mo|lo|ge** *der;* -en, -en ⟨zu ↑ ...loge⟩: Arzt mit speziellen Kenntnissen auf dem Gebiet der Herzrhythmusstörungen (Med.). **Rhyth|mo|lo-**

gie *die;* - ⟨zu ↑ ...logie⟩: Spezialgebiet der Medizin, das sich mit der Entstehung u. Therapie von Herzrhythmusstörungen beschäftigt. **Rhyth|mo|me|ter** *das;* -s, - ⟨zu ↑ Rhythmus u. ↑¹...meter⟩: (veraltet) svw. Metronom. **Rhythm section** ['rɪðəm 'sɛkʃn] *die;* - -, - -s ⟨aus gleichbed. *engl.* rhythm section⟩: Rhythmusgruppe einer Band (Mus.). **Rhyth|mus** *der;* -, ...men ⟨über *lat.* rhythmus aus *gr.* rhythmós „geregelte Bewegung, Gleichmaß", eigtl. „das Fließen", zu rheĩn „fließen, strömen"⟩: 1. Gleichmaß, gleichmäßig gegliederte Bewegung; periodischer Wechsel, regelmäßige Wiederkehr natürlicher Vorgänge (z. B. Ebbe u. Flut). 2. einer musikalischen Komposition zugrundeliegende Gliederung des Zeitmaßes, die sich aus dem Metrum des thematischen Materials, aus Tondauer u. Wechsel der Tonstärke ergibt. 3. Gliederung des Sprachablaufs, bes. in der Versdichtung durch den geregelten, harmonischen Wechsel von langen u. kurzen, betonten u. unbetonten Silben, durch Pausen u. Sprachmelodie. 4. Gliederung eines Werks der bildenden Kunst, bes. eines Bauwerks durch regelmäßigen Wechsel bestimmter Formen. **Rhyth|mus|au|to|mat** *der;* -en, -en: elektron. Gerät zur Erzeugung rhythmischer Abfolgen, meist im ↑ Sound üblicher Schlagzeugklänge (Mus.). **Rhyth|mus|gi|tar|re** *die;* -, -n: elektrische Gitarre zur Erzeugung od. Unterstützung des ↑ Beats (2); vgl. Leadgitarre. **Rhyth|mus|grup|pe** *die;* -, -n: zur Erzeugung des ↑ Beats (2) benötigte Schlagzeuggruppe [mit zusätzlichen Zupfinstrumenten]. **Rhyth|mus|in|stru|ment** *das;* -[e]s, -e (meist Plur.): Instrument, das den ↑ Beat (2) zu schlagen hat (Mus.)
Rhy|tid|ek|to|mie *die;* -, ...ien ⟨zu *gr.* rhytís, Gen. rhytídos „Runzel, Falte" u. ↑...ektomie⟩: operative Beseitigung von Hautfalten (Med.)
Rhy|ton *das;* -s, ...ta ⟨aus gleichbed. *gr.* rhytón zu rhytós „flüssig, fließend, strömend"⟩: ein Trink- u. Spendegefäß des Altertums, das in der Art eines Trichters einen engen Ausguß besitzt
Ria *die;* -, -s ⟨aus gleichbed. *span.* ría zu río „Fluß", dies aus *lat.* rivus⟩: Meeresbucht, die durch Eindringen des Meeres in ein Flußtal u. dessen Nebentäler entstanden ist
Ri|al *der;* -[s], -s (aber: 100 -) ⟨aus gleichbed. *pers.* u. *arab.* riyāl⟩: Währungseinheit im Iran u. einigen arab. Staaten; Abk.: RI; vgl. Riyal
rib..., **Rib...** vgl. ribo..., Ribo...
Ri|bat *das;* -, - ⟨aus *arab.* ribat „Klosterburg"⟩: (früher) im westislamischen Bereich Festungswerk zu Verteidigungszwecken
Ri|bat|tu|ta *die;* -, ...ten ⟨aus *it.* ribattuta (di gola) „das Zurückschlagen (der Kehle)" zu ribattere „zurückschlagen", dies zu ↑ re... u. *lat.* battuere „schlagen"⟩: langsam beginnender, allmählich schneller werdender Triller
Ri|bi|sel *die;* -, -n ⟨zu gleichbed. *it.* ribes, dies über *mlat.* ribes aus *arab.* rībās (eine Art Sauerampfer)⟩: (österr.) Johannisbeere
Ri|bit *das;* -s ⟨zu ↑ ribo... u. ↑⁴...it⟩: ein fünfwertiger Zuckeralkohol (Chem.). **ri|bo...**, **Ri|bo...**, vor Vokalen auch rib..., Rib... ⟨verkürzt aus ↑ Ribose⟩: Wortbildungselement mit der Bedeutung „Ribose enthaltend, von Ribose beeinflußt", z. B. Riboflavon, ribosomal. **Ri|bo|fla|vin** [...v...] *das;* -s, -e ⟨zu ↑ ribo... u. ↑ Flavin⟩: in Hefe, Leber, Fleischextrakt, Muttermilch, Blattgemüse u. a. vorkommendes, stark ribosehaltiges Wachstumsvitamin (Vitamin B_2; Biochem.). **Ri|bo|nu|klea|se** *die;* -, -n: Enzym der Bauchspeicheldrüse, das Ribonukleinsäure hydrolytisch spaltet (Biochem.). **Ri|bo|nu|kle|in|säu|re** *die;* -, -n: aus Phosphorsäure, Ribose u. organischen Basen aufgebaute chem. Verbindung in den Zellen aller Lebewesen, die für die Übertragung der Erbinformation vom Zellkern in das Zellplasma verantwortlich ist sowie für den Transport von Aminosäuren im Zellplasma zu den Ribosomen, an denen die Verknüpfung der Aminosäuren zu Eiweißen erfolgt; Abk.: RNS. **Ri|bo|nu|kleo|si|de** *die* (Plur.): Grundbausteine der Ribonukleinsäure (Biochem.). **Ri|bo|se** *die;* -, -n ⟨Kunstw.; entstellt aus ↑ Arabinose⟩: eine ↑ Pentose im Zellplasma. **Ri|bo|se|nu|kle|in|säu|re** *die;* -, -n: svw. Ribonukleinsäure. **Ri|bo|som** *das;* -s, -en (meist Plur.) ⟨zu *gr.* sõma „Körper"⟩: hauptsächlich aus Ribonukleinsäuren u. ↑ Protein bestehendes, für den Eiweißaufbau wichtiges, submikroskopisch kleines Körnchen am ↑ endoplasmatischen Retikulum (Biol.). **ri|bo|so|mal** ⟨zu ↑¹...al (1)⟩: zu den Ribosomen gehörend, sie betreffend (Biol.). **Ri|bu|lo|se** *die;* -, -n ⟨Kunstw.; vgl. ²...ose⟩: Monosaccharid der ↑ Pentosen, das bei der Photosynthese eine wichtige Rolle spielt (Chem.)
Ri|cam|bio [...k...] vgl. Rikambio
Ric|ci-Kal|kül ['rittʃi...] *der;* -s ⟨nach dem ital. Mathematiker G. Ricci-Curbastro (1853–1925) u. zu ↑ ²Kalkül⟩: absoluter, koordinatenunabhängiger ²Kalkül, der von Einstein in der allgemeinen Relativitätstheorie verwendet wurde (Math.)
Ri|cer|car [ritʃɛr'kaːɐ̯] *das;* -s, -e u. Ricercare [...'kaːrə] *das;* -[s], ...ri ⟨aus gleichbed. *it.* ricercare zu ricercare „abermals suchen"⟩: frei erfundene Instrumentalkomposition mit nacheinander einsetzenden, imitativ durchgeführten Themengruppen (Vorform der Fuge, 16./17. Jh.; Mus.). **ri|cer|ca|re** [...'kaːrə] ⟨*it.*⟩: phantasieren, frei vorspielen (Vortragsanweisung; Mus.). **Ri|cer|ca|re** vgl. Ricercar. **Ri|cer|ca|ta** [...'kaːta] *die;* -, ...ten ⟨aus *it.* ricercata, eigtl. „die Gesuchte", Part. Perf. (Fem.) von ricercare, vgl. Ricercar⟩: svw. Ricercar
Ri|che|lieu|stickе|rei¹ [riʃə'ljø...] *die;* -, -en ⟨nach dem franz. Staatsmann u. Kardinal Richelieu, 1585–1642⟩: Weißstickerei mit ausgeschnittenen Mustern, die durch Stege miteinander verbunden werden
Ri|cin [...ts...] vgl. Rizin
Ricket|si|en¹ [...tsjən] *die* (Plur.) ⟨nach dem amerik. Pathologen H. T. Ricketts, 1871–1910⟩: zwischen Viren u. Bakterien stehende Krankheitserreger (bes. des Fleckfiebers; Med.). **Rickett|sio|se¹** *die;* -, -n ⟨zu ↑¹...ose⟩: durch Rickettsien hervorgerufene Krankheit
ri|co|chet [rikɔ'ʃɛ] ⟨*fr.;* „Abprall"⟩: Strichart, bei der der Bogen durch kräftigen Wurf auf die Saite mehrfach abprallt u. so die Ausführung rascher Tonfolgen ermöglicht (Mus.)
Ri|deau [ri'doː] *der;* -s, -s ⟨aus gleichbed. *fr.* rideau, dies wohl aus dem Germ.⟩: (südwestdt., schweiz.) [Fenster]vorhang, Gardine
ri|den|do di|ce|re ve|rum [– ...ts... v...] ⟨*lat.*⟩: mit Lachen die Wahrheit sagen. **ri|di|kül** ⟨aus gleichbed. *fr.* ridicule, dies aus *lat.* ridiculus zu ridere „lachen"⟩: (veraltend) lächerlich
Ri|di|kül u. Retikül *der* od. *das;* -s, Plur. -e u. -s ⟨aus gleichbed. *fr.* ridicule, dies unter Einfluß von ridicule (vgl. ridikül) entstellt aus réticule, eigtl. „kleines Netz(werk)", dies aus *lat.* reticulum, vgl. Retikulum⟩: [gehäkelte] Handtasche, Handarbeitsbeutel (bes. 18./19. Jh.)
Rie|beckit¹ [auch ...kɪt] *der;* -s, -e ⟨nach dem dt. Forschungsreisenden E. Riebeck (1853–1885) u. zu ↑²...it⟩: ein alkalisches blaues Mineral
Rie|nist [riɛ...] *der;* -en, -en ⟨zu *fr.* rien „nichts" u. ↑...ist⟩: (veraltet) svw. Nihilist. **rien ne va plus** [rjɛ̃nva'ply] ⟨*fr.;*

Riesenslalom

„nichts geht mehr"⟩: beim Roulettspiel die Ansage des ↑Croupiers, daß nicht mehr gesetzt werden kann

Rie|sen|sla|lom *der;* -s, -s ⟨zu ↑Slalom⟩: ↑Slalom, bei dem die durch Flaggen gekennzeichneten Tore in größerem Abstand stehen, so daß er dem Abfahrtslauf ähnlicher ist (Skisport)

Rieurs [rijørs] *die* (Plur.) ⟨zu *fr.* rieurs „Lacher" zu rire „lachen", dies aus *lat.* ridere⟩: (veraltet) bezahlte Leute, die durch Lachen einer Komödie zum Erfolg verhelfen sollten

Riff *der;* -[s], -s ⟨aus gleichbed. *engl.-amerik.* riff⟩: fortlaufende Wiederholung einer melodischen Phrase im Jazz

Ri|fi|fi *das;* -s ⟨nach dem gleichnamigen franz. Spielfilm (1955), der einen raffinierten Bankeinbruch behandelt⟩: raffiniert ausgeklügeltes, in aller Heimlichkeit durchgeführtes Verbrechen

Ri|gau|don [rigo'dõ:] *der;* -s, -s ⟨aus gleichbed. *fr.* rigaudon, rigodon; nach Erkenntnis J. J. Rousseaus wohl aus dem Namen eines Tanzlehrers Rigaud abgeleitet⟩: provenzal. Sing- u. Spieltanz in schnellem ¾- od. ⁴⁄₄-Takt, Satz der ↑Suite (4)

Rigg *das;* -s, -s ⟨aus gleichbed. *engl.* rig(ging) zu to rig „(das Schiff) auftakeln"⟩: gesamte Takelung eines Schiffs. **Rig|gung** *die;* -, -en: svw. Rigg

Rig|heit *die;* - ⟨zu ↑rigid⟩: elastische Widerstandsfähigkeit fester Körper gegen Formveränderungen (Geol.)

right or wrong, my coun|try! ['raɪt ɔː 'rɔŋ, 'maɪ 'kʌntrɪ] ⟨engl.; „Recht oder Unrecht – (es handelt sich um) mein Vaterland"; nach dem Ausspruch des amerik. Admirals Decatur (1779–1820)⟩: ganz gleich, ob ich die Maßnahmen [der Regierung] für falsch od. richtig halte, meinem Vaterland schulde ich Loyalität

ri|gid, ri|gi|de ⟨aus *lat.* rigidus „starr, steif" zu rigere „starr, steif sein"⟩: 1. streng, unnachgiebig. 2. starr, steif, fest (z. B. bezogen auf die Beschaffenheit der Arterien bei Arteriosklerose, Med.). **Ri|gi|di|tät** *die;* - ⟨aus *lat.* rigiditas, Gen. rigiditatis „Steife, Härte"⟩: 1. a) Unnachgiebigkeit; b) Unfähigkeit, sich wechselnden Bedingungen schnell anzupassen (Psychol.). 2. Versteifung, [Muskel]starre (Med.)

Ri|go|le *die;* -, -n ⟨aus gleichbed. *fr.* rigole, dies über *mittelfr.* regol aus *mittelniederl.* regel(e) „gerade Linie", dies aus *lat.* regula „Richtholz; Richtschnur, Regel" zu regere, vgl. regieren⟩: tiefe Rinne, Entwässerungsgraben. **ri|go|len** ⟨aus gleichbed. *fr.* rigoler⟩: tief pflügen od. umgraben (z. B. bei der Anlage eines Weinbergs)

Ri|gor *der;* -s ⟨aus *lat.* rigor, Gen. rigoris „Steifheit, Härte, Unbeugsamkeit" zu rigere, vgl. rigid⟩: svw. Rigidität (2).

Ri|go|ris|mus *der;* - ⟨wohl nach gleichbed. *fr.* rigorisme; vgl. ...ismus (5)⟩: unbeugsames, starres Festhalten an Grundsätzen (bes. in der Moral). **Ri|go|rist** *der;* -en, -en ⟨nach gleichbed. *fr.* rigoriste⟩: Vertreter des Rigorismus. **ri|go|ri|stisch** ⟨zu ↑Rigor u. ↑...istisch⟩: den Rigorismus betreffend. **ri|go|ros** ⟨unter Einfluß von gleichbed. *fr.* rigoureux über *mittelfr.* rigoreux aus *mlat.* rigorosus „streng, hart" zu *lat.* rigor⟩: sehr streng, unerbittlich, hart, rücksichtslos. **Ri|go|ro|sa:** Plur. von ↑Rigorosum. **Ri|go|ro|si|tät** *die;* - ⟨zu ↑...ität⟩: Strenge, Rücksichtslosigkeit. **ri|go|ro|so** ⟨it.; zu rigore aus *lat.* rigor, vgl. Rigor⟩: genau, streng im Takt (Vortragsanweisung; Mus.). **Ri|go|ro|sum** *das;* -s, ...sa ⟨*nlat.* (examen) rigorosum „strenge Prüfung"⟩: mündliche Doktorprüfung

Ri|go|sol *der;* -s ⟨zu ↑Rigole u. *lat.* solum „Boden"⟩: über einen längeren Zeitraum rigolter (vgl. rigolen) Boden

Rig|we|da *der;* -[s] ⟨aus gleichbed. *sanskr.* r̥gvedá, eigtl. „das aus Versen bestehende Wissen"⟩: Sammlung der ältesten ind. Opferhymnen (Teil der Weden)

Ri|kam|bio *der;* -s, ...ien [...jən] ⟨aus gleichbed. *it.* ricambio; vgl. Kambio⟩: Rückwechsel, den ein rückgriffsberechtigter Inhaber eines protestierten (vgl. protestieren 2) Wechsels auf einen seiner Vormänner zieht

Ri|kors|wech|sel ⟨zu *it.* ricorso, Part. Perf. von ricorrere „zurücklaufen"⟩: svw. Rikambio

ri|ko|schet|tie|ren ⟨zu *fr.* ricochet „Abprall" u. ↑...ieren⟩: (veraltet) aufschlagen, abprallen (von Vollkugeln; Mil.). **Ri|ko|schett|schuß** *der;* -schusses, ...schüsse: (veraltet) Kugel, die rikoschettiert

Rik|scha *die;* -, -s ⟨aus gleichbed. *engl.* ricksha, kurz für jinrick(i)sha, dies aus *jap.* jin-riki-sha, eigtl. „Mensch-Kraft-Fahrzeug"⟩: zweirädriger Wagen in Ostasien, der von einem Menschen gezogen wird u. zur Beförderung von Personen dient

Riks|mål [...moːl] *das;* -[s] ⟨*norw.;* „Reichssprache"⟩: (veraltet) svw. ↑Bokmål

ri|la|scian|do [...ʃan...] ⟨*it.;* Gerundium von rilasciare „nachlassen", dies aus *lat.* relaxare „lockern"⟩: nachlassend im Takt, langsamer werdend (Vortragsanweisung; Mus.)

¹Ri|ma *die;* -, Rimae [...mɛ] ⟨aus gleichbed. *lat.* rima⟩: Spalte, Ritze (Med.)

²Ri|ma *die;* -, Rimur ⟨aus gleichbed. *isländ.* rima⟩: isländ. erzählende Dichtung in Strophenform

Ri|mes|sa *die;* -, ...ssen ⟨aus gleichbed. *it.* rimessa zu rimettere „wiederholen", dies aus *lat.* remittere „zurückschicken"⟩: Angriffsverlängerung (Fortsetzung des Angriffs nach einer parierten ↑Riposte; Fechten). **Ri|mes|se** *die;* -, -n ⟨zu ↑Rimessa, Bed. 1 zu *it.* rimettere „aushändigen, überweisen"⟩: 1. a) Übersendung von Geld, eines Wechsels; b) in Zahlung gegebener Wechsel. 2. svw. Rimessa

Rim|lock|röh|re *die;* -, -n ⟨zu *engl.* rim „Rand" u. to lock „klemmen, festklemmen"⟩: früher in der Rundfunktechnik verwendeter Sammelname für Allglasröhren mit acht Halterungsstiften

ri|mos ⟨aus gleichbed. *lat.* rimosus zu ↑¹Rima⟩: rissig (Med.). **Ri|mo|si|tät** *die;* - ⟨zu ↑...ität⟩: Rissigkeit (Med.)

Ri|mur: Plur. von ↑²Rima

Ri|na|sci|men|to [...ʃi...] *das;* -[s] ⟨aus *it.* rinascimento zu rinascere „wieder geboren werden", dies aus *lat.* renasci⟩: ital. Bez. für ↑Renaissance

rin|for|zan|do ⟨*it.;* Gerundium von rinforzare „verstärken", zu *lat.* fortis „stark"⟩: plötzlich deutlich stärker werdend; Abk.: rf., rfz. (Vortragsanweisung; Mus.). **Rin|for|zan|do** *das;* -s, Plur. -s u. ...di: plötzliche Verstärkung des Klanges auf einem Ton od. einer kurzen Tonfolge (Mus.). **rin|for|za|to** ⟨*it.;* Part. Perf. von rinforzare, vgl. rinforzando⟩: plötzlich merklich verstärkt; Abk.: rf., rfz. (Vortragsanweisung; Mus.). **Rin|for|za|to** *das;* -s, Plur. -s u. ...ti: svw. Rinforzando

Ring|git *der;* -, - ⟨aus dem *Malai.*⟩: Währungseinheit von Malaysia

Rin|glot|te *die;* -, -n ⟨mdal. umgebildet aus Reineclaude, vgl. Renklode⟩: (landsch.) svw. Renklode

Ring|tron *das;* -s, Plur. ...trone, auch -s ⟨zu ↑...tron⟩: svw. Smokatron

Rin|ne|it [auch ...'ɪt] *der;* -s, -e ⟨nach dem dt. Mineralogen F. Rinne (1863–1933) u. zu ↑²...it⟩: in Salzlagern vorkommendes gelbliches Mineral

Rio *der;* - ⟨aus gleichbed. *span.* rio bzw. *port.* rio, diese aus *lat.* rivus⟩: span. u. port. Bez. für Fluß

Ri|obu|schin|to *der;* - ⟨aus *jap.* riōbu-shintō „Schinto der zwei Abteilungen"⟩: eine Verschmelzung (im 8. Jh. in Japan beginnend) von ↑Buddhismus u. ↑Schintoismus

1202

Rio|ja|wei|ne ['riɔxa...] *die* (Plur.) ⟨nach der Region La Rioja in Spanien⟩: die aus dem Weinbaugebiet im Quellgebiet des Ebro südlich der Pyrenäenabhänge stammenden überwiegend roten Weine

Ri|pie|nist [...pi̯e...] *der;* -en, -en ⟨aus gleichbed. *it.* ripienista zu ripieno, vgl. ripieno⟩: (im 17./18. Jh. u. bes. beim ↑Concerto grosso [2]) Orchestergeiger od. Chorsänger (Mus.). **ri|pie|no** ⟨*it.;* eigtl. „(an)gefüllt"⟩: mit vollem Orchester; Abk.: rip. (Mus.). **Ri|pie|no** *das;* -s, Plur. -s u. ...ni: das ganze, volle Orchester (im 17./18. Jh.); Ggs. ↑Concertato; vgl. Concertino (2). **Ri|pi|en|stim|men** *die* (Plur.) ⟨zu *it.* ripieno, vgl. ripieno⟩: die zur Verstärkung der Solostimme dienenden Instrumental- od. Singstimmen (18. Jh.; Mus.)

ri|pi|kol ⟨zu *lat.* ripa „Ufer" u. colere „bewohnen"⟩: uferbewohnend (von bestimmten Organismen; Biol.)

Ri|po|li|kul|tur *die;* - ⟨nach der Fundstelle Ripoli de Corropoli (Provinz Teramo) in Italien⟩: mittel- bis spätjungsteinzeitliche Kulturgruppe im östlichen Mittelitalien mit buntbemalter Keramik

Ri|po|ste *die;* -, -n ⟨unter Einfluß von (älter) *fr.* ri(s)poste aus gleichbed. *it.* risposta, substantiviertes Part. Perf. (Fem.) von rispondere „antworten", dies aus *lat.* respondere⟩: unmittelbarer Gegenstoß nach einem parierten Angriff (Fechten). **ri|po|stie|ren** ⟨nach gleichbed. *fr.* riposter⟩: eine ↑Riposte ausführen

Rip|per *der;* -s, - ⟨aus gleichbed. *engl.* ripper, eigtl. „Aufreißer, -schlitzer", zu *to* rip „(auf)reißen, -schlitzen"; nach der im Volksmund „Jack the Ripper" genannten, nicht identifizierten Person, die in London vor der Jahrhundertwende mehrere Morde an Prostituierten beging⟩: jmd., der [auf grausame Weise] Frauen getötet hat

Ri|pre|sa *die;* -, ...sen ⟨aus gleichbed. *it.* ripresa zu riprendere „wieder (auf)nehmen", dies aus *lat.* reprehendere⟩: a) Wiederholung; b) Wiederholungszeichen (Mus.). **Ri|presa d'at|tac|co** [-da'tako] *die;* - - ⟨aus gleichbed. *it.* ripresa d'attacco, eigtl. „Wiederholung des Angriffs"⟩: Rückgang in die Fechtstellung zur Erneuerung eines Angriffs (Fechten)

Rips *der;* -es, -e ⟨nach *engl.* ribs (Plur.) „Rippen"⟩: Sammelbez. für Gewebe mit Längs- od. Querrippen

Ri|sa *die;* -, ...sen ⟨aus gleichbed. *russ.* risa⟩: Priestergewand der russ.-orthodoxen Kirche

Ri|sa|lit *der;* -s, -e ⟨nach gleichbed. *it.* risalto zu risalire „hervorspringen", dies zu *lat.* salire „springen"⟩: in ganzer Höhe des Bauwerks vorspringender Gebäudeteil (Mittel-, Eck- od. Seitenrisalit) zur Aufgliederung der Fassade (besonders im Barock)

Ri|schi *der;* -s, -s ⟨aus gleichbed. *sanskr.* ṛṣi⟩: einer der Seher u. Weisen der Vorzeit, denen man die Abfassung der Hymnen des ↑Rigweda zuschreibt. **Ri|shi** [...ʃi] vgl. Rischi

Ri|shon [...ʃon] *das;* -s, ...onen ⟨Kunstw.; vgl. ⁴...on⟩: hypothetisches Elementarteilchen als Konstituente von ↑Quarks u. ↑Leptonen (Phys.)

Ri|si|bi|si vgl. Risi-Pisi

Ri|si|ko *das;* -s, Plur. -s u. ...ken, österr. auch Risken ⟨aus gleichbed. älter *it.* ris(i)co, dies vermutlich über *vulgärlat.* *resecum „Gefahr", eigtl. „Felsklippe (die zu umschiffen ist)", zu *lat.* resecare „abschneiden"⟩: a) mit einem Vorhaben, Unternehmen verbundenes Wagnis; b) Gefahr, Verlustmöglichkeit bei einer unsicheren Unternehmung. **Ri|si|ko|fak|tor** *der;* -s, -en: 1. Faktor, der ein besonderes Risiko für etwas darstellt. 2. (Plur.) Gesamtheit der durch Anlage, Umwelt u. Verhalten bedingten Faktoren, die die Wahrscheinlichkeit des Auftretens bestimmter Krankheiten wesentlich erhöhen (Med., Soziol.). **Ri|si|ko|pa|pie|re** *die* (Plur.): Wertpapiere (vor allem Aktien), die Beteiligungsrechte an Unternehmen verbriefen u. deshalb direkter als festverzinsliche Papiere dem Unternehmensrisiko ausgesetzt sind (Wirtsch.). **Ri|si|ko|pa|ti|ent** *der;* -en, -en: Patient, der auf Grund früherer od. bestehender Krankheiten bes. gefährdet ist (Med.). **Ri|si|ko|po|li|tik** *die;* -: Gesamtheit der Maßnahmen zur Beurteilung u. Verbesserung der Risikolage von Unternehmen, privaten Haushalten, Gebietskörperschaften u. sonstigen Institutionen, aber auch von Personen u. Gesellschaften (Wirtsch.). **Ri|si|ko|prämie** [...i̯ə] *die;* -, -n: 1. Zuschlag bei der Kalkulation für erwartete Risiken. 2. Gewinnanteil als Vergütung für die Übernahme des allgemeinen Unternehmerrisikos

Ri|si-Pi|si u., bes. österr., **Ri|si|pi|si**, Risibisi *das;* -[s], - ⟨nach gleichbed. *it.* risi e bisi, Reimbildung für riso con piselli „Reis mit Erbsen"⟩: Gericht aus Reis u. Erbsen

ris|kant ⟨aus gleichbed. *fr.* risquant, Part. Präs. von risquer „riskieren", dies zu risque aus älter *it.* risco; vgl. Risiko⟩: mit einem [großen] Risiko verbunden; gefährlich, gewagt. **Ris|ken**: Plur. von ↑Risiko. **ris|kie|ren** ⟨aus gleichbed. *fr.* risquer, vgl. riskant⟩: a) aufs Spiel setzen; b) wagen; c) sich einer bestimmten Gefahr aussetzen

Ris|kon|tro *das;* -s, -s ⟨aus gleichbed. *it.* riscontro, vgl. Skontro⟩: svw. Skontro

ri|so|lu|to ⟨*it.;* dies aus *lat.* resolutus, vgl. resolut⟩: entschlossen u. kraftvoll (Vortragsanweisung; Mus.)

Ri|sor|gi|men|to [...dʒi...] *das;* -[s] ⟨aus gleichbed. *it.* risorgimento, eigtl. „Wiedererstehung"; Wiedergeburt⟩: ital. Einigungsbestrebungen im 19. Jh.

Ri|sot|to *der;* -[s], -s, -[s] ⟨aus gleichbed. *it. (milanesisch)* risotto zu riso „Reis"⟩: ital. Reisgericht

Ri|spet|to *das;* -[s], ...tti ⟨aus *it.* rispetto „kleines Liebeslied, Ständchen", eigtl. „Respekt; Verehrung (der Geliebten)", dies aus *lat.* respectus „Rücksicht"⟩: aus 6 od. 10 Versen bestehende Gedichtform, toskanische Abart des ↑Strambotto

Ri|spo|sta *die;* -, ...sten ⟨aus *it.* risposta „Antwort", vgl. Riposte⟩: Antwortstimme in der Fuge, nachahmende Stimme im Kanon; Ggs. ↑Proposta (Mus.)

ris|so|lé [...'le:] ⟨*fr.;* Part. Perf. von rissoler „braun braten" zu rissole, vgl. Rissole⟩: braun, knusperig gebraten. **Ris|so|le** *die;* -, -n ⟨aus gleichbed. *fr.* rissole zu *altfr.* rissole, roussole, dies über das Vulgärlat. zu *spätlat.* russeolus „etwas rötlich", dies zu *lat.* russus „rot", nach der Farbe, die das Gericht nach dem Braten annimmt⟩: kleine Pastete. **Ris|so|let|te** *die;* -, -n ⟨aus gleichbed. *fr.* rissolette, Verkleinerungsform von rissole, vgl. Rissole⟩: geröstete Brotschnitte, die mit gehacktem Fleisch belegt ist

Ri|sto|ran|te *das;* -, ...ti ⟨aus *it.* ristorante, dies aus *fr.* restaurant, vgl. Restaurant⟩: ital. Bez. für Restaurant

ri|stor|nie|ren ⟨aus gleichbed. *it.* ristornare, eigtl. „zurückwenden"; vgl. stornieren⟩: eine falsche Buchung rückgängig machen (Wirtsch.). **Ri|stor|no** *der* od. *das;* -s, -s ⟨aus gleichbed. *it.* ristorno⟩: 1. Ab- u. Zuschreibung eines Postens in der Buchhaltung; Gegenbuchung (Wirtsch.). 2. Rücknahme einer Seeversicherung gegen Vergütung (Wirtsch.)

Ri|stret|to *das;* -s, -s ⟨zu *it.* ristretto „begrenzt; knapp", Part. Perf. von ristringere, dies aus *lat.* restringere „beschränken"⟩: (veraltet) kurzer Auszug, Hauptinhalt

ri|sum te|nea|tis, ami|ci! [- - ...ki] ⟨*lat.;* „haltet, ihr Freunde, das Lachen zurück!"⟩: wie lächerlich! **Ri|sus sar|do|ni|cus** [- ...kʊs] *der;* - - ⟨aus *lat.* risus sardonicus „sardonisches Lachen" zu risus „das Lachen" u. *gr.* sardónios

risvegliando

„hohnlachend, grinsend"): maskenartige, grinsende Verzerrung der Gesichtsmuskulatur (typisches Zeichen bei ↑Tetanus; Med.).

ri|sve|glian|do [rɪsvɛl'jando] ⟨it.; Gerundium von risvegliare „wieder erwecken; wachrufen", dies über das Vulgärlat. aus lat. evigilare „erwachen"⟩: [wieder] munter, lebhaft werdend (Vortragsanweisung; Mus.). **ri|sve|glia|to** [...'ja:to] ⟨it.; Part. Perf. von risvegliare, vgl. risvegliando⟩: [wieder] munter, lebhaft (Vortragsanweisung; Mus.).

Ri|ta das; - ⟨aus gleichbed. sanskr. r̥tá⟩: Wahrheit, Recht als höchstes, alles durchwirkendes Prinzip der ↑wedischen Religion

ri|tar|dan|do ⟨it.; Gerundium von ritardare „(ver)zögern", dies aus lat. retardare⟩: das Tempo verzögernd, langsamer werdend (Vortragsanweisung; Mus.); Abk.: rit., ritard. **Ri|tar|dan|do** das; -s, Plur. -s u. ...di: allmähliches Langsamerwerden (Mus.)

ri|te ⟨aus lat. rite „auf rechte, gehörige Weise" zu ritus, vgl. Ritus⟩: 1. genügend (geringstes Prädikat bei Doktorprüfungen). 2. ordnungsgemäß, in ordnungsgemäßer Weise

Ri|ten: Plur. von ↑Ritus

ri|ten|en|te ⟨it.; Part. Präs. von ritenere „zurückhalten", dies aus lat. retinere⟩: im Tempo zurückhaltend, zögernd (Vortragsanweisung; Mus.).

Ri|ten|kon|gre|ga|ti|on die; - ⟨zu ↑Ritus u. ↑Kongregation⟩: ↑Kardinalskongregation für die Liturgie der röm.-kath. Kirche u. die Selig- u. Heiligsprechungsprozesse (1969 aufgelöst in die ↑Kultuskongregation u. die ↑Kanonisationskongregation)

ri|te|nu|to ⟨it.; Part. Perf. von ritenere, vgl. ritenente⟩: im Tempo zurückgehalten, verzögert (Vortragsanweisung; Mus.); Abk.: rit., riten. **Ri|te|nu|to** das; -s, Plur. -s u. ...ti: Verlangsamung des Tempos

Rites de pas|sage [ritdəpa'sa:ʒ] die (Plur.) ⟨aus gleichbed. fr. rites de passage⟩: Übergangsriten, ↑magische Reinigungsbräuche beim Eintritt in einen neuen Lebensabschnitt (Völkerk.); vgl. Initiation

ri|tor|nan|do al tem|po ⟨it.⟩: zum [Haupt]zeitmaß zurückkehrend (Vortragsanweisung; Mus.). **ri|tor|na|re al se|gno** [- - 'zɛnjo] ⟨it.⟩: zum Zeichen zurückkehren, vom Zeichen an wiederholen (Vortragsanweisung; Mus.). **Ri|tor|nell** das; -s, -e ⟨aus it. ritornello „Refrain, Wiederholungssatz" zu ritornare „zurückkommen, wiederkehren", dies zu lat. tornare „drehen"⟩: 1. instrumentales Vor-, Zwischen- od. Nachspiel im ↑Concerto grosso u. beim Gesangssatz mit instrumentaler Begleitung (17. u. 18. Jh.; Mus.). 2. aus der volkstümlichen ital. Dichtung stammende dreizeilige Einzelstrophe (im 14./15. Jh. als Refrain verwendet)

Ri|trat|te die; -, -n ⟨aus it. ritratta „Zurückziehung" zu ritrattare „zurückziehen", dies aus lat. retractare⟩: svw. Rikambio

ri|tu|al ⟨aus gleichbed. lat. ritualis zu ritus, vgl. Ritus⟩: den Ritus betreffend. **Ri|tu|al** das; -s, Plur. -e u. -ien [...jən] ⟨aus lat. rituale, substantiviertes Neutrum von ritualis, vgl. ritual⟩: 1. a) Ordnung für gottesdienstliches Brauchtum; b) religiöser [Fest]brauch in Worten, Gesten u. Handlungen; Ritus (1). 2. a) das Vorgehen nach festgelegter Ordnung; Zeremoniell; b) Verhalten in bestimmten Grundsituationen, bes. bei Tieren (z. B. Droh-, Fluchtverhalten). **Ri|tua|le** das; - ⟨aus lat. rituale, vgl. Ritual⟩: liturgisches Buch für die Amtshandlungen des kath. Priesters; - Romanum: die kirchlich empfohlene Form des Rituale (1614 herausgegeben). **ri|tua|li|sie|ren** ⟨zu ↑ritual u. ↑...isieren⟩: zum Ritual (2 b) formalisieren. **Ri|tua|li|sie|rung** die; -, -en ⟨zu ↑...isierung⟩: Verselbständigung einer Verhaltensform zum Ritual (2 b) mit Signalwirkung für artgleiche Tiere (Verhaltensforschung). **Ri|tua|lis|mus** der; - ⟨nach gleichbed. engl. ritualism; vgl. ...ismus (1)⟩: Richtung des 19. Jh.s in der anglikanischen Kirche, die den Kultus katholisierend umgestalten wollte; vgl. Anglokatholizismus. **Ri|tua|list** der; -en, -en ⟨nach gleichbed. engl. ritualist⟩: Anhänger des Ritualismus. **ri|tua|li|stisch** ⟨zu ↑...ritual u. ...istisch, Bed. 2 nach gleichbed. engl. ritualistic⟩: 1. im Sinne des Rituals (1, 2), das Ritual streng befolgend. 2. den Ritualismus betreffend. **ri|tu|ell** ⟨aus gleichbed. fr. rituel, dies aus lat. ritualis, vgl. ritual⟩: 1. dem Ritus (1) entsprechend. 2. in der Art eines Ritus (2), zeremoniell. **Ri|tus** der; -, Riten ⟨aus gleichbed. lat. ritus⟩: 1. religiöser [Fest]brauch in Worten, Gesten u. Handlungen. 2. das Vorgehen nach festgelegter Ordnung; Zeremoniell

Ri|va|le [...v...] der; -n, -n ⟨aus gleichbed. fr. rival, dies aus lat. rivalis „Nebenbuhler" zu rivus „Wasserlauf", eigtl. „Bachnachbar, zur Nutzung eines Wasserlaufs Mitberechtigter"⟩: Nebenbuhler, Mitbewerber, Konkurrent; Gegenspieler. **Ri|va|lin** die; -, -nen: weibliche Form zu ↑Rivale. **ri|va|li|sie|ren** ⟨aus gleichbed. fr. rivaliser⟩: um den Vorrang kämpfen. **Ri|va|li|tät** die; -, -en ⟨aus gleichbed. fr. rivalité; vgl. ...ität⟩: Nebenbuhlerschaft, Kampf um den Vorrang.

Ri|ver ['rɪvə] ohne Artikel ⟨aus engl. river „Fluß"⟩: weiß mit blauem Schimmer (zur Bez. der feinsten Farbqualität bei Brillanten). **Ri|ver|boat|par|ty** ['rɪvəboʊt...] die; -, Plur. -s u. ...ties [...ti:s] ⟨aus engl.-amerik. riverboat party zu riverboat „Flußschiff" u. party, vgl. Party⟩: Riverboatshuffle. **Ri|ver|boat|shuf|fle** [...ʃʌfl] die; -, -s ⟨aus gleichbed. engl.-amerik. riverboat shuffle, zu shuffle „Schleifer, Tanz"⟩: zwanglose Geselligkeit mit Jazzband auf einem Schiff (bei einer Fahrt auf einem Fluß od. einem See)

ri|ver|so [...v...] ⟨it.; aus lat. reversus „zurückgewandt"⟩: in umgekehrter Reihenfolge der Töne, rückwärts zu spielen (Vortragsanweisung; Mus.)

Ri|vier [...v...] das; -s, -e ⟨aus gleichbed. afrikaans rivier, dies aus niederl. rivier „Fluß"⟩: im südlichen Afrika Bez. für einen episodisch wasserführenden Fluß

Ri|vol|gi|men|to [...dʒi...] das; -[s] ⟨aus it. rivolgimento „(Rück)wendung", zu lat. volvere „drehen, wenden"⟩: Umkehrung der Stimmen im doppelten Kontrapunkt, wobei die Linien so angelegt sind, daß z. B. die höhere Stimme zur tieferen wird (Mus.)

Ri|wak u. **Ri|waq** [...k] das; -, -s ⟨aus gleichbed. arab. riwāq⟩: in der islam. Architektur überdeckte Umgangshalle, die einen Hof umgibt

Ri|yal [ri'ja:l] der; -[s], -s (aber: 100 -) ⟨aus arab. riyāl⟩: Währungseinheit in Saudi-Arabien u. anderen arab. Ländern; Abk.: SRl, Rl; vgl. Rial

Ri|zin das; -s ⟨Kurzwort aus ↑Rizinus u. ↑...in (1)⟩: ↑Agglutination der Blutkörperchen bewirkender, hochgiftiger Eiweißstoff aus den Samen des Rizinus (Biochem.). **Ri|zi|nus** der; -, Plur. - u. -se ⟨aus lat. ricinus (Name eines schnellwachsenden Baumes)⟩: 1. strauchiges Wolfsmilchgewächs mit fettreichem, sehr giftigem Samen. 2. (ohne Plur.) aus dem Samen des Rizinus (1) gewonnenes Öl, das bes. als Abführmittel dient

RNA ⟨Abk. aus gleichbed. engl. ribonucleic acid⟩: svw. Ribonukleinsäure. **RNS:** Abk. für ↑Ribonukleinsäure. **RNS-Vi|ren** [...v...] die (Plur.): Viren, deren genetische Information in einer RNS enthalten sind (z. B. bei Myxo-, Reo- u. Rhabdoviren, bei einigen Tumor- u. Insektenviren sowie bei sämtlichen Pflanzenviren; Biol., Med.)

Roa|die ['roʊdɪ] der; -s, -s ⟨aus gleichbed. engl.-amerik. roadie zu road „Straße, (Reise)weg"⟩: 1. Kurzform von

↑Roadmanager. 2. jmd., der beim Auf- u. Abbau der Bühnentechnik einer Rockgruppe aushilft. **Road|ma|na|ger** ['rovdmɛnɪdʒɐ] *der;* -s, - ⟨aus gleichbed. *engl.-amerik.* road manager⟩: für die Bühnentechnik, den Transport der benötigten Ausrüstung u. ä. verantwortlicher Begleiter einer Rockgruppe. **Road|ster** ['rovdstə] *der;* -s, - ⟨aus gleichbed. *engl.-amerik.* roadster zu road, vgl. Roadie⟩: offener, zweisitziger Sportwagen

Ro|ans [rɔ'ãs] *die* (Plur.) ⟨über älter *fr.* roan aus *altspan.* roano „hellbraun, weiß, grau (auf die Farbe von Pferden bezogen)"⟩: sumachgegerbte Schafleder für Bucheinbände

Roa|ring for|ties ['rɔ:rɪŋ 'fɔ:tɪz] *die* (Plur.) ⟨aus gleichbed. *engl.* (the) roaring forties, eigtl. „brüllende Vierziger"⟩: Bez. für beständige, starke bis stürmische, oft auch orkanartige Westwinde zwischen 40° u. 50° Breite auf der Südhalbkugel. **Roa|ring Twen|ties** [– 'twɛntɪz] *die* (Plur.) ⟨aus *engl.-amerik.* (the) roaring twenties „die stürmischen zwanziger (Jahre)"⟩: die 20er Jahre des 20. Jh.s in USA u. in Westeuropa, die durch die Folgeerscheinungen der Wirtschaftsblüte nach dem 1. Weltkrieg, durch Vergnügungssucht u. Gangstertum gekennzeichnet waren

Roast|beef ['rɔ:stbi:f] *das;* -s, -s ⟨aus gleichbed. *engl.* roast beef zu roast „gebraten" u. beef „Rindfleisch"⟩: Rostbraten, Rinderbraten der Art

Rob|ber *der;* -s, - ⟨aus gleichbed. *engl.* rubber, weitere Herkunft ungeklärt⟩: Doppelpartie im Whist- od. Bridgespiel

Ro|be *die;* -, -n ⟨aus *fr.* robe „Gewand, Kleid", dies aus *altfränk.* *rauba „Beute", eigtl. „erbeutetes Kleid"⟩: 1. festliches, bodenlanges [Abend]kleid. 2. Amtstracht der Geistlichen, Juristen u. a. Amtspersonen. **Ro|be|ron|de** [rɔb'rõ:də] *die;* -, -n ⟨zu *fr.* ronde „rund", also eigtl. „rundes Kleid"⟩: im 18. Jh. Kleid mit runder Schleppe. **Ro|bin** [rɔ'bɛ̃] *der;* -s, -s ⟨aus *fr.* robin „Richter" zu robe, vgl. Robe⟩: (veraltet) Robenträger, Rechtsgelehrter

Ro|bi|nie [...jə] *die;* -, -n [...jən] ⟨nach dem franz. Botaniker J. Robin (1550–1629) u. zu ↑¹...ie⟩: falsche Akazie (Zierbaum od. -strauch mit großen Blütentrauben)

Ro|bin|son *der;* -s, -e ⟨nach der Titelfigur des Romans „Robinson Crusoe" des engl. Schriftstellers D. Defoe (1659–1731)⟩: jmd., der fern von der Zivilisation [auf einer einsamen Insel], in der freien Natur lebt. **¹Ro|bin|so|na|de** *die;* -, -n ⟨zu ↑...ade⟩: a) Abenteuerroman, der das Motiv des „Robinson Crusoe" (↑Robinson) aufgreift; b) Erlebnis, Abenteuer ähnlich dem des Robinson Crusoe

²Ro|bin|so|na|de *die;* -, -n ⟨nach dem engl. Torhüter J. Robinson (1878–1949)⟩: im Sprung erfolgende, gekonnte Abwehrreaktion des Torwarts, bei der er sich einem Gegenspieler entgegenwirft (Fußball)

Ro|bin|son|li|ste *die;* -, -n ⟨zu ↑Robinson⟩: (Jargon) Liste, in die sich jmd. eintragen lassen kann, der keine auf dem Postweg verschickten Werbesendungen mehr haben möchte

Ro|bo|rans *das;* -, Plur. ...ranzien [...jən] u. ...rantia ⟨zu *lat.* roborans, Part. Präs. von roborare, vgl. roborierend⟩: Stärkungsmittel (Med.). **Ro|bo|ra|ti|on** *die;* -, -en ⟨aus gleichbed. *nlat.* roboratio⟩: (veraltet) Stärkung, Kräftigung. **ro|bo|rie|rend** ⟨zu *lat.* roborare „stärken, kräftigen" u. ↑...ierend⟩: stärkend, kräftigend (Med.)

Ro|bot *die;* -, -en ⟨aus dem Slaw.; vgl. *poln., tschech.* robota „(Fron)arbeit"⟩: (veraltet) Frondienst in slaw. Ländern). **ro|bo|ten:** 1. (veraltet) Frondienst leisten. 2. (ugs.) schwer arbeiten. **Ro|bo|ter** *der;* -s, - ⟨zu *tschech.* robot, ugs. Robot; nach dem engl. Titel „Rossum's Universal Robots" des 1920 erschienenen Romans des tschech. Schriftstellers K. Čapek (1890–1938)⟩: 1. a) (veraltet) Fronarbeiter; b) (ugs.) Schwerarbeiter. 2. a) äußerlich wie ein Mensch gestaltete Apparatur, die manuelle Funktionen eines Menschen ausführen kann; Maschinenmensch; b) programmgesteuerte elektron. Einrichtung zur Ausführung von komplexen Arbeitsvorgängen mit Hilfe von Sensoren u. mechanischen Dreh- u. Greifvorrichtungen. **ro|bo|te|ri|sie|ren** ⟨zu ↑...isieren⟩: a) mit Robotern (2b) ausrüsten; b) technische Abläufe u. Prozesse durch Roboter (2b) ausführen lassen. **Ro|bo|tik** *die;* - ⟨zu ↑²...ik (1)⟩: eine wissenschaftlich-technische Disziplin, die sich mit der Konstruktion, Programmierung u. dem Einsatz von Robotern (2b) befaßt. **ro|bo|ti|sie|ren:** svw. roboterisieren

Ro|bu|rit [auch ...'rɪt] *der;* -s ⟨zu *lat.* robur (vgl. robust) u. ↑¹...it⟩: im Kohlebergbau verwendeter pulverisierter Sprengstoff. **ro|bust** ⟨aus gleichbed. *lat.* robustus, eigtl. „aus Hart-, Eichenholz", zu robur „Kernholz, Eiche; Kraft, Kern"⟩: stark, kräftig, derb, widerstandsfähig, unempfindlich. **ro|bu|sto** ⟨*it.*⟩: kraftvoll (Vortragsanweisung; Mus.)

Ro|caille [rɔ'ka:j] *das* od. *die;* -, -s ⟨aus gleichbed. *fr.* rocaille, eigtl. „Geröll, aufgehäufte Steine", zu älter *fr.* roc „Felsen"⟩: Muschelwerk (wichtigstes Dekorationselement des Rokokos). **Ro|cail|leur** [...ka'jø:ɐ̯] *der;* -s, -e ⟨aus gleichbed. *fr.* rocailleur⟩: Rocaillearbeiter. **ro|cail|lie|ren** [...ka'ji:...] ⟨zu ↑...ieren⟩: Rocaillearbeiten ausführen

Roch *der;* - ⟨aus gleichbed. *arab.-pers.* ruḫ, roḫ⟩: im arab. Märchen ein Riesenvogel von besonderer Stärke

Ro|cha|de [...'xadə, auch ...'ʃa:də] *die;* -, -n ⟨zu ↑rochieren u. ↑...ade⟩: unter bestimmten Voraussetzungen zulässiger Doppelzug von König u. Turm (Schach)

Ro|cher de bronze [rɔ'ʃe: də 'brõ:s] *der;* - - -, -s [rɔ'ʃe:] - - ⟨aus *fr.* rocher de bronze „eherner Fels", nach einem Ausspruch König Friedrich Wilhelms I. von Preußen, 1688–1740⟩: jmd., der (in einer schwierigen Lage o. ä.) nicht leicht zu erschüttern ist

Ro|chett [rɔ'ʃɛt] *das;* -s, -s ⟨aus gleichbed. *fr.* rochet, dies über das Altfr. aus *fränk.* *rok⟩: spitzenbesetztes Chorhemd der höheren kath. Geistlichen

ro|chie|ren [...'xi:..., auch ...'ʃi:...] ⟨nach gleichbed. *fr.* roquer zu älter *fr.* roc, dies aus *span.* roque „Turm im Schachspiel", dies aus *arab.-pers.* ruḫ „(Schach)turm"⟩: 1. die ↑Rochade ausführen. 2. die Position auf dem Spielfeld wechseln (u. a. beim Fußball)

Ro|chus ⟨über das Jidd. aus *hebr.* rōgez „zornige Erregung"⟩: in der Fügung einen - auf jmdn. haben: (landsch.) über jmdn. sehr verärgert, wütend sein

¹Rock *der;* - ⟨zu ↑Roch⟩: svw. Roch

²Rock *der;* -[s], -[s] ⟨aus gleichbed. *engl.* rock⟩: 1. (ohne Plur.) kurz für ↑Rockmusik. 2. kurz für ↑Rock and Roll. **Rocka|bil|ly¹** ['rɔkəbɪlɪ] *der;* -[s] ⟨aus gleichbed. *amerik.* rockabilly zu rock „wiegen" u. Billy, Koseform von William (Wilhelm), Analogiebildung zu ↑Hillbillymusic⟩: (in den 1950er Jahren entstandener) Musikstil, der eine Verbindung aus ↑Rhythm and Blues u. ↑Hillbillymusic darstellt. **Rock and Roll** [rɔkn̩'ro:l] u. Rock 'n' Roll *der;* - - -, - - -[s] ⟨aus *engl.-amerik.* rock and roll, rock 'n' roll, eigtl. „wiegen und rollen"⟩: 1. (ohne Plur.) (Anfang der 1950er Jahre in Amerika entstandene Form der) Musik, die den ↑Rhythm and Blues mit Elementen der ↑Countrymusic u. des ↑Dixieland-Jazz verbindet. 2. stark synkopierter Tanz in flottem ¼-Takt

Rocke|lor¹ *der;* -s, -e ⟨wohl nach dem Namen des franz. Herzogs von Roquelaure⟩: im 18. Jh. Herrenreisemantel mit kleinem Schulterkragen

rocken

ro̱cken¹ ⟨nach gleichbed. *engl.-amerik.* to rock, vgl. Rock and Roll⟩: stark synkopiert, im Rhythmus des Rock and Roll spielen, tanzen, sich bewegen. **Ro̱cker¹** *der;* -s, - ⟨zu *engl.* to rock, vgl. rocken⟩: zu aggressivem Verhalten neigender Angehöriger einer lose organisierten Clique von männlichen Jugendlichen, meist in schwarzer Lederkleidung u. mit schwerem Motorrad. **Ro̱ck-Jazz** [...dʒɛs] *der;* - ⟨zu ↑²Rock⟩: Ende der 1960er Jahre aufgekommene Bez. für einen Stilbereich innerhalb des Jazz, in dem Elemente des ²Rocks mit denen des Jazz verbunden werden. **Ro̱ck|mu|si|cal** [...mjuːzikl] *das;* -s, -: Musical mit Rockmusik als Bühnenmusik. **Ro̱ck|mu|sik** *die;* -: von ↑Bands gespielte, aus einer Vermischung von ↑Rock and Roll (1) mit verschiedenen anderen Musikstilen entstandene Form der Unterhaltungs- u. Tanzmusik. **Rock 'n' Roll** [rɔknˈroːl] vgl. Rock and Roll. **Ro̱ck|oper** *die;* -, -n: Bez. für locker aneinandergereihte Songfolgen in Form von Arie u. Rezitativ mit schlichter, meist psychologisierender Rahmenhandlung
Ro̱ck|pool [...puːl] *der;* -s, -s ⟨aus gleichbed. *engl.* rock pool zu rock „Felsen" u. pool „Tümpel, Teich"⟩: Bez. für Mulden od. Höhlungen im Gestein felsiger Meeresküsten, die sich mit Meer- u. Regenwasser füllen u. demzufolge starke Änderungen in Salzgehalt u. Temperatur aufweisen. **Ro̱cks** *die* (Plur.) ⟨aus gleichbed. *engl.* rocks, eigtl. „Brocken"⟩: säuerlich-süße engl. Fruchtbonbons
Rod *das;* -, - ⟨aus gleichbed. *engl.* rod, eigtl. „Rute"⟩: engl. Längenmaß
Ro|de|ña [...ˈdɛnja] *die;* -, -s ⟨span.; wohl zu rodear, vgl. Rodeo⟩: span. Nationaltanz in mäßigem ¾-Takt (meist mit Gitarren- oder Kastagnettenbegleitung)
ro|dens ⟨lat.; Part. Präs. von rodere „nagen"⟩: nagend, fressend (z. B. in bezug auf ein Geschwür; Med.). **Ro|den|ti|er** [...i̯ɐ] *der;* -s, - ⟨zu *(n)lat.* rodentia (animalia) „nagende (Tiere)", Plur. (Neutrum) von *lat.* rodens, vgl. rodens⟩: Nagetier. **Ro|den|ti|zid** *das;* -s, -e ⟨zu ↑...zid⟩: chem. Mittel zum Vernichten schädlicher Nagetiere, bes. von Ratten u. Mäusen
Ro|deo *der* od. *das;* -s, -s ⟨aus gleichbed. *engl.* rodeo, eigtl. „Zusammentreiben des Viehs", dies aus *span.* rodeo zu rodear „umzingeln, zusammentreiben", dies zu rueda „Rad; Kreis; Runde" zu *lat.* rota⟩: mit Geschicklichkeitsübungen u. Wildwestvorführungen verbundene Reiterschau der Cowboys in den USA
Ro|do|mon|ta|de *die;* -, -n ⟨aus *fr.* rodomontade, *it.* rodomontata, nach der Gestalt des Rodomonte in Werken der ital. Dichter M. M. Boiardo (1440–1494) u. L. Ariosto (1474–1533) u. zu ↑...ade⟩: (veraltet) Aufschneiderei, Großsprecherei. **ro|do|mon|tie|ren** ⟨zu ↑...ieren⟩: (veraltet) prahlen
Ro|don|ku|chen [...ˈdõː...] *der;* -s, - ⟨mdal. entstellt aus ↑Ratonkuchen⟩: (landsch.) svw. Ratonkuchen
Ro|ga̱|te ⟨aus *lat.* rogate „bittet!", Imp. Plur. von rogare; nach dem Eingangsvers des Gottesdienstes, Joh. 16,24⟩: in der ev. Kirche Name des fünften Sonntags nach Ostern. **Ro|ga|ti̱|on** *die;* -, -en ⟨aus gleichbed. *lat.* rogatio⟩: (veraltet) Bitte, Fürbitte. **Ro|ga|ti̱|ones** [...neːs] *die* (Plur.) ⟨aus *lat.* rogationes, Plur. von rogatio, vgl. Rogation⟩: in der kath. Kirche die drei Bittage vor Christi Himmelfahrt, an denen Bittprozessionen abgehalten wurden. **Ro|ga|to̱|ri|um** *das;* -s, ...ien [...i̯ən] ⟨aus gleichbed. *nlat.* rogatorium⟩: (veraltet) Bittschreiben
ro|ger [ˈrɔdʒə] ⟨engl.⟩: 1. verstanden! (Funkw.). 2. (ugs.) in Ordnung!, einverstanden!
Ro|kam|bo|le *die;* -, -n ⟨aus gleichbed. *fr.* rocambole, dies aus dem Germ.⟩: Perlzwiebel (perlartig schimmernde kleine Brutzwiebel mehrerer Laucharten)
Ro|ko|ko [auch ...ˈkoko, ...ˈkoː] *das;* -[s] ⟨aus gleichbed. *fr.* rococo, Spottbildung zu rocaille, vgl. Rocaille; wegen der überaus reichlichen Verzierung mit Steinornamenten⟩: 1. durch zierliche, beschwingte Formen u. eine weltzugewandte, heitere od. empfindsame Grundhaltung gekennzeichneter Stil der europ. Kunst (auch der Dichtung u. Musik; 18. Jh.). 2. Zeit des Rokokos (1)
Rol|fing *das;* -[s] ⟨aus gleichbed. *engl.-amerik.* rolfing, nach der amerik. Heilpraktikerin I. Rolf, 20. Jh.⟩: eine als alternative Heilmethode durchgeführte Form der Tiefenmassage
Roll|back [ˈroʊlbæk] *das;* -[s], -s ⟨aus gleichbed. *engl.-amerik.* rollback zu *engl.* to roll back „zurückrollen, -fahren"⟩: 1. [erzwungenes] Zurückstecken, das Sichzurückziehen. 2. das Zurückdrängen des sowjetischen Einflusses, bes. in Osteuropa, als politische Strategie der USA nach dem 2. Weltkrieg. **Roll|ler|blades** [ˈroʊləbleɪdz] *die* (Plur.) ⟨aus gleichbed. *engl.-amerik.* roller blades (Plur.) zu *engl.* roller „Rolle" u. blade „Blatt"⟩: schlittschuhähnliche Rollschuhe (mit Rollensteg anstelle der Kufen) für das Laufen auf Asphaltbahnen. **Roll|ler|dis|co** [...disko] vgl. Rollerdisko. **Roll|ler|dis|ko** *die;* -, -s ⟨Kurzwort aus ↑*Roller*skate u. ↑*Dis*ko⟩: [geräumige] Halle, in der man zu Popmusik u. zu besonderen Licht- u. Beleuchtungseffekten Rollerskate fährt. **Roll|ler|skate** [...skeɪt] *der;* -s, -s ⟨aus gleichbed. *engl.* rollerskate „Rollschuh" zu roller „Rolle" u. skate „Schlittschuh"⟩: svw. Diskoroller. **Roll|ler|ska|ting** *das;* -[s] ⟨aus gleichbed. *engl.* roller-skating⟩: das Rollschuhlaufen mit Rollerskates. **rol|lie|ren** ⟨teilweise unter Einfluß von *fr.* rouler zu *dt.* rollen u. ↑...ieren⟩: 1. einen dünnen Stoff am Rand od. Saum zur Befestigung einrollen, rollend umlegen. 2. nach einem bestimmten System turnusmäßig abwechseln, auswechseln (z. B. jeden 2. Samstag als freien Arbeitstag). 3. die Oberfläche eines zylindrischen Werkstücks glätten, indem man eine Rolle sich unter hohem Druck auf dem sich drehenden Werkstück abrollen läßt. **Ro̱l|lo** [auch ...ˈloː] *das;* -s, -s: eindeutschend für ↑Rouleau. **Roll-on-roll-off-Schiff** *das;* -[e]s, -e ⟨Lehnübersetzung von gleichbed. *engl.* roll-on-roll-off-ship, eigtl. „Rolle-herauf-rolle-herunter-Schiff"⟩: Frachtschiff, das von Lastwagen mit Anhängern direkt befahren wird u. so unmittelbar be- u. entladen werden kann. **Roll-on-Roll-off-Sy|stem** *das;* -s: Transportsystem, bei dem Container od. andere Frachtstücke auf Rollen od. Fahrzeugen stehend durch Verfahren umgeschlagen werden. **Roll|out** [...ˈaʊt] *das;* -s, -s ⟨aus *engl.* roll-out „das Vorstellen", eigtl. „das Hinausrollen"⟩: öffentliche Vorstellung eines neuen Fahrzeugtyps (bes. eines Flugzeugs). **Roll-over-Kre|dit** [...ˈoʊvɐ...] *der;* -[e]s, -e ⟨zu *engl.* to roll over „(sich) herumdrehen"⟩: ein mittel- bis langfristiger Kredit, dessen Zinssatz periodisch in kurzfristigen Abständen an die Marktentwicklung angepaßt wird (Wirtsch.). **Rolls** *die* (Plur.) ⟨aus gleichbed. *engl.* rolls, eigtl. „Rollen", zu to roll „rollen, sich rollen lassen", dies über *altfr.* rol(l)er aus gleichbed. *vulgärlat.* *rotulare zu *lat.* rotula „Rädchen", Verkleinerungsform von rota „Rad"⟩: Zigarettenrohlinge aus gerolltem Tabak, die nur noch in vorbereitete Hülsen gesteckt zu werden brauchen
Rom *der;* -, -a (meist Plur.) ⟨aus *Romani* rom „Mann, Ehemann", dies zu *sanskr.* domba (Name einer niederen Kaste)⟩: Angehöriger (Selbstbezeichnung) einer bes. in Europa verbreiteten ethnischen Minderheit indischer Herkunft, traditionell Zigeuner genannt (heute als diskriminierend empfunden); vgl. Sinto

ROM *das;* -[s], -[s] ⟨Kurzw. aus *engl.* read-only memory „Nur-Lese-Speicher"⟩: Informationsspeicher, dessen Inhalt nur abgelesen, aber nicht verändert werden kann (EDV)

Ro|ma|dur [auch ...'du:ɐ̯] *der;* -[s], -s ⟨aus gleichbed. *fr.* romadour, romatour, weitere Herkunft ungeklärt⟩: halb- od. vollfetter Weichkäse

Ro|ma lo|cu|ta, cau|sa fi|ni|ta [– ...k... k... –] ⟨*lat.;* „Rom (d. h. der Papst) hat gesprochen, damit ist die Sache erledigt"; ursprünglich gegen die Jesuiten gerichtet⟩: die Sache ist entschieden, jedes weitere Reden ist zwecklos

Ro|man *der;* -s, -e ⟨aus gleichbed. *fr.* roman, *altfr.* romanz, eigtl. „in romanischer Volkssprache (nicht in Latein) verfaßte Erzählung", dies über *vulgärlat.* *Romanice „auf romanische Weise" aus *lat.* Romanicus „aus Rom stammend; römisch"⟩: a) (ohne Plur.) literarische Gattung einer epischen Großform in Prosa, die in großen Zusammenhängen Zeit u. Gesellschaft widerspiegelt u. das Schicksal einer Einzelpersönlichkeit od. einer Gruppe von Individuen in ihrer Auseinandersetzung mit der Umwelt darstellt; b) ein Exemplar dieser Gattung; galanter -: auf spätantike u. franz. Vorbilder zurückgehender Roman des Barock mit Anspielungen auf höhergestellte Personen, die unter der Schäfermaske auftreten. **Ro|man|ce|ro** [...'se:ro] vgl. Romanzero. **Ro|man|cier** [romã'sie:] *der;* -s, -s ⟨aus gleichbed. *fr.* romancier⟩: Verfasser von Romanen, Romanschriftsteller. **Ro|ma|ne** *der;* -n, -n ⟨zu *mlat.* Romanus „Bewohner der älteren röm. Provinzen in Gallien", dies aus *lat.* Romanus „römisch" zu Roma „Rom"⟩: Angehöriger eines Volkes mit roman. Sprache. **Ro|ma|nes|ca** [...ka] *die;* - ⟨aus gleichbed. *it.* romanesca, Fem. von romanesco „römisch", dies aus *lat.* Romanus, vgl. Romane⟩: alter ital. Sprungtanz im ↑Tripeltakt. **ro|ma|nesk** ⟨zu ↑Roman u. ↑...esk⟩: a) breit ausgeführt, in der Art eines Romans gehalten; b) nicht ganz real od. glaubhaft. **Ro|man|figur** *die;* -, -en: Figur, Gestalt aus einem Roman (b)

Ro|ma|ni [auch 'rɔ:...] *das;* - ⟨aus romani (Selbstbezeichnung) zu rom, vgl. Rom⟩: zusammenfassende Bez. für die Dialekte der Roma, traditionell auch Zigeunersprache genannt

Ro|ma|nik *die;* - ⟨zu ↑romanisch u. ↑²...ik (2)⟩: der Gotik vorausgehende europäische Stilepoche des frühen Mittelalters, die sich bes. in der [Sakral]architektur, der [Architektur]plastik und der Wand- u. Buchmalerei ausprägte. **ro|ma|nisch** ⟨zu *mlat.* Romanus, vgl. Romane⟩: 1. a) aus dem ↑Vulgärlatein entstanden (zusammenfassend in bezug auf Sprachen, z. B. Französisch, Italienisch, Spanisch u. a.); b) die Romanen u. ihre Kultur betreffend, kennzeichnend; zu den Romanen gehörend. 2. die Kunst der Romanik betreffend, für die Romanik charakteristisch. **ro|ma|ni|sie|ren** ⟨wohl nach gleichbed. *fr.* romaniser⟩: 1. (veraltet) römisch machen, dem Römischen Reich eingliedern. 2. romanisch machen. 3. in latein. Schriftzeichen umsetzen (Sprachw.). **Ro|ma|nis|mus** *der;* -, ...men ⟨zu ↑...ismus⟩: 1. eine für eine roman. Sprache charakteristische Erscheinung in einer nichtroman. Sprache (Sprachw.). 2. (veraltend) papst-, kirchenfreundliche Einstellung. 3. an die ital. Renaissancekunst angelehnte Richtung [der niederl. Malerei] des 16. Jh.s. **Ro|ma|nist** *der;* -en, -en ⟨zu *lat.* Romanus (vgl. Romane) u. ↑...ist⟩: 1. jmd., der sich wissenschaftlich mit einer od. mehreren romanischen (1 a) Sprachen u. Literaturen (bes. mit Französisch) befaßt [hat]. 2. Wissenschaftler auf dem Gebiet des röm. Rechts. 3. Vertreter des Romanismus (3). 4. (veraltet) Anhänger des kath. Roms. **Ro|ma|nis|tik** *die;* - ⟨zu ↑...istik⟩: 1. Wissenschaft von den romanischen (1 a) Sprachen u. Literaturen. 2. Wissenschaft vom röm. Recht. **ro|ma|ni|stisch** ⟨zu ↑...istisch⟩: die Romanistik betreffend. **Ro|ma|ni|tät** *die;* - ⟨wohl nach gleichbed. *fr.* romanité; vgl. ...ität⟩: romanisches (1 b) Kulturbewußtsein. **Ro|ma|no|ma|nie** *die;* - ⟨zu ↑Roman u. ↑...manie⟩: (veraltet) Romanlesewut. **Ro|man|tik** *die;* - ⟨zu ↑romantisch u. ↑²...ik (2), Analogiebildung zu Klassik⟩: 1. Epoche des europäischen, bes. des deutschen Geisteslebens, der Literatur u. Kunst vom Ende des 18. bis zur Mitte (in der Musik bis zum Ende) des 19. Jh.s, die im Gegensatz zur Aufklärung u. zum ↑Klassizismus stand, die u. a. durch eine Betonung der Gefühlskräfte, des volkstümlichen u. nationalen Elements, durch die Verbindung der Künste untereinander u. zwischen Kunst u. Wissenschaft, durch historische Betrachtungsweise, die Neuentdeckung des Mittelalters u. die Ausbildung von Nationalliteraturen gekennzeichnet ist. 2. a) durch eine schwärmerische od. träumerische Idealisierung der Wirklichkeit gekennzeichnete romantische (2) Art; b) romantischer (2) Reiz, romantische Stimmung; c) abenteuerliches Leben. **Ro|man|ti|ker** *der;* -s, -: 1. Vertreter, Künstler der Romantik (1). 2. Phantast, Gefühlsschwärmer. **Ro|man|ti|ke|rin** *die;* -, -nen: weibliche Form zu ↑Romantiker. **ro|man|tisch** ⟨unter Einfluß von gleichbed. *engl.* romantic aus *fr.* romantique, eigtl. „dem Geist der Ritterdichtung gemäß, romanhaft", dies zu *altfr.* romanz, vgl. Roman⟩: 1. die Romantik (1) betreffend, im Stil der Romantik. 2. a) phantastisch, gefühlsschwärmerisch, die Wirklichkeit idealisierend; b) stimmungsvoll, malerisch-reizvoll; c) abenteuerlich, wundersam, geheimnisvoll. **ro|man|ti|sie|ren** ⟨zu ↑...isieren⟩: 1. den Stil der Romantik (1) gestalten; den Stil der Romantik imitieren, nachempfinden. 2. in einem idealisierenden Licht erscheinen lassen, verklären, schönfärben. **Ro|man|ti|sie|rung** *die;* -, -en ⟨zu ↑...isierung⟩: das Romantisieren, das Romantisiertwerden. **Ro|man|ti|zismus** *der;* -, ...men ⟨zu ↑...izismus⟩: 1. (ohne Plur.) sich auf die Romantik (1) beziehende Geisteshaltung. 2. romantisches (1) Element. **ro|man|ti|zi|stisch** ⟨zu ↑...istisch⟩: dem Romantizismus (1) entsprechend. **Ro|man|tri|lo|gie** *die;* -, ...ien [...i̯ən] ⟨zu ↑Roman⟩: Werk aus drei abgeschlossenen, jedoch zusammengehörenden Romanen. **Ro|mantsch** *das;* - ⟨aus *rätoroman.* mdal. Romaunsh, Romauntsch „das (Bündner)romanische", dies zu *lat.* Romanus, vgl. Romane⟩: rätoromanische Sprache (in Graubünden). **Ro|man|ze** *die;* -, -n ⟨aus *fr.* romance, *span.* romance „volksliedhaftes Gedicht", dies *altfr.* romanz, altprovenzal.* romans, vgl. Roman⟩: 1. [*span.*] volksliedhaftes episches Gedicht mit balladenhaften Zügen, das hauptsächlich Heldentaten u. Liebesabenteuer sehr farbig schildert. 2. lied- u. balladenartiges, ausdrucksvolles Gesangs- od. Instrumentalstück romantischen Inhalts (Mus.). 3. episodenhaftes Liebesverhältnis [das durch die äußeren Umstände als bes. romantisch erscheint]. **Ro|man|ze|ro** *der;* -s, -s ⟨aus gleichbed. *span.* romancero⟩: Sammlung von [*span.*] Romanzen. **rö|misch-ka|tho|lisch** ⟨zu *lat.* Romanus, vgl. Romane⟩: die vom Papst in Rom geleitete, kath. Kirche betreffend, ihr angehörend; Abk.: rk, r.-k., röm.-kath.

Rom|mé ['rɔme:, auch rɔ'me:] *das;* -s, -s ⟨französierende Bildung nach gleichbed. *engl.-amerik.* rummy, weitere Herkunft ungeklärt⟩: Kartenspiel für 3 bis 6 Mitspieler, von denen jeder versucht, seine Karten möglichst schnell nach bestimmten Regeln abzulegen

Ron|chus vgl. Rhonchus

Ron|da|che [rõ'daʃ] *die;* -, -n [...ʃn] ⟨aus gleichbed. *fr.* rondache, dies aus *it.* rondaccia zu ronda „Ronde" (aus *fr.*

ronde, vgl. Ronde)⟩: früher verwendeter Rundschild. **Ron|da|te** [rɔn...] *die;* -, -n ⟨zu *it.* rondate, Imp. Plur. von rondare „herumgehen"⟩: Drehüberschlag auf ebener Erde (Sport.). **Rond de jambe** [rõdəˈʒãːb] *der;* - - -, -s [rõd...] - - ⟨aus gleichbed. *fr.* rond de jambe zu rond „Kreis" u. jambe „Bein"⟩: am Boden ausgeführte Kreisbewegung des Spielbeins (Ballett). **Ron|de** [ˈrɔndə, ˈrõːdə] *die;* -, -n ⟨aus gleichbed. *fr.* ronde, dies über rond „rund" aus *lat.* rotundus⟩: 1. (veraltet) a) Rundgang, Streifwache; b) Wachen u. Posten kontrollierender Offizier (Mil.). 2. (ohne Plur.) Schriftart. 3. a) ebenes Formteil aus Blech, das durch Umformen weiterverarbeitet wird (Techn.); b) Münzrohling (Münzwesen). **Ron|deau** [rõˈdoː] *das;* -s, -s ⟨aus *fr.* rondeau „Tanzlied mit Kehrreim" zu rond; vgl. Ronde⟩: 1. a) mittelalterliches franz. Tanzlied beim Rundtanz, Rundgesang, der zwischen Soloteil u. Chorantwort wechselt; b) im 13. Jh. Gedicht mit zweireimigem Refrain, später bes. eine 12–15zeilige zweireimige Strophe, deren erste Wörter nach dem 6. u. 12. bzw. nach dem 8. u. 14. Vers als verkürzter Refrain wiederkehren. 2. [meist rɔnˈdoː] (österr.) a) rundes Beet; b) runder Platz. **Ron|del** [rõˈdɛl] *das;* -s, -s ⟨aus *fr.* rondel „Ringelgedicht"⟩: svw. Rondeau (1). **Ron|dell** [rɔn...] u. Rundell *das;* -s, -e ⟨nach *fr.* rondelle „runde Scheibe", dies über *vulgärlat.* *rotundella aus *lat.* rotundula „Kügelchen" zu rotundus „rund"⟩: 1. Rundteil (an der Bastei). 2. Rundbeet. 3. Rückteil des Überschlags bei einer Überschlag[hand]tasche. **Ron|del|lus** *der;* - ⟨aus *mlat.* rondellus, dies wohl aus *vulgärlat.* *rotundella, vgl. Rondell⟩: eine mehrstimmige mittelalterliche, dem Kanon nahestehende Kompositionsart. **Ron|di|no** *das;* -s, Plur. -s u. ...ni ⟨italienisierende Verkleinerungsform von ↑Rondo⟩: kleines Rondo. **Ron|do** *das;* -s, -s ⟨aus gleichbed. *it.* rondo zu rondo „rund", dies aus *lat.* rotundus⟩: 1. svw. Rondeau (1 a). 2. Satz (meist Schlußsatz in Sonate u. Sinfonie), in dem das Hauptthema nach mehreren im Tonart u. Charakter entgegengesetzten Zwischensätzen [als Refrain] immer wiederkehrt. **Rond|schrift** *die;* - ⟨zu *fr.* rond „rund", vgl. Ronde⟩: (österr.) eine Zierschrift

Ro|nin *der;* -, -s ⟨aus dem Japan.⟩: (veraltet) [verarmter] japanischer Lehnsmann, der seinen Lehnsherrn verlassen hat

Rönt|gen|ana|ly|se *die;* -, -n ⟨nach dem Entdecker der Röntgenstrahlen, dem dt. Physiker W. C. Röntgen, 1845–1923⟩: Ermittlung des Aufbaus von Kristallen mit Hilfe von Röntgenstrahlen (Kristallographie). **Rönt|gen|as|si|sten|tin** *die;* -, -nen: auf dem Gebiet der Röntgenologie ausgebildete medizinisch-technische Assistentin. **Rönt|gen|astro|no|mie** *die;* -: Teilgebiet der Astronomie, auf dem man sich mit der Erforschung der von Gestirnen kommenden Röntgen-, Gamma- u. Ultraviolettstrahlung befaßt; Gammaastronomie. **rönt|gen|astro|no|misch**: die Röntgenastronomie betreffend. **Rönt|gen|de|fek|to|sko|pie** *die;* -: Feststellung von Werkstoffehlern mit Hilfe von Röntgenstrahlen (Techn.). **Rönt|gen|der|ma|to|se** *die;* -, -n: durch eine Überdosis von Röntgenstrahlen hervorgerufene Schädigung der Haut (Med.). **Rönt|gen|dia|gno|stik** *die;* -: der Einsatz von Röntgenstrahlen zur Erkennen krankhafter struktureller od. funktioneller Veränderungen im Körperinnern als eine der wesentlichen Methoden der medizinischen Diagnostik (Med.). **Rönt|gen|do|si|me|ter** *das;* -s, -: von Personen, die beruflich mit Röntgen- u. Gammastrahlen zu tun haben, während ihrer Tätigkeit getragenes ↑Dosimeter, das nach bestimmten Zeiträumen hinsichtlich einer eventuell eingetretenen Strahlenbelastung des Trägers überprüft wird. **Rönt|gen|iden|ti|fi|ka|ti|on** *die;* -, -en: Verfahren zur Identifizierung von Toten durch Röntgenaufnahmen, die Hinweise auf Lebensalter u. krankhafte Befunde ergeben. **rönt|ge|ni|sie|ren** ⟨zu ↑...isieren⟩: (österr.) röntgen. **rönt|ge|no...**, **Rönt|ge|no...** ⟨nach dem dt. Physiker W. C. Röntgen (vgl. Röntgenanalyse) u. in Verbindung mit dem Bindevokal -o-⟩: Wortbildungselement mit der Bedeutung „Röntgen(strahlen)", z. B. Röntgenologe, röntgenographisch. **Rönt|ge|no|gramm** *das;* -s, -e ⟨zu ↑...gramm⟩: Röntgenbild. **Rönt|ge|no|gra|phie** *die;* -, ...ien ⟨zu ↑...graphie⟩: Untersuchung u. Bildaufnahme mit Röntgenstrahlen. **rönt|ge|no|gra|phisch** ⟨zu ↑...graphisch⟩: durch Röntgenographie erfolgend. **Rönt|ge|no|lo|ge** *der;* -n, -n ⟨zu ↑...loge⟩: jmd., der sich wissenschaftlich mit Röntgenologie (b) befaßt. **Rönt|ge|no|lo|gie** *die;* - ⟨zu ↑...logie⟩: a) von W. C. Röntgen begründetes Teilgebiet der Physik, auf dem die Eigenschaften, Wirkungen u. Möglichkeiten der Röntgenstrahlen untersucht werden; b) Teilgebiet der Medizin, das sich mit der Anwendung der Röntgenstrahlen in Diagnostik u. Therapie befaßt. **rönt|ge|no|lo|gisch** ⟨zu ↑...logisch⟩: in das Gebiet der Röntgenologie gehörend. **rönt|ge|no|me|trisch** ⟨zu ↑...metrisch⟩: die Messung der Wellenlänge der Röntgenstrahlung betreffend. **Rönt|gen|op|tik** *die;* - ⟨nach dem dt. Physiker W. C. Röntgen, vgl. Röntgenanalyse⟩: Teilgebiet der Physik, das sich mit der Erzeugung von Abbildungen durch Röntgenstrahlen u. der Konstruktion von Geräten der Röntgenmikroskopie befaßt. **Rönt|ge|no|sko|pie** *die;* -, ...ien ⟨zu ↑röntgeno... u. ↑...skopie⟩: Durchleuchtung mit Röntgenstrahlen (Med.). **Rönt|gen|pul|sa|re** (Plur.) ⟨nach dem dt. Physiker W. C. Röntgen, vgl. Röntgenanalyse⟩: ↑Pulsare, die hauptsächlich im Bereich der Röntgenstrahlung des elektromagnetischen Spektrums emittieren (Phys.). **Rönt|gen|quan|ten** *die* (Plur.): Bez. für die ↑Photonen der Röntgenstrahlung. **Rönt|gen|sen|si|bi|li|tät** *die;* -: besondere Empfindlichkeit des Körpergewebes gegen Röntgenbestrahlung (Med.). **Rönt|gen|spek|tral|ana|ly|se** *die;* -, -n: Bestimmung der chem. Zusammensetzung von Stoffen durch spektrale Zerlegung der von ihnen ausgesandten od. durchgelassenen Röntgenstrahlung. **Rönt|gen|spek|tro|sko|pie** *die;* -: Teilgebiet der ↑Spektroskopie, das sich mit der Messung u. Analyse von elektromagnetischer Strahlung im Röntgenbereich befaßt (Phys.). **rönt|gen|spek|tro|sko|pisch**: die Röntgenspektroskopie betreffend. **Rönt|gen|spek|trum** *das;* -s, Plur. ...tren u. ...tra: Darstellung der Energieverteilung von Röntgenstrahlung in Abhängigkeit von der Wellenlänge (Phys.). **Rönt|gen|struk|tur|ana|ly|se** *die;* -, -n: Bestimmung der Elektronendichte u. damit der Atomanordnung in Kristallen durch Auswertung der Beugungserscheinungen von Röntgenstrahlen (Phys.). **Rönt|gen|the|ra|pie** *die;* -: medizinische Therapie, die sich der Röntgenstrahlen bedient (Med.).

Roo|ming-in [ˈruːmɪŋˈɪn] *das;* -[s], -s ⟨aus gleichbed. *engl.-amerik.* rooming-in zu to room „unterbringen (bei)"⟩: gemeinsame Unterbringung von Mutter u. Kind im Krankenhaus nach der Geburt od. bei Krankheit des Kindes, um dadurch psychisch negative Auswirkungen für das Kind zu vermeiden

Root[s]|ge|blä|se [ˈruːt(s)...] *das;* -s, - ⟨nach dem amerik. Erfinder J. D. Root, 19. Jh.⟩: Kapselgebläse, in dem zwei 8förmige Drehkolben ein abgegrenztes [Gas]volumen von der Saug- auf die Druckseite fördern

Roque|fort [ˈrɔkfoːɐ̯, auch ...ˈfoːɐ̯] *der;* -s, -s ⟨nach der franz. Ortschaft Roquefort-sur-Soulzon⟩: fetter Edelpilzkäse aus reiner Schafmilch

Rotation

Ro|ra|te *das;* -, - ⟨aus *lat.* rorate „tauet!", Imp. Plur. von rorare „tauen", nach dem Eingangsvers der Liturgie der Messe, Jes. 45,8⟩: in der kath. Kirche Votivmesse im Advent zu Ehren Marias

Ro-Ro-Schiff *das;* -[e]s, -e: Kurzform von ↑ Roll-on-roll-off-Schiff

ro|sa ⟨zu *lat.* rosa „Rose"⟩: 1. blaßrot. 2. (Jargon) sich auf Homosexualität, Homosexuelle beziehend. **Ro|sa** *das;* -s, Plur. -, ugs. -s: rosa Farbe. **Ro|sa|lie** [...i̯ə] *die;* -, -n ⟨aus gleichbed. *fr.* rosalie, *it.* rosalia⟩: kleiner, in gekünstelten Sequenzfolgen wiederkehrender Satz (Mus.). **Ros|ani|lin** *das;* -s ⟨Kunstw. zu *lat.* rosa „Rose" u. ↑ Anilin⟩: (veraltet) svw. Fuchsin. **Ro|sa|ri|um** *das;* -s, ...ien [...i̯ən] ⟨aus *lat.* rosarium „Rosengarten", Bed. 2 über *kirchenlat.* rosarium „Rosenkranz"⟩: 1. Rosenpflanzung, -garten. 2. kath. Rosenkranzgebet. **Ro|sa|zea** *die;* - ⟨zu *lat.* rosacea, Fem. von rosaceus „aus Rosen"⟩: Kupfer-, Rotfinnen, [entzündliche] Rötung des Gesichts [mit Wucherungen] (Med.). **Ro|sa|zee** *die;* -, -n (meist Plur.) ⟨aus *nlat.* rosacea⟩: zur Familie der Rosen gehörende Pflanze; Rosengewächs (Bot.)

Rosch Ha-Scha|na *der;* - - ⟨aus *hebr.* rôš haššānā „Neujahrsfest"⟩: jüd. Neujahrsfest

Ros|coe|lith [rɔskoʊ..., auch ...'lɪt] *der;* Gen. -s u. -en, Plur. -e[n] ⟨nach dem engl. Chemiker Sir H. E. Roscoe (1833–1915) u. zu ↑ ...lith⟩: ein olivgrünes bis grünlichbraunes Mineral

ro|sé [roˈzeː] ⟨*fr.;* „rosenfarben", zu rose, dies aus *lat.* rosa „Rose"⟩: rosig, zartrosa. **Ro|sé** *der;* -s, -s: svw. Roséwein. **Ro|se|lith** [auch ...'lɪt] *der;* Gen. -s u. -en, Plur. -e[n] ⟨zu ↑ rosa u. ↑ ...lith⟩: seltenes, in hellroten kleinen Kristallen vorkommendes Mineral. **Ro|sel|la** *die;* -, -s ⟨unregelmäßig gebildet zu Rosehill, einem Distrikt in der Nähe der austr. Stadt Sydney; nach dem Vorkommen⟩: prächtig gelb u. rot gefärbter Sittich Südaustraliens. **Ro|se|no|bel** [auch ...'noːb]] *der;* -s, - ⟨aus gleichbed. (mittel)engl. rose noble, eigtl. „edle Rose"⟩: Goldmünze Eduards III. von England. **Ro|seo|la** u. **Ro|seo|le** *die;* -, ...olen ⟨aus *nlat.* roseola zu *lat.* roseus⟩: rotfleckiger Hautausschlag (Med.). **Ro|set|te** *die;* -, -n ⟨aus gleichbed. *fr.* rosette, Verkleinerungsform von rose, vgl. rosé⟩: 1. kreisförmiges Ornamentmotiv in Form einer stilisierten Rose (Baukunst). 2. Schliffform für flache u. dünne Diamanten. 3. aus Bändern geschlungene od. genähte Verzierung (Mode). 4. rundes, auch als „Rose" bezeichnetes Schalloch der Laute (Mus.). 5. Blattanordnung der Rosetten- od. grundständigen Blätter, die dicht gedrängt an der Sproßbasis einer Pflanze stehen (z. B. Tausendschön). 6. (scherzh. verhüllend) After. **ro|set|tie|ren** ⟨zu ↑ ...ieren⟩: a) mit Rosetten (1) verzieren; b) in Rosettenform schleifen (z. B. Edelsteinen). **Ro|sé|wein** [roˈzeː...] *der;* -[e]s, -e ⟨zu ↑ rosé, nach der Farbe⟩: blaßroter Wein aus hellgekelterten Rotweintrauben

Ro|si|nan|te *die,* eigtl. *der;* -, -n ⟨nach Rosinante (*span.* Rocinante aus rocinante „Schindmähre"), dem Namen des Pferdes von ↑ Don Quichotte⟩: (selten) minderwertiges Pferd

Ro|si|ne *die;* -, -n ⟨wohl über gleichbed. *mittelniederl.* rosine aus *altpikardisch* roisin „Weinbeere", dies über das Vulgärlat. aus *lat.* racemus „Traube, Weinbeere"⟩: getrocknete Weinbeere

Ros|ma|rin [auch ...ˈriːn] *der;* -s ⟨aus gleichbed. *mlat.* rosmarinus, eigtl. „Meertau"⟩: a) immergrüner Strauch des Mittelmeergebietes, aus dessen Blättern u. Blüten das Rosmarinöl für Heil- u. kosmetische Mittel gewonnen wird; b) aus [getrockneten] Blättern des Rosmarins (a) hergestelltes Küchengewürz

Ros|mi|ni|a|ner *die* (Plur.) ⟨nach dem Gründer, Graf Rosmini-Serbati (1797–1855) u. zu ↑ ...aner⟩: kath. Kongregation, die auf dem Gebiet der ↑ Karitas, der Seelsorge u. des Unterrichts arbeitet (Rel.)

Ro|so|lio *der;* -s, -s ⟨aus gleichbed. *it.* rosolio, wohl zu *lat.* rosa „Rose" u. oleum „Öl", wegen des urspr. Zusatzes von Rosenöl u. -wasser⟩: ital. Likör aus [Orangen]blüten u. Früchten

Ro|stel|lum *das;* -s, ...lla ⟨aus *lat.* rostellum „Schnäbelchen, Schnäuzchen", Verkleinerungsform von rostrum (vgl. Rostra), nach dem Aussehen⟩: als Haftorgan für die ↑ Pollinien umgebildete Narbe der Orchideenblüte (Bot.)

Ro|stic|ce|ria [...tɪtʃe...] *die;* -, -s ⟨aus gleichbed. *it.* rosticceria zu rostire, Nebenform von arrostire „braten, rösten, grillen", dies aus dem Germ.⟩: 1. Imbißstube in Italien. 2. Grillrestaurant in Italien

Ro|stra *die;* -, ...ren ⟨aus *lat.* rostra, Plur. von rostrum, eigtl. „Schnabel; Schiffsschnabel"⟩: mit erbeuteten Schiffsschnäbeln verzierte Rednerbühne [im alten Rom]. **ro|stral** ⟨aus gleichbed. *nlat.* rostralis zu *lat.* rostrum, vgl. Rostrum⟩: am Kopfende, zum oberen Körperende hin gelegen (Biol., Anat.). **Ro|strum** *das;* -s, ...ren ⟨aus *lat.* rostrum „Schnabel, Rüssel"⟩: über das Vorderende des Tierkörpers hinausragender Fortsatz (z. B. der Vogelschnabel od. der schnabelförmige Fortsatz am Schädel der Haie u. anderer Fische; Biol.)

Ro|ta *die;* - u. **Rota Romana** *die;* - - ⟨aus *kirchenlat.* Rota Romana, eigtl. „römisches Rad", wohl nach der kreisrunden Bank der Richter⟩: höchster (päpstlicher) Gerichtshof der kath. Kirche

Ro|tal *das;* -s, - ⟨aus *arab.* raṭl „ein Gewicht"⟩: svw. Artal

Ro|tan vgl. Rotang. **Ro|tang,** auch **Rotan** *der;* -s, -e ⟨aus gleichbed. *malai.* rotan⟩: Markrohr der Rotangpalme, Peddigrohr. **Ro|tang|pal|me,** auch **Ro|tan|pal|me,** *die;* -, -en: mit Hilfe starker Stacheln kletternde Palme, die u. a. Peddigrohr liefert

Ro|ta|print Ⓦ *die;* -, -s ⟨zu *lat.* rotare (vgl. rotieren) u. *engl.* to print „drucken"⟩: Offsetdruck- u. Vervielfältigungsmaschine. **Ro|ta|ri|er** [...i̯ɐ] *der;* -s, - ⟨nach gleichbed. *engl.* Rotarian; vgl. Rotary Club⟩: Angehöriger des ↑ Rotary Clubs. **ro|ta|risch:** a) den Rotary Club betreffend; b) zum Rotary Club gehörend. **Ro|ta Ro|ma|na** vgl. Rota. **Ro|ta|ry** [ˈroʊtəri] *die;* -, -s ⟨Kurzform von gleichbed. *engl.* rotary press⟩: Bogenanlegeapparat für Druck- u. Falzmaschinen (Druckw.). **Ro|ta|ry Club** [...ri k..., engl. ˈroʊtəri ˈklʌb] *der;* - -s ⟨*engl.;* zu rotary „umlaufend" u. club, vgl. Klub; die ersten Sitzungen der Mitglieder fanden entsprechend dem Symbol des Klubs, dem Zahnrad, umlaufend statt⟩: Vereinigung führender Persönlichkeiten unter dem Gedanken des Dienstes am Nächsten (in örtlichen Klubs mit je einem Vertreter einer Berufsgruppe organisiert). **Ro|ta|ry In|ter|na|tio|nal** [ˈroʊtəri ɪntəˈnæʃənl] *der;* - - ⟨*engl.*⟩: internationale Dachorganisation des ↑ Rotary Clubs. **Ro|ta|ti|on** [rota...] *die;* -, -en ⟨aus *lat.* rotatio „kreisförmige Umdrehung" zu rotare, vgl. rotieren⟩: 1. Drehung (z. B. eines Körpers od. einer Kurve) um eine feste Achse, wobei jeder Punkt eine Kreisbahn beschreibt (Phys.); Ggs. ↑ Translation (3). 2. geregelte Aufeinanderfolge der Kulturpflanzen beim Ackerbau unter Berücksichtigung größtmöglicher Vielseitigkeit, der Trennung des Anbaus unverträglicher Pflanzen durch längere Zeitspannen, kürzestmöglicher Brachezeiten usw. (Landw.). 3. Regelung der Bewässerung in der Landwirtschaft. 4. das Mitdrehen des Oberkörpers

Rotationsdispersion

im Schwung (Skisport). 5. im Uhrzeigersinn erfolgender Wechsel der Positionen aller Spieler einer Mannschaft (beim Volleyball). **Ro|ta|ti|ons|dis|per|si|on** *die;* -: die Abhängigkeit des optischen Drehvermögens eines Stoffes von der Wellenlänge des Lichts (Phys.). **Ro|ta|ti|ons|druck** *der;* -[e]s: Druckverfahren, bei dem das Papier zwischen zwei gegeneinander rotierenden Walzen hindurchläuft u. im zylindrisch gebogenen, einer der Walzen anliegenden Druckform bedruckt wird. **Ro|ta|ti|ons|el|lip|so|id** *das;* -[e]s, -e: a) durch Rotation einer Ellipse um eine ihrer Achsen gebildeter Körper in der Form eines Ellipsoids; b) durch Rotation einer Ellipse gebildete Fläche. **Ro|ta|ti|ons|en|er|gie** *die;* -: die kinetische Energie, die ein starrer Körper auf Grund einer Drehbewegung besitzt (Mech.). **Ro|ta|ti|ons|hy|per|bo|lo|id** *das;* -[e]s, -e: durch Rotation einer ↑Hyperbel (1) um ihre Symmetrieachse entstandener Körper in Form eines ↑Hyperboloids. **Ro|ta|ti|ons|in|va|ri|anz** [...v...] *die;* -: die ↑Invarianz physik. Vorgänge u. Gesetze gegenüber Drehungen im Raum (Phys.). **Ro|ta|ti|ons|laut|spre|cher** *der;* -s, -: svw. Leslie. **Ro|ta|ti|ons|ma|gne|tis|mus** *der;* -: Magnetisierung eines Körpers durch Rotation (1). **Ro|ta|ti|ons|ma|schi|ne** *die;* -, -n: im Verfahren des Rotationsdrucks arbeitende Druckmaschine. **Ro|ta|ti|ons|pa|ra|bo|lo|id** *das;* -[e]s, -e: durch Rotation einer ↑Parabel (2) um ihre Symmetrieachse entstehender Körper in Form eines ↑Paraboloids. **Ro|ta|ti|ons|prin|zip** *das;* -s: Prinzip, ein [politisches] Amt nach einer bestimmten Zeit an einen anderen abzugeben. **Ro|ta|ti|ons|spek|trum** *das;* -s, Plur. ...tren u. ...tra: durch Rotation von Molekülen hervorgerufenes Spektrum (Kernphys.). **Ro|ta|tor** *der;* -s, ...toren ⟨aus *spätlat.* rotator „Herumdreher" zu *lat.* rotare, vgl. rotieren⟩: 1. mechanisches System aus einem um ein Zentrum in einer Ebene kreisenden od. sich auf einer Kugelschale bewegenden Massepunkt bzw. Körper (Phys.). 2. Dreher, Drehmuskel (Med.). **Ro|ta|to|ri|en** [...i̯ən] *die* (Plur.) ⟨aus gleichbed. *nlat.* rotatoriae zu *spätlat.* rotator „Herumdreher"⟩: Rädertierchen (mikroskopisch kleine, wasserbewohnende Tiere mit charakteristischem Strudelapparat). **Ro|ta|vi|rus** [...v...] *das,* auch *der;* -, ...ren (meist Plur.) ⟨zu *lat.* rota „Rad"⟩: radförmiges Virus, das die meisten Darminfektionen bei vielen Säugetieren u. beim Menschen (bes. im Kindesalter) hervorruft (Med.). **Ro|ta|xa|ne** *die* (Plur.) ⟨Kunstw.; vgl. ...an⟩: den ↑Catenanen ähnliche chem. Verbindungen, die sich aus einem ringförmigen Molekülbestandteil u. einem durch diesen hindurchführenden achsenartigen Molekülbestandteil zusammensetzen (Chem.). **Ro|tel** *das;* -s, -s ⟨Kurzw. aus *ro*llendes Ho*tel*⟩: Autobus für touristische Fernreisen mit zusätzlichen Schlafkojen u. Sanitäreinrichtungen

Ro|te|non *das;* -s ⟨Kunstw.; vgl. ²...on⟩: in den Wurzeln verschiedener Schmetterlingsblütler (z. B. im ↑Derris) vorkommender Giftstoff (Biochem.)

ro|tie|ren ⟨aus *lat.* rotare „(sich) kreisförmig drehen" zu rota „Rad, Scheibe, Kreis"⟩: 1. umlaufen, sich um die eigene Achse drehen. 2. (ugs.) über etwas aus der Fassung geraten, sich in Aufregung u. Unruhe befinden. 3. die Position[en] wechseln (beim Volleyball); vgl. Rotation (5)

Ro|tis|se|rie *die;* -, ...ien ⟨aus gleichbed. *fr.* rôtisserie zu rôtir „braten, rösten", dies aus dem Germ.⟩: Fleischbraterei, Fleischgrill; Restaurant, in dem bestimmte Fleischgerichte auf einem Grill vor den Augen des Gastes zubereitet werden. **Ro|tis|seur** [...'søːɐ̯] *der;* -s, Plur. -e u. -e ⟨aus gleichbed. *fr.* rôtisseur⟩: Koch in einer Rotisserie

Ro|ton *das;* -s, ...onen ⟨Kunstw. zu ↑rotieren u. ↑⁴...on⟩: ↑Quasiteilchen in Supraflüssigkeiten, z. B. im flüssigen Helium (Phys.). **Ro|tor** *der;* -s, ...oren ⟨aus gleichbed. *engl.* rotor, Kurzform von rotator zu to rotate „kreisen", dies zu *lat.* rotare, vgl. rotieren⟩: 1. sich drehender Teil einer elektr. Maschine; Ggs. ↑Stator (1). 2. sich drehender Zylinder, der als Schiffsantrieb ähnlich wie ein Segel im Wind wirkt; vgl. Flettnerrotor. 3. Drehflügel des Hubschraubers. 4. zylindrischer, kippbarer Drehofen zur Herstellung von Stahl aus flüssigem Roheisen im Sauerstoffaufblasverfahren. 5. (in automatischen Armbanduhren) auf einer Welle sitzendes Teil, durch dessen Pendelbewegungen sich die Uhr automatisch aufzieht

Rot|ta u. **Rot|te** *die;* -, Rotten ⟨aus gleichbed. *mlat.* rot(t)a, wohl aus dem Kelt.⟩: altes Zupfinstrument (9. Jh.); vgl. Chrotta

Ro|tu|lus *der;* -, ...li ⟨aus *(m)lat.* rotulus „Rädchen; Rolle", Verkleinerungsform von *lat.* rota „Rad, Scheibe"⟩: 1. (veraltet) a) Aktenbündel; b) [Akten]verzeichnis. 2. (veraltet) Theaterrolle. **Ro|tun|da** *die;* - ⟨zu *lat.* rotunda, Fem. von rotundus „rund, gerundet"⟩: gerundete ital. Art der gotischen Schrift (13. u. 14. Jh.). **Ro|tun|de** *die;* -, -n ⟨zu *lat.* rotundus „rund"⟩: 1. Rundbau; runder Saal. 2. (veraltet) rund gebaute öffentliche Toilette. **Ro|tun|dum** *das;* -s ⟨zu *lat.* rotundum, Neutrum von rotundus „rund"⟩: das Endprodukt des Wandlungsprozesses, der Stein der Weisen (Alchimie)

Ro|tü|re *die;* - ⟨aus gleichbed. *fr.* roture, urspr. „(zinspflichtiges) gepflügtes Land", dies zu *lat.* rumpere im Sinne von „den Boden aufbrechen (= pflügen)"⟩: (veraltet, abwertend) Schicht der Nichtadeligen, Bürgerlichen. **Ro|tü|rier** [...'rieː] *der;* -s, -s ⟨nach gleichbed. *fr.* roturier⟩: (veraltet, abwertend) Angehöriger der Rotüre

Roué [ru̯e:] *der;* -s, -s ⟨aus gleichbed. *fr.* roué, eigtl. „Geräderter", zu roué „gerädert" (wohl im Sinne von „jmd., der es verdient, gerädert zu werden"), Part. Perf. von rouer „rädern", dies zu roue „Rad" aus *altfr.* ruode, dies aus *lat.* rota⟩: (veraltet) 1. Lebemann, Wüstling. 2. durchtriebener, gewissenloser Mensch

Rouen-En|te ['ru̯ɑ̃:...] *die;* -, -n ⟨nach der nordfranz. Stadt Rouen⟩: Ente einer franz. Entenrasse

Roue|rie [ru̯e...] *die;* - ⟨aus gleichbed. *fr.* rouerie zu roué, vgl. Roué⟩: (veraltet) Art, Benehmen eines ↑Roués (2); Durchtriebenheit

Rouge [ruːʃ, fr. ruːʒ] *das;* -s, -s ⟨aus gleichbed. *fr.* rouge zu rouge „rot", dies aus *lat.* rubeus⟩: 1. ↑Make-up (2) in roten Farbtönen, mit dem die Wangen u. Lippen geschminkt werden. 2. (ohne Plur.) Rot als Farbe (u. Gewinnmöglichkeit) beim ↑Roulett. **Rouge et noir** [ruʒeˈnoa:r] *das;* - - - ⟨aus *fr.* rouge et noir „rot und schwarz"; vgl. Rouge u. Noir⟩: Glücksspiel, bei dem die Einsätze ähnlich wie beim Roulett gemacht werden

Rou|la|de [ru...] *die;* -, -n ⟨aus gleichbed. *fr.* roulade zu rouler „rollen", dies zu *mlat.* rotulus, vgl. Rotulus⟩: 1. Fleischscheibe, die mit Speck, Zwiebeln o. ä. belegt, gerollt u. dann geschmort wird. 2. in der Gesangskunst (vor allem in der Oper des 17. u. 18. Jh.s) der rollende Lauf, mit dem die Melodie ausgeschmückt wird. **Rou|leau** [...'loː] *das;* -s, -s ⟨aus *fr.* rouleau „Rolle" zu rôle „Rolle", dies aus *mlat.* rotulus, vgl. Rotulus⟩: aufrollbarer Vorhang aus festerem Material; vgl. Rollo. **Rou|lett** *das;* -[e]s, Plur. -e u. -s u. ¹**Rou|lette** [...'lɛt] *das;* -s, -s ⟨aus gleichbed. *fr.* roulette, eigtl. „Rollrädchen", zu rouelle „Rädchen", Verkleinerungsform von roue, vgl. Roué⟩: 1. Glücksspiel, bei dem auf Zahl u./od. Farbe gesetzt wird u. der Gewinner durch eine Kugel ermittelt wird, die, auf eine sich drehende

Scheibe mit rot u. schwarz numerierten Fächern geworfen, in einem der Fächer liegenbleibt; **amerikanisches -**: ein Glücksspiel mit Kettenbriefen; **russisches -**: eine auf Glück od. Zufall abzielende, selbst herbeigeführte Schicksalsentscheidung, die darauf beruht, daß jmd. einen nur mit einer Patrone geladenen Trommelrevolver auf sich selbst abdrückt, ohne vorher zu wissen, ob die Revolverkammer leer ist oder nicht. 2. drehbare Scheibe, mit der Roulett (1) gespielt wird. **²Rou|let|te** *die;* -, -n: in der Kupferstichkunst verwendetes Rädchen, das mit feinen Zähnen besetzt ist. **rou|lie|ren** ⟨aus gleichbed. *fr.* rouler zu *altfr.* rol(l)er, dies zu *(m)lat.* rotulus, vgl. Rotulus⟩: a) (veraltet) umlaufen; b) svw. rollieren (2)
Round [raʊnd] *der;* -s, -s ⟨aus gleichbed. *engl.* round, eigtl. „Runde", zu round „rund", dies über *mittelengl.* ro(u)nd aus *lat.* rotundus⟩: im 16./17. Jh. in England beliebter, schlichter Rundgesang. **Round bar|rows** [- ˈbæroʊz] *die* (Plur.) ⟨aus gleichbed. *engl.* round barrows, eigtl. „runde Grabhügel", zu round „rund" u. barrow „Hügel-, Hünengrab"⟩: in England u. Schottland verbreiteter Grabhügeltyp mit Einzelbestattungen der Glockenbecherkultur sowie der frühen u. mittleren Bronzezeit. **Round|head** [ˈraʊndhɛd] *der;* -[s], -s ⟨aus gleichbed. *engl.* roundhead, eigtl. „Rundkopf", wegen des kurzen Haarschnitts⟩: Spottname für einen Anhänger des Parlaments im englischen Bürgerkrieg 1644–1649. **Round-ta|ble-Kon|fe|renz** [...ˈteɪbl...] *die;* -, -en ⟨aus gleichbed. *engl.* round-table conference zu round table „runder Tisch" u. conference „Konferenz"⟩: Konferenz am runden Tisch, d. h. eine Konferenz, deren Sitzordnung ausdrückt, daß die Teilnehmer gleichberechtigt sind. **Round-up** [raʊntˈʌp, engl. ˈraʊnd.ʌp] *das;* -[s] ⟨aus gleichbed. *engl.-amerik.* round-up⟩: alljährliches Zusammentreiben des Viehs durch die Cowboys, um den Kälbern das Zeichen der ↑ Ranch aufzubrennen
Rout [raʊt] *der;* -s, -s ⟨aus gleichbed. *engl.* rout, dies über *altfr.* rote aus *mlat.* rupta, rut(t)a „Abteilung; (Räuber)schar" zu *lat.* ruptus, Part. Perf. von rumpere „ab-, zersprengen", eigtl. „abgesprengte Schar"⟩: (veraltet) Abendgesellschaft, -empfang. **Rou|te** [ˈruːtə] *die;* -, -n ⟨aus gleichbed. *fr.* route, dies über *vulgärlat.* (via) rupta „gebrochen(er Weg)" (= durch den Wald geschlagener Weg), Part. Perf. (Fem.) von rumpere, vgl. Rout⟩: a) [vorgeschriebener od. geplanter] Reiseweg; Weg[strecke] in bestimmter [Marsch]richtung; b) Kurs, Richtung (in bezug auf ein Handeln, Vorgehen)
Rou|ter [ˈraʊtɐ] *der;* -s, - ⟨aus gleichbed. *engl.* router zu to route out „fräsen"⟩: Fräser, der bei Druckplatten diejenigen Stellen ausschneidet, die nicht mitdrucken sollen
Rou|ti|ne [ru...] *die;* - ⟨aus gleichbed. *fr.* routine, eigtl. „Wegerfahrung", zu route, vgl. Route⟩: 1. handwerksmäßige Gewandtheit, Übung, Fertigkeit, Erfahrung; b) gewohnheitsmäßige [technisch perfekte] Ausführung einer Tätigkeit ohne persönlichen Einsatz. 2. Dienstplan auf einem Kriegsschiff. 3. zu einem größeren Programmkomplex gehörendes Teilprogramm (vgl. Programm 4), das eine bestimmte Aufgabe löst u. ein Rechenergebnis erstellt. **Rou|ti|ne...** ⟨zu ↑ Routine⟩: Wortbildungselement mit der Bedeutung „gewohnheitsmäßig, ohne besonderen Anlaß stattfindend od. vorgenommen", z. B. Routinekontrolle, Routineüberprüfung, Routineuntersuchung. **Rou|ti|ne|kon|trol|le** *die;* -, -n: regelmäßig durchgeführte Kontrolle ohne besonderen Anlaß. **Rou|ti|nier** [...ˈni̯eː] *der;* -s, -s ⟨aus gleichbed. *fr.* routinier⟩: jmd., der auf einem bestimmten Gebiet, in seinem Beruf o. ä. Routine besitzt. **rou|ti|niert**

⟨nach gleichbed. *fr.* routiné, Part. Perf. von älter *fr.* routiner „gewöhnen"; vgl. ...iert⟩: mit Routine, gewitzt, [durch Übung] gewandt, geschickt, erfahren, gekonnt, sachverständig
Roux [ruː] *der;* -, - ⟨zu *fr.* roux „rot", dies über *altfr.* ros aus *lat.* russus⟩: franz. Bez. für Mehlschwitze (Gastr.)
Ro|ver ⓌⓏ [ˈroʊvə] *der;* -[s], - ⟨aus gleichbed. *engl.* rover, eigtl. „Wanderer"⟩: geländegängiges Auto mit Allradantrieb
Ro|vings [ˈroʊvɪŋz] *die* (Plur.) ⟨zu *engl.* to rove „(Garne) zusammendrehen, vorspinnen"⟩: [vorgesponnene] Faserbündel aus Glasseiden- od. Kohlenstoffasern, bes. zum Einsatz in der Kunststofftechnik
Row|dy [ˈraʊdi] *der;* -s, Plur. -s, auch ...dies [...diːs] ⟨aus gleichbed. *engl.-amerik.* rowdy, weitere Herkunft ungeklärt⟩: jüngerer Mann, der sich in der Öffentlichkeit flegelhaft benimmt, gewalttätig wird
Row|land|git|ter [ˈroʊlənd...] *das;* -s, - ⟨nach dem amerik. Physiker Rowland, 1848–1901⟩: für spektroskopische Zwecke verwendetes Beugungsgitter, das aus einer spiegelnden Metallfläche besteht, in die eine Reihe paralleler schmaler Spalten eingeritzt ist
roy|al [roaˈjaːl] ⟨aus gleichbed. *fr.* royal, dies über älter *fr.* reial aus *lat.* regalis, vgl. ¹Rex⟩: 1. königlich. 2. königstreu. **¹Roy|al** *das;* - ⟨zu ↑ royal⟩: ein Papierformat. **²Roy|al** *der;* -[s] ⟨zu ↑ royal⟩: Kunstseidenstoff in versetzter Kettripsbindung (Webart). **³Roy|al** [ˈrɔɪəl] *das;* -[s] ⟨nach seiner ersten Verwendung auf dem engl. Linienschiff „Royal Sovereign"⟩: ein über den Bramsegeln geführtes Rahsegel auf großen Segelschiffen. **Roy|al Air Force** [ˈrɔɪəl ˈɛəfɔːs] *die;* - - - ⟨*engl.*⟩: die [königliche] britische Luftwaffe; Abk.: R. A. F. **roy|a|li|sie|ren** [roaja...] ⟨nach gleichbed. *fr.* royaliser⟩: (veraltet) königlich gesinnt machen od. sein; für das Königtum als Staatsform eintreten. **Roy|a|lis|mus** *der;* - ⟨nach gleichbed. *fr.* royalisme zu royal, vgl. royal u. ...ismus⟩: Königstreue, Eintreten für das Königtum als Staatsform. **Roy|a|list** *der;* -en, -en ⟨aus gleichbed. *fr.* royaliste⟩: Anhänger des Königshauses, jmd., der für das Königtum als Staatsform eintritt. **roy|a|li|stisch** ⟨zu ↑ royal u. ↑ ...istisch⟩: den Royalismus betreffend. **Roy|al|ty** [ˈrɔɪəltɪ] *das;* -, ...ies [...tɪz] ⟨aus gleichbed. *engl.* royalty, dies über älter *fr.* roialté aus *vulgärlat.* *regalitatem, Akk. von *regalitas zu *lat.* regalis, vgl. royal⟩: 1. Vergütung, die dem Besitzer eines Verlagsrechtes für die Überlassung dieses Rechtes gezahlt wird. 2. Abgabe, Steuer, die eine ausländische Erdölgesellschaft dem Land zahlt, in dem das Erdöl gewonnen wird. **Roy|aume** [roaˈjoːm] *das;* -s, -s ⟨aus gleichbed. *fr.* royaume⟩: (veraltet) Königreich. **Roy|au|té** [...joˈteː] *die;* - ⟨aus gleichbed. *fr.* royauté⟩: (veraltet) Königtum, Königswürde
Rü|a|de *die;* -, -n ⟨aus gleichbed. *fr.* ruade zu ruer „derbe Schläge austeilen, hinten ausschlagen", dies aus *vulgärlat.* rutare, Intensivform von *lat.* ruere „stürzen; niederreißen"⟩: (veraltet) Grobheit
Rua|sa: Plur. von ↑ Rais
Ru|bai *der;* -s, ...baijat ⟨zu *arab.* rubʿ „ein Viertel"⟩: pers. Gedichtart, die durch Anpassung einer älteren pers. Vorform an die arab. Metrik im 10. Jh. entstand
Ru|ban [ryˈbã] *das;* -s, -s ⟨aus gleichbed. *fr.* ruban⟩: (veraltet) Band, Ordensband; **ruban rouge** [rybãˈruːʒ]: rotes Band der franz. Ehrenlegion
ru|ba|to, eigtl. tempo - ⟨aus gleichbed. *it.* (tempo) rubato, eigtl. „gestohlener Zeitwert", zu rubare „stehlen", dies aus dem Germ.⟩: im musikalischen Vortrag kleine Tempoabweichungen u. Ausdrucksschwankungen erlaubend, nicht

im strengen Zeitmaß. **Ru|ba|to** *das;* -s, Plur. -s u. ...ti: in Tempo u. Ausdruck freier Vortrag (Mus.)

¹Rub|ber ['rabɐ, engl. 'rʌbə] *der;* -s ⟨aus gleichbed. *engl.* rubber zu to rub „(ab)reiben, (ab)schaben"⟩: engl. Bez. für Kautschuk u. Gummi

²Rub|ber ['rʌbə] *der;* -s, - ⟨aus *engl.* rubber (Ausdruck beim Bridge- u. Whistspiel), weitere Herkunft unbekannt⟩: svw. Robber

Ru|be|be *die;* -, -n ⟨aus älter *fr.* rubebe, rebebe „altes Saiteninstrument", zu *fr.* rebec, vgl. Rebec⟩: svw. Rebec

Ru|be|fa|zi|ens *das;* -, Plur. ...ientia od. ...ientien [...iən] (meist Plur.) ⟨zu *lat.* rubeus „rot" u. faciens, Part. Präs. von facere „machen, tun"⟩: hautrötendes Mittel (Med.).

Ru|be|fi|zie|rung *die;* -, -en ⟨zu ↑...fizierung⟩: Bodenbildungsprozeß in Trockenperioden trop. u. subtrop. Gebiete, bei dem wasserarme Eisenverbindungen (z. B. Hämatit) freigesetzt werden u. die Rotfärbung des Bodens verursachen (Geol.)

Ru|bel *der;* -s, - ⟨aus *russ.* rubl', eigtl. „abgehauenes Stück eines Silberbarrens", zu rubit' „hauen"⟩: russ. Währungseinheit (1 Rubel = 100 Kopeken); Abk.: Rbl.

Ru|bel|lan *der;* -s, -e ⟨zu *lat.* rubellus „rötlich" (dies zu rubeus „rot, rötlich" aus ruber „rot, rot gefärbt") u. ↑...an⟩: roter Glimmer der Biotitreihe in Basaltlaven u. -tuffen. **Ru|bel|lit** [auch ...'lɪt] *der;* -s, -e ⟨zu ↑²...it⟩: ein klares, durchsichtiges Mineral, roter ↑Turmalin. **Ru|beo|la** *die;* -, ...lae [...lɛ] ⟨aus *nlat.* rubeola zu *lat.* rubeolus „rötlich"; vgl. Rubellan⟩: Röteln (Med.). **ru|beo|li|form** ⟨zu ↑...form⟩: im äußeren Erscheinungsbild u. im Verlauf den Röteln ähnlich (von Krankheiten bzw. Hauterscheinungen; Med.). **Ru|beo|se** *die;* -, -n ⟨zu ↑¹...ose⟩: Rötung, Hautrötung (Med.). **ru|bes|zie|ren** ⟨aus gleichbed. *lat.* rubescere⟩: (veraltet) rot werden, erröten. **Ru|bia** *die;* - ⟨aus *lat.* rubia „die Färberröte (eine Pflanze)"⟩: Gattung der Rötegewächse, die früher zum Teil zur Farbstoffgewinnung verwendet wurden (Bot.). **Ru|bi|cell** [...ts...] vgl. Rubizell. **Ru|bi|di|um** *das;* -s ⟨zu *lat.* rubidus „dunkelrot" u. ↑...ium⟩: chem. Element, Alkalimetall; Zeichen Rb. **ru|bi|gi|nös** ⟨aus gleichbed. *lat.* rubiginosus zu rubigo, Gen. rubiginis „Rost"⟩: rostfarben (bes. vom Auswurf; Med.). **Ru|bi|kon** *der;* Gen. - u. -s ⟨nach dem Grenzfluß Rubikon (*lat.* Rubico) zwischen Italien u. Gallia cisalpina, mit dessen Überschreitung Cäsar den Bürgerkrieg begann⟩: in der Fügung den - überschreiten: einen [strategisch] entscheidenden Schritt tun. **Ru|bin** *der;* -s, -e ⟨aus gleichbed. *mlat.* rubinus zu *lat.* rubeus „rot"⟩: roter Korund; ein Edelstein. **Ru|bin|ik|te|rus** *der;* -: gelbrote Hautverfärbung bei Erkrankung der Leberzellen (Med.). **Ru|bin|la|ser** [...le:zɐ] *der;* -s, -: Festkörperlaser, dessen Arbeitsmedium ein Rubinkristall ist. **Ru|bis** [ry'bi:] *die* (Plur.) ⟨aus gleichbed. *fr.* rubis zu *lat.* rubeus „rot"⟩: Rubine als Lager in Taschen- od. Armbanduhren. **Ru|bi|zell** [ru...] *der;* -s, -e ⟨aus gleichbed. *nlat.* rubicellus⟩: ein Mineral (orange-rote Abart des Spinells). **Ru|bor** *der;* -s, ...res [...re:s] ⟨aus *lat.* rubor, Gen. ruboris „Röte, rote Farbe"⟩: entzündliche Rötung der Haut (Med.). **Ru|bra** u. **Ru|bren:** Plur. von ↑Rubrum. **Ru|brik** *die;* -, -en ⟨aus *spätlat.* rubrica (terra) „rote Erde, roter Farbstoff; mit roter Farbe geschriebener Titel eines Gesetzes" zu *lat.* ruber „rot"⟩: 1. a) Spalte, in die etwas nach einer bestimmten Ordnung [unter einer Überschrift] eingetragen wird; b) Klasse, in die man jmdn./etwas gedanklich einordnet. 2. rot gehaltene Überschrift od. ↑Initiale, die in mittelalterl. Handschriften u. Frühdrucken die einzelnen Abschnitte trennte. 3. rot gedruckte Anweisung für rituelle Handlungen in [kath.] liturg. Büchern. **Ru|bri|ka|ti|on** *die;*

-, -en ⟨aus gleichbed. *nlat.* rubricatio zu *mlat.* rubricare, vgl. rubrizieren⟩: (veraltet) Einordnung, Bezeichnung mit einer Überschrift. **Ru|bri|ka|tor** *der;* -s, ...oren ⟨aus gleichbed. *mlat.* rubricator zu *lat.* rubricatus „mit roter Tinte geschrieben, rot gemalt"⟩: Maler von Rubriken (2) im Mittelalter. **ru|bri|zie|ren** ⟨aus *mlat.* rubricare „rot malen"⟩: 1. in eine bestimmte Rubrik (1 a, b) einordnen. 2. Rubriken (2) malen bzw. gestalten (im Mittelalter). **Ru|bri|zie|rung** *die;* -, -en ⟨zu ↑...ierung⟩: das Rubrizieren, das Einrichten von Rubriken (1). **Ru|brum** *das;* -s, Plur. ...bra u. ...bren ⟨aus *lat.* rubrum, eigtl. „das rot Geschriebene", substantiviertes Neutrum von ruber „rot (gefärbt)"⟩: kurze Inhaltsangabe als Aufschrift (bei Aktenstücken o. ä.), an die Spitze eines Schriftstücks gestellte Bezeichnung der Sache, Kopf eines amtlichen Schreibens. **ru|by** ['ruːbɪ] ⟨aus *engl.* ruby „rubinrot"⟩: dunkelrot (als Alterskennzeichnung des Portweins)

Ruch|ad|lo [...x...] *der;* -s, -s ⟨aus *tschech.* ruchadlo „Sturzpflug"⟩: Pflug mit zylinderförmigem Streichblech

Rud|beckia¹ u. **Rud|beckie¹** [...iə] *die;* -, ...ien ⟨nach dem schwed. Naturforscher O. Rudbeck (1630–1702) u. zu ↑¹...ia bzw. ¹...ie⟩: einjährige od. ausdauernde hohe Gartenpflanze mit gelben Blüten; Sonnenhut (Korbblütler)

Ru|de|ra *die* (Plur.) ⟨aus gleichbed. *lat.* rudera, Plur. von rudus „Schutt, Gesteinstrümmer"⟩: (veraltet) Schutthaufen, Trümmer. **Ru|de|ral|pflan|ze** *die;* -, -n ⟨zu *lat.* rudus, Gen. ruderis (vgl. Rudera) u. ↑¹...al (1)⟩: Pflanze, die auf stickstoffreichen Schuttplätzen u. an Wegrändern gedeiht. **Ru|de|ra|ti|on** *die;* - ⟨aus gleichbed. *lat.* ruderatio⟩: (veraltet) Herstellung von Estrich aus Steinschutt. **Ru|di|ment** *das;* -[e]s, -e ⟨aus *lat.* rudimentum „erster Anfang, erster Versuch" zu rudis „roh, unbearbeitet"⟩: 1. Rest, Überbleibsel; Bruchstück. 2. Organ, das durch Nichtgebrauch im Laufe vieler Generationen verkümmert ist (z. B. die Flügel beim Strauß). **ru|di|men|tär** ⟨aus gleichbed. *fr.* rudimentaire, vgl. ...är⟩: a) nicht voll ausgebildet; b) zurückgeblieben, verkümmert. **Ru|di|sten** *die* (Plur.) ⟨aus gleichbed. *nlat.* rudista zu *lat.* rudis „roh, unbearbeitet"⟩: fossile Familie der Muscheln (wichtige Versteinerungen der Kreidezeit). **Ru|dit** [auch ...'dɪt] *der;* -s, -e ⟨aus *lat.* rudis (vgl. Rudisten) u. ↑²...it⟩: Sedimentgestein über 2 mm Korngröße. **Ru|di|tät** *die;* -, -en ⟨aus *lat.* ruditas, Gen. ruditatis „Roheit, Wildheit"⟩: (veraltet) rüdes Betragen, Grobheit, Roheit

Rue|da *die;* -, -s ⟨aus *span.* rueda „Runde, Kreis", dies aus *lat.* rota „Rad"⟩: span. Tanz im 3/8-Takt

Ruf|fia|no *der;* -s, ...ni ⟨aus gleichbed. *it.* ruffiano, eigtl. „Raufbold"⟩: (veraltet) Kuppler, Zuhälter

Ru|fi|nis|mus *der;* - ⟨zu *mlat.* rufinus „rot" (dies aus *lat.* rubeus) u. ↑...ismus (3)⟩: svw. Erythrismus

Ru|ga *die;* -, ...gae [...gɛ] ⟨aus gleichbed. *lat.* ruga⟩: Runzel, Hautfalte, Schleimhautfalte (Anat.)

Rug|by ['rakbi, engl. 'rʌgbɪ] *das;* -[s] ⟨aus gleichbed. *engl.* Rugby (football), nach der mittelengl. Stadt Rugby, in der das Spiel 1823 entstand⟩: ein dem Fußball verwandtes Ballspiel mit eiförmigem Ball, das unter Einsatz des ganzen Körpers gespielt werden darf

Rug|gie|ro [rud'dʒɛːro] *der;* -, -s ⟨aus gleichbed. älter *it.* ruggiero zu ruggire „brausen, brummen, dumpf tönen"⟩: im 17. Jh. für den improvisatorischen Vortrag u. als Grundlage instrumentaler Tanz- u. Variationssätze dienendes Melodieschema (Mus.)

ru|gös ⟨aus gleichbed. *lat.* rugosus zu ruga, vgl. Ruga⟩: (veraltet) faltig, runzlig (Med.)

Ru|in *der;* -s ⟨aus gleichbed. *fr.* ruine, vgl. Ruine⟩: a) Zusammenbruch, Zerrüttung, Verderben, Untergang; b) wirt-

rustikal

schaftlicher u. finanzieller Zusammenbruch eines Unternehmens. **Rui|ne** *die;* -, -n ⟨über *fr.* ruine „Einsturz; Trümmer" aus gleichbed. *lat.* ruina zu ruere „stürzen, niederreißen"⟩: 1. Überrest eines verfallenen Bauwerks. 2. (nur Plur.) Trümmer. 3. (ugs.) hinfälliger, entkräfteter Mensch. **rui|nie|ren** ⟨über *fr.* ruiner aus gleichbed. *mlat.* ruinare zu *lat.* ruina, vgl. Ruine⟩: 1. zerstören, verwüsten, zugrunde richten. 2. auf Grund von Unachtsamkeit stark beschädigen, unbrauchbar, unansehnlich machen. **rui|nös** ⟨über *fr.* ruineux aus gleichbed. *lat.* ruinosus⟩: 1. (veraltend) baufällig, schadhaft. 2. zum Ruin, wirtschaftlichen Zusammenbruch führend, beitragend. **Rui|no|si|tät** *die;* - ⟨zu ↑...ität⟩: (veraltet) Baufälligkeit, Schadhaftigkeit

Ruk|ta|ti|on *die;* - ⟨aus gleichbed. *nlat.* ructatio zu *lat.* ructare „rülpsen"⟩: (veraltet) das Aufstoßen (aus dem Magen)

Rum *der;* -s, -s ⟨aus gleichbed. *engl.* rum, Kurzform für älter *engl.* rumbullion, weitere Herkunft ungeklärt⟩: Edelbranntwein aus Rohrzuckermelasse od. Zuckerrohrsaft

Rum|ba *die;* -, -s, ugs. auch *der;* -s, -s ⟨aus gleichbed. *kubaspan.* rumba, eigtl. „herausfordernder Tanz", zu *span.* rumbo „Pracht; Herausforderung"⟩: [aus Kuba stammender] Gesellschaftstanz in mäßig schnellem ⁴⁄₄- od. ²⁄₄-Takt (seit etwa 1930)

Ru|men *das;* -s ⟨aus *lat.* rumen, Gen. ruminis „Kehle, Schlund"⟩: Pansen, Teil des Wiederkäuermagens (Anat.)

Rum|ford|sup|pe ['rʌmfɔrt...] *die;* -, -n ⟨nach dem brit.-amerik. Physiker Graf B. Rumford, 1753–1814⟩: nahrhafte Suppe [aus Graupen, Erbsen, Kartoffeln u. Schweinefleisch], urspr. zur Armen- u. Massenspeisung

Ru|mi|na|ti|on *die;* -, -en ⟨aus *lat.* ruminatio „das Wiederkäuen" zu ruminare, vgl. ruminieren⟩: 1. svw. Meryzismus. 2. reifliche Überlegung. **ru|mi|nie|ren** ⟨aus *lat.* ruminare „wiederkäuen" zu rumen, vgl. Rumen⟩: 1. wiederkäuen. 2. (veraltet) wieder erwägen, nachsinnen. **ru|mi|niert** ⟨zu ↑...iert⟩: gefurcht, zernagt (in bezug auf Pflanzensamen). **Ru|mi|no|kok|ke** *die;* -, -n (meist Plur.): zu den ↑anaeroben Kokken gehörende Gattung, die im Pansen von Wiederkäuern vorkommt u. Zellulose abbauen kann (Biol.)

Rum|my ['rœmi, engl. 'rʌmɪ] *das;* -s, -s ⟨aus gleichbed. *engl.* rummy⟩: (österr.) svw. Rommé

Ru|mor *der;* -s ⟨über *mlat.* rumor „Lärm, Tumult" aus *lat.* rumor „dumpfes Geräusch"⟩: (landsch., sonst veraltet) Lärm, Unruhe. **ru|mo|ren**: 1. Lärm machen (z. B. beim Hinundherrücken von Möbeln), geräuschvoll hantieren, poltern. 2. rumpeln; [im Magen] kollern; *etwas rumort in jmdm.:* etwas ruft in jmdm. Unruhe hervor, etwas arbeitet in jmdm.

Rump|steak [...ste:k] *das;* -s, -s ⟨aus *engl.* rumpsteak „Rumpfstück" zu rump „Steiß" u. steak, vgl. Steak⟩: Fleischscheibe vom Rückenstück eines Rindes, die kurz gebraten od. gegrillt wird

Run [ran, engl. rʌn] *der;* -s, -s ⟨aus gleichbed. *engl.* run zu to run „rennen, laufen"⟩: 1. a) Ansturm auf etwas, was sehr begehrt ist; b) Ansturm (z. B. an der Börse). 2. Lauf eines Schlagmanns beim Baseball (Sport). 3. Programmlauf im Computer (EDV). **Run|about** ['rʌnəbaʊt] *das;* -s, -s (meist Plur.) ⟨aus *engl.* runabout, eigtl. „Kleinwagen", zu to run about „herumtollen"⟩: Rennboot mit inliegendem Serienmotor u. vorgeschriebenen Maßen

Run|da|low [...lo] *der;* -s, -s ⟨Kurzw. aus *dt.* rund u. ↑Bungalow⟩: strohgedeckter, aus dem afrikan. ↑Kral entwickelter runder Bungalow

Run|dell vgl. Rondell

Run|ning Gag ['rʌnɪŋ 'gæg] *der;* - -s, - -s ⟨aus gleichbed. *engl.* running gag, eigtl. „laufender Gag", zu to run „laufen" u. ↑Gag⟩: Gag, der sich immer wiederholt, der oft verwendet wird

Ru|no|lo|ge *der;* -n, -n ⟨zu *dt.* Rune u. ↑...loge⟩: Runenforscher. **Ru|no|lo|gie** *die;* - ⟨zu ↑...logie⟩: Runenforschung

Run|way ['rʌnweɪ] *die* od. *der;* -, -s ⟨aus gleichbed. *engl.* runway zu to run „laufen" u. way „Weg"⟩: Start-, Landebahn

Ru|pel *das;* -[s] ⟨nach dem gleichnamigen Nebenfluß der Schelde in Belgien⟩: svw. Rupelien. **Ru|pe|li|en** [...pe'liɛ̃:] *das;* -[s] ⟨fr.⟩: mittlere Stufe des ↑Oligozäns (Geol.)

Ru|pia u. Rhypia *die;* -, ...ien [...jən] ⟨aus gleichbed. *nlat.* rupia, rhypia zu *gr.* rhýpos „Schmutz, Unsauberkeit"⟩: große, borkige Hautpustel (Med.)

Ru|pi|ah [...pia] *die;* -, - ⟨aus *indones.* rupiah zu *Hindi* rūpaiyā, vgl. Rupie⟩: Währungseinheit in Indonesien (= 100 Sen). **Ru|pie** [...jə] *die;* -, -n ⟨aus *Hindi* rūpaiyā, dies aus *altind.* rūpya „Silber", eigtl. „schön gestaltet, gestempelt"⟩: Währungseinheit in Indien, Sri Lanka, Pakistan u. a. **Ru|pi|en** [...jən]: Plur. von ↑Rupia u. ↑Rupie

Rup|tur *die;* -, -en ⟨aus *spätlat.* ruptura „Riß, Beschädigung" zu *lat.* ruptus, Part. Perf. von rumpere „brechen, zerreißen"⟩: 1. spontane, ↑traumatische od. bei operativen Eingriffen erfolgende Zerreißung, bes. eines Gefäßes od. einer Gewebsstruktur (Med.). 2. Riß, durch tektonische Bewegungen hervorgerufene Spalte im Gestein (Geol.)

ru|ral ⟨aus gleichbed. *spätlat.* ruralis⟩: (veraltet) ländlich, bäuerlich. **Ru|ral|ka|pi|tel** *das;* -s, -: (veraltet) Landkapitel; vgl. Kapitel (2)

Rush [rʌʃ] *der;* -s, -s ⟨aus gleichbed. *engl.* rush zu to rush „(vorwärts) stürmen, drängen"⟩: 1. plötzlicher Vorstoß (eines Läufers, eines Pferdes) beim Rennen. 2. [wirtschaftlicher] Aufschwung, Ansturm. 3. schnelle ↑peristaltische Welle, bes. des Darms (Med.). **Rush-hour** ['rʌʃ-aʊə] *die;* -, -s [...əz] (meist ohne Plur.) ⟨aus gleichbed. *engl.* rush hour zu to rush (vgl. Rush) u. hour „Stunde"⟩: Hauptverkehrszeit am Tage zur Zeit des Arbeits- u. Schulbeginns od. des Arbeits- u. Geschäftsschlusses

rus|si|fi|zie|ren ⟨zu Russe (Angehöriger eines ostslaw. Volkes) u. ↑...fizieren⟩: an die Sprache, die Sitten u. das Wesen der Russen angleichen. **Rus|si|fi|zie|rung** *die;* -, -en ⟨zu ↑...fizierung⟩: das Russifizieren, das Russifiziertwerden.

rus|sisch-or|tho|dox: der orthodoxen Kirche in ihrer russischen Ausprägung angehörend. **Rus|sist** *der;* -en, -en ⟨zu ↑...ist⟩: jmd., der sich wissenschaftlich mit der russischen Sprache u. Literatur befaßt (z. B. Hochschullehrer, Student). **Rus|si|stik** *die;* - ⟨zu ↑...istik⟩: Wissenschaft von der russischen Sprache u. Literatur. **Rus|si|zis|mus** *der;* -, ...men ⟨zu ↑...izismus, vgl. ...ismus (4)⟩: 1. Eigentümlichkeit des Russischen. 2. dem Russischen nachgebildete Eigentümlichkeit in einer anderen Sprache (Sprachw.). **Ruß|ki** *der;* -[s], -[s] ⟨Scherzbildung zu Russe, wohl zu *russ.* russkij „russisch"⟩: (salopp) Russe; russischer [Besatzungs]soldat. **rus|so|phil** ⟨zu ↑...phil⟩: Rußland, seinen Bewohnern u. seiner Kultur bes. aufgeschlossen gegenüberstehend. **Rus|so|phi|lie** *die;* - ⟨zu ↑...philie⟩: Vorliebe für Rußland, seine Bewohner u. Kultur. **rus|so|phob** ⟨zu ↑...phob⟩: Rußland, seinen Bewohnern u. seiner Kultur ablehnend gegenüberstehend. **Rus|so|pho|bie** *die;* - ⟨zu ↑...phobie⟩: Abneigung gegenüber Rußland, seinen Bewohnern u. seiner Kultur

ru|stik ⟨unter Einfluß von *fr.* rustique aus *lat.* rusticus, vgl. rustikal⟩: svw. rustikal. **Ru|sti|ka** *die;* - ⟨aus (n)lat. rustica, substantivierte Fem. von *lat.* rusticus, vgl. rustikal⟩: 1. svw. Bossenwerk. 2. Abart der ↑Kapitalis. **ru|sti|kal** ⟨nach gleichbed. *mlat.* rusticalis zu *lat.* rusticus „ländlich, schlicht, bäurisch", dies zu rus „Land, Feld, Landgut"): 1. a) ländlich-einfach [zubereitet, hergestellt]; b) in gediegenem ländlichem [altdeutschem] Stil. 2. a) von robuster, unkomplizierter Wesensart; b) (abwertend) grob, derb, roh (im Benehmen o. ä.). **Ru|sti|ka|li|tät** *die;* - ⟨zu ↑ ...ität⟩: rustikale (1, 2) Art. **Ru|sti|ka|ti|on** *die;* - ⟨aus *lat.* rusticatio „Aufenthalt auf dem Land"⟩: (veraltet) Landleben. **Ru|stikus** *der;* -, Plur. -se u. Rustizi ⟨aus *lat.* rusticus „(grober, ungebildeter) Bauer"⟩: (veraltet) plumper, derber Mensch. **Ru|sti|zi|tät** *die;* - ⟨aus *lat.* rusticitas, Gen. rusticitatis „(ländliche) Schlichtheit; Ungeschicklichkeit"⟩: (veraltet) plumpes, derbes Wesen

Ru|the|ni|um *das;* -s ⟨nach Ruthenien, dem alten Namen der Ukraine, u. zu ↑ ...ium⟩: chem. Element, Edelmetall; Zeichen Ru

Ru|ther|for|di|um [rʌðə...] *das;* -s ⟨nach dem engl. Physiker E. Rutherford (1871–1937) u. zu ↑ ...ium⟩: von einer Forschungsgruppe der USA urspr. vorgeschlagene Bez. für das Element Kurtschatovium; Zeichen Rf

Ru|til *der;* -s, -e ⟨zu *lat.* rutilus „rötlich"⟩: metallisch glänzendes, meist rötlich schimmerndes Mineral, Schmuckstein.
Ru|ti|lis|mus *der;* - ⟨zu ↑ ...ismus (3)⟩: 1. Rothaarigkeit (Anthropol.). 2. krankhafte Neigung zu erröten (Med., Psychol.)

Ru|tin *das;* -s ⟨zu *lat.* ruta „Raute" (dies aus *gr.* rhýtē) u. ↑ ...in (2), nach dem häufigen Vorkommen in Rautengewächsen⟩: Vitamin-P-Präparat (gefäßabdichtend, z. B. bei Blutungen, gegen Blutgefäßschäden)

Rya *die;* -, Ryor ⟨aus gleichbed. *schwed.* rya⟩: langfloriger, geknüpfter schwed. Teppich

Ryd|berg|kon|stan|te ['ry:dbærj...] *die;* -[n] ⟨nach dem schwed. Physiker J. R. Rydberg, 1854–1919⟩: Konstante in der Formel für die Gesetzmäßigkeit im Aufbau der Atomspektren (Kernphys.)

Rye [raɪ] *der;* - ⟨aus gleichbed. *engl.-amerik.* rye, eigtl. „Roggen"⟩: ein amerik. Whisky, dessen Getreidemaische zu mindestens 51% aus Roggen bereitet werden muß

Ry|obu-shin|to [...'ʃɪnto] vgl. Riobuschinto
Ry|or: Plur. von ↑ Rya

S

Saa, Saah *das;* -[s], -s ⟨aus *arab.* sa'a „das Messen"⟩: nordafrik. Volumenmaß (Getreidemaß)

Sa|ba|dil|le *die;* -, -n ⟨aus gleichbed. *fr.* sabadille, Nebenform von cévadille, dies über *span.* cebadilla, wohl Verkleinerungsform von cebada „Gerste", zu *lat.* cibus „Speise, Nahrung"⟩: ein Liliengewächs aus Mittel- u. Südamerika (eine Heilpflanze)

Sa|ba|oth ⟨aus *mlat.* Sabaoth „(die himmlischen) Heerscharen", dies über *gr.* sabaôth aus *hebr.* şĕvā'ôt, vgl. Zebaoth⟩: svw. Zebaoth

Sa|ba|yon [saba'jõ] *das;* -s, -s ⟨aus gleichbed. *fr.* sabayon, dies aus *it.* zaba(gl)ione, weitere Herkunft unsicher⟩: Weinschaumcreme

Sab|bat *der;* -s, -e ⟨über *lat.* sabbatum, *gr.* sábbaton aus *hebr.* šabbāt „wöchentlicher Feiertag" zu šāvat „aufhören, etwas zu tun, ruhen"⟩: jüdischer Ruhe- u. Feiertag (von Freitagabend bis Samstagabend). **Sab|ba|ta|ri|er** […i̯ɐ] *der;* -s, - ⟨zu ↑ Sabbat u. ↑ …arius⟩: Anhänger verschiedener christlicher Sekten, die nach jüd. Weise den Sabbat feiern; vgl. Subbotniki. **Sab|ba|tist** *der;* -en, -en ⟨zu ↑ Sabbat u. ↑ …ist⟩: svw. Sabbatarier

Sa|bi|nis|mus *der;* - ⟨zu *lat.* (herba) Sabina (vgl. Sadebaum) u. ↑ …ismus (3)⟩: Vergiftung durch das stark ↑ abortiv (2) wirkende Sabinaöl des ↑ Sadebaums

Sa|bord [sa'bɔr] *der;* -s, -s ⟨aus gleichbed. *fr.* sabord⟩: (veraltet) Stückpforte, Schießloch auf Schiffen

Sa|bot [za'bo:, *fr.* sa'bo] *der;* -[s], -s ⟨aus *fr.* sabot „Holzschuh" zu älter *fr.* çabot, dies unter Einfluß von botte „Stiefel" aus *altfr.* çavate „Holzschuh", dies vermutlich aus dem Arab.⟩: hochhackiger, hinten offener Damenschuh. **Sa|bo|ta|ge** […ʒə] *die;* -, -n ⟨aus gleichbed. *fr.* sabotage zu saboter, vgl. sabotieren⟩: absichtliche [planmäßige] Beeinträchtigung eines wirtschaftlichen Produktionsablaufs, militärischer Operationen u. a. durch [passiven] Widerstand od. durch [Zer]störung des zur Erreichung eines gesetzten Zieles notwendigen Einrichtungen. **Sa|bo|teur** […'tøːɐ̯] *der;* -s, -e ⟨aus gleichbed. *fr.* saboteur⟩: jmd., der Sabotage treibt. **sa|bo|tie|ren** ⟨aus gleichbed. *fr.* saboter „ohne Sorgfalt arbeiten", eigtl. „mit den Holzschuhen treten", zu sabot, vgl. Sabot⟩: a) etwas durch Sabotagemaßnahmen stören od. vereiteln; b) hintertreiben, zu vereiteln suchen

Sa|bre *der;* -s, -s (meist Plur.) ⟨aus gleichbed. *neuhebr.* ṣabbār⟩: Beiname eines in Israel geborenen Kindes jüd. Einwanderer

Sac|cha|ra|se […x…] u. Sacharase *die;* - ⟨zu *lat.* saccharum (dies über *gr.* sákcharon aus *altind.* śárkarā „Grieß, Körnerzucker") u. ↑ …ase⟩: ein ↑ Enzym, das Rohrzucker in Traubenzucker u. Fruchtzucker spaltet. **Sac|cha|rat** u. Sacharat *das;* -[e]s, -e ⟨zu ↑ …at (2)⟩: für die Zuckergewinnung wichtige Verbindung des Rohrzuckers mit ↑¹Basen (bes. Kalziumsaccharat). **Sac|cha|rid** u. Sacharid *das;* -s, -e (meist Plur.) ⟨zu ↑³…id⟩: Kohlehydrat (Zuckerstoff;

Chem.). **Sac|cha|ri|fi|ka|ti|on** *die;* - ⟨zu ↑ …fikation⟩: Umwandlung von Stärke in Zucker. **Sac|cha|ri|me|ter** *das;* -s, - ⟨zu ↑¹…meter⟩: Gerät zur Bestimmung des Zuckergehalts wäßriger Lösungen. **Sac|cha|ri|me|trie** *die;* - ⟨zu ↑ …metrie⟩: Bestimmung des Zuckergehalts einer wäßrigen Lösung. **Sac|cha|rin** u. Sacharin *das;* -s ⟨zu ↑ …in (1)⟩: künstlich hergestellter Süßstoff. **Sac|cha|ro|my|ze|ten** *die* (Plur.) ⟨zu *gr.* mýkēs, Gen. mýkētos „Pilz"⟩: Hefe- od. Sproßpilze (Bierhefe u. a.). **Sac|cha|ro|se** u. Sacharose *die;* - ⟨zu ↑²…ose⟩: Rohrzucker. **Sac|cha|rum** u. Sacharum *das;* -s, …ra ⟨aus *lat.* saccharum, vgl. Saccharase⟩: latein. Bez. für Zucker

sa|cer|do|tal […k…] usw. vgl. sazerdotal usw.

Sa|cha|ra|se usw. vgl. Saccharase usw.

Sa|chem ['seɪtʃəm] *der;* -[s], -s ⟨über *engl.* sachem aus gleichbed. *Algonkin* (einer nordamerik. Indianersprache) sachima(u)⟩: a) erblicher Oberhäuptling bei einigen nordamerik. Indianerstämmen; b) jeder indian. Häuptling, bes. im Sinne eines Friedenshäuptlings

Sa|chet [za'ʃe:, *fr.* sa'ʃɛ] *das;* -s, -s ⟨aus gleichbed. *(alt)fr.* sachet, Verkleinerungsform von sac „Sack", dies über *lat.* saccus aus *gr.* sákkos⟩: (veraltet) kleines, mit Kräutern gefülltes Säckchen

sacker|lot¹! ⟨aus älter *fr.* sacrelot, dies entstellt aus sacre nom (de Dieu) „heiliger Name (Gottes)"⟩: (veraltet) Ausruf des Erstaunens u. der Verwünschung. **sacker|ment¹!** ⟨entstellt aus ↑ Sakrament⟩: (veraltet) svw. sackerlot

Sa|cra con|ver|sa|zio|ne ['zaːkra kɔnver…] u. Sạnta conversazione *die;* - - ⟨aus *it.* sacra conversazione, eigtl. „heiliges Gespräch", zu *lat.* sacer „heilig" u. conversatio, vgl. Konversation⟩: Darstellung Marias mit Heiligen (bes. in der ital. Renaissancemalerei). **Sa|cri|fi|ci|um in|tel|lec|tus** [zakri'fi:tsiʊm …k…] *das;* - - ⟨aus *lat.* sacrificium intellectus „das Opfern der (eigenen) Einsicht"⟩: 1. der von kath. Gläubigen verlangte Verzicht auf eigene Meinungsbildung in Glaubensdingen. 2. Aufgabe der eigenen Überzeugung; vgl. Sakrifizium

Sad|du|zä|er *der;* -s, - ⟨über *lat.* Sadducaei (Plur.), *gr.* Saddoukaîoi (Plur.) aus gleichbed. *hebr.* ṣaddûqîm (Plur.), zu ṣādaq „gerecht sein"⟩: Mitglied der altjüd. restaurativen Partei des Priesteradels (Gegner der ↑ Pharisäer). **Sad|du|zä|is|mus** *der;* - ⟨zu ↑ …ismus (1)⟩: Lehre der Sadduzäer

Sa|de|baum *der;* -s, …bäume ⟨entstellt aus älter Sebenbaum, nach nom mlatein. Pflanzennamen herba Sabina „Kraut der Sabiner (einem italischen Volksstamm)"⟩: wacholderartiger Nadelbaum heißer Gebiete

Sad|hu […du] *der;* -[s], -s ⟨aus gleichbed. *sanskr.* sādhú, eigtl. „guter Mann"⟩: als Eremit u. Asket lebender Hindu, ind. Wandermönch

Sa|dis|mus *der;* - …men ⟨aus gleichbed. *fr.* sadisme, nach dem franz. Schriftsteller Marquis de Sade (1740–1814) u. zu ↑ …ismus (3)⟩: 1. (ohne Plur.) das Empfinden von sexueller Lust, Erregung beim Ausführen körperlicher od. see-

1215

Sadist

lischer Mißhandlungen. 2. (ohne Plur.) Lust am Quälen, an Grausamkeiten. 3. sadistische Handlung; vgl. Masochismus. **Sa|dist** *der;* -en, -en ⟨zu ↑...ist⟩: jmd., der [geschlechtliche] Befriedigung darin findet, andere körperlich od. seelisch zu quälen. **Sa|di|stin** *die;* -, -nen: weibliche Form zu ↑Sadist. **sa|di|stisch** ⟨zu ↑...istisch⟩: 1. [wollüstig] grausam. 2. den Sadismus betreffend. **Sa|do|ma|so** *der;* -s, -s: (ugs.) Kurzform von Sadomasochismus u. Sadomasochist. **Sa|do|ma|so|chis|mus** [...'xɪs...] *der;* -, ...men ⟨Kurzw. aus ↑Sadismus u. ↑Masochismus (mit dem Bindevokal -o-)⟩: 1. (ohne Plur.) das Empfinden von sexueller Lust, Erregung beim Ausführen u. Erdulden von körperlichen od. seelischen Mißhandlungen. 2. sadomasochistische Handlung. **Sa|do|ma|so|chist** *der;* -en, -en ⟨zu ↑...ist⟩: jmd., der körperliche u. seelische Qualen bei sich u. anderen hervorruft. **Sa|do|ma|so|chi|stin** *die;* -, -nen: weibliche Form zu ↑Sadomasochist. **sa|do|ma|so|chistisch**: körperliche u. seelische Qualen bei sich u. anderen hervorrufend. **Sa|do|we|stern** *der;* -[s], - ⟨zu ↑sadistisch, Analogiebildung zu ↑Italowestern⟩: bes. grausamer ↑Italowestern
Sa|fa|ri *die;* -, -s ⟨aus gleichbed. *Suaheli* safari, dies aus *arab.* safar „Reise"⟩: 1. Reise mit einer Trägerkarawane in [Ost]afrika. 2. mehrtägige Fahrt, Gesellschaftsreise zur Jagd od. Tierbeobachtung [in Afrika]. **Sa|fa|ri-Look** [...lʊk] *der;* -s: [Freizeit]mode im Stil der Kleidung von Teilnehmern an einer Safari. **Sa|fa|ri|park** *der;* -s, -s: Wildpark mit exotischen Tieren
Safe [zeːf, engl. seɪf] *der,* auch *das;* -s, -s ⟨aus gleichbed. *engl.* safe, eigtl. „sicher, geschützt", dies über *altfr.* sauf aus *lat.* salvus „sicher, wohlbehalten"⟩: besonders gesicherter Stahlbehälter zur Aufbewahrung von Wertsachen u. Geld. **Sa|fer Sex** ['seɪfə 'sɛks] *der;* - [-es] ⟨aus gleichbed. *engl.* safer sex zu safer, Komparativ von safe (vgl. Safe) u. sex (vgl. Sex)⟩: die Gefahr einer Aidsinfektion minderndes Sexualverhalten
Saf|fi|an *der;* -s ⟨aus gleichbed. *russ.* saf'jan, dies über das Turkotat. aus *pers.* sahtiyān „Ziegenfell" zu saht „hart, fest"⟩: feines, weiches, buntgefärbtes Ziegenleder; vgl. Maroquin
Saf|flor vgl. Saflor. **Saf|flo|rit** [auch ...'rɪt] *der;* -s, -e ⟨zu ↑Saflor u. ↑²...it⟩: ein rhombisches, sprödes, zinnweißes bis graues, metallisch glänzendes Mineral. **Sa|flor** u. Safflor *der;* -s, -e ⟨unter Anlehnung an ↑Safran u. ↑Flor gebildet zu älter *it.* asfori, dies aus dem Arab.⟩: eine Pflanze, deren Blüten früher zum Rot- od. Gelbfärben verwendet wurden, Färberdistel
Sa|fran *der;* -s, -e ⟨aus *altfr.* safran bzw. *span.* azafrán, dies aus *arab.* za'farān „Safranfarbe, -gewürz"⟩: 1. eine Krokuspflanze, die bes. im Mittelmeerraum als Gewürz- u. Heilpflanze u. zur Gewinnung von Farbstoff angebaut wird. 2. (ohne Plur.) aus Teilen des getrockneten Fruchtknotens der Safranpflanze gewonnenes Gewürz, Heil- u. Färbemittel. 3. eine rotgelbe Farbe (Safrangelb). **Sa|fra|nin** *der;* -s, -e ⟨zu ↑...in (1)⟩: organischer Farbstoff zum Färben von Leder u. Papier u. zur Herabsetzung der Empfindlichkeit fotografischer Platten gegen Tageslicht beim Entwickeln
¹Sa|ga: Plur. von ↑Sagum
²Sa|ga [auch 'zaː...] *die;* -, -s ⟨aus *altisländ.* saga „Erzählung"⟩: 1. altisländ. Prosaerzählung. 2. [meist 'zaː...] literarisch gestaltete Familiengeschichte, -chronik
Sa|gan *der;* -s, -e ⟨aus *hebr.* sēgān „Stellvertreter"⟩: Stellvertreter des Opferpriesters im alten Israel
Sa|ga|zi|tät *die;* - ⟨aus gleichbed. *lat.* sagacitas, Gen. sagacitatis zu sagax „scharfsinnig", dies zu sagire „wittern, wahrnehmen"⟩: (veraltet) Scharfsinn
Sage-femme [saʒ'fam] *die;* -, Sages-femmes [saʒ'fam] ⟨aus gleichbed. *fr.* sage-femme, eigtl. „weise Frau"⟩: (veraltet) Hebamme
sa|git|tal ⟨zu *lat.* sagitta „Pfeil" u. ↑¹...al (1), nach der Pfeilnaht des Schädels⟩: parallel zur Mittelachse liegend (Biol.). **Sa|git|tal|ebe|ne** *die;* -, -n: jede der Mittelebene des Körpers od. der Pfeilnaht des Schädels parallele Ebene (Med., Biol.). **Sa|git|to|zy|ste** *die;* -, -n: in der Haut einiger Strudelwürmer vorkommende Kapsel mit Sekret u. ausstoßbarer Nadel zur Abwehr u. zum Nahrungserwerb (Biol.)
Sa|go *der,* österr. meist *das;* -s ⟨aus gleichbed. *engl.* u. *niederl.* sago, dies aus älter *indones.* sago „Mark der Sagopalme"⟩: gekörntes Stärkemehl aus Palmenmark. **Sa|gu|erzucker¹** *der;* -s ⟨zu *port.* sagu „Sago"⟩: Palmzucker
Sa|gum *das;* -s, ...ga ⟨aus gleichbed. *lat.* sagum, dies aus dem Kelt.⟩: röm. Soldatenmantel aus schwerem Wollstoff
Sa|hib *der;* -[s], -s ⟨aus gleichbed. *Urdu* ṣāhib, dies aus *arab.* ṣāhib „Herr"⟩: in Indien u. Pakistan titelähnliche Bez. für Europäer
Sahn *der;* -[s], -s ⟨aus dem Arab.⟩: in frühislam. Texten Bez. für den nicht überdeckten Teil einer Hofmoschee
Sai|ga *die;* -, -s ⟨aus gleichbed. *russ.* saiga⟩: asiat. schafähnliche Antilope
Sail|lant [sa'jãː] *der;* -, -s ⟨aus gleichbed. *fr.* saillant, eigtl. „das Vorspringende", substantiviertes Part. Präs. von saillir „hervorragen, -springen", dies über das Altfr. aus *lat.* salire „springen"⟩: vorspringende Ecke an einer alten Festung. **Sail|lie** [sa'jiː] *die;* -, -s [sa'jiː] ⟨aus gleichbed. *fr.* saillie zu saillir, vgl. Saillant⟩: 1. Vorsprung (Archit.). 2. (veraltet) das Hervorsprudeln der Worte; witziger Einfall
Sai|lor ['seɪlə] *der;* -s, -s ⟨aus gleichbed. *engl.* sailor zu to sail „segeln"⟩: Seemann, Matrose
Sai|ne|te *der;* -s, -s ⟨aus gleichbed. *span.* sainete, eigtl. „Fett; Wohlgeschmack, Leckerbissen", dies aus *lat.* sagina „(Kraft)futter; Speise"⟩: a) ein kurzes, derbkomisches Zwischen- od. Nachspiel mit Musik u. Tanz im span. Theater; b) selbständige Posse im span. Theater, die die ↑Entremés verdrängte; vgl. Saynète
¹Saint [sɛ̃] ⟨aus gleichbed. *fr.* saint, dies aus *lat.* sanctus, vgl. Sanctus⟩: franz. Bez. für ↑Sankt (Abk.: St). **²Saint** [sɛnt, snt] ⟨aus gleichbed. *engl.* saint, dies aus *fr.* saint, vgl. ¹Saint⟩: engl. Bez. für ↑Sankt (Abk.: St.). **Sainte** [sɛ̃t] ⟨aus gleichbed. *fr.* sainte, Fem. von saint, vgl. ¹Saint⟩: weibliche Form von ↑Saint (Abk.: Ste)
Saint-Si|mo|nis|mus [sɛ̃si...] *der;* - ⟨aus *fr.* saint-simonisme, nach dem franz. Sozialtheoretiker C. H. de Saint-Simon (1760–1825) u. zu ↑...ismus (1)⟩: von den Nachfolgern Saint-Simons entwickelte sozialistische Theorie des 19. Jh.s, die u. a. die Abschaffung des Privateigentums an Produktionsmitteln forderte. **Saint-Si|mo|nist** *der;* -en, -en ⟨zu ↑...ist⟩: Vertreter des Saint-Simonismus
Sai|son [zɛˈzõː, auch zɛˈzɔŋ] *die;* -, Plur. -s, bes. südd. u. österr. auch ...onen ⟨aus gleichbed. *(alt)fr.* saison, eigtl. „(günstige, für bestimmte Geschäfte geeignete) Jahreszeit", wohl zu *lat.* satio „(Zeit der) Aussaat", dies zu satum, Part. Perf. (Neutrum) von serere „säen"⟩: a) Zeitabschnitt, in dem in einem bestimmten Bereich Hochbetrieb herrscht (z. B. Hauptbetriebs-, Hauptgeschäfts-, Hauptreisezeit, Theaterspielzeit); vgl. Season; b) Zeitabschnitt im Hinblick auf Aktuelles. **sai|so|nal** [zɛzo...] ⟨zu ↑¹...al (1)⟩: die [wirtschaftliche] Saison betreffend, saisonbedingt. **Sai|son|di|mor|phis|mus** [zɛˈzõː..., auch zɛˈzɔŋ...] *der;* -: eine Form der ↑Polymorphie (4 b) mit jahreszeitlich bedingten

Säkularkleriker

Zeichnungs- u. Farbmustern bei Tieren (z. B. Schmetterlingen; Biol.). **Sai|son|in|dex** *der;* -[es], Plur. -e u. ...dizes [...tse:s]: Index (3), durch den saisonbedingte wirtschaftliche Schwankungen ausgedrückt werden (Wirtsch.). **Sai|son|kre|dit** *der;* -[e]s, -e: Kredit, der von Banken an bestimmte saisonabhängige Betriebe zur Überbrückung der Flauten vergeben wird (Bankw.). **Sai|son morte** [sɛzõˈmɔrt] *die;* - - ⟨aus *fr.* saison morte „tote Jahreszeit" zu mort, morte „tot" (dies zu *lat.* mortuus) u. saison, vgl. Saison⟩: Zeitabschnitt innerhalb eines Jahres mit geringem wirtschaftlichem Betrieb. **Sai|son|nier** [zɛzɔˈnje:] *der;* -s, -s ⟨zu *fr.* saisonnier „saisonmäßig"⟩: (schweiz.) Saisonarbeiter; Arbeiter, der nur zu bestimmten Jahreszeiten, z. B. zur Ernte, beschäftigt wird
Sa̱|kar *der;* -[s] ⟨zu *arab.* sakara „brennen"⟩: eine der sieben Höllen im Islam
Sa̱|kat vgl. Zakat
Sa̱|ke *der;* - ⟨aus gleichbed. *jap.* sake⟩: Reiswein, alkoholisches Getränk aus Reis, das meist warm getrunken wird
Sa̱|ki *der;* -, - ⟨aus gleichbed. *pers.* saǧi u. *arab.* saga⟩: Figur des Mundschenks in orientalischen Dichtungen. **Sa̱|ki|je** *die;* -, -n ⟨aus gleichbed. *arab.* saqāya⟩: von Büffeln od. Kamelen bewegtes Schöpfwerk zur Bewässerung der Felder in Ägypten
Sak|ka *der;* -[s], -s ⟨aus *arab.* saqqā „der gegen Lohn Wasser transportiert"⟩: Wasserträger (im alten Orient)
Sak|ka|de *die;* -, -n ⟨aus *fr.* saccade „Ruck" zu saccader „heftig ziehen", dies aus *vulgärlat.* *saccare⟩: Serie unwillkürlicher, schneller minimaler Bewegungen u. Zuckungen beider Augen, die auftreten, wenn der Fixationspunkt verändert wird (Med.). **sak|ka|diert** ⟨zu ↑...iert⟩: ruck-, stoßartig, kurz abgesetzt (z. B. von der Atmung; Med.). **sak|ka|disch**: im Sinne einer Sakkade (Med.)
Sa̱k|ko [österr. zaˈko:] *der,* auch, österr. nur *das;* -s, -s ⟨italianisierende Bildung zu *dt.* Sack (älter für Jackett)⟩: Herrenjackett
Sak|ku|la|ti|on *die;* -, -en ⟨zu *lat.* sacculus „Säckchen" u. ↑...ation⟩: sackförmige Ausbuchtung eines Hohlorgans (z. B. der Gebärmutter; Med.)
sa̱|kra! ⟨entstellt aus ↑Sakrament⟩: (südd. ugs.) verdammt! (Ausruf des Erstaunens od. der Verwünschung). **sa̱|kra̱l** ⟨zu *lat.* sacer „heilig" u. ↑¹...al (1), Bed. 2 zu *nlat.* (os) sacrum „Kreuzbein", eigtl. „heilig(er Knochen)"⟩: 1. heilig, den Gottesdienst betreffend (Rel.); Ggs. ↑profan (1). 2. zum Kreuzbein gehörend (Med.). **Sa|kra̱l|bau** *der;* -[e]s, -ten: religiösen Zwecken dienendes Bauwerk (Archit., Kunstw.); Ggs. ↑Profanbau. **Sa|kra|ment** *das;* -[e]s, -e ⟨über *kirchenlat.* sacramentum „religiöses Geheimnis" aus *lat.* sacramentum „Weihe, Verpflichtung (zum Kriegsdienst)", dies zu sacrare „(einer Gottheit) weihen; heilig machen" zu sacer, vgl. sakral⟩: eine bestimmte, göttliche Gnaden vermittelnde Handlung in der kath. u. ev. Kirche (z. B. Taufe). **sa|kra|men|tal** ⟨aus gleichbed. *mlat.* sacramentalis⟩: 1. zum Sakrament gehörend. 2. heilig. **Sa|kra|men|ta|li|en** [...iən] *die* (Plur.) ⟨aus gleichbed. *mlat.* sacramentalia⟩: 1. sakramentähnliche Zeichen u. Handlungen in der kath. Kirche. 2. die durch Sakramentalien (1) geweihten Dinge (z. B. Weihwasser). **Sa|kra|men|tar** *das;* -s, -e ⟨aus gleichbed. *mlat.* sacramentarium⟩: altchristliche u. frühmittelalterliche Form des Meßbuchs; vgl. ¹Missal. **Sa|kra|men|ter** *der;* -s, - ⟨wohl eigtl. „jmd., auf den man mit ‚Sakrament' schimpft"⟩: (landsch.) jmd., über den man sich ärgert od. um den man sich sorgt, weil er zu leichtsinnig-unbekümmert ist. **Sa|kra|men|tie|rer** *der;* -s, -: Schimpfwort der Reformationszeit für einen Verächter der Sakramente (z. B. die Wiedertäufer). **Sa|kra|mentshäus|chen** *das;* -s, -: kunstvoller, turmartiger Schrein zur Aufbewahrung der geweihten Hostien in gotischen Kirchen; vgl. Tabernakel (1 a). **Sa|kra|ri|um** *das;* -s, ...ien [...iən] ⟨aus gleichbed. *kirchenlat.* sacrarium, eigtl. „ein Ort zur Aufbewahrung von Heiligtümern"⟩: ein in od. neben kath. Kirchen im Boden angebrachter verschließbarer Behälter zur Aufnahme gebrauchten Taufwassers u. der Asche unbrauchbar gewordener geweihter Gegenstände. **Sa|kren**: Plur. von ↑Sakrum. **sa|krie|ren** ⟨aus gleichbed. *lat.* sacrare, vgl. Sakrament⟩: (veraltet) weihen, heiligen. **Sa|kri|fi|zi|um** *das;* -s, ...ien [...iən] ⟨aus *lat.* sacrificium „Opfer" zu sacrificare „ein Opfer darbringen"⟩: Opfer, bes. das kath. Meßopfer; vgl. Sacrificium intellectus. **Sakri|leg** *das;* -s, -e u. Sakrilegium *das;* -s, ...ien [...iən] ⟨aus *lat.* sacrilegium „Tempelraub" zu sacer (vgl. sakral) u. legere „wegnehmen, stehlen"⟩: 1. Vergehen gegen Gegenstände u. Stätten religiöser Verehrung (z. B. Kirchenraub, Gotteslästerung). 2. ungebührliche Behandlung von Personen od. Gegenständen, die einen hohen Wert besitzen od. große Verehrung genießen. **sa|kri|le|gisch**: ein Sakrileg betreffend; gotteslästerlich. **Sa|kri|le|gi|um** vgl. Sakrileg
sa|krisch ⟨zu ↑sakra u. Sakrament⟩: (südd.) a) böse, verdammt; b) sehr, gewaltig, ungeheuer. **Sa|kri|stan** *der;* -s, -e ⟨aus gleichbed. *mlat.* sacristanus; zu ↑Sakristei⟩: kath. Küster, Mesner. **Sa|kri|stei** *die;* -, -en ⟨aus gleichbed. *mlat.* sacristia zu *lat.* sacer, vgl. sakral⟩: Nebenraum in der Kirche für den Geistlichen u. die gottesdienstlichen Geräte. **Sakro|dy|nie** *die;* -, ...ien ⟨zu ↑Sakrum u. ↑...odynie⟩: Schmerz in der Kreuzbeingegend (Med.). **Sa|kro|koxalgie** *die;* -, ...ien: Schmerzen im Bereich des Kreuzbeins u. der Hüfte (Med.). **sa|kro|lum|bal**: zum Kreuzbein u. zur Lende gehörend (Med.). **sa|kro|sankt** ⟨aus gleichbed. *lat.* sacrosanctus⟩: hochheilig, unverletzlich. **sa|kro|spi|nal** ⟨zu ↑Sakrum⟩: zu lumbar u. Wirbelsäule gehörend (Med.). **Sa|krum** *das;* -s, Sakren ⟨aus gleichbed. *lat.* (os) sacrum, eigtl. „heilig(er Knochen)"⟩: Kreuzbein, Teil der Wirbelsäule (Med.)
Sä|ku|la: Plur. von ↑Säkulum. **sä|ku|lar** ⟨aus *mlat.* saecularis „weltlich, heidnisch" zu *(kirchen)lat.* saecularis „alle hundert Jahre stattfindend; weltlich, heidnisch" zu saeculum, vgl. Säkulum⟩: 1. alle hundert Jahre wiederkehrend. 2. außergewöhnlich. 3. weltlich. 4. über lange Zeiträume andauernd, sich erstreckend (bes. Astron.); -e Bodenhebungen: sich über lange Zeiträume erstreckende Bodenhebungen (Geol.). **Sä|ku|lar|feier** *die;* -, -n: Hundertjahrfeier, die Feier des Endes eines alten u. des Beginns eines neuen Zeitalters. **Sä|ku|la|ri|sa|ti|on** *die;* -, -en ⟨aus gleichbed. *fr.* sécularisation zu séculariser, vgl. säkularisieren⟩: 1. Einziehung od. Nutzung kirchlichen Besitzes durch den Staat (z. B. in der ↑Reformation u. unter Napoleon I.). 2. svw. Säkularisierung (1, 2); vgl. ...[at]ion/...ierung. **sä|kula|ri|sie|ren** ⟨aus gleichbed. *fr.* séculariser zu *mlat.* saecularis, vgl. säkular⟩: 1. kirchlichen Besitz einziehen u. verstaatlichen. 2. aus kirchlicher Bindung, Abhängigkeit lösen, unter weltlichem Gesichtspunkt betrachten, beurteilen. **Sä|ku|la|ri|sie|rung** *die;* - ⟨zu ↑...isierung⟩: 1. Loslösung des einzelnen, des Staates u. der gesellschaftlichen Gruppen aus den Bindungen an die Kirche seit Ausgang des Mittelalters; Verweltlichung. 2. Erlaubnis für Ordensgeistliche, sich für immer außerhalb des Klosters aufhalten [u. ohne Bindung an die Gelübde leben] zu dürfen. 3. svw. Säkularisation (1); vgl. ...[at]ion/...ierung. **Sä|ku|lar|kle|riker** *der;* -s, - ⟨zu ↑säkular⟩: Geistlicher, der nicht in einem Kloster lebt; Weltgeistlicher; Ggs. ↑Regularkleriker. **sä-**

ku|lar|pla|stisch: Bez. für geologische Vorgänge, die bes. bei Erhöhung von Druck u. Temperatur (im Erdinnern) in langen Zeiträumen zu bruchlosen Verformungen führen. **Sä|ku|lar|va|ria|tio|nen** [...v...] *die* (Plur.): Veränderungen u. Vorgänge, die sich nur im Laufe längerer Zeiträume (z. B. Jahrhunderte, Jahrtausende) bemerkbar machen, wie die säkularen Störungen der Bahnen von Himmelskörpern, insbesondere der Planeten u. des Mondes (Astron., Geophys.). **Sä|ku|lum** *das;* -s, ...la 〈aus gleichbed. *lat.* saeculum〉: 1. Zeitraum von hundert Jahren, Jahrhundert. 2. Zeitalter

Sa|kus|ka *die;* -, Plur. -s, auch ...ski 〈aus *russ.* zakuska „Imbiß, Vorspeise" zu kus „Bissen"〉: Vorspeise

Sal *das;* -s 〈Kurzw. aus ↑*S*ilicium u. ↑*A*luminium〉: svw. Sial

Sa|laam|krampf *der;* -[e]s, ...krämpfe 〈zu *arab.* salām (vgl. Salam), wegen der grußähnlichen nickenden Kopfbewegung〉: Nickkrampf (Med.)

Sa|la|din|ad|ler *der;* -s, - 〈nach Sultan Saladin (1138–1193), der den Adler als Wappen bereits im Kampf gegen die Kreuzfahrerheere geführt haben soll〉: Wappentier einiger Staaten des islam. Kulturraums (z. B. Ägypten, Irak, Jemen, Syrien)

Sa|lam u. **Selam** *der;* -s 〈aus gleichbed. *arab.* salām〉: Wohlbefinden, Heil, Friede (arab. Grußwort); - al e̲i kum : Heil, Friede mit euch! (arab. Grußformel)

Sa|la|man|der *der;* -s, - 〈über gleichbed. *lat.* salamandra aus *gr.* salamándra〉: Schwanzlurch mit langem, rundem Schwanz

Sa|la|mi *die;* -, -[s] 〈aus *it.* salame „Salzfleisch; Schlackwurst" zu sale, dies aus *lat.* sal „Salz"〉: eine stark gewürzte Dauerwurst. **Sa|la|mi|tak|tik** *die;* - 〈nach den dünnen Scheiben, in die man eine Salami aufschneidet〉: Taktik, [politische] Ziele durch kleinere Forderungen u. entsprechende Zugeständnisse von der Gegenseite zu erreichen

Sa|lan|ga|ne *die;* -, -n 〈über *fr.* u. *engl.* salangane aus gleichbed. *malai.* salangan〉: südostasiat. schwalbenähnlicher Vogel, dessen Nester als Delikatesse gelten

Sa|lar *der;* -s, -e[s] 〈aus gleichbed. *(amerik.-)span.* salar zu sal „Salz", dies aus *lat.* sal, Gen. salis „Salz"〉: Salztonebene mit Salzkrusten in Südamerika

Sa|lär *das;* -s, -e 〈aus gleichbed. *fr.* salaire, dies aus *lat.* salarium „Sold" zu sal, Gen. salis, eigtl. „Salzration für Beamte u. Soldaten"〉: (bes. schweiz.) Gehalt, Lohn. **sa|la|rie|ren** 〈aus gleichbed. *fr.* salarier, dies aus *mlat.* salariare zu *lat.* salarium, vgl. Salär〉: (schweiz.) besolden, entlohnen.

¹**Sa|lat** *der;* -[e]s, -e 〈aus älter *it.* mdal. salata für *it.* insalata (herba) „eingesalzenes (Salatkraut)", substantiviertes Part. Perf. von insalare („ein)salzen", dies aus *spätlat.* insalare, *salare zu sal, vgl. Salär〉: 1. Gemüsepflanze. 2. mit Gewürzen zubereitetes, kalt serviertes Gericht aus kleingeschnittenem Gemüse, Obst, Fleisch, Fisch o. ä. 3. (ugs.) Wirrwarr, Durcheinander; da haben wir den -; (ugs.) da haben wir das Ärgerliche, Unangenehme, das wir befürchtet hatten

²**Sa|lat** *die;* - 〈aus *arab.* ṣalāt〉: das täglich fünfmal zu verrichtende Gebet des Moslems; vgl. Namas

Sa|la|tie|re *die;* -, -n 〈angelehnt an ↑Salat nach gleichbed. *fr.* saladier zu salade „Salat"〉: (veraltet) Salatschüssel

Sa|la|zi|tät *die;* - 〈aus gleichbed. *lat.* salacitas, Gen. salacitatis zu salax „geil"〉: übermäßig starker Geschlechtstrieb (Med.)

Sal|ba|der *der;* -s, - 〈Herkunft ungeklärt, vielleicht zu *mlat.* salbaderi „Schwätzer", aus den Dunkelmännerbriefen, 16. Jh.〉: (abwertend) langweiliger, frömmelnder Schwätzer. **sal|ba|dern:** (abwertend) langweilig, salbungsvoll schwatzen

Sal|chow [...ço] *der;* -[s], -s 〈nach dem schwed. Eiskunstläufer U. Salchow, 1877–1949〉: ein Drehsprung beim Eiskunstlauf

Sal|den: Plur. von ↑Saldo. **Sal|den|bi|lanz** *die;* -, -en 〈zu ↑Saldo u. ↑Bilanz〉: aus der Summenbilanz durch Saldieren abgeleiteter Bestandteil der Betriebsübersicht. **Sal|di:** Plur. von ↑Saldo. **sal|die|ren** 〈aus gleichbed. *it.* saldare zu saldo „fest", dies über das Vulgärlat. aus *lat.* solidus, vgl. solide〉: 1. den ↑Saldo ermitteln. 2. (österr.) die Bezahlung einer Rechnung bestätigen. 3. (eine Rechnung o. ä.) begleichen, bezahlen; einer Rechnung eine Schuld tilgen. **Sal|dier|ma|schi|ne** *die;* -, -n: ↑Addiermaschine, die auch beim Rechnen unter Null das Resultat richtig anzeigt. **Sal|die|rung** *die;* -, -en 〈zu ↑...ierung〉: das Saldieren. **Sal|do** *der;* -s, Plur. Salden, -s od. Saldi 〈aus gleichbed. *it.* saldo, eigtl. „fester Bestandteil der Kontenführung"〉: 1. der Unterschiedsbetrag zwischen der Soll- u. der Habenseite eines Kontos. 2. Betrag, der nach Abschluß einer Rechnung zu deren völliger Begleichung fällig bleibt. **Sal|do|kon|to** *das;* -s, Plur. ...ten, -s od. ...ti: Konto, mit dem ein Saldo erfaßt wird

Sa|lem vgl. Salam

Sa|lep *der;* -s, -s 〈über gleichbed. *fr.* u. *span.* salep aus *vulgärarab.* saḥlab, dies aus *arab.* ḥuṣa at-taʿlab〉: Knolle verschiedener Orchideen, die für Heilzwecke verwendet wird

Sa|le|sia|ner *der;* -s, - (meist Plur.) 〈nach dem hl. Franz v. Sales (1567–1622) u. zu ↑...aner〉: 1. Mitglied der Gesellschaft des hl. Franz von Sales. 2. Angehöriger der Priestergenossenschaft für Jugendseelsorge. **Sa|le|sia|ne|rin** *die;* -, -nen: Angehörige eines kath. Ordens, der bes. in der Seelsorge arbeitet

Sales-ma|na|ger [ˈseɪlzmænɪdʒə] *der;* -s, - 〈aus gleichbed. *engl.-amerik.* sales manager zu sale „Verkauf" u. manager, vgl. Manager〉: Verkaufsleiter, [Groß]verkäufer (Wirtsch.). **Sales|man|ship** [...mənʃɪp] *das;* -s 〈aus gleichbed. *engl.-amerik.* salesmanship, eigtl. „die Kunst des Verkaufens", zu salesman „Verkäufer"〉: eine in den USA wissenschaftlich u. empirisch entwickelte Methode erfolgreichen Verkaufens (Wirtsch.). **Sales-pro|mo|ter** [...prəmoʊtə] *der;* -s, - 〈aus gleichbed. *engl.-amerik.* sales promoter zu sale „Verkauf" u. promoter, vgl. Promoter〉: Vertriebskaufmann mit besonderen Kenntnissen auf dem Gebiet der Händlerberatung u. Verkäuferschulung, die einen guten Absatz der angebotenen Ware garantieren sollen; Verkaufsförderer (Wirtsch.). **Sales-pro|mo|tion** [...moʊʃən] *die;* - 〈aus gleichbed. *engl.-amerik.* sales promotion, zu ↑²Promotion〉: Gesamtheit der Maßnahmen zur Förderung des Verkaufs (bes. Werbung; Wirtsch.)

Sa|let|tel, Sa|lettl *das;* -s, Plur. - u. -n 〈aus *it.* saletta „kleiner Saal", Verkleinerungsform von sala „Saal"〉: (bayr. u. österr.) Pavillon, Gartenhaus, Laube

Sa|li|cin [...ts...] vgl. Salizin. **Sa|li|cio|nal** vgl. Salizional. **Sa|li|cy|lat** vgl. Salizylat. **Sa|li|cyl|säu|re** vgl. Salizylsäure

Sa|li|er [...jər] *die* (Plur.) 〈aus *lat.* Salii zu salire „springen, hüpfen", eigtl. „die Springenden, Hüpfenden"〉: altröm. Priester, die kultische [Kriegs]tänze aufführten

Sa|li|fi|ka|ti|on *die;* - 〈zu *lat.* sal, Gen. salis „Salz" u. ↑...fikation〉: (veraltet) Salzbildung. **Sa|li|nar** *das;* -s, -e 〈zu *lat.* salinus (vgl. Saline) u. ↑...ar〉: 1. Zeitabschnitt mit erhöhter Salzausscheidung u. Entstehung von Salzvorkommen. 2. salzführender Schichtenverbund (Geol.). **Sa|li|nar|tek|to|nik** *die;* -: durch Bewegungen von Salzgesteinen hervorgerufene Störungen der Schichtlagerung von Sedimentgesteinen

salpetrig

(Geol.). **Sa|li|ne** *die;* -, -n ⟨aus gleichbed. *lat.* salinae (Plur.), eigtl. „Salzgrube, -lager", zu salinus „zum Salz gehörend", dies zu sal „Salz"⟩: 1. Anlage zur Gewinnung von Kochsalz aus Salzlösungen durch Verdunstung. 2. svw. Gradierwerk. **Sa|li|ni|sa|ti|on** *die;* -, -en ⟨zu ↑...isation⟩: Versalzung, ein bodenbildender Prozeß mit Verlagerung der Alkali- u. Erdalkalisalze aus salzhaltigem Grundwasser nach oben. **sa|li|nisch**: salzartig, salzführend. **Sa|li|no|me|ter** *das;* -s, - ⟨zu ↑¹...meter⟩: Gerät zur Bestimmung des Salzgehalts von wäßrigen Salzlösungen (bes. des Meerwassers)

Sa|li|ro|ma|nie *die;* -, ...ien ⟨zu *fr.* salir „beschmutzen" u. ↑...manie⟩: zwanghafter Trieb, durch das Besudeln anderer Menschen mit Kot, Urin u. a. sexuelle Befriedigung zu erlangen

sa|lisch ⟨Kunstw. zu *lat.* silex (vgl. Silicium) u. ↑Aluminium⟩: reich an Kieselsäure u. Tonerde (von Mineralien); Ggs. ↑femisch

Sa|lit [auch ...'lɪt] *der;* -s, -e ⟨nach dem Fundort Sala in Västmanland (Schweden) u. zu ↑²...it⟩: Abart des ↑Diopsids, ein Mineral

Sa|li|va [...va] *die;* - ⟨aus gleichbed. *lat.* saliva⟩: (veraltet) Speichel. **sa|li|val** [...v...] ⟨zu ↑¹...al (1)⟩: (veraltet) den Speichel betreffend. **Sa|li|van|ti|um** *das;* -s, ...tia ⟨zu *lat.* salivans, Gen. salivantis, Part. Präs. von salivare (vgl. salivieren) u. ↑...ium⟩: (veraltet) svw. Sialagogum. **Sa|li|va|ti|on** *die;* -, -en ⟨zu *lat.* salivatus, Part. Perf. von salivare (vgl. salivieren) u. ↑¹...ion⟩: svw. Ptyalismus. **sa|li|vie|ren** ⟨aus *lat.* salivare „ausspucken, -speien"⟩: (veraltet) speicheln, durch Speichelfluß reinigen

Sa|li|zin *das;* -s ⟨zu *lat.* salix, Gen. salicis „Weide" u. ↑...in (1)⟩: ein Fiebermittel. **Sa|li|zi|o|nal** u. **Salicional** *das;* -s, -e ⟨zu ↑¹...ion u. ↑¹...al (2)⟩: Orgelregister mit enger mensurierten Labialpfeifen als beim ↑²Prinzipal; Weidenpfeife, Schilfpfeife (Mus.)

Sa|li|zy|lat, chem. fachspr. Salicylat [...ts...] *das;* -[e]s, -e ⟨zu ↑Salizylsäure u. ↑...at (2)⟩: Salz der Salizylsäure. **Sa|li|zyl|säu|re**, chem. fachspr. Salicylsäure ⟨zu *lat.* salix (vgl. Salizin) u. ↑...yl; die Säure wurde zuerst aus Salizin, einem Bitterstoff der Weidenrinde, hergestellt⟩: eine gärungs- u. fäulnishemmende organische Säure; ein Antirheumatikum (Oxybenzoesäure)

Salk-Vak|zi|ne [...v..., engl. 'sɔːk...] *die;* - ⟨nach dem amerik. Bakteriologen J. E. Salk (geb. 1914) u. zu ↑Vakzine⟩: Impfstoff gegen Kinderlähmung (Med.)

¹Salm *der;* -[e]s, -e ⟨über das Gall. aus gleichbed. *lat.* salmo, Gen. salmonis⟩: ein ausgewachsener Lachs

²Salm *der;* -s ⟨über das Niederdt. zu *lat.* psalmus, vgl. Psalm⟩: (ugs.) langes, langweiliges Gerede, Geschwätz

Sal|mi *das;* -[s], -s ⟨aus gleichbed. *fr.* salmis, dies rückgebildet aus salmigondis „Ragout aus Fleischresten", weitere Herkunft unsicher⟩: ein Ragout aus Wildgeflügel

Sal|mi|ak [auch 'zal...] *der,* auch *das;* -s ⟨rückgeführt aus gleichbed. *mlat.* sal Armoniacum (auch Armaniacum) für *lat.* sal Armeniacum „armenisches Salz", nach dem historischen Fundort Armenien (*lat.* Armenia, *mlat.* Armania)⟩: eine Ammoniakverbindung mit stechend-beißendem Geruch. **Sal|mi|ak|ele|ment** *das;* -[e]s, -e: mit Salmiak gefülltes ↑Element (7; Elektrot.). **Sal|mi|ak|pa|stil|le** *die;* -, -n: ↑Pastille aus Salmiak u. Süßholzsaft (zur Bekämpfung von Katarrhen)

Sal|min *das;* -s, -e ⟨zu ↑¹Salm u. ↑...in (1)⟩: Eiweißstoff aus der Gruppe der ↑Protamine, der in den Spermien des Lachses vorkommt (Biochem.)

sal|mo|nel|lä|misch ⟨zu ↑Salmonelle u. *gr.* haĩma „Blut"⟩: durch Salmonellen infiziertes Blut habend (z. B. bei Hühnern; Biol.). **Sal|mo|nel|le** *die;* -, -n (meist Plur.) ⟨nach dem amerik. Pathologen u. Bakteriologen D. E. Salmon (1850–1914) u. zu ↑...elle⟩: beim Menschen Darmkrankheiten hervorrufende Bakterie. **Sal|mo|nel|lo|se** *die;* -, -n ⟨zu ↑¹...ose⟩: durch Salmonellen verursachte Erkrankung (z. B. Typhus; Med.)

Sal|mo|ni|den *die* (Plur.) ⟨zu ↑¹Salm u. ↑...ide⟩: zusammenfassende, systematische Bez. für Lachse u. lachsartige Fische

sa|lo|mo|nisch ⟨nach dem biblischen König Salomo⟩: weise (wie König Salomo), von scharfsinniger Klugheit; -es Urteil: weises Urteil (weil es Einseitigkeit vermeidet od. von tiefer Einsicht zeugt)

Sa|lon [zaˈlõː, auch ...ˈlɔŋ, ...ˈloːn] *der;* -s, -s ⟨über gleichbed. *fr.* salon aus *it.* salone „großer Saal, Festsaal", Vergrößerungsform von sala „Saal", dies aus dem Germ.⟩: 1. größerer, repräsentativer Raum als Gesellschafts-, Empfangszimmer. 2. a) regelmäßig stattfindendes Zusammentreffen eines literarisch u. künstlerisch interessierten Kreises (bes. im 19. Jh.); b) Kreis von Personen, der sich regelmäßig trifft, um über Kunst, Politik usw. zu diskutieren. 3. [großzügig u. elegant ausgestatteter] Geschäftsraum, Geschäft besonderer Art (z. B. für Haar- u. Körperpflege). 4. a) Ausstellungsraum (z. B. für Automobile); b) Ausstellung (bes. Kunst- u. Gemäldeausstellung). **Sa|lon|da|me** *die;* -, -n ⟨zu ↑¹Dame⟩: Rollenfach der eleganten, mitunter intriganten Dame von Welt, das sich aus den Salonstücken des franz. Theaters im 19. Jh. entwickelte (Theat.). **Sa|lon|kom|mu|nist** *der;* -en, -en: (iron.) jmd., der die Ideen des Kommunismus vertritt, in der Praxis jedoch nicht die persönliche Nachteile in Kauf nehmen will. **Sa|lon|mu|sik** *die;* -: virtuos-elegant dargebrachte, gefällige, aber anspruchslose Musik. **Sa|lon|or|che|ster** *das;* -s, -: kleines Streichensemble mit Klavier für Unterhaltungsmusik. **Sa|lon|re|mis** [...rəmiː] *das;* - [...miː(s)], Plur. - [...miːs] u. -en [...miːzŋ]: (abwertend) unter gleichwertigen Schach[groß]meistern bei Turnieren häufige Form des kampflosen Friedensschlusses. **Sa|loon** [səˈluːn] *der;* -s, -s ⟨aus engl.-amerik. saloon „Kneipe", eigtl. „Gesellschaftsraum", dies aus *fr.* salon, vgl. Salon⟩: im Wildweststil eingerichtetes Lokal

sa|lopp ⟨aus *fr.* salope „dreckig, schmierig, schlampig", weitere Herkunft ungeklärt⟩: 1. (von Kleidung) betont bequem, sportlich-lässig; nachlässig. 2. (von Benehmen u. Haltung) unbekümmert zwanglos, die Nichtachtung gesellschaftlicher Formen ausdrückend. **Sa|lop|pe|rie** *die;* -, ...ien ⟨zu ↑²...ie⟩: (veraltet) Nachlässigkeit; Unsauberkeit

Sal|pen *die* (Plur.) ⟨zu *lat.* salpa, *gr.* sálpē (ein Fisch)⟩: zusammenfassende, systematische Bez. für eine Gruppe der Manteltiere

Sal|pe|ter *der;* -s ⟨aus gleichbed. *mlat.* sal(le)petra zu *lat.* sal petrae, eigtl. „Salz des Steins", zu sal „Salz" u. petra „Stein; Fels"⟩: Sammelbez. für einige technisch wichtige Leichtmetallsalze der Salpetersäure (z. B. Kalisalpeter = Kaliumnitrat; vgl. Nitrat. **Sal|pe|ter|bak|te|rie** [...iə] *die;* -, -n [...iən] (meist Plur.): svw. Nitrobakterie. **Sal|pe|ter|plan|ta|ge** [...taːʒə] *die;* -, -n: bis ins 19. Jh. zur Gewinnung von Kalisalpeter verwendete Anlagen, bei denen man Stallmist u. tierische Abfälle mit Bauschutt, Kalk u. Pottasche aufschichtete u. mit Jauche feucht hielt. **Sal|pe|ter|säu|re** *die;* -: stark oxydierende Säure des Stickstoffs. **sal|pe|trie|ren** ⟨zu ↑...ieren⟩: Salpeter bilden, sich mit Salpeter überziehen. **sal|pe|trig**; in der Fügung -e Säure: eine nur in verdünnten, wäßrigen Lösungen u. ih-

Salpikon

ren Salzen beständige Säure (bei der Farbstoffherstellung verwendet).

Sal|pi|kon *der;* -[s], -s ⟨über *fr.* salpicon aus gleichbed. *span.* salpicón zu salpicar „bespritzen", eigtl. wohl „mit Salz bestreuen"⟩: sehr feines Ragout [in Muscheln od. Pasteten]

Sal|ping|ek|to|mie *die;* -, ...ien ⟨zu ↑Salpinx u. ↑...ektomie⟩: operative Entfernung des Eileiters (Med.). **Sal|pin|gen:** Plur. von ↑Salpinx. **Sal|pin|gi|tis** [...ŋg...] *die;* -, ...itiden ⟨zu ↑...itis⟩: Eileiterentzündung (Med.). **Sal|pin|go|gramm** *das;* -s, -e ⟨zu ↑...gramm⟩: Röntgenkontrastbild des Eileiters (Med.). **Sal|pin|go|gra|phie** *die;* -, ...ien ⟨zu ↑...graphie⟩: röntgenologische Untersuchung u. Darstellung des Eileiters mit Kontrastmitteln (Med.). **Sal|pin|go|ly|se** *die;* -, -n ⟨zu ↑...lyse⟩: operative Lösung von Verklebungen u. Verwachsungen des Eileiters (Med.). **Sal|ping|oo|pho|ri|tis** [...oo...] *die;* -, ...itiden ⟨zu ↑Oophoron u. ↑...itis⟩: Entzündung eines Eileiters u. des dazugehörigen Eierstocks (Med.). **Sal|pinx** *die;* -, ...pingen ⟨über *lat.* salpinx aus *gr.* sálpigx, Gen. sálpiggos „Trompete"⟩: 1. ein altgriech. trompetenähnliches Instrument, das zur Signalgebung eingesetzt wurde. 2. Ohrtrompete (Med.). 3. Eileiter (Med.).

Sal|sa *der;* - ⟨aus gleichbed. *amerik.-span.* salsa, dies kurz für *span.* salsa picante „eine scharfe Soße"⟩: bestimmte Art der lateinamerik. Tanzmusik, die sich aus Elementen der Rumba, des afrokubanischen Jazz, des ↑Bossa Nova u. a. zusammensetzt (Mus.). **Sal|se** *die;* -, -n ⟨aus gleichbed. *it.* salsa, eigtl. „(salzige) Tunke, Brühe", zu *lat.* salsus „salzig", nach den oft salzhaltigen ausgeworfenen Substanzen⟩: 1. durch Ausschleudern von mitgerissenem Grundwasser u. Schlamm entstandenes kegelförmiges Gebilde in Erdölgebieten (Geol.). 2. (veraltet) [salzige] Würztunke.

Sal|ta *das;* -s ⟨zu *(m)lat.* salta! „springe!", Imp. Sing. von saltare „springen", eigtl. „tanzen", da beim Vorwärtsziehen gegnerische Steine übersprungen werden müssen⟩: auf einem Damebrett gespieltes Brettspiel für zwei Personen mit je 15 Steinen, die auf die gegnerische Seite gebracht werden müssen. **Sal|ta|rel|lo** *der;* -s, ...lli ⟨aus gleichbed. *it.* saltarello, eigtl. „Hüpftanz", zu saltare „hüpfen", dies aus *lat.* saltare, vgl. Salta⟩: ein ital. u. span. Tanz in schnellem ⅜- od. ⅝-Takt. **Sal|ta|ti|on** *die;* -, -en ⟨aus *lat.* saltatio „Sprung"⟩: Evolutionssprung, plötzliches Auftreten neuer Organe u. Baupläne (Biol.). **sal|ta|to** ⟨*it.;* Part. Perf. von saltare, vgl. Saltarello⟩: mit hüpfendem Bogen [gespielt] (Sonderform des ↑Stakkatos; Mus.). **Sal|ta|to** *das;* -s, Plur. -s u. ...ti: Spiel mit hüpfendem Bogen (Mus.). **Sal|ta|tor** *der;* -s, ...oren ⟨aus gleichbed. *lat.* saltator zu saltare, vgl. Salta⟩: (veraltet) Tänzer, Pantomime. **sal|ta|to|risch** ⟨nach *lat.* saltatorius „zum Tanzen gehörig" zu saltator, vgl. Saltator⟩: sprunghaft, mit tänzerischen Bewegungen verbunden (z. B. bei krankhaften Bewegungsstörungen; Med.). **Sal|ta|trix** *die;* -, ...trices [...tse:s] ⟨aus gleichbed. *lat.* saltatrix⟩: (veraltet) Tänzerin. **Salt|im|banque** [saltɛ̃-'bãk] *der;* -[s], -s ⟨aus gleichbed. *fr.* saltimbanque, eigtl. „Auf-die-Bank-Springer", dies aus *it.* saltimbanco (aus salta in banco „spring auf die Bank!")⟩: (veraltet) Gaukler, Seiltänzer, Hanswurst. **Sal|to** *der;* -s, Plur. -s u. ...ti ⟨aus gleichbed. *it.* salto, eigtl. „(Kopf)sprung", dies aus *lat.* saltus, vgl. Saltus⟩: freier Überschlag mit ein- od. mehrmaliger Drehung des Körpers (Sport). **Sal|to mor|ta|le** *der;* - -, Plur. - - u. ...ti ...li ⟨aus gleichbed. *it.* salto mortale, eigtl. „Todessprung"⟩: 1. [meist dreifacher] Salto in großer Höhe. 2. Ganzdrehung nach rückwärts bei Flugzeugen. **Sal|tus** *der;* -, - [...tu:s] ⟨aus *lat.* saltus „Sprung" zu salire „springen, hüpfen"⟩: Fehler im syllogistischen Schluß, wobei eine Prämisse weggelassen wird (Logik)

Sa|lu|ki *der;* -, -s ⟨nach der alten südarab. Stadt Saluq⟩: Persischer Windhund, Haushunderasse mit magerem, schmalem Kopf, glattem, glänzendem Fell u. langen seidigen Haaren an Ohren, Schenkeln u. Schwanz

sa|lü! [auch 'saly] ⟨zu *fr.* salut, vgl. Salut⟩: (bes. schweiz. ugs.) Grußformel (zur Begrüßung u. zum Abschied). **sa|lu|ber** ⟨aus gleichbed. *lat.* saluber⟩: heilsam, gesund (Med.). **Sa|lu|bri|tät** *die;* - ⟨aus *lat.* salubritas, Gen. salubritatis „Gesundheit; Wohlbefinden" zu saluber, vgl. saluber⟩: 1. Klimaverträglichkeit. 2. gesunde Beschaffenheit [des Körpers] (Med.).

Sal|ure|se *die;* -, -n ⟨zu *lat.* sal „Salz", *gr.* oúron „Harn" u. ↑...ese⟩: svw. Diurese. **Sal|ure|ti|kum** *das;* -s, ...ka ⟨zu ↑...ikum⟩: svw. Diuretikum. **sal|ure|tisch:** svw. diuretisch

Sa|lus *die;* - ⟨aus gleichbed. *lat.* salus, vgl. Salut⟩: (veraltet) Gedeihen, Wohlsein, Heil. **Sa|lut** *der;* -[e]s, -e ⟨über gleichbed. *fr.* salut aus *lat.* salus, Gen. salutis „Gruß, Wohlsein, Heil" zu salvus „heil, gesund"⟩: [militärische] Ehrenbegrüßung od. Ehrenbezeigung für Staatsmänner u. andere hochgestellte Persönlichkeiten durch eine Salve von [Kanonen]schüssen; Ehrengruß. **Sa|lu|ta|ti|on** *die;* -, -en ⟨aus gleichbed. *lat.* salutatio zu salutare, vgl. salutieren⟩: (veraltet) feierliche Begrüßung; Gruß. **Sa|lu|ta|to|ri|um** *das;* -s, ...rien [...iən] ⟨aus gleichbed. *mlat.* salutatorium⟩: Begrüßungszimmer, Sprechzimmer in Klöstern. **sa|lu|tie|ren** ⟨aus *lat.* salutare „(be)grüßen", Intensivbildung zu salvere (vgl. salve!), eigtl. „salve sagen"⟩: a) vor einem militärischen Vorgesetzten Haltung annehmen u. militärisch grüßen; b) Salut schießen. **Sa|lu|tis|mus** *der;* - ⟨zu *lat.* salus „Heil" (vgl. Salut) u. ↑...ismus (1)⟩: Lehre der Heilsarmee; vgl. Salvation Army. **Sa|lu|tist** *der;* -en, -en ⟨nach gleichbed. *fr.* salutiste⟩: Anhänger der Heilsarmee. **Salv|ar|san** ⓦ [...v...] *das;* -s ⟨Kunstw. zu *lat.* salvare (vgl. salvieren) u. *san*us „gesund"⟩: früher als Arzneimittel zur Behandlung der Syphilis verwendete organische Arsenverbindung, die wegen hoher Toxizität nicht mehr im Gebrauch ist. **Sal|va|ti|on** *die;* -, -en ⟨aus gleichbed. *spätlat.* salvatio zu salvare „retten, erlösen", eigtl. „gesund machen", dies zu salvus, vgl. Salut⟩: (veraltet) Rettung, Verteidigung. **Sal|va|tion Ar|my** [sæl'veɪʃən 'a:mɪ] *die;* - - ⟨*engl.*⟩: engl. Bez. für Heilsarmee. ¹**Sal|va|tor** [zal'va:...] *der;* -s, ...oren ⟨aus gleichbed. *spätlat.* salvator, dies aus *lat.* salvator „Erretter, Erhalter"⟩: 1. (ohne Plur.) Christus als Retter u. Erlöser der Menschheit; vgl. Soter. 2. Erlöser, Retter. ²**Sal|va|tor** ⓦ *der* od. *das;* -s ⟨*lat.* salvator, vgl. ¹Salvator⟩: ein bayr. Starkbier. **Sal|va|to|ria|ner** *der;* -s, - ⟨zu *nlat.* Societas Divini Salvatoris „Gesellschaft des göttlichen Heilands" u. ↑...aner⟩: Angehöriger einer 1881 gegründeten Priesterkongregation für Seelsorge u. Mission; Abk.: SDS. **sal|va|to|risch** ⟨aus gleichbed. *nlat.* salvatorius, eigtl. „bewahrend, erhaltend"⟩: nur aushilfsweise, ergänzend geltend; -e Klausel: Rechtssatz, der nur gilt, wenn andere Normen keinen Vorrang haben (Rechtsw.). **Sal|va|to|ri|um** *das;* -s, ...ien [...iən] ⟨aus gleichbed. *mlat.* salvatorium⟩: Schutz-, Geleitbrief (im Mittelalter). **sal|va ve|nia** [- 've:nia] ⟨*lat.;* zu venia „Erlaubnis"⟩: (veraltet) mit Erlaubnis, mit Verlaub [zu sagen]; Abk.: s. v. **sal|ve!** [...ve] ⟨*lat.;* Imp. Sing. von salvere „gesund sein" zu salvus „gesund, heil"⟩: sei gegrüßt! (latein. Gruß). **Sal|ve** [...və] *die;* -, -n ⟨aus gleichbed. *fr.* salve, eigtl. „Salutschießen (als Ehrengruß)", vgl. salve!⟩: gleichzeitiges Abfeuern einer größeren Anzahl von Schüssen aus Gewehren od. Geschützen. **Sal|via** *die;* - ⟨aus gleichbed. *lat.* salvia zu

salvus, vgl. salve!⟩: Salbei (eine Gewürz- u. Heilpflanze; Lippenblütler). **sal|vie|ren** ⟨aus *lat.* salvare „heilen, retten"⟩: (veraltet) retten, in Sicherheit bringen. **sal|vis omis|sis** ⟨*lat.;* zu omittere „unterlassen"⟩: unter Vorbehalt von Auslassungen; Abk.: s. o. (Wirtsch.). **sal|vo er|ro|re** ⟨*lat.;* zu error „Irrtum"⟩: unter Vorbehalt eines Irrtums; Abk.: s. e. **sal|vo er|ro|re cal|cu|li** [– –'kalkuli] ⟨*lat.;* zu calculi (Plur.) „Berechnung"⟩: unter Vorbehalt eines Rechenfehlers; Abk.: s. e. c. (Wirtsch.). **sal|vo er|ro|re et omis|sio|ne** ⟨*lat.*⟩: unter Vorbehalt von Irrtum u. Auslassung; Abk.: s. e. e. o., s. e. et o. **sal|vo ju|re** ⟨*lat.;* zu ius, Gen. iuris „Recht"⟩: (veraltet) mit Vorbehalt, unbeschadet des Rechts [eines anderen] (Rechtsw.). **sal|vo ti|tu|lo** ⟨*lat.;* zu titulus „Aufschrift; Titel"⟩: (veraltet) mit Vorbehalt des richtigen Titels; Abk.: S. T.
SAM [sæm] ⟨Abk. für *engl.* scanning acoustic microscope „Abtast-Ultraschall-Mikroskop"⟩: Ultraschallmikroskop, das die punktförmige Abtastung von Objekten (unter Wasser od. flüssigem Helium) ermöglicht
Sa|ma|dhi [...di] *der;* - ⟨aus *sanskr.* samādhi „Versenkung"⟩: im Hinduismus u. Buddhismus durch Meditation erreichbare hohe od. höchste Stufe der geistigen Sammlung, ein nichtdualistischer Bewußtseinszustand
Sa|ma|ri|ter [auch ...'rɪ...] *der;* -s, - ⟨aus *lat.* Samarites zu Samaria (Landschaft in Palästina) nach dem biblischen Gleichnis (Luk. 10, 33) vom Barmherzigen Samariter⟩: 1. a) freiwilliger Krankenpfleger, bes. in der Ersten Hilfe; b) selbstlos helfender Mensch. 2. (schweiz.) svw. Sanitäter
Sa|ma|ri|um *das;* -s ⟨nach dem Mineral Samarskit (in dem das Element in einer Verbindung zuerst spektralanalytisch nachgewiesen wurde) u. zu ↑...ium⟩: chem. Element, ein hellgraues Metall; Zeichen Sm
Sa|mar|kand *der;* -[s], -s ⟨nach der Stadt Samarkand in Mittelasien⟩: ein geknüpfter Teppich mit ↑ Medaillons (2) auf meist gelbem Grund
Sa|mar|ra|ke|ra|mik *die;* -, -en ⟨nach dem ersten Fundort in der Nähe der irakischen Stadt Samarra⟩: im mittleren u. nördlichen Irak verbreitete vorgeschichtliche Keramik des 5. Jahrtausends vor Chr. mit dunkelbrauner Bemalung auf gelblichem Grund
Sa|mar|skit [auch ...'kɪt] *der;* -s, -e ⟨nach dem russ. Mineralogen W. S. Samarski-Bychowez (1803–1870) u. zu ↑²...it⟩: ein tiefschwarzes, pechglänzendes, stark radioaktives Mineral
Sam|ba *die;* -, -[s], (ugs., österr. nur) *der;* -s, -s ⟨aus gleichbed. bras.-port. samba, dies aus dem Afrik.⟩: ein moderner Gesellschaftstanz im ¾-Takt
Sam|bal *das;* -s, -s ⟨aus gleichbed. *malai.* sambal⟩: scharfe indones. Würzsoße
Sam|ba|qui [samba'ki] *der;* -s, -s ⟨über das Port. aus *Tupi* u. Guarani (südamerik. Indianersprachen) sambaqui, tambaqui zu tamba „Muschelhaufen" u. qui „Hügel"⟩: Muschelhaufen an vorgeschichtlichen Siedlungsplätzen bras. Indianer
Sam|bar *der;* -s, -s ⟨über gleichbed. *Hindi* sābar aus *sanskr.* śambara⟩: eine asiat. Hirschart
Sam|bo *das;* - ⟨Kurzw. aus *russ.* samozaščita bez oružia „Selbstverteidigung ohne Waffe"⟩: judoähnliche Zweikampfsportart, bei der angestrebt wird, den Gegner zu Boden (auf beide Schultern) zu bringen, durch schmerzhaften Griff zur Aufgabe zu zwingen od. nach Punkten zu siegen
Sam|bu|ka *die;* -, ...ken ⟨aus gleichbed. *lat.* sambuca, dies aus *gr.* sambýkē⟩: 1. dreieckiges Saiteninstrument mit sehr scharfem Ton u. deshalb im Altertum für unedel gehalten, eine Art Harfe. 2. mittelalterliches Belagerungsgerät, Fallod. Sturmbrücke
Sam|gha u. Sangha [...ga] *der;* - ⟨aus gleichbed. *sanskr.* saṁgha⟩: im Buddhismus Bez. für die Gemeinde
Sam|hi|tas *die* (Plur.) ⟨zu *sanskr.* saṁhitā, eigtl. „Sammelwerk"⟩: die ältesten Bestandteile der Weden (vgl. Weda) mit religiösen Sprüchen u. Hymnen
Sa|mi|el [...miːl, auch ...iɛl] *der;* -s ⟨aus *spätgr.* Samiél, dies aus *aram.* sam-'el „Gift Gottes"⟩: böser Geist, Satan in der jüd. Legende u. der dt. Sage
sä|misch ⟨Herkunft unsicher, vielleicht zu *fr.* chamois, vgl. chamois⟩: fettgegerbt (von Leder)
Sa|mis|dat *der;* -, -s ⟨aus *russ.* samizdat, Kurzform zu samoizdatel'stvo, eigtl. „Selbstverlag"⟩: 1. Selbstverlag in der ehemaligen Sowjetunion, der vom Staat verbotene Bücher publizierte. 2. im Selbstverlag erschienene [verbotene] Literatur in der ehemaligen Sowjetunion
Sa|mi|sen u. Schamisen *die;* -, - ⟨über das Japan. aus *chin.* san hsien „drei Saiten"⟩: dreisaitige, mit einem Kiel gezupfte japan. Gitarre
Sam|khja u. Sankhja [...kja] *das;* -[s] ⟨aus *sanskr.* sāṁkhya⟩: ↑ dualistisches religionsphilosophisches System im alten Indien; vgl. Wedanta
Sam|norsk *das;* - ⟨aus *norw.* samnorsk „Gemeinnordisch"⟩: (teils angestrebte, oft abgelehnte) gemeinsame norwegische Landessprache, die ↑ Bokmål u. ↑ Nynorsk vereinigt
Sa|mo|je|de *der;* -n, -n ⟨aus gleichbed. *russ.* samoed, von den Samojeden, Völkern der subarktischen Tundra u. Taiga, von denen diese Hunderasse zuerst gezüchtet wurde⟩: eine weiche, lange weiße Behaarung aufweisender Nordlandhund, der als Wach- u. Schlittenhund geeignet ist
Sa|mos *der;* -, - ⟨nach der gleichnamigen griech. Insel⟩: pikanter, madeiraähnlicher Dessertwein mit Muskatnote von der Insel Samos
Sa|mo|war [auch 'za...] *der;* -s, -e ⟨aus gleichbed. *russ.* samovar, zu sam „selbst" u. varit' „kochen", eigtl. „Selbstkocher"⟩: russ. Teemaschine
Sam|pan *der;* -s, -s ⟨aus gleichbed. *chin.* san pan, eigtl. „drei Bohlen"⟩: flaches, breites Ruder- od. Segelboot, das in Ostasien für den Verkehr auf Flüssen u. in Seehäfen verwendet wird, vielfach auch als Wohnboot
Sam|pi *das;* -[s], -s ⟨aus *gr.* sámpi⟩: Buchstabe im ältesten griech. Alphabet, der als Zahlzeichen für 900 fortlebte; Zeichen ϡ
Sam|ple [...pl, *engl.* sɑːmpl] *das;* -[s], -s ⟨aus *engl.* sample „Muster, Probe", dies über *altfr.* essample aus *lat.* exemplum „Beispiel", vgl. Exempel⟩: 1. a) repräsentative Stichprobe, Auswahl; b) aus einer größeren Menge repräsentativ ausgewählte Gruppe von Individuen (in der Markt- u. Meinungsforschung). 2. Warenprobe, Muster. **Sam|pler** *der;* -s, - ⟨aus gleichbed. *engl.* sampler⟩: 1. geologischer Assistent bei Erdölbohrungen. 2. [auch sɑːmplə] a) Gerät od. Funktionseinheit zur Speicherung u. Wiedergabe verschiedener Schall- od. Klangspektren (Elektronik); b) Langspielplatte bzw. Compact Disc, auf der [erfolgreiche] Titel von verschiedenen bekannten Musikern, Sängern, Gruppen zusammengestellt sind
Sam|sa|ra u. Sansara *das;* - ⟨aus *sanskr.* saṁsāra „Seelenwanderung"⟩: der endlose Kreislauf von Tod u. Wiedergeburt, aus dem die ind. Erlösungsreligionen den Menschen zu befreien suchen
Sam|schu *das;* -s, -s ⟨aus dem Chin.⟩: Reiswein, aus Reis bereitetes alkoholisches Getränk
Sa|mum [auch ...'muːm] *der;* -s, Plur. -s u. -e ⟨aus gleichbed.

arab. samūm⟩: ein heißer, sandführender Wüstenwind in Nordafrika u. Arabien

Sa|mu|rai *der;* -[s], -[s] ⟨aus gleichbed. *jap.* samurai, eigtl. „Dienender"⟩: 1. (ohne Plur.) japan. Adelsklasse der Feudalzeit. 2. Angehöriger dieser Adelsklasse

San ⟨aus gleichbed. *it.* bzw. *span.* san, dies aus *lat.* sanctus, vgl. ¹Sanctus⟩: ital. bzw. span. Bez. für ↑Sankt; Abk. S.

sa|na|bel ⟨aus *lat.* sanabilis „heilbar" zu sanare, vgl. sanieren⟩: heilbar, Heilaussichten bietend (Med.). **Sa|na|ti|on** *die;* -, -en ⟨aus gleichbed. *lat.* sanatio zu sanare, vgl. sanieren⟩: Heilung (einer Krankheit; Med.). **Sa|na|to|gen** Ⓡ *das;* -s ⟨zu *lat.* sanatus, Part. Perf. von sanare (vgl. sanieren) u. ↑...gen⟩: Stärkungsmittel aus hochwertigem Eiweiß. **Sa|na|to|ri|um** *das;* -s, ...ien [...jən] ⟨zu ↑...orium⟩: [klimatisch günstig gelegene] unter ärztlicher Leitung stehende Heilstätte, in der chronisch Kranke od. Genesende behandelt werden, Kurheim

San|cho Pan|sa [...tʃo –] *der;* - -, - -s ⟨nach dem Namen des Begleiters von ↑Don Quichotte⟩: mit Mutterwitz ausgestatteter, realistisch denkender Mensch

Sanc|ta [...ŋk...] *ohne Artikel;* Gen. ...tae [...tɛ], Plur. ...tae [...tɛ] ⟨aus *lat.* sancta, Fem. von sanctus, vgl. ¹Sanctus⟩: weibliche Form von ↑¹Sanctus. **Sanc|ta Se|des** *die;* - - ⟨kirchenlat.; zu *lat.* sedes „Sitz, Stuhl"⟩: Heiliger (Apostolischer) Stuhl; vgl. apostolisch. **sanc|ta sim|pli|ci|tas!** [– ...ts...] ⟨*lat.;* „heilige Einfalt!"⟩: Ausruf des Unwillens bzw. Erstaunens über jemandes Begriffsstutzigkeit. **Sanc|tio** *die;* - ⟨aus *lat.* sanctio „Strafbestimmung, Vorbehalt"; vgl. Sanktion⟩: Strafandrohung in mittelalterlichen Urkunden für eine Verletzung des durch die Urkunde begründeten Rechtsakts (Rechtsw.); vgl. Sanktion. **Sanc|tis|si|mum** vgl. Sanktissimum. **Sanc|ti|tas** *die;* - ⟨aus *lat.* sanctitas, eigtl. „Unverletzlichkeit, Unantastbarkeit"⟩: Heiligkeit (Titel des Papstes). **Sanc|tum Of|fi|ci|um** [– ... ...tsiʊm] *das;* - - ⟨kirchenlat.; zu *lat.* officium, vgl. Offizium⟩: ↑Kardinalskongregation für die Reinhaltung der kath. Glaubens- u. Sittenlehre (Heiliges Offizium). **¹Sanc|tus** u. **Sanktus** *ohne Artikel;* Gen. ...ti, Plur. ...ti ⟨aus *lat.* sanctus „heilig"⟩: lat. Bez. für ↑Sankt. **²Sanc|tus** *das;* -, - ⟨zu ↑¹Sanctus; nach den lat. Anfangsworten von Jes. 6, 3 in der Fassung der Vulgata⟩: Lobgesang vor der ↑Eucharistie

San|dal *das;* -s, -s ⟨aus gleichbed. *türk.* sandal, wohl zu sandal „Sandelholz", dies über *arab.* ṣandal aus dem Altind.⟩: schmales, langes, spitzzulaufendes türk. Boot

San|da|le *die;* -, -n ⟨über *lat.* sandalium aus *gr.* sandálion, sándalon „Riemenschuh"⟩: leichter Schuh für die Sommerzeit, dessen Oberteil aus [Leder]riemen besteht. **San|da|let|te** *die;* -, -n ⟨französierende Bildung zu ↑Sandale; vgl. ...ette⟩: leichter sandalenartiger Sommerschuh. **San|da|lit** [auch ...'lɪt] *der;* -en, -e ⟨zu ↑²...it⟩: versteinerte Pantoffelmuschel

San|da|rak *der;* -s ⟨über *lat.* sandaraca aus gleichbed. *gr.* sandarákē⟩: Harz der Sandarakzypresse, das für Pflaster, Lacke u. Kitte verwendet wird. **San|da|rak|zy|pres|se** *die;* -, -n: im westlichen Nordafrika heimische (harzreiche) Zypressenart

San|dhi [...di] *das* od. *der;* - ⟨aus *sanskr.* saṃdhi „Verbindung, Vereinigung"⟩: lautliche Veränderung, die der Anod. Auslaut eines Wortes durch den Aus- od. Anlaut eines benachbarten Wortes erleidet (z. B. franz. fait accompli [fɛtakõ'pli]; Sprachw.); vgl. Pausaform

San|di|nis|mus *der;* - ⟨nach dem nicaraguanischen Guerillaführer A. Sandino (1895–1934) u. zu ↑...ismus (1)⟩: dem ↑Marxismus nahestehende politische Bewegung in Nicaragua, bes. in den 70er u. 80er Jahren. **San|di|nist** *der;* -en, -en ⟨zu ↑...ist⟩: Anhänger des Sandinismus. **san|di|nistisch** ⟨zu ↑...istisch⟩: den Sandinismus betreffend

San|dschak *der;* -s, -s ⟨aus gleichbed. *türk.* sancak, eigtl. „Banner"⟩: (veraltet) 1. türk. Standarte (Hoheitszeichen). 2. türk. Regierungsbezirk

San|dschan *der;* -[s] ⟨nach der gleichnamigen pers. Stadt⟩: dem ↑Hamadan ähnlicher Teppich von geringerer Qualität

Sand|wich ['zɛntvɪtʃ] *das,* auch *der;* Gen. -[e]s od. -, Plur. -s od. -es [...tʃɪs], auch -e ⟨aus gleichbed. *engl.* sandwich, nach dem 4. Earl of Sandwich, 1718–1792⟩: 1. zwei zusammengelegte, mit Käse, Schinken o. ä. belegte Weißbrotscheiben od. Brötchenhälften. 2. (österr.) belegtes Brot, Brötchen. 3. Kurzform von ↑Sandwichmontage. 4. Belag des Tischtennisschlägers aus einer Schicht Schaumgummi o. ä. u. einer Schicht Gummi mit Noppen. 5. auf Brust u. Rücken zu tragendes doppeltes Plakat, das für politische Ziele, für Produkte o. ä. wirbt. **Sand|wich|board** [...bɔːd] *das;* -s, -s ⟨zu *engl.* board „Brett, Tafel"⟩: geschichtete Holzplatte, die außen meist aus Sperrholz u. in der Mitte aus einer Faser- od. Spanplatte besteht od. einen Hohlraum aufweist. **Sand|wich|man** [...mɛn] *der;* -, ...men [...mɛn] u. **Sand|wich|mann** *der;* -[e]s, ...männer ⟨aus gleichbed. *engl.* sandwich man⟩: jmd., der Werbeplakate auf Rücken u. Brust trägt. **Sand|wich|mon|ta|ge** [...taːʒə] *die;* -, -n: Fotomontage, die dadurch entsteht, daß zwei [teilweise abgedeckte] Negative Schicht an Schicht zusammengelegt u. vergrößert od. kopiert werden. **Sand|wich|picker¹** *der;* -s, -[s] ⟨zu *engl.* picker „Pflücker"⟩: svw. Sandwichman. **Sand|wich|tech|nik** *die;* -: Herstellungsverfahren (bes. im Flugzeugbau u. bei der Skifabrikation), bei dem das Material als Platten verschiedener Stärke u. aus verschiedenartigen Substanzen zusammengefügt wird

san|fo|ri|sie|ren ⟨aus gleichbed. *engl.* to sanforize; nach dem amerik. Erfinder Sanford L. Cluett (1874–1968); vgl. ...isieren⟩: [Baumwoll]gewebe durch ein bestimmtes Verfahren mit trockener Hitze so behandeln, daß sie später beim Waschen nicht od. nur geringfügig einlaufen; krumpfecht machen

San|gam|li|te|ra|tur *die;* - ⟨nach einer legendären, Sangam genannten Akademie zur Pflege der Tamilpoesie⟩: metrische Bardendichtung der Tamilen (vgl. Tamil)

San|ga|ree [sæŋgə'riː] *der;* -, -s ⟨aus gleichbed. *engl.* sangaree, dies aus *span.* sangría, vgl. Sangria⟩: ein alkoholisches Mixgetränk

Sang-de-bœuf [sãd'bœf] *das;* - ⟨aus gleichbed. *fr.* sang-de-bœuf, eigtl. „Rindsblut"⟩: einfarbiges chinesisches Porzellan. **Sang-froid** [...'froa] *das;* - ⟨aus gleichbed. *fr.* sang-froid⟩: (veraltet) Kaltblütigkeit

San|gha [...ga] *sg.* Samgha

San|gria [zan'griːa, auch 'za...] *die;* -, -s ⟨aus gleichbed. *span.* sangría, eigtl. „Aderlaß", zu sangre „Blut" (wegen der roten Farbe), dies aus *lat.* sanguis⟩: eine kalte Rotweinbowle. **San|gri|ta** Ⓡ *die;* -, -s ⟨aus gleichbed. *mex.-span.* sangrita⟩: mexikanisches Mischgetränk aus Tomaten, Gewürzen u. a. **San|gui|ni|ker** *der;* -s, - ⟨zu ↑sanguinisch⟩: a) (ohne Plur.) (nach dem von Hippokrates aufgestellten Temperamentstyp) lebhafter, temperamentvoller, lebensbejahender Mensch; b) einzelner Vertreter dieses Temperamentstyps; vgl. Choleriker, Melancholiker, Phlegmatiker. **san|guinisch** ⟨nach *lat.* sanguineus „aus Blut bestehend; blutvoll" zu sanguis „Blut"⟩: zum Temperamentstyp des Sanguinikers gehörend; vgl. cholerisch, melancholisch, phlegmatisch. **san|gui|no|lent** ⟨aus *lat.* sanguinolentus „voll Blut,

mit Blut erfüllt"): blutig, mit Blut vermischt (z. B. von Urin; Med.)
San|he|drin *der;* -s ⟨aus *hebr.* sanhedrîn „Ratsversammlung"⟩: svw. Synedrium
San-hsien [...çian] u. Sanxian [...çian] *die;* -, - ⟨aus *chin.* san hsien „drei Saiten"⟩: chines. Laute mit langem Hals, drei Saiten u. rechteckigem seitlichem Resonanzkörper, die der japan. Samisen entspricht
Sa̱|ni *der;* -s, -s ⟨Kurzform von ↑ Sanitäter⟩: (ugs.) Sanitätssoldat
Sa|ni|din *der;* -s, -e ⟨zu *gr.* sanís, Gen. sanídos „Brettchen" u. ↑ ...in (1)⟩: ein farbloses, durchscheinendes Feldspatmineral. **Sa|ni|di|nit** [auch ...'nıt] *der;* -s, -e (meist Plur.) ⟨zu ↑² ...it⟩: vulkanischer Auswürfling von Tiefengesteinen od. metamorphen Schiefern, der bes. reich an Sanidin ist
sa|nie̱|ren ⟨aus *lat.* sanare „gesund machen, heilen"⟩: 1. a) einen Krankheitsherd [operativ] beseitigen (Med.); b) nach dem Geschlechtsverkehr die Harnröhre mit einer desinfizierenden Lösung spülen, um eventuell vorhandene Erreger von Geschlechtskrankheiten abzutöten (bes. früher beim Militär). 2. a) [in einem Stadtteil] gesunde Lebensverhältnisse schaffen (z. B. durch Modernisierung alter Gebäude od. durch Neubauten; b) ein Haus, eine Wohnung modernisierend umgestalten; c) wieder in einen intakten Zustand versetzen (z. B. verschmutzte Gewässer); d) svw. reformieren (1). 3. einem Unternehmen o. ä. durch Maßnahmen aus wirtschaftlichen Schwierigkeiten heraushelfen. 4. sich -: a) wirtschaftlich gesunden, eine wirtschaftliche Krise überwinden; b) (ugs.) mit Manipulationen den bestmöglichen Gewinn aus einem Unternehmen od. einer Position herausholen [u. sich dann zurückziehen]. **Sa|nie̱rung** *die;* -, -en ⟨zu ↑ ...ierung⟩: 1. das Sanieren (1, 2). 2. das Wiederherstellen einer wirtschaftlichen ↑ Rentabilität (z. B. eines Unternehmens). **Sa|nie̱|rungs|bi|lanz** *die;* -: zu Beginn od. nach Abschluß einer Sanierung (2) aufgestellte ↑ Bilanz eines Unternehmens (Wirtsch.). **Sa|nie̱|rungs|pro|gramm** *das;* -s, -e: ↑ Programm (3) zur städtebaulichen, betrieblichen od. ökologischen Sanierung
Sa̱|nif *der;* -s ⟨aus gleichbed. *hebr.* šānîf⟩: Kopfbedeckung des jüd. Hohenpriesters im alten Israel
sa|ni|tär ⟨aus gleichbed. *fr.* sanitaire zu *lat.* sanitas, vgl. Sanität⟩: der Gesundheit, der Hygiene dienend, sie betreffend; -e Anlagen: a) Bad u. Toilette in einer Wohnung; b) öffentliche Toilette. **Sa|ni|tär...**: Wortbildungselement mit der Bedeutung „die sanitären Anlagen betreffend", z. B. Sanitärbereich, Sanitärbranche. **Sa|ni|tär|in|stal|la|ti̱on** *die;* -, -en: 1. das Installieren von Sanitäranlagen. 2. (meist Plur.) ↑ Installation (1) im Bereich sanitärer Anlagen. **sa|ni|ta|risch** ⟨latinisiert aus gleichbed. *fr.* sanitaire⟩: (schweiz.) gesundheitlich; das Gesundheitswesen betreffend. **Sa|ni|tär|tech|nik** *die;* -: Zweig der Haustechnik, der sich mit der Herstellung u. ↑ Installation (1) sanitärer Einrichtungen befaßt. **Sa|ni|tät** *die;* -, -en ⟨aus *lat.* sanitas, Gen. sanitatis „Gesundheit"⟩: (schweiz. u. österr.) a) (ohne Plur.) militärisches Gesundheitswesen, Sanitätswesen; b) Sanitätstruppe. **Sa|ni|tä̱|ter** *der;* -s, -: 1. jmd., der in der Ersten Hilfe ausgebildet ist; Krankenpfleger. 2. als Sanitäter (1) dienender Soldat. **Sa|ni|tä̱ts|aka|de|mie** *die;* -, ...ien [...i:ən]: zentrale Aus- u. Weiterbildungsstätte für den Sanitätsdienst (Milit.). **Sa|ni|tä̱ts|po|li|zei** *die;* -: (bes. österr.) Gesundheitspolizei. **Sa|ni|tä̱ts|rat** *der;* -[e]s, ...räte: 1. (veraltend) Ehrentitel für verdiente Ärzte; Abk.: San.-Rat. 2. (österr.) beratendes u. begutachtendes Organ des Gesundheitswesens. **sa|ni|tized** ['sænıtaızd] ⟨*engl.*; Part. Perf. von to sanitize „desinfizieren, hygienisch machen"⟩: hygienisch einwandfrei, desinfiziert
Sa̱n|ka u. Sa̱nkra *der;* -s, -s ⟨Kurzw. aus *Sani*tätskraft*wa*gen⟩: (bes. Soldatenspr.) [Militär]krankenwagen
San|key|dia|gramm ['sæŋkı...] *das;* -s, -e ⟨nach dem ir. Ingenieur H. P. R. Sankey (1853–1921) u. zu ↑ Diagramm⟩: graphische Darstellung des Wärmeflusses u. der Wärmebilanz einer Energieanlage
Sa̱n|khja [...kja] vgl. Samkhja
Sa̱n|kra vgl. Sanka
Sa̱nkt ⟨aus gleichbed. *lat.* sanctus, Fem. sancta⟩: heilig (in Heiligennamen u. auf solche zurückgehenden Ortsnamen), z. B. - Peter, - Anna, - Gallen; Abk.: St.; vgl. ¹Sanctus. **Sank|ti|fi|ka|ti|on** *die;* -, -en ⟨aus *lat.* sanctificatio „Heiligung" zu sanctus „heilig" u. ↑ ...fikation⟩: Heiligsprechung (kath. Kirche). **sank|ti|fi|zie|ren** ⟨aus gleichbed. *lat.* sanctificare⟩: heiligsprechen (kath. Kirche). **Sank|ti|mo̱|ni|um** *das;* -s, ...ia ⟨aus gleichbed. *lat.* sanctimonium⟩: (veraltet) Heiligtum. **Sank|ti|on** *die;* -, -en ⟨über gleichbed. *fr.* sanction aus *lat.* sanctio „Heiligung, Billigung; geschärfte Verordnung, Strafgesetz" zu sancire „heiligen, als unverbrüchlich festsetzen, bei Strafe verbieten"⟩: 1. Billigung, Bestätigung, Anerkennung. 2. a) Anweisung, die einen Gesetzesinhalt zum verbindlichen Rechtssatz erhebt; b) (meist Plur.) Maßnahme, die gegen einen Staat eingeleitet wird, der das Völkerrecht verletzt hat (Rechtsw.); vgl. Sanctio. 3. (meist Plur.) Zwangsmaßnahme, Sicherung[sbestimmung]. 4. gesellschaftliche Reaktion sowohl auf normgemäßes als auch auf von der Norm abweichendes Verhalten (Soziol.); negative -: Reaktion auf von der Norm abweichendes Verhalten in Form einer Zurechtweisung o. ä.; positive -: Reaktion auf normgerechtes Verhalten in Form von Belohnung o. ä. **sank|tio|nie̱|ren** ⟨nach gleichbed. *fr.* sanctionner⟩: 1. Gesetzeskraft erteilen. 2. billigen, bestätigen, gutheißen. 3. mit bestimmten Maßnahmen, z. B. Tadel, auf eine Normabweichung reagieren; Sanktionen verhängen. **Sank|ti|ons|po|ten|ti|al** *das;* -s ⟨zu ↑ Sanktion⟩: Summe von Mitteln u. Möglichkeiten, die zur Durchsetzung von Anordnungen od. Normen zur Verfügung stehen (Soziol.). **Sank|tis|si|mum** *das;* -s ⟨aus gleichbed. *kirchenlat.* sanctissimum, eigtl. „Allerheiligstes", Superlativ von *lat.* sanctus „heilig": die geweihte ↑ Hostie (kath. Rel.). **Sank|tu|ar, Sank|tua|ri|um** *das;* -s, ...ien [...jən] ⟨aus *lat.* sanctuarium „Heiligtum"⟩: a) Altarraum einer kath. Kirche; b) [Aufbewahrungsort für einen] Reliquienschrein. **Sa̱nk|tus** vgl. ¹Sanctus
San|nya̱|sin *der;* -s, -e ⟨zu *sanskr.* saṃnyāsa „Entsagung"⟩: ein Mensch, der der Welt entsagt hat u. nur noch nach Befreiung u. nach Einswerden mit Gott strebt (im Hinduismus)
Sa̱n|sa vgl. Zanza
San|sa̱|ra vgl. Samsara
sans cé|ré|mo|nie [sãseremɔ'ni] ⟨*fr.*⟩: (veraltet) ohne Umstände
Sans|cu|lot|te [sãsky'lɔtə] *der;* -n, -n ⟨aus gleichbed. *fr.* sansculotte, eigtl. „ohne Kniehose", urspr. Spottname, da die Revolutionäre mit langen Hosen (pantalons) anstelle der von den Aristokraten getragenen Kniehosen (culottes) bekleidet waren⟩: (abwertend) proletarischer Revolutionär der Franz. Revolution. **Sans|cu|lot|ti̱|den** *die* (Plur.) ⟨aus gleichbed. *fr.* sansculottides (jours)⟩: Ergänzungstage des franz. Revolutionskalenders
sans doute [sã'dut] ⟨*fr.*⟩: (veraltet) ohne Zweifel, sicher
San|se|vie̱|ria [...'vi̯e:...] u. **San|se|vie̱|rie** [...i̯ə] *die;* -, ...ien [...i̯ən] ⟨aus *nlat.* sansevieria, nach dem ital. Gelehrten

Raimondo di Sangro, Fürst von San Severo, 1710–1771⟩: 1. tropisches Liliengewächs mit wertvoller Blattfaser, Bogenhanf. 2. eine Zierpflanze

sans fa|çon [sãfa'sõ] ⟨fr.⟩: (veraltet) ohne Umstände; vgl. Fasson. **sans gêne** [sã'ʒɛn] ⟨fr.⟩: (veraltet) ungezwungen; nach Belieben; vgl. ¹Gene

Sans|krit das; -s ⟨aus gleichbed. sanskr. saṁskṛtá⟩: (noch heute) in Indien als Literatur- u. Gelehrtensprache verwendete altind. Sprache. **sans|kri|tisch**: das Sanskrit betreffend. **Sans|kri|tist** der; -en, -en ⟨zu ↑ ...ist⟩: Wissenschaftler auf dem Gebiet der Sanskritistik. **Sans|kri|tistik** die; - ⟨zu ↑ ...istik⟩: Wissenschaft von der altind. Literatursprache Sanskrit, der in dieser Sprache geschriebenen Literatur u. der altind. Kultur

sans phrase [sã'fra:z] ⟨fr.⟩: (veraltet) ohne Umschweife

Sant' ⟨verkürzt aus it. santa bzw. santo⟩: (vor ital. männlichen u. weiblichen Namen, die mit Vokal beginnen) svw. Santa, Santo. **San|ta** ⟨aus gleichbed. it., span. bzw. port. santa, dies aus lat. sancta, Fem. von sanctus, vgl. ¹Sanctus⟩: ital., span. u. port. Bez. für ↑Sankt; Abk.: S., Sta. **San|ta Claus** ['sæntəklɔ:z] der; -, - ⟨engl.-amerik.; nach gleichbed. niederl. Sinterklaas, dies abgewandelt zu Sint Nikolaas „Sankt Nikolaus", nach dem Namen eines Bischofs in Kleinasien, vgl. Nikolaus⟩: amerik. Bez. für Weihnachtsmann. **San|ta con|ver|sa|zio|ne** [– kɔnvɛr...] die; - - ⟨aus it. santa conversazione „heiliges Gespräch"⟩: svw. Sacra conversazione

San|ta|lol das; -s ⟨zu ↑Santalum u. ↑...ol⟩: ein ungesättigter Terpenalkohol; Hauptbestandteil des ostind. Sandelholzöls. **San|ta|lum** das; -s ⟨aus gleichbed. gr. sántalon, dies über das Pers. aus sanskr. candana zu candrá „leuchtend"⟩: Sandelbaum

San|te ⟨aus gleichbed. it. sante, Plur. von santa, vgl. Santa⟩: ital. Bez. für ↑Sankt (vor mehreren weiblichen Namen); Abk.: SS.

San|ten das; -s ⟨zu ↑Santalum u. ↑...en⟩: Kohlenwasserstoff aus der Gruppe der zyklischen Monoterpene, farblose, flüssige Substanz, die in ätherischen Ölen (bes. Sandelöl u. Fichtennadelöl) vorkommt

San|ti ⟨aus gleichbed. it. santi, Plur. von santo, vgl. Santo⟩: ital. Bez. für ↑Sankt (vor mehreren männlichen Namen); Abk.: SS. **San|to** ⟨aus gleichbed. it., span. bzw. port. santo, dies aus lat. sanctus, vgl. ¹Sanctus⟩: ital., span. u. port. Bez. für ↑Sankt; Abk.: S.

San|ton das; -s ⟨nach der Landschaft Saintogne in Westfrankreich⟩: mittlere Stufe der oberen Kreide (Geol.). **San|to|nin** das; -s ⟨zu lat. herba Santonica „santonisches Kraut" (zu Santonicus „die Santonen, ein Volk im westlichen Gallien, betreffend") u. ↑...in (1)⟩: in den unreifen Blütenköpfen des Zitwerbeifußes vorkommende Substanz mit stark bitterem Geschmack, die als Mittel gegen Spulwürmer verwendet wird

San|to|rin|er|de die; - ⟨nach Santorin, dem seit dem Mittelalter gebräuchlichen Namen für die griech. Insel Thera⟩: weicher, aus Kalk u. Ton bestehender vulkanischer Tuff, der als Zusatz zu hydraulischem Mörtel verwendet wird

San|tur die; -, - ⟨aus dem Arab.⟩: altes orientalisches hackbrettähnliches Saiteninstrument mit trapezförmigem Resonanzkörper

San|xi|an [...çian] vgl. San-hsien

San|ya|si [...'ja:...] der; -[s], -n ⟨zu sanskr. sányas „älter", Komparativ von sána „alt"⟩: Anhänger des Bhagwans Rajneesh

São [sãu] ⟨aus gleichbed. port. são, dies zu lat. sanctus, vgl. ¹Sanctus⟩: port. Bez. für ↑Sankt; Abk.: S.

Sa|pẹl|li das; - ⟨aus dem Afrik.⟩: hartes, fein strukturiertes, gut polierfähiges, meist goldglänzendes Holz von einem westafrik. Zedragewächs, das u. a. für Möbelfurniere, als Parkett- u. Ausstattungsholz verwendet wird

sa|pe|re au|de ⟨lat.; „wage es, weise zu sein" (nach Horaz, Episteln I, 2, 40)⟩: von I. Kant als Wahlspruch der Aufklärung in der Interpretation „habe Mut, dich deines eigenen Verstandes zu bedienen" wieder aufgegriffen

Sa|phir [auch ...'fi:ɐ̯] der; -s, -e ⟨über (spät)lat. sapp(h)irus aus gleichbed. gr. sáppheiros, dies aus dem Semit.⟩: 1. [durchsichtig blauer] Edelstein. 2. Nadel mit Saphirspitze am Tonabnehmer eines Plattenspielers. **sa|phi|ren**: aus Saphir gearbeitet, bestehend

sa|pi|ẹn|ti sat ⟨lat.; „genug für den Verständigen"⟩: für den Eingeweihten bedarf es keiner weiteren Erklärung o. ä.

Sa|pin der; -s, -e, **Sa|pi|ne** die; -, -n ⟨aus gleichbed. fr. sapine zu sapin „Tanne", dies aus lat. sappinus⟩: (österr.) Spitzhacke, Pickel zum Heben u. Wegziehen von gefällten Baumstämmen

Sa|po der; -s, ...pones [...ne:s] ⟨aus gleichbed. lat. sapo, Gen. saponis „Seife"⟩: zusammenfassende Bez. für Seifen, bes. zur therapeutischen Verwendung (Pharm., Med.). **Sa|po|na|ria** die; - ⟨aus gleichbed. nlat. saponaria, dies über mlat. saponaria, Fem. von saponarius „zur Seife gehörig" zu lat. sapo, vgl. Sapo⟩: Seifenkraut (Zier- u. Heilpflanze). **Sa|po|ni|fi|ka|ti|on** die; -, -en ⟨zu lat. sapo (vgl. Sapo) u. ↑...fikation⟩: Verseifung des Körperfetts bei unter Luftabschluß liegenden Leichen (Chem.). **sa|po|ni|fi|zie|ren** ⟨zu ↑...fizieren⟩: verseifen (Chem.). **Sa|po|nin** das; -s, -e ⟨zu ↑...in (1)⟩: in vielen Pflanzen enthaltener Stoff (Glykosid), der zur Herstellung von Reinigungs- u. Arzneimitteln verwendet wird. **Sa|po|nit** [auch ...'nɪt] der; -s, -e ⟨zu ↑²...it⟩: Seifenstein, ein weißes, graues, gelbes od. braunes, fettglänzendes Mineral

Sa|po|te die; -, -n ⟨aus gleichbed. span. zapote, dies aus aztek. tzápotl⟩: Frucht des Sapotillbaums. **Sa|po|till|baum** der; -[e]s, ...bäume ⟨Lehnübersetzung von gleichbed. span. zapotillo, Verkleinerungsform von zapote, vgl. Sapote⟩: in Mittelamerika heimischer Laubbaum mit eßbaren Früchten, aus dessen Rinde ↑Chiole gewonnen wird

Sa|po|to|xin das; -s ⟨zu lat. sapo (vgl. Sapo) u. ↑Toxin⟩: stark giftiges Saponin

Sap|pan|holz das; -es ⟨Lehnübersetzung von gleichbed. malai. sapang⟩: ostind. Rotholz

Sap|pe die; -, -n ⟨aus gleichbed. fr. sape zu saper „untergraben", dies über älter fr. sape „Karst" aus dem Ital., weitere Herkunft unsicher⟩: (veraltet) [für einen Angriff auf Festungen angelegter] Laufgraben

Sap|pel vgl. Sapin

sap|per|lot vgl. sackerlot. **sap|per|ment** vgl. sackerment

Sap|peur [...'pø:ɐ̯] der; -s, -e ⟨aus gleichbed. fr. sapeur zu saper, vgl. Sappe⟩: 1. (veraltet) Soldat für den Sappenbau. 2. (schweiz.) Soldat der technischen Truppe, Pionier

sap|phisch ['zafɪʃ, auch 'zapfɪʃ] ⟨nach der altgriech. Dichterin Sappho (um 600 v. Chr. auf der Insel Lesbos)⟩: die Dichterin Sappho u. ihre Werke betreffend, auf sie bezüglich; -e Liebe: ↑lesbische Liebe; -e Strophe: eine antike lyrische Strophenform. **Sap|phis|mus** der; - ⟨zu ↑...ismus (3)⟩: svw. ↑lesbische Liebe

sap|pra|di ⟨wohl entstellt zu lat. sacramentum domini „das Sakrament des Herrn"⟩: Ausruf des Erstaunens u. der Verwünschung

sapr..., **Sapr...** vgl. sapro..., Sapro... **Sapr|ä|mie** die; -, ...ien ⟨zu ↑sapro... u. ↑...ämie⟩: schwere, allgemeine Blutvergiftung (Med.)

Sarkomphalos

sa|pri|sti! ⟨entstellt aus *lat.* sacramentum Christi „Sakrament Christi"⟩: (veraltet) svw. sappradi

sa|pro..., Sa|pro..., vor Vokalen meist sapr..., Sapr... ⟨aus *gr.* saprós „faul"⟩: Wortbildungselement mit der Bedeutung „Fäulnis, faulender Stoff", z. B. Saprobiont, Saprämie. **Sa|pro|bie** [...i̯ə] *die;* -, -n (meist Plur.) ⟨zu *gr.* bíos „Leben" u. ↑¹...ie⟩: pflanzlicher od. tierischer Organismus, der in od. auf faulenden Stoffen lebt u. sich von ihnen ernährt; Ggs. ↑ Katharobie. **Sa|pro|bi|en|sy|stem** [...i̯ən...] *das;* -s: biologisches System zur Ermittlung u. Klassifizierung der Größenordnung des Abbaus organischer Substanzen in Gewässern zur Beurteilung der Gewässergüte. **Sa|pro|bi|ont** *der;* -en, -en ⟨zu ↑...biont⟩: svw. Saprobie. **sa|pro|bisch:** a) in faulenden Stoffen lebend (von Organismen); b) die Fäulnis betreffend. **sa|pro|gen** ⟨zu ↑...gen⟩: fäulniserregend. **Sa|pro|koll** *das;* -s ⟨verkürzt aus ↑ Sapropel u. *gr.* kólla „Leim"⟩: eine Faulschlammkohlenart. **Sa|pro|le|gnia** *die;* -, ...ien [...i̯ən] ⟨zu *gr.* légnon „Saum, Rand" u. ↑¹...ia⟩: ein ↑ parasitischer Algenpilz (Wasserschimmel). **Sa|pro|no|se** *die;* -, -n ⟨zu ↑¹...ose⟩: durch Fäulniserreger verursachte Erkrankung (Med.). **Sa|pro|pel** *das;* -s, -e ⟨zu *gr.* pēlós „Schlamm"⟩: Faulschlamm, der unter Sauerstoffabschluß in Seen u. Meeren entsteht. **Sa|pro|pe|lit** [auch ...'lɪt] *der;* -s, -e ⟨zu ↑²...it⟩: Faulschlammkohle. **sa|pro|pe|li|tisch:** faulschlammartig. **Sa|pro|pha|ge** *der;* -n, -n (meist Plur.) ⟨zu ↑...phage⟩: pflanzlicher od. tierischer Organismus, der sich von faulenden Stoffen ernährt. **sa|pro|phil** ⟨zu ↑...phil⟩: auf, in od. von faulenden Stoffen lebend (von Organismen; Biol.). **Sa|pro|phyt** *der;* -en, -en ⟨zu ↑...phyt⟩: Organismus, bes. Bakterie, Pilz, der sich von faulenden Stoffen ernährt. **sa|pro|phy|tär** ⟨zu ↑...är⟩: a) auf Saprophyten bezogen; b) von abgestorbenen organischen Substanzen lebend (von Kleinlebewesen; Biol., Med.). **sa|pro|phy|tisch:** zum Saprophyten gehörend, in der Art eines Saprophyten (Bot.). **Sa|pro|zo|on** *das;* -s, ...zoen ⟨zu *gr.* zōon „Lebewesen, Tier"⟩: Tier, das sich von faulenden Stoffen ernährt

Sa|ra|band u. Se̯ra̯bend *der;* -[s], -s ⟨nach dem iran. Distrikt Sarawan⟩: handgeknüpfter, vorwiegend rot- od. blaugrundiger Perserteppich mit charakteristischer Palmwedelmusterung

Sa|ra|ban|da u. **Sa|ra|ban|de** *die;* -, ...den ⟨aus *it.* sarabanda bzw. *fr.* sarabande, dies über *span.* zarabanda aus dem Arab.⟩: a) langsamer Tanz im ¾-Takt; b) Satz der ↑ Suite (4)

Sa|ra|ba|ren *die* (Plur.) ⟨aus gleichbed. *gr.* sarábara⟩: (früher) lange, weite Beinkleider der Meder u. Perser

Sa|ra|fan *der;* -s, -e ⟨aus gleichbed. *russ.* sarafan, dies über das Turkotat. aus *pers.* serāpā „Ehrengewand"⟩: zur russ. Frauentracht des 18. u. 19. Jh.s gehörendes blusenartiges Kleidungsstück mit großem Halsausschnitt

Sa|ran|gi *die;* -, -s ⟨aus gleichbed. *sanskr.* sāraṅgī⟩: nordind. Kurzhalsfiedel, mit Schallkörper u. breitem Hals aus einem einzigen Stück Holz

Sa|ray [...'raɪ] *das;* -s, -s ⟨aus gleichbed. *türk.* saray; vgl. Serail⟩: Teil des orientalischen Basars, ein um einen Innenhof angeordneter Handelsgebäudekomplex (Läden, Werkstätten, Lagerräume)

Sa|ra|ze|ne *der;* -n, -n ⟨aus *mlat.* Saracenus, urspr. „Angehöriger eines in Arabien ansässigen Stammes (*lat.* Saraceni)", dies über *spätgr.* Sarakēnoí (Plur.) aus *arab.* šarqijjūn „Morgenländer"⟩: (veraltet) Araber, Moslem. **sa|ra|ze|nisch:** (veraltet) zu den Sarazenen gehörend, sie betreffend

Sar|da|na *die;* -, -s ⟨aus gleichbed. *katal.* sardana⟩: katalanischer Reigentanz im ¾- od. %-Takt

Sar|del|le *die;* -, -n ⟨aus gleichbed. *it.* sardella, Verkleinerungsform von sarda, vgl. Sardine⟩: 1. kleiner, dem Hering verwandter Fisch von den westeuropäischen Küsten des Mittelmeers, der eingesalzen od. in eine Würztunke eingelegt wird. 2. (meist Plur.) (ugs. scherzh.) Haarsträhne (von noch verbliebenem Haar), die schräg über eine Glatze gelegt ist. **Sar|di|ne** *die;* -, -n ⟨aus gleichbed. *it.* sardina, dies aus *spätlat.* sardina zu *lat.* sarda „Hering"⟩: kleiner, zu den Heringen gehörender Fisch, vor allem von den Küsten West- u. Südeuropas u. Nordafrikas, der hauptsächlich in Öl konserviert wird

sar|do|nisch ⟨aus gleichbed. *lat.* sardonius (risus), dies aus (*spät)gr.* sardónios (gélōs), eigtl. „bitteres Lachen", zu sardónios „bitter", wohl nach der auf Sardinien wachsenden Pflanze Sardonia herba, deren Genuß Gesichtsverzerrungen hervorrufen soll⟩: (vom Lachen, Lächeln o. ä.) boshaft, hämisch u. fratzenhaft verzerrt; -es Lachen: scheinbares Lachen, das durch Gesichtskrämpfe hervorgerufen wird (Med.)

Sard|onyx *der;* -[es], -e ⟨über *lat.* sardonyx aus gleichbed. *gr.* sardónyx zu sárdios „aus Sardinien" u. ónyx, vgl. Onyx⟩: mehrfarbiger ↑ Achat (Schmuckstein)

Sa|ri *der;* -[s], -s ⟨aus gleichbed. *Hindi* sāṛī, dies aus *altind.* šāṭī „Tuch, Gewand"⟩: kunstvoll gewickeltes Gewand der Inderin

Sa|rin *das;* -s ⟨Kunstw.; vgl. ...in (1)⟩: zu den Nervengiften gehörender chem. Kampfstoff

sark..., Sark... vgl. sarko..., Sarko... **Sar|kas|mus** *der;* -, ...men ⟨über *spätlat.* sarcasmos aus *gr.* sarkasmós „beißender Spott" zu sarkázein „verhöhnen", eigtl. „zerfleischen", dies zu sárx, vgl. Sarx⟩: 1. (ohne Plur.) beißender, verletzender, Spott, Hohn. 2. bissig-spöttische Äußerung, Bemerkung. **sar|ka|stisch** ⟨aus gleichbed. *gr.* sarkastikós⟩: spöttisch, höhnisch. **Sar|ki|ker** *der;* -s, - ⟨zu *gr.* sarkikós „stofflich, fleischlich"⟩: svw. Hyliker. **sar|ko..., Sar|ko...,** vor Vokalen auch sark..., Sark... ⟨aus *gr.* sárx, Gen. sarkós „Fleisch"⟩: Wortbildungselement mit der Bedeutung „fleischiges Gewebe betreffend, fleischartig; Fleisch", z. B. sarkoid, Sarkokarp, Sarkomphalos. **Sar|ko|blast** *der;* -en, -en (meist Plur.) ⟨zu *gr.* blastós „Sproß, Trieb"⟩: svw. Myoblast. **Sar|ko|de** *die;* -, -n ⟨zu *gr.* sarkōdēs „fleischartig"⟩: (veraltet) Protoplasma. **sar|ko|id** ⟨zu ↑ Sarkom u. ↑...oid⟩: sarkomähnlich (von Geschwülsten; Med.). **Sar|ko|id** *das;* -[e]s, -e: 1. linsen- bis bohnengroßer Tumor der Haut mit sarkomähnlichem Charakter, der aber zu spontaner Rückbildung neigt. 2. bei der Sarkoidose auftretendes ↑ Granulom (Med.). **Sar|koi|do|se** [...oi...] *die;* -, -n ⟨zu ↑¹...ose⟩: chronische, aber gutartige u. rückbildungsfähige Erkrankung, die durch Bildung von zahlreichen herdförmigen ↑ Granulomen im Körper gekennzeichnet ist (Med.). **Sar|ko|karp** *das;* -s, -e ⟨zu ↑ sarko... u. ↑...karp⟩: ein fleischig od. saftig ausgebildetes ↑ Mesokarp (z. B. bei der Olive; Bot.). **Sar|ko|lemm** *das;* -s, -en ⟨zu ↑ sarko... u. *gr.* lémma „Rinde, Schale"⟩: Hülle der Muskelfasern (Med.). **Sar|ko|lith** [auch ...'lɪt] *der;* Gen. -s u. -en, Plur. -e[n] ⟨zu ↑...lith⟩: fleischfarbenes Silikatmineral. **Sar|ko|ma** *das;* -s, -ta ⟨zu *gr.* sárx (vgl. Sarx) u. ↑...om⟩: bösartige Bindegewebsgeschwulst (Med.). **sar|ko|ma|tös** ⟨zu ↑...ös⟩: auf Sarkomatose beruhend, sarkomartig verändert (von Geweben; Med.). **Sar|ko|ma|to|se** *die;* - ⟨zu ↑¹...ose⟩: ausgebreitete Sarkombildung (Med.). **Sark|om|pha|los** *der;* -, ...li ⟨zu ↑ sarko... u. *gr.* omphalós „Nabel", eigtl. „Fleischnabel"⟩: kleine Wucherung am Nabel, die

Sarkophag

sich manchmal nach Abstoßung der Nabelschnur bildet (Med.). **Sar|ko|phag** *der;* -s, -e ⟨über *spätlat.* sarcophagus aus gleichbed. *gr.* sarkophágos, eigtl. „Fleischverzehrer" (weil urspr. eine die Verwesung fördernde Kalksteinart verwendet wurde)⟩: Steinsarg; Prunksarg. **Sar|ko|plas|ma** *das;* -s ⟨zu ↑sarko...⟩: ↑Protoplasma der Muskelfasern u. Muskelzellen (Biol., Med.). **sar|ko|plas|ma|tisch:** das Sarkoplasma betreffend, aus Sarkoplasma bestehend (Biol., Med.). **Sar|ko|sin** *das;* -s, -e ⟨zu ↑...in (1)⟩: in Muscheln als Abbauprodukt des ↑Kreatins vorkommende Aminosäure (Biochem.). **Sar|ko|ze|le** *die;* -, -n ⟨zu *gr.* kélē „Geschwulst; Bruch"⟩: Geschwulst od. Anschwellung des Hodens (Med.).

Sar|mat *das;* -[e]s ⟨nach dem Volksstamm der Sarmaten, der im Altertum in Südrußland lebte⟩: jüngste Stufe des ↑Miozäns (Geol.)

Sa|ron *der* od. *das;* -, - ⟨aus dem Javan.⟩: bereits um 800 n. Chr. belegtes einoktaviges Metallplatteninstrument (Bronze, Eisen) in Gamelanorchestern

Sa|rong *der;* -[s], -s ⟨aus gleichbed. *malai.* sārung⟩: a) um die Hüfte geschlungener, bunter, oft gebatikter (vgl. Batik) Rock der Indonesierinnen; b) gebatikter od. bunt gewebter Baumwollstoff mit Längskanten für Umschlagtücher

Sa|ros|pe|ri|ode *die;* -, -n ⟨wohl nach dem gräzisierten Namen eines semit. Volkes u. zu ↑Periode⟩: Zeitraum, nach dessen Ablauf sich Sonnen- u. Mondfinsternisse in nahezu gleicher Folge wiederholen (1 Sarosperiode = 18 Jahre u. 11⅓ Tage bzw. 18 Jahre u. 10⅓ Tage, je nach den Schaltjahren; Astron.)

Sar|raß *der;* ...rasses, ...rasse ⟨nach *poln.* za raz „für den Hieb"⟩: Säbel mit schwerer Klinge

Sar|ra|ze|nie [...i̯ə] *die;* -, ...ien [...i̯ən] ⟨nach Sarracenus, dem latinisierten Namen des franz. Arztes M. Sarrasin (1659–1736) u. zu ↑¹...ie⟩: Schlauchpflanze, stengellose Staude mit insektenfangenden Schlauchblättern in sumpfigen Präriegebieten des östlichen Nordamerika

Sar|ru|so|phon *das;* -s, -e ⟨nach dem franz. Militärkapellmeister M. Sarrus u. zu ↑...phon⟩: Blechblasinstrument mit doppeltem Rohrblatt (Mus.)

Sar|sa|pa|rịl|le u. Sassaparille *die;* -, -n ⟨aus gleichbed. *span.* zarzaparilla zu zarza „(Dorn)busch" u. parilla, Verkleinerungsform von parra „Wein(ranke)"⟩: eine mittelamerik. Stechwindenart, deren saponinhaltige Wurzeln als Droge verwendet werden

Sar|se|nett *der;* -[e]s, -e ⟨aus gleichbed. *engl.* sarcenet, dies über das Altfr. aus *mlat.* Saracenus „sarazenisch", dies aus *gr.* Sarakēnos⟩: dichter, baumwollener Futterstoff

Sạr|te *der;* -n, -n (meist Plur.): Angehöriger der türkisierten iran. Stadtbevölkerung in Mittelasien

Sa|ruk *der;* -[s], -s ⟨nach dem iran. Dorf Saruk⟩: Teppich in Blau, Rot u. Creme mit roter od. moosgrüner Bordüre, sehr fester Knüpfung u. kurzem Flor aus glänzender Wolle

Sạrx *das;* - ⟨aus *gr.* sárx, Gen. sarkós „Fleisch"⟩: Körperlichkeit, Leiblichkeit, bes. als Sinnbild für das Vergängliche im Hellenismus

Sar|zị|ne *die;* -, -n (meist Plur.) ⟨aus *lat.* sarcina „Bürde; Bündel, Gepäck"⟩: Gattung der Bakterien, Paketkokken (Med.)

Sạ|schen [auch ...'ʃeːn] *der;* -[s], - ⟨aus *russ.* sažen' zu sjagat' „nach etw. greifen, etw. erreichen", dies aus *altbulgar.* sęgnǫti „den Arm ausstrecken"⟩: früheres russ. Längenmaß (= 2,133 m)

sä|sie|ren ⟨aus gleichbed. *fr.* saisir, dies aus dem Germ.⟩: (veraltet) ergreifen, in Beschlag nehmen

Sạs|sa|fras *der;* -, - ⟨über gleichbed. *fr.* sassafras aus *span.* sasafrás, vermutlich aus einer nordamerik. Indianerspr.⟩: ein im östlichen Nordamerika vorkommender lorbeerähnlicher Baum

Sas|sa|ni|de *der;* -n, -n ⟨nach Sassan, dem Stammvater des pers. Herrschergeschlechts, u. zu ↑...ide⟩: Angehöriger eines pers. Herrschergeschlechts (224–651). **sas|sa|nidisch:** die Sassaniden betreffend

Sas|sa|pa|rịl|le vgl. Sarsaparille

Sạs|so-Fio|ra|no-Kul|tur *die;* - ⟨nach den Fundorten Sasso di Furbara u. Fiorano Modese in Oberitalien⟩: jungsteinzeitliche Kulturgruppe Mittelitaliens mit dunkeltoniger, unbemalter Keramik u. geschliffenem Steingerät aus Grünsteinarten

Sas|so|lin *das;* -s, -e ⟨nach dem Fundort Sạsso in der Toskana u. zu ↑...in (1)⟩: ein farbloses, weißes, auch gelbliches Mineral, Grundstoff bei der Herstellung von Borsäure

Sa|sta|wa *die;* -, ...wi ⟨aus *russ.* zastava „Stadttor; Schlagbaum"⟩: als Zollhaus dienendes Stadttor im alten Rußland, Schlagbaum

Sa|strụ|ga *die;* -, ...gi ⟨zu *russ.* zastrugat' „spitz machen"⟩: durch Auswehung verursachte scharfkantige, bis 1,5 m hohe, unregelmäßige Rücken auf verfestigten Schneedecken, vor allem in der Antarktis

Sạ|tan *der;* -s, -e ⟨über *kirchenlat.* satan(as), aus *gr.* satan(âs), dies aus *hebr.* śāṭān „Widersacher; böser Engel" zu śāṭan „nachstellen, verfolgen"⟩: 1. (ohne Plur.) Teufel. 2. Mensch mit bösartigem Charakter. **Sa|ta|nas** *der;* -: svw. Satan (1)

Sa|tang *der;* -[s], -s ⟨aus *Thai* satan⟩: Münzeinheit in Thailand (= 0,01 Baht od. Tikal).

Sa|ta|nie *die;* -, ...ien ⟨zu Satan u. ↑²...ie⟩: teuflische Grausamkeit. **sa|ta|nisch:** sehr böse, boshaft, teuflisch. **Sa|ta|nịs|mus** *der;* - ⟨zu ↑...ismus (3)⟩: 1. Teufelsverehrung. 2. Darstellung des Bösen, Krankhaften u. Grausamen in der Literatur. **Sa|tans|mes|se** *die;* -, -n: der kath. Meßfeier nachgebildete orgiastische Feier zu Ehren des Teufels od. einer Hexe; schwarze Messe

Sa|tel|lit [auch ...'lɪt] *der;* -en, -en ⟨aus *lat.* satelles, Gen. satellitis „Leibwächter; Helfer, Spießgeselle"⟩: 1. (abwertend) svw. Satellitenstaat. 2. Himmelskörper, der einen Planeten umkreist (Astron.). 3. [unbemannter] Raumflugkörper, der auf elliptische od. kreisähnliche Umlaufbahnen von Planeten od. Monden gebracht worden ist, meist als Erdsatellit. **Sa|tel|li|ten|al|ti|me|trie** *die;* -: Verfahren zur Bestimmung der Meeresoberfläche durch Laufzeitmessung eines von einem Satelliten ausgesandten u. an der Wasseroberfläche reflektierten Radarimpulses (Geodäsie, Ozeanographie). **Sa|tel|li|ten|fern|se|hen** *das;* -s: flächendeckende Fernsehversorgung mit speziellen Nachrichtensatelliten auf ↑geostationären Umlaufbahnen. **Sa|tel|li|ten|fo|to** *das;* -s, -s: von einem [Wetter]satelliten aufgenommenes Foto von einem bestimmten Bereich der Erdoberfläche. **Sa|tel|li|ten|funk** *der;* -s: leitungslose Nachrichtenübertragung mit Hilfe von Nachrichtensatelliten auf ↑geostationären, seltener elliptischen Umlaufbahnen. **Sa|tel|li|ten|me|teo|ro|lo|gie** *die;* -: Teilgebiet der Meteorologie, das die von Satelliten aus durchgeführten Beobachtungen u. Messungen für die Meteorologie nutzbar macht. **Sa|tel|li|ten|staat** *der;* -[e]s, -en: (abwertend) formal selbständiger Staat, der jedoch außenpolitisch von den Weisungen eines anderen Staates abhängig ist. **Sa|tel|li|ten|stadt** *die;* -, ...städte: svw. Trabantenstadt. **Sa|tel|lite-to-Sa|tel|lite-Tracking**[1] ['sætəlaɪt-tə'sætəlaɪt 'trækɪŋ] *das;* -s ⟨aus gleichbed. *engl.* satellite-to-satellite tracking⟩: Verfahren zur Messung von Entfernungsänderungen zwischen zwei Sa-

Sa|tem|spra|che *die;* -, -n ⟨nach der Aussprache des Anlauts in dem altiran. Wort *s*atem „hundert" als *s*⟩: Sprache aus der ostindogermanischen Gruppe des ↑Indogermanischen, bei der sich die palatalen Verschlußlaute der indogermanischen Grundsprache in Reibe- od. Zischlaute verwandelt haben (Sprachw.); Ggs. ↑ Kentumsprache

Sa|ti *die;* -, -[s] ⟨aus *sanskr.* satī „treue Gattin", eigtl. „die Gute", nach dem Vorbild der Sati, einem Beinamen der Gattin Schiwas⟩: im hinduistischen Indien die treue Ehefrau, die ihrem verstorbenen Mann durch Selbstverbrennung folgte, um so im Jenseits mit ihm vereint zu werden

Sa|ti|kon *das;* -s, -s ⟨Kunstw.; zu Selen, Arsen u. Tellur gebildet⟩: zu den ↑ Vidikonen zählende Bildspeicherröhre aus Selen, Arsen u. Tellur

Sa|tin [za'tɛ̃:, auch ...tɛŋ] *der;* -s, -s ⟨aus gleichbed. *fr.* satin zu *altfr.* satin, zatouin, dies aus *arab.* zaitūnī „Seide aus Zaitūn" (= der Hafen Tseutung [heute Quanzhou] in China)⟩: Sammelbez. für Gewebe in Atlasbindung mit hochglänzender Oberfläche. **Sa|ti|na|ge** [...ti'na:ʒə] *die;* -, -n ⟨aus gleichbed. *fr.* satinage⟩: das Glätten von Papier auf Walzen; vgl. Kalander. **Sa|ti|nel|la** *der;* -[s] ⟨Kunstw.⟩: glänzender Futterstoff [aus Baumwolle] in Atlasbindung (einer bestimmten Webart). **sa|ti|nie|ren** ⟨aus gleichbed. *fr.* satiner zu satin, vgl. Satin⟩: [Papier zwischen Walzen] glätten

Sa|ti|re *die;* -, -n ⟨aus gleichbed. *lat.* satira, älter *lat.* satura, eigtl. „mit verschiedenen Früchten gefüllte Opferschale" (als Gabe an die Götter); (übertragen) „Allerlei"⟩: 1. ironisch-witzige literarische od. künstlerische Darstellung menschlicher Schwächen u. Laster. 2. (ohne Plur.) Literatur- bzw. Kunstgattung, die durch Übertreibung, Ironie u. Spott an Personen od. Zuständen Kritik üben möchte. **Sa|ti|ri|ker** *der;* -s, - ⟨aus gleichbed. *spätlat.* satiricus⟩: Verfasser von Satiren. **sa|ti|risch** *nach lat.* satiricus „zur Satire gehörend"⟩: a) die Satire betreffend; b) spöttisch-tadelnd, beißend. **sa|ti|ri|sie|ren** ⟨zu ↑ ...isieren⟩: satirisch (b) darstellen

Sa|tis|fak|ti|on *die;* -, -en ⟨aus *lat.* satisfactio „Genugtuung" zu satisfacere „Genüge leisten, befriedigen", dies zu satis „genug" u. facere „tun"⟩: Genugtuung, bes. durch Ehrenerklärung (Zurücknahme der Beleidigung) od. ein ↑ Duell

sa|ti|vus [...vʊs] ⟨*lat.*; „gesät, gepflanzt"⟩: angebaut, nicht wildwachsend (von Pflanzen)

Sa|tor-Are|po-For|mel *die;* - ⟨nach dem *lat.* ↑ Palindrom *sator arepo* tenet opera rotas⟩: ein als ↑ magisches Quadrat geschriebenes spätantikes ↑ Palindrom, das als Abwehrzauber (z. B. gegen Unheil u. Brandgefahr) verwendet wurde

Sa|to|ri *das;* -[s] ⟨aus dem Japan.⟩: die Erleuchtung, das Erwachen, die Selbstwesensschau in der japan. Zenlehre

Sa|trap *der;* -en, -en ⟨aus gleichbed. *lat.* satrapes, *gr.* satrápēs, eigtl. „der das Reich Schützende", dies zu *altiran.* *xšathra-pā* „das Reich schützend"⟩: Statthalter einer Provinz im Persien der Antike. **Sa|tra|pie** *die;* -, ...ien ⟨über *lat.* satrapia aus gleichbed. *gr.* satrapeía⟩: von einem Satrapen verwaltetes Gebiet

Sat|sang *das,* auch *der;* -s ⟨aus dem Sanskr.⟩: geistige Unterweisung in einem Meditationskult

¹Sat|su|ma *das;* -[s] ⟨nach Satsuma, dem früheren Namen der heutigen japan. Präfektur Kagoshima⟩: feine japan. Töpferware mit einfachen Formen u. regelmäßiger Gla-

sur. **²Sat|su|ma** *die;* -, -s ⟨zu ↑ ¹Satsuma⟩: eine kernlose Mandarinenart

Sa|tu|ra|ti|on *die;* -, -en ⟨aus gleichbed. *spätlat.* saturatio zu saturare, vgl. saturieren⟩: 1. Sättigung. 2. ein besonderes Verfahren bei der Zuckergewinnung. **Sa|tu|rei** [auch 'za:...] *die;* - ⟨wohl zu *lat.* saturare, vgl. saturieren, weil die Pflanzen von den Römern zum Würzen der Speisen verwendet wurden⟩: Gattung der Lippenblütler mit Heil- u. Würzkräutern (z. B. Bergminze, Bohnenkraut). **sa|tu|rie|ren** ⟨aus gleichbed. *lat.* saturare zu satur „satt"⟩: 1. sättigen. 2. [Ansprüche] befriedigen. **sa|tu|riert** ⟨zu ↑ ...iert⟩: 1. zufriedengestellt; gesättigt. 2. (abwertend) ohne geistige Ansprüche, selbstzufrieden

Sa|turn *das;* -s ⟨nach dem Planeten Saturn, der bei den Alchimisten als Symbol für Blei galt⟩: (veraltet) Blei. **Sa|tur|na|li|en** [...iən] *die* (Plur.) ⟨aus gleichbed. *lat.* saturnalia, nach dem im Rom der Antike zu Ehren des Gottes Saturn (*lat.* Saturnus) im Dezember gefeierten Fest⟩: ausgelassenes Fest. **Sa|tur|ni|er** [...iɐ] *der;* -s, - ⟨aus *lat.* (versus) Saturnius „saturnisch(er Vers)"⟩: Langvers der ältesten röm. Dichtung (antike Metrik). **sa|tur|nin** ⟨zu ↑ Saturn u. ↑ ...in (1)⟩: bleihaltig; durch Bleivergiftung hervorgerufen. **sa|tur|nisch** ⟨nach *lat.* Saturnius „von Saturnus stammend"⟩: (veraltet) uralt; -er Vers: svw. Saturnier; Saturnisches Zeitalter: Goldenes Zeitalter. **Sa|tur|nis|mus** *der;* -, ...men ⟨zu ↑ Saturn u. ↑ ...ismus (3)⟩: Bleivergiftung (Med.)

Sa|tya *das;* -s ⟨aus *sanskr.* satyá „Wahrheit, Wirklichkeit"⟩: nach der Verkündigung ↑ Buddhas „die vier edlen Wahrheiten" (als Grundlage des Buddhismus). **Sa|tya|gra|ha** *das;* -s ⟨aus gleichbed. *sanskr.* satyágraha „das Ergreifen, Festhalten der Wahrheit"⟩: Zentralgedanke der Philosophie M. Gandhis, die in der gewaltlosen Durchsetzung des als wahr Erkannten gipfelt

Sa|tyr *der;* Gen. -s, auch -n, Plur. -n (meist Plur.) ⟨über *lat.* Satyrus aus *gr.* Sátyros⟩: 1. bocksgestaltiger lüsterner Waldgeist u. Begleiter des Dionysos in der griech. Sage; vgl. Silen. 2. sinnlich-lüsterner Mann. **Sa|tyr|huhn** *das;* -s, ...hühner: farbenprächtiger asiatischer Hühnervogel. **Sa|ty|ri|a|sis** *die;* - ⟨über *spätlat.* satyriasis aus gleichbed. *gr.* satyríasis⟩: krankhaft gesteigerter männlicher Geschlechtstrieb (Med.); Ggs. ↑ Nymphomanie. **Sa|tyr|spiel** *das;* -s, -e ⟨zu ↑ Satyr⟩: im Griechenland der Antike heiter-groteskes mythologisches Nachspiel einer Tragödientrilogie, dessen Chor aus Satyrn bestand

Sau|ce ['zo:sə] *die;* -, -n ⟨aus *fr.* sauce „Tunke, Brühe", dies über *mittelfr.* sausse, *altfr.* salse aus *vulgärlat.* salsa „gesalzen(e Brühe)", substantiviertes Fem. von *lat.* salsus „gesalzen" zu salere „salzen"⟩: mehr od. weniger dickflüssige Zutat, Beigabe zu verschiedenen Gerichten, Salaten, Nachspeisen o. ä.; vgl. Soße. **Sauce à la Cum|ber|land** [sosalakœbə'lã] *die;* - - - ⟨aus gleichbed. *fr.* sauce à la Cumberland⟩: svw. Cumberlandsauce. **Sauce bé|ar|naise** [sosbear'ne:z] *die;* - - ⟨aus gleichbed. *fr.* (sauce) béarnaise, nach der südfranz. Landschaft Béarn⟩: dicke, weiße Soße aus Weinessig, Weißwein, Butter, Eigelb u. Gewürzen, bes. Estragon u. Kerbel. **Sauce hol|lan|daise** [sosɔlã'dɛ:z] *die;* - - ⟨aus *fr.* sauce hollandaise „holländische Soße"⟩: Soße, bei der Weißwein, Eigelb u. Butter im Wasserbad kremig gerührt u. mit Pfeffer, Salz u. Zitronensaft abgeschmeckt werden. **Sau|cier** [zo'sie:] *der;* -s, -s ⟨aus gleichbed. *fr.* saucier⟩: Soßenkoch. **Sau|cie|re** *die;* -, -n ⟨aus gleichbed. *fr.* saucière⟩: Soßenschüssel. **sau|cie|ren** ⟨nach gleichbed. *fr.* saucer⟩: Tabak mit einer Soße behandeln, beizen. **Sau|cis|chen** [...'si:s...] *das;* -s, - ⟨zu *fr.* saucisse

„Brat-, Knackwurst", dies über das Vulgärlat. zu *lat.* salsicius „(ein)gesalzen"⟩: hauptsächlich aus Kalbfleisch hergestellte, kleine, dünne Brühwurst

Sau|da|de [sauˈðaðə] *die;* - ⟨aus *port.* saudade „Sehnsucht", dies zu *lat.* solitas „Einsamkeit"⟩: eine in Portugal als typisch empfundene Seelenhaltung des Heimwehs, eine schwermütige Sehnsucht. **Sau|do|sis|mo** [sauðuˈziʒmu] *der;* - ⟨zu *port.* saudoso „sehnsuchtsvoll, sehnsüchtig, traurig" u. -ismo, vgl. ...ismus (1)⟩: Anfang des 20. Jh.s entstandene künstlerische Erneuerungsbewegung mit einer durch Saudade geprägten Haltung gegenüber dem Leben

Sauf-con|duit [sofkõˈdɥi] *der; -s, -s* [...ˈdɥis] ⟨aus gleichbed. *fr.* sauf-conduit, dies zu *lat.* salvus conductus „sicheres, freies Geleit"⟩: (veraltet) Geleitbrief

Sau|na *die;* -, Plur. -s u. ...nen ⟨aus gleichbed. *finn.* sauna⟩: 1. (mit Holz ausgekleideter) Raum od. Holzhäuschen, in dem trockene Hitze herrscht u. von Zeit zu Zeit Wasser zum Verdampfen gebracht wird. 2. dem Schwitzen dienender Aufenthalt in einer Sauna (1). **sau|nen** u. **sau|nie|ren** ⟨zu ↑...ieren⟩: ein Saunabad nehmen. **Sau|nist** *der;* -en, -en ⟨zu ↑...ist⟩: Benutzer einer Sauna. **Sau|ni|stin** *die;* -, -nen: weibliche Form zu ↑ Saunist.

saur..., **Saur...** vgl. sauro..., Sauro... **Sau|ri|er** [...ɐ] *der;* -s, - u. S̲aurus *der;* -, ...rier [...iɐ] (meist Plur.) ⟨über *nlat.* saurus bzw. saura aus *gr.* saúra, saûros „Eidechse"⟩: ausgestorbenes, sehr großes, räuberisches bzw. pflanzenfressendes Reptil des Mesozoikums. **sau|ro...**, **Sau|ro...**, vor Vokalen meist saur..., Saur... ⟨zu *gr.* saûros „Eidechse"⟩: Wortbildungselement mit der Bedeutung „die [ausgestorbenen] Echsen betreffend; saurierähnlich", z. B. Saurolith, Sauropside. **Sau|ro|lith** [auch ...ˈlɪt] *der;* Gen. -s od. -en, Plur. -e[n] ⟨zu ↑...lith⟩: versteinerter Saurier. **Sau|ro|po|de** *der;* -n, -n (meist Plur.) ⟨zu ↑...pode⟩: zusammenfassende, systematische Bez. für pflanzenfressende Riesensaurier. **Saur|op|si|de** *der;* -n, -n (meist Plur.) ⟨zu *gr.* ópsis „das Aussehen, äußere Erscheinung" u. ↑...ide⟩: zusammenfassende, systematische Bez. für Vögel u. Reptilien. **Sau|ro|pte|ry|gier** [...iɐ] *der;* -s, - ⟨aus gleichbed. *nlat.* sauropterygia, zu *gr.* ptéryx, Gen. ptérygos „Feder, Flügel"⟩: ausgestorbene Ordnung der Saurier in ↑ mesozoischen Meeren. **Sau|rus** vgl. Saurier

sau|té [zoˈteː, franz. soˈte] ⟨*fr.*; Part. Perf. von sauter, vgl. sautieren⟩: svw. sautiert

Sau|ternes [soˈtɛrn] *der;* -, - ⟨nach dem franz. Ort u. der Landschaft Sauternes⟩: franz. Weißwein

sau|tie|ren [zo...] ⟨aus gleichbed. *fr.* (faire) sauter, eigtl. „(in der Pfanne) springen machen", dies aus *lat.* saltare „tanzen, springen"⟩: a) kurz in der Pfanne braten; b) (bereits gebratene Stücke Fleisch od. Fisch) kurz in frischem, heißem Fett schwenken. **sau|tiert** ⟨zu ↑...iert⟩: kurzgebraten.

sau|til|lé [sotiˈje] ⟨*fr.;* „gehüpft, gesprungen", Part. Perf. von sautiller „hüpfen, springen"⟩: mit Springbogen gespielt (Vortragsanweisung; Mus.); vgl. saltato

Sau|va|ge|rie [soˈvaːʒə...] *die;* - ⟨aus gleichbed. *fr.* sauvagerie zu sauvage „wild", dies aus *spätlat.* salvaticus, *lat.* silvaticus „zum Walde gehörig"⟩: (veraltet) Wildheit, Menschenscheu

Sauve|garde [sovˈgard] *die;* -, -n [...dn̩] ⟨aus gleichbed. *fr.* sauvegarde zu sauver „(er)retten" (dies aus *spätlat.* salvare) u. garder „schützen"⟩: (veraltet) 1. Schutz-, Sicherheitswache. 2. Schutzbrief (gegen Plünderung). **Sauvement** [...ˈmã] *das;* -s, -s ⟨aus gleichbed. *fr.* sauvement⟩: (veraltet) Rettung, Rettungsgebühr. **sauve qui peut!** [sovkiˈpø] ⟨*fr.*⟩: rette sich, wer kann!

Sauve|ter|ri|en [soːvtɛrˈjɛ̃] *das;* -[s] ⟨nach dem Fundort Sauveterre-la-Lémance, Frankreich⟩: Kulturgruppe der Mittelsteinzeit mit zahlreichen ↑ Mikrolithen (2)

Sa|va|ku [...v...] *der;* -s, -s ⟨aus dem Indian.⟩: nachtaktiver Reiher in Mittelamerika bis Südbrasilien mit kahnförmigem Schnabel

Sa|val|la|di [...v...] *die;* -, - ⟨nach gleichbed. *it.* cervellata⟩: (österr.) svw. Zervelatwurst

Sa|van|ne [...v...] *die;* -, -n ⟨über *span.* sabana aus gleichbed. *Taino* (einer Indianersprache der Karibik) zabana⟩: tropische Steppe mit einzeln od. gruppenweise stehenden Bäumen (Baumsteppe)

Sa|va|rin [ˈzavarɛ̃, auch ...ˈrɛː] *der;* -s, -s ⟨nach dem franz. Schriftsteller Brillat-Savarin, 1755–1826⟩: mit Rum getränkter Hefekuchen

Save our souls [ˈseɪv aʊə ˈsoʊlz] ⟨aus *engl.* save our souls „rettet unsere Seelen"⟩: volkstümliche Deutung für den internationalen Morse-Notruf SOS

Sa|voir-faire [savoaˈfɛːr] *das;* - ⟨aus gleichbed. *fr.* savoir-faire, eigtl. „zutun wissen"⟩: (veraltet) Gewandtheit. **savoir pour pré|voir** [savwarpurprevˈwaːr] ⟨*fr.;* „wissen, um vorherzusehen"⟩: positivistische Formel zur Bestimmung der Aufgabe der Soziologie, die durch Erkenntnis von Gesetzen in Natur u. Gesellschaft Voraussagen ermöglichen soll. **Sa|voir-vi|vre** [savwarˈviːvr] *das;* - ⟨aus gleichbed. *fr.* savoir-vivre, eigtl. „zu leben wissen"⟩: feine Lebensart, Lebensklugheit

Sa|vo|nette [savoˈnɛt] *die;* -, -n [...tn̩] ⟨aus gleichbed. *fr.* (montre à) savonnette, eigtl. „(Uhr in Form eines) Seifenstück(es)" zu savon „Seife"⟩: (veraltet) Sprungdeckeluhr

Sa|vo|ni|us-Ro|tor [...v...] *der;* -s, -en ⟨nach dem schwed. Ingenieur Savonius, 20. Jh.⟩: langsamlaufende Windturbine mit senkrechter Welle (z. B. als Dachlüfter auf Fahrzeugen)

Sa|vou|ries [ˈseɪvəriz] *die* (Plur.) ⟨aus *engl.* savoury „pikante (Vor- od. Nach)speise" zu savo(u)r „Geschmack", dies über *altfr.* savo(u)r aus *lat.* sapor⟩: Würzbissen, Käsegericht

Sa|xa|ul *der;* -s ⟨aus gleichbed. *russ.* saksaul⟩: Salzsteppenstrauch, knorriges Holzgewächs der Sand- u. Salzwüsten

Sax|horn *das;* -s, ...hörner ⟨nach dem belg. Erfinder A. J. Sax, 1814–1894⟩: ein dem Bügelhorn ähnliches, mit Ventilen statt Klappen versehenes Horn (Mus.)

Sa|xi|fra|ga [auch ...ˈfraː...] *die;* -, ...agen ⟨aus gleichbed. *lat.* saxifraga zu saxum „Felsen" u. frangere „brechen"⟩: Steinbrech; Gebirgspflanze, auch polsterbildende Zierpflanze mit weißen, roten od. gelben Blüten in Steingärten. **Sa|xi|fra|ga|ze|en** *die* (Plur.) ⟨aus gleichbed. *nlat.* saxifragaceae⟩: zusammenfassende, systematische Bez. für die Steinbrechgewächse (zahlreiche Nutz-, Zier- u. Heilpflanzen, z. B. Johannisbeere, ↑ Hortensie)

Sa|xo|phon *das;* -s, -e ⟨nach dem belg. Erfinder A. J. Sax (1814–1894) u. ↑...phon⟩: mit Klarinettenschnabel anzublasendes Instrument aus Messing in 4 bis 6 Tonhöhen mit nach oben gerichtetem Schalltrichter (Mus.). **Sa|xo|pho|nist** *der;* -en, -en ⟨zu ↑...ist⟩: Saxophonspieler. **Sa|xo|pho|ni|stin** *die;* -, -nen: weibliche Form zu ↑ Saxophonist. **Sax sec|tion** [ˈsæks ˈsɛkʃn̩] *die;* - -, - -s ⟨aus *engl.* sax(ophone) section „Saxophongruppe"⟩: svw. Reed section. **Sax|trom|ba** [ˈzaks...] *die;* -, ...ben ⟨zu ↑ Saxhorn⟩: Horn in Tubaform mit ↑ Mensur zwischen Saxhorn u. Waldhorn

Say|nète [zɛˈnɛt] *die;* -, -n [...tn̩] ⟨aus gleichbed. *fr.* saynète, dies aus *span.* sainete, vgl. Sainete⟩: kurzes franz. Lustspiel mit zwei od. drei Personen; vgl. Sainete

Sąz *die;* -, -e ⟨aus gleichbed. *türk.* saz⟩: türk. Langhalslaute mit zwei bis drei gezupften Saiten

Schakaré

Sa|zen [...zən] *der;* -, - ⟨aus gleichbed. *poln.* sazen⟩: altes poln. Längenmaß (= 1,728 m)

sa|zer|do|tal ⟨aus gleichbed. *lat.* sacerdotalis zu sacerdos, Gen. sacerdotis „Priester"⟩: priesterlich. **Sa|zer|do|ti|um** *das;* -s ⟨aus gleichbed. *(m)lat.* sacerdotium⟩: 1. (veraltet) Priestertum, Priesteramt. 2. die geistliche Gewalt des Papstes im Mittelalter

Sbir|re *der;* -n, -n ⟨aus *it.* sbirro zu *spätlat.* birrus, *gr.* pýrrhos „Kapuzenmantel"⟩: (veraltet) ital. Polizeidiener, Geheimagent (bes. im Kirchenstaat)

Sca|bel|lum [sk...] *das;* -s, ...lla ⟨aus gleichbed. *lat.* scabellum⟩: in der griech. u. röm. Antike benutzte Fußklapper zur Unterstützung des ↑ Rhythmus (Mus.)

Sca|bi|es [sk...] *die;* vgl. Skabies

Sca|glio|la [skal'jo:la] *die;* - ⟨aus *it.* scagliola „(Alabaster)gips"⟩: zur Nachahmung von Marmor verwendete formbare Masse; Stuckmarmor

Scal|lar [sk...] vgl. Skalar

Scale up [skeɪl'ap] *das;* - - ⟨zu *engl.* (to) scale up „(nach Maßstab) vergrößern"⟩: Maßstabsvergrößerung bei Anlagen der Verfahrenstechnik. **Sca|ling** ['skeɪlɪŋ] *das;* -s ⟨aus gleichbed. *engl.* scaling zu scale „(nach Maßstab) abstufen"; vgl. Skala⟩: das Vergrößern od. Verkleinern von [Bild]vorlagen vor einer Verwendung in Prospekten od. Anzeigen

Scal|ping ope|ra|tions ['skælpɪŋ ɔpə'reɪʃənz] *die* (Plur.) ⟨aus gleichbed. *engl.-amerik.* scalping operations, dies zu *amerik.* (ugs.) to scalp „zu Überpreisen weiterverkaufen"⟩: Börsengeschäfte, die sehr geringe Kursschwankungen zu nutzen versuchen

Scam|pi [sk...] *die* (Plur.) ⟨aus gleichbed. *it.* scampi (Plur.)⟩: ital. Bez. für eine Art kleiner Krebse

Scan|da|glio [skan'daljo] *das;* -s, Plur. -s u. ...gli [...ji] ⟨aus *it.* scandaglio „Lotung, Auslotung"⟩: vorbereitendes, den Gegner ausforschendes Klingenspiel (Fechten)

Scan|di|um [sk...] *das;* -s ⟨nach Scandia, dem nlat. Namen für Skandinavien, u. zu ↑...ium⟩: chem. Element, Leichtmetall; Zeichen Sc

scan|nen ['skɛ...] ⟨aus *engl.* to scan „(kritisch) prüfen, genau betrachten, absuchen", dies aus *lat.* scandere, vgl. skandieren⟩: mit einem Scanner abtasten. **Scan|ner** *der;* -s, - ⟨aus gleichbed. *engl.* scanner⟩: Gerät, das ein zu untersuchendes Objekt (z. B. den menschlichen Körper od. eine Kopiervorlage) bzw. einen Strichcode (vgl. Code 1) mit einem Licht- od. Elektronenstrahl punkt- bzw. zeilenweise abtastet [u. die erhaltenen Meßwerte in einem Computer weiterverarbeitet]. **Scan|ning** *das;* -[s] ⟨aus gleichbed. *engl.* scanning⟩: Untersuchung, Abtasten mit Hilfe eines Scanners

Sca|pin [ska'pɛ̃] *der;* -[s], -s ⟨aus gleichbed. *fr.* Scapin⟩: Figur des verschmitzten Dieners in der franz. Komödie

Sca|ra|mouche [skara'muʃ] *der;* -, -s [...'muʃ] ⟨aus *fr.* Scaramouche⟩: franz. Form von Skaramuz. **Sca|ra|muz|za** [...'mʊtsa] *der;* -, ...zze ⟨aus *it.* Scaramuccia⟩: ital. Form von Skaramuz

Scat [skæt] *der;* -, -s ⟨aus gleichbed. *engl.-amerik.* scat, eigtl. „Knall"⟩: Gesangsstil [im Jazz], bei dem an Stelle von Worten zusammenhanglose Silben verwendet werden

Scat|te|ring ['skætərɪŋ] *das;* -s ⟨aus *engl.* scattering „Streuung" zu scatter „(zer)streuen"⟩: an Schichten der Atmosphäre u. am Erdboden auftretende Streuung von Funkwellen

Sca|ven|ger ['skævɪndʒə] *der;* -[s], - ⟨aus *engl.* scavenger, eigtl. „Aasfresser", weil mit diesem Zusatzstoff das Herausspülen der Reaktionsstoffe aus dem Motor begünstigt wird⟩: Antiklopfmittel, Zusatzstoff für Vergaserkraftstoffe zur Erhöhung der ↑ Oktanzahl u. damit zur Verbesserung der Klopffestigkeit

sce|man|do [ʃe...] ⟨*it.;* zu scemare „vermindern"⟩: abnehmend, schwächer werdend (Mus.)

Scene [siːn] *die;* - ⟨aus gleichbed. *engl.-amerik.* scene, dies aus *(mittel)fr.* scène, vgl. Szene⟩: (Jargon) a) äußerer Rahmen, Milieu, in dem sich Drogenabhängige bewegen; b) svw. Szene (6). **Scen|onym** [stsen...] *das;* -s, -e ⟨zu *lat.* scena, scaena (vgl. Szene) u. *gr.* ónyma „Name"⟩: Deckname, der aus dem Namen eines Bühnenautors od. Schauspielers besteht. **Sce|no|test** ['stse:...] vgl. Szenotest

Schab|bes *der;* -, - ⟨aus *jidd.* schabbes für *hebr.* šabbāt⟩: svw. Sabbat

Scha|blo|ne *die;* -, -n ⟨Herkunft unsicher⟩: 1. ausgeschnittene Vorlage [zur Vervielfältigung], Muster. 2. vorgeprägte, herkömmliche Form, geistlose Nachahmung ohne eigene Gedanken. **scha|blo|nie|ren** u. **scha|blo|ni|sie|ren** ⟨zu ↑...ieren bzw. ...isieren⟩: a) nach einer Schablone [be]arbeiten, behandeln; b) in eine Schablone pressen

Scha|bot|te *die;* -, -n ⟨aus gleichbed. *fr.* chabotte, weitere Herkunft ungeklärt⟩: schweres Beton- od. Stahlfundament für Maschinenhämmer

Scha|bracke[1] *die;* -, -n ⟨über das Slaw. od. Ung. aus *türk.* çaprak „Satteldecke"⟩: 1. a) verzierte Decke über od. unter dem Sattel, Untersatteldecke, Prunkdecke; b) übergelegte, überhängende Zier- u. Schutzdecke (bes. für Polstermöbel); c) aus dem gleichen Stoff wie die Übergardine gefertigter Behang, der quer oberhalb des Fensters angebracht ist. 2. (ugs. abwertend) a) alte [häßliche] Frau; b) altes Pferd; c) alte, abgenutzte Sache. 3. (Jägerspr.) weißer Fleck auf den Flanken des männlichen Wildschafs. **Scha|brun|ke** *die;* -, -n ⟨Nebenform zu ↑ Schabracke⟩: (veraltet) Decke über den Pistolenhalftern

schach|matt ⟨über das Roman. aus *arab.* aš-šāh māta „der König ist tot", dies zu *pers.* šāh, vgl. Schah⟩: 1. unfähig, den im Schachspiel unmittelbar angegriffenen König zu verteidigen, u. damit die Partie verlierend; vgl. Matt, Schach. 2. (ugs.) handlungsunfähig, erschöpft

Schad|chen *der;* -s, - ⟨über *jidd.* schadchn aus *aram.* šadkān „Heiratsvermittler"⟩: jüd. Heiratsvermittler, Brautwerber

Scha|dor vgl. Tschador

Scha|duf *der;* -s, -s ⟨aus gleichbed. *arab.* šādūf⟩: ägypt. Schwingbrunnen, Wasserschöpfer an einem Hebebaum

Scha|fi|it *der;* -en, -en ⟨nach dem islam. Theologen Schafii (767–820) u. zu ↑³...it⟩: Angehöriger einer islamischen Rechtsschule

Scha|fott *das;* -[e]s, -e ⟨aus gleichbed. *niederl.* schavot, dies über *altfr.* chafaut „Bau-, Schaugerüst" aus *vulgärlat.* *catafalicum, vgl. Katafalk⟩: [erhöhte] Stätte für Enthauptungen

Schah *der;* -s, -s ⟨aus *pers.* šāh „König"⟩: a) (ohne Plur.) pers. Herrschertitel; b) Träger dieses Titels. **Schah-in-schah** *der;* -s, -s ⟨aus *pers.* šāh-in-šāh „König der Könige"⟩: a) (ohne Plur.) früher offizieller Titel des iran. Kaisers; b) Träger dieses Titels

Schai|tan *der;* -s, -e ⟨aus gleichbed. *arab.* šayṭān⟩: Teufel, Dämon

Schai|wa u. **Shaiva** ['ʃaiva] *der;* -[s], -s (meist Plur.) ⟨aus gleichbed. *sanskr.* śaiva zu śivá, vgl. Schiwa⟩: im ↑ Hinduismus Bez. für einen Verehrer des Gottes Schiwa

Scha|kal [auch 'ʃa:...] *der;* -s, -e ⟨über *türk.* çakal aus *pers.* šaġāl, dies aus gleichbed. *sanskr.* sṛgālá⟩: in Asien, Südosteuropa u. Afrika heimisches hundeartiges Raubtier

Scha|ka|ré [...re:] *der;* -s, -s ⟨aus gleichbed. *port.* jacaré, dies aus einer südamerik. Indianersprache): südamerik. breitschnäuziges Krokodil

Schak|tas u. Shaktas [ˈʃak...] *die* (Plur.) ⟨zu *sanskr.* šāktá „(ein) Verehrer des Schakti"⟩: Anhänger einer hinduistischen Religionsgemeinschaft, die die Göttin Schakti als Hochgott verehrt; vgl. Tantrismus. **Schak|ti** u. Shakti [ˈʃak...] *die;* - ⟨aus gleichbed. *sanskr.* šákti⟩: die Kraft des Hochgottes im Hinduismus, die mythologisch meist als weibliche Gottheit dargestellt wird. **Schak|tis|mus** *der;* - ⟨zu ↑...ismus (1)⟩: hinduistische Richtung, die auf der Verehrung der Schakti beruht

Scha|ku *der;* -, - ⟨aus gleichbed. *jap.* sha-ku, eigtl. „Fuß"⟩: japan. Längenmaß (30,3 cm)

Schal|lan|ken *die* (Plur.) ⟨wohl zu *ung.* szálanként „fadenweise"⟩: an Pferdegeschirren lang herabhängender Schmuck aus Leder

Scha|lom! u. Shalom! [ʃa...] ⟨aus *hebr.* šalôm „Friede"⟩: Friede! (hebr. Begrüßungsformel)

Scha|lot|te *die;* -, -n ⟨aus gleichbed. *fr.* échalote, *altfr.* escalogne, dies aus *spätlat.* (cepa) ascalonia, eigtl. „die (Zwiebel) aus Askalon (bibl. Palästina)"⟩: 1. Lauch mit röhrenförmigen Blättern u. kugeligen Blüten. 2. kleine Zwiebel der Schalotte (1)

Scha|lup|pe *die;* -, -n ⟨aus gleichbed. *fr.* chaloupe, wohl aus dem Niederl.⟩: 1. kleineres einmastiges Frachtfahrzeug. 2. großes Beiboot mit Riemen od. einem Segel

Schal|war *der;* -[s], -s ⟨aus gleichbed. *pers.-türk.* šalvar⟩: im Orient lange, weite, meist blaue Hose [der Frauen]

Scha|ma|de u. Chamade [ʃa...] *die;* -, -n ⟨aus gleichbed. *fr.* chamade, dies aus *it.* chiamata ⟨zu „rufen", dies aus *lat.* clamare⟩: (veraltet) [mit Trommel od. Trompete gegebenes] Zeichen der Kapitulation; - schlagen: sich ergeben

Scha|ma|dros|sel *die;* -, -n ⟨aus dem Hindi⟩: etwa amselgroßer Singvogel in von Wasserläufen durchzogenen Dschungeln Indiens bis Indonesiens, beliebter Käfigvogel

Scha|ma|ne *der;* -n, -n ⟨aus gleichbed. *tungus.* šaman, dies aus *sanskr.* šramaná „Bettelmönch" zu šráma „Anstrengung"⟩: Zauberpriester, bes. bei asiat. u. indones. Völkern, der mit Geistern u. den Seelen Verstorbener Verbindung aufnimmt. **Scha|ma|nis|mus** *der;* - ⟨zu ↑...ismus (1)⟩: Religion, in der der Schamane im Mittelpunkt des magischen Rituals steht (Völkerk.). **scha|ma|ni|stisch** ⟨zu ↑...istisch⟩: den Schamanismus betreffend

Scha|mi|sen vgl. Samisen

Scham|mes *der;* -, - ⟨aus gleichbed. *jidd.* schammes zu *hebr.* šammāš, eigtl. „Diener"⟩: Diener in einer Synagoge u. Assistent des Vorstehers jüd. Gemeinden

¹Scha|mott *der;* -s ⟨Herkunft ungeklärt, vielleicht aus dem Jidd.⟩: (ugs.) Kram, Zeug, wertlose Sachen

²Scha|mott *der;* -s ⟨zu ↑Schamotte⟩: (österr. ugs.) svw. Schamotte. **Scha|mot|te** [auch ...ˈmɔt] *die;* - ⟨Herkunft ungeklärt⟩: feuerfester Ton, vor allem zur Herstellung von Ofensteinen verwendet. **scha|mot|tie|ren** ⟨zu ↑...ieren⟩: (österr.) mit Schamottesteinen auskleiden

Scham|pon u. **Scham|pun** vgl. Shampoo. **scham|po|nie|ren** u. **scham|pu|nie|ren** ⟨zu ↑Shampoo u. ↑...ieren⟩: das Haar mit Shampoo waschen, einschäumen

Scham|pus *der;* - ⟨mit latinisierender Endung entstellt zu ↑Champagner⟩: (ugs.) svw. Champagner

schang|hai|en u. shanghaien [ʃa...] ⟨nach gleichbed. *engl.* to shanghai, nach der chines. Stadt Schanghai, da dies in chines. Häfen sehr häufig vorkam⟩: (Seemannsspr.) einen Matrosen gewaltsam heuern

Schan|tung|sei|de *die;* -, -n, fachspr. Shantung [ˈʃan...] *der;* -s, -s ⟨nach der chines. Provinz Schantung⟩: Wildseide (vgl. Tussahseide) od. Gewebe aus Kunstfaser mit ungleichmäßiger Oberfläche

Schap|ba|chit [auch ...ˈxɪt] *der;* -s, -e ⟨nach dem Fundort im Schwarzwald u. zu ↑²...it⟩: meist mit Bleiglanz verwachsenes eisenschwarzes Mineral

Scha|ra|de u. Charade [ʃa...] *die;* -, -n ⟨aus gleichbed. *fr.* charade, eigtl. „(seichte) Unterhaltung", aus dem Provenzal., urspr. wohl lautmalend⟩: Worträtsel, bei dem das zu erratende Wort in Silben od. Teile zerlegt wird, die pantomimisch dargestellt werden

Scha|raff *der;* -s ⟨wohl zu *hebr.* šaraf „verbrennen"⟩: heißer Wüstenwind in Israel

Scha|ra|ra|ka *die;* -, -s ⟨über das Port. aus *Tupi* u. *Guarani* (südamerik. Indianersprachen) jararaca⟩: eine südamerik. Giftschlange, Lanzenotter

Schä|re *die;* -, -n (meist Plur.) ⟨aus gleichbed. *schwed.* skär, eigtl. „Klippe"⟩: kleine, buckelartige Felsklippe od. -insel, die der Küste Skandinaviens u. Finnlands vorgelagert ist

Scha|ria u. Scheria *die;* - ⟨aus *arab.* šarī'a „heiliges Gesetz"⟩: das in ↑Koran u. ↑Hadith festgelegte Gesetz, das das gesamte islamische Leben regelt

Scha|rif vgl. Scherif

Schar|la|tan *der;* -s, -e ⟨über *fr.* charlatan aus gleichbed. *it.* ciarlatano, dies unter Einfluß von ciarlare „schwatzen" aus cerretano „Marktschreier", eigtl. „Einwohner der Stadt Cerreto" (die als marktschreierische Händler bekannt waren)⟩: a) Schwätzer, Aufschneider, Schwindler; b) Quacksalber, Kurpfuscher. **Schar|la|ta|ne|rie** *die;* -, ...ien ⟨nach gleichbed. *fr.* charlatanerie⟩: a) Aufschneiderei, Prahlerei; b) Quacksalberei. **Schar|la|ta|nis|mus** *der;* -, ...ismen ⟨zu ↑Scharlatan u. ↑...ismus (5)⟩: svw. Scharlatanerie

schar|mie|ren ⟨aus gleichbed. *fr.* charmer, dies aus *spätlat.* carminare zu *lat.* carmen „(Zauber)spruch"⟩: (veraltet) bezaubern, entzücken

Schar|müt|zel *das;* -s, - ⟨aus älter *it.* scaramuzzo „Gefecht", dies wohl aus dem Germ.⟩: kurzes, kleines Gefecht, Plänkelei. **schar|müt|zeln:** ein kleines Gefecht führen, plänkeln. **schar|mut|zie|ren** ⟨entstellt zu ↑Scharmützel u. ↑...ieren⟩: (veraltet, aber noch landsch.) flirten, umschmeicheln, schöntun

Schar|nier *das;* -s, -e ⟨aus gleichbed. *fr.* charnière, dies über das Gallorom. zu *lat.* cardo, Gen. cardinis „Türangel"⟩: 1. drehbares Gelenk [an Türen]. 2. Umbiegungslinie einer ↑Flexur (Geol.)

¹Schar|pie *die;* - ⟨aus gleichbed. *fr.* charpie zu *altfr.* charpir „pflücken, zupfen", dies aus *lat.* carpere⟩: früher als Verbandsmaterial verwendete zerzupfte Leinwand

²Schar|pie [ˈʃarpi] *das;* -s, -s ⟨aus gleichbed. *engl.* sharpie, sharpy⟩: in bestimmter Bauweise hergestelltes leichtes Segelboot

schar|rie|ren ⟨zu *fr.* charrue „Pflug" (dies aus *lat.* carruca „vierrädriger Wagen, ˈKarre" zu carrus, vgl. Karosse) u. ↑...ieren⟩: die Oberfläche von Steinen mit dem Steinmetzeisen bearbeiten

Schar|te|ke *die;* -, -n ⟨wohl über das Schülerlat. aus *mittelniederd.* scarteke „altes Buch, Urkunde", weitere Herkunft unsicher⟩: 1. a) altes wertloses Buch, Schmöker; b) (veraltend) anspruchsloses Theaterstück. 2. (abwertend) ältliche Frau

Schar|wen|zel *der;* -s, - ⟨wohl unter Einfluß des böhmischen Namens Wenzel umgebildet aus *tschech.* červenec „(roter) Herzbube", Bed. 2 im Sinne von „jmd., der wie eine Trumpfkarte (beliebig) eingesetzt werden kann"⟩: 1. (landsch.) Bube, Unter in Kartenspielen. 2. (veraltend abwertend) übergeschäftiger, dienstbeflissener Mensch. 3. (Jägerspr.) Fehlschuß. **schar|wen|zeln** u. scherwenzeln: (ugs.) schmeichlerisch, liebedienernd um jmdn. herumsein, kriechen

Schasch|ka *der;* -s, -s ⟨aus gleichbed. *russ.* šaška⟩: früher von Soldaten getragener russ. Kavalleriesäbel

Schasch|lik *der* od. *das;* -s, -s ⟨aus gleichbed. *russ.* šašlyk, dies aus dem Turkotat.⟩: Spieß, auf dem kleine, scharf gewürzte Stückchen Fleisch [zusammen mit Speck, Zwiebeln, Paprika u. Tomaten] gereiht u. gebraten od. gegrillt werden

schas|sen ⟨urspr. Studentenspr., zu *fr.* chasser „(fort)jagen", dies über das Vulgärlat. aus *lat.* captare „Jagd auf jmdn. od. etw. machen"⟩: 1. [von der Schule, der Lehrstätte, aus der Stellung] wegjagen. 2. (landsch.) jmdn. ertappen, erwischen. 3. (landsch.) jagen, herannehmen.

schas|sie|ren ⟨zu ↑...ieren⟩: mit kurzen Schritten geradlinig tanzen

Scha|stra *das;* -, -s ⟨aus *sanskr.* šāstrá „Theorie, Belehrung, Lehrbuch"⟩: Bez. für eine Vielzahl z. T. heilig geltender Lehrwerke der ind. Literatur, die mit den Inhalten der ↑Weden übereinstimmen u. diese erläutern

Schat|jor *der;* -s, -e ⟨aus gleichbed. *russ.* šatër „Zelt"; vgl. Tschador⟩: Bedachung eines Turms od. einer Kirche in der Form einer hohen, vier- od. achtseitigen Pyramide, die in der russ. Holzbaukunst bis Ende des 18. Jh.s verbreitet war

schat|tie|ren ⟨zu *dt.* Schatten u. ↑...ieren⟩: 1. a) mit Schatten versehen (in der Malerei); b) abstufen (von Farben). 2. Frühbeete, Gewächshäuser u. ä. gegen zu starke Sonneneinstrahlung schützen, abschirmen

Scha|tul|le *die;* -, -n ⟨über gleichbed. *it.* scatola aus *mlat.* scatula „Schrein", weitere Herkunft ungeklärt⟩: 1. Geld-, Schmuckkästchen. 2. (veraltet) Privatkasse eines Staatsoberhaupts od. eines Fürsten

Scha|wu|ot *die* (Plur.) ⟨aus gleichbed. *hebr.* šāvôʿôt (Plur.), eigtl. „Wochen"⟩: jüd. Fest, das 50 Tage nach ↑Passah gefeiert wird

Sche|bat vgl. Schewat

Sche|becke[1] *die;* -, -n ⟨aus gleichbed. *fr.* chebec, dies über *it.* sciabecco aus *arab.* šabbāk⟩: flachgehendes Mittelmeerschiff des 17. u. 18. Jh.s mit zwei bis drei Masten

Schech vgl. Scheich

Scheck, schweiz. auch Check [ʃɛk] *der;* -s, -s ⟨aus gleichbed. *engl.* cheque, *amerik.* check, weitere Herkunft unsicher⟩: Zahlungsanweisung an eine Bank od. an die Post; vgl. [2]Check. **Scheck|in|kas|so** *das;* -s, -s: das Einziehen der von Kunden zum ↑Inkasso eingereichten Schecks. **Scheck|pro|test** *der;* -[e]s, -e: förmliche, öffentliche Beurkundung der Bank bzw. Abrechnungsstelle, daß die Zahlung eines rechtzeitig vorgelegten Schecks verweigert wurde

schecken[1] vgl. checken

Sche|da *die;* -, ...den ⟨aus gleichbed. *lat.* scheda, Nebenform zu scida, dies aus *gr.* schídē⟩: (veraltet) einzelnes Blatt Papier

Sched|bau u. Shedbau [ʃ...] *der;* -[e]s, ...bauten ⟨zu *engl.* shed „Hütte"⟩: eingeschossiger Bau mit Satteldach. **Sched|dach** u. Sheddach *das;* -s, ...dächer ⟨zu ↑...⟩: Dach, das ungleich große u. verschieden geneigte Flächen hat; Satteldach, Sägedach

Sche|du|la *die;* -, ...lä ⟨aus gleichbed. *spätlat.* schedula, Verkleinerungsform von scheda, vgl. Scheda⟩: (veraltet) ein Blättchen Papier, Zettel. **Sche|du|len|sy|stem** *das;* -s: Einkommensbesteuerung getrennt nach verschiedenen Einkommensarten (unabhängig vom Gesamteinkommen des Steuerpflichtigen; Wirtsch.). **Sche|du|ling** [ˈʃɛdjuːlɪŋ] *das;* -s ⟨aus gleichbed. *engl.* scheduling zu to schedule „(einen Ablauf) zeitlich planen"⟩: zeitliche Zuordnung von Arbeiten zu Maschinen, Rechnern u. a. (EDV)

Schee|lit [auch ...ˈlɪt] *der;* -s, -e ⟨nach dem schwed. Chemiker C. W. Scheel (1742–1786) u. zu ↑[2]...it⟩: ein grauweißes, gelbliches od. braunes, durchscheinendes, gelb- bis diamantglänzendes Mineral

Scheich, Schech u. **Scheik** *der;* -s, Plur. -e u. -s ⟨aus *arab.* šaiḫ „Ältester"⟩: 1. a) Oberhaupt eines arab. Herrschaftsgebietes [mit dem Titel eines Königs, Prinzen o. a.]; b) (ohne Plur.) arab. Ehrentitel der führenden Persönlichkeiten der traditionellen islamischen Gesellschaft (Stammeshäuptling, Dorfbürgermeister, Geistlicher o. ä.); c) Träger dieses Titels. 2. (ugs. abwertend) Freund eines Mädchens, einer Frau

Sche|kel *der;* -s, - ⟨aus *hebr.* šeqel zu šāqal „wägen"⟩: 1. israel. Währungseinheit. 2. vgl. Sekel

Schelf *der* od. *das;* -s, -e ⟨aus gleichbed. *engl.* shelf⟩: vom Meer überfluteter Sockel der Kontinente; Flachsee (Geogr.)

Schel|lack *der;* -[e]s, -e ⟨aus gleichbed. *niederl.* schellak zu älter *niederl.* schel „Schuppe, (Fisch)haut", nach dem Aussehen⟩: Mischung aus Baumharz u. Wachsabscheidungen (bes. der Lackschildlaus), die zur Herstellung von Lacken u. Firnis sowie von Kunststoffen verwendet wird (auch synthetisch hergestellt)

Schel|to|pu|sik *der;* -s, -e ⟨aus gleichbed. *russ.* želtopuzik, eigtl. „der Gelbbäuchige"⟩: eine südosteuropäische u. vorderasiatische Panzerschleiche (Echsenart). **Schel|tosch|tschek** *der;* -s, -e ⟨aus gleichbed. *russ.* želtoščëk, eigtl. „der Gelbwangige"⟩: in Ostasien verbreiteter Raubfisch bis zu 2 m Länge

[1]**Sche|ma** *das;* -s, Plur. -s u. -ta, auch ...men ⟨über *lat.* schema aus *gr.* schēma, Gen. schēmatos „Haltung; Gestalt, Figur, Form"⟩: 1. Muster, anschauliche [graphische] Darstellung, die die wesentlichen Merkmale von etw. wiedergibt; Aufriß. 2. Konzept, das man [in Gedanken] von einem Sachverhalt hat u. nach dem man sich bei der Beurteilung od. Ausführung von etw. richtet

[2]**Sche|ma** vgl. Schma

Sche|ma|ta: Plur. von ↑[1]Schema. **sche|ma|tisch** ⟨zu ↑[1]Schema⟩: 1. einem Schema folgend, anschaulich zusammenfassend u. gruppierend. 2. (meist abwertend) gleichförmig; gedankenlos. **sche|ma|ti|sie|ren** ⟨zu ↑...isieren⟩: 1. nach einem Schema behandeln; in eine Übersicht bringen. 2. (meist abwertend) etwas [zu stark] vereinfachen. **Sche|ma|tis|mus** *der;* -, ...men ⟨zu ↑...ismus (2, 5)⟩: 1. (abwertend) gedankenlose, rein mechanische Nachahmung eines Schemas. 2. a) (österr.) Rangliste für öffentliche Bedienstete; b) statistisches Handbuch einer kath. ↑Diözese od. eines geistlichen Ordens. **Sche|men:** Plur. von ↑[1]Schema

Schem ham-me|fo|rasch *der;* - ⟨aus *hebr.* šēm ham-mēfôraš „der ausgeführte, abgesonderte Name"⟩: rabbinische u. kabbalistische Bez. für den alttestamentlichen Gottesnamen ↑Jahwe, der nicht ausgesprochen werden durfte

Sche|mo|ne es|re vgl. Schmone esre

Schen u. **Scheng** *das;* -s, -s ⟨aus dem Chines.⟩: chines. Mundorgel

Sche|ol *der;* -s ⟨aus gleichbed. *hebr.* šeˀôl⟩: unterweltliches Totenreich im alttest. Vorstellung

Scher|bett vgl. Sorbet

Sche|ria vgl. Scharia

Scherif

Sche|rif u. **Scharif** *der;* Gen. -s u. -en, Plur. -s u. -e[n] ⟨aus *arab.* šarīf „der Hochgeehrte"⟩: a) (ohne Plur.) Titel der Nachkommen des Propheten Mohammed; b) Träger dieses Titels

Scher|wen|zel usw. vgl. Scharwenzel usw.

scher|zan|do [sk...] ⟨*it.;* Gerundium von scherzare, vgl. Scherzo⟩: in der Art des Scherzos (Vortragsanweisung; Mus.). **Scher|zo** *das;* -s, Plur. -s u. ...zi ⟨aus gleichbed. *it.* scherzo, eigtl. „Scherz", zu scherzare „scherzen", vermutlich aus dem Langobardischen⟩: Tonstück von heiterem Charakter, (meist dritter) Satz in Sinfonie, Sonate u. Kammermusik (Mus.). **scher|zo|so** ⟨aus *it.* scherzoso „scherzhaft"⟩: svw. scherzando

Sche|wat *der;* -s ⟨aus gleichbed. hebr. šĕvāṭ⟩: 11. Monat im jüd. Kalender (Januar/Februar)

Schi vgl. Ski

Schia *die;* - ⟨aus *arab.* šī'a „Sekte, Partei"⟩: allein Ali, den Schwiegersohn des Propheten Mohammed, sowie dessen Nachkommen als rechtmäßige Stellvertreter des Propheten anerkennende zweite Hauptrichtung des Islams mit eigener ↑ Sunna, Staatsreligion in Iran; vgl. Imam (2), Schiit

Schib|bo|leth *das;* -s, Plur. -e u. -s ⟨aus *hebr.* šibbōleṯ „Ähre; Strom", nach Richter 12, 5f. Losung der Gileaditer⟩: Erkennungszeichen, Losungswort; Merkmal

Schi|bob vgl. Skibob

schick ⟨aus *fr.* chic „famos, niedlich" zu chic, vgl. ↑ Schick⟩: 1. modisch, schön, geschmackvoll gekleidet. 2. (ugs.) erfreulich, nett. 3. (ugs.) in Mode, modern. **Schick** *der;* -[e]s ⟨nach *fr.* chic „Geschicklichkeit; Geschmack"⟩: 1. modische Eleganz, gutes Aussehen, gefällige Form; Leichtigkeit, Eleganz in Auftreten u. Benehmen. (2. schweiz.) einzelner [vorteilhafter] Handel. 3. (landsch.) Richtigkeit, nötige Ordnung. **Schicke|ria**[1] *die;* - ⟨nach *it.* sciccheria „Schick, Eleganz" zu scicche, dies aus *fr.* chic, vgl. schick⟩: in der Mode u. im Gesellschaftsleben tonangebende Schicht. **Schicki|micki**[1] *der;* -s, -s ⟨sprachspielerische Bildung zu schick⟩: 1. jmd., der sich betont modisch gibt, Wert auf modische Kleidung, modische Dinge legt. 2. modischer Kleinkram

Schick|se *die;* -, -n ⟨aus der Gaunerspr. zu *jidd.* schikse(n) „Christenmädchen; Dienstmädchen" zu *hebr.* šeqeẓ „Unreines, Abscheu"⟩: 1. (ugs. abwertend) Flittchen. 2. Nichtjüdin (vom Standpunkt der Juden aus)

Schie|da|mer [sxi...] *der;* -s, - ⟨nach der niederl. Stadt Schiedam⟩: ein Kornbranntwein

Schi|is|mus *der;* - ⟨zu ↑ Schia u. ↑ ...ismus (1)⟩: Lehre der Schiiten. **Schi|it** *der;* -en, -en ⟨zu ↑[3]...it⟩: Anhänger der ↑ Schia. **schi|itisch:** der ↑ Schia angehörend, sie betreffend

Schi|ka|ne *die;* -, -n ⟨aus gleichbed. *fr.* chicane zu chicaner „das Recht verdrehen", vgl. schikanieren⟩: 1. böswillig bereitete Schwierigkeit, Bosheit. 2. [eingebauter] schwierig zu befahrender Abschnitt in einer Autorennstrecke, der zum Abbremsen zwingt (Sport). 3. (unzulässige) Ausübung eines Rechts zur ausschließlichen Schädigung eines anderen (Rechtsw.); **mit allen Schikanen:** mit allem verwöhnten Ansprüchen genügenden Zubehör; mit besonderer technischer o. a. Vollkommenheit, Vervollkommnung [für hohe Ansprüche]. **Schi|ka|neur** [...'nø:ɐ̯] *der;* -s, -e ⟨nach *fr.* chicaneur „Rechtsverdreher"⟩: jmd., der andere schikaniert. **schi|ka|nie|ren** ⟨aus gleichbed. *fr.* chicaner, weitere Herkunft ungeklärt⟩: jmdm. in kleinlicher u. böswilliger Weise Schwierigkeiten machen. **schi|ka|nös** ⟨zu ↑...ös⟩: 1. andere schikanierend. 2. von Böswilligkeit zeugend

Schi|kjö|ring [ˈʃiːjø:...] vgl. Skikjöring

Schil|ling vgl. Shilling

Schil|lum *das;* -s, -s ⟨aus gleichbed. *engl.* chillum, dies über *Hindi* chilam aus dem Pers.⟩: meist aus Holz gefertigtes Röhrchen, bes. zum Rauchen von Haschisch u. Marihuana

Schi|ma|ra|thon vgl. Skimarathon

Schi|mä|re *die;* -, -n ⟨aus gleichbed. *fr.* chimère, dies aus *lat.* chimaera, vgl. Chimäre⟩: Trugbild, Hirngespinst. **schi|märisch:** trügerisch

Schim|pan|se *der;* -n, -n ⟨aus einer Kongosprache kimpenzi, kimpenze⟩: in Gruppen vorwiegend auf Bäumen lebender afrik. Menschenaffe. **schim|pan|so|id** ⟨zu ↑...oid⟩: schimpansenähnlich

Schi|na|kel *das;* -s, -[n] ⟨aus *ung.* csónak „Boot, Kahn"⟩: (österr. ugs.) 1. kleines Ruderboot. 2. (nur Plur.) breite, ausgetretene Schuhe

Schin|to u. **Shinto** [ʃ...] *der;* - ⟨zu *jap.* shintō „Weg der Götter", dies zu chin. „Geist, Gott" u. to „Weg"⟩: svw. Schintoismus. **Schin|to|is|mus** u. **Shintoismus** [ʃ...] *der;* - ⟨zu ↑...ismus (1)⟩: die durch Naturverehrung u. Ahnenkult gekennzeichnete einheimische Religion Japans. **Schin|to|ist** *der;* -en, -en ⟨zu ↑...ist⟩: Anhänger des Schintoismus. **schin|to|is|tisch** ⟨zu ↑...istisch⟩: zum Schintoismus gehörend

Schi|ras *der;* -, - ⟨nach der iran. Stadt Schiras⟩: 1. weicher Teppich aus glänzender Wolle u. mit ziemlich langem Flor. 2. persianerähnliches Fettschwanzschaf

Schi|rok|ko *der;* -s, -s ⟨aus gleichbed. *it.* scirocco, dies aus *arab.* šarqī „östlich(er Wind)" zu šarq „Osten"⟩: sehr warmer, oft stürmischer Mittelmeerwind aus südlichen Richtungen; vgl. Gibli u. Kamsin

Schir|ting *der;* -s, Plur. -s u. -e ⟨aus *engl.* shirting „Hemdenstoff" zu shirt „Hemd"⟩: oft als Futterstoff verwendetes Baumwollgewebe in Leinwandbindung (Webart)

Schir|wan *der;* -[s], -s ⟨nach der Schirwansteppe in Kaukasien⟩: dichter, kurzgeschorener Teppich mit geometrischer Musterung

Schis|ma [auch ˈsçi...] *das;* -s, Plur. ...men u. -ta ⟨aus gleichbed. *kirchenlat.* schisma, dies aus *gr.* schísma „Spaltung"⟩: 1. Kirchenspaltung aus kirchenrechtlichen u. nicht aus dogmatischen Gründen. 2. das kleinste musikalische Intervall (his-c), etwa der hundertste Teil eines Ganztones (Mus.). **Schis|ma|ti|ker** *der;* -s, - ⟨aus gleichbed. *kirchenlat.* schismaticus, dies zu *gr.* schismatikós, vgl. schismatisch⟩: Verursacher einer Kirchenspaltung, Abtrünniger. **schis|ma|tisch** ⟨nach *gr.* schismatikós „die Spaltung betreffend"⟩: a) die Kirchenspaltung betreffend; b) eine Kirchenspaltung betreibend. **Schis|men:** Plur. von ↑ Schisma. **Schis|mo|ge|ne|se** *die;* -, -n: wachsende Differenzierung u. Kontrastierung zwischen Gruppen durch gegenseitiges Andersseinwollen u. Sichabheben (Soziol.)

Schiß|la|weng vgl. Zislaweng

Schi|sto|pros|opie [auch sçi...] *die;* - ⟨zu *gr.* schistós „gespalten", prósōpon „Gesicht" u. ↑[2]...ie⟩: svw. Prosoposchisis. **Schi|sto|so|ma** *das;* -s, -ta ⟨zu ↑[2]Soma⟩: Egel, der in Blutgefäßen schmarotzt, Pärchenegel (Med.). **Schi|sto|so|mi|a|se** *die;* -, -n ⟨zu ↑...ase⟩: eine durch Schistosomaarten hervorgerufene Wurmerkrankung (Med.)

Schi|wa *der;* - ⟨aus *sanskr.* śivá „der Freundliche, Segensreiche"⟩: Hauptgott des ↑ Hinduismus, Gott der Zeugungskraft. **Schi|wa|is|mus** *der;* - ⟨zu ↑...ismus (1)⟩: Hauptrichtung des ↑ Hinduismus, in der Schiwa als höchster Gott verehrt wird. **Schi|wa|it** *der;* -en, -en (meist Plur.) ⟨zu ↑[3]...it⟩: Anhänger des Schiwaismus

schiz..., **Schiz...** [auch sçi...] vgl. schizo..., Schizo... **schi-**

zo..., **Schi|zo...**, vor Vokalen meist schiz..., Schiz... ⟨zu gr. schízein „spalten"⟩: Wortbildungselement mit der Bedeutung „Spaltung, Trennung", z. B. schizogen, Schizonychie. **schi|zo|af|fek|tiv**: mit Störungen des ↑Affektes (1) einhergehend (von schizophrenieähnlichen Psychosen; Med., Psychol.). **schi|zo|gen** ⟨zu ↑...gen⟩: durch Spaltung entstanden (von Gewebslücken; Biol.). **Schi|zo|go|nie** die; -, ...ien ⟨zu ↑...gonie⟩: ungeschlechtliche Vermehrung durch Zerfallen einer Zelle in mehrere Teilstücke (z. B. im Entwicklungszyklus des Malariaerregers; Biol.). **schi|zo|id** ⟨zu ↑...oid⟩: seelisch zerrissen, ↑autistisch veranlagt (Med.). **Schi|zoi|die** [...tsoi...] die; -, ...ien ⟨zu ↑²...ie⟩: der Schizophrenie ähnelnde Erkrankung mit schizoiden Wesenszügen (Med., Psychol.). **Schi|zo|lith** [auch ...'lit] der; Gen. -s u. -en, Plur. -e[n] ⟨zu ↑...lith⟩: Spaltungsgestein; Ganggestein, das im Mineralbestand u. Gefüge vom Tiefengestein, von dem es abstammt, abweicht (Geol.). **Schi|zo|ma|nie** die; -, ...ien ⟨zu ↑...manie⟩: periodisch auftretende leichte Form der Schizophrenie (Med.). **Schi|zo|my|zet** der; -en, -en (meist Plur.): Bakterie, die sich ungeschlechtlich durch Querteilung vermehrt; Spaltpilz (Biol.). **Schi|zo|neu|ra** die (Plur.) ⟨zu gr. neûron „Nerv"⟩: fossile, bis 6 m hohe Schachtelhalme (Geol.). **Schi|zont** der; -en, -en ⟨zu gr. schízōn, -óntos, Part. Präs. von schízein „spalten"⟩: Zelle, die bei der Schizogonie in mehrere Zellen zerfällt (Biol.). **Schiz|ony|chie** die; -, ...ien ⟨zu gr. ónyx, Gen. ónychos „Nagel" u. ↑²...ie⟩: Spaltung des freien Randes der Nägel infolge Brüchigkeit (Med.). **Schi|zo|pha|sie** die; -, ...ien ⟨zu gr. phásis „Sprache, Rede" u. ↑²...ie⟩: Äußerung zusammenhangloser Wörter u. Sätze (Med.). **schi|zo|phren** ⟨zu gr. phrḗn „Zwerchfell; Geist; Gemüt"⟩: 1. an Schizophrenie leidend, zum Erscheinungsbild der Schizophrenie gehörend, spaltungsirre (Med.). 2. in sich widersprüchlich, unvereinbar (mit anderem), z. B. ein -es Verhalten. 3. (ugs.) verrückt. **Schi|zo|phre|nie** die; -, ...ien ⟨zu ↑²...ie⟩: 1. Bewußtseinsspaltung, Verlust des inneren Zusammenhangs der geistigen Persönlichkeit, Spaltungsirresein (Med.). 2. innere Widersprüchlichkeit, Zwiespältigkeit, Unsinnigkeit, absurdes Verhalten. **Schi|zo|phy|ten** die (Plur.) ⟨zu ↑...phyt⟩: zusammenfassende, systematische Bez. für Bakterien u. Blaualgen (Biol.). **Schi|zo|phy|zee** die; -, -n (meist Plur.) ⟨aus nlat. schizophycea, zu gr. phŷkos „Tang, Seegras"⟩: (veraltet) Zyanophyzee (Biol.). **schi|zo|thym** ⟨zu gr. thymós „Leben, Empfindung, Gemüt"⟩: eine latent bleibende, nicht zum Durchbruch kommende Veranlagung zu Schizophrenie besitzend (Med.). **Schi|zo|thy|me** der u. die; -n, -n: jmd., der schizothym veranlagt ist (Med.). **Schi|zo|thy|mie** die; - ⟨zu ↑²...ie⟩: Eigenschaft u. Veranlagung des schizothymen Konstitutionstyps (Med.). **Schi|zo|tri|chie** die; -, ...ien ⟨zu gr. thríx, Gen. trichós „Haar" u. ↑²...ie⟩: krankhafte Veränderung des Haares mit Spaltung des Haarschaftes (Med.)
Schlach|ta die; - ⟨aus gleichbed. poln. szlachta⟩: der niedere poln. Adel. **Schlach|tschitz** der; -en, -en ⟨aus gleichbed. poln. szlachcic⟩: Angehöriger der Schlachta
Schla|mas|sel der, auch das; -s ⟨aus gleichbed. jidd. schlimasl zu dt. schlimm u. jidd. masl, vgl. ¹Massel⟩: (ugs.) Unglück; widerwärtige Umstände; verfahrene, schwierige Situation. **Schla|ma|stik** die; -, -en ⟨wohl entstellt zu jidd. schlimasl (vgl. Schlamassel) u. schlimasldik „unglücklich"⟩: (landsch.) svw. Schlamassel
Schla|wi|ner der; -s, - ⟨wohl Anfang des 20. Jh. zu Slowene bzw. Slawonier gebildet, weil die slowenischen Hausierer als besonders gerissene Geschäftemacher galten⟩: (ugs.) a) pfiffiger Mensch, gerissener, kleiner Gauner; b) unzuverlässiger Mensch
Schle|mihl [auch ...'mi:l] der; -s, -e ⟨Herkunft unsicher, vielleicht nach dem simeonitischen Häuptling Schelumiel (hebr. šēlmî'ēl), gedeutet als šê-lô-mô „der nichts taugt"⟩: (ugs.) 1. Unglücksmensch, Pechvogel. 2. jmd., der es faustdick hinter den Ohren hat; gerissener Kerl
Schlipp vgl. Slip (2)
Schlup vgl. Slup
Schma das; - ⟨aus hebr. šēma „höre!", Imp. Sing. von šāma „hören"⟩: das jüd. Bekenntnisgebet (aus 5. Mose 6, 4–9 u. 11, 13–21 u. 4. Mose 15, 37–41); vgl. Mesusa
Schmal|te u. **Smal|te** die; -, -n ⟨aus gleichbed. it. smalto, dies aus mlat. smaltum, vgl. Email⟩: pulverig gemahlener, kobaltblauer Farbstoff für feuerfeste Glasuren
Schma|sche die; -, -n ⟨aus dem Poln.⟩: Fell eines totgeborenen Lammes
Schmock der; -[e]s, Plur. Schmöcke, auch -e u. -s ⟨verbreitet durch das Lustspiel „Die Journalisten" des dt. Schriftstellers G. Freytag (1816–1895); vielleicht nach älter österr. Schmock „größerer Dachshund" od. zu slowen. smôk „Drache", im Slowen. häufiger Hundename⟩: (abwertend) gesinnungsloser Journalist, Schriftsteller
Schmo|ne es|re die; - - ⟨aus gleichbed. hebr. šēmône-'eśrē, eigtl. „achtzehn"⟩: langes jüd. Hauptgebet
Schmon|zes der; -, - ⟨aus jidd. schmonzes (Plur.) „Blödsinn", weitere Herkunft ungeklärt⟩: leeres, albernes Gerede. **Schmon|zet|te** die; -, -n ⟨mit französierender Endung zu Schmonzes; vgl. ...ette⟩: (ugs. abwertend) wenig geistreiches, kitschiges Stück, albernes Machwerk
Schmu der; -s ⟨über das Jidd. wohl zu hebr. šēmû'ā „Erzählung, Gerede"⟩: (ugs.) etwas, was nicht ganz korrekt ist; - machen: auf harmlose Weise betrügen. **Schmus** der; -es ⟨über jidd. schmues „Unterhaltung" aus hebr. šēmû'ôt, Plur. von šēmû'ā, vgl. Schmu⟩: (ugs.) 1. leeres Gerede, Geschwätz, Schönrednerei, Lobhudelei. 2. das Zureden [zum Kauf]. **schmu|sen**: (ugs.) 1. mit jmdm. zärtlich sein, Liebkosungen austauschen. 2. (abwertend) schwatzen, schmeicheln, schöntun. 3. [zu einem Kauf] zureden
Scho|ah die; - ⟨aus hebr. šô'ā „(unerwarteter) Untergang, Vernichtung"⟩: hebr. Bez. für den ↑Holocaust der Juden während des Nationalsozialismus
Scho|chiu [...x...] der; -s ⟨aus dem Jap.⟩: japan. Reisbranntwein
Schock der; -[e]s, -s ⟨unter Einfluß von engl. shock aus fr. choc „Stoß, Erschütterung" zu choquer „(an)stoßen, beleidigen", dies wohl aus mittelniederl. schocken „stoßen"⟩: 1. durch ein plötzliches katastrophenartiges od. außergewöhnlich belastendes Ereignis ausgelöste seelische Erschütterung, ausgelöster großer Schreck [wobei der Betroffene nicht mehr fähig ist, seine Reaktionen zu kontrollieren]. 2. (z. B. durch Herzinfarkt, schwere Verletzungen, Verbrennungen, Infektionen verursachtes) akutes Kreislaufversagen mit ungenügender Sauerstoffversorgung lebenswichtiger Organe (Med.). **schock|ant**¹ ⟨aus gleichbed. fr. choquant, eigtl. Part. Präs. von choquer, vgl. Schock⟩: (veraltend) empörend, anstößig. **schocken**¹ ⟨nach gleichbed. engl. to shock zu shock, vgl. Schock⟩: 1. Nerven- u. Geisteskranke mit künstlich erzeugtem (z. B. elektrischem) Schock behandeln (Med.). 2. (ugs.) einen Schock (1) versetzen, verstören, aus dem seelischen Gleichgewicht bringen, z. B. diese Nachricht hat sie geschockt. 3. [aus dem Stand] mit gestrecktem Arm werfen (Handball, Kugelstoßen). **Schocker**¹ der; -s, - ⟨nach gleichbed. engl. shocker⟩: (ugs.) Roman od. Film mit gruseligem od. anstö-

schockieren

ßigem Inhalt. **schock̲ie̲|ren**[1] ⟨aus *fr.* choquer, vgl. Schock⟩: Entrüstung, moralische Empörung hervorrufen; jmdn. aufbringen, z. B. ich bin ja schockiert, in welcher Kleidung er herumläuft. **scho̲cking**[1] vgl. shocking. **Scho̲ck|me|ta|mor|pho|se** *die;* -, -n ⟨zu ↑ Schock⟩: Umwandlung von Gesteinen durch starke Druckwellen (z. B. durch Kernexplosion erzeugt; Geol.). **Scho̲ck|the|ra|pie** *die;* -, -n [...i:ən]: ein Heilverfahren für seelische Krankheiten, bei dem ein Anfall od. Schockzustand künstlich herbeigeführt wird

Scho̲|dschi, Scho̲ji *die;* - ⟨aus gleichbed. *jap.* shoji⟩: durchscheinende Schiebewand im japan. Haus

Scho̲|far *der;* -[s], -oth ⟨aus gleichbed. *hebr.* šôfār⟩: ein im jüd. Kult verwendetes Widderhorn, das z. B. zur Ankündigung des Sabbats geblasen wird

scho̲|fel u. **scho̲f[e]|lig** ⟨aus der Gaunerspr., zu *jidd.* schofl „gemein, niedrig", dies aus *hebr.* šāfāl „wertlos, gemein"⟩: (ugs.) 1. gemein, niedrig, schäbig. 2. knauserig, armselig, kümmerlich. **Scho̲|fel** *der;* -, -: (ugs.) 1. Schund, schlechte Ware. 2. gemeiner Mensch. **scho̲|fe|lig** vgl. schofel

Schof|för *der;* -s, -e: eindeutschend für Chauffeur

scho̲f|lig vgl. schofel

Scho̲|gun u. **Shogun** [ˈʃo:...] *der;* -s, -e ⟨aus *jap.* shōgun, dies aus dem Chines.⟩: (früher) a) (ohne Plur.) [erblicher] Titel japan. kaiserlicher Feldherren, die lange Zeit an Stelle der machtlosen Kaiser das Land regierten; b) Träger dieses Titels. **Scho̲|gu|nat** *das;* -[e]s ⟨zu ↑ ...at (1)⟩: Amt eines Schoguns

Scho̲i|tasch [ˈʃoy...] *der;* - ⟨aus *ung.* sújtás „Verschnürung"⟩: (veraltet) Plattschnurbesatz an der Husarenuniform

Scho̲|ji vgl. Schodschi

Scho̲|ko *die;* -, -s (aber: 3 -): (ugs.) Kurzform von ↑ Schokolade. **Scho̲|ko|la̲|de** *die;* -, -n ⟨wohl über älter *niederl.* chocolate aus *span.* chocolate, dies aus *mex.* chocolatl „Kakaotrank"⟩: 1. mit Zucker [Milch o. ä.] gemischte Kakaomasse, die meist in Tafeln gewalzt od. in Figuren gegossen ist. 2. Getränk aus Schokoladenmasse u. Milch. **scho̲|ko|lie̲|ren** ⟨zu ↑ ...ieren⟩: mit Schokolade überziehen

Scho̲|la [ˈsko:la, auch ˈsço:la] *die;* -, ...ae [...lɛ] ⟨aus gleichbed. *mlat.* schola zu *lat.* schola „Muße, Ruhe von der Arbeit; Schule", dies aus *gr.* scholḗ, eigtl. „das Innehalten (bei der Arbeit)"⟩: institutionelle Vereinigung von Lehrern u. Schülern, bes. zur Pflege u. Weiterentwicklung des ↑ Gregorianischen Chorals (im Mittelalter; Mus.). **Scho̲|la̲r** [ʃo...] *der;* -en, -en ⟨aus gleichbed. *mlat.* scholaris „zur Schule gehörig"⟩: [herumziehender] Schüler, Student [im Mittelalter]. **Scho̲l|arch** *der;* -en, -en ⟨aus gleichbed. *mlat.* scholarcha, dies aus *spätgr.* scholarchēs zu *gr.* scholḗ (vgl. Schola) u. árchein „herrschen"⟩: Vorsteher einer Kloster- od. Domschule im Mittelalter. **Scho̲l|ar|chat** *das;* -[e]s, -e ⟨zu ↑ ...at (1)⟩: Amt eines Scholarchen. **Scho̲|last** *der;* -en, -en ⟨verkürzt aus *mlat.* scholasticus, vgl. Scholastiker⟩: svw. Scholar. **Scho̲|la̲s|tik** *die;* - ⟨aus *mlat.* scholastica „Schulwissenschaft, Schulbetrieb" zu *lat.* scholasticus „zur Schule gehörend", dies aus *gr.* scholastikós „müßig, gelehrt; seine Muße den Wissenschaften zueignend", dies zu scholḗ, vgl. Schola⟩: 1. die auf die antike Philosophie gestützte, christliche Dogmen verarbeitende Philosophie u. Theologie des Mittelalters (etwa 9.-14. Jh.). 2. engstirnige, dogmatische Schulweisheit. **Scho̲|la̲s|ti|ka** *die;* -, ...kæ [...kɛ] ⟨aus *mlat.* scholastica, Fem. von scholasticus, vgl. Scholastiker⟩: (veraltet) Schwesternschülerin (bes. Nonne im Noviziat). **Scho̲|la̲s|ti|ka̲t** *das;* -[e]s, -e ⟨zu ↑ ...at (1)⟩: Studienzeit des Scholastikers (2). **Scho̲|la̲s|ti|ker** *der;* -s, - ⟨aus gleichbed. *mlat.* scholasticus, dies aus *lat.* scholasticus, vgl. Scholastik⟩: 1. Vertreter der Scholastik. 2. junger Ordensgeistlicher während des philos.-theologischen Studiums, bes. bei den Jesuiten. 3. (abwertend) reiner Verstandesmensch, spitzfindiger Haarspalter. **Scho̲|la̲s|ti|kus** *der;* -, ...ker ⟨aus *mlat.* scholasticus „Leiter einer Schule"⟩: svw. Scholarch. **scho̲|la̲s|tisch** ⟨nach gleichbed. *mlat.* scholasticus⟩: 1. nach der Methode der Scholastik, die Philosophie der Scholastik betreffend. 2. (abwertend) spitzfindig, rein verstandesmäßig. **Scho̲|la̲s|ti|zi̲s|mus** *der;* - ⟨zu ↑ Scholastik u. ↑ ...izismus⟩: 1. einseitige Überbewertung der Scholastik. 2. (abwertend) übertriebene Spitzfindigkeit. **Scho̲|li|a̲st** *der;* -en, -en ⟨aus gleichbed. *mgr.* scholiastḗs zu scholiázein, dies zu *gr.* schólion „Scholia an den Rand schreiben", vgl. Scholie⟩: Verfasser von Scholien. **Scho̲|lie** [...jə] *die;* -, -n u. **Scho̲|li|on** *das;* -s, Scholien [...jən] ⟨aus gleichbed. *nlat.* scholium bzw. *gr.* schólion zu scholḗ, vgl. Schola⟩: erklärende Randbemerkung [alexandrinischer Philologen] in griech. u. röm. Handschriften

Scho̲|re vgl. Sore

Scho̲r|lo|mit [auch ...ˈmɪt] *der;* -s, -e ⟨zu Schörl (ein Mineralname unbekannter Herkunft) u. ↑² ...it⟩: in Tiefengesteinen vorkommendes Granatmineral

Scho̲|se vgl. Chose

Scho̲tt *der;* -s, -s ⟨über *fr.* chott aus gleichbed. *arab.* (maghrebinisch) šaṭ⟩: mit Salzschlamm gefülltes Becken in Nordafrika (Geogr.)

schraf|fie̲|ren ⟨über *mniederl.* schraeffeeren „stricheln" aus *it.* sgraffiare „kratzen, stricheln"⟩: [eine Fläche] mit parallelen Linien stricheln (Kunstw.). **Schraf|fu̲r** *die;* -, -en ⟨zu ↑ ...ur⟩: a) schraffierte Fläche auf einer Zeichnung; b) Strichzeichnung auf [Land]karten; c) Strichelung

Schra̲p|nell *das;* -s, Plur. -e u. -s ⟨aus gleichbed. *engl.* shrapnel, nach einem engl. Artillerieoffizier H. Shrapnel, 1761-1842⟩: 1. (veraltet) Sprenggeschoß mit Kugelfüllung. 2. (abwertend) ältere, als unattraktiv empfundene Frau

Schre̲d|der vgl. Shredder

Schre̲i|ber|sit [auch ...ˈsrt] *der;* -s, -e ⟨nach dem österr. Museumsdirektor K. F. A. von Schreibers (1775-1852) u. zu ↑² ...it⟩: ein silberweißes Mineral, das tafelige u. formlose Körner im Meteoreisen, selten auch in irdischen Eisenlagern bildet

schri̲n|ken u. **shrinken** [ʃ...] ⟨aus *engl.* to shrink, eigtl. „schrumpfen (lassen)"⟩: Geweben Feuchtigkeit zuführen, um sie im Griff weicher u. krumpfecht zu machen

Schtschi̲ *der;* - ⟨aus gleichbed. *russ.* šči (Plur.)⟩: russ. Sauerkohlsuppe [mit Fleisch]

Schu̲|bi|ack *der;* -s, Plur. -s u. -e ⟨aus *niederl.* schobbejak zu schobben „reiben, sich kratzen" u. Jack „Jakob"⟩: (ugs. abwertend) niederträchtiger Mensch, Lump

Schu̲|dra u. **Shudra** [ˈʃu:...] *der;* -s, -s ⟨aus gleichbed. *sanskr.* śūdrá⟩: Angehöriger der vierten, dienenden Hauptkaste im alten Indien; vgl. Waischja

Schu̲l|chan A̲ruch [...ˈxa:n ...x] *der;* - - ⟨aus *hebr.* ʿšulḥan ʿāraḵ „gedeckter Tisch", nach Psalm 23, 5⟩: um 1500 n. Chr. entstandenes maßgebendes jüd. Gesetzeswerk

Schwa̲ *das;* -[s], -[s] ⟨aus *hebr.* šĕwaʾ⟩: in bestimmten unbetonten Silben erscheinende Schwundstufe des vollen Vokals; Murmel-e (Lautzeichen ə; Sprachw.)

Schwa̲|dron *die;* -, -en ⟨aus gleichbed. *it.* squadrone, eigtl. „großes Viereck", zu squadra „Viereck", dies zu *lat.* quadrus, vgl. quadrieren⟩: kleinste Truppeneinheit der Kavallerie (Mil.). **Schwa̲|dro|na̲|de** *die;* -, -n ⟨mit französierender Endung gebildet; vgl. ...ade): wortreiche, aber nichtssagende Schwafelei, prahlerisches Gerede. **Schwa|dro|neur** [...'nøːɐ̯] *der;* -s, -e ⟨französierende Bildung zu ↑schwadronieren; vgl. ...eur⟩: jmd., der schwadroniert. **schwa|dro|nie|ren** ⟨zu ↑Schwadron u. ↑...ieren, eigtl. „beim Fechten wild u. planlos um sich schlagen"⟩: schwatzen, viel u. lebhaft erzählen

Schwan|nom *das;* -s, -e ⟨nach dem Arzt u. Naturforscher T. Schwann (1810–1882) u. zu ↑...om⟩: svw. Neurinom

Schwa|zit [auch ...'tsɪt] *der;* -s, -e ⟨nach der Stadt Schwaz in Tirol u. zu ↑²...it⟩: ein zu den Fahlerzen gehörendes Mineral

Schwer|ath|let *der;* -en, -en ⟨zu ↑Athlet⟩: Sportler, der Schwerathletik treibt. **Schwer|ath|le|tik** *die;* -: Sammelbez. für die kraftsportlichen Disziplinen (z. B. Boxen, Ringen, Gewichtheben); vgl. Leichtathletik. **schwer|ath|le|tisch:** die Schwerathletik betreffend, zu ihr gehörend

schwoi|en [ˈʃvɔyən] u. **schwo|jen** ⟨Herkunft ungeklärt; vgl. gleichbed. *niederl.* zwaaien⟩: sich durch Wind od. Strömung vor Anker drehen (Seew.)

Schwu|li|tät *die;* -, -en (meist Plur.) ⟨zu älter *dt.* schwul „schwül" u. ↑...ität⟩: (ugs.) Schwierigkeit, Bedrängnis, peinliche Lage; in -en sein: bedrängt sein, in Verlegenheit sein

Sci|ence-fic|tion [ˈsaɪənsfɪkʃən] *die;* - ⟨aus gleichbed. *engl.* science fiction zu science „Wissenschaft" (dies über *(alt)fr.* science aus *lat.* scientia) u. fiction „Erfindung; Erzählung"; vgl. Fiktion⟩: Sammelbez. für die vor allem in Literatur u. Film behandelten Themen, die sich auf wissenschaftlich-technischer Grundlage mit künftigen, z. T. aber nicht realisierbaren Entwicklungen der Menschheit befassen, bes. im Hinblick auf Weltraumfahrt, Entdeckung u. Besiedlung fremder Himmelskörper, Invasionen von fremden Planeten u. ä. **Sci|ence-fic|tion-Ro|man** *der;* -s, -e: [abenteuerlicher] Roman entsprechenden Inhalts aus dem Gebiet der Science-fiction. **Scien|tis|mus** [stsi̯ɛn...] usw. vgl. Szientismus usw. **Sci|en|to|lo|gy** [saɪənˈtɔlədʒɪ] *die;* - ⟨aus gleichbed. *engl.-amerik.* scientology⟩: mit religiösem Anspruch auftretende Bewegung, deren Anhänger behaupten, eine wissenschaftliche Theorie über das Wissen u. damit den Anspruch zu (mit Hilfe bestimmter psychotherapeutischer Techniken zu erlangender) vollkommener geistiger u. seelischer Gesundheit zu besitzen. **sci|li|cet** [ˈstsiːlitsɛt] ⟨*lat.;* „man höre!, freilich", zu scire „wissen" u. licet „es ist erlaubt", 3. Pers. Sing. Präs. von licere „erlaubt sein"⟩: nämlich; Abk.: sc. u. scil.

scio|l|to [ˈʃɔlto] ⟨*it.;* Part. Perf. von sciogliere „lösen; losbinden", dies aus *lat.* exsolvere⟩: frei, ungebunden im Vortrag (Mus.)

Scoop [skuːp] *der;* -s, -s ⟨aus gleichbed. *engl.* scoop, auch „Gewinn", eigtl. „Schöpfkelle"⟩: Exklusivmeldung, erste Veröffentlichung einer sensationellen Meldung, die anderen Zeitungen od. Medien zuvorkommt

Scoo|ter [ˈskuːtə] *der;* -s, - ⟨aus gleichbed. *engl.* scooter zu to scoot „rasen, flitzen"⟩: 1. Segelboot mit Stahlkufen zum Wasser- u. Eissegeln. 2. svw. Skooter

Sco|pol|amin [sk...] vgl. Skopolamin

Scor|da|tu|ra [sk...] u. Skordatur *die;* - ⟨aus *it.* scordatura „Verstimmung, Umstimmung" zu scordato, Part. Perf. von scordare „verstimmen", dies aus *lat.* discordare „nicht übereinstimmen"⟩: von der üblichen Stimmung abweichende Umstimmung von Saiteninstrumenten, z. B. zur Erzeugung besonderer Klangeffekte (Mus.); Ggs. ↑Accordatura

Score [skɔː] *der;* -s, -s ⟨aus gleichbed. *engl.* score, dies über älter *engl.* scor aus *altnord.* skor „Einschnitt; Kerbholz"⟩: 1. a) Spielstand, Spielergebnis; b) Zahl der erreichten Treffer im Lotto od. der erreichten Punkte in einem sportlichen Wettkampf. 2. geschätzter od. gemessener Zahlenwert, Meßwert, z. B. bei Testergebnissen (Psychol.). **Score|kar|te** [ˈskɔː...] *die;* -, -n: vorgedruckte Karte, auf der die Anzahl der von einem Spieler (beim Golf, Minigolf) gespielten Schläge notiert wird. **sco|ren** ⟨nach gleichbed. *engl.* to score⟩: einen Punkt, ein Tor o. ä. erzielen (Sport). **Sco|rer** *der;* -s - ⟨nach gleichbed. *engl.* scorer⟩: jmd., der die von den einzelnen Spielern (beim Golf, Minigolf) gemachten Schläge zählt

Scotch [skɔtʃ] *der;* -s, -s ⟨aus gleichbed. *engl.* Scotch, kurz für Scotch whisky „schottischer Whisky"⟩: schottischer, aus Gerste [mit Beimengungen von anderem Getreide] hergestellter Whisky; vgl. Bourbon. **Scotch|ter|ri|er** [ˈskɔtʃtɛriɐ] *der;* -s, - ⟨aus gleichbed. *engl.* Scotch terrier „schottischer Terrier"; vgl. Terrier⟩: ein schottischer Jagdhund

Sco|tis|mus [sk...] *der;* - ⟨aus gleichbed. *engl.* Scotism, nach dem schottischen Scholastiker Duns Scotus, etwa 1266–1308; vgl. ...ismus (1)⟩: philos. Richtung, die durch die Vorrangstellung des Willens vor der Vernunft gekennzeichnet ist. **Sco|tist** *der;* -en, -en ⟨aus gleichbed. *engl.* Scotist⟩: Vertreter des Scotismus

Scot|land Yard [ˈskɔtlənd ˈjɑːd] *der;* - - ⟨*engl.;* eigtl. „schottischer Hof", weil das Polizeipräsidium früher an die ehemalige schott. Residenz angrenzte⟩: [Hauptgebäude der] Londoner Kriminalpolizei

Scout [skaʊt] *der;* -[s], -s ⟨aus *engl.* scout „Kundschafter, Späher, Pfadfinder", dies über älter *engl.* scoute aus *altfr.* escoute, dies über das Vulgärlat. aus *lat.* auscultare, vgl. auskultieren⟩: 1. a) Pfadfinder; vgl. Boy-Scout; b) Wegbereiter, Vorreiter, Vordenker. 2. (Jargon) für einen literarischen Verlag arbeitende Person, die im Ausland nach erfolgreichen od. erfolgversprechenden Büchern Ausschau hält, um für ihren Verlag die ↑Lizenz zu erwerben

Scrab|ble ⓦ [ˈskræbl] *das;* -s, -s ⟨aus gleichbed. *engl.* scrabble zu to scrabble „scharren, herumsuchen", dies aus dem (Mittel)niederl.⟩: Spiel mit zwei bis vier Mitspielern, bei dem aus Spielmarken mit Buchstaben Wörter nach einem bestimmten Verfahren zusammengesetzt werden müssen

Scram [skræm] *das;* -[s] ⟨aus gleichbed. *engl.-amerik.* scram, eigtl. „verschwinde!, hau ab!"⟩: Schnellabschaltung eines Kernreaktors (Kernphys.)

Scram|bler [ˈskræmblə] *der;* -s, - ⟨aus gleichbed. *engl.* scrambler zu to scramble „kriechen, klettern"⟩: Gerät zur Verschlüsselung von Sprachsignalen (Elektrot.)

Scraps [skrɛps, *engl.* skræps] *die* (Plur.) ⟨aus gleichbed. *engl.* scraps, Plur. von scrap „Fetzen, Stück(chen)", dies aus dem Altnord.⟩: Reste von Tabakblätter, die als Zigarreneinlage, Beimischung zu Kau- u. Rauchtabak u. a. eingesetzt werden

scratch [skrætʃ] ⟨*engl.*⟩: ohne Vorgabe (beim Golf). **Scratching** [ˈskrætʃɪŋ] *das;* -s ⟨aus gleichbed. *engl.* scratching zu to scratch „(zer)kratzen"⟩: das Hervorbringen bestimmter akustischer Effekte durch Manipulieren des laufenden Schallplatte. bes. bei Rapmusik. **Scratch|spie|ler** *der;* -s, - ⟨zu ↑scratch⟩: Golfspieler mit sehr hoher u. konstanter Spielstärke, der ohne Vorgabe spielt

Screen [skriːn] *der;* -s, -s ⟨aus *engl.* screen „(Schutz)schirm"⟩: engl. Bez. für Bildschirm (EDV). **Scree|ning** [ˈskriːnɪŋ] *das;* -[s], -s u. **Scree|ning-Test** *der;* -s, -s ⟨aus gleichbed. *engl.* screening⟩: Verfahren zur Reihenuntersuchung (z. B. auf Krebs; Med.)

Screwballkomödie

Screw|ball|ko|mö|die ['skru:bɔl...] *die;* -, -n ⟨zu *amerik.* (ugs.) screwball „Spinner(in), verdrehte Person", dies zu *engl.* screw „Schraube" u. ball „Ball"⟩: aus dem Amerika der 1930er u. 1940er Jahre stammende temporeiche, respektlose Filmkomödie, in der die Hauptfiguren unkonventionell, exzentrisch sind

Scrib|ble [skrɪbl] *das;* -s, -s ⟨aus gleichbed. *engl.* scribble, eigtl. „Gekritzel"⟩: erster, noch nicht endgültiger Entwurf für eine Werbegraphik, -fotografie o. ä.

Scri|mi|um [sk...] *das;* -s, ...ien [...jən] ⟨aus *lat.* scrimium „Behälter, zylinderförmige Kapsel", Bed. 2 über gleichbed. *spätlat.* scrimium⟩: 1. in frühröm. Zeit zylinderförmige Kapsel zur Aufbewahrung von Buchrollen, Büchern, Urkunden, auch Salben u. a. 2. in spätröm. Zeit eine Abteilung der kaiserlichen Kanzlei

Scrim|mage ['skrɪmɪdʒ] *das;* -, -s [...dʒɪz] ⟨aus *engl.-amerik.* scrimmage „Gedränge, Handgemenge"⟩: das Ringen um den Ball beim Anspiel im American Football

Scrip [skrɪp] *der;* -s, -s ⟨aus gleichbed. *engl.* scrip, gekürzt aus subscription „Unterzeichnung, Unterschrift; Beglaubigung", dies über das (Alt)fr. aus *lat.* subscriptio zu subscribere „unterschreiben; genehmigen"⟩: 1. Interimsschein als Ersatz für noch nicht fertiggestellte Stücke von neu ausgegebenen Wertpapieren. 2. Gutschein über nicht gezahlte Zinsen, durch den der Zinsanspruch zunächst abgegolten ist; vgl. Dollarscrips. **Script|girl** ['skrɪptgə:l] vgl. Skriptgirl. **Scrip|tum** [sk...] vgl. Skriptum. **Scrit|tu|ra** *die;* -, ...ren ⟨aus gleichbed. *it.* scrittura, dies aus *lat.* scriptura „Schrift(stück)" zu scriptus, Part. Perf. von scribere „(auf)schreiben"⟩: schriftlicher Opernvertrag in Italien

Scrol|ling ['skroʊlɪŋ] *das;* -s ⟨zu *engl.* to scroll „verschieben"⟩: das stetige, vor allem vertikale Verschieben einer Darstellung auf dem Bildschirm, insbesondere über die Bildschirmränder hinaus (Informatik)

Scro|tum [sk...] vgl. Skrotum

Scrub [skrap, engl. skrʌb] *der;* -[s], -s ⟨aus gleichbed. *engl.* scrub⟩: Gestrüpp; Buschvegetation in Australien

Scrum|mage ['skrʌmɪdʒ] *das;* -, -s [...dʒɪz] ⟨aus *engl.* scrummage „Handgemenge"⟩: dichtes Gedränge, Spielerknäuel (beim Rugby)

Scru|ple ['skru:pl] *das;* -, -s ⟨aus gleichbed. *engl.* scruple zu *mittelengl.* scriple, dies aus *lat.* scrupulus, scripulum „sehr kleines Maß"⟩: in Großbritannien u. den USA gebräuchliche Gewichts- u. Masseeinheit des Apothecaries-Systems für Drogen u. Arzneimittel (= 1,296 g); Zeichen s

Scu|do [sk...] *der;* -, ...di ⟨aus *it.* scudo, dies aus *lat.* scutum „länglicher, mit Leder bezogener Schild", nach der urspr. Form der Münze⟩: alte ital. Münze

scu̱lp|sit [sk...] ⟨aus *lat.* sculpsit „hat [es] gestochen", 3. Pers. Sing. Perfekt von sculpere „(ein)meißeln"⟩: Vermerk vor od. hinter dem Namen des Künstlers auf Kupferstichen; Abk.: sc., sculps.

Scu|tel|lum [sk...] *das;* -s, ...lla ⟨aus *nlat.* scutellum, Verkleinerungsform von *lat.* scutum, vgl. Scudo⟩: zu einem Saugorgan umgewandeltes Keimblatt der Gräser (Bot.)

Scyl|la ['stsyla] vgl. Szylla

Scyth ['stsy:t] *das;* -s ⟨nach dem Volksstamm der Skythen⟩: alpiner Buntsandstein

SDI [ɛsdi:'aɪ] ⟨Abk. für *engl.* stratetic defense initiative „strategische Verteidigungsinitiative"⟩: US-amerik. Forschungsprojekt zur Stationierung von [Laser]waffen im Weltraum

Sea-floor-Sprea|ding ['si:flɔ: 'spredɪŋ] *das;* -, -s ⟨aus gleichbed. *engl.* sea-floor spreading, eigtl. „Meeresbodenausbreitung"⟩: kontinuierliche Entstehung von Meeresboden durch magmatische Aktivität entlang den Zentralgräben des Mittelozeanischen Rückens (Geophys.)

Seal [zi:l, engl. si:l] *der od. das;* -s, -s ⟨aus *engl.* seal „Robbe"⟩: 1. Fell bestimmter Robbenarten. 2. Pelz aus Seal (1)

Sealed-beam-Schein|wer|fer ['si:ld'bi:m...] *der;* -s, - ⟨zu *engl.* sealed „versiegelt" (zu to seal „plombieren, abdichten") u. beam „Lichtstrahl"⟩: im angloamerik. Raum zur Kraftfahrzeugbeleuchtung verwendeter Scheinwerfer, bei dem Spiegelreflektor, Lampe u. Streuscheibe eine fest verbundene, integrierte Einheit bilden

Seal|skin ['zi:lskɪn, engl. 'si:l...] *der od. das;* -s, -s ⟨aus *engl.* sealskin „Robbenfell", zu seal (vgl. Seal) u. skin „Fell"⟩: 1. svw. Seal. 2. Plüschgewebe als Nachahmung des echten Seals

Sea|ly|ham|ter|ri|er ['si:lɪəmtɛrɪɐ] *der;* -s, - ⟨nach Sealyham, dem walisischen Landgut des ersten Züchters, u. zu ↑ Terrier⟩: engl. Jagdhund

Sé|an|ce [ze'ã:s(ə)] *die;* -, -n ⟨aus *fr.* séance „Sitzung" zu séant „Sitzung haltend", Part. Präs. von seoir „sitzen", dies aus *lat.* sedere⟩: a) (veraltet) Sitzung; b) spiritistische Sitzung mit einem ↑ Medium (4)

Sea|son [si:zn] *die;* -, -s ⟨aus *engl.* season, dies aus *altfr.* seson, vgl. Saison⟩: engl. Bez. für Saison

Se̱|ba: Plur. von ↑ Sebum

Seb|cha [...xa], **Se̱bkha** [...xa] *die;* -, -s ⟨aus *arab.* sabḥa⟩: Salztonwüste u. Salzsumpf in der Sahara (Geogr.)

Seb|chah [...'xa:], **Seb|chat** [...'xat] *der;* -[s], -s ⟨zu *arab.* sabacha „beten"⟩: großer Rosenkranz zum Beten (im Islam)

Se|bi̱l *der;* -s, -e ⟨aus *türk.* sebil „gestifteter (Moschee)brunnen", eigtl. „Weg (zu Gott)"⟩: fromme Stiftung (im Islam)

Se̱b|kha [...xa] vgl. Sebcha

Se|bo|li̱th [auch ...'lɪt] *der;* Gen. -s u. -en, Plur. -e[n] ⟨zu *lat.* sebum (vgl. Sebum) u. ↑ ...lith, eigtl. „Talgdrüsenstein"⟩: ↑ Konkrement im Ausführungsgang einer Talgdrüse (Med.). **Se|bor|rhö̱** *die;* -, -en u. **Se|bor|rhö̱e** [...'rø:] *die;* -, -n [...'rø:ən] ⟨zu *gr.* rhein „fließen"⟩: krankhaft gesteigerte Absonderung der Talgdrüsen; Talg-, Schmerfluß (Med.). **Se|bor|rhoi|ker** *der;* -s, -: an Seborrhö Leidender (Med.). **se|bor|rho̱isch:** die Seborrhö betreffend, auf Seborrhö beruhend (Med.). **Se|bo|sta̱|se** *die;* -, -n ⟨zu *gr.* stásis „das Stehen"⟩: anlagemäßig bedingte Verminderung der Talgproduktion, Talgmangel mit trockener Haut u. trockenen Haaren (Med.). **Se|bo|zyt** *der;* -en, -en ⟨zu ↑ ...zyt⟩: Talg produzierende Zelle (Med.). **Se̱|bum** *das;* -s, Se̱ba ⟨aus *lat.* sebum „Talg"⟩: [Haut]talg, Absonderung der Talgdrüsen (Med.)

sec [zɛk, franz. sɛk] ⟨*fr.;* dies aus *lat.* siccus⟩: trocken, herb (von [Schaum]weinen)

SECAM-Sy|stem ['ze:kam...] *das;* -s ⟨Kurzw. aus *fr.* séquentiel à mémoire „aufeinanderfolgend mit Zwischenspeicherung" (eigtl. „[mit] Gedächtnis") u. zu ↑ System⟩: franz. Farbfernsehsystem, das auf einer abwechselnden (nicht gleichzeitigen) Übertragung von Farbsignalen beruht; vgl. PAL-System

sec|co ['zɛko] ⟨*it.;* dies aus *lat.* siccus⟩: svw. sec. **Se̱c|co** *das;* -[s], -s ⟨Kurzform von *it.* recitativo secco „Sekkorezitativ"⟩: nur von Generalbaßinstrumenten (meist Cembalo bzw. Orgel, Violoncello u. Kontrabaß) begleitetes ↑ Rezitativ (Mus.). **Se̱c|co|ma|le|rei** *die;* - ⟨zu ↑ secco⟩: Wandmalerei auf trockenem Putz; Ggs. ↑ Freskomalerei

Se|cen|tis|mus [zetʃɛn...] *der;* - ⟨aus gleichbed. *it.* secentismo zu secento, vgl. Secento⟩: Stilrichtung in der ital. Barockpoesie des 17. Jh.s; vgl. ²Marinismus. **Se|cen|tist** *der;* -en, -en ⟨aus gleichbed. *it.* secentista⟩: Dichter, Künstler

Sedimentologie

des Secento. **Se|cen|to** *das;* -[s] ⟨aus *it.* secento, Nebenform von seicento, vgl. Seicento⟩: svw. Seicento

Se|ces|sio ple|bis [...ts... –] *die;* - - ⟨aus *lat.* secessio plebis „Absonderung des Volkes"⟩: in der röm. Republik zur Zeit der Ständekämpfe der von der Plebs zur Durchsetzung ihrer Forderungen veranstaltete Auszug aus Rom

seckant[1] usw. vgl. sekkant usw.

Se|con|da|ry Rag ['sɛkəndərɪ 'ræg] *der;* - -s ⟨zu *engl.* secondary „zweitrangig, untergeordnet" u. ↑Rag⟩: metrische Verschiebung im ↑Ragtime u. frühen Jazz, bei der eine Dreiachtelfigur über das geradzahlige Grundmetrum (z. B. ¼) gesetzt ist, wobei in der regelmäßigen Abfolge der drei Achtel jeweils die erste Note betont wird. **se|con|da vol|ta** [ze'kɔnda 'vɔlta] ⟨*it.*⟩: das zweite Mal (bei der Wiederholung eines Teils; Mus.); vgl. prima volta. **se|cond|hand** ['sɛkəndhænd] ⟨*engl.*⟩: aus zweiter Hand; gebraucht. **Se|cond|hand|lea|sing** [...'li:zɪŋ] *das;* -s, -s: Vermietung von bereits genutzten Wirtschaftsgütern (Wirtsch.). **Se|cond|hand|look** [...lʊk] *der;* -s: [bewußt herbeigeführtes] Aussehen neuer Kleider, Stoffe o. ä. wie alte, schon getragene, gebrauchte. **Se|cond|hand|shop** [...ʃɔp] *der;* -s, -s ⟨aus gleichbed. *engl.* second-hand shop, eigtl. „Laden (für Ware) aus zweiter Hand"⟩: Laden, in dem gebrauchte Ware (insbesondere gebrauchte Kleidung) verkauft wird. **Se|cond line** ['sɛkənd 'laɪn] *die;* - - ⟨aus gleichbed. *engl.-amerik.* second line, eigtl. „zweite Reihe"⟩: 1. Schar von kleinen Jungen u. Halbwüchsigen, die früher hinter den Straßenkapellen in New Orleans herzog. 2. Nachwuchskräfte im Jazz. **Se|cond-look-Ope|ra|ti|on** [...lʊk...] *die;* -, -en ⟨aus gleichbed. *engl.* second-look operation, eigtl. „Operation nach dem zweiten Blick"⟩: Zweiteingriff bei primär unvollständig entfernten krankhaften Veränderungen eines Organs od. Organteils (insbesondere bei Karzinom; Med.). **se|con|do** [ze'kɔndo] ⟨*it.;* aus *lat.* secundus, vgl. Sekunde⟩: das zweite (hinter dem Namen eines Instruments zur Angabe der Reihenfolge; Mus.). **Se|con|do** *das;* -s, Plur. -s u. ...di: 1. zweite Stimme (Mus.). 2. Baß bei vierhändigem Klavierspiel (Mus.); Ggs. ↑Primo. **Se|cond-source-Pro|dukt** ['sɛkəndsɔ:s...] *das;* -[e]s, -e ⟨zu *engl.* second source „zweite Quelle"⟩: Bez. für Halbleiterbauelemente (vor allem integrierte Schaltungen wie Mikroprozessoren), die von unabhängigen Zweitherstellern in Lizenz gefertigt werden

Se|cre|ta|ry of State ['sɛkrətrɪ ɔf 'steɪt] ⟨aus *engl.* secretary of state „Staatssekretär"⟩: in Großbritannien im 16. Jh. der leitende Minister, heute Titel der wichtigsten Minister; in den USA nur für den Außenminister gebräuchlich. **Secret Ser|vice** ['si:krɪt 'sə:vɪs] *der;* - - ⟨aus *engl.* secret service⟩: brit. Geheimdienst

Sec|tio [...k...] *die;* -, ...iones ⟨aus *lat.* sectio „das Schneiden, Sezieren" zu secare „schneiden"⟩: Schnitteröffnung bei operativen Eingriffen, auch zur Leichenschau (Med.).
Sec|tio au|rea *die;* - - ⟨aus *lat.* sectio aurea „Goldener Schnitt", zu aurea, Fem. von aureus „golden"⟩: Teilung einer Strecke in der Art, daß sich die kleinere Teilstrecke zur größeren wie die größere zur ganzen Strecke verhält (Goldener Schnitt; Math.). **Sec|tio cae|sa|rea** [– tsɛ...] *die;* - - ⟨aus gleichbed. *mlat.* sectio caesarea zu *lat.* sectio (vgl. Sectio) u. Caesarea „cäsarisch; kaiserlich"⟩: eine geburtshilfliche Operation; Kaiserschnitt (Med.). **Sec|tion** ['sɛkʃən] *die;* -, -s ⟨aus gleichbed. *amerik.* section zu *engl.* section „Ab-, Ausschnitt"⟩: ein amerik. Landmaß (259 Hektar)

Se|cu|ri|ties [sɪ'kjʊərətɪz] *die* (Plur.) ⟨aus *engl.* securities „Effekten, Wertpapiere", eigtl. „Sicherheiten", zu *lat.* securitas „Sicherheit"⟩: 1. bankübliche Sicherheiten, Kautionen (Bankw.). 2. Wertpapiere (Börsenw.). **Se|cu|ri|ti|za|tion** [sɪkjʊərɪtaɪ'zeɪʃn] *die;* - ⟨aus gleichbed. *engl.* securitization⟩: a) die zunehmende Verbriefung von Gläubiger-Schuldner-Beziehungen; b) die verstärkte Neigung großer, bonitätsstarker Unternehmen, im Rahmen ihrer Kapitalbeschaffung die Kreditaufnahme bei Banken zu ersetzen durch die Ausgabe marktfähiger Wertpapiere, durch die die Kredite handelbar werden (Bankw.)

Se|da: Plur. von ↑Sedum

Se|da|rim: Plur. von ↑Seder

se|dat ⟨aus gleichbed. *lat.* sedatus, Part. Perf. von sedare „beruhigen, beschwichtigen"⟩: (veraltet, aber noch landsch.) ruhig, von gesetztem Wesen, bescheiden, sittsam. **se|da|tiv** ⟨zu ↑...iv⟩: beruhigend, schmerzstillend (von Medikamenten; Med.). **Se|da|ti|vum** [...v...] *das;* -s, ...va ⟨aus gleichbed. *nlat.* sedativum⟩: Beruhigungsmittel; schmerzlinderndes Mittel (Med.). **se|den|tär** ⟨unter Einfluß von gleichbed. *fr.* sédentaire aus *lat.* sedentarius „sitzend (arbeitend)", zu sedens, Gen. sedentis, Part. Präs. von sedere „sitzen"⟩: 1. (veraltet) sitzend, seßhaft, ansässig. 2. (von Sedimenten) aus tierischen od. pflanzlichen Stoffen aufgebaut; biogen (Geol.).

Se|der *der;* -[s], Sedarim ⟨aus gleichbed. *hebr.* seder, eigtl. „Ordnung"⟩: 1. Hauptteil von ↑Mischna u. ↑Talmud. 2. häusliche Passahfeier im Judentum

Se|des Apo|sto|li|ca [– ...ka] *die;* - - ⟨*kirchenlat.;* „Apostolischer Stuhl"⟩: svw. Sancta Sedes

Se|dez *das;* -es ⟨zu *lat.* sedecim „sechzehn"⟩: Buchformat, bei dem der Bogen 16 Blätter = 32 Seiten hat. **Se|de|zi|mal|sy|stem** *das;* -s ⟨zu ↑¹...al (1)⟩: svw. Hexadezimalsystem

Se|dia ge|sta|to|ria [– ...st...] *die;* - - ⟨aus gleichbed. *it.* sedia gestatoria zu sedia „Stuhl, Sessel" (dies aus *mlat.* sedium zu *lat.* sedere „sitzen") u. gestatorio „zum Tragen dienend" (dies aus *lat.* gestatorius zu gestare „tragen")⟩: der von acht Dienern getragene Sessel, auf dem früher der Papst zur besseren Sichtbarkeit wegen u. zum Schutz seiner Person bei feierlichen Anlässen in Versammlungen von Gläubigen einzog. **se|die|ren** ⟨zu *lat.* sedare, vgl. sedat⟩: dämpfen, beruhigen (z. B. durch Verabreichung eines Sedativums; Med.). **Se|die|rung** *die;* -, -en ⟨zu ↑...ierung⟩: a) Dämpfung von Schmerzen; b) Beruhigung eines Kranken (Med.). **Se|di|fluk|ti|on** *die;* -, -en ⟨zu *lat.* sedere „sitzen" u. fluctio „das Fließen"⟩: die Fließbewegung unverfestigter Sedimente unmittelbar im Anschluß an die Sedimentbildung (Geol.). **Se|di|le** *das;* -[s], ...lien [...jən] ⟨aus *lat.* sedile „Sitz"⟩: 1. lehnenloser Sitz für die amtierenden Priester beim Hochamt. 2. Klappsitz im Chorgestühl. **Se|di|ment** *das;* -[e]s, -e ⟨aus *lat.* sedimentum „Bodensatz" zu sedere „sitzen"⟩: 1. das durch Sedimentation entstandene Schicht- od. Absatzgestein (Geol.). 2. Bodensatz einer [Körper]flüssigkeit (bes. des Urins; Med.). **se|di|men|tär** ⟨zu ↑...är⟩: durch Ablagerung entstanden (von Gesteinen u. Lagerstätten; Geol.). **Se|di|men|ta|ti|on** *die;* -, -en ⟨zu ↑...ation⟩: 1. Ablagerung von Stoffen, die an anderen Stellen abgetragen od. von pflanzlichen od. tierischen Organismen abgeschieden wurden (Geol.). 2. Bodensatzbildung in Flüssigkeiten (Chem., Med.). **Se|di|men|ta|ti|ons|zy|klus** *der;* -, ...klen: mehrfach sich wiederholende Abfolge bestimmter Sedimente, wie sie z. B. bei der Bildung der Zechsteinsalze od. der Steinkohle des Ruhrgebietes erfolgte (Geol.). **se|di|men|tie|ren** ⟨zu ↑...ieren⟩: 1. ablagern (von Staub, Sand, Kies usw. durch Wind, Wasser od. Eis; Geol.). 2. einen Bodensatz bei Flüssigkeiten bilden (Chem., Med.). **Se|di|men|to|lo|gie** *die;* - ⟨zu ↑...logie⟩:

1237

Sedimentpetrographie

Lehre von der Entstehung u. Umbildung der Sedimentgesteine. **Se|di|ment|pe|tro|gra|phie** *die;* -: Zweig der ↑ Petrographie, der sich mit den Sedimentgesteinen befaßt. **Se-dis|va|kanz** [...v...] *die;* -, -en ⟨zu *lat.* sedis, Gen. von sedes „Stuhl"⟩: Zeitraum, während dessen das Amt des Papstes od. eines Bischofs unbesetzt ist

Se|di|ti|on *die;* -, -en ⟨aus gleichbed. *lat.* seditio⟩: (veraltet) Aufruhr, Aufstand. **se|di|ti|ös** ⟨aus gleichbed. *lat.* seditiosus; vgl. ...ös⟩: (veraltet) aufständisch, aufrührerisch

Se|duk|ti|on *die;* -, -en ⟨aus gleichbed. *spätlat.* seductio zu *lat.* seducere, vgl. seduzieren⟩: (veraltet) Verführung

Se|dum *das;* -s, Seda ⟨aus gleichbed. *lat.* sedum, weitere Herkunft ungeklärt⟩: Pflanzengattung der Dickblattgewächse, Fetthenne

se|du|zie|ren ⟨aus gleichbed. *lat.* seducere⟩: (veraltet) verführen

Seg|ment *das;* -[e]s, -e ⟨aus *lat.* segmentum „(Ab-, Ein)schnitt" zu secare, vgl. sezieren⟩: 1. Abschnitt, Teilstück (in bezug auf ein Ganzes). 2. a) von einem Kurvenstück u. der dazugehörigen Sehne begrenzte Fläche; b) von einer gekrümmten Fläche u. einer sie schneidenden Ebene begrenzter Teil des Raums bzw. eines Körpers (Geom.). 3. Abschnitt eines [gegliederten] Organs (z. B. des Rückenmarks) od. eines Körpers (z. B. der Gliedertiere). 4. [kleinster] Abschnitt einer sprachlichen Äußerung, der durch Zerlegung in sprachliche Einheiten entsteht (Sprachw.). 5. Bez. für logisch zusammengehörende, aber weitgehend unabhängige Teile eines Programms (4; EDV). **seg|men|tal** ⟨zu ↑ ...al (1)⟩: segmentförmig, als Segment vorliegend. **seg|men|tär** ⟨zu ↑ ...är⟩: aus einzelnen Segmenten zusammengesetzt. **Seg|men|ta|ti|on** *die;* -, -en ⟨zu ↑ ...ation⟩: 1. Bildung von Furchungen an Zellkernen (Med.). 2. svw. Segmentierung (3); vgl. ...[at]ion/...ierung. **seg|men|tie|ren** ⟨zu ↑ ...ieren⟩: 1. [in Segmente] zerlegen; gliedern. 2. eine Segmentierung (3) vornehmen. **Seg|men|tie|rung** *die;* -, -en ⟨zu ↑...ierung⟩: 1. das Segmentieren. 2. Metamerie (1). 3. Analyseoperation, bei der sprachliche Äußerungen in Einheiten des Sprachsystems zerlegt werden (Sprachw.). 4. Aufteilung von Speicherbereichen (EDV); vgl. ...[at]ion/...ierung. **Seg|ment|re|sek|ti|on** *die;* -, -en: operative Entfernung eines Organabschnitts (z. B. der Lunge; Med.). **Seg|ment|the|ra|pie** *die;* -, ...ien: Behandlungsmethode zur reflektorischen Beeinflussung innerer Organe über Reizwirkungen auf die zugeordneten Hautsegmente (Med.)

Se|gno ['zεnjo] *das;* -s, Plur. -s u. ...ni ⟨aus gleichbed. *it.* segno, dies aus *lat.* signum „Zeichen"⟩: Zeichen, von dem od. bis zu dem noch einmal zu spielen ist (Mus.); Abk.: s.; vgl. al segno; dal segno

Se|gre|gat *das;* -[e]s, -e ⟨zu *lat.* segregatus, substantiviertes Part. Perf. von segregare, vgl. segregieren⟩: (veraltet) Ausgeschiedenes, Abgetrenntes. **¹Se|gre|ga|ti|on** *die;* -, -en ⟨aus *spätlat.* segregatio „Trennung" zu *lat.* segregare, vgl. segregieren⟩: 1. (veraltet) Ausscheidung, Trennung. 2. Aufspaltung der Erbfaktoren während der Reifeteilung der Geschlechtszellen (Biol.). **²Se|gre|ga|ti|on** *die;* -, -s ⟨aus gleichbed. *engl.-amerik.* segregation, dies aus *spätlat.* segregatio, vgl. ¹Segregation⟩: Trennung von Bevölkerungsgruppen aus religiösen, rassischen, schichtspezifischen o. a. Gründen (Soziol.). **se|gre|gie|ren** ⟨aus gleichbed. *lat.* segregare⟩: absondern, aufspalten, trennen (z. B. nach Rassen)

se|gue ['ze:gue] ⟨*it.* „es folgt", 3. Pers. Sing. Präs. von seguire „folgen", dies aus *lat.* sequi⟩: in älteren Notendrucken auf der Seite unten rechts als Hinweis: umblättern, es geht weiter. **Se|gui|dil|la** [zegi'dılja] *die;* - ⟨nach gleichbed. *span.* seguidilla zu seguida „Folge, Reihe", dies zu seguir „folgen"⟩: span. Tanz im ¾- od. ⅜-Takt mit Kastagnetten- u. Gitarrenbegleitung

Sei|cen|to [seı'tʃεnto] *das;* -[s] ⟨aus gleichbed. *it.* seicento, eigtl. „600" (kurz für 1600 = 17. Jh.), dies aus *lat.* sescenti⟩: die ital. Kunst des 17. Jh.s als eigene Stilrichtung

Seiches [sε:ʃ] *die* (Plur.) ⟨aus gleichbed. *fr.* seiches zu sèche, weibliche Form zu sec, vgl. sec⟩: a) urspr. Bez. für Wasserstandsschwankungen im Genfer See; b) periodische Schwankungen des Niveaus von Binnenseen

Sei|chur *der;* -s, -e ⟨wohl nach dem aserbaidschanischen Handelsort Juchary-Seichur⟩: blaugrundiger, auch cremefarbener kaukasischer Teppich

Sei|do *das;* -s, -s ⟨aus *jap.* sei-do „Bronze"⟩: Kupfer-Blei-Legierung, die u. a. für Lager verwendet wird

Sei|gnette-Elek|tri|zi|tät [zεn'jεt...] *die;* - ⟨nach dem franz. Apotheker P. Seignette, 1660–1719⟩: bei bestimmten Kristallarten vorkommende Form der ↑ Piezoelektrizität. **Sei-gnette|salz** *das;* -es: das Kaliumnatriumsalz der Weinsäure (Abführmittel)

Sei|gneur [sεn'jø:ɐ] *der;* -s, -s ⟨aus *fr.* seigneur „Herr", dies aus *lat.* senior „der Ältere"; vgl. senior⟩: 1. franz. Grund-, Lehnsherr im Mittelalter. 2. (veraltet) vornehmer, gewandter Herr. **sei|gneu|ral** ⟨zu ↑¹...al (1)⟩: (veraltet) vornehm, weltmännisch. **Sei|gneu|rie** *die;* -, ...ien ⟨aus gleichbed. *fr.* seigneurie⟩: das im Besitz eines Seigneurs (1) befindliche Gebiet

Sei|ner *der;* -s, - ⟨zu *engl.* seine „Treibnetz", dies über *altengl.* segne aus *lat.* sagena, dies aus *gr.* sagḗnē „großes Schleppnetz"⟩: kleines Motorschiff für den Fischfang

Seis|mik *die;* - ⟨zu ↑ seismisch u. ↑²...ik⟩: 1. Wissenschaft, Lehre von der Entstehung, Ausbreitung u. Auswirkung der Erdbeben. **Seis|mi|ker** *der;* -s, -: Wissenschaftler, Fachmann auf dem Gebiet der angewandten Seismik, auf dem durch künstl. (meist durch Sprengungen) hervorgerufene Erdbebenwellen der Verlauf u. die Größe von Gesteinsschichten unter der Erdoberfläche untersucht werden, um Lagerstätten (z. B. von Erdöl) zu erkunden. **seis|misch** ⟨zu *gr.* seismós „(Erd)erschütterung", dies zu seíein „erschüttern"⟩: 1. die Seismik betreffend. 2. Erdbeben betreffend, durch Erdbeben verursacht; -er Array: Erdbebenregistrieranlage, die aus vielen über ein größeres Areal verteilten, zentral ausgewerteten Seismographen besteht; -e Woge: svw. Tsunami. **Seis|mi|zi|tät** *die;* - ⟨zu ↑ ...izität⟩: Häufigkeit u. Stärke der Erdbeben eines Gebietes. **seis-mo...**, **Seis|mo...** ⟨aus *gr.* seismós, vgl. seismisch⟩: Wortbildungselement mit der Bedeutung „Erdbeben", z. B. Seismograph. **Seis|mo|gramm** *das;* -s, -e ⟨zu ↑ ...gramm⟩: Erdbebenkurve des Seismographen. **Seis|mo|graph** *der;* -en, -en ⟨zu ↑ ...graph⟩: Erdbebenmesser, der Richtung u. Dauer des Bebens aufzeichnet. **seis|mo|gra|phisch** ⟨zu ↑...graphisch⟩: mit Seismographen aufgenommen (von Erschütterungen im Erdinnern). **Seis|mo|lo|ge** *der;* -n, -n ⟨zu ↑ ...loge⟩: svw. Seismiker. **Seis|mo|lo|gie** *die;* - ⟨zu ↑...logie⟩: svw. Seismik. **Seis|mo|lo|gin** *die;* -, -nen: weibliche Form zu ↑Seismologe. **seis|mo|lo|gisch** ⟨zu ↑ ...logisch⟩: svw. seismisch (1). **Seis|mo|me|ter** *das;* - ⟨zu ↑¹...meter⟩: Erdbebenmesser, der auch Größe u. Art der Bewegung aufzeichnet. **Seis|mo|me|trie** *die;* - ⟨zu ↑ ...metrie⟩: Erdbebenmessung mit Hilfe eines Seismometers. **seis|mo|me|trisch** ⟨zu ↑ ...metrisch⟩: mit einem Seismometer gemessen. **Seis|mo|na|stie** *die;* - ⟨zu *gr.* nastós „(fest)gedrückt" u. ↑²...ie⟩: durch Erschütterungen ausgelöste Krümmungsbewegung bei Pflanzen, ohne Beziehung

Sektierertum

zur Reizrichtung (Bot.). **Seis|mo|phon** *das;* -s, -e ⟨zu ↑...phon⟩: technisches Gerät, das weit entfernte Erdbeben hörbar macht. **Seis|mo|re|ak|ti|on** *die;* -, -en: verändertes Verhalten von Tieren vor Beginn eines Erdbebens (Biol.). **Seis|mo|skop** *das;* -s, -e ⟨zu ↑...skop⟩: heute veraltetes u. nicht mehr verwendetes Instrument zum Registrieren von Erdbeben. **Seis|mo|tek|to|nik** *die;* -: Gebiet der Geophysik, das die Beziehungen zwischen Erdbeben u. den sie verursachenden Prozessen untersucht

Sejm [sɛjm, auch zaim] *der;* -s ⟨aus *poln.* sejm⟩: die poln. Volksvertretung

Sej|ma-Tur|bi|no-Kul|tur *die;* - ⟨nach dem Gräberfeld von Sejma an der Oka u. der Fundstelle Turbino in Perm, Rußland⟩: bronzezeitliche Kulturgruppe in Rußland mit Waffen u. Geräten aus Kupfer, Bronze, Silber von etwa 1400–900 v. Chr.

Se|junk|ti|on *die;* -, -en ⟨aus *lat.* seiunctio „Trennung, Absonderung" zu seiungere „absondern, trennen"⟩: mangelnde od. verminderte Fähigkeit, Bewußtseinsinhalte miteinander zu verbinden (Psychol.)

Se|kans *der;* -, Plur. -, auch Sekanten ⟨zu *lat.* secans, vgl. Sekante⟩: Verhältnis der ↑Hypotenuse zur ↑Ankathete im rechtwinkligen Dreieck; Zeichen sec (Math.). **Se|kan|te** *die;* -, -n ⟨zu *nlat.* linea secans, dies zu *lat.* linea (vgl. Linie) u. secans, Gen. secantis, Part. Präs. von secare „schneiden"⟩: jede Gerade, die eine Kurve (bes. einen Kreis) schneidet (Math.)

Se|kel u. **Sche|kel** *der;* -s, - ⟨über *lat.* siclus, *gr.* síklos aus *hebr.* šeqel zu šāqal „wägen"⟩: altbabylon. u. jüd. Gewichts- u. Münzeinheit

Se|ki *das;* -s, -s ⟨zu *jap.* seki „offen, weit"⟩: Stellung beim Go-Spiel, in der kein Spieler ohne eigene Verluste die Steine des Gegners nehmen kann

sek|kant ⟨aus gleichbed. *it.* seccante, Part. Präs. von seccare, vgl. sekkieren⟩: (österr., sonst veraltet) lästig, zudringlich. **Sek|ka|tur** *die;* -, -en ⟨aus gleichbed. *it.* seccatura⟩: (österr., sonst veraltet) a) Quälerei, Belästigung; b) Neckerei. **sek|kie|ren** ⟨aus gleichbed. *it.* seccare, eigtl. „(aus)trocknen", dies aus *lat.* siccare zu siccus, vgl. secco⟩: (österr., sonst veraltet) a) belästigen, quälen; b) necken.

Sek|ko|ma|le|rei vgl. Seccomalerei. **Sek|ko|re|zi|ta|tiv** vgl. Secco

se|klu|die|ren ⟨aus gleichbed. *lat.* secludere⟩: (veraltet) ausschließen. **Se|klu|si|on** *die;* - ⟨zu *lat.* seclusus, Part. Perf. von secludere (vgl. sekludieren) u. ↑¹...ion⟩: (veraltet) Ausschließung, Absonderung

Se|kond *die;* -, -en ⟨aus gleichbed. *it.* seconda, eigtl. „zweite (Fechtbewegung)", zu secondo „zweiter, dies aus *lat.* secundus, vgl. Sekunde⟩: bestimmte Klingenhaltung beim Fechten. **Se|kon|de|leut|nant** [auch ze'kõ:də...] ⟨zu *fr.* second(e) „zweite(r)"⟩: (veraltet) svw. Leutnant

se|kret ⟨zu *lat.* secretus „abgesondert", Part. Perf. von secernere „absondern, ausscheiden", vgl. sezernieren⟩: (veraltet) geheim; abgesondert. **¹Se|kret** *das;* -[e]s, -e ⟨aus gleichbed. *mlat.* secretum, eigtl. Part. Perf. (Neutrum) von *lat.* secernere, vgl. sekret; Bed. 2 aus *lat.* secretum „Abgeschiedenheit, einsamer Ort; Geheimnis"⟩: 1. auf einer Drüse produzierter u. abgesonderter Stoff, der im Organismus bestimmte biochem. Aufgaben erfüllt (z. B. Speichel, Hormone); b) Ausscheidung, Absonderung [einer Wunde]; vgl. Exkret, Inkret (Med.). 2. (veraltet) vertrauliche Mitteilung. **²Se|kret** *die;* -, -en (Plur. selten) ⟨aus gleichbed. *(m)lat.* (oratio) secreta, Fem. von *lat.* secretus, vgl. sekret⟩: stilles Gebet des Priesters während der Messe. **Se|kre|tar** *der;* -s, -e ⟨aus *mlat.* secretarius „(Geheim)schreiber" zu *lat.* secretus, vgl. sekret⟩: (veraltet) Geschäftsführer, Abteilungsleiter. **Se|kre|tär** *der;* -s, -e ⟨unter Einfluß von *fr.* secrétaire aus *mlat.* secretarius, vgl. Sekretar; Bed. 5: die schwarzen Schmuckfedern am Hinterkopf des Vogels erinnern an einen früheren Schreiber, der seine Schreibfeder hinter das Ohr gesteckt hat⟩: 1. jmd., der für eine [leitende] Persönlichkeit des öffentlichen Lebens die Korrespondenz, die organisatorischen Aufgaben o. ä. erledigt. 2. a) leitender Funktionär einer Organisation; b) Schriftführer. 3. Beamter des mittleren Dienstes. 4. Schreibschrank. 5. afrik. Greifvogel mit langen Federn am Hinterkopf (Kranichgeier). **Se|kre|ta|ri|at** *das;* -[e]s, -e ⟨aus *mlat.* secretariatus „Amt des Geheimschreibers"⟩: a) der Leitung einer Organisation, Institution, eines Unternehmens beigeordnete, für Verwaltung u. organisatorische Aufgaben zuständige Abteilung; b) Raum, Räume eines Sekretariats (a). **Se|kre|ta|rie** *die;* -, ...ien ⟨aus gleichbed. *kirchenlat.* secretaria⟩: päpstliche Behörde; vgl. Staatssekretarie. **Se|kre|tä|rin** *die;* -, -nen ⟨weibliche Form zu ↑Sekretär⟩: Angestellte, die für jmdn. die Korrespondenz abwickelt u. technisch-organisatorische Aufgaben erledigt. **Se|kre|ta|ri|us** *der;* -, ...rii ⟨aus *mlat.* secretarius, vgl. Sekretär⟩: (veraltet) svw. Sekretär (1). **se|kre|tie|ren** ⟨zu ↑¹Sekret u. ↑...ieren⟩: 1. absondern, ausscheiden (Med.). 2. geheimhalten, verschließen, bes. Bücher in einer Bibliothek. **Se|kre|tin** *das;* -s ⟨zu ↑...in (1)⟩: Hormon des Zwölffingerdarms (Med.). **Se|kre|ti|on** *die;* -, -en ⟨aus *lat.* secretio „Absonderung, Trennung"⟩: 1. Vorgang der Produktion u. Absonderung von Sekreten durch Drüsen (Med.). 2. Ausfüllung von Gesteinshohlräumen von außen nach innen durch eingedrungene Minerallösungen (Geol.). **Se|kre|ti|ons|der|ma|to|se** *die;* -, -n: krankhafte Steigerung der Absonderungen durch die Haut (Med.). **Se|kre|ti|ons|pha|se** *die;* -, -n: dem Follikelsprung folgende ↑Phase im Menstruationszyklus (Med.). **se|kre|to...**, **Se|kre|to...** ⟨zu ↑¹Sekret (in Verbindung mit dem Bindevokal -o-)⟩: Wortbildungselement mit der Bedeutung „[krankhafte] Absonderungen betreffend", z. B. Sekretolytikum. **Se|kre|to|ly|se** *die;* -, -n ⟨zu ↑...lyse⟩: medikamentöse Lösung von zähflüssigem Sekret in den Bronchien. **Se|kre|to|ly|ti|kum** *das;* -s, ...ka ⟨zu *gr.* lytikós „zum (Auf)lösen geneigt" u. ↑...ikum⟩: schleimlösendes Hustenmittel. **se|kre|to|ly|tisch:** wie eine Sekretolyse wirkend (Med.). **Se|kre|to|mo|to|ri|kum** *das;* -s, ...ka (meist Plur.) ⟨zu ↑motorisch u. ↑...ikum⟩: Arzneimittel, das den Abtransport von Sekreten in den tiefen Atemwegen beschleunigt (Med.). **se|kre|to|risch** ⟨aus gleichbed. *nlat.* secretorius⟩: die Sekretion von Drüsen betreffend (Med.)

Sekt *der;* -[e]s, -e ⟨gekürzt aus *fr.* vin sec, dies aus *it.* vino secco „süßer, schwerer, aus Trockenbeeren gekelterter Wein", eigtl. „trockener Wein"; zu *it.* secco „trocken" (dies aus *lat.* siccus)⟩: durch Nachgärung gewonnener Schaumwein

Sek|te *die;* -, -n ⟨aus *(m)lat.* secta „befolgter Grundsatz; Partei, philosophische Lehre, (religiöse) Sekte" zu *lat.* sequi „folgen" (zum alten Part. Perf. *sectum statt secutum)⟩: 1. kleinere, von einer christlichen Kirche od. einer anderen Hochreligion abgespaltene religiöse Gemeinschaft. 2. philosophisch od. politisch einseitig ausgerichtete Gruppe. **sek|tie|ren** ⟨zu ↑...ieren⟩: (veraltet) eine Sekte bilden. **Sek|tie|rer** *der;* -s, -: 1. Anhänger einer Sekte. 2. jmd., der von der herrschenden politischen od. von einer philosophischen Richtung abweicht. **sek|tie|re|risch:** 1. einer Sekte anhängend. 2. nach Art eines Sektierers. **Sek|tie|rer|tum** *das;* -s: 1. sektiererische Art, sektiererisches Verhalten. 2.

1239

Sektion

linke Abweichung von der Linie einer kommunistischen Partei
Sek|ti|on *die;* -, -en ⟨aus *lat.* sectio „das Schneiden; der Abschnitt" zu secare, vgl. sezieren, Bed. 4 wohl nach *russ.* sekcija⟩: 1. a) Abteilung, Gruppe [innerhalb einer Behörde od. Institution]; b) (österr.) Abteilung in einem Ministerium. 2. svw. Obduktion. 3. vorgefertigtes Bauteil, bes. eines Schiffes (Techn.). 4. Wissenschaftsbereich an einer Hochschule (im Bereich der DDR von 1969–1990). **Sek|tio|na|lis|mus** *der;* - ⟨aus *engl.* sectionalism „Partikularismus, Lokalpatriotismus"; vgl. ...ismus (2)⟩: Herausbildung von Regionen in den USA mit spezifischen Interessen, die sich in wirtschaftlicher, politischer, sozialer u. kultureller Hinsicht unterscheiden u. vor allem seit Beginn des 19. Jh.s in wachsende Gegensätze traten. **Sek|ti|ons|chef** *der;* -s, -s ⟨zu ↑Sektion⟩: (bes. österr.) Abteilungsleiter in einer Behörde [in einem Ministerium]. **Sek|tor** *der;* -s, ...oren ⟨aus *(spät)lat.* sector (circuli) „(Kreis)ausschnitt", eigtl. „Schneider, Ab-, Zerschneider", zu secare, vgl. sezieren⟩: 1. [Sach]gebiet (als Teil von einem Ganzen), Bezirk. 2. Zusammenfassung gleichartiger Wirtschaftsgebiete in der volkswirtschaftlichen Gesamtrechnung (Wirtsch.). 3. von den Schenkeln eines Winkels u. einer gekrümmten Linie (speziell einem Kreis) begrenztes Flächenstück (z. B. Kreisausschnitt; Math.). 4. eines der vier Besatzungsgebiete in Berlin u. Wien nach dem zweiten Weltkrieg. **...sek|tor** ⟨zu ↑Sektor⟩: Wortbildungselement mit der Bedeutung „Bereich", z. B. Privatsektor, Energiesektor. **sek|to|ral** ⟨zu ↑¹...al (1)⟩: einen Sektor betreffend

Se|kund *die;* -, -en ⟨zu ↑Sekunde⟩: (österr.) Sekunde (4). **se|kun|da** ⟨aus *lat.* secunda, eigtl. „die zweite (Güte)", Fem. von secundus, vgl. Sekunde⟩: (veraltet) zweitklassig (von Waren). **Se|kun|da** *die;* -, ...den ⟨aus *nlat.* secunda (classis) „zweite (Klasse)" zu *lat.* secundus, vgl. Sekunde, Bed. 1 nach der früheren Zählung der Klassen von oben nach unten⟩: (veraltend) 1. die sechste u. siebente Klasse einer höheren Schule. 2. (österr.) die zweite Klasse einer höheren Schule. **Se|kund|ak|kord** *der;* -[e]s, -e ⟨*lat.* secundus, vgl. Sekunde⟩: die dritte Umkehrung des Dominantseptakkords (in der Generalbaßschrift mit einer „2" unter der Baßstimme angedeutet; Mus.). **Se|kun|da|ner** *der;* -s, - ⟨zu ↑...aner⟩: (veraltend) Schüler einer Sekunda. **Se|kun|da|ne|rin** *die;* -, -nen: weibliche Form zu ↑Sekundaner. **Se|kun|dant** *der;* -en, -en ⟨zu *lat.* secundans, Gen. secundantis, Part. Präs. von secundare, vgl. sekundieren⟩: 1. (früher) Beistand, Zeuge bei einem Duell. 2. Helfer, Berater, Betreuer eines Sportlers während eines Wettkampfes (bes. beim Boxen, Schach). **Se|kun|danz** *die;* -, -en ⟨zu ↑...anz⟩: 1. Tätigkeit eines Sekundanten (2). 2. Hilfe, Beistand. **Se|kun|där...** vgl. Sekundär... **se|kun|där** ⟨über *fr.* secondaire aus gleichbed. *lat.* secundarius „(der Reihe nach) folgend, zweitrangig" zu secundus, vgl. Sekunde⟩: 1. a) an zweiter Stelle stehend, zweitrangig, in zweiter Linie in Betracht kommend; b) nachträglich hinzukommend. 2. (von chem. Verbindungen o. ä.) jeweils zwei von mehreren gleichartigen Atomen durch zwei bestimmte andere Atome ersetzend od. mit zwei bestimmten anderen verbindend; vgl. primär (2), tertiär (2). 3. den Teil eines Netzgerätes betreffend, über den die umgeformte Spannung als Leistung abgegeben wird (Elektrot.); vgl. primär (3). **Se|kun|där** *das;* -s: früherer Name für das ↑Mesozoikum. **Se|kun|där...**, bes. österr. u. schweiz. Sekundar... ⟨zu ↑sekundär⟩: Wortbildungselement mit der Bedeutung „an zweiter Stelle, zweiter; zweitrangig", z. B. Sekundärliteratur, Sekundärsuffix, Sekundarschule. **Se|kun|där|ana|ly|se** *die;* -, -n: soziologische Untersuchung, die sich auf Material stützt, das schon vorher für andere Zwecke erhoben worden war (Soziol.). **Se|kun|dar|arzt** *der;* -es, ...ärzte: (österr.) Assistenzarzt; Krankenhausarzt ohne leitende Stellung; Ggs. ↑Primararzt. **Se|kun|där|elek|tro|nen** *die* (Plur.): Elektronen, die beim Auftreffen einer [primären] Strahlung auf ein Material (bes. Metall) frei werden (Phys.). **Se|kun|där|ener|gie** *die;* -, -n: aus einer Primärenergie gewonnene Energie (Techn.). **Se|kun|där|in|fek|ti|on** *die;* -, -en: Zweitinfektion eines entzündlichen Herdes od. Prozesses durch einen neuen, anderen Krankheitserreger (Med.). **Se|kun|där|in|sek|ten** *die* (Plur.): Insekten, die kränkelndes od. totes pflanzliches Gewebe befallen (z. B. Holzwespen, viele Borkenkäfer; Biol.); Ggs. ↑Primärinsekten. **Se|kun|där|li|te|ra|tur** *die;* -: wissenschaftl. u. kritische Literatur über ↑Primärliteratur (Literaturw.). **Se|kun|där|roh|stoff** *der;* -[e]s, -e (meist Plur.): Altmaterial, das aufbereitet u. als Rohstoff wieder verwendet werden kann. **Se|kun|dar|schu|le** *die;* -, -n: (schweiz.) höhere Volksschule. **Se|kun|där|sta|ti|stik** *die;* -, -en: statistische Auswertung von Material, das nicht primär für statistische Zwecke erhoben wurde; vgl. Primärstatistik. **Se|kun|där|stu|fe** *die;* -, -n: a) die auf der ↑Primarstufe aufbauenden Klassen weiterführender Schulen (5.–9. bzw. 10. Schuljahr); b) die Klassen des Gymnasiums (5.–12. bzw. 13. Schuljahr); vgl. Primarstufe. **Se|kun|där|suf|fix** *das;* -es, -e: ↑Suffix, das erst in sprachgeschichtlich jüngerer Zeit durch die Verschmelzung zweier anderer Suffixe entstanden ist (z. B. -keit aus mhd. -ec-heit; Sprachw.). **Se|kun|där|tek|to|ge|ne|se** *die;* -: durch Schwere u. Abgleiten des Gesteins verursachte Falten- u. Deckenbildung (von Gesteinen; Geol.); vgl. Primärtektogenese. **Se|kun|där|ve|ge|ta|ti|on** [...v...] *die;* -, -en: die sich nach Vernichtung der ursprünglichen Vegetation durch den Menschen (z. B. durch Abholzung od. Rodung) selbsttätig einstellende natürliche Vegetation (Biol.). **Se|kun|där|wick|lung** *die;* -, -en: die Wicklung eines Transformators, die (nach der Energierichtung) die Ausgangswicklung ist u. Energie abgibt (Elektrot.). **Se|kun|da|wech|sel** *der;* -s, - ⟨zu *lat.* secunda, vgl. sekunda⟩: zweite Ausfertigung eines Wechsels. **Se|kun|de** *die;* -, -n ⟨verkürzt aus *spätlat.* pars minuta secunda „kleinster Teil zweiter Ordnung" (vgl. Minute) zu *lat.* secundus „der Reihe nach folgend, zweiter" (altes Part. Präs. von sequi „folgen")⟩: 1. a) der 60. Teil einer Minute, eine Grundeinheit der Zeit; Abk.: Sek.; Zeichen s (Astron. ...ˢ), älter sec, sek.; b) (ugs.) sehr kurze Zeitspanne, Augenblick. 2. Winkelmaß des 3 600ste Teil eines Winkelgrads; Kurzzeichen ″; Math.). 3. die dritte Seite eines Druckbogens mit der Sternchenziffer zur Kennzeichnung der Reihenfolge für den Buchbinder. 4. a) der zweite Ton einer diatonischen Tonleiter; b) Intervall (2) von zwei ↑diatonischen Stufen (Mus.). **Se|kun|den|herz|tod** *der;* -[e]s: plötzlicher Tod durch Herzversagen u. Kreislaufstillstand (Med.). **Se|kun|den|me|ter** *der* (schweiz. nur so) od. *das;* -s, -: (veraltet) svw. Metersekunde. **se|kun|die|ren** ⟨unter Einfluß von *fr.* seconder „beistehen" aus *lat.* secundare „begünstigen" zu secundus, vgl. Sekunde⟩: 1. a) jmdn., etwas [mit Worten] unterstützen; beipflichtend äußern; b) die zweite Stimme singen od. spielen u. jmdn., etwas damit begleiten. 2. als Sekundant (1) tätig sein. 3. einen Teilnehmer während des Wettkampfs persönlich betreuen u. beraten (Sport, bes. Boxen, Schach). **Se|kun|di|pa|ra** *die;* -, ...paren ⟨zu *lat.* secundus (vgl. Sekunde) u. parere „gebären"⟩: Frau, die ihr zweites Kind gebiert, geboren hat, Zweitgebärende (Med.); vgl. Multipara, Nullipara, Pluripara, Primipara. **Se|kun|diz** *die;* - ⟨zu

lat. secundus, vgl. Sekunde, Analogiebildung zu ↑Primiz⟩: 50jähriges Priesterjubiläum (kath. Kirche); vgl. Primiz.
se|kund|lich (selten), **se|künd|lich**: in jeder Sekunde geschehend, sich vollziehend. **Se|kun|do|ge|ni|tur** *die;* -, -en ⟨zu *lat.* secundo „zweitens" u. genitura „Geburt"⟩: Besitz[recht] des zweitgeborenen Sohnes u. seiner Linie in Fürstenhäusern; vgl. Primogenitur
se|ku|rie|ren ⟨zu *lat.* securus „sicher" u. ↑...ieren⟩: (veraltet) sichern, sicherstellen. **Se|ku|rit** ⓌⓏ [auch ...'rɪt] *das;* -s ⟨Kunstw. zu *lat.* securitas „Sicherheit"⟩: nicht splitterndes Sicherheitsglas. **Se|ku|ri|tät** *die;* -, -en ⟨aus gleichbed. *fr.* sécurité, dies aus *lat.* securitas, Gen. securitatis⟩: Sicherheit, Sorglosigkeit
se|la ↑Sela; das Zeichen wurde volkstümlich als Schlußzeichen beim musikalischen Vortrag gedeutet⟩: (ugs.) abgemacht! Schluß! **Se|la** *das;* -s, -s ⟨aus *hebr.* selā, weitere Herkunft ungeklärt⟩: Musikzeichen in den Psalmen
Se|la|chi|er [...i̯ɐ] *der;* -s, - (meist Plur.) ⟨aus *nlat.* selachii (Plur.) zu *gr.* sélachos „Knorpeltier (bes. Knorpelfisch)"⟩: Haifisch
se|la|don [auch zela'dõ:] ⟨zu ↑²Seladon⟩: (veraltet) blaßgrün. **¹Se|la|don** [auch zela'dõ:] *der;* -s, -s ⟨nach dem Schäfer Céladon im Roman „L'Astrée" des franz. Dichters H. d'Urfé, 1568-1617⟩: (veraltet) schmachtender Liebhaber. **²Se|la|don** *das;* -s, -s ⟨nach dem in zartes Grün gekleideten Schäfer Céladon, vgl. ¹Seladon⟩: chines. Porzellan mit grüner bis blaugrüner Glasur (aus dem 10.–13. Jh.).
Se|la|do|nit [auch ...'nɪt] *der;* -s, -e ⟨zu ↑²...it⟩: Grünerde, hell-, gelb-, blau- bis dunkelgrünes Mineral, das als lichtechter Farbstoff für Fresko-, Aquarell-, Tempera- u. Ölmalerei dient
Se|la|gi|nel|la *die;* -, ...llae [...lɛ] u. **Se|la|gi|nel|le** *die;* -, -n ⟨aus *nlat.* sellaginella zu *lat.* selago „eine dem ↑Sadebaum ähnliche Pflanze (nach Plinius dem Älteren)"⟩: Moosfarn (Bärlappgewächs)
Se|lam vgl. Salam. **Se|lam|lik** *der;* -s, -s ⟨aus gleichbed. *türk.* selâmlık⟩: 1. Empfangsraum im orientalischen Haus. 2. früher feierliche Auffahrt des Sultans od. Kalifen zum Freitagsgebet
sel|le|gie|ren ⟨aus gleichbed. *lat.* seligere⟩: (veraltet) auswählen. **Se|lek|ta** *die;* -, ...ten ⟨zu *lat.* selecta, Part. Perf. (Fem.) von seligere „auslesen, auswählen"⟩: (veraltet) Oberklasse, Begabtenklasse. **Se|lek|ta|ner** *der;* -s, - ⟨zu ↑...aner⟩: (veraltet) Schüler einer Selekta. **Se|lek|ta|ne|rin** *die;* -, -nen: weibliche Form zu ↑Selektaner. **Se|lek|teur** [...'tø:ɐ̯] *der;* -s, -e ⟨zu ↑Selektion u. ↑...eur⟩: Pflanzenzüchter, der von Krankheiten befallene Pflanzenbestände aussondert, um die Ansteckung gesunder Pflanzen zu verhüten. **se|lek|tie|ren** ⟨zu ↑...ieren⟩: 1. aus einer Anzahl von Individuen od. Dingen diejenigen heraussuchen, deren Eigenschaften sie für einen bestimmten Zweck bes. geeignet machen. 2. (im nationalsozialistischen Sprachgebrauch verhüllend) [Häftlinge im Konzentrationslager] für die Gaskammer aussondern. **Se|lek|ti|on** *die;* -, -en ⟨über gleichbed. *engl.* selection aus *lat.* selectio „das Auslesen" zu seligere, vgl. Selekta⟩: 1. Aussonderung, Auswahl. 2. natürliche Auslese u. Fortentwicklung der jeweils stärksten Individuen einer Art; Zuchtwahl (Biol.). 3. die vorgeschriebene Reinigung eines Bestands von art- u. sortenfremden sowie von kranken Pflanzen in der Saatgut- u. Pflanzenvermehrung. 4. (im nationalsozialistischen Sprachgebrauch verhüllend) Aussonderung für die Gaskammer; vgl. Elektion. **se|lek|tio|nie|ren** ⟨zu ↑...ieren⟩: svw. selektieren. **Se|lek|ti|ons|theo|rie** *die;* -:

von Ch. Darwin entwickelte Theorie der ↑Phylogenese durch natürliche Auslese. **se|lek|tiv** ⟨aus *engl.* selective „zielgerichtet"⟩: 1. auf Auswahl, Auslese beruhend; auswählend; vgl. elektiv. 2. trennscharf (Nachrichtentechn.). **Se|lek|ti|vi|tät** [...v...] *die;* - ⟨zu ↑...ität⟩: 1. technische Leistung eines Radio- od. Funkempfangsgerätes, die gewünschte Welle unter anderen herauszusuchen u. zu isolieren, Trennschärfe. 2. bei chem. Reaktionen Anteil der durch Substanzen (z. B. Reagenzien, Katalysatoren) od. Organismen zu einem gewünschten Produkt umgesetzten Stoffmenge im Verhältnis zur insgesamt umgesetzten Stoffmenge. **Se|lek|tor|ka|nal** *der;* -s, ...näle ⟨zu *engl.* selector „Wähler", dies aus *spätlat.* selector „Auswähler, Ausleser"⟩: Kanal, über den jeweils nur ein Datenübertragungsvorgang zwischen der Zentraleinheit einer Datenverarbeitungsanlage u. der Peripherie stattfindet (EDV)
Se|len *das;* -s ⟨zu *gr.* selḗnē „Mond", so benannt wegen der Verwandtschaft mit dem Element Tellur (zu *lat.* tellus „Erde")⟩: chem. Element, Halbmetall; Zeichen Se. **Se|le|nat** *das;* -[e]s, -e ⟨zu ↑...at (2)⟩: Salz der Selensäure
Se|len|dro vgl. Slendro
Se|le|nia|sis *die;* -, ...iasen ⟨zu *gr.* selḗnē (vgl. Selen) u. ↑...iasis⟩: (veraltet) Mondsucht, das Nachtwandeln. **Se|le|nid** *das;* -s, -e ⟨zu ↑Selen u. ↑³...id⟩: Salz des Selenwasserstoffes. **¹Se|le|nit** *das;* -s, -e ⟨zu ↑¹...it⟩: Salz der seligen Säure. **²Se|le|nit** [auch ...'nɪt] *der;* -s, -e ⟨nach gleichbed. *gr.* líthos selēnítēs, eigtl. „mondartiger Stein", zu selḗnē (vgl. Selen), wegen der blassen Farbe⟩: Gips. **se|le|no...**, **Se|le|no...** ⟨aus gleichbed. *gr.* selḗnē⟩: Wortbildungselement mit der Bedeutung „Mond", z. B. Selenologe, selenologisch. **Se|le|no|geo|lo|gie** *die;* -: Wissenschaft von der Zusammensetzung, dem Bau u. der Entwicklung des Mondes, bes. der Mondkruste. **Se|le|no|gra|phie** *die;* - ⟨zu ↑...graphie⟩: Beschreibung u. Darstellung der topographischen u. physikalischen Beschaffenheit des Mondes (Astron.). **Se|le|no|lo|ge** *der;* -n, -n ⟨zu ↑...loge⟩: Mondforscher, Wissenschaftler auf dem Gebiet der Selenologie. **Se|le|no|lo|gie** *die;* - ⟨zu ↑...logie⟩: Mondgesteinskunde; Wissenschaft von der Beschaffenheit u. Entstehung des Mondes (Astron.). **se|le|no|lo|gisch** ⟨zu ↑...logisch⟩: mondkundlich. **Se|le|no|tek|to|nik** *die;* -: svw. Lunartektonik. **Se|len|oxyd**, chem. fachspr. Selenoxid *das;* -[e]s, -e: weiße kristalline Sauerstoffverbindung des Selens (Chem.). **Se|len|zel|le** *die;* -, -n ⟨zu ↑Selen⟩: eine spezielle Photozelle, die Lichtimpulse in elektrische Stromschwankungen umwandelt (Phys.).
Self|ak|tor [zɛlf...] *der;* -s, -s ⟨aus gleichbed. *engl.* self-actor zu self „selbst" u. actor „Handelnder"⟩: Spinnmaschine mit einem hin- u. herfahrenden Wagen, auf dem sich die Spindeln drehen, Wagenspinner. **Self|ap|peal** ['sɛlfəpi:l] *der;* -s ⟨aus *engl.* self-appeal, zu appeal „Anziehungskraft", eigtl. „Appell, Aufruf"⟩: Werbewirkung, die eine Ware selbst ausübt, so daß der Kunde zum spontanen Kauf veranlaßt wird. **Self|ful|fil|ling pro|phe|cy** [...fʊlfɪlɪŋ ˈprɔfɪsɪ] *die;* - - ⟨aus gleichbed. *engl.* self-fulfilling prophecy, eigtl. „sich selbst erfüllende Voraussage"⟩: Zunahme der Wahrscheinlichkeit, daß ein bestimmtes Ereignis eintritt, wenn es vorher bereits erwartet wird (Psychol., Soziol.). **Self|go|vern|ment** [sɛlf'ɡʌvmənt] *das;* -s, -s ⟨aus *engl.* self-government, zu government „Regierung"⟩: engl. Bez. für Selbstverwaltung. **Self|made|man** ['sɛlfmeɪd'mæn] *der;* -s, ...men [...'mɛn] ⟨aus gleichbed. *engl.* selfmade man, eigtl. „selbstgemachter Mann"⟩: jmd., der aus eigener Kraft zu beruflichem Erfolg gelangt ist. **Self|ser|vice** [...'sə:vɪs] *der;* -

Selichah

⟨aus gleichbed. *engl.* self-service⟩: Selbstbedienung (z. B. im Restaurant od. Supermarkt)

Se|li|chah *die;* -, ...chot ⟨aus hebr. sĕlîḥa „Vergebung"⟩: jüdisch-synagogales Bußgebet (bes. für die Tage um Neujahr u. den Versöhnungstag)

Se|lig|man|nit [auch ...'nɪt] *der;* -s, -e ⟨nach dem Mineralogen G. Seligmann (1849–1920) u. zu ↑²...it⟩: ein grauschwarzes rhombisches Mineral

Sel|la *die;* -, Plur. ...llen od. -s ⟨aus *it.* sella „(Reit)sattel", dies aus *lat.* sella „Stuhl, Sessel"⟩: Frauenhaube der ital. Mode im 15. Jh.

Sel|ler ['sɛlɐ] *der;* -s, -: Kurzform von ↑ Bestseller, ↑ Longseller

Sel|le|rie [...ri, österr. ...'ri:] *der;* -s, -[s] u. (österr. nur) *die;* -, - (österr. ...rjen) ⟨aus gleichbed. *it.* (lombardisch) selleri, Plur. von sellero, dies über *spätlat.* selinon aus *gr.* sélinon „Eppich"⟩: eine Gemüse- u. Gewürzpflanze

Sel|let *das;* -s, Plur. -s od. -e ⟨aus *fr.* sellette „kleiner Sattel, Kammdeckel (am Pferdegeschirr)", Verkleinerungsform von selle „Sattel", dies aus *lat.* sella, eigtl. „Sessel"⟩: sattelartig ausgepolsterter Rückenriemen eines Einspännergeschirrs

Sel|ling Cen|ter ['sɛlɪŋ 'sɛntə] *das;* - -s, - - ⟨zu *engl.* selling „das Verkaufen" (dies zu to sell „verkaufen, veräußern") u. center, vgl. ¹Center⟩: Gesamtheit der Personen, die am Verkauf eines Produkts beteiligt sind (Wirtsch.). **Sell out** ['sɛl aʊt] *der;* - - ⟨aus *engl.* sellout „Ausverkauf" zu to sell out „ausverkaufen"⟩: panikartige Verkäufe von Wertpapieren mit der Folge stark fallender Kurse (Börsenw.)

Sel|lo ['sɛlɔ] *das;* -[s], -s ⟨aus gleichbed. *russ.* selo⟩: größeres russ. Dorf (mit Kirche); Ggs. ↑ Derewnja

Sel|vas [...v...] *die* (Plur.) ⟨zu *span.* u. *port.* selva „Wald", dies aus *lat.* silva⟩: trop. Regenwald im Amazonasgebiet

Sem *das;* -s, -e ⟨aus *gr.* sēma „Zeichen, Merkmal"⟩: eines von mehreren Bedeutungselementen, Merkmalen, die zusammen ein Semem ausmachen (z. B. das Merkmal „männlich" im Lexem „Hengst"; Sprachw.). **Se|man|tem** *das;* -s, -e ⟨zu *gr.* sēmantikós (vgl. Semantik) u. ↑...em⟩: 1. Ausdrucksseite eines ↑ Lexems als Träger des Inhalts (Sprachw.). 2. svw. Sem. 3. svw. Semem. **Se|man|tik** *die;* - ⟨zu *gr.* sēmantikós „bezeichnend", dies zu sēmaínein „bezeichnen" (zu sēma, vgl. Sem)⟩: 1. Teilgebiet der Linguistik, das sich mit den Bedeutungen sprachlicher Zeichen u. Zeichenfolgen befaßt (Sprachw.); vgl. Onomasiologie. 2. Bedeutung, Inhalt (eines Wortes, Satzes od. Textes). **Se|man|ti|ker** *der;* -s, -: Wissenschaftler auf dem Gebiet der Semantik (Sprachw.). **se|man|tisch:** a) den Inhalt eines sprachlichen Zeichens betreffend; b) die Semantik betreffend; -e Antinomie: sich selbst widersprechende Aussage, die durch Vermengung objekt- u. metasprachlicher Ausdrücke in einem Satz entsteht (Sprachw.). **se|man|ti|sie|ren** ⟨zu ↑...isieren⟩: die Bedeutung umschreiben, ermitteln (z. B. durch Paraphrasieren; Sprachw.). **Se|ma|phor** *das* od. (österr. nur) *der;* -s, -e ⟨zu *gr.* sēmaiophóros „die Fahne tragend"⟩: ein Mast mit verstellbarem Flügelsignal zur optischen Zeichengebung (z. B. zum Anzeigen von Windstärke u. -richtung an der Küste). **se|ma|pho|risch:** das Semaphor betreffend. **Se|ma|phor|te|le|gramm** *das;* -[e]s, -e: (veraltet) Funktelegramm an Personen, die mit einem Schiff auf Fahrt sind. **Se|ma|sio|lo|gie** *die;* - ⟨zu *gr.* sēmasía „das Bezeichnen" (zu sēmaínein, vgl. Semantik) u. ↑...logie⟩: Wissenschaft, Lehre von den Bedeutungen; Teilgebiet der [älteren] Sprachwissenschaft, das sich besonders mit den Wortbedeutungen u. ihren [historischen] Veränderungen befaßt; Ggs. ↑ Onomasiologie. **se-ma|sio|lo|gisch** ⟨zu ↑...logisch⟩: die Semasiologie betreffend, deren Methode anwendend

Se|mé [sə'me] *das;* - ⟨zu *fr.* semé „gesät", Part. Perf. von semer „säen", dies aus *lat.* seminare⟩: 1. Bucheinbandschmuck des 16.–18. Jh.s, der eine gleichmäßige Streuung von Ornamenten, Wappen u. anderen Motiven aufweist. 2. gleichmäßige Anordnung von verschiedenen Motiven um ein Wappen

Se|meio|gra|phie *die;* - ⟨zu *gr.* sēmeîon „Zeichen" u. ↑...graphie⟩: Zeichenschrift; Notenschrift. **Se|meio|tik** vgl. Semiotik. **Se|mem** *das;* -s, -e ⟨zu ↑ Sem u. ↑...em, Analogiebildung zu ↑ Morphem, ↑ Phonem⟩: die inhaltliche Seite eines sprachlichen Zeichens, seine Bedeutung, die sich aus Semen zusammensetzt (Sprachw.); vgl. Allosem

Se|men *das;* -s, Semina ⟨aus *lat.* semen „Samen, Setzling"⟩: 1. Pflanzensamen (Bot.). 2. als Heilmittel verwendete Pflanzensamen. 3. svw. Sperma

Se|me|ster *das;* -s, - ⟨aus *mlat.* semestre, semenstre, substantiviertes Neutrum von *lat.* semestris „sechsmonatig" zu sex „sechs" u. mensis „Monat"⟩: 1. Studienhalbjahr an einer Hochschule. 2. (Studentenspr.) Student eines bestimmten Semesters. 3. (ugs. scherzh.) Jahrgang (von einer Person gesagt). **se|me|stral** ⟨zu ↑¹...al (1)⟩: (veraltet) a) halbjährig; b) halbjährlich

se|mi..., Se|mi... ⟨aus gleichbed. *lat.* semi-⟩: Wortbildungselement mit der Bedeutung „halb", z. B. Semifinale, semilunar. **se|mi|aqua|tisch:** zeitweise im Wasser lebend (Biol.). **se|mi|arid:** mitteltrocken (von Gebieten mit einer jährlichen Niederschlagsmenge von 20 bis 400 Liter pro m²; Geogr.). **Se|mi|bre|vis** [...vɪs] *die;* -, ...ves [...vɛs]: um die Hälfte gekürzter Notenwert der ↑ Brevis in der ↑ Mensuralmusik (Mus.). **Se|mi|de|po|nens** *das;* -, Plur. ...deponentia u. ...nenzien [...jən]: ↑ Deponens, das in bestimmten Verbformen bei aktivischer Bedeutung teils aktivische, teils passivische Endungen zeigt (z. B. *lat.* solere „gewohnt sein", Perfekt: solitus sum; Sprachw.). **Se|mi|fi|na|le** *das;* -s, Plur. -, auch -s: Vorschlußrunde bei Sportwettkämpfen, die in mehreren Ausscheidungsrunden durchgeführt werden. **se|mi|hu|mid:** im größten Teil des Jahres (mindestens 6 Monate) feucht (vom Klima in bestimmten Gebieten). **Se|mi|ko|lon** *das;* -s, Plur. -s u. ...la: aus einem Komma mit darübergesetztem Punkt bestehendes Satzzeichen, das etwas stärker trennt als ein Komma, aber doch den Zusammenhang eines [größeren] Satzgefüges verdeutlicht; Strichpunkt; Zeichen ;. **se|mi|la|te|ral:** nur eine Körperhälfte betreffend, halbseitig (z. B. von Lähmungen; Med.). **se|mi|le|tal:** nach begrenzter Zeit tödlich (von ↑ Letalfaktoren; Med.). **se|mi|lu|nar:** halbmondförmig (bes. Med.). **Se|mi|lu|nar|klap|pe** *die;* -, -n: halbmondförmige Herzklappe (Med.). **Se|mi|mi|ni|ma** *die;* -, ...ae [...mɛ]: kürzester Notenwert der ↑ Mensuralmusik; Viertelnote (Mus.).

Se|mi|na: Plur. von ↑ Semen. **Se|mi|nar** *das;* -s, Plur. -e, österr. auch -ien [...jən] ⟨aus *lat.* seminarium „Pflanzschule, Baumschule" zu semen, vgl. Semen⟩: 1. Hochschulinstitut für einen bestimmten Fachbereich mit den entsprechenden Räumlichkeiten. 2. Lehrveranstaltung [an einer Hochschule]. 3. kirchliches Institut zur Ausbildung von Geistlichen (Priester-, Predigerseminar). 4. a) (früher) Institut für die Ausbildung von Volksschullehrern; b) mit dem Schulpraktikum einhergehender Lehrgang für Studienreferendare vor dem 2. Staatsexamen. **se|mi|na|risch** vgl. seminaristisch. **Se|mi|na|rist** *der;* -en, -en ⟨zu ↑...ist⟩: jmd., der an einem Seminar (3, 4) ausgebildet wird. **Se|mi|na|ri|stin** *die;* -, -nen: weibliche Form zu ↑ Seminarist. **se|mi|na|ri|stisch** ⟨zu ↑...istisch⟩: a) das Seminar betreffend;

b) Seminaristen betreffend. **Se|mi|nom** *das;* -s, -e ⟨zu *lat.* semen (vgl. Semen) u. ↑...om⟩: bösartige Geschwulst des Hodens (Med.). **se|mi|no|ma|tös** ⟨zu ↑...ös⟩: seminomartig

Se|mio|lo|gie *die;* - ⟨zu *gr.* sēmeîon „Zeichen" u. ↑...logie⟩: 1. Lehre von den Zeichen, Zeichentheorie (Philos., Sprachw.). 2. svw. Symptomatologie. **se|mio|lo|gisch** ⟨zu ↑...logisch⟩: die Semiologie betreffend. **Se|mio|tik** *die;* - ⟨zu *gr.* sēmeiōtikós, vgl. semiotisch⟩: 1. svw. Semiologie (1). 2. Wissenschaft vom Ausdruck, Bedeutungslehre (K. Bühler). 3. svw. Symptomatologie. **se|mio|tisch** ⟨aus *gr.* sēmeiōtikós „zum (Be)zeichnen gehörend"⟩: a) die Semiotik betreffend; b) das [sprachliche] Zeichen betreffend

Se|mi|pe|la|gia|nis|mus *der;* - ⟨zu ↑semi... u. ↑Pelagianismus⟩: eine theologische Richtung [des 5. Jh.s]; vgl. Pelagianismus. **se|mi|per|ma|nent**: halbdauerhaft; -e **Siedlung**: feste Siedlung, die nach Erschöpfung des Bodens wieder aufgegeben wird (Völkerk.). **se|mi|per|mea|bel**: halbdurchlässig (z. B. von Membranen; Chem., Biol.). **Se|mi|per|mea|bi|li|tät** *die;* -: Halbdurchlässigkeit. **Se|mi|phos|phat** *das;* -[e]s, -e: unvollständig durch Schwefelsäure aufgeschlossenes Rohphosphat. **se|mi|po|lar**: nur von einer Seite durch Elektronen gebunden (von bestimmten Verbindungen; Chem.). **se|mi|pro|fes|sio|nell**: fast professionell

Se|mis [sə'mi] *das;* - ⟨aus *fr.* semis „das Säen" zu semer, vgl. Semé⟩: svw. Semé

se|misch ⟨zu ↑Sem⟩: das Sem betreffend (Sprachw.)

Se|mi|se|ria *die;* - ⟨zu *it.* semiserio „halbernst"⟩: svw. Opera semiseria

se|mi|syn|the|tisch ⟨zu ↑semi... u. ↑synthetisch⟩: halbsynthetisch (von einer Herstellungsweise; Chem.)

Se|mit *der;* -en, -en ⟨nach Sem, dem ältesten Sohn Noahs im A. T., u. zu ↑³...it⟩: Angehöriger einer sprachlich u. anthropologisch verwandten Gruppe von Völkern bes. in Vorderasien u. Nordafrika

se|mi|ter|re|strisch ⟨zu ↑semi... u. ↑terrestrisch⟩: durch Grundwasser od. Überflutung aufgeschwemmt (von Böden)

Se|mi|tin *die;* -, -nen: weibliche Form zu ↑Semit. **se|mi|tisch** ⟨zu ↑Semit⟩: die Semiten betreffend. **Se|mi|tist** *der;* -en, -en ⟨zu ↑...ist⟩: jmd., der sich wissenschaftlich mit den alt- u. neusemit. Sprachen u. Literaturen befaßt. **Se|mi|ti|stik** *die;* - ⟨zu ↑...istik⟩: Wissenschaft von den alt- u. neusemit. Sprachen u. Literaturen. **se|mi|ti|stisch** ⟨zu ↑...istisch⟩: die Semitistik betreffend

Se|mi|to|ni|um *das;* -s, Plur. ...ia u. ...ien [...iən] ⟨aus gleichbed. *lat.* semitonium zu ↑semi... u. tonus „Ton"⟩: Halbton (Mus.). **Se|mi|ver|sus** [...v...] *der;* -, ...si ⟨zu ↑semi... u. *lat.* versus, Part. Perf. von vertere „drehen"⟩: eine trigonometrische Funktion; Zeichen sem. **Se|mi|vo|kal** [...v...] *der;* -s, -e: svw. Halbvokal

sem|per ali|quid hae|ret [- - 'hɛ:...] ⟨*lat.*⟩: es bleibt immer etwas hängen (von Verleumdung u. übler Nachrede). **sem|per idem** ⟨*lat.*⟩: immer [unwandelbar] derselbe (Ausspruch Ciceros über den Gleichmut des Sokrates)

Sem|per|vi|vum [...'vi:vʊm] *das;* -s, -va [...va] ⟨aus gleichbed. *lat.* sempervivum zu sempervivus „immerlebend"⟩: Hauswurz (Dickblattgewächs)

sem|pli|ce [...'plitʃe] ⟨*it.;* aus *lat.* simplex, Gen. simplicis⟩: einfach, schlicht, ungeziert (Vortragsanweisung; Mus.)

sem|pre ⟨*it.;* aus gleichbed. *lat.* semper⟩: immer (Mus.)

Sem|ski So|bor *der;* - - ⟨aus gleichbed. *russ.* zemskij sobor⟩: zentrale Ständeversammlung in Rußland im 16./17. Jh. (höhere Geistlichkeit, Bojaren, niederer Adel, Kaufleute, Handwerker). **Sęm|stwo** *das;* -s, -s ⟨aus gleichbed. *russ.* zemstvo⟩: ständische Selbstverwaltung im zaristischen Rußland (1864–1917)

¹Sen *der;* -[s], -[s] (aber: 100 -) ⟨über *jap.* sen aus *chin.* ch'ien⟩: jap. Münzeinheit (= 0,01 Yen). **²Sen** *der;* -[s], -[s] (aber: 100 -) ⟨über *indones.* sén aus *chin.* ch'ien, vgl. ¹Sen⟩: indones. Münzeinheit (= 0,01 Rupiah)

Se|na|na vgl. Zenana

Se|nar *der;* -s, -e ⟨aus gleichbed. *lat.* senarius zu seni „je sechs"⟩: dem griech. ↑Trimeter entsprechender latein. Vers mit sechs Hebungen (antike Metrik)

Se|nar|mon|tit [auch ...'nɪt] *der;* -s, -e ⟨nach dem franz. Mineralogen H. H. de Sénarmont (1808–1862) u. zu ↑²...it⟩: ein farbloses, weißes od. graues, durchsichtiges bis durchscheinendes Mineral

Se|nat *der;* -[e]s, -e ⟨aus *lat.* senatus „Staatsrat", eigtl. „Rat der Alten", zu senex „alt, bejahrt"⟩: 1. der Staatsrat als Träger des Volkswillens im Rom der Antike. 2. eine Kammer des Parlaments im parlamentarischen Zweikammersystem (z. B. in den USA). 3. a) Regierungsbehörde von Stadtparlamenten, z. B. von Hamburg, Bremen; b) svw. ¹Magistrat (2; z. B. in Lübeck). 4. Verwaltungsbehörde an Hochschulen u. Universitäten. 5. Richterkollegium an höheren deutschen Gerichten (z. B. an Oberlandesgerichten, Bundessozialgerichten). **Se|na|tor** *der;* -s, ...oren ⟨aus gleichbed. *lat.* senator⟩: Mitglied eines Senats (1–4). **Se|na|to|rie** *die;* -, ...ien ⟨zu ↑²...ie⟩ (veraltet) 1. (ohne Plur.) Würde eines Senators. 2. Bezirk eines Senators. **Se|na|to|rin** *die;* -, -nen: weibliche Form zu ↑Senator. **se|na|to|risch** ⟨nach gleichbed. *lat.* senatorius⟩: den Senat betreffend. **Se|na|tus Po|pu|lus|que Ro|ma|nus** ⟨aus *lat.* senatus populusque Romanus „der Senat und das römische Volk"⟩: formelhafte Bez. für den Senat und das gesamte altröm. Volk in öffentlichen Verlautbarungen u. Inschriften; Abk.: S. P. Q. R.

Sen|dschan vgl. Sandschan

Se|ne|ga|wur|zel *die;* - ⟨aus einer nordamerik. Indianersprache u. zu *dt.* Wurzel⟩: Wurzel einer nordamerik. Kreuzblume (ein Heilmittel)

Se|ne|schall *der;* -s, -e ⟨aus gleichbed. *(alt)fr.* sénéchal, dies aus *fränk.* *siniskalk (ahd. senescalh), eigtl. „Altknecht"⟩: Oberhofbeamter im merowingischen Reich

Se|nes|zenz *die;* - ⟨zu *lat.* senescere „alt werden" u. ↑...enz⟩: das Altern u. die dadurch bedingten körperlichen Veränderungen (Med.)

Se|nhor [sɛn'joːɐ̯] *der;* -s, -es ⟨aus *port.* senhor, dies zu *lat.* senior, vgl. senior⟩: port. Bez. für Herr; Gebieter, Besitzer. **Se|nho|ra** [...'joːra] *die;* -, -s ⟨aus *port.* senhora, weibliche Form zu ↑Senhor⟩: port. Bez. für Dame, Frau. **Se|nho|ri|ta** [sɛnjo...] *die;* -, -s ⟨aus *port.* senhorita, Verkleinerungsform zu ↑Senhora⟩: port. Bez. für Fräulein

se|nil ⟨aus *lat.* senilis „greisenhaft" zu senex „Greis"⟩: a) greisenhaft, altersschwach; b) das Greisenalter betreffend, im hohen Lebensalter auftretend (Med.). 2. (abwertend) greisenhaft, in seinen Äußerungen u. Handlungen mehr od. weniger kindisch, verkalkt. **Se|ni|li|tas prae|cox** [- 'prɛːkɔks] *die;* - - ⟨aus gleichbed. *nlat.* senilitas praecox zu ↑Senilität u. *lat.* praecox „frühzeitig (auftretend)"⟩: vorzeitig eintretende Vergreisung (Med.). **Se|ni|li|tät** *die;* - ⟨zu ↑senil u. ↑...ität⟩: 1. verstärkte Ausprägung normaler Alterserscheinungen (z. B. Gedächtnisschwäche, psychische Veränderungen; Med.). 2. (abwertend) Greisenhaftigkeit, Verkalktheit, Verschrobenheit. **se|ni|or** (nur unflektiert hinter dem Personennamen) ⟨*lat.;* „älter", Komparativ von senex „alt, bejahrt"⟩: der ältere... (z. B. Krause -); Abk.: sen.; Gegs. ↑junior. **Se|ni|or** *der;* -s, ...oren 1. (ugs.)

a) svw. Seniorchef; b) Vater (im Verhältnis zum Sohn); Ggs. ↑Junior (1). 2. der ältere Mann (im Unterschied zum jüngeren, jungen Mann), bes. der Sportler im Alter von mehr als 18, (od. je nach Sportart) 20, 21, 23 Jahren; Ggs. ↑Junior (2). 3. Vorsitzender. 4. (ugs.) der Älteste (in einem [Familien]kreis, einer Versammlung o. ä.). 5. (nur Plur.) ältere Menschen. **Se|nio|rat** *das; -[e]s, -e* ⟨aus *mlat.* senioratus „Würde od. Amt eines Seniors"⟩: 1. Aufsicht u. Verantwortung des Grundherrn gegenüber seinen Abhängigen im Frankenreich. 2. Vorrecht des Ältesten innerhalb eines Familienverbandes (bes. auf das Erbe; Rechtsgeschichte). 3. (veraltet) Ältestenwürde, Amt des Vorsitzenden. **Se|ni|or|chef** *der; -s, -s* ⟨zu ↑senior⟩: Geschäfts-, Firmeninhaber, dessen Sohn in der Firma mitarbeitet. **Se|nio|rin** *die; -, -nen*: 1. Geschäfts-, Firmeninhaberin, deren Sohn od. Tochter in der Firma mitarbeitet. 2. die ältere Frau (im Unterschied zur jüngeren, jungen Frau), bes. die Sportlerin im Alter von mehr als 18, (od. je nach Sportart) 20, 21, 23 Jahren. 3. (nur Plur.) ältere Frauen. **Se|nio|ri|tät** *die; -* ⟨zu ↑...ität⟩: svw. Anciennität. **Se|ni|um** *das; -s* ⟨aus gleichbed. *lat.* senium zu senex, vgl. senil⟩: Greisenalter (Med.); - praecox ['prɛkɔks]: svw. Senilitas praecox

Sen|na *die; -* ⟨aus *mlat.* sene „Sennespflanze", dies aus *arab.* sannā⟩: svw. Kassia

Sen|ne *der; -[s], -s* ⟨nach der iran. Stadt Sinneh (heute Sanandadsch)⟩: kleiner, feiner, kurzgeschorener Teppich in dezenten Farben, meist mit ↑Palmetten als Musterung

Sen|nes|blät|ter *die* (Plur.) ⟨zu *mlat.* sene, vgl. Senna⟩: getrocknete Blätter verschiedener ind. u. ägypt. Pflanzen (ein Abführmittel; Med.); vgl. Senna

Se|no|gramm *das; -s, -e* ⟨zu *lat.* seno „Busen, Brust" u. zu ↑...gramm⟩: bei der Senographie gewonnenes Röntgenbild (Med.). **Se|no|gra|phie** *die; -, ...ien* ⟨zu ↑...graphie⟩: Untersuchung der Brust, insbes. der weiblichen Brust, mit schwachen Röntgenstrahlen (Med.). **se|no|gra|phisch** ⟨zu ↑...graphisch⟩: mit Hilfe der Senographie erfolgend (Med.). **Se|no|lo|gie** *die; -* ⟨zu ↑...logie⟩: Lehre von den Erkrankungen der Brustdrüse. **se|no|lo|gisch** ⟨zu ↑...logisch⟩: die Senologie betreffend (Med.)

Se|non *das; -s* ⟨nach dem kelt. Stamm der Senonen⟩: die zweitjüngste Stufe der oberen Kreideformation (Geol.)

se non è ve|ro, è ben tro|va|to [– – ε 've:ro, ε – ...v...] ⟨*it.*⟩: wenn es nicht wahr ist, so ist es doch gut erfunden

se|no|nisch ⟨zu ↑Senon⟩: das Senon betreffend, im Senon entstanden

Se|ñor [sɛn'joːɐ̯] *der; -s, -es* ⟨aus *span.* señor, dies aus *lat.* senior, vgl. senior⟩: span. Bez. für Herr. **Se|ño|ra** *die; -, -s* ⟨aus *span.* señora, weibliche Form zu señor, vgl. Señor⟩: span. Bez. für Dame, Frau. **Se|ño|ri|ta** *die; -, -s* ⟨aus *span.* señorita, Verkleinerungsform von señora⟩: span. Bez. für Fräulein

Sen|ryu *das; -[s], -s* ⟨nach dem Begründer Karai Senryū⟩: japan. Gedichtform meist satirischen Inhalts, ein Siebenzeiler zwischen zwei Fünfzeilern

Sen|sal *der; -s, -e* ⟨aus gleichbed. *it.* sensale, dies über *arab.* simsār aus dem Pers.⟩: (österr.) freiberuflich tätiger Makler. **Sen|sa|lie** u. **Sen|sa|rie** *die; -, ...ien* ⟨zu ↑²...ie⟩: (österr.) Maklergebühr

¹**Sen|sa|ti|on** *die; -, -en* ⟨aus gleichbed. *fr.* sensation, eigtl. „Empfindung", dies aus *mlat.* sensatio „das Empfinden, Verstehen" zu *spätlat.* sensatus „empfindend" (zu *lat.* sensus, vgl. sensuell)⟩: 1. aufsehenerregendes Ereignis; Aufsehen; Höhepunkt einer Veranstaltung; erstaunliche, verblüffende Leistung, Darbietung. 2. subjektive körperliche Empfindung, Gefühlsempfindung (Med.). ²**Sen|sa|ti|on** *die; -, -en* ⟨aus gleichbed. *engl.* sensation, dies aus *mlat.* sensatio, vgl. ¹Sensation⟩: Sinneseindruck, äußere Sinneswahrnehmung (J. Locke; Philos.). **sen|sa|tio|nell** ⟨aus gleichbed. *fr.* sensationnel⟩: aufsehenerregend, verblüffend, [höchst] eindrucksvoll. **sen|si|bel** ⟨über gleichbed. *fr.* sensible aus *lat.* sensibilis „der Empfindung fähig" zu sentire, vgl. Sentenz⟩: 1. empfindsam, empfindlich (in bezug auf die Psyche). 2. schmerzempfindlich, empfindlich gegenüber Reizen von außen; die Empfindung, Reizaufnahme betreffend, Hautreize aufnehmend (von Nerven; Med.). **Sen|si|bi|li|sa|tor** *der; -s, ...oren* ⟨zu ↑sensibilisieren u. ↑...ator⟩: Farbstoff zur Erhöhung der Empfindlichkeit fotografischer Schichten für gelbes u. rotes Licht. **sen|si|bi|li|sie|ren** ⟨zu ↑...isieren⟩: 1. empfindlich, sensibel (1) machen (für die Aufnahme von Reizen u. Eindrücken). 2. fotografische Bromsilber-Gelatine-Schichten für Licht bestimmter Wellenlänge empfindlich machen. 3. den Organismus gegen bestimmte ↑Antigene empfindlich machen, die Bildung von Antikörpern bewirken (Med.). **Sen|si|bi|li|sie|rung** *die; -, -en* ⟨zu ↑...isierung⟩: 1. a) angeborene od. erworbene Fähigkeit des Organismus zur Antikörperbildung gegen ein bestimmtes ↑Antigen; b) künstliche Anregung des Organismus zur Bildung von Antikörpern (z. B. durch Impfen; Med.). 2. das Sensibilisieren (1 u. 2). **Sen|si|bi|lis|mus** *der; -* ⟨zu ↑...ismus (3)⟩: [hochgradige] Empfindlichkeit für äußere Eindrücke, Reize. **Sen|si|bi|li|tät** *die; -* ⟨über gleichbed. *fr.* sensibilité aus *spätlat.* sensibilitas, Gen. sensibilitatis „Empfindbarkeit"⟩: 1. das Sensibelsein, Empfindsamkeit; Feinfühligkeit. 2. Fähigkeit des Organismus od. bestimmter Teile des Nervensystems, Gefühls- u. Sinnesreize aufzunehmen (Med., Psychol.). 3. Empfangsempfindlichkeit bei Funkempfängern. 4. (von Filmen) [Licht]empfindlichkeit (Fotogr.). **sen|si|tiv** ⟨über gleichbed. *fr.* sensitif aus *mlat.* sensitivus zu *lat.* sentire, vgl. Sentenz⟩: leicht reizbar, überempfindlich; von übersteigerter Feinfühligkeit (in bezug auf die Psyche; Med.). **sen|si|ti|vie|ren** [...v...] ⟨zu ↑...ieren⟩: fotografische Schichten stark empfindlich machen. **Sen|si|ti|vi|tät** *die; -* ⟨zu ↑...ität⟩: Überempfindlichkeit, Feinfühligkeit (Med.). **Sen|si|ti|vi|täts|trai|ning** *das; -s*: gruppentherapeutische Methode zur Intensivierung des Verständnisses für menschliche Verhaltensweisen (Psychol.). **Sen|si|ti|vi|ty-Trai|ning** [sɛnsɪ'tɪvətɪ...] *das; -s* ⟨aus gleichbed. *engl.-amerik.* sensitivity training⟩: svw. Sensitivitätstraining. **Sen|si|to|me|ter** [zɛnzi...] *das; -s, -* ⟨zu ↑sensitiv u. ↑¹...meter⟩: Instrument zur Empfindlichkeitsmessung fotografischer Platten u. Filme. **Sen|si|to|me|trie** *die; -* ⟨zu ↑¹...metrie⟩: Verfahren zur Messung der Empfindlichkeit von fotografischen Platten u. Filmen. **Sen|so|mo|bi|li|tät** *die; -* ⟨zu ↑Sensus⟩: das Zusammenstimmen der ↑sensiblen (2) mit den motorischen Nerven bei der Steuerung willkürlicher Bewegungsabläufe (Med., Psychol.). **sen|so|mo|to|ri|sch**: svw. sensomotorisch. **Sen|so|mo|to|rik** *die; -*: durch Reize bewirkte Gesamtaktivität in sensorischen u. motorischen Teilen des Nervensystems u. des Organismus (Med., Psychol.). **sen|so|mo|to|risch** u. sensumotorisch [auch ...'to:...]: die Sensomotorik betreffend, auf ihr beruhend (Med., Psychol.). **Sen|sor** *der; -s, ...oren* (meist Plur.) ⟨aus gleichbed. *engl.* sensor, dies aus *lat.* sensus, vgl. Sensus⟩: 1. elektron. Fühler zur Messung physik. Größen (z. B. Dichte, Druck, Temperatur u. a., Meßfühler). 2. durch bloßes Berühren zu betätigende Schaltvorrichtung bei elektron. Geräten (Techn.). **Sen|sor|feld** *das; -[e]s, -er*: Raster von vertikal u. horizontal vor einem Bildschirm u. parallel zu diesem angeordneten

Lichtschranken (EDV, Elektrot.). **sen|so|ri|ell** ⟨nach *fr.* sensoriel; vgl. ...ell⟩: die Sinnesorgane, die Aufnahme von Sinnesempfindungen betreffend (Med.). **Sen|so|ri|en** [...i̯ən] *die* (Plur.) ⟨zu *spätlat.* sensorium „Sitz der Empfindung"⟩: Gebiete der Großhirnrinde, in denen Sinnesreize bewußt werden (Med.); vgl. Sensorium. **Sen|so|rik** *die;* - ⟨zu ↑Sensor u. ↑².....ik (1)⟩: wissenschaftlich-technische Disziplin, die sich als Teilgebiet der Meßtechnik mit Entwicklung u. Einsatz von Sensoren befaßt. **sen|so|risch** ⟨zu *nlat.* sensorius „die Empfindung betreffend"⟩: svw. sensoriell. **Sen|so|ri|um** *das;* -s ⟨aus *spätlat.* sensorium, vgl. Sensorien⟩: 1. ältere Bez. für Bewußtsein (Med.); vgl. Sensorien. 2. Gespür. **Sen|sor|ta|ste** *die;* -, -n ⟨zu ↑Sensor⟩: svw. Sensor (2). **Sen|sor|tech|nik** *die;* -: svw. Sensorik. **Sen|sua|lis|mus** *der;* - ⟨zu *spätlat.* sensualis (vgl. sensuell) u. ↑...ismus (1)⟩: Lehre, nach der alle Erkenntnis allein auf Sinneswahrnehmung zurückführbar ist (J. Locke). **Sen|sua|list** *der;* -en, -en ⟨zu ↑...ist⟩: Vertreter des Sensualismus. **sen|sua|li|stisch** ⟨zu ↑...istisch⟩: den Sensualismus betreffend. **Sen|sua|li|tät** *die;* - ⟨aus gleichbed. *spätlat.* sensualitas, Gen. sensualitatis⟩: Empfindungsvermögen der Sinnesorgane, Reizaufnahmefähigkeit (Med.). **sen|su bo|no** ⟨*lat.*⟩: im guten Sinn. **sen|su|ell** ⟨über gleichbed. *fr.* sensuel aus *spätlat.* sensualis „sinnlich" zu *lat.* sensus, vgl. Sensus⟩: a) die Wahrnehmung durch Sinnesorgane, die Sinnesorgane betreffend; b) sinnlich wahrnehmbar (Med.). **sen|su ma|lo** ⟨*lat.*⟩: im schlechten Sinn. **Sen|su|mo|to|rik** vgl. Sensomotorik. **sen|su|mo|to|risch** vgl. sensomotorisch. **Sen|sus** *der;* -, - [...zu:s] ⟨aus *lat.* sensus „Wahrnehmung; Empfindung, Gefühl; Verstand" zu *lat.* sentire, vgl. Sentenz⟩: Empfindungsvermögen eines bestimmten Sinnesorgans (Med.). **Sen|sus com|mu|nis** [- k...] *der;* - - ⟨aus *lat.* sensus communis „die allgemein herrschende Meinung"⟩: gesunder Menschenverstand. **sen|su stric|to** [- ...k...] ⟨*lat.*⟩: im strengen Sinn. **sen|ten|ti|ös** vgl. sentenziös. **Sen|ten|tio|si|tät** *die;* - ⟨zu *lat.* sententiosus „gedankenreich" u. ↑...ität⟩: (veraltet) Sentenzenreichtum, Gedankenreichtum. **Sen|tenz** *die;* -, -en ⟨aus *lat.* sententia „Meinung, Urteil, Sinnspruch" zu sentire (Part. Perf. sensus) „wahrnehmen; empfinden; entscheiden"⟩: 1. a) einprägsamer, weil kurz u. treffend formulierter Ausspruch; b) Sinnspruch, Denkspruch als dichterische Ausdrucksform; vgl. Gnome. 2. (veraltet) richterliches Urteil (Rechtsw.). 3.(nur Plur.) Sammlung von Stellen aus der Bibel u. aus Schriften der Kirchenväter. **sen|ten|zi|ös** u. sententiös ⟨aus gleichbed. *fr.* sentencieux zu sentence „Sentenz"⟩: in der Art einer Sentenz (1), sentenzenreich. **Sen|ti|ment** [sãti'mã:] *das;* -s, -s ⟨aus gleichbed. *fr.* sentiment, dies aus *mlat.* sentimentum zu *lat.* sentire, vgl. Sentenz⟩: a) Empfindung, Gefühl, Gefühlsäußerung; b) (selten) Gefühl der Voreingenommenheit od. Reserviertheit. **sen|ti|men|tal** [zɛntimɛn...] ⟨aus gleichbed. *engl.* sentimental zu sentiment „Gefühl", dies aus *fr.* sentiment, vgl. Sentiment⟩: a) empfindsam; b) rührselig, übertrieben gefühlvoll. **Sen|ti|men|ta|le** *die;* -n, -n ⟨zu ↑...ale⟩: Darstellerin jugendlich-sentimentaler Mädchengestalten (Rollenfach beim Theater). **sen|ti|men|ta|lisch**: a) (veraltet) svw. sentimental (a); b) die verlorengegangene ursprüngliche Natürlichkeit durch Reflexion wiederzugewinnen suchend (Literaturw.); Ggs. ↑naiv (2); vgl. ...isch/-. **sen|ti|men|ta|li|sie|ren** ⟨zu ↑...isieren⟩: (veraltet) sich übertrieben benehmen, aufführen. **Sen|ti|men|ta|li|tät** *die;* -, -en ⟨aus gleichbed. *engl.* sentimentality zu sentimental, vgl. sentimental u. ...ität⟩: Empfindsamkeit; Gefühlsseligkeit; Rührseligkeit

Sen|to|ku Ⓦ *das;* - ⟨über das Japan. aus dem Chines.⟩: eine japanische Bronzelegierung **Se|nus|si** *der;* -, Plur. - u. ...ssen ⟨nach dem Gründer Muhammad Ibn Ali as-Sanusi, 1791–1859⟩: Anhänger eines 1833 gegründeten islam. Ordens in Nordafrika, dessen Ziel die Erneuerung des Islams u. seine Befreiung vom europ. Einfluß ist **sen|za** ⟨*it.;* aus *lat.* in absentia „in Abwesenheit von ..."⟩: ohne (in Verbindung mit musikalischen Vortragsanweisungen); z. B. - pedale: ohne Pedal; - sordino: ohne Dämpfer (bei Streichinstrumenten u. beim Klavier); -tempo: ohne bestimmtes Zeitmaß (Mus.) **Se|pa|lo|id** *das;* -[e]s, -e (meist Plur.) ⟨zu ↑Sepalum u. ↑...oid⟩: ein einem zusätzlichen Kelchblatt umgebildetes Laubblatt (Bot.). **Se|pa|lum** *das;* -s, ...alen (meist Plur.) ⟨aus *nlat.* sepalum, dies zu *fr.* sépale „Kelchblatt"⟩: Kelchblatt, äußeres Pflanzenhüllblatt (Bot.). **se|pa|ra|bel** ⟨aus gleichbed. *fr.* séparable, dies aus *lat.* separabilis⟩: trennbar, ablösbar. **Se|pa|ra|bi|li|tät** *die;* - ⟨zu ↑...ität⟩: separable Beschaffenheit, Trennbarkeit. **Se|pa|ran|dum** *das;* -s, ...da (meist Plur.) ⟨aus gleichbed. *nlat.* separandum, eigtl. „das Abzusondernde", Gerundivum von *lat.* separare, vgl. separieren⟩: Arzneimittel, das gesondert aufbewahrt wird (z. B. Opiate, Gift). **se|pa|rat** ⟨aus gleichbed. *lat.* separatus, Part. Perf. von separare, vgl. separieren⟩: abgesondert; getrennt; einzeln. **Se|pa|ra|ta**: Plur. von ↑Separatum. **Se|pa|rate** ['sep(ə)rɪt] *das;* -s, -s ⟨aus gleichbed. *engl.-amerik.* separate, dies zu *lat.* separatus, vgl. separat⟩: Kleidungsstück, das zu einer zwei- od. mehrteiligen Kombination gehört, aber auch getrennt davon getragen werden kann. **Se|pa|ra|ti|on** [zepara...] *die;* -, -en ⟨aus *lat.* separatio „Absonderung"⟩: 1. (veraltet) Absonderung. 2. Gebietsabtrennung zum Zwecke der Angliederung an einen anderen Staat od. der politischen Verselbständigung. 3. Flurbereinigung, Auflösung der genossenschaftlichen Wirtschaftsweise auf dem Agrarsektor im 18./19. Jh. in Deutschland. 4. räumliche Sonderung von Populationen, wodurch die zufallsmäßige Paarung eingeschränkt od. unterbunden wird (Biogeogr.). **Se|pa|ra|ti|ons|ener|gie** *die;* -: die Energie, die notwendig ist, um einen Teil eines Atomkerns, insbesondere eines seiner Nukleonen, von dem übrigen Teil zu trennen (Kernphys.). **Se|pa|ra|tis|mus** *der;* - ⟨zu ↑...ismus (2); vgl. *engl.* separatism⟩: (oft abwertend) (im politischen, kirchlich-religiösen od. weltanschaulichen Bereich) Streben nach Separation (1, 2), bes. das Streben nach Gebietsabtrennung, um einen separaten Staat zu gründen. **Se|pa|ra|tist** *der;* -en, -en ⟨aus gleichbed. *engl.* separatist, *fr.* séparatiste, urspr. „religiöser Sektierer", zu *engl.* to separate „trennen", dies aus *lat.* separare⟩: Verfechter, Anhänger des Separatismus. **se|pa|ra|ti|stisch** ⟨zu ↑...istisch⟩: a) den Separatismus betreffend; b) Tendenzen des Separatismus zeigend. **Se|pa|ra|tiv** [auch 'ze...] *der;* -s, -e [...və] ⟨aus gleichbed. *lat.* (casus) separativus⟩: ↑Kasus der Trennung (z. B. der ↑Ablativ). **Se|pa|ra|tor** *der;* -s, ...oren ⟨aus *lat.* separator „Trenner"⟩: Gerät zur Trennung verschiedener Bestandteile von Stoffgemischen [durch Zentrifugalkräfte]. **Se|pa|ra|tum** *das;* -s, ...ta (meist Plur.) ⟨zu *lat.* separatum, Neutrum von separatus, vgl. separat⟩: Exemplar eines Sonderdrucks. **Sé|pa|rée** [zepa're:] *das;* -s, -s ⟨Kurzform von ↑Chambre séparée⟩: Nebenraum in einem Lokal. **se|pa|rie|ren** ⟨z. T. über *fr.* séparer u. *lat.* separare „absondern, trennen"⟩: 1. absondern, ausschließen. 2. Flüssigkeiten verschiedener Dichte durch Zentrifugieren voneinander trennen (Chem., Techn.).

Sephardim

Se|phar|dim [auch ...'di:m] *die* (Plur.) ⟨aus hebr. sĕfārdîm, Plur. von sĕfārdî, eigtl. „der Spanische", zu sĕfārad „Spanien", wohl nach dem biblischen Land Sepharda (*hebr.* sĕfārad) in der jüd. Diaspora⟩: die spanisch-portugiesischen u. die orientalischen Juden u. ihre Nachkommen, in Sitten u. Sprache (vgl. Ladino 2) von den ↑Aschkenasim unterschieden. **se|phar|disch:** die Sephardim betreffend
se|pia ⟨zu ↑Sepia (2), nach der Farbe des Sekrets⟩: graubraun-schwarz. **Se|pia** u. Sepie [...i̯ə] *die;* -, ...ien [...i̯ən] ⟨über *lat.* sepia aus *gr.* sēpía „Tintenfisch"⟩: 1. zehnarmiger Kopffüßer (z. B. Tintenfisch). 2. (ohne Plur.) aus dem getrockneten Sekret des Tintenbeutels einiger Kopffüßer (vor allem des Tintenfischs) hergestellter Farbstoff. **Se|pia|kno|chen** *der;* -s, - u. **Se|pia|scha|le** *die;* -, -n: kalkhaltige Rückenplatte der Tintenfische, Schulp. **Se|pia|zeich|nung** *die;* -, -en: Feder- od. Pinselzeichnung mit aus Sepia (2) hergestellter Tinte, Tusche. **Se|pie** [...i̯ə] vgl. Sepia. **Se|pio|lith** [auch ...lɪt] *der;* Gen. -s u. -en, Plur. -e[n] ⟨zu ↑...lith⟩: Meerschaum, für Tabakspfeifen u. Zigarettenspitzen verwendetes, in Kleinasien u. Afrika vorkommendes, weißes od. graues Mineral
se|po|nie|ren ⟨aus gleichbed. *lat.* seponere⟩: (veraltet) beiseite stellen od. legen. **Se|po|si|tum** *das;* -s, ...ta ⟨aus gleichbed. *lat.* sepositum, substantiviertes Part. Perf. (Neutrum) von seponere, vgl. seponieren⟩: (veraltet) etw., das beiseite gelegt worden ist
Se|poy ['zi:pɔy, engl. 'si:pɔɪ] *der;* -s, -s ⟨aus gleichbed. *engl.* sepoy, dies über *port.* sipai, sipaio aus *Hindi* sipāhī „Reitersoldat" zu *pers.* sipāh „Armee"⟩: einheimischer Soldat im früheren britisch-ind. Heer
Sep|pu|ku *das;* -[s], -s ⟨aus *jap.* seppuku, dies aus dem Chin.⟩: (selten) svw. Harakiri
Sep|sis *die;* -, ...sen ⟨aus *gr.* sēpsis „Fäulnis"⟩: allgemeine Blutvergiftung bei Überschwemmung des Organismus mit auf dem Blutwege verbreiteten Bakterien eines Infektionsherdes (Med.)
Sept *die;* -, -en: Kurzform von ↑Septime
Sep|ta: Plur. von ↑Septum
Sept|ak|kord u. Septimenakkord *der;* -[e]s, -e ⟨zu *mlat.* septima (vox; vgl. Septime) u. ↑Akkord⟩: Akkord aus Grundton, ↑Terz (1), ↑Quinte u. ↑Septime od. aus drei übereinandergestellten Terzen (Mus.).
Sep|ta|rie [...i̯ə] *die;* -, -n ⟨aus gleichbed. *nlat.* (concretio) septaria zu *lat.* septum (vgl. Septum) u. -arius, Fem. -aria (Endung von Adjektiven)⟩: birnenförmige bis knollige ↑Konkretion (3) von Mergel in Ton (Geol.)
Sep|te *die;* -, -n: Kurzform von ↑Septime. **Sep|tem ar|tes li|be|ra|les** [– ...te:s ...le:s] *die* (Plur.) ⟨aus gleichbed. *lat.* septem artes liberales⟩: svw. Artes liberales. **Sep|tem|ber** *der;* -[s], - ⟨aus *lat.* (mensis) September „siebter Monat (des röm. Kalenders)" zu septem „sieben"⟩: neunter Monat im Jahr, Herbstmond; Abk.: Sept. **Sep|tem|vir** [...v...] *der;* Gen. -s u. -n, Plur. -n ⟨aus *lat.* septemvir zu septem „sieben" u. vir „Mann"⟩: im antiken Rom Angehöriger der aus sieben Mitgliedern bestehenden Priesterschaft zur Bewirtung der Götter. **Sep|te|nar** *der;* -s, -e ⟨aus gleichbed. *lat.* septenarius zu septeni „je sieben"⟩: ein lat. Versmaß, das dem griech. ↑Tetrameter entspricht (antike Metrik). **sept|en|nal** ⟨zu *lat.* septem „sieben", annus „Jahr" u. ↑¹...al (1)⟩: (veraltet) siebenjährig. **Sept|en|nat** *das;* -[e]s, -e ⟨zu *lat.* sept(u)ennis „siebenjährig" u. ↑...at (1)⟩: svw. Septennium. **Sept|en|ni|um** *das;* -s, ...ien [...i̯ən] ⟨aus gleichbed. *mlat.* sept(u)ennium⟩: (veraltet) Zeitraum von sieben Jahren. **sep|ten|trio|nal** ⟨aus gleichbed. *lat.* septentrionalis zu septemtrio „Siebengestirn (am nördlichen Himmel; = Großer Bär od. Wagen)" (zu septem „sieben" u. trio „pflügender Ochse"), eigtl. „die sieben Pflugochsen", weil man das Sternbild als ein von sieben pflügenden Ochsen gezogenen Wagen deutete⟩: nördlich. **Sep|tett** *das;* -[e]s, -e ⟨relatinisiert aus *it.* settetto zu sette „sieben", dies aus *lat.* septem⟩: 1. Komposition für 7 Instrumente od. 7 Gesangsstimmen (Mus.). 2. Vereinigung von 7 Instrumental- od. Vokalsolisten (Mus.)
Sept|hä|mie *die;* -, ...ien ⟨zu *gr.* sēptikós (vgl. septisch) u. ↑...ämie⟩: svw. Sepsis
sep|ti|frag ⟨zu ↑Septum u. *lat.* fragilis „zerbrechlich", dies zu frangere „(zer)brechen"⟩: die Scheidewand der Fruchtblätter zerbrechend (von der Öffnungsweise von Kapselfrüchten; Bot.); vgl. septifrag
Sep|tik|ämie u. Sep|tik|hä|mie *die;* -, ...ien ⟨zu *gr.* sēptikós (vgl. septisch) u. ↑...ämie⟩: svw. Sepsis. **Sep|ti|ko|py|ämie** *die;* -, ...ien ⟨zusammengezogen aus ↑Septikämie u. ↑Pyämie⟩: schwere Blutvergiftung mit Eitergeschwüren an inneren Organen (eine Kombination von ↑Sepsis u. ↑Pyämie; Med.)
Sep|til|li|on *die;* -, -en ⟨zu *lat.* septimus (vgl. Septima; Analogiebildung zu ↑Million⟩: die 7. Potenz einer Million, 10^{42}. **Sep|tim** *die;* -, -en ⟨zu ↑Septime; Bed. 2 eigtl. „sieb(en)te Fechtbewegung"⟩: 1. (österr.) svw. Septime. 2. Hieb od. Stoß im Säbelfechten, der die innere Blöße treffen soll. **Sep|ti|ma** *die;* -, ...men ⟨zu *lat.* septima „(die) sieb(en)te", Fem. von septimus „sieb(en)ter"⟩: (österr. veraltend) die siebte Klasse des Gymnasiums. **Sep|ti|ma|ner** *der;* -s, -: (österr. veraltend) Schüler der Septima. **Sep|ti|ma|ne|rin** *die;* -, -nen: (österr. veraltend) weibliche Form zu ↑Septimaner. **Sep|ti|me** *die;* -, -n ⟨aus gleichbed. *mlat.* septima (vox) „sieb(en)ter (Ton)" zu *lat.* septimus⟩: a) der 7. Ton einer ↑diatonischen Tonleiter vom Grundton an; b) ↑das Intervall (2) von 7 ↑diatonischen Stufen (Mus.). **Sep|ti|men|ak|kord** vgl. Septakkord. **Sep|ti|mo|le** *die;* -, -n ⟨italianisierende Bildung zu *lat.* septimus (vgl. Septima)⟩: svw. Septole. **Sep|ti|mon|ti|um** *das;* -s, ...ien [...i̯ən] ⟨aus *lat.* septimontium „Siebenhügel(fest)", zum Andenken an die Eingliederung der sieben Hügel in das Stadtgebiet von Rom gefeiertes Fest⟩: altröm., am 11. 12. begangenes Fest, an dem den sieben Hügeln Roms Opfer dargebracht wurden
sep|tisch ⟨nach *gr.* sēptikós „Fäulnis bewirkend" zu sēpsis, vgl. Sepsis⟩: 1. die Sepsis betreffend, mit Sepsis verbunden (Med.). 2. nicht keimfrei, mit Keimen behaftet; Ggs. ↑aseptisch (a; Med.)
sep|ti|zid ⟨zu ↑Septum u. ↑...zid⟩: sich durch Aufspalten entlang der Verwachsungsnähte der Fruchtblätter voneinander lösend (von der Öffnungsweise von Kapselfrüchten; Bot.); vgl. septifrag
Sep|to|le *die;* -, -n ⟨italianisierende Bildung zu *lat.* septem „sieben"; Analogiebildung zu ↑Triole⟩: Notengruppe von 7 Tönen, die den Taktwert von 4, 6 od. 8 Noten hat (Mus.).
Sep|tua|ge|si|ma *die;* - ⟨aus gleichbed. *mlat.* septuagesima (dies), eigtl. „der siebzigste (Tag)" (vor Ostern), zu *lat.* septuage(n)simus „der siebzigste"⟩: in der ev. Kirche der dritte Sonntag vor der Passionszeit (neunter Sonntag vor Ostern), früher auch in der kath. Kirche Bez. für den Beginn der Vorfastenzeit; Sonntag- od. Septuagesimä. **Sep|tua|gin|ta** *die;* - ⟨zu *lat.* septuaginta „siebzig"; nach der Legende von 72 jüd. Gelehrten verfaßt⟩: älteste u. wichtigste griech. Übersetzung des Alten Testaments; Zeichen LXX
Sep|tu|lum *das;* -s, ...la ⟨aus *lat.* septulum, Verkleinerungsform von septum, vgl. Septum⟩: kleine Scheidewand (Biol., Med.). **Sep|tum** *das;* -s, Plur. ...ta u. ...ten ⟨aus

gleichbed. *lat.* s(a)eptum zu s(a)epire „umzäunen, einfriedigen"): Scheidewand, Zwischenwand, die benachbarte anatomische Strukturen voneinander trennt od. ein Gebilde unterteilt (Biol., Med.). **Sep|tum|de|fekt** *der;* -[e]s, -e: durch Verletzungen od. Krankheitsprozesse hervorgerufene Lücke in der Nasen- od. (meist angeboren) in der Vorhof- od. Kammerscheidewand des Herzens (Med.). **Septum|de|via|ti|on** [...v...] *die;* -, -en: anomale Abweichung der Nasenscheidewand von der Mittellinie (Med.). **Sep|tu|or** *das;* -s, -s ‹aus gleichbed. *fr.* septuor zu sept „sieben", dies aus *lat.* septem, Analogiebildung zu ↑Quatuor): (veraltet) svw. Septett

Se|pul|crum [...krʊm] *das;* -s, ...ra ‹aus *lat.* sepulcrum „Grabstätte" zu sepulire, Nebenform von sepelire „begraben"): kleine Reliquiengruft in der ↑Mensa (1) des Altars. **se|pul|kral** ‹aus gleichbed. *lat.* sepulcralis): (veraltet) das Grab[mal] od. Begräbnis betreffend. **Se|pul|tur** *die;* -, -en ‹aus *lat.* sepultura „Bestattung od. Verbrennung (des Toten), Grab"): in der spätgot. Baukunst ein Begräbnisraum für Äbte, Prälaten, auch Bischöfe u. Fürsten innerhalb von Kloster u. Stift

Se|quel ['siːkwəl] *das;* -s, -s ‹aus *engl.* sequel „Folge, Fortsetzung", dies über *mittelfr.* sequelle aus *lat.* sequel(l)a): Fortsetzungsfilm, bes. als Nachfolgefilm eines großen Erfolgs [mit gleichem Personenkreis u. ähnlicher Thematik]. **se|quens** [ˈzeː...] ‹*lat.;* Part. Präs. von sequi, vgl. Sequenz): (veraltet) folgend; Abk.: seq., sq.; vgl. vivat sequens. **se|quen|tes** [...teːs] ‹*lat.;* Plur. von sequens, vgl. Sequenz): (veraltet) folgende, die folgenden (Seiten); Abk.: seqq., sqq., ss.; vgl. vivant sequentes. **Se|quen|ti|alme|tho|de** *die;* -, -n ‹zu *engl.* sequential, vgl. sequentiell): a) Verabreichung von verschiedenen Medikamenten, die therapeutisch eine Einheit bilden, in mehreren Phasen hintereinander; b) ein Verfahren der oralen Empfängnisverhütung, bei dem in der ersten Phase reines Östrogen, in der zweiten eine Östrogen-Gestagen-Kombination verabreicht wird (Med.). **Se|quen|ti|al|test** *der;* -[e]s, Plur. -s, auch -e: Test zur Nachprüfung einer statistischen Hypothese, bei dem der Stichprobenumfang von den Ausfällen der bereits geprüften Stichproben abhängt (Statistik). **sequen|ti|ell** ‹nach gleichbed. *engl.* sequential zu sequent „folgend", dies aus *lat.* sequens, vgl. Sequenz): fortlaufend, nacheinander zu verarbeiten (in bezug auf die Speicherung u. Verarbeitung von Anweisungen eines Computerprogramms; EDV). **Se|quenz** *die;* -, -en ‹aus *spätlat.* sequentia „(Reihen)folge" zu *lat.* sequens, Gen. sequentis, Part. Präs. von sequi ‚folgen"): 1. hymnusähnlicher Gesang in der mittelalterlichen Liturgie; vgl. Prosa (3). 2. Wiederholung eines musikalischen Motivs auf höherer od. tieferer Tonstufe (Mus.). 3. aus einer unmittelbaren Folge von Einstellungen gestaltete, kleinere filmische Handlungseinheit (Film). 4. eine Serie aufeinanderfolgender Karten gleicher Farbe (Kartenspiel). 5. Befehlsfolge in einem Programmierabschnitt (EDV). 6. Aufeinanderfolge, Folge, Reihe. **Se|quenz|ana|ly|se** *die;* -, -n: 1. die Ermittlung der Reihenfolge der verschiedenen molekularen Bausteine in ↑Makromolekülen, bes. in ↑Proteinen u. ↑Nukleinsäuren (Biochem., Chem.). 2. in der Wirtschaftstheorie Verfahren zur Darstellung u. Erklärung zeitabhängiger ökonomischer Vorgänge. **Se|quen|zer** *der;* -s, -: meist als Teil eines ↑Synthesizers verwendeter Kleincomputer, der Tonfolgen speichern u. beliebig oft (auch beschleunigt, verlangsamt u. a.) wiedergeben kann (Mus.). **se|quen|zieren** ‹zu ↑...ieren): eine Sequenz (2) durchführen. **Sequenz|me|tho|de** *die;* -, -n: svw. Sequentialmethode. **Sequenz|prä|pa|ra|te** *die* (Plur.): Hormonkombinationspräparate, die vorwiegend zur Empfängnisverhütung angewendet werden

¹Se|que|ster *das;* -s, - ‹zu *spätlat.* sequestrare, vgl. sequestrieren): 1. svw. Sequestration (1). 2. abgestorbenes Knochenstück, das mit dem gesunden Knochen keine Verbindung mehr hat (Med.). **²Se|que|ster** *der;* -s, - ‹aus gleichbed. *lat.* sequester, eigtl. „vermittelnd", zu sequi, vgl. Sequenz): jmd., der amtlich durch Gerichtsbeschluß mit der treuhänderischen Verwaltung einer strittigen Sache beauftragt wird, [Zwangs]verwalter (Rechtsw.). **Se|que|stra|tion** *die;* -, -en ‹aus gleichbed. *spätlat.* sequestratio zu sequestrare, vgl. sequestrieren): 1. gerichtlich angeordnete Übergabe einer strittigen Sache an einen ²Sequester (Rechtsw.). 2. Zwangsverwaltung eines Staates od. eines bestimmten Staatsgebietes, dessen Regierung abgesetzt ist. 3. spontane Bildung eines ¹Sequesters (2), Ablösung eines abgestorbenen Knochenstücks von der gesunden Umgebung (Med.). **se|que|strie|ren** ‹aus *spätlat.* sequestrare „in Verwahrung geben; absondern, trennen, entfernen" zu *lat.* sequester, vgl. ²Sequester): 1. eine Sequestration (2) anordnen. 2. einen ²Sequester bestellen (Rechtsw.). 3. ein abgestorbenes Knochenstück abstoßen (in bezug auf den Organismus od. ein Gewebe; Med.). **Se|que|stro|to|mie** *die;* -, ...ien ‹zu ¹Sequester u. ↑...tomie): operative Entfernung eines ↑¹Sequesters (2)

Se|quo|ia u. **Se|quo|ie** [...jə] *die;* -, ...oien [...jən] ‹nach Sequoyah, dem Namen eines nordamerik. Indianerhäuptlings (1760–1843) u. zu ↑¹...ia bzw. ¹...ie): Mammutbaum (ein Sumpfzypressengewächs)

Ser [sɛr]: ↑proklitische Form von ↑Sère

Se|ra: Plur. von ↑Serum

Se|ra|bend vgl. Saraband

Sé|rac [zeˈrak, fr. se...] *der;* -s, -s ‹aus gleichbed. *fr.* sérac, eigtl. *mdal.* „ein fester, weißer Käse", dies über das Vulgärlat. aus *lat.* serum, vgl. Serum): zacken- od. turmartiges Gebilde, in das Gletschereis an Brüchen aufgelöst sein kann (Geogr.)

Se|ra|fim [...fiːm]: ökum. Plur. von ↑Seraph

Se|rai *der;* -s, -s ‹aus *pers.* sarāi, vgl. ¹Serail): svw. ²Serail. **¹Se|rail** [zeˈraːj, fr. seˈraj] *das;* -s, -s ‹über gleichbed. *fr.* sérail aus *it.* serraglio zu *türk.* saray, dies aus *pers.* sarāy „großes Haus, Palast"): a) Palast [eines Sultans]; b) orientalisches Fürstenschloß. **²Se|rail** *der;* -s, -s ‹zu ↑¹Serail): feines, leichtgewalktes Wolltuch

Se|rak vgl. Sérac

Se|ra|pei|on *das;* -s, ...eia u. **Se|ra|pe|um** *das;* -s, ...een ‹über gleichbed. *lat.* Serapeum aus *gr.* Serapeîon, nach dem ägypt.-griech. Hauptgott Sarapis (*gr.* Sérapis): Tempelanlage, die dem ägypt.-griech. Gott Serapis geweiht war

Se|raph *der;* -s, Plur. -e u. -im [...fiːm], ökum. Serafim ‹über *lat.* Seraphin, Seraphim (Plur.) aus *hebr.* šĕrāfīm, zu *hebr.* od. *šāräf*, vielleicht zu šáraf „brennen, durch Brennen läutern"): Engel des Alten Testaments mit sechs Flügeln [in Gestalt einer Schlange]. **se|ra|phisch:** a) zu den Engeln gehörend; b) engelgleich; c) verzückt

Sè|re [ˈsɛrə] ‹aus gleichbed. älter *it.* sère, verkürzt aus messère „Herr", dies aus *altfr.* messire „mein Herr" zu *gallorom.* meus senior): (veraltet) höfliche, auf eine männliche Person bezogene Anrede (in Italien)

se|ren ‹aus gleichbed. *lat.* serenus): (veraltet) heiter; glücklich

Se|ren: Plur. von ↑Serum

Se|re|na *die;* -, Plur. -s u. ...nen ‹zu *provenzal.* ser „Abend"): altprovenzal. Liebeslied, das den Abend als Zu-

Serenade

sammenkunft der Liebenden besingt. **Se|re|na|de** *die;* -, -n ⟨über *fr.* sérénade aus gleichbed. *it.* serenata zu sereno „heiter", dies aus *lat.* serenus, nach *it.* sera „Abend" umgedeutet, da die Stücke meist am Abend unter freiem Himmel gespielt werden⟩: a) instrumentale Komposition aus einer lockeren Folge von 5–7 Einzelstücken; b) Konzertveranstaltung [im Freien], auf deren Programm bes. Serenaden (a) stehen; c) (veraltet) Ständchen (Mus.); Ggs. ↑ Aubade (2). **Se|re|nis|si|ma** *die;* -, ...mä ⟨weibliche Form zu ↑ Serenissimus⟩: (veraltet) Titel für weibliche fürstliche Personen (Durchlaucht). **Se|re|nis|si|mus** *der;* -, ...mi ⟨aus *lat.* serenissimus, Superlativ von serenus „heiter, hell, klar", als Titel röm. Kaiser: Serenus „der Durchlauchtige"⟩: (veraltet) a) Titel eines regierenden Fürsten (Durchlaucht); b) (scherzh.) Fürst eines Kleinstaates. **Se|re|ni|tät** *die;* - ⟨aus gleichbed. *lat.* serenitas, Gen. serenitatis zu serenus, vgl. seren⟩: (veraltet) Heiterkeit. **se|re|no** ⟨*it.;* aus *lat.* serenus, vgl. seren⟩: heiter, klar; ausgeglichen (Vortragsanweisung; Mus.).

Serge [zɛrʃ, fr. sɛrʃ] u. **Sersche** [ˈzɛrʃə] *die,* österr. auch *der;* -, -n [...ʃn] ⟨aus gleichbed. *fr.* serge, dies über das Vulgärlat. aus *lat.* serica „Seidenstoffe" zu sericus „seiden", dies aus *gr.* sērikós, nach dem Namen des alten ostasiat. Volksstammes der Serer, die durch die Herstellung von Seidenstoffen berühmt waren⟩: Sammelbez. für Gewebe in Köperbindung (einer bestimmten Webart), bes. für Futterstoffe

Ser|geant [zɛrˈʒant, fr. sɛrˈʒã, engl. ˈsɑːdʒənt] *der;* -en, -en (bei engl. Ausspr. -s, -s) ⟨aus gleichbed. *fr.* sergent bzw. *engl.* sergeant, älter auch „Gerichtsdiener", dies über *mlat.* serjantus, sergantus „Diener" zu *lat.* serviens, Gen. servientis, Part. Präs. von servire, vgl. servieren⟩: 1. Unteroffiziersdienstgrad (bis 1921). 2. franz. u. engl. Bez. für den Dienstgrad eines Unteroffiziers

Se|ria *die;* - ⟨zu *it.* serio „ernst"⟩: svw. Opera seria

Se|ri|al [ˈsɪərɪəl] *das;* -s, -s ⟨aus gleichbed. *engl.* serial zu series, dies aus *lat.* series, vgl. Serie⟩: a) Fortsetzungsfilm, bes. in Form einer Fernsehserie; b) Roman, der als Fortsetzungsserie abgedruckt wird. **Se|rie** [ˈzeːri̯ə] *die;* -, -n ⟨aus *lat.* series „Reihe, Reihenfolge" zu serere „fügen, reihen"⟩: 1. a) bestimmte Anzahl, Reihe gleichartiger, zueinander passender Dinge, Folge; b) Anzahl in gleicher Ausführung gefertigter Erzeugnisse der gleichen Art (Wirtsch.). 2. inhaltlich, thematisch zusammengehörende Folge von Fernseh- od. Rundfunksendungen, Veröffentlichungen von Büchern. 3. (ugs.) Aufeinanderfolge gleicher, ähnlicher Geschehnisse, Erscheinungen. **se|ri|ell** ⟨nach gleichbed. *fr.* sériel⟩: 1. eine Reihentechnik verwendend, die vorgegebene, konstruierte Tonreihen zugrunde legt u. zueinander in Beziehung setzt (von einer Sonderform der Zwölftonmusik; Mus.). 2. zeitlich nacheinander erfolgend (in bezug auf die Verarbeitung u. Übertragung von Daten; EDV). 3. in Serie herstellbar, gefertigt, erscheinend. **Se|ri|en|pro|duk|ti|on** [...i̯ən...] *die;* -, -en: Serienfertigung, Anfertigung einer bestimmten Anzahl von Erzeugnissen der gleichen Art in gleicher Ausführung (Wirtsch.). **Se|ri|en|spek|trum** *das;* -s, Plur. ...tren u. ...tra: die nach bestimmten Gesetzen angeordnete Folge von Linien in einem Atomspektrum (Phys.).

Se|ri|fe *die;* -, -n (meist Plur.) ⟨unter Einfluß von *engl.* serif, ceriph wohl zu *niederl.* schreef „Strich, Linie"⟩: kleiner, abschließender Querstrich am oberen od. unteren Ende von Buchstaben (Druckw.).

Se|ri|gra|phie *die;* -, ...ien ⟨zu *lat.* sericus (vgl. Serge u. ↑ ...graphie)⟩: 1. (ohne Plur.) Siebdruckverfahren. 2. ein durch Serigraphie (1) hergestellter Druck. **Se|rin** *das;* -s ⟨zu ↑ ...in (1)⟩: Aminosäure, die am Aufbau von Proteinen beteiligt ist (Biochem.)

Se|ri|net|te *die;* -, -n ⟨aus gleichbed. *fr.* serinette zu serin „Zeisig"⟩: Vogelorgel, ein kleines mechanisches Musikinstrument

se|rio ⟨*it.;* aus *lat.* serius, vgl. seriös⟩: ernst, schwer, ruhig, nachdenklich (Vortragsanweisung; Mus.). **se|ri|ös** ⟨über gleichbed. *fr.* sérieux aus *mlat.* seriosus zu *lat.* serius „ernsthaft"⟩: a) ernsthaft, ernstgemeint; b) gediegen, anständig; würdig; c) glaubwürdig; [gesetzlich] zulässig, erlaubt. **Se|rio|si|tät** *die;* - ⟨aus gleichbed. *mlat.* seriositas, Gen. seriositatis⟩: seriöse Art, Ernsthaftigkeit, Würdigkeit. **se|rio|so** ⟨*it.;* aus *mlat.* seriosus, vgl. seriös⟩: svw. serio

Se|rir u. **Sse|rir** *die;* -, -e ⟨aus dem Arab.⟩: Kies- od. Geröllwüste [in Libyen]

Se|ri|zin *das;* -s ⟨zu *lat.* sericus (vgl. Serge) u. ↑ ...in (1)⟩: leimartige Hülle um den Rohseidenfaden, Seidenleim. **Se|ri|zit** [auch ...ˈtsɪt] *der;* -s, -e ⟨zu ↑² ...it⟩: ein Mineral, feinschuppige, seidenglänzende Aggregate des ↑ Muskovits

Ser|lia|na *die;* - ⟨nach dem ital. Baumeister u. Bühnenbildner S. Serlio (1475–1554 od. 1555) u. zu ↑ ...ana⟩: eine Anordnung von Arkaden od. Fensteröffnungen, bei der ein hoher Rundbogen von zwei niedrigeren schmalen Öffnungen mit geradem Abschluß begleitet ist (Archit.)

Ser|mon *der;* -s, -e ⟨unter Einfluß von gleichbed. *fr.* sermon aus *lat.* sermo, Gen. sermonis „Gespräch, Vortrag", kirchenlat. „Predigt"⟩: 1. (veraltet) Rede, Gespräch, Predigt. 2. (ugs.) a) Redeschwall; langweiliges Geschwätz; lange, inhaltsleere Rede; b) Strafpredigt

se|ro..., Se|ro... ⟨über *lat.* serum, vgl. Serum⟩: Wortbildungselement mit der Bedeutung „Körperflüssigkeiten, bes. das Blutserum betreffend", z. B. serofibrinös, Serologe. **Se|ro|dia|gno|stik** *die;* -: Diagnostik von Krankheiten durch serologische Untersuchungsmethoden (Med.). **se|ro|fi|bri|nös**: aus Serum u. Fibrin bestehend, seröse u. fibröse Bestandteile enthaltend (Med.). **se|ro|gen** ⟨zu ↑ ...gen⟩: durch die Injektion eines Serums verursacht (z. B. von einer Nervenlähmung; Med.). **Se|ro|lo|ge** *der;* -n, -n ⟨zu ↑ ...loge⟩: Facharzt, Wissenschaftler auf dem Gebiet der Serologie. **Se|ro|lo|gie** *die;* - ⟨zu ↑ ...logie⟩: Teilgebiet der Medizin, das sich mit der Diagnostizierung von [Infektions]krankheiten aus den Veränderungen des Blutserums befaßt (Med.). **se|ro|lo|gisch** ⟨zu ↑ ...logisch⟩: die Serologie betreffend. **Se|rom** *das;* -s, -e ⟨zu ↑ ...om⟩: Ansammlung einer serösen Flüssigkeit in Wunden od. Narben (Med.).

Se|ro|nen *die* (Plur.) ⟨zu *span.* serón „großer Korb"⟩: früher verwendete Packhüllen aus Ochsenhäuten, in denen trockene Waren aus Südamerika versandt wurden

se|ro|pu|ru|lent ⟨zu ↑ sero... u. ↑ purulent⟩: aus Serum u. Eiter bestehend (von Körperabscheidungen; Med.). **Se|ro|re|ak|ti|on,** Serumreaktion *die;* -, -en: Sammelbez. für alle biologischen, chemischen u. physikalischen Methoden zum Nachweis von Stoffen im Blutserum (Med.). **se|rös** ⟨aus gleichbed. *nlat.* serosus; vgl. ...ös⟩: a) aus Serum bestehend, mit Serum vermischt; b) Serum absondernd (Med.). **Se|ro|sa** *die;* -, ...sen ⟨Kurzform zu *nlat.* (Tunica) serosa, Fem. von serosus, vgl. serös⟩: zarte, innere Organe überziehende Haut (Med.)

Se|ro|sem u. Serosjom *der;* -s, -e ⟨aus gleichbed. *russ.* serozëm zu seryj „grau" u. zemlja „Erde"⟩: in Trockensteppen Grauerde mit geringem Humusgehalt

Se|ro|si|tis *die;* -, ...itiden ⟨zu ↑ Serosa u. ↑ ...itis⟩: Entzündung der Serosa (Med.)

Se|ro|sjom vgl. Serosem

Se|ro|the|ra|pie, Serumtherapie *die;* -, ...jen ⟨zu ↑ sero... u. ↑ Therapie⟩: Injektion spezifischer Immunseren zur Behandlung von Infektionen od. Vergiftungen (z. B. bei Diphtherie, Masern, Wundstarrkrampf; Med.). **Se|ro|tonin** *das;* -s, -e ⟨zu ↑ Tonus u. ↑ ...in (1)⟩: im Darm u. im Nervensystem vorkommender hormonähnlicher Stoff, der verschiedene Organfunktionen reguliert; vgl. Enteramin (Med.). **Se|ro|ze|le** *die;* -, -n ⟨zu *gr.* kḗlē „Geschwulst; Bruch"⟩: abgekapselter seröser Erguß (Med.)

Ser|pel *die;* -, -n ⟨aus gleichbed. *nlat.* serpula zu *lat.* serpula „kleine Schlange", dies zu serpere, vgl. serpens⟩: zu den ↑ Serpuliden gehörender röhrenbewohnender Borstenwurm. **ser|pens** ⟨aus gleichbed. *lat.* serpens, Gen. serpentis, Part. Präs. von serpere „kriechen; sich schlängeln"⟩: fortschreitend, sich weiterverbreitend (z. B. von Hautflechten; Med.). **Ser|pent** *der;* -[e]s, -e ⟨aus gleichbed. *fr.* serpent u. *it.* serpente, eigtl. „Schlange" (nach der Form), dies aus *lat.* serpens, vgl. Serpentin⟩: altes, dem Horn ähnliches Blechblasinstrument mit 6 Grifflöchern u. einem Umfang von 3 Oktaven (Mus.). **ser|pen|tie|ren** ⟨zu ↑ ...ieren⟩: (veraltet) sich schlängeln. **Ser|pen|tin** *der;* -s, -e ⟨aus gleichbed. *mlat.* serpentina zu *lat.* serpens, Gen. serpentis „Schlange" (vielleicht nach der einer Schlangenhaut ähnlichen Musterung einzelner Stücke), eigtl. substantiviertes Part. Präs. von serpere, vgl. serpens⟩: ein meist grünes bis grünlichschwarzes Mineral, Schmuckstein. **Ser|pen|ti|ne** *die;* -, -n ⟨zu *spätlat.* serpentinus „schlangenartig"⟩: a) Schlangenlinie, in Schlangenlinie ansteigender Weg an Berghängen; b) Windung, Kehre, Kehrschleife. **ser|pen|ti|nisch**: (veraltet) gleiche Anfangs- u. Endworte enthaltend (von Versen). **Ser|pen|ti|ni|sie|rung** *die;* -, -en ⟨zu ↑ ...isierung⟩: durch ↑ Metasomatose verursachte Umwandlung von Olivin in Serpentin (Geol.). **ser|pi|gi|nös** ⟨aus *nlat.* serpiginosus zu *lat.* serpens, vgl. serpens⟩: svw. serpens. **Ser|pu|li|den** *die* (Plur.) ⟨zu *lat.* serpula (vgl. Serpel) u. ↑ ...iden⟩: zu den Vielborstern gehörende, in allen Meeren verbreitete Ringelwürmer, deren unterer Teil von einer kalkigen Röhre umgeben u. an einer Unterlage festgewachsen ist (Zool.). **Ser|pu|lit** [auch ...'lɪt] *der;* -s, -e ⟨zu ↑² ...it⟩: vor allem aus den röhrenförmigen Gehäusen der Serpuliden bestehender Kalkstein

Ser|ra *die;* -, -s ⟨aus *port.* serra „Gebirgskette", eigtl. „Säge", dies aus *lat.* serra⟩: svw. Sierra. **Ser|ra|del|la** u. **Ser|ra|del|le** *die;* -, ...llen ⟨aus gleichbed. *port.* serradela, dies aus *lat.* serratula „die Gezackte" zu serra „Säge", nach der Blattform⟩: mitteleuropäische Futterpflanze mit gefiederten Blättern; Vogelfuß (Schmetterlingsblütler). **ser|rat** ⟨aus gleichbed. *lat.* serratus⟩: sägeförmig (von Blättern; Bot.)

Ser|sche vgl. Serge

Ser|tão [...'tãu̯] *der;* -, -s ⟨aus gleichbed. *port.* sertão⟩: unwegsames [Trocken]wald- u. Buschgebiet in Brasilien

Se|rum *das;* -s, Plur. Sera u. Seren ⟨aus *lat.* serum „wäßriger Teil der geronnenen Milch, Molken"⟩: a) der flüssige, hauptsächlich Eiweißkörper enthaltende, nicht mehr gerinnbare Anteil des Blutplasmas; b) mit Immunkörpern angereichertes, als Impfstoff verwendetes Blutserum (Med.). **Se|rum|dia|gno|stik** vgl. Serodiagnostik. **Se|rum|kon|ser|ve** [...və] *das;* -s, -n: reines, flüssiges, getrocknetes od. tiefgekühltes Blutserum als Blutersatz (Med.). **Se|rum|krank|heit** *die;* -: svw. Anaphylaxie. **Se|rum|pro|te|in** [...tei̯n] *das;* -s, -e (meist Plur.): Protein des Blutserums (Biochem.). **Se|rum|the|ra|pie** vgl. Serotherapie

Ser|val [...v...] *der;* -s, Plur. -e u. -s ⟨aus gleichbed. *fr.* serval, dies aus *port.* cerval „Luchs", eigtl. „Hirschkatze", dies aus *lat.* cervus „Hirsch"⟩: katzenartiges afrik. Raubtier

Ser|van|te [...v...] *die;* -, -n ⟨aus gleichbed. *fr.* servante, eigtl. „Dienerin", Fem. von servant, Part. Präs. von servir „dienen", dies aus *lat.* servire, vgl. servieren⟩: (veraltet) a) Anrichte; Nebentisch; b) Glasschränkchen für Nippsachen

Serve-and-Vol|ley ['sɜːv ənd 'vɒlɪ] *das;* -s ⟨aus gleichbed. *engl.* serve-and-volley zu serve „Aufschlag" u. volley, vgl. Volley⟩: dem eigenen Aufschlag unmittelbar folgender Netzangriff, der es ermöglicht, den zurückgeschlagenen Ball ↑ volley zu spielen

Ser|vel|la [...v...] *die* od. *der;* -, Plur. -s, schweiz. - ⟨über *fr.* cervelas zu *it.* cervellata, vgl. Zervelatwurst⟩: 1. (landsch., bes. schweiz.) Zervelatwurst. 2. (landsch.) kleine Fleischwurst. **Ser|ve|lat|wurst** vgl. Zervelatwurst

Ser|ven|te|se [...v...] *das;* -, - ⟨aus *it.* serventese „Dienstlied"⟩: ital. Form von ↑ Sirventes. **Ser|ven|tois** [sɛrvã'toa] *das;* -, [...'toas], - [...'toas] ⟨aus *fr.* serventois „Dienstlied"⟩: nordfranz. Form von ↑ Sirventes. **Ser|ver** ['sɜːvə] *der;* -s, - ⟨aus gleichbed. *engl.* server, eigtl. „Bediener", zu to serve „dienen", dies aus *fr.* servir, vgl. Servante⟩: 1. Spieler, der den Aufschlag macht (Tennis). 2. Spezialrechner in einem meist lokalen Rechennetz, der an einer Endbenutzerschnittstelle besondere Dienste zur Verfügung stellt (EDV). **¹Ser|vice** [zɛr'viːs] *das;* Gen. - [...viːs] u. -s [...viːsəs], Plur. - [...viːs od. ...viːsə] ⟨aus gleichbed. *fr.* service, eigtl. „Dienstleistung" (vgl. ²Service), beeinflußt von servir in der Bed. „Speisen aufbringen u. vorlegen"⟩: zusammengehöriger Geschirr- od. Gläsersatz. **²Ser|vice** ['sɜːvɪs] *der,* auch *das;* -, -s [...vɪs od. ...vɪsɪs] ⟨aus *engl.* service „Dienst, Bedienung", dies über (alt)*fr.* service aus *lat.* servitium „Sklavendienst" zu servire, vgl. servieren⟩: 1. a) (im gastronomischen Bereich) Bedienung u. Betreuung von Gästen; b) Kundendienst, Kundenbetreuung. 2. Aufschlag[ball] im Tennis. **Ser|vice|pro|gramm** *das;* -s, -e ⟨zu ↑ ²Service⟩: Rundfunksendung mit rein informativem, aktuellem Charakter (z. B. halbstündlich gesendete Verkehrsmeldungen, Straßenzustandsbericht, Wetterlage od. Veranstaltungskalender). **ser|vie|ren** [zɛr'viː...] ⟨über *fr.* servir „dienen, bei Tisch bedienen" aus *lat.* servire „Sklave sein, dienen" zu servus „Sklave"⟩: 1. bei Tisch bedienen, auftragen. 2. a) den Ball aufschlagen (Tennis); b) einem Mitspieler den Ball [zum Torschuß] genau vorlegen (z. B. beim Fußball; Sport). 3. (ugs. abwertend) [etwas Unangenehmes] vortragen, erklären, darstellen. **Ser|vie|re|rin** *die;* -, -nen: weibliche Bedienung in einer Gaststätte. **Ser|vier|toch|ter** *die;* -, ...töchter: (schweiz.) Servieren, Kellnerin. **Ser|vi|et|te** *die;* -, -n ⟨aus *fr.* serviette „Tellertuch, Handtuch" zu servir, vgl. servieren⟩: Stoff- od. Papiertuch zum Säubern des Mundes während od. nach dem Essen. **ser|vil** ⟨aus gleichbed. *lat.* servilis zu servus „Sklave"⟩: (abwertend) unterwürfig, kriechend, knechtisch. **Ser|vi|lis|mus** *der;* -, ...men ⟨zu ↑ ...ismus (5)⟩: (abwertend) 1. (ohne Plur.) Unterwürfigkeit, Kriecherei. 2. eine für unterwürfige Gesinnung kennzeichnende Handlungsweise o. ä. **Ser|vi|li|tät** *die;* -, -en ⟨nach gleichbed. *fr.* servilité u. ↑ ...ität⟩: (abwertend) 1. (ohne Plur.) unterwürfige Gesinnung. 2. svw. Servilismus (2). **Ser|vis** *der;* - ⟨aus gleichbed. *fr.* service, vgl. ²Service⟩: (veraltet) 1. Dienst[leistung]. 2. a) Quartier-, Verpflegungsgeld; b) Wohnungs-, Ortszulage. **Ser|vit** *der;* -en, -en ⟨nach (Ordo) Servorum (Mariae), dem *lat.* Namen des Ordens, u. zu ↑³ ...it⟩: Angehöriger eines

1233 gegründeten Bettelordens. **Ser|vi|teur** [...'tø:ɐ̯] *der;* -s, -e ⟨aus *fr.* serviteur „Diener" zu servir, vgl. servieren⟩: (veraltet) 1. kleine Anrichte. 2. Diener, Verbeugung. 3. Vorhemd. **Ser|vi|tin** *die;* -, -nen ⟨weibliche Form zu ↑Servit⟩: Angehörige des weiblichen Zweiges der Serviten. **Ser|vi|ti|um** *das;* -s, ...ien [...i̯ən] ⟨aus gleichbed. *lat.* servitium, vgl. ²Service⟩: 1. (veraltet) Dienstbarkeit; Sklaverei. 2. (nur Plur.) die Abgaben neuernannter Bischöfe u. Äbte an die röm. Kurie (im Mittelalter); vgl. Annaten. **Ser|vi|tut** *das;* -[e]s, -e, auch *die;* -, -en ⟨aus *lat.* servitus, Gen. servitutis „Verbindlichkeit; Dienstbarkeit" zu servus „dienstbar"⟩: (veraltet) dingliches [Nutzungs]recht an fremdem Eigentum (Rechtsw.). **Ser|vo...** ⟨zu *lat.* servus „Diener"⟩: Wortbildungselement mit der Bedeutung „eine Hilfsfunktion erfüllend; zusätzlich, verstärkend", z. B. Servolenkung. **Ser|vo|brem|se** *die;* -, -n: Bremse mit einem Bremskraftverstärker. **Ser|vo|fo|kus** *der;* -, -se: svw. Autozoom. **Ser|vo|ge|rät** *das;* -[e]s, -e: Hilfsgerät für schwer zu handhabende Steuerungen (Techn.). **Ser|vo|len|kung** *die;* -, -en: Lenkung für Autos u. Lastwagen, bei der die Betätigungskraft hydraulisch unterstützt wird. **Ser|vo|me|cha|nis|men** *die* (Plur.): mechanische, elektrische, magnetische, pneumatische od. hydraulische Kraftverstärker als Hilfsgeräte, bes. bei der Betätigung von Bremsen, Lenkungen, Steuerungen. **Ser|vo|mo|tor** *der;* -s, -en: Hilfsmotor zur Betätigung von Steuervorrichtungen (Techn.). **Ser|vo|prin|zip** *das;* -s: Prinzip der Steuerung durch eine Hilfskraftmaschine. **Ser|vo|ven|til** *das;* -s, -e: Ventil in hydraulischen od. pneumatischen Steuersystemen (z. B. bei Fahrzeugen), das einen vergrößerten Durchfluß od. Differenzdruck liefert. **Servus!** ⟨aus *lat.* servus „(Ihr) Diener!"⟩: (bes. südd., österr.) freundschaftlicher Gruß beim Abschied od. zur Begrüßung. **Ser|vus ser|vo|rum Dei** ⟨*lat.;* „Knecht der Knechte Gottes"⟩: Titel des Papstes in päpstlichen Urkunden

Se|sam *der;* -s, -s ⟨über *lat.* sesamum aus gleichbed. *gr.* sésamon, dies aus dem Semit.⟩: a) in Indien u. Afrika beheimatete Ölpflanze mit fingerhutartigen Blüten u. Fruchtkapseln; b) Samen der Sesampflanze. -, öffne dich!: scherzh. Ausruf, wenn sich etwas öffnen soll od. man etwas erreichen will bzw. bei dem [vergeblichen] Versuch, ein Hindernis aus dem Weg zu räumen (nach der Zauberformel zur Schatzgewinnung aus dem Märchen „Ali Baba u. die 40 Räuber" aus „Tausendundeiner Nacht"). **Se|sam|bein** *das;* -s, -e: kleines, plattrundes Knöchelchen in der Gelenkkapsel der Hand (Med.). **Se|sam|ku|chen** *der;* -s, -: Viehfutter aus Preßrückständen des Sesams (1 b). **Se|sam|öl** *das;* -s: Speiseöl aus dem Samen des Sesams (1 b)

Se|schel|len|nuß vgl. Seychellennuß

Se|sel *der;* -s, - ⟨über *lat.* seselis aus *gr.* séselis „Bergfenchel"⟩: eine Heil- u. Gewürzpflanze

Ses|klo|kul|tur *die;* - ⟨nach dem Fundort Sesklo in Thessalien (Griechenland)⟩: Kultur der Jungsteinzeit um 4000 v. Chr. mit rot od. braun bemalten Tongefäßen

Ses|qui|al|te|ra *die;* - ⟨aus *lat.* sesqualtera „anderthalb"⟩: meist aus ↑Quinte u. ↑Terz bestehendes gemischtes Orgelregister (Mus.)

ses|sil ⟨aus *lat.* sessilis „zum Sitzen geeignet" zu sessus, Part. Perf. von sedere „sitzen"⟩: festsitzend, festgewachsen (bes. von im Wasser lebenden Tieren; Biol.); vgl. vagil. **Ses|si|li|tät** *die;* - ⟨zu ↑...ität⟩: Lebensweise vieler im Wasser lebender Tiere (z. B. Korallen), die fest auf etwas angewachsen sind (Biol.). **¹Ses|si|on** *die;* -, -en ⟨aus gleichbed. *lat.* sessio, eigtl. „das Sitzen"⟩: sich über einen längeren Zeitraum erstreckende Tagung, Sitzungsperiode. **²Session** ['sɛʃən] *die;* -, -s ⟨aus *engl.* session, wohl gekürzt aus ↑Jam Session⟩: svw. Jam Session

Se|ster *der;* -s, - ⟨über *althochd.* sehstāri aus gleichbed. *(m)lat.* sextarius „ein Hohlmaß", eigtl. „der sechste (Teil eines alten größeren Hohlmaßes)"⟩: 1. (veraltet) ein Getreidemaß von etwa sieben Litern. 2. (österr.) Kübel, [Melk]eimer. **Se|sterz** *der;* -es, -e ⟨aus gleichbed. *lat.* sestertius (nummus)⟩: eine antike röm. [Silber]münze. **Se|ster|zi|um** *das;* -s, ...ien [...i̯ən] ⟨aus gleichbed. *lat.* (mille) sestertium⟩: 1000 Sesterze. **Se|sti|ne** *die;* -, -n ⟨aus gleichbed. *it.* sestina zu sesto „sechste", dies aus *lat.* sextus, vgl. Sexte⟩: 1. sechszeilige Strophe. 2. Gedichtform aus sechs Strophen zu je sechs Zeilen u. einer dreizeiligen Schlußstrophe

Se|ston *das;* -s ⟨zu *gr.* sēstós „gesiebt", Analogiebildung zu ↑Plankton⟩: Gesamtheit der im Wasser schwebenden lebenden (vgl. Plankton) u. leblosen (vgl. Tripton) filtrierbaren Teilchen (Biol.)

¹Set [sɛt] *das,* auch *der;* -[s], -s ⟨aus gleichbed. *engl.* set zu to set „setzen"⟩: 1. Satz zusammengehörender, oft gleichartiger Dinge. 2. (meist Plur.) Platzdeckchen für ein Gedeck. 3. Erwartungshaltung u. körperliche Verfassung eines Drogensüchtigen, die die Wirkung einer Droge beeinflussen. 4. (nur *der*) Szenenaufbau, Dekoration (Film, Fernsehen). 5. Datentyp zur Darstellung einer Menge von Elementen (9) in manchen Programmiersprachen (Informatik). **²Set** *das;* -[s] ⟨aus gleichbed. *engl.* set, vgl. ¹Set⟩: Maßeinheit für die Breite einer Monotypeschrift (Druckw.)

Se|ta *die;* -, Seten ⟨aus *lat.* seta, saeta „starkes Haar, Borste"⟩: 1. Stiel der Sporenkapsel von Laubmoosen (Bot.). 2. (nur Plur.) kräftige Borsten in der Haut einiger Säugetiere (z. B. bei Schweinen)

Se|tar vgl. Sitar

Se|to|ja|ki *das;* -s ⟨nach der Stadt Seto, dem alten Zentrum der japan. Keramikproduktion⟩: künstlerisch hochwertige Keramik, bes. für die Teezeremonie

Set|te|cen|tist [sɛtetʃɛn'tɪst] *der;* -en, -en ⟨zu ↑Settecento u. ↑...ist⟩: Künstler des Settecento. **Set|te|cen|to** [...'tʃɛnto] *das;* -[s] ⟨aus *it.* settecento, eigtl. „siebenhundert" (verkürzt für 1700 = 18. Jh.)⟩: das 18. Jh. in Italien als Stilepoche

Set|ter ['sɛta] *der;* -s, - ⟨aus gleichbed. *engl.* setter zu to set „vorstehen" (d. h. „vor aufgespürtem Wild stehenbleiben")⟩: langhaariger engl. Jagd- u. Haushund. **Set|ting** *das;* -s, -s ⟨aus gleichbed. *engl.* setting, eigtl. „Rahmen, Umgebung"⟩: die Umgebung, in der ein Drogenerlebnis stattfindet u. die den Drogensüchtigen umgibt

Sett|le|ment ['sɛtlmənt] *das;* -s, -s ⟨aus gleichbed. *engl.* settlement zu to settle sich niederlassen⟩: 1. Niederlassung, Ansiedlung, Kolonie. 2. (ohne Plur.) eine soziale Bewegung in England gegen Ende des 19. Jh.s

Se|ve|ri|tät [...v...] *die;* - ⟨aus gleichbed. *lat.* severitas, Gen. severitatis⟩: (veraltet) Strenge, Härte

Se|vil|la|na [sevɪl'jaːna] *die;* -, -s ⟨aus gleichbed. *span.* sevillanas (Plur.), nach der span. Provinz Sevilla⟩: eine Variante der ↑Seguidilla

Sèv|res|por|zel|lan ['sɛːvr...] *das;* -s ⟨nach dem Pariser Vorort Sèvres⟩: Porzellan aus der franz. Staatsmanufaktur in Sèvres; vgl. Chelseaporzellan

Sex [auch sɛks] *der;* -[es] ⟨aus gleichbed. *engl.* sex, dies aus *lat.* sexus „Geschlecht"⟩: 1. Geschlechtlichkeit, Sexualität [in ihren durch Kommunikationsmittel (z. B. Film, Zeitschriften) verbreiteten Erscheinungsformen]. 2. Geschlechtsverkehr. 3. Geschlecht, Sexus. 4. svw. Sex-Appeal

Se|xa|ge|si|ma *die;* - ⟨aus gleichbed. *mlat.* sexagesima (dies), eigtl. „der sechzigste (Tag)" (vor Ostern), zu *lat.* se-

xagesimus „sechzigster"): in der ev. Kirche der zweite Sonntag vor der Passionszeit (achter Sonntag vor Ostern), früher auch in der kath. Kirche Bez. für den achten Sonntag vor Ostern; Sonntag - od. Sexagesimä. **se|xa|ge|si|mal** ⟨zu *lat.* sexagesimus „sechzig" u. ↑¹...al (1)⟩: auf das Sexagesimalsystem bezogen, das Sexagesimalsystem verwendend. **Se|xa|ge|si|mal|sy|stem** *das;* -s: Zahlensystem, das auf der Basis 60 aufgebaut ist; vgl. Dezimalsystem. **Se|xa|gon** *das;* -s, -e ⟨zu *lat.* sex „sechs" u. ↑...gon⟩: Sechseck
Sex and Crime ['sɛks ənd 'kraɪm] ⟨aus gleichbed. *engl.* sex and crime, zu sex (vgl. Sex) u. crime „Verbrechen"⟩: Kennzeichnung von Filmen (seltener von Zeitschriften) mit ausgeprägter sexueller u. krimineller Komponente. **Sex-Ap|peal** ['zɛks(|)əpi:l, engl. 'sɛks ə'pi:l] *der;* -s ⟨aus gleichbed. *engl.-amerik.* sex appeal, zu appeal „Anziehungskraft, Reiz"⟩: starke erotische Anziehungskraft (bes. einer Frau). **Sex|bom|be** *die;* -, -n: (ugs.) Frau, von der eine starke sexuelle Reizwirkung ausgeht (bes. von [Film]schauspielerinnen). **Sex|bou|tique** [...buti:k] *die;* -, -n [...kn]: [kleiner] Laden, in dem ↑Erotika u. Mittel zur sexuellen Stimulation verkauft werden. **Sex|chro|ma|tin** [...kro...] *das;* -s, -e: geschlechtsspezifische Körnchen aus ↑Chromatin in den Kernen tierischer od. menschlicher Gewebszellen (Biol.). **Se|xer** [auch 'sɛksə] *der;* -s, -: 1. Berufsbez. für eine männliche Person, die Jungtiere (bes. Küken) nach männlichen u. weiblichen Tieren aussortiert. 2. Film mit sexuellem Inhalt, Sexfilm. **Se|xe|rin** [auch 'sɛ...] *die;* -, -nen: Berufsbez. für eine weibliche Person, die Jungtiere (bes. Küken) nach männlichen u. weiblichen Tieren aussortiert. **Sex|film** *der;* -[e]s, -e: Film mit hauptsächlich sexuellen Szenen. **Sex|idol** *das;* -s, -e: jmd., der auf Grund seines starken Sex-Appeals zum ↑Idol (1) geworden ist. **Se|xis|mus** *der;* - ⟨aus gleichbed. *engl.-amerik.* sexism zu sex, vgl. Sex u. ...ismus (2)⟩: jede Art der Diskriminierung, Unterdrückung, Zurücksetzung u. Benachteiligung von Menschen auf Grund ihres anderen Geschlechts (häufig von Männern gegenüber Frauen). **Se|xist** *der;* -en, -en ⟨aus gleichbed. *engl.-amerik.* sexist; vgl. ...ist⟩: Vertreter des Sexismus. **Se|xi|stin** *die;* -, -nen: Vertreterin des Sexismus. **se|xi|stisch** ⟨zu ↑...istisch⟩: den Sexismus betreffend. **Sex|lekt** *der;* -[e]s, -e ⟨zu ↑Sex; Analogiebildung zu ↑Dialekt⟩: geschlechtsspezifische Sprache, Ausdrucksweise (Fachspr.). **Sex|ma|ga|zin** *das;* -s, -e: Zeitschrift, die vorwiegend sexuell stimulierende Darstellungen u. Texte enthält. **Se|xo|lo|ge** *der;* -n, -n ⟨zu ↑...loge⟩: Wissenschaftler auf dem Gebiet der Sexologie. **Se|xo|lo|gie** *die;* - ⟨zu ↑...logie⟩: Wissenschaft, die sich mit der Erforschung der Sexualität, des sexuellen Verhaltens u. sexueller Störungen befaßt. **se|xo|lo|gisch** ⟨zu ↑...logisch⟩: die Sexologie betreffend. **Sex|or|gie** [...iə] *die;* -, -n: [wildes] Fest mit hemmungslosen sexuellen Ausschweifungen meist mehrerer männlicher u. weiblicher Personen. **Sex|per|te** *der;* -n, -n ⟨scherzh. Zusammenziehung von ↑*Sex* u. ↑E*xperte*⟩: jmd., der sich in sexuellen Fragen besonders gut auskennt [u. andere darin berät]. **Sex|per|tin** *die;* -, -nen: weibliche Form zu ↑Sexperte. **Sex|pol** *die;* - ⟨Kurzw. aus *Sexpol*itik⟩: gesellschaftspolitische Bewegung zu Beginn des 20. Jh.s, die für eine revolutionäre Befreiung des Sexuallebens eintrat. **Sex|shop** [...ʃɔp] *der;* -s, -s ⟨zu ↑Sex u. *engl.* shop, vgl. Shop⟩: svw. Sexboutique
Sext *die;* -, -en ⟨aus *(kirchen)lat.* sexta (hora) „sechste (Stunde)" zu *lat.* sextus „sechster"⟩: 1. drittes Tagesgebet des ↑Breviers (1 a) (zur sechsten Tagesstunde, 12 Uhr). 2. vgl. Sexte. **Sex|ta** *die;* -, Sexten ⟨aus *nlat.* sexta (classis) „sechste (Klasse)"⟩: (veraltend) a) die erste Klasse einer höheren Schule; b) (österr.) sechste Klasse des Gymnasiums. **Sext|ak|kord** *der;* -[e]s, -e ⟨zu ↑Sext⟩: erste Umkehrung des Dreiklangs mit der Terz im Baß (Mus.). **Sex|ta|ner** *der;* -s, - ⟨zu ↑Sexta u. ↑...aner⟩: (veraltend) Schüler einer Sexta. **Sex|ta|ne|rin** *die;* -, -nen: weibliche Form zu ↑Sextaner. **Sex|tant** *der;* -en, -en ⟨aus *nlat.* sextans, Gen. sextantis „sechster Teil" (nach dem als Meßskala benutzten Sechstelkreis)⟩: Instrument zum Freihandmessen von Winkeln (Gestirnshöhen) für die Bestimmung von Ort u. Zeit (bes. auf See). **Sex|te** u. **Sext** *die;* -, ...ten ⟨aus *mlat.* sexta (vox) „sechster (Ton)" zu *lat.* sextus, vgl. Sext⟩: a) der 6. Ton einer ↑diatonischen Tonleiter vom Grundton an; b) ↑Intervall (2) von 6 ↑diatonischen Stufen (Mus.). **Sex|ten:** Plur. von ↑Sext, ↑Sexta u. ↑Sexte. **Sex|tett** *das;* -s, -e ⟨relativisiert aus gleichbed. *it.* sestetto zu sei „sechs", dies aus *lat.* sex⟩: a) Komposition für sechs solistische Instrumente od. (selten) für sechs Solostimmen; b) Vereinigung von sechs Instrumentalsolisten. **Sex|til|li|on** *die;* -, -en ⟨zu *lat.* sexta u. ↑...illion; gebildet nach ↑Million⟩: sechste Potenz einer Million (10^{36} = 1 Million Quintillionen). **Sex|to|le** *die;* -, -n ⟨italianisierende Bildung zu *lat.* sex „sechs", wohl Analogiebildung zu ↑Triole⟩: Notengruppe von 6 Tönen, die den Taktwert von 4 od. 8 Noten hat (Mus.).
Sex|tou|ris|mus [...tu...] *der;* - ⟨zu ↑Sex u. ↑Tourismus⟩: ↑Tourismus mit dem Ziel sexueller Kontakte
Sex|tu|or *das;* -s, -s ⟨aus gleichbed. *fr.* sextuor zu six (aus *lat.* sex „sechs"), Analogiebildung zu ↑Quatuor⟩: (veraltet) svw. Sextett
se|xu|al ⟨aus *spätlat.* sexualis „zum Geschlecht gehörend"; vgl. Sex⟩: svw. sexuell; vgl. ...al/...ell. **se|xu|al..., Se|xu|al...** ⟨zu ↑sexual⟩: Wortbildungselement mit der Bedeutung „auf den Bereich der Sexualität u. das Geschlecht[sleben] bezogen", z. B. sexualethisch, Sexualpädagogik. **Se|xu|al|akt** *der;* -[e]s, -e: Geschlechtsakt. **Se|xu|al|de|likt** *das;* -[e]s, -e: Delikt auf sexuellem Gebiet (z. B. Vergewaltigung). **Se|xu|al|di|mor|phis|mus** *der;* -: äußerlich sichtbare Verschiedenheit von beiden Geschlechtern einer Art (Biol.). **Se|xu|al|ethik** *die;* -: Ethik im Bereich des menschlichen Geschlechtslebens. **se|xu|al|ethisch:** die Sexualethik betreffend. **Se|xu|al|hor|mon** *das;* -s, -e ⟨zu ↑...hormon⟩: a) von den Keimdrüsen gebildetes Hormon, das regulativ auf die Entwicklung der sekundären Geschlechtsmerkmale u. auf die Tätigkeit der Eierstöcke einwirkt (z. B. ↑Östrogen, ↑Progesteron); b) Hormon, das auf die Keimdrüsen einwirkt (Med.). **Se|xu|al|hy|gie|ne** [...gie:...] *die;* -: die Sexualität betreffende persönliche u. öffentliche Hygiene (wie z. B. Pflege der Geschlechtsorgane, sexuelle Aufklärung, Bekämpfung von Geschlechtskrankheiten). **Se|xu|al|in|for|ma|ti|on** *die;* -, -en (meist Plur.): der sexuellen Aufklärung, dem Verständnis der menschlichen Sexualität dienende Information. **se|xu|a|li|sie|ren** ⟨zu ↑...isieren⟩: die Sexualität in den Vordergrund stellen, überbetonen. **Se|xu|a|li|sie|rung** *die;* - ⟨zu ↑...isierung⟩: das Sexualisieren, das Sexualisiertwerden. **Se|xu|a|li|tät** *die;* - ⟨zu ↑...ität⟩: Geschlechtlichkeit, Gesamtheit der im ↑Sexus (b) begründeten Lebensäußerungen. **Se|xu|al|mo|ral** *die;* -: svw. Sexualethik. **Se|xu|al|neur|asthe|nie** *die;* -, ...ien [...i:ən]: Nervenschwäche mit vorwiegend sexueller Erschöpfung od. Reizbarkeit (Med.). **Se|xu|al|neu|ro|se** *die;* -, -n: nicht mehr gebräuchliche Bez. für eine Neuroseform, die mit Unstimmigkeiten im sexuellen Funktionsablauf u. Erleben verbunden ist. **Se|xu|al|ob|jekt** *das;* -[e]s, -e: Person, die zur Befriedigung sexueller Wünsche dient. **Se|xu|al|or|gan** *das;* -s, -e: Geschlechtsorgan. **Se|xu|al|päd|ago|ge** *der;* -n, -n: 1. Fachmann auf dem Gebiet der Sexualpädagogik. 2. Päd-

Sexualpädagogik

agoge, der Sexualkundeunterricht erteilt. **Se|xu|al|pädago|gik** *die;* -: Teilgebiet der Pädagogik, das sich mit Theorie u. Praxis der Geschlechtserziehung u. der sexuellen Aufklärung befaßt. **Se|xu|al|part|ner** *der;* -s, -: Partner in einer sexuellen Beziehung; Geschlechtspartner. **Se|xu|alpa|tho|lo|gie** *die;* -: Wissenschaftszweig, der sich mit krankhaften Störungen des Geschlechtslebens befaßt (Med., Psychol.). **se|xu|al|pa|tho|lo|gisch:** die Sexualpathologie betreffend. **Se|xu|al|phe|ro|mon** *das;* -s, -e (meist Plur.): leicht flüchtiger Duftstoff, der zur Anlockung u. sexuellen Erregung des Partners dient (Biol.). **Se|xu|al|psycho|lo|gie** *die;* -: Teilbereich der Psychologie, der sich mit dem menschlichen Verhalten auf sexuellem Gebiet befaßt. **Se|xu|al|re|fle|xe** *die* (Plur.): unwillkürliche Reaktionen auf Reizungen im Genitalbereich (z. B. Peniserektion). **Se|xu|al|rhyth|mus** *der;* -, ...men u. Sexualzyklus *der;* -, ...klen: durch Geschlechtshormone gesteuerter periodischer Vorgang, der den Sexus betrifft (z. B. Brunst, Menstruation). **Se|xu|al|so|zio|lo|gie** *die;* -: Teilgebiet der ↑Soziologie, das sich mit dem gesellschaftlichen Einfluß auf die Erscheinungsformen der menschlichen Sexualität beschäftigt u. ihre Auswirkungen auf die Gesellschaft untersucht. **Se|xu|al|sphä|re** *die;* -: nach außen hin meist sorgfältig abgeschirmter Bereich des persönlichen Sexuallebens. **Se|xu|al|the|ra|pie** *die;* -, ...ien [...i:ən]: Form der ↑Therapie, bei der psychische Barrieren, die ein erfülltes Sexualleben verhindern, abgebaut werden (Med., Psychol.). **Se|xu|al|zen|trum** *das;* -s: im ↑Hypothalamus gelegenes Zwischenhirnzentrum, das die hormonalen Beziehungen zu den Keimdrüsen regelt (Med.). **Se|xu|al|zyk|lus** vgl. Sexualrhythmus. **se|xu|ell** ⟨über *fr.* sexuel aus gleichbed. *spätlat.* sexualis⟩: geschlechtlich, auf das Geschlecht[sleben] bezogen; vgl. ...al/...ell; **-e Reaktion:** genitale Erregung durch reale od. vorgestellte sexuelle Reize; **-es Trauma:** mit tiefer emotionaler Erschütterung verbundenes [oft angsterzeugendes Erlebnis] im Sexualbereich (z. B. Vergewaltigung). **Sex und Crime** [-- 'kraɪm] vgl. Sex and Crime. **Se|xuo|lo|ge** usw. ⟨zu ↑Sexus u. ↑...loge⟩: svw. Sexologe usw. **Se|xus** *der;* -, - [...ksu:s] ⟨aus *lat.* sexus „Geschlecht"⟩: 1. (Plur. selten; fachspr.) a) differenzierte Ausprägung eines Lebewesens im Hinblick auf seine Aufgabe bei der Fortpflanzung; b) Geschlechtstrieb als zum Wesen des Menschen gehörende elementare Lebensäußerung; Sexualität. 2. svw. Genus (2). **se|xy** [auch 'sɛksɪ] ⟨aus gleichbed. *engl.* sexy zu sex, vgl. Sex⟩: (ugs.) Sex-Appeal besitzend, von starkem sexuellen Reiz; erotisch attraktiv. **Sex|zeß** *der;* ...zesses, ...zesse ⟨Kurzw. aus ↑*Sex* u. ↑Exzeß⟩: zügellose sexuelle Ausschweifung

Sey|chel|len|nuß [ze'ʃɛlən...] *die;* -, ...nüsse ⟨nach der Inselgruppe der Seychellen im Indischen Ozean⟩: Frucht der Seychellenpalme

se|ze|die|ren ⟨aus gleichbed. *lat.* secedere⟩: (veraltet) beiseite gehen, sich trennen, absondern

se|zer|nie|ren ⟨aus *lat.* secernere „absondern, ausscheiden"⟩: ein Sekret absondern (z. B. von Drüsen od. offenen Wunden; Biol., Med.). **Se|zer|nie|rung** *die;* -, -en ⟨zu ↑...ierung⟩: das Sezernieren (Biol., Med.)

Se|zes|si|on *die;* -, -en ⟨teilweise über *engl.* secession aus *lat.* secessio „Absonderung, Trennung" zu secedere, vgl. sezedieren⟩: 1. Absonderung, Trennung von einer [Künstler]gemeinschaft. 2. Abtrennung eines Gebietsteils eines Staates wider dessen Willen (Völkerrecht). 3. (ohne Plur.) Jugendstil in Österreich. **Se|zes|sio|nist** *der;* -en, -en ⟨zu ↑...ist⟩: 1. jmd., der sich von einer [Künstler]gemeinschaft getrennt hat. 2. Angehöriger der abgefallenen amerik.

Südstaaten. 3. Künstler der Sezession (3). **se|zes|sio|nistisch** ⟨zu ↑...istisch⟩: die Sezession betreffend, ihr angehörend. **Se|zes|si|ons|stil** *der;* -[e]s: svw. Sezession (3)

se|zie|ren ⟨aus *lat.* secare „schneiden, zerschneiden, zerlegen"⟩: [eine Leiche] öffnen, anatomisch zerlegen (Anat.).

sfor|zan|do ⟨*it.;* „verstärkend"⟩: svw. sforzato. **Sfor|zan|do** *das;* -s, Plur. -s u. ...ti: svw. Sforzato. **sfor|za|to** ⟨*it.;* zu sforzare „anstrengen, verstärken", dies zu *lat.* fortis „stark"⟩: verstärkt, hervorgehoben, plötzlich betont (Vortragsanweisung für Einzeltöne od. -akkorde); Abk.: sf, sfz (Mus.). **Sfor|za|to** *das;* -s, Plur. -s u. ...ti: plötzliche Betonung eines Tones od. Akkordes (Mus.)

sfu|ma|to ⟨*it.;* zu sfumare „abtönen", dies zu fumo aus *lat.* fumus „Rauch"⟩: duftig, mit verschwimmenden Umrissen gemalt

Sgraf|fia|to vgl. Graffiato. **Sgraf|fi|to** *das;* -s, Plur. -s u. ...ti ⟨aus gleichbed. älter *it.* sgraffito (vgl. Graffito) zu sgraffio „Kratzeisen", dies zu sgraffiare „kratzen, schaben"⟩: Fassadenmalerei, bei der die Zeichnung in die noch feuchte helle Putzschicht bis auf die darunterliegende dunkle Grundierung eingeritzt wird (bes. in der ital. Renaissance verwendete, in der Gegenwart wieder aufgenommene Technik); vgl. Graffito

Sha|do|wing ['ʃædoʊɪŋ] *das;* -[s] ⟨zu *engl.* shadow „Schatten" u. ↑...ing⟩: fortlaufendes Nachsprechen sprachlicher Äußerungen, die Testpersonen über Kopfhörer eingespielt werden, um die selektive Aufmerksamkeit u. Satzverarbeitungsprozesse zu erforschen

Shag [ʃɛk, engl. ʃæg] *der;* -s, -s ⟨aus gleichbed. *engl.* shag, eigtl. „Zottel"⟩: feingeschnittener Pfeifentabak

Shai|va ['ʃaɪva] vgl. Schaiwa

¹Shake [ʃeːk, engl. ʃeɪk] *das;* -s, -s ⟨aus gleichbed. *engl.* shake zu to shake „schütteln"⟩: a) bes. von Trompete u. Posaune geblasenes, heftiges ↑Vibrato über einer einzelnen Note; b) besondere Betonung einer Note (Jazz). **²Shake** *der;* -s, -s ⟨aus *amerik.* ugs. shake zu *engl.* to shake, vgl. ¹Shake⟩: 1. Mixgetränk. 2. Modetanz, bei dem die Tänzer schüttelnde Bewegungen machen. **Shake|hands** ['ʃeːkhɛnts, engl. 'ʃeɪkhændz] *das;* -, - (meist Plur.) ⟨zu *engl.* to shake hands⟩: Händedruck, Händeschütteln. **Shaker** ['ʃeːkɐ, engl. 'ʃeɪkə] *der;* -s, - ⟨aus gleichbed. *engl.* shaker⟩: Mixbecher, bes. für alkoholische Getränke. **shakern:** im Shaker mischen

Shak|tas ['ʃak...] vgl. Schaktas. **Shak|ti** vgl. Schakti. **Shaktis|mus** vgl. Schaktismus

Shal|lom [ʃa...] vgl. Schalom

Sham|poo ['ʃampu, auch 'ʃampo od. engl. ʃæm'puː] u. **Sham|poon** [ʃam'poːn, auch ʃɛm'puːn], eindeutschend auch **Schampon** u. **Schampun** *das;* -s, -s ⟨aus gleichbed. *engl.* shampoo zu to shampoo „das Haar waschen", eigtl. „massieren", dies aus *Hindi* chhāmpō „knete!", Imperativ von chhāmpna „(die Muskeln) kneten u. pressen"⟩: flüssiges Haarwaschmittel. **sham|poo|nie|ren** [ʃɛmpu..., auch ʃampo...] ⟨zu ↑...ieren⟩: svw. schamponieren, schampunieren

Sham|rock ['ʃɛmrɔk] *der;* -[s], -s ⟨aus gleichbed. *engl.* shamrock, dies aus *ir.* seamróg, Verkleinerungsform von seamar „Kleeblatt"⟩: [Sauer]kleeblatt als Wahrzeichen der Iren, denen der hl. Patrick damit die Dreieinigkeit erklärt haben soll

shang|hai|en [ʃ...] vgl. schanghaien

Shan|tung [ʃ...] vgl. Schantungseide

Shan|ty ['ʃɛntɪ] *das;* -s, Plur. -s u. ...ties [...tɪs] ⟨aus gleichbed. *engl.* shanty, chantey, dies zu *fr.* chanter „singen" aus *lat.* cantare⟩: Seemannslied [aus der Zeit der Segelschiffe]

Shan|ty town ['ʃæntɪ 'taʊn] *die;* - -, - -s ⟨aus *engl.* shantytown „Barackenviertel", zu shanty „Hütte, Bude" u. town „Stadt"⟩: im engl. Sprachraum Bez. für eine armselige Hüttensiedlung am Rande größerer Städte

¹Sha|ping ['ʃeɪpɪŋ] *die;* -, -s ⟨aus *engl.* shaping zu to shape „formen, konstruieren"⟩: Kurzform von ↑ Shapingmaschine. **²Sha|ping** *das;* -[s] ⟨aus gleichbed. *engl.* shaping zu to shape „lenken, nach etwas hin ausrichten"⟩: allmähliches Annähern einer Reaktion an ein (definiertes) Endverhalten durch ↑ Reinforcement jeder Reaktion, die in Richtung auf dieses Verhalten zielt (Psychol.). **Sha|ping|ma|schi|ne** *die;* -, -n ⟨zu ↑ ¹Shaping⟩: Hobelmaschine zur Metallbearbeitung, bei der sich das Werkstück um die Dicke des abgehobenen Spans hebt (Techn.)

Share [ʃɛə] *der;* -, -s ⟨aus *engl.* share⟩: engl. Bez. für Aktie.
Share|ware ['ʃɛə'wɛə] *die;* -, -s ⟨aus *engl.* share ware „(mit anderen) geteilte Ware"⟩: Computersoftware, die vor dem Kauf von zahlreichen Nutzern kostengünstig getestet werden darf u. erst nach Eignungsnachweis bezahlt werden muß

sharp [ʃarp] ⟨*engl.;* zu sharp „scharf, hoch (im Klang)"⟩: engl. Bez. für Erhöhungskreuz (♯) im Notensatz (z. B. G sharp = Gis; Mus.). **Shar|pie** vgl. ²Scharpie

Sha|stra [ʃ...] vgl. Schastra

Shat|ter cones ['ʃætə 'koʊnz] *die* (Plur.) ⟨aus gleichbed. *engl.* shatter cones zu to shatter „zerbrechen, zerspringen" u. cone „Kegel"⟩: kegelförmige, in dünne Lamellen gegliederte Gesteinsgebilde, die durch extrem hohen Druck bei Meteoriteneinschlägen u. unterirdischen Kernwaffenversuchen entstehen

Shea|but|ter ['ʃiː...] *die;* - ⟨aus gleichbed. *engl.* shea butter⟩: aus den Samen des Sheabutterbaums gewonnenes Fett, das hauptsächlich zur Seifen- u. Kerzenherstellung verwendet wird

Shed|bau usw. [ʃɛt...] vgl. Schedbau usw.

Shell [ʃɛl] *die;* -, -s ⟨aus gleichbed. *engl.* shell, eigtl. „Schale, Hülle"⟩: 1. Benutzeroberfläche eines Betriebssystems (von Computern; EDV). 2. ↑ Expertensystem, das noch nicht od. nicht mehr mit Fakten od. Regeln eines bestimmten Gebiets gefüllt ist (Informatik)

Shel|ter|deck ['ʃɛl...] *das;* -[e]s, Plur. -s, selten -e ⟨zu *engl.* shelter „Schutzraum, Schutzdach"⟩: Schutzdeck mit über die gesamte Schiffslänge gehenden Schiffsaufbauten auf Frachtschiffen

Shel|tie ['ʃɛltɪ] *der;* -[s], -s ⟨aus gleichbed. *engl.* shelty, sheltie⟩: langhaarige engl. Haushundrasse, Hütehund

Sheng [ʃɛŋ] *die;* -, -s ⟨aus gleichbed. *chin.* shêng⟩: chines. Mundorgel

She|ri|da|nit [ʃɛrɪdə..., auch ...'nɪt] *der;* -s, -e ⟨nach dem Fundort Sheridan County in Wyoming (USA) u. zu ↑ ²...it⟩: aluminiumreicher ↑ Klinochlor

She|riff ['ʃɛrɪf] *der;* -s, -s ⟨aus gleichbed. *engl.* sheriff, dies aus *altengl.* scīrgerēfa „Grafschaftsvogt"⟩: 1. hoher Verwaltungsbeamter in einer engl. od. ir. Grafschaft. 2. oberster, gewählter Vollzugsbeamter einer amerik. Stadt mit begrenzten richterlichen Aufgaben

Sher|pa [ʃ...] *der;* -s, -s ⟨aus gleichbed. *engl.* sherpa (Name für die Angehörigen eines tib. Volksstammes), dies zu *tib.* sher-pa „die aus dem Osten"⟩: als Lastträger bei Expeditionen im Himalajagebiet arbeitender Tibetaner. **Sher|pa|ni** *die;* -, -s ⟨weibliche Form zu ↑ Sherpa⟩: als Lastträgerin bei Expeditionen im Himalajagebiet arbeitende Tibetanerin

Sher|ry ['ʃɛrɪ] *der;* -s, -s ⟨über *engl.* sherry aus gleichbed. *span.* jerez, nach dem Namen der span. Stadt Jerez de la Frontera⟩: ein span. Aperitif- od. Dessertwein

Shet|land ['ʃɛt..., *engl.* ...lənd] *der;* -[s], -s ⟨nach den schott. Shetlandinseln⟩: graumelierter Wollstoff in Tuch- od. Köperbindung (einer bestimmten Webart). **Shet|land|po|ny** [...poni] *das;* -s, -s: Kleinpferd von den Shetland- u. Orkneyinseln

Shift [ʃɪft] *der* od. *das;* -s, -s ⟨aus *engl.* shift „Wechsel, Verschiebung"⟩: plötzliche Änderung des Antigenmusters eines Virus (vor allem bei Influenzaviren), wodurch neue Erregertypen entstehen (z. B. Hongkong-Grippe, sibirische Grippe; Med.). **Shif|ting cul|ti|va|tion** ['ʃɪftɪŋ kʌltɪ'veɪʃn] *die;* - - ⟨aus gleichbed. *engl.* shifting cultivation, eigtl. „sich verschiebender Feldbau"⟩: Wanderfeldbau [nomadisierender Völker]. **Shift|kleid** ['ʃɪft...] *das;* -[e]s, -er ⟨zu *engl.* shift „(Unter)hemd"⟩: gerade, schmal u. schlicht geschnittenes Kleid

Shi|gel|le [ʃ...] *die;* -, -n (meist Plur.) ⟨aus *nlat.* shigella, nach dem jap. Bakteriologen K. Shiga, 1870–1957⟩: zu den ↑ Salmonellen zählende Bakterie

Shil|ling [ʃ...] *der;* -s, -s (aber: 10 -) ⟨aus gleichbed. *engl.* shilling⟩: bis 1971 im Umlauf befindliche engl. Münze (= 1/20 Pfund Sterling); Abk.: s od. sh

Shim|my ['ʃɪmɪ] *der;* -s, -s ⟨zu gleichbed. *engl.-amerik.* shimmy, verkürzt aus Shimmy-shake, wohl zu *engl.* ugs. shimmy „Hemdchen" (weil der Tanz so ausgeführt wurde, daß angeblich die Hemdchen von den Schultern rutschten) u. *engl.* shake „Schütteln", also eigtl. „Hemdchenschütteln"⟩: Gesellschaftstanz der 20er Jahre im 2/2- od. 3/4-Takt

Shims [ʃɪmz] *die* (Plur.) ⟨zu *engl.* shim „Zwischenlage, Unterlage"⟩: kleine Bleche aus magnetischem Material zur Beeinflussung des magnetischen Feldes am Rande der Polschuhe von Magneten zur Ablenkung od. Fokussierung von Teilchenstrahlen (z. B. Elektronen- od. Protonenstrahlen; Phys.)

Shingle style ['ʃɪŋgl staɪl] *der;* - - ⟨aus *engl.-amerik.* shingle style „Schindelstil"⟩: amerik. Landhausstil (um 1870 bis 1890), dessen Bauten mit Holzschindeln od. Flachziegeln verkleidet sind

Shin|to [ʃ...] usw. vgl. Schinto usw.

Shire [ʃaɪə] *der;* -s, -s ⟨aus gleichbed. *engl.* shire (horse)⟩: der größten u. schwersten engl. Kaltblutrasse angehörendes Arbeitspferd

Shirt [ʃøːɐ̯t, *engl.* ʃəːt] *das;* -[s], -s ⟨aus *engl.* shirt „Hemd"⟩: kombinierfähiges, gestricktes od. gewirktes hemdartiges Kleidungsstück aus Baumwolle

Shit [ʃɪt] *der,* auch *das;* -s ⟨aus gleichbed. *engl.* Jargon shit, eigtl. „Scheiße"⟩: (Jargon) Haschisch

Shi|va [ʃiːva] usw. vgl. Schiwa usw.

Shock [ʃɔk] vgl. Schock (2). **shocking¹** ⟨aus gleichbed. *engl.* shocking, Part. Präs. von to shock, vgl. schocken⟩: anstößig, schockierend, peinlich

Shod|dy ['ʃɔdɪ] *das,* auch *der;* -s, -s ⟨aus gleichbed. *engl.* shoddy, weitere Herkunft ungeklärt⟩: aus Trikotagen hergestellte Reißwolle

Sho|gun ['ʃoː...] vgl. Schogun

Shon|ki|nit [ʃ..., auch ...'nɪt] *der;* -s, -e ⟨nach dem Vorkommen bei Shonkin im Staat Montana (USA) u. zu ↑ ²...it⟩: ein dunkelgraues bis schwarzes Tiefengestein

Shoo|ting-Star ['ʃuːtɪŋ 'staː] *der;* -s, -s ⟨aus gleichbed. *engl.-amerik.* shooting star, eigtl. „Sternschnuppe"⟩: etwas od. jmd., der schnell an die Spitze gelangt; Senkrechtstarter

Shop [ʃɔp] *der;* -s, -s ⟨aus gleichbed. *engl.* shop⟩: Laden, Geschäft. **...shop** ⟨zu ↑ Shop⟩: Wortbildungselement mit der

Shopaholic

Bedeutung „Laden, Verkaufsraum", z. B. Postershop, Sexshop. **Shop|aho|lic** [...ə'hɔlık] *der;* -s, -s ⟨zusammengezogen aus ↑ Shop u. *engl.* alcoholic „Alkoholiker", Analogiebildung zu Workaholic⟩: jmd., der unter dem Zwang steht, ununterbrochen einkaufen zu müssen. **Shop|ping** ['ʃɔ...] *das;* -s, -s ⟨aus *engl.* shopping „das Einkaufen"⟩: Einkaufsbummel. **Shop|ping-Cen|ter** [...sɛntɐ] *das;* -s, - ⟨aus gleichbed. *engl.-amerik.* shopping-center, zu center, vgl. ¹Center⟩: Einkaufszentrum. **Shop|ping-goods** [...gʊdz] *die* (Plur.) ⟨aus gleichbed. *engl.* shopping-goods, zu goods „Güter, Waren"⟩: Güter, die nicht täglich gebraucht werden u. bei deren Einkauf der Verbraucher eine sorgfältige Auswahl trifft; Ggs. ↑ Convenience-goods (b)

Shore|här|te ['ʃɔ:ɐ...] *die;* -/nach dem amerik. Industriellen A. F. Shore, 20. Jh.⟩: Härtebestimmung mit fallenden Kugeln bei sehr harten Werkstücken, wobei die Rücksprunghöhe ausgewertet wird

short [ʃɔrt, engl. ʃɔ:t] ⟨engl.; eigtl. „kurz"⟩: eine Verkaufsposition am Terminmarkt bezeichnend, bei der der Verkäufer die Lieferung zu einem späteren Termin vertraglich zusagt, ohne die Ware bereits zu besitzen, u. hofft, bis zum Liefertermin zu einem günstigeren Preis kaufen zu können (Wirtsch.); Ggs. long. **Short-drink** ['ʃɔ:t 'drıŋk] *der;* -[s], -s ⟨aus gleichbed. *engl.* short drink⟩: kleines, hochprozentiges alkoholisches Getränk [in einer Bar]. **Shortening** ['ʃɔ:tnıŋ] *das;* -s, -s (meist Plur.) ⟨aus gleichbed. *engl.* shortening⟩: bes. geschmeidiges, wasserfreies Fett od. Fettgemisch, das vor allem als Back-, z. T. als Brat- u. Fritierfett verwendet wird. **Short|horn|rind** ['ʃɔ:ɐthorn..., 'ʃɔrt..., engl. 'ʃɔ:thɔ:n...] *das;* -s, -er ⟨zu engl. shorthorn „Kurzhorn"⟩: eine kurzhörnige, frühreife, mastfähige Rinderrasse Norddeutschlands. **Shorts** [ʃɔrts, engl. ʃɔ:ts] *die* (Plur.) ⟨aus gleichbed. *engl.* shorts (Plur.), eigtl. „die Kurzen", zu short „kurz"⟩: kurze, sportliche Hose. **Short sto|ry** ['ʃɔ:t 'stɔ:rı] *die;* - -, - stories [...rız] ⟨aus gleichbed. *engl.-amerik.* short story, zu *engl.* story „Geschichte, Erzählung"⟩: angelsächs. Bez. für Kurzgeschichte, ↑ Novelle (1). **Short ton** [... 'tʌn] *die;* - -, - -s ⟨aus *engl.-amerik.* short ton, zu *engl.* ton „Tonne"⟩: Gewichtsmaß in Großbritannien (= 907,185 kg). **Shor|ty** ['ʃɔrti] *das, auch der;* -s, Plur. -s, auch ...ties [...ti:s] ⟨aus *engl.* ugs. shorty „kleines kurzes Ding"⟩: Schlafanzug mit kurzer Hose

Shout [ʃaut] *der;* -s ⟨aus *engl.-amerik.* shout „Schrei" zu to shout, vgl. shouting⟩: svw. Shouting. **Shoul|ter** ['ʃautɐ] *der;* -s, - ⟨aus gleichbed. *engl.-amerik.* shouter⟩: Sänger, der im Stil des Shoutings singt. **Shou|ting** *das;* -[s] ⟨aus gleichbed. *engl.-amerik.* shouting, eigtl. „das Schreien", zu *engl.* to shout „rufen, schreien"⟩: aus [kultischen] Gesängen der Afroamerikaner entwickelter Gesangsstil des Jazz mit starker Tendenz zu abgehacktem Rufen od. Schreien

Show [ʃoʊ] *die;* -, -s ⟨aus gleichbed. *engl.* show zu to show „zeigen"⟩: bunte, aufwendig inszenierte [musikalische] Unterhaltungssendung. **Show|block** ['ʃoʊ...] *der;* -s, ...blöcke: Show als Einlage in einer [politischen] Fernsehsendung. **Show|boat** [...boʊt] *das;* -s, -s ⟨aus gleichbed. *engl.-amerik.* show-boat⟩: Unterhaltungsschiff für Shows u. Theateraufführungen, das im 19. Jh. auf großen Flüssen im Westen der USA [bes. auf dem Mississippi], beliebt war. **Show|busi|neß** [...bıznıs] *das;* - ⟨aus gleichbed. *engl.* show business⟩: Vergnügungs-, Unterhaltungsbranche; Schaugeschäft. **Show|down** [ʃoʊ'daʊn] *der od. das;* -[s], -s ⟨aus gleichbed. *engl.* showdown, eigtl. „das Aufdecken der Karten beim Poker", von dem „herunter"⟩: Entscheidungskampf (bes. im Western; Filmw.). **Show|girl** ['ʃoʊgə:l] *das;* -s, -s ⟨aus gleichbed. *engl.* showgirl, zu girl, vgl. Girl⟩: Sängerin od. Tänzerin in einer Show. **Showman** [...mən] *der;* -s, ...men [...mən] ⟨aus gleichbed. *engl.* showman, zu man „Mann; Mensch"⟩: 1. jmd., der im Showbusineß tätig ist. 2. geschickter Propagandist. **Showma|ster** [...mɑ:stɐ] *der;* -s, - ⟨dt. Bildung aus *engl.* show (vgl. Show) u. master (vgl. Master)⟩: Unterhaltungskünstler, der eine ↑ Show arrangiert u. präsentiert

Shred|der [ʃ...] *der;* -s, - ⟨aus gleichbed. *engl.* shredder zu to shred „zerfetzen"⟩: 1. ortsfeste od. fahrbare Anlage, mit der Autowracks u. andere sperrige Blech- bzw. Metallgegenstände zerkleinert werden. 2. Zerkleinerungsmaschine (z. B. für Holz)

Shrimp [ʃ...] *der;* -s, -s (meist Plur.) ⟨aus gleichbed. *engl.* shrimp zu *altengl.* scrimman „sich winden"⟩: kleine, eßbare Garnele, Nordseekrabbe

shrin|ken [ʃ...] vgl. schrinken

Shu|dra [ʃ...] vgl. Schudra

Shuf|fle ['ʃʌfl] *der;* - ⟨aus *engl.-amerik.* shuffle(dance) „schlurfend(er Tanz)" zu *engl.* to shuffle „schlurfen, schleifen lassen"⟩: ein afroamerik. Tanz, der durch weit ausholende, schlurfende Bewegungen der Beine gekennzeichnet ist. **Shuf|fle|board** [...bɔ:d] *das;* -s ⟨aus gleichbed. *engl.* shuffle-board, zu board „Brett"⟩: Spiel, bei dem auf einem länglichen Spielfeld Scheiben mit langen Holzstöcken möglichst genau von der Startlinie in das gegenüberliegende Zielfeld geschoben werden müssen. **Shuf|fle|rhythmus** *der;* -: Begleitrhythmus im Swing mit einer triolenartig punktierten Achtelunterteilung der Grundschläge (Mus.)

Shunt [ʃant] *der;* -s, -s ⟨aus gleichbed. *engl.* shunt, eigtl. „(Zusammen)stoß", zu to shunt, vgl. shunten⟩: 1. parallelgeschalteter Widerstand (Elektrot.). 2. a) infolge eines angeborenen Defekts bestehende Verbindung zwischen großem u. kleinem Kreislauf; b) operativ hergestellte künstliche Verbindung zwischen Blutgefäßen des großen u. kleinen Kreislaufs zur Kreislaufentlastung (Med.). **shun|ten** ['ʃantn] ⟨nach gleichbed. *engl.* to shunt, eigtl. „stoßen, beiseite schieben"⟩: in elektrischen Geräten durch Parallelschaltung eines Widerstandes die Stromstärke regeln

Shut|tle [ʃʌtl] *der;* -s, -s ⟨engl. (space) shuttle „Raumfähre" u. shuttle „im Pendelverkehr eingesetztes Fahrzeug"⟩: 1. Kurzform von ↑ Spaceshuttle. 2. Drehknopf an Videorecordern, mit dem man den Vor- u. Rücklauf variabel steuern kann; vgl. Jog-Shuttle

Shy|lock ['ʃaılɔk] *der;* -[s], -s ⟨Name einer Figur aus dem Schauspiel „Der Kaufmann von Venedig" von W. Shakespeare, 1564–1616⟩: hartherziger, erpresserischer Geldverleiher; mitleidloser Gläubiger

si [zi:] ⟨*it.*⟩: Silbe, auf die man den Ton h singen kann; vgl. Solmisation

Si|al *das;* -[s] ⟨Kurzw. aus ↑ *Si*licium u. ↑ *Al*uminium⟩: oberste Schicht der Erdkruste (Geol.)

si|al..., Si|al... vgl. sialo..., Sialo... **Si|al|ade|ni|tis** *die;* -, ...itiden ⟨zu ↑ sialo... u. ↑ Adenitis⟩: Speicheldrüsenentzündung (Med.). **Sial|ago|gum** *das;* -s, ...ga ⟨zu *gr.* agōgós „führend, leitend"⟩: Mittel zur Anregung des Speichelflusses (Med.)

sia|lisch ⟨zu ↑ Sial⟩: überwiegend aus Silicium-Aluminium-Verbindungen zusammengesetzt (von den Gesteinen der oberen Erdkruste; Geol.). **si|al|li|tisch** ⟨Kunstw. zu ↑ *Si*al u. *gr.* líthos „Stein"⟩: tonig (von der Verwitterung der Gesteine in feuchtem Klima); vgl. allitisch

sia|lo..., Sia|lo..., vor Vokalen meist sial..., Sial... ⟨zu *gr.* síalon „Speichel, Geifer"⟩: Wortbildungselement mit der Bedeutung „Speichel", z. B. Sialolith, Sialadenitis. **Sia|lo-**

gramm *das;* -s, -e ⟨zu ↑...gramm⟩: Röntgenbild der Speicheldrüsen (Med.). **Sia|lo|gra|phie** *die;* -, ...ien ⟨zu ↑...graphie⟩: röntgenographische Darstellung u. Untersuchung der Speicheldrüsen mit Hilfe von Kontrastmitteln; Med.). **Sia|lo|lith** [auch ...'lɪt] *der;* Gen. -s u. -en, Plur. -e[n] ⟨zu ↑...lith⟩: svw. Ptyalolith. **Sia|lor|rhö** *die;* -, -en u. **Sia|lor|rhöe** [...'rø:] *die;* -, -n [...'rø:ən] ⟨zu gr. rhein „fließen"⟩: svw. Ptyalismus

sia|me|sisch; in der Fügung: -e Zwillinge ⟨nach Siam (heute Thailand), dem Herkunftsland der zusammengewachsenen Zwillingsbrüder Chang u. Eng Bunkes (1811–1874), deren Fall erstmals weltweit bekannt wurde⟩: Doppelmißbildung in Form zweier völlig entwickelter Individuen, die an einem Körperabschnitt (meist Brustod. Kreuzbein) miteinander verwachsen sind (Med.). **Sia|mo|sen** *die* (Plur.) ⟨aus *nlat.* siamosa (Plur.), nach Siam (heute Thailand), wo diese Stoffe erstmals hergestellt wurden⟩: Sammelbez. für karierte u. gestreifte Schürzenstoffe in Leinwandbindung (einer bestimmten Webart)

si|bi|lans ⟨aus gleichbed. *lat.* sibilans, vgl. Sibilant⟩: pfeifend, zischend (z. B. von Lungengeräuschen; Med.). **Si|bi|lant** *der;* -en, -en ⟨zu *lat.* sibilans, Gen. sibilantis, Part. Präs. von sibilare, vgl. sibilieren⟩: Zischlaut, Reibelaut (z. B. *s;* Sprachw.). **si|bi|lie|ren** ⟨aus *lat.* sibilare „zischen"⟩: zu Sibilanten machen (von Lauten; Sprachw.)

Si|bljak *der;* -s, -s ⟨aus *serb.* sibljak⟩: sommergrüner Buschwald im mehr kontinentalen Klimabereich, der sich an den mediterranen anschließt

Si|byl|le *die;* -, -n ⟨über *lat.* Sibylla aus *gr.* Síbylla, in der Antike Name von weissagenden Frauen⟩: weissagende Frau, Wahrsagerin. **Si|byl|li|nen** *die* (Plur.) ⟨nach gleichbed. *gr.* Sibýlleia⟩: hellenistisch-jüdische Weissagungsbücher. **si|byl|li|nisch:** geheimnisvoll, rätselhaft

sic! [ziːk, auch zɪk] ⟨*lat.*⟩: so, ebenso; wirklich so! (mit Bezug auf etwas Vorangegangenes, das in dieser [falschen] Form gelesen od. gehört worden ist)

sic|cum [...kʊm] ⟨*lat.;* Neutrum von siccus⟩: trocken (z. B. von Chemikalien)

Si|ci|lia|no [sitʃiˈliːano] *der;* -s, Plur. -s u. ...ni ⟨aus *it.* (danza) siciliana, eigtl. „(Tanz) aus Sizilien"⟩: alter sizilianischer Volkstanz im ⁶⁄₈- od. ¹²⁄₈-Takt mit punktiertem Grundrhythmus u. ruhigem, einfachem Charakter (in der Barockmusik oft als ↑ Pastorale in Opern, Oratorien, Sonaten u. Konzerten). **Si|ci|li|enne** [sisiˈljɛn] *die;* -, -s ⟨aus *fr.* sicilienne⟩: franz. Bez. für Siciliano

Sick-out [sɪk-ˈaʊt] *das;* -s, -s ⟨aus gleichbed. *amerik.* sick-out zu *engl.* sick „krank" u. out „(her)aus"⟩: Krankmeldung, bes. als Maßnahme des Arbeitskampfes

sic tran|sit glo|ria mun|di [ziːk – – –] ⟨*lat.*⟩: „so vergeht der Ruhm der Welt" (Zuruf an den neuen Papst beim Einzug zur Krönung, wobei symbolisch ein Büschel Werg verbrannt wird)

Sid|dhan|ta [...ˈdanta] *das* od. *der;* - ⟨aus *sanskr.* siddhānta „Lehrbuch", eigtl. „höchstes Ziel"⟩: die heiligen Schriften des ↑ Dschainismus. **Sid|dhi** [...dɪ] *die;* - ⟨aus *sanskr.* siddhi „Vollendung, Vollkommenheit"⟩: in ind. Religionen Bez. für durch Yoga u. Askese auf dem spirituellen Weg zur Erlösung gewonnene übernatürliche Fähigkeiten, z. B. ↑ Levitation, Hellsehen, Unsichtbarmachung, gottgleiche Macht über alle Wesen

Sid|dur *der;* -, ...im ⟨aus gleichbed. *hebr.* siddûr, eigtl. „Regelung"⟩: jüd. Gebetbuch

Si|de *die* (Plur.) ⟨zu *ir.* sid „Feenhügel", weil sich ihr Wohnsitz meist in vorhistorischen Megalith- od. Hügelgräbern befand⟩: in der ir. Mythologie Name für Elfen u. Feen

Side|board [ˈsaɪdbɔːd] *das;* -s, -s ⟨aus gleichbed. *engl.* sideboard, eigtl. „Seitenbrett"⟩: Büfett (1), längeres, niedriges Möbelstück, das an der Wand eines Raumes steht u. als Ablage u. Anrichte dient

si|der..., **Si|der...** vgl. sidero..., Sidero...

si|de|ral ⟨aus *lat.* sideralis „zu den Gestirnen gehörig"⟩: svw. siderisch. **si|de|risch** ⟨nach gleichbed. *lat.* sidereus zu sidus „Gestirn, Stern(bild)"⟩: auf die Sterne bezogen; Sterne betreffend; Siderisches Pendel: Metallring od. -kugel an dünnem Faden (Haar) zum angeblichen Nachweis von Wasser, Erz u. a. (Parapsychologie). **¹Si|de|ris|mus** *der;* -, ...men ⟨zu ↑...ismus (2)⟩: angeblicher Einfluß der Gestirne auf den menschlichen Körper u. das menschliche Schicksal

²Si|de|ris|mus *der;* -, ...men ⟨zu *gr.* sídēros „Eisen" u. ↑...ismus (2)⟩: a) angeblicher Einfluß des Eisens u. überhaupt der Metalle auf den Menschen; b) (veraltet) Anwendung des Magnetismus zu Heilzwecken (Med.). **Si|de|rit** [auch ...ˈrɪt] *der;* -s, -e ⟨zu ↑²...it⟩: 1. ein gelbes bis gelblichbraunes, karbonatisches Eisenerz. 2. ↑Meteorit aus reinem Eisen. **si|de|ro...**, **Si|de|ro...**, vor Vokalen meist sider..., Sider... ⟨aus gleichbed. *gr.* sídēros⟩: Wortbildungselement mit der Bedeutung „Eisen", z. B. Siderologie, siderurgisch. **Si|de|ro|bi|ont** *der;* -en, -en (meist Plur.) ⟨zu ↑...biont⟩: in stark eisenhaltiger Umgebung lebender Organismus (z. B. Eisenbakterien; Biol.). **Si|de|ro|chro|me** [...ˈkroːmə] *die* (Plur.) ⟨zu *gr.* chrõma „Farbe"⟩: von Mikroorganismen (bes. Pilzen u. Bakterien) gebildete eisenhaltige Naturstoffe, die Eisen zu transportieren vermögen. **Si|de|ro|dro|mo|pho|bie** *die;* - ⟨zu *gr.* drómos „Lauf" u. ↑...phobie⟩: (veraltet) krankhafte Furcht vor dem Fahren mit der Eisenbahn. **Si|de|ro|gra|phie** *die;* -, ...ien ⟨zu ↑...graphie⟩: (veraltet) 1. (ohne Plur.) Tiefdruckverfahren mit gravierten Stahlplatten als Druckform, Stahlstichdruckverfahren. 2. Stahlstichdruck. **Si|de|ro|lith** [auch ...'lɪt] *der;* Gen. -s u. -en, Plur. -e[n] ⟨zu ↑...lith⟩: Eisensteinmeteorit. **Si|de|ro|lith|wa|ren** [auch ...'lɪt...] *die* (Plur.): (veraltet) lackierte Tonwaren. **Si|de|ro|lo|gie** *die;* - ⟨zu ↑...logie⟩: Wissenschaft von der Gewinnung u. den Eigenschaften des Eisens. **Si|de|ro|me|lan** *der;* -s, -e ⟨zu *gr.* mélas „schwarz"⟩: svw. Palagonit

Si|der|onym *das;* -s, -e ⟨zu *lat.* sidus, Gen. sideris (vgl. siderisch) u. *gr.* ónyma „Name"⟩: Deckname, der aus einem astronomischen Ausdruck besteht (z. B. Sirius)

Si|de|ro|pe|nie *die;* - ⟨zu ↑sidero..., *gr.* pénēs „arm" u. ↑²...ie⟩: Eisenmangel in den Körpergeweben (Med.). **si|de|ro|phil** ⟨zu ↑...phil⟩: Eisen an sich bindend, sich leicht mit eisenhaltigen Farbstoffen färben lassend (z. B. von chem. Elementen). **Si|de|ro|phi|lie** *die;* -, ...ien ⟨zu ↑...philie⟩: svw. Hämochromatose. **Si|de|ro|phi|lin** *das;* -s ⟨↑...in (1)⟩: Eiweißkörper des Blutserums, der Eisen an sich binden kann (Med.). **Si|de|ro|pho|re** *die* (Plur.) ⟨zu ↑...phor⟩: svw. Siderochrome. **si|de|ro|priv** ⟨zu *lat.* privare „berauben"⟩: ohne Eisen, eisenarm (von roten Blutkörperchen; Med.). **Si|de|ro|se** u. **Si|de|ro|sis** *die;* - ⟨zu ↑¹...ose⟩: Ablagerung von Eisen[salzen] in den Körpergeweben (Med.). **Si|de|ro|skle|ro|se** *die;* -, -n: krankhafte Verhärtung von Geweben, Organen od. Organteilen durch Ablagerung von Eisen (Med.). **Si|de|ro|skop** *das;* -s, -e ⟨zu ↑...skop⟩: Magnetgerät zum Nachweis u. zur Entfernung von Eisensplittern im Auge (Med.). **Si|de|ro|sphä|re** *die;* -: svw. Nife. **Si|de|ro|stat** *der;* Gen. -[e]s u. -en, Plur. -e[n] ⟨zu ↑...stat⟩: angetriebener Planspiegel, der das Licht eines Himmelskörpers unabhängig von der Erddrehung ununterbrochen in ein festliegendes astronomisches Fernrohr wirft. **Si|de|ro|zyt** *der;* -en, -en (meist Plur.) ⟨zu ↑...zyt⟩: rotes Blutkörperchen mit Eiseneinlagerungen (Med.). **Si|der|ur|gie** *die;* - ⟨nach *gr.* sideruorgía „Eisenarbeit"⟩: Eisen- u. Stahlbearbeitung (Techn.). **si|der|ur|gisch** ⟨nach *gr.* siderurgós „in Eisen arbeitend"⟩: die Siderurgie betreffend (Techn.)

Side|step ['saɪdstɛp] *der;* -s, -s ⟨aus *engl.* sidestep „Seitenschritt"⟩: Seitenschritt beim Boxen, um einem Schlag auszuweichen

Si|dra *die;* - ⟨über gleichbed. *späthebr.* sidrā, eigtl. „Ordnung", aus *hebr.* sēder⟩: die jeweils an einem Sabbat zu verlesende ↑ Parasche

si| duo fa|ci|unt idem, non est idem [– – ...tsi̯ʊnt – – – –] ⟨*lat.*⟩: wenn zwei dasselbe tun, ist es (doch) nicht dasselbe

Siè|cle [sjɛkl] *das;* -s [...kl], -s [...kl] ⟨aus gleichbed. *fr.* siècle, dies aus *lat.* saeculum⟩: Jahrhundert

sie|na [s...] ⟨aus *it.* (terra di) Siena „(Erde von) Siena", nach der für die Erde um Siena typischen braunen Färbung⟩: rotbraun. **Sie|na** *das;* -s: 1. ein rotbrauner Farbton. 2. svw. Sienaerde. **Sie|na|er|de** *die;* -: als Farbstoff zur Herstellung sienafarbener Malerfarbe verwendete, gebrannte, tonartige, feinkörnige Erde; Terra di Siena

Si|er|ra [s...] *die;* -, Plur. ...rren u. -s ⟨aus gleichbed. *span.* sierra, eigtl. „Säge", dies aus *lat.* serra⟩: Gebirgskette [auf der Pyrenäenhalbinsel u. in Süd- u. Mittelamerika]

Sie|sta [s...] *die;* -, -s ⟨aus gleichbed. *span.* siesta, dies aus *lat.* (hora) sexta „sechste (Stunde nach Sonnenaufgang), Mittagszeit", Fem. von sextus, vgl. Sext⟩: Ruhepause [nach dem Essen]; Mittagsruhe

Sie|vert [...v...] *das;* -[s], - ⟨nach dem schwed. Radiologen R. M. Sievert, 1896–1967⟩: Maßeinheit der Dosis (3) ionisierender Strahlung; Zeichen Sv

Si|fe|ma *das;* -s ⟨Kurzw. aus ↑ *Si*licium, ↑ *Fe*rrum u. ↑ *Ma*gnesium⟩: Stoffbestand des Erdmantels (zwischen ↑ ²Sima u. ↑ Nife; Geol.)

Sif|fleur [...'fløːɐ̯] *der;* -s, -e ⟨aus *fr.* siffleur „Pfeifer" zu siffler, vgl. sifflieren⟩: (veraltet) Zischer, Auspfeifer. **sif|flie|ren** ⟨aus gleichbed. *fr.* siffler, dies über *vulgärlat.* sifilare aus *lat.* sibilare⟩: (veraltet) zischen, auspfeifen. **Sif|flö|te** *die;* -, -n ⟨umgedeutet aus *fr.* sifflet „kleine Pfeife"⟩: hohe Orgelstimme

Si|gel *das;* -s, - u. Sigle ['ziːgl̩] *die;* -, -n ⟨z. T. unter Einfluß von *fr.* sigle aus *lat.* sigla (Plur.) „Abkürzungszeichen", synkopiert aus sigilla, Plur. von sigillum „das kleine Bildnis; Siegel", Verkleinerungsform von signum, vgl. Signum⟩: festgelegtes Abkürzungszeichen für Silben, Wörter od. Wortgruppen, Kürzel. **si|geln**: mit einem festgelegten Abkürzungszeichen versehen (z. B. von Buchtiteln in Katalogen)

Si|gha [...ga] *die;* -, -s ⟨aus dem Arab.⟩: auf Zeit (bis zu drei Jahren) eingegangene u. nach deren Ablauf von selbst aufgehobene Ehe (im arab. Raum)

Sight|see|ing ['saɪtsiːɪŋ] *das;* -s, -s ⟨aus gleichbed. *engl.* sightseeing zu sight „Sehenswürdigkeit" u. to see „(an)sehen"⟩: Besichtigung von Sehenswürdigkeiten. **Sight|see|ing-Tour** [...tuːɐ̯] *die;* -, -en: Stadtrundfahrt, Fahrt mit einem Bus zur Besichtigung von Sehenswürdigkeiten

Si|gill *das;* -s, -e ⟨aus gleichbed. *lat.* sigillum, vgl. Sigel⟩: (veraltet) Siegel. **Si|gil|la**: Plur. von ↑ Sigillum. **Si|gil|la|rie** [...i̯ə] *die;* -, -n ⟨aus *nlat.* sigillaria zu *lat.* sigillum, vgl. Sigel⟩: Siegelbaum (eine ausgestorbene Pflanzengattung aus dem Karbon). **si|gil|lie|ren** ⟨zu ↑ Sigill u. ↑ ...ieren⟩: (veraltet) [ver]siegeln. **Si|gil|lum** *das;* -s, ...lla ⟨aus *lat.* sigillum, vgl. Sigel⟩: *lat.* Form von Sigill. **Si|gle** ['ziːgl̩] vgl. Sigel

Si|glo de Oro ['ziːglo de 'oːro, span. 'siglo de 'oro] *das;* - - -

⟨aus gleichbed. *span.* Siglo de Oro⟩: das goldene Zeitalter (in der span. Literatur)

Sig|ma *das;* -[s], -s ⟨aus *gr.* sĩgma⟩: 1. achtzehnter Buchstabe des griech. Alphabets: Σ, σ, ς (= s). 2. svw. Sigmoid (Med.). **Sig|ma|ti|ker** *der;* -s, - ⟨vgl. ².....ik (2)⟩: jmd., der an Sigmatismus leidet. **Sig|ma|tis|mus** *der;* - ⟨aus gleichbed. *nlat.* sigmatismus, dies zu *gr.* sigmatismós „mißbräuchliche Verwendung des Sigma"⟩: das Lispeln; fehlerhafte Aussprache der S-Laute (Med.); vgl. Parasigmatismus. **Sig|mo|id** *der;* -[e]s, -e ⟨zu *gr.* sigmoeidḗs „sigmaförmig, halbkreisähnlich"⟩: S-förmiger Abschnitt des Grimmdarms (Med.)

Si|gna: Plur. von ↑ Signum. **Si|gnal** [auch zɪŋ'naːl] *das;* -s, -e ⟨aus gleichbed. *fr.* signal, dies aus *spätlat.* signale, substantiviertes Neutrum von *lat.* signalis „dazu bestimmt, ein Zeichen zu geben" zu signum, vgl. Signum⟩: 1. Zeichen mit einer bestimmten Bedeutung, das auf optischem od. akustischem Weg gegeben wird. 2. a) für den Schienenverkehr an der Strecke aufgestelltes Schild mit einer bestimmten Bedeutung od. bewegbare [fernbediente] Vorrichtung, deren Stellung eine besondere Bedeutung hat; an der Strecke installierte Vorrichtung zum Geben von Lichtsignalen; b) (bes. schweiz.) Verkehrszeichen für den Straßenverkehr. 3. Zeichen, das der Nachrichtenübermittlung der Schiffe untereinander od. mit Landstationen bzw. mit Flugzeugen dient (Seew.). 4. Träger einer Information (z. B. eine elektromagnetische Welle), der entsprechend dem Inhalt der zu übermittelnden Information moduliert (2) wird (Phys., Kybern.). 5. artspezifisches Merkmal od. Verhalten, das der Kommunikation innerhalb der Art (od. zwischen den Arten) dient (z. B. Fellzeichnung, vokale Signale; Verhaltensforschung). 6. materieller Bestandteil des sprachlichen Zeichens (z. B. Lautkomplex) als Informationsträger (Sprachw.). **Si|gna|le|ment** [...'mãː, schweiz. auch ...'mɛnt] *das;* -s, Plur. -s, schweiz. auch -e ⟨aus gleichbed. *fr.* signalement zu signaler „kurz beschreiben", dies aus *it.* signalare zu segnale, dies aus *spätlat.* signale, vgl. Signal⟩: 1. (bes. schweiz.) Personenbeschreibung, Kennzeichnung (z. B. in einem Personalausweis od. einer Vermißtenanzeige; Kriminalistik). 2. Gesamtheit der Merkmale, die an ein bestimmtes Tier charakteristisch sind (Pferdezucht). **Si|gnal|horn** *das;* -s, ...hörner ⟨zu ↑ Signal⟩: Messingblasinstrument mit 6–9 Tönen ohne Ventile. **Si|gnal|in|stru|men|te** *die* (Plur.): Schallwerkzeuge (z. B. Glocke, Trommel, Pfeife, [Auto]hupe u. a.) zum Geben von akustischen Signalen. **si|gna|li|sie|ren** ⟨französierende Bildung nach *fr.* signaler; vgl. ...isieren⟩: 1. deutlich, aufmerksam machen, ein Signal geben. 2. etwas ankündigen. 3. benachrichtigen, warnen. **Si|gnal|pi|sto|le** *die;* -, -n ⟨zu ↑ Signal⟩: Pistole, die dazu dient, durch Abschießen einer bestimmten Munition etwas zu signalisieren. **Si|gnal|ra|ke|te** *die;* -, -n: Signalgeschoß (Leucht- od. Rauchsignal), das mittels eines Treibsatzes in die Höhe abgefeuert werden kann. **Si|gnal|tech|nik** *die;* -: Teilgebiet der leitungsgebundenen Nachrichtentechnik, das sich mit dem Einsatz elektr. Ströme zum Betrieb u. zur Steuerung von Signalanlagen im Verkehrswesen, im Haushalt (z. B. Klingel- u. Alarmanlagen), in der Industrie sowie im Rahmen der [öffentlichen] Sicherheitseinrichtungen (vor allem Notrufanlagen) befaßt. **Si|gna|tar** *der;* -s, -e ⟨zu *fr.* signataire „Unterzeichner", dies zu signer „unterzeichnen" aus *lat.* signare, vgl. signieren⟩: 1. (selten) svw. Signatarmacht. 2. (veraltet) Unterzeichner eines Vertrags (Rechtsw.). **Si|gna|tar|macht** *die;* -, ...mächte: der einen [internationalen] Vertrag unterzeichnende Staat. **si|gna|tum** ⟨*lat.;* Part. Perf. von signare, vgl. signieren〉: unterzeichnet; Abk.: sign. **Si|gna|tur** *die;* -, -en 〈aus *mlat.* signatura „Siegelzeichen, Unterschrift" zu *lat.* signare, vgl. signieren〉: 1. Kurzzeichen als Auf- od. Unterschrift, Namenszug. 2. Kennzeichen auf Gegenständen aller Art, bes. beim Versand. 3. Name (auch abgekürzt) od. Zeichen des Künstlers auf seinem Werk. 4. Nummer (meist in Verbindung mit Buchstaben) des Buches, unter der es im Magazin der Bibliothek zu finden ist u. die im Katalog hinter dem betreffenden Buchtitel vermerkt ist. 5. kartographisches Zeichen zur lage-, richtungs- od. formgerechten, dem Maßstab angepaßten Darstellung von Dingen u. Gegebenheiten. 6. a) runde od. eckige Einkerbung an Drucktypen zur Unterscheidung von Schriften gleichen Kegels u. zur Kennzeichnung der richtigen Stellung beim Setzen; b) Ziffer od. Buchstabe zur Bezeichnung der Reihenfolge der Bogen einer Druckschrift (Bogennummer; Druckw.). 7. Bitfolge zur Kennzeichnung von Teilen komplexer digitaler Schaltungen (EDV). **Si|gna|tur|ana|ly|se** *die;* -, -n: Test- u. Diagnoseverfahren der Prüftechnik für die Fehlersuche in komplexen digitalen Schaltungen (z. B. in Mikroprozessoren). **Si|gnem** *das;* -s, -e 〈zu ↑ Signum u. ↑ ...em〉: svw. Monem. **Si|gnet** [zɪnˈjeː, auch dt. ziˈgneːt, ziˈgnɛt] *das;* -s, Plur. -s u. (bei dt. Ausspr.) -e 〈aus *fr.* signet „Lese-, Buchzeichen", dies aus gleichbed. *mlat.* signetum zu *lat.* signum, vgl. Signum〉: 1. Buchdrucker-, Verlegerzeichen. 2. (veraltet) Handsiegel, Petschaft. 3. Aushängeschild, Visitenkarte. 4. Marken-, Firmenzeichen. **si|gnie|ren** [zɪg...] 〈aus *lat.* signare „mit einem Zeichen versehen, besiegeln" zu signum, vgl. Signum〉: a) (als Schöpfer, Urheber, Autor von etw.) mit einer Signatur versehen; b) unterzeichnen, abzeichnen. **Si|gni|fi|ant** [sɪnjiˈfjɑ̃] *das;* -s, -s 〈aus *fr.* signifiant, eigtl. „bedeutsam"〉: svw. Signifikant. **Si|gni|fié** [sɪnjiˈfje] *das;* -s, -s 〈aus *fr.* signifié, eigtl. Part. Perf. von signifier „bezeichnen, (be)sagen (wollen)"〉: svw. Signifikat. **Si|gni|fik** [zɪg...] *die;* - 〈zu *lat.* significare (vgl. signifizieren) u. ↑ ²...ik (1)〉: 1. Lehre von den Zeichen als Verständigungsmittel der Menschen. 2. Lehre von der Sprache als Handlung u. deren psychischen Auswirkungen (Psycholinguistik). **si|gni|fi|kant** 〈aus *lat.* significans, Gen. significantis „bezeichnend, treffend, deutlich", Part. Präs. von significare, vgl. signifizieren〉: 1. a) wichtig, bedeutsam; b) bezeichnend, typisch. 2. (selten) svw. signifikativ (1). **Si|gni|fi|kant** *der;* -en, -en 〈zu ↑ ...ant〉: Ausdrucksseite des sprachlichen Zeichens (Sprachw.); Ggs. ↑ Signifikat. **Si|gni|fi|kanz** *die;* - 〈aus *lat.* significantia „Deutlichkeit"〉: Bedeutsamkeit, Wesentlichkeit. **Si|gni|fi|kanz|test** *der;* -s, -s: Testverfahren zum Nachprüfen einer statistischen Hypothese. **Si|gni|fi|kat** *das;* -[e]s, -e 〈aus *lat.* significatum, Part. Perf. (Neutrum) von significare, vgl. signifizieren〉: Inhaltsseite des sprachlichen Zeichens (Sprachw.); Ggs. ↑ Signifikant. **si|gni|fi|ka|tiv** 〈zu ↑ ...iv〉: 1. bedeutungsunterscheidend (von sprachlichen Einheiten; Sprachw.). 2. (veraltet) svw. signifikant (1). **si|gni|fi|zie|ren** 〈aus gleichbed. *lat.* significare zu signum (vgl. Signum) u. facere „machen, tun"〉: (selten) a) bezeichnen; b) anzeigen. **si|gni|tiv** 〈wohl verkürzt aus ↑ signifikativ〉: symbolisch, mit Hilfe von Zeichensystemen (z. B. der Sprache) **Si|gnor** [zɪnˈjoːɐ̯] u. Signore [...ˈjoːrə] *der;* -, ...ri 〈aus *it.* signor(e), dies aus *lat.* senior „der Ältere"; vgl. senior〉: ital. Bez. für Herr. **Si|gno|ra** *die;* -, Plur. -s, auch ...re 〈aus *it.* signora, Fem. zu signore, vgl. Signor〉: ital. Bez. für Frau. **Si|gno|re:** vgl. Signor. **Si|gno|ri:** Plur. von ↑ Signor. **Si|gno|ria** [...joˈriːa] u. **Si|gno|rie** *die;* -, ...ien 〈aus gleichbed. *it.* signoria, eigtl. „Herrschaft"〉: (früher) die höchste [leitende] Behörde der ital. Stadtstaaten (bes. der Rat in Florenz). **Si|gno|ri|na** *die;* -, Plur. -s, auch ...ne 〈aus *it.* signorina, Verkleinerungsform zu signora, vgl. Signora〉: ital. Bez. für Fräulein. **Si|gno|ri|no** *der;* -, Plur. -s, auch ...ni 〈aus *it.* signorino, Verkleinerungsform zu signore, vgl. Signor〉: ital. Bez. für junger Herr

Si|gnum *das;* -s, Signa 〈aus *lat.* signum „Zeichen, Kennzeichen"〉: verkürzte Unterschrift; Zeichen

Si|grist [auch ˈziː...] *der;* -en, -en 〈über *mhd.* sigrist(e) aus gleichbed. *mlat.* sacrista zu *lat.* sacrum „das Heilige; Gottesdienst"〉: (schweiz.) Küster; vgl. Sakristan

Si|gu|rim *die;* - 〈aus gleichbed. *alban.* sigurim, dies zu *lat.* securus „sicher"〉: für die Staatssicherheit verantwortliche Polizei im kommunistischen Albanien (1945–1990)

Si|jo *das;* - 〈aus *korean.* sijo „(Jahres)zeitengesänge"〉: Bez. für korean. Kurzgedichte mit weit zurückreichender Tradition, die aus drei Verszeilen mit je 4 drei- bis fünfsilbigen Wortgruppen bestehen

Si|ka|hirsch *der;* -[e]s, -e 〈zu gleichbed. *jap.* shika〉: ein in Japan u. China vorkommender Hirsch

Sikh [ziːk] *der;* -[s], -s 〈aus gleichbed. *Hindi* sikh, eigtl. „Jünger, Schüler", zu *sanskr.* śikṣā „Wissenschaft, Lehre", dies aus *altind.* śikṣati „Studien"〉: Angehöriger einer kriegerischen islamisch-hinduistischen Religionsgemeinschaft im Pandschab. **Si|khis|mus** *der;* - 〈zu ↑ ...ismus (1)〉: im 15. Jh. begründete Religionsgemeinschaft, die versuchte, Hinduismus u. Islam zu vereinigen u. die sich später militärisch organisierte

Sik|ka|tiv *das;* -s, -e [...və] 〈aus *spätlat.* siccativus „trocknend" zu *lat.* siccare „trocknen"〉: Trockenstoff, der Druckfarben, Ölfarben u. a. zugesetzt wird. **sik|ka|ti|vie|ren** [...v...] 〈zu ↑ ...ieren〉: Sikkativ zusetzen

Si|la|ge [...ʒə] *die;* -, -n 〈verkürzt aus *fr.* ensilage; vgl. Ensilage〉: 1. Einlagerung von Futter in Silos. 2. Gärfutter[bereitung]

Si|lan *das;* -s, -e 〈Kunstw. aus ↑ Si*li*kon u. ↑ Methan〉: Siliciumwasserstoff. **Si|la|nol** *das;* -s, -e (meist Plur.) 〈zu ↑ ...ol〉: ↑ Derivat (3) des Silans

Si|la|stik *die* od. *das;* - 〈Kunstw.; Analogiebildung zu ↑ Elastik〉: elastische Textilseide aus Kunstfaser

Si|l|ber|bro|mid vgl. Bromsilber

Sild *der;* -[e]s, -[e] 〈aus *norw.* sild „Hering"〉: in pikante Tunke eingelegter Hering

Si|le, Si|leh *der;* -s, -s 〈nach dem türk. Ort Sile, wo er zuerst hergestellt wurde〉: durchgehend mit aneinandergereihten S-Formen gewirkter gelblichbrauner orientalischer Teppich

Si|len *der;* -s, -e 〈über *lat.* Silenus v. *gr.* Seilēnós, nach dem zweibeinigen Fabelwesen der griech. Sage mit menschlichem Oberkörper u. Pferdeleib〉: trunkener Dämon aus dem Gefolge des Dionysos

Si|len|cer [ˈsaɪlənsə] *der;* -s, - 〈aus *engl.* silencer „Türschließer, Schalldämpfer, Auspufftopf" zu silence „leiser machen", dies zu *lat.* silens „schweigend", Part. Präs. von silere, vgl. Silentium〉: Schalldämpfer an [Hand]feuerwaffen. **Si|len|ta|ri|er** [...i̯ɐ] *der;* -s, - 〈zu *lat.* silentarius „Diener, der für Ruhe zu sorgen hat" zu silere, vgl. Silentium〉: (veraltet) zu ständigem Schweigen verpflichteter Mönch

Si|len|ti|um *das;* -s, ...tien [...i̯ən] 〈aus *lat.* silentium „Schweigen" zu silere „still sein"〉: 1. (Plur. ungebräuchlich; veraltend, noch scherzh.) [Still]schweigen, Stille (oft als Aufforderung). 2. Zeit, in der die Schüler eines Internats ihre Schularbeiten erledigen. **Si|len|ti|um ob|se|qui|o|sum** *das;* - - 〈aus gleichbed. *kirchenlat.* silentium obsequiosum〉: a) ehrerbietiges Schweigen gegenüber einer kirchlichen Lehrentscheidung (kath. Rel.); b) Schweigen als Ausdruck des Nichtzustimmens. **Si|lent mee|ting** [ˈsaɪlənt ˈmiːtɪŋ] *das;* - - ⟨aus *engl.* silent meeting, eigtl. „stilles Treffen", zu silent „schweigsam, ruhig" u. meeting, vgl. Meeting⟩: stille gottesdienstliche Versammlung der ↑ Quäker

Si|le|si|um *das;* -s ⟨nach *nlat.* Silesia „Schlesien" (wegen der in dieser Zeit dort entstandenen Steinkohlenvorkommen) u. zu ↑ ...ium⟩: internationale Bez. für Oberkarbon (Geol.)

Si|lex *der;* -, -e ⟨aus *lat.* silex „Kiesel, Granit"⟩: 1. svw. Jaspis. 2. Gesteinsmaterial, das glasartig splittert (z. B. Feuerstein, Obsidian)

Sil|hou|et|te [siˈlʊɛtə] *die;* -, -n ⟨aus gleichbed. *fr.* silhouette, kurz für portrait à la silhouette „schlecht gemachtes Porträt" (spöttisch nach dem franz. Finanzminister E. de Silhouette (1709–1767), der aus Sparsamkeitsgründen Schattenrisse anstelle wertvoller Gemälde an die Wände seines Schlosses gehängt haben soll)⟩: 1. a) Umriß, der sich [dunkel] vom Hintergrund abhebt; b) Schattenriß. 2. Umriß[linie]; Form der Konturen (Mode). **sil|hou|et|tie|ren** ⟨aus gleichbed. *fr.* silhouetter⟩: (veraltet) im Schattenriß zeichnen od. schneiden

Si|li|ca|gel ⓦ [...k...] *das;* -s ⟨Kurzw. aus *Silica*t (vgl. Silikat) u. ↑*Gel*⟩: Kieselgel, ein Adsorptionsmittel für Gase, Flüssigkeiten u. gelöste Stoffe. **Si|li|cat** [...k...] vgl. Silikat. **Si|li|cid** [...ts...] u. Silizid *das;* -[e]s, -e ⟨zu ↑ Silicium u. ↑ ³...id⟩: Verbindung von Silicium mit einem Metall. **Si|li|ci|um** [...ts...] u. Silizium *das;* -s ⟨zu *lat.* silex, Gen. silicis „Kiesel" u. ↑...ium⟩: chem. Element, Nichtmetall; Zeichen Si. **Si|li|con** [...k...] vgl. Silikon

si|lie|ren ⟨zu ↑ Silo u. ↑...ieren⟩: Grünfutter, Gemüse in Silos (b) einlagern. **Si|lie|rung** *die;* -, -en ⟨zu ↑...ierung⟩: das Silieren, das Siliertwerden

Si|li|fi|ka|ti|on *die;* -, -en ⟨zu *lat.* silex, Gen. silicis „Kiesel" u. ↑...fikation⟩: Verkieselung (von Steinen); vgl. ...[at]ion/...ierung. **si|li|fi|zie|ren** ⟨zu ↑...fizieren⟩: nachträglich von Kieselsäure durchtränkt werden, wobei das ursprüngliche Gestein durch Quarz ersetzt wird, verkieseln. **Si|li|fi|zie|rung** *die;* -, -en ⟨zu ↑...ierung⟩: svw. Silifikation; vgl. ...[at]ion/...ierung. **Si|li|ka|stein** *der;* -s, -e ⟨Kurzw. zu ↑ *Sili*cium u. *Kal*k⟩: beim Brennen sich ausdehnender feuerfester Stein aus Siliciumdioxid sowie Kalk- u. Tonbindemitteln. **Si|li|kat**, chem. fachspr. Silicat [...k...] *das;* -[e]s, -e ⟨zu ↑ Silicium u. ↑...at (2)⟩: Salz der Kieselsäure. **Si|li|kat|be|ton** *der;* -s, Plur. -s (u. bei nichtnasalierter Ausspr.) -e⟩: unter Dampfdruck erhärteter Baustoff aus Quarzsand, Kalk u. Wasser, der durch Treibmittel eine porige Struktur u. geringe Rohdichte hat. **si|li|ka|tisch**: reich an Kieselsäure. **Si|li|kat|mi|ne|ral** *das;* -s, Plur. -e u. ...lien [...jən]: aus Silikaten bestehendes ↑ Mineral. **Si|li|ka|to|se** *die;* -, -n ⟨zu ↑¹...ose⟩: durch silikathaltige Staubarten hervorgerufene Staublungenerkrankung (Med.). **Si|li|kon**, fachspr. Silicon [...k...] *das;* -s, -e ⟨zu ↑ Silicium u. ↑²...on⟩: siliciumhaltiger Kunststoff von großer Wärme- u. Wasserbeständigkeit. **Si|li|kon|kau|tschuk** *der;* -s, -e: auf Silikonbasis hergestellter Kunstkautschuk (Chem., Techn.). **Si|li|ko|se** *die;* -, -n ⟨zu ↑¹...ose⟩: durch eingeatmeten kieselsäurehaltigen Staub verursachte Staublungenerkrankung (Steinstaublunge, Med.). **Si|li|ko|tu|ber|ku|lo|se** *die;* -, -n ⟨Kurzw. aus *Siliko*se u. *Tuberkulose*⟩: mit ↑ Tuberkulose einhergehende Silikose (Med.). **Si|li|zid** vgl. Silicid. **Si|li|zi|um** vgl. Silicium

Silk *der;* -s, -s ⟨aus *engl.* silk „Seide"⟩: glänzender Kleiderstoff. **Silk|gras** *das;* -es ⟨aus gleichbed. *engl.* silk grass, eigtl. „Seidengras"⟩: haltbare, feine Blattfasern verschiedener Ananasgewächse. **Silk-Screen** [ˈsɪlkskriːn] *der;* -[s] ⟨aus gleichbed. *engl.* silk-screen (printing)⟩: engl. Bez. für Siebdruck. **Silk|worm** [...wəːm] u. **Silk|worm|gut** [...gʌt]

das; -s ⟨aus *engl.* silkworm (gut) „Seidenraupe(ndarm)"⟩: aus dem Spinnsaft der Seidenraupe gewonnenes chirurgisches Nähmaterial

¹**Sill** *der;* -s, -e ⟨aus *schwed.* sill „Hering"⟩: svw. Sild
²**Sill** *der;* -s, -s ⟨aus *engl.* sill „Schwelle"⟩: waagerechte Einlagerung eines Ergußgesteins in bereits vorhandene Schichtgesteine (Geol.)

Sil|la|bub [ˈsɪləbʌb] *das;* - ⟨aus gleichbed. *engl.* sillabub⟩: kaltes Getränk aus schaumig geschlagenem Rahm, Wein u. Gewürzen

Sil|len *die* (Plur.) ⟨aus gleichbed. *gr.* sílloi, Plur. von síllos „Spott, Hohn"⟩: parodistische, zum Teil aus Homerischen Versen zusammengestellte altgriechische Spottgedichte auf Dichter u. Philosophen

Sil|li|ma|nit [auch ...ˈnɪt] *der;* -s, -e ⟨nach dem amerik. Chemiker u. Geologen B. Silliman (1779–1864) u. zu ↑²...it⟩: ein gelblichgraues, graugrünes od. bräunliches, faseriges Mineral (zur Herstellung feuerfester keramischer Werkstoffe)

Sil|lo|graph *der;* -en, -en ⟨aus gleichbed. *gr.* sillográphos zu sílloi, vgl. Sillen⟩: Verfasser von Sillen

Sil|ly|bos *der;* -, ...boi [...bɔy] ⟨über *spätlat.* sillybos aus gleichbed. *gr.* síllybos, eigtl. „Anhängsel"⟩: farbiger Zettel an den Schriftrollen des Altertums mit dem Titel des Werkes u. des Verfassers

Si|lo *der* od. *das;* -s, -s ⟨aus *span.* silo „Getreidegrube"⟩: a) Großspeicher (für Getreide, Erz u. a.); b) Gärfutterbehälter. **...si|lo** ⟨zu ↑ Silo⟩: Wortbildungselement mit der Bedeutung „überdimensional großes, unpersönlich wirkendes, an ein Silo erinnerndes Gebäude", z. B. Hotelsilo, Wohnsilo, Büchersilo

Si|lon ⓦ *das;* -s ⟨Kunstw.; vgl. ³...on⟩: eine Kunstfaser

Si|lo|xa|ne *die* (Plur.) ⟨Kunstw. aus ↑ *Si*licium, ↑ *Oxy*gen(ium) u. ↑...an⟩: Verbindungen des Siliciums mit Sauerstoff u. Wasserstoff (Chem.)

Silt *der;* -s ⟨aus *engl.* silt „Schlamm, Schlick, Treibsand", dies aus dem Skand. (*dän.* u. *norw.* sylt)⟩: feinkörniges, ↑ klastisches Sediment (Geol.)

Si|lu|min ⓦ *das;* -s ⟨Kurzw. aus ↑ *Si*licium u. ↑ *Alumi*nium⟩: schweiß- u. gießbare, feste Leichtmetallegierung

Si|lur *das;* -s ⟨nach dem vorkeltischen Volksstamm der Silurer⟩: erdgeschichtliche Formation des ↑ Paläozoikums (Geol.). **si|lu|risch**: a) das Silur betreffend; b) im Silur entstanden

Sil|vae [...vɛ] *die* (Plur.) ⟨aus *lat.* silvae „Wälder", Plur. von silva⟩: literarische Sammelwerke der Antike u. des Mittelalters mit formal u. inhaltlich verschiedenartigen Gedichten

Sil|va|ner [...v...] *der;* -s, - ⟨vielleicht zu Transsilvanien = Siebenbürgen (Rumänien), dem angeblichen Herkunftsland; vgl. ...aner⟩: a) (ohne Plur.) Rebsorte für einen milden, feinfruchtigen bis vollmundigen Weißwein; b) Wein der Rebsorte Silvaner (a)

Sil|ve|ster [...v...] *das* od. *der;* -s, - (meist ohne Artikel) ⟨nach Silvester I., Papst von 314–335, dem Tagesheiligen des 31. Dezember⟩: der letzte Tag des Jahres (31. Dezember)

s'il vous plaît [silvuˈplɛ] ⟨*fr.*⟩: wenn es Ihnen gefällt, wenn's beliebt

¹**Si|ma** *die;* -, Plur. -s u. ...men ⟨aus gleichbed. *lat.* sima zu simus „(platt)nasig", dies aus *gr.* simós⟩: Traufleiste antiker Tempel

²**Si|ma** *das;* -[s] ⟨Kurzw. aus ↑ *Si*licium u. ↑ *Magnesium*⟩: unterer Teil der Erdkruste (Geol.)

Si|man|dron *das;* -[s], ...andren ⟨aus gleichbed. *(n)gr.* sé-

Simultaneous Engineering

mantro(n), eigtl. „Zeichenträger"〉: hölzernes Schwingholz, Stundentrommel, die in orthodoxen Klöstern die Gebetsstunden verkündet
Si|mar|re u. Zi**ma**rra *die;* -, ...rren 〈über gleichbed. *fr.* simarre aus *it.* cimarra, zimarra, dies aus *arab.* sammūr „Zobel"〉: 1. bodenlanger Männermantel im Italien des 16. Jh.s. 2. (veraltet) Schleppkleid
si|ma|tisch u. s**i**misch 〈zu ↑²Sima〉: aus Basalten u. ↑Gabbro zusammengesetzt (Geol.)
Sim|chat Tho|ra *die;* - - 〈aus *hebr.* śimḥat-tôrâ „Freude über die Thora, Gesetzesfreude"〉: jüd. Fest, der 23. ↑Tischri, mit dem der einjährige Zyklus der Thoravorlesung endet u. neu beginnt
Si|me|tit [auch ...'tɪt] *der;* -s, -e 〈nach dem Fluß Simeto auf Sizilien u. zu ↑²...it〉: rotbraunes, bernsteinartiges Harz aus Sizilien
si|mi|lär 〈aus gleichbed. *fr.* similaire, dies zu *lat.* similis, vgl. simile〉: (veraltet, fachspr. selten) ähnlich. **Si|mi|la|ri|tät** *die;* -, -en 〈nach gleichbed. spätlat. similitas, Gen. similitatis〉: (veraltet) Ähnlichkeit. **si|mi|le** 〈*it.;* aus *lat.* similis „ähnlich"〉: ähnlich, auf ähnliche Weise weiter, ebenso (Mus.). **Si|mi|le** *das;* -s, -s 〈aus gleichbed. *lat.* simile, substantivierter Singular (Neutrum) von similis, vgl. simile〉: (veraltet) Gleichnis, Vergleich (bes. Rechtsw.). **Si|mi|li** *das od. der;* -s, -s 〈aus *it.* simili „die Ähnlichen"〉: Nachahmung, bes. von Edelsteinen (Similisteine). **si|mi|lia si|mi|li|bus** 〈*lat.*〉: „Gleiches [wird] durch Gleiches [geheilt]" (ein Grundgedanke des Volksglaubens, bes. in der Volksmedizin); vgl. contraria contrariis u. Sympathie (4). **si|mi|lis si|mi|li gau|det** 〈*lat.*〉: „der Ähnliche freut sich am Ähnlichen"〉: gleich u. gleich gesellt sich gern. **Si|mi|li|stein** *der;* -[e]s, -e 〈zu ↑ Simili〉: (Fachspr.) imitierter Edelstein. **Si|mi|li|tu|do Dei** *die;* - - 〈aus *lat.* similitudo Dei „Ähnlichkeit Gottes"〉: Einschränkung der Gottebenbildlichkeit des Menschen auf eine mehr geistige Gottähnlichkeit (Theol.)
si|misch vgl. simatisch
Si|mo|nie *die;* -, ...ien 〈aus gleichbed. *kirchenlat.* Simonia, nach dem Magier Simon, der nach Apg. 8, 18ff. glaubte, die Macht, die der Heilige Geist verleiht, kaufen zu können〉: Kauf od. Verkauf von geistlichen Ämtern od. Dingen (kath. Kirche). **si|mo|nisch** u. **si|mo|ni|stisch** 〈zu ↑...istisch〉: die Simonie betreffend
sim|pel 〈aus *(alt)fr.* simple „einfach", dies aus *lat.* simplex〉: 1. so einfach, daß es keines besonderen geistigen Aufwands bedarf, nichts weiter erfordert, leicht zu bewältigen ist; unkompliziert. 2. in seiner Beschaffenheit anspruchslos-einfach; nur das Übliche u. Notwendigste aufweisend. 3. (abwertend) einfältig, beschränkt. **Sim|pel** *der;* -s, - 〈zu *mlat.* simplex „einfältig"〉: (landsch. ugs.) einfältiger Mensch, Einfaltspinsel, Dummkopf. **Sim|pla:** Plur. von ↑Simplum. **Sim|plex** *das;* -, Plur. -e u. Simpl**i**zia 〈zu *lat.* simplex, vgl. simpel〉: einfaches, nicht zusammengesetztes Wort (z. B. Arbeit; Sprachw.); Ggs. ↑ Kompositum. **Sim|plex|be|trieb** *der;* -[e]s, -e: Betriebsverfahren zur Übertragung von Nachrichten (mit Daten) in jeweils nur einer Richtung eines Nachrichtenkanals (Informatik). **Sim|plex|wa|re** *die;* -, -n: dichte Wirkware aus Baumwoll- od. Perlongarn für die Handschuhherstellung. **sim|pli|ci|ter** [...tsi...] 〈*lat.;* Adverb von simplex, vgl. simpel〉: (veraltet) schlechthin. **Sim|pli|fi|ka|ti|on** *die;* -, -en 〈zu ↑simplifizieren u. ↑...ation〉: svw. Simplifizierung; vgl. ...[at]ion/...ierung. **sim|pli|fi|zie|ren** 〈aus gleichbed. *mlat.* simplificare zu *lat.* simplus „einfach"〉: a) etwas vereinfacht darstellen b) etwas sehr stark vereinfachen. **Sim|pli|fi|zie|rung** *die;* -, -en 〈zu ↑...fizierung〉: simplifizierende Darstellung; starke Vereinfachung; vgl. ...[at]ion/...ierung. **Sim|pli|zia:** Plur. von ↑ Simplex. **Sim|pli|zi|a|de** *die;* -, -n 〈nach der Titelfigur Simplicissimus aus dem ↑FORTRAN weiterentwickelte Programmier-Roman von Grimmelshausen († 1676) u. zu ↑...ade〉: Abenteuerroman um einen einfältigen Menschen. **Sim|pli|zi|tät** *die;* - 〈aus gleichbed. *lat.* simplicitas, Gen. simplicitatis, Bed. 2 über *mlat.* simplicitas „(natürliche) Einfalt"〉: 1. Einfachheit. 2. Einfalt. **Sim|plum** *das;* -s, ...pla 〈aus *lat.* simplum „das Einfache", substantiviertes Neutrum von simplus „einfach"〉: einfacher Steuersatz (Wirtsch.)
Sim|sa|la|bim [auch ...'bɪm] 〈Herkunft unsicher〉: ein Zauberwort (im entscheidenden Moment der Ausführung eines Zauberkunststücks)
SIMSCRIPT [...skrɪpt] *das;* -s 〈Kurzw. aus *engl.* simulation scripture〉: aus dem ↑FORTRAN weiterentwickelte Programmiersprache zur diskreten (2 b) Simulation umfangreicher Systeme auf digitalen Datenverarbeitungsanlagen (EDV). **SIMULA** *das;* -s 〈Kurzw. aus *engl.* simulation language〉: auf dem ↑ALGOL aufbauende höhere Programmiersprache mit speziellen Möglichkeiten zur Durchführung von Simulationen auf digitalen Datenverarbeitungsanlagen (EDV). **Si|mu|lant** *der;* -en, -en 〈aus *lat.* simulans, Gen. simulantis, Part. Präs. von simulare, vgl. simulieren〉: jmd., der eine Krankheit vortäuscht, sich verstellt. **Si|mu|la|ti|on** *die;* -, -en 〈aus *lat.* simulatio „Vorspiegelung"〉: 1. Verstellung. 2. Vortäuschung [von Krankheiten]. 3. Nachahmung (in bezug auf technische Vorgänge). 4. die Nachbildung realistischer Vorgänge mit Hilfe eines Computers (Informatik). **Si|mu|la|tor** *der;* -s, ...oren 〈aus *lat.* simulator „Nachahmer"〉: 1. Gerät, in dem künstlich die Bedingungen u. Verhältnisse herstellbar sind, wie sie in Wirklichkeit bestehen (z. B. Flugsimulator; Techn.). 2. Programm, das den Ablauf eines Maschinenprogramms auf einer Rechenanlage mit einer anderen Maschinensprache als in diesem Maschinenprogramm verwendeten ermöglicht (EDV). **si|mu|lie|ren** 〈aus *lat.* simulare „ähnlich machen, nachbilden; nachahmen; etwas vortäuschen" zu similis, vgl. simile〉: 1. sich verstellen. 2. [eine Krankheit] vortäuschen, vorgeben. 3. [technische] Vorgänge wirklichkeitsgetreu nachahmen. 4. (veraltend, noch landsch.) nachsinnen, grübeln. **Si|mu|lie|rer** *der;* -s, -: svw. Simulator (2). **si|mul|tan** 〈aus *mlat.* simultaneus zu *lat.* simul „zugleich, zusammen"〉: a) gemeinsam; b) gleichzeitig; -es Dolmetschen: Form des Dolmetschens, bei der die Übersetzung gleichzeitig mit dem Originalvortrag über Kopfhörer erfolgt; Ggs. ↑ konsekutives Dolmetschen. **Si|mul|tan|ar|beit** *die;* -, -en: Bez. für verschiedene Arten der gleichzeitigen od. quasi gleichzeitigen Durchführung von Aufgaben (EDV). **Si|mul|tan|be|trieb** *der;* -[e]s, -e: Arbeitsweise eines Computers, bei der im Gegensatz zum Serienbetrieb mehrere Funktionseinheiten gleichzeitig an mehreren Aufgaben od. an mehreren Teilen einer Aufgabe arbeiten (EDV). **Si|mul|tan|büh|ne** *die;* -, -n: Bühne, bei der alle im Verlauf des Spiels erforderlichen Schauplätze nebeneinander u. dauernd sichtbar aufgebaut sind (z. B. bei den Passionsspielen des Mittelalters). **Si|mul|tan|dol|met|scher** *der;* -s, -: Dolmetscher, der simultan (b) übersetzt; Ggs. Konsekutivdolmetscher. **Si|mul|ta|nei|tät** [...ei...] *die;* -, -en 〈aus gleichbed. *fr.* simultanéité〉: a) Gemeinsamkeit; Gleichzeitigkeit; b) die Darstellung von zeitlich od. räumlich auseinanderliegenden Ereignissen auf einem Bild. **Si|mul|ta|neous En|gi|nee|ring** [sɪməl'teɪnɪəs ɛndʒɪ'nɪərɪŋ] *das;* -s 〈aus gleichbed. *engl.* simultaneous engineering〉: Verfahren, bei dem Produktionstechnologie u. Produktionsgestaltung zeitlich parallel zu-

Simultaneum

einander entwickelt werden, um so die Innovationszeiten zu verkürzen (Wirtsch.). **Si|mul|ta|ne|um** *das;* -s ⟨aus gleichbed. *nlat.* simultaneum, substantiviertes Neutrum von *mlat.* simultaneus, vgl. simultan⟩: staatlich od. durch Vertrag geregeltes gemeinsames Nutzungsrecht verschiedener Konfessionen an kirchlichen Einrichtungen (z. B. Kirchen, Friedhöfe). **Si|mul|ta|ni|tät** vgl. Simultaneität. **Si|mul|tan|kir|che** *die;* -, -n ⟨zu ↑ simultan⟩: Kirchengebäude, das mehreren Bekenntnissen offensteht. **Si|mul|tan|kon|trast** *der;* -[e]s, -e: gegenseitige Beeinflussung gleichzeitiger Farbwahrnehmungen im Sinne der Kontrastbildung (z. B. erscheint Grau in heller Umgebung dunkler u. umgekehrt; Psychol.); Ggs. ↑ Sukzessivkontrast. **Si|mul|tan|schu|le** *die;* -, -n: Gemeinschaftsschule für verschiedene Konfessionen; Ggs. ↑ Konfessionsschule. **Si|mul|tan|spiel** *das;* -[e]s, -e: Spiel, bei dem ein Schachspieler gegen mehrere, meist leistungsschwächere Gegner gleichzeitig spielt

Sin|al|bin *das;* -s ⟨Kunstw. aus *lat.* sinapis alba „weißer Senf" u. ↑ *...in* (1)⟩: vor allem in den Samen des Weißen Senfs sowie auch in anderen Kreuzblütlern vorkommendes Senfölglykosid (Biochem.)

sin al fi|ne ⟨*it.*⟩: bis zum Schluß (zu wiederholen; Vortragsanweisung, Mus.)

Sin|an|thro|pus *der;* -, Plur. ...pi u. ...pen ⟨aus *nlat.* sinanthropus zu *gr.* Sínai „Chinesen; China" u. ánthrōpos „Mensch"⟩: Frühmensch, dessen fossile Reste in China gefunden wurden, Pekingmensch

Sin|apin|al|ko|hol *der;* -s ⟨zu *lat.* sinapis „Senf", ↑ *...in* (1) u. ↑ Alkohol⟩: ungesättigter aromat. Alkohol, der in Laubhölzern vorkommt (Chem.)

Sin|da|co [...ko] *der;* -, ...ci [...tʃi] ⟨aus gleichbed. *it.* sindaco, dies aus *spätlat.* syndicus „Vertreter einer Gemeinde vor Gericht", vgl. Syndikus⟩: Gemeindevorsteher, Bürgermeister in Italien

Sin|dhi [...di] *das;* ⟨zu *sanskr.* síndhu „Sindh", nach der Landschaft in Indien⟩: zu den neuindoarischen Sprachen gehörende Sprache, die in Pakistan u. Indien gesprochen wird

si|ne an|no ⟨*lat.*⟩: ohne Jahr (veralteter Hinweis bei Buchtitelangaben, wenn kein Erscheinungsjahr genannt ist); Abk.: s. a. **si|ne an|no et lo|co** [- - - 'loːko] ⟨*lat.;* „ohne Ort und Jahr"⟩: svw. sine loco et anno; Abk.: s. a. e. l. **si|ne ira et stu|dio** ⟨*lat.;* nach Tacitus, Annales I, 1⟩: ohne Haß u. Eifer, d. h. objektiv u. sachlich. **Si|ne|ku|re** *die;* -, -n ⟨zu *lat.* sine cura „ohne Sorge"⟩: 1. Pfründe ohne Amtsgeschäfte. 2. müheloses, einträgliches Amt. **si|ne lo|co** [- 'loːko] ⟨*lat.*⟩: ohne Ort (veralteter Hinweis bei Buchtitelangaben, wenn kein Erscheinungsort genannt ist); Abk.: s. l. **si|ne lo|co et an|no** ⟨*lat.*⟩: ohne Ort und Jahr (veralteter Hinweis bei Buchtitelangaben, wenn weder Erscheinungsort noch -jahr genannt sind); Abk.: s. l. e. a.

Si|ne|mur *das;* -s ⟨nach Sinemurium, dem lat. Namen des Ortes Sémur in Burgund, Frankreich⟩: Stufe des ↑ Jura (Geol.)

si|ne ob|li|go ⟨relativisiert aus *it.* sine obbligo⟩: ohne ↑ Obligo; Abk.: s. o. **si|ne qua non** vgl. Conditio sine qua non. **si|ne tem|po|re** ⟨*lat.;* „ohne Zeit"⟩: ohne akademisches Viertel, d. h. pünktlich (zur vereinbarten Zeit); Abk.: s. t.; vgl. cum tempore

Sin|fo|nia *die;* -, ...ie ⟨aus gleichbed. *it.* sinfonia, vgl. Sinfonie⟩: vom 16.–18. Jh. mehrstimmiges Instrumentalstück, vorzugsweise als Einleitungssatz größerer Vokalwerke u. der Suite (4; Mus.). **Sin|fo|nie** u. Symphonie *die;* -, ...ien ⟨aus gleichbed. *it.* sinfonia, dies über *lat.* symphonia „mehrstimmiger musikalischer Vortrag" aus *gr.* symphōnía zu sýmphōnos „zusammentönend"⟩: 1. meist viersätziges, auf das Zusammenklingen des ganzen Orchesters hin angelegte Instrumentalkomposition in mehreren Sätzen (Mus.). 2. Ganzes, reiche Gesamtheit, gewaltige Fülle, worin verschiedenartige Einzelheiten eindrucksvoll zusammenwirken. **Sin|fo|ni|et|ta** *die;* -, ...tten ⟨aus gleichbed. *it.* sinfonietta, Verkleinerungsform von sinfonia, vgl. Sinfonie⟩: kleine Sinfonie (1). **Sin|fo|nik** u. Symphonik *die;* - ⟨zu ↑ ²...ik (1)⟩: Lehre vom sinfonischen Satzbau (Mus.). **Sin|fo|ni|ker** u. Symphoniker *der;* -s, -: 1. Komponist von Sinfonien (1). 2. (nur Plur.) a) Mitglieder eines Sinfonieorchesters; b) Name mancher Sinfonieorchester. **sin|fo|nisch** u. symphonisch: sinfonieartig, in Stil u. Charakter einer Sinfonie (1); -e Dichtung: um 1850 entstandene Gattung der orchestralen Programmusik, die begrifflich faßbare Inhalte in Musik umsetzt (Mus.).

¹Sin|gle ['sɪŋgl] *das;* -[s], -[s] ⟨aus gleichbed. *engl.* single, eigtl. „einzeln(e), allein", dies über *altfr.* sengle aus *lat.* singulus, vgl. singulär⟩: 1. Einzelspiel (zwischen zwei Spielern) im Tennis od. Badminton. 2. Zweierspiel im Golf. **²Sin|gle** *die;* -, -[s] ⟨zu ↑ ¹Single⟩: a) kleine Schallplatte mit nur je einem Titel auf Vorder- u. Rückseite; b) kleine Kompaktschallplatte. **³Sin|gle** *der;* -[s], -s ⟨zu ↑ ¹Single⟩: jmd., der bewußt u. willentlich allein, ohne feste äußere Bindung an einen Partner lebt aus dem Wunsch heraus, ökonomisch unabhängig u. persönlich ungebunden zu sein. **Sin|gle|decker¹** *der;* -s, - ⟨zu ↑ ¹Single⟩: Eindeckschiff, ein Frachtschiff, dessen Laderaum nicht durch Zwischendecks unterteilt ist, z. B. Tank- u. Massengutschiff. **Sin|gle-Disc** [...'dɪsk] *die;* -, -s ⟨zu *engl.* disc „Schallplatte"⟩: Kompaktschallplatte mit nur einem Titel. **Sin|gle|ton** ['sɪŋltən] *der;* -s, -s ⟨aus gleichbed. *engl.* singleton⟩: a) engl. Bez. für nur aus Spielkarten gleicher Farbe bestehendes Blatt in der Hand eines Spielers; b) engl. Bez. für Trumpf im Kartenspiel

Sing-out ['sɪŋaʊt, 'sɪŋˌaʊt, sɪŋ'aʊt] *das;* -[s], -s ⟨aus gleichbed. *amerik.* sing-out zu to sing out „(singend) hinausschreien"⟩: (von protestierenden Gruppen veranstaltetes) öffentliches Singen von Protestliedern

Sin|gu|lar *der;* -s, -e ⟨aus gleichbed. *lat.* (numerus) singularis, vgl. singulär⟩: 1. (ohne Plur.) Numerus, der beim Nomen u. Pronomen anzeigt, daß dieses sich auf eine einzige Person od. Sache bezieht, u. der beim Verb anzeigt, daß nur ein Subjekt zu dem Verb gehört; Einzahl. 2. Wort, das im Singular steht; Singularform; Abk.: Sing.; Ggs. ↑ Plural. **sin|gu|lär** ⟨unter Einfluß von *fr.* singulier aus *lat.* singularis „zum einzelnen gehörig; vereinzelt; eigentümlich" zu singulus „einzeln, einer allein"⟩: 1. vereinzelt vorkommend, einen Einzel- od. Sonderfall vorstellend. 2. einzigartig. **Sin|gu|la|re|tan|tum** *das;* -s, Plur. -s u. Singulariatantum ⟨zu *lat.* singularis (vgl. singulär) u. tantum „nur"⟩: nur im Singular vorkommendes Wort (z. B. das All; Sprachw.). **Sin|gu|la|ris** *der;* -, ...res [...reːs] ⟨aus *lat.* singularis; vgl. Singular⟩: (veraltet) svw. Singular. **sin|gu|la|risch**: a) den Singular betreffend; b) im Singular [gebraucht, vorkommend]. **Sin|gu|la|ris|mus** *der;* - ⟨zu ↑ ...ismus (1)⟩: metaphysische Lehre, nach der die Welt als eine Einheit aus nur scheinbar selbständigen Teilen angesehen wird (Philos.); Ggs. ↑ Pluralismus (1). **Sin|gu|la|ri|tät** *die;* -, -en ⟨aus *spätlat.* singularitas, Gen. singularitatis „das Einzelnsein, Alleinsein"⟩: 1. vereinzelte Erscheinung; Seltenheit, Besonderheit. 2. bestimmte Stellen, wo sich Kurven od. Flächen anders verhalten als bei ihrem normalen Verlauf (Math.). 3. die zu bestimmten Zeiten des Jahres stetig wiederkehrenden Wettererscheinungen (Meteor.). **Sin|gu|la|ri|um** *das;* -s,

...ien [...i̯ən] ⟨zu ↑...arium⟩: (veraltet) svw. Spezifikum (2). **Sin|gu|lar|suk|zes|si|on** *die;* -, -en ⟨zu *lat.* singularis, vgl. singulär⟩: Eintritt in ein einzelnes, bestimmtes Rechtsverhältnis (Rechtsw.). **Sin|gu|lętt** *das;* -s, -s ⟨aus gleichbed. *engl.* singlet zu single, vgl. ¹Single⟩: einfache, nicht aufgespaltete Spektrallinie (Phys.)
Sin|gul|tus *der;* -, - [...tu:s] ⟨aus *lat.* singultus „das Schluchzen, Schlucken" zu singultare „schluchzen"⟩: Schluckauf (Med.)
Sin|ha|lit [auch ...'lɪt] *der;* -s, -e ⟨nach Sinhala, dem Sanskritnamen für die Insel Ceylon, u. zu ↑²...it⟩: ein gelbliches bis tiefbraunes Mineral
Si|nia *die;* - ⟨aus gleichbed. *nlat.* Sinia zu *gr.* Sínai, vgl. Sinanthropus⟩: eine geotektonische Aufbauzone (Geol.).
Si|ni|de *der;* -n, -n ⟨zu ↑Sinia u. ↑...ide⟩: zu den ↑Mongoliden gehörende Menschenform
Si|ni|grin *das;* -s ⟨Kunstw. aus *lat.* sinapis nigra „schwarzer Senf" u. ↑...*in* (1)⟩: in dem Samen des Schwarzen Senfs u. in anderen Kreuzblütlern enthaltenes ↑Glykosid, das bei der ↑Hydrolyse in Senföl u. Traubenzucker gespalten wird (Biochem.)
Si|ni|ka *die* (Plur.) ⟨zu ↑Sinia u. ↑...ika⟩: Werke aus u. über China
si|ni|ster ⟨*lat.;* eigtl. „links"⟩: 1. links, linker (Med.). 2. unheilvoll, unglücklich, zwielichtig. **si|ni|stra ma̯no** vgl. manu sinistra. **Si|ni|stro|po|si|ti|on** *die;* -, -en: anomale Lage eines Organs in der linken Körperhälfte statt in der rechten (Med.)
Si|ni|um *das;* -s ⟨zu ↑Sinia u. ↑...ium⟩: wenig ↑metamorphe Gesteinsserie des Jungproterozoikums in China (Geol.)
Sinn Fein ['ʃɪn 'feɪn] *die;* - ⟨aus *ir.* Sinn Fein, eigtl. „wir selbst"⟩: 1905 gegründete nationalistische Bewegung in Irland. **Sinn|fei|ner** ['ʃɪnfeːnɐ] *der;* -s, -: Anhänger der Sinn Fein
Si|no|lo|ge *der;* -n, -n ⟨zu *gr.* Sínai (vgl. Sinanthropus) u. ↑...loge⟩: jmd., der sich wissenschaftlich mit der chines. Sprache u. Literatur befaßt (z. B. Hochschullehrer, Student). **Si|no|lo|gie** *die;* - ⟨zu ↑...logie⟩: Wissenschaft von der chines. Sprache u. Literatur. **si|no|lo|gisch** ⟨zu ↑...logisch⟩: die Sinologie betreffend
Si|no|pie [...i̯ə] *die;* -, ...ien ⟨nach der türk. Stadt Sinop, aus der urspr. die Erdfarbe stammte, u. zu ↑¹...ie⟩: in roter Erdfarbe auf dem Rauhputz ausgeführte Vorzeichnung bei Mosaik u. Wandmalerei (Kunstw.)
Si|no|sko|pie, Sinuskopie *die;* -, ...ien ⟨zu ↑Sinus u. ↑...skopie⟩: ↑endoskopische Untersuchung der Nasennebenhöhlen, vor allem der Kieferhöhlen, zur Diagnose von Entzündungen u. Geschwülsten (Med.)
Sin|ti|za *die;* -, -s ⟨zu ↑Sinto⟩: weibliche Form zu ↑Sinto.
Sin|to *der;* -, ...ti (meist Plur.) ⟨Selbstbezeichnung Sinto, Plur. Sinti⟩: Angehöriger einer bes. in Deutschland verbreiteten ethnischen Minderheit ind. Herkunft, traditionell Zigeuner genannt (heute als diskriminierend empfunden); vgl. Rom
Si|nui|tis vgl. Sinusitis. **si|nu|ös** ⟨aus gleichbed. *lat.* sinuosus zu sinus, vgl. Sinus⟩: buchtig, gewunden, Falten od. Vertiefungen aufweisend (von Organen od. Organteilen; Med.).
Si|nus *der;* -, Plur. - [...nu:s] u. -se ⟨aus *(m)lat.* sinus, weitere Herkunft ungeklärt⟩: 1. Winkelfunktion im rechtwinkligen Dreieck, die das Verhältnis der Gegenkathete zur Hypotenuse darstellt; Zeichen sin (Math.). 2. a) Hohlraum, bes. innerhalb von Schädelknochen; b) venöses Blut führender Kanal zwischen den Hirnhäuten (Med.). **Si|nus|arrhyth|mie** *die;* -, ...ien [...iːən]: unregelmäßiger Herzschlag infolge Störung der Reizleitung im Sinusknoten (Med.).

Si|nu|sko|pie vgl. Sinoskopie. **Si|nu|si|tis** u. Sinuitis *die;* -, ...iti̯den ⟨zu ↑...itis⟩: 1. Entzündung einer Nasennebenhöhle (Med.). 2. Entzündung eines Hirnblutleiters (Med.).
Si|nus|kur|ve *die;* -, -n: zeichnerische Darstellung der Sinusfunktion (vgl. Sinus) in einem Koordinatensystem (Math.). **Si|nus|li|ne|al** *das;* -s, -e: in der Meß- u. Prüftechnik verwendetes Prüf- u. Fertigungshilfsmittel, mit dem Winkel mit Hilfe von Parallelendmaßen auf der Grundlage der Sinusfunktion eingestellt u. überprüft werden können. **si|nu|so|id** ⟨zu ↑...oid⟩: hohlraumähnlich (Med.). **Si|nu|so|id** *das;* -s, -e: hohlraumähnliche Ausbuchtung in einem Organ (z. B. im Herzmuskel; Med.). **Si|nus|throm|bo|se** *die;* -, -n: Blutpfropfbildung in einem Blutleiter der harten Gehirnhaut (Med.)
Si|pa|ri|um *das;* -s, ...ien [...i̯ən] ⟨aus gleichbed. *lat.* siparium, eigtl. „kleines Segel", Verkleinerungsform von siparum, supparum „Topp-, Bramsegel"⟩: (veraltet) Vorhang, bes. im Theater
Si|pho *der;* -s, ...onen ⟨aus *lat.* sipho, Gen. siphonis „(Wasser)röhre, Saugröhre; Feuerspritze", dies aus *gr.* síphōn⟩: Atemröhre der Schnecken, Muscheln u. Tintenfische. **Si|phon** ['ziːfõ, ziˈfõː, österr. ziˈfoːn] *der;* -s, -s ⟨aus gleichbed. *fr.* siphon, eigtl. „Saugheber", dies aus *lat.* sipho, vgl. Sipho⟩: 1. S-förmiger Geruchsverschluß bei Wasserausgüssen zur Abhaltung von Abwassergasen. 2. Getränkegefäß, aus dem beim Öffnen eingeschlossene Kohlensäure die Flüssigkeit herausdrückt (Siphonflasche). 3. (österr. ugs.) Sodawasser. 4. Abflußanlage, die unter eine Straße führt; vgl. Kanalisation. **si|pho|nal** ⟨zu ↑Sipho u. ↑¹...al (1)⟩: schlauchförmig, ohne Zellgewebe; Organisationsform der Schlauchalgen u. mancher Pilze. **Si|pho|no|ga|mie** *die;* - ⟨zu ↑...gamie⟩: Pollenschlauchbefruchtung, bei Samenpflanzen das Heranführen der Spermazellen an den weiblichen ↑Gametophyten durch den Pollenschlauch vor der Befruchtung (Bot.). **Si|pho|no|pho|re** *die;* -, -n (meist Plur.) ⟨zu ↑...phor⟩: Staats- od. Röhrenqualle
Si|po *das;* - ⟨aus dem *Afrik.*⟩: rotbraunes, witterungsfestes, mittelschweres Holz eines westafrik. Zedrachgewächses, das als Rahmenholz u. Furnier verwendet wird
Sir [səː] *der;* -s, -s ⟨aus *engl.* sir, dies aus *fr.* sire, vgl. Sire⟩: a) allgemeine engl. Anrede (ohne Namen) für Herr; b) engl. Adelstitel; vgl. ²Dame. **Sire** [siːr] ⟨aus gleichbed. *fr.* sire, dies über das Vulgärlat. zu *lat.* senior, vgl. senior⟩: Majestät (franz. Anrede an einen Monarchen)
Si|re|ne *die;* -, -n ⟨über *spätlat.* Siren(a) aus *gr.* Seirḗn, Plur. Seirḗnes (eines der weiblichen Fabelwesen der griech. Mythologie, die mit ihrem betörenden Gesang vorüberfahrende Seeleute anlockten, um sie zu töten), Bed. 2 über gleichbed. *fr.* sirène⟩: 1. schöne, verführerische Frau. 2. Anlage zur Erzeugung eines weithin hörbaren Alarm- od. Warnsignals. 3. eine Säugetierordnung (Seekühe)
Si|rio|me|ter *das;* -s, - ⟨zu *lat.* Sirius „Hundsstern" (aus *gr.* Seírios) u. ↑...meter⟩: in der Astronomie u. Astrophysik verwendete Längeneinheit (= 1,495 × 10¹⁴ km)
Si|rok|ko *der;* -s, -s ⟨aus *fr.* siroc(c)o, dies aus *it.* scirocco⟩: (selten) svw. Schirokko
Sir|ta|ki *der;* -s, -s ⟨aus gleichbed. *ngr. mdal.* syrtákē zu syrtós „Rundtanz"⟩: von Männern getanzter griech. Volkstanz, der langsam beginnt u. immer schneller wird, in Kettenod. Kreisform getanzt
Si|rup *der;* -s, -e ⟨über *mlat.* sirup(p)us, syrupus „süßer Heiltrank" aus *arab.* šarāb „Trank"⟩: a) eingedickter, wäßriger Zuckerrübenauszug; b) zähflüssige Lösung aus Zucker u. Wasser od. Fruchtsaft
Sir|ven|tes [...v...] *das;* -, - ⟨aus *provenzal.* sirventes, servent

„Dienstlied" zu sirvent „Diener", dies zu *lat.* serviens, Gen. servientis, Part. Präs. von servare, vgl. servieren): politisch-moralisierendes Rügelied der provenzal. Troubadoure

Si|sal *der;* -s ⟨nach der mex. Hafenstadt Sisal⟩: Faser aus den Blättern einer ↑ Agave, die zur Herstellung von Seilen u. Säcken verwendet wird

si|stie|ren ⟨aus *lat.* sistere „stehen machen, anhalten"⟩: 1. ein Verfahren unterbrechen, vorläufig einstellen (Rechtsw.). 2. jmdn. zur Feststellung seiner Personalien zur Wache bringen. **Si|stie|rung** *die;* -, -en ⟨zu ↑ ...ierung⟩: 1. Unterbrechung, vorläufige Einstellung eines Verfahrens (Rechtsw.). 2. das Feststellen der Personalien auf der Polizeiwache

Si|strum *das;* -s, ...stren ⟨aus gleichbed. *lat.* sistrum, dies aus *gr.* seīstron⟩: ein altägypt. Rasselinstrument

Si|sy|phus|ar|beit [auch 'zi...] *die;* - ⟨nach Sisyphus (*gr.* Sísyphos), in der griech. Mythologie wegen Verrats an den Göttern dazu verdammt, im Hades einen Felsblock einen steilen Berg hinaufzuwälzen, der kurz vor Erreichen des Gipfels immer wieder ins Tal zurückrollte⟩: sinnlose Anstrengung, vergebliche Arbeit

si ta|cu|is|ses, phi|lo|so|phus man|sis|ses [– taku... – –] ⟨*lat.;* nach Boethius' „Trostbuch der Philosophie" II, 7⟩: wenn du geschwiegen hättest, wärest du ein Philosoph geblieben

Si|tar *der;* -[s], -[s] ⟨aus gleichbed. *Hindi* sitār, dies aus dem Pers.⟩: ein iran. u. ind. Zupfinstrument

Si|ta|tun|ga *die;* -, -s ⟨aus dem Afrik.⟩: eine Antilope, die in Sumpfgebieten, in Schilf- u. Papyrusdickichten Afrikas südlich der Sahara lebt

Sit|com [...kɔm] *die;* -, -s ⟨Kurzw. aus *engl.* situation comedy „Situationskomödie"⟩: Komiksendung im Fernsehen, deren Gags aus der Situation heraus entstehen

Si|ti|eir|gie *die;* -, ...ien ⟨zu *gr.* sitíon „Speise, Nahrungsmittel", eírgein „ausschließen, abhalten; sich fernhalten" u. ↑ ²...ie⟩: Nahrungsverweigerung bei Geisteskranken (Med.)

Sit-in *das;* -[s], -s ⟨aus gleichbed. *engl.-amerik.* sit-in zu to sit in „teilnehmen, anwesend sein"⟩: demonstratives Sichhinsetzen einer Gruppe von Demonstranten zum Zeichen des Protests, Sitzstreik

Si|tio|ma|nie u. **Si|to|ma|nie** *die;* -, ...ien ⟨zu *gr.* sitíon (vgl. Sitieirgie) u. ↑ ...manie⟩: krankhafte Eßsucht (Med.). **Si|topho|bie** *die;* -, ...ien ⟨zu ↑ ...phobie⟩: Nahrungsverweigerung [bei Zwangsneurosen] (Med.)

Si|tua|ti|on *die;* -, -en ⟨aus gleichbed. *fr.* situation zu situer „in die richtige Lage bringen", dies zu *mlat.* situare zu *lat.* situs „Lage, Stellung"⟩: 1. a) Verhältnisse, Umstände, in denen sich jmd. [augenblicklich] befindet; jmds. augenblickliche Lage; b) Verhältnisse, Umstände, die einen allgemeinen Zustand kennzeichnen; allgemein herrschende Lage. 2. Lageplan (Geogr.). 3. die Gesamtheit der äußeren Bedingungen des sozialen Handelns u. Erlebens (Soziol.). **si|tua|tio|nell** ⟨zu ↑ ...ell⟩: svw. situativ. **Si|tua|tio|nist** *der;* -en, -en ⟨zu ↑ ...ist⟩: jmd., der sich schnell u. zu seinem Vorteil jeder [neuen] Lage anzupassen versteht; vgl. Opportunist. **Si|tua|ti|ons|ethik** *die;* -: Ethik, die nicht von sittlichen Normen ausgeht, sondern die sittliche Entscheidung von der jeweiligen konkreten Situation des Handelnden abhängig macht. **Si|tua|ti|ons|ko|mik** *die;* -: unfreiwillige Komik, bei der ein an sich ernsthaftes od. alltägliches Geschehen zu einer lächerlichen Situation führt. **si|tua|tiv** ⟨zu ↑ ...iv⟩: durch die (jeweilige) Situation bedingt. **si|tu|ie|ren** ⟨aus gleichbed. *fr.* situer, vgl. Situation⟩: legen, stellen, in die richtige Lage bringen, [an]ordnen (meist als Partizip Perfekt in Verbindung mit Adjektiven wie „gut" gebraucht, z. B. gutsituiert = wirtschaftlich gut gestellt). **Si|tu|ie|rung** *die;* -, -en ⟨zu ↑ ...ierung⟩: Lage, Anordnung (z. B. von Gebäuden)

Si|tu|la *die;* -, ...ulen ⟨aus *lat.* situla „(Wein)krug, Eimer"⟩: vorgeschichtliches, meist aus Bronze getriebenes, eimerartiges Gefäß (bes. für die Eisenzeit typisch)

Si|tus *der;* -, - [...tu:s] ⟨aus *lat.* situs „Lage, Stellung"⟩: 1. a) [natürliche] Lage der Organe im Körper; b) Lage des ↑ Fetus in der Gebärmutter (Med.); vgl. in situ. 2. Funktionsbereich von Personen od. Gruppen mit gleichem Status in der sozialen Hierarchie (Soziol.)

sit ve|nia ver|bo [– v... v...] ⟨*lat.;* „dem Worte sei Verzeihung [gewährt]"⟩: man möge mir diese Ausdrucksweise gestatten, nachsehen; Abk.: s. v. v.

Si|van [...v...] vgl. Siwan

Si|va|pi|the|cus [...va'pi:tekʊs] *der;* -, ...ci [...tsi] ⟨aus *nlat.* sivapithecus (nach dem Fundort Siwalik Hills im Himalaja) u. zu *gr.* píthēkos „Affe"⟩: fossiler Menschenaffe aus dem ↑ Miozän u. ↑ Pliozän mit stark menschlichen Merkmalen

Si|vas [...v...] *der;* -, - ⟨nach der gleichnamigen türk. Stadt⟩: ein vielfarbiger, meist rotgrundiger Teppich mit pers. Musterung

si vis pa|cem, pa|ra bel|lum [– vi:s 'pa:tsɛm – –] ⟨*lat.*⟩: wenn du den Frieden willst, bereite den Krieg vor

Si|wan *der;* - ⟨aus gleichbed. *hebr.* sīvān⟩: 9. Monat im jüd. Kalender (Mai/Juni)

Six Days ['sıks 'deɪz] *die* (Plur.) ⟨kurz aus *engl.* ugs. six days für six-day race⟩: engl. Bez. für Sechstagerennen (Sport)

Six|pence [...pəns] *der;* -, - ⟨aus *engl.* sixpence, eigtl. „sechs Pence"; vgl. Penny⟩: bis 1971 in Umlauf befindliche engl. Silbermünze im Wert von 0,5 ↑ Shilling. **Sixt** *die;* -, -en ⟨*lat.* sexta, eigtl. „sechste (Fechtbewegung)", dies zu sextus, vgl. Sext⟩: Fechtstellung mit gleicher Klingenlänge wie bei der ↑ Terz (2), jedoch mit anderer Haltung der Faust. **Sixte ajou|tée** [sikstaʒu'te:] *die;* - - ⟨aus *fr.* sixte ajoutée „hinzugefügte Sexte"⟩: die einem Dur- od. Molldreiklang als charakteristische Dissonanz hinzugefügte Sexte (Mus.). **Sixty-nine** ['sıkstı'naın] *das;* - ⟨aus gleichbed. *engl.* sixty-nine, eigtl. „neunundsechzig", nach der Stellung der Partner, die mit dem Bild der liegend geschriebenen Zahl 69 verglichen wird⟩: (Jargon) [von zwei Personen ausgeübter] gleichzeitiger gegenseitiger oraler Geschlechtsverkehr; Neunundsechzig

Si|zi|lia|ne *die;* -, -n ⟨zu *it.* siciliana, Fem. von siciliano „sizilianisch"⟩: aus Sizilien stammende Abart der ↑ Stanze mit nur zwei Reimen. **Si|zi|lia|no** vgl. Siciliano. **Si|zi|li|enne** [...'lįɛn] *die;* - ⟨aus *fr.* sicilienne, eigtl. Fem. von sicilien „sizilianisch"⟩: svw. Eolienne

Ska *der;* -[s] ⟨Herkunft unsicher⟩: Musikstil, der sich in Jamaika aus dem ↑ Rhythm and Blues entwickelte u. zum Vorläufer des „behäbigeren" ↑ Reggae wurde (Mus.)

Ska|bi|es [...bi̯ɛs] *die;* - ⟨aus *lat.* scabies „Rauhigkeit; Räude, Krätze" zu scabere „kratzen"⟩: durch die Krätzmilbe hervorgerufene Hautkrankheit (Krätze; Med.). **ska|bi|ös** ⟨aus *lat.* scabiosus „rauh; krätzig, räudig"; vgl. ...ös⟩: krätzig, die typischen Hauterscheinungen der Krätze zeigend (Med.). **Ska|bio|se** *die;* -, -n ⟨aus *nlat.* scabiosa, Fem. zu *lat.* scabiosus, vgl. skabiös⟩: Pflanzengattung der Kardengewächse mit zahlreichen einheimischen Kräutern u. Zierpflanzen. **ska|brös** ⟨aus gleichbed. *fr.* scabreux, dies aus *spätlat.* scabrosus „rauh, schäbig" zu *lat.* scaber⟩: (veraltet) heikel, schlüpfrig

Ska|denz *die;* -, -en ⟨aus gleichbed. *it.* scadenza zu scadere „fällig sein", dies aus *lat.* cadere⟩: (veraltet) Verfallzeit (Wirtsch.)

Skai Ⓦ *das;* -[s] ⟨Kunstw.⟩: ein Kunstleder

skål! [skoːl] ⟨aus gleichbed. *schwed., dän.* skål!, eigtl. „Trinkschale"⟩: skand. für prost!, zum Wohl!

Ska|la *die;* -, Plur. Skalen u. -s ⟨über *it.* scala „Treppe, Leiter" aus gleichbed. *lat.* scalae (Plur.) zu scandere, vgl. skandieren⟩: 1. (eingedeutscht auch Skale) Maßeinteilung an Meßinstrumenten (Techn.). 2. beim Mehrfarbendruck die Zusammenstellung der Farben, mit denen jede Platte gedruckt werden muß (Druckw.). 3. Tonleiter (Mus.). 4. Stufenleiter, vollständige Reihe zusammengehöriger, sich abstufender Erscheinungen. **ska|lar** ⟨nach *lat.* scalaris „zur Leiter gehörend"⟩: durch ↑reelle Zahlen bestimmt (Math.). **¹Ska|lar** *der;* -s, -e ⟨zu ↑skalar⟩: 1. eine math. Größe, die allein durch einen Zahlenwert bestimmt wird (Math.). **²Ska|lar** *der;* -s, -e ⟨aus *nlat.* scalare, Neutrum von scalaris „leiterförmig", nach dem Streifenmuster des Fisches⟩: Süßwasserfisch aus dem Amazonasgebiet, ein Segelflosser. **Ska|lar|pro|dukt** *das;* -[e]s, -e ⟨zu ↑¹Skalar⟩: Produktbildung aus zwei Vektoren, die einen ¹Skalar ergibt (Math.)

Skal|de *der;* -n, -n ⟨aus gleichbed. *altisländ.* skáld⟩: altnord. Dichter u. Sänger

Ska|le vgl. Skala (1). **Ska|len:** Plur. von ↑Skala

ska|le|nisch ⟨aus gleichbed. *gr.* skalēnós⟩: ungleich, ungleichseitig (von Dreiecken; Math.). **Ska|le|no|eder** *das;* -s, - ⟨zu *gr.* hédra „Sitz(fläche)"⟩: Vielflächner mit 12 ungleichseitigen Dreiecken als Oberfläche (Math.)

Ska|len|trans|for|ma|ti|on *die;* - ⟨zu ↑Skala u. ↑Transformation⟩: Einführung dimensionsloser Variablen in die mathematische Beschreibung eines physikalischen Systems (Phys.). **ska|lie|ren** ⟨zu ↑...ieren⟩: Verhaltensweisen od. Leistungen in einer statistisch verwendbaren Wertskala einstufen (Psychol., Soziol.). **Ska|lie|rung** *die;* - ⟨zu ↑...ierung⟩: Verfahren, kontinuierliche Größen od. bewertbare Relationen durch Einrichten einer Skala meßbar zu machen

Skalp *der;* -s, -e ⟨aus gleichbed. *engl.* scalp, eigtl. „Hirnschale, Schädel", dies vermutlich aus dem Altnord.⟩: die abgezogene Kopfhaut des getöteten Gegners als Siegeszeichen bei den Indianern Nordamerikas (Völkerk.)

Skal|pell *das;* -s, -e ⟨aus gleichbed. *lat.* scalpellum, Verkleinerungsform von scalprum „Messer", dies zu scalpere „ritzen, schneiden"⟩: kleines chirurgisches Messer mit feststehender Klinge

skal|pie|ren ⟨zu ↑Skalp u. ↑...ieren⟩: a) den ↑Skalp nehmen; b) die Kopfhaut abziehen. **Skal|pie|rung** *die;* -, -en ⟨zu ↑...ierung⟩: das Skalpieren, das Skalpiertwerden (z. B. bei Unglücksfällen)

Ska|mu|sik *die;* - ⟨zu ↑Ska⟩: svw. Ska

Skan|dal *der;* -s, -e ⟨über gleichbed. *(alt)fr.* scandale aus *spätlat.* scandalum „Anstoß, Ärgernis", dies aus *gr.* skándalon, vgl. Skandalon⟩: 1. Ärgernis; aufsehenerregendes, schockierendes Vorkommnis. 2. (landsch.) Lärm. **Skan|dal|chro|nik** *die;* -, -en: Schilderung einer Reihe von Skandalen. **skan|da|lie|ren** ⟨zu ↑...ieren⟩: (veraltet) lärmen. **skan|da|li|sie|ren** ⟨zu ↑...isieren⟩: (veraltet) etwas zu einem Skandal machen; Anstoß nehmen. **Skan|da|lon** *das;* -[s] ⟨aus gleichbed. *gr.* skándalon, eigtl. „Fallstrick"⟩: (veraltet) Anstoß, Ärgernis. **skan|da|lös** ⟨nach gleichbed. *fr.* scandaleux aus *mlat.* scandalosus zu *spätlat.* scandalum, vgl. Skandal⟩: ärgerlich, unglaublich, unerhört; anstößig. **Skan|dal|pres|se** *die;* -: Teil der Presse (2 a), der seine Leser mit reißerischen Berichten über Skandale (1) zu interessieren versucht

skan|die|ren ⟨aus gleichbed. *lat.* scandere, eigtl. „(stufenweise) emporsteigen"⟩: a) Verse taktmäßig, mit besonderer Betonung der Hebungen u. ohne Rücksicht auf den Sinnzusammenhang lesen; b) rhythmisch abgehackt, in einzelnen Silben sprechen

Skan|di|na|vis|mus [...v...] *der;* -, ...men ⟨nach der nordeuropäischen Halbinsel Skandinavien u. zu ↑...ismus (4)⟩: 1. Eigentümlichkeit einer skand. Sprache. 2. einer skand. Sprache nachgebildete Eigentümlichkeit in einer anderen Sprache (Sprachw.). **Skan|di|na|vist** *der;* -en, -en ⟨zu ↑...ist⟩: svw. Nordist. **Skan|di|na|vi|stik** *die;* - ⟨zu ↑...istik⟩: svw. Nordistik. **Skan|di|um** vgl. Scandium

Skan|sen *das;* -s, - ⟨nach der Anlage des Nordischen Museums in Stockholm (Schweden)⟩: Freilichtmuseum, bes. für Volksarchitektur

Skan|si|on *die;* -, -en ⟨aus *lat.* scansio „das Steigen" zu scandere, vgl. skandieren⟩: (veraltet) Messung eines Verses, Bestimmung des Versmaßes; das Skandieren

Ska|phan|der *der;* -s, - ⟨zu ↑Skaphe u. *gr.* anḗr, Gen. andrós „Mann"⟩: 1. Schutzanzug für extreme Druckverhältnisse (z. B. für Raumfahrer). 2. (veraltet) Schutzanzug für Taucher. **Ska|phe** *die;* -, -n ⟨aus *gr.* skáphē „ausgehöhlter Körper, Hülle; Kahn"⟩: altgriech. Sonnenuhr in Form einer oben offenen Schale mit Schattenstab. **Ska|phit** [auch ...'fit] *der;* -en, -en ⟨zu ↑²...it⟩: kahnförmiger ↑¹Ammonit. **Ska|pho|ze|pha|lus** *der;* -, ...li ⟨zu *gr.* kephalḗ „Kopf"⟩: mißgebildeter Schädel von kahnförmigem Aussehen (Med.)

Ska|po|lith [auch ...'lɪt] *der;* Gen. -s u. -en, Plur. -e[n] ⟨zu *gr.* skápos „Stab" (nach den oft langgestreckten Kristallen) u. ↑...lith⟩: ein farbloses bis weißes, glänzendes Mineral

Ska|pu|la|man|tie u. **Ska|pu|la|man|tik** *die;* - ⟨zu *lat.* scapula „Schulterblatt" u. *gr.* manteía „das Weissagen" bzw. ↑Mantik⟩: das Weissagen aus den Rissen im Schulterblatt [eines Schafes]. **Ska|pu|lier** *das;* -s, -e ⟨aus gleichbed. *mlat.* scapularium zu *lat.* scapulae (Plur.) „Schultern, Rücken"⟩: Überwurf über Brust u. Rücken in der Tracht mancher Mönchsorden

Ska|ra|bä|en|gem|me *die;* -, -n ⟨zu ↑Skarabäus u. ↑Gemme⟩: svw. Skarabäus (2). **Ska|ra|bä|us** *der;* -, ...äen ⟨aus *lat.* scarabaeus „Holzkäfer", dies aus *gr.* kárabos⟩: 1. Pillendreher (Mistkäfer des Mittelmeergebietes), im alten Ägypten heilig als Sinnbild des Sonnengottes. 2. als Amulett od. Siegel benutzte [altägypt.] Nachbildung des Pillendrehers in Stein, Glas od. Metall

Ska|ra|muz *der;* Gen. - u. -es, Plur. -e ⟨aus *it.* Scaramuccio, *fr.* Scaramouche⟩: Charakterfigur der ital. ↑Commedia dell'arte u. des franz. Lustspiels (prahlerischer Soldat)

Ska|re *das;* -s ⟨aus *norw.* skare „Schneekruste"⟩: zähflüssiges Wachs für Eis u. Harsch

Ska|ri|fi|ka|ti|on *die;* -, -en ⟨aus *spätlat.* scarificatio „das Ritzen, Schröpfen" zu scarificare, vgl. skarifizieren⟩: kleiner Einschnitt od. Stich in die Haut zur Blut- od. Flüssigkeitsentnahme (Med.). **ska|ri|fi|zie|ren** ⟨aus gleichbed. *spätlat.* scarificare zu *lat.* scarifus „Riß", dies aus *gr.* skáriphos, eigtl. „(Um)riß"⟩: die Haut zu diagnostischen od. therapeutischen Zwecken anritzen

Ska|ri|ol *der;* -s ⟨über älter *fr.* scarole, *it.* scariola aus *spätlat.* escariola „Endivie"⟩: svw. Eskariol

skar|la|ti|ni|form ⟨zu *vulgärlat.* febris scarlatina „Scharlach" (zu *mlat.* scarlatum „rote Farbe") u. ↑...form⟩: scharlachähnlich (von Hautausschlägen od. Erkrankungen; Med.)

Skarn *der;* -s, -e ⟨aus gleichbed. *schwed.* skarn, eigtl. „Schmutz"⟩: durch ↑ Kontaktmetamorphose entstandene Lagerstätte mit Eisen u. Edelmetallen (Geol.)

skar|tie|ren ⟨aus gleichbed. *it.* scartare, vgl. Skat⟩: (österr. Amtsspr.) alte Akten u. a. ausscheiden

Skas *die;* - ⟨aus *russ.* skaz „Erzählung" zu skazat' „sagen, erzählen"⟩: russ. literaturwissenschaftlicher Begriff für eine fingierte, stark persönlich geprägte Erzählweise, die sich von den schriftsprachlichen Normen der russ. Literatur durch Verwendung zahlreicher umgangssprachlicher u. mundartlicher Wörter u. Wendungen unterscheidet

Skat *der;* -[e]s, Plur. -e u. -s ⟨aus *it.* scarto „das Wegwerfen (der Karten); die abgelegten Karten" zu scartare „Karten wegwerfen, ablegen" zu carta „Papier; (Spiel)karte", dies aus *lat.* charta „Papier"⟩: 1. deutsches Kartenspiel für drei Spieler. 2. die zwei bei diesem Kartenspiel verdeckt liegenden Karten

Skate|board ['skeɪtbɔːd] *das;* -s, -s ⟨aus gleichbed. *engl.-amerik.* skateboard zu *engl.* to skate „gleiten, rollen" u. board „Brett"⟩: als Spiel- u. Sportgerät dienendes Brett auf vier federnd gelagerten Rollen, mit dem man sich stehend [mit Abstoßen] fortbewegt u. das nur durch Gewichtsverlagerung gesteuert wird, Rollerbrett. **Skate|boar|der** *der;* -s, -: jmd., der Skateboard fährt. **Ska|ting-Ef|fekt** ['skeɪtɪŋ...] *der;* -[e]s, -e ⟨zu *engl.* skating „das Gleiten" zu to skate, vgl. Skateboard⟩: infolge der Skating-Kraft ungleicher Druck, mit dem der Tonabnehmer auf der inneren u. äußeren Seite der Rille einer Schallplatte aufliegt. **Ska|ting-Kraft** *die;* -, ...kräfte: vom Tonabnehmer auf die innere Seite der Rille einer Schallplatte ausgeübte Kraft

Ska|tol *das;* -s ⟨zu *gr.* skátos, Gen. von skőr „Kot" u. ↑ ...ol⟩: übelriechende, bei der Fäulnis von Eiweißstoffen entstehende chem. Verbindung (z. B. im Kot). **Ska|to|lo|gie** *die;* - ⟨zu ↑ ...logie⟩: 1. die wissenschaftliche Untersuchung von Kot. 2. Vorliebe für das Benutzen von Ausdrücken aus dem Analbereich. **ska|to|lo|gisch** ⟨zu ↑ ...logisch⟩: 1. die wissenschaftliche Untersuchung von Kot betreffend, auf ihr beruhend. 2. eine auf den Analbereich bezogene Ausdrucksweise bevorzugend. **ska|to|phag** ⟨zu ↑ ...phag⟩: svw. koprophag. **Ska|to|pha|ge** *der* u. *die;* -n, -n ⟨zu ↑ ...phage⟩: svw. Koprophage. **Ska|to|pha|gie** *die;* - ⟨zu ↑ ...phagie⟩: svw. Koprophagie. **Ska|to|phi|lie** *die;* - ⟨zu ↑ ...philie⟩: svw. Koprophilie

Ska|zon *der;* -s, ...zonten ⟨aus *lat.* scazon „(der) hinkend(e Jambus)", dies aus gleichbed. *gr.* skázōn, eigtl. Part. Präs. von skázein „hinken"⟩: svw. Choliambus

Skeet|schie|ßen ['skiːt...] *das;* -s ⟨nach gleichbed. *engl.* skeet (shooting), vielleicht zu *altnord.* skot „Schuß" (u. *engl.* to shoot „schießen")⟩: Wettbewerb des Wurftauben-, Tontaubenschießens, bei dem die Schützen halbkreisförmig um die Wurfmaschinen stehen u. auf jede Taube nur einen Schuß abgeben dürfen (Sport)

Ske|lett vgl. ¹Skelett (1). **ske|le|tie|ren** ⟨zu ↑ ¹Skelett u. ↑ ...ieren⟩: Verbindungen eines Organs zu Nachbarorganen operativ durchtrennen (Med.). **ske|le|to|gen** ⟨zu ↑ ...gen⟩: knochenbildend (Med.). **Ske|le|ton** ['skɛlətən, ...letɔn] *der;* -s, -s ⟨aus gleichbed. *engl.* skeleton, eigtl. „Gerippe, Gestell", dies aus *gr.* skeletón, vgl. ¹Skelett⟩: niedriger, schwerer Sportrennschlitten (Wintersport). **Ske|le|to|to|pie** [skeleto...] *die;* - ⟨zu *gr.* skeletón (vgl. ¹Skelett), tópos „Ort, Stelle" u. ↑ ²...ie⟩: Lagebeziehung eines Organs zum ¹Skelett (Med., Biol.). **ske|le|to|to|pisch**: die Lage eines Organs im Verhältnis zum ¹Skelett bezeichnend (Med., Biol.). **¹Ske|lett** *das;* -[e]s, -e ⟨unter Einfluß von *fr.* squelette aus *gr.* skeletón (sōma) „ausgetrockneter Körper), Mumie" zu skeletós „ausgetrocknet", dies zu skéllesthai „vertrocknen, austrocknen"⟩: 1. (medizinisch fachspr. auch noch Skelet) inneres od. äußeres, [bewegliches] stützendes Körpergerüst aus Knochen, Chitin od. Kalk bei Tieren u. dem Menschen; Gerippe (Biol., Med.). 2. das zur Festigung von Pflanzenorganen dienende Gewebe (Bot.). 3. der tragende Unterbau, Grundgerüst (Bauw.). **²Ske|lett** *die;* - ⟨zu ↑ ¹Skelett, nach ihrem Aussehen⟩: aus relativ dünnen Strichen bestehende Schrift. **Ske|lett|bo|den** *der;* -s, ...böden ⟨zu ↑ ¹Skelett⟩: Bodenkrume mit groben Mineral- u. Gesteinsteilen (in Gebirgen). **ske|let|tie|ren** ⟨zu ↑ ...ieren⟩: 1. das ¹Skelett (1) bloßlegen (von Menschen u. Wirbeltieren). 2. [ein Blatt] bis auf das ¹Skelett (2) abfressen. 3. zum ¹Skelett (1) werden. **Ske|lett|sub|stan|zen** *der* (Plur.): Substanzen, die Waschmitteln zur Verbesserung der Waschwirkung zugesetzt werden, selbst aber nicht grenzflächenaktiv sind (z. B. Soda)

Ske|ne [ske'neː] *die;* -, ...nai ⟨aus gleichbed. *gr.* skēnḗ, eigtl. „Zelt, Hütte"⟩: im altgriech. Theater ein Ankleideräume enthaltender Holzbau, der als Bühnenabschluß diente u. vor dem die Schauspieler auftraten; vgl. Szene. **Ske|no|gra|phie** *die;* - ⟨aus gleichbed. *gr.* skēnographía, zu grapheīn „malen, zeichnen", eigtl. „schreiben"⟩: altgriech. Bühnendekorationsmalerei

Skep|sis *die;* - ⟨aus *gr.* sképsis „Betrachtung, Untersuchung, Bedenken" zu sképtesthai „schauen, spähen"⟩: Zweifel, Bedenken (auf Grund sorgfältiger Überlegung); Zurückhaltung; Ungläubigkeit; Zweifelsucht. **Skep|ti|ker** *der;* -s, - ⟨nach *gr.* skeptikoí (Plur.) „Anhänger einer altgriech. Philosophenschule, die ihre Meinung nur mit Bedenken, Zweifeln äußerten", substantivierter Plur. von skeptikós, vgl. skeptisch⟩: 1. Zweifler; mißtrauischer Mensch. 2. Anhänger des Skeptizismus. **skep|tisch** ⟨aus *gr.* skeptikós „zum Betrachten, Bedenken geneigt"⟩: zum Zweifel neigend, zweiflerisch, mißtrauisch, ungläubig, kühl abwägend. **Skep|ti|zis|mus** *der;* - ⟨zu ↑ ...izismus⟩: 1. skeptische Haltung. 2. die den Zweifel zum Denkprinzip erhebende, die Möglichkeit einer Erkenntnis der Wirklichkeit u. Wahrheit in Frage stellende philos. Schulrichtung; vgl. Pyrrhonismus

Sketch [skɛtʃ] *der;* -[e]s, Plur. -e[s] od. -s ⟨aus gleichbed. *engl.* sketch, eigtl. „Skizze; Stegreifstudie", dies über *niederl.* schets „Entwurf" aus *it.* schizzo, vgl. Skizze⟩: kurze, effektvolle Bühnenszene mit meist witziger Pointierung (Kabarett, Varieté)

Ske|te *die;* -, -n ⟨aus *mgr.* skḗtē „Einsiedelei", dies wohl verkürzt aus *gr.* askētḗrion „Stätte der Askese", eigtl. „Übungsplatz"⟩: Mönchssiedlung, Nebenkloster (in den Ostkirchen)

Ski [ʃiː], eindeutschend auch **Schi** *der;* -[s], Plur. -er, auch - ⟨aus gleichbed. *norw.* ski, eigtl. „Scheit", dies aus *altnord.* skið „Scheit, Schneeschuh"⟩: 1. aus Holz, Kunststoff od. Metall gefertigtes, langes schmales Brett mit Spezialbindung zur Fortbewegung auf Schnee. 2. kurz für das Skilaufen (z. B. - und Rodel gut; bes. in Zusammensetzungen wie Abfahrtsski, Trickski)

Skia|gra|phie *die;* -, ...ien ⟨aus gleichbed. *gr.* skiagraphía zu skiagrapheīn „beim Malen Schatten und Licht einsetzen", dies zu *gr.* skía „Schatten"⟩: Schattenmalerei in der griech. Kunst (zur Erzielung von Raumwirkung bei Gegenständen od. Figuren auf Gemälden od. Zeichnungen)

Ski|akro|ba|tik ['ʃiː...] *die;* - ⟨zu ↑ Ski u. ↑ Akrobatik⟩: beim Trickskilaufen auf besonderen Skiern ausgeführte artistische Schwünge, Drehungen u. ä.

Skia|ma|chie *die;* -, ...ien ⟨aus gleichbed. *gr.* skiamachía,

Skleritis

eigtl. „Schattengefecht"): (veraltet) Spiegelfechterei. **Skia|me|ter** *das;* -s, - ⟨zu *gr.* skía „Schatten" u. ↑¹...meter): Instrument zur Messung der Intensität von Röntgenstrahlen (Phys.). **Skia|skop** *das;* -s, -e ⟨zu ↑...skop): zentral gelochter Planspiegel zur Augenuntersuchung (Med.). **Skia|skopie** *die;* -, ...jen ⟨zu ↑...skopie): Schattenprobe zur Bestimmung des Brechungsvermögens des Auges (Med.)
Ski|bob ['ʃi:...] *der;* -s, -s ⟨zu ↑Ski u. ↑Bob): 1. einkufiger Schlitten mit Lenkvorrichtung, der von einem Fahrer mit Kurzskiern an den Füßen, wie auf einem Fahrrad sitzend, gefahren wird. 2. mit dem Skibob (1) betriebener Sport
Skiff *das;* -[e]s, -e ⟨aus gleichbed. *engl.* skiff, dies über *fr.* esquif, *it.* schifo aus dem Germ.): schmales nord. Einmannruderboot (Sport)
Skif|fle ['skɪfl] *der,* auch *das;* -s ⟨aus gleichbed. *engl.-amerik.* skiffle, weitere Herkunft ungeklärt, vielleicht lautmalend): Vorform des ↑Jazz auf primitiven Instrumenten wie z. B. Waschbrett, Kamm, ↑Jug. **Skif|fle-Group** [...gru:p] *die;* -, -s ⟨aus gleichbed. *engl.-amerik.* skiffle group, zu *engl.* group „Gruppe"): kleine Musikergruppe, die Skiffle spielt
Ski|fu|ni ['ʃi:...] *der;* -, -s ⟨zu ↑Ski u. (über das Roman.) zu *lat.* funis „Seil"): (schweiz.) großer Schlitten, der im Pendelbetrieb (Drahtseilbahnprinzip) Skifahrer bergaufwärts befördert. **Ski|gym|na|stik** *die;* -: spezielle Gymnastik, die den Körper für das Skilaufen kräftigt. **Ski|kjö|ring** [...jø:rɪŋ] *das;* -s, -s ⟨aus gleichbed. *norw.* skikjøring, zu kjøre „fahren"): Sportart, bei der ein Skiläufer von einem Pferd od. Motorrad gezogen wird. **Ski|lift** *der;* -[e]s, Plur. -e u. -s: Seilbahn o. ä., die Skiläufer bergaufwärts befördert. **Ski|ma|ra|thon** *der;* -s, -s ⟨zu ↑¹Marathon): Skilanglauf[wettbewerb] über 50 km
Skim|mings *die* (Plur.) ⟨aus gleichbed. *engl.* skimmings zu to skim „abschöpfen, abschäumen"): die bei der Reinigung von Zuckerrohrsaft anfallenden, noch stark zuckerhaltigen Schäume, die u. a. als Rohstoff für die Herstellung von Rum verwendet werden
Skin *der;* -s, -s ⟨zu *engl.* skin „Haut"): Kurzform von ↑Skinhead. **Skin|ef|fekt** *der;* -[e]s, -e ⟨aus gleichbed. *engl.* skin effect, zu effect „Wirkung"): Erscheinung, daß der Stromweg eines Wechselstroms hoher Frequenz hauptsächlich an der Oberfläche des elektrischen Leiters verläuft (Elektrot.). **Skin|head** [...hɛd] *der;* -s, -s ⟨aus gleichbed. *engl.* skinhead, eigtl. „Hautkopf", zu head „Kopf"): Angehöriger einer Gruppe Jugendlicher, die äußerlich durch Kurzhaarschnitt bzw. Glatze gekennzeichnet sind u. zu aggressivem Verhalten u. Gewalttätigkeiten neigen [auf der Grundlage rechtsradikalen Gedankenguts]
Skink *der;* -[e]s, -e ⟨über *lat.* scincus aus *gr.* skígkos „orientalische Eidechse"): (in Tropen u. Subtropen lebende) Echse mit keilförmigem Kopf, glatten, glänzenden Schuppen u. langem Schwanz, Wühl- od. Glattechse
Skin|ner-Box *die;* -, -en ⟨nach dem amerik. Verhaltensforscher B. F. Skinner (1904–1990) u. zu ↑Box): Experimentierkäfig zur Erforschung von Lernvorgängen bei Tieren (Verhaltensforschung)
Ski|no|id ⓦ *das;* -[e]s ⟨Kunstw. aus *engl.* skin „Haut" u. ↑...oid): lederähnlicher Kunststoff, der u. a. für Bucheinbände verwendet wird
Ski|op|ti|kon *das;* -s, Plur. ...ken od. -s ⟨zu *gr.* skía „Schatten", optikós „zum Sehen gehörig" u. ↑¹...on): ein früher verwendeter Projektionsapparat mit sehr starker Lichtquelle
¹Skip *der;* -[s], -s ⟨aus gleichbed. *engl.* skip, Nebenform von skep, dies aus *altnord.* skeppa „Korb"): ein besonderer Förderkübel mit Kippvorrichtung (Bergw.)

²Skip *der;* -s, -s ⟨Kurzform von ↑Skipper): Mannschaftsführer (bes. beim ↑Curling). **Skip|per** *der;* -s, - ⟨aus *engl.* skipper „Kapitän", dies aus *mittelniederl.* schipper „Schiffer"): Kapitän einer [Segel]jacht
Skis vgl. Skus
Skish [skɪʃ] *der;* - ⟨aus gleichbed. *engl.* skish, vermutlich zusammengezogen aus skeet (vgl. Skeetschießen) u. fish „Fisch"): Zielwurfdisziplin im ↑Castingsport
Ski|ver|tex ⓦ ['skaɪvər...] *das;* - ⟨Kunstw.): äußerlich dem Leder gleichendes Material aus Kunststoff zum Einbinden von Büchern
Ski|zir|kus ['ʃi:...] *der;* -, -se ⟨zu ↑Ski u. ↑Zirkus): (Jargon) 1. (ohne Plur.) internationale Gruppe der besten Skirennläufer, die im Winterhalbjahr in Skigebieten von Ort zu Ort ziehen u. dort Rennen zur Ermittlung des Siegers im ↑Worldcup austragen. 2. über ein ganzes Skigebiet verteiltes, in sich geschlossenes System von Skiliften
Skiz|ze *die;* -, -n ⟨aus gleichbed. *it.* schizzo, eigtl. „Spritzer (mit der Feder)", zu schizzare, vgl. skizzieren): 1. das Festhalten eines Eindrucks od. einer Idee in einer vorläufigen Form. 2. [erster] Entwurf, flüchtig entworfene Zeichnung für ein Gemälde, eine Plastik, eine Architektur. 3. kurze, sich auf das Wesentliche beschränkende [literarische] Darstellung, Aufzeichnung. **skiz|zie|ren** ⟨nach *it.* schizzare „spritzen, skizzieren"): 1. einen Eindruck od. eine Idee vorläufig [auf dem Papier] festhalten; [ein Problem] umreißen. 2. entwerfen; in den Umrissen zeichnen; andeuten.
Skiz|zist *der;* -en, -en ⟨zu ↑...ist): (veraltet) Skizzenmaler, der die Einzelheiten nicht ausführt
Skla|ve [...və, auch ...fə] *der;* -n, -n ⟨aus *mlat.* s(c)lavus „Unfreier, Leibeigener", dies aus *mgr.* sklábos „Sklave", eigtl. „Slawe" (die mittelalterlichen Sklaven im Orient waren meist Slawen)): 1. (früher) Leibeigener, in völliger wirtschaftlicher u. rechtlicher Abhängigkeit von einem anderen Menschen lebender Mensch. 2. (Jargon) Masochist. **Skla|ve|rei** *die;* -: 1. Leibeigenschaft, völlige wirtschaftliche u. rechtliche Abhängigkeit eines Sklaven (1) von einem Sklavenhalter. 2. a) starke Abhängigkeit von jmdm. od. etw.; b) harte, ermüdende Arbeit. **Skla|vin** *die;* -, -nen: weibliche Form zu ↑Sklave. **skla|visch**: 1. unterwürfig, blind gehorchend, willenlos. 2. [unselbständig u.] ohne eigene Ideen ein Vorbild nachahmend, nachbildend
skler..., **Skler...** vgl. sklero..., Sklero... **Skle|ra** *die;* -, ...ren ⟨aus *nlat.* sclera zu *gr.* sklērós „trocken; spröde; hart", dies zu sklēroūn „hart machen, härten"): Lederhaut des Auges, die äußere Hülle des Auges (Med.). **Skler|ad|e|ni|tis** *die;* -, ...itiden ⟨zu ↑sklero... u. ↑Adenitis): Drüsenverhärtung (Med.). **skle|ral** ⟨zu ↑¹...al (1)): die Sklera betreffend, zu ihr gehörend (Med.). **Skle|rei|de** *die;* -, -n (meist Plur.) ⟨zu *gr.* sklēroeidés „von harter Art"): Steinzelle, Pflanzenzelle mit verholzten, starren Wänden (Bot.). **Skler|ek|ta|sie** *die;* -, ...jen ⟨zu ↑sklero... u. ↑Ektasie): Vorwölbung der Sklera bei gleichzeitiger Drucksteigerung im Auge (Med.). **Skle|rem** *das;* -s ⟨zu *gr.* sklērós (vgl. Sklera) u. ↑...em): der ↑Sklerodermie ähnliche Erkrankung (Med.).
Skle|ren: Plur. von ↑Sklera. **Skler|en|chym** [...çy:m] *das;* -s, -e ⟨zu ↑sklero... u. *gr.* égchyma „(eingegossene) Flüssigkeit" zu egcheīn „eingießen"): Festigungsgewebe ausgewachsener Pflanzenteile (Bot.). **Skle|rit** [auch ...'rɪt] *der;* -en, -en ⟨zu ↑²...it): 1. feste, harte (sklerotisierte) Platte des Rumpfchitinskeletts der Gliederfüßer (Zool.). 2. oft mikroskopisch kleines, meist aus Kalk od. Kieselsäure bestehendes Einzelelement des inneren Stützgerüstes von Schwämmen, Edelkorallen u. Seewalzen (Zool.). **Skle|ri|tis** *die;* -, ...itiden ⟨zu ↑Sklera u. ↑...itis): Entzündung der

Sklera (Med.). **skle|ro...., Skle|ro...,** vor Vokalen meist skler..., Skler... ⟨aus *gr.* sklērós, vgl. Sklera⟩: Wortbildungselement mit der Bedeutung „hart, verhärtet", z. B. Sklerometer, sklerotisch, Sklerödem. **Skle|ro|blạst** *der;* -en, -en (meist Plur.) ⟨zu *gr.* blastós „Sproß, Trieb"⟩: skelettbildende Zelle bei Tieren (z. B. bei Schwämmen; Biol.). **Skle|ro|dak|ty|lie** *die;* -, ...ien ⟨zu *gr.* dáktylos „Finger, Zehe" u. ↑²...ie⟩: Form der Sklerodermie an Fingern u. Zehen (Med.). **Skler|ödem** *das;* -s, -e: mit einem ↑ Ödem verbundene, sklerodermieähnliche Verhärtung des Unterhautfettgewebes, Schwelldarre (Med.). **Skle|ro|der|mie** *die;* -, ...ien ⟨nach *gr.* sklēródermos „mit harter Haut"; vgl. ...dermie⟩: Darrsucht, krankhafte Quellung des Bindegewebes mit Verhärtung der Haut (Med.). **Skle|ro|kau|le** *die;* -, -n ⟨zu ↑ sklero... u. *gr.* kaulós „Stengel, Stiel", eigtl. „Hartstengel"⟩: auf trockenen Standorten wachsende Pflanze von rutenförmigem Aussehen mit zeitweilig od. dauernd blattlosen Sproßachsen (z. B. Besenginster, Wolfsmilchgewächse; Bot.). **Skle|ro|klas** *der;* -es, -e ⟨zu *gr.* klásis „das Zerbrechen, Bruch"⟩: ein bleigraues Mineral. **Skle|rom** *das;* -s, -e ⟨aus *gr.* sklērōma „verhärteter Körper(teil), Verhärtung"⟩: 1. svw. Sklerodermie. 2. chronische, mit Knotenbildung verlaufende Entzündung der oberen Luftwege (Med.). **Skle|ro|me|ter** *das;* -s, - ⟨zu ↑ sklero... u. ↑¹...meter⟩: Instrument zur Härtebestimmung bei Mineralien. **Skle|ro|phyl|len** *die* (Plur.) ⟨zu *gr.* phýllon „Blatt, Laub"⟩: Hartlaubgewächse, Pflanzen mit steifen, ledrigen Blättern (z. B. Stechpalme). **Skle|ro|pro|te|in** *das;* -s, -e (meist Plur.): Gerüsteiweiß, aus Eiweißkörpern bestehende faserige Stützsubstanz im Bindegewebe, in der Haut u. in den Hautanhangsgebilden (Med.). **Skle|ro|se;** -, -n ⟨zu *gr.* sklērós (vgl. Sklera) u. ↑¹...ose⟩: krankhafte Verhärtung von Geweben u. Organen (Med.). **skle|ro|sie|ren** ⟨zu ↑...ieren⟩: 1. verhärten (von Gewebe; Med.). 2. ein Blutgefäß zu therapeutischen Zwecken verhärten (Med.). **Skle|ro|sie|rung** *die;* -, -en ⟨zu ↑...ierung⟩: 1. das Sklerosieren (1). 2. Einspritzung von entzündungserregenden Substanzen in hoher Konzentration zur Erzeugung einer örtlichen Sklerose als therapeutische Maßnahme (z. B. bei der Veröung von Krampfadern od. von Hämorrhoiden; Med.). **Skle|ro|skop** *das;* -s, -e ⟨zu ↑ sklero... u. ↑...skop⟩: Härteprüfgerät in der Materialprüfung (Techn.). **Skle|ro|ti|ker** *der;* -s, - ⟨zu ↑ sklerotisch⟩: an Sklerose Erkrankter bzw. Leidender (Med.). **skle|ro|tisch** ⟨zu *gr.* sklērós (vgl. Sklera) u. ↑...otisch⟩: 1. verhärtet (von Geweben); mit Sklerose einhergehend (Med.). 2. an Sklerose leidend (Med.) **Skle|ro|ti|um** *das;* -s, ...ien [...jən] (meist Plur.) ⟨aus *nlat.* sclerotium zu *gr.* sklērótēs „Härte"⟩: hartes Pilzfadengeflecht als Dauerform mancher Schlauchpilze (z. B. des Mutterkornpilzes). **Skle|ro|to|mie** *die;* -, ...ien ⟨zu ↑sklero... u. ↑...tomie⟩: Einschnitt in die Lederhaut zur Druckentlastung des Auges beim grünen Star (Med.). **Skle|ro|zyt** *der;* -en, -en (meist Plur.) ⟨zu ↑...zyt⟩: svw. Skleroblast.

Sklo|dow|skịt [auch ...'kıt] *der;* -s, -e ⟨nach M. Curie geb. Sklodowska (1867–1934) u. ↑²...it⟩: ein hellgelbes Mineral

Skọ|lex *der;* -, ...lizes [...tse:s] ⟨aus *gr.* skṓlēx „Wurm" zu skoliós, vgl. Skolion⟩: Bandwurmkopf. **Sko|le|zịt** [auch ...'tsıt] *der;* -s, -e ⟨zu *gr.* skōlēkítēs „wurmähnlich" u. ↑²...it⟩: ein farbloses od. weißes, glasglänzendes Mineral. **Sko|lio|do|xie** *die;* - ⟨zu ↑ Skolion, *gr.* dóxa „Meinung" u. ↑²...ie⟩: (veraltet) Querköpfigkeit, verkehrte Meinung. **Skọ|li|on** *das;* -s, ...ien [...jən] ⟨aus gleichbed. *gr.* skólion zu skoliós „krumm, verdreht", vielleicht nach der unregelmäßigen Reihenfolge beim Vortrag⟩: altgriech., von den Gästen abwechselnd vorgetragenes Tisch- u. Trinklied mit vielfach ↑gnomischem od. politischem Inhalt [in satirischer Form]. **Sko|lio|se** *die;* -, -n ⟨zu *gr.* skoliós (vgl. Skolion) u. ↑¹...ose⟩: seitliche Verkrümmung der Wirbelsäule (Med.). **sko|lio|tisch** ⟨zu ↑...otisch⟩: auf einer Skoliose beruhend; seitlich verkrümmt (von der Wirbelsäule; Med.). **Skọ|li|zes** [...tse:s]: Plur. von ↑ Skolex

Sko|lo|pal|or|ga|ne *die* (Plur.) ⟨zu *gr.* skólops, Gen. skólopos „Pfahl, Spitzpfahl", ↑¹...al (1) u. ↑ Organ⟩: aus ↑ Skolopidien zusammengesetzte, auf Lage- bzw. Druckveränderungen ansprechende Sinnesorgane der Insekten (Zool.). **Sko|lo|pẹn|der** *der;* -s, - ⟨aus *gr.* skolópendra „Tausendfüßer"⟩: tropischer Tausendfüßer **Sko|lo|pi|di|en** [...jən] *die* (Plur.) ⟨aus *nlat.* scolopidia zu *gr.* skólops (vgl. Skolopalorgane) u. -eidḗs „...förmig"⟩: Sinneszellen in den Skolopalorganen der Insekten (Zool.).

skon|tie|ren ⟨nach *it.* scontare „abziehen"; vgl. Konto⟩: Skonto gewähren. **Skọn|to** *der* od. *das;* -s, Plur. -s, auch ...ti ⟨aus gleichbed. *it.* sconto, dies aus *lat.* absconditum „Verborgenes, Beiseitegeschafftes", Part. Perf. (Neutrum) von abscondere „verbergen, wegtun"⟩: Preisnachlaß bei Barzahlung

Skon|tra|ti|on *die;* -, -en ⟨zu ↑ skontrieren u. ↑...ation⟩: Fortschreibung, Bestandsermittlung durch Zu- u. Abschreibungen der Zu- und Abgänge (Wirtsch.); vgl. Inventur. **skon|trie|ren** ⟨aus *it.* scontrare „gegeneinander aufrechnen", eigtl. „aufeinandertreffen", dies zu *lat.* contra „gegen"⟩: fortschreiben (die Zu- u. Abgänge; Wirtsch.). **Skọn|tro** *das;* -s, -s ⟨aus gleichbed. *it.* (libro) scontro, eigtl. „(Buch der) Aufrechnung"⟩: Nebenbuch der Buchhaltung zur täglichen Ermittlung von bestimmten Bestandsmengen (Wirtsch.)

Skoo|ter ['sku:tɐ] *der;* -s, - ⟨aus gleichbed. *engl.* scooter zu to scoot „rasen, flitzen"⟩: [elektr.] Kleinauto auf Jahrmärkten u. in Vergnügungsparks

Skọp *der;* -s, -s ⟨aus gleichbed. *altengl.* scop⟩: Dichter u. Sänger in der Gefolgschaft eines westgermanischen Fürsten

...skop ⟨zu *gr.* skopeĩn „betrachten, beschauen"⟩: Wortbildungselement mit der Bedeutung „Gerät zur optischen Untersuchung od. Betrachtung", z. B. Mikroskop, Periskop, Zystoskop. **...sko|pie** ⟨zu *gr.* skopía „die Beobachtung", eigtl. „das Spähen von hoher Warte aus; Warte"⟩: Wortbildungselement mit der Bedeutung „optische Untersuchung od. Betrachtung", z. B. Laparoskopie, Mikroskopie, Zystoskopie

Sko|pol|amin *das;* -s ⟨Kunstw. aus *nlat.* scopolia „Tollkraut" (nach dem Trienter Abt A. Scopoli di Cavallese, 1723–1788) u. ↑ Amin⟩: dem ↑ Atropin verwandtes Alkaloid verschiedener Nachtschattengewächse mit stark erregungshemmender Wirkung **Sko|po|phi|lie** *die;* -, ...ien ⟨zu *gr.* skopeĩn (vgl. ...skop) u. ↑...philie⟩: krankhafte Schausucht, Neugier (Med., Psychol.); vgl. Voyeurismus. **Skop|to|pho|bie** *die;* -, ...ien ⟨zu *gr.* sképtesthai „umherblicken, sich umschauen" u. ↑...phobie⟩: krankhafte Angst, beobachtet zu werden (Med., Psychol.). **Skọ|pus** *der;* -, ...pen ⟨über *lat.* scopus aus *gr.* skopós „(in der Ferne zu sehendes) Ziel" zu skopeĩn, vgl. ...skop⟩: 1. zentrale Aussage eines Predigttextes, auf die der Prediger in seiner Auslegung hinführen soll. 2. Wirkungsbereich einer näheren Bestimmung (eines Satzes; Sprachw.).

Skọp|ze *der;* -n, -n (meist Plur.) ⟨aus *russ.* skopec, Gen. skopca „Kastrat"⟩: Anhänger einer schwärmerischen russ. Sekte, die von ihren Mitgliedern strenge Enthaltsamkeit (bis zur Selbstkastration) forderte

Skor|but *der;* -[e]s ⟨aus gleichbed. *mlat.* scorbutus, weitere Herkunft unsicher⟩: Scharbock; Krankheit durch Mangel an Vitamin C (Med.). **skor|bu|tisch:** an Skorbut leidend

Skor|da|tur vgl. Scordatura

sko|ren ⟨nach *engl.* to score „einen Punkt, ein Tor erzielen"⟩: (österr.) svw. scoren

Sko|ro|dit [auch ...'dɪt] *der;* -s, -e ⟨zu *gr.* skórodon „Knoblauch" u. ↑²...it⟩: ein lauchgrünes, gelegentlich auch blaubis schwarzgrünes Mineral

Skor|pi|on *der;* -s, -e ⟨über *lat.* scorpio, Gen. scorpionis, aus gleichbed. *gr.* skorpíos⟩: 1. tropisches u. subtropisches Spinnentier mit Giftstachel (Stich großer Arten für den Menschen lebensgefährlich). 2. (ohne Plur.) ein Sternbild. 3. a) (ohne Plur.) das 8. Tierkreiszeichen; b) in diesem Zeichen geborener Mensch

Skor|zo|ne|re *die;* -, -n ⟨aus gleichbed. *it.* scorzonera⟩: Schwarzwurzel (Gemüsepflanze)

Sko|to|di|nie *die;* -, ...ien ⟨aus *gr.* skotodinía „Schwindel" zu skotodineĩn „schwindlig sein", eigtl. „finster vor den Augen werden", zu skótos „Finsternis, Dunkel(heit)"⟩: Schwindel-, Ohnmachtsanfall (Med.). **Sko|tom** *das;* -s, -e ⟨zu *gr.* skótos (vgl. Skotodinie) u. ↑...om⟩: Gesichtsfelddefekt; Abdunkelung bzw. Ausfall eines Teiles des Gesichtsfeldes (Med.). **Sko|to|mi|sa|ti|on** *die;* -, -en ⟨zu ↑...isation⟩: das Skotomisieren. **sko|to|mi|sie|ren** ⟨zu ↑...isieren⟩: (eine offensichtliche Tatsache, die man psychisch nicht bewältigen kann) auf Grund eines bestimmten Abwehrmechanismus negieren, für nicht gegeben od. vorhanden halten (Psychoanalyse). **Sko|to|pho|bie** *die;* -, ...ien ⟨zu ↑...phobie⟩: krankhafte Angst vor der Dunkelheit (Psychol.)

Skra|per ['skreːpɐ] *der;* -s, - ⟨aus gleichbed. *engl.* scraper zu to scrape „schaben"⟩: Entborstermaschine in Schlachtereien

Skri|bent *der;* -en, -en ⟨aus *lat.* scribens, Gen. scribentis, Part. Präs. von scribere „schreiben"⟩: (veraltend) Vielschreiber, Schreiberling. **Skri|bi|fax** *der;* -[es], -e ⟨scherzh. latinisierte Bildung⟩: (veraltet) Skribent. **Skrib|ler** *der;* -s, - ⟨entstellt zu *lat.* scribere, vgl. Skribent⟩: (veraltet) Skribent. **Skrip** vgl. Scrip. **Skript** *das;* -[e]s, Plur. -en u. -s ⟨aus gleichbed. *engl.* script, dies über *altfr.* escript aus *lat.* scriptum „Geschriebenes", Part. Perf. von scribere, vgl. Skribent⟩: 1. schriftliche Ausarbeitung, Schriftstück. 2. Nachschrift einer Hochschulvorlesung. 3. (Plur. meist -s) a) Drehbuch für Filme; b) einer Rundfunk-, Fernsehsendung zugrundeliegende schriftliche Aufzeichnungen. **Skrip|ta:** Plur. von ↑Skriptum. **Skrip|ten:** Plur. von ↑Skript u. ↑Skriptum. **Script|girl** u. Scriptgirl [...gəːl] *das;* -s, -s ⟨aus gleichbed. *engl.* script girl; zu ↑Skript u. ↑Girl⟩: Mitarbeiterin, Sekretärin eines Filmregissaurs, die während der Dreharbeiten alle technischen Daten als Grundlage für die weitere Filmbearbeitung notiert. **Skrip|tor** *der;* -s, ...oren ⟨aus gleichbed. *lat.* scriptor⟩: antiker u. mittelalterlicher Buchschreiber od. Bibliotheksgehilfe. **Skrip|to|ri|um** *das;* -s, ...ien [...iən] ⟨aus gleichbed. *mlat.* scriptorium zu *lat.* scriptum, vgl. Skript⟩: mittelalterliche Klosterschreibstube. **Skrip|tum** *der;* -s, Plur. ...ten u. ...ta ⟨aus *lat.* scriptum, vgl. Skript⟩: svw. Skript. **Skrip|tur** *die;* -, -en (meist Plur.) ⟨aus gleichbed. *lat.* scriptura⟩: (veraltet) Schrift, Schriftstück. **skrip|tu|ral** ⟨zu ↑¹...al (1)⟩: die Schrift betreffend; -e Malerei: von den Schriftzeichen, vor allem den ostasiat., inspirierte Form der abstrakten Malerei

Skro|fel *die;* -, -n ⟨aus *lat.* scrofulae „Halsdrüsen, -geschwülste", Plur. von scrofula, Verkleinerungsform von scrofa „(Zucht)sau", weil Schweine häufig mit Drüsenkrankheiten behaftet waren⟩: svw. Skrofulose. **Skro|fu|lo|derm** *das;* -s, -e ⟨zu ↑Skrofulose u. *gr.* dérma „Haut"⟩: besondere Form der Hauttuberkulose (Med.). **skro|fu|lös** ⟨zu ↑...ös⟩: zum Erscheinungsbild der Skrofulose gehörend, an ihr leidend (Med.). **Skro|fu|lo|se** *die;* -, -n ⟨zu ↑¹...ose⟩: [tuberkulöse] Haut- u. Lymphknotenerkrankung bei Kindern (Med.).

Skro|ta: Plur. von ↑Skrotum. **skro|tal** ⟨aus gleichbed. *nlat.* scrotalis zu *lat.* scrotum, vgl. Skrotum⟩: auf den Hodensack bezüglich, ihn betreffend (Med.). **Skro|tal|bruch** *der;* -[e]s, ...brüche u. **Skro|tal|her|nie** [...iə] *die;* -, -n: Hodenbruch; Leistenbruch, bei dem der Inhalt des Bruchs in den Hodensack absinkt (Med.). **Skro|tal|re|flex** *der;* -es, -e: am Hodensack auslösbarer [Kontraktions]reflex (Med.). **Skro|tum,** fachspr. Scrotum [sk...] *das;* -s, ...ta ⟨aus gleichbed. *lat.* scrotum⟩: Hodensack (Med.)

Skrub|ber ['skrabɐ] *der;* -s, - ⟨aus gleichbed. *engl.* scrubber zu scrub „schrubben, reinigen"⟩: Gerät zur Naßreinigung von Gasen, Sprühwäscher

Skrubs [skraps] *die* (Plur.) ⟨zu *engl.* scrub, eigtl. „Gestrüpp"⟩: minderwertige Tabakblätter

¹Skru|pel *der;* -s, - (meist Plur.) ⟨aus gleichbed. *lat.* scrupulus „stechendes Gefühl der Angst, Unruhe", eigtl. „spitzes Steinchen", Verkleinerungsform von scrupus „spitzer Stein"⟩: Zweifel, moralische Bedenken; Gewissensbisse.
²Skru|pel *das;* -s, - ⟨aus *lat.* scrupulum „kleinster Teil eines Gewichts"; vgl. ¹Skrupel⟩: altes Apothekergewicht. **Skru|pu|lant** *der;* -en, -en ⟨zu *lat.* scrupulus (vgl. ¹Skrupel) u. ↑...ant⟩: (veraltet) übertrieben vorsichtiger u. ängstlicher Mensch. **skru|pu|lös** ⟨aus gleichbed. *lat.* scrupulosus; vgl. ...ös⟩: (veraltet) bedenkenvoll, ängstlich; peinlich genau. **Skru|pu|lo|si|tät** *die;* -, -en ⟨aus gleichbed. *lat.* scrupulositas, Gen. scrupulositatis⟩: (veraltet) Bedenklichkeit, Ängstlichkeit

Skru|ta|tor *der;* -s, ...oren ⟨aus gleichbed. *mlat.* scrutator zu *lat.* scrutator „Durchsucher, Prüfer", dies zu scrutare „durch-, untersuchen"⟩: Einsammler der geheimen Stimmen bei einer kath. kirchlichen Wahl. **Skru|ti|ni|um** *das;* -s, ...ien [...iən] ⟨aus gleichbed. *mlat.* scrutinium zu *lat.* scrutinium „Durchsuchung"⟩: 1. a) Sammlung u. Prüfung der Stimmen bei einer kath. kirchlichen, seltener politischen Wahl; b) Abstimmung od. kanonische Wahl durch geheime Stimmabgabe. 2. a) bischöfliche Prüfung der Kandidaten für die Priesterweihe; b) in altchristlicher Zeit die Prüfung der Täuflinge

Skua *die;* -, -s ⟨nach gleichbed. *färöisch* skúgvur⟩: nordatlantische Raubmöwe (Zool.)

Sku|ban|ken u. **Sku|ban|ki** [ʃk..., auch sk...] *die* (Plur.) ⟨aus gleichbed. *tschech.* škubánky⟩: (österr.) aus Kartoffeln, Mehl u. Butter hergestellte Nockerln, die mit zerlassener Butter übergossen u. mit Mohn bestreut werden

Sku|do vgl. Scudo

Skull *das;* -s, -s ⟨aus gleichbed. *engl.* scull, weitere Herkunft unsicher⟩: der nur mit einer Hand geführte Holm mit Ruderblatt eines Skullbootes. **Skull|boot** *das;* -[e]s, -e: Sportruderboot. **skul|len** ⟨nach gleichbed. *engl.* to scull⟩: mit Skulls rudern (Sport). **Skul|ler** *der;* -s, - ⟨aus gleichbed. *engl.* sculler⟩: Sportruderer

Skulp|teur [...tøːɐ] *der;* -s, -e ⟨aus gleichbed. *fr.* sculpteur, dies aus *lat.* sculptor zu sculpere, vgl. Skulptur⟩: Künstler, der Skulpturen herstellt. **skulp|tie|ren** ⟨zu ↑Skulptur u. ↑...ieren⟩: eine Skulptur herstellen, ausmeißeln. **Skulp|tur** *die;* -, -en ⟨aus gleichbed. *lat.* sculptura zu sculpere „bildhauerisch gestalten"): 1. Werk eines Bildhauers, ¹Plastik (1 b). 2. (ohne Plur.) Bildhauerkunst. **skulp|tu|ral** ⟨zu ↑¹...al (1)⟩: die Form einer Skulptur betreffend, in der Form einer Skulptur. **skulp|tu|rie|ren** ⟨zu ↑...ieren⟩: svw. skulptieren

Skunk *der;* -s, Plur. -e u. -s ⟨aus gleichbed. *engl.* skunk, dies aus *Algonkin* (einer nordamerik. Indianersprache) skunk⟩: 1. (Plur. meist -e) nord- u. südamerik. Stinktier (zu den Mardern zählendes Raubtier mit wertvollem Fell). 2. (Plur. -s, meist Plur.) a) Fell des Skunks (1); b) aus Skunkfell hergestellter Pelz. **Skunks** *der;* -es, -e ⟨zu ↑Skunk⟩: (fachspr.) svw. Skunk (2 b)

skur|ril ⟨aus gleichbed. *lat.* scurrilis zu scurra „Witzbold, Spaßmacher", wohl aus dem Etrusk.⟩: (in Aussehen u. Wesen) sonderbar, auf lächerliche od. befremdende Weise eigenwillig. **Skur|ri|li|tät** *die;* -, -en ⟨aus *lat.* scurrilitas, Gen. scurrilitatis „Possenreißerei"⟩: sonderbares Wesen, bizarres Aussehen, bizarre Beschaffenheit; Verschrobenheit

Skus u. **Sküs** u. **Skis** *der;* -, - ⟨zu *it.* scusa, *fr.* excuse „Entschuldigung", diese zu *lat.* excusare „entschuldigen"⟩: Trumpfkarte im Tarockspiel

Skut|te|ru|dit [auch ...'dɪt] *der;* -s, -e ⟨nach dem norweg. Ort Skuterud bei Drammen u. zu ↑²...it⟩: ein kobalthaltiges Mineral

Sky|ba|lon *das;* -s,...la (meist Plur.) ⟨aus *gr.* skýbalon „Unrat, Auswurf"⟩: Kotverhärtung in Form von harten Kotballen (Med.)

Skye [skaɪ] *der;* -s, -s u. **Skye|ter|ri|er** ['skaɪtɛrɪɐ] *der;* -s, - ⟨aus *engl.* skye terrier, nach der Hebrideninsel Skye⟩: kleiner, kurzbeiniger Hund mit einem langen Schwanz u. Hänge- od. Stehohren

Sky|jacker¹ ['skaɪdʒɛkɐ] *der;* -s, - ⟨aus *engl.-amerik.* skyjacker „Flugzeugentführer", eigtl. „Himmelsräuber", zu *engl.* sky „Himmel" u. hijacker „Entführer; Räuber"⟩: svw. Hijacker. **Sky|kom|paß** *der;* ...sses, ...sse ⟨zu *engl.* sky „Himmel"⟩: Navigationsgerät, mit dem sich während der [Polar]dämmerung der zur Kursbestimmung benötigte Sonnenstand aus der Himmelspolarisation ermitteln läßt. **Sky|lab** [...læb] *das;* -s, -s ⟨aus gleichbed. *engl.-amerik.* skylab (Name einer amerik. Raumstation), zu *engl.* lab(oratory) „Laboratorium"⟩: Weltraumlaboratorium, Forschungslabor in einer Raumstation für wissenschaftliche Zwecke. **Sky|light** [...laɪt] *das;* -s, -s ⟨aus gleichbed. *engl.* skylight, zu light „Licht"⟩: (Seemannsspr.) Oberlicht, Luke (auf Schiffen). **Sky|light|fil|ter** *der,* fachspr. *das;* -s, -: schwach rötlich getönter Filter, den man (bei Verwendung eines Umkehrfarbfilms zur Verhinderung von Blaustichigkeit) vor das Objektiv setzt (Fotogr.). **Sky|line** [...laɪn] *die;* -, -s ⟨aus gleichbed. *engl.* skyline, zu line „Linie"⟩: Horizont[linie], [charakteristische] Silhouette einer aus der Ferne gesehenen Stadt [mit markanten Hochhäusern]

Skyl|la ⟨aus *gr.* Skýlla⟩: griech. Form von ↑Szylla

Sky|pho|id *der;* -[e]s, -e ⟨zu ↑Skyphos u. ↑...oid⟩: (veraltet) becherförmige Versteinerung (Geol.). **Sky|phos** *der;* -, ...phoi [...fɔy] ⟨aus gleichbed. *gr.* skýphos⟩: altgriech. becherartiges Trinkgefäß mit zwei waagerechten Henkeln am oberen Rand

Sky|se|gel ['skaɪ...] *das;* -s, - ⟨zu *engl.* sky „Himmel"⟩: bei großen Segelschiffen das oberste Rahsegel

Sky|ta|le *die;* -, -n ⟨aus *gr.* skytálē „Stock, Briefstab"⟩: Geheimschreiben, Rollbrief im alten Sparta

Skyth *das;* -[s] ⟨nach dem Volk der Skythen⟩: unterste Stufe der alpinen Trias (Geol.)

Slack [slɛk, engl. slæk] *der;* -s ⟨aus *engl.* slack „Flaute, ruhiger Geschäftsgang"⟩: Überschuß an [finanziellen] Mitteln eines Unternehmens, der sich in Erfolgsperioden ansammelt u. als Reserve für Krisenzeiten dient. **Slacks** [slɛks, engl. slæks] *die* (Plur.) ⟨aus gleichbed. *engl.* slacks (Plur.), eigtl. „die Schlaffen", zu slack „schlaff, locker, lose"⟩: (veraltet) lange, weite [Damen]hose

Sla|lom *der;* -s, -s ⟨aus gleichbed. *norw.* slalåm, eigtl. „leicht abfallende Skispur"⟩: Rennen, bei dem vom Start bis zum Ziel eine Anzahl von Toren in Kurvenlinien durchfahren werden muß (Ski- u. Kanusport). **Sla|lom|kurs** *der;* -es, -e: Kurs (1 b) eines Slaloms (Ski- u. Kanusport)

Slam [slæm] *der;* -s, -s ⟨aus gleichbed. *engl.* slam, eigtl. „Knall, Schlag", zu to slam „zuknallen, -schlagen", weitere Herkunft ungeklärt⟩: Gewinn aller Stiche beim Bridge od. Whist; Schlemm

Slang [slæŋ] *der;* -s ⟨aus gleichbed. *engl.* slang, weitere Herkunft unsicher⟩: a) (oft abwertend) nachlässige, saloppe Umgangssprache; b) umgangssprachliche Ausdrucksweise bestimmter sozialer, beruflicher o. ä. Gruppen; [Fach]jargon

Slap-Baß-Technik ['slɛp..., engl. 'slæp...] *die;* - ⟨zu *engl.* to slap „schlagen"⟩: besondere Technik auf dem Kontrabaß im Jazz, wobei die Saiten so stark angerissen werden, daß sie auf das Griffbrett zurückschlagen (Mus.). **Slap|stick** ['slɛpstɪk, engl. 'slæpstɪk] *der;* -s, -s ⟨aus gleichbed. *engl.* slapstick, eigtl. „Narrenpritsche", zu slap „Schlag" u. stick „Stock"⟩: a) (bes. in bezug auf Stummfilme) svw. Burleske (1); b) burleske Einlage, grotesk-komischer Gag, wobei meist die Tücke des Objekts als Mittel eingesetzt wird. **Slap|stick|ko|mö|die** [...ɪə] *die;* -, -n: [Film]komödie, die überwiegend aus ↑Slapsticks (b) besteht

slar|gan|do ⟨*it.;* zu slargare „breiter werden"; vgl. largando⟩: breiter, langsamer werdend (Vortragsanweisung; Mus.)

slate [sleːt, engl. sleɪt] ⟨zu *engl.* slate „Schiefer"⟩: schiefergrau gefärbt (von Rauchwaren)

Slave [sleɪv] *das;* -s ⟨aus *engl.* slave „Sklave"⟩: untergeordnete Einheit bei informationsverarbeitenden Systemen (EDV)

Sla|wa! ⟨aus dem Slaw., vgl. *russ.* slava „Ruhm, Ehre"⟩: slaw. für Ruhm!, Heil!

sla|wi|sie|ren ⟨nach der Völker- u. Sprachgruppe der Slawen u. zu ↑...isieren⟩: slawisch machen. **Sla|wis|mus** *der;* -, ...men ⟨zu ↑...ismus (4)⟩: 1. Übertragung einer für eine slaw. Sprache charakteristischen Erscheinung auf eine nichtslaw. Sprache im lexikalischen u. syntaktischen Bereich, sowohl fälschlicherweise als auch bewußt; vgl. Interferenz (3). 2. Element der slaw. orthodoxen Kirchensprache in bestimmten modernen slaw. Schriftsprachen. **Sla|wist** *der;* -en, -en ⟨zu ↑...ist⟩: jmd., der sich wissenschaftlich mit den slaw. Sprachen u. Literaturen befaßt (z. B. Hochschullehrer, Student). **Sla|wi|stin** *die;* -, -nen: weibliche Form zu ↑Slawist. **Sla|wi|stik** *die;* - ⟨zu ↑...istik⟩: Wissenschaft von den slaw. Sprachen, Literaturen [u. Kulturen]. **sla|wi|stisch** ⟨zu ↑...istisch⟩: die Slawistik betreffend. **sla|wo|phil** ⟨zu ↑...phil⟩: den Slawen, ihrer Kultur besonders aufgeschlossen gegenüberstehend. **Sla|wo|phi|le** *der;* -n, -n: 1. Freund u. Gönner der Slawen u. ihrer Kultur. 2. Anhänger einer russ. philosophisch-politischen Ideologie im 19. Jh., die die Eigenart u. die geschichtliche Aufgabe Rußlands gegenüber Westeuropa betonte. **Sla|wo|phi|lie** *die;* - ⟨zu ↑...philie⟩: Vorliebe für die Slawen, für slawische Kultur u. Sprachen

Slee|per ['sliːpɐ] *der;* -s, - ⟨zu *engl.* sleeper, eigtl. „Schläfer", dies zu to sleep „schlafen"⟩: (Jargon) 1. Sitzplatz in der 1. Klasse eines Flugzeugs, dessen Lehne zum Zweck des

Schlafens stark zurückgeklappt werden kann. 2. Spion, verdeckter Ermittler o. ä., der, irgendwo eingeschleust, eine längere Zeit lang untätig bleibt, um seine Absichten zu verschleiern. **Slee|per|ef|fekt** *der;* -[e]s, -e: Bez. für den Sachverhalt, daß die Glaubwürdigkeit einer Aussagequelle die Glaubwürdigkeit der Aussage selbst mit zunehmendem Abstand zum Zeitpunkt der Aussage weniger beeinflußt (Kommunikationsforschung). **Sleep|ti|mer** [...taimɐ] *der;* -s, - ⟨aus gleichbed. *engl.* sleep timer, eigtl. „Schlaf(schalt)uhr"; vgl. Timer⟩: zeitgesteuerte automatische Abschaltvorrichtung in elektron. Geräten

Slen|dro u. **Selendro** *das;* -[s] ⟨aus dem Javan.⟩: 5stufige indones. Tonskala

slen|tan|do vgl. lentando

Sli|bo|witz u. **Sliwowitz** *der;* -[es], -e ⟨aus gleichbed. *serbokroat.* šljivovica zu šljiva „Pflaume"⟩: Pflaumenbranntwein

Slice [slais] *der;* -, -s [...sɪs, ...sɪz] ⟨aus gleichbed. *engl.* slice, eigtl. „Schnitte, Scheibe"⟩: 1. Schlag, bei dem der Ball im Flug nach rechts ausbiegt (Golfspiel). 2. Schlag, bei dem sich Schlägerbahn u. Schlagfläche in einem Winkel von weniger als 45° schneiden u. der Schläger schnell nach unten gezogen wird (Tennis). 3. (meist Plur.) Element zum Aufbau eines Mikroprozessors mit mehreren Schaltkreisen (Elektronik). **sli|cen** ['slaisn] ⟨nach gleichbed. *engl.* to slice⟩: einen Slice (1, 2) spielen, schlagen (Golf, Tennis)

Slick *der;* -s, -s ⟨aus gleichbed. *engl.-amerik.* slick zu *engl.* slick „schlüpfrig"⟩: für trockene Strecken verwendeter, profilloser Rennreifen mit einer klebrigen Gummimischung, die bei starker Erhitzung ihre beste Haftfähigkeit erlangt (Motorsport)

Sli|ding-tack|ling ['slaidɪŋˌtæklɪŋ] *das;* -s, -s ⟨aus gleichbed. *engl.* sliding tackling, eigtl. „rutschendes Angreifen"⟩: Aktion eines Abwehrspielers mit dem Ziel, den Angreifer vom Ball zu trennen, wobei der Abwehrspieler in die Beine des Angreifers hineingrätscht (Fußball)

Slim|hemd *das;* -[e]s, -en ⟨zu *engl.* slim „schlank"⟩: Oberhemd mit schmalem [tailliertem] Schnitt

Sling *der;* -s, -s ⟨aus *engl.* sling „Schlinge, Riemen"⟩: 1. Kurzform von ↑ Slingpumps. 2. (amerik. ugs.) kaltes alkoholisches Getränk. **Sling|pumps** [...pœmps] *der;* -, -: Pumps mit ausgesparter Hinterkappe, der über der Ferse mit einem Riemchen festgehalten wird

Slink *das;* -[s], -s ⟨aus *engl.* slink „(Fell einer) Frühgeburt"⟩: Fell des 4 bis 5 Monate alten Lammes einer ostasiat. Schafrasse

Slip *der;* -s, -s ⟨aus *engl.* slip „leicht überzuziehendes Kleidungsstück" zu slip „gleiten, schlüpfen"⟩: 1. Geschwindigkeitsunterschied zwischen theoretischem u. praktischem Vortrieb einer Schiffsschraube, den das Ausweichvermögen des Wassers verursacht (Vortriebsverlust). 2. (auch Schlipp) schiefe Ebene in einer Werft für den Stapellauf eines Schiffes. 3. knapp geschnittene Unterhose für Damen, Herren u. Kinder, die eng anliegt u. ohne Beinteil in der Schenkelbeuge endet. 4. Seitengleitbewegung von Flugzeugen, verbunden mit starkem Höhenverlust. 5. [Gutschrift]streifen als Beleg für die Durchführung von Bankaufträgen (Bankw.). **Sli|pon** *der;* -s, -s ⟨zu *engl.* slip on „überstreifen"⟩: bequemer Herrensportmantel mit Raglanärmeln (vgl. Raglan). **Slip|pen** *das;* -s ⟨zu *engl.* to slip, vgl. Slip⟩: 1. Änderung der Fallrichtung beim Fallschirmspringen. 2. svw. Slip (4). **Slip|per** *der;* -s, - ⟨aus *engl.* slipper „Pantoffel"⟩: 1. bequemer Halbschuh mit flachem Absatz u. ohne Verschnürung. 2. (österr.) eine Art leichter Mantel. **Slip-Stick-Ef|fekt** *der;* -[e]s, -e ⟨zu *engl.* to slip „gleiten" u. to stick „steckenbleiben"⟩: ruckartige Bewegung eines flächig aufliegenden Körpers beim Übergang von Haftreibung in Gleitreibung (Phys.)

Sli|wo|witz vgl. Slibowitz

Slo|bo|da *die;* -, ...boden ⟨aus *(alt)russ.* svoboda, sloboda „freie Siedlung", eigtl. „Freiheit"⟩: abgabenfreie städtische Siedlung od. Stadtteil in Rußland (12.–17. Jh.), wo zu besonderen Diensten verpflichtete Bevölkerungsgruppen (z. B. Soldaten, Handwerker, Ausländer) wohnten

Slo|gan ['sloːgn, engl. 'sloʊgən] *der;* -s, -s ⟨aus gleichbed. *engl.* slogan, dies aus *gäl.* sluagh-ghairm „Kriegsgeschrei"⟩: Werbeschlagwort od. -zeile, Wahlspruch, Parole

Slo|ka *der;* -, -s ⟨aus gleichbed. *sanskr.* śloka, eigtl. „Schall, Ruf"⟩: der epische Vers der Sanskritdichtungen, aus zwei 16silbigen Versen bestehend

Sloop [sluːp] vgl. Slup

Slop *der;* -s, -s ⟨aus gleichbed. *engl.-amerik.* slop zu to slop „(sich) lose, locker bewegen"⟩: aus dem ↑ Madison entwickelter Modetanz der 1960er Jahre im ¾-Takt

Slot *der;* -[s], -s ⟨aus gleichbed. *engl.* slot, eigtl. „Schlitz"⟩: Steckplatz für Steckkarten, auf denen speziele Baugruppen angeordnet sind, die zur Erweiterung der Grundstruktur eines Computers dienen (EDV). **Slot|line** [...lain] *die;* -, -s ⟨aus gleichbed. *engl.* slotline, zu line „Leitung", eigtl. „Linie"⟩: Streifenleiter (Elektrot.). **Slot-ra|cing** [...reɪsɪŋ] *das;* - ⟨aus gleichbed. *engl.-amerik.* slot racing, eigtl. „Schlitzrennen", weil die Wagen auf der Bahn in einer Nut geführt werden⟩: das Spielen mit elektrisch betriebenen Modellrennautos

Slou|ghi ['sluːgi] vgl. Slughi

slow [sloː, sloʊ] ⟨*engl.;* „langsam"⟩: Tempobez. im Jazz, etwa zwischen ↑ adagio u. ↑ andante. **Slow|fox** ['sloː..., 'sloʊ...] *der;* -[e]s, -e ⟨anglisierende Bildung aus *engl.* slow (vgl. slow) u. ↑ Fox⟩: langsamer Foxtrott, dem ↑ Blues ähnlich (seit etwa 1927 bekannt in Europa). **Slow-Scan|ning-Ver|fah|ren** [...'skɛnɪŋ...] *das;* -s: Verfahren, mit dem das bewegte Bild des Fernsehens scheinbar in Momentaufnahmen zerlegt wird. **Slow-Vi|rus-In|fek|ti|on** [sloʊˈviː...] *die;* -, -en: chronische Infektionskrankheit mit extrem langer Inkubationszeit (Monate bis Jahre), die klinisch durch zunehmende Funktionsstörungen gekennzeichnet ist (Med.)

Slu|ghi *der;* -[s], -s ⟨nach *fr.* Saluq (aus *arab.* saluqiy), dem Namen einer alten nordafrik. Stadt⟩: eine nordafrik. Windhundrasse

Slum [slam, engl. slʌm] *der;* -s, -s ⟨aus gleichbed. *engl.* slum, eigtl. „kleine, schmutzige Gasse", weitere Herkunft unsicher⟩: (meist Plur.) Elendsviertel [von Großstädten]

Slump [slamp, engl. slʌmp] *der;* -[s], -s ⟨aus gleichbed. *engl.* slump, eigtl. „das Zusammenfallen"⟩: plötzlicher Preis- od. Kurssturz (Börsenw.)

Slup *die;* -, -s ⟨über gleichbed. *engl.* sloop aus *niederl.* sloep „Schaluppe"⟩: 1. einmastige Jacht mit Groß- u. Vorsegel. 2. kurz für Sluptakelage (Takelungsart mit Groß- u. Vorsegel)

small [smɔːl] ⟨*engl.*⟩: klein (als Kleidergröße); Abk.: S; vgl. ²large, medium (1). **Small Band** ['smɔːl 'bænd] *die;* - -, - -s ⟨aus gleichbed. *engl.-amerik.* small band, zu band, vgl. Band⟩: kleine Jazzbesetzung, bes. für den Swingstil; vgl. Big Band. **Small talk** [...'tɔːk] *der,* auch *das;* - -[s], - -s ⟨aus gleichbed. *engl.* small talk, zu talk „Gespräch"⟩: beiläufige, unverbindliche Unterhaltung, oberflächliches Geplauder. **SMALLTALK-80** *das;* -: objektorientierte, mit wenigen Begriffen auskommende Programmiersprache einschließlich der zugehörigen Programmierumgebung (z. B. Editor, Übersetzer, Werkzeuge; EDV)

Smalte

Smal|te vgl. Schmalte. **Smal|tin** *der;* -s ⟨aus gleichbed. *fr.* smaltine zu smalt „Schmalte"; vgl. ...in (1)⟩: grauweißes bis stahlgraues Mineral; Speiskobalt. **Smal|tit** [auch ...'tɪt] *der;* -s ⟨zu ↑²...it⟩: svw. Smaltin

Sma|ragd *der;* -[e]s, -e ⟨über *lat.* smaragdus aus gleichbed. *gr.* smáragdos⟩: Mineral, wertvoller durchsichtiger Edelstein von leuchtendgrüner Farbe. **sma|rag|den:** grün wie ein Smaragd. **Sma|rag|dit** [auch ...'dɪt] *der;* -s, -e ⟨zu ↑²...it⟩: Mineral, eine smaragdgrüne Varietät des ↑Aktinoliths, auch Bez. für andere ähnlichfarbige Minerale sowie für Smaragdimitationen aus grünem Glas

smart [auch smart, engl. smɑːt] ⟨*engl.*⟩: a) schlau, geschäftstüchtig, durchtrieben; b) schick, flott (von der Kleidung)

Smash [smæʃ] *der;* -[s], -s ⟨aus gleichbed. *engl.* smash zu to smash „(zer)schmettern"⟩: a) Schmetterschlag; b) Schmetterball (Tennis)

Smeg|ma *das;* -[s] ⟨aus *gr.* smẽgma „das Schmieren, Reiben"⟩: Absonderung der Eichel- u. Vorhautdrüsen (Med.). **smek|tisch** ⟨aus *gr.* smēktikós „zum Schmieren geeignet"⟩: seifenähnlich. **Smek|tit** [auch ...'tɪt] *der;* -s, -e ⟨zu *gr.* smēktós „gestrichen, geschmiert" u. ↑²...it⟩: ein Mineralgemenge aus ↑Bolus sowie reichlich ↑Montmorillonit, aber auch ↑Quarzit u. ↑Kalzit

Smith|so|nit [auch ...'nɪt] *der;* -s, -e ⟨nach dem engl. Mineralogen Smithson (1765–1829) u. zu ↑²...it⟩: svw. Galmei

Smog *der;* -[s], -s ⟨aus gleichbed. *engl.* smog, zusammengezogen aus *smoke* „Rauch" u. *fog* „Nebel"⟩: dicke, undurchdringliche, aus Rauch u. Schmutz bestehende Dunstglocke über Industriestädten

Smok|ar|beit *die;* -, -en ⟨zu ↑smoken⟩: Näharbeit, bei der der Stoff durch einen Zierstich in kleine Fältchen gerafft wird

Smo|ka|tron *das;* -s, Plur. ...trone, auch -s ⟨zu *engl.* smoke „Rauch" (weil die Elektronenverteilung einem Rauchring ähnelt) u. ↑...tron, Analogiebildung zu ↑Zyklotron⟩: ein Teilchenbeschleuniger, bei dem die zu beschleunigenden positiven Ionen od. Protonen in ringförmige Elektronenbündel eingebracht u. dort durch Coulombkräfte (vgl. Coulomb) festgehalten werden (Kernphys.). **Smoke-in** ['smoʊk-ɪn] *das;* -s, -s ⟨aus gleichbed. *amerik.* smoke-in zu *engl.* to smoke „rauchen", Analogiebildung zu ↑Go-in u. à.⟩: Zusammentreffen [junger Leute] zum gemeinsamen Haschischrauchen

smo|ken ⟨aus gleichbed. *engl.* to smock zu smock „(Arbeits)kittel"⟩: eine Smokarbeit anfertigen

Smo|king *der;* -s, Plur. -s, österr. auch -e ⟨kurz für engl. smoking-jacket „Rauchjackett", weil es urspr. nach dem Essen statt des Fracks zum Rauchen getragen wurde⟩: meist schwarzer Gesellschaftsanzug für Herren mit seidenen Revers

Smör|gås|bord [...goːsbɔrt] *der;* -s, -s ⟨aus gleichbed. *schwed.* smörgåsbord, eigtl. „Tisch mit Butterbroten"⟩: aus vielen verschiedenen, meist kalten Speisen bestehende Vorspeisentafel. **Smör|re|bröd** *das;* -s, -s ⟨aus gleichbed. *dän.* smørrebrød, eigtl. „Butterbrot"⟩: (in der nord. Küche) mit den verschiedensten Delikatessen reich belegtes Brot

smor|zan|do ⟨*it.;* zu smorzare „abschwächen", dies über das Vulgärlat. zu *lat.* mori „sterben"⟩: ersterbend, verlöschend, verhauchend, abnehmend (Vortragsanweisung; Mus.). **Smor|zan|do** *das;* -s, Plur. -s u. ...di: ersterbendes, verlöschendes, verhauchendes Spiel (Mus.)

Smur|de *der;* -n, -n ⟨aus gleichbed. *mlat.* smurdus, eigtl. „Stinkender", dies aus dem Slaw.⟩: höriger Bauer in ostelbischen Gebieten im Mittelalter

Smu|ta *die;* - ⟨aus *russ.* smuta „Unruhe, Aufruhr"⟩: die durch soziale Erschütterungen u. Machtkämpfe gekennzeichnete Zeitperiode in Rußland vom Tod Boris Godunows bis zur Zarenwahl Michail F. Romanows (1605–1613)

Smyr|na *der;* -[s], -s ⟨nach dem griech. Namen Smýrna der türk. Stadt Izmir⟩: langfloriger Teppich mit großer Musterung

Snack [snɛk, engl. snæk] *der;* -s, -s ⟨aus gleichbed. *engl.* snack zu mdal. to snack „schnappen"⟩: Imbiß, kleine Zwischenmahlzeit. **Snack|bar** ['snɛk...] *die;* -, -s ⟨aus gleichbed. *engl.* snack bar⟩: Imbißstube (z. B. in Hotels)

SNAP [snæp] *die;* - ⟨Abk. für *engl.* system for nuclear auxiliary power⟩: nukleare Energieerzeugungsanlage für geringe Leistung (z. B. für Raumfahrzeuge)

snie|fen ⟨unter Einfluß von *dt.* schniefen zu *engl.-amerik.* to sniff, vgl. sniffen⟩: svw. sniffen. **Sniff** *der;* -s, -s ⟨aus gleichbed. *engl.-amerik.* sniff, eigtl. „das Schnüffeln", zu to sniff, vgl. sniffen⟩: (Jargon) das Sniffen. **snif|fen** ⟨nach gleichbed. *engl.-amerik.* to sniff, eigtl. „durch die Nase einziehen"⟩: (Jargon) a) sich durch das Einatmen von Dämpfen bestimmter Stoffe (z. B. Lösungsmittel) in einen Rauschzustand versetzen; b) [einen Stoff] zum Sniffen (a) benutzen. **Snif|fing** *das;* -[s] ⟨aus gleichbed. *engl.-amerik.* sniffing⟩: (Jargon) das Sniffen

Snob [snɔp, engl. snɔb] *der;* -s, -s ⟨aus gleichbed. *engl.* snob, weitere Herkunft unsicher⟩: jmd., der sich durch zur Schau getragene Extravaganz, durch anspruchsvollen Geschmack o. ä. geistig u. kulturell überlegen glaubt. **Snob-Ap|peal** [snɔpəˈpiːl, ˈsnɔp...] *der;* -s: Wirkung, Ansehen, über das ein Snob verfügt; Reiz, den ein Snob ausübt. **Snob-Ef|fekt** *der;* -[e]s, -e: Bez. für das Nachfrageverhalten von Konsumenten, die beim Kauf von Gütern nach Exklusivität streben (Soziol.). **Sno|bie|ty** [snoʊˈbaɪəti] *die;* - ⟨zu ↑Snob u. ↑Society⟩: kurz für ↑High-Snobiety. **Sno|bismus** [...ˈbɪs...] *der;* -, ...men ⟨nach gleichbed. *engl.* snobbism; vgl. ...ismus (5)⟩: 1. (ohne Plur.) Vornehmtuerei, Blasiertheit. 2. für einen Snob typische Verhaltensweise od. Eigenschaft. **sno|bi|stisch** ⟨zu ↑Snob u. ↑...istisch⟩: geckenhaft, vornehmtuerisch, eingebildet, blasiert

SNOBOL *das;* - ⟨Kunstw.; wohl nach der verwendeten Zeichenkette⟩: imperative Programmiersprache für Textverarbeitung, deren wichtigster Datentyp die Zeichenkette ist (EDV)

Snow [snoʊ] *der;* -[s] ⟨aus *engl.* snow „Schnee"⟩: Bez. für alle Rauschmittel, die als weißes Pulver gehandelt werden, vor allem Kokain. **Snow|board** ['snoʊbɔːd] *das;* -s, -s ⟨aus gleichbed. *engl.* snow-board, zu board „Brett"⟩: als Sportgerät dienendes Brett zum Gleiten auf Schnee. **snow|boar|den:** Snowboarding betreiben. **Snow|boar|der** *der;* -s, -: jmd., der Snowboarding betreibt. **Snow|boar|ding** *das;* -s ⟨anglisierende Bildung zu ↑Snowboard; vgl. ...ing⟩: sportliche Betätigung, bei der man, auf einem Snowboard stehend, auf Schnee gleitet. **Snow|mo|bil** *das;* -s, -e: Fahrzeug mit Motor zur Fortbewegung auf Schnee

Soap-ope|ra ['soʊp 'ɔpərə] *die;* -, -s ⟨aus gleichbed. *engl.-amerik.* soap-opera, eigtl. „Seifenoper", wohl weil dieses Genre häufig von Waschmittelherstellern gesponsert wurde⟩: urspr. in den USA entstandenes Genre von Funk- od. Fernsehserien, das anhand von trivialen Begebenheiten vor allem das Leben der Mittel- u. Oberschicht schildert

soa|ve [...və] ⟨*it.;* aus gleichbed. *lat.* suavis⟩: lieblich, sanft, angenehm, süß (Vortragsanweisung; Mus.)

Soa|ve [...və] *der;* - ⟨nach dem ital. Ort Soave östlich von

Verona〉: heller, frischer u. trockener ital. Weißwein aus dem Hügelland um den Ort Soave

So|bor *der;* - 〈aus gleichbed. *russ.* sobor〉: Konzil, Synode (der russ.-orthodoxen Kirche). **So|bor|nost** *die;* - 〈aus gleichbed. *russ.* sobornost' zu sobornij „versammelt; gemeinschaftlich"〉: Organisationsprinzip in der orthodoxen Kirche, wonach ein Synodalbeschluß vom Kirchenvolk gutgeheißen werden muß. **So|bran|je** *das;* -s, -n, auch *die;* -, -n 〈aus *bulgar.* sybranie „Versammlung"〉: bulgar. Nationalversammlung

So|brie|tät [...ie...] *die;* - 〈aus gleichbed. *lat.* sobrietas, Gen. sobrietatis zu sobrius „nüchtern, enthaltsam"〉: (veraltet) Mäßigkeit

So|bri|quet [sɔbriˈkɛ] *der;* -s, -s [...ˈkɛ(s)] 〈aus gleichbed. *fr.* sobriquet, vielleicht Mischbildung aus sot „dumm, töricht" u. *altfr.* briquet „schnurrig, drollig"〉: (veraltet) Spitzname, Beiname

Soc|cer [ˈsɔkə] *das,* auch *der;* -s 〈aus *engl.* soccer zu einer Kurzform soc aus as*soc*iation football „*V*erbandsfußball"〉: amerik. Bez. für Fußball (im Unterschied zu ↑ Football u. ↑ Rugby)

Soc|cus [...kʊs] *der;* -, Socci [ˈzɔktsi] 〈aus gleichbed. *lat.* soccus, dies aus *gr.* sýkchos, sykchís〉: leichter, niedriger Schuh der Antike, bes. für Frauen (als Fußbekleidung des Komödienschauspielers Gegenstück zum ↑ Kothurn des tragischen Schauspielers)

So|cial costs [ˈsoʊʃəl ˈkɔsts] *die* (Plur.) 〈aus gleichbed. *engl.* social costs zu social „gesellschaftlich" u. costs „Kosten"〉: Kosten, die bei der industriellen Produktion entstehen (z. B. durch Wasser-, Luftverschmutzung), jedoch von der Gemeinschaft getragen werden müssen. **So|cial en|gi|nee|ring** [– ɛndʒɪˈnɪərɪŋ] *das;* - [-s] 〈aus gleichbed. *engl.* social engineering, zu engineering „Bedienung von Maschinen; Technik"〉: Einbeziehung sozialer Bedürfnisse des Menschen bei der Planung von Arbeitsplätzen u. maschinellen Einrichtungen; vgl. Human engineering. **So|cial Gos|pel** *das;* - -[s] 〈aus *engl.* social gospel „soziales Evangelium"〉: im letzten Drittel des 19. Jh.s in den USA entstandene Bewegung amerik. Protestanten, die gegenüber dem amerik. Kapitalismus die soziale Bedeutung des Evangeliums hervorhebt. **So|cial over|head ca|pi|tal** [– ˈoʊvəhɛd ˈkæpɪtl] *das;* - - - 〈aus gleichbed. *engl.* social overhead capital〉: die materielle Infrastruktur. **So|cial per|cep|tion** [– pəˈsɛpʃn] *die;* - - 〈aus gleichbed. *engl.* social perception〉: die soziale Wahrnehmung. **So|cie|tas** [zoˈtsiːe...] *die;* -, ...tates [...teːs] 〈aus *lat.* societas, Gen. societatis „Gesellschaft"〉: im röm. Recht der formlos geschlossene Gesellschaftsvertrag zur Erreichung eines gemeinsamen Zwecks. **So|cie|tas Je|su** *die;* - - 〈*nlat.;* „Gesellschaft Jesu"〉: der Orden der ↑ Jesuiten; Abk.: SJ (hinter Personennamen = Societatis - „von der Gesellschaft Jesu"). **So|cie|tät** [...tsie...] *die;* -, -en 〈aus gleichbed. *fr.* société, dies aus *lat.* societas, vgl. Societas〉: svw. Sozietät (2). **So|cié|té ano|nyme** [sɔsjeteanɔˈnim] *die;* - -, -s -s [sɔsjeteanɔˈnim] 〈aus gleichbed. *fr.* société anonyme, eigtl. „namenlose Gesellschaft"〉: franz. Bez. für Aktiengesellschaft. **So|cie|ty** [səˈsaɪətɪ] *die;* - 〈aus *engl.* society „Gesellschaft"〉: kurz für ↑ High-Society

So|da *die;* -, auch *das;* - 〈aus gleichbed. *span., it.* soda, weitere Herkunft unsicher〉: 1. Natriumsalz der Kohlensäure, das bes. zur Wasserenthärtung u. zur Herstellung von Seife u. Reinigungsmittel verwendet wird, Natriumkarbonat. 2. (nur *das;* -s) kurz für Sodawasser (mit Kohlensäure versetztes Mineralwasser)

So|da|le *der;* -n, -n 〈aus *lat.* sodalis „Gefährte, Freund; kameradschaftlich"〉: Mitglied einer Sodalität. **So|da|li|tät** *die;* -, -en 〈aus *lat.* sodalitas, Gen. sodalitatis „Freundschaft; Kameradschaft; Verbindung"〉: kath. Bruderschaft od. ↑ Kongregation (1)

So|da|lith [auch ...ˈlɪt] *der;* -s, -e 〈zu ↑ Soda u. ↑ ...lith〉: ein durchsichtiges bis durchscheinendes Mineral, zuweilen als Schmuckstein verwendet

So|dez|za *die;* - 〈aus *it.* sodezza „Härte, Festigkeit" zu sodo „fest; gründlich"〉: (veraltet) Festigkeit, Tüchtigkeit, Gründlichkeit

So|di|um *das;* -s 〈aus *engl.* bzw. *fr.* sodium, dies aus *nlat.* sodium zu ↑ Soda u. ↑ ...ium〉: engl. u. franz. Bez. für Natrium

So|do|ku *das;* - 〈aus dem Japan.〉: Rattenbißkrankheit (Med.)

So|dom *das;* - 〈nach der gleichnamigen biblischen Stadt, die wegen des lasterhaften Lebenswandels (bes. Päderastie) ihrer Bürger vom Zorn Jahwes getroffen u. zusammen mit der Schwesterstadt Gomorrha vernichtet wurde〉: Ort, Stätte der Lasterhaftigkeit u. Verworfenheit. **So|do|mie** *die;* -, ...ien 〈aus gleichbed. *spätlat.* sodomia, urspr. „Päderastie", vgl. Sodom〉: 1. Geschlechtsverkehr mit Tieren. 2. (veraltet) homosexuelle Beziehung. **so|do|mi|sie|ren** 〈aus gleichbed. *fr.* sodomiser zu sodomie „Analverkehr; Sodomie"〉: analen Geschlechtsverkehr ausüben. **So|do|mit** *der;* -en, -en 〈aus gleichbed. *spätlat.* Sodomita, urspr. „Einwohner von Sodom"〉: jmd., der Sodomie treibt. **so|do|mi|tisch** 〈nach gleichbed. *spätlat.* Sodomita〉: Sodomie treibend. **So|doms|ap|fel** *der;* -s, ...äpfel 〈nach der Übersetzung des nlat. botanischen Namens, eigtl. „Apfel aus Sodom"〉: Wucherung an Blättern, Knospen od. jungen Trieben an Eichen; Gallapfel (Bot.). **So|dom und Go|mor|rha** *das;* - - -[s], - - -s 〈zu ↑ Sodom〉: Zustand der Lasterhaftigkeit u. Verworfenheit

Sœur [sœr] *die;* -, -s [sœr] 〈aus gleichbed. *fr.* sœur, dies aus *lat.* soror〉: (veraltet) Schwester; Ordensschwester, Nonne

So|fa *das;* -s, -s 〈aus gleichbed. *fr.* sofa, dies aus *arab.* ṣuffa „Ruhebank"〉: gepolstertes Sitzmöbel für mehrere Personen

So|fer *der;* -, -im 〈aus *hebr.* sōfēr „Schriftkundiger" zu sāfar „etw. aufzeichnen"〉: im Judentum Schreiber, auch Schriftgelehrter

Sof|fio|ne *die;* -, -n 〈aus *it.* soffione „Blasrohr", dies zu soffiare „blasen"〉: ↑ Exhalation (2) borsäurehaltiger heißer Wasserdämpfe (in ehemaligen Vulkangebieten)

Sof|fit|te u. **Suffitte** *die;* -, -n (meist Plur.) 〈unter Einfluß von *fr.* soffite aus gleichbed. *it.* soffitta, soffitto, dies über das Vulgärlat. zu *lat.* suffixus, Part. Perf. von suffigere „oben an etw. befestigen"〉: 1. vom Schnürboden herabhängendes Deckendekorationsstück, das eine Bühne nach oben abschließt (Theater). 2. Kurzform von ↑ Soffittenlampe. **Sof|fit|ten|lam|pe** *die;* -, -n: röhrenförmige Glühlampe

soft 〈*engl.*〉: 1. a) weich; b) weich (Vortragsweise im Jazz). 2. (ugs.) nicht den gängigen Vorstellungen von einem Mann entsprechend, sondern sanft, weich, seinen Gefühlen Ausdruck gebend

Sof|ta *der;* -[s], -[s] 〈über *türk.* softa aus *pers.* sōkhtah „(für die Wissenschaft) Erglühter"〉: (früher) Student einer islamischen Hochschule

Soft art [ˈsɔft ˈaːt] *die;* - - 〈aus *engl.* soft art „weiche Kunst"〉: svw. Soft sculpture. **Soft|ball** [ˈsɔftbɔːl] *der;* -s 〈aus gleichbed. *engl.-amerik.* softball〉: Form des ↑ Baseballs mit weicherem Ball u. kleinerem Feld. **Soft|co|py** [...kɔpi] *das;* -s, Plur. -s u. ...ies [...piːs] 〈aus *engl.* soft copy „weiche Aufzeichnung"〉: ein nichtpermanentes Bild, das nicht von dem entsprechenden Ausgabegerät getrennt werden kann

Soft Drink

(z. B. Bildschirmanzeige; EDV); Ggs. Hardcopy. **Soft Drink** *der;* - -s, - -s ⟨aus gleichbed. *engl.-amerik.* soft drink, eigtl. „weiches Getränk"⟩: alkoholfreies Getränk; Ggs. ↑ Hard Drink. **Soft drug** [– 'dɾʌg] *die;* - -, - -s ⟨aus gleichbed. *engl.-amerik.* soft drug, eigtl. „weiche Droge"⟩: (Jargon) weiches Rauschgift (z. B. Haschisch, Marihuana); Ggs. ↑ Hard drug. **Soft-Eis** *das;* -es ⟨nach gleichbed. *engl.* soft ice-cream⟩: sahniges Speiseeis. **sof|ten** ⟨aus gleichbed. *engl.* to soften⟩: mit optischen Hilfsmitteln eine fotogr. Aufnahme weich zeichnen. **Sof|te|ner** *der;* -s, - ⟨aus gleichbed. *engl.* softener⟩: 1. Maschine, die mit Hilfe von Fetten Fasern weich quetscht (Textilindustrie). 2. Weichmacher als Zusatz bei der Textilveredlung. **Soft er|ror** [– 'ɛɾə] *der;* - -[s], - -s ⟨aus gleichbed. *engl.* soft error, eigtl. „weicher Fehler"⟩: unerwünschte Änderung od. Zerstörung einer in Gestalt elektr. Ladung gespeicherten Information durch energiereiche Alphateilchen (Elektronik). **Soft fail** [– feɪl] *der;* - -s, - -s ⟨aus *engl.* soft fail „leichtes Versagen"⟩: auf einem fehlgeleiteten Elektron (z. B. durch radioaktive Strahlung von außen, winzige Verunreinigungen bei der Produktion) beruhendes Versagen einer elektron. Anlage; Ggs. ↑ Hard fail. **Sof|tie** u. **Softy** [...ti] *der;* -s, -s ⟨aus gleichbed. *engl.* softie, softy, eigtl. „Trottel"⟩: (ugs.) [junger] Mann von sanftem, zärtlichem, empfindungsfähigem Wesen. **Soft Rock** *der;* - -[s]: gemilderte, leisere Form der ↑ Rockmusik. **Soft sculp|ture** [– 'skʌlptʃə] *die;* - - ⟨aus *engl.* soft sculpture „weiche Skulptur"⟩: eine Tendenz der zeitgenössischen Bildhauerei, statt der traditionellen harten Werkstoffe (Holz, Metall, Stein) weiche Materialien zu verwenden (z. B. Filz, Gummi, Federn). **Soft|ware** [...wɛə] *die;* -, -s ⟨aus *engl.* software, eigtl. „weiche Ware"⟩: die zum Betrieb eines Computers erforderlichen nichtapparativen Funktionsbestandteile (Einsatzanweisungen, Programme u. ä.); Ggs. ↑ Hardware. **Soft|ware en|gi|nee|ring** [...ɛndʒɪ'nɪəɾɪŋ] *das;* - -[s] ⟨aus *engl.* software engineering „Computerprogrammtechnik"⟩: das Entwerfen, Herstellen u. Implementieren von Software sowie die ingenieurwissenschaftliche Disziplin, die sich mit Methoden u. Verfahren der damit verbundenen Problemstellungen befaßt. **Soft|ware-Er|go|no|mie** *die;* -: benutzerfreundliche Ausrichtung von EDV-Programmen. **Soft|ware-Pa|ket** *das;* -[e]s, -e: eine Gesamtheit von Programmen (4), die unter einem bestimmten Aspekt aufeinander abgestimmt sind od. zusammengehören (z. B. inhaltlich, formal). **Sof|ty** [...ti] vgl. Softie.
Sog|get|to [sod'dʒetto] *der;* -, ...ti ⟨aus *it.* soggetto „Subjekt"⟩: Thema eines kontrapunktischen Werkes (Mus.). **Sog|get|to ca|va|to** [–...v...] *der;* - -, ...ti ...ti ⟨aus gleichbed. *it.* soggetto cavato, zu cavare „herausnehmen; Nutzen ziehen"⟩: in der Musik ein Thema, dessen Noten (in Tonbuchstaben od. Solmisationssilben gelesen) auf einen Ausspruch od. Namen verweisen (z. B. B-A-C-H)
So|har *der;* - ⟨aus *hebr.* zōhar „Glanz"⟩: in Anlehnung an den ↑ Pentateuch gestaltetes Hauptwerk der jüd. Kabbala
soi-di|sant [swadi'zã] ⟨*fr.*⟩: (veraltet) angeblich; sogenannt
soi|gnie|ren [sọan'ji:...] ⟨aus *fr.* soigner „besorgen, pflegen"⟩: (veraltet) besorgen, pflegen. **soi|gniert** ⟨nach gleichbed. *fr.* soigné; vgl. ...iert⟩: gepflegt; gediegen; seriös (bes. in bezug auf die äußere Erscheinung)
Soil ero|sion ['sɔɪl ɪ'roʊʒən] *die;* - - ⟨aus *engl.* soil erosion⟩: engl. Bez. für Bodenerosion (Geol.)
Soi|ree [sọa're:] *die;* -, Soireen ⟨aus gleichbed. *fr.* soirée zu soir „Abend", dies aus *mlat.* sero „Spätabend"⟩: Abendgesellschaft; Abendvorstellung

Soi|xante-neuf [sọasãt'nœf] *das;* - ⟨aus *fr.* soixante-neuf, eigtl. „neunundsechzig"⟩: svw. Sixty-nine
So|ja *die;* -, Sọjen u. **So|ja|boh|ne** *die;* -, -n ⟨zu *jap.* shōyu „Sojasoße", dies aus dem Chines.⟩: südostasiat. Schmetterlingsblütler (wertvolle, eiweißreiche Nutzpflanze). **So|ja|sau|ce** [...zo:sə] u. **So|ja|so|ße** *die;* -, -n: aus vergorenen Sojabohnen gewonnene Speisewürze
So|kol *der;* -s, -n ⟨aus dem Slaw.; vgl. *poln.* sokół, *tschech.* sokol „Falke"⟩: Name poln., tschech. u. südslaw. (früher sehr nationalistischer) Turnverbände. **So|ko|list** *der;* -en, -en ⟨zu ↑...ist⟩: Mitglied eines Sokols
So|kra|tik *die;* - ⟨nach dem griech. Philosophen Sokrates (um 470–399 v. Chr.) u. zu ↑² ...ik (3)⟩: Art des Philosophierens, bei der die Einsicht in das menschliche Leben die wesentliche Aufgabe ist. **So|kra|ti|ker** *der;* -s, - (meist Plur.) ⟨über *lat.* Socraticus aus gleichbed. *gr.* Sōkratikós⟩: Schüler des Sokrates u. Vertreter der an das sokratische Philosophieren anknüpfenden Schulrichtungen. **so|kra|tisch** ⟨über *lat.* Socraticus aus gleichbed. *gr.* Sōkratikós⟩: die Sokratik betreffend; -e M e t h o d e : das auf die sokratische Art des Philosophierens zurückgehende Unterrichtsverfahren, den Schüler durch geschicktes Fragen die Antworten u. Einsichten selbst finden zu lassen
sol ⟨*it.*⟩: Silbe, auf die man den Ton g singen kann (Mus.); vgl. Solmisation
¹Sol *der;* -[s], -[s] (aber: 5 Sol) ⟨aus *span.* sol „Sonne", dies aus *lat.* sol; nach dem Hoheitszeichen Perus⟩: (bis 1985 geltende) Währungseinheit in Peru
²Sol *das;* -s, -e ⟨Kunstw. aus *lat.* so*l*utio „Lösung"⟩: kolloide Lösung (Chem.)
so|la fi|de ⟨*lat.*;⟩ „allein durch den Glauben"⟩: ein Grundsatz der Rechtfertigungslehre Luthers nach Römer 3, 28 (ev. Theol.). **so|la gra|tia** ⟨*lat.*;⟩ „allein durch die Gnade"⟩: Formel der Rechtfertigungslehre Luthers (ev. Theol.)
So|la|nin *das;* -s ⟨zu *lat.* solanum (vgl. Solanum) u. ↑...in (2)⟩: giftiges Alkaloid verschiedener Nachtschattengewächse. **So|la|nis|mus** *der;* - ⟨zu ↑...ismus (3)⟩: Solaninvergiftung (Med.). **So|la|num** *das;* -s, ...nen ⟨aus gleichbed. *lat.* solanum⟩: Pflanzengattung der Nachtschattengewächse mit zahlreichen Nutzpflanzen (z. B. Kartoffel, Tomate)
so|lar u. **solarisch** ⟨aus gleichbed. *lat.* solaris, solarius zu sol „Sonne"⟩: die Sonne betreffend, zur Sonne gehörend (Meteor., Astron., Phys.); vgl. ...isch/-. **So|lar...** ⟨zu ↑ solar⟩: Wortbildungselement mit der Bedeutung „die Sonne [u. ihre Energie] betreffend", z. B. Solarbatterie. **So|lar|ar|chi|tek|tur** *die;* -: Gesamtheit der baulichen Vorrichtungen, Anlagen, Maßnahmen beim klimagerechten Bauen zur passiven Nutzung der Sonnenenergie. **So|lar|bat|te|rie** *die;* -, ...ien [...i:ən]: Sonnenbatterie; Zusammenschaltung mehrerer Solarzellen zur direkten Umwandlung von Strahlungsenergie der Sonne in elektr. Energie. **So|lar|ener|gie** *die;* -: Sonnenenergie; im Innern der Sonne erzeugte Energie, die an die Oberfläche der Sonne gelangt u. von dort abgestrahlt wird (Phys.). **So|lar|farm** *die;* -, -en: Sonnenkraftanlage [in sonnenreichen Gebieten] mit sehr vielen, auf großer Fläche angeordneten Solarkollektoren, in der Sonnenenergie in größerem Maße gewonnen wird. **So|lar|ho|ro|skop** *das;* -s, -e: auf den Sonnenlauf ausgerechnetes Horoskop für ein Jahr. **So|la|ri|me|ter** *das;* -s, - ⟨zu ↑¹...meter⟩: Gerät zur Messung der Sonnen- u. Himmelsstrahlung. **So|la|ri|sa|ti|on** *die;* -, -en ⟨zu ↑...isation⟩: Erscheinung der Umkehrung der Lichteinwirkung bei starker Überbelichtung des Films (Fotogr.). **so|la|risch** vgl. solar. **So|la|ri|um** *das;* -s, ...ien [...jən] ⟨aus *lat.* solari-

um „der Sonne ausgesetzter Ort"): Einrichtung mit künstlichen Lichtquellen (bes. zur Körperbräunung), die bes. ultraviolette u. den Sonnenstrahlen ähnliche Strahlung erzeugen. **So|lar|jahr** *das;* -[e]s, -e ⟨zu ↑ Solar...⟩: Sonnenjahr (etwa um ¼ Tag länger dauernd als das bürgerliche Jahr; Astron.). **So|lar|kol|lek|tor** *der;* -s, -en: Sonnenkollektor; Vorrichtung, mit deren Hilfe Sonnenenergie absorbiert wird. **So|lar|kon|stan|te** *die;* -, -n: mittlere Wärmemenge der in der Minute auf einen Quadratzentimeter der Erdoberfläche auftreffenden Sonnenstrahlen (Meteor.). **So|lar|mo|bil** *das;* -s, -e: Elektrofahrzeug, das seine Antriebsenergie aus der Umwandlung von Sonnenenergie bezieht. **So|lar|mo|dul** *das;* -s, -e ⟨zu ²Modul⟩: Zusammenschaltung von mehreren Solarzellen zu einem ebenen Sonnenenergiewandler. **So|lar|öl** *das;* -s, -e: bei der Destillation von Braunkohlenteer gewonnenes Öl, das als Lösungsmittel u. als Treibstoff für Motoren verwendet wird. **So|lar|pa|neel** *das;* -s, -e: flächenhaft ausgedehnte Zusammenschaltung mehrerer Solarmodule. **So|lar|panel** [...pænl] *das;* -s, -s ⟨aus *engl.* solar panel „Sonnenkollektor"⟩: svw. Solarpaneel. **So|lar|ple|xus** [auch ...'plɛ...] *der;* -, - [...ksu:s] ⟨nach gleichbed. *nlat.* plexus solaris (zu *lat.* plectere, vgl. Plexus): Sonnengeflecht (des sympathischen Nervensystems im Oberbauch; Med.). **So|lar|tech|nik** *die;* - ⟨zu ↑ Solar...⟩: Technik, die sich mit der Nutzbarmachung u. den Anwendungsmöglichkeiten der Sonnenenergie befaßt. **so|lar|ter|re|strisch**: durch die Sonne in der Erdatmosphäre od. auf der Erdoberfläche bewirkt bzw. ausgelöst (Astron., Meteor.). **so|lar|ther|misch**: die Sonnenenergie, -wärme betreffend, davon ausgehend, dadurch bewirkt. **So|lar|zel|le** *die;* -, -n: Sonnenzelle; ↑ Element (7) aus bestimmten Halbleitern, das die Energie der Sonnenstrahlen in elektr. Energie umwandelt

so|la scrip|tu|ra [– sk...] ⟨*lat.;* „allein durch die Schrift"⟩: Formel, daß die Bibel allein Heilsgeschehen vermitteln kann (ev. Theol.).

So|la|wech|sel *der;* -s, - ⟨nach *it.* sola (di cambio), eigtl. „einzig(er Wechsel)", Fem. von solo „allein; einzig", dies aus *lat.* solus⟩: Wechsel, bei dem sich der Aussteller selbst zur Zahlung einer Geldsumme verpflichtet; Eigenwechsel (Wirtsch.); vgl. Tratte

Sol|da|nel|la u. **Sol|da|nel|le** *die;* -, ...llen ⟨aus gleichbed. *it.* soldanella zu soldo (vgl. Soldat), nach den einer kleinen Münze ähnlichen, runden Blättern): zu den Primelgewächsen gehörende Frühlingsblume, die überwiegend im Hochgebirge heimisch ist, Alpenglöckchen, Troddelblume. **Sol|dat** *der;* -en, -en ⟨aus gleichbed. *it.* soldato, eigtl. „der in Sold Genommene", substantiviertes Part. Perf. von älter *it.* soldare „in Sold nehmen", dies zu soldo „Münze, Sold" aus *spätlat.* solidus (aureus) „gediegene Goldmünze", dies zu *lat.* solidus, vgl. solide⟩: 1. a) Angehöriger der Streitkräfte eines Landes; b) unterster militärischer Dienstgrad, unterste Ranggruppe der Land- u. Luftstreitkräfte. 2. (bei Insekten) [unfruchtbares] Exemplar, das für die Verteidigung des Stocks sorgt (bes. bei Ameisen u. Termiten). 3. Feuerwanze (Zool.). **Sol|da|tes|ka** *die;* -, ...ken ⟨aus gleichbed. *it.* soldatesca, eigtl. substantiviertes Fem. von soldatesco „soldatisch"⟩: (abwertend) gewalttätig u. rücksichtslos vorgehende Soldaten. **Sol|da|tin** *die;* -, -nen: weibl. ↑ Soldat (1). **sol|da|tisch**: in Art u. Haltung eines Soldaten (1). **Sol|do** *der;* -s, Plur. -s u. Soldi ⟨aus gleichbed. *it.* soldo, vgl. Soldat⟩: alte ital. Münze

So|leil [sɔ'lɛj] *der;* -[s] ⟨zu *fr.* soleil „Sonne", dies über das Vulgärlat. aus *lat.* sol⟩: feingerippter, glänzendes Kammgarngewebe

so|lenn ⟨aus gleichbed. *fr.* solennel, dies aus *lat.* sol(l)emnis, sol(l)ennis „(alljährlich) gefeiert, festlich" zu sollus „ganz, all-" u. annus „Jahr"⟩: feierlich, festlich. **So|len|ni|sa|ti|on** *die;* -, -en ⟨aus *fr.* solennisation „Feier"⟩: (veraltet) svw. Solennität. **so|len|ni|sie|ren** ⟨aus gleichbed. *spätlat.* sollem(p)nizare⟩: (veraltet) feierlich begehen; feierlich bestätigen. **So|len|ni|tät** *die;* -, -en ⟨unter Einfluß von *fr.* solennité aus gleichbed. *spätlat.* so(l)lemnitas, Gen. so(l)lemnitatis⟩: (veraltet) Feierlichkeit, Festlichkeit; vgl. Sollemnitas

So|le|no|id *das;* -[e]s, -e ⟨*gr.* sōlēnoeidḗs „rinnen-, röhrenförmig", dies zu sōlḗn „Rinne, Röhre"⟩: zylindrische Metallspule, die bei Stromdurchfluß wie ein Stabmagnet wirkt

Sol|fa|ta|re *die;* -, ...ren ⟨aus gleichbed. *it.* solfatara (nach dem Namen eines Kraters in der Nähe von Neapel) zu solfatare „(aus)schwefeln"⟩: ↑ Exhalation (2) schwefelhaltiger heißer Wasserdämpfe in Gebieten mit abklingendem Vulkanismus

Sol|fège [...'fɛʒ] *der;* -s, -s ⟨aus *fr.* solfège „Gesangsschule, Noten-Abc"⟩: svw. Solfeggio. **Sol|feg|gien** [...'fɛdʒn]: Plur. von Solfeggio. **sol|feg|gie|ren** [...fɛ'dʒi:...] ⟨aus gleichbed. *it.* solfeggiare zu solfa „Tonübung", die ↑ sol u. ↑ fa, vgl. Solmisation⟩: Solfeggien singen (Mus.). **Sol|feg|gio** [...'fɛdʒo] *das;* -s, ...ggien [...'fɛdʒn] ⟨aus gleichbed. *it.* solfeggio⟩: auf die Solmisationssilben gesungene Gesangsübung

Sol|li: Plur. von ↑ Solo

So|li|ci|tor [sə'lɪsɪtə] *der;* -s, -s ⟨aus gleichbed. *engl.* solicitor, dies über *mittelfr.* solliciteur zu *lat.* sollicitare, vgl. sollizitieren⟩: in Großbritannien, Irland u. Teilen Australiens der nur bei niederen Gerichten zugelassene Anwalt; vgl. Barrister; vgl. aber: Sollizitator

so|lid u. **so|li|de** ⟨aus gleichbed. *fr.* solide, dies aus *lat.* solidus „gediegen, echt, fest"⟩: 1. fest, haltbar; gediegen (von Gegenständen). 2. ordentlich, maßvoll, nicht ausschweifend, nicht vergnügungssüchtig; anständig; zuverlässig (von Personen). 3. gut fundiert (z. B. von Wissen). **So|li|daires** [sɔli'dɛːr] *die* (Plur.) ⟨zu *fr.* solidaire, vgl. solidarisch⟩: (veraltet) Freimaurer, die sich durch Eid verpflichteten, im Sterbefall keinen geistlichen Beistand in Anspruch zu nehmen. **so|li|da|risch** ⟨nach *fr.* solidaire „wechselseitig für das Ganze haftend" zu *fr.* solide, vgl. solid⟩: a) gemeinsam, übereinstimmend; b) füreinander einstehend, eng verbunden. **so|li|da|ri|sie|ren** ⟨nach gleichbed. *fr.* se solidariser⟩: a) sich -: für jmdn., etwas eintreten; sich mit jmdm. verbünden, um gemeinsame Ziele u. Interessen zu verfolgen; b) zu solidarischem Verhalten bewegen. **So|li|da|ris|mus** *der;* - ⟨zu ↑ solidarisch u. ↑ ...ismus (1)⟩: Richtung der [kath.] Sozialphilosophie, die im rechten Ausgleich zwischen dem einzelnen u. der Gemeinschaft das Gemeinwohl zu fördern sucht. **so|li|da|ri|stisch** ⟨zu ↑ ...istisch⟩: den Solidarismus betreffend, auf ihm beruhend. **So|li|da|ri|tät** *die;* - ⟨aus gleichbed. *fr.* solidarité; vgl. ...ität⟩: a) unbedingtes Zusammenhalten mit jmdm. auf Grund gleicher Anschauungen u. Ziele; b) auf das Zusammengehörigkeitsgefühl u. das Eintreten füreinander sich gründende Unterstützung. **So|li|da|ri|täts|ak|ti|on** *die;* -, -en: zur Unterstützung einer Person, einer Gruppe od. bestimmter Forderungen etw. Ziele von mehreren durchgeführte Aktion. **So|li|da|ri|täts|prin|zip** *das;* -s: Prinzip des Solidarismus, das soziale Ausgleichsprozesse zwischen Individuum u. Gesellschaft begründen u. regeln soll. **So|li|dar|nor|men** *die* (Plur.): normative Bestimmungen des Tarifrechts. **So|li|dar|pakt** *der;* -[e]s, -e ⟨zu ↑ solidarisch⟩: Übereinkommen zwischen Politik, Unternehmensverbänden u. Interessenvertretern der Arbeitnehmer, bes. Gewerkschaften, zur Finanzierung au-

Solidarpathologie

ßergewöhnlicher Vorhaben durch möglichst weitgehende, sozial verträgliche Verteilung der entstehenden Lasten. **So|li|dar|pa|tho|lo|gie** *die;* -: Lehre, die in den festen Bestandteilen des Körpers die Ursachen der Krankheiten sucht (Med.); vgl. Humoralpathologie. **so|li|de** vgl. solid **So|li Deo** *der;* - -, - - ⟨*lat.;* „allein vor Gott"⟩: der nur vor dem Allerheiligsten abgenommene ↑Pileolus der kath. Geistlichen. **so|li Deo glo|ria!** ⟨*lat.*⟩: Gott [sei] allein die Ehre! (Inschrift auf Kirchen u. a.); Abk.: S. D. G. **So|li|di:** Plur. von ↑Solidus. **so|li|die|ren** ⟨aus gleichbed. *(spät)lat.* solidare zu solidus, vgl. solid⟩: (veraltet) befestigen, versichern. **So|li|di|tät** *die;* - ⟨aus gleichbed. *fr.* solidité, dies aus *lat.* soliditas, Gen. soliditatis „Dichtheit, Festigkeit, Dauerhaftigkeit"⟩: 1. Festigkeit, Haltbarkeit. 2. Zuverlässigkeit; Mäßigkeit, Gesetztheit. **solid-state** ['sɔlɪd'steɪt] ⟨aus gleichbed. *engl.* solid-state⟩: in Festkörpertechnik [ausgeführt] (von integrierten Schaltungen; Elektronik). **So|li|dus** *der;* -, ...di ⟨aus spätlat. solidus (aureus), vgl. Soldat⟩: altröm. Goldmünze. **So|li|dus|li|nie** *die;* -, -n: im Zustandsdiagramm von Legierungen die Temperaturlinie, unterhalb der alle Legierungsbestandteile fest sind **so|li|flui|dal** ⟨zu *lat.* solum „Boden" u. ↑fluidal⟩: die Solifluktion betreffend (Geol.). **So|li|fluk|ti|on** *die;* -, -en ⟨zu ↑fluktuieren u. ↑¹...ion⟩: 1. Bodenfließen, Erdfließen, Kriechen der Hänge (eine Form der Bodenbewegungen; Geol.). 2. Frostbodenbewegung, die zur Bildung von ↑Polygonböden führt (Geol.). **So|li|fluk|ti|ons|decke¹** *die;* -, -n: während der Eiszeit entstandene Frostschuttböden (Blockmeere der Mittelgebirge u. a.; Geol.) **So|li|lo|quent** *der;* -en, -en ⟨zu ↑Soliloquium u. ↑...ent⟩: (in der Passion 2 b) einzeln auftretende Person (außer dem Evangelisten u. Christus), z. B. Petrus, Pilatus; Ggs. ↑Turba. **So|li|lo|quist** *der;* -en, -en ⟨zu ↑...ist⟩: Verfasser eines Soliloquiums. **So|li|lo|qui|um** *das;* -s, ...ien [...jən] ⟨aus gleichbed. *spätlat.* soliloquium zu *lat.* solus (vgl. solo) u. loqui „reden"⟩: Selbstgespräch, ↑Monolog der antiken Bekenntnisliteratur **So|ling** *die;* -, Plur. -s, auch -e (auch *das* od. *der;* -s, -s) ⟨Herkunft unsicher⟩: mit drei Personen zu segelndes Kielboot im Rennsegelsport **Sol|ion** *das;* -s, -en ⟨Kunstw. zu *engl.* solution „Lösung"⟩: als Gleichrichter od. Strombegrenzer verwendetes Steuerelement, bei dem die Ionenleitung in Lösungen zum Stromtransport dient (Phys.) **Sol|ip|sis|mus** *der;* -s ⟨zu *lat.* solus (vgl. solo), ipse „selbst" u. ↑...ismus (2)⟩: erkenntnistheoretischer Standpunkt, der nur das eigene Ich mit seinen Bewußtseinsinhalten als das einzig Wirkliche gelten läßt u. alle anderen Ichs mit der ganzen Außenwelt nur als dessen Vorstellungen annimmt (Philos.). **Sol|ip|sist** *der;* -en, -en ⟨zu ↑...ist⟩: Vertreter des Solipsismus. **sol|ip|si|stisch** ⟨zu ↑...istisch⟩: auf den Solipsismus bezüglich; ichbezogen. **So|list** *der;* -en, -en ⟨aus gleichbed. *fr.* soliste, *it.* solista zu *it.* solo, vgl. solo⟩: a) Künstler (Musiker od. Sänger), der ein ↑Solo (1) [mit Orchesterbegleitung] vorträgt; b) (ugs.) Spieler, der einen Alleingang unternimmt (bei Mannschaftsspielen, besonders beim Fußball). **So|li|stin** *die;* -, -nen: weibliche Form zu ↑Solist. **so|li|stisch** ⟨zu ↑...istisch⟩: a) den Solisten, die Solistin betreffend; b) sich als Solist, als Solistin betätigend; c) für Solo komponiert. **so|li|tär** ⟨aus *fr.* solitaire „einsam, einzeln", dies aus gleichbed. *lat.* solitarius zu solus, vgl. solo⟩: einzeln lebend, nicht staatenbildend (von Tieren); Ggs. ↑sozial (5). **So|li|tär** *der;* -s, -e ⟨aus gleichbed. *fr.* solitaire⟩: 1. einzeln gefaßter Brillant od. Edelstein. 2. Einsiedlerspiel (ein Brettspiel für eine Person). 3. einzeln [außerhalb des Waldes] stehender Baum. **So|li|ton** *das;* -s, ...tonen (meist Plur.) ⟨zu ↑solitär u. ↑¹...on⟩: Wellentyp, der einen bestimmten Lösungstyp spezieller nichtlinearer, partieller Differentialgleichungen darstellt u. sich als räumlich begrenzte Welle ohne Änderung der Gestalt ausbreitet (Phys.). **So|li|tü|de** *die;* -, -n ⟨aus *fr.* solitude „Einsamkeit", dies aus *lat.* solitudo zu solus, vgl. solo⟩: Name von Schlössern **Sol|jan|ka** *die;* - ⟨aus gleichbed. *russ.* soljanka zu sol' „Salz"⟩: stark gewürzte Suppe mit Fleisch od. Fisch, Gemüse, saurer Gurke u. saurer Sahne **Sol|lem|ni|tas** *die;* -, ...tates [...te:s] ⟨aus *spätlat.* sollemnitas, Gen. sollemnitatis „Feierlichkeit, Fest"⟩: Hochfest, seit 1969 Bez. für die im liturgischen Kalender am höchsten stehenden Feste (kath. Kirche); vgl. Solennität **Sol|li|zi|tant** *der;* -en, -en ⟨zu *lat.* sollicitans, Gen. sollicitantis, Part. Präs. von sollicitare, vgl. sollizitieren⟩: (veraltet) Bittsteller. **Sol|li|zi|ta|ti|on** *die;* -, -en ⟨aus *lat.* sollicitatio „Beunruhigung, Veranlassung zu etwas"⟩: (veraltet) Bitte, [Rechts]gesuch. **Sol|li|zi|ta|tor** *der;* -s, ...oren ⟨nach *lat.* sollicitator „Reizer, Verführer"⟩: (österr., veraltet) Gehilfe eines Rechtsanwalts; vgl. aber: Solicitor. **sol|li|zi|tie|ren** ⟨aus *lat.* sollicitare „zu etwas veranlassen, anregen, reizen"⟩: (veraltet) nachsuchen, betreiben **Sol|lux|lam|pe** ⓌⓏ *die;* -, -n ⟨zu *lat.* sol „Sonne" u. lux „Licht"⟩: elektrische Wärmestrahlungslampe **Sol|mi|sa|ti|on** *die;* - ⟨aus gleichbed. *it.* solmisazione; zu den Tonsilben sol u. mi des von Guido von Arezzo im 11. Jh. erstmals beschriebenen Tonsystems, dessen Silben aus einem mittelalterlichen latein. Hymnus an Johannes den Täufer stammen⟩: System, bei dem die Töne der Tonleiter anstatt mit c, d, e usw. mit den Tonsilben ↑ut (später do), ↑re, ↑mi, ↑fa, ↑sol, ↑la, ↑si bezeichnet werden (Mus.). **sol|mi|sie|ren** ⟨zu ↑...ieren⟩: die Solmisations-(Ton-)Silben statt der (heute üblichen) Stammtöne anwenden (Mus.); Ggs. ↑abecedieren **so|lo** ⟨*it.;* aus *lat.* solus „allein"⟩: 1. als Solist (a) bzw. Solistin (z. B. bei einer musikalischen Darbietung). 2. (ugs., oft scherzh.) allein; unbegleitet, ohne Partner. **So|lo** *das;* -s, Plur. -s u. Soli: 1. aus dem Chor od. Orchester hervortretende Gesangs- od. Instrumentalpartie; Einzelgesang, -spiel, -tanz usw.; Ggs. ↑Tutti. 2. a) Einzelspiel, Alleinspiel (bei Kartenspielern); b) (ugs.) Alleingang eines Spielers (vor allem beim Fußball) **So|lod** *der;* -s ⟨aus gleichbed. *russ.* solod zu solonyj „salzig"⟩: Steppenbleicherde, meist aus ↑Solonez durch stärkere Auswaschung nach Absinken des Grundwasserspiegels entwickelter schwach saurer u. unfruchtbarer Salzboden **So|lo|ma|schi|ne** *die;* -, -n ⟨zu ↑solo u. ↑Maschine⟩: einsitziges Motorrad ohne Beiwagen **So|lo|nez** *der;* - ⟨aus gleichbed. *russ.* solonec zu solonyj, vgl. Solod⟩: sodahaltiger Salzsteppenboden **So|lon|goi** [...'gɔy] *der;* -, - ⟨aus gleichbed. *russ.* solongoj, dies aus dem Turkotat.⟩: Fell des gleichnamigen Tieres od. Bergkolinskis, einer in Ostasien lebenden Marderart **so|lo|nisch** ⟨nach Solon, dem altathenischen Staatsmann u. Dichter (640 bis 560 v. Chr.)⟩: klug, weise [wie Solon] **So|lon|tschak** *der;* - ⟨aus gleichbed. *russ.* solončak zu solonyj, vgl. Solod⟩: weißer, verkrusteter Salzsteppenboden **So|lo|part** *der;* -s, Plur. -s, auch -e ⟨zu ↑solo u. ↑Part⟩: Part (2) für einen solistisch auftretenden Künstler **So|lö|zis|mus** *der;* -, ...men ⟨über *lat.* soloecismus aus gleichbed. *gr.* soloikismós zu sóloikos „regelwidrig sprechend", wohl nach dem antiken Soloi (*gr.* Sóloi) in Kilikien, dessen Einwohner ein fehlerhaftes Griechisch gesprochen haben sollen〉: grober Sprachfehler, bes. in der syntaktischen Verbindung der Wörter (Rhet., Stilk.)

Sol|sti|ti|al|punkt *der;* -[e]s, -e 〈zu *lat.* solstitialis „zur Sommersonnenwende (gehörig)", dies zu solstitium, vgl. Solstitium〉: Sonnenstillstandspunkt od. Sonnenwendepunkt, in dem die Sonne ihren höchsten od. niedrigsten Stand über dem Himmelsäquator hat (Sommer-, Winterpunkt). **Sol|sti|ti|um** *das;* -s, ...ien [...i̯ən] 〈aus gleichbed. *lat.* solstitium zu sol „Sonne" u. sistere (Stamm stit-) „(still)stehen"〉: Sonnenwende (Astron.). **Sol|stiz** *das;* Gen. - u. -es, Plur. -e 〈zu ↑Solstitium〉: (selten) svw. Solstitium

so|lu|bel u. **so|lu|bi|le** 〈aus gleichbed. *spätlat.* solubilis zu *lat.* solvere, vgl. solvent〉: löslich, auflösbar (Chem.). **So|lu|bi|li|sa|ti|on** *die;* -, -en 〈zu ↑...isation〉: Auflösung eines Stoffes in einem Lösungsmittel, in dem er unter normalen Bedingungen nicht löslich ist

so|lus Chri|stus [– kr...] 〈*lat.;* eigtl. „Christus allein"〉: Kurzformel für die alleinige Heilsbedeutung Jesu Christi (ev. Theol.)

So|lu|tio *die;* -, ...iones [...ne:s] u. **So|lu|ti|on** *die;* -, -en 〈aus *lat.* solutio „das (Auf)lösen, Lösung"〉: Lösung, bes. Arzneimittellösung; Abk.: Sol

Sol|lu|tré|en [zolytre'ɛ:] *das;* -[s] 〈nach dem Fundort unterhalb des Felsens Solutré in Frankreich〉: Stufe der Altsteinzeit

so|lu|tus 〈*lat.;* „gelöst", Part. Perf. von solvere, vgl. solvent〉: in einem flüssigen Medium gelöst (z. B. von festen Substanzen; Med.). **sol|va|bel** [...v...] 〈zu *lat.* solvere (vgl. solvent) u. ↑...abel, Bed. 2 über provenzal. *fr.* solvable〉: 1. (selten) auflösbar (Chemie). 2. (veraltet) svw. solvent. **Sol|va|bi|li|tät** *die;* - 〈zu ↑...ität〉: (veraltet) svw. Solvenz. **Sol|vat** *das;* -[e]s, -e 〈zu ↑...at (1)〉: aus einer Solvatation hervorgegangene lockere Verbindung (Chem.). **Sol|va|ta|ti|on** *die;* - 〈zu ↑...ation〉: das Eingehen einer lockeren Verbindung zwischen Kolloidteilchen u. Lösungsmittel (Chem.). **Sol|vens** *das;* -, Plur. ...venzien [...i̯ən] u. ...ventia 〈zu *lat.* solvens, vgl. solvent〉: [schleim]lösendes Mittel (Med.). **sol|vent** 〈über *it.* solvente aus *lat.* solvens, Gen. solventis, Part. Präs. von solvere „(auf)lösen; eine Schuld abtragen"〉: zahlungsfähig (Wirtsch.); Ggs. ↑insolvent. **Sol|ven|tia:** Plur. von ↑Solvens. **Sol|venz** *die;* -, -en 〈zu ↑...enz〉: Zahlungsfähigkeit (Wirtsch.); Ggs. ↑Insolvenz. **Sol|ven|zi|en** [...i̯ən]: Plur. von ↑Solvens. **sol|vie|ren** 〈aus gleichbed. *lat.* solvere〉: 1. (auf)lösen (Chem.). 2. abzahlen, zurückzahlen (bes. Wirtsch.). **Sol|vo|ly|se** *die;* -, -n 〈zu ↑...lyse〉: Reaktion gelöster ↑kovalenter Verbindungen mit dem Lösungsmittel (Chem.)

¹So|ma *der;* -[s], -s 〈aus gleichbed. *sanskr.* sóma〉: [im Mondgott personifizierter] Opfertrank der ↑wedischen Religion; vgl. Haoma

²So|ma *das;* -, -ta 〈aus *gr.* sõma, Gen. sõmatos „Körper"〉: 1. Körper (im Gegensatz zum Geist; Med., Psychol.). 2. Gesamtheit der Körperzellen im Gegensatz zu den Keimzellen (Med., Biol.)

So|man *das;* -s 〈Kunstw.〉: chem. Verbindung aus der Reihe der organischen Phosphorsäureester, hochgiftiger chem. Kampfstoff

so|mat..., **So|mat...** vgl. somato..., Somato... **So|ma|ti|ker** *der;* -s, - 〈zu ↑somatisch〉: Arzt, der sich mit den körperlichen Erscheinungsformen der Krankheiten befaßt; vgl. Psychologe. **so|ma|tisch** 〈nach gleichbed. *gr.* sõmatikós〉: 1. den Körper betreffend (im Unterschied zu Geist, Seele, Gemüt); körperlich (Med., Psychol.). 2. die Körperzellen (im Ggs. zu den Keim-, Geschlechtszellen) betreffend (Med., Biol.). **so|ma|to...,** **So|ma|to...,** vor Vokalen meist somat..., Somat... 〈aus gleichbed. *gr.* sõma, Gen. sõmatos〉: Wortbildungselement mit der Bedeutung „Körper", z. B. somatogen, Somatologie. **So|ma|to|ga|mie** *die;* -, ...ien 〈zu ↑...gamie〉: Befruchtungsvorgang bei Pilzen durch Verschmelzung von Körperzellen aus einem einzigen od. aus verschiedenen Individuen (Biol.). **so|ma|to|gen** 〈zu ↑...gen〉: 1. körperlich bedingt, verursacht (Med., Psychol.). 2. von Körperzellen [und nicht aus der Erbmasse] gebildet (von Veränderungen an Individuen; Biol.). **So|ma|to|gramm** *das;* -s, -e 〈zu ↑...gramm〉: graphische Darstellung, Schaubild der körperlichen Entwicklung bes. eines Säuglings od. Kleinkindes. **So|ma|to|lo|gie** *die;* - 〈zu ↑...logie〉: Wissenschaft von den allgemeinen Eigenschaften des menschlichen Körpers (Anthropologie). **So|ma|to|ly|se** *die;* -, -n 〈zu ↑...lyse〉: Schutzverhalten bei Tieren, bei dem durch Verfärben, Fleckung, Streifen o. ä. das Tier in einer bestimmten Umgebung für den Betrachter unsichtbar wird (Biol.). **So|ma|to|me|din** *das;* -s, -e 〈Kurzw. zu ↑Somatotropin, ↑Mediator u. ↑...in (1)〉: unter dem Einfluß von Somatotropin in der Leber gebildete u. freigesetzte Substanz, durch die das Somatotropin wirksam wird (Med.). **So|ma|to|me|trie** *die;* - 〈zu ↑somato... u. ↑...metrie〉: Messungen am menschlichen Körper (Anthropologie). **So|ma|to|psy|cho|lo|gie** *die;* -: Teilgebiet der Psychologie, auf dem man die ↑Symptome des Seelenlebens in körperlichen Begleit- u. Folgeerscheinungen erforscht; vgl. Psychosomatik. **So|ma|to|sen|si|bi|li|tät** *die;* -: Empfindung für Gleichgewicht u. Bewegung (Med., Biol.). **So|ma|to|sko|pie** *die;* -, ...ien 〈zu ↑...skopie〉: (selten) Untersuchung des (menschlichen) Körpers (Med.). **So|ma|to|sta|tin** *das;* -s, -e 〈zu *gr.* stásis „das Stehen, Stillstand" u. ↑...in (1)〉: ein Peptidhormon aus 14 Aminosäuren, das im Gehirn u. oft auch in der Bauchspeicheldrüse vieler Wirbeltiere einschließlich des Menschen vorkommt (Med., Biol.). **So|ma|to|the|ra|pie** *die;* -, ...ien: körperliche Behandlungsmaßnahmen bei psychischen Krankheiten (z. B. Elektrokrampf; Med.). **so|ma|to|trop** 〈zu ↑...trop〉: den Körper beeinflussend (Med.). **So|ma|to|tro|pin** *das;* -s 〈zu ↑...in (1)〉: Wachstumshormon aus dem Hypophysenvorderlappen (Biol., Med.). **So|ma|zel|len** *die* (Plur.) 〈zu ↑²Soma〉: die meist ↑diploiden Körperzellen, die im Unterschied zu den Keimzellen nicht potentiell unsterblich u. bei den Säugetieren nur noch begrenzt teilungsfähig sind (Med., Biol.)

Som|bre|ro *der;* -s, -s 〈aus *span.* sombrero „Hut" zu sombra „Schatten", dies aus *lat.* umbra〉: in Mittel- u. Südamerika getragener hoher, kegelförmiger Strohhut mit sehr breitem Rand

Som|ma|ti|on *die;* -, -en 〈aus gleichbed. *fr.* sommation, eigtl. „Aufforderung", zu sommer „auffordern"; dies über das Mittellat. aus *lat.* summa „Höchstes"〉: gerichtliche Vorladung, Mahnung; Ultimatum. **Som|mi|tät** *die;* -, -en 〈aus gleichbed. *fr.* sommité, eigtl. „Gipfel, Spitze", dies aus *lat.* summitas, Gen. summitatis〉: (veraltet) hochstehende Person

som|nam|bul 〈aus gleichbed. *fr.* somnambule, dies zu *lat.* somnus „Schlaf" u. ambulare „umhergehen"〉: schlafwandlerisch; nachtwandelnd, mondsüchtig. **Som|nam|bu|le** *der* u. *die;* -n, -n: Schlafwandler[in]. **som|nam|bu|lie|ren** 〈zu ↑...ieren〉: schlafwandeln. **Som|nam|bu|lis|mus** *der;* - 〈aus gleichbed. *fr.* somnambulisme; vgl. ...ismus (3)〉: Schlaf-, Nachtwandeln, Mondsüchtigkeit (Med.). **som|no|lent** 〈aus *spätlat.* somnulentus „schlaftrunken"〉: benommen; schlafsüchtig (Med.). **Som|no||lenz** *die;* - ⟨aus *spätlat.* somnulentia „Schläfrigkeit"⟩: Benommenheit; krankhafte Schläfrigkeit (Med.)

So|na|gramm *das;* -s, -e ⟨zu *lat.* sonare (vgl. Sonant) u. ↑...gramm⟩: graphische Darstellung einer akustischen Struktur (z. B. der menschlichen Stimme). **So|na|graph** *der;* -en, -en ⟨zu ↑...graph⟩: Gerät zur Analyse u. Aufzeichnung von Klängen u. Geräuschen. **so|na|gra|phisch** ⟨zu ↑...graphisch⟩: mit einem Sonagraphen aufgezeichnet u. dargestellt. **So|nant** *der;* -en, -en ⟨zu *lat.* sonans, Gen. sonantis „tönend; Vokal", Part. Präs. von sonare „tönen"⟩: silbenbildender Laut (außer den Vokalen auch sonantische Konsonanten, wie z. B. *l* in Dirndl = Dirndel). **so|nan|tisch:** a) den Sonanten betreffend; b) silbenbildend

So|nar *das;* -s, -e ⟨aus gleichbed. *engl.* sonar, Kurzw. aus sound *n*avigation *a*nd *r*anging, eigtl. „Schallortung und Entfernungsmessung"⟩: 1. (ohne Plur.) Verfahren zur Ortung von Gegenständen im Raum, unter Wasser mit Hilfe ausgesandter Schallimpulse. 2. svw. Sonargerät. **So|nar|ge|rät** *das;* -[e]s, -e: Gerät, das mit Hilfe von Sonar (1) Gegenstände ortet

So|na|ta *die;* -, ...te ⟨aus *it.* sonata, vgl. Sonate⟩: ital. Bez. für Sonate; - a tre: Triosonate (Mus.); - da camera ['ka:...]: Kammersonate; - da chiesa ['kieza]: Kirchensonate. **So|na|te** *die;* -, -n ⟨aus gleichbed. *it.* sonata, substantiviertes Part. Perf. Fem. von sonare „(er)tönen", dies aus *lat.* sonare⟩: Tonstück für ein od. mehrere Instrumente (auch Orchester), aus 3 od. 4 Sätzen bestehend. **So|na|ti|ne** *die;* -, -n ⟨aus gleichbed. *it.* sonatina, Verkleinerungsform von sonata, vgl. Sonate⟩: kleinere, meist nur aus 2 bis 3 Sätzen bestehende, oft leicht zu spielende Sonate

Son|de *die;* -, -n ⟨aus gleichbed. *fr.* sonde, weitere Herkunft unsicher⟩: 1. Abtast-, Prüf- od. Untersuchungsgerät für schwer zugängliche od. anderweitig schwierig zu untersuchende Stellen; oft stab- od. röhrenförmig, starr od. biegsam ausgeführt; für maßtechnische Zwecke mit einem Sensor ausgestattet. 2. dünnes, stab- od. röhrenförmiges Instrument zur Einführung in Körperhöhlen (z. B. Magen) od. Gewebe (z. B. Wunden) zu diagnostischen u. therapeutischen Zwecken; dünner Schlauch zur künstlichen Ernährung (Med.). 3. Vorrichtung zur Förderung von Erdöl od. Erdgas aus Bohrlöchern (Techn.). 4. a) langes, stabförmiges Instrument, mit dessen Hilfe unter Lawinen begrabene Menschen gesucht werden; b) Rettungsgerät, mit dem verschüttete Bergleute aus dem Schacht befördert werden können. 5. svw. Radiosonde. 6. unbemanntes Raumfahrzeug zur Versuchs- u. Forschungszwecken. **son|die|ren** ⟨aus gleichbed. *fr.* sonder⟩: 1. mit einer Sonde untersuchen. 2. vorsichtig erkunden, ausforschen, vorfühlen. 3. loten, die Wassertiefe messen (Seew.). **Son|die|rung** *die;* -, -en ⟨zu ↑...ierung⟩: 1. das Sondieren. 2. (meist Plur.) svw. Sondierungsgespräch. **Son|die|rungs|ge|spräch** *das;* -[e]s, -e: Gespräch, bei dem die Haltung des Gesprächspartners zu einer bestimmten Frage erkundet werden soll

So|ne *die;* -, - ⟨zu *lat.* sonus „Laut, Schall, Klang"⟩: Maßeinheit der Lautheit; Zeichen sone (Phys.). **So|nett** *das;* -[e]s, -e ⟨aus gleichbed. *it.* sonetto, eigtl. „Klinggedicht", Verkleinerungsform zu (älter) *it.* s(u)ono „Klang, Ton", dies aus *lat.* sonus⟩: in Italien entstandene Gedichtform von insgesamt 14 Zeilen in zwei Teilen, von denen der erste aus zwei Strophen von je vier Versen (vgl. Quartett 2), der zweite aus zwei Strophen von je drei Versen (vgl. Terzett 2) besteht

Song [sɔŋ] *der;* -s, -s ⟨aus *engl.* song „Lied"⟩: 1. Lied (der populären Unterhaltungsmusik o. ä.). 2. (musikalisch u. textlich meist einfaches) einprägsames, oft als Sprechgesang vorgetragenes Lied mit zeitkritischem, sozialkritischem, satirischem, lehrhaftem o. ä. Inhalt. **Song|book** [...bʊk] *das;* -[s], -s ⟨aus *engl.* songbook „Liederbuch"⟩: Buch, in dem sämtliche bei der Abfassung des Buches vorliegenden Lieder eines Einzelinterpreten od. einer Gruppe mit Text u. Noten enthalten sind. **Song|wri|ter** [...raɪtɐ] *der;* -s, - ⟨aus gleichbed. *engl.* songwriter, eigtl. „Liedschreiber"⟩: jmd., der Texte [u. die Musik] von Songs schreibt

so|ni|ka ⟨aus gleichbed. *fr.* sonica⟩: 1. (veraltet) sogleich, rechtzeitig. 2. zur rechten Zeit kommend (von der Gewinn entscheidenden Karte beim Pharaospiel)

So|ni|tus au|ri|um *der;* - - ⟨zu *lat.* sonitus „Schall, Klang" u. auris „Ohr"⟩: Ohrenklingen, subjektiv empfundenes Geräusch bei Erkrankungen des Hörorgans (Med.)

Son|ny|boy ['sʌnɪbɔy, auch 'zɔnɪ...] *der;* -s, -s ⟨nach *engl.* sonny boy „(mein) Söhnchen, (mein) Junge" (sonny = Koseform von son „Sohn")⟩: junger Mann, der eine unbeschwerte Fröhlichkeit ausstrahlt, Charme hat u. dem man Sympathie entgegenbringt

so|no..., So|no... ⟨aus *lat.* sonus „Laut, Schall, Klang"⟩: Wortbildungselement mit der Bedeutung „Schall; Ultraschall", z. B. sonographisch, Sonometer. **So|no|che|mie** *die;* -: Teilgebiet der Chemie, das sich mit der chem. Wirkung des Ultraschalls befaßt. **So|no|gramm** *das;* -s, -e ⟨zu ↑...gramm⟩: Aufzeichnung des Ultraschallspektrums als Ergebnis der Sonographie. **So|no|graph** *der;* -en, -en ⟨zu ↑...graph⟩: Gerät zur Durchführung einer Sonographie (Med.). **So|no|gra|phie** *die;* -, ...ien ⟨zu ↑...graphie⟩: Ortung u. Aufzeichnung krankhafter Veränderungen im Organismus mit Hilfe von Ultraschallwellen nach dem Echolotprinzip (Med.). **so|no|gra|phisch** ⟨zu ↑...graphisch⟩: mit Hilfe der Sonographie durchgeführt, auf ihr beruhend (Med.). **So|no|lu|mi|nes|zenz** *die;* -, -en: durch Schallwellen hervorgerufene Leuchterscheinung (Phys.). **So|no|meter** *das;* -s, - ⟨zu ↑¹...meter⟩: Schallstärkemesser. **so|nor** ⟨über gleichbed. *fr.* sonore aus *lat.* sonorus „schallend, klangvoll" zu sonor „Klang, Ton", dies zu sonare „tönen"⟩: 1. klangvoll, volltönend. 2. stimmhaft (Sprachw.). **So|nor** *der;* -s, -e ⟨aus *lat.* sonor, vgl. sonor⟩: nur mit Stimme gesprochener Laut im Gegensatz zu den Geräuschlauten; Sonant (Sprachw.). **So|no|ri|sa|ti|on** *die;* -, -en ⟨zu ↑...isation⟩: Umwandlung stimmloser Konsonanten in stimmhafte, oft in ↑intervokalischer Stellung, z. B. *lat.* catena („Kette"), *span.* cadena (Sprachw.); vgl. ...[at]ion/ ...ierung. **So|no|ri|sie|rung** *die;* -, -en ⟨zu ↑...isierung⟩: svw. Sonorisation; vgl. ...[at]ion/...ierung. **So|no|ri|tät** *die;* - ⟨zu ↑...ität⟩: Klangfülle eines Lautes, Grad der Stimmhaftigkeit (Sprachw.). **So|nor|laut** *der;* -[e]s, -e: svw. Sonor

Soor *der;* -[e]s, -e ⟨Herkunft unsicher; vielleicht zu *mittelniederd.* sōr „ausgedörrt, trocken"⟩: Pilzinfektion (bes. bei Säuglingen), die sich in grauweißem Belag bes. der Mundschleimhaut äußert (Med.). **Soor|my|ko|se** *die;* -, -n: svw. Soor

So|phia *die;* - über *lat.* sophia aus *gr.* sophía „Weisheit"⟩: 1. das Wissen von den göttlichen Ideen, die in ihrer Reinheit nur von der körperlosen Seele geschaut werden (Plato). 2. in der russ. Religionsphilosophie Bezeichnung für die schöpferische Weisheit Gottes. **So|phio|lo|gie** *die;* - ⟨zu ↑...logie⟩: Weisheitslehre der russ. Religionsphilosophie. **So|phis|ma** *das;* -s, ...men ⟨über gleichbed. *lat.* sophisma aus *gr.* sóphisma, eigtl. „alles klug od. listig Ausgedachte", zu sophízesthai „ausklügeln, aussinnen", dies zu sophós „geschickt, klug"⟩: svw. Sophismus. **So|phis|mus**

der; -, ...men ⟨zu ↑...ismus (2)⟩: Scheinbeweis; Trugschluß, der mit Täuschungsabsicht gemacht wird. **So|phist** *der;* -en, -en ⟨über *(m)lat.* sophista, sophistes aus gleichbed. *gr.* sophistḗs zu sophízein „belehren; klug erdenken", dies zu sophós, vgl. Sophisma⟩: 1. Wissenschaftler [in der Antike]. 2. im antiken Athen der gutbezahlte Wanderlehrer, der die Jugend in Wissenschaft, Philosophie u. Redekunst ausbildete. 3. jmd., der in geschickter u. spitzfindiger Weise etwas aus u. mit Worten zu beweisen versucht; Wortverdreher. **So|phi|ste|rei** *die;* -, -en ⟨zu *mlat.* sophistria (ars) „Kunst betrügerischer blendender Rede"⟩: (abwertend) Spitzfindigkeit, Spiegelfechterei, Wortklauberei. **so|phi|sti|ca|ted** [səˈfɪstɪkeɪtɪd] ⟨*engl.*⟩: 1. weltgewandt, kultiviert. 2. geistreich, intellektuell. **So|phi|sti|ca|tion** [səfɪstɪˈkeɪʃən] *die;* - ⟨aus *engl.* sophistication „Verfälschung", dies aus *mlat.* sophisticatio, vgl. Sophistikation⟩: im Jazz u. Blues ein Stil, der gekennzeichnet ist durch die Abkehr von typischen Momenten der afroamerik. Musiktradition u. die Hinwendung zu europ. Formen des Musizierens. **So|phi|stik** [zo...] *die;* - ⟨über *(m)lat.* sophistica (ars) aus *gr.* sophistikḗ (téchnē) „Kunst der Sophisterei" zu sophistikós, vgl. sophistisch⟩: 1. die Lehre u. die philos. Epoche der Sophisten. 2. scheinbare, spitzfindige Weisheit; Spitzfindigkeit. **So|phi|sti|ka|ti|on** *die;* -, -en ⟨aus *mlat.* sophisticatio „Täuschung"⟩: reiner Vernunftschluß, der von etwas, was wir kennen, auf etwas anderes schließt, von dem wir keinen Begriff haben, dem wir aber trotzdem objektive Realität zuschreiben (Philos.). **so|phi|stisch** ⟨über *lat.* sophisticus aus gleichbed. *gr.* sophistikós⟩: 1. den od. die Sophisten betreffend. 2. spitzfindig, wortklauberisch

So|phro|sy|ne *die;* - ⟨aus gleichbed. *gr.* sōphrosýnē zu sṓphrōn „verständig; mäßig"⟩: die antike Tugend der Selbstbeherrschung u. der Mäßigung, die Beherrschung der Begierden durch Vernunft u. Besonnenheit

So|por *der;* -s ⟨aus *lat.* sopor „(tiefer) Schlaf; Betäubung"⟩: starke Benommenheit u. Bewußtseinstrübung, Vorstufe des ¹Komas (Med.). **so|po|rös** ⟨zu *lat.* soporus „schlafbringend" u. ↑...ös⟩: stark benommen (Med.)

so|pra ⟨*it.;* aus *lat.* supra „oben"⟩: 1. oben (beim Klavierspiel mit gekreuzten Händen der Hinweis auf die Hand, die oben spielen soll). 2. um ein angegebenes Intervall höher; 8va (vgl. ottava) : eine Oktave höher; vgl. come sopra. **So|pran** *der;* -s, -e ⟨aus gleichbed. *it.* soprano, eigtl. „der darüber Befindliche; Oberster", substantiviertes Adjektiv von älter *it.* soprano „darüber befindlich, oben", dies über *mlat.* superanus aus *lat.* super „oben auf, über"⟩: 1. höchste Stimmlage von Knaben u. Frauen. 2. Sopransängerin. 3. (ohne Plur.) Gesamtheit der Sopranstimmen im gemischten Chor. 4. (ohne Plur.) Sopranpartie, Sopranstimme in einem Musikstück. **So|pran|in|stru|ment** *das;* -[e]s, -e: in Sopranlage (meist eine Quinte höher als das betreffende Altinstrument) gestimmtes Musikinstrument. **So|pra|nist** *der;* -en, -en ⟨zu ↑...ist⟩: Sänger (meist Knabe) mit Sopranstimme. **So|pra|ni|stin** *die;* -, -nen: Sopransängerin. **So|pran|schlüs|sel** *der;* -s: C-Schlüssel, Notenschlüssel, durch den die Lage von c¹ heute auf die unterste der 5 Notenlinien festgelegt wird. **So|pra|por|te** u. Supraporte *die;* -, -n ⟨aus *it.* sopraporte, eigtl. „über der Tür"⟩: Wandfeld [mit Gemälde od. Relief] über einer Tür (bes. im Baustil des Rokokos)

So|ra|bist *der;* -en, -en ⟨zu *nlat.* sorabicus „sorbisch" u. ↑...ist⟩: Wissenschaftler auf dem Gebiet der Sorabistik. **So|ra|bi|stik** *die;* - ⟨zu ↑...istik⟩: Wissenschaft von der sorbischen Sprache u. Kultur

Sor|bat *das;* -[e]s, -e ⟨zu *lat.* sorbere (vgl. sorbieren) u. ↑...at (2)⟩: der aufgenommene Stoff bei einer Sorption (Chem.). **Sor|bens** *das;* -, ...benzien [...i̯ən] u. ...bentia ⟨aus *lat.* sorbens, Part. Präs. von sorbere, vgl. sorbieren⟩: der aufnehmende Stoff bei einer Sorption (Chem.)

Sor|bet [auch zɔrˈbeː] *der* od. *das;* -s, -s u. **Sor|bett** *der* od. *das;* -[e]s, -e ⟨über *fr.* sorbet aus gleichbed. *it.* sorbetto, dies über *türk.* şerbet aus *arab.* šarbāt⟩: 1. eisgekühltes Getränk aus gesüßtem Fruchtsaft od. Wein mit Eischnee od. Schlagsahne. 2. Halbgefrorenes, zu dessen Zutaten Süßwein od. Spirituosen sowie Eischnee od. Schlagsahne gehören

sor|bie|ren ⟨aus *lat.* sorbere „schlürfen, verschlingen"⟩: Gase, Dämpfe, gelöste Stoffe durch ↑Adsorption u. ↑Absorption aufnehmen (Chem.)

Sor|bin|säu|re *die;* -, -n ⟨zu *lat.* sorbum „Vogelbeere" u. ↑...in (1)⟩: organische Säure (vor allem in Vogelbeeren vorkommend), Konservierungsstoff (für Lebensmittel; Chem.). **¹Sor|bit** [auch ...ˈbɪt] *der;* -s ⟨zu ↑⁴...it⟩: sechswertiger, süß schmeckender Alkohol, pflanzlicher Wirkstoff

²Sor|bit [auch ...ˈbɪt] *der;* -s ⟨nach dem engl. Forscher H. C. Sorby (1826–1908) u. zu ↑²...it⟩: (veraltet) Bestandteil von Stahl. **sor|bi|tisch** [auch ...ˈbɪ...]: (veraltet) aus ²Sorbit bestehend

Sor|bo|se *die;* - ⟨zu ↑¹Sorbit u. ↑²...ose⟩: aus ¹Sorbit entstehender unvergärbarer Zucker

Sor|di|ne vgl. Sordino. **sor|di|niert** ⟨zu ↑Sordino u. ↑...iert⟩: mit Sordino versehen, mit Sordino spielend (Mus.). **Sor|di|no** *der;* -s, Plur. -s u. ...ni u. Sor|di|ne *die;* -, -n ⟨aus gleichbed. *it.* sordino, dies zu *lat.* surdare „betäuben"⟩: Dämpfer (bei Musikinstrumenten); vgl. con sordino. **sor|do** ⟨*it.;* aus *lat.* surdus „kaum hörbar", eigtl. „taub"⟩: gedämpft (Mus.). **Sor|dun** *der* od. *das;* -s, -e ⟨aus gleichbed. *it.* sordone zu sordo, vgl. sordo⟩: 1. mit Oboe u. Fagott verwandte Schalmei mit Doppelrohrblatt u. dumpfem Klang (16. u. 17. Jh.). 2. dunkel klingendes Orgelregister

So|re u. Schore *die;* -, -n ⟨über *jidd.* sechore aus *hebr.* sĕḥôrā „Ware"⟩: (Gaunerspr.) Diebesgut

So|re|di|en [...i̯ən] *die* (Plur.) ⟨aus *nlat.* soredia, Plur. von soredium, dies zu *gr.* sōrós „Haufen"⟩: Brutkörperchen der Flechten (Bot.)

Sor|gho [...go] *der;* -s, -s u. **Sor|ghum** *das;* -s, -s ⟨teilweise über *nlat.* sorghum aus gleichbed. *it.* sorgho, dies über mdal. Formen aus *spätlat.* Syricum (granum) „(Getreide) aus Syrien"⟩: in Afrika u. Südeuropa angebaute Getreidepflanze mit markigem [zuckerhaltigem] Stengel u. großen, dichten Rispen

So|ri: Plur. von ↑ Sorus. **So|ri|tes** [...teːs] *der;* -, - ⟨aus gleichbed. *lat.* sorites, dies aus *gr.* sōreítēs, eigtl. „Häufelschluß" zu sōrós „Haufen"⟩: 1. Bezeichnung Ciceros für die auf Zeno zurückgehende ↑Aporie: „Bei wieviel Wieviel beginnt der Haufen?" 2. aus mehreren verkürzten ↑Syllogismen bestehender Haufen- od. Kettenschluß (Logik)

So|ro|ban *der;* -s, -e ⟨aus dem Japan.⟩: japan. Rechenbrett, ähnlich dem Abakus

so|ro|ral ⟨zu *lat.* soror „Schwester" u. ↑¹...al (1)⟩: schwesterlich; -e Polygynie: Form der Polygynie, in der ein Mann mit mehreren Schwestern verbunden ist (Völkerk.). **So|ro|rat** *das;* -[e]s ⟨zu ↑...at (1)⟩: Sitte, daß der Mann nach dem Tod seiner Frau (bei einigen Völkern auch noch zu ihren Lebzeiten od. gleichzeitig mit ihr) deren jüngere Schwester[n] heiratet (Völkerk.); vgl. Leviratsehe. **so|ro|ri|sie|ren** ⟨zu ↑...isieren⟩: (veraltet) schwesterlich behandeln, schwesterlich miteinander verkehren. **So|ro|ri|tät** *die;*

- ⟨zu ↑ ...ität⟩: (veraltet) schwesterliche Liebe, Schwesternschaft

Sorp|ti|on *die;* -, -en ⟨verkürzt aus ↑ Absorption⟩: Aufnahme eines Gases od. gelösten Stoffes durch einen anderen festen od. flüssigen Stoff (Chem.). **Sorp|ti|ons|kom|plex** *der;* -es, -e: Bodenbestandteil (z. B. organische Substanz, Tonmineral) mit sorbierenden Eigenschaften. **Sorp|tiv** *das;* -s, -e [...və] ⟨zu *lat.* sorptus „geschluckt, geschlürft", Part. Perf. von sorbere (vgl. sorbieren) u. ↑ ...iv⟩: der sorbierte Stoff bei einer Sorption (Chem.)

Sor|tes [...te:s] *die* (Plur.) ⟨aus gleichbed. *lat.* sortes, Plur. von sors „Los[stäbchen]"⟩: in der Antike bei der Befragung des Orakels verwendete Eichenstäbchen od. Bronzeplättchen. **sor|tie|ren** ⟨aus gleichbed. *it.* sortire, dies aus *lat.* sortiri „(er)losen, auswählen"⟩: 1. in [Güte]klassen einteilen, unter bestimmten Gesichtspunkten ordnen; sondern, auslesen, sichten. 2. nach numerischer od. alphabetischer Reihenfolge auf- od. absteigend ordnen (z. B. Datenträger, Dateien; EDV). **Sor|tie|rer** *der;* -s, -: a) Arbeiter, dessen Aufgabe das Sortieren (1) ist; b) Arbeiter an einer Sortiermaschine; c) Sortiermaschine. **Sor|tie|re|rin** *die;* -, -nen: weibliche Form zu ↑ Sortierer. **sor|tiert** ⟨zu ↑ ...iert⟩: 1. ein reichhaltiges [Waren]angebot aufweisend. 2. erlesen, ausgewählt, hochwertig. **Sor|tie|rung** *die;* -, -en ⟨zu ↑ ...ierung⟩: 1. das Ordnen nach Arten u. Wertgruppen. 2. das Ordnen von Daten (EDV). 3. svw. Sortiment (1). **Sor|ti|le|gi|um** *das;* -s, ...ien [...jən] ⟨aus gleichbed. *mlat.* sortilegium zu *lat.* sors, Gen. sortis (vgl. Sortes) u. legere „lesen"⟩: (in der Antike) Weissagung durch Lose. **Sor|ti|ment** *das;* -[e]s, -e ⟨aus gleichbed. älter *it.* sortimento zu sortire, vgl. sortieren⟩: 1. Warenangebot (Warenauswahl) in einem Geschäft. 2. Kurzform von Sortimentsbuchhandel, Sortimentsbuchhandlung. **Sor|ti|men|ter** *der;* -s, -: Angehöriger des Sortimentsbuchhandels, Ladenbuchhändler. **Sor|ti|ments|buch|han|del** *der;* -s: Buchhandelszweig, der in Läden für den Käufer ein Sortiment von Büchern aus den verschiedensten Verlagen bereithält. **Sor|ti|ments|po|li|tik** *die;* -: Teilbereich des Marketings beim Handel, der alle Entscheidungen nach Wünschen u. Bedürfnissen der Kunden umfaßt (Wirtsch.). **Sor|ti|ta** *die;* -, ...ten ⟨aus *it.* sortita, eigtl. „Auftritt", zu sortire „hinausgehen" (wohl, weil die Sängerin mit dieser Arie auf die Bühne tritt)⟩: Eintrittsarie der Primadonna in der altitalienischen Oper

So|rus *der;* -s, *Sori* ⟨über *nlat.* sorus aus *gr.* sōrós „Haufen"⟩: zu einem Häufchen vereinigte Sporenbehälter der Farne (Bot.)

SOS [ɛsoː'ɛs] *das;* - ⟨gedeutet als Abk. für *engl.* save our ship (od. souls) „rette(t) unser Schiff (od. unsere Seelen)"⟩: internationales [See]notzeichen (in Form von Morsezeichen bzw. Licht- od. Tonsignalen)

so|spi|ran|do u. **so|spi|ran|te** ⟨*it.;* zu sospirare „seufzen", dies aus *lat.* suspirare⟩: seufzend, wehklagend (Vortragsanweisung; Mus.). **So|spi|ro** *das;* -s, Plur. -s u. ...ri ⟨aus gleichbed. *it.* sospiro⟩: Bezeichnung für eine Pause im Wert eines halben Taktes (Mus.)

So|ße *die;* -, -n ⟨aus *fr.* sauce, vgl. Sauce⟩: 1. svw. Sauce. 2. Beize (Tabakindustrie). 3. (ugs. abwertend) verschmutztes Wasser, schmutzige Flüssigkeit

so|ste|nu|to ⟨*it.;* zu sostenere „tragen, stützen", dies aus *lat.* sustinere⟩: [aus]gehalten, breit, getragen; Abk.: sost. (Mus.). **So|ste|nu|to** *das;* -s, Plur. -s u. ...ti: mäßig langsames Musikstück (Mus.)

So|ta|de|us [...'deːʊs] *der;* -, ...ei [...'deːi] ⟨aus *lat.* (versus) Sotadeus, nach dem altgriech. Dichter Sotades (*gr.* Sōtádēs, 3. Jh. v. Chr.)⟩: altgriech. Versart

So|ter *der;* -, -e ⟨über *lat.* soter aus gleichbed. *gr.* sōtḗr zu sṓzein „(er)retten"⟩: Retter, Heiland (Ehrentitel Jesu Christi; auch Beiname von Göttern u. Herrschern der Antike); vgl. ¹Salvator. **So|te|rio|lo|gie** *die;* - ⟨zu *spätgr.* sōtḗrion „das (messianische) Heil" (dies zu *gr.* sōtḗrios „rettend; heilsam") u. ↑ ...logie⟩: theologische Lehre vom Erlösungswerk Christi. **so|te|rio|lo|gisch** ⟨zu ↑ ...logisch⟩: die Soteriologie betreffend

So|this|pe|ri|ode *die;* -, -n ⟨zu *ägypt.* sothis „Sirius (ein Stern)" u. ↑ Periode⟩: (veraltet) Zeitraum von 1461 Jahren, nach dem im alten ägypt. Kalender der Jahresbeginn wieder mit dem ↑ heliakischen Aufgang des Sirius zusammenfiel

So|tie: franz. Schreibung von ↑ Sottie

Sot|nie [...jə] *die;* -, -n ⟨aus *russ.* sotnja „Hundertschaft" zu -sot (in Zusammensetzungen) „-hundert"⟩: Kosakenabteilung. **Sot|nik** *der;* -s, -s ⟨aus gleichbed. *russ.* sotnik⟩: (veraltet) Hauptmann, Rittmeister, Führer einer Sotnie

Sot|tie *die;* -, -s ⟨aus gleichbed. *fr.* sotie zu sot „Narr", eigtl. „dumm, albern", dies wohl aus *mlat.* sottus): franz., vor allem gegen den Papst gerichtetes satirisches Narrenspiel (15. u. 16. Jh.). **Sot|ti|se** *die;* -, -n (meist Plur.) ⟨aus gleichbed. *fr.* sottise⟩: (veraltend) 1. Dummheit, Unsinnigkeit. 2. Grobheit. 3. stichelnde Rede

sot|to ⟨*it.;* „unter", dies aus *lat.* subtus „unten"⟩: (beim Klavierspiel mit gekreuzten Händen) unter der anderen Hand zu spielen (Mus.). **sot|to in su** ⟨*it.;* „von unten nach oben"⟩: in perspektivischer Untersicht dargestellt (bei barocker Deckenmalerei). **sot|to vo|ce** [- ˈvoːtʃə] ⟨*it.;* eigtl. „unter der Stimme"⟩: halblaut, gedämpft (Vortragsanweisung; Mus.)

Sou [su] *der;* -, -s [su] ⟨aus *fr.* sou, dies aus *spätlat.* solidus (aureus), vgl. Soldat⟩: a) (früher) franz. Münze zu 5 Centimes; b) (veraltend) Geldstück von geringem Wert

Sou|bre|saut [subrəˈso] *der;* -s, -s ⟨aus *fr.* soubresaut „plötzlicher Sprung, Ruck", dies aus *provenzal.* sobresaut⟩: Ballettfigur, ein senkrechter Sprung mit seitlicher Anwinklung der Knie u. Kreuzung der Unterschenkel

Sou|bret|te [zu..., auch su...] *die;* -, -n ⟨aus gleichbed. *fr.* soubrette, eigtl. „verschmitztes Kammermädchen", zu *provenzal.* soubret „geziert", dies zu *lat.* superare „übersteigen, zuviel sein"⟩: Darstellerin von heiteren, lustigen Sopranpartien in Oper, Operette, Kabarett

Sou|che [ˈzuːʃə, auch ˈsuː...] *die;* -, -n ⟨aus *fr.* souche „Kontrollabschnitt", eigtl. „(Baum)stumpf"⟩: Teil eines Wertpapiers, der zur späteren Kontrolle der Echtheit zurückbehalten wird

Sou|chong [ˈzuːʃɔŋ, auch ˈsuː...] *der;* -[s], -s ⟨über gleichbed. *engl.* souchong zu *chin.* xiao „klein" u. zhong „Sorte"⟩: Teesorte mittlerer Qualität

Souf|flé [zuˈfleː, auch su...] *das;* -s, -s ⟨aus gleichbed. *fr.* soufflé, eigtl. „der Aufgeblasene", zu souffler, vgl. soufflieren⟩: Auflauf (Gastr.). **Souf|fleur** [...ˈfløːɐ̯] *der;* -s, -e ⟨aus gleichbed. *fr.* souffleur, eigtl. „Zubläser", zu souffler, vgl. soufflieren⟩: Mann, der souffliert; Vorsager, Einsager (am Theater). **Souf|fleu|se** [...ˈfløːzə] *die;* -, -n ⟨aus gleichbed. *fr.* souffleuse⟩: Frau, die souffliert; Vorsagerin, Einsagerin (am Theater). **souf|flie|ren** ⟨aus gleichbed. *fr.* souffler, eigtl. „blasen, flüsternd zuhauchen", dies aus *lat.* sufflare „(an)blasen, hineinblasen"⟩: [einem Schauspieler den Text seiner Rolle] flüsternd vorsagen, einsagen

Sou|fla|ki [zu...] *der;* -[s], -[s] ⟨aus gleichbed. *ngr.* soubláki zu

sozial

soúbla „(Brat)spieß"⟩: kleiner Fleischspieß (in der griech. Küche)

Souk [zu:k] ⟨aus *fr.* souk „arab. Markt"⟩: svw. Suk

Soul [soʊl] *der;* -s ⟨aus gleichbed. *engl.-amerik.* soul, eigtl. „Inbrunst, Seele"⟩: Jazz- u. Beatmusik mit starker Betonung des Expressiven; vgl. Blues (1 a, b). 2. nach Soul (1) getanzter Paartanz

Sou|la|ge|ment [sulaʒə'mã:] *das;* -s, -s ⟨aus gleichbed. *fr.* soulagement zu soulager, vgl. soulagieren⟩: (veraltet) Erleichterung, Unterstützung. **sou|la|gie|ren** [...'ʒi:...] ⟨aus gleichbed. *fr.* soulager, dies über *vulgärlat.* *subleviare aus *lat.* sublevare „erleichtern"⟩: (veraltet) unterstützen, erleichtern, beruhigen

Sound [saʊnd] *der;* -s ⟨aus gleichbed. *engl.-amerik.* sound, eigtl. „Schall, Klang", dies über *(alt)fr.* son aus *lat.* sonus „Schall"⟩: Klang, für eine Band od. einen Stil charakteristische Klangfarbe in der Rock- u. Jazzmusik. **Soundabout** ['saʊndəbaʊt] *das;* -s, -s ⟨zu *engl.* to sound about „erklingen lassen"⟩: svw. Walkman. **Sound|check** [...tʃɛk] *der;* -s, -s ⟨aus gleichbed. *engl.-amerik.* sound check⟩: das Ausprobieren des Klangs, der Akustik (vor dem Konzert bes. einer Jazz-, Rockgruppe o. ä.). **Sound|track** [...træk] *der;* -s, -s ⟨aus gleichbed. *engl.-amerik.* sound track⟩: a) Tonstreifen eines Tonfilms; b) die Musik zu einem Film

Soup|çon [sup'sõ:] *der;* -s, -s ⟨aus gleichbed. *fr.* soupçon, dies über *altfr.* sospeçon aus *spätlat.* suspectio zu *lat.* suspicere „(mit Argwohn) betrachten"⟩: (veraltet) Verdacht, Argwohn. **soup|çon|nie|ren** [...son...] ⟨aus gleichbed. *fr.* soupçonner⟩: (veraltet) argwöhnen, vermuten, verdächtigen

Sou|per [zu'pe:, auch su...] *das;* -s, -s ⟨aus gleichbed. *fr.* souper zu souper, vgl. soupieren⟩: festliches Abendessen [mit Gästen]. **sou|pie|ren** ⟨aus gleichbed. *fr.* souper, eigtl. „eine Suppe zu sich nehmen", zu soupe „Suppe", dies aus dem Germ.⟩: an einem Souper teilnehmen, festlich zu Abend essen

Sou|pir [zu..., auch su...] *das;* -s, -s ⟨aus *fr.* soupir „Seufzer"⟩: svw. Sospiro

Sour ['zaʊɐ, engl. 'saʊɐ] *der;* -[s], -s ⟨zu *engl.* sour „sauer, bitter"⟩: starkes, alkoholisches Mischgetränk mit Zitrone

Source [sɔ:s] *die;* - ⟨aus *engl.* source „Quelle", dies über *altfr.* surse zu *lat.* surgere „entstehen"⟩: die Eingangselektrode beim Feldeffekttransistor

Sour|di|ne [zʊr'di:n(ə)] *die;* -, -n ⟨aus *fr.* sourdine „Dämpfer", dies aus *it.* sordino, vgl. Sordino⟩: svw. Sordino

Sou|sa|phon [zu...] *das;* -s, -e ⟨aus gleichbed. *amerik.* sousaphone, nach dem amerik. Komponisten J. Ph. Sousa (1854–1932) u. zu ↑...phon⟩: tiefes, in der nordamerik. Jazzmusik verwendetes großes ↑Helikon mit aufrechtstehendem Schallstück

Sous|chef ['zu..., auch 'su...] *der;* -s, -s ⟨aus *fr.* sous-chef „Stellvertreter" zu sous „unter, unterhalb" aus *lat.* subtus) u. ↑Chef⟩: a) Stellvertreter des Küchenchefs (Gastr.); b) (schweiz.) Stellvertreter des Bahnhofsvorstandes. **Sous|sol** [zu..., auch su...] *das;* -s, -s ⟨aus gleichbed. *fr.* sous-sol zu sous (vgl. Souschef) u. *lat.* solum „Boden"⟩: (schweiz.) Untergeschoß, Kellerwohnung

Sou|tache [su'taʃ] *die;* -, -n [...ʃn] ⟨aus gleichbed. *fr.* soutache, dies aus dem Ung.⟩: schmale, geflochtene Schnur für Besatzzwecke. **sou|ta|chie|ren** ⟨aus gleichbed. *fr.* soutacher⟩: Soutache aufnähen, mit Soutache verzieren

Sou|ta|ne [zu..., auch su...] *die;* -, -n ⟨über *fr.* soutane aus gleichbed. *it.* sottana, eigtl. „Untergewand", zu *it.* sotto aus *lat.* subtus „unten, unterwärts"⟩: langes, enges Obergewand der kath. Geistlichen. **Sou|ta|nel|le** *die;* -, -n ⟨aus gleichbed. *fr.* soutanelle, Verkleinerungsform von soutane, vgl. Soutane⟩: bis ans Knie reichender Gehrock der kath. Geistlichen

sou|te|nie|ren [zut...], auch su...] ⟨aus gleichbed. *fr.* soutenir, dies über *altfr.* sostenir aus *lat.* sustinere⟩: (veraltet) unterstützen, behaupten

Sou|ter|rain [zutɛ'rɛ̃:, 'zu:..., auch su...] *das;* -s, -s ⟨aus gleichbed. *fr.* souterrain zu souterrain „unterirdisch", dies aus *lat.* subterraneus; vgl. Terrain⟩: Kellergeschoß, Kellerwohnung

Sou|tien [zu'tiɛ̃:, auch su...] *das;* -, -s ⟨aus gleichbed. *fr.* soutien zu soutenir, vgl. soutenieren⟩: (veraltet) 1. Beistand, Unterstützung. 2. Unterstützungstruppe

Sou|ve|nir [zuvə..., auch su...] *das;* -s, -s ⟨aus gleichbed. *fr.* souvenir zu se souvenir „sich erinnern", aus *lat.* subvenire „in die Gedanken kommen, einfallen"⟩: [kleines Geschenk als] Andenken, Erinnerungsstück [an eine Urlaubsreise]

sou|ve|rän [zuvə..., auch su...] ⟨aus gleichbed. *fr.* souverain, dies aus *mlat.* superanus „darüber befindlich, überlegen" zu *lat.* super „oben, darüber"⟩: 1. die staatlichen Hoheitsrechte ausübend. 2. einer besonderen Lage od. Aufgabe jederzeit gewachsen; überlegen. 3. (veraltend) a) unumschränkt; b) uneingeschränkt. **Sou|ve|rän** *der;* -s, -e ⟨aus gleichbed. *fr.* souverain⟩: 1. [unumschränkter] Herrscher, Fürst eines Landes. 2. (schweiz.) Gesamtheit der [eidgenössischen, kantonalen od. kommunalen] Stimmberechtigten. **Sou|ve|rä|ni|tät** *die;* - ⟨aus gleichbed. *fr.* souveraineté; vgl. ...ität⟩: 1. höchste Gewalt; Oberhoheit des Staates; Unabhängigkeit (vom Einfluß anderer Staaten). 2. Überlegenheit, Sicherheit. **Sove|reign** ['zɔvrɪn] *der;* -s, -s ⟨aus *engl.* sovereign „Landesherr", dies aus gleichbed. *fr.* souverain, weil die erste Prägung mit dem Bildnis König Heinrich VIII. geschmückt war⟩: ehemalige engl. Goldmünze zu 1 £

Sow|chos [sɔf'xɔs, auch ...'çɔs] *der;* -, ...chose [...'xo:zə, auch ...'ço:...] (österr. nur) **Sow|cho|se** [sɔf'xo:zə, auch ...'ço:...] *die;* -, -n ⟨aus gleichbed. *russ.* sovhoz, Kurzw. aus sovetskoe hozjajstvo „Sowjetwirtschaft"⟩: staatlicher landwirtschaftlicher Großbetrieb [in der ehemaligen Sowjetunion]. **So|wjet** [auch 'so... bzw. 'zo...] *der;* -s, -s ⟨aus *russ.* sovet „Rat"⟩: 1. Arbeiter-, Bauern- u. Soldatenrat der Revolutionen (1905 u. 1917). 2. Behörde od. Organ der Selbstverwaltung in der ehemaligen Sowjetunion; Oberster -: höchstes Organ der Volksvertretung in der ehemaligen Sowjetunion. **so|wje|tisch:** den Sowjet od. die ehemalige Sowjetunion betreffend. **So|wjet|re|pu|blik** [auch 'sɔ... bzw. 'zɔ] *die;* -, -en: Gliedstaat der ehemaligen Sowjetunion

Soxh|let-Ap|pa|rat *der;* -[e]s, -e ⟨nach dem dt. Chemiker F. von Soxhlet (1848–1926) u. zu ↑Apparat⟩: Apparat zur Extraktion fester Stoffe (Chem.)

So|zi *der;* -s, -s ⟨Kurzw. aus ↑Sozialdemokrat⟩: (ugs., auch abwertend) Sozialdemokrat. **So|zia** *die;* -s, -s ⟨aus *lat.* socia „Gefährtin", Fem. von socius, vgl. Sozius⟩: (meist scherzh.) Beifahrerin auf einem Motorrad od. -roller. **so|zia|bel** ⟨über *fr.* sociable aus *lat.* sociabilis „gesellig, verträglich" zu socius „gemeinsam"⟩: gesellig, umgänglich, menschenfreundlich (Soziol.). **So|zia|bi|li|tät** *die;* - ⟨zu ↑...ität⟩: Geselligkeit, Umgänglichkeit, Menschenfreundlichkeit (Soziol.). **so|zi|al** ⟨über *fr.* social aus *lat.* socialis „gesellschaftlich; gesellig" zu socius, vgl. soziabel⟩: 1. a) die menschliche Gesellschaft, Gemeinschaft betreffend; b) das (geregelte) Zusammenleben der Menschen in Staat u. Gesellschaft betreffend; -e Indikation: ↑Indikation für

1279

einen Schwangerschaftsabbruch aus sozialen Gründen (z. B. wirtschaftliche Notlage der Mutter). 2. das Gemeinwohl betreffend, der Allgemeinheit nutzend. 3. auf das Wohl der Allgemeinheit bedacht; gemeinnützig, menschlich, wohltätig, hilfsbereit; -e **Marktwirtschaft**: Leitbild einer anzustrebenden Wirtschaftsordnung, die eine Marktwirtschaft mit staatlichen Maßnahmen verbindet, um sozial nicht vertretbare Folgen einer freien Marktwirtschaft zu verhindern od. wenigstens abzumildern. 4. die gesellschaftliche Stellung betreffend. 5. gesellig lebend (von Tieren, bes. von staatenbildenden Insekten). **so|zi|al..., Sozial...** ⟨zu ↑sozial⟩: Wortbildungselement mit der Bedeutung „die Gesellschaft betreffend, auf sie bezogen", z. B. Sozialkunde, sozialliberal. **So|zi|al|aka|de|mie** die; -, ...ien [...i:ən]: Hochschuleinrichtung, in der Kenntnisse über soziale u. wirtschaftliche Fragen vermittelt werden. **So|zi|al|an|thro|po|lo|gie** die; -: Teilgebiet der ↑Anthropologie, das sich mit dem Problem der Beziehungen zwischen verschiedenen Klassen u. mit den Fragen der Vererbung von Eigenschaften innerhalb sozialer Gruppen befaßt. **So|zi|al|ar|beit** die; -: Sammelbez. für berufliche Tätigkeiten, die auf individuelle Hilfen od. gesellschaftspolitische Maßnahmen zur Verbesserung der Lebenslage sozial Schwacher u. Gefährdeter abzielen. **So|zi|al|ar|bei|ter** der; -s, -: jmd., der eine berufliche Tätigkeit im sozialen Bereich ausübt. **So|zi|al|ar|bei|te|rin** die; -, -nen: weibliche Form zu ↑Sozialarbeiter. **So|zi|al|bi|lanz** die; -, -en: Versuch, die traditionelle Rechnungslegung der Unternehmen durch eine Gegenüberstellung der gesellschaftlichen Kosten u. des gesellschaftlichen Nutzens zu einer gesellschaftsbezogenen Rechnungslegung zu erweitern (Wirtsch.). **So|zi|al|budget** [...bydʒe] das; -s, -s: die zahlenmäßige Zusammenstellung von Struktur u. Entwicklung der Sozialleistungen sowie deren Finanzierung in kurz- u. mittelfristiger Vorausschau. **So|zi|al|dar|wi|nis|mus** der; -: soziologische Theorie, die unter Berufung auf Charles Darwins Lehre von der natürlichen Auslese auch die menschliche Gesellschaft als den Naturgesetzen unterworfen begreift u. somit Ungleichheiten, Ungerechtigkeiten o. ä. als naturgegeben u. deshalb als richtig ansieht. **So|zi|al|de|mo|krat** der; -en, -en: Mitglied, Anhänger einer sozialdemokratischen Partei. **So|zi|al|de|mo|kra|tie** die; -: 1. politische Richtung, die die Grundsätze sozialen (2, 3) Denkens u. von ↑Demokratie gleichermaßen zu verwirklichen sucht. 2. a) Sozialdemokratische Partei (eines Landes); b) Gesamtheit der sozialdemokratischen Parteien. **so|zi|al|de|mo|kra|tisch**: die Sozialdemokratie betreffend. **So|zi|al|de|mo|kra|tis|mus** der; -: Rechtsabweichung innerhalb einer kommunistischen Partei, die die ideologischen Grundvorstellungen des Marxismus-Leninismus verläßt u. sich damit sozialdemokratischen Positionen nähert. **So|zi|al|en|zy|kli|ka** die; -, ...ken: päpstliches Rundschreiben, das sich mit Fragen der gesellschaftlichen Ordnung u. des menschlichen Zusammenlebens befaßt u. ein Beitrag zur Lösung von sozialen Fragen [aus christlicher Sicht] sein will. **So|zi|al|ethik** die; -: Lehre von den Pflichten des Menschen gegenüber der Gesellschaft u. dem Gemeinschaftsleben. **So|zi|al|geo|gra|phie** die; -: Teilgebiet der Geographie, das die Beziehungen menschlicher Gruppen zu den von ihnen bewohnten Erdräumen untersucht. **So|zi|al|hil|fe** die; -: soziales Sicherungssystem, das Lücken in der sozialen Absicherung schließen od. in schwer normierbaren Gefährdungs- u. Notlagen Hilfe gewähren soll. **So|zi|al|hy|gie|ne** die; -: Teilgebiet der Hygiene, das der Wechselbeziehung zwischen dem Gesundheitszustand des Menschen u. seiner sozialen Umwelt befaßt. **So|zi|al|im|pe|ria|lis|mus** der; -: 1. (nach Lenin) im 1. Weltkrieg von Teilen der Sozialdemokratie praktizierte Unterstützung der imperialistischen Politik der jeweiligen nationalen Regierung. 2. (von Gegnern gebrauchte) Bez. für die [außen]politische Praxis der sich als sozialistisch verstehenden ehemaligen Sowjetunion. **So|zi|al|in|di|ka|to|ren** die (Plur.): diejenigen statistischen Meßgrößen, die geeignet sind, soziale Tatbestände sinnvoll abzubilden. **So|zi|a|li|sa|ti|on** die; -, -en ⟨zu ↑...isation⟩: Prozeß der Einordnung des einzelnen in die Gesellschaft, Gemeinschaft (Soziol., Psychol.); Ggs. ↑Individuation u. ↑Individuierung; vgl. ...[at]ion/...ierung. **so|zia|li|sie|ren** ⟨zu ↑...isieren⟩: 1. [Industrie]betriebe od. Wirtschaftszweige in staatlichen Besitz überführen; vergesellschaften, verstaatlichen; Ggs. ↑reprivatisieren. 2. jmdn. in die Gemeinschaft einordnen, zum Leben in ihr befähigen (Soziol., Psychol.). **So|zia|li|sie|rung** die; -, -en ⟨zu ↑sozial u. ↑...isierung⟩: 1. Verstaatlichung, Vergesellschaftung der Privatwirtschaft; Ggs. ↑Reprivatisierung. 2. svw. Sozialisation; vgl. ...[at]ion/...ierung. **So|zi|a|lis|mus** der; - ⟨über engl. socialism aus gleichbed. fr. socialisme zu social (vgl. sozial); vgl. ...ismus (1)⟩: 1. (ohne Plur.) (nach Karl Marx die dem Kommunismus vorausgehende) Entwicklungsstufe, die auf gesellschaftlichen od. staatlichen Besitz der Produktionsmittel u. eine gerechte Verteilung der Güter an alle Mitglieder der Gemeinschaft hinzielt. 2. (Plur. selten) politische Richtung, Bewegung, die den gesellschaftlichen Besitz der Produktionsmittel u. die Kontrolle der Warenproduktion u. -verteilung verficht. **So|zi|a|list** der; -en, -en ⟨zu ↑sozial u. ↑...ist, Bed. (a) über engl. socialist, fr. socialiste⟩: a) Anhänger, Verfechter des Sozialismus; b) Mitglied einer sozialistischen Partei. **So|zi|a|li|stin** die; -, -nen: weibliche Form zu ↑Sozialist. **so|zi|a|li|stisch** ⟨zu ↑...istisch⟩: 1. den Sozialismus betreffend, zum Sozialismus gehörend. 2. (österr.) svw. sozialdemokratisch. **So|zi|a|li|tät** die; - ⟨aus lat. socialitas, Gen. socialitatis „Geselligkeit"⟩: a) die menschliche Gemeinschaft, Gesellschaft; b) Gesellschaftlichkeit. **So|zi|al|ka|pi|tal** das; -s: betriebliche Rückstellungen für Sozialleistungen (z. B. Pensionszahlungen). **So|zi|al|kom|pe|tenz** die; -: Fähigkeit eines Individuums, in seiner sozialen Umwelt selbständig zu handeln (Psychol.). **So|zi|al|kri|tik** die; -: Kritik an einer bestehenden Gesellschaft; Gesellschaftskritik. **So|zi|al|kun|de** die; -: 1. Darstellung u. Beschreibung der politischen, ökonomischen u. sozialen Verhältnisse in einer Gesellschaft. 2. Schulfach, das Kenntnisse über das gesellschaftliche Leben vermittelt. **So|zi|al|la|sten** die (Plur.): die gemäß gesetzlicher Verpflichtung vom Arbeitnehmer, Arbeitgeber u. vom Staat aufzubringenden Beiträge od. Zuschüsse für Sozialleistungen aller Art. **so|zi|al|li|be|ral**: soziale (2, 3) u. liberale Ziele verfolgend; -e **Koalition**: Regierungsbündnis zwischen einer sozialdemokratischen bzw. sozialistischen u. einer liberalen Partei. **So|zi|al|me|di|zin** die; -: Teilgebiet der Medizin, das sich mit den sozialen Ursachen von Krankheit, Invalidität u. frühem Tod befaßt. **So|zi|al|öko|lo|gie** die; -: Teilgebiet der sozialwissenschaftlichen Forschung, das sich mit der Untersuchung von Wechselbeziehungen zwischen sozialen Gruppen u. ihnen zur Verfügung stehenden u. von ihnen beanspruchten Umwelt beschäftigt. **So|zi|al|öko|no|mie** u. **So|zi|al|öko|no|mik** die; -: Wissenschaft, die sich mit der gesamten Wirtschaft einer Gesellschaft befaßt; Volkswirtschaftslehre. **So|zi|al|päd|ago|ge** der; -n, -n: jmd., der in der Sozialpädagogik (1) tätig ist (Berufsbez.). **So|zi|al|päd|ago|gik** die; -: 1. Teilgebiet der Pädagogik, das sich mit der Erziehung des einzelnen zur Gemeinschaft u. zu sozialer Verantwortung befaßt. 2. Gesamtheit der Bemühungen, die der Behebung von gesellschaftsbedingten Erziehungsschwierigkeiten dienen. **so|zi|al|päd|ago|gisch:** die Sozialpädagogik betreffend. **So|zi|al|part|ner** *der;* -s, -: Arbeitgeber od. Arbeitnehmer bzw. deren Vertreter (z. B. bei Tarifverhandlungen). **So|zi|al|po|li|tik** *die;* -: Planung u. Durchführung staatlicher Maßnahmen zur Verbesserung der sozialen Verhältnisse der Bevölkerung. **so|zi|al|po|li|tisch:** die Sozialpolitik betreffend. **So|zi|al|pre|sti|ge** *das;* -s: Ansehen, das jmd. auf Grund seiner gesellschaftlichen Stellung genießt. **So|zi|al|pro|dukt** *das;* -[e]s, -e: Gesamtheit aller Güter, die eine Volkswirtschaft in einem Zeitraum mit Hilfe der Produktionsfaktoren erzeugt (nach Abzug sämtlicher Vorleistungen). **So|zi|al|psych|ia|trie** *die;* -: eine Forschungsrichtung der Psychiatrie, die den Einfluß sozialer (familiärer od. gesellschaftlicher) Faktoren auf Entstehung u. Verlauf seelischer Krankheiten untersucht. **So|zi|al|psy|cho|lo|gie** *die;* -: Teilgebiet der empirisch-wissenschaftlichen Psychologie, die sich mit den sozialen Bedingungen u. Konsequenzen des menschlichen Verhaltens befaßt. **So|zi|al|re|for|mis|mus** *der;* -: (abwertend) svw. Sozialdemokratismus. **So|zi|al|re|vo|lu|tio|när** *der;* -s, -e: Mitglied einer 1901 entstandenen Partei in Rußland, die auf revolutionärem Wege einen bäuerlichen Sozialismus erreichen wollte. **So|zi|al|staat** *der;* -[e]s, -en: Demokratie (2), die bestrebt ist, die soziale Sicherheit ihrer Bürger zu gewährleisten u. soziale Gegensätze innerhalb der Gesellschaft auszugleichen. **So|zi|al|sta|ti|on** *die;* -, -en: ambulante Einrichtung, in der die wichtigsten gesundheits- u. sozialpflegerischen Dienste zusammengefaßt sind. **So|zi|al|sta|ti|stik** *die;* -: a) Anwendung statistischer Methoden zur Erfassung wirtschaftlicher u. sozialer Sachverhalte u. Vorgänge; b) Teil der amtlichen Statistik, der die Sozialleistungen nach Anzahl u. Höhe erfaßt. **So|zi|al|struk|tur** *die;* -, -en: inneres Beziehungsgefüge einer Gesellschaft, das aus Schichten, Gruppen, Institutionen, Rollen besteht. **So|zi|al|ta|rif** *der;* -s, -e: nicht kostendeckende Preise für Verkehrsleistungen, die bes. aus sozialen Rücksichten erbracht werden, z. B. im öffentlichen Personenverkehr für Schüler, Behinderte, Rentner u. a. **So|zi|al|tech|no|lo|gie** *die;* -: svw. Social engineering. **So|zi|al|theo|re|ti|ker** *der;* -s, -: Wissenschafter auf dem Gebiet der Sozialwissenschaften. **So|zi|al|tou|ris|mus** *der;* - u. **So|zi|al|tou|ri|stik** *die;* -: Bemühungen, bes. einkommensschwachen Schichten der Bevölkerung die Möglichkeit einer Ferienreise zu bieten; vgl. ...ismus/...istik. **So|zi|al|wai|se** *der;* -, -n: Kind, um das sich weder Eltern noch Verwandte kümmern. **So|zi|al|wis|sen|schaf|ten** *die* (Plur.): diejenigen Wissenschaften, die sich mit dem sozialen Aspekt des menschlichen Lebens beschäftigen u. die Voraussetzungen des menschlichen Zusammenlebens in Gesellschaften u. Gemeinschaften untersuchen. **So|zi|a|ti|on** *die;* -, -en ⟨zu *lat.* sociatus, Part. Perf. von sociare (vgl. soziieren) u. ↑¹...ion⟩: mehrschichtige Pflanzengesellschaft mit einer od. mehreren beherrschenden Pflanzenarten in jeder Schicht (Biol.). **So|zia|tiv** *der;* -s, -e [...və] ⟨zu ↑...iv⟩: die Begleitung ausdrückender ↑Kasus (Sprachw.). **So|zia|trie** *die;* -: Kurzform von ↑Sozialpsychiatrie. **So|zie|tär** [...tsie...] ⟨aus *fr.* sociétaire „zu einer Gemeinschaft, Genossenschaft gehörend"⟩: die rein [vertrags]gesellschaftl. Beziehungen betreffend (im Ggs. etwa zu gemeinschaftlich; Soziol.). **So|zie|tär** *der;* -s, -e ⟨aus gleichbed. *fr.* sociétaire zu société, vgl. Sozietät⟩: Angehöriger, Mitglied einer Sozietät; Mitinhaber. **So|zie|tät** *die;* -, -en ⟨über *fr.* société aus *lat.* societas, Gen. societatis „Gesellschaft, Gemeinschaft" zu socius „gemeinsam"⟩: 1. a) menschliche Gemeinschaft; soziale, durch gleiche Interessen u. Ziele verbundene Gruppe, Gesellschaft (Soziol.); b) Verband, Gemeinschaft bei Tieren mit mehr od. weniger starker innerer Bindung. 2. [als Gesellschaft des bürgerlichen Rechts eingetragener] Zusammenschluß bes. von Angehörigen freier Berufe wie Ärzte, Rechtsanwälte u. ä. zu gemeinsamer Arbeit. **So|zii:** Plur. von ↑Sozius. **so|zi|ie|ren,** sich ⟨aus *lat.* sociare „vergesellschaften, vereinigen"⟩: sich wirtschaftlich vereinigen

So|zi|nia|ner *der;* -s, -⟨nach den ital. Begründern L. u. F. Sozini u. zu ↑...aner⟩: Angehöriger einer ↑antitrinitarischen Religionsgemeinschaft des 16. Jh.s in Polen. **So|zi|nia|nis|mus** *der;* -⟨zu ↑...ismus (1)⟩: Lehre der Sozinianer
so|zio..., So|zio... ⟨zu *lat.* socius „gemeinsam"⟩: Wortbildungselement mit der Bedeutung „gesellschaftlich, Gesellschaft; eine soziale Gruppe od. Gemeinschaft betreffend", z. B. soziolinguistisch, Soziogenese. **So|zio|bio|lo|gie** *die;* -: ↑interdisziplinäre Wissenschaft, die sich mit dem Leben unter Einbeziehung der gesellschaftl. Umwelt befaßt. **So|zio|ge|ne|se** *die;* -: die Entstehung u. Entwicklung (z. B. von Krankheiten) auf Grund bestimmter gesellschaftlicher Umstände. **So|zio|gramm** *das;* -s, -e ⟨zu ↑...gramm⟩: graphische Darstellung sozialer Verhältnisse od. Beziehungen innerhalb einer Gruppe (Soziol.). **So|zio|gra|phie** *die;* - ⟨zu ↑...graphie⟩: sozialwissenschaftl. Forschungsrichtung in der Soziologie, die die deskriptive Erfassung konkreter (oft geographisch bestimmter) Bereiche anstrebt (Soziol.). **So|zio|hor|mon** *das;* -s, -e (meist Plur.): Wirkstoff aus der Gruppe der ↑Pheromone (bisher bei staatenbildenden Insekten bekannt), der die Fortpflanzungsverhältnisse regelt (Biol.). **so|zio|kul|tu|rell:** die soziale (4) Gruppe u. ihr kulturelles Wertsystem betreffend. **So|zio|lekt** *der;* -[e]s, -e ⟨Analogiebildung zu ↑Dialekt, Idiolekt⟩: Sprachgebrauch einer sozialen (4) Gruppe (z. B. Berufssprache, Teenagersprache); vgl. Idiolekt, Sexlekt. **So|zio|lin|gui|stik** *die;* -: Teilgebiet der Linguistik, das das Sprachverhalten von gesellschaftlichen Gruppen untersucht; vgl. Psycholinguistik. **so|zio|lin|gui|stisch:** die Soziolinguistik betreffend. **So|zio|lo|ge** *der;* -n, -n ⟨zu ↑...loge⟩: jmd., der sich wissenschaftlich mit der Soziologie befaßt (z. B. Hochschullehrer, Student), der als wissenschaftlich ausgebildeter Fachmann auf dem Gebiet der Soziologie tätig ist. **So|zio|lo|gie** *die;* - ⟨aus gleichbed. *fr.* sociologie⟩: Wissenschaft, die sich mit dem Ursprung, der Entwicklung u. der Struktur der menschlichen Gesellschaft befaßt. **so|zio|lo|gisch** ⟨zu ↑sozio...u....logisch⟩: die Soziologie betreffend; auf den Forschungsergebnissen der Soziologie beruhend; mit den Methoden der Soziologie durchgeführt. **So|zio|lo|gis|mus** *der;* - ⟨zu ↑...ismus (5)⟩: kritische Bez. für eine Tendenz in der Soziologie, die historisch-gesellschaftliche Bedingtheit des menschlichen Bewußtseins u. Verhaltens überzubewerten. **So|zio|ma|trix** *die;* -, ...matrizes [...tse:s]: Einordnungstafel in soziometrischen Verfahren, wo Gruppen u. Individuen einander zugeordnet werden (Soziol.). **So|zio|me|trie** *die;* - ⟨zu ↑...metrie⟩: Verfahren der Sozialpsychologie zur Erfassung der Gruppenstruktur innerhalb der Sympathie- u. Antipathiebeziehungen. **so|zio|me|trisch** ⟨zu ↑...metrisch⟩: die Soziometrie betreffend. **so|zio|morph** ⟨zu ↑...morph⟩: von der Gesellschaft, den sozialen Verhältnissen geformt. **so|zio|öko|no|misch:** die Gesellschaft wie die Wirtschaft, die [Volks]wirtschaft in ihrer gesellschaftlichen Struktur betreffend. **So|zio|path** *der;* -en, -en ⟨zu ↑...path⟩: jmd.,

Soziopathie

dessen Verhalten von Soziopathie geprägt ist (Psychol.). **So|zio|pa|thie** die; -, ...ien ⟨zu ↑ ...pathie⟩: Form der ↑ Psychopathie, die sich bes. durch ein gestörtes soziales Verhalten u. Handeln äußert. **So|zio|pho|bie** die; -, ...ien ⟨zu ↑ ...phobie⟩: krankhafte Angst vor der sozialen Umgebung (Med., Psychol.). **So|zio|se** die; -, -n ⟨zu lat. socius (vgl. sozio...) u. ↑¹...ose⟩: Krankheitsbild infolge Störung in der frühkindlichen Sozialentwicklung (Psychol., Soziol.). **Sozio|to|mie** die; -, ...ien ⟨zu ↑ sozio... u. ↑ ...tomie⟩: Abtrennung von Teilen eines Insektenstaates zur Gründung eines neuen Staates (Biol.). **So|zio|top** der od. das; -s, -e ⟨zu gr. tópos „Ort, Gegend"⟩: Einheit u. Eigenart eines Standorts in sozialer u. sozialökonomischer Hinsicht (Soziol.). **So|zius** der; -, Plur. -se u. ...zii ⟨aus lat. socius „Gefährte, (Bundes)genosse, Teilnehmer, Teilhaber"⟩: 1. Teilhaber (Wirtsch.). 2. a) Beifahrer auf einem Motorrad, -roller; b) Beifahrersitz. 3. (ugs. scherzh.) Genosse, Kompagnon. **So|zi|us|sitz** der; -es, -e: Rücksitz auf dem Motorrad, -roller
Space-Ana|ly|se ['speɪs...] die; -, -n ⟨zu engl. space „Raum" u. ↑ Analyse⟩: Instrument der strategischen Planung, das der Bestimmung der strategischen Grundhaltung von Unternehmen dient (Wirtsch.). **Space|lab** [...læb] das; -s, -e ⟨aus gleichbed. engl. spacelab, Kurzw. aus space „(Welt)raum" u. laboratory „Laboratorium"⟩: wiederverwendbares Raumlabor für komplexe wissenschaftliche, technische u. technologische Untersuchungen. **Spaceshut|tle** [...ʃʌtl] der; -s, -s ⟨aus engl. space shuttle „(Welt)raumfähre"⟩: dem Transport von der Erdoberfläche auf eine Satellitenbahn dienender bemannter Flugkörper, der, zur Erde zurückgeführt, wieder verwendbar ist, Raumfähre. **Spa|ci|stor** [speɪ'sɪstə] der; -s, ...oren ⟨aus gleichbed. engl. spacistor zu space „Zeitraum"; Analogiebildung zu transistor (vgl. Transistor)⟩: ein dem Transistor ähnliches Halbleiterbauelement
Spa|da [sp..., ʃp...] die; -, -s ⟨aus gleichbed. it. spada, dies über lat. spatha aus gr. spáthē „längliches, flaches (Weber)holz; Schwert"⟩: ital. Bez. für Degen (Sport). **Spa|dil|le** [...'dɪljə] die; -, -n ⟨aus gleichbed. fr. spadille, dies aus span. espadilla, Verkleinerungsform von espada „Degen", dies aus lat. spatha, vgl. Spada; nach dem Symbol der Karte⟩: höchste Trumpfkarte (Pikas) im Lomber. **Spa|dix** [sp...] der; -, ...dizes [...tse:s] ⟨über lat. spadix aus gr. spádix „ein abgerissener (Palm)zweig mit Frucht"⟩: zu einem Kolben verdickte Blütenachse (Bot.). **Spa|do** der; -, ...onen ⟨aus gleichbed. lat. spado, Gen. spadonis zu gr. spádōn „der, dem die Zeugungsteile herausgerissen sind"⟩: (veraltet) Verschnittener, Kastrat. **spa|do|nisch** ⟨aus lat. spadonius „unfruchtbar"⟩: (veraltet) verschnitten, kastriert
¹Spa|gat der (österr. nur so) od. das; -[e]s, -e ⟨aus gleichbed. it. spaccata, substantiviertes Part. Perf. Fem. von spaccare „spalten", wohl aus dem Germ.⟩: Stellung, bei der die gespreizten Beine eine Linie bilden (Ballett, Gymnastik). **²Spa|gat** der; -[e]s, -e ⟨aus gleichbed. it. spaghetto, vgl. ¹Spaghetti⟩: (österr.) Bindfaden. **¹Spa|ghet|ti** [ʃpaˈgɛ..., auch sp...] die (Plur.) ⟨aus gleichbed. it. spaghetti, Plur. von spaghetto „Schnürchen", Verkleinerungsform von spago „Schnur", dies aus spätlat. spacus „Bindfaden"⟩: lange, dünne, stäbchenförmige Teigwaren. **²Spa|ghet|ti** der; -[s], -⟨zu ↑ ¹Spaghetti, nach der landestypischen Speise⟩: (ugs. abwertend) Italiener
Spa|gi|rik u. Spagyrik [sp..., ʃp...] die; - ⟨zu gr. spān „(heraus)ziehen", ageírein „sammeln" u. ↑ ...ik (2)⟩: 1. alchimistisches Verfahren bei der Zubereitung von Arzneimitteln (im Mittelalter). 2. Arzneimittelzubereitung auf mineralisch-chemischer Basis. **Spa|gi|ri|ker** u. Spagyriker der; -s, -: Alchimist (im Mittelalter). **spa|gi|risch** u. spagyrisch: alchimistisch; -e Kunst: die Alchimie (im Mittelalter)
Spa|gno|lett [spanjo...] der; -[e]s, -e ⟨zu it. spagnoletta, Verkleinerungsform von spagnolo „spanisch" (vielleicht weil die Gewebe zuerst in Spanien hergestellt wurden), Bed. 3 aus gleichbed. it. spagnoletta⟩: 1. (früher) angerauhtes Wollgewebe. 2. beidseitig angerauhtes Baumwollgewebe in Leinwandbindung (Webart). 3. Espagnoletteverschluß
Spa|gy|rik usw. vgl. Spagirik usw.
Spa|hi der; -s, -s ⟨aus gleichbed. fr. spahi, dies aus türk. sipahi „Reitersoldat" (aus dem Pers.)⟩: 1. im Osmanischen Reich Reiter, der von der osmanischen Militäraristokratie aufgeboten wurde (15.–19. Jh.). 2. Angehöriger einer aus nordafrikan. Eingeborenen gebildeten Reitertruppe, die an der Seite der Franzosen kämpfte
Spa|kat der; -[e]s, -e ⟨aus it. spaccata, vgl. ¹Spagat⟩: (österr.) svw. ¹Spagat
Spa|let das; -s, -s ⟨nach it. spalletta „Brustwehr", Verkleinerungsform von spalla, vgl. Spalier⟩: (veraltet) Lattenwand; Brustwehr, Geländer (Mil.). **Spa|lett** das; -[e]s, -e ⟨österr.⟩ hölzerner Laden vor einem Fenster. **Spa|lier** das; -s, -e ⟨aus gleichbed. it. spalliera zu spalla „Stützwand", dies aus lat. spat(h)ula, Verkleinerungsform von spat(h)a, vgl. Spada⟩: 1. Gitterwand, an der Obstbäume, Wein o. ä. gezogen werden. 2. Ehrenformation beiderseits eines Weges
Spal|la|ti|on die; -, -en ⟨aus gleichbed. engl. spallation zu to spall „(sich) abspalten"⟩: Herauslösung von Nukleonen aus dem Atomkern nach Auftreffen von energiereicher Teilchenstrahlung, Kernzertrümmerung (Kernphys.)
Span|dril|le die; -, -n ⟨über das Roman. zu lat. expandere „auseinanderspannen"⟩: Bogenwickel (Archit.)
Spa|ni|el [ˈʃpaːnjəl, ˈspɛn...] der; -s, -s ⟨aus gleichbed. engl. spaniel, eigtl. „spanisch(er Hund)", dies über altfr. espagneul aus span. español zu lat. Hispanicus⟩: in verschiedenen Arten gezüchteter Jagd- u. Haushund mit großen Schlappohren u. seidigem Fell. **Spa|ni|ol** der; -s, -e ⟨zu span. español, eigtl. „der Spanische"⟩: ein span. Schnupftabak
Spa|rag|mit [auch ...ˈmɪt] der; -s, -e ⟨zu gr. spáragma „abgerissenes, abgebrochenes Stück" u. ↑ ²...it⟩: bis 3000 m mächtige Serie klastischer Sedimente des jüngsten Präkambriums (Geol.)
Spar|man|nie [ʃp...i̯ə, sp...] die; -, -n ⟨nach dem schwed. Forschungsreisenden A. Sparmann (1748–1820) u. zu ↑¹...ie⟩: Zimmerlinde, südafrik. Art der Lindengewächse mit großen hellgrünen, filzigen Blättern
spar|ren ⟨nach engl. to spar „boxen, trainieren"⟩: mit einem Übungspartner od. einem ↑ Punchingball Schlagtraining betreiben (Boxen). **¹Spar|ring** das; -s ⟨aus engl. sparring „das Boxen"⟩: Boxtraining. **²Spar|ring** der; -s, -s ⟨zu ↑ ¹Sparring⟩: kleiner, von Boxern zum Schlagtraining verwendeter Übungsball. **Spar|rings|part|ner** der; -s, -⟨zu ↑ ¹Sparring⟩: Trainingspartner beim ¹Sparring (Boxen)
Spart der od. das; -[e]s, -e ⟨aus lat. spartum, vgl. Esparto⟩: svw. Esparto
Spar|ta|ki|a|de [ʃp..., sp...] die; -, -n ⟨in Anlehnung an ↑ Olympiade nach Spartakus (vgl. Spartakusbund) u. zu ↑ ...iade⟩: aus Arbeitersportfesten hervorgegangene sportliche Großveranstaltung (bes. in den ehemaligen sozialistischen Ländern bis 1990). **Spar|ta|ki|de** der; -n, -n ⟨zu ↑ ...ide⟩: (veraltet) svw. Spartakist. **Spar|ta|kist** der; -en, -en ⟨zu ↑ ...ist⟩: Angehöriger des Spartakusbundes. **Sparta|kus|bund** der; -[e]s ⟨nach dem röm. Sklaven Spartakus, dem Führer des Sklavenaufstandes von 73–71 v. Chr.⟩:

1917 gegründete linkssozialistische Bewegung in Deutschland, aus der 1918 die Kommunistische Partei Deutschlands hervorging

spar|ta|nisch [ʃp..., sp...] ⟨zu *lat*. Spartanus „aus Sparta", die Spartaner waren wegen ihrer strengen Erziehung u. anspruchslosen Lebensweise bekannt⟩: streng, hart; genügsam, einfach, anspruchslos

Spar|te|in [ʃp..., sp...] *das;* -s ⟨zu *lat*. spartum (vgl. Esparto) u. ↑...in (1)⟩: organische chem. Verbindung, Alkaloid des Besenginsters (Herzanregungsmittel)

Spar|te|rie *die;* - ⟨aus gleichbed. *fr*. sparterie zu sparte „Spartgras", dies aus *lat*. spartum, vgl. Esparto⟩: Flechtwerk aus Span od. Bast

Spar|ti|at [ʃp..., sp...] *der;* -en, -en ⟨aus *gr*. Spartiátēs „Spartaner"⟩: Vollbürger des griech. Stadtstaates Sparta in der Antike

spar|tie|ren [ʃp..., sp...] ⟨aus gleichbed. *it*. spartire, eigtl. „(ein)teilen", zu partire, vgl. Partitur⟩: ein nur in den einzelnen Stimmen vorhandenes Musikwerk in Partitur setzen (Mus.)

spas|ma|tisch [ʃp..., sp...] ⟨zu *gr*. spásma, Gen. spásmatos „Zuckung, Krampf"⟩: svw. spasmisch. **Spas|men:** Plur. von ↑Spasmus. **spas|misch** ⟨zu ↑Spasmus⟩: krampfhaft, krampfartig, verkrampft (vom Spannungszustand der Muskulatur). **spas|mo...**, **Spas|mo...** ⟨zu *gr*. spasmós „Zuckung, Krampf"⟩: Wortbildungselement mit der Bedeutung „Krampf, Verkrampfung", z. B. spasmogen, Spasmophilie. **Spas|mo|an|al|ge|ti|kum** *das;* -s, ...ka (meist Plur.): Arzneimittel, das sowohl schmerzstillend als auch krampflösend wirkt (Med.). **Spas|mo|der|mie** *die;* -, ...ien ⟨zu ↑...dermie⟩: krampfhafte Reaktion der Haut (z. B. Gänsehaut; Med.). **spas|mo|disch** ⟨nach *gr*. spasmṓdēs „krampfartig"⟩: svw. spasmisch. **spas|mo|gen** ⟨zu ↑spasmo... u. ↑...gen⟩: krampferzeugend (z. B. von der Wirkung von Arzneimitteln; Med.). **Spas|mo|ly|se** *die;* -, -n ⟨zu ↑...lyse⟩: Krampflösung, z. B. durch Anwendung von krampflösenden Mitteln (Med.). **Spas|mo|ly|ti|kum** *das;* -s, ...ka ⟨zu *gr*. lytikós (vgl. lytisch) u. ↑...ikum⟩: krampflösendes Mittel (Med.). **spas|mo|ly|tisch:** krampflösend (Med.). **spas|mo|phil** ⟨zu ↑...phil⟩: zu Krämpfen neigend (Med.). **Spas|mo|phi|lie** *die;* -, ...ien ⟨zu ↑...philie⟩: mit Neigung zu Krämpfen verbundene Stoffwechselkrankheit bei Kindern (Med.). **Spas|mus** *der;* -, ...men ⟨über *lat*. spasmus aus gleichbed. *gr*. spasmós⟩: Krampf, Verkrampfung (Med.). **Spa|stik** *die;* - ⟨zu ↑spastisch; vgl. ²...ik (3)⟩: vermehrter Muskeltonus mit zunehmendem Widerstand gegen passive Bewegungen (z. B. nach Schlaganfall; Med.). **Spa|sti|ker** *der;* -s, -: 1. jmd., der an einer spasmischen Krankheit leidet. 2. (ugs. abwertend) jmd., dessen Handeln, Verhalten, Benehmen der Sprecher für unvorstellbar dumm hält. **spa|stisch** ⟨über *lat*. spasticus aus *gr*. spastikós „mit Krämpfen behaftet"⟩: 1. krampfartig; mit Erhöhung des Muskeltonus einhergehend (z. B. von Lähmungen); an Spasmen leidend (Med.). 2. (ugs. abwertend) in der Art eines Spastikers (2). **Spa|sti|zi|tät** *die;* - ⟨zu ↑...izität⟩: zusammenfassende Bez. für muskuläre, spinale u. zerebral bedingte Spasmen

Spa|tha [sp..., ʃp...] *die;* -, ...then ⟨über *lat*. spatha aus *gr*. spáthē, vgl. Spada, Bed. 1 nach der Form⟩: 1. meist auffällig gefärbtes Hochblatt bei Palmen- u. Aronstabgewächsen, das den Blütenstand umschließt (Bot.). 2. (von der röm. Reiterei u. von den Germanen verwendetes) zweischneidiges Langschwert

Spa|ti|en [ʃpaːtsiən, sp...]: Plur. von ↑Spatium. **spa|ti|ie|ren** ⟨zu *lat*. spatiari, vgl. spazieren⟩: svw. spationieren.

Spa|tio|naut *der;* -en, -en ⟨aus gleichbed. *fr*. spationaute zu *lat*. spatium (vgl. Spatium) u. ↑...naut⟩: Weltraumfahrer aus Frankreich; vgl. Astronaut. **spa|tio|nie|ren** ⟨zu *lat*. spatiosus „mit Raum (versehen), weit" u. ↑...ieren⟩: [mit Zwischenräumen] durchschießen, gesperrt drucken (Druckw.). **spa|ti|ös** ⟨zu ↑Spatium u. ↑...ös⟩: geräumig, weit, licht (vom Druck). **Spa|ti|um** *das;* -s, ...ien [...iən] ⟨aus *lat*. spatium „(Zwischen)raum, Weite"⟩: 1. [Zwischen]raum (z. B. zwischen Notenlinien). 2. dünnes Ausschlußstück (Druckw.). **Spa|zia|lis|mo** *der;* - ⟨aus gleichbed. *it*. spazialismo zu spazio „Raum"⟩: vom dem Maler L. Fontana (1899–1968) entwickelte Auffassung, die die neuen Raumerfahrungen in Technik u. Wissenschaft als Grundlage der zeitgenössischen Kunst betrachtet. **spa|zie|ren** [ʃp...] ⟨aus älter *it*. spaziare „sich räumlich ausbreiten; sich ergehen", dies aus *mlat*. spatiari „sich ergehen" zu *lat*. spatiari „einherschreiten; sich ausbreiten", dies zu spatium, vgl. Spatium⟩: 1. (veraltet) zur Erholung, zum Vergnügen im Freien gehen, spazierengehen. 2. unbeschwert-zwanglos, ohne Eile gehen; schlendern

Spea|ker ['spiːkɐ] *der;* -s, - ⟨aus *engl*. speaker, eigtl. „Sprecher", zu to speak „sprechen, reden"⟩: Vorsitzender des engl. Oberhauses bzw. des Unterhauses u. Vorsitzender des nordamerik. Kongresses

Spe|cial ['spɛʃəl] *das;* -s, -s ⟨zu *engl*. special „besondere(s); extra", aus *lat*. specialis, vgl. speziell⟩: 1. Sondersendung zu einem aktuellen Thema. 2. Fernseh-, Rundfunksendung, in der eine Persönlichkeit (meist ein Künstler), eine Gruppe od. ein Thema im Mittelpunkt steht. **Spe|ci|al-ef|fect** [...-ɪ'fɛkt] *der;* -s, -s (meist Plur.) ⟨aus gleichbed. *engl*. special effects⟩: [von Computern erzeugter] besonderer Bild- od. Toneffekt (bes. bei Actionfilmen zur Dramatisierung des Handlungsablaufs). **Spe|cia|li|ty goods** [spɛʃɪ'ælətɪ 'gʊdz] *die* (Plur.) ⟨aus *engl*. speciality goods „besondere, außergewöhnliche Güter, Waren"⟩: Güter des nicht alltäglichen Spezialbedarfs, z. B. spezielle Sportausrüstungen, Anlagen der Unterhaltungselektronik. **Spe|ci|es** ['spɛːtsiɛs] vgl. Spezies. **Spe|cu|lum** ['ʃpeːk..., sp...] *das;* -s, ...la ⟨aus *lat*. speculum „Spiegel" zu specere, vgl. Spezies⟩: Titel von spätmittelalterlichen ↑Kompilationen (1) theologischer, lehrhafter u. unterhaltender Art; vgl. Spekulum

spe|die|ren ⟨aus gleichbed. *it*. spedire, dies aus *lat*. expedire, vgl. expedieren⟩: [Waren] versenden, abfertigen. **Spe|di|teur** [...'tøːɐ] *der;* -s, -e ⟨mit französierender Endung zu ↑spedieren, vgl. ...eur⟩: Kaufmann, der gewerbsmäßig in eigenem od. fremdem Namen Speditionsgeschäfte besorgt; Transportunternehmer. **Spe|di|ti|on** *die;* -, -en ⟨aus *it*. spedizione „Absendung, Beförderung", dies aus *lat*. expeditio, vgl. Expedition⟩: 1. gewerbsmäßige Verfrachtung od. Versendung von Gütern. 2. Transportunternehmen. **spe|di|tiv** ⟨aus *it*. speditivo „hurtig", dies aus *lat*. expeditus „ungehindert"⟩: (schweiz.) rasch vorankommend, zügig

Speech [spiːtʃ] *der;* -es, Plur. -e u. -s [...tʃɪs] ⟨aus gleichbed. *engl*. speech⟩: Rede, Ansprache

¹Speed [spiːd] *der;* -s, -s ⟨aus *engl*. speed „Schnelligkeit, Geschwindigkeit"⟩: Geschwindigkeit[ssteigerung] eines Rennläufers od. Pferdes; Spurt (Sport). **²Speed** *das;* -s, -s ⟨zu ↑¹Speed⟩: (Jargon) schnellwirkendes Rauschgift (Aufputschmittel, z. B. Amphetamine, Weckamine). **Speed-ball** ['spiːdbɔːl] *der;* -s, -s ⟨aus gleichbed. *engl*. speed ball⟩: (Jargon) Mischung aus ↑Heroin u. ↑Kokain. **Speed|tests** *die* (Plur.) ⟨aus gleichbed. *engl*. speed tests; vgl. ¹Speed⟩: psycholog. Testverfahren (zur Prüfung der Konzentrationsfähigkeit u. motorischer Fertigkeiten), bei denen es auf die Schnelligkeit der Bearbeitung von Aufgaben ankommt (Psychol.); Ggs. Powertests. **Speed|way** [...weɪ] *der;* -s, -s ⟨aus *engl.* speedway, eigtl. „Schnellweg"⟩: *engl.* Bez. für Autorennstrecke. **Speed|way|ren|nen** *das;* -s, -: Motorradrennen auf Aschen-, Sand- od. Eisbahnen (Sport)

spek|ta|bel [ʃp..., sp...] ⟨aus gleichbed. *lat.* spectabilis⟩: (veraltet) sehenswert, ansehnlich. **Spek|ta|bi|li|tät** *die;* -, -en ⟨aus *lat.* spectabilitas, Gen. spectabilitatis „Würde, Ansehen"⟩: (veraltet) a) Titel des Dekans (3), Anrede an den Dekan (3); Eure -; Abk.: Ew. -; b) Träger des Titels Spektabilität (a)

¹**Spek|ta|kel** *der;* -s, - ⟨urspr. Studentenspr., identisch mit ↑²Spektakel; Genuswechsel wohl unter Einfluß von *fr.* le spectacle⟩: (ugs.) Lärm, Krach, lautes Sprechen, Gepolter. ²**Spek|ta|kel** *das;* -s, - ⟨aus *lat.* spectaculum „Schauspiel" zu spectare „(an)schauen"⟩: die Schaulust befriedigendes Theater-, Ausstattungsstück. **spek|ta|keln** ⟨zu ↑¹Spektakel⟩: ugs. lärmen. **Spek|ta|kel|stück** *das;* -[e]s, -e ⟨zu ↑²Spektakel⟩: svw. ²Spektakel. **Spek|ta|ku|la:** Plur. von ↑Spektakulum. **spek|ta|ku|lär** ⟨unter Einfluß von *fr.* spectaculaire zu ↑²Spektakel; vgl. ...är⟩: aufsehenerregend. **spek|ta|ku|lös** ⟨zu ↑²Spektakel u. ↑...ös⟩: (veraltet) 1. geheimnisvoll-seltsam. 2. auf peinliche Weise Aufsehen erregend. **Spek|ta|ku|lum** *das;* -s, ...la ⟨aus *lat.* spectaculum, vgl. ²Spektakel⟩: (scherzh.) Anblick, Schauspiel. **Spek|ta|tor** *der;* -s, ...oren ⟨unter Einfluß von gleichbed. *engl.* spectator aus *lat.* spectator „Zuschauer, Beobachter" zu spectare, vgl. ²Spektakel⟩: (veraltet) Zuschauer. **Spek|tiv** [ʃp..., sp...] *das;* -s, -e [...və] ⟨verkürzt aus ↑Perspektiv⟩: svw. Perspektiv. **Spek|tra:** Plur. von ↑Spektrum. **spek|tral** ⟨zu ↑Spektrum u. ↑¹...al (1)⟩: auf das Spektrum (1) bezüglich od. davon ausgehend. **spek|tral..., Spek|tral...** ⟨zu ↑spektral⟩: Wortbildungselement mit der Bedeutung „das Spektrum, die Zerlegung des Lichts betreffend", z. B. spektralanalytisch, Spektralapparat. **Spek|tral|ana|ly|se** *die;* -, -n: 1. Ermittlung der chem. Zusammensetzung eines Stoffes durch Auswertung seines Spektrums. 2. Verfahren zur Feststellung der physik. Natur u. chem. Beschaffenheit von Himmelskörpern durch Beobachtung der Spektren u. deren Vergleich mit bekannten Spektren (Astron.). **spek|tral|ana|ly|tisch:** die Spektralanalyse betreffend, auf ihr beruhend. **Spek|tral|ap|pa|rat** *der;* -s, -e: Gerät zur Zerlegung einer elektromagnetischen Strahlung nach ihren Wellenlängen bzw. Frequenzen u. zur Aufnahme des entsprechenden ↑Spektrums (2). **Spek|tral|far|ben** *die* (Plur.): die ungemischten, reinen Farben einer spektralen Zerlegung von Licht (7 Hauptfarben verschiedener Wellenlänge, die nicht weiter zerlegbar sind). **Spek|tral|fil|ter** *der,* fachspr. *das;* -s, -: Farbfilter zur Aussonderung schmaler Bereiche des Spektrums (z. B. Lyot-Filter). **Spek|tral|funk|ti|on** *die;* -: Funktion des Übergangs von der Zeitdarstellung eines Signals zu dessen komplexer Frequenzdarstellung. **Spek|tral|lam|pe** *die;* -, -n: eine Entladungslampe kleinerer Leistung, die der Erzeugung des Linienspektrums des eingeschlossenen Gases od. Metalldampfes dient. **Spek|tral|li|nie** [...jə] *die;* -, -n: 1. das von einem Spektralapparat erzeugte extrem schmale, linienförmige Bild des Eintrittsspalts (Phys.). 2. die von Atomen, Molekülen od. Atomkernen emittierte od. absorbierte ↑monochromatische Strahlung (Phys.). **Spek|tral|pho|to|me|trie** *die;* -: photometrische Messung von Strahlungsintensitäten in Abhängigkeit von der Wellenlänge der Strahlung im sichtbaren, ultravioletten u. infraroten Spektralbereich (Phys.). **Spek|tral|se|quenz** *die;* -, -en: die gesamte Folge der charakteri- stischen Sternspektren einer Spektralklassifikation bzw. der entsprechenden Spektraltypen. **Spek|tral|term** *der;* -s, -e: Energieniveau eines Elektrons in der Atomhülle (Phys.). **Spek|tral|ty|pen** *die* (Plur.): Klassen, die sich aus der Einteilung der Sterne nach den Eigenschaften ihrer Spektren ergeben. **Spek|tren:** Plur. von ↑Spektrum. **Spek|tren|pro|jek|tor** *der;* -s, -en: Gerät zur ↑Projektion (1) von Spektrogrammen zur Ausmessung der Spektrallinienabstände von Spektren. **spek|tro..., Spek|tro...** ⟨zu *lat.* spectrum, vgl. Spektrum⟩: Wortbildungselement mit der Bedeutung „das Spektrum (1) u. seine Analyse betreffend", z. B. spektrographisch, Spektrometer. **Spek|tro|gramm** *das;* -s, -e ⟨zu ↑...gramm⟩: ↑Diagramm, aus dem Intensität u. Wellenlänge der Linien eines Spektrums ersichtlich ist (Phys.). **Spek|tro|graph** *der;* -en, -en ⟨zu ↑...graph⟩: Instrument zur Aufnahme u. Auswertung von Emissions- u. Absorptionsspektren im sichtbaren, ultraroten u. ultravioletten Bereich (u. a. bei der Werkstoffprüfung verwendet; Techn.). **Spek|tro|gra|phie** *die;* -, ...ien ⟨zu ↑...graphie⟩: 1. Aufnahme von Spektren mit einem Spektralapparat. 2. Auswertung der festgehaltenen Sternspektren (Astron.). **spek|tro|gra|phisch** ⟨zu ↑...graphisch⟩: die Spektrographie betreffend. **Spek|tro|me|ter** *das;* -s, - ⟨zu ↑¹...meter⟩: Gerät zur Ausmessung von Spektren. **Spek|tro|me|trie** *die;* - - ⟨zu ↑...metrie⟩: svw. Spektroskopie. **Spek|tro|pho|to|me|trie** *die;* -: svw. Spektralphotometrie. **Spek|tro|skop** *das;* -s, -e ⟨zu ↑...skop⟩: meist als Handinstrument konstruierter besonderer Spektralapparat zum Bestimmen der Wellenlängen von Spektrallinien (Phys., Astron.). **Spek|tro|sko|pie** *die;* - ⟨zu ↑...skopie⟩: Wissenschaft von der Untersuchung u. Bestimmung von Wellenlängen u. Bereichen von Spektren (Phys., Astron.). **spek|tro|sko|pisch:** die Spektroskopie betreffend, auf ihr beruhend (Phys., Astron.); -e Untersuchung: Anwendung der Spektroskopie bei laborchem. Untersuchungen, zum Nachweis von Blut im Stuhl, von ↑Porphyrin im Urin u. a. (Med.). **Spek|trum** *das;* -s, Plur. ...tren u. ...tra ⟨aus *lat.* spectrum „in der Vorstellung bestehende Erscheinung" zu specere „sehen", Bed. 2 über gleichbed. *engl.* spectre, spectrum⟩: 1. die [relative] Häufigkeits- bzw. Intensitätsverteilung der Bestandteile eines [Strahlen]gemisches in Abhängigkeit von einer gemeinsamen Eigenschaft, vor allem von der Wellenlänge bzw. Frequenz. 2. bei der Brechung von weißem Licht durch ein Glasprisma entstehende Farbfolge von Rot bis Violett. 3. Buntheit, Vielfalt; reiche Auswahl. **Spe|ku|la:** Plur. von ↑Spekulum. **Spe|ku|lant** [ʃp...] *der;* -en, -en ⟨zu *lat.* speculans, Gen. speculantis, Part. Präs. von speculari, vgl. spekulieren⟩: jmd., der spekuliert (3), sich in Spekulationen (3) einläßt. **Spe|ku|la|rit** [ʃp..., sp..., auch ...'rɪt] *der;* -s, -e ⟨zu *mlat.* specularis „betrachtend, beschaulich", dies zu *lat.* speculum (vgl. Spekulum; wegen des Glanzes) u. ↑²...it⟩: Blutstein, ein stahlgraues bis schwarzes, oft farbig angelaufenes Mineral. **Spe|ku|la|ti|on** [ʃp...] *die;* -, -en ⟨aus *lat.* speculatio „die Betrachtung" zu speculatus, Part. Perf. von speculari, vgl. spekulieren⟩: 1. a) auf bloßen Annahmen, Mutmaßungen beruhende Erwartung, Behauptung, daß etw. eintrifft; b) hypothetischer, über die erfahrbare Wirklichkeit hinausgehender Gedankengang (Philos.). 2. Geschäftstätigkeit, die auf Gewinne aus zukünftigen Veränderungen der Preise abzielt (Wirtsch.). 3. gewagtes Geschäft. **Spe|ku|la|ti|us** *der;* -, - ⟨Herkunft unsicher, vielleicht über das Ostfries. u. Niederrhein. aus gleichbed. *niederl.* speculatie (wohl in Anlehnung an *lat.* speculum „Spiegel"⟩: flaches Gebäck aus gewürztem Mürbeteig in Figurenform. **spe|ku|la|tiv** ⟨aus

Spes

spätlat. speculativus „betrachtend, nachsinnend" zu *lat.* speculari, vgl. spekulieren⟩: 1. in der Art der Spekulation (1 b) denkend. 2. in reinen Begriffen denkend. 3. die Spekulation (2) betreffend. 4. grüblerisch. **spe|ku|lie|ren** ⟨aus *lat.* speculari „spähen, beobachten; ins Auge fassen" zu specere „sehen"⟩: 1. (ugs.) a) grübeln; b) etw. zu erreichen, zu erlangen hoffen; auf etwas rechnen. 2. (ugs.) ausforschen, auskundschaften. 3. [an der Börse] Aktien o. ä. kaufen mit dem Ziel, sie bei gestiegenem Kurs wieder zu verkaufen. **Spe|ku|lum** [ʃp..., sp...] *das;* -s, ...la ⟨aus *lat.* speculum „Spiegel" zu specere, vgl. spekulieren⟩: meist mit einem Spiegel versehenes röhren- od. trichterförmiges Instrument zum Betrachten u. Untersuchen von Hohlräumen u. Organen, die dem bloßen Auge nicht [genügend] zugänglich sind (Med.); vgl. Speculum

Spe|lä|o|lo|ge [ʃp..., sp...] *der;* -n, -n ⟨zu *lat.* spelaeum „Höhle" (aus gleichbed. *gr.* spélaion) u. ↑...loge⟩: Höhlenforscher. **Spe|lä|o|lo|gie** *die;* - ⟨zu ↑...logie⟩: Wissenschaft, die sich mit der Erforschung von Höhlen befaßt, Höhlenkunde. **spe|lä|o|lo|gisch** ⟨zu ↑...logisch⟩: die Speläologie betreffend. **Spe|lä|o|the|ra|pie** *die;* -, ...ien (Plur. selten)⟩: Höhlentherapie, Nutzung der unbelasteten Luft natürlicher Höhlen für therapeutische Zwecke (Med.). **Spe|leo|sko|pie** *die;* -, ...ien ⟨zu ↑...skopie⟩: Untersuchung eines Lungenhohlraums (z. B. einer Kaverne) mit dem Endoskop (Med.). **Spe|leo|sto|mie** *die;* -, ...ien ⟨zu *gr.* stóma „Mund, Mundöffnung" u. ↑²...ie⟩: operative Eröffnung u. Spülung eines Lungenhohlraums (z. B. einer Kaverne) zur besseren u. rascheren Abheilung (Med.). **Spe|lun|ke** [ʃp...] *die;* -, -n ⟨über *lat.* spelunca aus *gr.* spḗlygx „Höhle"⟩: (abwertend) a) wenig gepflegte, verrufene Gaststätte; b) unsaubere, elende Behausung, Unterkunft

spen|da|bel ⟨mit romanisierender Endung zu *dt.* spenden gebildet; vgl. ...abel⟩: (ugs.) freigebig, großzügig. **spen|die|ren** ⟨vgl. ...ieren⟩: (ugs.) freigebig, großzügig anderen etw. [zum Verzehr] zukommen lassen, (für jmdn.) bezahlen; (jmdn.) zu etwas einladen

Spen|ser vgl. Spenzer. **Spen|zer**, österr. Spenser *der;* -s, - ⟨aus gleichbed. *engl.* spencer, nach dem engl. Grafen G. J. Spencer, 1758–1834⟩: 1. kurze, enganliegende Jacke [mit Schößchen]. 2. kurzärmeliges, enganliegendes Unterhemd für Damen

Spe|renz|chen u. **Spe|ren|zi|en** [...i̯ən] *die* (Plur.) ⟨unter volksetymologischer Anlehnung an „sich sperren = sich zieren" zu *mlat.* sperantia, Plur. sperantiae „Hoffnung (daß das Sichzieren Wirkung hat)", dies zu *lat.* sperare „hoffen, erwarten"⟩: (ugs.) a) Umschweife, Umstände; Schwierigkeiten, Ausflüchte; b) (veraltet) kostspielige Vergnügungen od. Gegenstände

Sper|ma [ʃp..., sp...] *das;* -s, Plur. ...men u. -ta ⟨über *spätlat.* sperma aus *gr.* spérma, Gen. spérmatos „Samen"⟩: männliche Keimzellen enthaltende Samenflüssigkeit (von Mensch u. Tier; Biol.). **Sperm|ar|che** ⟨zu *gr.* archḗ „Anfang"⟩: Zeitraum des ersten Samenergusses (Med.). **sper|mat...**, **Sper|mat...** vgl. spermato..., Spermato... **Sper|ma|ta**: Plur. von ↑Sperma. **Sper|ma|ti|de** *die;* -, -n ⟨zu ↑Sperma u. ↑...ide⟩: noch unreife männliche Keimzelle (von Mensch u. Tier; Biol.). **sper|ma|tisch**: Samen enthaltend; Samen erzeugend; befruchtend (Biol., Med.). **Sper|ma|ti|tis** *die;* -, ...itiden ⟨zu ↑...itis⟩: svw. Funikulitis. **Sper|ma|ti|um** *das;* -s, ...ien [...i̯ən] (meist Plur.) ⟨zu ↑...ium⟩: unbewegliche männliche Keimzelle der Rotalgen (Bot.). **sper|ma|to...**, **Sper|ma|to...**, vor Vokalen meist spermat..., Spermat... ⟨zu ↑Sperma⟩: Wortbildungselement mit der Bedeutung „Samen", z. B. spermatogen,

Spermaturie. **sper|ma|to|gen** ⟨zu ↑...gen⟩: 1. männliche Keimzellen bildend. 2. dem Samen entstammend (Biol.). **Sper|ma|to|ge|ne|se** u. Spermiogenese *die;* -: Samenbildung im Hoden (Biol., Med.). **Sper|ma|to|go|nie** *die;* -, -n u. **Sper|ma|to|go|ni|um** *das;* -s, ...ien [...i̯ən] ⟨zu ↑...gonie; vgl. ...ium⟩: männliche Ursamenzelle (Biol.). **Sper|ma|to|gramm** *das;* -s, -e ⟨zu ↑...gramm⟩: svw. Spermiogramm. **Sper|ma|to|pho|re** *die;* -, -n (meist Plur.) ⟨zu *gr.* phoreīn „tragen"⟩: zusammenklebende Samenkapseln mancher niederer Tiere (Zool.). **Sper|ma|to|phy|ten** *die* (Plur.) ⟨zu ↑...phyt⟩: zusammenfassende systematische Bez. für die Blüten- od. Samenpflanzen (↑Angiospermen u. ↑Gymnospermen). **Sper|ma|tor|rhö** *die;* -, -en u. **Sper|ma|tor|rhöe** [...'rø:] *die;* -, -n [...'rø:ən] ⟨zu *gr.* rheīn „fließen"⟩: Samenfluß ohne geschlechtliche Erregung (Med.). **Sper|ma|to|ze|le** *die;* -, -n ⟨zu *gr.* kḗlē „Bruch"⟩: Zyste an Hoden, Nebenhoden od. Samenstrang, die mit Samen angefüllt ist (Med.). **Sper|ma|to|zo|i|den** *die* (Plur.) ⟨zu ↑Spermatozoon u. ↑...ide⟩: bewegliche männliche Keimzellen der Algen, Moose, Farne u. mancher ↑Gymnospermen (Biol.). **Sper|ma|to|zo|on** *das;* -s, ...zoen ⟨zu ↑spermato... u. *gr.* zōon „Lebewesen"⟩: svw. Spermium. **Sper|ma|to|zyst|ek|to|mie** *die;* -, ...ien: operative Entfernung einer Samenblase (Med.). **Sper|ma|to|zy|sti|tis** *die;* -, ...itiden: Entzündung der Samenblasen (meist durch eine Gonorrhö verursacht; Med.). **Sper|ma|to|zyt** *der;* -en, -en (meist Plur.) ⟨zu ↑...zyt⟩: Mutterzelle des Samens im Keimepithel des Hodenkanälchens (Biol., Med.). **Sperm|at|urie** *die;* -, ...ien ⟨zu ↑...urie⟩: das Vorhandensein von Spermien im Harn (Med.). **Sper|ma|zet** *das;* -[e]s u. **Sper|ma|ze|ti** *das;* -s ⟨zu *lat.* sperma u. *lat.* cetus (dies aus *gr.* kḗtos) „Wal"⟩: Walrat, ↑Cetaceum. **Sper|men**: Plur. von ↑Sperma. **Sper|mi|en** [...i̯ən]: Plur. von ↑Spermium. **Sper|min** *das;* -s ⟨zu ↑...in (1)⟩: Bestandteil des männlichen Samens von charakteristischem Geruch (Biol.). **Sper|mi|na|tor** *der;* -s, ...oren ⟨aus gleichbed. *nlat.* sperminator; vgl. ...ator⟩: Samenspender; jmd., der [anonym] Sperma zur künstlichen Befruchtung von Frauen, deren Männer unfruchtbar sind, zur Verfügung stellt (Med.). **Sper|mi|o|ge|ne|se** *die;* - ⟨zu ↑Spermium⟩: svw. Spermatogenese. **Sper|mio|gramm** *das;* -s, -e ⟨zu ↑...gramm⟩: bei der mikroskopischen Untersuchung der Samenflüssigkeit entstandenes Bild. **Sper|mi|um** *das;* -s, ...ien [...i̯ən] ⟨aus *nlat.* spermium, dies zu *gr.* spérmeios „zum Samen gehörend"⟩: reife männliche Keimzelle bei Mensch u. Tier, Samenfaden (Biol.). **sper|mi|zid** ⟨zu ↑...zid⟩: samenabtötend (von empfängnisverhütenden Mitteln; Med.). **Sper|mi|zid** *das;* -[e]s, -e: samenabtötendes Mittel zur Empfängnisverhütung. **Sper|mo|go|ni|en** [...i̯ən] *die* (Plur.) ⟨aus *nlat.* spermagonia, Plur. von spermagonium, zu ↑Sperma u. *gr.* gonḗ „Erzeugung; Abstammung"⟩: wenig gebräuchliche Bez. für die Sporenbildung der Rostpilze (Bot.). **Sperm|öl** ⟨zu ↑Spermazet⟩: aus Walrat gewonnenes, hellgelbes Öl, das u. a. als Spezialschmiermittel sowie als Rohstoff für die Gewinnung von Fettsäuren verwendet wird. **Sperm|ovi|um** [...v...] *das;* -s, Plur. ...ien [...i̯ən] u. ...ia ⟨Mischbildung aus ↑Spermium u. ↑Ovum⟩: von einem Samenfaden befruchtete Eizelle (Biol.)

Sper|ry|lith [sp..., auch ...'lɪt] *der;* Gen. -s u. -en, Plur. -e[n] ⟨nach dem kanad. Chemiker F. L. Sperry (19. Jh.) u. zu ↑...lith⟩: zinnweißes, stark metallisch glänzendes Mineral, wichtiges Platinmineral in den Nickelmagnetkiesvorkommen

Spes [sp...] *die;* - ⟨aus gleichbed. *lat.* spes⟩: die röm. Personifikation der Hoffnung

Spesen

Spe|sen *die* (Plur.) ⟨aus gleichbed. *it.* spese, Plur. von spesa „Ausgabe, Aufwand", dies aus *lat.* expensa (pecunia), vgl. Expensen⟩: Auslagen, [Un]kosten im Dienst o. ä. [die ersetzt werden]

Spes|sar|tin *der;* -s, -e ⟨nach dem Vorkommen im Spessart u. zu ↑...in (1)⟩: zu den Granaten gehörendes, orangefarbenes bis braunrotes Mineral

Spe|ze|rei *die,* -, -en (meist Plur.) ⟨aus gleichbed. *it.* spezierie, Plur. von spezieria „Gewürz(handel)", zu spezie, älter spezia „Gewürz, Droge", dies aus *(spät)lat.* species, vgl. Spezies⟩: (veraltend) Gewürz[ware]. **Spe|ze|rei|wa|ren** *die* (Plur.): 1. (veraltet) Lebensmittel. 2. (schweiz.) Gemischtwaren. **Spe|zi** *der;* -s, -[s] ⟨verkürzt aus ↑spezial, Bed. 1 aus gleichbed. *spätlat.* specialis, Bed. 2 im Sinne von Spezialmischung⟩: (landsch.) 1. bester Freund, Busenfreund; vgl. Spezial (1). 2. Erfrischungsgetränk aus Limonade u. Cola o. ä. **spe|zi|al** ⟨aus *lat.* specialis „besonders, eigentümlich"⟩: (veraltet) svw. speziell; vgl. ...al/...ell. **Spe|zi|al** *der;* -s, -e ⟨aus gleichbed. *spätlat.* specialis, Bed. 2 aus *lat.* specialis „von besonderer Art"⟩: (landsch.) 1. vertrauter Freund. 2. [kleinere Menge] Tageswein, Schankwein. **Spe|zi|al...** ⟨zu ↑spezial⟩: Wortbildungselement mit der Bedeutung „einen Sonderfall, ein Einzelgebiet betreffend", z. B. Spezialdisziplin, Spezialprävention. **Spe|zia|li|en** [...i̯ən] *die* (Plur.) ⟨zu ↑spezial u. ↑¹...ie⟩: (veraltet) Besonderheiten, Einzelheiten. **Spe|zia|li|sa|ti|on** *die;* -, -en ⟨aus gleichbed. *fr.* spécialisation zu (se) spécialiser, vgl. spezialisieren⟩: (selten) svw. Spezialisierung; vgl. ...[at]ion/...ierung. **spe|zia|li|sie|ren** ⟨aus gleichbed. *fr.* (se) spécialiser zu spécial, dies aus *lat.* specialis, vgl. speziell⟩: 1. (veraltend) gliedern, sondern, einzeln anführen, unterscheiden. 2. sich -: sich bzw. seine Interessen innerhalb eines größeren Rahmens auf ein bestimmtes Gebiet konzentrieren. **Spe|zia|li|sie|rung** *die;* -, -en ⟨zu ↑spezial u. ↑...isierung⟩: das Sichspezialisieren; vgl. ...[at]ion/...ierung. **Spe|zia|list** *der;* -en, -en ⟨aus gleichbed. *fr.* spécialiste⟩: Fachmann auf einem best. Gebiet; Facharbeiter, Facharzt. **spe|zia|li|stisch** ⟨zu ↑spezial u. ↑...istisch⟩: in der Art eines Spezialisten. **Spe|zia|li|tät** *die;* -, -en ⟨über gleichbed. *fr.* spécialité od. direkt aus *spätlat.* specialitas, Gen. specialitatis „besondere Beschaffenheit"⟩: 1. Besonderheit. 2. Gebiet, auf dem die besonderen Fähigkeiten od. Interessen eines Menschen liegen. 3. Feinschmeckergericht. **Spe|zia|li|tä|ten|re|stau|rant** *das;* -s, -s: Restaurant, in dem es besonders zubereitete Gerichte, vor allem aus anderen Ländern, gibt. **Spe|zia|li|täts|prin|zip** *das;* -s: Grundsatz des Sachenrechts, nachdem sich jedes dingliche Recht jeweils nur auf eine bestimmte Sache beziehen kann (Rechtsw.). **Spe|zi|al|prä|ven|ti|on** [...v...] *die;* -, -en ⟨zu ↑Spezial...⟩: Versuch der Verhütung künftiger Straftaten durch gezielte u. unmittelbare Einwirkung auf den Täter selbst (mit den Möglichkeiten des Strafvollzugs u. der Sicherung u. Besserung); vgl. Generalprävention. **Spe|zi|al|sla|lom** *der;* -s, -: Wettbewerb im alpinen Skisport, bei dem eine relativ kurze Slalomstrecke, die mit zahlreichen, eng abgesteckten Pflichttoren versehen ist, durchlaufen werden muß. **spe|zi|ell** ⟨mit französierender Endung zu spezial, dies aus *lat.* specialis „besonders, eigentümlich" zu *lat.* species u. ...ell⟩: vor allem, besonders, eigentümlich, nicht allgemein; eigens; vgl. ...al/...ell; Ggs. ↑generell

Spe|zie|rer *der;* -s, - ⟨zu *it.* spezie „Gewürz, Droge", vgl. Spezerei⟩: (schweiz. ugs.) Spezerei-, Gemischtwarenhändler. **Spe|zi|es** [ˈʃpeːtsi̯ɛs, sp...] *die;* -, - [...tsi̯eːs] ⟨aus *lat.* species „äußere Erscheinung; Art" zu specere „sehen"⟩: 1. besondere Art einer Gattung, Sorte. 2. Bez. für eine Tier- od. Pflanzenart (in der biol. Systematik). 3. Grundrechnungsart in der Mathematik. 4. eine bestimmte, nicht auswechselbare Sache, die Gegenstand eines Schuldverhältnisses ist, z. B. Spezieskauf: Kauf eines bestimmten Gegenstandes; Spezisschuld: Verpflichtung zur Leistung einer bestimmten Sache (Rechtsw.). 5. Teegemisch (Pharm.). **Spe|zi|es|ta|ler** *der;* -s, -: (früher) ein harter Taler im Gegensatz zu Papiergeld. **Spe|zi|fik** *die;* -⟨zu ↑spezifisch u. ↑²...ik (3)⟩: das Spezifische einer Sache. **Spe|zi|fi|ka**: Plur. von ↑Spezifikum. **Spe|zi|fi|ka|ti|on** *die;* -, -en ⟨aus *mlat.* specificatio „Auflistung, Verzeichnis" zu *spätlat.* specificare, vgl. spezifizieren⟩: 1. Einteilung der Gattung in Arten (Logik). 2. Einzelaufzählung, spezifiziertes Verzeichnis, spezifizierte Aufstellung, Liste. 3. Umbildung, Behandlung eines Stoffes durch Arbeiten, die ihn erheblich verändern (Rechtsw.); vgl. ...[at]ion/...ierung. **Spe|zi|fi|ka|ti|ons|spra|che** *die;* - ⟨Lehnübersetzung von *engl.* specification language⟩: Darstellungsmittel zur graphischen bzw. sprachlichen Spezifikation von Systemen (EDV). **Spe|zi|fi|kum** *das;* -s, ...ka ⟨aus *nlat.* specificum, eigtl. „Besonderes", zu *spätlat.* sp. spezifisch⟩: 1. Besonderheit, Eigentümlichkeit, spezifisches Merkmal. 2. gegen eine bestimmte Krankheit wirksames Mittel (Med.). **spe|zi|fisch** ⟨unter Einfluß von *fr.* spécifique aus *spätlat.* specificus „von besonderer Art; eigentümlich", dies zu *lat.* species (vgl. Spezies) u. facere „machen"⟩: 1. einer Sache ihrer Eigenart nach zukommend, bezogen [auf eine besondere Art], arteigen, kennzeichnend. 2. auf eine bestimmte Größe (z. B. Masse, Fläche, Volumen) bezogen (Phys., Techn.); -es Gewicht: (veraltend) das Gewicht eines Stoffes im Verhältnis zum Volumen; -e Wärme: Wärmemenge, die erforderlich ist, um 1 g eines Stoffes um 1° C zu erwärmen. **Spe|zi|fi|tät** *die;* -, -en ⟨zu ↑...ität⟩: 1. Eigentümlichkeit, Besonderheit. 2. charakteristische Reaktion (Chem.). **spe|zi|fi|zie|ren** ⟨aus gleichbed. *spätlat.* specificare⟩: 1. einzeln aufführen, verzeichnen. 2. zergliedern. **Spe|zi|fi|zie|rung** *die;* -, -en ⟨zu ↑...ierung⟩: svw. Spezifikation; vgl. ...[at]ion/...ierung. **Spe|zi|men** *das;* -s, Spezimina ⟨aus gleichbed. *lat.* specimen, eigtl. „Kennzeichen", zu specere „sehen"⟩: (veraltet) Probestück; Probe. **spe|zi|mie|ren** ⟨zu ↑...ieren⟩: (veraltet) sein Probestück machen. **spe|zi|ös** ⟨unter Einfluß von *fr.* spécieux aus gleichbed. *lat.* speciosus zu species, vgl. Spezies⟩: 1. ansehnlich. 2. scheinbar

Sphag|num *das;* -s ⟨aus *nlat.* sphagnum zu *lat.* sphagnos „eine aromatisch riechende Art von Moos, dies aus *gr.* sphágnos): Gattung der Torf-, Sumpf- od. Teichmoose

Spha|le|rit [auch ...ˈrɪt] *der;* -s ⟨zu *gr.* sphalerós „trügerisch" u. ↑²...it⟩: Zinkblende (ein Mineral)

Sphä|re *die;* -, -n ⟨über *lat.* sphaera aus *gr.* sphaîra „(Himmels)kugel", Bed. 2 nach gleichbed. *fr.* sphère aus *lat.* sphaera⟩: 1. (in antiker Vorstellung) scheinbar kugelig die Erde umgebendes Himmelsgewölbe in seinen verschiedenen Schichten. 2. Gesichts-, Gesellschafts-, Wirkungskreis; [Macht]bereich. **Sphä|ren|har|mo|nie** u. **Sphä|ren|mu|sik** *die;* -: das durch die Bewegung der Planeten entstehende kosmische, für den Menschen nicht hörbare, harmonische Tönen (nach der Lehre des altgriech. Philosophen Pythagoras). **Sphä|rik** *die;* - ⟨nach *lat.* sphaerica „Lehre von den Himmelskugeln", substantiviertes Fem. von sphaericus, vgl. sphärisch⟩: Geometrie von Figuren, die auf Kugeloberflächen durch größte Kreise gebildet sind (Math.). **sphä|risch** ⟨über *spätlat.* sph(a)ericus aus *gr.* sphairikós „kugelförmig; die Kugel betreffend"⟩: 1. die Himmelskugel betreffend. 2. auf die Kugel bezogen, mit der Kugel zu-

sammenhängend (Math.); -e Trigonometrie: Berechnung von Dreiecken auf der Kugeloberfläche. **sphä|ro...**, **Sphä|ro...** ⟨zu *lat.* sphaera, vgl. Sphäre⟩: Wortbildungselement mit der Bedeutung „Kugel", z. B. Sphärologie. **Sphä|ro|id** *das;* -[e]s, -e ⟨nach *gr.* sphairoeidḗs „kugelförmige Gestalt"⟩: 1. kugelähnlicher Körper (bzw. seine Oberfläche). 2. Rotationsellipsoid (durch Drehung der Ellipse um ihre kleine Achse entstehend; z. B. der Erdkörper). **sphä|ro|i|disch** ⟨aus *gr.* sphaeroeidḗs „kugelartig"⟩: kugelähnlich. **Sphä|ro|ko|bal|tit** [auch ...'tɪt] *der;* -s, -e ⟨zu ↑sphäro...⟩: außen samtschwarz verwittertes, innen pfirsichblütenrotes Mineral. **Sphä|ro|lith** [auch ...'lɪt] *der;* Gen. -s u. -en, Plur. -e[n] ⟨zu ↑...lith⟩: strahlig angeordnete Zusammenwachsung verschiedener Mineralindividuen (Mineral.). **sphä|ro|li|thisch** [auch ...'lɪ...]: radialstrahlig erstarrt (vom Gefüge mancher glasiger od. feinkristalliner Gesteine). **Sphä|ro|lo|gie** *die;* - ⟨zu ↑...logie⟩: Teil der Geometrie, der sich mit der Kugel befaßt. **Sphä|ro|me|ter** *das;* -s, - ⟨zu ↑¹...meter⟩: Instrument mit Feinstellschraube (Mikrometerschraube) zur exakten Messung von Krümmungsradien (z. B. bei Linsen). **Sphä|ro|pro|te|in** *das;* -s, -e: Eiweißstoff, dessen Moleküle kugelig aufgebaut sind. **Sphä|ro|si|de|rit** [auch ...'rɪt] *der;* -s, -e: Variation des Eisenspats in Kugelform. **Sphä|ro|zyt** *der;* -en, -en (meist Plur.) ⟨zu ↑...zyt⟩: Kugelzelle, abnorm geformtes rotes Blutkörperchen, das anstelle der ↑bikonkaven Scheibenform eine Kugelgestalt aufweist (Med.). **Sphä|ro|zy|to|se** *die;* -, -n ⟨zu ↑¹...ose⟩: das Auftreten von kugelförmigen roten Blutzellen (Med.).
Sphen *der;* -s, -e ⟨aus *gr.* sphḗn „Keil", nach der Form der Kristalle⟩: svw. Titanit (1). **Sphe|no|id** *das;* -[e]s, -e ⟨zu *gr.* sphēnoeidḗs „keilförmig"⟩: keilförmige Kristallform. **sphe|noi|dal** ⟨zu ↑¹...al (1)⟩: keilförmig. **Sphe|no|ze|pha|lie** *die;* -, ...ien ⟨zu *gr.* sphḗn (vgl. Sphen), kephalḗ „Kopf" u. ↑²...ie⟩: keil- od. eiförmige Mißbildung eines Kopfes (Med.).
Sphe|rics ['sfɛrɪks] *die* (Plur.) ⟨Kurzform von *engl.* atmospherics „atmosphärische Störungen"⟩: Funkstörungen, die von Blitzen herrühren u. die sich beim [Rund]funkempfang als Knack- u. Kratzgeräusche bemerkbar machen
Sphin|gen: Plur. von ↑Sphinx (3)
Sphink|ter *der;* -s, ...tere ⟨aus gleichbed. *gr.* sphigktḗr, eigtl. „das, was zubindet, -schnürt", zu sphíggein „zuschnüren"⟩: Ring-, Schließmuskel (Med.). **Sphink|ter|skle|ro|se** *die;* -, -n: vor allem bei Männern auftretende sklerotische Umwandlung u. Starre des Blasenschließmuskels, die zu Harnabflußstörungen führt (Med.).
Sphinx *die;* -, -e ⟨über *lat.* Sphinx aus *gr.* Sphígx, weitere Herkunft unsicher, vielleicht rückgebildet zu sphíggein „(durch Zauber) festbinden"⟩: 1. (archäologisch fachspr. *der;* -, Plur. -e u. Sphingen) ägypt. Steinbild in Löwengestalt, meist mit Männerkopf, Sinnbild der übermenschlichen Kraft des Sonnengottes od. des Königs. 2. (ohne Plur.) a) (in der griech. Mythologie) Ungeheuer in Gestalt eines geflügelten Löwen mit Frauenkopf, das jeden Vorüberkommenden tötete, der sein ihm aufgegebenes Rätsel nicht lösen konnte; b) rätselhafte, undurchschaubare Person. 3. (auch *der;* -, Plur. -e u. Sphingen) Abendpfauenauge (mitteleuropäische Schmetterlingsart).
Sphra|gid *der;* -[e]s, -e ⟨zu ↑Sphragis⟩: (veraltet) Siegelstein. **Sphra|gis** *die;* -, ...giden ⟨aus gleichbed. *gr.* sphragís, Gen. sphragĩdos⟩: (veraltet) Siegel. **Sphra|gi|stik** *die;* - ⟨zu *gr.* sphragistikós „zum Siegeln gehörend"⟩: Siegelkunde. **sphra|gi|stisch:** siegelkundlich

sphyg|misch ⟨zu *gr.* sphygmós „Puls"⟩: den Puls betreffend (Med.). **Sphyg|mo|graph** *der;* -en, -en ⟨zu ↑...graph⟩: Pulsschreiber; Gerät zur Aufzeichnung der Pulskurve (Med.). **Sphyg|mo|gra|phie** *die;* -, ...ien ⟨zu ↑...graphie⟩: durch den Sphygmographen selbsttätig aufgezeichnete Pulskurve (Med.). **Sphyg|mo|ma|no|me|ter** *das;* -s, -: Gerät zur Messung des Blutdrucks (Med.). **Sphyg|mo|ma|no|me|trie** *die;* -, ...ien: indirekte Blutdruckmessung mit aufblasbarer Manschette (Med.)
spia|na|to [sp...] ⟨*it.;* Part. Perf. von spianare „einebnen", dies aus *lat.* explanare „ausbreiten"⟩: einfach, schlicht (Vortragsanweisung; Mus.)
Spi|ca ['spiːka] *die;* -, ...cae [...kɛ] ⟨aus *lat.* spica „(Korn)ähre", Bed. 2 nach dem Aussehen⟩: 1. Ähre (Bot.). 2. Verband in Form einer Kornähre (bei dem die einzelnen Lagen kreuzförmig übereinandergelegt werden; Med.)
spic|ca|to [spɪ'kaːto] ⟨*it.;* Part. Perf. von spiccare „(klar) hervortreten"⟩: [die Töne] deutlich voneinander getrennt [zu spielen] (Vortragsanweisung; Mus.). **Spic|ca|to** *das;* -s, Plur. -s u. ...ti: die Töne voneinander absetzende, mit Springbogen zu spielende Strichart bei Saiteninstrumenten (Mus.)
Spi|ci|le|gi|um [spitsi...] *das;* -s, ...ia ⟨aus gleichbed. *lat.* spicilegium zu spica (vgl. Spica) u. legere „(aus)lesen"⟩: „Ährenlese" (im 17. u. 18. Jh. oft in Buchtiteln)
Spi|der ['ʃpaɪdɐ, 'sp..., engl. 'spaɪdə] *der;* -s, - ⟨nach *engl.* spider „leichter Wagen", eigtl. „Spinne"⟩: offener [Renn]sportwagen
Spie|lio|thek vgl. Spielothek. **Spie|lo|thek, Spieliothek** *die;* -, -en ⟨zu *dt.* spielen u. ↑...thek⟩: a) Einrichtung, bei der man Spiele ausleihen kann; b) Spielhalle, in der man Automaten spielen kann
Spike [ʃpaɪk, sp...] *der;* -s, -s ⟨aus *engl.* spike „Dorn", Bed. 2 nach gleichbed. *engl.* spikes (Plur.)⟩: 1. a) Metalldorn an der Sohle von Laufschuhen (Leichtathletik); b) Metallstift an der Lauffläche von Autoreifen (früher bei Schnee- u. Eisglätte verwendet). 2. (meist Plur.) rutschfester Laufschuh mit Spikes (1 a)
Spi|lit [auch ...'lɪt] *der;* -s, -e ⟨zu *gr.* spílos „Fleck, Schmutz" u. ↑²...it⟩: ein dunkles, grünliches vulkanisches Gestein
Spil|la|ge [ʃp...ʒə, sp...] *die;* -, -n ⟨französierende Bildung zu *engl.* to spill „verschütten"; vgl. ...age⟩: Verluste, die durch falsche Verpackung trockener Waren entstehen (Wirtsch.). **Spill-over-Ef|fekt** [spɪl'ouvə...] *der;* -[e]s, -e ⟨zu *engl.* to spill over „übervoll sein" u. ↑Effekt⟩: unbeabsichtigte positive od. negative Wirkung eines Instruments des Marketings, der Unternehmenspolitik od. der Wirtschaftspolitik
Spi|lo|sit [auch ...'zɪt] *der;* -s, -e ⟨zu *gr.* spílos (vgl. Spilit) u. ↑²...it⟩: ↑metamorphes Gestein, das aus tonigen Gesteinen entstanden ist
Spin [spɪn] *der;* -s, -s ⟨aus *engl.* spin „schnelle Drehung" zu to spin „spinnen"⟩: 1. Eigendrehimpuls der Elementarteilchen im Atom, ähnlich dem Drehimpuls durch Rotation (Phys.). 2. svw. Effet (Sport)
Spi|na [ʃp..., sp...] *die;* -, ...nen ⟨aus gleichbed. *lat.* spina⟩: 1. Stachel, Dorn; spitzer Knochenvorsprung (Med.). 2. Rückgrat (Anat.). **spi|nal** ⟨aus gleichbed. *lat.* spinalis „zum Rückgrat gehörig"⟩: zur Wirbelsäule, zum Rückenmark gehörend; im Bereich der Wirbelsäule liegend od. erfolgend; -e Kinderlähmung: eine Erkrankung des Rückenmarks; vgl. Poliomyelitis. **Spi|nal|an|äs|the|sie** *die;* -: Anästhesie durch Einspritzung eines ↑Anästhetikums in die Rückenmarksflüssigkeit (Med.). **Spi|nal|gan|gli|on**

das; -s, ...ien [...i̯ən]: Nervenknoten im Bereich der hinteren Wurzel eines Rückenmarksnervs (Med.). **Spin|al|gie** *die;* -, ...ien ⟨zu ↑Spina u. ↑...algie⟩: Wirbelschmerz, Druckempfindlichkeit der Wirbel (Med.). **Spi|na|li|om** *das;* -s, -e ⟨zu *lat.* spina „Dorn, Stachel", ¹...al (1) u. ↑...om⟩: Stachelzellen-, Hornkrebs (Med.). **Spi|nal|pa|ra|ly|se** *die;* - ⟨zu ↑spinal⟩: erbliche Erkrankung des Rückenmarks, die im mittleren Lebensalter beginnt u. langsam fortschreitend zu einer spastischen Lähmung führt (Med.).
Spi|nat *der;* -[e]s, -e ⟨über gleichbed. *span.* espinaca (wohl angelehnt an espina „Dorn" aus *lat.* spina) aus *hispano-arab.* ispināḡ, dies aus *arab.* isfināḡ zu *pers.* ispanāḡ⟩: dunkelgrünes Blattgemüse
Spi|nell *der;* -s, -e ⟨wohl aus *it.* spinello, Verkleinerungsform von spina, das aus *lat.* spina, vgl. Spina⟩: ein glasig glänzendes, farbloses, gelegentlich auch rotes, grünes od. blauviolettes Mineral, Schmuckstein
Spi|nen [ʃp..., sp...]: Plur. von ↑Spina
Spi|nett *das;* -[e]s, -e ⟨aus gleichbed. *it.* spinetta, wohl nach dem venezian. Erfinder G. Spinetta, um 1500⟩: dem ↑Cembalo ähnliches Musikinstrument, bei dem die Saiten spitzwinklig zur Klaviatur angeordnet sind u. mit einem Dorn angerissen werden. **Spi|net|ti|no** *das;* -s, -s ⟨zu ↑Spinett u. mit dem it. Verkleinerungssuffix -ino⟩: kleines Spinett
Spin|flip [sp...] *der;* -s, -s ⟨aus *engl.* spin-flip „Spinumschlag" zu ↑Spin u. flip „Sprung", vgl. Flip⟩: Übergang des ↑Spins eines Teilchens, bes. eines Elektrons, von einem Zustand in einen anderen (z. B. Vorzeichenwechsel seiner magnetischen Spinquantenzahl; Phys.).
Spi|ni|fex [ʃp..., sp...] *der;* - ⟨aus *nlat.* spinifex zu *lat.* spina „Dorn" u. facere „machen"⟩: austral. Grasart
Spin|ma|gne|tis|mus [ʃp..., sp...] *der;* - ⟨zu ↑Spin⟩: durch den ↑Spin eines Elektrons hervorgerufener Magnetismus (Phys.). **Spin|mo|ment** *das;* -[e]s, -e: das mit dem Spin eines Elementarteilchens verbundene Dipolmoment
Spin|na|ker *der;* -s, - ⟨aus gleichbed. *engl.* spinnaker, weitere Herkunft ungeklärt⟩: großes, halbrundes, sich stark wölbendes Jachtvorsegel (Seew.)
Spin-off [sp...] *das;* -[s], -s ⟨aus *engl.* spin-off „[zufälliges] Nebenprodukt, nicht geplantes Resultat"⟩: 1. Übernahme von bestimmten technisch innovativen Verfahren od. Produkten (z. B. aus der Raumfahrt) in andere Technikbereiche. 2. Fernsehproduktion, als Ableger einer erfolgreichen Serie, bei der bisherige Randfiguren als Hauptdarsteller fungieren
Spi|nor [ʃp..., sp...] *der;* -s, ...oren ⟨aus gleichbed. *engl.* spinor zu spin (vgl. Spin) u. -or (vgl. ...or)⟩: math. Größe, die es gestattet, den ↑Spin des Elektrons zu beschreiben
spi|nös ⟨aus *lat.* spinosus „spitzfindig", eigtl. „dornig; stechend", zu spina „Dorn"; vgl. ...ös⟩: (veraltet) sonderbar u. schwierig (z. B. im Umgang); das Benehmen anderer gouvernantenhaft kritisierend
Spi|no|zis|mus [ʃp..., sp...] *der;* - ⟨nach dem niederl. Philosophen B. de Spinoza (1632–1677) u. zu ↑...ismus (1)⟩: Lehre u. Weiterführung der Philosophie Spinozas. **Spi|no|zist** *der;* -en, -en ⟨zu ↑...ist⟩: Vertreter des Spinozismus. **spi|no|zi|stisch** ⟨zu ↑...istisch⟩: den Spinozismus betreffend
Spin|re|la|xa|ti|on [ʃp..., sp...] *die;* - ⟨zu ↑Spin⟩: der Relaxationsprozeß (vgl. Relaxation) eines Spinsystems aus einem angeregten Zustand in seinen Gleichgewichtszustand (Phys.). **Spin|struk|tur** *die;* -: magnetische Struktur in Festkörpern, deren magnetische Elementarmomente zu den Atomrümpfen gehören (Phys.).

Spin|the|ri|skop [ʃp..., sp...] *das;* -s, -e ⟨zu *gr.* spinthḗr „Funke" u. ↑...skop⟩: früher verwendetes Nachweisgerät für energiereiche geladene Teilchen, mit dem von diesen ausgelöste Lichtblitze gezählt wurden (Phys.). **Spin|the|ris|mus** *der;* - ⟨zu ↑...ismus (2)⟩: svw. Photopsie
spin|ti|sie|ren ⟨vermutlich eine französierende Weiterbildung zu *dt.* spinnen; vgl. ...isieren⟩: (ugs.) grübeln; ausklügeln; Unsinniges denken od. reden, phantasieren
Spi|on *der;* -s, -e ⟨aus gleichbed. *it.* spione zu spia „Späher; Spion", dies zu spiare „spähen" (aus dem Germ.)⟩: 1. a) heimlicher Beobachter od. Aufpasser, der etw. zu erkunden hat; b) jmd., der für einen Auftraggeber od. Interessenten militärische, politische od. wirtschaftliche Geheimnisse auskundschaftet bzw. geheime Informationen unerlaubterweise [an eine fremde Macht] übermittelt. 2. an außen am Fenster angebrachter Spiegel, in dem man die Vorgänge auf der Straße beobachten kann. 3. [vergittertes] Guckloch an den Zellentüren im Gefängnis od. an Haus- u. Wohnungstüren. **Spio|na|ge** [...ʒə] *die;* - ⟨nach gleichbed. *fr.* espionnage⟩: Tätigkeit für einen Auftraggeber od. Interessenten zur Auskundschaftung militärischer, politischer od. wirtschaftlicher Geheimnisse, bes. für eine fremde Macht. **Spio|na|ge|af|fä|re** *die;* -, -n: aufsehenerregender Spionagefall. **spio|nie|ren** ⟨nach gleichbed. *fr.* espionner zu espion „Spion", dies aus *altfr.* espier „ausspähen" (aus dem Germ.)⟩: a) (abwertend) heimlich ohne Berechtigung [herum]suchen, aufpassen, Beobachtungen machen od. lauschen, um etw. herauszufinden; b) Spionage treiben, als Spion (1 b) tätig sein. **Spio|nin** *die;* -, -nen: weibliche Form zu ↑Spion
Spi|ra [ʃp..., sp...] *die;* -, ...ren ⟨aus *lat.* spira „kreisförmige Windung", dies aus *gr.* speîra „Windung"⟩: der zylindrisch gebildete untere Teil der ionischen u. ephesischen Säulenbasis mit horizontalen Kehlen u. Wülsten. **Spi|räe** *die;* -, -n ⟨über *lat.* spiraea „Spierstrauch" aus gleichbed. *gr.* speiraía zu speîra, vgl. Spira⟩: Pflanzengattung der Rosengewächse mit zahlreichen Ziersträuchern. **spi|ral** [ʃp...] ⟨aus gleichbed. *mlat.* spiralis zu *lat.* spira, vgl. Spira⟩: schneckenförmig gedreht (Techn.). **Spi|ra|le** *die;* -, -n ⟨aus *nlat.* (linea) spiralis „schneckenförmig gewunden(e Linie)" zu *lat.* spira, vgl. Spira⟩: 1. a) sich gleichmäßig um eine Achse windende Linie, Schraubenlinie; b) ebene Kurve, die in unendlich vielen, immer weiter werdenden Windungen einen festen Punkt umläuft (Math.). 2. a) Gegenstand in der Form einer Spirale (1), z. B. Uhrfeder; b) (ugs.) spiralförmiges ↑Intrauterinpessar. **Spi|ral|ga|la|xi|en** [...i:ən] *die* (Plur.): ↑Galaxien, in denen die meisten Sterne u. Nebel in Spiralarmen angeordnet sind (Astron.). **spi|ra|lig**: schraubenförmig, schneckenförmig. **Spi|ra|li|sa|ti|on** *die;* -, -en ⟨zu ↑...isation⟩: spiralförmige Verkürzung der Chromosomen zu Beginn der Kernteilung (Genetik). **Spi|ra|li|tät** *die;* - ⟨zu ↑...ität⟩: svw. Helizität (2). **Spi|ral|or|na|men|tik** *die;* -: spiralförmiges Ornament der vorgeschichtlichen Zeit in der ägäischen Vasenmalerei. **Spi|ral|tur|bi|ne** *die;* -, -n: Wasserturbine mit spiraligem Zufluß. **Spi|ran** [ʃp..., sp...] *das;* -s, -e (meist Plur.) ⟨zu *lat.* spira (vgl. Spira) u. ↑...an⟩: organische Verbindung, bei der ein einzelnes Atom zwei aufeinander senkrecht stehenden Ringsystemen gleichzeitig angehört (Chem.).
Spi|rans [ʃp..., sp...] *die;* -, Spiranten u. **Spi|rant** *der;* -en, -en ⟨aus *lat.* spirans, Gen. spirantis, Part. Präs. von spirare „blasen, hauchen"⟩: Reibelaut, ↑Frikativ. **spi|ran|tisch**: die Spirans, den Spiranten betreffend
Spi|rem [ʃp..., sp...] *das;* -s, -e ⟨zu *lat.* spira (vgl. Spira) u. ↑...em⟩: sich in der ↑Mitose ausbildendes Chromatin-

knäuel in Form eines vielfach gewundenen Fadens aus ↑Chromatin (Med.). **Spi|ri|fer** *der;* -s, ...feren ⟨zu *lat.* ferre „tragen"⟩: ausgestorbener Armfüßer (Leitfossil des ↑Devons). **Spi|ril|le** *die;* -, -n (meist Plur.) ⟨aus *nlat.* spirilla, Verkleinerungsform von *lat.* spira, vgl. Spira⟩: Schraubenbakterie (u. a. Erreger der ↑Cholera). **spi|ril|li|zid** ⟨zu ↑...zid⟩: spirillentötend. **Spi|ril|li|zid** *das;* -[e]s, -e: Spirillen abtötendes Mittel (Med.). **Spi|ril|lo|se** *die;* -, -n ⟨zu ↑¹...ose⟩: durch Spirillenarten hervorgerufene Krankheit (Med.)

Spi|rit [sp...] *der;* -s, -s ⟨wohl unter Einfluß von gleichbed. *engl.* spirit aus *lat.* spiritus, vgl. ¹Spiritus⟩: [↑mediumistischer] Geist (Parapsychol.). **Spi|ri|tis|mus** [ʃp..., sp...] *der;* - ⟨wohl unter Einfluß von *engl.* spiritism, *fr.* spiritisme zu *lat.* spiritus (vgl. ¹Spiritus) u. ↑...ismus (2)⟩: Geisterlehre; Glaube an Erscheinungen von Seelen Verstorbener, mit denen man durch ein ↑¹Medium (4) zu verkehren sucht; Versuch, okkulte Vorgänge als Einwirkungen von Geistern zu erklären; Ggs. ↑Animismus (3). **Spi|ri|tist** *der;* -en, -en ⟨zu ↑...ist⟩: Anhänger des Spiritismus. **Spi|ri|ti|stin** *die;* -, -nen: weibliche Form zu ↑Spiritist. **spi|ri|ti|stisch** ⟨zu ↑...istisch⟩: den Spiritismus betreffend. **spi|ri|tu|al** ⟨aus gleichbed. *kirchenlat.* spiritualis zu *(spät)lat.* spirit(u)alis „geistig", eigtl. „zur Luft, zum Atem gehörend"⟩: 1. auf den [Heiligen] Geist bezogen; geistig, übersinnlich. 2. (selten) svw. spirituell; vgl. ...al/...ell. **¹Spi|ri|tu|al** *der;* Gen. -s u. -en, Plur. -en ⟨aus gleichbed. *kirchenlat.* spiritualis aus *spätlat.* spirit(u)alis, vgl. spiritual⟩: Seelsorger, Beichtvater in kath. Seminaren u. Klöstern. **²Spi|ri|tu|al** ['spɪrɪtjuəl] *das,* auch *der;* -s, -s ⟨aus *engl.-amerik.* (negro) spiritual zu *engl.* spiritual „geistlich", dies aus *fr.* spirituel, vgl. spirituell⟩: svw. Negro Spiritual. **Spi|ri|tu|a|le** [ʃp..., sp...] *der;* -n, -n (meist Plur.) ⟨zu ↑¹Spiritual⟩: Angehöriger einer strengen Richtung der ↑Franziskaner im 13./14. Jh.; vgl. Observant. **Spi|ri|tu|a|li|en** [...jən] *die* (Plur.) ⟨aus gleichbed. *kirchenlat.* spiritualia, substantivierter Plur. von spiritualis, vgl. spiritual⟩: geistliche Dinge des kirchlichen Lebens, z. B. Predigt, Sakrament. **Spi|ri|tu|a|li|sa|ti|on** *die;* - ⟨zu ↑¹Spiritual u. ↑...isation⟩: (veraltet) Vergeistigung; vgl. ...[at]ion/...ierung. **spi|ri|tu|a|li|sie|ren** ⟨zu ↑...isieren⟩: vergeistigen. **Spi|ri|tu|a|li|sie|rung** *die;* -, -en ⟨zu ↑...isierung⟩: 1. das Spiritualisieren. 2. spiritualisierte Form; vgl. ...[at]ion/...ierung. **Spi|ri|tu|a|lis|mus** *der;* - ⟨zu ↑...ismus (1)⟩:1. metaphysische Lehre, die das Wirkliche als geistig od. als Erscheinungsweise des Geistigen annimmt. 2. theologische Richtung, die die unmittelbare geistige Verbindung des Menschen mit Gott gegenüber der geschichtlichen Offenbarung betont. **Spi|ri|tu|a|list** *der;* -en, -en ⟨zu ↑...ist⟩: Vertreter des Spiritualismus. **Spi|ri|tu|a|li|stin** *die;* -, -nen: weibliche Form zu ↑Spiritualist. **spi|ri|tu|a|li|stisch** ⟨zu ↑...istisch⟩: den Spiritualismus betreffend. **Spi|ri|tu|a|li|tät** *die;* - ⟨aus gleichbed. *mlat.* spiritualitas, Gen. spiritualitatis⟩: Geistigkeit; inneres Leben, geistiges Wesen; Ggs. ↑Materialität. **Spi|ri|tual Songs** ['spɪrɪtjuəl 'sɔŋz] *die* (Plur.) ⟨aus gleichbed. *engl.* spiritual songs, vgl. Song⟩: geistliche Hymnen u. Gesänge der weißen Amerikaner (bes. aus der Zeit der Erweckungsbewegung). **spi|ri|tu|ell** [ʃp..., sp...] ⟨über *fr.* spirituel aus gleichbed. *mlat.* spiritualis, dies aus *lat.* spiritualis „zur Luft, zum Atem gehörend", vgl. ¹Spiritus⟩: 1. geistig. 2. (selten) geistlich; vgl. ...al/...ell. **spi|ri|tu|os** u. **spi|ri|tu|ös** ⟨zu ↑²Spiritus u. ↑²...os bzw. ...ös⟩: Weingeist enthaltend, stark alkoholisch. **Spi|ri|tuo|sen** *die* (Plur.) ⟨nach gleichbed. *fr.* spiritueux (Plur.); vgl. ²Spiritus u. ²...os⟩: alkoholhaltige Getränke (z. B. Weinbrand, Liköre). **spi|ri|tu|o|so** [sp...] ⟨*it.*⟩: geistvoll, feurig (Vortragsanweisung; Mus.). **¹Spi|ri|tus** *der;* -, - [...tu:s] ⟨aus *lat.* spiritus „(Luft)hauch, Atem, Leben, Seele, Geist" zu spirare „(be)hauchen, atmen"⟩: Hauch, Atem, [Lebens]geist; - asper (Plur. - asperi): Zeichen (ʻ) für den H-Anlaut im Altgriechischen; - familiaris: guter Hausgeist, Vertraute[r] der Familie; - lenis (Plur. - lenes [...ne:s]): Zeichen (ʼ) für das Fehlen des H-Anlautes im Altgriechischen; - rector [...k...]: leitender, belebender, treibender Geist, Seele (z. B. eines Betriebes, Vorhabens); - Sanctus [...k...]: der Heilige Geist. **²Spi|ri|tus** [ʃp...] *der;* -, -se ⟨aus *mlat.* (Alchimistensprache) spiritus „destillierter Extrakt" zu *lat.* spiritus, vgl. ¹Spiritus⟩: Weingeist, (Äthyl)alkohol

Spi|ro|chä|te [ʃpiro'çɛ:tə, sp...] *die;* -, -n ⟨zu *gr.* speĩra (vgl. Spira) u. chaítē „langes Haar", nach der Form⟩: schraubenförmig gewundene, krankheitserregende Bakterie (z. B. Erreger der Syphilis u. des Rückfallfiebers). **Spi|ro|chä|to|se** *die;* -, -n ⟨zu ↑¹...ose⟩: durch Spirochäten hervorgerufene Infektionskrankheit (z. B. Syphilis; Med.).

Spi|ro|er|go|me|ter [ʃp..., sp...] *das;* -s, - ⟨zu *lat.* spirare (vgl. ¹Spiritus) u. ↑Ergometer⟩: Gerät zur Messung der körperlichen Leistungsfähigkeit an Hand des Sauerstoffverbrauchs bei stufenweiser körperlicher Belastung (Med.). **Spi|ro|er|go|me|trie** *die;* -, ...ien: Messung der Kapazität der Sauerstoffaufnahme im Ruhezustand des Organismus u. nach körperlicher Belastung. **Spi|ro|gra|phie** *die;* -, ...ien ⟨zu ↑...graphie⟩: apparative Aufzeichnung der bei der Spirometrie gemessenen Atmungswerte (Med.)

Spi|ro|gy|ra [ʃp..., sp...] *die;* -, ...ren ⟨aus *nlat.* spirogyra zu *gr.* speĩra (vgl. Spira) u. gyrós „krumm"⟩: Schraubenalge (Jochalge)

Spi|ro|me|ter [ʃp..., sp...] *das;* -s, - ⟨zu *lat.* spirare (vgl. ¹Spiritus) u. ↑¹...meter⟩: Gerät, mit dem die verschiedenen Eigenschaften des Atems gemessen werden (Med.). **Spi|ro|me|trie** *die;* - ⟨zu ↑...metrie⟩: Messung u. Aufzeichnung der Atmung (z. B. zur Messung des Grundumsatzes od. der Lungenkapazität; Med.). **spi|ro|me|trisch** ⟨zu ↑...metrisch⟩: mit Hilfe der Spirometrie erfolgend

Spis|si|tät [ʃp..., sp...] *die;* - ⟨aus gleichbed. *lat.* spissitas, Gen. spissitatis zu spissus „dicht"⟩: (veraltet) Dichtheit, Verdichtung, Dickflüssigkeit

Spi|tal *das;* -s, ...täler ⟨verkürzt aus *mlat.* hospitale, vgl. Hospital⟩: 1. (landsch., bes. österr., schweiz., sonst veraltet) Krankenhaus. 2. (veraltet) Altersheim, Armenhaus. **Spi|ta|ler** u. **Spi|tä|ler** *der;* -s, -: 1. (veraltet, aber noch landsch.) Patient im Krankenhaus. 2. (veraltet) Insasse, Bewohner eines Spitals (2)

spit|ten ⟨zu *engl.* to spit „aufspießen"⟩: Fische od. Fischteile vor dem Räuchern auf Eisenstäbe spießen

splanch|nisch [sp...] ⟨zu *gr.* splágchna, Plur. von splágchnon „Eingeweide"⟩: svw. viszeral. **Splanch|no|lo|gie** *die;* - ⟨zu ↑...logie⟩: Teilgebiet der Medizin, das sich mit den Eingeweiden befaßt (Med.). **splanch|no|lo|gisch** ⟨zu ↑...logisch⟩: die Splanchnologie betreffend, auf ihr beruhend, zu ihr gehörend (Med.). **Splanch|no|me|ga|lie** *die;* - ⟨zu ↑...megalie⟩: abnorme Größe der Eingeweide (Med.). **Splanch|no|mi|krie** *die;* - ⟨zu *gr.* mikrós „klein" u. ↑²...ie⟩: abnorme Kleinheit der Eingeweide (Med.)

Splash-Ero|si|on ['splæʃ...] *die;* - ⟨zu *engl.* to splash „spritzen" u. ↑Erosion⟩: durch Spritzwasser verursachte Form der Bodenerosion

Spleen [ʃpli:n, auch sp...] *der;* -s, Plur. -e u. -s ⟨aus gleichbed. *engl.* spleen, eigtl. „(durch Erkrankung der) Milz (hervorgerufene Gemütsverstimmung)", dies über *lat.* splen aus *gr.* splḗn „Milz"⟩: 1. (ohne Plur.) verschrobene, über-

spannte Art. 2. Schrulle, Marotte. **splee|nig**: schrullig, verrückt, überspannt. **Splen** [ʃp..., ʃp...] *der;* -s, Splenes [...neːs] ⟨aus gleichbed. *gr.* splén⟩: (selten) Milz (Med.). **splen...**, **Splen...** vgl. spleno..., Spleno...
splen|did [ʃp..., sp...] ⟨unter Einfluß von *dt.* spendieren aus *lat.* splendidus „glänzend, prachtvoll" zu splendere „glänzen"⟩: 1. (veraltend) freigebig, großzügig. 2. glanzvoll, kostbar. 3. weit auseinandergerückt (Druckw.). **Splen|did iso|la|tion** [sp... aɪsəˈleɪʃən] *die;* - - ⟨aus gleichbed. *engl.* splendid isolation, eigtl. „herrliches Alleinsein"; vgl. splendid u. Isolation⟩: 1. die Bündnislosigkeit Englands im 19. Jh. 2. freiwillige Bündnislosigkeit eines Landes, einer Partei o. ä. **Splen|di|di|tät** [ʃp..., sp...] *die;* - ⟨zu ↑ splendid u. ↑...ität⟩: (veraltet) Freigebigkeit
Splen|ek|to|mie [sp..., ʃp...] *die;* -, ...ien ⟨zu ↑ spleno... u. ↑...ektomie⟩: operative Entfernung der Milz (Med.). **Splenes:** Plur. von ↑ Splen. **Sple|ni|tis** *die;* -, ...itiden ⟨zu ↑...itis⟩: Milzentzündung (Med.). **sple|no...**, **Sple|no...**, vor Vokalen meist splen..., Splen... ⟨zu *gr.* splén „Milz"⟩: Wortbildungselement mit der Bedeutung „Milz; die Milz betreffend", z. B. splenomegal, Splenektomie. **sple|no|gen** ⟨zu ↑...gen⟩: von der Milz herrührend (von krankhaften Veränderungen; Med.). **Sple|no|he|pa|to|me|ga|lie** *die;* -, ...ien: Vergrößerung von Milz u. Leber (Med.). **Sple|nom** *das;* -s, -e ⟨zu ↑ Splen u. ↑...om⟩: gutartige Milzgeschwulst (Med.). **sple|no|me|gal** ⟨zu ↑ spleno... u. *gr.* mégas, Gen. megálou „groß"⟩: die Splenomegalie betreffend. **Sple|no|me|ga|lie** *die;* -, ...ien ⟨zu ↑...megalie⟩: krankhafte Milzvergrößerung (Med.). **Sple|no|por|to|gramm** *das;* -s, -e ⟨zu ↑ Porta u. ↑...gramm⟩: bei der Splenoportographie gewonnenes Röntgenbild (Med.). **Sple|no|por|to|gra|phie** *die;* -, ...ien ⟨zu ↑...graphie⟩: röntgenographische Darstellung der Milz u. der Pfortader nach Verabreichung eines Kontrastmittels (Med.). **Sple|no|se** *die;* -, -n ⟨zu ↑ Splen u. ↑¹...ose⟩: Auftreten von versprengtem Milzgewebe in anderen Organen od. in Körperhöhlen nach einem Milztrauma (Med.). **Sple|no|to|mie** *die;* -, ...ien ⟨zu ↑ spleno... u. ↑...tomie⟩: Milzoperation (Med.).
split|ten [ʃp..., sp...] ⟨aus *engl.* to split „spalten, (auf)teilen"⟩: das Splitting anwenden, aufteilen. **Split|ting** *das;* -s, -s ⟨aus gleichbed. *engl.* splitting, eigtl. „das Spalten"⟩: 1. (ohne Plur.) Form der Haushaltsbesteuerung, bei der das Einkommen der Ehegatten zusammengezählt, halbiert u. jeder Ehegatte mit der Hälfte des Gesamteinkommens bei der Steuerberechnung berücksichtigt wird. 2. Teilung eines Anteilspapiers (Aktie, Investmentpapier), wenn der Kurs erheblich gestiegen ist. 3. Verteilung der Erst- u. Zweitstimme auf verschiedene Parteien (bei Wahlen). **Split|ting|sy|stem** *das;* -s: svw. Splitting (1)
Spo|di|um [ʃp..., sp...] *das;* -s ⟨über *lat.* spodium aus *gr.* spódion „Metallasche", Verkleinerungsform von spodós „Asche"⟩: adsorbierende Knochenkohle (Chem.). **spo|do|gen** ⟨zu *gr.* spodós (vgl. Spodium) u. ↑...gen⟩: aus zerstörtem bzw. abgestorbenem Gewebe entstehend (z. B. von Tumoren; Med.). **Spo|do|gramm** *das;* -s, -e ⟨zu ↑...gramm⟩: Aschenbild; Aschenrückstand mikroskopischer Präparate nach vorsichtiger Verbrennung der organischen Bestandteile (Biol.). **Spo|do|sol** *der;* -s ⟨zu *lat.* solum „Boden"⟩: mit Eisen, Aluminium u. Humus angereicherter Bodentyp der amerik. Bodensystematik. **Spo|du|men** *der;* -s, -e ⟨zu *gr.* spodoúmenon „das zu Asche Gebrannte"⟩: hellgrauer bis grüner ↑ Augit
Spoi|ler [ˈʃpɔy..., sp...] *der;* -s, - ⟨aus gleichbed. *engl.* spoiler zu to spoil „(Luftwiderstand) vermindern"⟩: 1. Luftleitblech an [Renn]autos zum Zweck der besseren Bodenhaftung. 2. Verlängerung des Skistiefels am Schaft als Stütze bei der Rücklage. 3. Klappe an den Tragflächen von Flugzeugen, die die Strömungsverhältnisse verändert (Störklappe). **Spoils-sy|stem** [ˈspɔɪlzsɪstəm] *das;* - ⟨aus gleichbed. *engl.-amerik.* spoils system zu *engl.* spoils (Plur.) „Beute, Raub" u. system „System, Methode"⟩: in den Vereinigten Staaten die Besetzung öffentlicher Ämter durch die Mitglieder der in einer Wahl siegreichen Partei. **Spo|li|ant** [ʃp..., sp...] *der;* -en, -en ⟨zu *lat.* spolians, Gen. spoliantis, Part. Präs. von spoliare, vgl. spoliieren⟩: (veraltet) jmd., der wegen Raubes angeklagt ist (Rechtsw.). **Spo|li|at** *der;* -en, -en ⟨zu *lat.* spoliatus, substantiviertes Part. Perf. von spoliare, vgl. spoliieren⟩: (veraltet) Beraubter, auf Rückgabe eines entzogenen Besitztums Klagender (Rechtsw.). **Spo|lia|ti|on** *die;* -, -en ⟨aus gleichbed. *lat.* spoliatio⟩: (veraltet) Raub, Plünderung (Rechtsw.). **Spo|lia|tor** *der;* -s, ...oren ⟨aus gleichbed. *lat.* spoliator⟩: (veraltet) Plünderer. **Spo|li|en** [...iən] *die* (Plur.) ⟨aus gleichbed. *lat.* spolia (Plur.), eigtl. „Abgezogenes", zu spoliare, vgl. spoliieren, Bed. 2 aus gleichbed. *mlat.* spolia⟩: 1. [im antiken Rom] erbeutete Waffen, Beutestücke; vgl. Spolium. 2. beweglicher Nachlaß eines kath. Geistlichen. 3. aus anderen Bauten wiederverwendete Bauteile (z. B. Säulen, Friese o. ä.; Archit.). **Spo|li|en|kla|ge** *die;* -, -n: Klage auf Rückgabe widerrechtlich entzogenen Besitzes (im kanonischen u. gemeinen Recht; Rechtsw.). **Spo|li|en|recht** *das;* -[e]s, -e ⟨zu *mlat.* spolia (Plur.), vgl. Spolien (2)⟩: a) im Mittelalter das Recht eines Kirchenpatrons (vgl. ¹Patron 3), die Spolien (2) eines verstorbenen Geistlichen einzuziehen; b) der Anspruch des Kaisers od. später des Papstes auf den Nachlaß eines Bischofs. **spo|li|ie|ren** ⟨aus gleichbed. *lat.* spoliare, eigtl. „(dem getöteten Feind) die Rüstung abnehmen"⟩: (veraltet, aber noch landsch.) berauben, plündern, stehlen. **Spo|li|um** *das;* -s, ...ien [...iən] ⟨aus gleichbed. *lat.* spolium, eigtl. „(dem getöteten Feind) abgenommene Rüstung"⟩: Beutestück, erbeutete Waffe (im alten Rom)
Spom|pa|na|de[l]n *die* (Plur.) ⟨zu *it.* spampanata „Aufschneiderei"⟩: (österr. ugs.) svw. Sperenzchen
Spon|de|en [ʃp..., sp...]: Plur. von ↑ Spondeus. **spon|de|isch** ⟨über *lat.* spondeus aus *gr.* spondeĩos „zur Opferspende gehörig"⟩: 1. den Spondeus betreffend. 2. in, mit Spondeen geschrieben, verfaßt. **Spon|de|us** *der;* -, ...deen ⟨über *lat.* spondeus (pes) aus gleichbed. *gr.* spondeĩos (poús) zu spondé „(Trank)opfer, nach den hierbei üblichen langsamen Gesängen"⟩: aus zwei Längen bestehender antiker Versfuß (– –). **Spon|dia|kus** *der;* -, ...zi ⟨über *lat.* spondiacus aus *gr.* spondiakós „spondeisch"⟩: ↑ Hexameter, in dem statt des fünften ↑ Daktylus ein Spondeus gesetzt ist
spon|die|ren [ʃp..., sp...] ⟨aus *lat.* spondere „verkünden; feierlich versprechen"⟩: (österr.) jmdm. den Magistertitel verleihen
Spon|dyl|ar|thri|tis [ʃp..., sp...] *die;* -, ...itiden ⟨zu *gr.* spóndylos „Wirbelknochen" u. ↑ Arthritis⟩: Entzündung der Wirbelgelenke (Med.). **spon|dyl|ar|thri|tisch**: die Spondylarthritis betreffend (Med.). **Spon|dyl|ar|thro|se** *die;* -, -n: Auftreten von chronisch degenerativen Veränderungen an den Wirbelgelenken (Med.). **Spon|dy|li|tis** *die;* -, ...itiden ⟨zu ↑...itis⟩: Wirbelentzündung (Med.). **Spon|dy|lo|de|se** *die;* -, -n ⟨zu *gr.* désis „das Binden, Fesseln", zu deĩn „binden"⟩: operative Versteifung der Wirbelsäule (Med.). **Spon|dy|lo|se** *die;* -, -n ⟨zu ↑¹...ose⟩: krankhafte Veränderung an den Wirbelkörpern u. Bandscheiben (Med.). **spon|dy|lo|tisch** ⟨zu ↑...otisch⟩: auf einer degenerativen Erkrankung der Wirbelsäule bzw. der Wirbelkörper beruhend (Med.).

Spon|gia [´ʃpɔŋgia, ´sp...] *die;* -, ...ien [...i̯ən] ⟨über *lat.* spongia aus *gr.* spoggiá „Schwamm"⟩: Schwamm, einfachst gebautes, vielzelliges Tier. **Spon|gi|lit** [auch ...´lɪt] *der;* -s, -e ⟨zu ↑²...it⟩: hauptsächlich aus den Nadeln von Kieselschwämmen entstandenes Kieselgestein. **Spon|gin** *das;* -s ⟨zu ↑...in (1)⟩: Gerüstsubstanz der Schwämme (bes. der Hornschwämme). **Spon|gio|lo|gie** *die;* - ⟨zu *lat.* spongiosus „schwammig, porös" u. ↑...logie⟩: Teilgebiet der Biologie, das sich mit den Schwämmen befaßt. **spon|gi|ös** ⟨aus gleichbed. *lat.* spongiosus; vgl. ...ös⟩: schwammartig. **Spon|gio|sa** *die;* - ⟨aus gleichbed. *nlat.* (substantia) spongiosa, eigtl. „die Schwammige", substantiviertes Fem. von spongiosus, vgl. spongiös⟩: schwammartiges Innengewebe der Knochen
Spon|sa [ʃp..., sp...] *die;* -, ...sae [...zɛ] ⟨aus *lat.* sponsa⟩: in Kirchenbüchern lat. Bez. für Braut. **Spon|sa|li|en** [...i̯ən] *die* (Plur.) ⟨aus gleichbed. *lat.* sponsalia, substantivierter Plur. (Neutrum) von sponsalis „zur Verlobung gehörig", zu sponsus „Verlobter", dies zu spondere „ver-, geloben"⟩: (veraltet) Verlöbnis; Verlobungsgeschenke (Rechtsw.). **spon|sern** [ʃp...] ⟨nach gleichbed. *engl.* to sponsor zu sponsor, vgl. Sponsor⟩: [aus Werbegründen] jmdn. od. etwas finanziell unterstützen, fördern; vgl. Sponsoring. **Spon|si** [ʃp..., sp...]: Plur. von ↑Sponsus. **spon|sie|ren** ⟨zu *lat.* spondere (vgl. Sponsalien) u. ↑...ieren⟩: (veraltet, aber noch landsch.) um ein Mädchen werben, den Hof machen. **Spon|si|on** *die;* -, -en ⟨aus *lat.* sponsio „feierliches Gelöbnis" zu spondere, vgl. spondieren⟩: (österr.) Feier, bei der der Magistergrad verliehen wird. **Spon|sor** [ʃp..., sp..., engl. ´spɔnsə] *der;* -s, Plur. ...oren u. (bei engl. Aussprache) -s ⟨aus gleichbed. *engl.* sponsor, eigtl. „Bürge", dies aus *lat.* sponsor⟩: 1. Person, Organisation o. ä., die jmdn. od. etwas sponsert; Geldgeber, Förderer. 2. (bes. in den USA) Person[engruppe], die eine Sendung im Rundfunk od. Fernsehen finanziert, um sie zu Werbezwecken zu nutzen. **Spon|so|ring** [ʃp..., sp..., engl. ´spɔnsərɪŋ] *das;* -s ⟨aus gleichbed. *engl.* sponsoring zu to sponsor, vgl. sponsern⟩: finanzielle Förderung von Personen, Vereinen od. Veranstaltungen im kulturellen u. sportlichen Bereich durch eine Privatperson od. ein Unternehmen (meist zu Werbezwecken). **Spon|sor|ship** [ʃp...ʃɪp, sp..., engl. ´spɔnsəʃɪp] *die;* - ⟨aus *engl.* sponsorship, eigtl. „Bürgschaft"⟩: Sponsorentum. **Spon|sus** [ʃp..., sp...] *der;* -, Sponsi ⟨aus *lat.* sponsus⟩: in Kirchenbüchern lat. Bez. für Bräutigam
spon|tan [ʃp..., sp...] ⟨aus *spätlat.* spontaneus „freiwillig; frei" zu *lat.* (sua) sponte „freiwillig", dies zu spons, Gen. spontis⟩: a) aus einem plötzlichen Entschluß, Impuls heraus; einem plötzlichen inneren Antrieb, Impuls folgend; b) (bes. Fachspr.) von selbst, ohne äußeren Anlaß, Einfluß [ausgelöst]. **Spon|ta|nei|tät** [...n(e)i...] *die;* -, -en ⟨aus *fr.* spontanéité „Freiwilligkeit" zu spontané „freiwillig", dies aus *spätlat.* spontaneus, vgl. spontan⟩: Handeln ohne äußere Anregung; eigener, innerer Antrieb; unmittelbare, spontane Reaktion. **Spon|tan|frak|tur** *die;* -, -en ⟨zu ↑spontan⟩: ohne erkennbare Ursachen auftretender Knochenbruch (Med.). **Spon|ta|ni|tät** *die;* -, -en ⟨zu ↑...ität⟩: svw. Spontaneität. **Spon|ti** [ʃp...] *der;* -s ⟨zu ↑spontan⟩: (ugs.) Angehöriger einer undogmatischen linksgerichteten Gruppe
Spon|ton [ʃp..., sp...] *der;* -s, -s ⟨unter Einfluß von gleichbed. *fr.* esponton aus *it.* spontone, spuntone „Kurzwehre" zu spuntare „eine Stellung einnehmen; den Gegner vertreiben", dies über *lat.* punctare „stechen" zu punctum „Gestochenes"⟩: von den Infanterieoffizieren im 17. u. 18. Jh. als Rangabzeichen getragene kurze, der Hellebarde ähnliche Pike

Spoo|ling [´spu:...] *das;* -s ⟨Kunstw. aus *engl.* simultaneous peripheral operations on line u. -ing (vgl. ...ing)⟩: Verfahren der Eingabe u. Ausgabe von Daten mit deren Zwischenspeicherung, vor allem in schnellen Magnetplattenspeichern (EDV)
Spoon [spu:n] *der;* -s, -s ⟨aus gleichbed. *engl.* spoon, eigtl. „Löffel"⟩: ein bestimmter Golfschläger (Sport)
spor..., Spor... [ʃp..., sp...] vgl. sporo..., Sporo... **spo|ra|disch** ⟨aus gleichbed. *fr.* sporadique, dies aus *gr.* sporadikós „verstreut" zu speírein „streuen, säen"⟩: 1. vereinzelt [vorkommend], verstreut. 2. gelegentlich, nur selten. **Spor|an|gi|um** *das;* -s, ...ien [...i̯ən] ⟨aus *nlat.* sporangium zu ↑sporo... u. *gr.* aggeîon „Behälter"⟩: Sporenbildner u. -behälter bei Pflanzen (Bot.)
spor|co [ʃp..., sp...] ⟨*it.;* eigtl. „schmutzig", aus *lat.* spurcus⟩: (veraltet) svw. brutto; mit Verpackung [gewogen]
Spo|re *die;* -, -n (meist Plur.) ⟨zu *gr.* sporá „das Säen, Saat; Same", dies zu speírein „streuen, säen"⟩: 1. ungeschlechtliche Fortpflanzungszelle. 2. sehr widerstandsfähige Dauerform der Bakterien (Biol.)
Spor|ko *das;* -s ⟨zu *it.* sporco, vgl. sporco⟩: Bruttogewicht; Masse mit Verpackung
spo|ro..., Sporo... [ʃp..., sp...], vor Vokalen meist spor..., Spor... ⟨zu ↑Spore⟩: Wortbildungselement mit der Bedeutung „Spore; die Spore betreffend", z. B. sporogen, Sporotrichose, Sporangium. **spo|ro|gen** ⟨zu ↑...gen⟩: sporenerzeugend (Bot.). **Spo|ro|gon** *das;* -s, -e ⟨aus *nlat.* sporogonium, zu *gr.* goné „Erzeugung, Abstammung, Geschlecht"⟩: sporenerzeugende Generation der Moospflanzen (Biol.). **Spo|ro|go|nie** *die;* - ⟨zu ↑sporo... u. ↑...gonie⟩: 1. Erzeugung von Sporen als ungeschlechtliche Phase im Verlauf eines ↑Generationswechsels (Bot.). 2. Vielfachteilung im Entwicklungszyklus der Sporentierchen (Biol.). **Spo|ro|phyll** *das;* -s, -e ⟨zu *gr.* phýllon „Blatt"⟩: sporentragendes Blatt (Bot.). **Spo|ro|phyt** *der;* -en, -en ⟨zu ↑...phyt⟩: sporenbildende Generation bei Pflanzen, die dem Generationswechsel unterliegen (Bot.). **Spo|ro|pol|le|nin** *das;* -s ⟨zu *lat.* pollen „Mehlstaub" u. ↑...in (1)⟩: verwitterungsbeständiger Hauptbestandteil der Zellwand pflanzlicher Sporen u. Pollenkörner, der die Pollenanalyse ermöglicht (Biol.). **Spo|ro|tri|cho|se** *die;* -, -n: Pilzerkrankung des Haut- u. Unterhautgewebes mit Geschwürbildung (Med.). **Spo|ro|zo|it** *der;* -en, -en ⟨zu ↑Sporozoon u. ↑³...it⟩: durch Sporogonie (2) entstehendes Entwicklungsstadium der Sporentierchen (Biol.). **Spo|ro|zo|on** *das;* -s, ...zoen (meist Plur.) ⟨zu ↑sporo... u. *gr.* zôon „Lebewesen, Tier"⟩: Sporentierchen (parasitischer Einzeller). **Spo|ro|zy|ste** *die;* -, -n: Larvenstadium der Saugwürmer (Zool.). **Spo|ro|zyt** *der;* -en, -en ⟨zu ↑...zyt⟩: Sporenmutterzelle (Biol.)
Spor|tel *die;* -, -n (meist Plur.) ⟨aus gleichbed. *mlat.* sportela, *lat.* sportella, eigtl. „Körbchen (in dem man eine Speise als Geschenk bringt)", Verkleinerungsform von *lat.* sporta „Korb"⟩: mittelalterliche Form des Beamteneinkommens
spor|tiv [sp..., ʃp...] ⟨aus gleichbed. *engl.* sportive zu sport, urspr. „Zeitvertreib, Spiel", Kurzform von disport „Vergnügen", dies aus *altfr.* desport zu (se) de(s)porter „vergnügen", aus *lat.* deportare (vgl. deportieren) in einer vulgärlat. Bed. „amüsieren"⟩: sportlich wirkend, aussehend
Sports|wear [´spɔ:tswεə] *der* od. *das;* -[s] ⟨aus gleichbed. *engl.* sports wear zu sports (Plur.) „Sport" u. wear „Kleidung"⟩: sportliche Tageskleidung, Freizeitkleidung
Spo|ru|la|ti|on [ʃp..., sp...] *die;* -, -en ⟨aus gleichbed. *nlat.* sporulatio zu ↑Spore u. ↑...ation⟩: Sporenbildung od. -frei-

sporulieren

setzung (Biol.). **spo|ru|lie|ren** ⟨zu ↑...ieren⟩: Sporen bilden od. freisetzen (Biol.)
Spo|sa|li|zio [sp..., ʃp...] *das;* - ⟨aus *it.* sposalizio „Verlobung; Vermählung", zu *lat.* sponsalicius „zur Verlobung gehörig", dies zu sponsalia (Plur.) „Verlobung"⟩: Darstellung der Verlobung bzw. Vermählung Marias mit Joseph in der [italien.] Kunst
Spot [spɔt, ʃpɔt] *der;* -s, -s ⟨aus gleichbed. *engl.* spot, eigtl. „(kurzer) Auftritt", zu spot „Fleck, Ort"⟩: 1. a) Werbekurzfilm (in Kino u. Fernsehen); b) in Hörfunksendungen eingeblendeter Werbetext. 2. Kurzform von ↑ Spotlight. 3. Kurzform von ↑ Spotgeschäft. **Spot|ge|schäft** *das;* -[e]s, -e: Geschäft gegen sofortige Lieferung u. Kasse im Geschäftsverkehr der internationalen Warenbörsen. **Spot|light** [...lait] *das;* -s, -s ⟨aus gleichbed. *engl.* spotlight „Scheinwerfer(licht)", zu light „Licht"⟩: Beleuchtung od. Scheinwerfer, der auf einen Punkt gerichtet ist u. dabei die Umgebung im Dunkeln läßt. **Spot|markt** *der;* -[e]s, ...märkte ⟨zu ↑ Spot⟩: internationaler Markt, an dem nicht vertraglich gebundene Mengen von Rohöl an den Meistbietenden verkauft werden. **Spot-Next-Ge|schäft** *das;* -[e]s, -e ⟨zu *engl.* next „nächster"⟩: Börsengeschäft, das am folgenden Tag erfüllt wird. **Spot|ting** [ˈspɔ...] *das;* -s, -s ⟨aus gleichbed. *engl.* spotting zu to spot „beflecken, sprenkeln"⟩: geringe Gebärmutterblutung, die auftritt, wenn die Produktion der Eierstockhormone unter die Norm absinkt (Med.)
Spray [ʃpreː, spreː, engl. spreɪ] *der* od. *das;* -s, -s ⟨aus gleichbed. *engl.* spray zu to spray „zerstäuben", dies wohl aus *mittelniederl.* spraeien „spritzen, stieben"⟩: 1. Flüssigkeit, die durch Druck [meist mit Hilfe eines Treibgases] aus einem Behältnis in feinsten Tröpfchen versprüht, zerstäubt wird. 2. Kurzform von ↑ Spraydose. **Spray|do|se** [ˈʃpreː...] *die;* -, -n: Behältnis mit Sprühzerstäuber für Spray (1). **spray|en** ⟨nach gleichbed. *engl.* to spray, vgl. Spray⟩: a) Spray (1) versprühen; b) mit Spray (1) besprühen
Spread [sprɛd] *der;* -s, -s ⟨aus *engl.* spread „Differenz", eigtl. „Ausbreitung"⟩: 1. Differenz zwischen zwei Preisen od. Zinssätzen, z. B. zwischen An- u. Verkaufskurs von Devisen (Börsenw.). 2. der Aufschlag auf einen vereinbarten Referenzzinssatz (Börsenw.). **Sprea|der** [ˈʃprɛdɐ, ˈsprɛdə] *der;* -s, - ⟨aus gleichbed. *engl.* spreader zu to spread „ausbreiten, ausstrecken"⟩: 1. Tragrahmen an Hebezeugen als Aufnahmevorrichtung für Container. 2. Anlegemaschine in der Flachsspinnerei. **Sprea|ding** [ˈsprɛ...] *das;* -s ⟨aus gleichbed. *engl.* spreading zu to spread, vgl. Spreader⟩: gleichzeitiger Kauf od. Verkauf einer gleichen Zahl von Optionen od. Terminkontrakten mit unterschiedlichen Basispreisen (Börsenw.)
Sprink|ler *der;* -s, - ⟨aus gleichbed. *engl.* sprinkler zu to sprinkle „sprenkeln, Wasser versprengen"⟩: 1. Teil einer automatischen Feuerlöschanlage (z. B. in Kaufhäusern), der bei bestimmter Temperatur Wasser versprüht. 2. Rasensprenger. 3. in Spinnereien Teil der Anlage zur Feuchterhaltung der Luft
Sprint *der;* -s, -s ⟨aus gleichbed. *engl.* sprint zu to sprint, vgl. sprinten⟩: 1. kurzer, schneller Lauf. 2. das Sprinten (1; Sport). **sprin|ten** ⟨nach gleichbed. *engl.* to sprint⟩: 1. eine kurze Strecke mit größtmöglicher Geschwindigkeit zurücklegen (Sport). 2. (ugs.) schnell (irgendwohin) laufen. **Sprin|ter** *der;* -s, - ⟨aus gleichbed. *engl.* sprinter⟩: jmd., der eine kurze Strecke mit größtmöglicher Geschwindigkeit zurücklegt, z. B. Kurzstreckenläufer, Bahnradfahrer bei Fliegerrennen. **Sprin|te|rin** *die;* -, -nen: weibliche Form zu ↑ Sprinter. **Sprint|staf|fel** *die;* -, -n: Staffel über eine Kurzstrecke (Sport)

Sprit *der;* -[e]s, -e ⟨volkstümliche Umbildung von ↑ ²Spiritus, formal an *fr.* esprit „Geist; Weingeist" angelehnt⟩: 1. (ugs.) Benzin, Treibstoff. 2. (Plur. selten; ugs.) Schnaps. **spri|tig**: spritähnlich; wie Sprit (2) riechend, schmeckend
Spruce|beer [ˈspruːsbɪə] *das;* -s ⟨aus gleichbed. *engl.* spruce beer zu spruce „Fichte" u. beer „Bier"⟩: Fichtenbier, zu dessen Herstellung statt des Hopfens ein Auszug von Fichtenzweigen verwendet wird
Sprue [spruː] *die;* - ⟨aus gleichbed. *engl.* sprue, dies aus *(mittel)niederl.* sprouwe, weitere Herkunft ungeklärt⟩: fieberhafte Erkrankung mit Gewebsveränderungen im Bereich von Zunge u. Dünndarmschleimhaut (Med.)
Spu|man|te [sp..., ʃp...] *der;* -s, -s ⟨aus *it.* spumante „Schaumwein", eigtl. Part. Präs. von spumare „schäumen"⟩: Kurzform von ↑ Asti spumante
Spu|ria [sp...] *die;* -, ...riae [...riɛ] ⟨aus gleichbed. *spätlat.* spuria, Fem. von spurius, vgl. Spurius⟩: (veraltet) uneheliche Tochter. **Spu|ri|us** *der;* -, -se ⟨aus gleichbed. *spätlat.* spurius⟩: (veraltet) unehelicher Sohn
Spurt *der;* -[e]s, Plur. -s, selten -e ⟨aus gleichbed. *engl.* spurt zu to spurt, vgl. spurten⟩: 1. Zurücklegen einer Strecke, bes. des letzten Stücks vor dem Ziel, mit stark beschleunigter Geschwindigkeit (Sport). 2. das Spurten (2). **spur|ten** ⟨nach gleichbed. *engl.* to spurt, Nebenform von to spirt „aufspritzen"⟩: 1. einen Spurt machen (Sport). 2. (ugs.) schnell (irgendwohin) laufen
Spu|ta [ʃp..., sp...]: Plur. von ↑ Sputum
Sput|nik [ʃp..., sp...] *der;* -s, -s ⟨aus gleichbed. *russ.* sputnik, eigtl. „Weggenosse, Gefährte"⟩: 1. Name der ersten künstlichen Erdsatelliten. 2. (ugs. veraltend) [ständiger] Begleiter
Sput|te|ring [ˈspʌtə...] *das;* - ⟨aus gleichbed. *engl.* sputtering, eigtl. „das Heraussprudeln", zu to sputter „heraussprudeln"⟩: Kathodenzerstäubung, das Herausschlagen von Atomen aus der Metallkathode durch die auffallenden Ionen einer Gasentladung (Elektrizitätslehre)
Spu|tum [ʃp..., sp...] *das;* -s, ...ta ⟨aus gleichbed. *lat.* sputum zu spuere „(aus)spucken"⟩: Auswurf, Gesamtheit der Sekrete der Luftwege (Med.). **Spu|tum|zy|to|lo|gie** *die;* -: diagnostische Maßnahme bei Verdacht auf Lungenkrebs, bei dem das Auswurfmaterial auf Zellentartungen untersucht wird (Med.)
Squa|ma *die;* -, ...mae [...mɛ] ⟨aus gleichbed. *lat.* squama⟩: 1. Schuppe, schuppenartig gestalteter, flächenhaft ausgedehnter Knochen (Anat.). 2. aus Hornzellen bestehende Hautauflagerung (Med.). **squa|mös** ⟨aus gleichbed. *lat.* squamosus⟩: schuppig, schuppenreich (bezogen z. B. auf Hautkrankheiten; Med.)
Squa|re [skwɛə] *der* od. *das;* -[s], -s ⟨aus *engl.* square, dies über das Altfr. aus *vulgärlat.* *exquadra, dies zu *lat.* quadra, Fem. von quadrus, vgl. quadrieren⟩: engl. Bez. für Quadrat; Platz. **Square dance** [ˈskwɛə ˈdɑːns] *der;* - -, - -s [- ...sɪz] ⟨aus gleichbed. *engl.-amerik.* square dance, zu dance „Tanz"⟩: beliebter amerik. Volkstanz, bei dem jeweils vier Paare, in Form eines Quadrates aufgestellt, gemeinsam verschiedene Figuren ausführen
Squash [skvɔʃ] *das;* - ⟨aus gleichbed. *engl.* squash zu to squash „zusammendrücken, zerquetschen"⟩: 1. Ballspiel, bei dem ein kleiner Ball mit einer Art Tennisschläger gegen eine Wand geschlagen wird u. der Gegner daraufhin versuchen muß, den Ball beim Rückprall zu erreichen u. seinerseits zu schlagen (Sport). 2. ausgepreßter Saft [mit Mark] von Zitrusfrüchten. **Squash|cen|ter** [ˈskvɔʃ...] *das;* -s, - ⟨zu ↑...center⟩: Einrichtung zum Squashspielen
Squat|ter [ˈskvɔtɐ, engl. ˈskwɔtə] *der;* -s, - ⟨aus gleichbed.

engl.-amerik. squatter zu *engl.* to squat „hocken, kauern"⟩: 1. (bes. früher in den USA) Siedler, der ohne Rechtsanspruch auf unbebautem Land siedelt (Sozialgeographie). 2. (in England u. in den USA) Besetzer leerstehender Häuser. **Squat|ter towns** ['skwɔtɛ 'taʊnz] *die* (Plur.) ⟨aus gleichbed. *engl.-amerik.* squatter towns, zu *engl.* town „Stadt"⟩: Bez. für armselige Hüttensiedlungen am Rand großer Städte

Squaw [skwɔ:] *die;* -, -s ⟨aus *engl.* squaw, dies aus *Algonkin* (einer nordamerik. Indianersprache) squa „Weib"⟩: nordamerik. Indianerfrau

Squeeze [skwi:z] *das;* - ⟨aus *engl.* squeeze „Druck"⟩: das Zusammenpressen des Penis zwischen Eichel u. Penisschaft zur Verhinderung des krankhaften vorzeitigen Samenergusses (Med.)

Squelch [skwɛltʃ] *das;* -, -es [...tʃɪz, ...tʃɪs] ⟨zu *engl.* to squelch „unterdrücken, niederhalten"⟩: Baugruppe eines Sende- bzw. Empfangsgeräts zur Unterdrückung des Rauschens (Elektronik)

Squids *die* (Plur.) ⟨Kurzw. aus *engl.* *s*uperconducting *qu*antum *i*nterference *d*evices „supraleitende Quanteninterferometer"⟩: hochempfindliche Magnetsensoren zur Messung schwacher Magnetfelder (Phys.)

Squi|re ['skvaɪɐ, *engl.* 'skwaɪɐ] *der;* -[s], -s ⟨aus gleichbed. *engl.* squire, dies gekürzt aus esquire, vgl. Esquire⟩: *engl.* Gutsherr

S-R-Psy|cho|lo|gie [ɛs'|ɛr...] *die;* - ⟨Kurzform zu *engl.* stimulus „Reiz", response „Reaktion" (eigtl. „Antwort") u. ↑Psychologie⟩: zusammenfassende Bez. für diejenigen Richtungen der Psychologie, die jedes Verhalten auf ein Zusammenwirken von Reiz u. Reaktion zurückführen, das einem angeborenen od. durch Konditionierung erworbenen Schema folgt

Sse|rir vgl. Serir

Staats|akt *der;* -[e]s, -e ⟨zu ↑Akt⟩: feierliche Veranstaltung, die aus besonderen Anlässen von einem Staat vorgenommen wird. **Staats|ap|pa|rat** *der;* -[e]s, -e: Gesamtheit od. repräsentativer Teil der Institutionen u. Personen, die Staatsgewalt ausüben. **Staats|är|ar** *das;* -s, -e: (österr. Amtsspr.) svw. Fiskus. **Staats|bank|rott** *der;* -s, -e: Unfähigkeit des Staates, eingegangenen Verpflichtungen zur Zins- u. Schuldenrückzahlung weiterhin nachkommen zu können. **Staats|dok|trin** *die;* -, -en: Doktrin, die für einen Staat u. seine Politik eine bestimmte Rolle hat. **Staats|ka|pi|ta|lis|mus** *der;* -: Wirtschaftsform, in der sich der Staat direkt wirtschaftlicher Unternehmen bedient, um bestimmte Ziele zu erreichen. **staats|mo|no|po|li|stisch**: durch die Verbindung der Macht der Monopole mit der Macht des Staates gekennzeichnet (nach marxistisch-leninistischer Lehre); -er Kapitalismus: svw. Stamokap (1). **Staats|or|gan** *das;* -s, -e: staatliches Organ zur Ausübung der Staatsgewalt, z. B. das Parlament. **Staats|rai|son** [...rɛzõ] *die;* -: Staatsräson. **Staats|rä|son** u. **Staatsraison** [...rɛzõ] *die;* -: der Grundsatz [des Nationalstaates], daß die Staatsinteressen allen anderen Interessen voranstehen. **Staats|se|kre|tär** *der;* -s, -e: hoher Staatsbeamter, der einem Minister unmittelbar unterstellt ist u. dem die Geschäftsleitung des Ministeriums obliegt; in manchen Staaten (z. B. in den USA) Minister. **Staats|se|kre|ta|rie** [...ri] *die;* -: päpstliche Behörde für die Außenpolitik der kath. Kirche, unter Leitung des ↑Kardinalstaatssekretärs. **Staats|ser|vi|tu|ten** [...v...] *die* (Plur.): durch völkerrechtlich gültige Verträge einem Staat auferlegte Verpflichtungen, auf bestimmte Hoheitsrechte zugunsten anderer Staaten zu verzichten

(z. B. fremden Truppen den Durchmarsch zu gestatten, auf Grenzbefestigungen zu verzichten)

Sta|bat ma|ter [st... –] *das;* - -, - - ⟨aus *lat.* stabat mater (dolorosa) „(es) stand die (schmerzensreiche) Mutter", nach den Anfangsworten des (Gesangs)textes⟩: 1. (ohne Plur.) Anfang u. Bezeichnung einer kath. ↑Sequenz (1). 2. Komposition, die den Text dieser Mariensequenz zugrunde legt

Sta|bel|le *die;* -, -n ⟨schweiz. Nebenform von veraltet Schabelle, dies über *rätoroman.* scabella aus *lat.* scabellum „Schemel"⟩: (schweiz.) hölzerner Stuhl, Schemel

sta|bil [ʃt..., st...] ⟨aus *lat.* stabilis „feststehend, standhaft, dauerhaft" zu stare „stehen"⟩: 1. beständig, sich im Gleichgewicht haltend (z. B. Wetter, Gesundheit); Ggs. ↑labil (1). 2. seelisch robust, widerstandsfähig; Ggs. ↑labil (2). 3. körperlich kräftig, widerstandsfähig. 4. fest, dauerhaft, der Abnutzung standhaltend (z. B. in bezug auf Gegenstände). 5. a) beständig, konstant (durch innere Kräfte zusammengehalten); b) fähig, nach Störung (z. B. des Gleichgewichts) wieder in den Ausgangszustand zurückzukehren (Phys.). **Sta|bi|le** *das;* -s, -s ⟨aus gleichbed. *engl.* stabile zu stabile „feststehend", dies aus *lat.* stabilis, vgl. stabil⟩: auf dem Boden stehende metallene Konstruktion in abstrakter Gestaltung (in der modernen Kunst). **sta|bi|lie|ren** ⟨aus *lat.* stabilire „befestigen"⟩: (veraltet) stabilisieren. **Sta|bi|li|sa|tor** *der;* -s, ...oren ⟨zu ↑stabilisieren u. ↑...ator⟩: 1. Gerät, das Schwankungen von elektrischen Spannungen verhindert od. vermindert. 2. (bes. bei Kraftwagen verwendetes) Bauteil, das bei der Federung einen Ausgleich bei einseitiger Belastung o. ä. bewirkt. 3. Zusatz, der unerwünschte Reaktionen chem. Verbindungen verhindert od. verlangsamt. 4. gerinnungshemmende Flüssigkeit für die Konservierung des Blutes (Med.). 5. Vorrichtung in Schiffen, die dem Schlingern entgegenwirkt. **sta|bi|li|sie|ren** ⟨wohl unter Einfluß von *fr.* stabiliser zu ↑stabil; vgl. ...isieren⟩: festsetzen; festigen, dauerhaft, standfest machen. **Sta|bi|li|sie|rung** *die;* -, -en ⟨zu ↑...isierung⟩: 1. Herstellung od. Herbeiführung eines festen, dauerhaften Zustandes. 2. das Entfernen von leicht verdampfenden Stoffen aus Treibstoffen unter hohem Druck. **Sta|bi|li|tas lo|ci** [st... 'lo:tsi] *die;* - - ⟨aus *lat.* stabilitas loci „Unveränderlichkeit des Ortes"⟩: die Bindung des Ordensangehörigen an das Kloster seines Eintritts. **Sta|bi|li|tät** [ʃt..., st...] *die;* - ⟨aus gleichbed. *lat.* stabilitatis, Gen. stabilitatis⟩: 1. Beständigkeit, Dauerhaftigkeit. 2. Standfestigkeit, Gleichgewichtssicherheit. 3. ruhige Kraft, Widerstandsfähigkeit. **Sta|bi|li|täts|po|li|tik** *die;* -: auf wirtschaftliche u. soziale Stabilität bedachte Politik

stac|ca|to [stak...] ⟨*it.;* zu staccare „trennen, absondern, abstecken"⟩: kurz abgestoßen (zu spielen od. zu singen, in bezug auf eine Tonfolge); Abk.: stacc. (Vortragsanweisung; Mus.); Ggs. ↑legato; vgl. martellato. **Stac|ca|to** vgl. Stakkato

Stack [stæk] *der;* -s, -s ⟨aus gleichbed. *engl.* stack, eigtl. „Stapel"⟩: Form eines Datenspeichers mit eingeschränkten Einfüge- u. Ausfügeoperationen, Stapelspeicher, Kellerspeicher (EDV)

sta|di|al [ʃt..., st...] ⟨zu ↑Stadium u. ↑¹...al (1)⟩: stufen-, abschnittweise. **Sta|di|al** *das;* -s, -e: Zeit besonderer Kälte innerhalb einer Eis- od. Kaltzeit (Geol.). **Sta|di|al|tät** *die;* - ⟨zu ↑...ität⟩: Lehre des russ. Sprachwissenschaftlers N. Marr, die auf der Annahme gesellschaftlich bedingter sprachlicher Veränderungen in bestimmten „Stadien" der Entwicklung beruhte. **Sta|di|en** ['ʃta:di̯ən]: Plur. von ↑Stadion u. ↑Stadium. **Sta|di|on** [ʃt...] *das;* -s, ...ien [...i̯ən] ⟨aus *gr.* stádion „ein Längenmaß; Rennbahn, Laufbahn"

1293

Stadium

(die Rennbahn in Olympia war 1 stádion lang)⟩: 1. mit Zuschauerrängen versehenes ovales Sportfeld; Kampfbahn. 2. alt- u. neugriechisches Längenmaß (1 Stadion alt = 184,98 m, 1 Stadion neu = 1 km). **Sta|di|um** *das;* -s, ...ien [...jən] ⟨nach *lat.* stadium, eigtl. „Abschnitt (im Verlauf einer Krankheit)", dies aus *gr.* stádion, vgl. Stadion⟩: Zustand; Entwicklungsstufe; Abschnitt, Zeitraum aus einer gesamten Entwicklung

Sta|fet|te *die;* -, -n ⟨aus *it.* stafetta „reitender Eilbote" zu staffa „Steigbügel", dies aus dem Germ.⟩: 1. (früher) reitender Eilbote, Meldereiter. 2. sich in bestimmter Anordnung fortbewegende Gruppe von Fahrzeugen, Reitern als Begleitung von jmdm., etw. 3. (veraltet) a) Staffel; b) Staffellauf (Sport)

Staf|fa|ge [...ʒə] *die;* -, -n ⟨mit französierender Endung zu ↑staffieren; vgl. ...age⟩: 1. [schmückendes] Beiwerk; Nebensächliches; Ausstattung, trügerischer Schein. 2. Menschen u. Tiere als Belebung eines Landschafts- od. Architekturgemäldes (bes. in der Malerei des Barocks). **staf|fie|ren** ⟨über *mittelniederl.* stofferen aus *altfr.* estoffer „mit etw. versehen" zu estoffe „Gewebe, Tuch; Zeug"⟩: 1. (veraltet) ausstaffieren, ausrüsten, ausstatten (bes. mit Bekleidung, Wäsche). 2. (österr.) schmücken, putzen (z. B. einen Hut). 3. einen Stoff auf einen anderen aufnähen

Staff-Pro|mo|tion ['stɑːf prəˈmoʊʃən] *die;* - ⟨zu *engl.* staff „Personal, Belegschaft" u. ↑²Promotion⟩: Maßnahmen der Verkaufsförderung durch Schulung des Personals, bes. im Außendienst

Sta|ge ['staːʒə] *die;* -, -n ⟨aus gleichbed. *fr.* stage, dies aus *mlat.* stagium „Dienstverpflichtung (eines Vasallen)"⟩: Vorbereitungszeit, Probezeit

Stag|fla|ti|on [ʃt..., st...] *die;* -, -en ⟨nach gleichbed. *engl.* stagflation, Kurzw. aus *stag*nation (vgl. Stagnation) u. in*flation* (vgl. Inflation)⟩: Stillstand des Wirtschaftswachstums bei gleichzeitiger Geldentwertung

Sta|gi|aire [staˈʒiːɐ] *der;* -s, -s ⟨aus gleichbed. *fr.* stagiaire zu stage, vgl. Stage⟩: Probekandidat

Sta|gio|ne [staˈdʒoːnə] *die;* -, -n ⟨aus gleichbed. *it.* stagione, dies aus *lat.* statio, vgl. Station⟩: 1. Spielzeit ital. Operntheater. 2. Ensemble eines ital. Operntheaters

Sta|gi|rit [st..., auch ...'rɪt] *der;* -en ⟨über *lat.* Stagirites aus *gr.* Stagirítēs, nach der makedonischen Stadt Stagira (*gr.* Stágiros), seinem Geburtsort⟩: [antiker] Name für den Philosophen Aristoteles (384–322 v. Chr.)

Sta|gna|ti|on [ʃt..., st...] *die;* -, -en ⟨aus *nlat.* stagnatio, eigtl. „Flüssigkeitsstau (im Körper)", zu *lat.* stagnare, vgl. stagnieren⟩: 1. a) Stockung, Stauung, Stillstand; b) vorübergehender od. dauerhafter Stillstand beim Wachstum des Sozialprodukts, der bei zunehmender Arbeitsproduktivität mit steigender Arbeitslosigkeit verbunden ist (Wirtsch.). 2. kalte Wasserschicht in Binnenseen, die sich im Sommer nicht mit der oberen erwärmten Schicht mischt (Geogr.); vgl. ...[at]ion/...ierung. **sta|gnie|ren** ⟨aus *lat.* stagnare „stehen machen" zu stagnum „stehendes Gewässer, See, Lache"⟩: 1. a) stocken, sich stauen; sich festfahren; b) in einer Bewegung, Entwicklung nicht weiterkommen (bes. von der Wirtschaft). 2. stehen (von Gewässern ohne sichtbaren Abfluß u. vom Stillstand eines Gletschers). **Sta|gnie|rung** *die;* -, -en ⟨zu ↑...ierung⟩: svw. Stagnation; vgl. ...[at]ion/...ierung. **sta|gni|kol** ⟨zu *lat.* stagnum (vgl. stagnieren) u. colere „bewohnen"⟩: Lebewesen bezeichnend, die in ruhigen Gewässern leben (Biol.). **Sta|gno|gley** [...glai] *der;* -[s] ⟨zu *lat.* stagnum (vgl. stagnieren) u. *russ.* glej „Lehm, Ton"⟩: bei anhaltender, oberflächennaher Staunässe entstehender Bodentyp mit geringer Humusdecke

Sta|go|sko|pie [ʃt..., st...] *die;* - ⟨zu *gr.* stagón „Tropfen" u. ↑...skopie⟩: quantitatives Verfahren zum Nachweis von Stoffen in chem. Verbindungen (z. B. in Körpersäften od. an Kristallen in getrockneten Tropfen; Med., Biol.)

Stain|less Steel ['steɪnlɪs 'stiːl] *der;* - - ⟨aus gleichbed. *engl.* stainless steel⟩: rostfreier Stahl (Qualitätsbezeichnung auf Gebrauchsgütern)

Stakes [steːks, ʃt..., engl. steɪks] *die* (Plur.) ⟨aus gleichbed. *engl.* stakes (Plur.), vielleicht zu stake „(Ziel)pfosten, Stange"⟩: 1. Einsätze bei Pferderennen, die den Pferden die Startberechtigung sichern. 2. Pferderennen, die aus Einsätzen bestritten werden

Sta|ket *das;* -[e]s, -e ⟨aus gleichbed. *niederl.* staket, dies aus *altfr.* estachette, estaque „Pfahl", aus dem Germ.⟩: Stakentenzaun, Lattenzaun. **Sta|ke|te** *die;* -, -n: (österr.) Latte

Stak|ka|to [ʃt..., st...] *das;* -s, Plur. -s u. ...ti ⟨aus gleichbed. *it.* staccato, vgl. staccato⟩: ein die einzelnen Töne kurz abstoßender musikalischer Vortrag; vgl. staccato

Sta|lag|mit [ʃt..., st..., auch ...'mɪt] *der;* Gen. -s u. -en, Plur. -e[n] ⟨aus gleichbed. *nlat.* stalagmites zu *gr.* stálagma „Tropfen", stalagmós „Getröpfel", diese zu stalássein „tropfen"⟩: Tropfstein, der vom Boden der Höhle nach oben wächst, Auftropfstein; vgl. Stalaktit. **sta|lag|mi|tisch**: wie Stalagmiten gebildet, geformt. **Sta|lag|mo|me|ter** *das;* -s, - ⟨zu ↑¹...meter⟩: Gerät zur Messung der Tropfengröße u. damit der Oberflächenspannung von Flüssigkeiten. **Sta|lag|nat** *der;* Gen. -s u. -en, Plur. -e[n] ⟨zu ↑...at (2)⟩: durch Zusammenwachsen eines Stalagmiten mit einem Stalaktiten entstandene Tropfsteinsäule. **Sta|lak|tit** [auch ...'tɪt] *der;* Gen. -s u. -en, Plur. -e[n] ⟨aus gleichbed. *nlat.* stalactites zu *gr.* stalaktós „tröpfelnd", dies zu stalássein „tropfen"⟩: Tropfstein, der von der Höhlendecke nach unten wächst, Abtropfstein; vgl. Stalagmit. **Sta|lak|ti|ten|ge|wöl|be** [auch ...'tɪ...] *das;* -s, -: Sonderform des Zellengewölbes, das Tropfsteinformen ähnelt (bes. in der islam. Architektur). **sta|lak|ti|tisch** [auch ...'tɪ...]: wie Stalaktiten gebildet, geformt

Sta|li|nis|mus *der;* - ⟨nach dem sowjetischen Politiker J. W. Stalin (1879–1953) u. zu ↑...ismus (1, 5)⟩: 1. die von Stalin inspirierte Auslegung u. praktische Durchführung des Marxismus. 2. Bez. für auf dem Stalinismus (1) beruhende politische Praktiken u. Herrschaftsformen. **Sta|li|nist** *der;* -en, -en ⟨zu ↑...ist⟩: Anhänger, Verfechter des Stalinismus. **sta|li|ni|stisch** ⟨zu ↑...istisch⟩: den Stalinismus betreffend.

Sta|lin|or|gel *die;* -, -n: (Jargon) [von den sowjetischen Streitkräften im 2. Weltkrieg eingesetzter] Raketenwerfer, mit dem eine Reihe von Raketengeschossen gleichzeitig abgefeuert wurden

Stam|bha ['stamba] *die;* -, -s ⟨aus gleichbed. *sanskr.* stambha⟩: die ind. Säule als Stützelement der Sakral- u. Profanbauten

Sta|men *das;* -s, ...mina ⟨aus *lat.* stamen, Gen. staminis „Faden, Faser"⟩: Staubblatt der Pflanzenblüte (Bot.). **Sta|mi|nat** *das;* -s, -e ⟨zu ↑...at (1)⟩: männliche Blüte (Bot.); Ggs. ↑Pistillat. **Sta|mi|no|di|um** *das;* -s, ...ien [...jən] ⟨aus gleichbed. *nlat.* staminodium zu *lat.* stamen (vgl. Stamen) u. *gr.* -oeidḗs „...ähnlich"⟩: rückgebildetes od. umgebildetes Staubblatt, das keine fruchtbaren Pollen bildet (Bot.)

Stam|nos *der;* -, ...noi [...nɔy] ⟨aus gleichbed. *gr.* stámnos⟩: größeres Gefäß der griech. Antike mit sehr niedrigem Hals u. zwei Henkeln

Sta|mo|kap *der;* -[s], -s ⟨Kurzw. aus *sta*atsmonopolistischer *Kap*italismus⟩: 1. (ohne Plur.) auf marxistisch-leninisti-

scher Lehre fußende politische These, nach der der spätkapitalistische Staat aufs engste mit den großen Wirtschaftsunternehmen verknüpft ist u. für deren Profite sorgt. 2. Anhänger dieser Theorie
Stam|pe|de [st..., ʃt..., engl. stæmˈpiːd] *die;* -, Plur. -n, bei engl. Ausspr. -s ⟨über gleichbed. *engl.-amerik.* stampede aus *mexik.-span.* estampida, dies aus dem Germ. (verwandt mit *dt.* stampfen)⟩: wilde Flucht einer in Panik geratenen [Rinder]herde
Stam|pi|glie [...ˈpɪljə, ...ˈpiːljə] *die;* -, -n ⟨aus gleichbed. *it.* stampiglia, dies aus *span.* estampilla „Stempel" zu estampa „Abdruck", estampar „(ab)drucken", aus dem Germ.⟩: (österr.) Gerät zum Stempeln; Stempelaufdruck
¹Stan|dard [ʃt..., st...] *der;* -s, -s ⟨aus gleichbed. *engl.* standard, eigtl. „Standarte, Fahne; Standmuster", dies aus *altfr.* estandart, vgl. Standarte⟩: 1. Normalmaß, Durchschnittsbeschaffenheit, Richtschnur. 2. allgemeines Leistungs-, Qualitäts-, Lebensführungsniveau; Lebensstandard. 3. rechtsverbindliche technische Vorschrift, z. B. für die Beschaffenheit von Erzeugnissen, für Herstellungsverfahren u. a. (in der ehemaligen DDR). 4. Feingehalt (Verhältnis zwischen edlem u. unedlem Metall) einer Münze. 5. anerkannter Qualitätstyp, Qualitätsmuster, Normalausführung einer Ware. **²Stan|dard** [ˈstændəd] *das;* -s, -s ⟨aus *engl.-amerik.* (ugs.) standard, vgl. ¹Standard⟩: Musikstück, das zum festen Repertoire [einer Jazzband] gehört. **Stan|dard|bred** [ˈstændədbrɛd] *das;* -[s], -s ⟨aus gleichbed. *engl.-amerik.* standardbred (horse), zu to breed „züchten"⟩: Pferd einer robusten, langgebauten u. ausdauernden Rasse, die bes. als Trabrennpferde genutzt wird. **Stan|dard|brief** [ʃt..., st...] *der;* -[e]s, -e ⟨zu ↑¹Standard⟩: der Norm der Post entsprechender Brief mit bestimmten Mindest- bzw. Höchstmaßen. **Stan|dard|funk|ti|on** *die;* -, -en ⟨zu ↑¹Standard⟩: in einem Programm (4) festgelegte Vereinbarung für häufig wiederkehrende Funktionen in Form symbolischer Bezeichnungen (z. B. SQRT für Wurzelziehen; EDV). **Stan|dar|di|sa|ti|on** *die;* -, -en ⟨aus gleichbed. *engl.* standardization zu to standardize, vgl. standardisieren⟩: svw. Standardisierung; vgl. ...[at]ion/...ierung. **stan|dar|di|sie|ren** ⟨nach gleichbed. *engl.* to standardize zu standard, vgl. ¹Standard⟩: [nach einem Muster] vereinheitlichen, normen. **Stan|dar|di|sie|rung** *die;* -, -en ⟨zu ↑...isierung⟩: 1. das Standardisieren. 2. das Standardisiertsein; vgl. ...[at]ion/...ierung. **Stan|dard|mo|dell** *das;* -s, -e ⟨zu ↑¹Standard⟩: 1. [techn.] Erzeugnis, das nur die allgemein übliche Grundausrüstung besitzt. 2. nach gegenwärtigem Kenntnisstand als gültig anerkanntes theoretisches Modell, als Grundlage u. Ausgangspunkt für weitergehende Forschungen. **Stan|dard|pro|ze|dur** *die;* -, -en ⟨zu ↑¹Standard⟩: in einem Programm (4) festgelegte Vereinbarung für häufig wiederkehrende Algorithmen in Form eines Wortes (z. B. WRITE für Eingabe u. READ für Ausgabe; EDV). **Stan|dard|si|tua|ti|on** *die;* -, -en: bei jedem Spiel wiederkehrende u. deshalb im Training einübbare Spielhandlung (z. B. Ecke u. Freistoß beim Fußball; Sport). **Stan|dard|spra|che** *die;* -, -n: die über Umgangssprache, Gruppensprachen u. Mundarten stehende allgemeinverbindliche Sprachform, die sich im mündl. u. schriftl. Gebrauch normsetzend entwickelt hat; Hochsprache, Schriftsprache, Literatursprache. **Stan|dard|werk** *das;* -[e]s, -e: grundlegendes, bedeutendes Werk der Fachliteratur od. Belletristik. **Stan|dard|wer|te** *die* (Plur.): breit gestreute Aktien großer, bekannter Unternehmen im Unterschied zu den Spezialwerten. **Stan|dar|te** *die;* -, -n ⟨aus *altfr.* estandart „Feldzeichen", weitere Herkunft ungeklärt, vielleicht zu *altnordfränk.* *standhard „standfest" (weil die Feldzeichen fest in die Erde eingerammt wurden)⟩: 1. Feldzeichen, Fahne einer berittenen od. motorisierten Truppe; Flagge eines Staatsoberhaupts. 2. die etwa einem Regiment entsprechende Einheit von SA u. SS zur Zeit des Nationalsozialismus. 3. (Jägerspr.) Schwanz des Fuchses (od. Wolfes)
Stand-by [ˈstændbaɪ] *das;* -[s], -s ⟨aus gleichbed. *engl.* stand-by, eigtl. „Beistand", zu to stand by „sich bereithalten"⟩: 1. Form der Flugreise (zu verbilligtem Preis), bei der der Flugpassagier keine feste Platzbuchung vornimmt, sondern sich vor der Abflugzeit in eine bestimmte Warteliste einträgt, nach der die Plätze im Flugzeug verteilt werden (Luftf.). 2. Bereitschaftsschaltung von elektron. Geräten, aus der heraus eine sofortige Inbetriebnahme [über eine Fernbedienung] möglich ist (z. B. bei Fernsehgeräten, Videorecordern u. ä.). **Stand-by-Kre|dit** *der;* -[e]s, -e: Beistandskredit, kurzfristige, internationale Kreditvereinbarung zur Stützung schwacher Währungen. **Stand-by-Prä|pa|rat** *das;* -[e], -e: Medikament, das der Arzt einem Patienten zur Selbstbehandlung verordnet. **Stand-by-Sys|tem** *das;* -s: Bereitschaftssystem doppelt ausgeführtes techn. System, bei dem ein System zur ständigen Bereitschaft bei Ausfall des anderen zur Verfügung steht (z. B. in Raumflugkörpern). **Stand-by-Ta|rif** *der;* -s, -e: verbilligter Beförderungspreis für Flugpassagiere, die mit Stand-by (1) reisen. **Stan|ding** [ˈstæn...] *das;* -[s] ⟨aus gleichbed. *engl.* standing zu to stand „stehen"⟩: (selten) Rang, Ansehen, Name. **Stan|ding crop** [- ˈkrɔp] *die;* - - ⟨zu *engl.* standing „stehend" u. crop „Ernte"⟩: Teil der Biomasse, z. B. einer Population od. eines Ökosystems, der zu einem bestimmten Zeitpunkt vorhanden ist u. abgeerntet werden kann. **Stan|ding ova|tions** [- oʊˈveɪʃənz] *die* (Plur.) ⟨aus gleichbed. *engl.* standing ovations⟩: anhaltendes, begeistertes Beifallklatschen; Ovationen im Stehen
Sta|nit|zel u. **Sta|nitzl** *das;* -s, - ⟨Herkunft unsicher, wohl mdal. entstellt aus gleichbed. älter *österr.* Scharmützel zu *it.* scartoccio, Nebenform von cartoccio, vgl. Kartusche⟩: (bayr.-österr. ugs.) spitze Papiertüte
Sta|ni|za *die;* -, Plur. -s u. ...zen ⟨aus gleichbed. *russ.* stanica⟩: Kosakensiedlung in Rußland (seit dem 17. Jh.)
Stan|nan [ʃt..., st...] *das;* -s ⟨zu ↑Stannum u. ↑...an⟩: Zinnwasserstoff (Chem.). **Stan|nat** *das;* -[e]s, -e ⟨zu ↑...at (2)⟩: Salz der Zinnsäure (Chem.). **Stan|nin** *der;* -s, -e ⟨zu ↑...in (1)⟩: Zinnkies. **Stan|ni|ol** *das;* -s, -e ⟨aus älter *it.* stagnolo „dünnes Blättchen Zinn, Blattzinn" zu stagno „Zinn", dies aus *lat.* stagnum, vgl. Stannum⟩: 1. silberglänzende Zinnfolie. 2. (ugs.) silberglänzende Aluminiumfolie. **stan|nio|lie|ren** ⟨zu ↑...ieren⟩: in Stanniol verpacken. **Stan|num** [st...] *das;* -s ⟨aus *lat.* stagnum, stannum „Mischung aus Blei u. Silber; Zinn"⟩: lat. Bez. für Zinn (ein Metall); chem. Zeichen Sn
stan|ta|pe ⟨mdal. entstellt aus ↑stante pede⟩: (österr. ugs.) svw. stante pede. **stan|te pe|de** [st... -] ⟨*lat.;* „stehenden Fußes"⟩: (ugs. scherzh.) sofort, auf der Stelle (im Hinblick auf etw., was zu unternehmen ist). **Stan|ze** [ʃt...] *die;* -, -n ⟨aus *it.* stanza „Strophe", eigtl. „Wohnraum", dies aus *mlat.* stantia zu *lat.* stans, Gen. stantis, Part. Präs. von stare „stehen, sich aufhalten" (weil die Stanze als Wohnraum der poetischen Gedanken gesehen wird)⟩: (urspr. ital.) Strophenform aus acht elfsilbigen jambischen Versen (Reimfolge: ab ab ab cc). **Stan|zen** *die* (Plur.) ⟨aus *it.* stanze (Plur.) „Wohnräume"; vgl. Stanze⟩: die von Raffael u. seinen Schülern ausgemalten Wohnräume des Papstes Julius II. im Vatikan
Sta|pe|des [...deːs]: Plur. von ↑Stapes

Stapelia

Sta|pe|lia *die;* -, ...ien [...i̯ən] u. **Sta|pe|lie** [...i̯ə] *die;* -, -n ⟨nach dem niederl. Arzt J. B. van Stapel († 1636) u. zu ↑¹...ia bzw. ¹...ie⟩: (in Afrika heimische) sukkulente Pflanze mit großen, sternförmigen Blüten u. aasartigem Geruch, Aasblume od. Ordensstern (Bot.).
Sta|pes [st...] *der;* -, ...pedes [...de:s] ⟨aus gleichbed. *mlat.* stapes zu *lat.* stare „stehen" u. pes, Gen. pedis „Fuß"⟩: Steigbügel (eines der Gehörknöchel; Med.). **Sta|pes|pla|stik** *die;* -, -en ⟨zu ↑¹Plastik⟩: hörverbessernde Operation bei funktionsuntüchtigem fixiertem Steigbügel (Med.).
sta|phyl..., **Sta|phyl...** vgl. staphylo..., Staphylo... . **Sta|phy|le** *die;* -, -n ⟨aus *gr.* staphylḗ „Weintraube; (geschwollenes) Gaumenzäpfchen"⟩: Zäpfchen am Gaumen (Med.). **Sta|phy|li|ni|de** *die;* -, -n (meist Plur.) ⟨zu *gr.* staphylínos „eine Art Insekt" u. ↑...ide⟩: Kurzflügler (Käfer mit verkürzten Vorderflügeln; Zool.). **sta|phy|lisch** ⟨zu *gr.* staphylḗ, vgl. Staphyle⟩: das Zäpfchen betreffend (Med.). **Sta|phy|li|tis** *die;* -, ...itiden ⟨zu ↑...itis⟩: Entzündung des Gaumenzäpfchens (Med.). **sta|phy|lo...**, **Sta|phy|lo...**, vor Vokalen auch staphyl..., Staphyl... ⟨aus *gr.* staphylḗ, vgl. Staphyle⟩: Wortbildungselement mit den Bedeutungen: a) „traubenförmig", z. B. Staphylokokkus; b) „das Gaumenzäpfchen betreffend", z. B. Staphyloplastik, u. c) „Staphylokokken betreffend bzw. durch sie verursacht", z. B. Staphylomykose, Staphylonkus. **Sta|phy|lo|der|mie** *die;* -, ...ien ⟨zu ↑...dermie⟩: durch Staphylokokken verursachte Hauteiterung (z. B. Furunkel; Med.). **Sta|phy|lo|kok|ko|se** *die;* -, -n ⟨zu ↑Staphylokokkus u. ↑¹...ose⟩: durch Staphylokokken hervorgerufene Erkrankung (Med.). **Sta|phy|lo|kok|kus** *der;* -, ...kken: traubenförmige Bakterie, Eitererreger (Med.). **Sta|phy|lo|ly|sin** *das;* -s ⟨ein die Blutkörperchen auflösendes Gift der Staphylokokken (Med.). **Sta|phy|lom** *das;* -s, -e u. **Sta|phy|lo|ma** *das;* -s, -ta ⟨nach *gr.* staphýlōma „ein (angeborener) Augenfehler"⟩: Beerengeschwulst am Auge (durch Vorwölbung des Augeninhalts; Med.). **Sta|phy|lo|my|ko|se** *die;* -, -n ⟨zu ↑staphylo...⟩: Erkrankung durch Infektion mit Staphylokokken, die gleiche Erscheinungen wie eine ↑Mykose zeigt (Med.). **Sta|phy|lon|kus** *der;* - ⟨zu *gr.* ógkos „Masse, Umfang; das Aufgeschwellte"⟩: Geschwulst am Zäpfchen (Med.). **Sta|phy|lo|pla|stik** *die;* -, -en ⟨zu ↑¹Plastik⟩: plastische Operation am Gaumen im Bereich des Zäpfchens (Med.). **Sta|phy|lor|rha|phie** *die;* -, ...ien ⟨zu *gr.* rhaphḗ „Naht" u. ↑²...ie⟩: operative Vernähung einer Gaumenspalte im Bereich des Zäpfchens (Med.). **Sta|phy|lo|schi|sis** [...'sçi:...] *die;* -, ...isen ⟨zu *gr.* schísis „das Zerschneiden, die Spaltung" zu schízein „spalten, trennen"⟩: angeborene Spaltbildung im Bereich des hinteren Gaumens bzw. Zäpfchens (Med.). **Sta|phy|lo|to|xin** *das;* -s, -e: von den Staphylokokken gebildetes ↑Exotoxin (Biol., Med.).
Star [st..., ʃt...] *der;* -s, -s ⟨aus gleichbed. *engl.* star, eigtl. „Stern"⟩: 1. a) erfolgreicher, gefeierter Künstler bei Film, Bühne bzw. im Showgeschäft u. Sport; b) jmd., der auf einem bestimmten Gebiet Berühmtheit erlangt hat. 2. jmd., der im Mittelpunkt des Interesses steht, der bekannt u. beliebt ist. **Star|al|lü|ren** *die* (Plur.): eitles launenhaftes Benehmen, Eigenheiten eines Stars.
Sta|rez [st...] *der;* -, Starzen ⟨aus gleichbed. *russ.* starec, eigtl. „der Alte; Greis", zu staryj ...yj"⟩: ostkirchlicher Mönch der höchsten ↑asketischen Stufe (im Volksglauben oft als wundertätig verehrt). **Sta|ri|ne** *die;* -, -n ⟨aus *russ.* starina „(Lieder aus) alte(n) Zeit(en)"⟩: svw. Byline.
Star|let[t] [ʃt..., st...] *das;* -s, -s ⟨aus gleichbed. *engl.* starlet, eigtl. „Sternchen"⟩: [ehrgeizige] Nachwuchsfilmschauspielerin. **Sta|ro|lit** [st..., auch ...'lıt] *der;* -s, -e ⟨Kunstw. zu *engl.* star „Stern"; vgl. ...lith⟩: amerik. Handelsbez. für durchscheinenden, opalisierenden Rosenquarz mit ↑Asterismus
Sta|rost [st...] *der;* -en, -en ⟨aus gleichbed. *poln., russ.* starosta, eigtl. „Ältester", zu *poln.* stary, *russ.* staryj „alt"⟩: 1. Vorsteher eines Dorfes (im Königreich Polen u. im zaristischen Rußland). 2. Landrat (in Polen von 1919–1939). **Sta|ro|stei** *die;* -, -en: Amt[sbezirk] eines Starosten
Sta|ro|wer|zen [st...] *die* (Plur.) ⟨aus gleichbed. *russ.* starovery, eigtl. „Altgläubige"⟩: wichtigste Gruppe der ↑Raskolniki
Stars and Stripes ['stɑːz end 'straıps] *die* (Plur.) ⟨aus *engl.* stars and stripes „Sterne und Streifen", nach den als Sinnbild für die Bundesstaaten der USA stehenden Sternen u. den (die 13 Gründungsstaaten symbolisierenden) Längsstreifen⟩: die Nationalflagge der USA, Sternenbanner
Start|au|to|ma|tik [ʃt..., st...] *die;* -, -en ⟨zu ↑Automatik⟩: über die Temperatur des Motors automatisch geregelter ↑Choke bei Kraftfahrzeugen
Star|zen [st...]: Plur. von ↑Starez
Sta|se [st..., ʃt...] u. **Stasis** *die;* -, Stasen ⟨aus *gr.* stásis „das Stehen, der Stillstand"⟩: Stockung, Stauung (z. B. des Blutes; Med.). **Sta|si|ge|ne|se** *die;* -: die Erscheinung, daß Einzelmerkmale u. Merkmalskomplexe im Verlauf der ↑Phylogenese trotz sich ändernder Umweltbedingungen relativ konstant bleiben (Biol.). **Sta|si|mon** *das;* -s, ...ma ⟨aus gleichbed. *gr.* stásimon (mélos), eigtl. „Standlied", zu stásimos „stehend": von dem in der ↑Orchestra stehenden Chor der altgriech. Tragödie (zwischen zwei ↑Epeisodia) gesungenes Lied, das das Geschehen auf der Bühne kommentiert. **Sta|si|mor|phie** *die;* -, ...ien ⟨zu *gr.* stásis (vgl. Stase) u. ↑...morphie⟩: das Stehenbleiben in der Organentwicklung bei Pflanzen (Bot.). **Sta|sis** vgl. Stase. **Sta|so|ba|so|pho|bie** *die;* -, ...ien ⟨zu *gr.* básis „Tritt, Gang" u. ↑...phobie⟩: krankhafte Angst vor dem Stehen od. Gehen (Med., Psychol.). **Stat** *das;* -, - ⟨Kurzw. aus elektrostatisch⟩: (veraltet) Bez. für die Stärke eines radioaktiven Präparats (Abk.: St). **...stat** ⟨zu *gr.* statós „gestellt, stehend"⟩: Wortbildungselement mit der Bedeutung „feststellend, regelnd", z. B. Thermostat. **sta|ta|risch** ⟨aus *lat.* statarius „im Stehen geschehend" zu status, vgl. Status⟩: verweilend, langsam fortschreitend; -e Lektüre: durch ausführliche Erläuterungen des gelesenen Textes immer wieder unterbrochene Lektüre; Ggs. ↑kursorisch. **State De|part|ment** ['steıt dɪ'pɑːtmənt] *das;* - - ⟨engl.-amerik.; zu *engl.* state „Staat" u. department „Ministerium"⟩: das Außenministerium der Vereinigten Staaten. **State|ment** ['steɪtmənt] *das;* -s, -s ⟨aus gleichbed. *engl.* statement zu to state „festsetzen, erklären", zu state „Lage, Zustand", dies über das Altfr. aus *lat.* status, vgl. Status⟩: 1. öffentliche [politische] Erklärung od. Behauptung. 2. Anweisung, Befehl (für den Computer; EDV). **Sta|ter** [sta..., ʃt...] *der;* -s, -e ⟨über *lat.* stater aus gleichbed. *gr.* statḗr, eigtl. „ein (jegliches) Gewicht"⟩: 1. Name verschiedener Münzen des Altertums. 2. antike Gewichtseinheit. **Sta̱th|mik** *die;* - ⟨zu *gr.* stathmós „Waage, Gewicht; Standort" u. ↑²...ik (1)⟩: (veraltet) Gewichtskunde. **Stath|mo|graph** *der;* -en, -en ⟨zu *gr.* stathmān „(ab)messen" u. ↑...graph⟩: selbsttätig arbeitendes Instrument zur Aufzeichnung von Geschwindigkeiten u. Fahrzeiten von Eisenbahnzügen. **sta|tie|ren** [ʃt...] ⟨zu ↑Statist u. ↑...ieren⟩: als Statist tätig sein. **Sta|tik** [ʃt..., st...] *die;* - ⟨aus *gr.* statikḗ (téchnē) „Kunst des Wägens" zu statikós „zum Stillstehen bringend, wägend", dies zu statós „(still)stehend"⟩: 1. a) Teilgebiet der Mechanik, auf dem man sich mit dem Gleichgewicht von Kräften an ru-

henden Körpern befaßt; b) Lehre vom Gleichgewicht der Kräfte an ruhenden Körpern. 2. Stabilität bewirkendes Verhältnis der auf ruhende Körper, bes. auf Bauwerke, wirkenden Kräfte. 3. statischer (3) Zustand. **Sta|ti|ker** *der;* -s, -: Bauingenieur mit speziellen Kenntnissen auf dem Gebiet statischer Berechnungen von Bauwerken. **Sta|ti|on** *die;* -, -en ⟨aus *lat.* statio „das (Still)stehen; Stand-, Aufenthaltsort" zu stare, vgl. Status⟩: 1. a) [kleiner] Bahnhof; b) Haltestelle (eines öffentlichen Verkehrsmittels); c) Halt, Aufenthalt, Rast. 2. Bereich, Krankenhausabteilung. 3. Ort, an dem sich eine techn. Anlage befindet, Sende-, Beobachtungsstelle. 4. Stelle, an der bei einer Prozession haltgemacht wird. **sta|tio|när** ⟨nach gleichbed. *fr.* stationnaire aus *spätlat.* stationarius „stillstehend, am Standort bleibend"⟩: 1. a) an einen festen Standort gebunden; b) örtlich u. zeitlich nicht verändert; unverändert. 2. an eine Krankenhausaufnahme gebunden, die Behandlung in einer Klinik betreffend (Med.); Ggs. ↑ ambulant (2). **Sta|tio|na|ri|us** *der;* -, ...rii ⟨aus gleichbed. *mlat.* stationarius zu *lat.* statio „Werkstatt (des Buchschreibers)"⟩: Vervielfältiger u. Verleiher von Handschriften an mittelalterlichen Universitäten. **sta|tio|nie|ren** ⟨zu ↑ Station u. ↑ ...ieren⟩: 1. an einen bestimmten Platz stellen, aufstellen, anstellen. 2. eine Truppe an einen bestimmten Standort verlegen. **Sta|tio|nie|rung** *die;* -, -en ⟨zu ↑ ...ierung⟩: das Stationieren, das Stationiertwerden (z. B. von Soldaten, Waffen). **Sta|tions|ta|ste** *die;* -, -n: Druck- od. Sensortaste an elektronischen Geräten, die das Einstellen eines vorprogrammierten Senders ermöglicht. **sta|ti|ös** ⟨mit französierender Endung zu *mlat.* status „Etat; prunkvolle Hofhaltung", dies zu *lat.* status (vgl. Status); vgl. ...ös⟩: (veraltet, aber noch landsch.) prunkend, stattlich, ansehnlich, vorzüglich. **sta|tisch** [ʃt..., st...] ⟨zu *gr.* statikós, vgl. Statik⟩: 1. die Statik betreffend (Bauw.). 2. keine Bewegung, Entwicklung aufweisend; Ggs. ↑ dynamisch (1). 3. das von Kräften erzeugte Gleichgewicht betreffend (Phys.); (ugs.) -e E l e k t r i z i t ä t : elektrische Aufladung (bei Schallplatten, Hartgummi- u. Kunststoffgegenständen); -es M o m e n t : Drehmoment = Kraft mal Hebelarm (senkrechter Abstand vom Drehpunkt); -es O r g a n : Gleichgewichtsorgan (Med.). **Sta|tist** [ʃt...] *der;* -en, -en ⟨zu *lat.* status (vgl. Status) u. ↑ ...ist⟩: a) jmd., der als stumme Figur in einer Theater- od. Filmszene mitwirkt; b) unbedeutende Person, Nebenfigur. **Sta|ti|ste|rie** *die;* -, ...ien ⟨Analogiebildung zu Komparserie; vgl. ²...ie⟩: Gesamtheit der Statisten (a). **Sta|ti|stik** [ʃt..., st...] *die;* -, -en ⟨zu ↑ statistisch u. ↑²...ik (1)⟩: 1. (ohne Plur.) wissenschaftliche Methode zur zahlenmäßigen Erfassung, Untersuchung u. Darstellung von Massenerscheinungen. 2. [schriftlich] dargestelltes Ergebnis einer Untersuchung nach der statistischen Methode. 3. Auswertung einer großen Zahl physik. Größen zur Bestimmung von physik. Gesetzen. **Sta|ti|sti|ker** *der;* -s, -: 1. Wissenschaftler, der sich mit den theoretischen Grundlagen u. den Anwendungsmöglichkeiten der Statistik befaßt. 2. Bearbeiter u. Auswerter von Statistiken. **sta|ti|stisch** ⟨wohl zu *nlat.* statisticus „staatswissenschaftlich", eigtl. „Staatswissenschaft, (auf bestimmten Daten beruhende) Staatenbeschreibung", zu *lat.* status, vgl. Status⟩: die Statistik betreffend, auf Ergebnissen der Statistik beruhend; -e M e c h a n i k : Teilgebiet der Physik, in dem die makroskopischen Eigenschaften u. das thermodynamische Verhalten der Materie in verschiedenen Aggregatzuständen untersucht wird. **Sta|ti|stin** *die;* -, -nen: weibliche Form zu ↑ Statist. **Sta|tiv** *das;* -s, -e [...və] ⟨zu *lat.* stativus „(fest)stehend"⟩: dreibeiniges Gestell zum Aufstellen von Geräten (z. B. für Kamera, Nivellierinstrument). **Sta|to|blast** *der;* -en, -en ⟨zu *gr.* statós (vgl. ...stat) u. blastós „Keim"⟩: ungeschlechtlicher Fortpflanzungskörper der Moostierchen (Biol.). **Sta|to|lith** [auch ...'lɪt] *der;* Gen. -s u. -en, Plur. -e[n] (meist Plur.) ⟨zu ↑ ...lith⟩: 1. a) Steinchen in Gleichgewichtsorganen von Tieren (Biol.); b) Gehörsand im Ohr (Med.). 2. Stärkekorn in Pflanzenwurzeln (Bot.). **Sta|tor** *der;* -s, ...oren ⟨zu *lat.* status (vgl. Status) u. ↑ ...or⟩: 1. feststehender Teil eines Elektromotors od. einer Dynamomaschine; Ggs. ↑ Rotor (1). 2. feststehendes Plattenpaket beim Drehkondensator, in das der Rotor hineingedreht werden kann. 3. feststehende Spule beim ↑ Variometer. **Sta|to|skop** *das;* -s, -e ⟨zu *gr.* statós (vgl. ...stat) u. ↑ ...skop⟩: hochempfindliches Gerät zum Messen von Höhendifferenzen beim Flug. **Sta|to|zy|ste** *die;* -, -n: Gleichgewichtsorgan vieler wirbelloser Tiere, in dem Sinneszellen durch Verlagerung von Statolithen a) gereizt werden (Biol.). **Sta|tua|rik** *die;* - ⟨zu *lat.* statuaricus „die Statue bzw. Bildhauerkunst betreffend" (zu statua, vgl. Statue) u. ↑ ²...ik (3)⟩: Statuenhaftigkeit. **sta|tua|risch** ⟨aus gleichbed. *lat.* statuarius⟩: auf die Bildhauerkunst od. eine Statue bezogen; standbildhaft. **Sta|tue** [...tuə] *die;* -, -n ⟨aus gleichbed. *lat.* statua zu statuere „aufstellen", dies zu stare „stehen"⟩: Standbild (plastische Darstellung eines Menschen od. Tieres). **Sta|tu|et|te** *die;* -, -n ⟨aus gleichbed. *fr.* statuette⟩: kleine Statue. **sta|tu|ie|ren** ⟨aus gleichbed. *lat.* statuere, vgl. Statue): aufstellen, festsetzen; bestimmen; e i n E x e m p e l -: ein warnendes Beispiel geben. **Sta|tur** [ʃt...] *die;* -, -en ⟨aus gleichbed. *lat.* statura zu stare „stehen"; vgl. Status⟩: körperliches Erscheinungsbild, Körperbau, Wuchs. **Sta|tus** [ʃt..., st...] *der;* -, - [...tu:s] ⟨aus *lat.* status „das Stehen; Stand, Stellung, Verfassung" zu stare (Part. Perf. status) „stehen; sich aufhalten; wohnen", Bed. 5 über *engl.* status⟩: 1. Situation, Lage, Zustand; Bestand; - n a s c e n d i [nas'tsɛndi]: besonders reaktionsfähiger Zustand chem. Stoffe im Augenblick ihres Entstehens aus anderen (Chem.); - q u o : gegenwärtiger Zustand; - q u o a n t e : Stand vor dem bezeichneten Tatbestand od. Ereignis; - q u o m i n u s : Verschlechterung gegenüber dem gegenwärtigen Zustand. 2. a) allgemeiner Gesundheits- od. Krankheitszustand; der sich aus der ärztl. Untersuchung ergebende Allgemeinbefund; b) akutes Stadium einer Krankheit mit gehäuft auftretenden Symptomen (Med.); - p r a e s e n s ['prɛ:...]: augenblicklicher Krankheitszustand. 3. anlagemäßig bedingte Neigung zu einer bestimmten Krankheit (Med.). 4. durch Rasse, Bildung, Geschlecht, Einkommen u. a. bedingte Stellung des einzelnen in der Gesellschaft (Soziol.). 5. Zusammenfassung aller Informationen, die ein System charakterisieren, speziell solche Informationen, die zur Beschreibung des Zustands von Programmen (4), Daten (2) od. Funktionseinheiten dienen (Informatik). **Sta|tus|sym|bol** *das;* -s, -e: etwas, womit jmds. gehobener Status (4), seine tatsächliche od. erstrebte Zugehörigkeit zu einer gesellschaftsschicht dokumentiert werden soll. **Sta|tut** *das;* -[e]s, -en ⟨aus *lat.* statutum „Bestimmung", substantiviertes Part. Perf. (Neutrum) von statuere „hinstellen, festsetzen, bestimmen", dies zu stare, vgl. Status⟩: Satzung, [Grund]gesetz. **sta|tu|ta|risch** ⟨vgl. ...ar (1)⟩: auf einem Statut beruhend, satzungs-, ordnungsgemäß. **Sta|tute Law** ['stætjuːt 'lɔː] *das;* - - ⟨aus gleichbed. *engl.* statute law, eigtl. „(fest)geschriebenes Gesetz"⟩: das gesetzlich verankerte Recht in England; vgl. Common Law

Stau|ro|la|trie [ʃt..., st...] *die;* - ⟨zu *gr.* staurós „Kreuz" u. ↑ Latrie⟩: Verehrung des Kreuzes (in der Ostkirche). **Stau|ro|lith** [auch ...'lɪt] *der;* Gen. -s u. -en, Plur. -e[n] ⟨zu

↑...lith⟩: ein braunes bis schwarzes Mineral. **Stau|ro|pe|gi|al|klö|ster** *die* (Plur.) ⟨zu *gr.* staurós „Kreuz" (weil beim Bau des Klosters als Zeichen seiner ↑Exemtion ein Kreuz im Fundament befestigt wird), pēgnýnai „errichten" u. ↑¹...al (1)⟩: in der Ostkirche Klöster, die nicht der ↑Jurisdiktion des Ortsbischofs, sondern direkt der Synode bzw. dem Patriarchen unterstellt sind. **Stau|ro|pe|gi|on** *das;* -s, ...ien [...jən] ⟨zu ↑²...ion⟩: das Aufstellen des Kreuzes an dem für den Bau bestimmten Platz (in der Ostkirche). **Stau|ro|pho|ren** *die* (Plur.) ⟨zu ↑...phor⟩: Kreuzträger (Archit.). **Stau|ro|thek** *die;* -, -en ⟨zu ↑...thek⟩: Behältnis für eine Reliquie des heiligen Kreuzes

Stea|dit [stɛ..., auch ...'dɪt] *der;* Gen. -s u. -en, Plur. -e[n] ⟨nach dem brit. Metallurgen J. E. Stead (1851–1923) u. zu ↑²...it⟩: Gefügebestandteil im Gußeisen mit Lamellengraphit

Stea|dy|sel|ler ['stɛdɪ...] *der;* -s, - ⟨zu *engl.* steady „gleichmäßig" u. seller, vgl. Seller⟩: Buch, das über längere Zeit gleichmäßig gut verkauft wird; vgl. ↑Longseller. **Stea|dy|state** [...'steɪt] *der;* -[s], -s ⟨aus *engl.* steady state „stabiler Zustand"⟩: 1. stationärer Zustand, bei dem ständig Substanzen einströmen u. Reaktionsprodukte austreten, Fließgleichgewicht (Biol.). 2. der Zustand eines ↑makroökonomischen Gleichgewichts (Wirtsch.). **Stea|dy|state-Theo|rie** *die;* - ⟨aus *engl.* steady state theory „Theorie des stationären Weltalls"⟩: in der Kosmologie Bez. für die Theorie eines sich ausdehnenden Weltalls ohne zeitlichen Anfang u. ohne zeitliches Ende, bei dem durch fortwährende Materieerzeugung eine gleichbleibende Massedichte vorliegt

Steak [ste:k, ʃt...] *das;* -s, -s ⟨aus gleichbed. *engl.* steak, dies aus *isländ.* steik „Braten" zu steikja „braten", eigtl. „an den Bratspieß stecken"⟩: Fleischscheibe aus der Lende (vor allem von Rind, Kalb, Schwein), die nur kurz gebraten wird. **Steak|haus** ['ste:k...] *das;* -es, ...häuser: eindeutschende Schreibung für Steakhouse. **Steak|house** [...haʊs] *das;* -, -es [...sɪz] ⟨aus gleichbed. *engl.* steakhouse⟩: Restaurant, das bes. auf die Zubereitung von Steaks spezialisiert ist. **Steak|let** ['ste:klət, ʃt...] *das;* -s, -s ⟨Verkleinerungsform von ↑Steak, Analogiebildung zu Kotelett⟩: flachgedrückter kurz gebratener Kloß aus feinem Hackfleisch

Stea|lit [st..., ʃt..., auch ...'lɪt] *der;* Gen. -s u. -en, Plur. -e[n] ⟨Kunstw. zu *gr.* stéar „Fett, Talg"; vgl. ...lith⟩: Handelsname für das Mineral ↑Chiastolith

Stealth-Tech|nik ['stɛlθ...] *die;* -, -en ⟨zu *engl.* stealth „Heimlichkeit" u. ↑Technik⟩: zusammenfassende Bez. für verschiedenartige technische Maßnahmen u. Mittel, mit deren Hilfe die Ortung militärischer Objekte erschwert od. verhindert werden soll

Steam [sti:m] *der;* - ⟨aus *engl.* steam⟩: engl. Bez. für Dampf. **Stea|mer** ['sti:...] *der;* -s, - ⟨aus *engl.* steamer⟩: (Seemannsspr.) Dampfer. **Steam|kracken¹** [...krɛkn̩] *das;* -s ⟨zu ↑Steam u. *engl.* to crack „(zer)brechen"⟩: das Aufspalten höhermolekularer Kohlenwasserstoffe in niedermolekulare durch hocherhitzten Wasserdampf bei der Erdölverarbeitung. **Steam|re|for|ming** [...rɪfɔːmɪŋ] *das;* -s ⟨aus gleichbed. *engl.* steam-reforming zu reform „neugestalten"⟩: technisch wichtiges Verfahren zur Herstellung von Wasserstoff u. wasserstoffhaltigen Gasgemischen

Steap|sin [ʃt..., st...] *das;* -s, -e ⟨zu *gr.* stéar, Gen. stéatos „Fett, Talg", pépsis „Verdauung" u. ↑...in (1)⟩: (veraltet) svw. Lipase. **Stea|rat** *das;* -[e]s, -e ⟨zu ↑...at (2)⟩: Salz der Stearinsäure (Chem.). **Stea|rin** *das;* -s, -e ⟨aus gleichbed. *fr.* stéarine zu *gr.* stéar, vgl. Steapsin⟩: (zur Kerzenherstellung u. für kosmetische Produkte verwendetes) festes Gemisch aus Stearin- u. Palmitinsäure nach Entfernen der flüssigen Ölsäure. **Stea|rin|säu|re** *die;* -: gesättigte höhere Fettsäure, Bestandteil vieler fester u. halbfester Fette (Chem.). **Stear|rhö** *die;* -, -en u. **Stear|rhöe** [...'røː] *die;* -, -n [...'røːən] ⟨zu *gr.* stéar (vgl. Steapsin) u. rheĩn „fließen"⟩: Fettdurchfall, in reichem Maße Fettstoffe enthaltender Stuhl (Med.). **Stea|tit** [auch ...'tɪt] *der;* -s, -e ⟨zu ↑²...it⟩: ein dichtes, weißes od. hellfarbiges, sich fettig anfühlendes Mineral (Speckstein). **Stea|tom** *das;* -s, -e ⟨zu ↑...om⟩: Talgdrüsengeschwulst (Med.). **Stea|to|py|gie** *die;* - ⟨zu *gr.* pygḗ „Hinterer, Steiß" u. ↑²...ie⟩: starker Fettansatz am Gesäß, Fettsteiß (Med.). **Stea|to|se** *die;* -, -n ⟨zu ↑¹...ose⟩: Fettsucht, Fettleibigkeit (Med.). **Stea|to|ze|le** *die;* -, -n ⟨zu *gr.* kḗlē „Geschwulst; Bruch"⟩: Fettbruch, Bruchbildung mit Fett als Bruchsackinhalt (Med.).

Steel|band ['stiːlbɛnt, *engl.* ...'bænd] *die;* -, -s ⟨aus gleichbed. *engl.-amerik.* steel band zu steel „Stahl" (scherzh. Anspielung auf die Ölfässer) u. band, vgl. Band⟩: Band, deren Instrumente aus verschieden großen leeren Ölfässern bestehen (vor allem auf den karibischen Inseln). **Steel drum** [- 'drʌm, *engl.* – 'drʌm] *die;* - -, - -s ⟨aus *engl.-amerik.* steel drum „Stahltrommel"⟩: Musikinstrument, bestehend aus einem Ölfaß ohne Boden, in dessen nach innen gewölbtem Deckel eine Anzahl von Klangflächen ausgehämmert ist (vor allem auf Trinidad u. auf den karibischen Inseln)

Stee|ple|chase ['stiːpltʃeɪs] *die;* -, -n [...sn] ⟨aus gleichbed. *engl.* steeplechase zu steeple „Kirchturm" u. chase „Jagd", eigtl. „Kirchturmjagd", weil das Ziel urspr. der Kirchturm war⟩: Hindernisrennen, Jagdrennen (Pferdesport). **Steep|ler** ['stiːplɐ] *der;* -s, -: Rennpferd für Hindernisrennen

Ste|ga|no|gra|phie [ʃt..., st...] *die;* - ⟨aus gleichbed. *gr.* steganographía zu steganós „bedeckt"⟩: (veraltet) Geheimschrift, Geheimschreibkunst. **Steg|odon** *das;* -s, ...donten ⟨zu *gr.* stégos „Dach" u. odoús, Gen. odóntos „Zahn", nach der Form der Zähne⟩: ausgestorbenes Rüsseltier. **Ste|go|kar|pie** *die;* - ⟨zu ↑...karpie⟩: Bez. für den bei Laubmoosen vorkommenden Öffnungsmechanismus der Mooskapsel durch einen Deckel (Bot.). **Ste|go|sau|ri|er** [...iɐ] *der;* -s, - u. **Ste|go|sau|rus** *der;* -, ...rier [...iɐ] ⟨zu *gr.* saũros „Eidechse"⟩: Gattung der ausgestorbenen ↑Dinosaurier mit sehr kleinem Schädel sowie aufrichtbaren Knochenplatten auf Rücken u. Schwanz. **Ste|go|ze|pha|le** *der;* -n, -n ⟨zu *gr.* kephalḗ „Kopf"⟩: urweltlicher Panzerlurch (Oberdevon bis Trias)

Ste|le [st..., ʃt...] *die;* -, -n ⟨aus gleichbed. *gr.* stḗlē⟩: 1. frei stehende, mit einem Relief od. einer Inschrift versehene Platte od. Säule (bes. als Grabdenkmal; Kunstw.). 2. Leitbündelstrang des Pflanzensprosses (Zentralzylinder der Pflanze; Bot.)

Stel|la [ʃt..., st...] *die;* -, ...llae [...lɛ] ⟨aus *lat.* stella „Stern"⟩: stern- od. kreuzförmiger Verband (Med.)

Stel|la|ge [...ʒə] *die;* -, -n ⟨aus gleichbed. *niederl.* stellage, mit französierender Endung zu *mittelniederl.* stellen „stellen"; vgl. ...age⟩: 1. Aufbau aus Stangen u. Brettern o. ä. [zum Abstellen, Aufbewahren von etw.]; Gestell. 2. Kurzform von ↑Stellagegeschäft. **Stel|la|ge|ge|schäft** *das;* -[e]s, -e: Form des Prämiengeschäfts der Terminbörse

stel|lar [ʃt..., st...] ⟨aus gleichbed. *spätlat.* stellaris zu stella, vgl. Stella⟩: die Fixsterne u. Sternsysteme betreffend. **Stel|lar|astro|nom** *der;* -en, -en: Wissenschaftler auf dem Gebiet der Stellarastronomie. **Stel|lar|astro|no|mie** *die;* -: Teilgebiet der Astronomie, das sich besonders mit den Fixsternen, Sternhaufen u. Nebelsystemen beschäftigt. **Stel|la|ra|tor** [engl. ˈstɛlərɛɪtə] *der;* -s, Plur. ...oren, bei engl. Ausspr. -s ⟨aus gleichbed. *engl.-amerik.* stellarator zu *engl.* stellar, dies aus *spätlat.* stellaris (vgl. stellar); vgl. ...ator⟩: amerik. Versuchsgerät zur Erzeugung thermonuklearer Kernverschmelzung. **Stel|lar|dy|na|mik** *die;* - ⟨zu ↑ stellar⟩: Ableitung der Bewegungen der Fixsterne aus dem bekannten Kraftfeld im Milchstraßensystem, Teilgebiet der Astronomie. **Stel|le|ra|tor** vgl. Stellarator. **Stel|lio|nat** *der;* -en, -en ⟨aus *lat.* stellionatus „Betrug, Verfälschung" zu stellio „Betrüger", eigtl. „Sterneidechse"⟩: (veraltet) Schlauheit; Schwindelei, Betrug

Stem|ma [ʃt..., st...] *das;* -s, -ta ⟨aus *lat.* stemma, Gen. stemmatis „Stammbaum, Ahnentafel", eigtl. „Kranz (als Schmuck der Ahnenbilder)", dies aus *gr.* stémma „Kranz"⟩: 1. [in graphischer Form erstellte] Gliederung der einzelnen Handschriften eines literarischen Werks in bezug auf ihre zeitliche Folge u. textliche Abhängigkeit (Literaturw.). 2. ↑ ¹Graph zur Beschreibung der Struktur eines Satzes (Sprachw.). 3. (nur Plur.) seitlich am Kopf gelegene Punktaugen bei den Larven von Insekten mit vollkommener Verwandlung (Zool.). **stem|ma|to|lo|gisch** ⟨zu ↑ ...logisch⟩: das Stemma (1, 2) betreffend

sten..., Sten... vgl. steno..., Steno... **¹Ste|no** *die;* -: (ugs.) Kurzform von ↑ Stenographie. **²Ste|no** *das;* -s, -s: (ugs.) Kurzform von ↑ Stenogramm. **ste|no..., Sten|no...,** vor Vokalen meist sten..., Sten... ⟨zu *gr.* stenós „eng"⟩: Wortbildungselement mit den Bedeutungen: a) „die Stenographie betreffend", z. B. Stenogramm, u. b) „eng, schmal; Enge, Beklemmung; Verengung", z. B. stenophag, Stenokardie. **ste|no|bath** [ʃt..., st...] ⟨zu *gr.* bathýs „tief"⟩: in einem engbegrenzten Tiefenbereich eines Gewässers lebend (von Organismen; Biol.); Ggs. ↑ eurybath. **Ste|no|dak|ty|lo** [ʃt...] *die;* -, -s: Kurzform von ↑ Stenodaktylographin. **Ste|no|dak|ty|lo|gra|phie** *die;* -: (schweiz.) zusammenfassende Bez. für Stenographie u. Maschinenschreiben. **Ste|no|dak|ty|lo|gra|phin** *die;* -, -nen: (schweiz.) svw. Stenotypistin. **Ste|no|graf** usw. vgl. Stenograph usw. **Ste|no|gramm** *das;* -s, -e ⟨zu ↑ ...gramm⟩: in Stenographie geschriebenes Diktat, geschriebene Rede. **Ste|no|graph** *der;* -en, -en ⟨zu ↑ ...graph⟩: jmd., der Stenographie schreibt, Kurzschriftler. **Ste|no|gra|phie** *die;* -, ...ien ⟨aus gleichbed. *engl.* stenography zu *gr.* stenós (vgl. steno...) u. *gr.* gráphein (vgl. ...graphie)⟩: Kurzschrift (Schreibsystem mit besonderen Zeichen u. Schreibbestimmungen zum Zwecke der Schriftkürzung), die ein schnelles [Mit]schreiben ermöglicht. **ste|no|gra|phie|ren** ⟨zu ↑ ...ieren⟩: in Stenographie schreiben. **ste|no|gra|phisch** ⟨zu ↑ ...graphisch⟩: a) die Stenographie betreffend; b) in Kurzschrift geschrieben, kurzschriftlich. **ste|no|ha|lin** [ʃt..., st...] ⟨zu *gr.* hálinos „aus Salz bestehend", dies zu háls „Salz"⟩: empfindlich gegenüber Schwankungen des Salzgehalts des Wassers (von Pflanzen u. Tieren; Biol.); Ggs. ↑ euryhalin. **sten|ök** ⟨zu *gr.* oĩkos „Haus"⟩: empfindlich gegenüber Schwankungen der Umweltfaktoren (von Pflanzen u. Tieren; Biol.); Ggs. ↑ euryök. **Ste|no|kar|die** *die;* -, ...ien ⟨zu *gr.* kardía „Herz"⟩: Herzbeklemmung, Herzangst (Angina pectoris; Med.). **ste|no|kar|disch**: mit Herzbeklemmung verbunden (von Brustschmerzen; Med.). **Sten|ökie** *die;* - ⟨zu stenók u. ↑ ²...ie⟩: bei pflanzlichen u. tierischen Organismen die Erscheinung, daß sie empfindlich gegenüber Umweltschwankungen reagieren u. daher nur in bestimmten Biotopen vorkommen (Biol.); Ggs. ↑ Euryökie. **Ste|no|kon|to|ri|stin** [ʃt...] *die;* -, -nen ⟨zu ↑ steno...⟩: Kontoristin mit Kenntnissen in Stenographie u. Maschinenschreiben. **Ste|no|ko|rie** [ʃt..., st...] *die;* - ⟨zu *gr.* kórē „Mädchen; Pupille" u. ↑ ²...ie⟩: svw. Miosis. **ste|no|oxy|bi|ont** ⟨zu ↑ oxy... u. ↑ ...biont⟩: auf einen ganz bestimmten Sauerstoffgehalt im umgebenden Wasser angewiesen (von Organismen; Biol.). **ste|no|pä|isch** ⟨zu *gr.* opaíos „mit einer Öffnung, einem Loch versehen", dies zu opḗ „Lichtöffnung"⟩: engsichtig; -e Brille: Brille, die anstelle der Brillengläser Lochblenden hat (zur Verbesserung der Sehschärfe u. Schärfentiefe bei starkem ↑ Astigmatismus; Med.). **ste|no|phag** ⟨zu ↑ ...phag⟩: auf bestimmte Nahrung angewiesen (von Tieren; Biol.); Ggs. ↑ euryphag. **ste|no|phot** ⟨zu *gr.* phôs, Gen. phōtós „Licht"⟩: nur unter ganz bestimmten Lichtverhältnissen existierend (von Pflanzen, deren Blütenbildung von einem bestimmten täglichen Licht-Dunkel-Verhältnis abhängt; Biol.); Ggs. ↑ euryphot. **Ste|no|se** *die;* -, -n u. **Ste|no|sis** *die;* -, ...osen ⟨zu *gr.* sténōsis „Verengung"⟩: angeborene od. erworbene Verengung eines Körperkanals od. einer Kanalöffnung (Med.). **ste|no|therm** ⟨zu ↑ steno... u. ↑ ...therm⟩: empfindlich gegenüber Temperaturschwankungen (von Lebewesen; Biol.); Ggs. ↑ eurytherm. **Ste|no|ther|mie** *die;* - ⟨zu ↑ ²...ie⟩: Eigenschaft, nur in engen Temperaturschwankungsbereichen leben zu können (von Lebewesen; Biol.); Ggs. ↑ Eurythermie. **Ste|no|thorax** *der;* -[es], -e: enger Brustkorb (bei ↑ Asthmikern; Med.). **ste|no|tisch** ⟨zu ↑ Stenose u. ↑ ...otisch⟩: die Stenose betreffend; verengt (von Körperkanälen; Med.). **ste|no|top** ⟨zu ↑ steno... u. *gr.* tópos „Ort, Gegend"⟩: nicht weit verbreitet (von Pflanzen u. Tieren; Biol.). **Ste|no|ty|pie** [ʃt...] *die;* -, ...ien ⟨zu ↑ ...typie⟩: Druck in Stenographie. **ste|no|ty|pie|ren** ⟨zu ↑ Stenotypistin u. ↑ ...ieren⟩: stenographisch niederschreiben u. danach in Maschinenschrift übertragen. **Ste|no|ty|pi|stin** *die;* -, -nen ⟨weibliche Form zu veraltet Stenotypist, dies aus *fr.* stenotypiste, *engl.* stenotypist zu stenography (vgl. Stenographie) u. typist „Maschinenschreiber"⟩: weibliche Kraft, die Stenographie u. Maschinenschreiben beherrscht. **sten|oxy|bi|ont** [ʃt..., st...] ⟨zu ↑ steno..., ↑ oxy..., ↑ ...biont⟩: svw. stenooxybiont. **Ste|no|ze|pha|lie** *die;* -, ...ien ⟨zu *gr.* kephalḗ „Kopf" u. ↑ ²...ie⟩: Schädelmißbildung infolge vorzeitiger Verknöcherung der Schädelnähte (Med.).

sten|tan|do u. **sten|ta|to** [st...] ⟨*it.;* zu stentare „zögern"⟩: zögernd, schleppend (Vortragsanweisung; Mus.). **Sten|tor|stim|me** [ʃt..., st...] *die;* -, -n ⟨nach Stentor, dem stimmgewaltigen Helden des Trojanischen Krieges⟩: laute, gewaltige Stimme

Step [ʃt..., st...] *der;* -s, -s ⟨aus gleichbed. *engl.* step, eigtl. „Schritt, Tritt"⟩: 1. zweiter Sprung beim Dreisprung (Leichtathletik); vgl. ¹Hop, Jump (1). 2. artistischer Tanz, bei dem die mit Eisen beschlagenen Spitzen u. Absätze der Schuhe dem Rhythmus entsprechend in schnellem, stark akzentuiertem Bewegungswechsel hörbar auf den Boden gesetzt werden

Ste|pha|nit [auch ...ˈnɪt] *der;* -s, -e ⟨nach Erzherzog Stephan von Österreich (1817–1867) u. zu ↑ ²...it⟩: metallisch glänzendes graues bis schwarzes Mineral, ein Silbererz

Step|pe *die;* -, -n ⟨aus gleichbed. *russ.* step', weitere Herkunft ungeklärt⟩: überwiegend baumlose, trockene Graslandschaft außereurop. Klimazonen

step|pen [ʃt..., st...] ⟨aus gleichbed. *engl.* to step⟩: ↑ Step (2) tanzen

Step|pen|ve|ge|ta|ti|on *die;* - ⟨zu ↑ Steppe u. ↑ Vegetation⟩: für die ↑ Steppe charakteristische ↑ Vegetation (1)

Ster *der;* -s, Plur. -e u. -s (aber: 3 -) ⟨aus gleichbed. *fr.* stère, dies zu *gr.* stereós, vgl. stereo...⟩: altes Raummaß für Holz

Steradiant

(1 m³). **Ste|ra|di|ant** [ʃt..., st...] *der;* -en, -en ⟨zu *gr.* stereós, vgl. Ster⟩: Einheit des Raumwinkels; Zeichen sr (Math.). **Ster|cu|lia** [...'ku:..., st...] *die;* - ⟨aus *nlat.* sterculia, nach Sterculius (Stercutus), dem Gott des Düngers, dies zu *lat.* stercus „Kot, Mist, Dünger"⟩: Pflanzengattung aus der Familie der Sterkuliengewächse, die teilweise Nutzholz liefert. **ste|reo** [ʃt..., st...] ⟨zu *gr.* stereós, vgl. stereo...⟩: 1. Kurzform von ↑stereophon. 2. (ugs.) bisexuell. **Ste|reo** *das;* -s, -s: 1. Kurzform von ↑Stereotypieplatte. 2. (ohne Plur.) Kurzform von ↑Stereophonie. **ste|reo..., Ste|reo...** ⟨zu *gr.* stereós „starr, hart, fest"⟩: Wortbildungselement mit den Bedeutungen: a) „starr, fest, massiv, unbeweglich", z. B. stereotyp, u. b) „räumlich, körperlich", z. B. Stereoskop. **Ste|reo|agno|sie** *die;* -, ...ien: Unfähigkeit, Gegenstände allein mit Hilfe des Tastsinns zu identifizieren (Med.); Ggs. ↑Stereognosie. **Ste|reo|aku|stik** *die;* -: Wissenschaft vom räumlichen Hören. **Ste|reo|au|to|graph** *der;* -en, -en: optisches Instrument zur Raumbildauswertung für Karten (Kartographie). **Ste|reo|bat** *der;* -en, -en ⟨über gleichbed. *lat.* stereobates aus *gr.* stereobátēs⟩: Fundamentunterbau des griech. Tempels. **Ste|reo|bild** *das;* -[e]s, -er ⟨zu ↑stereo...⟩: Bild, das bei der Betrachtung einen räumlichen Eindruck hervorruft; Raumbild. **Ste|reo|box** *die;* -, -en: Lautsprecher für stereophone Wiedergabe. **Ste|reo|che|mie** [auch ...'mi:] *die;* -: Teilgebiet der Chemie, das die räumliche Anordnung der Atome im Molekül erforscht. **ste|reo|che|misch** [auch ...'çe:...]: die Stereochemie betreffend. **Ste|reo|chro|mie** [...kro...] *die;* - ⟨zu *gr.* chrōma „Farbe" u. ↑²...ie⟩: ein altes Verfahren der Wandmalerei. **Ste|reo|de|co|der** [...k...] *der;* -s, - : ↑Decoder in einem Stereorundfunkgerät. **Ste|reo|ef|fekt** *der;* -[e]s, -e: 1. räumlicher Klangeindruck bei stereophoner Wiedergabe. 2. Raumbildwahrnehmung beim Betrachten eines Stereobildpaares. **Ste|reo|fern|se|hen** *das;* -s: Fernsehen mit stereophoner Tonwiedergabe. **Ste|reo|film** *der;* -[e]s, -e: dreidimensionaler Film. **ste|reo|fon** usw. vgl. stereophon usw. **Ste|reo|fo|to|gra|fie** u. Stereophotographie *die;* -, ...ien: 1. (ohne Plur.) Verfahren zur Herstellung von räumlich wirkenden Fotografien. 2. fotografisches Raumbild. **Ste|reo|gno|sie** *die;* -, ...ien ⟨zu ↑...gnosie⟩: Fähigkeit, Gegenstände allein mit Hilfe des Tastsinns zu identifizieren (Med.); Ggs. ↑Stereoagnosie. **Ste|reo|gno|stik** *die;* -: svw. Stereognosie. **Ste|reo|graph** *der;* -en, -en ⟨zu ↑...graph⟩: Maschine zur Herstellung von Stereotypieplatten. **ste|reo|gra|phisch** ⟨zu ↑...graphisch⟩: in der Fügung -e Projektion: Abbildung der Punkte einer Kugeloberfläche auf eine Ebene, wobei Kugelkreise wieder als Kreise erscheinen (Kartographie). **ste|reo|iso|mer**: von gleicher Zusammensetzung, aber [spiegelbildlich] verschiedener Atomanordnung im ↑Molekül (Chem.). **Ste|reo|iso|me|rie** [auch ...'ri:] *die;* -: auf unterschiedlicher räumlicher Anordnung der Atome od. Atomgruppen in ↑Molekülen beruhende Form der ↑Isomerie (Chem.). **Ste|reo|ka|me|ra** *die;* -, -s: Kamera mit zwei im Augenabstand voneinander angeordneten Objektiven für Raumbildaufnahmen. **Ste|reo|kas|set|te** *die;* -, -n: mit stereophonen Aufnahmen bespielte od. zu bespielende Tonband- bzw. Videokassette. **Ste|reo|kom|pa|ra|tor** *der;* -s, -en: Gerät zur Auswertung zweier photogrammetrischer Meßbilder (Vermessungsw.). **Ste|re|om** *das;* -s, -e ⟨aus *gr.* steréōma „Festigkeit" zu stereoūn „hart, fest machen"⟩: Festigungsgewebe der Pflanzen (zusammenfassende Bez. für ↑Sklerenchym u. ↑Kollenchym; Bot.). **Ste|reo|me|tall** *das;* -[e]s, -e ⟨zu ↑stereo...⟩: zum Ausgießen der ↑Mater für ein Bleistereo verwendete Bleilegierung (Druckw.). **Ste|reo|me|ter** *das;* -s, - ⟨nach *gr.* stereométrēs „jmd., der feste Körper mißt" (vgl. ¹...meter) zu stereometreīn „feste Körper messen"⟩: 1. optisches Gerät zur Messung des Volumens fester Körper (Phys.). 2. Gerät zur Auswertung von Stereofotografien. **Ste|reo|me|trie** *die;* - ⟨aus *gr.* stereometría „das Ausmessen fester Körper"⟩: Lehre von der Geometrie u. der Berechnung räumlicher Gebilde (Math.); vgl. Planimetrie. **ste|reo|me|trisch** ⟨aus gleichbed. *gr.* stereometrikós⟩: die Stereometrie betreffend. **Ste|reo|mi|kro|phon** *das;* -s, -e ⟨zu ↑stereo...⟩: Kombination von zwei Mikrophonsystemen mit aufeinander abgestimmten akustischen ↑Parametern für Stereoaufnahmen. **Ste|reo|mi|kro|skop** *das;* -s, -e: Mikroskop zur direkten räumlichen Beobachtung od. zur Präparation von Objekten. **ste|reo|phon** ⟨zu ↑...phon⟩: über zwei od. mehr Kanäle elektroakustisch übertragen, räumlich klingend; vgl. quadrophon u. vgl. ...isch/-. **Ste|reo|pho|nie** *die;* - ⟨zu ↑...phonie⟩: elektroakustische Schallübertragung über zwei od. mehr Kanäle, die einen räumlichen Klangeffekt entstehen läßt; vgl. Quadrophonie. **ste|reo|pho|nisch**: svw. stereophon; vgl. ...isch/-. **Ste|reo|pho|to|gramme|trie¹** *die;* -: Auswertung u. Ausmessung von räumlichen Meßbildern bei der Geländeaufnahme (Kartographie). **Ste|reo|pho|to|gra|phie** vgl. Stereofotografie. **Ste|reo|pla|ni|graph** *der;* -en, -en ⟨zu ↑plani... u. ↑...graph⟩: optisches Instrument zur Raumbildauswertung für Karten (Kartographie). **Ste|reo|plat|te** *die;* -, -n: Schallplatte, die stereophonisch abgespielt werden kann. **Ste|re|op|sie** *die;* - ⟨zu ↑...opsie⟩: die Fähigkeit zum räumlichen Sehen (Med.). **Ste|reo|se|lek|ti|vi|tät** [...v...] *die;* -: die Erscheinung, daß bei chem. Reaktionen bevorzugt eins von zwei möglichen Stereoisomeren gebildet wird (Chem.). **Ste|reo|skop** *das;* -s, -e ⟨zu ↑...skop⟩: optisches Gerät zur Betrachtung von Stereobildern. **Ste|reo|sko|pie** *die;* - ⟨zu ↑...skopie⟩: Gesamtheit der Verfahren zur Aufnahme u. Wiedergabe von raumgetreuen Bildern, Raumbildtechnik. **ste|reo|sko|pisch**: räumlich erscheinend, dreidimensional wiedergegeben. **ste|reo|tak|tisch**: die Stereotaxie betreffend, auf ihr beruhend (Med.); -e Operation: Gehirnoperation, bei der unter Röntgenkontrolle mit gezielt eingeführten Elektroden erkrankte Hirnteile ausgeschaltet werden. **Ste|reo|ta|xie** *die;* -: durch ein kleines Bohrloch in der Schädeldecke punktförmig genaues Berühren eines bestimmten Gebietes im Gehirn (Med.). **Ste|reo|ta|xis** *die;* - ⟨zu ↑²Taxis⟩: 1. svw. Stereotaxie. 2. Bestreben von Tieren, mit festen Gegenständen in Berührung zu kommen (z. B. bei Röhren- od. Höhlenbewohnern). **Ste|reo|to|mie** *die;* - ⟨zu ↑...tomie⟩: (veraltet) Teil der Stereometrie, der die Durchschnitte der Oberflächen von Körpern behandelt, bes. den sog. Steinschnitt bei Gewölbekonstruktionen. **Ste|reo|tu|ner** [...tju:nɐ] *der;* -s, -: ↑Tuner für Stereoempfang. **ste|reo|typ** ⟨aus gleichbed. *fr.* stéréotype, eigtl. „mit gegossenen feststehenden Typen gedruckt"; vgl. Type⟩: 1. mit feststehender Schrift gedruckt. 2. feststehend, unveränderlich. 3. ständig [wiederkehrend], leer, abgedroschen; vgl. ...isch/-. **Ste|reo|typ** *das;* -s, -e (meist Plur.): 1. eingebürgertes Vorurteil mit festen Vorstellungsklischees innerhalb einer Gruppe; vgl. Autostereotyp u. Heterostereotyp ([Sozial]psychol.). 2. svw. Stereotypie (2). **Ste|reo|typ|druck** u. Stereotypiedruck *der;* -[e]s, -e: 1. Druck von der Stereotypieplatte. 2. im Stereotypdruck (1) hergestelltes Erzeugnis. **Ste|reo|ty|peur** [...'pø:ɐ] *der;* -s, -e ⟨nach gleichbed. *fr.* stéréotypeur⟩: jmd., der ↑Matern herstellt u. ausgießt (Druckw.). **Ste|reo|ty|pie** *die;* -, ...ien ⟨nach gleichbed. *fr.* stéréotypie⟩: 1. das Herstellen u. Ausgießen von

↑Matern (Druckw.). 2. das [krankhafte] Wiederholen von sprachlichen Äußerungen od. motorischen Abläufen über einen längeren Zeitraum (Psychol.; Med.); vgl. Perseveration. **Ste|reo|ty|pie|druck** vgl. Stereotypdruck. **Ste|reo|ty|pie|plat|te** u. **Stereotypplatte** *die;* -, -n: Abguß einer ↑Mater in Form einer festen Druckplatte (Druckw.). **ste|reo|ty|pie|ren** ⟨zu ↑...ieren⟩: ↑Matern herstellen u. zu Stereotypieplatten ausgießen (Druckw.). **ste|reo|ty|pisch:** svw. stereotyp; vgl. ...isch/-. **Ste|reo|typ|plat|te** vgl. Stereotypieplatte

Ste|rig|ma [ʃt..., st...] *das;* -[s], Plur. -ta u. ...men ⟨aus *gr.* stérigma, Gen. stērígmatos, eigtl. „Stütze"⟩: stielartiger Auswuchs einer Pilzmyzelzelle, an dessen oberem Ende Sporen gebildet werden (Biol.).

ste|ril [ʃt..., st...] ⟨über gleichbed. *fr.* stérile aus *lat.* sterilis „unfruchtbar, ertraglos"⟩: 1. keimfrei; vgl. aseptisch (1). 2. unfruchtbar, nicht fortpflanzungsfähig; Ggs. ↑fertil. 3. a) langweilig, geistig unfruchtbar, unschöpferisch; b) kalt, nüchtern wirkend, ohne eigene Note gestaltet. **Ste|ri|lan|zi|en** [...i̯ən] *die* (Plur.) ⟨zu ↑...anz; vgl. ¹...ie⟩: in der Schädlingsbekämpfung benutzte Substanzen zur Unfruchtbarmachung durch radioaktive Bestrahlung od. chem. Wirkung. **Ste|ril|fil|tra|ti|on** *die;* -, -en: die Entkeimung von Flüssigkeiten u. Gasen durch entsprechende Filter. **Ste|ri|li|sa|ti|on** *die;* -, -en ⟨zu ↑...isation⟩: das Sterilisieren; vgl. ...[at]ion/...ierung. **Ste|ri|li|sa|tor** *der;* -s, ...oren ⟨zu ↑...ator⟩: Entkeimungsgerät, Apparat zum Sterilisieren (1). **ste|ri|li|sie|ren** ⟨wohl nach *fr.* stériliser⟩: 1. keimfrei [u. dadurch haltbar] machen (z. B. Nahrungsmittel). 2. unfruchtbar, zeugungsunfähig machen. **Ste|ri|li|sie|rung** *die;* -, -en ⟨zu ↑...isierung⟩: svw. Sterilisation (1); vgl. ...[at]ion/...ierung. **Ste|ri|li|tät** *die;* - ⟨wohl nach *fr.* stérilité, dies aus *lat.* sterilitas, Gen. sterilitatis „Unfruchtbarkeit"⟩: 1. Keimfreiheit (von chirurgischen Instrumenten u. a.). 2. Unfruchtbarkeit (der Frau), Zeugungsunfähigkeit (des Mannes); Ggs. ↑Fertilität. 3. geistiges Unvermögen, Ertraglosigkeit. **Ste|ri|li|täts|bar|ri|e|re** [...ri̯e:...] *die* (Plur.): genetische, physiologische u. morphologische Hindernisse für die Bastardierung verschiedener Arten, so daß keine fruchtbaren Bastarde entstehen (Biol.).

Ste|rin [ʃt..., st...], chem. fachspr. **Ste|rol** *das;* -s, -e ⟨zu *gr.* stereós (vgl. stereo...) u. ↑...in (1)⟩: in jeder tierischen od. pflanzlichen Zelle vorhandene Kohlenwasserstoffverbindung (Biochem.). **ste|risch:** verlangsamt ablaufend, verhindert (von chem. Reaktionen)

Ster|ko|bi|lin [ʃt..., st...] *das;* -s ⟨zu ↑Sterkus, ↑Bilis u. ↑...in (1)⟩: Farbstoff, der sich im Kot findet u. sich von den Gallenfarbstoffen ableitet (Med.). **ster|ko|ral** ⟨zu ↑Sterkus u. ↑¹...al (1)⟩: kothaltig, kotig (Med.). **Ster|ko|ra|ti|on** *die;* -, -en ⟨aus gleichbed. *lat.* stercoratio zu stercorare, vgl. sterkorieren⟩: (veraltet) Düngung. **ster|ko|rie|ren** ⟨aus gleichbed. *lat.* stercorare zu stercus, vgl. Sterkus⟩: (veraltet) düngen. **Ster|kus** *das;* - ⟨aus *lat.* stercus, Gen. stercoris, „Kot, Mist, Dünger"⟩: svw. Fäzes

Ster|let[t] *der;* -s, -e ⟨über *engl., fr.* sterlet aus gleichbed. *russ.* sterljad'⟩: (in osteurop. Gewässern lebender) kleiner Stör

Ster|ling [ˈʃtɛr..., st..., *engl.* ˈstəːlɪŋ] *der;* -s, -e (aber: 5 Pfund -) ⟨aus gleichbed. *engl.* sterling, dies über *altfr.* esterlin aus dem Fränk. u. Vulgärlat. zu *spätlat.* stater, *gr.* statḗr, vgl. Stater⟩: 1. altengl. Silbermünze. 2. Währungseinheit in Großbritannien; Pfund -; Zeichen u. Abk. £, £Stg. **Ster|ling|sil|ber** *das;* -s: Silberlegierung mit einem hohen Feingehalt (mindestens 925 Teile Silber auf 1000 Teile der Legierung)

ster|nal [ʃt..., st...] ⟨zu ↑Sternum u. ↑¹...al (1)⟩: zum Brustbein gehörend (Med.). **Stern|al|gie** *die;* -, ...i̯en ⟨zu ↑...algie⟩: Brustbeinschmerz (Med.). **Ster|nal|punk|ti|on** *die;* -, -en: Punktion des Brustbeins zur Entnahme von Knochenmark zur hämatologischen Untersuchung (Med.). **Ster|nit** [auch ...ˈnɪt] *der;* -s, -e ⟨zu ↑²...it⟩: Bauchschiene, Chitinplatte auf der Bauchseite der Segmente des Brustabschnitts u. des Hinterleibs bei Insekten (Zool.). **Ster|no|pa|gus** *der;* -, Plur. ...gen u. ...gi ⟨aus gleichbed. *nlat.* sternopagus zu *gr.* pēgnýnai „befestigen"⟩: Doppelmißbildung, bei der die Paarlinge am Brustbein zusammengewachsen sind (Med.). **Ster|no|to|mie** *die;* -, ...i̯en ⟨zu ↑...tomie⟩: operative Eröffnung des Brustbeins (Med.). **Ster|num** *das;* -s, ...na ⟨aus gleichbed. *nlat.* sternum, dies aus *gr.* stérnon „Brust, Inneres"⟩: Brustbein (Med.).

Ste|ro|id [ʃt..., st...] *das;* -[e]s, -e (meist Plur.) ⟨Kunstw. aus ↑Sterin u. ↑...oid⟩: biologisch wichtige organische Verbindung (z. B. Gallensäure u. Geschlechtshormone). **ste|ro|i|dal** [...roi̯...] ⟨zu ↑¹...al (1)⟩: ein Steroid enthaltend, auf der Grundlage eines Steroids (Biochem.). **Ste|ro|id|al|ka|lo|id** *das;* -s, -e (meist Plur.): in Pflanzen vorkommendes Alkaloid (z. B. ↑Tomatin in der Wildtomate, ↑Solanin u. ↑Demissin in Kartoffeln; Biochem.). **Ste|ro|id|hor|mon** *das;* -s, -e (meist Plur.): Wirkstoff, der aus ↑Cholesterin od. Cholesterinderivaten gebildet wird (z. B. das Hormon der Keimdrüsen u. der Nebennierenrinde; Biochem.). **Ste|rol** vgl. Sterin. **Ste|ron** *das;* -s, -e (meist Plur.) ⟨Kurzw. aus ↑Steroid u. ↑Hormon⟩: svw. Steroidhormon

Ster|ret|tit [ʃt..., st..., auch ...ˈtɪt] *der;* -s, -e ⟨nach dem amerik. Geologen D. B. Sterrett (*1883) u. zu ↑²...it⟩: ein bläuliche Kristalle aufweisendes Scandiummineral

Ster|tor [ʃt..., st...] *der;* -s ⟨zu *lat.* stertere „schnarchen" u. ↑...or⟩: röchelndes Atmen (Med.). **ster|to|rös** ⟨zu ↑...ös⟩: röchelnd, schnarchend (vom Atemgeräusch; Med.)

Ste|tho|graph [ʃt..., st...] *der;* -en, -en ⟨zu *gr.* stēthos „Brust" u. ↑...graph⟩: die Atembewegungen des Brustkorbs registrierendes u. aufzeichnendes Gerät (Med.). **Ste|tho|gra|phie** *die;* -, ...i̯en ⟨zu ↑...graphie⟩: 1. graphische Aufzeichnungen bei der Atmung mit Hilfe des Stethographen. 2. svw. Phonokardiographie (Med.). **Ste|tho|skop** *das;* -s, -e ⟨zu ↑...skop⟩: Hörrohr zur ↑Auskultation. **Ste|tho|sko|pie** *die;* -, ...i̯en ⟨zu ↑...skopie⟩: Untersuchung mit dem Stethoskop (Med.). **ste|tho|sko|pisch:** mit einem Stethoskop untersucht (Med.)

Stet|son [ˈstɛtsn] *der;* -s, -s ⟨aus gleichbed. *engl.-amerik.* stetson, nach dem Namen des amerik. Herstellers J. B. Stetson, 1830–1906⟩: weicher Filzhut mit breiter Krempe; Cowboyhut

Ste|ward [ˈstjuːət] *der;* -s, -s ⟨aus gleichbed. *engl.* steward, eigtl. „(Haus)verwalter", dies aus *altengl.* stigweard, stīweard⟩: Betreuer der Passagiere an Bord von Schiffen, Flugzeugen u. a.; Flugbegleiter (Berufsbez.). **Ste|war|deß** [ˈstjuːədɛs, auch ...ˈdɛs] *die;* -, ...essen ⟨aus gleichbed. *engl.* stewardess⟩: Betreuerin der Passagiere an Bord von Flugzeugen, Schiffen u. a.; Flugbegleiterin (Berufsbez.). **Ste|ward|ship** [ˈstjuːədʃɪp] *die;* - ⟨aus gleichbed. *engl.* stewardship, eigtl. „Verwaltungsdienst", zu steward (vgl. Steward) u. -ship (engl. Suffix im Sinne von *dt.* „-schaft")⟩: Laiendienst der Gemeindemitglieder, die einen Teil ihrer Zeit, ihrer Fähigkeiten u. ihres Geldes der Gemeinde zur Verfügung stellen (in der protestantischen Kirche der USA)

Stha|na|ka|nur|ti [st...] *das;* -[s], -s ⟨zu *sanskr.* sthānaka „Körperhaltung, Stellung"⟩: ind. Bildwerk in Standpositur

Sthe|nie [st..., ʃt...] *die;* -, ...i̯en ⟨zu *gr.* sthénos „Stärke, Kraft" u. ↑²...ie⟩: Körperkraft, physische Kraftfülle

sthenisch

(Med.). **sthe|nisch:** vollkräftig, kraftvoll (Med.). **sthe|ni|sie|ren** ⟨zu ↑...isieren⟩: kräftigen (Med.)

Sti|bin [ʃt..., st...] *das;* -s ⟨zu ↑ Stibium u. ↑ ...in (1)⟩: ein zu den Antimonverbindungen gehörendes farbloses, brennbares, übelriechendes, äußerst giftiges Gas. **Sti|bi|um** *das;* -s ⟨aus *lat.* stibi(um) „Spießglas", dies aus gleichbed. *gr.* stíbi⟩: svw. Antimon. **Stib|nit** [auch ...'nıt] *der;* -s, -e ⟨zu ↑² ...it⟩: svw. ²Antimonit

Sti|cha|ri|on [st..., ʃt...] *das;* -s, ...ia ⟨aus gleichbed. *mgr.* stichárion, wohl zu *gr.* steichein „wandeln, gehen"⟩: liturgisches Gewand in der Ostkirche, ein ungegürteter weißer od. farbiger Talar; vgl. Albe

Sti|che|ron [ʃt..., st...] *das;* -s, ...ra ⟨aus gleichbed. *mgr.* sticherón, substantiviertes Neutrum von *gr.* stichērós „in Reihen, in Verse gegliedert"⟩: liturgische Dichtung in der orthodoxen Kirche, meist in Verbindung mit Psalmenversen. **sti|chisch** ⟨zu *gr.* stíchos „Vers", eigtl. „Reihe, Ordnung"⟩: nur den Vers als metrische Einheit besitzend (von Gedichten); vgl. monostichisch. **Sti|cho|lo|gie** *die;* -, ...ien ⟨aus *gr.* stichología „das Versehersagen"⟩: Verslehre. **Sti|cho|man|tie** *die;* -, ...ien ⟨zu *gr.* manteía „das Weissagen"⟩: Wahrsagung aus einer zufällig aufgeschlagenen Buchstelle (Bibelvers u. ä.). **Sti|cho|me|trie** *die;* -, ...ien ⟨zu ↑ ...metrie⟩: 1. in der Antike die Bestimmung des Umfangs einer Schrift nach Normalzeilen zu etwa 16 Silben. 2. ↑ Antithese, die im Dialog durch Behauptung u. Entgegnung entsteht (Stilk.). **Sti|cho|my|thie** *die;* -, ...ien ⟨nach *gr.* stichomythía „das Zeile-für-Zeile-Hersagen"⟩: Wechsel von Rede u. Gegenrede mit jedem Vers im [altgriech.] Drama; vgl. Distichomythie u. Hemistichomythie

Stick [st..., ʃt...] *der;* -s, -s ⟨aus gleichbed. *engl.* stick, eigtl. „Stengel, Stock"⟩: 1. (meist Plur.) kleine, dünne Salzstange, ein Knabbergebäck. 2. Stift (als Kosmetikartikel, z. B. Deodorantstick). **Sticker¹** *der;* -s, - ⟨aus gleichbed. *engl.* sticker zu to stick „kleben, befestigen"⟩: [selbstklebender] Aufkleber aus Papier od. Plastik

Stick|oxy|dul *das;* -s ⟨Kunstw. aus *Stick*stoff u. ↑ *Oxydul*⟩: Lachgas

Stie|fe|let|te *die;* -, -n ⟨mit französierender Endung zu *dt.* Stiefel; vgl. ...ette⟩: [eleganter] halbhoher Damen-, Herrenstiefel

Stie|fo|gra|fie u. **Stie|fo|gra|phie** *die;* - ⟨nach dem dt. Stenographen H. Stief (1906–1977) u. zu ↑ ...graphie⟩: ein Kurzschriftsystem mit 25 Grundzeichen

stie|kum ⟨aus *jidd.* stieke „ruhig" zu *hebr.* šātaq „sich legen, beruhigen"⟩: (landsch.) heimlich, leise

Stiff-man-Syn|drom [stıf'mæn...] *das;* -s, -e ⟨zu *engl.* stiff man, eigtl. „steifer Mann"⟩: fortschreitende irreversible Versteifung der Rumpf- u. Extremitätenmuskulatur in Verbindung mit Muskelspasmen (Med.).

Stig|ma [ʃt..., st...] *das;* -s, Plur. ...men u. -ta ⟨über *lat.* stigma aus *gr.* stígma, Gen. stígmatos „Zeichen; (Brand)mal", eigtl. „Stich", zu stízein „stechen, brandmarken"⟩: 1. a) Mal, Zeichen; Wundmal; b) (nur Plur.) Wundmale Christi. 2. a) Narbe der Blütenpflanzen; b) Augenfleck der Einzeller; c) äußere Öffnung der ↑ Tracheen (1). 3. den Sklaven eingebranntes Mal bei Griechen u. Römern. 4. auffälliges Krankheitszeichen, bleibende krankhafte Veränderung (z. B. bei Berufskrankheiten; Med.). **Stig|ma|rie** [...iə] *die;* -, -n (meist Plur.) ⟨aus *nlat.* stigmaria (zu ↑ Stigma) weil die Schuppen dieses Baumes Narben trugen (daher auch die dt. Bez. Narbenbaum)⟩: versteinerter Wurzelstock des ausgestorbenen Schuppenbaumes (häufig im ↑ Karbon). **Stig|ma|ta:** Plur. von ↑ Stigma. **Stig|ma|ti|sa|ti|on** *die;* -, -en ⟨zu ↑ stigmatisieren u. ↑ ...ation⟩: 1. Auftreten der fünf Wundmale Christi bei einem Menschen. 2. Brandmarkung der Sklaven im Altertum. 3. das Auftreten von Hautblutungen u. anderen psychogen bedingten Veränderungen bei hysterischen Personen (Med.); vgl. ...[at]ion/...ierung. **stig|ma|tisch** ⟨zu ↑ Stigma⟩: Stigmen betreffend, mit Stigmen behaftet; -e Abbildung: optische Abbildung mit sehr geringer ↑ Aberration (1). **stig|ma|ti|sie|ren** ⟨über *mlat.* stigmatizare aus gleichbed. *gr.* stigmatízein⟩: 1. a) mit den Wundmalen des gekreuzigten Jesus kennzeichnen; b) jmdn. brandmarken, anprangern. 2. jmdm. bestimmte, von der Gesellschaft als negativ bewertete Merkmale zuordnen, jmdn. in diskriminierender Weise kennzeichnen (Soziol.). **stig|ma|ti|siert** ⟨zu ↑ ...iert⟩: mit den Wundmalen Christi gezeichnet. **Stig|ma|ti|sier|te** *der* u. *die;* -n, -n ⟨nach *gr.* stigmatías „der Gebrandmarkte"; vgl. ...iert⟩: jmd., bei dem die Wundmale Christi erscheinen. **Stig|ma|ti|sie|rung** *die;* -, -en ⟨zu ↑ stigmatisieren u. ↑ ...ierung⟩: das Stigmatisieren; vgl. ...[at]ion/...ierung. **Stig|ma|tor** *der;* -s, ...oren ⟨zu ↑ Stigma u. ↑ ...ator⟩: Vorrichtung in Elektronenmikroskopen, mit der sich der (axiale) ↑ Astigmatismus (1) ausgleichen läßt. **Stig|men:** Plur. von ↑ Stigma. **Stig|mo|nym** *das;* -s, -e ⟨Kurzw. zu ↑ *Stigm*a u. ↑ an*onym*⟩: durch Punkte od. Sternchen [teilweise] ersetzter Name

Stil [ʃt..., st...] *der;* -[e]s, -e ⟨aus *lat.* stilus, eigtl. „Schreibgerät, Griffel; Stiel"⟩: 1. individuelle Art, etwas mündlich od. schriftlich auszudrücken. 2. einheitliche u. charakteristische Darstellungs- u. Ausdrucksweise einer Epoche od. eines Künstlers; galanter -: franz. beeinflußte, freiere Kompositionsweise, die im 18. Jh., bes. in der Cembalomusik in Deutschland, die streng gebundene Musik der Zeit Bachs u. Händels ablöste. 3. (ohne Plur.) Lebensweise, die dem besonderen Wesen od. den Bedürfnissen von jmdm. entspricht. 4. [vorbildliche u. allgemein anerkannte] Art, etwas (z. B. eine Sportart) auszuführen.

Stilb [ʃt..., st...] *das;* -s, - (aber: 5 Stilb) ⟨aus *gr.* stílbē „Glanz, das Leuchten" zu stílbein „glänzen, leuchten"⟩: veraltete physikal. Einheit der Leuchtdichte auf einer Fläche; Zeichen sb (Phys.). **Stil|ben** *das;* -s ⟨zu ↑ ...en⟩: ungesättigte Verbindung aus der Gruppe der Kohlenwasserstoffe, eine farblose kristalline Substanz, u. a. als Grundkörper einer Reihe von Substanzen, die als Farbstoffe od. optische Aufheller verwendet werden (Chem.). **Stil|bit** [auch ...'bıt] *der;* s-, -e ⟨zu ↑² ...it⟩: svw. Desmin

Sti|le ['sti:lə] *der;* - ⟨aus *it.* stile, dies aus *lat.* stilus, vgl. Stil⟩: ital. Bez. für Stil; - antico [...ko] od. osservato [...'va:to]: strenger klassischer Stil (A-cappella- u. Palestrina-Stil; Mus.); - concitato [kɔntʃi...]: erregter, heißblütiger Stil (in der Musik des Frühbarocks); - rappresentativo [...vo] od. recitativo [retʃita'ti:vo]: darstellender Stil (frühe Oper). **Sti|lem** [ʃt..., st...] *das;* -s, -e ⟨zu ↑ Stil u. ↑ ...em⟩: stilistisches Element, Merkmal (Sprachw., Stilk.). **Sti|lett** *das;* -s, -e ⟨aus gleichbed. *it.* stiletto, Verkleinerungsform von stile, vgl. Stile⟩: kleiner Dolch mit dreikantiger Klinge. **Stil|fi|gur** *die;* -, -en ⟨zu ↑ Stil⟩: svw. rhetorische Figur. **Sti|li:** Plur. von ↑ Stilus. **sti|li|sie|ren** ⟨französierende Bildung zu ↑ Stil; vgl. ...isieren⟩: 1. Formen, die in der Natur vorkommen, [in dekorativer Absicht] vereinfacht od. verändern, um die Grundstrukturen sichtbar zu machen. 2. (veraltend) in einen bestimmten Stil bringen. **Sti|li|sie|rung** *die;* -, -en ⟨zu ↑ ...isierung⟩: a) nach einem bestimmten Stilideal oder -muster geformte [künstlerische] Darstellung; b) Vereinfachung od. Reduktion auf die Grundstruktur[en]. **Sti|list** *der;* -en, -en ⟨zu ↑ ...ist⟩: 1. jmd., der die sprachlichen Ausdrucksmittel beherrscht. 2. jmd., der den Stil (4) beherrscht. **Sti|li|stik** *die;* -, -en ⟨zu ↑...istik⟩: 1. (ohne Plur.) Lehre von der Gestaltung des sprachlichen Ausdrucks, vom Stil (1); vgl. Rhetorik (a). 2. Lehrbuch der Stilistik (1); systematische Beschreibung der Stilmittel. **sti|li|stisch** ⟨zu ↑...istisch⟩: die Stilistik (1), den Stil (1, 2, 4) betreffend

Stil|ja|gi [st...] *die* (Plur.) ⟨aus gleichbed. *russ.* stiljagi⟩: russ. Bez. für Halbstarke

Still|bay|en [stilba'jɛ̃] *das;* -[s] ⟨*fr.;* nach dem Ort Stillbay in der Kapprovinz (Südafrika)⟩: eine Kulturgruppe der mittleren Steinzeit südlich der Sahara, gekennzeichnet durch dünne, lorbeerblattähnliche Feuersteinspitzen

Still-Video-Kamera ['stɪl'vɪdɪoʊ...] *die;* -, -s ⟨zu *engl.* still „bewegungslos", ↑ Video u. ↑ Kamera⟩: elektron. Stehbildkamera, die wie Videokameras Bilder auf einen Bildsensor aufnimmt u. auf einem Magnetträger speichert

Stil|mö|bel [ʃt..., st...] *das;* -s, - (meist Plur.) ⟨zu ↑ Stil u. ↑ Möbel⟩: im Stil (2) einer vergangenen Epoche hergestelltes Möbelstück

Stilp|no|me|lan *der;* -s, -e ⟨zu *gr.* stilpnós „glitzernd" u. mélas „schwarz"⟩: Glimmer von brauner, grüner od. schwarzer Farbe. **Stilp|no|si|de|rit** [auch ...'rɪt] *der;* -s, -e ⟨zu ↑ Siderit⟩: braunschwarze, glasartige, muschelig brechende Varietät des ↑ Limonits, Pecheisenerz

Stil|ton ['ʃtɪltn̩] *der;* -[s], -s ⟨nach dem gleichnamigen engl. Ort⟩: überfetter Weichkäse mit grünem Schimmelbelag

Sti|lus [ʃt..., st...] *der;* -, ...li ⟨aus gleichbed. *lat.* stilus⟩: antiker [Schreib]griffel

Sti|mu|lans [ʃt..., st...] *das;* -, Plur. ...lạnzien [...i̯ən] u. ...lạntia ⟨aus *lat.* stimulans, Gen. stimulantis, Part. Präs. von stimulare, vgl. stimulieren⟩: anregendes Arzneimittel, Reizmittel. **Sti|mu|lạnz** *die;* -, -en ⟨zu ↑...anz⟩: Anreiz, Antrieb. **Sti|mu|la|ti|on** *die;* -, -en ⟨aus gleichbed. *mlat.* stimulatio zu *lat.* stimulare, vgl. stimulieren⟩: das Stimulieren; vgl. ...[at]ion/...ierung. **Sti|mu|la|tor** *der;* -s, ...ọren ⟨nach *lat.* stimulator „Reizer"⟩: Vorrichtung, die einen Reiz auslöst. **Sti|mu|li:** Plur. von ↑ Stimulus. **sti|mu|lie|ren** ⟨aus gleichbed. *lat.* stimulare, eigtl. „mit einem Stachel stechen, anstacheln", zu stimulus, vgl. Stimulus⟩: [zu größerer Aktivität] anregen, anreizen; ermuntern. **Sti|mu|lie|rung** *die;* -, -en ⟨zu ↑...ierung⟩: das Stimulieren; vgl. ...[at]ion/...ierung. **Sti|mu|lus** [ʃt..., st...] *der;* -, ...li ⟨aus gleichbed. *lat.* stimulus, eigtl. „Stachel"⟩: a) Reiz, Antrieb; b) ein der Sprechakt vorausgehender [äußerer] Reiz (Sprachw.); c) der auf einen Organismus wirkende Reiz (Psychol.). **Sti|mu|lus-Response-Theo|ri|en** ['stɪmjʊlǝsrɪ'spɒns...] *die* (Plur.) ⟨zu *engl.* stimulus (aus *lat.* stimulus, vgl. Stimulus), ↑ Response u. ↑ Theorie⟩: Lerntheorien, die das Verhalten von Organismen als Verbindung von Reiz- u. Reaktionsfolgen zu erklären versuchen

Stin|ger ['stɪŋǝ] *der;* -[s], - ⟨zu *engl.* to sting „stechen"⟩: von einem einzelnen zu bedienendes Flugabwehrraketensystem zur Bekämpfung von Luftfahrzeugen in niedrigen Höhen

Sti|pel [ʃt..., st...] *die;* -, -n ⟨aus *nlat.* stipella, Verkleinerungsform von *lat.* stipula „Halm" zu stipare „zusammendrängen"⟩: Nebenblatt (Bot.). **Sti|pen|di|a|ri|us** *der;* -, ...rii ⟨aus *lat.* stipendiarius „Tributpflichtiger"⟩: (veraltet) svw. Stipendiat. **Sti|pen|di|at** *der;* -en, -en ⟨zu ↑ Stipendium u. ↑...at (1)⟩: jmd., der ein Stipendium erhält. **Sti|pen|di|en** [...i̯ən]: Plur. von ↑ Stipendium. **Sti|pen|dist** *der;* -en, -en ⟨zu ↑...ist⟩: (bayr., österr.) Stipendiat. **Sti|pen|di|um** *das;* -s, ...ien [...i̯ən] ⟨aus *lat.* stipendium „Steuer, Abgabe; Sold; Unterstützung" zu stips „Geldbeitrag, Spende" u. pendere „(ab)wägen; zahlen"⟩: finanzielle Unterstützung

für Schüler, Studierende u. junge Wissenschaftler. **Stipes** [st..., ʃt...] *der;* -, ...ites [...te:s] ⟨aus *lat.* stipes, Gen. stipitis „Pfahl, Klotz"⟩: 1. Unterbau für den Altar, meist mit einem ↑ Antependium bekleidet (Kunstw.). 2. das Haftglied der ↑ Maxillen bei Insekten (Zool.). **Sti|pu|la|ti|on** [ʃt..., st...] *die;* -, -en ⟨aus gleichbed. *lat.* stipulatio zu stipulari, vgl. stipulieren⟩: vertragliche Abmachung; Übereinkunft. **sti|pu|lie|ren** ⟨aus *lat.* stipulari „sich etw. verbindlich zusagen lassen"⟩: 1. vertraglich vereinbaren, übereinkommen. 2. festlegen, festsetzen

Stoa [st..., ʃt...] *die;* -, Stoen ⟨nach *gr.* (poikílē) stoá, eigtl. „(buntbemalte Säulen)halle", einer mit Bildern geschmückten Säulenhalle im antiken Athen, in der sich die Anhänger der um 300 v. Chr. von Zenon von Kition (etw. 335–263 v. Chr.) gegründeten Schule versammelten⟩: 1. (ohne Plur.) griech. Philosophenschule von 300 v. Chr. bis 250 n. Chr., deren oberste Maxime der Ethik darin bestand, in Übereinstimmung mit sich selbst u. mit der Natur zu leben u. Neigungen u. Affekte als der Einsicht hinderlich zu bekämpfen. 2. altgriech. Säulenhalle [in aufwendigem Stil] (Kunstw.).

Sto|cha|stik [stɔx..., ʃt...] *die;* - ⟨aus *gr.* stochastikḗ (téchnē) „zum Zielen, zum Erraten gehörend(e Kunst)"⟩: Teilgebiet der Statistik, das sich mit der Analyse zufallsabhängiger Ereignisse u. deren Wert für statistische Untersuchungen befaßt. **sto|cha|stisch** ⟨aus *gr.* stochastikós „mutmaßend"⟩: zufallsabhängig; -er A l g o r i t h m u s: Algorithmus, bei dem die Ausgabe bzw. die Reihenfolge der Abarbeitung der einzelnen Anweisungen von zufälligen Ereignissen abhängt (Informatik)

Stö|chio|me|trie [st..., ʃt...] *die;* - ⟨zu *gr.* stoicheîon, Plur. stoicheîa „Anfänge der Wissenschaften, Grundstoffe" u. ↑...metrie⟩: Lehre von der mengenmäßigen Zusammensetzung chem. Verbindungen u. der math. Berechnung chem. Umsetzungen. **stö|chio|me|trisch** ⟨zu ↑...metrisch⟩: entsprechend den in der Chemie geltenden quantitativen Gesetzen reagierend

Stock [stɔk] *der;* -s, -s ⟨aus gleichbed. *engl.* stock, eigtl. „(Baum)stamm"⟩: 1. Warenvorrat, -lager. 2. Gesamtbetrag einer Anleihe (Wirtsch.). 3. Grundkapital einer Gesellschaft od. dessen Teilbeträge (Wirtsch.). **Stock|bro|ker** [...'broʊkǝ] *der;* -s, - ⟨aus *engl.* stockbroker „Makler" zu stock „Aktien-" u. broker „Altwarenhändler, Trödler"⟩: Börsenmakler, Wertpapierhändler (Börsenw.). **Stock-Car** [...kɑː] *der;* -s, -s ⟨aus gleichbed. *engl.* stock car zu stock „Serien-" u. car „Auto"⟩: Wettbewerbsfahrzeug für geschlossene Rennstrecken, das wie ein Serienfahrzeug aussehen kann, dessen Motor aber über 550 PS frisiert ist. **Stock|di|vi|den|de** *die;* -, -n ⟨zu *engl.* stock „Aktien"⟩: Dividende, die entweder ganz od. zum Teil in Form von Berechtigungsaktien neben der Bardividende verteilt wird (Wirtsch.). **Stock Ex|change** [– ɪks'tʃeɪndʒ] *die;* - - ⟨aus *engl.* stock exchange, zu exchange „Börse"⟩: 1. früherer Name der Londoner Börse. 2. svw. Effektenbörse. **Stock|job|ber** [...dʒɒbɐ] *der;* -s, -s ⟨aus gleichbed. *engl.* stockjobber, zu jobber, vgl. Jobber⟩: Händler an der Londoner Börse, der nur Geschäfte für eigene Rechnung abschließen darf (Börsenw.). **Stock|pi|ling** [...paɪlɪŋ] *das;* -s ⟨aus gleichbed. *engl.* stockpiling zu to stockpile „anhäufen, einen Vorrat anlegen"⟩: die gesetzlich vorgeschriebene Vorratshaltung von strategischen Gütern (vor allem Rohstoffe; Wirtsch.).

stoi! [stɔj] ⟨aus *russ.* stoj, Imperativ Sing. von stat' „stehenbleiben"⟩: stopp, halt!

Stoi|che|don [stɔyçe...] *das;* - ⟨zu *gr.* stoichēdón „in Reihen, neben- od. hintereinander"⟩: Anordnung der Buchstaben auf altgriech. Inschriften reihenweise untereinander u. ohne Worttrennung

Sto|i|ker [ʃt..., st...] *der;* -s, - ⟨über *lat.* Stoicus aus *gr.* Stōikós zu stoikós „stoisch", eigtl. „zur Halle gehörig", dies zu stoá, vgl. Stoa⟩: 1. Angehöriger der Stoa. 2. Vertreter des Stoizismus. 3. Mensch von stoischer Gelassenheit. **sto|isch** ⟨aus *lat.* stoicus „stoisch", dies aus *gr.* stoikós, vgl. Stoiker⟩: 1. die Stoa od. den Stoizismus (1) betreffend. 2. von unerschütterlicher Ruhe, gleichmütig, gelassen. **Stoi|zis|mus** *der;* - ⟨zu ↑...izismus⟩: 1. die von der Stoa ausgehende weitreichende Philosophie u. Geisteshaltung mit dem Ideal des Weisen, der naturgemäß u. affektfrei unter Betonung der Vernunft u. der ↑Ataraxie lebt. 2. Unerschütterlichkeit, Gleichmut, Gelassenheit

Sto|ker ['stoʊkə] *der;* -s, - ⟨aus *engl.* stoker „Heizer"⟩: 1. Feuerungsrost mit selbsttätiger Beförderung der Kohle. 2. (früher) Heizer auf Schiffen

Stokes [stoʊks] *das;* -, - ⟨nach dem engl. Physiker u. Mathematiker Sir G. G. Stokes, 1819–1903⟩: Maßeinheit der Viskosität eines Stoffes; Zeichen St. **Stokes|sche Li|nie** ['stoʊksʃə ...jə] *die;* -n, -n -n: ↑Spektrallinie im ↑Emissionsspektrum von größerer Wellenlänge als die des anregenden Lichts (Kernphys.)

STOL [stɔl] *das;* -[s], -s ⟨Abk. für *engl.* short *t*ake-off and *l*anding „kurzes Starten u. Landen"⟩: Kurzstart[flugzeug]

Sto|la [ʃt..., st...] *die;* -, ...len ⟨aus gleichbed. *lat.* stola, dies aus *gr.* stolé „Rüstung, Kleidung", Bed. 2 über gleichbed. *mlat.* stola⟩: 1. altröm. knöchellanges Obergewand für Frauen. 2. schmaler, über beide Schultern herabhängender Teil des priesterlichen Meßgewandes; vgl. Epitrachelion u. Orarion. 3. langer, schmaler Umhang aus Stoff od. Pelz. **Stol|ge|büh|ren** *die* (Plur.) ⟨zu ↑Stola (2)⟩: Gebühren für bestimmte Amtshandlungen eines Geistlichen (Taufe, Trauung u. ä.)

Sto|li|di|tät *die;* -, -en ⟨aus gleichbed. *lat.* stoliditas, Gen. stoliditatis zu stolidus „dumm, albern"⟩: (veraltet) Dummheit, Albernheit

Stol|nik [st...] *der;* -s, Plur. -s u. -i ⟨aus gleichbed. *russ.* stolnik zu stol „Tisch; Thron"⟩: (früher) Haushofmeister des Zaren

Sto|lo[n] [ʃt..., st...] *der;* -s, Stolonen (meist Plur.) ⟨aus *lat.* stolo, Gen. stolonis „Wurzelsproß"⟩: 1. Ausläufer, unterirdischer Trieb bei Pflanzen (Bot.). 2. bei festsitzenden Tieren (z. B. Polypen, Moostierchen) Auswuchs, der durch Knospung neue Individuen hervorbringt (Zool.). **Sto|lo|ni|sa|ti|on** *die;* -, -en ⟨zu ↑...isation⟩: Bildung von Stolonen für die vegetative Fortpflanzung bei einigen niederen Tieren (Zool.)

Sto|ma [st..., ʃt...] *das;* -s, -ta ⟨aus *gr.* stóma, Gen. stómatos „Mund(öffnung)"⟩: 1. Mundöffnung (Zool., Med.). 2. (meist Plur.) sehr kleine Öffnung in Blut- u. Lymphgefäßen, durch die Zellen hindurchtreten können (Med.). 3. künstlich hergestellter Ausgang von Darm od. Harnblase (Med.). 4. Spaltöffnung des Pflanzenblattes (Bot.). **sto|ma|chal** ⟨zu *lat.* stomachus „Öffnung, Schlund, Magen" (dies aus *gr.* stómachos) u. ↑¹...al (1)⟩: durch den Magen gehend, aus dem Magen kommend, den Magen betreffend (Med.). **Sto|ma|chi|kum** *das;* -s, ...ka ⟨zu *lat.* stomachicus „zum Magen gehörig", dies aus *gr.* stomachikós; vgl. ...ikum⟩: Mittel, das den Appetit u. die Verdauung anregt u. fördert (Med.). **Sto|ma|ka|ze** *der;* - ⟨nach *gr.* stomakákē „Mundfäule (verbunden mit Zahnausfall), Skorbut"⟩: geschwürige Mundfäule (Med.). **sto|mat...**, **Sto|mat...** vgl. stomato..., Stomato... **Sto|ma|ta**: Plur. von ↑Stoma. **Sto-**

ma|ti|tis *die;* -, ...itiden ⟨zu ↑Stoma u. ↑...itis⟩: Entzündung der Mundschleimhaut (Med.). **sto|ma|to...**, **Sto|ma|to...**, vor Vokalen auch stomat..., Stomat... ⟨zu *gr.* stóma, Gen. stómatos „Mund"⟩: Wortbildungselement mit der Bedeutung „Mund, Mundhöhle", z. B. stomatogen, Stomatomykose. **sto|ma|to|gen** ⟨zu ↑...gen⟩: vom Mund u. seinen Organen herrührend (Med.). **Sto|ma|to|lo|ge** *der;* -n, -n ⟨zu ↑...loge⟩: Facharzt auf dem Gebiet der Stomatologie. **Sto|ma|to|lo|gie** *die;* - ⟨zu ↑...logie⟩: Wissenschaft von den Krankheiten der Mundhöhle (Med.). **sto|ma|to|lo|gisch** ⟨zu ↑...logisch⟩: die Stomatologie betreffend. **Sto|ma|to|my|ko|se** *die;* -, -en: Pilzerkrankung der Mundhöhle (Med.). **Sto|ma|to|pla|stik** *die;* -, -en ⟨zu ↑¹Plastik⟩: 1. operative Erweiterung der verengten Mundöffnung (Med.). 2. operatives Verfahren, um den Eileiter durch Bildung eines künstlichen Mundes durchgängig zu machen (Med.). **Sto|ma|to|skop** *das;* -s, -e ⟨zu ↑...skop⟩: optisches Gerät zur Untersuchung der Mundschleimhaut (Med.). **Sto|mi|um** *das;* -s, ...ien [...jən] ⟨zu ↑Stoma u. ↑...ium⟩: vorgebildete Aufreißstelle an den ↑Sporangien der Farne u. den Pollensäcken der Samenpflanzen, durch die bei der Reife die Sporen bzw. Pollenkörner ausgestreut werden (Bot.)

Stomp [stɔmp, ʃt...] *der;* -[s] ⟨aus gleichbed. *engl.-amerik.* stomp, eigtl. „das Stampfen"⟩: 1. ein afroamerik. Tanz. 2. im Jazz eine melodisch-rhythmische Technik, bei der der fortlaufenden Melodie eine rhythmische Formel zugrunde gelegt wird

stoned [stoʊnd] ⟨aus gleichbed. *engl.-amerik.* stoned, eigtl. „versteinert", zu stone „Stein"⟩: (Jargon) unter der Wirkung von Rauschmitteln stehend; vgl. high. **stone-washed** ['stoʊnwɔʃt] ⟨*engl.;* „mit Steinen gewaschen"⟩: (von Jeansstoffen) mit kleinen Steinen vorgewaschen, um Farbe u. Material so herzurichten, daß sie nicht mehr neu aussehen

stop! [ʃt..., st...] ⟨*engl.;* Imperativ von to stop „anhalten"⟩: 1. (auf Verkehrsschildern) svw. stopp! 2. Punkt (im Telegrafenverkehr). **Stop-and-go-Po|li|tik** ['stɔp ənd 'goʊ...] *die;* - ⟨zu *engl.* to stop and to go „anhalten und fahren"⟩: kritisierende Bez. für Maßnahmen der diskretionären Wirtschaftspolitik. **Stop-and-go-Ver|kehr** *der;* -s: durch langsame Fahrweise u. häufiges Anhalten der Fahrzeuge gekennzeichneter Verkehr. **Stop-over** [...'oʊvə] *der;* -s, -s ⟨aus gleichbed. *engl.* stopover zu to stop over „die Fahrt (kurz) unterbrechen"⟩: Zwischenlandung, Zwischenaufenthalt auf einer Reise. **stopp!** [ʃt...]: halt! **Stopp** *der;* -s, -s: [unfreiwilliger] Halt, Stockung

Stop|pi|ne *die;* - ⟨aus *it.* stoppino „Docht" zu stoppa „Werg", dies aus *lat.* stuppa⟩: in der Pyrotechnik verwendetes Zündmittel, das aus einem trockenen, mit Schwarzpulverbrei präparierten Baumwollfaden besteht

Stop|ping [st...] *das;* -[s], -s ⟨zu *engl.* stopping, eigtl. „Anhalten", zu to stop, vgl. stop!⟩: unerlaubtes Verabreichen von einschläfernden, das Leistungsvermögen herabmindernden Mitteln bei Rennpferden; Ggs. ↑Doping. **Stop-time** [...taɪm] *die;* - ⟨aus gleichbed. *engl.-amerik.* stop time, zu *engl.* stop „das Halten" u. time „Zeit; Takt"⟩: rhythmische Technik, die im plötzlichen Abbruch des ↑Beat besteht (in der afroamerik. Musik)

Sto|rax [ʃt..., st...] vgl. Styrax

¹Store [ʃtoːɐ̯, st..., schweiz. ˈʃtoːrə] *der;* -s, -s, schweiz. *die;* -, -n ⟨aus *fr.* store „Rollvorhang", dies über *it.* stora, stuoia aus *lat.* storea „Matte, geflochtene Decke"⟩: die Fensterfläche in voller Breite bedeckender, durchscheinender Vorhang

²Store [stoːɐ̯] *der;* -s, -s ⟨aus gleichbed. *engl.* store, dies über *mittelengl.* stor aus *altfr.* estor „Vorrat" zu estorer „bevorraten" (aus *lat.* instaurare „erneuern")⟩: engl. Bez. für Vorrat, Lager, Laden. **Store|kee|per** ['stoːɐ̯kiːpɐ] *der;* -s, - ⟨aus gleichbed. *engl.* storekeeper, zu keeper, vgl. Keeper⟩: Lagerverwalter (auf Schiffen)

Sto|ren *der;* -s, - ⟨zu ↑ ¹Store⟩: (schweiz.) svw. Store

Sto|ries ['stɔːrɪz, 'stɔriːs]: Plur. von ↑ Story

Stor|nel|lo [st...] *das,* auch *der;* -s, Plur. -s u. ...lli ⟨aus gleichbed. *it.* stornello zu *provenzal.* estorn „Streit, Kampf"⟩: dreizeilige volkstümliche Liedform in Italien

Stor|ni [ʃt..., st...]: Plur. von ↑ Storno. **stor|nie|ren** ⟨aus gleichbed. *it.* stornare, eigtl. „ablenken"⟩: 1. einen Fehler in der Buchhaltung durch Eintragung eines Gegenpostens berichtigen, rückbuchen. 2. [einen Auftrag] rückgängig machen. **Stor|no** *der* u. *das;* -s, ...ni ⟨aus gleichbed. *it.* storno, eigtl. „Ablenkung"⟩: Berichtigung eines Buchhaltungsfehlers, Rückbuchung (Wirtsch.)

Stor|ting [ʃt..., norw. st...] *das;* -s ⟨aus *norw.* storting, eigtl. „große Zusammenkunft", zu stor „groß" u. ting „Thing"⟩: das norwegische Parlament

Sto|ry ['stɔːrɪ, 'stɔri] *die;* -, Plur. -s, auch ...ies [...rɪz, ...riːs] ⟨aus gleichbed. *engl.-amerik.* story, dies über *altfr.* estoire aus *lat.* historia, vgl. Historie⟩: 1. den Inhalt eines Films, Romans o. ä. ausmachende Geschichte. 2. (ugs.) a) ungewöhnliche Geschichte, die sich so zugetragen haben soll; b) Bericht, Report. **Sto|ry art** ['stɔːrɪ 'ɑːt] *die;* - - ⟨zu *engl.* art „Kunst"⟩: svw. Narrative art. **Sto|ry|board** [...bɔːd] *das;* -s, -s ⟨aus gleichbed. *engl.* storyboard, eigtl. „Geschichtentafel"⟩: aus Einzelbildern bestehende Abfolge eines Films zur Erläuterung des Drehbuchs

Sto|tin|ka [st...] *die;* -, ...ki ⟨aus *bulgar.* stotinka zu sto „hundert"⟩: Münzeinheit in Bulgarien (= 0,01 Lew)

Stout [staʊt] *der;* -s, -s ⟨aus gleichbed. *engl.* stout, eigtl. „stark", dies über *altfr.* estout aus dem Germ.⟩: dunkles engl. Bier mit starkem Hopfengeschmack

Stra|bis|mus [ʃt..., st...] *der;* - ⟨nach *gr.* strabismós „das Schielen" zu strabízein „schielen", dies zu strabós „verdreht"; vgl. ...ismus (3)⟩: das Schielen (Med.). **Stra|bo** *der;* -s, -s ⟨nach gleichbed. *gr.* strabón⟩: Schielender (Med.). **Stra|bo|me|ter** *das;* -s, - ⟨zu *gr.* strabós „schielend", eigtl. „verdreht", u. ↑ ¹...meter⟩: optisches Meßgerät, mit dem die Abweichung der Augenachsen von der Parallelstellung bestimmt wird (Med.). **Stra|bo|me|trie** *die;* -, ...ien ⟨zu ↑ ...metrie⟩: Messung des Schielwinkels mit dem Strabometer (Med.). **Stra|bo|si|tät** *die;* - ⟨zu ↑ ...osität⟩: svw. Strabismus. **Stra|bo|to|mie** *die;* -, ...ien ⟨zu ↑ ...tomie⟩: operative Korrektur einer Fehlstellung der Augen, Schieloperation (Med.)

Strac|chi|no [straˈkiːno] *der;* -[s] ⟨aus gleichbed. *it.* stracchino zu stracco „müde", weil der Käse urspr. aus der Milch der im Herbst von den Bergen heimkehrenden vacche stracche („müde Kühe") hergestellt wurde⟩: Weichkäse aus der Gegend von Mailand

¹Strac|cia|tel|la [stratʃa...] *das;* -[s] ⟨nach *it.* stracciatella (wegen der im Eis enthaltenen Schokoladensplitter), vgl. ²Stracciatella⟩: Speiseeissorte, die aus Milchspeiseeis mit Schokoladenstückchen besteht. **²Strac|cia|tel|la** *die;* -, ... ⟨aus gleichbed. *it.* stracciatella zu stracciare „zerfetzen, (in Stücke) zerreißen"⟩: ital. [Eier]einlaufsuppe

Strad|dle ['strɛdl] *der;* -[s], -s ⟨aus *engl.* straddle „das Spreizen (der Beine)"⟩: 1. Wälzsprung mit gespreizten Beinen (Hochsprung). 2. bes. Form des Optionsgeschäftes

Stra|di|va|ri [stradiˈvaːri] *der;* -[s] u. **Stra|di|va|ri|us** *die;* -, - ⟨nach dem ital. Geigenbauer A. Stradivari (latinisiert Stradivarius), 1644–1737⟩: Geige aus der Werkstatt Stradivaris

Stra|gu|la ⓦ [ʃt..., st...] *das;* -s ⟨aus *lat.* stragula „Decke, Teppich"⟩: ein glatter Fußbodenbelag mit Kunststoffoberfläche

straight [streɪt] ⟨*engl.;* eigtl. „gerade, aufrecht"⟩: 1. (Jargon) heterosexuell; Ggs. ↑ gay. 2. a) geradlinig, konsequent; b) notengetreu, (eine Melodie) ohne Variation od. Improvisation spielend. **Straight** *der;* -s, -s u. **Straightflush** ['streɪtflʌʃ] *der;* -[s], -es [...ɪz, ...ʃɪs] ⟨aus gleichbed. *engl.* straight (flush)⟩: Sequenz von fünf Karten der gleichen Farbe beim Pokerspiel

stral|zie|ren [ʃt..., st...] ⟨aus gleichbed. *it.* stralciare, eigtl. „streichen"⟩: (Kaufmannsspr. veraltet) liquidieren, gütlich abtun. **Stral|zie|rung** *die;* -, -en ⟨zu ↑ ...ierung⟩: (Kaufmannsspr. veraltet) Geschäftsauflösung, ↑ Liquidation. **Stral|zio** *der;* -s, -s ⟨aus gleichbed. *it.* stralcio zu stralciare, vgl. stralzieren⟩: (österr.) svw. Liquidation

Stram|bot|to [st...] *das;* -[s], ...tti ⟨aus *it.* strambotto „(Liebes)gedicht"⟩: Gedichtform der volkstümlichen sizilian. Dichtung, die aus acht elfsilbigen Versen bestand; vgl. Rispetto

Stra|min *der;* -s, -e ⟨aus gleichbed. *niederl.* stramien, dies aus *altfr.* estamin(e) „leichter Wollstoff" zu *lat.* stamineus „voll Fäden, faserig"⟩: appretiertes Gittergewebe als Grundmaterial für [Kreuz]stickerei

Strange|ness ['streɪndʒnɪs] *die;* - ⟨aus *engl.* strangeness „Fremdartigkeit" zu strange „fremd, eigenartig"⟩: Quantenzahl zur Klassifizierung von Elementarteilchen (Phys.). **Strange par|ti|cles** ['streɪndʒ 'pɑːtɪklz] *die* (Plur.) ⟨aus *engl.* strange particles „seltsame Teilchen"⟩: Elementarteilchen, die immer paarig erzeugt werden u. deren Strangeness ungleich null ist (Phys.)

Stran|gu|la|ti|on [ʃt..., st...] *die;* -, -en ⟨aus gleichbed. *lat.* strangulatio zu strangulare, vgl. strangulieren⟩: 1. das Strangulieren. 2. Abschnürung, Abklemmung innerer Organe (z. B. des Darms; Med.); vgl. ...[at]ion/...ierung. **Stran|gu|la|ti|ons|ile|us** [...leʊs] *der;* -, ...ileen [...eən]: Darmverschluß bei Strangulation eines Darmabschnittes (z. B. bei einem Bruch; Med.). **stran|gu|lie|ren** ⟨über *lat.* strangulare aus gleichbed. *gr.* straggalân zu strágx, vgl. Stranguria⟩: 1. durch Zuschnüren, Zudrücken der Luftröhre töten; erdrosseln, erhängen. 2. zur Förderung der Blütenknospenausbildung den Assimilationsstrom nach unten durch angelegte Draht- od. Blechstreifen drosseln. **Stran|gu|lie|rung** *die;* -, -en ⟨zu ↑ ...ierung⟩: svw. Strangulation; vgl. ...[at]ion/...ierung. **Strang|urie** *die;* -, ...ien ⟨aus gleichbed. *gr.* straggouría zu strágx, Gen. straggós „ausgepreßter Tropfen" u. ↑ ...urie⟩: schmerzhaftes Wasserlassen, Harnzwang (Med.)

Stra|pa|ze *die;* -, -n ⟨aus gleichbed. *it.* strapazzo zu strapazzare, vgl. strapazieren⟩: große Anstrengung, Mühe, Beschwerlichkeit. **stra|pa|zie|ren** ⟨aus *it.* strapazzare „überanstrengen", weitere Herkunft unsicher, vielleicht zu *lat.* pati „(er)dulden, sich gefallen lassen"⟩: 1. übermäßig anstrengen, beanspruchen; abnutzen, verbrauchen. 2. auf anstrengende Weise in Anspruch nehmen; sich -: sich [körperlich] anstrengen, nicht schonen. **stra|pa|zi|ös** ⟨französierende Bildung zu ↑ Strapaze; vgl. ...ös⟩: anstrengend, beschwerlich

Strap|pa|tu|ra [st..., ʃt...] *die;* - ⟨aus *it.* strappatura, eigtl. „Riß"⟩: Werg des ital. Hanfes

Straps [ʃt..., st...] *der;* -es, -e ⟨zu *engl.* straps (Plur.) „Riemen"⟩: a) Strumpfhalter; b) [schmaler] Hüftgürtel mit vier Strapsen (a)

stra|sci|nạn|do [straʃi...] ⟨*it.*⟩: schleppend, geschleift (Vortragsanweisung; Mus.)

Straß *der;* Gen. - u. Strasses, Plur. Strasse ⟨nach dem franz. Juwelier G. F. Stras, 1700–1773⟩: a) (ohne Plur.) aus bleihaltigem Glas mit starker Lichtbrechung hergestelltes, glitzerndes Material bes. für Nachbildungen von Edelsteinen; b) aus Straß (a) hergestellte Nachbildung von Edelsteinen

Stra|ta [ʃt..., st...]: Plur. von ↑ Stratum

Stra|ta|gem [ʃt..., st...] *das;* -s, -e ⟨aus *fr.* stratagème „Kriegslist"⟩: svw. Stratagem

Stra|ta|me|ter [ʃt..., st...] *das;* -s, - ⟨zu *lat.* stratum (vgl. Stratum) u. ↑¹...meter⟩: Instrument zur Feststellung von Bohrlochabweichungen aus der vorgegebenen Richtung

Stra|te|ge [ʃt..., st...] *der;* -n, -n ⟨nach *fr.* stratège aus gleichbed. *gr.* strategós zu stratós „Heer" u. ágein „führen"⟩: jmd., der nach einer bestimmten Strategie, strategisch vorgeht. **Stra|te|gem** *das;* -s, -e ⟨nach *fr.* stratagème aus gleichbed. *gr.* stratégēma⟩: a) Kriegslist; b) Kunstgriff, Trick. **Stra|te|gie** *die;* -, ...ien ⟨nach *fr.* stratégie aus gleichbed. *gr.* stratēgía⟩: genauer Plan des eigenen Vorgehens, der dazu dient, ein militärisches, politisches, psychologisches, wirtschaftliches o. ä. Ziel zu erreichen, u. in dem man diejenigen Faktoren, die in die eigene Aktion hineinspielen könnten, von vornherein einzukalkulieren versucht. **stra|te|gisch** ⟨nach *fr.* stratégique aus gleichbed. *gr.* stratēgikós⟩: genau geplant, einer Strategie folgend; -e A l l i a n z : langfristige Kooperation mehrerer multinationaler Unternehmen zur Stärkung ihrer Wettbewerbsposition bei Geschäftsaktivitäten (Wirtsch.); -e F a m i l i e : Gruppe von Unternehmen (bes. in Japan), die durch enge Geschäftsbeziehungen, Informationsaustausch u. personelle Verflechtung eine Gruppengemeinsamkeit mit hohem Umsatzgewinn entwickelt (Wirtsch.); -e W a f f e n : Waffen von größerer Sprengkraft u. Reichweite, die zur Abwehr u. zur Zerstörung des feindlichen Kriegspotentials bestimmt sind; vgl. taktische Waffen

Stra|ti [ʃt..., st...]: Plur. von ↑ Stratus. **Stra|ti|fi|ka|ti|on** *die;* -, -en ⟨zu *lat.* stratum (vgl. Stratum) u. ↑...fikation⟩: 1. Schichtung [von Gesteinen]. 2. Schichtung von Saatgut in feuchtem Sand od. Wasser, um das Keimen zu beschleunigen (Landw.). 3. vertikale soziale Schichtung. **stra|ti|fi|ka|tio|nell** ⟨zu ↑...ell⟩: die Stratifikation betreffend, auf der Stratifikation beruhend; -e G r a m m a t i k : svw. Stratifikationsgrammatik. **Stra|ti|fi|ka|ti|ons|gram|ma|tik** *die;* -: grammatische Theorie, die Sprache als ein System gleichartig funktionierender Teilsysteme versteht (Sprachw.). **stra|ti|fi|zie|ren** ⟨zu *lat.* stratum (vgl. Stratum) u. ↑...fizieren⟩: 1. in die Schichtenfolge einordnen, sie feststellen (von Gesteinen; Geol.). 2. langsam keimendes Saatgut in feuchtem Sand od. Wasser schichten, um es schneller zum Keimen zu bringen (Landw.). **stra|ti|form** ⟨zu ↑...form⟩: schichtförmig (von Wolken; Meteor.). **Stra|ti|gra|phie** *die;* - ⟨zu ↑...graphie⟩: 1. Teilgebiet der Geologie, das sich mit der senkrechten u. damit auch zeitlichen Aufeinanderfolge der Schichtgesteine befaßt, Schichtenkunde. 2. Teilgebiet der Archäologie, das sich mit den Kulturschichten bei der Ausgrabung beschäftigt. 3. svw. Tomographie. **stra|ti|graphisch** ⟨zu ↑...graphisch⟩: die Altersfolge der Schichtgesteine betreffend (Geol.)

Stra|tio|ten [st...] *die* (Plur.) ⟨aus gleichbed. *gr.* stratiōtai, Plur. von stratiṓtēs „Krieger, Soldat", zu stratós „Heer"⟩: durch Landschenkungen gebundene Soldaten im Byzantinischen Reich, die bei Aufruf Wehrdienst leisten mußten

stra|to..., Stra|to... [ʃt..., st...] ⟨zu *lat.* stratum, vgl. Stratum⟩: Wortbildungselement mit der Bedeutung „(in Schichten) ausgebreitet", z. B. Stratokumulus. **Stra|to|ku|mu|lus** *der;* -, ...li: tief hängende, gegliederte Schichtwolke; Abk.: Sc (Meteor.). **Stra|to|naut** *der;* -en, -en ⟨zu ↑...naut⟩: (veraltet) Ballonfahrer. **Stra|to|pau|se** *die;* - ⟨zu ↑ ¹Pause⟩: Schicht in der Atmosphäre zwischen Stratosphäre u. ↑ Mesophäre (Meteor.). **Stra|to|sphä|re** *die;* - ⟨Analogiebildung zu Atmosphäre⟩: Teilschicht der Atmosphäre in einer Höhe von etwa 12–50 km über der Erde (Meteor.). **stra|to|sphä|risch**: die Stratosphäre betreffend. **Stra|to|stat** *der;* -en, -en ⟨zu ↑...stat⟩: (veraltet) Freiballon mit luftdicht geschlossener Gondel für Aufstiege in große Höhen. **Stra|to|top** *der* u. *das;* -s, -e ⟨zu *gr.* tópos „Ort, Raum"⟩: vertikaler Teilbereich eines Biotops als Lebensraum einer Stratozönose (Ökologie). **Stra|to|vul|kan** *der;* -s, -e: aus einer Wechselfolge von Lavalagen u. Ascheschichten aufgebauter kegelförmiger Vulkan. **Stra|to|zö|no|se** *die;* - ⟨zu *gr.* koinós „gemeinsam"⟩: Bez. für die nur einer einzelnen Schicht eines vertikal geschichteten Lebensraums eigene Lebensgemeinschaft, z. B. Kronenschicht in einem Wald (Ökologie). **Stra|tum** *das;* -s, ...ta ⟨aus *lat.* stratum „Decke", eigtl. „das Ausgebreitete", substantiviertes Part. Perf. (Neutrum) von sternere „ausbreiten; bedecken"⟩: 1. Strukturebene in der Stratifikationsgrammatik, Teilsystem der Sprache (z. B. Phonologie, Syntax; Sprachw.). 2. flache, ausgebreitete Schicht von Zellen (Med.). 3. Lebensraumschicht eines ↑ Biotops (Biol.). 4. soziale Schicht (Soziol.). **Stra|tus** *der;* -, ...ti ⟨aus *nlat.* stratus, eigtl. substantiviertes Part. Perf. von *lat.* sternere, vgl. Stratum⟩: tief hängende, ungegliederte Schichtwolke; Abk.: St (Meteor.)

Straz|za [ʃt..., st...] *die;* -, ...zzen ⟨aus gleichbed. *it.* (venetisch) strazza, verwandt mit stracciare, vgl. Strazze⟩: Abfall bei der Seidenherstellung. **Straz|ze** *die;* -, -n ⟨wohl verkürzt aus gleichbed. *it.* stracciafoglio zu stracciare „zerreißen"⟩: (Kaufmannsspr.) Kladde

strea|ken ['stri:kn̩] ⟨nach *engl.* to streak „blitzen", eigtl. „(nackt) flitzen", zu streak „(Licht)strahl, -streifen"⟩: in provokatorischer Absicht in der Öffentlichkeit nackt über belebte Straßen, Plätze o. ä. laufen; blitzen. **Strea|ker** ['stri:kɐ] *der;* -s, - ⟨aus gleichbed. *engl.* streaker⟩: jmd., der streakt; Blitzer. **Streak|ka|me|ra** *die;* -s, -s ⟨zu *engl.* to streak „blitzen"⟩: Photodetektor, mit dem der zeitliche Verlauf von sehr kurzen Lichtimpulsen registriert werden kann

Strea|mer ['stri:mɐ] *der;* -s, - ⟨aus *engl.* streamer, eigtl. „(etw.) Flatterndes", zu stream „Strom; Strömung"⟩: 1. (beim Lachsangeln verwendeter) größerer, mit Federn versehener Haken (der einer Fliege ähnlich sieht). 2. Speicher für die kontinuierliche Aufnahme von großen Datenmengen (EDV). **Stream of con|scious|ness** ['stri:m əv 'kɔnʃəsnɪs] *der;* - - - ⟨aus *engl.* stream of consciousness „Bewußtseinsstrom"⟩: Erzähltechnik, bei der an die Stelle eines äußeren, in sich geschlossenen Geschehens od. dessen Wiedergabe durch einen Ich-Erzähler eine assoziative Folge von Vorstellungen, Gedanken o. ä. einer Romanfigur tritt (Literaturw.)

Street|ball ['stri:tbɔ:l] *der;* -[s] ⟨aus gleichbed. *engl.-amerik.* streetball zu *engl.* street „Straße" u. ball „Ball"⟩: auf Straßen u. Plätzen gespieltes, dem Basketball ähnliches [amerikan.] Ballspiel. **Street Band** ['stri:t 'bænd] *die;* - -, - -s ⟨aus gleichbed. *engl.* street band, zu band (vgl. Band)⟩: svw. Marching Band. **Street cry** [- 'kraɪ] *der;* - - ⟨aus gleichbed. *engl.-amerik.* street cry, eigtl. „Straßenschrei", zu *engl.* cry „Schrei"⟩: afroamerik. Gesangsform, die in Intonation u. emotionaler Tongestik Einfluß auf den Blues hatte. **Streetgang** [...gɛŋ] *die;* -, -s ⟨aus gleichbed. *engl.-amerik.* street gang, zu gang, vgl. Gangs⟩: Bande meist jugendlicher Krimineller, die Passanten auf [einsamen] Straßen anfallen u. ausrauben. **Street|work** [...wəːk] *die;* - ⟨aus gleichbed. *engl.-amerik.* street work, eigtl. „Straßenarbeit", zu *engl.* work „Arbeit"⟩: Sozialarbeit, bei der Drogenabhängigen, gefährdeten od. straffällig gewordenen Jugendlichen innerhalb ihres Wohnbereichs od. Milieus von Streetworkern geholfen bzw. Beratung angeboten wird. **Street|worker** *der;* -s, - ⟨aus gleichbed. *engl.-amerik.* street worker, eigtl. „Straßenarbeiter", zu *engl.* worker „Arbeiter(in)"⟩: speziell ausgebildeter Sozialarbeiter, der Streetwork durchführt. **Street|wor|ke|rin** *die;* -, -nen: weibliche Form zu ↑ Streetworker

Stre|lit|ze *der;* -n, -n ⟨aus gleichbed. *russ.* strelec, eigtl. „Schütze"⟩: Angehöriger einer Leibwache des Zaren im 17. Jh.

Strem|ma [ʃt..., st...] *das;* -[s], -ta ⟨aus *ngr.* strémma⟩: neugriech. Flächenmaß

Stren|git [auch ...'grɪt] *der;* -s, -e ⟨nach dem dt. Mineralogen J. A. Streng (1830–1897) u. zu ↑²...it⟩: ein meist rotes, auch violettes od. farbloses Mineral

Stre|nui|tät [ʃt..., st...] *die;* - ⟨aus *lat.* strenuitas, Gen. strenuitatis „Geschäftigkeit, Betriebsamkeit" zu strenuus „tüchtig; entschlossen"⟩: (veraltet) Tapferkeit; Unternehmungsgeist

stre|pi|to|so [st...] u. **stre|pi|tuo|so** ⟨*it.;* zu strepito „Lärm", dies aus *lat.* strepitus⟩: lärmend, geräuschvoll, glänzend, rauschend (Vortragsanweisung; Mus.)

strept..., Strept... [ʃt..., st...] vgl. strepto..., Strepto... **strep|to..., Strep|to...,** vor Vokalen auch strept..., Strept... ⟨aus *gr.* streptós „gedreht geflochten; Halskette"⟩: Wortbildungselement mit den Bedeutungen: a) „kettenförmig angeordnet"; z. B. Streptokokke, b) „die Streptokokken betreffend, bzw. durch sie hervorgerufen", z. B. Streptotrichose. **Strep|to|der|mie** *die;* -, ...ien ⟨zu ↑...dermie⟩: Streptokokkenerkrankung der Haut (Med.). **Strep|to|ki|na|se** *die;* -, -n: fibrinlösendes, aus Streptokokken gebildetes ↑ Enzym (Med.). **Strep|to|kok|ke** *die;* -, -n u. **Strep|to|kok|kus** *der;* -, ...kken (meist Plur.): Kettenbakterie, Eitererreger. **Strep|to|ly|sin** *das;* -s, -e ⟨zu ↑ Lysin⟩: von Streptokokken gebildetes Gift, das die Blutkörperchen u. den Blutfarbstoff auflöst (Med.). **Strep|to|my|cin** [...ts...] u. Streptomyzin *das;* -s ⟨zu ↑ Streptomyzeten ↑...in (1)⟩: aus Streptomyzeten gewonnenes ↑ Antibiotikum. **Strep|to|my|ko|se** *die;* -, -n: Streptokokkenkrankheit der Haut, die nur im Erscheinungsbild gewisse Gemeinsamkeiten mit einer Mykose hat (Med.). **Strep|to|my|ze|ten** *die* (Plur.) ⟨aus *nlat.* streptomycetes (Plur.); vgl. Myzet⟩: Gattung bestimmter Bakterien, die zu den Strahlenpilzen gehören u. den Großteil der Antibiotika liefern (Biol.). **Strep|to|my|zin** vgl. Streptomycin. **Strep|to|tri|cho|se** *die;* -, -n: Pilzerkrankung der Lunge durch Infektion mit Fadenpilzen (Med.)

Streß [ʃt..., st...] *der;* ...sses, ...sse ⟨aus gleichbed. *engl.* stress, eigtl. „Druck, Anspannung", gekürzt aus *mittelengl.* distresse „Sorge, Kummer", dies über das Altfr. zu *lat.* distringere „auseinanderziehen, -dehnen"⟩: 1. starke Leistungsanforderung, erhöhte körperliche [u./od. seelische] Belastung, die zu Schädigungen der Gesundheit führen kann. 2. gerichteter, einseitiger Druck (Geol.). **stres|sen** ⟨nach gleichbed. *engl.* to stress⟩: jmdn. körperlich u. seelisch überbeanspruchen. **Streß|fak|tor** *der;* -s, -en: Streß (1) auslösender Faktor (z. B. Lärm, Angst, Ärger, Leistungsdruck; Med.). **stres|sig:** (ugs.) mit Streß (1) verbunden, Streß (1) bewirkend. **Streß|mi|ne|ral** *das;* -s, Plur. -e u. -ien [...iən]: dem einseitig wirksamen Druck bei tektonischen Vorgängen nachgebendes Mineral. **Streß|sor** *der;* -s, ...oren ⟨zu ↑ Streß u. ↑...or⟩: Mittel od. Faktor, der Streß (1) bewirkt od. auslöst

Stretch [strɛtʃ] *der;* -[e]s, -es ⟨zu *engl.* to stretch „dehnen"⟩: elastisches Gewebe aus Kräuselgarn, bes. für Strümpfe. **Stret|ching** *das;* -s ⟨zu ↑...ing⟩: aus Dehnungsübungen bestehende Form der Gymnastik

Stret|ta [st...] *die;* -, -s ⟨aus gleichbed. *it.* stretta, eigtl. „das Drücken", zu stretto, vgl. stretto⟩: brillanter, auf Effekt angelegter Schluß einer Arie od. eines Instrumentalstückes. **stret|to** ⟨*it.;* eigtl. „eng; (zusammen)gedrückt", dies aus *lat.* strictus, vgl. strikt⟩: gedrängt, eilig, lebhaft; (bei der Fuge:) in Engführung (Vortragsanweisung; Mus.)

Stria [ʃt..., st...] *die;* -, Stri|ae [...ɛ] ⟨aus *lat.* stria „Riefe, Vertiefung; Streifen"⟩: Streifen (z. B. Dehnungsstreifen in der Haut; Med.)

stric|te ['strɪktə, ʃt...] ⟨*lat.;* Adverb von strictus, vgl. strikt⟩: lat. Form von strikte (Adverb). **stric|tis|si|me** ⟨*lat.;* Superlativ von stricte, vgl. stricte⟩: (veraltet) aufs genaueste

Stride pia|no ['straɪd paɪˈænoʊ] *das;* - -[s], - -s ⟨aus gleichbed. *engl.* stride piano pu to stride „schreiten" u. piano „Klavier"⟩: Klaviertechnik des Jazz, bei der die linke Hand abwechselnd Baßtöne u. Akkorde greift, während die rechte Hand improvisatorisch schnelle Läufe u. Akkordbrechungen vollzieht

Stri|dor [ʃt..., st...] *der;* -s ⟨aus *lat.* stridor „das Zischen, Schwirren, Pfeifen" zu stridere „zischen, schwirren, pfeifen, knarren"⟩: pfeifendes Atemgeräusch (Med.). **Stri|du|la|ti|on** *die;* - ⟨zu *lat.* stridulus „zischend, schwirrend, knarrend" u. ↑...ation⟩: Erzeugung von Lauten bei bestimmten Insekten durch Gegeneinanderstreichen besonders beweglicher Körperteile (Zool.). **Stri|du|la|ti|ons|or|gan** *das;* -s, -e: Werkzeug bestimmter Insekten zur Erzeugung zirpender Laute (z. B. bei Grillen u. Heuschrecken; Zool.). **stri|du|lie|ren** ⟨zu ↑...ieren⟩: durch Stridulation Töne erzeugen (von Insekten; Zool.)

stri|gil|liert [ʃt..., st...] ⟨zu *lat.* strigilis „rinnenförmige Vertiefung, Auskehlung (an Säulen)" (dies zu stringere, vgl. strikt) u. ↑...iert⟩: S-förmig gerieffelt (von den Wänden altchristlicher ↑ Sarkophage)

Stri|gol|ni|ki [st...] *die* (Plur.) ⟨aus gleichbed. *russ.* strigolniki zu strič' „scheren" (der Begründer der Bewegung schor seinen Anhängern die Köpfe kahl)⟩: eine aus der russ.-orthodoxen Kirche im 17. Jh. erwachsene häretische Bewegung

Strike [straɪk] *der;* -s, -s ⟨aus gleichbed. *engl.-amerik.* strike, eigtl. „Schlag, Treffer", zu *engl.* to strike, eigtl. „streichen, schlagen; abbrechen"⟩: 1. das Abräumen mit dem ersten Wurf (Bowling). 2. ordnungsgemäß geworfener Ball, der entweder nicht angenommen, verfehlt od. außerhalb des Feldes geschlagen wird (Baseball)

strikt [ʃt..., st...] ⟨aus *lat.* strictus „straff, eng; streng", eigtl. Part. Perf. von stringere, vgl. stringieren⟩: streng, genau; pünktlich; strikte. **strik|te** (Adverb) ⟨aus *lat.* stricte, vgl. stricte⟩: streng, genau. **Strik|ti|on** *die;* -, -en ⟨aus gleichbed. *spätlat.* strictio zu *lat.* strictus, vgl. strikt⟩: Zusammenziehung. **Strik|tur** *die;* -, -en ⟨aus *lat.* strictura „Zusammenpressung"⟩: Verengung eines Körperkanals (z. B. der Speise-, Harnröhre; Med.). **String** *der;* -[s], -s ⟨aus *engl.* string, eigtl. „Schnur", vgl. Stringer⟩: 1. Zeichenkette (EDV). 2. theoretisches Gebilde in der Stringtheorie (Phys.). **strin|gen|do** [strɪnˈdʒɛndo] ⟨*it.;* Gerundium von stringere „drängen", dies aus *lat.* stringere, vgl. stringieren⟩: schneller werdend, eilend (Vortragsanweisung; Mus.); Abk.: string. **Strin|gen|do** *das;* -s, Plur. -s u. ...di:

schneller werdendes Tempo (Mus.). **strin|gent** [ʃtrɪŋˈgɛnt, st...] ⟨aus *lat.* stringens, Gen. stringentis, Part. Präs. von stringere, vgl. stringieren⟩: bündig, zwingend, streng (Philos.). **Strin|genz** *die;* - ⟨zu ↑ ...enz⟩: Bündigkeit, strenge Beweiskraft (Philos.). **Strin|ger** [ˈʃtrɪŋɐ, engl. ˈstrɪŋə] *der;* -s, - ⟨aus gleichbed. *engl.* stringer zu to string „(an)spannen", dies aus *lat.* stringere, vgl. stringieren⟩: längsseits angeordneter, der Versteifung dienender Bauteil (im Flugzeug- u. Schiffbau). **strin|gie|ren** [ʃtrɪŋˈgi:..., st...] ⟨aus *lat.* stringere „(zusammen)schnüren", Bed. 2 über *it.* stringere (vgl. stringendo)⟩: 1. (veraltet) zusammenziehen, -schnüren. 2. die Klinge des Gegners mit der eigenen Waffe abdrängen, auffangen (Fechtsport). **String|theo|rie** *die;* - ⟨zu ↑ String⟩: Theorie, die mikroskopische, saitenförmig ausgedehnte Objekte, die Strings (2), betrachtet (Phys.). **String|wand** *die;* -, ...wände: Möbelkombination aus Hängeregalen u. Hängeschränken
Strip [ʃt..., st...] *der;* -s, -s ⟨aus *engl.* strip „Streifen", Bed. 1 verkürzt aus gleichbed. *engl.-amerik.* striptease⟩: 1. Kurzform von ↑ Striptease. 2. in Streifen verpacktes, gebrauchsfertiges Wundpflaster. **Strip|film** *der;* -[e]s, -e: Film, dessen Emulsionsschicht abziehbar ist u. mit anderen Filmen zusammenmontiert werden kann (Fotogr., Druckw.). **Strip-line** [ˈstrɪplaɪn] *die;* -, -s ⟨aus gleichbed. *engl.* strip line, zu line „Leitung"⟩: Streifenleiter (Elektrot.). **strip|pen** [ʃt..., st...] ⟨nach *engl.* to strip „ablösen, abziehen, abstreifen", Bed. 1 nach *engl.* to strip im Sinne von „sich ausziehen"⟩: 1. einen Striptease vorführen; sich in einem Varieté od. Nachtlokal entkleiden. 2. die Emulsionsschicht von Filmen od. Platten abziehen, um eine Sammelform zu montieren (Fotogr.); vgl. Stripfilm. 3. (Jargon) [als Student] durch nebenberufliches Musizieren auf einer Veranstaltung, im Café usw. sich etwas dazuverdienen. 4. ein od. mehrere Elektronen von beschleunigten einwertigen Ionen beim Durchgang durch dünne Folien od. Gasstrecken abtrennen (Kernphys.). **Strip|per** *der;* -s, - ⟨aus gleichbed. *engl.* stripper, eigtl. „Abstreifer"⟩: 1. Instrument zum Entfernen eines Blutpfropfs od. einer krankhaft veränderten Vene. 2. (ugs.) Stripteasetänzer. 3. Blockabstreifvorrichtung, Spezialkran zum Abstreifen der Gußformen von gegossenen Blöcken (Hüttenw.). **Strip|pe|rin** *die;* -, -nen: (ugs.) Stripteasetänzerin. **Strip|ping** *das;* -[s], -s ⟨zu ↑ ...ing⟩: ausschälende Operation mit Spezialinstrumenten (z. B. die Entfernung eines Blutpfropfs; Med.). **Strip|ping-re|ak|ti|on** *die;* -, -en: das Abstreifen eines Nukleons vom ↑ Deuteron bei der Wechselwirkung mit einem Atomkern (Kernphys.). **Strips** *die* (Plur.) ⟨aus gleichbed. *engl.-amerik.* strips, Plur. von strip, vgl. Strip⟩: 1. kurze Fasern, die auf einer Spinnereimaschine durch Arbeitswalzen abgestreift werden. 2. svw. Comic strips. **Strip|tease** [...tiːs] *der,* auch *das;* - ⟨aus gleichbed. *engl.-amerik.* striptease zu to strip (vgl. strippen) u. to tease „necken, reizen"⟩: 1. meist mit erotisierenden tänzerischen od. akrobatischen Bewegungen verbundene Vorführung, bei der die Kleidungsstücke nach u. nach abgelegt werden (in Varietés u. Nachtlokalen). 2. (scherz.) Entblößung. **Strip|tease|lo|kal** *das;* -[e]s, -e: Nachtlokal, in dem Striptease vorgeführt wird. **Strip|tease|tän|zer** *der;* -s, -: männliche Person, die Striptease vorführt. **Strip|tease|tän|ze|rin** *die;* -, -nen: weibliche Person, die Striptease vorführt. **Strip|tea|seu|se** [...zøːz] *die;* -, -n ⟨zu ↑ ...euse⟩: svw. Stripteuse. **Strip|teu|se** [...tøːz] *die;* -, -n ⟨scherzhafte französierende Bildung; vgl. Striptease u. ...euse⟩: (ugs., oft scherzh.) Stripteasetänzerin
stri|scian|do [strɪˈʃando] ⟨*it.;* Gerundium von strisciare

„streifen, schleppen"⟩: schleifend, gleitend (Vortragsanweisung; Mus.). **Stri|scian|do** *das;* -s, Plur. -s u. ...di: schleifendes, gleitendes Spiel (Mus.).
Striz|zi *der;* -s, -s ⟨Herkunft ungeklärt⟩: (bes. südd., schweiz., österr.) 1. leichtsinniger Mensch; Strolch. 2. Zuhälter
Stro|bil|an|thes [ʃt..., st...] *die* (Plur.) ⟨zu *gr.* stróbilos (vgl. Strobilus) u. ánthos „Blüte, Blume"⟩: Gattung der Akanthusgewächse im tropischen Asien u. auf Madagaskar. **Stro|bi|lus** *der;* -, ...li ⟨aus *nlat.* strobilus „Fruchtzapfen", dies aus *gr.* stróbilos „Kreisel"⟩: Zapfen (bei Nadelhölzern; Bot.)
Stro|bo *der;* -s, -s ⟨Kurzw. aus Stromrechnungsboykotteur⟩: (Jargon) jmd., der aus Protest gegen die Gewinnung von Strom aus Atomkraftwerken einen Teilbetrag der Stromrechnung zurückbehält u. auf ein Sperrkonto einzahlt
Stro|bo|chro|ma|to|gra|phie [ʃt...kro..., st...] *die;* - ⟨zu *gr.* stróbos „das Im-Kreise-Drehen" u. ↑ Chromatographie⟩: fotografisches Verfahren zur Aufzeichnung einzelner Bewegungsphasen eines bewegten Objekts. **Stro|bo|light** [ˈʃtroːbolaɪt, st...] *das;* -s ⟨aus gleichbed. *engl.* strobolight, gekürzt aus *stroboscopic light* „stroboskopisches Licht"; vgl. Stroboskop⟩: schnell u. kurz grell aufleuchtendes Licht. **Stro|bo|skop** *das;* -s, -e ⟨zu *gr.* stróbos (vgl. Strobochromatographie) u. ↑ ...skop⟩: 1. Gerät zur Bestimmung der Frequenz schwingender od. rotierender Systeme, z. B. der Umlaufzeit von Motoren (eine umlaufende Lochscheibe, die kurzzeitig Licht abblendet). 2. Gerät zur Sichtbarmachung von Bewegungen (zwei gegenläufig rotierende Scheiben, von denen die eine Schlitze od. Löcher, die andere Bilder trägt; Vorläufer des Films). **Stro|bo|skop|ef|fekt** *der;* -[e]s, -e: scheinbarer Stillstand eines bewegten Gegenstandes. **stro|bo|sko|pisch**: das Stroboskop betreffend, mit dem Stroboskop erfolgend
Stro|ga|noff [st...] *das;* -s, -s: Kurzform von ↑ Bœuf Stroganoff
Stro|ma [ʃt..., st...] *das;* -s, -ta ⟨aus *gr.* strṓma, Gen. strṓmatos „Streu; Lager; Decke", eigtl. „alles, was hingebreitet od. untergelegt ist", zu strṓnnynai „(aus)breiten"⟩: 1. Grundgewebe in drüsigen Organen u. Geschwülsten, Stützgerüst eines Organs (Biol., Med.). 2. a) Fruchtlager mancher Pilze; b) Grundmasse der ↑ Chloroplasten (Bot.). **Stro|ma|tik** *die;* - ⟨zu ↑² ...ik (3)⟩: Teppichwebekunst. **Stro|ma|to|lith** [auch ...ˈlɪt] *der;* Gen. -s u. -en, Plur. -e[n] ⟨zu ↑ ...lith⟩: schalig-blättrige, knollige, kugelige od. brotlaibförmige, riffartige Kalkablagerung
Stro|meye|rit [auch ...ˈrɪt] *der;* -s, -e ⟨nach dem dt. Arzt u. Chemiker F. Stromeyer (1776–1835) u. zu ↑² ...it⟩: ein dunkelstahlgraues, bräunlichviolett anlaufendes Mineral, Silberkupferglanz
Stron|gy|loi|do|se [ʃtrɔŋgyloi..., st...] *die;* -, -n ⟨nach Strongyloides, einer Gattung der Fadenwürmer (dies zu *gr.* stroggýlos „rund" u. ↑ ...oid) u. zu ↑¹ ...ose⟩: Dünndarmerkrankung durch bestimmte Fadenwürmer (Med.)
Stron|tia|nit [ʃt..., st..., auch ...ˈnɪt] *der;* -s, -e ⟨nach dem Dorf Strontian in Schottland u. zu ↑² ...it⟩: ein farbloses, auch graues, gelbliches od. grünliches Mineral. **Stron|ti|um** *das;* -s ⟨aus *engl.* strontium, weil das Element erstmals aus Strontianit hergestellt wurde⟩: chem. Element, Metall; Zeichen Sr
Stroph|an|thin [ʃt..., st...] *das;* -s, -e ⟨zu ↑ Strophanthus u. ↑ ...in (2)⟩: als Herzmittel verwendetes, hochwirksames, giftiges Glykosid aus Strophanthussamen. **Stroph|an|thus** *der;* -, - ⟨zu *gr.* strophḗ (vgl. Strophe) u. ánthos „Blüte", nach den gedrehten Fortsätzen der Blätter mancher Ar-

ten⟩: afrik. Gattung der Hundsgiftgewächse, darunter Arten, die das Strophanthin liefern. **Stro|phe** [ʃt...] *die;* -, -n ⟨über *lat.* stropha aus gleichbed. *gr.* strophé, eigtl. „das Drehen, die Wendung"; urspr. (in der griech. Tragödie) „die schnelle Tanzwendung des Chors in der Orchestra u. das dazu vorgetragene Tanzlied", zu stréphein „drehen, wenden"⟩: 1. in der altgriech. Tragödie die Tanzwendung des Chors in der ↑Orchestra u. das dazu vorgetragene Chorlied, das von der ↑Antistrophe beantwortet wurde. 2. gleichmäßig wiederkehrende Einheit von Versen, Gedichtabschnitt. **Stro|phik** [ʃt..., st...] *die;* - ⟨zu ↑².. .ik (1)⟩: Kunst des Strophenbaus. **stro|phisch** [ʃt...]: 1. in Strophen geteilt. 2. mit der gleichen Melodie zu singen (von einer [Lied]strophe). **Stro|pho|i|de** [ʃt..., st...] *die;* -, -n ⟨zu ↑...oide⟩: ebene Kurve dritter Ordnung (Math.)
Struck [engl. strʌk] *das,* österr. auch *der;* -[s] ⟨wohl zu *engl.* struck „glattgestrichen", Part. Perf. von to strike „glattstreichen"⟩: ein dem ↑Cord ähnliches Doppelgewebe
Strug|gle for life ['strʌgl fə 'laɪf] *der;* -[s] - - ⟨aus *engl.* struggle for life, eigtl. „Kampf ums Leben", nach einem Schlagwort aus C. Darwins Entwicklungslehre; vgl. Darwinismus⟩: a) Kampf ums Dasein (Biol.); b) Existenzkampf
struk|tiv [ʃt..., st...] ⟨zu *lat.* structus „Aufbau", substantiviertes Part. Perf. von struere (vgl. Struktur), u. ↑...iv⟩: zur Konstruktion, zum Aufbau gehörend, ihn sichtbar machend (Kunstw., Bauw.). **Struk|to|gramm** *das;* -s, -e ⟨zu ↑Struktur u. ↑...gramm⟩: die Darstellung des Ablaufs eines Algorithmus bzw. Programms (4) mit speziellen Symbolen (Informatik). **Struk|tur** *die;* -, -en ⟨aus *lat.* structura „ordentliche Zusammenfügung; Ordnung, Gefüge; Bau(werk)" zu structus, Part. Perf. von struere „aufbauen, aneinanderfügen"⟩: 1. [unsichtbare] Anordnung der Teile eines Ganzen zueinander, gegliederter Aufbau, innere Gliederung. 2. Gefüge, das aus Teilen besteht, die wechselseitig voneinander abhängen. 3. (ohne Plur.) erhabene Musterung bei Textilien, Tapeten o. ä. 4. geologische Bauform (z. B. Falte, Salzstock u. a.). **struk|tu|ral** ⟨zu ↑¹...al (1)⟩: svw. strukturell; vgl. ...al/...ell. **Struk|tu|ra|lis|mus** *der;* - ⟨nach gleichbed. *fr.* structuralisme; vgl. ...ismus (1)⟩: 1. sprachwissenschaftliche Richtung, die Sprache als ein geschlossenes Zeichensystem versteht u. die Struktur (1) dieses Systems erfassen will, indem sie die wechselseitigen Beziehungen der Teile zueinander erforscht, wobei die Bedeutung zunächst nicht beachtet wird. 2. Forschungsmethode in der Völkerkunde, die eine Beziehung zwischen der Struktur der Sprache u. der Kultur einer Gesellschaft herstellt u. die alle jetzt sichtbaren Strukturen auf geschichtslose Grundstrukturen zurückführt. 3. Wissenschaftstheorie, die von einer synchronen Betrachtungsweise ausgeht u. die allem zugrundeliegenden, unwandelbaren Grundstrukturen erforschen will. **Struk|tu|ra|list** *der;* -en, -en ⟨zu ↑...ist⟩: Vertreter des Strukturalismus. **struk|tu|ra|li|stisch** ⟨zu ↑...istisch⟩: den Strukturalismus betreffend. **Struk|tur|ana|ly|se** *die;* -, -n ⟨zu ↑Struktur⟩: Untersuchung, Analyse der ↑Struktur (1, 2), der einzelnen Strukturelemente von etwas (z. B. in der Literaturw., Wirtsch., Chem.). **Struk|tur|bo|den** *der;* -s, ...böden: durch Sonderung grober u. feiner Bestandteile gemusterter Boden in Bereichen periodisch auftretenden, stark wirksamen Bodenfrostes (Geol.). **struk|tu|rell** ⟨nach gleichbed. *fr.* structurel, vgl. ...ell⟩: die Struktur betreffend; vgl. ...al/...ell. **Struk|tur|for|mel** *die;* -, -n ⟨zu ↑Struktur⟩: formelhafte graphische Darstellung vom Aufbau einer chemischen Verbindung. **struk|tu|rie|ren** ⟨zu ↑...ieren⟩: mit einer Struktur (1-3) versehen. **struk|tu|riert** ⟨zu ↑...iert⟩: in Strukturformen dargestellt; -e **Programmierung**: Programmiermethode, bei der das vorgegebene Problem in Teilprobleme u. die Beziehung zwischen diesen Teilproblemen zerlegt wird (Informatik). **Struk|tur|iso|me|rie** *die;* -, ...ien [...i:ən]: Isomerie bei Molekülen gleicher Summenformel, jedoch unterschiedlicher Anordnung der Bindungen (Chem.). **Struk|tur|kri|se** *die;* -, -n: wirtschaftliche Situation einer Branche, in der die Produktionskapazitäten die Nachfrage erheblich übersteigen. **Struk|tur|po|li|tik** *die;* -: Gesamtheit der wirtschaftspolitischen Maßnahmen des Staates mit dem Ziel, die Entwicklung wirtschaftlich benachteiligter Bereiche od. Regionen zu fördern. **struk|tur|vis|kos** [...v...]: Strukturviskosität aufweisend (Chem.). **Struk|tur|vis|ko|si|tät** *die;* -: Abnahme der Viskosität einer Flüssigkeit bei zunehmender Beanspruchung (auf Grund der Struktur innerhalb der Flüssigkeit; Chem.)
Stru|ma [st..., ʃt...] *die;* -, Plur. ...men od. ...mae [...mɛ] ⟨aus *lat.* struma „Anschwellung der Lymphknoten" zu struere (vgl. Struktur) in der Bed. „(auf)häufen"⟩: 1. Kropf, Vergrößerung der Schilddrüse (Med.). 2. krankhafte Veränderung von Eierstock, Vorsteherdrüse, Nebenniere od. Hypophyse (Med.). **Strum|ek|to|mie** *die;* -, ...ien ⟨zu ↑...ektomie⟩: Kropfoperation. **stru|mi|gen** ⟨zu ↑...gen⟩: kropferzeugend (von bestimmten Substanzen; Med.). **Stru|mi|tis** *die;* -, ...itiden ⟨zu ↑...itis⟩: Kropfentzündung (Med.). **stru|mös** ⟨aus *lat.* strumosus „mit angeschwollenen Lymphknoten behaftet"⟩: kropfig, kropfartig (Med.)
Stru|sa [ʃt..., st...] *die;* -, ...sen ⟨aus gleichbed. *it.* strusa zu strusciare „abstreifen, -tragen"⟩: Naturseidenabfall beim Abhaspeln u. Schlagen der Kokons
Stru|vit [ʃtru'vi:t, st..., auch ...'vɪt] *der;* -s, -e ⟨nach dem russ. Diplomaten H. C. G. von Struve (1772-1851) u. zu ↑²...it⟩: ein gelbes, auch bräunliches Mineral, das vor allem im ↑Guano vorkommt
Strych|nin [ʃt..., st...] *das;* -s ⟨aus gleichbed. *fr.* strychnine, dies über *lat.* strychnos aus *gr.* strýchnos „eine Art Nachtschattengewächs"⟩: sehr giftiges Alkaloid aus dem Samen des ind. Brechnußbaumes (in kleinen Dosen Heilmittel). **Strych|nis|mus** *der;* -, ...men ⟨zu ↑...ismus (3)⟩: Vergiftung mit Strychnin, die zu einem Krampf der Muskulatur der Atmungsorgane führt u. schon bei geringen Dosen den Tod zur Folge hat (Med.)
Stscho|ty *der;* -s, -s ⟨aus gleichbed. *russ.* sčëty zu sčitat' „berechnen, zählen"⟩: russ. Rechenbrett in der Art eines Abakus (1)
Stu|art|kra|gen ['stjʊət..., auch 'ʃtu:art..., st...] *der;* -s, - ⟨nach der schott. Königin Maria Stuart, 1542-1587⟩: großer, hochgerichteter [Spitzen]kragen bes. im 16. Jh.
Stuc|co|lu|stro [stʊko...] *der;* - ⟨zu *it.* stucco „Stuck" u. lustro „blank, glänzend"⟩: gefilzter, gebügelter u. polierter Innenwandputz aus Weißkalk, Marmorstaub, Alabaster u. Gips, der Marmor vortäuschen soll. **stuckie|ren¹** [ʃt...] ⟨zu *it.* Stuck (aus *it.* stucco) u. ↑...ieren⟩: (selten) [Wände] mit Stuck (Mischung aus Gips, Kalk u. Sand) versehen, ausschmücken
Stu|dent *der;* -en, -en ⟨aus (m)*lat.* studens, Gen. studentis, Part. Präs. von studere, vgl. studieren⟩: a) zur wissenschaftlichen Ausbildung an einer Hochschule od. Fachschule Immatrikulierter, Studierender, Hochschüler; vgl. Studiosus; b) (österr.) Schüler einer höheren Schule. **Stu|den|ti|ka** *die* (Plur.) ⟨zu ↑...ika⟩: (veraltend) Werke über Geschichte u. a. des Studententums. **Stu|den|tin** *die;* -, -nen: weibliche Form zu ↑Student. **stu|den|tisch**: a) [die] Studenten betreffend; b) von, durch, mit Studenten. **Stu|die** [...iə] *die;* -, -n ⟨rückgebildet aus ↑Studien, Plur. von

Studien

Studium⟩: 1. a) Entwurf, kurze [skizzenhafte] Darstellung, Vorarbeit [zu einem Werk der Wissenschaft od. Kunst]; Übung. 2. meist endspielartige u. partienahe kunstvolle Darstellung einer scharf pointierten Gewinn- od. Remisführung ohne Beschränkung der Zügezahl im Gegensatz zum Schachproblem (Schach). 3. wissenschaftliche Untersuchung über eine Einzelfrage. **Stu|di|en** [...jən]: Plur. von ↑Studie u. ↑Studium. **Stu|di|en|an|stalt** *die;* -, -en ⟨zu ↑Studium⟩: (früher) Bez. mancher höherer Mädchenschulen. **Stu|di|en|as|ses|sor** *der;* -s, -en: (früher) amtliche Bez. für den Anwärter auf das höhere Lehramt nach der zweiten Staatsprüfung. **Stu|di|en|as|ses|so|rin** *die;* -, -nen: weibliche Form zu ↑Studienassessor. **Stu|di|en|di|rek|tor** *der;* -s, -en: a) verschiedentlich amtliche Bez. für den Leiter einer Fachschule od. einer Zubringeschule; b) Bez. für den Stellvertreter eines Oberstudiendirektors. **Stu|di|en|di|rek|to|rin** *die;* -, -nen: weibliche Form zu ↑Studiendirektor. **Stu|di|en|kol|leg** *das;* -s, Plur. -s u. ...ien [...jən]: Vorbereitungskurs an einer Hochschule, bes. für ausländische Studenten. **Stu|di|en|pro|fes|sor** *der;* -s, -en: 1. Gymnasiallehrer, der Studienreferendare in Fachdidaktik ausbildet. 2. (früher) Titel für Lehrer an einer höheren Schule. **Stu|di|en|rat** *der;* -s, ...räte: amtliche Bez. für den festangestellten, akademisch gebildeten Lehrer an höheren Schulen. **Stu|di|en|rä|tin** *die;* -, -nen: weibliche Form zu ↑Studienrat. **Stu|di|en|re|fe|ren|dar** *der;* -s, -e: amtliche Bez. für den Anwärter auf das höhere Lehramt nach der ersten Staatsprüfung. **Stu|di|en|re|fe|ren|da|rin** *die;* -, -nen: weibliche Form zu ↑Studienreferendar. **stu|die|ren** ⟨aus *lat.* studere „etwas eifrig betreiben; sich wissenschaftlich betätigen"⟩: 1. a) eine Universität, Hochschule besuchen; b) Kenntnisse auf einem bestimmten Fachgebiet durch ein Studium erwerben. 2. a) genau untersuchen, beobachten, erforschen; b) genau, prüfend durchlesen; c) einüben, einstudieren. **Stu|di|ker** *der;* -s, - ⟨Scherzbildung zu Student⟩: (ugs. scherzh., veraltend) Student. **Stu|dio** *das;* -s, -s ⟨aus gleichbed. *it.* studio, eigtl. „Studium, Studie", dies aus *(m)lat.* studium, vgl. Studium⟩: 1. Künstlerwerkstatt, Atelier (z. B. eines Malers). 2. Produktionsstätte für Rundfunk-, Fernsehsendungen, Filme, Schallplatten. 3. Versuchsbühne (für modernes Theater). 4. Übungs- u. Trainingsraum für Tänzer. 5. abgeschlossene Einzimmerwohnung. **Stu|dio|film** *der;* -[e]s, -e: ein für Übungs- u. Experimentierzwecke hergestellter kurzer, lehrhafter Schmalfilm. **Stu|dio|lo** *das;* -[s], ...li ⟨aus gleichbed. *it.* studiolo⟩: a) Studien- u. Arbeitszimmer; b) Sammlungsraum für Luxusgegenstände, Handschriften, Bilder u. ä. **Stu|dio|mu|si|ker** *der;* -s, -: Musiker (in der Unterhaltungsmusik), der selbst nicht öffentlich auftritt, sondern für Plattenaufnahmen anderer Künstler engagiert wird. **Stu|dio|qua|li|tät** *die;* -, -en: hohe technische Qualität, wie sie nur in einem ↑Studio (2) erreicht wird. **Stu|dio|sus** *der;* -, Plur. ...si u. (veraltet) ...sen ⟨zu *lat.* studiosus „eifrig; wißbegierig"⟩: (scherzh.) Studierender, Student. **Stu|di|ten** [ʃt..., st...] *die* (Plur.) ⟨nach dem von dem Mönch Studios wohl schon vor 454 gegründeten Studionkloster u. zu ↑³...it⟩: Angehörige einer ukrainisch-kath. Mönchsgemeinschaft (gegründet um 1900), die sich durch stärkere Betonung der ostkirchlichen Tradition von ähnlichen Gemeinschaften unterschied. **Stu|di|um** *das;* -s, ...ien [...jən] ⟨aus *(m)lat.* studium „eifriges Streben; wissenschaftliche Betätigung" zu studere, vgl. studieren⟩: 1. (ohne Plur.) das Studieren; Hochschulbesuch, -ausbildung. 2. a) eingehende [wissenschaftliche] Beschäftigung; b) (ohne Plur.) genaue, kritische Prüfung, kritisches Durchlesen; c) (ohne Plur.) das Einüben, Erlernen. **Stu|di|um ge|ne|ra|le** *das;* - - ⟨aus *mlat.* studium generale, eigtl. „allgemeines Studium"⟩: 1. frühe Form der Universität im Mittelalter. 2. Vorlesungen allgemeinbildender Art an Hochschulen

Stu|fa|ta [st...] *die;* -, -s ⟨nach *it.* stufato „Schmorbraten"⟩: geschmortes Rindfleisch (Gastr.).

Stuf|fer ['stʌfə] *der;* -s, - ⟨zu *engl.* to stuff „vollstopfen"⟩: Kleinprospekt bei Postsendungen zur Ausnutzung der Gewichtsgrenze

Stui|ver ['stœivɐ] *der;* -s, - ⟨aus gleichbed. *niederl.* stuiver zu stuiven „stieben (von Funken)"⟩: mittelalterliche (flandrische) Silbermünze

Stuk|ka|teur [...'tø:ɐ̯] *der;* -s, -e ⟨aus gleichbed. *fr.* stucateur, dies aus *it.* stuccatore, vgl. Stukkator⟩: a) Handwerker, der Stuckarbeiten ausführt; b) (selten) svw. Stukkator. **Stuk|ka|tor** *der;* -s, ...oren ⟨aus gleichbed. *it.* stuccatore zu stucco „Stuck", dies aus dem Langobard.⟩: Künstler, der Stuckplastiken herstellt, Stuckkünstler. **Stuk|ka|tur** *die;* -, -en ⟨zu ↑...ur⟩: [künstlerische] Stuckarbeit. **Stuk|ko|ke|ra|to|se** *die;* -, -n: gutartige Hautveränderung in Form linsengroßer, verhornter Papeln an den Extremitäten älterer Menschen (Med.)

Stun|dis|mus *der;* - ⟨zu *dt.* Stunde u. ↑...ismus (1)⟩: kleinruss. religiöse Bewegung des 19. Jh.s (angeregt durch pietistische Erbauungsstunden deutscher Siedler). **Stun|di|sten** *die* (Plur.) ⟨vgl. ...ist⟩: Anhänger des Stundismus

Stunt [stʌnt] *der;* -s, -s ⟨aus gleichbed. *engl.-amerik.* stunt, eigtl. „Kunststück, Trick", weitere Herkunft ungeklärt⟩: gefährliches akrobatisches Kunststück, bes. als Szene eines Films, in der ein Stuntman od. eine Stuntfrau die Rolle des eigentlichen Darstellers übernimmt. **Stunt|frau** ['stʌnt...] *die;* -, -en ⟨Lehnübersetzung von ↑Stuntwoman⟩: svw. Stuntwoman. **Stunt|girl** [...gə:l] *das;* -s, -s ⟨zu *engl.* girl „Mädchen", Analogiebildung zu ↑Stuntman⟩: svw. Stuntwoman. **Stunt|man** [...mən] *der;* -[s], ...men ⟨aus gleichbed. *engl.-amerik.* stunt man, *engl.* man „Mann"⟩: Mann, der berufsmäßig gefährliche u. akrobatische Szenen für den Hauptdarsteller übernimmt; vgl. auch Double (1 a). **Stunt|wo|man** [...wʊmən] *die;* -, ...men [...wɪmɪn] ⟨zu *engl.* woman „Frau", Analogiebildung zu ↑Stuntman⟩: Frau, die für die Hauptdarstellerin gefährliche Szenen übernimmt; vgl. Double (1 a)

Stu|pa [ʃt..., st...] *der;* -s, -s ⟨aus gleichbed. *sanskr.* stupá, eigtl. „(Haar)schopf"⟩: buddhistischer ind. Kultbau (urspr. halbkugeliger Grabhügel mit Zaun)

stu|pend [ʃt..., st...] ⟨aus gleichbed. *spätlat.* stupendus zu *lat.* stupere, vgl. stupid⟩: erstaunlich, verblüffend. **stu|pid** (österr. nur so) u. **stu|pi|de** ⟨über *fr.* stupide aus gleichbed. *lat.* stupidus zu stupere „verblüfft, überrascht sein"⟩: stumpfsinnig, geistlos, beschränkt, dumm; unfähig, sich mit etwas geistig auseinanderzusetzen. **Stu|pi|di|tät** *die;* -, -en ⟨aus gleichbed. *lat.* stupiditas, Gen. stupiditatis⟩: 1. (ohne Plur.) Stumpfsinnigkeit; Beschränktheit, Dummheit. 2. von Geistlosigkeit zeugende Handlung, Bemerkung o. ä. **Stu|por** *der;* -s ⟨aus *lat.* stupor „das Staunen, Betroffenheit"⟩: völlige körperliche u. geistige Regungslosigkeit, krankhafter Stumpfsinn (Med.). **stu|prie|ren** ⟨aus gleichbed. *lat.* stuprare zu stuprum, vgl. Stuprum⟩: vergewaltigen. **Stu|prum** *das;* -s, ...pra ⟨aus gleichbed. *lat.* stuprum, eigtl. „Schande, Schändung"⟩: Notzucht, Vergewaltigung

Sty|gal [st..., ʃt...] *das;* -s ⟨zu *gr.* Stýx, Gen. Stygós (Fluß in der Unterwelt der griech. Mythologie) u. ↑¹...al (2)⟩: das meist von Grundwasser durchströmte System kleinster

Hohlräume in Sanden, Kiesen, Schottern u. Klüften des Erdbodens, das vielen Grundwasserorganismen als Lebensraum dient (Biol.). **sty|gisch:** schauerlich, kalt. **Sty|go|bi|ont** *der;* -en, -en (meist Plur.) ⟨zu ↑...biont⟩: an das Leben im Stygal angepaßtes sehr kleines Lebewesen (Biol.). **Sty|gon** *das;* -s, ...one ⟨zu ↑¹...on⟩: die Lebensgemeinschaft eines Stygals (Biol.)
sty|len ['stailən] ⟨nach gleichbed. *engl.* to style zu style „Stil", dies über *mittelengl.* stile zu *altfr.* style aus *lat.* stilus, vgl. Stil⟩: (Jargon) entwerfen, gestalten, eine bestimmte Form geben. **Style ray|on|nant** [stilrɛjɔ'nã] *der;* - - ⟨aus gleichbed. *fr.* style rayonnant, eigtl. „strahlender Stil"⟩: Stil der franz. Hochgotik (etwa zur Regierungszeit Ludwigs IX.), der durch reiches ausstrahlendes Maßwerk gekennzeichnet ist (Archit.). **Sty|li** [ʃt..., st...]: Plur. von ↑ Stylus. **Sty|ling** ['stailɪŋ] *das;* -s, -s ⟨aus *engl.* styling „das Gestalten"⟩: äußere Formgebung, Design, Gestaltung. **Sty|list** [stai'lɪst] *der;* -en, -en ⟨aus gleichbed. *engl.* stylist⟩: Formgestalter; jmd., der das Styling entwirft (Berufsbez.). **Sty|li|stin** *die;* -, -nen: weibliche Form zu ↑ Stylist
Sty|lit [st..., ʃt..., auch ...'lɪt] *der;* -en, -en ⟨zu *spätgr.* stylítēs „zu einer Säule gehörig" (zu *gr.* stýlos „Säule") u. ↑²...it⟩: Säulenheiliger (frühchristlicher Asket, der auf einer Säule lebte). **Sty|lo|bat** *der;* -en, -en ⟨über gleichbed. *lat.* stylobates aus *gr.* stylobátēs⟩: (bei griech. Tempeln) Grundfläche, auf der die Säulen stehen
Sty|lo|gra|phie [ʃt..., st...] *die;* - ⟨zu *lat.* stilus (vgl. Stil) u. ↑...graphie⟩: Herstellung von Kupferdruckplatten. **sty|lo|id** ⟨zu ↑...oid⟩: griffel-, stiftähnlich
Sty|lo|lith [ʃt..., st..., auch ...'lɪt] *der;* Gen. -s u. -en, Plur. -e[n] ⟨zu *gr.* stýlos „Säule" u. ↑...lith⟩: in sich verzahnte, unregelmäßige Auflösungsfläche, die unter Druck in Kalkstein entsteht (Geol.)
Sty|lus [ʃt..., st...] *der;* -, Styli ⟨gräzisierte Form von *lat.* stilus, vgl. Stil⟩: 1. Griffel am Fruchtknoten von Blüten (Bot.). 2. griffelartiges Rudiment von Gliedmaßen am Hinterleib mancher Insekten (Biol.). 3. Arzneimittel in Stäbchenform zum Einführen od. Ätzen; Arzneistift (Med.)
Stym|pha|li|den [ʃt..., st...] *die* (Plur.) ⟨aus gleichbed. *gr.* Stymphalídes⟩: vogelartige Ungeheuer (in der griech. Sage)
Styp|sis [ʃt..., st...] *die;* - ⟨nach *gr.* stýpsis „das Zusammenziehen, das Dicht-, Festmachen" zu stýphein „zusammenziehen, dicht-, festmachen"⟩: Blutstillung (Med.). **Styp|ti|kum** *das;* -s, ...ka ⟨zu *gr.* styptikós „zusammenziehend" u. ↑...ikum⟩: 1. blutstillendes Mittel. 2. Mittel gegen Durchfall (Med.). **styp|tisch:** blutstillend (Med.)
Sty|rax [ʃt..., st...] u. **Storax** *der;* -[e]s, -e ⟨über gleichbed. *lat.* styrax (*spätlat.* storax) aus *gr.* stýrax, dies wohl aus dem Semit.⟩: 1. Strauch des Mittelmeergebietes, der Räucherharz liefert. 2. Balsam des orientalischen Amberbaumes, der für Parfüme verwendet wird. **Sty|rol** *das;* -s ⟨zu ↑...ol⟩: aromatischer Kohlenwasserstoff, Ausgangsstoff für verschiedene Kunststoffe (z. B. Buna, Polystyrol). **Sty|ro|por** ⓌⓇ *das;* -s ⟨Kunstw. aus ↑ *Styrol* u. ↑ porös⟩: weißer, sehr leichter, aus kleinen, zusammengepreßten Kügelchen bestehender schaumstoffartiger Kunststoff, der bes. als Dämmstoff u. Verpackungsmaterial verwendet wird
Sua|da (österr. nur so) u. **Sua|de** *die;* -, Suaden ⟨zu *lat.* suadus „zuredend, überredend", dies zu suadere „überreden" (zu suavis „süß")⟩: 1. wortreiche Rede, ununterbrochener Redefluß, Redeschwall. 2. (ohne Plur.) Beredsamkeit, Überredungskunst
Sua|he|li, Swahili *das;* -[s] ⟨zu *arab.* sawāḥil „Küsten"⟩: zu den Bantusprachen gehörende weitverbreitete Handels- u. Amtssprache in Ostafrika
Su|an|pan *der* od. *das;* -s, -e ⟨aus dem Chines.⟩: chines. Rechenbrett in der Art eines ↑ Abakus (1)
Sua|so|rie [...ə] *die;* -, -n ⟨aus gleichbed. *lat.* suasoria, substantiviertes Fem. von suasorius, vgl. suasorisch⟩: (in der röm. Rhetorik) Redeübung über die Ratsamkeit einer (fingierten) Entschließung. **sua|so|risch** ⟨aus gleichbed. *lat.* suasorius zu suadere, vgl. Suada⟩: die Suasorie betreffend; überredend
sua spon|te [– sp...] ⟨*lat.;* „aus eigenem Antrieb"⟩: freiwillig
sua|ve [...və] ⟨*it.;* aus gleichbed. *lat.* suavis⟩: lieblich, einschmeichelnd, angenehm (Vortragsanweisung; Mus.)
¹Sub *das;* -s, -s ⟨zu *lat.* supra „darüber"⟩: wiederholtes ↑ Kontra, Erwiderung auf ein ↑ Re (bei Kartenspielen)
²Sub [zap, *engl.* sʌb] *der;* -s, -s ⟨aus gleichbed. *engl.-amerik.* sub, Kurzform von subculture zu sub- (vgl. sub...) u. culture „Kultur"⟩: 1. Lokalität, Wirkungsbereich, Treffpunkte, Kommunikationszentren o. ä. einer subkulturellen Gruppe. 2. Angehöriger einer subkulturellen Gruppe. **³Sub** *die;* -: Kurzform von ↑ Subkultur
sub..., Sub... ⟨aus gleichbed. *lat.* sub⟩: Präfix mit der Bedeutung „unter(halb); von unten heran; nahebei; unter-" u. a., z. B. „Subordination, subalpin"; vielfach od. stets angeglichen vor folgenden Buchstaben: vor f zu suf... (z. B. Suffusion), vor g zu sug... (z. B. suggerieren), vor k und z zu suk... (z. B. Sukkubus, sukzessiv), vor p zu sup... (z. B. Supplement), vor r zu sur... (z. B. Surrogat)
sub|acid [...ts...] ⟨zu *lat.* acidus „sauer, scharf"⟩: vermindert, unternormal säurehaltig (Med.). **Sub|aci|di|tät** *die;* -: verminderter, unternormaler Säuregehalt (z. B. des Magensaftes; Med.)
sub|ae|ril [...ae...] ⟨zu ↑ sub... u. ↑ aeril⟩: svw. subaerisch. **sub|ae|risch:** sich unter Mitwirkung der freien Atmosphäre (z. B. Wind, Temperatur) vollziehend (von biol. Vorgängen)
sub|akut ⟨zu ↑ sub... u. ↑ akut⟩: weniger heftig verlaufend (von krankhaften Prozessen; Med.)
sub|al|pin ⟨zu ↑ sub... u. ↑ alpin⟩: 1. räumlich unmittelbar an die Alpen anschließend (Geogr.). 2. bis zur Baumgrenze reichend (von der Nadelwaldzone in 1 600–2 000 m Höhe). **sub|al|pi|nisch:** svw. subalpin
sub|al|tern ⟨aus *spätlat.* subalternus „untergeordnet" zu ↑ sub... u. *lat.* alternus, vgl. Alternative⟩: 1. (abwertend) in beflissener Weise unterwürfig, untertänig. 2. a) nur einen untergeordneten Rang einnehmend, nur beschränkt Entscheidungsbefugnis habend; b) (abwertend) geistig unselbständig, auf einem niedrigen geistigen Niveau stehend. **Sub|al|ter|na|ti|on** *die;* -: Unterordnung eines Begriffs unter einen anderen von weiterem Umfang od. eines Teilurteils unter ein allgemeines Urteil (Logik). **Sub|al|ter|ne** *der* u. *die;* -n, -n ⟨zu ↑ subaltern⟩: Untergebene(r), jmd., der subaltern (2a) ist. **sub|al|ter|nie|ren:** unterordnen, ein besonderes Urteil unter ein allgemeines unterordnen (Logik). **Sub|al|ter|ni|tät** *die;* - ⟨zu ↑...ität⟩: 1. Abhängigkeit, Unselbständigkeit. 2. Unterwürfigkeit, Untertänigkeit
sub|ant|ark|tisch ⟨zu ↑ sub... u. ↑ antarktisch⟩: zwischen ↑ Antarktis u. gemäßigter Klimazone gelegen (Geogr.)
sub|aqual ⟨zu ↑ sub..., *lat.* aqua „Wasser" u. ↑¹...al (1)⟩: unter Wasser befindlich od. sich vollziehend (Biol., Med.); **-es Darmbad:** Unterwasserdarmbad. **sub|aqua|tisch** ⟨zu *lat.* aquaticus „im Wasser vorkommend"⟩: unter der Wasseroberfläche gelegen (von geol. Vorgängen u. Erscheinungen)

Subarachnoidalraum

Sub|arach|noi|dal|raum [...oi...] *der;* -[e]s ⟨zu ↑sub..., ↑arachnoid u. ↑¹...al (1)⟩: mit Zerebrospinalflüssigkeit (vgl. zerebrospinal) gefüllter Raum zwischen Spinnwebhaut u. weicher Hirnhaut (Med.).
Sub|ära|ten die (Plur.) ⟨zu ↑sub... u. *lat.* aeratus „erzbeschlagen, ehern", dies zu aes „Kupfer, Bronze; Kupfergeld"⟩: versilberte Kupfermünzen im alten Rom
sub|ark|tisch ⟨zu ↑sub... u. ↑arktisch⟩: zwischen ↑Arktis u. gemäßigter Klimazone gelegen (Geogr.).
Sub|ar|ren|da|tor *der;* -s, ...toren ⟨zu ↑sub... u. *mlat.* arrendator „Pächter"⟩: (veraltet) Unterpächter; vgl. Arrende.
sub|ar|ren|die|ren ⟨zu *mlat.* arrendare „ein Gut verpachten"⟩: (veraltet) in Unterpacht nehmen
Sub|at|lan|ti|kum *das;* -s ⟨zu ↑sub... u. ↑Atlantikum⟩: jüngste Stufe des ↑Alluviums (Geol.). **sub|at|lan|tisch**: das Subatlantikum betreffend
sub|ato|mar ⟨zu ↑sub... u. ↑atomar⟩: a) kleiner als ein Atom; b) die Elementarteilchen u. Atomkerne betreffend (Phys.)
sub|azid usw. vgl. subacid usw.
Sub|baß *der;* ...sses, ...bässe ⟨zu ↑sub... u. ↑Baß⟩: Orgelregister gedeckter Labialpfeifen mit dunklem Klang im Pedal (Mus.).
Sub|bo|re|al *das;* -s ⟨zu ↑sub... u. ↑Boreal⟩: zweitjüngste Stufe des ↑Alluviums (Geol.).
Sub|bot|nik *der;* -[s], -s ⟨aus gleichbed. *russ.* subbotnik zu subbota „Sonnabend", da die Arbeit urspr. nur an einem Sonnabend geleistet wurde⟩: in einem besonderen Arbeitseinsatz [freiwillig u.] unentgeltlich geleistete Arbeit (ehemals in den sozialistischen Ländern, bes. in der Sowjetunion). **Sub|bot|ni|ki** die (Plur.) ⟨aus gleichbed. *russ.* subbotniki, dies zu *mlat.* sabbatum „wöchentlicher Ruhetag der Juden"⟩: Anhänger einer judaisierenden russ. Sekte; vgl. Sabbatarier
sub|der|mal ⟨zu ↑sub... u. ↑dermal⟩: svw. subkutan
Sub|dia|kon *der;* Gen. -s u. -en, Plur. -e[n] ⟨zu ↑sub... u. ↑Diakon⟩: (früher) zweiter Gehilfe des Priesters (erste Stufe der höheren kath. Weihen; kath. Kirche); vgl. Diakon. **Sub|dia|ko|nat** *das,* auch *der;* -[e]s, -e ⟨zu ↑Diakonat⟩: Stand u. Würde des Subdiakons (mit Verpflichtung zu ↑Brevier 1 u. ↑Zölibat)
Sub|di|tus *der;* -, ...ten ⟨aus gleichbed. *nlat.* subditus zu ↑sub... u. *lat.* dare „geben"⟩: (veraltet) Untergebener, Untertan
Sub|di|vi|si|on [...v...] *die;* -, -en ⟨nach *spätlat.* subdivisio „Unterabteilung" zu subdividere „unterteilen, weiter zerlegen"⟩: Unterteilung (Philos.).
Sub|do|mi|nan|te *die;* -, -n ⟨zu ↑sub... u. ↑²Dominante⟩: a) 4. Stufe (= Quarte) der ↑diatonischen Tonleiter; b) Dreiklang auf der vierten Stufe (Mus.).
Sub|duk|ti|on *die;* - ⟨aus *lat.* subductio „das Hinauf-, Anlandziehen" zu subducere „wegziehen, entziehen, beseitigen"⟩: das Untertauchen einer tektonischen Platte unter eine andere (Geol.).
sub|du|ral ⟨zu *lat.* subdurus „ziemlich hart" u. ↑¹...al (1)⟩: unter der harten Hirnhaut gelegen (z. B. von Abszessen; Med.).
Su|be|rin *das;* -s, -e ⟨zu *lat.* suber „Kork" u. ↑...in (1)⟩: Substanz, die bei Pflanzen in den Zellwänden der korkbildenden Gewebes abgelagert wird u. dieses gegen Flüssigkeiten praktisch undurchlässig macht (Biol.).
sub|fe|bril ⟨zu ↑sub... u. ↑febril⟩: leicht erhöht, aber noch nicht fieberhaft (von der Temperatur; Med.).
sub|fer|til ⟨zu ↑sub... u. ↑fertil⟩: vermindert fruchtbar (Med.).

sub|fos|sil ⟨zu ↑sub... u. ↑fossil⟩: in geschichtlicher Zeit ausgestorben (von Tieren u. Pflanzen; Biol.).
sub|gla|zi|al ⟨zu ↑sub... u. ↑glazial⟩: sich unter dem Gletschereis abspielend (Geol.).
sub|har|mo|nisch ⟨zu ↑sub... u. ↑harmonisch⟩: zur Untertonreihe gehörig (Mus.).
sub ha|sta ⟨*lat.;* aus sub hasta (vendere) „unter der Lanze (versteigern)", weil die aufgesteckte Lanze als Symbol der Amtsgewalt galt⟩: unter dem Hammer; vgl. Subhastation, subhastieren. **Sub|ha|sta|ti|on** *die;* -, -en ⟨aus gleichbed. *spätlat.* subhastatio zu subhastare, vgl. subhastieren⟩: (veraltet) öffentliche Versteigerung, Lizitation. **sub|ha|stie|ren** ⟨aus gleichbed. *spätlat.* subhastare⟩: (veraltet) öffentlich versteigern, lizitieren
sub|hy|drisch ⟨zu ↑sub... u. *gr.* hýdōr „Wasser"⟩: unter dem Wasser befindlich; -er Boden: unter dem Wasser gebildeter Boden (Geol.).
Sub|ik|te|rus *der;* - ⟨zu ↑sub... u. ↑Ikterus⟩: leichteste Form der Gelbsucht (Med.).
Sub|ile|us [...leʊs] *der;* -, ...leen [...leən] ⟨zu ↑sub... u. ↑Ileus⟩: nahezu vollständiger Darmverschluß (Med.).
Sub|ima|go *die;* -, ...gines [...ne:s] ⟨zu ↑sub... u. ↑Imago⟩: Entwicklungsstadium der geflügelten, aber noch nicht geschlechtsreifen Eintagsfliege (Zool.).
Su|bi|tan|ei *das;* -[e]s, -er ⟨zu *lat.* subitaneus „plötzlich"⟩: dotterarmes Sommerei wirbelloser Tiere. **su|bi|to** ⟨*it.;* aus gleichbed. *lat.* subito⟩: plötzlich, sofort, unvermittelt (Vortragsanweisung; Mus.)
Sub|jekt *das;* -[e]s, -e ⟨aus *spätlat.* subiectum, eigtl. „das (einer Aussage od. Erörterung) Zugrundeliegende", substantiviertes Part. Perf. (Neutrum) von subicere „unter etw. legen"⟩: 1. das erkennende, mit Bewußtsein ausgestattete, handelnde Ich, das auch Träger von Zuständen u. Wirkungen ist (Philos.); Ggs. ↑Objekt (1 b). 2. [auch 'zʊp...] Satzgegenstand (z. B. *sein Freund* ist verreist; Sprachw.); vgl. Objekt (2), Prädikat (3). 3. Thema (↑Dux) in der Fuge (Mus.). 4. (abwertend) heruntergekommener, gemeiner Mensch. **Sub|jek|ti|on** *die;* -, -en ⟨aus gleichbed. *lat.* subiectio, eigtl. „das Hinstellen"⟩: Aufwerfung u. Selbstbeantwortung einer Frage (Rhet.). **sub|jek|tiv** [auch 'zʊp...] ⟨aus *spätlat.* subiectivus „hinzugefügt, nachgesetzt; zum Subjekt gehörig"⟩: 1. auf ein Subjekt bezogen, dem Subjekt angehörend, in ihm begründet; persönlich (Philos.). 2. a) von persönlichen Gefühlen, Interessen, von Vorurteilen bestimmt; b) voreingenommen, befangen; unsachlich; Ggs. ↑objektiv (2). **sub|jek|ti|vie|ren** [...v...] ⟨zu ↑...ieren⟩: dem persönlichen ↑subjektiven (1) Bewußtsein gemäß betrachten, beurteilen, interpretieren. **Sub|jek|ti|vie|rung** *die;* -, -en ⟨zu ↑...ierung⟩: das Subjektivieren, das Subjektiviertwerden. **Sub|jek|ti|vis|mus** *der;* - ⟨zu ↑...ismus (1)⟩: 1. Ansicht, nach der das Subjekt (das Ich) das primär Gegebene sei, alles andere Schöpfung des Bewußtseins dieses Subjekts (Verneinung objektiver Erkenntnisse, Werte, Wahrheiten). 2. subjektivische (b) Haltung, Ichbezogenheit. **Sub|jek|ti|vist** *der;* -en, -en ⟨zu ↑...ist⟩: 1. Vertreter des Subjektivismus (1). 2. jmd., der subjektivistisch (b) ist, denkt. **sub|jek|ti|vi|stisch** ⟨zu ↑...istisch⟩: a) den Subjektivismus (1) betreffend; b) nur vom Ich ausgehend, ichbezogen. **Sub|jek|ti|vi|tät** *die;* - ⟨zu ↑...ität⟩: 1. Inbegriff dessen, was zu einem Subjekt gehört (Philos.). 2. die Eigenständigkeit des geistigen Lebens (Philos.). 3. a) persönliche Auffassung, Eigenart; b) Einseitigkeit. **Sub|jekt-Objekt-Pro|blem** *das;* -s: zentrales Problem der philos. Erkenntnistheorie, wie das Verhältnis zwischen erkennendem Subjekt u. zu erkennendem bzw. erkanntem Objekt

zu bestimmen ist. **Sub|jękt|satz** *der;* -es, ...sätze: Satz, in dem das ↑Subjekt (2) in Gestalt eines Gliedsatzes auftritt (z. B. *was er sagte,* war sehr überzeugend; Sprachw.). **Sub|jękts|ge|ni|tiv** *der;* -s, -e [...və]: svw. Genitivus subiectivus **Sub|junk|ti|on** *die;* -, -en ⟨aus *lat.* subiunctio „Anfügung"⟩: Verknüpfung von Aussagen zu einer neuen Aussage mit Hilfe eines Subjunktors (Sprachw.). **Sub|junk|tiv** *der;* -s, -e [...və] ⟨aus *spätlat.* (modus) subiunctivus, eigtl. „unterordnend"⟩: (selten) Konjunktiv (Sprachw.). **Sub|junk|tor** *der;* -s, -en ⟨zu *lat.* subiunctus, Part. Perf. von subiungere „verbinden" u. ↑...or⟩: die logische Partikel *wenn..., ...dann* zur Verknüpfung zweier Aussagen (Sprachw.)
Sub|ka|te|go|rie *die;* -, ...ien [...i:ən]: Untergruppe einer ↑Kategorie (1). **sub|ka|te|go|ri|sie|ren** ⟨zu ↑...isieren⟩: [etw.] in Subkategorien einteilen. **Sub|ka|te|go|ri|sie|rung** *die;* -, -en ⟨zu ↑...isierung⟩: das Subkategorisieren
sub|kon|szi|ęnt ⟨zu ↑sub... u. *lat.* consciens, Gen. conscientis, Part. Präs. von conscire „sich (einer Sache) bewußt sein"⟩: unterbewußt (Psychol.)
Sub|kon|ti|nent *der;* -[e]s, -e ⟨zu ↑sub... u. ↑Kontinent⟩: geographisch geschlossener Teil eines Kontinents, der auf Grund seiner Größe u. Gestalt eine gewisse Eigenständigkeit hat, z. B. der indische -. **sub|kon|ti|nen|tal**: im Randbereich des kontinentalen Einflusses wachsend (von Pflanzen; Bot.)
Sub|kon|tra... ⟨zu ↑sub... u. ↑kontra...⟩: Präfix aus dem Bereich der Musik mit der Bedeutung „zum Tonbereich, der unter der ↑Kontraoktave liegt, gehörend", z. B. Sub-kontra-A (Mus.)
sub|kor|ti|kal ⟨zu ↑sub... u. ↑kortikal⟩: unter der Rinde bzw. Hirnrinde gelegen (Biol., Med.)
sub|kru|stal ⟨zu ↑sub..., *lat.* crusta „Kruste, Rinde" u. ↑¹...al (1)⟩: unter der Erdkruste gelegen (Geol.)
Sub|kul|tur *die;* -, -en ⟨zu ↑sub... u. ↑Kultur⟩: besondere, z. T. relativ geschlossene Kulturgruppierung innerhalb eines übergeordneten Kulturbereiches, oft in bewußtem Gegensatz zur herrschenden Kultur stehend. **sub|kul|tu|rell**: zu einer Subkultur gehörend, sie betreffend
sub|ku|tan ⟨aus *spätlat.* subcutaneus „unter der Haut befindlich"; vgl. sub... u. kutan⟩: 1. unter der Haut befindlich (Med.). 2. unter die Haut appliziert (Med.). **Sub|ku|tan|in|jek|ti|on** *die;* -, -en: Einspritzung unter die Haut (Med.). **Sub|ku|tis** *die;* -: Unterhaut, Unterhautzellgewebe (in das Fettgewebe eingelagert ist; Med.)
sub|le|tal ⟨zu ↑sub... u. ↑letal⟩: fast tödlich (von Dosierungen; Med.). **Sub|le|tal|fak|tor** *der;* -s, -en: krankhafte Erbanlage, die entgegen dem Letalfaktor nicht zum Absterben aller, aber der Mehrzahl der ↑Individuen führt (Med.)
sub|lim ⟨aus *lat.* sublimis „in die Höhe gehoben; erhaben" zu ↑sub... u. *lat.* limen „Schwelle"⟩: a) nur mit großer Feinsinnigkeit wahrnehmbar, verständlich; nur einem sehr feinen Verständnis od. Empfinden zugänglich; b) von Feinsinnigkeit, feinem Verständnis, großer Empfindsamkeit zeugend. **Sub|li|mat** *das;* -[e]s, -e ⟨zu *lat.* sublimatum, Part. Perf. (Neutrum) von sublimare, vgl. sublimieren⟩: 1. (veraltet) Quecksilber-II-Chlorid (Desinfektionsmittel). 2. bei der Sublimation (1) sich niederschlagende feste Substanz. **Sub|li|ma|ti|on** *die;* -, -en ⟨zu ↑...ion⟩: 1. das Sublimieren (2); unmittelbarer Übergang eines Stoffes in den Gaszustand (Chem.). 2. das Sublimieren (1); vgl. ...[at]ion/...ierung. **Sub|li|ma|ti|ons|ker|ne** *die* (Plur.): in der Atmosphäre befindliche ↑Kondensationskerne, an denen bei tiefen Lufttemperaturen u. sehr hoher relativer Luftfeuchtigkeit der Wasserdampf direkt in die Eisphase übertritt (Meteor.). **Sub|li|ma|ti|ons|punkt** *der;* -[e]s, -e:

Temperatur, bei der ein Stoff zu sublimieren (2) beginnt (Phys.). **Sub|li|ma|ti|ons|theo|rie** *die;* -: Annahme, daß die Erzlagerstätten durch Sublimation (1) von Gasen entstanden seien. **sub|li|mie|ren** ⟨aus *lat.* sublimare „erhöhen"⟩: 1. a) auf eine höhere Ebene erheben, ins Erhabene steigern; verfeinern, veredeln; b) einen [unbefriedigten Geschlechts]trieb in kulturelle, künstlerische o. ä. Leistungen umsetzen (Med., Psychol.). 2. unmittelbar vom festen in den gasförmigen Zustand übergehen u. umgekehrt; durch Sublimation (1) trennen (Chem.). **Sub|li|mie|rung** *die;* -, -en ⟨zu ↑...ierung⟩: 1. das Sublimieren (1). 2. das Sublimieren (2); vgl. ...[at]ion/...ierung. **sub|li|mi|nal** ⟨unter Einfluß von gleichbed. *engl.* subliminal zu ↑sublim u. ↑¹...al (1)⟩: unterschwellig, unter der Wahrnehmungs- od. Bewußtseinsschwelle liegend (von Reizen, die nicht bewußt aufgenommen werden od. aufgenommen werden können; Psychol.). **Sub|li|mi|tät** *die;* - ⟨aus gleichbed. *lat.* sublimitas, Gen. sublimitatis zu sublimis, vgl. sublim⟩: (selten) Erhabenheit, Feinheit, Verfeinerung, sublimes Wesen
sub|lin|gu|al ⟨zu ↑sub... u. ↑lingual⟩: unter der Zunge liegend (Med.)
Sub|li|to|ral *das;* -s, -e ⟨zu ↑sub... u. ↑Litoral⟩: Gewässerregion unterhalb des ↑Litorals (Biol., Geogr.)
Sub|lo|ka|ti|on *die;* -, -en ⟨zu ↑sub... u. ↑Lokation⟩: (veraltet) Untermiete. **sub|lo|zie|ren**: (veraltet) untervermieten
sub|lu|na|risch ⟨zu ↑sub... u. *lat.* luna „Mond"; vgl. ...ar (1)⟩: unter dem Monde befindlich, irdisch (Meteor.)
Sub|lu|xa|ti|on *die;* -, -en ⟨zu ↑sub... u. ↑Luxation⟩: nicht vollständige Verrenkung (Med.)
sub|mam|mär ⟨zu ↑sub..., ↑Mamma u. ↑...är⟩: unter der weiblichen Brust lokalisiert (z. B. von Abszessen; Med.)
sub|ma|rin ⟨zu ↑sub... u. ↑marin⟩: unter der Meeresoberfläche lebend od. befindlich, unterseeisch (Geol., Biol.)
sub|me|di|ter|ran ⟨zu ↑sub... u. ↑mediterran⟩: in den nördlichen Teilen des Mittelmeergebietes wachsend (von Pflanzen; Pflanzengeogr.)
sub|men|tal ⟨zu ↑sub... u. ↑¹mental⟩: unter dem Kinn gelegen (Med.)
Sub|mer|genz *die;* - ⟨zu *lat.* submergere „untertauchen" u. ↑...enz⟩: (selten) svw. Submersion (1). **sub|mers** ⟨zu *lat.* submersus „untergetaucht", Part. Perf. von submergere, vgl. Submergenz⟩: unter Wasser lebend (von Tieren u. Pflanzen); Ggs. ↑emers. **Sub|mer|si|on** *die;* -, -en ⟨aus *spätlat.* submersio „das Untertauchen"⟩: 1. das Untertauchen des Festlandes unter den Meeresspiegel durch Senkung der Küste od. das Ansteigen des Meeresspiegels (Geophys.). 2. (veraltet) Untertauchung, Überschwemmung. 3. das Hineintauchen der Täuflings ins Wasser (Rel.). **Sub|mer|si|ons|tau|fe** *die;* -, -n: svw. Immersionstaufe. **Sub|mers|kul|tur** *die;* -, -en ⟨zu ↑submers⟩: Tiefenkultur von Mikroorganismen in Nährlösungen unter starker Belüftung u. Durchmischung (z. B. bei der Antibiotikagewinnung)
Sub|mi|kro|me|ter|tech|nik *die;* - ⟨zu ↑sub..., ↑Mikrometer u. ↑Technik⟩: Herstellung von höchst- bis ultrahoch integrierten Schaltungen u. Strukturen, deren Größe weit unterhalb eines Mikrometers liegt (Elektronik). **Sub|mi|kro|nen** *die* (Plur.) ⟨zu *gr.* mikrós „klein"⟩: im Ultramikroskop gerade noch erkennbare Teilchen. **sub|mi|kro|sko|pisch**: mit dem Ultramikroskop nicht mehr erkennbar
Sub|mi|ni|stra|ti|on *die;* -, -en ⟨aus *lat.* subministratio „das Zukommenlassen" zu subministrare, vgl. subministrieren⟩: (veraltet) Vorschubleistung. **sub|mi|ni|strie|ren** ⟨aus *lat.* subministrare „verschaffen, zukommen lassen"⟩: (veraltet) Vorschub leisten, behilflich sein

submiß

sub|miß ⟨aus gleichbed. *lat.* submissus, eigtl. „gesenkt", Part. Perf. von submittere „herablassen, senken"⟩: (veraltet) ehrerbietig; untertänig, demütig. **Sub|mis|si|on** *die;* -, -en ⟨aus gleichbed. *(spät)lat.* submissio, summissio zu submittere, vgl. submiß u. submittieren; Bed. 2 unter Einfluß von gleichbed. *fr.* soumission⟩: 1. (veraltet) Ehrerbietigkeit, Unterwürfigkeit; Unterwerfung. 2. öffentliche Ausschreibung einer Arbeit [durch die öffentliche Hand] u. Vergabe des Auftrags an denjenigen, der das günstigste Angebot liefert. 3. Musterausstellung der Herstellerbetriebe zur Entgegennahme von Aufträgen des Handels (bes. in der ehemaligen DDR). **Sub|mis|si|ons|kar|tell** *das;* -s, -e: Kartell (1) von Firmen, die sich verpflichtet haben, bei Bewerbungen um öffentlich ausgeschriebene Aufträge bestimmte Konditionen einzuhalten. **Sub|mit|tent** *der;* -en, -en ⟨zu *lat.* submittens, Gen. submittentis, Part. Präs. von submittere, vgl. submittieren⟩: jmd., der sich um einen [öffentlich ausgeschriebenen] Auftrag bewirbt (Wirtsch.). **sub|mit|tie|ren** ⟨aus *lat.* submittere „um etw. bitten, vorschicken"⟩: sich um einen [öffentlich ausgeschriebenen] Auftrag bewerben (Wirtsch.). **sub|mu|kös** ⟨zu ↑sub... u. ↑mukös⟩: unter der Schleimhaut gelegen (Med.). **Sub|mu|ni|tio|nen** *die* (Plur.) ⟨zu ↑sub... u. ↑Munition⟩: Sammelbez. für Munitionsarten, die als Tochtergeschosse eines Träger- od. Muttergeschosses bzw. als in einer Flugzeugschüttbombe transportierte Kleinstbomben über einem Zielgebiet ausgestoßen werden. **sub|ni|val** [...v...] ⟨zu ↑sub... u. ↑nival⟩: 1. unmittelbar unterhalb der Schneegrenze gelegen (Geogr.). 2. unter dem Schnee liegend od. entstanden, durch Schnee entstanden. **Sub|nor|ma|le** *die;* -[n], -n ⟨zu ↑sub... u. ↑Normale⟩: in der analytischen Geometrie die Projektion der ↑Normalen auf die Abszissenachse (Math.). **sub|nu|kle|ar** ⟨zu ↑sub... u. ↑nuklear⟩: unterhalb der Dimensionen eines Atomkerns gelegen (auf die Elementarteilchen bezogen) (Phys.). **sub|or|bi|tal** ⟨aus gleichbed. *engl.* suborbital; vgl. sub... u. orbital⟩: nicht in eine Umlaufbahn gelangend. **Sub|or|di|na|tia|nis|mus** *der;* - ⟨zu ↑Subordination u. ↑...ismus (1)⟩: eine Denkform in der frühchristlichen Theologie, die das Verhältnis zwischen Gottvater und Gottsohn als Unterordnung des Sohnes bestimmen möchte. **Sub|or|di|na|ti|on** *die;* -, -en (z. T. unter Einfluß von *fr.* subordination aus gleichbed. *mlat.* subordinatio zu subordinare, vgl. subordinieren⟩: 1. (veraltend) Unterordnung, Gehorsam. 2. Unterordnung von Sätzen od. Satzgliedern, ↑Hypotaxe (2) (z. B. Dann kam die Nachricht, *daß er verreist sei;* Sprachw.). 3. Unterordnung, bes. von Begriffen im Verhältnis Unter- zu Oberbegriff; Ggs. ↑Koordination (2). **sub|or|di|na|tiv** ⟨zu ↑...iv⟩: die Subordination (2) betreffend (Sprachw.). **sub|or|di|nie|ren** ⟨aus gleichbed. *mlat.* subordinare zu ↑sub... u. *lat.* ordinare, vgl. ordinieren⟩: 1. (veraltend) [sich] unterordnen. 2. unterordnen (Sprachw.); -de Konjunktion: unterordnendes Bindewort (z. B. *weil*). **Sub|oxyd,** chem. fachspr. **Sub|oxid** *das;* -[e]s, -e ⟨zu ↑sub... u. ↑Oxyd⟩: Oxyd mit vermindertem Sauerstoffgehalt (Chem.). **sub|pe|ri|ostal** ⟨zu ↑sub... u. ↑periostal⟩: unter der Knochenhaut gelegen (z. B. von ↑Hämatomen; Med.). **sub|phre|nisch** ⟨zu ↑sub... u. *gr.* phrén, Gen. phrenós „Zwerchfell"⟩: svw. hypophrenisch. **sub|pleu|ral** ⟨zu ↑sub... u. ↑pleural⟩: unterhalb des Brustfells gelegen (Med.).

sub|po|lar ⟨zu ↑sub... u. ↑polar⟩: zwischen den Polen u. der gemäßigten Klimazone gelegen (Geogr.). **Sub|po|lar|zonen** *die* (Plur.): die Klimazonen, die den Übergang von den gemäßigten zu den Polarzonen bilden (Geogr.). **Sub|pri|or** *der;* -s, ...oren ⟨aus gleichbed. *mlat.* subprior; vgl. sub... u. Prior⟩: Stellvertreter eines ↑Priors. **Sub|pro|le|ta|ri|at** *das;* -[e]s, -e ⟨zu ↑sub... u. ↑Proletariat⟩: Teil des Proletariats, dessen Arbeitskraft nicht verwertbar ist (Soziol.). **Sub|re|gi|on** *die;* -, -en ⟨zu ↑sub... u. ↑Region⟩: Teilgebiet einer tiergeographischen Region. **Sub|rep|ti|on** *die;* -, -en ⟨aus *spätlat.* subreptio, surreptio „Erschleichung" zu *lat.* subrepere, surrepere „(sich) einschleichen"⟩: 1. (veraltet) unrechtmäßige Erlangung eines [rechtlichen] Erfolges durch Entstellung od. Verschleierung des wahren Sachverhalts (Rechtsw.). 2. das Erhalten eines [bewußt fehlerhaften] Beweisschlusses durch Stützung auf Voraussetzungen, die nicht auf Tatsachen beruhen (Logik). **sub|re|zent** ⟨zu ↑sub... u. ↑rezent⟩: unmittelbar vor der erdgeschichtlichen Gegenwart liegend, stattgefunden habend (Geol.). **sub|ro|gie|ren** ⟨aus *lat.* subrogare, surrogare „jmdn. durch eine Volksabstimmung an die Stelle eines anderen wählen lassen"⟩: 1. (veraltet) [einen Wahlkandidaten an Stelle eines anderen] unterschieben. 2. (veraltet) ein Recht an einen anderen abtreten (Rechtsw.). **sub ro|sa** ⟨*lat.;* „unter der Rose", dem mittelalterlichen Sinnbild der Verschwiegenheit, bes. an Beichtstühlen⟩: unter dem Siegel der Verschwiegenheit. **Sub|ro|si|on** *die;* -, -en ⟨zu ↑sub..., *lat.* rosus, Part. Perf. von rodere „(be)nagen" u. ↑'...ion⟩: Auslaugung u. Ausspülung von Salzen durch Grundwasser (Geol.). **Sub|sek|ti|on** *die;* -, -en ⟨aus gleichbed. *nlat.* subsectio zu ↑sub... u. *lat.* sectio, vgl. Sektion⟩: (veraltet) Unterabschnitt, Unterabteilung. **sub|se|ku|tiv** ⟨zu *lat.* subsecutus, Part. Perf. von subsequi „unmittelbar folgen" u. ↑...iv⟩: (veraltet) nachfolgend. **Sub|sel|li|um** *das;* -s, ...ien [...iən] ⟨aus *lat.* subsellium „niedrige Bank" zu ↑sub... u. *lat.* sella „Sessel, Stuhl"⟩: (veraltet) Bank, bes. Schulbank. **Sub|se|mi|to|ni|um** *das;* -s ⟨zu ↑sub... u. ↑Semitonium⟩: Leitton der Tonleiter (Mus.). **sub|se|quent** ⟨aus *lat.* subsequens, Gen. subsequentis, Part. Präs. von subsequi, vgl. subsekutiv⟩: den weniger widerstandsfähigen Gesteinsschichten folgend (von Nebenflüssen; Geogr.); -er Magmatismus: im Gefolge einer Gebirgsbildung auftretender Vulkanismus od. Plutonismus (1; Geol.). **sub|si|di|är** u. **sub|si|dia|risch** ⟨über *fr.* subsidiaire aus *lat.* subsidiarius „als Aushilfe dienend" zu subsidium (vgl. Subsidium); vgl. ...är u. ...ar⟩: a) unterstützend, hilfeleistend; b) behelfsmäßig, als Behelf dienend; -es Recht: Rechtsbestimmungen, die nur dann zur Anwendung gelangen, wenn das übergeordnete Recht keine Vorschriften enthält (Rechtsw.). **Sub|si|dia|ris|mus** *der;* - ⟨zu *lat.* subsidiarius (vgl. subsidiär) u. ↑...ismus (2)⟩: a) das Gelten der Subsidiarität (1) (in einer sozialen Ordnung); b) das Streben nach, das Eintreten für Subsidiarismus (a). **Sub|si|dia|ri|tät** *die;* - ⟨zu ↑...ität⟩: 1. gesellschaftspolitisches Prinzip, nach dem übergeordnete gesellschaftliche Einheiten (z. B. der Staat bzw. ein Staatenbündnis) nur solche Aufgaben übernehmen sollen, zu deren Wahrnehmung untergeordnete Einheiten (z. B. die Familie, eine Kommune bzw. ein einzelner Gliedstaat) nicht in der Lage sind (Pol., Soziol.).

Substitutionseffekt

2. das Subsidiärsein einer Rechtsnorm. **Sub|si|di|um** *das;* -s, ...ien [...i̯ən] ⟨aus *lat.* subsidium „Reserve, Rückhalt, Hilfe; Hilfsmittel"⟩: 1. (veraltet) Beistand, Rückhalt, Unterstützung. 2. (meist Plur.) Hilfsgelder (seltener Truppen od. Kriegsmaterial), die ein Staat einem anderen gibt **sub si|gil|lo [con|fes|sio|nis]** [- - (kɔn...)] ⟨*(kirchen)lat.;* „unter dem Siegel (der Beichte)"⟩: unter dem Siegel der Verschwiegenheit **Sub|si|stenz** *die;* -, -en ⟨aus *spätlat.* subsistentia „Bestand" zu *lat.* subsistere, vgl. subsistieren⟩: 1. (ohne Plur.) der Bestand, das Bestehen durch sich selbst (Philos.). 2. (veraltet) a) [Lebens]unterhalt, materielle Lebensgrundlage; b) (ohne Plur.) materielle Existenz. **Sub|si|stenz|wirt|schaft** *die;* - ⟨zu *engl.* subsistence, dies aus *spätlat.* subsistentia, vgl. Subsistenz⟩: landwirtschaftliche Wirtschaftsform, die ganz od. überwiegend für die Selbstversorgung produziert, bes. in Entwicklungsländern (Wirtsch.). **sub|si|stie|ren** ⟨aus *lat.* subsistere „stillstehen, standhalten"⟩: 1. für sich [unabhängig von anderem] bestehen (Philos.). 2. (veraltet) seinen Lebensunterhalt haben
Sub|skri|bent *der;* -en, -en ⟨zu *lat.* subscribens, Gen. subscribentis, Part. Präs. von subscribere, vgl. subskribieren⟩: jmd., der sich zur Abnahme eines noch nicht erschienenen Buches od. Werkes (meist zu niedrigerem Preis) verpflichtet (Buchw.). **Sub|skri|ben|tin** *die;* -, -nen: weibliche Form zu ↑Subskribent. **sub|skri|bie|ren** ⟨aus *lat.* subscribere „unterschreiben"⟩: sich verpflichten, ein noch nicht [vollständig] erschienenes Druckerzeugnis zum Zeitpunkt des Erscheinens abzunehmen; vorausbestellen (Buchw.). **Sub|skrip|ti|on** *die;* -, -en ⟨aus *lat.* subscriptio „Unterschrift"⟩: 1. Vorherbestellung von später erscheinenden Büchern [durch Unterschrift] (meist zu niedrigerem Preis; Buchw.). 2. am Schluß einer antiken Handschrift stehende Angabe über Inhalt, Verfasser, Schreiber usw. des Werkes. 3. Verpflichtung, eine bestimmte Anzahl von ↑emittierten (1) Wertpapieren zu kaufen
sub so|le ni|hil per|fec|tum [- - - ...'fɛk...] ⟨*lat.*⟩: unter der Sonne (auf Erden) gibt es nichts Vollkommenes
Sub|so|lu|ti|on *die;* -, -en ⟨zu *lat.* subsolutus, Part. Perf. von subsolvere „ein wenig (auf)lösen" u. ↑...ation⟩: Karbonatlösung am Meeresboden
sub|so|nisch ⟨unter Einfluß von *engl.* subsonic „Unterschall-" zu ↑sub... u. *lat.* sonus „Laut, Ton"⟩: mit einer Geschwindigkeit unterhalb der Schallgeschwindigkeit fliegend
sub spe|cie aeter|ni|ta|tis [- 'spe:tsi̯ə ɛtɛr...] ⟨*lat.*⟩: unter dem Gesichtspunkt der Ewigkeit. **Sub|spe|zi|es** [...spe:tsi̯ɛs] *die;* -, - [...e:s] ⟨zu ↑sub... u. ↑Spezies⟩: Unterart (in der Tier- u. Pflanzensystematik)
Sub|stan|dard *der;* -s ⟨aus gleichbed. *engl.* substandard; vgl. sub... u. ¹Standard⟩: unterdurchschnittliche Qualität. **Sub|stan|dard|woh|nung** *die;* -, -en: Wohnung ohne eigene Toilette u. ohne fließendes Wasser
Sub|stan|tia *die;* - ⟨aus *lat.* substantia „Bestand; Stoff, Wesen"; vgl. Substanz⟩: Material, Stoff, Struktur, woraus ein Organ bzw. Organteil od. Gewebe besteht (Anat.). **sub|stan|ti|al** ⟨aus *spätlat.* substantialis „wesentlich", zu *lat.* substantia, vgl. Substanz⟩: svw. substantiell; vgl. ...al/...ell. **Sub|stan|tia|lis|mus** *der;* - ⟨zu ↑...ismus (1)⟩: philos. Lehre, nach der die Seele eine Substanz, ein dinghaftes Wesen ist. **Sub|stan|tia|li|tät** *die;* - ⟨zu ↑...ität⟩: 1. das Substanzsein, substantielles Wesen (Philos.). 2. das Substantiellsein. **Sub|stan|tia|li|täts|theo|rie** *die;* -: bes. in der ↑Scholastik vertretene Lehre, daß die Seele eine Substanz, ein einheitliches selbständiges Wesen sei, das den seelischen Vorgängen zugrunde liegt. **sub|stan|tia|li|ter** ⟨*spätlat.;* Adverb zu substantialis, vgl. substantial⟩: wesentlich, dem Wesen nach. **sub|stan|ti|ell** ⟨aus gleichbed. *fr.* substantiel⟩: a) substanzartig, wesenhaft (Philos.); b) wichtig, wesentlich; c) stofflich, materiell, Substanz besitzend; d) (veraltend) nahrhaft, gehaltvoll, kräftig; vgl. ...al/...ell. **sub|stan|ti|ie|ren** ⟨zu ↑Substanz u. ↑...ieren⟩: durch Tatsachen belegen, begründen (Philos.). **Sub|stan|tiv** *das;* -s, -e [...və] ⟨aus gleichbed. *spätlat.* (verbum) substantivum, eigtl. „Wort, das für sich allein (be)steht", zu *lat.* substare, vgl. Substanz⟩: Wort, das ein Ding, ein Lebewesen, einen Begriff, einen Sachverhalt o. ä. bezeichnet; Haupt-, Dingwort; ↑Nomen (2; z. B. Tisch, Kleid, Liebe; Sprachw.). **sub|stan|ti|vie|ren** [...v...] ⟨zu ↑...ieren⟩: zum Substantiv machen. **Sub|stan|ti|vie|rung** *die;* -, -en ⟨zu ↑...ierung⟩: 1. (ohne Plur.) das Substantivieren. 2. substantivisch gebrauchtes Wort (eines nichtsubstantivischen Wortes; z. B. das Unscheinbare). **sub|stan|ti|visch** [auch ...'ti:...]: das Substantiv betreffend, wie ein Substantiv, als Substantiv [gebraucht], durch ein Substantiv [ausgedrückt]; haupt-, dingwörtlich; -er Stil: svw. Nominalstil. **Sub|stan|ti|vi|tis** *die;* - ⟨scherzhafte Analogiebildung zu Krankheitsbezeichnungen; vgl. ...itis⟩: bes. häufige, übertriebene Verwendung von Substantiven. **Sub|stan|ti|vum** [auch ...'ti:...] *das;* -s, ...va ⟨aus *spätlat.* (verbum) substantivum, vgl. Substantiv⟩: svw. Substantiv. **Sub|stanz** *die;* -, -en ⟨aus *lat.* substantia „Bestand; Wesenheit, Existenz, Inbegriff" zu substare „in, unter etw. vorhanden sein"⟩: 1. Stoff, Materie, Material. 2. das Beharrende, das unveränderliche, bleibende Wesen einer Sache, Urgrund (Philos.); Ggs. ↑Akzidens. 3. eigentlicher Inhalt, das Wesentliche, Wichtige. 4. Vorrat, Vermögen, ↑Kapital (1). **Sub|sti|tu|ent** *der;* -en, -en ⟨zu *lat.* substituens, Gen. substituentis, Part. Präs. von substituere, vgl. substituieren⟩: Atom od. Atomgruppe, die andere Atome od. Atomgruppen in einem Atomgefüge ersetzen kann, ohne dieses zu zerstören. **sub|sti|tu|ie|ren** ⟨aus gleichbed. *lat.* substituere⟩: austauschen, ersetzen, einen Begriff an Stelle eines anderen setzen (Philos.). **Sub|sti|tu|ie|rung** *die;* -, -en ⟨zu ↑...ierung⟩: das Substituieren, das Substituiertwerden. **¹Sub|sti|tut** *das;* -s, -e ⟨aus *lat.* substitutum, substantiviertes Part. Perf. (Neutrum) von substituere, vgl. substituieren⟩: Ersatz[mittel], ↑Surrogat. **²Sub|sti|tut** *der;* -en, -en ⟨aus *lat.* substitutus, Part. Perf. von substituere, vgl. substituieren⟩: a) (veraltend) Stellvertreter, Ersatzmann, Untervertreter; b) Assistent od. Vertreter eines Abteilungsleiters im Einzelhandel (Berufsbez.). **Sub|sti|tu|tin** *die;* -, -nen: weibliche Form zu ↑²Substitut. **Sub|sti|tu|ti|on** *die;* -, -en ⟨aus *spätlat.* substitutio „das An-die-Stelle-Setzen (einer anderen Person), das Ergänzen"⟩: 1. Ersetzung eines Begriffs durch einen anderen (Logik). 2. Verschiebung eines Affektes (z. B. Aggression gegen den Vorgesetzten) auf ein Ersatzobjekt (z. B. die Ehefrau) als Abwehrmechanismus des Ich (Psychol.). 3. Ersetzung von Gütern od. Produktionsfaktoren durch andere (z. B. Arbeit durch Kapitaleinsatz; Wirtsch.). 4. Ersatz eines sprachlichen Elements durch ein anderes, das der gleichen Kategorie angehört (z.B. er liest *das Buch*/er liest *es*; Sprachw.). 5. Ersetzung einer math. Größe durch eine andere, die ihr entspricht. 6. Ersetzung eines Substituenten in einem Molekül durch einen anderen (Chem.). **Sub|sti|tu|tio|na|li|tät** *die;* - ⟨zu ↑¹...al (1) u. ↑...ität⟩: die vollständige od. teilweise Ersetzbarkeit eines Wirtschaftsgutes durch ein anderes (Wirtsch.). **Sub|sti|tu|ti|ons|ef|fekt** *der;* -[e]s, -e: die Teilwirkung einer Änderung der Preisverhältnisse auf die Konsumgüternachfrage neben

Substitutionsreaktion

dem Einkommenseffekt. **Sub|sti|tu|ti|ons|re|ak|ti|on** *die;* -, -en: chem. Reaktion, bei der ein Atom od. eine Atomgruppe durch einen Substituenten ersetzt wird (Chem.). **Sub|sti|tu|ti|ons|the|ra|pie** *die;* -, -n [...i:ən]: Ersatzbehandlung, medikamentöser Ersatz eines dem Körper fehlenden, eventuell lebensnotwendigen Stoffs (z. B. Insulin bei Diabetes; Med.)

Sub|strat *das;* -[e]s, -e ⟨aus *mlat.* substratum „das Untergestreute, Unterlage", substantiviertes Part. Perf. (Neutrum) von *lat.* substernere „unterstreuen, unterlegen"⟩: 1. Unterlage, Grundlage. 2. die eigenschaftslose Substanz eines Dinges als Träger seiner Eigenschaften (Philos.). 3. Sprache, Sprachgut eines [besiegten] Volkes im Hinblick auf den Niederschlag, den sie in der übernommenen od. aufgezwungenen Sprache [des Siegervolkes] gefunden hat (Sprachw.); Ggs. ↑Superstrat. 4. Nährboden (Biol.). 5. Substanz, die bei fermentativen Vorgängen abgebaut wird (Biochem.). **Sub|strat|theo|rie** *die;* -: Theorie, nach der sprachliche Veränderungen durch Sprachtausch bzw. Sprachübertragung (↑Substrat 3) zu erklären sind (Sprachw.).

Sub|struk|ti|on *die;* -, -en ⟨aus gleichbed. *lat.* substructio zu substruere „unterbauen, mit einem festen (Unter)grund versehen"⟩: Unterbau, Grundbau. **Sub|struk|tur** *die;* -, -en ⟨zu ↑sub... u. ↑Struktur⟩: von einer übergeordneten Struktur abhängige Struktur

sub|su|mie|ren ⟨zu ↑sub... u. *lat.* sumere (Part. Perf. sumptus) „nehmen"⟩: 1. ein-, unterordnen. 2. einen Begriff von engerem Umfang einem Begriff von weiterem Umfang unterordnen (Logik). 3. einen Sachverhalt rechtlich würdigen, d. h. prüfen, ob er die Tatbestandsmerkmale einer bestimmten Rechtsnorm erfüllt (Rechtsw.). **Sub|su|mie|rung** *die;* -, -en ⟨zu ↑...ierung⟩: das Subsumieren, das Subsumiertwerden. **Sub|sump|ti|on** vgl. Subsumtion. **sub|sump|tiv** vgl. subsumtiv. **Sub|sum|ti|on** *die;* -, -en ⟨zu ↑...ion⟩: 1. Unterordnung von Begriffen unter einen Oberbegriff. 2. Unterordnung eines Sachverhaltes unter den Tatbestand einer Rechtsnorm. **sub|sum|tiv** ⟨zu ↑...iv⟩: unterordnend, einbeziehend (Philos.)

Sub|sy|stem *das;* -s, -e ⟨zu ↑sub... u. ↑System⟩: Bereich innerhalb eines Systems, der selbst Merkmale eines Systems aufweist

Sub|tan|gen|te *die;* -, -n ⟨zu ↑sub... u. ↑Tangente⟩: in der analytischen Geometrie die Tangentenprojektion auf die Abszissenachse (Math.)

Sub|teen ['sʌbti:n] *der;* -s, -s ⟨aus *engl.-amerik.* subteen „Schulkind", eigtl. „unterhalb des Teen(ager)alters"⟩: Junge od. Mädchen im Alter von etwa 10–12 Jahren (bes. Werbespr.)

sub|tem|po|ral ⟨zu ↑sub... u. ↑temporal⟩: unter der Schläfe liegend (Med.)

sub|ter|ran ⟨aus gleichbed. *lat.* subterraneus⟩: (Fachspr.) unterirdisch

sub|til ⟨aus gleichbed. *lat.* subtilis, eigtl. „unter-, feingewebt"⟩: a) mit viel Feingefühl, mit großer Behutsamkeit, Sorgfalt, Genauigkeit vorgehend od. ausgeführt; in die Details, die Feinheiten gehend; b) fein strukturiert [u. daher schwer zu durchschauen, zu verstehen]; schwierig, kompliziert; scharfsinnig, spitzfindig. **Sub|ti|li|tät** *die;* -, -en ⟨aus *lat.* subtilitas, Gen. subtilitatis „Feinheit; Genauigkeit"⟩: 1. (ohne Plur.) subtiles Wesen, das Subtilsein. 2. etwas Subtiles; Feinheit, Zartheit; Spitzfindigkeit

sub|to|tal [auch ...'ta:l] ⟨zu ↑sub... u. ↑total⟩: unvollständig, nicht gänzlich (Med.)

Sub|to|xi|ko|se *die;* -, -n ⟨zu ↑sub... u. ↑Toxikose⟩: nicht voll ausgeprägte Toxikose (Med.). **sub|to|xisch**: nicht in vollem Umfang giftig (Med.)

Sub|tra|hend *der;* -en, -en ⟨aus *mlat.* (numerus) subtrahendus, Gerundivum von *lat.* subtrahere, vgl. subtrahieren⟩: Zahl, die von einer anderen Zahl (↑Minuend) abgezogen wird. **sub|tra|hie|ren** ⟨aus gleichbed. *spätlat.* subtrahere zu *lat.* subtrahere „unter etwas hervorziehen; entziehen"⟩: abziehen, vermindern (Math.). **Sub|trak|ti|on** *die;* -, -en ⟨aus *spätlat.* subtractio „das Sichentziehen"⟩: das Subtrahieren (eine der vier Grundrechnungsarten; Math.); Ggs. ↑Addition (1). **sub|trak|tiv** ⟨zu ↑...iv⟩: mit Subtraktion durchgeführt

Sub|tro|pen *die* (Plur.) ⟨zu ↑sub... u. ↑¹Tropen⟩: Gebiete des thermischen Übergangs von den Tropen zur gemäßigten Klimazone (Geogr.). **sub|tro|pisch** [auch ...'tro:...]: in den Subtropen gelegen

sub|un|gu|al ⟨zu ↑sub..., *lat.* unguis „(Finger- u. Zehen)nagel" u. ↑¹...al (1)⟩: unter dem Nagel befindlich (Med.)

Sub|urb ['sʌbə:b] *die;* -, -s ⟨aus *engl.* suburb, dies aus *lat.* suburbium, vgl. Suburbium⟩: engl. Bez. für Vorstadt; amerik. ↑Trabantenstadt. **Sub|ur|ba|ni|sa|ti|on** [zʊb|ʊr...] *die;* - ⟨aus gleichbed. *engl.-amerik.* suburbanization; vgl. sub... u. Urbanisation⟩: Ausdehnung der Großstädte durch eigenständige Vororte u. ↑Trabantstädte; vgl. ...[at]ion/...ierung. **Sub|ur|ba|ni|sie|rung** *die;* - ⟨zu ↑...ierung⟩: svw. Suburbanisation; vgl. ...[at]ion/...ierung. **Sub|ur|bia** [sə'bə:bɪə] *die;* - ⟨aus *engl.-amerik.* suburbia „die (Bewohner der) Vorstädte", dies aus *lat.* suburbia, Plur. von suburbium, vgl. Suburbium⟩: Gesamtheit der um die großen Industriestädte gelegenen Trabanten- u. Schlafstädte (in bezug auf ihre äußere Erscheinung u. die für sie typischen Lebensformen ihrer Bewohner). **sub|ur|bi|ka|risch** [zʊbʊr...] ⟨aus gleichbed. *spätlat.* suburbicarius⟩: vor der Stadt gelegen; -e Bistümer: sieben kleine, vor Rom gelegene Bistümer, deren Bischöfe Kardinäle sind. **Sub|ur|bi|um** *das;* -s, ...ien [...jən] ⟨aus gleichbed. *lat.* suburbium zu ↑sub... u. urbs „Stadt"⟩: Vorstadt (bes. einer mittelalterlichen Stadt)

sub utra|que spe|cie [- - 'spe:tsiə] ⟨*lat.*⟩: in beiderlei Gestalt (als Brot u. Wein, in bezug auf das Abendmahl; reformatorische Forderung bes. der ↑Utraquisten)

sub|ve|nie|ren [...v...] ⟨aus gleichbed. *lat.* subvenire⟩: (veraltet) zu Hilfe kommen, unterstützen. **Sub|ven|ti|on** *die;* -, -en ⟨aus *spätlat.* subventio „Hilfeleistung"⟩: zweckgebundene [finanzielle] Unterstützung aus öffentlichen Mitteln; Staatszuschuß. **sub|ven|tio|nie|ren** ⟨zu ↑...ieren⟩: durch zweckgebundene öffentliche Mittel unterstützen, mitfinanzieren

Sub|ver|si|on [...v...] *die;* -, -en ⟨aus gleichbed. *spätlat.* subversio zu *lat.* subvertere „(um)stürzen"⟩: meist im verborgenen betriebene, auf den Umsturz der bestehenden staatlichen Ordnung zielende Tätigkeit. **sub|ver|siv** ⟨zu ↑...iv⟩: a) Subversion betreibend; umstürzlerisch; b) zerstörerisch

sub vo|ce [- 'vo:tsə] ⟨*lat.*⟩: unter dem [Stich]wort; Abk.: s. v.

Sub|vul|kan [...v...] *der;* -s, -e ⟨zu ↑sub... u. ↑Vulkan⟩: in die äußeren Teile (jedoch nicht an die Oberfläche) der Erdkruste eingedrungene ↑magmatische Masse (Geol.). **sub|vul|ka|nisch**: den Bereich geringer bis mittlerer Erdkrustentiefe bezeichnend (Geol.)

Sub|way ['sʌbweɪ] *die;* -, -s ⟨aus *engl.-amerik.* subway zu sub- (vgl. sub...) u. way „Weg"⟩: 1. angloamerik. Bez. für Untergrundbahn. 2. (auch *der;* -s, -s) Straßenunterführung

Sub|woo|fer ['sʌbwʊfə] *der;* -s, - ⟨aus gleichbed. *engl.* sub-

suggestibel

woofer zu sub- (vgl. sub...) u. ↑Woofer⟩: Lautsprecher, der ausschließlich tiefe Töne wiedergibt

sub|zel|lu|lär ⟨zu ↑sub... u. ↑zellulär⟩: kleiner als eine Zelle (Biol., Med.)

Suc|ci|nat [zʊktsi...] usw. vgl. Sukzinat usw.

Suc|co|tash [ˈsʌkətæʃ] *das;* - ⟨aus gleichbed. *amerik.* succotash, dies aus dem *Algonkin* (einer nordamerik. Indianersprache)⟩: indian. Gericht aus grünen Maiskörnern u. grünen Bohnen

Suc|cu|bus [...k...] vgl. Sukkubus

Suc|cus [...k...] vgl. Sucus

Su|cho|wei [...x...] *der;* -[s], -s ⟨aus gleichbed. *russ.* suchovej⟩: trocken-heißer sommerlicher Staubsturm in der südruss. Steppe

Su|ci [...tsi]: Plur. von ↑Sucus

Su|cre [ˈsukre] *der;* -, - ⟨aus *span.* sucre, nach dem südamerik. General u. Politiker A. J. de Sucre y de Alcalá (1795–1830), dem ersten Präsidenten Boliviens⟩: Währungseinheit in Ecuador (= 100 Centavos)

Su|cro|se [...k...] *die;* - ⟨zu *fr.* sucre „Zucker" u. ↑²...ose⟩: svw. Saccharose

Su|cus [...k...] *der;* -, Suci [...tsi], fachspr. Succus [...k...] *der;* -, Succi [ˈzʊktsi] ⟨aus *lat.* suc(c)us „Saft; Arzneitrank" zu sugere „saugen"⟩: Pflanzensaft, flüssiger Extrakt aus Pflanzen (zu Heilzwecken; Med.)

Su|da|men *das;* -s, ...mina ⟨*nlat.* sudamen zu *lat.* sudare „schwitzen"⟩: Schweißbläschen (Med.); vgl. Miliaria. **Su|da|ti|on** *die;* - ⟨aus gleichbed. *lat.* sudatio⟩: das Schwitzen (Med.). **Su|da|to|ri|um** *das;* -s, ...rien [...iən] ⟨aus gleichbed. *lat.* sudatorium⟩: Schwitzbad (Med.)

Sud|den death [ˈsʌdn dɛθ] *der;* - -, - - ⟨aus gleichbed. *engl.* sudden death, eigtl. „plötzlicher Tod"⟩: in einem zusätzlichen Spielabschnitt herbeigeführte Entscheidung, durch die ein Spiel bei unentschiedenem Stand schnell zum Abschluß gebracht wird, wobei (wie im Eishockey) die Mannschaft, die den ersten Treffer erzielt, das Spiel gewonnen hat (Sport)

Su|dor *der;* -s ⟨aus gleichbed. *lat.* sudor⟩: Schweiß (Med.).
Su|do|ra|ti|on *die;* - ⟨zu ↑...ation⟩: svw. Sudation. **su|do|ri|fer** ⟨zu *lat.* ferre „tragen"⟩: a) schweißtreibend (von Arzneimitteln u. a.); b) schweißabsondernd (Med.). **Su|do|ri|fe|rum** *das;* -s, ...ra ⟨zu ↑...ium⟩: schweißtreibendes Mittel (Med.)

Su|dra *der;* -, Sudri ⟨aus gleichbed. *sanskr.* śūdrá⟩: Angehöriger der vierten (niedrigsten) ↑Kaste (a) in Indien

Sue|vit [zueˈviːt, sve...] *der;* -s, -e ⟨nach Suevia, dem *lat.* Namen für Schwaben, u. zu ↑²...it⟩: beim Einschlag eines Meteoriten entstandene ↑Breccie

suf..., Suf... vgl. sub..., Sub...

Su|fet *der;* -en, -en ⟨aus *hebr.* šōfēṭ „Richter"⟩: Titel der obersten Regierungsbeamten in punischen Städten u. Kolonien

suf|fi|cit [...tsɪt] ⟨*lat.;* 3. Person Sing. Perf. von sufficere „genügen"⟩: (veraltet) es ist genug

suf|fi|gie|ren ⟨aus *lat.* suffigere „unten anheften"⟩: mit Suffix versehen (Sprachw.)

Suf|fi|men|tum *das;* -s, ...ta ⟨aus gleichbed. *lat.* suffimentum zu suffire „räuchern"⟩: Räuchermittel (Med.)

Süf|fi|sance [...ˈzãːs] *die;* - ⟨aus gleichbed. *fr.* suffisance zu suffire, vgl. süffisant⟩: svw. Süffisanz. **süf|fi|sant** [...ˈzant] ⟨aus gleichbed. *fr.* suffisant, eigtl. „(sich selbst) genügend", Part. Präs. von suffire „genügen", dies aus *lat.* sufficere⟩: ein Gefühl von [geistiger] Überlegenheit genüßlich zur Schau tragend, selbstgefällig, spöttisch-überheblich. **Süf|fi|sanz** *die;* - ⟨zu ↑...anz⟩: süffisantes Wesen, süffisante Art

Suf|fit|te vgl. Soffitte

Suf|fix [auch ˈzʊ...] *das;* -es, -e ⟨aus *lat.* suffixum, substantiviertes Part. Perf. (Neutrum) von suffigere, vgl. suffigieren⟩: an ein Wort, einen Wortstamm angehängte Ableitungssilbe; Nachsilbe (z. B. *-ung, -chen, -heit;* Sprachw.); vgl. Affix, Präfix. **suf|fi|xal** ⟨zu ↑¹...al (1)⟩: mit Hilfe eines Suffixes gebildet (Sprachw.). **suf|fi|xo|id** ⟨zu ↑...oid⟩: einem Suffix ähnlich (Sprachw.). **Suf|fi|xo|id** *das;* -[e]s, -e: Wortbildungsmittel, das sich aus einem selbständigen Lexem zu einer Art Suffix entwickelt hat u. das sich vom selbständigen Lexem unterscheidet durch Reihenbildung u. Entkonkretisierung (z. B. *-papst* in Literaturpapst, *-verdächtig* in olympiaverdächtig); vgl. Präfixoid

suf|fi|zi|ent ⟨aus *lat.* sufficiens, Gen. sufficientis, Part. Präs. von sufficere, vgl. suffizit⟩: genügend, ausreichend (in bezug auf das Funktionsvermögen eines Organs; Med.). **Suf|fi|zi|enz** *die;* -, -en ⟨aus gleichbed. *spätlat.* sufficientia⟩: 1. Zulänglichkeit, Können; Ggs. ↑Insuffizienz (1). 2. ausreichendes Funktionsvermögen (z. B. des Herzens; Med.); Ggs. ↑Insuffizienz (2)

suf|fo|ca|to [...k...] ⟨*it.;* zu *lat.* suffocatus, vgl. Suffokation⟩: gedämpft, erstickt (Vortragsanweisung; Mus.). **Suf|fo|ka|ti|on** *die;* -, -en ⟨zu *lat.* suffocatus, Part. Perf. von suffocare (vgl. suffozieren) u. ↑¹...ion⟩: Erstickung (Med.). **suf|fo|ka|to|risch** ⟨zu ↑...orisch⟩: auf Suffokation beruhend (Med.)

Suf|folk [ˈsʌfək] *das;* -s, -s ⟨nach der gleichnamigen *engl.* Grafschaft⟩: Schaf einer seit dem Ende des 18. Jh.s bekannten engl. Rasse

suf|fo|zie|ren ⟨aus gleichbed. *lat.* suffocare zu ↑sub... u. *lat.* fauces, Plur. von faux „Schlund, Kehle"⟩: ersticken (Med.)

Suf|fra|gan *der;* -s, -e ⟨aus *mlat.* suffraganeus zu *spätlat.* suffragium „Hilfe", dies zu *lat.* suffragium „Stimmrecht"⟩: einem Erzbischof unterstellter Diözesanbischof (kath. Kirche); Ggs. ↑exemter (2) Bischof. **Suf|fra|get|te** *die;* -, -n ⟨unter Einfluß von *fr.* suffragette aus gleichbed. *engl.* suffragette zu suffrage „(Wahl)stimme", dies aus *lat.* suffragium, vgl. Suffragan⟩: [engl.] Frauenrechtlerin, die für die [politische] Gleichberechtigung der Frau eintritt; vgl. Feministin. **Suf|fra|gi|um** *das;* -s, ...ien [...iən] ⟨aus gleichbed. *lat.*, Bed. 2 über *mlat.* suffragium „Fürbitte"⟩: 1. a) politisches Stimmrecht; b) Abstimmung. 2. Gebet zu den Heiligen um ihre Fürbitte (kath. Kirche)

Suf|fru|tex *der;* -, ...tices [...tseːs] ⟨aus gleichbed. *nlat.* suffrutex zu ↑sub... u. *lat.* frutex „Strauch"⟩: Halbstrauch, Pflanze, bei der die unteren Sproßteile verholzen, die oberen krautig bleiben (z. B. die Heidelbeere; Bot.)

Suf|fu|si|on *die;* -, -en ⟨aus *lat.* suffusio „das Unterlaufen, Untergießen" zu suffundere „(dar)untergießen, -laufen"⟩: Blutunterlaufung [höheren Grades] (Med.)

Su|fi *der;* -[s], -s ⟨aus gleichbed. *arab.* ṣūfī zu ṣūf „grober Wollstoff", eigtl. „Mann im (groben) Wollkleid", nach der Art sich zu kleiden⟩: mystisch frommer islam. ↑Asket. **Su|fis|mus** *der;* - ⟨zu ↑...ismus (1)⟩: islam. Richtung, die ↑Mystik u. Weltverachtung übt (z. B. die ↑Derwische). **Su|fist** *der;* -en, -en ⟨zu ↑...ist⟩: svw. Sufi. **su|fi|stisch** ⟨zu ↑...istisch⟩: den Sufismus betreffend

sug..., Sug... vgl. sub..., Sub... **sug|ge|rie|ren** ⟨aus *lat.* suggerere „von unten herantragen; eingeben; einflüstern"⟩: 1. jmdn. gegen seinen Willen gefühlsmäßig od. seelisch beeinflussen; jmdm. etwas einreden. 2. einen bestimmten [den Tatsachen nicht entsprechenden] Eindruck entstehen lassen. **sug|ge|sti|bel** ⟨nach gleichbed. *fr.* suggestible; vgl.

Suggestibilität

...ibel⟩: beeinflußbar, für Suggestionen empfänglich. **Sug|ge|sti|bi|li|tät** *die;* - ⟨nach gleichbed. *fr.* suggestibilité; vgl. ...ität⟩: Beeinflußbarkeit, gute Empfänglichkeit für Suggestionen (z. B. während der Hypnose). **Sug|ge|sti|on** *die;* -, -en ⟨z. T. unter Einfluß von *fr.* suggestion aus *lat.* suggestio „Eingebung; Einflüsterung"⟩: 1. a) (ohne Plur.) geistig-seelische Beeinflussung eines Menschen; b) Gefühl, Gedanke, Eindruck o. ä., der jmdm. suggeriert (1) wird. 2. (ohne Plur.) suggestive (a) Wirkung, Kraft. **sug|ge|stiv** ⟨wohl nach gleichbed. *engl.* suggestive, *fr.* suggestif ⟨zu *lat.* suggestus, Part. Perf. von suggerere, vgl. suggerieren)⟩: a) beeinflussend, [den anderen] bestimmend, auf jmdn. einwirkend; b) auf Suggestion zielend. **Sug|ge|stiv|fra|ge** *die;* -, -n: Frage, die so gestellt ist, daß eine bestimmte Antwort besonders naheliegt. **Sug|ge|sti|vi|tät** [...v...] *die;* - ⟨zu ↑...ität⟩: Beeinflußbarkeit. **Sug|ge|sto|päd|ie** *die;* - ⟨zu *gr.* paideía „Lehre, Ausbildung"⟩: Lernmethode für Fremdsprachen, die es ermöglichen soll, auf kreativ-spielerische Weise (z. B. durch Malen, Verkleiden, Sketche) möglichst viel innerhalb kürzerer Zeit zu lernen

Su|gil|la|ti|on *die;* -, -en ⟨aus *lat.* sug(g)illatio „blauer Fleck (vom Stoßen od. Schlagen)" zu sugillare, vgl. sugillieren⟩: Blutunterlaufung (Med.); vgl. Suffusion. **su|gil|lie|ren** ⟨aus gleichbed. *lat.* sugillare⟩: (veraltet) jmdn. grün u. blau schlagen, stoßen. **su|gil|liert** ⟨zu ↑...iert⟩: blutunterlaufen (Med.)

Sui|cid [...'tsi:t] vgl. Suizid

sui ge|ne|ris [auch - 'ge:...] ⟨*lat.;* seiner (eigenen) Art"⟩: durch sich selbst eine Klasse bildend, einzig, besonders

Suit|case ['sju:tkeɪs] *das* od. *der;* -, Plur. - u. -s [...sɪz] ⟨aus *engl.* suitcase zu suit, eigtl. „Anzug, Kostüm", selten „Garnitur, Satz, Serie" (dies zu *vulgärlat.* *sequita, vgl. Suite) u. case „Koffer"⟩: kleiner Handkoffer. **Sui|te** ['svi:t(ə), auch 'sui̯:tə] *die;* -, -n ⟨aus gleichbed. *fr.* suite, eigtl. „Folge", dies über *vulgärlat.* *sequita zu *lat.* sequi „folgen"⟩: 1. (veraltet) Gefolge (eines Fürsten); vgl. à la suite. 2. Folge von zusammengehörenden Zimmern in Hotels, Palästen o. ä. 3. (veraltet) lustiger Streich. 4. musikalische Form, die aus einer Folge von verschiedenen zusammengehörigen, in der gleichen Tonart stehenden Stücken besteht, urspr. Tanzmusik, etwa seit 1600 selbständige Instrumentalmusik; ↑ Partita. **Sui|tier** [svi'ti̯e:, sui̯'ti̯e:] *der;* -s, -s ⟨französierende Bildung zu ↑ Suite in studentensprachlicher Bed. „Posse, Streich"⟩: (veraltet) lustiger Bruder, Possenreißer; Schürzenjäger. **sui|vez** [svi've:] ⟨*fr.;* Imp. Plur. von suivre „folgen", dies über *vulgärlat.* sequere aus *lat.* sequi⟩: sv. colla parte

Sui|zid *der* od. *das;* -[e]s, -e ⟨zu *lat.* sui „seiner" u. ↑...zid, eigtl. „das Töten seiner selbst"⟩: Selbstmord, -tötung. **sui|zi|dal** ⟨zu ↑¹...al (1)⟩: a) durch Selbstmord erfolgt; b) zum Selbstmord neigend. **Sui|zi|da|li|tät** *die;* - ⟨↑...ität⟩: Neigung, Selbstmord zu begehen. **Sui|zi|dant** *der;* -en, -en ⟨zu ↑...ant⟩: jmd., der Selbstmord begeht od. zu begehen versucht. **sui|zi|där** ⟨zu ↑...är⟩: svw. suizidal. **Sui|zi|dent** *der;* -en, -en ⟨zu ↑...ent⟩: svw. Suizidant. **sui|zid|ge|fähr|det:** selbstmordgefährdet. **Sui|zi|do|lo|gie** *die;* - ⟨zu ↑...logie⟩: Teilgebiet der ↑ Psychiatrie, das sich mit der Erforschung u. Verhütung des Suizids befaßt. **Sui|zid|pro|phy|la|xe** *die;* -: Selbstmordprophylaxe. **Sui|zid|ri|si|ko** *das;* -s, Plur. -s u. ...ken: Selbstmordrisiko

Su|jet [zy'ʒe:, *fr.* sy'ʒɛ] *das;* -s, -s ⟨aus gleichbed. *fr.* sujet, dies aus *spätlat.* subiectum, vgl. Subjekt⟩: Gegenstand, Stoff einer künstlerischen Darstellung, bes. einer Dichtung

Suk *der;* -[s], -s ⟨aus *arab.* sūq⟩: arab. Bez. für Verkaufsbude, Markt

suk..., Suk... vgl. sub..., Sub...

Suk|ka|de *die;* -, -n ⟨aus dem Roman.; vgl. *it.* zuccata „kandierter Kürbis", dies zu zucca „Kürbis"⟩: kandierte Schale verschiedener Zitrusfrüchte

Suk|koth *die* (Plur.) ⟨aus gleichbed. *hebr.* sukkôt zu sukkā „Hütte"⟩: jüd. Laubhüttenfest (jüd. Erntedankfest)

Suk|ku|bus *der;* -, ...kuben ⟨aus gleichbed. *mlat.* succubus (Analogiebildung zu *lat.* incubus, vgl. Inkubus) zu *spätlat.* succuba „Beischläferin"⟩: im mittelalterlichen Volksglauben weibl. Dämon, der einen Mann im Schlaf heimsucht u. mit dem Schlafenden geschlechtlich verkehrt; vgl. Inkubus

suk|ku|lent ⟨aus *spätlat.* suc(c)ulentus „saftreich" zu *lat.* suc(c)us, vgl. Sucus⟩: 1. saftig, fleischig, kräftig (Bot.). 2. saftreich, flüssigkeitsreich (von Geweben, bes. von Drüsengewebe; Med.). **Suk|ku|len|te** *die;* -, -n: Pflanze trockener Gebiete mit besonderen Wassergeweben in Wurzeln, Blättern od. Sproß. **Suk|ku|lenz** *die;* - ⟨zu ↑...enz⟩: Verdickung von Pflanzenteilen durch Wasserspeicherung (Bot.)

suk|ku|rie|ren ⟨aus gleichbed. *lat.* succurrere zu ↑ sub... u. currere „laufen, eilen"⟩: (veraltet) herbeieilen, helfen. **Suk|kurs** *der;* -es, -e ⟨zu *lat.* succursus, Part. Perf. von succurrere, vgl. sukkurieren⟩: 1. (veraltet) Hilfe, Unterstützung, Beistand. 2. Gruppe von Personen, Einheit, die als Verstärkung, zur Unterstützung eingesetzt ist. **suk|kur|sal** ⟨zu ↑¹...al (1)⟩: (veraltet) zur Hilfe dienend. **Suk|kur|sa|le** *die;* -, -n ⟨zu ↑...ale⟩: (veraltet) Filiale einer Firma

Suk|ti|on *die;* -, -en ⟨zu *lat.* suctus, Part. Perf. von sugere „(aus)saugen", u. ↑¹...ion⟩: das Ansaugen, Aussaugen (z. B. von Körperflüssigkeit mittels Punktionsnadel; Med.). **Suk|to|ri|en** [...i̯ən] *die* (Plur.) ⟨aus *nlat.* suctoria, Neutrum Plur. von suctorius „saugend" zu *lat.* suctus, vgl. Suktion⟩: 1. Saugtierchen (Gruppe der Wimpertierchen). 2. Flöhe

suk|ze|dan ⟨aus gleichbed. *lat.* succedans, Gen. succedantis, Part. Präs. von succedere, vgl. sukzedieren⟩: nachfolgend, aufeinanderfolgend (Med.). **suk|ze|die|ren** ⟨aus gleichbed. *lat.* succedere⟩: (veraltet) nachfolgen (z. B. in einem Amt). **Suk|zeß** *der;* ...esses, ...esse ⟨aus gleichbed. *lat.* successus, substantiviertes Part. Perf. von succedere, vgl. sukzedieren⟩: (veraltet) Erfolg. **Suk|zes|si|on** *die;* -, -en ⟨aus *lat.* successio „Nachfolge"⟩: 1. Thronfolge. 2. ↑ apostolische Sukzession. 3. Übernahme der Rechte u. Pflichten eines Staates durch einen anderen, Staatensukzession. 4. Eintritt einer Person in ein bestehendes Rechtsverhältnis, Rechtsnachfolge; vgl. Singular-, Universalsukzession. 5. durch äußere Einflüsse verursachtes Übergehen einer Pflanzengesellschaft in eine andere an einem Standort (z. B. in der Folge eines Waldbrandes, im Verlauf der Verlandung eines Sees; Bot.). 6. die zeitliche Abfolge der Mineralbildung auf Erz- u. Mineralgängen (Geol.). **suk|zes|siv** ⟨aus *spätlat.* successivus „nachfolgend, einrückend" zu *lat.* succedere, vgl. sukzedieren⟩: allmählich eintretend; sukzessive. **suk|zes|si|ve** [...və] ⟨Adverb⟩ ⟨aus gleichbed. *mlat.* successive⟩: allmählich, nach und nach, schrittweise [eintretend]. **Suk|zes|siv|kon|trast** *der;* -[e]s, -e: gegenseitige Beeinflussung nacheinander erfolgender Wahrnehmungen im Sinne der Bildung eines Kontrastes (Psychol.); Ggs. ↑Simultankontrast. **Suk|zes|sor** *der;* -s, ...oren ⟨aus gleichbed. *lat.* successor⟩: (veraltet) [Rechts]nachfolger

Suk|zi|nat *das;* -[e]s, -e ⟨zu *lat.* sucinum „Bernstein" u. ↑...at (2)⟩: Salz u. Ester der Bernsteinsäure, als Lösungsmittel u. Weichmacher für Kunststoffe u. Wachse verwendet (Chem.). **Suk|zin|imid** *das;* -s ⟨Kunstw.⟩: farblose, kristalline Verbindung, die für Synthesen in der organischen Chemie verwendet wird u. von der einige Derivate Arzneimittel gegen Epilepsie sind (Chem.). **Suk|zi|nit** [auch ...'nɪt] *der;* -s, -e ⟨zu ↑²...it⟩: Bernstein. **Suk|zi|nyl|säu|re** *die;* - ⟨zu ↑...yl⟩: Bernsteinsäure

sul [zʊl, it. sul] ⟨*it.;* aus su „auf" u. il „der"⟩: auf der, auf dem, z. B. sul A (auf der A-Saite; Mus.)

Sul|la *die;* -, -s ⟨aus gleichbed. *nlat.* sula, dies aus *altnord.* sūla⟩: Tölpel, Vogelgattung (mit dem Baßtölpel als einzigem einheimischem Vertreter), von der einige Arten ↑ Guano erzeugen

Sul|cus [...kʊs] *der;* -, ...ci [...tsi] ⟨aus *lat.* sulcus, Gen. sulci „Furche, kleiner Graben"⟩: a) Furche auf der Körperoberfläche; b) feine Rille der Haut; c) Furche zwischen den Gehirnwindungen (Anat.)

Sul|fat *das;* -[e]s, -e ⟨zu ↑Sulfur u. ↑...at (2)⟩: Salz u. Ester der Schwefelsäure. **Sul|fa|ta|se** *die;* -, -n ⟨zu ↑...ase⟩: Enzym, das die Ester der Schwefelsäure spaltet (Biochem.). **Sul|fa|tie|rung** *die;* - ⟨zu ↑...ierung⟩: Veresterung von Alkoholen mit Schwefelsäure. **Sul|fat|mi|ne|ra|le** *die* (Plur.): natürlich vorkommende, meist kristallisierte Salze der Schwefelsäure. **Sul|fid** *das;* -[e]s, -e ⟨zu ↑³...id⟩: Salz u. Ester der Schwefelwasserstoffsäure. **sul|fi|disch:** Schwefel enthaltend. **Sul|fid|mi|ne|ra|le** *die* (Plur.): natürlich vorkommende, sauerstofffreie Verbindungen von Metallen vor allem mit Schwefel, aber auch mit Arsen, Antimon, Wismut, Selen u. Tellur. **Sul|fit** [auch ...'fɪt] *das;* -s, -e ⟨zu ↑¹...it⟩: Salz u. Ester der schwefligen Säure. **Sul|fo|grup|pe;** - ⟨zu ↑Sulfon(säure)⟩: aus einem Schwefelsäuremolekül durch Entzug einer ↑Hydroxylgruppe entstandene Atomgruppe. **Sul|fo|ha|lit** [auch ...lɪt] *der;* -s, -e ⟨zu *gr.* háls, Gen. halós u. ↑²...it⟩: ein farbloses Mineral. **Sul|fohy|dro|ge|nis|mus** *der;* -, ...men ⟨zu ↑Hydrogenium u. ↑...ismus (3)⟩: Vergiftung mit Schwefelwasserstoff (Med.). **Sul|fo|kar|bo|nis|mus** *der;* -, ...men ⟨zu *lat.* carbo, Gen. carbonis „Kohle" u. ↑...ismus (3)⟩: Vergiftung mit Schwefelkohlenstoff (Med.). **Sul|fon** *das;* -s, -e ⟨zu ↑²...on⟩: eine organische Verbindung mit Schwefeldioxyd im Molekül. **Sul|fon|amid** *das;* -[e]s, -e ⟨Kunstw. aus ↑ *Sulfon*(säure) u. ↑*Amid*⟩: wirksames chemotherapeut. Heilmittel gegen Infektionskrankheiten. **sul|fo|nie|ren** ⟨zu ↑...ieren⟩: mit Schwefelverbindungen auf organische Verbindungen einwirken (Chem.). **Sul|fon|säu|re|grup|pe** *die;* -: svw. Sulfogruppe. **Sul|fur** *das;* -s ⟨aus gleichbed. *lat.* sulphur, sulfur⟩: Schwefel, chem. Element; Zeichen S. **sul|fu|rie|ren** ⟨aus *spätlat.* sulfurare „mit Schwefel behandeln"⟩: svw. sulfonieren. **Sul|fu|ri|ka|ti|on** *die;* - ⟨zu ↑...ation⟩: Oxydation von Sulfid zu Sulfat durch Mikroorganismen im Boden

Sul|ky ['zʊlkɪ, 'zalkɪ, engl. 'sʌlkɪ] *das;* -s, -s ⟨aus gleichbed. *engl.* sulky, weitere Herkunft ungeklärt⟩: leichter, gummibereifter zweirädriger Wagen mit Spezialsitz für Trabrennen (Sport)

sul|la ta|stie|ra ⟨*it.;* „auf dem Griffbrett"⟩: nahe am Griffbrett (von Saiteninstrumenten) zu spielen (Mus.). **sul ponti|cel|lo** [- ...'tʃɛlo] ⟨*it.;* „auf dem Steg"⟩: nahe am Steg [den Geigenbogen ansetzen] (Mus.)

Sul|tan *der;* -s, -e ⟨aus *arab.* sulṭān „Herrscher"⟩: 1. a) (ohne Plur.) Titel islam. Herrscher; b) Träger dieses Titels. 2. türkischer Nomadenteppich aus stark glänzender Wolle. **Sul|ta|nat** *das;* -[e]s, -e ⟨zu ↑...at (1)⟩: 1. Herrschaftsgebiet eines Sultans. 2. Herrschaft eines Sultans. **Sul|ta|nin** *die;* -, -nen: Frau des Sultans. **Sul|ta|ni|ne** *die;* -, -n ⟨zu *arab.* sulṭānī „sultanisch", im Sinne von „fürstlich", nach der Größe⟩: große, kernlose Rosine

Sul|va|nit [...v..., auch ...'nɪt] *der;* -s, -e ⟨zu ↑ Sulfur, ↑ Vanadium u. ↑¹...it⟩: ein weißes bis bronzegelbes, dunkel anlaufendes Mineral

Su|mach *der;* -s, -e ⟨aus gleichbed. *arab.* summāq⟩: Gerbstoff lieferndes Holzgewächs der Tropen u. Subtropen

Su|mak *der;* -[s], -s ⟨nach der Stadt Schemacha im östlichen Kaukasus⟩: Wirkteppich mit glatter Oberfläche u. langen Wollfäden an der Unterseite

Su|me|ro|lo|ge *der;* -n, -n ⟨nach den Sumerern, einem altorientalischen Volk in Mittel- u. Südbabylonien, u. zu ↑...loge⟩: Wissenschaftler auf dem Gebiet der Sumerologie. **Su|me|ro|lo|gie** *die;* - ⟨zu ↑...logie⟩: die Wissenschaft von den Sumerern, bes. von der sumer. Sprache u. Literatur

Sum|ma *die;* -, Summen ⟨aus gleichbed. *lat.* summa, eigtl. „oberste Zahl" (als Ergebnis einer von unten nach oben ausgeführten Addition) zu summus „oberster, höchster"⟩: 1. (veraltet) Summe; Abk.: Sa.; vgl. in summa. 2. seit dem 13. Jh. Bez. für eine zusammenfassende Darstellung des gesamten theolog. u. philos. Wissensstoffes. **sum|ma cum lau|de** [– kʊm –] ⟨*lat.* „mit höchstem Lob"⟩: ausgezeichnet, mit Auszeichnung (höchstes Prädikat bei Doktorprüfungen). **Sum|mand** *der;* -en, -en ⟨aus *lat.* (numerus) summandus, Gerundivum von summare, vgl. summieren⟩: hinzuzuzählende Zahl, ↑ Addend. **sum|ma ob|ser|van|tia** [– –v...] ⟨*lat.*⟩: mit höchster Achtsamkeit, mit größter Hochachtung. **sum|ma|risch** ⟨aus gleichbed. *mlat.* summarius⟩: a) kurz zusammengefaßt; b) kurz u. bündig; c) nur ganz allgemein, ohne auf Einzelheiten od. Besonderheiten einzugehen. **Sum|ma|ri|um** *das;* -s, ...ien [...iən] ⟨aus *lat.* summarium „kurze Inhaltsangabe, Inbegriff (der wesentlichen Punkte)"⟩: 1. (veraltet) a) kurze Inhaltsangabe; b) Inbegriff. 2. Sammlung mittelalterlicher Glossen (Sprachw., Literaturw.). **Sum|ma|ry** ['sʌmərɪ] *das;* -s, Plur. -s u. ...ries [...rɪz] ⟨aus gleichbed. *engl.* summary⟩: Zusammenfassung eines Artikels, Buches o. ä. **sum|ma sum|ma|rum** ⟨*lat.;* „die Summe der Summen"⟩: alles zusammengerechnet; alles in allem; insgesamt. **Sum|ma|ti|on** *die;* -, -en ⟨zu ↑summieren u. ↑...ation⟩: 1. Bildung einer Summe (Math.). 2. (Fachspr.) durch Summieren (2) entstandene Anhäufung von etw., was in bestimmter Weise wirkt. **Sum|ma|ti|ons|ef|fekt** *der;* -[e]s, -e: Vortäuschung von Befunden auf dem Röntgenbild durch Überlagerung verschiedener Organ- bzw. Organteilschatten (Med.). **sum|ma|tiv** ⟨zu ↑...iv⟩: a) das Zusammenzählen betreffend; b) durch Summation erfolgend. **Sum|ma|ti|vi|tät** [...v...] *die;* - ⟨zu ↑...ität⟩: summative Beschaffenheit. **Sum|me** *die;* -, -n ⟨aus *lat.* summa, vgl. Summa⟩: 1. Resultat einer ↑ Addition. 2. umfassendes Ergebnis, Gesamtbild, Gesamtheit, Gesamtzahl. 3. Geldbetrag. 4. die zeitliche u. räumliche Überlagerung von Erregungen od. der sie bewirkenden Vorgänge (Med.). **Sum|men|bi|lanz** *die;* -, -en: Zusammenstellung der Soll- u. Habensummen aller Konten der Buchführung in der Übersicht des Betriebsabschlusses. **Sum|men|kur|ve** [...və] *die;* -, -n: Kurve der kumulierten Häufigkeiten in der Statistik. **Summ|epi|sko|pat** *der* od. *das;* -[e]s, -e ⟨zu *lat.* summus (vgl. Summa) u. ↑Episkopat⟩: in den dt. ev. Kirchen bis 1918 die oberste Kirchengewalt der Landesfürsten. **sum|mie|ren** ⟨aus gleichbed. *mlat.* summare zu *spätlat.* summare „auf den Höhepunkt bringen", dies zu *lat.* summus, vgl. Summa⟩: 1. a) zusammenzählen; b) zusammenfassen, vereinigen. 2. sich -: immer mehr werden, anwachsen. **Sum|mier|glied** *das;* -[e]s, -er: Bauglied zur Signalverarbeitung in Geräten der Regelungs- u. Steuertechnik. **Sum|mist** *der;* -en, -en ⟨aus gleichbed. *mlat.* summista⟩: scholastischer Schriftsteller, der sich der Publika-

tionsform der Summa (2) bediente. **Sum|mo|pri|ma|ten** *die* (Plur.) ⟨zu *lat.* summus (vgl. Summa) u. ↑²Primat⟩: (veraltet) Verwandtschaftsgruppe von Gorilla, Schimpanse u. Mensch. **Sum|mum bo|num** *das;* - - ⟨aus gleichbed. *lat.* summum bonum⟩: das höchste Gut; Gott (in der christlichen Philos. u. Theologie). **sum|mum ius sum|ma in|iu|ria** ⟨*lat.;* „höchstes Recht (kann) größtes Unrecht (sein)"⟩: altröm. Sprichwort (bei Cicero), das besagt, daß die buchstabengetreue Auslegung eines Gesetzes schwerwiegendes Unrecht bedeuten kann. **Sum|mus Epi|sco|pus** [– ...ko...] *der;* - - ⟨aus *kirchenlat.* summus episcopus „oberster Bischof"⟩: 1. oberster Bischof (der Papst). 2. bis 1918 ev. dt. Landesfürst als Haupt seiner Landeskirche
Su|mo *das;* - ⟨aus *jap.* sumō⟩: traditioneller japan. Ringkampf (Sport)
sump|tu|ös ⟨aus gleichbed. *lat.* sumptuosus zu sumptus „Aufwand"; vgl. ...ös⟩: (veraltet) verschwenderisch
Sunn [sʌn] *der;* -s ⟨aus gleichbed. *engl.* sunn, dies über *Hindi* san aus *sanskr.* sáṇá⟩: dem Hanf ähnliche Pflanzenfaser
Sun|na *die;* - ⟨aus gleichbed. *arab.* sunna, eigtl. „Brauch; Satzung"⟩: die im ↑Hadith überlieferten Aussprüche u. Lebensgewohnheiten des Propheten Mohammed als Richtschnur des moslemischen Lebens; Ggs. Bida. **Sun|nis|mus** *der;* - ⟨zu ↑...ismus (1)⟩: eine Hauptrichtung des ↑Islams. **Sun|nit** *der;* -en, -en ⟨zu ↑³...it⟩: Anhänger der ↑orthodoxen Hauptrichtung des Islams, die sich auf die Sunna des Propheten stützt; vgl. Schia. **sun|ni|tisch:** die Sunna, die Sunniten betreffend
suo lo|co [– ...ko] ⟨*lat.*⟩: an seiner Stelle, am rechten Platz
Suo|ve|tau|ri|lia [...v...] *die* (Plur.) ⟨aus gleichbed. *lat.* suovetaurilia (Plur.) zu sus „Schwein", ovis „Schaf" u. taurus „Stier"⟩: altröm. Sühneopfer (vgl. Lustrum 1), bei dem je ein Schwein, Schaf u. Stier geschlachtet wurde
sup..., Sup... vgl. sub..., Sub...
su|per ⟨aus *lat.* super, vgl. super...⟩: (ugs.) großartig, hervorragend
¹**Su|per** *der;* -s, -: Kurzform von ↑Superheterodynempfänger
²**Su|per** *das;* -s (meist ohne Art.): Kurzform von ↑Superbenzin
su|per..., Sup|per... ⟨aus *lat.* super „oben, darüber; über – hinaus"⟩: Präfix mit den Bedeutungen „übergeordnet; zu sehr; Überschuß an; großartig", z. B. Supercup, Supernova, Superacidität, Superstar
su|per|acid [...ts...] ⟨zu ↑super... u. *lat.* acidus „sauer, scharf"⟩: übernormal säurehaltig (z. B. vom Magensaft; Med.). **Su|per|aci|di|tät** *die;* -: übermäßig hoher Säuregehalt des Magens (Med.)
Su|per|ädi|fi|kat *das;* -[e]s, -e ⟨zu *spätlat.* superaedificatus „das Daraufgebaute", Part. Perf. von superaedificare „darauf-, überbauen"⟩: Bauwerk, das auf fremdem Grund u. Boden errichtet wurde, aber nicht im Eigentum des Grundeigentümers steht
su|per|ar|bi|trie|ren ⟨zu ↑super... u. ↑arbitrieren⟩: a) überprüfen, eine Oberentscheidung treffen; b) (österr.) für dienstuntauglich erklären. **Su|per|ar|bi|tri|um** *das;* -s, ...ien [...jən]: Überprüfung, Oberentscheidung
su|per|azid usw. vgl. superacid usw.
su|perb, sü|perb ⟨über *fr.* superbe aus gleichbed. *lat.* superbus⟩: vorzüglich; prächtig
Su|per|ben|zin *das;* -s ⟨zu ↑super... u. ↑Benzin⟩: Vergaserkraftstoff mit einer ↑Oktanzahl über 96
su|per|ci|li|är [...ts...] usw. vgl. superziliär usw.
Su|per|coi|ling [...kɔɪ...] *das;* -s, -s ⟨zu ↑super..., *engl.* to coil „aufwickeln" u. ↑...ing⟩: durch bestimmte ↑Enzyme be-

wirkte Überverdrillung der ↑Desoxyribonukleinsäure (Med.)
Su|per|com|pu|ter [...kɔmpjuːtɐ] *der;* -s, - ⟨zu ↑super... u. ↑Computer⟩: überaus leistungsfähiger, mit mehreren schnell arbeitenden ↑Prozessoren ausgerüsteter Computer
Su|per|cup [...kap] *der;* -s, -s ⟨zu ↑super... u. ↑Cup⟩: 1. Pokalwettbewerb zwischen den Europapokalgewinnern der Landesmeister u. der Pokalsieger. 2. Siegestrophäe beim Supercup (1)
Su|per|di|vi|den|de [...v...] *die;* -, -n ⟨zu ↑super... u. ↑Dividende⟩: Zuschlag zur Dividende, der über die übliche Dividende hinaus gezahlt wird (Wirtsch.)
Su|per|ego [ˈsjuːpəˈɛgoʊ] *das;* -s, -s ⟨aus *engl.* superego zu super- (vgl. super...) u. *lat.* ego „ich"⟩: engl. Bez. für Über-Ich (Psychol.)
Su|per|ero|ga|ti|on *die;* -, -en ⟨zu *spätlat.* supererogare „darüber hinaus ausgeben" u. ↑...ation⟩: (veraltet) Übergebühr, Über- od. Mehrleistung
Su|per|ex|li|bris [...briːs] *das;* -, - ⟨zu ↑super... u. ↑Exlibris⟩: svw. Supralibros
Su|per|fe|kun|da|ti|on *die;* -, -en ⟨zu ↑super... u. ↑Fekundation⟩: Befruchtung von zwei Eiern aus dem gleichen Zyklus durch verschiedene Väter (Biol.); vgl. Superfetation
Su|per|fe|ta|ti|on *die;* -, -en ⟨zu *lat.* superfetare „nochmals befruchtet werden (= schwanger werden, bevor die vorhergehende Frucht geboren wurde)"; vgl. ...ation⟩: Befruchtung von zwei (od. mehr) Eiern aus zwei aufeinanderfolgenden Zyklen, wodurch zu einer bereits bestehenden Schwangerschaft eine neue hinzutritt (Biol.); vgl. Superfekundation
su|per|fi|zia|risch ⟨aus *(spät)lat.* superficiarius „die Erbpacht betreffend", eigtl. „auf Fremd- od. Pachtland stehend", zu superficies, vgl. Superfizies⟩: (veraltet) baurechtlich. **su|per|fi|zi|ell** ⟨aus gleichbed. *spätlat.* superficialis; vgl. ...ell⟩: an od. unter der Körperoberfläche liegend, oberflächlich (Med.). **Su|per|fi|zi|es** [...iɛs], *die;* -, - [...ieːs] ⟨aus *(spät)lat.* superficies „(Erbpacht)gebäude", eigtl. „Oberfläche, Oberteil; oberhalb des Erdbodens befindliche Teile (von Gewächsen u. Gebäuden)"⟩: (veraltet) Baurecht
Su|per-G [...dʒiː] *der;* -[s], -[s] ⟨zu ↑super... u. verkürzt aus *engl.* giant slalom (vgl. *engl.* giant „Riese; riesig"), eigtl. „Super(riesen)slalom"⟩: alpine Disziplin mit Elementen von Abfahrtslauf u. Riesenslalom
Su|per-GAU *der;* -s, -s ⟨zu ↑super... u. GAU (Kurzw. für größter *a*nzunehmender *U*nfall)⟩: (Jargon) Katastrophe unvorstellbaren Ausmaßes (z. B. Reaktorunfall mit anschließender atomarer Verseuchung)
Su|per|gen *das;* -s, -e ⟨zu ↑super... u. ↑Gen⟩: aus mehreren ↑Genen bestehender Abschnitt eines Chromosoms, in dem kein ↑Cross-over stattfindet u. der deshalb als Einheit vererbt wird (Biol.)
Su|per|het *der;* -s, -s: Kurzform von ↑Superheterodynempfänger. **Su|per|he|te|ro|dyn|emp|fän|ger** *der;* -s, - ⟨Lehnübersetzung von gleichbed. *engl.* superheterodyne receiver zu super- (vgl. super...) u. heterodyne „Überlagerungs-", dies zu *gr.* héteros (vgl. hetero...) u. *engl.* dyne (vgl. Dyn)⟩: Rundfunkempfänger mit hoher Verstärkung, guter Reglung u. hoher Trennschärfe
Su|per|hit *der;* -s, -s ⟨zu ↑super... u. ↑Hit⟩: außerordentlich erfolgreicher ↑Hit (1)
su|pe|rie|ren ⟨aus *lat.* superare „überschreiten, -treffen" bzw. zu super „von oben her" u. ↑...ieren⟩: 1. (veraltet) überschreiten, übertreffen. 2. aus bestehenden Zeichen ein Superzeichen bilden; Einzelteile zu einem Ganzen zusam-

Superstrat

menfassen (Kybern.). **Su|pe|rie|rung** *die;* -, -en ⟨zu ↑...ierung⟩: Fähigkeit, Einzelteile zu einem Ganzen zusammenzufassen; Bildung von Superzeichen (Kybern.)

Su|per|iko|no|skop *das;* -s, -e ⟨zu ↑ super... u. ↑ Ikonoskop⟩: aus dem ↑ Ikonoskop weiterentwickelte [Fernseh]bildaufnahmeröhre

Su|per|in|fek|ti|on *die;* -, -en ⟨zu ↑ super... u. ↑ Infektion⟩: erneute ↑ Infektion eines Organismus mit dem gleichen Erreger bei noch nicht ausgebildeter Immunität durch die Infektion

Su|per|in|ten|dent [auch ...'dɛnt] *der;* -en, -en ⟨aus gleichbed. *kirchenlat.* superintendens, Gen. superintendentis, substantiviertes Part. Präs. von *spätlat.* superintendere „die Aufsicht haben"⟩: höherer ev. Geistlicher, Vorsteher eines Kirchenkreises; vgl. Dekan (1). **Su|per|in|ten|den|tur** *die;* -, -en ⟨zu ↑...ur⟩: a) Amt eines Superintendenten; b) Amtssitz eines Superintendenten

Su|per|in|vo|lu|ti|on [...v...] *die;* -, -en ⟨zu ↑ super... u. ↑ Involution⟩: svw. Hyperinvolution

su|pe|ri|or [auch zu'peː...] ⟨aus *lat.* superior „höher; oberer", Komparativ von superus „oben (befindlich)"⟩: überlegen, übergeordnet. **Su|pe|ri|or** *der;* -s, ...oren ⟨aus *lat.* superior „der Obere"⟩: kath. Kloster- od. Ordensoberer; vgl. Guardian. **Su|pe|rio|rin** *die;* -, -nen: weibliche Form zu ↑ Superior. **Su|pe|rio|ri|tät** *die;* - ⟨aus gleichbed. *mlat.* superioritas, Gen. superioritatis⟩: Überlegenheit; Übergewicht

Su|per|kar|go *der;* -s, -s ⟨zu ↑ Kargo⟩: vom Auftraggeber bevollmächtigter Frachtbegleiter [auf Schiffen]

su|per|kru|stal, auch suprakrustal ⟨zu ↑ super..., *lat.* crusta „Rinde, Kruste" u. ↑¹...al (1)⟩: an der Erdoberfläche gebildet (von Gesteinen; Geol.)

su|per|la|tiv ⟨aus *spätlat.* superlativus „steigernd; übertreibend" zu *lat.* superlatus, Part. Perf. von superferre „darübertragen, -bringen"⟩: a) überragend; b) übertreibend, übertrieben (Rhet.). **Su|per|la|tiv** *der;* -s, -e [...və] ⟨zu *spätlat.* superlativus (vgl. superlativ), Bed. 1 aus gleichbed. *spätlat.* (gradus) superlativus⟩: 1. Höchststufe des Adjektivs bei der Steigerung (z. B. *am besten*; Sprachw.); vgl. Elativ (1). 2. a) (Plur.) etwas, was sich in seiner höchsten, besten Form darstellt; etwas, was zum Besten gehört u. nicht zu überbieten ist; b) Ausdruck höchsten Wertes, Lobes. **su|per|la|ti|visch** [...v...]: 1. den Superlativ betreffend. 2. a) übertreibend; b) übertrieben, superlativ (b). **Su|per|la|ti|vis|mus** *der;* -, ...ismen (4, 5)⟩: a) übermäßige Verwendung von Superlativen; b) Übertreibung, übertriebener Ausdruck. **su|per|la|ti|vi|stisch** ⟨zu ↑...istisch⟩: zu übermäßiger Verwendung von Superlativen u. Übertreibungen neigend

Su|per|lear|ning ['sjuːpələːnɪŋ] *das;* -s ⟨aus gleichbed. *engl.* superlearning zu super- (vgl. super...) u. learning „das (Er)lernen"⟩: Lernmethode für Fremdsprachen, die darin besteht, durch gezielte Entspannungsübungen eine bessere Aufnahmefähigkeit zu erreichen

Su|per|le|gie|rung *die;* -, -en ⟨zu ↑ super... u. ↑ Legierung⟩: bei hohen Temperaturen noch beständige Legierung

Su|per|mar|ket *der;* -s, -s ⟨aus *engl.-amerik.* supermarket, vgl. Supermarkt⟩: svw. Supermarkt. **Su|per|markt** *der;* -[e]s, ...märkte ⟨aus gleichbed. *engl.-amerik.* supermarket⟩: großes [Lebensmittel]geschäft mit Selbstbedienung, umfangreichem Sortiment u. niedrigen Preisen

su|per|mo|dern ⟨zu ↑ super... u. ↑ modern⟩: (ugs.) überaus modern, dem neuesten ↑ Trend entsprechend

Su|per|na|tu|ra|lis|mus usw. vgl. Supranaturalismus usw.

Su|per|no|va [...va] *die;* -, Plur. ...novae [...vɛ], eindeutschend ...vä ⟨zu ↑ super... u. ↑ ¹Nova⟩: besonders lichtstarke ↑ ¹Nova (Astron.)

Su|per|nu|me|rar *der;* -s, -e u. Supernumerarius *der;* -, ...ien [...jən] ⟨zu *lat.* supernumerarius „überzählig", dies zu ↑ super... u. numerus „(An)zahl"⟩: (veraltet) Beamtenanwärter; ein über die gewöhnliche [Beamten]zahl Angestellter. **Su|per|nu|me|ra|ri|at** *das;* -[e]s, -e ⟨zu ↑...at (1)⟩: (veraltet) Anwärteramt. **Su|per|nu|me|ra|ri|us** vgl. Supernumerar

Su|per|nym u. Superonym [auch 'zuː...] *das;* -s, -e ⟨zu ↑ super... u. *gr.* ónyma „Name"⟩: svw. Hyperonym. **Su|per|ny|mie** u. Superonymie [auch 'zuː...] *die;* -, ...ien ⟨zu ↑²...ie⟩: svw. Hyperonymie. **Su|per|onym** [auch 'zuː...] usw. vgl. Supernym usw.

Su|per|or|thi|kon *das;* -s, Plur. -e, auch -s ⟨zu ↑ super... u. ↑ Orthikon⟩: empfindliche Fernaufnahmeröhre mit Zwischenabbildung u. innerer Speicherung

Su|per|ovu|la|ti|on [...v...] *die;* -, -en ⟨zu ↑ super... u. ↑ Ovulation⟩: durch Arzneimittel erreichte Erhöhung der Anzahl gereifter Eizellen (Med.)

Su|per|oxyd, chem. fachspr. Superoxid *das;* -[e]s, -e ⟨zu ↑ super... u. ↑ Oxyd⟩: svw. Peroxyd

Su|per|pel|li|ce|um [...tseʊm] *das;* -s, ...cea ⟨aus gleichbed. *mlat.* superpelliceum zu ↑ super... u. *lat.* pellis „Haut, Fell, Pelz", eigtl. „Überpelz", weil es früher über dem Pelzrock getragen wurde⟩: (früher über dem Pelzrock getragener) weißer Chorrock (Chorhemd) des kath. Priesters

Su|per|phos|phat *das;* -[e]s, -e ⟨zu ↑ super... u. ↑ Phosphat⟩: Phosphorkunstdünger

Su|per|pla|sti|zi|tät *die;* - ⟨zu ↑ super... u. ↑ Plastizität⟩: bes. hohe plastische Verformbarkeit zahlreicher Metalle u. Legierungen in einem bestimmten Temperaturbereich (Phys.)

su|per|po|nie|ren ⟨aus *lat.* superponere „daraufsetzen"⟩: (fachspr.) über[einander]lagern. **su|per|po|niert** ⟨zu ↑...iert⟩: übereinanderstehend (von den Gliedern benachbarter Blütenkreise; Bot.)

Su|per|por|te *die;* -, -n ⟨zu ↑ super... u. *lat.* porta „Tür, Tor"⟩: svw. Sopraporte

Su|per|po|si|ti|on *die;* -, -en ⟨aus *spätlat.* superpositio „das Darauflegen" zu *lat.* superponere, vgl. superponieren⟩: Überlagerung, bes. von Kräften od. Schwingungen (Phys.). **Su|per|po|si|ti|ons|au|ge** *das;* -s, -n: besondere Form des Facettenauges (Biol.); vgl. Appositionsauge

Su|per|re|ge|ne|rat *das;* -[e]s, -e ⟨zu ↑ super... u. ↑ Regenerat⟩: Ergebnis eines Regenerationsvorgangs, in dem mehr als im Normalfall erneuert wird (z. B. Doppel- u. Mehrfachbildungen von Organen; Biol.)

Su|per|re|vi|si|on [...v...] *die;* -, -en ⟨zu ↑ super... u. ↑ Revision⟩: Nach-, Überprüfung (Wirtsch.)

Su|per|se|kre|ti|on *die;* -, -en ⟨zu ↑ super... u. ↑ Sekretion⟩: svw. Hypersekretion

su|per|so|nisch ⟨nach gleichbed. *engl.* supersonic zu *lat.* super (vgl. super...) u. sonus „Schall, Ton"⟩: schneller als der Schall; über der Schallgeschwindigkeit

Su|per|star *der;* -s, -s ⟨zu ↑ super... u. ↑ Star⟩: (ugs.) überragender Star

Su|per|sti|ti|on *die;* - ⟨aus gleichbed. *lat.* superstitio zu superstes, Gen. superstitis „überlebend"⟩: (veraltet) Aberglaube. **su|per|sti|ti|ös** ⟨aus gleichbed. *lat.* superstitiosus; vgl. ...ös⟩: (veraltet) abergläubisch

Su|per|strat *das;* -[e]s, -e ⟨zu *lat.* superstratus, Part. Perf. von supersternere „daraufdecken, darüberlegen"⟩: Sprache eines Eroberervolkes im Hinblick auf den Niederschlag, den sie in der Sprache der Besiegten gefunden hat (Sprachw.); Ggs. ↑ Substrat (3)

Supersymmetrie

Su|per|sym|me|trie *die;* - ⟨zu ↑super... u. ↑Symmetrie⟩: allen Naturgesetzen zugrundeliegende physik. Symmetrie, die als solche eine bestimmte ↑Invarianz des Naturgeschehens u. folglich die Erhaltung der zugehörigen physik. Größen bei allen Wechselwirkungsprozessen beinhaltet

Su|per|vi|si|on [...v..., engl. sjuːpəˈvɪʒən] *die;* - ⟨aus gleichbed. *engl.* supervision, dies zu *mlat.* supervisus, vgl. Supervisor⟩: 1. [Leistungs]kontrolle, Inspektion. 2. Leitung, [Ober]aufsicht. **Su|per|vi|sor** [engl. ˈsjuːpəvaɪzs] *der;* -s, -[s] ⟨aus gleichbed. *engl.-amerik.* supervisor, dies aus *mlat.* supervisor „Beobachter" zu supervisus, Part. Perf. von supervidere „beobachten, kontrollieren"⟩: Oberaufseher, Kontrolleur (Wirtsch.). 2. Bez. für den Ablaufteil eines Organisationsprogramms (EDV)

Su|per|zei|chen *das;* -s, - ⟨zu ↑super...⟩: Zeichen, das selbst wieder aus elementaren Zeichen besteht (Informatik)

su|per|zi|li|är ⟨aus gleichbed. *nlat.* superciliaris zu ↑Superzilium u. ↑...är⟩: zu den Augenbrauen gehörend (Med.). **su|per|zi|li|ös** ⟨aus gleichbed. *lat.* superciliosus, eigtl. „mit dichten Augenbrauen"⟩: (veraltet) finster, stolz. **Su|per|zi|lio|si|tät** *die;* - ⟨zu ↑...ität⟩: (veraltet) finsteres Wesen, Stolz. **Su|per|zi|li|um**, fachspr. Supercilium [...ts...] *das;* -, ...lia ⟨aus gleichbed. *lat.* supercilium⟩: Augenbraue (Med.)

Su|pi|na|ti|on *die;* -, -en ⟨aus *spätlat.* supinatio „die Zurückbeugung" zu *lat.* supinare, vgl. supinieren⟩: Auswärtsdrehung von Hand od. Fuß (Med.); Ggs. ↑Pronation. **Su|pi|na|tor** *der;* -s, ...oren ⟨aus gleichbed. *nlat.* supinator⟩: Auswärtsdreher, Muskel, der die Supination bewirkt (Med.). **su|pi|nie|ren** ⟨aus *lat.* supinare „nach hinten beugen"⟩: Hand od. Fuß auswärts drehen (Med.); Ggs. ↑pronieren. **Su|pi|num** *das;* -, ...na ⟨aus gleichbed. *spätlat.* (verbum) supinum, eigtl. „(an das Verb) zurückgelehntes Wort", zu *lat.* supinare, vgl. supinieren⟩: *lat.* Verbform zur Bezeichnung einer Absicht od. eines Bezugs

Sup|pe|da|ne|um [...nɛʊm] *das;* -s, ...nea ⟨aus *spätlat.* suppedaneum „Fußschemel", substantiviertes Neutrum von suppedaneus „unter den Füßen", zu ↑sub... u. *lat.* pes, Gen. pedis „Fuß"⟩: 1. Stützbrett unter den Füßen des Gekreuzigten. 2. oberste Altarstufe

Sup|per [ˈzapɐ, engl. ˈsʌpə] *das;* -[s], - ⟨aus *engl.* supper⟩: engl. Bez. für Abendessen

Sup|ple|ant *der;* -en, -en ⟨aus gleichbed. *fr.* suppléant zu suppléer „ergänzen", dies aus *lat.* supplere⟩: (schweiz.) Ersatzmann in einer Behörde. **Sup|ple|ment** *das;* -[e]s, -e ⟨aus *lat.* supplementum „Ergänzung"⟩: 1. Ergänzung (Ergänzungsband od. Ergänzungsteil), Nachtrag, Anhang. 2. Ergänzungswinkel od. -bogen, der einen vorhandenen Winkel od. Bogen zu 180° ergänzt (Math.). **sup|ple|men|tär** ⟨zu ↑...är⟩: ergänzend. **Sup|ple|ment|win|kel** *der;* -s, -: der Winkel β, der einen gegebenen Winkel α zu 180° (gestreckter Winkel) ergänzt. **Sup|plent** *der;* -en, -en ⟨zu *lat.* supplens, Gen. supplentis, Part. Präs. von supplere, vgl. Suppleant⟩: (österr. veraltend) Hilfslehrer. **Sup|ple|ti|on** *die;* - ⟨aus *spätlat.* suppletio „Ergänzung"⟩: svw. Suppletivismus. **Sup|ple|tiv|form** *die;* -, -en ⟨zu *spätlat.* suppletivus „ergänzend"⟩: grammatische Form eines Wortes, die an Stelle einer fehlenden Form den Suppletivismus vervollständigt (Sprachw.). **Sup|ple|ti|vis|mus** [...v...] *der;* - ⟨zu ↑...ismus (2)⟩: ergänzender Zusammenschluß von Wörtern verschiedenen Stammes zu einer formal u. inhaltlich geschlossenen Gruppe (z. B. bin, war, gewesen). **sup|ple|to|risch** ⟨aus *nlat.* suppletorius⟩: (veraltet) ergänzend, stellvertretend, nachträglich, zusätzlich. **sup|plie|ren** ⟨aus *lat.* supplere, vgl. Suppleant⟩: (veraltet) ergänzen, ausfüllen, vertreten

Sup|plik *die;* -, -en ⟨aus gleichbed. *fr.* supplique (Analogiebildung zu réplique, vgl. Replik), dies zu *lat.* supplicare, vgl. supplizieren⟩: 1. (veraltet) Bittgesuch. 2. Bittschrift an den Papst zur Erlangung eines Benefizium 3 (kath. Kirchenrecht). **Sup|pli|kant** *der;* -en, -en ⟨zu *lat.* supplicans, Gen. supplicantis, Part. Präs. von supplicare, vgl. supplizieren⟩: (veraltet) Bittsteller, jmd., der eine Supplik einreicht. **Sup|pli|ka|ti|on** *die;* -, -en ⟨aus *mlat.* supplicatio „das Bitten, Flehen; Gebet" zu *lat.* supplicare, vgl. supplizieren⟩: (veraltet) Bittgesuch, Bitte. **sup|pli|zie|ren** ⟨aus *lat.* supplicare „(demütig) bitten, anflehen"⟩: (veraltet) ein Bittgesuch einreichen; um etw. nachsuchen. **Sup|pli|zi|um** *das;* -s, ...ien [...jən] ⟨aus gleichbed. *lat.* supplicium, eigtl. „das Niederknien"⟩: (veraltet) Hinrichtung, [Vollziehung der] Todesstrafe

Sup|ply [səˈplaɪ] *der;* -s ⟨aus gleichbed. *engl.* supply zu to supply „liefern", dies aus *mittelfr.* souppleier, soupplier (*fr.* suppléer), vgl. Suppleant⟩: Vorrat, Bestand [einer Ware]; Angebot (Wirtsch.)

sup|po|nie|ren ⟨aus *lat.* supponere „unterlegen, unterstellen"⟩: voraussetzen; unterstellen

Sup|port *der;* -[e]s, -e ⟨aus gleichbed. *fr.* support zu supporter „unterstützen", dies aus *(spät)lat.* supportare, eigtl. „herzuführen, herbeischaffen"⟩: zweiseitig verschiebbarer, schlittenförmiger Werkzeugträger auf dem Bett einer Drehbank

Sup|po|si|ta: Plur. von ↑Suppositum. **Sup|po|si|ti|on** *die;* -, -en ⟨aus *lat.* suppositio „Unterlegung, Unterstellung" zu supponere, vgl. supponieren⟩: 1. Voraussetzung, Annahme (Logik). 2. Verwendung ein u. desselben Wortes zur Bezeichnung von Verschiedenem (Philos.). **Sup|po|si|to|ri|um** *das;* -s, ...ien [...jən] ⟨aus *spätlat.* suppositorium „das Untergesetzte, Untersatz", substantiviertes Neutrum von suppositorius „untergesetzt" zu *lat.* supponere, vgl. supponieren⟩: Arzneizäpfchen. **Sup|po|si|tum** *das;* -s, ...ta ⟨aus gleichbed. *mlat.* suppositum zu *lat.* suppositus, Part. Perf. von supponere, vgl. supponieren⟩: Annahme

Sup|pres|si|on *die;* -, -en ⟨aus *lat.* suppressio „das Unterdrücken" zu suppressus, Part. Perf. von supprimere, vgl. supprimieren⟩: 1. Unterdrückung, Hemmung (einer Blutung o. ä.; Med.). 2. Unterdrückung od. Kompensation der Wirkung von mutierten Genen durch Suppressoren (Biol.). **sup|pres|siv** ⟨zu ↑...iv⟩: unterdrückend; hemmend. **Sup|pres|sor** *der;* -s, ...oren ⟨aus *lat.* suppressor „Zurückdränger, -halter"⟩: Gen, das die Mutationswirkung eines andern, nicht ↑allelen Gens kompensiert od. unterdrückt. **sup|pri|mie|ren** ⟨aus gleichbed. *lat.* supprimere⟩: unterdrücken, zurückdrängen

Sup|pu|rans *das;* -, Plur. ...antien [...jən] u. ...antia (meist Plur.) ⟨aus *lat.* suppurans, Gen. suppurantis, Part. Präs. von suppurare, vgl. suppurieren⟩: Mittel, das eine Eiterung ableitet bzw. die Einschmelzung eines Eiterherdes fördert (z. B. Ichthyol; Med.). **Sup|pu|ra|ti|on** *die;* -, -en ⟨aus gleichbed. *lat.* suppuratio zu suppurare, vgl. suppurieren⟩: Eiterung (Med.). **sup|pu|ra|tiv** ⟨zu ↑...iv⟩: eiternd, eitrig (Med.). **sup|pu|rie|ren** ⟨aus gleichbed. *lat.* suppurare⟩: eitern (Med.)

Su|pra *das;* -s, -s ⟨aus *lat.* supra „darüber"⟩: svw. ¹Sub. **su|pra..., Su|pra...** ⟨aus gleichbed. *lat.* supra⟩: Präfix mit der Bedeutung „über; oberhalb", z. B. supranational, suprasternal

Su|pra|ex|li|bris [...briːs] *das;* -, - ⟨zu ↑supra... u. ↑Exlibris⟩: svw. Supralibros

su|pra|flu|id ⟨zu ↑supra... u. *lat.* fluidus „fließend", dies zu fluere „fließen, strömen"⟩: Suprafluidität besitzend

(Phys.). **Su|pra|flui|di|tät** *die;* - ⟨zu ↑...ität⟩: Stoffeigenschaft des flüssigen Heliums, bei einer bestimmten Temperatur die Viskosität sprunghaft auf sehr kleine Werte sinken zu lassen (Phys.).
su|pra|kru|stal vgl. superkrustal
Su|pra|lap|sa|rier [...iɐ] *die* (Plur.) ⟨zu ↑ supra..., spätlat. lapsus „Sünde, Sündenfall" u. ↑...arier⟩: eine Gruppe niederl. Kalvinisten des 17. Jh.s, die die Auffassung vertraten, die Prädestination habe bereits vor dem Sündenfall stattgefunden u. Adams Fall sei also gottgewollt
Su|pra|lei|ter *der;* -s, - ⟨zu ↑ supra...⟩: elektr. Leiter, der in der Nähe des absoluten Nullpunktes ohne Widerstand Strom leitet (Phys.). **Su|pra|lei|tung** *die;* -: Fähigkeit, in der Nähe des absoluten Nullpunkts elektr. Strom ohne Widerstand leiten zu können (Phys.).
su|pra|le|tal ⟨zu ↑supra... u. ↑letal⟩: über einer tödlichen Dosis liegend (Med.)
Su|pra|li|bros [...bro:s] *das;* -, - ⟨zu ↑supra... u. *lat.* libros, Akk. (Plur.) von libri „Bücher"⟩: auf der Vorderseite des Bucheinbandes eingeprägtes ↑ Exlibris in Form von Wappen usw.
Su|pra|li|to|ral *das;* -s, -e ⟨zu ↑supra... u. ↑Litoral⟩: die Spritzwasser- bzw. Brandungszone des Uferbereichs von Gewässern (Biol.)
Su|pra|mid Ⓦ *das;* -[e]s ⟨Kunstw.⟩: Kunststoff mit eiweißähnlicher Struktur (als Knochenersatz u. chirurgisches Nähmaterial)
su|pra|na|tio|nal ⟨zu ↑supra... u. ↑national⟩: überstaatlich, übernational (von Kongressen, Gemeinschaften, Parlamenten u. a.). **Su|pra|na|tio|na|li|tät** *die;* -: Überstaatlichkeit
su|pra|na|tu|ral ⟨zu ↑ supra... u. ↑natural⟩: übernatürlich (Philos.). **Su|pra|na|tu|ra|lis|mus** u. Supernaturalismus *der;* -: über die Natur u. das Natürliche hinausgehende Denkrichtung; Glaube an Übernatürliches, an eine übernatürliche Offenbarung; im besonderen die theologische Richtung (etwa 1780–1830), die gegen den Rationalismus die über aller Vernunft stehende Offenbarung Gottes betonte. **Su|pra|na|tu|ra|list** *der;* -en, -en: Anhänger des Supranaturalismus. **su|pra|na|tu|ra|li|stisch** u. supernaturalistisch: den Supranaturalismus betreffend, übernatürlich
su|pra|or|bi|tal ⟨zu ↑ supra... u. ↑orbital⟩: über der Augenhöhle liegend (Med.)
Su|pra|por|te vgl. Sopraporte
su|pra|re|nal ⟨zu ↑supra... u. ↑renal⟩: 1. über der Niere gelegen (Anat.). 2. die Nebenniere betreffend (Anat.). **Su|pra|re|nin** Ⓦ *das;* -s ⟨zu ↑...in (1)⟩: synthetisches ↑ Adrenalin, das z. B. zur Behandlung des Bronchialasthmas dient
su|pra|seg|men|tal ⟨zu ↑supra... u. ↑segmental⟩: nicht von der ↑ Segmentierung erfaßbar (von sprachlichen Erscheinungen, z. B. Intonation, Akzent)
su|pra|ster|nal ⟨zu ↑supra... u. ↑sternal⟩: oberhalb des Brustbeins gelegen (Med.)
Su|pra|strom *der;* -[e]s ⟨zu ↑supra...⟩: der in einem Supraleiter dauernd fließende elektrische Strom (Phys.)
Su|pra|sy|stem *das;* -s, -e ⟨zu ↑supra... u. ↑System⟩: übergeordnetes, ganzheitliches System (z. B. die Standardsprache im Unterschied zu ihren regionalen Dialekten od. zu Sondersprachen)
su|pra|va|gi|nal [...v...] ⟨zu ↑supra... u. ↑vaginal⟩: oberhalb der Scheide [gelegen] (Anat.)
Su|pre|mat *der* od. *das;* -e ⟨zu *lat.* supremus „der oberste" u. ↑...at⟩: [päpstliche] Obergewalt; Überordnung.
Su|pre|mat[s]|eid *der;* -[e]s, -e: Eid zur Anerkennung der kirchlichen Oberhoheit des engl. Königs, den seit 1534 jeder engl. Geistliche u. Staatsbeamte leisten mußte (im 19. Jh. stufenweise abgeschafft). **Su|pre|ma|tie** *die;* -, ...jen ⟨zu ↑²...ie⟩: svw. Supremat. **Su|pre|ma|tis|mus** *der;* - ⟨nach gleichbed. *russ.* suprematism; vgl. ...ismus (1)⟩: eine von K. Malewitsch (1878–1935) begründete Art des ↑Konstruktivismus (1). **Su|pre|ma|tist** *der;* -en, -en ⟨zu ↑...ist⟩: Anhänger des Suprematismus. **Su|pre|mum** *das;* -s, ...ma ⟨aus *lat.* supremum „Oberstes", substantiviertes Neutrum von supremus „oberster"⟩: obere Grenze, kleinste obere Schranke einer Menge von Zahlen (Math.)
sur..., Sur... vgl. sub..., Sub...
Su|ra *die;* -, Surae [...rɛ] ⟨aus gleichbed. *lat.* sura⟩: Wade (Anat.)
Su|rah *der;* -[s], -s ⟨vermutlich entstellt aus dem Namen der ind. Stadt Surat⟩: Seidengewebe in Köperbindung (eine Webart)
Su|ra|min Ⓦ *das;* -s ⟨Kunstw.; vgl. ...in (1)⟩: Mittel zur Behandlung der Schlafkrankheit
Su|ra|sun|da|ri *die;* -, -s ⟨aus *sanskr.* surasundarī „himmlische Nymphe"⟩: anmutige Frauengestalt der ind. Kunst
Sur|cot u. Surkot [syr'ko(:)] *der;* -[s], -s ⟨aus gleichbed. *fr.* surcot zu sur- (vgl. super...) u. cotte „Kutte"⟩: ärmelloses Übergewand des späten Mittelalters
Sur|di|tas *die;* - ⟨aus *lat.* surditas, Gen. surditatis „Taubheit" zu surdus „taub"⟩: (selten) svw. Anakusis (Med.).
Sur|do|mu|ti|tas *die;* - ⟨aus *nlat.* surdomutitas zu *lat.* surdus (vgl. Surditas) u. mutus „stumm"⟩: Taubstummheit (Med.)
Su|re *die;* -, -n ⟨aus gleichbed. *arab.* sūra, eigtl. „Reihe"⟩: Kapitel des ↑ Korans
sur|face air lif|ted ['sə:fis 'ɛə 'lıftıd] ⟨*engl.;* zu surface, eigtl. „Oberfläche", u. to airlift „auf dem Luftweg transportieren"⟩: vorrangig auf dem Luftweg [zu befördern] (von Postsendungen); Abk.: SAL. **Sur|face-ef|fect-Schiff** ['sə:fıs-ı'fɛkt...] *das;* -[e]s, -e ⟨zu *engl.* surface effect „Bodeneffekt"⟩: wie ein ↑ Katamaran gebautes Schiff, bei dem der Raum zwischen den beiden Seitenrümpfen durch flexible Schürzensysteme abgeschlossen ist, in dem durch starke Gebläse ein Überdruck erzeugt wird, der das Schiff bis fast an die Wasseroberfläche anhebt u. so die Wasserverdrängung verringert; Abk.: SES. **Sur|fac|tant** ['sə:fæktənt] *das* od. *der;* -[s], -s ⟨verkürzt aus *engl.* surface-active agent, zu agent „[bewirkende] Kraft"⟩: 1. grenzflächenaktiver Stoff. 2. natürliche, grenzflächenaktive Substanz aus Lezithinabkömmlingen (vgl. Lezithin) u. ↑Proteinen, die die Oberflächenspannung der Lungenalveolen herabsetzt (Med.)
Surf|board ['sə:fbɔ:d] *das;* -s, -s ⟨aus gleichbed. *engl.* surfboard zu surf „Brandung" u. board „Brett"⟩: svw. Surfbrett. **Surf|brett** ['sə:f...] *das;* -[e]s, -er ⟨Lehnübersetzung zu *engl.* surfboard, vgl. Surfboard⟩: a) flaches, stromlinienförmiges Brett aus Holz od. Kunststoff, das beim Surfing verwendet wird; b) Brett, das beim ↑ Windsurfing verwendet wird. **sur|fen** ['sə:fn̩] ⟨wohl nach gleichbed. *engl.* to surf⟩: 1. Surfing betreiben. 2. ↑Windsurfing betreiben. 3. so segeln, daß das Boot möglichst lange von einem Wellenkamm nach vorn geschoben wird. **Sur|fer** ['sə:fɐ] *der;* -s, - ⟨wohl nach gleichbed. *engl.* surfer⟩: jmd., der Surfing (1, 2) betreibt. **Sur|fe|rin** *die;* -, -nen: weibliche Form zu ↑Surfer. **Surf|ing** ['sə:fıŋ] *das;* -s ⟨aus gleichbed. *engl.* surfing, Verbalsubstantiv von to surf, vgl. surfen⟩: 1. Wassersport, bei dem man sich, auf einem Surfbrett stehend, auf dem Kamm von Brandungswellen ans Ufer tragen läßt; Brandungs-, Wellenreiten. 2. svw. Windsurfing. **Surf|ri|ding**

Surikate

[...raɪdɪŋ] *das;* -s ⟨aus *engl.* surfriding „Wellenreiten", zu to ride „reiten"⟩: svw. Surfing

Su|ri|ka|te *die;* -, -n ⟨Herkunft unsicher⟩: Erdmännchen, eine in südafrik. Trockengebieten lebende Schleichkatze

Su|ri|lho [zu'rɪljo] *der;* -s, -s ⟨aus dem Port.⟩: mit den Mardern verwandtes südamerik. Stinktier

Su|ri|mo|no *das;* -s, -s ⟨aus *jap.* surimono „Drucksache", eigtl. „das Gedruckte"⟩: japan. Farbholzschnitt mit Gedicht u. Bild als Glückwunschkarte

sur|jek|tiv ⟨aus gleichbed. *fr.* surjectif zu sur- (vgl. super...) u. *lat.* iactare „werfen"⟩: bei einer Projektion in eine Menge alle Elemente dieser Menge als Bildpunkte aufweisend (Math.)

Sur|kot [syr'ko:] vgl. Surcot

sur lie [syr 'li] ⟨*fr.;* „auf der Hefe"⟩: Angabe bei Weißweinen, die unmittelbar vom Faß, in dem noch die Hefe liegt, auf Flaschen gefüllt werden

sur place [syr 'plas] ⟨*fr.*⟩: auf der Stelle [ausgeführt] (Ballett)

Sur|plus ['sə:pləs] *das;* -, - ⟨aus gleichbed. *engl.* surplus, dies über das Altfr. aus *mlat.* superplus „Rest" zu *lat.* super „über" u. plus „mehr"⟩: Überschuß, Gewinn, Profit (Wirtsch.). **Sur|plus|ka|pi|tal** *das;* -s: über das bereits angelegte Kapital hinausgehender, zusätzlich in Kapital zurückverwandelter Mehrwert (Wirtsch.)

Sur|poids [syr'poa] *das;* -s ⟨aus gleichbed. *fr.* surpoids zu sur- (vgl. super...) u. poids „Gewicht"⟩: (veraltet) Übergewicht

Sur|prise [syr'pri:s] *die;* -, -n ⟨aus gleichbed. *fr.* surprise zu surprendre „überraschen", dies über *vulgärlat.* *superprendere zu ↑super... u. *lat.* prehendere „ertappen", eigtl. „ergreifen"⟩: (veraltet) Überraschung; Erstaunen, Bestürzung. **Sur|prise-Par|ty** [sə'praɪz...] *die;* -, Plur. -s u. ...ties [...ti:s] ⟨aus *engl.* surprise party „Überraschungsparty" zu surprise (vgl. Surprise) u. party, vgl. Party⟩: ↑Party, mit der man jmdn. überrascht u. die ohne sein Wissen [für ihn] arrangiert wurde

Sur|ra *die;* - ⟨nach *Marathi* (einer ind. Sprache) sūra „keuchender Ton"⟩: fieberhafte, schwere (meist tödlich verlaufende) Erkrankung bei Säugetieren (von Nordafrika über Südasien bis Australien verbreitet)

Sur|re *die;* -, -n ⟨aus *arab.* ṣurra „(Geld)beutel"⟩: früher alljährlich vom türk. Sultan mit der Pilgerkarawane nach Mekka gesandtes Geldgeschenk

sur|re|al [auch zyr...] ⟨zu ↑Surrealismus; vgl. ¹...al (1)⟩: traumhaft, unwirklich. **Sur|rea|lis|mus** *der;* - ⟨aus gleichbed. *fr.* surréalisme zu sur- (vgl. super...) u. réalisme „Realismus"; vgl. ...ismus (1)⟩: Richtung der modernen Literatur u. Kunst, die das Unbewußte u. Traumhafte künstlerisch darstellen will. **Sur|rea|list** *der;* -en, -en ⟨aus gleichbed. *fr.* surréaliste; vgl. ...ist⟩: Vertreter, Anhänger des Surrealismus. **Sur|rea|li|stin** *die;* -, -nen: weibliche Form zu ↑Surrealist. **sur|rea|li|stisch**: den Surrealismus betreffend, ihm gemäß [gestaltet]

Sur|ro|gat *das;* -[e]s, -e ⟨zu *lat.* surrogatus, Part. Perf. von surrogare „jmdn. an die Stelle eines anderen wählen lassen"⟩: 1. Ersatz, Ersatzmittel, Behelf. 2. ersatzweise eingebrachter Vermögensgegenstand (Rechtsw.). **Sur|ro|ga|ti|on** *die;* -, -en ⟨zu ↑¹...ion⟩: Austausch eines Wertes, Gegenstandes gegen einen anderen, der den gleichen Rechtsverhältnissen unterliegt (Rechtsw.)

sur|sum cor|da! [– 'kɔrda] ⟨*lat.;* „empor, aufwärts die Herzen!"⟩: Ruf zu Beginn der ↑Präfation (kath. Kirche)

Sur|tax ['sə:tæks] *die;* -, -es [...ksɪz] ⟨aus *engl.* surtax „Steuerzuschlag", dies aus *fr.* surtaxe, vgl. Surtaxe⟩: svw. Surtaxe.

Sur|ta|xe [zyr'taksə, fr. syr'taks] *die;* -, -n ⟨aus gleichbed. *fr.* surtaxe zu sur- (vgl. super...) u. taxe, vgl. ¹Taxe⟩: zusätzliche Steuer (bei Überschreitung einer bestimmten Einkommensgrenze)

Sur|tout [syr'tu] *der;* -[s], -s ⟨aus gleichbed. *fr.* surtout zu sur- (vgl. super...) u. tout „alles", eigtl. „der über allem (getragen wird)"⟩: im 18. Jh. mantelartiger Überrock mit mehreren übereinanderhängenden Schulterkragen

Sur|veil|lance [syrve'jã:s] *die;* -, -n [...sən] ⟨aus gleichbed. *fr.* surveillance zu surveiller, vgl. surveillieren⟩: (veraltet) [politische] Überwachung, Aufsicht. **sur|veil|lie|ren** [...'ji:...] ⟨aus gleichbed. *fr.* surveiller zu sur- (vgl. super...) u. veiller „überwachen", dies aus *lat.* vigilare „wachen; wachsam sein"⟩: (veraltet) überwachen, beaufsichtigen

Sur|vey ['sə:veɪ] *der;* -[s], -s ⟨aus gleichbed. *engl.* survey „überblicken, -schauen", dies aus *altfr.* surveier zu sur- (vgl. super...) u. veier „sehen", dies aus *lat.* videre⟩: 1. Erhebung, Ermittlung, Befragung bei der Meinungs- u. Marktforschung. 2. Gutachten eines Sachverständigen im Warenhandel. 3. historische Landesaufnahme eines Gebiets, erste Begehung zur Feststellung erkennbarer Baureste u. zur systematischen Befundsammlung, um eine Lokalisierung der Siedlungsgeschichte vorzunehmen. **Sur|vey|or** [sə:'veɪə] *der;* -s, -s ⟨aus gleichbed. *engl.* surveyor⟩: Sachverständiger u. Gutachter im Warenhandel

Sur|vi|vals [sə'vaɪvlz] *die* (Plur.) ⟨aus gleichbed. *engl.* survivals (Plur.) zu survive „überleben", dies über *(mittel)fr.* survivre aus *lat.* supervivere⟩: [unverstandene] Reste untergegangener Kulturformen in heutigen [Volks- u. Kinder]bräuchen u. Vorstellungen des Volksglaubens. **Sur|vi|val|trai|ning** [sə'vaɪvl...] *das;* -s, -s ⟨aus gleichbed. *engl.* survival training⟩: Überlebenstraining

Su|si|ne *die;* -, -n ⟨aus gleichbed. *it.* susina⟩: eine ital. Pflaumenart

Sus|lik *der;* -s, Plur. -s u. -i ⟨aus gleichbed. *russ.* suslik⟩: Handelsbez. für die nur geringwertigen Felle bestimmter Zieselarten (z. B. des Perlziesels)

sus Mi|ner|vam [do|cet] [– ...vam ('do:tsɛt)] ⟨*lat.;* „das Schwein (belehrt) Minerva"⟩: der Dümmere will den Klügeren aufklären

su|spekt ⟨aus gleichbed. *lat.* suspectus, eigtl. Part. Perf. von suspicere „(be)argwöhnen"⟩: von einer Art, daß jmd. an der Echtheit, Glaubwürdigkeit, Vertrauenswürdigkeit von etw., jmdm. stärkere Zweifel hat; verdächtig, fragwürdig, zweifelhaft

sus|pen|die|ren ⟨aus *lat.* suspendere „aufhängen; in der Schwebe lassen; aufheben, beseitigen"⟩: 1. a) [einstweilen] des Dienstes entheben; aus einer Stellung entlassen; b) zeitweilig aufheben; c) von einer Verpflichtung befreien. 2. (Teilchen in einer Flüssigkeit) fein verteilen, aufschwemmen (Chem.). 3. (Glieder) aufhängen, hochhängen, hochlagern (Med.). **Sus|pen|si|on** *die;* -, -en ⟨aus *(spät)lat.* suspensio „Unterbrechung"⟩: 1. [einstweilige] Dienstenthebung; zeitweilige Aufhebung. 2. Aufschwemmung feinstverteilter fester Stoffe in einer Flüssigkeit (Chem.). 3. schwebende Aufhängung (von Gliedern; Med.). **Sus|pen|si|ons|strö|me** *die* (Plur.): an den Hängen von Meeres- u. Seebecken sich rasch abwärts bewegende Gemische aus Wasser u. festen Gesteinsbestandteilen (Geol.). **sus|pen|siv** ⟨zu *lat.* suspensus, Part. Perf. von suspendere (vgl. suspendieren), u. ↑...iv⟩: aufhebend; aufschiebend. **Sus|pen|so|ri|um** *das;* -s, ...ien [...jən] ⟨zu *lat.* suspensus, Part. Perf. von suspendere (vgl. suspendieren), u. ↑...orium⟩: eine Art beutelförmige Bandage zum Schutz der männlichen Sexualorgane od. der weiblichen Brust

Swing

Sus|tain [zʊs'teːn, engl. səs'teɪn] *das;* -s, -s ⟨aus gleichbed. engl.-amerik. sustain zu engl. to sustain „einen Ton halten", dies über das Altfr. u. *vulgärlat.* *sustenire aus *lat.* sustinere „(aus)stützen; (aus)halten"⟩: Zeit des Abfallens des Tons bis zu einem vorbestimmten Niveau (Höhe des Tons) beim ↑ Synthesizer. **Sus|ten|ta|ti|on** [zʊs...] *die;* -, -en ⟨aus gleichbed. *(spät)lat.* sustentatio, eigtl. „das Verzögern, Aufschub", zu sustentare, vgl. sustentieren⟩: (veraltet) Unterstützung, Versorgung. **sus|ten|tie|ren** ⟨aus gleichbed. *lat.* sustentare⟩: (veraltet) ernähren; unterhalten, versorgen; unterstützen

Sus|zep|tanz *die;* -, -en ⟨zu ↑ suszeptibel u. ↑...anz⟩: ↑ induktiver od. ↑ kapazitiver Blindleitwert [im Wechselstromkreis], Kehrwert der ↑ Reaktanz (Elektrot.). **sus|zep|ti|bel** ⟨aus *spätlat.* susceptibilis „fähig (etw. aufzunehmen)", zu *lat.* suscipere, vgl. suszipieren⟩: (veraltet) empfindlich, reizbar. **Sus|zep|ti|bi|li|tät** *die;* - ⟨zu ↑...ität⟩: 1. (veraltet) Empfindlichkeit, Reizbarkeit. 2. Maß für die Magnetisierbarkeit eines Stoffes. **Sus|zep|ti|on** *die;* -, -en ⟨aus *lat.* susceptio „Aufnahme"⟩: 1. (veraltet) An-, Übernahme. 2. Reizaufnahme der Pflanze (Bot.). **sus|zi|pie|ren** ⟨aus *lat.* suscipere „aufnehmen"⟩: 1. (veraltet) an-, übernehmen. 2. einen Reiz aufnehmen (Bot.)

Su|ta|ne vgl. Soutane. **Su|ta|nel|le** vgl. Soutanelle

Su|tasch [auch 'zuː...] vgl. Soutache

Su|tra *das;* -, -s (meist Plur.) ⟨aus gleichbed. *sanskr.* sũtra, eigtl. „(Leit)faden"⟩: a) Lehrsatz der ↑ wedischen Zeit [über Opfer u. gottesdienstliche Gebräuche]; b) aus Sutras (a) bestehendes Lehrbuch bzw. wissenschaftliches Werk

Su|tur *die;* -, -en ⟨aus *lat.* sutura „Naht", zu suere „(zusammen)nähen"⟩: 1. Naht, Knochennaht, starre Verbindung zwischen Knochen in Form einer sehr dünnen Schicht faserigen Bindegewebes (Med.). 2. a) zackige Naht in Kalksteinen, die durch Lösung unter Druck entsteht; b) Anheftungslinie versteinerter Ammoniten; Geol.)

su|um cui|que [– ku...] ⟨*lat.*⟩: jedem das Seine (geflügeltes Wort in der Antike, das zum Wahlspruch des preußischen Schwarzen-Adler-Ordens wurde)

su|ze|rän ⟨aus gleichbed. *fr.* suzerain, dies aus *mittelfr.* souserain (Analogiebildung zu souverain, vgl. souverän) zu älter *fr.* sus „darüber", dies aus *lat.* sursum „nach oben"⟩: (selten) oberherrschaftlich. **Su|ze|rän** *der;* -s, -e ⟨aus gleichbed. *fr.* suzerain⟩: der Staat als Oberherr über abhängige halbsouveräne Staaten. **Su|ze|rä|ni|tät** *die;* - ⟨aus gleichbed. *fr.* suzeraineté; vgl. ...ität⟩: Oberhoheit, -herrschaft eines Staates über andere Staaten

Sva|ra|bhak|ti [svara'bakti] vgl. Swarabhakti

sve|glia|to [svɛl'jaːto] ⟨*it.;* „wach, aufgeweckt", Part. Präs. von svegliare „wecken", dies aus *lat.* evigilare „aufwachen"⟩: frei, frisch, kühn (Vortragsanweisung; Mus.)

Swa|hi|li vgl. Suaheli

Swa|mi *der;* -s, -s ⟨aus gleichbed. *Hindi* svāmī, dies aus *sanskr.* svāmin „Eigentümer; Herr" zu svá „Eigentum"⟩: hinduistischer Mönch, Lehrer

Swamps [swɔmps] *die* (Plur.) ⟨zu *engl.* swamp „Sumpf"⟩: 1. nasse, poröse, nach Entwässerung fruchtbare Böden. 2. Sumpfwälder an der atlantischen Flachküste der südöstlichen USA

Swan|boy ['swɔnbɔy] *das;* -s ⟨aus gleichbed. *engl.* swanboy, eigtl. „Schwanenjunges"⟩: auf beiden Seiten gerauhtes [weißes] Baumwollgewebe. **Swan|skin** ['swɔnskɪn] *der;* -s ⟨aus *engl.* swanskin, eigtl. „Federkleid des Schwans"⟩: feiner, geköperter Flanell

Swap|ab|kom|men ['svɔp...] *das;* -s, - ⟨zu *engl.* to swap „(aus)tauschen"⟩: zweiseitige Vereinbarungen zwischen Zentralbanken, sich gegenseitig für eine bestimmte Zeit Kreditlinien einzuräumen. **Swap|ge|schäft** *das;* -[e]s, -e ⟨Lehnübersetzung zu gleichbed. *engl.* swap⟩: Devisenaustauschgeschäft. **Swap|per** ['svɔpɐ] *der;* -s, - ⟨zu *engl.* to swap „(Partner) tauschen"⟩: (Jargon) jmd., der Partnertausch praktiziert

Swa|ra|bhak|ti [...'bakti] *das,* auch *die;* - ⟨aus gleichbed. *sanskr.* svarabhakti zu svára „Vokal" u. bhákta „sekundär"⟩: Erscheinung des Auftretens von Vokalen, bes. vor l, m und r, die dann silbenbildende Kraft haben (Sprachw.); vgl. Anaptyxe

Swa|sti|ka *die;* -, ...ken, auch *der;* -[s], -s ⟨aus gleichbed. *sanskr.* svastika, eigtl. „glückbringendes Zeichen in Kreuzesform"⟩: altind. Sonnen- u. Fruchtbarkeitszeichen, Hakenkreuz

Swea|ter ['sveːtɐ, 'svɛtɐ] *der;* -s, - ⟨aus gleichbed. *engl.* sweater, eigtl. „Schwitzer", zu sweat „schwitzen"⟩: 1. (veraltend) meist auf einer Schulter zu knöpfender, zum Sport getragener Pullover. 2. Vermittler zwischen Arbeitgeber u. Arbeiter im Sweatingsystem. **Swea|ting|sy|stem** ['sve:..., 'svɛ..., *engl.* 'swɛ...] *das;* -s, -e ⟨aus gleichbed. *engl.* sweating system zu sweating „das Schwitzen" u. system, vgl. System⟩: Arbeitsverhältnis, bei dem zwischen Unternehmer u. Arbeiter ein Vermittler tritt, der die Aufträge in möglichst niedrigen Lohnsätzen an die Arbeiter vergibt.

Sweat|shirt ['swɛtʃəːt] *das;* -s, -s ⟨aus gleichbed. *engl.* sweatshirt, zu shirt, vgl. Shirt⟩: weites, langärmeliges T-Shirt (meist aus innen gerauhtem Baumwolltrikot)

Sweep|stake ['swiːpsteɪk] *das od. der;* -s, -s ⟨aus gleichbed. *engl.* sweepstake zu to sweep „etw. (Geld o. ä.) einstreichen" u. stake „Wetteinsatz"⟩: 1. Werbeverlosung, bei der die Gewinne vor Verteilung der Lose aufgeteilt werden. 2. Wettbewerb [im Pferderennsport], bei dem die ausgesetzte Prämie aus den Eintrittsgeldern besteht

Sweet [swiːt] *der;* - ⟨zu *engl.* sweet „süß; gefällig, sentimental"⟩: dem ↑ Jazz nachgebildete, seine Elemente mildernde u. versüßlichende Unterhaltungsmusik. **Sweet|heart** ['swiːthaːt] *das;* -, -s ⟨aus *engl.* sweetheart zu sweet „lieblich" u. heart „Herz"⟩: engl. Bez. für Liebste, Liebster

Swell [swɛl] *der;* -s, -s ⟨zu *engl.* to swell „sich brüsten, prahlen", eigtl. „anschwellen"⟩: (veraltet) aufgeblasener Mensch, Stutzer. **Swell|ling** ['swɛ...] *das;* -s ⟨aus *engl.* swelling „das Anschwellen" zu to swell „zunehmen, anwachsen"⟩: Volumenzunahme bei der Kernspaltung

Swer|tia *die;* -, ...iae [...ɛ] ⟨nach dem niederl. Botaniker E. Swert (1552–1612) u. zu ↑¹...ia⟩: blaues Lungenkraut (Enziangewächs)

Swi|dé|ri|en [svide'riɛ̃ː] *das;* -[s] ⟨*fr.;* nach der poln. Gemeinde Swidry Wielkie bei Warschau⟩: spätpaläolithische Rentierjägerkultur mit Verbreitungsschwerpunkt im heutigen Polen, gekennzeichnet durch das Vorkommen gestielter Pfeilspitzen aus Feuerstein

Swim|ming|pool [...puːl], auch noch **Swim|ming-pool** *der;* -s, -s ⟨aus gleichbed. *engl.* swimming-pool zu to swim „schwimmen" u. pool „Teich"⟩: [kleines] Schwimmbecken in Haus od. Garten, kleines Schwimmbad mit privater Atmosphäre. **Swimming-pool-Re|ak|tor** *der;* -s, ...oren ⟨aus *engl.* swimming pool reactor „Schwimmbeckenreaktor"⟩: Kernreaktor mit Wasser als Moderator (2) u. Kühlmittel (Kernphys.)

Swing *der;* -[s], -s ⟨aus gleichbed. *engl.* swing, eigtl. „das Schwingen", zu to swing „schwingen"⟩: 1. (ohne Plur.) rhythmische Qualität des Jazz, die durch die Spannung zwischen dem Grundrhythmus u. den melodisch-rhythmischen Akzenten sowie durch Überlagerung verschiedener

Rhythmen entsteht. 2. (ohne Plur.) Stilperiode des Jazz um 1935, die eine Verbindung zur europ. Musik herstellt. 3. Kurzform von ↑Swingfox. 4. (ohne Plur.) (bei zweiseitigen Handelsverträgen) Betrag, bis zu dem ein Land, das mit seiner Lieferung im Verzug ist, vom Handelspartner Kredit erhält (Wirtsch.). **Swing-by** [...'baɪ] *das;* -[s], -s ⟨aus gleichbed. engl.-amerik. swingby, eigtl. „das Vorbeischwingen"⟩: Raumflugmanöver, bei dem die Freiflugbahn eines Raumflugkörpers so an einem Planeten vorbeigeführt wird, daß sich durch dessen Gravitation u. Eigenbewegung die Flugbahn u. Geschwindigkeit des Raumflugkörpers verändert (Raumfahrt); vgl. Fly-by. **swin|gen** ⟨nach gleichbed. *engl.* to swing⟩: 1. ein Musikstück nach der Art des Swing (1) spielen. 2. auf die Musik des Swing (2) tanzen. 3. (Jargon) a) von Zeit zu Zeit statt mit dem eigenen Partner mit einem anderen geschlechtlich verkehren; b) Gruppensex betreiben. **Swin|ger** *der;* -s, - ⟨aus *engl.-amerik.* swinger „jmd., der häufig seinen Partner wechselt, lockerer Typ", eigtl. „jmd., der hin u. her schwingt", Bed. 2 zu *engl.* to swing, vgl. Swing⟩: (Jargon) 1. a) jmd., der von Zeit zu Zeit statt mit dem eigenen Partner mit einem anderen geschlechtlich verkehrt; b) jmd., der Gruppensex betreibt. 2. Mantel bzw. lange Jacke, nach unten ausgestellt. **Swing|fox** *der;* -[es], -e ⟨zusammengezogen aus ↑*Swing* u. ↑*Foxtrott*⟩: aus dem Foxtrott entwickelter, das Swingelement betonender moderner Gesellschaftstanz. **swin|ging** ⟨aus gleichbed. *engl.* swinging⟩: schwungvoll, aufregend (meist in Verbindung mit Städtenamen: Swinging London). **Swin|ging** *das;* -[s] ⟨aus *engl.* swinging „das Hin-und-Her-Schwingen"⟩: (Jargon) a) Partnerwechsel; b) svw. Gruppensex

swit|chen [...tʃn] ⟨nach *engl.* to switch „umleiten (von Kapital)", eigtl. „umschalten"⟩: ein Switchgeschäft tätigen. **Switch|ge|schäft** *das;* -[e]s, -e ⟨nach *engl.* switch „Umleitung (von Kapital)"⟩: Außenhandelsgeschäft, das über ein drittes Land abgewickelt wird (u. a. zur Ausnutzung von Kursdifferenzen)

sy..., Sy... vgl. syn..., Syn...

Sy|ba|rit *der;* -en, -en ⟨⟨über *lat.* Sybarita⟩ nach *gr.* Sybarítēs (Einwohner der antiken unterital. Stadt Sybaris) u. zu ↑³*...it*; die Sybariten waren als genußsüchtige Schlemmer u. Schwelger verrufen⟩: Schlemmer, Schwelger. **sy|ba|ri|tisch**: genußsüchtig, schwelgerisch; verweichlicht. **Sy|ba|ri|tis|mus** *der;* - ⟨zu ↑*...ismus* (5)⟩: Genußsucht, Schlemmerei, Schwelgerei; Verweichlichung

Sye|nit [auch ...'nɪt] *der;* -s, -e ⟨nach *lat.* (lapis) Syenites, einem bei der altägypt. Stadt Syene (heute Assuan) gebrochenen Granit; vgl. ²*...it*⟩: ein helles, graues bis rötliches, gut zu polierendes, granitähnliches Tiefengestein

Sy|ko|mo|re *die;* -, -n ⟨über gleichbed. *lat.* sycomorus aus *gr.* sykómoros zu sỹkon „Feige" u. móron „Maulbeere"⟩: ägypt. Maulbeerfeigenbaum. **Sy|ko|phant** *der;* -en, -en ⟨aus gleichbed. *gr.* sykophántēs zu sỹkon „Feige" u. phaínein „anzeigen", urspr. ein Aufpasser, der diejenigen aufzuspüren u. anzuzeigen hatte, die gegen das Ausfuhrverbot für Feigen aus Attika verstießen; Bed. 2 über gleichbed. *lat.* sycophanta⟩: 1. gewerbsmäßiger Ankläger im alten Athen. 2. (veraltet) Verräter, Verleumder. **sy|ko|phan|tisch** ⟨aus gleichbed. *gr.* sykophantikós⟩: (veraltet) anklägerisch, verräterisch, verleumderisch. **¹Sy|ko|se** *die;* -, -n ⟨zu *gr.* sỹkon „Feige" u. ↑²*-ose*⟩: (veraltet) svw. Saccharin. **²Sy|ko|se** *die;* -, -n u. **Sy|ko|sis** *die;* -, ...osen ⟨zu ↑¹*...ose*⟩: Bartflechte (Med.)

syl..., Syl... vgl. syn..., Syn...

Syl|la|bar vgl. Syllabarium. **Syl|la|ba|ri|um** *das;* -s, ...ien [...jən] u. **Syllabar** *das;* -s, -e ⟨aus *nlat.* syllabarium zu *lat.* syllaba „Silbe", dies aus *gr.* syllabḗ, vgl. syllabisch⟩: 1. (veraltet) Abc-Buch, Buchstabierbuch. 2. einheimisches Verzeichnis der Schriftzeichen einer orientalischen Schriftsprache im Altertum. **Syl|la|bi**: Plur. von ↑Syllabus. **syl|la|bie|ren** ⟨zu *gr.* syllabḗ (vgl. syllabisch) u. ↑*...ieren*⟩: (veraltet) in Silben sprechen. **syl|la|bisch** ⟨über gleichbed. *spätlat.* syllabicus aus *gr.* syllabikós zu syllabḗ „Silbe", eigtl. „das Zusammengefaßte", dies zu syllambánein „zusammenfassen"⟩: 1. (veraltet) silbenweise. 2. silbenweise komponiert (jeder Silbe des Textes ist eine Note zugeordnet). **Syl|la|bus** *der;* -, Plur. - u. ...bi ⟨über gleichbed. *spätlat.* syllabus aus *gr.* sýllabos⟩: Zusammenfassung, Verzeichnis (Titel der päpstlichen Sammlungen kirchlich verurteilter religiöser, philos. u. politischer Lehren von 1864 u. 1907). **Syl|lep|se** u. **Syl|lep|sis** *die;* -, ...epsen ⟨über *spätlat.* syllepsis aus *gr.* sýllēpsis „das Zusammenbringen durch den Zufall" zu syllambánein, vgl. Syllabus⟩: syntaktisch inkorrekter Bezug vor allem eines ↑Prädikats (3) auf mehrere in Person, Numerus od. Genus verschiedene ↑Subjekte (2), eine Form der ↑Ellipse 2 (z. B. die Kontrolle *wurde* verstärkt und zehn Schmuggler verhaftet; Sprachw.). **syl|lep|tisch** ⟨aus gleichbed. *gr.* syllēptikós⟩: die Syllepse betreffend

Syl|lo|gis|mus *der;* -, ...men ⟨über *lat.* syllogismus aus gleichbed. *gr.* syllogismós, eigtl. „das Zusammenrechnen", zu ↑syn... u. logízesthai „rechnen"⟩: der aus drei Urteilen (↑²Major, ↑Minor, ↑Medius) bestehende Schluß vom Allgemeinen auf das Besondere (Logik). **Syl|lo|gi|stik** *die;* - ⟨zu ↑*...istik*⟩: Lehre von den Syllogismen. **syl|lo|gi|stisch** ⟨zu ↑*...istisch*⟩: den Syllogismus, die Syllogistik betreffend

¹Syl|phe *der;* -n, -n, selten *die;* -, -n ⟨Bez. für einen Elementargeist im System des Paracelsus, 1493 bis 1541⟩: männlicher Luftgeist des mittelalterlichen Zauberglaubens (z. B. Oberon, Ariel). **²Syl|phe** *die;* -, -n ⟨zu ↑¹Sylphe⟩: (selten) junges, zartes weibliches Wesen. **Syl|phi|de** *die;* -, -n ⟨zu ↑¹Sylphe u. ↑*...ide*⟩: 1. weiblicher Luftgeist des mittelalterlichen Zauberglaubens. 2. anmutiges Mädchen. **syl|phi|den|haft**: zart, anmutig

Syl|va|nit [...v..., auch ...'nɪt] *der;* -s, -e ⟨nach Transsilvania, dem lat. Namen für Siebenbürgen (Rumänien) u. zu ↑²*...it*⟩: ein stahlgraues, silberweißes od. hellgelbes, metallisch glänzendes Mineral

Syl|vin [...'viːn] *das,* auch *der;* -s, -e ⟨nach dem niederl. Arzt F. Deleboe, genannt Sylvius (1614–1672) u. zu ↑*...in* (1)⟩: ein farbloses bzw. unterschiedlich gefärbtes Mineral, Kalisalz. **Syl|vi|nit** [auch ...'nɪt] *das;* -s, -e ⟨zu ↑¹*...it*⟩: Kalirohsalz mit hohem Anteil an Sylvin u. Steinsalz, ein Abraumsalz, Kalidünger

sym..., Sym... vgl. syn..., Syn...

Sym|bi|ont *der;* -en, -en (meist Plur.) ⟨aus *gr.* symbiōn, Gen. symbioũntos, Part. Präs. von symbioũn „zusammenleben"⟩: in einer Symbiose (1) lebende, meist in ihrer systematischen Stellung weit voneinander entfernt stehende Organismen (Biol.). **sym|bi|on|tisch**: svw. symbiotisch. **Sym|bi|o|se** *die;* -, -n ⟨aus *gr.* symbíōsis „das Zusammenleben"⟩: 1. das Zusammenleben von mehreren Lebewesen (Tiere, Pflanzen od. Tier u. Pflanze) zu gegenseitigem Nutzen (Biol.). 2. das Zusammenleben von Bevölkerungsgruppen unterschiedlicher Lebensweise mit gegenseitiger Abhängigkeit (z. B. die Wildbeutervölker des trop. Regenwaldes u. ihre feldbautreibenden Nachbarvölker; Völkerk.). **sym|bi|o|tisch** ⟨aus *gr.* symbíotos, Nebenform von sýmbios „zusammenlebend"⟩: in Symbiose lebend

Sym|ble|pha|ron *das;* -s ⟨zu ↑syn... u. *gr.* blépharon „Augenlid"): Verwachsung der Augenlider mit dem Augapfel (meist nach Verbrennungen; Med.)

Sym|bol *das;* -s, -e ⟨über *lat.* symbolum aus *gr.* sýmbolon „(Kenn)zeichen", eigtl. „Zusammengefügtes", nach dem zwischen verschiedenen Personen vereinbarten Erkennungszeichen, bestehend aus Bruchstücken (z. B. eines Ringes), die zusammengefügt ein Ganzes ergeben, zu symbállein „zusammenfügen"⟩: 1. in der Antike ein durch Boten überbrachtes Erkennungs- od. Beglaubigungszeichen zwischen Freunden, Vertragspartnern u. a. 2. Gegenstand od. Vorgang, der stellvertretend für einen anderen [nicht wahrnehmbaren, geistigen] Sachverhalt steht; Sinnbild, Wahrzeichen. 3. Ausdruck des Unbewußten, Verdrängten in Worten, Handlungen, Traumbildern u. a. (Psychol.). 4. christliches Tauf- od. Glaubensbekenntnis; Bekenntnisschrift; vgl. Confessio (1), Confessio Augustana usw. 5. Zeichen, das eine Rechenanweisung gibt (verkürzte Kennzeichnung eines math. Verfahrens). 6. Zeichen für eine physik. Größe (als deutscher, lat. od. griech. Buchstabe geschrieben). 7. Zeichen od. Wort zur Darstellung od. Beschreibung einer Informationseinheit od. Operation (EDV). **Sym|bo|la:** Plur. von ↑ Symbolum. **Sym|bol|agno|sie** *die;* -: Unfähigkeit, Symbole der Mitteilung (sprachlich-akustischer, mimischer, bildlicher Art o. ä.) als solche zu verstehen (trotz uneingeschränktem Wahrnehmungsvermögen der Sinnesorgane; Med.). **Sym|bol|cha|rak|ter** *der;* -s: symbolhafte Bedeutung, Wirkung. **Sym|bol|fi|gur** *die;* -, -en: Figur, Person, die ein Symbol darstellt. **sym|bol|haft:** in der Art eines Symbols [wirkend]. **Sym|bo|lik** *die;* - ⟨zu ↑²...ik (3)⟩: 1. Sinnbildgehalt [einer Darstellung]; durch Symbole (2) dargestellter Sinngehalt; Bildersprache (z. B. einer Religionsgemeinschaft). 2. Wissenschaft von den Symbolen (2, 3) u. ihrer Verwendung. 3. Lehre von den christlichen Bekenntnissen; Konfessionskunde. 4. Art u. Weise der Verwendung von Symbolen (5, 6, 7). **Sym|bo|li|sa|ti|on** *die;* -, -en ⟨zu ↑...isation⟩: die Ersetzung von Triebobjekten durch Symbole als Abwehrmechanismus des Ich (Psychol.); vgl. ...[at]ion/...ierung. **sym|bo|lisch** ⟨über *spätlat.* symbolicus aus gleichbed. *gr.* symbolikós⟩: sinnbildlich; die Symbole betreffend; durch Symbole dargestellt. **sym|bo|li|sie|ren** ⟨aus gleichbed. *fr.* symboliser, dies aus *mlat.* symbolizare „in Einklang bringen"⟩: sinnbildlich darstellen. **Sym|bo|li|sie|rung** *die;* -, -en ⟨zu ↑...isierung⟩: 1. sinnbildliche Darstellung. 2. Versinnbildlichung seelischer Konflikte im Traumerleben (Psychol.); vgl. ...[at]ion/...ierung. **Sym|bo|lis|mus** *der;* - ⟨zu ↑ Symbol u. ↑...ismus (2), Bed. 1 nach gleichbed. *fr.* symbolisme⟩: 1. (seit etwa 1890 verbreitete u. als Gegenströmung zum ↑ Naturalismus entstandene) [literarische] Bewegung, die eine symbolische Darstellungs- u. Ausdrucksweise anstrebt. 2. (fachspr.) System von Formelzeichen. **Sym|bo|list** *der;* -en, -en ⟨aus gleichbed. *fr.* symboliste⟩: Vertreter des Symbolismus (1). **sym|bo|li|stisch** ⟨zu ↑ ...istisch⟩: den Symbolismus, die Symbolisten betreffend. **Sym|bo|lo|fi|de|is|mus** *der;* -: Lehrmeinung, daß die religiösen Begriffe ihren Gegenstand nur im Symbol erfassen können, weshalb dem Glauben eine größere Bedeutung zukomme als der religiösen Erkenntnis (Theol.). **Sym|bo|lon** *das;* -, ...la ⟨aus gleichbed. *gr.* sýmbolon, eigtl. „(Kenn)zeichen"; vgl. Symbol⟩: altgriech. Marke (z. B. Eintrittsmarke) aus Metall, meist aus Blei. **Sym|bo|lo|pho|bie** *die;* -, ...ien ⟨zu ↑...phobie⟩: krankhafte Angst vor bestimmten Ereignissen od. Handlungen, denen eine besondere symbolische Bedeutung beigelegt wird (Med.). **Sym|bol|spra|che** *die;* -, -n ⟨zu ↑ Symbol⟩: für die Programmierung verwendete Sprache aus Abkürzungen, Zeichen u. Symbolen (EDV). **Sym|bo|lum** *das;* -s, ...la ⟨aus *lat.* symbolum⟩: lat. Form von ↑ Symbol; - apostolicum [...kum]: svw. Apostolikum (1)

Sym|ma|chie *die;* -, ...ien ⟨aus gleichbed. *gr.* symmachía zu ↑ syn... u. máchē „Schlacht, Kampf"⟩: Bundesgenossenschaft der altgriech. Stadtstaaten

Sym|me|dia|ne *die;* -, -n ⟨zu ↑ syn... u. ↑ Mediane⟩: Bez. für die Bilder der an den Winkelhalbierenden eines Dreiecks gespiegelten Seitenhalbierenden (Geometrie)

Sym|me|trie *die;* -, ...ien ⟨über *lat.* symmetria aus *gr.* symmetría „Ebenmaß" zu sýmmetros „gleichmäßig"⟩: 1. Gleich-, Ebenmaß; die harmonische Anordnung mehrerer Teile zueinander; Ggs. ↑ Asymmetrie. 2. Spiegelungsgleichheit, Eigenschaft von Figuren, Körpern o. ä., die beiderseits einer [gedachten] Mittelachse ein jeweils spiegelgleiches Bild ergeben (Math., Biol.); Ggs. ↑ Asymmetrie. 3. die wechselseitige Entsprechung von Teilen in bezug auf die Größe, die Form od. die Anordnung (Mus., Literaturw.). **Sym|me|trie|ach|se** *die;* -, -n: das Symmetrieelement einer Spiegelung in einer Ebene bzw. einer räumlichen Drehung (Geometrie). **sym|me|trisch:** 1. gleich-, ebenmäßig. 2. auf beiden Seiten einer [gedachten] Mittelachse ein Spiegelbild ergebend (in bezug auf Körper, Figuren u. ä.; Math.). 3. auf beiden Körperseiten gleichmäßig auftretend (Med.). 4. wechselseitige Entsprechung aufweisend (in bezug auf die Form, Größe, Anordnung von Teilen; Mus., Literaturw.). **sym|me|tri|sie|ren** ⟨zu ↑ ...isieren⟩: (veraltet) nach Maß u. Zahl übereinstimmen gestalten

sym|mikt ⟨aus *gr.* symmiktós „zusammengemischt"⟩: relativ gleichmäßige Körnung u. schlecht ausgeprägte Grenzen aufweisend (von ↑ Warven; Geol.); Ggs. ↑ diatakt

Sym|path|ek|to|mie *die;* -, ...ien ⟨zu ↑ Sympathikus u. ↑ ...ektomie⟩: operative Entfernung eines Teiles des ↑ Sympathikus (Med.). **sym|pa|the|tisch** ⟨aus gleichbed. *spätgr.* sympathētikós zu *gr.* sympathēs, vgl. Sympathie⟩: 1. (veraltet) auf Sympathie beruhend; -er Dativ: Dativ des Zuwendens, Mitfühlens (z. B. *dem Freund* die Hand schütteln). 2. geheimnisvolle Wirkung auf das Gefühl ausübend; -e Kur: Wunderkur meist suggestive Heilung durch geheimnisvolle Mittel, Gesundbeten u. a.); -e Tinte: unsichtbare Geheimtinte. **Sym|pa|thie** *die;* -, ...ien ⟨über *lat.* sympathia aus *gr.* sympátheia „Mitleiden, Mitgefühl, Einhelligkeit" zu sympathés „mitleidend, mitfühlend", dies zu ↑ syn... u. *gr.* páthos „Leiden"⟩: 1. [Zu]neigung; Wohlgefallen; Ggs. ↑ Antipathie. 2. Verbundenheit aller Teile des Ganzen, so daß, wenn ein Teil betroffen ist, auch alle anderen Teile betroffen sind (Naturphilos.). 3. Ähnlichkeit in der Art des Erlebens u. Reagierens, Gleichgerichtetheit der Überzeugung u. Gesinnung (Psychol., Soziol.). 4. im Volksglauben die Vorstellung von geheimer gegenseitiger Einwirkung aller Wesen u. Dinge aufeinander; similia similibus, contraria contrariis u. similia similibus. **Sym|pa|thie|bo|nus** *der;* Gen. - u. -ses, Plur. - u. -se, auch ...ni: Vorteil, Vorsprung auf Grund der Sympathie, die jmd. genießt. **Sym|pa|thi|ko|bla|stom** *das;* -s, -e ⟨zu ↑ Sympathikus⟩: bösartige, vom Sympathikus ausgehende Geschwulst (Med.). **Sym|pa|thi|ko|ly|se** *die;* -, -n ⟨zu ↑ ...lyse⟩: Hemmung od. Aufhebung der Reizung sympathischer Nerven (durch Arzneimittel; Med.). **Sym|pa|thi|ko|ly|ti|kum** *das;* -s, ...ka ⟨zu *gr.* lytikós (vgl. lytisch) u. ↑ ...ikum⟩: Arzneimittel, das die Reizung sympathischer Nerven hemmt od. aufhebt (Med.). **Sym|pa|thi|ko|mi|me|ti|kum** *das;* -s, ...ka ⟨zu *gr.* mimētikós „nachahmend" u. ↑...ikum⟩: Arzneimittel, das im Organismus die gleichen Erscheinungen hervorruft wie bei Erregung des Sympathikus (z. B. Adrenalin; Med.). **sym|pa|thi|ko|mi|me|tisch:** nach Art u. Weise des Sympathikus, seiner Überträgerstoffe u. der Sympathikomimetika wirkend (Med.). **sym|pa|thi|ko|ton** ⟨zu ↑Sympathikotonus⟩: den Sympathikotonus betreffend, mit diesem zusammenhängend (Med.). **Sym|pa|thi|ko|to|nie** die; -, ...ien ⟨zu ↑²...ie⟩: erhöhte Erregbarkeit des sympathischen Nervensystems (Med.). **Sym|pa|thi|ko|to|ni|ker** der; -s, -: an Sympathikotonie Leidender (Med.). **Sym|pa|thi|ko|to|ni|kum** das; -s, ...ka: Arzneimittel, das das sympathische Nervensystem anregt (Med.). **Sym|pa|thi|ko|to|nus** der; - ⟨zu gr. tónos „das (An)spannen"⟩: erhöhter Tonus (1) des sympathischen Nervensystems (Med.). **Sym|pa|thi|kus** der; -, ...thizi ⟨aus gleichbed. nlat. (nervus) sympathicus zu lat. sympathia, vgl. Sympathie⟩: Grenzstrang des sympathischen Teils des autonomen Nervensystems, der bes. die Eingeweide versorgt (Med.); vgl. Parasympathikus. **Sym|pa|thi|kus|blocka|de¹** die; -, -n: medikamentöse Ausschaltung sympathischer Nerven durch Injektion eines Lokalanästhetikums im Bereich sympathischer Fasern od. Ganglien (Med.). **Sym|pa|thi|sant** der; -en, -en ⟨zu ↑sympathisieren u. ↑...ant⟩: jmd., der einer politischen od. gesellschaftlichen Gruppe od. Anschauung wohlwollend gegenübersteht [u. sie unterstützt]. **Sym|pa|thi|san|tin** die; -, -nen: weibliche Form zu ↑Sympathisant. **sym|pa|thisch** ⟨wohl nach fr. sympathique⟩: 1. zusagend, anziehend, ansprechend, angenehm. 2. zum vegetativen Nervensystem gehörend; auf den Sympathikus bezüglich (Med.). 3. (veraltet) mitfühlend, auf Grund innerer Verbundenheit gleichgestimmt. **sym|pa|thi|sie|ren** ⟨wohl nach fr. sympathiser⟩: a) den Ideen u. Anschauungen einer Gruppe wohlwollend gegenüberstehen; b) mit jmdm. freundschaftlich verkehren, gut stehen. **Sym|pa|thi|zi:** Plur. von ↑Sympathikus. **Sym|pa|tho|ly|ti|kum** das; -s, ...ka ⟨verkürzt aus ↑Sympathikolytikum⟩: svw. Sympathikolytikum. **Sym|pa|tho|mi|me|ti|kum** das; -s, ...ka ⟨verkürzt aus Sympathikomimetikum⟩: svw. Sympathikomimetikum

Sym|pa|trie die; - ⟨zu ↑syn... u. gr. patriá „Vaterland, Heimat"⟩: das Nebeneinandervorkommen nahe miteinander verwandter Tier- od. Pflanzenarten od. Unterarten bzw. Sorten im selben geographischen Gebiet (Biol.)

sym|pe|tal ⟨zu ↑syn... u. gr. pétalon „Blatt"⟩: miteinander verwachsene Blütenblätter tragend (von zweikeimblättrigen Pflanzen; Bot.). **Sym|pe|ta|len** die (Plur.): zusammenfassende systematische Bez. für Blütenpflanzen mit verwachsenen Kronblättern Bot.)

Sym|phi|lie die; - ⟨zu ↑syn... u. ↑...philie⟩: symbioseähnliche Beziehung zwischen Ameisen od. Termiten u. ihren Bau bewohnenden Gästen (Biol.)

Sym|pho|nic Jazz [sɪmˈfɒnɪk ˈdʒæz] der; - - ⟨aus gleichbed. engl.-amerik. symphonic jazz⟩: eine mit Jazzelementen durchsetzte Stilform der amerik. Unterhaltungsmusik der 1920er u. 1930er Jahre. **Sym|pho|nie** [zʏm...] usw. vgl. Sinfonie usw.

Sym|pho|rie die; - ⟨zu ↑syn..., gr. phérein, phoreīn „tragen" u. ↑².. ie⟩: Form der Vergesellschaftung, bei der Lebewesen einer Tierart die einer anderen als Transportmittel benutzen, ohne daß dem Trägertier Schaden erwächst (Biol.)

Sym|phro|nis|mus der; - ⟨zu gr. sýmphrōn „gleichgesinnt" u. ↑...ismus (1)⟩: (veraltet) Übereinstimmung. **sym|phro|ni|stisch** ⟨zu ↑...istisch⟩: (veraltet) sachlich übereinstimmend

Sym|phy|se die; -, -n ⟨aus gr. sýmphysis „das Zusammenwachsen" zu symphyḗs „von Natur aus zusammengewachsen"⟩: a) Verwachsung; b) Knochenfuge, bes. Schambeinfuge (Med.). **sym|phy|tisch** ⟨aus gleichbed. gr. sýmphytos⟩: zusammengewachsen (Med.)

Sym|plas|ma das; -s ⟨zu ↑syn... u. ↑Plasma⟩: mehrkerniger Zellverband ohne wahrnehmbare Zellgrenzen (Biol.)

Sym|plo|ke die; -, ...ploken ⟨aus gr. symplokḗ „Verflechtung, Verbindung" zu symplékein „verflechten, verbinden"⟩: Verbindung mehrerer rhetorischer Wiederholungsfiguren in einem Satz od. Satzgefüge, bes. die von ↑Anapher u. ↑Epiphora 2 (z. B. *Was* ist der Toren höchstes Gut? *Geld! Was* verlockt selbst die Weisen? *Geld!*)

sym|po|di|al ⟨zu ↑Sympodium u. ↑¹...al (1)⟩: keine einheitliche Hauptachse ausbildend (von der Verzweigung einer Pflanzensproßachse; Biol.). **Sym|po|di|um** das; -s, ...ien [...jən] ⟨aus nlat. sympodium zu ↑syn... u. gr. pódion „Füßchen" (Verkleinerungsform von poús, Gen. podós „Fuß")⟩: Pflanzenverzweigung mit Scheinachse (Biol.); Ggs. ↑Monopodium

Sym|po|si|on u. **Sym|po|si|um** [auch ...ˈpo:...] das; -s, ...ien [...jən] ⟨über lat. symposium aus gleichbed. gr. sympósion, eigtl. „gemeinsames Trinken", zu sympínein „zusammen trinken", Bed. 2 + 3 wohl unter Einfluß von gleichbed. engl. symposion, symposium⟩: 1. mit Trinkgelage u. Unterhaltung verbundenes Gastmahl im alten Griechenland. 2. Tagung bes. von Wissenschaftlern, auf der in zwanglosen Vorträgen u. Diskussionen die Ansichten über eine bestimmte Frage erörtert werden. 3. Sammelband mit Beiträgen verschiedener Autoren zu einem Thema

Sym|ptom das; -s, -e ⟨über spätlat. symptoma aus gr. sýmptōma, Gen. symptómatos „vorübergehende Eigentümlichkeit, zufallsbedingter Umstand" zu ↑syn... u. píptein „(nieder)fallen"⟩: 1. Anzeichen, Vorbote, Warnungszeichen; Kennzeichen, Merkmal. 2. Krankheitszeichen, für eine bestimmte Krankheit charakteristische, zu einem bestimmten Krankheitsbild gehörende krankhafte Veränderung (Med.). **Sym|pto|ma|tik** die; - ⟨zu symptomatisch u. ↑².. ik (2)⟩: 1. Gesamtheit von Symptomen. 2. svw. Symptomatologie. **sym|pto|ma|tisch** ⟨nach gr. symptōmatikós „zufällig"⟩: 1. anzeigend; warnend, alarmierend; bezeichnend. 2. a) nur auf die Symptome, nicht auf die Krankheitsursache einwirkend (z. B. von einer ärztlichen Behandlung); b) keine selbständige Erkrankung darstellend, sondern als Symptom einer anderen auftretend (Med.). **Sym|pto|ma|to|lo|gie** die; - ⟨zu ↑...logie⟩: Lehre von den Krankheitszeichen. **sym|pto|ma|to|lo|gisch** ⟨zu ↑...logisch⟩: die Symptomatologie betreffend, zu ihr gehörend. **Sym|pto|men|kom|plex** der; -es, -e: das Zusammentreffen mehrerer charakteristischer Symptome (2; Med.). **Symptom|funk|ti|on** die; -: Eigenschaft sprachlicher Gebilde, Gefühle auszudrücken (Sprachw.). **Sym|pto|sis** die; - ⟨aus gr. sýmptōsis „Einsturz, Zusammenbruch"⟩: (veraltet) Verfall der Kräfte, Entkräftung

Sym|pus der; - ⟨zu ↑syn... u. gr. poús „Fuß"⟩: Mißgeburt mit zusammengewachsenen unteren Extremitäten (Med.)

syn..., Syn... ⟨aus gleichbed. gr. sýn⟩, vor b, m, p angeglichen zu sym..., Sym..., vor l zu syl..., Syl..., in bestimmten Fällen verkürzt zu sy..., Sy...⟩: Präfix mit der Bedeutung „mit, zusammen; gemeinsam; gleichzeitig sein; gleichartig", z. B. Synthese, Symbol, syllogistisch, System

Syn|adel|phus der; -, ...phi ⟨aus gleichbed. nlat. synadelphus zu ↑syn... u. gr. adelphós „Bruder"⟩: Zwillingsmißgeburt mit nur einmal ausgebildetem Rumpf, aber doppelt ausgebildeten Gliedmaßen (Med.)

syn|ago|gal ⟨zu ↑Synagoge u. ↑¹...al (1)⟩: 1. den jüdischen Gottesdienst betreffend. 2. die Synagoge betreffend. **Syn-**

synchronisieren

ago|ge *die;* -, -n ⟨über gleichbed. *kirchenlat.* synagoga aus *gr.* synagōgḗ „Versammlung" zu synágein „zusammenführen"⟩: 1. Gebäude, Raum, in dem sich die jüdische Gemeinde zu Gebet u. Belehrung versammelt. 2. die sich versammelnde Gemeinde. 3. (ohne Plur.) in der bildenden Kunst die Verkörperung des Alten Testaments, d. h. des Judentums, in Gestalt einer Frau mit verbundenen Augen, zerbrochenem Stab u. niederfallender Gesetzestafel (Kunstwissenschaft); vgl. Ecclesia (2)

Syn|al|gie *die;* -, ...ien ⟨zu ↑syn... u. ↑...algie⟩: das Mitempfinden von Schmerzen in einem nicht erkrankten Körperteil (Med.).

Syn|al|la|ge [...gə] *die;* -, ...agen ⟨aus *gr.* synallagḗ „Austausch, Ausgleich, (Handels)verkehr"⟩: gegenseitiger Vertrag (Rechtsw.). **Syn|al|lag|ma** *das;* -s, ...men ⟨aus *gr.* synállagma „Umgang, Verkehr"⟩: auf vertraglicher Vereinbarung begründete gegenseitige Abhängigkeit (Rechtsw.). **syn|al|lag|ma|tisch** ⟨aus *(spät)gr.* synallagmatikós „den Vertrag, die Übereinkunft betreffend"⟩: gegenseitig; -er Vertrag: svw. Synallage

Syn|alö|phe *die;* -, -n ⟨über gleichbed. *lat.* synaliphe, synaloephe aus *gr.* synaloiphḗ zu ↑syn... u. aloiphḗ „(das) geschmolzene (Fett)"⟩: Verschmelzung zweier Silben durch ↑Elision (1) od. ↑Krasis (antike Metrik)

Syn|an|drie *die;* - ⟨zu ↑syn... u. *gr.* anḗr, Gen. andrós „Mann" u. ↑²...ie⟩: die vollständige od. teilweise Verwachsung von Staubblättern (z. B. bei Glockenblumen; Bot.). **syn|an|drisch**: verwachsene Staubbeutel aufweisend (von Blüten; Bot.). **Syn|an|dri|um** *das;* -s, ...ien [...iən] ⟨zu ↑...ium⟩: die Einheit der miteinander verwachsenen Staubbeutel (z. B. bei Glockenblumengewächsen u. Korbblütlern; Bot.).

Syn|an|thie *die;* -, ...ien ⟨zu ↑syn..., *gr.* ánthos „Blüte" u. ↑²...ie⟩: durch seitliche Verwachsung von Blüten od. Pflanzen auftretende Mißbildung (Bot.).

Syn|an|thro|pie *die;* - ⟨zu ↑syn..., *gr.* ánthropos „Mensch" u. ↑²...ie⟩: die weitgehende Anpassung der ↑Kulturfolger an den Lebensraum des Menschen (Biol.).

Syn|aphie *die;* -, ...ien ⟨über gleichbed. *lat.* synaphia aus *gr.* synápheia, eigtl. „Verbindung, Gemeinschaft"⟩: rhythmisch fortlaufende Verbindung von Versen, d. h. der Wechsel von starker u. schwacher Silbe geht an der Versgrenze ohne Unterbrechung in den folgenden Vers über (Metrik). **syn|aphisch**: die Synaphie betreffend, Synaphie aufweisend. **Syn|ap|se** *die;* -, -n ⟨zu ↑Synapsis⟩: 1. Kontakt-, Umschaltstelle zwischen Nervenfortsätzen, an der nervöse Reize von einem ↑Neuron auf ein anderes weitergeleitet werden (Biol., Med.). 2. Berührungsstelle der Grenzflächen zwischen Muskel u. Nerv (Biol., Med.). **Syn|ap|sis** *die;* - ⟨aus *gr.* sýnapsis „Verbindung" zu synáptein „zusammenknüpfen", dies zu ↑syn... u. háptein „(an)knüpfen"⟩: die Paarung der sich entsprechenden Chromosomen während der ersten Phase der ↑Reduktionsteilung (Biol.). **Syn|ap|te** *die;* -, -n ⟨aus gleichbed. *mgr.* synápte „die Verbundene" zu *gr.* synaptós „verbunden"⟩: Fürbittgebet (Wechselgebet) im orthodoxen Gottesdienst. **syn|ap|tisch**: die Synapse betreffend, von ihr verursacht, zu ihr gehörend

Syn|ar|chie *die;* -, ...ien ⟨zu *gr.* synárchein „gemeinsam herrschen" u. ↑²...ie⟩: (veraltet) Mitherrschaft, gemeinsame Herrschaft

Syn|äre|se u. **Syn|äre|sis** *die;* -, ...resen ⟨aus gleichbed. *gr.* synaíresis, eigtl. „das Zusammenziehen", zu synaireĩn „zusammennehmen; kürzen"⟩: 1. Zusammenziehung zweier verschiedenen Silben angehörender Vokale zu einer Silbe (z. B. *gehen* zu *gehn;* Sprachw.); vgl. Kontraktion (3). 2. svw. Synizese

Syn|ar|thro|se *die;* -, -n ⟨zu ↑syn... u. ↑Arthrose⟩: feste Knochenverbindung, Knochenfuge (Med.). **syn|ar|thro|tisch** ⟨vgl. ...otisch⟩: unbeweglich verbunden (von Knochen; Med.)

Syn|äs|the|sie *die;* -, ...ien ⟨aus *gr.* synaísthēsis „Mitempfindung" zu synaisthánesthai „(mit)empfinden"⟩: 1. Miterregung eines Sinnesorgans bei Reizung eines anderen (z. B. Farbwahrnehmung bei akustischem Reiz; Med.). 2. durch sprachlichen Ausdruck hervorgerufene Verschmelzung mehrerer Sinneseindrücke (z. B. *schreiendes Grün;* Stilk.). **syn|äs|the|tisch**: die Synästhesie betreffend; durch einen nichtspezifischen Reiz erzeugt (z. B. von Sinneswahrnehmungen); vgl. Audition colorée

Syn|axa|ri|on *das;* -s, ...ien [...iən] ⟨aus gleichbed. *mgr.* synaxárion zu *gr.* sýnaxis, vgl. Synaxis⟩: liturg. Kalender der orthodoxen Kirche mit Lebensbeschreibungen der Tagesheiligen. **Syn|axis** *die;* -, ...axen ⟨über *spätlat.* synaxis aus gleichbed. *(spät)gr.* sýnaxis, eigtl. „das Zusammenführen, Versammlung", zu *gr.* synágein „zusammenführen, versammeln"⟩: Meßfeier in der griech.-orthodoxen Kirche

Syn|chi|lie *die;* -, ...ien ⟨zu ↑syn..., *gr.* cheĩlos „Lippe" u. ↑²...ie⟩: angeborene Verwachsung der Lippen (Med.)

Syn|chi|sit [auch ...'zīt] *der;* -s, -e ⟨zu *gr.* sygcheĩn „zusammengießen" u. ↑²...it⟩: ein fluorhaltiges braunes Mineral

Syn|cho|lie [...çọ...] *die;* -, ...ien ⟨zu ↑syn..., *gr.* chólos „Galle" u. ↑²...ie⟩: Ausscheidung von exogenen Substanzen (z. B. Röntgenkontrastmittel) mit der Galle in die Verdauungswege (Med.). **Syn|cho|li|kum** *das;* -s, ...ka ⟨zu ↑...ikum⟩: exogene Substanz (z. B. Röntgenkontrastmittel), die über die Galle in den Darm ausgeschieden wird (Med.)

Syn|cho|ro|lo|gie [...çọ...] *die;* - ⟨zu ↑syn... u. ↑Chorologie⟩: Teilgebiet der Pflanzensoziologie, das die geographische Verbreitung der Pflanzengesellschaften untersucht

syn|chron [...'kro:n] ⟨zu ↑syn... u. *gr.* chrónos „Zeit"⟩: 1. gleichzeitig erfolgend, verlaufend; gleichlaufend; Ggs. ↑asynchron (1, 2). 2. mit der Frequenz eines Schwingungserzeugers gleichlaufend (Techn.). 3. die Synchronie betreffend; Ggs. ↑diachron (b); vgl. ...isch/-. **Syn|chro|nie** *die;* - ⟨aus gleichbed. *fr.* synchronie zu synchron „gleichzeitig"; vgl. synchron u. ²...ie⟩: beschreibende Darstellung des Sprachzustandes eines bestimmten [kurzen] Zeitraumes; Ggs. ↑Diachronie. **Syn|chro|ni|sa|ti|on** *die;* -, -en ⟨nach gleichbed. *engl.-amerik.* synchronization⟩: 1. das Herstellen des Gleichlaufs zwischen zwei Vorgängen od. Geräte[teile]n. 2. das Herstellen des Gleichlaufs zwischen dem Elektronenstrahl der Empfängerbildröhre u. dem der Abtaströhre im Sender (Fernsehtechnik). 3. a) Übertragung der Dialoge eines fremdsprachigen Films, Fernsehspiels durch [möglichst] lippensynchrones Sprechen in die eigene od. eine andere Sprache; b) die nachträgliche Vertonung eines stumm aufgenommenen Films (Filmw.). 4. Zwangssteuerung der Zündung von Blitzlichtquellen u. Kameraverschluß (Filmw.). 5. Herstellung von gleichen ↑Phasen (5 a) bei Vorgängen gleicher Frequenz (2; Elektrot.); vgl. ...[at]ion/...ierung. **syn|chro|nisch**: ⟨zu ↑synchron, Bed. 1 nach gleichbed. *fr.* synchronique⟩: 1. svw. synchron (3); Ggs. ↑diachronisch. 2. svw. synchron (1); vgl. ...isch/-.

syn|chro|ni|sie|ren ⟨wohl unter Einfluß von gleichbed. älter *engl.* to synchronize, *fr.* synchroniser⟩: 1. zu gleichem Lauf bringen wie die Frequenz des Wechselstromes (Elektrot.). 2. phasenstarren Gleichlauf herstellen zwischen dem Abtaststrahl der Aufnahmeröhre u. dem Schreibstrahl der

Synchronisierung

Bildröhre (Fernsehtechnik). 3. eine Synchronisation (3) herstellen. 4. verschiedene Vorgänge od. Geräte[teile] zum Gleichlauf bringen. 5. zeitlich aufeinander abstimmen. **Syn|chro|ni|sie|rung** *die;* -, -en ⟨zu ↑...isierung⟩: svw. Synchronisation; vgl. ...[at]ion/...ierung. **Syn|chro|nis|mus** *der;* -, ...men ⟨zu ↑²...ismus⟩: 1. das Zusammentreffen von nicht zusammenhängenden Ereignissen zu derselben Zeit. 2. Gleichlauf, übereinstimmender Bewegungszustand mechanisch voneinander unabhängiger Schwingungserzeuger (Techn.). 3. zeitliches Übereinstimmen von Bild, Sprechton u. Musik (Film u. Fernsehen). **syn|chro|ni|stisch** ⟨zu ↑...istisch⟩: den Synchronismus betreffend; Gleichzeitiges zusammenstellend (z. B. politische, künstlerische u. andere Ereignisse eines Jahres). **Syn|chro|ni|tät** *die;* -, -en ⟨zu ↑...ität⟩: 1. das Synchronsein. 2. svw. Synchronismus (3). **Syn|chro|ni|zi|tät** *die;* - ⟨zu ↑...izität⟩: zeitgleiches, kausal nicht erklärbares Zusammentreffen von psychischen u. physischen Vorgängen (z. B. bei der ↑Telepathie). **Syn|chron|mo|tor** *der;* -s, -en: Wechsel- od. Drehstrommotor, bei dem der Läufer mit dem erregenden Drehfeld im Ständergehäuse synchron umläuft (Phys.). **Syn|chron|op|se** *die;* -, -n ⟨zu *gr.* ópsis „das Sehen"⟩: Gegenüberstellung von Ereignissen (die zur gleichen Zeit, aber in verschiedenen Bereichen od. in verschiedenen Ländern eintraten) in tabellarischer Form. **syn|chron|op|tisch:** die Synchronopse betreffend. **Syn|chron|or|bit** *der;* -s, -s: Umlaufbahn um eine Zentralmasse, auf der die Umlaufzeit mit der Rotationsperiode der Zentralmasse übereinstimmt. **Syn|chron|stu|dio** *das;* -s, -s: ↑Studio (2) zum Synchronisieren fremdsprachiger Filme. **Syn|chro|tron** [...tro:n] *das;* -s, Plur. -e, auch -s ⟨zu *engl.* synchronic „synchron" u. ↑...tron⟩: Beschleuniger für geladene Elementarteilchen, der die Teilchen im Gegensatz zum ↑Zyklotron auf der gleichen Kreisbahn beschleunigt (Kernphys.).
Syn|co|pa|ted mu|sic ['sɪŋkəpeɪtɪd 'mju:zɪk] *die;* - - ⟨aus gleichbed. *engl.-amerik.* syncopated music, eigtl. „synkopierte Musik"; vgl. Synkope u. Musik⟩: stark synkopierte Musik, bes. Jazzmusik.
Syn|crude ['sɪnkru:d] *das;* -s ⟨Kurzw. aus *engl.* synthetic crude oil „künstliches Rohöl"⟩: erdölähnliches Gemisch aus Kohlenwasserstoffen, das sich zu Mineralölprodukten verarbeiten läßt
Syn|cy|ti|um [...'tsy:...] vgl. Synzytium
Syn|dak|ty|lie *die;* -, ...ien ⟨zu ↑syn..., *gr.* dáktylos „Finger" u. ↑²...ie⟩: Verwachsung der Finger od. Zehen (Med.)
Syn|de|re|sis vgl. Synteresis
Syn|de|se|sis *die;* -, -n ⟨aus gleichbed. *gr.* sýndesis zu syndeīn „zusammenbinden, zusammenfesseln"⟩: 1. Paarbildung der ↑Chromosomen während der Reduktionsteilung (Genetik). 2. svw. ↑Arthrodese (Med.). **Syn|des|mo|lo|gie** *die;* - ⟨zu ↑syn... u. ↑Desmologie⟩: 1. Teilgebiet der Anatomie, das sich mit den Bändern befaßt (Med.). 2. die Gesamtheit der Bänder, die Knochen miteinander verbinden od. Eingeweide halten (Med.). **Syn|des|mo|phyt** *der;* -en, -en ⟨zu ↑Syndesmose u. ↑...phyt⟩: von einem ↑Ligament ausgehender knöcherner Auswuchs (Med.). **Syn|des|mo|se** *die;* -, -n ⟨zu *gr.* desmós „Band" u. ↑¹...ose⟩: Knochenverbindung durch Bindegewebe (Med.). **Syn|de|ti|kon** ⓌⓏ *das;* -s ⟨zu *gr.* syndetikós „zum Zusammenbinden geeignet" u. ↑¹...on⟩: dickflüssiger Klebstoff. **syn|de|tisch** ⟨aus *gr.* sýndetos „zusammengebunden" zu syndeīn „zusammenbinden"⟩: durch eine Konjunktion verbunden (von Satzteilen od. Sätzen); vgl. asyndetisch u. polysyndetisch
Syn|dets *die* (Plur.) ⟨Kurzw. aus *engl.* synthetic de*tergents*

„synthetische Waschmittel"⟩: 1. synthetische waschaktive Substanzen (z. B. Tenside). 2. wie Seifenstücke geformte Syndets (1) zur Körperreinigung (Med.)
Syn|di|ka|lis|mus *der;* - ⟨aus gleichbed. *fr.* syndicalisme zu syndic „(Rechts)berater", dies aus *spätlat.* syndicus, vgl. Syndikus; vgl. ...ismus (2)⟩: zusammenfassende Bez. für sozialrevolutionäre Bestrebungen mit dem Ziel der Übernahme der Produktionsmittel durch autonome Gewerkschaften. **Syn|di|ka|list** *der;* -en, -en ⟨aus gleichbed. *fr.* syndicaliste⟩: Anhänger des Syndikalismus. **syn|di|ka|li|stisch** ⟨zu ↑...istisch⟩: den Syndikalismus betreffend. **Syn|di|kat** *das;* -[e]s, -e ⟨aus gleichbed. *mlat.* syndicatus zu syndicare „(die Tat des Angeklagten) gerichtlich prüfen", dies zu *spätlat.* syndicus (vgl. Syndikus), Bed. 2 wohl aus *fr.* syndicat zu syndic (vgl. Syndikalismus), Bed. 3 aus gleichbed. *engl.-amerik.* syndicate⟩: 1. Amt eines Syndikus. 2. Unternehmerverband (Absatzkartell mit eigener Rechtspersönlichkeit u. zentralisiertem, von den einzelnen Produzenten unabhängigem Verkauf). 3. als geschäftliches Unternehmen getarnte Verbrecherorganisation in den USA. **Syn|di|kus** *der;* -, Plur. -se u. ...dizi ⟨über *spätlat.* syndicus aus *gr.* sýndikos „Vertreter einer Gemeinde vor Gericht" zu ↑syn... díkē „Recht; richterliche Entscheidung"⟩: der von einer Körperschaft zur Besorgung ihrer Rechtsgeschäfte aufgestellte Bevollmächtigte, Rechtsbeistand (Rechtsw.).
syn|dio|tak|tisch ⟨zu ↑syn..., ↑dia... u. *gr.* taktikós „(in bestimmter Weise) angeordnet"⟩: abwechselnd geordnet (Chem.).
Syn|di|zi: Plur. von ↑Syndikus. **syn|di|ziert** ⟨zu ↑Syndikat u. ↑...iert⟩: in einem Syndikat (2) zusammengefaßt
Syn|drom *das;* -s, -e ⟨aus *gr.* syndromḗ „das Zusammenlaufen, -kommen" zu ↑syn... u. drameīn „laufen"⟩: a) Krankheitsbild, das sich aus dem Zusammentreffen verschiedener charakteristischer Symptome ergibt (Med.); b) Gruppe von Merkmalen od. Faktoren, deren gemeinsames Auftreten einen bestimmten Zusammenhang od. Zustand anzeigt (Soziol.).
Syn|echie *die;* -, ...ien ⟨aus *gr.* synécheia „Verbindung" zu synéchein „zusammenhalten, verbinden"⟩: Verwachsung von Regenbogenhaut u. Augenlinse bzw. Hornhaut (Med.). **syn|echisch:** 1. (veraltet) zusammenhängend, länger andauernd. 2. verwachsen (Med.). **Syn|echo|lo|gie** *die;* - ⟨zu ↑...logie⟩: die Lehre von Raum, Zeit u. Materie als etwas Stetigem, Zusammenhängendem (Herbart; Philos.)
Syn|ech|thrie *die;* - ⟨zu ↑syn... u. *gr.* echthría „Feindschaft"⟩: eine Form des Zusammenlebens, bei der Insekten in den Nestern staatenbildender anderer Insekten als Räuber von der Brut der Wirtstiere leben (Zool.).
Syn|edri|on *das;* -s, ...ien [...jən] ⟨aus gleichbed. *gr.* synédrion zu ↑syn... u. *gr.* hédra „Sitz; (Rats)sitzung"⟩: 1. altgriech. Bez. für Ratsbehörde (z. B. der ↑Amphiktyonen). 2. svw. Synedrium. **Syn|edri|um** *das;* -s, ...ien [...jən] ⟨aus gleichbed. *spätlat.* synedrium, dies aus *gr.* synédrion, vgl. Synedrion⟩: der Hohe Rat der Juden in der griech. u. röm. Zeit; vgl. Sanhedrin.
Syn|ek|do|che [...xe] *die;* -, ...dochen ⟨über gleichbed. *lat.* synecdoche aus *gr.* synekdochḗ, eigtl. „das Mitverstehen"⟩: das Ersetzen eines Begriffs durch einen engeren od. weiteren Begriff (z. B. *Kiel* für *Schiff;* Rhet.); vgl. Pars pro toto. **syn|ek|do|chisch** ⟨nach gleichbed. *gr.* synekdochikós⟩: die Synekdoche betreffend
Syn|ekli|se *die;* -, -n ⟨zu ↑syn... u. *gr.* klísis „Neigung"⟩:

großer, durch Senkung gekennzeichneter Krustenbereich in Tafelgebieten (Geol.); Ggs. ↑Anteklise

Syn|ek|tik *die;* - ⟨aus gleichbed. *engl.-amerik.* synectics, dies wohl zu *gr.* synektikós „zusammenfassend"⟩: (dem ↑Brainstorming ähnliche) Methode zur Lösung von Problemen, wobei u. a. durch Verfremdung des gestellten Problems Lösungsmöglichkeiten gesucht werden

Syn|ephe|be *der;* -n, -n ⟨über *lat.* Synephebi (Plur.) aus *gr.* Synéphēboi (Plur.) „Mitjünglinge", nach einer Komödie des Statius Cäcilius⟩: (veraltet) Jugendgenosse

Syn|er|get *der;* -en, -en (meist Plur.) ⟨zu *gr.* synergétēs „Mitarbeiter", dies zu synergeĩn, vgl. Synergie⟩: svw. Synergist.

Syn|er|ge|tik *die;* - ⟨zu *gr.* synergētikós (vgl. synergetisch) u. ↑²...ik (1)⟩: interdisziplinäres Forschungsgebiet zur Beschreibung komplexer Systeme (5), die aus vielen miteinander kooperierenden Untersystemen bestehen. **syn|er|ge|tisch** ⟨aus gleichbed. *gr.* synergētikós⟩: zusammen-, mitwirkend. **Syn|er|gi|den** *die* (Plur.) ⟨zu ↑...ide⟩: zwei Zellen der pflanzlichen Samenanlage (Biol.). **Syn|er|gie** *die;* - ⟨aus *gr.* synergía zu synergeĩn „zusammenarbeiten"⟩: 1. Energie, die für den Zusammenhalt u. die gemeinsame Erfüllung von Aufgaben zur Verfügung steht. 2. svw. Synergismus (1). 3. positives ökonomisches Potential, das zum Synergieeffekt führen kann. **Syn|er|gie|ef|fekt** *der;* -[e]s, -e: positive Wirkung, die sich aus dem Zusammenschluß od. der Zusammenarbeit von Unternehmen bzw. aus einem geschickten Zusammenwirken der Produktionsfaktoren (von der Forschung u. Entwicklung über Produktion bis hin zum Marketing) ergibt. **Syn|er|gis|mus** *der;* - ⟨↑...ismus (2, 1)⟩: 1. a) das Zusammenwirken von Substanzen od. Faktoren, die sich gegenseitig fördern (z. B. von Arzneimitteln); b) ↑Symbiose von Mikroorganismen (Biol.). 2. Heilslehre, nach der der Mensch an der Erlangung des Heils mitwirken kann (Rel.); vgl. Pelagianismus. **Syn|er|gist** *der;* -en, -en (meist Plur.) ⟨zu ↑...ist⟩: 1. gleichsinnig zusammenwirkendes Organ, Muskel (Med.). 2. (nur Plur.) Arzneimittel, die sich in additiver od. potenzierender Weise ergänzen. 3. Anhänger des Synergismus (2). **syn|er|gi|stisch** ⟨zu ↑...istisch⟩: den Synergismus, die Synergisten betreffend

Syn|esis [auch 'zyn...] *die;* -, ...esen ⟨aus *gr.* sýnesis „Einsicht, Verstand"⟩: sinngemäß richtige Wortfügung, die strenggenommen nicht den grammatischen Regeln entspricht (z. B. eine *Menge* Äpfel *fielen* herunter; Sprachw.); vgl. Constructio ad sensum

Syn|ga|mie *die;* -, ...ien ⟨zu ↑syn... u. ↑...gamie (1)⟩: Verschmelzung der Geschlechtszellen bei der Befruchtung (Biol.)

syn|ge|ne|tisch ⟨zu ↑syn... u. ↑genetisch⟩: 1. gleichzeitig entstanden (Biol.). 2. gleichzeitig mit dem Gestein entstanden (von Lagerstätten; Geol.); Ggs. ↑epigenetisch (2).

Syn|ge|nit [auch ...'nɪt] *der;* -s, -e ⟨zu *gr.* suggenḗs „verwandt" u. ↑²...it⟩: in Salzlagerstätten vorkommendes, meist in dünntafeligen Kristallen auftretendes Mineral

Syn|hy|per|onym [auch ...'ny:m] *das;* -s, -e ⟨zu ↑syn... u. ↑Hyperonym⟩: svw. Kohyperonym (Sprachw.). **Syn|hyp|onym** [auch ...'ny:m] *das;* -s, -e: svw. Kohyponym (Sprachw.)

Syn|ize|se u. **Syn|ize|sis** *die;* -, ...zesen ⟨über gleichbed. *spätlat.* synizesis aus *gr.* synízēsis, eigtl. „das Zusammenfallen", zu synízein „zusammensitzen"⟩: Zusammenziehung zweier Vokale zu einer Silbe (antike Metrik)

syn|karp ⟨zu ↑syn... u. ↑...karp⟩: zusammengewachsen (von Fruchtknoten, deren Fruchtblätter bis zur Mitte der Fruchtknotenhöhle eingefaltet sind; Bot.); vgl. parakarp

Syn|kar|pie *die;* - ⟨zu ↑...karpie⟩: Verwachsung der Fruchtblätter zu einem einzigen Fruchtknoten (Bot.)

Syn|ka|ry|on *das;* -s, Plur. ...karya od. ...karyen [...y̆ən] ⟨zu ↑syn... u. *gr.* káryon „Nuß"⟩: durch die Vereinigung zweier Kerne entstandener diploider Zellkern (Biol.)

Syn|kar|zi|no|ge|ne|se *die;* -, -n ⟨zu ↑syn... u. ↑Karzinogenese⟩: das Zusammenwirken mehrerer krebserzeugender Faktoren bei der Entstehung von Krebs (Med.). **Syn|kar|zi|no|ly|se** *die;* -, -n ⟨zu ↑...lyse⟩: gleichzeitige Anwendung verschiedener Heilmittel zur Auflösung einer bösartigen Geschwulst (Med.)

Syn|ka|ta|the|sis *die;* - ⟨aus *gr.* sygkatáthesis „das Mitunterstellen"⟩: Zustimmung des Geistes zu einer Vorstellung, auf der das Wahrnehmungsurteil beruht (Stoa)

Syn|ka|te|go|re|ma *das;* -s, ...remata ⟨über gleichbed. *lat.* synkategorema aus *gr.* sygkatēgórēma⟩: das unselbständige, nur in Verbindung mit anderen Worten sinnvolle Wort od. Zeichen (Logik)

Syn|ki|ne|se *die;* -, -n ⟨aus gleichbed. *gr.* sygkínēsis zu sygkineĩn „mitbewegen"⟩: unwillkürliche Mitbewegung (von Muskeln; Med.). **syn|ki|ne|tisch**: unwillkürlich mitbewegend (Med.)

syn|kli|nal ⟨zu *gr.* sygklínein „mitneigen" u. ↑¹...al (1)⟩: zum Muldenkern hin einfallend, muldenförmig (von der Gesteinslagerung; Geol.). **Syn|kli|na|le** *die;* -, -n ⟨zu ↑...ale⟩: Mulde, Senke (Geol.). **Syn|kli|ne** *die;* -, -n ⟨zu ↑syn... u. *gr.* klínē „Lager"⟩: svw. Synklinale. **Syn|kli|no|ri|um** *das;* -s, ...ien [...i̯ən] ⟨aus gleichbed. *nlat.* synclinorium⟩: Faltenbündel, dessen mittlere Falten tiefer als die äußeren liegen, Sattel (Geol.)

syn|ko|pal ⟨zu ↑Synkope u. ↑¹...al (1)⟩: in Form einer Synkope (2) auftretend (Med.). **Syn|ko|pe** *die;* -, ...kopen ⟨über *spätlat.* syncope aus gleichbed. *gr.* sygkopḗ zu sygkóptein „zusammenschlagen"⟩: 1. ['zʏnkope] a) Ausfall eines unbetonten Vokals zwischen zwei Konsonanten im Wortinnern (z. B. *ew'ger* statt *ewiger*); b) Ausfall einer Senkung im Vers (Metrik). 2. a) svw. Kollaps (1); b) mit plötzlichem Bewußtseinsverlust verbundene [harmlose] Störung der Gehirndurchblutung (Med.). 3. [...'ko:pə]: Betonung eines unbetonten Taktwertes (während die betonten Werte ohne Akzent bleiben), häufig durch Bogenbindung, auch über den Taktstrich hinweg (Mus.); vgl. Ligatur (2 b). **syn|ko|pie|ren** ⟨zu ↑...ieren⟩: 1. einen unbetonten Vokal zwischen zwei Konsonanten ausfallen lassen (Sprachw.). 2. eine Senkung im Vers ausfallen lassen (Verslehre). 3. durch eine Synkope (3), durch Synkopen rhythmisch verschieben (Mus.). **syn|ko|pisch**: 1. die Synkope betreffend, in der Art der Synkope (Sprachw., Verslehre). 2. in Synkopen (3) ablaufend; eine Synkope, Synkopen aufweisend (Mus.)

Syn|ko|ty|lie *die;* - ⟨zu ↑syn..., *gr.* kotýlē „Höhlung, das Hohle" u. ↑²...ie⟩: Einkeimblättrigkeit infolge Verwachsens von zwei Keimblättern (Bot.); Ggs. ↑Heterokotylie

Syn|kra|tie *die;* -, ...ien ⟨zu *gr.* sygkrateĩn „gemeinsam herrschen"; vgl. ...kratie⟩: gemeinsame Herrschaft mehrerer

Syn|kre|tis|mus *der;* - ⟨aus *spätgr.* sygkrētismós „Vereinigung zweier Streitender gegen einen Dritten"; vgl. ...ismus (2)⟩: 1. Vermischung verschiedener Religionen, Konfessionen od. philos. Lehren, meist ohne innere Einheit (z. B. in der späten Antike). 2. svw. Kasussynkretismus. **Syn|kre|tist** *der;* -en, -en ⟨zu ↑...ist⟩: Vertreter des Synkretismus (1). **syn|kre|ti|stisch** ⟨zu ↑...istisch⟩: den Synkretismus, den Synkretisten betreffend

Syn|kri|se u. **Syn|kri|sis** *die;* -, ...krisen ⟨aus gleichbed. *gr.* sýgkrisis zu sygkrínein „zusammensetzen, vereinigen"⟩:

synkritisch

Vergleich; Zusammensetzung, Mischung (Philos.). **syn|kri|tisch** ⟨aus gleichbed. *gr.* sygkritikós⟩: zusammensetzend, vergleichend, verbindend (Philos.); Ggs. ↑diakritisch

Syn|od *der;* -[e]s, -e ⟨über gleichbed. *russ.* sinod aus *gr.* sýnodos, vgl. Synode⟩: neben dem Patriarchen stehende oberste Kirchenbehörde (gewöhnl.: Heiliger -) der ↑orthodoxen u. ↑autokephalen Kirchen (in Rußland 1721–1917 allein regierend). **syn|odal** ⟨aus gleichbed. *spätlat.* synodalis⟩: die Synode betreffend, zu ihr gehörend. **Syn|oda|le** *der* od. *die;* -n, -n ⟨zu ↑...ale⟩: Mitglied einer Synode. **Syn|ode** *die;* -, -n ⟨aus gleichbed. *kirchenlat.* synodus, dies aus *gr.* sýnodos „(beratende) Versammlung (von Priestern)" zu ↑syn... u. *gr.* hodós „Weg"⟩: 1. Versammlung ev. Christen (Geistliche u. Laien) als Trägerin der kirchlichen Selbstverwaltung neben od. unter der Kirchenleitung. 2. beratende, beschließende u. gesetzgebende Versammlung von Bischöfen in einem ↑Konzil (1) [unter Vorsitz des Papstes]. **syn|odisch**: 1. auf die Stellung von Sonne u. Erde zueinander bezogen (Astron.). 2. svw. synodal

Syn|oi|kis|mos [...ɔy...] *der;* - ⟨aus *gr.* synoikismós „das Zusammensiedeln, die Kolonie" zu synoikízein „in einen Wohnort zusammenbringen"⟩: das Zusammenlegen mehrerer Siedlungen zur Schaffung einer neuen od. zur Stärkung bestehender Siedlungen in der Antike. **Syn|öke** *der;* -en, -en (meist Plur.) ⟨aus *gr.* sýnoikos „Mitbewohner"⟩: Gasttier in einer Synözie (1; Zool.). **Syn|ökie** vgl. Synözie. **Syn|öko|lo|gie** *die;* - ⟨zu ↑syn... u. ↑Ökologie⟩: svw. Biozönologie

syn|onym ⟨über *spätlat.* synonymos aus gleichbed. *gr.* synónymos⟩: 1. svw. ungenormt. 2. a) bedeutungsähnlich, bedeutungsgleich, sinnverwandt (von Wörtern; Sprachw.); Ggs. ↑antonym; b) gleichsetzbar, als das gleiche ansehbar; vgl. ...isch/-. **Syn|onym** *das;* -s, Plur. -e, auch Synonyma ⟨über *spätlat.* synonymum aus gleichbed. *gr.* synónymon⟩: 1. bedeutungsähnliches, -gleiches Wort (z. B. *schauen* statt *sehen, Metzger* statt *Fleischer*); Ggs. ↑Antonym; vgl. Heteronym, Hyperonym, Hyponym, Parasem. 2. synonymer (2 b) Begriff, Ausdruck; etw., jmd., bei dem od. bei dessen Nennung man gleich an etw., jmdn. denkt, das bzw. den man damit gleichsetzt, z. B. Lolita ist ein - für Sex mit Kindern; Solidarität ist für ihn kein - für Unterwerfung; der Alte Fritz ist ein - für Preußen. **Syn|ony|mie** *die;* -, ...ien ⟨über *spätlat.* synonymia aus gleichbed. *gr.* synōnymía⟩: inhaltliche Übereinstimmung von verschiedenen Wörtern od. Konstruktionen derselben Sprache; vgl. Heteronymie. **Syn|ony|mik** *die;* -, -en ⟨zu ↑²...ik (3)⟩: 1. (ohne Plur.) Teilgebiet der Linguistik, das sich mit den Synonymen (1) befaßt. 2. Wörterbuch der Synonyme (1). 3. (ohne Plur.; selten) svw. Synonymie. **syn|ony|misch**: die Synonymie betreffend; vgl. ...isch/-

Syn|oph|rys *die;* - ⟨zu ↑syn... u. *gr.* ophrýs „Augenbraue"⟩: das Zusammenwachsen der Augenbrauen (Med.)

Syn|op|se u. Synopsis *die;* -, ...opsen ⟨über *spätlat.* synopsis „Entwurf, Überblick" aus *gr.* sýnopsis „Übersicht, Überblick; Entwurf"⟩: 1. knappe Zusammenfassung, vergleichende Übersicht. 2. a) vergleichende Gegenüberstellung von Texten o. ä.; b) sachliche bzw. wörtliche Nebeneinanderstellung der Evangelien nach Matthäus, Markus u. Lukas. **Syn|op|sie** *die;* -, ...ien ⟨zu ↑²...ie⟩: Beeinflussung des Gesichtssinnes durch nichtvisuelle Reize (Psychol.). **Syn|op|sis** vgl. Synopse. **Syn|op|tik** *die;* - ⟨zu *gr.* synoptikós, vgl. synoptisch⟩: für eine Wettervorhersage notwendige großräumige Wetterbeobachtung (Meteor.). **Syn|op|ti|ker** *die* (Plur.): die (beim Vergleich ihrer Texte weitgehend übereinstimmenden) drei ersten Evangelisten Matthäus, Markus u. Lukas. **syn|op|tisch** ⟨nach gleichbed. *gr.* synoptikós⟩: 1. [übersichtlich] zusammengestellt, nebeneinandergereiht. 2. von den Synoptikern stammend. **Syn|op|to|phor** *der;* -s, -e ⟨zu ↑...phor⟩: Gerät für die Schieldiagnostik u. -therapie (Med.)

Syn|or|chi|die *die;* -, ...ien ⟨zu ↑syn..., *gr.* órchis „Hoden" u. ↑²...ie⟩: angeborene Verwachsung beider Hoden (Med.)

syn|oro|gen ⟨zu ↑syn... u. ↑orogen⟩: gleichzeitig mit einer Gebirgsbildung aufsteigend (von Gesteinsschmelzen; Geol.)

Syn|osto|se *die;* -, -n ⟨zu ↑syn..., *gr.* ostéon „Knochen" u. ↑¹...ose⟩: svw. Synarthrose

Syn|ovia [...v...] *die;* - ⟨aus *nlat.* synovia zu *lat.* ovum „Ei" (wegen der Ähnlichkeit mit dem Eiklar) u. ↑¹...ia⟩: Gelenkschmiere (Med.). **syn|ovi|al** ⟨zu ↑¹...al (1)⟩: zur Gelenkschmiere gehörend (Med.). **Syn|ovi|al|mem|bran** *die;* -, -en: Innenhaut einer Gelenkkapsel (Med.). **Syn|ovia|lom** *das;* -s, -e ⟨zu ↑...om⟩: von der Gelenkinnenhaut ausgehende bösartige Gelenkgeschwulst (Med.). **Syn|ovi|tis** *die;* -, ...itiden ⟨zu ↑Synovia u. ↑...itis⟩: Gelenkentzündung (Med.)

Syn|özie u. Synökie *die;* -, ...ien ⟨aus *gr.* synoikía „das Zusammenwohnen" zu synoikeīn „zusammen wohnen"⟩: 1. das Zusammenleben zweier od. mehrerer Arten von Organismen, ohne daß die Gemeinschaft den Wirtstieren nutzt od. schadet (z. B. bei Ameisen u. Termiten, die andere Insekten in ihren Bauten dulden u. ernähren); vgl. Symbiose, Parasitismus. 2. svw. Monözie. **syn|özisch** ⟨nach *gr.* sýnoikos „in einem Haus wohnend"⟩: 1. in Synözie lebend, sie betreffend. 2. svw. monözisch

syn|se|di|men|tär ⟨zu ↑syn... u. ↑sedimentär⟩: gleichzeitig mit einer Sedimentablagerung ablaufend (Geol.)

Syn|se|man|ti|kon u. **Syn|se|man|ti|kum** *das;* -s, ...ka (meist Plur.) ⟨über *nlat.* synsemanticum zu ↑syn..., *gr.* sēmantikós „bezeichnend, bedeutend" u. ↑¹...on⟩: inhaltsarmes Wort, das seine eigentliche Bedeutung erst durch den umgebenden Text erhält (z. B. *dieser*); Ggs. ↑Autosemantikon. **syn|se|man|tisch**: das Synsemantikon betreffend

Syn|tag|ma *das;* -s, ...men od. -ta ⟨aus *gr.* sýntagma „Zusammengestelltes" zu syntássein, vgl. Syntax⟩: 1. (veraltet) Sammlung von Schriften, Aufsätzen, Bemerkungen verwandten Inhalts. 2. zusammengehörende Wortgruppe, die nicht Satz ist; die Verbindung von sprachlichen Elementen in der linearen Redekette (z. B. *in Eile, ein guter Schüler*; Sprachw.). **syn|tag|ma|tisch** ⟨nach gleichbed. *gr.* syntagmatikós⟩: 1. das Syntagma betreffend. 2. die Relation betreffend, die zwischen Satzteilen besteht (z. B. zwischen Subjekt u. Prädikat); Ggs. ↑paradigmatisch (3). **Syn|tak|tik** *die;* - ⟨zu *gr.* syntaktikós „zusammenstellend"; vgl. ...ik (1)⟩: Teilgebiet der ↑Semiologie (1), das sich mit den formalen Beziehungen zwischen den Zeichen einer Sprache befaßt. **Syn|tak|ti|kum** *das;* -s, ...ka ⟨zu ↑...ikum⟩: svw. Syntagma (2). **syn|tak|tisch** ⟨nach *gr.* syntaktikós, vgl. Syntaktik⟩: 1. die Syntax (1) betreffend; -e Fügung: svw. Syntagma (2). 2. den [korrekten] Satzbau betreffend

Syn|tan *das;* -s, -e (meist Plur.) ⟨Kunstw.; vgl. ...an⟩: aus aromatischen od. ↑aliphatischen Verbindungen hergestelltes synthetisches Gerbmittel

Syn|tax *die;* -, -en ⟨über gleichbed. *lat.* syntaxis aus *gr.* sýntaxis, eigtl. „Zusammenstellung", zu syntássein „zusammenstellen, anordnen"⟩: 1. Lehre vom Bau des Satzes als Teilgebiet der Grammatik (Sprachw.). 2. Satzbau, [korrekte] Art u. Weise, sprachliche Elemente u. Sätze zu ordnen (Sprachw.). 3. wissenschaftliche Darstellung der Syntax (2;

Sprachw.). 4. Gesamtheit der Regeln, die innerhalb einer Programmiersprache zur exakten Formulierung eines Programms (4) erforderlich sind (EDV)

syn|tek|to|nisch ⟨zu ↑syn... u. ↑tektonisch⟩: gleichzeitig mit einem tektonischen Vorgang ablaufend

Syn|te|re|sis *die;* - ⟨aus *gr.* syntérēsis „das Bewachen, Bewahren" zu syntēreīn „bewachen, bewahren"⟩: das Gewissen als Bewahrung des göttlichen Funkens im Menschen (kath. Moraltheologie)

Syn|te|xis *die;* -, ...xen ⟨aus *gr.* sýntexis „das Zusammentreffen"⟩: völlige od. teilweise Aufnahme u. Einschmelzung von fremdem Nebengestein durch ein Magma (Geol.)

Syn|the|se *die;* -, -n ⟨über *spätlat.* synthesis aus gleichbed. *gr.* sýnthesis zu syntithénai „zusammensetzen, -stellen, -fügen"⟩: 1. Zusammenfügung, Verknüpfung [einzelner Teile zu einem höheren Ganzen]; Ggs. ↑Analyse (1). 2. Aufbau einer [komplizierten] chem. Verbindung aus einfacheren Stoffen. 3. Verfahren zur künstlichen Herstellung von anorganischen od. organischen Verbindungen. 4. Aufhebung des sich in ↑These u. ↑Antithese Widersprechenden in die höhere Einheit (Hegel; Philos.). **Syn|the|se|benzin** *das;* -s, -e: synthetisch hergestelltes Benzin. **Syn|the|sis** *die;* -, ...thesen ⟨aus *gr.* sýnthesis „Zusammensetzung"⟩: svw. Synthese (1, 4). **Syn|the|si|zer** ['zʏntəsaizɐ, *engl.* 'sɪnθɪsaɪzə] *der;* -s, - ⟨aus gleichbed. *engl.* synthesizer zu to synthesize „synthetisch zusammensetzen"⟩: elektronisches Musikinstrument, das aus einer Kombination aufeinander abgestimmter elektronischer Bauelemente zur Erzeugung von Klängen u. [rhythmischen] Geräuschen besteht. **Syn|the|ta:** Plur. von ↑Syntheton. **Syn|the|ta|se** *die;* -, -n ⟨zu ↑...ase⟩: svw. Ligase. **Syn|the|tics** [...tɪks] u. (eindeutschend) Synthetiks *die* (Plur.) ⟨aus gleichbed. *engl.* synthetics zu synthetic „synthetisch; künstlich hergestellt", dies zu *gr.* synthetikós, vgl. synthetisch⟩: a) auf chem. Wege gewonnene Textilfasern, Gewebe aus Kunstfasern; b) Textilien aus Kunstfasern. **Syn|the|tik** *das;* - (meist ohne Artikel): 1. [Gewebe aus] Kunstfaser, synthetische (2) Faser. 2. ganzheitliche, nicht zergliedernde Betrachtungsweise von Problemen (Philos.). **Syn|the|tiks** vgl. Synthetics. **syn|the|tisch** ⟨nach *gr.* synthetikós „zum Zusammensetzen gehörig" zu sýnthetos „zusammengesetzt"⟩: 1. zusammensetzend; -e Sprachen: Sprachen, die die Beziehung der Wörter im Satz durch Endungen u. nicht durch freie ↑Morpheme ausdrücken (z. B. lat. *amavi* gegenüber dt. *ich habe geliebt*); Ggs. ↑analytische Sprachen. 2. aus einfacheren Stoffen aufgebaut; künstlich hergestellt (Chem.). 3. gleichsinnig einfallend (von einem geolog. Verwerfungssystem). **syn|the|ti|sie|ren** ⟨zu ↑...isieren⟩: aus einfacheren Stoffen herstellen (Chem.). **Syn|the|ton** *das;* -s, ...ta ⟨nach *gr.* sýntheton „das Zusammengesetzte", substantiviertes Neutrum von sýnthetos, vgl. synthetisch⟩: aus einer ursprünglichen Wortgruppe zusammengezogenes Wort (z. B. *kopfstehen* aus *auf dem Kopf stehen*). **Syn|thi** *der;* -s, -s: (ugs.) Kurzform von ↑Synthesizer

Syn|to|nie *die;* - ⟨nach *gr.* syntonía „(An)spannung"⟩: harmonisch ausgeglichene Persönlichkeits- u. Temperamentform (Psychol.)

Syn|to|pie *die;* -, ...ien ⟨zu ↑syn..., *gr.* tópos „Platz, Ort, Stelle" u. ↑²...ie⟩: 1. das Vorkommen zweier Tier- u. Pflanzenarten am selben Platz (Biol.). 2. Lagebeziehung eines Organs zu benachbarten Organen (Med.)

Syn|tro|pie *die;* -, ...ien ⟨zu ↑syn... u. ↑...tropie⟩: gemeinsames Auftreten zweier verschiedener Krankheiten (Med.)

Syn|urie *die;* -, ...ien ⟨zu ↑syn... u. ↑...urie⟩: Ausscheidung von Fremdstoffen durch den Harn (Med.)

Syn|usie *die;* -, ...ien ⟨aus *gr.* synousía „das Zusammensein, der Umgang, Verkehr"⟩: Teilgesellschaft von Organismen verschiedener Artzugehörigkeit von manchmal zeitlich begrenzter Dauer (z. B. Organismen in verrotteten Baumstümpfen; Biol.)

Syn|ze|pha|lus *der;* -, ...li ⟨aus *nlat.* syncephalus zu ↑syn... u. *gr.* kephalḗ „Kopf"⟩: Doppelmißgeburt mit zusammengewachsenen Schädeln (Med.)

Syn|zym *das;* -s, -e (meist Plur.) ⟨Kunstw. aus *syn*thetisches En*zym*⟩: synthetisches Makromolekül mit enzymähnlicher katalytischer Aktivität

syn|zy|ti|al ⟨zu ↑Synzytium u. ↑¹...al (1)⟩: das Synzytium betreffend. **Syn|zy|ti|um** *das;* -s, ...ien [...jən] ⟨zu ↑syn..., *gr.* kýtos „Höhlung, Wölbung" u. ↑...ium⟩: durch Verschmelzung mehrerer Zellen entstandene mehrkernige Plasmamasse; vgl. Plasmodium (1)

Syph *die;* - u. *der;* -s: (Jargon) Kurzform von ↑Syphilis. **Sy|phi|lid** *das;* -[e]s, -e ⟨zu ↑Syphilis u. ↑²...id⟩: syphilitischer Hautausschlag (Med.). **Sy|phi|li|do|pho|bie** *die;* -, ...ien ⟨zu ↑...phobie⟩: krankhafte Angst vor der Ansteckung mit Syphilis bzw. krankhafte Neigung, Störungen im Allgemeinbefinden auf eine vermeintliche Syphiliserkrankung zu beziehen (Med.). **Sy|phi|lis** *die;* - ⟨nach dem Titelwort des lat. Lehrgedichts „Syphilis sive de morbo gallico" des 16. Jh.s, in dem die Geschichte eines an Syphilis erkrankten Hirten namens Syphilus erzählt wird⟩: gefährlichste Geschlechtskrankheit, die mit Schädigungen der Haut, der inneren Organe, Knochen, des Gehirns u. Rückenmarks einhergeht (Med.). **Sy|phi|li|ti|ker** *der;* -s, - ⟨zu ↑syphilitisch⟩: jmd., der an Syphilis leidet (Med.). **sy|phi|li|tisch** ⟨aus gleichbed. *nlat.* syphiliticus⟩: die Syphilis betreffend (Med.). **Sy|phi|lo|der|ma** *das;* -s, -ta: syphilitische Hauterkrankung, auf Syphilis beruhende Hautveränderungen (Med.). **Sy|phi|lo|id** *das;* -[e]s, -e ⟨zu ↑...oid⟩: abgeschwächte Form der Syphilis (Med.). **Sy|phi|lom** *das;* -s, -e ⟨zu ↑...om⟩: syphilitische Geschwulst (Med.). **Sy|phi|lo|ma|nie** *die;* -, ...ien ⟨zu ↑...manie⟩: svw. Syphilidophobie. **Sy|phi|lo|se** *die;* -, -n ⟨zu ↑¹...ose⟩: syphilitische Erkrankung (Med.)

Sy|rin|ge *die;* -, -n ⟨aus gleichbed. *mlat.* syringa, dies aus *gr.* sỹrigx (vgl. Syrinx), weil aus den Ästen Flöten geschnitzt wurden⟩: Flieder (Bot.). **Sy|rin|gen:** Plur. von ↑Syringe u. Syrinx. **Sy|rin|gi|tis** *die;* -, ...itiden ⟨zu ↑Syrinx u. ↑...itis⟩: Entzündung der Ohrtrompete (Med.). **Sy|rin|gom** *das;* -s, -e (meist Plur.) ⟨zu ↑...om⟩: kleine Knötchen an Augenlidern od. Brust, die von Schweißdrüsen ausgehen (Med.). **Sy|rin|go|mye|lie** *die;* -, ...ien ⟨zu *gr.* myelós „Mark" u. ↑²...ie⟩: Erkrankung des Rückenmarks mit Höhlenbildung im grauen Mark (Med.). **Sy|rin|go|pla|stik** *die;* -, -en ⟨zu ↑¹Plastik⟩: chirurgisch-plastischer Verschluß einer Fistel (Med.). **Sy|rinx** *die;* -, ...ingen ⟨über *lat.* syrinx aus *gr.* sỹrigx, Gen. sýriggos, eigtl. „Rohr, Röhre"⟩: 1. svw. Panflöte. 2. unterer Kehlkopf der Vögel (lauterzeugend)

Sy|ro|lo|ge *der;* -n, -n ⟨zum Ländernamen Syrien u. zu ↑...loge⟩: Wissenschaftler auf dem Gebiet der Syrologie. **Sy|ro|lo|gie** *die;* - ⟨zu ↑...logie⟩: Wissenschaft von den Sprachen, der Geschichte u. den Altertümern Syriens. **sy|ro|lo|gisch** ⟨zu ↑...logisch⟩: die Syrologie betreffend

Sy|ro|sem u. **Sy|ro|sjom** *das;* -s ⟨aus gleichbed. *russ.* syrozëm zu syroj „roh" u. zemlja „Erde"⟩: Gesteinsrohboden

Syr|te *die;* -, -n ⟨aus gleichbed. *gr.* sýrtis zu sýrein „schleppen, zusammenfegen"⟩: (veraltet) Untiefe, Sandbank (bes. in Nordafrika)

Sy|som *das;* -s, -e ⟨zu ↑syn... u. *gr.* sõma „Körper"⟩: Zwil-

lingsmißgeburt mit zusammengewachsenem Rumpf, aber getrennten Köpfen (Med.).
Sys|sert|skit [auch ...'skıt] *der;* -s, -e ⟨nach dem russ. Ort Syssert bei Jekaterinburg u. zu ↑²...it⟩: ein hauptsächlich aus Iridium u. Osmium bestehendes Mineral
Sys|si|ti|en [...jən] *die* (Plur.) ⟨aus *gr.* syssítia, Plur. von syssítion „gemeinschaftliche Mahlzeit" zu syssiteĩn „zusammen essen"⟩: antike Tischgemeinschaften der Männer in Kreta u. Sparta
sy|stal|tisch ⟨über gleichbed. *spätlat.* systalticus aus *gr.* systaltikós zu systéllein „zusammenziehen"⟩: zusammenziehend (Med.).
Sy|stem *das;* -s, -e ⟨über *spätlat.* systema aus *gr.* sýstēma „aus mehreren Teilen zusammengesetztes und gegliedertes Ganzes" zu synistánai „zusammenstellen, -fügen, verknüpfen", dies zu ↑syn... u. histánai „(hin)stellen, errichten"⟩: 1. Prinzip, Ordnung, nach der etwas organisiert od. aufgebaut wird, Plan, nach dem vorgegangen wird. 2. Gefüge, einheitlich geordnetes Ganzes. 3. aus grundlegenden Einzelerkenntnissen zusammengestelltes Ganzes, Lehrgebäude. 4. Form der staatlichen, wirtschaftlichen u. gesellschaftlichen Organisation; Regierungsform. 5. eine Menge von Elementen, zwischen denen bestimmte Beziehungen bestehen od. die nach bestimmten Regeln zu verwenden sind (EDV, Kybern., Sprachw.). 6. Zusammenfassung u. Einordnung der Tiere u. Pflanzen in verwandte od. ähnlich gebaute Gruppen (Biol.). 7. Zusammenschluß von zwei od. mehreren ↑Perioden (7; Metrik). 8. in festgelegter Weise zusammengeordnete Linien o. ä. zur Eintragung und Festlegung von etwas. **Sy|stem|ana|ly|se** *die;* -, -n: 1. Untersuchung eines Betriebs od. eines Arbeitsgebiets auf seine Strukturen u. Arbeitsabläufe im Hinblick auf Rationalisierungs- u. Automatisierungsmöglichkeiten durch [verstärkten] Einsatz von Computern (Informatik). 2. Untersuchung eines Problems u. seine Zerlegung in Einzelprobleme als Vorstufe des Programmierens (EDV). **Sy|stem|ana|ly|ti|ker** *der;* -s, -: Fachmann auf dem Gebiet der Systemanalyse. **Sy|ste|ma|tik** *die;* -, -en ⟨zu ↑systematisch; vgl. ²...ik (2)⟩: 1. planmäßige Darstellung; einheitliche Gestaltung. 2. Teilgebiet der Zoologie u. Botanik mit der Aufgabe der Einordnung aller Lebewesen in ein System. **Sy|ste|ma|ti|ker** *der;* -s, -: 1. jmd., der systematisch vorgeht. 2. Wissenschaftler auf dem Gebiet der Systematik (2). **sy|ste|ma|tisch** ⟨über *spätlat.* systematicus aus *gr.* systēmatikós „zusammenfassend; ein System bildend"⟩: 1. das System, die Systematik betreffend. 2. in ein System gebracht, ordentlich gegliedert. 3. planmäßig, gezielt, absichtlich; **s. Programmierung:** svw. strukturierte Programmierung. **sy|ste|ma|ti|sie|ren** ⟨zu ↑...isieren⟩: in ein System bringen, systematisch behandeln. **Sy|ste|ma|tis|mus** *der;* - ⟨zu ↑...ismus (1)⟩: (veraltet) planmäßiges wissenschaftliches Anordnen eines Stoffes. **Sy|stem|bio|zi|de** (Plur.) ⟨zu ↑System⟩: Pflanzenschutzmittel, die im Inneren der Pflanze über das Gefäßsystem verteilt werden u. deshalb nicht nur am Ort der Aufnahme wirksam sind. **Sy|stem|bus** *der;* -ses, -se ⟨zu ↑²Bus⟩: Sammelleitung eines Computers, über den der Informations- u. Steuersignalaustausch zwischen dem Mikroprozessor u. den peripheren Schaltungen bzw. Geräten erfolgt (EDV). **Sy|stem|er|kran|kung** *die;* -, -en: Krankheit, die ein ganzes System des Organismus befällt (z. B. das blutbildende System; Med.). **Sy|stem|ge|ne|rie|rung** *die;* -: Anpassung von verschiedenen Betriebssystemkomponenten an ein für einen bestimmten Computer zugeschnittenes Betriebssystem (EDV). **sy|stem|im|ma|nent:** a) einem System innewohnend, in den Rahmen eines Systems (3, 4) gehörend; b) sich [im Denken u. Handeln] innerhalb der Grenzen eines Systems (4) bewegend; angepaßt. **sy|ste|misch:** ein Organsystem od. mehrere Organe in gleicher Weise betreffend od. auf sie wirkend (Biol., Med.); **-e Insektizide:** svw. Systembiozide. **Sy|stem|ka|me|ra** *die;* -, -s: ↑Kamera (1), deren Ausrüstung nach dem Baukastenprinzip ausgewechselt werden kann. **sy|stem|kon|form:** mit einem bestehenden politischen System sich im Einklang befindend, übereinstimmend. **Sy|stem|kri|tik** *die;* -, -en: [öffentliche] Kritik an der wirtschaftlichen, sozialen od. politischen Ordnung eines Systems. **Sy|stem|kri|ti|ker** *der;* -s, -: jmd., der Systemkritik vorbringt. **sy|stem|kri|tisch:** die Systemkritik betreffend. **Sy|stem|my|ko|se** *die;* -, -n: ↑Mykose, die, von einem zunächst lokal umgrenzten Haut- od. Schleimhautbefall ausgehend, innere Organe od. ganze Organsysteme (z. B. den Magen-Darm-Trakt) befällt (Med.). **sy|ste|mo|id** ⟨zu ↑...oid⟩: (fachspr.) einem System ähnlich. **Sy|ste|mo|id** *das;* -[e]s, -e: (fachspr.) systemoides Gebilde. **Sy|stem|soft|ware** [...wɛə] *die;* -: Gesamtheit der Programme einer EDV-Anlage, die vom Hersteller mitgeliefert werden u. die Anlage betriebsbereit machen. **Sy|stem|theo|re|ti|ker** *der;* -s, -: Vertreter der Systemtheorie. **Sy|stem|theo|rie** *die;* -, -n: 1. als Teilgebiet der theoretischen Kybernetik die formale Theorie der Beziehungen zwischen untereinander gekoppelten Systemen. 2. Theorie über die Beeinflußbarkeit der Ausgangsgrößen bestimmter [kybernetischer] Systeme. **sy|stem|theo|re|tisch:** die Systemtheorie betreffend. **Sy|stem|trans|for|ma|ti|on** *die;* -, -en: grundlegende Veränderung eines politischen u. wirtschaftlichen Systems durch revolutionären Umsturz od. durch schrittweise evolutionäre Umgestaltung (Pol., Wirtsch.).
Sy|sto|le [auch 'zystole] *die;* -, ...olen ⟨über *lat.* systole aus *gr.* systolé „das Zusammenziehen, Kürzen" zu systéllein „zusammenziehen"⟩: 1. die der Erweiterung rhythmisch abwechselnde Zusammenziehung des Herzmuskels (Med.). 2. Kürzung eines langen Vokals od. eines Diphthongs aus Verszwang (antike Metrik); Ggs. ↑Diastole. **Sy|sto|li|kum** *das;* -s, ...ka ⟨zu ↑...ikum⟩: Zeitdauer einer Systole (1; Med.). **sy|sto|lisch:** die Systole betreffend
Sy|stro|phe *die;* -, -n ⟨aus *gr.* systrophé „Vereinigung" zu systréphein „zusammenbringen, vereinigen"⟩: Vereinigung der ↑Chloroplasten einer pflanzlichen Zelle in der Zellmitte (bei verletzten Zellen; Biol.).
Sy|zy|gie *die;* -, ...ien ⟨über gleichbed. *lat.* syzygia aus *gr.* syzygía, eigtl. „Zweigespann", zu syzygeĩn „an einem Joch gehen, verbunden sein"⟩: 1. ↑Konjunktion (3) u. ↑Opposition (3) von Sonne u. Mond (Neumond od. Vollmond; Astron.). 2. Verbindung von zwei Versfüßen, Dipodie (antike Metrik). **Sy|zy|gi|um** *das;* -s, ...ien [...jən] ⟨aus *nlat.* syzygium „Verbindung"⟩: svw. Syzygie (1)
Szai|be|ly|it [sai..., auch ...'ıt] *der;* -s, -e ⟨nach dem ungar. Bergbauaufseher S. Szaibely († 1855) u. zu ↑²...it⟩: svw. Ascharit
Sze|nar *das;* -s, -e ⟨aus *spätlat.* scaenarium (vgl. Szenarium), Bed. 2 über *it.* scenario (vgl. Szenario)⟩: 1. svw. Szenarium (1). 2. svw. Szenario (1, 3). **Sze|na|rio** *das;* -s, -s ⟨aus gleichbed. *it.* scenario, dies aus *spätlat.* scaenarium, vgl. Szenarium⟩: 1. szenisch gegliederter Entwurf eines Films (als Entwicklungsstufe zwischen ↑Exposé u. Drehbuch). 2. svw. Szenarium (1). 3. (in der öffentlichen u. industriellen Planung) hypothetische Aufeinanderfolge von Ereignissen, die zur Beachtung kausaler Zusammenhänge konstruiert wird. 4. svw. Szenerie (2). **Sze|na|rist** *der;* -en, -en ⟨zu ↑...ist⟩: jmd., der ein Szenario verfaßt. **Sze|na|ri|um** *das;*

-s, ...ien [...jən] ⟨aus *spätlat.* scaenarium „Ort, wo die Bühne errichtet wird" zu scaenarius „zur Bühne gehörig", dies zu scaena, vgl. Szene⟩: 1. für die Regie u. das technische Personal erstellte Übersicht mit Angaben über Szenenfolge, auftretende Personen usw. (Theater). 2. svw. Szenario (1). 3. svw. Szenario (3). 4. Schauplatz. **Sze|ne** *die;* -, -n ⟨z. T. unter Einfluß von gleichbed. *fr.* scène aus *lat.* scaena, scena „Schaubühne, Schauplatz", dies aus *gr.* skēnḗ (vgl. Skene), Bed. 6 vermutlich unter Einfluß von gleichbed. *engl.-amerik.* scene⟩: 1. svw. Skene. 2. Schauplatz einer [Theater]handlung; Bühne. 3. kleinste Einheit des Dramas od. Films; Auftritt (als Unterabteilung des Aktes). 4. Vorgang, Anblick. 5. Auseinandersetzung; Zank, Vorhaltungen. 6. charakterist. Bereich, Schauplatz, auf dem sich etwas abspielt, Gesamtheit bestimmter [kultureller] Aktivitäten. **...sze|ne** ⟨zu ↑Szene (6)⟩: Wortbildungselement mit der Bedeutung „charakteristischer Bereich für etw. od. jmdn.", z. B. Drogenszene, Politszene; Kunstszene. **Sze|ne|rie** *die;* -, ...ien ⟨zu ↑Szene u. ↑²...ie⟩: 1. das mittels der Dekorationen usw. dargestellte Bühnenbild. 2. Schauplatz, Rahmen von etwas. **sze|nisch** ⟨nach *gr.* skēnikós „zur Szene, Bühne od. zum Theater gehörig"⟩: die Szene (2, 3) betreffend, bühnenmäßig. **Sze|no|graph** *der;* -en, -en ⟨aus *gr.* skēnográphos „Theatermaler"⟩: 1. (veraltet) Filmbildner. 2. jmd., der Dekorationen u. Bauten für Filme entwirft (Berufsbez.). **Sze|no|gra|phie** *die;* -, ...ien ⟨aus *gr.* skēnographía „Kulissenmalerei" zu skēnographeīn „die Bühne ausmalen"⟩: (veraltet) Filmbildnerei, Entwurf u. Ausführung der Dekorationen im Film. **sze|no|gra|phisch** ⟨nach gleichbed. *gr.* skēnographikós⟩: (veraltet) die Szenographie betreffend. **Sze|no|test** *der;* -[e]s, Plur. -e u. -s ⟨zu ↑Szene u. ↑Test⟩: psychologischer Test zur Erhellung der Persönlichkeitsstruktur, bei dem die Testperson mit biegsamen, umformbaren Puppen eine Handlungsszene darstellen soll
Szent [sɛnt] ⟨aus gleichbed. *ungar.* Szent; vgl. Sankt⟩: ungar. Bez. für ↑Sankt (z. B. Szent István „der heilige Stefan")
Szep|ter *das;* -s, - ⟨über *lat.* sceptrum aus *gr.* skēptron, vgl. Zepter⟩: (veraltet) vgl. Zepter
szi|en|ti|fisch [stsiɛn...] ⟨aus gleichbed. *vulgärlat.* scientificus zu *lat.* scientia „Wissen(schaft)", dies zu scire „wissen"⟩: wissenschaftlich. **Szi|en|ti|fis|mus** *der;* - ⟨zu ↑...ismus (2)⟩: svw. Szientismus (1). **Szi|en|tis|mus** *der;* - ⟨zu *lat.* scientia (vgl. szientifisch) u. ↑...ismus (1, 2)⟩: 1. die auf Wissen u. Wissenschaft gegründete Geisteshaltung; Ggs. ↑Fideismus (Philos.). 2. Lehre der ↑Christian Science, nach der Sünde, Tod u. Krankheit Einbildungen sind, die durch das Gebet zu Gott geistig überwunden werden können. **Szi|en|tist** *der;* -en, -en ⟨zu ↑...ist⟩: Anhänger des Szientismus. **szi|en|ti|stisch** ⟨zu ↑...istisch⟩: den Szientismus betreffend
Szil|la *die;* -, ...llen ⟨über *lat.* scilla aus gleichbed. *gr.* skílla⟩: [im Frühjahr blühende] Pflanze mit kleinen, sternförmigen blauen Blüten, Meerzwiebel, Blaustern (Liliengewächs)
Szin|ti|gramm *das;* -s, -e ⟨zu *lat.* scintillare (vgl. szintillieren) u. ↑...gramm⟩: durch die Einwirkung der Strahlung radioaktiver Stoffe auf eine fluoreszierende Schicht erzeugtes Leuchtbild (Med.). **Szin|ti|graph** *der;* -en, -en ⟨zu ↑...graph⟩: Gerät zur Herstellung von Szintigrammen (Med.). **Szin|ti|gra|phie** *die;* -, ...ien ⟨zu ↑...graphie⟩: Untersuchung u. Darstellung innerer Organe mit Hilfe von Szintigrammen (Med.). **Szin|til|la|ti|on** *die;* -, -en ⟨aus *lat.* scintillatio „das Funkeln"⟩: 1. das Sternfunkeln (Astron.). 2. das Entstehen von Lichtblitzen beim Auftreffen radioaktiver Strahlen auf fluoreszierende Stoffe (Phys.). **Szin|til|la|ti|ons|scan|ner** [...skɛnɐ] *der;* -s, -: Gerät, das durch Abtasten eines mit radioaktiven Substanzen angereicherten Organs dieses u. die Aktivitätsverteilung abbildet (Med.). **Szin|til|la|tor** *der;* -s, ...oren ⟨zu ↑...or⟩: Stoff, in dem durch Einwirkung energiereicher Strahlung Lichtblitze erzeugt werden (Phys.). **szin|til|lie|ren** ⟨aus gleichbed. *lat.* scintillare, eigtl. „Funken sprühen", zu scintilla „Funke"⟩: funkeln, leuchten, flimmern (Astron.; Phys.). **Szin|til|lo|me|ter** *das;* -s, - ⟨zu ↑¹...meter⟩: 1. Instrument zur Messung der Zahl der Farbwechsel je Sekunde beim Funkeln eines Sternes (Astron.). 2. Strahlenmesser für die Suche nach uranhaltigem Gestein
szir|rhös ⟨zu ↑Szirrhus u. ↑...ös⟩: derb, schrumpfend (von der Beschaffenheit bösartiger Gewebe; Med.). **Szir|rhus** *der;* - ⟨über *nlat.* scirrhus aus *gr.* skírrhos „Verhärtung"⟩: harte Krebsgeschwulst (Med.)
szis|si|bel ⟨zu *lat.* scissilis „spaltbar" (zu scindere, vgl. Szission) u. ↑...ibel⟩: (veraltet) spaltbar, zerreißbar. **Szis|si|bi|li|tät** *die;* - ⟨zu ↑...ität⟩: (veraltet) Spaltbarkeit, Zerreißbarkeit. **Szis|si|on** *die;* -, -en ⟨aus gleichbed. *spätlat.* scissio zu *lat.* scindere „spalten"⟩: (veraltet) Spaltung. **Szis|sur** *die;* -, -en ⟨aus *lat.* scissura „Spaltung, Teilung; Spalte"⟩: (veraltet) Spalte, Riß
Szyl|la u. Scylla [ˈstsʏla] *die;* - ⟨über *lat.* Scylla aus *gr.* Skýlla, nach dem Namen des sechsköpfigen Seeungeheuers der griech. Mythologie, das in einem Felsenriff in der Straße von Messina gegenüber der Charybdis, einem gefährlichen Meeresstrudel, auf vorbeifahrende Seeleute lauerte⟩; in der Wendung zwischen - und Charybdis: in der Situation, in der nur zwischen zwei Übeln zu wählen ist; in einer ausweglosen Lage

Tab [engl. tæb] *der;* -[e]s, -e u. (bei engl.Ausspr.) *der;* -s, -s ⟨aus gleichbed. *engl.* tab, weitere Herkunft ungeklärt⟩: vorspringender Teil einer Karteikarte zur Kenntlichmachung bestimmter Merkmale

Ta|ba|gie [...'ʒi:] *die;* -, ...ien ⟨aus gleichbed. *fr.* tabagie zu tabac, vgl. Tabak⟩: in früherer Zeit ein Gasthaus, in dem geraucht werden durfte. **Ta̱|bak** [auch 'taː..., bes. österr. ta'bak] *der;* -s, Plur. (Tabaksorten) -e ⟨wohl unter Einfluß von gleichbed. *fr.* tabac aus *span.* tabaco, vielleicht aus einer Indianersprache der Karibik⟩: 1. (ohne Plur.) [zu den Nachtschattengewächsen gehörende] nikotinhaltige Pflanze, deren Blätter zu Zigaretten, Zigarren u. Pfeifentabak verarbeitet werden. 2. das aus den Blättern der Tabakpflanze hergestellte Produkt zum Rauchen. **Ta̱|bak|fa|brik** *die;* -, -en: Fabrik, in der Tabak hergestellt u. verarbeitet wird. **Ta̱|bak|ma|nu|fak|tur** *die;* -, -en: (veraltet) svw. Tabakfabrik. **Ta̱|bak|mo|no|pol** *das;* -s, -e: ↑Monopol (1) des Staates auf Herstellung u. Vertrieb von Tabakwaren. **Ta|ba|klo̱|se** *die;* -, -n ⟨zu ↑¹...ose⟩: Ablagerung von Tabakstaub in der Lunge (Tabakstaublunge; Med.). **Ta̱|bak|re|gie** [...ʒi:] *die;* -: (österr. veraltet, noch ugs.) staatliche Tabakwerke. **Ta̱|bak|tra|fik** *die;* -, -en: (österr.) kleines Geschäft, in dem man Tabakwaren, Briefmarken, Zeitschriften u. ä. kaufen kann. **Ta̱|bak|tra|fi|kant** *der;* -en, -en: (österr.) Inhaber einer Tabaktrafik

Ta|ba̱s|co Ⓦ [...ko] *der;* -s u. **Ta|ba̱s|co|so|ße** *die;* - ⟨nach dem mexik. Bundesstaat Tabasco⟩: aus roten ↑Chilies unter Beigabe von Essig, Salz u. anderen Gewürzen hergestellte, sehr scharfe Würzsoße

Ta|ba|tie̱|re *die;* -, -n ⟨aus gleichbed. *fr.* tabatière (älter tabaquière) zu tabac, vgl. Tabak⟩: 1. (veraltet) Schnupftabakdose. 2. (österr.) a) Schnupftabakdose; b) Zigarettenetui

ta|bel|la̱|risch ⟨zu *lat.* tabellarius „zu den (Stimm)täfelchen o. ä. gehörend", dies zu tabella, vgl. Tabelle⟩: in Form einer Tabelle angeordnet. **ta|bel|la|ri|sie̱|ren** ⟨zu ↑...isieren⟩: etwas übersichtlich in Tabellen anordnen. **Ta|bel|la|ri|sie̱|rung** *die;* -, -en ⟨zu ↑...isierung⟩: das Tabellarisieren, das Tabellarisiertwerden. **Ta|bel|la̱|ri|um** *das;* -s, ...ria ⟨zu *spätlat.* tabellarium, Neutrum von tabellarius, vgl. tabellarisch⟩: aus Tabellen bestehende Zusammenstellung, Übersicht [als Anhang eines Buches]. **Ta|be̱l|le** *die;* -, -n ⟨aus *lat.* tabella „(kleine) Stimm-, Merk-, Rechentafel", Verkleinerungsform von tabula „Brett; (Schreib)tafel"⟩: 1. listenähnliche Zusammenstellung von Zahlenmaterial, Fakten, Namen u. a.; Übersicht, [Zahlen]tafel, Liste. 2. Tabelle (1), die die Rangfolge von Mannschaften, Sportlern entsprechend den von ihnen erzielten Ergebnissen wiedergibt (Sport). **ta|bel|lie̱|ren** ⟨zu ↑...ieren⟩: Angaben auf maschinellem Weg in Tabellenform darstellen. **Ta|bel|lie̱|rer** *der;* -s, -: jmd., der eine Tabelliermaschine bedient. **Ta|bel|lier|ma|schi|ne** *die;* -, -n: im Lochkartensystem eingesetzte Büromaschine, die aus dem zugeführten Kartenmaterial Aufstellungen anfertigt

Ta|ber|na|kel *das,* auch (bes. in der kath. Kirche) *der;* -s, - ⟨aus *mlat.* tabernaculum „Sakramentshäuschen", *lat.* tabernaculum „Zelt, Hütte", Verkleinerungsform von taberna, vgl. Taberne⟩: 1. a) kunstvoll gearbeitetes (im Mittelalter tragbares) festes Gehäuse zur Aufbewahrung der geweihten Hostien auf dem kath. Altar; b) svw. Ziborium (1). 2. Ziergehäuse mit säulengestütztem Spitzdach [für Figuren] (in der Gotik). **Ta|be̱r|ne** *die;* -, -n ⟨aus *lat.* taberna „Hütte, Bude; Wirtshaus"⟩: (veraltet) svw. Taverne

Ta̱|bes *die;* - ⟨aus gleichbed. *lat.* tabes⟩: 1. (veraltet) Auszehrung, Schwindsucht (Med.). 2. Rückenmarksschwindsucht (Med.). **Ta|be̱s|zenz** *die;* -, -en ⟨zu *lat.* tabescere „allmählich vergehen, schwinden"; vgl. ...enz⟩: Abzehrung, Auszehrung (Med.). **Ta|be̱|ti|ker** *der;* -s, - ⟨zu ↑tabetisch⟩: svw. Tabiker. **ta|be̱|tisch** ⟨aus *nlat.* tabeticus zu *lat.* tabidus, vgl. tabisch⟩: svw. tabisch

Ta̱|bi *die* (Plur.) ⟨aus gleichbed. *jap.* tabi⟩: japan. Stoffsocken mit abgeteilter großer Zehe

Ta̱|bi|ker *der;* -s, - ⟨zu ↑tabisch⟩: jmd., der an Rückenmarksschwindsucht erkrankt ist (Med.)

Ta|bi̱s [ta'biː] *der;* - ⟨aus gleichbed. *fr.* tabis, dies über *spätlat.* attabi aus *arab.* 'attābī, wahrscheinlich nach einem Stadtteil von Bagdad, wo der Stoff ursprünglich hergestellt wurde⟩: ein bes. im 18. Jh. in Frankreich bei Bucheinbänden mit Innenkantenvergolden als Vorsatzbezug verwendeter, nur am Rand festgeklebter feiner Seidenstoff

ta̱|bisch ⟨nach *lat.* tabidus „schwindend; auszehrend"⟩: a) an Rückenmarksschwindsucht leidend; b) die Rückenmarksschwindsucht betreffend (Med.)

Ta̱|blar *das;* -s, -e ⟨aus gleichbed. *fr. mdal.* tablar, dies über *vulgärlat.* tabularium „Brettergestell" aus *lat.* tabula, vgl. Tabelle⟩: (schweiz.) Regalbrett. **Ta|bleau** [ta'bloː] *das;* -s, -s ⟨aus gleichbed. *fr.* tableau zu table „Tisch; Tafel; Brett", dies aus *lat.* tabula, vgl. Tabelle⟩: 1. wirkungsvoll gruppiertes Bild [im Schauspiel] (Theat.). 2. (veraltet) Gemälde. 3. (österr.) a) übersichtliche Zusammenstellung von einzelnen Tafeln, die einen Vorgang darstellen; b) Tafel im Flur eines Mietshauses, auf der die Namen der Mieter verzeichnet sind. 4. Zusammenstellung von im gleichen Maßstab angefertigten Vorlagen für eine Gesamtaufnahme in der Reproduktionstechnik. **Ta|bleau!**: (veraltet ugs.) Ausruf der Überraschung: da haben wir die Bescherung! **Ta|bleau éco|no|mique** [tabloekɔnɔ'mik] *das;* - -, -x -s [tablozekɔnɔ'mik] ⟨aus gleichbed. *fr.* tableau économique⟩: bildliche Darstellung des volkswirtschaftlichen Kreislaufs nach dem franz. Nationalökonomen Quesnay (1694 bis 1774). **Ta|bleau vi|vant** [tabloviˈvãː] *das;* -s -s [tabloviˈvãː], -x -s [tabloviˈvãː] (meist Plur.) ⟨aus gleichbed. *fr.* tableau vivant⟩: (veraltet) lebendes Bild, von Personen dargestellte Szene. **Ta|ble d'hôte** [tablə'doːt] *die;* - - ⟨aus gleichbed. *fr.* table d'hôte⟩: (veraltet) [gemeinsame] Speisetafel in einem Gasthaus, Hotel o. ä. **Ta|ble|top** ['teɪbltɔp] *das;* -s, -s ⟨aus *engl.* tabletop „Tischplatte"⟩: Anordnung verschiedener

Gegenstände, die stillebenähnlich fotografiert od. als Trickfilm aufgenommen werden. **Ta|blett** [ta...] *das;* -[e]s, Plur. -s, auch -e ⟨aus gleichbed. *fr.* tablette, Verkleinerungsform von table, vgl. Tableau⟩: Servierbrett. **Ta|blette** *die;* -, -n ⟨aus gleichbed. *fr.* tablette, identisch mit tablette, vgl. Tablett⟩: ein unter hohem Druck in eine [meist runde] flachzylindrische Form gepreßtes Arzneimittel zum Einnehmen. **Ta|blet|te|rie** *die;* -, ...ien ⟨aus gleichbed. *fr.* tabletterie⟩: (veraltet) Täfelwerk; Kunsttischlerartikel. **Ta|blet|tier** [...'tie:] *der;* -s, -s ⟨aus gleichbed. *fr.* tabletier⟩: (veraltet) Kunsttischler. **ta|blet|tie|ren** ⟨zu ↑Tablette u. ↑...ieren⟩: etwas in Tablettenform bringen. **ta|blie|ren** ⟨nach *fr.* tabler „(an)setzen"⟩: für Konserven od. Bonbons bestimmten siedenden Zucker umrühren. **Ta|bli|num** *das;* -s, ...na ⟨aus gleichbed. *lat.* tab(u)linum⟩: getäfelter Hauptraum des altröm. Hauses

Ta|bo|pa|ra|ly|se *die;* - ⟨zu *lat.* tabes (vgl. Tabes) u. ↑Paralyse⟩: mit fortschreitender ↑Paralyse verbundene Rückenmarkschwindsucht (Med.). **Ta|bo|pho|bie** *die;* -, ...ien ⟨zu ↑...phobie⟩: krankhafte Angst, an Rückenmarksschwindsucht zu erkranken od. erkrankt zu sein (Med.).

Ta|bor *der;* -s, -s ⟨über das Slaw. aus *turkotat.* tábor, eigtl. „Feldlager, Heerhaufen"⟩: 1. tschech. Bez. für Volksversammlung. 2. alte russ. Bez. für Zigeunerlager

Ta|bo|rit *der;* -en, -en ⟨nach der von den Hussiten gegründeten Siedlung Tabor in Südböhmen u. zu ↑³...it⟩: Angehöriger einer radikalen Gruppe der ↑Hussiten (15. Jh.)

Ta|bor|licht *das;* -[e]s ⟨nach der Verklärung Jesu auf dem Berg Tabor, Matth. 17, 2⟩: das Gott umgebende ungeschaffene Licht in der Mystik der orthodoxen Kirche; vgl. Hesychasmus

Ta|bou|ret [tabu'rɛ] *der;* -s, -s [...'rɛ(s)] ⟨aus *fr.* tabouret, vgl. Taburett⟩: svw. Taburett

Tä|bris *der;* -, - ⟨nach der iran. Stadt Täbris⟩: feiner, kurzgeschorener Teppich aus Wolle od. Seide, meist mit Medaillonmusterung

ta|bu ⟨aus gleichbed. *engl.* taboo, tabu, dies aus *Tonga* (einer polynes. Sprache) tabu, tapu, wohl „geheiligt"⟩: unverletzlich, unantastbar; das ist -: davon darf nicht gesprochen werden. **Ta|bu** *das;* -s, -s: 1. bei Naturvölkern die zeitweilige od. dauernde Heiligung eines mit ↑Mana erfüllten Menschen od. Gegenstandes mit dem Verbot, ihn anzurühren (Völkerk.). 2. etwas, das sich dem [sprachlichen] Zugriff aus Gründen moralischer, religiöser od. konventioneller Scheu entzieht; sittliche, konventionelle Schranke. **ta|bu|ie|ren** ⟨zu ↑...ieren⟩: svw. tabuisieren. **Ta|bu|ie|rung** *die;* -, -en ⟨zu ↑...ierung⟩: svw. Tabuisierung. **Ta|bui|sie|ren** ⟨zu ↑...isieren⟩: etwas für tabu erklären. **Ta|bui|sie|rung** *die;* -, -en ⟨zu ↑...isierung⟩: das Totschweigen, das Zu-einem-Tabu-Erklären eines Bereichs od. eines Problems. **ta|bui|stisch** ⟨zu ↑...istisch⟩: das Tabu betreffend, in der Art eines Tabus beschaffen

Ta|bu|la gra|tu|la|to|ria *die;* - -, ...lae -iae [...lɛ ...riɛ] ⟨nach gleichbed. *(n)lat.* tabula gratulatoria⟩: Gratulantenliste (in Fest-, Jubiläumsschriften o. ä.). **Ta|bu|la ra|sa** *die;* - - ⟨z. T. unter fr. u. engl. Einfluß aus *mlat.* tabula rasa „abgeschabte (u. wieder beschreibbare) Schreibtafel" zu *lat.* tabula (vgl. Tabelle) u. rasa, Part. Perf. (Fem.) von radere, vgl. rasieren⟩: 1. Zustand der Seele [bei der Geburt des Menschen], in dem sie noch keine Eindrücke von außen empfangen u. keine Vorstellungen entwickelt hat (Philos.). 2. a) (in der Antike) wachsüberzogene Schreibtafel, auf der die Schrift wieder vollständig gelöscht war; b) unbeschriebenes Blatt; tabula rasa machen: reinen Tisch machen, energisch, rücksichtslos Ordnung, Klarheit schaffen.

Ta|bu|la|ri|um *das;* -s, ...ien [...jən] ⟨aus *lat.* tabularium „Archiv, Urkundensammlung" zu tabula, vgl. Tabelle⟩: in altröm. Städten ein Gebäude zur Aufbewahrung von Urkunden. **Ta|bu|la|ten** *die* (Plur.) ⟨aus gleichbed. *nlat.* tabulata, Neutrum Plur. von *lat.* tabulatus „gefaltet"⟩: ausgestorbene Korallen mit quergefächerten Röhren. **Ta|bu|la|tor** *der;* -s, ...oren ⟨wohl aus gleichbed. *engl.* tabulator zu *lat.* tabula (vgl. Tabelle) u. ↑...or⟩: zum Tabellenschreiben bestimmte Vorrichtung an Schreib-, Rechen- u. Buchungsmaschinen. **Ta|bu|la|tur** *die;* -, -en ⟨aus *nlat.* tabulatura zu *lat.* tabula (vgl. Tabelle) u. ↑...ur⟩: 1. Tafel mit den Meistersingerregeln (Mus.). 2. Notierungsweise für Instrumente, auf denen mehrstimmig gespielt wird (vom 14. bis 18. Jh.; Mus.). **Ta|bu|lett** *das;* -[e]s, -e ⟨aus *mlat.* tabuleta „Tischchen", Verkleinerungsform von *lat.* tabula, vgl. Tabelle⟩: (veraltet) Rückentrage, leichter Bretterkasten mit Fächern

Ta|bu|rett *das;* -[e]s, -e ⟨aus gleichbed. *fr.* tabouret, eigtl. „kleine Trommel", zu *altfr.* tabour „Trommel"⟩: (veraltet, aber noch schweiz.) Hocker

Ta|bu|wort *das;* -[e]s, ...wörter ⟨zu ↑tabu⟩: ein Wort, dessen außersprachliche Entsprechung für den Menschen eine Bedrohung darstellt u. das deswegen durch eine verhüllende Bezeichnung ersetzt wird (z. B. *der Leibhaftige, der Böse* an Stelle von *Teufel;* Sprachw.)

TACAN ['tækæn] *das;* -[s] ⟨Kurzw. aus *engl.* tactical air navigation (system) „taktische(s) Flugnavigation(ssystem)"⟩: ein in der militärischen Luftfahrt verwendetes Funknavigationsverfahren

ta|cet ['ta:tsɛt] ⟨*lat.;* „(es) schweigt", 3. Pers. Sing. Präs. von tacere „(ver)schweigen"⟩: Angabe, daß ein Instrument od. eine Stimme auf längere Zeit zu pausieren hat (Mus.). **ta|ci|turn** [...ts...] ⟨aus gleichbed. *lat.* taciturnus zu tacere, vgl. tacet⟩: (veraltet) schweigsam, wortkarg. **Ta|ci|tur|ni|tät** *die;* - ⟨aus gleichbed. *lat.* taciturnitas, Gen. taciturnitatis⟩: (veraltet) Schweigsamkeit, Wortkargheit. **ta|ci|tus con|sen|sus** [- kɔn...] ⟨*lat.*⟩: schweigende Zustimmung

Ta|che|les ⟨aus *jidd.* táchleß „Zweck, Ziel", dies aus *hebr.* taklît⟩; in der Wendung - reden: (ugs.) a) mit jmdm. rückhaltlos offen reden; b) jmdm. unverblümt die Meinung sagen

Taches bleues [taʃ'blø:] *die* (Plur.) ⟨aus *fr.* taches bleues „blaue Flecke" zu tache „Fleck" u. bleu „blau"⟩: blaue Flecke, die an Stichstellen von Filzläusen auftreten (Med.). **Taches noires** [...'nŏa:ʀ] *die* (Plur.) ⟨zu *fr.* noir „schwarz"⟩: kleine, mit einer schwarzen Kruste bedeckte Geschwüre, die von einem roten Hof umgeben sind (bes. beim Zeckenbiß; Med.)

Ta|chi|na *die;* -, ...nen ⟨aus gleichbed. *nlat.* tachina, dies zu *gr.* tachinós, tachýs „schnell"⟩: Gattung der Raupenfliegen, deren Larven in Raupen u. Puppen von Schmetterlingen schmarotzen

ta|chi|nie|ren ⟨Herkunft unsicher⟩: (österr. ugs.) [während der Arbeitszeit] untätig herumstehen, faulenzen. **Ta|chi|nie|rer** *der;* -s, -: (österr. ugs.) Faulenzer, Drückeberger

ta|chi|niert ⟨zu ↑Tachina u. ↑...iert⟩: mit Eiern bzw. Larven von Raupenfliegen belegt (z. B. Schmetterlingslarven od. -puppen; Zool.)

Ta|chis|mus [...ʃ...] *der;* - ⟨aus gleichbed. *fr.* tachisme zu tache „(Farb)fleck"; vgl. ...ismus (1)⟩: moderne Richtung der abstrakten Malerei, die Empfindungen durch spontanes Auftragen von Farbflecken auf die Leinwand auszudrücken sucht. **Ta|chist** *der;* -en, -en ⟨aus gleichbed. *fr.* tachiste⟩: Vertreter des Tachismus. **ta|chi|stisch** ⟨zu ↑...istisch⟩: im Stil des Tachismus

Tachistoskop

Ta|chi|sto|skop *das;* -s, -e ⟨zu *gr.* táchistos, Superlativ von tachýs (vgl. tachy...) u. ↑...skop⟩: Apparat zur Vorführung optischer Reize in Zusammenhang mit Aufmerksamkeitstests bei psychologischen Untersuchungen. **Ta|cho** *der;* -s, -s: (ugs.) Kurzform von Tachometer (2). **ta|cho..., Ta|cho...** ⟨aus *gr.* táchos „Geschwindigkeit"⟩: Wortbildungselement mit der Bedeutung „schnell; Geschwindigkeits-", z. B. Tachometer; vgl. tachy..., Tachy... **Ta|cho|graph** *der;* -en, -en ⟨zu ↑...graph⟩: Gerät zum Aufzeichnen von Geschwindigkeiten, Fahrtschreiber. **Ta|cho|me|ter** *der, auch das;* -s, - ⟨zu ↑¹...meter⟩: 1. Instrument an Maschinen zur Messung der Augenblicksdrehzahl, auch mit Stundengeschwindigkeitsanzeige. 2. [mit einem Kilometerzähler verbundener] Geschwindigkeitsmesser bei Fahrzeugen

Tach|ti|gers *die* (Plur.) ⟨aus *niederl.* tachtigers „die Achtziger" zu tachtig „achtzig"⟩: Gruppe von Dichtern u. Schriftstellern, die ab 1880 die niederl. Literatur von Grund auf erneuerten

ta|chy..., Ta|chy... ⟨zu *gr.* tachýs „schnell"⟩: Wortbildungselement mit der Bedeutung „schnell; Geschwindigkeits-", z. B. Tachygraphie; vgl. tacho..., Tacho... **Ta|chy|graph** *der;* -en, -en ⟨zu *spätgr.* tachygráphos „schnell schreibend"⟩: 1. im Altertum Schreiber, der die Tachygraphie beherrschte. 2. svw. Tachograph. **Ta|chy|gra|phie** *die;* -, ...ien ⟨zu *spätgr.* tachygrapheīn „schnell schreiben"⟩; vgl. ...graphie⟩: Kurzschriftsystem des Altertums. **ta|chy|gra|phisch:** die Tachygraphie betreffend, mit ihrer Hilfe geschrieben. **Ta|chy|hy|drit** [auch ...'drɪt] *der;* -s, -e ⟨zu ↑tachy..., *gr.* hýdōr „Wasser" u. ↑²...it⟩: ein wachs- bis honiggelbes derbes Mineral. **Ta|chy|kar|die** *die;* -, ...ien ⟨zu ↑ Kardia u. ↑²...ie⟩: stark beschleunigte Herztätigkeit, Herzjagen (Med.). **Ta|chy|lit** [auch ...'lɪt] vgl. Tachylyt. **Ta|chy|lyt**, auch Tachylit [auch ...'lɪt] *der;* Gen. -s u. -en, Plur. -e[n] ⟨zu *gr.* lytós „löslich, gelöst", dies zu lýein „(auf)lösen"⟩: pechsteinartiges vulkanisches Glas in Basalten. **Ta|chy|me|ter** *das;* -s, - ⟨zu ↑¹...meter⟩: Instrument zur geodätischen Schnellmessung, das neben Vertikal- u. Horizontalwinkeln auch Entfernungen mißt. **Ta|chy|me|trie** *die;* - ⟨zu ↑...metrie⟩: Verfahren zur schnellen Geländeaufnahme durch gleichzeitige Entfernungs- u. Höhenmessung mit Hilfe des Tachymeters. **ta|chy|me|trie|ren** ⟨zu ↑...ieren⟩: mit dem Tachymeter arbeiten. **Ta|chy|on** *das;* -s, -en ⟨zu *gr.* tachýs (vgl. tachy...) u. ↑⁴...on⟩: Elementarteilchen, das angeblich Überlichtgeschwindigkeit besitzt (Phys.). **Ta|chy|pha|gie** *die;* - ⟨zu ↑tachy... u. ↑...phagie⟩: hastiges Essen (Med.). **Ta|chy|phy|la|xie** *die;* -, ...ien ⟨zu *gr.* phýlaxis „Bewachung; Beschützung" u. ↑²...ie⟩: nachlassendes, durch Steigerung der Dosis nicht ausgleichbares Reagieren des Organismus auf wiederholt verabreichte Arzneimittel (Med.). **Ta|chy|pnoe** *die;* - ⟨aus *gr.* tachýpnoia „schnelles Atmen"⟩: beschleunigte Atmung; Kurzatmigkeit (Med.). **Ta|chy|seis|misch** ⟨zu ↑tachy...⟩: schnell bebend (Erdbebenkunde). **Ta|chy|syn|ethie** *die;* -, ...ien ⟨zu *gr.* synḗtheia „Angewöhnung"⟩: sehr rasche Gewöhnung des Organismus an ein toxisches Heilmittel (Med.). **Ta|chy|urie** *die;* -, ...ien ⟨zu ↑...urie⟩: krankhaft beschleunigte Ausscheidung von Harn (z. B. nach Aufnahme größerer Flüssigkeitsmengen; Med.)

Ta|cker¹ *der;* -s, - ⟨zu *engl.* to tack „heften, nageln"⟩: Handwerkzeug zum Einschlagen U-förmiger Metallklammern

Tack|ling ['tæk...] *das;* -s, -s ⟨aus *engl.* tackling „das Angreifen" zu to tackle „angehen, angreifen"⟩: 1. Kurzform von ↑Sliding-tackling. 2. das Zubodenwerfen des balltragenden Gegenspielers (als erlaubte Abwehrhandlung im Football 2)

Tacks [taks] vgl. Täcks. **Täcks** u. Täks, auch, bes. österr. **Tacks** *der;* -es, -e ⟨aus *engl.* tacks, Plur. von tack „kleiner Nagel", weitere Herkunft unsicher⟩: kleiner keilförmiger Nagel zur Verbindung von Oberleder u. Brandsohle (Schuhherstellung)

Ta|co|ni|te [tako..., auch ...'nɪtə] *die* (Plur.) ⟨nach den Taconic Mountains der nördlichen Appalachen u. zu ↑²...it⟩: aus dem Präkambrium stammende metamorphe gebänderte Eisenquarzite

Tac|tus ['tak...] *der;* - ⟨aus *lat.* tactus „Gefühlssinn", eigtl. „das Berühren", Part. Perf. von tangere „berühren"⟩: Fähigkeit des Organismus, Berührungsreize über die Tastkörperchen aufzunehmen, Tastsinn (Med.)

Tae|kwon|do [tɛ...] *das;* - ⟨aus *korean.* taekwondo zu tae „Fuß(technik)", kwon „Hand(technik)" u. do „hervorragender Weg"⟩: korean. Zweikampfsportart auf der Basis von Fuß- u. Handtechniken, eine Abart des Karate

Tael [tɛːl, teːl] *das;* -s, -s (aber: 5 Tael) ⟨über *port.* tael aus *malai.* ta(h)il „Gewicht", wohl aus dem Sanskr.⟩: 1. ein ehemaliges asiat. Handelsgewicht. 2. eine alte chin. Münzeinheit

Tae|nia ['tɛː...] vgl. ¹Tänie

Taf vgl. Tef

Taf|fet *der;* -[e]s, -e ⟨aus gleichbed. *it.* taffettà⟩: (veraltet) svw. Taft

Taf|fia *die;* - ⟨aus gleichbed. *fr.* tafia, dies zu *malai.* ratafia⟩: aus Zuckerrohrsaft gewonnener Würzbranntwein

Ta|fo|ni *die* (Plur.) ⟨vermutlich aus einer vorroman. Sprache Korsikas⟩: durch natürliche Verwitterungsvorgänge entstandene, unregelmäßige Hohlräume in Gesteinen bis Zimmergröße, die in wechselfeuchtem Klima mit mehrmonatiger Trockenperiode (Geomorphologie)

Taf|sir vgl. Tefsir

Taft *der;* -[e]s, -e ⟨aus gleichbed. *it.* taffettà, dies zu *pers.* tāfta „glänzendes Gewebe"⟩: a) dichtes, feinfädiges [Kunst]seidengewebe in Leinwandbindung; b) ein Futterstoff. **taf|ten:** aus Taft

Tag [tæg] *der;* -, -s ⟨aus gleichbed. *engl.-amerik.* tag, eigtl. „Abschluß, Anhängsel"⟩: [improvisierte] Schlußformel bei Jazzstücken

Ta|ge|tes *die;* - ⟨wohl nach Tages (Gen. Tagetis), dem Namen einer etrusk. Gottheit⟩: eine stark duftende Zierpflanze mit gelben bis braunen Blütenköpfen (Korbblütler); Studentenblume

Ta|glia|ta [tal'jaːta] *die;* -, -s ⟨aus *it.* tagliata „das (Ab)schneiden" zu tagliare „abschneiden, -biegen", dies aus *spätlat.* taliare „spalten, zerlegen" zu *lat.* talea „abgeschnittenes Stück"⟩: ein bestimmter Fechthieb (Sport). **Ta|glia|tel|le** [talja...] u. **Ta|glia|ti** *die* (Plur.) ⟨aus gleichbed. *it.* tagliatelli (Plur.), tagliati (Plur.) eigtl. „die (Ab)geschnittenen"⟩: ital. Bandnudeln

Tag|ma *das;* -s, ...ta ⟨aus *gr.* tágma „(An)geordnetes" zu tássein „aufstellen, ordnen"⟩: 1. kleinste Einheit sprachlicher Substanz in der Tagmemik (Sprachw.). 2. morphologisch abgegrenzter Körperabschnitt bei Gliedertieren (Zool.). **Tag|mem** *das;* -s, -e ⟨aus gleichbed. *engl.* tagmeme, dies zu *gr.* tágma; vgl. Tagma u. ...em⟩: kleinste, bedeutungstragende Einheit der grammatischen Form (die aus einem od. mehreren ↑ Taxemen besteht), Zuordnungseinheit in der Tagmemik (Sprachw.). **Tag|me|mik** *die;* - ⟨nach gleichbed. *engl.* tagmemics⟩: linguistische Theorie auf syntaktischer Ebene (Sprachw.)

Ta|gu|an *der;* -s, -e ⟨aus dem Westindones.⟩: vor allem in Ostindien lebendes Flughörnchen, überwiegend nachtaktiver, ausgezeichnet kletternder Baumbewohner

Tahr u. **Thar** *der;* -s, -s ⟨aus gleichbed. *nepales.* thār⟩: in den Gebirgen Süd- u. Südwestasiens lebende Halbziege

Tai-chi [...çi:] *das;* -[s] ⟨aus dem Chines.⟩: ein chines. Körpertraining zur Körpererfahrung u. Entspannung, Schattenboxen

Tai|fun *der;* -s, -e ⟨aus gleichbed. *engl.* typhoon, dies aus *chin.* (kantonesisch) taifung zu tai „groß" u. fung „Wind", vermischt mit *engl.* typhon „Wirbelwind", dies über *lat.* typhon aus *gr.* typhôn⟩: trop. Wirbelsturm [in Südostasien]

Tai|ga *die;* - ⟨aus gleichbed. *russ.* tajga, wohl aus dem Mong.⟩: Wald- u. Sumpflandschaft bes. in Sibirien

Tai-ki *das;* - ⟨aus gleichbed. *chin.* tai-ki, eigtl. „großer Anfang"⟩: der große Uranfang in der chin. Philosophie, die Vereinigung des männlichen u. weiblichen Prinzips; vgl. Yang u. Yin

Tail|gate ['teɪlgeɪt] *der;* -[s] ⟨aus gleichbed. *engl.-amerik.* tailgate, eigtl. „Ladeklappe"; bei Umzügen saß der Posaunist einer Band auf der Ladeklappe des Fahrzeugs, weil er so ohne Behinderung den Zug der Posaune bedienen konnte⟩: Posaunenstil in ↑New-Orleans-Jazz

Tai|lings ['teɪ...] *die* (Plur.) ⟨aus *engl.* tailings „Abfälle, Rückstände"⟩: Abgänge von den Konzentraten, die noch verwertbare Metalle enthalten (Techn.)

Tail|le ['taljə, österr. 'taɪljə] *die;* -, -n ⟨aus *fr.* taille, urspr. „(Körper)schnitt, Wuchs" zu tailler „(zer)schneiden", dies aus *spätlat.* taliare (vgl. Tagliata), Bed. 3 aus *fr.* taille, diese Mittellage „trennt" die höheren von den tieferen Lagen, Bed. 2 u. 4. aus *fr.* taille, eigtl. „Zuteilung"⟩: 1. a) oberhalb der Hüfte schmaler werdende Stelle des menschlichen Körpers; Gürtellinie; b) (ugs.) Gürtelweite; c) (veraltet) enganliegendes [auf Stäbchen gearbeitetes] Kleideroberteil; per -: (landsch.) ohne Mantel (weil das Wetter es erlaubt). 2. a) (früher) Vasallensteuer in England u. Frankreich; b) bis 1789 in Frankreich eine Staatssteuer. 3. tiefere Tenorlage bei Instrumenten (z. B. Bratsche; Musik). 4. das Aufdecken der Blätter für Gewinn oder Verlust (Kartenspiel). **tail|len|be|tont:** durch den Schnitt die Taille (1 a) betonend, hervorhebend (von Kleidungsstücken). **¹Tailleur** [ta'jø:ɐ̯] *der;* -s, -s ⟨aus *fr.* tailleur zu taille, vgl. Taille⟩: franz. Bez. für Schneider. **²Tail|leur** *das;* -s, -s ⟨aus gleichbed. *fr.* (costume) tailleur, vgl. ¹Tailleur⟩: (schweiz.) enganliegendes Schneiderkostüm, Jackenkleid. **³Tail|leur** *der;* -s, -e ⟨zu ↑¹Tailleur⟩: Bankhalter bei (Karten)glücksspielen. **tail|lie|ren** [ta'ji:...] ⟨aus gleichbed. *fr.* tailler, vgl. Taille⟩: 1. ein Kleidungsstück auf Taille arbeiten. 2. die Karten aufdecken (Kartenspiel); vgl. Taille (4). **Tai|lor** ['teɪlə] *der;* -s, -s ⟨aus *engl.* tailor, dies aus *altfr.* tailleor zu tailler, vgl. Taille⟩: engl. Bez. für Schneider. **tai|lor|made** ['teɪləmeɪd] ⟨aus gleichbed. *engl.* tailormade zu tailor (vgl. Tailor) u. made „hergestellt", dies zu to make „machen, herstellen"⟩: vom Schneider gearbeitet (von Kleidungsstücken). **Tai|lor|made** *das;* -, -s: Schneiderkleid, -kostüm

Tai|pan *der;* -s, -s ⟨aus einer austr. Eingeborenensprache⟩: größte u. gefährlichste Giftnatter Australiens

Tai|ping *das;* -[s] ⟨zu *chin.* taiping „friedlich"⟩: nach chines. Auffassung Idealzustand, in dem die Kräfte des Universums sowie alle Schichten der Gesellschaft in vollendeter Weise zusammenwirken

Ta|ka|he *die;* -, -n ⟨aus dem Maori⟩: flugunfähige, gänsegroße Ralle Neuseelands

Ta|ka|ma|hak *der;* -[s] ⟨über gleichbed. *span.* tacamahaca, tacamaca aus *aztek. (Nahuatl)* tecamaca⟩: aus dem Schönblatt, einem trop. Baum, gewonnenes, wohlriechendes Harz

Take [te:k, engl. teɪk] *der* od. *das;* -s, -s ⟨aus gleichbed. *engl.* take zu to take „ein-, aufnehmen"⟩: 1. a) Abschnitt, Teil einer Filmszene, die in einem Stück gedreht wird; b) zur wiederholten Abspielung (z. B. für die Synchronisation) zusammengeklebter Filmstreifen. 2. (Jargon) Zug aus einer Haschisch- od. Marihuanazigarette

Ta|ke|la|ge [...ʒə] *die;* -, -n ⟨mit französierender Endung zu *mittelniederd.* takel „(Schiffs)ausrüstung"; vgl. ...age⟩: Segelausrüstung eines Schiffes, Takelwerk

Take-off [teɪk-'ɔf] *das* u. *der;* -s, -s ⟨aus gleichbed. *engl.* take-off zu to take off „wegnehmen, -bringen"⟩: 1. Start (einer Rakete, eines Flugzeugs). 2. Start, Beginn, Durchbruch; wirtschaftliches Wachstum. **Take-over** [...'ouvə] *das;* -s, -s ⟨aus *engl.* take-over „Übernahme" zu to take over „übernehmen"⟩: gewinnbringende Übernahme von Aktiengesellschaften, deren Papiere an der Börse unterbewertet wurden (Wirtsch.)

Ta|kin *der;* -s, -s ⟨aus dem Tibet.⟩: in kleinen Herden lebender rinderartiger Wiederkäuer im ostasiat. Hochgebirge

Täks vgl. Täcks

Tak|sim *der;* -s, -e ⟨aus *arab.* tagsīm „(Auf)teilung"⟩: solistisch improvisierende Einleitung der Vokalformen der arab. Musik

¹Takt *der;* -[e]s, -e ⟨zu *lat.* tactus „das Berühren; das Spüren, Gefühl(ssinn)", substantiviertes Part. Perf. von tangere „berühren"⟩: 1. durch Taktstriche gekennzeichnete festgelegte Einheit im Aufbau eines Musikstücks, das abgemessene Zeitmaß einer rhythmischen Bewegung (Mus.). 2. von Hebung zu Hebung gemessene rhythmische Einheit im Vers (Metrik). 3. einer von mehreren Arbeitsgängen von Motoren od. Maschinen (Techn.). 4. Arbeitsabschnitt bei Fließbandfertigung od. in der Automation (Techn.). 5. Signal, das zwei verschiedene Werte annehmen kann u. in regelmäßigen Zeitabständen seinen Wert ändert (Informatik). **²Takt** *der;* -[e]s -e ⟨aus gleichbed. *fr.* tact, dies aus *lat.* tactus zu tangere, vgl. ¹Takt⟩: Gefühl für Schicklichkeit u. Anstand, Feingefühl; Lebensart; Zurückhaltung. **Takt|fi|gur** *die;* -, -en ⟨zu ↑¹Takt⟩: durch Bewegungen der Hände od. des Taktstockes beschriebene Figur, mit der der Dirigent die einzelnen Zählzeiten des Taktes angibt. **¹tak|tie|ren** ⟨zu ↑¹Takt u. ↑...ieren⟩: den Takt angeben, schlagen

²tak|tie|ren ⟨zu ↑Taktik u. ↑...ieren⟩: in einer bestimmten Weise taktisch vorgehen, sich taktisch klug verhalten. **Tak|tie|rer** *der;* -s, -: jmd., der ²taktiert. **Tak|tik** *die;* -, -en ⟨aus gleichbed. *fr.* tactique, dies aus *gr.* taktikḗ (téchnē), eigtl. „Kunst der Anordnung u. Aufstellung"⟩: 1. Praxis der geschickten Kampf- od. Truppenführung (Mil.). 2. auf genauen Überlegungen basierende, von bestimmten Erwägungen bestimmte Art u. Weise des Vorgehens, berechnendes, zweckbestimmtes Verhalten. **Tak|ti|ker** *der;* -s, -: jmd., der eine Situation planmäßig und klug berechnend zu seinem Vorteil zu nutzen versteht

tak|til ⟨aus *lat.* tactilis „berührbar" zu tactus, vgl. ¹Takt⟩: das Tasten, den Tastsinn betreffend (Med.). **Tak|ti|on** *die;* -, -en ⟨aus gleichbed. *lat.* tactio⟩: Berührung. **Tak|ti|ons|pro|blem** *das;* -s: svw. apollinisches Problem

tak|tisch ⟨zu ↑Taktik⟩: a) die Taktik betreffend; b) geschickt u. planvoll vorgehend, auf einer bestimmten Taktik beruhend; -e Waffen: Waffen von geringerer Sprengkraft u. Reichweite, die zum Einsatz gegen feindliche Streitkräfte u. deren Einrichtungen bestimmt sind; vgl. strategische Waffen; -e Zeichen: Zeichen [auf Karten], die auf militärische Einrichtungen hinweisen. **Tak|ti|zi|tät** *die;* - ⟨zu ↑Taktik u. ↑...izität⟩: sich in bestimmten Intervallen wiederholende Anordnung der Seitenketten eines ↑Polymers (Chem.)

Ta|kyr ['taːkyr] *der;* -s, -e [taˈkyːrə] (meist Plur.) ⟨aus dem Turkmen.⟩: Salztonebene im Südwesten von Turkmenien

Tal|al|gie *die;* -, ...ien ⟨zu *lat.* talus (vgl. Talus) u. ↑...algie⟩: Fersenschmerz (Med.). **Ta|lar** *der;* -s, -e ⟨aus gleichbed. *it.* talare, dies aus *lat.* talaris (vestis) „knöchellanges (Gewand)" zu talus, vgl. Talus⟩: bis zu den Knöcheln reichendes weites schwarzes Amts- od. Festgewand (z. B. des Richters od. Hochschullehrers)

Tal|la|yots [...ˈjɔts] *die* (Plur.) ⟨zu *katalan.* talaiot „Megalithbau", dies aus dem Arab.⟩: steinerne Wohn- od. Grabbauten auf den Balearen (Bronzezeit u. frühe Eisenzeit)

Tal|bo|ty|pie *die;* - ⟨nach dem engl. Physiker W. H. F. Talbot (1800–1877) u. zu ↑...typie⟩: erstes fotografisches Negativ-Positiv-Verfahren für Lichtbilder

Ta|lent *das;* -[e]s, -e ⟨aus *mlat.* talentum „Gabe, Begabung" (als von Gott anvertrautes Gut) zu *lat.* talentum „eine bestimmte Geldsumme", dies aus *gr.* tálanton „Waage; das Gewogene", eigtl. „eine Gewichts- u. Geldeinheit"⟩: 1. a) Anlage zu überdurchschnittlichen geistigen od. körperlichen Fähigkeiten auf einem bestimmten Gebiet, angeborene besondere Begabung; b) jmd., der über eine besondere Begabung auf einem bestimmten Gebiet verfügt. 2. altgriech. Gewichts- u. Geldeinheit. **ta|len|tiert** ⟨zu ↑...iert⟩: begabt, geschickt

tal|le qual|le ⟨*lat.;* „so wie"⟩: so, wie es ist (Bez. für die Qualität einer Ware)

Ta|li: Plur. von ↑ Talus

Ta|li|on *die;* -, -en ⟨aus gleichbed. *lat.* talio⟩: die Vergeltung von Gleichem mit Gleichem (umstrittener mittelalterlicher, im Volksbewußtsein z. T. noch nachwirkender Strafrechtsgrundsatz, der die Todesstrafe für Mord fordert; Rechtsw.). **ta|lio|nisch**: (veraltet) wiedervergeltend, Gleiches mit Gleichem vergeltend (Rechtsw.)

Ta|li|pes [...peːs] *der;* - ⟨zu *lat.* talus (vgl. Talus) u. pes „Fuß"⟩: Klumpfuß, angeborene Anomalie des Fußes (Med.). **Ta|li|po|ma|nus** *die;* - ⟨Mischbildung zu ↑ Talipes u. *lat.* manus „Hand"⟩: Klumphand, meist angeborene Deformierung der Hand (Med.)

Ta|lis|man *der;* -s, -e ⟨über gleichbed. *span.* talismán, *it.* talismano aus *arab.* tilsamān „Zauberbilder", dies aus *mgr.* télesma „geweihter Gegenstand" zu *gr.* teleīn „weihen"⟩: Glücksbringer, Maskottchen; vgl. Amulett u. Fetisch

Tal|je *die;* -, -n ⟨aus gleichbed. *(mittel)niederl.* talie, dies über *it.* taglia aus *lat.* talea „abgeschnittenes Stück"⟩: (Seemannsspr.) Flaschenzug. **tal|jen**: (Seemannsspr.) aufwinden

¹Talk *der;* -[e]s ⟨über gleichbed. *fr.* talc aus *span.* talque, dies aus *arab.* talq⟩: mattweiß, gelblich bis braun schimmerndes, sich fettig anfühlendes, weiches Mineral, Speckstein

²Talk [tɔːk] *der;* -s, -s ⟨aus gleichbed. *engl.* talk zu to talk, vgl. talken⟩: Plauderei, Unterhaltung, [öffentliches] Gespräch. **tal|ken** [tɔːkn̩] ⟨nach *engl.* to talk „reden, sprechen"⟩: 1. eine Talk-Show durchführen. 2. sich unterhalten, Konversation machen. **Tal|ker** ['tɔːkɐ] *der;* -s, - ⟨aus *engl.* talker „Sprecher"⟩: 1. jmd., der an einem ²Talk teilnimmt. 2. Gerät, das innerhalb eines Kommunikationsvorgangs Daten sendet (EDV); Ggs. ↑ Listener

Talk|er|de *die;* - ⟨zu ↑ ¹Talk⟩: svw. Magnesia

Talk|ma|ster ['tɔːkmaːstɐ] *der;* -s, - ⟨zu *engl.* talk (vgl. ²Talk) u. master „Meister", Analogiebildung zu ↑ Showmaster⟩: jmd., der eine Talk-Show leitet

Tal|ko|se *die;* -, -n ⟨zu ↑ Talkum u. ↑ ¹...ose⟩: durch langandauerndes Einatmen von Talkstaub entstandene Staublunge (Med.)

Talk-Show ['tɔːk...] *die;* -, -s ⟨aus gleichbed. *engl.-amerik.* talk show zu ↑ ²Talk u. show, vgl. Show⟩: Unterhaltungssendung, in der ein Gesprächsleiter [bekannte] Persönlichkeiten durch [gezielte] Fragen zu Äußerungen über private, berufliche u. allgemein interessierende Dinge u. Probleme anregt

Tal|kum *das;* -s ⟨aus *nlat.* talcum, vgl. ¹Talk⟩: 1. svw. ¹Talk. 2. feiner weißer Talk als Streupulver. **tal|ku|mie|ren** ⟨zu ↑...ieren⟩: mit Talkum bestreuen

tal|lie|ren ⟨nach *engl.* to tally⟩: „kontrollieren, stückweise zählen"; vgl. ...ieren⟩: das Vermessen (zur Frachtberechnung) u. Zählen (zur Kontrolle) der Ladungsstücke von Schiffen durch den ↑ Tallyman (Wirtsch.)

Tal|lis u. **Tal|lit, Tal|lith** *der;* -, - ⟨aus gleichbed. *hebr.* ṭallīt⟩: a) jüd. Gebetsmantel, großes viereckiges Tuch; b) kleineres Tuch, das von orthodoxen Juden unter der Oberkleidung getragen wird

Tall|öl *das;* -s ⟨Lehnübersetzung von *schwed.* tallolja „Fichtenöl"⟩: aus Harz- u. Fettsäuren bestehendes Nebenprodukt bei der Zellstoffherstellung

Tal|ly|man ['tælɪmən] *der;* -s, ...men u. **Tal|ly|mann** ['tæli...] *der;* -[e]s, ...yleute ⟨aus gleichbed. *engl.* tallyman zu tally „Warenposten" u. man „Mann"⟩: Kontrolleur, der die Stückzahlen von Frachtgütern beim Be- u. Entladen von Schiffen feststellt (Wirtsch.)

tal|mi ⟨zu ↑ Talmi⟩: (österr.) svw. talmin. **Tal|mi** *das;* -s ⟨gekürzt aus älter Talmigold, weitere Herkunft unsicher⟩: 1. schwach vergoldeter ↑ Tombak. 2. etwas, was keinen besonderen Wert hat, nicht echt ist. **tal|min** ⟨zu ↑...in (2)⟩: 1. aus Talmi (1) bestehend. 2. unecht

Tal|mud *der;* -[e]s, -e ⟨aus gleichbed. *hebr.* talmûd, eigtl. „Lehre"⟩: Sammlung der Gesetze u. religiösen Überlieferungen des nachbiblischen Judentums; vgl. Mischna. **tal|mu|disch**: den Talmud betreffend; im Sinne des Talmuds. **Tal|mu|dis|mus** *der;* - ⟨zu ↑...ismus (1)⟩: aus dem Talmud geschöpfte Lehre u. Weltanschauung. **Tal|mu|dist** *der;* -en, -en ⟨zu ↑...ist⟩: Erforscher u. Kenner des Talmuds. **tal|mu|di|stisch** ⟨zu ↑...istisch⟩: a) den Talmudismus betreffend; b) (abwertend) buchstabengläubig, am Wortlaut klebend

Ta|lon [taˈlõː] *der;* -s, -s ⟨aus gleichbed. *fr.* talon, eigtl. „Rest", dies über *vulgärlat.* talo aus *lat.* talus, vgl. Talus⟩: 1. Erneuerungsschein bei Wertpapieren, der zum Empfang eines neuen Kuponbogens berechtigt. 2. a) Kartenrest (beim Geben); b) Kartenstock (bei Glücksspielen); c) einer der noch nicht verteilten, verdeckt liegenden Steine, von denen sich die Spieler der Reihe nach bedienen; Kaufsteine (beim Dominospiel). 3. Frosch, unterer Teil des Bogens von Streichinstrumenten. **Ta|lus** *der;* -, **Ta|li** ⟨aus *lat.* talus „Sprungbein; Knöchel, Ferse"⟩: Sprungbein, der oberste Fußwurzelknochen, der die Last des Körpers vom Schienbein auf das Fußgewölbe überträgt (Anat.)

Ta|man|dua *der;* -s, -s ⟨aus gleichbed. *port.* tamanduá, dies aus dem Tupi (einer südamerik. Indianersprache)⟩: vorwiegend dämmerungs- u. nachtaktiver Ameisenbär Brasiliens u. Australiens, der aufdringlich nach Moschus riecht

Ta|ma|rak *das;* -s, -s ⟨Herkunft unbekannt⟩: Holz einer nordamerik. Lärche

Ta|ma|rin *das;* -s, -s ⟨aus gleichbed. *fr.* tamarin, dies aus einer südamerik. Indianersprache⟩: gesellig lebender Krallenaffe, vor allem im trop. Regenwald des Amazonastieflandes

Ta|ma|rin|de *die;* -, -n ⟨aus gleichbed. *mlat.* tamarinda, dies aus *arab.* tamr hindī, eigtl. „indische Dattel"⟩: 1. trop. Baum mit paarig gefiederten, immergrünen Blättern, gelblichen Blüten u. eßbaren Früchten. 2. Frucht der Tamarinde

Ta|ma|ris|ke *die;* -, -n ⟨aus gleichbed. *vulgärlat.* tamariscus zu *lat.* tamarix⟩: Strauch od. Baum mit schuppenförmigen Blättern u. kleinen, rosa, in Trauben stehenden Blüten

Tam|bour [...buːɐ̯, auch ...'buːɐ̯] *der;* -s, Plur. -e, schweiz. -en [...'buːrən] ⟨aus *fr.* tambour „Trommel", dies über *altfr.* tabo(u)r bzw. tambo(u)r aus *pers.* tabīr „Pauke" (Nasalierung erfolgte wohl unter iberoroman. Einfluß, angelehnt an *arab.* ṭanbūr, ṭunbūr „ein Saiteninstrument"; vgl. Tanbur)⟩: 1. (veraltend) Trommel. 2. (veraltend) Trommler. 3. zylinderförmiges Zwischenteil [mit Fenstern] in Kuppelbauten (Archit.). 4. mit Stahlzähnen besetzte Trommel an Krempeln (Spinnerei). 5. Trommel zum Aufrollen von Papier. **¹Tam|bou|rin** [tãbuˈrɛ̃ː] *das;* -s, -s ⟨aus gleichbed. *fr.* tambourin, Verkleinerungsbildung zu tambour, vgl. Tambour⟩: längliche, zylindrische Trommel, die mit zwei Fellen bespannt ist. **²Tam|bou|rin** *der;* -s, -s ⟨zu ↑¹Tambourin, nach dem Begleitinstrument, dem Tambourin⟩: provenzal. Tanz im lebhaften ¾-Takt. **Tam|bour|ma|jor** [auch ...'buːr...] *der;* -s, -e ⟨nach gleichbed. *fr.* tambour-major; vgl. Tambour u. ¹Major⟩: Leiter eines [uniformierten] Spielmannszuges. **Tam|bour|ma|jo|ret|te** [auch ...'buːr...] *die;* -, -n: Majorette bei Faschingsumzügen. **¹Tam|bur** *der;* -s, -e ⟨nach gleichbed. *fr.* tambour (à broder), vgl. Tambour⟩: Stickrahmen, Sticktrommel; vgl. Tambour. **²Tam|bur** vgl. Tanbur. **tam|bu|rie|ren** ⟨zu ↑¹Tambur u. ↑...ieren⟩: 1. mit ↑Tamburierstichen sticken. 2. zur Fertigung des Scheitelstrichs einer Perücke Haare zwischen Tüll u. Gaze einknoten. **Tam|bu|rier|stich** *der;* -s, -e: flächenfüllender Zierstich. **Tam|bu|rin** [auch 'tam...] *das;* -s, -e ⟨über gleichbed. *mhd.* tamburin aus *mittelfr.* ta(m)bourin, Verkleinerungsbildung zu tambour, vgl. Tambour⟩: 1. Handtrommel mit Schellen. 2. Stickrahmen. **Tam|bu|riz|za** *die;* -, -s ⟨aus gleichbed. *serb.* tamburica⟩: mandolinenähnliches Saiteninstrument der Serben u. Kroaten

Ta|mil *das;* -[s] ⟨nach dem Volk der Tamilen⟩: zu den ↑drawidischen Sprachen gehörende Literatursprache der (bes. in Südindien u. auf Sri Lanka lebenden) Tamilen

Tam|is|dat *der;* -, -s ⟨aus *russ.* tamizdat, Kurzform zu tamizdatel'stvo, eigtl. „Auslandsverlag"⟩: 1. Verlag außerhalb der ehemaligen Sowjetunion, der vom Staat verbotene Bücher publizierte. 2. außerhalb der ehemaligen Sowjetunion erschienenes Buch, das dort verboten war

Tam|mus *der;* - ⟨aus *hebr.* tammûz „Frühlingsgott, Adonis"⟩: zehnter Monat im jüd. Kalender (Juni/Juli)

Tam|pi|ko|fa|ser *die;* -, -n ⟨nach der mexik. Stadt Tampico⟩: Agavenfaser

Tam|pon [auch ...'poːn, tã'põː] *der;* -s, -s ⟨aus gleichbed. *fr.* tampon zu *mittelfr.* ta(m)pon „Pflock, Stöpsel, Zapfen", dies aus dem Germ.⟩: 1. a) [Watte-, Mull]bausch zum Aufsaugen von Flüssigkeiten (Med.); b) in die Scheide einzuführender Tampon (1 a), der von Frauen während der ↑Menstruation benutzt wird (Med.). 2. Einschwärzballen für den Druck gestochener Platten (Druckw.). **Tam|po|na|de** *die;* -, -n ⟨zu ↑...ade⟩: das Ausstopfen (z. B. von Wunden) mit Tampons (Med.). **Tam|po|na|ge** [...ʒə] *die;* -, -n ⟨zu ↑...age⟩: Abdichtung eines Bohrlochs gegen Wasser od. Gas (Techn.). **tam|po|nie|ren** ⟨aus gleichbed. *fr.* tamponner⟩: mit Tampons ausstopfen (Med.)

Tam|tam [auch 'tam...] *das;* -s, -s ⟨aus gleichbed. *fr.* tamtam, dies über das Kreol. u. Engl. aus *Hindi* (lautmalend) ṭamṭam⟩: 1. asiat., mit einem Klöppel geschlagenes Becken; Gong. 2. (ohne Plur.; auch *der*) (ugs.) laute Betriebsamkeit, mit der auf etw. aufmerksam gemacht werden soll

Ta|na|gra|fi|gur *die;* -, -en ⟨nach dem Fundort, der altgriech. Stadt Tanagra, u. zu ↑Figur⟩: meist weibliche bemalte Tonfigur. **Ta|na|gra|thea|ter** *das;* -s: Miniaturtheater zu Beginn des 20. Jh.s, bei dem die Schauspieler hinter der Bühne agierten, aber durch Spiegel mehrmals verkleinert auf der Bühne wie Tanagrafiguren wirkten

Tan|bur u. Tambur *der;* -s, Plur. -e u. -s ⟨aus gleichbed. *arab.* ṭanbūr, ṭunbūr, wohl aus dem Pers.⟩: arab. Zupfinstrument mit 3–4 Stahlsaiten

Tan|dem *das;* -s, -s ⟨aus gleichbed. *engl.* tandem, dies aus *lat.* tandem „auf die Dauer, schließlich"; dies scherzhaft räumlich gedeutet als „der Länge nach"⟩: 1. Wagen mit zwei hintereinandergespannten Pferden. 2. Doppelsitzerfahrrad mit zwei hintereinander angeordneten Sitzen u. Tretlagern. 3. zwei hintereinandergeschaltete Antriebe, die auf die gleiche Welle wirken (Techn.). **Tan|dem|cart** [...kɑːt] *das;* -s, -s ⟨zu engl. cart „Wagen, Karren"⟩: svw. Tandem (1). **Tan|dem|dampf|ma|schi|ne** *die;* -, -n: Dampfmaschine mit hintereinandergeordneten Zylindern, die durch eine gemeinsame, durchlaufende Kolbenstange auf ein Kurbeltriebwerk wirken

Tan|dschur *der;* -[s] ⟨aus *tib.* bstan-'gyur „Übersetzung der Lehre"⟩: aus dem Indischen übersetzte Kommentare u. Hymnen (religiöse Schrift des ↑Lamaismus); vgl. Kandschur

Tan|ga *der;* -s, -s ⟨aus gleichbed. *port.* tanga, dies aus *Tupi* (einer südamerik. Indianersprache) tanga „Lendenschurz"⟩: 1. modischer Minibikini, dessen Höschen aus 2 durch Bänder miteinander verbundenen schmalen Stoffdreiecken besteht. 2. äußerst knapper ↑Slip (3) für Damen u. Herren

Tan|ga|re *die;* -, -n (meist Plur.) ⟨aus gleichbed. *port.* tangará, dies aus *Tupi* (einer südamerik. Indianersprache) tangará⟩: mittel- u. südamerik. buntgefiederter Singvogel

Tan|ga|slip *der;* -s, -s ⟨zu Tanga⟩: svw. Tanga (2)

Tan|gens *der;* -, - ⟨zu *lat.* tangens, vgl. Tangente⟩: im rechtwinkligen Dreieck das Verhältnis von Gegenkathete zu ↑Ankathete; Zeichen tan, auch tang, tg. **Tan|gens|kur|ve** *die;* -, -n: zeichnerische Darstellung der Tangensfunktion. **Tan|gen|te** *die;* -, -n ⟨zu *lat.* tangens, Gen. tangentis, Part. Präs. von tangere (vgl. tangieren), Bed. 1 aus *nlat.* (linea) tangens⟩: 1. Gerade, die eine gekrümmte Linie (z. B. einen Kreis) in einem Punkt berührt (Math.). 2. dreieckiges Messingplättchen, das beim ↑Klavichord unten an die Saiten schlägt. 3. Autostraße, die am Rande eines Ortes vorbeigeführt ist. **Tan|gen|ten|bus|so|le** *die;* -, -n: älterer Strommesser, mit dem die Stromstärke durch Abweichung einer Magnetnadel von der Nord-Süd-Richtung gemessen wird (Elektrot.). **tan|gen|ti|al** ⟨zu ↑¹...al (1)⟩: eine gekrümmte Linie od. Fläche berührend (Math.)

Tan|ge|ri|ne *die;* -, -n ⟨nach der marokkanischen Hafenstadt Tanger⟩: eine kernarme Mandarinenart

tan|gi|bel ⟨zu ↑Tangens u. ↑...ibel⟩: (veraltet) berührbar. **Tan|gi|bi|li|tät** *die;* - ⟨zu ↑...ität⟩: (veraltet) Berührbarkeit. **tan|gie|ren** ⟨aus *lat.* tangere „berühren"⟩: 1. eine gekrümmte Linie od. Fläche berühren (von Geraden od. Kurven; Math.). 2. berühren, betreffen, angehen, beeindrucken. 3. auf Flachdruckplatten ein Rastermuster anbringen (Druckw.). **Tan|gier|ma|nier** *die;* -: das Aufbringen eines Musters durch einfärbbare Folien auf Klischeezink, Lithographiestein od. Offsetplatte

Tan|gle [tæŋɡl] *das;* -s, -s (meist Plur.) ⟨aus *engl.* tangle „Gewirr, Knäuel"⟩: Eiweißfibrillen aus krankhaft veränderten Neurofibrillen (Med.)

Tan|go *der;* -s, -s ⟨aus gleichbed. *span.* tango, weitere Herkunft ungeklärt⟩: lateinamerik. Tanz im langsamen ¾- od. ⁴/₈-Takt mit synkopiertem Rhythmus

Tan|go|re|zep|to|ren [auch 'taŋgo...] *die* (Plur.) ⟨zu *lat.* tangere (vgl. tangieren) u. ↑ Rezeptor⟩: berührungsempfindliche, auf mechanische Reize reagierende Sinnesorgane (Med., Psychol.)

Tae|nia ['tɛ...] vgl. ¹Tänie. **Tä|nia|se** u. **Tä|nia|sis** *die;* -, -n ⟨zu ↑ ¹Tänie u. ↑ ...iasis⟩: Bandwurmleiden (Med.). **¹Tä|nie** [...jə], fachspr. Taenia ['tɛ:...] *die;* -, ...ien [...jən] (meist Plur.) ⟨aus *lat.* taenia „Band"; vgl. ²Tänie⟩: Gattung der Bandwürmer (z. B. Rinderbandwurm; Zool.). **²Tä|nie** [...jə] *die;* -, -n ⟨aus *lat.* taenia „Band, Binde", dies aus *gr.* tainía⟩: Kopfbinde als Fest- u. Ehrenschmuck in der Antike. **Tä|ni|fu|gum** *das;* -s, ...ga (meist Plur.) ⟨zu *lat.* fugare „vertreiben, in die Flucht schlagen" u. ↑ ...ium⟩: Mittel gegen Bandwürmer (Med.). **Tä|nio|se** *die;* -, -n ⟨zu ↑ ¹ ...ose⟩: svw. Täniase

¹Tan|ka *das;* -, - ⟨aus dem Jap.⟩: japan. Kurzgedichtform aus einer dreizeiligen Ober- u. einer zweizeiligen Unterstrophe mit zusammen 31 Silben

²Tan|ka *das;* -, - ⟨aus *Hindi* ṭåk, dies aus *sanskr.* ṭaṅka „Prägestempel"⟩: 1. alte ind. Gewichtseinheit. 2. Bez. für ind. Münzen nach dem seit dem 11. Jh. gültigen Münzsystem

Tan|nai|ten *die* (Plur.) ⟨zu *aram.* tanna „Lehrer" u. ↑ ³ ...it⟩: Gesetzeslehrer im 1.–3. Jh. n. Chr., deren Lehren den Inhalt der ↑ Mischna bilden

Tan|na|se *die;* -, -n ⟨zu ↑ Tannin u. ↑ ...ase⟩: Enzym, das Tannin spaltet (Biochem.). **Tan|nat** *das;* -[e]s, -e ⟨zu ↑ ...at (2)⟩: Salz der Gerbsäure. **tan|nie|ren** ⟨zu ↑ ...ieren⟩: mit Tannin beizen. **Tan|nin** *das;* -s, -e ⟨aus gleichbed. *fr.* tan(n)in zu tan „Gerberlohe", wohl aus dem Kelt.⟩: aus Holz, Rinden u. Blättern, bes. aus den Blattgallen von Pflanzen gewonnene Gerbsäure

Tan|rek *der;* -s, -s ⟨über gleichbed. *fr.* tanrec aus *malegassisch* tràndraka, tàndraka⟩: Borstenigel auf Madagaskar

Tan|tal *das;* -s ⟨nach Tantalus (vgl. Tantalusqualen), wegen der komplizierten Bearbeitung⟩: chem. Element, Metall; Zeichen Ta. **Tan|ta|lat** *das;* -[e]s, -e ⟨zu ↑ ...at (2)⟩: Salz, das Tantal enthält (Chem.). **Tan|ta|lit** [auch ...'lɪt] *der;* -s, -e ⟨zu ↑ ² ...it⟩: ein schwarzes bis bräunliches Mineral. **Tan|ta|lus|qua|len** *die* (Plur.) ⟨nach Tantalus, einem König der griech. Sage, der dazu verurteilt war, bis zum Kinn im Wasser zu stehen, ohne davon trinken zu können⟩: seelische Qualen, die dadurch entstehen, daß etwas Ersehntes zwar in greifbarer Nähe, aber doch nicht zu erlangen ist, z. B. - ausstehen, erleiden

Tan|tes vgl. Dantes

Tan|tie|me [tã...] *die;* -, -n ⟨aus gleichbed. *fr.* tantième zu tant „so(undso) viel", dies aus *lat.* tantus „so viel"⟩: 1. Gewinnbeteiligung an einem Unternehmen. 2. (meist Plur.) an Autoren, Sänger u. a. gezahlte Vergütung für Aufführung bzw. Wiedergabe musikalischer od. literarischer Werke. **tant mieux** [tã'mjø] ⟨*fr.*⟩: (veraltet) desto besser. **tan|to** ['tanto] ⟨*it.;* „so viel, so sehr", aus *lat.* tantus⟩: viel, sehr (Vortragsanweisung; Mus.)

Tan|tra *das;* -[s] ⟨aus gleichbed. *sanskr.* tántra, eigtl. „Webstuhl; Gewebe"⟩: 1. ein Lehrsystem der ind. Religion; vgl. Tantrismus. 2. Lehrschrift der ↑ Schaktas. **Tan|tri|ker** *der;* -s, - ⟨vgl. ² ...ik (2)⟩: Anhänger des Tantra. **tan|trisch:** das Tantra betreffend, von ihm bestimmt. **Tan|tris|mus** *der;* - ⟨zu ↑ ...ismus (1)⟩: ind. Heilsbewegung, bes. die Lehre des buddhistischen ↑ Wadschrajana u. der ↑ Schaktas

Tan|tum er|go *das;* - - ⟨aus *lat.* tantum ergo (sacramentum) „ein so großes (Sakrament)"⟩: Anfang der 5. Strophe des ↑ Pange lingua, mit der folgenden Strophe vor der Erteilung des eucharistischen Segens zu singen (kath. Liturgie)

Tan|ya ['tanja, ung. 'tɔnjɔ] *die;* -, -s ⟨aus gleichbed. *ung.* tanya⟩: Einzelgehöft in der ↑ Pußta

Tao [auch tau] *das;* - ⟨aus *chin.* tao „Weg, Einsicht"⟩: Grundbegriff der chines. Philosophie (z. B. Urgrund des Seins, Vernunft); vgl. Tai-ki. **Tao|is|mus** *der;* - ⟨zu ↑ ...ismus (1)⟩: philos. bestimmte chines. Volksreligion (mit Ahnenkult u. Geisterglauben), die den Menschen zur Einordnung in die Harmonie der Welt anleitet. **Tao|ist** *der;* -en, -en ⟨zu ↑ ...ist⟩: Anhänger des Taoismus. **tao|is|tisch** ⟨zu ↑ ...istisch⟩: den Taoismus betreffend, zu ihm gehörend. **Tao-te|king** *das;* - ⟨aus *chin.* tao-teking „Buch vom Tao und Te"⟩: die heilige Schrift des Taoismus

Ta|pa *die;* -, -s ⟨aus dem Polynes.⟩: in Polynesien, Ostafrika u. Südamerika verwendeter Stoff aus Bastfasern

Tape [te:p, engl. teɪp] *das,* auch *der;* -, -s ⟨aus gleichbed. *engl.* tape⟩: 1. Magnetband. 2. (veraltend) Tonband. 3. Kassette [mit eingelegtem Magnetband]. **Tape|deck** *das;* -s, -s: [in eine Stereoanlage eingebautes] Kassettendeck

Ta|pei|no|sis *die;* - ⟨aus *gr.* tapeínōsis „Erniedrigung" zu tapeinoûn „erniedrigen"⟩: Gebrauch eines leichteren, abschwächenden od. erniedrigenden Ausdrucks (Rhet., Stilk.)

Ta|per ['teɪpə] *der;* -s, - ⟨aus gleichbed. *engl.* taper⟩: Verbindungselement zwischen unterschiedlichen Lichtwellenleitern (Elektrot.)

Ta|pe|stry ['tɛpɪstri, engl. 'tæpɪstrɪ] *der;* -s, -s ⟨aus gleichbed. *engl.* tapestry, dies aus *(alt)fr.* tapisserie, vgl. Tapisserie u. tapezieren⟩: Läufer aus Wolle mit geschlossenen Polnoppen u. bedruckten Polfäden. **Ta|pet** *das;* -[e]s, -e ⟨aus *lat.* tapetum „(Tisch)decke", vgl. Tapete⟩: (veraltet) Bespannung, Decke auf einem Konferenztisch; etwas aufs - bringen: (ugs.) etwas zur Sprache bringen; aufs - kommen ⟨nach der Decke, die auf einen Konferenztisch gelegt wurde⟩: (ugs.) zur Sprache kommen. **Ta|pe|te** *die;* -, -n ⟨aus *mlat.* tapeta „Wandverkleidung" zu *(vulgär)lat.* tap(p)eta, Neutrum Plur. von tap(p)etum „Teppich, Decke", dies aus *gr.* tápēs, vgl. tapezieren⟩: Wandverkleidung aus [gemustertem] Stoff, Leder od. Papier. **Ta|pe|tum** *das;* -s ⟨aus *lat.* tapetum „Decke"⟩: 1. lichtreflektierende Struktur in den Augen von Gliederfüßern u. manchen Wirbeltieren (Zool.). 2. ein- od. mehrschichtiges organisches Gewebe aus plasmareichen Zellen an der Sporangieninnenwand der Farnpflanzen (Bot.). **Ta|pe|zier** *der;* -s, -e ⟨wohl zu *it.* tappezziere zu tappezzare, vgl. tapezieren⟩: (südd.) svw. Tapezierer. **ta|pe|zie|ren** ⟨über gleichbed. *it.* tappezzare aus *fr.* tapisser zu *altfr.* tapiz (vgl. *fr.* tapis) „Decke, Teppich; Wandverkleidung", dies aus *mgr.* tapétion, Verkleinerungsform von *gr.* tápēs, Gen. tápētos „Decke, Teppich"⟩: 1. [Wände] mit Tapeten bekleben od. verkleiden. 2. (österr.) mit einem neuen Stoff beziehen (Sofa u. a.). **Ta|pe|zie|rer** *der;* -s, - ⟨vgl. Tapezier⟩: Handwerker, der tapeziert, mit Stoffen bespannt [u. Möbel polstert]

Ta|pho|pho|bie *die;* -, ...ien ⟨zu *gr.* táphos „Bestattung" u. ↑ ...phobie⟩: krankhafte Angst, lebendig begraben zu werden (Med.)

Ta|phro|ge|ne|se *die;* -, -n ⟨zu *gr.* táphros „Graben" u. ↑ Genese⟩: Bildung von großen Graben- u. Verwerfungssystemen (z. B. Ostafrikanisches Grabensystem; Geol.)

Ta|pio|ka *die;* - ⟨aus gleichbed. *Tupi* (einer südamerik. Indianersprache) tipioc(a), eigtl. „Rückstand"⟩: Stärkemehl aus den Knollen des Maniokstrauches

Ta|pir *der;* -s, -e ⟨aus gleichbed. *fr.* tapir, dies aus *Tupi* (einer südamerik. Indianersprache) tapira⟩: in den trop. Wäldern Amerikas u. Asiens beheimatetes Säugetier mit plumpem Körper u. kurzem Rüssel

Ta|pis|se|rie *die; -, ...*ien ⟨aus gleichbed. *fr.* tapisserie, zu tapis, vgl. tapezieren⟩: 1. a) Wandteppich; b) Stickerei auf gitterartigem Grund. 2. Geschäft, in dem Handarbeiten u. Handarbeitsmaterial verkauft werden. **Ta|pis|se|ri|stin** *die; -, -*nen ⟨vgl. ...ist⟩: in der Herstellung feiner Handarbeiten, bes. Stickereien, handgeknüpfter Teppiche u. ä., ausgebildete Frau (Berufsbez.)

Ta|po|te|ment [...'mã:] *das; -s, -s* ⟨aus gleichbed. *fr.* tapotement zu tapoter „(sachte) klopfen", dies zu taper „mit der flachen Hand schlagen"⟩: Massage in Form von Klopfen u. Klatschen mit den Händen

Tap|ping|test ['tæ...] *der; -[e]s,* Plur. *-s,* auch *-e* ⟨zu *engl.* to tap „pochen, klopfen, tippen" u. ↑Test⟩: psychomotorisches Testverfahren, bei dem der Proband die Aufgabe hat, so schnell wie möglich od. in einem ihm angenehmen Tempo Tasten niederzudrücken

Tapp|ta|rock *das* (österr. nur so) od. *der; -s, -s* ⟨zu *dt.* tappen u. ↑Tarock⟩: dem Tarock ähnliches Kartenspiel

Tar *das; -s* ⟨aus gleichbed. *pers.* tār, eigtl. „Saite"⟩: eine oriental. Laute mit langem Hals

Ta|ra *die; -,* Taren ⟨aus gleichbed. *it.* tara, eigtl. „Abzug für Verpackung", dies aus *arab.* ṭarḥ „Abzug" zu ṭaraḥa „entfernen; abziehen"⟩: 1. Verpackungsgewicht einer Ware. 2. Verpackung einer Ware; Abk.: T, Ta

Ta|ran|tas *der; -, -* ⟨aus gleichbed. *russ.* tarantas⟩: alter, ungefederter russ. Reisewagen, der nur auf einem Stangengestell ruht

Ta|ran|tel *die; -, -n* ⟨aus gleichbed. *it.* tarantola, tarantella, Verkleinerungsform von älter *it.* taranta, wohl nach Taranto, dem ital. Namen der Stadt Tarent⟩: südeuropäische Wolfsspinne, deren Biß Entzündungen hervorruft. **Ta|ran|tel|la** *die; -,* Plur. *-s* u. *...*llen ⟨aus gleichbed. *it.* tarantella, vgl. Tarantel⟩: süditai. Volkstanz im ⅜- od. ⅝-Takt. **Ta|ran|tis|mus** *der; -* ⟨zu ↑...ismus (3)⟩: Tanzwut, angeblich durch Tarantelbiß verursachte Krankheit (bes. im 15.–18. Jh.)

Tar|busch *der; -[e]s, -e* ⟨aus gleichbed. *fr.* tarbouch, dies aus *arab.* ṭarbūš „Fes" (dies aus *türk.* ter „Schweiß" u. *pers.* pūš „Bedeckung")⟩: orientalische Kopfbedeckung; vgl. Fes

tar|dan|do ⟨*it.;* zu tardare „zögern", dies aus *lat.* tardare⟩: zögernd; langsamer werdend (Vortragsanweisung; Mus.). **Tar|dan|do** *das; -s,* Plur. *-s* u. *...*di: zögerndes, langsamer werdendes Spiel (Mus.). **Tar|da|ti|on** *die; -* ⟨aus *lat.* tardatio „Langsamkeit" zu tardare „zögern"⟩: (veraltet) Verzögerung, Zaudern

Tar|de|noi|si|en [...nɔa'ziɛ̃:] *das; -[s]* ⟨*fr.*⟩: nach dem franz. Fundort La Fère-en-Tardenois⟩: Kulturstufe der Mittelsteinzeit, die durch kleine Steingeräte gekennzeichnet ist

tar|die|ren ⟨aus gleichbed. *lat.* tardare⟩: (veraltet) zögern, zaudern. **tar|div** ⟨aus *nlat.* tardivus zu *lat.* tardus „langsam"⟩: sich nur zögernd, langsam entwickelnd (von Krankheiten od. Krankheitssymptomen; Med.). **tar|do** ⟨*it.;* aus *lat.* tardus, vgl. tardiv⟩: langsam (Vortragsanweisung; Mus.)

Ta|ren: Plur. von ↑Tara

Tar|get [*engl.* 'tɑ:gɪt] *das; -s, -s* ⟨aus gleichbed. *engl.* target, eigtl. „Zielscheibe"⟩: Substanz, auf die energiereiche Strahlung (z. B. aus Teilchenbeschleunigern) gelenkt wird, um in ihr Kernreaktionen zu erzielen (Kernphys.). **Tar|get|or|ga|ne** *die* (Plur.): zusammenfassende Bez. für Schilddrüse, Nebennierenrinde u. Keimdrüsen als Zielorgane der Hypophysenvorderlappenhormone (Med.). **Tar|get|zel|len** *die* (Plur.): rote Blutkörperchen, die in der Mitte eine Hämoglobinanhäufung aufweisen (z. B. bei bestimmten Anämieformen; Med.)

Tar|gum *das,* auch *der; -s,* Plur. *-e* u. *...*gumim ⟨aus *hebr.* targûm „Übersetzung"⟩: alte, teilweise sehr freie u. paraphrasierende aram. Übersetzung des A. T.

Tar|hon|ya [...hɔnja] *die; -* ⟨aus gleichbed. *ung.* tarhonya⟩: eine aus Mehl u. Eiern bereitete ung. Beilage od. Suppeneinlage

Ta|ri *der; -[s]* ⟨aus dem Hindi⟩: Dattelschnaps, aus vergorenem Dattelpalmensaft gewonnenes alkoholisches Getränk

ta|rie|ren ⟨nach gleichbed. *it.* tarare zu tara, vgl. Tara⟩: 1. die ↑Tara (1) bestimmen (Wirtsch.). 2. durch Gegengewichte das Reingewicht einer Ware auf der Waage ausgleichen (Phys.)

Ta|rif *der; -s, -e* ⟨über *fr.* tarif aus gleichbed. *it.* tariffa, dies aus *arab.* ta'rīf „Bekanntmachung"⟩: 1. a) verbindliches Verzeichnis der Preis- bzw. Gebührensätze für bestimmte Lieferungen, Leistungen, Steuern u. a.; b) festgesetzter Preis, Gebühr für etwas. 2. ausgehandelte u. vertraglich festgelegte Höhe u. Staffelung von Löhnen, Gehältern u. a. **ta|ri|fär** ⟨aus gleichbed. *fr.* tarifaire⟩: (selten) den Tarif betreffend, tariflich. **ta|ri|fa|risch** ⟨zu ↑Tarif u. ↑...ar (1)⟩: (selten) svw. tarifär. **Ta|rif|au|to|no|mie** *die; -*: Recht der ↑Sozialpartner, Tarifverträge ohne staatliche Einmischung auszuhandeln u. zu kündigen. **Ta|ri|feur** [...'føːɐ̯] *der; -s, -e* ⟨französierende Bildung; vgl. ...eur⟩: jmd., der Preise festlegt; Preisschätzer. **ta|ri|fie|ren** ⟨nach gleichbed. *fr.* tarifer⟩: die Höhe einer Leistung durch Tarif bestimmen. **Ta|rif|kom|mis|si|on** *die; -, -en* ⟨zu ↑Tarif⟩: Arbeitsgruppe aus Gewerkschaftsvertretern u. Vertretern von Arbeitgeberverbänden für die Beratung von Tarifverträgen. **ta|rif|lich:** den Tarif betreffend. **Ta|rif|part|ner** *der; -s, -*: zum Abschluß von Tarifverträgen berechtigter Vertreter der Arbeitnehmer u. Arbeitgeber (Gewerkschaften u. Arbeitgeberverbände). **Ta|rif|sy|stem** *das; -s*: die Staffelung der Preise nach Gewicht, Tarifentfernung, Tarifklasse u. Beförderungsart (Postw.). **Ta|rif|ver|trag** *der; -s, ...*verträge: Vertrag zur Regelung der arbeitsrechtlichen Beziehungen (Lohn, Arbeitszeit, Urlaub u. a.) zwischen Arbeitgebern u. Arbeitnehmern

Tar|la|tan *der; -s, -e* ⟨aus gleichbed. *fr.* tarlatane, weitere Herkunft ungeklärt⟩: durchsichtiger, sehr stark appretierter Baumwoll- od. Zellwollstoff [für Faschingskostüme]

Ta|ro *der; -s* ⟨aus *Maori* (einer neuseeländ. Eingeborenensprache) taro⟩: stärkehaltige Knolle eines Aronstabgewächses (wichtiges Nahrungsmittel der Südseeinsulaner)

Ta|rock u. **Ta|rok** *das* (österr. nur so) od. *der; -s, -s* ⟨aus gleichbed. *it.* tarocco, dies wohl aus *arab.* ṭarḥ „Abzug"⟩: a) ein Kartenspiel zu dritt; b) (nur *der*) eine der 21 zum alten Tarockspiel gehörenden Sonderkarten. **ta|rocken, ta|rockie|ren** ⟨zu ↑...ieren⟩: Tarock spielen

Tá|ro|ga|tó ['tɑ:rogɔtoː] *das; -s, -s* ⟨aus gleichbed. *ung.* tárogató⟩: ein ung. Holzblasinstrument

Ta|rok vgl. Tarock

Ta|rot [ta'roː] *das* od. *der; -s, -s* ⟨unter Einfluß von *engl.* tarot aus gleichbed. *fr.* tarot, dies aus *it.* tarocco, vgl. Tarock⟩: dem Tarock ähnliches Kartenspiel, das zu spekulativen Deutungen verwendet wird

Tar|pan *der; -s, -e* ⟨aus gleichbed. *russ.* tarpan, dies aus dem Kirgis.⟩: ausgestorbenes europ. Wildpferd

Tar|pau|lin [tɑːˈpɔːlin, 'tɑːpəlin] *der; -[s]* ⟨aus gleichbed. *engl.* tarpaulin, weitere Herkunft unsicher⟩: als Packmaterial od. Futterstoff verwendetes Jutegewebe

Tar|pon *der; -s, -s* ⟨Herkunft unsicher⟩: ein dem Hering ähnlicher Knochenfisch

Tar|ra|go|na *der; -s, -s* ⟨nach dem Namen der span. Stadt Tarragona⟩: dunkler span. Süßwein

tar|sal ⟨zu ↑Tarsus u. ↑¹...al (1)⟩: 1. zur Fußwurzel gehörend (Anat.). 2. zu einem Lidknorpel gehörend (Med.). **Tars|al|gie** *die;* -, ...ien ⟨zu ↑...algie⟩: Fußwurzel-, Plattfußschmerz (Med.). **Tars|ek|to|mie** *die;* -, ...ien ⟨zu ↑...ektomie⟩: operative Entfernung von Fußwurzelknochen (Med.). **Tar|si|tis** *die;* -, ...itiden ⟨zu ↑...itis⟩: Entzündung des Lidknorpels (Med.). **Tar|sus** *der;* -, ...sen ⟨aus *nlat.* tarsus, dies aus *gr.* tarsós „breite Fläche; Fußsohle"⟩: 1. Fußwurzel (Anat.). 2. Lidknorpel (Med.). 3. aus mehreren Abschnitten bestehender Fußteil des Insektenbeins (Zool.).
¹Tar|tan [engl. 'tɑ:tən] *der;* -[s], -s ⟨aus gleichbed. *engl.* tartan, weitere Herkunft unsicher⟩: 1. buntkarierte Wolldecke; vgl. Plaid (1). 2. Umhang der Bergschotten; vgl. Plaid (2)
²Tar|tan ⓦ [...taːn] *der;* -s ⟨Kunstw.⟩: wetterfester Belag für Laufbahnen o. ä. (aus Kunstharzen). **Tar|tan|bahn** *die;* -, -en: Kunststofflaufbahn (Sport)
Tar|ta|ne *die;* -, -n ⟨aus gleichbed. *it.* tartana, dies aus dem Provenzal.⟩: ungedecktes, meist einmastiges Fischerfahrzeug im Mittelmeer
tar|ta|re|isch ⟨aus gleichbed. *lat.* Tartareus zu Tartarus, vgl. ¹Tartarus⟩: zum Schattenreich gehörig, unterweltlich. **Tar|ta|ros** *der;* - ⟨aus *gr.* Tártaros, vgl. ¹Tartarus⟩: svw. ¹Tartarus. **¹Tar|ta|rus** *der;* - ⟨über *lat.* Tartarus aus gleichbed. *gr.* Tártaros⟩: Unterwelt, Schattenreich der griech. Sage
²Tar|ta|rus *der;* - ⟨aus gleichbed. *mlat.* tartarum, dies aus *gr.* tártaron, vielleicht aus dem Arab.⟩: Weinstein
Tar|te *die;* -, -n ⟨aus gleichbed. *fr.* tarte⟩: (veraltet) Torte, Obstkuchen. **Tar|te|let|te** *die;* -, -n ⟨aus *fr.* tartelette „Törtchen", Verkleinerungsform von tarte, vgl. Tarte⟩: (veraltet) Tortelette
Tar|trat *das;* -[e]s, -e ⟨aus gleichbed. *fr.* tartrate zu tartre „Weinstein", dies aus *mlat.* tartarum, vgl. ²Tartarus⟩: Salz der Weinsäure
Tart|sche *die;* -, -n ⟨aus gleichbed. *(alt)fr.* targe, dies aus *fränk.* *targa⟩: unregelmäßig rechteckig geformter Schild mit Wölbung u. gemaltem Wappen (im späteren Mittelalter)
Tar|tüff *der;* -s, -e ⟨aus gleichbed. *fr.* tartuf(f)e, nach der Hauptperson eines Lustspiels des franz. Dichters J.-B. Molière, 1622–1673⟩: Heuchler. **Tar|tüf|fe|rie** *die;* -, ...ien ⟨aus gleichbed. *fr.* tartuf(f)erie⟩: Heuchelei
Ta|schi-La|ma *der;* -s ⟨aus dem Tibet.; vgl. ²Lama⟩: zweites, kirchliches Oberhaupt des tibetischen Priesterstaates (gilt als Verleiblichung eines Buddhas); vgl. Lamaismus
TASI *das;* -[s] ⟨Kurzw. aus *engl.* time assignment speech interpolation „Zeitzuweisung (durch) Gesprächszwischenschaltung"⟩: ein Verfahren zur optimalen Ausnutzung der Übertragungskapazität transozeanischer Fernsprechkabel u. -satellitenverbindungen
Task *der;* -[e]s, Plur. -s od. -e ⟨aus *engl.* task „(komplizierte) Aufgabe", dies über das Altfr. aus *vulgärlat.* *tasca zu *mlat.* taxa, vgl. Taxe⟩: 1. Höchstleistung, vielfache Darstellung der gleichen Idee in Schachaufgaben. 2. zu bearbeitender Teil im Programm (4) eines Computers. **Task force** ['tɑ:sk 'fɔːs] *die;* - - ⟨aus gleichbed. *engl.* task force⟩: für eine begrenzte Zeit gebildete Arbeits- bzw. Einsatzgruppe zur Lösung komplizierter Probleme (z. B. bei der Polizei)
Tas|ma|nit [auch ...'nɪt] *der;* -s, -e ⟨nach dem Hauptfundort, der Insel Tasmanien (zu Australien) u. zu ↑²...it⟩: eine Abart des Ölschiefers
Ta|sta|tur *die;* -, -en ⟨aus gleichbed. älter *it.* tastatura, dies aus tasto „Taste, eigtl. „(das Werkzeug zum) Tasten", zu tastare „(be)fühlen", dies über das Vulgärlat. aus *lat.* tasta-

re, vgl. taxieren⟩: a) Gesamtheit von in bestimmter Weise (meist in mehreren übereinanderliegenden Reihen) angeordneten Tasten od. Tastern eines Geräts (z. B. bei Büromaschinen, Computern); b) sämtliche Ober- u. Untertasten bei Tasteninstrumenten (Mus.). **Ta|stie|ra** *die;* -, Plur. -s u. ...re ⟨aus *it.* tastiera „Griffbrett; Klaviatur"⟩: 1. svw. Tastatur (b). 2. Griffbrett der Streichinstrumente (Mus.). **ta|sto so|lo** ⟨*it.;* „die Taste allein"⟩: allein zu spielen (Anweisung in der Generalbaßschrift, daß die Baßstimme ohne Harmoniefüllung der rechten Hand zu spielen ist); Abk.: t. s. (Mus.)
...tät vgl. ...ität
Ta|ta|mi *der;* -s, -s ⟨aus dem Japan.⟩: etwa 5 cm dicke Bodenmatte aus fest gepreßtem Reisstroh mit einem straff anliegenden Überzug aus feingeflochtenen, gelblichen Binsen
Ta|tar *das;* -[s] ⟨nach dem mong. Volksstamm der Tataren, die angeblich das Fleisch unter ihrem Sattel weich ritten⟩: rohes geschabtes Rindfleisch [angemacht mit Ei u. Gewürzen]. **Ta|tar|beef|steak** [...bi:fsteːk] *das;* -s, -s: aus Tatar geformter Klops. **Ta|ta|ren|nach|richt** *die;* -, -en ⟨nach der im Krimkrieg 1854 von einem Tataren verbreiteten falschen Nachricht, Sewastopol sei von den Verbündeten erobert worden⟩: (veraltend) erfundene, aber wahr erscheinende Schreckensnachricht
ta|tau|ie|ren ⟨zu *polynes.* tatau, vgl. tätowieren⟩: svw. tätowieren (Völkerk.). **tä|to|wie|ren** ⟨unter Einfluß von *fr.* tatouer aus gleichbed. *engl.* to tattoo, dies zu *polynes.* tatau „(eintätowiertes) Zeichen", wohl zu ta- „schlagen" u. -tau „Zeichen"⟩: Muster od. Zeichnungen mit Farbstoffen in die Haut einritzen. **Tä|to|wie|rer** *der;* -, -: jmd., der das Tätowieren [berufsmäßig] ausübt. **Tä|to|wie|rung** *die;* -, -en ⟨zu ↑...ierung⟩: 1. das Tätowieren. 2. auf die Haut tätowierte Zeichnung
Tat|ter|sall *der;* -s, -s ⟨nach *engl.* Tattersall's (horse market), Londoner Pferdebörse u. Reitschule des engl. Stallmeisters R. Tattersall, 1724–1795⟩: 1. geschäftliches Unternehmen für reitsportliche Veranstaltungen. 2. Reitbahn, -halle
¹Tat|too [tə'tuː] *das;* -[s], -s ⟨aus *engl.* tattoo zu älter *engl.* taptoo, dies aus *niederl.* taptoe, eigtl. „Zapfen zu!"⟩: engl. Bez. für Zapfenstreich
²Tat|too [tə'tuː] *der od. das;* -s, -s ⟨aus *engl.* tattoo „Tätowierung" zu to tattoo, vgl. tätowieren⟩: svw. Tätowierung (2)
tat twam asi ⟨aus *sanskr.* tat tvam asi „das bist du"⟩: Formel der ↑brahmanischen Religion, nach der das Weltall u. die Einzelseele eins sind, d. h. aus dem gleichen Stoff
Tau *das;* -[s], -s ⟨aus *gr.* taũ⟩: neunzehnter Buchstabe des griech. Alphabets: T, τ. **Tau|kreuz** *das;* -es, -e: das T-förmige Kreuz des hl. Einsiedlers Antonius. **Tau|on** *das;* -s, ...onen ⟨zu ↑⁴...on⟩: instabiles Elementarteilchen aus der Gruppe der ↑Leptonen (Phys.)
taupe [toːp] ⟨zu *fr.* taupe „Maulwurf", dies aus *lat.* talpa⟩: maulwurfsgrau, braungrau
Tau|rin *das;* -s ⟨zu *gr.* taũros „Stier" (weil es in der Ochsengalle entdeckt wurde) u. ↑...in (1)⟩: eine organische Säure, die u. a. zur Herstellung waschaktiver Substanzen verwendet wird. **Tau|ro|bo|li|um** *das;* -s, ...ien [...ən] ⟨über gleichbed. *spätlat.* taurobolion zu *gr.* taũros „Stier" u. bállein „schleudern"⟩: Stieropfer u. damit verbundene Blutaufe in antiken ↑Mysterien. **Tau|ro|ma|chie** [...'xiː] *die;* -, ...ien ⟨unter Einfluß von *span.* tauromaquia (dies aus *gr.* tauromachía) zu maché „Kampf"⟩: 1. (ohne Plur.) Technik des Stierkampfs. 2. Stierkampf
tau|schie|ren ⟨zu *mittelfr.* tauchie (dies über älter *it.* tausia

1344

aus *arab.* taušīya „Verzierung") u. ↑...ieren⟩: Edelmetalle (Gold od. Silber) in unedle Metalle (z. B. Bronze) zur Verzierung einhämmern (einlegen). **Tau|schie|rer** *der;* -s, -: jmd., der Tauschierungen entwirft u. herstellt

taut..., Taut... vgl. tauto..., Tauto... **Tau|ta|zis|mus** *der;* -, ...men ⟨zu *gr.* tà autá „das gleiche" u. ↑...izismus⟩: unschöne Häufung von gleichen [Anfangs]lauten in aufeinanderfolgenden Wörtern (Rhet., Stilk.). **tau|to..., Tauto...,** vor Vokalen meist taut..., Taut... ⟨aus *gr.* tautó, zusammengezogen aus tò autó „dasselbe"⟩: Wortbildungselement mit der Bedeutung „dasselbe, das gleiche", z. B. tautomer, Tautologie, Tautonymie. **Tau|to|chro|ne** [...'kro:nə] *die;* -, -n ⟨zu *gr.* chrónos „Zeit"⟩: Kurve konstanter Fallzeit bis zum tiefsten Punkt, unabhängig vom Ausgangspunkt (Math.). **Tau|to|gramm** *das;* -s, -e ⟨zu ↑...gramm⟩: Gedicht, das in allen Wörtern od. Zeilen mit demselben Anfangsbuchstaben beginnt. **Tau|to|lo|gie** *die;* -, ...ien ⟨über *lat.* tautologia aus *gr.* tautología „Wiederholung des bereits Gesagten"⟩: 1. einen Sachverhalt doppelt wiedergebende Fügung (z. B. schwarzer Rappe, alter Greis; Rhet., Stilk.). 2. svw. Pleonasmus (1); vgl. Redundanz (2 b). 3. (auf Grund formallogischer Gründe) wahre Aussage (Logik). **tau|to|lo|gisch** ⟨nach gleichbed. *gr.* tautologikós⟩: a) die Tautologie betreffend; b) durch Tautologie wiedergebend; vgl. pleonastisch. **tau|to|mer** ⟨zu ↑tauto... u. ↑...mer⟩: der Tautomerie unterliegend. **Tau|to|me|rie** *die;* -, ...ien ⟨zu ↑...merie⟩: das Nebeneinandervorhandensein von zwei im Gleichgewicht stehenden isomeren Verbindungen (vgl. Isomerie), die sich durch den Platzwechsel eines ↑Protons und damit durch die Bindungsverhältnisse unterscheiden (Chem.). **tau|to|morph** ⟨zu ↑...morph⟩: raumrichtig (von Stereobildern, die dem Objekt in jeder Hinsicht, d. h. auch in der Größe, gleichen). **Taut|ony|mie** *die;* - ⟨zu *gr.* ónyma „Name" u. ↑²...ie⟩: in der zoologischen Systematik zulässige Übereinstimmung des die Art bezeichnenden Teils der binären Artbenennung mit der Gattungsbezeichnung, z. B. Bubo bubo (wissenschaftlicher Name für den Uhu). **Tau|to|pho|nie** *die;* -, ...ien ⟨zu *gr.* tautóphōnos „gleichtönend"; vgl. ...phonie⟩: fortgesetzte Wiederholung desselben Tons. **tau|to|syl|labisch** ⟨zu ↑tauto... u. ↑syllabisch⟩: svw. homosyllabisch

Ta|ver|ne [...v...] *die;* -, -n ⟨aus gleichbed. *altit.* taverna, dies aus *lat.* taberna „Hütte, Bude, Wirtshaus"⟩: ital. Weinschenke, Wirtshaus

taw|ny ['tɔːnɪ] ⟨*engl.;* „gelbbraun"⟩: alt u. qualitativ hochwertig (von Portweinen)

Ta|xa: Plur. von ↑Taxon

ta|xa|bel ⟨nach *fr.* taxable „be-, versteuerbar" zu taxer, vgl. taxieren⟩: (veraltet) abschätzbar. **Ta|xa|bi|li|tät** *die;* - ⟨zu ↑...ität⟩: (veraltet) Abschätzbarkeit. **Ta|xa|me|ter** *das* od. *der;* -s, - ⟨zu *mlat.* taxa (vgl. Taxe) u. ↑¹...meter⟩: 1. Fahrpreisanzeiger in einem Taxi. 2. (veraltet) svw. Taxi. **Ta|xa|ti|on** *die;* -, -en ⟨aus lat. taxatio zu taxare, vgl. taxieren⟩: Bestimmung des Geldwertes einer Sache od. Leistung. **Ta|xa|tor** *der;* -s, ...oren ⟨aus gleichbed. *mlat.* taxator⟩: Wertsachverständiger, Schätzer. **¹Ta|xe** *die;* -, -n ⟨aus *mlat.* taxa „Schätzpreis; Steuer" zu *lat.* taxare, vgl. taxieren⟩: 1. Schätzung, Beurteilung des Wertes. 2. [amtlich] festgesetzter Preis. 3. Gebühr, Gebührenordnung. **²Ta|xe** *die;* -, -n ⟨Kurzw. für Taxameter (2)⟩: svw. Taxi. **Ta|xem** *das;* -s, -e ⟨aus gleichbed. *engl.* taxeme, dies zu *gr.* táxis (vgl. ¹Taxis); vgl. ...em⟩: kleinste grammatisch-syntaktische Einheit ohne semantischen Eigenwert als Teil eines Tagmems, wobei sich Taxem u. Tagmem zueinander verhalten wie ↑Phonem u. ↑Morphem (Sprachw.). **ta|xen** ⟨nach *fr.*

taxer, vgl. taxieren⟩: svw. taxieren. **Ta|xi** *das,* schweiz. auch *der;* -s, -s ⟨aus gleichbed. *fr.* taxi, dies gekürzt aus taximètre, unter Einfluß von taxe „Gebühr" zu *gr.* táxis (vgl. ¹Taxis) u. *fr.* -mètre (dies aus *gr.* métron „Maß")⟩: (von einem Berufsfahrer gelenktes) Auto, mit dem man sich gegen ein Entgelt (bes. innerhalb einer Stadt) befördern lassen kann. **Ta|xi|chauf|feur** [...ʃɔfoːɐ̯] *der;* -s, -e: (veraltend) Taxifahrer. **Ta|xi|der|mie** *die;* - ⟨zu *gr.* táxis (vgl. ¹Taxis) u. ↑...dermie⟩: das Haltbarmachen toter Tierkörper für Demonstrationszwecke (z. B. Ausstopfen von Vögeln). **Ta|xi|der|mist** *der;* -en, -en ⟨zu ↑...ist⟩: jmd., der Tiere ↑präpariert (2). **Ta|xie** *die;* -, ...ien ⟨zu *gr.* táxis (vgl. ¹Taxis) u. ↑²...ie⟩: svw. ²Taxis. **ta|xie|ren** ⟨aus gleichbed. *fr.* taxer, dies aus *lat.* taxare „berühren; prüfend betasten; (ab)schätzen"⟩: 1. etwas hinsichtlich Größe, Umfang, Gewicht od. Wert abschätzen, veranschlagen. 2. jmdn. prüfend betrachten u. danach ein Urteil über ihn fällen; jmdn. einschätzen. **Ta|xie|rer** *der;* -s, -: svw. Taxator. **Ta|xi|girl** [...gøːɐ̯l, ...gœrl] *das;* -s, -s ⟨aus gleichbed. *engl.-amerik.* taxigirl, eigtl. „Frau, die gleich einem Taxi gegen eine Gebühr angemietet werden kann"⟩: in einer Tanzbar o. ä. angestelltes Mädchen, das für jeden Tanz von seinem Partner einen bestimmten Betrag erhält

Ta|xin *das;* -s, -e ⟨zu ↑Taxus u. ↑²...in⟩: giftiges Alkaloid der Eibe, das durch Atemlähmung zum Tode führt **¹Ta|xis** *die;* -, Taxes [...kseːs] ⟨aus *gr.* táxis „das (An)ordnen" zu táttein „ordnen, regeln"⟩: das Wiedereinrichten eines Knochen- od. Eingeweidebruchs (Med.). **²Ta|xis** *die;* -, Taxen ⟨zu ↑¹Taxis⟩: durch äußere Reize ausgelöste Bewegungsreaktion von Organismen, z. B. ↑Chemotaxis, ↑Phototaxis (Biol.). **³Ta|xis** [...ksiːs]: Plur. von ↑Taxi. **Ta|xi|way** ['tæksɪweɪ] *der;* -s, -s ⟨aus gleichbed. *engl.* taxiway zu to taxi „rollen" u. way „Weg"⟩: Verbindungsweg zwischen den ↑Runways; Rollbahn. **Ta|xi|zen|tra|le** ['ta...] *die;* -, -n: Zentrale eines Taxiunternehmens, von der aus die einzelnen Taxis eingesetzt werden. **Tax|kurs** *der;* -es, -e ⟨zu ↑¹Taxe⟩: geschätzter Kurs. **Tax|ler** *der;* -s, - ⟨zu ↑Taxi⟩: (österr. ugs.) Taxifahrer

Ta|xo|die [...diə] *die;* -, -n u. **Ta|xo|di|um** *das;* -s, ...ien [...iən] ⟨zu *gr.* táxos „Eibe" u. -oeidés „...ähnlich"; vgl. ²...ie u. ...ium⟩: nordamerik. Sumpfzypressengattung

Ta|xon *das;* -s, Taxa ⟨zu *gr.* táxis (vgl. ¹Taxis) u. ↑¹...on⟩: künstlich abgegrenzte Gruppe von Lebewesen (z. B. Stamm, Art) als Einheit innerhalb der biologischen Systematik. **ta|xo|nom** ⟨zu ↑¹...nom⟩: (selten) svw. taxonomisch; vgl. ...isch/-. **Ta|xo|no|mie** *die;* - ⟨zu ↑¹...nomie⟩: 1. Einordnung der Lebewesen in ein biologisches System (Biol.). 2. Teilgebiet der Linguistik, auf dem man durch Segmentierung u. Klassifikation sprachlicher Einheiten den Aufbau eines Sprachsystems beschreiben will (Sprachw.). **ta|xo|no|misch** ⟨zu ↑¹...nom⟩: 1. systematisch (Biol.); vgl. Taxonomie (1). 2. nach der Methode der Taxonomie (2) vorgehend, die Taxonomie betreffend (Sprachw.); vgl. ...isch/-

Ta|xus *der;* -, - ⟨aus gleichbed. *lat.* taxus⟩: Eibe

Tay|lo|ris|mus [telo...] *der;* - ⟨nach dem amerik. Ingenieur F. W. Taylor (1856–1915) u. zu ↑...ismus (1)⟩: System der wissenschaftlichen Betriebsführung mit dem Ziel, einen möglichst wirtschaftlichen Betriebsablauf zu erzielen. **Tay|lor|sy|stem** ['teɪlə...] *das;* -s ⟨aus gleichbed. *engl.-amerik.* Taylor system, vgl. Taylorismus⟩: svw. Taylorismus

Tay|ra ['taɪra] *der;* -[s], -s ⟨aus gleichbed. *port.* u. *span.* taira, dies aus dem Indian.⟩: etwa 60 cm großer südamerik. Marder, der Kaninchen, Hirschkälber u. ä. jagt

Ta|zet|te *die;* -, -n ⟨aus gleichbed. *it.* tazzetta, eigtl. Verkleinerungsform von tazza „Tasse", nach der Form der Blüten⟩: in Südeuropa heimische Narzisse

T-bone-Steak ['ti:boʊnste:k] *das;* -s, -s ⟨aus gleichbed. *engl.* T-bone-steak, eigtl. „Steak mit T-förmigem Knochen"⟩: dünne Scheibe aus dem Rippenstück des Rinds, deren Knochen (*engl.* „bone") die Form eines T hat; vgl. Porterhousesteak

Tea [ti:] *der,* auch *das;* -s ⟨aus gleichbed. *engl.-amerik.* tea, eigtl. „Tee"⟩: (Jargon) svw. Haschisch

Teach-in [ti:tʃ-'ɪn] *das;* -[s], -s ⟨aus gleichbed. *engl.* teach-in zu to teach „lehren", Analogiebildung zu Go-in u. a.⟩: [politische] Diskussion mit demonstrativem Charakter, bei der Mißstände aufgedeckt werden sollen. **Teach-in-Program|mie|rung** *die;* -: Programmierung von Industrierobotern, bei der das Programm (4) in den Speicher des Roboters simultan während der manuellen Führung des Industrieroboters über das Teach-in-Tableau (a) geschrieben wird. **Teach-in-Ta|bleau** [...tablo:] *das;* -s, -s: a) tragbares Handgerät zur Programmierung des Bewegungsablaufs von Industrierobotern; b) Befehlstafel zur Bedienung von Industrierobotern

Teak [ti:k] *das;* -s ⟨aus *engl.* teak, dies über *port.* teca aus *Malayalam* (einer drawid. Sprache des südwestlichen Indien) tekka⟩: Kurzform von ↑ Teakholz. **tea|ken** ['ti:kn̩]: aus Teakholz. **Teak|holz** *das;* -es: wertvolles Holz des südostasiat. Teakbaums

Team [ti:m] *das;* -s, -s ⟨aus gleichbed. *engl.* team zu *altengl.* tēam „Familie; Gespann"⟩: a) Gruppe von Personen, die mit der Bewältigung einer gemeinsamen Aufgabe beschäftigt ist; b) Mannschaft (Sport). **Team|chef** ['ti:m...] *der;* -s, -s: Betreuer, Trainer einer Mannschaft (Sport). **Tea|mer** *der;* -s, -: (Jargon) jmd., der eine Arbeitsgruppe leitet, eine Schulung durchführt. **Team|geist** *der;* -[e]s: Zusammengehörigkeitsgefühl, partnerschaftliches, kameradschaftliches Verhalten innerhalb einer Gruppe, eines Teams. **Teamster** ['ti:mstə] *der;* -s, - ⟨aus *engl.* teamster, eigtl. „Gespannführer"⟩: engl. Bez. für Lastkraftwagenfahrer. **Team|teaching** ['ti:mti:tʃɪŋ] *das;* -[s] ⟨aus gleichbed. *engl.* team-teaching zu teaching „das Unterrichten", zu to teach (vgl. Teach-in) u. ↑ ...ing⟩: Unterrichtsorganisationsform, in der Lehrer, Dozenten, Hilfskräfte u. ä. Lernstrategien, Vorlesungen o. ä. gemeinsam planen, durchführen u. auswerten. **Team|work** [...wə:k] *das;* -s ⟨aus gleichbed. *engl.* teamwork zu team (vgl. Team) u. work „Arbeit"⟩: a) Gemeinschafts-, Gruppen-, Zusammenarbeit; b) gemeinsam Erarbeitetes

Tea-Room ['ti:ru:m] *der;* -s, -s ⟨aus *engl.* tearoom „Teeraum, -stube" zu tea „Tee" u. room „Zimmer, Raum"⟩: 1. kleines, nur tagsüber geöffnetes Lokal, in dem in erster Linie Tee gereicht wird; Teestube; vgl. Five o'clock tea. 2. (schweiz.) Café, in dem kein Alkohol ausgeschenkt wird

Tea|ser ['ti:zə] *der;* -s, - ⟨zu *engl.* ugs. teaser „etw. Verlockendes" zu to tease „(auf)reizen", eigtl. „necken; hänseln"⟩: Neugier erregendes Werbeelement

Te|bet, Te|beth vgl. Tewet

Tech|ne|ti|um *das;* -s ⟨zu *gr.* technētós „künstlich gemacht" (zu téchnē, vgl. Technik) u. ↑ ...ium⟩: chem. Element, Metall; Zeichen Tc. **tech|ni..., Tech|ni...** vgl. techno..., Techno... **Tech|ni|co|lor** ℗ [...koˈlo:ɐ] *das;* -s ⟨aus *amerik.* Technicolor, zu technical „technisch" u. color „Farbe"⟩: ein Verfahren zum Entwickeln eines Farbfilms. **tech|ni|fi|zie|ren** ⟨zu ↑ Technik u. ↑ ...fizieren⟩: Errungenschaften der Technik auf etwas anwenden. **Tech|nik** *die;* -, -en ⟨unter Einfluß von *fr.* technique aus *nlat.* technica „Kunstwesen; Anwendung zur Ausübung einer Kunst od. Wissenschaft" zu technicus, dies zu *gr.* technikós „kunstvoll,

kunstgemäß; sachverständig, fachmännisch", zu téchnē „Handwerk, Kunst(werk), Kunstfertigkeit"⟩: 1. (ohne Plur.) die Gesamtheit der Maßnahmen, Einrichtungen u. Verfahren, die dazu dienen, naturwissenschaftliche Erkenntnisse praktisch nutzbar zu machen. 2. ausgebildete Fähigkeit, Kunstfertigkeit, die zur richtigen Ausübung einer Sache notwendig ist. 3. (ohne Plur.) Gesamtheit der Kunstgriffe u. Verfahren, die auf einem bestimmten Gebiet üblich sind. 4. besondere, in bestimmter Weise festgelegte Art, Methode des Vorgehens, der Ausführung von etw. 5. (ohne Plur.) a) technische Ausrüstung, Einrichtung für die Produktion; b) technische Beschaffenheit eines Geräts, einer Maschine. 6. (österr.) technische Hochschule. **Tęch|ni|ka:** Plur. von ↑ Technikum. **Tęch|ni|ker** *der;* -s, - ⟨nach *spätlat.* technicus „Lehrer einer Kunst(fertigkeit)"⟩: 1. Fachmann auf einem Gebiet der Ingenieurwissenschaften. 2. in einem Zweig der Technik fachlich ausgebildeter Arbeiter. 3. jmd., der auf technischem Gebiet bes. begabt ist. 4. jmd., der die Feinheiten einer bestimmten Sportart sehr gut beherrscht. **Tęch|ni|ke|rin** *die;* -, -nen: weibliche Form zu ↑ Techniker. **Tęch|ni|kum** *das;* -s, Plur. ...ka, auch ...ken ⟨aus *nlat.* technicum; vgl. Technik⟩: technische Fachschule, Ingenieurfachschule; vgl. Polytechnikum. **tęch|nisch** ⟨aus *nlat.* technicus, vgl. Technik⟩: 1. die Technik (1, 4) betreffend. 2. die zur technischen Ausübung u. Handhabung erforderlichen Fähigkeiten betreffend. **tech|ni|sie|ren** ⟨zu ↑ ...isieren⟩: 1. mit technischen Geräten ausrüsten. 2. etw. auf technischen Betrieb umstellen, für technischen Betrieb einrichten. **Tech|ni|zịs|mus** *der;* -, ...men ⟨zu ↑ ...izismus⟩: 1. technischer Fachausdruck, technische Ausdrucksweise. 2. (ohne Plur.) weltanschauliche Auffassung, die den Wert der Technik losgelöst von den bestehenden Verhältnissen, vom sozialen Umfeld sieht u. den technischen Fortschritt als Grundlage u. Voraussetzung jedes menschlichen Fortschritts betrachtet. **tech|no..., Tech|no...,** auch techni..., Techni... ⟨zu ↑ Technik⟩: Wortbildungselement mit der Bedeutung „die Technik betreffend; mit Hilfe der Technik erfolgend", z. B. technologisch, Technoskop; Technizismus. **tech|no|id** ⟨nach *gr.* technoeidḗs „die Kunst(fertigkeit) betreffend"⟩: durch die Technik (1) bestimmt, verursacht. **Tech|no|krat** *der;* -en, -en ⟨aus gleichbed. *engl.-amerik.* technocrat; vgl. Technik u. ...krat⟩: 1. Vertreter der Technokratie. 2. jmd., der auf technokratische (2) Weise handelt, entscheidet. **Tech|no|kra|tie** *die;* - ⟨aus gleichbed. *engl.-amerik.* technocracy; vgl. ...kratie⟩: 1. von den USA ausgehende Wirtschaftslehre, die die Vorherrschaft der Technik über Wirtschaft u. Politik propagiert u. deren kulturpolitisches Ziel es ist, die technischen Errungenschaften für den Wohlstand der Menschen nutzbar zu machen. 2. (abwertend) die Beherrschung des Menschen u. seiner Umwelt durch die Technik. **tech|no|kra|tisch** ⟨aus gleichbed. *engl.-amerik.* technocratic⟩: 1. die Technokratie (1) betreffend. 2. (abwertend) von der Technik bestimmt, rein mechanisch. **Tech|no|lękt** *der;* -[e]s, -e ⟨aus gleichbed. *engl.-amerik.* technolect; Analogiebildung zu ↑ Dialekt⟩: Fachsprache (Sprachw.). **Tech|no|lo|ge** *der;* -n, -n ⟨zu *gr.* technologeîn „eine Kunst od. Wissenschaft betreiben"; vgl. ...loge⟩: Wissenschaftler, Fachmann, der auf dem Gebiet der Technologie arbeitet. **Tech|no|lo|gie** *die;* -, ...ien ⟨nach *spätgr.* technología „einer Kunst gemäße Abhandlung"⟩: 1. (ohne Plur.) Wissenschaft von der Umwandlung von Rohstoffen in Fertigprodukte (Verfahrenskunde). 2. Methodik u. Verfahren in einem bestimmten Forschungsgebiet (z. B. Raumfahrt). 3. Gesamtheit der zur Gewinnung u. Bearbeitung od. Verformung von Stoffen nötigen Prozesse. 4. svw. Technik (4). **Tech|no|lo|gie|park** *der;* -s, -s: Gelände mit bestimmten Serviceeinrichtungen, das innovativ arbeitenden Kleinunternehmen von Kommunen zur Verfügung gestellt wird mit dem Ziel einer Förderung des Technologietransfers. **Tech|no|lo|gie|trans|fer** *der;* -s, -s: Weitergabe betriebswirtschaftlicher u. technologischer Kenntnisse u. Verfahren, bes. von den Industrieländern an die Entwicklungsländer. **tech|no|lo|gisch** ⟨nach *gr.* technologikós „einer Kunst gemäß abhandelnd"⟩: verfahrenstechnisch, den technischen Bereich von etwas betreffend. **tech|no|morph** ⟨zu ↑techno... u. ↑...morph⟩: von den Kräften der Technik geformt (Philos.). **Tech|no|pä|gni|on** *das;* -s, ...ien [...jǝn] ⟨aus gleichbed. *gr.* technopaígnion, eigtl. „künstliches Spiel"⟩: Gedicht, dessen Verse äußerlich den besungenen Gegenstand nachbilden (z. B. ein Ei), Figurengedicht, Bildgedicht (bes. im Altertum u. im Barock). **Tech|no|skop** *das;* -s, -e ⟨zu ↑techno... u. ↑...skop⟩: optisches Instrument zur Überprüfung von Hohlräumen in technischen Anlagen u. Geräten

Tech|tel|mech|tel *das;* -s, - ⟨Herkunft unsicher⟩: (ugs.) Liebschaft, Verhältnis

Ted *der;* -[s], -s ⟨aus *engl.-amerik.* ted; vgl. Teddy-Boy⟩: Kurzform von ↑Teddy-Boy

TED *der;* -s, -s ⟨Kurzw. aus Tele*d*ialog⟩: Computer, der telefonische Stimmabgaben, bes. bei Fernsehsendungen, registriert u. hochrechnet

Ted|dy [...di] *der;* -s, -s ⟨Koseform des engl. männlichen Vornamens Theodore; nach dem Spitznamen des amerik. Präsidenten Theodore Roosevelt, 1858–1919⟩: 1. Stoffbär (als Kinderspielzeug). 2. (ohne Plur.) leichter Plüsch mit langem Flor, der u. a. als Futterstoff, für Kinder- u. Damenmäntel verwendet wird. 3. (Jargon) kurz für Teddy-Boy. **Ted|dy-Boy** [...bɔy] *der;* -s, -s ⟨aus gleichbed. *engl.* teddy boy, urspr. aufsässiger junger Mann, der sich nach der Mode der Regierungszeit Edwards VII. (1901–1910) kleidet; Teddy = Koseform des engl. männlichen Vornamens Edward⟩: Angehöriger einer Gruppe männlicher Jugendlicher, die sich in Kleidungs- u. Lebensstil nach den 1950er Jahren richten

te|des|ca [...ka] vgl. alla tedesca

Te|de|um *das;* -s, -s ⟨nach den lat. Anfangsworten des Hymnus Te Deum (laudamus) „Dich, Gott (loben wir)"⟩: 1. (ohne Plur.) frühchristlicher ↑Ambrosianischer Lobgesang. 2. musikalisches Werk (z. B. Motette, Kantate) über diesen Hymnus

¹Tee *der;* -s, -s ⟨unter Einfluß von gleichbed. *niederl.* thee aus *malai.* te(h), dies aus *chin.* (Dialekt von Fukien) tʼe⟩: 1. auf verschiedene Art aufbereitete Blätter u. Knospen des asiat. Teestrauchs. 2. aus den Blättern des Teestrauchs bereitetes Getränk. 3. Absud aus getrockneten [Heil]kräutern. 4. gesellige Zusammenkunft [am Nachmittag], bei der Tee [u. Gebäck] gereicht wird

²Tee [tiː] *das;* -s, -s ⟨aus gleichbed. *engl.* tee, eigtl. „T", Bed. 1 vielleicht nach der Form, Bed. 2 nach der T-förmigen Markierung für die Stelle⟩: 1. kleiner Stift aus Holz od. Kunststoff, der in den Boden gedrückt u. auf den der Golfball vor dem Abschlag aufgesetzt wird (Golf). 2. kleine rechtwinklige Fläche, von der aus bei einem jeden zu spielenden Loch mit dem Schlagen des Golfballes begonnen wird (Golf)

Teen [tiːn] *der;* -s, -s: Kurzform von ↑Teenager. **Teen|ager** [ˈtiːneɪdʒə] *der;* -s, - ⟨aus gleichbed. *engl.* teenager zu -teen (in thirteen usw.) „-zehn" (in dreizehn usw.) u. age „Alter"⟩: Jugendliche[r] im Alter zwischen etwa 13 u. 19 Jah-

ren; vgl. Twen. **Tee|nie** [ˈtiːni] *der;* -s, -s ⟨aus gleichbed. *engl.-amerik.* teeny zu -teen (vgl. Teenager) unter Einfluß von *engl.* teeny „winzig"⟩: (Jargon) jüngerer [bes. weiblicher] Teen. **Tee|ny** [ˈtiːni] vgl. Teenie

Tef, Teff u. *Taf der;* -[s] ⟨aus *amharisch* ṭēf⟩: eine nordafrik. Getreidepflanze

Te|fil|la *die;* -, ...lot ⟨aus gleichbed. *hebr.* t̠ĕfillā⟩: 1. jüd. Gebet, bes. das ↑Schmone esre. 2. jüd. Gebetbuch. **Te|fil|lin** *die* (Plur.) ⟨aus gleichbed. *hebr.* t̠ĕfillîn⟩: Gebetsriemen der Juden (beim Morgengebet an Stirn u. linkem Oberarm getragene Kapseln mit auf Pergament geschriebenen Bibelstellen)

Tef|lon [ˈtɛfloːn, auch ...ˈloːn] ⓌⓏ *das;* -s ⟨Kunstw.⟩: ein Kunststoff, der bes. hitzebeständig u. widerstandsfähig gegenüber chem. Einwirkungen ist

Tef|sir *der;* -s, -s ⟨über gleichbed. *türk.* tefsir aus *arab.* tafsīr⟩: wissenschaftliche Auslegung u. Erklärung des ↑Korans

Teg|ment *das;* -[e]s, -e ⟨aus *lat.* teg(i)mentum „Decke, Hülle"⟩: Knospenschuppe bei der Pflanzenblüte (Bot.)

Teich|op|sie *die;* -, ...ien ⟨zu *gr.* teichos „Mauer, Wall" u. ↑...opsie⟩: Zackensehen bei Augenflimmern (Med.). **Tei|cho|sko|pie** *die;* -, ...ien ⟨nach *gr.* teichoskopía „Mauerschau" (nach einer Bez. für die Episode der Ilias (3, 121–244), in der Helena von der Mauer Trojas aus Priamos die Helden der Achäer zeigt)⟩: (ohne Plur.) Kunstgriff im Drama, auf der Bühne nicht od. nur schwer darstellbare Ereignisse dem Zuschauer dadurch nahezubringen, daß ein Schauspieler sie schildert, als sähe er sie außerhalb der Bühne vor sich gehen

Tein vgl. Thein

Tei|no|che|mie [auch ˈtai...] *die;* - ⟨zu *gr.* teínein „(an)spannen" u. ↑Chemie⟩: Arbeitsgebiet der physikalischen Chemie, das sich mit der Erzeugung mechanischer Energie bei chem. Prozessen befaßt

Teint [tɛ̃ː, auch tɛŋ] *der;* -s, -s ⟨aus gleichbed. *fr.* teint, eigtl. „Färbung, Tönung", Part. Perf. von teindre „färben", dies aus *lat.* tingere⟩: Beschaffenheit od. Tönung der menschlichen Gesichtshaut; Gesichts-, Hautfarbe

Te|ju *der;* -s, -s ⟨über *port.* teju aus *Tupi* (einer südamerik. Indianersprache) teju⟩: eine südamerik. Schienenechse

Tekn|ony|mie *die;* - ⟨zu *gr.* téknon „Kind", ónyma „Name" u. ↑²...ie⟩: der Brauch, Eltern eines Neugeborenen mit dem Namen des Kindes zu bezeichnen (z. B. *Vater des...;* Völkerk.)

tek|tie|ren ⟨zu ↑Tektur u. ↑...ieren⟩: eine fehlerhafte Stelle in einem Druckerzeugnis durch Überkleben unkenntlich machen bzw. berichtigen

tek|tisch ⟨zu *gr.* tēktós „geschmolzen", dies zu tēkein „schmelzen"⟩: die Ausscheidung von Kristallen aus Schmelzen betreffend (Mineral.). **Tek|tit** [auch ...ˈtɪt] *der;* -s, -e (meist Plur.) ⟨zu ↑²...it⟩: rundliches, glasartiges Gebilde, das vermutlich durch Schmelzvorgänge beim Aufschlagen von großen Meteoriten auf die Erde entstanden ist

Tek|to|gen *das;* -s, -e ⟨zu *gr.* téktōn „Baumeister" u. ↑...gen⟩: der Teil der Erdkruste, der tektonisch einheitlich bewegt wurde (Geol.). **Tek|to|ge|ne|se** *die;* -: alle tektonischen Vorgänge, die das Gefüge der Erdkruste umformten (Geol.). **Tek|to|nik** *die;* - ⟨zu *gr.* tektonikós „die Baukunst betreffend", dies zu téktōn, vgl. Tektogen; vgl. ²...ik (1, 2)⟩: 1. Teilgebiet der Geologie, das sich mit dem Bau der Erdkruste u. ihren inneren Bewegungen befaßt (Geol.). 2. [Lehre von der] Zusammenfügung von Bauteilen zu einem Gefüge. 3. [strenger, kunstvoller] Aufbau einer Dichtung. **tek|to|nisch**: die Tektonik betreffend. **Tek|to|nit** [auch

Tektonosphäre

...'nɪt] *der;* -s, -e ⟨zu ↑²...it⟩: durch tektonische Beanspruchung in seinem Gefüge deformiertes Gestein, z. B. durch Schieferung (Geol.). **Tek|to|no|sphä|re** *die;* -: Tiefenzone der Erde, in der sich tektonische Vorgänge abspielen (Geol.)

Tek|tur *die;* -, -en ⟨aus spätlat. tectura „Übertünchung", eigtl. „Bedeckung", zu *lat.* tegere „(be)decken"⟩: a) Blatt mit Ergänzungen od. Berichtigungen, das in Bücher, Broschüren o. ä. eingeklebt wird; b) Korrekturstreifen mit dem richtigen Text, der über eine falsche Stelle in einem Buch geklebt wird; vgl. tektieren

tel..., Tel... vgl. ²tele..., Tele...

...tel ⟨gekürzt aus ↑ Hotel⟩: Wortbildungselement mit der Bedeutung „Übernachtungseinrichtung [für spezielle Benutzergruppen]", z. B. Botel, Motel, Rotel

Te|la *die;* -, Telen ⟨aus gleichbed. *lat.* tela⟩: Gewebe, Bindegewebe (Med.)

Te|la|mon [auch ...'mo:n] *der* od. *das;* -s, ...onen ⟨aus gleichbed. *gr.* telamṓn, eigtl. „der Träger", zu tlēnai „(er)tragen"⟩: 1. (veraltet) Leibgurt für Waffen (Mil.). 2. kraftvolle Gestalt als Träger von [vorspringenden] Bauteilen

Tel|an|thro|pus *der;* -, ..pi ⟨aus *nlat.* telanthropus zu ↑²tele... u. *gr.* ánthrōpos „Mensch", eigtl. „Endmensch"⟩: ein südafrik. fossiler Typ des Frühmenschen

Te|la|ri|büh|ne *die;* - ⟨zu *mlat.* telarium „dreieckiges Prisma"⟩: Bühne der Renaissancezeit, auf der perspektivisch bemalte Leinwandrahmen links u. rechts vom Bühnenabschluß aufgestellt wurden

¹te|le..., Te|le... ⟨zu *gr.* tēle (Adv.) „fern, weit", unklare Bildung zu télos, vgl. ²tele...⟩: Wortbildungselement mit den Bedeutungen: a) „fern, weit, in der/die Ferne", z. B. Teleobjektiv, telegrafieren, u. b) „Fernsehen", z. B. Telekolleg, Teleshow

²te|le..., Te|le..., vor Vokalen auch tel..., Tel... ⟨aus gleichbed. *gr.* télos⟩: Wortbildungselement mit der Bedeutung „Ende, Ziel; Zweck", z. B. Telanthropus, Telestichon

Te|le|an|gi|ek|ta|sie *die;* -, ...ien ⟨zu ↑¹tele..., *gr.* aggeîon „(Blut)gefäß" u. ↑ Ektasie⟩: bleibende, in verschiedenen Formen (z. B. Malen) auf der Haut sichtbare Erweiterung der ↑ Kapillaren (1; Med.). **Te|le|ban|king** [...bæŋkɪŋ] *das;* -s: Abwicklung von Bankgeschäften mit Hilfe von Einrichtungen der Telekommunikation. **Te|le|box** *der;* -en: Nachrichtenvermittlungsdienst, über den Informationen in eine Datenbank eingespeichert u. von den Nutzern über das Telefonnetz abgerufen werden können, um sie direkt vom Computer bearbeiten zu lassen. **Te|le|brief** *der;* -[e]s, -e: Schreiben, das durch ↑Telekopierer übermittelt u. durch Eilboten zugestellt wird. **Te|le|cu|rie|the|ra|pie** [...ky'ri:...] *die;* -, ...ien ⟨zu ↑ Curie⟩: Fernbestrahlung des Körpers mit radioaktiven Stoffen (Med.). **Te|le|fax** *das;* -, -[e] ⟨zu ↑¹tele... u. ↑Faksimile, das x steht wohl in Anlehnung an ↑Telex⟩: 1. Fernkopie. 2. a) Fernkopierer; b) (ohne Plur.) in Verbindung mit dem öffentlichen Telefonnetz funktionierende Einrichtung, die das Fernkopieren ermöglicht; Abk.: Fax. **te|le|fa|xen:** fernkopieren. **Te|le|fon** [auch 'te:...] *das;* -s, -e ⟨zu ↑¹tele... u. *gr.* phōnḗ „Stimme"⟩: a) Apparat, der über eine Drahtleitung od. drahtlos Telefonate möglich macht, Fernsprecher; b) Fernsprechanschluß; Abk.: Tel. **Te|le|fo|nat** *das;* -[e]s, -e ⟨zu ↑...at (1)⟩: Ferngespräch, Anruf. **Te|le|fon|fo|rum** *das;* -s, ...ren: Kopplung einer Rundfunk- od. Fernsehsendung zu aktuellen Themen mit einer direkten telefonischen Beteiligungsmöglichkeit der Hörer bzw. Zuschauer, um konkrete Fragen u. Probleme im Dialog zu erörtern. **Te|le|fo|nie** *die;* - ⟨zu ↑²...ie⟩: 1. Sprechfunk. 2. Fernmeldewesen. **te|le-fo|nie|ren** ⟨zu ↑ ...ieren⟩: 1. jmdn. anrufen, durch das Telefon mit jmdm. sprechen. 2. jmdm. etwas telefonisch (b) mitteilen. **te|le|fo|nisch:** a) das Telefon betreffend; b) mit Hilfe des Telefons [erfolgend]; fernmündlich. **Te|le|fo|nist** *der;* -en, -en ⟨zu ↑ ...ist⟩: jmd., dessen Aufgabe es ist, telefonische Gespräche zu vermitteln. **Te|le|fo|ni|stin** *die;* -, -nen: weibliche Form zu ↑ Telefonist. **Te|le|fon|kar|te** *die;* -, -n: mit einem Chip (3) versehene Kunststoffkarte zur Benutzung von Kartentelefonen. **Te|le|fon|sex** *der;* -: (ugs.) auf sexuelle Stimulation zielender telefonischer Kontakt mit einer meist weiblichen Person. **Te|le|fo|to** *das;* -s, -s: Kurzform von ↑ Telefotografie. **Te|le|fo|to|gra|fie** *die;* -, ...ien ⟨zu ↑¹tele...⟩: fotografische Aufnahme entfernter Objekte mit einem ↑ Teleobjektiv. **Te|le|gam|ma|the|ra|pie** *die;* -, ...ien ⟨zu ↑ Gammastrahlen⟩: Fernbestrahlung des Körpers mit Gammastrahlen (Med.). **te|le|gen** ⟨aus gleichbed. *engl.* telegenic (Analogiebildung zu photogenic; vgl. fotogen); vgl. ¹tele...⟩: in Fernsehaufnahmen besonders wirkungsvoll zur Geltung kommend (bes. von Personen). **Te|le|go|nie** *die;* - ⟨zu ↑¹tele... u. ↑...gonie⟩: wissenschaftlich nicht haltbare Annahme, daß ein rasseeines Weibchen nach einer einmaligen Begattung durch ein rassefremdes Männchen keine rasseeinen Nachkommen mehr hervorbringen kann (Biol.). **Te|le|graf** *der;* -en, -en ⟨aus gleichbed. *fr.* télégraphe; vgl. ¹tele... u. ...graph⟩: Apparat zur schnellen Übermittlung von Nachrichten durch vereinbarte Zeichen; Fernschreiber. **Te|le|gra|fen|ap|pa|rat** *der;* -[e]s, -e: einer Schreibmaschine ähnlicher Telegraf (z. B. Fernschreiber). **Te|le|gra|fie** *die;* - ⟨aus gleichbed. *fr.* télégraphie; vgl. ...graphie⟩: Fernübertragung von Nachrichten durch vereinbarte Zeichen. **te|le|gra|fie|ren** ⟨nach gleichbed. *fr.* télégraphier; vgl. ...ieren⟩: eine Nachricht telegrafisch übermitteln. **te|le|gra|fisch:** auf drahtlosem Wege; durch ein Telegramm [übermittelt]. **Te|le|gra|fist** *der;* -en, -en ⟨aus gleichbed. *fr.* télégraphiste⟩: jmd., der an einem Telegrafenapparat Nachrichten empfängt u. übermittelt (Berufsbez.). **Te|le|gra|fi|stin** *die;* -, -nen: weibliche Form zu ↑ Telegrafist. **Te|le|gramm** *das;* -s, -e ⟨aus gleichbed. *engl.-amerik.* telegram bzw. *fr.* télégramme; vgl. ¹tele... u. ...gramm⟩: telegrafisch übermittelte Nachricht. **Te|le|gramm|stil** *der;* -[e]s: Reduzierung eines Textes od. einer Nachricht auf die unbedingt notwendigen Wörter. **Te|le|graph** usw. vgl. Telegraf usw. **Te|le|ka|me|ra** *die;* -, -s ⟨zu ↑¹tele...⟩: Kamera mit Teleobjektiv

Te|le|kie [...i̯ə] *die;* -, -n ⟨nach dem ung. Forscher Samuel Graf Teleki v. Szék (1845–1916) u. zu ↑¹...ie⟩: Ochsenauge (Zierstaude)

Te|le|ki|ne|se *die;* - ⟨zu ↑¹tele... u. *gr.* kínēsis „Bewegung"⟩: das angebliche Bewegtwerden von Gegenständen allein durch übersinnliche Kräfte. **te|le|ki|ne|tisch:** die Telekinese betreffend, durch Telekinese bewirkt. **Te|le|kol|leg** *das;* -s, Plur. -s u. -ien [...i̯ən]: allgemeinbildende od. fachspezifische Unterrichtsstunde in Serienform im Fernsehen. **Te|le|kom|mu|ni|ka|ti|on** *die;* -: Austausch von Informationen u. Nachrichten mit Hilfe der Informationsübertragung durch die Nachrichtentechnik, bes. der elektronischen Medien. **Te|le|kon|fe|renz** *die;* -, -en: [wissenschaftliche] Konferenz, bei der die Teilnehmer durch das Telefonnetz od. über Satellitenverbindungen [am Bildschirm] mit einer Vielzahl von Partnern in Meinungsaustausch treten. **Te|le|kon|ver|ter** [...v...] *der;* -s, -: Linsensystem, das zwischen Objektiv u. Kamera eingefügt wird, wodurch sich die Brennweite vergrößert (Fotogr.). **Te|le|kop|ie** *die;* -, -n [...i:ən]: von einem Telekopierer hergestellte Fernkopie. **te|le|ko|pie|ren:** mit Hilfe eines Telekopierers fotokopie-

Telex

ren. **Te|le|ko|pie|rer** *der;* -s, -: Fernkopierer; Gerät, das zu fotokopierendes Material aufnimmt u. per Telefonleitung an ein anderes Gerät weiterleitet, das innerhalb kurzer Zeit eine Fotokopie der Vorlage liefert
Te|le|mark *der;* -s, -s ⟨nach der gleichnamigen norw. Landschaft⟩: (heute nicht mehr angewandter) Schwung quer zum Hang (Skisport). **Te|le|marks|vio|li|ne** *die;* -, -n: svw. Hardangerfiedel
Te|le|ma|tik *die;* - ⟨Kurzw. aus ↑*Tele*kommunikation u. ↑In*formatik*⟩: zusammenfassende Bez. für die Verbindung der Informatik [u. deren praktischer Anwendung in der Computertechnik] mit den verschiedensten Telekommunikationsmitteln. **Te|le|me|ter** *das;* -s, - ⟨zu ↑ *'tele...* u. ↑¹*...meter*⟩: 1. Entfernungsmesser. 2. Gerät zur Übertragung von telemetrischen (2) Meßwerten. **Te|le|me|trie** *die;* - ⟨zu ↑...*metrie*⟩: 1. Entfernungsmessung. 2. automatische Übertragung von Meßwerten od. -daten über größere Entfernungen mit Hilfe der Nachrichtentechnik. **te|le|me|trisch** ⟨zu ↑*...metrisch*⟩: 1. die Entfernungsmessung betreffend. 2. die Telemetrie (2) betreffend, auf ihr beruhend
Te|len: Plur. von ↑Tela. **Te|le|neu|ron** *das;* -s, Plur. ...ronen u. ...ren ⟨zu ↑²*tele...* u. ↑*Neuron*⟩: peripheres motorisches Neuron (Anat.). **Te|l|en|ze|pha|lon**, fachspr. auch Telencephalon [...'tsɛ:...] *das;* -s, ...la ⟨zu ↑*Encephalon*⟩: a) die beiden Großhirnhälften; b) vorderer Abschnitt des ersten Hirnbläschens beim Embryo (Med.)
Te|le|ob|jek|tiv *das;* -s, -e [...və] ⟨zu ↑ *'tele...* u. ↑*Objektiv*⟩: Kombination von Linsen zur Erreichung großer Brennweiten für Fernaufnahmen
Te|leo|lo|gie *die;* - ⟨zu gr. téleios, téleos „vollendend, auf ein Ziel hin strebend; vollkommen" (zu télos, vgl. ²*tele...*) u. ↑*...logie*⟩: die Lehre von der Zielgerichtetheit u. Zielstrebigkeit jeder Entwicklung im Universum u. in seinen Teilbereichen (Philos.). **te|leo|lo|gisch** ⟨zu ↑*...logisch*⟩: a) die Teleologie betreffend; b) zielgerichtet, auf einen Zweck hin ausgerichtet, z. B. den Sprachwandel - erklären. **Te|leo|no|mie** *die;* -, ...ien ⟨zu ↑*...nomie*⟩: von einem umfassenden Zweck regierte u. regulierte Eigenschaft, Charakteristikum. **te|leo|no|misch**: die Teleonomie betreffend. **Te|leo|sau|ri|er** [...iɐ] *der;* -s, - u. **Te|leo|sau|rus** *der;* -, ...rier [...iɐ] ⟨zu gr. saũros „Eidechse"⟩: ausgestorbene krokodilähnliche Riesenechse. **Te|le|os|ti|er** [...iɐ] *der;* -s, - (meist Plur.) ⟨zu gr. ostéon „Knochen"⟩: Knochenfisch
Te|le|path *der;* -en, -en ⟨nach gleichbed. *engl.* telepath; vgl. *¹tele...* u. *...path*⟩: für Telepathie empfänglicher Mensch. **Te|le|pa|thie** *die;* - ⟨nach gleichbed. *engl.* telepathy; vgl. *...pathie*⟩: das Fernfühlen, das Wahrnehmen der seelischen Vorgänge eines anderen Menschen ohne Vermittlung der Sinnesorgane, Gedankenlesen (Parapsychol.). **te|le|pa|thisch** ⟨nach gleichbed. *engl.* telepathic⟩: a) die Telepathie betreffend; b) auf dem Weg der Telepathie. **Te|le|phon** usw. vgl. Telefon usw. **Te|le|pho|to|gra|phie** vgl. Telefotografie. **Te|le|plas|ma** *das;* -s, ...men ⟨zu ↑*tele...*⟩: bei der ↑*Materialisation* angeblich durch das Medium abgesonderter Stoff (Parapsychol.). **Te|le|play|er** [...pleɪɐ] *der;* -s, - ⟨zu ↑*¹tele...* u. *engl.* player „Spieler"⟩: Abspielgerät für aufgezeichnete u. gespeicherte Fernsehsendungen; vgl. Videorecorder. **Te|le|port** *der;* -s, -s ⟨zu *lat.* portus „Hafen" (wohl Analogiebildung zu ↑*Airport*): zentrales Medien- u. Informationszentrum, in dem die verschiedensten Telekommunikationsmittel u. -einrichtungen zusammengefaßt sind. **Te|le|pro|ces|sing** ['tɛlɪproʊsɛsɪŋ] *das;* -[s] ⟨aus gleichbed. *engl.* teleprocessing zu ↑*¹tele...* u. *engl.* processing „Verarbeitung"⟩: Datenfernverarbeitung durch fernmeldetechnische Übertragungswege (z. B. Telefonleitungen). **Te|le|promp|ter** ⓌⓏ *der;* -s, - ⟨aus gleichbed. *engl.* teleprompter, zu prompter „Souffleur"⟩: Vorrichtung in der Nähe der Fernsehkamera, auf der der Text abläuft, den im Fernsehen der Moderator bzw. die Moderatorin vorträgt. **Te|le|shop|ping** [...ʃɔpɪŋ] *das;* -s ⟨zu ↑*¹tele...* u. *engl.* shopping „das Einkaufen"⟩: eine Vertriebsform, bei der in Fernsehsendungen od. über Bildschirmtext präsentierte Waren sofort telefonisch bestellt werden können
Te|le|sil|lei|on *das;* -[s], ...lleia ⟨nach der altgriech. Dichterin Telesilla; vgl. *¹...on*⟩: ein ↑*Glykoneus*, dessen Anfang um eine Silbe verkürzt ist (antike Metrik)
Te|le|sko|mat ⓌⓏ *der;* -en, -en ⟨Kunstw. aus ↑²*Telesko*pie u. ↑*Auto*mat⟩: bei der ²Teleskopie eingesetztes Zusatzgerät zum Fernsehapparat, durch das ermittelt wird, wer welches Programm eingeschaltet hat. **Te|le|skop** *das;* -s, -e ⟨aus *nlat.* telescopium, dies zu gr. tēléskopos „weit schauend"⟩: a) Fernrohr; b) radioastronomisches Gerät, z. B. zur Erforschung von ↑*Pulsaren* od. ↑*Quasaren*. **Te|le|skop|an|ten|ne** *die;* -, -n: Antenne aus dünnen Metallröhrchen, die man ineinanderschieben kann. **Te|le|skop|au|ge** *das;* -s, -n (meist Plur.): teleskopartiges, hervortretendes Auge bei Tiefseetieren (z. B. bei Tintenfischen). **¹Te|le|sko|pie** *die;* - ⟨zu ↑*¹tele...* u. ↑*...skopie*⟩: Wahrnehmung in der Ferne befindlicher verborgener Gegenstände; Ggs. ↑*Kryptoskopie*. **²Te|le|sko|pie** ⓌⓏ *die;* - ⟨zu ↑*¹Teleskopie*⟩: Verfahren zur Ermittlung der Einschaltquoten bei Fernsehsendungen. **te|le|sko|pisch**: 1. a) das Teleskop betreffend; b) durch das Fernrohr sichtbar. 2. die Teleskopie betreffend. **Te|le|spiel** *das;* -[e]s, -e ⟨zu ↑*¹tele...*⟩: 1. Spiel, das mit Hilfe eines an ein Fernsehgerät anzuschließenden Zusatzgerätes gespielt wird, wobei der Bildschirm als Spielfeld od. -brett dient u. der Spieler den Spielablauf von Hand steuert. 2. elektron. Gerät, mit dem man Telespiele (1) spielt
Te|le|sti|chon *das;* -s, Plur. ...chen u. ...cha ⟨zu ↑²*tele...*, gr. stíchos „Vers" u. ↑*¹...on*⟩: a) Wort od. Satz, der aus den Endbuchstaben, -silben od. -wörtern der Verszeilen od. Strophen eines Gedichts gebildet ist; b) Gedicht, das Telestichen enthält; vgl. Akrostichon, Mesostichon
Te|le|test *der;* -s, -s ⟨aus gleichbed. *engl.* teletest; vgl. *¹tele...* u. ↑*Test*⟩: Befragung von Fernsehzuschauern, um den Beliebtheitsgrad einer Sendung festzustellen. **Te|le|tex** *das;* - ⟨Erweiterungsbildung zu ↑*Telex*; vgl. *¹tele...*⟩: vollelektron. Fernschreibverfahren mit hoher Übertragungsgeschwindigkeit, Bürofernschreiben. **Te|le|text** *der;* -[e]s, -e ⟨zu ↑*¹tele...*⟩: zusammenfassende Bez. für verschiedene Systeme zur elektron. Übermittlung von Texten, z. B. Videotext. **Te|le|type|set|ter** [...taɪp...] *der;* -s, - ⟨aus gleichbed. *engl.* teletypesetter, zu *engl.* typesetter „Setzmaschine", eigtl. „Fernsetzmaschine"⟩: veraltete Setzmaschine, die ähnlich wie die ↑*Monotype* das Tasten vom Gießen trennt u. den Gießvorgang durch ein Lochband steuert (Druckw.)
Te|leu|to|spo|ren *die* (Plur.) ⟨zu gr. teleutḗ „Vollendung" (zu télos „Ende") u. ↑*Spore*⟩: Wintersporen der Rostpilze (Bot.)
Te|le|vi|si|on [...v...] *die;* - ⟨aus gleichbed. *engl.* television; vgl. *¹tele...* u. *Vision*⟩: [als Massenkommunikationsmittel wirkendes] Fernsehen; Abk.: TV. **te|le|vi|sio|nie|ren** ⟨zu ↑*...ieren*⟩: (schweiz.) als Fernsehsendung übertragen. **Te|le|vi|sio|nis|mus** *der;* - ⟨zu ↑*...ismus* (3)⟩: Fernsehsucht, [krankhafter] Zwang, ständig fernsehen zu müssen (Med.). **Te|le|vo|tum** *das,* -s, ...ten: Zuschauerentscheidung mit Hilfe eines ↑*TEDs*. **Te|lex** *das;* -, -[e] ⟨Kurzw. aus *engl.* tele-

telexen

printer *exchange* „Fernschreiber-Austausch"⟩: 1. a) (ohne Plur.) international übliche Bez. für Fernschreiber[teilnehmer]netz; b) Fernschreiber. 2. Fernschreiben. **te|le|xen:** ein Fernschreiben per Telex übermitteln. **Te|le|xo|gramm** *das;* -s, -e ⟨Kunstw. aus ↑*Telex* u. ↑*Telegramm*⟩: an einen ausländischen Telexteilnehmer gerichtetes Fernschreiben

Tell *der od. das;* -[s], -s ⟨aus dem Semit.; vgl. *arab.* tall, *hebr.* tēl⟩: vorgeschichtlicher Siedlungshügel

Tel|lur *das;* -s ⟨zu *lat.* tellus, Gen. telluris „Erde", so benannt wegen der Verwandtschaft mit dem Element ↑Selen⟩: chem. Element; ein Halbmetall; Zeichen Te. **Tel|lu|rat** *das;* -[e]s, -e ⟨zu ↑...at (2)⟩: Salz der Tellursäure. **Tel|lu|rid** *das;* -[e]s, -e ⟨zu ↑³...id⟩: Salz der Tellurwasserstoffsäure. **tel|lurig:** Tellur enthaltend; -e Säure: Sauerstoffsäure des Tellurs. **Tel|lu|rit** [auch ...'rɪt] *das;* -s, -e ⟨zu ↑¹...it⟩: Salz der tellurigen Säure. **Tel|lu|ri|um** *das;* -s, ...ien [...jən] ⟨zu ↑...ium⟩: Gerät zur modellhaften Darstellung der Bewegungen von Erde u. Mond um die Sonne (Astron.).

Te|lo|den|dron *das;* -s, ...ren (meist Plur.) ⟨zu ↑²tele... u. *gr.* déndron „Baum"⟩: feinste Aufzweigung der Fortsätze von Nervenzellen

te|lo|le|zi|thal ⟨zu ↑¹tele..., *gr.* lékithos „Eidotter" u. ↑¹...al (1)⟩: den Bildungsdotter am einen, den Nahrungsdotter am anderen Eipol aufweisend (von Eizellen, z. B. bei Amphibien; Biol.); vgl. isolezithal, zentrolezithal

Te|lom *das;* -s, -e ⟨zu *gr.* télos „Ende" u. ↑...om⟩: Grundorgan fossiler Urlandpflanzen. **Te|lo|mer** *das;* -s, -e u. **Te|lo|me|re** *das;* -n, -n (meist Plur.) ⟨zu ↑...mer⟩: a) durch Telomerisation entstandener Stoff (Chem.); b) Endabschnitt eines Chromosoms (Genetik). **Te|lo|me|ri|sa|ti|on** *die;* -, -en ⟨zu ↑...isation⟩: Analogiebildung zu ↑Polymerisation: Spezialfall der radikalen Polymerisation, bei der relativ kurze Molekülketten entstehen (Chem.). **Te|lo|pha|se** *die;* -, -n: Endstadium der indirekten Kernteilung, bei der aus den Tochterkernen wieder gewöhnliche Kerne entstehen (Biol.). **Te|los** *das;* - ⟨aus gleichbed. *gr.* télos⟩: das Ziel, der [End]zweck (Philos.)

tel|quel, auch **tel quel** [tɛl'kɛl] ⟨aus *fr.* tel quel „so wie"⟩: der Käufer hat die Ware so zu nehmen, wie sie ausfällt (Handelsklausel)

Tel|son *das;* -s, ...sa ⟨aus *gr.* télson „Ende"⟩: Endglied des Hinterleibs bei Gliederfüßern (z. B. bei Krebsen; Biol.)

Te|ma con va|ria|zio|ni [– kɔn v...] *das;* - - - ⟨aus *it.* tema con variazioni⟩: Thema mit Variationen (Mus.)

Te|me|nos *das;* -, ...ne [...ne] ⟨aus gleichbed. *gr.* témenos⟩: abgegrenzter heiliger [Tempel]bezirk im altgriech. Kult

Te|mex *das;* -, -[e] ⟨Kurzw. aus *engl.* telemetry exchange „Fernüberwachungsaustausch"⟩: 1. (ohne Plur.) Fernmeldedienst zur Fernüberwachung u. -steuerung räumlich entfernter Objekte. 2. Fernsteuer- od. Fernüberwachungsgerät. **te|me|xen:** eine Fernsteuerung od. -überwachung vornehmen

Tem|mo|ku *das;* - ⟨aus *jap.* temmo-ku⟩: jap. Bez. für die chin. Töpfereien der Sungzeit (10.–13. Jh.) mit schwarzer od. brauner Glasur u. ihre jap. Nachbildungen

Temp *der;* -s, -s ⟨Kurzform von *Temp*eratur⟩: Kennwort verschlüsselter meteorologischer Meldungen einer Landstation (Meteor.)

Tem|pel *der;* -s, - ⟨aus gleichbed. *lat.* templum⟩: 1. a) nichtchristlicher, bes. antiker Kultbau für eine Gottheit; b) einem Tempel (1) od. Pavillon ähnliches Gebäude. 2. heilige, weihevolle Stätte, z. B. ein - der Kunst. 3. Gotteshaus (z. B. der Mormonen). **tem|peln:** ↑Tempeln spielen. **Tempeln** *das;* -s: ein Kartenglücksspiel, bei dem die Einsätze der Spieler auf eine auf den Tisch gezeichnete tempelartige Figur gesetzt werden

Tem|pe|ra *die;* -, -s ⟨aus gleichbed. *it.* tempera zu temperare „mischen", dies aus *lat.* temperare, vgl. temperieren⟩: 1. kurz für Temperafarbe. 2. (selten) kurz für Temperamalerei (2). **Tem|pe|ra|far|be** *die;* -, -n: mit einer Emulsion (bes. mit Eigelb) gebundene Künstlerfarbe. **Tem|pe|ra|ma|le|rei** *die;* -, -en: 1. (ohne Plur.) [bes. im Mittelalter gebräuchliche] Art der Malerei mit deckenden Farben, die mit verdünntem Eigelb, Feigenmilch, Honig, Leim od. ähnlichen Bindemitteln vermischt werden. 2. in dieser Maltechnik ausgeführtes Kunstwerk. **Tem|pe|ra|ment** *das;* -[e]s, -e ⟨aus *lat.* temperamentum „rechtes Maß, die gehörige Mischung" zu temperare, vgl. temperieren⟩: 1. Wesens-, Gemütsart; vgl. Choleriker, Melancholiker, Phlegmatiker, Sanguiniker. 2. (ohne Plur.) Gemütserregbarkeit, Lebhaftigkeit, Munterkeit, Schwung. **Tem|pe|ran|ti|um** *das;* -s, ...ia ⟨zu *lat.* temperans, Gen. temperantis „beruhigend", Part. Präs. von temperare (vgl. temperieren) u. ↑...ium⟩: Beruhigungsmittel (Med.). **Tem|pe|ra|tur** *die;* -, -en ⟨nach *lat.* temperatura „gehörige Vermischung, Beschaffenheit" zu temperare, vgl. temperieren⟩: 1. Wärmegrad eines Stoffes. 2. Körperwärme; [erhöhte] - haben: leichtes Fieber haben (Med.). 3. temperierte Stimmung bei Tasteninstrumenten (Mus.). **Tem|pe|renz** *die;* - ⟨aus gleichbed. *engl.* temperance, dies aus *lat.* temperantia zu temperans, Gen. temperantis, Part. Präs. von temperare, vgl. temperieren⟩: Mäßigkeit [im Alkoholgenuß]. **Tem|pe|renz|ler** *der;* -s, -: Anhänger einer Mäßigkeits- od. Enthaltsamkeitsbewegung. **Tem|per|guß** *der;* -gusses, -güsse ⟨zu *engl.* temper „Mischung", dies zu to temper, vgl. tempern⟩: durch Glühverfahren unter Abscheidung von [Temper]kohle schmiedbar gemachtes Gußeisen. **tem|pe|rie|ren** ⟨aus *lat.* temperare „in das gehörige Maß setzen; in das richtige (Mischungs)verhältnis bringen"⟩: 1. a) die Temperatur regeln; b) [ein wenig] erwärmen. 2. mäßigen, mildern. 3. (die Oktave) in zwölf gleiche Halbtonschritte einteilen (Mus.). **tem|pern** ⟨aus gleichbed. *engl.* to temper, eigtl. „mäßigen, abschwächen", zu *lat.* temperare, vgl. temperieren⟩: einen Werkstoff über einen längeren Zeitraum mit Wärme behandeln, z. B. Eisen, um es leichter hämmer- u. schmiedbar zu machen

Tem|pest [...pɪst] *die;* -, -s ⟨aus gleichbed. *engl.* tempest, eigtl. „Sturm", dies aus *lat.* tempestas „Wetter, Sturm"⟩: mit zwei Personen zu segelndes Kielboot für den Rennsegelsport. **tem|pe|sto|so** [tɛmpɛs...] ⟨*it.;* zu *lat.* tempestuosus ...„stürmisch"⟩: stürmisch, heftig, ungestüm (Mus.). **Tem|pi:** Plur. von ↑Tempo (2). **tem|pie|ren** ⟨zu *lat.* tempus „Zeit(punkt)" u. ↑...ieren⟩: (veraltet) den Zünder von Hohlgeschossen auf eine bestimmte Brennzeit einstellen (Mil.). **Tem|pi pas|sa|ti!** ⟨aus *it.* tempi passati „vergangene Zeiten"⟩: das sind [leider/zum Glück] längst vergangene Zeiten! **Tem|pist** *der;* -en, -en ⟨nach *it.* tempista „jmd., der auf Tempo (1 b) spielt"; vgl. ...ist⟩: Fechter, der Tempoaktionen bevorzugt

Tem|plei|se *der;* -n, -n (meist Plur.) ⟨aus *mhd.* temp(e)leis(e) für *altfr.* templier, vgl. Templer⟩: Gralshüter, -ritter der mittelalterlichen Parzivalsage. **Tem|pler** *der;* -s, - ⟨nach gleichbed. *(alt)fr.* templier zu temple „Tempel", dies aus *lat.* templum⟩: 1. Angehöriger eines mittelalterl. geistlichen Ritterordens. 2. Mitglied der Tempelgesellschaft, einer 1856 von Ch. Hoffmann gegründeten pietistischen Freikirche

tem|po ⟨zu *it.* tempo, vgl. Tempo⟩: Bestandteil bestimmter Fügungen mit der Bedeutung „im Zeitmaß, Rhythmus

von ... ablaufend"; - di marcia ['martʃa]: im Marschtempo; - giusto ['dʒusto]: in angemessener Bewegung; - primo: im früheren, anfänglichen Tempo; - rubato: svw. rubato. **Tem|po** *das;* -s, Plur. -s u. Tempi ⟨aus *it.* tempo „Zeit(maß, -raum)", dies aus *lat.* tempus, vgl. Tempus⟩: 1. (Plur. -s) a) Geschwindigkeit, mit der eine Bewegung abläuft; b) (ugs.) Schnelligkeit, Hast. 2. a) zeitlicher Vorteil eines Zuges im Schach; b) (bei der Parade) Hieb in den gegnerischen Angriff, um einem Treffer zuvorzukommen (Fechten). 3. (Plur. meist Tempi) für den Vortrag geeignetes, dem entsprechenden Werk angemessenes musikalisches Zeitmaß. 4. Ⓦ (Plur. nur -s; ugs.) Kurzform von Tempotaschentuch (Papiertaschentuch). **Tem|po|ak|ti|on** *die;* -, -en: svw. Tempo (2 b). **Tem|po|li|mit** *das;* -s, -s: allgemeine Geschwindigkeitsbegrenzung. **Tem|po|mat** *der;* -en, -en ⟨Kurzw. aus ↑*Tempo* u. ↑*Automat*⟩: [elektron.] Fahrgeschwindigkeitsregler od. -begrenzer für Kraftfahrzeuge. **Tem|po|ra:** Plur. von ↑¹Tempus u. ↑²Tempus. **¹tem|po|ral** ⟨aus *lat.* temporalis „die Zeit betreffend" zu tempus (vgl. ¹Tempus), Bed. 2 aus gleichbed. *spätlat.* temporalis⟩: 1. zeitlich, das Tempus betreffend (Sprachw.); -e Konjunktion: zeitliches Bindewort (z. B. nachdem). 2. (veraltet) weltlich; vgl. ...al/...ell. **²tem|po|ral** ⟨aus gleichbed. *spätlat.* temporalis zu *lat.* tempus (vgl. ²Tempus), dies zu tendere „sich erstrecken"⟩: zu den Schläfen gehörend (Med.). **Tem|po|ra|li|en** [...jən] *die* (Plur.) ⟨aus gleichbed. *mlat.* temporalia zu *lat.* temporalis, vgl. ¹temporal⟩: die mit einem Kirchenamt verbundenen Einkünfte (kath. Kirchenrecht). **Tem|po|ral|satz** *der;* -es, ...sätze ⟨zu ↑¹temporal⟩: Umstandssatz der Zeit (z. B. *während er kochte,* spielte sie mit den Kindern). **Tem|po|ral|va|ria|ti|on** [...v...] *die;* -: jahreszeitlich bedingter Wechsel im Aussehen der Tiere (Zool.). **tem|po|ra mu|tan|tur** *lat.;* „die Zeiten ändern sich"⟩: alles wandelt, ändert sich. **tem|po|rär** ⟨über *fr.* temporaire aus gleichbed. *lat.* temporarius, vgl. ...är⟩: zeitweilig [auftretend], vorübergehend; -es Gewässer: svw. periodisches Gewässer. -e Datei: eine Datei, die während der Laufzeit eines Programms (4) erstellt, jedoch beim Ablauf wieder gelöscht wird (EDV). **tem|po|rell** ⟨aus gleichbed. *fr.* temporel⟩: (veraltet) zeitlich, vergänglich, irdisch, weltlich; vgl. ...al/...ell. **tem|po|ri|sie|ren** ⟨*fr.* temporiser aus *mlat.* temporizare „zögern, verweilen"⟩: (veraltet) 1. jmdn. hinhalten. 2. sich den Zeitumständen fügen. **¹Tem|pus** *das;* -, Tempora ⟨aus *lat.* tempus „Zeit(abschnitt)"⟩: Zeitform des Verbs (z. B. Präsens). **²Tem|pus** *das;* -, Tempora (meist Plur.) ⟨aus *lat.* tempus, Gen. temporis „Schläfe"⟩: Schläfe, die Seitenpartien des Kopfes zwischen Ohr u. Stirn (Anat.).
te|mu|lent ⟨aus *lat.* temulentus „betrunken, berauscht"⟩: (veraltet) trunken, taumelnd. **Te|mu|lenz** *die;* - ⟨aus *lat.* temulentia „Trunkenheit" zu temulentus, vgl. temulent⟩: das Taumeln, Trunkenheit, bes. infolge Vergiftung mit den Rostpilzen eines Getreideunkrauts (Med.).
Te|nail|le [tə'na:jə] *die;* -, -n ⟨aus *fr.* tenaille „Zange", dies über *vulgärlat.* tenacula aus *spätlat.* tenaculum, vgl. Tenakel⟩: altes Festungswerk, dessen Linien abwechselnd ein- u. ausspringende Winkel bilden. **Te|na|kel** *das;* -s, - ⟨aus *spätlat.* tenaculum „Gerät zum Halten, Halter" zu *lat.* tenere „(fest)halten"⟩: 1. Vorrichtung zum Halten des Manuskripts beim Setzen (Druckw.). 2. (veraltet) Rahmen zum Befestigen eines Filtertuchs.
Ten|al|gie *die;* -, ...ien ⟨zu *gr.* ténon „straffes Band; Sehne" u. ↑...algie⟩: Sehnenschmerz (Med.).
Te|na|zi|tät *die;* - ⟨aus *lat.* tenacitas, Gen. tenacitatis „(zähes) Festhalten" zu tenax „festhaltend", dies zu tenere „(fest)halten"⟩: 1. Zähigkeit; Ziehbarkeit; Zug-, Reißfestigkeit (Phys., Chem., Techn.). 2. Widerstandsfähigkeit eines Mikroorganismus (z. B. eines Virus) gegenüber äußeren Einflüssen (Med.). 3. Beharrlichkeit, Hartnäckigkeit; Zähigkeit, Ausdauer (Psychol.).
Ten|denz *die;* -, -en ⟨wohl unter Einfluß von älter *engl.* tendency, *fr.* tendance zu tendre „spannen, (sich aus)strecken", dies aus *lat.* tendere⟩: 1. Hang, Neigung, Strömung. 2. a) erkennbare Absicht, Zug der Zeit, Richtung; eine Entwicklung, die gerade im Gange ist, die sich abzeichnet; Entwicklungslinie; b) (abwertend) Darstellungsweise, mit der etwas bezweckt od. ein bestimmtes (meist politisches) Ziel erreicht werden soll. **ten|den|zi|ell** ⟨nach gleichbed. *fr.* tendanciel⟩: der Tendenz nach, entwicklungsmäßig. **ten|den|zi|ös** ⟨nach gleichbed. *fr.* tendancieux; vgl. ...ös⟩: von einer weltanschaulichen, politischen Tendenz beeinflußt u. daher als nicht objektiv empfunden. **Ten|denz|li|te|ra|tur** *die;* - ⟨zu ↑Tendenz⟩: Literatur, die die künstlerischen Werte hinter politisch-ideologischen Bezügen zurücktreten läßt od. in der diese Bezüge das eigentliche Anliegen des Autors sind.
Ten|der *der;* -s, - ⟨aus gleichbed. *engl.* tender, gekürzt aus attender „Pfleger" zu to attend „pflegen, aufwarten", dies über das Altfr. aus *lat.* attendere „aufmerksam beachten"⟩: 1. an die Dampflokomotive angekoppelter Wagen, in dem Kohle u. Wasser mitgeführt werden. 2. Begleitschiff, Hilfsfahrzeug (Seew.).
Ten|de|ri|zer ['tɛndəraɪzə] *der;* -s, - ⟨aus gleichbed. *engl.* tenderizer zu to tenderize „(Fleisch) weich und zart machen", zu tender „zart", dies über (*alt)fr.* tendre zu *lat.* tener „zart, weich"⟩: Bez. für die zur Beschleunigung der Fleischreifung verwendeten Enzyme
ten|die|ren ⟨rückgebildet aus ↑Tendenz; vgl. ...ieren⟩: zu etwas neigen; auf etwas gerichtet sein. **Ten|di|nes** [...ne:s]: Plur. von ↑Tendo. **Ten|di|ni|tis** *die;* -, ...itiden ⟨aus *nlat.* tendinitis zu *lat.* tendere (vgl. Tendenz) u. ↑...itis⟩: Sehnenentzündung (Med.). **Ten|di|no|se** *die;* -, -n ⟨zu ↑¹...ose⟩: schmerzhafte degenerative Sehnenerkrankung (Med.). **Ten|do** *der;* -s, ...dines [...ne:s] ⟨aus gleichbed. *nlat.* tendo zu *lat.* tendere, vgl. Tendenz⟩: Sehne, straffes, nur wenig dehnbares Bündel paralleler Bindegewebsfasern (Anat.). **Ten|do|pa|thie** *die;* -, ...ien ⟨zu ↑...pathie⟩: Sammelbez. für alle Sehnenerkrankungen (Med.). **Ten|do|va|gi|ni|tis** [...v...] *die;* -, -itiden: Sehnenscheidenentzündung (Med.).
ten|dre ['tã:drə] ⟨*fr.;* „feinfühlig; zärtlich", aus *lat.* tener⟩: (veraltet) zart, milde, weicherzig, zärtlich. **Ten|dre** *das;* -s, -s ⟨zu *fr.* tendre, vgl. tendre⟩: (veraltet) Vorliebe, Neigung.
Ten|dresse [tã'drɛs] *die;* -, -n [...sn] ⟨aus gleichbed. *fr.* tendresse⟩: (veraltet) 1. Zärtlichkeit, zärtliche Liebe. 2. Vorliebe
Ten|du [tã'dy:] *der;* -, -s ⟨zu *fr.* tendu „ausgestreckt", Part. Perf. von tendre, vgl. Tendenz⟩: Beinbewegung, bei der das gestreckte Bein aus einer geschlossenen Position mit der Fußspitze so weit gleitet, bis ihre äußerste Entfernung vom Standbein weg erreicht ist (Ballett)
Te|ne|ber|leuch|ter *der;* -s, - ⟨zu *lat.* tenebrae (Plur.) „Finsternis"⟩: ein spätmittelalterlicher Leuchter, dessen 12–15 Kerzen nur in der Karwoche angezündet wurden
te|ne|ra|men|te ⟨*it.;* zu *lat.* tener „zart, weich"⟩: zart, zärtlich (Vortragsanweisung; Mus.).
Te|ne|rif|fa|ar|beit *die;* -, -en ⟨nach Teneriffa, einer der Kanarischen Inseln⟩: auf Teneriffa übliche Durchbrucharbeit, Sonnenspitze (Handarbeit)
Te|nes|mus *der;* - ⟨aus *nlat.* tenesmus, dies nach *gr.* teines-

mós „gespannter, harter Leib, Hartleibigkeit"): andauernder schmerzhafter Stuhl- od. Harndrang (Med.)

Ten|nis *das;* - ‹aus gleichbed. *engl.* tennis zu *mittelengl.* tenes, tenetz, dies zu *(alt)fr.* tenez! „nehmt!" od. „haltet!", wohl Zuruf des Aufschlägers an seinen Mitspieler›: ein Ballspiel zwischen zwei od. vier Spielern, die mit einem Schläger den Ball über ein etwa 1 m hohes Netz hin- u. zurückschlagen; vgl. Racket. **Ten|nis|tur|nier** *das;* -s, -e: im Tennis ausgetragenes Turnier (2)

Ten|no *der;* -s, -s ‹aus gleichbed. *jap.* tennō, eigtl. „himmlischer (Herrscher)"›: japan. Kaisertitel; vgl. ¹Mikado (1)

Te|no|de|se *die;* -, -n ‹zu *gr.* ténōn „straffes Band; Sehne", deĩn „(an)binden" u. ↑...ese›: operative Verankerung einer Sehne am Knochen bei Muskellähmung (Med.).

Te|no|pla|stik *die;* -, -en: chirurgisches Verfahren zur Überbrückung eines Sehnendefektes bzw. zur Veränderung einer zu kurzen od. zu langen Sehne (Med.)

¹Te|nor *der;* -s, Plur. Tenöre, österr. auch -e ‹aus gleichbed. *it.* tenore, eigtl. „die Melodie) haltende (Hauptstimme)", dies aus *lat.* tenor, vgl. ²Tenor›: 1. hohe Männersingstimme. 2. Tenorsänger 3. (ohne Plur.) Gesamtheit der Tenorsänger in einem Chor. 4. (ohne Plur.) solistischer, für den ¹Tenor (1) geschriebener Teil eines Musikwerks. **²Te|nor** *der;* -s ‹aus *lat.* tenor „Ton(höhe) einer Silbe; Sinn, Inhalt" zu tenere „(gespannt) halten"›: 1. grundlegender Gehalt, Sinn, Wortlaut. 2. a) Haltung, klarer Inhalt eines Gesetzes; b) der entscheidende Teil des Urteils (Rechtsw.). 3. Stimme, die im ↑ Cantus firmus den Melodieteil trägt; Abk.: t, T. **Te|no|ra** *die;* -, -s ‹aus gleichbed. *span.* tenora›: katal. Abart der Oboe (Mus.). **te|no|ral** ‹zu ↑ ¹Tenor u. ↑¹...al (1)›: tenorartig, die Tenorlage betreffend. **Te|nor|ba|ri|ton** *der;* -s, Plur. -e u. -s: 1. Baritonsänger mit tenoraler Stimmlage. 2. Baritonstimme mit tenoraler Stimmlage. **Te|nor|baß** *der;* ...basses, ...bässe: svw. Tuba (1). **Te|nor|buf|fo** *der;* -s, -s: 1. Tenor für heitere Opernrollen. 2. zweiter Tenor an einem Operntheater. **Te|nö|re:** Plur. von ↑¹Tenor. **Te|no|rist** *der;* -en, -en ‹zu ↑¹Tenor u. ↑...ist›: Tenorsänger [im Chor]

Te|no|rit [auch ...'rɪt] *der;* -s, -e ‹nach dem ital. Botaniker M. Tenore (1780–1861) u. zu ↑²...it›: in sehr dünnen Täfelchen od. in erdigen Massen auftretendes schwarzes Mineral

Te|nor|schlüs|sel *der;* -s ‹zu ↑¹Tenor›: C-Schlüssel auf der vierten Notenlinie

Te|no|tom *das;* -s, -e ‹zu *gr.* ténōn „straffes Band; Sehne" u. tomós „schneidend"›: spitzes, gekrümmtes Messer für Sehnenschnitte (Med.). **Te|no|to|mie** *die;* ‹zu ↑ ...tomie›: operative Sehnendurchschneidung (Med.)

Ten|sid *das;* -[e]s, -e ‹zu *lat.* tensum, Part. Perf. (Neutrum) von tendere, vgl. Tendenz›: die Oberflächenspannung des Wassers herabsetzender Zusatz in Wasch- u. Reinigungsmitteln. **Ten|si|on** *die;* -, -en ‹aus *lat.* tensio „Spannung"›: Spannung von Gasen u. Dämpfen; Druck (Phys.). **Ten|so|me|ter** *das;* -s, - ‹zu ↑¹...meter›: Gerät für Dehnungs- u. Stauchungsmessungen. **Ten|sor** *der;* -s, ...oren ‹zu *lat.* tensus, Part. Perf. von tendere (vgl. Tendenz) u. ↑...or›: 1. Begriff der Vektorrechnung (Math.). 2. Spannmuskel (Med.). **Ten|sor|kal|kül** *der;* -s, -e ‹zu ↑²Kalkül›: die Gesamtheit der math. Regeln, nach denen das Rechnen mit Tensoren (1) erfolgt

Ten|ta|kel *der* od. *das;* -s, - (meist Plur.) ‹aus *nlat.* tentaculum zu *lat.* tentare, Nebenform von temptare „(prüfend) betasten"›: 1. Fanghaar fleischfressender Pflanzen. 2. beweglicher Fortsatz in der Kopfregion niederer Tiere zum Ergreifen der Beutetiere. **Ten|ta|ku|lit** [auch ...'lɪt] *der;* -en, -en ‹zu ↑³...it›: eine ausgestorbene Flügelschnecke. **Ten|ta|men** *das;* -s, ...mina ‹aus *lat.* tentamen, temptamen „Versuch"›: 1. Vorprüfung (z. B. beim Medizinstudium). 2. Versuch (Med.). **Ten|ta|ti|on** *die;* -, -en ‹aus gleichbed. *spätlat.* tentatio, temptatio›: (veraltet) Versuchung. **ten|ta|tiv** ‹vgl. *fr.* tentatif bzw. *engl.* tentative (zu *lat.* tentare, vgl. Tentakel)›: versuchsweise, probeweise. **Ten|ta|tor** *der;* -s, ...oren ‹aus gleichbed. *lat.* tentator, temptator›: (veraltet) Verführer. **ten|tie|ren** ‹über *fr.* tenter aus *lat.* tentare, vgl. Tentakel›: 1. (veraltet, aber noch landsch.) untersuchen, prüfen; versuchen, unternehmen, betreiben, arbeiten. 2. (österr. ugs.) beabsichtigen

Te|nü [tə'ny] vgl. Tenue. **te|nue** ['te:nuə] vgl. tenuis. **Te|nue** [tə'ny] *das;* -s, -s ‹aus gleichbed. *fr.* la tenue, substantiviertes Part. Perf. von tenir „sich halten", dies aus *lat.* tenere, vgl. tenuto›: (schweiz.) 1. Art und Weise, wie jmd. gekleidet ist. 2. a) Anzug; b) Uniform. **te|nu|is** u. tenue ['te:nuə] ‹*lat.*›: dünn, zart (Med.). **Te|nu|is** *die;* -, Tenues ['te:nuəs]: stimmloser Verschlußlaut (z. B. p); Ggs. ↑ Media (1). **te|nu|to** ‹*it.;* Part. Perf. von tenere, dies aus *lat.* tenere ...[gespannt] halten", vgl. ¹Tenor›: ausgehalten, getragen (Vortragsanweisung; Mus.); Abk.: t, ten.; b e n -: gut gehalten (Vortragsanweisung; Mus.). **Ten|zo|ne** *die;* -, -n ‹aus gleichbed. *provenzal.* tenso(un), dies aus *lat.* tensio „Ausdehnung"›: Wett- od. Streitgesang der provenzalischen ↑ Troubadoure

Teo|cal|li [...'kali] *der;* -[s], -s ‹zu *aztek. (Nahuatl)* teotl „Gott" u. calli „Haus"›: pyramidenförmiger aztek. Kultbau mit Tempel. **Teo|sin|te** *die;* - ‹aus *aztek. (Nahuatl)* teocentli zu teotl „Gott" u. centli „Kornähre"›: in Mittelamerika beheimatetes hochwüchsiges Gras, das als Grünfutter verwendet wird

Te|pa|che [te'patʃə] *der;* - ‹aus *amerik.-span.* tepache zu *aztek. (Nahuatl)* tepitl „eine Art Korn" u. atl „Wasser"›: svw. Pulque

Te|pa|len *die* (Plur.) ‹zu *fr.* tépale, beeinflußt durch sépale „Kelchblatt" u. pétale „mit Blütenblättern versehen"›: die gleichartigen Kelch- u. Blütenblätter des ↑ Perigons (Bot.).

Te|pe *der;* -[s], -[s] ‹aus gleichbed. *türk.* tepe, eigtl. „Hügel"›: vorgeschichtlicher Siedlungshügel

Tel|phi|gramm *das;* -s, -e ‹Kurzw. aus *T* (Formelzeichen für Temperatur), φ [fi:] (Formelzeichen für Entropie) u. ↑...gramm›: graphische Aufzeichnung wetterdienstlicher Meßergebnisse

Te|phra *die;* - ‹aus *gr.* téphra „Asche"›: Sammelbez. für vulkanische Lockerstoffe. **Te|phrit** [auch ...'rɪt] *der;* -s, -e ‹zu ↑²...it›: ein graues, selten schwarzes basaltisches Ergußgestein (Geol.). **Te|phro|chro|no|lo|gie** *die;* -: Methode der geologischen Datierung mit Hilfe (durch den Wind weit verbreiteter) vulkanischer Aschen, deren Auswurfsort u. -zeit bekannt sind. **Te|phro|it** [auch ...'ɪt] *der;* -s, -e ‹zu ↑²...it›: ein rötliches Mineral

Te|pi|da|ri|um *das;* -s, ...ien [...iən] ‹aus gleichbed. *lat.* tepidarium zu tepidus „lau"›: 1. temperierter Abkühlraum der römischen Thermen. 2. (veraltet) Gewächshaus

Te|qui|la [te'ki:la] *der;* -[s] ‹aus *mex.-span.* tequila, nach der gleichnamigen mex. Stadt›: ein aus ↑ Pulque durch Destillation gewonnener mexikan. Branntwein

Te|ra... ‹zu *gr.* téras „außergewöhnliches Vorzeichen", eigtl. „(Wunder)zeichen"›: Vorsatz vor Maßeinheiten mit der Bedeutung das Billionenfache (10^{12}fache) der genannten Maßeinheit, z. B. Terameter (Tm) = 10^{12} m; Zeichen T. **Te|ra|me|ter** *der;* -s, -: eine Billion (10^{12}) Meter; Zeichen Tm. **te|ra|to...**, **Te|ra|to...** ‹zu *gr.* téras, Gen. tératos „etwas ungeheuer

Großes, Schreckbild"; vgl. Tera...⟩: Wortbildungselement mit der Bedeutung „Mißbildung", z. B. teratogen, Teratologe. **te|ra|to|gen** ⟨zu ↑...gen⟩: Mißbildungen bewirkend (z. B. von Medikamenten; Med.). **Te|ra|to|gen** *das;* -s, -e: Substanz, die zu Mißbildungen der Leibesfrucht führt (Med.). **Te|ra|to|ge|ne|se** *die;* -, -n: Entstehung u. Entwicklung von körperlichen od. organischen Mißbildungen während der Embryonalentwicklung im Mutterleib (Med.). **te|ra|to|id** ⟨zu ↑...oid⟩: einem Teratom (im histologischen Aufbau) ähnlich (von Tumoren; Med.). **Te|ra|to|lo|ge** *der;* -n, -n ⟨zu ↑...loge⟩: Wissenschaftler auf dem Gebiet der Teratologie (Med.). **Te|ra|to|lo|gie** *die;* - ⟨zu ↑...logie⟩: Teilgebiet der Medizin, das sich mit den körperlichen u. organischen Mißbildungen befaßt (Med.). **te|ra|to|lo|gisch** ⟨zu ↑...logisch⟩: die Teratologie betreffend. **Te|ra|tom** *das;* -s, -e ⟨zu ↑...om⟩: angeborene Geschwulst aus Geweben, die sich aus Gewebsversprengungen entwickeln (Med.). **Te|ra|to|skop** *der;* -en, -en ⟨zu *gr.* skopós „Beobachter"⟩: (veraltet) Deuter von Wunderzeichen. **Te|ra|to|sko|pie** *die;* - ⟨zu ↑...skopie⟩: (veraltet) Deutung von Wundern. **Te|ra|to|sper|mie** *die;* -, ...ien ⟨zu ↑Sperma u. ↑²...ie⟩: Ausscheidung einer Samenflüssigkeit mit über 30% mißgestalteten Samenfäden (Med.). **Te|ra|watt|stun|de** *die;* -, -n ⟨zu ↑Tera...⟩: vor allem in der Energietechnik verwendete Einheit der Energie; Zeichen TWh

Ter|bi|um *das;* -s ⟨aus *nlat.* terbium, nach dem schwed. Ort Y*tt*erby u. zu ↑...*ium*⟩: chem. Element aus der Gruppe der ↑Lanthanoide, Seltenerdmetall; Zeichen Tb

Te|re|bin|the *die;* -, -n ⟨über *lat.* terebinthus aus gleichbed. *gr.* terébinthos⟩: ↑Pistazie (1) des Mittelmeergebietes, aus deren Rinde Terpentin u. Gerbstoff gewonnen werden; Terpentinbaum

Te|re|bra *die;* -, ...rae [...rɛ] ⟨aus *lat.* terebra „(Mauer)bohrer" zu terere „(zer)reiben"⟩: ein altes Belagerungswerkzeug zum Lockern der Mauersteine durch Ausbohren der Fugen. **Te|re|bra|tel** *die;* -, -n ⟨aus *nlat.* terebratula zu *lat.* terebratus, Part. Perf. von terebrare „bohren" zu terebra „Bohrer"⟩: fossiler Armfüßer

Te|rem *der;* -[s], - ⟨aus gleichbed. *russ.* terem, eigtl. „oberer Wohnraum"⟩: russ. Palastbau des 17. Jhs. mit reich gegliederter Fassade

Te|re|phthal|säu|re *die;* - ⟨Kunstw.⟩: eine aromatische Dikarbonsäure, Ausgangsstoff für Polyesterfaserstoffe u. -folien

Ter|gal Ⓦ *das;* -s ⟨Kunstw.⟩: 1. eine synthetische Textilfaser aus Polyester. 2. Gewebe aus Tergal (1)

Ter|gi: Plur. von ↑Tergum. **Ter|gi|ver|sa|ti|on** [...v...] *die;* -, -en ⟨aus gleichbed. *lat.* tergiversatio zu tergiversari, vgl. tergiversieren⟩: (veraltet) Ausflucht, Weigerung. **ter|gi|ver|sie|ren** ⟨aus gleichbed. *lat.* tergiversari zu tergum (vgl. Tergum u. vertere „sich drehen, wenden"; vgl. ...ieren⟩: (veraltet) Ausflüchte suchen, sich weigern. **Ter|gum** *das;* -s, ...gi ⟨aus *lat.* tergum „Rücken"⟩: Rückenschild, der ↑dorsale Teil bei Insekten (Zool.)

Term *der;* -s, -e ⟨aus gleichbed. *fr.* terme, eigtl. „Grenze, Begrenzung", dies aus *(m)lat.* terminus, vgl. Termin⟩: 1. [Reihe von] Zeichen in einer formalisierten Theorie, mit der od. dem eines der in der Theorie betrachteten Objekte dargestellt wird. 2. Zahlenwert der Energie eines ↑mikrophysikalischen Systems (eines Atoms, Ions od. Moleküls; Phys.). 3. svw. Terminus (Sprachw.). **¹Ter|me:** Plur. von ↑Term. **²Ter|me** *der;* -n, -n ⟨aus gleichbed. *fr.* terme, vgl. Term⟩: (veraltet) Grenzstein, -säule. **Ter|min** *der;* -s, -e ⟨über *mlat.* terminus „(Zahlungs)frist" aus *lat.* terminus „Ziel, Ende", eigtl. „Grenzzeichen, Grenze"⟩: 1. a) festge-

setzter Zeitpunkt, Tag; b) Liefer-, Zahlungstag; Frist. 2. vom Gericht festgesetzter Zeitpunkt für eine Gerichtsverhandlung. **ter|mi|nal** ⟨aus gleichbed. *lat.* terminalis, vgl. Terminal⟩: die Grenze, das Ende betreffend, zum Ende gehörend. **Ter|mi|nal** ['tøːɐ̯mɪnəl, 'tœr–, engl. 'təːmɪnl] *der,* auch *das;* -s, -s ⟨aus gleichbed. *engl.-amerik.* terminal (station) zu terminal „das Ende bildend, End-", dies aus *lat.* terminalis „zur Grenze gehörend" zu terminus, vgl. Termin⟩: 1. a) Abfertigungshalle für Fluggäste; b) Empfangsgebäude eines Bahnhofs. 2. Anlage zum Be- u. Entladen in Bahnhöfen od. in Häfen. 3. (meist *das*) Datenendstation, Vorrichtung für die Ein- od. Ausgabe von Daten an einer Datenverarbeitungsanlage (EDV). **Ter|mi|na|li|en** [tɛrmi'naːli̯ən] *die* (Plur.) ⟨aus gleichbed. *lat.* Terminalia⟩: altröm. Fest zu Ehren des röm. Gottes Terminus (am 23. Februar). **Ter|mi|nal|sta|di|um** *das;* -s, ...ien [...i̯ən] ⟨zu ↑terminal⟩: letztes Stadium des Lebens (vor dem Tod; Med.). **Ter|mi|nant** *der;* -en, -en ⟨zu *mlat.* terminans, Gen. terminantis „in abgegrenzten zugewiesenen Gebieten Almosen sammelnd", Part. Präs. von *lat.* terminare, vgl. terminieren⟩: Bettelmönch. **Ter|mi|na|ti|on** *die;* -, -en ⟨aus gleichbed. *lat.* terminatio zu terminare, vgl. terminieren⟩: Begrenzung, Beendigung. **ter|mi|na|tiv** ⟨zu *lat.* terminatus, Part. Perf. von terminare „beendigen", u. ↑...iv⟩: den Anfangs- od. Endpunkt einer verbalen Handlung mit ausdrückend (in bezug auf Verben, z. B. holen, bringen; Sprachw.). **¹Ter|mi|na|tor** *der;* -s, ...oren ⟨aus *spätlat.* terminator „Abgrenzer" zu *lat.* terminare, vgl. terminieren⟩: Grenzlinie zwischen dem beleuchteten u. dem im Schatten liegenden Teil des Mondes od. eines Planeten (Astron.). **²Ter|mi|na|tor** ['təːmɪneɪtə] *der;* -s, -[s] ⟨aus *engl.* terminator „jmd., der etw. beendet", dies aus *lat.* terminator, vgl. ¹Terminator⟩: Gestalt aus dem Bereich der ↑Science-fiction, die aus der Zukunft in die Gegenwart wirkt, um bestimmte Entwicklungen zu beeinflussen od. zu unterbrechen. **Ter|mi|ner** [tɛr...] *der;* -s, - ⟨zu ↑Termin; engl. Analogiebildung zu Planer⟩: Angestellter eines Industriebetriebes, der für die Ermittlung der Liefertermine u. dementsprechend für die zeitliche Steuerung des Produktionsablaufs verantwortlich ist. **Ter|min|ge|schäft** *das;* -[e]s, -e: Zeitgeschäft, bei dem zu einem späteren Zeitpunkt zum Kurs bei Vertragsabschluß zu liefern ist. **Ter|mi|ni:** Plur. von ↑Terminus. **ter|mi|nie|ren** ⟨nach *lat.* terminare „begrenzen, abgrenzen"⟩: 1. a) befristen; b) zeitlich festlegen. 2. innerhalb eines zugewiesenen Gebiets Almosen sammeln (von Bettelmönchen). **Ter|mi|nis|mus** *der;* - ⟨zu *lat.* terminus (vgl. Terminus) u. ↑...ismus (1)⟩: philos. Lehre, nach der alles Denken nur ein Rechnen mit Begriffen ist (eine Variante des ↑Nominalismus; Philos.). **Ter|mi|nist** *der;* -en, -en ⟨zu ↑...ist⟩: Anhänger, Vertreter des Terminismus. **ter|mi|nis|tisch** ⟨zu ↑...istisch⟩: den Terminismus betreffend. **Ter|mi|no|lo|ge** *der;* -n, -n ⟨zu ↑...loge⟩: [wissenschaftlich ausgebildeter] Fachmann, der fachsprachliche Begriffe definiert u. Terminologien erstellt. **Ter|mi|no|lo|gie** *die;* -, ...ien ⟨zu ↑...logie⟩: a) Teil des Wortschatzes einer gegebenen Sprache, der hauptsächlich durch ein bestimmtes Berufs-, Wirtschafts-, Technikmilieu gestaltet ist u. von denen, die ihm angehören, verwendet wird; b) Wissenschaft von der Terminologie (a) als theoretische Grundlage der Fachwortschatzlexikographie od. der praktischen Kenntnis der Bearbeitung wissenschaftlicher u. technischer Wörterbücher. **ter|mi|no|lo|gisch** ⟨zu ↑...logisch⟩: die Terminologie betreffend, dazugehörend. **Ter|min|pa|pie|re** *die* (Plur.): zum Terminhandel an der Börse zugelassene Wertpapiere. **Ter|mi|nus** *der;* -, ...ni ⟨über

Termite

mlat. terminus „festgelegter Zeitpunkt; Aussage, Wort" aus *lat.* terminus, vgl. Termin⟩: 1. Begriff (Philos.). 2. Fachausdruck, Fachwort: - ad quem: Zeitpunkt, bis zu dem etwas gilt od. ausgeführt sein muß (Philos.; Rechtsw.); - ante quem: svw. Terminus ad quem; - a quo: Zeitpunkt, von dem an etwas beginnt, ausgeführt wird (Philos.; Rechtsw.); - interminus: das unendliche Ziel alles Endlichen (Nikolaus von Kues; Philos.); - post quem: svw. Terminus a quo; - technicus [...kʊs], Plur. ...ni ...ci [...tsi]: Fachwort, -ausdruck

Ter|mi|te *die;* -, -n (meist Plur.) ⟨zu *spätlat.* termes, Gen. termitis, Nebenform von tarmes „Holzwurm"⟩: staatenbildendes, den Schaben ähnliches Insekt bes. der Tropen u. Subtropen

Ter|mon *das;* -s, -e ⟨Kunstw. aus de*t*erminieren u. Hor*mon*⟩: hormonähnlicher, geschlechtsbestimmender Wirkstoff bei ↑Gameten (Med., Biol.)

Terms of pay|ment [təːmz əv ˈpeɪmənt] *die* (Plur.) ⟨aus *engl.* terms of payment „Zahlungsbedingungen"⟩: Zahlungsgewohnheiten im internationalen Handel. **Terms of trade** [– – treɪd] *die* (Plur.) ⟨aus *engl.* terms of trade „Handelsbedingungen"⟩: die Austauschrelation zwischen den Import- u. Exportgütern eines Landes (Wirtsch.)

ter|när ⟨über gleichbed. *fr.* ternaire aus *spätlat.* ternarius zu *lat.* terni „je drei"; vgl. ...är⟩: dreifach; aus drei Stoffen bestehend; - e V e r b i n d u n g: aus drei Elementen aufgebaute chem. Verbindung. **Ter|ne** *die;* -, -n ⟨aus *it.* terna „Dreizahl", dies zu *lat.* terni, vgl. ternär⟩: (veraltet) Zusammenstellung von drei Nummern (Lottospiel). **Ter|ni|on** *die;* -, -en ⟨aus *lat.* ternio „die Zahl drei"⟩: (veraltet) Verbindung von drei Dingen. **Ter|no** *der;* -s, -s ⟨aus *it.* terno „Treffer von drei Zahlen"⟩: (österr.) svw. Terne

Te|ro|tech|nik *die;* -, -en ⟨zu *gr.* tēreĩn „bewahren" u. ↑Technik⟩: svw. Terotechnologie (2). **Te|ro|tech|no|lo|gie** *die;* -, ...ien: 1. (ohne Plur.) Lehre von der Instandhaltung u. Reparatur technischer Anlagen u. Gebäude. 2. praktische Anwendung der Terotechnologie (1)

Terp *die;* -, -en ⟨aus gleichbed. *niederl.* terp⟩: künstlich aufgeschütteter Hügel an der Nordseeküste, auf dem [in vorgeschichtlicher Zeit] eine Siedlung oberhalb der Flutwassergrenze angelegt wurde

Ter|pen *das;* -s, -e ⟨gekürzt aus ↑Terpentin; vgl. ...en⟩: organische Verbindung (Hauptbestandteil ätherischer Öle). **Ter|pe|noi|de** *die* (Plur.) ⟨zu ↑...oid⟩: zusammenfassende Bez. für die Terpene sowie zahlreiche weitere, den Terpenen strukturell od. genetisch nahestehende organische Verbindungen (z. B. Gibberelline; Chem.). **Ter|pen|tin** *das* (österr. meist *der*); -s, -e ⟨aus *mlat.* (resina) ter(e)bintina „Harz der Terebinthe" zu *lat.* terebinthinus, *gr.* terebínthinos „zur Terebinthe gehörend"⟩: a) Harz verschiedener Nadelbäume; b) (ugs.) Kurzform von ↑Terpentinöl. **Ter|pen|tin|öl** *das;* -[e]s, -e: aus Terpentin (a) gewonnenes Lösungsmittel für Lacke, Farben u. a. **Ter|pen|tin|pi|sta|zie** [...jə] *die;* -, -n: svw. ↑Terebinthe (Bot.). **Ter|pin** *das;* -s, -e ⟨zu ↑Terpen u. ↑...in (1)⟩: gesättigter zweiwertiger Terpenalkohol, der synthetisch gewonnen wird u. bes. zur Herstellung von Riechstoffen dient (Chem.). **Ter|pi|ne|ol** *das;* -s, -e ⟨zu ↑...ol⟩: in fünf Isomeren vorkommender, ungesättigter Terpenalkohol (Chem.)

Ter|ra *die;* - ⟨aus gleichbed. *lat.* terra⟩: Erde, Land (Geogr.). **Ter|ra di Sie|na** *die;* - - - ⟨aus *it.* terra di Siena „Sienaerde"⟩: svw. Siena (2). **Ter|rae** [...ɛ] *die* (Plur.) ⟨aus *lat.* terrae, Plur. von terra⟩: gebirgige Hochländer der Mondkruste, die die ↑Mare hoch überragen. **Ter|ra fir|me** *die;* - - ⟨aus *port.* terra firme „Festland"⟩: überschwemmungsfreies Land im Amazonastiefland. **Ter|ra fus|ca** [– ...ka] *die;* - -, ...rae ...cae [ˈtɛrɛ ˈfʊstsɛ] ⟨aus gleichbed. *lat.* terra fusca⟩: braunroter Boden mit geringerem Eisengehalt als Terra rossa. **Ter|rain** [tɛˈrɛ̃] *das;* -s, -s ⟨aus gleichbed. *fr.* terrain, dies aus *lat.* terrenum „Erde, Acker", eigtl. „aus Erde Bestehendes", zu terra „Erde"⟩: 1. a) Gebiet, Gelände; b) Boden, Baugelände, Grundstück. 2. Erdoberfläche (im Hinblick auf ihre Formung; Geogr.). 3. Sach-, Interessengebiet, Tätigkeitsbereich. **Ter|ra in|co|gni|ta** [– ɪnˈkɔ...] *die;* - - ⟨aus gleichbed. *lat.* terra incognita, zu incognitus „unbekannt"⟩: 1. unbekanntes Land. 2. unerforschtes, fremdes Wissensgebiet; wissenschaftliches Neuland. **Ter|ra|kot|ta** *die;* -, ...tten (österr. nur so), auch **Ter|ra|kot|te** *die;* -, -n ⟨aus gleichbed. *it.* terracotta zu terra „Erde" u. cotto „gebrannt", Part. Perf. von cuocere „kochen, braten, brennen", dies aus gleichbed. *lat.* coquere⟩: 1. (ohne Plur.) gebrannte Tonerde, die beim Brennen eine weiße, gelbe, braune, hell- od. tiefrote Farbe annimmt. 2. antikes Gefäß od. kleine Plastik aus Terrakotta (1). **Ter|ra|lith** [auch ...ˈlɪt] *der;* Gen. -s u. -en, Plur. -e[n] ⟨zu ↑...lith⟩: (veraltet) nicht glasierte, mit ↑Firnis überzogene Tonkeramik. **Ter|ra|ma|re** *die;* -, -n (meist Plur.) ⟨aus gleichbed. *it.* terramara⟩: bronzezeitliche Siedlung in der Poebene. **Ter|ra|my|cin** [...ˈtsiːn] u. **Ter|ra|my|zin** *das;* -s ⟨zu ↑Myzet u. ↑...in (1)⟩: gegen Kokken u. Virusinfektion hochwirksames Antibiotikum. **Ter|ra nul|li|us** *die;* - - ⟨aus gleichbed. *lat.* terra nullius⟩: Niemandsland, zu keinem Staat gehörendes Gebiet. **Ter|ra|ria|ner** *der;* -s, - ⟨zu ↑Terrarium u. ↑...aner⟩: Terrarienliebhaber. **Ter|ra|ri|stik** *die;* - ⟨zu ↑...istik⟩: Terrarienkunde. **Ter|ra|ri|um** *das;* -s, ...ien [...jən] ⟨zu *lat.* terra „Erde" u. ↑...arium; Analogiebildung zu ↑Aquarium⟩: 1. Behälter für die Haltung kleiner Landtiere. 2. Gebäude [in einem zoologischen Garten], in dem Lurche u. Reptilien gehalten werden. **Ter|ra ros|sa** *die;* - -, Terre rosse ⟨aus *it.* terra rossa „rote Erde"⟩: roter Tonboden, entstanden durch Verwitterung von Kalkstein in warmen Gegenden. **Ter|ra ro|xa** [– ˈrɔʃa] *die;* - - ⟨aus *port.* terra roxa „rote Erde"⟩: tiefroter, humoser Boden der brasilianischen Kaffeeanbaugebiete. **Ter|ra si|gil|la|ta** *die;* - - ⟨aus *lat.* terra sigillata „gesiegelte Erde"; nach dem aufgepreßten Herstellersiegel⟩: Geschirr der röm. Kaiserzeit von rotem Ton, mit figürlichen Verzierungen u. dem Fabrikstempel versehen. **Ter|ras|se** *die;* -, -n ⟨aus gleichbed. *fr.* terrasse, eigtl. „Erdaufhäufung", dies über *altfr.* terrace aus *altprovenzal.* *terrasa „Erdanhäufung, erhöhte Plattform" zu *lat.* terra „Erde"⟩: 1. stufenförmige Erderhebung, Geländestufe, Absatz, Stufe. 2. meist nicht überdachter größerer Platz vor od. auf einem Gebäude. **Ter|ras|sen|dy|na|mik** *die;* -: die übergangslose Aufeinanderfolge von Abschnitten unterschiedlicher Lautstärke (bes. im Barock; Mus.). **ter|ras|sie|ren** ⟨aus gleichbed. *fr.* terrasser⟩: ein Gelände terrassen-, treppenförmig anlegen, errichten (z. B. Weinberge). **Ter|ras|sie|rung** *die;* -, -en ⟨zu ↑...ierung⟩: das Terrassieren, das Terrassiertwerden, das Terrassiertsein. **Ter|raz|zo** *der;* -[s], ...zzi ⟨aus *it.* terrazzo, eigtl. „Terrasse, Balkon"; vgl. Terrasse⟩: aus Zement u. verschieden getönten Steinkörnern hergestellter Werkstoff, der für Fußbodenbeläge, Spülsteine u. ä. verwendet wird. **ter|re|strisch** ⟨aus gleichbed. *lat.* terrestris zu terra „Erde"⟩: 1. die Erde betreffend. 2. a) auf dem Festland gebildet, geschehen (von Ablagerungen u. geologischen Vorgängen; Geol.); b) zur Erde gehörend, auf dem Erdboden lebend (Biol.); Ggs. ↑limnisch (1), ↑marin (2); c) auf der Erde befindlich, den Planeten Erde betreffend; -e L i n i e n: vor allem im roten u. infraroten Spektralgebiet von Sternspektren liegende

Absorptionslinien, die durch Absorption der Strahlung in der Erdatmosphäre entstehen

ter|ri|bel ⟨aus gleichbed. *lat.* terribilis zu terrere „(er)schrekken, in Schrecken setzen"⟩: (veraltet) schrecklich; vgl. Enfant terrible. **Ter|ri|ble sim|pli|fi|ca|teur** [tɛribləsɛplifika'tœːr] *der; - -, -s -s* [tɛribləsɛplifika'tœːr] ⟨aus gleichbed. *fr.* terrible simplificateur⟩: jmd., der wichtige Fragen, Probleme o. ä. auf unzulässige Weise vereinfacht

Ter|ri|er [...i̯ɐ] *der; -s, -* ⟨aus gleichbed. *engl.* terrier, älter terrier dog „Erdhund", zu *spätlat.* terrarius „den Erdboden betreffend", dies zu *lat.* terra „Erde"⟩: kleiner bis mittelgroßer engl. Jagdhund (zahlreiche Rassen, z. B. ↑ Airedaleterrier). **ter|ri|gen** ⟨zu *lat.* terra „Erde" u. ↑...gen⟩: a) in od. auf der Erdkruste entstanden (Geol.); b) vom Festland stammend (Biol.). **ter|ri|kol** ⟨zu *lat.* colere „bewohnen"⟩: auf dem od. im Erdboden lebend (von Tieren; Biol.). **Ter|ri|ne** *die; -, -n* ⟨aus gleichbed. *fr.* terrine, eigtl. „irdene (Schüssel)", zu *altfr.* terrin „irden", dies über *vulgärlat.* *terrinus aus *lat.* terrenus „aus Erde bestehend, irden" zu terra „Erde"⟩: große, meist ovale [Suppen]schüssel [mit Deckel]

Ter|ri|ti|on *die; -* ⟨aus *lat.* territio „das (Er)schrecken" zu terrere, vgl. terribel⟩: in Rechtsprozessen des Mittelalters angewandte Bedrohung eines Angeschuldigten mit der Folter durch Vorzeigen der Folterwerkzeuge, um das Geständnis zu erzwingen

ter|ri|to|ri|al ⟨über *fr.* territorial aus gleichbed. *lat.* territorialis zu territorium, vgl. Territorium⟩: zu einem Gebiet gehörend, ein Gebiet betreffend; -e **Integrität**: Unverletzlichkeit des Gebietes eines Staates als Wesensbestandteil seiner ↑ Souveränität (1). **Ter|ri|to|ri|al|ho|heit** *die; -*: svw. Landeshoheit. **Ter|ri|to|ri|al|is|mus** *der; -* ⟨zu ↑...ismus (2)⟩: svw. Territorialsystem. **Ter|ri|to|ri|a|li|tät** *die; -* ⟨nach gleichbed. *fr.* territorialité; vgl. ...ität⟩: Zugehörigkeit zu einem Staatsgebiet. **Ter|ri|to|ri|a|li|täts|prin|zip** *das; -s*: der internationale Rechtsgrundsatz, daß eine Person den Rechtsbestimmungen des Staates unterworfen ist, in dem sie sich aufhält (Rechtsw.); Ggs. ↑ Personalitätsprinzip. **Ter|ri|to|ri|al|staat** *der; -[e]s, -en*: der kaiserlichen Zentralgewalt nicht unterworfener Staat in der Zeit des Feudalismus. **Ter|ri|to|ri|al|sy|stem** *das; -s*: Abhängigkeit der Kirche vom Staatsoberhaupt in der Zeit des ↑ Absolutismus. **Ter|ri|to|ri|um** *das; -s, ...ien* [...i̯ən] ⟨unter Einfluß von gleichbed. *fr.* territoire aus *lat.* territorium „zu einer Stadt gehörendes Ackerland, Stadtgebiet" zu terra „Erde"⟩: a) Grund u. Boden, Land, Bezirk, Gebiet; b) Hoheitsgebiet eines Staates; c) kleinere Einheit der regionalen Verwaltung

Ter|ror *der; -s* ⟨aus *lat.* terror „Schrecken (bereitendes Geschehen)" zu terrere „in Schrecken setzen"⟩: 1. [systematische] Verbreitung von Angst u. Schrecken durch Gewaltaktionen. 2. Zwang, Druck (durch Gewaltanwendung). 3. (ugs.) a) Zank u. Streit; b) großes Aufheben um eine Geringfügigkeiten. **Ter|ror|akt** *der; -[e]s, -e*: gezielte gewalttätige Handlung, terroristischer Anschlag. **ter|ro|ri|sie|ren** ⟨aus gleichbed. *fr.* terroriser zu terreur „Schrecken", dies aus *lat.* terror⟩: 1. Terror ausüben, [durch Gewaltakte] Angst u. Schrecken verbreiten. 2. jmdn. unterdrücken, bedrohen, einschüchtern, unter Druck setzen. **Ter|ro|ri|sie|rung** *die; -, -en* ⟨zu ↑...isierung⟩: das Terrorisieren, das Terrorisiertwerden. **Ter|ro|ris|mus** *der; -* ⟨aus *fr.* terrorisme „auf Gewaltausübung beruhende politische Herrschaftsform"; vgl. ...ismus (2, 5)⟩: 1. System der Gewalt- u. Schreckensherrschaft. 2. das Verbreiten von Terror durch Anschläge u. Gewaltmaßnahmen zur Erreichung eines bestimmten [politischen] Ziels. 3. Gesamtheit der Personen, die Terrorakte verüben. **Ter|ro|rist** *der; -en, -en* ⟨nach gleichbed. *fr.* terroriste; vgl. ...ist⟩: jmd., der Terroranschläge plant u. ausführt. **Ter|ro|ri|stin** *die; -, -nen*: weibliche Form zu ↑ Terrorist. **ter|ro|ri|stisch** ⟨zu ↑...istisch⟩: 1. Terror (1) verbreitend. 2. im Sinne des Terrorismus (2) handelnd

¹Ter|tia *die; -, ...ien* [...i̯ən] ⟨aus *nlat.* tertia (classis) „dritte (Klasse)" zu *lat.* tertius „dritter"⟩: 1. (veraltend) in Unter- (4.) u. Obertertia (5.) geteilte Klasse einer höheren Schule. 2. (österr.) dritte Klasse einer höheren Schule. **²Ter|tia** *die; -* ⟨aus *nlat.* tertia, eigtl. „die dritte (Schriftgröße)", zu *lat.* tertius, vgl. ¹Tertia⟩: Schriftgrad von 16 Punkt (Druckw.). **³Ter|tia**: Plur. von ↑ Tertium; vgl. Tertium comparationis. **Ter|ti|al** *das; -s, -e* ⟨zu *lat.* tertius (vgl. ¹Tertia); Analogiebildung zu ↑ Quartal⟩: veraltet Jahresdrittel. **ter|ti|an** ⟨aus *lat.* tertianus „zum dritten (Tag) gehörend"⟩: a) dreitägig (z. B. von Fieberanfällen); b) alle drei Tage auftretend (z. B. von Fieberanfällen; Med.). **Ter|tia|na** *die; -* u. **Ter|tia|na|fie|ber** *das; -s* ⟨aus *lat.* tertiana „dreitägiges Fieber"⟩: Dreitagewechselfieber (Med.). **Ter|ti|a|ner** *der; -s, -*: (veraltend) Schüler einer ¹Tertia. **Ter|ti|a|ne|rin** *die; -, -nen*: weibliche Form zu ↑ Tertianer. **Ter|ti|an|fie|ber** *das; -s*: svw. Tertiana. **ter|ti|är** ⟨aus gleichbed. *fr.* tertiaire, dies aus *lat.* tertiarius „das Drittel enthaltend"⟩: 1. dritte Stelle in einer Reihe einnehmend; drittrangig. 2. (von chem. Verbindungen) jeweils drei gleichartige Atome durch drei bestimmten anderen ersetzend od. mit drei bestimmten anderen verbindend; vgl. primär (2), sekundär (2). 3. das Tertiär betreffend. **Ter|ti|är** *das; -s* ⟨zu *lat.* tertiarius, eigtl. „die dritte (Formation)", nach der älteren Zählung des Paläozoikums als Primär⟩: erdgeschichtliche Formation des ↑ Känozoikums (Geol.). **Ter|tia|ri|er** [...i̯ɐ] vgl. Terziar. **Ter|tia|rie|rin** [...ri̯ə...] vgl. Terziarin. **Ter|tie** [...i̯ə] *die; -, -n* ⟨aus *lat.* tertia, eigtl. „die dritte" (weil die Einheit mit drei Strichen ['''] bezeichnet wurde)⟩: alte Maßeinheit für den 60. Teil einer Bogen- od. Zeitsekunde. **Ter|ti|en** [...i̯ən]: Plur. von ↑ ¹Tertia. ↑ Tertie. **Ter|tio|ge|ni|tur** *die; -* ⟨zu *lat.* tertius „der dritte" u. *mlat.* genitura „Geburt"⟩: Besitz[recht] des drittgeborenen Sohnes u. seiner Linie in Fürstenhäusern; vgl. Primogenitur. **Ter|ti|um com|pa|ra|tio|nis** [- k...] *das; - -, ...ia* ⟨aus *lat.* tertium comparationis „das dritte der Vergleichung", zu tertius „dritter" u. comparatio „Vergleich(ung)"⟩: Vergleichspunkt, das Gemeinsame zweier verschiedener, miteinander verglichener Gegenstände od. Sachverhalte (Philos.). **ter|ti|um non da|tur** ⟨*lat.*⟩: ein Drittes gibt es nicht (Grundsatz vom ausgeschlossenen Dritten; Logik). **Ter|ti|us gau|dens** *der; - -* ⟨aus gleichbed. *lat.* tertius gaudens, zu gaudere „lachen"⟩: der lachende Dritte (wenn zwei sich streiten)

Te|ry|len ⓦ *das; -s* ⟨aus gleichbed. *engl.* terylene, Kunstw.; vgl. ...en⟩: synthetische Faser aus ↑ Polyester

Terz *die; -, -en* ⟨aus *mlat.* tertia (vox) „der dritte (Ton)"; Bed. 2 nach *lat.* tertia „dritte (Fechtbewegung)"; vgl. Tertia⟩: 1. a) der 3. Ton einer ↑ diatonischen Tonleiter vom Grundton aus; b) ↑ Intervall (2) von 3 ↑ diatonischen Stufen (Mus.). 2. bestimmte Klingenhaltung beim Fechten. 3. Gebet des Breviers um die dritte Tagesstunde (9 Uhr). **Ter|zel** *der; -s, -* ⟨über *it.* terzuolo aus *mlat.* tertiolus, eigtl. „der kleine Dritte", Verkleinerungsbildung zu *lat.* „dritter", weil angeblich das dritte Junge im Nest ein Männchen sein soll⟩: (Jägerspr.) männlicher Falke. **Ter|ze|rol** *das; -s, -e* ⟨aus gleichbed. *it.* terzeruolo zu terzuolo (vgl. Terzel), weil die Waffe urspr. für die Falkenjagd verwendet wurde⟩: kleine Pistole. **Ter|ze|ro|ne** *der; -n, -n* ⟨aus gleichbed. *span.* tercerón, eigtl. „jmd., der zu drei Vierteln

Mischling ist", zu tercer(o) „dritter", dies aus *lat.* tertius⟩: Nachkomme eines Weißen u. einer Mulattin. **Ter|ze|ro|nin** *die;* -, -nen: weibliche Form zu ↑ Terzerone. **Ter|zętt** *das; -[e]s, -e* ⟨aus gleichbed. *it.* terzetto zu terzo „dritter", dies aus *lat.* tertius; vgl. ¹Tertia⟩: 1. a) Komposition für drei Singstimmen [mit Instrumentalbegleitung]; b) dreistimmiger musikalischer Vortrag; c) Gruppe von drei gemeinsam singenden Solisten; d) Gruppe von drei Personen, die häufig gemeinsam in Erscheinung treten. 2. die erste od. zweite der beiden dreizeiligen Strophen des ↑Sonetts; vgl. ↑Quartett (2). **Ter|zi|ar** *der; -s, -en* u. Tertiarier […iɐ] *der; -s, -* ⟨aus gleichbed. *mlat.* tertiarius zu *lat.* tertius, vgl. ¹Tertia⟩: Angehöriger eines Dritten Ordens, der als weltliche od. auch klösterliche Gemeinschaft einem Mönchsorden angeschlossen ist; vgl. Franziskanerbruder. **Ter|zia|rin** u. Tertiarierin […riə…] *die;* -, -nen: Angehörige eines Dritten Ordens (z. B. ↑ Franziskanerin 2). **Ter|zi|ne** *die;* -, -n (meist Plur.) ⟨aus gleichbed. *it.* terzina zu terzo, vgl. Terzett⟩: meist durch Kettenreim mit den andern verbundene Strophe aus drei elfsilbigen jambischen Versen. **Ter|zo** *das; -s, ...zi* ⟨aus *it.* terzo „Dritteil, der dritte Teil"⟩: Zusammenschluß von drei Personen zur Durchführung eines Gelegenheitsgeschäfts, bei dem Gewinn u. Verlust gleichmäßig geteilt werden. **Terz|quart|ak|kord** *der; -[e]s, -e* ⟨zu ↑ Terz⟩: zweite Umkehrung des Septakkords mit der Quinte als Baßton u. darüberliegender Terz u. Quarte (Mus.)

Te|sa|film Ⓦ *der; -[e]s* ⟨Kunstw.⟩: durchsichtiges Klebeband

Te|sche|nit [auch …'nɪt] *der; -s, -e* ⟨nach der Stadt Teschen im poln.-tschech. Grenzgebiet u. zu ↑²…it⟩: basisches Ganggestein aus ↑ Plagioklas, ↑ Augit u. a.

Tę|sching *das;* -s, Plur. -e u. -s ⟨Herkunft unsicher⟩: kleine Handfeuerwaffe

Tęs|la *das;* -, - ⟨nach dem amerik. Physiker kroat. Herkunft N. Tesla, 1856–1943⟩: Maßeinheit der magnetischen Induktion; Zeichen T. **Tęs|la|strom** *der; -[e]s*: Hochfrequenzstrom von sehr hoher Spannung, aber geringer Stromstärke, der in der ↑ Diathermie angewendet wird. **Tęs|la|transfor|ma|tor** *der;* -s, -en: ↑Transformator zur Erzeugung hochfrequenter Wechselströme geringer Stromstärke, aber sehr hoher Spannung

Tes|sar Ⓦ *das;* -s, -e ⟨Kunstw.⟩: ein lichtstarkes Fotoobjektiv

tes|sel|la|risch ⟨aus *lat.* tessellarius „zum Würfel gehörig" zu tessella „Würfelchen", Verkleinerungsform von tessera „Viereck, Würfel", dies aus *gr.* téssares „vier"⟩: gewürfelt (von Mosaiken; Kunstw.). **tes|sel|lie|ren** ⟨nach gleichbed. *lat.* tesselare; vgl. …ieren⟩: eine Mosaikarbeit anfertigen.

Tęs|se|ra *die;* -, -rae […rɛ] (meist Plur.) ⟨aus *lat.* tessera „viereckige [Spiel]marke, Würfel", dies aus gleichbed. *gr.* téssera, Neutrum Plur. von tésseres „vier"⟩: Täfelchen zum Abstimmen; Spielgeld; Ersatzmünze (in der Antike).

Tes|ser|akt *der; -[e]s, -e* ⟨zu *gr.* aktís „Strahl" (im Sinne von Dimension)⟩: dem dreidimensionalen Würfel analoge Struktur im vierdimensionalen Raum. **tes|se|ral** ⟨zu ↑¹…al (1)⟩: in (regelmäßigen) Vierecken angeordnet; -es Kristallsystem: svw. reguläres System

Tęst *der; -[e]s,* Plur. -s, auch -e ⟨aus gleichbed. *engl.* test, dies aus *altfr.* test „irdener Topf, Tiegel (für alchimistische Experimente)" zu *lat.* testum „Geschirr, Schüssel"⟩: 1. Probe; nach einer genau durchdachten Methode vorgenommener Versuch, Prüfung zur Feststellung der Eignung, der Eigenschaften, charakteristischer Merkmale, der Leistung o. ä. einer Person od. Sache. 2. Verfahren zur Prüfung von Hypothesen an Zufallsstichproben (Statistik). 3. Überprüfung des Ein-/Ausgabeverhaltens eines Programms (4) an Hand der Spezifikation (2; EDV)

Te|sta|ment *das; -[e]s, -e* ⟨aus gleichbed. *lat.* testamentum zu testari, vgl. testieren; Bed. 2 über gleichbed. *kirchenlat.* testamentum⟩: 1. a) letztwillige Verfügung, in der jmd. die Verteilung seines Vermögens nach seinem Tode festlegt; b) [politisches] Vermächtnis. 2. Verfügung, Ordnung [Gottes], Bund Gottes mit den Menschen (danach das Alte u. das Neue Testament der Bibel; Abk.: A. T., N. T.). **te|sta|men|ta|risch** ⟨nach (*spät)lat.* testamentarius „ein Testament betreffend; verfügend"⟩: durch letztwillige Verfügung festgelegt. **Te|stat** *das; -[e]s, -e* ⟨zu *lat.* testatus „bezeugt", Part. Perf. von testari, vgl. testieren⟩: 1. Bescheinigung, Beglaubigung. 2. früher von Hochschullehrer in Form einer Unterschrift im Studienbuch gegebene Bestätigung über den Besuch einer Vorlesung, eines Seminars o. ä. 3. Bestätigung (in Form einer angehefteten Karte o. ä.), daß ein Produkt getestet worden ist (Fachspr.). **Te|sta|tor** *der;* -s, …oren ⟨aus gleichbed. (*spät)lat.* testator⟩: 1. jmd., der ein Testament macht. 2. jmd., der ein Testat ausstellt

Te|sta|zee *die;* -, -n (meist Plur.) ⟨aus *nlat.* testacea zu *lat.* testa „Schale"⟩: schalentragende Amöbe (Wurzelfüßer; Biol.). **Tęst|bat|te|rie** *die;* -, -n ⟨zu ↑ Test⟩: unter bestimmten Gesichtspunkten zusammengestellte Kombination unterschiedlicher Tests (1; Psychol.). **Tęst|bild** *das; -[e]s, -er*: Fernsehbild außerhalb des Programms mit verschiedenen geometrischen Figuren u. Helligkeitswerten zur Überprüfung von Bildschärfe, Helligkeit, Kontrast u. Farbabstufungen. **tę|sten** ⟨aus gleichbed. *engl.* to test zu test, vgl. Test⟩: einem Test unterziehen, eingehend überprüfen. **Tę|ster** *der;* -s, - ⟨nach *engl.* tester „Prüfer"⟩: jmd., der jmdn. od. etwas testet. **Tę|ste|rin** *die;* -, -nen: weibliche Form zu ↑ Tester

Tę|stes […teːs]: Plur. von ↑ Testis

Tę|sti: Plur. von ↑ Testo

te|stie|ren ⟨aus *lat.* testari „bezeugen; ein Testament machen" zu testis „Zeuge"⟩: 1. ein Testat geben, bescheinigen, bestätigen. 2. ein Testament machen (Rechtsw.). **Te|stie|rer** *der;* -s, -: jmd., der testiert. **Te|stie|rung** *die;* -, -en ⟨zu ↑ …ierung⟩: das Testieren. **Te|sti|fi|ka|ti|on** *die;* -, -en ⟨aus gleichbed. (*m)lat.* testificatio⟩: (veraltet) Bezeugung, Bekräftigung durch Zeugen; Beweis (Rechtsw.). **Te|sti|kel** *der;* -s, - ⟨aus gleichbed. *lat.* testiculus, Verkleinerungsform von testis „Hoden"⟩: Hoden (Med.). **Te|sti|kel|hor|mon** *das;* -s, -e: männliches Keimdrüsenhormon (Med.). **te|sti|ku|lär** ⟨zu ↑Testikel u. ↑…är⟩: den Hoden betreffend, im Bereich der Hoden liegend (Med.). **Te|sti|mo|ni|al** […'moʊnjəl] *das;* -s, -s ⟨aus *engl.* testimonial „Zeugnis, Referenz", dies zu *spätlat.* testimonialis „zum Zeugnis dienend" zu *lat.* testimonium, vgl. Testimonium⟩: zu Werbezwecken (in einer Anzeige, einem Prospekt o. ä.) verwendetes Empfehlungsschreiben eines zufriedenen Kunden, eines Prominenten o. ä. **Te|sti|mo|ni|um** *das;* -s, Plur. …ien […ɪən] u. …ia ⟨aus gleichbed. *lat.* testimonium⟩: (veraltet) Zeugnis (Rechtsw.); - maturitatis: Reifezeugnis; - paupertatis: 1. amtliche Bescheinigung der Mittellosigkeit für Prozeßführende zur Erlangung einer Prozeßkostenhilfe. 2. Armutszeugnis. **Tę|stis** *der;* -, Testes […teːs]: ⟨aus gleichbed. *lat.* testis⟩: Hoden, Keimdrüse des Mannes (Med.)

Tęst|match […mɛtʃ, schweiz. auch …matʃ] *das,* schweiz. *der; -[e]s,* Plur. -s, auch -e, österr. u. schweiz. auch -es […tʃɪz]: (bes. schweiz.) Entscheidungsspiel. **Tęst|mo|dell** *das;* -s, -e: neuentwickeltes Erzeugnis, das vor der Serienproduktion von Einzelkunden od. Fachleuten erprobt u. begutachtet wird

Te|sto *der;* -, Te̩sti ⟨aus *it.* testo „Text", dies aus *lat.* textus, vgl. Text⟩: der im ↑Oratorium (2) die Handlung zunächst ↑psalmodierend, später ↑rezitativisch berichtende Erzähler

Te|sto|ste|ron *das;* -s ⟨Kunstw.; zu *lat.* testis, vgl. Testis⟩: Hormon der männlichen Keimdrüsen (Med.)

Te̩st|pi|lot *der;* -en, -en ⟨zu ↑Test u. ↑Pilot⟩: erfahrener Flugzeugführer mit besonderer Berechtigung, neu entwickelte Flugzeugtypen zu erproben. **Te̩st|pro|fil** *das;* -s, -e: graphische Darstellung der Ergebnisse mehrerer Tests (1; Psychol.). **Te̩st|sa|tel|lit** *der;* -en, -en: ↑Satellit (3), der zur praktischen Erprobung von Bauelementen, Technologien u. Verfahren der Raumtechnik unter Weltraumbedingungen dient. **Te̩st|se|rie** [...i̯ə] *die;* -, -n: 1. Reihe von Tests. 2. Produktserie, an der die Qualität getestet wird. **Te̩st|stopp** *der;* -s, -s: ↑Stopp von Atom[waffen]tests. **Te|stu̩|do** *die;* -, ...dines [...neːs] ⟨aus gleichbed. *lat.* testudo, eigtl. „Schildkröte(npanzer)", zu testa „Schale", Bed. 2 nach der Ähnlichkeit mit der Musterung des Schildkrötenpanzers⟩: 1. im klassischen Altertum bei Belagerungen verwendetes Schutzdach. 2. Verband zur Ruhigstellung des gebeugten Knie- od. Ellbogengelenks; Schildkrötenverband. 3. a) (bei den Römern) svw. Lyra (1); b) (vom 15. bis 17. Jh.) Laute

Te|ta|nie *die;* -, ...ien ⟨↑Tetanus u. ↑²...ie⟩: schmerzhafter Muskelkrampf; Starrkrampf (Med.). **te|ta|ni|form** ⟨zu ↑...form⟩: starrkrampfartig, -ähnlich (Med.). **te|ta|nisch:** den Tetanus betreffend; auf Tetanus beruhend; vom Tetanus befallen. **te|ta|no|id** ⟨zu ↑...oid⟩: svw. tetaniform. **Te|ta|nol** ⓦ *das;* -s ⟨zu ↑...ol⟩: ein Tetanusimpfstoff (Pharm.). **Te|ta|nus** [auch 'tɛ...] *der;* - ⟨über *lat.* tetanus „Halsstarre" aus *gr.* tétanos „Spannung, Verzerrung (eines Körperteils)", dies zu teínein „spannen"⟩: Wundstarrkrampf, eine Infektionskrankheit (Med.). **Te|ta|nus|ba|zil|lus** [auch 'tɛ...] *der;* -, ...len: einem Trommelschlegel ähnlicher Erreger des Wundstarrkrampfes (Med.). **Te|ta|nus|se|rum** [auch 'tɛ...] *das;* -s, Plur. ...ra u. ...ren: Impfstoff gegen Tetanus (Med.)

Te|tar|to|eder *der;* -s, - ⟨zu *gr.* tétartos „der vierte" u. hédra „Fläche, Basis", eigtl. „Vierflächner"⟩: Kristallform der Tetartoedrie. **Te|tar|to|edrie** *die;* - ⟨zu ↑²...ie⟩: Ausbildung nur des vierten Teils der Flächen bei einem Kristall. **Te|tar|to|id** *das;* -s, -e ⟨zu ↑...oid⟩: von zwölf ungleichseitigen Fünfecken begrenztes ↑Polyeder als Kristallform

Te|te ['teːtə, 'tɛːtə] *die;* -, -n ⟨aus *fr.* tête „Kopf, Spitze", dies aus *lat.* testa „irdener Topf"⟩: (veraltet) Anfang, Spitze [einer marschierenden Truppe]. **tête-à-tête** [tɛta'tɛːt] ⟨aus gleichbed. *fr.* (en) tête à tête, eigtl. „Kopf an Kopf"⟩: (veraltet) vertraulich, unter vier Augen. **Tête-à-tête** *das;* -, -s ⟨aus *fr.* tête-à-tête „Zwiegespräch"⟩: a) (ugs. scherzh.) Gespräch unter vier Augen; b) vertrauliche Zusammenkunft; zärtliches Beisammensein. **Tête-bêche** *das;* -, -s [tɛt'bɛːʃ] ⟨aus *fr.* tête-bêche „Kopf bei Fuß"⟩: (veraltet) Briefmarkenkehrdruck, Briefmarkenpaar, dessen eine Marke auf dem Kopf steht

Te|thys *die;* - ⟨↑**thys|meer** *das;* -[e]s ⟨nach der Titanin Tethys (*gr.* Tethýs), der Mutter der Gewässer in der griech. Mythologie⟩: vom ↑Paläozoikum bis zum Alttertiär (vgl. Tertiär) bestehendes zentrales Mittelmeer

tetr..., Tetr... vgl. tetra..., Tetra... **Te̩|tra** *der;* -s, -s ⟨verselbständigt aus ↑tetra...⟩: 1. (ohne Plur.) Kurzform von ↑Tetrachlorkohlenstoff. 2. Kurzform von ↑Tetragonopterus. **te|tra..., Te|tra...**, vor Vokalen meist tetr..., Tetr... ⟨aus gleichbed. *gr.* tetr(a)- zu téttares, téssares „vier"⟩: Wortbildungselement mit der Bedeutung „vier, aus vier Bestandteilen bestehend", z. B. tetragonal, Tetragramm. **Te|tra|chlor|koh|len|stoff** *der;* -[e]s: nicht entflammbares Lösungsmittel. **Te|tra|chord** [...'kɔrt] *der od. das;* -[e]s, -e ⟨über *lat.* tetrachordon aus *gr.* tetráchordon „Viersaiten-, Viertonsystem", zu chordé „Darmsaite"⟩: Folge von vier Tönen einer Tonleiter, die Hälfte einer Oktave (Mus.). **Te|tra|de** *die;* -, -n ⟨zu *gr.* tetradeĩon „Vierzahl"⟩: 1. die Vierheit, das aus vier Einheiten bestehende Ganze (Philos.). 2. Zusammenfassung von vier Binärziffern bzw. vier ¹Bits zu einer Informationseinheit (EDV). 3. eine der vier im Lauf der Meiose hervorgehenden Zellen mit halbem Chromosomensatz (Biol.). **Te|tra|den|sta|di|um** *das;* -s, ...ien [...i̯ən]: Vierstrangstadium, das am Ende einer ↑Prophase der Reduktionsteilung erkennbar wird (Biol.). **Te|tra|dy|mit** [auch ...mɪt] *der;* -s, -e ⟨zu *gr.* tetrádymos „vierfältig, vierfach" u. ↑²...it⟩: ein blaugraues Mineral. **Te|tra|eder** *das;* -s, - ⟨zu ↑tetra... u. *gr.* hédra „Fläche, Basis"⟩: von vier gleichseitigen Dreiecken begrenzter Körper, dreiseitige Pyramide. **Te|tra|edrit** [auch ...'drɪt] *der;* -s, -e ⟨zu ↑tetra... u. ↑²...it⟩: ein metallisch glänzendes Mineral. **Te|tra|gon** *das;* -s, -e ⟨über *spätlat.* tetragonum aus gleichbed. *gr.* tetrágōnon zu gōnía „Winkel"⟩: Viereck. **te|tra|go|nal** ⟨aus gleichbed. *spätlat.* tetragonalis⟩: das Tetragon betreffend, viereckig. **Te|tra|go|no|pte|rus** *der;* -, ...ri ⟨aus *nlat.* tetragonopterus, zu *gr.* pterón „Flügel"⟩: ein farbenprächtiger Aquarienfisch (Salmler). **Te|tra|gramm** *das;* -s, -e u. **Te|tra|gram|ma|ton** *das;* -s, ...ta ⟨aus gleichbed. *gr.* tetragrámmaton; vgl. tetra... u. ...gramm⟩: Bezeichnung für die vier hebr. Konsonanten J-H-W-H des Gottesnamens ↑Jahwe als Sinnbild Gottes [zur Abwehr von Bösem]. **Te|tra|gy|re** *die;* -, -n: eine als Symmetrieelement eines ↑¹Kristalls auftretende vierzählige Drehachse. **Te|tra|kis|do|de|ka|eder** *das;* -s, - ⟨zu *gr.* tetrákis „viermal"⟩: aus 48 Flächen zusammengesetzte Kristallform. **Te|tra|kis|he|xa|eder** *das;* -s, -: Pyramidenwürfel, der aus 24 Flächen zusammengesetzt ist (kubische Kristallform). **Te|tra|ktys** *die;* - ⟨aus *gr.* tetraktýs „die Zahl Vier"⟩: die (bei den ↑Pythagoreern heilige) Zahl Vier, zugleich die Zehn als Summe der ersten vier Zahlen. **Te|tra|lem|ma** *das;* -s, -ta ⟨zu ↑tetra... u. *gr.* lēmma „Annahme", vgl. Lemma⟩: die vierteilige Annahme (Logik). **Te|tra|lin** ⓦ *das;* -s ⟨Kurzw. aus *Tetra*hydronaphthal*in*⟩: als Lösungsmittel verwendetes, teilweise hydriertes Naphthalin. **Te|tra|lo|gie** *die;* -, ...ien ⟨aus gleichbed. *gr.* tetralogía⟩: Folge von vier eine innere Einheit bildenden Dichtwerken (bes. Dramen), Kompositionen u. a. **te|tra|mer** ⟨zu ↑tetra... u. ↑...mer⟩: vierzählig (z. B. von Blütenkreisen; Bot.). **Te|tra|me|re** *die* (Plur.): aus vier gleichen od. verschiedenen Grundmolekülen aufgebaute chem. Verbindungen. **te|tra|me|ri|sie|ren** ⟨zu ↑...isieren⟩: aus vier gleichartigen Molekülen ohne Abspaltung eines anderen Stoffes ein neues bilden (Chem.). **Te|tra|me|ter** *der;* -s, - ⟨über *lat.* tetrameter aus gleichbed. *gr.* tetrámetros⟩: aus vier ↑Metren bestehender Vers. **Te|tra|morph** *der;* -s, -en ⟨zu *gr.* tetrámorphos „viergestaltig"⟩: Darstellung eines Engels mit vier verschiedenen Köpfen od. Flügeln als Sinnbild der vier Evangelisten in der frühchristlichen Kunst; vgl. Evangelistensymbole. **Te|tra|pa|nax** *der;* -, - ⟨zu ↑tetra...⟩: Gattung der Araliengewächse (z. B. Papieraralie; Bot.). **te|tra|pe|ta|lisch** ⟨zu *gr.* pétalon „Blatt"; vgl. Petal⟩: vier Kron- od. Blumenblätter aufweisend (Bot.). **Te|tra|ple|gie** *die;* - ⟨zu *gr.* plēgḗ „Schlag, Hieb, Stoß" u. ↑²...ie⟩: gleichzeitige Lähmung aller vier Gliedmaßen (Med.). **Te|tra|ple|gi|ker** *der;* -, - ⟨vgl. ²...ik (2)⟩: an allen vier Gliedmaßen gelähmter Mensch (Med.). **te|tra|plo|id**

Tetraploidie

⟨nach *gr.* tetraploũs „vierfach"; vgl. ...oid⟩: vier Chromosomensätze enthaltend (in bezug auf Zellkerne; Biol.). **Te|tra|ploi|die** [...ploi...] *die;* -, ...ien ⟨zu ↑²...ie⟩: das Vorhandensein von vier Chromosomensätzen in einem Zellkern (Biol.). **Te|tra|po|de** *der;* -n, -n ⟨zu *gr.* tetrapódēs „vierfüßig"⟩: 1. Vierfüßer (Biol.). 2. vierfüßiges klotzartiges Gebilde, das mit anderen zusammen aufgestellt od. aufgeschichtet wird u. dadurch als Sperre, Wellenbrecher o. ä. dient. **Te|tra|po|die** *die;* - ⟨nach *gr.* tetrapodía „Vierfüßigkeit", zu poũs, Gen. podós „Fuß, Versfuß"⟩: vierfüßige Verszeile; Tetrameter. **Te|trarch** *der;* -en, -en ⟨über *lat.* tetrarches aus gleichbed. *gr.* tetrárchēs, zu árchein „herrschen", eigtl. „vorgehen, führen"⟩: im Altertum ein Herrscher über den vierten Teil eines Landes. **Te|trar|chie** *die;* -, ...ien ⟨über gleichbed. *lat.* tetrarchia aus *gr.* tetrarchía⟩: a) Gebiet eines Tetrarchen; b) Herrschaft eines Tetrarchen. **Te|tra|so|mie** *die;* -, ...ien ⟨Kurzbildung zu ↑ tetra..., ↑ Chromosom u. ↑²...ie⟩: das vierfache Auftreten eines bestimmten Chromosoms im sonst ↑ diploiden Chromosomenbestand von Zellen od. Individuen, eine Chromosomenanomalie (Biol.). **Te|tra|sti|chon** *das;* -s, ...cha ⟨zu *gr.* tetrástichos „vierzeilig"⟩: Gruppe von vier Verszeilen. **Te|tra|vak|zi|ne** [...v...] *die;* -, -n ⟨zu ↑ tetra...⟩: Vierfachvakzine zur kombinierten Schutzimpfung gegen Cholera, Typhus, Paratyphus A u. B (Med.). **Te|tra|zen** *das;* -s, -e ⟨Kunstw.⟩: eine chem. Verbindung, die äußerst schlagempfindlich ist u. meist mit anderen Initialsprengstoffen in Sprengkapseln verwendet wird. **Te|tra|zy|klin** *das;* -s, -e (meist Plur.) ⟨zu ↑ tetra..., ↑ zyklisch u. ↑...in (1)⟩: Sammelbez. für diejenigen Medikamente, die in ihrer chem. Formel in vier Benzolringen übereinstimmen. **te|tra|zy|klisch** [auch ...'tsyk...]: auf vier Benzolringen aufgebaut (von chem. Verbindungen). **Te|tro|de** *die;* -, -n ⟨Analogiebildung zu ↑ Elektrode⟩: Vierpolröhre. **Te|tro|se** *die;* -, -n ⟨zu ↑²...ose⟩: Monosaccharid mit vier Sauerstoffatomen im Molekül. **Te|tryl** *das;* -s ⟨zu ↑ ...yl⟩: giftige kristalline Substanz, die als Sprengstoff verwendet wird

Teu|cri|um [...kriʊm] *das;* -s ⟨aus *nlat.* teucrium, dies aus gleichbed. *gr.* teúkrion⟩: ↑ Gamander (Gattung der Lippenblütler)

Te|wet *der;* - ⟨aus *hebr.* ṭēvēt⟩: der vierte Monat des jüd. Kalenders (Dezember/Januar)

Tex *das;* -, - ⟨zu ↑ textil⟩: Maßeinheit für das Gewicht textiler Garne von je 1000 m Länge; Zeichen tex

Te|xas|fie|ber *das;* -s ⟨nach dem US-Bundesstaat Texas⟩: bes. in den Tropen u. Subtropen, seltener in Südeuropa seuchenhaft auftretende, von Zecken übertragene, malariaartige Erkrankung der Rinder

Te|xo|print|ver|fah|ren *das;* -s ⟨Kunstw. zu *lat.* texere (vgl. Text) u. *engl.* print „Druck"⟩: Verfahren zur Herstellung von Schriftvorlagen für Offset- u. Tiefdruck (Druckw.). **¹Text** *der;* -[e]s, -e ⟨aus *spätlat.* textus „Inhalt, Text", eigtl. „Gewebe (der Rede)", zu *lat.* textus, Part. Perf. von texere „weben; (kunstvoll) zusammenfügen"⟩: 1. Wortlaut eines Schriftstücks, Vortrags o. ä. 2. Folge von Aussagen, die untereinander in Zusammenhang stehen (Sprachw.). 3. Bibelstelle als Predigtgrundlage. 4. Beschriftung (z. B. von Abbildungen). 5. die zu einem Musikstück gehörenden Worte. **²Text** *die;* - ⟨zu ↑ ¹Text⟩: Schriftgrad von 20 Punkt (ungefähr 7,5 mm Schrifthöhe; Druckw.). **Text|ana|ly|se** *die;* -, -n ⟨zu ↑ ¹Text⟩: Analyse (1) eines Textes durch Bestimmung seiner formalen bzw. inhaltlichen Struktur (Sprachw.). **tex|tem** *das;* -s, -e ⟨zu ↑ ...em⟩: dem zu formulierenden Text zugrundeliegende, noch nicht realisierte sprachliche Struktur (Sprachw.). **tex|ten**: einen [Schlager-, Werbe]text verfassen. **Tex|ter** *der;* -s, -: Verfasser von [Schlager-, Werbe]texten. **Text|gram|ma|tik** *die;* -: Grammatik, die sich nicht auf die Analyse (1) einzelner Sätze beschränkt, sondern darüber hinaus den Text als Ganzes untersucht (Sprachw.). **tex|tie|ren** ⟨zu ↑...ieren⟩: 1. eine Unterschrift unter einer Abbildung anbringen, vermerken. 2. (einem Musikstück) einen Text unterlegen. **tex|til** ⟨über gleichbed. *fr.* textile aus *lat.* textilis „gewebt, gewirkt" zu texere, vgl. ¹Text⟩: 1. die Textiltechnik, die Textilindustrie betreffend. 2. gewebt, gewirkt. **Tex|til|de|si|gner** [...dizainɐ] *der;* -s, -: gestalterischer Beruf in der Textilindustrie. **Tex|ti|li|en** [...i̯ən] *die* (Plur.) ⟨aus *lat.* textilia „gewirkte Bekleidung", Plur. von textile „Gewebe, Zeug, Tuch, Leinwand", substantiviertes Neutrum von textilis „gewebt, gewirkt"⟩: 1. aus verspinnbaren Fasern hergestellte Gebilde, wie Garne, Gewebe, Gewirke, Gestricke. 2. aus Textilien (1) hergestellte Waren. **Tex|til|tech|nik** *die;* -: die Gesamtheit der technischen Einrichtungen u. Verfahren zur Verarbeitung von Textilrohstoffen zu Textilerzeugnissen u. Textilien. **Text|kom|mu|ni|ka|ti|on** *die;* - ⟨zu ↑ ¹Text⟩: zusammenfassende Bez. für alle Formen der Telekommunikation, die Textnachrichten übermitteln, z. B. Fernschreiben, Bildschirmtext, Radiodatentext u. a. **Text|kri|tik** *die;* -: [vergleichende] philologische Untersuchung eines überlieferten Textes auf Echtheit u. Inhalt. **Text|lin|gui|stik** *die;* -: Teilgebiet der modernen Sprachwissenschaft, das sich mit dem Wesen, dem Aufbau u. den inneren Zusammenhängen von Texten befaßt. **text|lin|gui|stisch**: die Textlinguistik betreffend. **tex|tu|ell** ⟨zu ↑ ...ell⟩: den Text betreffend. **Tex|tur** *die;* -, -en ⟨aus *lat.* textura „Gewebe; Zusammenfügung"⟩: 1. Gewebe, Faserung. 2. räumliche Anordnung u. Verteilung der Gemengteile eines Gesteins (Geol.). 3. gesetzmäßige Anordnung der Kristallite in Faserstoffen u. technischen Werkstücken (Chem., Techn.). 4. strukturelle Veränderung des Gefügezustandes von Stoffen bei Kaltverformung (Techn.). 5. die Struktur, das Gefüge einer pflanzlichen Zellwand; das Gefüge der Teilchen in einem Körperteil (Biol.). **Tex|tu|ra** *die;* -: im späten Mittelalter bes. für liturgische Texte gebräuchliche, durch strenge, eckige Formen ausgezeichnete gotische Prunkschrift. **tex|tu|rie|ren** ⟨zu ↑ ...ieren⟩: synthetischen Geweben ein Höchstmaß an textilen Eigenschaften geben (z. B. durch Förderung der Feuchtigkeitsaufnahme). **Text|ver|ar|bei|tung** *die;* - ⟨zu ↑ ¹Text⟩: computergestützte Erstellung, Veränderung u. Speicherung von Texten (EDV)

TGV [teʒeˈve] *der;* -[s], -s ⟨Abk. für *fr.* train à grande vitesse „Zug mit hoher Geschwindigkeit"⟩: ein franz. Hochgeschwindigkeitszug

Tha|la|mus *der;* -, ...mi ⟨über *lat.* thalamus nach *gr.* thálamos „Schlafgemach, Kammer"⟩: Hauptteil des Zwischenhirns (Sehhügel; Med.)

tha|lass..., Thal|ass... vgl. thalasso..., Thalasso... **Tha|lass|ämie** *die;* -, ...ien ⟨zu ↑ thalasso... u. ↑...ämie⟩: Mittelmeeranämie, bes. im Mittelmeergebiet auftretende erbliche ↑ hämolytische Anämie (Med.). **tha|las|so..., Tha|las|so...**, vor Vokalen auch thalass..., Thalass... ⟨aus gleichbed. *gr.* thálassa, thálatta⟩: Wortbildungselement mit der Bedeutung „Meer", z. B. Thalassotherapie, Thalassämie. **tha|las|so|gen** ⟨zu ↑ ...gen⟩: durch das Meer entstanden (Geogr., Geol.). **Tha|las|so|ge|ne|se** *die;* -: ↑ epirogener Bildungsvorgang mariner Sedimentationsbecken (Geol.). **Tha|las|so|gra|phie** *die;* - ⟨zu ↑ ...graphie⟩: Meereskunde. **tha|las|so|krat** u. thalassokratisch ⟨zu *gr.* kratein „herrschen"⟩: vom Meer beherrscht (von Zeiten der Erdgeschichte, in denen die Meere Festland eroberten); vgl.

...isch/-. **Thal|las|so|kra|tie** *die;* -, ...ien ⟨zu ↑...kratie⟩: Periode in der Geschichte der Erde, in der der überwiegende Teil des Festlandes vom Meer überflutet war (Geol.). **tha|las|so|kra|tisch** vgl. thalassokrat. **Thal|las|so|me|ter** *das;* -s, - ⟨zu ↑¹...meter⟩: Meerestiefenmesser; Meßgerät für Ebbe u. Flut. **Thal|las|so|pho|bie** *die;* -, ...ien ⟨zu ↑...phobie⟩: krankhafte Angst vor größeren Wasserflächen (Psychol., Med.). **Thal|las|so|the|ra|pie** *die;* -, ...ien: Teilbereich der Medizin, der sich mit der heilklimatischen Wirkung von Seeluft u. Bädern im Meerwasser sowie mit der therapeutischen Verwendung von Meerwasser u. Meersalz befaßt. **Tha|lat|ta, Tha|lat|ta!** ⟨aus *gr.* (attisch) thálatta, thálatta „das Meer, das Meer", nach dem Freudenruf der Griechen nach der Schlacht von Kunaxa, 401 v. Chr.⟩: es ist geschafft; wir sind am Ziel. **tha|lat|to..., Tha|lat|to...** vgl. thalasso..., Thalasso...

Tha|le|nit [auch ...'nɪt] *der;* -s, -e ⟨nach dem schwed. Physiker T. R. Thalén (1827-1905) u. zu ↑²...it⟩: ein rötliches Mineral, das vor allem in Schweden u. Norwegen vorkommt

Thal|li|do|mid *das;* -s ⟨Kunstw.⟩: schädliche Nebenwirkungen hervorrufender Wirkstoff in bestimmten Schlaf- u. Beruhigungsmitteln (Med.)

Thal|leio|chin [...'xi:n] vgl. Dalleochin

Thal|li: Plur. von ↑Thallus. **Thal|li|um** *das;* -s ⟨zu *gr.* thállos „Sproß, grüner Zweig" (nach der grünen Linie im Spektrum) u. zu ↑...ium⟩: chem. Element, weißes, glänzendes, sehr weiches, giftiges Schwermetall; Zeichen Tl. **Thal|lo|phyt** *der;* -en, -en (meist Plur.) ⟨zu *gr.* thallós (vgl. Thallus) u. ↑...phyt⟩: eine Gruppe der Sporenpflanzen (Algen, Pilze u. Flechten). **Thal|lus** *der;* -, ...lli ⟨über *lat.* thallus aus *gr.* thallós „Sprößling"⟩: primitiver Pflanzenkörper der Thallophyten (ohne Wurzeln u. Blätter; Bot.); Ggs. ↑Kormus

Thal|po|ta|si|me|ter *das;* -s, - ⟨zu *gr.* thálpos „Wärme", tásis „Spannung, Ausdehnung" u. ↑¹...meter⟩: Thermometer, dessen Anzeige auf dem Druck des gesättigten Dampfes einer Flüssigkeit beruht

Thal|ly|sia *die* (Plur.) ⟨aus gleichbed. *gr.* thalýsia⟩: a) von den Feldfrüchten den Göttern dargebrachte Erstlingsgaben (im alten Griechenland); b) altgriech. Erntefest zu Ehren der Göttin Demeter. **Thal|ly|sia|nis|mus** *der;* - ⟨zu ↑...ismus (1)⟩: (veraltet) svw. Vegetarismus

Tha|na|tis|mus *der;* - ⟨zu *gr.* thánatos „Tod" u. ↑...ismus (1)⟩: Forschungsrichtung, die sich mit den Problemen des Sterbens u. des Todes befaßt. **Tha|na|to|ge|ne|se** *die;* -: Teilgebiet der Medizin, das sich mit den Entstehungsursachen des Todes befaßt (Med.). **Tha|na|to|lo|gie** *die;* - ⟨zu ↑...logie⟩: interdisziplinäres Forschungsgebiet, das sich mit den Problemen des Sterbens u. des Todes befaßt. **Tha|na|to|ma|nie** *die;* -, ...ien ⟨zu ↑...manie⟩: Neigung zum Selbstmord. **Tha|na|to|pho|bie** *die;* -, ...ien ⟨zu ↑...phobie⟩: krankhafte Angst vor dem Tod. **Tha|na|tos** *der;* - ⟨aus *gr.* thánatos „Tod"⟩: Todestrieb, auf Zerstörung gerichteter Trieb (Psychoanalyse). **Tha|na|to|se** *die;* -, -n ⟨zu ↑¹...ose⟩: das Sichtotstellen von Insekten, insbesondere auf Grund umweltbedingter Schreckreize (Biol.). **Tha|na|to|zö|no|se** *die;* - ⟨zu *gr.* koinós „gemeinschaftlich; eigtl. „Totengemeinschaft"⟩: Gesamtheit der an einem Fundort vorkommenden Fossilien (Geol.)

Tha|net *das;* -s ⟨nach der gleichnamigen engl. Insel⟩: oberste Stufe des ↑Paläozäns (Geol.)

Thang|ka vgl. Thanka. **Than|ka** *das;* -[s], -s ⟨aus *tib.* thaṅka „ebener Körper"⟩: ein tibet. Rollbild mit auf grobem Leinen gemalten Darstellungen, für das grelle, leuchtende Farben charakteristisch sind

Thanks|gi|ving Day ['θæŋksgɪvɪŋ 'deɪ] *der;* - -, - -s ⟨*engl.*; „Danksagungstag"⟩: Erntedanktag in den USA

Thar vgl. Tahr

Thar|ge|li|en [...iən] *die* (Plur.) ⟨aus gleichbed. *gr.* Thargélia (Plur.)⟩: altgriech. Sühnefest für Apollo zum Schutz der kommenden Ernte

Thau|ma|to|lo|gie *die;* - ⟨zu *gr.* thaûma, Gen. thaúmatos „Wunder" u. ↑...logie⟩: (veraltet) Lehre von den Wundern (Theol.). **Thau|mat|urg** *der;* -en, -en ⟨nach *gr.* thaumatourgós „Wunderheiler, Gaukler"⟩: Wundertäter (Beiname mancher griech. Heiliger)

the..., The... vgl. theo..., Theo...

Thea *die;* - ⟨aus *nlat.* thea; vgl. ¹Tee⟩: Pflanzengattung der Teegewächse, Teestrauch

The|agog *der;* -en, -en ⟨zu *gr.* theagógs „Götter beschwörend"⟩: (veraltet) Götterbeschwörer. **The|ago|gie** *die;* - ⟨aus *gr.* theagōgía „das Bannen der Götter durch Zauberer"⟩: (veraltet) Götterbeschwörung

Thea|ter *das;* -s, - ⟨nach gleichbed. *fr.* théâtre, dies aus *lat.* theatrum, *gr.* théatron „Schauplatz; Schauspielhaus; die Zuschauer" zu theâsthai „(zu)schauen"⟩: 1. a) Gebäude, in dem regelmäßig Schauspiele aufgeführt werden, Schauspielhaus; b) künstlerisches Unternehmen, das die Aufführungen von Schauspielen, Opern o. ä. arrangiert; c) (ohne Plur.) Schauspiel-, Opernaufführung, Vorstellung; d) (ohne Plur.) darstellende Kunst [eines Volkes od. einer Epoche] mit allen Erscheinungen; e) (ohne Plur.) Theaterpublikum. 2. (ohne Plur.) (ugs.) Unruhe, Aufregung, Getue. **Thea|ter|abon|ne|ment** [...abɔnəmãː, schweiz. ...'mɛnt] *das;* -s, Plur. -s, schweiz. -e: ↑Abonnement auf eine bestimmte Anzahl von Aufführungen bei einem Theater während einer Spielzeit

Thea|ti|ner *der;* -s, - (meist Plur.) ⟨aus *nlat.* Theatinus, nach der ital. Bischofsstadt Theate (Nebenform von Teate, heute Chieti)⟩: Angehöriger eines ital. Ordens. **Thea|ti|ne|rin** *die;* -, -nen: weibliche Form zu ↑Theatiner

Thea|tra|lik *die;* - ⟨zu *lat.* theatralis (vgl. theatralisch) u. ↑²...ik (2)⟩: übertriebenes schauspielerisches Wesen, Gespreiztheit. **thea|tra|lisch** ⟨aus *lat.* theatralis „zum Theater gehörig" zu theatrum, vgl. Theater⟩: 1. das Theater betreffend, bühnenwirksam. 2. übertrieben, unnatürlich, gespreizt. **thea|tra|li|sie|ren** ⟨zu ↑...isieren⟩: 1. für die Bühne umsetzen, bühnenwirksam verarbeiten. 2. hochspielen, dramatisieren. **Thea|tro|ma|nie** *die;* - ⟨zu ↑...manie⟩: leidenschaftliche Liebhaberei für das Theater. **Thea|trum ana|to|mi|cum** [- ...kʊm] *das;* - - ⟨aus *nlat.* theatrum anatomicum⟩: anatomischer Hörsaal mit stufenförmigem Aufbau. **Thea|trum mun|di** *das;* - - ⟨aus *lat.* theatrum mundi „Welttheater", zu mundi, Gen. von mundus „Welt"⟩: 1. Titel von umfangreichen historischen Werken im 17. u. 18. Jh. 2. mechanisches Theater, in dem die Figuren mit Hilfe von Laufschienen bewegt wurden, eine im 17. Jh. entstandene Darstellungsform wandernder Puppenspieler. 3. frühe Bez. für Guckkasten mit beweglichen Figuren

The|ba|in *das;* -s ⟨nach der altägypt. Stadt Theben u. zu ↑...in (1)⟩: sehr giftiges Opinmalkaloid mit krampferregender Wirkung

Thé dan|sant [tedã'sã] *der;* - -, - -s [tedã'sã] ⟨aus *fr.* thé dansant „Tanztee"⟩: (veraltet) kleiner [Haus]ball. **The|in** u. **Te|in** *das;* -s ⟨aus gleichbed. *fr.* théine zu thé „Tee", dies aus chin. (Dialekt von Fukien) t'e, vgl. Tee⟩: in Teeblättern enthaltenes ↑Koffein

The|is|mus *der;* - ⟨zu *gr.* theós „Gott" u. ↑...ismus (1)⟩: Lehre von einem persönlichen, von außen auf die Welt einwirkenden Schöpfergott. **The|ist** *der;* -en, -en ⟨zu ↑...ist⟩:

1359

Anhänger des Theismus. **the|i|stisch** ⟨zu ↑...istisch⟩: den Theismus, den Theisten betreffend

...thek ⟨zu *gr.* thḗkē „Behältnis", gebildet nach ↑ Bibliothek u. a.⟩: Wortbildungselement mit der Bedeutung „Zusammenstellung, Sammlung von [zum Verleih bestimmten] Dingen od. die diese enthaltenden Räumlichkeiten", z. B. Arthothek, Diathek. **The|ka** *die;* -, ...ken ⟨aus *lat.* theca „Hülle", vgl. Theke⟩: zwei Pollensäckchen enthaltendes Fach des Staubblattes (Bot.). **The|ke** *die;* -, -n ⟨über *lat.* theca „Hülle, Büchse, Schachtel" aus *gr.* thḗkē „Abstellplatz, Behältnis, Kiste" zu tithénai „setzen, stellen, legen"⟩: 1. Schanktisch. 2. Ladentisch. 3. bindegewebige Hülle eines Organs (z. B. des Eifollikels; Biol.). **The|ken|dis|play** [...ple:] *das;* -s, -s: svw. Counter-Display

Thel|al|gie *die;* -, ...ien ⟨zu *gr.* thēlḗ „Mutterbrust; Brustwarze" u. ↑...algie⟩: Schmerzen in den Brustwarzen (Med.). **Thel|ar|che** *die;* -, -n ⟨zu *gr.* archḗ „Anfang"⟩: Beginn der Mammaausbildung bei Mädchen (Med.)

The|le|ma *das;* -s, ...lemata ⟨aus gleichbed. *gr.* thélēma, Gen. thelḗmatos⟩: Wille (Philos.). **The|le|ma|tis|mus** *der;* - u. **The|le|ma|to|lo|gie** *die;* - u. **The|lis|mus** *der;* - ⟨zu ↑...ismus (1) bzw. ...logie⟩: Willenslehre; svw. Voluntarismus. **the|le|ma|to|lo|gisch** ⟨zu ↑...logisch⟩: die Thelematologie betreffend, auf ihr beruhend. **The|lis|mus** vgl. Thelematismus. **the|li|stisch** ⟨zu ↑...istisch⟩: den Thelismus betreffend, willensmäßig

The|li|tis *die;* -, ...itiden ⟨zu *gr.* thēlḗ (vgl. Thelalgie) u. ↑...itis⟩: Entzündung der Brustwarzen (Med). **The|lor|rha|gie** *die;* -, ...ien ⟨zu *gr.* rhēgnýnai „reißen, bersten" u. ↑²...ie, Analogiebildung zu ↑ Hämorrhagie⟩: Blutung aus den Brustwarzen (Med.). **The|ly|ge|nie** *die;* -, ...ien ⟨zu *gr.* thēlygenḗs „weiblich" u. ↑²...ie⟩: svw. Thelytokie. **The|ly|to|kie** *die;* -, ...ien ⟨aus gleichbed. *gr.* thēlytokía zu thēlytokeīn „weiblichen Nachwuchs gebären"⟩: Erzeugung ausschließlich weiblicher Nachkommen (Med.); Ggs. ↑ Arrhenogenie, Arrhenotokie (2). **the|ly|to|kisch** ⟨nach *gr.* thēlytókos „weiblichen Nachwuchs gebärend"⟩: nur weibliche Nachkommen habend (Med.); Ggs. ↑ arrhenotokisch

The|ma *das;* -s, Plur. ...men, auch -ta ⟨über *lat.* thema aus *gr.* théma, Gen. thématos „Satz, abzuhandelnder Gegenstand", eigtl. „das (Auf)gesetzte", zu tithénai „setzen, stellen, legen"⟩: 1. Aufgabe, [zu behandelnder] Gegenstand; Leitgedanke, Leitmotiv; Sache, Gesprächsstoff. 2. Gegenstand der Rede, psychologisches Subjekt des Satzes (Sprachw.); Ggs. ↑ Rhema. 3. [aus mehreren Motiven bestehende] Melodie, die den musikalischen Grundgedanken einer Komposition od. eines Teils derselben bildet (Mus.). **The|ma-Rhe|ma** *das;* -, *gr.* rhḗma „Wort, Satz", eigtl. „das Gesagte"⟩: Begriffspaar zur Satzanalyse unter dem Gesichtspunkt, daß im Thema der (bekannte, in Rede stehende) Gegenstand genannt wird, von dem dann im Rhema etwas ausgesagt wird (Sprachw.; nicht zu verwechseln mit dem formalgrammatisch bestimmten Begriffspaar Subjekt-Prädikat). **The|ma|ta** Plur. von ↑ Thema. **The|ma|tik** *die;* -, -en ⟨zu *gr.* thematikós (vgl. thematisch); vgl. ²...ik (2)⟩: 1. ausgeführtes, gewähltes Thema; Themastellung; Komplexität eines Themas; Leitgedanke. 2. Kunst der Themaaufstellung, -einführung u. -verarbeitung (Mus.). **the|ma|tisch** ⟨nach *gr.* thematikós „zum Thema gehörig"⟩: 1. das Thema betreffend. 2. mit einem ↑ Themavokal gebildet (von Wortformen; Sprachw.); Ggs. ↑ athematisch (2). **the|ma|ti|sie|ren** ⟨zu ↑...isieren⟩: zum Thema (1) von etwas machen, als Thema behandeln, diskutieren. 2. mit einem Themavokal versehen (Sprachw.). **The|ma|vo|kal** *der;* -s, -e ⟨zu *gr.* théma „Stammform"⟩: ↑ Vokal, der

bei der Bildung von Verbformen zwischen Stamm u. Endung eingeschoben wird (Sprachw.). **The|men:** Plur. von ↑ Thema. **The|men|ka|ta|log** *der;* -[e]s, -e: Katalog, Aufzählung, Aufstellung von Themen

The|nar *das;* -s, ...nare ⟨aus *gr.* thénar „flache Hand, Handfläche"⟩: Muskelwulst der Handfläche an der Daumenwurzel (Daumenballen; Anat.)

The|nar|dit [auch ...'dɪt] *der;* -s, -e ⟨nach dem franz. Chemiker L. J. Baron Thenard (1777–1857) u. zu ↑²...it⟩: ein farbloses od. auch rötlich gefärbtes Mineral, das sich vor allem in austrocknenden Salzseen findet (z. B. in Chile, Arizona)

theo..., Theo..., vor Vokalen meist the..., The... ⟨aus *gr.* theós „Gott"⟩: Wortbildungselement mit der Bedeutung „Gott, Götter; göttlich", z. B. theokratisch, Theologie, Theagog. **Theo|bro|ma** *das;* -[s] ⟨aus *nlat.* theobroma zu ↑ theo... u. *gr.* brōma „Speise", eigtl. „Götterspeise", weil das Schokoladengetränk urspr. nur den „von Gottes Gnaden" Mächtigen vorbehalten war⟩: im trop. Amerika Baum mit großen, etwas ledrigen Blättern u. beerenartigen, fleischigen Früchten, Kakaobaum. **Theo|bro|min** *das;* -s ⟨zu ↑...in (1)⟩: leicht anregend wirkendes ↑ Alkaloid der Kakaobohnen. **Theo|di|zee** *die;* -, ...zeen ⟨nach gleichbed. *fr.* théodicée (geprägt von Leibniz 1710) zu ↑ theo... u. *gr.* díkē „Gerechtigkeit"⟩: Rechtfertigung Gottes hinsichtlich des von ihm in der Welt zugelassenen Übels u. Bösen, das man mit dem Glauben an seine Allmacht, Weisheit u. Güte in Einklang zu bringen sucht (Philos.)

Theo|do|lit *der;* -[e]s, -e ⟨aus gleichbed. *engl.* theodolite, weitere Herkunft unsicher⟩: ↑ geodätisches Instrument zur Horizontal- u. Höhenwinkelmessung (Vermessungstechnik)

Theo|gno|sie u. **Theo|gno|sis** *die;* - ⟨aus gleichbed. *spätgr.* theognōsía⟩: die Gotteserkenntnis (Philos.). **Theo|go|nie** *die;* -, ...ien ⟨über gleichbed. *lat.* theogonia aus *gr.* theogonía⟩: ↑ mythische Lehre od. Vorstellung von der Entstehung u. Abstammung der Götter. **Theo|krat** *der;* -en, -en ⟨zu ↑ theo... u. ↑...krat⟩: Anhänger der Theokratie. **Theo|kra|tie** *die;* -, ...ien ⟨aus *spätgr.* theokratía „Gottesherrschaft"⟩: Herrschaftsform, bei der die Staatsgewalt allein religiös legitimiert wird (Statthalterschaft für Gott), aber im Gegensatz zur ↑ Hierokratie nicht von Priestern ausgeübt zu werden braucht. **theo|kra|tisch**: die Theokratie betreffend. **Theo|la|trie** *die;* -, ...ien ⟨zu *gr.* latreía „Dienst"⟩: (veraltet) Gottesverehrung, Gottesdienst. **Theo|lo|ge** *der;* -n, -n ⟨über *lat.* theologus aus gleichbed. *gr.* theólogos, eigtl. „von Gott Redender"⟩: jmd., der sich wissenschaftlich mit der Theologie beschäftigt [hat] (z. B. Hochschullehrer, Student). **Theo|lo|gie** *die;* -, ...ien ⟨über *spätlat.* theologia aus *gr.* theología „Lehre von den Göttern"⟩: a) wissenschaftliche Lehre von einer als wahr vorausgesetzten [christlichen] Religion, ihrer Offenbarung, Überlieferung u. Geschichte; b) (in Verbindung mit einem Adjektiv) Teilgebiet der Theologie (a). **Theo|lo|gin** *die;* -, -nen: weibliche Form zu ↑ Theologe. **theo|lo|gisch**: die Theologie betreffend. **theo|lo|gi|sie|ren** ⟨zu ↑...isieren⟩: Theologie treiben, das Gebiet der Theologie berühren. **Theo|lo|gu|me|non** *das;* -s, ...mena ⟨aus *gr.* theologoúmenon „was von Gott gesagt wird", Part. Präs. (Neutrum) von theologein „über Gott u. göttliche Dinge reden"⟩: (nicht zur eigentlichen Glaubenslehre gehörender) theologischer Lehrsatz. **Theo|ma|nie** *die;* -, ...ien ⟨aus *gr.* theomanía „durch eine Gottheit hervorgerufene Raserei" zu theomanḗs „durch die Götter rasend, wahnsinnig gemacht"⟩: religiöser Wahnsinn. **Theo|man|tie** *die;* -, ...ien ⟨aus gleichbed. *gr.*

theomanteía⟩: das Weissagen durch göttliche Eingebung. **theo|morph** u. **theo|mor|phisch** ⟨aus gleichbed. *gr.* theómorphos⟩: in göttlicher Gestalt auftretend, erscheinend; vgl. ...isch/-. **theo|nom** ⟨zu ↑theo... u. ↑¹...nom⟩: unter Gottes Gesetz stehend. **Theo|no|mie** *die;* - ⟨zu ↑¹...mie⟩: Unterwerfung unter Gottes Gesetz als die Überhöhung von ↑Autonomie u. Heteronomie. **Theo|pan|tis|mus** *der;* - ⟨zu *gr.* pãs, Gen. pantós „all, ganz, jeder" u. ↑...ismus (1)⟩: Richtung des Theismus, bei der Gott alles in allem ist. **Theo|pha|nie** *die;* -, ...ien ⟨aus gleichbed. *spätgr.* theopháneia⟩: Gotteserscheinung; vgl. Epiphanie. **theophor** ⟨aus *gr.* theophóros, eigtl. „Gott tragend"⟩: Gott[esnamen] tragend. **theo|pho|risch** ⟨aus gleichbed. *gr.* theophóros⟩: Gott tragend; -e Prozession: feierliche kirchliche Prozession mit dem Allerheiligsten **Theo|phyl|lin** *das;* -s ⟨zu ↑Theobromin, *gr.* phýllon „Blatt" u. ↑...in (1); das Alkaloid ist ein Isomer des Theobromins⟩: ↑Alkaloid aus Teeblättern, das als harntreibendes, gefäßerweiterndes u. krampflösendes Mittel verwendet wird **Theo|pneu|stie** *die;* -, ...ien ⟨zu *gr.* theópneustos „von Gott angehaucht" u. ↑²...ie⟩: Eingebung Gottes **The|or|be** *die;* -, -n ⟨über *fr.* t(h)éorbe aus gleichbed. *it.* teorba, tiorba, weitere Herkunft ungeklärt⟩: (bes. im Barock) tiefe Laute mit zwei Hälsen (von denen der eine die Fortsetzung des anderen bildet) u. doppeltem Wirbelkasten **Theo|rem** *das;* -s, -e ⟨über gleichbed. *lat.* theorema aus *gr.* theōrēma, eigtl. „das Angeschaute", zu theōreĩn, vgl. Theorie⟩: aus ↑Axiomen einer wissenschaftlichen Theorie gewonnener Satz; Lehrsatz (Philos., Math.). **Theo|re|ti|ker** *der;* -s, - ⟨zu *spätlat.* theoreticus, vgl. theoretisch⟩: 1. jmd., der sich theoretisch mit der Erörterung u. Lösung von [wissenschaftlichen] Problemen auseinandersetzt; Ggs. ↑Praktiker (1). 2. jmd., der sich nur abstrakt u. in Gedanken mit etwas beschäftigt, aber von der praktischen Ausführung nichts versteht. **theo|re|tisch** ⟨über *spätlat.* theoreticus aus *gr.* theōrētikós „beschauend, untersuchend" zu theōreĩn, vgl. Theorie⟩: 1. die Theorie von etwas betreffend; Ggs. ↑experimentell. 2. [nur] gedanklich, die Wirklichkeit nicht [genügend] berücksichtigend. **theo|re|ti|sieren** ⟨zu ↑...isieren⟩: gedanklich, theoretisch durchspielen. **Theo|rie** *die;* -, ...ien ⟨über *spätlat.* theoria aus *gr.* theōría „Betrachtung", eigtl. „das Zuschauen", zu theōreĩn „zuschauen" (zu theōrós „Zuschauer" u. horãn „sehen")⟩: 1. a) System wissenschaftlich begründeter Aussagen zur Erklärung bestimmter Tatsachen od. Erscheinungen u. der ihnen zugrundeliegenden Gesetzmäßigkeiten; b) Lehre von den allgemeinen Begriffen, Gesetzen, Prinzipien eines bestimmten Bereichs. 2. a) (ohne Plur.) rein begriffliche, abstrakte [nicht praxisorientierte od. -bezogene] Betrachtung[sweise], Erfassung von etwas; Ggs. ↑Praxis (1); b) (meist Plur.) wirklichkeitsfremde Vorstellung, bloße Vermutung. **Theo|ri|kon** *das;* -s, ...ka ⟨aus *gr.* theōrikón „Schauspielgeld" zu theōrikós „zum Fest gehörig"⟩: staatliche Geldzuwendung in der Antike für athenische Bürger, um ihnen den Theaterbesuch an Kultfesten zu ermöglichen **Theo|soph** *der;* -en, -en ⟨über *mlat.* theosophus aus *spätgr.* theósophos „in göttlichen Dingen erfahren" zu ↑theo... u. *gr.* sophós „klug"⟩: Anhänger der Theosophie. **Theo|sophie** *die;* -, ...ien ⟨aus *spätgr.* theosophía „Gottesweisheit"⟩: religiös-weltanschauliche Richtung, die in ↑meditativer Berührung mit Gott den Weltbau u. den Sinn des Weltgeschehens erkennen will. **theo|so|phisch**: die Theosophie betreffend; Theosophische Gesellschaft:

1875 gegründete religiöse Gemeinschaft, deren Erlösungslehre sich an altind. u. ä. Überlieferungen orientiert. **Theoxe|ni|en** [...i̯ən] *die* (Plur.) ⟨zu *gr.* theoxénia „Götterfest, -gastmahl"⟩: kultische Mahlzeiten mit Götterbewirtungen im altgriech. Kult; vgl. Lectisternium. **theo|zen|trisch** ⟨↑theo...⟩: Gott in den Mittelpunkt stellend (von einer Religion od. Weltanschauung)
The|ra|lith [auch ...'lɪt] *der;* Gen. -s u. -en, Plur. -e[n] ⟨nach der griech. Insel Thera u. zu ↑...lith⟩: ein dunkles, basisches Tiefengestein, hauptsächlich aus ↑Augit, ↑Plagioklas u. ↑Nephelin
The|ra|peut *der;* -en, -en ⟨aus *gr.* therapeutḗs „Diener, Pfleger" zu therapeúein, vgl. Therapie⟩: jmd., der eine Therapie vornimmt. **The|ra|peu|tik** *die;* - ⟨zu *gr.* therapeutikḗ „Pflege"; vgl. ¹...ik (1)⟩: Lehre von der Behandlung der Krankheiten. **The|ra|peu|ti|kum** *das;* -s, ...ka ⟨zu *gr.* therapeutikós (vgl. therapeutisch) u. ↑...ikum⟩: Heilmittel. **The|ra|peu|tin** *die;* -, -nen: weibliche Form zu ↑Therapeut. **the|ra|peu|tisch** ⟨nach gleichbed. *gr.* therapeutikós⟩: a) die Therapie betreffend, zur Therapie gehörend; b) für eine Therapie zusammengestellt u. sich ihr unterziehend. **The|ra|pie** *die;* -, ...ien ⟨aus *gr.* therapeía, eigtl. „das Dienen", zu therapeúein „dienen; pflegen, heilen"⟩: Kranken-, Heilbehandlung; Gesamtheit aller Maßnahmen zur Behandlung einer Krankheit. **the|ra|pie|ren** ⟨zu ↑...ieren⟩: jmdn. einer Therapie unterziehen
The|ria *die* (Plur.) ⟨aus *gr.* thēría, Plur. von thēríon „(wildes) Tier"⟩: Bez. für die lebendgebärenden Säugetiere einschließlich Beuteltiere u. Plazentatiere (Zool.). **The|ri|ak** *der;* -s ⟨aus gleichbed. *(m)lat.* theriaca, theriace, eigtl. „Medikament gegen den Biß giftiger Tiere", dies aus *gr.* thēriakḗ zu thēriakós „gegen das Gift wilder Tiere (vor allem Schlangen) wirksam" zu thēría, vgl. Theria⟩: das wichtigste opiumhaltige Allheilmittel des Mittelalters. **the|riodisch** ⟨nach *gr.* thēríoeidḗs „tierähnlich"⟩: (veraltet) tierartig, bösartig. **The|rio|morph** ⟨aus gleichbed. *gr.* thēríomorphos zu thēríon (vgl. Theria) u. ↑...morph⟩: tiergestaltig (von Göttern; Rel.). **the|rio|phor** ⟨aus *nlat.* theriophorus zu *gr.* thērion (vgl. Theria) u. ↑...phor⟩: Tiernamen tragend
therm..., Therm... vgl. thermo... Thermo... **...therm** ⟨aus *gr.* thermós „warm"⟩: Wortbildungselement mit der Bedeutung „warm, Wärme hervorrufend od. benötigend", z. B. aerotherm, endotherm, Hortitherm. **therm|ak|tin** ⟨zu ↑thermo... u. *gr.* aktís, Gen. aktĩnos „Strahl"⟩: auf dem Vorgang des reinen Temperaturstrahlungsaustausches zwischen zwei Körpern beruhend, wobei die aus Wärmeenergie entstandene Strahlung des einen Körpers von dem anderen aufgenommen u. wieder in reine Wärmeenergie umgewandelt wird (Phys.). **ther|mal** ⟨unter Einfluß von *engl.* u. *fr.* thermal zu *gr.* thérmē, vgl. Therme⟩: auf Wärme bezogen, die Wärme betreffend (Phys.). **Ther|ma|li|sie|rung** *die;* - ⟨zu ↑...isierung⟩: die Abbremsung von atomaren bzw. Elementarteilchen in Materie auf Geschwindigkeiten, die ihrer Wärmebewegung bei der betreffenden Umgebungstemperatur entsprechen (Phys.). **Ther|mal|quel|le** *die;* -, -n: warme [Heil]quelle. **Therm|an|äs|the|sie** *die;* - ⟨zu ↑thermo...⟩: Verlust der Temperaturempfindlichkeit (Med.). **Ther|me** *die;* -, -n ⟨aus gleichbed. *lat.* thermae (Plur.), dies aus *gr.* thérmai „heiße Quellen", Plur. von thérmē „Wärme" zu thermós, vgl. thermo...⟩: 1. svw. Thermalquelle. 2. (nur Plur.) antike röm. Badeanlage. **Ther|mi|dor** *der;* -[s], -s ⟨aus *fr.* thermidor, eigtl. „Hitzemonat", zu *gr.* thermós „warm, heiß" u. dōron „Geschenk"⟩: der elfte Monat des franz. Revolutionskalenders (19. Juli

Thermik

bis 17. Aug.). **Ther|mik** *die;* - ⟨zu *gr.* thermós (vgl. thermo...) u. ↑²...ik (2)⟩: aufwärtsgerichtete Warmluftbewegung (Meteor.). **Therm|io|nen** *die* (Plur.) ⟨zu ↑thermo... u. ↑Ion⟩: aus glühenden Metallen austretende ↑Ionen (Chem.). **Therm|io|nik|ele|ment** *das;* -[e]s, -e ⟨vgl. ²...ik (2)⟩: eine den glühelektrischen Effekt ausnutzende Vorrichtung zur direkten Umwandlung von Wärme in elektr. Energie (Elektrot.). **therm|io|nisch:** die Thermionen betreffend. **ther|misch** ⟨nach *gr.* thermós, vgl. thermo...⟩: die Wärme betreffend, auf Wärme beruhend (Meteor., Techn.). **Ther|mi|stor** *der;* -s, ...oren ⟨Kunstw. aus ↑*therm*al u. *nlat.* res*istor* „Widerstand"⟩: Halbleiter mit temperaturbedingtem Widerstand. **Ther|mit** Ⓦ [auch ...'mɪt] *das;* -s, -e ⟨zu ↑¹...it⟩: sehr große Hitze entwickelnde Mischung aus pulverisiertem Aluminium u. einem Metalloxyd, zum Schweißen u. als Füllung von Brandbomben verwendet. **ther|mo...**, **Ther|mo...**, vor Vokalen meist **therm...**, **Therm...** ⟨aus gleichbed. *gr.* thermo- zu thermós „warm, heiß"⟩: Wortbildungselement mit der Bedeutung „Wärme, Hitze; Wärmeenergie; Temperatur", z. B. Thermometer, thermonuklear. **Ther|mo|ba|ro|graph** *der;* -en, -en: svw. Barothermograph. **Ther|mo|che|mie** [auch ...'miː] *die;* -: Teilgebiet der physik. Chemie, das die Wärmeumsätze bei chem. Vorgängen untersucht. **ther|mo|che|misch:** die Thermochemie betreffend. **Ther|mo|chro|mie** [...kro...] *die;* - ⟨zu *gr.* chrōma „Farbe" u. ↑²...ie⟩: Farbänderung eines Stoffes bei Temperaturänderungen (Chem.). **Ther|mo|chro|se** [...'kroːzə] *die;* - ⟨zu *gr.* chrōsis „das Färben", dies zu chrōtízein „(ab)färben"⟩: Wärmefärbung, Eigenschaft mancher Körper, nur bestimmte infrarote Strahlen zu absorbieren (Chem.). **Ther|mo|dif|fu|si|on** *die;* -: Entmischungserscheinung in Flüssigkeits- u. Gasgemischen, in denen ein Temperaturgefälle besteht (Phys.). **Ther|mo|drucker¹** *der;* -s, -: mit temperaturempfindlichen Spezialpapier arbeitender Drucker (EDV). **Ther|mo|dy|na|mik** [auch ...'naː...] *die;* -: Teilgebiet der Physik, das sich mit der Untersuchung des Verhaltens physik. Systeme bei Temperaturänderung, bes. beim Zuführen u. Abführen von Wärme, befaßt (Phys.). **ther|mo|dy|na|misch** [auch ...'naː...]: die Thermodynamik betreffend, den Gesetzen der Thermodynamik folgend. **Ther|mo|ef|fekt** *der;* -[e]s: die Entstehung elektr. Energie aus Wärmeenergie; vgl. Thermoelektrizität. **Ther|mo|ela|sti|zi|tät** *die;* -: unter Einfluß von Wärme auftretende außergewöhnliche Elastizität eines Körpers (Phys.). **Ther|mo|elek|tri|kum** *das;* -s, ...ka (meist Plur.) ⟨zu ↑thermoelektrisch u. ↑...ikum⟩: Stoff mit besonders günstigen elektr. Eigenschaften (z. B. der Halbleiter Selen). **ther|mo|elek|trisch** [auch ...'lɛk...]: auf Thermoelektrizität beruhend. **Ther|mo|elek|tri|zi|tät** [auch ...'tɛːt] *die;* -: Gesamtheit der Erscheinungen in elektr. leitenden Stoffen, bei denen Temperaturunterschiede elektr. Spannungen bzw. Ströme hervorrufen u. umgekehrt. **Ther|mo|ele|ment** *das;* -[e]s, -e: [Temperaturmeß]gerät, das aus zwei Leitern verschiedener Werkstoffe besteht, die an ihren Enden zusammengelötet sind. **ther|mo|fi|xie|ren:** (synthetische Fasern) dem Einfluß von Wärme aussetzen, um spätere Formbeständigkeit zu erreichen (in der Textilindustrie). **ther|mo|gen** ⟨zu ↑...gen⟩: wärmeerzeugend. **Ther|mo|gramm** *das;* -s, -e ⟨zu ↑...gramm⟩: bei der Infrarotfotografie von Wärmestrahlen erzeugtes Bild. **Ther|mo|graph** *der;* -en, -en ⟨zu ↑...graph⟩: Gerät zur selbsttätigen Temperaturaufzeichnung (Meteor.). **Ther|mo|gra|phie** *die;* - ⟨zu ↑...graphie⟩: 1. Verfahren zur fotografischen Aufnahme von Objekten mittels ihrer an verschiedenen Stellen unterschiedlichen Wärmestrahlung (z. B. zur Lokalisierung von Tumoren). 2. Gesamtheit von Kopierverfahren, bei denen mit wärmeempfindlichen Materialien u. Wärmestrahlung gearbeitet wird. **Ther|mo|gra|vi|me|trie** [...v...] *die;* -: Methode zur Feststellung von Gewichtsveränderungen, die Stoffe bei durch Erhitzen bewirkten Umwandlungen erfahren (Chem.). **ther|mo|ha|lin** ⟨zu *gr.* hálinos „aus Salz bestehend"⟩: Temperatur- u. Salzgehalt von Meerwasser betreffend. **Ther|mo|hy|gro|graph** *der;* -en, -en: Verbindung eines Thermographen mit einem ↑Hygrographen (Meteor.). **Ther|mo|kau|stik** *die;* -: das Verschorfen von Gewebe durch Anwendung starker Hitze (Med.). **Ther|mo|kau|ter** *der;* -s, -: elektr. beheiztes od. gekühltes chirurgisches Instrument zur Vornahme von Operationen od. zur Verschorfung von Gewebe (Med.). **Ther|mo|ko|agu|la|ti|on** *die;* -, -en: Zerstörung krankhaften Gewebes mittels starker Hitze (z. B. mit Laserstrahlen; Med.). **Ther|mo|kraft** *die;* -: elektromotorische Kraft, die einen elektrischen Strom hervorruft, wenn Temperaturdifferenzen im Stromleiter auftreten; vgl. Thermoelektrizität. **ther|mo|la|bil:** nicht wärmebeständig (Phys.). **Ther|mo|lo|gie** *die;* - ⟨zu ↑...logie⟩: Wissenschaft von der Wärme, ihrer Bildung, Messung u. therapeutischen Anwendung am Menschen (Med.). **Ther|mo|lu|mi|nes|zenz** *die;* -: das beim Erwärmen bestimmter Stoffe auftretende Aufleuchten in einer charakteristischen Farbe (Phys.). **Ther|mo|ly|se** *die;* - ⟨zu ↑...lyse⟩: durch Erhitzen bewirkte Spaltung chem. Verbindungen. **Ther|mo|me|ta|mor|pho|se** *die;* -: Gesteinsumwandlung, die durch Erhöhung der Temperatur im Gestein verursacht wird (Geol.). **Ther|mo|me|ter** *das,* österr. u. schweiz. auch *der;* -s, - ⟨zu ↑¹...meter⟩: Temperaturmeßgerät (Phys., Med.). **Ther|mo|me|trie** *die;* -, ...ien ⟨zu ↑...metrie⟩: Temperaturmessung (Meteor.). **ther|mo|me|trisch** ⟨zu ↑...metrisch⟩: die Thermometrie betreffend (Meteor.). **Ther|mo|mor|pho|sen** *die* (Plur.): temperaturabhängige Änderungen der Gestaltausbildung bei bestimmten Pflanzen u. Tieren (Biol.). **Ther|mo|na|stie** *die;* -: durch Temperaturänderung ausgelöste Bewegung pflanzlicher Organe (z. B. das Sichöffnen u. Sichschließen der Blüten der Gartentulpe; Bot.). **ther|mo|nu|kle|ar:** die bei einer Kernreaktion auftretende Wärme betreffend. **Ther|mo|nu|kle|ar|waf|fe** *die;* -, -n: Atombombe, bei der die kinetische Energie der die Kettenreaktion fortpflanzenden Teilchen der entstehenden Wärme (etwa 100 Mill. Grad C) entstammt. **ther|mo|oxy|diert** ⟨zu ↑oxydieren; vgl. ...iert⟩: durch Wärme in eine Sauerstoffverbindung überführt (Chem.). **Ther|mo|pane** Ⓦ [...'peɪn] *das;* - ⟨zu *engl.* pane „Fensterscheibe"⟩: ein Fensterglas mit isolierender Wirkung. **Ther|mo|pau|se** *die;* - ⟨zu ↑¹Pause⟩: obere Grenze der Thermosphäre (Meteor.). **Ther|mo|pe|rio|dis|mus** *der;* - ⟨zu ↑periodisch u. ↑...ismus (2)⟩: zur Entwicklung bestimmter Pflanzen notwendiger Temperaturwechsel zwischen Tag u. Nacht (Bot.). **ther|mo|phil** ⟨zu ↑...phil⟩: wärmeliebend (z. B. von Bakterien; Biol.). **Ther|mo|phi|lie** *die;* - ⟨zu ↑...philie⟩: Bevorzugung warmer Lebensräume (Biol.). **Ther|mo|phor** *der;* -s, -e ⟨zu ↑...phor⟩: 1. wärmespeicherndes Gerät (z. B. Wärmflasche) zur medizinischen Wärmebehandlung (Med.). 2. Gerät zur Übertragung genau bestimmter Wärmemengen. 3. isolierendes Gefäß aus Metall. **Ther|mo|pho|re|se** *die;* - ⟨zu ↑...ese⟩: Sammelbez. für die Bewegungsvorgänge kleiner Teilchen in einem Temperaturgefälle (Phys.). **Ther|mo|plast** *der;* -[e]s, -e: bei höheren Temperaturen ohne chem. Veränderung erweichbarer u. verformbarer Kunststoff. **ther|mo|pla|stisch:** in erwärmtem Zustand formbar, weich. **Ther|mos|fla|sche** [Thermos Ⓦ]

die; -, -n 〈zu *gr.* thermós „warm"〉: doppelwandiges Gefäß zum Warm- od. Kühlhalten von Speisen u. Getränken. **Ther|mo|sit** [auch ...'zɪt] *der;* -s, -e 〈zu ↑thermo... u. ↑²...it〉: geschäumte Hochofenschlacke als Zuschlagstoff für Leichtbeton. **Ther|mo|skop** *das;* -s, -e 〈zu ↑...skop〉: Instrument, das Temperaturunterschiede, aber keine Meßwerte anzeigt. **Ther|mo|sphä|re** *die;* -: oberste Schicht der Atmosphäre (etwa 80–500 km Höhe), in der die Temperatur bis auf etwa 1000° C ansteigt (Meteor.). **ther|mo|sta|bil**: wärmebeständig (Phys.). **Ther|mo|stat** *der;* Gen. -[e]s u. -en, Plur. -e[n] 〈zu ↑...stat〉: mit Temperaturregler versehener Apparat zum Einstellen u. Konstanthalten einer gewählten Temperatur. **Ther|mo|strom** *der;* -s: von der Thermokraft hervorgerufener Strom (Phys.). **Ther|mo|ta|xie** vgl. Thermotaxis. **Ther|mo|ta|xis** *die;* -, ...taxen 〈zu *gr.* táxis (vgl. ²Taxis) u. Thermotaxie *die;* -, ...ien: durch Temperaturunterschied ausgelöste ↑²Taxis (Biol.). **Ther|mo|the|ra|pie** [auch ...'pi:] *die;* -, ...ien: Heilbehandlung mit Wärme (Med.). **Ther|mo|tro|pis|mus** *der;* -, ...men: durch Temperaturunterschied ausgelöster ↑Tropismus (Bot.).

The|ro|phyt *der;* -en, -en 〈zu *gr.* théros „Sommer" u. ↑...phyt〉: einjährige Pflanze (Bot.).

The|sau|ren u. **The|sau|ri**: Plur. von ↑Thesaurus. **the|sau|rie|ren** 〈zu ↑Thesaurus u. ↑...ieren〉: 1. Geld od. Edelmetalle horten. 2. einen Thesaurus (2) zusammenstellen. **The|sau|rie|rung** *die;* -, -en 〈zu ↑...ierung〉: das Ansammeln, Anhäufen (von Werten). **The|sau|ris|mo|se** *die;* -, -n 〈zu ↑...ismus (3) u. ↑¹...ose〉: Speicherungskrankheit, bei der eine vermehrte Speicherung von Stoffwechselprodukten in Organen od. Zellen stattfindet (Med.). **The|sau|rus** *der;* -, Plur. ...ren u. ...ri 〈über *lat.* thesaurus aus *gr.* thēsaurós „Schatz(kammer)", eigtl. „Ort zum Einsammeln u. Aufbewahren", zu tithénai, vgl. These〉: 1. Titel wissenschaftlicher Sammelwerke, bes. großer Wörterbücher der alten Sprachen. 2. alphabetisch u. systematisch geordnete Sammlung von Wörtern eines bestimmten [Fach]bereichs. 3. (in der Antike) kleineres Gebäude in einem Heiligtum zur Aufbewahrung von kostbaren Weihegaben. **The|se** *die;* -, -n 〈über gleichbed. *fr.* thèse aus *lat.* thesis, *gr.* thésis „das Setzen, Aufstellen; aufgestellter Satz, Behauptung" zu tithénai „setzen, stellen, legen"〉: 1. aufgestellter [Lehr-, Leit]satz, der als Ausgangspunkt für die weitere Argumentation dient. 2. in der ↑dialektischen Argumentation die Ausgangsbehauptung, der die ↑Antithese (1) gegenübergestellt wird; vgl. Synthese (4). **The|sen**: Plur. von ↑These u. ↑Thesis. **The|sis** *die;* -, Thesen 〈über *lat.* thesis aus *gr.* thésis „das Auftreten des Fußes"〉: 1. a) betonter Taktteil im altgriech. Versfuß; b) abwärts geführter Schlag beim musikalischen Taktieren; Ggs. ↑Arsis (1). 2. unbetonter Taktteil in der neueren Metrik; Ggs. ↑Arsis (2)

Thes|mo|pho|ri|en [...i̯ən] *die* (Plur.) 〈aus gleichbed. *gr.* thesmophória (Plur.) zu thesmós „Gesetz; Sitte" u. phoreîn, phérein „tragen, bringen"〉: im Herbst gefeiertes altgriech. Fruchtbarkeitsfest der Frauen zu Ehren der Göttin Demeter. **Thes|mo|thet** *der;* -en, -en (meist Plur.) 〈aus gleichbed. *gr.* thesmothétēs〉: einer der sechs Rechtspfleger unter den neun ↑Archonten im alten Athen

Thes|pis|kar|ren *der;* -s, - 〈nach dem Tragödiendichter Thespis (6. Jh. v. Chr.), dem Begründer der altgriech. Tragödie〉: (scherzh.) Wanderbühne

The|ta *das;* -[s], -s 〈aus *gr.* thēta〉: achter Buchstabe des griech. Alphabets: Θ, ϑ

The|tik *die;* - 〈zu *gr.* thetikós „wissenschaftlich festsetzend"; vgl. ²...ik (1)〉: Wissenschaft von den Festsetzungen, Thesen od. dogmatischen Lehren (Philos.). **the|tisch**: behauptend, setzend; dogmatisch

The|urg *der;* -en, -en 〈aus gleichbed. *spätlat.* theurgus, dies aus *spätgr.* theourgós, eigtl. „jmd., der göttliche Werke verrichtet", zu *gr.* theós „Gott" u. érgon „Tat"〉: ein Zauberer, der Beschwörungskraft über Götter hat (Völkerk.). **The|ur|gie** *die;* - 〈über gleichbed. *spätlat.* theurgia aus *spätgr.* theourgía〉: [vermeintliche] Fähigkeit u. Kraft, durch Zauber Götter zu beschwören (Völkerk.). **the|ur|gisch**: wundertätig, geisterbannend

thi..., **Thi...** vgl. thio..., Thio... **Thi|amin** *das;* -s 〈zu ↑thio... u. ↑Amin; Vitamin B₁ geht bei der Oxydation in einen schwefelgelben Farbstoff über〉: Vitamin B₁. **Thi|ami|na|se** *die;* -, -n 〈zu ↑...ase〉: ↑Enzym, das Vitamin B₁ spaltet. **Thi|azi|ne** *die* (Plur.) 〈zu ↑thio... u. ↑Azine〉: ringförmige chem. Verbindungen mit einem Schwefel- u. einem Stickstoffatom als Ringglieder (Chem.). **Thi|azo|le** *die* (Plur.): ringförmige chem. Verbindungen mit einem Stickstoff- u. einem Schwefelatom als Ringglieder (Chem.)

Thig|mo|mor|pho|se *die;* -, -n 〈zu *gr.* thígma „Berührung" u. ↑Morphose〉: durch mechanischen Kontakt mit einer rauhen Unterlage ausgelöste Gestaltänderung an Pflanzen (z. B. Bildung von Haftscheiben am Wilden Wein nach Kontakt der Ranken mit einer Mauerfläche; Biol.). **Thig|mo|ta|xis** *die;* -, ...xen 〈zu *gr.* táxis, vgl. ²Taxis〉: durch Berührungsreiz ausgelöste Orientierungsbewegung von Tieren u. niederen pflanzlichen Organismen (Biol.). **Thig|mo|tro|pis|mus** *der;* -, ...men: svw. Haptotropismus (Bot.)

thio..., **Thio...**, vor Vokalen auch **thi...**, **Thi...** 〈zu *gr.* theîon „Schwefel"〉: Wortbildungselement mit der Bedeutung „Schwefel", z. B. Thiophen, Thiamin. **Thio|cya|nat** [...ts...] *das;* -[e]s, -e: svw. Rhodanid. **Thio|in|di|go** *das;* -: roter Küpenfarbstoff, der sich vom ↑Indigo durch Schwefelatome an Stelle der Iminogruppen unterscheidet. **Thio|kol** ⓦ *das;* -s 〈Kunstw.〉: thermoplastischer, kautschukähnlicher Kunststoff. **Thi|ol** *das;* -s, -e (meist Plur.) 〈zu ↑...ol〉: dem Alkohol analoge Verbindung, in der Sauerstoff durch Schwefel ersetzt ist (Chem.). **Thio|ly|se** *die;* -, -n 〈zu ↑...lyse〉: Aufspaltung chem. Verbindungen in flüssigem Schwefelwasserstoff (Chem.). **Thio|nal|farb|stoff** *der;* -[e]s, -e 〈zu ↑¹...al〉: schwefelhaltiger Farbstoff. **Thio|phen** *das;* -s 〈Kunstw. zu ↑thio... u. ↑Phenol〉: schwefelhaltige Verbindung im Steinkohlenteer. **Thio|plast** *der;* -[e]s, -e: kautschukähnlicher schwefelhaltiger Kunststoff. **Thio|salz** *das;* -es, -e: Salz einer Thiosäure. **Thio|säu|re** *die;* -, -n: eine Sauerstoffsäure, bei der die Sauerstoffatome durch zweiwertige Schwefelatome ersetzt sind. **Thio|schwe|fel|säu|re** *die;* -, -: von der Schwefelsäure durch Ersatz eines Sauerstoffatoms durch ein Schwefelatom abgeleitete Säure. **Thio|sul|fat** *das;* -[e]s, -e: Salz der Thioschwefelsäure

Third stream ['θə:d 'stri:m] *der;* - -s 〈aus *engl.* third stream „dritte Strömung"〉: um 1960 entstandene musikalische Stilrichtung, in der Gestaltungsmittel des zeitgenössischen Jazz verwendet werden

thi|xo|trop 〈zu *gr.* thíxis „Berührung" u. ↑...trop〉: (von gewissen Gelen) Thixotropie aufweisend. **Thi|xo|tro|pie** *die;* - 〈zu ↑...tropie〉: Eigenschaft bestimmter steifer kolloidaler Mischungen, sich bei mechanischer Einwirkung (z. B. Rühren) zu verflüssigen

Thol|los *die,* auch *der;* -, Plur. ...loi [...loy] u. ...len 〈aus gleichbed. *gr.* thólos〉: altgriech. Rundbau mit Säulenumgang

Tho|ma|ner *der;* -s, - 〈nach dem heiligen Thomas, einem der 12 Apostel, u. zu ↑...aner〉: a) Schüler der Thomasschule in Leipzig; b) Mitglied des Thomanerchors. **Tho|ma|ner-**

Thomaskantor

chor *der;* -[e]s: Knabenchor der Thomasschule in der Thomaskirche zu Leipzig. **Tho|mas|kan|tor** *der;* -s, -en: Leiter des Thomanerchors u. Kantor der Thomaskirche in Leipzig

Tho|mis|mus *der;* - ⟨aus *nlat.* thomismus, nach dem Begründer Thomas von Aquin (1225–1274) u. zu ↑...ismus (1)⟩: a) Lehre des Thomas von Aquin; b) das aus dem Thomismus (a) hervorgegangene, weit ausgebaute philos. System, das noch heute die ideelle Grundlage der kath. Theologie darstellt. **Tho|mist** *der;* -en, -en ⟨zu ↑...ist⟩: Vertreter des Thomismus (b). **tho|mi|stisch** ⟨zu ↑...istisch⟩: die Lehre des Thomas von Aquin u. den Thomismus betreffend

Thom|son-Ef|fekt ['tɔmsn...] *der;* -[e]s ⟨nach dem engl. Physiker (Sir William) Thomson (Lord Kelvin), 1824–1907⟩: thermoelektrischer Effekt, bei dem im Leiter zusätzliche Erwärmung od. Abkühlung auftreten kann

Thom|so|nit [auch ...'nɪt] *der;* -s, -e ⟨nach dem schott. Chemiker T. Thomson (1773–1852) u. zu ↑²...it⟩: ein farbloses od. durch Verunreinigungen gefärbtes, kugeliges od. stangenförmiges Mineral

Thon *der;* -s, -s ⟨aus gleichbed. *fr.* thon, dies aus *lat.* thunnus, vgl. Thunfisch⟩: (schweiz.) Thunfisch

Thor *der;* Thorium

Tho|ra [auch, österr. nur, 'toːra] *die;* - ⟨aus *hebr.* tôrâ „Lehre, Gesetz"⟩: die fünf Bücher Mose, das mosaische Gesetz

tho|rak..., **Tho|rak...** vgl. thorako..., Thorako... **tho|ra|kal** ⟨zu ↑...al (1)⟩: zum Brustkorb gehörend, an ihm gelegen (Anat.). **Tho|ra|kal|wir|bel** *der;* -s, -: Brust- od. Rückenwirbel (Anat.). **tho|ra|ko...**, **Tho|ra|ko...**, vor Vokalen auch thorak..., Thorak... ⟨zu *gr.* thốrax, Gen. thốrakos, vgl. Thorax⟩: Wortbildungselement mit der Bedeutung „Brust, Brustkorb", z. B. Thorakotomie, thorakal. **tho|ra|ko|dor|sal**: im Bereich des Brustkorbs u. des Rückens verlaufend od. sich ausbreitend (Med.). **tho|ra|ko|gen** ⟨zu ↑...gen⟩: vom Brustkorb ausgehend (z. B. Krankheiten; Med.). **Tho|ra|ko|me|trie** *die;* -, ...ien ⟨zu ↑...metrie⟩: Messung des Brustkorbumfangs (Med.). **Tho|ra|ko|pla|stik** *die;* -, -en: chirurgisches Behandlungsverfahren bei Lungenerkrankungen in Form einer ↑ Resektion größerer Rippenstücke (Med.). **Tho|ra|ko|skop** *das;* -s, -e ⟨zu ↑...skop⟩: Instrument zur Ausleuchtung der Brustfellhöhle (Med.). **Tho|ra|ko|sko|pie** *die;* -, ...ien ⟨zu ↑...skopie⟩: Untersuchung der Brustfellhöhle u. Vornahme von Operationen mit Hilfe des Thorakoskops (Med.). **Tho|ra|ko|to|mie** *die;* -, ...ien ⟨zu ↑...tomie⟩: operative Öffnung der Brusthöhle (Med.). **tho|ra|ko|to|mie|ren** ⟨zu ↑...ieren⟩: eine Thorakotomie durchführen (Med.). **Tho|ra|ko|zen|te|se** *die;* -, -n ⟨zu *gr.* kéntēsis „das Stechen" zu kenteîn „stechen"⟩: ↑ Punktion des Brustfellraums, Bruststich (Med.). **Tho|rax** *der;* -[e]s, Plur. -e, fachspr. ...races [...tseːs] ⟨über *lat.* thorax aus *gr.* thốrax, Gen. thốrakos „Brust(panzer)"⟩: 1. Brust, Brustkorb (Anat.). 2. Brustabschnitt bei Gliederfüßern (Biol.). 3. (in der Antike) Panzer. **Tho|rax|chir|ur|gie** *die;* -: Lehre von den tiefen chirurgischen Eingriffen am Brustkorb u. von der operativen Behandlung der im Brustkorb gelegenen Organe (Med.)

Tho|ria|nit [auch ...'nɪt] *der;* -s, -e ⟨zu ↑Thorium u. ↑²...it⟩: ein seltenes, stark radioaktives Mineral mit [bräunlich]schwarzen bis dunkelgrauen Kristallen. **tho|rie|ren** ⟨zu ↑...ieren⟩: mit Thorium überziehen. **Tho|rit** [auch ...'rɪt] *der;* -s, -e ⟨zu ↑²...it⟩: ein bräunliches bis schwarzes, thoriumhaltiges Silikatmineral. **Tho|ri|um** u. Thor *das;* -s ⟨nach Thor, einem Gott der nord. Sage, u. zu ↑...ium⟩: chem. Element, Metall; Zeichen Th. **Tho|ron** *das;* -s ⟨Kurzw. aus ↑*Thor*ium u. ↑Rad*on*⟩: ein Radonisotop; Zeichen Tn; vgl. Radon u. Isotop

Thre|ni *die* (Plur.) ⟨aus gleichbed. *lat.* threni, Plur. von thrēnus „Klagegesang, -lied", dies aus *gr.* thrênos, vgl. Threnos⟩: die Klagelieder Jeremias; vgl. Lamentation (2). **Thren|odie** *die;* -, ...ien ⟨aus *gr.* thrēnōidía „Klagelied"⟩: svw. Threnos. **thren|odisch** ⟨aus *gr.* thrēnōdḗs „weinerlich"⟩: klageliedartig, als Trauergesang dienend. **Thre|nos** *der;* -, ...noi [...nɔy] ⟨aus gleichbed. *gr.* thrênos, eigtl. „das Wehklagen"⟩: rituelle Totenklage im Griechenland der Antike; Klagelied, Trauergesang

Threo|nin *das;* -s ⟨Kunstw.⟩: eine lebensnotwendige ↑ Aminosäure (Biochem.)

Thril|ler ['θrɪlɐ] *der;* -s, - ⟨aus gleichbed. *engl.-amerik.* thriller zu *engl.* to thrill „durchbohren; zittern machen"⟩: Film, Roman (auch Hörspiel od. Theaterstück), der auf das Erzielen von Spannungseffekten gerichtet ist u. Nervenkitzel erzeugt

Thrips *der;* -, -e ⟨aus *gr.* thríps „Holzwurm"⟩: Blasenfüßer, ein Insekt mit Haftblasen an den Beinen (Biol.)

thromb..., **Thromb...** vgl. thrombo..., Thrombo... **Thromb|ag|glu|ti|na|ti|on** *die;* -, -en ⟨zu ↑thrombo⟩: Zusammenballung der Blutplättchen zu einem Pfropf (Med.). **Thromb|asthe|nie** *die;* -, ...ien: Funktionsminderwertigkeit der Thrombozyten (Med.). **Thromb|ek|to|mie** *die;* -, ...ien ⟨zu ↑...ektomie⟩: operative Entfernung eines Thrombus nach Gefäßeröffnung (Med.). **Thromb|em|bo|lie** *die;* -, ...ien: durch einen mit dem Blutstrom verschleppten Thrombus verursachte ↑Embolie (Med.). **Throm|ben**: Plur. von ↑Thrombus. **Throm|bin** *das;* -s ⟨zu *gr.* thrómbos (vgl. Thrombus) u. ↑...in (1)⟩: ein ↑Enzym, das Blutgerinnung bewirkt. **throm|bo...**, **Throm|bo...**, vor Vokalen auch thromb..., Thromb... ⟨zu *gr.* thrómbos, vgl. Thrombus⟩: Wortbildungselement mit der Bedeutung „geronnenes Blut, geronnene Blutmasse", z. B. Thrombozyt, Thrombasthenie. **Throm|bo|ar|te|ri|itis** *die;* -, ...iitiden: Entzündung einer Arterie bei Embolie od. Thrombose (Med.). **throm|bo|gen** ⟨zu ↑...gen⟩: durch Thromben hervorgerufen (Med.). **Throm|bo|gen** *das;* -s: Faktor für die Blutgerinnung (Med.). **Throm|bo|ge|ne|se** *die;* -, -n: Entstehung eines Thrombus (Med.). **Throm|bo|ly|se** *die;* -, -n ⟨zu ↑...lyse⟩: Auflösung eines Thrombus, z. B. als therapeutische Maßnahme (Med.). **Throm|bo|pa|thie** *die;* -, ...ien ⟨zu ↑...pathie⟩: krankhafte Veränderung der Thrombozyten (Med.). **Throm|bo|pe|nie** *die;* -, ...ien ⟨gebildet zu ↑Thrombozyt u. *gr.* penía „Armut, Mangel"⟩: Verminderung der Anzahl der Thrombozyten im strömenden Blut (Med.). **Throm|bo|phle|bi|tis** *die;* -, ...itiden ⟨zu ↑thrombo...⟩: Venenentzündung mit Ausbildung einer Thrombose (Med.). **Throm|bo|se** *die;* -, -n ⟨aus *gr.* thrómbōsis, eigtl. „das Gerinnen(machen)", zu thromboûsthai „gerinnen", dies zu thrómbos, vgl. Thrombus⟩: Blutpfropfbildung innerhalb der Blutgefäße (bes. der Venen; Med.). **Throm|bo|sie|rung** *die;* -, -en ⟨zu ↑...ierung⟩: Verschluß eines Blutgefäßes durch einen Thrombus (Med.). **throm|bo|tisch** ⟨zu ↑...otisch⟩: die Thrombose betreffend. **Throm|bo|zyt** *der;* -en, -en ⟨zu ↑thrombo... u. ↑...zyt⟩: Blutplättchen (Med.). **throm|bo|zy|tär** ⟨zu ↑...är⟩: durch ein Blutgerinnsel verursacht (z. B. Blutungen; Med.). **Throm|bo|zy|to|ly|se** *die;* -, -n: Zerfall od. Auflösung der Blutplättchen (Med.). **Throm|bo|zy|to|pe|nie** *die;* -, ...ien ⟨zu *gr.* penía „Armut, Mangel"⟩: svw. Thrombopenie. **Throm|bo|zy|to|se** *die;* - ⟨zu ↑¹...ose⟩: krankhafte Vermehrung der Thrombozyten (Med.). **Throm|bus** *der;* -, ...ben ⟨aus *nlat.* thrombus, dies aus *gr.* thrómbos „Klumpen, Blutpfropf"⟩: Blutpfropf innerhalb eines Blutgefäßes (bes. einer Vene; Med.)

Thu|ja, österr. auch **Thu|je** *die;* -, ...jen ⟨über *mlat.* thya aus *gr.* thyīa „ein afrik. Baum, dessen Holz wohlriechend ist"⟩: ein zu den Zypressengewächsen zählender Zierbaum (Lebensbaum). **Thu|ja|öl** *das;* -s: ätherisches Öl des Lebensbaumes. **Thu|je** vgl. Thuja. **Thu|jon** *das;* -s ⟨zu ↑²...on⟩: im Thujaöl vorhandene, stark giftige Terpenverbindung

Thu|lit [auch ...'lɪt] *der;* -s, -e ⟨nach der sagenhaften Insel Thule u. zu ↑²...it⟩: ein rötliches, manganhaltiges Mineral.

Thu|li|um *das;* -s ⟨zu ↑...ium⟩: chem. Element, Metall; Zeichen Tm

Thun|ber|gie [...i̯ə] *die;* - ⟨nach dem schwed. Botaniker C. P. Thunberg (1743–1828) u. zu ↑¹...ie⟩: afrikan. Gattung der Akanthusgewächse (Bot.)

Thun|fisch *der;* -[e]s, -e ⟨über *lat.* thunnus, thynnus aus gleichbed. *gr.* thýnnos⟩: ein makrelenartiger Fisch

Thu|rin|git [auch ...'gɪt] *der;* -s, -e ⟨nach dem lat. Namen Thuringia für Thüringen u. zu ↑²...it⟩: ↑silurischer Eisenoolith (vgl. Oolith). **Thu|rin|gi|um** *das;* -s ⟨zu ↑...ium⟩: Stufe des ↑Perms (Geol.)

Thyl|le *die;* -, -n ⟨zu *gr.* thyllís „Beutel"⟩: Tüpfelbläschen im Kernholz mancher Bäume

thym..., **Thym...** vgl. ¹,²thymo..., Thymo... **Thy|mi**: Plur. von ↑Thymus

Thy|mi|an *der;* -s, -e ⟨über *lat.* thymiama (*gr.* thymíama) „Räucherwerk" (weil die Pflanze wegen ihres würzigen Duftes bei Rauch- u. Brandopfern eingesetzt wurde) zu thymum (*gr.* thýmon) „Thymian"⟩: a) eine Gewürz- u. Heilpflanze; b) (ohne Plur.) Gewürz aus getrockneten u. kleingeschnittenen od. pulverisierten Blättern des Thymians (a)

Thy|min *das;* -s, -e ⟨zu ↑¹thymo... u. ↑...in (1)⟩: Bestandteil des genetischen Codes in den Nukleinsäuren (Biochem.).

Thy|mi|tis *die;* -, ...itiden ⟨zu ↑...itis⟩: Entzündung der Thymusdrüse (Med.). **¹thy|mo...**, **Thy|mo...**, vor Vokalen meist thym..., Thym... ⟨aus *gr.* thýmos „Brustdrüse neugeborener Kälber"; vgl. Thymus⟩: Wortbildungselement mit der Bedeutung „die Thymusdrüse betreffend", z. B. Thymose, Thymitis. **²thy|mo...**, **Thy|mo...**, vor Vokalen meist thym..., Thym... ⟨aus *gr.* thymós „Leben(skraft), Gemüt(sbewegung)"⟩: Wortbildungselement mit der Bedeutung „Gemüt, Gemütsbewegung", z. B. thymopathisch, Thymopsyche. **¹thy|mo|gen** ⟨zu ↑¹thymo... u. ↑...gen⟩: von der Thymusdrüse ausgehend (von krankhaften Veränderungen). **²thy|mo|gen** ⟨zu ²thymo... u. ↑...gen⟩: vom Gemüt ausgehend (von krankhaften Verstimmungen)

Thy|mol *das;* -s, -e ⟨zu ↑Thymian u. ↑...ol⟩: in den ätherischen Ölen von Thymianarten enthaltenes, heute meist synthetisch gewonnenes Phenolderivat, das wegen seiner antiseptischen Wirkung z. B. Mundwässern zugesetzt wird

Thy|mo|lep|ti|kum *das;* -s, ...ka (meist Plur.) ⟨zu ↑²thymo..., ↑lepto... u. ↑...ikum⟩: zur Behandlung bes. von endogenen Depressionen verwendetes Arzneimittel. **thy|mo|lep|tisch**: stimmungsaufhellend wirkend (von Arzneimitteln; Med.). **Thy|mom** *das;* -s, -e ⟨zu ¹thymo... u. ↑...om⟩: von der Thymusdrüse ausgehende Geschwulst (Med.). **Thy|mo|path** *der;* -en, -en ⟨zu ↑²thymo... u. ↑...path⟩: Gemütskranker (Med.). **Thy|mo|pa|thie** *die;* -, ...ien ⟨zu ↑...pathie⟩: Gemütskrankheit (Med.). **thy|mo|pa|thisch**: die Thymopathie betreffend; an gestörtem Gemütsleben leidend (Med.). **Thy|mo|psy|che** *die;* -: die gemüthafte Seite des Seelenlebens (Psychol.); Ggs. ↑Noopsyche. **Thy|mo|se** *die;* -, -n ⟨zu ↑¹...ose⟩: durch Empfindsamkeit, Gereiztheit, Verträumtheit u. ä. charakterisierter außergewöhnlicher Gemütszustand des Jugendlichen während der Pubertät (Psychol.). **Thy|mo|sin** *das;* -s, -e ⟨zu ¹thymo..., ↑...in (1)⟩: aus Thymusdrüsen isoliertes Peptidhormon, das bei der Abstoßungsreaktion von ↑Transplantaten eine Rolle spielt (Med.). **Thy|mus** *der;* -, Thymi u. **Thy|mus|drü|se** *die;* -, -n ⟨aus gleichbed. *nlat.* thymus, dies aus *gr.* thýmos „Brustdrüse neugeborener Kälber"⟩: hinter dem Brustbein gelegenes drüsenartiges Gebilde, das sich nach dem Kindesalter zurückbildet (Anat.)

thyr..., **Thyr...** vgl. thyreo..., Thyreo...

Thy|ra|tron *das;* -s, Plur. ...one, auch -s ⟨zu *gr.* thýra „Tür" (der Stromeingang wird zunächst in beiden Richtungen gesperrt) u. ↑...tron⟩: eine zur Erzeugung von Kippschwingungen od. als Schaltelement bestimmte, mit Edelgas od. Quecksilberdampf gefüllte Röhre für elektron. Geräte (Elektrot.)

thy|reo..., **Thy|reo...**, fachspr. auch thyro..., Thyro..., vor Vokalen meist thyr..., Thyr... ⟨zu *gr.* thyreós „Türstein; großer Schild"⟩: Wortbildungselement mit der Bedeutung „Schilddrüse, die Schilddrüse betreffend; Schildknorpel, mit dem Schildknorpel in Beziehung stehend", z. B. thyreogen, Thyreostatikum, Thyroxin. **Thy|reo|apla|sie** *die;* -, ...jen: angeborenes Fehlen der Schilddrüse (Med.). **thy|reo|gen** ⟨zu ↑...gen⟩: von der Schilddrüse ausgehend, durch ihre Tätigkeit bedingt (z. B. von Krankheiten; Med.). **Thy|reo|glo|bu|lin** *das;* -s, -e: ↑Protein, das als Synthese- u. Speicherform der Schilddrüsenhormone dient (Biochem.). **thy|reo|idal** ⟨zu ↑Thyreoidea u. ↑¹...al ⟩: die Schilddrüse betreffend, von ihr ausgehend (Med.). **Thy|reo|idea** *die;* - ⟨aus *nlat.* thyreoidea, dies zu *gr.* thyreoeidés „wie ein großer Schild"⟩: Schilddrüse (Anat.). **Thy|reo|id|ek|to|mie** *die;* -, ...jen ⟨zu ↑...ektomie⟩: operative Entfernung der Schilddrüse (Med.). **Thy|reo|idis|mus** *der;* -, ...men ⟨zu ↑...ismus (3)⟩: 1. Vergrößerung der Schilddrüse (Med.). 2. Vergiftung durch Schilddrüsenpräparate (Med.). **Thy|reo|idi|tis** *die;* -, ...itiden ⟨zu ↑...itis⟩: Entzündung der Schilddrüse (Med.). **thy|reo|priv** ⟨zu ↑thyreo... u. *lat.* privus „für sich bestehend; einer Sache beraubt"⟩: schilddrüsenlos; nach Verlust der Schilddrüse bzw. nach Ausfall der Schilddrüse auftretend (z. B. von Krankheitserscheinungen; Med.). **Thy|reo|sta|ti|kum** *das;* -s, ...ka ⟨zu *gr.* statikós „hemmend" u. ↑...ikum⟩: Stoff, der die Hormonbildung der Schilddrüse hemmt (Med.). **Thy|reo|to|mie** *die;* -, ...jen ⟨zu ↑...tomie⟩: operative Spaltung des Schildknorpels (Med.). **Thy|reo|to|xi|ko|se** *die;* -, -n: krankhafte Überfunktion der Schilddrüse (Med.). **thy|reo|to|xisch**: durch Überfunktion der Schilddrüse erzeugt (Med.). **thy|reo|trop** ⟨zu ↑...trop⟩: die Schilddrüsentätigkeit steuernd (Med.). **Thy|reo|tro|pin** *das;* -s, -e ⟨zu ↑...in (1)⟩: vom Hypophysenvorderlappen gebildetes ↑Hormon, das die Tätigkeit der Schilddrüse steuert (Biochem.)

Thy|ri|stor *der;* -s, ...oren ⟨zu *gr.* thýra „Tür" u. ↑Transistor; vgl. Thyratron⟩: ein steuerbares elektron. Bauelement auf Siliciumbasis

thy|ro..., **Thy|ro...** vgl. thyreo..., Thyreo... **Thyr|oxin** *das;* -s ⟨zu ↑thyreo..., *gr.* oxýs „scharf, sauer" u. ↑...in (1)⟩: Hauptbestandteil des Schilddrüsenhormons (Biochem.)

Thyr|sos *der;* -, ...soi [...zɔy] u. **Thyr|sus** *der;* -, ...si ⟨über *lat.* thyrsus aus gleichbed. *gr.* thýrsos⟩: mit Efeu u. Weinlaub umwundener, von einem Pinienzapfen gekrönter Stab der ↑Bacchantinnen

Ti|a|ra *die;* -, ...ren ⟨über *(m)lat.* tiara „(Bischofs)mütze, Tiara (1)" aus *gr.* tiára, dies aus dem Pers.⟩: 1. hohe, spitze Kopfbedeckung der altpers. Könige. 2. dreifache Krone

Tibet

des Papstes, die er bei feierlichen Anlässen außerhalb der Liturgie trägt

Ti|bet *der;* -s, -e ⟨nach dem gleichnamigen innerasiat. Hochland⟩: 1. Sortierungsbezeichnung für Reißwolle. 2. aus Tibet- od. Schafwolle bestehender Kammgarnstoff in Köperbindung (Webart)

Ti|bia *die;* -, Tibiae ['ti:biɛ] ⟨aus gleichbed. *lat.* tibia, eigtl. „ausgehöhlter Stab"⟩: 1. altröm. schalmeiartige Knochenflöte. 2. Schienbein (Med.)

Tic [tɪk] *der;* -s, -s ⟨aus gleichbed. *fr.* tic, wohl laut- u. bewegungsnachahmend⟩: nervöse Muskelzuckung (z. B. Blinzeln; Med.). **Tick** *der;* -[e]s, -s ⟨eindeutschend für ↑Tic⟩: 1. (ugs.) wunderliche Eigenart, Schrulle; sonderbare Einbildung, in der jmd. lebt. 2. svw. Tic. **Ticker¹** *der;* -s, - ⟨aus gleichbed. *engl.-amerik.* ticker zu *engl.* to tick „ticken"⟩: 1. (Jargon) Fernschreiber, über den Nachrichten übermittelt werden. 2. elektron. Anzeigetafel für die Kurse (Börsenw.)

Ticket¹ *das;* -s, -s ⟨aus gleichbed. *engl.* ticket, eigtl. „Zettel", dies aus *altfr.* estiquet (*fr.* étiquette), vgl. Etikette⟩: 1. a) Flugschein; b) Fahrkarte. 2. Eintrittskarte

Tick-fe|ver ['tɪkfi:və] *das;* - ⟨aus gleichbed. *engl.* tick fever zu tick „Zecke" u. fever „Fieber"⟩: Zeckenfieber (eine bes. in den USA auftretende Infektionskrankheit)

Tie-Break ['taɪbreɪk] *der* od. *das;* -s, -s ⟨zu *engl.* tie „unentschiedenes Spiel" u. break, vgl. ¹Break⟩: besondere Zählweise beim Tennis, um ein Spiel bei unentschiedenem Stand (6:6 od. 7:7) zu beenden

Ti|en|to *das;* -s, ...ti ⟨aus *span.* tiento, eigtl. „Berührung"⟩: dem ↑Ricercare entsprechendes span. Instrumentalstück des 16. Jh.s, bes. für Orgel

Tier|ra ca|li|en|te [- k...] *die;* - - ⟨aus *span.* tierra caliente „heißes Land" zu tierra „Land, Erde" (dies aus *lat.* terra) u. caliente „heiß" (dies zu *lat.* calens, Gen. calentis, Part. Präs. von calere „heiß sein, glühen")⟩: die unterste der drei klimatischen Höhenstufen in den trop. Gebirgsländern Mittel- u. Südamerikas (Geogr.). **Tier|ra fria** *die;* - - ⟨aus *span.* tierra fría „kaltes Land", zu frío „kalt" (dies aus *lat.* frigidus)⟩: die oberste klimatische Höhenstufe in den trop. Gebirgsländern Mittel- u. Südamerikas (Geogr.). **Tier|ra he|la|da** [- e'laða] *die;* - - ⟨aus *span.* tierra helada „gefrorenes Land", zu helado „gefroren, starr" (dies aus *lat.* gelidus)⟩: Vegetationsstufe der trop. Gebirge Mittel- u. Südamerikas oberhalb 4000 m (Geogr.). **Tier|ra tem|pla|da** *die;* - - ⟨aus *span.* tierra templada „gemäßigtes Land", zu templado „gemäßigt" (zu templar „mäßigen" zu *lat.* temperare)⟩: die mittlere klimatische Höhenstufe in den trop. Gebirgsländern Mittel- u. Südamerikas (Geogr.)

Tiers-état [tjɛrze'ta] *der;* - ⟨aus *fr.* (le) tiers État, eigtl. „der dritte Stand"⟩: das Bürgertum, das bis zur Franz. Revolution nach Adel u. Geistlichkeit an dritter Stelle in der ständischen Gliederung stand

Tif|fa|ny|lam|pe ['tɪfəni...] *die;* -, -n ⟨nach dem amerik. Kunsthandwerker u. Maler des Jugendstils L. C. Tiffany, 1848–1933⟩: Lampe mit einem aus bunten Glasstücken zusammengesetzten Schirm

Ti|fo|so *der;* -, ...si (meist Plur.) ⟨aus *it.* tifoso zu tifo „(Sport)leidenschaft", eigtl. „Typhus"⟩: ital. Bez. für Fan; begeisterter Anhänger des Sports, bes. Fußballfan

Ti|gon *der;* -s, - ⟨Kunstw. aus *engl.* tiger „Tiger" u. lion „Löwe"⟩: ↑Bastard (1) aus der Kreuzung eines Tigermännchens mit einem Löwenweibchen (Zool.); vgl. Liger. **ti|gro|id** ⟨aus gleichbed. *gr.* tigroeidés zu tígris „Tiger", dies aus dem Pers.⟩: tigerähnlich gestreift (Zool.)

Ti|kal *der;* -[s], -[s] ⟨über gleichbed. *Thai* aus *malai.* tikal⟩: frühere Münzeinheit in Thailand

Ti|ki *der;* -[s], -s ⟨aus dem Polynes.⟩: monumentale Holz- od. Steinfigur (Götter- od. Ahnenbild) in Polynesien u. Neuseeland

Til|bu|ry ['tɪlbərɪ] *der;* -s, -s ⟨aus gleichbed. *engl.* tilbury, nach dem Londoner Wagenbauer Tilbury (frühes 19. Jh.)⟩: in Nordamerika früher häufig verwendeter, leichter zweirädriger u. zweisitziger offener Wagen mit aufklappbarem Verdeck

Til|de *die;* -, -n ⟨aus gleichbed. *span.* tilde, dies über *katalan.* titlla, title aus *lat.* titulus „Überschrift"⟩: 1. ↑diakritisches Zeichen auf dem n [ñ] als Hinweis für die Palatalisierung. 2. Wiederholungszeichen ~

Til|lia|ze|en *die* (Plur.) ⟨aus *nlat.* tiliacea zu *lat.* tilia „Linde"⟩: zusammenfassende systematische Bez. für die Lindengewächse (Bot.)

Til|land|sie [...jə] *die;* -, -n ⟨nach dem finn. Botaniker E. Tillands (1640–1693) u. zu ↑'...ie⟩: zu den Ananasgewächsen gehörende, meist epiphytisch lebende Pflanze; Luftnelke

Til|lit [auch tɪ'lɪt] *der;* -s, -e ⟨zu *engl.* till „Geschiebelehm" u. ↑²...it⟩: verfestigter Geschiebelehm

Ti|mar *der;* -s, -e ⟨aus *türk.* tımar „Fürsorge"⟩: Militärlehen im Osmanischen Reich, dessen Inhaber zum Kriegsdienst verpflichtet war sowie zur Aufstellung u. Bewaffnung der ↑Spahis (1)

Tim|ar|chie *die;* -, ...ien ⟨aus gleichbed. *spätgr.* timarchía zu *gr.* timán „würdigen, ehren" u. árchein „herrschen"⟩: die auf Ehrsucht, Ruhm u. Reichtum der Regierungsschicht beruhende Herrschaft im Staat (Plato)

Ti|ma|ri|ot *der;* -en, -en ⟨zu ↑Timar u. *gr.* -iótēs (Zugehörigkeitssuffix)⟩: Inhaber eines osmanischen Militärlehens

Tim|ba|le *die;* -, -n ⟨aus gleichbed. *fr.* timbale, eigtl. „Auflaufform", urspr. „kleine Trommel", dies aus *span.* timbal, vgl. Timbales⟩: eine Pastetenart. **Tim|ba|les** *die* (Plur.) ⟨aus gleichbed. *span.* timbales, Plur. von timbal „kleine Trommel", Nebenform von atabal, dies aus *arab.* ṭabla zu ṭabala „trommeln"⟩: zwei gleiche, auf einem Ständer befestigte Trommeln (bes. bei [südamerik.] Tanzorchestern)

¹Tim|ber *der* od. *das;* - ⟨aus gleichbed. *engl.* timber⟩: engl. Zählmaß für Rauchwaren (40 Stück)

²Tim|ber *der;* -s, - ⟨aus *fr.* timbre, vgl. Timbre⟩: (veraltet) svw. Timbre. **Tim|bre** ['tɛ̃:brə] *das;* -s, -s ⟨aus *fr.* timbre „Klang, Schall", älter *fr.* „eine Art Trommel", dies über *mgr.* týmbanon aus *gr.* týmpanon, vgl. Tympanon⟩: charakteristische Klangfarbe einer [Gesangs]stimme, eines Instruments. **tim|brie|ren** [tɛ̃...] ⟨zu ↑...ieren⟩: mit einer bestimmten Klangfarbe versehen; einer Sache ein bestimmtes Timbre verleihen

time is mo|ney ['taɪm ɪz 'mʌnɪ] ⟨*engl.-amerik.*⟩: Zeit ist Geld. **Time-lag** ['taɪmlæg] *das;* -[s], -s ⟨aus gleichbed. *engl.* time-lag zu time „Zeit" u. lag „Verzögerung"⟩: Bez. für die zeitliche Verschiebung zwischen der Änderung wirtschaftlicher Größen u. der dadurch bewirkten Änderung anderer ökonomischer Größen (z. B. zwischen Rezession u. daraus folgendem Arbeitsplatzabbau; Wirtsch.). **Time-line** [...laɪn] *das;* -[s], -s ⟨aus *engl.* time-line „Ablaufprogramm"⟩: Ablaufprogramm von wissenschaftlichen od. technischen Prozessen (z. B. in der Raumfahrt). **ti|men** ['taɪ...] ⟨aus gleichbed. *engl.* to time zu time „Zeit"⟩: 1. die Zeit [mit der Stoppuhr] messen. 2. den geeigneten Zeitpunkt für eine Handlung, ein Vorgehen usw. bestimmen

ti|meo Da|na|os et do|na fe|ren|tes ⟨*lat.*; „ich fürchte die Danaer (Griechen), auch wenn sie Geschenke bringen" (Worte des Laokoon in Troja beim Anblick des hölzernen Pferdes aus Virgils Äneis)⟩: einem feindlich Gesinnten soll man nicht blindlings vertrauen, wenn er sich plötzlich freundlich zeigt

Time-out ['taɪm'aʊt] *das;* -[s], -s ⟨aus gleichbed. *engl.* time-out, zu time „Zeit" u. out „aus"⟩: Auszeit; Spielunterbrechung, die einer Mannschaft nach bestimmten Regeln zusteht (Basketball, Volleyball). **Ti|mer** ['taɪmɐ] *der;* -s, - ⟨aus *engl.* timer „(Schalt)uhr" zu time, vgl. timen⟩: Zeitschaltuhr; elektron. Zeitmesser, der zeitlich gebundene Vorgänge exakt regelt, z. B. in Videorecordern u. zur Vorprogrammierung. **Time-samp|ling** ['taɪmˈsɑːmplɪŋ] *das;* -[s], -s ⟨zu *engl.* sampling „Stichprobenerhebung"⟩: Zeitstichprobe, systematische, in regelmäßigen Zeitabständen durchgeführte Beobachtung zur Ermittlung von bestimmten Abläufen u. Verhaltensweisen. **Time-sha|ring** ['taɪmʃɛərɪŋ] *das;* -[s], -s ⟨aus gleichbed. *engl.* time-sharing, eigtl. „Zeitzuteilung", zu to share „teilen, beteiligen"⟩: Zeitzuteilung bei der Inanspruchnahme einer Großrechenanlage durch verschiedene Benutzer (EDV)

ti|mid ⟨über gleichbed. *fr.* timide aus *lat.* timidus⟩: (veraltet) schüchtern, zaghaft, ängstlich. **Ti|mi|di|tät** *die;* - ⟨unter Einfluß von gleichbed. *fr.* timidité aus *lat.* timiditas, Gen. timiditatis⟩: (veraltet) Schüchternheit, Furchtsamkeit, Verzagtheit

Ti|ming ['t:aɪmɪŋ] *das;* -s, -s ⟨aus gleichbed. *engl.* timing zu to time, vgl. timen⟩: 1. Bestimmung u. Wahl des für einen beabsichtigten Effekt günstigsten Zeitpunktes zum Beginn eines Handlungsablaufs (bes. im Sport). 2. synchrone Abstimmung verschiedener Handlungen aufeinander. 3. zeitliche Steuerung (Techn.)

Ti|mo|kra|tie *die;* -, ...ien ⟨aus gleichbed. *gr.* timokratía zu timḗ „Wertschätzung, Ehre" u. ↑ „kratie⟩: 1. (ohne Plur.) Staatsform, in der die Rechte der Bürger nach ihrem Vermögen bemessen werden. 2. Staat, Gemeinwesen, in dem eine Timokratie (1) besteht. **ti|mo|kra|tisch** ⟨aus gleichbed. *gr.* timokratikós⟩: die Timokratie betreffend

ti|mo|nisch ⟨nach der Gestalt des legendären Athener Misanthropen Timon (*gr.* Tímōn)⟩: (veraltet) menschenfeindlich

Ti|mo|thee|gras, Ti|mo|the|us|gras [...teʊs...] u. **Ti|mo|thy-gras** *das;* -es ⟨Lehnübersetzung zu gleichbed. *engl.* timothy grass, weitere Herkunft unsicher⟩: eine Futterpflanze

Tim|pa|no *der;* -s, ...ni (meist Plur.) ⟨aus gleichbed. *it.* timpano, dies aus *lat.* timpanum, vgl. Tympanum⟩: ital. Bez. für [Kessel]pauke

Ti|nea *die;* -, ...eae ['ti:neɛ] ⟨aus *lat.* tinea „nagender Wurm, Holzwurm"⟩: seltene Bez. für Pilzerkrankung der Haut; Hautflechte (Med.)

Tinged [tɪntʃt, engl. tɪndʒd] *der;* -, - ⟨aus gleichbed. *engl.* tinged, eigtl. Part. Perf. von to tinge „(leicht) färben, schattieren, tönen", dies aus *lat.* tingere, vgl. tingieren⟩: fleckige od. dunkel verfärbte Rohbaumwolle. **tin|gie|ren** [tɪŋˈgi:...] ⟨aus gleichbed. *lat.* tingere (Part. Perf. tinctus)⟩: eintauchen; färben (Chem.). **tin|giert** ⟨zu ↑ ...iert⟩: 1. gefärbt (Chem.). 2. dünn versilbert (von Münzen)

Tin|gua|it [auch ...ˈɪt] *der;* -s, -e ⟨nach der Serra de Tinguá in Brasilien u. zu ↑² ...it⟩: Ganggestein aus Alkalifeldspatarten, ↑ Nephelin u. ↑ Augit

Tin|kal *der;* -s ⟨über engl. tinkal, *pers.* tankār, *arab.* tinkār aus *sanskr.* ṭaṅkaṇa „Borax"⟩: ein farbloses, graues od. gelbliches Mineral. **Tin|kal|ko|nit** [auch ...ˈnɪt] *der;* -s, -e ⟨zu *gr.* konía „Staub, Asche" u. ↑² ...it⟩: ein farbloses, pulveriges Mineral

Tink|ti|on *die;* -, -en ⟨aus *spätlat.* tinctio „das Eintauchen" zu *lat.* tingere, vgl. tingieren⟩: Färbung (Chem.). **Tink|tur** *die;* -, -en ⟨aus *lat.* tinctura „Färbung"⟩: 1. (veraltet) Färbung.

2. dünnflüssiger Auszug aus pflanzlichen od. tierischen Stoffen; Abk.: Tct.

Tin|nef *der;* -s ⟨aus *jidd.* tin(n)ef „Schmutz, schlechte Qualität" zu *hebr.* ṭinnēf „beschmutzen"⟩: (ugs.) 1. Schund, wertlose Ware. 2. Unsinn, dummes Zeug

Tin|tin|na|bu|la *die* (Plur.) ⟨aus gleichbed. *mlat.* tintinnabula (Plur. von *lat.* tintinnabulum „Klingel, Glocke")⟩: mittelalterliches Glockenspiel

Tin|to|me|ter *das;* -s, - ⟨zu *it.* tinto „gefärbt", dies aus *lat.* tinctus (vgl. tingieren) u. ↑¹...meter⟩: svw. Kolorimeter

Ti|or|ba *die;* -, ...ben ⟨aus *it.* tiorba, vgl. Theorbe⟩: svw. Theorbe

Tip *der;* -s, -s ⟨aus *engl.* tip „(Gewinn)hinweis", weitere Herkunft unsicher, wohl beeinflußt von to tip „leicht berühren, anstoßen"⟩: 1. Andeutung, Information über gute Aussichten für Wertpapiere an der Börse. 2. a) Wetthinweis; b) Vorhersage des wahrscheinlichen Ergebnisses eines Sportwettkampfes (bes. im Fußballtoto). 3. (ugs.) Wink, Fingerzeig, Rat

Ti|pi *das;* -s, -s ⟨aus *Dakota* (einer nordamerik. Indianersprache) tipi⟩: ein mit Leder od. Leinwand überspanntes kegelförmiges Zelt der Prärieindianer

Ti|pi|ti *das;* -[s], -s ⟨aus gleichbed. *Tupi* (einer südamerik. Indianersprache) tipití⟩: Gerät (schlauchartiges, elastisches Geflecht) der südamerik. Indianer des trop. Waldlandes zum Auspressen u. Entgiften des bitteren Manioks

Ti|po|ya [...ja] *die;* -, -s ⟨durch span. Vermittlung aus einer südamerik. Indianersprache⟩: Hängematte; Mantel od. Netz der Indianer zum Tragen von Kindern

tip|pen ⟨zu *engl.* tip, vgl. Tip⟩: 1. wetten; den wahrscheinlichen Ausgang eines sportlichen Wettkampfes vorhersagen (vor allem im Fußballtoto); sich für eine Gewinnaussicht entscheiden. 2. (ugs.) auf jmdn. od. etw. setzen, annehmen, vermuten. **Tip|ster** *der;* -s, - ⟨aus gleichbed. *engl.* tipster⟩: jmd., der gewerbsmäßig Wettips für Sportwettkämpfe gibt

Ti|ra|de *die;* -, -n ⟨aus gleichbed. *fr.* tirade, eigtl. „länger anhaltendes Ziehen", zu tirer „(ab)ziehen"⟩: 1. (abwertend) wortreiche, geschwätzige [nichtssagende] Äußerung, Wortschwall. 2. Lauf schnell aufeinanderfolgender Töne von gleichem Zeitwert (Mus.). **Ti|raille|ment** [tira(l)jəˈmãː] *das;* -s, -s ⟨aus gleichbed. *fr.* tiraillement zu tirailler, vgl. tirraillieren⟩: (veraltet) Schützengefecht, Plänkelei. **Ti|rail|leur** [tira(l)ˈjøːɐ] *der;* -s, -e ⟨aus gleichbed. *fr.* tirailleur⟩: (veraltet) Schütze, Angehöriger einer in gelockerter Linie kämpfenden Truppe. **ti|rail|lie|ren** ⟨aus gleichbed. *fr.* tirailler, eigtl. „vereinzelt Schüsse abgeben"⟩: (veraltet) in gelockerter Linie kämpfen

Ti|ra|mi|su *das;* -s, -s ⟨aus gleichbed. *it.* tirami su, eigtl. „zieh mich hoch" (im Sinne von „mach mich munter"), wohl in Anspielung auf den Kaffee u. den Alkohol⟩: aus einer Art Sahnequark, in Alkohol u. Kaffee getränkten Biskuits u. a. hergestellte schaumige Süßspeise

ti|ran|do ⟨*it.;* Part. Präs. von tirare „ziehen"⟩: ziehend, dehnend (im Zeitmaß; Vortragsanweisung; Mus.)

Ti|raß *der;* ...sses, ...sse ⟨aus gleichbed. *fr.* tirasse, dies zu *altprovenzal.* tirassar „zu Boden ziehen"⟩: (Jägerspr.) Deckgarn zum Fangen von Feldhühnern. **ti|ras|sie|ren** ⟨nach gleichbed. *fr.* tirasser⟩: (Jägerspr.) [Vögel, Feldhühner] mit dem Tiraß fangen

ti|ré [tiˈre:] ⟨*fr.;* Part. Perf. von tirer, vgl. Tirade⟩: Spielanweisung bei Streichinstrumenten für den Abstrich; Mus.).

Tire|botte [tirˈbɔt] *der;* -s, -s ⟨aus gleichbed. *fr.* tirebotte⟩: (veraltet) Stiefelknecht. **Ti|ret** [tiˈre:] *der* od. *das;* -s, -s ⟨aus gleichbed. *fr.* tiret zu tirer, vgl. Tirade⟩: (veraltet) Bindestrich

ti|ro! ⟨entstellt zu *fr.* tire haut! „schieß hoch!"⟩: (Jägerspr.) Zuruf bei Treibjagden, auf vorbeistreifendes Federwild zu schießen

Ti|ro *der;* -s, ...onen ⟨aus gleichbed. *lat.* tiro⟩: (veraltet) 1. Anfänger. 2. Rekrut. **Ti|ro|ci|ni|um** [...'tsi:...] *das;* -[s] ⟨aus gleichbed. *lat.* tirocinium⟩: (veraltet) 1. Probestück, kleines Lehrbuch für Anfänger. 2. erster Kriegsdienst eines Soldaten, erster Feldzug

Ti|ro|li|enne [tiroʹliɛn] *die;* -, -n [...nən] ⟨aus gleichbed. *fr.* tyrolienne zu Tyrol (franz. Schreibung von Tirol)⟩: Rundtanz im ¾-Takt aus Tirol, eine Art Ländler. **Ti|ro|lit** [auch ...'lɪt] *der;* -s, -e ⟨nach dem (österr. Bundes)land Tirol u. zu ↑²...it⟩: Kupferschaum, ein rhombisches Kupfer-Arsen-Mineral, das durch Verwitterung von Silber- od. Kupfererzen entsteht

Ti|ro|nen: Plur. von ↑Tiro

Ti|ro|ni|sche No|ten *die* (Plur.) ⟨aus *lat.* notae Tironianae, nach M. Tullius Tiro (1. Jh. v. Chr.), dem Sklaven u. Sekretär Ciceros⟩: altröm. Kurzschrift

Tirs *der;* - ⟨aus gleichbed. *marokkan.-arab.* tors⟩: dunkler, in feuchtem Zustand fast schwarzer, fruchtbarer Boden in trop. u. subtrop. Gebieten

Tisch|ri *der;* - ⟨aus gleichbed. *hebr.* tišrê⟩: 1. Monat des jüd. Kalenders (September/Oktober)

Tis|sue-Pa|pier [ˈtɪʃuː...] *das;* -s ⟨zu *engl.* tissue „Gewebe"⟩: weiches, mehrlagiges, sich gewebeartig anfühlendes Seidenpapier (vor allem für Servietten, Hygienepapier u. ä.)

¹Ti|tan auch Titane *der;* ...nen, ...nen (meist Plur.) ⟨über *lat.* Titan(us) aus gleichbed. *gr.* Titán⟩: Angehöriger eines Geschlechts riesenhafter, von Zeus gestürzter Götter der griech. Sage. **²Ti|tan** *das;* -s ⟨aus *nlat.* Titanium zu ↑¹Titan u. ↑...ium⟩: chem. Element, Metall; Zeichen Ti. **Ti|ta|nat** *das;* -[e]s, -e ⟨zu ↑...at (2)⟩: titansaures Salz (Chem.). **Ti|tan|di|oxyd,** chem. fachspr. Titandioxid *das;* -s: wichtige Sauerstoffverbindung des Titans (Chem.). **Ti|ta|ne** vgl. ¹Titan. **Ti|ta|ni|de** *der;* -n, -n ⟨zu ↑¹Titan u. ↑...ide⟩: Abkömmling der ¹Titanen. **ti|ta|nisch** ⟨nach gleichbed. *lat.* Titanius, *gr.* Titánios⟩: 1. a) riesenhaft; b) die ¹Titanen betreffend. 2. durch außergewöhnliche Leistungen, durch große Machtfülle beeindruckend; vgl. prometheisch. **Ti|ta|nis|mus** *der;* - ⟨zu ↑...ismus (1)⟩: wirkliche od. angemaßte Übermenschlichkeit. **Ti|ta|nit** [auch ...'nɪt] *der;* -s, -e ⟨zu ↑²Titan u. ↑²...it⟩: 1. ein grünlichgelbes od. braunschwarzes titanhaltiges Mineral. 2. Ⓦ ein Hartmetall aus Titan- u. Molybdänkarbid. **Ti|ta|ni|um** vgl. ²Titan. **Ti|tan|kar|bid** *das;* -s: widerstandsfähige Titan-Kohlenstoff-Verbindung, die durch Sintern von Titanpulver u. Graphit gewonnen wird (Chem.). **Ti|ta|no|ma|chie** [...'xiː] *die;* - ⟨aus *gr.* titanomachía „Titanenschlacht" zu ↑¹Titan u. *gr.* máchē „Kampf; Schlacht"⟩: Kampf der Titanen gegen Zeus in der griech. Sage. **Ti|tan-Ra|ke|te** *die;* -, -n ⟨zu ↑¹Titan⟩: amerik. ballistische Rakete für Weltraumunternehmen u. militärische Zwecke

Ti|tel [auch 'tɪtl] *der;* -s, - ⟨aus gleichbed. *lat.* titulus⟩: 1. a) kennzeichnender Name eines Buches, einer Schrift, eines Kunstwerks o. ä.; b) unter einem bestimmten Titel (1 a) bes. als Buch, Kunstwerk o. ä. veröffentlichtes Werk. 2. a) Beruf, Stand, Rang, Würde kennzeichnende Bezeichnung, häufig als Zusatz zum Namen; Abk.: Tit.; b) im sportlichen Wettkampf errungene Bez. eines bestimmten Ranges, einer bestimmten Würde. 3. a) Abschnitt eines Gesetzes- od. Vertragswerks (Rechtsw.); b) der gesetzliche, durch ein rechtskräftiges Urteil erworbene Grund, einen Anspruch durchzusetzen; Rechtstitel (Rechtsw.). 4. (im Haushalt eines Staates, einer Institution o. ä.) Verwendungszweck von einer zu einer Gruppe zusammengefaßten Anzahl von Ausgaben, Beträgen. **Ti|te|lei** *die;* -, -en: Gesamtheit der dem Textbeginn eines Druckwerkes vorangehenden Seiten mit den Titelangaben. **ti|teln** [auch 'tɪtln] einen Film mit einem Titel versehen. **Ti|tel|part** [auch 'tɪtl...] *der;* -s, -e: Rolle in einem Film od. Theaterstück, deren Name mit dem des Stücks übereinstimmt; Titelrolle. **Ti|tel|song** [auch 'tɪtl...] *der;* -s, -s: Lied einer Schallplatte, einer ¹CD, einer Kassette (5), eines Films, eines Musicals, dessen Titel (1 b) der Schallplatte usw. den Namen gibt. **Ti|ter** *der;* -s, - ⟨aus gleichbed. *fr.* titre, eigtl. „Angabe eines (Mischungs)verhältnisses", zu *altfr.* titre, title, dies aus *lat.* titulus, vgl. Titel⟩: 1. Gehalt einer Lösung an aufgelöster Substanz (in Gramm je Liter). 2. Maß für die Feinheit eines Chemie- od. Naturseidenfadens

Ti|thon *das;* -s ⟨nach dem unsterblichen Greis Tithonos (*gr.* Tithōnós) in der griech. Sage⟩: Übergang zwischen ↑²Jura u. Kreide (Geol.)

Tit|lo|nym *das;* -s, -e ⟨zu ↑Titel u. *gr.* ónyma „Name"⟩: Deckname, der aus dem Verweis auf einen anderen Buchtitel des gleichen Autors (in der Form: vom Verfasser des ...) od. aus einer Berufsangabe besteht

Ti|to|is|mus *der;* - ⟨nach dem jugoslaw. Staatspräsidenten J. B. Tito (1892–1980) u. zu ↑...ismus (1)⟩: (nach dem 2. Weltkrieg von Tito entwickelter) Nationalkommunismus im ehemaligen Jugoslawien. **Ti|to|ist** *der;* -en, -en ⟨zu ↑...ist⟩: Anhänger des Titoismus

Ti|tra|ti|on *die;* -, -en ⟨zu ↑titrieren u. ↑...ation⟩: Bestimmung des Titers, Ausführung einer chem. ↑Maßanalyse. **Ti|tre** *der;* -s, -s ⟨aus gleichbed. *fr.* titre, vgl. Titer⟩: 1. (veraltet) Titer. 2. im franz. Münzwesen Bez. für Korn, kleines Edelmetallteilchen in einer Münze. **Ti|tri|er|ana|ly|se** *die;* -, -n ⟨zu ↑titrieren⟩: svw. Maßanalyse. **ti|trie|ren** ⟨aus gleichbed. *fr.* titrer zu titre, vgl. Titer⟩: den Titer bestimmen, eine chem. Maßanalyse ausführen. **Ti|tri|me|trie** *die;* - ⟨zu *fr.* titre (vgl. Titer) u. ↑...metrie⟩: svw. Maßanalyse

Ti|tu|ba|tio *die;* -, ...iones [...neːs] ⟨aus *nlat.* titubatio zu *lat.* titubare „wanken, taumeln"⟩: das Schwanken, Stand- u. Gangstörung, Gleichgewichtsstörung (Med.)

Ti|tu|lar *der;* -s, -e ⟨zu *lat.* titulus (vgl. Titel) u. ↑...ar (2)⟩: 1. (veraltet) Titelträger. 2. jmd., der mit dem Titel eines Amtes bekleidet ist, ohne die damit verbundenen Funktionen auszuüben. **Ti|tu|lar|bi|schof** *der;* -s, ...schöfe: Bischof, der die Weihe eines Bischofs hat, aber keine Diözese leitet (kath. Kirche). **Ti|tu|la|tur** *die;* -, -en ⟨aus gleichbed. *nlat.* titulatura⟩: Betitelung; Rangbezeichnung. **ti|tu|lie|ren** ⟨aus gleichbed. *spätlat.* titulare⟩: 1. (veraltend) [mit dem Titel] anreden, benennen. 2. bezeichnen, nennen, heißen, mit einem Schimpfnamen belegen. **ti|tu|lo ple|no** ⟨*lat.*⟩: mit vollem Namen, unbeschadet des Titels; Abk. T. P. **Ti|tu|lus** *der;* -, ...li ⟨aus gleichbed. *(m)lat.* titulus, vgl. Titel⟩: 1. meist in Versform gebrachte mittelalterliche Bildunterschrift. 2. Amts-, Dienstbezeichnung, Ehrenname

Ti|tus|kopf *der;* -[e]s, ...köpfe ⟨nach dem röm. Kaiser Titus, 79–81 n. Chr.⟩: frühere Kurzhaarfrisur, bei der das Haar in kleine Locken gelegt wurde

Ti|vo|li [ˈtiːvoli] *das;* -[s], -s ⟨nach der gleichnamigen ital. Stadt bei Rom⟩: 1. Name von Vergnügungsplätzen od. -stätten, Gartentheatern u. a. 2. ital. Kugelspiel

ti|zi|an ⟨nach dem ital. Maler Tizian (um 1477–1576)⟩: Kurzform von tizianblond u. tizianrot. **ti|zi|an|blond** *die;* rötlichblond. **ti|zi|an|rot:** ein goldenes bis braunes Rot aufweisend (bes. von Haaren)

Tjä|le [schwed. ˈtɕɛːlə] *die;* -, - ⟨aus gleichbed. *schwed.* tjäle⟩:

Dauerfrostboden in sehr kalten Gegenden der Erde (Geol.)
Tjalk *die;* -, -en ⟨aus gleichbed. *niederl.* tjalk⟩: ein- od. anderthalbmastiges Küstenfahrzeug
Tjost *die;* -, -en od. *der;* -[e]s, -e ⟨aus gleichbed. *altfr.* jouste (*fr.* joute) zu joster, vgl. tjostieren⟩: im Mittelalter ritterlicher Zweikampf mit scharfen Waffen. **tjo|stie|ren** ⟨aus *altfr.* joster „mit Lanzen kämpfen", eigtl. „nebeneinanderlegen", dies zu *lat.* iuxta „unmittelbar nebeneinander"⟩: einen Tjost ausfechten
Tju|be|tei|ka *die;* -, -s ⟨aus *russ.* tjubetejka „rundes buntes Käppchen", dies aus dem Turkotat.⟩: rundes, meist gestricktes Käppchen bei einigen Turkvölkern
Tju|rin|ga vgl. Tjurunga. **Tju|run|ga** u. Tjuringa *das;* -[s], -s ⟨aus einer austr. Eingeborenensprache⟩: schwirrholzähnlicher, ovaler, mit eingeritzten Zeichen versehener Kultgegenstand aus Holz od. Stein bei den zentralaustralischen Stämmen
Tme|sis *die;* -, Tmesen ⟨über *lat.* tmesis aus *gr.* tmēsis, eigtl. „das Schneiden", zu témnein „schneiden, zerteilen"⟩: Trennung eigentlich zusammengehörender Wortteile (z. B. *ob* ich *schon*... statt *obschon* ich...; Sprachw.)
To|ar|ci|en [...'siɛ:] *das;* -[s] ⟨*fr.;* nach dem franz. Ort Thouars im Departement Deux-Sèvres⟩: oberste Stufe des ↑ Lias im Pariser Becken (Geol.)
Toast [to:st] *der;* -[e]s, Plur. -e u. -s ⟨aus gleichbed. *engl.* toast zu to toast, vgl. toasten, Bed. 2 nach dem früheren engl. Brauch, vor einem Trinkspruch ein Stück Toast in das Glas zu tauchen⟩: 1. a) geröstete Weißbrotscheibe; b) zum Toasten geeignetes Weißbrot, Toastbrot. 2. Trinkspruch. **toa|sten** ['to:...] ⟨nach gleichbed. *engl.* to toast, dies über *altfr.* toster „rösten" aus *spätlat.* tostare zu *lat.* tostum, Part. Perf. (Neutrum) von torrere „dörren"⟩: 1. Weißbrot rösten. 2. einen Trinkspruch ausbringen. **Toa|ster** *der;* -s, - ⟨aus gleichbed. *engl.* toaster⟩: elektr. Gerät zum Rösten von Brotscheiben
To|bak *der;* -s, -e ⟨aus älter *fr.* tobac, vgl. Tabak⟩: (veraltet) svw. Tabak (2); **starker -:** (ugs., oft scherzh.) Ungeheuerlichkeit, Zumutung
To|bog|gan *der;* -s, -s ⟨aus gleichbed. *kanad.-fr.* tobogan, tabagan, dies aus dem Algonkin⟩: länglich-flacher [kanad. Indianer]schlitten
Toc|ca|ta [...k...] vgl. Tokkata
to|cha|risch [tɔ'xa:...] ⟨nach dem Volk der Tocharer⟩: das Tocharisch betreffend, zu ihm gehörend. **To|cha|risch** *das;* -[s]: ausgestorbene indogerm. Sprache (von der Texte aus dem 6. u. 7. Jh. n. Chr. erhalten sind)
tockie|ren¹ vgl. tokkieren
Tod|dy [...di] *der;* -[s], -s ⟨aus gleichbed. *engl.* toddy, dies aus *Hindi* tāṛī „Palmensaft"⟩: 1. alkoholisches Getränk aus dem Saft von Palmen; Palmwein. 2. grogartiges Getränk
To|do|ro|kit [auch ...'kıt] *der;* -s, -e ⟨nach dem japan. Fundort Todoroki u. zu ↑²...it⟩: ein pulvriges bis graphitartiges, meist braunes Mineral
Toe-loop ['tu:lu:p, 'to:lu:p, engl. 'toʊlu:p] *der;* -[s], -s ⟨aus gleichbed. *engl.* toe loop zu toe „Zehe, Schuhspitze" u. loop „Schleife"⟩: Drehsprung beim Eiskunstlauf
toff *⟨jidd.;* aus *hebr.* tôv⟩: (ugs.) gut [gekleidet]
Tof|fee [...fi, auch ...fe] *das;* -s, -s ⟨aus gleichbed. *engl.* toffee, Nebenform von taffy, weitere Herkunft ungeklärt⟩: ein weicher Sahnebonbon
To|fu *der;* -[s] ⟨aus gleichbed. *jap.* tōfu, dies aus dem Chin.⟩: aus Sojabohnenmilch gewonnenes quarkähnliches Produkt
To|ga *die;* -, ...gen ⟨aus gleichbed. *lat.* toga, eigtl. „Bekleidung, Bedeckung", zu tegere „(be)decken"⟩: im alten Rom von den vornehmen Bürgern getragenes Obergewand. **To|ga|ta** *die;* -, ...ten ⟨aus gleichbed. *lat.* togata⟩: altröm. Komödie mit röm. Stoff u. Kostüm im Gegensatz zur ↑ Palliata
To|hu|wa|bo|hu *das;* -[s], -s ⟨aus *hebr.* tōhû wạ bōhû „Wüste und Öde", nach der Lutherschen Übersetzung des Anfangs der Genesis (1. Mose 1, 2)⟩: Wirrwarr, Durcheinander
Toile [toa:l] *der;* -s, -s ⟨aus gleichbed. *fr.* toile, dies aus *lat.* tela „Tuch"⟩: feinfädiges, zartgemustertes [Kunst]seidengewebe in Leinwandbindung (Webart); - à jour [toala'ʒu:r]: Waschkunstseide mit durchsichtigen Streifen; - de soie [toaldə'soa]: weiches, mattglänzendes Gewebe in Leinwandbindung (Webart). **Toi|let|te** [toa...] *die;* -, -n ⟨aus gleichbed. *fr.* toilette, eigtl. Verkleinerungsform von toile (vgl. Toile), urspr. „Tuch, worauf man das Waschzeug legt", Bed. 2 aus *fr.* cabinet de toilette⟩: 1. a) (ohne Plur.) das Sichankleiden, Sichfrisieren, Sichzurechtmachen; b) [elegante] Damenkleidung samt Zubehör, bes. Gesellschaftskleidung. 2. a) meist kleinerer Raum mit einem Toilettenbecken [u. Waschgelegenheit]; b) Toilettenbecken in einer Toilette (2 a). **Toi|let|ten|becken¹** *das;* -s, -: Becken zur Aufnahme der menschlichen Fäkalien. **Toi|let|ten|gar|ni|tur** *die;* -, -en: eine Garnitur zusammengehöriger Gegenstände für den Toilettentisch, wie Kamm, Bürste u. Handspiegel
Toise [toa:s] *die;* -, -n [...zn̩] ⟨aus gleichbed. *fr.* toise, dies über das Vulgärlat. zu *lat.* tensum, vgl. Tensid⟩: früheres franz. Längenmaß (= 1,949 m)
To|ka|dil|le [...'dıljə] *das;* -s ⟨aus gleichbed. *span.* tocadillo zu tocado „berührt", dies zu tocar „schlagen, klopfen" (lautmalendes Wort)⟩: ein span. Brettspiel mit Würfeln
To|kai|er vgl. Tokajer. **To|ka|jer** u. Tokaier *der;* -s, - ⟨nach der ungar. Stadt Tokaj⟩: ungar. Natursüßwein
To|ka|mak *der;* -s, -s ⟨Kurzwort aus *russ.* tok „Strom", kamera „Kammer" u. *magnetičeskije* katuški „Magnetspulen"⟩: Typ von Versuchsanlagen für die gesteuerte Kernfusion durch magnetischen Einschluß eines Plasmas in einem torusförmigen (vgl. Torus 2) metallischen Entladungsgefäß (Kernphys.)
To|kee, To|keh *der;* -s, -s ⟨aus dem Malai.⟩: einer der größten Geckos in Südostasien
To|ken [engl. 'toʊkən] *das;* -s, - ⟨aus *engl.* token „Zeichen, Marke"⟩: a) Zeichenfolge, die bedeutungsmäßig zusammengehört; b) Erkennungsmarke in einem Kommunikationsnetz, die die Sendeberechtigung enthält (EDV). **To|ken|ring** *der;* -[e]s, -e: lokales Netzwerk, bei dem die Datenpakete innerhalb eines ringförmig angeordneten Netzes von einer Datenstation zur nächsten weitergereicht werden (EDV)
Tok|ka|ta u. Toccata [...k...] *die;* -, ...ten ⟨aus gleichbed. *it.* toccata, eigtl. „das Schlagen (des Instruments)", Part. Perf. (Fem.) von toccare „(an)schlagen" (lautmalendes Wort)⟩: 1. in freier Improvisation gestaltetes Musikstück für Tasteninstrumente, bes. als Präludium, häufig gekennzeichnet durch freien Wechsel zwischen Akkorden u. Läufen (Mus.). 2. ein virtuoses Vortragsstück, Konzertetüde [für Klavier] mit virtuosen Läufen (Mus.). **tok|kie|ren** u. tockieren¹ ⟨nach *it.* toccare (vgl. Tokkata) u. ↑ ...ieren¹⟩: in kurzen, unverriebenen Pinselstrichen malen (Kunstw.)
To|ko *der;* -s, -s ⟨aus gleichbed. *port.* toco, dies aus dem Tupi (einer südamerik. Indianersprache)⟩: afrik. Nashornvogel
to|ko..., Toko... ⟨aus *gr.* tókos „Geburt, Erzeugung"⟩: Wortbildungselement mit der Bedeutung „Geburt(svor-

Tokodynamometer

gang), Wehentätigkeit", z. B. Tokologie, tokolytisch. **Toko|dy|na|mo|me|ter** *das;* -s, -: Instrument zur Messung der Wehenstärke (Med.). **To|ko|go|nie** *die;* -, ...jen ⟨zu ↑ ...gonie⟩: Elternzeugung, geschlechtliche Fortpflanzung (Biol.). **To|ko|gramm** *das;* -s, -e ⟨zu ↑ ...gramm⟩: graphische Darstellung des Wehenablaufs (Med.). **To|ko|graphie** *die;* - ⟨zu ↑ ...graphie⟩: geburtshilfliche Methode, bei der mittels auf die Bauchdecke aufgesetzter elektron. Meßinstrumente die Häufigkeit, Dauer u. Stärke der Wehentätigkeit registriert wird (Med.). **To|ko|lo|gie** *die;* - ⟨zu ↑ ...logie⟩: Lehre von Geburt u. Geburtshilfe (Med.). **to|ko|logisch** ⟨zu ↑ ...logisch⟩: die Tokologie betreffend. **To|ko|lyse** *die;* -, -n ⟨zu ↑ ...lyse⟩: medikamentöse Hemmung der Wehentätigkeit (Med.). **To|ko|ly|ti|kum** *das;* -s, ...ka ⟨zu *gr.* lytikós „lösend"; vgl. ...ikum⟩: Arzneimittel mit wehenhemmender Wirkung. **to|ko|ly|tisch:** die Wehentätigkeit hemmend (von Arzneimitteln)

To|ko|no|ma *das;* -[s], -s ⟨aus dem Japan.⟩: im Hauptraum des japan. Hauses eingebaute Nische zum Ausstellen von Kunstgegenständen

To|ko|phe|rol *das;* -s ⟨zu *gr.* tókos „Erzeugung, Geburt", phérein „tragen" u. ↑ ...ol⟩: wirksamer Bestandteil des Vitamins E, das in vielen Pflanzen (z. B. Salat, Grünkohl, Spinat) u. tierischen Organen vorkommt

To|kus *der;* -, -se ⟨aus gleichbed. *jidd.* tocheß, dies aus *hebr.* tāḥat⟩: (landsch.) Hintern

To|la *das;* -[s], -[s] ⟨aus gleichbed. *Hindi* tolā, dies aus *sanskr.* tulā „Waage; Gewicht"⟩: ind. Gold-, Silber-, Edelstein- u. Handelsgewicht

To|le|do|ar|beit *die;* -, -en ⟨nach der span. Stadt Toledo⟩: Durchbrucharbeit mit Glanzstickgarn auf dichtem, weißem Leinen (Gitterdurchbruch; Handarbeit)

to|le|ra|bel ⟨aus gleichbed. *lat.* tolerabilis zu tolerare, vgl. tolerieren⟩: erträglich, leidlich. **to|le|rant** ⟨über gleichbed. *fr.* tolérant aus *lat.* tolerans, Gen. tolerantis, Part. Präs. von tolerare, vgl. tolerieren⟩: 1. duldsam, nachsichtig; verständnisvoll, weitherzig, entgegenkommend; Ggs. ↑ intolerant (1). 2. sexuell aufgeschlossen. **To|le|ranz** *die;* -, -en ⟨aus *lat.* tolerantia „Ertragen, Geduld" zu tolerare, vgl. tolerieren⟩: 1. (ohne Plur.) das Tolerantsein (1), Entgegenkommen; Duldung, Duldsamkeit; Ggs. ↑ Intoleranz (1). 2. begrenzte Widerstandsfähigkeit des Organismus (1) gegenüber schädlichen äußeren Einwirkungen, bes. gegenüber Giftstoffen od. Strahlen (Med.); Ggs. ↑ Intoleranz (2). 3. (in der Fertigung entstandene) Differenz zwischen der angestrebten Norm u. den tatsächlichen Maßen eines Werkstücks (Techn.). **To|le|ranz|di|stanz** *die;* -, -en: diejenige Distanz, bis auf die sich ein möglicher Feind bzw. der Mensch einem Tier nähern kann, ohne daß es flieht od. angreift. **To|le|ranz|do|sis** *die;* -, ...sen: zulässige Dosis an Strahlen, die radioaktiven Strahlen ausgesetzte Personen empfangen dürfen. **to|le|rie|ren** ⟨aus *lat.* tolerare „tragen, ertragen, erdulden"⟩: dulden, gewähren lassen, erlauben

Tol|li|tät *die;* -, -en ⟨scherzhafte Kurzbildung zu *dt.* toll u. ↑ Majestät⟩: (scherzh.) Faschingsprinz bzw. -prinzessin

To|lu|bal|sam *der;* -s ⟨nach der Hafenstadt Tolú in Kolumbien, dem früheren Hauptausfuhrhafen, u. zu ↑ Balsam⟩: Balsam des Tolubaumes, der als Duftstoff verwendet wird.

Tol|ui|din [tolui...] *das;* -s ⟨Kunstw., vgl. ...in (1)⟩: zur Herstellung verschiedener Farbstoffe verwendetes aromatisches ↑ Amin des Toluols (Chem.). **Tol|u|ol** *das;* -s ⟨Kurzw. aus ↑ *Tolu*balsam u. ↑ ...ol⟩: als Verdünnungs- u. Lösungsmittel verwendeter Kohlenwasserstoff (Chem.)

To|ma|hawk [...haːk] *der;* -s, -s ⟨aus gleichbed. *engl.* tomahawk, dies aus *Algonkin* (einer nordamerik. Indianersprache) tomahak⟩: Streitaxt der [nordamerik.] Indianer

To|man *der;* -s, -e ⟨aus gleichbed. *pers.* tōmān, dies aus dem Mong.⟩: frühere Rechnungseinheit in Persien

To|ma|te *die;* -, -n ⟨über *fr.* u. *span.* tomate aus gleichbed. *aztek. (Nahuatl)* tomatl⟩: a) zu den Nachtschattengewächsen gehörende Gemüsepflanze mit (orange)roten, fleischigen Früchten; b) Frucht dieser Pflanze. **To|ma|ten|ketchup** [...kɛtʃap] *der* od. *das;* -[s], -s: aus Tomaten hergestellter ↑ Ketchup. **to|ma|tie|ren** u. **to|ma|ti|sie|ren** ⟨zu ↑ ...ieren bzw. ...isieren⟩: mit Tomaten[mark] versehen (Gastr.). **Toma|tin** *das;* -s ⟨zu ↑ ...in⟩: in der Wildtomate vorkommendes ↑ Alkaloid (Biochem.)

Tom|ba *die;* -, ...ben ⟨aus gleichbed. *it.* tomba, dies aus *spätlat.* tumba, vgl. Tombeau⟩: etrusk. Grabanlage (Archäol.)

Tom|bak *der;* -s ⟨über gleichbed. *niederl.* tombak aus *malai.* tombāga „Kupfer"⟩: kupferreiche Kupfer-Zink-Legierung (für Schmuck; Goldimitation). **tom|ba|ken:** aus Tombak [hergestellt u. daher unecht]. **Tom|ba|sil** *das;* -s ⟨Kurzw. aus ↑ *Tomba*k u. ↑ *Sili*cium⟩: siliciumhaltige Kupfer-Zink-Legierung

Tom|beau [tõˈboː] *der;* -s, -s ⟨aus *fr.* tombeau „Grabmal, Grabstein" zu tombe „Grab", dies über *spätlat.* tumba aus *gr.* tymbós „Grabhügel"⟩: dem Gedächtnis eines Verstorbenen gewidmete Komposition unterschiedlicher Formgebung

Tom|bo|la *die;* -, Plur. -s u. ...len ⟨aus gleichbed. *it.* tombola zu tombolare „purzeln", nach dem „Purzeln" der Lose in der Lostrommel⟩: Verlosung von Gegenständen; Warenlotterie (z. B. bei Festen)

To|mi: Plur. von ↑ Tomus. **...to|mie** ⟨aus *gr.* tomḗ „das Schneiden, der Schnitt" zu témnein „schneiden"⟩: Wortbildungselement mit der Bedeutung „operative Öffnung eines Organs od. Körperteils, Zergliederung eines Körpers od. Gewebes", z. B. Anatomie, Gastrotomie

To|mil|la|res [tomiˈjaː...] *die* (Plur.) ⟨zu *span.* tomillo, Verkleinerungsform von *tomo „Thymian", dies aus *lat.* thymum, vgl. Thymian⟩: vorwiegend durch Zwergsträucher u. Gräser gekennzeichnete Vegetationsform der westlichen Mittelmeerküsten

Tom|my [...mi] *der;* -s, -s ⟨*engl.;* kurz für Tommy (= Thomas) Atkins, Bez. für „einfacher Soldat", nach den früher auf Formularen vorgedruckten Namen⟩: Spitzname für den engl. Soldaten im 1. u. 2. Weltkrieg

To|mo|gramm *das;* -s, -e ⟨zu *gr.* tómos „(Ab)schnitt" u. ↑ ...gramm⟩: bei der Tomographie gewonnenes Röntgenbild (Med.). **To|mo|gra|phie** *die;* - ⟨zu ↑ ...graphie⟩: röntgenologisches Schichtaufnahmeverfahren (z. B. zur besseren Darstellung u. Lokalisierung von Krankheitsherden im Körper; Med.). **To|mo|ma|nie** *die;* -, ...ien ⟨zu ↑ ...manie⟩: krankhafte Sucht, zu operieren od. operiert zu werden (Med.). **To|mo|sko|pie** *die;* - ⟨zu ↑ ...skopie⟩: bes. bei Nachtsehgeräten angewendetes Verfahren zur Steigerung ihrer Reichweite u. der Unterdrückung des Streulichts (zur Kontrastverbesserung), durch das auch die Zielentfernung gemessen werden kann

Tom|tom *das;* -s, -s ⟨(wohl lautmalend) aus dem Hindi⟩: eine in den 20er Jahren aus Ostasien übernommene Trommelart für Jazz u. Tanzmusik, seit 1950 auch in Sinfonieorchestern

To|mus *der;* -, Tomi ⟨über *lat.* tomus aus *gr.* tómos „Abschnitt"⟩: (veraltet) Abschnitt, Band (Teil eines Schriftwerkes); Abk.: Tom.

ton..., Ton... vgl. tono..., Tono...

To|na|dil|la [...ˈdɪlja] *die;* -, -s ⟨aus *span.* tonadilla „Volksliedchen", Verkleinerungsform zu tonada „(Sing)weise, Lied"): im 17./18. Jh. dem ital. Intermezzo entsprechende span. Form der Zwischenaktunterhaltung für Soli, Chor u. Orchester

to|nal ⟨wohl aus *fr.* tonal zu ton „Ton", dies aus *lat.* tonus, eigtl. „Spannung"; vgl. Tonus⟩: die Tonalität betreffend, zu ihr gehörend, für sie charakteristisch, auf einen Grundton bezogen im Gegensatz zu ↑atonal u. ↑polytonal

To|na|lis|mus *der;* - ⟨zu *aztek.* tonalli „Seele, Geist, Schicksal" u. ↑...ismus (1)⟩: Vorstellung von der Schicksalsverbundenheit eines Menschen mit einem bestimmten Tier; vgl. Nagualismus

To|na|li|it [auch ...'lɪt] *der;* -s, -e ⟨nach dem Tonalepaß in den ital. Alpen u. zu ↑²...it⟩: ein körniges, quarzreiches Tiefengestein aus ↑Plagioklas, Hornblende u. ↑Biotit

To|na|li|tät *die;* - ⟨wohl aus gleichbed. *fr.* tonalité; vgl. ...ität u. tonal⟩: a) jegliche Beziehung zwischen Tönen, Klängen u. Akkorden; b) Beziehung von Tönen, Harmonien u. Akkorden für die ¹Tonika (1) der Tonart im Gegensatz zur ↑Atonalität u. ↑Polytonalität. **To|nar** *das;* -s, -e ⟨aus *lat.* (liber) tonarius „Tonarten(buch)"⟩: nach den Kirchentonarten geordnete Sammlung der Gregorianischen Gesänge (Mus.)

Ton|do *das;* -s, Plur. -s u. ...di ⟨aus gleichbed. *it.* tondo (älter *it.* ritondo), eigtl. „runde Scheibe", zu *lat.* rotundus, vgl. Rotunde⟩: Bild von kreisförmigem Format, bes. in der Florentiner Kunst des 15. u. 16. Jh.s

To|nem *das;* -s, -e ⟨zu *dt.* Ton (aus *lat.* tonus, vgl. Tonus) u. ↑...em, Analogiebildung zu ↑Phonem⟩: kleinste Tondifferenz einer Sprache mit bedeutungsunterscheidender Funktion (Sprachw.). **To|ni:** Plur. von ↑Tonus. **To|nic** ['tɔnɪk] *das;* -[s], -s ⟨verkürzt aus gleichbed. *engl.* tonic (water) zu tonic „stärkend, belebend", dies über *fr.* tonique aus *gr.* tonikós vgl. Tonikum⟩: 1. Sprudel, mit Kohlensäure versetztes Wasser [für scharfe alkoholische Getränke]. 2. Gesichtswasser, Haarwasser. **To|nic-sol|fa** *das;* -s ⟨aus *engl.* tonic sol-fa „Tonika-Do"⟩: um 1840 von J. S. Curwen entwickelte engl. Unterrichtsmethode zur Vermittlung von Tonvorstellungen durch Handzeichen u. Solmisationssilben als Vorform des Tonika-Do (Mus.). **To|nic wa|ter** [- 'wɔːtə] *das;* -, - - ⟨aus gleichbed. *engl.* vgl. Tonic⟩: svw. Tonic (1, 2). **...to|nie** ⟨aus *gr.* -tonía zu tónos „Spannung", dies zu teínein „spannen, strecken"⟩: Wortbildungselement in den Bedeutungen: 1. „(Muskel)spannung", z. B. Myotonie. 2. „Blutdruck", z. B. Hypotonie.

¹To|ni|ka *die;* -, ...ken ⟨aus gleichbed. *it.* (vocale) tonica zu tonico „betont", dies zu tono „Ton, Klang" aus *lat.* tonus, vgl. Tonus⟩: 1. der Grundton eines Tonstücks (Mus.). 2. die erste Stufe der Tonleiter (Mus.). 3. Dreiklang auf der ersten Stufe; Zeichen T (Mus.). **²To|ni|ka:** Plur. von ↑Tonikum. **To|ni|ka-Do** *das;* - ⟨zu ↑¹Tonika u. ↑do⟩: System der Musikerziehung, das die Solmisationssilben mit Handzeichen verbindet. **To|ni|kum** *das;* -s, ...ka ⟨aus *nlat.* tonicum, dies zu *gr.* tonikós „gespannt; Spannkraft bewirkend", zu tónos „Ton, Klang"; vgl. Tonus⟩: Kräftigungsmittel, Stärkungsmittel (Med.). **¹to|nisch** ⟨zu ↑Tonus⟩: 1. kräftigend, stärkend (Med.). 2. den ↑Tonus betreffend; durch anhaltende Muskelanspannung charakterisiert (Med.); Ggs. ↑klonisch. **²to|nisch** ⟨zu ↑¹Tonika⟩: die ¹Tonika betreffend. **to|ni|sie|ren** ⟨zu *gr.* tónos (vgl. tono...) u. ↑...isieren⟩: kräftigen (Med.). **To|ni|sie|rung** *die;* -, -en ⟨zu ↑...isierung⟩: das Tonisieren, das Tonisiertwerden (Med.)

Ton|na|ge [...ʒə] *die;* -, -n ⟨aus gleichbed. *fr.* tonnage zu tonne „Tonne", dies aus *mlat.* tunna „Faß" (wohl aus dem Kelt.)⟩: 1. Raumgehalt als Maß für die Tragfähigkeit eines Schiffes. 2. gesamte Flotte (einer Reederei, eines Staates). **Ton|neau** [tɔ'noː] *der;* -s, -s ⟨aus gleichbed. *fr.* tonneau zu tonne, vgl. Tonnage⟩: 1. (veraltet) Schiffslast von 1 000 kg. 2. früheres franz. Flüssigkeitsmaß

to|no..., To|no..., vor Vokalen meist ton..., Ton... ⟨zu *gr.* tónos „das Spannen"; vgl. Tonus⟩: Wortbildungselement mit den Bedeutungen: a) „Druck, Spannung", z. B. Tonometer, u. b) „Kräftigung", z. B. Tonikum. **To|no|fi|bril|le** *die;* -, -n (meist Plur.): faserige Struktur in den Zellen des mehrschichtigen Plattenepithels (Bot.). **To|no|gra|phie** *die;* - ⟨zu ↑...graphie⟩: Messung u. Registrierung des Augeninnendrucks mit dem Tonometer (1). **To|no|me|ter** *das;* -s, - ⟨zu ↑¹...meter⟩: 1. Instrument zur Messung des Augeninnendrucks. 2. Blutdruckmesser. **To|no|me|trie** *die;* - ⟨zu ↑...metrie⟩: Augeninnendruckmessung (z. B. zur Feststellung des Glaukoms; Med.). **To|no|plast** *der;* -[e]s, -e ⟨zu *gr.* plastós „gebildet, geformt", dies zu plássein „bilden, formen"⟩: innere Zellmembran (bei Pflanzen; Bot.).

ton|sil|lar u. **ton|sil|lär** ⟨zu ↑Tonsille u. ↑...ar (1) bzw. ...är⟩: zu den Gaumen- od. Rachenmandeln gehörend (Anat.). **Ton|sil|lar|ab|szeß** *der* (österr. ugs. auch *das*); ...szesses, ...szesse: Form der Mandelentzündung, bei der sich meist einseitig größere Eiterherde in der Mandelumgebung bilden (Med.). **Ton|sil|le** *die;* -, -n ⟨aus *lat.* tonsillae (Plur.) „die Mandeln im Halse"⟩: Gaumen-, Rachenmandel (Anat.). **Ton|sil|lek|to|mie** *die;* -, ...ien ⟨zu ↑...ektomie⟩: vollständige Herausschälung der Mandeln (Med.). **Ton|sil|li|tis** *die;* -, ...itiden ⟨zu ↑...itis⟩: Mandelentzündung (Med.). **Ton|sil|lo|tom** *das;* -s, -e ⟨zu *gr.* ...tomón „schneidend"⟩: chirurgisches Instrument zum Abtragen der Mandeln (Med.). **Ton|sil|lo|to|mie** *die;* -, ...ien ⟨zu ↑...tomie⟩: teilweises Kappen der Mandeln (Med.)

Ton|sur *die;* -, -en ⟨aus gleichbed. *mlat.* tonsura zu *lat.* tonsura „das (Ab)scheren, Schur", dies zu tonsus, Part. Perf. von tondere „(ab)scheren", dies zu tonsus, Part. Perf. von tondere „(ab)scheren"⟩: (früher) kreisrund geschorene Stelle auf dem Kopf kath. Mönche u. Weltgeistlicher als Standeszeichen des Klerikers. **ton|su|rie|ren** ⟨zu ↑...ieren⟩: (veraltet) bei jmdm. die Tonsur schneiden

To|nus *der;* -, Toni ⟨über *lat.* tonus aus *gr.* tónos „das (An)spannen (der Saiten); Ton, Klang" zu teínein „spannen, dehnen"⟩: 1. der durch Nerveneinfluß bestehende aufrechterhaltene Spannungszustand der Gewebe, bes. der Muskeln (Med.). 2. Ganzton (Mus.).

To|ny ['toːni, engl. 'toʊni] *der;* -s, -s ⟨nach dem Spitznamen Tony der amerik. Schauspielerin u. Produzentin Antoinette Perry, †1946⟩: amerik. Bühnenpreis

¹Top *das;* -s, -s ⟨aus *engl.* top „Oberteil, oberes Ende"⟩: einem T-Shirt ähnliches Oberteil ohne Ärmel, aber mit Trägern. **²Top** *der;* -s, -s ⟨zu ↑¹Top⟩: Schlag, bei dem der Ball oberhalb seines Zentrums getroffen wird (Golf)

¹top..., Top... vgl. topo..., Topo...

²top..., Top... ⟨aus gleichbed. *engl.* top⟩: Wortbildungselement mit der Bedeutung „höchst, best-, Spitzen-", z. B. topfit, Toplage, Topmodell. **Top act** ['tɔp ɛkt] *der;* - -s, - -s ⟨zu *engl.* top „Haupt-" u. act „(Programm)nummer"⟩: Hauptattraktion

Top|al|gie *die;* -, ...ien ⟨zu ↑topo... u. ↑...algie⟩: svw. Topoalgie

To|pas *der;* -es, -e ⟨über *lat.* topazus aus gleichbed. *gr.* tópazos⟩: ein farbloses, gelbes, blaues, grünes, braunes od. rotes glasglänzendes Mineral, das als Schmuckstein verwendet wird. **to|pa|sen:** aus einem Topas bestehend, mit einem Topas, mit Topasen besetzt. **to|pa|sie|ren** ⟨zu ↑...ieren⟩: zu Topas brennen (von Quarz). **To|pa|zo|lith** [auch

...'lɪt] *der;* Gen. -s u. -en, Plur. -e[n] ⟨zu ↑...lith⟩: ein gelbes Mineral

To|pe *die;* -, -n ⟨aus *Hindi* tope, wohl aus *sanskr.* stupá, vgl. Stupa⟩: svw. Stupa

Top|fa|vo|rit [...v...] *der;* -en, -en ⟨zu ↑²top... u. ↑ Favorit⟩: Teilnehmer an einem sportlichen Wettkampf mit den größten Siegeschancen. **top|fit:** gut in Form, in bester körperlicher Verfassung (bes. von einem Sportler)

to|phös ⟨zu *lat.* tofus, tophus (vgl. Tophus) u. ↑...ös⟩: tophusartig (Med.). **To|phus** *der;* -, Tophi ⟨aus *lat.* tofus, tophus „Tuff(stein)"⟩: Knoten (meist entzündlicher Art; Med.); - arthriticus [...kʊs]: Gichtknoten

To|pik *die;* - ⟨über *spätlat.* topice aus gleichbed. *gr.* topiké (téchnē) zu topikós, vgl. topisch, Bed. 5 zu *gr.* tópos „Ort, Lage"⟩: 1. Wissenschaft, Lehre von den Topoi; vgl. Topos (2). 2. Lehre von den Sätzen u. Schlüssen, mit denen argumentiert werden kann (Philos.). 3. (veraltet) Lehre von der Wort- u. Satzstellung (Sprachw.). 4. Stelle, die ein Begriff in der Sinnlichkeit od. im Verstand einnimmt (Kant; Philos.). 5. Lehre von der Lage der einzelnen Organe im Organismus zueinander (Anat.). **To|pi|ka:** Plur. von ↑Topikum. **to|pi|kal** ⟨zu ↑¹...al (1)⟩: themen-, gegenstandsbezogen; gegenstandsspezifisch. **to|pi|ka|li|sie|ren** ⟨zu ↑...isieren⟩: durch die Stellung im Satz hervorheben (z. B. ein Satzglied vor das finite Verb setzen; Sprachw.). **To|pi|ka|li|sie|rung** *die;* - ⟨zu ↑...isierung⟩: Hervorhebung eines Satzglieds od. einzelner Wörter durch die Anordnung im Satz (z. B. Endstellung; Sprachw.). **To|pi|kum** *das;* -s, ...ka ⟨zu ↑...ikum⟩: therapeutisches Mittel zur lokalen äußerlichen Anwendung (z. B. Pflaster; Med.)

To|pi|nam|bur *der;* -s, Plur. -s u. -e od. *die;* -, -en ⟨aus gleichbed. *fr.* topinambour, nach dem Namen eines bras. Indianerstammes⟩: Gemüse- u. Futterpflanze (Korbblütler) mit inulinreichen (vgl. Inulin), kartoffelähnlichen Knollen

to|pisch ⟨zu *gr.* topikós „einen Ort betreffend", dies zu tópos, vgl. Topos⟩: 1. örtlich, äußerlich (von der Anwendung u. Wirkung bestimmter Arzneimittel; Med.). 2. einen Topos behandelnd, Topoi ausdrückend

Top|la|der *der;* -s, - ⟨zu *engl.* top „Oberteil"⟩: Waschmaschine, bei der die Wäsche von oben eingefüllt wird. **top|less** ⟨aus gleichbed. *engl.* topless, eigtl. „ohne Oberteil", zu top (vgl. ¹Top) u. -less „ohne, -los"⟩: busenfrei, oben ohne. **Top|ma|nage|ment** [...mænɪdʒmənt] *das;* -s, -s ⟨zu ↑²top...⟩: Spitze der Unternehmensleitung (Wirtsch.). **Top|ma|na|ger** [...mɛnɪdʒɐ] *der;* -s, -: Angehöriger des Topmanagements (Wirtsch.). **Top|mo|dell** *das;* -s, -e: 1. technisch bes. aufwendig, luxuriös ausgestattetes Modell (1). 2. bes. gefragtes Modell (6, 8)

to|po..., **To|po...**, vor Vokalen meist top..., Top... ⟨aus gleichbed. *gr.* topo- zu tópos „Ort, Gegend"⟩: Wortbildungselement mit der Bedeutung „Ort, Gegend, Gelände", z. B. Topographie; Toponymie. **To|po|al|gie** *die;* -, ...ien ⟨zu ↑...algie⟩: Schmerz an einer eng begrenzten Körperstelle ohne organische Ursache. **To|po|che|mie** *die;* -: Teilgebiet der physik. Chemie, das sich mit den Reaktionen beschäftigt, die in od. auf der Oberfläche von festen Körpern ablaufen. **to|po|gen** ⟨zu ↑...gen⟩: von einem bestimmten Ort ausgehend (Philos.). **To|po|gno|sie** *die;* -, ...ien ⟨zu ↑...gnosie⟩: die Fähigkeit des Organismus, einen Berührungsreiz zu lokalisieren (Med.). **To|po|graph** *der;* -en, -en ⟨aus *spätlat.* topographus „jmd., der einen Ort vermißt (= beschreibt)", dies zu *spätgr.* topográphos „einen Ort beschreibend, seine Lage bestimmend"⟩: Fachmann für topographische Vermessungen. **To|po|gra|phie** *die;* -, ...ien ⟨über gleichbed. *spätlat.* topographia aus *gr.* topographía⟩: 1. Beschreibung u. Darstellung geographischer Örtlichkeiten; Lagebeschreibung. 2. svw. topographische Anatomie. 3. kartographische Darstellung der Atmosphäre. **to|po|gra|phie|ren** ⟨zu ↑...ieren⟩: die Beschaffenheit eines Landstriches aufnehmen. **to|po|gra|phisch** ⟨nach gleichbed. *spätgr.* topográphos⟩: die Topographie betreffend; -e Anatomie: Beschreibung der Körperregionen u. der Lageverhältnisse der einzelnen Organe (Med.). **To|poi** [ˈtɔpɔy]: Plur. von ↑Topos. **To|po|lo|gie** *die;* - ⟨zu to- po... u. ↑...logie⟩: 1. Lehre von der Lage u. Anordnung geometrischer Gebilde im Raum (Math.). 2. [Lehre von der] Wortstellung im Satz (Sprachw.). 3. Anordnung u. Vernetzung der einzelnen Computer u. Terminals (3) innerhalb eines Datenverbunds (EDV). **to|po|lo|gisch** ⟨zu ↑...logisch⟩: die Topologie betreffend; -es Sortieren: eine Form des Sortierens, bei der jeweils einzelne Arbeitsschritte in sich sortiert werden (Informatik). **Top|ono|ma|stik** *die;* - ⟨zu ↑topo... u. ↑Onomastik⟩: svw. Toponymik. **Top|ony|mie** *die;* - ⟨zu *gr.* ónyma „Name" u. ↑²...ie⟩: 1. Ortsnamenbestand, Gesamtheit der Ortsnamen in einer bestimmten Region. 2. svw. Toponymik. **Top|ony|mik** *die;* - ⟨zu ↑²...ik (1)⟩: Ortsnamenkunde. **Top|ony|mi|kon** *das;* -s, ..ka ⟨zu ↑¹...on⟩: Ortsname (Sprachw.). **To|po|pho|bie** *die;* - ⟨zu ↑...phobie⟩: Situations-, Platzangst; krankhaftes Bestreben, bestimmte Orte od. Plätze zu meiden (Med.). **To|pos** *der;* -, Topoi [ˈtɔpɔy] ⟨aus *gr.* tópos „Redensart", eigtl. „Ort, Stelle"⟩: 1. in der antiken Rhetorik allgemein anerkannter Begriff od. Gesichtspunkt, der zum rednerischen Gebrauch zu finden u. anzuwenden ist. 2. feste Wendung, stehende Rede od. Formel. **To|po|tak|tisch** ⟨zu ↑topo...⟩: die Topotaxis betreffend, auf ihr beruhend (Biol.). **To|po|ta|xis** *die;* -, ...xen ⟨zu ↑²Taxis⟩: eine gerichtete Orientierungsbewegung freibeweglicher Organismen durch Einstellung der Körperlängsachse zur Reizquelle hin (Biol.). **to|po|zen|trisch:** auf den Beobachtungsort als Mittelpunkt bezogen. **To|po|zen|trum** *das;* -s, ...tren: Bez. für den Nullpunkt eines rechtwinkligen od. polaren Koordinatensystems, der mit dem Standpunkt des Beobachters zusammenfällt (Math.)

top|pen ⟨zu *engl.* top „oberes Ende" (weil sich am Kopf der Destilliereinrichtung das Leichtbenzin sammelt)⟩: Leichtbenzin durch Destillation aus Erdöl gewinnen. **top-se|cret** [ˈtɔpsɪ krɪt] ⟨*engl.;* zu top (vgl. ²top...) u. secret „geheim"⟩: engl. Bez. für streng geheim. **Top|spin** *der;* -s, -s ⟨aus gleichbed. *engl.* top spin, eigtl. „Kreiseldrall", zu top (vgl. ²Top) u. spin „Drall", eigtl. „von oben gegebener Drall"⟩: a) starker, in der Flugrichtung des Balles wirkender Aufwärtsdrall, der dem Ball durch einen langgezogenen Bogenschlag vermittelt wird; b) Bogenschlag, der dem Ball einen starken Aufwärtsdrall vermittelt (Tischtennis). **Top|star** *der;* -s, -s ⟨aus gleichbed. *engl.* top star zu ↑²top... u. ↑Star⟩: (absoluter) Spitzenstar. **Top ten** *die;* - ⟨aus gleichbed. *engl.* top ten, zu ten „zehn"⟩: a) die zehn Besten; die zehn ersten Titel, Werke o. ä. einer Hitparade, Hitliste; aus zehn Titeln, Werken o. ä. bestehende Hitparade, Hitliste; b) eine Reihe der zehn bedeutendsten Vertreter einer internationalen Rangfolge (z. B. Musiktitel, Spitzensportler)

Toque [tɔk] *die;* -, -s ⟨über *fr.* toque aus gleichbed. *span.* toca⟩: 1. (früher) Barett mit steifem Kopf u. schmaler Krempe. 2. kleiner, barettartiger Damenhut

Tor|ber|nit [auch ...'nɪt] *der;* -s, -e ⟨nach dem schwed. Chemiker Torbern O. Bergman (1735–1784) u. zu ↑²...it⟩: svw. Chalkolith

Tor|chon [tɔrˈʃõː] *der;* -s, -s ⟨aus *fr.* torchon „(Scheuer)lappen" zu torche „Lappen, Tuch"⟩: a) Wischlappen, Scheuertuch; b) Klöppelspitzengrund aus engen, viereckigen Maschen od. Zellen

Tord|alk *der;* Gen. -[e]s od. -en, Plur. -e[n] ⟨zu älter *schwed.* tord, eigtl. „Schmutz, Kot" u. ↑¹Alk⟩: ein arktischer Seevogel

tor|die|ren ⟨aus gleichbed. *fr.* tordre, dies über das Vulgärlat. zu *lat.* tortus, Part. Perf. von torquere (vgl. Tortur); vgl. ...ieren⟩: verdrehen, verdrillen

To|rea|dor *der;* Gen. -s u. -en, Plur. -e[n] ⟨aus gleichbed. *span.* toreador zu torear „mit dem Stier kämpfen", dies zu toro „Stier" aus *lat.* taurus⟩: [berittener] Stierkämpfer.
To|re|ro *der;* -[s], -s ⟨aus gleichbed. *span.* torero, dies aus *lat.* taurarius zu taurus, vgl. Toreador⟩: nicht berittener Stierkämpfer

To|reut *der;* -en, -en ⟨aus gleichbed. *lat.* toreutes, dies aus *gr.* toreutés zu toreúein „treiben"⟩: Künstler, der Metalle ziseliert od. treibt. **To|reu|tik** *die;* - ⟨über *spätlat.* toreutice aus gleichbed. *spätgr.* toreutiké (téchnē) zu *gr.* toreutikós „zum Ziselieren, Gravieren gehörig"⟩: Kunst der Metallbearbeitung (z. B. Treibarbeit, Ziselierung). **to|reu|tisch:** die Toreutik betreffend, getrieben

¹To|ri *der;* -, - ⟨aus gleichbed. *jap.* to ri⟩: Judoka, der seinen Gegner momentan beherrscht

²To|ri: Plur. von ↑Torus

To|ries ['tɔriːs, engl. 'tɔːrɪz]: Plur. von ↑Tory

To|rii *das;* -[s], -[s] ⟨aus dem Jap.⟩: freistehendes [Holz]portal jap. Schintoheiligtümer mit zwei beiderseits überstehenden Querbalken

to|risch ⟨zu *lat.* torus „Wulst"⟩: wulstförmig

Tor|kret Ⓦ *der;* -s ⟨Kunstw.⟩: Spritzbeton (zur Herstellung von Wandputz). **tor|kre|tie|ren** ⟨zu ↑ ...ieren⟩: mit Preßluft Torkret an die Wand spritzen

Tor|ku|lar *das;* -s ⟨aus *lat.* torcular „Kelter, Presse"⟩: Blutleere nach Abdrücken der Schlagadern (Med.)

Tor|men|ta: Plur. von ↑Tormentum. **¹Tor|men|till** *der;* -s ⟨aus gleichbed. *mlat.* tormentilla zu *lat.* tormentum (vgl. Tormentum), wegen der unangenehmen adstringierenden Wirkung der Droge⟩: Blutwurz (Heilpflanze). **²Tor|men|till** *das;* -s ⟨zu ↑ ¹Tormentill⟩: gerbstoffhaltiges Heilmittel aus der Wurzel der Blutwurz. **Tor|men|tum** *das;* -s, ...ta ⟨aus gleichbed. *lat.* tormentum⟩: 1. (veraltet) Folter, Marterwerkzeug. 2. altröm. Schleudergeschütz für große Geschosse. **Tor|mi|na** *die* (Plur.) ⟨aus gleichbed. *lat.* tormina (Plur.)⟩: quälende Beschwerden, vor allem Leibschmerzen, Bauchgrimmen (Med.)

Tȯrn *der;* -s, -s ⟨aus gleichbed. *engl.* turn, dies aus *altfr.* torn, to(u)r, vgl. Tour⟩: (Seemannsspr.) 1. Fahrt mit einem Segelboot; Segeltörn. 2. Zeitspanne, Turnus für eine bestimmte, abwechselnd ausgeführte Arbeit an Bord. 3. (nicht beabsichtigte) Schlinge in einer Leine. 4. svw. Turn (2)

Tor|na|da *die;* -, -s ⟨aus *provenzal.* tornada „Rückkehr"; vgl. Tornado⟩: epilogartiger Ausklang in Gedichten der provenzal. Troubadours. **Tor|na|do** *der;* -s, -s ⟨aus gleichbed. *engl.-amerik.* tornado, dies nach *span.* tornar „sich drehen" umgebildet aus *span.* tronada „Donnerwetter, Gewitter" zu tronar „donnern"⟩: 1. starker Wirbelsturm im südlichen Nordamerika. 2. mit zwei Personen zu besetzendes Doppelrumpfboot (Segeln)

Tor|neu|tik *die;* - ⟨zu *gr.* torneutikós „zum Drechseln, Drehen geeignet", dies zu torneúein „drechseln, drehen; vgl. ²...ik (2)⟩: (veraltet) Drechslerkunst

Tor|ni|ster *der;* -s, - ⟨aus dem Slaw.; vgl. *tschech.* (mdal.) u. *poln.* tanistra⟩: a) [Fell-, Segeltuch]ranzen, bes. des Soldaten; b) (landsch.) Schulranzen

To|ro *der;* -s, -s ⟨aus *span.* toro, dies aus *lat.* taurus⟩: span. Bez. für Stier

To|ro|id *das;* -[e]s, -e ⟨zu ↑Torus u. ↑ ...oid⟩: torusförmiger Körper, der als Kernform von Ringtransformatoren u. magnetischen Ringspulen verwendet wird. **to|ro|i|dal** [...roi...] ⟨zu ↑¹...al (1)⟩: torusförmig

To|roß *der;* -, ...ssen ⟨aus gleichbed. *russ.* toros⟩: Packeis

tor|pe|die|ren ⟨zu ↑Torpedo u. ↑ ...ieren⟩: 1. mit Torpedo[s] beschießen, versenken. 2. durchkreuzen, verhindern (z. B. einen Plan, Beschluß, eine bestimmte Politik). **Tor|pe|do** *der;* -s, -s ⟨nach *lat.* torpedo „Zitterrochen" (der seinen Gegner bei Berührung durch elektrische Schläge „lähmt"), eigtl. „Erstarrung, Lähmung", zu torpere „betäubt, erstarrt sein"⟩: 1. mit eigenem Antrieb u. selbsttätiger Zielsteuerung ausgestattetes schweres Unterwassergeschoß. 2. marmorierter od. gefleckter Zitterrochen (in gemäßigten u. warmen Meeren verbreiteter Fisch). **tor|pid** ⟨aus gleichbed. *lat.* torpidus zu torpere, vgl. Torpedo⟩: 1. regungslos, starr, schlaff (Med., Zool.). 2. a) stumpfsinnig, benommen; b) unbeeinflußbar (Med.). **Tor|pi|di|tät** *die;* - ⟨zu ↑ ...ität⟩: 1. Regungslosigkeit, Schlaffheit, Starre (Med., Zool.). 2. a) Stumpfsinn, Stumpfheit; b) Unbeeinflußbarkeit (Med.). **Tor|por** *der;* -s ⟨aus *lat.* torpor „Erstarrung, Regungslosigkeit, Erschlaffung"⟩: svw. Torpidität (1, 2 a)

Tor|ques [...kvɛs] *der;* -, - ⟨aus gleichbed. *lat.* torques, eigtl. „das Gedrehte, Gewundene", zu torquere, vgl. torquieren⟩: aus frühgeschichtlicher Zeit stammender offener Hals- od. Armring aus Gold, Bronze od. Eisen. **tor|quie|ren** ⟨aus *lat.* torquere „drehen, winden; verdrehen, verrenken, foltern"⟩: 1. (veraltet) peinigen, quälen, foltern. 2. drehen, krümmen (Techn.). 3. ein Organ bzw. einen Organstiel od. einen Zahn um seine Achse drehen (Med.)

Tȯrr *das;* -s, - ⟨nach dem ital. Physiker E. Torricelli, 1608-1647⟩: veraltende Maßeinheit des Drucks, bes. des Luftdrucks

Tor|ren|te *der;* -, -n ⟨aus *it.* torrente, eigtl. „Wildbach", dies zu *lat.* torrens, Gen. torrentis „strömend, reißend"⟩: Regenbach, der nur nach starken Niederschlägen Wasser führt (im Mittelmeerraum). **tor|ren|ti|kol** ⟨zu *lat.* colere „bewohnen"⟩: stark bewegte Gewässer, Sturzbäche bewohnend (Biol.)

Tor|se *die;* -, -n ⟨aus *nlat.* (area) torsa, eigtl. „gedreht(e Fläche)", Part. Perf. (Fem.) von *lat.* torquere, vgl. torquieren⟩: Bez. für eine spezielle Regelfläche, die in die Ebene abwickelbar ist (Math.)

Tor|se|lett *das;* -s, -s ⟨mit französierender Endung zu ↑Torso, Analogiebildung zu ↑Korselett⟩: (in der Art von Reizwäsche gearbeitetes) einem Damenunterhemd ähnliches Wäschestück [mit Strapsen]

Tor|sio|graph *der;* -en, -en ⟨zu ↑Torsion u. ↑ ...graph⟩: Instrument zur Messung u. Aufzeichnung der Torsionsschwingungen rotierender Maschinenteile (bes. der Wellen). **Tor|si|on** *die;* -, -en ⟨zu *spätlat.* torsum „das Verdrehte", Nebenform von tortum, Part. Perf. (Neutrum) von torquere (vgl. torquieren), u. ↑ ¹...ion⟩: 1. Verdrehung, Verdrillung; Formveränderung fester Körper durch entgegengesetzt gerichtete Drehmomente (Phys., Techn.). 2. Verdrehung einer Raumkurve (Math.). **Tor|si|ons|ela|sti|zi|tät** *die;* -: der Torsion (1) entgegenwirkende Spannung in einem tordierten Körper (Techn.). **Tor|si|ons|mo|dul** *der;* -s, -n ⟨zu ↑ ¹Modul⟩: Materialkonstante, die bei der Torsion auftritt (Techn.)

Torso

Tor|so *der;* -s, Plur. -s u. ...si ⟨aus gleichbed. *it.* torso, eigtl. „Kohlstrunk; Fruchtkern", dies über *spätlat.* tursus für *lat.* thyrsus „Stengel, Strunk" aus *gr.* thýrsos⟩: 1. unvollendete od. unvollständig erhaltene Statue, meist nur der Rumpf dieser Statue. 2. Bruchstück, unvollendetes Werk

Tort *der;* -[e]s ⟨aus *fr.* tort „Unrecht", dies aus *spätlat.* tortum, substantiviertes Neutrum zu *lat.* tortus „gedreht, gewunden", Part. Perf. von torquere, vgl. torquieren⟩: etwas Unangenehmes, Ärger, Kränkung, z. B. jmdm., sich einen - antun

Tor|te|lett *das;* -[e]s, -s u. **Tor|te|let|te** *die;* -, -n ⟨mit französierender Endung zu *it.* torta „Torte", dies aus *spätlat.* torta „rundes Brot, Brotgebäck", weitere Herkunft unsicher; vgl. ...ett bzw. ...ette⟩: Törtchen aus Mürbeteigboden mit Obst- od. Cremefüllung. **Tor|tel|li|no** *der;* -s, ...ni (meist Plur.) ⟨aus gleichbed. *it.* tortellino, Verkleinerungsbildung von tortello „gefüllte Nudel, Pastetchen", dies Verkleinerungsbildung von torta, vgl. Tortelett⟩: kleiner, mit Fleisch, Gemüse o. ä. gefüllter Ring aus Nudelteig

Tor|ti|kol|lis *der;* - ⟨zu *lat.* tortus (vgl. Tort) u. collum, Gen. colli „Hals"⟩: Schiefhals, krankhafte Schiefstellung des Kopfes (Med.)

Tor|til *der;* -s, -s ⟨aus gleichbed. *fr.* tortil zu tordre, vgl. tordieren⟩: von einer Perlenschnur umwundener Kronreif der franz. Barone, seit dem 17. Jh. heraldisches Rangzeichen

Tor|til|la [...'tɪlja] *die;* -, -s ⟨aus gleichbed. *span.* tortilla, Verkleinerungsbildung zu torta „Torte", dies aus *spätlat.* torta, vgl. Tortelett⟩: 1. (in Lateinamerika) aus Maismehl hergestelltes Fladenbrot. 2. (in Spanien) Omelett mit verschiedenen Füllungen

Tor|to|ni|um *das;* -s ⟨nach der ital. Stadt Tortona u. zu ↑...ium⟩: Stufe des Jungtertiärs (Geol.)

tor|tu|ös ⟨aus gleichbed. *lat.* tortuosus zu tortus, vgl. Tort⟩: (veraltet) sich windend, gewunden, gekrümmt; verworren, vieldeutig. **Tor|tur** *die;* -, -en ⟨aus *mlat.* tortura „Folter" zu *lat.* tortura „Krümmung, Verrenkung", dies zu tortus, vgl. Tort⟩: 1. (früher) Folter. 2. Qual, Quälerei, Plage

To|ru|la|he|fen *die* (Plur.) ⟨zu *nlat.* torula, wohl eine Gattung von Hefepilzen, dies zu *lat.* torulus, vgl. Torulus⟩: hefeartige Pilze, die in großem Maßstab zur Gewinnung von eiweiß- u. fettreichen Futterhefen gezüchtet werden (Biochem.). **To|ru|lo|se** *die;* -, -n ⟨zu ↑¹...ose⟩: Pilzinfektion von Gehirn, Lunge u. Haut (Med.). **To|ru|lus** *der;* -, ...li ⟨aus *lat.* torulus, Verkleinerungsform von torus „Wulst"⟩: Tastballen, Wülstchen, Hauterhebung an den Händen u. Füßen (Med.). **To|rus** *der;* -, Tori ⟨aus *lat.* torus „Wulst"⟩: 1. Wulst, Hautwulst, Schleimhautwulst (Med.). 2. Ringfläche, die durch Drehung eines Kreises um eine in der Kreisebene liegende, den Kreis aber nicht treffende Gerade entsteht (Math.)

To|ry ['tɔri, engl. 'tɔ:rɪ] *der;* -s, Plur. -s u. ...ries ['tɔri:s, engl. 'tɔ:rɪz] ⟨aus *engl.* Tory, dies aus *ir.* tóraidhe, eigtl. „Verfolger, Räuber" (Bez. für irische Geächtete des 16. u. 17. Jh.s) zu tóir „verfolgen"⟩: 1. a) Angehöriger einer engl. Partei, aus der im 19. Jh. die Konservative Partei (Conservative Party) hervorging; Ggs. ↑Whig (1); b) Vertreter der konservativen Politik in England; Ggs. ↑Whig (2). 2. svw. Loyalist (1). **To|rys|mus** [to'rɪs...] *der;* - ⟨nach gleichbed. *engl.* Toryism; vgl. ...ismus (1)⟩: Richtung der von den Torys (1) vertretenen konservativen Politik in England. **to|ry|stisch** ⟨vgl. ...istisch⟩: die Torys betreffend, in der Art der Torys

To|sef|ta *die;* - ⟨aus gleichbed. *hebr.* tôsĕftâ, eigtl. „Zusatz"⟩: Ergänzungswerk zur ↑Mischna (nicht im ↑Talmud aufgenommen)

to|sto ⟨*it.;* zu *spätlat.* tostus, Part. Perf. von *lat.* torrere „entflammen", eigtl. „erhitzen"⟩: hurtig, eilig, sofort (Vortragsanweisung; Mus.)

To|ta: Plur. von ↑Totum. **to|tal** ⟨über gleichbed. *fr.* total aus *mlat.* totalis „gänzlich" zu *lat.* totus „ganz, gänzlich"⟩: 1. vollständig, restlos, gänzlich, völlig. 2. so beschaffen, daß es in einem bestimmten Bereich, Gebiet, Zustand o. ä. alles ohne Ausnahme umfaßt; in vollem Umfang. **To|tal** *das;* -s, -e: (bes. schweiz.) das Gesamt, Gesamtheit, Summe. **To|tal|ana|ly|se** *die;* -, -n: methodisches Vorgehen der Wirtschaftstheorie, das bei der Analyse eines wirtschaftlichen Problems den Gesamtzusammenhang aller beteiligten Größen, insbes. die gegebenen ↑Interdependenzen, berücksichtigt. **To|tal|le** *die;* -, -n ⟨zu ↑...ale⟩: a) Ort der Handlung mit allen Dingen u. Personen; b) Gesamtaufnahme, Totalansicht (Filmw., Fotogr.). **To|tal|en|do|pro|the|se** *die;* -, -n: vollständiger Gelenkersatz durch körperfremdes Material (Med.). **To|tal|ex|stir|pa|ti|on** *die;* -, -en: vollständige operative Entfernung eines Organs (Med.). **To|ta|li|sa|tor** *der;* -s, ...oren ⟨latinisiert aus *fr.* totaliseur zu totaliser „alles addieren"; vgl. ...ator⟩: 1. Einrichtung zum Wetten beim Renn- u. Turniersport. 2. Sammelgefäß für Niederschläge, bes. in unzugänglichen Gebietsteilen verwendet, in denen eine Niederschlagsmessung nur in längeren Zeitabständen erfolgen kann (Meteor.). **to|ta|li|sie|ren** ⟨zu ↑total u. ↑...isieren⟩: 1. unter einem Gesamtaspekt betrachten, behandeln. 2. (veraltet) zusammenzählen (Wirtsch.). **to|ta|li|tär** ⟨französierende Bildung zu total; vgl. ...är⟩: 1. die Gesamtheit umfassend, ganzheitlich. 2. (abwertend) den Totalitarismus betreffend, auf ihm beruhend; alles erfassend u. sich unterwerfend. **To|ta|li|ta|ris|mus** *der;* -, ...men ⟨zu ↑...ismus (1)⟩: (abwertend) die in einem diktatorisch regierten Staat in allen Gesellschaftsbereichen zur Geltung kommende Tendenz, den Menschen mit allem, was er ist u. besitzt, voll zu beanspruchen u. eine bürokratisch gesicherte Herrschaftsapparatur auch bis zur Vernichtung der den Staat beschränkenden sittlichen Prinzipien zu entwickeln. **to|ta|li|ta|ri|stisch** ⟨zu ↑...istisch⟩: zum Totalitarismus gehörend. **to|ta|li|tät** *die;* -, -en ⟨aus gleichbed. *fr.* totalité zu total, vgl. total u. ...ität⟩: 1. (Plur. selten) a) Gesamtheit, Vollständigkeit, Ganzheit; b) universeller Zusammenhang aller Dinge u. Erscheinungen in Natur u. Gesellschaft (Philos.). 2. vollständige Verfinsterung von Sonne u. Mond (Astron.). 3. (Plur. selten) totale Machtausübung, totaler Machtanspruch. **to|ta|li|ter** ⟨*mlat.;* zu totalis, vgl. total⟩: ganz u. gar, gänzlich. **To|tal|ka|pa|zi|tät** *die;* - ⟨zu ↑total⟩: das gesamte Luftvolumen der Lunge nach tiefer Einatmung (Med.). **To|tal|ope|ra|ti|on** *die;* -, -en: 1. svw. Totalexstirpation. 2. vollständige Entfernung der Gebärmutter u. der Eierstöcke (Med.). **To|tal|pro|the|se** *die;* -, -n: vollständiger Zahnersatz für den zahnlosen Mund. **To|tal-qua|li|ty-Ma|nage|ment** ['toʊtl 'kwɒlətɪ 'mænɪdʒmənt] *das;* -s ⟨aus gleichbed. *engl.* total quality management⟩: umfassendes Qualitätskonzept, das neben der Qualität der Produkte u. Dienstleistungen auch die Qualität der Arbeitsbedingungen u. die Qualität der Außenbeziehungen beinhaltet (Wirtsch.). **To|tal|re|fle|xi|on** [to'ta:l...] *die;* -, -en ⟨zu ↑total⟩: Erscheinung, daß oberhalb eines bestimmten Einfallswinkels kein Licht aus einem optisch dichteren in einen optisch dünneren Stoff übertreten kann (Phys.)

To|tem *das;* -s, -s ⟨aus gleichbed. *engl.* totem, dies aus *Algonkin* (einer nordamerik. Indianersprache) ot-oteman, eigtl.

„er ist aus meiner Verwandtschaft"): bei Naturvölkern ein Wesen od. Ding (Tier, Pflanze, Naturerscheinung), das als Ahne od. Verwandter eines Menschen, eines Stammesverbandes od. einer sozialen Gruppe gilt, als zauberischer Helfer verehrt wird u. nicht getötet od. verletzt werden darf. **To|te|mis|mus** *der;* - ⟨zu ↑...ismus (2)⟩: Glaube an die übernatürliche Kraft eines Totems u. seine Verehrung. **to|te|mi|stisch** ⟨zu ↑...istisch⟩: den Totemismus betreffend. **To|tem|pfahl** *der;* -[e]s, ...pfähle: geschnitzter Wappenpfahl nordwestamerik. Indianer u. mancher Südseestämme mit Bildern des Totemtiers od. aus der Ahnenlegende der Sippe

To|ti|es-quo|ti|es-Ab|laß ['to:tsiɛs'kvo:tsiɛs...] *der;* ...lasses, ...lässe ⟨zu *lat.* toties quoties „so oft wie"⟩: Ablaß, der [an einem Tag] mit jeder Erfüllung der gestellten Bedingungen neu gewonnen werden kann (kath. Kirche)

to|ti|po|tent ⟨zu *lat.* totus „ganz" u. ↑potent⟩: in der Differenzierung noch nicht festgelegt (von Zellen; Biol.). **To|ti|po|tenz** *die;* -, -en: die Erscheinung, daß eine Eizelle über sämtliche, dem Gesamtorganismus zukommende Entwicklungsmöglichkeiten verfügt (Biol.). **To|to** *das, auch der;* -s, -s ⟨gebildet unter lautlicher Anlehnung an ↑Lotto⟩: 1. Kurzform von ↑Totalisator (1). 2. kurz für Sport-, Fußballtoto. **To|tum** *das;* -s, Tota ⟨aus gleichbed. *lat.* totum⟩: das Ganze, Gesamtbestand

Touch [tatʃ] *der;* -s, -s ⟨aus gleichbed. *engl.* touch zu to touch „berühren", dies aus *altfr.* to(u)chier, vgl. touchieren⟩: Anflug, Hauch, Anstrich; etwas, was jmdm. od. einer Sache ein besonderes Fluidum gibt. **tou|chant** [tu'ʃã:] ⟨*fr.*⟩: rührend, bewegend, ergreifend. **tou|ché** [tu'ʃe:] ⟨*fr.;* eigtl. „berührt", Part. Perf. von toucher, vgl. touchieren⟩: vom Gegner getroffen (Fechten). **tou|chie|ren** [tu'ʃi...] ⟨aus *fr.* toucher „berühren, befühlen" zu *altfr.* to(u)chier, dies wohl zu *vulgärlat.* *toccare „schlagen, treffen", urspr. lautmalendes Wort⟩: 1. berühren. 2. mit dem Finger betastend untersuchen (Med.). 3. mit dem Ätzstift bestreichen, abätzen (Med.). 4. a) den Körper des Gegners mit der Klinge berühren (Fechten); b) [bei Fahrfehlern] die Randbegrenzung berühren (z. B. mit dem Bob; Sport); vgl. tuschieren

tou|jours [tu'ʒur] ⟨*fr.;* zu tout „jeder, all" u. jours „Tage"⟩: immer

Tou|pet [tu'pe:] *das;* -s, -s ⟨aus *fr.* toupet „(Haar)büschel, Schopf" zu *altfr.* to(u)p, dies aus dem Germ.⟩: 1. über der Stirn hoch aufgetürmtes, toupiertes Haar (bei einigen Haartrachten in der 2. Hälfte des 18. Jh.s). 2. Haarteil, das als Ersatz für teilweise fehlendes eigenes Haar getragen wird (bes. von Herren). **tou|pie|ren** ⟨zu ↑Toupet u. ↑...ieren⟩: das Haar strähnenweise in Richtung des Haaransatzes in schnellen u. kurzen Bewegungen kämmen, um es fülliger erscheinen zu lassen

Tour [tu:ɐ] *die;* -, -en ⟨aus gleichbed. *fr.* tour, eigtl. „Drehen; Wendung; Drehung" zu *altfr.* tor(n), dies aus *lat.* tornus, vgl. Turnus⟩: 1. a) Ausflug, Fahrt, Exkursion; b) [Geschäfts]reise. 2. bestimmte Strecke. 3. a) (abwertend) Art u. Weise, mit Tricks u. Täuschungsmanövern etw. zu erreichen; b) Vorhaben, Unternehmen [das nicht ganz korrekt ist]. 4. Umdrehung, Umlauf eines rotierenden Körpers, bes. einer Welle (Techn.). 5. in sich geschlossener Abschnitt einer Bewegung. 6. einzelne Lektion im Dressurreiten

Tou|ra|da [to'raða] *die;* -, -s ⟨aus gleichbed. *port.* tourada zu tourear „mit einem Stier kämpfen", dies zu touro „Stier" aus *lat.* taurus⟩: Stierkampf

Tour|bil|lon [turbi'jõ:] *das;* -s, -s ⟨aus *fr.* tourbillon „Rotation" (eigtl. „Wirbelwind") zu *lat.* turbo „Wirbelwind; Drehung"⟩: (veraltet) Vorrichtung in tragbaren Uhren, die den Schwerpunktfehler der Unruh ausgleicht u. dadurch die Gangleistung verbessert

Tour de force [turdə'fɔrs] *die;* - - -, -s - - [turdə'fɔrs] ⟨aus gleichbed. *fr.* tour de force, zu ↑Tour u. force „(Tat)kraft; Gewalt"⟩: Gewaltaktion, mit Mühe, Anstrengung verbundenes Handeln. **Tour de France** [...'frã:s] *die;* - - -, -s - - [tur...] ⟨*fr.*⟩: alljährlich in Frankreich von Berufsradfahrern ausgetragenes Straßenrennen, das über zahlreiche Etappen führt u. als schwerstes Straßenrennen der Welt gilt. **Tour d'ho|ri|zon** [turdɔri'zõ] *die, auch der;* - -, -s - [tur...] ⟨aus gleichbed. *fr.* tour d'horizon⟩: Rundschau, informativer Rundblick (über Themen, die diskutiert werden). **tou|ren** ['tu:rən] ⟨zu ↑Tour⟩: 1. (Jargon) auf Tournee gehen, sein. 2. (ugs.) auf Tour (1) gehen, sein

Tou|rill [tu...] *das;* -s, -s (meist Plur.) ⟨Herkunft unsicher⟩: reihenförmig angeordnetes, durch Rohre verbundenes Gefäß zur Kondensation od. Absorption von Gasen (Chem.)

Tou|ris|mus [tu...] *der;* - ⟨aus gleichbed. *engl.* tourism zu tour „Ausflug", dies aus *fr.* tour, vgl. Tour; vgl. ...ismus (2)⟩: das Reisen von Touristen, das Reisen in größerem Ausmaß, in größerem Stil (zum Kennenlernen fremder Orte u. Länder od. zur Erholung); Fremdenverkehr. **Tou|rist** *der;* -en, -en ⟨aus gleichbed. *engl.* tourist⟩: 1. Reisender, Urlauber. 2. (veraltet) Ausflügler, Wanderer; Bergsteiger. **Tou|ri|sten|ho|tel** *das;* -s, -s: [einfacheres] Hotel für Touristen. **Tou|ri|sten|klas|se** *die;* -, -n: auf Passagierschiffen u. in Flugzeugen eingerichtete preiswerte Reiseklasse. **Tou|ri|stik** *die;* - ⟨zu ↑²...ik (2)⟩: 1. institutionalisierter Touristenverkehr, Reisewesen mit allen entsprechenden Einrichtungen u. Veranstaltungen. 2. (veraltet) das Wandern od. Bergsteigen. **Tou|ri|stik|bör|se** *die;* -, -n: Messe, Ausstellung von Reiseveranstaltern o. ä. **Tou|ri|sti|ker** *der;* -s, -: auf dem Gebiet des Tourismus ausgebildeter Fachmann. **Tou|ri|stik|me|di|zin** *die;* -: Teilbereich der Medizin, der die mit dem Tourismus in Verbindung stehenden Aufgaben des Arztes umfaßt, z. B. die Beurteilung von Reise-, bes. Flugfähigkeit. **tou|ri|stisch** ⟨zu ↑...istisch⟩: den Tourismus betreffend

Tour|nai [tur'nɛ] u. **Tour|nai|si|en** [...nɛ'zjɛ̃] *das;* -[s] ⟨*fr.;* nach der Stadt Tournai in Belgien⟩: Stufe des Karbons (Geol.). **Tour|nai|tep|pich** [...'nɛ...] *der;* -s, -e ⟨nach dem ersten Herstellungsort Tournai⟩: auf der Jacquardmaschine (vgl. Jacquard) hergestellter Webteppich

Tour|nant [tʊr'nã:] *der;* -[s], -s ⟨zu *fr.* tournant, Part. Präs. von tourner „(um)drehen, (sich) wenden, rund formen", dies aus *lat.* tornare „runden, drechseln" zu tornus, vgl. Turnus⟩: Ersatzkraft im Hotelgewerbe. **Tour|né** [...ne:] *das;* -s, -s ⟨zu *fr.* tourné, Part. Perf. von tourner, vgl. Tournant⟩: als Trumpf umgeschlagenes Kartenblatt. **Tour|ne|dos** [...nə'do:] *das;* - [...'do:(s)], - [...'do:s] ⟨aus gleichbed. *fr.* tournedos zu tourner (vgl. Tournant) u. dos „Rücken"⟩: wie ein ↑Steak zubereitete, meist auf einer Röstbrotschnitte angerichtete Rindslendenschnitte in zahlreichen Zubereitungsvarianten (Gastr.). **Tour|nee** *die;* -, Plur. ...neen, auch -s ⟨aus gleichbed. *fr.* tournée, substantiviertes Part. Perf. (Fem.) von tourner, vgl. Tournant⟩: Gastspielreise von Künstlern, Artisten o. ä. **Tour|ne|vent** [...nə'vã:] *der;* -s, -s ⟨aus gleichbed. *fr.* tournevent zu tourner (vgl. Tournant) u. vent „Wind", dies aus *lat.* ventus⟩: (veraltet) sich nach dem Wind drehender Schornsteinaufsatz. **tour|nie|ren** ⟨aus gleichbed. *fr.* tourner, vgl. Tournant⟩: 1. Möhren o. ä. in gewünschter Form ausstechen (Gastr.). 2. die Spielkarten wenden, aufdecken. **Tour|ni|quet** [...ni'ke:] *das;* -s, -s ⟨aus *fr.* tourniquet „Drehkreuz"⟩: 1. Aderpresse

Tournüre

(z. B. Binde, Schlauch; Med.). 2. Drehkreuz an Wegen, Eingängen o. ä. 3. (meist Plur.) korkenzieherförmiges Gebäckstück aus Blätterteig. **Tour|nü|re** vgl. Turnüre

tour-re|tour [tuːʀeˈtuːʀ] ⟨zu *fr.* tour (vgl. Tour) u. ↑retour⟩: (österr.) hin u. zurück

tout à fait [tutaˈfɛ] ⟨*fr.;* eigtl. „ganz in der Tat"⟩: gänzlich, ganz u. gar. **tout de suite** [tudəˈsvit] ⟨*fr.*⟩: auf der Stelle, unverzüglich. **tout le monde** [tuləˈmõd] ⟨*fr.;* eigtl. „die ganze Welt"⟩: jeder[mann], alle Leute

To|wa|rischtsch *der;* -[s], Plur. -s, auch -i ⟨aus *russ.* tovarišč⟩: russ. Bez. für Genosse

Tow|er [ˈtaʊə] *der;* -[s], - ⟨aus gleichbed. *engl.* (control) tower, dies aus *(alt)fr.* tour „Turm" (aus *lat.* turris)⟩: turmartiges Gebäude auf Flugplätzen zur Überwachung des Flugverkehrs, Kontrollturm

Tow|garn [ˈtoʊ...] *das;* -[e]s ⟨zu *engl.* tow „Werg"⟩: Gespinst aus den Abfällen von Hanf od. Flachs

Town [taʊn] *die;* -, -s ⟨aus gleichbed. *engl.* town⟩: engl. Bez. für [kleinere] Stadt. **Town|ship** [ˈtaʊnʃɪp] *die;* -, -s ⟨aus gleichbed. *engl.* township⟩: 1. Verwaltungseinheit in den USA. 2. von Farbigen bewohnte städtische Siedlung [in Südafrika]

tox..., Tox... vgl. toxiko..., Toxiko... **Tox|al|bu|min** *das;* -s, -e ⟨zu ↑toxiko... u. ↑Albumin⟩: giftiger Eiweißstoff. **Tox|ämie,** auch **Toxhämie** u. **Toxikämie** *die;* -, ...ien ⟨zu ↑...ämie⟩: Blutvergiftung, Zersetzung des Blutes durch Giftstoffe (Med.); vgl. Toxinämie. **Tox|hä|mie** vgl. Toxämie. **to|xi..., To|xi...** vgl. toxiko..., Toxiko... **To|xi|der|mie** *die;* -, ...ien ⟨zu ↑toxiko... u. ↑...dermie⟩: durch Gifteinwirkung verursachte Hauterkrankung (Med.). **To|xi|fe|rin** *das;* -s ⟨zu *lat.* ferre „tragen" u. ↑...in (1)⟩: Alkaloid, stärkster Wirkstoff des Pfeilgiftes ↑Kurare. **to|xi|gen** u. toxogen ⟨zu ↑...gen⟩: 1. Giftstoffe erzeugend (z. B. von Bakterien; Med.). 2. durch Vergiftung entstanden, verursacht (Med.). **to|xik..., To|xik...,** vgl. toxiko..., Toxiko... **To|xi|ka:** Plur. von ↑Toxikum. **To|xik|ä|mie** vgl. Toxämie. **To|xi|ko..., To|xi|ko...,** vor Vokalen auch toxik..., Toxik..., auch verkürzt toxi..., Toxi... u. toxo..., Toxo..., vor Vokalen auch tox..., Tox... ⟨aus *gr.* toxikón „(Pfeil)gift"⟩: Wortbildungselement mit der Bedeutung „Gift; Gift[stoffe] erzeugend", z. B. Toxikologie, toxigen, Toxoplasmose, Toxämie. **To|xi|ko|den|dron** *der,* auch *das;* -s, Plur. ...dren u. ...dra ⟨zu *gr.* déndron „Baum", eigtl. „Giftbaum"⟩: ein baumförmiges, südafrik. Wolfsmilchgewächs mit sehr giftigen Früchten. **To|xi|ko|lo|ge** *der;* -n, -n ⟨zu ↑...loge⟩: Fachwissenschaftler auf dem Gebiet der Toxikologie. **To|xi|ko|lo|gie** *die;* - ⟨zu ↑...logie⟩: Wissenschaft, Lehre von den Giften u. den Vergiftungen des Organismus (Med.). **to|xi|ko|lo|gisch** ⟨zu ↑...logisch⟩: die Toxikologie betreffend, giftkundig. **to|xi|ko|man** ⟨zu ↑...man⟩: medikamentensüchtig, krankhaft nach bestimmten Medikamenten, bes. nach Betäubungsmitteln verlangend (Med.). **To|xi|ko|ma|nie** *die;* -, ...ien ⟨zu ↑...manie⟩: krankhaft gesteigertes Verlangen nach bestimmten Medikamenten, bes. Betäubungsmitteln, Medikamentensucht (Med.). **To|xi|ko|no|se** vgl. Toxikose. **To|xi|ko|pho|bie** vgl. Toxophobie. **To|xi|ko|se,** auch Toxikonose u. Toxonose *die;* -, -n ⟨zu ↑ ...ose⟩: Vergiftung, durch Giftstoffe hervorgerufene Krankheit (Med.). **To|xi|kum** *das;* -s, ...ka ⟨über *lat.* toxicum aus *gr.* toxikón, vgl. toxiko...⟩: Gift, Giftstoff (Med.). **To|xin** *das;* -s, -e ⟨zu ↑toxiko... u. ↑...in (1)⟩: von Bakterien, Pflanzen od. Tieren ausgeschiedener od. beim Zerfall von Bakterien entstandener organischer Giftstoff. **To|xin|ämie** *die;* -, ...ien ⟨zu ↑...ämie⟩: Vergiftung des Blutes durch Toxine (Med.); vgl. Toxämie. **to|xisch:** giftig, auf einer Vergiftung

beruhend (Med.). **To|xi|zi|tät** *die;* - ⟨zu ↑...izität⟩; Giftigkeit; Grad der schädigenden Wirkung einer giftigen Substanz (Med.). **to|xo..., To|xo...** vgl. toxiko..., Toxiko... **to|xo|gen** vgl. toxigen. **To|xo|id** *das;* -s, -e ⟨zu ↑toxiko... u. ↑²...id⟩: entgiftetes Toxin, das im menschlichen Körper keine Schäden, aber die Bildung von ↑Antitoxinen bewirkt (Med.). **To|xon** *das;* -s, -e ⟨zu ↑²...on⟩: Lähmungen verursachendes Diphtheriegift (Med.). **To|xo|no|se** vgl. Toxikose. **To|xo|pho|bie,** auch Toxikophobie *die;* -, ...ien ⟨zu ↑...phobie⟩: krankhafte Angst vor Vergiftungen (Med.). **To|xo|plas|ma** *das;* -s, ...mata: Gattung krankheitserregender ↑Parasiten, die vorwiegend bei Mensch u. [Haus]tier schmarotzen (Med.). **To|xo|plas|mo|se** *die;* -, -n ⟨zu ↑Plasma u. ↑¹...ose⟩: durch eine bestimmte Parasitenart hervorgerufene Infektionskrankheit (Med.). **To|xo|pro|te|in** *das;* -s, -e: giftiger Eiweißkörper (Med.). **To|xo|se** vgl. Toxikose.

Toys [tɔys, engl. tɔɪz] *die* (Plur.) ⟨aus *engl.* toys (Plur.) „Spielsachen"⟩: Fesseln, Ketten, Peitschen (bei Homosexuellen)

tra..., Tra... vgl. trans..., Trans...

Tra|ba|kel *der;* -s, - ⟨aus gleichbed. *it.* trabaccolo⟩: früheres zweimastiges Wasserfahrzeug (mit luggerartiger Takelung) im Adriatischen Meer

Tra|bant *der;* -en, -en ⟨wohl aus älter *tschech.* drabant „Leibwächter", weitere Herkunft ungeklärt⟩: 1. (früher) a) Leibwächter eines Fürsten; b) ständiger Begleiter einer vornehmen Standesperson; Diener. 2. (Plur.) (ugs. scherzh.) lebhafte Kinder, Rangen. 3. svw. Satellit (2, 3). 4. in der Fernsehtechnik schmale Impulse mit Halbzeilenfrequenz zur ↑Synchronisierung der Fernsehbilder. **Tra|ban|ten|stadt** *die;* -, ...städte: am Rande einer Großstadt gelegene, weitgehend eigenständige Ansiedlung, die aber verwaltungstechnisch zu dieser gehört

Tra|bea *die;* -, -s ⟨aus gleichbed. *lat.* trabea zu trabes, vgl. Trabekel⟩: Beamtenkleidung im alten Rom (weißer Mantel mit purpurnen Querstreifen bzw. purpurne Toga der Kaiserzeit). **Tra|be|kel** *die;* -, -n ⟨aus *lat.* trabecula „kleiner Balken", Verkleinerungsform von trabes „Balken"⟩: Bälkchen, bälkchenartig vorspringendes Gewebsbündel, Längswulst aus Gewebsfasern, bes. Muskelfasern (Anat.)

Tra|buk|ko u. **Tra|bu|ko** *die;* -, -s ⟨nach *span.* trabuco „Donnerbüchse"⟩: (österr. veraltet) Zigarre [einer bestimmten Sorte]

Trace [treːs, engl. treɪs] *das;* -s [ˈtreːsɪs, engl. ˈtreɪsɪz] ⟨aus *engl.* trace „Fährte, Spur" zu to trace „verfolgen, nachspüren"⟩: a) Aufzeichnung der Programmschritte im Computer; b) Protokoll über die Ausführung der einzelnen Anweisungen eines Programms (4), das u. a. auch zur Programmfehlerbeseitigung dient (EDV). **Tra|cer** [ˈtreɪsə] *der;* -s, - ⟨aus gleichbed. *engl.* tracer, eigtl. „Aufspürer", zu to trace „aufspüren"⟩: [radioaktiver] Markierungsstoff, mit dessen Hilfe u. a. biochem. Vorgänge im Organismus od. Stoffausbreitung in der Umwelt verfolgt werden können (Physiol., Med., Ökologie). **Tra|cer|me|tho|de** *die;* -, -n: Methode zur Beobachtung chem. u. biologischer Prozesse mit Hilfe von Tracern (Biol., Chem.)

tra|che..., Tra|che... [...x...] vgl. tracheo..., Tracheo... **Tra|chea** [...ˈxeːa, auch ˈtra...] *die;* -, ...een ⟨über *nlat.* trachea zu *gr.* trácheia, Fem. von trachýs „rauh, uneben", nach dem Aussehen⟩: Luftröhre (Med.). **tra|che|al** ⟨zu ↑¹...al (1)⟩: zur Luftröhre gehörend, sie betreffend (Med.). **Tra|che|al|ka|nü|le** *die;* -, -n: Kanüle (1), die nach einer Tracheotomie in die Luftröhre eingeführt wird (Med.). **Tra|che|al|ste|no|se** *die;* -, -n: Verengung der Luftröhre

(Med.). **Tra|chee** *die;* -, -n ⟨zu ↑Trachea⟩: 1. Atmungsorgan der meisten Gliedertiere (Zool.). 2. durch Zellfusion entstandenes Gefäß der Pflanzen (Bot.). **Tra|che|en:** Plur. von ↑Trachea u. ↑Trachee. **Tra|chei|de** [...xe'i:də] *die;* -, -n ⟨zu ↑tracheo... u. ↑...ide⟩: tote röhrenförmige Gefäßzelle bei Farnen u. Samenpflanzen, die als Stützelement u. zum Transport von Wasser u. Nährstoffen dient (Bot.). **Tra|chei|tis** *die;* -, ...itiden ⟨zu ↑...itis⟩: Luftröhrenentzündung (Med.). **tra|cheo..., Tra|cheo...,** vor Vokalen meist trache..., Trache... ⟨zu gr. tracheía, vgl. Trachea⟩: Wortbildungselement mit der Bedeutung „Luftröhre; die Luftröhre betreffend", z. B. Tracheotomie, Tracheitis. **Tra|cheobron|chi|tis** *die;* -, ...itiden: Katarrh der Luftröhre u. der Bronchien (Med.). **Tra|cheo|bron|cho|sko|pie** *die;* -, ...ien: direkte Untersuchung der Luftröhre u. der Luftröhrenäste (Med.). **Tra|cheo|gramm** *das;* -s, -e ⟨zu ↑...gramm⟩: Röntgenkontrastbild der Luftröhre (Med.). **Tra|cheo|gra|phie** *die;* -, ...ien ⟨zu ↑...graphie⟩: röntgenographische Kontrastdarstellung der Luftröhre (Med.). **Tra|cheo|ma|la|zie** *die;* -: Erweichung der Luftröhrenknorpel (Med.). **Tra|cheo|skop** *das;* -s, -e ⟨zu ↑...skop⟩: optisches Gerät (Spiegelgerät mit elektr. Lichtquelle) zur Untersuchung der Luftröhre, Luftröhrenspiegel (Med.). **Tra|cheo|sko|pie** *die;* -, ...ien ⟨zu ↑...skopie⟩: Luftröhrenspiegelung (Med.). **tra|cheo|sko|pie|ren** ⟨zu ↑...ieren⟩: eine Tracheoskopie durchführen (Med.). **Tra|cheo|ste|no|se** *die;* -, -n ⟨zu ↑tracheo...⟩: Luftröhrenverengung (Med.). **Tra|cheo|to|mie** *die;* -, ...ien ⟨zu ↑...tomie⟩: operatives Öffnen der Luftröhre, Luftröhrenschnitt (Med.). **tra|cheoto|mie|ren** ⟨zu ↑...ieren⟩: einen Luftröhrenschnitt durchführen (Med.). **Tra|cheo|ze|le** *die;* -, -n ⟨zu gr. kēlē „Geschwulst; Bruch"⟩: Luftröhrenbruch, Vorwölbung der Luftröhrenschleimhaut (Med.). **Tra|chom** *das;* -s, -e ⟨aus gr. tráchōma, Gen. trachṓmatos („Rauheit")⟩: Körnerkrankheit, ägypt. Augenkrankheit (langwierig verlaufende Virusinfektion des Auges mit Ausbildung einer Bindehautentzündung; Med.). **tra|cho|ma|tös** ⟨zu ↑...ös⟩: mit einem Trachom einhergehend, mit trachomartigen Erscheinungen verlaufend (Med.). **Tra|chyt** [auch ...'xyt] *der;* -s, -e ⟨aus gleichbed. *fr.* trachyte zu *gr.* trachýs, vgl. Trachea⟩: ein graues od. rötliches, meist poröses Ergußgestein (Geol.).

Tra|cing|test ['treɪsɪŋ...] *der;* -[e]s, Plur. -s, auch -e ⟨zu *engl.* to trace „zeichnen, durchpausen" u. ↑Test⟩: Feinmotoriktest, bei dem Linien möglichst genau nachzuziehen sind, um die Koordinationsfähigkeit der Handbewegungen u. die Aufmerksamkeit zu überprüfen

Track [trɛk, *engl.* træk] *der;* -s, -s ⟨aus gleichbed. *engl.* track, eigtl. „Spur, Bahn"⟩: 1. Fahrstraße; üblicher Seeweg eines Schiffes zwischen zwei Häfen. 2. Sammelname für Zugelemente wie Seil, Kette u. a. 3. Spur, flächenhaft ausgeprägter Bereich, in dem die Information gespeichert wird (Informatik). **Track|ball** ['trækbɔ:l] *der;* -s, -s ⟨zu ball „Kugel"⟩: Eingabegerät, bei dem die Signale zur Positionierung des ↑Cursors durch das Drehen einer Kugel gegeben werden; Rollkugel (EDV)

Trac|tus ['trak...] vgl. Traktus

Trade|mark ['treɪdmɑ:k] *die;* -, -s ⟨aus *engl.* trademark, eigtl. „Handelsmarke"⟩: 1. engl. Bez. für Warenzeichen. 2. Kennzeichnung des Herkunftslandes eines Erzeugnisses

Tra|des|kan|tie [...iə] *die;* -, -n ⟨nach dem *engl.* Gärtner u. Reisenden J. Tradescant (1608–1662) u. zu ↑¹...ie⟩: Vertreter einer Gattung weiß, blau od. lila blühender Kräuter in Amerika; Dreimasterblume

Trade-Union ['treɪdju:njən] *die;* -, -s ⟨aus *engl.* trade union zu trade „Genossenschaft" u. union „Vereinigung"⟩: engl. Bez. für Gewerkschaft. **Trade|unio|nis|mus** *der;* - ⟨aus gleichbed. *engl.* trade-unionism, vgl. ...ismus (2)⟩: engl. Gewerkschaftsbewegung

tra|die|ren ⟨aus gleichbed. *lat.* tradere zu ↑trans... u. dare „geben"⟩: überliefern, weitergeben, mündlich fortpflanzen. **tra|diert** ⟨zu ↑...iert⟩: überliefert, mündlich weitergegeben. **Tra|ding** ['treɪdɪŋ] *das;* -s ⟨aus gleichbed. *engl.* trading, eigtl. „Handel", zu to trade „Handel treiben", dies aus *lat.* tradere, vgl. tradieren⟩: das Ausnutzen von kurzzeitigen Kursschwankungen an der Börse durch häufige Käufe u. Verkäufe von Wertpapieren (Wirtsch.). **Tra|di|tio** [tra...] *die;* - ⟨aus gleichbed. *lat.* traditio⟩: Übergabe einer beweglichen Sache (röm. Recht). **Tra|di|ti|on** *die;* -, -en ⟨aus *lat.* traditio „Übergabe, Überlieferung" zu tradere, vgl. tradieren⟩: 1. a) Überlieferung, Herkommen; b) Brauch, Gewohnheit, Gepflogenheit; c) (selten) das Tradieren, Weitergabe (an spätere Generationen). 2. außerbiblische, von der kath. Kirche als verbindlich anerkannte Überlieferung von Glaubenslehren seit der Apostelzeit. **tra|di|tio|nal** ⟨zu ↑¹...al (1)⟩: (selten) svw. traditionell; vgl. ...al/...ell. **Tra|di|tio|na|lis|mus** *der;* - ⟨zu ↑...ismus (1, 2)⟩: 1. geistige Haltung, die bewußt an der Tradition festhält, sich ihr verbunden fühlt u. skeptisch allem Neuen gegenübersteht. 2. philosophisch-theologische Richtung der frühen 19. Jh.s in Frankreich, die alle religiösen u. ethischen Begriffe auf die Überlieferung einer Uroffenbarung Gottes zurückführte u. der Vernunft Erkenntnisvermögen absprach. **Tra|di|tio|na|list** *der;* -en, -en ⟨zu ↑...ist⟩: Anhänger u. Vertreter des Traditionalismus (1, 2). **tra|di|tio|na|listisch** ⟨zu ↑...istisch⟩: den Traditionalismus (1, 2) betreffend, für ihn charakteristisch, dem Traditionalismus verbunden, verhaftet. **Tra|di|tio|nal Jazz** [trəˈdɪʃənəl ˈdʒæz] *der;* - - ⟨aus gleichbed. *engl.-amerik.* traditional jazz⟩: traditioneller Jazz (die älteren Stilrichtungen bis etwa 1940). **tra|di|tio|nell** [traditsio...] ⟨aus gleichbed. *fr.* traditionnel zu tradition, dies aus *lat.* traditio, vgl. Tradition⟩: überliefert, herkömmlich; dem Brauch entsprechend; vgl. ...al/...ell. **Tra|di|ti|ons|prin|zip** *das;* -s ⟨zu ↑Tradition⟩: in der kath. ↑Exegese u. ↑Dogmatik das neben dem Schriftprinzip notwendige Mittel zum Erkennen des wahren Schriftsinnes unter Zuhilfenahme der Auslegung in der Geschichte der Kirche

Tra|duk|ti|on *die;* -, -en ⟨aus gleichbed. *fr.* traduction, dies aus *lat.* traductio „die Hinüberführung" zu traducere „hinüberführen" (zu ↑trans... u. ducere „führen, leiten")⟩: 1. Übersetzung. 2. Wiederholung eines Wortes in veränderter Form od. mit anderem Sinn (antike Rhet.). **Tra|duk|ti|onym** *das;* -s, -e ⟨zu *gr.* ónyma „Name"⟩: Deckname, der aus der Übersetzung des Verfassernamens in eine fremde Sprache besteht (z. B. Agricola = Bauer). **Tra|du|zia|nis|mus** *der;* - ⟨aus *nlat.* traducianismus zu *mlat.* traducianus „Anhänger der Seelenzeugungslehre", dies zu *lat.* tradux „Absenker", eigtl. „Weinranke"⟩: spätantike u. frühchristliche, später verurteilte Lehre, Anschauung, nach der die menschliche Seele bei der Zeugung als Ableger der väterlichen Seele entstehe; vgl. Kreatianismus

Tra|fik *die;* -, -en ⟨über *fr.* trafic „Handel, Verkehr" aus gleichbed. *it.* traffico, dies wohl zu *arab.* tafrīq „das Verteilen, Kleinverkauf"⟩: (bes. österr.) Tabak- u. Zeitschriftenladen, -handel. **Tra|fi|kant** *der;* -en, -en ⟨über älter *fr.* trafiquant nach gleichbed. *it.* trafficante⟩: (österr.) Inhaber einer Trafik. **Tra|fi|kan|tin** *die;* -, -nen: weibliche Form zu ↑Trafikant

Tra|fo *der;* -[s], -s: Kurzform von ↑Transformator

Tragant

Tra|gant *der;* -[e]s, -e ⟨über *mlat.* tragantum aus gleichbed. *lat.* tragacantha, dies aus *gr.* tragákantha zu trágos „(Ziegen)bock" u. ákantha „Dorn(strauch)"⟩: 1. eine Zier- u. Nutzpflanze (Schmetterlingsblütler). 2. Bindemittel (z. B. bei der Herstellung von Pillen, Dragées, Konditorwaren, Farben u. a.). **Tra|gé|die ly|rique** [traʒedili'rik] *die;* - -, -s -s [traʒedili'rik] ⟨aus gleichbed. *fr.* tragédie lyrique⟩: ernste (tragische) französische Oper von Lully u. Rameau. **Trag|elaph** *der;* -en, -en ⟨über *lat.* tragelaphus aus *gr.* tragélaphos „Bockhirsch" (hirschähnliches Tier mit einem Bocksbart) zu trágos „(Ziegen)bock" u. élaphos „Hirsch"⟩: 1. altgriech. Fabeltier. 2. (veraltet) uneinheitliches literarisches Werk, das man mehreren Gattungen zuordnen kann. **Tra|gi:** Plur. von ↑Tragus. **tra|gie|ren** ⟨zu ↑tragisch u. ↑...ieren⟩: eine Bühnenrolle tragisch spielen. **Tra|gik** *die;* - ⟨zu ↑², ...ik (3)⟩: 1. außergewöhnlich schweres, schicksalhaftes, Konflikte, Untergang od. Verderben bringendes, unverdientes Leid, das den außenstehenden Betrachter durch seine Größe erschüttert. 2. das Tragische (in einer Tragödie; Literaturw.). **Tra|gi|ker** *der;* -s, - ⟨über gleichbed. *lat.* tragicus aus *gr.* tragikós (poiētḗs), vgl. tragisch⟩: (veraltet) Tragödiendichter. **Tra|gi|ko|mik** [auch 'tra:...] *die;* - ⟨Kurzw. aus ↑Tragik u. ↑Komik; vgl. ↑Tragikomödie⟩: halb tragische, halb komische Wirkung. **tra|gi|ko|misch** [auch 'tra:...]: halb tragisch, halb komisch. **Tra|gi|ko|mö|die** [...i̯ə, auch 'tra:...] *die;* -, -n ⟨aus *lat.* tragicomoedia⟩: Drama, in dem Tragik u. Komik eng miteinander verknüpft sind. **tra|gisch** ⟨über *lat.* tragicus aus gleichbed. *gr.* tragikós, eigtl. „bocksartig", vgl. Tragödie⟩: 1. die Tragik betreffend; schicksalhaft, erschütternd, ergreifend. 2. zur Tragödie gehörend, auf sie bezogen; Tragik ausdrückend (Literaturw., Theat.). **Tra|gö|de** *der;* -n, -n ⟨über *lat.* tragoedus aus gleichbed. *gr.* tragōidós⟩: eine tragische Rolle spielender Schauspieler; Heldendarsteller. **Tra|gö|die** [...i̯ə] *die;* -, -n ⟨über gleichbed. *lat.* tragoedia aus *gr.* tragōidía „tragisches Drama, Trauerspiel", eigtl. „Bocksgesang", zu trágos „Ziegenbock" u. ōidḗ „Gesang" (Deutung umstritten)⟩: 1. a) (ohne Plur.) Dramengattung, in der das Tragische gestaltet wird, meist aufgezeigt an Grundsituationen des Menschen zwischen Freiheit u. Notwendigkeit, zwischen Sinn u. Sinnlosigkeit; b) einzelnes Drama, Bühnenstück dieser Gattung; Trauerspiel; Ggs. ↑Komödie (1). 2. tragisches Ereignis, Unglück. **Tra|gö|din** *die;* -, -nen: weibliche Form zu ↑Tragöde. **Tra|go|pan** *der;* -s, -e ⟨zu *gr.* trágos „Bock" u. Pan, dem griech. Hirtengott⟩: Satyrhuhn, ein geierähnlicher Vogel (Zool.). **Tragus** *der;* -, Tragi ⟨über *nlat.* tragus aus *gr.* trágos, eigtl. „Ziegenbock"⟩: Knorpelvorsprung der menschlichen Ohrmuschel (Anat.).
Trai|ler ['treɪlə] *der;* -s, - ⟨aus gleichbed. *engl.* trailer zu to trail „ziehen, (nach)schleppen", dies über *mittelfr.* traill(i)er u. unter *vulgärlat.* Vermittlung zu *lat.* trahere, vgl. traktieren⟩: 1. kurzer, aus einigen Szenen eines Films zusammengestellter Vorfilm, der als Werbemittel für diesen Film vorgeführt wird; Vorspann, Vorschau. 2. nicht belichteter Filmstreifen am inneren Ende einer Filmrolle. 3. Fahrzeuganhänger, Sattelauflieger, bes. für den Containertransport. **Trail|le** ['traːi̯(ə), 'traljə] *die;* -, -n [...i̯ən] ⟨aus gleichbed. *fr.* traille zu *mittelfr.* traill(i)er, vgl. Trailer⟩: (veraltet) 1. Fähre. 2. Fährseil, Tau u. Rolle, an denen eine Fähre läuft
Train [trɛ̃ː, *österr.* trɛːn, treːn] *der;* -s, -s ⟨aus gleichbed. *fr.* train zu traîner „ziehen, schleppen", dies über gleichbed. *vulgärlat.* *traginare zu *lat.* trahere „ziehen"⟩: Troß; für den Nachschub sorgende Truppe. **Trai|nee** [treɪˈniː] *der;* -s, -s ⟨aus *engl.* trainee „Auszubildender, Praktikant"⟩: jmd., bes. Hochschulabsolvent, der innerhalb eines Unternehmens für eine bestimmte Aufgabe vorbereitet wird, eine praktische Ausbildung absolviert (Wirtsch.). **Trai|ner** ['trɛːnɐ, 'treːnɐ] *der;* -s, - ⟨aus gleichbed. *engl.* trainer zu to train, vgl. trainieren⟩: jmd., der Sportler trainiert (a). **Trai|ne|rin** *die;* -, -nen: weibliche Form zu ↑Trainer. **Trai|ner|li|zenz** *die;* -, -en: ↑Lizenz für die Tätigkeit als Trainer. **trai|nie|ren** [trɛ..., tre...] ⟨nach gleichbed. *engl.* to train, vgl. Train⟩: „ziehen; erziehen, abrichten", dies aus *fr.* traîner „ziehen"; vgl. Train⟩: a) durch systematisches Training auf einen Wettkampf vorbereiten; b) Training betreiben; c) durch Training [bestimmte Übungen, Fertigkeiten] technisch vervollkommnen; d) (ugs.) einüben; planmäßig, gezielt üben. **Trai|ning** ['trɛː..., 'treː...] *das;* -s, -s ⟨aus gleichbed. *engl.* training zu to train, vgl. trainieren⟩: planmäßige Durchführung eines Programms von vielfältigen Übungen zur Ausbildung von Können, Stärkung der Kondition u. Steigerung der Leistungsfähigkeit. **Trai|nings|part|ner** *der;* -s, -: Gegner in einem Trainingswettkampf. **Trai|nings|pro|gramm** *das;* -s, -e: Programm (3), nach dem für einen Wettkampf trainiert wird
Trait [treɪt] *das;* -s ⟨aus *engl.* trait „Zug, Eigenheit", dies über gleichbed. *fr.* trait aus *lat.* tractus zu trahere „ziehen"⟩: Bez. für eine weitgehend stabil gedachte Charaktereigenschaft od. ein Verhaltensmerkmal einer Person (Psychol.). **Trai|té** [trɛˈteː] *der;* -s, -s ⟨aus gleichbed. *fr.* traité zu traiter „behandeln, verhandeln", dies aus *lat.* tractare, vgl. traktieren⟩: (veraltet) 1. [Staats]vertrag. 2. Abhandlung, Traktat. **Trai|teur** [trɛˈtøːɐ̯] *der;* -s, -e ⟨aus gleichbed. *fr.* traiteur, eigtl. „Behandler"⟩: Leiter einer Großküche; Speisewirt
Tra|jekt *der* od. *das;* -[e]s, -e ⟨aus *lat.* traiectus „das Hinübersetzen, die Überfahrt" zu traicere „hinüberwerfen, -bringen; übersetzen" (zu ↑trans... u. iacere „werfen")⟩: 1. (veraltet) Überfahrt. 2. [Eisenbahn]fährschiff. **Tra|jek|ti|on** - ⟨aus *lat.* traiectio „Übergang" zu traicere „hinüberbringen"⟩: (veraltet) das Hinübersetzen (über ein Gewässer). **Tra|jek|to|rie** [...i̯ə] *die;* -, -n ⟨aus *nlat.* (linea) traiectoria „die hinüberführende (Linie)" zu *lat.* traiectus, vgl. Trajekt⟩: Linie, die jede Kurve einer ebenen Kurvenschar unter gleichbleibendem Winkel schneidet (Math.)
Tra|kas|se|rie *die;* -, ...ien ⟨aus *fr.* tracasserie „Widerwärtigkeit, Verdrießlichkeit" zu tracasser, vgl. trakassieren⟩: Quälerei. **tra|kas|sie|ren** ⟨aus gleichbed. *fr.* tracasser, eigtl. „(wegen Kleinigkeiten) belästigen", zu traquer „in die Enge treiben"⟩: quälen, plagen, necken
Trakt *der;* -[e]s, -e ⟨aus *lat.* tractus „das Ziehen; Ausdehnung, Lage, Gegend", eigtl. Part. Perf. von trahere „ziehen, schleppen"⟩: 1. a) Gebäudeteil; b) Gesamtheit der Bewohner, Insassen eines Trakts (1 a). 2. Zug, Strang; Gesamtlänge (z. B. Darmtrakt). 3. Landstrich. **trak|ta|bel** ⟨aus *lat.* tractabilis „mild, gütig", eigtl. „ziehbar"⟩: leicht zu behandeln, umgänglich. **Trak|ta|ment** *das;* -s, -e ⟨aus *mlat.* tractamentum „(Art der) Behandlung" zu *lat.* tractare, vgl. traktieren⟩: (landsch.) 1. Verpflegung, Bewirtung. 2. (veraltend) Art u. Weise, mit jmdm. bzw. etwas umzugehen; Behandlung[sweise]. 3. (veraltet) Löhnung des Soldaten. **Trak|tan|den|lis|te** *die;* -, -n ⟨zu ↑Traktandum⟩: (schweiz.) Tagesordnung. **Trak|tan|dum** *das;* -s, ...den ⟨aus *lat.* tractandum „was behandelt werden soll", Gerundivum von tractare „behandeln, untersuchen", vgl. traktieren⟩: (schweiz.) Verhandlungsgegenstand. **Trak|ta|ri|a|ner** *der;* -s, - ⟨zu ↑Traktarianismus u. ↑...aner⟩: Anhänger des Traktarianismus. **Trak|ta|ri|a|nis|mus** *der;* - ⟨nach gleich-

bed. *engl.* tractarianism; vgl. ...ismus (2)⟩: katholisierende Bewegung in der engl. Staatskirche im 19. Jh.; vgl. Oxfordbewegung (1). **Trak|tạt** *der* od. *das;* -[e]s, -e ⟨aus *lat.* tractatus „Abhandlung", eigtl. Part. Perf. von tractare, vgl. traktieren⟩: 1. (veraltend) Abhandlung. 2. religiöse Flugschrift. 3. (veraltet) [Staats]vertrag. **Trak|tạt|chen** *das;* -s, -: (abwertend) volkstümliche religiöse Erbauungsschrift. **Trakta|ti|ọn** *die;* -, -en ⟨aus *lat.* tractatio „Untersuchung, Handhabung"⟩: (veraltet) Behandlung, Verhandlung. **trak|tieren** ⟨aus *lat.* tractare „herumzerren, betasten, behandeln", Intensivbildung zu trahere „(nach)ziehen; beziehen (auf)"⟩: 1. (veraltet) a) behandeln; unterhandeln; b) literarisch darstellen, gestalten. 2. plagen, quälen, mißhandeln. 3. a) (veraltet) bewirten; b) jmdn. [mit etwas] überfüttern, jmdm. etwas in sehr reichlicher Menge anbieten. **Trak|ti̱on** *die;* -, -en ⟨zu *lat.* tractus; vgl. Trakt u. ¹...ion⟩: 1. Zug, das Ziehen, Zugkraft (bes. Phys., Techn.). 2. Art des Antriebs von Zügen [durch Triebfahrzeuge]. **Trak|tor** *der;* -s, ...ọren ⟨aus gleichbed. *engl.* tractor zu *lat.* tractus; vgl. Trakt u. ...or⟩: 1. [landwirtschaftliche] Zugmaschine, Schlepper (Landw.). 2. Transporteinrichtung für das Papier am Drucker (EDV). **Trak|to|rie** [...i̯ə] *die;* -, -n ⟨aus *nlat.* (linea) tractoria⟩: svw. Traktrix. **Trak|to|ri̱st** *der;* -en, -en ⟨nach gleichbed. *russ.* traktorist; vgl. ...ist⟩: Traktorfahrer. **Trak|to|ri̱|stin** *die;* -, -nen: weibliche Form zu ↑Traktorist. **Trak|trix** *die;* -, ...izes [...ˈtriːtseːs] ⟨aus gleichbed. *nlat.* tractrix, eigtl. „Schlepperin" (nach der graphischen Gestalt), Femininbildung zu *lat.* tractus, vgl. Trakt⟩: ebene Kurve, deren Tangenten von einer festen Geraden (Leitlinie) stets im gleichen Abstand vom Tangentenberührungspunkt geschnitten werden (Math.). **Trak|tur** *die;* -, -en ⟨aus *spätlat.* tractura „das Ziehen" zu *lat.* trahere „ziehen"⟩: bei der Orgel der vom Manual od. Pedal her auszulösende Zug (Regierwerk), der mechanisch, pneumatisch od. elektrisch sein kann. **Trak|tus** *der;* -, - [...tuːs] ⟨aus gleichbed. *mlat.* tractus (verkürzt aus *lat.* cantus tractus „gezogener Gesang") zu trahere „ziehen"⟩: nicht im Wechsel gesungener [Buß]psalm, der in der Fastenzeit u. beim ↑Requiem an die Stelle des ↑Hallelujas tritt

Tral|je *die;* -, -n (meist Plur.) ⟨aus gleichbed. *mittelniederl.* tralie, dies über *(alt)fr.* treille aus *spätlat.* trichila „Laube aus Stengeln"⟩: (landsch.) Geländer-, Gitterstab; Gitterwerk

Trạm *die;* -, -s, schweiz. *das;* -s, -s ⟨aus gleichbed. *engl.* tram, Kurzform von tramway „Straßenbahn(linie)", eigtl. „Schienenweg", zu tram „Wagen (unterschiedlichster Art)" u. way „Weg"⟩: (landsch.) Straßenbahn. **Trạm|bahn** *die;* -, -en: svw. Tram

Trame [traːm, fr. tram] *die;* - ⟨aus gleichbed. *fr.* trame, dies aus *lat.* trama „Gewebe"⟩: leicht gedrehte, als Schußfaden verwendete Naturseide

Tra|me|lo|gö̱|die [...i̯ə] *die;* -, -n ⟨nach *it.* tramelogedia (Mischbildung aus ↑Melodram u. ↑Tragödie), von dem ital. Dichter V. Alfieri (1749–1803) geprägt⟩: a) (ohne Plur.) Kunstgattung zwischen Oper u. Tragödie; b) einzelnes Werk dieser Gattung

Tra|mẹt|te *die;* -, -n ⟨aus gleichbed. *fr.* tramette, Verkleinerungsform von trame, vgl. Trame⟩: grobe Schußseide

Tra|mi̱|ner *der;* -s, - ⟨nach dem Weinort Tramin in Südtirol⟩: 1. Südtiroler Rotwein. 2. a) (ohne Plur.) Rebsorte mit spätreifen Trauben; b) aus dieser Rebsorte hergestellter alkoholreicher, würziger Weißwein

Tra|mon|tạ|na u. **Tra|mon|tạ|ne** *die;* -, ...nen ⟨aus gleichbed. *it.* tramontana zu tramontano „(von) jenseits der Berge", dies aus *lat.* transmontanus⟩: Nordwind in Oberitalien

Tramp [trɛmp, älter tramp] *der;* -s, -s ⟨aus gleichbed. *engl.* tramp zu to tramp, vgl. trampen⟩: 1. Landstreicher, umherziehender Gelegenheitsarbeiter. 2. (veraltet) Fußwanderung. 3. [tramp] Schiff, bes. Frachtschiff, mit unregelmäßiger Route, das nach Bedarf verkehrt bzw. Gelegenheitsfahrten unternimmt. **trạm|pen** [ˈtrɛm..., älter ˈtram...] ⟨aus *engl.* to tramp „wandern", eigtl. „stampfen(d auftreten)"⟩: 1. [durch Winken o. ä.] Autos anhalten, um unentgeltlich mitfahren zu können. 2. (veraltend) lange wandern, als Tramp (1) umherziehen. **Trạm|per** *der;* -s, -: jmd., der trampt (1). **Trạm|pe|rin** *die;* -, -nen: weibliche Form zu ↑Tramper. **Tram|po|li̱n** [ˈtrampoliːn, auch ...ˈliːn] *das;* -s, -e ⟨aus *it.* trampolino „Federsprungbrett" zu trampolo „Stelze"⟩: in Sport u. Artistik verwendetes Sprunggerät mit einem durch Gummikabel gespannten Sprungtuch. **Trạmp-schiff** *das;* -[e]s, -e: svw. Tramp (3)

Trạm|way [...vai̯] *die;* -, -s ⟨aus gleichbed. *engl.* tramway, vgl. Tram⟩: (österr.) Straßenbahn; vgl. Tram

tran..., Tran... vgl. trans..., Trans...

Trạnce [ˈtrãːs(ə)] *die;* -, -n [...sn̩] ⟨aus gleichbed. *engl.* trance, dies aus *altfr.* transe „das Hinübergehen (in den Tod)" zu transir „hinübergehen", dies aus *lat.* transire⟩: a) durch Hypnose, Suggestion, Drogen o. ä. herbeigeführte veränderte Bewußtseinslage, bei der die freie Willensbestimmung weitgehend eingeschränkt ist; b) Dämmerzustand, Übergangsstadium zum Schlaf. **tran|ce|ar|tig:** wie in Trance

Tranche [ˈtrãːʃ(ə)] *die;* -, -n [...ʃn̩] ⟨aus gleichbed. *fr.* tranche zu trancher, vgl. tranchieren⟩: 1. fingerdicke Fleisch- od. Fischschnitte. 2. Teilbetrag einer Wertpapieremission (Wirtsch.). **Tran|cheur** [trãˈʃøːɐ̯] *der;* -s, -e ⟨zu ↑tranchieren u. ↑...eur⟩: jmd., der Fleisch tranchiert. **tran|chie|ren** [trãˈʃiː..., auch tran...], österr. transchieren ⟨aus *fr.* trancher „ab-, zerschneiden, zerlegen"⟩: Fleisch, Geflügel kunstgerecht in Stücke schneiden, zerlegen. **Tran|chier-mes|ser** *das;* -s, -: breites, vorn zugespitztes Messer zum Tranchieren

Tran|qui|li|zer [ˈtræŋkwilai̯zɐ] *der;* -s, - (meist Plur.) ⟨aus gleichbed. *engl.* tranquillizer zu to tranquillize „beruhigen", dies zu tranquil „ruhig, gelassen" aus *lat.* tranquillus⟩: beruhigendes Medikament gegen Psychosen, Depressionen, Angst- u. Spannungszustände. **tran|quil|la|mẹn|te** [traŋkvi...] vgl. tranquillo. **Tran|quil|lans** *das;* -, Plur. ...lanzien [...i̯ən] od. ...lantia (meist Plur.) ⟨aus gleichbed. *nlat.* tranquillans zu *lat.* tranquillus „ruhig, beruhigt"⟩: svw. Tranquilizer. **Tran|quil|li|tät** *die;* - ⟨aus gleichbed. *lat.* tranquillitas, Gen. tranquillitatis⟩: Ruhe, Gelassenheit. **tran|quil|lo** u. tranquillaménte ⟨*it.;* zu *lat.* tranquillus „ruhig"⟩: ruhig (Vortragsanweisung; Mus.). **Tran|quil|lo** *das;* -s, Plur. -s u. ...lli: ruhiges Spiel (Mus.).

trans..., Trans..., vor s auch tran..., Tran..., auch verkürzt tra..., Tra... ⟨aus *lat.* trans „jenseits; über; über – hin"⟩: Präfix mit den Bedeutungen „hindurch, quer durch, hinüber, über – hin(aus)", z. B. transkontinental, Transduktor, transsexuell, Transuran; Transept, Trajekt

Trans|ak|ti|ọn *die;* -, -en ⟨aus *spätlat.* transactio „Übereinkunft" zu transactus, Part. Perf. von transigere „(ein Geschäft) durchführen"⟩: 1. größere [finanzielle] Unternehmung. 2. (wechselseitige) Beziehung (Psychol.). 3. kurzer Teilauftrag an einen Computer, der vorrangig bearbeitet wird (EDV)

trans|al|pi̱n u. **trans|al|pi̱|nisch** ⟨aus gleichbed. *lat.* transalpinus⟩: jenseits der Alpen [gelegen] (von Rom aus gesehen); vgl. ...isch/-

Trans|ami|na̱|se *die;* -, -n ⟨zu ↑trans..., ↑Amin u. ↑...ase⟩:

Transaminierung

↑Enzym, das die Übertragung einer Aminogruppe von einer Substanz auf eine andere bewirkt (Biochem.). **Trans|ami|nie|rung** *die;* -, -en ⟨zu ↑...ierung⟩: Übertragung von Aminogruppen durch Transaminasen (Biochem.).

trans|anal ⟨zu ↑trans... u. ↑anal⟩: durch den After hindurch (z. B. eine Operation; Med.)

Trans|ani|ma|ti|on *die;* -, -en ⟨zu ↑trans... u. *spätlat.* animatio „Beseelung"⟩: (veraltet) Seelenwanderung

trans|at|lan|tisch ⟨zu ↑trans... u. ↑atlantisch⟩: jenseits des Atlantiks [gelegen], überseeisch

Trans|cei|ver [træns'si:və] *der;* -s, - ⟨Kurzw. aus *engl.* transmitter „Sender" u. *receiver* „Empfänger"⟩: kombiniertes Sende- u. Empfangsgerät

tran|schie|ren vgl. tranchieren

Trans|co|der [...k...] *der;* -s, - ⟨zu ↑trans... u. *engl.* coder „Kodiergerät"⟩: Zusatzbauteil in Farbfernsehgeräten, das die Farbartsignale eines Systems (z. B. SECAM) in die eines anderen Systems (z. B. PAL) umwandelt

trans|der|mal ⟨zu ↑trans... u. ↑dermal⟩: durch die Haut hindurch erfolgend (von der Wirkung von Arzneimitteln; Med.)

Trans|duk|ti|on *die;* -, -en ⟨aus *lat.* transductio, Nebenform von traductio „Übertragung", zu traducere „hinüberführen"⟩: 1. die Übertragung bakterieller Gene von Zelle zu Zelle durch ↑Bakteriophagen (Genetik). 2. die der Reizaufnahme folgende Reizumwandlung in die Energieform einer Erregung (Physiol.). **Trans|duk|tor** *der;* -s, ...oren ⟨nach *lat.* transductor, Nebenform von traductor „Überführer (in einen anderen Zustand)"⟩: 1. mit Gleichstrom vormagnetisierte Drossel, die aus einem Eisenkern (mit großer magnetischer Induktion), einer Wechselstrom- u. Gleichstromwicklung besteht (Elektrot.). 2. übersetzender Automat im Sprachverarbeitungssystem (EDV)

Tran|sen|na *die;* -, ...nen ⟨aus *lat.* transenna „Gitter, Netz"⟩: Fensterverschluß aus Holz od. geschliffenen Steinplatten (Marmor, Alabaster; Archit.)

Tran|sept *der* od. *das;* -[e]s, -e ⟨aus gleichbed. *mlat.* transeptum zu ↑trans... u. *lat.* s(a)eptum „Einzäunung, Gehege"⟩: Querschiff, Querhaus einer Kirche

trans|eunt ⟨aus *spätlat.* transeunter „im Vorbeigehen" zu transire „hinübergehen; vorbeigehen"⟩: über etwas hinaus, in einen anderen Bereich übergehend (Philos.)

Trans-Eu|rop-Ex|press *der;* ...presses, ...Expreßzüge: heute durch den Eurocity ersetzter Fernschnellzug; Abk.: TEE

Trans|fek|ti|on *die;* -, -en ⟨aus *nlat.* transfectio zu ↑trans... u. *lat.* factus (in Zus. -fectus), Part. Perf. von facere „machen, tun"; vgl. ¹...ion⟩: Umstimmung von Genen, wodurch es zur Bildung der entsprechenden Antigene kommt (Biol.)

Trans|fer *der;* -s, -s ⟨aus gleichbed. *engl.* transfer, eigtl. „Übertragung, Überführung", zu to transfer, vgl. transferieren⟩: 1. Zahlung ins Ausland in fremder Währung. 2. Übertragung der im Zusammenhang mit einer bestimmten Aufgabe erlernten Vorgänge auf eine andere Aufgabe (Psychol., Päd.). 3. Überführung, Weitertransport im Reiseverkehr (z. B. vom Flughafen zum Hotel). 4. Wechsel eines Berufsspielers in einen anderen Verein (Sport). 5. a) positiver Einfluß der Muttersprache auf eine Fremdsprache bei deren Erlernung; b) svw. Transferenz (Sprachw.).

trans|fe|ra|bel ⟨aus gleichbed. *engl.* transferable⟩: umwechselbar od. übertragbar in fremde Währung. **Trans|fe|ra|se** *die;* -, -n (meist Plur.) ⟨zu ↑Transfer u. ↑...ase⟩: ↑Enzym, das die Übertragung eines chem. Bausteins von einer Substanz auf eine andere bewirkt (Biochem.). **Trans|fe|renz** *die;* -, -en ⟨zu ↑transferieren u. ↑...enz⟩: a) (ohne Plur.) Vorgang u. Ergebnis der Übertragung einer bestimmten Erscheinung in einer Fremdsprache auf das System der Muttersprache; b) Übernahme fremdsprachiger Wörter, Wortverbindungen, Bedeutungen o. ä. in die Muttersprache (Sprachw.). **Trans|fer|fak|tor** *der;* -s, ...oren: Übertragersubstanz der zellvermittelten Immunität (zur Behandlung von Immundefektzuständen; Med.). **trans|fe|rie|ren** ⟨aus gleichbed. *engl.* to transfer, dies aus *lat.* transferre „hinüberbringen"⟩: 1. Geld in eine fremde Währung umwechseln, Zahlungen an das Ausland leisten. 2. den Wechsel eines Berufsspielers gegen Zahlung einer Ablösesumme in einen andern Verein vornehmen (Sport). 3. (österr., Amtsspr.) jmdn. dienstlich versetzen

Trans|fer|rin *das;* -s, -e ⟨zu ↑trans..., ↑Ferrum u. ↑...in (1)⟩: in der Leber gebildetes Protein, das Eisen binden kann (Biochem.)

Trans|fer|stra|ße *die;* -, -n ⟨zu ↑Transfer⟩: Kombination von Werkzeugmaschinen, die an einem [automatisch] hindurchgeführten Werkstück unterschiedliche Arbeitsgänge ausführen (Techn.)

Trans|fi|gu|ra|ti|on *die;* -, -en ⟨aus *lat.* transfiguratio „Umwandlung" zu transfigurare „(die körperliche Beschaffenheit) verwandeln, umwandeln, umformen"⟩: die Verklärung Christi u. ihre Darstellung in der Kunst

trans|fi|nit ⟨zu ↑trans... u. ↑finit⟩: unendlich, im Unendlichen liegend (Philos., Math.)

Trans|flu|enz *die;* -, -en ⟨zu *lat.* transfluere „herausfließen" u. ↑...enz⟩: das Hinüberfließen eines Gletschers über niedrigere Teile seiner Umrahmung. **Trans|flu|xor** *der;* -s, ...oren ⟨zu *lat.* transfluxus, Part. Perf. von transfluere (vgl. Transfluenz), u. ↑...or⟩: aus magnetisierbarem Material bestehendes elektronisches Bauelement, das durch Ummagnetisierung verschiedene Zustände annehmen kann (Phys.)

Trans|fo|ka|tor *der;* -s, ...oren ⟨zu ↑trans..., ↑Fokus u. ↑...ator⟩: ↑Objektiv mit veränderlicher Brennweite, Gummilinse (Optik)

Trans|for|ma|ti|on *die;* -, -en ⟨aus *lat.* transformatio zu *lat.* transformare, vgl. transformieren⟩: 1. Umwandlung, Umformung, Umgestaltung, Übertragung. 2. Übertragung von Erbanlagen durch DNS, bes. bei Bakterien (Genetik). 3. a) Umformung eines mathematischen Ausdrucks in einen anderen; b) umkehrbar eindeutige Abbildung einer Ebene bzw. eines Raumes auf sich (Math.). 4. der Übergang von einem Bezugssystem in ein anderes (Phys.). 5. Umformung von Wechselspannungen (mit einem Transformator). 6. Umformung einer Satzstruktur in eine inhaltlich gleichwertige andere (Sprachw.). 7. grundlegende Umgestaltung des wirtschaftlichen, politischen u. gesellschaftlichen Systems eines Staates (Wirtsch., Pol.). **trans|for|ma|tio|nell** ⟨zu ↑...ell⟩: die Transformation betreffend, auf ihr beruhend; -e G r a m m a t i k : svw. Transformationsgrammatik. **Trans|for|ma|ti|ons|gram|ma|tik** *die;* -: Grammatiktheorie, die die Regeln zur Umwandlung von Sätzen in andere Sätze mit gleichwertigem semantischem Gehalt erforscht (Sprachw.). **Trans|for|ma|tor** *der;* -s, ...oren ⟨nach gleichbed. *fr.* transformateur; vgl. ...ator⟩: aus Eisenkern, Primär- u. Sekundärwicklung bestehendes Gerät zur Umwandlung hoher elektrischer Spannungen in niedere u. umgekehrt ohne bedeutenden Energieverbrauch. **trans|for|mie|ren** ⟨aus gleichbed. *lat.* transformare⟩: umwandeln, umformen, umgestalten; übertragen.

Trans|for|mis|mus *der;* - ⟨zu ↑...ismus (1)⟩: 1. svw. Deszendenztheorie. 2. Theorie der Bildung magmatischer Gesteine durch Metamorphose

trans|fun|die|ren ⟨aus *lat.* transfundere „hinübergießen"⟩: eine Transfusion (1) vornehmen (Med.). **Trans|fu|si|on** *die;* -, -en ⟨aus *lat.* transfusio „das Hinübergießen" zu transfusus, Part. Perf. von transfundere, vgl. transfundieren⟩: 1. intravenöse Einbringung, Übertragung von Blut, Blutersatzlösungen od. anderen Flüssigkeiten in den Organismus; Blutübertragung. 2. Diffusion von Gasen durch eine poröse Scheidewand

trans|ga|lak|tisch ⟨zu ↑trans... u. ↑galaktisch⟩: jenseits der Milchstraße befindlich, über das Milchstraßensystem hinausgehend (Astron.)

trans|gre|di|ent ⟨aus *lat.* transgrediens, Gen. transgredientis, Part. Präs. von transgredi, vgl. transgredieren⟩: überschreitend, über etwas hinausgehend (Philos.). **trans|gre|die|ren** ⟨aus *lat.* transgredi „hinübergehen, überschreiten"⟩: große Festlandsmassen überfluten (von Meeren; Geogr.). **Trans|gres|si|on** *die;* -, -en ⟨aus *lat.* transgressio „das Hinübergehen"⟩: 1. das Vordringen des Meeres über größere Gebiete des Festlands (z. B. durch Ansteigen des Meeresspiegels; Geogr.). 2. das Auftreten von ↑Genotypen, die in ihrer Leistungsfähigkeit die Eltern- u. Tochterformen übertreffen (Genetik)

trans|hu|mant ⟨aus gleichbed. *fr.* transhumant, Part. Präs. von transhumer, vgl. Transhumanz⟩: mit Herden wandernd. **Trans|hu|manz** *die;* -, -en ⟨aus gleichbed. *fr.* transhumance zu transhumer „auf die Weide führen", dies aus *span.* trashumar (zu ↑trans... u. *lat.* humus „Boden")⟩: 1. bäuerliche Wirtschaftsform, bei der das Vieh von Hirten auf entfernte Sommerweiden (z. B. Almen) gebracht wird. 2. Wanderschäferei mit jährlich mehrmaligem Wechsel zwischen entfernten Weideplätzen (bes. in Süddeutschland)

Tran|si *der;* -s, -s ⟨zu ↑trans...⟩: (Jargon) kurz für Transsexueller, Transvestit

tran|si|ent [...'zi̯ɛnt] ⟨über gleichbed. *engl.* transient aus *lat.* transiens, Gen. transientis, Part. Präs. von transire „hinübergehen, hindurchgehen"⟩: die Transiente betreffend, auf ihr beruhend. **Tran|si|en|te** *die;* -, -n: 1. bei elektromechanischen Schaltvorgängen im lokalen Stromversorgungsnetz plötzlich auftretende Spannungs- u. Stromstärkeänderung durch das Auftreten von Wanderwellen entlang der Leitungen. 2. (durch Betriebsstörung verursachte) vorübergehende Abweichung vom Normalbetrieb einer Kernkraftanlage

tran|si|gie|ren ⟨aus gleichbed. *lat.* transigere⟩: verhandeln, einen Vergleich abschließen (Rechtsw.)

Tran|si|stor *der;* -s, ...oren ⟨aus gleichbed. *engl.* transistor, Kurzw. aus *trans*fer „Übertragung" u. re*sistor* „elektrischer Widerstand", eigtl. „Übertragungswiderstand"⟩: elektron. Halbleiterbauelement mit mindestens drei Elektroden zur Verstärkung elektrischer Ströme u. Spannungen (Phys.). **tran|si|sto|rie|ren** u. **tran|si|sto|ri|sie|ren** ⟨zu ↑...ieren bzw. ↑...isieren⟩: mit Transistoren versehen (Techn.)

¹Tran|sit [auch ...'zɪt, 'tran...] *der;* -s, -e ⟨aus gleichbed. *it.* transito, dies aus *lat.* transitus „Übergang, Durchgang" zu transire „hinübergehen"⟩: 1. Durchfuhr, Durchreise durch ein Land. 2. das Zustandekommen von ↑Aspekten (2) infolge der Bewegung der Planeten; das Überschreiten eines Tierkreises. **²Tran|sit** [...'zɪt, 'tran...] *das;* -s, -s ⟨zu ↑'Transit⟩: Kurzform von ↑Transitvisum. **Tran|sit|geschäft** *das;* -[e]s, -e: Außenhandelsgeschäft, bei dem die zu befördernde Ware auf ihrem Weg zu ihrem Bestimmungsland durch ein Drittland hindurchgeführt wird (Wirtsch.). **tran|si|tie|ren** ⟨zu ↑'Transit u. ↑...ieren⟩: durchgehen, durchführen, passieren (von Waren od. Personen; Wirtsch.). **Tran|si|ti|on** *die;* -, -en ⟨teilweise unter Einfluß von *engl.* transition aus gleichbed. *lat.* transitio⟩: 1. Übergang; Überleitung. 2. der Übergang vom Schwebeflug in den Horizontalflug bei Senkrechtstartern (Luftf.). 3. Stelle, an der die Daten verarbeitet werden (Informatik). **tran|si|tiv** ⟨aus gleichbed. *spätlat.* transitivus, eigtl. „(auf ein Objekt) übergehend", zu transire, vgl. ¹Transit⟩: zielend, d. h. mit einer Ergänzung im Akkusativ (von einem Verb; Sprachw.); Ggs. ↑intransitiv. **Tran|si|tiv** *das;* -s, -e [...və] ⟨aus gleichbed. *spätlat.* (verbum) transitivum⟩: transitives Verb. **Tran|si|ti|va** [...va]: Plur. von ↑Transitivum. **tran|si|ti|vie|ren** [...v...] ⟨zu ↑...ieren⟩: ein sonst nicht transitives Verb transitiv machen (z. B. einen guten Kampf kämpfen; Sprachw.). **Tran|si|ti|vis|mus** *der;* - ⟨zu ↑...ismus (3)⟩: a) Übertragung des eigenen Erlebens auf andere (Psychol.); b) die Erscheinung, daß Geisteskranke sich selbst für gesund, andere hingegen für geisteskrank halten (Med.). **Tran|si|ti|vi|tät** *die;* - ⟨zu ↑...ität⟩: 1. transitive Beschaffenheit (Sprachw.). 2. Eigenschaft bestimmter zweistelliger math. Relationen (Math.). **Tran|si|ti|vum** *das;* -s, ...va ⟨aus *spätlat.* (verbum) transitivum, vgl. Transitiv⟩: svw. Transitiv. **tran|si|to|risch** ⟨aus *(spät)lat.* transitorius „vorübergehend" zu transire, vgl. ¹Transit⟩: 1. vorübergehend, nur kurz andauernd; später wegfallend (Wirtsch.). 2. reaktionslos verlaufend (von Krankheiten; Med.). **Tran|si|to|ri|um** *das;* -s, ...ien [...i̯ən] ⟨zu ↑...ium⟩: Ausgabenbewilligung im Staatshaushalt, die nur für die Dauer einer besonderen wirtschaftlichen Situation gilt. **Tran|si|tron** *das;* -s, Plur. ...one, auch -s ⟨Kunstw.; vgl. ...tron⟩: aus einer Röhre bestehende Kippschaltung zur Erzeugung von Impulsen u. Sägezahnspannungen. **Tran|sit|vi|sum** [...v..., auch ...'zɪt..., 'tran...] *das;* -s, Plur. ...sa u. ...sen ⟨zu ↑'Transit⟩: (in bestimmten Ländern für den Transit erforderliches) Durchreisevisum

trans|kon|ti|nen|tal ⟨zu ↑trans... u. ↑kontinental⟩: einen Erdteil durchquerend

trans|kri|bie|ren ⟨aus *lat.* transcribere „schriftlich übertragen" zu ↑trans... u. *lat.* scribere „schreiben"⟩: 1. a) in eine andere Schrift (z. B. in eine phonetische Umschrift) übertragen; b) Wörter nichtlateinschreibender Sprachen mit lautlich ungefähr entsprechenden Zeichen des lat. Alphabets wiedergeben; vgl. transliterieren. 2. die Originalfassung eines Tonstückes auf ein anderes od. auf mehrere Instrumente übertragen (Mus.). **Tran|skript** *das;* -[e]s, -e ⟨zu *lat.* transcriptum, Part. Perf. (Neutrum) von transcribere, vgl. transkribieren⟩: Ergebnis einer Transkription. **Transkrip|ta|se** *die;* -, -n ⟨zu ↑...ase⟩: Enzym, das die Transkription (3) steuert (Biochem.). **Tran|skrip|ti|on** *die;* -, -en ⟨aus *lat.* transcriptio „die (schriftliche) Übertragung, das Umschreiben"⟩: 1. lautgerechte Übertragung in eine andere Schrift; b) phonetische Umschrift. 2. Umschreibung eines Musikstückes in eine andere als die Originalfassung. 3. Überschreibung der genetischen Information von der DNS in die ↑Messenger-RNS (Genetik)

trans|kri|stal|lin ⟨zu ↑trans... u. ↑kristallin⟩: mit Stengelkristallen behaftet (Gießereitechnik). **Trans|kri|stal|li|sa|ti|on** *die;* -, -en: das Auftreten von Stengelkristallen, die beim Walzvorgang ein Auseinanderbrechen in diagonaler Richtung verursachen können

trans|ku|tan ⟨zu ↑trans... u. ↑kutan⟩: durch die Haut hindurch (Med.)

Trans|la|teur [...'tøːɐ̯] *der;* -s, -e ⟨aus *fr.* translateur „Übertrager" zu translation, dies aus *lat.* translatio, vgl. Translation⟩: (veraltet) Übersetzer, Dolmetscher. **Trans|la|tio im-**

Translation

pe|rii *die;* - - ⟨*lat.;* „Übertragung der Herrschaft"⟩: im Verlauf der Geschichte erfolgende Übertragung der Vorherrschaft von einem Volk auf ein anderes. **Trans|la|ti|on** *die;* -, -en ⟨aus *lat.* translatio „das Versetzen, die Übersetzung" zu translatus, Part. Perf. von transferre „hinüberbringen"⟩: 1. Übertragung, Übersetzung. 2. svw. Trope. 3. geradlinige, fortschreitende Bewegung (Phys.). 4. feierliche Überführung der Reliquien eines Heiligen an einen anderen Ort (kath. Rel.). 5. Übersetzung der in der ↑ Messenger-RNS gespeicherten Information in die zu bildenden Proteine (Genetik). **Trans|la|tiv** [auch ...'ti:f] *der;* -s, -e [...və] ⟨aus gleichbed. *lat.* (casus) translativus⟩: eine bestimmte Richtung angebender Kasus in den finnougrischen Sprachen. **Trans|la|tor** *der;* -s, ...oren ⟨aus *lat.* translator „Übertrager"⟩: (veraltet) Übersetzer. **trans|la|torisch**: (veraltet) übertragend

Trans|li|te|ra|ti|on *die;* -, -en ⟨zu ↑trans..., *lat.* littera „Buchstabe" u. ↑¹...ion⟩: buchstabengetreue Umsetzung eines in einer Buchstabenschrift geschriebenen Textes in eine andere Buchstabenschrift [unter Verwendung ↑diakritischer Zeichen]. **trans|li|te|rie|ren** ⟨zu ↑...ieren⟩: Wörter nichtlateinschreibender Sprachen buchstabengetreu unter Verwendung ↑ diakritischer Zeichen in Lateinschrift wiedergeben, so daß sie ohne weiteres in die Originalschrift zurückübertragen werden können; vgl. transkribieren (1 b)

Trans|lo|ka|ti|on *die;* -, -en ⟨zu ↑trans... u. ↑Lokation⟩: 1. (veraltet) Ortsveränderung, Versetzung. 2. Verlagerung eines Chromosomenbruchstückes in ein anderes Chromosom (Biol.). **trans|lo|zie|ren**: 1. (veraltet) [an einen anderen Ort] versetzen. 2. verlagern (in bezug auf Chromosomenbruchstücke; Biol.)

trans|lu|nar u. **trans|lu|na|risch** ⟨zu ↑trans... u. ↑lunar bzw. lunarisch⟩: a) jenseits des Mondes befindlich, liegend; b) über den Mond, die Mondumlaufbahn hinausfliegend (von Raumflugkörpern); vgl. ...isch/-

trans|lu|zent ⟨zu *lat.* translucens, Gen. translucentis, Part. Präs. von translucere „durchscheinen"⟩: durchscheinend, durchsichtig. **Trans|lu|zenz** *die;* - ⟨zu ↑...enz⟩: Durchsichtigkeit, Lichtdurchlässigkeit. **trans|lu|zid** ⟨aus *lat.* translucidus „durchsichtig"⟩: svw. transluzent

trans|ma|rin u. **trans|ma|ri|nisch** ⟨aus gleichbed. *lat.* transmarinus⟩: (veraltet) überseeisch; vgl. ...isch/-

Trans|me|thy|la|se *die;* -, -n ⟨zu ↑trans..., ↑Methyl u. ↑...ase⟩: Enzym, das die Übertragung von Methylgruppen von einem Molekül auf ein anderes im Organismus durchführt (Biochem.).

Trans|mi|ne|ra|li|sa|ti|on *die;* -, -en ⟨zu ↑trans... u. ↑Mineralisation⟩: Verschiebung von Mineralen zwischen Zelle u. Zellflüssigkeit (z. B. in Form eines Austauschs von Natrium gegen Kalzium od. Kalzium gegen Magnesium; Biol.)

trans|mis|si|bel ⟨zu *lat.* transmissus, Part. Perf. von transmittere (vgl. transmittieren), u. ↑...ibel⟩: übertragbar.

Trans|mis|si|on *die;* -, -en ⟨aus *(spät)lat.* transmissio „Übersendung, Übertragung" zu *lat.* transmittere, vgl. transmittieren⟩: 1. Vorrichtung zur Kraftübertragung u. -verteilung auf mehrere Arbeitsmaschinen (z. B. durch einen Treibriemen), u. ↑...ibel⟩: 2. Durchgang von Strahlung (Licht) durch einen Stoff (z. B. Glas) ohne Änderung der Frequenz (Phys.). **Trans|mis|si|ons|elek|tro|nen|mi|kro|skop** *das;* -s, -e: Elektronenmikroskop, bei dem das abzubildende Objekt mittels Schallwellen abgetastet wird. **Trans|mis|si|ons|fak|tor** *der;* -s, -en: Verhältnis der in einem Medium geschwächten Strahlungsintensität zur anfänglichen (Phys.). **Trans|mis|si|ons|grad** *der;* -[e]s, -e: das Verhältnis des von einem Körper durchgelassenen Lichtstroms zum auffallenden Lichtstrom (Phys.). **Trans|mis|so|me|ter** *das;* -s, - ⟨zu ↑¹...meter⟩: Gerät zur Messung der Transmission der Atmosphäre, das vor allem zur Ermittlung der Sichtweite auf Flughäfen eingesetzt wird. **Trans|mit|ter** *der;* -s, - ⟨aus gleichbed. *engl.* transmitter, eigtl. „Übermittler", zu to transmit, dies aus *lat.* transmittere, vgl. transmittieren⟩: 1. Meßumformer, Umformer, der die zu messende Größe in eine andere umwandelt (z. B. mechanischen Druck in elektr. Spannung; Techn.). 2. Übertragersubstanz, Überträgerstoff (Biochem.). **Trans|mit|ter|sub|stanz** *die;* -, -en: svw. Transmitter (2). **trans|mit|tie|ren** ⟨aus gleichbed. *lat.* transmittere⟩: übertragen, übersenden

trans|mon|tan ⟨aus gleichbed. *lat.* transmontanus; vgl. trans... u. montan⟩: jenseits der Berge gelegen (Geogr.)

trans|mu|ral ⟨zu ↑trans..., *lat.* murus „Mauer" u. ↑¹...al (1)⟩: alle Wandschichten eines Organs betreffend (Med.)

Trans|mu|ta|ti|on *die;* -, -en ⟨aus *spätlat.* transmutatio „Veränderung" zu transmutare, vgl. transmutieren⟩: 1. svw. Genmutation. 2. Transformation einer Abbildung (Math.). **trans|mu|tie|ren** ⟨aus *spätlat.* transmutare, eigtl. „hinüberversetzen"⟩: um-, verwandeln

trans|na|tio|nal ⟨zu ↑trans... u. ↑national⟩: die Grenzen der einzelnen Nationen überschreitend, mehrere Nationen umfassend (bes. Wirtsch.)

trans|neu|ro|nal ⟨zu ↑trans... u. ↑neuronal⟩: durch das ↑Neuron verlaufend (Med., Biol.)

trans|ob|jek|tiv ⟨zu ↑trans... u. ↑objektiv⟩: über das Objekt, den Gegenstand hinausgehend (Philos.)

trans|ozea|nisch ⟨zu ↑trans... u. ↑ozeanisch⟩: jenseits des Ozeans liegend

trans|pa|da|nisch ⟨aus gleichbed. *lat.* Transpadanus zu ↑trans... u. *lat.* Padus (alter Name des nordital. Flusses Po)⟩: jenseits des Po liegend (von Rom aus gesehen)

trans|pa|rent ⟨über gleichbed. *fr.* transparent aus *mlat.* transparens, Gen. transparentis, Part. Präs. von transparere „durchscheinen"⟩: 1. durchscheinend; durchsichtig. 2. deutlich, verstehbar, erkennbar. **Trans|pa|rent** *das;* -[e]s, -e: 1. Spruchband [mit politischen Forderungen]. 2. Bild, das von hinten beleuchtet wird; Leuchtbild (z. B. in der Werbung zu Reklamezwecken). **trans|pa|ren|tie|ren** ⟨zu ↑...ieren⟩: Baumwollbatiste so ausrüsten, daß sie ganzflächig od. mustermäßig glasig od. milchig trübe erscheinen (Textilkunde). **Trans|pa|renz** *die;* - ⟨nach *fr.* transparence „Durchsichtigkeit"⟩: 1. a) das Durchscheinen; Durchsichtigkeit; b) Lichtdurchlässigkeit (z. B. des Papiers); c) Durchlässigkeit für bestimmte Übertragungsmerkmale (z. B. für Informationsfolgen). 2. Deutlichkeit, Verstehbarkeit, Durchschaubarkeit (z. B. von politischen od. wirtschaftlichen Entscheidungen); das Erkennbarsein

Trans|phra|stik *die;* - ⟨zu ↑trans... u. *gr.* phrastikós „zum Reden gehörend"; vgl. ²...ik (1)⟩: linguistische Methode, die Zusammenhänge zwischen Sätzen u. ihre textbezogenen Verflechtungen untersucht (Sprachw.). **trans|phrastisch**: die Transphrastik betreffend, auf ihr beruhend (Sprachw.)

Tran|spi|ra|ti|on *die;* - ⟨aus gleichbed. *fr.* transpiration zu transpirer, vgl. transpirieren⟩: 1. Hautausdünstung, das Schwitzen (Med.). 2. Abgabe von Wasserdampf durch die Spaltöffnungen der Pflanzen (Bot.). **tran|spi|rie|ren** ⟨über *fr.* transpirer aus gleichbed. *mlat.* transpirare zu ↑trans... u. *lat.* spirare „(aus)hauchen"⟩: ausdünsten, schwitzen

Trans|plan|tat *das;* -[e]s, -e ⟨zu *spätlat.* transplantatum, Part. Perf. (Neutrum) von transplantare, vgl. transplantieren⟩: transplantiertes od. zu transplantierendes Gewebestück (z. B. Haut, Knochen, Gefäße) od. Organ (Med.). **Trans-**

plan|ta|ti|on *die;* -, -en ⟨zu ↑¹...ion⟩: 1. das Transplantieren von lebenden Geweben od. Organen (Med.). 2. Pfropfung (Bot.). **Trans|plan|teur** [...'tøːɐ̯] *der;* -s, -e ⟨französierende Bildung; vgl. transplantieren u. ...eur⟩: Arzt, der eine Transplantation ausführt. **trans|plan|tie|ren** ⟨aus *spätlat.* transplantare „verpflanzen, versetzen"⟩: lebendes Gewebe od. Organe operativ in einen lebenden Organismus einsetzen

Trans|pon|der *der;* -s, - ⟨aus gleichbed. *engl.* transponder, Kurzw. aus *trans*mitter (vgl. Transmitter) u. res*ponder* „Antwortgeber"⟩: nachrichtentechnische Anlage, die von einer Sendestation ausgehende Funksignale aufnimmt, verstärkt u. [auf einer anderen Frequenz] wieder abstrahlt

trans|po|nie|ren ⟨aus *lat.* transponere „versetzen, umsetzen"⟩: 1. ein Tonstück in eine andere Tonart übertragen; -de Instrumente: Musikinstrumente, die in der Partitur in anderer Tonhöhe notiert werden, als sie erklingen. 2. [in einen anderen Bereich] übertragen; versetzen, verschieben. 3. in eine andere Wortklasse überführen (Sprachw.).

Trans|port *der;* -[e]s, -e ⟨aus gleichbed. *fr.* transport zu transporter, vgl. transportieren⟩: 1. Versendung; Beförderung von Menschen, Tieren od. Gegenständen. 2. Fracht, zur Beförderung zusammengestellte Sendung. 3. (veraltet) Übertrag in der Buchhaltung; Abk.: Transp. **trans|por|ta|bel** ⟨aus gleichbed. *fr.* transportable⟩: beweglich, tragbar, beförderbar. **Trans|por|ta|ti|on** *die;* -, -en ⟨unter Einfluß von *fr.* transportation „Verbannung" aus *spätlat.* transportatio „Übersiedlung" zu *lat.* transportare, vgl. transportieren⟩: svw. Transport (1). **Trans|por|ter** *der;* -s, - ⟨aus gleichbed. *engl.* transporter zu to transport, dies aus *(mittel)fr.* transporter, vgl. transportieren⟩: Transportflugzeug, -schiff, Kleinlastwagen. **Trans|por|teur** [...'tøːɐ̯] *der;* -s, -e ⟨aus gleichbed. *fr.* transporteur⟩: 1. jmd., der etwas transportiert. 2. (veraltet) mit einer Gradeinteilung versehener Voll- od. Halbkreis zur Winkelmessung od. Winkelauftragung (Math.). 3. Zubringer an der Nähmaschine. **trans|por|tie|ren** ⟨aus gleichbed. *fr.* transporter, dies aus *lat.* transportare „hinüberschaffen, -bringen"⟩: 1. a) versenden, befördern, wegbringen; b) mechanisch bewegen, weiterschieben (z. B. einen Film). 2. die Basis für etwas abgeben, was an andere weitergegeben wird (z. B. von Wörtern in bezug auf ihre Bedeutungen). 3. (veraltet) übertragen (in der Buchhaltung). **Trans|por|tie|rung** *die;* -, -en ⟨zu ↑...ierung⟩: das Transportieren, Beförderung. **Trans|port|me|ta|bo|lit** *der;* -en, -en: das den aktiven Stofftransport zwischen den Zellen eines Organismus sowie innerhalb einer Zelle durchführende ↑ Koenzym (Biol.). **Trans|port|pro|zeß** *der;* ...esses, ...esse: irreversibler physik. Vorgang in Vielteilchensystemen, der mit einem Transport von Masse, Ladung, Energie u./od. Impuls sowie mit Ausgleichsvorgängen verbunden ist. **Trans|port|re|ak|ti|on** *die;* -, -en: Bez. für eine chem. Reaktion, bei der eine Substanz reversibel in eine leichter transportierbare Verbindung überführt wird, aus der sie an anderer Stelle wieder freigesetzt wird

Trans|po|si|ti|on *die;* -, -en ⟨zu *lat.* transpositus, Part. Perf. von transponere (vgl. transponieren) u. ↑¹...ion⟩: 1. das Transponieren (1). 2. Überführung in eine andere Wortart (Sprachw.). 3. angeborene Verlagerung von Blutgefäßen, Organen od. Eingeweiden auf die der normalen Lage entgegengesetzte Seite des Körpers (Med.).

Trans|pul|ter [...'pjuːtɐ] *der;* -s, - ⟨Kurzw. aus *engl.* transmitter (vgl. Transmitter) u. ↑Com*puter*⟩: leistungsfähiger Mikrocomputer mit vielen Prozessoren, der bes. für eine kommunikationsorientierte Parallelverarbeitung von Daten eingesetzt wird (EDV)

Trans|ra|pid ⓌⓏ *der;* -[s] ⟨Kunstw. zu ↑trans... u. ↑rapid⟩: in der Entwicklungsphase befindliche Magnetschwebebahn, die neben Eisenbahn, Flugzeug u. Auto das Verkehrsnetz bereichern soll

trans|rek|tal ⟨zu ↑trans... u. ↑rektal⟩: vom Rektum aus, durch das Rektum hindurch (Med.)

Trans|se|xua|lis|mus *der;* - ⟨zu ↑trans..., ↑sexual u. ↑...ismus (3)⟩: svw. Transsexualität. **Trans|se|xua|li|tät** *die;* -: psychische Identifizierung eines Menschen mit dem Geschlecht, das seinem eigenen körperlichen Geschlecht entgegengesetzt ist, verbunden mit dem Wunsch nach Geschlechtsumwandlung. **trans|se|xu|ell**: die Transsexualität betreffend. **Trans|se|xu|el|le** *der* u. *die;* -, -n: zur Transsexualität neigende Person

trans|so|nisch ⟨zu ↑trans... u. *lat.* sonus „Ton, Klang, Schall"⟩: oberhalb der Schallgeschwindigkeit gelegen

trans|sub|jek|tiv ⟨zu ↑trans... u. ↑subjektiv⟩: jenseits, außerhalb des Subjektiven liegend (Philos.). **Trans|sub|jek|ti|vi|tät** [...v...] *die;* -: in Überwindung der Subjektivität auf ein vernünftiges gemeinsames Handeln abzielendes Verhalten (Philos.).

Trans|sub|stan|ti|a|ti|on *die;* -, -en ⟨aus *mlat.* transsubstantiatio „Wesensverwandlung" zu ↑trans... u. *lat.* substantia; vgl. Substanz⟩: durch die ↑ Konsekration (2) im Meßopfer (Wandlung) sich vollziehende Verwandlung der Substanz von Brot u. Wein in Leib u. Blut Christi (kath. Kirche); vgl. Konsubstantiation

Trans|su|dat *das;* -[e]s, -e ⟨zu ↑trans..., *lat.* sudatus, Part. Perf. von sudare „(aus)schwitzen"; vgl. ...at (1)⟩: die bei der Transsudation abgesonderte Flüssigkeit (Med.). **Trans|su|da|ti|on** *die;* -, -en: nicht entzündliche Absonderung u. Ansammlung von Flüssigkeit in Gewebslücken od. Körperhöhlen (Med.). **trans|su|die|ren** ⟨zu ↑ ...ieren⟩: ausschwitzen (Med.).

Trans|su|mie|rung *die;* -, -en ⟨zu ↑trans..., *lat.* sumere „nehmen, verwenden" u. ↑...ierung⟩: ↑ Insertion (3) einer Urkunde (Rechtsw.). **Trans|sumpt** *das;* -s, -e ⟨zu *lat.* sumptus, Part. Perf. von sumere „nehmen"⟩: Beglaubigung bzw. Bestätigung einer Urkunde durch den Aussteller od. seinen Rechtsnachfolger in der Form der (wörtlichen) Wiederholung ihres Inhalts in einer neuen, selbständigen Urkunde (Rechtsw.).

trans|tho|ra|kal ⟨zu ↑trans... u. ↑thorakal⟩: durch den Brustkorb hindurch (Med.)

Trans|uran *das;* -s, -e (meist Plur.) ⟨zu ↑trans... u. ↑Uran⟩: künstliches radioaktives chem. Element mit höherer Ordnungszahl als das Uran. **trans|ura|nisch**: im periodischen System der chem. Elemente hinter dem Uran stehend

trans|ure|thral ⟨zu ↑trans... u. ↑urethral⟩: durch die Harnröhre hindurch erfolgend (z. B. von der Entfernung eines Steins; Med.)

Trans|vaa|lit [...vaː..., auch ...lɪt] *der;* -s, -e ⟨nach der südafrik. Provinz Transvaal u. zu ↑²...it⟩: ein kobalthaltiges Mineral

trans|va|gi|nal [...v...] ⟨zu ↑trans... u. ↑vaginal⟩: durch die Scheide hindurch erfolgend (z. B. von der Entfernung der Gebärmutter; Med.)

trans|ve|nös [...v...] ⟨zu ↑trans... u. ↑venös⟩: durch eine Vene hindurch erfolgend (z. B. von einem Katheter, der ins Herz eingeführt wird; Med.)

trans|ver|sal [...v...] ⟨aus gleichbed. *mlat.* transversalis zu *lat.* transversus „querliegend", eigtl. Part. Perf. von transvertere „hinüberwenden"⟩: querlaufend, senkrecht zur

Ausbreitungsrichtung stehend, schräg. **Trans|ver|sa|le** *die;* -, -n ⟨zu ↑...ale⟩: Gerade, die eine Figur (Dreieck od. Vieleck) schneidet (Math.). **Trans|ver|sal|wel|len** *die* (Plur.): Querschwingungen, die senkrecht zur Fortpflanzungsrichtung der Wellen verlaufen (z. B. Rundfunkwellen, Licht). **trans|ver|sus** ⟨*lat.*⟩: quer verlaufend (in bezug auf die Längsachse des Körpers; Anat.)
Trans|ver|ter [...v...] *der;* -s, - ⟨Kurzw. aus ↑*Trans*istor u. ↑Kon*verter*⟩: Gleichspannungswandler, elektron. Schaltung zur Umformung von Gleichspannungen (Elektrot.).
trans|ve|stie|ren [...v...] ⟨zu ↑trans..., *lat.* vestire „(sich) kleiden" (zu vestis „Kleid") u. ↑...ieren⟩: aus einer vom normalen sexuellen Verhalten abweichenden Neigung die für das andere Geschlecht typische Kleidung anlegen (Psychol., Med.). **Trans|ve|stis|mus** u. Transvestitismus *der;* -⟨zu ↑...ismus (3)⟩: vom normalen sexuellen Verhalten abweichende Tendenz zur Bevorzugung von Kleidungsstükken, die für das andere Geschlecht typisch sind (Psychol., Med.). **Trans|ve|stit** *der;* -en, -en ⟨zu *lat.* vestitus, Part. Perf. von vestire, vgl. transvestieren⟩: jmd., der sich auf Grund seiner Veranlagung wie ein Vertreter des jeweils anderen Geschlechts kleidet, frisiert, schminkt (Psychol., Med.). **trans|ve|sti|tisch**: den Transvestismus betreffend, in der Art eines Transvestiten. **Trans|ve|sti|tis|mus** vgl. Transvestismus
tran|szen|dent ⟨aus *lat.* transcendens, Gen. transcendentis, Part. Präs. von transcendere, vgl. transzendieren⟩: 1. die Grenzen der Erfahrung u. der sinnlich erkennbaren Welt überschreitend; übersinnlich, übernatürlich (Philos.); Ggs. ↑immanent (2). 2. nicht algebraisch; über das Algebraische hinausgehend; -e Funktion: eine Funktion, die keine algebraische Funktion ist (z. B. die ↑Exponentialfunktion u. die ↑trigonometrischen Funktionen; Math.). **tran|szen|den|tal** ⟨aus *mlat.* transcendentalis „übersinnlich" zu *lat.* transcendere, vgl. transzendieren⟩: 1. svw. transzendent (1; in der Scholastik). 2. die ↑a priori mögliche Erkenntnisart von Gegenständen betreffend (nach Kant; Philos.). **Tran|szen|den|ta|li|en** [...jən] *die* (Plur.) ⟨aus gleichbed. *mlat.* transcendentalia, Neutrum Plur. von transcendentalis, vgl. transzendental⟩: die 6 Grundbestimmungen des über jeder Gattung liegenden Seienden (Scholastik). **Tran|szen|den|ta|lis|mus** *der;* - ⟨zu ↑transzendental u. ↑...ismus (1)⟩: System der Transzendentalphilosophie Kants. **Tran|szen|den|ta|list** *der;* -en, -en ⟨zu ↑...ist⟩: Anhänger des Transzendentalismus. **Tran|szen|den|tal|phi|lo|so|phie** *die;* -: (nach Kant) erkenntniskritische Wissenschaft von den transzendentalen (2) Bedingungen. **Tran|szen|denz** *die;* - ⟨aus *spätlat.* transcendentia „das Überschreiten"⟩: a) das jenseits der Erfahrung, des Gegenständlichen Liegende; Jenseits; b) das Überschreiten der Grenzen der Erfahrung, des Bewußtseins, des Diesseits (Philos.). **tran|szen|die|ren** ⟨aus *lat.* transcendere „hinübergehen"⟩: a) über einen Bereich hinaus in einen anderen [hin]übergehen; b) die menschlichen Grenzen [der Erkenntnis] überschreiten (Philos.)
Trap *der;* -s, -s ⟨aus *engl.* trap „Klappe, Falle"⟩: 1. (ohne Plur.) Kurzform von ↑Trapschießen. 2. [træp] Anzeige der Unterbrechung einer Programmabarbeitung, bes. auf Grund eines Programmierfehlers (EDV)
Tra|pa *die;* - ⟨aus *nlat.* trapa, weitere Herkunft unsicher⟩: Wassernuß (einjährige Wasserpflanze)
Tra|pez *das;* -es, -e ⟨über *spätlat.* trapezium aus gleichbed. *gr.* trapézion, eigtl. „Tischchen", Verkleinerungsform von trápeza „Tisch"⟩: 1. Viereck mit zwei parallelen, aber ungleich langen Seiten (Math.). 2. an Seilen hängendes Schaukelreck, bes. für artistische Darbietungen. **Tra|pez|akt** *der;* -[e]s, -e: am Trapez (2) ausgeführte Zirkusnummer. **Tra|pe|zo|eder** *das;* -s, - ⟨zu ↑Trapez u. *gr.* hédra „Fläche, Basis"⟩: Körper, der von gleichschenkeligen Trapezen begrenzt wird (Math.). **Tra|pe|zo|id** *das;* -[e]s, -e ⟨zu *gr.* trapezoeidés „trapezförmig", eigtl. „in Gestalt eines Tisches"⟩: Viereck ohne zueinander parallele Seiten (Math.).
Tra|pier [trap'je:] vgl. Drapier
Trapp *der;* -[e]s, -e ⟨aus gleichbed. *schwed.* trapp zu trappa „Treppe"⟩: großflächig in mehreren treppenartig verschobenen Lagen übereinanderliegender Basalt (Geol.)
Trap|per *der;* -s, - ⟨aus gleichbed. *engl.* trapper, eigtl. „Fallensteller" zu trap, vgl. Trap⟩: Pelztierjäger in Nordamerika
Trap|pist *der;* -en, -en ⟨aus gleichbed. *fr.* trappiste, nach der Abtei La Trappe in der Normandie⟩: Angehöriger des 1664 gegründeten Ordens der reformierten Zisterzienser (mit Schweigegelübde); Abk.: O.C.R.; OCR; O.C.S.O.; OCSO. **Trap|pi|stin** *die;* -, -nen: Angehörige des weiblichen Zweigs (seit 1689) der ↑Trappisten
¹**Traps** *der;* -[e]s, -e ⟨aus gleichbed. *engl.* trap, Plur. traps, eigtl. „Klappe, Falle", weitere Herkunft unsicher⟩: [Schraube am] Geruchsverschluß eines Waschbeckens, Ausgusses o. ä. ²**Traps** [auch træps]: Plur. von ↑Trap. **Trap|schie|ßen** ['trap...] *das;* -s ⟨zu *engl.* trap „Wurfmaschine", eigtl. „Klappe, Falle"; vgl. Trap⟩: Wettbewerb des Wurftauben-, Tontaubenschießens, bei dem die Schützen vor den Wurfmaschinen zwei Schüsse auf jede Taube abgeben dürfen (Sport); vgl. Skeetschießen
tra|sci|nan|do [traʃi...] ⟨*it.;* Gerundium von trascinare „schleppen"⟩: schleppend, zögernd (Vortragsanweisung; Mus.). **Tra|sci|nan|do** *das;* -s, Plur. -s u. ...di: schleppendes, zögerndes Spiel (Mus.)
Tras|sant *der;* -en, -en ⟨aus gleichbed. *it.* trassente zu trarre, vgl. Tratte⟩: Aussteller eines gezogenen Wechsels (Wirtsch.). **Tras|sat** *der;* -en, -en ⟨aus gleichbed. *it.* trassato zu tratta, vgl. Tratte⟩: ↑Akzeptant eines Wechsels, Bezogener (Wirtsch.). **Tras|see** *das;* -s, -s ⟨aus gleichbed. *fr.* tracé zu tracer, vgl. ¹trassieren⟩ (schweiz.) 1. Trasse (im Gelände abgesteckte Linie für neue Verkehrswege). 2. Bahnkörper, Bahn-, Straßendamm. ¹**tras|sie|ren** ⟨aus *fr.* tracer „vorzeichnen, entwerfen", dies über das Vulgärlat. zu *lat.* tractus, Part. Perf. von trahere „ziehen"⟩: eine Trasse zeichnen, berechnen, im Gelände abstecken. ²**tras|sie|ren** ⟨zu *it.* trassi (vgl. Trassant) u. ↑...ieren⟩: 1. einen Wechsel auf jmdn. ziehen oder ausstellen (Wirtsch.). 2. mit Fäden in der Farbe der Stickerei vorspannen (Gobelinstickerei). **Tras|so|lo|ge** *der;* -en, -en ⟨zu Trasse (aus *fr.* trace „Spur") u. ↑...loge⟩: Fachmann auf dem Gebiet der Trassologie. **Tras|so|lo|gie** *die;* - ⟨zu ↑...logie⟩: kriminalistische Spurenkunde. **tras|so|lo|gisch** ⟨zu ↑...logisch⟩: spurenkundlich, die Trassologie betreffend. **trä|ta|bel** ⟨aus gleichbed. *fr.* traitable zu traiter, vgl. trätieren⟩: (veraltet) leicht zu behandeln, fügsam, umgänglich, nachgebend. **Trä|teur** [...'tø:ɐ̯] *der;* -s, -e ⟨aus gleichbed. *fr.* traiteur⟩: (veraltet) Speisewirt. **trä|tie|ren** ⟨aus gleichbed. *fr.* traiter, dies aus *lat.* tractare⟩: behandeln; vgl. maltrātieren. **Trat|te** *die;* -, -n ⟨aus gleichbed. *it.* tratta, eigtl. „die Gezogene", Part. Perf. von trarre „ziehen", dies aus *lat.* trahere⟩: gezogener Wechsel (Wirtsch.). **Trat|to|ria** *die;* -, ...ien ⟨aus gleichbed. *it.* trattoria zu trattore „Gastwirt", dies zu trattare „verpflegen, beköstigen" aus *lat.* tractare, vgl. traktieren⟩: einfaches Speiselokal [in Italien]
Trau|lis|mus *der;* - ⟨zu *gr.* traulós „stammelnd, stotternd" u.

↑...ismus (3)⟩: Sprachstörung mit Stammeln, bes. mit schnarrender Aussprache der Konsonanten *r* u. *k* (Med.)
Trau|ma *das;* -s, Plur. ...men u. -ta ⟨aus *gr.* traũma, Gen. traúmatos „Wunde"⟩: 1. seelischer Schock, starke seelische Erschütterung, die einen Komplex (4) bewirken kann (Psychol., Med.). 2. Wunde, Verletzung durch äußere Gewalteinwirkung (Med.). **trau|mat...**, **Trau|mat...** vgl. traumato..., Traumato... **Trau|ma|ta:** Plur. von ↑Trauma.
Trau|ma|tin *das;* -s ⟨zu ↑...in (1)⟩: aus verwundeten Pflanzenteilen isolierter Stoff, der verstärkte Zellteilung hervorruft. **trau|ma|tisch** ⟨über *spätlat.* traumaticus aus *gr.* traumatikós „zur Wunde gehörend"⟩: 1. das Trauma (1) betreffend, auf ihm beruhend, durch es entstanden (Psychol., Med.); Ggs. ↑idiopathisch. 2. durch Gewalteinwirkung verletzt (Med.). **Trau|ma|ti|zin** *das;* -s ⟨Kunstw. zu *spätlat.* traumaticum „Wundarznei" u. ↑...in (1)⟩: Guttaperchalösung (zum Verschließen kleiner Wunden; Med.). **trau|mato...**, **Trau|ma|to...**, vor Vokalen meist traumat..., Traumat... ⟨zu *gr.* traũma, Gen. traúmatos, vgl. Trauma⟩: Wortbildungselement mit der Bedeutung „Wunde, Verletzung; Wundbehandlung", z. B. Traumatologie, Traumatin. **Trau|ma|to|cho|ris|mus** [...k...] *der;* -, ...men: Abstoßung von bestimmten Organen als Folge einer Verwundung (Bot.). **Trau|ma|to|di|ne|se** *die;* -, -n: bei der Verletzung einer Pflanzenzelle auftretende, sich beschleunigende Plasmaströmung (Biol.). **Trau|ma|to|lo|ge** *der;* -n, -n ⟨zu ↑...loge⟩: Arzt mit Spezialkenntnissen auf dem Gebiet der Wundbehandlung. **Trau|ma|to|lo|gie** *die;* - ⟨zu ↑...logie⟩: Wissenschaft u. Lehre von der Wundbehandlung u. -versorgung; Unfallmedizin. **Trau|ma|to|na|stie** *die;* -, ...ien: Auslösung von ungerichteten Bewegungen durch eine Verletzung (Bot.). **Trau|ma|to|pnoe** *die;* - ⟨zu *gr.* pnoḗ „Atem"⟩: traumatisch bedingte Atemstörung mit teilweiser ↑Asphyxie (bei Brustkorbverletzungen mit Öffnung des Pleuraraumes; Med.). **Trau|ma|to|ta|xis** *die;* -, ...xen ⟨zu ↑²Taxis⟩: aktive, gerichtete Bewegung als Folge einer Verletzung (Bot.). **Trau|ma|to|tro|pis|mus** *der;* -, ...men: gerichtete Wachstumsbewegung infolge einer Verletzung (Bot.). **Trau|men:** Plur. von ↑Trauma
Trau|to|ni|um Ⓦ *das;* -s, ...ien [...jən] ⟨unter Anlehnung an ↑Harmonium nach dem Erfinder F. Trautwein (1889 bis 1956)⟩: elektroakustisches Musikinstrument mit Lautsprechern u. kleinem Spieltisch, auf dem an Stelle der Klaviatur Drähte gespannt sind, die durch Schließung eines Stromkreises Töne, Zwischen- u. Obertöne anderer Instrumente hervorbringen können
Tra|vée [...'ve:] *die;* -, -n [...'ve:ən] ⟨aus gleichbed. *fr.* travée, dies aus *lat.* trab(e)s „Balken"⟩: Joch, Gewölbeeinheit (z. B. der Teil zwischen zwei Gurtbögen; Archit.)
Tra|vel|ler ['trɛvələ] *der;* -s, -[s] ⟨aus *engl.* traveller zu to travel „sich bewegen"⟩: 1. (Plur. -s) Reisender. 2. (Seemannsspr.) auf einem Stahlbügel od. einer Schiene gleitende Vorrichtung, durch die der Schot des Großsegels gezogen wird. **Tra|vel|ler|scheck** *der;* -s, -s ⟨nach *engl.* traveller's cheque⟩: Reisescheck
tra|vers [...'vɛrs] ⟨zu *fr.* en travers „quer", dies aus *lat.* transversus „querliegend, schief"⟩: quergestreift (Mode).
Tra|vers [...'vɛːɐ] *der;* -: Seitengang des Pferdes, das in die Richtung der Bewegung gestellt ist u. so weit von den inneren Reiterschenkel gebogen ist, daß die Vorhand auf dem Hufschlag geht u. die Hinterhand einen halben Schritt vom Hufschlag des äußeren Vorderbeins entfernt ist (Dressurreiten); vgl. Renvers. **Tra|ver|sa|le** [...vɛr...] *die;* -, -n ⟨zu *fr.* traversale, Fem. von traversal „quer durchlaufend"⟩: Schrägverschiebung des Pferdes auf zwei Hufschlägen, bei der das Pferd so in eine Längsbiegung gestellt ist, daß es sich fast parallel zur Viereckseite (der Reitbahn) seitlich verschiebt (Dressurreiten). **Tra|ver|se** *die;* -, -n ⟨aus *fr.* traverse „Querbalken" zu *lat.* transversus, vgl. travers⟩: 1. Querbalken, -träger (Archit., Techn.). 2. Querverbinder zweier fester od. parallel beweglicher Maschinenteile (Techn.). 3. zu einem Leitwerk senkrecht zur Strömung in den Fluß gezogener Querbau, der die Verlandung der Zwischenflächen beschleunigt (Wasserbau). 4. (veraltet) Schulterwehr (Mil.). 5. seitliche Ausweichbewegung (Fechten). 6. Querungsstelle an Hängen od. Wänden, Quergang (Bergsteigen). **Tra|vers|flö|te** *die;* -, -n: Querflöte. **tra|ver|sie|ren** ⟨aus *fr.* traverser „durchqueren", dies über das Vulgärlat. aus *spätlat.* transvertere „umwenden"⟩: 1. (veraltet) a) quer durchqueren; b) durchkreuzen, hindern. 2. eine Reitbahn in der Diagonale durchreiten (Dressurreiten). 3. durch Seitwärtstreten dem Hieb od. Stoß des Gegners ausweichen (Fechten). 4. horizontal an einem Abhang entlanggehen od. -klettern (Bergsteigen)
Tra|ver|tin [...v...] *der;* -s, -e ⟨aus gleichbed. *it.* travertino, älter *it.* tiburtino, dies aus *lat.* lapis Tiburtinus „Stein aus Tibur (heute Tivoli bei Rom)"⟩: leicht zu bearbeitender, mineralischer Kalkabsatz bei Quellen u. Bächen
Tra|ve|stie [...v...] *die;* -, ...ien ⟨aus gleichbed. *engl.* travesty, eigtl. „Umkleidung", dies zu *fr.* travesti „verkleidet", eigtl. Part. Perf. von (se) travestir, vgl. travestieren⟩: 1. komischsatirische Umbildung ernster Dichtung, wobei der Inhalt in unpassender, lächerlicher Form dargeboten wird; vgl. Parodie (1). 2. (ohne Plur.) Gesamtheit dessen, was mit der Travestieshow, der weiblichen Kostümierung von Männern zusammenhängt. **tra|ve|stie|ren** ⟨aus gleichbed. *fr.* (se) travestir, eigtl. „(sich) verkleiden", dies aus *it.* travestire (zu ↑trans-. u. *lat.* vestire „bekleiden")⟩: 1. in Form einer Travestie darbieten. 2. ins Lächerliche ziehen. **Tra|ve|stie|show** [...ʃoʊ] *die;* -, -s: Darbietung, bei der überwiegend Männer in weiblicher Kostümierung auftreten u. meist weibliche Stars imitieren
Tra|vois [...'voa] *das;* - [...'voa(s)], - [...'voas] ⟨aus gleichbed. *frankokanad.* travois, dies aus dem Indian.⟩: Transportmittel der nordamerik. Indianer aus zwei an ein Pferd od. einen Hund gebundenen Stangen
Trawl [trɔːl] *das;* -s, -s ⟨aus gleichbed. *engl.* trawl⟩: Grundschleppnetz, das von Fischereifahrzeugen verwendet wird. **Traw|ler** ['trɔːlə] *der;* -s, - ⟨aus gleichbed. *engl.* trawler⟩: mit dem Grundschleppnetz arbeitendes Fang- u. Verarbeitungsschiff
Trax *der;* -es, -e ⟨Kurzw. zu *amerik.* Traxcavator Ⓦ, dies aus *Trax* (Name des Erfinders) u. *engl.* excavator „Bagger", eigtl. „Ausgraber"⟩: (schweiz.) Bagger, Schaufellader
Trea|su|ry ['trɛʒəri] *das;* -s ⟨aus *engl.* treasury „Schatzkammer" zu treasure „Schatz", dies aus *(alt)fr.* trésor, vgl. Tresor⟩: das brit. Finanzministerium
Treat|ment ['triːtmənt] *das;* -s, -s ⟨aus gleichbed. *engl.* treatment, eigtl. „Behandlung", zu to treat „behandeln"⟩: erste schriftliche Fixierung des Handlungsablaufs, der Schauplätze u. der Charaktere der Personen eines Films als eine Art Vorstufe des Drehbuchs (Film, Fernsehen)
Tre|ble [trɛbl] *das;* -s, -s ⟨aus *engl.* treble „Diskant, hoher Ton"⟩: Klangfarbregler im Hochtonbereich (in elektroakustischen Geräten; Techn.)
Tre|cen|tist [tretʃɛn...] *der;* -en, -en ⟨aus gleichbed. *it.* trecentista zu trecento, vgl. Trecento⟩: Künstler des Trecentos. **Tre|cen|to** *das;* -[s] ⟨aus gleichbed. *it.* trecento, eigtl.

Tredezime

„dreihundert", kurz für 1300 (= 14. Jh.), dies zu *lat.* tres „drei" u. centum „hundert"⟩: ital. Kunststil des 14. Jh.s

Tre|de|zime *die;* -, -n ⟨aus *mlat.* tredecima (vox) „dreizehnter (Ton)"⟩: a) dreizehnter Ton einer ↑ diatonischen Tonleiter vom Grundton an; b) ↑ Intervall (2) im Abstand von 13 ↑ diatonischen Tonstufen (Mus.)

trei|fe ⟨aus gleichbed. *jidd.* trejf, dies aus *hebr.* ṭaref⟩: unrein, verboten (von Speisen); Ggs. ↑ koscher

Treil|le ['trɛːjə, fr. trɛj] *die;* -, -n [...jən] ⟨aus *(alt)fr.* treille „Weingeländer, -laube", dies aus *spätlat.* trichila „(Sommer)laube aus Stengeln od. Blattwerk"⟩: Gitterwerk, [Treppen]geländer; vgl. Traille, Tralje

Trek|king *das;* -s, -s ⟨aus *engl.* trekking „das Wandern, Trekken" zu to trek „eine (mühsame) Reise machen", dies aus *afrikaans* trekken (aus dem Niederl.)⟩: 1. [von einem Reiseunternehmen organisierte] mehrtägige Wanderung in einer kleineren Gruppe mit Führer durch oft unwegsames Gebiet im Hochgebirge. 2. das Radfahren im Gelände [mit einem Trekkingrad]. **Trek|king|rad** *das;* -[e]s, ...räder: Tourenrad für Geländefahrten (mit einer dem ↑ Mountainbike ähnlichen Gangschaltung).

Trel|lon ⓌⓇ *das;* -s ⟨Kunstw.; vgl. ³...on⟩: sehr widerstandsfähige Kunstfaser

Tre|ma *das;* -s, Plur. -s u. -ta ⟨aus *gr.* trêma, Gen. trêmatos „die Punkte, Löcher des Würfels", eigtl. „Öffnung, Durchbohrtes"⟩: 1. ↑ diakritisches Zeichen in Form von zwei Punkten über einem von zwei getrennt auszusprechenden Vokalen (z. B. franz. naïf); vgl. Diärese (1). 2. Lücke zwischen den mittleren Schneidezähnen (Med.)

Tre|ma|doc [trɪ'mædək] u. **Tre|ma|do|ci|um** [trema-'doːtsiʊm] *das;* -s ⟨nach der Ortschaft Tremadoc in Wales (u. zu ↑ ...ium)⟩: unterste Stufe des ↑ Ordoviziums (Geol.)

Tre|ma|ta: Plur. von ↑ Trema. **Tre|ma|to|de** *die;* -, -n (meist Plur.) ⟨zu ↑ Trema u. ↑²...ode⟩: Saugwurm, zu den Plattwürmern gehörender Parasit, der sich mit Saugnäpfen u. Hafthaken am Wirt festheftet (Zool.)

trem|blie|ren [trãˈbliː...] ⟨aus *fr.* trembler „zittern", dies aus *vulgärlat.* *tremulare, vgl. tremolieren⟩: eine gewellte Linie gravieren, wobei der Gravurstichel abwechselnd zur einen u. zur anderen Seite gekantet wird. **Tre|mo|graph** [tre...] *der;* -en, -en ⟨zu ↑ Tremor u. ↑ ...graph⟩: Instrument zur Messung der Zitterbewegungen (z. B. bei Aufregung, Angst; Med., Psychol.). **tre|mo|lan|do** ⟨*it.;* Gerundium zu tremolare, vgl. tremolieren⟩: zitternd, bebend, mit Tremolo (1) auszuführen; Abk.: trem. (Vortragsanweisung; Mus.). **Tre|mo|li:** Plur. von ↑ Tremolo. **tre|mo|lie|ren** u. tremulieren ⟨aus gleichbed. *it.* tremolare, eigtl. „zittern, beben", dies aus *vulgärlat.* *tremulare zu *lat.* tremulus, vgl. Tremolo⟩: 1. mit einem Tremolo (1) ausführen, vortragen, spielen (Mus.). 2. mit einem Tremolo (2) singen (Mus.)

Tre|mo|lit [auch ...'lɪt] *der;* -s, -e ⟨nach dem Val Tremola in der Südschweiz u. zu ↑²...it⟩: ein weißes, graues od. grünes, glasglänzendes Mineral

Tre|mo|lo *das;* -s, Plur. -s u. ...li ⟨aus gleichbed. *it.* tremolo, dies zu *lat.* tremulus „zitternd" zu tremere „zittern, beben"⟩: 1. bei Tasten-, Streich- od. Blasinstrumenten in verschiedener Weise erzeugte Bebung; rasche, in kurzen Abständen erfolgende Wiederholung eines Tones od. Intervalls (Mus.). 2. [fehlerhafte] bebende Tonführung beim Gesang (Mus.). **Tre|mor** *der;* -s, ...ores [...reːs] ⟨aus *lat.* tremor „das Zittern"⟩: Muskelzittern, rhythmische Zuckungen einzelner Körperteile (z. B. der Lippen; Med.). **Tremu|lant** *der;* -en, -en ⟨zu *vulgärlat.* tremulans, Gen. tremulantis, Part. Präs. von *tremulare, vgl. tremolieren⟩: Vorrichtung an der Orgel, die den Ton einzelner Register zu einem vibratoähnlichen Schwanken der Lautstärke bringt. **tre|mu|lie|ren** vgl. tremolieren

Trench|coat ['trɛntʃkoʊt] *der;* -[s], -s ⟨aus gleichbed. *engl.* trench coat, eigtl. „Schützengrabenmantel", zu trench „(Schützen)graben" u. coat „Mantel"⟩: zweireihiger [Regen]mantel mit Schulterklappen u. Gürtel

Trend *der;* -s, -s ⟨aus gleichbed. *engl.* trend zu to trend „in einer bestimmten Richtung verlaufen"⟩: Grundrichtung einer [statistisch erfaßbaren] Entwicklung, [wirtschaftliche] Entwicklungstendenz. **Trend|ana|ly|se** *die;* -, -n: repräsentative Umfrage, die in regelmäßigen Abständen durchgeführt wird, um innerhalb bestimmter Bevölkerungsschichten Trends hinsichtlich ihrer Verhaltensweisen, Kenntnisse u. Interessen festzustellen. **Trend|mel|dung** *die;* -, -en: [durch Funk u. Fernsehen verbreitete] Meldung, die einen Trend bes. bei gerade abgeschlossenen Wahlen anzeigt. **Trend|set|ter** *der;* -s, - ⟨aus gleichbed. *engl.* trend-setter, zu setter „jmd., der Akzente setzt; Anstifter", dies zu to set „setzen, stellen"⟩: a) jmd., der (weil man ihn als maßgebend ansieht o. ä.) etwas Bestimmtes in Mode bringt, der einen Trend auslöst; b) Produkt, das auf dem Markt einen Trend auslöst

Trente-et-qua|rante [trãtekaˈrãːt] *das;* - ⟨aus gleichbed. *fr.* trente-et-quarante, eigtl. „dreißig und vierzig"⟩: ein Kartenglücksspiel. **Trente-et-un** [trãtˈɶ] *das;* - ⟨zu *fr.* trente-et-un „einunddreißig"⟩: ein Kartenglücksspiel

Tre|pak *der;* -s, -s ⟨aus *russ.* trepak „Bauerntanz, bei dem mit den Füßen gestampft u. gestrampelt wird" zu trepat' „stampfen"⟩: ukrainischer schneller Männertanz im ³/₄-Takt, für den die in der Hocke ausgeführten Schritte u. Spagatsprünge typisch sind

Tre|pan *der;* -s, -e ⟨aus gleichbed. *fr.* trépan, dies über *mlat.* trepanum aus *gr.* trýpanon „Drillbohrer" zu trypãn „(durch)bohren"⟩: Bohrgerät zur Durchbohrung der knöchernen Schädeldecke (Med.). **Tre|pa|na|ti|on** *die;* -, -en ⟨zu ↑ ...ation⟩: operative Schädelöffnung mit dem Trepan (Med.)

Tre|pang *der;* -s, Plur. -e u. -s ⟨über *engl.* trepang aus gleichbed. *malai.* teripang⟩: getrocknete Seegurke (chines. Nahrungsmittel)

tre|pa|nie|ren ⟨nach gleichbed. *fr.* trépaner zu trépan, vgl. Trepan⟩: den Schädel mit dem ↑ Trepan aufbohren (Med.)

Tre|phi|ne *die;* -, -n ⟨aus gleichbed. *engl.* trephine, wohl zu *lat.* tres fines „drei Enden"⟩: kleine Ringsäge zur Entnahme kleiner Gewebsteilchen (z. B. aus Knochen od. der Hornhaut des Auges; Med.)

Tre|phon *der;* -s, -e (meist Plur.) ⟨zu *gr.* tréphein „ernähren" u. ↑²...on⟩: von den weißen Blutkörperchen gebildeter Wachstumsstoff für das Gewebe

Tres|ca [...ka] *die;* -, -s ⟨zu *it.* trescare „spielend umherhüpfen"⟩: mittelalterlicher Tanz, ein vermutlich von mehreren Paaren ausgeführter Reigen, der gesprungen u. mit großen Armbewegungen getanzt wurde

Tre|sor *der;* -s, -e ⟨aus gleichbed. *fr.* trésor, dies aus *lat.* thesaurus „Schatz(kammer)", vgl. Thesaurus⟩: Panzerschrank, Stahlkammer [einer Bank] zur Aufbewahrung von Wertgegenständen

tres|sie|ren ⟨aus gleichbed. *fr.* tresser zu tresse „Haarflechte"⟩: kurze Haare mit Fäden aneinanderknüpfen (Perückenmacherei)

très vite [trɛ'vit] ⟨*fr.*⟩: sehr schnell (Vortragsanweisung; Mus.)

Treu|ga Dei *die;* - - ⟨aus gleichbed. *mlat.* treuga Dei zu treuga „(Land)frieden" u. *lat.* deus, Gen. dei „Gott"⟩: im Mittelalter das Verbot einer Fehde an bestimmten Tagen (dessen Übertretung Exkommunikation u. Vermögensentzug zur Folge haben konnte)

Tre|vi|ra ® [...v...] *das;* - ⟨Kunstw.⟩: aus synthetischer Faser hergestelltes Gewebe; vgl. Diolen

Tre|vo|rit [...v..., auch ...'rıt] *der;* -s, -e ⟨nach dem engl. Bergbauinspektor T. G. Trevor u. zu ↑²...it⟩: zu den Ferritspinellen gehörendes Mineral

Tri *das;* - ⟨Kurzw. aus *Trichloräthylen*⟩: (Jargon) als Rauschmittel zum Schnüffeln verwendetes Trichloräthylen

tri..., Tri... ⟨aus gleichbed. *lat.* tri- (zu tres, tria „drei") bzw. *gr.* tri- (zu treîs, tría „drei")⟩: Wortbildungselement mit der Bedeutung „drei, dreiteilig", z. B. triangulär, Trilogie

Tri|ac ['tri:ak] *der;* -s, -s ⟨Kurzw. aus *engl.* triode alternating current switch „Drei-Elektroden-Wechselstromschalter"⟩: Halbleitergleichrichter, der im Gegensatz zum ↑Thyristor in beiden Richtungen einen Stromdurchlaß ermöglicht

Tria|de *die;* -, -n ⟨aus gleichbed. *spätlat.* trias, Gen. triados, dies aus *gr.* triás zu tría, Neutrum von treîs „drei"⟩: 1. Gruppe von drei Göttern (z. B. Vater, Mutter, Sohn; Rel.). 2. die Dreiheit aus ↑Strophe (1), ↑Antistrophe u. ↑Epode (2) als Kompositionsform bes. in der altgriech. Tragödie. 3. ursprünglich gebildete Gruppe aus drei chem. verwandten Grundstoffen bei den Versuchen der Aufstellung eines natürlichen Systems der Elemente. **Tria|den:** Plur. von ↑Triade u. ↑Trias. **tria|disch:** die Triade bzw. Trias (2, 3) betreffend

Tria|ge [tri'a:ʒǝ] *die;* -, -n ⟨aus gleichbed. *fr.* triage, eigtl. „das Auslesen", zu trier, vgl. Trieur⟩: 1. Ausschuß (bei Kaffeebohnen). 2. das Einteilen der Verletzten (bei einem Katastrophenfall) nach der Schwere ihrer Verletzungen (Med.)

Tria|kis|do|de|ka|eder *das;* -s, - ⟨zu *gr.* triákis „dreimal" u. ↑Dodekaeder⟩: Körper, der von 36 Flächen begrenzt wird (Math.). **Tria|kis|ok|ta|eder** *das;* -s, -: Pyramidenoktaeder (Körper aus 24 Flächen mit einer aufgesetzten Pyramide je Oktaederfläche). **Tria|kis|te|tra|eder** *das;* -s, -: Kristallform, bei der zwölf gleichschenklige Dreiecke flache, dreiseitige Pyramiden über den Flächen eines Tetraeders bilden

¹Tri|al *der;* -s, -e ⟨zu ↑tri... u. ↑¹...al (2), Analogiebildung zu ↑Dual⟩: Numerus, der die Dreizahl ausdrückt (Sprachw.)

²Tri|al ['traıǝl] *das;* -s, -s ⟨aus gleichbed. *engl.* trial, eigtl. „Probe, Versuch"⟩: fahrtechnische Geschicklichkeitsprüfung für Motorradfahrer. **Tri|al-and-er|ror-Me|tho|de** ['traıǝl-ǝnd'ɛrǝ...] *die;* - ⟨zu *engl.* trial and error, eigtl. „Versuch und Irrtum"⟩: Lernverfahren, das davon ausgeht, daß Fehler zum Lernprozeß gehören, Methode, den besten Weg zur Lösung eines Problems zu finden, indem verschiedene Möglichkeiten ausprobiert werden, um Fehler[quellen] zu finden u. zu beseitigen

Tria|lis|mus *der;* - ⟨zu ↑¹Trial u. ↑...ismus (1), Analogiebildung zu ↑Dualismus⟩: 1. die früheren Bestrebungen in Österreich, die habsburgische Monarchie nicht mehr in Österreich u. Ungarn (Dualismus), sondern in drei Teile (die südslawischen Gebiete als selbständiges Reichsgebiet) zu gliedern. 2. philos. Lehre, nach der in der Welt das Dreiteilungsprinzip vorherrscht (z. B. Leib-Seele-Geist od. These-Antithese-Synthese bei Hegel). **Tria|list** *der;* -en, -en ⟨zu ↑...ist⟩: Anhänger des Trialismus. **tria|li|stisch** ⟨zu ↑...istisch⟩: 1. den Trialismus betreffend. 2. mit drei Nebenlösungen [in einem Abspiel] behaftet (Kunstschach)

Tri|an|gel *der,* auch *das;* -s, - ⟨aus *lat.* triangulum „Dreieck", vgl. Triangulum⟩: 1. Schlaginstrument in Form eines dreieckig gebogenen Stahlstabes, der, frei hängend u. mit einem Metallstäbchen angeschlagen, einen hellen, in der Tonhöhe nicht bestimmbaren Ton angibt. 2. (ugs.) Winkelriß in Kleidungsstücken. **Tri|an|gu|la:** Plur. von Triangulum. **tri|an|gu|lär** ⟨aus gleichbed. *spätlat.* triangularis; vgl. ...är⟩: dreieckig. **Tri|an|gu|la|ti|on** *die;* -, -en ⟨zu *mlat.* triangulare (vgl. triangulieren), u. ↑...ation⟩: 1. Festsetzung eines Netzes von Dreiecken zur Landvermessung (Geodäsie); vgl. ...[at]ion/...ierung. 2. geometrisches Hilfsmittel in Gestalt eines gleichseitigen Dreiecks zur Bestimmung u. Konstruktion von Maßverhältnissen eines Bauwerks od. seiner Teile. 3. bestimmte Veredelungsart bei Gehölzen. **Tri|an|gu|la|ti|ons|punkt** *der;* -[e]s, -e: durch Triangulation (1) bestimmter u. im Gelände durch besondere Marken gekennzeichneter Punkt; Abk.: TP (Geodäsie). **Tri|an|gu|la|tur** *die;* - ⟨zu *mlat.* triangulatus, Part. Perf. von triangulare (vgl. triangulieren), u. ↑...ur⟩: Konstruktionsschema, bei dem gleichseitige od. spitzwinklige Dreiecke als Maßgrundlage u. Gliederungshilfsmittel dienen (bes. in der got. Baukunst). **tri|an|gu|lie|ren** ⟨aus *mlat.* triangulare „dreieckig machen"⟩: mit Hilfe der Triangulation (1) vermessen (Geodäsie). **Tri|an|gu|lie|rung** *die;* -, -en ⟨zu ↑...ierung⟩: 1. svw. Triangulation (1); vgl. ...[at]ion/...ierung. 2. Fähigkeit des Vaters, sich liebend mit der Mutter zu identifizieren, so daß das Kind in die Lage gebracht wird, sich von einer allzu engen Bindung an die Mutter zu lösen (Psychol.). **Tri|an|gu|lum** *das;* -s, ...la ⟨aus gleichbed. *lat.* triangulum zu triangulus „dreieckig"⟩: Dreieck, dreieckige Fläche

Tri|ar|chie *die;* -, ...ien ⟨aus *gr.* triarchía „Dreiherrschaft"⟩: svw. Triumvirat

Tria|ri|er [...ıɐ] *der;* -s, - (meist Plur.) ⟨aus gleichbed. *lat.* triarius zu triarii (Plur.) „die Soldaten in der dritten Reihe (erprobte Kämpfer, die einzugreifen hatten, wenn das erste und das zweite Glied begann, Schwäche zu zeigen)"⟩: altgedienter schwerbewaffneter Soldat im alten Rom, der in der dritten Schlachtreihe kämpfte. **Tri|as** *die;* -, Triaden ⟨aus *spätlat.* trias „Dreiheit", vgl. Triade; Bed. 1 nach der Dreiteilung in Untere, Mittlere u. Obere Trias⟩: 1. (ohne Plur.) erdgeschichtliche Formation des ↑Mesozoikums, die Buntsandstein, Muschelkalk u. Keuper umfaßt (Geol.). 2. Dreizahl, Dreiheit. 3. Gruppe von drei Symptomen, die eine bestimmte Krankheit charakterisieren (Med.). 4. svw. Triade (1). **tri|as|sisch:** die Trias (1) betreffend

Tri|ath|let *der;* -en, -en ⟨zu ↑tri... u. ↑Athlet⟩: jmd., der Triathlon betreibt. **Tri|ath|lon** *das;* -s, -s ⟨zu *gr.* âthlon „Kampf", Analogiebildung zu ↑Biathlon⟩: 1. an einem Tag zu absolvierender Mehrkampf aus Schwimmen, Radfahren u. Laufen. 2. Mehrkampf aus Skilanglauf, Schießen u. Riesenslalom

Tri|azi|ne *die* (Plur.) ⟨zu ↑tri... u. ↑Azine⟩: sechsgliedrige Verbindungen, die drei Stickstoffatome im Molekülring enthalten (Chem.). **Tri|azo|le** *die* (Plur.): fünfgliedrige Verbindungen, die drei Stickstoffatome im Molekülring enthalten (Chem.).

Tri|ba|de *die;* -, -n ⟨aus gleichbed. *lat.* tribas, Gen. tribadis, dies aus *gr.* tribás zu tríbein „reiben"⟩: (veraltet) lesbische Frau. **Tri|ba|die** *die;* - u. **Tri|ba|dis|mus** *der;* - ⟨zu ↑²...ie bzw. ↑...ismus (3)⟩: (veraltet) lesbische Liebe

Tri|ba|lis|mus *der;* - ⟨zu *nlat.* tribalis (dies zu *lat.* tribus, vgl. Tribus) u. ↑...ismus (2)⟩: Stammesbewußtsein, -zugehörigkeitsgefühl (bes. in Afrika). **tri|ba|li|stisch** ⟨zu ↑...istisch⟩: (veraltet) den Tribalismus betreffend, zu ihm gehörend, auf ihm beruhend

Tri|ba|si|lar|syn|os|to|se *die;* -, -n ⟨zu ↑tri..., ↑basilar u.

↑Synostose⟩: vorzeitige Verknöcherung der drei Schädelbasisknochen (Med.)
tri|bo..., Tribo... ⟨aus gr. tribḗ „das Reiben" zu tríbein „reiben"⟩: Wortbildungselement mit der Bedeutung „mit Reibung verbunden; Reibungs-", z. B. Tribochemie, Tribometer. **Tri|bo|che|mie** [auch 'tri:...] *die;* -: Zweig der physik. Chemie, der sich mit den chem. Veränderungen von Festkörpern unter Einwirkung mechanischer Energie (z. B. Reibung od. Stoß) befaßt. **Tri|bo|elek|tri|zi|tät** [auch 'tri:...] *die;* -: entgegengesetzte elektr. Auflading zweier verschiedener ↑Isolatoren, wenn sie aneinander gerieben werden. **Tri|bo|gal|va|nik** [...v..., auch 'tri:...] *die;* -: Verfahren des Abscheidens metallischer Schichten aus Metallsalzlösungen ohne äußere Stromquelle. **Tri|bo|lo|gie** *die;* - ⟨zu ↑...logie⟩: Wissenschaft von Reibung, Verschleiß u. Schmierung gegeneinander bewegter Körper. **tri|bo|lo|gisch** ⟨zu ↑...logisch⟩: die Tribologie betreffend. **Tri|bo|lu|mi|nes|zenz** [auch 'tri:...] *die;* -, -en: Lichterscheinung, die beim Zerbrechen mancher Stoffe od. während des Auskristallisierens auftritt (z. B. bei Quarzkristall). **Tri|bo|me|ter** *das;* -s, - ⟨zu ↑¹...meter⟩: Gerät zur Ermittlung des Reibungskoeffizienten (Techn.).
Tri|bon *der;* -s, -e ⟨aus gleichbed. *gr.* tríbōn⟩: kurzer [spartanischer] Mantelumhang aus grobem Wollstoff, der auf der Schulter mit einer Nadel zusammengehalten wurde
Tri|bo|tech|nik [auch 'tri:...] *die;* - ⟨zu ↑tribo... u. ↑Technik⟩: Teilgebiet der Technik, das sich mit den technischen Aspekten der Tribologie befaßt
Tri|bra|chys [...xys] *der;* -, - ⟨über *lat.* tribrachys aus gleichbed. *gr.* tríbrachys, eigtl. „dreifach kurz"⟩: antiker Versfuß aus drei Kürzen (◡◡◡)
Tri|bu|la|ti|on *die;* -, -en ⟨aus gleichbed. *spätlat.* tribulatio zu tribulare, vgl. tribulieren⟩: (veraltet) Drangsal, Quälerei. **tri|bu|lie|ren** ⟨aus gleichbed. *(spät)lat.* tribulare, eigtl. „pressen"⟩: (landsch.) quälen; [mit Bitten] plagen, durch ständiges Fragen in Atem halten
Tri|bun *der;* Gen. -s u. -en, Plur. -e[n] ⟨aus gleichbed. *lat.* tribunus zu tribus, vgl. Tribus⟩: 1. altröm. Volksführer. 2. zweithöchster Offizier einer altröm. Legion. **Tri|bu|nal** *das;* -s, -e ⟨über *fr.* tribunal „Richterstuhl, Gerichtshof" aus *lat.* tribunal „Hochsitz der Tribunen, Gerichtshof"⟩: 1. im Rom der Antike der erhöhte Platz, auf dem der Prätor Recht sprach. 2. [hoher] Gerichtshof. 3. Forum, das in einer öffentlichen Untersuchung gegen behauptete Rechtsverstöße von Staaten o. ä. protestiert; [Straf]gericht. **Tri|bu|nat** *das;* -[e]s, -e ⟨aus gleichbed. *lat.* tribunatus⟩: Amt, Würde eines Tribuns. **Tri|bü|ne** *die;* -, -n ⟨über gleichbed. *fr.* tribune aus *it.* tribuna „erhöhter Platz (in der Kirche)", dies aus *mlat.* tribuna „Rednerbühne" zu *lat.* tribunal, vgl. Tribunal⟩: 1. Rednerbühne. 2. a) erhöhtes Gerüst mit Sitzplätzen für Zuschauer; b) Gesamtheit der Zuschauer auf einem solchen Gerüst. **tri|bu|ni|zisch** ⟨aus gleichbed. *lat.* tribunicius⟩: einen Tribunen betreffend; -e Gewalt: Machtbefugnisse eines Tribuns. **Tri|bus** *die;* -, - [...bu:s] ⟨aus *lat.* tribus, eigtl. „einer der drei ältesten Stämme des antiken Roms"⟩: 1. Stadtviertel, Wahlbezirk im antiken Rom. 2. zwischen Gattung u. Familie stehende Kategorie der zoologischen u. botanischen Systematik. **Tri|but** *der;* -[e]s, -e ⟨aus gleichbed. *lat.* tributum, eigtl. „dem Tribus auferlegte Steuerleistung", substantiviertes Part. Perf. (Neutrum) von tribuere „zu-, einteilen" zu tribus, vgl. Tribus⟩: 1. im Rom der Antike die direkte Steuer. 2. a) Opfer, Beitrag; b) (früher) Geld- od. Sachleistung, die bes. ein besiegtes Volk dem Sieger zu erbringen hat. 3. schuldige Verehrung, Hochachtung, z. B. jmdm. - zollen. **tri|bu|tär** ⟨über *fr.* tributaire aus gleichbed. *lat.* tributarius⟩: (veraltet) steuer-, zinspflichtig
trich..., Trich... vgl. tricho..., Tricho... **Trich|al|gie** *die;* -, ...ien ⟨zu ↑tricho... u. ↑...algie⟩: Berührungsschmerz im Bereich der Kopfhaare (Med.). **Tri|chia|sis** *die;* -, ...asen ⟨aus gleichbed. *gr.* trichíasis zu thríx, Gen. trichós „Haar"⟩: angeborener od. erworbener Mißwuchs der Wimpern nach innen, so daß sie auf dem Augapfel reiben (Med.). **Tri|chi|ne** *die;* -, -n ⟨aus gleichbed. *engl.* trichina, eigtl. „Haarwurm", dies zu *gr.* tríchinos „aus Haaren bestehend"⟩: parasitischer Fadenwurm (Übertragung auf den Menschen durch infiziertes Fleisch). **tri|chi|nös** ⟨zu ↑...ös⟩: von Trichinen befallen. **Tri|chi|no|se** *die;* -, -n ⟨zu ↑¹...ose⟩: durch Trichinen verursachte Erkrankung (Med.). **Tri|chit** *der;* Gen. -s u. -en, Plur. -e[n] ⟨zu ↑tricho... u. ↑²...it⟩: Mikrolith (1) von haarförmiger Gestalt
Tri|chlor|äthen u. **Tri|chlor|äthy|len** [...klo:ɐ̯...] *das;* -s ⟨zu ↑tri..., ↑Chlor u. ↑Äthen bzw. Äthylen⟩: unbrennbares Lösungsmittel; Extraktions- u. Narkosemittel. **Tri|chlor|me|than** *das;* -s: svw. Chloroform
tri|cho..., Tricho..., vor Vokalen auch trich..., Trich... ⟨aus *gr.* thríx, Gen. trichós „Haar"⟩: Wortbildungselement mit der Bedeutung „Haar, Körperbehaarung; haarförmig dünnes u. langes Gebilde", z. B. Trichosporie, Trichalgie. **Tri|cho|be|zo|ar** *der;* -s, -e: ↑Bezoar aus Haaren. **Tri|cho|bo|thri|um** *das;* -s ⟨zu *gr.* bothríon „Grube"⟩: Becherhaar, Hörhaar bei Spinnen u. einigen Insekten, das reizempfindlich für Erschütterungen ist. **tri|cho|gen** ⟨zu ↑...gen⟩: an der Bildung von Haaren beteiligt (Biol.). **Tri|cho|gramm** *das;* -s, -e ⟨zu ↑...gramm⟩: Aufzeichnung aller am Kopfhaar festgestellten Befunde (Med.). **Tri|cho|kla|sie** *die;* -, ...ien ⟨zu *gr.* klásis „das Zerbrechen" u. ↑²...ie⟩: extreme Brüchigkeit der Haare (Med.). **Tri|cho|lo|gie** *die;* - ⟨zu ↑...logie⟩: (veraltet) Lehre vom Haar. **Tri|chom** *das;* -s, -e ⟨nach *gr.* tríchōma „Behaarung"⟩: 1. durch starke Verlausung bedingte Verfilzung der Haare (Med., Biol.). 2. Pflanzenhaar (Bot.). **Tri|cho|mo|na|den** Plur von ↑Trichomonas. **Tri|cho|mo|na|den|in|fek|ti|on** *die;* -, -en: durch Trichomonas verursachte Harnröhrenentzündung (Med.). **Tri|cho|mo|nas** *die;* -, ...naden (meist Plur.) ⟨zu ↑tricho... u. *gr.* monás, Gen. monádos, vgl. Monade⟩: Gattung begeißelter Kleinlebewesen, die im Darm u. in der Scheide leben u. dort Krankheiten hervorrufen können (Med.). **Tri|cho|mo|nia|se** *die;* -, -n ⟨aus *nlat.* trichomoniasis; vgl. ...iasis⟩: Erkrankung durch Trichomonaden. **Tri|cho|my|ko|se** *die;* -, -n: durch niedere Pilze hervorgerufene Erkrankung der Haare (Med.). **Tri|cho|no|do|se** *die;* -, -n ⟨zu *nlat.* nodus „Knoten" u. ↑¹...ose⟩: spontanes Auftreten von Knoten u. Schlingen im Haar (Med.). **Tri|cho|phy|tie** *die;* -, ...ien ⟨zu ↑Trichophyton u. ↑²...ie⟩: Scherpilzflechte der Haut, Haare, Nägel (Med.). **Tri|cho|phy|ton** *das;* -s, ...ta ⟨zu ↑tricho... u. *gr.* phytón „Gewächs, Pflanze"⟩: Fadenpilz, der die Haut, die Haare u. die Nägel befällt (Med., Biol.). **Tri|cho|phy|to|se** *die;* -, -n ⟨zu ↑¹...ose⟩: aus einer Trichophytie hervorgehende Allgemeininfektion des Körpers (Med.). **Tri|cho|pti|lo|se** *die;* -, -n ⟨zu *gr.* ptílōsis „Befiederung"⟩: krankhafte Brüchigkeit der Haare mit Aufspaltung in Längsrichtung (Med.). **Tri|cho|se** *die;* -, -n ⟨zu ↑tricho... u. ↑¹...ose⟩: Anomalie der Behaarung (Med.). **Tri|cho|spo|rie** *die;* -, ...ien ⟨zu *gr.* spóros „das Säen, Saat; Samen" u. ↑²...ie⟩: eine Pilzkrankheit der Haare (Med.). **Tri|cho|til|lo|ma|nie** *die;* -, ...ien ⟨zu *gr.* tíllein „rupfen, zupfen" u. ↑...manie⟩: krankhafte Sucht, sich Kopf- u. Barthaare auszureißen (Med.). **¹Tri|cho|to|mie** *die;* -, ...ien ⟨zu ↑...tomie⟩: (veraltet) Haarspalterei

²Tri|cho|to|mie *die;* - ⟨aus *spätgr.* trichotomía „Dreiteilung" zu trícha „dreifach" u. tomḗ „Schnitt"⟩: 1. Anschauung von der Dreiteilung des Menschen in Leib, Seele u. Geist (Rel.). 2. Einteilung der Straftaten nach ihrer Schwere in Übertretungen, Vergehen u. Verbrechen (Rechtsw.). 3. svw. Trialismus (2). **tri|cho|to|misch:** auf Trichotomie beruhend, dreigeteilt

Tri|cho|ze|pha|lus *der;* -, Plur. ...li u. ...phạlen ⟨aus *nlat.* trichocephalus zu ↑tricho... u. *gr.* kephalḗ „Kopf"⟩: Peitschenwurm (Biol.)

Tri|chro|ma|sie [...kro...] *die;* - ⟨zu ↑tri..., *gr.* chrõma „Farbe" u. ↑²...ie⟩: normale Sehtüchtigkeit mit Erkennung der drei Grundfarben Rot, Grün u. Blau (Med.)

Trich|uria|sis *die;* - ⟨zu ↑Trichuris u. ↑...iasis⟩: eine Wurmerkrankung des Menschen (Med.). Trich|uris *die;* - ⟨aus *nlat.* trichuris zu ↑tricho... u. *gr.* ourá „Schwanz"⟩: Gattung der Fadenwürmer (Biol.)

Tri|ci|ni|um [...ts...] *das;* -s, Plur. ...ia u. ...ien [...i̯ən] ⟨aus *spätlat.* tricinium „Dreigesang"⟩: dreistimmiger, meist kontrapunktischer Satz für Singstimmen (Mus.)

Trick|ster *der;* -s, - ⟨aus *engl.* trickster, eigtl. „der Listenreiche", zu trick „Kunstgriff, List", dies aus *altfr.* trique, triche zu trichier „betrügen", dies wohl über das Vulgärlat. aus *lat.* tricari „Winkelzüge machen"⟩: mythisches Wesen von zwiespältigem, widerspruchsvollem Charakter, das in Volkserzählungen vor allem als lügen- u. listenreicher Geist erscheint. **tricky¹** ⟨aus gleichbed. *engl.* tricky⟩: (ugs.) trickreich

tri|cy|clisch [...'tsy:k..., auch ...'tsyk...] vgl. trizyklisch

Tri|dẹnt *der;* -[e]s, -e ⟨aus gleichbed. *lat.* tridens, Gen. tridentis, eigtl. „drei Zähne habend", zu ↑tri... u. *lat.* dens, Gen. dentis „Zahn"⟩: Dreizack (bes. als Waffe des griech.-röm. Meergottes)

tri|den|ti|nisch ⟨nach Tridentum, dem lat. Namen der Stadt Trient⟩: zu der Stadt Trient gehörend, von Trient herrührend

Tri|du|um *das;* -s, ...duen [...du̯ən] ⟨aus gleichbed. *lat.* triduum zu ↑tri... u. *lat.* dies „Tag"⟩: Zeitraum von drei Tagen (bes. für kath. kirchliche Veranstaltungen)

Tri|dy|mit [auch ...'mɪt] *der;* -s, -e ⟨aus *gr.* trídymos (unregelmäßige Bildung) zu ↑tri..., *gr.* dídymos „doppelt, zweifach" u. ↑²...it⟩: 1. durch hohe Temperatur rhombisch umkristallisiertes Mineral. 2. eine Modifikation von Siliciumoxyd

Tri|eder|bin|okel *das;* -s, - ⟨zu *fr.* trièdre „dreiflächig" u. ↑Binokel⟩: Doppelfernrohr

Tri|ẹn *das;* -s, -e (meist Plur.) ⟨zu ↑tri... u. ↑...en⟩: Sammelbez. für chem. Verbindungen, die drei Doppelbindungen im Molekül enthalten

tri|en|nal [triɛ...] ⟨aus *spätlat.* triennalis „dreijährig" zu ↑tri... u. *lat.* annus „Jahr"⟩: a) drei Jahre dauernd; b) alle drei Jahre [stattfindend]. Tri|en|na|le *die;* -, -n ⟨zu ↑...ale⟩: Veranstaltung im Turnus von drei Jahren. Tri|ẹn|ni|um *das;* -s, ...ien [...i̯ən] ⟨aus *lat.* triennium⟩: Zeitraum von drei Jahren

Trie|re *die;* -, -n ⟨über gleichbed. *lat.* trieris (navis) aus *gr.* triḗrēs zu ↑tri... u. erétēs „Ruderer"⟩: Dreiruderer (antikes Kriegsschiff mit drei übereinanderliegenden Ruderbänken)

Tri|ẹr|gon *das;* -s ⟨Kunstw.⟩: Aufnahme- u. Wiedergabeverfahren für Lichttonfilme

Tri|eur [tri'ø:ɐ̯] *der;* -s, -e ⟨aus *fr.* trieur „Sortierer" zu trier „sortieren, auswählen", wohl aus dem Gall.⟩: Maschine zum Trennen von Gemischen fast gleicher Körnungsgröße (z. B. bei der Getreidereinigung)

Tri|fle [traɪfl] *das;* -s, -s ⟨aus gleichbed. *engl.* trifle, eigtl. „Kleinigkeit"⟩: in England beliebte Süßspeise

Tri|fo|kal|glas *das;* -es, ...gläser (meist Plur.) ⟨zu ↑tri... u. ↑fokal⟩: Dreistärkenglas, Brillenglas für drei Entfernungen; vgl. Bifokalglas

Tri|fo|li|um *das;* -s, ...ien [...i̯ən] ⟨aus *lat.* trifolium, eigtl. „Dreiblatt"⟩: 1. Klee (Schmetterlingsblütler; Bot.). 2. drei Personen, die als zusammengehörig gelten, sich zusammengehörig fühlen; Kleeblatt

Tri|fo|ri|um *das;* -s, ...ien [...i̯ən] ⟨aus gleichbed. *mlat.* triforium zu ↑tri... u. *lat.* foris „Tür, Öffnung"⟩: in romanischen u. bes. in gotischen Kirchen unter den Chorfenstern vorgeblendete Wandgliederung, die später zu einem Laufgang ausgebildet wurde, der um Chor, Querhaus u. Langhaus führt u. dessen Bogenstellung sich zum Kirchenhaus öffnen (Archit.)

Tri|ga *die;* -, Plur. -s u. ...gen ⟨aus gleichbed. *lat.* triga zu triiugus „dreispännig" (zu ↑tri... u. iugum „Joch"⟩: Dreigespann

Tri|ge|mi|nus *der;* -, ...ni ⟨kurz für *nlat.* (nervus) trigeminus „dreifacher Nerv"⟩: im Mittelhirn entspringender 5. Hirnnerv, der sich in drei Hauptäste gabelt (Med.). Tri|ge|minus|neu|ral|gie *die;* -, ...ien [...i̯ən]: das Auftreten heftiger Schmerzanfälle im Bereich des Trigeminus (Med.)

Trig|ger *der;* -s, - ⟨aus gleichbed. *engl.* trigger, älter *engl.* tricker, dies aus *niederl.* trekker „Abzug, Drücker", eigtl. „Zieher", zu trekken „ziehen"⟩: a) elektron. Bauelement zum Auslösen eines [Schalt]vorgangs; b) einen Schaltvorgang auslösender Impuls (Elektrot.). **trig|gern:** (fachspr.) einen Schaltvorgang mit Hilfe eines Triggers auslösen

Trig|ger-point [...pɔɪnt] *der;* -s, -s ⟨zu *engl.* point „Punkt"⟩: umschriebene, tastbar verhärtete Stelle im Muskel- od. Unterhautzellengewebe, die auf Druck schmerzhaft reagiert (Med.)

Tri|glọt|te *die;* -, -n ⟨zu ↑tri... u. *gr.* glõtta „Sprache", Analogiebildung zu ↑²Polyglotte⟩: Werk, auch Wörterbuch in drei Sprachen

Tri|gly|ce|rid [...ts...] vgl. Triglyzerid

Tri|glyph *der;* -s, -e u. Tri|gly|phe *die;* -, -n ⟨über *lat.* triglyphus aus gleichbed. *gr.* tríglyphos, eigtl. „Dreischlitz"⟩: mit den ↑Metopen abwechselndes dreiteiliges Feld am Fries des dorischen Tempels

Tri|gly|ze|rid, chem. fachspr. Triglycerid [...ts...] *das;* -[e]s, -e (meist Plur.) ⟨zu ↑tri..., ↑Glyzerin u. ↑³...id⟩: zusammenfassende Bez. für die dreiwertigen Ester des Glyzerins, bes. als Bestandteile natürlicher Fette u. Öle

Tri|gon *das;* -s, -e ⟨über *lat.* trigonium aus gleichbed. *gr.* trígonon, eigtl. „Dreiwinkel", zu ↑tri... u. *gr.* gōnía „Winkel"⟩: Dreieck. **tri|go|nal** ⟨aus gleichbed. *spätlat.* trigonalis⟩: dreieckig. Tri|go|nal|zahl *die;* -, -en: Dreieckszahl. Tri|go|nẹl|lin *das;* -s ⟨zu Trigonella, dem wissenschaftlichen Gattungsnamen des Bockshornklees, in dessen Samen es zuerst nachgewiesen wurde, u. zu ↑...in (1)⟩: ein natürlich vorkommendes Nikotinsäurederivat, das vor allem in Pflanzensamen (Getreide, Kaffeebohnen) enthalten ist (Chem.). Tri|go|no|me|ter *der;* -s, - ⟨zu ↑Trigon u. ↑²...meter⟩: mit ↑Triangulation (1) beschäftigter Vermesser (Geodäsie). Tri|go|no|me|trie *die;* -, ...metrie): Dreiecksmessung; Zweig der Mathematik, der sich mit der Berechnung von Dreiecken unter Benutzung der trigonometrischen Funktionen befaßt (Math.). **tri|go|no|me|trisch** ⟨zu ↑...metrisch⟩: die Trigonometrie betreffend; -e Funktionen: zusammenfassende Bez. für die transzendenten Funktionen Sinus, Kosinus, Tangens, Kotangens, Sekans u. Kosekans (Math.). Tri|go|no|ze|pha|lus *der;* -, ...li ⟨aus

Trigraph

Tri|graph gleichbed. *nlat.* trigonocephalus zu *gr.* kephalḗ „Schädel"): Keilschädel, Schädel mit sehr schmalem Stirnbein u. sehr breitem Hinterhauptbein

Tri|graph *das* od. *der;* -s, -e[n] ⟨zu ↑ tri... u. ↑ Graphem⟩: Folge von drei Buchstaben, die einen Laut wiedergeben, z. B. *dt.* sch, gesprochen [ʃ] (Sprachw.)

Tri|gue|no [...ˈgeno] *der;* -s, -s ⟨zu *span.* trigueño „bräunlich, brünett"⟩: Abkömmling von Negern, Indianern u. Weißen (Völkerk.)

Tri|gy|re *die;* -, -n ⟨zu ↑ tri... u. ↑ Gyre⟩: Bez. für eine dreizahlige Drehachse (Kristallographie)

tri|he|me|ral ⟨zu *gr.* trihḗmeros „dreitägig" u. ↑¹...al (1)⟩: die ersten drei Lebenstage des Neugeborenen betreffend (Med.). **Tri|he|me|ron** *das;* -s ⟨zu ↑¹...on⟩: die ersten drei Lebenstage des Neugeborenen

Tri|jet [ˈtraɪdʒɛt] *der;* -[s], -s ⟨aus gleichbed. *engl.* tri-jet zu ↑ tri... u. ↑ ¹Jet⟩: Flugzeug mit drei Strahltriebwerken

Trike [traɪk] *das;* -s, -s ⟨aus *engl.* trike „Dreirad"⟩: motorradähnliches Fahrzeug mit drei Rädern, meist im Stil eines Easy-riders (a). **Tri|ker** [ˈtraɪkɐ] *der;* -s, - ⟨aus gleichbed. *engl.* triker⟩: Fahrer eines Trikes

Tri|ke|ri|on *das;* -s, ...ien [...jən] ⟨zu ↑ tri... u. *gr.* kēríon „Wachslicht"⟩: die Dreieinigkeit versinnbildlichender dreiarmiger Leuchter, Insignie des Bischofs in den Ostkirchen

tri|klin u. **tri|kli|nisch** ⟨zu ↑ tri... u. *gr.* klínein „neigen"⟩: auf drei verschieden große Achsen bezogen, die sich schiefwinklig schneiden (Kristallographie); vgl. ...isch/-. **Tri|kli|ni|um** *das;* -s, ...ien [...jən] ⟨aus gleichbed. *lat.* triclinium, dies aus *gr.* tríklinon „Tischlager mit drei Speisesofas für je zwei Personen" zu tríklinos „drei Tischlager umfassend" (zu ↑ tri... u. klínē „Lager")⟩: 1. an drei Seiten von Polstern für je drei Personen umgebener altröm. Eßtisch. 2. altröm. Speisezimmer

Tri|kol|li|ne *die;* - ⟨Kunstw.⟩: ripsartiger Oberhemdenstoff in Leinwandbindung (Webart)

Tri|ko|lon *das;* -s, Plur. -s ...la ⟨zu ↑ tri... u. ↑ Kolon⟩: aus drei Kola (vgl. Kolon 2) zusammengesetztes Satzgefüge (Rhet.)

tri|ko|lor ⟨aus gleichbed. *spätlat.* tricolor zu ↑ tri... u. *lat.* color „Farbe"⟩: dreifarbig. **Tri|ko|lo|re** *die;* -, -n ⟨aus gleichbed. *fr.* (drapeau) tricolore⟩: dreifarbige Fahne, bes. die franz. Nationalfahne

Tri|kom|po|si|tum *das;* -s, ...ta ⟨zu ↑ tri... u. ↑ Kompositum⟩: dreigliedrige Zusammensetzung (z. B. *Einzimmerwohnung*; Sprachw.)

¹Tri|kot [triˈkoː, auch ˈtrɪko] *der,* selten auch *das;* -s, -s ⟨aus gleichbed. *fr.* tricot zu tricoter „stricken"⟩: maschinengestricktes Gewebe. **²Tri|kot** *das;* -s, -s ⟨zu ↑ ¹Trikot⟩: a) meist enganliegendes, gewirktes, hemdartiges Kleidungsstück, das bes. beim Sport getragen wird; b) ²Trikot (a) in bes. festgelegter Farbe zur Kennzeichnung des Spitzenreiters bei Radrennen über mehrere Etappen. **Tri|ko|ta|ge** [...ˈtaːʒə] *die;* -, -n (meist Plur.) ⟨aus gleichbed. *fr.* tricotage zu tricot, vgl. ¹Trikot⟩: Wirkware. **Tri|ko|teuse** [...ˈtøːzə] *die;* -, -n ⟨aus gleichbed. *fr.* tricoteuse⟩: (veraltet) a) Strickerin; b) Strickmaschine; c) Strickzimmer. **tri|ko|tie|ren** ⟨aus *fr.* tricoter „stricken"⟩: (veraltet) mit ¹Trikot bekleiden. **Tri|ko|tine** [...ˈtiːn] *der;* -s, -s ⟨Kunstw.⟩: trikotartiger, gewebter Wollstoff

tri|kus|pe|dal ⟨aus gleichbed. *nlat.* tricuspedalis zu *lat.* tricuspis, Gen. tricuspidis „drei Spitzen habend"⟩: drei Spitzen aufweisend, dreizipflig (von Körperteilen; Med.). **Tri|ku|spi|dal|klap|pe** *die;* -, -n: dreizipflige Klappe zwischen rechtem Herzvorhof u. rechter Herzkammer (Anat.)

tri|la|te|ral ⟨zu *lat.* trilaterus „dreiseitig" u. ↑¹...al (1)⟩: dreiseitig, von drei Seiten ausgehend, drei Seiten betreffend. **Tri|la|te|ra|ti|on** *die;* - ⟨zu ↑...ation⟩: Verfahren zur Lagebestimmung von Festpunkten der Erdoberfläche durch ein Netz von Dreiecken

Tril|lem|ma *das;* -s, Plur. -s u. -ta ⟨zu ↑ tri... u. *gr.* lēmma „Annahme", Analogiebildung zu Dilemma⟩: die dreiteilige Annahme (Logik)

tril|lin|gu|isch [...ŋɡuɪʃ] ⟨zu ↑ tri... u. *lat.* lingua „Sprache"⟩: dreisprachig (bes. von [Stein]inschriften)

Tril|li|te|ris|mus ⟨zu ↑ tri..., *lat.* littera „Buchstabe" u. ↑...ismus (4)⟩: die überwiegend aus drei Konsonanten bestehende u. die Grundbedeutung angebende Wurzelstruktur der semit. Verben (Sprachw.)

Tril|lith *der;* Gen. -s od. -en, Plur. -e[n] ⟨nach *gr.* trílithon „das Dreisteinige", urspr. mit drei Riesensteinen erbauter antiker Tempel von Baalbek⟩: vorgeschichtliches Steindenkmal (Bronzezeit u. jüngere Steinzeit)

Tril|li|ar|de *die;* -, -n ⟨zu ↑ tri... u. ↑ Milliarde⟩: 1 000 Trillionen (= 10^{21})

Tril|li|on *die;* -, -en ⟨aus gleichbed. *fr.* trillion zu ↑ tri... u. million, vgl. Million⟩: eine Million Billionen (= 10^{18})

Tri|lo|bit *der;* -en, -en ⟨zu *gr.* trílobos „dreilappig" u. ↑³...it⟩: Dreilappkrebs; ausgestorbener Urkrebs

Tri|lo|gie *die;* -, ...ien ⟨aus gleichbed. *gr.* trilogía⟩: Folge von drei eine innere Einheit bildenden Werken

Tri|ma|ran *der,* auch *das;* -s, -e ⟨zusammengezogen aus ↑ tri... u. ↑ Kata*maran*⟩: offenes Segelboot mit drei Rümpfen

tri|mer ⟨aus gleichbed. *spätgr.* trimerḗs⟩: dreiteilig (z. B. von Fruchtknoten, die aus drei Fruchtblättern hervorgegangen sind; Bot.). **Tri|mer** *das;* -s, -e u. **Tri|me|re** *das;* -n, -n (meist Plur.): Molekül, das aus drei Grundmolekülen aufgebaut ist. **tri|me|ri|sie|ren** ⟨zu ↑ ...isieren⟩: aus drei gleichartigen Molekülen ohne Abspaltung eines Stoffes ein neues Molekül bilden. **Tri|me|rit** [auch ...ˈrɪt] *der;* -s, -e ⟨zu ↑²...it⟩: ein farbloses od. rosafarbenes Mineral, das Kristalldrillinge bildet

Tri|me|ster *das;* -s, - ⟨zu *lat.* trimestris „dreimonatig"; vgl. Semester⟩: Zeitraum von drei Monaten; Drittel eines Unterrichtsjahres (Unterrichtswesen)

Tri|me|ter *der;* -s, - ⟨aus gleichbed. *lat.* trimeter, dies zu *gr.* trímetros „drei Takte enthaltend"⟩: aus drei Metren (vgl. Metrum 1) bestehender antiker Vers, ↑ Senar. **tri|me|trisch** ⟨zu ↑ tri... u. ↑ ...metrisch⟩: mit drei Maßstabsangaben versehen

Trimm *der;* -[e]s ⟨aus gleichbed. *engl.* trim zu to trim, vgl. trimmen): 1. Lage eines Schiffes bezüglich Tiefgang u. Schwerpunkt. 2. gepflegter Zustand eines Schiffes. **trim|men** ⟨aus gleichbed. *engl.* to trim zu *altengl.* trymman „in Ordnung bringen, fest machen", dies zu trum „fest, stark"⟩: 1. durch sportliche Betätigung, körperliche Übungen leistungsfähig machen. 2. (ugs.) [durch wiederholte Anstrengungen] zu einem bestimmten Aussehen, zu einer bestimmten Verhaltensweise, in einen bestimmten Zustand bringen. 3. a) [einen Hund] durch Scheren od. Ausdünnen des Fells das für seine Rasse übliche, der Mode entsprechende Aussehen verleihen; b) durch Bürsten des Fells von abgestorbenen Haaren befreien. 4. a) durch zweckmäßige Beladung, Verteilung des Ballasts in die richtige Lage bringen (Seew., Flugw.); b) die Ladung eines Schiffes zweckmäßig an Bord verteilen (Seew.). 5. auf die gewünschte Frequenz einstellen (Funkw., Elektronik). 6. kleine Abweichungen vom kritischen Zustand ausgleichen (bei Kernreaktoren; Kerntechn.). **Trim|mer** *der;* -s, -: 1.

jmd., der sich trimmt (1). 2. kleiner, verstellbarer Drehkondensator zum Abgleichen von Schwingkreisen (Funkw., Elektronik)

tri|morph, auch trimorphisch ⟨aus gleichbed. *gr.* trímorphos zu ↑tri... u. *gr.* morphḗ „Gestalt"⟩: dreigestaltig (z. B. von Pflanzenfrüchten; Bot.); vgl. ...isch/-. **Tri|mor|phie** *die;* - ⟨zu ↑...morphie⟩: 1. svw. Trimorphismus. 2. svw. Polymorphie (2 a). **tri|mor|phisch** vgl. trimorph. **Tri|mor|phismus** *der;* - ⟨zu ↑...ismus (2)⟩: Dreigestaltigkeit (z. B. von Früchten einer Pflanze; Bot.)

Tri|mur|ti *die;* - ⟨aus gleichbed. *sanskr.* trimūrti, eigtl. „dreigestaltig"⟩: göttliche Dreifaltigkeit des ↑Hinduismus (Brahma, Wischnu u. Schiwa)

tri|när ⟨aus *spätlat.* trinarius „aus (je) dreien bestehend"; vgl. ...är⟩: dreifach. **Tri|na|ti|on** *die;* -, -en ⟨zu *lat.* trinus „je drei" u. ↑...ation⟩: dreimaliges Lesen der Messe an einem Tage durch denselben Priester (z. B. Allerseelen u. Weihnachten); vgl. Bination

Tri|ni|ta|ri|er [...i̯ɐ] *der;* -s, - ⟨zu ↑Trinität; vgl. ...arius⟩: 1. Bekenner der Dreieinigkeit, Anhänger der Lehre von der Trinität; Ggs. ↑Unitarier. 2. Angehöriger eines kath. Bettelordens. **Tri|ni|ta|rie|rin** [...ri̯ə...] *die;* -, -nen: Angehörige des weiblichen Zweigs der Trinitarier (2). **tri|ni|ta|risch:** die [Lehre von der] Trinität betreffend. **Tri|ni|tät** *die;* - ⟨aus *kirchenlat.* trinitas „Dreieinigkeit" zu *lat.* trinitas, Gen. trinitatis „Dreizahl"⟩: Dreieinigkeit, Dreifaltigkeit Gottes (Gott Vater, Sohn u. Heiliger Geist). **Tri|ni|ta|tis** *das;* - u. **Tri|ni|ta|tis|fest** *das;* -es: Sonntag nach Pfingsten, Fest der Dreifaltigkeit

Tri|ni|tro|phe|nol *das;* -s ⟨Kunstw. zu ↑tri..., ↑nitro... u. ↑Phenol⟩: svw. Pikrinsäure. **Tri|ni|tro|to|lu|ol** *das;* -s ⟨Kunstw. zu ↑tri..., ↑nitro... u. ↑Toluol⟩: stoßunempfindlicher Sprengstoff (bes. für Geschosse); Abk.: TNT; vgl. Trotyl

Tri|nok|ti|um *das;* -s, ...ien [...i̯ən] ⟨aus *lat.* trinoctium „drei Nächte"⟩: (veraltet) Zeitraum von drei Nächten, während dreier Nächte gefeiertes Fest

Tri|nom *das;* -s, -e ⟨zu ↑tri... u. ↑³...nom⟩: 1. aus drei Gliedern bestehender math. Ausdruck (z. B. x + y + z). 2. Bez. einer Unterart durch drei Wörter aus der biologischen Systematik. **tri|no|misch:** dreigliedrig, aus drei Gliedern bestehend (Math.)

Trio *das;* -s, -s ⟨aus gleichbed. *it.* trio, dies zu *lat.* tria, Neutrum von tres, vgl. tri...⟩: 1. a) Musikstück für drei Instrumente; b) Mittelteil des ↑Menuetts od. ↑Scherzos. 2. Vereinigung von drei Instrumental-, seltener Vokalsolisten. 3. (iron.) Gruppe von drei Personen, die eine [strafbare] Handlung gemeinsam ausführen

Tri|ode *die;* -, -n ⟨zu ↑tri... u. ↑¹...ode, Analogiebildung zu ↑Diode⟩: Verstärkerröhre mit drei Elektroden (Anode, Kathode u. Gitter; Elektrot.)

Trio|le *die;* -, -n ⟨italianisierende Bildung zu *lat.* tri- (vgl. tri...) u. -olus (Verkleinerungssuffix)⟩: 1. Gruppe von drei Tönen im Taktwert von zwei od. vier (Mus.). 2. svw. Triolismus. **Trio|lett** *das;* -[e]s, -e ⟨aus gleichbed. *fr.* triolet⟩: Gedichtform einer achtzeiligen Strophe (mit zwei Reimklängen), deren erste Zeile als vierte u. zusammen mit der zweiten am Schluß wiederkehrt (also dreimal vorkommt). **Trio|lis|mus** *der;* - ⟨zu ↑Triole u. ↑...ismus (3)⟩: Geschlechtsverkehr zwischen drei Partnern. **Trio|list** *der;* -en, -en ⟨zu ↑...ist⟩: jmd., der sich triolistisch betätigt. **trio|li|stisch** ⟨zu ↑...istisch⟩: den Triolismus betreffend, zu ihm gehörend

Tri|on|fo *der;* -, ...fi ⟨aus *it.* trionfo „Triumph, Erfolg; Jubel", dies aus *lat.* triumphus, vgl. Triumph⟩: in der ital. Renaissance geprägte, beispielgebende Form eines Festzuges

Trio|se *die;* -, -n ⟨zu ↑tri... u. ↑²...ose⟩: ↑Monosaccharid mit drei Kohlenstoffatomen im Molekül (Chem.)

Trio|so|na|te *die;* -, -n ⟨zu ↑Trio u. ↑Sonate⟩: Sonate des 17. u. 18. Jh.s für zwei Soloinstrumente u. ↑Basso continuo

Trio|tar ⓌⓏ *das;* -s, -e ⟨Kunstw.⟩: ein Fotoobjektiv mit langer Brennweite

Tri|özie *die;* - ⟨zu ↑tri..., *gr.* oĩkos „Haus" u. ↑²...ie⟩: Dreihäusigkeit von Pflanzen (Bot.). **tri|özisch:** dreihäusig (von Pflanzen, bei denen zwittrige, weibliche u. männliche Blüten auf drei Pflanzenindividuen derselben Art verteilt sind; Bot.)

Trip *der;* -s, -s ⟨aus gleichbed. *engl.* trip zu to trip „trippeln"⟩: 1. Ausflug, [kurzfristig geplante] Reise. 2. a) Rauschzustand nach dem Genuß eines Rauschgiftes; b) svw. Hit (3). 3. (oft abwertend) Phase, in der man sich mit einer Sache besonders intensiv beschäftigt, z. B. auf dem religiösen - sein

Tri|pal|mi|tin *das;* -s ⟨zu ↑tri... u. ↑Palmitin⟩: Bestandteil vieler pflanzlicher u. tierischer Fette

tri|par|tit ⟨aus gleichbed. *lat.* tripartitus zu ↑tri... u. partiri „teilen"⟩: (veraltet) dreigeteilt, dreifach. **Tri|par|ti|ti|on** *die;* -, -en: (veraltet) svw. Trisektion

¹Tri|pel *das;* -s, - ⟨zu *fr.* triple „dreifach", dies aus *lat.* triplus⟩: die Zusammenfassung dreier Dinge (z. B. Dreieckspunkte, Dreiecksseiten; Math.). **²Tri|pel** *der;* -s, - ⟨zu ↑¹Tripel⟩: (veraltet) dreifacher Gewinn

³Tri|pel *der;* -s ⟨nach der Stadt Tripolis⟩: feingeschichtete Ablagerungen von Kieselgur; Kieselerde (Geol.)

Tri|pel... ⟨aus *fr.* triple-, vgl. ¹Tripel⟩: Wortbildungselement mit der Bedeutung „drei-, dreifach", z. B. Tripelallianz. **Tri|pel|al|li|anz** *die;* -, -en: staatlicher Dreibund. **Tri|pel|en|tente** [...ɑ̃tɛ:t] *die;* -, -n [...tn̩]: svw. Tripelallianz. **Tri|pel|fu|ge** *die;* -, -n: ↑Fuge mit drei selbständigen Themen (Mus.). **Tri|pel|imp|fung** *die;* -, -en: Dreifachimpfung, gleichzeitige Impfung gegen drei Krankheiten (z. B. Masern, Mumps, Röteln; Med.). **Tri|pel|kon|zert** *das;* -[e]s, -e: Konzert für drei Soloinstrumente mit Orchester. **Tri|pel|takt** *der;* -[e]s, -e ⟨zu ↑¹Takt⟩: aus drei Teilen bestehende Taktart, z. B. ³⁄₂-, ³⁄₄-, ⁹⁄₈-Takt (Mus.)

Tri|phe|nyl|me|than *das;* -s ⟨zu ↑tri..., ↑Phenyl u. ↑Methan⟩: Derivat des Methans, bei dem drei Wasserstoffatome durch Phenylgruppen substituiert sind (Chem.)

tri|phi|bisch ⟨zu ↑tri..., Analogiebildung zu ↑amphibisch⟩: gleichzeitig zu Lande, auf See u. in der Luft erfolgend (Mil.); -e Operation: militärische Operation, bei der Land-, See- u. Luftstreitkräfte zusammenwirken

Tri|phthong *der;* -s, -e ⟨zu ↑tri... u. *gr.* -phthongos (vgl. ↑...phthong), Analogiebildung zu ↑Diphthong⟩: Dreilaut, drei eine Silbe bildende Vokale (z. B. ital. miei = „meine")

Tri|pi|ta|ka *das;* - ⟨aus gleichbed. *sanskr.* tripiṭaka⟩: der aus drei Teilen bestehende ↑Kanon (5 b) des Buddhismus

Tri|pla: Plur. von ↑Triplum. **Tri|plé** [...'ple:] *das;* -s, -s ⟨zu *fr.* triplé, Part. Perf. von tripler „verdreifachen"⟩: Zweibandenball (Billardspiel)

Tri|ple|gie *die;* -, ...ien ⟨zu ↑tri... u. ↑Plegie⟩: Lähmung dreier Gliedmaßen (Med.)

Tri|plet [...'ple:] *das;* -s, -s ⟨aus *fr.* triplet, vgl. Triplett⟩: svw. Triplett (3). **Tri|plett** *das;* -s, -e, Plur. -e u. -s ⟨aus gleichbed. *fr.* triplet zu triple „dreifach", dies aus *lat.* triplus⟩: 1. drei miteinander verbundene Serien eines Linienspektrums (Phys.). 2. Kombination von drei aufeinanderfolgenden Basen einer Nukleinsäure, die den Schlüssel für den Aufbau einer Aminosäure darstellen (Biochem.). 3. aus drei Linsen bestehendes optisches System. **Tri|plet|te** *die;* -, -n ⟨zu ↑...ette⟩: aus drei Teilen zusammengesetzte, geschlif-

fener Schmuckstein. **tri|plie|ren** ‹aus gleichbed. *fr.* tripler›: verdreifachen. **Tri|plik** *die;* -, -en ‹zu *lat.* triplex „dreifach", Analogiebildung zu ↑ Duplik›: die Antwort des Klägers auf eine ↑ Duplik des Beklagten (Rechtsw.). **Tri|pli|kat** *das;* -[e]s, -e ‹aus *lat.* triplicatum, Part. Perf. (Neutrum) von triplicare „verdreifachen"›: dritte Ausfertigung [eines Schreibens]. **Tri|pli|ka|ti|on** *die;* -, -en ‹aus *lat.* triplicatio „die dreifache Wiederholung"›: dreimalige Wiederholung desselben Wortes, derselben Wortgruppe (Rhet.). **Tri|plit** [auch ...'lɪt] *der;* -s, -e ‹zu *lat.* triplex „dreifach" u. ↑² ...it›: ein fettig glänzendes, braunes, rotes od. auch schwarzes Mineral, Eisenpecherz. **Tri|pli|zi|tät** *die;* -, -en ‹aus gleichbed. *spätlat.* triplicitas, Gen. triplicitatis›: Dreifachheit; dreifaches Vorkommen. **tri|plo|id** ‹verkürzt aus ↑ tri... u. ↑ diploid›: einen dreifachen Chromosomensatz aufweisend (von Zellen; Biol.). **Tri|ploi|die** [...ploi...] *die;* - ‹zu ↑² ...ie›: das Vorhandensein von drei Chromosomensätzen in einer Zelle (Biol.). **Tri|plum** *das;* -s, Tripla ‹aus gleichbed. *lat.* triplum›: etwas Dreifaches
Trip|ma|dam *die;* -, -en ‹aus gleichbed. *fr.* tripe-madame, weitere Herkunft ungeklärt›: Pflanzenart der Fetthenne
Tri|po|den: Plur. von ↑ Tripus. **Tri|po|die** *die;* -, ...ien ‹aus gleichbed. *gr.* tripodía zu trípous, vgl. Tripus›: Verbindung dreier Versfüße (rhythmischer Einheiten) zu einem Verstakt; vgl. Monopodie u. Dipodie
Tri|pol|je|kul|tur *die;* ‹nach dem Dorf Tripolje bei Kiew›: jungsteinzeitliche bis frühbronzezeitliche Kulturgruppe in der Ukraine, für die polychrome Gefäße, ritzverzierte Tonstatuetten u. Kupfergefäße typisch sind
Tri|po|ta|ge [...ʒə] *die;* -, -n ‹aus gleichbed. *fr.* tripotage zu tripoter „Ränke schmieden"›: (veraltet) Kniff, Ränke, bes. Geld-, Börsenschwindel
Tri|ptik vgl. Triptyk
Trip|ton *das;* -s ‹zu *gr.* triptós „zerrieben" (zu tríbein „reiben") u. ↑¹...on›: im Wasser schwebender, feinster organischer ↑ Detritus (2)
Tri|pty|chon *das;* -s, Plur. ...chen u. ...cha ‹zu *gr.* tríptychos „dreifaltig, dreifach", dies zu ↑ tri... u. *gr.* ptýx, Gen. ptychós „Falte, Lage"›: dreiteiliges [Altar]bild, bestehend aus dem Mittelbild u. zwei Seitenflügeln; vgl. Diptychon, Polyptychon. **Tri|ptyk** u. Triptik *das;* -s, -s ‹über *engl.* triptyque aus gleichbed. *fr.* triptyque, eigtl. „Bild mit zwei Seitenflügeln", dies zu *gr.* tríptychos, vgl. Triptychon›: dreiteiliger Grenzübertrittsschein für Kraft- u. Wasserfahrzeuge
Tri|pus [...puːs] *der;* -, ...poden ‹über *lat.* tripus aus gleichbed. *gr.* trípous, eigtl. „dreibeinig, -füßig", zu ↑ tri... u. poús, Gen. podós „Fuß"›: Dreifuß; altgriech. dreifüßiges Gestell für Gefäße
Tri|que|trum [auch ...'kve...] *das;* -s, ...tren ‹zu *lat.* triquetrus „dreieckig"›: bis ins 17. Jh. gebräuchliches Gerät für astronomische Höhenmessungen
Tri|re|me *die;* -, -n ‹aus *lat.* triremis (navis) „dreiruderig(es Schiff)" zu ↑ tri... u. remus „Ruder, Riemen"›: svw. Triere
Tri|ro|tron *das;* -s, -s, auch ...one ‹Kunstw. zu ↑ tri..., *lat.* rotare „herumdrehen" u. ↑...tron›: Hochfrequenzhochleistungsverstärker, der mit beschleunigten Elektronen arbeitet
Tri|sek|ti|on *die;* - ‹zu ↑ tri... u. ↑ Sektion›: Dreiteilung (bes. von Winkeln; Math.). **Tri|sęk|trix** *die;* -, Plur. ...trizes [...tseːs] od. ...trizen ‹zu ↑ tri... u. *lat.* sectrix, Fem. von sector „der (Ab)schneider" zu secare „(ab)schneiden"›: zur Dreiteilung eines Winkels verwendete Kurve (Math.)
Tri|set *das;* -[s], -s ‹zu ↑ tri... u. ↑ ¹Set›: 1. drei zusammengehörende Dinge. 2. zwei Eheringe u. ein zusätzlicher Ring mit Schmucksteinen (meist Diamanten) für die Ehefrau
Tris|ha|gi|on *das;* -s, ...ien [...jən] ‹aus gleichbed. *mgr.* tris(h)ágion zu *spätgr.* tris(h)ágios „dreimal heilig" (zu ↑ tri... u. *gr.* hágios „heilig")›: dreimalige Anrufung Gottes, bes. in der orthodoxen Liturgie
Tris|kai|de|ka|pho|bie *die;* - ‹zu *gr.* triskaídeka „dreizehn" u. ↑...phobie›: Angst vor der Zahl 13
Tris|mus *der;* -, ...men ‹über gleichbed. *nlat.* trismus aus *gr.* trismós „das Schwirren; das Knirschen", dies zu trízein „schwirren; knirschen"›: Kiefersperre, Kaumuskelkrampf (Med.)
Tris|ok|ta|eder *der;* -s, - ‹zu *gr.* trís „dreimal" u. ↑ Oktaeder›: svw. Triakisoktaeder
trịst ‹aus gleichbed. *fr.* triste, dies aus *lat.* tristis›: traurig, öde, trostlos, freudlos; langweilig, unfreundlich, jämmerlich. **Tri|stesse** [...'tɛs] *die;* -, -n [...sn̩] ‹aus gleichbed. *fr.* tristesse, dies aus *lat.* tristitia zu tristis, vgl. trist›: Traurigkeit, Trübsinn, Melancholie, Schwermut
Tris|te|tra|eder *der;* -s, - ‹zu *gr.* trís „dreimal" u. ↑ Tetraeder›: svw. Triakistetraeder
tri|stịch ‹aus gleichbed. *gr.* trístichos›: dreizeilig (von der Anordnung der Blätter od. Seitenwurzeln in drei Längszeilen; Bot.). **Tri|sti|chia|sis** *die;* - ‹zu ↑ tri..., *gr.* stíchos „Reihe" u. ↑...iasis›: angeborene Anomalie des Augenlids mit drei Wimpernreihen (Med.). **Tri|sti|chon** *das;* -s, ...chen ‹zu *gr.* trístichos „aus drei Versen bestehend"›: aus drei Versen bestehende Versgruppe
Tri|sti|en [...jən] *die* (Plur.) ‹aus *lat.* tristiae, Plur. von tristia „Traurigkeit"›: Trauergedichte (bes. die des röm. Dichters Ovid über seine Verbannung)
tri|syl|la|bisch ‹über *lat.* trysyllabus aus gleichbed. *gr.* trisýllabos›: dreisilbig (Sprachw.). **Tri|syl|la|bum** *das;* -s, ...ba ‹aus gleichbed. *spätlat.* trisyllabum, substantiviertes Neutrum von *lat.* trisyllabus, vgl. trisyllabisch›: dreisilbiges Wort (Sprachw.)
Trit|ago|nịst *der;* -en, -en ‹aus gleichbed. *gr.* tritagōnistḗs, eigtl. „dritter Kämpfer", zu ↑ trítas „der dritte" u. agōnistḗs „Wettkämpfer"›: dritter Schauspieler im altgriech. Drama; vgl. Deuteragonist u. Protagonist (1)
Trit|ano|ma|lie *die;* -, ...ien ‹zu *gr.* trítos „der dritte" u. ↑ Anomalie›: Gelb-Blau-Schwäche, eine Form der Farbenfehlsichtigkeit (Med.). **Trit|an|opie** *die;* -, ...ien ‹zu ↑ Anopie›: Blaugelbblindheit, Violettblindheit (Med.)
Tri|te|ri|um *das;* -s ‹aus *nlat.* triterium, dies zu *gr.* trítos, vgl. Tritium›: svw. Tritium
Tri|the|is|mus *der;* - ‹zu ↑ tri... u. ↑ Theismus›: Abwandlung der christlichen Dreieinigkeitslehre unter Annahme drei getrennter göttlicher Personen
Trith|emi|me|res *die;* -, - ‹zu *gr.* trítos „der dritte" u. hēmimerḗs „zur Hälfte", Analogiebildung zu Hephthemimeres›: ↑ Zäsur (1) nach dem dritten Halbfuß im Hexameter (antike Metrik); vgl. Hephthemimeres u. Penthemimeres
Tri|thi|on *das;* -s, -e ‹zu ↑ tri... u. *gr.* theîon „Schwefel"›: heterozyklische Verbindung mit drei Schwefelatomen im Molekül (Chem.)
Tri|ti|cum [...kʊm] *das;* -s ‹aus *lat.* triticum „Weizen"›: Getreidepflanzengattung mit zahlreichen Weizenarten
Tri|ti|um *das;* -s ‹zu *gr.* trítos „dritter" (nach der Massenzahl 3) u. ↑...ium›: radioaktives Wasserstoffisotop, überschwerer Wasserstoff; Zeichen T. **Tri|ti|um|me|tho|de** *die;* -: eine Methode zur Altersbestimmung wasserhaltiger Stoffe (z. B. alter Weine)
Tri|to|je|sa|ja *der;* - ‹zu *gr.* trítos „der dritte" u. zu Jesaja,

dem alttestamentlichen Propheten Israels, u. dem nach ihm benannten Buch⟩: unbekannter, der Zeit nach dem babylonischen Exil angehörender Verfasser von Jesaja 56–66; vgl. Deuterojesaja

¹**Tri|ton** *der;* ...onen, ...onen ⟨über *lat.* Triton aus gleichbed. *gr.* Trítōn⟩: 1. a) (ohne Plur.) griechischer Meergott, Sohn des Poseidon u. der Amphitrite; b) (nur Plur.) griechische Meergötter im Gefolge Poseidons. 2. Salamandergattung mit zahlreichen einheimischen Arten (Biol.)

²**Tri|ton** *das;* -s, -s ⟨Kunstw.⟩: (österr.) Kinder[tritt]roller

³**Tri|ton** *das;* -s, ...onen ⟨zu *gr.* tríton, Neutrum von trítos „drittes"; vgl. ⁴...on⟩: Atomkern des ↑Tritiums

Tri|to|nie [...iə] *die;* -, -n ⟨zu ↑¹Triton u. ↑¹...ie⟩: Gattung der Schwertliliengewächse (Bot.)

Tri|to|nus *der;* - ⟨aus gleichbed. *gr.* trítonos zu ↑tri... u. *gr.* tónos „Ton"⟩: die übermäßige Quarte, die ein Intervall von drei Ganztönen ist (Mus.)

Tri|tu|ra|ti|on *die;* -, -en ⟨zu *lat.* tritura „das Reiben" u. ↑...ation⟩: Verreibung eines festen Stoffes (bes. einer Droge 2) zu Pulver; Pulverisierung (Med.)

Tri|umph *der;* -[e]s, -e ⟨aus *lat.* triumphus „feierlicher Einzug des Feldherrn; Siegeszug, Sieg"⟩: 1. a) großer Erfolg, Sieg; b) Genugtuung über einen errungenen Erfolg, Siegesfreude. 2. im Rom der Antike der feierliche Einzug eines siegreichen Feldherrn [mit seinen Legionen]. **tri|um|phal** ⟨aus *lat.* triumphalis „zum Triumph gehörend"⟩: herrlich, ruhmvoll, glanzvoll, großartig. **tri|um|phant** ⟨aus gleichbed. *lat.* triumphans, Gen. triumphantis, Part. Präs. von triumphare, vgl. triumphieren⟩: (veraltend) a) triumphierend, frohlockend; b) siegreich, erfolgreich. **Tri|um|pha|tor** *der;* -s, ...oren ⟨aus gleichbed. *lat.* triumphator zu triumphare, vgl. triumphieren⟩: 1. im Rom der Antike feierlich einziehender siegreicher Feldherr. 2. frohlockender, jubelnder Sieger. **tri|um|phie|ren** ⟨aus gleichbed. *lat.* triumphare, eigtl. „einen Triumph (2) feiern"⟩: a) jubeln, frohlocken; b) jmdm. hoch überlegen sein; über jmdn., etwas siegen

Tri|um|vir [...v...] *der;* Gen. -s u. -n, Plur. -n ⟨aus gleichbed. *lat.* triumvir, Plur. triumviri zu tres, Gen. trium „drei" u. viri „Männer"⟩: Mitglied eines Triumvirats. **Tri|um|vi|rat** *das;* -[e]s, -e ⟨aus gleichbed. *lat.* triumviratus⟩: Dreimännerherrschaft [im Rom der Antike]

Tri|un|gu|lus *der;* -, ...li ⟨zu ↑tri... u. *lat.* ungula „Huf, Klaue"⟩: Dreiklauer, kleine, sehr bewegliche Larve des Ölkäfers mit drei klauenartigen Gebilden am letzten Fußglied (Zool.)

tri|va|lent [...v...] ⟨zu ↑tri... u. ↑Valenz⟩: dreiwertig (Chem.)

tri|vi|al [...v...] ⟨über gleichbed. *fr.* trivial aus *lat.* trivialis „jedermann zugänglich, allgemein bekannt" zu trivium, vgl. Trivium⟩: a) im Ideengehalt, gedanklich recht unbedeutend, nicht originell; b) alltäglich, gewöhnlich, nichts Auffälliges aufweisend. **tri|via|li|sie|ren** ⟨nach gleichbed. *fr.* trivialiser⟩: etwas trivial machen, ins Triviale ziehen. **Tri|via|li|tät** *die;* -, -en ⟨nach gleichbed. *fr.* trivialité; vgl. ...ität⟩: Plattheit, Seichtheit, Alltäglichkeit. **Tri|vi|al|li|te|ra|tur** *die;* - ⟨zu ↑trivial⟩: Unterhaltungs-, Konsumliteratur, die auf den Geschmack eines anspruchslosen Leserkreises zugeschnitten ist u. vorwiegend aus kommerziellen Gründen produziert wird. **Tri|vi|al|na|me** *der;* -ns, -n: herkömmliche, volkstümliche, nicht nach gültigen systematischen Gesichtspunkten gebildete Bezeichnung einer Tier-, Pflanzenart, von Chemikalien (z. B. *Kochsalz* statt *Natriumchlorid*). **Tri|vi|um** *das;* -s ⟨aus gleichbed. *(m)lat.* trivium, eigtl. „Kreuzung dreier Wege", zu ↑tri... u. *lat.* via „Weg, Straße"⟩: im mittelalterlichen Universitätsunterricht die drei unteren Fächer Grammatik, Rhetorik, Dialektik; vgl. Quadrivium

Tri|zeps *der;* -[es], -e ⟨zu *lat.* triceps „dreiköpfig" zu ↑tri... u. *lat.* caput „Kopf"⟩: dreiköpfiger Muskel des Oberarms, der den Unterarm im Ellbogengelenk streckt (Anat.)

tri|zy|klisch [auch ...'tsʏk...], chem. fachspr. tricyclisch [...'tsyːk..., auch ...'tsʏk...] ⟨zu ↑tri... u. ↑zyklisch⟩: auf drei Benzolringen aufgebaut (von chem. Verbindungen)

tro|chä|isch [...x...] ⟨*lat.* trochaicus aus gleichbed. *gr.* trochaikós⟩: den Trochäus betreffend; aus Trochäen bestehend. **tro|chan|tär** ⟨zu ↑Trochanter u. ↑...är⟩: den Trochanter betreffend. **Tro|chan|ter** *der;* -s, - ⟨aus gleichbed. *gr.* trochantḗr, eigtl. „Läufer, Umläufer" zu tróchos „Umlauf"⟩: Rollhöcker, Vorsprung am Oberschenkelknochen, an den die meisten Hüftmuskeln ansetzen (Anat.). **Tro|chä|us** *der;* -, ...äen ⟨über *lat.* trochaeus aus gleichbed. *gr.* trochaîos, eigtl. „laufend, schnell", zu tréchein „laufen"⟩: [antiker] Versfuß (– ∪). **Tro|chi|lus** *der;* -, ...ilen ⟨über *lat.* trochilus aus gleichbed. *gr.* tróchilos⟩: Hohlkehle in der ↑Basis ionischer Säulen. **Tro|chit** [auch ...'xɪt] *der;* Gen. -s u. -en, Plur. -en ⟨zu *gr.* trochós „Rad, runde Scheibe" u. ↑²...it⟩: versteinertes rädchenähnliches Stielglied ausgestorbener Seelilien. **Tro|cho|i|de** *die;* -, -n ⟨zu *gr.* trochoeidḗs „rad-, kreisförmig"⟩: spezielle zyklische Kurve, Sonderform der ↑Zykloide (Math.). **Tro|cho|me|ter** *der;* - ⟨zu *gr.* tróchos „Umlauf" u. ↑¹...meter⟩ (veraltet) Umlaufmesser, Wegmesser. **Tro|cho|pho|ra** *die;* -, ...phoren ⟨aus *nlat.* trochophora zu *gr.* trochós (vgl. Trochit) u. phoreîn, phérein „tragen"⟩: Larve der Ringelwürmer (Zool.). **Tro|cho|skop** *der;* -s, -e ⟨zu *gr.* tróchos „Umlauf" u. ↑...skop⟩: Gerät zur Röntgenaufnahme am liegenden Patienten durch Verschieben der unter dem Tisch befindlichen Röntgenröhre (Med.). **Tro|cho|ze|pha|lie** *die;* -, ...ien ⟨zu *gr.* trochós (vgl. Trochit), kephalḗ „Kopf" u. ↑²...ie⟩: abnorme Rundform des Schädels (Med., Biol.)

Tro|glo|bi|on|ten *die* (Plur.) ⟨zu *gr.* trṓglē „Höhle" u. ↑...biont⟩: Organismen, die an unterirdische Lebensräume (Höhlen) gebunden sind; Höhlentiere (Biol.). **Tro|glo|bi|os** *der;* -: svw. Troglon. **Tro|glo|dyt** *der;* -en, -en ⟨über *lat.* Troglodytae aus *gr.* Trōglodýtai (Plur.) „Höhlenbewohner" zu trṓglē „Loch, Höhle" u. dýesthai „eindringen, sich verkriechen"⟩: 1. Angehöriger einer in der Antike als unzivilisiert angesehenen Völkerschaft, z. B. an den Küsten des Roten Meeres. 2. Höhlenmensch (veraltete Bez. für den Eiszeitmenschen, der angeblich in Höhlen gewohnt hatte). **tro|glo|dy|tisch**: die Troglodyten betreffend, in der Art der Troglodyten. **Tro|glon** *der;* -s, ...len ⟨zu *gr.* trṓglē „Höhle" u. ↑¹...on⟩: Organismusgemeinschaft in Höhlen (Biol.)

Tro|gon *der;* -s, Plur. -s u. ...onten ⟨zu *gr.* trṓgōn, Gen. trṓgontos, Part. Präs. von trṓgein „nagen"⟩: südamerik. Nageschnäbler (buntgefiederter Urwaldvogel)

Troi|cart [troa'kaːɐ̯] vgl. Trokar

Troi|ka ['trɔyka, auch 'troːika] *die;* -, Plur. -s u. ...ken ⟨aus gleichbed. *russ.* trojka, eigtl. „Dreier", zu troe „drei (als Einheit)", dies zu tri „drei"⟩: 1. russ. Dreigespann, bes. drei Pferde nebeneinander vor einem Pferdeschlitten. 2. aus drei Personen bestehende [politische] Führungsgruppe

Troi|lit [troi..., auch ...'lɪt] *der;* -s, -e ⟨nach dem ital. Wissenschaftler D. Troili (1722–1792) u. zu ↑²...it⟩: in Eisen- od. Steinmeteoriten vorkommender Magnetkies, ein Mineral

tro|ja|nisch ⟨über gleichbed. *lat.* Troianus aus *gr.* Trōïós, nach der antiken Stadt Troja in Kleinasien⟩: zur Stadt Troja gehörend, sie betreffend; -es Pferd ⟨nach dem großen hölzernen Pferd, in dem sich die besten griech. Krieger verborgen hatten und das, von den Trojanern in die Stadt geholt, die Eroberung Trojas herbeiführte⟩: 1. überraschendes Vorgehen, [Kriegs]list. 2. durch Nachlässigkeit u. Selbstsicherheit heraufbeschworene Gefahr, die zwangsläufig zur Katastrophe führt

Tro|kar *der;* -s, Plur. -e u. -s u. **Troicart** [troa'ka:ɐ̯] *der;* -s, -s ⟨aus gleichbed. *fr.* trocart, trois-quarts für trois carres „drei Kanten"⟩: chirurgisches Stichinstrument mit kräftiger, dreikantiger Nadel u. einem Röhrchen für ↑ Punktionen (Med.). **tro|ka|rie|ren** ⟨zu ↑ ...ieren⟩: mit dem Trokar entnehmen (Med.)

tro|kie|ren ⟨aus gleichbed. *fr.* troquer, wohl aus dem Gall.⟩: Waren austauschen

Trok|to|lith [auch ...'lɪt] *der;* Gen. -s u. -en, Plur. -e[n] ⟨zu *gr.* trōktós „zernagt" (dies zu trṓgein „nagen") u. ↑ ...lith⟩: Tiefengestein aus ↑ Plagioklas, ↑ Olivin u. ↑ Augit

Trol|ley|bus ['trɔli...] *der;* ...busses, ...busse ⟨aus gleichbed. *engl.* trolleybus, dies aus trolley „Kontaktrolle an der Oberleitung" (zu to troll „rollen") u. bus, vgl. ¹Bus⟩: (schweiz.) Oberleitungsomnibus

Trom|ba *die;* -, ...ben ⟨aus *it.* tromba, vgl. Trombe⟩: ital. Bez. für Trompete. **Trom|ba ma|ri|na** *die;* - -, ...be ...ne ⟨aus *it.* tromba marina, eigtl. „Meerestrompete", wohl wegen des trompetenähnlichen Klangs⟩: dem ↑ Monochord verwandtes Streichinstrument des Mittelalters mit langgestrecktem, dreieckigem, keilförmigem Körper. **Trom|be** *die;* -, -n ⟨über *fr.* trombe aus gleichbed. *it.* tromba, eigtl. „Trompete", nach der Form⟩: Wirbelwind in Form eines Trichters. **Trom|ben:** Plur. von ↑ Tromba u. ↑ Trombe

Trom|bi|dio|se *die;* -, -n ⟨zu *nlat.* trombidium (älterer Gattungsname für Laufmilben) u. ↑ ¹...ose⟩: svw. Trombikulose. **Trom|bi|ku|lo|se** *die;* -, -n ⟨zu *nlat.* trombicula (Verkleinerungsbildung zu trombidium, vgl. Trombidiose) u. ↑ ¹...ose⟩: durch bestimmte Milbenlarven hervorgerufene juckende Hautkrankheit; Ernte-, Heukrätze

Trom|bo|ne *der;* -, ...ni ⟨aus *it.* trombone zu tromba (vgl. Trombe) u. dem Vergrößerungssuffix -one, eigtl. „große Trompete"⟩: ital. Bez. für Posaune. **Trom|pe** *die;* -, -n ⟨aus *fr.* trompe, eigtl. „Trompete"⟩: Bogen mit nischenartiger Wölbung zwischen zwei rechtwinklig aneinanderstoßenden Mauern (Archit.)

Trompe-l'œil [trɔ̃'lœj] *das,* auch *der;* -[s], -s ⟨aus *fr.* trompel'œil „Augentäuschung"⟩: Darstellungsweise in der Malerei, bei der durch naturalistische Genauigkeit mit Hilfe perspektivischer Mittel ein Gegenstand so wiedergegeben wird, daß der Betrachter nicht zwischen Wirklichkeit u. Gemaltem unterscheiden kann

Trom|pe|te *die;* -, -n ⟨aus *mittelfr.* trompette, Verkleinerungsform von *altfr.* trompe „Trompete", wohl aus dem Germ.⟩: aus gebogener Messingröhre mit Schallbecher u. Kesselmundstück bestehendes Blasinstrument. **trom|pe|ten:** 1. Trompete blasen. 2. (ugs.) a) sehr laut u. aufdringlich sprechen; b) sich sehr laut die Nase putzen. **Trom|pe|ter** *der;* -s, -: jmd., der [berufsmäßig] Trompete spielt; Trompetenbläser

Trom|peu|se [trɔ̃'pø:zə] *die;* -, -n ⟨aus *fr.* trompeuse „Betrügerin" zu tromper, vgl. trompieren⟩: durch Polster hochgewölbtes, den Halsausschnitt deckendes Tuch (um 1800).
trom|pie|ren [trom...] ⟨aus gleichbed. *fr.* tromper⟩: (landsch.) täuschen

...tron ⟨verselbständigt aus ↑ ¹Elektron⟩: Wortbildungselement mit den Bedeutungen: a) „Elementarteilchen, Teilchenbeschleuniger", z. B. Neutron, Synchrotron, u. b) „Elektronenröhre", z. B. Dynatron, Magnetron

Trond|hje|mit [trɔnjɛ..., auch ...'mɪt] *der;* -s, -e ⟨nach Trondhjem, der alten Schreibung von Trondheim (Norwegen), u. zu ↑ ²...it⟩: in den ↑ Kaledoniden Norwegens verbreitetes Tiefengestein, ein quarzreicher ↑ Diorit

Troo|per ⓦ ['tru:pɐ] *der;* -s, - ⟨aus *engl.* trooper, eigtl. „Truppenfahrzeug", zu troop „Truppe"⟩: Geländefahrzeug mit Allradantrieb

¹Troo|stit [tru:..., auch ...'tɪt] *der;* -s, -e ⟨nach dem amerik. Geologen G. Troost (1776–1850) u. zu ↑ ²...it⟩: Abart des ↑ Willemits mit hohem Gehalt an Mangan

²Troo|stit [tro:..., auch ...'tɪt] *der;* -s, -e ⟨nach dem franz. Chemiker L. J. Troost (1825–1911) u. zu ↑ ²...it⟩: beim Härten von Stahl durch schnelle Abkühlung entstandenes, sehr feines ↑ perlitisches Gefüge des Kohlenstoffs

...trop ⟨zu *gr.* trópē „Wendung, Drehung", dies zu trépein „drehen, wenden"⟩: Wortbildungselement mit der Bedeutung „auf etwas einwirkend, in eine bestimmte Richtung sich wendend, spezifisch gegen etwas gerichtet", z. B. gonadotrop, phototrop

Tro|paeo|lum [...'pɛ:o...] *das;* -s ⟨aus *nlat.* tropaeolum, Verkleinerungsform von *lat.* tropaeum, vgl. Trophäe⟩: Pflanzenfamilie der Kapuzinerkressengewächse. **Tro|pae|um** [...'pɛ:ʊm] vgl. Tropaion. **Tro|pai|on** *das;* -, ...paia u. Tropaeum [...'pɛ:ʊm] *das;* -s, ...paeen [...pɛ:ən] ⟨über *lat.* tropaeum aus gleichbed. *gr.* tropaĩon, eigtl. „Wendepunkt"⟩: Göttern geweihtes Siegesmal an der Stelle, an der der Gegner sich zuerst zur Flucht wandte (Baumstumpf od. Pfosten, an dem erbeutete Waffen aufgehängt waren; in der griech. u. röm. Antike)

Tro|pan *das;* -s, -e ⟨Kunstw. zu *nlat.* atropa „Tollkirsche" u. ↑ ...an⟩: in vielen Alkaloiden vorkommende stickstoffhaltige, ↑ heterozyklische Verbindung. **Tro|pan|al|ka|loi|de** [...lɔi:də] *die* (Plur.): Gruppe von stickstoffhaltigen Naturstoffen, die sich vom bizyklischen Tropan ableiten (z. B. das in der Tollkirsche, einem Nachtschattengewächs, enthaltene Atropin u. Skopolamin)

Tro|pa|ri|on *das;* -s, ...ien [...iən] ⟨aus gleichbed. *mgr.* tropárion, Verkleinerungsbildung zu *gr.* trópos „Tonart"⟩: kurzer Liedhymnus im orthodoxen Gottesdienst. **¹Tro|pa|ri|um** *das;* -s, ...ien [...iən] ⟨zu ↑ ¹Tropen u. ↑ ...arium, Analogiebildung zu ↑ Aquarium⟩: 1. Anlage, Haus (in zoologischen Gärten) mit tropischem Klima zur Haltung bestimmter Pflanzen u. Tiere, Tropenhaus. **²Tro|pa|ri|um** *das;* -s, ...ien [...iən] ⟨zu ↑ Tropus u. ↑ ...arium⟩: röm.-kath. Chorbuch mit den Tropen (vgl. Tropus 2). **Tro|pe** *die;* -, -n ⟨aus gleichbed. *gr.* tropḗ, eigtl. „(Hin)wendung, Richtung", zu trépein „wenden"⟩: bildlicher Ausdruck; Wort bzw. Wortgruppe, das bzw. die im übertragenen Sinn gebraucht wird (z. B. *Bacchus* statt *Wein*; Sprachw.). **¹Tropen** *die* (Plur.) ⟨über *lat.* tropa aus *gr.* tropaí (hēlíou) „(Sonnen)wende", Plur. von tropḗ, vgl. Trope⟩: heiße Zone zu beiden Seiten des Äquators zwischen den Wendekreisen. **²Tro|pen:** Plur. von ↑ Trope u. ↑ Tropus. **Tro|pen|me|di|zin** *die;* - ⟨zu ↑ ¹Tropen⟩: Teilgebiet der Medizin, das sich mit der Erforschung u. Bekämpfung von Tropenkrankheiten beschäftigt u. die Lebensbedingungen in den tropischen Zonen erforscht

troph..., **Troph...** vgl. tropho..., Tropho... **...troph** ⟨zu *gr.* tréphein „nähren"⟩: Wortbildungselement mit der Bedeutung „eine bestimmte Ernährungsweise bevorzugend, sich ernährend", z. B. autotroph, heterotroph

Tro|phäe *die;* -, -n ⟨unter Einfluß von *fr.* trophée aus *(spät)lat.* trop(h)aeum, dies au *gr.* trópaion „Siegeszeichen" zu tropḗ „Wendung (des Feindes)", vgl. Trope⟩: 1. erbeutete Fahne, Waffe o. ä. als Zeichen des Sieges über

den Feind. 2. aus einem bestimmten Gegenstand (z. B. Pokal) bestehender Preis für den Sieger in einem [sportlichen] Wettbewerb. 3. Jagdbeute (z. B. Geweih). 4. (veraltet) Zierat zum Halten des Ordenszeichens
Troph|al|ler|gen *das;* -s, -e (meist Plur.) ⟨zu ↑tropho... u. ↑Allergen⟩: als Allergen wirkendes Nahrungsmittel (Biochem., Med.). **Troph|al|ler|gie** *die;* -, ...jen: das Auftreten von allergischen Erscheinungen nach dem Genuß bestimmter Nahrungsmittel (Med.). **...tro|phie** ⟨zu *gr.* trophḗ „das Ernähren, Ernährung, Lebensweise" u. ↑²...ie⟩: Wortbildungselement mit der Bedeutung „bestimmte Ernährungs- u. Lebensweise", z. B. Autotrophie, Heterotrophie. **Tro|phik** *die;* - ⟨zu *gr.* trophḗ „das Ernähren, Nahrung" u. ↑²...ik (2)⟩: Ernährungszustand eines Gewebes (Biol., Med.). **tro|phisch**: die Ernährung [der Gewebe] betreffend, gewebsernährend; ernährungsbedingt (Med.). **tro|pho..., Tro|pho...**, vor Vokalen auch troph..., Troph... ⟨zu *gr.* trophḗ „das Ernähren, Ernährung", dies zu tréphein „nähren"⟩: Wortbildungselement mit der Bedeutung „Ernährung, Nahrung", z. B. Trophobiose, trophologisch, Trophödem. **Tro|pho|bio|se** *die;* -, -n ⟨zu ↑...biose⟩: Form der Ernährungssymbiose (z. B. Blattläuse in Ameisenstaaten; Biol.). **Tro|pho|blast** *der;* -en, -en ⟨zu *gr.* blastós „Blatt, Sproß"⟩: ernährende Hülle des Embryos (Med.). **Troph|ödem** *das;* -s, -e: auf Störungen der Gewebsernährung beruhende, chronisch verlaufende Schwellung bes. der Beine (Med.). **tro|pho|gen** ⟨zu ↑...gen⟩: Nahrung erzeugend; -e Zone: die obere, lichtdurchlässige Schicht der Gewässer, in der durch Photosynthese organische Substanz aufgebaut wird (Ökologie). **Tro|pho|lo|ge** *der;* -n, -n ⟨zu ↑...loge⟩: Ernährungswissenschaftler. **Tro|pho|lo|gie** *die;* - ⟨zu ↑...logie⟩: Ernährungswissenschaft. **tro|pho|lo|gisch** ⟨zu ↑...logisch⟩: die Trophologie betreffend. **tro|pho|ly|tisch** ⟨zu *gr.* lytikós „zum Auflösen befähigt, auflösend"⟩: Nahrung zersetzend; -e Zone: die lichtlose Tiefenzone der Gewässer, in der keine Photosynthese mehr stattfinden kann u. in der der Abbau organischer Substanz begünstigt wird (Ökologie). **Tro|pho|neu|ro|se** *die;* -, -n: Form der Neurose, die mangelhafte Gewebsernährung u. damit Schwunderscheinungen an Organen zur Folge hat (Med.). **Tro|pho|phyll** *das;* -s, -e ⟨zu *gr.* phýllon „Blatt"⟩: bei Farnpflanzen ein nur der ↑Assimilation (2 b) dienendes Blatt; Ggs. ↑Sporophyll (Bot.). **tro|pho|trop** ⟨zu ↑...trop⟩: den Stoffwechsel- u. Ernährungszustand eines Organismus beeinflussend bzw. im Sinne einer Erholung u. Wiederherstellung seiner Leistungsfähigkeit verändernd (Med., Physiol.)
Tro|pi|cal [...kl] *der;* -s, -s ⟨zu *engl.* tropical „tropisch"; vgl. ¹Tropen⟩: luftdurchlässiger Anzugsstoff in Leinenbindung (Webart). **...tro|pie** ⟨zu *gr.* tropḗ, eigtl. „Wendung", u. ↑²...ie⟩: Wortbildungselement mit der Bedeutung „Einwirkung auf etwas, Umwandlung von etwas", z. B. Phototropie, Androtropie. **Tro|pi|ka** *die;* - ⟨verkürzt aus *nlat.* (malaria) tropica⟩: schwere Form der Malaria (Med.). **Tro|pi|ka|ri|um** *das;* -s, ...ien [...i̯ən] ⟨zu *lat.* tropicus (vgl. tropisch) u. ↑...arium⟩: svw. Troparium
Tro|pin *das;* -s ⟨Kunstw. zu ↑Tropan u. ↑...in (1)⟩: ein Alkaloid in Nachtschattengewächsen
tro|pisch ⟨nach gleichbed. *engl.* tropic, dies über *lat.* tropicus aus *gr.* tropikós „zur Wende, Wendung gehörig"⟩: 1. die ↑¹Tropen betreffend, für sie charakteristisch; südlich, heiß. 2. die ↑Trope betreffend; bildlich, übertragen (Sprachw.). **Tro|pis|mus** *der;* -, ...men ⟨zu *gr.* tropḗ (vgl. Trope) bzw. trópos „Wendung, Richtung" u. ↑...ismus (2)⟩: durch äußere Reize bestimmte gerichtete Bewegung festsitzender Tiere u. Pflanzen (Biol.). **Tro|po|lo|gi|on** *das;* -s, ...ien [...i̯ən] ⟨aus gleichbed. *mgr.* tropológion zu *gr.* tropologeîn „figürlich reden"⟩: liturgisches Buch der orthodoxen Kirchen, das die Texte u. Melodien der Troparien enthält. **Tro|po|myo|sin** *das;* -s ⟨zu *gr.* tropḗ, vgl. Trope⟩: eines der vier wesentlichen Proteine der Muskelzelle (Biochem.). **Tro|po|nin** *das;* -s ⟨zu ↑...in (1)⟩: eines der vier wesentlichen Proteine der Muskelzelle (Biochem.). **Tro|po|pau|se** [auch 'tro:...] *die;* - ⟨zu ↑¹Pause⟩: Grenze zwischen Tropo- u. Stratosphäre (Meteor.). **Tro|po|phyt** *der;* -en, -en (meist Plur.) ⟨zu ↑...phyt⟩: Pflanze (bes. der gemäßigten Zonen u. Savannengebiete), die jahreszeitlich wechselnden Temperatur- u. Feuchtigkeitsverhältnissen unterworfen ist (Bot.). **Tro|po|sphä|re** *die;* -: die unterste, bis zu einer Höhe von 12 km reichende, wetterwirksame Luftschicht der Erdatmosphäre (Meteor.). **Tro|po|ta|xis** *die;* -, ...xen ⟨zu ↑²Taxis⟩: Orientierungsweise frei beweglicher Lebewesen; Ausgleichsbewegung von Tieren zur Herstellung eines Erregungsgleichgewichtes in symmetrisch angeordneten Reizempfängern (Biol.)
trop|po ⟨*it.;* über *fr.* trop „(zu) viel" aus dem Fränk.⟩: zu viel, zu sehr (in Vortragsanweisungen), z. B. ↑ma non troppo (Mus.)
Tro|pus *der;* -, Tropen ⟨aus gleichbed. *lat.* tropus, dies aus *gr.* trópos, vgl. Trope, Bed. 2 über gleichbed. *mlat.* tropus aus *spätlat.* tropus „Gesang(sweise)"⟩: 1. svw. Trope. 2. a) Kirchenton (Tonart); b) Gesangsformel für das Schlußamen im Gregorianischen Gesang; c) melodische Ausschmückung von Texten im Gregorianischen Choral (Mus.)
Troß *der;* Trosses, Trosse ⟨aus *(alt)fr.* trousse „Bündel" zu trousser „aufladen (u. festschnüren)", dies über das Vulgärlat. aus *lat.* torquere „winden, drehen"⟩: 1. (veraltet) die Truppe mit Verpflegung u. Munition versorgender Wagenpark. 2. (oft abwertend) a) Anhang, Gefolge, Mitläufer; b) Schar, Haufen. **Tros|se** *die;* -, -n ⟨wohl über das Mittelniederl. aus *(alt)fr.* trousse, vgl. Troß⟩: starkes Tau, Drahtseil, bes. zum Festmachen od. Schleppen großer Schiffe
Trot|teur [...'tø:ɐ̯] *der;* -s, -s ⟨aus gleichbed. *fr.* trotteur, eigtl. „der zum schnellen Gang Geeignete", zu trotter „traben, trotten", dies wohl aus dem Germ., Bed. 2 zu *fr.* trotter im Sinne von „flanieren"⟩: 1. eleganter, bequemer Schuh mit flachem od. mittlerem Absatz. 2. (veraltend) kleiner Hut für Damen. **trot|tie|ren** ⟨nach gleichbed. *fr.* trotter⟩: (veraltet) traben. **Trot|ti|nett** *das;* -s, -e ⟨aus gleichbed. *fr.* trottinette zu trottiner „trippeln" u. -ette (Verkleinerungssuffix); vgl. ...ett⟩: (schweiz.) Kinderroller. **Trot|toir** [...'toa:ɐ̯] *das;* -s, Plur. -e u. -s ⟨aus gleichbed. *fr.* trottoir zu trotter, vgl. Trotteur⟩: (schweiz., sonst veraltet) Bürgersteig
Tro|tyl *das;* -s ⟨Kunstw. zu ↑Trinitrotoluol u. ↑...yl⟩: svw. Trinitrotoluol
Trotz|kis|mus *der;* - ⟨nach dem russ. Revolutionär L. D. Trotzki (1879–1940) u. zu ↑...ismus (1)⟩: von Trotzki u. seinen Anhängern vertretene Variante des Kommunismus mit der Forderung der unmittelbaren Verwirklichung der Weltrevolution. **Trotz|kist** *der;* -en, -en ⟨zu ↑...ist⟩: Anhänger, Vertreter des Trotzkismus. **trotz|ki|stisch** ⟨zu ↑...istisch⟩: den Trotzkismus betreffend, zu ihm gehörend, ihm anhängend
Trou|ba|dour ['tru:badu:ɐ̯, auch ...'du:ɐ̯] *der;* -s, Plur. -e u. -s ⟨aus gleichbed. *fr.* troubadour, dies aus *altprovenzal.* trobador „Dichter" zu trobar „Weisen, Verse erfinden, dichten"⟩: provenzal. Minnesänger des 12. bis 14. Jh.s; vgl. Trouvère

Trou|ble [trʌbl] *der;* -s ⟨aus gleichbed. *engl.* trouble zu to trouble „trüben; verwirren, beunruhigen", dies über *(alt)fr.* troubler aus *vulgärlat.* *turbulare zu *lat.* turba „Verwirrung"⟩: (ugs.) Ärger, Unannehmlichkeit[en], Aufregung. **Trou|ble|shoo|ter** [ˈtrʌblʃuːtə] *der;* -s, - ⟨aus *engl.* trouble-shooter „Störungssucher"⟩: jmd., der sich bemüht, Konflikte auszuräumen, Probleme aus der Welt zu schaffen

Trou|pier [truˈpi̯eː] *der;* -s, -s ⟨aus gleichbed. *fr.* troupier zu troupe „Truppe, Mannschaft", weitere Herkunft ungeklärt, vielleicht aus dem Germ.⟩: (veraltend) a) altgedienter, erfahrener Soldat; b) Truppenoffizier

Trous|seau [truˈsoː] *der;* -s, -s ⟨aus gleichbed. *fr.* trousseau, eigtl. „kleines Bündel", zu trousse „Bündel"⟩: (veraltet) Brautausstattung, Aussteuer

Trou|vail|le [truˈvaːjə] *die;* -, -n ⟨aus gleichbed. *fr.* trouvaille zu trouver „finden"⟩: [glücklicher] Fund. **Trou|vère** [...ˈvɛːr] *der;* -s, -s ⟨aus gleichbed. *fr.* trouvère zu trouver in der alten Bed. „Verse erfinden, dichten"⟩: nordfranz. Minnesänger des Mittelalters

Troy|ge|wicht [ˈtrɔy...] *das;* -[e]s, -e ⟨Lehnübersetzung zu *engl.* troy weight, nach der franz. Stadt Troyes⟩: Gewicht in England u. den USA für Edelmetall u. Edelsteine

Truck [trʌk] *der;* -s, -s ⟨aus gleichbed. *engl.* truck, weitere Herkunft ungeklärt⟩: [großer] Lastkraftwagen; Lastzug [mit Sattelauflieger], bes. im [internationalen] Fernverkehr. **Trucker**[1] [ˈtrʌkɐ] *der;* -s, - ⟨aus gleichbed. *engl.* trucker⟩: jmd., der einen Truck fährt, Lastwagenfahrer

Truck|sy|stem [ˈtrʌk...] *das;* -s ⟨aus gleichbed. *engl.* truck system, zu *engl.* truck „Tausch", weitere Herkunft ungeklärt⟩: frühere Entlohnungsform, bei der der Arbeitnehmer Waren teilweise od. ausschließlich als Entgelt für seine Leistungen erhielt

Truf|fal|di|no *der;* -s, Plur. -s od. ...ni ⟨aus *it.* truffaldino „Betrüger" zu truffa „Betrug"⟩: Dienerfigur der ital. Commedia dell'arte, dem ↑Arlecchino verwandt

Tru|is|mus *der;* - ⟨nach gleichbed. *engl.* truism zu true „wahr"; vgl. ...ismus (4)⟩: Binsenwahrheit; Gemeinplatz (z. B. man lebt nur einmal)

Trul|lo *der;* -s, Trulli ⟨aus gleichbed. *it.* trullo, dies wohl aus *mgr.* troúllos „Kuppel"⟩: rundes Wohnhaus mit konischem Dach (auf der Salentinischen Halbinsel in Apulien)

Tru|meau [tryˈmoː] *der;* -s, -s ⟨aus gleichbed. *fr.* trumeau, eigtl. „Keule, Schenkel", wohl aus dem Germ.⟩: 1. Pfeiler zwischen zwei Fenstern, bes. an Barockbauten des 18. Jh.s (Archit.). 2. (zur Innendekoration eines Raumes gehörender) großer, schmaler Wandspiegel an einem Trumeau (1)

Trun|cus [...kʊs] *der;* -, ...ci ⟨aus *lat.* truncus „Stamm eines Baumes"⟩: a) Gefäßstamm; b) Rumpf des menschlichen Körpers (Med.). **trun|ku|lär** ⟨zu ↑...är⟩: einen Gefäßstamm betreffend (Med.)

Trust [trast, engl. trʌst] *der;* -[e]s, Plur. e u. -s ⟨aus gleichbed. *engl.-amerik.* trust, gekürzt aus trust-company „Treuhandgesellschaft", zu *engl.* trust „Treuhand, Vertrauen"⟩: Zusammenfassung mehrerer Unternehmen unter einer Leitung zum Zweck der Monopolisierung. **Tru|stee** [trasˈtiː] *der;* -s, -s ⟨aus gleichbed. *engl.* trustee⟩: engl. Bez. für Treuhänder

Try|pa|no|so|ma *das;* -s, ...men ⟨*nlat.* trypanosoma zu *gr.* trýpanon „Bohrer" u. sõma „Körper"⟩: Vertreter einer Gattung der Geißeltierchen mit zahlreichen Krankheitserregern (z. B. dem Erreger der Schlafkrankheit). **Try|pa|no|so|mia|sis** *die;* -, ...iasen ⟨zu ↑...iasis⟩: Schlafkrankheit (Med.)

Tryp|sin *das;* -s ⟨Kunstw.; wohl zu *gr.* trýein „aufreiben, verzehren" u. ↑Pepsin⟩: eiweißspaltendes ↑Enzym der Bauchspeicheldrüse (Biochem.). **Tryp|si|no|gen** *das;* -s ⟨zu ↑...gen⟩: chem. Vorstufe des Trypsins (Biochem.). **Tryp|to|phan** *das;* -s ⟨zu *gr.* phanerós „offenbar, deutlich"⟩: eine in den meisten Eiweißstoffen enthaltene ↑Aminosäure (Biochem.)

Try|se|gel [ˈtraɪ...] *das;* -s, -e ⟨Lehnübersetzung von *engl.* try sail⟩: dreieckiges Sturmsegel für Hochseejachten

Tsam|ba *der;* -[s] ⟨aus dem Tibet.⟩: tibet. Nahrungsmittel, steifer Teig aus gerösteten, gemahlenen u. mit Tee u. Butter verkneteten Gerstenkörnern

Tsan|tsa *die;* -, -s ⟨aus dem Jivaro, einer südamerik. Indianersprache⟩: eingeschrumpfte Kopftrophäe (bei einem südamerik. Indianerstamm)

Tsa|tsi|ki vgl. Zaziki

Tscha|dor [auch ...ˈdoːɐ] u. **Tscha|dyr** *der;* -s, -s ⟨aus gleichbed. *pers.* čādur (wān)⟩: (von pers. Frauen getragener) langer, den Kopf u. teilweise das Gesicht u. den Körper bedeckender Schleier

Tschai|tja *der* od. *das;* -[s], -s ⟨aus *sanskr.* caitya, eigtl. „Grabmal"⟩: in den Fels gehauene Höhle, deren Architektur am Vorbild aus Holz errichteter Hallen orientiert ist u. die hauptsächlich buddhistischen Kultzwecken diente

Tscha|ja *der;* -s, -s ⟨aus dem Indian.⟩: Schopfwehrvogel (südamerik. hühnerartiger Vogel)

Tscha|ko *der;* -s, -s ⟨aus *ung.* csákó „Husarenhelm"⟩: (früher) im Heer u. (nach 1918) von der Polizei getragene zylinder-, helmartige Kopfbedeckung

Tscha|kra *das;* -[s], -s ⟨zu *sanskr.* srká „(Wurf)geschoß"⟩: altindische Schleuderwaffe

Tscha|ma|ra *die;* -, Plur. -s u. ...ren ⟨aus gleichbed. *tschech.* čamara bzw. *poln.* czamar(k)a⟩: zur tschechischen u. polnischen Nationaltracht gehörende, geschnürte Jacke mit niedrigem Stehkragen

Tschan *das;* -[s] ⟨über *chin.* chan aus *sanskr.* dhyāna „Meditation"⟩: chines. buddhistische Richtung; vgl. Zen

Tschan|du *das;* -s ⟨über *engl.* chandoo aus gleichbed. *Hindi* candū⟩: zum Rauchen zubereitetes Opium

Tscha|no|ju *das;* - ⟨aus *jap.* cha-noyu, eigtl. „Teewasser"⟩: Teezeremonie als japan. Brauch, der aus feierlichen Handlungen buddhistischer Priester beim Teetrinken hervorgegangen ist

Tschap|ka *die;* -, -s ⟨aus gleichbed. *poln.* czapka, eigtl. „Mütze, Kappe"⟩: frühere, mit viereckigem Deckel versehene (urspr. poln.) Mütze der Ulanen

Tschar|da vgl. Csárda. **Tschar|dasch** vgl. Csárdás

Tschar|ka *die;* - ⟨aus gleichbed. *russ.* čarka, eigtl. „Becher"⟩: früheres russ. Flüssigkeitsmaß (= 0,123 l)

Tscha|stusch|ka *die;* -, ...ki ⟨aus gleichbed. *russ.* častuška zu častyj „häufig" (weil es oft gesungen wurde)⟩: volkstümliches russ. Lied, vielfach satirischen Inhalts

tschau! ⟨aus gleichbed. *it.* ciao, dies aus schiavo „Sklave", also eigtl. „(Ihr) Diener"⟩: tschüs!, hallo!; vgl. ciao

Tschausch *der;* -, -[s] ⟨aus gleichbed. *türk.* çavuş⟩: 1. ehemaliger türkischer Leibgardist, Polizist, Unteroffizier. 2. Spaßmacher bei einer Hochzeit (auf dem Balkan)

Tsche|ka *die;* - ⟨aus *russ.* Čeka; Kurzw. aus *russ.* Črezvyčajnaja komissija „Außerordentliche Kommission"⟩: (von 1917–1922) Name der politischen Polizei in Sowjetrußland

Tsche|ki|ang *das;* -s, -s ⟨nach der gleichnamigen chines. Provinz⟩: flachgelocktes od. geflammtes chines. Lammfell

Tsche|kist *der;* -en, -en ⟨aus gleichbed. *russ.* čekist zu Čeka, vgl. Tscheka⟩: a) Angehöriger der Tscheka; b) Angehöriger des Staatssicherheitsdienstes in den ehem. sozialistischen Ländern

Tsche|petz *der;* -, -e ⟨aus *russ.* čepec „Haube"⟩: svw. Kakoschnik

Tscher|keß|ka *die;* -, Plur. -s u. ...ken ⟨aus *russ.* čerkeska „Tscherkessenrock", nach dem kaukas. Volk der Tscherkessen⟩: langer, enganliegender Leibrock mit Gürtel u. Patronentaschen (Nationalkleidung, auch Uniform der Kaukasusvölker)

Tscher|nit|za *die;* - ⟨zu *tschech.* černý „schwarz"⟩: schwarzerdeartiger Auenboden in Lößgebieten. **Tscher|no|byl** [*russ.* tʃɛrˈnɔ...] *das;* -s, -s ⟨nach dem gleichnamigen Kernkraftwerk (*russ.* Černobyl) bei Kiew, in dem sich 1986 ein folgenschwerer Reaktorunfall ereignete⟩: atomare Katastrophe größeren Ausmaßes [mit ausgedehnter Verseuchung der Umwelt]. **Tscher|no|sem** [...ˈzjɔm] u. **Tscher|no|sjom** *das;* -s ⟨aus gleichbed. *russ.* černozëm zu černyj „schwarz" u. zemlja „Erde"⟩: Schwarzerde (fruchtbarer, humushaltiger Lößboden in Südrußland)

Tscher|wo|nez *der;* -, ...wonzen (aber: 5 -) ⟨aus gleichbed. *russ.* červonec zu červonnyj „(gold)rot"⟩: frühere russ. Währungseinheit, bes. in Form von Goldmünzen

Tschet|niks *die* (Plur.) ⟨aus gleichbed. *serb.* četnici⟩: serb. nationalistische Freischärler, die sich ursprünglich im Kampf gegen die Türken (18./19. Jh.) gebildet haben

Tsche|wap|tschi|tschi *die* (Plur.) ⟨aus gleichbed. *serb.* u. *kroat.* ćevapčići⟩: gegrillte Röllchen aus pikant gewürztem Hackfleisch

Tschi|buk *der;* -s, -s ⟨aus gleichbed. *türk.* çubuk, eigtl. „Stab, Rohr"⟩: lange türkische Tabakspfeife mit kleinem Kopf

Tschick *der;* -s, - ⟨aus *it.* cicca, eigtl. „Kleinigkeit"⟩: (österr. ugs.) Zigarette[nstummel]

Tschif|t|lik *das;* -s, -s ⟨aus gleichbed. *türk.* çif(t)lik⟩: türkisches Landgut, Meierei

Tschi|kosch vgl. Csikós

Tschin *der;* -s, -s ⟨aus *russ.* čin „Rang, Dienstgrad"⟩: Dienstgrad im alten russ. Beamtenwesen

Tschi|nel|le *die;* -, -n (meist Plur.) ⟨aus gleichbed. *it.* cinelle, eigtl. „kleines Becken"; vgl. ...elle⟩: Becken (messingenes Schlaginstrument)

Tschi|now|nik *der;* -s, -i ⟨aus gleichbed. *russ.* činovnik zu čin, vgl. Tschin⟩: Beamter im alten russ. Beamtenwesen

Tschi|ru *der;* -[s], -s ⟨aus dem Tibet.⟩: bis 1,3 m körperlange Antilopenart in den Hochgebirgen Zentralasiens

Tschis|ma *der;* -s, ...men (meist Plur.) ⟨aus gleichbed. *ung.* czisma⟩: niedriger, farbiger ungarischer Stiefel

Tschist|ka *die;* - ⟨aus *russ.* cistka „Säuberung" zu čistit' „reinigen, säubern"⟩: Entfernung politisch verdächtiger od. mißliebiger Personen in der Sowjetunion in der Zeit des Stalinismus (bes. 1935–39)

Tschi|tra|ka *das;* -[s], -s ⟨aus dem Hindi⟩: täglich erneuertes Sektenzeichen auf der Stirn der Hindus

Tschon vgl. Chon

Tschor|ba *die;* - ⟨aus gleichbed. *türk.* çorba⟩: Suppe, Eintopf

Tschor|ten *der;* -, - ⟨aus *tibet.* chörten „Objekt der Opferung"⟩: tibet. Form des ↑Stupas

Tschu|mak *der;* -s ⟨aus älter. *russ.* čumak „Frachtfuhrmann"⟩: ukrainischer Fuhrmann

tschüs! [auch tʃys] ⟨französierend zu *span.* adiós, dies aus *lat.* ad deum, vgl. ade⟩: (ugs.) auf Wiedersehen! (Abschiedsgruß bes. unter Verwandten u. guten Bekannten)

Tschusch *der;* -en, -en ⟨Herkunft unsicher, vielleicht aus dem Slaw.⟩: (österr. ugs. abwertend) Ausländer (bes. als Angehöriger eines südosteuropäischen od. orientalischen Volkes)

Tse|tse|flie|ge *die;* -, -n ⟨zu gleichbed. *Bantu* tsetse (lautmalend)⟩: im tropischen Afrika vorkommende Stechfliege, die den Erreger der Schlafkrankheit überträgt

T-Shirt [ˈtiːʃəːt] *das;* -s, -s ⟨aus *engl.-amerik.* T-shirt, wohl nach dem T-förmigen Schnitt⟩: enganliegendes [kurzärmeliges] Oberteil aus Maschenware [ohne Kragen]

Tsu|ba *das;* -[s], ...ben ⟨aus gleichbed. *jap.* tsu-ba⟩: Stichblatt des japanischen Schwertes

Tsu|ga *die;* -, Plur. -s u. ...gen ⟨aus gleichbed. *jap.* tsuga⟩: Schierlings- od. Hemlocktanne

Tsu|ka|ha|ra *der;* -[s], -[s] ⟨nach dem japan. Turner M. Tsukahara, *1947⟩: ein Pferdsprung mit Radwende u. Salto (Turnen)

Tsu|me|bit [auch ...ˈbɪt] *der;* -s, -e ⟨nach dem Fundort Tsumeb in Namibia u. zu ↑²...it⟩: ein smaragdgrünes, in kleinen, verwachsenen Kristallen auftretendes Mineral

Tsu|na|mi *der;* -, -s ⟨aus gleichbed. *jap.* tsunami, eigtl. „Hochwasser"⟩: plötzliche Meereswelle im Pazifik, die durch Veränderung des Meeresbodens durch unterseeische Erdbeben u. Vulkanausbrüche entsteht (mit verheerender Wirkung an den Küsten)

Tsu|su|mi *die;* -, -s ⟨aus gleichbed. *jap.* tsusumi⟩: zweifellige japan. Trommel, die im No-Spiel u. in der Hofmusik verwendet wird

tua res agitur ⟨*lat.*⟩: um deine Angelegenheit handelt es sich, dich geht es an, du mußt selbst aktiv werden

Tub [tʌb] *das;* -[s], -s (aber: 5 -) ⟨aus *engl.* tub⟩: engl. Gewichtsmaß für Butter (= 38,102 kg) u. Tee (= 27,216 kg)

Tu|ba *die;* -, Tuben ⟨aus *lat.* tuba „Röhre, Tube"⟩: 1. zur Bügelhörnerfamilie gehörendes tiefstes Blechblasinstrument mit nach oben gerichtetem Schalltrichter u. vier Ventilen. 2. altröm. Blasinstrument, Vorläufer der Trompete. 3. röhrenförmige Verbindung zwischen der Paukenhöhle des Ohrs u. dem Rachen, Ohrtrompete (Med.). 4. Ausführungsgang der Eierstöcke; Eileiter (Med.). **Tu|bar|gra|vi|di|tät** *die;* -, -en [...v...] ⟨zu *lat.* tuba uterina „Eileiter"⟩: Eileiterschwangerschaft, Schwangerschaft, bei der sich der Keim im Eileiter entwickelt (Med.). **tube|less** [ˈtjuːblɪs] ⟨aus gleichbed. *engl.* tubeless⟩: schlauchlos (von Fahrzeugreifen). **Tu|ben** [ˈtuː...]: Plur. von ↑Tuba u. ↑Tubus

Tu|ber *das;* -s, -a ⟨aus *lat.* tuber „Höcker, Knoten, Geschwulst"⟩: Höcker, Vorsprung, physiologische Anschwellung od. Verdickung eines Organs (bes. eines Knochens; Med.). **Tu|ber|kel** *der;* -s, -, österr. auch *die;* -, -n ⟨aus *lat.* tuberculum „Höckerchen, kleine Geschwulst", einer Verkleinerungsbildung zu *lat.* tuber „Höcker, Knoten, Geschwulst"⟩: 1. kleiner Höcker, Vorsprung (besonders an Knochen; Anat.). 2. knötchenförmige Geschwulst, [Tuberkulose]knötchen (Med.). **Tu|ber|kel|bak|te|rie** [...i̯ə] *die;* -, -n (meist Plur.): Erreger der Tuberkulose (Med.). **tu|ber|ku|lar** ⟨aus *nlat.* tubercularis; vgl. ...ar⟩: knotig, mit Bildung von Tuberkeln einhergehend (von Organveränderungen; Med.). **Tu|ber|ku|lid** *das;* -[e]s, -e ⟨zu *gr.* -eidḗs „ähnlich"; vgl. ²...id⟩: gutartige Hauttuberkulose (Med.). **Tu|ber|ku|lin** *das;* -s ⟨zu ↑...in (1)⟩: aus Zerfallsstoffen der Tuberkelbakterien gewonnene Substanz, die zum Nachweis von Tuberkulose verwendet wird (Biochem., Med.). **Tu|ber|ku|lin|re|ak|ti|on** *die;* -, -en: allgemeine u. bes. lokale allergische Reaktion des Organismus nach der Applikation von Tuberkulin auf bzw. in die Haut (Med.). **tu|ber|ku|lo|id** ⟨zu ↑...oid⟩: einer Tuberkulose ähnlich (Med.). **Tu|ber|ku|lom** *das;* -s, -e ⟨zu ↑...om⟩: Geschwulst aus tuberkulösem Gewebe (Med.). **tu|ber|ku|lös,** österr. ugs.

tuberkulos

auch **tu|ber|ku|los** ⟨zu ↑¹...os bzw. ...ös⟩: a) die Tuberkulose betreffend, mit ihr zusammenhängend; b) an Tuberkulose leidend; schwindsüchtig (Med.). **Tu|ber|ku|lo|se** *die;* -, -n ⟨zu ↑...ose⟩: durch Tuberkelbakterien hervorgerufene chronische Infektionskrankheit (z. B. von Lunge, Haut, Knochen); Abk.: Tb, Tbc, Tbk (Med.). **Tu|ber|ku|lo|se|sta|ti|kum** *das;* -s, ...ka ⟨zu *gr.* statikós „zum Stillstehen bringend" u. ↑...ikum⟩: Arzneimittel gegen Tuberkulose, das hemmend auf das Wachstum von Tuberkelbakterien einwirkt (Med.). **tu|ber|ku|lo|sta|tisch**: das Wachstum von Tuberkelbakterien hemmend (von Arzneimitteln; Med.). **tu|be|rös**, auch **tu|be|ros** ⟨aus *lat.* tuberosus „voller Höcker od. Knoten" zu tuber, vgl. Tuberkel⟩: höckerig, knotenartig, geschwulstartig (Med.). **Tu|be|ro|se** *die;* -, -n ⟨aus *nlat.* tuberosa, eigtl. „die Knollenreiche", zu *lat.* tuberosus, vgl. tuberös⟩: aus Mexiko stammende, stark duftende Zierpflanze mit weißen Blüten an langem Stengel. **Tu|be|ro|si|tät** *die;* - ⟨zu ↑...osität⟩: das Auftreten von knötchenartigen Wucherungen an älteren Wurzeln des Weinstocks, die durch die Tätigkeit der Reblaus hervorgerufen werden
Tu|bęt|te *die;* -, -n ⟨französierende Bildung zu *dt.* Tube (aus *lat.* tuba) u. ↑...ette⟩: schmales, die Schreibpaste enthaltendes Röhrchen im Kugelschreiber. **Tu|bi|fex** *der;* -, ...bifices [...tse:s] ⟨aus *nlat.* tubifex zu *lat.* tubus „Röhre" u. facere „machen"⟩: bis zu 8 cm langer, in Schlammröhren lebender roter Ringelwurm, der vor allem als Futter für Aquarienfische genutzt wird. **tu|bu|lär** ⟨aus *nlat.* tubularis zu *lat.* tubulus, vgl. Tubulus⟩: schlauch-, röhrenförmig (Med.). **tu|bu|lös** ⟨aus *nlat.* tubulosus⟩: svw. tubulär. **Tu|bu|lus** *der;* -, ...li ⟨aus *lat.* tubulus „kleine Röhre", Verkleinerungsform von tubus, vgl. Tubus⟩: sehr kleiner, schlauchförmiger Körperkanal (Anat.). **Tu|bus** *der;* -, Plur. ...ben u. -se ⟨aus *lat.* tubus „Röhre"⟩: 1. linsenfassendes Rohr bei optischen Geräten. 2. Rohransatz an Glasgeräten. 3. Röhre aus Metall, Gummi od. Kunststoff zur Einführung in die Luftröhre (z. B. für Narkosezwecke; Med.). 4. (veraltet) Fernrohr
Tu|chent *die;* -, -en ⟨Herkunft unsicher; vielleicht aus dem Slaw.⟩: (österr.) Federbett
Tu|dor|bo|gen ['tju:də..., auch 'tu:dɔr..., ...do:ɐ̯...] *der;* -s, - ⟨nach dem engl. Königshaus der Tudors (1485–1603)⟩: Spitzbogen der engl. Spätgotik. **Tu|dor|stil** *der;* -s: Stil der engl. Spätgotik zwischen 1485 u. 1558, in den auch Renaissanceformen einflossen
Tuf|fit [auch ...'fɪt] *der;* -s, -e ⟨zu Tuff (vulkanisches Gestein) u. ↑²...it⟩: mit nichtvulkanischen Sedimenten wechselweise geschichtete Ablagerung aus vulkanischen Lockermassen
Tuf|tex Ⓦ *das;* - ⟨Kunstw.⟩: ein Teppichgewebe. **Tuf|ting|wa|re** ['taftɪŋ...] *die;* - ⟨zu *engl.* tufting „das Anordnen in Büscheln" zu to tuft „in Büscheln anordnen"⟩: Teppichware, bei der nach einem Spezialfertigungsverfahren Schlingen in ein Grundgewebe eingearbeitet werden
Tugh [tʊk] *der;* -s, -s ⟨aus gleichbed. *türk.* tuğ⟩: (früher) in der Türkei Roßschweif als militärisches Ehrenzeichen. **Tugh|ra** *die;* - ⟨aus gleichbed. *türk.* tuğra⟩: Namenszug des Sultans auf Staatsurkunden, Orden u. Münzen
Tu|gu|rio *der;* -, -s (meist Plur.) ⟨aus *span.* tugurio, eigtl. „(Schäfer)hütte"⟩: innerstädtisches Elendsviertel in den Andenstädten Südamerikas
Tu|is|mus *der;* - ⟨zu *lat.* tu „du" u. ↑...ismus (2)⟩: (veraltet) svw. Altruismus
Tu|kan [auch tu'ka:n] *der;* -s, -e ⟨über *span.* tucán aus *Tupi* u. *Guarani* (südamerik. Indianersprachen) tuka(no)⟩: Pfefferfresser (mittel- u. südamerik. spechtartiger Vogel)

Tu|lar|ämie *die;* -, ...jen ⟨nach der kaliforn. Landschaft Tulare u. zu ↑...ämie⟩: Hasenpest, auf den Menschen übertragbare (Fieber u. Erbrechen hervorrufende) Seuche wildlebender Nager (Med.)
Tu|li|pan *der;* -[e]s, -e u. **Tu|li|pa|ne** *die;* -, -n ⟨wohl aus gleichbed. *it.* tulipano, dies aus dem Türk.⟩: (veraltet) Tulpe
Tu|lum *der;* -[s], - ⟨aus *türk.* tulum „Sack (aus Ziegenbalg)"⟩: türk. Sackpfeife
¹**Tum|ba** *die;* -, ...ben ⟨aus *spätlat.* tumba „Grab", dies aus *gr.* týmbos „Grabhügel"⟩: 1. Scheinbahre beim kath. Totengottesdienst. 2. sarkophagartiger Überbau eines Grabes mit Grabplatte
²**Tum|ba** *die;* -, -s ⟨aus gleichbed. *span.* tumba zu retumbar „ertönen"⟩: mit den Händen zu schlagende große Trommel südamerik. Ursprungs, die in der Tanz- u. Unterhaltungsmusik verwendet wird
Tum|ba|go *das;* -s, ...gä ⟨aus *span.* tumbaga „Fingerring, Tombak"⟩: goldähnliche Legierung
tum|beln ['tam...] ⟨aus gleichbed. *engl.* to tumble, eigtl. „sich hin- u. herwälzen"⟩: Wäsche im Tumbler trocknen
Tum|ben: Plur. von ↑¹Tumba
Tumb|ler ['tam...] *der;* -s, - ⟨aus gleichbed. *engl.* tumbler⟩: elektr. Wäschetrockner
Tu|mes|zenz *die;* - ⟨zu *lat.* tumescere „(auf)schwellen" u. ↑...enz⟩: Schwellung, Anschwellung (Med.). **Tu|mor** [auch ...'mo:ɐ̯] *der;* -s, Plur. ...oren, ugs. auch ...ore ⟨aus *lat.* tumor „Schwellung" zu tumere „geschwollen sein"⟩: 1. krankhafte Anschwellung eines Organs od. Organteils (Med.). 2. Geschwulst, Gewächs, Gewebswucherung (Med.). **Tu|mor|ek|to|mie** *die;* -, ...jen ⟨zu ↑...ektomie⟩: operative Entfernung einer Geschwulst (Med.). **tu|mo|ri|gen** ⟨zu *lat.* tumor, Gen. tumoris (vgl. Tumor) u. ↑...gen⟩: die Fähigkeit besitzend, Tumoren hervorzurufen (von Zellen; Med.). **Tu|mo|ri|ge|ni|tät** *die;* - ⟨zu ↑...ität⟩: tumorigene Eigenschaft von Zellen (Med.). **Tu|mor|mar|ker** *der;* -s, -[s]: zelluläre Veränderung im Körper, deren Nachweis einen Rückschluß auf einen bestehenden bösartigen Tumor zuläßt (Med.). **Tu|mor|me|ta|sta|se** *die;* -, -n (meist Plur.): aus verschleppten Tumorzellen entstehende ↑Metastase (1) beim ↑Malignom (Med.). **Tu|mor|the|ra|pie** *die;* -, ...jen [...iːən]: therapeutische Behandlung von Tumoren (Med.). **Tu|mu|li**: Plur. von ↑Tumulus. **Tu|mult** *der;* -[e]s, -e ⟨aus gleichbed. *lat.* tumultus⟩: a) Lärm; Unruhe; b) Auflauf lärmender u. aufgeregter Menschen, Aufruhr. **Tu|mul|tu|ant** *der;* -en, -en ⟨zu *lat.* tumultuari „lärmen" u. ↑...ant⟩: Unruhestifter; Ruhestörer; Aufrührer. **tu|mul|tu|a|risch** ⟨nach *lat.* tumultuarius „in größter Eile gemacht"⟩: lärmend, unruhig, erregt, wild, ungestüm, aufrührerisch. **tu|mul|tu|ie|ren** ⟨aus gleichbed. *lat.* tumultuari⟩: lärmen; einen Tumult erregen. **tu|mul|tu|os** u. **tu|mul|tu|ös** ⟨über *fr.* tumultueux aus gleichbed. *lat.* tumultuosus⟩: heftig, stürmisch, aufgeregt, wild bewegt. **tu|mul|tuo|so** ⟨*it.*⟩: stürmisch, heftig, lärmend (Vortragsanweisung; Mus.). **Tu|mu|lus** *der;* -, ...li ⟨aus *lat.* tumulus „(Grab)hügel" zu tumere, vgl. Tumor⟩: Hügelgrab
Tun|dra *die;* -, ...ren ⟨aus gleichbed. *russ.* tundra⟩: baumlose Kältesteppe jenseits der arktischen Waldgrenze
Tu|nęll *das;* -s, -e ⟨zu ↑Tunnel, beeinflußt von *fr.* tonnelle „Tonnengewölbe"⟩: (südd., österr., schweiz.) svw. Tunnel
tu|nen ['tju:...] ⟨aus *engl.* to tune „abstimmen; einfahren, rennfertig machen"⟩: 1. die Leistung eines Kraftfahrzeugmotors nachträglich erhöhen, einen Motor frisieren. 2. einem Tourenwagen ein sportliches Äußeres geben. **Tu|ner** ['tju:nɐ] *der;* -s, - ⟨aus gleichbed. *engl.* tuner⟩: 1. a) Vorrichtung an einem Fernseh- od. Rundfunkgerät zur Einstel-

Turbulenz

lung des Frequenzkanals; Kanalwähler; b) diese Vorrichtung enthaltende Funktionseinheit (meist als Teil einer Stereoanlage). 2. (Jargon) Spezialist für Tuning

Tung|stit [auch ...'tɪt] *der;* -s, - ⟨nach der schwed. Bez. Tungsten für das Element Wolfram u. zu ↑²...it⟩: Wolframocker, ein Wolframmineral

Tu|ni|ca [...ka] *die;* -, ...cae [...kɛ] ⟨nach *lat.* tunica „Haut, Hülle"; vgl. Tunika⟩: 1. äußere Schicht des ↑Vegetationskegels der Pflanzen (Bot.); Ggs. ↑Corpus (2). 2. dünne Gewebsschicht der Haut (z. B. die Schleimhäute; Med., Biol.). **Tu|ni|cin** [...ts...] vgl. Tunizin. **Tu|ni|ka** *die;* -, ...ken ⟨aus gleichbed. *lat.* tunica, dies aus dem Semit.⟩: 1. im Rom der Antike (urspr. ärmelloses) Untergewand für Männer u. Frauen. 2. über dem Kleid getragener [kürzerer] Überrock; ärmelloses, vorne offenes Übergewand, das mit Gürtel über einem festlichen Kleid aus dem gleichen Stoff getragen wird. 3. Grundgewand der liturgischen Funktionsträger in den orthodoxen Kirchen. **Tu|ni|ka|te** *die;* -, -n (meist Plur.) ⟨zu *lat.* tunicatus „von einer Hülle umgeben"⟩: ein Meerestier, dessen Körper von einer Hülle aus zelluloseähnlicher Substanz umgeben ist, Manteltier (Zool.). **Tu|ni|ken**: Plur. von ↑Tunika

Tu|ning ['tju:nɪŋ] *das;* -s, -s ⟨aus gleichbed. *engl.* tuning, eigtl. „das Abstimmen", zu to tune, vgl. tunen⟩: Gesamtheit der Maßnahmen zur nachträglichen Erhöhung der Fahrleistung von Kraftfahrzeugen, bes. der Motorleistung

Tu|ni|zel|la *die;* -, ...llen ⟨aus gleichbed. *kirchenlat.* tunicella, Verkleinerungsbildung zu *lat.* tunica, vgl. Tunika⟩: liturgisches Oberkleid des kath. ↑Subdiakons. **Tu|ni|zin**, chem. fachspr. Tunicin [...ts...] *das;* -s, -e ⟨zu ↑...in (1)⟩: zelluloseähnliches Polysaccharid, das die Hüllsubstanz der Manteltiere bildet

Tun|nel *der;* -s, Plur. - u. -s ⟨aus gleichbed. *engl.* tunnel, dies aus *altfr.* ton(n)el (*fr.* tonnelle) „Tonnengewölbe" zu tonne, vgl. Tonnage⟩: a) röhrenförmiges unterirdisches Bauwerk, bes. als Verkehrsweg durch einen Berg, unter einem Gewässer hindurch o. ä.; b) unterirdischer Gang; c) (beim Rugby bei einem Gedränge) freier Raum zwischen den Spielern. **Tun|nel|di|ode** *die;* -, -n: Halbleiterdiode, die als Verstärker, Oszillator u. Schalter für sehr hohe Frequenzen verwendet wird. **Tun|nel|ef|fekt** *der;* -s, -e: 1. quantenmechanisch erklärbare Erscheinung, bei der atomare Teilchen ein Gebiet durchdringen, in dem die potentielle Energie höher ist als die kinetische (Phys.). 2. experimentell nachweisbare Erscheinung, daß die Wahrnehmung eines bestimmten Objektes vom Wissen um die Beschaffenheit abhängt (z. B. die Scheinbewegung von Lichtpunkten; Psychol.). **tun|ne|lie|ren** ⟨zu ↑...ieren⟩: (österr.) (durch etwas hindurch) einen Tunnel bauen. **Tun|ne|lie|rung** *die;* -, -en ⟨zu ↑...ierung⟩: (österr.) das Tunnelieren, Tunnelbau

Tu|pa|ma|ro *der;* -s, -s (meist Plur.) ⟨aus gleichbed. *span.* tupamaro, nach dem peruan. Indianerführer Túpac Amaru II., 1743–1781⟩: uruguayischer Stadtguerillero (bes. in den 1960er Jahren)

Tu|pel *das;* -s, - ⟨Kunstw., wohl verselbständigt aus ↑Tripel, ↑¹Quadrupel, ↑Quintupel usw.⟩: zusammenfassende Bez. für aneinandergereihte bzw. zusammengehörende Elemente einer Menge (Math., Informatik)

Tu|pe|lo|holz *das;* -es ⟨aus *Creek* (einer nordamerik. Indianersprache) ito opilwa⟩: Holz des tropischen Tupelobaumes. **Tu|pe|lo|stift** *der;* -[e]s, -e: Quellstift aus aufquellendem Holz des Tupelobaumes

Tu|pi *das;* -: 1. eine Indianersprache Südamerikas. 2. svw. Lingua geral (2)

Tu|ra|kos *die* (Plur.) ⟨aus dem Afrik.⟩: Familie farbenprächtiger, fruchtfressender Vögel Afrikas

Tu|ras *der;* -, -se ⟨zu *fr.* tour „Umdrehung" u. *niederd.* as „Achse"⟩: großes Kettenrad (z. B. beim Eimerkettenbagger)

Tur|ba *die;* -, ...bae [...bɛ] ⟨aus *lat.* turba „Gewühl, Schwarm, Haufe"⟩: in die Handlung eingreifender dramatischer Chor in Oratorien, Passionen u. geistlichen Schauspielen; Ggs. ↑Soliloquent

Tur|ban *der;* -s, -e ⟨vermutlich unter Einfluß von gleichbed. *it.* turbante (dies aus mittelgriech. Formen) aus *türk.* tülbend, dies aus *pers.* dolband⟩: aus [einer kleinen Kappe u.] einem in bestimmter Weise um den Kopf gewundenen langen, schmalen Tuch bestehende Kopfbedeckung (bes. der Moslems u. Hindus)

Tur|ba|ti|on *die;* -, -en ⟨aus gleichbed. *lat.* turbatio zu turbare, vgl. turbieren⟩: (veraltet) Störung, Verwirrung, Beunruhigung. **Tur|ba|tor** *der;* -s, ...oren ⟨aus gleichbed. *lat.* turbator⟩: (veraltet) Unruhestifter, Aufwiegler

Tür|be *die;* -, -n ⟨aus gleichbed. *türk.* türbe, dies aus *arab.* turbā⟩: islam., bes. türk., turmförmiger Grabbau mit kegel- od. kuppelförmigem Dach

Tur|bel|la|rie [...iə] *die;* -, -n (meist Plur.) ⟨aus *nlat.* turbellaria zu *lat.* turbella, Verkleinerungsbildung zu turbo, vgl. Turbine⟩: Strudelwurm (Zool.). **Tur|bi|di|me|trie** *die;* -, ...ien ⟨zu *lat.* turbidus „unruhig, stürmisch" u. ↑...metrie, eigtl. „Trübungsmessung"⟩: Analyseverfahren zur Bestimmung kolloidal gelöster Substanzen, bei dem die Lichtundurchlässigkeit als Maß für die Konzentration der zu ermittelnden Substanz dient. **tur|bie|ren** ⟨aus gleichbed. *lat.* turbare⟩: (veraltet) beunruhigen, stören. **tur|bi|nal** ⟨zu ↑Turbine u. ↑¹...al (1)⟩: gewunden (Techn.). **Tur|bi|ne** *die;* -, -n ⟨aus *fr.* turbine zu *lat.* turbo, Gen. turbinis „Wirbel; Kreisel"⟩: aus Laufrad u. feststehendem Leitrad bestehende Kraftmaschine zur Erzeugung drehender Bewegung durch Ausnutzung der potentiellen Energie u. der Strömungskräfte von Gas, Wasser od. Dampf. **Tur|bi|nit** [auch ...'nɪt] *der;* -s, -e ⟨zu ↑²...it⟩: versteinerte Kreiselschnecke. **Tur|bo** *der;* -s, -s: (ugs.) 1. Kurzform von ↑Turbomotor, ↑Turbolader. 2. Auto mit Turbomotor. **tur|bo...**, **Tur|bo...** ⟨zu *lat.* turbo, vgl. Turbine⟩: Wortbildungselement mit der Bedeutung „durch Turbinen angetrieben", z. B. Turbodynamo, Turbolader. **Tur|bo|dy|na|mo** *der;* -s: elektrischer Energieerzeuger (Generator), der unmittelbar mit einer Turbine gekoppelt ist. **tur|bo|elek|trisch**: mit von einem Turbodynamo gelieferten Strom arbeitend. **Tur|bo|ge|ne|ra|tor** *der;* -s, -en: sww. Turbodynamo. **Tur|bo|la|der** *der;* -s, -: mit einer Abgasturbine arbeitende Vorrichtung zum Aufladen eines Motors. **Tur|bo|mo|tor** *der;* -s, ...oren: 1. Motor mit einem Turbolader. 2. mit einer Gasturbine arbeitendes Triebwerk (z. B. bei Hubschraubern). **TURBOPASCAL** *das;* -: eine aus ↑PASCAL weiterentwickelte, besonders rasche Operationen verarbeitende Programmiersprache (EDV). **Tur|bo-Prop-Flug|zeug** *das;* -[e]s, -e ⟨Kurzw. aus ↑turbo... u. Propellerflugzeug⟩: Flugzeug mit einem Triebwerk, bei dem die Vortriebskraft von einer Luftschraube u. zusätzlich von einer Schubdüse erzeugt wird. **Tur|bo|ven|ti|la|tor** [...v...] *der;* -s, -en: Kreisellüfter (Klimaanlage) mit geringem Druck. **tur|bu|lent** ⟨aus *lat.* turbulentus „unruhig, stürmisch" zu turba „Verwirrung, Lärm"⟩: 1. stürmisch, ungestüm, lärmend. 2. durch das Auftreten von Wirbeln gekennzeichnet, ungeordnet (Phys., Astron., Meteor.); -e Strömung: Strömung mit Wirbelbildung. **Tur|bu|lenz** *die;* -, -en ⟨aus *spätlat.* turbulentia „Verwirrung"⟩: 1. Wirbelbildung bei Strömungen in

Gasen u. Flüssigkeiten (Phys.). 2. ungeordnete Wirbelströmung der Luft (Meteor.). 3. Unruhe; wildes Durcheinander, aufgeregte Bewegtheit; ungestümes Wesen

tur|ca [...ka] ⟨*it.;* Fem. von turco „türkisch"⟩: svw. alla turca

Turf [engl. tə:f] *der;* -s ⟨aus gleichbed. *engl.* turf, eigtl. „Rasen"⟩: a) Pferderennbahn; b) Pferderennen, Pferdesport

tur|ges|zent ⟨aus *lat.* turgescens, Gen. turgescentis, Part. Präs. von turgescere, vgl. turgeszieren⟩: durch vermehrten Flüssigkeitsgehalt prall gespannt u. angeschwollen (von Geweben u. Organen; Med.). **Tur|ges|zenz** *die;* -, -en ⟨zu ↑...enz⟩: Anschwellung, Volumenzunahme von Geweben bzw. Organen durch vermehrten Blut- u. Flüssigkeitsgehalt (Med.). **tur|ges|zie|ren** ⟨aus gleichbed. *lat.* turgescere⟩: infolge erhöhter Blut- bzw. Flüssigkeitszufuhr anschwellen (von Geweben u. Organen; Med.). **Tur|gor** *der;* -s ⟨aus *spätlat.* turgor „das Geschwollensein" zu *lat.* turgere „angeschwollen sein"⟩: 1. Spannungszustand, Flüssigkeitsdruck in einem Gewebe (Med.). 2. Druck des Zellsaftes auf die Pflanzenzellwand (Bot.).

Tu|ri|bu|lum *das;* -s, ...la ⟨aus gleichbed. *lat.* turibulum zu tus, Gen. turis „Weihrauch"⟩: Weihrauchfaß

Tu|ril|le *die;* -, -n (meist Plur.) ⟨Herkunft ungeklärt⟩: svw. Tourill

Tu|ring|ma|schi|ne ['tjʊərɪŋ...] *die;* -, -n ⟨nach dem brit. Mathematiker A. M. Turing, 1912–1954⟩: mathematisches Modell einer Rechenmaschine

Tu|rio|ne *die;* -, -n ⟨aus *lat.* turio, Gen. turionis „Trieb, Sproß"⟩: Überwinterungsknospe zahlreicher Wasserpflanzen (Bot.)

Turk|baff *der;* -[s], -s ⟨aus dem Pers.⟩: ziemlich kurz geschorener Teppich mit vielstrahligem Stern als Mittelmedaillon

Tur|key ['tə:kɪ] *der;* -s, -s ⟨aus gleichbed. *engl.* (cold) turkey „(kalter) Truthahn(aufschnitt)", weitere Herkunft ungeklärt⟩: (Jargon) durch Entzugserscheinungen gekennzeichneter körperlicher Zustand (Zittern usw.) von Drogenabhängigen, der eintritt, wenn die Wirkung des Rauschgifts nachläßt

tür|kis ⟨zu ↑¹Türkis⟩: blaugrün, türkisfarben. **¹Tür|kis** *der;* -es, -e ⟨aus gleichbed. *(mittel)fr.* turquoise zu *altfr.* turquois „türkisch", nach dem ersten Fundorten⟩: a) ein feinkörniges, blaues, blaugrünes od. grünes Mineral; b) daraus bestehender Schmuckstein. **²Tür|kis** *das;* - ⟨zu ↑¹Türkis⟩: blaugrüne Farbe, blaugrüner Farbton. **tur|ki|sie|ren** ⟨nach dem Volk der Türken u. zu ↑...isieren⟩: türkisch machen, gestalten. **Turk|me|ne** *der;* -n, -n ⟨nach dem vorderasiatischen Volk der Turkmenen⟩: turkmenischer Orientteppich. **Tur|ko** *der;* -s, -s ⟨aus gleichbed. *fr.* turco, dies aus *it.* turco „Türke"⟩: farbiger Fußsoldat des franz. [Kolonial]heeres. **Tur|ko|lo|ge** *der;* -n, -n ⟨zu *nlat.* Turco- „türkisch" u. ↑...loge⟩: Wissenschaftler auf dem Gebiet der Turkologie. **Tur|ko|lo|gie** *die;* - ⟨zu ↑...logie⟩: Wissenschaft von sämtlichen Turksprachen u. -kulturen. **tur|ko|lo|gisch** ⟨zu ↑...logisch⟩: die Turkologie betreffend

Tur|ma|lin *der;* -s, -e ⟨unter Einfluß von *fr.* u. *engl.* tourmaline aus *singhal.* turamalli⟩: 1. ein rotes, grünes, braunes, auch schwarzes od. farbloses Mineral. 2. Edelstein aus Turmalin (1)

Turn [tə:ɐn, tœrn, engl. tə:n] *der;* -s, -s ⟨aus gleichbed. *engl.* turn zu to turn „drehen", dies über das Altfrz. als *lat.* tornare „runden, drechseln" zu tornus, vgl. Turnus⟩: 1. Kehre, hochgezogene Kurve im Kunstfliegen. 2. (Jargon) (bes. durch Haschisch, Marihuana bewirkter) Rauschzustand. **Turn|around** [tə:nə'raʊnd] *das* od. *der;* -s, -s ⟨aus gleichbed. *engl.* turnaround⟩: Umschwung in der wirtschaftlichen Situation eines Unternehmens, bes. im Hinblick auf die Überwindung einer Krise (Wirtsch.). **tur|nen** ['tø:ɐnən] ⟨rückgebildet aus ↑anturnen⟩: 1. (Jargon) Rauschmittel zu sich nehmen, bes. Haschisch rauchen. 2. (ugs.) eine berauschende Wirkung haben. **Tur|nier** [tʊr...] *das;* -s, -e ⟨zu *altfr.* tourn(o)ier „am Turnier teilnehmen", dies zu torn „Drehung, Dreheisen" aus *lat.* tornus, vgl. Turnus⟩: 1. ritterliches Kampfspiel im Mittelalter. 2. über einen längeren Zeitraum sich erstreckende sportliche Veranstaltung, bei der in einzelnen Wettkämpfen aus einer Anzahl von Teilnehmern od. Mannschaften der Sieger ermittelt wird. **tur|nie|ren** ⟨zu ↑...ieren⟩: (veraltet) ein Turnier austragen

Tur|no|se *die;* -, -n ⟨latinisiert aus *fr.* (gros) tournois „(Dick)pfennig von Tours"⟩: wichtige Handelsmünze im 13. u. 14. Jh.

Turn|over ['tə:noʊvə] *der* od. *das;* -s, -s ⟨aus *engl.* turnover „das Umschlagen, die Umwandlung" zu to turn over „umdrehen, umschlagen"; vgl. Turn⟩: die stoffwechselmäßige Umsetzung eines Stoffs im Körper (Med.). **Turn|pike** ['tə:npaɪk] *die;* -, -s ⟨aus gleichbed. *engl.-amerik.* turnpike, eigtl. „Schlagbaum"⟩: gebührenpflichtige Autobahn in den USA. **Tur|nü|re** [tʊr...] *die;* -, -n ⟨aus *fr.* tournure, eigtl. „Drehung", dies aus *spätlat.* tornatura „Drechslerei" zu *lat.* tornare, vgl. Turn⟩: 1. (ohne Plur.) (veraltet) gewandtes Benehmen. 2. in der Damenmode Ende des 19. Jh.s übliches Gesäßpolster. **Tur|nus** *der;* -, -se ⟨aus gleichbed. *mlat.* turnus zu *lat.* tornus „Dreheisen", dies aus *gr.* tórnos⟩: 1. festgelegte, bestimmte Wiederkehr, Reihenfolge, regelmäßiger Wechsel; Umlauf; in gleicher Weise sich wiederholender Ablauf einer Tätigkeit. 2. Durchgang (eines Vorgangs, eines Tests o. ä.)

Tu|ron *das;* -s ⟨nach der *lat.* Bez. für die franz. Stadt Tours (*lat.* civitas Turonum)⟩: zweitälteste Stufe der Oberen Kreide (Geol.). **tu|ro|nisch**: das Turon betreffend

Tur|ri|ze|pha|lie *die;* -, ...ien ⟨zu *lat.* turris „Turm", *gr.* kephalé „Kopf" u. ↑²...ie⟩: das Auftreten bzw. die Ausbildung einer abnorm hohen Schädelform (Med.). **Tur|ri|ze|pha|lus** *der;* -, ...li ⟨aus gleichbed. *nlat.* turricephalus⟩: Turmschädel, angeborene Wachstumsanomalie, bei der sich eine abnorm hohe Schädelform ausbildet (Med.)

Turs|suk od. **Tur|suk** *der;* -[s], -s ⟨aus dem Turkotat.⟩: Schlauchfloß aus Ziegenbälgen für die Bergflüsse des Pamirs

Tur|zis|mus *der;* -, ...men ⟨aus *nlat.* turcismus zu Turco- „türkisch" u. ↑...ismus (4)⟩: türk. Spracheigentümlichkeit in einer nichttürk. Sprache

tu|schie|ren ⟨zu *dt.* Tusche u. ↑...ieren, Bed. 2 aus *fr.* toucher, vgl. touchieren⟩: 1. ebene Metalloberflächen herstellen (durch Abschaben der erhabenen Stellen, die vorher durch das Aufdrücken von Platten, die mit Tusche bestrichen sind, sichtbar gemacht wurden). 2. (veraltet) beleidigen

Tus|ku|lum *das;* -s, ...la ⟨nach der altröm. Stadt Tusculum, dem Landsitz Ciceros⟩: (veraltet) 1. ruhiger, behaglicher Landsitz. 2. Lieblingsaufenthalt

Tus|sah|sei|de *die;* - ⟨zu *engl.* tussah „wilde Seidenraupe", dies aus *Hindi* tasar⟩: Wildseide des Tussahspinners

Tus|si|ku|la|ti|on *die;* -, -en ⟨zu *lat.* tussicula „leichter Husten" (Verkleinerungsform von tussis „Husten") u. ↑¹...ion⟩: das Hüsteln (Med.). **Tus|si|me|trie** *die;* -, ...ien ⟨zu ↑...metrie⟩: Aufzeichnung von Frequenz u. Stärke des Hustens (Med.). **Tus|sis** *die;* - ⟨aus gleichbed. *lat.* tussis⟩: Husten (Med.)

Tu|tand *der;* -en, -en ⟨aus *lat.* tutandus „der zu Beschützende", Gerundivum von tutare „beschützen"): Schüler bzw. Studienanfänger, der von einem Tutor (1) betreut wird. **Tu|tel** *die;* -, -en ⟨aus gleichbed. *lat.* tutela, eigtl. „Schutz, Obhut", zu tueri „schützen"⟩: (veraltet) Vormundschaft. **tu|te|la|risch** ⟨aus gleichbed. *lat.* tutelaris⟩: (veraltet) vormundschaftlich. **Tu|tio|ris|mus** *der;* - ⟨zu *lat.* tutior, Komparativ von tutus „sicher" u. ↑ ...ismus (2)⟩: Haltung, die zwischen zwei Möglichkeiten immer die sicherere wählt (Religion, Philos.). **Tu|tor** *der;* -s, ...oren ⟨aus gleichbed. *lat.* tutor, eigtl. „Beschützer", zu tueri „schützen", Bed. 1 aus gleichbed. *engl.* tutor⟩: 1. a) Leiter eines Tutoriums; b) Lehrer u. Ratgeber von Studenten (z. B. bei praktischer pädagogischer Ausbildung); c) Lehrer der gymnasialen Oberstufe, der eine Gruppe von Schülern betreut. 2. Vormund, Erzieher (röm. Recht). **Tu|to|ri|um** *das;* -s, ...rien [...iən] ⟨substantiviertes Neutrum von *lat.* tutorius „sichernd, bewahrend"; vgl. ...ium⟩: ein ↑ Seminar (2) begleitender, meist in einer kleineren Gruppe gehaltener Übungskurs an einer Universität

tut|ta la for|za ⟨*it.;* „die ganze Kraft"⟩: mit voller Kraft (Vortragsanweisung; Mus.). **tut|te [le] cor|de** [– (–) k...] ⟨*it.*⟩: alle Saiten, ohne Verschiebung (beim Klavier; Mus.). **tut|ti** ⟨*it.;* Plur. von tutto „all-"⟩: alle [Instrumenten- u. Gesangs]stimmen zusammen (Mus.). **Tut|ti** *das;* -[s], -[s] ⟨alle Stimmen, volles Orchester (Mus.); Ggs. ↑ Solo (1). **Tut|ti-frut|ti** *das;* -[s], -[s] ⟨aus *it.* tutti frutti „alle Früchte"⟩: 1. Vielfruchtspeise; Süßspeise aus verschiedenen Früchten. 2. (veraltet) Allerlei, Durcheinander. **tut|ti quan|ti** ⟨*it.*⟩: alle zusammen, ohne Ausnahme. **Tut|ti|spie|ler** *der;* -s, - u. **Tut|ti|tist** *der;* -en, -en ⟨zu ↑ tutti; vgl. ...ist⟩: Konzertmusiker, bes. Streicher, ohne solistische Aufgaben (Mus.).

Tu|tu [ty'ty:] *das;* -[s], -s ⟨aus gleichbed. *fr.* tutu, eigtl. Lallwort aus der Kinderspr.⟩: kurzes Tanzröckchen, Ballettröckchen aus mehreren Schichten Tüll od. Nylon

TV [te:'faʊ, auch ti:'vi:]: Abk. für *Tel*evision

Tweed [tvi:t, engl. twi:d] *der;* -s, Plur. -s u. -e ⟨aus gleichbed. *engl.* tweed, nach dem schott. Fluß Tweed (der durch das ursprüngliche Herstellungsgebiet fließt), zu *schott.* tweel „Köper"⟩: kräftiges, oft meliertes Woll- od. Mischgewebe mit kleiner Bindungsmusterung

Twee|ter ['twi:tə] *der;* -[s], - ⟨aus gleichbed. *engl.-amerik.* tweeter, zu *engl.* to tweet „einen hellen Ton von sich geben", eigtl. „zwitschern"⟩: [Hochton]lautsprecher an elektroakustischen Anlagen; Ggs. ↑ Woofer

Twen *der;* -[s], -s ⟨zu *engl.* twenty „zwanzig"⟩: junger Mann, seltener auch junges Mädchen in den Zwanzigern; vgl. Teen

Twig|gy [...gi] *die;* -, -s ⟨nach dem gleichnamigen magersüchtigen Mannequin der 1960er Jahre⟩: extrem schlankes Mädchen (als Schönheitsideal)

Twill *der;* -s, Plur. -s u. -e ⟨aus gleichbed. *engl.* twill⟩: geköperter Baumwollfutterstoff od. Seidenstoff, Feinköper (bes. für leichte Kleider)

Twins *die* (Plur.) ⟨aus gleichbed. *engl.* twins, Plur. von twin „Zwilling, Gegenstück"⟩: Bez. für unregelmäßige Verwachsungen von Diamanten (im Schmuckhandel). **Twin-set** *der* od. *das;* -[s], -s ⟨aus gleichbed. *engl.* twinset, zu set, vgl. ¹Set⟩: Pullover u. Jacke von gleicher Farbe u. aus gleichem Material

¹Twist *der;* -[e]s, -e ⟨aus gleichbed. *engl.* twist zu to twist „(zusammen)drehen; verrenken"⟩: 1. mehrfädiges Baumwoll[stopf]garn. 2. strapazierfähiges Gewebe aus grobem Zwirn. **²Twist** *der;* -s, -s ⟨aus gleichbed. *engl.-amerik.* twist zu to twist, vgl. ¹Twist⟩: 1. aus den USA stammender Modetanz im ¼-Takt. 2. a) (ohne Plur.) Drall eines geschlagenen Balls; b) mit Twist (2 a) gespielter Ball (Tennis). 3. Schraube (beim Turnen); Sprung mit ganzer Drehung um die Längsachse des gestreckten Körpers. **twi|sten** ⟨nach *engl.* to twist, vgl. ¹Twist⟩: ²Twist (1) tanzen

Two-Beat ['tu:bi:t] *der;* - ⟨aus gleichbed. *engl.-amerik.* two-beat, eigtl. „Zweischlag"⟩: archaischer od. allgemein traditioneller Jazz der 1920er Jahre, der dadurch charakterisiert ist, daß (vorwiegend) jeweils zwei von vier Taktteilen betont werden. **Two|step** *der;* -s, -s ⟨aus gleichbed. *engl.* two-step, eigtl. „Zweischritt"⟩: schneller engl. Tanz im ¾-Takt mit Betonung des zweiten Schrittes

Ty|che [...çe] *die;* - ⟨aus gleichbed. *gr.* týchē⟩: Schicksal, Zufall, Glück. **Ty|chis|mus** *der;* - ⟨zu ↑ ...ismus (1)⟩: Anschauung, nach der in der Welt der Zufall herrscht (bes. nach dem amerik. Philosophen Ch. Peirce, 1839–1914)

Ty|coon [taɪ'ku:n] *der;* -s, -s ⟨aus gleichbed. *engl.-amerik.* tycoon, dies aus *japan.* taikun, eigtl. „großer Herrscher"⟩: 1. sehr einflußreicher, mächtiger Geschäftsmann; Großkapitalist, Industriemagnat. 2. mächtiger Führer (z. B. einer Partei)

Ty|lom *das;* -s, -e ⟨zu *gr.* týlos „Wulst; Schwiele" u. ↑ ...om⟩: Schwiele (Med.). **Ty|lo|se** u. **Ty|lo|sis** *die;* -, ...osen ⟨zu ↑ ¹...ose bzw. ↑ ...osis⟩: das Auftreten von Tylomen (Med.). **ty|lo|tisch** ⟨zu *gr.* tylōtós „knotig"⟩: schwielig (z. B. von Ekzemen; Med.)

Tym|pa|na: Plur. von ↑ Tympanon u. ↑ Tympanum. **Tym-pa|nal|or|ga|ne** *die* (Plur.) ⟨zu *lat.* tympanum (vgl. Tympanum) u. ↑¹...al (1)⟩: hoch differenzierte, symmetrisch angeordnete paarige Gehörorgane verschiedener Insekten (Biol.). **Tym|pa|nie** *die;* -, ...ien ⟨zu ↑²...ie⟩: Ansammlung von Gasen in inneren Organen, bes. Blähsucht bei Tieren (Med., Zool.); vgl. Meteorismus. **Tym|pa|ni|tis** *die;* -, ...itiden ⟨zu ↑ ...itis⟩: (selten) svw. Tympanie. **tym|pa|ni|tisch**: trommelartig schallend (z. B. vom Klopfschall bei der Perkussion; Med.). **Tym|pa|non** *das;* -s, ...na ⟨aus gleichbed. *gr.* týmpanon, eigtl. „Handtrommel", nach der (halbrunden) Form⟩: oft mit Reliefs geschmücktes Giebelfeld, Bogenfeld über Portal, Tür od. Fenster (Archit.). **Tym|pa|no-pla|stik** *die;* -, -en ⟨zu ↑ Tympanum⟩: gehörverbessernder operativer Eingriff im Mittelohr zur Wiederherstellung des Schalleitungsapparates (Med.). **Tym|pa|num** *das;* -s, ...na ⟨über gleichbed. *lat.* tympanum aus *gr.* tympanon (vgl. Tympanon), Bed. 2 u. 3 nach der (halbrunden) Form⟩: 1. trommelartiges Schöpfrad in der Antike. 2. svw. Tympanon. 3. (veraltet) Paukenhöhle im Mittelohr (Med.). 4. Handpauke (Mus.)

Tyn|dall|ef|fekt ['tɪnd...] *der;* -[e]s ⟨nach dem engl. Physiker J. Tyndall, 1820–1893⟩: Lichtbeugungserscheinung an den kleinsten Teilchen einer vollständig klaren kolloidalen Lösung (Phys.). **Tyn|dal|li|sa|ti|on** [tɪndali...] *die;* -, -en ⟨zu ↑ ...isation⟩: Sterilisation sporenhaltigen Materials durch dreimaliges Erhitzen auf 100° C. **Tyn|dall|o|me|ter** *das;* -s, - ⟨zu ↑¹...meter⟩: auf der Streuung polarisierten Lichts beruhendes photometrisches Gerät zur Messung des Staubgehalts der Luft

Typ *der;* -s, -en ⟨über *lat.* typus aus *gr.* týpos „Gepräge, Schlag" zu týptein „schlagen"⟩: 1. (ohne Plur.) Urbild, Grundform, Beispiel (Philos.). 2. a) bestimmte psychische Ausprägung einer Person, die mit einer Gruppe anderer Personen eine Reihe von Merkmalen gemeinsam hat (Psychol.); b) als klassischer Vertreter einer bestimmten Kategorie von Menschen gestaltete, stark stilisierte, keine individuellen Züge aufweisende Figur (Literaturw., bildende Kunst). 3. Schlag, Menschentyp, Gattung. 4. Bauart, Muster, Modell (Techn.). 5. in der Tierzucht u. Tierhaltung

Gesamterscheinung eines Tiers, vor allem im Vergleich zu den Anforderungen des Zuchtziels der jeweiligen Rasse. 6. (Genitiv auch -en; ugs.) eine bestimmte männliche Person (ablehnend od. wohlwollend gemeint). **...typ** ⟨aus *gr.* typikós, vgl. typisch⟩: Wortbildungselement mit der Bedeutung „einen Typ(us) betreffend, kennzeichnend", z. B. mesotyp. **Ty|pe** *die;* -, -n ⟨nach *fr.* type rückgebildet aus dem Plur. Typen⟩: 1. a) gegossener Druckbuchstabe, Letter (Druckw.); b) einer Drucktype ähnliches, kleines Teil einer Schreibmaschine, das beim Drücken der entsprechenden Taste auf das Farbband u. das dahinter eingespannte Papier schlägt. 2. (ugs.) Mensch von ausgeprägt absonderlicher, schrulliger Eigenart; komische Figur. 3. Sortenbez. für Müllereiprodukte. 4. (selten) svw. Typ (4). **ty|pen** ⟨zu ↑Typ (4)⟩: industrielle Artikel zum Zwecke der ↑Rationalisierung nur in bestimmten notwendigen Größen herstellen; vgl. typisieren. **Ty|pen:** Plur. von ↑Typ, ↑Type, ↑Typos u. ↑Typus. **Ty|pen|ko|mö|die** [...i̯ə] *die;* -, -n ⟨zu ↑Typ (2 b)⟩: Komödie, deren komische Wirkung auf dem Handeln bestimmter stehender Typen (2 b) beruht (Literaturw.). **Ty|pen|psy|cho|lo|gie** *die;* - ⟨zu ↑Typ (3)⟩: Richtung der Psychologie (Kretschmer, Jung, Jaensch u. a.), die sich mit den Typen der Persönlichkeit, des Charakters, des Körperbaus usw. befaßt

Ty|phli|tis *die;* -, ...itiden ⟨zu *gr.* typhlós „blind" u. ↑...itis⟩: Blinddarmentzündung (Med.). **Ty|phlon** *das;* -s, ...la ⟨zu ↑¹...on⟩: ältere Bez. für den Blinddarm (Med.). **Ty|phlosis** *die;* - ⟨aus gleichbed. *gr.* týphlōsis⟩: (veraltet) Blindheit. **Ty|phlo|to|mie** *die;* -, ...ien ⟨zu *gr.* typhlós (vgl. Typhlitis) u. ↑...tomie⟩: Blinddarmschnitt (Med.). **Ty|phlo|tro|pheum** *das;* -s, ...een ⟨zu *gr.* trophḗ „Ernährung, Pflege"; vgl. ...ium⟩: (veraltet) Blindenpflegeanstalt. **Ty|phlo|ty|po|gra|phie** *die;* -: erhabener Buchdruck für Blinde

Ty|pho|ba|zil|lo|se *die;* -, -n ⟨zu ↑Typhus, ↑Bazillus u. ↑¹...ose⟩: durch tuberkulöse Prozesse bedingte Temperaturerhöhung mit typhösem Krankheitsbild (Med.). **Typho|id** *das;* -[e]s, -e ⟨zu *gr.* týphos (vgl. Typhus) u. ↑...oid⟩: typhusähnliche Erkrankung (z. B. Choleraformen; Med.). **Ty|pho|ma|nie** *die;* - ⟨aus gleichbed. *gr.* typhomanía⟩: beim Typhus auftretende Fieberdelirien (Med.). **¹Ty|phon** *das;* -s, -e ⟨zu ↑²Typhon⟩: eine Schiffssirene. **²Typhon** *der;* -s, ...one ⟨über *lat.* typhon aus *gr.* typhôn, vgl. Taifun⟩: (veraltet) Wirbelwind, Wasserhose **ty|phös** ⟨zu ↑Typhus u. ↑...ös⟩: typhusartig; zum Typhus gehörend (Med.). **Ty|phus** *der;* - ⟨aus *gr.* týphos „Rauch, Umnebelung" zu typhoûn „Rauch machen, umnebeln"⟩: mit schweren Bewußtseinsstörungen verbundene, fieberhafte Infektionskrankheit (Med.).

...ty|pie ⟨zu ↑Type u. ↑²...ie⟩: Wortbildungselement mit den Bedeutungen „Druckverfahren" u. „Druckerzeugnis", z. B. Daguerrotypie. **Ty|pik** *die;* -, -en ⟨zu ↑Typ u. ↑²...ik (1)⟩: 1. die Wissenschaft vom Typ (2; Psychol.). 2. Typologie (1). 2. (veraltet) svw. Typologie (2). **Ty|pi|kon** *das;* -s, ...ka ⟨aus gleichbed. *mgr.* typikón, Neutrum von *gr.* typikós, vgl. typisch⟩: Buch mit liturgischen Festvorschriften u. Regeln in der orthodoxen Kirche. **Ty|ping** ['tai...] *das;* -s, -s ⟨zu *engl.* to type „einen bestimmten Typ (1) darstellen, ein Muster sein für etwas", dies zu type „Muster, Urbild" aus *lat.* typus, vgl. Typ⟩: Einordnung einer bösartigen Geschwulst in bezug auf den histologischen Typ (Med.). **ty|pisch** ['ty:...] ⟨über *lat.* typicus aus *gr.* typikós „figürlich, bildlich"⟩: 1. einen Typus betreffend, darstellend, kennzeichnend. 2. charakteristisch, bezeichnend, unverkennbar. 3. (veraltet) vorbildlich, mustergültig. **ty|pi|sie|ren** ⟨zu ↑...isieren⟩: 1. typisch (1), als Typ, nicht als individuelle Person darstellen, auffassen. 2. nach Typen (vgl. Typ 2, 3) einteilen. 3. svw. typen. **Ty|pi|sie|rung** *die;* -, -en ⟨zu ↑...isierung⟩: das Typisieren. **Ty|pi|zi|tät** *die;* -, -en ⟨zu ↑...izität⟩: charakteristische Eigenart, modellhafte Eigentümlichkeit. **ty|po..., Ty|po...** ⟨zu ↑Typ bzw. ↑Type⟩: Wortbildungselement mit den Bedeutungen: a) „einen bestimmten Typ betreffend, kennzeichnend", z. B. Typologie, u. b) „die Satztechnik od. den Druck betreffend", z. B. Typoskript. **Ty|po|ge|ne|se** *die;* -, -n: Formenbildung im Laufe der Stammesgeschichte (Biol.). **Ty|po|graf** usw.: eindeutschende Schreibung von Typograph usw. **Ty|po|graph** *der;* -en, -en ⟨aus gleichbed. *fr.* typographe, vgl. ...graph⟩: 1. (veraltet) Schriftsetzer. 2. ⓦ eine Zeilensetzmaschine. **Ty|po|gra|phie** *die;* -, ...ien ⟨aus gleichbed. *fr.* typographie; vgl. ...graphie⟩: 1. Buchdruckerkunst. 2. typographische Gestaltung (eines Druckerzeugnisses). **ty|po|gra|phisch** ⟨aus gleichbed. *fr.* typographique; vgl. ...graphisch⟩: die Typographie betreffend; -er Punkt: Maßeinheit für Satzmaterialien, z. B. für Schriftgrade; Zeichen p. **Ty|po|lith** [auch ...'lɪt] *der;* Gen. -en u. -s, Plur. -e[n] ⟨zu ↑typo... u. ↑...lith⟩: Stein mit Abdrücken von Pflanzen od. Tieren. **Ty|po|lo|gie** *die;* -, ...ien ⟨zu ↑...logie⟩: 1. Wissenschaft, Lehre von der Gruppenzuordnung auf Grund einer umfassenden Ganzheit von Merkmalen, die den ↑Typ (2) kennzeichnen; Einteilung nach Typen (Anthropol., Psychol.). 2. Wissenschaft, Lehre von der Vorbildlichkeit alttestamentlicher Personen u. Ereignisse für das Neue Testament u. die christliche Kirche (z. B. Adam im Verhältnis zu Christus; Rel.). **ty|po|lo|gisch** ⟨zu ↑...logisch⟩: die Typologie betreffend. **Ty|po|ly|se** *die;* -, -n ⟨zu ↑...lyse⟩: Endstadium der Evolution einer Gruppe von Lebewesen (Ausbildung von Extremformen vor dem Erlöschen mit Überspezialisierungen u. Größenzunahme; Biol.). **Ty|po|me|ter** *das;* -s, - ⟨zu ↑¹...meter⟩: auf den ↑typographischen Punkt bezogene Meßvorrichtung im graphischen Gewerbe. **Typos** *der;* -, Typen ⟨aus *gr.* týpos, vgl. Typ⟩: Bez. für alttestamentliche Personen od. Vorgänge, denen vorbildhafte Bedeutung für Personen od. Ereignisse des Neuen Testaments zugesprochen wird (Rel.). **Ty|po|skript** *das;* -[e]s, -e ⟨zu ↑typo...⟩: maschinegeschriebenes Manuskript (bes. als Satzvorlage; Buch-, Druckw.). **Ty|po|sta|se** *die;* -, -n: Festigungsstadium der Evolution einer Gruppe von Lebewesen (Verfestigung der Prinzipien des Bauplans, Biol.). **Ty|po|stro|phe** *die;* -, -n: stammesgeschichtliche Entwicklung einer Tier- od. Pflanzengruppe von ihrer Entstehung bis zu ihrem Untergang (Biol.). **Ty|pung** *die;* -, -en ⟨zu ↑Typ⟩: das Typen. **Ty|pus** *der;* -, Typen ⟨über *lat.* typus aus *gr.* týpos, vgl. Typ⟩: 1. svw. Typ (1, 2). 2. svw. Typos

Tyr|amin *das;* -s ⟨Kunstw. zu *gr.* tyrós „Käse" u. ↑Amin⟩: in pflanzlichen u. tierischen Geweben vorkommendes ↑Amin mit blutdrucksteigernder Wirkung (Biochem.).

Ty|rann *der;* -en, -en ⟨über *lat.* tyrannus aus gleichbed. *gr.* týrannos⟩: 1. unumschränkter Gewaltherrscher. 2. Gewaltmensch, strenger, herrschsüchtiger Mensch, Peiniger. 3. nord- u. südamerikanischer, meist sehr gewandt u. schnell fliegender Schreivogel. **Ty|ran|nei** *die;* - ⟨unter Einfluß von *altfr.* tyrannie aus gleichbed. *lat.* tyrannis, dies aus *gr.* tyrannís⟩: a) Herrschaft eines Tyrannen, Gewaltherrschaft; Willkür[herrschaft]; b) tyrannisches, willkürliches Verhalten; Unterdrückung. **Ty|ran|nis** *die;* - ⟨aus gleichbed. *gr.* tyrannís⟩: 1. Gewaltherrschaft (bes. im alten Griechenland). 2. svw. Tyrannei (a). **ty|ran|nisch** ⟨über gleichbed. *lat.* tyrannicus aus *gr.* tyrannikós⟩: gewaltsam, willkürlich, herrschsüchtig, herrisch, grausam, diktatorisch. **ty|ran|ni|sie|ren** ⟨aus gleichbed. *fr.* tyranniser⟩: gewaltsam, willkürlich behandeln, unterdrücken, rücksichtslos beherrschen; quälen, peinigen, anderen seinen Willen aufzwingen. **Ty|ran|no|sau|ri|er** [...i̯ɐ] *der;* -s, - u. **Ty|ran|no|sau|rus** *der;* -, ...rier [...i̯ɐ] ⟨zu *gr.* týrannos (vgl. Tyrann) u. saûros „Eidechse"⟩: ausgestorbene, nur aus der Oberkreide Nordamerikas bekannte Gattung vorwiegend fleischfressender ↑ Dinosaurier

Ty|ro|li|enne [tiro'li̯ɛn] vgl. Tirolienne
Ty|rom *das;* -s, -e ⟨zu *gr.* tyrós „Käse" u. ↑...om⟩: käsige Lymphknotengeschwulst (Med.). **Ty|ro|sin** *das;* -s ⟨zu ↑...in (1)⟩: in den meisten Eiweißstoffen enthaltene ↑ Aminosäure (Biochem.). **Ty|ro|sis** *die;* -, ...osen ⟨zu ↑...osis⟩: Entzündungsform, bei der das betroffene Gewebe zu einer käseartigen Masse zerfällt; Verkäsung (Med.)

U

Ua|ka|ri *der;* -s, -s ⟨aus dem Tupi (einer südamerik. Indianersprache)⟩: Scharlachgesicht; 30 cm körperlanger Kurzschwanzaffe in den Urwäldern Südamerikas

Uber|tät *die;* - ⟨aus gleichbed. *lat.* ubertas, Gen. ubertatis zu uber „fruchtbar, ergiebig, reich"⟩: (veraltet) Ergiebigkeit, Fruchtbarkeit

ubi be|ne, ibi pa|tria ⟨*lat.;* „wo (es) gut (ist), dort (ist) das Vaterland" (nach dem Kehrreim eines Liedes von F. Hückstädt, der auf einen Ausspruch Ciceros zurückgeht)⟩: wo es mir gutgeht, da ist mein Vaterland. **Ubi|ka|ti|on** *die;* -, -en ⟨gebildet zu *lat.* ubi „wo(hin)"; vgl. ...ation⟩: (österr. veraltet) militärische Unterkunft, Kaserne. **Ubi|quist** *der;* -en, -en ⟨zu *lat.* ubique „überall" u. ↑...ist⟩: nicht an einen bestimmten ↑Biotop gebundene, in verschiedenen Lebensräumen auftretende Tier- od. Pflanzenart (Biol.). **ubi|quitär** (zu ↑...är): überall verbreitet (bes. Biol.). **Ubi|qui|tät** *die;* -, -en ⟨aus gleichbed. *nlat.* ubiquitas, Gen. ubiquitatis⟩: 1. (ohne Plur.) Allgegenwart [Gottes od. Christi]. 2. in der Wirtschaft überall in jeder Menge erhältliches Gut. 3. (ohne Plur.) das Nichtgebundensein an einen Standort (bes. Biol.).

Ucha [ʊˈxa] *die;* - ⟨aus gleichbed. *russ.* ucha⟩: russ. Fischsuppe mit Graupen

Uchi-Ma|ta [ʊtʃi...] *der;* -s, -s ⟨aus dem Jap.⟩: innerer Schenkelwurf, bei dem das rechte Bein zwischen den Beinen des Gegners nach hinten durchgeschwungen u. der Gegner durch Zug beider Hände nach links vorn über die rechte Hüfte geworfen wird (Judo)

Ucu|hu|ba|fett [uku...] *das;* -[e]s ⟨über das Port. zu *Tupi* (einer südamerik. Indianersprache) ucu-uva „ein Muskatnußgewächs"⟩: Fett aus den Samen eines südamerik. Muskatnußgewächses, das vor allem für die Kerzen- u. Seifenherstellung verwendet wird

Ud *die;* -, -s ⟨aus gleichbed. *arab.* 'ūd, eigtl. „Holz"⟩: Laute pers. Herkunft, die als Vorstufe der europ. Laute gilt u. deren Saitenzahl heute 4–7 Paare beträgt

Udel *der;* -[s], -s ⟨aus gleichbed. *russ.* udel zu udelit' „zuteilen"⟩: altruss. Teilfürstentum

Udi|to|re *der;* Gen. - u. -n, Plur. ...ri u. -n ⟨aus *it.* uditore „(Zu)hörer", dies aus *lat.* auditor, vgl. Auditor⟩: päpstlicher Richter, ↑Auditor

Udo|me|ter *das;* -s, - ⟨zu *lat.* udus, uvidus „feucht, naß" u. ↑¹...meter⟩: Regenmesser (Meteor.)

Ufo, UFO *das;* -[s], -s ⟨Kurzw. aus gleichbed. *engl.* unidentified *flying object*⟩: unbekanntes Flugobjekt (meist als Raumschiff außerirdischer Lebewesen gedeutet). **Ufo|lo|ge** *der;* -n, -n ⟨zu ↑...loge⟩: jmd., der Ufologie betreibt. **Ufo|lo|gie** *die;* - ⟨nach gleichbed. *amerik.* ufology; vgl. ...logie⟩: Beschäftigung mit Ufos, bes. als eine Art Heilslehre von der Errettung der Erde durch außerirdische Lebewesen

Ug|li *das;* -[s], -s ⟨nach *engl.* ugly „unansehnlich" (wegen der runzligen Schale der Frucht)⟩: auf Jamaika gezüchtete dickschalige Zitrusfrucht, eine Kreuzung zwischen Pampelmuse, Orange u. Mandarine

Uher|type [...taɪp] *die;* -, -s ⟨nach dem Erfinder E. Uher u. zu ↑Linotype⟩: erste Lichtsetzmaschine (Druckw.)

Ukas *der;* -ses, -se ⟨aus gleichbed. *russ.* ukaz zu ukazat' „befehlen"⟩: 1. (meist scherzh.) Anordnung, Befehl. 2. Erlaß des Zaren bzw. des Präsidenten der russ. Volksvertretung

Uke *der;* -, - ⟨aus gleichbed. *jap.* uke⟩: Judoka, mit od. an dem der ↑Tori die technisch-taktische Handlung erfolgreich ausführt

Uke|lei *der;* -s, Plur. -e u. -s ⟨aus dem Slaw.⟩: Weißfisch, aus dessen Schuppen Perlenessenz (Perlmutterlack) gewonnen wird

Uki|joe [...'joːe] *die;* - ⟨aus *jap.* ukiyo-e „Bilder der fließenden, vergänglichen Welt"⟩: japan. Genremalerei seit Ende des 16. Jh.s, bes. über das Vergnügungsleben in den Städten

Uku|le|le *die* od. *das;* -, -n ⟨aus gleichbed. *hawaiisch* ukulele zu uku „Floh; kleine Person" u. lele „springend"⟩: aus Hawaii stammende, in der Unterhaltungsmusik verwendete kleine ↑Gitarre mit vier Saiten

Ulan *der;* -en, -en ⟨aus *poln.* ułan, dies aus *türk.* oğlan „Knabe, Bursche"⟩: (früher) [leichter] Lanzenreiter. **Ulan|ka** *die;* -, -s ⟨aus *poln.* ułanka⟩: Waffenrock der Ulanen (kurzschößiger Rock mit zwei Knopfreihen)

Ul|cus [...kʊs] vgl. Ulkus

Ule *die;* -, -n ⟨aus *gr.* oulé „vernarbte Wunde"⟩: Narbe, Wundnarbe, nach Verletzung od. Durchtrennung von Gewebe entstehende bindegewebige Verhärtung (Med.). **Ule|gy|rie** *die;* -, ...ien ⟨zu ↑Gyrus u. ↑²...ie⟩: narbige Verkleinerung der Hirnwindungen bei bestimmten Erkrankungen (Med.). **¹Ul|ek|to|mie** *die;* -, ...ien ⟨zu ↑Ule u. ↑...ektomie⟩: operatives Ausschneiden einer Narbe (Med.)

²Ul|ek|to|mie *die;* -, ...ien ⟨zu *gr.* oŭlon „Zahnfleisch" u. ↑...ektomie⟩: operative Entfernung von erkranktem Zahnfleisch (Med.)

Ule|ma *der;* -s, -s ⟨aus *arab.* 'ulamā, Plur. von 'ālim „Gelehrter" zu 'alama „wissen"⟩: islam. Rechts- u. Religionsgelehrter

Ule|to|mie *die;* -, ...ien ⟨zu ↑Ule u. ↑...tomie⟩: operativer Einschnitt in eine Narbe (Med.)

Ule|xit [auch ...ˈksɪt] *der;* -s, -e ⟨nach dem dt. Chemiker G. L. Ulex (1811–1883) u. zu ↑²...it⟩: meist in feinfaserigen, watteähnlichen Aggregaten vorkommendes, weißes Mineral

Uli *die* (Plur.) ⟨aus gleichbed. *melanes.* uli⟩: geschnitzte u. bemalte hölzerne Ahnenfiguren (vor allem von Häuptlingen) auf Neuirland u. die damit in Zusammenhang stehenden Kulte

Uli|tis *die;* -, ...itiden ⟨zu *gr.* oŭlon „Zahnfleisch" u. ↑...itis⟩: Zahnfleischentzündung (Med.)

Ul|kus *das;* -, Ulzera ⟨aus gleichbed. *lat.* ulcus, Gen. ulceris〉: Geschwür, schlecht heilende Wunde in der Haut od. Schleimhaut (Med.)

Ull|ma|nit [auch ...'nɪt] *der;* -s, -e 〈nach dem dt. Mineralogen J. C. Ullmann (1771–1821) u. zu ↑²...it〉: ein kubisches Mineral von metallischem Glanz

Ul|ma|ze|en *die* (Plur.) 〈aus *nlat.* ulmaceae zu *lat.* ulmus „Ulme"〉: Ulmengewächse (Bot.)

Ul|na *die;* -, Ulnae [...nɛ] 〈aus gleichbed. *lat.* ulna〉: Elle, Ellbogenknochen, Röhrenknochen des Unterarms (Anat.). **ul|nar** 〈aus gleichbed. *nlat.* ulnaris〉: zur Elle gehörend, auf sie bezüglich (Med.). **Ul|na|ris** *der;* -: Ellennerv (Med.)

Ulo|kar|zi|nom *das;* -s, -e 〈zu *gr.* oûlon „Zahnfleisch" u. ↑Karzinom〉: Krebs des Zahnfleischs (Med.)

Ulo|se *die;* -, -n 〈zu *gr.* oulé „vernarbte Wunde" u. ↑¹...ose〉: Narbenbildung (Med.)

Ulo|thrix *die;* - 〈zu *gr.* ouló­thrix „kraushaarig", dies zu oûlos „kraus" u. thríx, Gen. trichós „Haar"〉: Kraushaaralge (Grünalge). **ulo|trich**: wollhaarig, kraushaarig (von der Kopfbehaarung; Med.)

Ul|ster [engl. 'ʌlstə] *der;* -s, - 〈aus gleichbed. *engl.* ulster, nach der früheren nordir. Provinz Ulster, wo dieser Stoff zuerst hergestellt wurde〉: 1. weiter [Herren]mantel aus Ulster (2). 2. Stoff aus grobem Streichgarn [mit angewebtem Futter]

Ul|ti|ma *die;* -, Plur. ...mä und ...men 〈aus *lat.* ultima (syllaba) „die letzte (Silbe)", Fem. von ultimus „der letzte"〉: letzte Silbe eines Wortes (Sprachw.). **Ul|ti|ma ra|tio** *die;* - - 〈aus *lat.* ultima ratio „letzte Vernunft"〉: letztes, äußerstes Mittel, letztmöglicher Weg, wenn nichts anderes mehr Aussicht auf Erfolg hat. **ul|ti|ma|tiv** 〈zu ↑Ultimatum u. ↑...iv〉: in Form eines Ultimatums; nachdrücklich. **Ul|ti|ma|tum** *das;* -s, Plur. ...ten u. -s 〈aus *nlat.* ultimatum zu *spätlat.* ultimare „beendigen, zu Ende sein", dies zu *lat.* ultimus „der letzte" (zu ulter, vgl. ultra...)〉: [auf diplomatischem Wege erfolgende] Aufforderung [eines Staates an einen anderen], binnen einer Frist eine schwebende Angelegenheit befriedigend zu lösen (unter der Androhung harter Maßnahmen, falls der Aufforderung nicht entsprochen wird). **Ul|ti|men**: Plur. von ↑Ultima. **ul|ti|mo** 〈zu ↑Ultimo〉: am Letzten [des Monats]; Abk.: ult. **Ul|ti|mo** *der;* -s, -s 〈aus gleichbed. *it.* (a dí) ultimo „am letzten (Tag)", dies zu *lat.* ultimus, vgl. Ultima〉: a) letzter Tag [des Monats]; b) letzter Geschäftstag [eines Monats], bes. zur Erfüllung von Termingeschäften (Wirtsch.)

Ul|tra *der;* -s, -s 〈aus gleichbed. *fr.* ultra (vermutlich verkürzt aus ultrarévolutionnaire), dies aus *lat.* ultra, vgl. ultra...〉: politischer ↑Extremist. **ul|tra...** 〈aus *lat.* ultra „jenseits, über – hinaus" zu ulter „jenseitig", dies zu uls „jenseits"〉: Präfix mit der Bedeutung „jenseits von, über – hinaus, hinausgehend über, übertrieben", z. B. ultraviolett, Ultramikroskop. **Ul|tra|abys|sal** *das;* -s: Bodenzone der Tiefsee. **ul|tra|ba|sisch**: extrem geringen Kieselsäuregehalt aufweisend (von magmatischen Gesteinen; Geol.). **Ul|tra|ba|sit** [auch ...'zɪt] *der;* -s, -e: ultrabasisches Gestein. **Ul|tra|fax** *das;* -, -e: Methode u. Gerät zur drahtlosen Übertragung von Bildern in Originalgröße (auch Mikrofilme). **Ul|tra|fiche** [...fiːʃ] *das* od. *der;* -s, -s 〈zu ↑²Fiche〉: Mikrofilm mit stärkster Verkleinerung. **Ul|tra|fil|tra|ti|on** *die;* -: Verfahren zur Fraktionierung kolloider Teilchen od. zur Abtrennung von kolloiden Teilchen u. Makromolekülen vom Dispersionsmittel mit Hilfe sogenannter Membranfilter (Chem., Phys.). **Ul|tra|is|mo** *der;* - 〈aus gleichbed. *span.* ultraismo〉: Bewegung in der span. u. lateinamerik. Dichtung um 1920, die die Lyrik rein auf die Bildwirkung aufbaute. **Ul|tra|is|mus** *der;* - 〈zu ↑...ismus〉: 1. svw. Ultraismo. 2. (veraltet) Übertreibung, Verfolgung von Grundsätzen bis zum äußersten. **Ul|tra|ist** *der;* -en, -en 〈zu ↑...ist〉: Vertreter des Ultraismo. **ul|tra|kon|ser|va|tiv** [...v...]: extrem konservativ. **ul|tra|ma|rin** 〈zu ↑Ultramarin〉: kornblumenblau. **Ul|tra|ma|rin** *das;* -s 〈zu *mlat.* ultramarinus „überseeisch"; der Stein, aus dem die Farbe urspr. gewonnen wurde, kam aus Übersee〉: urspr. aus Lapislazuli gewonnene, leuchtendblaue Mineralfarbe. **Ul|tra|me|ta|mor|pho|se** *die;* -, -n: extremer Fall der ↑Metamorphose (4), bei der durch starke Erhöhung von Druck u. Temperatur die Steine geschmolzen werden (Geol.). **Ul|tra|mi|kro|skop** *das;* -s, -e: Mikroskop zur Beobachtung kleinster Teilchen, deren Durchmesser kleiner als die Lichtwellenlänge ist. **Ul|tra|mi|kro|sko|pie** *die;* -: Beobachtungsmethode, die sich des Ultramikroskops bedient. **Ul|tra|mi|kro|tom** *der* od. *das;* -s, -e: Gerät zur Anfertigung von Schnitten für die Elektronenmikroskopie. **ul|tra|mon|tan** 〈aus *mlat.* ultramontanus „jenseits der Berge (= Alpen)", zu *lat.* mons, Gen. montis „Berg"〉: streng päpstlich gesinnt. **Ul|tra|mon|ta|ne** *der;* -n, -n: strenger Katholik. **Ul|tra|mon|ta|nis|mus** *der;* - 〈zu ↑ultramontan u. ↑...ismus (2)〉: streng päpstliche Gesinnung (bes. im ausgehenden 19. Jh.). **ul|tra|mun|dan** 〈aus gleichbed. *lat.* ultramundanus, zu mundus „Welt"〉: über die Welt hinausgehend, jenseitig (Philos.). **ul|tra pos|se ne|mo ob|li|ga|tur** 〈*lat.*〉: Unmögliches zu leisten, kann niemand verpflichtet werden (Rechtssatz des röm. Rechts). **ul|tra|rot** 〈zu ↑ultra...〉: svw. infrarot. **Ul|tra|rot** *das;* -s: svw. Infrarot. **Ul|tra|rot|pho|to|me|trie** *die;* -: 1. Messung der Sternhelligkeit unter Ausnutzung roter u. ultraroter (infraroter) Strahlung, die starke Nebel (od. andere interstellare Materien) durchdringen kann (Astron.). 2. photometrische Messung der Ultrarotabsorption chemischer Verbindungen (Chem.). **Ul|tra|schall** *der;* -[e]s: Schall mit Frequenzen von mehr als 20 Kilohertz (vom menschlichen Ohr nicht mehr wahrnehmbar); Ggs. ↑Infraschall. **Ul|tra|so|no|gra|phie** *die;* -, -ien: Aufzeichnung von durch Ultraschall gewonnenen diagnostischen Ergebnissen (Med.). **Ul|tra|so|no|skop** *das;* -s, -e 〈zu ↑...skop〉: Ultraschallwellen ausstrahlendes Gerät, durch dessen Echosignale diagnostische Ergebnisse gewonnen werden. **Ul|tra|strah|lung** *die;* -: kosmische Höhenstrahlung. **ul|tra|vio|lett** [...v...]: im Spektrum an Violett anschließend; Abk.: UV. **Ul|tra|vio|lett** *das;* -s: unsichtbare, im Spektrum an Violett anschließende Strahlung mit kurzer Wellenlänge (unter 0,0004 mm) u. starker chemischer u. biologischer Wirkung. **ul|tra|vi|si|bel** [...v...]: die Sichtbarkeitsgrenze bzw. das Auflösungsvermögen des Lichtmikroskops unterschreitend (Phys.). **Ul|tra|zen|tri|fu|ge** *die;* -, -n: mit sehr hohen Drehzahlen arbeitende ↑Zentrifuge für Laboruntersuchungen (Techn.).

Ulu *das;* -s, -s 〈aus dem *Eskim.*〉: bei den Eskimo gebräuchliches Messer mit quergestelltem Griff

Ulus *der;* -, - 〈über gleichbed. *russ.* ulus aus dem *Mongol.*〉: 1. ehem. Herrschaftsgebiet mongolischer Khane. 2. administrative territoriale Einheit bei einigen asiat. Völkern

Ul|vit [...v..., auch ...'vɪt] *der;* -s, -e 〈nach dem Fundort bei Södra Ulvö in Schweden u. zu ↑²...it〉: ein feinkörniges Mineral

Ul|ze|ra: Plur. von ↑Ulkus. **Ul|ze|ra|ti|on** *die;* -, -en 〈zu *lat.* ulcus, Gen. ulceris (vgl. Ulkus) u. ↑...ation〉: Geschwürbildung (Med.). **ul|ze|rie|ren** 〈↑...ieren〉: geschwürig werden (Med.). **ul|ze|ro|gen** 〈zu ↑...gen〉: ein Geschwür erzeugend (von Substanzen; Med.). **ul|ze|rös** 〈zu ↑...ös〉: geschwürig (Med.).

...um vgl. ...ium

Uman|git [auch ...'gɪt] *der;* -s, -e ⟨nach der Sierra de Umango in Argentinien u. zu ↑² ...it⟩: ein rotes Mineral

Um|ban|da *die;* - ⟨afrik. Wort⟩: Sammelbez. für synkretistische Religionen, bes. in Brasilien, mit auf afrik. Traditionen beruhendem Götterglauben

Um|bel|li|fe|re *die;* -, -n (meist Plur.) ⟨zu *spätlat.* umbella „Sonnenschirm" (nach der schirmähnlichen Form der Dolden, Verkleinerungsbildung zu *lat.* umbra, vgl. Umbra) u. *lat.* ferre „tragen"⟩: Doldengewächs (Bot.). **Um|bel|li|flo|ren** *die* (Plur.) ⟨zu florescere „blühen"⟩: zusammenfassende systematische Bez. für die Doldenblütler (Bot.). **Um|ber** *der;* -s, -n ⟨aus *lat.* umbra, vgl. Umbra, Bed. 1 vielleicht nach der dunklen Färbung⟩: 1. Speisefisch des Mittelmeeres. 2. (ohne Plur.) svw. Umbra (2)

Um|bi|li|cus [...kʊs] *der;* -, ...ci [...tsi] ⟨aus gleichbed. *lat.* umbilicus, eigtl. „Nabel, Knauf"⟩: 1. Nabel (Med.). 2. Kopf des Stabes, um den in der Antike die Buchrolle aus Papyrus gewickelt wurde. **um|bi|li|kal** ⟨zu ↑¹...al (1)⟩: zum Nabel gehörend (Med.)

Um|bra *die;* - ⟨aus *lat.* umbra „Schatten" (*roman.* auch „braune Erdfarbe")⟩: 1. dunkler Kern eines Sonnenflecks, der von der helleren ↑Penumbra umgeben ist. 2. Erdbraun, braune Malerfarbe aus eisen- od. manganhaltigem Ton. **Um|bral|glas** *das;* -es ⟨zu ↑¹...al (1)⟩: Schutzglas für Sonnenbrillen gegen Ultraviolett u. Ultrarot

Umi|ak *der* od. *das;* -s, -s ⟨aus gleichbed. *eskim.* umiaq⟩: mit Fellen bespanntes, offenes Boot der Eskimofrauen; vgl. Kajak

umo|ri|sti|co [...ko] ⟨*it.;* dies zu umore aus *lat.* umor, vgl. Humor⟩: heiter, lustig, humorvoll (Vortragsanweisung; Mus.)

Um|pi|re ['ʌmpaɪə] *der;* -, -s ⟨aus gleichbed. *engl.* umpire, dies über *mittelengl.* nompere aus *altfr.* nonper, eigtl. „nicht gleichrangig", dies zu *lat.* non „nicht" u. par „gleich"⟩: Schiedsrichter bei Boxkämpfen

una cor|da [- k...] ⟨*it.;* „auf einer Saite"⟩: Anweisung für den Gebrauch des Pedalzuges am Flügel, durch die Hämmerchen so verschoben werden, daß sie statt drei nur zwei od. eine Saite anschlagen, wodurch ein gedämpfter Ton entsteht (Mus.)

un|anim ⟨aus *fr.* unanime, dies aus gleichbed. *lat.* unanimus zu unus „einer" u. animus „Geist, Sinn"⟩: einhellig, einmütig. **Un|ani|mis|mus** *der;* - ⟨aus gleichbed. *fr.* unanimisme; vgl. ...ismus (2)⟩: Anfang des 20. Jh.s eine literarische Richtung in Frankreich, die das kollektive Dasein als beseelte Einheit begreift, aus der allein eine neue, der Gegenwart verpflichtete Literatur hervorgehen kann. **Un|ani|mi|tät** *die;* - ⟨nach gleichbed. *fr.* unanimité; vgl. ...ität⟩: Einhelligkeit, Einmütigkeit

Una Sanc|ta [- 'zaŋkta] *die;* - - ⟨aus *lat.* una sancta (ecclesia) „eine heilige (Kirche)"⟩: die heilige katholische und apostolische Kirche (Selbstbezeichnung der röm.-kath. Kirche); vgl. Apostolikum (1). **Una-Sanc|ta-Be|we|gung** *die;* -: kath. Form der ökumenischen Bewegung, die neben der interkonfessionellen ↑Irenik auf die Herausarbeitung der dogmatischen, moralischen, institutionellen, sozialen u. konfessionellen Gemeinsamkeiten u. Gegensätze bedacht ist

Unau ['u:naʊ] *das;* -s, -s ⟨über *fr.* unau aus *Tupi* (einer südamerik. Indianersprache) una'u⟩: südamerik. Faultier mit zweifingerigen Vordergliedmaßen

Uncle Sam ['ʌŋkl 'sæm] ⟨*engl.-amerik.* wohl nach der scherzh. Deutung der Abkürzung U. S. (= United States) als Initialen für *U*ncle *S*am „Onkel Sam(uel)"⟩: scherzh. symbolische Bezeichnung für die USA, bes. für die Regierung

Un|coa|ting ['ʌnkoʊtɪŋ] *das;* -s, -s ⟨zu *engl.* un- „ent-", to coat „bedecken" u. ↑...ing⟩: interzelluläre Freisetzung der nackten viralen Nukleinsäure (Biochem.)

Un|da|ti|on *die;* -, -en ⟨aus *spätlat.* undatio „das Wellenschlagen" zu *lat.* unda „Welle"⟩: Großfaltung der Erdrinde (Geol.). **Un|da|ti|ons|theo|rie** *die;* -: Anschauung, nach der vertikale Erdkrustenbewegungen durch aktive Magmenströmungen im Erdmantel ausgelöst werden

Un|de|kan *das;* -s ⟨zu *lat.* undecim „elf" (dies aus gleichbed. *gr.* héndeka) u. ↑...an⟩: flüssiger, gesättigter Kohlenwasserstoff mit 11 Kohlenstoffatomen im Molekül (Chem.)

Un|der|achieve|ment [ʌndəˈtʃiːv...] *das;* -s ⟨zu *engl.* to underachieve „unter dem erreichbaren Leistungsniveau", dies zu under „unter-, Unter-" u. to achieve „erreichen, erlangen"; vgl. ...ment⟩: wider Erwarten schlechtes Abschneiden in einem bestimmten Leistungsbereich (in bezug auf Arbeitsergebnisse); Ggs. ↑Overachievement. **Un|der|achie|ver** *der;* -s, - ⟨...əˈtʃiːvə⟩: ↑Underachiever „Schüler/Schülerin mit enttäuschenden Leistungen"⟩: jmd., der schlechtere Leistungen zeigt, als man erwarten könnte; Ggs. ↑Overachiever

Un|der|co|ver|agent ['ʌndəkʌvə...] *der;* -en, -en ⟨aus gleichbed. *engl.* undercover agent, zu undercover „geheim, getarnt" (eigtl. „unter der Oberfläche") u. ↑Agent⟩: verdeckter Ermittler; Geheimagent, der sich zeitweilig in die zu beobachtende Gruppe einschleust

Un|der|dog ['ʌndədɒg] *der;* -s, -s ⟨aus *engl.* underdog „Benachteiligter", eigtl. „unterhalb eines Hundes"⟩: [sozial] Benachteiligter, Schwächerer; jmd., der einem anderen unterlegen ist

un|der|done [ʌndəˈdʌn] ⟨aus *engl.* underdone „halbgar"⟩: innerlich roh, schwach gebraten (von Fleisch; Gastr.)

un|der|dressed [ʌndəˈdrɛst] ⟨*engl.;* zu to underdress „(sich) zu einfach kleiden"⟩: a) (für einen bestimmten Anlaß) zu schlecht angezogen; b) (für eine bestimmte Witterung) zu dünn gekleidet

Un|der|flow ['ʌndəfloʊ] *der;* -s, -s ⟨aus *engl.* underflow „Unterströmung", eigtl. „das Darunterfließen"⟩: das Auftreten eines Zahlenwertes, der kleiner ist als die kleinste vom Rechner darstellbare Zahl (EDV)

Un|der|ground ['ʌndəgraʊnd] *der;* -s ⟨aus gleichbed. *engl.* underground, eigtl. „Untergrund"⟩: 1. Gruppe, Organisation außerhalb der etablierten Gesellschaft. 2. avantgardistische künstlerische Protestbewegung gegen das kulturelle ↑Establishment. 3. svw. Undergroundmusik. **Un|der|ground|mu|sik** *die;* -: dem Underground (2) entstammende Musik

Un|der|state|ment [ʌndəˈsteɪtmənt] *das;* -s, -s ⟨aus gleichbed. *engl.* understatement zu to understate „zu gering angeben od. ansetzen"⟩: a) das [bewußte] Untertreiben, Herunterspielen; b) in der modernen Schauspielkunst u. in der Literatur (z. B. bei Hemingway) nüchterne, unpathetische, andeutende Ausdrucksform

Un|der|wri|ter ['ʌndəraɪtə] *der;* -s, - ⟨aus *engl.* underwriter „Garant", eigtl. „Unterschreiber"⟩: in England diejenige Firma, die sich verpflichtet, einen nicht unterzubringenden Teil einer ↑Emission (1) selbst zu übernehmen

Un|de|zi|me [auch ...ˈtsiːmə] *die;* -, -n ⟨aus *lat.* undecima, Fem. von undecimus „der elfte"⟩: a) der elfte Ton einer ↑diatonischen Tonleiter vom Grundton an (die Quarte der Oktave); b) ↑Intervall (2) von 11 ↑diatonischen Stufen (Mus.)

Un|di|ne *die;* -, -n ⟨Herkunft unsicher, wohl zu *lat.* unda

„Welle"): weiblicher Wassergeist. **Un|do|graph** *der;* -en, -en ⟨zu *lat.* unda „Welle" (mit dem Bindevokal -o-) u. ↑...graph⟩: Gerät zur Aufnahme u. graphischen Darstellung von Schallwellen (Phys.). **Un|du|la|ti|on** *die;* -, -en ⟨zu *spätlat.* undula „kleine Welle" (Verkleinerungsform von *lat.* unda „Welle") u. ↑...ation⟩: 1. Wellenbewegung, Schwingung (Phys.). 2. Sattel- u. Muldenbildung durch ↑Orogenese (Geol.); vgl. Ondulation. **Un|du|la|ti|ons-theo|rie** *die;* -: Erklärung des Lichts als Wellenbewegung in einem ¹Medium (3; Phys.). **Un|du|la|tor** *der;* -s, ...oren ⟨zu ↑...ator⟩: früher verwendetes Instrument zur Aufzeichnung empfangener Morsezeichen bei langen Telegrafenkabeln (z. B. Seekabel). **un|du|la|to|risch**: in Form von Wellen, wellenförmig (Phys.). **un|du|lie|ren** ⟨zu ↑...ieren⟩: wellenartig verlaufen, auf- u. absteigen (z. B. vom Fieber; Med., Biol.). **un|du|lie|rend** ⟨zu ↑...ierend⟩: 1. wellenförmige Bewegungen ausführend (z. B. von einer Membran; Biol.). 2. wellenförmig auf- u. absteigend (z. B. vom Fieber; Med.)

un|ghe|re|se [ʊŋɡe...] ⟨*it.*⟩: ungarisch (Mus.); vgl. all' ongharese

Un|gu|en|tum *das;* -s, ...ta ⟨aus *lat.* unguentum „Salbe, Salböl"⟩: Salbe; Abk. [auf Rezepten]: Ungt.

Un|gu|lat *der;* -en, -en (meist Plur.) ⟨zu *spätlat.* ungulatus „mit Hufen versehen", dies zu *lat.* ungula „Huf(tier)"⟩: Huftier (Zool.)

uni [ˈyni, yˈniː] ⟨aus gleichbed. *fr.* uni, Part. Perf. von unir „vereinigen, verbinden", urspr. „ebenmäßig gesponnen", dies aus *lat.* unire, vgl. unieren⟩: einfarbig, nicht gemustert. **¹Uni** *das;* -s, -s: einheitliche Farbe. **²Uni** [ˈʊni] *die;* -, -s: (ugs.) Kurzform von ↑Universität. **uni...**, **Uni...** ⟨zu *lat.* unus „einer, ein einziger"⟩: Wortbildungselement mit der Bedeutung „einzig, nur einmal vorhanden, einheitlich", z. B. unilateral, Uniform. **uni|di|rek|tio|nal** ⟨zu *engl.* directional „die Richtung betreffend"⟩: Eigenschaft einer Datenübertragungsleitung, Signale nur in einer Richtung übertragen zu können (Informatik). **unie|ren** ⟨aus gleichbed. *lat.* unire zu unus „einer, ein einziger"⟩: vereinigen (bes. in bezug auf Religionsgemeinschaften). **uniert** ⟨zu ↑...iert⟩: eine der unierten Kirchen betreffend, zu einer unierten Kirche gehörend. **uni|fa|zi|al** ⟨zu ↑uni-... u. ↑fazial⟩: einseitig gestaltet (von Blättern, Stielen; Bot.). **Uni|fi|ka|ti|on** *die;* -, -en ⟨zu ↑unifizieren u. ↑...ation⟩: 1. svw. Unifizierung. 2. das Gleichmachen von zwei Fakten durch Ersetzen der Variablen durch Terme (EDV); vgl. ...[at]ion/...ierung. **Uni|fi|ka|tor** *der;* -s, -en ⟨zu ↑...or⟩: Ergebnis einer Unifikation (2; EDV). **uni|fi|zie|ren** ⟨aus *mlat.* unificare „vereinen"⟩: vereinheitlichen, in eine Einheit, Gesamtheit verschmelzen (z. B. Staatsschulden, Anleihen). **Uni|fi|zie|rung** *die;* -, -en ⟨zu ↑...fizierung⟩: Konsolidierung, Vereinheitlichung, Vereinigung (z. B. von Staatsschulden, Anleihen); vgl. ...[at]ion/...ierung. **uni|form** ⟨aus gleichbed. *fr.* uniforme, dies aus *lat.* uniformis „einheitlich, gleichförmig" zu unus (vgl. uni-...) u. forma „Form"⟩: gleich-, einförmig; gleichmäßig, einheitlich. **Uni|form** [auch ˈʊni...] *die;* -, -en ⟨aus gleichbed. *fr.* uniforme, Substantivierung von uniforme, vgl. uniform⟩: einheitliche Dienstkleidung, bes. des Militärs, aber auch der Eisenbahn-, Post-, Forstbeamten u. a.; Ggs. ↑Zivil. **uni|for|mie|ren** ⟨zu ↑...ieren⟩: 1. einheitlich einkleiden, in Uniformen stecken. 2. (oft abwertend) gleichförmig, eintönig machen. **Uni|for|mie|rung** *die;* -, -en ⟨zu ↑...isierung⟩: eindeutige Parameterdarstellung des Gesamtverlaufs einer beliebigen, mit Polen (4) versehenen Funktion (Math.). **Uni|for|mis|mus** *der;* - ⟨zu ↑...ismus (2, 5)⟩: das Streben nach gleichförmiger, einheitlicher Gestaltung. **Uni|for|mist** *der;* -en, -en ⟨zu ↑...ist⟩: jmd., der alles gleichförmig gestalten will. **Uni|for|mi|tät** *die;* -, -en ⟨unter Einfluß von *fr.* uniformité aus *spätlat.* uniformitas, Gen. uniformitatis „Einförmigkeit"⟩: Einförmigkeit, Gleichförmigkeit (z. B. im Denken u. Handeln). **Uni|form|stil** *der;* -[e]s: Kleidungsmode mit Elementen aus der Militärkleidung (z. B. Halsbund, Achselklappen, Metallknöpfe). **Uni|ka**: Plur. von ↑Unikum. **uni|kal** ⟨zu *lat.* unicus (vgl. Unikum) u. ↑¹...al (1)⟩: 1. nur einmal vorhanden. 2. einzigartig. **Uni|kat** *das;* -[e]s, -e ⟨zu ↑...at (1), Analogiebildung zu ↑Duplikat⟩: a) einzige Ausfertigung eines Schriftstücks im Unterschied zum ↑Duplikat u. ↑Triplikat; b) svw. Unikum (1); c) einziges Kunstwerk seiner Art. **Uni|kum** *das;* -s, Plur. ...ka, auch -s ⟨aus *lat.* unicum, Neutrum von unicus „der einzige; einzigartig" zu unus „einer, ein einziger"⟩: 1. (Plur. ...ka) a) etwas, was es nur [noch] einmal gibt; b) nur in einem Exemplar vorhandenes Erzeugnis der graphischen Künste. 2. (Plur. -s) (ugs.) origineller, oft ein wenig merkwürdiger Mensch, der auf andere belustigend wirkt. **uni|la|te|ral** ⟨zu ↑uni-..., *lat.* latus, Gen. lateris „Seite" u. ↑¹...al (1)⟩: einseitig, nur auf einer Seite. **uni|la|te|ral** *der;* -s, -e: Laut, bei dessen Artikulation die Luft nur an einer Seite der Zunge entweicht (bes. in den west- u. ostkaukasischen Sprachen; Sprachw.). **uni|li|ne|al** ⟨zu *lat.* linealis „in Linien bestehend"⟩: in bezug auf die Abstammungsreihe nur eines Elternteils gesehen; bilineal. **uni|li|ne|ar**: svw. unilineal. **uni|lo|kal**: am Wohnsitz der Familie eines Elternteils befindlich, an diesem ausgerichtet (Völkerk.). **Uni|lo|ka|li|tät** *die;* -: einseitig festgelegte Wohnsitzregelung, z. B. Matrilokalität od. Patrilokalität (Völkerk.). **uni|lo|ku|lär** ⟨zu *lat.* loculus „Plätzchen" (Verkleinerungsform von locus „Ort") u. ↑...är⟩: einkammerig, nur aus einer blasenförmigen Zyste bestehend (Med.). **Unio my|sti|ca** [– ...ka] *die;* - - ⟨aus *lat.* unio mystica „mystische Einheit"⟩: die geheimnisvolle Vereinigung der Seele mit Gott als Ziel der Gotteserkenntnis in der ↑Mystik. **Uni|on** *die;* -, -en ⟨*kirchenlat.* unio „Einheit, Vereinigung" zu *lat.* unus „einer, ein einziger"⟩: Bund, Vereinigung, Verbindung (bes. von Staaten u. von Kirchen mit verwandten Bekenntnissen). **Unio|nist** *der;* -en, -en ⟨zu ↑...ist; Bed. 2 u. 3 nach gleichbed. *engl.* unionist⟩: 1. Anhänger einer Union. 2. Gegner der ↑Konföderierten im nordamerikanischen Bürgerkrieg. 3. engl. Liberaler, der sich wegen W. E. Gladstones (1809–1898) Politik von seiner Partei lossagte u. den Konservativen anschloß. **unio|nis|tisch** ⟨zu ↑...istisch⟩: nach Einheit strebend, eine Union betreffend, ihr angehörend. **Union Jack** [ˈjuːnjən ˈdʒæk] *der;* - -s, - -s ⟨*engl.*; zu union „Vereinigung" (für das Vereinigte Königreich Großbritannien) u. jack „(Schiffs)flagge"⟩: brit. Nationalflagge Großbritanniens. **Uni|ons|kon|zi|le** *die* (Plur.): ökumenische Kirchenversammlungen, die die Wiederherstellung der Einheit der Kirche erreichten. **uni|par** ⟨zu ↑uni-... u. *lat.* parere „gebären"⟩: nur ein Junges in einem Geburtsakt gebärend (z. B. Mensch, Pferd; Biol.). **uni|pe|tal** ⟨zu ↑uni-... u. *gr.* pétalon „Blatt"⟩: einblättrig (in bezug auf Pflanzen; Bot.). **uni|po|lar**: einpolig, den elektrischen Strom nur in einer Richtung leitend. **Uni|po|lar|in|duk|ti|on** *die;* -: das Auftreten von Induktionsströmen (z. B. in einem um seine Achse rotierenden Stabmagneten; Phys.). **Uni|po|lar|ma|schi|ne** *die;* -, -n: Maschine zur Entnahme starker Gleichströme bei kleiner Spannung. **Uni|sex** *der;* -[es] ⟨aus gleichbed. *engl.* unisex⟩: [Tendenz zur] Einheitlichkeit, Übereinstimmung bes. im Äußeren, so daß die sexuellen Unterschiede nicht mehr deutlich in Erscheinung treten (in bezug auf die beiden Geschlechter

Mann und Frau). u̱ni|se|xu̱|ell ⟨zu ↑uni...⟩: 1. den Unisex betreffend. 2. eingeschlechtlich. 3. svw. homosexuell. **uni̱son** ⟨zu ↑unisono⟩: auf demselben Ton od. in der Oktave [singend od. spielend] (Mus.). **Uni̱|so̱|ni:** Plur. von ↑Unisono. **uni̱|so̱|no** ⟨*it.;* aus *spätlat.* unisonus „eintönig, -förmig"⟩: a) auf demselben Ton od. in der Oktave [zu spielen] (d. h., daß nur eine Stimme in der Partitur aufgezeichnet ist; Mus.); b) einstimmig, einmütig. **Uni̱|so̱|no** *das;* -s, Plur. -s u. ...ni: Einklang; Fortführung aller Stimmen auf demselben Ton od. in der Oktave (Mus.); Ggs. ↑Heterophonie. **Unit** ['ju:nɪt] *die;* -, -s ⟨aus gleichbed. *engl.* unit, rückgebildet aus unity „Einheit", dies über das Altfranz. aus *lat.* unitas, vgl. Unität⟩: 1. [Lern]einheit in Unterrichtsprogrammen. 2. fertige Einheit eines technischen Gerätes. 3. Gruppe, Team. **uni|tär** [uni...] ⟨aus gleichbed. *fr.* unitaire⟩: svw. unitarisch (1). **Uni|ta̱|ri̱|er** [...i̯ɐ] *der;* -s, - ⟨aus gleichbed. *nlat.* unitarius zu *lat.* unitus, Part. Perf. von unire, vgl. unieren⟩: Vertreter einer nachreformatorischen kirchlichen Richtung, die die Einheit Gottes betont u. die Lehre von der ↑Trinität teilweise od. ganz verwirft; Ggs. ↑Trinitarier; vgl. Sozinianer. **uni|ta̱|risch:** 1. Einigung bezweckend od. erstrebend. 2. die Lehre der Unitarier betreffend. **Uni|ta̱|ri̱|sie̱|rung** *die;* - ⟨zu ↑...isierung⟩: svw. Unitarismus (1). **Uni|ta̱|ri̱s|mus** *der;* - ⟨zu ↑...ismus (1, 2)⟩: 1. das Bestreben, innerhalb eines Bundesstaates die Befugnisse der Bundesbehörden gegenüber den Ländern zu erweitern u. damit die Zentralgewalt zu stärken. 2. theolog. Lehre der Unitarier. 3. Lehre von der ursächlichen Übereinstimmung verschiedener Krankheitsformen (Med.). **Uni|ta̱|ri̱st** *der;* -en, -en ⟨zu ↑...ist⟩: Vertreter des Unitarismus. **uni|ta̱|ri̱|stisch** ⟨zu ↑...istisch⟩: den Unitarismus betreffend. **Uni|tät** *die;* -, -en ⟨aus *lat.* unitas, Gen. unitatis „Einheit, Einigkeit" zu unus „ein"⟩: 1. a) Einheit, Übereinstimmung; b) Einzigartigkeit. 2. Brüderunität (eine pietistische Freikirche). 3. (ugs. scherzh.) Kurzform von ↑Universität. **Uni|täts|leẖ|re** *die;* -: svw. Unitarismus (3). **uni̱|to̱|ni|co** [...ko] ⟨*it.*⟩: in einer Tonart (Musik). **uni|va|le̱nt** [...v...] ⟨zu ↑uni... u. *lat.* valens, Gen. valentis, Part. Präs. von valere, vgl. Valenz⟩: einwertig (Chem.). **Uni|va|le̱n|te** *die* (Plur.): ↑Chromosomen, die bei einer ↑Meiose ungepaart, also einzeln bleiben (Genetik). **Uni|ver|bie̱|rung** [...v...] *die;* -, -en ⟨zu ↑...ierung⟩: das Zusammenwachsen zweier Wörter zu einem einzigen, meist ohne Bedeutungsspezialisierung (z. B. *obschon* aus *ob* u. *schon*). **Uni|ver|mag** [...v...] *das;* -s, -s ⟨Kurzw. aus *russ.* universalny *magazin*⟩: russ. Warenhaus, Kaufhaus. **uni|ver|sa̱l** [...v...] ⟨aus *spätlat.* universalis „zur Gesamtheit gehörig, allgemein" zu *lat.* universus, vgl. Universum⟩: 1. a) allgemein, gesamt; b) die verschiedensten Bereiche einschließend. 2. [die ganze Welt] umfassend, weltweit; vgl. ...al/...ell. **Uni|ver|sa̱l** *das;* -[s]: früher ↑Panroman genannte Welthilfssprache. **Uni|ver|sa̱l...** ⟨zu ↑universal⟩: Wortbildungselement mit der Bedeutung „vielseitig [einsetzbar], umfassend [gültig]", z. B. Universalgenie, Universalmotor. **Uni|ver|sa̱l|empfän|ger** *der;* -s, -: Person mit der Blutgruppe AB, auf die Blut beliebiger Gruppenzugehörigkeit übertragen werden kann (Med.); vgl. Universalspender. **Uni|ver|sa̱l|epi|sko̱|pat** *der* od. *das;* -[e]s, -e: oberste bischöfl. Gewalt des Papstes über die kath. Kirche. **Uni|ver|sa̱l|ge̱|nie** *das;* -s, -s: a) ein auf vielen Gebieten zu genialen Leistungen befähigter Mensch; b) (scherzh.) Alleskönner. **Uni|ver|sa̱l|ge|schich|te** *die;* -: Weltgeschichte. **Uni|ver|sa̱|lie** [...i̯ə] *die;* -, -n (meist Plur.) ⟨aus gleichbed. *mlat.* universalia, Plur. von universale, Neutrum von *spätlat.* universalis, vgl. universal⟩: 1. (nur Plur.) allgemeingültige Aussagen, Allgemein-

begriffe, bes. in der Scholastik (Philos.). 2. Eigenschaft, die alle natürlichen Sprachen aufweisen. **Uni|ver|sa̱l|in|di|ka̱tor** *der;* -s, -en ⟨zu ↑Universal...⟩: aus einem Gemisch mehrerer Farbstoffe bestehender ↑Indikator, der auf einen weiten Bereich der pH-Werte anwendbar ist (Chem.). **Uni|ver|sa̱l|in|stru|ment** *das;* -[e]s, -e: Meßgerät, das die [gleichzeitige] Messung mehrerer Größen erlaubt (z. B. der Theodolit). **uni|ver|sa|li|sie̱|ren** ⟨zu ↑...isieren⟩: verallgemeinern. **Uni|ver|sa|li̱s|mus** *der;* - ⟨zu ↑universal u. ↑...ismus (2)⟩: 1. Denkart, die den Vorrang des Allgemeinen, des Ganzen gegenüber dem Besonderen u. Einzelnen betont, bes. die Staats- u. Gesellschaftsauffassung von O. Spann. 2. theologische Lehre, nach der der Heilswille Gottes die ganze Menschheit umfaßt; Ggs. ↑Prädestination (1). **Uni|ver|sa|li̱s|ten** *die* (Plur.) ⟨zu ↑...ist⟩: zu einer amerik. kirchlichen Gruppe gehörende Anhänger des Universalismus (2). **uni|ver|sa|li̱|stisch** ⟨zu ↑...istisch⟩: den Universalismus betreffend, auf ihm beruhend. **Uni|ver|sa|li|tät** *die;* - ⟨aus gleichbed. *spätlat.* universalitas, Gen. universalitatis⟩: 1. Allgemeinheit, Gesamtheit. 2. Allseitigkeit, [schöpferische] Vielseitigkeit; alles umfassende Bildung. **Uni|ver|sa|li|täts|prin|zip** *das;* -s: svw. Universalprinzip. **Uni|ver|sa̱l|mo|tor** *der;* -s, -en ⟨zu ↑Universal...⟩: Elektromotor, der sowohl mit Gleich- als auch mit Wechselstrom betrieben werden kann. **Uni|ver|sa̱l|prin|zip** *das;* -s: im Unterschied zum Territorialitäts- u. ↑Personalitätsprinzip der Grundsatz der Weltrechtspflege, nach dem ein Staat auch die von Ausländern im Ausland begangenen Straftaten zu verfolgen habe (Rechtsw.). **Uni|ver|sa̱l|spen|der** *der;* -s, -: Person mit der Blutgruppe 0, die (im Rahmen des ABO-Systems) mit gewissen Einschränkungen für jeden Blut spenden kann (Med.); vgl. Universalempfänger. **Uni|ver|sa̱l|suk|zes|si|on** *die;* -, -en: Gesamterbfolge, Eintritt eines od. mehrerer Erben in das Gesamtvermögen des Erblassers (Rechtsw.). **uni|ver|se̱ll** ⟨aus gleichbed. *fr.* universel, dies aus *spätlat.* universalis, vgl. universal⟩: a) umfassend, weitgespannt; b) vielseitig [einsetzbar]; vgl. ...al/...ell. **Uni|ver|sia̱|de** *die;* -, -n ⟨Kurzw. aus ↑*Univers*ität u. ↑*Olympiade*⟩: internationale Studentenwettkämpfe mit Weltmeisterschaften in verschiedenen sportlichen Disziplinen. **Uni|ver|si̱s|mus** *der;* - ⟨zu ↑Universum u. ↑...ismus (1)⟩: Anschauung bes. des chines. ↑Taoismus, daß die Welt eine Einheit sei, in die der Einzelmensch sich einordnen müsse. **uni|ver|si|tär** ⟨aus gleichbed. *fr.* universitaire⟩: die Universität betreffend. **Uni|ver|si|tas lit|te|ra̱|rum** *die;* - - ⟨aus *lat.* universitas litterarum, eigtl. „Gesamtheit der Wissenschaft"⟩: lat. Bez. für Universität. **Uni|ver|si|tät** *die;* -, -en ⟨aus *(spät)lat.* universitas, Gen. universitatis „(gesellschaftliche) Gesamtheit, (Kollegium)" zu *lat.* universus, vgl. Universum⟩: 1. in mehrere Fakultäten gegliederte wissenschaftliche Hochschule. 2. (ohne Plur.) Gesamtheit der Dozenten u. Studenten einer Universität (1). 3. Gebäude[komplex], in dem sich eine Universität (1) befindet. **Uni|ver|sum** *das;* -s ⟨aus gleichbed. *lat.* universum, substantiviertes Neutrum von universus „ganz, sämtlich", eigtl. „in eins gekehrt", zu unus „einer, ein einziger" u. versus „gewendet"⟩: a) das Weltall; der Weltraum (in seiner Gesamtheit); b) zu einer Einheit zusammengefaßtes Ganzes. **uni|vo̱k** [...v...] ⟨zu ↑uni... u. *lat.* vox, Gen. vocis „Stimme, Sprache"⟩: eindeutig, einnamig (Philos.). **Uni|vo|zi|tät** *die;* - ⟨zu ↑...ität⟩: Eindeutigkeit, Einnamigkeit (Philos.).

UNIX ['ju:nɪks] *das;* - ⟨engl. Kunstw.⟩: universell einsetzbares Betriebssystem für leistungsfähige ↑Computer u. Großrechner (EDV)

Unk|ti|on *die;* -, -en ⟨aus gleichbed. *lat.* unctio zu unguere „salben"⟩: Einreibung, Einsalbung (Med.)

uno ac|tu [– ˈaktu] ⟨*lat.*⟩: in einem Akt, ohne Unterbrechung

un|plug|ged [ʌnˈplʌgd] ⟨*engl.;* zu to plug „ans Elektronetz anschließen", dies zu plug „Stöpsel, Stecker"⟩: ohne [aufwendige] Studiotechnik hergestellt (von Musik- u. Gesangsaufnahmen)

un po|chet|ti|no [– pokɛ...] ⟨*it.;* Verkleinerungsbildung zu poco „wenig"⟩: ein klein wenig (Mus.). **un po|co** [– ˈpɔko, – ˈpoːko] ⟨*it.*⟩: ein wenig, etwas (Mus.)

unus pro mul|tis [– – ...tiːs] ⟨*lat.*⟩: einer für viele

Un|zia|le *die;* -, -n ⟨aus *spätlat.* (litterae) unciales „zollange Buchstaben" zu *lat.* uncia „¹/₁₂ Zoll"⟩: 1. mittelalterliche griech. u. röm. Buchschrift aus gerundeten Großbuchstaben. 2. svw. Initiale (Druckw.)

Upa|ni|schad *die;* -, ...aden (meist Plur.) ⟨aus *sanskr.* upaniṣád, eigtl. „das Sichniedersetzen (bei einem Lehrer)"⟩: zum ↑wedischen Schrifttum gehörende philosophisch-theologische Abhandlung über die Erlösung des Menschen

Upas *das;* - ⟨aus *malai.* (pohon) upas zu pohon „Baum" u. upas „Gefängnis", dies aus dem Jav.⟩: als Pfeilgift verwendeter Milchsaft eines javanischen Baumes

Up-Down-Loa|ding [ˈʌpˈdaʊnloʊdɪŋ] *das;* -s ⟨zu *engl.* up „herauf", down „hinab" u. to load „laden"⟩: Datentransfer von einer Großrechneranlage zum Personalcomputer u. zurück (EDV)

Upe|ri|sa|ti|on *die;* -, -en ⟨Kurzw. aus *Ultrapasteurisation*⟩: Milchkonservierungsverfahren, bei dem in entgaste u. vorgewärmte Milch Dampf eingeleitet wird. **upe|ri|sie|ren** ⟨zu ↑...isieren⟩: durch Uperisation keimfrei machen

Up|per|class [ˈʌpɐklaːs, engl. ˈʌpəˈklɑːs] *die;* - ⟨aus gleichbed. *engl.* upper class zu upper „ober-" (eigtl. Komparativ von up „herauf; oben") u. class „Gesellschaftsschicht, Klasse"⟩: herrschende Klasse, Aristokratie, gesellschaftliche Oberschicht. **Up|per|cut** [ˈʌpɐkat, engl. ˈʌpəkʌt] *der;* -s, -s ⟨aus gleichbed. *engl.* uppercut⟩: Aufwärtshaken (Boxen). **Up|per ten** [ˈʌpɐ ˈtɛn] *die* (Plur.) ⟨aus gleichbed. *engl.* upper ten, gekürzt aus upper ten thousand⟩: die oberen Zehntausend, Oberschicht. **up to date** [ˈʌp tə ˈdeɪt] ⟨*engl.;* eigtl. „bis auf den heutigen Tag"⟩: zeitgemäß, auf dem neuesten Stand

ur..., Ur... vgl. uro..., Uro...

...ur ⟨aus *lat.* -ura⟩: Endung weiblicher Substantive mit der Bedeutung „Ergebnis, Einrichtung", z. B. Ligatur, Agentur

Ura|lit [auch ...ˈlɪt] *der;* -s, -e ⟨nach dem Gebirge Ural in Rußland u. zu ↑²...it⟩: ein faseriges Mineral

Ur|ämie *die;* -, ...ien ⟨zu ↑uro... u. ↑...ämie⟩: Harnvergiftung (Med.). **ur|ämisch**: harnvergiftet, auf einer Urämie beruhend (Med.)

Uran, chem. fachspr. **Uranium** *das;* -s ⟨nach dem Planeten Uranus (*gr.* Ouranós), von dem dt. Chemiker Klaproth nach dem gleichfalls im 18. Jh. entdeckten Planeten zur Ehrung des Entdeckers so benannt (u. zu ↑...ium)⟩: radioaktives chem. Element, Metall; wichtiger Kernbrennstoff; Zeichen U. **Ura|ni|nit** [auch ...ˈnɪt] *der;* -s, -e ⟨zu ↑²...it⟩: ein pechschwarzes Mineral, Pechblende. **Ura|nis|mus** *der;* - ⟨zu Urania (*gr.* Ouranía), dem Beinamen der altgriech. Liebesgöttin Aphrodite (ihr Vater Uranos soll sie ohne eine Frau gezeugt haben)⟩ u. ↑...ismus (3)⟩: (selten) Homosexualität zwischen Männern. **Ura|nist** *der;* -en, -en ⟨zu ↑...ist⟩: (selten) homosexueller Mann. **Ura|ni|um** vgl. Uran. **ura|no..., Ura|no...** ⟨aus *gr.* ouranós „Himmel(sgewölbe); Gaumen"⟩: Wortbildungselement mit den Bedeutungen: a) „Himmel", z. B. Uranographie, u. b) „Gaumen", z. B. Uranoplastik. **Ura|no|cir|cit** [...tsɪrˈtsiːt, auch ...ˈtsɪt] vgl. Uranozirzit. **Ura|no|gra|phie** *die;* - ⟨zu ↑...graphie⟩: Himmelsbeschreibung. **Ura|no|la|trie** *die;* - ⟨zu ↑Latrie⟩: göttliche Verehrung der Himmelskörper. **Ura|no|lith** [auch ...ˈlɪt] *der;* Gen. -s u. -en, Plur. -e[n] ⟨zu ↑...lith, eigtl. „Himmelsstein"⟩: (veraltet) svw. Meteorit. **Ura|no|lo|gie** *die;* - ⟨zu ↑...logie⟩: (veraltet) Himmelskunde. **Ura|no|me|trie** *die;* -, ...ien ⟨zu ↑...metrie⟩: 1. Messung der Sternörter. 2. Sternkatalog. 3. kartographische Festlegung der Fixsternörter. **Ura|no|phan** *der;* -s, -e ⟨zu *gr.* phaínein „zeigen"⟩: gelbes, häufigstes u. zum Teil bauwürdiges Uranylsilikat. **Ura|no|pi|lit** [auch ...ˈlɪt] *der;* -s, -e ⟨zu *gr.* pîlos „Filz" u. ↑²...it⟩: ein faseriges Mineral, meist schwefelgelber Überzug auf Uraninit. **Ura|no|pla|stik** *die;* -, -en: operative Beseitigung einer Gaumenspalte im Bereich des harten Gaumens (Med.). **Ura|no|schi|sis** [...ˈsçi:...] *die;* -, ...isen ⟨zu *gr.* schísis, dies zu schízein „spalten"⟩: angeborene Spaltung des harten Gaumens (Med.). **Ura|no|skop** *das;* -s, -e ⟨zu ↑...skop⟩: (veraltet) Fernrohr zur Beobachtung des Sternhimmels und seiner Vorgänge. **Ura|no|sko|pie** *die;* - ⟨zu ↑...skopie⟩: (veraltet) Himmelsbeobachtung. **Ura|no|sphä|rit** [auch ...ˈrɪt] *der;* -s, -e ⟨zu *lat.* sphaera aus *gr.* sphaîra „(Himmels)kugel" u. ↑²...it⟩: ein orangefarbenes bis ziegelrotes Uranmineral auf verwittertem Uraninit. **Ura|no|spi|nit** [auch ...ˈnɪt] *der;* -s, -e ⟨zu *gr.* spínos „Fink" (nach der Farbe) u. ↑²...it⟩: zu den Uranglimmern zählendes, gelbes bis grünes Mineral. **Ura|no|thal|lit** [auch ...ˈlɪt] *der;* -s, -e ⟨zu *gr.* thallós „junger, grüner Zweig" (nach der Farbe) u. ↑²...it⟩: ein gelbgrünes, durchscheinendes Mineral. **Ura|no|til** *der;* -s, -e ⟨zu *gr.* tílos „Gerupftes, Gezupftes, Faseriges" (nach den feinfaserigen Kristallen)⟩: ein gelbes Mineral, vor allem ein Zersetzungsprodukt von Uranpechblende. **Ura|no|zir|zit** [auch ...ˈtsɪt] *der;* -s, -e ⟨zu *gr.* kírkos „Gabelweihe" (früher zu den Falken gezählt; mit Bezug auf den ersten Namensteil der Stadt Falkenberg im Vogtland, wo es Vorkommen gibt) u. zu ↑²...it⟩: ein zu den Uranglimmern zählendes schmutzig- bis grüngelbes Mineral. **Uran|pech|blen|de** *die;* - ⟨zu ↑Uran⟩: ein radiumhaltiges Mineral. **Uran|pile** [...paɪl] *der;* -s, -s ⟨verkürzt aus *engl.* uranium pile „Uraniummeiler"⟩: svw. Reaktor. **Ura|nyl** *das;* -s ⟨zu ↑Uran u. ↑...yl⟩: zweiwertige, aus einem Uranatom u. zwei Sauerstoffatomen bestehende Atomgruppe

Urat *das;* -[e]s, -e ⟨zu *gr.* oûron „Harn" u. ↑...at (2)⟩: Salz der Harnsäure (Chem.). **ura|tisch**: mit der Harnsäure zusammenhängend, durch sie hervorgerufen (Med.). **Ura|to|hi|ste|chie** *die;* - ⟨zu *gr.* histíon „Gewebe", échein „haben, halten" u. ↑²...ie⟩: krankhafte Ansammlung von Harnsäure in den Körpergeweben (Med.)

Uräus|schlan|ge *die;* -, -n ⟨zu *gr.* ouraîos „zum Schwanz gehörig", dies aus dem Ägypt.; die Schlange erschien als Sonnensymbol am Diadem der altägypt. Könige⟩: afrikanische Hutschlange (Giftnatter)

ur|ban ⟨aus *lat.* urbanus „städtisch" zu urbs „Stadt"⟩: 1. gebildet u. weltgewandt, weltmännisch. 2. für die Stadt charakteristisch, in der Stadt üblich. **Ur|ba|ni|sa|ti|on** *die;* -, -en ⟨zu ↑...isation⟩: 1. a) städtebauliche Erschließung; b) durch städtebauliche Erschließung entstandene moderne Stadtsiedlung (zur Nutzung durch Tourismus od. Industrie). 2. Zunahme des Anteils der in den Städten lebenden Wohnbevölkerung an der Gesamtbevölkerung. 3. durch die Verstädterung bedingte Veränderung der Lebensweise in kultureller u. zivilisatorischer Hinsicht; vgl. ...[at]ion/ ...ierung. **ur|ba|ni|sie|ren** ⟨zu ↑...isieren⟩: 1. städtebaulich

Urbanisierung

erschließen. 2. verstädtern; städtischen Bedingungen anpassen (z. B. in kultureller u. zivilisatorischer Hinsicht). **Ur|ba|ni|sie|rung** *die;* -, -en ⟨zu ↑ ...isierung⟩: das Urbanisieren; vgl. ...[at]ion/...ierung. **Ur|ba|ni|stik** *die;* - ⟨zu ↑ ...istik⟩: Wissenschaft des Städtewesens. **Ur|ba|ni|tät** *die;* - ⟨aus gleichbed. *lat.* urbanitas, Gen. urbanitatis⟩: a) Bildung; feine, weltmännische Art; b) städtische Atmosphäre **ur|ba|ri|al** ⟨zu *dt.* urbar u. ↑ ...ial⟩: das Urbarium betreffend. **ur|ba|ri|sie|ren** ⟨zu ↑ ...isieren⟩: (schweiz.) urbar machen. **Ur|ba|ri|um** *das;* -s, ...ien [...jən] ⟨zu ↑ ...ium⟩: im Mittelalter das Grund-, Hypotheken- u. Grundsteuerbuch **ur|bi et or|bi** ⟨*lat.;* „der Stadt (= Rom) u. dem Erdkreis"⟩: Formel für päpstliche Erlasse u. Segensspendungen, die für die ganze kath. Kirche bestimmt sind; etwas - - - verkünden: etwas aller Welt mitteilen. **Urbs ae|ter|na** [- ɛ...] *die;* - - ⟨*lat.*⟩: die Ewige Stadt (Rom) **Ur|du** *das;* - ⟨aus *Hindi* urdū(-zabān) „(Sprache des) Lager(platzes)", dies aus *türk.* ordu „(Heer)lager"⟩: neuind. Sprache, die in Pakistan als Amtssprache gilt **...üre** ⟨aus *fr.* -ure, dies aus *lat.* -ura, vgl. ...ur⟩: Endung weiblicher Substantive, z. B. Gravüre, Broschüre **Urea** *die;* - ⟨aus *nlat.* urea, dies aus *gr.* oûron „Harn"⟩: Harnstoff (Med.). **Urea|se** *die;* -, -n ⟨zu ↑ ...ase⟩: Harnstoff spaltendes ↑ Enzym (Biochem.). **Ure|at** *das;* -[e]s, -e ⟨zu ↑ ...at (2)⟩: svw. Urat **Ure|do|spo|ren** *die* (Plur.) ⟨zu *lat.* uredo „Getreidebrand (eine Pflanzenkrankheit)" zu urere „verbrennen") u. ↑ Spore⟩: Sommersporen der Rostpilze (Bot.). **Ure|id** *das;* -[e]s, -e ⟨zu ↑ Urea u. ↑³...id⟩: jede vom Harnstoff abgeleitete chem. Verbindung. **Ureo|me|ter** *das;* -s, - ⟨zu ↑¹...meter⟩: Apparat zur Bestimmung des Harnstoffs. **ureo|te|lisch** ⟨zu *gr.* télos „Ende, Ziel"⟩: Harnstoff als hauptsächliches Endprodukt des Eiweißstoffwechsels ausscheidend (von Fischen, Lurchen, Säugetieren; Physiol., Biol.). **Ure|se** *die;* - ⟨aus gleichbed. *gr.* oúrēsis zu oureĩn „Urin lassen, harnen"⟩: das Harnen (Med.). **Ure|ter** *der;* -s, Plur. auch - ⟨aus gleichbed. *gr.* ourētēr⟩: Harnleiter (Med.). **Ure|ter|ato|nie** *die;* -, ...ien [...i:ən] ⟨zu ↑ ...ektomie⟩: nachlassende ↑ Peristaltik des Ureters u. Weitstellung eines od. beider Harnleiter (Med.). **Ure|ter|ek|to|mie** *die;* -, ...ien [...i:ən] ⟨zu ↑ ...ektomie⟩: operative Entfernung eines Harnleiters (Med.). **Ure|te|ri|tis** *die;* -, ...itiden ⟨zu ↑ ...itis⟩: Harnleiterentzündung (Med.). **Ure|te|ro|li|tho|to|mie** *die;* -, ...ien: Entfernung eines Steins aus dem Harnleiter nach dessen operativer Eröffnung (Med.). **Ure|te|ro|to|mie** *die;* -, ...ien ⟨zu ↑ ...tomie⟩: operative Eröffnung des Harnleiters (Med.). **Ure|than** *das;* -s, -e ⟨zu ↑ Urea u. ↑ Ethan⟩: in vielen Arten vorkommender ↑ Ester einer ammoniakhaltigen Säure, der u. a. als Schädlingsbekämpfungs- u. Schlafmittel verwendet wird (Chem.). **urethr...,** **Urethr...** vgl. urethro..., Urethro... **Ure|thra** *die;* -, ...thren ⟨über *lat.* urethra aus *gr.* ourḗthra „Harngang"⟩: Harnröhre (Med.). **ure|thral** ⟨zu ↑¹...al (1)⟩: zur Harnröhre gehörend, sie betreffend (Med.). **Ure|thral|ero|tik** *die;* -: von sexuellen Lustgefühlen begleitetes Urinieren (Psychoanalyse). **Ure|thral|gie** *die;* -, ...ien ⟨zu ↑ urethro... u. ↑ ...algie⟩: svw. Urethrodynie. **Ure|thral|strik|tur** *die;* -, -n: Harnröhrenverengung (Med.). **Ure|thren:** Plur. von ↑ Urethra. **Ure|thris|mus** *der;* - ⟨zu ↑ ...ismus (3)⟩: Harnröhrenkrampf (Med.). **Ure|thri|tis** *die;* -, ...itiden ⟨zu ↑ ...itis⟩: Harnröhrenentzündung (Med.). **ure|thro...,** **Ure|thro...,** vor Vokalen meist urethr..., Urethr... ⟨zu *lat.* urethra, vgl. Urethra⟩: Wortbildungselement mit der Bedeutung „Harnröhre", z. B. Urethroskop, Urethralgie. **Ure|thro|dy|nie** *die;* -, ...ien ⟨zu ↑ ...odynie⟩: ↑ Neuralgie der Harnröhre (Med.).

ure|thro|gen ⟨zu ↑ ...gen⟩: von der Harnröhre ausgehend (z. B. von Infektionen; Med.). **Ure|thro|gramm** *das;* -s, -e ⟨zu ↑ ...gramm⟩: Röntgenkontrastbild der Harnröhre (Med.). **Ure|thro|gra|phie** *die;* -, ...ien ⟨zu ↑ ...graphie⟩: röntgenographische Untersuchung u. Darstellung der (mit Kontrastmitteln gefüllten) Harnblase (Med.). **Ure|thror|rhö** *die;* -, -en u. **Ure|thror|rhöe** [...'rø:] *die;* -, -n [...'rø:ən] ⟨zu *gr.* rheĩn „fließen"⟩: Harnröhrenausfluß (Med.). **Ure|thro|skop** *das;* -s, -e ⟨zu ↑ ...skop⟩: Instrument zur Ausleuchtung der Harnröhre (Med.). **Ure|thro|sko|pie** *die;* -, ...ien ⟨zu ↑ ...skopie⟩: ↑ endoskopische Untersuchung der Harnröhre (Med.). **Ure|thro|to|mie** *die;* -, ...ien ⟨zu ↑ ...tomie⟩: äußerer Harnröhrenschnitt (Med.). **Ure|thro|ze|le** *die;* -, -n ⟨zu *gr.* kḗlē „Geschwulst; Bruch"⟩: sackförmige Ausstülpung der Harnröhre (Med.). **Ure|thro|zy|sti|tis** *die;* -, ...itiden: gleichzeitige Entzündung von Harnröhre u. Harnblase (Med.). **Ure|ti|kum** *das;* -s, ...ka (meist Plur.) ⟨zu *lat.* ureticus „zum Urin, Harn gehörig" (dies zu *gr.* ouretikós) u. ↑ ...ikum⟩: harntreibendes Mittel. **ure|tisch:** harntreibend (Med.).
...urg ⟨aus *gr.* -ourgós zu érgon „Arbeit, Werk"⟩: Wortbildungselement mit der Bedeutung „jmd., der eine bestimmte Tätigkeit ausführt od. schöpferisch tätig ist", z. B. Dramaturg, Metallurg
ur|gent ⟨aus gleichbed. *lat.* urgens, Gen. urgentis, zu urgere, vgl. urgieren⟩: (veraltend) unaufschiebbar, dringend, eilig. **Ur|genz** *die;* -, -en ⟨aus *mlat.* urgentia⟩: (veraltend) Dringlichkeit, Unaufschiebbarkeit
...ur|gie ⟨aus *gr.* -ourgía zu érgon, vgl. ...urg⟩: Wortbildungselement mit der Bedeutung „Tätigkeit, Arbeit", z. B. Dramaturgie, Metallurgie
ur|gie|ren ⟨aus gleichbed. *lat.* urgere⟩: (bes. österr.) drängen; nachdrücklich betreiben
Ur|hi|dro|se u. **Uridrose** *die;* -, -n ⟨zu ↑ Urea u. ↑ Hidrose⟩: Absonderung harnstoffreichen Schweißes (Med.)
Uri|an *der;* -s, -e ⟨Herkunft unbekannt⟩: a) (veraltet abwertend) unliebsamer Mensch; b) (ohne Plur.) der Teufel
Uri|as|brief *der;* -[e]s, -e ⟨nach dem Brief, nach dem im A. T. David den Urias, den Ehemann der Bathseba, in den Tod schickte (2. Sam. 11)⟩: Brief, der dem Überbringer Unheil bringt
uric[o]..., Uric[o]... [...k(o)] vgl. uriko..., Uriko... **Uri|dro|se** u. **Urhidrose. ...urie** ⟨zu *gr.* oûron „Harn" u. ↑²...ie⟩: Wortbildungselement mit der Bedeutung „[Ausscheidung mit dem] Harn; das Harnen", z. B. Acetonurie. **urik..., Urik...** vgl. uriko..., Uriko... **Urik|ämie** *die;* -, ...ien ⟨zu ↑ uriko... u. ↑ ...ämie⟩: krankhafte Erhöhung der Harnsäure im Blut (Med.). **Uri|ka|se** *die;* - ⟨zu ↑ ...ase⟩: kupferhaltiges ↑ Enzym, das in Leber, Milz u. Nieren der meisten Säugetiere (mit Ausnahme der Primaten u. des Menschen) vorkommt u. für den Abbau der Harnsäure u. der Urate benötigt wird (Biochem.). **uri|ko..., Uri|ko...,** vor Vokalen auch urik..., Urik... od. erweitert zu urikos..., Urikos... ⟨zu *nlat.* uricus „zum Harn gehörend" (in der Fügung Acidum uricum „Harnsäure")⟩: Wortbildungselement mit der Bedeutung „Harnsäure", z. B. urikotelisch, Urikase, Urikosurie. **Uri|ko|ly|se** *die;* -, -n ⟨zu ↑ ...lyse⟩: der Abbau der Harnsäure im Körper (Med.). **Uri|ko|pa|thie** *die;* -, ...ien ⟨↑ ...pathie⟩: krankhaft vermehrtes Auftreten von Harnsäure im Körper (Med.). **uri|kos..., Uri|kos...** vgl. uriko..., Uriko... **Uri|ko|sta|ti|kum** *das;* -s, ...ka (meist Plur.) ⟨zu *gr.* statikós „zum Stehen, Stillstand bringend" u. ↑ ...ikum⟩: zur Behandlung der Gicht verwendetes Arzneimittel, das in den Purinstoffwechsel eingreift u. eine Hemmung der Harnsäurebildung bewirkt (Med.). **Uri|kos|urie**

die; -, ...ien ⟨zu ↑...urie⟩: vermehrte Ausscheidung von Harnsäure mit dem Urin (Med.). **Uri|kos|uri|kum** *das;* -s, ...ka (meist Plur.) ⟨zu ↑...ikum⟩: zur Behandlung der Gicht verwendetes Arzneimittel, das durch Hemmung der Rückresorption der Harnsäure in der Niere zu einer gesteigerten Harnsäureausscheidung führt (Med.). **uri|ko|telisch** ⟨zu *gr.* télos „Ziel, Ende"⟩: Harnsäure als hauptsächliches Endprodukt des Eiweißstoffwechsels ausscheidend (von Schlangen, Vögeln, Insekten, Landschnecken; Physiol., Biol.). **Urin** *der;* -s, -e ⟨aus gleichbed. *lat.* urina, urspr. „Wasser"⟩: von den Nieren abgesonderte Flüssigkeit, die sich in der Blase sammelt u. durch die Harnröhre ausgeschieden wird (wird im Unterschied zu Harn meist auf die bereits ausgeschiedene Flüssigkeit angewandt, z. B. - für eine Untersuchung abgeben). **uri|nal** ⟨aus gleichbed. *spätlat.* urinalis⟩: den Urin betreffend, zum Urin gehörend. **Uri|nal** *das;* -s, -e ⟨zu ↑¹...al (2)⟩: 1. Uringlas, Urinflasche. 2. (in Herrentoiletten) an der Wand befestigtes Becken zum Urinieren. **uri|nie|ren** ⟨aus gleichbed. *mlat.* urinare⟩: Urin ausscheiden; harnen. **uri|nös** ⟨zu ↑...ös⟩: urinähnlich; harnstoffhaltig
Ur|lin|de *die;* -, -n ⟨Umbildung aus ↑ Urninde⟩: (selten) lesbische Frau, die sexuell die aktive Rolle spielt
Ur|na *der* od. *das;* -[s] ⟨aus dem Sanskr.⟩: wichtiges ikonographisches Merkmal des Buddha, das Zeichen der Erleuchtung (angedeutet durch einen zwischen den Augen der Buddhafigur eingebetteten Edelstein)
Ur|nin|de *die;* -, -n ⟨nlat. Bildung zu Urania, vgl. Uranismus⟩: (selten) Frau mit gleichgeschlechtlicher Neigung. **Ur|ning** *der;* -s, -e: (selten) homosexueller Mann. **ur|nisch**: (selten) gleichgeschlechtlich veranlagt
uro..., Uro..., vor Vokalen meist **ur..., Ur...** ⟨aus gleichbed. *gr.* oûron⟩: Wortbildungselement mit der Bedeutung „Harn", z. B. Urobilin, Urämie. **Uro|bi|lin** *das;* -s ⟨zu ↑ Bilis u. ↑...in (1)⟩: Gallenfarbstoff im Harn. **Uro|bi|li|no|gen** *das;* -s ⟨zu ↑...gen⟩: Vorstufe des Urobilins. **Uro|bi|li|no|gen|urie** *die;* -, ...ien ⟨zu ↑...urie⟩: vermehrte Ausscheidung von Urobilinogen im Harn (Med.). **Uro|bi|lin|urie** *die;* -, ...ien ⟨zu ↑ Urobilin u. ↑...urie⟩: vermehrte Ausscheidung von Urobilin im Harn (Med.)
Uro|bo|ros *der;* - ⟨nach gleichbed. *mgr.* ouróboros, eigtl. „Schwanzfresser", zu *gr.* ourá „Schwanz" u. borós „gefräßig"⟩: 1. die Ewigkeit im Symbol der sich in den Schwanz beißenden u. sich selbst zeugenden Schlange. 2. Symbol für das ursprüngliche Enthaltensein des Ich im Unbewußten. **Uro|bo|ros|in|zest** *der;* -s: die symbolische Form der Selbstaufgabe, der Rückkehr in den ↑ Uroboros (1)
Uro|che|sie [...ç...] *die;* -, ...ien ⟨zu ↑uro..., *gr.* chézein „seine Notdurft verrichten" u. ↑²...ie⟩: Ausscheidung des Harns aus dem After (z. B. bei angeborenen Mißbildungen; Med.). **Uro|chrom** [...k...] *das;* -s ⟨zu *gr.* chrôma „Farbe"⟩: normaler gelber Harnfarbstoff (Med.). **Ur|odynie** *die;* -, ...ien ⟨zu ↑...odynie⟩: schmerzhaftes Harnlassen (Med.). **Uro|flow|me|trie** [...floʊ...] *die;* -, ...ien ⟨zu *engl.* flow „das Fließen, der Fluß" u. ↑...metrie⟩: apparative Messung des Harnflusses (Med.). **uro|ge|ni|tal**: Harn- u. Geschlechtsorgane betreffend, zu ihnen gehörend (Med.). **Uro|ge|ni|tal|si|nus** *der;* -s: bei den Säugetieren (ausgenommen Kloakentiere) u. beim Menschen der Raum, in den gemeinsam Harn- u. Geschlechtswege (Samenleiter bzw. Scheide) einmünden (Biol., Med.). **Uro|ge|ni|tal|system** *das;* -s: Gesamtheit der harnabsondernden u. -abführenden sowie der Fortpflanzung dienenden Organe (Biol., Med.). **Uro|gramm** *das;* -s, -e ⟨zu ↑...gramm⟩: Röntgenkontrastdarstellung der Harnorgane (Med.). **Uro|gra|phie** *die;* -, ...ien ⟨zu ↑...graphie⟩: röntgenographische Untersuchung u. Darstellung bes. der ableitenden Harnwege mit Hilfe von Kontrastmitteln (Med.). **Uro|hä|ma|tin** *das;* -s: Harnfarbstoff. **Uro|ki|na|se** *die;* -: im menschlichen Harn enthaltenes ↑ Enzym, das ↑ Fibrin auflöst (wird in der Niere gebildet; Biochem., Med.). **Uro|la|lie** *die;* -, ...ien ⟨zu *(spät)gr.* lalía „Redeweise", eigtl. „Gerede", dies zu laleîn „schwatzen"⟩: Verwendung unflätiger Ausdrücke aus dem Harnbereich. **Uro|lith** [auch ...'lɪt] *der;* Gen. -s u. -en, Plur. -e[n] ⟨zu ↑...lith⟩: Harnstein (Med.). **Uro|li|thia|sis** *die;* -, ...iasen ⟨zu ↑...iasis⟩: Neigung zur Harnsteinbildung (Med.). **Uro|lo|ge** *der;* -n, -n ⟨zu ↑...loge⟩: Facharzt für Krankheiten der Harnorgane. **Uro|lo|gie** *die;* - ⟨zu ↑...logie⟩: Wissenschaft von den Krankheiten der Harnorgane. **Uro|lo|gi|kum** *das;* -s, ...ka (meist Plur.) ⟨zu ↑...ikum⟩: Arzneimittel zur Behandlung von Erkrankungen der Harnwege. **uro|lo|gisch** ⟨zu ↑...logisch⟩: die Urologie betreffend; mit den Mitteln der Urologie. **Uro|me|la|nin** *das;* -s: svw. Urohämatin. **Uro|me|ter** *das;* -s, - ⟨zu ↑¹...meter⟩: Harnwaage, Senkspindel zur Bestimmung des spezifischen Gewichts von Harn
Uro|my|ze|ten *die* (Plur.) ⟨zu *gr.* ourá „Schwanz" u. ↑Myzet⟩: Gattung der Rostpilze (Erreger von Pflanzenkrankheiten)
Uron|säu|ren *die* (Plur.) ⟨Kunstw.⟩: sich von ↑Monosacchariden durch Oxydation der endständigen Alkoholgruppe ableitende organische Säuren
Uro|pe|nie *die;* -, ...ien ⟨zu ↑uro..., *gr.* pénēs „arm" u. ↑²...ie⟩: verminderte Harnausscheidung (Med.). **Uro|philie** *die;* - ⟨zu ↑...philie⟩: Bekundung freundlicher Regungen durch Harnlassen (bei Tieren); Ggs. ↑Uropolemie. **Uro|pho|bie** *die;* -, ...ien ⟨zu ↑...phobie⟩: Angst vor Harndrang zur Unzeit (Med.). **Uro|po|den** *die* (Plur.) ⟨↑...pode⟩: das letzte Hinterleibsbeinpaar bei höheren Krebsen (Zool.). **Uro|poe|se** *die;* -, -n ⟨zu *gr.* poieîn „machen, hervorbringen" u. ↑...ese⟩: die Harnbildung in der Niere (Med.). **uro|po|e|tisch** *gr.* poiētós „schaffend, zu machend"⟩: harntreibend (Med.). **Uro|po|le|mie** *die;* - ⟨zu *gr.* polemía „feindliches Land"⟩: Bekundung feindlicher Regungen durch Harnlassen (bei Tieren); Ggs. ↑Urophilie. **Uro|po|rus** *der;* -, ...ri: Ausmündung der Exkretionsorgane bei wirbellosen Tieren (Biol.). **Uro|sep|sis** *die;* -, ...sen: durch Zersetzung des Harns bewirkte Allgemeininfektion (Med.). **Uro|sko|pie** *die;* -, ...ien ⟨zu ↑...skopie⟩: Harnuntersuchung (Med.). **Uro|styl** *das;* -s, -e ⟨zu *gr.* stýlos „Säule, Griffel"⟩: bei Froschlurchen ein einheitliches dolchförmiges Knochenstück als Abschluß der Wirbelsäule (Zool.)
Ur|pas|sat *der;* -[e]s ⟨zu ↑Passat⟩: Ostwindzone über der tropischen Tiefdruckrinne (Meteor.)
Ur|su|li|ne *die;* -, -n u. **Ur|su|li|ne|rin** *die;* -, -nen ⟨nach der hl. Ursula, der Schutzpatronin der Erzieher; vgl. ...ine⟩: Angehörige eines kath. Nonnenordens für Jugenderziehung (seit 1535)
Ur|ti|ka *die;* -, ...kä ⟨aus *lat.* urtica „Nessel, Brennessel"⟩: ein allergisch bedingtes Ödem der Haut, Quaddel (Med.). **Ur|ti|ka|ria** *die;* - ⟨aus *nlat.* urticaria⟩: Nesselfieber, -sucht, Hautausschlag mit juckenden Quaddeln (Med.). **ur|ti|ka|riell** ⟨zu ↑...ell⟩: von einer Urtikaria ausgehend, auf ihr beruhend (z. B. von Hautveränderungen; Med.)
Ur|tit [auch ...'tɪt] *der;* -s, -e ⟨nach der ersten Fundstätte Lujawr-Urt auf der Halbinsel Kola u. zu ↑²...it⟩: mittelkörniges, helles basisches Tiefengestein, hauptsächlich aus ↑Nephelin bestehend
Uru|bu *der;* -s, -s ⟨über gleichbed. *span.* u. *port.* urubu aus

Tupi (einer südamerik. Indianersprache) urubú⟩: südamerik. Rabengeier

Ur|zeo|lus *der;* -, ...li ⟨aus *lat.* urceolus „Krüglein", Verkleinerungsform von urceus „Krug"⟩: liturgisches Meßkännchen

Usam|ba|ra|veil|chen *das;* -s, - ⟨nach Usambara, dem Namen eines Gebirgsstocks in Ostafrika⟩: Zierpflanze mit veilchenähnlichen Blüten u. fleischigen, rundlichen, behaarten Blättern

Usance [y'zã:s] *die;* -, -n [...sn̩] ⟨aus gleichbed. *fr.* usance zu user „gebrauchen", dies über *vulgärlat.* *usare zu *lat.* usum, vgl. Usus⟩: Brauch, Gepflogenheit im Geschäftsverkehr. **Usan|cen|han|del** *der;* -s: Devisenhandel zu Kursen in fremder Währung (Wirtsch.). **Usanz** [u'zants] *die;* -, -en ⟨zu ↑...anz⟩: (schweiz.) svw. Usance

Uschak *der;* -[s], -s ⟨nach der gleichnamigen türk. Stadt⟩: dunkelrot- od. dunkelblaugrundiger Teppich (hauptsächlich aus Schafwolle) mit Medaillonmusterung in gedämpften Farben

Uschan|ka *die;* -, -s ⟨aus gleichbed. *russ.* ušanka zu ucho „Ohr"⟩: Pelzmütze mit Ohrenklappen

Uscheb|ti *das;* -s, -[s] ⟨aus *ägypt.* wšbty „Antwortende"⟩: kleines mumienförmiges Figürchen aus Holz, Stein, Terrakotta od. Fayence als altägypt. Grabbeigabe, das die Aufgaben des Toten im Jenseits ausführen sollte

Usch|ki *die* (Plur.) ⟨aus gleichbed. *russ.* uški, Plur. von uško „kleines Ohr", Verkleinerungsform von ucho „Ohr", nach der Form⟩: eine Art Pasteten od. Krapfen

Usch|ni|scha *der* od. *das;* -[s] ⟨aus gleichbed. *sanskr.* uṣṇīṣa, eigtl. „Turban"⟩: wichtiges ikonographisches Merkmal des Buddha, das Zeichen der Weisheit u. Erleuchtung (angedeutet durch eine halbkugelförmige Erhöhung auf dem Scheitel der Buddhafigur)

User ['ju:zɐ] *der;* -s, - ⟨aus gleichbed. *engl.* user, eigtl. „Benutzer", zu to use „gebrauchen", dies aus *(alt)fr.* user, vgl. Usance⟩: 1. (Jargon) Drogenabhängiger. 2. jmd., der zur Erfüllung seiner Aufgaben einen Computer benutzt (EDV)

Usie *die;* -, Usien ⟨über gleichbed. *lat.* usia aus *gr.* ousía⟩: Sein, Wesen, Wesensgehalt (Rel.); vgl. Substanz (3)

Us|nea bar|ba|ta *die;* - - ⟨aus *(m)lat.* usnea barbata zu *arab.* ushnā „Moos" u. *lat.* barbatus „bärtig"⟩: Bartflechte, eine als Heilmittel verwendete Baumflechte

Uso *der;* -s ⟨aus gleichbed. *it.* uso, dies aus *lat.* usus, vgl. Usus⟩: Gebrauch, Handelsbrauch

Usta|scha *die;* - ⟨aus *kroat.* ustaša „Aufständischer"⟩: kroatische nationalistische Bewegung während des Zweiten Weltkriegs

Ustaw *der;* -[s], -s ⟨aus gleichbed. *russ.* ustav⟩: (veraltet) Statut, Gesetz, ↑ Reglement

Usti|la|go *die;* - ⟨aus gleichbed. *nlat.* ustilago zu *spätlat.* ustulare, ustilare „ansengen, anbrennen" (nach den wie verbrannt aussehenden schwarzen Sporen), dies zu *lat.* urere „brennen"⟩: Brandpilz (Erreger von Pflanzenkrankheiten; Biol.)

usuell ⟨aus gleichbed. *fr.* usuel, dies aus *spätlat.* usualis zu *lat.* usus, vgl. Usus⟩: gebräuchlich, üblich, landläufig. **Usufruk|tua|ri|us** *der;* -, ...rii ⟨aus gleichbed. *lat.* usufractuarius zu usus fractus, vgl. Ususfraktus⟩: (veraltet) Nutznießer, zum Ususfruktus Berechtigter. **usu|fruk|tu|ie|ren** ⟨zu ↑...ieren⟩: (veraltet) Nutznießer sein, den Nießbrauch haben. **usu|ka|pie|ren** ⟨nach gleichbed. *lat.* usu capere, dies zu usus (vgl. Usus) u. capere „nehmen"⟩: durch Gebrauch an sich bringen, durch ununterbrochene Benutzung zum Eigentum gewinnen, ersitzen (röm. Recht). **Usu|ka|pi|on** *die;* -, -en ⟨aus gleichbed. *lat.* usucapio⟩: Ersitzung, Eigentumserwerb durch langen Eigenbesitz (Grundsatz des röm. Rechts). **Usur** *die;* -, -en ⟨aus *lat.* usura „(Be)nutzung" zu uti, vgl. Usus⟩: Abnutzung, Schwund von Knochen u. Knorpeln an Stellen, die sehr beansprucht werden (Med.). **Usur|pa|ti|on** *die;* -, -en ⟨aus gleichbed. *(spät)lat.* usurpatio, eigtl. „Gebrauch, das Sichaneignen", zu usurpare, vgl. usurpieren⟩: widerrechtliche Inbesitznahme, Anmaßung der öffentlichen Gewalt, gesetzwidrige Machtergreifung. **Usur|pa|tor** *der;* -s, ...oren ⟨aus gleichbed. *spätlat.* usurpator⟩: jmd., der widerrechtlich die [Staats]gewalt an sich reißt; Thronräuber. **usur|pa|to|risch**: die Usurpation od. den Usurpator betreffend. **usur|pie|ren** ⟨aus gleichbed. *lat.* usurpare, eigtl. „durch Gebrauch an sich reißen", zu usus (vgl. Usus) u. rapere „an sich reißen, rauben"⟩: widerrechtlich die [Staats]gewalt an sich reißen. **Usus** *der;* - ⟨nach *lat.* usus „Gebrauch, Übung, Praxis", eigtl. Part. Perf. von uti „von etwas Gebrauch machen, etwas benutzen"⟩: Gebrauch; Brauch, Gewohnheit, Herkommen, Sitte. **Usus|fruk|tus** *der;* - ⟨aus gleichbed. *lat.* ususfructus (auch usus et fructus u. usus fructusque) zu fructus „Nutzung, Vorteil"⟩: Nießbrauch (Rechtsw.)

¹ut ⟨aus gleichbed. älter *fr.* ut, vgl. ²ut⟩: erste Silbe der ↑ Solmisation (seit 1659 durch ↑ do ersetzt). **²ut** [yt] ⟨aus gleichbed. *fr.* ut, wohl lautmalend⟩: franz. Bez. für den Ton c

Uta *das;* -, - ⟨aus dem Japan.⟩: svw. Tanka

ut de|sint vi|res, ta|men est lau|dan|da vo|lun|tas [- - 'vi:re:s - - - v...] ⟨*lat.*⟩: mögen auch die Kräfte [zur Ausführung] fehlen, so muß doch der [gute] Wille gelobt werden

Uten|sil *das;* -s, -ien [...iən] (meist Plur.) ⟨aus *lat.* utensilia (Plur.) „brauchbare Dinge, Geräte" zu utensilis „brauchbar", dies zu utis, vgl. Usus⟩: [notwendiges] Gerät, Gebrauchsgegenstand; Hilfsmittel; Zubehör

Uter|al|gie *die;* -, ...ien ⟨zu ↑ Uterus u. ↑...algie⟩: Gebärmutterschmerz (Med.). **Ute|ri**: Plur. von ↑ Uterus. **ute|rin** ⟨zu ↑ Uterus u. ↑...in (2)⟩: zur Gebärmutter gehörend, auf sie bezogen (Med.). **Ute|ro|gramm** *das;* -s, -e ⟨zu ↑...gramm⟩: Röntgenkontrastbild der Gebärmutter (Med.). **Ute|ro|graphie** *die;* -, ...ien ⟨zu ↑...graphie⟩: röntgenographische Untersuchung u. Darstellung der Gebärmutter unter Verwendung eines Kontrastmittels (Med.). **ute|ro|pla|zen|tar**: Gebärmutter u. Plazenta betreffend (Med.). **Ute|rus** *der;* -, ...ri ⟨aus *lat.* uterus, Gen. uteri „Leib; Unterleib; Gebärmutter"⟩: Gebärmutter (Med.). **Ute|rus|kar|zi|nom** *das;* -s, -e: Karzinom im Innern od. am untersten Teil der Gebärmutter od. am Muttermund (Med.). **Ute|rus|po|lyp** *der;* -en, -en: gutartige Wucherung der Gebärmutterschleimhaut (Med.). **Ute|rus|pro|laps** *der;* -es, -e: Gebärmuttervorfall (Med.). **Ute|rus|rup|tur** *die;* -, -en: Zerreißung der Gebärmutter, bes. im Verlauf einer Geburt (Med.)

Ut|gard *der;* -s ⟨aus *altnord.* utgardr „Außenwelt, äußeres Gehöft", vgl. *schwed.* utgård⟩: das außerhalb des menschlichen Lebensraumes lokalisierte Reich der Riesen u. Dämonen (nord. Mythologie)

Uti|le *das;* - ⟨nach dem Zedrachgewächs Entandophragma utile⟩: svw. Sipo

uti|li|sie|ren ⟨nach gleichbed. *fr.* utiliser zu utile „nützlich", dies aus *lat.* utilis⟩: (veraltet) aus etwas Nutzen ziehen. **Uti|lis|mus** *der;* - ⟨zu ↑...ismus (1)⟩: svw. Utilitarismus. **uti|li|tär** ⟨aus gleichbed. *fr.* utilitaire, dies aus *engl.* utilitarian zu utility, dies über *(alt)fr.* utilité aus *lat.* utilitas, vgl. Utilität⟩: rein auf den Nutzen, auf die bloße Nützlichkeit gerichtet. **Uti|li|ta|ri|er** [...iər] *der;* -s, - ⟨zu *engl.* utility (vgl. utilitär); vgl. ...arius⟩: svw. Utilitarist. **Uti|li|ta|ris|mus** *der;* - ⟨nach gleichbed. *engl.* utilitarianism; vgl. ...ismus (1)⟩: philos.

Lehre, die im Nützlichen die Grundlage des sittlichen Verhaltens sieht u. ideale Werte nur anerkennt, sofern sie dem einzelnen od. der Gemeinschaft nützen; Nützlichkeitsprinzip. **Uti|li|ta|rist** *der;* -en, -en 〈zu ↑...ist〉: Vertreter des Utilitarismus; jmd., der nur auf den praktischen Nutzen bedacht ist. **uti|li|ta|ri|stisch** 〈zu ↑...istisch〉: a) auf den Nutzen gerichtet, nach dem Nutzen [handelnd]; b) den Utilitarismus betreffend. **Uti|li|tät** *die;* - 〈aus gleichbed. *lat.* utilitas, Gen. utilitatis zu utilis „nützlich"〉: (veraltet) Nützlichkeit

ut in|fra 〈*lat.*〉: (veraltet) wie unten; Abk.: u. i.

Uto|pia *das;* -s (meist ohne Artikel) 〈nach dem Titel eines Werkes des engl. Humanisten Th. More (1478 bis 1535), in dem das Bild eines republikanischen Idealstaates entworfen wird; zu *gr.* ou „nicht" u. tópos „Ort", eigtl. „(das) Nirgendwo"〉: Traumland, erdachtes Land, wo ein gesellschaftlicher Idealzustand herrscht. **Uto|pie** *die;* -, ...ien 〈unter Einfluß von *fr.* utopie zu ↑ Utopia〉: als unausführbar geltender Plan; Wunschbild; Idee, Vorstellung ohne reale Grundlage. **¹Uto|pi|en** [...iən] *das;* -s (meist ohne Artikel): svw. Utopia. **²Uto|pi|en:** Plur. von ↑ Utopie. **utopisch:** nur in der Vorstellung, Phantasie möglich; mit der Wirklichkeit nicht vereinbar, [noch] nicht durchführbar; phantastisch; -er Roman: 1. Roman, der eine idealisierte Form von Staat u. Gesellschaft vorführt. 2. svw. Science-fiction-Roman. **Uto|pis|mus** *der;* -, ...men 〈zu ↑...ismus (2)〉: 1. (ohne Plur.) Neigung zu Utopien. 2. utopische Vorstellung. **Uto|pist** *der;* -en, -en 〈zu ↑...ist〉: jmd., der utopische Pläne u. Ziele hat

ut pic|tu|ra poe|sis [- pɪk... –] 〈*lat.;* „wie ein Bild (sei) das Gedicht"〉: Malerei u. Dichtkunst sind denselben Strukturgesetzen unterworfen (programmatische Formel für künstlerische Gestaltungsprinzipien von der Spätantike bis ins 18. Jh.)

Utra: Plur. von ↑ Utrum. **Utra|quis|mus** *der;* - 〈zu *lat.* utraque „auf beiden Seiten" u. ↑...ismus (2)〉: Bildungskonzept, nach dem gleichermaßen geisteswissenschaftliche (humanistische) u. naturwissenschaftliche Bildungsinhalte vermittelt werden sollen. **Utra|quist** *der;* -en, -en 〈zu ↑...ist〉: (früher) Anhänger der hussitischen ↑ Kalixtiner, die das Abendmahl in beiderlei Gestalt (↑ sub utraque specie) zu empfangen forderten. **utra|qui|stisch** 〈zu ↑...istisch〉: den Utraquismus betreffend

Utri|cu|la|ria [...k...] *die;* - 〈aus *nlat.* utricularia zu *lat.* utriculus „kleiner Schlauch", Verkleinerungsform von uter „Schlauch"〉: Wasserschlauch, Wasserhelm (wurzellose, fleischfressende Pflanze mit gelben Blüten, in Gewässern, Sümpfen od. als ↑ Epiphyt vorkommend; Bot.)

utri|us|que ju|ris 〈*lat.*〉: beider Rechte (d. h. des kirchlichen u. des weltlichen Rechts). **Utrum** *das;* -s, Utra 〈zu *lat.* utrum „eines von beiden"〉: gemeinsame Form für das männliche u. weibliche Genus von Substantiven (z. B. im Schwedischen; Sprachw.)

ut su|pra 〈*lat.*〉: wie oben, wie vorher (Mus.); Abk.: u. s.

Ut|te|rance ['ʌtərəns] *die;* -, -s [...sɪz] 〈aus gleichbed. *engl.-amerik.* utterance zu *engl.* to utter „äußern, aussprechen"〉: aktuelle Realisierung eines Satzes in der Rede (amerik. Sprachw.); vgl. ¹Parole, Performanz

UV: Abk. für ↑ ultraviolett. **UV-Absorber** [uːˈfau...] *die* (Plur.): überwiegend organische Verbindungen, die kurzwelliges Licht absorbieren und z. B. ultraviolettempfindliche Kunststoffe vor dem Altern (Sprödwerden, Verfärben) schützen können

Uva|chro|mie [uvakro...] *die;* - 〈wohl nach der lat. Bez. (uva „Traube") für den Namen des Erfinders A. Traube u. zu *gr.* chrōma „Farbe" u. ↑²...ie〉: veraltetes Dreifarbenkopierverfahren zur Herstellung naturfarbener Papier- od. Projektionsbilder (Diapositive)

Uva|gras ['uːva...] *das;* -es, ...gräser 〈über das Amerik.-Span. zu *Tupi* (einer südamerik. Indianersprache) ubá, uibá〉: Silber- od. Pampasgras (südamerik. Schmuckgras mit silberweißen Rispen)

Uva|la [...v...] *die;* -, -s 〈aus dem Slowen.〉: große, flache ↑ Doline

Uvea [...v...] *die;* -, Uveae [...ɛ] 〈aus *lat.* uva „Traube, traubenförmiges Gebilde"〉: Gesamtheit von Aderhaut, ↑ Ziliarkörper u. Regenbogenhaut des Auges (Med.). **Uvei|tis** *die;* -, ...itiden 〈zu ↑...itis〉: Entzündung der Uvea (Med.)

Uvi|ol|glas ⓦ [...v...] *das;* -es 〈Kurzw. aus *ultraviolett* u. *Glas*〉: für das Durchlassen ultravioletter Strahlen besonders geeignete Glasart

Uvit [uˈviːt, auch uˈvɪt] *der;* -s, -e 〈nach dem Vorkommen in der Landschaft Uva in Sri Lanka u. zu ↑²...it〉: ein Mineral, dunkelblauer ↑ Turmalin

Uvu|la [...v...] *die;* -, ...lae [...lɛ] 〈zu *mlat.* uvula, Verkleinerungsbildung zu *lat.* uva „Traube; traubenförmiger Klumpen"〉: Gaumenzäpfchen (Med.). **uvu|lar** 〈zu ↑...ar (1)〉: mit dem Halszäpfchen gebildet (in bezug auf Laute; Sprachw.). **Uvu|lar** *der;* -s, -e 〈zu ↑...ar (2)〉: Halszäpfchenlaut (z. B. Halszäpfchen-R). **Uvu|la|rie** [...iə] *die;* -, -n 〈zu ↑¹...ie〉: Zäpfchenkraut (eine Gattung der Liliengewächse). **Uvul|ek|to|mie** *die;* -, ...ien 〈zu ↑ Uvula u. ↑...ektomie〉: operative Entfernung des Gaumenzäpfchens (Med.). **Uvu|li|tis** *die;* -, ...itiden 〈zu ↑...itis〉: Entzündung des Gaumenzäpfchens (Med.). **Uvu|lo|to|mie** *die;* -, ...ien 〈zu ↑...tomie〉: operative Entfernung bzw. ↑ Inzision (1) des Gaumenzäpfchens (Med.)

Uwa|ro|wit [auch ...ˈvɪt] *der;* -s, -e 〈nach dem russ. Staatsmann S. S. Uwarow (1786–1855) u. zu ↑²...it〉: ein Mineral, smaragdgrüner, chromhaltiger Granat

uxo|ri|lo|kal usw. 〈zu *lat.* uxor, Gen. uxoris „Gattin" u. ↑ lokal〉: svw. matrilokal usw.

va banque [va'bã:k, auch va'baŋk] ⟨*fr.;* eigtl. „(es) geht (= gilt) die Bank"⟩: es gilt die Bank; - - spielen: alles aufs Spiel, auf eine Karte setzen. **Va|banque|spiel** *das;* -[e]s: hohes Risiko, Wagnis

va|cat ['va:kat] ⟨*lat.;* „es fehlt"; vgl. Vakat⟩: nicht vorhanden, leer

Vac|ci|na|ti|on [vaktsi...] vgl. Vakzination. **Vac|ci|ne** vgl. Vakzine. **Vache|le|der** ['vaʃ...] *das;* -s ⟨zu *fr.* vache „Kuh", dies aus *lat.* vacca⟩: glaciertes Sohlenleder für Schuhe. **Vache|rin** [vaʃə'rɛ̃:] *der;* -, -s ⟨aus gleichbed. *fr.* vacherin zu vache, vgl. Vacheleder⟩: 1. sahniger Weichkäse aus der Schweiz. 2. Süßspeise aus Meringen, Eis u. Sahne. **Vachet|ten** *die* (Plur.) ⟨zu gleichbed. *fr.* vachette (Sing.)⟩: durch spezielle Gerbungsverfahren geschmeidig gemachte Lederarten für Ledersessel, Koffer, Taschen u. a.

va|cil|lan|do [vatʃɪ...] ⟨*it.;* zu vacillare „schwanken", dies aus *lat.* vacillare⟩: schwankend (Vortragsanweisung; Mus.)

Va|de|me|cum [vade'me:kʊm] vgl. Vademekum. **Va|de|me|kum** u. Vademecum *das;* -s, -s ⟨aus *lat.* vade mecum „geh mit mir!"⟩: Taschenbuch, Leitfaden, Ratgeber [in Form eines kleinen Buches]

Va|di|mo|ni|um [v...] *das;* -s, ...nia ⟨aus gleichbed. *mlat.* vadimonium zu vadium, vgl. Vadium⟩: (veraltet) Bürgschaft (Rechtsw.). **Va|di|um** *das;* -s, ...ien [...jən] ⟨aus gleichbed. *mlat.* vadium, dies aus dem Germ.⟩: Gegenstand (z. B. Halm, Stab), der beim Abschluß eines Schuldvertrags als Symbol dem Gläubiger übergeben u. gegen Zahlung der Schuld zurückgegeben wurde (Rechtsw.)

va|dos [v...] ⟨aus *lat.* vadosus „seicht" zu vadum „seichtes Wasser", dies zu vadare „(durch)waten"⟩: durch Versickerung von Niederschlägen u. aus Oberflächengewässern gebildet (vom Grundwasser; Geol.); vgl. juvenil (2)

vae vic|tis! [vɛ 'vɪktɪs] ⟨*lat.;* nach dem angeblichen Ausspruch des Führers der Gallier, Brennus, nach seinem Sieg über die Römer 390 v. Chr.⟩: wehe den Besiegten!

vag [v...] vgl. vage. **Va|ga|bon|da|ge** [...'da:ʒə, österr. ...'da:ʒ] *die;* - ⟨aus gleichbed. *fr.* vagabondage zu vagabond, vgl. Vagabund⟩: (österr., sonst veraltet) Landstreicherei, Herumtreiberei. **Va|ga|bund** *der;* -en, -en ⟨latinisiert aus gleichbed. *fr.* vagabond zu *spätlat.* vagabundus „umherschweifend", dies zu *lat.* vagari „umherschweifen" zu vagus, vgl. vage⟩: Landstreicher, Herumtreiber. **va|ga|bun|die|ren** ⟨aus gleichbed. *fr.* vagabonder zu vagabond, vgl. Vagabund⟩: herumstrolchen, sich herumtreiben; ohne festes Ziel umherziehen; vagabundierender Strom: Kriechstrom, Streustrom (Elektrot.). **va|gal** ⟨zu ↑ Vagus u. ↑¹...al (1)⟩: den Vagusnerv betreffend (Med.). **Va|gans** ⟨zu *lat.* vagans, Gen. vagantis „umherschweifend", Part. Präs. von vagari, vgl. Vagabund⟩: svw. Quintus. **Va|gant** *der;* -en, -en ⟨aus *mlat.* vagans, Gen. vagantis „Umherziehender" zu *lat.* vagans, vgl. Vagans⟩: umherziehender, fahrender Student od. Kleriker im Mittelalter; Spielmann. **va|ge** u. vag ⟨über *fr.* vague aus *lat.* vagus „unstet, umherschweifend"⟩: unbestimmt, ungewiß, unsicher; dunkel, verschwommen. **Va|gi:** Plur. von ↑ Vagus. **va|gie|ren** ⟨nach *lat.* vagari, vgl. Vagabund⟩: (veraltet, aber noch landsch.) beschäftigungslos umherziehen; sich unstet, unruhig bewegen. **va|gil** ⟨zu *lat.* vagus, vgl. vage, Analogiebildung zu ↑ sessil⟩: freilebend, umherziehend (von Tieren, die nicht an ein bestimmtes ↑ Biotop gebunden sind; Biol.); vgl. sessil. **Va|gi|li|tät** *die;* - ⟨zu ↑...ität⟩: Fähigkeit eines Organismus, die Grenzen des ↑ Biotops zu überschreiten, Ausbreitungsfähigkeit einer Art (Biol.)

Va|gi|na [v...] *die;* -, Plur. ...nae [...nɛ] u. ...nen ⟨aus *lat.* vagina „Scheide; Hülle"⟩: 1. a) aus Haut u. Bindegewebe- od. Muskelfasern bestehende Gleithülle od. Kanal (Anat.); b) weibliche Scheide (Med.). 2. Blattscheide (z. B. der Gräser; Bot.). **va|gi|nal** ⟨zu ↑¹...al (1)⟩: zur Vagina gehörend (Med.). **Va|gi|na|to|ri|um** *das;* -s, ...rien [...jən] ⟨aus gleichbed. *nlat.* vaginatorium⟩: feste Substanz (z. B. Tablette), die zum Zwecke der Schwangerschaftsverhütung in die Scheide eingeführt wird u. sich dort auflöst (Med.). **Va|gi|nen:** Plur. von ↑ Vagina. **Va|gi|nis|mus** *der;* -, ...men ⟨zu ↑...ismus (3)⟩: Scheidenkrampf (Med.). **Va|gi|ni|tis** *die;* -, ...itiden ⟨zu ↑...itis⟩: Scheidenentzündung, -katarrh (Med.). **Va|gi|no|gramm** *das;* -s, -e ⟨zu ↑...gramm⟩: Röntgenbild der Scheide (Med.). **Va|gi|no|gra|phie** *die;* -, ...ien ⟨zu ↑...graphie⟩: röntgenographische Darstellung der Scheide nach Kontrastmittelfüllung (Med.). **Va|gi|no|se** *die;* -, -n ⟨zu ↑¹...ose⟩: allgemeine Bez. für krankhafte Veränderungen der Scheide (Med.). **Va|gi|no|sko|pie** *die;* -, ...ien ⟨zu ↑...skopie⟩: svw. Kolposkopie

Va|go|ly|ti|kum [v...] *das;* -s, ...ka ⟨zu *lat.* vagus (vgl. Vagus), *gr.* lytikós „lösend" u. ↑...ikum⟩: Arzneimittel, das den Effekt einer Vaguserregung abschwächt od. blockiert. **Va|go|to|mie** *die;* -, ...ien ⟨zu ↑...tomie⟩: Durchschneidung des Vagus (Med.). **Va|go|to|nie** *die;* - ⟨zu ↑ Tonus u. ↑²...ie⟩: erhöhte Erregbarkeit des parasympathischen Systems, Übergewicht über den ↑ Sympathikus (Med.). **Va|go|to|ni|ka:** Plur. von ↑ Vagotonikum. **Va|go|to|ni|ker** *der;* -s, -: an Vagotonie Leidender (Med.). **Va|go|to|ni|kum** *das;* -s, ...ka: das parasympathische Nervensystem anregendes Mittel (Med.). **va|go|trop** ⟨zu ↑...trop⟩: auf den Vagus wirkend, ihn steuernd (Med.). **Va|gus** *der;* -, Vagi ⟨aus gleichbed. *nlat.* (nervus) vagus zu *lat.* vagus „umherschweifend"⟩: Hauptnerv des parasympathischen Systems (Med.)

Vai|shna|va ['vaiʃnava] ⟨aus *sanskr.* vaiṣṇavá „Verehrer des Wischnu"⟩: svw. Waischnawa

Vaish|ya ['vaiʃja] ⟨aus *sanskr.* vaíśya, vgl. Waischja⟩: svw. Waischja

Va|jra|ya|na [vadʒra'ja:na] vgl. Wadschrajana

va|kant [v...] ⟨aus gleichbed. *lat.* vacans, Gen. vacantis, Part. Präs. von vacare „frei, unbesetzt sein"⟩: frei, unbesetzt, offen; erledigt. **Va|kanz** *die;* -, -en ⟨aus gleichbed.

spätlat. vacantia⟩: 1. freie Stelle; das Freisein eines Kirchenamtes; vgl. Sedisvakanz. 2. (landsch. veraltend) Schulferien. va|kat vgl. vacat. Va|kat *das;* -[s], -s ⟨zu *lat.* vacat „es fehlt", 3. Pers. Sing. Präs. von vacare, vgl. vakant⟩: leere Seite in einem Buch (Druckw.). Va|kua: Plur. von ↑Vakuum. va|ku|ie|ren ⟨zu ↑...ieren⟩: (veraltet) leeren, entleeren, ausleeren. Va|kuo|le *die;* -, -n ⟨zu *lat.* vacuus (vgl. Vakuum) u. -olus (Verkleinerungssuffix)⟩: mit Flüssigkeit gefüllter bläschenartiger Hohlraum in tierischen u. pflanzlichen Zellen (Biol.). Va|ku|um [...kuʊm] *das;* -s, Plur. ...kua od. ...kuen [...kuən] ⟨aus *lat.* vacuum „leerer Raum, Leere", substantiviertes Neutrum von vacuus „frei, leer"⟩: 1. a) nahezu luftleerer Raum; b) Zustand des geringen Drucks in einem Vakuum (1 a). 2. unausgefüllter Raum, Leere. Va|ku|um|ex|trak|ti|on *die;* -, -en: die Unterstützung der Geburt durch einen Vakuumextraktor (Med.). Va|ku|um|ex|trak|tor *der;* -s, -en: Saugglocke, die bei schwierigen Geburten am vorangehenden Teil des Kindes fixiert wird u. mit der das Kind extrahiert wird (Med.). Va|ku|um|fil|tra|ti|on *die;* -, -en: rasches Abscheiden von Feststoffteilchen aus Flüssigkeiten durch Filtrieren unter vermindertem Druck (Chem., Phys.). va|kuu|mie|ren [...kuu...] ⟨zu ↑...ieren⟩: Flüssigkeiten bei vermindertem Luftdruck verdampfen. Va|ku|um|me|ter *das;* -s, - ⟨zu ↑¹...meter⟩: Luftdruckmesser für kleinste Drücke. Va|ku|um|tech|nik *die;* -: Teilgebiet der Technik, das sich mit den Verfahren zur Erzeugung bzw. Aufrechterhaltung eines Vakuums sowie mit der Anwendung des Vakuums für technische Zwecke befaßt

Vak|zin [v...] *das;* -s, -e ⟨zu ↑Vakzine⟩: svw. Vakzine. **Vak|zi|na|ti|on** *die;* -, -en ⟨zu ↑...ation⟩: 1. [Pocken]schutzimpfung. 2. (früher) Impfung mit Kuhpockenlymphe (Med.); vgl. ...at|ion/...ierung. **Vak|zi|ne** *die;* -, -n ⟨zu *lat.* vaccinus „von Kühen stammend, Kuh..." zu vacca „Kuh", da der Impfstoff urspr. nur aus der Lymphe von Kälbern gewonnen wurde⟩: Impfstoff aus lebenden od. abgetöteten Krankheitserregern (Med.). **vak|zi|nie|ren** ⟨zu ↑...ieren⟩: mit einer Vakzine impfen. **Vak|zi|nie|rung** *die;* -, -en ⟨zu ↑...ierung⟩: svw. Vakzination; vgl. ...at|ion/...ierung

Val [v...] *das;* -s ⟨Kurzw. aus Äquivalent⟩: dem Äquivalentgewicht entsprechende Grammenge eines Stoffes. **va|la|bel** ⟨aus gleichbed. *fr.* valable zu valoir „gelten, wert sein", dies aus *lat.* valere⟩: (veraltet) gültig, rechtsgültig, rechtskräftig. **va|le!** [...le] ⟨*lat.;* eigtl. „bleibe gesund", Imp. Sing. Präs. von valere, vgl. Valenz⟩: (veraltet) leb wohl! **Va|le|dik|ti|on** *die;* -, -en ⟨zu *lat.* valedicere (vgl. valedizieren) u. ↑¹...ion⟩: (veraltet) a) das Abschiednehmen; b) Abschiedsrede. **va|le|di|zie|ren** ⟨aus gleichbed. *lat.* valedicere⟩: (veraltet) a) Lebewohl sagen, Abschied nehmen; b) die Abschiedsrede halten

Val|len|ciennes|spit|ze [valã'sįɛn...] *die;* -, -n ⟨nach der nordfranz. Stadt Valenciennes, in der die Spitze hergestellt wird⟩: sehr feine u. haltbare geklöppelte Spitze

Val|len|ti|nit [v..., auch ...'nɪt] *der;* -s, -e ⟨nach dem dt. Alchimisten B. Valentin (15. Jh.) u. zu ↑²...it⟩: ein farbloses od. gelbliches Mineral

Va|lenz [v...] *die;* -, -en ⟨aus *spätlat.* valentia „Stärke, Kraft" zu valere „stark, gesund sein"⟩: 1. chem. Wertigkeit. 2. Entfaltungscharakter der einzelnen, nicht geschlechtsbestimmenden, aber auf die Ausbildung der Geschlechtsorgane wirkenden Geschlechtsfaktoren in den ↑Chromosomen u. im Zellplasma (Biol.); vgl. Deletion (1). 3. syntagmatische Eigenschaft lexikalischer Einheiten, Leerstellen für eine bestimmte Art u. Anzahl von ↑Aktanten zu eröffnen (z. B. ist das Verb *lehnen* dreiwertig: *er lehnt das Fahrrad an den Baum,* denn keines der drei Ergänzungsglieder kann weggelassen werden; Sprachw.). 4. Aufforderungscharakter, den Objekte der Wahrnehmung besitzen (Psychol.). **Va|lenz|elek|tron** *das;* -s, -en (meist Plur.): Außenelektron, das für die chem. Bindung verantwortlich ist. **Va|lenz|zahl** *die;* -, -en: den Atomen bzw. Ionen in chem. Verbindungen zuzuordnende Wertigkeit

Val|le|ria|na [v...] *die;* -, ...nen ⟨aus gleichbed. *mlat.* Valeriana, wohl Fem. zu Valerianus „aus Valeria", nach der altröm. Provinz Valeria in Pannonien⟩: Baldrian, Pflanze, aus deren Wurzeln ein nervenberuhigendes Präparat gewonnen wird (Bot.). **Val|le|ri|at** *das;* -[e]s, -e ⟨zu ↑...at (2)⟩: Salz der Valeriansäure (Baldriansäure)

¹**Val|let** [va'lɛt, auch va'le:t] *das;* -s, -s ⟨zu *lat.* valete „lebt wohl!", 2. Pers. Imp. Plur. von valere, vgl. Valenz⟩: (veraltet) Lebewohl

²**Val|let** [va'le:] *der;* -s, -s ⟨aus gleichbed. *fr.* valet, eigtl. „Diener", dies über *altfr.* vaslet aus *vulgärlat.* *vassellitus zu vassus „Mann", dies aus dem Gall.⟩: Bube im franz. Kartenspiel

val|le|te! [v...] ⟨aus *lat.* valete, vgl. ¹Valet⟩: (veraltet) lebt wohl!

val|le|tie|ren [v...] ⟨zu ↑²Valet u. ↑...ieren⟩: (schweiz.) aufbügeln

Val|leur [va'løːɐ] *der;* -s, -s ⟨aus *fr.* valeur „Wert", dies aus *spätlat.* valor zu *lat.* valere, vgl. Valenz⟩: 1. (veraltet) Wertpapier. 2. (meist Plur.) Ton-, Farbwert, Abstufung von Licht u. Schatten (Malerei). **Val|leurs|ma|le|rei** [va'løːɐ...] *die;* - ⟨zu *fr.* valeurs „Werte"⟩: Tonmalerei, impressionistische Malweise mit nuancierten Farbabstufungen

val|gus [v...] ⟨*lat.;* „krummbeinig, schief"⟩: krumm, nach außen abgewinkelt (von Fehlstellungen der Gliedmaßen; Med.)

val|lid [v...] ⟨aus *lat.* validus „kräftig, stark" zu valere, vgl. Valenz⟩: (veraltet) 1. kräftig, gesund. 2. rechtskräftig. **Va|li|da|ti|on** *die;* -, -en ⟨unter Einfluß von gleichbed. *fr.* validation zu *spätlat.* validatus, Part. Perf. von validare „stark machen", dies zu *lat.* validus, vgl. valid⟩: (veraltet) Gültigkeitserklärung. **val|li|die|ren** ⟨nach gleichbed. *fr.* valider⟩: 1. (veraltet) etwas für rechtsgültig erklären, geltend machen, bekräftigen. 2. die Zuverlässigkeit, den Wert von etwas bestimmen, festlegen. **Val|li|die|rung** *die;* -, -en ⟨zu ↑...ierung⟩: das Validieren, Gültigkeitsprüfung. **Val|li|di|tät** *die;* - ⟨aus gleichbed. *fr.* validité, dies aus *spätlat.* validitas, Gen. validitatis „Stärke"⟩: 1. Rechtsgültigkeit. 2. Gültigkeit eines wissenschaftlichen Versuchs. 3. Übereinstimmung eines Ergebnisses [einer Meinungsumfrage] mit dem tatsächlichen Sachverhalt (Soziol., Psychol.). **val|lie|ren** ⟨aus gleichbed. *lat.* valere, vgl. Valenz⟩: (veraltet) gelten, wert sein. **Val|lin** *das;* -s ⟨Kunstw.⟩: für das Nerven- u. Muskelsystem bes. wichtige Aminosäure (Biochem.)

Val|lis|ne|ria [v...] *die;* -, ...ien [...įən] ⟨aus *nlat.* valisneria, nach dem ital. Botaniker A. Vallisneri, 1661–1730⟩: Sumpfschraube (zu den Froschbißgewächsen zählende Aquarienpflanze; Bot.)

Val|lo|nea [v...] *die;* -, ...neen ⟨aus *it.* vallonea „Knoppereiche"⟩: gerbstoffhaltiger schuppiger Fruchtbecher von Eichenarten des Mittelmeerraumes, ein Gerbmittel

Val|lor [v...] *der;* -s ⟨aus gleichbed. *spätlat.* valor⟩: Wert, Gehalt (Wirtsch.). **Val|lo|ren** *die* (Plur.): Wertsachen, Schmucksachen, Wertpapiere (einschließlich Banknoten). **Val|lo|ri|sa|ti|on** *die;* -, -en ⟨zu ↑...isation⟩: staatliche Preisbeeinflussung zugunsten der Produzenten (z. B. durch planmäßige Verknappung des Angebots einer Ware); vgl. ...at|ion/...ierung. **val|lo|ri|sie|ren** ⟨zu ↑...isie-

Valorisierung

ren⟩: Preise durch staatliche Maßnahmen zugunsten der Produzenten beeinflussen. **Va|lo|ri|sie|rung** *die;* -, -en ⟨zu ↑...isierung⟩: das Valorisieren; vgl. ...[at]ion/...ierung. **Va|lu|ta** *die;* -, ...ten ⟨aus gleichbed. *it.* valuta zu valuto, Part. Perf. von valere „gelten, wert sein", dies zu *lat.* valere, vgl. Valenz⟩: 1. a) ausländische Währung; b) Geld, Zahlungsmittel ausländischer Währung. 2. Wert, Gegenwert. 3. Wertstellung im Kontokorrent. 4. (nur Plur.) Zinsscheine von ausländischen Effekten, deren Zinsen, Tilgungsbeträge od. Dividenden in fremder Währung geleistet werden. **Va|lu|ta|klau|sel** *die;* -, -n: 1. Klausel auf Wechseln, die bedeutet, daß der Remittent in bar bezahlt hat. 2. Wertsicherungsklausel (Forderung wird nicht in inländischer, sondern in ausländischer Währung ausgedrückt). **Va|lu|ta|kredit** *der;* -[e]s, -e: an Inländer gegebener ¹Kredit in ausländischer Währung (bes. bei Außenhandelsfinanzierungen). **Va|lu|ten**: Plur. von ↑ Valuta. **va|lu|tie|ren** ⟨zu ↑...ieren⟩: 1. a) eine Wertstellung festsetzen; b) (einen durch eine Hypothek od. Grundschuld gesicherten Betrag) tatsächlich zur Verfügung stellen u. dadurch (aus der Sicht des Schuldners) tatsächlich schulden. 2. bewerten, [den Wert] abschätzen. **Va|lu|tie|rung** *die;* -, -en ⟨zu ↑...ierung⟩: Wertstellung, die Festsetzung des Tages, an dem ein Zahlungsein- bzw. -ausgang auf einem Konto in die Zinsrechnung einbezogen wird (Bankw.).

Val|va ['valva] *die;* -, Plur. ...vae [...vɛ] u. ...ven ⟨aus *lat.* valva „(einzelner) Türflügel", vgl. Valve⟩: 1. klappenartige Schleimhautfalte zur Regulierung des Blutstroms bzw. des Darminhalts (Anat.). 2. klappenartiger Genitalanhang bei Insekten (Biol.). **val|vär** ⟨zu ↑...är⟩: die Herz- od. Gefäßklappen betreffend (Med.).

Val|va|ti|on [valva...] *die;* -, -en ⟨relatinisiert aus *fr.* évaluation, vgl. Evaluation⟩: Schätzung des Wertes einer Sache, bes. von Münzen. **Val|va|ti|ons|ta|bel|le** *die;* -, -n (meist Plur.): amtliche Listen, die die durch Valvation ermittelten Kurswerte öffentlich bekanntmachen

Valve [vælv] *der;* -[s], -s ⟨aus gleichbed. *engl.* valve, dies aus *lat.* valvae (Plur.) „die Türflügel, (Flügel)tür"⟩: Sperrwechsel für Linien der gleichen Figur (Thema im Kunstschach); vgl. auch Bivalve. **Val|ven** ['valvən]: Plur. von ↑ Valva

val|vie|ren [val'vi:...] ⟨relatinisiert aus *fr.* évaluer, vgl. Evaluation⟩: (veraltet) svw. valutieren (2)

Val|vu|la ['valvula] *die;* -, ...lae [...lɛ] ⟨aus *lat.* valvula „kleine Klappe", Verkleinerungsform zu valva, vgl. Valve⟩: kleinere klappen- bzw. taschenartige Struktur in Blut- u. Lymphgefäßen od. in der Darmschleimhaut (Anat.). **val|vu|lär** ⟨zu ↑...är⟩: svw. valvär. **Val|vu|lo|tom** *das;* -s, -e ⟨zu *gr.* tomós „schneidend, teilend", dies zu témnein „schneiden, teilen"⟩: chirurgisches Instrument zur operativen Spaltung der Herzklappen (Med.). **Val|vu|lo|to|mie** *die;* -, ...jen ⟨zu ↑...tomie⟩: operative Spaltung narbiger, verwachsener Herzklappenränder (Med.)

Vamp [vɛmp] *der;* -s, -s ⟨aus gleichbed. *engl.-amerik.* vamp, gekürzt aus *engl.* vampire, vgl. Vampir⟩: erotisch anziehende, oft kühl berechnende Frau (bes. als Typ im amerik. Film). **Vam|pir** ['vam..., auch ...'pi:ɐ] *der;* -s, -e ⟨aus dem Slaw.; vgl. *serb.* vampir⟩: 1. blutsaugendes Gespenst des südosteuropäischen Volksglaubens (Verstorbener, der nachts als lebender Leichnam dem Sarg entsteigt, um Lebenden, bes. jungen Mädchen, das Blut auszusaugen). 2. Wucherer, Blutsauger; skrupelloser Ausbeuter. 3. amerik. blutsaugende Fledermausgattung. **vam|pi|risch**: das Wesen, Verhalten eines Vampirs betreffend. **Vam|pi|ris|mus** *der;* - ⟨zu ↑...ismus (3)⟩: durch Verschlingungstrieb u. Verschmelzungsdrang bedingte Form des ↑ Sadismus

Van [væn] *der;* -s, -s ⟨aus gleichbed. *engl.* van, Kurzw. aus cara*van,* vgl. Caravan⟩: Großraumlimousine, Kraftfahrzeug für sechs bis acht Personen

Va|na|dat [v...] *das;* -[e]s, -e ⟨zu *altnord.* Vanadis, einem Namen der germ. Göttin der Schönheit, Freyja (wohl nach dem schönen, farbenprächtigen Aussehen mancher Vanadiumverbindungen) u. zu ↑...at (2)⟩: Salz der Vanadinsäure (Chem.). **Va|na|din** *das;* -s ⟨zu ↑...in (1)⟩: (veraltet) svw. Vanadium. **Va|na|di|nit** [auch ...'nɪt] *der;* -s ⟨zu ↑²...it⟩: gelbes bis braunes, vanadiumhaltiges Mineral. **Va|na|di|um** *das;* -s ⟨zu ↑...ium⟩: chem. Element, Metall; Zeichen V

Van-Al|len-Gür|tel [væn'ælɪn...] *der;* -s ⟨Lehnübersetzung zu gleichbed. *engl.-amerik.* Van Allen radiation belt, nach dem amerik. Physiker J. A. van Allen, geb. 1914⟩: Strahlungsgürtel um den Äquator der Erde in großer Höhe

Van-Car|rier [væn'kærɪə] *der;* -s, - ⟨zu *engl.* van „(geschlossener) Lastbehälter" u. carrier „Träger"⟩: Gerät, das Container innerhalb des Hafens befördert

Van|da|le [v...] usw. vgl. Wandale usw.

va|nil|le [va'nɪljə, auch va'nɪlə] ⟨zu ↑ Vanille⟩: blaßgelb. **Va|nil|le** *die;* - ⟨über *fr.* vanille aus gleichbed. *span.* vainilla, Verkleinerungsform von vaina „Hülse, Schale; Scheide", dies aus *lat.* vagina, vgl. Vagina⟩: mexikan. Gewürzpflanze (Orchideenart). **Va|nil|lin** *das;* -s ⟨zu ↑...in (1)⟩: [synthetisch hergestellter] Geruchs- u. Geschmacksstoff mit Vanillearoma

Va|ni|tas [v...] *die;* - ⟨aus *lat.* vanitas „Leere, Wahn, Eitelkeit"⟩: die Vergänglichkeit alles Irdischen (als Thema abendländischer Dichtung u. Kunst). **va|ni|tas va|ni|ta|tum** [– v...] ⟨*lat.,* „Eitelkeit der Eitelkeiten"⟩: alles ist eitel

Va|peurs [va'pø:ɐs] *die* (Plur.) ⟨aus *fr.* vapeurs, Plur. von vapeur „Dampf, Dunst", dies aus *lat.* vapor „Dunst, Dampf"⟩: (veraltet) 1. Blähungen. 2. [schlechte] Laune, Launen. **Va|por** *der;* -s, ...ores [...re:s] ⟨aus gleichbed. *lat.* vapor, vgl. Vapeur⟩: Dampf, Wasserdampf. **Va|po|ret|to** *das;* -s, Plur. -s u. ...ti ⟨aus gleichbed. *it.* vaporetto, Verkleinerungsbildung zu vapore „Dampfer"⟩: Dampfboot, kleines Motorboot (in Italien). **Va|po|ri|me|ter** *das;* -s, - ⟨zu *lat.* vapor (vgl. Vapeurs) u. ↑¹...meter⟩: Gerät zur Bestimmung des Alkoholgehaltes einer Flüssigkeit. **Va|po|ri|sa|ti|on** *die;* -, -en ⟨zu ↑...isation⟩: (früher) Anwendung von Wasserdampf zur Blutstillung (bes. der Gebärmutter; Med.); vgl. ...[at]ion/...ierung. **va|po|ri|sie|ren** ⟨zu ↑...isieren⟩: 1. verdampfen. 2. den Alkoholgehalt in Flüssigkeiten bestimmen. **Va|po|ri|sie|rung** *die;* -, -en ⟨zu ↑...isierung⟩: das Vaporisieren; vgl. ...[at]ion/...ierung

Va|que|ro [va'ke:ro, span. ba'kero] *der;* -[s], -s ⟨aus gleichbed. *span.* vaquero zu vaca „Kuh", dies aus *lat.* vacca⟩: Viehtreiber, Cowboy (im Südwesten der USA u. in Mexiko)

Var [va:r] *das;* -s, - ⟨Kurzw. aus *fr.* volt ampère réactif „reaktives Voltampere"⟩: Maßeinheit der elektr. Blindleistung; Zeichen var

Var|ak|tor [v...] *der;* -s, ...oren ⟨Kurzw. aus *engl.* va*ri*able re*actor* „variable Drossel"⟩: Halbleiterbauelement mit diodenähnlicher Funktion (Elektronik)

Va|ra|min [v...] u. Veramin *der;* -s, -e ⟨nach dem Ort Veramin im Iran⟩: wertvoller Teppich mit blau-rotem Grund

Va|ria [v...] *die* (Plur.) ⟨aus gleichbed. *lat.* varia, substantiviertes Neutrum Plur. von varius „verschiedenartig, mannigfaltig, bunt"⟩: Vermischtes, Verschiedenes, Allerlei (Buchw.). **va|ria|bel** ⟨aus gleichbed. *(alt)fr.* variable, dies aus *spätlat.* variabilis zu *lat.* variare, vgl. variieren⟩: nicht

auf nur eine Möglichkeit beschränkt; veränderlich, abwandelbar; schwankend. **Va|ria|bi|li|tät** *die;* -, -en ⟨aus gleichbed. *fr.* variabilité⟩: 1. Veränderlichkeit, Wandelbarkeit; das Variabelsein. 2. Verschiedenartigkeit u. Veränderlichkeit des Erscheinungsbildes durch Umwelteinflüsse od. durch Veränderungen im Erbgut (z. B. durch Mutation; Biol.). **Va|ria|ble** *die;* -n, -[n] ⟨Substantivierung zu ↑variabel⟩: 1. veränderliche Größe (Math.); Ggs. ↑Konstante. 2. [Symbol für] ein beliebiges Element aus einer vorgegebenen Menge (Logik). 3. logischer Speicherplatz, dem ein bestimmter Wert zugewiesen wird (EDV). **Va|ri|al|gie** *die;* -, ...ien ⟨zu *lat.* varius (vgl. Varia) u. ↑...algie⟩: wetterabhängiger, tageszeitlich wechselnder Schmerz (Med.). **va|ri|ant** ⟨aus *fr.* variant „veränderlich, wechselnd", eigtl. Part. Präs. von varier, vgl. variieren⟩: bei bestimmter Umformung veränderlich (Math.). **Va|ri|an|te** *die;* -, -n ⟨aus gleichbed. *fr.* variante, substantiviertes Fem. von variant, vgl. variant⟩: 1. leicht veränderte Art, Form von etwas; Abwandlung, Abart, Spielart. 2. abweichende Lesart einer Textstelle bei mehreren Fassungen eines Textes (Literaturw.). 3. Wechsel von Moll nach Dur (u. umgekehrt) durch Veränderung der großen Terz in eine kleine (u. umgekehrt) im Tonikadreiklang (Mus.). **Va|ri|anz** *die;* -, -en ⟨nach *spätlat.* variantia „Verschiedenheit"⟩: 1. Veränderlichkeit bei bestimmten Umformungen (Math.). 2. die mittlere quadratische Abweichung einer zufälligen Veränderlichen von ihrem Mittelwert (Statistik). **Va|ri|anz|ana|ly|se** *die;* -, -n: statistisches Verfahren zur quantitativen Untersuchung des Einflusses von verschiedenen Faktoren auf Versuchsergebnisse (bes. bei biologischen Experimenten). **va|ria|tio de|lec|tat** [- ...k...] ⟨*lat.*⟩: Abwechslung macht Freude. **Va|ria|ti|on** *die;* -, -en ⟨aus gleichbed. *fr.* variation, dies aus *lat.* variatio „Veränderung" zu variare, vgl. variieren⟩: 1. Abwechslung; Abänderung, Abwandlung. 2. melodische, harmonische od. rhythmische Abwandlung eines Themas (Mus.). 3. bei Individuen einer Tier- od. Pflanzenart auftretende Abweichung von der Norm im Erscheinungsbild (Biol.). 4. [in der Kombinatorik] geordnete Auswahl, Anordnung von Elementen unter Beachtung der Reihenfolge (Math.). **Va|ria|ti|ons|ton** *der;* -, ...töne: Ton, dessen Schwingungsamplitude sich periodisch ändert. **va|ria|tiv** ⟨zu ↑...iv⟩: Variation[en] aufweisend. **Va|ria|tor** *der;* -s, ...oren ⟨zu ↑...or⟩: svw. Variometer (5). **Va|rie|ga|ti|on** [...rie...] *die;* - ⟨zu *spätlat.* variegatus, Part. Perf. von variegare „bunt machen", u. ↑¹...ion⟩: Fleckenmusterung bei Pflanzen u. Tieren (Biol.). **Va|rie|tät** *die;* -, -en ⟨aus *lat.* varietas, Gen. varietatis „Vielfalt"⟩: a) Ab-, Spielart, bes. Bezeichnung der biolog. Systematik für geringfügig abweichende Formen einer Art; Abk.: var.; b) sprachliche Variante. **Va|rie|té**, schweiz. **Va|rié|té** [varie'te:] *das;* -s, -s ⟨gekürzt aus Varietétheater, dies nach *fr.* théâtre des variétés zu théâtre (vgl. Theater) u. variété „Abwechslung, Buntheit" (dies aus *lat.* varietas, Gen. varietatis)⟩: 1. Theater mit bunt wechselndem Programm artistischer, tänzerischer u. musikalischer Darbietungen. 2. Vorstellung in einem Varieté (1). **va|ri|ie|ren** ⟨aus gleichbed. *fr.* varier, dies aus *lat.* variare „verändern", zu varius, vgl. Varia⟩: verschieden sein, abweichen; verändern, abwandeln (bes. ein Thema in der Musik)
Va|ri|ko|phle|bi|tis [v...] *die;* -, ...itiden ⟨zu ↑Varix u. ↑Phlebitis⟩: Entzündung einer oberflächlichen Krampfader (Med.). **va|ri|kös** ⟨aus gleichbed. *spätlat.* varicosus zu varix (vgl. Varix); vgl. ...ös⟩: krampfaderig, Krampfadern betreffend (Med.). **Va|ri|ko|se** *die;* -, -n ⟨zu ↑¹...ose⟩: Krampfaderleiden. **Va|ri|ko|si|tät** *die;* -, -en ⟨zu ↑...ität⟩:

Anhäufung von Krampfadern, Krampfaderbildung (Med.). **Va|ri|ko|ze|le** *die;* -, -n ⟨zu ↑Varix u. *gr.* kḗlē „Geschwulst; Bruch"⟩: Krampfaderbruch (Med.)
Va|ri|nas [v..., auch va'ri:...] *der;* -, - ⟨nach der Stadt Barinas in Venezuela⟩: südamerik. Tabaksorte
Va|rio|graph [v...] *der;* -en, -en ⟨zu *lat.* varius (vgl. Varia) u. ↑...graph⟩: Gerät, das die Werte eines Variometers (1, 2, 4) selbsttätig aufzeichnet. **Va|rio|la** *die;* -, Plur. ...lä u. ...olen u. Variole *die;* -, -n (meist Plur.) ⟨aus gleichbed. *mlat.* variola, zu *lat.* -ola (Fem. von -olus; Verkleinerungssuffix)⟩: Pocken, [schwarze] Blattern (Med.). **Va|rio|la|ti|on** *die;* -, -en ⟨zu ↑...ation⟩: altind. Methode der aktiven Pockenimmunisierung durch Einritzen der Haut u. Auflegen von Borken eines abheilenden leichten Pockenfalles (Med.). **Va|rio|le** vgl. Variola. **Va|rio|lith** [auch ...'lɪt] *der;* Gen. -s u. -en, Plur. -[e]n ⟨zu *lat.* varius (vgl. Varia) u. ↑...lith (wegen seines blatternähnlichen Aussehens), eigtl. „Blatterstein"⟩: dichtes basisches Eruptivgestein mit eingelagerten grauen bis violetten kleinen Kügelchen. **Va|rio|me|ter** *das;* -s, - ⟨zu ↑¹...meter⟩: 1. Gerät zur Bestimmung kleinster Luftdruckschwankungen innerhalb kurzer Zeitabschnitte (Meteor.). 2. Gerät zur Beobachtung der erdmagnetischen Schwankungen. 3. Spulenanordnung mit stetig veränderbarer Selbstinduktion zur Frequenzabstimmung in Hochfrequenzgeräten (Phys.). 4. Gerät zur Bestimmung der Steig- od. Sinkgeschwindigkeit von Flugzeugen. 5. Meßgerät für Selbstinduktionen bei Wechselströmen (Phys.). **Va|rio|ob|jek|tiv** *das;* -s, -e: svw. ¹Zoom (1)
va|ris|kisch [v...], **va|ri|stisch** u. variszisch ⟨nach *mlat.* Variscia (dem alten Namen vom Vogtland, dem Siedlungsgebiet des german. Stammes der Varisker)⟩: in SW-NO-Richtung verlaufend, sich erstreckend (von Gebirgen)
Va|ri|stor [v...] *der;* -s, ...oren ⟨Kunstw. aus *engl.* variable resistor „veränderlicher (elektrischer) Widerstand"⟩: spannungsabhängiger Widerstand, dessen Leitwert mit steigender Spannung wächst (Phys.)
va|ris|zisch [v...] vgl. variskisch. **Va|ris|zit** [auch ...'tsɪt] *der;* -s, -e ⟨zu ↑variskisch u. ↑²...it⟩: ein Mineral, gelbgrünes bis bläuliches Tonerdephosphat
Va|ri|tron [v...] *das;* -s, ...onen ⟨zu *lat.* varius (vgl. Varia) u. ↑...tron⟩: durch Höhenstrahlung entstandenes, elektrisch geladenes Teilchen von unterschiedlicher Masse, schweres ↑Meson (Phys.). **Va|ri|ty|per** ['vɛrɪtaɪpɐ] *der;* -s, - ⟨aus gleichbed. *engl.* Varityper, VariTyper ⓌⒷ zu various (dies aus *lat.* varius, vgl. Varia) u. to type „maschinenschreiben"⟩: auf dem Schreibmaschinenprinzip aufgebaute Setzmaschine
Va|rix [v...] *die;* -, Varizen ⟨aus gleichbed. *lat.* varix, Gen. varicis zu varius, vgl. Varia, nach dem bunten Aussehen⟩: Krampfader, Venenknoten (Med.). **Va|ri|ze** *die;* -, -n ⟨aus *lat.* varix, vgl. Varix⟩: svw. Varix. **Va|ri|zel|le** *die;* -, -n (meist Plur.) ⟨fälschliche nlat. Verkleinerungsbildung zu ↑Variola⟩: Windpocke (Med.). **Va|ri|zen:** Plur. von ↑Varix
Var|so|vi|enne [varzo'viɛn] *die;* -, -n [...nən] ⟨aus gleichbed. *fr.* (danse) Varsovienne, eigtl. „Warschauer (Tanz)" (zum mlat. Namen Varsovia der poln. Stadt Warschau)⟩: poln. Tanz im mäßig schnellen ¾-Takt
Vas [v...] *das;* -, Vasa ⟨aus *lat.* vas, Gen. vasis „Gefäß"⟩: Bez. für alle röhrenförmigen, Körpersäfte führenden Gefäße (z. B. Blutgefäße; Anat.). **vas..., Vas...** vgl. vaso..., Vaso... **Va|sa:** Plur. von ↑Vas. **va|sal** ⟨zu *lat.* vas (vgl. Vas) u. ↑¹...al (1)⟩: die [Blut]gefäße betreffend (Med.). **Vas|al|gie** *die;* -, ...ien ⟨zu ↑...algie⟩: Gefäßschmerz (Med.)
Va|sall [v...] *der;* -en, -en ⟨aus gleichbed. *altfr.* vassal, dies aus *mlat.* vassalus zu *mlat.-galloroman.* vassus, eigtl.

Vasallenstaat

„Mann, Knecht"): mittelalterl. Lehnsmann; Gefolgsmann. **Va|sal|len|staat** *der;* -[e]s, -en: in Abhängigkeit zu einem anderen befindlicher Staat. **va|sal|lisch:** einen Vasallen od. die Vasallität betreffend. **Va|sal|li|tät** *die;* - ⟨aus gleichbed. *fr.* vassalité, Nebenform von vasselage; vgl. ...ität⟩: Verhältnis eines Vasallen zum Lehnsherrn (im Mittelalter)

Va|sal|teil [v...] *der;* -[e]s, -e ⟨zu ↑ vasal⟩: svw. Xylem. **Va|se** *die;* -, -n ⟨aus gleichbed. *fr.* vase, dies aus *lat.* vas, vgl. Vas⟩: [kunstvoll gearbeitetes] Ziergefäß, meist zur Aufnahme von Blumen. **Vas|ek|to|mie** *die;* -, ...ien ⟨zu ↑ vaso... u. ↑...ektomie⟩: operative Entfernung eines Stückes des Samenleiters des Mannes (z. B. zur Sterilisation; Med.)

Va|se|lin [v...] *das;* -s ⟨Kunstw. aus *dt.* Wasser u. *gr.* élaion „Öl"⟩: svw. Vaseline. **Va|se|li|ne** *die;* -: aus Rückständen der Erdöldestillation gewonnene Salbengrundlage für pharmazeutische u. kosmetische Zwecke, auch Rohstoff für Schmiermittel. **Va|se|li|nom** *das;* -s, -e ⟨zu ↑...om⟩: Geschwulst, die infolge Bindegewebswucherung um eingespritzte Vaseline entsteht (Med.). **Va|se|nol** Ⓦ *das;* -s ⟨Kurzw. aus *Vase*line u. Lano*l*in⟩: ein Vaseline enthaltendes Gemisch als Salbengrundlage

vas|ku|lar [v...] ⟨aus gleichbed. *nlat.* vascularis zu *lat.* vasculum, Verkleinerungsform von vas, vgl. Vas⟩: 1. svw. vaskulär. 2. den Flüssigkeitstransport in den Pflanzen betreffend (Bot.). **vas|ku|lär** ⟨zu ↑..är⟩: 2. den Blutgefäßen gehörend, sie enthaltend (Med.). **Vas|ku|la|ri|sa|ti|on** *die;* -, -en ⟨zu ↑ ...isation⟩: Bildung von Blutgefäßen (Med.). **Vas|ku|li|tis** *die;* -, ...itiden ⟨zu ↑...itis⟩: Entzündung im Bereich der feinsten arteriellen u. venösen Blutgefäße (Med.). **Vas|ku|lo|pa|thie** *die;* -, ...ien ⟨zu ↑ ...pathie⟩: zusammenfassende Bez. für alle funktionellen Störungen im Bereich der kleinsten Blutgefäße (Med.). **vas|ku|lös** ⟨zu ↑...ös⟩: gefäßreich (Med.). **va|so..., Va|so...,** vor Vokalen auch **vas..., Vas...** ⟨zu *lat.* vas, vgl. Vas⟩: Wortbildungselement mit der Bedeutung „Gefäß", z. B. Vasographie, Vasektomie. **va|so|ak|tiv:** den Gefäßtonus beeinflussend (von Arzneimitteln; Med.). **Va|so|di|la|tans** *das;* -, Plur. ...anzien [...iən] u. ...antia (meist Plur.) ⟨zu *lat.* dilatans, vgl. dilatant⟩: Arzneimittel, das eine Gefäßerweiterung bewirkt. **Va|so|di|la|ta|ti|on** *die;* - Erweiterung von Blutgefäßen infolge Erschlaffung der Gefäßmuskulatur (Med.). **Va|so|di|la|ta|tor** *der;* -s, ...oren: gefäßerweiternder Nerv (Med.). **va|so|gen** ⟨zu ↑...gen⟩: von Blutgefäßen ausgehend (z. B. eine Blutung; Med.). **Va|so|kon|strik|ti|on** *die;* -, -en: Gefäßverengung, -zusammenziehung durch Kontraktion der glatten Gefäßmuskulatur (Med.). **Va|so|kon|strik|ti|vum** [...vʊm] *das;* -s, ...va [...va] ⟨zu ↑ ...ivum⟩: gefäßverengerndes Arzneimittel. **Va|so|kon|strik|tor** *der;* -s, ...oren: gefäßverengernder Nerv (Med.). **Va|so|li|ga|tur** *die;* -, -en: Unterbindung von Blutgefäßen (Med.). **Va|so|mo|ti|on** *die;* -, -en: Dehnung u. Zusammenziehung der Haargefäße (Med.). **Va|so|mo|to|ren** *die* (Plur.): Nerven, die der glatten Muskulatur Impulse geben (Med.). **Va|so|mo|to|ri|ker** *der;* -s, -: Mensch, dessen Gefäßsystem stark auf innere od. äußere Reize reagiert (z. B. durch Erröten; Med.). **va|so|mo|to|risch:** auf die Gefäßnerven bezüglich, sie betreffend (Med.). **Va|so|neu|ro|se** *die;* -, -n: Neurose der Gefäßnerven; Gefäßlabilität (Med.). **Va|so|pa|thie** *die;* -, ...ien ⟨zu ↑...pathie⟩: Bez. für funktionelle Gefäßstörungen (Med.). **Va|so|ple|gie** *die;* -, ...ien ⟨zu *gr.* plēgḗ „Schlag" u. ↑²...ie⟩: Gefäßlähmung (Med.). **Va|so|pres|sin** *das;* -s ⟨zu *lat.* premere (Part. Perf. pressus) u. ↑ ...in (1)⟩: Hormon mit blutdrucksteigernder Wirkung (Biochem., Med.). **va|so|pres|so|risch** ⟨zu *(n)lat.* -orius (Adjektivsuffix)⟩: Blutgefäße verengend, blutdrucksteigernd (von Arzneimitteln; Med.). **Va|so|re|sek|ti|on** *die;* -, -en: 1. svw. Vasektomie. 2. operative Entfernung eines Teils eines Blutgefäßes (Med.). **Va|so|spas|mus** *der;* -, ...men: Gefäßkrampf, krampfartige Zusammenziehung eines Blutgefäßes (z. B. bei ↑ Angina pectoris; Med.). **Va|so|to|mie** *die;* -, ...ien ⟨zu ↑...tomie⟩: 1. operative Durchtrennung des Samenleiters (Med.). 2. operative Durchtrennung eines Blutgefäßes (Med.). **va|so|trop** ⟨zu ↑ ...trop⟩: bes. stark auf die Blutgefäße einwirkend (von Arzneimitteln; Med.).

vast [v...] ⟨aus gleichbed. *lat.* vastus⟩: (veraltet) weit, ausgedehnt; unermeßlich; öde. **Va|sta|ti|on** *die;* -, -en ⟨aus gleichbed. *lat.* vastatio zu vastare, vgl. vastieren⟩: (veraltet) Verwüstung. **va|stie|ren** ⟨aus gleichbed. *lat.* vastare⟩: (veraltet) veröden; verwüsten. **Va|sti|tät** *die;* -, -en ⟨aus gleichbed. *lat.* vastitas, Gen. vastitatis⟩: (veraltet) Öde; Verwüstung; Weite, Unermeßlichkeit

Vat [vat] vgl. Wat

Va|ti|kan [v...] *der;* -s ⟨nach der Lage auf dem Vatikanhügel (*lat.* mons Vaticanus), einem der sieben Hügel Roms⟩: 1. Papstpalast in Rom. 2. oberste Behörde der kath. Kirche. **va|ti|ka|nisch:** zum Vatikan gehörend, aus ihm stammend, ihn betreffend. **Va|ti|ka|num** *das;* -s ⟨aus *nlat.* vaticanum⟩: Bez. für das erste (1869/70) u. zweite (1962–1965) in der Peterskirche zu Rom abgehaltene allgemeine ↑ Konzil der kath. Kirche

Va|ti|zi|ni|um [v...] *das;* -s, ...ien [...iən] ⟨aus gleichbed. *lat.* vaticinium zu vates „Prophet, Weissager"⟩: (veraltet) Weissagung

Vau|de|ville [vodə'vi:l, fr. vod'vil] *das;* -s, -s ⟨aus gleichbed. *fr.* vaudeville, angeblich entstellt aus Vau-de-Vire, Name eines Tales in der Normandie, das aus Liedern bekannt war⟩: 1. franz. Gassenhauer, Volks- u. Trinklied. 2. burleskes od. satirisches Singspiel, eine der Ursprungsformen der ↑ Operette, der franz. komischen Oper u. des deutschen Singspiels. 3. Schlußensemble einer Oper mit volkstümlich moralisierender Tendenz (z. B. in Mozarts „Entführung aus dem Serail"). 4. szenische Darbietung kabarettistischen Charakters mit Chansons, Tanz, Akrobatik u. a. (bes. Ende des 19. Jh.s in den USA)

va|zie|ren [v...] ⟨aus gleichbed. *lat.* vacare⟩: (veraltet) [dienst]frei sein; unbesetzt sein; leer stehen; vgl. vakant usw.

Ve|adar [v...] *der;* - ⟨aus gleichbed. *hebr.* wěʼadār, eigtl. „und ein (weiterer Monat) Adar"⟩: 13. Monat des jüd. Schaltjahres, der zum Ausgleich der Differenz zwischen Mondjahr u. Sonnenjahr eingeschaltet ist

Ve|da [v...] usw. vgl. Weda usw.

Ve|det|te [v...] *die;* -, -n ⟨aus gleichbed. *fr.* vedette, dies aus *it.* vedetta „vorgeschobener Posten", eigtl. „Beobachter, Späher", zu vedere „sehen" (dies aus *lat.* videre), eigtl. „Künstler, der an erster Stelle im Darstellerverzeichnis steht"⟩: 1. (veraltet) vorgeschobener Reiterposten; Feldwache. 2. (selten) berühmter [Film]schauspieler, Star

ve|disch [v...] vgl. wedisch

Ve|du|te [v...] *die;* -, -n ⟨aus gleichbed. *it.* veduta zu vedere, vgl. Vedette⟩: naturgetreue Darstellung einer Landschaft od. Stadt (Malerei)

Ve|ga [v...] *die;* -, -s ⟨aus *span.* vega „fruchtbare Ebene" zu *baskisch* ibai „Fluß"⟩: 1. Bez. für die Flußauen u. bewässerten Gebiete auf der Iberischen Halbinsel, oft mit der ↑ Huerta identisch. 2. brauner bis rotbrauner Auenboden mit einer mäßig entwickelten Humusschicht (Geol.)

ve|ge|ta|bil [v...] ⟨aus *spätlat.* vegetabilis „belebend; pflanzlich" zu *lat.* vegetare, vgl. vegetieren⟩: svw. vegetabilisch;

Veloursleder

vgl. ...isch/-. **Ve|ge|ta|bi|li|en** [...iən] *die* (Plur.) ⟨nach *mlat.* vegetabilia (Plur.) „Pflanzen(reich)" zu *spätlat.* vegetabilis, vgl. vegetabil⟩: pflanzliche Nahrungsmittel. **ve|ge|ta|bi|lisch** ⟨zu ↑vegetabil⟩: pflanzlich; aus Pflanzen gewonnen; vgl. ...isch/-; -e Fette: Pflanzenfette. **Ve|ge|ta|ria|ner** *der;* -s, - ⟨zu ↑Vegetarier; vgl. ...aner⟩: (selten) svw. Vegetarier. **Ve|ge|ta|ria|nis|mus** *der;* - ⟨zu ↑...ismus (3)⟩: (selten) svw. Vegetarismus. **Ve|ge|ta|ri|er** [...iɐ] *der;* -s, - ⟨für älteres Vegetarianer, dies aus *engl.* vegetarian zu vegetable „pflanzlich", dies zu *lat.* vegetare, vgl. vegetieren⟩: jmd., der ausschließlich od. vorwiegend pflanzliche Nahrung zu sich nimmt. **Ve|ge|ta|rie|rin** [...iə...] *die;* -, -nen: weibliche Form zu ↑Vegetarier. **ve|ge|ta|risch:** pflanzlich; den Vegetarismus betreffend, auf ihm beruhend, ihm gemäß. **Ve|ge|ta|ris|mus** *der;* - ⟨zu ↑...ismus (3)⟩: Ernährung ausschließlich von Pflanzenkost, meist aber ergänzt durch Eier u. Milchprodukte. **Ve|ge|ta|ti|on** *die;* -, -en ⟨über *mlat.* vegetatio „Wachstumskraft" aus *spätlat.* vegetatio „Belebung, belebende Bewegung" zu *lat.* vegetare, vgl. vegetieren⟩: 1. a) Gesamtheit des Pflanzenbestandes [eines bestimmten Gebietes]; b) Wachstum von Pflanzen, Pflanzenwuchs. 2. Wucherung des lymphatischen Gewebes (Med.). **Ve|ge|ta|ti|ons|for|ma|ti|on** *die;* -, -en: ökologische, durch Klima, Boden, Wasserhaushalt u. a. bedingte höhere Vegetationseinheit, die landschaftsprägend auftritt. **Ve|ge|ta|ti|ons|ke|gel** *der;* -s, -: Wachstumszone der Wurzel- u. Sproßspitze einer Pflanze (Bot.). **Ve|ge|ta|ti|ons|kult** *der;* -[e]s, -e: Bez. für Religionen, in denen das Werden u. Vergehen der Natur verehrt und zur Förderung der Fruchtbarkeit von Acker, Vieh u. Menschen symbolisch dargestellt wird. **Ve|ge|ta|ti|ons|or|gan** *das;* -s, -e: pflanzliches Organ, das der Erhaltung des Organismus u. nicht der Fortpflanzung dient (z. B. Blätter u. Wurzeln; Bot.). **Ve|ge|ta|ti|ons|pe|ri|ode** *die;* -, -n: Zeitraum des allgemeinen Wachstums der Pflanzen innerhalb eines Jahres. **Ve|ge|ta|ti|ons|punkt** *der;* -[e]s, -e: svw. Vegetationskegel. **Ve|ge|ta|ti|ons|zo|ne** *die;* -, -n: Zone mit den Hauptformen der Vegetation eines Klimabereichs (bes. Bot.). **ve|ge|ta|tiv** ⟨aus *mlat.* vegetativus zu *lat.* vegetatus (Part. Perf. von vegetare, vgl. vegetieren) u. ↑...iv⟩: 1. (selten) pflanzlich. 2. nicht mit der geschlechtlichen Fortpflanzung in Zusammenhang stehend; ungeschlechtlich (Bot.). 3. dem Willen nicht unterliegend (von Nerven; Med.); -e Dystonie: Störung im Zusammenspiel der Funktionskreise des ↑sympathischen u. des ↑parasympathischen Nervensystems (Med.). **ve|ge|tie|ren** ⟨aus (*vulgär*)*lat.* vegetare „wachsen", eigtl. „wie eine Pflanze (ohne Seelenäußerung) dahinleben", dies aus *lat.* vegetare „beleben, ermuntern, erregen" zu vegetus „kräftig, lebhaft" (zu vegere „lebhaft sein")⟩: 1. kümmerlich, kärglich [dahin]leben. 2. ohne Blüte, nur in der vegetativen (2) Phase leben (von Pflanzen; Biol.)

ve|he|ment [v...] ⟨aus gleichbed. *lat.* vehemens, Gen. vehementis, zu vehere „fahren"; vgl. Vehikel⟩: heftig, ungestüm, stürmisch, jäh. **Ve|he|menz** *die;* - ⟨aus gleichbed. *lat.* vehementia⟩: Heftigkeit, Wildheit, Ungestüm, Schwung, Lebhaftigkeit, Elan. **Ve|hi|kel** [v...] *das;* -s, - ⟨aus *lat.* vehiculum „Wagen, Fahrzeug" zu vehere „fahren"⟩: 1. Hilfsmittel; etwas, das als Mittel zu etwas dient; etwas, wodurch etwas ausgedrückt od. begründet wird. 2. (ugs.) klappriges, altes Fahrzeug. 3. wirkungsloser Stoff in Arzneien, in dem die wirksamen Stoffe gelöst od. verteilt sind (Med.). **Vek|tor** *der;* -s, ...oren ⟨über gleichbed. *engl.* vector aus *lat.* vector „Träger, Fahrer" zu vectus, Part. Perf. von vehere, vgl. Vehikel⟩: 1. physik. od. math. Größe, die durch einen Pfeil dargestellt wird u. durch Angriffspunkt, Richtung u. Betrag festgelegt ist (z. B. Geschwindigkeit, Beschleunigung); Ggs. ↑Skalar. 2. eindimensionales Feld geordneter gleichartiger Größen (z. B. Zeichenketten; EDV). 3. blutsaugendes Insekt als möglicher Krankheitsüberträger (Biol.). **Vek|tor|bo|son** *das;* -s, -en: Elementarteilchen, das als Feldquant eines Vektorfeldes interpretiert werden kann (Phys.). **Vek|tor|feld** *das;* -[e]s, -er: Gesamtheit von Punkten im Raum, denen ein Vektor zugeordnet ist. **vek|to|ri|ell** ⟨zu ↑...ell⟩: durch Vektoren berechnet, auf Vektorrechnung bezogen, mit Vektoren erfolgt (Math.). **Vek|tor|kar|dio|graph** *der;* -en, -en: elektron. Gerät zur Messung u. Aufzeichnung der Veränderungen der Stärke u. Richtung der Aktionsströme der Herzmuskelfasern während der Herzaktion (Med.). **Vek|tor|kar|dio|gra|phie** *die;* -, ...ien: Aufzeichnung der Veränderungen der Stärke u. Richtung der Aktionsströme der Herzmuskelfasern während der Herzaktion (Med.). **Vek|tor|mes|ser** *der;* -s, -: elektr. Meßgerät, mit dem nicht nur der Betrag von Wechselspannungen u. -strömen gemessen werden kann, sondern auch deren gegenseitige Phasenlage (Elektrot.). **Vek|tor|pro|dukt** *das;* -[e]s, -e: Abbildung, die einem Paar von Vektoren einen anderen Vektor zuordnet (Math.).

Ve|la [v...]: Plur. von ↑Velum. **Ve|la|men** *das;* -s, - ⟨aus *lat.* velamen „Hülle, Decke"⟩: aus abgestorbenen Zellschichten bestehende schwammige Hülle vieler Luftwurzeln zur Wasseraufnahme (Bot.). **Ve|la|men|tös** ⟨zu *lat.* velamentum „Hülle" u. ↑-ös⟩: mit häutiger Hülle (Bot.). **ve|lar** ⟨zu *lat.* velum (vgl. Velum) u. ↑...ar⟩: am ↑Velum (4) gebildet (von Lauten; Sprachw.). **Ve|lar** *der;* -s, -e: Gaumensegellaut, [Hinter]gaumenlaut (z. B. *k*; bes. vor *u* und *o*; Sprachw.). **ve|la|ri|sie|ren** ⟨zu ↑...isieren⟩: a) velar aussprechen; b) durch einen Velar ersetzen (Sprachw.). **Ve|li|ger** *die;* - ⟨zu *lat.* veliger „Segel tragend", dies zu velum (vgl. Velum) u. gerere „mit sich führen"⟩: vorwiegend im Plankton frei schwimmende Larvenform der Meeresschnecken u. anderer Weichtiere (Biol.).

Ve|lin [v..., auch veˈlɛ:] *das;* -s ⟨aus gleichbed. *fr.* vélin zu veel, ältere Nebenform von veau, dies über das Vulgärlat. aus *lat.* vitellus „Kalb"⟩: feines, weiches Pergament, ungerippets Papier

Ve|li|tiv [v...] *der;* -s, -e [...və] ⟨aus gleichbed. *nlat.* (modus) velitivus zu *lat.* velle „wollen"⟩: Modus des Verbs, der ein Wollen ausdrückt (Sprachw.). **Vel|lei|tät** [...lei...] *die;* -, -en ⟨über *fr.* velléité aus *mlat.* velleitas, Gen. velleitatis „das Wollen"⟩: kraftloses, zögerndes Wollen; Wunsch, der nicht zur Tat wird (Philos.).

Ve|lo [v...] *das;* -s, -s ⟨Kurzw. aus ↑*Velo*ziped⟩: (schweiz.) Fahrrad. **ve|lo|ce** [...tʃə] ⟨*it.;* aus *lat.* velox, Gen. velocis „schnell"⟩: behende, schnell, geschwind (Vortragsanweisung; Mus.). **Ve|lo|drom** *das;* -s, -e ⟨aus gleichbed. *fr.* vélodrome zu vélocipède „Fahrrad" u. *gr.* drómos „Lauf; Rennbahn"⟩: [geschlossene] Radrennbahn mit überhöhten Kurven

¹**Ve|lours** [vəˈluːɐ̯, auch ve...] *der;* - [...ˈluːɐ̯s], - [...ˈluːɐ̯s] ⟨aus *fr.* velours „Samt" zu *altprovenzal.* velos, dies aus *lat.* villosus „zottig, haarig" zu villus „Haarzotte (der Tiere)"⟩: 1. franz. Bez. für Samt. 2. samtartiges Gewebe mit gerauhter, weicher Oberfläche. ²**Ve|lours** [vəˈluːɐ̯, auch ve...] *das;* - [...ˈluːɐ̯s], - [...ˈluːɐ̯s] ⟨zu ↑¹Velours⟩: svw. Veloursleder. **Ve|lours Chif|fon** [veˈluːɐ̯ ʃiˈfõ, österr. – ʃiˈfoːn] *der;* - -s, Plur. - -s, österr. - -e ⟨aus gleichbed. *fr.* velours chiffon⟩: Seidensamt. **Ve|lours de laine** [– də ˈlɛːn] *der;* - - -, - - - ⟨aus gleichbed. *fr.* velours de laine⟩: weiches, tuchartiges Gewebe aus Wollstreichgarn. **Ve|lours|le|der** *das;* -s, -: Leder, dessen Oberfläche durch Schleifen ein samtartiges Ausse-

1419

Veloursteppich

hen hat. **Ve|lours|tep|pich** *der;* -s, -e: kettgemusterter, gewebter Teppich. **ve|lou|tie|ren** [vəlu..., auch ve...] ⟨nach *fr.* velouter „samtartig machen"⟩: (die Lederoberfläche) abschleifen, um sie aufzurauhen. **Ve|lou|tine** [...'ti:n] *der;* -[s], -s ⟨aus gleichbed. *fr.* veloutine⟩: 1. feiner, weicher Halbseidenrips. 2. samtartig gerauhter Flanell
Ve|lo|zi|ped [v...] *das;* -[e]s, -e ⟨aus gleichbed. *fr.* vélocipède zu *lat.* velox, Gen. velocis „schnell" u. pes, Gen. pedis „Fuß"⟩: (veraltet) Fahrrad. **Ve|lo|zi|pe|dist** *der;* -en, -en ⟨aus gleichbed. *fr.* vélocipédiste⟩: (veraltet) Radfahrer
Vel|pel [v...] *der;* -s, - ⟨nach *it.* felpa⟩: Nebenform von ↑ Felbel
Velt|li|ner [v..., auch f...] *der;* -s ⟨nach der ital. Landschaft Veltlin (*it.* Valtellina)⟩: 1. eine Traubensorte. 2. Weinsorte
Ve|lum [v...] *das;* -s, Vela ⟨aus *lat.* velum „Tuch; Hülle; Segel"⟩: 1. Vorhang od. Teppich, im altröm. Haus zum Bedecken der Türen benutzt, in Säulenhallen als Schutz gegen die Sonne. 2. Seiden- od. Leinentuch zur Bedeckung der Abendmahlsgeräte in der kath. [u. ev.] Kirche. 3. Schultertuch in der kath. Priestergewandung. 4. Gaumensegel, weicher Gaumen, wo die ↑ Velare gebildet werden (Sprachw.). 5. a) Wimperkranz der Schneckenlarve; b) Randsaum der Quallen; c) Hülle vieler junger Blätterpilze (Biol.). **Vellum pa|la|ti|num** *das;* - -, ...la ...na ⟨aus gleichbed. *(n)lat.* velum palatinum⟩: Gaumensegel
Vel|vet ['velvət] *der* od. *das;* -s, -s ⟨aus gleichbed. *engl.* velvet, dies über das Vulgärlat. zu *lat.* villus „zottiges Haar"⟩: Baumwollsamt mit glatter Oberfläche. **Vel|ve|ton** [...tɔn] *der;* -s, -s ⟨Kunstw.; vgl. ³...on⟩: eine Samtimitation als Wildlederersatz
ven..., Ven... [v...] vgl. veno..., Veno...
ve|nal [v...] ⟨aus gleichbed. *lat.* venalis zu venalia (Plur.) „Waren"⟩: (veraltet) käuflich, feil, bestechlich
Ven|de|mi|aire [vãde'miɛːɐ̯] *der;* -[s], -s ⟨aus *fr.* vendémiaire „Weinmonat"⟩: der erste Monat des franz. Revolutionskalenders (22. September bis 21. Oktober)
Ven|det|ta [v...] *die;* -, ...tten ⟨aus *it.* vendetta „Rache", dies aus *lat.* vindicta⟩: ital. Bez. für [Blut]rache
Ve|ne [v...] *die;* -, -n ⟨aus gleichbed. *lat.* vena⟩: Blutader; Blutgefäß, in dem das Blut dem Herzen zufließt; Ggs. ↑ Arterie)
Ve|ne|fi|ci|um [v...tsiʊm] *das;* -s, ...cia, eindeutschend **Ve|ne|fi|zi|um** *das;* -s, ...zien [...i̯ən] ⟨aus *lat.* veneficium „Giftmischerei"⟩: Giftmord (Med.)
Ven|ek|ta|sie [v...] *die;* -, ...ien ⟨zu ↑ Vene u. ↑ Ektasie⟩: auf Erschlaffen der Gefäßwände beruhende Venenerweiterung (Med.)
Ve|ne|na [v...]: Plur. von ↑ Venenum. **ve|ne|nös** ⟨aus gleichbed. *spätlat.* venenosus zu *lat.* venenum, vgl. Venenum⟩: giftig (Med.). **Ve|ne|num** *das;* -s, ...na ⟨aus gleichbed. *lat.* venenum⟩: Gift (Med.)
ve|ne|ra|bel [v...] ⟨aus gleichbed. *lat.* venerabilis zu venerari, vgl. venerieren⟩: (veraltet) verehrungswürdig. **Ve|ne|ra|bi|le** *das;* -[s] ⟨aus *kirchenlat.* venerabile „das Heilige", substantiviertes Neutrum von venerabilis⟩: svw. Sanktissimum. **ve|ne|ra|bi|lis** ⟨aus gleichbed. *kirchenlat.* venerabilis, dies aus *lat.* venerabilis „verehrungswürdig"⟩: ehr-, hochwürdig (im Titel kath. Geistlicher); Abk.: ven. **Ve|ne|ra|ti|on** *die;* -, -en ⟨aus gleichbed. *lat.* veneratio⟩: (veraltet) Verehrung, bes. der kath. Heiligen. **ve|ne|rie|ren** ⟨aus *lat.* venerari „anbeten, anflehen"⟩: (veraltet) [als heilig] verehren
ve|ne|risch [v...] ⟨nach *lat.* venerius, venereus „geschlechtlich, unzüchtig" zu Venus, Gen. Veneris, dem Namen der röm. Liebesgöttin⟩: geschlechtskrank, auf die Geschlechtskrankheiten bezüglich; -e Krankheiten: Geschlechtskrankheiten (Med.). **Ve|ne|ro|lo|ge** *der;* -n, -n ⟨zu ↑...loge⟩: Facharzt für Geschlechtskrankheiten (Med.). **Ve|ne|ro|lo|gie** *die;* - ⟨zu ↑...logie⟩: Wissenschaftszweig, der sich mit den Geschlechtskrankheiten befaßt (Med.). **ve|ne|ro|lo|gisch** ⟨zu ↑...logisch⟩: auf die Venerologie bezüglich. **Ve|ne|ro|pho|bie** *die;* -, ...ien ⟨zu ↑...phobie⟩: krankhafte Angst vor Geschlechtskrankheiten (Med., Psychol.)
Ve|nia le|gen|di [v... –] *die;* - - ⟨aus *lat.* venia legendi „Erlaubnis, an Hochschulen zu lehren
Ve|ni, crea|tor spi|ri|tus! [v... k... –] ⟨*lat.;* „Komm, Schöpfer Geist!"⟩: Anfang eines altchristl. Hymnus auf den Hl. Geist. **ve|ni|re con|tra fac|tum pro|pri|um** [– 'kɔn... 'fak... –] ⟨*lat.*⟩: gegen das eigene frühere Verhalten vorgehen (Rechtsw.). **Ve|ni, sanc|te spi|ri|tus!** [– 'zaŋktə –] ⟨*lat.;* „Komm, Heiliger Geist!"⟩: Anfang einer mittelalterl. Pfingstsequenz der röm.-kath. Liturgie. **ve|ni, vi|di, vi|ci** ['ve:ni 'vi:di 'vi:tsi] ⟨*lat.;* „ich kam, ich sah, ich siegte", Ausspruch Caesars über seinen Sieg bei Zela über Pharnakes II. von Pontos, 47 v. Chr.⟩: kaum angekommen, schon gewonnen (von einem überaus raschen Erfolg)
Venn-Dia|gramm [v...] *das;* -s, -e ⟨nach dem engl. Logiker J. Venn, 1834–1923⟩: Diagramm, das Mengen u. Verknüpfungen in einem schematischen Bild darstellt (Informatik)
ve|no..., Ve|no... [v...], vor Vokalen meist ven..., Ven... ⟨zu ↑ Vene (mit dem Bindevokal -o-)⟩: Wortbildungselement mit der Bedeutung „die Venen betreffend", z. B. Venodilatator, venographieren; Venektasie. **Ve|no|di|la|ta|ti|on** *die;* -, -en: medikamentöse Erweiterung krankhaft verengter Venen (Med.). **Ve|no|di|la|ta|tor** *der;* -s, ...oren: venenerweiternde Substanz, die als Therapiemittel eingesetzt wird (Med.). **Ve|no|dy|na|mi|kum** *das;* -s, ...ka ⟨zu ↑ dynamisch u. ↑...ikum⟩: Arzneimittel, das die Venen elastisch erhält (Med.). **Ve|no|gramm** *das;* -s, -e ⟨zu ↑...gramm⟩: Röntgenbild bestimmter Venen (Med.). **Ve|no|gra|phie** *die;* -, ...ien ⟨zu ↑...graphie⟩: röntgenographische Darstellung bestimmter Venen nach Verabreichung eines Kontrastmittels (Med.). **ve|no|gra|phie|ren** ⟨zu ↑...ieren⟩: Venen nach Kontrastmittelgabe röntgenographisch darstellen (Med.). **ve|nös** ⟨aus gleichbed. *lat.* venosus⟩: die Venen betreffend, zu ihnen gehörend; venenreich (Med.)
Ven|ter [v...] *der;* -s, - ⟨aus *lat.* venter „Bauch"⟩: bauchartige Ausstülpung eines Skelettmuskels (Anat.)
Ven|til [v...] *das;* -s, -e ⟨aus *mlat.* ventile „Wasserschleuse; Windmühle" zu *lat.* ventus „Wind"⟩: 1. Absperrvorrichtung für Einlaß, Auslaß od. Durchlaß von Gasen od. Flüssigkeiten in Leitungen. 2. a) bei der Orgel die bewegliche Klappe, durch die die Windzufuhr geregelt wird; b) mechanische Vorrichtung bei den Blechblasinstrumenten zur Erzeugung der vollständigen Tonskala. **Ven|ti|la|bro** *der;* -s ⟨aus *it.* ventilabro „(Wind)klappe, Ventil"⟩: Windlade der Orgel. **Ven|ti|la|ti|on** *die;* -, -en ⟨über gleichbed. *fr.* ventilation aus *lat.* ventilatio „das Lüften" zu ventilare, vgl. ventilieren⟩: 1. Lufterneuerung in geschlossenen Räumen zur Beseitigung von verbrauchter u. verunreinigter Luft; Lüftung, Luftwechsel. 2. Belüftung der Lungen (Med.). 3. svw. Ventilierung; vgl. ...[at]ion/...ierung. **Ven|ti|la|tor** *der;* -s, ...oren ⟨aus gleichbed. *engl.* ventilator⟩: mechanisch arbeitendes Gerät mit einem Flügelrad zum Absaugen u. Bewegen von Luft od. Gasen. **Ven|til|horn** *das;* -s, ...hörner ⟨zu ↑ Ventil⟩: Horn (Blasinstrument) mit 3 Ventilen (seit 1830) zur Erzeugung der chromatischen Zwischentöne (Mus.). **ven|ti|lie|ren** ⟨aus *lat.* ventilare „fächeln; lüften" zu ventus „Wind", Bed. 2 unter Einfluß von gleichbed. *fr.*

ventiler>: 1. lüften, die Luft erneuern. 2. sorgfältig erwägen, prüfen, überlegen, von allen Seiten betrachten, untersuchen; eingehend erörtern. **Ven|ti|lie|rung** *die;* -, -en ⟨zu ↑...ierung⟩: Erörterung; eingehende Prüfung, Überlegung, Erwägung; vgl. ...[at]ion/...ierung. **Ven|tose** [vã'to:s] *der;* -[s], -s ⟨aus gleichbed. *fr.* ventôse, eigtl. „Windmonat"⟩: der sechste Monat des franz. Revolutionskalenders (19. Februar bis 20. März)

ven|tral [v...] ⟨aus gleichbed. *spätlat.* ventralis zu *lat.* venter, Gen. ventris „Bauch, Leib"⟩: 1. bauchwärts gelegen (Med.). 2. im Bauch lokalisiert, an der Bauchwand auftretend (Med.). **ven|tre à terre** [vãtrə'tɛːʀ] ⟨*fr.;* eigtl. „den Bauch an der Erde"⟩: im gestreckten (sehr schnellen) Galopp (Reiten). **Ven|tri|cu|lus** [vɛn'tri:ku...] *der;* -, ...li ⟨aus *lat.* ventriculus, vgl. Ventrikel⟩: 1. Magen, der auf die Speiseröhre folgende Teil des Verdauungstraktes (Anat.). 2. svw. Ventrikel. **Ven|tri|kel** *der;* -s, - ⟨aus gleichbed. *lat.* ventriculus, eigtl. „der kleine Bauch", Verkleinerungsbildung zu venter, vgl. ventral⟩: 1. Kammer, Hohlraum bes. von Organen (z. B. bei Herz u. Gehirn). 2. bauchartige Verdickung, Ausstülpung eines Organs od. Körperteils (z. B. der Magen; Med.). **Ven|tri|kel|drai|na|ge** [...drɛna:ʒə] *die;* -, -n: operative Ableitung der gestauten Hirnflüssigkeit aus den Hirnkammern (Med.). **ven|tri|ku|lar** ⟨aus gleichbed. *nlat.* ventricularis zu *lat.* ventriculus, vgl. Ventriculus⟩: svw. ventrikulär. **ven|tri|ku|lär** ⟨zu ↑...är⟩: den Ventrikel betreffend (Med.). **Ven|tri|ku|lo|gramm** *das;* -s, -e ⟨zu ↑...gramm⟩: Röntgenbild der Hirnkammern (Med.). **Ven|tri|ku|lo|gra|phie** *die;* -, ...ien ⟨zu ↑...graphie⟩: Röntgenkontrastdarstellung der Hirnkammern (Med.). **Ven|tri|lo|quis|mus** *der;* - ⟨zu *lat.* venter, Gen. ventris (vgl. ventral), *lat.* loqui „reden" u. ↑...ismus (3)⟩: das Bauchreden. **Ven|tri|lo|quist** *der;* -en, -en ⟨zu ↑...ist⟩: Bauchredner

Ve|nu|la [v...] *die;* -, ...lae [...lɛ] ⟨aus gleichbed. *lat.* venula, Verkleinerungsform von vena (vgl. Vene)⟩: kleine Vene (Med.). **Ve|nü|le** *die;* -, -n ⟨Kurzw. aus *Vene* u. *K*anüle⟩: [Glas]röhrchen zur keimfreien Blutentnahme aus Körpervenen (Med.)

Ve|ra [v...]: Plur. von ↑ Verum

ver|ab|so|lu|tie|ren ⟨zu ↑ absolut⟩: etwas aus seinem eigentlichen Zusammenhang [gedanklich] herauslösen u. als absolut gültig hinstellen

Ve|ra|min [v...] vgl. Varamin

Ve|ran|da [v...] *die;* -, ...den ⟨über *engl.* veranda(h) aus Hindi verandā, dies aus gleichbed. *port.* varanda⟩: gedeckter [u. häufig an den Seiten verglaster] Anbau, Vorbau (z. B. an Villen)

Ve|ra|trin [v...] *das;* -s ⟨zu *lat.* veratrum „Nieswurz" u. ↑...in (1)⟩: giftiges Alkaloidgemisch aus weißer Nieswurz, ein Hautreizmittel

Ve|ra|zi|tät [v...] *die;* - ⟨zu *mlat.* veraciter „aufrichtig" u. ↑...ität⟩: (veraltet) Wahrhaftigkeit

Verb [v...] *das;* -s, -en ⟨aus *lat.* verbum „(Zeit)wort", eigtl. „(Aus)spruch"⟩: Zeitwort, Tätigkeitswort, flektierbares Wort, das eine Tätigkeit, ein Geschehen, einen Vorgang od. einen Zustand bezeichnet (z. B. *arbeiten, verunglücken, herabfallen, wohnen*). **Ver|ba**: Plur. von ↑ Verbum. **ver|bal** ⟨aus gleichbed. *spätlat.* verbalis zu *lat.* verbum, vgl. Verb⟩: 1. das Verb betreffend, als Verb [gebraucht]. 2. wörtlich, mit Worten, mündlich. **Ver|bal|ab|strak|tum** *das;* -s, ...ta: von einem Verb abgeleitetes abstraktes Substantiv (z. B. *Hilfe*). **Ver|bal|ad|jek|tiv** *das;* -s, -e [...və]: a) als Adjektiv gebrauchte Verbform, ↑ Partizip (z. B. *blühend*); b) von einem Verb abgeleitetes Adjektiv (z. B. *tragbar*). **Ver|bal|de|fi|ni|ti|on** *die;* -, -en: (veraltet) svw. Nominaldefinition. **Ver-**

bal|le *das;* -s, ...lien [...jən] ⟨zu ↑ ...ale⟩: 1. von einem Verb abgeleitetes Wort (z. B. *Sprecher* von *sprechen*). 2. (meist Plur., veraltet) wörtliche Äußerung. 3. (nur Plur.; veraltet) Wortkenntnisse; Ggs. ↑ Realien (3; Päd.). **Ver|bal|ero|ti|ker** *der;* -s, -: a) jmd., der gern u. häufig über sexuelle Dinge spricht, sie jedoch wenig praktiziert; b) jmd., der sexuelle Befriedigung daraus zieht, in anschaulich-derber, obszöner Weise über sexuelle Dinge zu sprechen. **Ver|ba|li|en** [...jən]: Plur. von ↑ Verbale. **Ver|bal|in|ju|rie** [...jə] *die;* -, -n: Beleidigung durch Worte (Rechtsw.). **Ver|bal|in|spi|ra|ti|on** *die;* -: wörtliche Eingebung der Bibeltexte durch den Heiligen Geist (frühere theologische Lehre); vgl. Personalinspiration, Realinspiration. **ver|ba|li|sie|ren** ⟨zu ↑ ...isieren⟩: 1. Gedanken, Gefühle, Vorstellungen o. ä. in Worten ausdrücken u. damit ins Bewußtsein bringen. 2. ein Wort durch Anfügen verbaler Endungen zu einem Verb umbilden (z. B. *Tank* zu *tanken*). **Ver|ba|li|sie|rung** *die;* -, -en ⟨zu ↑ ...isierung⟩: 1. (ohne Plur.) das Verbalisieren. 2. das, was verbalisiert worden ist. **Ver|ba|lis|mus** *der;* - ⟨zu ↑ ...ismus (4)⟩: Vorherrschaft des Wortes statt der Sache im Unterricht (Päd.). **Ver|ba|list** *der;* -en, -en ⟨zu ↑ ...ist⟩: Anhänger, Vertreter des Verbalismus. **ver|ba|li|stisch** ⟨zu ↑ ...istisch⟩: den Verbalismus od. den Verbalisten betreffend. **Ver|ba|li|tät** *die;* - ⟨aus gleichbed. *nlat.* verbalitas, Gen. verbalitatis⟩: Wörtlichkeit, buchstäblicher Sinn. **ver|ba|li|ter** ⟨mit *lat.* Adverbendung zu ↑ verbal⟩: wörtlich. **Ver|bal|kon|kor|danz** *die;* -, -en ⟨zu ↑ verbal⟩: ↑ Konkordanz (1 a), die ins alphabetische Verzeichnis von gleichen od. ähnlichen Wörtern od. Textstellen enthält; vgl. Realkonkordanz. **Ver|bal|kon|trakt** *der;* -[e]s, -e: mündlicher Vertrag (Rechtsw.). **Ver|bal|no|men** *das;* -s, ...mina: (veraltend) als ↑ Nomen gebrauchte Verbform (z. B. *Vermögen* von *vermögen, geputzt* von *putzen*); vgl. Verbaladjektiv, Verbalsubstantiv. **Ver|bal|no|te** *die;* -, -n: nichtunterschriebene, vertrauliche diplomatische Note (als Bestätigung einer mündlichen Mitteilung gedacht). **Ver|bal|phra|se** *die;* -, -n: Wortgruppe, die aus einem Verb u. den von ihm abhängigen Gliedern besteht (z. B. *...schloß vorsichtig das Fenster*; Sprachw.). **Ver|bal|prä|fix** *das;* -es, -e: ↑ Präfix, das vor ein Verb tritt (z. B. *be-* + *steigen* = *besteigen*). **Ver|bal|stil** *der;* -[e]s: Schreib- od. Sprechstil, der das Verb bevorzugt; Ggs. ↑ Nominalstil. **Ver|bal|sub|stan|tiv** *das;* -s, -e [...və]: zu einem Verb gebildetes Substantiv, das (zum Zeitpunkt der Bildung) eine Geschehensbezeichnung ist (z. B. *Gabe* zu *geben*). **Ver|bal|suf|fix** *das;* -es, -e: ↑ Suffix, das an den Stamm eines Verbs tritt (z. B. *-eln* in *lächeln*). **Ver|bal|sug|ge|sti|on** *die;* -, -en: Beeinflussung, durch Worte des ↑ Hypnotiseurs herbeigeführte ↑ Suggestion (Psychol.).

ver|bar|ri|ka|die|ren ⟨zu ↑ Barrikade u. ↑ ...ieren⟩: 1. durch einen od. mehrere schnell herbeigeschaffte Gegenstände, die als Hindernis dienen sollen, versperren, unpassierbar machen. 2. sich durch ↑ Barrikaden gegen Eindringlinge, Angreifer o. ä. schützen

Ver|bas|kum [v...] *das;* -s, ...ken ⟨aus gleichbed. *lat.* verbascum⟩: Königskerze, Wollkraut (Bot.).

ver|ba|tim [v...] ⟨*lat.*⟩: Wort für Wort, wörtlich. **Ver|ben**: Plur. von ↑ Verb

Ver|be|ne [v...] *die;* -, -n ⟨aus *lat.* verbena „eine Art Heilkraut"⟩: Eisenkraut (an Wegen u. Ackerrändern vorkommende Heilpflanze; Bot).

ver|bi cau|sa [v... 'kauza] ⟨*lat.*⟩: (veraltet) zum Beispiel; Abk.: v. c. **Ver|bi|ge|ra|ti|on** *die;* -, -en ⟨zu *lat.* verbigerare „schwatzen" u. ↑ ...ation⟩: ständiges Wiederholen eines Wortes od. sinnloser Sätze (bei Geisteskranken; Med.).

ver|bi gra|tia ⟨*lat.*⟩: (veraltet) zum Beispiel; Abk.; v. g. ver-

bos ⟨aus gleichbed. *lat.* verbosus zu verbum, vgl. Verb⟩: (veraltet) wortreich, weitschweifig. **Ver|bo|si|tät** *die;* - ⟨aus gleichbed. *lat.* verbositas, Gen. verbositatis⟩: (veraltet) Wortfülle, Wortreichtum. **ver|bo|te|nus** ⟨*mlat.*⟩: (veraltet) wortwörtlich, ganz genau. **Ver|bum** *das;* -s, ...ba ⟨aus *lat.* verbum, vgl. Verb⟩: svw. Verb; - abstractum [...k...]: das inhaltsarme Verb „sein" u. a. (nach Bopp); - attributivum [...vʊm]: jedes Verb außer dem Verbum abstractum (nach Bopp); - finitum: Verbform, die die Angabe einer Person u. der Zahl enthält, Personalform (z. B. [du] liest); vgl. finit; - infinitum: Verbform, die keine Angabe einer Person enthält (z. B. *lesen, lesend, gelesen*); vgl. infinit; - improprium: Ausdruck, dessen Verwendung im allgemeinen Sprachgebrauch nicht unbedingt anzuwenden ist (z. B. Dialektwort); - proprium: Ausdruck aus dem ↑idiomatischen Bestand einer Sprache, der in einer der Sprache angepaßten Weise verwendet wird; - substantivum [...vʊm] svw. Verbum abstractum

Ver|bun|kos [v...koʃ] *der;* -, - ⟨aus *ung.* verbunkos „Werber, Werbetanz"⟩: ungar. Musizierweise mit charakteristischer Synkopierung u. Punktierung (Mus.).

ver|da|ten ⟨zu ↑Daten⟩: einen Text, eine Information in ↑Daten umsetzen (EDV)

Ver|de|lith [v..., auch ...'lɪt] *der;* Gen. -s u. -en, Plur. -e[n] ⟨zu *it.* verde „grün" u. ↑...lith⟩: grüne Abart des Minerals ↑Turmalin

Ver|dikt [v...] *das;* -[e]s, -e ⟨aus gleichbed. *engl.* verdict, dies aus *mlat.* verdictum „Wahrspruch" zu *lat.* vere dictum, eigtl. „wahrhaft gesprochen"⟩: 1. (veraltet) Urteil, Urteilsspruch der Geschworenen. 2. vernichtendes Urteil; [allgemeines] Verdammungsurteil

Ver|du|re [vɛr'dy:rə] *die;* -, -n ⟨aus gleichbed. *fr.* verdure zu *mittelfr.* verde „grün", dies aus *lat.* viridis⟩: in grünen Farben gehaltener Wandteppich (im Mittelalter u. noch im 18. Jh.)

ver|gent [v...] ⟨aus *lat.* vergens, Gen. vergentis, Part. Präs. von vergere, vgl. vergieren⟩: gekippt (von Gesteinsfalten; Geol.). **Ver|genz** *die;* -, -en ⟨zu ↑...enz⟩: die Richtung des Faltenwurfs in einem Faltengebirge (Geol.).

Ver|gette [vɛr'ʒɛt] *die;* -, -n [...tn̩] ⟨aus gleichbed. *fr.* vergette, eigtl. „Bürste", Verkleinerungsform von verge „Rute", dies aus *lat.* virga⟩: eine um die Mitte des 18. Jh.s getragene Stützperücke, bei der das Haar über dem Stirnansatz zu einer Lockenrolle hochtoupiert wurde

ver|gie|ren [v...] ⟨aus *lat.* vergere „sich neigen"⟩: (veraltet) sich neigen, gerichtet sein, sich nach einer Richtung erstrecken

Ve|ri|fi|ka|ti|on [v...] *die;* -, -en ⟨aus gleichbed. *mlat.* verificatio zu verificare, vgl. verifizieren⟩: 1. svw. Verifizierung; vgl. ...[at]ion/...ierung. 2. Beglaubigung, Unterzeichnung eines diplomatischen Protokolls durch alle Verhandlungspartner. **Ve|ri|fi|ka|tor** *der;* -s, ...oren ⟨aus gleichbed. *nlat.* verificator⟩: (veraltet) Beglaubiger, Beurkunder. **Ve|ri|fi|zier|bar**: sich verifizieren lassend, nachprüfbar. **Ve|ri|fi|zier|bar|keit** *die;* -: Nachprüfbarkeit. **ve|ri|fi|zie|ren** ⟨aus gleichbed. *mlat.* verificare zu *lat.* verus (vgl. Verität) u. facere „machen"⟩: 1. durch Überprüfen die Richtigkeit von etwas bestätigen; Ggs. ↑falsifizieren (1). 2. beglaubigen. **Ve|ri|fi|zie|rung** *die;* -, -en ⟨zu ↑...ierung⟩: das Verifizieren; vgl. ...[at]ion/...ierung. **Ve|ris|men** *die* (Plur.) ⟨zu ↑Verismo⟩: Merkmale der veristischen Epoche in der Musik. **Ve|ris|mo** *der;* - ⟨aus gleichbed. *it.* verismo zu vero „wahr", dies aus *lat.* verus, vgl. Verität⟩: am Ende des 19. Jh.s aufgekommene Stilrichtung der ital. Literatur, Musik u. bildenden Kunst mit dem Ziel einer schonungslosen Darstellung der Wirklichkeit. **Ve|ris|mus** *der;* - ⟨zu *lat.* verus (vgl. Verität) u. ↑...ismus (1, 2)⟩: 1. svw. Verismo. 2. kraß wirklichkeitsgetreue künstlerische Darstellung. **Ve|rist** *der;* -en, -en ⟨zu ↑...ist⟩: Vertreter des Verismus. **ve|ri|stisch** ⟨zu ↑...istisch⟩: a) den Verismus betreffend; b) in schonungsloser Weise wirklichkeitsgetreu. **ve|ri|ta|bel** ⟨aus gleichbed. *fr.* véritable zu vérité „Wahrheit", dies aus *lat.* veritas, vgl. Verität⟩: (veraltet) wahrhaft, echt; aufrichtig. **Ve|ri|tät** *die;* - ⟨aus *lat.* veritas, Gen. veritatis, zu verus „wahr, echt, wirklich"⟩: (veraltet) Wahrheit, Richtigkeit, rechtliches Begründetsein einer Forderung. **Vé|ri|tés de fait** [verite'fɛ] *die* (Plur.) ⟨aus gleichbed. *fr.* vérités de fait⟩: Tatsachenwahrheiten (bei Leibniz). **Vé|ri|tés de rai|son** [veritedrɛ'zõ] *die* (Plur.) ⟨aus gleichbed. *fr.* vérités de raison⟩: Vernunftwahrheiten (bei Leibniz)

ver|kad|men vgl. kadmieren

ver|ka|mi|so|len ⟨zu ↑Kamisol⟩: (veraltend) kräftig verprügeln

ver|klau|su|lie|ren ⟨zu ↑klausulieren⟩: 1. einen Vertrag mit mehreren Klauseln versehen u. ihn dadurch unklar u. unübersichtlich machen. 2. [etw.] unübersichtlich machen; einschränken

ver|ma|le|dei|en ⟨zu *lat.* maledicere, vgl. maledeien⟩: (ugs.) verfluchen, verwünschen

ver|meil [vɛr'mɛ:j] ⟨*fr.;* zu *lat.* vermiculus „Scharlachfarbe", urspr. „Scharlachwurm"⟩: hochrot. **Ver|meil** *das;* -s ⟨aus gleichbed. *fr.* vermeil⟩: vergoldetes Silber. **Ver|meil|le** [...mɛ:jə] *die;* - ⟨zu *fr.* vermeille, Fem. von vermeil, vgl. vermeil⟩: 1. orangenfarbener ↑Spinell. 2. braungefärbter ↑'Hyazinth. 3. bräunlichroter ↑Pyrop. **Ver|mi|cel|li** [...'tʃɛli] *die* (Plur.) ⟨aus gleichbed. *it.* vermicelli, Verkleinerungsform von verme „Wurm", dies aus *lat.* vermis⟩: Fadennudeln. **ver|mi|form** ⟨zu *lat.* vermis „Wurm" u. ↑...form⟩: wurmförmig (Med.). **ver|mi|fug** ⟨zu *lat.* fugare „fliehen machen, vertreiben"⟩: Eingeweidewürmer abtreibend (Med.). **Ver|mi|fu|gum** *das;* -s, ...ga (meist Plur.) ⟨zu ↑...ium⟩: Arzneimittel zum Abtreiben von Eingeweidewürmern (Med.). **ver|mi|ku|lar** ⟨zu *lat.* vermiculus „Würmchen" u. ↑...ar (1)⟩: wurmförmig (Biol.). **Ver|mi|ku|lit** [auch ...'lɪt] *der;* -s, -e ⟨zu ↑²...it⟩: bräunliches Mineral aus der Gruppe der Hydroglimmer. **Ver|mil|lon** [...'jõ:] *das;* -s ⟨aus gleichbed. *fr.* vermillon zu vermeil, vgl. vermeil⟩: feinster Zinnober. **ver|mi|no|sus** ⟨aus gleichbed. *nlat.* verminosus⟩: durch Eingeweidewürmer hervorgerufen (von Krankheiten; Med.). **ver|mi|zid** ⟨zu *lat.* vermis „Wurm" u. ↑...zid⟩: wurmtötend (von Arzneimitteln; Med.). **Ver|mi|zid** *das;* -s, -e: wurmtötendes Arzneimittel (Med.)

Ver|na|ku|lar|spra|che [v...] *die;* -, -n ⟨Lehnübersetzung von gleichbed. *engl.* vernacular, dies zu *lat.* vernaculus „einheimisch; selbst erfunden"⟩: 1. indigene Sprache; Sprache von Ureinwohnern (Sprachw.). 2. svw. Jargon (a)

ver|nal [v...] ⟨aus gleichbed. *spätlat.* vernalis zu ver „Frühling"⟩: zum Frühling gehörend. **Ver|na|lin** *das;* -s ⟨zu ↑...in (1)⟩: svw. Florigen. **Ver|na|li|sa|ti|on** *die;* -, -en ⟨zu ↑...ation⟩: Kältebehandlung von Pflanzenkeimlingen zur Entwicklungsbeschleunigung. **ver|na|li|sie|ren** ⟨zu ↑...ieren⟩: Pflanzenkeimlinge einer Kältebehandlung unterziehen. **Ver|na|ti|on** *die;* -, -en ⟨zu *lat.* vernatus, Part. Perf. von vernare „erblühen" u. ↑¹...ion⟩: Lage der einzelnen Knospenblätter (Bot.). **¹ver|nie|ren** ⟨aus gleichbed. *lat.* vernare⟩: (veraltet) sich verjüngen, erblühen

²ver|nie|ren [v...] ⟨aus *fr.* vernir „firnissen, lackieren" zu vernis „Firnis, Lack"⟩: bestimmte Bleche in der Konservendosenherstellung lackieren. **Ver|nis mou** [vɛrni'mu]

das; - - ⟨aus *fr.* vernis mou „weicher Firnis"⟩: Radierung, bei der die Kupferplatte mit einem weichen Ätzgrund versehen ist. **Ver|nis|sa|ge** [...'saːʒə] *die;* -, -n ⟨aus gleichbed. *fr.* vernissage zu vernir „lackieren, firnissen", eigtl. „das Betrachten von Gemälden vor dem Firnissen"⟩: [feierliche] Eröffnung einer Kunstausstellung, bei der die Werke eines zeitgenössischen Künstlers den [geladenen] Gästen vorgestellt werden

Ve|ro|nal ⓦ [v...] *das;* -[s] ⟨nach der ital. Stadt Verona u. zu ↑²...al⟩: früher verwendetes starkes Schlafmittel

Ve|ro|ni|ka [v...] *die;* -, ...ken ⟨nach der gleichnamigen kath. Heiligen⟩: Ehrenpreis (Zierstaude aus der Familie der Rachenblütler; Bot.)

ver|pro|vi|an|tie|ren [...vian...] ⟨zu ↑proviantieren⟩: mit Proviant versorgen

Ver|re|rie [v...] *die;* -, ...ien ⟨aus gleichbed. *fr.* verrerie zu verre „Glas"⟩: (veraltet) a) (ohne Plur.) Glasherstellung; b) Glashütte. **Ver|ril|lon** [veri'jõː] *das;* -[s], -s ⟨aus *fr.* verrillon, Verkleinerungsbildung zu verre „Glas"⟩: franz. Bez. für Glasglockenspiel, Glasharmonika. **Ver|ro|te|rie cloison|née** [vɛrɔtrikloazɔ'ne] *die;* - ⟨aus gleichbed. *fr.* verroterie cloisonnée⟩: Emailmalerei der Völkerwanderungszeit. **Ver|ro|te|ri|en** *die* (Plur.) ⟨aus gleichbed. *fr.* verroterie (Sing.)⟩: kleine Glaswaren (z. B. Perlen)

Ver|ru|ca [v...ka] *die;* -, ...cae [...tsɛ] ⟨aus gleichbed. *lat.* verruca⟩: Warze (Med.). **Ver|ru|ca|no** [...k...] *der;* -s ⟨nach dem Monte Verruca in der Toskana⟩: rotes, ↑konglomeratisches Gestein im ↑¹Perm der Alpen (Geol.). **ver|ru|kös** ⟨aus *lat.* verrucosus „warzenreich" zu verruca, vgl. Verruca⟩: warzig, warzenförmig (Med.). **ver|ru|zi|form** ⟨zu ↑...form⟩: warzenähnlich (Med.)

Vers *der;* -es, -e ⟨aus *lat.* versus, eigtl. „das Umwenden (der Erde durch den Pflug u. die dadurch entstandene Furche)", substantiviertes Part. Perf. von vertere „wenden, drehen"⟩: 1. durch Metrum, Rhythmus, Zäsuren gegliederte, eine bestimmte Anzahl von Silben, oft einen Reim aufweisende Zeile einer Dichtung in gebundener Rede wie Gedicht, Drama, Epos. 2. a) Strophe eines Gedichtes, Liedes; b) kleinster Abschnitt des Textes der Bibel

Ver sa|crum ['veːɐ̯ 'zaːkrʊm] *das;* - - ⟨aus gleichbed. *lat.* ver sacrum, eigtl. „heiliger Frühling"⟩: altröm. Brauch, in Notzeiten dem Mars u. Jupiter Erstlinge eines Frühlings (Feldfrüchte, Vieh u. Kinder) zu weihen

Ver|sal [v...] *der;* -s, -ien [...iən] (meist Plur.) ⟨zu *lat.* versus (vgl. Vers), eigtl. „großer Buchstabe am Anfang eines Verses", u. ↑¹...al (2)⟩: großer [Anfangs]buchstabe, ↑Majuskel. **Ver|sal|schrift** *die;* -: eine Schriftart, die nur aus Versalien, Ziffern u. Interpunktionszeichen besteht. **ver|sa|til** ⟨aus gleichbed. *lat.* versatilis zu versare, vgl. versiert⟩: 1. beweglich, gewandt (z. B. im Ausdruck). 2. ruhelos; wankelmütig. **Ver|sa|ti|li|tät** *die;* - ⟨zu ↑...ität⟩: 1. Beweglichkeit, Gewandtheit (z. B. im Ausdruck). 2. Ruhelosigkeit; Wandelbarkeit. **Ver|sa|ti|on** *die;* -, -en ⟨aus gleichbed. *lat.* versatio⟩: (veraltet) Drehung, Wendung, Veränderung. **Vers blancs** [vɛr'blɑ̃] *die* (Plur.) ⟨aus *fr.* vers blancs, eigtl. „weiße Verse"⟩: reimlose Verse, ↑Blankverse. **Vers commun** [...kɔ'mœ̃] *der;* - -, -s [...kɔ'mœ̃] ⟨aus *fr.* vers commun, eigtl. „gewöhnlicher Vers"⟩: gereimter jambischer Zehnsilber (beliebter Vers der franz. Dichtung). **Ver|set|to** *das;* -s, Plur. -s u. ...tti ⟨aus *it.* versetto, Verkleinerungsform von verso, dies aus *lat.* versus, vgl. Vers⟩: kleines, meist fugenartiges [kunstvolles] Orgelzwischenspiel. **Vers|fuß** [f...] *der;* -es, ...füße ⟨zu ↑Vers⟩: aus mindestens je einer Hebung u. Senkung bestehende kleinste rhythmische Einheit eines Verses. **ver|sie|ren** [v...] ⟨wohl nach *lat.* ver-

sari, vgl. versiert⟩: (veraltet) verkehren; sich mit etwas beschäftigen. **ver|siert** ⟨nach gleichbed. *fr.* versé, dies aus gleichbed. *lat.* versatus, Part. Perf. von versare „drehen (und wenden); betreiben"; vgl. ...iert⟩: [auf einem bestimmten Gebiet] durch längere Erfahrung Bescheid wissend u. daher gewandt, geschickt. **Ver|si|fex** *der;* -es, -e ⟨zu ↑Vers u. *lat.* facere „machen"⟩: (veraltet) Verseschmied. **Ver|si|fi|ka|ti|on** *die;* -, -en ⟨aus gleichbed. *lat.* versificatio zu versificare, vgl. versifizieren⟩: Umformung in Verse; Versbildung, -bau. **Ver|si|fi|ka|tor** *der;* -s, ...oren ⟨aus gleichbed. *lat.* versificator⟩: (veraltet) Verskünstler, Verseschmied. **ver|si|fi|zie|ren** ⟨aus gleichbed. *lat.* versificare⟩: in Verse bringen. **Ver|si|kel** *der;* -s, - ⟨aus *lat.* versiculus „kleiner Vers"⟩: kurzer überleitender [Psalm]vers in der kath. u. ev. Liturgie. **Ver|si li|be|ri** *die* (Plur.) ⟨aus *lat.* versi liberi, eigtl. „freie Verse"⟩: svw. Versi sciolti. **Ver|si|on** *die;* -, -en ⟨aus gleichbed. *fr.* version, dies über das Mittellat. zu *lat.* versus, vgl. Vers⟩: 1. a) eine von mehreren möglichen sprachlichen Formulierungen des gleichen Sachverhalts, Inhalts; b) eine von mehreren möglichen Arten, einen bestimmten Sachverhalt auszulegen u. darzustellen. 2. Ausführung, die vom ursprünglichen Typ, Modell o. ä. in bestimmter Weise abweicht. 3. veränderte, verbesserte Ausgabe eines Programms (4) od. eines bestimmten Betriebssystems (EDV). **Ver|si sciol|ti** [- 'ʃɔlti] *die* (Plur.) ⟨aus *it.* versi sciolti, eigtl. „reimlose Verse"⟩: ungleich ↑Jamben des ital. Epos. **Vers li|bre** [vɛr'libr] *der;* - -, - -s [...'libr] ⟨aus *fr.* vers libre „freier Vers"⟩: franz. Bez. für [reimloser] taktfreier Vers

ver|snobt ⟨zu ↑Snob⟩: (ugs.) a) zum Snob geworden; b) Benehmen wie ein Snob aufweisend; betont extravagant

Ver|so [v...] *das;* -s, -s ⟨aus *lat.* verso (folio) „auf der Rückseite (eines Blattes)"⟩: Rückseite eines Blattes in einer Handschrift od. einem Buch; Ggs. ↑Rekto. **ver|so fo|lio** ⟨*lat.*⟩: auf der Rückseite des Blattes stehend; Ggs. ↑recto folio. **Ver|sur** *die;* -, -en ⟨aus *lat.* versura „das Drehen, Wenden" zu vertere, vgl. Vers⟩: (veraltet) Umsatz einer Firma. **ver|sus** ⟨*lat.*⟩: gegen, gegenüber, im Gegensatz zu; Abk.: vs. **Ver|sus me|mo|ria|les** [...zuːs ...leːs] *die* (Plur.) ⟨aus *lat.* versus memoriales „Erinnerungsverse" zu versus (vgl. Vers) u. memorialis „zur Erinnerung, zum Gedächtnis gehörig" (zu memoria „Gedächtnis; Erinnerung")⟩: Verse, die als Gedächtnisstütze dienen. **Ver|sus qua|dra|tus** [...zʊs –] *der;* - -, [...zuːs] ...ti ⟨aus *lat.* versus quadratus „viereckiger Vers", zu quadratus „viereckig", vgl. Quadrat⟩: svw. trochäischer ↑Septenar. **Ver|sus rap|por|ta|ti** [...zuːs] *die* (Plur.) ⟨aus *lat.* versus rapportati „zurückgetragene Verse" zu versus, Plur. von versus (vgl. Vers) u. *mlat.* rap(p)ortatus, Part. Perf. von rap(p)ortare „zurücktragen"⟩: in der Barockzeit beliebte Verse mit verschränkter Aufzählung von Satzgliedern (z. B. Die Sonn', der Pfeil, der Wind verbrennt, verwund't, weht hin... Opitz). **Ver|sus rho|pa|li|ci** [...zuːs roˈpaːlitsi] *die* (Plur.) ⟨aus *lat.* versus rhopalici, keulenförmige Verse", zu *lat.* rhopalicus, vgl. rhopalisch⟩: rhopalische Verse. **ver|ta|tur!** ⟨*lat.;* 3. Pers. Konj. Präs. Pass. von vertere, vgl. Vers⟩: man drehe um!; Abk.: vert. (bei der Korrektur von Buchstaben, die auf dem Kopf stehen; Druckw.). **ver|te!** ⟨*lat.;* Imp. Sing. von vertere, vgl. Vers⟩: wende um!, wenden! (bes. das Notenblatt beim Spielen); Abk.: v.; vgl. verte, si placet! **ver|te|bra|gen** ⟨zu *lat.* vertebra „Wirbel (des Rückgrats)" u. ↑...gen⟩: von einzelnen Wirbeln bzw. von der Wirbelsäule ausgehend (von Erkrankungen; Med.). **ver|te|bral** ⟨zu ↑¹...al (1)⟩: zu einem Wirbel gehörend, einen Wirbel betreffend, aus Wirbeln bestehend (Med.). **Ver|te|brat** *der;*

-en, -en (meist Plur.) ⟨zu *spätlat.* vertebratus „gelenkig, beweglich", dies zu vertebra, vgl. vertebragen⟩: Wirbeltier; Ggs. ↑ Evertebrat. **ver|te, si pla|cet!** [– – ...ts̱ɛt] ⟨*lat.*⟩: bitte wenden! (Hinweis auf Notenblättern; Mus.); Abk.: v. s. pl. **ver|te su|bi|to!** ⟨*lat.*⟩: rasch wenden! (Hinweis auf Notenblättern; Mus.). **Ver|tex** *der; -, ...*tices [...ts̱e:s] ⟨aus *lat.* vertex, Gen. verticis „[Wirbel]; Strudel; Drehpunkt" zu vertere, vgl. Vers⟩: 1. Scheitel, Spitze eines Organs, bes. der höchstgelegene Teil des Schädelgewölbes (Med.). 2. Punkt, in dem sich die Bewegungsrichtungen aller Einzelsterne einer Sternströmung zu schneiden scheinen (Astron.). **ver|tie|ren** ⟨nach *lat.* vertere „drehen, wenden"⟩: (veraltet) 1. umwenden. 2. (einen Text) in eine andere Sprache übertragen. **ver|ti|gi|nös** ⟨aus gleichbed. *spätlat.* vertiginosus, vgl. ...ös⟩: schwindlig, mit Schwindelgefühlen verbunden (Med.). **Ver|ti|go** *die; -* ⟨aus *lat.* vertigo, Gen. vertiginis „das Herumdrehen"⟩: Schwindel, mit Schweißausbrüchen, Übelkeit u. a. objektiven Symptomen verbundener Zustand, der bes. durch Gleichgewichtsstörungen charakterisiert wird (Med.). **ver|ti|kal** ⟨aus gleichbed. *spätlat.* verticalis, eigtl. „scheitellinig", zu *lat.* vertex, vgl. Vertex⟩: 1. senkrecht, lotrecht. 2. zu einem Vertex gehörend, auf ihn bezüglich (Med.). **Ver|ti|ka|le** *die; -, -n* (drei -n, auch: -) ⟨zu ↑ ...ale⟩: senkrechte Gerade; Ggs. ↑ Horizontale (1 a). **Ver|ti|kal|ebe|ne** *die; -* ⟨zu ↑vertikal⟩: 1. auf einer anderen [horizontalen] Ebene senkrecht stehende Ebene (Math.). 2. Ebene, die durch den Beobachterstandpunkt u. einen Vertikalkreis gelegt ist (Astron.). **Ver|ti|kal|in|ten|si|tät** *die; -*: Stärke des erdmagnetischen Feldes in senkrechter Richtung (Phys.). **ver|ti|ka|li|sie|ren** ⟨zu ↑...isieren⟩: die vertikale Aufgliederung eines Bauwerks betonen (Archit.). **Ver|ti|ka|lis|mus** *der; -* ⟨zu ↑...ismus (2)⟩: Neigung, die Gliederung eines Bauwerks stärker vertikal als horizontal durchzuführen (z. B. in der Gotik). **Ver|ti|kal|kon|zern** *der; -s, -e*: Konzern von Unternehmen aufeinanderfolgender Produktionsstufen (Wirtsch.); Ggs. ↑ Horizontalkonzern. **Ver|ti|kal|kreis** *der; -es, -e*: 1. (nur Plur.) Höhenkreise der Himmelskugel, die durch den Scheitelpunkt u. den Fußpunkt verlaufen (Astron.). 2. um eine waagerechte wie um eine senkrechte Achse drehbares Winkelmeßinstrument zum Messen der Höhe eines Gestirns (Astron.).

Ver|ti|ko [v...] *das, selten der; -s, -s* ⟨Herkunft ungeklärt; angeblich nach dem ersten Verfertiger, dem Berliner Tischler Vertikow⟩: kleiner Schrank mit zwei Türen, der nach oben mit einer Schublade u. einem Aufsatz abschließt

ver|ti|ku|lie|ren [v...] ⟨zu ↑vertikutieren⟩: svw. vertikutieren. **ver|ti|ku|tie|ren** [v...] ⟨wohl zu *spätlat.* verticalis (vgl. vertikal) u. *fr.* couteau „Messer", coutre „Pflugschar", vgl. ...ieren⟩: (mit einem dafür vorgesehenen Gerät) die Grasnarbe eines Rasens aufreißen, um den Boden zu lockern u. zu belüften; aerifizieren. **Ver|ti|ku|tie|rer** *der; -s, -*: Gerät zum Vertikutieren

Ver|ti|sol [v...] *der; -s* ⟨Kunstw. zu *lat.* vertere (vgl. vertieren) u. solum „Boden"⟩: Boden mit hohem Anteil an quellfähigen Tonmineralen in trop. u. subtrop. Gebieten

Ver|tum|na|li|en [v...iən] *die* (Plur.) ⟨aus gleichbed. *lat.* Vertumnalia, nach Vertumnus, dem altröm. Gott des Wandels u. Wechsels (urspr. der Jahreszeiten)⟩: bei Wintereintritt zu Ehren des Gottes Vertumnus gefeiertes altröm. Fest

Ve|rum [v...] *das; -s, Vera* ⟨zu *lat.* verus „wahr, wirklich"⟩: Arzneimittel, das Wirkstoffe enthält (im Gegensatz zum ↑ Placebo; Med.)

Ver|ve ['vɛrvə] *die; -* ⟨aus gleichbed. *fr.* verve, dies über *altfr.* verve „Ausdrucksweise" zu *lat.* verba, Plur. von verbum, vgl. Verb⟩: Schwung, Begeisterung (bei einer Tätigkeit)

Ve|sa|nia [v...] *die; -* ⟨aus gleichbed. *lat.* vesania zu vesanus „wahnsinnig"⟩: (veraltet) Geisteskrankheit (Med.). **ve|sa|nus** ⟨*lat.*⟩: (veraltet) wahnsinnig (Med.)

Ve|si|ca [ve'zi:ka] *die; -, ...*cae [...sɛ] ⟨aus gleichbed. *lat.* vesica⟩: [Harn]blase (Med.). **Ve|si|cu|la** [...k...] *die; -, ...*lae [...lɛ] ⟨aus *lat.* vesicula „Bläschen", Verkleinerungsform von vesica, vgl. Vesica⟩: 1. kleines bläschenförmiges Organ (Anat.). 2. kleiner, über die Hautoberfläche vorragender, flüssigkeitsgefüllter Hohlraum (Med.). **ve|si|kal** ⟨aus gleichbed. *lat.* vesicalis⟩: zur Harnblase gehörend, sie betreffend (Med.). **Ve|si|kans** *das; -, Plur. ...*kantia u. ...kanzien [...iən] ⟨aus *nlat.* vesikans, eigtl. „blasenziehend"⟩: svw. Vesikatorium. **Ve|si|ka|to|ri|um** *das; -s, ...*ien [...iən] ⟨aus *nlat.* vesicatorium⟩: blasenziehendes Arzneimittel; Zugpflaster (Med.). **ve|si|ko..., Ve|si|ko...** ⟨zu *lat.* vesica, vgl. Vesica⟩: Wortbildungselement mit der Bedeutung „Harnblase", z. B. vesikorenal, Vesikovaginalfistel. **Ve|si|ko|rek|tal|fi|stel** *die; -, -n*: krankhafter, unnatürlicher Verbindungsgang zwischen Harnblase u. Mastdarm (Med.). **ve|si|ko|re|nal**: Harnblase u. Niere betreffend (Med.). **ve|si|ko|ure|te|ral** ⟨zu ↑ Ureter u. ↑ ¹...al⟩: Harnblase u. Harnleiter betreffend (Med.). **ve|si|ko|ute|rin**: Harnblase u. Harnleiter betreffend bzw. den Raum zwischen beiden Organen (Med.). **Ve|si|ko|va|gi|nal|fi|stel** [...va...] *die; -, -n*: bei Frauen krankhafter Verbindungsgang zwischen Harnblase u. Scheide (Med.). **ve|si|ku|lär** ⟨zu *lat.* vesicula (vgl. Vesicula) u. ↑...är⟩: bläschenartig; in den Lungenbläschen auftretend (z. B. von Atemgeräusch; Med.). **Ve|si|ku|lär|at|mung** *die; -*: das beim Abhorchen der gesunden Lunge zu hörende rauschende Geräusch, bes. beim Einatmen (Med.). **Ve|si|ku|li|tis** *die; -, ...*itiden ⟨zu ↑ ...itis⟩: Entzündung der Samenbläschen (Med.). **ve|si|ku|lös** ⟨aus gleichbed. *lat.* vesiculosus⟩: bläschenreich, bläschenförmig verändert (von der Beschaffenheit der Haut; Med.)

¹Ves|per [f...] *die; -, -n* ⟨aus *kirchenlat.* vespera „Abend(zeit)" zu *lat.* vespera „Abend(stern); Westen", dies aus *gr.* hésperos⟩: 1. a) abendliche Gebetsstunde (6 Uhr) des ↑ Breviers (1); b) Abendgottesdienst (z. B. Christvesper). **²Ves|per** *die; -, -n, südd. auch das; -s, -* ⟨zu ↑ ¹Vesper⟩: (bes. südd.) kleinere [nachmittägliche] Zwischenmahlzeit. **Ves|pe|ra|le** [v...] *das; -, ...*lien [...iən] ⟨zu *kirchenlat.* vesperalis „zur Abendzeit (stattfindend)"⟩: liturgisches Buch mit den Texten u. Melodien (gregorianischer Choral) der Vesper (1 b). **Ves|per|bild** [f...] *das; -s, -er* ⟨zu ↑ ¹Vesper⟩: Darstellung Marias mit dem Leichnam Christi; vgl. Pieta. **ves|pern** ⟨zu ↑ ²Vesper⟩: (bes. südd.) die Vesper (2) einnehmen

Ve|sta|lin [v...] *die; -, -nen* ⟨aus gleichbed. *lat.* Vestalis, eigtl. „der Vesta geweiht"⟩: altröm. Priesterin der Vesta, der Göttin des Herdfeuers

Ve|sti|bül [v...] *das; -s, -e* ⟨aus gleichbed. *fr.* vestibule, dies aus *lat.* vestibulum, vgl. Vestibulum⟩: Vorhalle, Eingangshalle [in einem Theater od. Konzertsaal]. **Ve|sti|bu|la**: Plur. von ↑ Vestibulum. **Ve|sti|bu|lar|ap|pa|rat** *der; -[e]s, -e* ⟨zu *lat.* vestibulum (vgl. Vestibulum) u. ↑...ar⟩: Gleichgewichtsorgan im Ohr (Med.). **ve|sti|bu|lo|gen** ⟨zu ↑...gen⟩: vom Vorhof des Labyrinths (3) ausgehend (Med.). **Ve|sti|bu|lum** *das; -s, ...*la ⟨aus *lat.* vestibulum „Vorhof, Vorplatz"⟩: 1. Vorhalle des altröm. Hauses. 2. Vorhof, den Eingang zu einem Organ bildende Erweiterung (Med.)

ve|sti|gia ter|rent [v... -] ⟨*lat.;* nach der Fabel Äsops, wo der Fuchs sich weigert, in die Höhle des kranken Löwen zu gehen, weil Spuren von Tieren nur hineinführen⟩: die

Spuren schrecken [mich] ab. **Ve|sti|gi|um** *das;* -s, ...gia ⟨aus *lat.* vestigium „Fußsohle, Fußspur"⟩: Relikt eines Organs od. Organteils, das sich normalerweise im Laufe der fetalen Entwicklung zurückbildet (Med.).
Ve|sti|tur [v...] *die;* -, -en ⟨aus *spätlat.* vestitura „Bekleidung"⟩: svw. Investitur. **Ve|ston** [...'tõ:] *das;* -s, -s ⟨aus gleichbed. *fr.* veston zu veste „ärmelloses Wams", dies über *it.* veste aus *lat.* vestis „Kleid, Gewand"⟩: (schweiz.) sportliches Herrenjackett
Ve|su|vi|an [vezu'vi̯an] *der;* -s, -e ⟨aus *nlat.* Vesuvianus, nach dem ital. Vulkan Vesuv (*lat.* Vesuvius), in dessen Auswürfen das Mineral vorkommt⟩: a) dem Granat ähnliches, olivgrünes bzw. bräunliches Mineral; b) ein Schmuckstein aus Vesuvian (a)
Ve|ta|tiv [v...] *der;* -s, -e [...və] ⟨zu *lat.* vetare „verbieten" u. ↑..iv⟩: svw. Prohibitiv
Ve|te|ran [v...] *der;* -en, -en ⟨aus gleichbed. *lat.* veteranus zu vetus „alt"⟩: 1. a) altgedienter Soldat; b) Teilnehmer an einem früheren Feldzug od. Krieg. 2. im Dienst alt gewordener, bewährter Mann, ehemaliger langjähriger Mitarbeiter. 3. svw. Oldtimer (1). **ve|te|ri|när** ⟨aus gleichbed. *fr.* vétérinaire, dies aus *lat.* veterinarius, eigtl. „der zum Zugvieh Gehörige", zu veterinae „Zugvieh", dies zu *lat.* veterinus, eigtl. „zum Lastziehen gehörig" (zu vetus „alt(gedient)")⟩: tierärztlich. **Ve|te|ri|när** *der;* -s, -e ⟨aus gleichbed. *fr.* vétérinaire, vgl. veterinär⟩: Tierarzt. **Ve|te|ri|när|me|di|zin** *die;* - ⟨nach gleichbed. *lat.* medicina veterinaria⟩: Tierheilkunde
Ve|to [v...] *das;* -s, -s ⟨unter Einfluß von gleichbed. *fr.* veto zu *lat.* veto „ich verbiete", 1. Pers. Sing. Präs. Aktiv von vetare „verbieten"⟩: a) offizieller Einspruch, durch den das Zustandekommen od. die Durchführung eines Beschlusses o. ä. verhindert od. verzögert wird; b) Recht, gegen etwas ein Veto (a) einzulegen
Ve|tro|gra|phie [v...] *die;* -, ...ien ⟨zu *lat.* vitrum „Glas" u. ↑...graphie⟩: 1. (ohne Plur.) Flachdruckverfahren, bei dem eine auf eine Glasplatte aufgetragene Zeichnung direkt auf die Offsetplatte übertragen wird. 2. Erzeugnis der Vetrographie (1)
Vet|tu|ra [v...] *die;* -, ...ren ⟨aus *it.* vettura „Wagen, Fuhrwerk", dies aus *lat.* vectura „das Fahren; die Fuhre" zu vehere „führen, fahren"⟩: (veraltet) ital. Lohnfuhrwerk, Lohnkutsche. **Vet|tu|ri|no** [v...] *der;* -s, ...ni ⟨aus gleichbed. *it.* vetturino zu vettura, vgl. Vettura⟩: (veraltet) ital. Lohnkutscher
Ve̱|tus La|ti|na [v... –] *die;* - - ⟨aus *lat.* vetus Latina, eigtl. „die alte Lateinische"⟩: alte lat. Bibelübersetzung, die im 4.–6. Jh. von der ↑ Vulgata abgelöst wurde
Ve|xa|ti|on [v...] *die;* -, -en ⟨aus gleichbed. *lat.* vexatio zu vexare, vgl. vexieren⟩: (veraltet) Quälerei; Neckerei. **ve|xa|to|risch** ⟨zu *lat.* vexator, Gen. vexatoris „Quäler, Peiniger"⟩: (veraltet) quälerisch. **Ve|xier|bild** *das;* -[e]s, -er ⟨zu ↑ vexieren⟩: Suchbild, das eine nicht sofort erkennbare Figur enthält. **ve|xie|ren** ⟨aus *lat.* vexare „schütteln; plagen"⟩: irreführen; quälen; necken. **Ve|xier|glas** *das;* -es, ...gläser: merkwürdig geformtes Trinkglas, aus dem nur mit Geschick getrunken werden kann. **Ve|xier|rät|sel** *das;* -s, -: Rätsel, das durch Fragen in die Irre führt
Ve|xil|la [v...]: Plur. von ↑ Vexillum. **Ve|xil|la re|gis** *das;* - - ⟨aus gleichbed. *lat.* vexilla regis, eigtl. „die Fahne des Königs"⟩: altröm. Kirchenmelodie. **Ve|xil|lo|lo|gie** *die;* - ⟨zu *lat.* vexillum (vgl. Vexillum) u. ↑...logie⟩: Lehre von der Bedeutung von Fahnen, Flaggen. **Ve|xil|lum** *das;* -s, Plur. ...lla u. ...llen ⟨aus *lat.* vexillum „Fahne", Verkleinerungsbildung zu velum, vgl. Velum⟩: 1. altröm. Fahne. 2. aus den einzelnen Ästen bestehender Teil der Vogelfeder zu beiden Seiten des Federkiels (Zool.). 3. die übrigen Blütenblätter teilweise umgreifendes, oberes, größtes Blütenblatt bei Schmetterlingsblütlern (Bot.).
Ve|zier [v...] usw. vgl. Wesir usw.
vez|zo|so [v...] ⟨*it.*⟩: zärtlich, lieblich (Mus.).
¹via ['vi:a] ⟨aus gleichbed. *it.* via, eigtl. „(auf dem) Weg", vgl. ²via⟩: weg (Mus.); - il sordino: den Dämpfer abnehmen; Ggs. ↑ con sordino. **²via** ⟨aus *lat.* via, Ablativ von via „Weg, Straße"⟩: a) [auf dem Wege] über ..., z. B. - München nach Wien fliegen; b) durch, über [seine bestimmte Instanz o. ä. erfolgend], z. B. er wurde - Verwaltungsgericht zur sofortigen Zahlung aufgefordert. **Via** *die;* - ⟨aus *lat.* via, eigtl. „der Weg, der zu etwas führt"⟩: lat. Bez. für Weg; Methode (bes. Philos.); - eminentiae [– ...tiɛ]: Methode, etwas durch Steigerung zu bestimmen; - moderna: rationalistisch-mathematische Methode des ↑ Kartesianismus; - negationis: Methode, etwas durch Verneinung zu bestimmen; - naturalis: Bez. für die natürlichen Passagen des Körpers, durch die Stoffe in den Körper gelangen u. durch die sie ihn verlassen können (z. B. der Darmtrakt; Med.). **Via|dukt** *der*, auch *das;* -[e]s, -e ⟨aus *lat.* via „Weg" u. ductus, Part. Perf. von ducere „führen"; Analogiebildung zu ↑ Aquädukt⟩: über ein Tal, eine Schlucht führende Brücke, deren Tragwerk meist aus mehreren Bogen besteht, Überführung. **Via|ti|kum** *das;* -s, Plur. ...ka u. ...ken ⟨aus gleichbed. *kirchenlat.* viaticum zu *lat.* viaticum „Reise-, Zehrgeld"⟩: dem Sterbenden gereichte Kommunion (kath. Kirche). **via|ti|zie|ren** ⟨zu ↑ ...ieren⟩: mit einem Viatikum versehen (kath. Kirche). **Via|tor** *der;* -s, ...oren ⟨aus gleichbed. *lat.* viator⟩: 1. (veraltet) Reisender. 2. Staatsbote im alten Rom
Vi|brant [v...] *der;* -en, -en ⟨zu *lat.* vibrans, Gen. vibrantis, Part. Präs. von vibrare, vgl. vibrieren⟩: 1. Schwinglaut, Zitterlaut (z. B. r; Sprachw.). 2. schwingender, zitternder Vibratoton (Mus.). **Vi|bra|phon** *das;* -s, -e ⟨aus gleichbed. *engl.-amerik.* vibraphone, dies zu *lat.* vibrare (vgl. vibrieren) u. ↑...phon⟩: drei Oktaven umfassendes Schlaginstrument mit klaviaturähnlich angeordneten Metallplatten, unter denen sich röhrenförmige Resonatoren befinden, deren Klappen sich in raschem Wechsel öffnen u. schließen, so daß vibrierende Töne entstehen. **Vi|bra|pho|nist** *der;* -en, -en ⟨zu ↑...ist⟩: Vibraphonspieler. **Vi|bra|ti** Plur. von ↑ Vibrato. **Vi|bra|ti|on** *die;* -, -en ⟨aus gleichbed. *spätlat.* vibratio zu *lat.* vibrare, vgl. vibrieren⟩: Schwingung, Beben, Erschütterung. **Vi|bra|ti|ons|mas|sa|ge** [...ʒə] *die;* -, -n: der Lockerung von Verkrampfungen dienende Massage mit der Hand od. mit einem Vibrator (1). **Vi|bra|ti|ons|theo|rie** *die;* - : (veraltet) Erklärung des Lichts als eine schwingende od. wellenförmige Bewegung des leitenden ↑ Mediums (1). **vi|bra|to** ⟨*it.*; zu vibrare „schwingen, zittern", dies aus *lat.* vibrare, vgl. vibrieren⟩: schwingend, leicht zitternd, bebend (in bezug auf die Tongestaltung im Gesang, bei Streich- u. Blasinstrumenten). **Vi|bra|to** *das;* -s, Plur. -s u. ...ti ⟨zu *it.* vibrato, vgl. vibrato⟩: Schwingen, leichtes Zittern od. Beben des Tons im Gesang, bei Streich- u. Blasinstrumenten. **Vi|bra|tor** *der;* -s, ...oren ⟨zu ↑ vibrieren u. ↑...or⟩: 1. Gerät zur Erzeugung mechanischer Schwingungen. 2. svw. Godemiché. **vi|brie|ren** ⟨aus gleichbed. *lat.* vibrare⟩: schwingen; beben, zittern. **Vi|brio** *der;* -s, ...onen ⟨aus *nlat.* vibrio zu *lat.* vibrare, vgl. vibrieren⟩: begeißelte Kommabakterie (z. B. Erreger der Cholera; Med.). **vi|bro...**, **Vi|bro...** ⟨zu *lat.* vibrare, vgl. vibrieren⟩: Wortbildungselement mit der Bedeutung „Schwingungen, leicht schwingende, zitternde, bebende Bewegungen betreffend", z. B. vibrographisch, Vibromassage. **Vi|bro|gramm**

das; -s, -e ‹zu ↑...gramm›: Schwingungsaufzeichnung des Vibrographen. **Vi|bro|graph** *der;* -en, -en ‹zu ↑...graph›: Instrument zum Messen der Schwingungen bei Bauwerken, Brücken, Schiffen u. a. **vi|bro|gra|phisch** ‹zu ↑...graphisch›: mit Hilfe des Vibrographen gemessen (von Schwingungen). **Vi|bro|mas|sa|ge** [...ʒə] *die;* -, -n: Kurzform von ↑Vibrationsmassage. **Vi|bro|re|zep|to|ren** *die* (Plur.): Tastorgane, die Erschütterungen anzeigen (Biol.). **Vi|bro|rheo|lo|gie** *die;* -: Lehre von der Fließbarkeit eines Stoffes bei Vibration (Phys.)

Vi|bur|num [v...] *das;* -s ‹aus gleichbed. *lat.* viburnum›: Schneeball (Zierstrauch der Geißblattgewächse)

Vi|ca|ri|us [vɪk...] *der;* -, ...rii ‹aus *lat.* vicarius „Stellvertreter"›: spätantiker Verwaltungsbeamter; - Christi: ein Titel des Papstes

vi|ce ver|sa [ˈviːtse ˈvɛrza] ‹*lat.;* eigtl. „im umgekehrten Wechsel"›: umgekehrt; Abk.: v. v.

Vi|chy [viˈʃi] *der;* - ‹nach der gleichnamigen franz. Stadt›: baumwollener, kleinkarierter Stoff in Leinwandbindung (eine Webart)

Vickers|här|te¹ [ˈvɪkəz...] *die;* - ‹nach der engl. Firma Vickers-Armstrong Ltd.›: Maß für die Eindringtiefe eines Werkstoffs (eine vierseitige Diamantpyramide wird mit einer bestimmten Kraft in das Prüfstück eingedrückt)

Vi|comte [viˈkõːt] *der;* -s, -s ‹aus *(mittel)fr.* vicomte, visconte, dies aus *mlat.* vicecomes zu *lat.* vice „an Stelle" u. comes, vgl. Comte›: zwischen Graf u. Baron rangierender franz. Adelstitel. **Vi|com|tesse** [vikõˈtɛs] *die;* -, -n [...sn̩] ‹aus gleichbed. *fr.* vicomtesse›: dem Vicomte entsprechender weiblicher Adelstitel

Vic|ti|mo|lo|gie [vɪk...] vgl. Viktimologie.

Vic|to|ria [vɪk...] *die;* - ‹nach dem Namen der röm. Siegesgöttin›: vergöttlichte Personifikation des Sieges bei den Römern, Frauengestalt mit Siegeskranz, die einen Sieg symbolisch verkörpert. **Vic|to|ria re|gia** *die;* - - ‹aus *nlat.* Victoria regia, nach der engl. Königin Viktoria, 1819 bis 1901›: südamerik. Seerose mit großen runden Blättern (bis zu 2 m im Durchmesser)

Vi|cu|ña [viˈkʊnja] vgl. Vikunja

Vi|da [ˈviːda] *die;* -, ...en ‹aus *provenzal.* vida „Leben", dies aus gleichbed. *lat.* vita›: kurzer Abriß des Lebenslaufes eines ↑Troubadours (Literaturw.)

vi|de! [v...] ‹aus *lat.* vide „sieh!", Imperativ Sing. von videre „sehen"›: (veraltet) schlage [die angegebene Seite o. ä.] nach (als Verweis in Texten); Abk.: v. **vi|dea|tur** ‹*lat.;* „es möge nachgesehen werden", 3. Pers. Konj. Präs. Pass. von videre, vgl. vide!› (veraltet) man vide!; Abk.: vid. **Vi|deo** *das;* -s, -s ‹zu *engl.* video, vgl. video...›: 1. Kurzform von ↑Videoband, ↑Videoclip, ↑Videofilm. 2. (ohne Plur.) a) Kurzform von ↑Videotechnik; b) Video (2 a) als Einrichtung der Freizeitindustrie. **vi|deo..., Vi|deo...** ‹zu *engl.* video- (in Zusammensetzungen), eigtl. „Fernseh-", dies zu *lat.* video „ich sehe", 1. Pers. Sing. Präs. von videre „sehen"›: Wortbildungselement mit der Bedeutung „die magnetische Aufzeichnung, Übertragung u. Wiedergabe von [Fernseh]bildern betreffend", z. B. Videokamera, Videorecorder, Videotext. **Vi|deo|band** *das;* -[e]s, ...bänder: Magnetband zur Aufzeichnung einer Fernsehsendung, eines Films o. ä. u. zu deren Wiedergabe auf dem Bildschirm eines Fernsehgeräts. **Vi|deo|ca|sting** [...kaːstɪŋ] *das;* -[s], -s: (Jargon) Rollenbesetzung auf Grund der Auswertung der Videoaufzeichnung eines Gesprächs o. ä. mit den Bewerbern. **Vi|deo|clip** [...klɪp] *der;* -s, -s ‹aus gleichbed. *engl.* video clip, zu clip, vgl. Clip›: kurzer Videofilm zu einem Titel der Popmusik bzw. über eine Person od. Sache. **Vi|deo-de|mo|du|la|tor** *der;* -s, -en: Bildgleichrichter zur Gewinnung des vollständigen Bildsignals sowie der modulierten Tonzwischenfrequenz beim Fernsehempfänger. **Vi|deo|film** *der;* -[e]s, -e: a) mit einer Videokamera aufgenommener Film; b) Kinofilm auf Videokassette. **Vi|deo|fre|quenz** *die;* -, -en: jede Schwingung des bei der Abtastung eines Bildes entstehenden Bildsignals. **Vi|deo|graph** *der;* -en, -en ‹zu ↑...graph›: eingeblendeter Text in einer Fernsehsendung, der eine [von der Sendung unabhängige] Information enthält. **Vi|deo|gra|phie** *die;* -, ...ien ‹zu ↑...graphie›: 1. (ohne Plur.) Verfahren zur Speicherung von Bildinformationen durch magnetische Aufzeichnung. 2. durch dieses Verfahren hergestelltes Bild[material]. **vi|deo|gra|phie|ren** ‹Analogiebildung zu ↑fotografieren (photographieren)›: Videofilme herstellen. **Vi|deo|ka|me|ra** *die;* -, -s: Kamera zur Aufnahme von Filmen, deren Wiedergabe über den Fernsehbildschirm erfolgt. **Vi|deo|ka|me|ra|cor|der** [...kɔr...] *der;* -s, -: svw. Kamerarecorder. **Vi|deo|kas|set|te** *die;* -, -n: ↑Kassette (5) mit einem Videoband. **Vi|deo|kon|fe|renz** *die;* -, -en: Konferenz mit wechselseitiger Hör- u. Sehverbindung zwischen Konferenzteilnehmern an verschiedenen Orten mit Hilfe der Breitbandkommunikation. **Vi|deo|plat|te** *die;* -, -n: Bildplatte, schallplattenähnliche Speichervorrichtung in Form einer Kompaktschallplatte für Fernsehsendungen bzw. für über Fernsehgeräte wiedergebbare Aufnahmen. **Vi|deo|play|er** [...pleɪə] *der;* -s, - ‹zu *engl.* player „Plattenspieler"›: Abtastgerät für Videoplatten, das an Fernsehgeräte angeschlossen werden kann. **Vi|deo|pro|gramm|sy|stem** *das;* -s, -e: System zur automatischen Steuerung von Videorecordern zur Aufzeichnung von Fernsehsendungen; Abk.: VPS. **Vi|deo|re|cor|der** [...k...] *der;* -s, -: ↑Recorder (2) zur Aufzeichnung von Videofilmen u. Fernsehsendungen u. zum Abspielen der Videokassetten. **Vi|deo|si|gnal** *das;* -s, -e: Bildsignal. **Vi|deo|tech|nik** *die;* -: Gesamtheit der technischen Anlagen, Geräte, Vorrichtungen o. ä., die zur magnetischen Aufzeichnung einer Fernsehsendung, eines Videofilms o. ä. und zu deren Wiedergabe auf dem Fernsehbildschirm dienen. **Vi|deo|te|le|fon** *das;* -s, -e: Telefon, das auch das Bild des Gesprächspartners übermittelt; Bildtelefon. **Vi|deo|tex** *der;* - ‹Kunstw., Analogiebildung zu ↑Teletex›: Bez. für verschiedene Formen der Telekommunikation, bei denen Informationen auf dem Bildschirm dargestellt werden. **Vi|deo|text** *der;* -[e]s, -e: [geschriebene] Information (z. B. programmbezogene Mitteilungen, Pressevorschauen o. ä.), die auf Abruf mit Hilfe eines Zusatzgeräts über den Fernsehbildschirm vermittelt werden kann. **Vi|deo|thek** *die;* -, -en ‹zu ↑...thek›: 1. Sammlung von Film- od. Fernsehaufzeichnungen auf Videobändern. 2. Laden zum Verleihen von ↑Videofilmen (b). **Vi|deo|the|kar** *der;* -s, -e ‹Analogiebildung zu ↑Bibliothekar›: Betreiber einer Videothek. **vi|di** ‹*lat.;* 1. Pers. Sing. Perf. Aktiv von videre „sehen"›: (veraltet) ich habe gesehen; Abk.: v. **Vi|di** *das;* -[s], -[s] ‹zu *lat.* vidi, vgl. vidi›: (veraltet) Bescheinigung der Einsichtnahme in eine Schrift; Genehmigung. **Vi|di|con** [...kɔn] vgl. Vidikon. **vi|die|ren** ‹zu ↑vidi u. ↑...ieren›: (veraltet) beglaubigen, bestätigen. **Vi|di|kon** *das;* -s, Plur. ...one, auch -s ‹Kunstw. zu ↑video... u. ↑Ikoniskop›: speichernde Fernsehaufnahmeröhre. **Vi|di|ma|ti|on** *die;* -, -en ‹aus *nlat.* vidimatio zu vidimare, vgl. vidimieren›: (veraltet) Beglaubigung. **Vi|di|ma|tum** *das;* -s, Plur. -s u. ...ta ‹aus *nlat.* vidimatum „Beglaubigung", Part. Perf. (Neutrum) von vidimare, vgl. vidimieren›: (veraltet) svw. Vidimation. **vi|di|mie|ren** ‹aus gleichbed. *nlat.* vidimare zu *lat.* vidi, vgl. vidi›: (veraltet) etwas mit dem Vidi versehen;

Villancico

beglaubigen; für druckreif erklären. **Vi|di|mus** *das;* - ⟨aus *lat.* vidimus „wir haben [es] gesehen", 1. Pers. Plur. Perf. von videre „sehen"⟩: Beglaubigung einer Urkunde durch eine befugte Person (z. B. einen Notar). **vi̱|dit** ⟨*lat.;* 3. Pers. Sing. Perf. von videre „sehen"⟩: (veraltet) hat [es] gesehen; Abk.: vdt.
Vi|e̱l|la [v...] u. **Vi|e̱l|le** *die;* -, ...llen ⟨aus gleichbed. *mlat.* viella bzw. *fr.* vielle⟩: 1. (veraltet) svw. ²Viola. 2. Drehleier
Vi|et|cong [vi̯ɛt'kɔŋ, auch 'vi̯ɛt...] *der;* -s, -[s] ⟨Kurzw. aus *vietnamesisch* Viêt Nam Công San „Kommunisten von Vietnam"⟩: 1. (ohne Plur.) südvietnamesische Guerillaorganisation (1958–1975). 2. Angehöriger des Vietcong (1)
Vieux Saxe [vjø'saks] *das;* - - ⟨aus *fr.* vieux Saxe „altes Sachsen"⟩: Meißner Porzellan des 18. Jh.s
vif [vi:f] ⟨aus gleichbed. *fr.* vif, dies aus *lat.* vivus „lebendig"⟩: (veraltet, aber noch landsch.) lebendig, lebhaft, munter, frisch, feurig; aufgeweckt, tüchtig, gescheit, schlau
vi|gil [v...] ⟨aus *lat.* vigil „wach(sam)"⟩: wachend, schlaflos (Med.). **Vi|gil** *die;* -, -ien [...i̯ən] ⟨aus *lat.* vigilia „das Wachsein; Nachtwache"⟩: [Gottesdienst am] Vortag hoher kath. Feste. **Vi|gil|am|bu|lis|mus** *der;* - ⟨zu *lat.* ambulare „umhergehen" u. ↑...ismus (3), Analogiebildung zu ↑Somnambulismus⟩: ein dem Somnambulismus analoger Zustand während des Wachseins (z. B. bei Hysterie; Med.). **vi|gi|lant** ⟨aus *lat.* vigilans, Gen. vigilantis „wachsam", Part. Präs. von vigilare, vgl. vigilieren⟩: 1. (veraltet, aber noch landsch.) wachsam. 2. klug, schlau, aufgeweckt, gewandt. **Vi|gi|lant** *der;* -en, -en: (veraltet) Polizeispitzel. **Vi|gi|lanz** *die;* - ⟨aus gleichbed. *lat.* vigilantia⟩: 1. (veraltet) Wachsamkeit; Schlauheit. 2. die durchschnittliche Wachheit des Bewußtseins (Psychol.). **Vi|gi|lia** *die;* - ⟨aus gleichbed. *lat.* vigilia, eigtl. „das Wachsein"⟩: Schlaflosigkeit (Med.). **Vi|gi|lie** [...i̯ə] *die;* -, -n ⟨aus gleichbed. *lat.* vigilia, vgl. Vigil⟩: 1. die Nachtwache im altröm. Heer. 2. svw. Vigil. **vi|gi|lie|ren** ⟨aus gleichbed. *lat.* vigilare zu vigil, vgl. vigil⟩: (veraltet) wachsam sein; fahnden; aufpassen, auf etwas lauern
Vi|gne ['vɪnjə, 'vi:njə] *die;* -, -n ⟨aus *fr.* vigne „Weinberg", eigtl. „Weinrebe", dies aus *lat.* vinea „Weinstock"⟩: (veraltet) kleines Haus auf dem Land, Feriensitz. **Vi|gnet|te** [vɪn'jɛtə] *die;* -, -n ⟨aus gleichbed. *fr.* vignette (urspr. eine Verzierung in Rebenform, ein Weinrankenornament), Verkleinerungsbildung zu vigne „Weinrebe"⟩: 1. Ornament in Form einer Weinranke auf mittelalterlichen Handschriften. 2. Zier-, Titelbildchen, Randverzierung [in Druckschriften]. 3. Maskenband zur Verdeckung bestimmter Stellen des Negativs vor dem Kopieren (Fotogr.). 4. privat hergestellte Werbe- od. Spendenmarke ohne amtlichen Charakter zur finanziellen Unterstützung einer wohltätigen Organisation, einer Veranstaltung o. ä. 5. Gebührenmarke für die Autobahnbenutzung, bes. in der Schweiz. **Vi|gnet|tie|rung** *die;* -, -en ⟨zu ↑...ierung⟩: Unterbelichtung der Ränder u. Ecken einer Fotografie
Vi|go|gne [vi'gɔnjə] *die;* -, -n ⟨aus *fr.* vigogne, dies aus *span.* vicuña, vgl. Vikunja⟩: 1. Wolle der Lamaart Vikunja. 2. Mischgarn aus Wolle u. Baumwolle
Vi|gor [v...] *der;* -s ⟨aus gleichbed. *lat.* vigor zu vigere „lebenskräftig sein"⟩: (veraltet) Lebenskraft, Rüstigkeit, Stärke. **vi|go|rös** ⟨unter Einfluß von *fr.* vigoureux aus gleichbed. *lat.* vigorosus, dies zu vigor, vgl. Vigor⟩: (veraltet) kräftig, rüstig. **vi|go|ro|so** ⟨*it.*⟩: kräftig, stark, energisch (Vortragsanweisung; Mus.). **Vi|gou|reux** [vigu'rø:] *der;* - [...'rø:(s)] ⟨aus gleichbed. *fr.* vigoureux, eigtl. „kräftig"; vgl. vigorös⟩: meliertes Kammgarn, das während des Kammzugs streifenweise bedruckt wird
Vi|hue|la [vi'u̯e:la] *die;* -, -s ⟨aus gleichbed. *span.* vihuela⟩: span. Saiteninstrument, das gezupft od. gestrichen werden kann
Vi|kar [v...] *der;* -s, -e ⟨aus *lat.* vicarius „stellvertretend; Stellvertreter" zu vicis „Wechsel, Platz, Stelle"⟩: 1. bevollmächtigter Stellvertreter in einem geistlichen Amt (kath. Kirche); vgl. Generalvikar. 2. Kandidat der ev. Theologie nach der ersten theologischen Prüfung, der einem Pfarrer zur Ausbildung zugewiesen ist. 3. (schweiz.) Stellvertreter eines Lehrers. **Vi|ka|ri|an|ten** *die* (Plur.) ⟨aus *nlat.* vicariantes (Plur.); vgl. ...ant⟩: Sammelbez. für vikariierende (2) Pflanzen u. Tiere. **Vi|ka|ri|anz** *die;* - ⟨zu *lat.* vicarius (vgl. Vikar) u. ↑...anz⟩: Erscheinung, daß zwei verwandte Tierod. Pflanzenarten sich in verschiedenen Gebieten wechselseitig vertreten od. im gleichen Gebiet unterschiedliche Standorte besiedeln (Biol.). **Vi|ka|ri|at** *das;* -[e]s, -e ⟨zu ↑...at (1)⟩: Amt eines Vikars. **vi|ka|ri|ie|ren** ⟨zu ↑...ieren⟩: (veraltet) 1. jmds. Stelle vertreten, aushelfen. 2. das Amt eines Vikars versehen. **vi|ka|ri|ie|rend** ⟨zu ↑...ierend⟩: 1. den Ausfall eines Organs od. einer Organfunktion ausgleichend, die Funktion eines ausgefallenen Organs übernehmend. 2. sich in der geographischen Verbreitung gegenseitig ausschließend (von Tieren od. Pflanzen; Biol.). **Vi|ka|rin** *die;* -, -nen: Kandidatin der ev. Theologie nach der ersten theologischen Prüfung, die einem Pfarrer zur Ausbildung zugewiesen ist. 2. (schweiz.) Stellvertreterin eines Lehrers
Vik|ti|mo|lo|gie [v...] *die;* - ⟨zu *lat.* victima „Opfer(tier)" u. ↑...logie⟩: Teilgebiet der ↑Kriminologie, das sich mit den Beziehungen zwischen Opfer u. begangenem Verbrechen sowie zwischen Opfer u. Täter befaßt. **vik|ti|mo|lo|gisch** ⟨zu ↑...logisch⟩: die Viktimologie betreffend, auf ihr beruhend
¹**Vik|to|ria** [v...] *die;* -, -s ⟨nach Victoria, der altröm. Göttin des Sieges; vgl. ²Viktoria⟩: Siegesgöttin, geflügelte Frauengestalt als Sinnbild des Sieges. ²**Vik|to|ria** *das;* -s, -s (meist ohne Artikel) ⟨aus *lat.* victoria „Sieg" zu vincere „siegen"⟩: Sieg (als Ausruf); - rufen bzw. - schießen: einen Sieg [durch Kanonenschüsse] feiern. **vik|to|ria|nisch** ⟨nach der engl. Königin Viktoria (1819–1901)⟩: den Viktorianismus betreffend; vom Geist des Viktorianismus durchdrungen. **Vik|to|ria|nis|mus** *der;* - ⟨zu ↑...ismus (2)⟩: Strömung von nüchtern-sachlicher Tendenz im geistigen Leben Englands Ende des 19. Jh.s, die bes. Literatur und Kunst beeinflußte
Vik|tua|li|en [v...i̯ən] *die* (Plur.) ⟨aus *spätlat.* victualia zu victualis „zum Lebensunterhalt gehörig", dies zu *lat.* victus „Leben(sunterhalt)"⟩: (veraltet) Lebensmittel [für den unmittelbaren Bedarf]. **Vik|tua|li|en|brü|der** *die* (Plur.): svw. Vitalienbrüder. **Vik|tua|li|en|hand|lung** *die;* -, -en: (veraltet) Lebensmittelgeschäft
Vi|ku̱n|ja [v...] *das;* -s, -s u. *die;* -, ...jen ⟨über *span.* vicuña aus gleichbed. *Ketschua* (eine südamerik. Indianersprache) huik'uña⟩: höckerloses südamerik. Kamel, Wildform des ↑¹Alpakas (1)
Vi|la [v...] *die;* -, ...len ⟨aus dem Slaw.⟩: weiblicher, dem Menschen wohlgesonnener Geist bei den Südslawen, der auch als Falke od. Schwan auftritt
Vil|la [v...] *die;* -, Villen ⟨aus gleichbed. *it.* villa, dies aus *lat.* villa „Landhaus"⟩: [herrschaftliches] Landhaus; vornehmes Einfamilienhaus, in einem Garten od. Park gelegenes Einzelwohnhaus. **Vil|lan|ci|co** [biljan'θiko] *der;* -[s], -s ⟨aus gleichbed. *span.* villancico zu *spätlat.* villanus „ländlich"⟩:

Villanell

eine seit Ende des 15. Jh.s bekannte span. Liedform mit Refrain. **Vil|la|nẹll** [vɪla...] vgl. Villanella. **Vil|la|nẹl|la** u. **Vil|la|nẹl|le** *die;* -, ...llen, auch **Villanẹll** *das;* -s, -e ⟨aus gleichbed. *it.* villanella zu villano „derb, bäurisch", dies aus *spätlat.* villanus „ländlich"⟩: einfach gesetztes, meist dreistimmiges ital. Bauern-, Hirtenlied des 16. u. 17. Jh.s

Vil|la|no|va|kul|tur [vɪla'nɔːva...] *die;* - ⟨nach dem Gräberfeld bei dem Ort Villanova in Italien⟩: Kultur der frühen Eisenzeit Italiens

Vil|leg|gia|tur [vɪlɛdʒa'tuːɐ̯] *die;* -, -en ⟨aus gleichbed. *it.* villeggiatura⟩: (veraltet) Landaufenthalt; Sommerfrische.

Vil|len: Plur. von ↑ Villa

Vịl|li [v...]: Plur von ↑ Villus

Vil|li|ka|ti|on [v...] *die;* -, -en ⟨aus *lat.* villicatio „Verwaltung, Bewirtschaftung eines Landhauses" zu villa, vgl. Villa⟩: Fronhofsverband, grundherrschaftlicher Verband in Streulage

Vil|li|ki|nin [v...] *das;* -s ⟨zu *lat.* villus (vgl. Villus), *gr.* kineĩn „bewegen" u. ↑...in (1)⟩: Wirkstoff in der Darmschleimhaut, der die Bewegung der Darmzotten regelt (Biochem.). **vil|lös** ⟨aus *nlat.* villosus; vgl. ...ös⟩: zottenreich (bes. von Schleimhautfalten des Magens od. Darms; Med.). **Vịl|lus** *der;* -, Villi ⟨aus *lat.* villus, Gen. villi „zottiges Haar, Zotte"⟩: Schleimhautfortsatz eines Organs od. Organteils, Zotte (Med.)

Vịl|na [v...] vgl. Wina

Vin|ai|gret|te [vinɛ'grɛt(ə)] *die;* -, -n [...tn̩] ⟨aus gleichbed. *fr.* vinaigrette zu vinaigre „(Wein)essig", dies zu vin aus *lat.* vinum „Wein"⟩: 1. aus Essig, Öl, Senf u. verschiedenen Gewürzen bereitete Soße. 2. Fleischgericht in einer Vinaigrettesoße

Vin|di|kạnt [v...] *der;* -en, -en ⟨aus *lat.* vindicans, Gen. vindicantis, Part. Präs. von vindicare, vgl. vindizieren⟩: (veraltet) Aussonderungsberechtigter beim Konkurs. **Vin|di|ka|ti|on** *die;* -, -en ⟨aus *spätlat.* vindicatio „Recht des Anspruchs", dies aus *lat.* vindicatio „Schutz, Notwehr"⟩: Herausgabeanspruch des Eigentümers einer Sache gegen deren Besitzer (Rechtsw.); vgl. ...[at]ion/...ierung. **Vin|di|ka|ti|ons|zes|si|on** *die;* -, -en: Abtretung des Herausgabeanspruchs (auf eine Sache) durch den Eigentümer an den Erwerber, wenn sich die Sache im Besitz eines Dritten befindet (Rechtsw.). **vin|di|ka|tiv** ⟨zu ↑...iv⟩: (veraltet) rachgierig. **vin|di|zie|ren** ⟨aus *lat.* vindicare „als Eigentum beanspruchen, Anspruch erheben"⟩: die Herausgabe einer Sache vom Eigentümer gegenüber dem Besitzer einer Sache verlangen. **Vin|di|zie|rung** *die;* -, -en ⟨zu ↑...ierung⟩: svw. Vindikation; vgl. ...[at]ion/...ierung

Vingt-et-un [vɛ̃te'œ̃ː] u. **Vingt-un** [vɛ̃'tœ̃ː] *das;* - ⟨aus *fr.* vingt-(et-)un „einundzwanzig"⟩: ein Kartenglücksspiel, Variante des Spiels „Siebzehnundvier"

Vin|ku|la|ti|on [v...] *die;* -, -en ⟨zu *lat.* vinculatus (Part. Perf. von vinculare, vgl. vinkulieren) u. ↑¹...ion⟩: Bindung des Rechtes der Übertragung eines Wertpapiers an die Genehmigung des ↑Emittenten; vgl. ...[at]ion/...ierung. **Vin|ku|la|ti|ons|ge|schäft** *das;* -[e]s, -e: Form der Bevorschussung von Waren. **vin|ku|lie|ren** ⟨aus *lat.* vinculare „binden"⟩: das Recht der Übertragung eines Wertpapiers an die Genehmigung des ↑Emittenten binden. **Vin|ku|lie|rung** *die;* -, -en ⟨zu ↑...ierung⟩: svw. Vinkulation; vgl. ...[at]ion/...ierung

Vi|no|thek [v...] *die;* -, -en ⟨zu *lat.* vinum „Wein" u. ↑...thek⟩: a) Sammlung kostbarer Weine; b) Weinkeller mit Weinausschank. **Vị|nyl** *das;* -s ⟨zu *lat.* vinum „Wein" u. ↑...yl⟩: von ↑Äthylen abgeleiteter ungesättigter Kohlenwasserstoffrest. **Vi|nyl|chlo|rid** [...klo...] *das;* -s, -e: sehr reaktionsfähiges ↑Derivat (3) des ↑Äthylens. **vi|ny|lie|ren** ⟨zu ↑...ieren⟩: eine Vinylgruppe in eine chem. Verbindung einführen od. in ihr erzeugen

Vin|zen|ti|ner [v...] *der;* -s, - ⟨aus *nlat.* Vincentinus, nach dem Stifter, dem hl. Vinzenz v. Paul, †1660⟩: svw. Lazarist. **Vin|zen|ti|ne|rin** *die;* -, -nen: Angehörige einer kath. weiblichen Klostergenossenschaft zur Krankenpflege (Barmherzige Schwestern). **Vịn|zenz|kon|fe|renz** *die;* -, -en: an die zuständige Pfarrei angeschlossene kath. Laienorganisation für karitative Arbeit

¹Vịo|la [v...] u. **Vịo|le** *die;* -, ...olen ⟨aus gleichbed. *lat.* viola⟩: Veilchen (Bot.)

²Vịo|la [v...] *die;* -, ...len ⟨aus gleichbed. *it.* viola, weitere Herkunft unsicher, vielleicht aus dem Altprovenzal. (als Begleitinstrument für mittelalterliche Liebeslyrik)⟩: svw. Bratsche. **Vịo|la ba|stạr|da** *die;* - -, ...le --de ⟨aus *it.* viola bastarda⟩: Großgambe mit 6–7 Saiten u. Resonanzsaiten. **Vịo|la da brac|cio** [- - 'bratʃo] *die;* - - -, ...le - - ⟨aus *it.* viola da braccio „Armgeige"⟩: svw. Bratsche. **Vịo|la da gạm|ba** *die;* - - -, ...le - - ⟨aus *it.* viola da gamba⟩: svw. Gambe. **Viola d'amọ|re** *die;* - -, ...le - ⟨aus *it.* viola d'amore, eigtl. „Liebesgeige"⟩: eine Geige mit angenehmem, lieblichem Ton (mit meist sieben gestrichenen u. sieben im Einklang od. in der Oktave mitklingenden Saiten). **Vịo|la pom|pọ|sa** *die;* - -, ...le ...se ⟨aus *it.* viola pomposa⟩: die fünfsaitige Großform der Bratsche

Vio|la|ti|on [v...] *die;* -, -en ⟨aus gleichbed. *lat.* violatio zu violare „verletzen"⟩: (veraltet) Verletzung; Vergewaltigung

Vịo|la tri|co|lor [v... ...k...] *die;* - - ⟨aus gleichbed. *lat.* viola tricolor, eigtl. „dreifarbiges Veilchen"; vgl. ¹Viola⟩: Stiefmütterchen. **Vio|la|zẹ|en** *die* (Plur.) ⟨aus gleichbed. *nlat.* violaceae zu *lat.* viola, vgl. ¹Viola⟩: Veilchengewächse (Bot.). **Vịo|le** vgl. ¹Viola

Viole d'amour [vjɔlda'muːr] *die;* - -, -s - [vjɔlda'muːr] ⟨aus *fr.* viole d'amour⟩: franz. Bez. für Viola d'amore

Vịo|len [v...]: Plur. von ↑ ¹, ²Viola

vio|lẹnt [v...] ⟨aus gleichbed. *lat.* violentus zu vis „Gewalt"⟩: (veraltet) heftig, gewaltsam. **vio|lẹn|to** ⟨*it.;* aus *lat.* violentus, vgl. violent⟩: heftig; gewaltsam (Vortragsanweisung; Mus.). **Vio|lẹnz** *die;* - ⟨aus gleichbed. *lat.* violentia⟩: (veraltet) Heftigkeit; Gewalttätigkeit

vio|lẹtt [v...] ⟨aus gleichbed. *fr.* violet zu violette „Veilchen"; vgl. ¹Viola⟩: dunkelblau mit einem Stich ins Rote; veilchenfarben. **Vio|lẹtt** *das;* -s: die violette Farbe

Vio|lẹt|ta [v...] *die;* -, ...tten ⟨aus *it.* violetta, eigtl. „kleine Viola"; vgl. ²Viola⟩: kleine ²Viola od. Violine. **Vio|li|nạ|ta** *die;* -, -s ⟨aus gleichbed. *it.* violinata⟩: [Übungs]stück für Violine. **Vio|li|ne** *die;* -, -n ⟨aus gleichbed. *it.* violino, Verkleinerungsbildung zu viola, vgl. ²Viola⟩: Geige. **Vio|li|ni:** Plur. von ↑ Violino. **Vio|li|nịst** *der;* -en, -en ⟨zu ↑...ist⟩: Geigenspieler. **Vio|li|nịs|tin** *die;* -, -nen: weibliche Form zu ↑Violinist. **Vio|lị|no** *der;* -s, ...ni ⟨aus *it.* violino, vgl. Violine⟩: ital. Bez. für Geige; - piccolo [...k...]: Quartgeige der Tanzmeister im Barock; - primo: erste Geige; - secondo [ze'kɔndo]: zweite Geige. **Vio|lọn** [...'lõ] *der;* -s, -s ⟨aus *fr.* violon „Geige"⟩: 1. franz. Bez. für Violine. 2. (veraltet) Kontrabaß. **Vio|lon|cell** [...lɔn'tʃɛl] *das;* -s, -e ⟨aus *it.* violoncello⟩: (veraltet) svw. Violoncello. **Vio|lon|cel|lịst** *der;* -en, -en ⟨zu ↑...ist⟩: [Violon]cellospieler. **Vio|lon|cẹl|lo** *das;* -s, Plur. ...lli u. (ugs.) -s ⟨aus gleichbed. *it.* violoncello, Verkleinerungsbildung zu violone, vgl. Violone⟩: während des Spiels zwischen den Knien gehaltenes, auf dem Fußboden stehendes viersaitiges Streichinstrument (eine Oktave tiefer als die ↑Bratsche); Kurzform Cello. **Vio|lọ|ne** *der;*

Virtualität

-[s], Plur. -s u. ...ni ⟨aus gleichbed. *it.* violone, eigtl. „große Viola"; vgl. ²Viola⟩: 1. Vorgänger des Kontrabasses. 2. eine Orgelstimme. **Vio|lo|phon** *das;* -s, -e ⟨zu ²Viola u. ↑...phon⟩: im Jazz gebräuchliche Violine mit eingebauter Schalldose. **Vio|lot|ta** *die;* -, -s ⟨aus gleichbed. *it.* violotta⟩: Streichinstrument des 19. Jh.s in Tenorlage

VIP [vɪp] *die;* -, -s ⟨Kurzw. aus *engl.* very important *p*erson „sehr wichtige Person" (urspr. Angehöriger eines festgelegten Personenkreises, der auf Flughäfen u. an Bord von Flugzeugen bes. betreut u. beschützt wird)⟩: wichtige, bedeutende od. allgemein bekannte Persönlichkeit [die im Mittelpunkt des öffentlichen Interesses steht]

Vi|per [v...] *die;* -, -n ⟨aus gleichbed. *lat.* vipera, wohl zu *vivipara (zu *lat.* vivus „lebendig" u. parere „gebären") „die lebendige Junge Gebärende"⟩: zu den Ottern gehörende Giftschlange (mit verschiedenen Arten, darunter z. B. die Kreuzotter)

VIP-Lounge ['vɪpˈlaʊndʒ] *die;* -, -s [...dʒɪz] ⟨zu ↑ VIP u. ↑ Lounge⟩: Gesellschaftsraum in einem Hotel o. ä.

vir..., Vir... vgl. viro..., Viro...

Vi|ra|gi|nes [vi'ra:gine:s]: Plur. von ↑ Virago. **Vi|ra|gi|ni|tät** *die;* - ⟨zu ↑ Virago u. ↑...ität⟩: [krankhaftes] männliches [Sexual]empfinden der Frau (Med.). **Vi|ra|go** *die;* -, Plur. -s u. ...gines [...neːs] ⟨aus *lat.* virago, Gen. viraginis „mannhafte Jungfrau" zu virgo „Jungfrau"⟩: eine Frau mit den Symptomen der Viraginität

vi|ral [v...] ⟨zu ↑ Virus u. ↑¹...al (1)⟩: durch einen Virus verursacht (von Krankheiten; Med.). **Vir|ämie** *die;* -, ...ien ⟨zu ↑...ämie⟩: das Vorkommen von Viren im Blut (bei fast allen Virusinfektionen, z. B. Pocken; Med.)

Vire|lai [vir'lɛː] *das;* -[s], -s [vir'lɛː] ⟨aus gleichbed. *fr.* virelai⟩: franz. Liedform des 13.–15. Jh.s, ein Tanzlied mit Refrain; vgl. Lai

Vi|re|ment [vir(ə)'mã:] *das;* -s, -s ⟨aus gleichbed. *fr.* virement zu virer „sich drehen; umbuchen"⟩: im Staatshaushalt die Übertragung von Mitteln von einem ↑ Titel (4) auf einen anderen od. von einem Haushaltsjahr auf das andere

Vi|ren [v...]: Plur. von ↑ Virus

Vi|renz|pe|ri|ode [v...] *die;* -, -n ⟨zu *mlat.* virentia „grünender Strauch" (dies zu *lat.* virens „grünend, blühend", Part. Präs. von virere „grünen, blühen") u. ↑ Periode⟩: Phase in der Stammesgeschichte von Organismen, in der sich diese bes. formen- u. individuenreich entwickelt haben. **vi|res|zie|ren** ⟨aus gleichbed. *lat.* virescere⟩: (veraltet) grün werden, grünen

Vir|ga|ti|on [v...] *die;* -, -en ⟨zu *lat.* virga „Zweig" u. ↑...ation⟩: das Auseinandertreten von Gebirgsfalten (z. B. am Ostende der Alpen; Geol.). **Vir|gel** *die;* -, -n ⟨aus *spätlat.* virgula „Akzentzeichen", eigtl. „kleiner Zweig", Verkleinerungsform von *lat.* virga, vgl. Virgation⟩: Schrägstrich zwischen zwei Wörtern od. Zahlen (z. B. *März/April; 08/15)*

Vir|gi|nal [v...] *das;* -s, -e ⟨aus gleichbed. *engl.* virginal, vielleicht zu *lat.* virginalis „jungfräulich", weil das Instrument von jungen Mädchen gespielt wurde⟩: engl. Instrument in der Art des Spinetts, zur Cembalofamilie gehörend. **Vir|gi|na|list** *der;* -en, -en ⟨aus gleichbed. *engl.* virginalist⟩: Virginalspieler, -komponist (um 1600 in England)

Vir|gi|nia [vɪr'dʒiː...] *die;* -, -s ⟨nach dem Bundesstaat Virginia in den USA⟩: eine Zigarren- u. Zigarettensorte

Vir|gi|ni|tät [v...] *die;* - ⟨aus gleichbed. *lat.* virginitas, Gen. virginitatis zu virgo, Gen. virginis „Jungfrau"⟩: 1. Jungfräulichkeit. 2. Unberührtheit

Vir|gi|ni|um [v...] *das;* -s ⟨aus *nlat.* virginium, nach dem Bundesstaat Virginia in den USA⟩: (veraltet) Bez. für das chem. Element Francium; Zeichen Vi

Vi|ria [v...]: Plur. von ↑ Virion

vi|ri|bus uni|tis [v... –] ⟨*lat.*⟩: mit vereinten Kräften

Vi|ri|da|ri|um [v...] *das;* -s, ...ien [...jən] ⟨zu *lat.* viridis „grün" u. ↑...arium⟩: (veraltet) mit immergrünen Pflanzen angelegter Garten. **Vi|ri|din** *der;* -s, -e ⟨zu ↑...in (1)⟩: 1. ein manganhaltiges grünes Mineral, Abart des Andalusits. 2. (veraltet) svw. Chlorophyll

vi|ril [v...] ⟨aus gleichbed. *lat.* virilis zu vir „Mann"⟩: a) den Mann od. das männliche Geschlecht betreffend; b) charakteristische männliche Züge od. Eigenschaften aufweisend, vermännlicht (bes. von Frauen; Med.). **vi|ri|li|sie|ren** ⟨zu ↑...isieren⟩: viril (2) werden; vermännlichen (von Frauen; Med.). **Vi|ri|li|sie|rung** *die;* -, -en ⟨zu ↑...isierung⟩: hormonell bedingte Vermännlichung der Frau (Med.). **Vi|ri|lis|mus** *der;* - ⟨zu ↑...ismus (3)⟩: 1. Vermännlichung der Frau (Med.). 2. vorzeitige Geschlechtsreife bei Jungen (Med.). **Vi|ri|li|tät** *die;* - ⟨aus gleichbed. *lat.* virilitas, Gen. virilitatis⟩: männliche [Zeugungs]kraft, Mannbarkeit (Med.). **Vi|ri|lo|ka|li|tät** *die;* - ⟨zu *lat.* vir, Gen. viri „Mann": Sitte, nach der ein Paar nach der Heirat seinen Wohnsitz bei der Familie des Mannes nimmt (Völkerk.). **Vi|ril|stim|me** *die;* -, -n ⟨zu *lat.* virilis (vgl. viril) in der Bed. „auf eine Person, auf den Mann kommend"⟩: fürstliche Einzelstimme im Deutschen Reichstag (bis 1806) u. im Deutschen Bundestag (bis 1866)

Vi|ri|on [v...] *das;* -s, Viria ⟨zu *lat.* virus (vgl. Virus) u. ↑¹...on⟩: einzelnes, infektiöses Virusteilchen, das außerhalb der Zelle liegt (Biochem.)

vi|ri|tim ⟨*lat.;* zu vir „Mann"⟩: (veraltet) Mann für Mann, einzeln

vi|ro..., Vi|ro..., vor Vokalen auch vir..., Vir... ⟨zu *lat.* virus „Schleim, Saft, Gift"⟩: Wortbildungselement mit der Bedeutung „Viren betreffend; von Viren ausgehend", z. B. Virologie, Virämie. **Vi|ro|id** *das;* -s, -e (meist Plur.) ⟨zu ↑...oid⟩: kleinster bekannter, bisher nur bei Pflanzen nachgewiesener Krankheitserreger aus einsträngiger ringförmiger Ribonukleinsäure ohne Proteinhülle (Biol.). **Vi|ro|lo|ge** *der;* -n, -n ⟨zu ↑...loge⟩: Virusforscher, Wissenschaftler auf dem Gebiet der Virologie. **Vi|ro|lo|gie** *die;* - ⟨zu ↑...logie⟩: Wissenschaft von den Viren. **Vi|ro|lo|gin** *die;* -, -nen: weibliche Form zu ↑ Virologe. **vi|ro|lo|gisch** ⟨zu ↑...logisch⟩: die Virologie betreffend. **Vi|ro|pe|xis** *die;* -, ...xen ⟨zu *gr.* pêxis „das Befestigen, Verbinden"⟩: die Aufnahme von Viren in tierische Zellen durch eine Art Phagozyten (Biol.). **vi|rös** ⟨zu ↑...ös⟩: virusbedingt. **Vi|ro|se** *die;* -, -n ⟨zu ↑¹...ose⟩: Viruskrankheit, durch Viren verursachte Infektionskrankheit (Med.). **Vi|ro|sta|ti|kum** *das;* -s, ...ka ⟨zu *gr.* statikós „zum Stillstand bringend" u. ↑...ikum⟩: chemotherapeutisches Arzneimittel, das hemmend auf das Wachstum u. die Vermehrung von Viren einwirkt (Med.). **vi|ro|sta|tisch**: die Vermehrung von Viren hemmend (z. B. von Medikamenten; Med.). **Vi|ro|zid** *das;* -s, -e ⟨zu ↑...zid⟩: chemotherapeutisches Arzneimittel, das Viren abtötet u. damit unwirksam macht (Med.). **Vi|ro|zyt** *der;* -en, -en (meist Plur.) ⟨zu ↑...zyt⟩: vergrößerter ↑ Lymphozyt, wie er bei Viruserkrankungen auftritt (Med.)

vir|tu|al [v...] ⟨aus *mlat.* virtualis „als Kraft vorhanden" zu *lat.* virtus, vgl. Virtus⟩: svw. virtuell; vgl. ...al/...ell. **Vir|tua|lis|mus** *der;* - ⟨zu ↑...ismus (1)⟩: philos. Meinung, nach der die Wirklichkeit, die Realität, nur aus der Wirkung von Kräften [u. Gegenkräften] erkannt werden kann. **Vir|tua|li|tät** *die;* -, -en ⟨aus gleichbed. *fr.* virtualité, Bed. 2 unter Einfluß von *engl.* virtuality; vgl. ...ität⟩: 1. innewohnende

Kraft od. Möglichkeit. 2. [vom Computer] vorgespiegelte räumliche Scheinwelt. **vir|tua|li|ter** ⟨*mlat.*⟩: als Möglichkeit. **Vir|tu|al-Vi|sion** ['vəːtjʊəl 'vɪʒn] *das;* -s ⟨aus gleichbed. *engl.* virtual vision zu virtual „tatsächlich" u. vision „Traumbild"⟩: Verfahren zur Sichtbarmachung von Fernsehbildern unabhängig vom Bildschirm. **vir|tu|ell** [vɪr'tuɛl] ⟨teilweise unter Einfluß von *engl.* virtual aus gleichbed. *fr.* virtuel, dies aus *mlat.* virtualis, vgl. virtual⟩: a) der Kraft od. Möglichkeit nach vorhanden (aber nicht immer wirklich existierend); realitätsnah (z. B. von räumlichen Abbildungen); b) anlagemäßig (Psychol.); vgl. ...al/...ell. **vir|tu|os** ⟨rückgebildet aus ↑Virtuose⟩: meisterhaft, technisch vollendet; gekonnt. **Vir|tuo|se** *der;* -n, -n ⟨aus gleichbed. *it.* virtuoso, eigtl. „fähig, tüchtig sein", zu virtù, dies aus *lat.* virtus, vgl. Virtus⟩: ausübender Künstler (bes. Musiker), der seine Kunst mit vollendeter Meisterschaft beherrscht. **Vir|tuo|sin** *die;* -, -nen: weibliche Form zu ↑Virtuose. **Vir|tuo|si|tät** *die;* - ⟨zu ↑...ität⟩: 1. vollendete Beherrschung der Technik in der Musik. 2. meisterhaftes Können. **Vir|tuo|so** *der;* -, -s ⟨nach *it.* virtuoso „Meister", im Sinne von „der Tugendhafte, Tüchtige", vgl. Virtuose⟩: Ideal des gebildeten Menschen (Shaftesbury). **Vir|tus** *die;* - ⟨aus gleichbed. *lat.* virtus zu vir „Mann"⟩: männliche Tüchtigkeit, Tapferkeit; Tugend (Ethik).
vi|ru|lent [v...] ⟨aus *lat.* virulentus „giftig" zu virus, vgl. Virus⟩: 1. krankheitserregend, ansteckend, giftig (Med.); Ggs. ↑avirulent. 2. drängend, heftig. **Vi|ru|lenz** *die;* - ⟨nach *spätlat.* virulentia „Gestank, Gift"⟩: 1. aktive Wirkung von Krankheitserregern; Ansteckungsfähigkeit; Giftigkeit (Med.). 2. Dringlichkeit, [heftiges] Drängen. **Vi|rus** *das,* auch *der;* -, Viren ⟨aus *lat.* virus „Schleim, Saft, Gift"⟩: 1. kleinstes [krankheitserregendes] Partikel, das sich nur auf lebendem Gewebe entwickelt. 2. Kurzform von ↑Computervirus. **Vi|rus|he|pa|ti|tis** *die;* -, ...itiden: Leberentzündung durch Virusinfektion (Med.). **Vi|rus|in|fek|ti|on** *der;* -, -en: durch Viren hervorgerufene ↑Infektion (1). **Vi|rus|mar|ker** *der;* -s, -[s]: genetisch fixierte Eigenschaft eines Virus, die zu dessen Kennzeichnung benutzt wird (Genetik). **Vi|rus|test** *der;* -[e]s, Plur. -s, auch -e: Verfahren, durch das bei Pflanzen der Befall mit Viren nachgewiesen wird (Biol., Landw.)
Vi|sa [v...]: Plur. von ↑Visum. **Vi|sa|ge** [...ʒə] *die;* -, -n ⟨aus gleichbed. *fr.* visage zu *altfr.* vis, dies aus *lat.* visus „Gesicht, Anblick", zu visum, Part. Perf. (Neutrum) von videre „sehen"⟩: (ugs. abwertend) a) Gesicht; b) Miene, Gesichtsausdruck. **Vi|sa|gist** [...'ʒɪst] *der;* -en, -en ⟨aus gleichbed. *fr.* visagiste⟩: Spezialist für die vorteilhafte Gestaltung des Gesichts durch dekorative Kosmetik. **Vi|sa|gi|stin** *die;* -, ...nen: Spezialistin für die vorteilhafte Gestaltung des Gesichts durch dekorative Kosmetik. **vis-à-vis** [viza'viː] ⟨*fr.*; eigtl. „Gesicht zu Gesicht"⟩: gegenüber. **Vi|sa|vis** [...'viː] *das;* - [...'viː(s)], - [...'viː]: das Gegenüber
Vis|brea|king ⓦ ['vɪsbreɪkɪŋ] *das;* -s ⟨Kurzw. aus *engl.* viscosity breaking „Viskositätsbrechung"⟩: Verfahren zum thermischen Kracken von schweren, hochviskosen Erdölfraktionen zur Gewinnung von Heizöl
Vis|ce|ra ['vɪstsera] vgl. Viszera
Vis|con|te [vɪs'kɔntə] *der;* -, ...ti ⟨aus gleichbed. *it.* visconte, dies aus *mittelfr.* visconte, vgl. Vicomte⟩: dem ↑Vicomte entsprechender ital. Adelstitel. **Vis|con|tes|sa** *die;* -, ...tesse ⟨aus gleichbed. *it.* viscontessa⟩: dem Visconte entsprechender weiblicher Adelstitel. **Vis|count** ['vaɪkaʊnt] *der;* -s, -s ⟨aus gleichbed. *engl.* viscount, dies aus *mittelfr.* visconte, vgl. Vicomte⟩: dem ↑Vicomte entsprechender engl. Adelstitel. **Vis|coun|tess** [...tɪs] *die;* -, -es [...tɪsɪz] ⟨aus gleichbed. *engl.* viscountess⟩: dem Viscount entsprechender weiblicher Adelstitel
Vi|sé [vi'zeː] *das;* -s ⟨nach der belgischen Stadt Visé⟩: obere Stufe des Unterkarbons. **Vi|se|it** [auch ...'ɪt] *der;* -s, -e ⟨zu ↑²...it⟩: ein phosphorhaltiges, basisches Mineral
Vi|sen [v...]: Plur. von ↑Visum
Vish|nu ['vɪʃnu] vgl. Wischnu
vi|si|bel [v...] ⟨unter Einfluß von gleichbed. *fr.* visible aus *spätlat.* visibilis „sichtbar" zu visus, vgl. Visage⟩: (veraltet) sichtbar, offenbar, augenscheinlich. **Vi|si|ble speech** ['vɪzəbl 'spiːtʃ] *das;* - - ⟨aus *engl.* visible speech „sichtbare Sprache, Rede"⟩: synthetische Sprache; graphisch od. als Programm (4) dargestellter Sprachvorgang, der mit Hilfe eines ↑Konverters hörbar gemacht werden kann. **¹Vi|sier** *das;* -s, -e ⟨aus gleichbed. *(mittel)fr.* visière zu *altfr.* vis, vgl. Visage⟩: a) beweglicher, das Gesicht deckender Teil des [mittelalterlichen] Helms; b) visierähnlicher Teil des Schutzhelms für Rennfahrer u. Zweiradfahrer. **²Vi|sier** *das;* -s, -e ⟨aus gleichbed. *fr.* visière zu viser, vgl. visieren⟩: Zielvorrichtung bei Handfeuerwaffen. **vi|sie|ren** ⟨aus *fr.* viser „aufmerksam beobachten, zielen", dies über das Vulgärlat. zu *lat.* visum, vgl. Visage⟩: 1. a) nach etwas sehen, zielen; b) etwas ins Auge fassen. 2. eichen, ausmessen. 3. (veraltet) beglaubigen. 4. ein Dokument, einen Paß mit einem Visum versehen. **Vi|sie|rung** *die;* -, -en ⟨zu ↑...ierung⟩: (veraltet) Entwurf zu einem Kunstwerk (im Mittelalter u. in der Renaissance gebräuchlich)
Vis in|er|tiae [vɪs ...tiɛ] *die;* - - ⟨aus *lat.* vis inertiae „Kraft der Trägheit"⟩: Beharrungsvermögen (Philos.)
Vi|si|on [v...] *die;* -, -en ⟨aus *lat.* visio, Gen. visionis „das Sehen; Anblick, Erscheinung" zu visum, vgl. Visage⟩: a) inneres Gesicht, Erscheinung vor dem geistigen Auge (bes. als religiöse Erfahrung); Traumbild; b) optische Halluzination; c) in jmds. Vorstellung bes. in bezug auf die Zukunft entworfenes Bild. **vi|sio|när** ⟨nach gleichbed. *fr.* visionnaire⟩: in der Art einer Vision, für eine Vision charakteristisch; traumhaft; seherisch. **Vi|sio|när** *der;* -s, -e: a) visionär begabter Mensch, bes. Künstler mit vorausschauenden Fähigkeiten; b) (veraltet) Geisterseher, Schwärmer. **Vi|si|ons|ra|di|us** *der;* -, ...ien [...i̯ən]: a) Sehachse (Optik); b) Gesichtslinie (zwischen Beobachter u. Gestirn; Astron.).
Vi|si|ta|tio *die;* -, ...ones [...neːs] ⟨aus *spätlat.* visitatio, vgl. Visitation⟩: bildliche Darstellung von Marias Besuch bei Elisabeth (Heimsuchung Mariä; vgl. Lukas 1,39 ff.). **Vi|si|ta|ti|on** *die;* -, -en ⟨unter Einfluß von gleichbed. *fr.* visitation aus *spätlat.* visitatio „Besichtigung; Heimsuchung" zu visitare, vgl. visitieren⟩: 1. Durchsuchung (z. B. des Gepäcks od. der Kleidung [auf Schmuggelware]). 2. a) Besuch[sdienst] des vorgesetzten Geistlichen in den ihm unterstellten Gemeinden zur Erfüllung der Aufsichtspflicht; b) (veraltend) Besuch des Schulrats zur Überprüfung des Unterrichts. **Vi|si|ta|tor** *der;* -s, ...oren ⟨nach *spätlat.* visitator „der Besucher" zu *lat.* visitare, vgl. visitieren⟩: jmd., der eine Visitation (2) vornimmt. **Vi|si|te** *die;* -, -n ⟨aus gleichbed. *fr.* visite zu visiter, dies aus *lat.* visitare, vgl. visitieren⟩: 1. a) regelmäßiger Besuch des Arztes an den Krankenbetten einer Station [in Begleitung des Stationspersonals]; b) Gesamtheit der Ärzte u. Schwestern, die eine Visite (1 a) durchführen. 2. (veraltet, aber noch scherzh.) [Höflichkeits]besuch. **Vi|si|ten|kar|te** *die;* -, -n: 1. kleine Karte mit aufgedrucktem Namen u. aufgedruckter Adresse. 2. (ugs. spöttisch) [hinterlassene] Spur. **vi|si|tie|ren** ⟨aus *fr.* visiter „besichtigen; besuchen; durchsuchen", dies aus *lat.* visitare „besichtigen" zu visum, vgl. Visage⟩: 1. etwas

durchsuchen. 2. eine Visitation (2) vornehmen. **Vi|sit|kar-te** *die;* -, -n: (österr.) svw. Visitenkarte

vis|kos [v...], selten **vis|kös** ⟨aus *spätlat.* viscosus „voll Leim, klebrig" zu *lat.* viscum „Mistel; Vogelleim (aus der Mistel)"; vgl. ...ös⟩: zähflüssig, leimartig. **Vis|ko|se** *die;* - ⟨Kunstw. zu ↑viskos⟩: glänzende Chemiefaser aus Zellulose. **Vis|ko|si|me|ter** *das;* -s, - ⟨zu ↑¹...meter⟩: Gerät zur Bestimmung des Grades der Zähflüssigkeit. **Vis|ko|si|me|trie** *die;* - ⟨zu ↑...metrie⟩: Bestimmung des Grades der Zähflüssigkeit. **Vis|ko|si|pa|thie** *die;* -, ...ien ⟨zu ↑...pathie⟩: Störung der Verflüssigung einer Substanz (z. B. von Sperma; Med.). **Vis|ko|si|tät** *die;* - ⟨zu ↑...ität⟩: Zähflüssigkeit; die Eigenschaft zähflüssiger Stoffe, festen Körpern beim Durchqueren Reibungskräfte entgegenzusetzen

Vis ma|jor ['viːs –] *die;* - - ⟨aus gleichbed. *lat.* vis maior⟩: höhere Gewalt (Rechtsw.)

Vi|so|mo|to|rik [v...] *die;* - ⟨zu ↑Visus u. ↑Motorik⟩: Gesamtheit der willkürlichen Blickbewegungen (Med.). **Vi|sta** *die;* - ⟨aus *it.* vista „Sicht" zu visto, Part. Perf. von vedere „sehen", dies aus *lat.* videre⟩: 1. (veraltet) Sicht, Ansicht. 2. das Vorzeigen eines Wechsels (Wirtsch.); vgl. a vista u. a prima vista. **vi|sta|men|te** ⟨italianisierende Bildung zu ↑Vista⟩: (veraltet) sofort. **Vi|sta|wech|sel** *der;* -s, -: Sichtwechsel (Wirtsch.)

Vi|stra ⓦ [v...] *die;* - ⟨Kunstw.⟩: Zellwolle aus Viskose

vi|sua|li|sie|ren [v...] ⟨aus gleichbed. *engl.* to visualize zu visual, dies aus *spätlat.* visualis, vgl. visuell⟩: etwas optisch so betonen u. herausstellen, daß es Aufmerksamkeit erregt; Ideen in ein Bild umsetzen, bildwirksam machen. **Vi|sua|li|tät** *die;* - ⟨zu ↑...ität⟩: Gesamtbereich der optischen Wahrnehmung, Auffassung u. Vorstellung (Psychol.). **Vi|sua|li|zer** ['vɪʒʊəlaɪzə] *der;* -s, - ⟨aus gleichbed. *engl.* visualizer⟩: Fachmann für die graphische Gestaltung von Werbeideen. **vi|su|ell** [vi'zuɛl] ⟨aus gleichbed. *fr.* visuel, dies aus *spätlat.* visualis „zum Sehen gehörig" zu *lat.* visus, vgl. Visage⟩: das Sehen, den Gesichtssinn betreffend; vgl. optisch; - e Kommunikation : Informationsvermittlung durch optisch wahrnehmbare Zeichen bzw. Signale, z. B. Schrift, Bild, Gestik, Fahnensignale; -er Typ: Menschentyp, der Gesehenes besser behält als Gehörtes; Ggs. ↑akustischer Typ. **Vi|sum** *das;* -s, Plur. Visa u. Visen ⟨zu *lat.* visum, eigtl. „das Gesehene", vgl. Visage⟩: a) Ein- od. Ausreiseerlaubnis (für ein fremdes Land); b) Sichtvermerk im Paß. **Vi|sus** *der;* - ⟨aus gleichbed. *lat.* visus; vgl. Visage⟩: 1. das Sehen, der Gesichtssinn. 2. Sehschärfe

Vis vi|ta|lis ['viːs v...] *die;* - - ⟨aus gleichbed. *lat.* vis vitalis⟩: Lebenskraft, die nach alchimistischer Anschauung für die Erzeugung organischer Stoffe verantwortlich sein sollte

Vis|ze|ra [v...] u. **Vis|cera** [...ts...] *die* (Plur.) ⟨aus *lat.* viscera (Plur.) „Eingeweide; das Innere"⟩: im Inneren der Schädel-, Brust-, Bauch- u. Beckenhöhle gelegene Organe (Eingeweide; Med.). **vis|ze|ral** ⟨aus *spätlat.* visceralis „innerlich"⟩: die Eingeweide betreffend (Med.). **Vis|ze|ral|neur|al|gie** *die;* -, ...ien [...iːən]: neuralgischer Schmerz an den inneren Organen (Med.). **Vis|ze|ro|kra|ni|um** *das;* -, ...ien [...iən] ⟨zu ↑Viszera u. ↑Cranium⟩: Gesichtsschädel (Anat.). **Vis|ze|ro|me|ga|lie** *die;* -, ...ien ⟨zu ↑...megalie⟩: abnorme Vergrößerung der Eingeweide, bes. von Herz, Leber u. Nieren (Med.). **Vis|ze|ro|pto|se** *die;* -, -n ⟨zu *gr.* ptōsis, vgl. Ptose⟩: krankhafte Senkung der Baucheingeweide (Med.)

vis|zid [v...] ⟨zu *spätlat.* viscosus (vgl. viskos) u. ↑¹...id⟩: svw. viskos

Vi|ta [v...] *die;* -, Plur. Viten u. Vitae [...tɛ] ⟨aus gleichbed. *lat.* vita⟩: 1. Leben, Lebenslauf, Biographie [von Personen aus der Antike u. dem Mittelalter]; vgl. Curriculum vitae. 2. Lebensfunktion, Lebenskraft (Med.). **Vi|ta ac|ti|va** [–ak'tiːva] *die;* - - ⟨aus *lat.* vita activa, zu activus, vgl. aktiv⟩: tätiges Leben, bes. als Teil mönchischer Lebensführung; vgl. ora et labora. **vi|ta bre|vis, ars lon|ga** [– ...v... – –] ⟨*lat.;* nach den Anfangsworten der Aphorismen des Hippokrates⟩: das Leben ist kurz, die Kunst ist lang. **Vi|ta com|mu|nis** [– k...] *die;* - - ⟨aus *lat.* vita communis, zu communis „gemeinschaftlich"⟩: gemeinsames Leben [unter Verzicht auf privates Vermögen] in kath. geistlichen Orden u. Kongregationen. **Vi|ta con|tem|pla|ti|va** [– k...va] *die;* - - ⟨aus *lat.* vita contemplativa, zu contemplativus, vgl. kontemplativ⟩: betrachtendes, ↑kontemplatives Leben im Gegensatz zur Vita activa. **vi|tae, non scho|lae dis|ci|mus** ['viːtɛ – 'sçoːlɛ (auch 'skoːlɛ) 'dɪstsi...] vgl. non scholae, sed vitae discimus. **vi|tal** ⟨aus gleichbed. *fr.* vital, dies aus *lat.* vitalis „zum Leben gehörig"⟩: 1. das Leben betreffend; lebenswichtig. 2. lebenskräftig; lebensvoll; wendig, munter, unternehmungsfreudig. 3. zum Kern der Person gehörig, ihn betreffend (Psychol.). **Vi|tal|ex|stir|pa|ti|on** *die;* -, -en: das Entfernen des lebenden, nicht abgestorbenen od. durch Arzneimittel abgetöteten Zahnnervs (Zahnmed.). **Vi|tal|funk|ti|on** *die;* -, -en: lebenswichtige Körperfunktion (z. B. Atmung, Herztätigkeit; Med.). **Vi|ta|li|ner** *die* (Plur.) ⟨wohl zu *mittelniederd.* vit(t)alien „Lebensmittel", dies aus *spätlat.* victualia (vgl. Viktualien) u. ↑...aner⟩: (selten) svw. Vitalienbrüder. **Vi|ta|li|en|brü|der** *die* (Plur.) ⟨eigtl. „Lebensmittelbrüder", da sie das belagerte Stockholm mit Lebensmitteln versorgten⟩: Seeräuber in der Nord- und Ostsee im 14. und 15. Jh. **vi|ta|li|sie|ren** ⟨zu ↑vital u. ↑...isieren; vgl. *fr.* vitaliser, *engl.* vitalize⟩: anregen, kräftigen, beleben. **Vi|ta|lis|mus** *der;* - ⟨zu ↑...ismus (1)⟩: philos. Lehre, nach der das organische Leben einer besonderen Lebenskraft zuzuschreiben ist. **Vi|ta|list** *der;* -en, -en ⟨zu ↑...ist⟩: Vertreter des Vitalismus. **vi|ta|li|stisch** ⟨zu ↑...istisch⟩: den Vitalismus betreffend. **Vi|ta|li|tät** *die;* - ⟨aus gleichbed. *fr.* vitalité, dies aus *lat.* vitalitas, Gen. vitalitatis⟩: 1. Lebenskraft, Lebensfülle; Lebendigkeit. 2. die genetisch u. von Umweltbedingungen beeinflußte Lebenstüchtigkeit eines Organismus od. einer Population (Biol.). **Vi|ta|li|ti|um** *das;* -s, ...ien [...iən] ⟨zu *lat.* vitalitas (vgl. Vitalität) u. ↑...ium⟩: (veraltet) für Lebenszeit ausbedungener Unterhalt. **Vi|tal|ka|pa|zi|tät** *die;* - ⟨zu ↑vital⟩: das Fassungsvermögen der Lunge an Atemluft (Med.). **Vi|tal|or|ga|ne** *die* (Plur.): zusammenfassende Bez. für die lebenswichtigen Organe (Herz, Lunge, Gehirn, Leber u. Nieren; Med.). **Vi|tal|stoff** *der;* -[e]s, -e (meist Plur.): Bez. für Wirkstoffe wie Vitamine, Hormone, bestimmte Fett- u. Aminosäuren, die für die Aufrechterhaltung lebensnotwendiger Funktionen benötigt werden. **Vi|ta|mer** *das;* -s, -e (meist Plur.) ⟨Kurzw. aus ↑Vitamin u. ↑Isomer⟩: organische Verbindung mit Vitaminaktivität, die sich jedoch strukturell von dem eigentlichen Vitamin unterscheiden kann. **Vit|amin** *das;* -s, -e ⟨Kunstw. aus *lat.* vita (vgl. Vita) u. ↑Amin⟩: die biologischen Vorgänge im Organismus regulierender lebenswichtiger Wirkstoff (z. B. Vitamin A); Vitamin B: (ugs. scherzh.) Beziehungen. **vit|ami|nie|ren** u. **vit|ami|ni|sie|ren** ⟨zu ↑...ieren bzw. ...isieren⟩: Lebensmittel mit Vitaminen anreichern. **Vit|ami|no|se** *die;* -, -n ⟨zu ↑¹...ose⟩: Sammelbez. für Krankheiten, die durch Fehlen, Unter- oder Überangebot bzw. Störung der Verwertung eines od. mehrerer Vitamine entstehen (Med.). **Vit|amin|prä|pa|rat** *das;* -[e]s, -e: Präparat (1), das ein bestimmtes Vitamin od. mehrere Vitamine in konzentrierter Form enthält. **Vi|ta re|duc|ta** [– re'dʊkta] *die;* - - ⟨aus *lat.* vita reducta zu vita (vgl.

Vita) u. reductus „zurückgezogen"): Zustand des Organismus bei Ausfall oder Funktionsstörung lebenswichtiger Organsysteme (Med.).
vite [vi:t] ⟨*fr.;* zu *altfr.* viste, dies aus **vulgärlat.* visitus, Part. Perf. von visere „genau ansehen"⟩: schnell, rasch (Vortragsanweisung; Mus.)
vi|tel|li|nus [v...] ⟨*nlat.;* zu *lat.* vitellus, vgl. Vitellus⟩: zum Eidotter gehörend (Biol.). **Vi|tel|lus** *der;* -, ...lli ⟨aus *lat.* vitellus „Eidotter"⟩: Dotter, Eidotter, Nahrungs- u. Reservematerial der Eizelle (Biol.)
vi|te|ment [vitəˈmãː, vɪtˈmãː] ⟨aus älter *fr.* vitement „rasch" zu *fr.* vite, vgl. vite⟩: svw. vite
Vi|ten [v...]: Plur. von ↑ Vita
Vi|tia [v...]: Plur. von ↑ Vitium. **Vi|ti|li|go** *die;* -, ...ligines [...ˈneːs] ⟨aus *lat.* vitiligo „krankhafter Hautausschlag; Flechte" zu vitium, vgl. Vitium⟩: erworbene Pigmentanomalie der Haut, Scheckhaut, Weißfleckenkrankheit (Med.). **vi|ti|ös** ⟨aus gleichbed. *lat.* vitiosus zu vitium, vgl. Vitium⟩: (veraltet) a) fehlerhaft, mangelhaft; b) boshaft, lasterhaft. **Vi|tio|si|tät** *die;* -, -en ⟨aus *lat.* vitiositas, Gen. vitiositatis zu vitiosus, vgl. vitiös⟩: (veraltet) 1. Fehlerhaftigkeit, Mangelhaftigkeit. 2. Lasterhaftigkeit. **Vi|ti|um** *das;* -s, Vitia ⟨aus *lat.* vitium „Fehler, Gebrechen, Schaden"⟩: organischer Fehler od. Defekt
Vi|tra [v...]: Plur. von ↑ Vitrum. **Vi|tra|ge** [...ʒə] *die;* -, -n ⟨aus *fr.* vitrage „Fenster; Scheibengardine" zu vitre, vgl. Vitrine⟩: (veraltet) undurchsichtiger, meist weißer Fenstervorhang (mit Zugvorrichtung), der vor Sonne schützt. **Vi|trek|to|mie** *die;* -, ...ien ⟨zu *lat.* vitreus „gläsern" (dies zu vitrum „Glas") u. ↑...ektomie⟩: Teilentfernung des Glaskörpers des Auges, vor allem zur Beseitigung einer irreversiblen Trübung od. eines verletzungsbedingten Glaskörpervorfalls (Med.). **Vi|tren:** Plur. von ↑ Vitrum. **Vi|tri|ne** *die;* -, -n ⟨aus gleichbed. *fr.* vitrine, dies unter Einfluß von vitre „Glas", Fensterscheibe" umgebildet aus verrine „Glaskasten", dies zu *spätlat.* vitrinus „gläsern" aus *lat.* vitrum „Glas"⟩: gläserner Schaukasten; Glas-, Schauschrank. **Vi|tri|nit** [auch ...ˈnɪt] *der;* -s, -e ⟨zu *spätlat.* vitrinus (vgl. Vitrine) u. ↑²...it⟩: Gefügebestandteil der Braunkohle (Geol.). **Vi|tri|ol** *das;* -s, -e ⟨aus gleichbed. *mlat.* vitriolum zu *lat.* vitrum „Glas", nach der Ähnlichkeit kristallisierten Eisensulfats mit (grünem) Glas⟩: (veraltet) kristallisiertes, kristallwasserhaltiges Sulfat von Zink, Eisen od. Kupfer. **Vi|tri|ol|öl** *das;* -[e]s: (veraltet) rauchende Schwefelsäure. **Vi|trit** [auch ...ˈtrɪt] *der;* -s, -e ⟨zu *lat.* vitreus „gläsern; glänzend" (dies zu vitrum „Glas") u. ↑²...it⟩: aschenarme Streifenart der Steinkohle (Geol.). **Vi|tro|id** *das;* -[e]s, -e (meist Plur.) ⟨zu *lat.* ↑...oid⟩: Stoff, der einen glasartigen Schmelzfluß bildet (Chem.). **Vi|tro|phyr** *der;* -s, -e ⟨zu *lat.* vitrum „Glas" u. *gr.* phýrein „vermengen"⟩: vulkanisches Ergußgestein mit Einsprenglingen in einer glasartigen Grundmasse (Geol.). **Vi|trum** *das;* -s, Plur. Vitra u. Vitren ⟨aus *lat.* vitrum „Glas"⟩: Arzneiflasche; Abk.: Vitr.
Vitz|li|putz|li [v...] *der;* -[s] ⟨entstellt aus dem Namen des aztekischen Stammesgottes Huitzilopochtli⟩: 1. Schreckgestalt, Kinderschreck. 2. (verhüllend) Teufel
viv [vi:f] vgl. vif. **vi|va|ce** [viˈvaːtʃə] ⟨*it.;* aus *lat.* vivax, Gen. vivacis „lebenskräftig, lebhaft" zu vivere „leben"⟩: lebhaft (Mus.). **Vi|va|ce** *das;* -, -: lebhaftes Tempo (Mus.). **vi|va|cet|to** ⟨*it.;* zu ↑ vivace u. -etto (ital. Verkleinerungssuffix)⟩: etwas lebhaft (Mus.). **vi|va|cis|si|mo** ⟨Superlativ von *it.* vivace, vgl. vivace⟩: sehr lebhaft (Mus.). **Vi|va|cis|si|mo** *das;* -s, Plur. -s u. ...mi: äußerst lebhaftes Zeitmaß (Mus.). **vi|vant!** ⟨*lat.;* 3. Pers. Plur. Konj. Präs. von vivere, vgl. vivace⟩: sie sollen leben! **vi|vant se|quen|tes!** [– ...teːs] ⟨*lat.*⟩:

die [Nach]folgenden sollen leben! **Vi|va|ri|um** *das;* -s, ...ien [...iən] ⟨aus gleichbed. *lat.* vivarium, substantiviertes Neutrum von vivarius „zu lebenden Tieren gehörig" zu vivus „lebend, lebendig"⟩: 1. kleinere Anlage zur Haltung lebender Tiere (z. B. Aquarium, Terrarium). 2. Gebäude, in dem ein Vivarium (1) untergebracht ist. **vi|vat!** ⟨*lat.;* 3. Pers. Sing. Konj. Präs. von vivere (vgl. vivace)⟩: er [sie, es] lebe!. **Vi|vat** *das;* -s, -s: Hochruf. **vi|vat, cres|cat, flo|re|at!** [– ˈkrɛskat –] ⟨*lat.;* 3. Pers. Sing. Konj. Präs. von vivere „leben", crescere „wachsen" u. florere „blühen"⟩: (Studenterspr.) er [sie, es] lebe, blühe und gedeihe! **vi|vat sequens!** ⟨*lat.*⟩: es lebe der [Nach]folgende! **Vi|va|zi|tät** *die;* - ⟨aus gleichbed. *(spät)lat.* vivacitas, Gen. vivacitatis, eigtl. „Lebenskraft", zu *lat.* vivax, vgl. vivace⟩: (veraltet) Lebhaftigkeit, Munterkeit
Vi|via|nit [vivia..., auch ...ˈnɪt] *der;* -s, -e ⟨nach dem engl. Mineralogen J. G. Vivian (19. Jh.) u. zu ↑²...it⟩: ein graues bis dunkelblaues Mineral, Blaueisenerz
vi|vi|par [vivi...] ⟨aus gleichbed. *spätlat.* viviparus zu *lat.* vivus „lebend, lebendig" u. parere „gebären"⟩: lebendgebärend (von Lebewesen; Biol.). **Vi|vi|pa|rie** *die;* - ⟨zu ↑²...ie⟩: 1. Lebendgeburt nach abgeschlossener embryonaler Entwicklung im mütterlichen Organismus (Biol.). 2. Keimung eines pflanzlichen Embryos, solange der Samen noch mit der Mutterpflanze verbunden ist (Bot.). **Vi|vi|sek|ti|on** *die;* -, -en: operativer Eingriff am lebenden Tier (zu Forschungszwecken). **vi|vi|se|zie|ren:** eine Vivisektion vornehmen. **vi|vo** ⟨*it.;* „lebendig; lebhaft"⟩: svw. vivace
Vi|ze [f..., auch v...] *der;* -[s], -s ⟨verselbständigt aus ↑ Vize...⟩: (ugs.) a) Stellvertreter; b) jmd., der den zweiten Platz belegt, den zweithöchsten Rang o. ä. einnimmt. **Vize...** ⟨zu *lat.* vice „an Stelle von", eigtl. Ablativ von vicis, vgl. Vikar⟩: Wortbildungselement mit den Bedeutungen: a) „stellvertretend, als Stellvertreter wirkend", z. B. Vizekanzler, u. b) „an zweit(höchst)er Stelle stehend", z. B. Vizeweltmeister. **Vi|ze|kanz|ler** *der;* -s, -: Stellvertreter des Kanzlers. **Vi|ze|prä|si|dent** *der;* -en, -en: stellvertretender Präsident
vi|zi|nal [v...] ⟨aus *lat.* vicinalis „nachbarlich" zu vicinus „benachbart, in der Nähe", dies zu vicus „Gehöft; Dorf"⟩: (veraltet) nachbarlich, angrenzend; die Gemeinde betreffend. **Vi|zi|nal|bahn** *die;* -, -en: (veraltet) Kleinbahn. **Vi|zi|nal|flä|che** *die;* -, -n: Fläche eines ¹Kristalls. **Vi|zi|nal|weg** *der;* -[e]s, -e: (veraltet) Ortsverbindungsweg, Nebenweg
Viz|tum [ˈfɪts..., auch ˈviːts...] *der;* -[e]s, -e ⟨über *mhd.* viztuom aus gleichbed. *mlat.* vicedominus zu *lat.* vice (vgl. Vize...) u. ↑ Dominus⟩: Vermögensverwalter geistlicher, später auch weltlicher Herrschaften im Mittelalter
Vlie|se|li|ne ⓦ [fliːzə...] *die;* - ⟨Kunstw.⟩: Einlage zum Verstärken von Kragen u. Manschetten
V-Mo|tor [ˈfaʊ...] *der;* -s, -en ⟨nach der Form⟩: Verbrennungsmotor, dessen Zylinder V-förmig angeordnet sind
vo|ca|le [vok...] ⟨*it.;* aus *lat.* vocalis, vgl. vokal⟩: gesangsmäßig, stimmlich (Mus.). **vo|ca|li|ter** ⟨*lat.;* Adverb von vocalis, vgl. vokal⟩: durch Singstimme[n] vorzutragen (Mus.). **Vo|ce** [ˈvoːtʃə] *die;* -, Voci [ˈvoːtʃi] ⟨aus *it.* voce, dies aus *lat.* vox, Gen. vocis, vgl. Vox⟩: ital. Bez. für Singstimme; - alta: hohe, laute Stimme; - bassa: tiefe, leise Stimme; - di testa: Kopfstimme; - pastosa: geschmeidige Stimme; - spiccata [spɪˈkaːta]: die Töne perlenartig führende Stimme (Mus.). **Vo|ces** [voˈtseːs] *die* (Plur.) ⟨aus *lat.* voces, Plur. von vox, vgl. Vox⟩: 1. die Singstimmen; Abk.: V.; - aequales [ɛ...leːs]: gleiche Stimmen (Mus.). 2. Plur. von ↑ Vox. **Vo|ci** [ˈvoːtʃi]: Plur. von ↑ Voce. **Vo|co|der** [...ˈkoː..., engl. ˈvoʊkoʊdə] *der;* -s, - ⟨Kurzw. aus *engl.* voice coder

Volontärin

„Stimmenverschlüsseler"): a) Gerät zur Erzeugung von künstlicher menschlicher Sprache; b) Gerät zur Verschlüsselung, Modulation u. [drahtlosen] Übertragung menschlicher Sprache

Vogue [vo:k] *die;* - ⟨aus gleichbed. *fr.* vogue, vgl. en vogue⟩: (veraltet) Ansehen, Beliebtheit

Voice|gramm [vɔys...] *das;* -s, -e ⟨zu *engl.* voice „Stimme" u. ↑...gramm⟩: graphische Darstellung des Sprechmechanismus beim Menschen (Phonetik)

voi|là [vǫa'la] ⟨*fr.;* zu voir „sehen" u. là „da, dort"⟩: sieh da!; da haben wir es!

Voile [vǫa:l] *der;* -, -s ⟨aus gleichbed. *fr.* voile, eigtl. „Schleier", zu *lat.* velum, vgl. Velum⟩: feinfädiger, durchsichtiger Stoff in Leinwandbindung

Voix mixte [vǫa'mikst] *die;* - - ⟨aus *fr.* voix mixte, eigtl. „gemischte Stimme"⟩: 1. Mittelregister bei der Orgel (Mus.). 2. Übergangston von der Brust- zur Kopfstimme (Mus.)

Vo|ka|bel [vo...] *die;* -, -n, österr. auch *das;* -s, - ⟨aus *lat.* vocabulum „Benennung, Bezeichnung" zu vocare „rufen, nennen"⟩: a) [Einzel]wort, bes. einer Fremdsprache; b) Bezeichnung, Ausdruck; Begriff, wie er sich in einem Wort manifestiert. **Vo|ka|bu|lar** *das;* -s, -e ⟨aus gleichbed. *mlat.* vocabularium⟩: a) Wörterverzeichnis; b) Wortschatz, dessen man sich bedient, der zu einem bestimmten [Fach]bereich gehört. **Vo|ka|bu|la|ri|um** *das;* -s, ...ien [...jən] ⟨aus *mlat.* vocabularium⟩: (veraltet) svw. Vokabular. **vo|kal** ⟨aus *lat.* vocalis „tönend, stimmreich" zu vox, Gen. vocis, vgl. Vox⟩: 1. gesangsmäßig, die Singstimme betreffend (Mus.). 2. die Stimme, den Stimmapparat betreffend (Med.). **Vo|kal** *der;* -s, -e ⟨aus *lat.* vocalis (littera) „stimmreich(er), tönend(er Buchstabe)"⟩: Laut, bei dessen Artikulation die Atemluft verhältnismäßig ungehindert ausströmt; [silbenbildender] Selbstlaut (z. B. *a, i;* Sprachw.); Ggs. ↑ Konsonant. **Vo|kal|har|mo|nie** *die;* -: Beeinflussung eines Vokals durch einen anderen (z. B. *ahd.* gib*i*rgi „Gebirge" aus gab*e*rgi; Sprachw.). **Vo|ka|li|sa|ti|on** *die;* -, -en ⟨zu ↑...isation⟩: 1. Feststellung der Aussprache des (vokallosen) hebr. Textes des Alten Testaments durch Striche od. Punkte. 2. Bildung u. Aussprache der Vokale beim Singen. 3. vokalische Aussprache eines Konsonanten; vgl. ¹vokalisieren; vgl. ...[at]ion/...ierung. **vo|ka|lisch**: den Vokal betreffend, selbstlautend. **Vo|ka|li|se** *die;* -, -n ⟨aus gleichbed. *fr.* vocalise zu vocaliser, vgl. ²vokalisieren⟩: Singübung nur mit Vokalen (Mus.). **¹vo|ka|li|sie|ren** ⟨zu ↑ Vokal u. ↑...isieren⟩: einen ↑ Konsonanten wie einen Vokal sprechen (z. B. *r* in *Kurt* [korrekte Aussprache kʊrt] wie ɐ [vokalisierte Aussprache ku:ɐ̯t]). **²vo|ka|li|sie|ren** ⟨aus gleichbed. *fr.* vocaliser zu *lat.* vocalis, vgl. vokal⟩: beim Singen die Vokale bilden u. aussprechen. **Vo|ka|li|sie|rung** *die;* -, -en ⟨zu ↑ Vokal u. ↑...isierung⟩: svw. Vokalisation (3); vgl. ...[at]ion/...ierung. **Vo|ka|lis|mus** *der;* - ⟨zu ↑...ismus (2)⟩: Vokalbestand einer Sprache. **Vo|ka|list** *der;* -en, -en ⟨zu ↑...ist⟩: (veraltet) Sänger im Gegensatz zum ↑ Instrumentalisten. **Vo|ka|li|stin** *die;* -, -nen: weibliche Form zu ↑ Vokalist. **Vo|ka|li|tät** *die;* - ⟨zu ↑...ität⟩: Stimmhaftigkeit, Wohlklang. **Vo|kal|mu|sik** *die;* - ⟨zu ↑ vokal⟩: von Singstimmen ausgeführte Musik im Gegensatz zur ↑ Instrumentalmusik. **Vo|ka|ti|on** *die;* -, -en ⟨aus gleichbed. *spätlat.* vocatio zu *lat.* vocare, vgl. Vokabel⟩: Berufung in ein Amt. **Vo|ka|tiv** [auch 'vo...] *der;* -s, -e [...və] ⟨aus gleichbed. *lat.* (casus) vocativus⟩: Kasus der Anrede (Sprachw.). **Vo|ka|ti|vus** [...vʊs] *der;* - ⟨nach *lat.* vocativus „zum Rufen dienlich", eigtl. „jmd., der [immerfort mahnend] angerufen wird"⟩: (veraltet scherzh.) Schlauberger; Schalk

Vo|la [v...] *die;* -, Volae [...lɛ] ⟨aus *lat.* vola „die hohle Hand"⟩: Handteller (Anat.)

vo|la|bel [v...] ⟨zu *lat.* volare „fliegen" u. ↑...abel⟩: (veraltet) flüchtig. **Vo|la|bi|li|tät** *die;* - ⟨zu ↑...ität⟩: (veraltet) Flüchtigkeit

Vol|ämie [v...] *die;* -, -n ⟨Kurzw. aus ↑ Vol*umen* u. ↑...ämie⟩: Verhältnis der gesamten Blutmenge eines Organismus zum Körpergewicht (Med.)

Vol|ant [vo'lã:] *der,* schweiz. meist, österr. auch *das;* -s, -s ⟨aus gleichbed. *fr.* volant, Part. Präs. von voler „fliegen", dies aus *lat.* volare, eigtl. „fliegend, flatternd, beweglich"⟩: 1. Besatz an Kleidungs- u. Wäschestücken, Falbel. 2. (veraltet, aber noch landsch.) Lenkrad, Steuer bei Kraftfahrzeugen

Vo|la|pük [v...] *das;* -s ⟨Kunstw. zu „vol" (von *engl.* world „Welt") u. „pük" (von *engl.* speak „Sprache")⟩: im 19. Jh. geschaffene, heute nicht mehr gebräuchliche künstliche Weltsprache; vgl. Esperanto

vo|lar [v...] ⟨zu *lat.* vola (vgl. Vola) u. ↑...ar (1)⟩: zur ↑ Vola gehörend, sie betreffend; auf der Hohlhandseite liegend (Anat.)

Vo|la|ta [v...] *die;* -, ...te ⟨aus *it.* volata „das Fliegen; Flug" zu volare „fliegen", dies aus *lat.* volare⟩: kleiner [Verzierungs]lauf im Gesang (Mus.). **vo|la|til** ⟨aus *lat.* volatilis „fliegend; flüchtig"⟩: flüchtig, verdunstend (Chem.). **Vo|la|ti|li|sa|ti|on** *die;* - ⟨zu ↑...isation⟩: (veraltet) Verflüchtigung. **Vo|la|ti|li|tät** *die;* - ⟨zu ↑...ität⟩: (veraltet) Flüchtigkeit. **Vol-au-vent** [volo'vã:] *der;* -, -s ⟨aus gleichbed. *fr.* vol-au-vent, eigtl. „Flug im Wind"⟩: Hohlpastete aus Blätterteig, gefüllt mit feinem ↑ Ragout. **Vo|lé** [vo'le:] *die;* -, -s ⟨zu *fr.* volé, eigtl. Part. Perf. von voler „fliegen", dies aus *lat.* volare⟩: Ballettfigur, eine im Flug ausgeführte Bewegung

vo|len|ti non fit in|iu|ria [v... - - -] ⟨*lat.;* „dem Wollenden geschieht kein Unrecht"⟩: Grundsatz des röm. Rechts, wonach eine mit Einwilligung des Betroffenen ausgeführte Tat nicht rechtswidrig ist (Rechtsw.)

Vo|lie|re [vo'ljɛ:rə] *die;* -, -n ⟨aus gleichbed. *fr.* volière zu voler, vgl. Volant⟩: a) großer Vogelkäfig, in dem die Vögel auch frei herumfliegen können; b) Freigehege (z. B. für Hühner)

vol|li|tio|nal [v...] ⟨zu *nlat.* volitio „das Wollen" (zu *lat.* velle „wollen, wünschen") u. ↑...al (1)⟩: durch den Willen bestimmt (Psychol.). **vol|li|tiv** ⟨zu ↑...iv⟩: a) willentlich, gewollt; b) das Willensleben betreffend (Psychol.)

vol|ley ['vɔli] ⟨zu *engl.* at the, on the volley „aus der Luft", vgl. Volley⟩: direkt aus der Luft [geschlagen], ohne daß der Ball auf den Boden aufspringt, z. B. den Ball - schlagen od. schießen (Tennis, Fußball). **Vol|ley** *der;* -s ⟨aus gleichbed. *engl.* volley, eigtl. „Flugbahn", dies aus *fr.* volée „Flug" zu voler „fliegen", dies aus *lat.* volare⟩: Flugball (Tennis). **Vol|ley|ball** *der;* -s, -bälle ⟨aus gleichbed. *engl.* volley-ball⟩: 1. (ohne Plur.) ein Mannschaftsballspiel. 2. Ball des Volleyballspiel. 3. Flugball, direkt aus der Luft angenommener u. weitergeschlagener od. -getretener Ball. **Vol|ley|stoß** *der;* -es, ...stöße: (bes. österr.) voller, gerader Stoß (Fußball, Billard). **vol|lie|ren** ⟨zu ↑...ieren⟩: einen Ball volley schlagen (bes. Tennis)

Vo|lon|tär [auch volõ...] *der;* -s, -e ⟨aus gleichbed. *fr.* volontaire, eigtl. „freiwillig", dies aus *lat.* voluntarius zu voluntas, Gen. voluntatis „das Wollen, Wille, Wunsch", dies zu velle, vgl. volitional⟩: jmd., der sich ohne od. gegen eine nur kleine Vergütung in die Praxis eines [kaufmännischen od. journalistischen] Berufs einarbeitet. **Vo|lon|ta|ri|at** [auch volõ...] *das;* -s, -e ⟨zu ↑...at (1)⟩: 1. Ausbildungszeit eines Volontärs. 2. Stelle eines Volontärs. **Vo|lon|tä|rin**

1433

volontieren

[auch volö...] *die;* -, -nen: weibliche Form zu ↑Volontär. **vo|lon|tie|ren** [auch volö...] ⟨zu ↑...ieren⟩: als Volontär arbeiten

Volt [v...] *das;* Gen. - u. -[e]s, Plur. - ⟨nach dem ital. Physiker A. Volta, 1745–1827⟩: internationale Bez. für die Einheit der elektr. Spannung; Zeichen V

Vol|ta [v...] *die;* -, ...ten ⟨aus *it.* volta „Wendung, Drehung" zu voltare „wenden, drehen", dies aus *lat.* volutare, Intensivbildung von volvere, vgl. volubel⟩: schneller, ausgelassener Tanz im Dreier- od. %-Takt (16. u. 17. Jh.)

Vol|ta|ele|ment [v...] *das;* -[e]s ⟨nach A. Volta (vgl. Volt) u. zu ↑Element⟩: galvanisches Element (bestehend aus Kupfer- u. Zinkelektroden in wäßrigem Elektrolyten). **Vol|tame|ter** *das;* -s, - ⟨zu ↑¹...meter⟩: elektrolytisches Instrument zur Messung der Strommenge aus der Menge des beim Stromdurchgang abgeschiedenen Metalls od. Gases; vgl. Voltmeter. **Volt|am|pere** [...am'pɛ:ɐ̯] *das;* -[s], -: Maßeinheit der elektr. Leistung; Zeichen VA

Vol|te [v...] *die;* -, -n ⟨unter Einfluß von *fr.* volte aus gleichbed. *it.* volta, eigtl. „Drehung, Wendung", zu voltare, vgl. Volta⟩: 1. eine Reitfigur. 2. Kunstgriff im Kartenspiel, durch den beim Mischen einem Kartenblatt eine gewünschte Lage gegeben wird. 3. Verteidigungsart im Fechtsport. **Vol|ten:** Plur. von ↑Volta u. ↑Volte. **vol|tieren** ⟨nach *fr.* volter „im Kreis reiten", dies aus *it.* voltare, vgl. Volte⟩: voltigieren. **Vol|ti|ge** [vɔl'ti:ʒə] *die;* -, -n ⟨aus gleichbed. *fr.* voltige zu voltiger, vgl. voltigieren⟩: Sprung eines Kunstreiters auf das trabende od. galoppierende Pferd. **Vol|ti|geur** [...ti'ʒo:ɐ̯] *der;* -s, -e ⟨aus *fr.* voltigeur „Kunstreiter"⟩: svw. Voltigierer. **vol|ti|gie|ren** [...'ʒi:...] ⟨nach gleichbed. *fr.* voltiger, dies aus *it.* voltegiare zu *it.* volta, vgl. Volte⟩: 1. eine Volte (1 u. 3) ausführen. 2. Luft-, Kunstsprünge, Schwingübungen auf dem Pferd ausführen. 3. (veraltet) ein leichtes Gefecht führen, plänkeln; vgl. Voltigierer (2). **Vol|ti|gie|rer** *der;* -s, - ⟨zu ↑voltigieren⟩: 1. Luft-, Kunstspringer. 2. (veraltet) jmd., der ein leichtes Gefecht führt, Plänkler (Mil.). **vol|ti su|bi|to** ⟨*it.*⟩: wende (das Notenblatt) schnell um (Mus.); Abk.: v. s.; vgl. verte [subito]

Volt|me|ter [v...] *das;* -s, - ⟨zu ↑Volt u. ↑¹...meter⟩: in Volteinheiten geeichtes Instrument zur Messung der elektr. Spannungen; vgl. Voltameter. **Volt|se|kun|de** *die;* -, -en: Maßeinheit des magnetischen Flusses; Zeichen Vs

vo|lu|bel [v...] ⟨aus *lat.* volubilis „sich schnell drehend" zu volvere „drehen, rollen; wälzen; winden"⟩: (veraltet) beweglich, schnell. **Vo|lu|bi|li|tät** *die;* - ⟨aus *lat.* volubilitas, Gen. volubilitatis „das Rollen, Beweglichkeit, Unbeständigkeit"⟩: (veraltet) 1. Beweglichkeit, Schnelligkeit, Geläufigkeit [der Zunge]. 2. Unbeständigkeit. **Vo|lum** *das;* -s, -e ⟨zu ↑Volumen⟩: (veraltet, aber noch in Zusammensetzungen) svw. Volumen. **Vo|lu|men** *das;* -s, Plur. - u. ...mina ⟨unter Einfluß von gleichbed. *fr.* volume aus *lat.* volumen, Gen. voluminis „(Schrift)rolle, Buch", eigtl. „alles, was zu rollen, wickeln, winden geht", zu volvere, vgl. volubel⟩: 1. (Plur. -) Rauminhalt eines festen, flüssigen od. gasförmigen Körpers; Zeichen V. 2. (Plur. ...mina) Schriftrolle, Band (eines Werkes); Abk: vol. 3. (Plur. -) Stromstärke einer Fernsprech- od. Rundfunkübertragung. 4. (Plur. -) Umfang, Gesamtmenge von etwas. **Vo|lu|men|do|sis** *die;* -, ...sen: Produkt aus durchstrahltem Volumen u. mittlerer Strahlungsdosis (Phys.). **Vo|lu|men|ge|wicht** vgl. Volumengewicht. **Vo|lu|me|no|me|ter** *das;* -s, - ⟨zu ↑¹...meter⟩: svw. Stereometer (1). **Vo|lu|men|pro|zent** vgl. Volumprozent. **Vo|lu|me|ter** *das;* -s, - ⟨zu ↑Volumen u. ↑¹...meter⟩: Senkwaage mit Volumenskala zur Bestimmung der Dichte einer Flüssigkeit. **Vo|lu|me|trie** *die;* - ⟨zu ↑...metrie⟩: Maßanalyse, Messung von Rauminhalten. **vo|lu|me|trisch** ⟨zu ↑...metrisch⟩: die Volumetrie betreffend, auf ihr beruhend. **Vo|lum|ge|wicht** u. Volumengewicht *das;* -[e]s, -e: spezifisches Gewicht; Raumgewicht. **Vo|lu|mi|na:** Plur. von ↑Volumen. **vo|lu|mi|nös** ⟨aus gleichbed. *fr.* volumineux; vgl. ...ös⟩: umfangreich, stark, massig. **Vo|lu|mi|nosi|tät** *die;* - ⟨zu ↑...ität⟩: großer Umfang, voluminöse Beschaffenheit. **Vo|lum|pro|zent** u. Volumenprozent *das;* -[e]s, -e ⟨zu ↑Volumen⟩: prozentualer Anteil von Stoffen in Lösungen od. Mischungen; Abk.: Vol.-%

Vo|lun|ta|ris|mus [v...] *der;* - ⟨zu spätlat. voluntarius (vgl. Volontär) u. ↑...ismus (1)⟩: philos. Lehre, nach der der Wille die Grundfunktion des seelischen Lebens ist. **Vo|lunta|rist** *der;* -en, -en ⟨zu ↑...ist⟩: Vertreter des Voluntarismus. **vo|lun|ta|ri|stisch** ⟨zu ↑...istisch⟩: den Voluntarismus betreffend. **Vo|lun|ta|ry** ['vɔləntərɪ] *das;* -s, ...ries [...rɪz] ⟨aus *engl.* voluntary „Orgelsolo", eigtl. „freiwillig", dies aus gleichbed. *spätlat.* voluntarius⟩: 1. engl. Instrumentalstück des 16.–19. Jh.s (meist für Orgel), das von der ↑Improvisation bestimmt wurde. 2. freies Vor-, Nach- od. Zwischenspiel des Organisten im anglikanischen Gottesdienst. **Vo|lun|tas** [vɔ'lʊnta:s] *die;* - ⟨aus gleichbed. *lat.* voluntas⟩: (veraltet) Wille, Wunsch. **vo|lun|ta|tiv** ⟨aus gleichbed. *lat.* voluntativus⟩: 1. willensfähig, den Willen betreffend (Philos.). 2. den ↑Modus (2) des Wunsches ausdrükkend (Sprachw.). **Vo|lun|ta|tiv** *der;* -s, -e [...və] ⟨aus gleichbed. *lat.* (modus) voluntativus⟩: ↑Modus (2) eines ↑Verbs, der einen Wunsch ausdrückt (Sprachw.)

vo|lup|tu|ös [v...] ⟨aus gleichbed. *fr.* voluptueux, dies aus *lat.* voluptuosus „vergnüglich, ergötzlich" zu voluptas „der (sinnliche u. geistige) Genuß"⟩: Begierde erweckend, wollüstig

Vo|lu|te [v...] *die;* -, -n ⟨aus gleichbed. *lat.* voluta zu volutus, Part. Perf. von volvere, vgl. volubel⟩: spiralförmige Einrollung an Kapitell ionischer Säulen od. als Bauornament in der Renaissance. **Vo|lu|ten|ka|pi|tell** *das;* -s, -e: mit Voluten versehenes ↑Kapitell der ionischen Säule (Kunstw.). **Vo|lu|ten|kra|ter** [...te:ɐ̯] *der;* -s, -e ⟨zu ↑²Krater⟩: mit Voluten versehener altgriech. Mischkrug. **Vo|lu|tin** *das;* -s ⟨zu ↑...in (1)⟩: körnige Substanz in Bakterienzellen (Biol.). **Volva** [...va] *die;* -, ...vae [...vɛ] ⟨aus *lat.* volva „Scheide, Hülle"⟩: Scheide an der Stielbasis von Blätterpilzen als Rest des ↑Velums (5 c; Bot.)

Völ|va ['vœlva] *die;* -, ...vur [...vʊr] ⟨aus dem Altnord.⟩: Seherin in nordgerm. Sagen

vol|vie|ren [vɔlv...] ⟨aus gleichbed. *lat.* volvere, vgl. volubel⟩: 1. wälzen, rollen, wickeln. 2. genau ansehen; überlegen, durchdenken. **Vol|vox** *die;* - ⟨aus gleichbed. *nlat.* volvox zu *lat.* volvere vgl. volubel⟩: Kugelalge (Gattung der Grünalgen). **Vol|vu|lus** *der;* -, ...li ⟨aus *nlat.* volvulus zu *lat.* volvere, vgl. volubel⟩: Darmverschlingung (Med.)

Völ|vur ['vœlvʊr]: Plur. von ↑Völva

vo|mie|ren [v...] ⟨aus gleichbed. *lat.* vomere⟩: sich erbrechen (Med.). **Vo|mi|tio** *die;* -, ...ones [...ne:s] ⟨aus *lat.* vomitio „das Erbrechen"⟩: svw. Vomitus. **Vo|mi|tiv** *das;* -s, -e [...və] u. **Vo|mi|ti|vum** [...vʊm] *das;* -s, ...va [...va] ⟨aus *nlat.* vomitivum „Brechmittel" zu *lat.* vomitus, vgl. Vomitus⟩: svw. Vomitorium. **Vo|mi|to|ri|um** *das;* -s, ...ien [...iən] ⟨aus gleichbed. *spätlat.* vomitorium, substantiviertes Neutrum von vomitorius „Erbrechen auslösend" zu *lat.* vomitus, vgl. Vomitus⟩: Brechmittel (Med.). **Vo|mi|tus** *der;* - ⟨aus gleichbed. *lat.* vomitus, substantiviertes Part. Perf. von vomere, vgl. vomieren⟩: das Erbrechen (Med.)

Voo|doo ['vu:du, vu'du:] vgl. Wodu

Vo|ra|zi|tät [v...] *die;* - ⟨aus gleichbed. *lat.* voracitas, Gen. voracitatis, zu vorax, Gen. voracis „gefräßig", dies zu vorere „verschlingen, gierig fressen"⟩: Gefräßigkeit, Heißhunger (Med.)

Vor|tum|na|li|en [v...liən] vgl. Vertumnalien

Vo|ta [v...]: Plur. von ↑ Votum. **Vo|tant** *der;* -en, -en ⟨zu ↑ votieren u. ↑...ant⟩: (veraltet) jmd., der ein Votum abgibt. **Vo|ta|ti|on** *die;* -, -en ⟨zu ↑ ...ation; vgl. *fr.* votation⟩: (veraltet) Abstimmung. **Vo|ten**: Plur. von ↑ Votum. **vo|tie|ren** ⟨über gleichbed. *fr.* voter aus *engl.* to vote zu vote; vgl. Votum⟩: sich für jmdn. od. etwas entscheiden, für jmdn. od. etwas stimmen, abstimmen. **Vo|ting** *das;* -s ⟨aus *engl.* voting „das Abstimmen" zu to vote „wählen, abstimmen"; vgl. Votum⟩: ein Verfahren zur Fehlerkorrektur, bei dem mit dem Ergebnis weitergearbeitet wird, das von der Mehrzahl der Geräte ermittelt wurde (EDV). **Vo|tiv** *das;* -s, -e [...və] u. **Vo|tiv|ga|be** *die;* -, -n ⟨zu *lat.* votivus „gelobt, versprochen"⟩: Opfergabe, Weihgeschenk an [Götter u.] Heilige (Schrift- u. Bildtafeln, plastische Darstellungen von Tieren, Sachen, Körperteilen u. a.; Vulksk.); vgl. ex voto. **Vo|tiv|ka|pel|le** *die;* -, -n ⟨zu ↑ ¹Kapelle⟩: auf Grund eines Gelübdes errichtete Kapelle. **Vo|tiv|mes|se** *die;* -, -n ⟨zu ↑ ¹Messe⟩: ¹Messe, die für ein besonderes Anliegen gefeiert wird (z. B. Braut-, Totenmesse). **Vo|tum** *das;* -s, Plur. ...ten u. ...ta ⟨unter Einfluß von gleichbed. *engl.* u. *fr.* vote aus *mlat.* votum „Abstimmung; Mitteilung", dies aus *lat.* votum „Gelübde, Versprechen"⟩: 1. (veraltet) [feierliches] Gelübde. 2. a) Urteil, Stimme; b) [Volks]entscheidung; c) Gutachten

Vou|cher ['vaʊtʃə] *das od. der;* -s, -[s] ⟨aus gleichbed. *engl.* voucher zu to vouch „bürgen", dies über *altfr.* vo(u)cher „herbei-, aufrufen" aus *lat.* vocare „rufen"⟩: Gutschein für im voraus bezahlte Leistungen (Touristik)

Vou|dou [vu'du:] vgl. Wodu

Vous|su|re [vu'sy:rə] *die;* -, -n ⟨aus *fr.* voussure „Bogenrundung", dies über *vulgärlat.* *volsura zu *lat.* volvere „wenden"⟩: Herzbuckel, Vorwölbung des Brustkorbs über dem Herzen bei angeborenen od. im Kindesalter erworbenen Herzleiden (Med.). **Vou|te** ['vu:tə] *die;* -, -n ⟨aus *fr.* voûte „Wölbung", dies über *vulgärlat.* *volvita aus *lat.* volutus, Part. Perf. von volvere, vgl. volubel⟩: 1. Decke, Gewölbe. 2. Versteifungsteil zwischen Wand u. Decke od. an Einspannstellen von Balken zur Vergrößerung der Balkenhöhe

Vox [vo:ks] *die;* -, Voces ['vo:tse:s] ⟨aus *lat.* vox, Gen. vocis⟩: *lat.* Bez. für Stimme, Laut; - acuta [a'ku:ta]: hohes, scharfes Orgelregister; - angelica: [...ka]: lieblich, schwebend klingendes, flötenartiges Orgelregister; - celestis [ts...]: lieblich, schwebend klingendes Orgelregister; - humana: menschenstimmenähnliches Orgelregister; - media: inhaltlich neutrales, von zwei Extremen gleich weit entferntes Wort (z. B. *Geschick* gegenüber *Glück* od. *Unglück*; Rhet., Stilk.); - nihili ⟨„Stimme des Nichts"⟩: svw. Ghostword; - populi vox Dei ⟨„Volkes Stimme [ist] Gottes Stimme"⟩: das ist die Stimme des Volkes [der man Rechnung tragen, entsprechen muß], das ist die öffentliche Meinung [die großes Gewicht hat]

Voy|a|geur [voaja'ʒø:ɐ̯] *der;* -s, Plur. -s u. -e ⟨aus gleichbed. *fr.* voyageur zu voyager „reisen", dies über das Altfr. zu *lat.* viaticum, vgl. Viatikum⟩: (veraltet) Reisender

Voy|eur [voa'jø:ɐ̯] *der;* -s, -e ⟨aus gleichbed. *fr.* voyeur zu voir „sehen", dies aus *lat.* videre⟩: jmd., der als [heimlicher] Zuschauer bei sexueller Betätigung anderer sexuelle Befriedigung erfährt (Psychol., Med.). **Voy|eu|ris|mus** *der;* - ⟨aus gleichbed. *fr.* voyeurisme; vgl. ...ismus (3)⟩: Verhaltensweise u. sexuelles Empfinden eines Voyeurs. **voy|eu|ri|stisch** ⟨zu ↑ ...istisch⟩: den Voyeurismus betreffend.

voy|ons [vwa'jõ] ⟨*fr.*⟩: wir wollen sehen!, nun!

vo|zie|ren [v...] ⟨aus *lat.* vocare „(herbei)rufen"⟩: a) berufen; b) [vor Gericht] vorladen

Vrie|sea [v...] *die;* -, ...een ⟨aus *nlat.* vriesea, nach dem niederl. Botaniker W. H. de Vriese, 1807–1862⟩: Ananasgewächs mit in Rosetten angeordneten, oft marmorierten Blättern u. in Ähren wachsenden, leuchtend gefärbten Blüten

vul|gär [v...] ⟨aus gleichbed. *fr.* vulgaire, dies aus *lat.* vulgaris „allgemein; gewöhnlich; gemein" zu vulgus „Menge, gemeines Volk"⟩: 1. (abwertend) auf abstoßende Weise derb u. gewöhnlich, ordinär. 2. zu einfach u. oberflächlich; nicht wissenschaftlich dargestellt, gefaßt. **Vul|ga|ri|sa|ti|on** *die;* - ⟨zu ↑ ...isation⟩: (veraltet) svw. Vulgarisierung (1); vgl. ...[at]ion/...ierung. **vul|ga|ri|sie|ren** ⟨zu *lat.* vulgaris (vgl. vulgär) u. ↑ ...isieren⟩: 1. (abwertend) in unzulässiger Weise vereinfachen; allzu oberflächlich darstellen. 2. (veraltet) unter das Volk bringen, bekannt machen. **Vul|ga|ri|sie|rung** *die;* -, -en ⟨zu ↑ ...isierung⟩: 1. (ohne Plur.) das Vulgarisieren; vgl. ...[at]ion/...ierung. 2. vulgarisierte Form, Einzelheit o. ä. **Vul|ga|ris|mus** *der;* -, ...men ⟨zu ↑...ismus (4)⟩: vulgäres (1) Wort, vulgäre Wendung (bes. Sprachw.). **Vul|ga|ri|tät** *die;* -, -en ⟨aus gleichbed. *spätlat.* vulgaritas, Gen. vulgaritatis⟩: a) (ohne Plur.) vulgäres (1) Wesen, vulgäre Art; b) Gemeinheit, Niedrigkeit, Roheit, Plattheit. **Vul|gär|la|tein** *das;* -s ⟨zu ↑ vulgär⟩: aus dem Latein hervorgegangene Volks- u. Umgangssprache, aus der sich die roman. Sprachen entwickelten. **Vul|gär|ma|te|ria|lis|mus** *der;* -: den ¹ Materialismus simplifizierende philos. Strömung in der zweiten Hälfte des 19. Jh.s. **Vul|ga|ta** *die;* - ⟨aus *(kirchen)lat.* (versio) vulgata „die allgemein gebräuchliche (Fassung)", Part. Perf. (Fem.) von vulgare „unter die Menschen bringen, allgemein machen"⟩: 1. vom hl. Hieronymus (4. Jh.) begonnene Überarbeitung der altlat. Bibelübersetzung (↑ Vetus Latina), die später für authentisch erklärt wurde. 2. am weitesten verbreitete Textform antiker Werke. **vul|gie|ren** ⟨aus gleichbed. *lat.* vulgare⟩: (veraltet) verbreiten, unter das Volk bringen, veröffentlichen. **vul|gi|vag** [...'va:k] ⟨aus gleichbed. *lat.* vulgivagus zu vulgus „Volk" u. vagari „umherschweifen"⟩: (veraltet) umherschweifend, auf Gassen u. Straßen umherstreichend. **Vul|gi|va|ga** *die;* - ⟨aus *lat.* vulgivaga „die Umherschweifende", substantiviertes Fem. von vulgivagus, vgl. vulgivag⟩: herabsetzender Beiname der altröm. Liebesgöttin Venus. **vul|go** ⟨aus gleichbed. *lat.* vulgo⟩: gemeinhin, gewöhnlich

Vul|kan [v...] *der;* -s, -e ⟨nach Vulkanus (*lat.* Vulcanus, Nebenform von Volcanus), dem altröm. Gott des Feuers⟩: 1. Stelle der Erdoberfläche, an der ↑ Magma (1) aus dem Erdinnern zutage tritt (Geol.). 2. durch Anhäufung ↑ magmatischen Materials entstandener [feuerspeiender] Berg mit Krater u. Förderschlot (Geol.). **Vul|kan|fi|ber** *die;* - ⟨zu ↑ vulkanisieren⟩: Kunststoff als Leder- od. Kautschukersatz. **Vul|ka|ni|sat** *das;* -[e]s, -e ⟨zu ↑...at (1)⟩: vulkanisierter Kautschuk. **Vul|ka|ni|sa|ti|on** *die;* -, -en ⟨aus gleichbed. *engl.* vulcanization⟩: Umwandlung von Kautschuk in Gummi mit Hilfe von Schwefel o. ä.; vgl. ...[at]ion/...ierung. **vul|ka|nisch** ⟨vielleicht unter Einfluß von *it.* vulcanico bzw. *fr.* volcanique „feurig, vulkanisch" aus *lat.* Vulcanius „vulkanisch"⟩: durch Vulkanismus entstanden. **Vul|ka|ni|seur** [...'zø:ɐ̯] *der;* -s, -e ⟨französierende Bildung zu ↑ vulkanisieren; vgl. ...eur⟩: Facharbeiter in der Gummiherstellung. **vul|ka|ni|sie|ren** ⟨nach gleichbed. *engl.* to vul-

Vulkanisierung

canize, eigtl. „dem Feuer aussetzen", zu Vulcan, dies aus *lat.* Vulcanus, vgl. Vulkan): 1. Kautschuk in Gummi umwandeln. 2. Gummiteile durch Vulkanisation miteinander verbinden. **Vul|ka|ni|sie|rung** *die;* -, -en ⟨zu ↑Vulkan u. ↑...isierung⟩: svw. Vulkanisation; vgl. ...[at]ion/...ierung. **Vul|ka|nis|mus** *der;* - ⟨zu ↑...ismus (2)⟩: zusammenfassende Bez. für alle mit dem Empordringen von ↑Magma (1) an die Erdoberfläche zusammenhängenden Erscheinungen u. Vorgänge (Geol.). **Vul|ka|nit** [auch ...'nit] *der;* -s, -e ⟨zu ↑²...it⟩: Ergußgestein. **vul|ka|no|gen** ⟨zu ↑...gen⟩: durch vulkanische Vorgänge entstanden (Geol.). **Vul|ka|no|lo|ge** *der;* -en, -en ⟨zu ↑...loge⟩: Forscher auf dem Gebiet der Vulkanologie. **Vul|ka|no|lo|gie** *die;* - ⟨zu ↑...logie⟩: Teilgebiet der ↑Geologie, das sich mit der Erforschung des Vulkanismus befaßt. **vul|ka|no|lo|gisch** ⟨zu ↑...logisch⟩: die Vulkanologie betreffend. **Vul|ka|zit** *der;* -s, -e ⟨Kunstw.⟩: organische Verbindung als Beschleuniger bei der Vulkanisation (Chem.).

Vul|ne|ra [v...]: Plur. von ↑Vulnus. **vul|ne|ra|bel** ⟨aus gleichbed. *spätlat.* vulnerabilis zu *lat.* vulnerare „verwunden, verletzen"⟩: verletzlich, verwundbar (von Organen od. Gefäßen, die nahe an der Körperoberfläche liegen; Med.). **Vul|ne|ra|bi|li|tät** *die;* - ⟨zu ↑...ität⟩: Verwundbarkeit, Verletzbarkeit (bes. Med.). **Vul|nus** *das;* -, Vulnera ⟨aus gleichbed. *lat.* vulnus, Gen. vulneris⟩: Wunde, durch Schnitt, Hieb, Stich, Einschuß od. Quetschung verursachte Weichteilverletzung (Med.).

Vul|va ['vʊlva] *die;* -, ...ven ⟨aus gleichbed. *lat.* vulva, volva, eigtl. „Hülle"⟩: äußeres ↑Genitale der Frau (Med.). **Vulv|ek|to|mie** *die;* -, ...ien ⟨zu ↑...ektomie⟩: vollständige operative Entfernung des äußeren ↑Genitales der Frau (Med.). **Vul|vis|mus** *der;* -, ...men ⟨zu ↑...ismus (3)⟩: svw. Vaginismus. **Vul|vi|tis** *die;* -, ...itiden ⟨zu ↑...itis⟩: Entzündung der äußeren weiblichen Geschlechtsteile (Med.). **vul|vo|va|gi|nal** [...va...]: die äußeren weiblichen Schamteile u. die Scheide betreffend (Med.). **Vul|vo|va|gi|ni|tis** *die;* -, ...itiden: Entzündung der äußeren weiblichen Geschlechtsteile u. der ↑Vagina (Med.).

vuo|ta [v...] ⟨aus *it.* (corda) vuota „leere Saite", dies aus *galloroman.* *vocitus, vacitus zu *lat.* vacare „leer sein"⟩: auf der leeren Saite (d. h., ohne den Finger auf das Griffbrett zu setzen) zu spielen. **Vuo|to** *das;* - ⟨aus *it.* vuoto „Leere"⟩: 1. Generalpause (Mus.). 2. Benutzung der leeren Saite eines Streichinstrumentes (Mus.).

Wad *das;* -s ⟨aus gleichbed. *engl.* wad, weitere Herkunft ungeklärt⟩: als weiche, lockere, auch schaumige Masse auftretendes Mineral, das braun abfärbt u. sehr leicht ist

Wa|di *das;* -s, -s ⟨aus gleichbed. *arab.* wādī, eigtl. „es floß"⟩: nur nach den periodischen od. episodischen Regenfällen wasserführendes Trockental in den Wüstengebieten Nordafrikas u. Vorderasiens

Wa|dschra|ja|na *das;* - ⟨aus *sanskr.* vajrayāna „Diamantfahrzeug (der Erlösung)"⟩: dritte, in magischen Riten veräußerlichte Hauptrichtung des Buddhismus; vgl. Hinajana, Mahajana

Wa|fer [weɪfə] *der;* -s, -[s] ⟨aus gleichbed. *engl.* wafer, eigtl. „Waffel, Oblate"⟩: Halbleiterscheibe, zur Aufnahme von Mikroschaltungen dienende, mit integrierten Schaltungen bestückte Siliciumscheibe, die noch nicht in Chips (3) zerlegt ist (EDV)

Wag|gon [vaˈgõː, vaˈgɔŋ], österr. auch vaˈgoːn] *der;* -s, Plur. -s, österr. auch Waggone ⟨aus gleichbed. *engl.* wag(g)on (später mit franz. Aussprache), dies aus *niederl.* wagen „Wagen"⟩: [Eisenbahn]wagen, Güterwagen

Wa|gi|reh *das;* -s, -s ⟨aus dem Pers.⟩: kleines Probestück mit Borte, das im Iran vor jedem neuen Teppichmuster geknüpft wird, um die Farbwirkung der verarbeiteten Wolle auszuprobieren

Wa|gon-Lit [vagõˈli:] *der;* -, Wagons-Lits [vagõˈli:] ⟨aus *fr.* wagon-lit zu wagon „Eisenbahnwagen" u. lit „Bett"⟩: franz. Bez. für Schlafwagen

Wah|ha|bit [vaha...] *der;* -en, -en ⟨nach dem Sektengründer Muhammad Ibn Abd Al Wahhab (etwa 1703–1792) u. zu ↑³...it⟩: Angehöriger einer puritanischen Reformsekte des Islams (seit dem 18. Jh. bes. in [Saudi-]Arabien)

Waisch|ja *der;* -s, -s ⟨aus gleichbed. *sanskr.* vaíśya⟩: Angehöriger der dritten ind. Hauptkaste (Kaufleute, Bauern u. Handwerker); vgl. Brahmane, Kschatrija, Schudra

Waisch|na|wa *der;* -s, -s ⟨aus gleichbed. *sanskr.* vaiṣṇavá⟩: Verehrer des Gottes Wischnu (Angehöriger einer hinduistischen Sekte)

Wa|jang *das;* - ⟨aus *jav.* wayang „Schatten"⟩: javan. [Schatten]spiel]theater, bei dem die Figuren als Schatten auf einem weißen Tuch erscheinen

Wa|kon|da *das;* -s ⟨aus einer nordamerik. Indianersprache⟩: svw. Orenda

¹Wa|li *der;* -s, -s ⟨aus gleichbed. *türk.* vāli, dies aus *arab.* wālī „arab. Provinzgouverneur", vgl. ²Wali⟩: a) höchster Regierungsvertreter in einem Verwaltungsgebiet der Türkei; b) (früher) höherer Verwaltungsbeamter in einer Provinz des Osmanischen Reiches; Statthalter. **²Wa|li** u. Weli *der;* -[s], -s ⟨aus gleichbed. *arab.* wālī, eigtl. „Wohltäter, Beschützer"⟩: 1. islam. Heiliger. 2. Grab eines islam. Heiligen als Wallfahrtsort

Wa|li|de *die;* -, -s ⟨aus gleichbed. *türk.* valide (kıraliçe) „(Königin)mutter", wohl zu *arab.* walad „gebären, erzeugen"⟩: (veraltet) Titel der Mutter des regierenden türk. Sultans

Wal|kie-tal|kie [ˈwɔːkɪˈtɔːkɪ] *das;* -[s], -s ⟨aus gleichbed. *engl.* walkie-talkie zu to walk „gehen" u. to talk „sprechen"⟩: tragbares Funksprechgerät. **Wal|king** [ˈwɔːkɪŋ] *das;* -s ⟨aus gleichbed. *engl.-amerik.* walking⟩: sportliches Gehen. **Wal|king|bass** [...beɪs] *der;* - ⟨aus gleichbed. *engl.-amerik.* walking-bass, eigtl. „laufender Baß"⟩: laufende Baßfiguration des Boogie-Woogie-Pianostils. **Walk|man** ⓌⓌ [ˈwɔːkmən] *der;* -s, ...men [...mən] ⟨zu *engl.* to walk „gehen" u. man „Mann"⟩: kleiner, am Körper tragbarer ↑ Kassettenrecorder mit Kopfhörern

Wal|kü|re [auch ˈval...] *die;* -, -n ⟨nach *altisländ.* valkyria; zum 1. Bestandteil vgl. *ahd.* wal „Kampfplatz", 2. Bestandteil verwandt mit ↑ Kür, eigtl. „Wählerin der Toten auf dem Kampfplatz"⟩: 1. göttliche Kampfjungfrau der nord. Sage, die die Gefallenen nach Walhall, der Halle Odins, geleitet. 2. (scherzh.) große, stattliche [blondhaarige] Frau

Wal|la|by [wɔləbi] *das;* -s, -s ⟨aus gleichbed. *engl.* wallaby, dies aus einer Sprache der austral. Ureinwohner⟩: 1. (meist Plur.) zu einer Gattung kleiner bis mittelgroßer Tiere gehörendes Känguruh (z. B. Felsen-, Hasenkänguruh). 2. Fell verschiedener Känguruharten

Wall|street [ˈwɔːlstriːt] *die;* - ⟨nach Wall Street, einer Straße in New York mit bedeutenden Banken u. Börsen⟩: Geld- u. Kapitalmarkt, Finanzzentrum in den USA

Wal|lo|ne *die;* -, -n ⟨aus gleichbed. *it.* vallonea, dies über das Mittelgr. aus *gr.* bálanos „Eichel"⟩: gerbstoffreicher Fruchtbecher der Eiche

Wam|pum *der;* -s, -e ⟨aus *Algonkin* (einer nordamerik. Indianersprache) wampum peag, eigtl. „weiße Schnur"⟩: bei den nordamerik. Indianern Gürtel aus Muscheln u. Schnecken, der als Zahlungsmittel u. Urkunde diente

Wan|da|le u. Vandale *der;* -n, -n ⟨nach dem ostgerman. Volksstamm der Wandalen⟩: zerstörungswütiger Mensch. **wan|da|lisch** u. vandalisch [v...]: zerstörungswütig. **Wan|da|lis|mus** u. Vandalismus [v...] *der;* - ⟨nach gleichbed. *fr.* vandalisme, mit Bezug auf die Plünderung Roms durch die Wandalen im Jahr 455 n. Chr.; vgl. ...ismus (2)⟩: blinde Zerstörungswut

Wan|doo [ˈvɔndu:] *der;* -[s] ⟨aus einer Sprache der austr. Ureinwohner⟩: Unterart des Eukalyptus im Südwesten Australiens

Wa|pi|ti *der;* -[s], -s ⟨aus gleichbed. *engl.* wapiti, dies aus *Algonkin* (einer nordamerik. Indianersprache) wipit⟩: nordamerik. Hirschart mit großem Geweih

Wa|ran *der;* -s, -e (meist Plur.) ⟨aus gleichbed. *arab.* waran⟩: Familie großer u. kräftiger (bis zu drei Meter langer) tropischer Echsen

War|dein *der;* -[e]s, -e ⟨aus gleichbed. *mittelniederl.* wa(e)rdijn, dies über älter *nordfr.* wardien (*fr.* gardien) aus *mlat.* guardianus „Aufsichtführender", dies aus dem

wardieren

Germ.⟩: Münzprüfer. **war|die|ren** ⟨zu ↑...ieren⟩: den Münzwert prüfen

Wa|re|ni|ki *die* (Plur.) ⟨aus gleichbed. *russ.* vareniki⟩: russ. süße Pasteten od. Krapfen

Warm-up ['wɔːm-ʌp] *das;* -s, -s ⟨aus gleichbed. *engl.* warm-up, eigtl. „das Aufwärmen"⟩: 1. a) das Warmlaufenlassen eines Motors (Motorsport); b) das Aufwärmen des Sportlers vor dem Wettkampf durch [leichtes] Training. 2. a) bei Fernsehen u. Rundfunk das Einstimmen der Zuschauer bzw. Zuhörer auf ein Thema; b) Hinlenkung des Augenmerks der Zuschauer bzw. Zuhörer auf den Teil der Werbung, der sein Interesse erregen soll

Warp *der* od. *das;* -s, -e ⟨aus gleichbed. *engl.* warp zu to warp „werfen; binden"⟩: 1. Kettgarn. 2. Schürzenstoff aus Baumwollabfall u. Reißspinnstoff

War|rant [auch 'vɔrənt] *der;* -s, -s ⟨aus gleichbed. *engl.* warrant, dies aus *alt(nord)fr.* g(u)arant, warant; vgl. Garant⟩: von einem Lagerhalter ausgestellte Bescheinigung über den Empfang von eingelagerten Waren (die im Falle der Beleihung der Waren verpfändet werden kann)

War|ve [...və] *die;* -, -n ⟨aus *schwed.* varv „Schicht"⟩: Jahresschicht, die aus einer hellen Sommer- u. einer dunklen Winterschicht besteht (Geol.). **War|vit** u. **War|wit** [auch ...'vɪt] *der;* -s, -e ⟨zu ↑²...it⟩: in Eiszeiten vor dem Quartär gebildetes, dem Bänderton ähnliches Gestein (Geol.)

wash and wear [wɔʃ ənd 'wɛə] ⟨*engl.;* „waschen u. tragen"⟩: waschbar u. nach dem Waschen ohne Bügeln wieder zu tragen (Qualitätsbez. für Kleidungsstücke). **Washboard** ['wɔʃbɔːd] *das;* -s, -s ⟨aus gleichbed. *engl.-amerik.* washboard⟩: als Rhythmusinstrument im Jazz benutztes Waschbrett

Wa|shing|to|nia [vɔʃɪŋ...] *die;* -, ...ien [...jən] ⟨nach dem amerik. Präsidenten G. Washington (1732–1799) u. zu ↑¹...ia⟩: eine Zimmerpalme

Wash|out|pe|rio|de ['wɔʃ'aut...] *die;* -, -n ⟨zu *engl.* to wash out „auswaschen"⟩: Zeitspanne, während der ein Patient keine Arzneimittel erhält, damit der bisher eingenommenen Arzneimittel vollständig aus dem Organismus eliminiert werden (Med.). **Wash|pri|mer** ['wɔʃpraɪmə] *der;* -s, - ⟨zu *engl.* to wash „waschen" u. primer „Grundanstrich"⟩: vor der Lackierung auf das Metall aufgespritzte Lösung, durch die sich eine antikorrosive (vgl. korrosiv) Schicht bildet, die den Haftgrund für die später aufgetragene Lackschicht gibt

Wat *der;* -[s], -s ⟨über das Siamesische aus *sanskr.* vāta „(abgeschlossener) Bezirk", eigtl. „Garten"⟩: buddhistische Klosteranlage in Südasien

Wa|ter|garn ['wɔːtə...] *das;* -[e]s, -e ⟨zu *engl.* water „Wasser"⟩: stark gedrehtes Kettgarn aus Baumwolle, Zellwolle od. synthetischen Fasern

Wa|ter|gate ['wɔːtəgeɪt] *das;* -[s], -s ⟨nach dem Watergatehotel in Washington, in dem im Jahr 1972 eine Wahlkampfsitzung mit kriminellen Methoden von der Gegenpartei abgehört wurde⟩: politischer Skandal größten Ausmaßes

Wa|ter|jacket¹ ['wɔːtədʒækɪt] *das;* -[s], -s ⟨aus gleichbed. *engl.* water jacket zu water „Wasser" u. jacket „Mantel, Hülle"⟩: Metallummantelung bei Hochöfen, in der herabrieselndes Wasser Kühlung erzeugt

Wa|ter|loo *das;* -, -s ⟨nach der Schlacht bei Waterloo (18. 6. 1815), in der Napoleon vernichtend geschlagen wurde⟩: vernichtende Niederlage, Untergang

Wa|ter|pol|lo ['wɔːtəpoulou] *das;* -s ⟨aus *engl.* water polo⟩: engl. Bez. für Wasserball. **wa|ter|proof** [...pruːf] ⟨aus gleichbed. *engl.* waterproof zu water „Wasser" und proof „dicht, undurchlässig"⟩: wassergeschützt, wasserdicht (z. B. von Uhren). **Wa|ter|proof** *der;* -s, -s: 1. wasserdichtes Material. 2. wasserdichter Regenmantel. **Wa|ter|stof|fe** *die* (Plur.): kräftige Baumwollstoffe mit zweifacher Kette aus Watergarnen

Wa|trusch|ki *die* (Plur.) ⟨aus gleichbed. *russ.* vatruški, Plur. von vatruška „Quarkspitze"⟩: kleine Käse- od. Obstkuchen aus Hefeteig

Watt *das;* -s, - ⟨nach dem engl. Ingenieur J. Watt, 1736 bis 1819⟩: Maßeinheit der [elektr.] Leistung; Zeichen W

Wat|te|li|ne *die;* - ⟨Kunstw. zu Watte u. Bildungen wie ↑Vlieseline⟩: leichtes, watteähnliches Zwischenfutter mit flaumiger Oberfläche. **wat|tie|ren** ⟨zu ↑...ieren⟩: mit Watte füttern

Watt|me|ter *das;* -s, - ⟨zu ↑Watt u. ↑¹...meter⟩: Gerät zur Messung elektr. Leistung. **Watt|se|kun|de** *die;* -, -n: Maßeinheit der [elektr.] Energie bzw. der Arbeit; Zeichen Ws

Wa|tus|si|rind *das;* -[e]s, -er ⟨nach dem ostafrik. Volk der Watussi⟩: sehr großwüchsige, schlanke Hausrindrasse im östlichen Afrika

Wa|vel|lit [vavə..., auch ...'lɪt] *der;* -s, -e ⟨nach dem engl. Arzt W. Wavell († 1829) u. zu ↑²...it⟩: ein gelbes, grünliches, graues od. farbloses Mineral

Waves [weɪvz] *die* (Plur.) ⟨aus *engl.* waves, eigtl. „Wellen"⟩: im Elektroenzephalogramm auftretende wellenförmige ↑Potentiale (2; Med.)

Way of life ['weɪ əv 'laɪf] *der;* - - -, -s - - ⟨aus gleichbed. *engl.* way of life, eigtl. „Weg des Lebens"⟩: die [für jmdn. typische] Art zu leben, Einstellung zum Leben

Wa|za-Ari ['va:za...] *der;* -, - ⟨aus *jap.* waza ari, eigtl. „Fastpunkt"⟩: halber Punkt im Judo, der bei nicht vollendet ausgeführter Technik gegeben wird

Weal|den ['viːldən] *das;* -[s] ⟨nach der südostengl. Hügellandschaft The Weald⟩: unterste Stufe der unteren Kreide (Geol.)

wea|ther|proof ['wɛðəpruːf] ⟨aus gleichbed. *engl.* weatherproof zu weather „Wetter" u. proof „dicht, undurchlässig"⟩: gegen Sonne, Wärme, Frost, Nässe u. a. widerstandsfähig ausgerüstet (z. B. für Gebirgstouren)

Web|ste|rit [auch ...'rɪt] *der;* -s, -e ⟨nach dem schott. Geologen Th. Webster u. zu ↑²...it⟩: (veraltet) svw. Aluminit

Weck|amin *das;* - ⟨Kunstw. aus wecken u. ↑Amin⟩: der körperlich-geistigen Abspannung entgegenwirkendes, stimulierendes Kreislaufmittel

We|da *der;* -[s], Plur. Weden u. -s ⟨aus gleichbed. *sanskr.* vēda, eigtl. „Wissen"⟩: die heiligen Schriften der altindischen Religion. **We|dan|ga** *der;* - ⟨aus *sanskr.* vedānga „Glieder des Weda⟩: Oberbegriff für die sechs traditionellen Hilfswissenschaften zur Erklärung des Weda sowie die entsprechenden ↑Sutras

We|dan|ta *der;* - ⟨aus *sanskr.* vedānta, eigtl. „Ende des Weges"⟩: auf den wedischen ↑Upanischaden beruhende wichtigste philos. Schule in Indien, die einen mehr od. minder strengen ↑Monismus lehrt; vgl. Samkhja

Wed|dell|rob|be *die;* -, -n ⟨nach dem engl. Seefahrer J. Weddell, 1787–1834⟩: häufigste Südrobbe, die bis 3 m lang wird

We|den: Plur. von ↑Weda

Wedge [wɛdʒ] *der;* -[s], -s ⟨aus gleichbed. *engl.* wedge, eigtl. „Keil"⟩: Golfschläger mit bes. breiter Schlagfläche für bestimmte Schläge

Wedg|wood ['wɛdʒwʊd] *das;* -[s] ⟨nach dem engl. Kunsttöpfer J. Wedgwood, 1730–1795⟩: feines, verziertes Steingut

we|disch ⟨zu ↑Weda⟩: auf die Weden bezüglich. **We|dis|mus** *der;* - ⟨zu ↑...ismus (2)⟩: wedische Religion

We|dro *das;* -, - ⟨aus gleichbed. *russ.* vedro, eigtl. „Eimer"⟩: altes russ. Flüssigkeitsmaß (= 12,3 l)

Week|end ['vi:klɛnt, 'wi:klɛnd] *das;* -[s], -s ⟨aus gleichbed. *engl.* weekend zu week „Woche" u. end „Ende"⟩: Wochenende (im Hinblick auf die Freizeit)

Weft *das;* -[e]s, -e ⟨aus gleichbed. *engl.* weft zu altengl. wefan „weben"⟩: Schußgarn aus harter engl. Cheviotwolle (vgl. Cheviot)

Wei|ge|lie [...jə] *die;* -, -n ⟨nach dem dt. Arzt Ch. E. Weigel (1748–1831) u. zu ↑¹...ie⟩: Zierpflanze mit roten od. rosafarbenen Blüten

Wei|muts|kie|fer vgl. Weymouthskiefer

We|kil *der;* -[s], Wukela ⟨aus *türk.* vekil, eigtl. „Stellvertreter", dies aus *arab.* wakīl „Bevollmächtigter"⟩: (früher) 1. türk. Minister. 2. stellvertretender ägypt. Gouverneur

We|li vgl. ²Wali

well-done ['wɛl'dʌn] ⟨aus *engl.* well done „gar"⟩: durchgebraten (von Fleisch; Gastr.)

Wel|li|né [...'neː] *der;* -[s], -s ⟨Kunstw. aus *dt.* Welle mit französierender Endung⟩: angerauhter Wollstoff mit wellenartig gemusterter Oberfläche

Wel|ling|to|nia *die;* -, ...ien [...jən] ⟨nach dem Herzog von Wellington (1769–1852) u. ↑¹...ia⟩: svw. Sequoia

Well|ness *die;* - ⟨aus *engl.* wellness „gute Gesundheit"⟩: durch leichte körperliche Betätigung erzieltes Wohlbefinden

Well|sit [auch ...'zɪt] *der;* -s, -e ⟨nach dem amerik. Chemiker H. L. Wells († 1824) u. zu ↑²...it⟩: ein Mineral, kalziumreiche Abart des ↑Harmotoms

Welsh rab|bit ['wɛlʃ 'ræbɪt] *der;* - -, - -s ⟨*engl.;* „Waliser Kaninchen", vielleicht nach der Form⟩: mit geschmolzenem Käse bestrichene od. mit Käse belegte u. dann überbackene Weißbrotscheibe. **Welsh rare|bit** [- 'rɛəbɪt] *der;* - -, - -s ⟨*engl.;* „Waliser Leckerbissen"; 2. Bestandteil wohl umgedeutet von rabbit „Kaninchen" zu rare bit „Leckerbissen"⟩: svw. Welsh rabbit

Wel|ter|ge|wicht *das;* -[e]s ⟨Lehnübersetzung von *engl.* welterweight, urspr. ein Reitergewicht⟩: zwischen Leicht- u. Mittelgewicht liegende Gewichtsklasse im Boxsport

Wel|wit|schia *die;* -, ...ien [...jən] ⟨nach dem österr. Arzt F. Welwitsch (1806–1872) u. zu ↑¹...ia⟩: Wüstenpflanze mit zwei bandförmigen Blättern

Wen|gé [...'geː] *das;* -[s] ⟨aus dem Afrik.⟩: hartes, elastisches, grob strukturiertes, schwarz gestreiftes Holz aus dem Kongogebiet

Wer|schok *die;* -, Werschki ⟨aus gleichbed. *russ.* veršok zu verh „Spitze, Gipfel"⟩: alte russ. Längeneinheit (= 4,445 cm, der 16. Teil eines ↑Arschins)

Werst *die;* -, -en (aber: 5 Werst) ⟨aus *russ.* versta, eigtl. „Wende (des Pfluges)"⟩: altes russ. Längenmaß (= 1,067 km); Zeichen W

We|sir *der;* -s, -e ⟨aus *türk.* wezir, dies aus *arab.* wazīr, eigtl. „Träger, Helfer"⟩: (früher) 1. höchster Würdenträger des türk. Sultans. 2. Minister in islam. Staaten. **We|si|rat** *das;* -[e]s, -e ⟨zu ↑...at (1)⟩: Amt, Würde eines Wesirs

Wes|leya|ner [vɛsli..., vɛsle...] *der;* -s, - ⟨aus gleichbed. *engl.* Wesleyan, nach dem engl. Geistlichen J. Wesley (1703 bis 1791) u. zu ↑...aner⟩: Anhänger des von Wesley begründeten ↑Methodismus

West-Coast-Jazz ['wɛst'koʊst'dʒæz] *der;* - ⟨zu *engl.* west „Westen", coast „Küste" u. ↑Jazz⟩: von der Mitte der 50er bis Anfang der 60er Jahre an der Westküste der USA gespielte, dem Cool Jazz ähnliche Stilrichtung des Jazz

West|end *das;* -s, -s ⟨nach dem Londoner Stadtteil West End⟩: vornehmer Stadtteil einer Großstadt

We|stern *der;* -[s], - ⟨aus gleichbed. *engl.-amerik.* western, gekürzt aus western picture movies „Wildwestfilm"⟩: Film, der während der Pionierzeit im sog. Wilden Westen (Amerikas) spielt. **We|stern art** [–'ɑːt] *die;* - - ⟨zu *engl.* art „Kunst"⟩: a) Kunst, die den amerik. Westen zum Gegenstand hat; b) Kunst u. Kunstgewerbe der nordamerik. Indianer. **We|ster|ner** *der;* -s, - ⟨aus gleichbed. *engl.-amerik.* westerner, eigtl. „Abendländer"⟩: Westernheld

We|sting|house|brem|se ⓌⓏ [...haus...] *die;* -, -n ⟨nach dem amerik. Ingenieur G. Westinghouse, 1846–1914⟩: Luftdruckbremse bei Eisenbahnen mit Hauptluftleitung, die von Wagen zu Wagen durchläuft

We|ston|ele|ment [...tən...] *das;* -s, -e ⟨nach dem amerik. Physiker E. Weston, 1850–1936⟩: H-förmiges galvanisches Element, das als Normalelement für die elektrische Spannung eingeführt ist

West|over [...vɐ] *der;* -s, - ⟨zu *engl.* vest „Weste" u. *over* „über", Analogiebildung zu ↑Pullover⟩: ärmelloser Pullover, der über einem Hemd od. einer Bluse getragen wird

Wey|mouths|kie|fer ['vaimuːts...], auch Weimutskiefer *die;* -, -n ⟨nach Th. Thynne, 1. Viscount of Lord Weymouth, † 1714⟩: eine nordamerik. Kiefernart mit kegelförmiger Krone u. langen, blaugrünen Nadeln

Wheat|stone|brücke¹ ['wiːtstən...] *die;* -, -n ⟨nach dem engl. Physiker Sir Ch. Wheatstone, † 1875⟩: Brückenschaltung zur Messung elektr. Widerstände, wobei vier Widerstände zu einem geschlossenen Stromkreis verbunden werden

Whe|well|it ['hjuːəliːt, auch ...'lɪt] *der;* -s, -e ⟨nach dem brit. Philosophen W. Whewell (1794–1866) u. zu ↑²...it⟩: Mineral, das in Form von kleinen weißen Kristallen in Steinkohlen- u. Erdöllagerstätten vorkommt

Whig [vɪk, engl. wɪg] *der;* -s, -s ⟨aus *engl.* Whig, gekürzt aus Whiggamore „Westschotte, der 1648 am Zug gegen Edinburgh teilnahm"⟩: 1. Angehöriger einer ehemaligen engl. Partei, aus der sich die liberale Partei entwickelte; Ggs. ↑Tory (1 a). 2. engl. Politiker, der in Opposition zu den Konservativen steht; Ggs. ↑Tory (1 b). **Whig|gis|mus** *der;* - ⟨zu ↑...ismus (1)⟩: politische Ansichten u. Grundsätze der Whiggisten. **whig|gi|stisch** ⟨zu ↑...istisch⟩: den Whiggismus betreffend

Whip [wɪp] *der;* -s, -s ⟨aus gleichbed. *engl.* whip, eigtl. „(Ein)peitscher" zu whip „zusammentrommeln"⟩: ein Abgeordneter im engl. Unterhaus, der den Fraktionsmitgliedern die Aufträge des Partei- u. Fraktionsführers mitteilt u. für ihr Erscheinen in wichtigen Sitzungen sorgt.

Whip|cord ['vɪpkɔrt, engl. 'wɪpkɔːd] *der;* -s, -s ⟨aus gleichbed. *engl.* whipcord, eigtl. „Peitschenschnur"⟩: kräftiger Anzugstoff mit ausgeprägten Schrägrippen

Whip|pet ['vɪpit, engl. w...] *der;* -s ⟨aus gleichbed. *engl.* whippet⟩: kurzhaariger Windhund einer engl. Rasse, oft bei Hunderennen eingesetzt

Whirl|pool u. **Whirl-pool** ⓌⓏ ['wəːlpuːl] *der;* -s, -s ⟨aus gleichbed. *engl.* whirlpool, eigtl. „Strudel, Wirbel", zu to whirl „wirbeln, strudeln" u. pool, vgl. ¹Pool⟩: Bassin mit warmem, durch Düsen in brodelnde Bewegung gebrachtem Wasser, in dem man sich sitzend od. liegend aufhält

Whis|ker ['vɪskɐ] *der;* -s, - ⟨aus gleichbed. *engl.* whisker, eigtl. „Barthaar"⟩: sehr dünne Kristallfaser, aus der Werkstoffe von außerordentlicher Zugfestigkeit hergestellt werden

Whis|key ['vɪski, engl. 'wɪski] *der;* -s, -s ⟨aus *engl.* whiskey, vgl. Whisky⟩: amerik. u. irischer Whisky, der aus Roggen od. Mais bzw. aus Gerste gebrannt wird. **Whis|ky** ['vɪski, engl. 'wɪski] *der;* -s, -s ⟨aus gleichbed. *engl.* whiskey, whisky, gekürzt aus älter whisky-bae, Nebenform von usquebaugh, dies aus *(schott.-)gäl.* uisgebeatha „Lebenswasser"⟩: aus Getreide (bes. aus gemalzter Gerste) hergestellter schott. Trinkbranntwein mit rauchigem Geschmack.

Whis|ky|so|da *der;* -s, -s: mit Mineralwasser gemischter Whisky

Whist [vɪst, engl. wɪst] *das;* -[e]s ⟨aus gleichbed. *engl.* whist, älter *engl.* whisk, vielleicht beeinflußt von veraltet, noch mdal. whist „Stillschweigen"⟩: aus England stammendes Kartenspiel mit 52 Karten

Whist|ler [ˈwɪslə] *der;* -s, - (meist Plur.) ⟨aus gleichbed. *engl.* whistler, eigtl. „Pfeifer", wegen der Eigenschaft der Wellen, beim Wiedererreichen der Erdoberfläche einen im Lautsprecher hörbaren Pfeifton hervorzurufen⟩: von Blitzen ausgesandte elektromagnetische Wellen, die an den magnetischen Feldlinien der Erde entlang durch den Raum laufen (Phys.)

White|coat [ˈwaɪtkoʊt] *der;* -s, -s ⟨aus gleichbed. *engl.* whitecoat, eigtl. „weißer Mantel"⟩: weißes Fell junger Seehunde

White-col|lar-Kri|mi|na|li|tät [ˈwaɪtkɔlə...] *die;* - ⟨nach gleichbed. *engl.* white-collar crime, eigtl. „Verbrechen (das) im weißen Kragen (ausgeführt wird)"⟩: weniger offensichtliche strafbare Handlungsweise, wie sie in höheren Gesellschaftsschichten, bes. bei Vertretern der Politik, Wirtschaft u. Industrie, vorkommt (z. B. Steuerhinterziehung, Bestechung)

Whit|ney|it [wɪtnɪ..., auch ...ˈɪt] *der;* -s, -e ⟨nach dem amerik. Physiker W. R. Whitney (1868–1958) u. zu ↑²...it⟩: ein rötlich-weißes Mineral aus Kupfer mit Arsen

Whit|worth|ge|win|de [ˈwɪtwəːθ...] *das;* -s ⟨nach dem engl. Ingenieur Sir J. Whitworth, 1803–1887⟩: genormtes, in Zoll gemessenes Schraubengewinde

Who's who? [ˈhuː 'huː] ⟨*engl.;* „Wer ist wer?"⟩: engl. Titel von Lexika, die sich mit den Biographien von Zeitgenossen, bes. von Persönlichkeiten des öffentlichen u. gesellschaftlichen Lebens befassen

Wicket¹ [ˈwɪkɪt] *das;* -s, -s ⟨aus gleichbed. *engl.* wicket⟩: das Tor beim ↑ Kricket

Wi|dia ⓦ *das;* -s, -s ⟨Kunstw. aus *wie* u. *Dia*mant⟩: bes. für Schneidwerkzeuge u. Bohrer verwendete Legierung aus Kobalt mit verschiedenen Karbiden, die mit der Härte des Diamanten vergleichbar ist

Wig|wam *der;* -s, -s ⟨aus gleichbed. *engl.* wigwam, dies aus *Algonkin* (einer nordamerik. Indianersprache) wīkwām „Hütte"⟩: zeltartige Behausung nordamerik. Indianer

Wi|kli|fit *der;* -en, -en ⟨nach dem engl. Theologen u. Kirchenpolitiker J. Wyclif (etwa 1320–1384) u. zu ↑³...it⟩: Anhänger der Lehre des engl. Vorreformators J. Wyclif

Wi|la|jet *das;* -[e]s, -s ⟨aus gleichbed. *türk.* vilâyet, dies aus *arab.* wilāya „Provinz"⟩: türk. Provinz, Verwaltungsbezirk im ehemaligen Osmanischen Reich

Wild card [ˈwaɪld ˈkaːd] *die;* - -, - -s ⟨aus gleichbed. *engl.* wild card, eigtl. „wilde (= beliebig verwendbare) Spielkarte"⟩: freie Plazierung bei einem Tennisturnier, die der Veranstalter nach Gutdünken vergeben kann

Wil|dschur *die;* -, -en ⟨aus *poln.* wilczura „Wolfspelz", volksetymologisch angelehnt an *dt.* Wild u. Schur⟩: im 19. Jh. Bez. für schwerer Pelzmantel

Wil|le|mit [auch ...ˈmɪt] *der;* -s, -e ⟨nach dem niederl. König Willem I. (1772–1843) u. zu ↑²...it⟩: ein farbloses od. gefärbtes (oft gelb od. gelbgrün), durchscheinendes Mineral

Wil|liams Christ [...jams ˈkrɪst] *der;* - -, - - ⟨zu ↑ Williams Christbirne⟩: aus Williams Christbirnen hergestellter Branntwein. **Wil|liams Christ|bir|ne** *die;* - -, - -n ⟨Herkunft unbekannt⟩: große Birne mit gelber, bräunlich gepunkteter Schale u. gelblichweißem, zartem, fein aromatischem Fruchtfleisch

Wil|ly-Wil|ly [ˈwɪlɪwɪlɪ] *der;* -[s], ...lies [...liːz] ⟨aus gleichbed. *engl.* willy-willy, dies vermutlich aus einer Sprache der austr. Ureinwohner⟩: tropischer Wirbelsturm an der Küste Nordaustraliens

Wi|na u. **Vi|na** [v...] *die;* -, -s ⟨aus *sanskr.* vīṇā „Laute"⟩: altind. Saiteninstrument, bestehend aus einem auf zwei ausgehöhlten Kürbissen liegenden Bambusrohr mit vier Drahtsaiten, die angerissen werden

Win|che|ster|ge|wehr [ˈwɪntʃɪstə...] *das;* -[e]s, -e ⟨nach dem Erfinder O. F. Winchester (1810–1880) bzw. nach der Winchester Repeating Arms Company in New Haven⟩: ab 1866 hergestelltes amerik. Repetiergewehr

Wind-band [wɪndbænd] *die;* -, -s ⟨aus *engl.* wind band zu wind „Wind" u. band vgl. Band⟩: engl. Bez. für Blasorchester. **Wind|fall pro|fits** [ˈwɪndfɔːl 'prɔfɪts] *die* (Plur.) ⟨aus gleichbed. *engl.* windfall profits, eigtl. „Fallobstprofite", zu windfall „Fallobst; unerwarteter Glücksfall" (eigtl. „Windbruch") u. ↑ Profit⟩: Gewinne, die einem Unternehmen ohne dessen Zutun durch plötzliche Veränderungen der Marktsituation zufallen (Wirtsch.). **Wind|jam|mer** *der;* -s, - ⟨aus gleichbed. *engl.* wind-jammer, zu to jam, vgl. Jam⟩: großes Segelschiff. **Win|dow** [ˈwɪndoʊ] *das;* -[s], -s ⟨aus gleichbed. *engl.* window, eigtl. „Fenster"⟩: Rechteck mit einer festgelegten Größe u. einer bestimmten Position auf dem Bildschirm (z. B. zur optischen Darstellung von Programmabläufen; EDV). **Win|dow|shop|ping** [...ˈʃɔpɪŋ] *das;* -s ⟨aus gleichbed. *engl.* window-shopping, zu shopping, vgl. Shopping⟩: Schaufensterbummel. **Win|dowtech|nik** *die;* -: Fenstertechnik, Verfahren, den Bildschirm in mehrere Windows aufzuteilen, um dadurch eine Übersicht über verschiedene Programme (4) gewinnen zu können bzw. um den vorgesehenen Programmablauf optisch darzustellen (EDV). **Winds** [wɪndz] *die* (Plur.) ⟨aus *engl.* (the) wind(s)⟩: engl. Bez. für Blasinstrumente des Orchesters

Wind|sor|kno|ten *der;* -s, - ⟨nach dem Herzog von Windsor, der ihn populär gemacht hat⟩: mit einer speziellen Bindetechnik geschlungener, dicker Krawattenknoten

wind|sur|fen [...səːfn̩] ⟨zu *dt.* Wind u. ↑ surfen⟩: Windsurfing betreiben. **Wind|sur|fer** [...səːfɐ] *der;* -s, -: jmd., der Windsurfing betreibt. **Wind|sur|fing** [...səːfɪŋ] *das;* -s: das Segeln auf einem mit einem beweglichen Segel ausgerüsteten langen, flachen, stromlinienförmigen Brett aus Kunststoff

Wing|lets [ˈwɪŋləts] *die* (Plur.) ⟨aus *engl.* winglet „Flügelchen, Verkleinerungsform von wing „Flügel"⟩: an den Flügelenden von Flugzeugtragflächen angeordnete kleine Hilfsflügel, die die Verwirbelungen hinter den Tragflächen verringern sollen

Wire-loop [ˈwaɪəluːp] *das;* -[s], -s (meist Plur.) ⟨zu *engl.* wire „Draht" u. loop „Schlinge"⟩: Bez. für krankhaft veränderte ↑ Glomeruli, die in ihrer Form an Drahtschlingen erinnern (Med.)

Wisch|nu *der;* -s ⟨aus gleichbed. *sanskr.* viṣṇu⟩: neben ↑ Brahma u. ↑ Schiwa einer der höchsten Götter des Hinduismus. **Wisch|nu|is|mus** *der;* - ⟨zu ↑ ...ismus (1)⟩: Hauptrichtung des Hinduismus, in der Wischnu als höchster Gott verehrt wird

Wi|sta|ria *die;* -, ...ien [...jən] ⟨nach dem amerik. Anatomen C. Wistar (1761–1818) u. ↑¹...ia⟩: svw. Glyzine

Wi|the|rit [wɪðə..., auch ...ˈrɪt] *der;* -s, -e ⟨nach dem brit. Mediziner u. Botaniker W. Withering (1741–1799) u. zu

↑²...it〉: ein farbloses, weißes, graues od. gelbliches, sprödes Mineral

Wla|di|ka *der;* -s, -s 〈aus dem Slaw.; vgl. *russ.* vladyka〉: 1. Bischofstitel in der russ.-orthodoxen Kirche. 2. (früher) Titel des Herrschers u. Kirchenoberhaupts von Montenegro

wob|beln 〈aus gleichbed. *engl.* to wobble, eigtl. „wackeln, zittern"〉: 1. eine Frequenz sinusförmig gegenüber einer anderen (niedrigeren) gering schwanken lassen (Phys.). 2. eine periodische Schwankung verursachen (Phys.). **Wobbler** *der;* -s, - 〈aus gleichbed. *engl.* wobbler〉: 1. in der Frühzeit der Funktechnik verwendete Handmorsetaste mit beidseitig kontaktgebendem Tasthebel. 2. a) Gerät zur Verursachung stetiger periodischer Schwankungen der Frequenz; b) zu Prüfzwecken dienender Sender, dessen Frequenz regelmäßig geändert werden kann (Phys.). 3. beweglicher, künstlicher Köder für den Fang von Raubfischen

Wo|da|nit [auch ...'nɪt] *der;* -s, -e 〈nach Wodan, dem obersten germ. Gott, u. zu ↑²...it〉: ein Glimmermineral, eine titanhaltige Varietät des ↑Biotits

Wod|ka *der;* -s, -s 〈aus gleichbed. *russ.* vodka, eigtl. „Wässerchen", Verkleinerungsform von voda „Wasser"〉: hochprozentiger russ. Trinkbranntwein

Wo|du, Voodoo ['vu:du, vu'du:], Voudou [vu'du:] u. **Wudu** *der;* - 〈aus gleichbed. *kreol.* voudou, dies aus dem Westafrik.〉: aus Westafrika stammender synkretistischer, mit kath. Elementen durchsetzter, magisch-religiöser Geheimkult auf Haiti

Wo|fa|tit Ⓦ [auch ...'tɪt] *der;* -s, -e 〈Kunstw.〉: Ionenaustauscher auf Kunststoffbasis, der bes. zum Enthärten von Wasser verwendet wird (Chem.)

Wog|ging *das;* -s 〈Mischbildung aus ↑*W*alking u. ↑*Jog*ging〉: schnelles, sportliches Gehen

Woi|lach ['vɔylax] *der;* -s, -e 〈aus *russ.* vojlok „Filz", älter „Satteldecke", dies aus *turkotat.* oilyk „Decke"〉: wollene [Pferde]decke, Sattelunterlage

Woi|wod u. **Woi|wo|de** [vɔy...] *der;* ...den, ...den 〈aus *poln.* wojewoda zu wojna „Krieg" u. wodzić „führen"〉: 1. (früher) Heerführer (in Polen, in der Walachei). 2. oberster Beamter einer poln. Provinz; Landeshauptmann. **Woi|wod|schaft** *die;* -, -en: Amt[sbezirk] eines Woiwoden

Wok *der;* -, -s 〈aus gleichbed. *chin.* (kantonesisch) wôk〉: (bes. in der chines. Küche verwendeter) schalenförmiger Kochtopf, in dem die Speisen durch ständiges Umrühren gegart werden

Wolf|ra|mat *das;* -[e]s, -e 〈nach Wolfram, dem Namen eines metallischen chem. Elements, u. zu ↑...at (2)〉: Salz der Wolframsäure (Chem.). **Wolf|ra|mit** [auch ...'mɪt] *das;* -s 〈u ↑²...it〉: ein dunkelbraunes bis schwarzes, metallisch glänzendes Mineral, wichtigstes Wolframerz

Wolfs|ber|git [auch ...'gɪt] *der;* -s, -e 〈nach dem Ort Wolfsberg, Landkreis Sangerhausen, u. zu ↑²...it〉: ein bleigraues bis schwarzes, häufig bunt angelaufenes Mineral

Wol|la|sto|nit [auch ...'nɪt] *der;* -s, -e 〈nach dem engl. Chemiker u. Physiker W. H. Wollaston (1766–1828) u. zu ↑²...it〉: ein weißes, glas-, auch perlmuttartig glänzendes Mineral

Wol|ve|rines ['wʊlvəri:nz] *die* (Plur.) 〈nach dem Namen „The Wolverine Orchestra"〉: eine der Hauptgruppen des Jazz im sog. Chikagostil

Wom|bat *der;* -s, -s 〈aus gleichbed. *engl.* wombat, dies aus einer austr. Eingeborenensprache〉: austral. Beuteltier, ein kurzbeiniger, stummelschwänziger, nachtaktiver Bodenbewohner

Wo|men's Lib ['wɪmɪnz 'lɪb] *die;* - - 〈verkürzt aus *engl.* Women's *Lib*eration Movement „Frauenbefreiungsbewegung"〉: innerhalb der Bürgerrechtsbewegung der 1960er Jahre entstandene amerik. Frauenbewegung

Won *der;* -[s], -[s] (aber: 100 -) 〈aus dem Korean.〉: Währungseinheit in Korea

Wood [wʊd] *der;* -s, -s 〈aus gleichbed. *engl.* wood, eigtl. „Holz"〉: Golfschläger mit Kopf aus Holz

Wood|cock|spa|ni|el ['wʊdkɔk...] *der;* -s, - 〈zu *engl.* woodcock „Waldschnepfe" u. ↑Spaniel〉: svw. Cockerspaniel

Wood|ef|fekt ['wʊd...] *der;* -[e]s 〈nach dem amerik. Physiker R. W. Wood, 1868–1955〉: Erscheinung, bei der Infrarotaufnahmen Pflanzengrün bei Sonnenbeleuchtung sehr hell (im Positiv) wiedergegeben wird (Fotogr.)

Woo|fer ['wʊfə] *der;* -[s], - 〈aus gleichbed. *engl.-amerik.* woofer zu *engl.* to woof „einen dumpfen Ton von sich geben", eigtl. „bellen"〉: [Tiefton]lautsprecher an elektroakustischen Anlagen; Ggs. ↑Tweeter

Worce|ster|so|ße ['vʊstə...] *die;* -, -n 〈nach der engl. Stadt Worcester〉: pikante Soße zum Würzen von Speisen

Work|aho|lic [wə:kəˈhɔlɪk] *der;* -s, -s 〈aus gleichbed. *engl.* workaholic, zusammengezogen aus work „Arbeit" u. alcoholic „Alkoholiker"〉: jmd., der unter dem Zwang steht, ununterbrochen arbeiten zu müssen. **Work|aho|lis|mus** *der;* - 〈nach gleichbed. *engl.* workaholism; vgl. ...ismus (3)〉: ins Krankhafte gesteigerte Arbeitssucht. **Work|flow** ['wə:kfloʊ] *der* od. *das;* -s, -s 〈aus *engl.* work flow „Arbeitsfluß"〉: Arbeitsablauf bei Computerprogrammen, bei dem der Anwender ständig automatisch (z. B. durch ↑Windows) auf den nächsten Arbeitsschritt gelenkt wird (EDV). **Work|shop** ['wə:kʃɔp] *der;* -s, -s 〈aus gleichbed. *engl.* workshop, eigtl. „Werkstatt"〉: Kurs, Seminar o. ä., in dem in freier Diskussion bestimmte Probleme erarbeitet werden, ein Erfahrungsaustausch stattfindet. **Work-Song** ['wə:ksɔŋ] *der;* -s, -s 〈aus gleichbed. *engl.-amerik.* work song; vgl. Song〉: (früher) Arbeitslied, bes. der afrik. Sklaven in Nordamerika. **Work|sta|tion** ['wə:ksteɪʃn] *die;* -, -s 〈aus gleichbed. *engl.* work-station〉: Arbeitsplatzrechner für professionellen Einsatz, leistungsfähiger Personalcomputer

World|cup ['wə:ldkʌp] *der;* -s, -s 〈aus gleichbed. *engl.* world cup zu world „Welt" u. cup „Pokal"〉: Weltpokal, meist jährlich stattfindender Wettbewerb mit unterschiedlichem Austragungsmodus in verschiedenen sportlichen Disziplinen (z. B. im Skisport)

WORM 〈Abk. für *engl.* write once, read many „einmal schreiben, vielfach lesen"〉: optische Speicherplatte, die vom Anwender mit einem konstanten Inhalt beschrieben wird (bes. für sehr große Mengen unveränderlicher Daten geeignet; EDV)

Wrap|ping ['ræpɪŋ] *das;* -s 〈aus *engl.* wrapping „Hülle, Umhüllung" zu to wrap „einhüllen, einpacken"〉: operative Behandlung eines ↑Aneurysmas durch Anbringen einer Kunststoffhülle, die wandfestigende Bindegewebswucherungen auslöst (Med.)

Writ ['rɪt] *der;* -[s], -s 〈aus *engl.* writ „behördlicher Erlaß", verwandt mit *altnord.* rit u. *got.* writs〉: im alten engl. Recht jeder schriftliche Befehl des Königs an einen Lehnsträger, dessen Nichtbeachtung als Felonie, d. h. als Treuebruch, bestraft wurde

Wu|du vgl. Wodu

Wu|ke|la: Plur. von ↑Wekil

Wul|fe|nit [auch ...'nɪt] *das;* -s, -e 〈nach dem österr. Mineralogen F. X. v. Wulfen (1728–1805) u. zu ↑²...it〉: ein gelbes bis orangerotes Mineral

Wurlitzerorgel

Wur|lit|zer|or|gel *die;* -, -n ⟨nach der nordamerik. Herstellerfirma Wurlitzer⟩: eine elektr. Kinoorgel, urspr. zur musikalischen Untermalung von Stummfilmen

Wurt|zit [auch ...'tsɪt] *der;* -s, -e ⟨nach dem franz. Chemiker Ch. A. Wurtz (1817–1884) u. zu ↑²...it⟩: ein hell- bis dunkelbraunes Mineral, das meist mit Pechblende verwachsen auftritt

Wy|an|dot|te [vaiən'dɔt(ə)] *das;* -, -s od. *die;* -, -n [...tn̩] ⟨aus gleichbed. *engl.* wyandotte, wohl nach dem kanad. Indianerstamm der Wyandots⟩: Huhn einer mittelschweren amerik. Rasse mit meist weißem Gefieder u. dunkler Zeichnung

Wy|chu|chol ['vʏxʊxɔl] *der;* -[s], -s ⟨aus gleichbed. *russ.* vychuchol⟩: eine nachtaktive, in der Nähe von ruhigen Gewässern lebende russ. Maulwurfsart

WYSIWYG ['waɪzɪwaɪg] ⟨Abk. für *engl.* what you see is what you get „was man sieht, bekommt man auch"⟩: Schlagwort aus dem Bereich der Textverarbeitung u. des ↑Desktop publishing, wonach auf dem Bildschirm genau das dargestellt wird, was später gedruckt wird (EDV)

xanth..., Xanth... vgl. xantho..., Xantho... **Xan|thal|lin** *das;* -s ⟨Kunstw. zu ↑xantho... u. ↑...in (1)⟩: ein ↑Alkaloid des Opiums. **Xan|that** *das;* -[e]s, -e ⟨zu ↑...at (2)⟩: svw. Xanthogenat. **Xanth|elas|ma** *das;* -s, Plur. -ta u. ...men ⟨zu *gr.* élasma „plattenförmiges Gebilde", eigtl. „mit dem Hammer getriebene Metallplatte"⟩: gelbe Flecken od. Knötchen an den Augenlidern (Med.). **Xan|then** *das;* -s ⟨zu ↑...en⟩: kristalline Substanz als Grundlage einer Gruppe von Farbstoffen (Chem.). **Xan|thin** *das;* -s ⟨zu ↑...in (1)⟩: eine physiologisch wichtige Stoffwechselverbindung, die im Organismus beim Abbau der ↑Purine entsteht (Biochem.). **Xan|thin|oxy|da|se** *die;* -, -n: ↑Enzym, das Xanthin in Harnsäure überführt (Biochem.). **Xan|thin|urie** *die;* - ⟨zu ↑...urie⟩: vermehrte Ausscheidung von Xanthin im Urin (Med.)

Xan|thip|pe *die;* -, -n ⟨nach dem Namen von Sokrates' Ehefrau Xanthippe (*gr.* Xanthíppē), die in der altgriech. Literatur als schwierig u. zanksüchtig geschildert wird⟩: (ugs.) unleidliche, zanksüchtige Ehefrau

xan|tho..., Xan|tho..., vor Vokalen auch xanth..., Xanth... ⟨aus gleichbed. *gr.* xanthós⟩: Wortbildungselement mit der Bedeutung „gelb", z. B. Xanthophyll, Xanthelasma. **xan|tho|chrom** [...k...] ⟨zu *gr.* chrõma „Farbe"⟩: gelb-, hellfarbig. **Xan|tho|chro|mie** *die;* -, ...ien ⟨zu ↑²...ie⟩: Gelb-Braun-Färbung der Gehirn-Rückenmarks-Flüssigkeit durch Beimengung von Blutfarbstoffen (Med.). **xan|tho|derm** ⟨zu *gr.* dérma „Haut"⟩: gelbhäutig (Med.). **Xan|tho|der|mie** *die;* -, ...ien ⟨zu ↑...dermie⟩: Gelbfärbung der Haut bei Xanthomen (Med.). **Xan|thod|on|tie** *die;* -, ...ien ⟨zu *gr.* odoús, Gen. odóntos „Zahn" u. ↑²...ie⟩: Gelb- bis Braunfärbung der Zähne durch normale Umwelt- od. Ernährungseinflüsse. **Xan|tho|ge|nat** *das;* -[e]s, -e ⟨zu ↑...gen u. ↑...at (2)⟩: Salz der Xanthogensäure (Chem.). **Xan|tho|gen|säu|re** *die;* -: Äthylester der Dithiokohlensäure, Ausgangsstoff technisch wichtiger Salze (Chem.). **Xan|thom** *das;* -s, -e ⟨zu ↑...om⟩: gutartige, gelbgefärbte Geschwulst der Haut (Med.). **Xan|tho|ma|to|se** *die;* -, -n ⟨zu ↑¹...ose⟩: ausgedehnte Xanthombildung (Med.). **Xan|thon** *das;* -s ⟨zu ↑²...on⟩: organische Substanz in Form farbloser Nadeln, ↑Diketon des Anthracens (Chem.). **Xan|tho|phyll** *das;* -s ⟨zu *gr.* phýllon „Blatt"⟩: gelber Farbstoff der Pflanzenzellen (Bot.). **Xan|tho|phyl|lit** [auch ...'lɪt] *der;* -s, -e ⟨zu ↑²...it⟩: ein gelbes Mineral. **Xan|tho|pro|te|in|re|ak|ti|on** *die;* -, -en: Gelbfärbung beim Nachweis von Eiweißstoffen mit Salpetersäure (Biochem.). **Xanth|op|sie** *die;* -, ...ien ⟨zu ↑...opsie⟩: das Gelbsehen aller Gegenstände bei gestörtem Farbensehen (Med.). **Xan|thor|rhoea** [...'rø:a] *die;* - ⟨aus *nlat.* xanthorrhoea zu ↑xantho... u. *gr.* rheīn „fließen"⟩: austr. Gattung der Liliengewächse. **Xanth|oxy|lum** *das;* -s ⟨aus *nlat.* xanthoxylum, zu *gr.* xýlon „Holz"⟩: ostasiat. u. nordamerik. Baumgattung. **Xan|tho|zy|an|opie** u. **Xan|tho|zy|an|op|sie** *die;* -, ...ien ⟨zu *gr.* kýanos „blaue Farbe" u. ↑...opie bzw. ...opsie⟩: Form des gestörten Farbensehens, bei der nur die Farben Gelb u. Blau richtig gesehen werden (Med.)

X-Chro|mo|som ['ɪkskro...] *das;* -s, -en ⟨zum Buchstaben X u. ↑Chromosom, nach der Form⟩: Geschlechtschromosom, das beim Vorkommen in der Samenzelle das Geschlecht des gezeugten Kindes auf weiblich festlegt (Med., Biol.); Ggs. ↑Y-Chromosom

xen..., Xen... vgl. xeno..., Xeno... **Xe|nie** [...jə] *die;* -, -n u. **Xe|ni|on** *das;* -s, ...ien [...jən] ⟨über *lat.* xenium (Plur. xenia „Begleitverse zu Gastgeschenken") aus *gr.* xénion „Gastgeschenk" zu xénos „Gast; Fremder"⟩: kurzes Sinngedicht (ein ↑Distichon)

XENIX *das;* - ⟨Kunstw.⟩: eine Variante des Computer-Betriebssystems ↑UNIX

Xe|ni|zi|tät *die;* -, -en ⟨zu ↑xeno... u. ↑...izität⟩: Fremdartigkeit des Verhaltens von [neuen] Elementarteilchen (Phys.).

xe|no..., Xe|no..., vor Vokalen auch xen..., Xen... ⟨zu *gr.* xénos „fremd; Fremder"⟩: Wortbildungselement mit der Bedeutung „fremd, Fremdes", z. B. Xenophilie, Xenizität. **Xe|no|bio|se** *die;* -, -n ⟨zu ↑...biose⟩: Gast-Wirt-Verhältnis zwischen zwei Ameisenarten, bei dem die Gastameise Unterkunft u. Schutz bei der Wirtsameise findet (Biol.). **Xe|no|bio|ti|kum** *das;* -s, ...ka (meist Plur.) ⟨zu *gr.* bíos „Leben" u. ↑...ikum, Analogiebildung zu ↑Antibiotikum⟩: körperfremde Substanz (z. B. ein Medikament), die im lebenden Organismus Stoffwechselreaktionen unterliegt (Med.). **Xe|no|blast** *der;* -en, -en ⟨zu *gr.* blastós „Sproß, Keim"⟩: gesproßtes Mineral mit uncharakteristischer Form. **xe|no|bla|stisch**: nicht in der eigenen Gestalt ausgebildet (von Mineralneubildungen bei der Gesteinsmetamorphose; Geol.). **Xe|no|do|chi|um** [...x...] *das;* -s, ...ien [...jən] ⟨über gleichbed. *spätlat.* xenodochium aus *gr.* xenodocheīon⟩: altkirchliche Fremdenherberge, Vorläufer des mittelalterlichen ↑Hospizes. **Xe|no|ga|mie** *die;* -, ...ien ⟨zu ↑xeno... u. ↑...gamie (1)⟩: Fremd- od. Kreuzbestäubung von Blüten (Bot.). **xe|no|gen** ⟨zu ↑...gen⟩: von einem artfremden Individuum stammend (bes. von Transplantaten; Med.). **Xe|no|glos|sie** *die;* -, ...ien ⟨zu *gr.* glõssa (vgl. Glosse) u. ↑²...ie⟩: unbewußtes Reden in einer unbekannten Fremdsprache (Psychol.). **Xe|noi** [...nɔy] *die* (Plur.) ⟨aus gleichbed. *gr.* xénoi, Plur. von xénos „der Fremde"⟩: Fremde, Ausländer; antike Bez. für die sich vorübergehend in altgriech. Städten aufhaltenden Fremden. **Xe|no|kra|tie** *die;* -, ...ien ⟨zu ↑...kratie⟩: Fremdherrschaft, Regierung eines Staates durch ein fremdes Herrscherhaus. **Xe|no|lith** [auch ...'lɪt] *der;* Gen. -s u. -en, Plur. -e[n] ⟨zu ↑...lith⟩: Fremdkörper, Einschluß in Ergußgesteinen (Geol.). **Xe|no|lo|gie** *die;* - ⟨zu ↑...logie⟩: svw. Okkultismus. **Xe|no|ma|nie** *die;* - ⟨aus gleichbed. *gr.* xenomanía⟩: (veraltet) enthusiastische Vorliebe für alles Fremdländische. **Xe|no|mi|sie** *die;* - ⟨zu ↑xeno..., *gr.* miseīn „hassen" u. ↑²...ie⟩: (veraltet) Fremdenhaß. **xe|no|morph** ⟨zu ↑...morph⟩: fremdgestaltig (von Mineralien, die bei der

Xenon

Gesteinsbildung nicht in ihrer typischen Kristallform erstarren konnten; Geol.). **Xe|non** *das;* -s ⟨zu *gr.* xénon, Neutrum von xénos „fremd", eigtl. „das Fremde", weil das Element bis zu seiner zufälligen Entdeckung nicht bekannt war⟩: chem. Element, Edelgas; Zeichen Xe. **xe|no|phil** ⟨zu ↑xeno... u. ↑...phil⟩: allem Fremden gegenüber aufgeschlossen, fremdenfreundlich; Ggs. ↑xenophob. **Xe|no|phi|lie** *die;* - ⟨zu ↑...philie⟩: Fremdenliebe, Vorliebe für Fremde; Ggs. ↑Xenophobie. **xe|no|phob** ⟨zu ↑...phob⟩: Fremdes ablehnend od. fürchtend, fremdenfeindlich; Ggs. ↑xenophil. **Xe|no|pho|bie** *die;* - ⟨zu ↑...phobie⟩: Fremdenfeindlichkeit; Ggs. ↑Xenophilie. **Xe|no|sit** *der;* -en, -en ⟨zu *gr.* sítos „Nahrung"⟩: nur im Larvenstadium od. in der Jugendphase als Parasit lebend (Biol.). **Xe|no|tim** *der;* -s ⟨zu *gr.* xenótimos „Fremde ehrend"⟩: Hauptmineral der ↑Yttererden. **xe|no|zön** ⟨zu *gr.* koinós „gemeinsam"⟩: nur gelegentlich in einem Biotop vorkommend, sonst aber anderswo lebend (Biol.).

xer..., Xer... vgl. xero..., Xero... **Xer|an|the|mum** *das;* -s, ...themen ⟨aus *nlat.* xeranthemum zu ↑xero... u. *gr.* ánthemon „Blume"⟩: Strohblume. **Xe|ra|sie** *die;* -, ...ien ⟨zu *gr.* xērós „trocken, dürr" u. ↑²...ie⟩: trockene, atrophische Nasenschleimhautentzündung bei Tuberkulose (Med.).

Xe|res vgl. Jerez

xe|ro..., Xe|ro..., vor Vokalen auch xer..., Xer... ⟨aus gleichbed. *gr.* xērós⟩: Wortbildungselement mit der Bedeutung „trocken", z. B. xerophil, Xeranthemum. **Xe|ro|cha|sie** [...ç...] *die;* - ⟨zu *gr.* chásma „Öffnung" u. ↑²...ie⟩: das Öffnen u. Schließen der Blüten, der Spaltöffnungen usw., je nach Witterung (Bot.). **Xe|ro|der|ma** *das;* -s, Plur. -ta u. ...men: erblich bedingte u. meist schon in früher Kindheit tödlich endende Hautkrankheit mit Flecken- u. Warzenbildung, Entzündungen u. Karzinomen (Med.). **Xe|ro|der|mie** *die;* -, ...ien ⟨zu ↑...dermie⟩: Trockenheit der Haut (Pergamenthaut; Med.). **Xe|ro|form** ⓌⓇ *das;* -s ⟨Kunstw.⟩: Wundstreupulver. **Xe|ro|gel** *das;* -s, -e: flüssigkeitsarmes ↑Gel (Chem.). **Xe|ro|gra|phie** *die;* -, ...ien ⟨zu ↑...graphie; da die Kopien ohne Entwicklungsbad, also „trocken", hergestellt werden⟩: a) ein Vervielfältigungsverfahren; b) Verfahren zur Beschichtung von Druckplatten für den Offsetdruck (Druckw.). **xe|ro|gra|phie|ren** ⟨zu ↑...ieren⟩: das Verfahren der Xerographie anwenden. **xe|ro|gra|phisch** ⟨zu ↑...graphisch⟩: die Xerographie betreffend. **Xe|ro|ko|pie** *die;* -, ...ien: xerographisch hergestellte Kopie. **xe|ro|ko|pie|ren:** eine Xerokopie herstellen. **xe|ro|morph** ⟨↑...morph⟩: Schutzvorrichtungen gegen Austrocknung besitzend (von Pflanzen od. Pflanzenteilen; Bot.). **Xe|ro|mor|phie** *die;* - ⟨zu ↑...morphie⟩: Einrichtung zur Hemmung od. Verminderung der Wasserabgabe; Schutz gegen Austrocknung (Biol.). **Xe|ro|pha|ge** *der;* -n, -n ⟨zu ↑...phage⟩: von relativ trockener Nahrung lebender Organismus, der seinen Flüssigkeitsbedarf zumeist durch das beim Stoffwechsel anfallende Wasser deckt (z. B. die Kleidermotte; Biol.). **xe|ro|phil** ⟨zu ↑...phil⟩: Trockenheit liebend od. bevorzugend (von Pflanzen; Bot.). **Xe|ro|phi|lie** *die;* - ⟨zu ↑...philie⟩: Bevorzugung der Trockenheit (Bot.). **Xer|oph|thal|mie** *die;* -, ...ien ⟨zu *spätgr.* xērόphthalmos „mit trockenen Augen" u. ↑²...ie⟩: Austrocknung der Binde- u. Hornhaut des Auges (Med.). **Xer|oph|thal|mus** *der;* -, ...men ⟨aus *nlat.* xerophthalmus⟩: svw. Xerophthalmie. **Xe|ro|phyt** *der;* -en, -en (meist Plur.) ⟨zu ↑xero... u. ↑...phyt⟩: an trockene Standorte angepaßte Pflanze (Bot.). **Xe|ro|ra|dio|gra|phie** *die;* -, ...ien: Form der Radiographie, bei der anstelle des Films eine mit Selen beschichtete Aluminiumplatte tritt u. ein Papierbild gewonnen wird.

Xe|ros|al|gie *die;* -, ...ien ⟨zu ↑Xerose u. ↑...algie⟩: Schmerz bei Trockenheit der Haut (Med.). **Xe|ro|se** *die;* -, -n ⟨zu ↑xero... u. ↑¹...ose⟩: 1. svw. Xerophthalmie. 2. Trockenheit der Schleimhäute der oberen Luftwege (Med.). **Xe|ro|se|rie** [...jə] *die;* -, ...ien [...jən]: Wandel in der Zusammensetzung einer Pflanzengesellschaft von der Erst- bis zur Endbesiedlung unter Trockenheitsbedingungen (Bot.). **Xe|ro|sto|mie** *die;* -, ...ien ⟨zu *gr.* stóma „Mund" u. ↑²...ie⟩: abnorme Trockenheit der Mundhöhle (Med.). **xe|ro|therm** ⟨zu ↑...therm⟩: ein trockenwarmes Klima aufweisend. **xe|ro|tisch** ⟨zu *gr.* xērós „trocken, dürr"; vgl. ...otisch⟩: trocken, eingetrocknet (Med.).

Xi *das;* -[s], -s ⟨aus *gr.* xi͂⟩: vierzehnter Buchstabe des griech. Alphabets: Ξ, ξ. **Xi|hy|pe|ron** *das;* -s, -en: negatives od. ungeladenes Elementarteilchen, das in der Höhenstrahlung vorkommt (Phys.).

Xi|mé|nez [xi'menes] *der;* - ⟨zu *span.* pedrojiménez, vgl. Pedro Ximénez⟩: svw. Pedro Ximénez

Xi|pho|pa|gus *der;* -, Plur. ...gi u. ...gen ⟨aus gleichbed. *nlat.* xiphopagus zu *gr.* xíphos „Schwert" u. pēgnýnai „befestigen, anheften"⟩: Zwillingsmißgeburt, bei der die Paarlinge am Schwertfortsatz des Brustbeins zusammengewachsen sind (Med.).

XL-Ka|me|ra [ɪks'ɛl...] *die;* -, -s ⟨verkürzt aus *engl.* existing light „vorhandenes Licht", nach der Aussprache⟩: Filmkamera, mit der man noch bei schwachem Licht ohne zusätzliche künstliche Beleuchtung filmen kann

X-Mo|tor ['ɪks...] *der;* -s, -en ⟨nach der Form⟩: Kolbenmotor, dessen vier Zylinderreihen X-förmig angeordnet sind

Xoa|non *das;* -s, ...ana ⟨aus gleichbed. *gr.* xóanon zu xeĩn „polieren"⟩: aus Holz geschnitztes altgriech. Götterbild

xyl..., Xyl... vgl. xylo..., Xylo... **Xy|la|mon** ⓌⓇ *das;* -s ⟨Kunstw.⟩: fungizid- u. insektizidhaltiges Holzschutzmittel. **Xy|lan** *das;* -s ⟨zu ↑xylo... u. ↑...an⟩: eine der wichtigsten ↑Hemizellulosen, Holzgummi. **Xy|lem** *das;* -s, -e ⟨zu ↑...em⟩: der wasserleitende Gefäßteil der Pflanze (Bot.). **Xy|le|nol** *das;* -s ⟨zu ↑...en u. ↑...ol⟩: ein Phenol. **Xy|li|din** *das;* -s, -e ⟨Kunstw.⟩: aus Xylol gewonnener Ausgangsstoff zur Synthese gewisser Teerfarbstoffe. **Xy|lit** [auch ...'lɪt] *der;* -s, -e ⟨zu ↑²...it⟩: Holzbestandteil der Braunkohle. **xy|lo..., Xy|lo...,** vor Vokalen auch xyl..., Xyl... ⟨aus gleichbed. *gr.* xýlon⟩: Wortbildungselement mit der Bedeutung „Holz", z. B. Xylan, Xylograph. **Xy|lo|chrom** *das;* -s ⟨zu *gr.* chrōma „Farbe"⟩: Farbstoff der Hölzer. **Xy|lo|graph** *der;* -en, -en ⟨zu ↑...graph⟩: Holzschneider. **Xy|lo|gra|phie** *die;* -, ...ien ⟨zu ↑...graphie⟩: a) (ohne Plur.) Holzschneidekunst; b) Holzschnitt. **xy|lo|gra|phisch** ⟨zu ↑...graphisch⟩: a) in Holz geschnitten; b) die Xylographie betreffend. **Xy|lol** *das;* -s ⟨zu ↑...ol⟩: Dimethylbenzol, eine aromatische Kohlenstoffverbindung, Lösungsmittel u. Ausgangsstoff für Farb-, Duft-, Kunststoffe. **Xy|lo|lith** ⓌⓇ [auch ...'lɪt] *der;* Gen. -s u. -en, Plur. -e[n] ⟨zu ↑...lith⟩: Steinholz, ein Kunststein. **Xy|lo|me|ter** *das;* -s, - ⟨zu ↑¹...meter⟩: Gerät zur Bestimmung des Rauminhalts unregelmäßig geformter Hölzer. **Xy|lo|phon** *das;* -s, -e ⟨zu ↑...phon⟩: Schlaginstrument, bei dem auf einem Holzrahmen befestigte Holzstäbe mit zwei Holzklöppeln geschlagen werden. **Xyl|or|ga|num** *das;* -s, -s: eine Art Xylophon mit Klaviatur. **Xy|lo|se** *die;* - ⟨zu ↑²...ose⟩: Holzzucker, in vielen Pflanzen enthaltene Zuckerart. **Xy|lo|si|stron** *das;* -s, ...trone ⟨zu *gr.* seĩstron „Klapper (die beim Gottesdienst der Isis geschüttelt wurde)" zu seíein „schütteln, schwingen"⟩: xylophonähnliches Musikinstrument, dessen hölzerne Stäbe mit beharzten Handschuhen angestrichen werden

Xy|sten: Plur. von ↑Xystos. **Xy|sti:** Plur. von ↑Xystus. **Xy-**

sti|ker *der;* -s, - ⟨aus gleichbed. *gr.* xystikós⟩: im Xystos übender Wettkämpfer. **Xy|stos** *der;* -, Xysten ⟨aus gleichbed. *gr.* xystós, eigtl. „geglättet(er Boden)" zu xýein „glätten, polieren"⟩: in altgriech. Gymnasien ein gedeckter Säulengang, in dem während des Winters die Athleten übten. **Xy|stus** *der;* -, ...ti ⟨aus gleichbed. *lat.* xystus, dies aus *gr.* xystós, vgl. Xystos⟩: altröm. Gartenanlage vor der Säulenhalle am Haupteingang eines Gebäudes

Yacht [j...] *die;* -, -en ⟨aus gleichbed. *engl.* yacht, dies aus *niederl.* jacht, vgl. Jacht⟩: svw. Jacht

Ya|gi|an|ten|ne [j...] *die;* -, -n ⟨nach dem jap. Ingenieur H. Yagi (1886–1976) u. zu ↑ Antenne⟩: für UKW- u. Fernsehempfang verwendete Antenne (1), die aus ↑ Dipol, Reflektor (2) u. mehreren ↑ Direktoren (2) besteht

Yak [jak] vgl. Jak

Ya|ki [j...] *das;* -[s] ⟨aus *jap.* ya-ki „Gebranntes"⟩: Sammelbez. für keramische Erzeugnisse [aus Japan]

Ya|ma|shi|ta [jamaˈʃiːta] *der;* -[s], -s ⟨nach dem japan. Kunstturner H. Yamashita, geb. 1938⟩: Sprung am Langpferd mit Überschlag aus dem Handstand (Sport)

Ya|ma|toe [j...toe] *das;* - ⟨aus dem Japan.⟩: älteste Gattung der eigenständigen japan. Malerei mit lebhafter Farbgebung u. feiner Linienführung

Ya|men [j...] *der;* -[s], - ⟨aus gleichbed. *chin.* ya-men⟩: der Palast des Siegelbewahrers in der chines. Kaiserzeit

Yams|wur|zel [j...] vgl. Jamswurzel

Yang [jaŋ] *das;* - ⟨aus gleichbed. *chin.* yang, eigtl. „Sonnen- od. Lichtseite des Berges"⟩: die lichte männliche Urkraft, das schöpferische Prinzip in der chines. Philosophie; vgl. Tai-ki, Yin

Yang|shao-Kul|tur [iaŋʃau...] *die;* - ⟨nach dem Fundort Yang shaocun in der Provinz Henan (China)⟩: Kulturstufe aus der frühen Jungsteinzeit in Nordchina, die durch befestigte Dorfanlagen u. rote Keramik gekennzeichnet ist

Yan|kee [ˈjɛŋki, engl. ˈjæŋkɪ] *der;* -s, -s ⟨aus gleichbed. *engl.-amerik.* yankee, urspr. Spitzname für die (niederl.) Bewohner der amerik. Nordstaaten, weitere Herkunft unsicher⟩: (meist abwertend) US-Amerikaner. **Yan|kee-doo|dle** [ˈjæŋkɪduːdl] *der;* -[s] ⟨aus gleichbed. *engl.-amerik.* Yankee Doodle, zu to doodle „Dudelsack spielen", urspr. engl. Spottlied auf die amerik. Truppen im Unabhängigkeitskrieg⟩: amerik. Nationalgesang aus dem 18. Jh.

Yard [jaːɐ̯t, engl. jɑːd] *das;* -s, -s (5 Yard[s]) ⟨aus gleichbed. *engl.* yard, eigtl. „Maßstab; Rute"⟩: angelsächsisches Längenmaß (= 91,44 cm); Abk.: y., yd., Plur. yds.

Ya|stik [j...] vgl. Jastik

Yawl [joːl] *die;* -, Plur. -e u. -s ⟨aus gleichbed. *engl.* yawl, dies wohl aus *mittelniederd.* jolle od. *mittelniederl.* jol⟩: 1. (ohne Plur.) eine Takelungsart von zweimastigen Segelbooten. 2. zweimastiges [Sport]segelboot, dessen hinterer Mast hinter dem Ruder steht

Y-Chro|mo|som [ˈʏpsilɔnkro...] *das;* -s, -en ⟨zum Buchstaben Y u. ↑ Chromosom, nach der Form⟩: Geschlechtschromosom, das in allen Körperzellen männlicher Individuen enthalten ist u. beim Vorkommen in der Samenzelle das Geschlecht des gezeugten Kindes als männlich bestimmt (Med., Biol.); Ggs. ↑ X-Chromosom

Yel|low cake [ˈjɛloʊ ˈkeɪk] *der;* - - ⟨aus *engl.* yellow cake, eigtl. „gelber Kuchen"⟩: bei der Kernbrennstofferzeugung anfallendes pulverförmiges Urankonzentrat, das überwiegend aus Uranoxyd besteht. **Yel|low ground** [- ˈgraʊnd] *der;* - - ⟨aus *engl.* yellow ground „Gelbgrund"⟩: in den obersten Teilen von ↑ Pipes (2) enthaltenes, oft Diamanten führendes, verwittertes ↑ Kimberlit. **Yel|low press** [- ˈprɛs] *die;* - - ⟨aus gleichbed. *engl.* yellow press, eigtl. „gelbe Presse", 1896 geprägt vom amerik. Journalisten E. Wardman nach einem in einer Bildergeschichte vorkommenden Straßenjungen im gelben Hemd⟩: Sensationspresse

Yen [jɛn] *der;* -[s], -[s] (aber: 5 -) ⟨aus *jap.* yen, dies aus *chin.* yuan „rund", eigtl. „runde (Münze)"⟩: Währungseinheit in Japan (= 100 Sen)

Yeo|man [ˈjoːmən] *der;* -, ...men [...mən] ⟨aus gleichbed. *engl.* yeoman, dies aus *mittelengl.* yoman, yeman, weitere Herkunft unsicher⟩: 1. im Mittelalter in England jeder Gemeinfreie unterhalb des Ritterstandes. 2. kleiner Gutsbesitzer u. Pächter. **Yeo|man|ry** [...ri] *die;* - ⟨aus gleichbed. *engl.* yeomanry⟩: Milizkavallerie in Großbritannien

Yer|ba [j...] *die;* - ⟨aus *amerik.-span.* yerba (mate) „Matetee"⟩: svw. ¹Mate

Ye|ti [j...] *der;* -s, -s ⟨aus dem Nepales.⟩: legendäres menschenähnliches Wesen im Himalajagebiet

Ygg|dra|sil [ˈʏk...] *der;* -s ⟨zu *altnord.* yggr „schrecklich (Beiname Odins)" u. drasill „Pferd", eigtl. „Pferd des Schrecklichen"⟩: Weltesche (nord. Mythol.)

Yin [jɪn] *das;* - ⟨aus gleichbed. *chin.* yin, eigtl. „Nebel- od. Schattenseite des Berges"⟩: die dunkle weibliche Urkraft, das empfangende Prinzip in der chines. Philosophie; vgl. Tai-ki, Yang. **Yin|ghi** [ˈjɪŋgi] *das;* -s ⟨zu *chin.* yin „dunkel"⟩: ↑ chines. Schattenspiel, eine Sonderform des Puppenspiels

Yip|pie [ˈjɪpi] *der;* -s, -s ⟨aus gleichbed. *amerik.* yippie, zu den Anfangsbuchstaben von Youth International Party gebildet nach hippie, vgl. Hippie⟩: (bes. in den USA) aktionistischer, ideologisch radikalisierter Hippie

...yl ⟨zu *gr.* hýle „Gehölz, Holz; Stoff"⟩: Suffix von Fachwörtern aus dem Gebiet der organ. Chemie zur Bez. einwertiger Kohlenwasserstoffradikale (z. B. ↑ Methyl)

Ylang-Ylang-Öl [ˈiːlaŋˈiːlaŋ...] *das;* -s ⟨aus dem Malai.⟩: ätherisches Öl bestimmter tropischer Bäume, das als Duftstoff verwendet wird

Ylid *das;* -s, -e ⟨zu ↑ ...yl u. ↑³...id⟩: organische Verbindung, bei der sich eine Atombindung u. eine Ionenbindung überlagern (Chem.)

Yo|ga [j...] u. Joga *der* od. *das;* -[s] ⟨aus gleichbed. *sanskr.* yóga, eigtl. „Anschirrung", zu yugá „Joch (in das der Körper gleichsam eingespannt wird)"⟩: a) ind. philos. Lehre, deren Ziel es ist, durch Meditation, Askese u. bestimmte körperliche Übungen den Menschen von dem Gebundensein an die Last der Körperlichkeit zu befreien; b) Gesamtheit der Übungen, die aus dem Yoga (a) herausgelöst wurden u. die zum Zweck einer gesteigerten Beherrschung des Körpers, der Konzentration u. Entspannung ausgeführt werden

Yo|ghurt [j...] vgl. Joghurt

Yo|gi [j...], Jogi u. **Yo|gin** [j...], Jogin *der;* -s, -s ⟨aus gleichbed. *sanskr.* yogin⟩: ind. Büßer ↑brahmanischen Glaubens, der die ↑Praxis (3) des ↑Yoga (b) ausübt

Yo|him|bin [j...] *das;* -s ⟨aus einer Bantuspr.⟩: Alkaloid aus der Rinde eines westafrik. Baumes (als ↑Aphrodisiakum u. Gefäßerweiterungsmittel verwendet)

Yol|dia [j...] *die;* - ⟨aus *nlat.* yoldia, nach dem span. Grafen A. d'Aguirre de Yoldi⟩: Nußmuschel (primitive Muschelgattung). **Yol|dia|meer** *das;* -[e]s: archaische Vorform der Ostsee mit Verbindung zum Atlantik u. zum Weißen Meer

Yo|mud [j...] *der;* -[s], -s ⟨nach dem turkmen. Volksstamm der Yomuden⟩: zentralasiat. Teppich mit hakenbesetzten ↑Rhomben als kennzeichnender Musterung

Yo|ni [j...] *das* od. *die;* -, - ⟨aus gleichbed. *sanskr.* yóni⟩: als heilig geltendes Symbol des weiblichen Geschlechts in Indien

York|shire|ter|ri|er ['jɔːkʃə...] *der;* -s, - ⟨nach der engl. Grafschaft Yorkshire u. zu ↑Terrier⟩: engl. Zwergterrier mit langer, glatter Behaarung von dunkel stahlblauer, an Kopf, Brust u. Rücken rotbrauner Färbung

Young|ster ['jʌŋstə] *der;* -s, -[s] ⟨aus gleichbed. *engl.* youngster zu young „jung"⟩: 1. (ugs.) Jugendlicher. 2. junger Sportler; Neuling in einer Mannschaft erprobter Spieler bzw. bisher noch nicht eingesetzter Mannschaftsspieler. 3. zweijähriges Pferd

Yo-Yo [joːjoː] vgl. Jo-Jo

Ype|rit *das;* -[e]s ⟨nach der Stadt Ypern in Belgien u. zu ↑¹...it⟩: hautschädigender chem. Kampfstoff, Senfgas.

Ypern *das;* -s ⟨nach der Stadt Ypern⟩: unterste Stufe des ↑Eozäns (Geol.)

Yp|si|lon *das;* -[s], -s ⟨aus *gr.* ỹ psilón „bloßes y"⟩: 1. zwanzigster Buchstabe des griech. Alphabets: Y, υ. 2. svw. Ypsiloneule. **Yp|si|lon|eu|le** *die;* -, -n: Nachtschmetterling mit Y-förmigem Fleck auf den Vorderflügeln (Pflanzenschädling)

Ysat *das;* -[e]s, -e ⟨Kurzw. aus ↑Dialysat⟩: aus frischen Pflanzen hergestellter Auszug

Ysop ['iːzɔp] *der;* -s, -e ⟨aus gleichbed. *lat.* hys(s)opum, dies aus *gr.* hýssōpos, dies aus dem Semit.⟩: Heil- u. Gewürzpflanze des Mittelmeergebietes (Lippenblütler)

Ytong ⓦ *der;* -s, -s ⟨Kunstw.; gebildet aus dem Anfangsbuchstaben des Firmennamens *Y*xhults stenhuggeri AB u. *schwed.* gas*betong* „Gasbeton"⟩: Leichtbaustoff in Form von dampfgehärtetem Porenbeton

Yt|ter|bit [auch ...'bɪt] *der;* -s, -e ⟨zu ↑Ytterbium u. ↑²...it⟩: (veraltet) svw. Gadolinit. **Yt|ter|bi|um** *das;* -s ⟨nach dem schwed. Fundort Ytterby u. zu ↑...ium⟩: chem. Element, Seltenerdmetall; Zeichen Yb. **Yt|ter|er|den** *die* (Plur.): seltene Erden, die hauptsächlich in den Erdmineralien von Ytterby vorkommen. **Yt|tri|um** *das;* -s: chem. Element, Seltenerdmetall; Zeichen Y

Yu|an [j...] *der;* -[s], -[s] (aber: 5 -) ⟨aus gleichbed. *chin.* yuan, eigtl. „rund", vgl. Yen⟩: Währungseinheit in China

Yuc|ca ['jʊka] *die;* -, -s ⟨aus gleichbed. *span.* yuca, weitere Herkunft unsicher⟩: Palmlilie, ein mittelamerikanisches Agavengewächs (Zier- u. Heilpflanze)

Yu|ko [j...] *der;* -, - ⟨aus gleichbed. *jap.* yuko⟩: Vorteil, Wertungseinheit beim ↑Judo

Yup|pie ['jʊpi, *engl.* 'jʌpi] *der;* -s, -s ⟨aus gleichbed. *engl.* yuppie, gebildet aus den Anfangsbuchstaben von *y*oung *u*rban *p*rofessional (*p*eople)⟩: junger, karrierebewußter, großen Wert auf seine äußere Erscheinung legender Stadtmensch, Aufsteiger

Yü|rük [j...] vgl. Jürük

Z

Vgl. auch **C** und **K**

Za|ba|glio|ne [tsabal'jo:nə] u. **Za|ba|lio|ne** [...ba'jo:nə] *die;* -, -s ⟨aus gleichbed. *it.* zaba(gl)ione⟩: Weinschaumsoße, Weinschaumcreme

Za|bel *das;* -s, - ⟨entstellt aus *lat.* tabula „Tafel, Brett"⟩: (veraltet) Spielbrett

Zad|dik *der;* -s, -im [tsədi'ki:m] ⟨aus *hebr.* ṣaddîq „der Gerechte"⟩: [als heilig verehrter] Lehrer im ↑ Chassidismus

Za|dru|ga [z...] *die;* - ⟨aus gleichbed. *slaw.* zadruga⟩: bei südslaw. Völkern mehrere Generationen umfassende bäuerliche Familiengemeinschaft auf der Basis der patriarchalischen Großfamilie

Zai|dit [zai...] *der;* -en, -en ⟨nach dem Namen von Mohammeds Schwiegersohn Saịd Ibn Ali (8. Jh.) u. zu ↑³...it⟩: Angehöriger einer ↑ schiitischen Sekte, die nur die fünf ersten ↑ Imame (2) bis zu Said anerkennt

Za|kat [z...] *die;* - ⟨aus gleichbed. *arab.* zakāt; eigtl. „Reinigung"⟩: pflichtmäßiges Almosen, Armensteuer im Islam

Zä|ko|pe|xie, auch Zökopexie *die;* -, ...ien ⟨zu ↑ Zäkum, *gr.* pễxis „das Befestigen" u. ↑²...ie⟩: operative Anheftung des Blinddarms an die Bauchwand (Med.). **Zä|ko|sto|mie** u. Zökostomie *die;* -, ...ien ⟨zu *gr.* stóma „Mund" u. ↑²...ie⟩: operative Herstellung einer künstlichen Verbindung zwischen Blinddarm u. äußerer Bauchhaut (Med.). **Zä|ko|to|mie** u. Zökotomie *die;* -, ...ien ⟨zu ↑...tomie⟩: operative Öffnung des Blinddarms (Med.). **Zä|kum** u. Zökum *das;* -s, ...ka ⟨aus *nlat.* caecum, coecum zu *lat.* caecus „nicht sehend, blind"⟩: 1. Blinddarm (Med.). 2. Blindsack, blind endigender Teil eines röhrenförmigen Organs (Med.)

Zä|la|tor *der;* -s, ...oren ⟨aus gleichbed. *lat.* caelator⟩: (veraltet) Metallstecher. **Zä|la|tur** *die;* -, -en ⟨aus gleichbed. *lat.* caelatura⟩: (veraltet) mit dem Grabstichel gefertigte erhabene Arbeit. **zä|lie|ren** ⟨aus gleichbed. *lat.* caelare⟩: (veraltet) in Metall stechen

Za|mak Ⓦⓩ *das;* - ⟨Kunstw. aus ↑ Zink, ↑ Aluminium, ↑ Magnesium u. *Kupfer*⟩: Gruppe von Feinzinklegierungen zu vielfacher technischer Verwendung (Haushaltswaren, Apparaturen u. a.)

Zam|ba [s..., auch ts...] *die;* -, -s ⟨aus *span.* zamba, vgl. Zambo⟩: weibliche Nachkomme eines schwarzen u. eines indianischen Elternteils. **Zam|bo** *der;* -s ⟨aus *span.* zambo, eigtl. „X-beinig", weitere Herkunft unsicher⟩: männlicher Nachkomme eines schwarzen u. eines indian. Elternteils

Zam|bra [s...] *die;* - ⟨aus gleichbed. *span.* zambra, dies zu *arab.* zamr „Musikinstrumente"⟩: a) von den Mauren übernommener lebhafter Volkstanz; b) Tanzfestlichkeit

Za|mia u. **Za|mie** [...iə] *die;* -, ...ien [...iən] ⟨zu *spätlat.* zamia „Zapfen (der Tanne)" (nach Plinius), eigtl. „Schaden, Verlust"; vgl. ¹...ia u. ¹...ie⟩: amerik. Zapfenpalmfarn

Zam|pa|no *der;* -s, -s ⟨nach der gleichnamigen Gestalt in F. Fellinis Film „La Strada" (1954)⟩: auffälliger, sich lautstark in Szene setzender Mann, der durch übertriebenes Gebaren, durch Protzen o. ä. Eindruck zu machen versucht od. den Eindruck erweckt, Unmögliches möglich machen zu können

Zam|po|gna [...'pɔnja] *die;* -, -s ⟨aus gleichbed. *it.* zampogna⟩: ital. Form des Dudelsacks mit zwei Spielpfeifen u. zwei ↑ Bordunen (3)

Za|nel|la *der;* -s, -s ⟨aus gleichbed. *it.* zanella⟩: Futterstoff aus Baumwolle od. Halbwolle in Atlasbindung (einer bestimmten Webart)

Zä|no|ge|ne|se u. **Zä|no|ge|ne|sis** [auch ...'ge:...] *die;* -, ...nesen ⟨zu *gr.* kainós „neu" u. ↑ Genese⟩: das Auftreten von Besonderheiten während der stammesgeschichtlichen Entwicklung der Tiere (Biol.). **zä|no|ge|ne|tisch:** die Zänogenese betreffend. **Zä|no|zoi|kum** usw. vgl. Känozoikum usw.

Zan|te|des|chia [...'dɛskia] *die;* -, ...ien [...iən] ⟨nach dem ital. Botaniker G. Zantedeschi († 1846) u. zu ↑¹...ia⟩: Zimmerkalla (ein Aronstabgewächs)

Zạn|za *die;* -, -s ⟨aus dem Arab.⟩: ein afrik. Zupfinstrument

Za|pa|tea|do [s..., auch ts...] *der;* -[s], -s ⟨aus *span.* zapateado⟩: span., nur von einer Person ausgeführter Schautanz im Dreiertakt, bei dem der Rhythmus mit den Hacken gestampft wird

Zap-Klap|pe ['zæp...] *die;* -, -n ⟨zu *engl.* to zap „beschleunigen"⟩: Spreizklappe an der Unterseite von Flugzeugtragflächen zur Auftriebserhöhung

za|po|nie|ren ⟨zu ↑ Zaponlack u. ↑...ieren⟩: mit Zaponlack überziehen. **Za|pon|lack** *der;* -[e]s, -e ⟨Kunstw.⟩: als Metallschutz dienender farbloser Lack mit geringem Bindemittelgehalt

zap|pen ['zæ...] ⟨nach *engl.* (ugs.) to zap „verschwinden lassen", eigtl. „abknallen"⟩: (ugs.) mit Hilfe einer Fernbedienung ständig das Fernsehprogramm wechseln. **Zap|per** *der;* -s, -: (ugs.) jmd., der Zapping betreibt. **Zap|ping** *das;* -s ⟨aus *engl.* zapping zu to zap, vgl. zappen⟩: (ugs.) [wahlloses] Umherschalten in den Fernsehprogrammen, z. B. um Werbespots zu umgehen

Zar *der;* -en, -en ⟨aus gleichbed. *russ.* car', dies über *got.* kaisar „Kaiser" aus *lat.* Caesar⟩: Herrschertitel bei Russen, Serben, Bulgaren. **Za|re|witsch** u. Zessarẹwitsch *der;* -[es], -e ⟨aus gleichbed. *russ.* carevič'⟩: Sohn eines russ. Zaren, russ. Kronprinz. **Za|rẹw|na** *die;* -, -s ⟨aus gleichbed. *russ.* carevna⟩: Tochter eines russischen Zaren. **Za|rịs|mus** *der;* - ⟨aus gleichbed. *russ.* carizm; vgl. ...ismus (2, 5)⟩: Zarentum, unumschränkte Herrschaft der Zaren. **za|rị|stisch** ⟨zu ↑...istisch⟩: den Zaren od. den Zarismus betreffend. **Za|rị|za** *die;* -, Plur. -s od. ...zen ⟨aus gleichbed. *russ.* carica⟩: Zarin

Zar|zue|la [sar'sue:la, span. θar'θuela] *die;* -, -s ⟨aus gleichbed. *span.* zarzuela, nach dem Lustschloß bei Madrid⟩: 1. span. Singspiel, eine Art Operette (Mus.). 2. span. Fischsuppe. **Zar|zue|le|ro** *der;* -s, -s ⟨aus gleichbed. *span.* zarzuelero⟩: Komponist einer Zarzuela (1)

Zä|si|um vgl. Cäsium

Zä|sur *die;* -, -en ⟨aus gleichbed. *lat.* caesura, eigtl. „das Hauen; Hieb; Einschnitt", zu caedere „hauen"⟩: 1. an bestimmter Stelle auftretender Einschnitt im Vers, bei dem Wortende u. Versfußende nicht zusammenfallen (Metrik). 2. Unterbrechung des Verlaufs eines Musikstücks durch ↑ Phrasierung od. Pause. 3. [gedanklicher] Einschnitt

Za|wi|ja [z...] *die;* -, -s ⟨aus *arab.* zawīya „Gleichheit"⟩: Niederlassung eines ↑ Sufi od. einer Bruderschaft

Za|zi|ki u. Tsatsiki *der* u. *das;* -s, -s ⟨unter neugriech. Vermittlung aus gleichbed. *türk.* cacık⟩: dickflüssige Soße aus Joghurt mit Knoblauch u. Salatgurkenstückchen

Zea *die;* - ⟨über *lat.* zea aus *gr.* zeá (eine Getreideart)⟩: Mais (Bot.). **Zeat|in** *das;* -s ⟨zu ↑...in (1)⟩: zu den ↑ Zytokininen gehörendes Pflanzenhormon (Biochem.). **Zea|xan|thin** *das;* -s: im Maiskorn u. anderen Früchten enthaltenes ↑ Xanthophyll

Ze|ba|oth, ökum. Zębaot ⟨aus *hebr.* (Yahwe) ṣĕvā'ôt „(der Herr der) Heerscharen" zu ṣāvā „Heer, Kriegsmacht"⟩: alttest. Erweiterung des Namens Gottes, z. B. der Herr –

Ze|bo|ze|pha|lie *die;* -, ...ien ⟨zu *gr.* kêbos „Name einer geschwänzten Affenart", kephalé „Kopf" u. ↑²...ie⟩: angeborene Mißbildung mit Fehlen des Riechhirns, Deformierung des Siebbeins, dicht nebeneinanderstehenden Augen u. flacher Nase (Med.)

Ze|bra *das;* -s, -s ⟨aus gleichbed. *port.* zebra, eigtl. „Wildesel", dies über *altspan.* zebra aus *vulgärlat.* equiferus „Wildpferd" (zu *lat.* equus „Pferd" u. ferus „wild")⟩: südafrik. Wildpferd mit weißen u. schwarzen (auch bräunlichen) Streifen. **Ze|bra|no** *das;* -[s] ⟨zu *port.* zebra, vgl. Zebra⟩: westafrik. Zebraholz. **Ze|bri|na** *die;* -, ...nen ⟨*nlat.* zebrina, eigtl. „die Zebraartige"⟩: Zimmerpflanze mit gestreiften Blättern. **Ze|bro|id** *das;* -[e]s, -e ⟨zu ↑ Zebra u. ↑...oid⟩: ↑ Bastard (1) von Zebra u. Pferd od. Zebra u. Esel

Ze|bu *der* od. *das;* -s, -s ⟨aus gleichbed. *fr.* cébu, weitere Herkunft unsicher, vielleicht aus dem Tibet.⟩: asiat. Buckelrind

Ze|chi|ne *die;* -, -n ⟨aus *it.* zecchino zu zecha „Münzstätte (in Venedig)", dies aus *arab.* sakk „Münze"⟩: 1. alte venez. Goldmünze (13.–17. Jh.). 2. (nur Plur.; ugs.) Geld; zur Verfügung stehende Geldmittel

Ze|dent *der;* -en, -en ⟨aus *lat.* cedens, Gen. cedentis, Part. Präs. von cedere, vgl. zedieren⟩: Gläubiger, der seine Forderung an einen Dritten abtritt (Rechtsw.). **ze|die|ren** ⟨aus *lat.* cedere „überlassen", eigtl. „weichen"⟩: eine Forderung an einen Dritten abtreten; etwas jmdm. übertragen (Rechtsw.)

Ze|drat *das;* -[e]s, -e ⟨zu *it.* cedrato „Zitrusfrucht"⟩: (veraltet) svw. Zitronat

Ze|dre|la|holz *das;* -es ⟨zu ↑ Zedrele⟩: rotes, leicht spaltbares Holz der Zedrele, das bes. für die Herstellung von Zigarrenkisten verwendet wird. **Ze|dre|le** *die;* -, -n ⟨zu *lat.* cedrelate „eine Zedernart", dies aus gleichbed. *gr.* kedrelátē zu kédros „Zeder"⟩: ein trop. Laubbaum

Zee|man|ef|fekt ['ze:mɑn...] *der;* -[e]s ⟨nach dem niederl. Physiker P. Zeeman, 1865–1943⟩: Aufspaltung jeder Spektrallinie in mehrere Komponenten verschiedener Frequenz im starken Magnetfeld (Phys.)

Ze|in *das;* -s ⟨zu ↑ Zea u. ↑...in (1)⟩: Eiweiß des Maiskorns

Ze|le|brant *der;* -en, -en ⟨aus *lat.* celebrans, Gen. celebrantis, Part. Präs. von celebrare, vgl. zelebrieren⟩: Priester, der die Messe liest. **Ze|le|bra|ti|on** *die;* -, -en ⟨aus gleichbed. *lat.* celebratio⟩: Feier [des Meßopfers]. **Ze|le|bret** u. Cęlebret [ts...] *das;* -s, -s ⟨aus *lat.* celebret „er möge zelebrieren", 3. Pers. Sing. Präs. Konj. von celebrare⟩: schrift-

liche Erlaubnis für einen Priester, die Messe in einer fremden Kirche zu lesen. **ze|le|brie|ren** ⟨aus *lat.* celebrare „häufig besuchen; festlich begehen; feiern"⟩: 1. [ein Fest] feierlich begehen. 2. eine Messe lesen. 3. etwas feierlich gestalten, betont langsam u. genußvoll ausführen. **Ze|le|bri|tät** *die;* -, -en ⟨aus gleichbed. *lat.* celebritas, Gen. celebritatis, zu celeber „häufig besucht, gefeiert; berühmt"⟩: 1. Berühmtheit, berühmte Person. 2. (veraltet) Feierlichkeit, Festlichkeit

Ze|le|ri|tät *die;* - ⟨aus gleichbed. *spätlat.* celeritas, Gen. celeritatis zu celer „schnell"⟩: (veraltet) Schnelligkeit, Geschwindigkeit

Zęl|la vgl. Cella. **Zell|it** [auch ...'lɪt] *das;* -s ⟨Kunstw. zu Zellulose u. ↑²...it⟩: ein Kunststoff. **Zęll|lit|film** [auch ...'lɪt...] *der;* -[e]s, -e: unbrennbarer Film. **Zęll|mem|bran** *die;* -, -en ⟨zu *lat.* cella (vgl. Cella)⟩: ↑ Protoplast (1) einer Zelle (Biol.). **Zęl|lo|bi|o|se** *die;* - ⟨zu ↑...biose⟩: aus Zellulose abgebauter Doppelzucker. **Zęl|lo|di|n|pa|pier** [...loi...] *das;* -s ⟨zu ↑ Zellulose, ↑...oid u. ↑...in (2)⟩: Kollodiumschichtträger (vgl. Kollodium) für Bromsilber bei Filmen. **Zęl|lo|phan** vgl. Cellophan. **Zęll|plas|ma** *das;* -s: svw. Zytoplasma. **zęl|lu|lar** vgl. zellulär. **zęl|lu|lär**, auch zellular ⟨zu *lat.* cellula (vgl. Zellulose) u. ↑...ar (1) bzw. ↑...är⟩: zellenähnlich, zellenartig; aus Zellen gebildet. **Zęl|lu|lar|pa|tho|lo|gie** *die;* -: wissenschaftliche Annahme, nach der alle Krankheiten auf Störungen der normalen Zellfunktionen beruhen. **Zęl|lu|lar|the|ra|pie** *die;* -: Injektion körperfremder [tierischer] Zellen, sogenannter Frischzellen, zur Regenerierung des Organismus (Med.). **Zęl|lu|la|se** *die;* -, -n ⟨zu ↑...ase⟩: ein Zellulose spaltendes ↑ Enzym (Biochem.). **Zęl|lu|li|tis** u. Cellulītis [ts...] *die;* -, ...itiden ⟨zu ↑...itis⟩: eine Entzündung des Zellgewebes (Med.). **Zęl|lu|lo|id** [...'lɔyt, seltener ...lo'i:t] *das;* -[e]s ⟨aus gleichbed. *engl.-amerik.* celluloid zu cellulose (vgl. Zellulose) u. ↑...oid⟩: leicht brennbarer Kunststoff aus Zellulosenitrat, Zellhorn. **Zęl|lu|lo|se**, chem. fachspr. Cellulōse [ts...] *die;* -, -n ⟨zu *lat.* cellula, Verkleinerungsform von cella (vgl. Cella) u. ↑²...ose⟩: Hauptbestandteil der pflanzlichen Zellwände, Grundstoff zur Herstellung von Papier u. ↑ Acetatseide. **Zęl|lu|lo|se|ni|trat** *das;* -[e]s: Schießbaumwolle, Kollodiumwolle, Nitrozellulose. **Zęll|zy|klus** *der;* -, ...zyklen ⟨zu *lat.* cella, vgl. Cella⟩: gesetzmäßiger, artspezifischer Zyklus aller Zellen, die einen Zellkern besitzen (Biol.)

ze|lo|sa|men|te u. **ze|lo|so** ⟨*it.;* zu zelo „Eifer", dies über das Mittellat. aus *gr.* zêlos, vgl. Zelot⟩: eifrig, feurig, hastig (Vortragsanweisung; Mus.). **Ze|lot** *der;* -en, -en ⟨aus *gr.* zēlōtés „Nacheiferer, Bewunderer" zu zēlouîn „nacheifern, beneiden", dies zu zêlos „Eifer, Eifersucht, Neid"⟩: 1. fanatischer [Glaubens]eiferer. 2. Angehöriger einer antiröm. jüdischen Partei zur Zeit Christi. **ze|lo|tisch**: glaubenseifrig. **Ze|lo|tis|mus** *der;* - ⟨zu ↑...ismus (5)⟩: [religiöser] Fanatismus

¹Ze|ment *der;* -[e]s, -e ⟨aus gleichbed. *altfr.* ciment (*fr.* cément), dies aus *spätlat.* cimentum, *lat.* caementum „Bruchstein" zu caedere „(mit dem Meißel) schlagen"⟩: aus gebranntem u. sehr fein vermahlenem Kalk, Ton o. ä. hergestellter, bes. als Bindemittel zur Herstellung von Beton u. Mörtel verwendeter Baustoff, der bei Zugabe von Wasser erhärtet. **²Ze|ment** *das;* -[e]s, -e ⟨zu ↑ ¹Zement⟩: die Zahnwurzeln überziehendes Knochengewebe (Med.). **Ze|men|ta|ti|on** *die;* -, -en ⟨zu ↑ ¹Zement (in der fachspr. Bed. „pulverisierte Masse, die Erzen beim Verhüttungsprozeß beigegeben wird") u. ↑...ation⟩: 1. Abscheidung von Metallen aus Lösungen durch elektrochem. Reaktionen (Chem.). 2. das Veredeln von Metalloberflächen durch chem. Veränderung (z. B. Aufkohlung von Stahl). **Ze|men|ta|ti|ons|zo|ne** *die;* -, -n: unterhalb der ↑ Oxydationszone einer Erzlagerstätte liegende Zone, in der aus absteigenden Lösungen edlere Metalle ausgefällt u. dann verfestigt werden (Geol.). **ze|men|tie|ren** ⟨zu ↑...ieren⟩: 1. etwas mit Zement ausfüllen, verkitten; lockeres Material verfestigen, in seinen Bestandteilen verbinden. 2. eine Zementation durchführen. 3. (einen Zustand, einen Standpunkt, eine Haltung u. dgl.) starr u. unverrückbar festlegen. **Ze|men|tit** [auch ...'tɪt] *der;* -s ⟨zu ↑ ¹Zement u. ↑²...it⟩: Eisenkarbid, besonders harte Verbindung von Eisen u. Kohlenstoff. **ze|men|ti|tisch:** den Zementit betreffend, aus ihm bestehend

Zen [zɛn, auch tsɛn] *das;* -[s] ⟨aus gleichbed. *jap.* zen, dies über *chin.* chan aus *sanskr.* dhyāna „das (Nach)sinnen; (geistige) Versenkung"⟩: aus dem ↑Tschan entwickelte japan. Richtung des Buddhismus, die durch ↑ Meditation tätige Lebenskraft u. größte Selbstbeherrschung das Einswerden mit Buddha zu erreichen sucht

Ze|na|na [z...] u. Senana *die;* -, -s ⟨aus gleichbed. *Hindi* zanāna, dies aus *pers.* zan „Frau"⟩: (in Indien bei Moslems u. Hindus) Wohnbereich der Frauen (den Fremde nicht betreten dürfen)

Zen|bud|dhis|mus ['zɛn..., auch 'tsɛn...] *der;* - ⟨zu ↑ Zen u. ↑ Buddhismus⟩: svw. Zen

Zend|awe|sta *das;* - ⟨aus *pers.* zand-awestā, eigtl. „Kommentar-Grundtext"⟩: (veraltet) svw. Awesta

Ze|ner|dio|de *die;* -, -n ⟨nach dem amerik. Physiker C. M. Zener (*1905) u. zu ↑ Diode⟩: ↑ Diode, die in einer Richtung bei Überschreiten einer bestimmten Spannung einen sehr starken Anstieg des Stroms zeigt (Elektrot.). **Ze|ner|ef|fekt** *der;* -[e]s: (der Wirkung der Zenerdiode zugrundeliegender) elektr. Effekt beim Übergang von Elektronen in einem Halbleiter (Phys.)

Ze|nit *der;* -[e]s ⟨aus gleichbed. *it.* zenit(h), dies entstellt aus *arab.* samt (ar-ru'ūs) „Weg, Richtung (des Kopfes)"⟩: 1. senkrecht über dem Beobachtungspunkt gelegener höchster Punkt des Himmelsgewölbes; Scheitelpunkt (Astron.); Ggs. ↑Nadir. 2. Gipfelpunkt, Höhepunkt; Zeitpunkt, an dem sich das Höchste an Erfolg, Entfaltung o. ä. innerhalb eines Gesamtablaufs vollzieht. **ze|ni|tal** ⟨zu ↑ ¹...al (↑²)⟩: auf den Zenit bezogen; den Zenit betreffend. **Ze|ni|tal|re|gen** *der;* -s, -: zur Zeit des Sonnenhöchststandes auftretender Starkregen in den Tropen, meist von heftigen Gewittern begleitet. **Ze|nit|di|stanz** *die;* -: Abstand eines Sternes vom Zenit

Ze|no|ge|ne|se usw. vgl. Zänogenese usw.

Ze|no|taph vgl. Kenotaph. **Ze|no|ta|phi|um** *das;* -s, ...ien [...jən] ⟨über *lat.* cenotaphium aus *gr.* kenotáphion „leeres Grab", vgl. Kenotaph⟩: (veraltet) svw. Zenotaph

zen|sie|ren ⟨aus *lat.* censere „begutachten, beurteilen, schätzen"⟩: 1. eine Arbeit od. Leistung mit einer Note bewerten. 2. ein Buch, einen Film o. ä. auf unerlaubte od. unmoralische Inhalte hin kritisch prüfen. **Zen|sit** *der;* -en, -en ⟨zu ↑³...it⟩: (veraltet) Steuer- od. Zinspflichtiger. **Zen|sor** *der;* -s, ...oren ⟨aus gleichbed. *lat.* censor⟩: 1. niemandem verantwortlicher Beamter im Rom der Antike, der u. a. die Vermögensschätzung der Bürger durchführte u. eine sittenrichterliche Funktion ausübte. 2. behördlicher Beurteiler, jmd., der von Amts wegen die Zensur (2a) ausübt. **zen|so|risch:** den Zensor betreffend. **zen|su|al** ⟨aus *lat.* censualis, „den Zensus, die Abschätzung betreffend" zu census, vgl. Census⟩: zur Steuer gehörig, steuerpflichtig. **Zen|sua|len** *die* (Plur.): im Mittelalter Bez. für alle Personen, die zum Zeichen ihrer Abhängigkeit od. für die Nutzung eines Zinsgutes einen persönlichen od. dinglichen Zins entrichteten. **Zen|sur** *die;* -, -en ⟨aus *lat.* censura „Prüfung, Beurteilung"⟩: 1. Amt des Zensors (1). 2. a) behördliche Kontrolle bzw. Überprüfung u. gegebenenfalls Verbot von Büchern, Filmen, Theaterstücken u. ä., bes. hinsichtlich ihrer gesetzlichen od. sittlichen Konformität; b) (ohne Plur.) Stelle, Behörde, die die Zensur (2a) ausübt. 3. a) kirchliche Prüfung religiöser Literatur von kath. Verfassern; b) Verwerfung einer theologischen Lehrmeinung (kath. Kirchenrecht). 4. Note, Bewertung einer Leistung. 5. Kontrollinstanz der Persönlichkeit an der Grenze zwischen Bewußtem u. Unbewußtem, die Wünsche u. Triebregungen kontrolliert u. reguliert (Psychoanalyse). **zen|su|ra|bel** ⟨nach *fr.* censurable „tadelnswert" zu censurer „zensieren; tadeln", dies aus *lat.* censere, vgl. zensieren⟩: (veraltet) 1. a) der Prüfung durch den Zensor unterworfen; b) zinspflichtig. 2. anstößig, tadelnswert. **Zen|su|ren|kon|fe|renz** *die;* -, -en ⟨zu ↑ Zensur⟩: Lehrerkonferenz, in der über die Zensuren (4) im Zeugnis entschieden wird. **zen|su|rie|ren** ⟨zu ↑...ieren⟩: (österr., schweiz.) svw. zensieren. **Zen|sus** *der;* -, - [...zu:s] ⟨aus gleichbed. *lat.* census⟩: 1. die durch die Zensoren (1) vorgenommene Schätzung der Bürger nach ihrem Vermögen. 2. Verzeichnis aller bekannten Exemplare von Frühdrucken (Bibliotheksw.). 3. Abgabe, Pachtzins, Steuerleistung (bes. im Mittelalter). 4. (fachspr.) Volkszählung

Zent *die;* -, -en ⟨aus gleichbed. *mlat.* centa, dies aus *spätlat.* centena „Hundertschaft" zu centum „hundert"⟩: 1. (in fränkischer Zeit) mit eigener Gerichtsbarkeit ausgestatteter Siedlungsverband. 2. (im Hoch- u. Spätmittelalter) Unterbezirk einer Grafschaft (in Hessen, Franken u. Lothringen)

Zen|taur u. Kentaur *der;* -en, -en ⟨über *lat.* Centaurus aus *gr.* Kéntauros⟩: [wildes] Fabelwesen der griech. Sage mit menschlichem Oberkörper u. Pferdeleib

Zen|te|nar *der;* -s, -e ⟨aus gleichbed. *(m)lat.* centenarius, eigtl. „aus hundert bestehend" zu *lat.* centum, vgl. Zent⟩: 1. (selten) Hundertjähriger. 2. [gewählter] Vorsteher der Zent (1) u. Vorsitzender ihrer Gerichtsbarkeit. **Zen|te|na|ri|um** *das;* -s, ...ien [...jən] ⟨zu *mlat.* centenarium „Jahrhundert"⟩: Hundertjahrfeier

Zen|ter|half [...hɑːf] *der;* -s, -s ⟨aus gleichbed. *engl.* centrehalf zu centre „Mitte, Zentrum" u. ↑ Half⟩: (österr. veraltet) Mittelfeldspieler (Fußball). **zen|tern** ⟨nach *engl.* to centre (the ball) „(den Ball) flanken"⟩: (österr. veraltet) den Ball in die Mitte des Spielfeldes schießen (Fußball)

zen|te|si|mal ⟨zu *lat.* centesimus „der hundertste" u. ↑ ¹...al (1), Analogiebildung zu ↑ dezimal⟩: hundertteilig. **Zen|te|si|mal|po|tenz** *die;* -, -en: die im Verhältnis 1:100 fortschreitenden Stufen der Verdünnung bei homöopathischen Mitteln. **Zen|te|si|mal|waa|ge** *die;* -, -n: Brückenwaage, auf der eine Last durch ein Gewicht vom hundertsten Teil der Last ins Gleichgewicht gebracht wird. **Zent|ge|richt** *das;* -[e]s, -e ⟨zu ↑ Zent⟩: (früher) Gericht einer fränkischen ↑ Zent (2). **Zent|graf** *der;* -en, -en: Vorsitzender eines fränkischen Zentgerichts. **Zen|ti...** ⟨aus *fr.* centi- „Hundertstel", dies aus *lat.* centum „hundert"⟩: Vorsatz vor Maßeinheiten mit der Bedeutung „ein Hundertstel (der 10²te Teil) der genannten Maßeinheit"; Zeichen c, z. B. Zentimeter; Zeichen cm. **Zen|ti|fo|lie** [...jə] *die;* -, -n ⟨zu *lat.* centum, Gen. centi (vgl. Zenti...) u. folium (vgl. Folium), eigtl. „die Hundertblättrige"⟩: eine Rosenart mit dicht gefüllten Blüten. **Zen|ti|grad** [auch 'tsɛn...] *der;* -[e]s, -e ⟨zu ↑ Zenti...⟩: ein hundertstel ↑ Grad. **Zen|ti|gramm** [auch 'tsɛn...] *das;* -s, -e (aber: 5 -) ⟨zu ↑ Gramm⟩: ein hun-

Zentrospermen

dertstel ↑ Gramm; Zeichen cg. **Zen|ti|li|ter** [auch 'tsɛn...] *der,* schweiz. nur so, auch *das; -s, -*: ein hundertstel ↑ Liter; Zeichen cl. **Zen|ti|me|ter** [auch 'tsɛn...] *der,* schweiz. nur so, auch *das; -s, -* ⟨zu ↑ Meter⟩: ein hundertstel ↑ Meter; Zeichen cm **Zen|to** *der; -s, -s* u. **Zentonen** ⟨aus *spätlat.* cento, vgl. Cento⟩: svw. Cento **zen|tral** ⟨aus *lat.* centralis „in der Mitte befindlich" zu centrum; vgl. Zentrum⟩: a) im Zentrum [liegend], vom Zentrum ausgehend, nach allen Seiten hin günstig gelegen; Ggs. ↑ dezentral; b) von einer [übergeordneten] Stelle aus [erfolgend]; c) sehr wichtig, sehr bedeutend, hauptsächlich, entscheidend. **Zen|tral...**: Wortbildungselement mit der Bedeutung „mittel, in der Mitte; hauptsächlich", z. B. Zentralorgan. **Zen|tral|ab|itur** *das; -s, -e*: zentral (b) durchgeführtes Abitur mit gleichen Aufgaben[stellungen] u. einheitlicher Bewertung. **Zen|tral|atom** *das; -s, -e*: Atom, um das sich in Komplexverbindungen mehrere ↑ Atome, ↑ Ionen, Atomgruppen od. ↑ Moleküle anordnen (Chem.). **Zen|tra|le** *die; -, -n* ⟨zu ↑ ...ale⟩: 1. zentrale Stelle, von der aus etwas organisiert od. geleitet wird; Hauptort, -stelle. 2. Fernsprechvermittlung mit mehreren Anschlüssen. 3. Verbindungsstrecke der Mittelpunkte zweier Kreise (od. Kugeln); Mittelpunktsgerade (Math.). **Zen|tral|funk|tio|nen** *die* (Plur.): die an allen psychischen Vorgängen beteiligten Funktionen der Antriebe, Gefühle u. des Bewußtseins (Psychol.). **Zen|tra|li|de** *der* u. *die; -n, -n* ⟨zu ↑ ...ide⟩: Angehörige[r] einer zum mongoliden Rassenkreis gehörenden indian. Rasse. **Zen|tra|li|sa|ti|on** *die; -, -en* ⟨aus gleichbed. *fr.* centralisation⟩: 1. organisatorische Zusammenfassung gleichartiger Aufgaben, Arbeitsplätze u. a. nach bestimmten Merkmalen zu einem einheitlichen Komplex; Ggs. ↑ Dezentralisation (1). 2. (ohne Plur.) Zustand, in dem sich etwas nach dem Zentralisieren befindet; Ggs. ↑ Dezentralisation (2); vgl. ...[at]ion/...ierung. **zen|tra|li|sie|ren** ⟨aus gleichbed. *fr.* centraliser⟩: mehrere Dinge organisatorisch so zusammenfassen, daß sie von einer zentralen Stelle aus gemeinsam verwaltet u. geleitet werden können; Ggs. ↑ dezentralisieren. **Zen|tra|li|sie|rung** *die; -, -en* ⟨zu ↑ ...isierung⟩: svw. Zentralisation (1); vgl. ...[at]ion/...ierung. **Zen|tra|lis|mus** *der; -* ⟨zu ↑ ...ismus (2)⟩: das Bestreben, Politik u. Verwaltung eines Staates zusammenzuziehen u. nur eine Stelle mit der Entscheidung zu betrauen; Ggs. ↑ Föderalismus. **zen|tra|li|stisch** ⟨zu ↑ ...istisch⟩: nach Zusammenziehung strebend; vom Mittelpunkt, von den Zentralbehörden aus bestimmt. **Zen|tra|li|tät** *die; -* ⟨zu ↑ ...ität⟩: 1. Mittelpunktslage von Orten. 2. (fachspr.) das Zentralsein, zentrale Beschaffenheit. **Zen|tral|ka|nal** *der; -s* ⟨zu ↑ zentral⟩: im Rückenmark verlaufender Hohlraum (Biol.). **Zen|tral|ka|ta|log** *der; -[e]s, -e*: zentraler ↑ Katalog, in dem die Bestände mehrerer ↑ Bibliotheken (2) erfaßt sind (Buchw.). **Zen|tral|ko|mi|tee** *das; -s, -s*: höchstes leitendes Organ, bes. von kommunistischen od. sozialistischen Parteien; Abk.: ZK. **Zen|tral|ner|ven|sy|stem** *das; -s, -e*: von Gehirn u. Rückenmark gebildeter Teil des Nervensystems bei Mensch u. Wirbeltieren. **Zen|tral|organ** *das; -s, -e*: das offizielle Presseorgan einer Partei od. einer Massenorganisation. **Zen|tral|per|spek|ti|ve** [...və] *die; -*: svw. Zentralprojektion. **zen|tral|per|spek|ti|visch** [...vɪʃ]: die Zentralperspektive betreffend, auf ihr beruhend. **Zen|tral|pro|jek|ti|on** *die; -*: Verfahren zur Abbildung einer räumlichen od. ebenen Figur mit Hilfe von Strahlen, die von einem Punkt (dem Zentrum der Zentralprojektion) ausgehen (z. B. in der Kartendarstellung durch Projektion aus der Mitte der Erdkugel). **Zen|tral|sym|me|trie** *die; -*: Deckungsgleichheit mit sich selbst bei Drehung von 180° um einen Mittelpunkt (Math.). **zen|tral|sym|me|trisch**: die Zentralsymmetrie betreffend. **Zen|tral|zy|lin|der** *der; -s -*: innerer Teil der Sproßachse u. der Wurzel (Bot.). **zen|tri..., Zen|tri...** u. zentro..., Zentro... ⟨zu *lat.* centrum, vgl. Zentrum⟩: Wortbildungselement mit der Bedeutung „auf die Mitte bezogen, nach dem Mittelpunkt gerichtet", z. B. zentripetal, Zentrifuge, zentrolezithal, Zentromer. **zen|trie|ren** ⟨zu ↑ Zentrum u. ↑ ...ieren⟩: 1. etwas auf die Mitte einstellen, um etwas anordnen. 2. sich genau, speziell auf jmdn., etw. als das Zentrum des Handelns einstellen. **Zen|trie|rung** *die; -* ⟨zu ↑ ...ierung⟩: 1. das Zentrieren, das Zentriertsein. 2. subjektive Schwerpunktbildung od. Gewichtung im Wahrnehmen, Denken bzw. beim Lernen (Psychol.). 3. Zustand von Linsen- u. Spiegelsystemen, bei dem die Formachse mit der optischen Achse zusammenfällt (Phys.). **zen|tri|fu|gal** ⟨zu *lat.* fugere „fliehen" u. ↑¹...al (1); vgl. Zentrifugalkraft⟩: auf die Zentrifugalkraft bezogen; durch Zentrifugalkraft wirkend; Ggs. ↑ zentripetal (1). 2. vom Zentrum zur Peripherie verlaufend (z. B. von den motorischen Nerven; Med.); Ggs. ↑ zentripetal (2). **Zen|tri|fu|gal|kraft** *die; -* ⟨Lehnübersetzung aus gleichbed. *engl.* centrifugal force (für von Newton 1687 geprägtes *nlat.* vis centrifuga)⟩: bei der Bewegung eines Körpers auf einer gekrümmten Bahn od. bei der Drehung um eine Achse auftretende, nach außen gerichtete Kraft (Fliehkraft, Schwungkraft; Phys.). **Zen|tri|fu|gal|re|gu|la|tor** *der; -s, -en*: auf Grund der Zentrifugalkraft wirkender Drehzahlregler für rotierende Maschinen (z. B. bei Dampfmaschinen). **Zen|tri|fu|ge** *die; -, -n* ⟨aus gleichbed. *fr.* centrifuge; vgl. zentrifugal⟩: Schleudergerät zur Trennung von Substanzen mit Hilfe der Zentrifugalkraft (z. B. Wäscheschleuder). **zen|tri|fu|gie|ren** ⟨zu ↑ ...ieren⟩: mit der Zentrifuge trennen, ausschleudern, zerlegen. **Zen|tri|fu|gie|rung** *die; -, -en* ⟨zu ↑ ...ierung⟩: das Zentrifugieren, das Zentrifugiertwerden. **Zen|tri|ol** *das; -s, -e* ⟨nlat. Verkleinerungsbildung zu *lat.* centrum, vgl. Zentrum⟩: meist doppelt in einer Zelle vorkommendes Zellorgan, das bei der Kernteilung den Pol der neu entstehenden Zelle bildet (Biol.). **zen|tri|pe|tal** ⟨zu *lat.* centrum (vgl. Zentrum), petere „nach etwas streben" u. ↑¹...al (1); vgl. Zentripetalkraft⟩: 1. zum Mittelpunkt, zum Drehzentrum hinstrebend; auf die Zentripetalkraft bezogen; Ggs. ↑ zentrifugal (1). 2. von der Peripherie zum Zentrum ziehend, zum Mittelpunkt hin gerichtet (z. B. von den sensiblen Nerven; Med.); Ggs. ↑ zentrifugal (2). **Zen|tri|pe|tal|kraft** *die; -* ⟨Lehnübersetzung von gleichbed. *engl.* centripetal force (für von Newton 1687 geprägtes *nlat.* vis centripeta)⟩: bei der Bewegung eines Körpers auf einer gekrümmten Bahn od. bei der Drehung um eine Achse auftretende, nach dem Mittelpunkt hin wirkende Kraft (Phys.); Ggs. ↑ Zentrifugalkraft. **zen|trisch** ⟨zu ↑ Zentrum⟩: mittig, in der Mitte, im Mittelpunkt befindlich. **Zen|tris|mus** *der; -* ⟨zu *lat.* centrum (vgl. Zentrum) u. ↑ ...ismus (2)⟩: vermittelnde linkssozialistische Richtung innerhalb der Arbeiterbewegung. **Zen|trist** *der; -en, -en* ⟨zu ↑ ...ist⟩: Anhänger des Zentrismus. **Zen|tri|win|kel** *der; -s, -*: Mittelpunktswinkel (Winkel zwischen zwei Radien eines Kreises; Math.). **zen|tro..., Zen|tro...** vgl. zentri..., Zentri... **Zen|tro|le|zi|thal** ⟨zu *gr.* lékithos „Eidotter" u. ↑¹...al (1)⟩: einen zentral gelegenen, von Zellplasma umschlossenen Dotter aufweisend (von Eiern; Biol.); vgl. isolezithal, telolezithal. **Zen|tro|mer** *das; -s, -e* ⟨zu ↑ ...mer⟩: Ansatzstelle der bei der Kernteilung sich ausbildenden Spindelfasern am ↑ Chromosom (Biol.). **Zen|tro|som** *das; -s, -en* ⟨zu *gr.* sõma „Körper"⟩: svw. Zentriol. **Zen|tro|sper|men** *die*

1451

zentrovertiert

(Plur.): Angehörige einer Gruppe von Pflanzenfamilien, bei der die Samen im Zentrum der Frucht liegen (Bot.). **zen|tro|ver|tiert** [...v...] ⟨zu *lat.* vertere „drehen, wenden" u. ↑...iert⟩: selbstbezogen (Psychol.); vgl. introvertiert, extravertiert. **Zen|tro|zyt** *der;* -en, -en (meist Plur.) ⟨↑...zyt⟩: Zelle des Keimzentrums der Lymphozyten (Med.). **zen|tro|zy|tisch**: aus Zentrozyten bestehend, die Zentrozyten betreffend (Med.). **Zen|tro|zy|tom** *das;* -s, -e ⟨zu ↑...om⟩: von Zentrozyten ausgehende Geschwulst (Med.). **Zen|trum** *das;* -s, ...ren ⟨aus *lat.* centrum „Mittelpunkt", dies aus *gr.* kéntron, eigtl. „ruhender Zirkelschenkel", zu kenteīn „(ein)stechen"⟩: 1. a) Mittelpunkt; innerster Bezirk; b) zentrale Stelle, die Ausgangs- u. Zielpunkt ist; Ballungsbereich; Brennpunkt. 2. Innenstadt. 3. (ohne Plur.) politische kath. Partei des Bismarckreiches u. der Weimarer Republik. 4. Mittelfeld des Schachbretts. 5. svw. Center

Zen|tum|vir [...vir] *der;* Gen. -n od. -s, Plur. -n ⟨zu *lat.* centumviri (Plur.) „Hundert-Männer-Kollegium"⟩: Mitglied des Zentumvirats im alten Rom. **Zen|tum|vi|rat** [...v...] *das;* -[e]s, -e ⟨zu ↑...at (1)⟩: aus ursprünglich 100 Männern bestehendes Richterkollegium im alten Rom. **Zen|tu|ri|ats|ko|mi|ti|en** [...i̯ən] *die* (Plur.): Volksversammlungen der nach dem Vermögen in Klassen u. Zenturien eingeteilten waffenfähigen röm. Bürger im alten Rom. **Zen|tu|rie** [...i̯ə] u. Centurie [ts...i̯ə] *die;* -, -n ⟨aus gleichbed. *lat.* centuria zu centum „hundert"⟩: Heeresabteilung von 100 Mann im alten Rom. **Zen|tu|rio** *der;* -s, ...onen ⟨aus gleichbed. *lat.* centurio⟩: Befehlshaber einer Zenturie. **Zen|tu|ri|um** u. Centurium [ts...] *das;* -s ⟨zu *lat.* centum „hundert" (nach der Ordnungszahl des Elements) u. ↑...ium⟩: (veraltet) svw. Fermium; Zeichen Ct

Zeo|lith [auch '...lɪt] *der;* Gen. -s u. -en, Plur. -e[n] (meist Plur.) ⟨zu *gr.* zeīn „wallen, kochen" u. ↑...lith⟩: ein feldspatähnliches Silikatmineral

ze|phal..., Ze|phal... vgl. zephalo..., Zephalo... **...ze|phal** ⟨zu *gr.* kephalḗ „Kopf"⟩: Wortbildungselement mit der Bedeutung „den Kopf, die Kopfform betreffend", z. B. mikrozephal. **Ze|pha|la**: Plur. von ↑Zephalon. **Ze|phal|al|gie** *die;* -, ...ien ⟨zu ↑...algie⟩: Kopfschmerz (Med.). **Ze|phal|hä|ma|tom** *das;* -s, -e: bei der Geburt auftretender Bluterguß am Schädel des Neugeborenen mit guter Rückbildungstendenz (Med.). **Ze|pha|lin** *das;* -s, -e (meist Plur.) ⟨zu ↑...in (1)⟩: bes. in der Gehirnsubstanz u. im Nervengewebe vorkommendes, dem ↑Lezithin ähnliches ↑Phosphatid, in dem ↑Glyzerin mit zwei Molekülen Fettsäure u. mit Phosphorsäure verestert ist. **ze|pha|lo..., Ze|pha|lo...,** vor Vokalen meist zephal..., Zephal..., älter kephal[o]..., Kephal[o]... ⟨aus *gr.* kephalḗ „Kopf"⟩: Wortbildungselement mit der Bedeutung „Kopf, Schädel", z. B. zephalometrisch, Zephalopode, Zephalalgie. **Ze|pha|lo|graph** *der;* -en, -en ⟨zu ↑...graph⟩: Gerät zur Aufzeichnung der Schädelform. **Ze|pha|lo|me|trie** *die;* -, ...ien ⟨zu ↑...metrie⟩: Schädelmessung, Bestimmung von Schädelumfang u. -durchmesser (Anthropol.). **ze|pha|lo|me|trisch** ⟨zu ↑...metrisch⟩: die Zephalometrie betreffend, auf ihr beruhend (Anthropol.). **Ze|pha|lon** *das;* -s, Plur. -s u. ...la ⟨zu ↑¹...on⟩: (selten) svw. Makrozephalus. **Ze|pha|lo|po|de** *der;* -n, -n (meist Plur.) ⟨zu ↑...pode⟩: Kopffüßer, bes. Tintenfisch (eine Gruppe der Weichtiere; Zool.). **Ze|pha|lo|to|mie** *die;* -, ...ien ⟨zu ↑...tomie⟩: svw. Kraniotomie (2). **Ze|pha|lo|trip|sie** *die;* -, ...ien ⟨zu *gr.* trīpsis „das Reiben, Zerreiben" (dies zu trībein „reiben, zerreiben") u. ↑²...ie⟩: Zertrümmerung des kindlichen Schädels in den Geburtswegen (bei abgestorbener Leibesfrucht; Med.). **Ze|pha|lo-**

ze|le *die;* -, -n ⟨zu *gr.* kélē „Geschwulst, Bruch"⟩: das Hervortreten von Schädelinhalt durch Lücken des Schädeldachs (Med.)

Ze|phir (österr. nur so) u. Zephyr *der;* -s, Plur. -e, österr. ...ire ⟨über *lat.* zephyrus aus *gr.* zéphyros „(West)wind", Bed. 1 nach der Art des Stoffes⟩: 1. feiner einfarbiger od. gestreifter Baumwollstoff in Leinwandbindung (eine Webart). 2. (ohne Plur.) (veraltet) milder [Süd]westwind. **Ze|phir|garn** *das;* -[e]s: svw. Zephirwolle. **ze|phi|risch** u. zephyrisch: (veraltet) säuselnd, lieblich, sanft (bes. von der Luft). **Ze|phir|wol|le** *die;* -: weiches, sehr locker gedrehtes Wollgarn für Handarbeiten. **Ze|phyr** usw. vgl. Zephir usw.

Zep|ter *das,* auch *der;* -s, - ⟨aus gleichbed. *lat.* sceptrum, dies aus *gr.* skēptron, eigtl. „Stütze, Stab", zu skēptein „stützen"⟩: 1. mit besonderen Verzierungen ausgeschmückter Stab als Zeichen der Würde u. Macht eines Herrschers. 2. höchste Gewalt, Herrschaft, Macht

Zer vgl. Cer

Ze|ra|pha|nie u. Zerophanie *die;* -, ...ien (meist Plur.) ⟨zu *lat.* cera „Wachs", *gr.* phaínein „erscheinen lassen" u. ↑²...ie⟩: durchscheinendes Bild, das aus einer auf Glasscheiben aufgetragenen Wachsschicht mit Griffeln so herausgearbeitet wird, daß helle u. dunkle Effekte entstehen. **Ze|rat** *das;* -[e]s, -e ⟨zu *lat.* ceratus „mit Wachs überzogen"⟩: Wachssalbe

Zer|be|rus *der;* -, -se ⟨über *lat.* Cerberus aus *gr.* Kérberos, nach dem Namen des Hundes, der nach der griech. Mythologie den Eingang der Unterwelt bewacht⟩: 1. Hund, der [den Zugang zu] etw. bewacht. 2. Pförtner, Türhüter o. ä., der streng od. unfreundlich ist. 3. (scherzh.) Torhüter (z. B. im Fußball, Handball), der zäh u. verbissen sein Tor verteidigt

Ze|rea|lie [...i̯ə] *die;* -, -n (meist Plur.) ⟨aus gleichbed. *lat.* cerealia zu Cerealis „zu Ceres (röm. Göttin des Getreidebaus) gehörig"⟩: 1. Getreide, Feldfrucht. 2. [Gericht aus] Getreideflocken; vgl. Cerealien

ze|re|bel|lar ⟨zu *lat.* cerebellum (vgl. Cerebellum) u. ↑...ar (1)⟩: das Kleinhirn betreffend, zu ihm gehörend (Med.). **ze|re|bel|lo|spi|nal**: zum Kleinhirn u. Rückenmark gehörend (Med.). **Ze|re|bel|lum** vgl. Cerebellum. **ze|re|bral** ⟨zu *lat.* cerebrum (vgl. Cerebrum) u. ↑¹...al (1)⟩: 1. das Großhirn betreffend, von ihm ausgehend, zu ihm gehörend (Med.). 2. svw. retroflex (Sprachw.). 3. intellektuell, geistig. **Ze|re|bral** *der;* -s, -e ⟨zu *lat.* cerebrum im Sinne von „Spitze, oberes Ende" u. ↑¹...al (2)⟩: mit der Zungenspitze am Gaumendach gebildeter Laut (z. B. altind. ḍ, ṭ; Sprachw.). **Ze|re|bral...** ⟨↑zerebral⟩: Wortbildungselement mit der Bedeutung „das Gehirn betreffend", z. B. Zerebralsklerose. **Ze|re|bra|li|sa|ti|on** *die;* - ⟨zu ↑zerebral u. ↑...isation⟩: Ausbildung u. Differenzierung des Gehirns in der Embryonal- u. Fetalperiode (vgl. Embryo, Fetus; Med.). **Ze|re|bra|li|sie|rung** *die;* -, -en ⟨zu ↑Zerebral u. ...isierung⟩: Artikulation eines Verschlußlautes als Zerebral (Sprachw.). **Ze|re|bral|pa|re|se** *die;* -, -n ⟨zu ↑zerebral⟩: Hirnlähmung infolge Schädigung des Gehirns während der Zeit seiner Entwicklung, charakterisiert durch spastische Lähmungen, Sprach-, Sehstörungen u. Krampfanfälle (Med.). **Ze|re|bral|skle|ro|se** *die;* -, -n: Verhärtung der Gehirnsubstanz (fälschlich oft im Sinne von Hirnarteriosklerose gebraucht; Med.). **Ze|re|bral|sy|stem** *das;* -s, -e: das Gehirn mit den von ihm ausgehenden Nerven (Med.). **Ze|re|bral|the|ra|peu|ti|kum** *das;* -s, ...ka: Substanz zur Behandlung von Leistungs-, Gedächtnis- u. Konzentrationsdefiziten sowie von Verhaltensstörungen (Med.). **Ze|re|bral|tu|mor** *der;* -s, -en: Geschwulst des Ge-

hirns (Med.). **Ze|re|bra|ti|on** *die;* - ⟨zu *lat.* cerebrum (vgl. Cerebrum) u. ↑...ation⟩: svw. Zerebralisation. **Ze|re|bron** *das;* -s ⟨zu ↑²...on⟩: in der weißen Substanz des Gehirns u. im Nervengewebe vorkommendes Zerebrosid (Biochem.). **Ze|re|bro|sid** *das;* -[e]s, -e ⟨Kunstw. zu *lat.* cerebrum (vgl. Cerebrum) u. ↑³...id⟩: stickstoffhaltiger, zu den ↑ Lipoiden gehörender Stoff im Gehirn, in Milz, Leber, Niere u. Blutzellen (Biochem.). **ze|re|bro|spi|nal**: Gehirn u. Rückenmark betreffend, zu ihnen gehörend (Med.). **Ze|re|bro-spi|nal|sy|stem** *das;* -s, -e: das Gesamtsystem der Hirn- u. Rückenmarksnerven (Med.). **Ze|re|bro|to|ni|ker** *der;* -s, - ⟨zu *gr.* tonikós „gespannt, die Spannkraft bewirkend"⟩: Temperamentstyp des intellektuell regsamen, aber gefühls- u. ausdrucksgehemmten Menschen. **Ze|re|brum** vgl. Cerebrum
Ze|re|mo|nia|le vgl. Caeremoniale. **¹Ze|re|mo|ni|ar** *der;* -s, -e ⟨aus gleichbed. *mlat.* ceremoniarius⟩: kath. Geistlicher, der die Liturgie vorbereitet u. leitet. **²Ze|re|mo|ni|ar** *das;* -s, -e ⟨zu ↑ Zeremonie u. ↑²...ar⟩: Verzeichnis der bei feierlichen Anlässen zu beachtenden Bräuche. **Ze|re|mo|nie** [auch ...'moːnɪə] *die;* -, ...ien [auch ...'moːnɪən] ⟨unter dem Einfluß von *fr.* cérémonie aus *spätlat.* ceremonia, *lat.* caerimonia „religiöse Handlung, Feierlichkeit"⟩: 1. [traditionsgemäß begangene] feierliche Handlung; Förmlichkeit. 2. (nur Plur.) die zum ↑ Ritus gehörenden äußeren Zeichen u. Handlungen (Rel.). **ze|re|mo|ni|ell** ⟨aus gleichbed. *fr.* cérémonial, dies aus *spätlat.* caerimonialis „zur Gottesverehrung gehörig"; vgl. ...ell⟩: a) feierlich, förmlich, gemessen; b) steif, umständlich. **Ze|re|mo|ni|ell** *das;* -s, -e ⟨aus gleichbed. *fr.* cérémonial⟩: Gesamtheit der Regeln u. Verhaltensweisen, die zu bestimmten [feierlichen] Handlungen im gesellschaftlichen Verkehr notwendig gehören. **Ze|re|mo|ni-en|mei|ster** [...iən...] *der;* -s, - ⟨zu ↑ Zeremonie⟩: der für das Hofzeremoniell verantwortliche Beamte an Fürstenhöfen. **ze|re|mo|ni|ös** ⟨aus gleichbed. *fr.* cérémonieux; vgl. ...ös⟩: steif, gemessen
Ze|re|sin u. Ceresin [ts...] *das;* -s ⟨Kunstw. zu *lat.* cera „Wachs" u. ↑...in (1)⟩: ein gebleichtes Erdwachs aus hochmolekularen Kohlenwasserstoffen
Ze|re|vis [...'viːs] *das;* -, - ⟨aus *lat.* cer(e)visia „ein bierähnliches Getränk", dies aus dem Gall.; Bed. 2 nach dem Brauch von studentischen Verbindungen, das Käppchen an ihren Kneipabenden beim (Bier)trinken zu tragen⟩: 1. (Studentenspr. veraltet) Bier. 2. gold- od. silbergesticktes Käppchen der Verbindungsstudenten
Ze|rin *das;* -s ⟨zu *lat.* cera (vgl. Cera) u. ↑...in (1)⟩: eine Fettsäure (Bestandteil des Bienenwachses)
Ze|rit [auch ...'rɪt] u. Cerit [ts..., auch ...'rɪt] *der;* -s, -e ⟨zu ↑ Cer u. ↑²...it⟩: ein graubraunes bis graurotes, ↑ monoklines Mineral
Zer|ka|rie [...iə] *die;* -, -n ⟨aus *nlat.* cercaria zu *gr.* kérkos „Schwanz"⟩: gabelschwänzige Larve des Leberegels
zer|nie|ren ⟨aus gleichbed. *fr.* cerner, dies aus *lat.* circinare „einen Kreis bilden" zu circinus, vgl. Zirkel⟩: [eine Festung] einschließen; umzingeln. **Zer|nie|rung** *die;* -, -en ⟨zu ↑...ierung⟩: das Zernieren, das Zerniertwerden
Ze|ro ['zeːro] *die;* -, -s od. *das;* -s, -s ⟨aus *fr.* zéro „Null", dies über *it.* zero aus *arab.* ṣifr zu ṣafira „leer sein"⟩: 1. Null, Nichts. 2. das Gewinnfeld des Bankhalters im Roulett. 3. a) sprachliche Einheit, die keinen kommunikativen Beitrag leistet; b) sprachliche Einheit, die nicht formal, sondern nur inhaltlich vorhanden ist (z. B. *du* im Imperativ *geh!*; Sprachw.). **Ze|ro|bond** *der;* -s, -s: Anleihe ohne laufende Zinszahlung, bei der die Zinsen erst mit dem fälligen Kapitalbetrag gezahlt werden (Bankw.).

Ze|ro|dur Ⓦ *das;* -s ⟨Kunstw., zu *lat.* durus „hart, fest"⟩: Werkstoff aus Glaskeramik mit bes. geringer Wärmeausdehnung
Ze|ro|graph *der;* -en, -en ⟨zu *gr.* kērographeīn „mit Wachs malen"; vgl. ...graph⟩: jmd., der Wachsgravierungen anfertigt. **Ze|ro|gra|phie** *die;* -, ...ien ⟨aus *gr.* kērographía „Wachsmalerei"⟩: 1. (ohne Plur.) Kunst des Wachsgravierens. 2. Wachsgravierung. **Ze|ro|pha|nie** vgl. Zeraphanie. **Ze|ro|pla|stik** *die;* -, -en ⟨zu *gr.* kērós „Wachs" u. ↑¹Plastik⟩: 1. (ohne Plur.) Wachsbildnerei. 2. Wachsbild. **Ze|ro-tin|säu|re** *die;* - ⟨zu ↑...in (2)⟩: svw. Zerin
Zer|ta|men *das;* -s, ...mina ⟨aus gleichbed. *lat.* certamen zu certare, vgl. zertieren⟩: (veraltet) Wettkampf, -streit. **Zer|ta|ti|on** *die;* - ⟨aus *lat.* certatio „Wettkampf" zu certare, vgl. zertieren⟩: Erscheinung, daß männliche Samenfäden die Eizelle bei der Befruchtung schneller erreichen als weibliche (Biol.). **zer|tie|ren** ⟨aus gleichbed. *lat.* certare zu certus, vgl. zertifizieren⟩: (veraltet) wettstreiten, wetteifern. **Zer|ti|fi|kat** *das;* -[e]s, -e ⟨über gleichbed. *fr.* certificat aus *mlat.* certificatum „Beglaubigtes" zu *lat.* certus, vgl. zertifizieren⟩: 1. amtliche Bescheinigung, Beglaubigung, Schein, Zeugnis. 2. a) Anteilschein bei Investmentgesellschaften; vgl. Investment; b) Urkunde für hinterlegte Wertpapiere. **Zer|ti|fi|ka|ti|on** *die;* -, -en ⟨zu ↑...ation⟩: svw. Zertifizierung; vgl. ...[at]ion/...ierung. **zer|ti|fi|zie|ren** ⟨unter dem Einfluß von gleichbed. *fr.* certifier aus *spätlat.* certificare zu *lat.* certus „sicher, gewiß"⟩: [amtlich] bescheinigen, beglaubigen. **Zer|ti|fi|zie|rung** *die;* -, -en ⟨zu ↑...ierung⟩: das Beglaubigen, Bescheinigen; vgl. ...[at]ion/...ierung
Ze|ru|men u. Cerumen [ts...] *das;* -s ⟨aus gleichbed. *nlat.* cerumen zu *lat.* cera, vgl. Cera⟩: Ohrenschmalz (Med.)
Ze|rus|sit [auch ...'sɪt] *der;* -s, -e ⟨zu *lat.* cerussa „Bleiweiß" u. ↑²...it⟩: ein farbloses, weißes od. gelbbraunes bis schwarzes Mineral (Bleierz)
Zer|va|nis|mus [...v...] vgl. Zerwanismus
Zer|ve|lat|wurst [...v..., auch zɛr...] *die;* -, ...würste ⟨aus *it.* cervellata „Hirnwurst" zu cervello „Gehirn", dies aus *lat.* cerebellum, vgl. Cerebellum⟩: Dauerwurst aus zwei Drittel Schweinefleisch u. einem Drittel Rindfleisch u. Speck (Schlackwurst); vgl. Servela
zer|vi|kal [...v...] ⟨zu *lat.* cervix (vgl. Cervix) u. ↑¹...al (1)⟩: 1. den Nacken, den Hals betreffend, zu ihm gehörend (Anat.). 2. den Gebärmutterhals betreffend, zu ihm gehörend (Anat.). **Zer|vi|kal|syn|drom** *das;* -s, -e: Sammelbez. für Nacken-, Schulter- u. Armschmerzen, die durch krankhafte Veränderungen im Bereich der Halswirbelsäule verursacht werden (Med.). **Zer|vix** vgl. Cervix. **Zer|vix|kar|zi|nom** *das;* -s, -e: Gebärmutterhalskrebs (Med.). **Zer|vi|zi|tis** *die;* -, ...itiden ⟨zu ↑...itis⟩: Entzündung der Schleimhaut des Gebärmutterhalses (Med.)
Zer|wa|nis|mus *der;* - ⟨nach der altpers. Gottheit Zerwan u. zu ↑...ismus (1)⟩: ↑ monistische Richtung der pers. Religion des frühen Mittelalters (3.–7. Jh.)
Zes|sa|li|en [...iən] vgl. Zissalien
Zes|sa|re|witsch vgl. Zarewitsch
zes|si|bel ⟨zu ↑ zessieren u. ↑...ibel⟩: abtretbar, übertragbar (z. B. von Ansprüchen, Forderungen; Rechtsw.). **Zes|si-bi|li|tät** *die;* - ⟨zu ↑...ität⟩: Abtretbarkeit (z. B. von Ansprüchen, Forderungen; Rechtsw.). **zes|sie|ren** ⟨aus gleichbed. *mlat.* cessare, Intensivbildung zu *lat.* cedere, vgl. zedieren⟩: (veraltet) aufhören; wegfallen. **Zes|si|on** *die;* -, -en ⟨aus gleichbed. *lat.* cessio, vgl. Cessio⟩: Übertragung eines Anspruchs von dem bisherigen Gläubiger auf einen Dritten (Rechtsw.). **Zes|sio|nar** *der;* -s, -e ⟨aus gleichbed. *mlat.*

Zestoden

cessionarius⟩: jmd., an den eine Forderung abgetreten wird, neuer Gläubiger (Rechtsw.)
Ze|sto|den *die* (Plur.) ⟨aus *nlat.* cestodes zu *gr.* kestós „gestickter Gürtel; bandartiges Gebilde" u. ↑ ...oden⟩: zusammenfassende systematische Bez. für die Bandwürmer (Zool.)
Ze|ta *das;* -[s], -s ⟨aus *gr.* zēta⟩: sechster Buchstabe des griech. Alphabets: Z, ζ
Ze|tan vgl. Cetan
Ze|ta|ze|en *die* (Plur.) ⟨aus *nlat.* cetaceae zu *lat.* cetus „Wal", dies aus *gr.* kētos, vgl. Cetaceum⟩: zusammenfassende systematische Bez. für die Wale (Zool.)
Ze|ta|zis|mus *der;* -, ...men ⟨nach dem griech. Buchstaben Zeta (vgl. Zeta) u. zu ↑ ...izismus⟩: 1. die Entwicklung von *k* vor hellem Vokal zu *z* (Sprachw.). 2. fehlerhaftes Aussprechen des Z-Lautes
Ze|te|ti|ker *der;* -s, - ⟨nach *gr.* zētētikoí (Plur.) „Philosophen (einer bestimmten Schule)", substantivierter Plur. von zētētikós „zum Untersuchen geneigt"⟩: svw. Skeptiker
Ze|tin *das;* -s ⟨zu *lat.* cetus (vgl. Zetazeen) u. ↑ ...in (1)⟩: Hauptbestandteil des ↑ Cetaceums
Zeug|ma *das;* -s, Plur. -s u. -ta ⟨aus gleichbed. *lat.* zeugma, dies aus *gr.* zeũgma, eigtl. „Verbindung, Joch"⟩: unpassende Beziehung eines Satzgliedes (meist des Prädikats) auf zwei od. mehr Satzglieder (z. B. *er schlug die Stühl' und Vögel tot* [Struwwelpeter]; Sprachw.)
Zeu|ne|rit [auch ...'rɪt] *der;* -s, -e ⟨nach dem dt. Physiker G. A. Zeuner (1828–1907) u. zu ↑² ...it⟩: dem ↑ Chalkolith ähnliches Uranmineral
Ze|va|din [...v...] *das;* -s ⟨Kunstw.; vgl. ...in (1)⟩: Hauptbestandteil des Nieswurzalkaloids ↑ Veratrin
Ze|zi|die [...iə] u. Cecidie [tse'tsi:diə] *die;* -, -n ⟨aus *nlat.* cecidia, dies aus *gr.* kēkídion, Verkleinerungsform von *(spät)gr.* kēkís „Gallapfel", eigtl. „das Hervorquellende"⟩: Wucherung an Pflanzen (Pflanzengalle; Biol.). **ze|zi|di|kol** ⟨zu *lat.* colere „bewohnen"⟩: Pflanzengallen bewohnend (von Tieren; Biol.). **Ze|zi|dio|lo|gie** *die;* - ⟨zu ↑ ...logie⟩: Teilgebiet der Botanik, das sich mit den Zezidien befaßt (Biol.). **Ze|zi|dio|phyt** *der;* -en, -en (meist Plur.) ⟨zu ↑ ...phyt⟩: Pflanze, die Gallen verursacht (z. B. Algen- u. Pilzarten; Bot.). **Ze|zi|dio|zo|en** *die* (Plur.) ⟨zu *gr.* zōon „Lebewesen"⟩: Tiere, die Pflanzengallen verursachen (z. B. Gallwespen; Biol.)
Zi|be|be *die;* -, -n ⟨über *it.* zibibbo aus *arab.* zabība „Rosine"⟩: (landsch. u. österr.) große Rosine
Zi|be|li|ne *die;* -s ⟨aus gleichbed. *fr.* zibeline, dies aus *it.* zibellino, eigtl. „Zobel(pelz)", dies aus dem Slaw.⟩: Wollstoff mit hellen Fasern auf der rechten Seite
Zi|bet *der;* -s ⟨über *it.* zibetto aus *arab.* zabād „Zibet(katze)" zu zabad „Schaum"⟩: als Duftstoff verwendete Drüsenabsonderung der Zibetkatze. **Zi|bet|kat|ze** *die;* -, -n: asiat. Schleichkatze. **Zi|be|ton** *das;* -s ⟨zu ↑² ...on⟩: Riechstoff der Drüsenabsonderung der Zibetkatze
Zi|bo|ri|um *das;* -s, ...ien [...iən] ⟨über *lat.* ciborium aus *gr.* kibṓrion „ein (metallener) Trinkbecher", eigtl. „das Fruchtgehäuse einer ägypt. Pflanze", Bed. 1 aus gleichbed. *spätlat.* ciborium, Bed. 2 aus gleichbed. *mlat.* ciborium⟩: 1. von Säulen getragener Überbau über einem Altar, Grabmal u. ä.; vgl. Baldachin (2), Tabernakel (1). 2. gedeckter Kelch zur Aufbewahrung der geweihten Hostie; vgl. Pyxis
Zi|cho|rie [tsɪ'ço:riə] *die;* -, -n ⟨über *it.* cicoria aus *mlat.* cic(h)orea, dies aus *gr.* kichórion, kichórion „Wegwarte; Endivie"⟩: 1. Pflanzengattung der Korbblütler mit zahlreichen Arten (z. B. Wegwarte). 2. Kaffeezusatz. 3. Stammform verschiedener Salat- u. Gemüsepflanzen

...zid ⟨aus gleichbed. *fr.* -cide, dies zu *lat.* caedere „(er)schlagen, töten"⟩: Wortbildungselement mit den Bedeutungen: a) „tötend, vernichtend(es Mittel)", z. B. bakterizid, Insektizid, u. b) „Mord, Tötung", z. B. Genozid, Suizid
Zi|der vgl. Cidre
Zi|ga|ret|te *die;* -, -n ⟨aus gleichbed. *fr.* cigarette, Verkleinerungsbildung zu cigare, dies aus *span.* cigarro, vgl. Zigarre⟩: Rauchware in Form eines etwa fingerlangen Stäbchens [mit Filtermundstück], das in einer Hülle von Papier feingeschnittenen Tabak enthält. **Zi|ga|ril|lo** [auch ...ljo] *der,* auch *das;* -s, -s, ugs. auch *die;* -, -s ⟨aus gleichbed. *span.* cigarillo, einer Verkleinerungsbildung zu cigarro, vgl. Zigarre⟩: kleine, dünnere Zigarre. **Zi|gar|re** *die;* -, -n ⟨aus gleichbed. *span.* cigarro, weitere Herkunft ungeklärt, wohl aus dem Indian.⟩: 1. Rauchware aus Tabakblättern, die zum Rauchen zu einer dickeren Rolle zusammengewickelt u. mit einem Deckblatt umhüllt sind. 2. (ugs.) Vorwurf, Ermahnung, Vorhaltung, Verweis
Zi|geu|ner *der;* -s, - ⟨nach der heute als diskriminierend empfundenen Bez. für das Volk der Sinti u. Roma⟩: ungebunden u. unstet lebender Mensch. **Zi|geu|ner|pri|mas** vgl. Primas (2)
Zi|ka|de *die;* -, -n ⟨aus gleichbed. *lat.* cicada, wohl lautmalendes Wort⟩: kleines, grillenähnliches Insekt (Zirpe)
Zi|ka|trix *die;* - ⟨aus gleichbed. *lat.* cicatrix, Gen. cicatricis⟩: Narbe, bindegewebige Umwandlung des Gewebes nach Abheilung eines Defektes (Med.). **zi|ka|tri|zi|ell** ⟨zu ↑ ...ell⟩: narbig (Med.)
Zik|ku|rat [auch ...'ra:t] *die;* -, -s ⟨aus gleichbed. *akkad.* ziqqurratu⟩: monumentaler Stufenturm in der sumerischen, babylonischen u. assyrischen Baukunst mit einem Tempel an der Spitze
zi|li|ar ⟨zu *lat.* cilium „Augenlid; Wimpern" u. ↑ ...ar (1)⟩: zu den Augenlidern bzw. -wimpern gehörend, an den Wimpern befindlich, sie betreffend (Med.). **Zi|li|ar|kör|per** *der;* -s, -: vorderster, verdickter Teil der Gefäßhaut des Auges (Strahlenkörper; Anat.). **Zi|li|ar|mus|kel** *der;* -s, -n: Muskel im Auge, der die Krümmung der Augenlinse ermöglicht (Anat.). **Zi|li|ar|neur|al|gie** *die;* -, -n [...i:ən]: Schmerzen in Augapfel u. Augenhöhle (Med.). **Zi|li|a|ten** *die* (Plur.) ⟨aus *nlat.* ciliata (animalia) zu ciliatus „bewimpert"⟩: Wimpertierchen, mit Flimmerhaaren versehene Einzeller (Biol.). **Zi|lie** [...iə] *die;* -, -n ⟨aus *nlat.* cilia, dies aus *lat.* cilium, vgl. ziliar⟩: 1. Flimmerhaar, feines Härchen des Flimmerepithels (z. B. der Bronchien; Med.). 2. Flimmerhärchen der Bakterien (Biol.). **Zi|lio|sta|se** *die;* -: Einschränkung der Flimmerbewegung der Zilien eines Flimmerepithels (speziell der Bronchien; Med.)
Zi|mar|ra vgl. Simarre
Zim|bal, Cimbal [ts...] u. Cymbal [ts...], Zymbal *das;* -s, Plur. -e u. -s ⟨unter Einfluß von gleichbed. älter *ung.* cimbale, *poln.* cymbały aus *lat.* cymbalum, vgl. Zimbel⟩: bes. in der osteurop. Volksmusik gespieltes, auf vier Füßen stehendes Hackbrett. **Zim|bel** *die;* -, -n ⟨aus *lat.* cymbalum „(Schall)becken", dies aus *gr.* kýmbalon: 1. kleines Becken. 2. Orgelregister von heller, silberner Klangfarbe
Zi|me|lie [...iə] *die;* -, -n u. **Zi|me|li|um** *das;* -s, ...ien [...iən] ⟨über gleichbed. *mlat.* cimelium aus *gr.* keimḗlion „Schatz"⟩: (veraltend) 1. wertvoller Besitz antiker od. mittelalterlicher Herkunft in einer Bibliothek (Papyrus, Handschrift, Buch u. a.). 2. Wertgegenstand [in kirchlichen Schatzkammern]
Zi|ment *das;* [e]s, -e ⟨aus *it.* cimento „Probe", eigtl. „Zement", dies aus *spätlat.* cimentum, vgl. ¹Zement; Bedeutungswandel über „Masse zur Lösung od. Läuterung von

Zirkularnote

Metallen" zu „Eichmaß"⟩: (bayr., österr. veraltet) metallenes zylindrisches geeichtes Maßgefäß der Wirte. **zi|men|tie|ren** ⟨zu ↑...ieren⟩: (bayr., österr. veraltet) Gefäße amtlich eichen od. geeichte Gefäße prüfen u. berichtigen

¹Zi|mier *das;* -s, -e ⟨aus gleichbed. *fr.* cimier zu cime „Gipfel, Spitze"⟩: [Ritter]helmschmuck. **²Zi|mier** [si'mie:] *der;* -s, -s ⟨aus *fr.* cimier „Lendenstück" zu cime, vgl. ¹Zimier⟩: (veraltet) Lendenstück [vom Wild]

Zi|mo|lit [auch ...'lɪt] *der;* -s, -e ⟨nach der griech. Insel Kimolos u. zu ↑²...it⟩: hellgrauer Ton (zimolische Erde)

Zin|cke|nit [auch ...'nɪt] *der;* -s, -e ⟨nach dem dt. Mineralogen J. K. L. Zincken, (1790–1862) u. zu ↑²...it⟩: aus Blei, Antimon u. Schwefel bestehendes Mineral

Zin|cum [...kʊm] *das;* -s ⟨aus *nlat.* zincum zu *dt.* Zinke, weil sich das Destillat des Metalls an den Wänden des Schmelzofens in Form von Zinken (= Zacken) absetzt⟩: Zink (ein zu den Metallen gehörendes chem. Element); Zeichen Zn

Zin|del *das;* -s ⟨aus *mlat.* cendalum „dünner Seidenstoff", weitere Herkunft unsicher⟩: 1. im Mittelalter verwendetes kostbares, schleierartiges Seidengewebe. 2. svw. Zindeltaft. **Zin|del|taft** *der;* -s: Futterstoff aus Leinen od. Baumwolle

Zin|der *der;* -s, - (meist Plur.) ⟨aus gleichbed. *engl.* cinder⟩: ausgeglühte Steinkohle

Zi|nel|len vgl. Tschinellen

Zi|ne|ra|rie [...i̯ə] *die;* -, ...ien [...i̯ən] ⟨aus *nlat.* cineraria zu *lat.* cinis, Gen. cineris „Asche", nach dem oft starken Befall von Blattläusen, der die Pflanze wie mit Asche bedeckt aussehen läßt; vgl. ¹...ie⟩: zu den Korbblütlern gehörende Zimmerpflanze mit aschfarbenen Blättern (Aschenblume). **Zi|ne|ra|ri|um** *das;* -s, ...ien [...i̯ən] ⟨aus *nlat.* cinerarium „Aschenkammer" zu cinerarius „zur Asche gehörig"⟩: Nische für die Aufnahme von Aschenurnen in den großen röm. Grabanlagen. **Zi|ne|ra|ti|on** *die;* -, -en ⟨zu ↑...ation⟩: (veraltet) Verwandlung in Asche

Zin|ga|res|ca [...ka] *die;* -, -s ⟨aus gleichbed. *it.* zingaresca⟩: Zigeunertanzlied. **zin|ga|re|se** ⟨aus gleichbed. *it.* (alla) zingarese⟩: nach Art der Zigeunermusik

Zin|gu|lum *das;* -s, Plur. -s u. ...la ⟨aus *lat.* cingulum „Gürtel" zu cingere „(um)gürten"⟩: 1. Gürtel[schnur] der ↑Albe u. kath. Ordenstrachten. 2. [seidene] Gürtelbinde der ↑Soutane

Zin|ke|nist *der;* -en, -en ⟨zu *dt.* Zink (mittelalterliches Blasinstrument) u. ↑...ist⟩: 1. Bläser eines Zinks, eines trompetenähnlichen Holzblasinstrumentes. 2. (früher) Musikant, der das Privileg hatte, bei feierlichen Anlässen zu spielen (Stadtpfeifer). **Zin|kit** [auch ...'kɪt] *der;* -s, -e ⟨zu *dt.* Zink (vgl. Zincum) u. ↑²...it⟩: ein rotes, durchscheinendes Mineral, Rotzinkerz. **Zin|ko|gra|phie** *die;* -, ...ien ⟨zu ↑...graphie⟩: Zinkätzung. **Zin|ko|ty|pie** *die;* -, ...ien ⟨zu ↑...typie⟩: Zinkhochätzung. **Zink|oxyd**, chem. fachspr. **Zink|oxid** *das;* -s: Zinkweiß (Malerfarbe). **Zink|sul|fat** *das;* -s: schwefelsaures Zink, technisch wichtigstes Zinksalz

Zin|na|ba|rit [auch ...'rɪt] *der;* -s, -e ⟨zu *lat.* cinnabaris (vgl. Zinnober) u. ↑²...it⟩: svw. Zinnober (1)

Zin|na|mom *das;* -s ⟨aus gleichbed. *lat.* cinna(mo)mum, dies aus *gr.* kínnamon, kinnámōmon, dies aus dem Semit.⟩: 1. Zimtbaum. 2. (veraltet) Zimt

Zin|nie [...i̯ə] *die;* -, -n ⟨nach dem dt. Arzt u. Botaniker J. G. Zinn (1727–1759) u. zu ↑¹...ie⟩: Korbblütler mit leuchtenden Blüten (eine Gartenzierpflanze)

Zin|no|ber *der;* -s, - ⟨über *altfr.* cenobre aus *lat.* cinnabari(s), dies aus gleichbed. *gr.* kinnábari(s), Herkunft von Bed. 3 ungeklärt, vielleicht aus der alchimistischen Erfahrung, statt Gold nur Zinnober zu machen⟩: 1. ein rotes bis schwarzes Mineral (wichtiges Quecksilbererz). 2. (österr. *das*) (ohne Plur.) gelblichrote Farbe. 3. (ohne Plur.; ugs.) a) wertloses Zeug; b) Unsinn, dummes Zeug

Zinn|wal|dit [auch ...'dɪt] *der;* -s ⟨nach dem Ort Zinnwald im Erzgebirge u. zu ↑²...it⟩: perlmuttglänzender, meist braun od. grau gefärbter, auch schwarzer Glimmer mit hohem Lithiumgehalt

Zio|nis|mus *der;* - ⟨nach dem Tempelberg Zion in Jerusalem u. zu ↑...ismus (1)⟩: a) (Ende des 19. Jh.s entstandene) jüdische Bewegung mit dem Ziel, einen nationalen Staat für Juden in Palästina zu schaffen; b) politische Strömung im heutigen Israel u. innerhalb des Judentums in aller Welt, die eine Politik betreibt, die auf innere u. äußere Festigung des Staates Israel gerichtet ist. **Zio|nist** *der;* -en, -en ⟨zu ↑...ist⟩: Anhänger des Zionismus. **zio|ni|stisch**: der Bewegung des Zionismus angehörend, sie betreffend. **Zio|nit** *der;* -en, -en ⟨zu ↑³...it⟩: Angehöriger einer schwärmerisch-pietistischen Sekte des 18. Jh.s

Zi|pol|le *die;* -, -n ⟨nach *ahd.* zwibollo, cipolle, dies über das Roman. aus *(spät)lat.* cepul(l)a, Verkleinerungsform von cepa „Zwiebel"⟩: Zwiebel

Zip|pe|it [auch ...'ɪt] *der;* -s, -e ⟨nach dem österr. Mineralogen F. X. M. Zippe († 1863) u. zu ↑²...it⟩: ein blaß- bis orangegelbes Mineral, Verwitterungsprodukt von Uranerzen

Zip|pus *der;* -, Plur. Zippi u. Zippen ⟨aus gleichbed. *lat.* cippus⟩: (landsch.) antiker Gedenk-, Grenzstein

Zir|co|ni|um [...k...] vgl. Zirkonium

zir|ka ⟨aus *lat.* circa „nahe bei; ungefähr" zu circus, vgl. Zirkus⟩: ungefähr, etwa; Abk.: ca. **zir|ka|di|an**, selten **zir|ka|di|a|nisch** ⟨aus gleichbed. *nlat.* circadianus, zu *lat.* circa (vgl. zirka) u. dies „Tag"⟩: einen biologischen [24-Stunden-]Rhythmus aufweisend (von Lebensvorgängen); vgl. ...isch/-. **Zir|kel** *der;* -s, - ⟨aus *lat.* circinus „Zirkel", wohl beeinflußt von circulus „Kreis(linie)" zu circus, vgl. Zirkus⟩: 1. geometrisches Gerät zum Kreiszeichnen u. Streckenabmessen (Math.). 2. eng miteinander verbundene Gruppe von Personen. 3. Kreis, Ring. 4. (Studentenspr.) verschlungene Buchstaben als Zeichen der Zugehörigkeit zu einer studentischen Verbindung; vgl. Cercle (1 b). 5. Figur beim Dressurreiten, bei der das Pferd im Kreis geht. 6. svw. Circulus vitiosus (1). 7. Kurzform von ↑Quintenzirkel. **Zir|kel|de|fi|ni|ti|on** *die;* -, -en: Definition, die einen Begriff enthält, der seinerseits mit dem an dieser Stelle zu erklärenden Begriff definiert wurde. **Zir|kel|ka|non** *der;* -s, -s ⟨zu ↑¹Kanon⟩: immer in seinen Anfang mündender ¹Kanon (3) ohne Ende (Mus.). **zir|keln**: 1. a) genau einteilen, abmessen; b) (ugs.) genau bemessend an eine bestimmte Stelle bringen. 2. einen Kreis ziehen. **Zir|kel|trai|ning** *das;* -s: svw. Circuittraining

Zir|kon *der;* -s, -e ⟨Herkunft unsicher⟩: Zirkonium enthaltendes Mineral (brauner, durch Brennen blau gewordener Schmuckstein). **Zir|ko|ni|um**, chem. fachspr. **Zirconium** [...k...] *das;* -s ⟨zu ↑Zirkon (weil es in diesem Mineral entdeckt wurde) u. ↑...ium⟩: chem. Element, stahlgraues bis silberweißes Metall; Zeichen Zr

zir|ku|lar ⟨aus *spätlat.* circularis zu *lat.* circulus, vgl. Zirkel⟩: kreisförmig. **zir|ku|lär** ⟨unter Einfluß von gleichbed. *fr.* circulaire aus *spätlat.* circularis, vgl. zirkular⟩: 1. svw. zirkular. 2. periodisch wiederkehrend (z. B. von Krankheiten; Med.); -es Irresein: (veraltend) manisch-depressives Irresein. **Zir|ku|lar** *das;* -s, -e ⟨aus gleichbed. *fr.* (lettre) circulaire⟩: (veraltet) Rundschreiben. **Zir|ku|la|ri|tät** *die;* -, -en ⟨zu ↑...ität⟩: svw. Zirkeldefinition. **Zir|ku|lar|no|te** *die;* -, -n: mehreren Staaten gleichzeitig zugestellte Mitteilung gleichen Inhalts. **Zir|ku|la|ti|on** *die;* -, -en ⟨aus gleichbed. *lat.* circu(m)latio zu circumlatum, Part. Perf. (Neutrum) von circumferre „im Kreis herumtragen"⟩: 1. a) das Zirkulieren; Umlauf; b) (ohne Plur.) Blutkreislauf (Med.). 2. svw. Circolation. **Zir|ku|la|tor** *der;* -s, ...oren ⟨nach *engl.* circulator „Verbreiter", vgl. ...or⟩: Wellenleiter, Bauelement der Hochfrequenztechnik, durch das eine elektromagnetische Welle in einer Richtung sehr wenig, in der anderen sehr stark gedämpft wird. **zir|ku|lie|ren** ⟨unter Einfluß von gleichbed. *fr.* circuler aus *spätlat.* circulare „kreisförmig bilden" zu *lat.* circulus, vgl. Zirkel⟩: in Umlauf sein, umlaufen, kreisen. **zir|kum...**, **Zir|kum...** ⟨aus gleichbed. *lat.* circum zu circus, vgl. Zirkus⟩: Wortbildungselement mit der Bedeutung „um – herum", z. B. zirkumterrestrisch, Zirkumferenz. **Zir|kum|duk|ti|on** *die;* -, -en ⟨aus *lat.* circumductio „das Herumführen" zu circumducere „herumführen"⟩: 1. kreisförmige Bewegung in einem Kugelgelenk (Techn.). 2. bogenförmige Beinbewegung beim Gehen eines Spastikers (Med.). **Zir|kum|fe|renz** *die;* -, -en ⟨aus gleichbed. *spätlat.* circumferentia⟩: Umkreis, Umfang, Ausdehnung, Ausmaß. **zir|kum|flek|tie|ren** ⟨zu ↑ Zirkumflex u. ↑...ieren⟩: einen Buchstaben mit einem Zirkumflex versehen. **Zir|kum|flex** *der;* -es, -e ⟨aus gleichbed. *spätlat.* (accentus) circumflexus, vgl. Accent circonflexe⟩: Dehnungszeichen; Zeichen ^ (z. B. ô); vgl. Accent circonflexe. **Zir|kum|klu|si|on** *die;* -, -en ⟨aus *nlat.* circumclusio⟩: operativer Verschluß einer Arterie mittels Naht u. Faden (Med.). **Zir|kum|nu|ta|ti|on** *die;* -, -en ⟨zu ↑zirkum...⟩: kreisende Wachstumsbewegung bei Pflanzen (Bot.). **Zir|kum|po|lar|stern** *der;* -s, -e: Fixstern, der für einen bestimmten Beobachtungsort auf der Erde nie verschwindet. **zir|kum|skript** ⟨zu *lat.* circumscriptum, Part. Perf. (Neutrum) von circumscribere „mit einem Kreis umschreiben"⟩: umschrieben, scharf abgegrenzt (z. B. von Hauterkrankungen; Med.). **Zir|kum|skrip|ti|on** *die;* -, -en ⟨aus *lat.* circumscriptio „Umschreibung eines Kreises"⟩: Abgrenzung kirchlicher Gebiete. **Zir|kum|stanz** *die;* -, -ien [...jən] ⟨aus *lat.* circumstantia „Umgebung; Umstand"⟩: (veraltet) Umstand, Beschaffenheit. **zir|kum|stan|zi|ell** ⟨zu ↑...ell⟩: (veraltet) den Umständen entsprechend; durch die Umstände geschaffen, die Umstände betreffend. **zir|kum|ter|re|strisch** ⟨zu ↑zirkum...⟩: im Umkreis der Erde; den Weltraum in Erdnähe betreffend (Astron.). **zir|kum|ve|nie|ren** [...v...] ⟨aus *lat.* circumvenire „herumgehen"⟩: (veraltet) 1. umgeben. 2. überlisten, hintergehen. **Zir|kum|ven|ti|on** *die;* -, -en ⟨aus gleichbed. *lat.* circumventio⟩: (veraltet) Umgebung; Überlistung, Hintergehung. **Zir|kum|zi|si|on** *die;* -, -en ⟨aus *spätlat.* circumcisio „Beschneidung" zu circumcidere „um-, beschneiden"⟩: 1. ringförmige Entfernung der [zu langen od. zu engen] Vorhaut des männlichen Gliedes. 2. Umschneidung eines Geschwürs. **Zir|kus** *der;* -, -se ⟨teilweise unter Einfluß von *engl.* circus u. *franz.* cirque aus *lat.* circus „Kreis; Ring; Rennbahn; Arena", dies wohl aus *gr.* kírkos „Ring"⟩: 1. Kampfspielbahn im Rom der Antike. 2. a) [nicht ortsfestes] Unternehmen, das in einem großen Zelt od. in einem Gebäude mit einer ↑ Manege ein vielseitiges artistisches Programm mit Tierdressuren, akrobatischen Nummern u. ä. vorführt; b) Zelt, Gebäude mit einer Manege u. stufenweise ansteigenden Sitzreihen, in dem Zirkusvorstellungen stattfinden. 3. a) etwas Vielfältiges, Abwechslungsreiches, Buntes; b) (ohne Plur.) (ugs. abwertend) Durcheinander, unnötiger Trubel, Aufwand; Wirbel, Getue. **...zir|kus** ⟨zu ↑Zirkus⟩: Wortbildungselement mit den Bedeutungen: a) „in vielfältiger u. abwechslungsreicher Weise auftretend bzw. darbietend",

z. B. Skizirkus, Literaturzirkus, u. b) „unnötigen Trubel verursachend", z. B. Affenzirkus
Zir|ren: Plur. von ↑ Zirrus
Zir|rho|se *die;* -, -n ⟨aus gleichbed. *fr.* cirrhose, dies zu *gr.* kirrhós „gelb, orange", nach der Verfärbung der erkrankten Leber⟩: Wucherung im Bindegewebe eines Organs (z. B. Leber, Lunge) mit nachfolgender Verhärtung u. Schrumpfung (Med.). **zir|rho|tisch** ⟨zu ↑...otisch⟩: durch Zirrhose bedingt, sie betreffend (Med.)
Zir|ro|ku|mu|lus *der;* -, ...li ⟨zu ↑Zirrus u. ↑ Kumulus⟩: feingegliederte, federige Wolke in höheren Luftschichten, Schäfchenwolke (Meteor.). **Zir|ro|stra|tus** *der;* -, ...ti: überwiegend aus Eiskristallen bestehende Schleierwolke in höheren Luftschichten (Meteor.). **Zir|rus** *der;* -, Plur. - u. Zirren ⟨aus *lat.* cirrus ⟨Federbüschel; Franse"⟩: 1. aus feinsten Eisteilchen bestehende Federwolke in höheren Luftschichten (Meteor.). 2. a) Begattungsorgan der Plattwürmer; b) rankenartiger Körperanhang vieler Wassertiere (z. B. zum Herbeistrudeln der Nahrung; Biol.).
zir|zen|sisch ⟨zu *lat.* circensis „zur Arena gehörig" zu circus, vgl. Zirkus⟩: den Zirkus betreffend, in ihm abgehalten
zis... ⟨aus gleichbed. *lat.* cis-⟩: Präfix mit der Bedeutung „diesseits", z. B. zispadanisch
zis|al|pin u. **zis|al|pi|nisch** ⟨aus gleichbed. *lat.* cisalpinus⟩: diesseits der Alpen [gelegen] (von Rom aus gesehen)
Zi|se|leur [...'lø:ɐ] *der;* -s, -e ⟨aus gleichbed. *fr.* ciseleur zu ciseler, vgl. ziselieren⟩: jmd., der Ziselierarbeiten ausführt (Metallstecher). **zi|se|lie|ren** ⟨aus gleichbed. *fr.* ciseler zu ciseau „Meißel"⟩: Metall mit Grabstichel, Meißel, Feile u. a. bearbeiten; Figuren u. Ornamente aus Gold od. Silber herausarbeiten. **Zi|se|lie|rer** *der;* -s, -: svw. Ziseleur
Zi|si|um *das;* -s, ...sien [...jən] ⟨aus gleichbed. *lat.* cisium⟩: zweirädriger, leichter u. schneller altröm. Reisewagen, der für Reisen ohne schweres Gepäck benutzt wurde
Zis|la|weng ⟨Herkunft unsicher, vielleicht *berlin.* entstellt aus *fr.* ainsi cela vint „so ging das zu"⟩; in der Fügung mit [einem] -: (ugs.) mit Schwung; mit einem besonderen Kniff, Dreh
zis|lu|nar ⟨zu ↑zis... u. *lat.* lunaris „Mond-, den Mond betreffend"⟩: zwischen Erde u. Mond verlaufend (von Satelliten- u. Raumsondenbahnen; Astron.).
zis|pa|da|nisch ⟨zu ↑zis... u. *lat.* Padus (alter Name des nordital. Flusses Po)⟩: diesseits des Po liegend (von Rom aus gesehen)
Zis|sa|li|en [...jən] u. **Zessalien** [...jən] *die* (Plur.) ⟨nach gleichbed. *fr.* cisaille (Sing.) zu cisailles „Blechschere"⟩: mißglückte Münzplatten od. Münzen, die wieder eingeschmolzen werden
Zis|soi|de *die;* -, -n ⟨zu *gr.* kissós „Efeu" u. ↑...ide⟩: ebene Kurve dritter Ordnung (Efeublattkurve; Math.)
Zi|sta u. **Zi|ste** *die;* -, ...sten ⟨aus *lat.* cista „Kasten, Kiste", dies aus gleichbed. *gr.* kístē⟩: 1. frühgeschichtlicher zylinderförmiger Bronzeeimer mit reich verzierter Außenwand. 2. altgriech. zylinderförmiger Korb, in dem bei Mysterienfeiern die heiligen Symbole aufbewahrt od. der bei Abstimmungen zur Aufnahme der Stimmtäfelchen verwendet wurde. 3. frühgeschichtliche etruskische Urne in Zylinderform
Zi|ster vgl. Cister
Zi|ster|ne *die;* -, -n ⟨aus gleichbed. *lat.* cisterna zu cista, vgl. Zista⟩: unterirdischer Behälter zum Auffangen von Regenwasser [in wasserarmen Gebieten]
Zi|ster|zi|en|ser *der;* -s, - ⟨nach dem franz. Kloster Cîteaux (*mlat.* Cistercium)⟩: Angehöriger eines benediktinischen Reformordens (gegründet 1098); Abk.: O. Cist.

Zi|sto|pho|ren *die* (Plur.) ⟨aus gleichbed. *gr.* kistophóroi zu phoreĩn, phérein „tragen"⟩: 1. die Träger der Kiste, die im alten Griechenland bei Prozessionen zu Ehren des Bacchus den Behälter mit den heiligen Symbolen des Gottes trugen. 2. Fruchtkorbträger (Archit.)

Zi|stron vgl. Cistron

Zist|ro|se *die;* -, -n ⟨zu *nlat.* cistus „eine Gattung der Rosengewächse", dies aus *gr.* kístos⟩: eine mediterrane Gattung rosenähnlich blühender Sträucher

Zi|ta|del|le *die;* -, -n ⟨aus *fr.* citadelle, dies aus *it.* citadella, eigtl. „kleine Stadt", Verkleinerungsbildung zu *altit.* cittade „Stadt", dies aus *lat.* civitas⟩: 1. Festung innerhalb od. am Rande einer Stadt. 2. letzter Widerstandskern in einer Festung

Zi|tat *das;* -[e]s, -e ⟨zu *lat.* citatum „das Angeführte, Erwähnte", substantiviertes Part. Perf. (Neutrum) von citare, vgl. zitieren⟩: 1. wörtlich angeführte Belegstelle. 2. bekannter Ausspruch, geflügeltes Wort. **¹Zi|ta|ti|on** *die;* -, -en ⟨aus gleichbed. *spätlat.* citatio⟩: (veraltet) [Vor]ladung vor Gericht. **²Zi|ta|ti|on** *die;* -, -en ⟨zu ↑ Zitat u. ↑ ¹...ion⟩: svw. Zitat (1). **Zi|ta|ti|ons|zei|chen** *das;* -s, -: (veraltet) Anführungszeichen

Zi|ther *die;* -, -n ⟨über *lat.* cithara aus *gr.* kithára, *pers.* sithar „Instrument mit drei Saiten"⟩: ein Zupfinstrument mit flachem Resonanzkasten

zi|tie|ren ⟨aus *lat.* citare „herbeirufen; vorladen"⟩: 1. eine Stelle aus einem geschriebenen od. gesprochenen Text [wörtlich] anführen. 2. jmdn. vorladen, jmdn. zu sich kommen lassen, um ihn für etwas zur Rechenschaft zu ziehen

Zi|to|chro|mie [...kro...] *die;* -, ...ien ⟨zu *lat.* cito „eilig", *gr.* chrõma „Farbe" u. ↑ ²...ie⟩: Schnellfarbendruck, eine alte Art von Vierfarbendruck

Zi|tral, chem. fachspr. Citral [ts...] *das;* -s, -e ⟨zu ↑ Zitrone u. ↑ ²...al⟩: ungesättigter ↑ Aldehyd, Bestandteil zahlreicher ätherischer Öle (z. B. des Zitronenöls). **Zi|trat**, chem. fachspr. Citrat [ts...] *das;* -[e]s, -e ⟨zu ↑ ...at (2)⟩: Salz der Zitronensäure (Chem.). **¹Zi|trin** *das;* -s, -e ⟨zu ↑ ...in (1)⟩: gelber Bergkristall. **²Zi|trin** *das;* -s ⟨zu ↑ ¹ Zitrin (nach seiner Gewinnung aus der Schale von Zitrusfrüchten)⟩: Wirkstoff im Vitamin P. **Zi|tro|nat** *das;* -[e]s, -e ⟨aus gleichbed. *fr.* citronnat, dies aus älter *it.* citronata zu citrone, vgl. Zitrone⟩: kandierte Fruchtschale einer Zitronenart. **Zi|tro|nat|zi|tro|ne** *die;* -, -n: Zitrusfrucht mit sehr dicker Schale u. wenig Fruchtfleisch, von der die Schale der unreifen Frucht das Zitronat liefert. **Zi|tro|ne** *die;* -, -n ⟨aus gleichbed. älter *it.* citrone, dies aus *lat.* citrus „Zitronenbaum"⟩: a) Strauch od. Baum wärmerer Gebiete mit immergrünen Blättern u. gelben, vitaminreichen Früchten; b) Frucht des Zitronenbaumes. **Zi|tro|nel|la** *das;* -s ⟨zu ↑ Zitronelle u. ↑ ²...al⟩: in ätherischen Ölen (z. B. Zitronellöl) enthaltener azyklischer Terpenalkohol von feinem Rosengeruch. **Zi|tro|nel|le** *die;* -, -n ⟨zu ↑ ...elle⟩: eine kleine Zitrusfrucht. **Zi|tro|nell|öl** *das;* -s ⟨zu ↑ ...ol⟩: farbloses, weinig wasserlösliche, nach Rosen riechende Flüssigkeit. **Zi|tro|nell|öl** *das;* -s: gelbes bis braunes, melissenartig riechendes ätherisches Öl, das für Seifenparfüms verwendet wird. **zi|tro|nie|ren** ⟨zu ↑ Zitrone u. ↑ ...ieren⟩: (veraltet) mit Zitronensaft würzen (Gastr.). **Zi|trul|le** *die;* -, -n ⟨aus gleichbed. *fr.* citrouille, dies über *mittelfr.* citrole aus älter *it.* (*toskan.*) citrullo, dies aus *mlat.* citrullus „Wassermelone" zu *lat.* citrus, vgl. Zitrone⟩: (veraltend) Wassermelone. **Zi|trus|frucht** *die;* -, ...früchte ⟨zu *lat.* citrus, vgl. Zitrone⟩: Frucht einer Zitruspflanze mit meist dicker Schale u. sehr saftigem, vitaminhaltigem Fruchtfleisch (z. B. Apfelsine, Grapefruit, Zitrone)

Zit|wer *der;* -s, - ⟨aus gleichbed. *arab.* zadwār⟩: Pflanze, deren Samen als Wurmmittel verwendet werden

Zitz *der;* -es, -e ⟨aus gleichbed. *niederl.* sits, zu einer Nebenform von Hindi chĩnṭ, vgl. Chintz⟩: svw. Kattun

Zi|vet|te [...v...] *die;* -, -n ⟨aus gleichbed. *fr.* civette, dies aus *it.* zibetto, vgl. Zibet⟩: svw. Zibetkatze

zi|vil [...v...] ⟨unter dem Einfluß von *fr.* civil aus *lat.* civilis „das Bürgertum betreffend, bürgerlich" zu civis „Bürger"⟩: 1. bürgerlich; Ggs. ↑ militärisch (1). 2. anständig, annehmbar. **Zi|vil** *das;* -s ⟨nach gleichbed. *fr.* (tenue) civile⟩: 1. bürgerliche Kleidung; Ggs. ↑ Uniform. 2. (selten) nicht zum Militär gehörender gesellschaftlicher Bereich. 3. (schweiz.) Familienstand. **Zi|vil|cou|ra|ge** [...kuraːʒə] *die;* - ⟨zu ↑ zivil⟩: mutiges Verhalten, mit dem jmd. seinen Unmut über etw. ohne Rücksicht auf mögliche Nachteile gegenüber Obrigkeiten, Vorgesetzten o. ä. zum Ausdruck bringt. **Zi|vil|dienst** *der;* -[e]s, -e: Dienst, den ein Kriegsdienstverweigerer an Stelle des Wehrdienstes leistet. **Zi|vil|ehe** *die;* -, -n: standesamtlich geschlossene Ehe. **Zi|vil|in|ge|nieur** [...ɪnʒeni̯øːɐ̯] *der;* -s, -e: freiberuflich tätiger, selbständiger Ingenieur od. Techniker. **Zi|vi|li|sa|ti|on** *die;* -, -en ⟨aus gleichbed. *fr.* civilisation bzw. *engl.* civilization; vgl. zivilisieren⟩: 1. a) Gesamtheit der durch den Fortschritt der Wissenschaft u. Technik geschaffenen [verbesserten] materiellen u. sozialen Lebensbedingungen; b) svw. Zivilisierung; vgl. ...[at]ion/...ierung. 2. (ohne Plur.) durch Bildung, Erziehung erworbene [verfeinerte] Lebensart. **Zi|vi|li|sa|ti|ons|krank|hei|ten** *die* (Plur.): Sammelbez. für Erkrankungen, die durch zivilisatorische Einflüsse (z. B. Bewegungsmangel, Arzneimittel-, Nikotin- u. Alkoholmißbrauch, Überlastung im Berufsleben) hervorgerufen od. gefördert werden (z. B. Bluthochdruck, Herz-Kreislauf-Erkrankungen). **zi|vi|li|sa|to|risch** ⟨aus *nlat.* civilisatorius⟩: auf die Zivilisation gerichtet, sie betreffend. **zi|vi|li|sie|ren** ⟨aus gleichbed. *fr.* civiliser zu civil, vgl. zivil⟩: 1. der Zivilisation zuführen. 2. (selten) verfeinern, kultiviert ausbilden. **zi|vi|li|siert** ⟨zu ↑ ...iert⟩: 1. Zivilisation (1) aufweisend. 2. gesittet, kultiviert. **Zi|vi|li|sie|rung** *die;* -, -en ⟨zu ↑ ...ierung⟩: das Zivilisieren; das Zivilisiertwerden; vgl. ...[at]ion/...ierung. **Zi|vi|list** *der;* -en, -en ⟨zu ↑ zivil u. ↑ ...ist⟩: Bürger (im Gegensatz zum Soldaten). **zi|vi|li|stisch**: nichtmilitärisch. **Zi|vi|li|tät** *die;* - ⟨aus gleichbed. *fr.* civilité, dies aus *spätlat.* civilitas, Gen. civilitatis⟩: Anstand, Höflichkeit. **Zi|vil|kam|mer** *die;* -, -n ⟨zu ↑ zivil⟩: Spruchabteilung für privatrechtliche Streitigkeiten bei den Landgerichten. **Zi|vil|lis|te** *die;* -, -n: für den Monarchen bestimmter Betrag im Staatshaushalt. **Zi|vil|pro|zeß** *der;* -esses, ...esse: Gerichtsverfahren, dem die Bestimmungen des Privatrechts zugrunde liegen. **Zi|vil|se|nat** *der;* -[e]s, -e: Spruchabteilung für privatrechtliche Streitigkeiten bei den Oberlandesgerichten u. beim Bundesgerichtshof. **Zi|vil|stand** *der;* -s: (schweiz.) Familien-, Personenstand. **Zi|vil|stands|amt** *das;* -[e]s, ...ämter: (schweiz.) Standesamt. **Zi|vis|mus** *der;* - ⟨nach gleichbed. *fr.* civisme, zu *lat.* civis „Bürger(in)"⟩: (veraltet) Bürgersinn, Gemeinsinn

Zi|zit *der;* -s, -s ⟨aus *hebr.* ṣiṣit „Quaste, Franse"⟩: verzierter Faden an den Ecken des Obergewandes bzw. des Gebetsmantels der Juden als stete Mahnung zur Gesetzestreue

Zlo|ty [ˈzlɔti, ˈslɔti] *der;* -s, -s (aber: 5 -) ⟨aus *poln.* złoty zu złoto „Gold"⟩: Währungseinheit in Polen (= 100 Groszy)

Zoc|co|lan|ti [...kk...] *die* (Plur.) ⟨aus gleichbed. *it.* zoccolanti zu zoccolo, vgl. Zoccoli⟩: Angehöriger des ital. Zweiges des Barfüßerordens. **Zoc|co|li** *die* (Plur.) ⟨aus *it.* zoccoli, Plur. von zoccolo „Pantine, Holzschuh"⟩: (schweiz.) Holzsandalen

zocken¹ ⟨aus *jidd.* zachkenen, zchocken „spielen", dies wohl aus gleichbed. *hebr.* śāḥaq, eigtl. „lachen"⟩: (ugs.) Glücksspiele betreiben, machen. **Zocker¹** *der;* -s -: (ugs.) a) jmd., der [gewerbsmäßig] Glücksspiele betreibt; b) Glücksspieler

zo|dia|kal ⟨zu ↑ Zodiakus u. ↑¹…al (1)⟩: auf den Tierkreis bezogen, den Tierkreis betreffend (Astron.). **Zo|dia|kal|licht** *das;* -s, -er: schwacher, pyramidenförmiger Lichtschein in Richtung des Tierkreises, der im Frühjahr am Abendhimmel u. im Herbst am Morgenhimmel zu beobachten ist (Tierkreislicht; Astron.). **Zo|dia|kus** *der;* - ⟨über *lat.* zodiacus aus gleichbed. *gr.* zōidiakós (kýklos) zu zōdion „Tierchen; Tierbild; Sternbild des Tierkreises", dies zu zōion, zōon „Lebewesen, Tier"⟩: Zusammenfassung der beiderseits der ↑ Ekliptik liegenden 12 Tierkreiszeichen (Tierkreis; Astron.)

Zoff *der;* -s ⟨aus *jidd.* (mieser) zoff „(böses) Ende", dies aus *hebr.* sôf „Ende, Schluß"⟩: (ugs.) Streit, Zank u. Unfrieden

Zoi|dio|ga|mie u. **Zoi|dio|phi|lie** [tsoidjo…] *die;* - ⟨zu *gr.* zōdion (vgl. Zodiakus) u. ↑…gamie (1) bzw. ↑…philie⟩: Blütenbestäubung durch Tiere. **…zoi|kum** [...tsoi...] ⟨zu *gr.* zōikós „zu den Lebewesen gehörend; tierisch" zu zōon „Lebewesen; Tier"; vgl. …ikum⟩: Wortbildungselement mit der Bedeutung „Zeitalter, in dem bestimmte Lebewesen, bes. Tiere vorkommen", z. B. Paläozoikum

Zoi|sit [tsoy…, auch …'zit] *der;* -s, -e ⟨nach dem slowen. Mäzen S. Zois (1747–1819) u. zu ↑²…it⟩: ein meist aschgraues, braungraues od. grünliches Mineral

Zö|ko|sto|mie vgl. Zäkostomie. **Zö|ko|to|mie** vgl. Zäkotomie. **Zö|kum** vgl. Zäkum

Zöl|en|te|rat *der;* -en, -en (meist Plur.) ⟨zu *gr.* koĩlos „hohl", ↑ Enteron u. ↑…at (1)⟩: Hohltier (z. B. Qualle, Polyp). **Zöl|en|te|ron** *das;* -s, …ra ⟨aus gleichbed. *nlat.* coelenteron zu *gr.* koilía „Bauchhöhle" u. ↑ Enteron⟩: Darmleibeshöhle, embryonaler Urdarm im Stadium der ↑ Gastrulation (Biol., Med.)

Zö|le|stin *der;* -s, -e ⟨zu *lat.* coelestis (vgl. zölestisch) u. ↑…in (1)⟩: ein weißes, farbloses od. häufig auch bläuliches Mineral. **Zö|le|sti|ner** *der;* -s, -e ⟨nach dem Stifter, Papst Zölestin V., um 1215–1296⟩: Angehöriger eines 18. Jh. aufgelösten Benediktinerordens in Italien u. Frankreich. **zö|le|stisch** ⟨aus gleichbed. *lat.* coelestis, Nebenform zu caelestis, dies zu caelum „Himmel"⟩: (veraltet) himmlisch

Zö|lia|kie *die;* -, …ien ⟨zu *gr.* koiliakós „an der Verdauung leidend" (zu koilía „Bauchhöhle") u. ↑²…ie⟩: chronische Verdauungsstörung im späten Säuglingsalter (Med.)

Zö|li|bat *das,* auch: *der;* -[e]s ⟨aus *lat.* caelibatus „Ehelosigkeit (des Mannes)" zu *lat.* caelebs „ehelos"⟩: pflichtgemäße Ehelosigkeit aus religiösen Gründen, bes. bei kath. Geistlichen. **zö|li|ba|tär** ⟨zu ↑…är⟩: im Zölibat lebend. **Zö|li|ba|tär** *der;* -s, -e: jmd., der im Zölibat lebt

Zö|lio|ana|sto|mo|se *die;* -, -n ⟨zu *gr.* koilía „Bauchhöhle" u. ↑ Anastomose⟩: operative Vereinigung der Bauchhöhlen von zwei Tieren (experimentelle Med.). **Zö|lio|my|om|ek|to|mie** *die;* -, …ien: Entfernung von Gebärmuttergeschwülsten durch Eröffnung der Bauchhöhle von der Scheide aus (Med.). **Zö|lio|sko|pie** *die;* -, …ien ⟨zu ↑…skopie⟩: svw. Laparoskopie. **Zö|lio|to|mie** *die;* -, …ien ⟨zu ↑…tomie⟩: operative Eröffnung der Bauchhöhle (Med.). **Zö|lom** *das;* -s, -e ⟨aus *gr.* koílōma „Vertiefung"⟩: Leibeshöhle, Hohlraum zwischen Darm- u. Körperwand (Anat.). **Zö|lo|stat** *der;* Gen. -[e]s u. -en, Plur. -en ⟨zu *gr.* koĩlos „hohl" u. ↑…stat⟩: System aus zwei Spiegeln, das das Licht eines Himmelskörpers immer in die gleiche Richtung lenkt (z. B. in ein Fernrohr)

Zom|bie *der;* -[s], -s ⟨aus gleichbed. *engl.* zombi(e), dies aus dem Westafrik.⟩: 1. im Wodu u. als Motiv des Horrorfilms ein eigentlich Toter, der ein willenloses Werkzeug dessen ist, der ihn zum Leben erweckt hat. 2. (Jargon) durch Drogen willenlos gemachter Mensch

zom|big ⟨Herkunft unbekannt⟩: (Jargon) großartig, hervorragend

Zö|me|te|ri|al|kir|che *die;* -, -n ⟨zu ↑ Zömeterium u. ↑¹…al (1)⟩: Grabkirche, meist in Form eines Zentralbaus. **Zö|me|te|ri|um** u. Coemeterium [tsø…] u. Koemeterion [kø…] *das;* -s, …ien […jən] ⟨aus gleichbed. *kirchenlat.* coemeterium, dies aus *gr.* koimētērion zu koimãn „zur Ruhe bringen"⟩: 1. altchristliche Grabstätte, Kirchhof. 2. svw. Katakombe

Zö|na|kel *das;* -s, - ⟨aus *lat.* cenaculum „Speisezimmer"⟩: svw. Refektorium

zo|nal ⟨aus gleichbed. *spätlat.* zonalis, vgl. zonar⟩: 1. zu einer Zone gehörend, eine Zone betreffend. 2. streifen-, gürtelförmig (bes. Anat.). **zo|nar** ⟨zu *lat.* zona „(Erd)gürtel" (aus *gr.* zōnē) u. ↑…ar (1)⟩: svw. zonal (1). **zo|nie|ren** ⟨zu ↑…ieren⟩: in Zonen gliedern

zö|no…, Zö|no… ⟨aus *gr.* koinós „gemeinsam"⟩: Wortbildungselement mit der Bedeutung „in Gemeinschaft (lebend, vorkommend); zusammengehörend", z. B. zönobitisch, Zönotop. **Zö|no|bi|on|ten** *die* (Plur.) ⟨zu ↑…biont⟩: 1. Einzeller, die eine Zellkolonie bilden (Biol.). 2. Tier- u. Pflanzenarten, die nur od. fast ausschließlich in bestimmtes Biotop bewohnen u. als dessen Charakterarten gelten (Biol.). **Zö|no|bit** *der;* -en, -en ⟨aus gleichbed. *spätlat.* coenobita, dies zu *gr.* koinóbios „gemeinschaftlich lebend"⟩: in ständiger Klostergemeinschaft lebender Mönch; Ggs. ↑ Eremit. **zö|no|bi|tisch**: in Gemeinschaft lebend (von Mönchen). **Zö|no|bi|um** *das;* -s, …ien […jən] ⟨aus *spätlat.* coenobium „Kloster", dies aus *gr.* koinóbion „Leben in einer Gemeinschaft" zu koinós „gemeinsam" u. bíos „Leben"⟩: 1. Lebensweise in einem Kloster. 2. Zellkolonie (Biol.)

Zo|no|gra|phie *die;* -, …ien ⟨zu *lat.* zona (vgl. zonar) u. ↑…graphie⟩: röntgenographisches Untersuchungsverfahren, bei dem nur ein bestimmter, eng begrenzter Abschnitt des Körpers dargestellt wird (Med.)

Zö|no|karp *das;* -s, -e ⟨zu ↑ zöno… u. ↑…karp⟩: aus mehreren Fruchtblättern zusammengewachsener Fruchtknoten (Bot.). **Zö|no|phi|le** *der;* -n, -n ⟨zu ↑…phil⟩: Tier- od. Pflanzenart, die ein bestimmtes Biotop bevorzugt, in dem sie sich optimal entwickeln kann (Biol.). **Zö|no|se** *die;* -, -n ⟨zu *gr.* koinós „gemeinsam"⟩: Gesamtheit der Tier- u. Pflanzenarten eines Zönotops, Organismengemeinschaft (Biol.). **Zö|no|top** *der* od. *das;* -s, -e ⟨zu *gr.* tópos „Ort, Raum"⟩: der von einer Organismengemeinschaft besiedelte Raum, Lebensstätte (Biol.)

Zoo [tso:] *der;* -[s], -s: Kurzform von ↑ zoologischer Garten. **zoo…, Zoo…** [tso:o…] ⟨aus *gr.* zōon „Lebewesen, Tier" zu zēn, zōein „leben"⟩: Wortbildungselement mit der Bedeutung „Leben, lebendes Wesen, Tier", z. B. Zoographie, Zoochlorelle. **Zoo|an|thro|pie** *die;* -, …ien ⟨zu *gr.* ánthrōpos „Mensch" u. ↑²…ie⟩: krankhafte Vorstellung, in ein Tier verwandelt zu sein (Med.). **Zoo|an|thro|po|no|se** *die;* -, -n ⟨zu *gr.* nósos „Krankheit"⟩: 1. von Tieren auf den Menschen übertragbare Infektionskrankheit. 2. svw. Zoonose (Med.). **Zoo|chlo|rel|le** […klo…] *die;* -, -n ⟨zu ↑ Chlorella⟩: Grünalge, die in Lebensgemeinschaft mit Schwämmen, Hohltieren u. niederen Würmern lebt (Biol.). **Zoo|cho|rie** […ko…] *die;* - ⟨zu *gr.* choreĩn „sich verbreiten" u. ↑²…ie⟩: Verbreitung von Pflanzensamen u. -früchten durch Tiere (Biol.). **Zoo|era|stie** *die;* -, ...ien ⟨zu *gr.* erastés „Liebhaber" u. ↑²...ie⟩: (selten) svw. Sodomie (1). **Zoo|ga|mie** *die;* - ⟨zu ↑ ...gamie (1)⟩: svw. Zoidiogamie. **zoo|gen** ⟨zu ↑ ...gen⟩: aus tierischen Resten gebildet (von Gesteinen; Geol.). **Zoo|geo|gra|phie** *die;* -: Teilgebiet der Biologie, das sich u. a. mit der Verbreitung der Tiere befaßt (Tiergeographie). **zoo|geo|gra|phisch:** die Zoogeographie betreffend. **Zoo|glö|en** *die* (Plur.) ⟨aus *nlat.* zoogleae, dies *zu gr.* gloiá, glía „Leim"⟩: Bakterienzusammenballungen. **Zoo|gra|phie** *die;* -, ...ien ⟨zu ↑zoo... u. ↑...graphie⟩: Benennung u. Einordnung der Tierarten. **Zoo|la|trie** *die;* -, ...ien ⟨zu *gr.* latreía „Opferdienst"⟩: Tierkult; Verehrung tiergestaltiger Götter. **Zoo|lith** [auch ...'lɪt] *der;* Gen. -s u. -en, Plur. -e[n] (meist Plur.) ⟨zu ↑ ...lith⟩: Sedimentgestein, das ausschließlich u. größtenteils aus Resten von Tieren besteht (z. B. Kalkstein; Geol.). **Zoo|lo|ge** *der;* -n, -n ⟨zu ↑ ...loge⟩: jmd., der sich wissenschaftlich mit den Erscheinungen tierischen Lebens befaßt (z. B. Wissenschaftler, Student). **Zoo|lo|gie** *die;* - ⟨zu ↑ ...logie⟩: Lehre u. Wissenschaft von den Tieren; Tierkunde als Teilgebiet der Biologie. **zoo|lo|gisch** ⟨zu ↑ ...logisch⟩: die Tierkunde betreffend; -er G a r t e n : Tierpark

¹Zoom [zu:m] *das;* -s, -s ⟨aus gleichbed. *engl.* zoom (lens) zu to zoom „schnell ansteigen lassen (in bezug auf die Brennweiten) u. lens „Linse"⟩: 1. Objektiv mit stufenlos verstellbarer Brennweite. 2. Vorgang, durch den der Aufnahmegegenstand näher an den Betrachter herangeholt oder weiter von ihm entfernt wird

²Zo|om [tso'o:m] *das;* -s, -e ⟨zu *gr.* zōon, vgl. zoo..., Analogiebildung zu ↑ Biom⟩: tierischer Bestand eines ↑ Bioms

zoo|men ['zu:mən] ⟨nach gleichbed. *engl.* to zoom⟩: den Aufnahmegegenstand mit Hilfe eines ¹Zooms (1) näher heranholen od. weiter wegrücken. **Zoom|ob|jek|tiv** *das;* -s, -e [...və] ⟨zu ↑¹Zoom⟩: svw. ¹Zoom (1)

zoo|morph [tsoo...] ⟨zu ↑zoo... u. ↑...morph⟩: die Gestalt eines Tieres aufweisend. **Zoo|mor|pho|se** *die;* -, -n: durch Tiere verursachte Anomalie von Pflanzen (z. B. Pflanzengalle; Biol.). **Zoo|no|se** *die;* -, -n ⟨zu *gr.* nósos „Krankheit, Seuche"⟩: Sammelbez. für Infektionskrankheiten, die gleichermaßen bei Tieren u. Menschen vorkommen u. sowohl vom Tier auf den Menschen als auch vom Menschen auf Tiere übertragen werden können (Med.). **Zo|on po|li|ti|kon** *das;* - - ⟨aus gleichbed. *gr.* zōon politikón, nach Aristoteles, Politika III, 6⟩: der Mensch als soziales, sich in der Gemeinschaft handelnd entfaltendes Wesen. **Zoo|pa|ra|sit** [tsoo...] *der;* -en, -en ⟨zu ↑zoo...⟩: Schmarotzer, der in od. auf Tieren lebt. **zoo|phag** ⟨aus gleichbed. *gr.* zōiophágos⟩: fleischfressend (von Pflanzen u. Tieren; Biol.). **Zoo|pha|ge** *der;* -n, -n (meist Plur.) ⟨vgl. ↑zoo... u. ...phage⟩: a) Tier, das sich von anderen Tieren ernährt (z. B. Greifvögel, Raubtiere, Insektenfresser; Zool.); b) Pflanze, die sich von Tieren ernährt (z. B. Fettkraut, Sonnentau; Bot.). **Zoo|pha|gie** *die;* - ⟨zu ↑ ...phagie⟩: Aufnahme tierischer Nahrung (bei Pflanzen u. Tieren; Biol.). **Zoo|phi|lie** *die;* -, ...ien ⟨zu ↑ ...philie⟩: (selten) svw. Sodomie (1). **Zoo|pho|bie** *die;* -, ...ien ⟨zu ↑ ...phobie⟩: krankhafte Angst vor Tieren (z. B. vor Spinnen). **Zoo|pho|ros** *der;* -, ...oren ⟨zu *gr.* zōophorós „Tiere tragend"⟩: mit [Tier]bildern geschmückter Fries über ionischen u. korinthischen Säulen (Archit.). **Zoo|phyt** *der;* -en, -en ⟨nach *gr.* zōióphyton „pflanzenähnliches Tier"⟩: (veraltet) an einen festen Ort gebundenes Tier (Hohltier od. Schwamm). **Zoo|plank|ton** *das;* -s ⟨zu ↑zoo...⟩: Gesamtheit der im Wasser schwebenden tierischen Organismen. **Zoo|se|man|tik** *die;* -: Teilgebiet der Zoologie, das sich mit der Zeichensprache der Tiere befaßt. **Zoo|sper|mie** *die;* -, ...ien ⟨zu ↑Sperma u. ↑²...ie⟩: Vorhandensein beweglicher Samenfäden im ↑Ejakulat (Med.). **Zoo|spo|re:** Schwärmspore niederer Pflanzen. **Zoo|ste|rin** *das;* -s, -e: im tierischen u. menschlichen Organismus vorkommender Sterinkörper (z. B. Cholesterin; Biochem., Med.). **Zoo|tech|nik** [auch 'tso:...] *die;* -: Technik der Tierhaltung u. -zucht. **Zoo|tech|ni|ker** [auch 'tso:...] *der;* -s, -: Fachmann auf dem Gebiet der Zootechnik (Berufsbez.). **Zoo|to|mie** [tsoo...] *die;* - ⟨zu ↑ ...tomie, Analogiebildung zu ↑Anatomie⟩: Tieranatomie. **Zoo|to|xin** *das;* -s, -e: tierisches Gift. **Zoo|ze|zi|di|en** [...iən] *die* (Plur.): durch Tiere hervorgerufene Pflanzengallen (Biol.). **Zoo|zö|no|lo|gie** *die;* - ⟨zu *gr.* koinós „gemeinsam" u. ↑...logie⟩: Teilgebiet der Zoologie, der Verhaltensforschung, das sich mit den Formen des sozialen Zusammenlebens der Tiere befaßt; Tiersoziologie. **Zoo|zö|no|se** *die;* -, -n: Lebensgemeinschaft von Tieren (Biol.). **Zo|pho|ros** u. **Zo|pho|rus** *der;* -, ...phoren ⟨über gleichbed. *lat.* zophorus aus *gr.* zōophóros, eigtl. „Tiere tragend"⟩: Figurenträger; mit Reliefs geschmückter Fries in der altgriech. Baukunst

Zop|pa *die;* -, -s ⟨aus *it.* zoppa (danza) „hinkend(er Tanz)"⟩: ital. Volkstanz im lebhaften ⅝-Takt mit regelmäßig synkopiertem Rhythmus. **zop|po** (*it.*): lahm, schleppend (Vortragsanweisung; Mus.)

Zo|res *der;* - ⟨aus *jidd.* zores (Plur.) „Sorgen" zu *hebr.* ṣārā „Not, Bedrängnis"⟩: (landsch.) 1. a) Wirrwarr, Durcheinander; b) Ärger. 2. Gesindel

Zo|ril|la *der;* -s, -s, auch *die;* -, -s ⟨aus gleichbed. *span.* zorilla, Verkleinerungsbildung zu zorra „Fuchs"⟩: schwarzweißer afrik. Marder (Banditis)

Zo|roa|stri|er [...iɐ] *der;* -s, - ⟨zu ↑zoroastrisch⟩: Anhänger des Zoroastrismus. **zo|roa|strisch** ⟨nach Zoroaster, einer entstellten gräzisierenden Namensform des pers. Propheten Zarathustra (um 600 v. Chr.)⟩: den ↑Parsismus betreffend. **Zo|roa|stris|mus** *der;* - ⟨zu ↑ ...ismus (1)⟩: svw. Parsismus

Zort|zi|co [sɔr...ko, ts...] *der;* -[s] ⟨aus dem Baskischen⟩: baskischer Tanz im ⅝-Takt, durch Schlaginstrumente scharf akzentuiert

Zo|ster vgl. Herpes zoster

Zö|tus *der;* -, Zöten ⟨aus *lat.* coetus „das Zusammentreffen" zu coire „zusammenkommen, -treffen"⟩: (veraltet) Jahrgang, Schulklasse

Zua|ve [...və] *der;* -n, -n ⟨aus gleichbed. *fr.* zouave, dies aus *arab. (berberisch)* zawāwā, nach dem Kabylenstamm der Zuaven⟩: Angehöriger einer ehemaligen aus Berberstämmen rekrutierten franz. [Kolonial]truppe

Zuc|chet|to [...'keto] *der;* -s, ...tti (meist Plur.) ⟨aus *it.* zucchetto, eigtl. „Käppchen"⟩: (schweiz.) svw. Zucchini. **Zuc|chi|ni** [...'ki:ni] *die;* -, -, auch **Zuc|chi|no** [...'ki:no] *der;* -s, ...ni ⟨aus gleichbed. *it.* zucchino (Plur. zucchini), landsch. Verkleinerungsbildung zu zucca, vgl. Sukkade⟩: gurkenähnliche Frucht einer bestimmten Kürbisart, die als Gemüse gekocht wird

Zucker|cou|leur¹ [...kulø:ɐ̯] *die;* - ⟨zu ↑Couleur⟩: gebrannter Zucker; vgl. Karamel

Zu|fo|lo *der;* -s, Plur. -s u. ...li ⟨aus *it.* zufolo „Pfeife"⟩: Hirtenflöte, -pfeife, Flageolett (1)

Zu|pan ['ʒʊpan] *der;* -s, ...ane ⟨aus gleichbed. *slaw.* župan⟩: a) Vorsteher einer Verwaltungseinheit bei den West- u. Südslawen; b) slaw. Gerichtsbeamter im früheren dt. Kolonisationsgebiet

Zy|an vgl. Cyan. **zy|an...**, **Zy|an...** vgl. zyano..., Zyano...
Zya|nat vgl. Cyanat. **Zya|ne** *die;* -, -n ⟨aus *nlat.* cyanea,

Zyanid

Fem. von *lat.* cyaneus, vgl. zyano...⟩: Kornblume (ein Getreideunkraut). **Zya|nid** vgl. Cyanid. **Zya|ni|din** *das;* -s, -e ⟨zu ↑Cyanid u. ↑...in (1)⟩: blauer bis roter Pflanzenfarbstoff vieler Blüten u. Früchte. **Zya|ni|sa|ti|on** usw. vgl. Kyanisation usw. **Zy|an|ka|li** u. **Zy|an|ka|li|um** *das;* -s ⟨zu ↑Cyan u. ↑Kali(um)⟩: das stark giftige Kaliumsalz der Blausäure. **zya|no...**, **Zya|no...**, vor Vokalen u. h meist zyan..., Zyan..., (chem.) fachspr. cyan[o]..., Cyan[o]... ⟨über *lat.* cyaneus zu *gr.* kyáneos „dunkelblau, schwarzblau"⟩: Wortbildungselement mit der Bedeutung „blau, bläulich gefärbt", z. B. Zyanometer, Zyanopsie. **Zya|no|chro|it** [...kro..., auch ...'it] *der;* -s, -e ⟨zu ↑zyano..., chrōs „Farbe, Haut, Aussehen" u. ↑²...it⟩: ein blaugrünes Mineral. **Zya|no|der|ma** *das;* -s, -ta: Blaufärbung der Haut (Med.). **Zya|no|me|ter** *das;* -s, - ⟨zu ↑zyano... u. ↑¹...meter⟩: Blauskala zur Bestimmung der Blaufärbung des Himmels (Meteor.). **Zya|no|pa|thie** *die;* - ⟨zu ↑...pathie⟩: Blausuchtleiden, allgemeine Bez. für Leiden, die mit Zyanose einhergehen (Med.). **Zya|no|phy|zee** *die;* -, -n (meist Plur.) ⟨aus *nlat.* cyanophycea, zu *gr.* phỹkos „Seegras"⟩: Blaualge. **Zy|an|op|sie** *die;* -, ...ien ⟨zu ↑zyano... u. ↑...opsie⟩: Störung des Farbensehens, bei der alle Gegenstände blau erscheinen (Blausehen; Med.). **Zya|no|se** *die;* -, -n ⟨zu ↑¹...ose⟩: bläuliche Verfärbung der Haut, bes. an Lippen u. Fingernägeln, infolge Sauerstoffmangels im Blut (u. a. bei Herzinsuffizienz; Med.). **zya|no|tisch** ⟨zu ↑...otisch⟩: mit Zyanose verbunden, auf ihr beruhend (Med.). **Zya|no|ty|pie** *die;* -, ...ien ⟨zu ↑...typie⟩: 1. (ohne Plur.) ein Lichtpausverfahren zur Herstellung weißer Kopien auf blauem Grund. 2. Lichtpause. **Zy|an|urie** *die;* -, ...ien ⟨zu ↑...urie⟩: das Ausscheiden eines blaugefärbten Urins (nach Einnahme bestimmter Medikamente; Med.)

Zya|thus vgl. Kyathos

zyg..., **Zyg...** vgl. zygo..., Zygo...

Zy|gä|ne *die;* -, -n ⟨aus *gr.* zýgaina „Hammerfisch", Bed. 1 nach den hammerförmig verdichteten Fühlern⟩: 1. ein mitteleuropäischer Schmetterling (Blutströpfchen). 2. Haifisch (Hammerhai). **zy|go...**, **Zy|go...**, vor Vokalen meist zyg..., Zyg... ⟨aus *gr.* zygón „Joch"⟩: Wortbildungselement mit der Bedeutung „Verbindung; mit etw. verbunden, verschmolzen", z. B. zygomorph, Zygospore. **Zy|go|ma** *das;* -s, -ta ⟨aus *gr.* zýgōma, Gen. zygōmatos „Jochbogen; Türbogen" zu zygoũn „verbinden", dies zu zygón „Joch"⟩: Backenknochen des Gesichts (Jochbein; Anat.). **zy|go|ma|tisch:** zum Jochbein gehörend (Anat.). **zy|go|morph** ⟨zu ↑zygo... u. ↑...morph⟩: nur eine Symmetrieebene zeigend (von Blüten; Bot.). **Zy|go|spo|re** *die;* -, -n: Produkt der Verschmelzung des Inhalts zweier gegenüberliegender Fadenzellen bei Jochalgen (Bot.). **Zy|go|tän** *das;* -s ⟨zu *gr.* tainía „Band, Faden"⟩: ein Stadium während der Reduktionsteilung der Zelle (Biol.). **Zy|go|te** *die;* -, -n ⟨zu *gr.* zygōtós „durch ein Joch verbunden"⟩: nach Verschmelzung der beiden ↑Gameten entstandene ↑diploide Zelle (Biol.)

Zy|ka|da|ze|en u. **Zy|ka|de|en** *die* (Plur.) ⟨aus *nlat.* cycadaceae, vielleicht zu *gr.* kýkas, Nebenform von kóïkas, Akk. Plur. von kóïx (eine ägypt. Palmenart)⟩: Pflanzenfamilie der Palmfarne. **Zy|kas** *das;* -, - ⟨aus gleichbed. *gr.* kýkas⟩: Palmfarn

zykl..., **Zykl...** vgl. zyklo..., Zyklo... **zy|klam** ⟨zu ↑Zyklame⟩: lilarot. **Zy|kla|mat**, chem. fachspr. Cyclamat [tsykla...] *das;* -s ⟨zu ↑...at (2)⟩: kohlenhydratfreier Zuckeraustauschstoff. **Zy|kla|men** *das;* -s, - ⟨aus *lat.* cyclamen, dies aus *gr.* kyklámīnos zu kýklos, vgl. Zyklus; nach der runden Wurzelknolle⟩: Alpenveilchen (eine Berg- u. Zierpflanze).

Zy|klen: Plur. von ↑Zyklus. **Zy|kli|de** *die;* -, -n ⟨zu ↑...ide⟩: von einer Schar Kugeln (von denen jede drei feste Kugeln berührt) umgebene Fläche vierten Grades (Math.). **Zy|kli|ker** [auch 'tsy...] *der;* -s, - ⟨zu ↑zyklisch⟩: Dichter altgriech. Epen, die zu einem Zyklus zusammengefaßt wurden. **zy|klisch** [auch 'tsy...] ⟨aus gleichbed. *lat.* cyclicus, dies aus *gr.* kyklikós⟩: 1. kreisläufig, -förmig, ringförmig; sich auf einen Zyklus beziehend; regelmäßig wiederkehrend. 2. (chem. fachspr. cyclisch ['tsy:k..., auch 'tsyk...]) ringförmig angeordnet (von Molekülen; Chem.). **Zy|kli|tis** *die;* -, ...itiden ⟨zu ↑zyklo... u. ↑...itis⟩: Entzündung des ↑Ziliarkörpers. **Zy|kli|zi|tät** *die;* -, -en ⟨zu ↑...izität⟩: regelmäßige Wiederkehr, Abfolge im Kreislauf. **zy|klo...**, **Zy|klo...**, vor Vokalen auch zykl..., Zykl... ⟨über *lat.* cyclus aus *gr.* kýklos „Kreis(lauf), Ring, Rad, Auge"⟩: Wortbildungselement mit den Bedeutungen „Kreis; zu einem kreisförmigen Gebilde zusammengefügt; periodisch wiederkehrend", z. B. zyklothym, Zyklometrie, Zyklopie; vgl. cyclo..., Cyclo... **Zy|klo|dia|ther|mie|punk|ti|on** *die;* -, -en: operative Behandlungsmethode des Glaukoms (Med.). **Zy|klo|ge|ne|se** *die;* -, -n: Entstehung von ↑¹Zyklonen (Meteor.). **Zy|klo|gramm** *das;* -s, -e ⟨zu ↑...gramm⟩: graphische Darstellung einer in sich geschlossenen Folge zusammengehörender Vorgänge o. ä. (bes. in der Bautechnik in bezug auf Fließfertigung im Taktverfahren). **Zy|klo|he|xan** *das,* -s, -e: ein Kohlenwasserstoff mit 6 Kohlenstoffatomen im Ring, der bes. als Lösungsmittel verwendet wird. **zy|klo|id** ⟨nach *gr.* kykloeidḗs „kreisförmig"; vgl. ...oid⟩: 1. kreisähnlich (Math.). 2. besonders stark u. regelmäßig zwischen Heiterkeit und Traurigkeit schwankend (von der Stimmungslage eines Menschen; Med.). **Zy|klo|i|de** *die;* -, -n ⟨zu ↑...oide⟩: Kurve, die ein starr mit einem Kreis verbundener Punkt beschreibt, wenn der Kreis auf einer Geraden abrollt; vgl. Epizykloide; Hypozykloide. **Zy|klo|id|schuppe** *die;* -, -n: dünne Fischschuppe mit hinten abgerundetem Rand. **Zy|klo|ly|se** *die;* -, -n ⟨zu ↑zyklo... u. ↑...lyse⟩: Auflösung von ↑¹Zyklonen (Meteor.). **Zy|klo|me|ter** *das;* -s, - ⟨zu ↑¹...meter⟩: (veraltet) Wegmesser. **Zy|klo|me|trie** *die;* -, ...ien ⟨zu ↑...metrie⟩: 1. (veraltet) Wegmessung. 2. Maßbestimmung am Kreis (Math.). **zy|klo|me|trisch** ⟨zu ↑...metrisch⟩: auf den Kreisbogen bezogen, den Kreisbogen darstellend; -e Funktion: Umkehrfunktion der Winkelfunktion (Math.). **¹Zy|klon** *der;* -s, -e ⟨aus gleichbed. *engl.* cyclone, dies aus *gr.* kýklos, vgl. Zyklus⟩: heftiger Wirbelsturm in tropischen Gebieten. **²Zy|klon** ⓦ *der;* -s, -e ⟨zu ↑¹Zyklon⟩: Vorrichtung zur Entstaubung von Gasen mit Hilfe der Fliehkraft. **³Zy|klon** ⓦ *das;* -s ⟨zu ↑¹Zyklon⟩: ein blausäurehaltiges Durchgasungsmittel zur Schädlingsbekämpfung. **zy|klo|nal** ⟨zu ↑¹Zyklon u. ↑¹...al (1)⟩: die Bewegungsrichtung der Luft bezeichnend (auf der Nordhalbkugel gegen den Uhrzeigersinn; Meteor.). **Zy|klo|ne** *die;* -, -n ⟨zu ↑¹Zyklon⟩: Tiefdruckgebiet (Meteor.). **Zy|klo|no|path** *der;* -en, -en ⟨zu ↑...path⟩: besonders wetterempfindlicher Mensch (Med., Psychol.). **Zy|klo|no|pa|thie** *die;* -, ...ien ⟨zu ↑...pathie⟩: Wetterfühligkeit (Med.). **Zy|klo|no|se** *die;* -, -n ⟨zu ↑¹...ose⟩: Krankheitserscheinung bei wetterfühligen Personen (Med.). **Zy|klop** *der;* -en, -en ⟨über *lat.* Cyclops aus *gr.* Kýklōps, eigtl. „der Rundäugige", wohl zu kýklos (vgl. Zyklus) u. ṓps „Auge"⟩: einäugiger Riese der griech. Sage. **Zy|klo|pha|so|tron** *das;* -s, Plur. -s od. -e ⟨zu ↑Phase u. ↑...tron⟩: Teilchenbeschleuniger, bei dem die Beschleunigung in einem ringförmigen Magnetfeld erfolgt (Kernphys.). **Zy|klo|pho|rie** *die;* -, ...ien ⟨nach *gr.* kyklophoría „kreisförmige Bewegung"⟩: eine Form des Schielens. **Zy|klo|pie** *die;* -, ...ien ⟨zu ↑zyklo... u.

↑...opie〉: angeborene Mißbildung des Gesichts, bei der die miteinander verwachsenen Augäpfel in einer gemeinsamen Augenhöhle liegen (Med.). **zy|klo|pisch** 〈zu ↑Zyklop〉: von gewaltiger Größe, riesenhaft. **Zy|klo|ra|ma** *das;* -s, ...men 〈zu ↑zyklo... u. *gr.* hórama, vgl. Panorama〉: (veraltet) Rundschau. **Zy|klo|sto|me** *der;* -n, -n (meist Plur.) 〈zu *gr.* stóma „Mund"〉: Rundmaul (fischähnliches Wirbeltier, z. B. das Flußneunauge). **Zy|klo|the|me** *die;* -, -n 〈zu *gr.* théma „Satz, Einsatz"〉: kleine zyklische Einheit in geschichteten Sedimenten (Geol.). **zy|klo|thym** 〈zu *gr.* thymós „Lebenskraft; Seele; Gemüt; Sinn"〉: von extravertierter, geselliger, dabei aber Stimmungsschwankungen unterworfener Wesensart (Med., Psychol.). **Zy|klo|thy|me** *der* u. *die;* -n, -n: jmd., der zyklothymes Temperament besitzt (Med., Psychol.). **Zy|klo|thy|mie** *die;* - 〈zu ↑²...ie〉: Wesensart des Zyklothymen. **Zy|klo|tron** [auch 'tsy...] *das;* -s, Plur. ...trone, auch -s 〈aus gleichbed. *engl.* cyclotron; vgl. zyklo... u. ...tron〉: Gerät zur Beschleunigung geladener Elementarteilchen u. Ionen zur Erzielung hoher Energien (Kernphys.). **Zy|klo|tron|fre|quenz** [auch 'tsy...] *die;* -: Umlauffrequenz von Ladungsträgern, die im homogenen Magnetfeld auf kreisförmigen Bahnen umlaufen (Kernphys.). **zy|klo|tro|nisch**: mit dem Zyklotron beschleunigt; auf das Zyklotron bezogen. **Zy|klus** [auch 'tsy...] *der;* -, Zyklen [auch 'tsy...] 〈über *lat.* cyclus aus *gr.* kýklos „Kreis(lauf), Ring, Rad; Auge"〉: 1. periodisch ablaufendes Geschehen, Kreislauf regelmäßig wiederkehrender Dinge od. Ereignisse. 2. a) Zusammenfassung, Folge; Reihe inhaltlich zusammengehörender [literarischer] Werke, Vorträge u. a.; b) Ideen-, Themenkreis. 3. periodische Regelblutung der Frau mit dem Intervall bis zum Einsetzen der jeweiligen nächsten Menstruation (Med.). 4. ↑Permutation (2), die bei zyklischer Vertauschung einer bestimmten Anzahl von Elementen entsteht (Math.). 5. [Durchlauf einer] Programmschleife (EDV). 6. wirtschaftlicher Auf- u. Abschwung innerhalb eines bestimmten Zeitraums. **Zy|klus|zeit** [auch 'tsy...] *die;* -: die für eine Lese- bzw. Schreiboperation vom Computer benötigte Zeit (EDV)

Zy|lin|der [tsi..., auch tsy...] *der;* -s, - 〈über *lat.* cylindrus aus *gr.* kýlindros „Rolle, Walze, walzenförmiger Körper" zu kylíndein „rollen, wälzen"〉: 1. Körper, dessen beide von gekrümmten Linien begrenzte Grundflächen (meist Kreise) parallel, eben, kongruent u. durch eine Mantelfläche miteinander verbunden sind (Math.). 2. röhrenförmiger Hohlkörper einer Maschine, in dem sich gleitend ein Kolben bewegt. 3. Lampenglas. 4. Teil einer Pumpe (Stiefel). 5. hoher Herrenhut [aus schwarzem Seidensamt]. 6. walzenförmiger, im Harn auftretender Fremdkörper (Med.). 7. Zuordnung von Informationsspuren im Kernspeicher, die direkt über- od. untereinander auf Magnetplatten zu einer Einheit gespeichert sind (EDV). **Zy|lin|der|das** *das;* -s, -s: Schreibsekretär mit Rollverschluß. **Zy|lin|der|epi|thel** *das;* -s, -e: aus hohen, zylindrischen Zellen bestehendes Epithel (z. B. im Magen, in der Gallenblase; Med.). **Zy|lin|der|glä|ser** *die* (Plur.): nur in einer Richtung gekrümmte Brillengläser. **Zy|lin|der|pro|jek|ti|on** *die;* -, -en: Kartendarstellung mit einem Zylindermantel als Abbildungsfläche. **zy|lin|drisch** 〈nach gleichbed. *gr.* kylindrikós〉: walzenförmig. **Zy|lin|drom** [tsy...] *das;* -s, -e 〈zu ↑Zylinder u. ↑...om〉: gallertige Geschwulst an den Speichel- u. Schleimdrüsen der Mundhöhle mit zylindrischen Hohlräumen (Med.).

zym..., Zym... vgl. zymo..., Zymo... **Zy|ma|se** *die;* - 〈aus gleichbed. *fr.* zymase, dies zu *gr.* zýmē, vgl. zymo... u. ...ase〉: aus zellfreien Hefepreßsäften gewonnenes Gemisch von ↑Enzymen, das die alkoholische Gärung verursacht

Zym|bal vgl. Zimbal

zy|misch 〈zu *gr.* zýmē, vgl. zymo...〉: die Gärung betreffend, auf Gärung beruhend, durch sie entstanden. **zymo..., Zymo...**, vor Vokalen auch zym..., Zym... 〈zu *gr.* zýmōsis „Gärung", dies zu zýmē „Sauerteig"〉: Wortbildungselement mit der Bedeutung „die Gärung betreffend; Gärung", z. B. Zymase, Zymotechnik. **Zy|mo|gen** *das;* -s, -e 〈zu ↑...gen〉: Vorstufe eines ↑Enzyms. **Zy|mo|gramm** *das;* -s, -e 〈zu ↑...gramm〉: Aufzeichnung aller im Serum od. Gewebe vorhandenen Enzyme (Med.). **Zy|mo|he|xa|se** *die;* -, -n 〈zu *gr.* héxa „sechs" u. ↑...ase〉: svw. Aldolase **Zy|mo|id** *der;* -[e]s, -e 〈zu ↑zymös u. ↑...oid〉: Blütenstand (Bot.).

Zy|mol *das;* -s 〈zu ↑zymo... u. ↑...ol〉: in ätherischen Ölen enthaltene organische Verbindung, Grundkörper vieler ↑Terpene (Chem.). **Zy|mo|lo|ge** *der;* -n, -n 〈zu ↑...loge〉: Chemiker, der sich auf das Gebiet der Zymologie spezialisiert hat. **Zy|mo|lo|gie** *die;* - 〈zu ↑...logie〉: Teilgebiet der Chemie, das sich mit den Gärungsvorgängen befaßt. **zy|mo|lo|gisch** 〈zu ↑...logisch〉: die Zymologie betreffend

zy|mös 〈zu *lat.* cyma „Kohlsproß" (dies aus *gr.* kŷma „Woge, Welle", eigtl. „Angeschwelltes") u. ↑...ös〉: trugdoldig; -e Verzweigung: Verzweigungsform, bei der die Hauptachse die Entwicklung einstellt u. die Seitenachsen sich weiter entwickeln u. verzweigen (Bot.).

Zy|mo|tech|nik *die;* - 〈zu ↑zymo... u. ↑Technik〉: Gärungstechnik. **zy|mo|tech|nisch**: die Zymotechnik betreffend. **zy|mo|tisch**: Gärung bewirkend

Zyn|ege|tik *die;* - 〈zu *gr.* kynēgétēs „Führer der Jagdhunde" (dies zu kýōn, Gen. kynós „Hund") u. ↑²...ik (2)〉: Kunst, Hunde abzurichten (Jagd). **zyn|ege|tisch** 〈nach *gr.* kynēgetikós „zur Jagd gehörig"〉: die Zynegetik betreffend (Jagd). **Zy|ni|ker** *der;* -s, - 〈zu *gr.* Kynikós, vgl. Kyniker〉: zynischer Mensch. **zy|nisch** 〈unter Einfluß von *fr.* cynique aus *lat.* cynicus, dies aus *gr.* kynikós „hündisch; unverschämt, schamlos", eigtl. „zur Schule der ↑Kyniker gehörig", zu kýōn, vgl. Zynegetik〉: verletzend-spöttisch, bissig, schamlos-verletzend. **Zy|nis|mus** *der;* -, ...men 〈über *lat.* cynismus zu *gr.* kynismós „Denk-, Handlungsweise der Kyniker"〉: 1. (ohne Plur.) Lebensanschauung der ↑Kyniker. 2. a) (ohne Plur.) zynische Haltung, Einstellung, zynisches Wesen; b) zynische Äußerung, Bemerkung

Zy|per|gras *das;* -es 〈nach der Insel Zypern〉: einjähriges Riedgras. **Zy|per|kat|ze** *die;* -, -n: gestreifte Hauskatze **Zy|pres|se** *die;* -, -n 〈aus gleichbed. *lat.* cupressus (cypressus), dies aus *gr.* kypárissos〉: immergrüner Baum des Mittelmeergebietes. **zy|pres|sen**: aus Zypressenholz hergestellt

Zy|pri|di|nen|kalk *der;* -s 〈zu *nlat.* cypridina (einer Gattung der Muschelkrebse), dies zu *spätlat.* Cypris (*gr.* Kýpris), Beiname der Venus (*gr.* Aphrodítē), nach deren Hauptverehrungsstätte, der Insel Zypern〉: teilweise aus kleinen Muschelkrebsen bestehende Schicht des ↑Devons (Geol.).

zy|ril|lisch vgl. kyrillisch

Zyr|to|lith [auch ...'lıt] *der;* Gen. -s u. -en, Plur. -e[n] 〈zu *gr.* kyrtós „gekrümmt" u. ↑...lith〉: Varietät des ↑Zirkons

zyst..., Zyst... vgl. zysto..., Zysto... **Zyst|ade|nom** *das;* -s, -e 〈zu ↑zysto...〉: Geschwulst bes. im Eierstock, die vom Drüsenepithel ausgeht u. zystische Erweiterungen aufweist (Med.). **Zyst|al|gie** *die;* -, ...ien 〈zu ↑...algie〉: Schmerzempfindung in der Harnblase (Med.). **Zy|ste** *die;* -, -n 〈aus *gr.* kýstis „(Harn)blase"〉: 1. im od. am Körper gebildeter, sackartiger, mit Flüssigkeit gefüllter Hohlraum, Geschwulst (Med.). 2. bei niederen Pflanzen u. Tieren auftretendes kapselartiges Dauerstadium (z. B. bei ungünstigen Lebensbedingungen; Biol.). **Zy|ste|in** *das;* -s ⟨zu ↑...in (1)⟩: eine ↑Aminosäure (Baustein der Eiweißkörper). **Zyst|ek|ta|sie** *die;* -, ...ien ⟨zu ↑zysto...⟩: Erweiterung der Harn- od. Gallenblase (Med.). **Zyst|ek|to|mie** *die;* -, ...ien ⟨zu ↑...ektomie⟩: operative Entfernung der Harnblase, Gallenblase od. einer Zyste (Med.). **Zy|sten:** Plur. von ↑Zyste u. ↑Zystis. **zy|sti..., Zy|sti...** vgl. zysto..., Zysto... **Zy|sti|kus** *der;* -, ...stizi ⟨aus *nlat.* (ductus) cysticus, vgl. zystisch⟩: Ausführungsgang der Gallenblase (Med.). **Zy|stin** *das;* -s ⟨Kunstw. zu *gr.* kýstis (vgl. Zyste) u. ↑...in (1)⟩: eine ↑Aminosäure, Hauptträger des Schwefels im Eiweißmolekül. **Zy|sti|no|se** *die;* -, -n ⟨zu ↑¹...ose⟩: Speicherung von Zystin im Gewebe als Symptom einer angeborenen Stoffwechselstörung (Med.). **Zy|stis** *die;* -, Zysten ⟨aus gleichbed. *gr.* kýstis⟩: Blase, Harnblase (Anat.). **zy|stisch** ⟨aus *nlat.* cysticus⟩: blasenartig; auf die Zyste bezogen (Med.). **Zy|sti|tis** *die;* -, ...itiden ⟨zu ↑zysto... u. ↑...itis⟩: Blasenentzündung, -katarrh (Med.). **Zy|sti|zer|ko|se** *die;* -, -n ⟨zu *gr.* kérkos „Schwanz" u. ↑¹...ose⟩: Erkrankung durch Befall verschiedener Organe (z. B. Augen, Gehirn) mit Bandwurmfinnen (Med.). **Zy|sti|zer|kus** *der;* -, ...ken ⟨aus *nlat.* cysticercus, zu *gr.* kérkos „Schwanz"⟩: Finne des Bandwurms. **Zy|sti|zi:** Plur. von ↑Zystikus. **zy|sto..., Zy|sto...** u. zysti..., Zysti..., vor Vokalen meist zyst..., Zyst... ⟨über *nlat.* cystis zu gleichbed. *gr.* kýstis⟩: Wortbildungselement mit der Bedeutung „(Harn)blase", z. B. Zystoskop, Zystizerkose, Zystektomie. **Zy|sto|gramm** *das;* -s, -e ⟨zu ↑...gramm⟩: die durch Zystographie gewonnene Röntgenaufnahme (Med.). **Zy|sto|graphie** *die;* -, ...ien ⟨zu ↑...graphie⟩: röntgenographische Untersuchung u. Darstellung der Harnblase nach Kontrastmittelapplikation (Med.). **Zy|sto|lith** [auch ...'lɪt] *der;* Gen. -s u. -en, Plur. -e[n] ⟨zu ↑...lith⟩: steinähnlicher Zelleinschluß (Bot.). **Zy|stom** *das;* -s, -e ⟨zu ↑...om⟩: svw. Zystadenom. **Zy|sto|me|trie** *die;* -, ...ien ⟨zu ↑...metrie⟩: Messung des Ruhe-, Füllungs- u. Entleerungsdrucks der Harnblase (Med.). **Zy|sto|pye|li|tis** *die;* -, ...itiden: Entzündung von Blase und Nierenbecken (Med.). **Zy|sto|skop** *das;* -s, -e ⟨zu ↑...skop⟩: röhrenförmiges Instrument zur Untersuchung der Harnblase; Blasenspiegel (Med.). **Zy|sto|sko|pie** *die;* -, ...ien ⟨zu ↑...skopie⟩: Blasenspiegelung, Ausleuchtung der Blase mit dem Zystoskop (Med.). **Zy|sto|spas|mus** *der;* -, ...men: Blasenkrampf (Med.). **Zy|sto|sto|mie** *die;* -, ...ien ⟨zu *gr.* stóma „Mund" u. ↑²...ie⟩: operative Herstellung einer Verbindung zwischen der Harnblase u. der äußeren Haut (Med.). **Zy|sto|to|mie** *die;* -, ...ien ⟨zu ↑...tomie⟩: operative Öffnung der Harnblase (Med.). **Zy|sto|ure|thri|tis** *die;* -, ...itiden: Entzündung von Harnblase u. Harnröhre (Med.). **Zy|sto|ze|le** *die;* -, -n ⟨zu *gr.* kḗlē „Geschwulst; Bruch"⟩: Blasenvorfall, Vorfall von Teilen der Harnblase in einen anderen Bruchsack (z. B. bei Leistenbruch; Med.).

zyt..., Zyt... vgl. zyto..., Zyto... **...zyt** ⟨über *nlat.* cytus „Zelle" aus *gr.* kýtos „Höhlung, Wölbung"⟩: Wortbildungselement mit der Bedeutung „Zelle", z. B. Erythrozyt, Phagozyt. **Zyt|aphä|re|se** *die;* -, -n ⟨zu ↑zyto... u. ↑Aphärese⟩: Entfernung von Zellen aus dem Plasma zu therapeutischen Zwecken (Med.). **Zy|ti|sin** *das;* -s, -e ⟨zu ↑Zytisus u. ↑...in (1)⟩: giftiges ↑Alkaloid einiger Schmetterlingsblütler, das in geringen Mengen nikotinähnlich wirkt u. in der Medizin als Rauchentwöhnungsmittel angewendet wird. **Zy|ti|sus** *der;* -, - ⟨über *lat.* cytisus aus *gr.* kýtisos (eine Art Klee)⟩: Goldregen (Schmetterlingsblütler). **zy|to..., Zy|to...,** vor Vokalen auch zyt..., Zyt... ⟨über *nlat.* cytus „Zelle" aus *gr.* kýtos „Höhlung; Wölbung"⟩: Wortbildungselement mit der Bedeutung „Zelle", z. B. zytogen, Zytologie. **Zy|to|ar|chi|tek|to|nik** *die;* -: Anordnung u. Aufbau der Nervenzellen im Bereich der Großhirnrinde (Med.). **Zy|to|blast** *der;* -en, -en ⟨zu *gr.* blastós „Sproß, Trieb"⟩: 1. Zellkern (Med.). 2. svw. Mitochondrium. **Zy|to|bla|stom** *das;* -s, -e ⟨zu ↑...om⟩: bösartige Geschwulst aus unreifen Gewebszellen. **Zy|to|che|mie** *die;* - ⟨zu ↑zyto...⟩: Teilgebiet der Biochemie, das sich mit der chem. Zusammensetzung u. Wirkungsweise der Zellen u. deren Inhaltsstoffen befaßt. **Zy|to|chrom** [...k...] *das;* -s, -e ⟨zu *gr.* chrōma „Farbe"⟩: in allen Zellen vorhandener Farbstoff, der bei der Oxydation die Rolle von ↑Enzymen spielt (Biochem.). **Zy|to|de** *die;* -, -n ⟨zu ↑¹...ode⟩: kernloses Protoplasmaklümpchen (Biol.). **Zy|to|dia|gno|stik** *die;* -, -en: mikroskopische Untersuchung von Körpergeweben, -flüssigkeiten u. -ausscheidungen auf das Vorhandensein anomaler Zellformen (Med.). **zy|to|gen** ⟨zu ↑...gen⟩: von der Zelle gebildet (Biol.). **Zy|to|ge|ne|tik** *die;* -: Forschungsrichtung der allgemeinen Biologie, die die Zusammenhänge zwischen erblichem Verhalten u. dem Feinbau der Zelle untersucht. **Zy|to|go|nie** *die;* - ⟨zu ↑...gonie⟩: Fortpflanzung durch geschlechtliche od. ungeschlechtliche Eizellen (Biol.). **Zy|to|kin** *das;* -s, -e (meist Plur.) ⟨zu *gr.* kineīn „bewegen"⟩: Zellprodukt, das physiologisch den Ablauf der Immunantwort reguliert (z. B. Interferon; Biochem.). **Zy|to|ki|ne|se** *die;* - ⟨zu *gr.* kínēsis „Bewegung"⟩: Furchung (Biol.). **Zy|to|ki|nin** *das;* -s, -e ⟨zu ↑Kinin⟩: Pflanzenhormon, das bes. die Zellteilung anregt (Biochem.). **Zy|to|lo|ge** *der;* -n, -n ⟨zu ↑...loge⟩: Wissenschaftler auf dem Gebiet der Zytologie. **Zy|to|lo|gie** *die;* - ⟨zu ↑...logie⟩: Wissenschaft vom Aufbau u. von der Funktion der Zelle (Biol., Med.). **zy|to|lo|gisch** ⟨zu ↑...logisch⟩: die Zytologie betreffend. **Zy|to|ly|se** *die;* - ⟨zu ↑...lyse⟩: Auflösung, Abbau von Zellen (Biol.). **Zy|to|ly|sin** *das;* -s, -e: Substanz, Antikörper mit der Fähigkeit, Zellen aufzulösen (Med.). **Zy|to|me|ga|lie** *die;* -, ...ien ⟨zu *gr.* mégas, Gen. megálou „groß" u. ↑²...ie⟩: Virusinfektion bei Kindern, die durch auffallend große Zellen vor allem in den Speicheldrüsen charakterisiert ist (Med.). **Zy|to|me|trie** *die;* -, ...ien ⟨zu ↑...metrie⟩: Bestimmung der Zellgröße (z. B. von Blutkörperchen) unter einem Mikroskop mit Skalenvorrichtung (Biol., Med.). **Zy|to|pemp|sis** *die;* - ⟨zu *gr.* pémpsis „Verschickung"⟩: Transport von Stoffen durch Zell- bzw. Gefäßwände hindurch (Biol.). **Zy|to|pe|nie** *die;* -, ...ien ⟨zu *gr.* pénēs „arm" u. ↑²...ie⟩: Sammelbez. für alle Formen krankhaften Schwundes von Blutzellen (Med.). **Zy|to|pha|ge** *der;* -n, -n (meist Plur.) ⟨zu ↑...phage⟩: Tier, das sich von abgeschiedenen od. abgebauten Zellen od. Zellbestandteilen anderer Organismen ernährt (Zool.). **Zy|to|plas|ma** *das;* -s, ...men: der von der Zellmembran umgebene Teil der Zelle ohne den Zellkern (Biol.). **zy|to|plas|ma|tisch:** svw. protoplasmatisch. **Zy|to|sin** *das;* -s ⟨Kunstw.; vgl. ...in (1)⟩: zu den Nukleinsäurebasen zählende Pyrimidinbase (vgl. Pyrimidin), die in der ↑RNS bzw. in der ↑DNS enthalten ist (Biochem.). **Zy|to|sko|pie** *die;* -, ...ien ⟨zu ↑...skopie⟩: svw. Zytodiagnostik. **Zy|to|som** *das;* -s, -en ⟨zu *gr.* sōma „Körper"⟩: von einer Membran umgebener Zellraum, Zellausschnitt (Biol.). **Zy|to|sta|se** *die;* -, -en ⟨zu *gr.* stásis „das Stehen"⟩: medikamentöse Hemmung der Entwicklung u. Vermehrung schnell wachsender Zellen (z. B. von Krebszellen; Med.). **Zy|to|sta|ti|kum** *das;* -s, ...ka ⟨zu *gr.* statós „(still)stehend" u. ↑...ikum⟩: Substanz, vor allem chem. Natur, die die Entwicklung u. Vermehrung schnell wachsender Zellen hemmt (zur Behandlung von Tumoren; Med.). **zy|to|statisch:** Kernteilung u. Zellvermehrung hemmend (Med.). **Zy|to|stom** *das;* -s, -e u. **Zy|to|sto|ma** *das;* -s, -ta ⟨zu *gr.* stóma „Mund"⟩: Zellmund der Einzeller. **Zy|to|ta|xo|no|mie** *die;* -: systematische Ordnung der Lebewesen auf Grund der Strukturen ihrer Körperzellchromosomen (Biol.). **Zy|to|to|xin** *das;* -s, -e: Zellgift (Biol., Med.). **zy|to|to|xisch:** zellvergiftend, zellschädigend. **Zy|to|to|xi|zi|tät** *die;* -: Fähigkeit bestimmter [chem.] Substanzen, Gewebszellen zu schädigen bzw. abzutöten. **zy|to|trop** ⟨zu ↑...trop⟩: von lebenden Zellen abhängig (von Mikroorganismen; Biol.). **Zy|to|tro|pis|mus** *der,* -: Abhängigkeit bestimmter Mikroorganismen von lebenden Zellen, z. B. Viren, Mykoplasmen u. a. (Biol.). **zy|to|zid** ⟨zu ↑...zid⟩: Zellen abtötend (z. B. von Viren; Biol., Med.)

DEUTSCHES WORT – FREMDWORT

Wortauswahl

Der Wörterbuchteil „Deutsches Wort – Fremdwort" enthält rund 15000 Stichwörter, für die es sinnverwandte Fremdwörter gibt. Das sind in erster Linie deutsche Wörter, z. B. **Riese:** Gigant, Goliath, Koloß; **riesenhaft:** gigantisch, pyramidal, titanisch, zyklopisch; **Riesenwuchs:** Gigantismus, Hypersomie, Makromelie, Makrosomie; **riesig:** gigantesk, kolossal. Vereinzelt finden sich auch Wortzusammensetzungen mit fremden Bestandteilen, wie beispielsweise **Chorsänger:** Chorist; **Tierpräparator:** Taxidermist. Neben Wörtern aus der Allgemeinsprache sind zahlreiche fachspezifische Begriffe, vor allem aus dem Bereich der Medizin, sowie produktive Wortbildungsmittel (z. B. **gegen-, Gegen-; -lehre; -messung; riesen-, Riesen-; vor-, Vor-; Weltraum-**) in die Auswahl mit einbezogen.

Anordnung und Behandlung der Stichwörter

Die Stichwörter sind streng alphabetisch geordnet. Nach dem Doppelpunkt folgen die sinnverwandten Fremdwörter ebenfalls in alphabetischer Reihenfolge. Stärkere Bedeutungsunterschiede zwischen einzelnen Fremdwörtern sind durch Gliederungsziffern kenntlich gemacht, z. B. **anziehend:** 1. apart, attraktiv, sexy, sympathisch. 2. magnetisch; **Fassung:** 1. Contenance. 2. Version. Die Untergliederung wird insbesondere für solche Begriffe eingesetzt, bei denen die allgemeinsprachliche Bedeutung wesentlich von der fachsprachlichen Entsprechung abweicht, wie beispielsweise bei **angreifen:** 1. attackieren, fighten. 2. korrodieren; **einsilbig:** 1. monosyllabisch. 2. lakonisch. Unterschiedliche Wortarten zu einem gleichgeschriebenen Stichwort werden durch römische Ziffern gekennzeichnet, z. B. **überlegen:** I. deliberieren, kalkulieren, ventilieren, volvieren. II. prävalent, souverän. Hochgestellte Ziffern kennzeichnen Fremdwörter, die sich im ersten Teil des Buches in gleicher Schreibung wiederholen, jedoch in der Bedeutung und meist auch in der Wortherkunft oder Grammatik, manchmal auch in der Aussprache, unterscheiden, z. B. **Bratensaft:** ^{2}Jus – **Recht:** ^{1}Jus.

Zum Verwendungszweck

Vorrangig soll dieser Wörterbuchteil dazu dienen, fremdwörtliche Entsprechungen aufzufinden, wenn beispielsweise eine andere Ausdrucksform gesucht wird oder ein fremdsprachiger Fachausdruck gefunden werden muß. Da Fremdwörter häufig sehr breitgefächerte Bedeutungen aufweisen und deshalb Mißgriffe nicht auszuschließen sind, sollte jeweils beim betreffenden Fremdwort im ersten Teil des Buches, der dieser Auswahl zugrunde liegt, nachgeschlagen werden.

Aas: Kadaver
Aasblume: Stapelia
abändern: alterieren, modifizieren, modulieren, revidieren, variieren
Abänderungsantrag: Amendement
Abart: Variante, Varietät
abartig: abnorm, anomal, anormal, pervers
Abartigkeit: Abnormität, Anomalie, Perversion
Abbau: Demontage
abbauen: demontieren
Abbaugebiet: Revier
Abbaustoffwechsel: Katabolismus
abbestellen: annullieren, stornieren
Abbild: 1. Eidolon, Ektypus. 2. Konterfei
Abbildung: Illustration, Projektion, Reproduktion
Abbruch: 1. Demontage. 2. ²Abort
abbrühen: blanchieren
abdanken: demissionieren, renunzieren
Abdankung: Demission, Renunziation
abdichten: 1. hermetisieren, isolieren. 2. kalfatern
Abdruck: 1. Kopie, Reproduktion. 2. Moulage
abdrucken: kopieren, reproduzieren
Abendessen: Souper
Abendgebet: ¹Komplet, Vesper
Abendgesellschaft: Cocktailparty, Soiree
Abendgottesdienst: Vesper
Abendland: Hesperien, Okzident
abendländisch: okzidental
Abendmahl: Eucharistie, Kommunion
Abendmahlsbrot: Hostie, Oblate
Abendmahlsfeier: Eucharistie
Abendmusik: Serenade
Abendvorstellung: Soiree
Abenteuer: Aventüre, Eskapade
abenteuerlich: romantisch
Abenteuerroman: Robinsonade
Abenteurer: Desperado
aberkennen: abjudizieren
Aberkennung: Abjudikation
Abfall: 1. Apostasie. 2. Abprodukte, Makulatur
abfallend: degressiv
abfällig: despektierlich
Abfangjäger: Interzeptor
abfassen: formulieren
abfertigen: 1. expedieren, spedieren. 2. einchecken
Abfertigungshalle: Terminal
Abfertigungsschalter: Counter
Abfindung: Apanage, Paragium, Pauschale
Abflugstelle: Departure
Abflugzeit: Departure
abflußlos: arheisch
abführen: laxieren, purgieren
abführend: hydragogisch, purgativ
Abführmittel: Depurans, Drastikum, Kopragogum, Laxans, Lenitivum, Purgativ
Abgabe: Kontribution, ¹Taxe, Tribut
abgedroschen: banal, stereotyp, trivial
abgefeimt: raffiniert
abgegriffen: banal
abgeleitet: deduktiv, denominativ, derivativ, konsekutiv
abgemacht: okay, perfekt
Abgeordneter: Deputierter, Mandatar, Parlamentarier, Repräsentant
Abgesandter: Emissär
Abgesang: Epode
abgeschlossen: 1. ad acta, komplett, perfekt. 2. hermetisch
Abgeschlossenheit: 1. Insularität. 2. Klausur
Abgeschnittenheit: Isolation
abgesondert: exklusiv, separat
abgestimmt: konzertiert
abgestorben: nekrotisch
abgetan: passé
abgießen: dekantieren
Abgott: Idol
abgrenzen: 1. demarkieren, determinieren. 2. diskriminieren
Abgrenzung: 1. Demarkation, Determination. 2. Diskriminierung
Abhandlung: Dissertation, Essay, Exkurs, Traité, Traktat
abhängig: dependent, interdependent
Abhängigkeit: Dependenz, Interdependenz, Obliquität, Subalternität
abheben, sich: kontrastieren
abhorchen: auskultieren
abhusten: expektorieren
Abirrung: Aberration
abkanzeln: abkapiteln
Abklatsch: Klischee
abklopfen: perkutieren
Abknickung: Flexion
Abkochung: Apozema, Dekokt
Abkommen: Kontrakt, Konvention, Pakt
Abkömmling: 1. Deszendent. 2. Derivat
abkürzen: abbreviieren
Abkürzung: Abbreviation, Abbreviatur
Abkürzungsverzeichnis: Kode
Abkürzungszeichen: Sigel
Ablage: Registratur
ablagern: 1. deponieren. 2. sedimentieren
Ablagerung: Sediment, Sedimentation
Ablaß: Indulgenz
Ablauf: 1. Mechanismus, Prozeß. 2. Workflow. 3. Chronologie
ablehnen: abhorrieren, abnuieren, negieren, perhorreszieren
ablehnend: negativ, negativistisch
Ablehnung: 1. Negation. 2. Reakt
ableiten: deduzieren, derivieren
Ableitung: Deduktion, Denominativ, Derivation, Derivativ
Ablenkungsmaßnahme: Manöver
Ableugnung: Renegation
ablichten: fotokopieren
Ablichtung: Fotokopie
ablösbar: separabel
ablösen: alternieren
Ablösung: Alternanz, Alternation
Abmachung: 1. Agreement, Arrangement, Kontrakt. 2. Stipulation
abmessen: 1. dimensionieren, dosieren, zirkeln. 2. alignieren
Abmessung: 1. Dimension, Dosierung. 2. Alignement
Abnahme: Dekreszenz
abnehmend: 1. degressiv. 2. calando, decrescendo, diminuendo, perdendo, scemando
Abneigung: 1. Animosität, Antipathie, Aversion, Degout, Ressentiment. 2. Fastidium, Idiosynkrasie
abnutzen: strapazieren
abordnen: abkommandieren, delegieren, deputieren
Abordnung: Delegation, Deputation
Abort: Klosett, Latrine, ²Lokus, Toilette
Abplattung: Elliptizität
Abrechnung: Konto, Liquidation
abreiben: frottieren
abreißen: 1. abszindieren. 2. demolieren
abrichten: dressieren
Abrichter: Dresseur
Abriß: 1. Demontage. 2. Abstract, Kompendium. 3. Epitome
abrücken: distanzieren, sich
abrunden: arrondieren
abrüsten: demobilisieren, entmilitarisieren

1467

Absatz

Absatz: 1. Artikel, Paragraph, Passus. 2. Terrasse
Absatzförderung: Marketing, Merchandising, ²Promotion
Abschabung: Abrasion
abschätzen: bonitieren, evalvieren, kalkulieren, taxieren
abschätzig: despektierlich
Abscheu: Antipathie, Degout, Horror
abscheulich: infernal
Abscheulichkeit: Atrozität
Abschlag: Akontozahlung, Disagio
abschleppen: bugsieren
abschließen: isolieren
abschließend: definitiv, final
Abschluß: 1. Bilanz. 2. Finale
Abschnitt: 1. Kapitel, Paragraph, Passus. 2. Etappe, Phase, Stadium. 3. Coupon, Segment, Take
abschnittsweise: stadial
Abschnürung: Strangulation
abschrägen: dossieren
abschreckend: exemplarisch
Abschreckung: Exempel, Prävention
Abschreibung: Amortisation, Ristorno
Abschrift: Duplikat, Kopie
abschwächen: bagatellisieren
Abschwächung: Mitigation
Abschweifung: Exkurs
Abseits: Offside
absenden: expedieren
Absender: Adressant
Absicherung: Kautel
Absicht: Intention, Tendenz
absonderlich: abstrus, bizarr, exzentrisch, grotesk, komisch, originell
Absonderlichkeit: Bizarrerie, Tick
absondern: 1. isolieren, segregieren, separieren, sezedieren. 2. sekretieren, sezernieren
Absonderung: 1. Isolation, ²Segregation, Sezession. 2. ¹Sekret
Abspaltung: 1. Häresie. 2. Diszission
absperren: blockieren
Absperrung: Barrikade, Blockade, Kordon
Absperrvorrichtung: Ventil
Absprache: 1. Agreement. 2. Kollusion
Abstammung: Deszendenz, Filiation
Abstammungslehre: Evolutionstheorie
Abstand: Distanz, Marge
Abstecher: Trip
abstecken: alignieren
Absteckpfahl: Jalon
absterben: mortifizieren, nekrotisieren
abstillen: ablaktieren
Abstillen: Ablaktation
abstimmen: 1. koordinieren, synchronisieren, timen. 2. votieren
Abstimmung: Ballotage, Harmonisierung, Koordination, Poll, Skrutinium, Suffragium, Synchronisation, Timing
abstoßend: 1. degoutant. 2. repulsiv
Abstoßung: Repulsion
abstufen: 1. differenzieren, nuancieren. 2. etagieren

Abstufung: 1. Gradation, Differenzierung. 2. Grad, Nuance
Absud: Dekokt
abtasten: 1. palpieren. 2. scannen. 3. sondieren
Abtastgerät: 1. Scanner. 2. Sonde
Abtaumittel: Defroster
Abteil: Box, ¹Coupé
Abteilung: Departement, Sektion
Abteilungsleiter: Dezernent, Rayonchef, Sektionschef
Abtönung: Nuance
abtöten: mortifizieren
Abtötung: Devitalisation
Abtragung: Abrasion, Denudation
Abtrennung: 1. Separation, Sezession. 2. Amputation
abtretbar: zessibel
Abtretbarkeit: Zessibilität
Abtretung: Zession
Abtropfstein: Stalaktit
Abtrünniger: Apostat, Renegat, Schismatiker
abwandelbar: variabel
abwandeln: modifizieren, modulieren, variieren
Abwanderung: Migration
Abwandlung: 1. Modifikation, Variation. 2. Modulation, Motion
Abwasserableitung: Kanalisation
Abwassergraben: Kanal
abwechseln: alternieren
abwechselnd: alternierend
Abwechslung: Alternanz, Diversifikation, Variation
abwegig: absurd
Abwehr: Defensive, ³Parade
abwehrend: defensiv
Abwehrstoffe: Antikörper
abweichen: aberrieren, differieren, digredieren, divergieren, variieren
abweichend: abnorm, abnormal, anomal, anormal, deklinatorisch, diskrepant, divergent, divergierend
Abweichler: ²Dissident, Sektierer
Abweichung: 1. Aberration, Deklination, Devianz, Deviation, Digression, Divergenz. 2. Heterologie
abweisend: reserviert
abwerten: devalvieren
abwertend: devalvatorisch, pejorativ
Abwertung: Devalvation
abwesend: absent
Abwesenheit: Absenz, Alibi
abwickeln: liquidieren
Abwicklung: Liquidation
Abzeichen: Emblem, Insigne, Kokarde, Plakette
abzeichnen: 1. signieren. 2. paraphieren
abziehen: 1. subtrahieren. 2. kopieren
Abzug: Kopie
abzüglich: minus
Abzugs-: Netto...
abzugslos: brutto
Achselstück: Epaulett[e]
acht-, Acht-: okto..., Okto...

achtbar: reputierlich, respektabel
Achteck: Oktogon
achten: ästimieren, respektieren
Achtflächner: Oktaeder
Achtung: Ästimation, Pietät, Respekt
Ächtung: Boykott, Proskription
Ackerbau: Agrikultur
Adel: Aristokratie, Nobilität
Aderverschluß: Infarkt, Thrombose
Adliger: Aristokrat
Affenbrotbaum: Baobab
After: Anus
Aftereinriß: Analfissur
Afteruntersuchung: Rektoskopie
afterwärts: anal
Ahnenforschung: Genealogie
Ahnenverehrung: Manismus
ähnlich: analog, similär
Ähnlichkeit: Analogie
Ahnung: Animus, Divination
Aktenbündel: Dossier, Faszikel
Algenkunde: Phykologie
Algenpilze: Phykomyzeten
Alkoholabhängiger: Alkoholiker
all-, All-: pan..., Pan...; panto..., Panto...
allein: solo
allein-, Allein-: mono..., Mono...
Alleinanspruch: Monopol
Alleinherrschaft: Monarchie, Monokratie
Alleinherrscher: Autokrat, Monarch, Monokrat, Tyrann
Alleinverkaufsrecht: Monopol
Allergieauslöser: Allergen
Allerlei: Diversa, Mixtum compositum, Potpourri, Varia
Allesfresser: Omnivore, Pantophage
Alleskönner: Allroundman, Universalgenie
Allgegenwart: Omnipräsenz, Ubiquität
allgegenwärtig: omnipräsent
allgemein: generell, global, in genere, ökumenisch, pauschal, universal
Allgemein-: General...
Allgemeinbegriffe: Universalien
allgemeingültig: generell
Allgemeinheit: 1. Universalität. 2. Publikum
allgemeinverständlich: 1. populär. 2. exoterisch
Allheilmittel: Panazee
Allmacht: Omnipotenz
allmählich: graduell, peu à peu, poco a poco, sukzessive
allseitig: komplex, universell
Allseitigkeit: Universalität
alltäglich: 1. banal, prosaisch, trivial. 2. profan
allumfassend: komplex, universell
Alpdruck: Inkubus
Alpenglöckchen: Soldanella
Alpenrose: Rhododendron
Alpenveilchen: Zyklamen
Alraunwurzel: Mandragora
also: ergo
alt: antik, antiquarisch

alt-, Alt-: paläo..., Paläo...
Altargebet: Kollekte
altbewährt: klassisch
alteingesessen: autochthon
Altersforschung: Gerontologie
alters-, Alters-: gero..., Gero...; geronto..., Geronto...
Altersheilkunde: Geriatrie
Altershygiene: Gerokomie
Altersrente: Pension
altersschwach: senil
Altersschwachsinn: Dementia senilis
Altersschwerhörigkeit: Presbyakusis
Altersweitsichtigkeit: Presbyopie
Altertum: Antike
altertümlich: 1. archaisch, antik. 2. anzestral
Altertumsforscher: Archäologe
Altertumskunde: Archäologie
Ältester: Nestor, Senior
althergebracht: konservativ
Altmenschen: Paläanthropinen
Altpapier: Makulatur
Altsteinzeit: Paläolithikum
ameisen-, Ameisen-: myrmeko..., Myrmeko...
Ameisenkunde: Myrmekologie
Amt: Charge, Funktion
amtlich: dokumentarisch, ex officio, kommissionell, offiziell
Amtsbelehnung: Investitur
Amtsbereich: Portefeuille, Ressort
Amtsbewerber: Kandidat
Amtsbruder: Konfrater
Amtseinführung: Ordination
Amtseinsetzung: Inauguration, Inthronisation, Investitur
Amtseinweisung: Investitur
Amtsenthebung: Suspension
Amtsgebäude: Präsidium
Amtstracht: Ornat, Talar
Amtswürde: Dignität
anbändeln: flirten, poussieren
anbeten: adorieren
Anbetung: Adoration, Latrie
anbieten: kredenzen, offerieren
Andacht: Devotion
andauernd: permanent
Andenken: Souvenir
ändern: modifizieren, revidieren, variieren
anders-, Anders-: hetero..., Hetero...
andersartig: heterogen
andersdenkend: dissident
andersfarbig: heterochrom
andersgestaltig: heteromorph
andersgläubig: heterodox
andeuten: konturieren, markieren, skizzieren
aneignen: annektieren, okkupieren
Aneinanderhaften: Adhäsion
aneinanderreihend: additiv
anekeln: degoutieren
anerkennen: 1. agnoszieren, honorieren, respektieren. 2. legitimieren, sanktionieren

Anerkennung: Akzeptation, Ästimation, Justifikation, Sanktion
Anfall: Insult
Anfälligkeit: 1. Labilität. 2. Disposition
Anfänge: Initien
anfänglich: initial, primär
Anfangs-: Initial...
Anfangsbuchstabe: Initial
Anfangsbuchstaben: Monogramm
Anfangsgründe: Elemente, Initien
Anfangsstadium: Initialstadium
anfechten: kontestieren
Anfechtung: Kontestation
Anfechtungsklage: Interventionsklage
anfertigen: fabrizieren
anfeuchten: arrosieren, humidieren
angeben: renommieren
angeboren: genuin, kongenital, konnatal, nativ, nativistisch
Angebot: Offerte
angebracht: opportun
Angeklagter: Delinquent
angekränkelt: morbid
Angelegenheit: Affäre, Chose
Angelpunkt: ¹Pol
angemessen: adäquat
angenähert: approximativ
angenehm: kommod, sympathisch
angenommen: fiktiv, hypothetisch
angereichert: konzentriert
angeschlagen: groggy
angesehen: renommiert, respektabel
angezeigt: indiziert
angleichen: akkommodieren, akkulturieren, analogisieren, assimilieren, normen
angliedern: affilieren, inkorporieren
Angliederung: Inkorporation
angreifen: 1. attackieren, fighten. 2. korrodieren
angreifend: 1. aggressiv, offensiv. 2. korrosiv
Angreifer: Aggressor
Angriff: Aggression, Attacke, Offensive
angriffslustig: aggressiv, offensiv
Angst: Panik, Pavor, Phobie
-angst: ...phobie
anhaften: adhärieren, inhärieren
anhaftend: adhärent, adhäsiv, inhärent
anhaltend: chronisch, permanent, persistent
Anhalter: Tramper
Anhang: Additament, Adnex, Appendix, Supplement
anhängen: adhärieren, inhärieren
Anhänger: 1. Trailer. 2. Amulett. 3. Fan, Fellow-traveller
Anhängsel: Annex
anhäufen: aggregieren, akkumulieren
Anhäufung: Agglomeration, Konglomerat, Kumulation, Summation
anheften: affigieren
Anhörung: Hearing
Ankläger: Prosekutor
Anklang: Resonanz
Ankleideraum: Garderobe
ankoppeln: docken

Anschlag

Ankoppelung: Docking
ankündigen: avisieren, signalisieren
Ankündigung: Advertising, Annonce, Avis, Denomination
Ankunft: Arrival
anlagebedingt: konstitutionell
Anlagepapier: Investmentzertifikat
anlagern: adsorbieren
Anlagerung: Adsorption
Anleitung: Instruktion
anmaßend: arrogant, impertinent, insolent
Anmerkung: Glosse, Kommentar, Marginalie
Anmut: Charis, Charme, Grazie
annähern: approximieren
Annäherung: Approach, Approximation, Konvergenz
Annahme: 1. Akzeptanz, Akzeptation. 2. Fiktion, Hypothese, Postulat, Präsumtion, Supposition, Suppositum
annehmbar: akzeptabel, passabel
annehmen: 1. akzeptieren, assumieren, präsumieren. 2. tippen
annehmen, an Kindes Statt: adoptieren
Annehmlichkeiten: Komfort
anordnen: administrieren, dekretieren, reglementieren, situieren
Anordnung: 1. Formation, Konfiguration. 2. Arrangement, Disposition, Situierung. 3. Direktive, Ukas
anpassen: 1. adaptieren, akklimatisieren, akkommodieren, akkulturieren, assimilieren, naturalisieren, uniformieren. 2. fitten
Anpassung: 1. Adap[ta]tion, Adjustment, Akklimatisation, Akkommodation, Akkordanz, Akkulturation, Assimilation, Mimikry. 2. Konformität, Opportunismus
anpassungsfähig: adaptabel, akkommodabel, flexibel
Anpreisung: Reklame
Anrecht: 1. Abonnement. 2. Claim
Anredefall: Vokativ
anregen: animieren, innervieren, inspirieren, motivieren, stimulieren
Anreger: Animateur, Initiator, Inspirator
Anregung: Impuls, Inspiration
Anregungsmittel: Analeptikum, Dopingmittel, Speech, Stimulans
anreichern: konzentrieren
Anreiz: Appeal, Impuls
Anrichte: Büfett, Kredenz, Sideboard
Anrüchigkeit: Hautgout
Anruf: Telefonat
anrufen: telefonieren
Anrufung: Invokation
Ansage: 1. Conférence. 2. Diktat
Ansager: Conférencier
Ansammlung: Agglomeration, Akkumulation
anschaulich: demonstrativ, eidetisch, ikonisch, konkret, plastisch
Anschlag: 1. Attentat, Komplott, Machination. 2. Plakat

Anschluß

Anschluß: 1. Kontakt. 2. Affiliation
Anschrift: Adresse
anschuldigen: denunzieren, inkriminieren
Anschwellung: Erektion, Intumeszenz, Inturgeszenz, Tumeszenz
Ansehen: Autorität, Nimbus, Prestige, Renommee, Reputation, Sozialprestige
ansehnlich: repräsentabel, reputierlich, respektabel, speziös
Ansiedlung: Kolonie, Settlement
Anspannung: Intension, Konzentration
ansprechend: adrett, apart, sympathisch
Anspruch: Prätention
anspruchslos: 1. spartanisch. 2. innocente
anspruchsvoll: exklusiv, prätentiös
Anstand: Courtoisie, Dehors, Dekorum, ²Takt, Zivilität
anständig: fair, gentlemanlike, honett, loyal, manierlich, reell, seriös, solid, zivil
Anständigkeit: Fairneß, Loyalität, Reellität, Seriosität
anstarren: fixieren
anstecken, sich: infizieren
ansteckend: infektiös, kontagiös, miasmatisch, morbiphor, virulent
Anstecknadel: Brosche
Ansteckung: Infektion, Kontagion
Ansteckungsfähigkeit: Infektiosität
Anstellung: Engagement
anstimmen: intonieren
Anstoß: 1. Impetus, Impuls, Initiative. 2. Kick, Kick-off
anstößig: lasziv, obszön, schockant, shocking, skandalös
anstreben: intendieren
anstrengen, sich: strapazieren, sich
anstrengend: strapaziös
Anstrengung: Strapaze
Ansturm: Run
Anteil: 1. Kontingent, Portion, Quantum, Quote, Ration. 2. Claim
anteilig: partiell
Anteilnahme: Interesse
Anteilschein: Aktie, Zertifikat
Antrag: Motion
antreibend: inzentiv
Antrieb: 1. Impetus, Impuls, Motiv, Stimulus. 2. Spontaneität
Antriebskraft: Motor, Movens
Antriebsmangel: Apathie, Athymie, Bradyphrenie
antworten: reagieren
Anwalt: Advokat
Anwärter: Aspirant, Assessor
Anwartschaft: 1. Kandidatur. 2. Option
anweisen: 1. instruieren. 2. assignieren
Anweisung: Direktive, Instruktion, Normativ
anwendbar: adaptabel, akkommodabel, applikabel
anwenden: applizieren, praktizieren
anwesend: präsent

Anwesenheit: Präsenz
Anwesenheitsliste: Präsenzliste
anwidern: degoutieren
Anzahl: Quantität
Anzahlung: Akonto
Anzeichen: Indiz, Symptom
Anzeige: 1. Annonce, Inserat. 2. Advertisement, Advertising, Denomination, Notiz. 3. Denunziation
anzeigen: 1. indizieren, signifizieren. 2. manifestieren. 3. denunzieren
anzeigend: symptomatisch
Anzeigenwerber: Akquisiteur
anziehend: 1. apart, attraktiv, sexy, sympathisch. 2. magnetisch
Anziehungskraft: 1. Appeal, Attraktivität, Sex-Appeal. 2. Affinität, Gravitation
Anzüglichkeit: Pikanterie
Appetitlosigkeit: Anorexie, Inappetenz
Appetitzügler: Anorektikum, Anorexikum
Arbeit: 1. Job, Maloche. 2. Pensum
arbeiten: jobben, malochen, ramassieren, roboten
Arbeiterklasse: Proletariat
Arbeitsanzug: Montur, Overall
Arbeitsaufgabe: Pensum
Arbeitsgang: ¹Takt
Arbeitsgebiet: Domäne, Ressort
Arbeitsgruppe: Kollektiv, Team
Arbeitsplatzaufteilung: Job-sharing
Arbeitsraum: Atelier, Büro, Labor, Studio
Arbeitsstellenwechsel: Job-hopping
Arbeitssucht: Workaholismus
Arbeitssüchtiger: Workaholic
arbeitsunfähig: invalid
Arbeitsunfähiger: Invalide
ärgerlich: skandalös
ärgern: alterieren, mobben
Ärgernis: Skandal
Arglist: 1. Intriganz, Perfidie. 2. Dolus
arglistig: intrigant, maliziös
Arglosigkeit: Naivität
Arm: Brachium
Armfüßer: Brachiopode
Armschmerzen: Brachialgie
armselig: miserabel, power, schofel
Armstuhl: Fauteuil
Armutszeugnis: Testimonium paupertatis
Art: Fasson, Genre, Genus, Kaliber, Modalität, Manier, Spezies
Art und Weise: Modus
arteigen: spezifisch
artfremd: heterolog
Arznei: Medikament, Medizin
arznei-, Arznei-: pharmako..., Pharmako...
Arzneiabgabeanweisung: Rezept
Arzneianfertigungsanweisung: Rezept
Arzneibuch: Dispensatorium, Pharmakopöe
Arzneiflasche: Vitrum
arzneilich: offizinell
Arzneimenge: Dosis

Arzneimischung: Mixtur
Arzneimittel: Medikament, Pharmakon, Pharmazeutikum
Arzneimittelhersteller: Pharmazeut
Arzneimittelkunde: Pharmakologie, Pharmazeutik
Arzneimittellösung: Solution
Arzneimittelsucht: Pharmakomanie, Pharmakophilie
Arzneiverordnung: 1. Medikation. 2. Rezept
Arzneizäpfchen: Suppositorium
Arzt: Medikus, Mediziner, Therapeut
-arzt: ...iater
Arztsprechstunde: Ordination
Atem: 1. Pneuma, ¹Spiritus. 2. Halitus
atem-, Atem-: pneumato..., Pneumato...; pneumo..., Pneumo...
Atembeschleunigung: Tachypnoe
Atemlähmung: Apnoe
Atemnot: Asthma, Dyspnoe
Atemstillstand: Apnoe, Asphyxie
Atemwege: Respirationstrakt
atmen: respirieren
Atmung: Respiration
atmungsbedingt: respiratorisch
Atmungsgerät: Respirator
Atmungsmesser: Spirometer
Atmungsmessung: Spirometrie
Atomkernbaustein: Nukleon
Atomkernspaltung: ²Fission
ätzend: kaustisch
Ätzmittel: Kaustikum
Aufbau: 1. Konstruktion, Montage, Synthese. 2. Organisation, Struktur, System
aufbauen: komponieren, konstruieren, organisieren
aufbauend: konstruktiv
Aufbaustoffwechsel: Anabolismus
aufbegehren: rebellieren, revoltieren
aufbessern: sanieren
aufbewahren: asservieren, reservieren
Aufbewahrungsort: Depositorium, Depot, Registratur
Aufblähung: Emphysem, Flatulenz
aufbrausend: cholerisch
aufdecken: dekuvrieren, outen
aufdrängen: oktroyieren
aufdringlich: penetrant, plakativ
Aufdringlichkeit: Penetranz
Aufeinanderfolge: Sequenz
aufeinanderfolgend: konsekutiv
Aufenthalt: Station
auferlegen: diktieren, oktroyieren
Auferstehung: Resurrektion
auffallend: eklatant, elegant, frappant, markant, plakativ
auffällig: demonstrativ, ostensibel
Aufforderung: Ultimatum
auffrischen: regenerieren
auffüllen: komplettieren
Aufgabe: 1. Funktion, Pensum, Problem. 2. Exempel. 3. Kapitulation
Aufgabengebiet: Ressort
aufgegliedert: differenziert
Aufgeld: Agio

aufgeregt: 1. echauffiert, exaltiert, hektisch, nervös. 2. agitato, concitato
aufgeschlossen: interessiert
aufgeschwemmt: 1. pastös. 2. semiterrestrisch
aufgestiegen: arriviert
aufgeweckt: alert, vigilant
aufgliedern: differenzieren, spezifizieren
Aufguß: Affusion, Infus
Aufgußtierchen: Infusorium
aufhebend: derogativ, peremptorisch, suspensiv
Aufhebung: ¹Kassation, Nullifikation, Suspension
aufhetzen: fanatisieren
aufklären: agitieren
aufklärend: agitatorisch, informativ
Aufklärung: Information
Aufklärungstätigkeit: Agitation
Aufkleber: Etikett, Sticker
Auflauf: 1. Tumult. 2. Soufflé
auflehnen, sich: rebellieren, revoltieren
aufleuchten: fluoreszieren
Aufleuchten: Fluoreszenz
auflösbar: dissolubel, solubel, solvabel
auflösen: 1. analysieren. 2. dekomponieren, dekonstruieren, dekonzentrieren, dissolvieren, dissoziieren, solvieren. 3. desorganisieren, liquidieren
Auflösung: 1. Dekomposition, Dekonstruktion, Dekonzentration, Desintegration, Dissolution, Lysis. 2. Desorganisation, Liquidation
Aufmachung: 1. Adjustierung. 2. Make-up, Outfit
Aufmarsch: ¹Parade
aufmerksam: interessiert, konzentriert
Aufmerksamkeit: Attention, Interesse, Konzentration
aufnähen: applizieren
Aufnahme: 1. Immatrikulation, Inkorporation. 2. Resorption, Rezeption
Aufnahmefähigkeit: Kapazität
aufnehmen: 1. inkorporieren. 2. resorbieren
aufnehmend: 1. rezeptiv. 2. kapazitiv
aufputschen: dopen
aufregen: alterieren
aufregen, sich: echauffieren, sich
aufregend: dramatisch, swinging
Aufregung: Alarm, Alteration, Theater, Trouble
aufreizen: irritieren, provozieren
Aufreizung: Provokation
Aufriß: Profil, ¹Schema
aufrücken: avancieren
Aufruf: Appell, Proklamation
aufrufen: appellieren, proklamieren
Aufruhr: Insurrektion, Rebellion, Revolte, Tumult
Aufrührer: Rebell, Tumultuant
aufrührerisch: faktiös, rebellisch, tumultuarisch
aufsässig: rebellisch
aufsaugen: absorbieren, resorbieren
aufschieben: prolongieren, prorogieren

aufschiebend: dilatorisch, prorogativ, suspensiv
Aufschlag: 1. ¹Revers, ²Fasson. 2. ²Service
aufschlußreich: demonstrativ, informativ, instruktiv
Aufschneider: Bramarbas, Renommist, Scharlatan
aufschreiben: notieren
Aufschrift: Adresse, Signatur
Aufschub: Dilation, Moratorium, Prorogation
Aufschwemmung: Suspension
Aufschwung: Boom, Hausse, Konjunktur, Prosperität
Aufsehen: 1. Eklat, ¹Sensation, Skandal. 2. Publicity
aufsehenerregend: eklatant, epochal, sensationell, spektakulär
Aufsicht: Kontrolle, Kuratel, Supervision
Aufsichtsbeamter: Kontrolleur
Aufsichtsbehörde: Inspektion, Kuratorium
aufspalten: segregieren
Aufspaltung: ¹Segregation
Aufstand: Insurrektion, Rebellion, Revolte
Aufständischer: Insurgent, Rebell, Revoluzzer
aufsteigen: avancieren
aufsteigend: akropetal, anabatisch
aufstellen: formieren, nominieren, plazieren, postieren, stationieren, statuieren
Aufstellung: Formation
aufstoßen: eruktieren
auftischen: kredenzen, servieren
Auftrag: Kommando, Mandat, Mission, Order
auftragen: 1. applizieren. 2. servieren
Auftraggeber: Klient, Kommittent, Mandant
Auftragsbuch: Orderbuch
auftreten: 1. agieren, debütieren. 2. repräsentieren
Auftritt: Szene
Auftropfstein: Stalagmit
aufwallen: efferveszieren
Aufwand: Brimborium, Luxus, Zirkus
Aufwandsentschädigung: Diäten, Spesen
Aufwärtshaken: Uppercut
aufwiegeln: agitieren, fanatisieren
aufwiegelnd: demagogisch, faktiös
aufzählen: enumerieren
Aufzählung: Enumeration, Litanei
aufzeichnen: notieren, registrieren
Aufzeichnung: 1. Notat, Notiz. 2. Chronik
Aufzug: 1. Lift, Paternoster. 2. Akt
aufzwingen: aufoktroyieren, diktieren, oktroyieren
augen-, Augen-: ophthalmo..., Ophthalmo...
Augapfelzittern: Nystagmus
Augenarzt: Ophthalmologe

Ausdünstung

Augenbindehaut: Konjunktiva
Augenbindehautentzündung: Konjunktivitis
Augenblick: ¹Moment, Sekunde
augenblicklich: momentan
Augendruckmessung: Tonometrie
Augenentzündung: Ophthalmie
augenfällig: flagrant
Augenheilkunde: Ophthalmiatrie, Ophthalmologie
Augenhöhle: Orbita
Augenhornhautentzündung: Keratitis
Augenleiden: Ophthalmopathie
Augenlid-: blepharo..., Blepharo...
Augenliderschlaffung: Blepharochalasie
Augenlidkrampf: Blepharoklonus, Blepharospasmus
Augenlidrandentzündung: Blepharitis
Augenlinse: Lens
Augenlinsentrübung: ²Katarakt
Augenmuskellähmung: Ophthalmoplegie
Augenreizstoffe: Lakrimogene
Augenring: Halo
Augenspiegel: Ophthalmoskop
Augenspiegelung: Ophthalmoskopie
ausatmen: exhalieren, exspirieren
Ausbaggerung: Exkavation
ausbessern: reparieren, restaurieren
Ausbesserung: Reparatur
ausbetten: exhumieren
ausbleichen: dekolorieren
Ausblühung: Effloreszenz
ausbrechen: eruptieren
ausbreiten: inflationieren
ausbreiten, sich: grassieren
Ausbruch: Eruption
ausbürgern: denaturalisieren, expatriieren
Ausbürgerung: Denaturalisation, Expatriation
Ausdauer: Assiduität, Kondition, Perseveranz, Tenazität
ausdauernd: perennierend
ausdehnbar: expansibel
ausdehnen: elongieren, extensivieren
ausdehnen, sich: expandieren
ausdehnend: expansiv, extensiv
Ausdehnung: Dilatation, Dimension, Expansion, Extension, Extensität, Zirkumferenz
Ausdruck: 1. Expression. 2. Stil
ausdrücken: formulieren
ausdrücklich: explizit, expreß, expressis verbis, extra, kategorisch
Ausdrucksfehler: Barbarismus
ausdrucksstark: expressiv
ausdrucksvoll: 1. deklamatorisch, pathetisch, poetisch. 2. cantabile, espressivo
Ausdrucksweise: Diktion, Jargon, Lokution, Slang
ausdünnen: effilieren
ausdünsten: perspirieren, transpirieren
Ausdünstung: Effluvium, Evaporation, Halitus, Transpiration

auseinanderfließen

auseinanderfließen: diffluieren
auseinandergehen: divergieren
auseinandergehend: divergierend
Auseinanderrücken: Disengagement
Auseinandersetzung: Debatte, Diskussion, Disput, Konflikt, Konfrontation, Kontroverse, Polemik, Szene
auseinanderstreben: divergieren
auseinanderziehen: distrahieren
auserlesen: delikat, elitär, exquisit
Ausfall: Blackout
ausfällen: präzipitieren
Ausfällung: Flokkulation, Präzipitation
ausfließen: effluieren
ausflocken: präzipitieren
Ausflockung: Koagulation, Präzipitation
Ausflucht: 1. Evasion. 2. Finte
Ausflüchte: Fisimatenten, Sperenzchen
Ausflug: Exkursion, Partie, Tour, Trip
Ausfluß: Effluvium, ²Fluor
ausforschen: examinieren, explorieren, sondieren
ausforschend: exploratorisch
ausfragen: examinieren, interviewen
Ausfuhr: Export
Ausfuhrverbot: Embargo
ausführen: 1. amplifizieren, effektuieren, konkretisieren. 2. exportieren
ausführend: exekutiv
ausführlich: in extenso
Ausfuhrwaren: Exporten
ausfüllend: expletiv
Ausgabe: Edition, Emission, Output
Ausgangspunkt: Basis
ausgeben: 1. emittieren. 2. spendieren
ausgedehnt: extensiv
ausgefallen: extravagant
ausgeglichen: harmonisch
ausgelassen: bacchantisch
Ausgelassenheit: Gaudium, Highlife
ausgemalt: koloriert
ausgeprägt: markant, profiliert, pronociert
ausgeschmückt: figuriert, melismatisch
ausgesprochen: prononciert
ausgestalten: dekorieren
Ausgestoßener: Outcast, Paria
ausgesucht: exquisit, extra
ausgewählt: 1. anthologisch, apokritisch. 2. sortiert
ausgewogen: harmonisch, klassisch
ausgezeichnet: 1. exzellent, famos, fulminant, picobello, prima, super. 2. summa cum laude
ausgezeichnet!: à la bonne heure!
Ausgleich: Kompensation
ausgleichen: 1. applanieren, ausbalancieren, egalisieren, kompensieren, nivellieren. 2. bilanzieren, sich; revanchieren, sich
Ausgleichsbetrag: Appoint
Aushang: Affiche, Plakat
aushängen: affichieren, affigieren
ausheben: konskribieren
Aushebung: Konskription

aushöhlen: exkavieren
aushusten: expektorieren
ausklügeln: spintisieren
Auskommen: Existenz
Auskratzung: Abrasio, Evidement, Kürettage
auskundschaften: ausbaldowern, rekognoszieren, sondieren, spionieren
Auskunft: Information
Auslagen: Spesen
Auslandsvertretung: Mission, Repräsentanz
Auslassung: Ellipse
Auslassungszeichen: Apostroph
auslaugen: digerieren
Auslaugung: Digestion
auslegen: explanieren, interpretieren
Ausleger: Interpret
Auslegung: 1. Explanation, Interpretation. 2. Exegese, Hermeneutik
Auslese: 1. Elite. 2. Selektion
auslesen: 1. sortieren. 2. selektieren
Auslieferungsschein: Delivery order
Ausmaß: 1. Dimension. 2. Zirkumferenz
ausmeißeln: skulptieren
ausmessen: dimensionieren, visieren
Ausnahmebewilligung: Dispens
ausnahmsweise: exzeptionell
Ausprägung: Observanz
Ausprägungsgrad: Expressivität
Ausrede: Alibi
ausreichend: suffizient
ausrenken: deartikulieren, luxieren
Ausrenkung: Deartikulation, Luxation
ausrichten: orientieren
ausrottend: eradikativ
Ausruf: Exklamation
ausrufen: exklamieren, proklamieren
Ausrufewort: Interjektion
Ausrufung: Proklamation
ausruhen: pausieren
ausrüsten: adjustieren, appretieren, armieren, ausstaffieren, equipieren, munitionieren
Ausrüster: Appreteur, Outfitter
Ausrüstung: 1. Armament, Armatur. 2. Outfit
Aussage: Enunziation, Message
aussägen: dekupieren
Aussageweise: Kategorie, Modus
Aussatz: Lepra
aussätzig: leprös
ausschaben: kürettieren
Ausschabung: Abrasio, Exkochleation, Kürettage
Ausschachtung: Exkavation
ausschalten: eliminieren, neutralisieren
ausscheiden: 1. ausrangieren, eliminieren, skartieren. 2. sekretieren
ausscheidend: 1. remotiv. 2. exkretorisch
Ausscheidung: 1. Exkrement, Exkret, ¹Sekret. 2. Exkretion, Sekretion
ausschleudern: ejizieren
ausschließen: disqualifizieren, exkludieren, exkommunizieren, separieren

ausschließend: präklusiv
ausschließlich: exklusive
Ausschluß: Disqualifikation, Exklusion, Exkommunikation, Relegation
ausschmücken: 1. dekorieren, drapieren. 2. paraphrasieren. 3. fabulieren
Ausschmückung: 1. Dekor, Dekoration. 2. Agrément, Color, Paraphrase
Ausschnitt: 1. Partie. 2. Dekolleté
Ausschreitung: Exzeß, Pogrom
Ausschuß: Gremium, Komitee, Kommission
Ausschußware: Bafel, Schofel, Tinnef
ausschweifend: exzessiv, libertin
Ausschweifung: Exzeß, Excessus in venere, Libertinage, Orgie, Sexorgie, Sexzeß
Ausschwitzung: 1. Exsudat, Insudat. 2. Exsudation, Insudation
Aussehen: Air, Appeal, Eidos, Habitus, Morphe
außen-, Außen-: ekto..., Ekto...
Außenbordmotor: Outboard
Außenbordmotorboot: Outborder
Außengruppe: Outgroup
Außenseite: Exterieur
Außenseiter: Outsider
Außenskelett: Ektoskelett
Außenstehender: Exoteriker, Laie
Außenstürmer: Outside
außer-, Außer-: exo..., Exo...; extra..., Extra...
außeramtlich: privat
außerdienstlich: inoffiziell
außerehelich: illegitim
Äußeres: Exterieur, Outfit
außergewöhnlich: abnorm, elefantös, exorbitant, extraordinär, exzeptionell, formidabel, phänomenal, säkular
außerhalb: 1. extern, extra. 2. outside
außerirdisch: extraterrestrisch
Außerirdischer: Alien
äußerlich: extern, formal, formell, topisch
Äußerlichkeit: Formalie, Formalität
außerordentlich: eminent, enorm, extraordinär, exzessiv, gigantisch
außersprachlich: extralingual
äußerst: absolut, eminent, extrem, kolossal
außerweltlich: extramundan, extraterrestrisch
aussetzen: exponieren
aussetzend: diskontinuierlich, intermittierend
Aussicht: Perspektive
aussiedeln: evakuieren
aussondern: 1. ausrangieren. 2. selektieren
Aussonderung: Selektion
ausspannen: pausieren
Aussprache: 1. Akzent, Artikulation. 2. Debatte, Diskussion
aussprechen: artikulieren
ausspritzen: ejakulieren
Ausspruch: Apophthegma, Diktum, Sentenz, Zitat

Ausspülung: Irrigation
ausstatten: ausstaffieren, dotieren
Ausstatter: Outfitter
Ausstattung: 1. Dekor, Dekoration, Interieur, Komfort, Outfit, Staffage. 2. Dotation
Ausstattungsstück: Revue, ²Spektakel
Ausstellung: Accrochage, Biennale, Exposition, ¹Messe, Quadriennale
Ausstellungseröffnung: Vernissage
Ausstellungsstand: Koje
Ausstellungsstück: Exhibit, Exponat
ausstrahlen: emanieren, irradiieren
Ausstrahlung: 1. Appeal, Aura, Charisma, Fluidum. 2. Emanation
austauschbar: konvertibel, permutabel
Austauschbarkeit: Fungibilität, Konvertibilität
austauschen: konvertieren, permutieren, substituieren
austreiben: exorzieren
ausüben: praktizieren
Auswahl: 1. Elektion, Kollektion, Selektion. 2. Anthologie, Chrestomathie, Florilegium, Sample
auswählen: assortieren, selektieren
auswählend: analektisch, elektiv, selektiv
Auswanderer: Emigrant
auswandern: emigrieren
Auswanderung: Emigration
auswärtig: extern
auswaschen: erodieren
Ausweglosigkeit: Aporie, Impasse
Ausweis: Legitimation
ausweisen: exmittieren
ausweisen, sich: legitimieren, sich
Ausweisung: Exmission, Exmittierung
ausweiten: inflationieren
ausweiten, sich: eskalieren
Ausweitung: Expansion, Inflation
Auswirkung: Konsequenz
Auswurf: Dejektion, Expektoration, Sputum
Auszehrung: Kachexie, Konsumtion, Tabeszenz
Auszeichnung: Distinktion
Auszeit: Time-out
ausziehbar: extraktiv
Auszug: 1. Digestion, Extrakt. 2. Digest, Epitome, Exzerpt. 3. Exodus

B

Bachtrompete: Clarino
Backanweisung: Rezept
Backe: Bucca
Backenbart: Favoris, Fraise, Koteletten
Backenzahn: Molar, Prämolar
Backfisch: Teenager
Badebekleidung: Bikini, Minibikini, Minikini, Monokini, Tanga
bäder-, Bäder-: balneo..., Balneo...
Bäderkunde: Balneologie
bahnbrechend: epochal, genial
Bahnbrecher: Genie, Pionier
Bahnhof: Station, Terminal
Bahnsteig: Perron
Bakterienkunde: Bakteriologie
Baldrian: Valeriana
Ballung: Agglomeration
Band: 1. Volumen. 2. Ligament
Bändchen: Frenulum
Bande: Clique, Gang
bänder-, Bänder-: desmo..., Desmo...
Bänderentzündung: Desmitis
Bändererkrankung: Desmopathie
Bänderriß: Desmorrhexis
Bänderschmerz: Desmalgie
Bandscheibe: Diskus
Bandscheiben-: ¹Disko...
Bandscheibenleiden: Diskopathie
Bandscheibenvorfall: Diskushernie
Bandwürmer: Zestoden
Bandwurmglied: Proglottid
Bandwurmkopf: Skolex
Bandwurmmittel: Tänifugum
Bankfachmann: Banker
Bankgeschäft: Banking
Bankguthaben: Bankkonto
Bankhalter: Croupier, Tailleur
Bankinhaber: Bankier
Bankschalter: Kasse
Bankwesen: Banking
Bannfluch: Anathema
bar: kontant
-bar: ...abel
Bärenklau: Akanthus
Bargeld: Cash, Kontanten
barsch: brüsk
Bartflechte: Sykose
Barzahlung: Cash, Kassazahlung
Base: Cousine
Baßgeige: Kontrabaß, Violone
Baßlaute: Chitarrone
Baßtrompete: Bombardon
Bastler: Handyman
Bau: Struktur
Bauart: Konstruktion, Typ
Bauch: Abdomen
Bauchbruch: Laparozele
Bauchfell: Peritoneum
Bauchfellentzündung: Peritonitis
Bauchhöhlen-: laparo..., Laparo...
Bauchhöhlenschnitt: Laparotomie
Bauchhöhlenschwangerschaft: Abdominalgravidität, Extrauteringravidität
Bauchhöhlenuntersuchung: Laparoskopie
Bauchpilz: Gastromyzet
Bauchredner: 1. Ventriloquist. 2. Engastrimant
Bauchspeicheldrüse: Pankreas
Bauchspeicheldrüsenentzündung: Pankreatitis
bauchwärts: ventral
Bauchwassersucht: Aszites
bauen: konstruieren
bäuerlich: rustikal
Baufachmann: Architekt
baufällig: ruinös
Bauführer: Polier
Baugelände: Terrain
Baukunst: Architektur
baum-, Baum-: dendro..., Dendro...
baumartig: dendroid
Baumeister: Architekt
Baumgarten: Arboretum, Dendrarium
Baumkunde: Dendrologie
Baumnymphe: Dryade
Baumversteinerung: Dendrolith
Baumwolle: Cotton, Koton
Baumwollflanell: Barchent, Boi
Baumwollgarn: Twist
Baumwollsamt: Velvet
Baumwollveredlung: Merzerisation
Baustil: Architektur
Baustoff: Material
Bauwerk: Monument
beabsichtigen: intendieren, interessieren, sich
beabsichtigt: in petto
beachten: ästimieren, respektieren
beachtenswert: signifikant, signifikativ
Beachtung: Ästimation, Notiz
Beamtenschaft: Bürokratie
beanspruchen: absorbieren, prätendieren, strapazieren, vindizieren
Beanspruchung: Prätention, Strapaze, Vindikation
beanstanden: kritisieren, monieren, reklamieren
Beanstandung: Kritik, Monitum, Reklamation
bearbeiten: 1. adaptieren, arrangieren, redigieren. 2. kultivieren
beaufsichtigen: inspizieren, kontrollieren
Beauftragter: Funktionär, Kommissar, Mandatar
beben: vibrieren
Beben: Vibration
bebend: vibrato
bebildern: illustrieren
Bebilderung: Illustration
bebrüten: inkubieren
Bebrütung: Inkubation
Becken: 1. Bassin, Bidet. 2. Piatti, Tschinelle. 3. Pelvis
bedauernswert: deplorabel
Bedenken: Skepsis, Skrupel
bedenkenlos: frivol, machiavellistisch
Bedenkenlosigkeit: Frivolität
bedenklich: kritisch, ominös, prekär
Bedenkzeit: Deliberationsfrist
bedeutend: 1. epochal, monumental. 2. prominent
bedeutsam: relevant, signifikant, signifikativ
Bedeutsamkeit: Relevanz, Signifikanz

Bedeutungsabwertung

Bedeutungsabwertung: Pejoration
bedeutungsähnlich: synonym
Bedeutungslehre: Semantik, Semasiologie
bedeutungslos: irrelevant
Bedeutungslosigkeit: Irrelevanz, Nullität
bedeutungsunterscheidend: signifikativ
bedeutungsverschlechternd: pejorativ
Bedeutungsverschlechterung: Pejoration
bedeutungsvoll: signifikant, signifikativ
bedienen: servieren
bedingen: korrelieren
bedingend: konditional
bedingt: relativ
Bedingtheit: Relativität
Bedingung: Conditio sine qua non, Kondition, Modalität
Bedingungssatz: Konditionalsatz
Bedrängnis: Bredouille, Zores
bedrohen: terrorisieren
bedrücken: opprimieren
bedrückend: oppressiv
bedrückt: down, dysphorisch
Bedrückung: Oppression
Bedürfnisanstalt: Pissoir
beeindruckbar: impressionabel
beeindrucken: imponieren, tangieren
beeindruckend: imponierend, imposant
beeinflußbar: labil, suggestibel
Beeinflußbarkeit: Labilität, Suggestibilität, Suggestivität
beeinflussen: hypnotisieren, indoktrinieren, manipulieren, suggerieren
beeinflussend: manipulatorisch, suggestiv
Beeinflussung: 1. Hypnotismus, Indoktrination, Manipulation, Suggestion. 2. Influenz
beeinträchtigen: derogieren
beeinträchtigt: reduziert
beenden: absolvieren
Beendigung: Termination
Beet: 1. Rabatte. 2. Rondeau, Rondell
befähigt: kapabel, qualifiziert
Befähigung: Qualifikation
Befehl: Kommando, Order, Ukas
befehlen: kommandieren
befehlend: imperativ
Befehlsform: Imperativ
Befehlsgewalt: Kommando
Befehlshaber: Kommandant, Kommandeur
Befehlswort: Kommando
befestigen: armieren, fixieren, fortifizieren
beförderbar: transportabel
befördern: expedieren, praktizieren, spedieren, transportieren
Beförderung: 1. Expedition, Spedition, Transport, Transportierung. 2. Avancement
Beförderungsgebühr: Faktage, Porto

befragen: examinieren, explorieren, interviewen
Befragung: Exploration, Field-Research, Field-work, Interview, Survey
befreien: degagieren, dispensieren, eximieren, suspendieren
befreien, sich: abreagieren, sich; emanzipieren, sich
Befreiung: 1. Degagement, Dispens, Emanzipation, Exemption. 2. Dispensierung
befrieden: pazifizieren
befriedigen: saturieren
Befriedung: Pazifikation
befristen: terminieren
Befruchtung: Fekundation, Fertilisation, Imprägnation, Insemination, Konzeption, Kopulation
Befugnis: Kompetenz, Lizenz
befugt: kompetent
begabt: 1. intelligent, talentiert. 2. genial
Begabung: 1. Genialität, Ingenium, Intelligenz, Talent. 2. Genie
Begebenheit: Evenement, Kasus
Begegnung: Encounter
begehrlich: libidinös
Begehrlichkeit: 1. Pleonexie. 2. Konkupiszenz. 3. Libido
begeistern: elektrisieren, enthusiasmieren
begeistert: dionysisch, dithyrambisch, ekstatisch, enthusiastisch, passioniert
Begeisterung: Ekstase, Elan, Enthusiasmus, Verve
Begierde: Konkupiszenz, Kupidität, Libido
Beginn: Start, Take-off
beginnend: initial, inzipient
beglaubigen: akkreditieren, authentifizieren, legalisieren, legitimieren, verifizieren, zertifizieren
Beglaubigung: 1. Legalisation, Legitimation, Verifikation, Vidimation. 2. Testat, Zertifikat
Beglaubigungsschreiben: Akkreditiv, Kreditiv
begleiten: akkompagnieren, eskortieren
Begleiter: 1. Akkompagnist, Guide. 2. Trabant, Kumpan
Begleiterscheinung: Epiphänomen
Begleitschiff: Tender
Begleitung: Akkompagnement
beglückwünschen: gratulieren
begnadigen: amnestieren
Begräbnisfeierlichkeiten: Exequien, Funeralien
Begräbnisstätte: Katakombe, Nekropolis
begradigen: nivellieren, regulieren
begreifen: checken, kapieren
begreiflich: plausibel
begrenzen: determinieren, flankieren, kontingentieren, limitieren, lokalisieren
begrenzend: determinativ, limitativ

Begrenzung: 1. Determination, Limitation, Termination. 2. Margo
Begrenzungslinie: Horizont
Begriff: Idee, Logos, Notion, Terminus
begrifflich: abstrakt
begriffs-, Begriffs-: ideo..., Ideo...
Begriffsbestimmung: Definition, Determination, Diorismus
Begriffsbildung: Abstraktion
Begriffsinhalt: Konnotat
Begriffsschrift: Ideographie
begriffsstutzig: mente captus
Begriffsumfang: Extension
Begriffszerlegung: Diaerese
begründen: argumentieren, fundieren, motivieren, substantiieren
begründend: ätiologisch, kausal
begründet: faktisch
Begründung: 1. Argumentation, Motivation. 2. Argument
begünstigen: favorisieren, protegieren
Begünstigung: Protektion
Begutachtung: 1. Expertise. 2. Kritik
Behaarung: Hirsutismus
behaglich: 1. à son aise, komfortabel. 2. commodo
Behaglichkeit: Komfort
Behälter: Box, Container
Behältnis: Etui, Futteral
Behandlungsweise: Methode, Prozedur
beharren: kaprizieren, perseverieren
beharren, auf etwas: insistieren
beharrlich: 1. konsequent, konstant. 2. ostinat
Beharrlichkeit: 1. Insistenz, Konsequenz, Konstanz, Perseveranz. 2. Tenazität
Behauchung: Aspiration
behaupten: asserieren
behauptend: apophantisch, assertorisch, kategorisch, thetisch
Behauptung: Assertion, Hypothese, ²Parole, Statement, These
Behelf: 1. Provisorium. 2. Surrogat
Behelfsbau: Baracke
behelfsmäßig: primitiv, provisorisch, subsidiär
Behelfsmäßigkeit: Primitivität
Behelfsunterkunft: Baracke, Container
behende: 1. agil, vigilant. 2. lesto, tosto, veloce
beherrschen: dominieren, kontrollieren, regieren, tyrannisieren
beherrschend: dominant
beherrscht: diszipliniert
Beherrschung: 1. Dominanz, Kontrolle. 2. Domination
beherzt: couragiert, resolut
Beherztheit: Courage
behindern: 1. handicapen. 2. checken
behindert: gehandikapt
Behinderung: 1. Handicap. 2. ¹Check
Behörde: Administration
Behördenweg: Instanzenweg
behördlich: administrativ

Beiboot: Barkasse, Flieboot, ¹Gig, Kutter, Moses, Pinasse, Schaluppe
Beichtender: Pönitent
Beichtvater: Pönitentiar, ¹Spiritual
beidäugig: binokular
beidhändig: ambidexter
Beidhändigkeit: Ambidextrie
Beifahrer: Sozius
Beifahrerin: Sozia
Beifahrersitz: Sozius
Beifall: Akklamation, Applaus, Furore, Ovation
Beifallklatscher: 1. Claqueur. 2. Claque
Beifallsbekundung: La ola
Beifallsruf: ¹Bravo, Cheer
beifügen: adjungieren, attribuieren
Beifügung: Attribut, Epitheton
Beigabe: Attribut
Beigericht: Hors d'œuvre
Beihilfe: Subvention
Beilage: Addendum
beiläufig: en passant, inzidenter
Beileidsbezeigung: Kondolenz
Beiname: Agnomen
Beinbekleidung: Gamasche
Beinhaus: Ossarium
beiordnen: koordinieren
Beiordnung: Adjunktion, Koordination
Beipflichtung: Akzedenz
beirren: irritieren
Beisatz: Apposition
Beischlaf: Kohabitation, Koitus
Beispiel: 1. Exempel, Paradigma. 2. Typ
beispielhaft: exemplarisch, paradigmatisch
beispielshalber: exempli causa, exempli gratia
beispielsweise: exempli gratia
beißend: juvenalisch, satirisch
Beistand: 1. Assistenz, Sekundanz. 2. Sekundant
beistimmen: akzedieren, assentieren
Beistrich: Komma
Beitrag: Kontingent, Tribut
Beitreibung: Inkasso
beitreten: akzedieren
Beitritt: Akzession
Beiwerk: Staffage
Beiwort: Adjektiv, Epitheton
bejahen: affirmieren
bejahend: affirmativ, optimistisch, positiv
Bejahung: Affirmation, Akzeptanz
bekannt: 1. populär, prominent, publik, renommiert. 2. notorisch
Bekanntenkreis: Clique
Bekanntgabe: Promulgation
bekanntmachen: divulgieren, proklamieren, publizieren
Bekanntmachung: 1. Bulletin, Manifestation, Proklamation, Promulgation. 2. Plakatierung
Bekanntsein: Publicity, Publizität
Bekenntnis: Konfession
Bekenntnisschrift: Confessio, Symbol
beklagenswert: deplorabel

Bekleidung: Garderobe
Bekleidungsindustrie: Konfektion
Beklemmung: Oppression
bekräftigen: affirmieren, validieren
bekräftigend: affirmativ
Bekräftigung: 1. Affirmation. 2. Argument
bekunden: manifestieren
Bekundung: Demonstration, Manifestation
belanglos: irrelevant
Belanglosigkeit: Irrelevanz, Lappalie, Quantité négligeable
belästigen: inkommodieren, insultieren, molestieren, sekkieren
Belästigungen: Molesten
belauben, sich: frondeszieren
beleben: aktualisieren, vitalisieren
belebend: analeptisch, animativ
belebt: 1. organisch. 2. animato
belegen: 1. dokumentieren, substantiieren. 2. reservieren
Belegsammlung: Datei, File, ²Korpus
Belegschaft: Personal
Belegstelle: Zitat
belehrend: didaktisch, informativ
beleibt: korpulent
Beleibtheit: Korpulenz
beleidigen: insultieren
beleidigt: pikiert
Beleidigung: Affront, Injurie, Insult, Invektive, Realinjurie, Verbalinjurie
beleihen: lombardieren
beleuchten: illuminieren
Beleuchtung: Illumination
beliebt: en vogue, populär
Beliebtheit: Popularität
belohnen: honorieren, prämieren
Belohnung: Prämie
Belüftung: Ventilation
belustigen: amüsieren
belustigend: amüsant, komisch
Belustigung: Amüsement, Gaudium
bemängeln: kritisieren, monieren
bemerken: glossieren, kommentieren, konstatieren, notieren
Bemerkung: Aperçu, Glosse, Kommentar
Bemerkungen: Konjektaneen
Bemessung: Dimensionierung
benachrichtigen: informieren, signalisieren
benachteiligen: diskriminieren, handicapen (handikapen)
benachteiligt: gehandikapt
Benachteiligter: Underdog
Benachteiligung: Handicap (Handikap)
Benehmen: Allüren, Courtoisie, Manieren
benennen: denominieren, nominieren, titulieren
Benennung: Denomination, Nomination
benommen: somnolent, soporös
Benommenheit: Somnolenz, Sopor
benoten: zensieren

benutzbar: praktikabel
beobachten: observieren, studieren
Beobachtung: Observation
Beobachtungsstelle: Observatorium, Station
bequem: à son aise, komfortabel, kommod, leger, salopp
Bequemlichkeit: Komfort, Kommodität, Konvenienz
beraten: 1. konferieren. 2. sekundieren
beratend: konsultativ
Berater: Konsultant, Mentor, Sekundant, Tutor
beratschlagen: deliberieren
beratschlagen, sich: konsultieren
Beratschlagung: Deliberation
Beratung: Consulting, Deliberation, Konferenz, Konsilium, Konsultation
Beratungsausschuß: Brain-Trust
berauschend: narkotisch
berechnen: fakturieren, kalkulieren
berechnend: diplomatisch
Berechnung: 1. Diplomatie, Kalkül. 2. Evalvation
berechtigen: legitimieren
berechtigt: autorisiert, legitim
Berechtigung: Legitimation
Beredsamkeit: Eloquenz, Suada
beredt: eloquent
Beregnungsanlage: Sprinkler
Bereich: Distrikt, Komplex, Region, Revier, Sphäre
-bereich: ...sektor
Bereichsleiter: Dezernent
bereit: parat, prompt
Bereitschaft: Diathese, Disposition
bereitwillig: de bonne grâce, kulant
Bereitwilligkeit: Kulanz
Bergfahrrad: Mountainbike
Bergmann: Kumpel
Bergspitze: Peak, Pik, Piz
Bergsteigen: Alpinistik
Bergsteiger: Alpinist
Bergwerk: ¹Mine
Bergwohlverleih: Arnika
Bericht: Bulletin, Exposé, Rapport, Referat, Report, Reportage, Story
Berichterstatter: Korrespondent, Referent, Reporter
Berichterstattung: Reportage
berichtigen: dementieren, emendieren, korrigieren, stornieren
Berichtigung: Dementi, Emendation, Korrektur, Revision, Storno
bersten: explodieren, krepieren
berüchtigt: notorisch
Beruf: Metier, Profession
berufen: vozieren
berufsmäßig: ex professo, professionell
Berufssport: Profisport
Berufssportler: Professional, Profi
Berufsstellung: Position
Berufstätigkeit: Job
Berufsvereinigung: Gremium
Berufung: Appellation, Rekurs, Vokation
beruhen: basieren

beruhigen

beruhigen: sedieren
beruhigend: sedativ
Beruhigung: 1. Pazifikation. 2. Sedierung
Beruhigungsmittel: Downer, Laudanum, Mitigans, Quietivum, Sedativum, Temperantium, Tranquilizer
berühmt: illuster, prominent, renommiert
Berühmtheit: Matador, Star, Zelebrität
berühren: tangieren, touchieren
berührend: tangential
Berührung: 1. Kontakt, Taktion. 2. Intimität
Berührungsschalter: Sensor
Berührungsschmerz: Trichalgie
Berührungstrieb: Kontrektationstrieb
Besamung: Insemination
Besatz: Bordüre, Garnitur, Posament, Volant
Besatzer: Okkupant
Besatzung: Crew
beschädigen: demolieren, lädieren, ramponieren
beschädigt: havariert
Beschädigung: Havarie
beschaffbar: organisabel
beschaffen: rekrutieren
Beschaffenheit: 1. Konsistenz. 2. Qualität
Beschäftigung: Job
beschämen: blamieren
beschämend: blamabel
Beschämung: Blamage
beschaulich: 1. kontemplativ. 2. idyllisch
Beschaulichkeit: Kontemplation
bescheiden: sedat
bescheinigen: attestieren, testieren, zertifizieren
Bescheinigung: Attest, Testat, Zertifikat
Beschenkter: Donatar
beschimpfen: blasphemieren, diffamieren, insultieren
beschlagen: firm, versiert
Beschlagnahme: Arrest, Embargo, Konfiskation, Requisition
beschlagnahmen: konfiszieren, requirieren
beschleunigen: akzelerieren, forcieren
beschleunigend: 1. akzelerativ. 2. accelerando, precipitando
beschleunigt: 1. frequent. 2. alla breve, con moto, stretto
Beschleunigung: 1. Akzeleration. 2. Avance
Beschleunigungsrennen: Drag racing
Beschluß: Dekret, Resolution
Beschlußfähigkeit: Quorum
Beschmutzungsangst: Mysophobie
Beschneidung: Inzision, Zirkumzision
beschönigend: euphemistisch
beschränkend: derogativ, restriktiv
beschränkt: borniert, stupid
Beschränktheit: Provinzialismus, Stupidität
Beschränkung: Restriktion
beschreiben: deskribieren
Beschreibung: Deskription
beschreibend: deskriptiv
Beschriftung: Text
beschuldigen: inkriminieren
Beschützer: Patron, Protektor
Beschützerin: Patrona
Beschwerde: Gravamen, Reklamation, Rekurs
Beschwerden: Molesten, Molimen, Tormina
Beschwerderecht: Petitionsrecht
beschweren, sich: reklamieren
beschwerlich: strapaziös
Beschwerlichkeit: Strapaze
Beschwichtigung: Appeasement
Beschwörung: Inkantation
beseitigen: eliminieren, liquidieren
Beseitigung: Elimination, Liquidation
Besessenheit: Dämonie, Manie, Monomanie, Raptus
besetzen: okkupieren
Besetzung: Okkupation
besichtigen: inspizieren, visitieren
Besichtigung: 1. Inspektion, Visitation. 2. Sightseeing
Besichtigungsfahrt: Sightseeing-Tour
besinnlich: kontemplativ
besitzanzeigend: possessiv
Besitzaufgabe: Dereliktion
Besitzentzug: Eviktion
Besitzergreifung: Appropriation
besolden: salarieren
Besonderheit: Finesse, Individualität, Originalität, Singularität, Spezialität, Spezifikum, Spezifität
besonders: extra, speziell, sui generis
Besonnenheit: Sophrosyne
besprechen: diskutieren, konferieren, rezensieren
besprechen, sich: konsultieren
Besprechung: 1. Konferenz. 2. Kritik, Referat, Rezension
Besserung: Korrektion
Bestallungsurkunde: Patent
Bestand: 1. Fundus, Inventar, Supply. 2. Status, Subsistenz
beständig: konsistent, konstant, stabil
Beständigkeit: Konsistenz, Konstanz, Stabilität
Bestandsaufnahme: Inventarisation, Inventur
Bestandsverringerung: Desinvestition
Bestandteil: Element, Ingredienz, Komponente
bestätigen: approbieren, kontestieren, sanktionieren, testieren, verifizieren
Bestätigung: Affirmative, Sanktion, Testat
bestechen: korrumpieren
bestechlich: korrupt
Bestechlichkeit: Korruption
Bestechung: Korruption
bestehen: existieren
bestehen, auf etwas: insistieren, kaprizieren, sich auf etwas

bestellen: ordern
Bestellung: Order
Bestfall: Optimum
Bestform: Fitneß
bestimmen: definieren, designieren, determinieren, dominieren, statuieren
bestimmend: determinativ, dominant, dominierend, konstitutiv, suggestiv
bestimmt: definit, dezidiert, dezisiv, finit, garantiert, kategorisch, konkret
Bestimmtheit: Determiniertheit
Bestimmung: Definition, Designation, Destination, Determination
bestimmungsgemäß: reglementarisch
bestmöglich: optimal
bestrafen: pönalisieren
Bestrafung: Pönalisierung
Bestrebung: Aspiration, Intention, Interesse
bestreiten: dementieren, kontestieren, negieren
bestritten: kontrovers
bestürzt: konsterniert, perplex
Bestürzung: Perplexität
Bestwert: Optimum
Besuch: Visite
Besucherschaft: Publikum
Besucherzahl: Frequenz
Besuchstag: At-home
betasten: palpieren
Betastung: Palpation
Betätigungsdrang: Hyperbulie
betäuben: anästhesieren, narkotisieren
betäubend: narkotisch
Betäubung: Anästhesie, Narkose
betäubungs-, Betäubungs-: narko..., Narko...
Betäubungsmittel: Narkotikum
Betäubungsmittelsucht: Narkomanie
beteiligen: involvieren
Beteiligungsgesellschaft: ²Pool
Betitelung: Titulatur
betonen: akzentuieren, markieren, pointieren
betont: 1. demonstrativ, ostentativ, plakativ, pointiert, prononciert. 2. marcato
Betonung: Akzent, Akzentuation
Betonungszeichen: Akut, Akzent
betrachten: meditieren, ventilieren, volvieren
Betrachtung: Kontemplation, Meditation, Reflexion
-betrachtung: ...skopie
Betrachtungsweise: Aspekt, Theorie
betreffen: tangieren
betreiben: tentieren, urgieren
betreuen: sekundieren
Betreuer: Manager, Mentor, Sekundant, Steward, Tutor
Betreuerin: Hosteß, Stewardeß
Betrieb: 1. Fabrik, Firma. 2. Etablissement
Betriebsamkeit: 1. Aktivität, Hektik. 2. Tamtam. 3. Hyperthymie
Betriebsführung: Management

betroffen: affiziert, konsterniert, perplex
betrügen: mauscheln, rasieren
Betrüger: Defraudant, Falott
betrunken: 1. alkoholisiert. 2. molum
Betsaal: Oratorium
Bettbezug: Couvert
Bettelmönch: Fakir, Mendikant, Terminant
Betthimmel: Baldachin
Bettlersprache: Argot
Bettnässen: Enurese
Bettnässer: Enuretiker
Bettnische: Alkoven
beugbar: deklinabel, flexibel
Beugemuskel: Flexor
beugen: deklinieren, flektieren, konjugieren
Beugung: Deklination, Flexion, Konjugation
Beugungsfall: Kasus
beunruhigen: alarmieren, irritieren
Beunruhigung: Alarm
beurkunden: dokumentieren, protokollieren
beurlauben: dispensieren
beurteilen: evaluieren, kritisieren, qualifizieren
Beurteiler: Kritiker, Zensor
Beurteilung: Evaluation, Kritik, Qualifikation
Beutestück: Spolium
Bevölkerungsdichte: Abundanz
Bevölkerungslehre: Populationistik
Bevölkerungswissenschaft: Demographie
bevollmächtigen: autorisieren, kommittieren
Bevollmächtigter: Administrator, Delegat, Mandatar
Bevollmächtigung: Autorisierung
bevorrechtet: privilegiert
bevorstehend: imminent
bevorzugen: favorisieren, protegieren
Bevorzugung: Protektion
bewahren: konservieren, präservieren
bewahrend: konservativ, ¹konservatorisch
Bewahrer: Konservator
bewährt: probat
bewandert: versiert
bewässern: arrosieren, irrigieren
Bewässerung: Arrosage, Irrigation
bewegend: 1. kinetisch, motorisch. 2. touchant
Bewegrund: Motiv
beweglich: 1. flexibel, mobil, transportabel, versatil. 2. agile
Beweglichkeit: Agilität, Mobilität, Motilität, Versatilität
bewegt: 1. dynamisch. 2. affetuoso, mosso
Bewegtheit: Dynamik, Rasanz
bewegungs-, Bewegungs-: kineto..., Kineto...
Bewegungsablauf: Motorik
Bewegungsarmut: Akinese

Bewegungsfolge: Figur
bewegungsgehemmt: akinetisch
Bewegungsgleichklang: Eurhythmie
Bewegungshemmung: Akinese, Hypokinese
Bewegungskrankheit: Kinetose
Bewegungslähmung: Paralyse
Bewegungslehre: Kinetik
Bewegungsschrift: Kinetographie
Bewegungsstörung: Ataxie, Dyskinesie
beweinenswert: lamentabel
Beweis: Argument
beweisen: argumentieren, demonstrieren, dokumentieren
Beweisführer: Demonstrator
Beweisführung: Argumentation, Demonstration
Beweiskraft: Stringenz
beweiskräftig: apodiktisch, deklaratorisch
Beweislehre: Apodiktik
Beweisstück: Corpus delicti, Dokument
bewerben: kandidieren, submittieren
Bewerber: Aspirant, Kandidat, Postulant, Reflektant
bewerkstelligen: managen
bewerten: evaluieren, prädikatisieren, valutieren, zensieren
Bewertung: Evaluation, Kritik, Prädikat, Zensur
bewirken: effizieren, evozieren, induzieren
bewirkend: faktitiv, kausativ
Bewunderer: Enthusiast
bewußtlos: komatös
Bewußtlosigkeit: ¹Koma
Bewußtsein: Sensorium
Bewußtseinsinhalt: Phänomen
Bewußtseinsspaltung: Schizophrenie
Bewußtseinstrübung: Absence, Delirium, Sopor
bezahlen: finanzieren, honorieren, salarieren, saldieren
Bezahlung: Gage, Honorar, Salär
bezaubern: becircen, faszinieren
bezaubernd: charmant
Bezauberung: Inkantation
bezeichnen: deklarieren, designieren, markieren, qualifizieren, signifizieren, titulieren
bezeichnend: charakteristisch, markant, signifikant, symptomatisch, typisch
Bezeichnung: Designation
Bezeichnungslehre: Onomasiologie
bezeugen: authentifizieren
bezeugend: deklaratorisch
Beziehung: 1. Connection, Konnexion, Rapport, Relation. 2. Referenz
beziehungsweise: respektive
beziffern: numerieren
Bezirk: Departement, Distrikt, ¹Rayon, Region, Revier, Sektor, Territorium
Bezogener: Akzeptant
Bezogenheit: Relativität

Bezug: Rekurs
bezüglich: relativ
Bezugnahme: Rekurs
Bezugspunkt: ¹Pol
Bibelabschnitt: Perikope
Bibelauslegung: Exegese, Homilie
Bibelkunde: Bibliologie
Biberratte: ¹Nutria
Biederkeit: Bonhomie
biegsam: elastisch, flexibel
Biegsamkeit: Elastizität, Flexibilität
Biegung: Flexur, Kurve
Bienenhaus: Apiarium
Bienenwachs: Cera
Bienenzucht: Apikultur
Bieter: Lizitant, Reflektant
Bildbruch: Katachrese
bilden: formieren
bildend: poietisch
-bildend: ...gen
bilder-, Bilder-: ikono..., Ikono...
Bilderanbetung: Idolatrie
Bilderfolge: Kaleidoskop
Bilderfortsetzungsgeschichten: Comic strips
Bilderrätsel: Rebus
Bildersammlung: Pinakothek
Bilderschrift: Piktographie
Bildersprache: Symbolik
Bildersturm: Ikonoklasmus
Bilderstürmer: Ikonoklast
bilderstürmerisch: ikonoklastisch
Bilderverehrer: Ikonodule
Bilderverehrung: Idolatrie, Ikonodulie
Bildgeschichte: Comic
bildhaft: eidetisch, ikonisch, plastisch
Bildhaftigkeit: Plastizität
Bildhauer: Plastiker
bildhauerisch: plastisch
Bildhauerkunst: ¹Plastik, Skulptur
Bildkapsel: Medaillon
bildlich: in effigie, metaphorisch
Bildnis: Konterfei, Miniatur, Porträt
Bildschärfe: Brillanz
Bildschirm: Monitor
Bildschirmanzeigegerät: Display
Bildschirmspiel: Telespiel
Bildschirmtext: Teletext, Videotext
Bildsignal: Videosignal
Bildung: Kultur, Universalität, Zivilisation
Bildungsstand: Niveau
Bildungstrieb: Nisus formativus
Bildverzerrung: Distorsion
Bildwerfer: Epidiaskop, Episkop, Projektor
Bildwerk: Skulptur
bildwirksam: fotogen
Bildwirksamkeit: Fotogenität
Billardstock: ¹Queue
billigen: akzeptieren, sanktionieren
Billigung: Sanktion
Binde: Faszie
Bindegewebe: Tela, retikuläres Gewebe
Bindegewebs-: fibro..., Fibro...

Bindegewebsentzündung

Bindegewebsentzündung: Konnektivitis
Bindegewebsgeschwulst: Desmoid, Fibroblastom, Fibrom, Fibrosarkom, Liposarkom
Bindehaut: Konjunktiva
Bindehautentzündung: Konjunktivitis
Bindemittel: Tragant
binden, sich: engagieren, sich
bindend: imperativ, obligatorisch
Bindenverband: Faszie
Binder: Krawatte
Bindestrich: Divis
Bindewort: Konjunktion
Bindfaden: Kordel, ²Spagat
Bindung: Engagement, Liaison
Binsenwahrheit: Truismus
Bischof: Episkopus
bischöflich: episkopal, pontifikal
Bischofsamt: Episkopat
Bischofsmütze: Mitra
Bischofsstab: ²Pastorale, Pedum
Bittgebet: Memento
Bittruf: Kyrieeleison
Bittschrift: Petition
Bittsteller: Petent
Blähsucht: Flatulenz, Meteorismus, Tympanie
Blähung: Flatus
blähungstreibend: karminativ
bläschenartig: vesikulär
Bläschenausschlag: Herpes
bläschenreich: vesikulös
Blase: Bulla, Vesica, Zystis
Blasebalgtreter: Kalkant
blasen-, Blasen-: zysto..., Zysto...
Blasenentzündung: Zystitis
Blasenkirsche: Physalis
Blasenkrampf: Zystospasmus
Blasenspiegel: Zystoskop
Blasenspiegelung: Zystoskopie
Blasensteinzertrümmerung: Lithotripsie
Blasenvorfall: Zystozele
blasig: bullös
Blässe: Pallor
blatt-, Blatt-: phyllo..., Phyllo...
Blattang: Laminaria
Blättchen: Lamelle
Blättermagen: Omasus
Blätterteigstückchen: Fleurons
Blattfläche: Lamina
Blattfresser: Phyllophage
Blattfüßer: Phyllopode
Blattgoldunterlage: Poliment
Blattgrün: Chlorophyll
Blattgrünmangel: Chlorose
blattlos: aphyllisch
Blattlosigkeit: Aphyllie
Blattspreite: Lamina
Blattstellung: Phyllotaxis
Blattstiel: Phyllodium
Blattwerk: Feuillage
blau-, Blau-: zyano..., Zyano...
Blaualge: Zyanophyzee
Blaublindheit: Azyanoblepsie
Blaugelbblindheit: Tritanopie

Blausäuresalz: Cyanid
Blauschaf: Nahur
Blausehen: Zyanopsie
Blaustern: Szilla
Blausucht: Zyanopathie
Blechbläsergruppe: Brass section
Blei: Plumbum
Bleibe: Logis
bleibend: durabel
Bleicherde: Podsol
Bleichsucht: Chlorose, Oligochromämie
Bleierz: Zerussit
Bleiglanz: Galenit
Bleisiegel: Plombe
Bleistiftfüllung: ¹Mine
Bleivergiftung: Saturnismus
Bleiwasserstoff: Plumban
Blende: Inkrustation
Blendschutzglas: Neophanglas
Blickfang: Eyecatcher, Eyestopper
Blickwinkel: Aspekt, Perspektive
blind: amaurotisch
Blinddarm: Zäkum
Blinddarmentzündung: Appendizitis, Typhlitis
Blindpackung: Attrappe
Blindwiderstand: Reaktanz
Blinkzeichengerät: Heliograph
Blinzelkrampf: Niktation, Niktitation
blitzartig: foudroyant, fulminant
Block: Front, Komplex
Blockfreiheit: Non-alignment
blöd: dement
Blödsinn: 1. Fatuität. 2. Pallawatsch, Zinnober
bloß: pur
bloßstellen: desavouieren, kompromittieren
bloßstellen, sich: dekolletieren, sich
Bloßstellung: Blamage, Desavouierung, Kompromittierung
Blumenbindekunst: Bouqueterie
Blumenbinder: Florist
Blumenbinderin: Floristin
Blumenblatt: Petal
Blumenfülle: ¹Flor
Blumengebinde: Girlande
Blumengewinde: Feston
blumenliebend: anthophil
Blumenpracht: ¹Flor
Blumenschale: Jardiniere
Blumensteckkunst: Ikebana
Blumenstrauß: Bukett
Blumentier: Anthozoon
Blumenversteinerung: Antholith
Blumenverzierung: Fleuron
blut-, Blut-: hämato..., Hämato...; hämo..., Hämo...
Blutader: Vene
Blutandrang: Fluxion, Hyperämie, Kongestion
blutarm: anämisch, hyphämisch
Blutarmut: Anämie, Oligämie
Blutauflösung: Hämolyse
Blutbad: Massaker
Blutbeule: Hämatom

Blutbild: Hämatogramm, Hämogramm
blutbildend: hämatogen, hämatopoetisch
Blutbildung: Hämatopoese
Blutbrechen: Hämatemesis
Blutdruckerhöhung: Hypertonie, Hypertonus
Blutdruckmeßgerät: Hämodynamometer, Sphygmomanometer, Tonometer
Blutdruckschwanken: Heterotonie
Blutdrucksenker: Antihypertonikum
Blutdruckverminderung: Hypotonie
Blütenhülle: Perigon
Blütenkelch: Calyx
Blütenpflanze: Angiosperme, Phanerogame, Spermatophyt
Blütenpracht: ¹Flor
Blütenspelze: Palea
Blütenstand: Floreszenz, Infloreszenz
Blütenstaub: Pollen
Blütenstauballergie: Pollinose
blütentragend: anthophor
Bluterguß: Ekchymose, Hämatom
Bluterkrankheit: Hämophilie
Blutersatz: Transfusion
Blütezeit: Floreszenz
Blutfarbstoff: Hämoglobin
Blutfarbstoffmangel: Hypochromie
Blutflüssigkeit: Plasma
Blutgefäß: Arterie, Kapillare, Vene
blutgefäßähnlich: angioid
Blutgefäßentzündung: Angiitis
Blutgefäßerweiterung: Angiektasie
Blutgefäßgeschwulst: Hämangiom
Blutgefäßunterbindung: Ligatur, Vasoligatur
Blutgefäßverstopfung: Embolie, Thrombose
Blutgerinnbarkeit: Koagulabilität
Blutgerinnsel: Koagulum
Blutgerinnselentfernung: Desobliteration
Blutgerinnungshemmer: Antikoagulans
Blutgerinnungsstörung: Koagulopathie
Blutgift: Hämotoxin
Blutharnen: Hämaturie
Bluthochdruck: Hypertonie
Bluthusten: Hämoptoe, Hämoptyse
Blutkörperchen: Erythrozyt, Hämozyt, Leukozyt
Blutkrankheit: Erythrämie, Hämopathie
Blutkrebs: Hämoblastose, Leukämie
Blutkuchen: Cruor
blutleer: ischämisch
Blutleere: Ischämie
Blutmangel: Anämie
Blutpfropf: Embolus, Thrombus
Blutpfropfbildung: Embolie, Thrombose
Blutplättchen: Thrombozyt
Blutrache: Vendetta
Blutreinigungsmittel: Alterativ
Blutsauerstoffmangel: Hypoxämie
Blutsauger: Vampir

bügelfrei

Blutschande: Inzest
blutschänderisch: inzestuös
Blutschwamm: Hämangiom, Kavernom
Blutschwitzen: Dermatorrhagie, Hämhidrose
Blutspucken: Hämoptoe, Hämoptysis
blutstillend: hämostyptisch
Blutstillung: Hämostase, Stypsis
Blutstockung: Hämostase
Blutstuhl: Meläna
Blutsturz: Hämatorrhö
Blutsverwandter: Agnat, Kognat
Blutsverwandtschaft: Agnation, Kognation
Blutübertragung: Transfusion
Blutumleitung: Bypass, Shunt
Blutung: Hämorrhagie
Blutungsmittel: Hämagogum
Blutunterdruck: Hypotonie
blutunterlaufen: hyphämisch
Blutunterlaufung: Suffusion, Sugillation
Blutuntersuchung: Hämatoskopie
Blutvergiftung: Saprämie, Sepsis, Toxämie
Blutverklumpung: Hämagglutination
Blutwarze: Angiokeratom
Blutwäsche: Dialyse
Blutzelle: Histiozyt
Blutzeuge: Märtyrer
Blutzeugenschaft: Martyrium
Boden: Terrain
boden-, Boden-: ²pedo..., Pedo...
Bodenabtragung: Denudation, Destruktion, Erosion, Exaration
bodenbedingt: edaphisch
Bodenbildung: Pedogenese
Bodenentwässerung: Dränage
Bodenfläche: Areal
Bodenkunde: Pedologie
bodenkundlich: pedologisch
Bodensatz: Präzipitat, Sediment
Bodensatzbildung: Sedimentation
bodenständig: autochthon
Bodenurbarmachung: Kultivierung
Bodenverbesserung: Melioration
Bogen: Kurve
Bogengang: Arkade, Loggia
Bogenhanf: Sansevieria
Bogenreihe: Arkade
Bogenzwickel: Spandrille
Bohreinsatz: ²Bit
Bohrstelle: Lokation
Bollwerk: Bastion
Bootsbeplankung: Bordage
Bootsflüchtlinge: Boat people
Bootsschlafraum: Kajüte
Bootswettkampf: Regatta
borkig: impetiginös, krustös
Börse: Exchange
Börsenhändler: Jobber
Borte: Galon, Posament
bösartig: 1. destruktiv. 2. maligne, perniziös
Bösartigkeit: Malignität
böschen: dossieren, eskarpieren

Böschung: Dossierung
Bösewicht: Diable
boshaft: maliziös, meschant, sardonisch
Bosheit: Diabolie, Schikane
böswillig: schikanös
Böswilligkeit: Schikane
Bote: Boy, Kurier
Botschaft: 1. Message. 2. Ambassade
Botschafter: Ambassadeur
Brand: 1. Konflagration. 2. Gangrän
brandig: nekrotisch
Brandmal: Stigma
brandmarken, etwas: denunzieren
Brandopfer: Holokaustum
Brandstifter: Pyromane
Brandungsreiten: Surfing
Branntweinausschank: Destille
Branntweinbrenner: Destillateur
Branntweinbrennerei: Destillation, Destille
Bratensaft: Fond, ²Jus
Brathähnchen: Broiler
Bratrost: Barbecue, Grill
Brauch: ¹Mode, Ritual, Ritus, Tradition, Usance, Usus
brauchbar: 1. praktikabel. 2. patent
Brauchbarkeit: Praktikabilität
Braunalge: Phäophyzee
braunhaarig: brünett
braunhäutig: brünett
Braunkohlenkoks: Kaumazit
Brechmittel: Emetikum, Vomitiv
Brechreiz: Nausea
Brechwurzel: Ipekakuanha
Brei: 1. Püree. 2. Magma
breit-, Breit-: eury..., Eury...
Breite: Latitüde
Breitenkreis: Äquator
Breitgesicht: Chamäprosopie
breitwüchsig: eurysom
Breitwüchsigkeit: Eurysomie
Breiumschlag: Kataplasma
Brennbarkeit: Inflammabilität
Brenneisen: Kauterium
brennend: akut
Brennfläche: Kaustik
Brennlinie: Kaustik
Brennpunkt: 1. Fokus. 2. Zentrum
brennpunktlos: afokal
Brennstoffe: Kombustibilien
Brennweite: Fokaldistanz
Bretterbühne: Pawlatsche
brettsegeln: windsurfen
Brief: Epistel
Briefmarkenkehrdruck: Tête-bêche
Briefmarkenkunde: Philatelie
Briefmarkensammler: Philatelist
Briefumschlag: Kuvert
Briefverkehr: Korrespondenz
Briefwechsel: Korrespondenz
Brillenschlange: Kobra
Bruch: Fraktur
Bruchband: Bracherium
Bruchlandung: Crash
Bruchstück: Fragment, Rudiment, Torso
bruchstückartig: rhapsodisch

bruchstückhaft: fragmentarisch
Brücke: Viadukt
Brückenschiff: Ponton
Bruder: Frate, Frater
brüderlich: fraternal, fraternell
Brüderlichkeit: Fraternität, Fraternité
Bruderschaft: Fraternität
Brunst: Östrus
Brust: Mamma, Pectus
Brustbein: Sternum
Brustdrüsenentzündung: Mastitis
Brustdrüsenkrebs: Cancer en cuirasse
brüsten, sich: paradieren
Brustfell: Pleura
Brustfell-: pleuro..., Pleuro...
Brustfellentzündung: Pleuresie, Pleuritis
Brustfellschmerz: Pleuralgie
Brustfellvereiterung: Pleuraempyem
Brustharnisch: Küraß
Brustkorb: Pectus, Thorax
Brustkrebs: Mammakarzinom
Brustkreuz: Pektorale
Brustmuskel: Pectoralis
Brustschmuck: Pektorale
Brüstung: Balustrade
Brustwarze: Mamille, Papille
Brustwarzenentzündung: Thelitis
Brutkasten: Inkubator
Brutschrank: Couveuse
Brutzeit: Inkubation
Buchbesprechung: Rezension
Buchbinderleinwand: Buckram
Buchdruckerkunst: Typographie
Buchdruckerzeichen: Signet
bücher-, Bücher-: biblio..., Biblio...
Bücherei: Bibliothek
Bücherfeind: Bibliophobe
bücherfeindlich: bibliophob
Bücherfeindlichkeit: Bibliophobie
Büchergestell: Etagere, ¹Regal
Bücherkunde: Bibliographie, Bibliologie
bücherliebend: bibliophil
Bücherliebhaber: Bibliophile
Bücherliebhaberei: Bibliophilie
Büchernarr: Bibliomane
Büchersammlung: Bibliothek
Bücherverehrung: Bibliolatrie
Bücherverzeichnis: Bibliographie, Realkatalog
Bücherzerstörer: Biblioklast
Buchherausgeber: ¹Editor
Buchmaler: Miniator
Büchsenfleisch: Corned beef, Corned pork
Buchstabengläubigkeit: Bibliolatrie
Buchstabenrätsel: Logogriph
Buchstabenrechnung: Algebra
Buchstabenverbindung: Ligatur
Buchstabenversetzrätsel: Anagramm
Bucht: 1. Bai. 2. Bocca
Buchung: Registratur
Buckel: Gibbus, Kyphose
Buckelrind: Zebu
bucklig: kyphotisch
bügelfrei: no iron, permanent press

Bügelhorn

Bügelhorn: Clairon
Bugvorbau: Galion
Bühne: Szene
Bühnenausstattung: Fundus
Bühnenbild: Szenerie
Bühnendichtung: Drama
bühnengerecht: theatralisch
Bühnenhintergrund: Prospekt
bühnenmäßig: szenisch
Bühnenrolle: Partie
Bühnenrollen: Repertoire
Bühnentanz: Ballett
Bummelstreik: Go-slow
Bund: Konföderation, Liga, Union
Bündel: Faszikel
bündelweise: faszial
bundesmäßig: föderativ
Bundesstaat: Föderativstaat
bündig: stringent
Bündigkeit: Stringenz
Bündnis: Allianz, Entente, Föderation, Koalition, Liga, Pakt
Bündnisfreiheit: Non-alignment
Bündnislosigkeit: Splendid isolation
Bündnispartner: Föderat
bunt: koloriert, polychrom
Buntheit: Spektrum
Buntwurz: Kaladie
Burg: Kastell
Bürge: Garant
bürgen: garantieren
Bürger: 1. Zivilist. 2. Patrizier
Bürgeradel: Patriziat
bürgerlich: civiliter, zivil
Bürgersteig: Trottoir
Bürgertum: Bourgeoisie
Bürgschaft: Affidavit, Aval, Garantie, Kaution
Bürgschaftsgegenstand: Vadium
Burgvogt: Kastellan
Bursche: ¹Kadett, ¹Patron
büschelförmig: faszikulär
Buschmesser: Machete
Buschwindröschen: Anemone
busenfrei: topless
Busenfreund: Intimus, Spezi
Busenfreundin: Intima
Buße: Pönitenz
Büßender: Pönitent
Bußübung: Askese, Pönitenz
Büstenhalterkörbchen: Cup
Büstenpfeiler: Herme

C

Charakterkunde: Charakterologie
charakterkundlich: charakterologisch
Chinarindenbaum: Cinchona

Choleraerreger: Kommabazillus
Chorhemd: Albe
Chorherr: Kanoniker
Chorherrenamt: Kanonikat
Chorleiter: Dirigent
Chorraum: Presbyterium
Chorsänger: Chorist
Chorsängerin: Choristin
Chorschranken: Cancelli
Christbaumschmuck: Lametta
Christusdichtung: Messiade
Christusherrschaft: Christokratie
Cliquengeist: Kameraderie

D

Dachluke: Lukarne
Dachzimmer: Mansarde
dahindämmern: vegetieren
damenhaft: ladylike
Damenunterwäsche: Dessous
Damm: 1. ²Mole. 2. Perineum
Dämmerzustand: Trance
Dampf: Vapor
dämpfen: sedieren
Dampfer: Steamer
Dämpfer: Sordino
Dampfmaschine: Kondensationsmaschine, Lokomobile
danke!: merci!
Dankgebet: Gratias
darbieten: offerieren, präsentieren
Darbieter: Präsentator
darlegen: demonstrieren, explizieren
darlegend: explizit, expositorisch
Darlegung: Demonstration, Explikation, Exposé, Exposition, Manifestation
Darlehen: ¹Kredit
Darm: Enteron
darm-, Darm-: entero..., Entero...
Darmausgang: Anus
Darmblähungen: Flatulenz, Meteorismus
Darmblutung: Enterorrhagie, Meläna
Darmbruch: Enterozele
Darmeinlauf: Klistier
Darmeinstülpung: Invagination
Darmentleerung: Defäkation
Darmentzündung: Enteritis
Darmkanal: Intestinum
Darmkollern: Bombus
Darmschmarotzer: Enterosit
Darmschmerz: Enterodynie
Darmschnitt: Enterotomie
Darmspülung: Enteroklyse, Klistier
Darmverschlingung: Volvulus
Darmverschluß: Ileus

Darmwind: Flatus
darstellbar: rekonstruktabel
darstellen: exponieren, figurieren, repräsentieren
darstellend: figurativ
Darstellungsweise: Stil, Tendenz
dasein: existieren
Dasein: Existentia, Existenz
daseinsbedingend: existentiell
daseinsmäßig: existentiell
dasselbe: dito, ²idem
Datenausgabe: Output
Dateneingabe: Input
Datenendstation: Terminal
Datenentschlüsseler: Decoder
Datenfernübertragung: Teleprocessing
Datenverarbeitungsanlage: Computer
Datenverschlüsseler: Encoder
Dauer: Permanenz
Dauerbezug: Abonnement
Dauerbrenner: 1. Evergreen. 2. Longseller
Dauerfrostboden: Congelisol, Pergelisol
dauerhaft: durabel, konsistent, stabil
Dauerhaftigkeit: Permanenz, Stabilität
Dauerlauf: Jogging
dauernd: chronisch, durativ, permanent, persistent
Daumen: Pollex
Daumenballen: Thenar
dazwischengeschaltet: episodisch
dazwischenliegend: intermediär
dazwischenreden: interpellieren
dazwischentreten: intervenieren, interzedieren
decken, sich: kongruieren
Deckname: Nom de guerre, Nom de plume, Phraseonym, Phrenonym, Pseudonym, Titlonym, Traduktionym
deckungsgleich: kongruent
Deckungsgleichheit: Kongruenz, Zentralsymmetrie
deftig: pantagruelisch
dehnbar: dilatabel, duktil, elastisch
Dehnbarkeit: Dilatabilität, Duktilität, Elastizität
Dehnsonde: Bougie
Dehnungszeichen: Zirkumflex
Demütigung: Kanossa, kaudinisches Joch
demzufolge: en suite
Denkart: Mentalität
denkbar: imaginabel, potentiell
Denken: Logik
denkend: dianoetisch
Denkkunst: Dianoetik
Denklehre: Dianoetik, Logik, Noetik
Denkmal: ²Memorial, Monument
denkmalartig: monumental
Denkrichtigkeit: Logizität
Denkschema: Pattern
Denkschrift: Exposé, Kommuniqué, Memorandum
Denkspruch: Gnome, Motto, Parömie, Sentenz
Denkvermögen: Intellekt

Denkvorgang: Noesis, Operation
Denkwürdigkeiten: Memorabilien
Denkzettel: Memento
Denkzwang: Anankasmus
derb: 1. drastisch, pantagruelisch, robust, rustikal. 2. szirrhös
Derbheit: Massivität
derselbe: ¹idem
deuten: interpretieren
deutend: hermeneutisch, interpretativ
deutlich: 1. explizit, transparent. 2. manifest
Deutlichkeit: Evidenz, Transparenz
deutschfeindlich: germanophob
Deutschfeindlichkeit: Germanophobie
deutschfreundlich: germanophil
Deutschfreundlichkeit: Germanophilie
Deutung: Interpretation
Deutungsmittel: Interpretament
Diamantschleifer: Brillantier
dicht: hermetisch, kompakt, konsistent
Dichte: Densität, Konsistenz
Dichtemessung: Densitometrie
Dichter: Poet
dichterisch: poetisch
Dichtigkeit: Densität, Konsistenz
Dichtkunst: Poesie
dick: 1. korpulent, ramassiert. 2. crassus
Dickblattgewächse: Krassulazeen
Dickdarm: Kolon
Dickdarmentzündung: Kolitis
Dickdarmkrebs: Kolonkarzinom
Dickenmeßgerät: Pachymeter
Dickfelligkeit: Phlegma
dickflüssig: konsistent, pastos, viskos
Dickkopffalter: Hesperiden
dickleibig: korpulent
Dickleibigkeit: Korpulenz
Dickmilch: Joghurt
Dieb: Ganove
Diesbesgut: Sore
Diener: Boy, Butler, Lakai, ¹Page
Dienerkleidung: Livree
Dienstanweisung: Instruktion
Dienstbezeichnung: Titulus
Dienstenthebung: Suspension
Dienstgrad: Charge
Dienstkleidung: Uniform
Dienststelle: Büro, Kanzlei
dienstunfähig: invalid
Dienstunfähige[r]: Invalide
Dienstvorschrift: Reglement
Dienstweg: Instanzenweg
Ding: Res
dinglich: real
Dingwort: Substantiv
dingwörtlich: substantivisch
Dinkel: Alaga
Dolch: Kris, Stilett
Doldengewächs: Umbellifere
Donnerkeil: Belemnit
doppel-, Doppel-: bi..., Bi...; diplo..., Diplo...
Doppelbilderzeugung: Disparation
Doppeldeutigkeit: Ambiguität
Doppelehe: Bigamie
Doppelfernrohr: Triederbinokel

Doppelfüßer: Diplopoden
Doppelgänger: Double
Doppelgängerwahn: Heautoskopie
doppelgeschlechtig: androgyn, bisexuell
Doppelgeschlechtigkeit: Bisexualität
doppelgestaltig: biform
Doppelgestaltigkeit: Biformität
Doppelheit: Dualität, Duplizität
Doppelherrschaft: Biarchie
Doppelhören: Diplakusis
doppelköpfig: bikephalisch
Doppellaut: Diphthong
doppeln: dublieren
Doppelpunkt: Kolon
Doppelrumpfboot: Katamaran
Doppelsehen: Diplopie
Doppelsinn: Amphibolie
doppelsinnig: ambigu, amphibolisch, äquivok, delphisch
Doppelsitzerfahrrad: Tandem
Doppelstück: Dublette
doppelt: 1. didymisch, 2. a due
Doppelwährung: Bimetallismus
doppelwertig: ambivalent
Doppelwertigkeit: Ambivalenz
Dotter: Vitellus
dotterarm: alezithal
Drachenstein: Drakonit
Drachenviereck: Deltoid
Drahtseil: Trosse
Drall: Effet
drängen: pressieren, urgieren
Draufgeld: Arrha
draußen: outdoor
Drehbuch: Skript
drehen: torquieren
Drehfläche: Katenoid
Drehflügel: Rotor
Drehflügelflugzeug: Autogiro
Drehkreuz: Tourniquet
Drehmelder: Resolver
Drehmuskel: Rotator
Drehpunkt: ¹Pol
Drehsprung: Salchow
Drehung: Rotation
Drehzahlmesser: Tachometer
drei-, Drei-: tri..., Tri...
Dreibund: Tripelallianz
Dreieck: Triangulum, Trigon
dreieckig: triangulär, trigonal
Dreiecksmessung: Trigonometrie
Dreieckstuch: Mitella
Dreieinigkeit: Trinität
dreifach: ternär, trinär
Dreifaches: Triplum
Dreifachheit: Triplizität
Dreifaltigkeitsfest: Trinitatisfest
dreifarbig: trikolor
Dreifuß: Tripus
Dreigespann: Triga, Troika
dreigestaltig: trimorph
dreigliedrig: trinomisch
Dreiheit: Triade, Trias
dreijährig: triennal
Dreikampf: Triathlon
Dreikämpfer: Triathlet

Dreiklang: ¹Tonika
Dreikönigsfest: Epiphanias
Dreilaut: Triphthong
Dreimännerherrschaft: Triumvirat
Dreimasterblume: Tradeskantie
Dreiruderer: Triere
Dreisatz: Regeldetrie
dreisilbig: trisyllabisch
dreisprachig: trilinguisch
Dreistärkenglas: Trifokalglas
Dreistigkeit: Aplomb, Chuzpe
dreitägig: tertian
dreiteilig: trimer
Dreiteilung: Trialismus, ²Trichotomie, Trisektion
dreiwertig: trivalent
Dreizack: Trident
Dreizahl: ¹Trial, Trias
Dreizehenfaultier: Ai
dreizeilig: tristich
dringen, auf etwas: insistieren
dringend: akut, insistent, pressant, urgent
drittrangig: tertiär
Drogenabhängiger: Fixer, Junkie, Mainliner, User
drohend: imminent
Druck: 1. Pression, Tension, Streß. 2. Terror
Druckabfall: Dekompression
Druckbrand: Dekubitus
Druckbuchstabe: Letter, Type
druckentlastend: dekompressiv
Druckentlastung: Dekompression
Drucker: Printer
Druckerlaubnis: Imprimatur
Druckfehler: Erratum, Korrigenda
Druckform: ¹Model
Druckfreigabe: Imprimatur
Druckluftkrankheit: Caissonkrankheit
Druckmesser: Manometer, Tonometer
Druckmittel: Repressalie
Druckregler: Barostat
Drucksache: Imprimé
Druckspalte: Kolonne, Kolumne
Druckstock: Klischee
Druckvorlage: Manuskript, Typoskript
Druckwasserbehälter: Akkumulator
Drudenfuß: Pentagramm
Drüse: Glandula
drüsen-, Drüsen-: adeno..., Adeno...
drüsenähnlich: adenoid
Drüsenbläschen: Follikel
Drüsenentzündung: Adenitis
Drüsengeschwulst: Adenom
Drüsenkrebs: Adenokarzinom
Drüsenwirkstoff: Hormon
Dudelsack: Bagpipe, Cornemuse
Duft: Aroma, Odeur
Duftstoff: Parfüm
Duftstoffträger: Osmophoren
dulden: tolerieren
duldend: passiv
duldsam: tolerant
Duldsamkeit: Konnivenz, Toleranz
Duldung: Laisser-aller, Laisser-faire

dumm: borniert, idiotisch, stupid
Dummheit: Betise, Idiotie, Ignoranz, Sottise, Stupidität
Dummheiten: Allotria
Dummkopf: Idiot, Ignorant, Kretin, Simpel
dunkel: apokalyptisch, delphisch, mysteriös, mystisch, nebulos, obskur, orakelhaft, pythisch, vage
dünkelhaft: arrogant, ²pomadig, süffisant
dunkelhäutig: melanoderm
Dunstglocke: Calina, Smog
durch: per, qua, via
durch-, Durch-: trans..., Trans...
durchaus: partout
durchbrochen: à jour
durchdacht: methodisch, reflektiert
durchdrehen: ausflippen
durchdringbar: permeabel
durchdringen: penetrieren
durchdringend: diablastisch, intensiv, penetrant
Durchdringung: Penetration
durcheinander: konfus, pêle-mêle, promiscue
Durcheinander: Babylonismus, Chaos, Labyrinth, Pallawatsch, Pelemele, ¹Salat, Tohuwabohu, Zirkus, Zores
Durchfahrt: Passage
Durchfall: Diarrhö, Dysenterie, Lienterie
Durchfuhr: ¹Transit
durchführbar: praktikabel
Durchgang: 1. Passage. 2. Turnus
durchgehen: passieren
durchgreifend: resolut
durchkreuzen: torpedieren, traversieren
durchkreuzen, etwas: konterkarieren
durchlässig: permeabel, porös
Durchlässigkeit: Permeabilität, Porosität
durchlaufen: passieren
durchlaufend: kontinuierlich
durchlöchern: perforieren
Durchmesser: Diameter, Kaliber
durchmischt: holomiktisch
durchqueren: passieren, traversieren
Durchreise: ¹Transit
durchreisen: passieren
durchscheinend: diaphan, hyalin, limpid, luzid, transluzent, transluzid, transparent
durchschießen: interfoliieren
Durchschlag: Duplikat, Kopie
Durchschlagskraft: Effektivität
Durchschnitt: Average, Norm
durchschnittlich: average
Durchschnittsbeschaffenheit: ¹Standard
Durchschrift: Duplikat, Kopie
durchsehen: passieren
Durchsetzung: Penetration
Durchsicht: Revision
durchsichtig: diaphan, dioptrisch, limpid, luzid, transluzent, transluzid, transparent
Durchsichtigkeit: Limpidität, Luzidität, Transluzenz, Transparenz
durchsuchen: revidieren, visitieren
Durchsuchung: Visitation
durchtränken: imbibieren, imprägnieren
durchtränkt: imprägniert
durchtrieben: raffiniert
Durchtriebenheit: Finesse, Raffinement, Raffiniertheit
dürftig: power, primitiv
Dürftigkeit: Primitivität
dürr: arid
Düsenflugzeug: ¹Jet, Jetliner

E

eben: 1. just. 2. plan
eben-, Eben-: plani..., Plani...
ebenda: ibidem
ebendort: ibidem
ebenerdig: parterre
Ebenmaß: Harmonie, Proportion, Symmetrie
ebenmäßig: proportioniert, symmetrisch
ebenso: dito, item
ebnen: applanieren, planieren
Echolehre: Katakustik
echt: authentisch, genuin, original, veritabel
Echtheit: Authentizität, Originalität
-eck: ...gon
Eckball: Corner
Eckstein: Karo
Eckzahn: Caninus
edel: aristokratisch, generös, nobel
Edelmut: Generosität, Noblesse
Edelrost: ¹Patina
Edelstein: Juwel
Edelsteingewicht: Karat
Edelsteinhandel: Bijouterie
Edelsteinkunde: Gemmologie
Edelsteinprüfer: Gemmologe
Edelweiß: Leontopodium
ehebrechen: adulterieren
Ehebrecher: Adulter
Ehebrecherin: Adultera
Ehebruch: Adulterium
Ehefeind: Misogam
ehelich: legitim
Ehelichkeitserklärung: Legitimation
ehelos: agamisch
Ehelosigkeit: 1. Agamie. 2. Zölibat
ehescheu: gamophob
Ehescheu: Misogamie

Ehrenbegrüßung: Salut
Ehrenbezeigung: Salut
Ehrenbezeigungen: Honneurs
Ehrenbürger: Honoratioren
Ehrenerweisungen: Honneurs
Ehrenformation: Spalier
Ehrengruß: Salut
ehrenhaft: honett, honorig
Ehrenhaftigkeit: Honorität
ehrenhalber: ad honorem, honoris causa
Ehrenname: Titulus
Ehrenperson: Honorität
Ehrenpreis: 1. Cup. 2. Veronika
Ehrenrettung: Rehabilitation, Rehabilitierung
ehrenrührig: diffamatorisch
Ehrensitz: Cathedra
Ehrentag: Jubiläum
Ehrentempel: Pantheon
Ehrenurkunde: Diplom
ehrenvoll: glorios, honorabel
Ehrenvorsitzender: Protektor
Ehrenvorstellung: Benefiz
Ehrenwort: Parole d'honneur
Ehrenzeichen: Dekoration
Ehrerbietung: Hommage, Respekt, Reverenz, Tribut
Ehrerweisung: Kotau
Ehrfurcht: Devotion, Pietät
ehrfurchtsvoll: devotional
Ehrgeiz: Ambition
ehrgeizig: ambitioniert, ambitiös
ehrlich: fair, reell
Ehrlichkeit: Fairneß, Reellität
Ehrwürden: Reverendus
ehrwürdig: patriarchalisch
Ei: Ovum
ei-, Ei-: ovo..., Ovo...
Eibe: Taxus
Eichel: Glans
eichen: adjustieren, justieren, kalibrieren, visieren, zimentieren
Eichmaß: Etalon
Eichung: Kalibration
Eidechse: Lazerte
Eidotter: Vitellus
Einnistung: Nidation
Eientwicklung: Oogenese
Eierkuchen: Crêpe, Omelett, Palatschinke
Eierkunde: Oologie
eierlegend: ovipar
Eierstock: Ovarium
Eierstockentfernung: Ovarektomie
Eierstockentzündung: Oophoritis
Eiferer: Fanatiker, Zelot
Eifersucht: Emulation
eiförmig: oval, ovoid
eigen-, Eigen-: auto..., Auto...; idio..., Idio...
Eigenart: 1. Charakter, Manier, Spleen, Tick. 2. Individualität, Originalität, Subjektivität, Typizität
eigenartig: individuell, komisch, originell

Eigenblutübertragung: Autotransfusion
Eigenbrötler: Original
Eigenerregung: Autorhythmie
eigenfarbig: idiochromatisch
Eigengeschäft: Propergeschäft
Eigengruppe: Ingroup
eigenhändig: manu propria
Eigenimpfstoff: Autovakzine
Eigenliebe: Autophilie, Egoismus
Eigenname: Autonym, Nomen proprium
Eigennutz: Egoismus
eigens: extra, speziell
Eigenschaft: Attribut, Charakteristikum, Qualität
Eigenschaftswort: Adjektiv
eigenschaftswörtlich: adjektivisch
eigensüchtig: 1. egoistisch. 2. narzißtisch
Eigentum: Proprietät
Eigentümer: Proprietär
eigentümlich: individuell, originell, speziell, spezifisch
Eigentümlichkeit: 1. Individualität, Originalität, Spezifität, Typizität. 2. Spezifikum
Eigentumsanspruch: ¹Jus ad rem
Eigentumsrecht: Proprietät
Eigenurteil: Autostereotyp
Eigenwechsel: Solawechsel
eigenwillig: 1. kapriziös, originell, skurril. 2. capriccioso
Eigenwilligkeit: Extratour
Eignung: Qualifikation
Eihaut: Amnion, Chorion
Eil-: Expreß...
Eilbote: Kurier
Eileiter: Ovidukt, Salpinx, Tuba
Eileiterdurchblasung: Pertubation
Eileiterentfernung: Salpingektomie
Eileiterentzündung: Salpingitis
Eileiterschwangerschaft: Tubargravidität
eilig: 1. cito, expreß, pressant, urgent. 2. tosto
Eilpost: par exprès
ein-, Ein-: mono..., Mono...
Einarmigkeit: Monobrachie
Einäscherung: Kremation
Einäscherungsanlage: Krematorium
einatmen: inhalieren
Einatmung: Inhalation, Inspiration
einäugig: monokular
Einäugigkeit: Monophthalmie, Zyklopie
einbalsamieren: mumifizieren
Einbau: Installation
Einbaubett: Koje
einbauen: implementieren, installieren
Einbaum: Piroge
einbegreifen: involvieren
einbeziehen: implizieren, integrieren
Einbeziehung: Implikation, Integration
Einbezogenes: Implikat
Einbildung: Illusion, Imagination, Phantasie, Schimäre, Spekulation
Einbildungskraft: Imagination, Phantasie
einblasen: insufflieren
Einblasung: Insufflation
einblättrig: unipetal
Einblendung: Flash
einbrennend: katakaustisch
Einbuchtung: Inzisur
einbürgern: nationalisieren, naturalisieren, nostrifizieren
Einbürgerung: Nationalisierung, Naturalisation, Nostrifikation
Eindecker: Monoplan
eindeutig: präzise, univok
Eindeutigkeit: Präzision, Univozität
eindeutschen: germanisieren
eindicken: kondensieren, ²legieren
eindringen: diffundieren, infiltrieren, intromittieren, intrudieren, penetrieren
Eindringen: Imprägnation, Infiltration, Intrusion, Invasion, Penetration
eindringlich: emphatisch, intensiv
Eindringlichkeit: Emphase, Intensität
Eindringling: Invasor
Eindringtiefe: Penetration
Eindruck: Impression
eindrucksvoll: 1. imposant, repräsentativ, sensationell. 2. imponente
einebnen: applanieren, nivellieren, planieren
Einebnung: Nivellement
Einehe: Monogamie
einengend: restriktiv
einerlei: ¹egal
einfach: 1. elementar, frugal, primitiv, puritanisch, simpel, spartanisch. 2. semplice
Einfachheit: Frugalität, Primitivität, Simplizität
Einfachzucker: Arabinose, Biose, Pentose
einfädeln: 1. enfilieren. 2. inszenieren
einfädig: monofil
Einfall: 1. Gag, Idee, Kaprice, Kapriole, Konzeption. 2. Invasion, Inzidenz
einfallen: invadieren
Einfallsreichtum: Phantasie
Einfalt: Bonhomie, Naivität, Simplizität
einfältig: naiv, simpel
Einfältigkeit: Idiotie
Einfaltspinsel: Simpel
Einfarbenseher: ²Monochromat
einfarbig: monochrom, monochromatisch, uni
Einfarbigkeit: Monochromie, ¹Uni
Einfarbigsehen: Monochromasie
einfassen: bordieren
Einfassung: Bande, Bordüre
einflößen: infiltrieren
Einfluß: Autorität
einflußreich: omnipotent, potent
einflüstern: insinuieren
Einflüsterung: Insinuation
einförmig: uniform
Einförmigkeit: Uniformität
einfrieden: fenzen
Einfriedung: Fenz
einfügen: interpolieren
Einfügung: Interpolation
Einfühlungsvermögen: Empathie
Einfuhr: Import
einführen: 1. implementieren, inaugurieren, introduzieren. 2. importieren
einführend: introduktiv, propädeutisch
Einführung: Introduktion, Propädeutik
Einfüßigkeit: Monopodie
Eingabe: 1. Input. 2. Exhibit, Petition
Eingang: Entree, Portal, Propyläen
Eingangshalle: Portikus
Eingangslied: Introitus
Eingangsraum: Entree
Eingangsworte: Introitus
eingebildet: 1. affektiert, arrogant, blasiert, elitär, snobistisch. 2. fiktiv
eingeboren: autochthon
Eingeborene(r): Autochthone
Eingebung: Inspiration, Intuition
eingemeinden: inkorporieren
Eingemeindung: Inkorporation
eingeschaltet: interkalar, parenthetisch
eingeschlechtig: diklin
Eingeschlechtigkeit: Diklinie
eingeschlechtlich: unisexuell
eingeschrieben: chargé, recommandé, registered
eingeschwemmt: illuvial
eingetragen: incorporated, registered
eingetrocknet: xerotisch
Eingeweide: Intestinum, Kaldaune, Viszera
Eingeweidebruch: Hernie
Eingeweidewürmer: Enthelminthen, Helminthen
Eingeweihter: Adept, Augur, Esoteriker, Insider, Myste
eingewöhnen, sich: akklimatisieren, sich; etablieren, sich
Eingewöhnung: Akklimatisation
Einglas: Monokel
eingliedern: 1. inkorporieren, integrieren. 2. resozialisieren
Eingliederung: Inkorporierung, Integration
eingliedrig: monomisch
eingreifend: invasiv
Eingriff: 1. Inkursion. 2. Operation, Vivisektion
einhäusig: monözisch
Einhäusigkeit: Monözie
einheimisch: endemisch, entopisch, nativ
Einheit: 1. Unität. 2. Henade, Konstituente, Monade
einheitlich: homogen, uniform
Einheitlichkeit: Homogenität, Uniformität
einhellig: unanim
Einhelligkeit: Unanimität
einig: konform
einigen, sich: akkommodieren, sich
einiges: Diverses
Einigkeit: Harmonie, Konkordia
Einigung: Akkord

einkanalig

einkanalig: monaural, monophon
Einkaufsbummel: Shopping
Einkaufswagen: Caddie, Karrette
Einkaufszentrum: Shopping-Center
einkeimblättrig: monokotyl
Einkerbung: Markierung
Einklang: 1. Harmonie. 2. Unisono
Einkommen: Fixum, Rente, Revenue, Salär
Einkoten: Enkopresis
Einkünfte: Revenue
Einlagerung: Intussuszeption
Einlaßkarte: Billett, Ticket
Einlauf: Irrigation, Klistier
Einlegearbeit: Intarsia, Marketerie
Einlegearbeiten: Boullearbeiten
einlegen: marinieren
einleiten: inaugurieren, introduzieren
einleitend: introduktiv, präliminär
Einleitung: Exordium, Introduktion, Ouvertüre, Präambel, Präliminare, Prolegomenon, Prolog, Prooimion
einleuchtend: evident, plausibel
einmachen: konservieren
Einmannboot: Finn-Dingi
Einmannruderboot: Skiff
einmischen, sich: intervenieren
Einmischung: Intervention
einmütig: unanim, unisono
Einmütigkeit: Harmonie, Unanimität
Einnahmen: Akzepta
einnamig: univok
Einnamigkeit: Univozität
Einnistung: Implantation, Nidation
einordnen: kategorisieren, klassifizieren, positionieren, registrieren, rubrizieren, subsumieren, systematisieren
Einordnung: 1. Kategorisierung, Klassifikation. 2. Disziplin
einpacken: emballieren, paketieren
Einpflanzung: Implantation
einpolig: unipolar
einprägsam: markant, plastisch
einrammen: ²pilotieren
einräumen: konzedieren
einräumend: konzessiv
Einräumungssatz: Konzessivsatz
einreden: suggerieren
Einreibemittel: Liniment
Einreibung: Friktion, Inunktion, Unktion
Einreiseerlaubnis: Visum
einrichten: adjustieren, etablieren, installieren, instituieren, menagieren, möblieren
einrichten, sich: etablieren, sich
Einrichten: Adjustage
Einrichtung: Institution
Einrichtungen: Fazilitäten
Einrichtungsgegenstand: Möbel
einsagen: soufflieren
Einsager: Souffleur
Einsagerin: Souffleuse
einsalben: balsamieren
Einsalbung: Unktion
Einsamkeit: Klausur
einschalten: interpolieren

Einschaltung: 1. Interkalation. 2. Interpolation, Parenthese
einschätzen: taxieren
Einschiebung: Interkalation
Einschienenbahn: Alwegbahn, Monorail, Transrapid
einschläfernd: hypnagog, hypnotisch
einschließen: 1. implizieren, involvieren. 2. zernieren
einschließlich: implizite, inklusive
Einschließung: Intrusion
Einschluß: Inklusion
einschmeicheln, sich: insinuieren, sich
Einschmeichelung: Insinuation
einschneiden: 1. gravieren. 2. inzidieren
Einschnitt: 1. Inzision, Inzisur, Skarifikation. 2. Zäsur
einschnüren: lacieren
einschränken: 1. limitieren, reduzieren, restringieren. 2. modifizieren, reglementieren, relativieren
einschränkend: limitativ, restriktiv
Einschränkung: 1. Austerity, Limitation, Restriktion. 2. Modifikation
einschreiben: immatrikulieren, inskribieren
Einschreiben: Rekommandation
Einschreibung: Immatrikulation, Inskription
einschüchtern: terrorisieren
einsegnen: konfirmieren
einsegnend: konsekratorisch
Einsegnung: Konfirmation
einseitig: 1. monolateral, partiell, unilateral. 2. subjektiv, tendenziös
Einseitigkeit: Subjektivität
Einsenkung: Depression, Inzisur
Einsetzbarkeit: Fungibilität
einsetzen: 1. inaugurieren, inthronisieren, ¹investieren, konstituieren. 2. implementieren
Einsetzung: Immission, Inauguration, Inthronisation, Investitur
Einsicht: Eubulie, Räson
einsickern: infiltrieren
Einsickerung: Infiltration
Einsiedelei: Eremitage, Eremitei, Klause
Einsiedler: Anachoret, Eremit, Klausner
einsiedlerisch: anachoretisch
einsilbig: 1. monosyllabisch. 2. lakonisch
Einspänner: Dogcart
Einspeichelung: Insalivation
einspeichern: magazinieren
einspritzen: injizieren, insufflieren
Einspritzung: Injektion, Insufflation
Einspruch: Demarche, Protest, Rekurs, Remonstration, Veto
Einspruchsrecht: Veto
einstämmig: monophyletisch
einstampfen: makulieren
einstellen: 1. orientieren, sich. 2. adjustieren, einregulieren, regulieren. 3. egalisieren, sistieren

Einstellung: 1. Attitüde, Mentalität, Orientierung, Position. 2. Adjustierung. 3. Sistierung
Einstellungsänderung: Konversion
einstimmig: monodisch, unanim, unisono
Einstimmigkeit: Unanimität
Einströmen: Infiltration
einstufen: bonitieren, qualifizieren
Einstufung: Bonitierung
Einstülpung: Depression, Intussuszeption, Invagination
einstweilen: ad interim
einstweilig: interimistisch, provisorisch
eintägig: ephemer
Eintagsfieber: Ephemera
Eintagsfliege: ¹Ephemeride
Eintänzer: Gigolo
eintauchen: tingieren
einteilen: 1. kontingentieren, rationieren. 2. sortieren, typisieren
Einteilung: 1. Kontingentierung. 2. Klassement, Spezifikation
eintönig: monoton
Eintönigkeit: Monotonie
Eintopfgericht: Hotchpotch
Eintracht: Harmonie, Konkordia
eintragen: registrieren
einträglich: lukrativ, rentabel
Einträglichkeit: Rentabilität
einträufeln: instillieren
Einträufelung: Instillation
eintreten: interzedieren, plädieren
Eintritt: Entree
Eintrittsarie: Entree
Eintrittskarte: Billett, Ticket
Eintrittskartenblock: Masette
einüben: eintrainieren, exerzieren, korrepetieren, repetieren, trainieren
Einübung: Korrepetition
einverleiben: inkorporieren
Einverleibung: Inkorporation
einverstanden: all right, d'accord, okay, roger
Einverstandensein: Akzeptierung
Einverständnis: 1. Entente. 2. Okay
Einwanderer: Immigrant
einwandern: immigrieren
Einwanderung: Immigration, Migration
einwandfrei: in optima forma, korrekt, koscher
Einweisung: Installation
einwertig: monovalent, univalent
einwickeln: paketieren
Einwilligung: Konsens, Plazet
Einwirkung: Immission
Einzahl: Singular
einzahnig: monodontisch
Einzelaufzählung: Spezifikation
Einzeldarstellung: Monographie
Einzelding: Detail
Einzelerscheinung: Singularität
Einzelexemplar: 1. Individuum. 2. Unikat, Unikum
Einzelgänger: Individualist
Einzelgesang: Solo

Einzelheit: Detail
Einzeller: Protophyt, Protozoon
Einzelmensch: Individuum
einzeln: 1. en détail, partikular. 2. separat
Einzelseele: Individualpsyche
Einzelspiel: ¹Single, Solo
Einzelstück: Exemplar, Unikat, Unikum
Einzeltanz: Solo
Einzelteil: Detail, Element
Einzelvers: Monostichon
Einzelwesen: Individuum
Einzelwort: Vokabel
einziehen: konfiszieren
Einziehung: Inkasso, Konfiskation
einzig: sui generis
einzigartig: phänomenal, singulär
Einzigartigkeit: Individualität, Singularität, Unität
Einzimmerwohnung: Garçonnière
Eireifung: Oogenese
eirund: oval
Eisen: Ferrum
eisen-, Eisen-: ferro..., ¹Ferro...; sidero..., Sidero...
Eisenbahnabteil: ¹Coupé
Eisenbahnfährschiff: Trajekt
Eisenbahnwagen: Waggon
Eisenbaum: Nagasbaum
Eisenglanz: Hämatit
Eisenhut: Akonit
Eisenkies: Pyrit
Eisenkraut: Verbene
Eisenmangel: Asiderose
Eishockeyscheibe: ²Puck
Eisprung: Ovulation
Eiszeit: Glazial
Eiszeit-: Glazial...
eiszeitlich: glazial
eitel: inan, kokett
Eitelkeit: Inanität
Eiter: Pus
Eiterableitung: Drainage
Eiteransammlung: Abszeß, Empyem
Eiterausschlag: Pyodermie
eiterbildend: pyogen
Eiterbläschen: Pustel
Eitererreger: Staphylokokkus, Streptokokkus
Eiterflechte: Impetigo
Eiterfluß: Pyorrhö
Eitergeschwür: Furunkel, Karbunkel
Eitergrind: Impetigo
Eiterherd: Abszeß
eitern: abszedieren, suppurieren
Eiterung: Helkoma, Suppuration
eitrig: purulent, suppurativ
Eiweiß: Albumen, Protein
eiweißartig: albuminoid
eiweißhaltig: albuminös
Eiweißkörper: Protein
Eizelle: Oozyt, Ovum
Ekel: Degout
ekelhaft: degoutant
Elefantenführer: Kornak, Mahut
Elend: Misere

Elendsviertel: Slum
Elfeck: Hendekagon
Elfenbein: Ebur
Ellbogen: Cubitus, Olecranon
Elle: Ulna
Elterngeneration: Parentalgeneration
Elternzeugung: Tokogonie
Empfang: Audienz, Cercle
empfangend: rezeptiv
Empfänger: 1. Adressat. 2. Akzeptant, Assignatar. 3. Perzipient, Rezipient
empfänglich: 1. disponiert. 2. rezeptiv
Empfänglichkeit: 1. Disposition, Prädisposition. 2. Rezeptivität
Empfängnis: Konzeption
empfängnisverhütend: antikonzeptionell, kontrazeptiv
Empfängnisverhütung: Kontrazeption
Empfängnisverhütungsmittel: Kontrazeptivum, Präventivmittel
Empfangsbescheinigung: Quittung, Rezepisse
Empfangsbüro: ²Rezeption
Empfangschef: Chef de réception
Empfangstag: At-home
Empfangszimmer: Drawing-room, Salon
empfehlen: rekommandieren
Empfehlung: Referenz
empfindlich: etepetete, irritabel, mimosenhaft, penibel, sensibel
Empfindlichkeit: Irritabilität, Penibilität, Sensibilität
Empfindlichkeitsmesser: Sensitometer
Empfindlichkeitsmessung: Sensitometrie
Empfindlichkeitsverringerung: Desensibilisation
empfindsam: hypersensibel, sensibel, sentimental
Empfindsamkeit: Sensibilität, Sentimentalität
Empfindung: Impression, Sentiment
Empfindungslosigkeit: 1. Analgesie, Anästhesie. 2. Anaphrodisie
Empfindungsmesser: Ästhesiometer
Empfindungsvermögen: Ästhesie, Sensualität, Sensus
Empfindungswort: Interjektion
empören: schockieren
empören, sich: rebellieren, revoltieren
emporgekommen: arriviert
emporkommen: arrivieren
Emporkömmling: Arrivist, Homo novus, Karrierist, Parvenü
Empörung: Rebellion
Ende: 1. Finale. 2. Extremität
Endergebnis: Fazit, Quintessenz
endgültig: definitiv
Endkampf: Finale, Finish
Endkampfteilnehmer: Finalist
endlos: ad infinitum, transfinit
Endrunde: Finale
Endspurt: Finish
Endton: Finalis
Endzeitlehre: Eschatologie
Endzweck: Destination, Telos

energielos: anergisch
Energiespeicher: Akku, Akkumulator
eng: kompreß
Enge: Isthmus
Engel: Cherub, Seraph
engelgleich: cherubinisch, seraphisch
Engelverehrung: Angelolatrie, Dulie
engherzig: illiberal
Engherzigkeit: Illiberalität
England: Albion
Engpaß: Klause
engstirnig: borniert, dogmatisch, philiströs, provinziell
Engstirnigkeit: Dogmatismus, Provinzialismus
entähnlichen: dissimilieren
Entähnlichung: Dissimilation
entarten: degenerieren, pervertieren
entartet: dekadent
Entartung: Degeneration, Dekadenz, Depravation, Pervertierung
Entbindung: Partus
Entblößer: Exhibitionist
Entblößung: Exhibition
Entblößungssucht: Exhibitionismus
enteignen: evinzieren, expropriieren, konfiszieren
Enteigner: Exproprateur
Enteignung: Eviktion, Expropriation, Konfiskation
entfalten: evolvieren
entfärben: dekolorieren
Entfärbung: Dekoloration
entfasern: defibrieren
entfernen: 1. eliminieren. 2. ektomieren, exstirpieren, resezieren
entfernen, sich: absentieren, sich
Entfernung: 1. Distanz. 2. Ektomie, Elimination, Exstirpation, Resektion
Entfernungsmesser: Telemeter
Entfernungsmessung: Telemetrie
entfesselt: appassionato
entflechten: dekonzentrieren
Entflechtung: Dekonzentration
entfremden: abalienieren, alienieren, dirimieren
Entfremdung: Abalienation, Alienation
entführen: kidnappen
Entführer: Kidnapper
Entführung: Kidnapping
entgegenarbeiten: obstruieren
entgegengesetzt: diametral, divergent, kontra, konträr, kontrovers
Entgegenkommen: Konzession, Konzilianz, Kulanz, Toleranz
entgegenkommend: konziliant, kulant, tolerant
entgegensetzend: adversativ
entgegnen: kontern, replizieren
Entgegnung: Replik
Entgelt: Dotierung, Fixum, Salär
entgiften: dekontaminieren
Entgiftung: Dekontamination, Detoxikation
enthaaren: depilieren, epilieren
Enthaarung: Depilation, Epilation
Enthaarungsmittel: Depilatorium

enthalten

enthalten: I. implizieren, involvieren. II. immanent, implizit, implizite
Enthaltensein: Immanenz, ²Inexistenz, Inklusion
enthaltsam: abstinent, asketisch
Enthaltsamkeit: Abstinenz, Askese, Karenz, Kontinenz
enthüllend: revelatorisch
Enthüllung: Revelation
entjungfern: deflorieren
Entjungferung: Defloration
entkeimen: desinfizieren, pasteurisieren, sterilisieren
Entkeimung: Desinfektion, Pasteurisation, Sterilisation
Entkeimungsgerät: Sterilisator
Entkleidungsnummer: Striptease
entkräften: paralysieren
entkräftet: hyperasthenisch
Entkräftung: Asthenie, Hyperasthenie, Hyposthenie
entladen: abreagieren
Entladung: Abreaktion
entlarven: dekuvrieren, demaskieren
entlassen: 1. repatriieren. 2. demissionieren, suspendieren
Entlassung: Demission
Entlaubung: Defoliation
Entleerung: Abevakuation, Dejektion, Emission
entlohnen: salarieren
Entlüfter: Exhaustor
entmannen: emaskulieren, kastrieren
Entmannter: Eunuch, Kastrat
entmenschlichen: dehumanisieren
Entmenschlichung: Dehumanisation
entmutigen: decouragieren, demoralisieren, deprimieren
entmutigt: decouragiert, deprimiert
Entpersönlichung: Depersonalisation
entpflichten: emeritieren
Entrechteter: Outcast, Paria
entrüstet: indigniert
Entrüstung: Indignation
entsagen: resignieren
entsagend: asketisch
Entsagung: 1. Askese. 2. Resignation
entschädigen: rekompensieren
Entschädigung: Rekompensation
entscheiden: determinieren, dezidieren, dijudizieren
entscheidend: autoritativ, dezisiv, kritisch, zentral
Entscheidung: Dezision, Option, Votum
Entscheidungskampf: Showdown
Entscheidungsmöglichkeit: Alternative
Entscheidungssituation: Krise
Entscheidungsspiel: Testmatch
entschieden: 1. determinativ, dezidiert. 2. deciso
Entschließung: Resolution
entschlossen: 1. determinativ, energisch, resolut. 2. deciso
Entschlüsseler: Decoder

entschlüsseln: dechiffrieren, dekodieren
Entschlüsselung: Dechiffrierung, Decoding
Entschlußkraft: Initiative
Entschlußunfähigkeit: Abulie
entschuldigen: exkulpieren
Entschuldigung: Alibi, Exkulpation
entsetzlich: katastrophal
entseuchen: dekontaminieren
Entseuchung: Dekontamination
entspannen: relaxieren
entspannen, sich: relaxen, relaxieren
Entspannung: 1. Détente. 2. Couéismus, Relaxation
Entspannungspolitik: Détentepolitik
entsprechend: I. adäquat, analog, homolog, korresponsiv, proportional. II. qua
Entsprechung: Analogie, Homologie, Parallele, Pendant, Responsion
Entstädterung: Desurbanisation
entstehend: naszierend
Entstehung: Genese, Genesis
entstellen: deformieren
entstellt: deform
Entstellung: Deformation
entstofflichen: entmaterialisieren
enttäuschen: desillusionieren, frustrieren
Enttäuschung: Desillusion, Frustration
entwässern: dränieren, kanalisieren
Entwässerung: Dränung, Kanalisation
Entwässerungsgraben: Drän, Kanal, Rigole
Entwässerungsröhre: Drän
entweihen: profanieren
Entweihung: Profanierung, Sakrileg
entwerfen: dessinieren, konstruieren, konzipieren, projektieren, skizzieren, stylen
Entwesung: Desinfestation, Desinsektion
entwickeln: 1. enukleieren, evolvieren, konzipieren. 2. kreieren
Entwicklung: 1. Epigenese, Evolution, Genese, Ontogenese. 2. Prozeß, Tendenz. 3. Konstruktion
-entwicklung: ...genie, ...gonie
Entwicklungsabschnitt: Etappe
Entwicklungsbeschleunigung: Akzeleration
Entwicklungsgeschichte: Biogenese, Ontogenese, Phylogenese
entwicklungsgeschichtlich: genetisch
Entwicklungslehre: Evolutionstheorie
Entwicklungslinie: Tendenz
entwicklungsmäßig: tendenziell
Entwicklungsstufe: Etappe, Stadium
Entwicklungstendenz: Trend
Entwicklungsverzögerung: Retardation
entwöhnen: ablaktieren
Entwöhnung: Ablaktation, Apogalaktismus
entwürdigen: profanieren
Entwürdigung: Profanierung

Entwurf: 1. Exposé, Konstruktion, Konzept, Konzeption, Maquette, Modell, Projekt, ¹Schema, Skizze, Studie. 2. Design, Scribble
entziehen: evinzieren
Entziehung: Eviktion
entziffern: dechiffrieren
entzücken: enthusiasmieren
entzündbar: inflammabel
Entzündbarkeit: Inflammabilität
entzünden, sich: inflammieren
Entzündung: Inflammation, Phlegmasie, Phlogose
-entzündung: ...itis
entzündungserregend: phlogogen
entzwei: kapores, kaputt
Enzian: Gentiana
erb-, Erb-: geno..., Geno...
Erbanlage: Chromosom, Gen
erbärmlich: miserabel
Erbauungsschrift: Postille, Traktätchen
erben: heredieren
Erbfaktor: Gen
Erbfaktorenaustausch: Cross-over
Erbfolge: Gradualsystem, Heredität
Erbgesundheitslehre: Eugenik
erbgleich: isogen
Erbgut: Genotyp, Idiotyp
Erbgutträger: Chromosom
erbitten: exorieren
Erbkrankheit: Genopathie, Heredopathie
Erblehre: Genetik
erblich: genuin, hereditär
Erblindung: Amaurose
Erbrechen: Emesis, Vomitus
erbrechen, sich: vomieren
Erbunwürdigkeit: Indignität
Erbzinsbauer: Kolone
Erbzinsgut: Kolonat
Erdabtragung: Destruktion, Erosion, Exaration
Erdachtes: Fiktion
Erdaltertum: Paläozoikum
erdbebenfrei: aseismisch
Erdbebenhäufigkeit: Seismizität
Erdbebenherd: Hypozentrum
Erdbebenkunde: Seismik
Erdbebenkurve: Seismogramm
Erdbebenmesser: Seismograph, Seismometer
Erdbebenmessung: Seismometrie
Erdbebenstärke: Seismizität
Erdbeerbaum: Arbutus
Erdbewegung: Tektonik
Erdbraun: ¹Khaki, Umbra
Erde: Terra
Erdeesser: Geophage
Erdefresser: Geophage
erdenkbar: imaginabel
erdentrückt: ätherisch
Erdentwicklung: Geologie
Erdfarbe: ¹Khaki
Erdferne: Apogäum
Erdformenlehre: Geomorphologie
Erdgeschichte: Geologie
erdgeschichtlich: geologisch

Erregbarkeit

Erdgeschichtszeitraum: Formation
Erdgeschoß: Parterre
Erdgleichgewichtslehre: Geostatik
Erdhalbkugel: Hemisphäre
erdichten: 1. fabulieren. 2. fingieren
erdichtet: fiktiv, mythisch
Erdkreis: Orbis terrarum
Erdkunde: Geographie
erdkundlich: geographisch
Erdmittelalter: Mesozoikum
Erdnaht: Lineament
Erdneuzeit: Känozoikum
Erdnuß: Aschantinuß, ¹Kameruner
erdrosseln: strangulieren
Erdrosselung: Strangulation
Erdrutsch: Frana, Lawine
Erdsenkungsgebiet: Geosynklinale
Erdsproß: Rhizom
Erdteil: Kontinent
Erdvermessung: Geodäsie
Erdzeitalter: Ära
ereignen, sich: passieren
Ereignis: Episode, Evenement, Faktum, ¹Sensation
erfahren: routiniert, versiert
Erfahrung: 1. Empirie. 2. Routine
erfahrungsgemäß: aposteriorisch, empirisch
Erfahrungssatz: Aposteriori
Erfahrungstatsache: Empirem, Faktum
Erfassen: Apperzeption, Apprehension, Intuition, Perzeption
Erfinder: Inventor
erfinderisch: ingeniös
Erfindungsgabe: Ingeniosität, Phantasie
Erfindungskraft: Ingenium
erflehen: exorieren
Erfolg: Effekt, Evenement, Fortuna, Fortune, Resultat, Triumph
erforderlich: obligat
erforschen: eruieren, explorieren, sondieren, studieren
erfrischen, sich: restaurieren, sich
ergänzen: integrieren, komplementieren, komplettieren
ergänzend: expletiv, komplementär, kompletiv, supplementär
Ergänzung: Addendum, Komplement, Paralipomenon, Supplement
Ergänzungsfarbe: Komplementärfarbe
Ergänzungswahl: Kooptation
Ergänzungswinkel: Komplementwinkel
ergeben: devot
ergeben, sich: 1. kapitulieren. 2. resultieren
Ergebnis: Bilanz, Effekt, Fazit, Produkt, Resultat
ergebnislos: negativ
ergiebig: produktiv
Ergiebigkeit: Produktivität
ergötzen: delektieren
ergreifend: touchant, tragisch
Ergriffenheit: Pathos

Ergußgestein: Effusivgestein, Eruptivgestein
erhaben: 1. grandios, majestätisch, olympisch, souverän. 2. konvex. 3. patetico
erhalten: konservieren, präservieren
erhaltend: konservativ, ¹konservatorisch
erhängen: strangulieren
erheblich: relevant
Erheblichkeit: Relevanz
Erhebung: 1. Elevation. 2. Enquete, Survey
erheitern: amüsieren
erhellend: interpretativ
erhitzen, sich: echauffieren, sich
erhitzt: echauffiert
erhöhen: 1. potenzieren. 2. gradieren
Erhöhung: Elevation, Gradation
erholen, sich: relaxen
Erinnerung: Memento, Mneme, Reminiszenz
Erinnerungen: Memorabilien
Erinnerungsausfall: Blackout
Erinnerungsbild: Engramm
Erinnerungslosigkeit: Amnesie, Blackout
Erinnerungsstück: Souvenir
Erkältung: Katarrh, Refrigeration
erkennbar: intelligibel, transparent
erkenntlich zeigen, sich: revanchieren, sich
Erkenntnis: Gnosis
Erkenntnislehre: Epistemologie, Gnoseologie, Noetik
erkenntnismäßig: kognitiv
Erkenntnisvermögen: Intellekt
Erkennungsmarke: Token
Erkennungszeichen: 1. Schibboleth. 2. Token
erklärbar: explikabel
erklären: deklarieren, explizieren, interpretieren, proklamieren
erklärend: deklarativ, expositorisch, hermeneutisch, interpretativ
Erklärer: Deklarant, Interpret
Erklärung: Definition, Deklaration, Enunziation, Explanation, Explikation, Interpretation, Kommentar, Proklamation, ³Revers, Statement
Erklärungswissenschaft: Exegese, Hermeneutik
-erkrankung: ...itis, ¹...ose, ...pathie
Erkrankungsbereitschaft: Disposition
Erkrankungshäufigkeit: Morbidität
erkunden: explorieren, recherchieren, rekognoszieren, sondieren
Erkundung: Rekognoszierung
Erlaß: Edikt, Ukas
erlauben: konzedieren, tolerieren
Erlaubnis: Lizenz, Plazet
Erlaubnisurkunde: Patent
erlaubterweise: licite
erlaucht: illuster
erläutern: enukleieren, exemplifizieren, explanieren, explizieren, glossieren, illustrieren

erläuternd: explanativ, illustrativ, illustrierend
Erläuterung: Exemplifikation, Explanation, Explikation, Glosse, Illustration
Erlebnisroman: Robinsonade
erledigt: 1. vakant. 2. ad acta
Erlerntes: ²Habit
erlesen: exquisit, fin, sortiert
Erleuchtung: Illumination, Inspiration
Erlöser: Messias, Salvator
ermächtigen: autorisieren
ermächtigt: autorisiert
Ermächtigung: Autorisation
ermahnend: paränetisch, protreptisch
Ermahnung: Privatissimum, Protreptik
Ermahnungsschrift: Paränese
ermattet: marode
ermitteln: eruieren, recherchieren
Ermittler: Detektiv, Rechercheur
Ermittlung: Recherche, Survey
Ermittlungsbüro: Detektei
ermorden: killen, liquidieren
Ermüdbarkeit: Apokamnose
ermüdend: monoton
Ermüdung: Apokamnose, Defatigation, Fatigatio
ermuntern: animieren, stimulieren
Ermunterung: Animierung, Stimulation
ermutigen: animieren, encouragieren
Ernährung: Nutrition
Ernährungslehre: Diätetik
Ernährungsstörung: Dystrophie, Pädatrophie
Ernährungsweise: Diät
ernennen: denominieren, nominieren
Ernennung: Denomination, Designation, Nomination, Nominierung
Ernennungsurkunde: Patent
Erneuerer: Reformator, Reformer
erneuern: modernisieren, reformieren, regenerieren, renovieren
erneuernd: innovativ, reformatorisch
Erneuerung: Innovation, Regeneration, Renovierung, Revival
Erniedrigung: kaudinisches Joch
ernst: 1. gravitätisch. 2. funebre, funerale, grave, serio
ernstgemeint: seriös
ernsthaft: seriös
Ernsthaftigkeit: Seriosität
Erntearbeiter: Saisonnier
ernüchtern: desillusionieren
Ernüchterung: Desillusion
Eroberer: Invasor, Konquistador
Eröffnung: Ouvertüre
Eröffnungsmusik: Entree
Eröffnungsstück: Ouvertüre
Eröffnungszug: Gambit
erörtern: debattieren, diskurrieren, diskutieren, ventilieren
Erörterung: Debatte, Diskurs, Diskussion, Exposition
Erpressung: Blackmail
erprobt: probat
erregbar: erethisch, erogen, exzitabel, impressionabel, irritabel
Erregbarkeit: Erethismus, Exzitabilität

erregen: anturnen, exaltieren, irritieren, stimulieren
erregend: exzitativ
erregen, sich: alterieren, sich
erregt: 1. affiziert, agitiert, exaltiert, hysterisch, manisch. 2. concitato
Erregtsein: Irritation
Erregung: Affekt, Emotion, Kick, Stimulierung
errichten: instituieren
Ersatz: Äquivalent, Quidproquo, Surrogat
Ersatzanspruch: Regreß
Ersatzmann: Double, Remplaçant, ²Substitut, Suppleant
Ersatzmittel: ¹Substitut, Surrogat
Ersatzspieler: Double, Stuntman
Ersatztruppe: Reserve
Erscheinung: 1. Epiphanie, Phänomen, Vision. 2. Exterieur, Habitus
Erscheinungsbild: Habitus, Optik, Phänotyp
erschießen: arkebusieren, füsilieren
erschlaffen: relaxieren
erschlafft: atonisch
Erschlaffung: Atonie, Chalasie, Fatigatio, Relaxation
erschöpft: down, groggy, kaputt, machulle, marode, schachmatt
Erschöpfung: Exhaustion, Prostration
erschütternd: tragisch
Erschütterung: 1. Vibration. 2. Kommotio, Schock, Trauma
erschütterungsfrei: aseismisch
erschweren: komplizieren
erschwerend: gravierend
Erschwerung: Aggravation, Komplikation
Ersetzbarkeit: Fungibilität, Substitutionalität
ersetzen: restituieren, substituieren
Ersetzung: Substitution
ersichtlich: evident
ersinnen: imaginieren
Erstarrungsgestein: Magmatit
Erstaufführung: Premiere
Erstauftritt: Debüt
erstaunlich: enorm, formidabel, phänomenal, stupend
Erstausgabe: Editio princeps
Erstflugbrief: First-flight-Cover
Erstgebärende: Primipara
Erstgeburtsrecht: Primogenitur
Erstickungsangst: Pnigophobie
erstklassig: first class, prima
erstrangig: primär
Ersttagsbrief: First-day-Cover
Ertrag: Produkt, Rendite
erträglich: passabel, tolerabel
Ertraglosigkeit: Sterilität
ertragreich: rentierlich
Ertränkungstrieb: Hydromanie
erwachsen: adult
Erwachsenenbildung: Adult education, Andragogik
erwägen: reflektieren, ventilieren
erwägenswert: diskutabel

Erwägung: Ventilierung, Reflexion
erwärmen: temperieren
Erweichung: Chalasie, Malazie
erweitern: 1. amplifizieren. 2. bougieren, dilatieren
erweiternd: extensiv
Erweiterung: Amplifikation, Dilatation, Ektasie
Erwerb: Akzession
erwerben: akquirieren
erwerbsunfähig: invalid
Erwerbsunfähige[r]: Invalide
Erwerbung: Akquisition
erwidern: replizieren
Erwiderung: Replik
Erworbenes: Habit
Erwünschtes: Desiderat
erz-, Erz-: archi..., Archi...
erzählen: fabulieren
erzählend: apologisch, episch, narrativ
Erzähler: Epiker, Fabulant, Narrator
erzählerisch: episch, narratorisch
Erzählung: Novelle, Story
erzeugen: generieren, produzieren
Erzeuger: Produzent
Erzeugnis: Produkt
Erzeugnisgestaltung: Industrial Design
Erzieher: Pädagoge
Erzieherin: 1. Pädagogin. 2. Bonne, Gouvernante
erzieherisch: pädagogisch
Erziehung: Edukation
Erziehungsanstalt: Alumnat, Internat, Pensionat
Erziehungswissenschaft: Pädagogik
Erzpriester: Archipresbyter
Erzvater: Patriarch
erzwungen: forciert
Essig: Acetum
Essiggurke: Cornichon
Essigsäure: Acetylsäure
Eßlust: Appetit
Eßsucht: Bulimie, Sitiomanie
Eßwaren: Fressalien, Komestibilien, Viktualien
etwa: präterpropter, zirka
Ewigkeit: Äon
Existenzkampf: Struggle for life

F

Facharbeiter: Spezialist
Fachausdruck: Terminus
Fachbuch: Non-fiction
Fachgebiet: Disziplin
Fachhochschule: Akademie
fachkundig: pragmatisch

Fachmann: Kapazität, Professionist, Spezialist
fachmännisch: professionell
Fachwort: Terminus
Fackel: Flambeau
Faden: Filum
fadenförmig: filamentös, filiform
Fadenglas: Filigranglas
Fadennudeln: Vermicelli
Fadenwurm: Filaria, Trichine
Fadenwürmer: Nematoden
Fadheit: Banalität
fähig: kapabel, kompetent, potent
Fähigkeit: Dynamis, Kapabilität, Kompetenz, Potenz, Talent
Fahne: ¹Panier, Standarte
Fahnenflucht: Desertion
Fahnenflüchtiger: Deserteur
Fahrer: Chauffeur
Fahrgast: Passagier
Fährgeld: Chalance
Fahrgestell: Chassis
fahrig: nervös
Fahrkarte: Billett, Ticket
Fahrlässigkeit: Culpa
Fahrpreisanzeiger: Taxameter
Fahrrad: Bike, Velo
Fahrschalter: Kontroller
Fahrstraße: Track
Fahrstuhl: ¹Lift
Fahrstuhlführer: Liftboy
Fahrt: Tour
Fahrtschreiber: Tachograph
Fahrzeug: Mobil, Vehikel
Fahrzeuganhänger: Trailer
Fahrzeuglenker: Chauffeur
Falkenbeize: Falkonerie
Falkenjagd: Falkonerie
Falkner: Falkonier
Falknerei: Falkonerie
Fall: 1. Kasus, Passus. 2. Eventualität
Fallbeil: Guillotine
Fallsucht: Epilepsie
Falschheit: Perfidie
falschspielen: corriger la fortune
Fälschung: Falsifikat
Faltenhaut: Chalodermie
Faltenwurf: Draperie
Familiengeschichte: Saga
Farbauftrag: Impasto
färbbar: chromatophil
färben: tingieren
farben-, Farben-: chromato..., Chromato...; chromo..., Chromo...
Farbenblinder: ¹Monochromat
Farbenblindheit: Achromatopsie, Daltonismus, Dichromasie, Monochromasie
Farbendruck: Chromotypie
Farbenlehre: Chromatik
Farbenmischbrett: Palette
farbenprächtig: flamboyant
Farbenspiel: Chromatropie
Farbentüchtigkeit: Trichromasie
Färberdistel: Saflor
Farbgebung: Kolorit
Farbholzschnitt: Chromoxylographie

Farbschicht: Lasur
Farbstoff: Pigment
farbstoffbildend: chromogen
Farbstoffmangel: Albinismus
Farbstoffträger: Chromatophor
Farbtonabstufung: Valeur
farbtonrichtig: isochromatisch
Farbtonrichtigkeit: Isochromasie
Färbung: Tinktion
farbvertiefend: bathochrom
Farbwert: Valeur
Farbwirkung: Kolorit
Farnkrautversteinerung: Filizit
Faser: Fiber, Filament, Filum, Fimbrie
Faserung: Textur
Faserzerfall: Elastoklasis
Fassadenmalerei: Sgraffito
faßbar: perzeptibel
Faßlichkeit: Perzeptibilität
Fassung: 1. Contenance. 2. Version
fassungslos: konsterniert
Fassungsvermögen: Kapazität
Fastenmonat: Ramadan
Fastenzeit: Carême, Carena, Quadragesima
Fastnacht: Karneval
Fasttag: Quatember
faul-, Faul-: sapro..., Sapro...
Faulbrand: Gangrän
faulenzen: tachinieren
Faulenzer: Tachinierer
faulig: putrid
Fäulnis: Putrefaktion
Fäulnisbewohner: Saprobie
fäulniserregend: saprogen
Fäulnisfresser: Saprophage, Saprophyt, Saprozon
Faulschlamm: Sapropel
faulschlammartig: sapropelitisch
Faulschlammfresser: Saprophage
Faulschlammkohle: Sapropelit
Faustschlag: Boxer, Punch
Fechtbahn: Planche
Fechtwaffe: Florett, Rapier
Fechtwettkampf: Assaut
Federballspiel: Badminton
Federbett: Plumeau, Tuchent
Federschmuck: Aigrette
Federsprunggerät: Trampolin
Federwolke: Zirrus
Feenstück: Feerie
Fegefeuer: Purgatorium
Fehlbetrag: Defizit, Manko, Minus
Fehlbewegungen: Parakinese
Fehldruck: Makulatur
Fehlendes: Desiderat
Fehlentwicklung: Degeneration, Dysplasie
Fehler: 1. Defekt, Lapsus, Manko, ¹Panne. 2. Vitium
fehlerfrei: intakt, korrekt
fehlerhaft: defekt, defektiv, inkorrekt, vitiös
Fehlerhaftigkeit: Defektivität, Inkorrektheit, Vitiosität
Fehlerverzeichnis: Korrigenda
Fehlfarbe: Renonce, Foße

Fehlgeburt: ¹Abort
Fehlleistung: Lapsus
Fehlschluß: Diallele, Paralogismus
Fehlschlüsse: Fallazien
Fehlschuß: Nuller
Fehlsichtigkeit: Ametropie
Fehlsprechen: Allolalie
Fehlsprung: Nuller
feierlich: 1. in pontificalibus, offiziell, pastoral, pathetisch, solenn, zeremoniell. 2. festivo, grave, maestoso, patetico, pomposo, religioso
Feierlichkeit: Pathetik, Solennität, Zelebrität
fein: filigran, fin
Feinbäcker: Konditor
Feinbäckerei: Konditorei, Patisserie
Feinbackwaren: Patisserie
-feindlich: ...phob
feindselig: animos
Feindseligkeit: Animosität
feinfühlig: dezent, sensibel
Feinfühligkeit: Sensibilität, Sensitivität
Feingebäck: Patisserie
Feingefühl: ²Takt
feingliedrig: filigran
Feinheit: Finesse, Präzision, Sublimität, Subtilität
Feinkost: Comestibles, Delikatesse
Feinmeßgerät: Mikrometer, Passameter
Feinschlosser: Mechaniker
Feinschmecker: Gourmet
feinstimmig: mikrophonisch
feinverteilt: dispers
feinzerteilt: kolloid
Feldforschung: Field-Research
Feldfrucht: Zerealie
Feldküche: Gulaschkanone
Feldstück: Kamp
Feldzeichen: Standarte
Feldzug: Kampagne
Fellranzen: Tornister
fels-, Fels-: petro..., Petro...
Felsenhöhle: Grotte
felsenliebend: petrophil
Felsenspalte: Kamin
Felsenwohnungen: Cliff dwellings
Felszeichnung: Petroglyphe, Petrogramm
Fensterladen: Spalett
Fenstertechnik: Windowtechnik
Fenstervorhang: Gardine, Rideau, ¹Store, Vitrage
Ferienhaus: Chalet, Cottage
Ferienlager: ¹Camp
fern-, Fern-: ¹tele..., Tele...
ferner: item
Fernfühlen: Telepathie
Ferngeschwulst: Metastase
Ferngespräch: Telefonat
Fernkopie: Fax, Telefax, Telekopie
fernkopieren: faxen, telefaxen, telekopieren
Fernkopierer: Fax, Telefax, Telekopierer

Fernrohr: Heliograph, Periskop, Perspektiv, Teleskop
fernschreiben: telegrafieren, telexen
Fernschreiben: Teletex, Telex, Telexogramm
Fernschreiber: Telegraf, Telex, Ticker
Fernschreibernetz: Teletex, Telex
fernseh-, Fernseh-: tele..., Tele...; video..., Video...
Fernsehen: Television
Fernsehkoffergerät: ¹Portable
Fernsehprüfrohr: Monoskop
Fernsehsucht: Televisionismus
fernsehwirksam: telegen
Fernsprechanschluß: Telefon
Fernsprecher: Telefon
Fernsprechwesen: Telefonie
Fernsteuergerät: Temex
Fernüberwachungsgerät: Temex
Fernwahrnehmung: Telepathie, Teleskopie
Ferse: ¹Calx
Fersenbein: Calcaneus
Fersenschmerz: Achillodynie, Talalgie
fertig: fini
Fertigkeit: 1. Routine. 2. Technik
Fertigkleidung: Konfektion
fesseln: faszinieren, interessieren
fesselnd: interessant
Fesselndes: Faszinosum
fest: 1. fix, kompakt, konstant, massiv, solid, stabil. 2. fermamente
Fest: Party, Fete
Festbeleuchtung: Illumination
Festessen: ¹Bankett, Diner, Dinner
festgelegt: indisponibel
Festgesang: Hymne
festgewachsen: sessil
festigen: fixieren, konsolidieren, stabilisieren
Festigkeit: Konsistenz, Solidität, Stabilität
Festigung: Konsolidation
Festkleidung: Gala
Festland: Kontinent
festländisch: kontinental
festlegen: determinieren, lokalisieren, stipulieren, terminieren, zementieren
festlegend: determinativ
Festlegung: Determination, Doktrin
festlich: 1. solenn. 2. festivo
Festlichkeit: Festivität
Festmahl: ¹Bankett, Diner, Dinner
Festmeter: Kubikmeter
Festnahme: Arretierung
festnehmen: arretieren
Festpreisgeschäft: Prix fixe
Festrede: Epideiktik, Panegyrikos
festsetzen: diktieren, konstituieren, stabilisieren, statuieren, stipulieren
festsitzend: sessil
Festspeicher: Read-only-Speicher
Festspiel: Festival
feststehend: fix, konstant, stereotyp
feststellen: 1. diagnostizieren, identifizieren, konstatieren, postulieren, registrieren. 2. arretieren

Feststellung

Feststellung: Diagnose, Konstatierung
Festtagsverzeichnis: Kalendarium
Festung: Fort, Kastell, Zitadelle
fett: adipös
Fett: Adeps
fett-, Fett-: lipo..., Lipo...
Fettabsaugung: Liposuktion
fettähnlich: lipoid
Fettbruch: Lipozele
Fettdurchfall: Stearrhö
Fettgeschwulst: Hibernom, Lipom
Fetthenne: Sedum
Fettleibigkeit: Adipositas, Korpulenz, Obesität, Pimelose, Steatose
fettlöslich: lipophil
Fettspaltung: Lipolyse
Fettsteiß: Steatopygie
Fettstoffwechselstörung: Lipidose
Fettsucht: Adipositas, Hypersteatose, Lipomatose, Steatose
feucht: humid
Feuchtigkeit: Humidität
feuchtigkeits-, Feuchtigkeits-: hygro..., Hygro...; ombro..., Ombro...
feuchtigkeitsliebend: hygrophil, ombrophil
feuchtigkeitsscheuend: ombrophob
feuer-, Feuer-: pyro..., Pyro...
Feuerbestattung: Kremation
Feuerfurcht: Pyrophobie
Feuerkugel: Bolid, Meteor
Feuermal: Angioma
Feuerstelle: Kamin
Feuerwerker: Pyrotechniker
Feuerwerkerei: Pyrotechnik
Feuerwerkskörper: Rakete
Feuerzeichen: Fanal
feurig: 1. vif. 2. ardente, con fuoco, spirituoso, zelosamente
Fieber: Febris, Hyperpyrexie, Hyperthermie, Pyrexie, Temperatur
fieber-, Fieber-: pyro..., Pyro...
Fieberabfall: Deferveszenz, Krise, Lysis
fieberbekämpfend: antipyretisch
Fieberbekämpfung: Antipyrese
fiebererzeugend: pyretisch, pyrogen
fieberfrei: afebril
fieberhaft: 1. febril. 2. hektisch
Fiebermittel: Antipyretikum, Pyretikum
fiebersenkend: antipyretisch
Fiebertraum: Phantasie
Fieberwahnsinn: Paraphrosyne
fiebrig: febril
Figurenträger: Atlant, Karyatide, Zophoros
Filmaufnahmegerät: Kamera, Kinematograph
Filmbearbeitung: Dramaturgie
filmbegeistert: cinephil
Filmbehälter: Kassette, Magazin, Patrone
Filmdrehbuch: Skript
Filmeinblendung: Flash
Filmhersteller: Realisator
Filmkenner: Cineast

Filmkunst: Cineastik, Kinematographie
Filmlänge: Metrage
Filmsammlung: Filmothek, Kinemathek
Filmschaffender: Cineast
Filmschnittmeister: Cutter
Filmschnittmeisterin: Cutterin
Filmverzeichnis: Filmographie
Filmvorführer: Operateur
Filmvorführung: Kino
Filmwerbung: Trailer
Filterhäutchen: Membran
filtern: filtrieren, kolieren
Filzhut: Crusher, Kalabreser
Filzhütte: Jurte
Filzlausbefall: Phthiriase
Fimmel: Tick
findig: praktisch, vigilant
Finger: Digitus
finger-, Finger-: daktylo..., Daktylo...
Fingerabdruck: Daktylogramm
Fingerabdruckverfahren: Daktyloskopie
Fingerentzündung: Daktylitis, Panaritium
Fingerglied: Phalanx
Fingerhut: ¹Digitalis
Fingerkraut: Potentilla
Fingersatz: Applikatur
Fingerspitzengefühl: ²Takt
Fingersprache: Chirologie, Daktylologie
Fingerverkrümmung: Daktylogrypose
Fingerzeig: Tip
Finne: Echinokokkus
Firmenzeichen: Logo, Signet
fisch-, Fisch-: ichthyo..., Ichthyo...
Fischaugenstein: Ichthyophthalm
Fischechse: Ichthyosaurier
Fischerboot: Barke
Fischersiedlung: Kiez
fischförmig: ichthyomorph
Fischkunde: Ichthyologie
Fischschuppenkrankheit: Ichthyose
Fischvergiftung: Ichthyismus
Fischversteinerung: Ichthyolith
flach: plan
flach-, Flach-: platy..., Platy...
Flachdruckverfahren: Algraphie, Offsetdruck
Fläche: Areal
flachköpfig: platyzephal
Flachköpfige[r]: Platyzephale
Flachköpfigkeit: Chamäzephalie, Platyzephalie
Flachmeer: Epikontinentalmeer
Flachsee: Schelf
Flagge: Standarte
flammen: moirieren
flammend: flamboyant
Flammenzeichen: Fanal
Fläschchen: Flakon
Flaschenzug: Talje
flau: blümerant
Flechten: Lichenes
flechtenähnlich: lichenoid
flechtenartig: lichenoid

Flechtwerk: Entrelacs
fleckig: makulös
Fledermäuse: Chiroptera
Fleischbraterei: Rotisserie
Fleischbrühe: Bouillon, ²Jus
fleischfarben: inkarnat
fleischfressend: karnivor, zoophag
Fleischfresser: Karnivore, Zoophage
Fleischfüllung: Farce
fleischgeworden: inkarniert
Fleischgrill: Rotisserie
fleischig: sukkulent
fleischrot: inkarnat
Fleischsaft: Fond
Fleischschneidemaschine: Cutter
Fleischton: Inkarnat
Fleischvergiftung: Botulismus
Fleischwerdung: Inkarnation
Flickwort: Expletiv
Flieder: Syringe
Fliegenpilzgift: Muskarin
Fliehkraft: Zentrifugalkraft
fließen: pulsieren
fließend: 1. fluid, laminar. 2. melodisch
Fließheck: ¹Fastback
Fließlaut: Liquida
flimmern: szintillieren
flink: 1. agil, fix. 2. lesto
Flitterwochen: Honeymoon
flott: fesch
Flotte: Armada, Marine
Flottenwesen: Marine
Fluch: Exsekration
Flucht: Evasion
flüchtig: 1. ätherisch, volatil. 2. negligente
Flüchtling: Refugié
Fluchtlinie: Alignement
Flugabfertigungsschalter: Counter
Flugball: Volley
Flugdatenschreiber: Crashrecorder
flügelförmig: aliform
flügellos: apterygot
Flügellosigkeit: ¹Apterie
Fluggast: Passagier, ²Pax
Fluggastabfertigung: Check-in
Fluggastbetreuerin: Groundhostess, Hosteß, Stewardeß
Flughafen: Airport, Airterminal
Flughafenhotel: Aerotel
Flughaut: Patagium, Pterygium
Flugkarte: Ticket
Flugkörpergeschoß: Missile
Flugreise: Passage
Flugschreiber: Flight-Recorder
Flugzeug: Aeroplan, ²Jet
Flugzeugentführer: Hijacker
Flugzeugentführung: Hijacking
Flugzeugführer: Pilot
Flugzeughalle: Hangar
Flur: Korridor
Flurbereinigung: Kommassation
Flurname: Mikrotoponym
Flußblindheit: Onchozerkose
Flußgabelung: Bifluenz, Bifurkation
flüssig: fluid, liquid

frontenbildend

Flüssigkeitsansammlung: Ödem
Flüssigkeitsbehälter: Kanister
Flußkunde: Potamologie
flußlos: arheisch
Flußmuschel: Najade
Flußneunauge: Lamprete
Flußpferd: Hippopotamus
Flüsterstimme: Aphonie
Folge: 1. Partita, Sequenz, Serie, Zyklus. 2. Konsequenz
folgend: konsekutiv
folgenschwer: fatal
folgerichtig: konsequent, konstruktiv, logisch
Folgerichtigkeit: Konsequenz
folgern: konkludieren
folgernd: konklusiv, konsekutiv
Folgerung: Konklusion
folglich: ergo
Folter: Tortur
foltern: torquieren
foppen: düpieren
Förderband: Conveyer
Förderer: Mäzen, Promotor, Protektor, Sponsor
fordern: postulieren, prätendieren, reklamieren
fördern: akzelerieren, protegieren, sponsern
Forderung: Desiderium, Postulat
Förderung: Protektion
Form: 1. Eidos, Morphe. 2. Observanz, ¹Schema
formbar: plastisch
Formbarkeit: Plastizität
formbeständig: permanent press
formen: fassonieren, modellieren
Formenbildung: Typogenese
Formenlehre: Morphologie
Former: Modellierer
Formgebung: Design, Styling
Formgestalter: Designer, Industrial Designer, Stylist
Formgestaltung: Industrial Design
-förmig: ¹...id, ...morph, ...oid
förmlich: 1. formal, formaliter. 2. formell, offiziell, zeremoniell
Förmlichkeit: 1. Formalie, Formalität. 2. Etikette, Zeremonie
formlos: 1. amorph. 2. inoffiziell
Formsache: Formalität
Formveränderung: 1. Deformation. 2. Flexion
forschend: exploratorisch
Forschungsanstalt: Akademie, Institut
Forschungsreise: Expedition
Fortdauer: Kontinuität
fortdauern: perpetuieren, persistieren
fortdauernd: kontinuierlich
Fortentwicklung: Evolution
fortlaufend: kursorisch, sequentiell
fortpflanzen, sich: reproduzieren, sich
Fortpflanzung: Gamogenese, Propagation, Reproduktion
Fortpflanzungskraft: Generativität
fortpflanzungsunfähig: steril
Fortpflanzungszelle: Gamet, Spore

fortschreiben: skontrieren
Fortschreiten: Progredienz, Progression
fortschreitend: florid, progressiv
Fortschritt: Progreß
fortschrittlich: progressistisch, progressiv
Fortschrittsdenken: Progressismus
Fortsetzung: Kontinuation
Fortsetzungsfilm: Sequel, Serial
Fortsetzungslieferung: Faszikel
Frachtempfänger: Destinatar
Frachtlöschung: Debardage
Frachtstück: ²Kolli, Kollo
Frachtverpackung: Fustage
Frachtvertrag: Charter
Frage: Erotema
Fragefürwort: Interrogativpronomen
fragend: interrogativ
Fragesatz: Erotema, Interrogativsatz
Fragestellung: Problem
Frageumstandswort: Interrogativadverb
Frage-und-Antwort-Spiel: Quiz
fraglich: 1. hypothetisch. 2. problematisch
fragwürdig: dubios, problematisch, suspekt
Franse: Fimbrie
französischsprachig: frankophon
Fratze: 1. Grimasse. 2. Maskaron
frauen-, Frauen-: gynäko..., Gynäko...
Frauenarzt: Gynäkologe
Frauenbewegung: Feminismus
Frauenfeind: Misogyn
Frauenfeindlichkeit: Misogynie
Frauenheilkunde: Gynäkologie
Frauenheld: Casanova, Don Juan
Frauenliebling: Belami
Frauenrechtlerin: Feministin, Suffragette
Frauensingstimme: Alt, Mezzosopran, Sopran
frech: 1. frivol, impertinent. 2. ardito
Frechheit: Impertinenz
frei: 1. degagiert, indeterminiert, lizenziös, vakant. 2. franko, gratis
Freibeuter: ²Kaper, Korsar
Freibrief: Charter
Freifrau: Baronin
Freifräulein: Baroneß
freigebig: generös, honorig, nobel, spendabel, splendid
Freigebigkeit: Generosität, Splendidität
Freigehege: Voliere
freigestellt: fakultativ
freihalten: 1. reservieren. 2. regalieren
Freiheit: Libertät, Liberté
freiheitlich: liberal, liberalistisch
Freiheitslehre: Eleutheriologie
Freiheitsstrafe: Arrest
Freiherr: Baron
Freiherrenwürde: Baronat, Baronie
Freiin: Baroneß
Freikörperkultur: Nudismus
Freilichtkino: Autokino, Drive-in-Kino

Freilichtmaler: Pleinairist
Freilichtmalerei: Pleinair, Pleinairismus
Freilichtmuseum: Skansen
Freiluft-: Open-air-...
freimachen: frankieren
Freimachung: Frankatur
Freimaurer: Logenbruder
Freimaurervereinigung: Loge
Freischärler: Partisan
Freisinnigkeit: Liberalität
Freisprechung: Absolution
Freistilringkampf: Catch-as-catch-can
Freistilringkämpfer: Catcher
freiwillig: fakultativ, spontan, sua sponte
Freizeitbeschäftigung: Hobby
fremd: 1. extern, extran. 2. exotisch
fremd-, Fremd-: allo..., Allo...; hetero..., Hetero...; xeno..., Xeno...
fremdartig: exotisch
fremdbestäubend: allogam
Fremdbestäubung: Allogamie, Xenogamie
fremdenfeindlich: xenophob
Fremdenfeindlichkeit: Xenophobie
fremdenfreundlich: xenophil
Fremdenfreundlichkeit: Xenophilie
Fremdenführer: Guide
Fremdenheim: Hospiz, Pension
Fremdenliebe: Xenophilie
Fremdenverkehr: Tourismus
fremdgesetzlich: heteronom
Fremdgesetzlichkeit: Heteronomie
Fremdgruppe: Outgroup
Fremdherrschaft: Heterarchie, Xenokratie
fremdländisch: exotisch
Freßzelle: Phagozyt
Freudenhaus: Bordell, Eros-Center
freudlos: dysphorisch, trist
Freund: 1. Alter ego, Intimus, Kumpel, Spezi. 2. Galan, Lover
freund-, Freund-: philo..., Philo...
Freundeskreis: Clique
Freundin: 1. Intima. 2. Dulzinea
freundlich: konziliant
freundschaftlich: kollegial
Friedensgruß: ¹Pax, Salam, Schalom
Friedenspfeife: Kalumet
friedfertig: irenisch
Friedhof: Zömeterium
friedlich: alkyonisch
friedliebend: irenisch
frisch: alert, vif
Frischzellenbehandlung: Zellulartherapie
Frist: Dilation, Intervall, Termin
Fristeinräumung: Indult
frohlocken: jubilieren, triumphieren
fromm: pietistisch, religiös
Frömmelei: Bigotterie
frömmelnd: bigott
Frömmigkeit: Eusebie, Religiosität
frontenauflösend: frontolytisch
Frontenauflösung: Frontolyse
frontenbildend: frontogenetisch

1491

Froschlurche

Froschlurche: Anuren
frost-, Frost-: kryo..., Kryo...
Frostbeule: Pernio
Frostbodenbewegung: Kryoturbation, Solifluktion
Frostbodenkunde: Kryopedologie
Frucht: Fructus
frucht-, Frucht-: karpo..., Karpo...
fruchtbar: 1. fekund, fertil. 2. produktiv
Fruchtbarkeit: Fekundität, Fertilität
-fruchtbildung: ...karpie
Fruchtblatt: Karpell
Früchtefresser: Fruktivore
Fruchtfolge: Rotation
Fruchtsaft: Juice, ²Jus
Fruchtschimmel: Monilia
Fruchtzucker: Fructose, Lävulose
früh: matinal
Frühdruck: Inkunabel
Frühgottesdienst: Mette
Frühmensch: Anthropus
Frühmenschen: Archanthropinen
frühmorgens: matinal
frühreif: prämatur
Frühreife: Prämaturität
Frühstück: Breakfast
Frühstücksgedeck: Dejeuner
Frühstückshaferbrei: Porridge
frühzeitig: prämatur
Fuchsschwanz: Amarant
fügen, sich: resignieren
fühlbar: palpabel
Fühler: 1. Antenne. 2. Sensor
Fühlungnahme: Kontakt
Führungsschicht: Elite
Führungsstab: Lead
Füllwort: Expletiv
Fund: Trouvaille
fünf-, Fünf-: penta..., Penta...
fünfblättrig: pentapetalisch
Fünfeck: ¹Pentagon
fünfeckig: pentagonal
Fünffingrigkeit: Pentadaktylie
Fünfflächner: Pentaeder
fünfgliedrig: pentamer
Fünfherrschaft: Pentarchie
Fünfkampf: Pentathlon
fünfteilig: pentamer
fünftonig: pentatonisch
Fünfuhrtee: Five o'clock tea
funkeln: szintillieren
Funkmeßverfahren: Radartechnik
Funknachricht: Depesche
Funksprechgerät: Walkie-talkie
Funkstörungen: Spherics
für-, Für-: pro..., Pro...
Fürbitte: Kommemoration
Fürbittgebet: Ektenie, Litanei, Suffragium, Synapte
Furche: Fissur
Furchenzieher: Markör
furchtbar: katastrophal
fürchterlich: bestialisch
Furchtlosigkeit: Aphobie
furchtsam: apprehensiv
Furchungszelle: Blastomere
Fürsprecher: Dolmetsch, Paraklet

fürstlich: regal
Fürwort: Pronomen
fürwörtlich: pronominal
Fuß: Pes
fuß-, Fuß-: ¹pedo..., Pedo...; podo..., Podo...
Fußabdruck: Ichnogramm
Fußansatz: Basipodium
Fußballspieler: Kicker
Fußbedienungshebel: Pedal
fußen: basieren
-füßer: ...pode
Fußfall: Proskynese
Fußgänger: Passant
Fußgängerüberweg: Passerelle
Fußgicht: Podagra
Fußhebel: Pedal
Fußpflege: Pediküre
Fußpunkt: Nadir
Fußschmerz: Podalgie
Fußsoldat: Infanterist, Muschkote, Musketier
Fußsoldaten: Infanterie
Fußspur: Ichnogramm
Fußwanderung: Tramp
Fußwurzel: Tarsus
Fußwurzelschmerz: Tarsalgie
Futtereinlagerung: Silage

Gabe: Almosen
Gabelung: Bifurkation
Gähnkrampf: Chasma, Oszedo
Galle: Bilis, Fel
galle-, Galle-: chole..., Chole...
gallehaltig: biliös
Gallenabsonderung: Cholerese
Gallenblasenentfernung: Cholezystektomie
Gallenblasenentzündung: Cholezystitis
Gallenblasenleiden: Cholezystopathie
Gallenfarbstoff: Bilirubin, Biliverdin
Gallengangerkrankung: Cholangie, Cholangiopathie
Gallenmangel: Oligocholie
Gallenstein: Cholelith
Gallensteinentfernung: Cholelithotomie
Gallensteinkolik: Cholelithiasis
Gallensteinleiden: Cholelithiasis
Gallensteinzertrümmerung: Cholelithotripsie
Gallenwirkstoff: Cholin
Gallestau: Cholostase
gallig: biliös
Gang: 1. Korridor. 2. Ductus

Gänsehaut: Dermatospasmus
Gänsekresse: Arabis
ganz: 1. holotisch, komplett. 2. intakt
Ganzheit: Totalität
ganzheitlich: totalitär
gänzlich: total, totaliter, tout à fait
Ganztagsarbeit: Full-time-Job
Ganzton: Tonus
ganzzahlig: integer
Gärfutter: Silage
Gärfutterbehälter: Silo
Gärfutterbereitung: Silage
Garnkörper: Kops
Gartenammer: Ortolan
Gartenbau: Hortikultur
Gartenbauer: Hortikulturist
Gartenbaukunde: Hortologie
Gartenbaukundiger: Hortologe
Gartenstiefmütterchen: Pensee
Gärung: Fermentation
gärungs-, Gärungs-: zymo..., Zymo...
Gärungslehre: Zymologie
Gärungstechnik: Zymotechnik
gas-, Gas-: aero..., Aero...
Gasausbruch: Eruption
Gasaustritt: Effusion
Gasbehälter: Gasometer
gasbildend: aerogen
Gasbrenner: Argandbrenner
Gasdichtemesser: Dasymeter, Effusiometer
Gashülle: Atmosphäre
Gasschicht: Chromosphäre
Gastgewerbe: Hotellerie
Gasthörer: Hospitant
Gasthörerschaft: Hospitation
Gastspielreise: Tournee
Gaststätte: Lokal, Restaurant
Gaststättengewerbe: Gastronomie
Gastwirt: Gastronom
Gastwirtschaft: Lokal, Restaurant, ²Restauration
Gattung: Genre, Genus, Kategorie, Spezies, Typ
Gattungsbezeichnung: Appellativ
Gaukler: Fakir
Gaumen: Palatum
gaumen-, Gaumen-: palato..., Palato...
Gaumenlaut: Guttural, Palatal, Velar
Gaumenmandel: Tonsille
Gaumenmandelentzündung: Tonsillitis
Gaumensegel: Velum palatinum
Gaumenspalte: Palatoschisis
Gaumenzäpfchen: Staphyle, Uvula
Gauner: Falott, Ganove, Halunke
Gaunersprache: Argot
Geächteter: Outlaw, Paria
gebacken: au four
Gebälkträger: Atlant
Gebärde: ¹Geste, Gestikulation
Gebärdenspiel: Echomimie, Gestikulation, Mimik, Pantomimik
Gebärdensprache: Daktylologie, Gestikulation
Gebärmutter: Uterus
Gebärmutterabknickung: Retroflexion

Gebärmutterausschabung: Abrasio, Kürettage
Gebärmutterblutung: Metrorrhagie
Gebärmutterentfernung: Hysterektomie
Gebärmutterentzündung: Metritis
Gebärmuttererkrankung: Metropathie
Gebärmuttererschlaffung: Metratonie
Gebärmutterhals: Cervix
Gebärmutterhalsentzündung: Zervizitis
Gebärmutterhalskrebs: Kollumkarzinom, Zervixkarzinom
Gebärmutterkrebs: Korpuskarzinom, Uteruskarzinom
Gebärmutterriß: Uterusruptur
Gebärmutterschmerz: Hysteralgie, Uteralgie
Gebärmutterschnitt: Hysterotomie, Metrotomie
Gebärmuttervorfall: Hysteroptose, Metroptose, Uterusprolaps
Gebäude: Immobilie, Objekt
Gebäudeblock: Komplex
Gebäudeteil: Trakt
Gebäudevorbau: Altan, Balkon
Gebäudevorderseite: Fassade
Gebet: ¹Hora, Oration
Gebetbuch: Brevier, Diurnal, Machsor, Tefilla
Gebetsabschluß: Amen
Gebetsaufforderung: oremus!
Gebetserhörung: Mirakel
Gebetsnische: Mihrab
Gebetsriemen: Phylakterion, Tefillin
Gebetsrufer: Muezzin
Gebetsstunde: ¹Hora
Gebiet: Komplex, Region, Revier, Sektor, Terrain, Territorium
Gebieter: Dominus
gebieterisch: diktatorial, diktatorisch, imperatorisch
Gebietsabtrennung: Separation
gebietsmäßig: regional
Gebietsräumung: Evakuierung
Gebietsstreifen: Korridor
gebildet: kultiviert
gebirgs-, Gebirgs-: oro..., Oro...
Gebirgsbachregion: Rhitral
gebirgsbildend: akroorogen, orogen
Gebirgsbildung: Orogenese, Revolution, Tektogenese
Gebirgspaß: Paso
Gebirgsstock: Massiv
Gebiß: Dentur
Gebißstange: Kandare
Gebläse: Exhaustor, Ventilator
gebleicht: podsoliert
geblümt: fleuriert, floral
Gebrauch: Handling, Uso, Usus
gebräuchlich: usuell
gebrauchsfertig: parat
Gebrauchsgegenstand: Utensil
gebraucht: antiquarisch, secondhand
Gebrauchtwarenladen: Secondhandshop
Gebrechlichkeit: Infirmität

gebrochen: 1. frakturiert. 2. arpeggiato
Gebühr: ¹Taxe
Gebührenordnung: Tarif, ¹Taxe
gebunden: legato
Geburt: Eutokie, Partus
Geburtenanstieg: Babyboom
Geburtenhäufigkeit: Natalität
Geburtshelferin: Obstetrix
Geburtshilfe: Obstetrik
Geburtslehre: Tokologie
Geck: Dandy, Gent, Snob
geckenhaft: dandyhaft, snobistisch
gedacht: abstrakt, fiktiv, ideal, ideell
Gedächtnis: Kommemoration, Mneme
Gedächtnisfehler: Lapsus memoriae
Gedächtnisfeier: Kommemoration
Gedächtnislücke: Blackout
Gedächtnisschwäche: Hypomnesie
Gedächtnisschwund: Amnesie
Gedanke: Aphorismus, Idee, Inspiration, Noema, Notio
Gedankenblitz: Aphorismus
Gedankengebilde: Ideologem
Gedankenlesen: Telepathie
gedankenlos: mechanisch, schematisch
Gedankensplitter: Aphorismus
Gedankenverbindung: Assoziation, Ideenassoziation
Gedankenvielfalt: Polyideismus
gedanklich: abstrakt, ideell, theoretisch
gedehnt: larghetto, largo
gedeihen: florieren, prosperieren
Gedeihen: ¹Flor, Prosperität
Gedenkfeier: Jubiläum
Gedenkmünze: Medaille
Gedenktafel: Epitaph
Gedenktag: Jubiläum
Gedenkveranstaltung: ²Memorial
Gedicht: Ballade, Ode, Poem
Gedichtabschnitt: Strophe
Gedichtsammlung: Anthologie
Gedichtzeile: Vers
gediegen: seriös, soigniert, solid
gedrängt: 1. kompakt, konzis. 2. stretto
gedrückt: deprimiert
gedrungen: 1. kompakt, pyknisch, ramassiert. 2. pesante
Geduldsspiel: Puzzle
gedunsen: pastös
geeignet: probat, qualifiziert
Gefahr: Risiko
gefährdet: exponiert
Gefahrensignal: Alarm
Gefahrenwarnung: Alarm
gefährlich: kritisch, riskant
Gefährte: Kumpan, Partner
Gefährtin: Partnerin
Gefälle: Gradient
gefallen: konvenieren
gefällig: 1. kulant. 2. lusingando, piacevole
Gefallsucht: Koketterie
gefallsüchtig: kokett
Gefangenenlager: ¹Camp, Internierungslager
gefangenhalten: internieren
gefangennehmen: ¹kassieren

gefärbt: tingiert
gefäß-, Gefäß-: angio..., Angio...; vaso..., Vaso...
Gefäßausdehnung: Anapetie
Gefäßchirurgie: Angiochirurgie
Gefäßdurchtrennung: Vasotomie
Gefäßerweiterung: Anapetie, Angiektasie
Gefäßgeflecht: Plexus
Gefäßgeschwulst: Angioma, Angiosarkom
Gefäßkrampf: Angiospasmus, Vasospasmus
Gefäßlähmung: Vasoplegie
Gefäßlehre: Angiologie
Gefäßleiden: Angiopathie
Gefäßnerven: Vasomotoren
Gefäßneubildung: Vaskularisation
Gefäßpfropf: Embolus, Thrombus
gefäßreich: vaskulös
Gefäßschmerz: Angialgie, Vasalgie
Gefäßschwäche: Angiasthenie
gefäßverengend: vasopressorisch
Gefäßverengung: Angiostenose, Vasokonstriktion
Gefäßverhärtung: Angiosklerose
Gefäßzerreißung: Diärese, Ruptur
Gefecht: Scharmützel
Gefechtslinie: Front
Gefeierter: Jubilar
gefeit: immun
geflammt: flamboyant, moiriert
geflechtartig: plexiform
Gefolge: Entourage, Eskorte, Konduktь, Troß
Gefolgsmann: Paladin, Vasall
Gefräßigkeit: ¹Akorie, Polyphagie, Vorazität
Gefrieranlage: Refrigerator
Gefriertrocknung: Kryodesikkation, Lyophilisation
Gefüge: Struktur, System
Gefühl: Emotion, Feeling, Sentiment
gefühllos: 1. brutal, insensibel. 2. asexual
Gefühllosigkeit: Inhumanität, Insensibilität
Gefühlsansprechbarkeit: Affektivität
Gefühlsaufwallung: Affekt
Gefühlsäußerung: Sentiment
gefühlsbetont: 1. affektiv, emotional. 2. lyrisch
Gefühlsbewegung: Emotion
Gefühlseindruck: Impression
gefühlskalt: frigid
Gefühlskälte: Frigidität
gefühlsmäßig: emotional, instinktiv
Gefühlsschwärmer: Romantiker
gefühlsschwärmerisch: romantisch
Gefühlsseligkeit: Sentimentalität
Gefühlsüberschwang: Pathos
Gefühlsverkehrung: Parathymie
Gefühlszustand: Emotion
gefühlvoll: 1. lyrisch, sentimental. 2. con sentimento
Geführigkeit: Före
gegeben: datum

gegebenenfalls: eventuell
Gegebenheit: Faktizität, Realität
gegen: kontra
gegen-, Gegen-: anti..., Anti...; konter..., Konter...; kontra..., Kontra...
Gegenansage: Kontra
Gegenanzeige: Kontraindikation
Gegenauslese: Kontraselektion
Gegenbehauptung: Antithese
Gegenbenennung: Antiphrase
Gegenbeurteilung: Antikritik
Gegenbeweis: Elenchus, Katasyllogismus
Gegenbuchung: Ristorno
Gegend: Region
Gegendienst: Revanche
Gegendruck: Contre-Épreuve
Gegeneinrede: Replik
Gegengift: Antidot, Antitoxikum, Antitoxin
Gegenkraft: Contrecoup
Gegenleistung: Revanche
Gegenmaßnahme: Retorsion
Gegenpapst: Antipapa
Gegenrevolution: Konterrevolution
Gegensatz: 1. Antagonismus, Kontradiktion, Repugnanz. 2. Kontrast
gegensätzlich: adversativ, antagonistisch, antithetisch, dualistisch, konträr, oppositär, oppositionell, oppositiv, polar
Gegensätzlichkeit: Dialektik, Dualismus, Polarität
Gegensatzwort: Antonym
Gegenschluß: Katasyllogismus
gegenseitig: mutual, reziprok, synallagmatisch
Gegenseitigkeit: Mutualität, Reziprozität
Gegensonne: Anthelion
Gegenspieler: Rivale
Gegenstand: 1. Objekt. 2. Materie, Res, Sujet, Thema
gegenständig: opponiert
gegenständlich: hypostatisch, konkret, objektiv
gegenstandsbezogen: topikal
gegenstandslos: nonfigurativ
gegenstandsspezifisch: topikal
Gegenstimme: Diskant
Gegenstück: Counterpart, Korrelat, Pendant
gegenüber: vis-à-vis
Gegenüber: Visavis
gegenüberstehend: opponiert
gegenüberstellen: konfrontieren, opponieren
Gegenüberstellung: Konfrontation
Gegenvorstellung: Remonstration
Gegenwart: 1. Präsenz. 2. Parusie. 3. Präsens. 4. Moderne
gegenwärtig: momentan, präsent
Gegenwartsbezogenheit: Aktualität
Gegenwartsnähe: Aktualität
Gegenwehr: Resistenz
Gegenwert: 1. Äquivalent. 2. Valuta
Gegenwirkung: Reaktion, Reaktivität

Gegenwort: Antonym
gegenzeichnen: kontrasignieren
Gegenzeichnung: Kontrasignatur
Gegner: Antagonist, Konkurrent, Kontrahent, Opponent
gegnerisch: antagonistisch, oppositionell
Gegnerschaft: 1. Antagonismus, Konkurrenz. 2. Opposition
Gehalt: 1. Dotierung, Gage, Fixum, Salär. 2. Konzentration, Message
Gehaltsvereinbarung: Tarif
gehässig: odios
Gehässigkeit: Odiosität
geheftet: broschiert
Gehege: Korral, Paddock
geheim: esoterisch, intim, intra muros, okkult
geheim-, Geheim-: krypto..., Krypto...
Geheimabsprache: Kollusion
Geheimabstimmung: Ballotage
Geheimermittler: Undercoveragent
Geheimgesellschaft: Loge
geheimhalten: sekretieren
Geheimkunst: Magie
Geheimlehre: Arkandisziplin, Esoterik, Mysterium
Geheimmittel: Arkanum
Geheimnis: Arkanum, Mysterium
geheimnisvoll: 1. apokalyptisch, magisch, mysteriös, mystisch, nebulos, orphisch, romantisch, sibyllinisch. 2. misteriosamente, misterioso
Geheimpolizist: Detektiv
Geheimschriftschlüssel: Kode
Geheimzeichen: Chiffre
Gehilfe: Adjutor, Adlatus, Assistent
Gehirn: Cerebrum
gehirn-, Gehirn-: 1. enzephalo..., Enzephalo... 2. Zerebral...
Gehirnentzündung: Enzephalitis
Gehirnerkrankung: Enzephalopathie
Gehirnerschütterung: Kommotio
Gehirnerweichung: Enzephalomalazie
Gehirngeschwulst: Zerebraltumor
Gehirnleiden: Enzephalopathie
Gehirnschlag: Apoplexie
Gehirnwäsche: Brainwashing
gehölz-, Gehölz-: dendro..., Dendro...
Gehölzgarten: Dendrarium
Gehölzkunde: Dendrologie
gehölzkundlich: dendrologisch
gehör-, Gehör-: audio..., Audio...
gehorchen: parieren
Gehörempfindlichkeit: Dysakusis
Gehörlosensprache: Daktylologie
Gehörmessung: Audiometrie
Gehörprüfung: Audiometrie
Gehorsam: Disziplin, Subordination
Gehstörung: Dysbasie
gehunfähig: abatisch
Gehunfähigkeit: Abasie
Geige: Violine
Geigenspieler: Violinist
Geigensteg: Ponticello
geil: faunisch
Geißeltierchen: Flagellat

Geißelung: Flagellantismus
Geißler: Flagellant
Geist: 1. Esprit, Genie, Genius. 2. Nus, Res cogitans, Spirit, ^{1}Spiritus. 3. Dämon, Revenant
Geisterbeschwörer: Exorzist, Nekromant
Geisterbeschwörung: Exorzismus, Nekromantie
Geisterharfe: Äolsharfe
Geisterlehre: Spiritismus
Geistesabwesenheit: Absence
Geistesanlage: Ingenium
geistesgestört: paranoisch
Geisteshaltung: Mentalität
geisteskrank: insan, psychotisch
Geisteskranker: Psychotiker
Geisteskrankheit: Psychose
Geistesschwäche: Demenz
Geistesträgheit: Phlegma
geistesverwandt: kongenial
geistig: 1. ideal, ideell, ^{2}mental, spiritual, spirituell, spirituös. 2. zerebral
Geistigkeit: Spiritualität
geistlich: spirituell
Geistlichkeit: Klerus
geistlos: banal, stupid
Geistlosigkeit: Banalität
geistreich: epigrammatisch, ingeniös
geistvoll: 1. aristophanisch. 2. spirituoso
Geizhals: Harpagon
Gejammer: Lamentation, Lamento
gekästelt: kariert
gekonnt: routiniert, virtuos
geködert: croisiert
gekörnt: granuliert, granulös
gekränkt: pikiert
gekünstelt: affektiert, artifiziell, maneriert, preziös
Gelage: ^{2}Bacchanal, Orgie
gelähmt: kataplektisch, paralytisch
Gelähmter: Paralytiker
Gelände: Areal, Terrain
gelände-, Gelände-: topo..., Topo...
Geländebeschreibung: Topographie
Geländefahrrad: BMX-Rad, Trekkingrad
Geländefahrzeug: Jeep, Landrover, Off-road-Auto, Rover, Trooper
geländegängig: off road
Geländeoberfläche: Relief
Geländer: Balustrade, Treille
Geländerstab: Tralje
Geländestufe: Terrasse
Geländezeichnung: Kroki
gelassen: 1. stoisch. 2. quieto
Gelassenheit: Stoizismus, Tranquillität
gelb-, Gelb-: xantho..., Xantho...
gelbfarbig: xanthochrom
Gelbfärbung: Aurantiasis
gelbhäutig: xanthoderm
Gelbkörper: Corpus luteum
Gelbkörperhormon: Progesteron
Gelbrandkäfer: Dytiscus
Gelbsehen: Xanthopsie
Gelbsucht: Ikterus

gering

gelbsüchtig: ikterisch
Gelbwurzel: Kurkuma
Geld: Kapital, Mammon, Moneten, Nervus rerum, Penunze, Pulver
geld-, Geld-: finanz..., Finanz...; kapital..., ¹Kapital...
Geldabwertung: Devalvation
Geldanlage: Investment
Geldanweisung: Assignation
Geldautomat: Bankomat
Geldbehälter: Kasse, Kassette
Geldbetrag: Summe
Geldbeutel: Portemonnaie
Geldentwertung: Inflation
Geldexperte: Finanzexperte
Geldfonds: Kapitalfonds
Geldgeber: Finanzier, Mäzen, Sponsor
Geldgier: Mammonismus
Geldherrschaft: Mammonismus, Plutokratie
Geldkästchen: Schatulle
geldlich: finanziell, monetär, pekuniär
Geldmittel: Finanzen, Fonds, Penunze, Ressourcen
Geldschrank: Safe, Tresor
Geldspende: Obolus
Geldverlegenheit: Dalles
Geldvermögen: Kapital
Geldvorschuß: Avance
Geldwechsel: Change
Geldwesen: Finanz, Finanzen
Gelegenheit: Chance
Gelegenheitsarbeit: Job
Gelegenheitsgedicht: Carmen
Gelegenheitskauf: Okkasion
gelegentlich: okkasionell, sporadisch
Geleit: Eskorte, Komitat, Kondukt
geleiten: eskortieren
Geleitzug: Konvoi
Gelenk: 1. Scharnier. 2. Artikulation
gelenk-, Gelenk-: arthro..., Arthro...
Gelenkband: Ligament
Gelenkbanderkrankung: Desmopathie
Gelenkentfernung: Arthrektomie
Gelenkentzündung: Arthritis, Panarthritis, Synovitis
Gelenkerguß: Hydarthrose
Gelenkerkrankung: Arthritis, Arthropathie, Arthrose
Gelenkfehlstellung: Kontraktur
Gelenkfortsatz: Condylus
Gelenkgeschwulst: Synovialom
Gelenkkopf: Condylus
Gelenkscheibe: Diskus
Gelenkschmerz: Arthralgie
Gelenkschmiere: Synovia
Gelenkverrenkung: Luxation
Gelenkverstauchung: Distorsion
Gelenkversteifung: Ankylose
Geliebte: Dulzinea, Favoritin
Geliebter: Amant
gelingen: reüssieren
gelöst: relaxed
gelten lassen: assumieren, respektieren
Geltung: Nimbus, Prestige
Geltungssucht: Pleonexie
Gelübde: Votum

Gemach: Kabinett
Gemäldesammlung: Pinakothek
gemäß: qua
gemäßigt: 1. moderat. 2. moderato
gemein: 1. kommun. 2. miserabel, ordinär, schofel, vulgär
Gemeinde: Kommune
gemeinde-, Gemeinde-: kommunal..., Kommunal...
Gemeindedienst: Diakonie
gemeindeeigen: kommunal
Gemeindewahl: Kommunalwahl
Gemeingut: Kommunität
Gemeinheit: 1. Vulgarität. 2. Infamie, Zynismus
gemeinhin: vulgo
Gemeinkosten: Overheads
gemeinnützig: sozial
Gemeinplatz: Locus communis, Platitüde, Truismus
gemeinsam: kooperativ, simultan, solidarisch
Gemeinsamkeit: Simultaneität
Gemeinschaft: Kollektivität, Kommunität, Sozietät
gemeinschaftlich: 1. kollektiv, kommun. 2. korrespektiv
Gemeinschaftlichkeit: Kollektivität
Gemeinschaftsarbeit: Teamwork
Gemeinschaftserziehung: Koedukation
Gemeinschaftsherstellung: Koproduktion
Gemeinschaftskunde: Sozialkunde
gemeinschaftsschädigend: asozial
Gemeinschaftsschule: Simultanschule
gemeinschaftsunfähig: asozial
Gemeinschaftsunfähigkeit: Asozialität
Gemeinsinn: Solidarität
gemeinverständlich: populär
gemeißelt: diaglyphisch
gemessen: 1. gravitätisch. 2. zeremoniell, zeremoniös. 3. andante, maestoso, misurato, placido
Gemetzel: Massaker
gemildert: mitigiert
Gemisch: Konglomerat, Melange, Mix, Mixtum compositum
gemischt: ²hybrid, meliert
Gemmenkunde: Glyptographie
gemsfarben: chamois
Gemswurz: Doronicum
Gemüsesaft: Juice, ²Jus
Gemüsesuppe: Minestrone
gemustert: dessiniert, figuriert
gemütlich: intim
Gemütlichkeit: Intimität
gemüts-, Gemüts-: ²thymo..., Thymo...; psycho..., Psycho...
Gemütsart: Temperament
Gemütsbewegung: Affekt, Alteration, Emotion
gemütskrank: psychotisch, thymopathisch
Gemütskranker: Psychopath, Thymopath
Gemütskrankheit: Thymopathie

Gemütsverstimmung: Depression
genäselt: nasal
genau: akkurat, akribisch, detailliert, exakt, minuziös, penibel, positiv, präzis, strikt
Genauigkeit: Accuracy, Akkuratesse, Akribie, Diffizilität, Exaktheit, Penibilität, Prägnanz, Präzision, Punktualität
genehmigen: agreieren, approbieren, justifizieren, konzessionieren, lizenzieren
Genehmigung: Adoption, Approbation, Justifikatur, Konzession, Lizenz
Generalbaßstimme: Partimento
Generalpause: Vuoto
Generationswechsel: Metagenese
genesen: rekonvaleszieren
Genesender: Konvaleszent, Rekonvaleszent
Genesung: Konvaleszenz, Rekonvaleszenz
Genesungszeit: Rekonvaleszenz
Genießer: Epikureer, Phäake
genießerisch: epikureisch
Genossenschaft: Kooperative
genug!: basta!
genügend: 1. suffizient. 2. rite
genügsam: spartanisch
Genugtuung: Satisfaktion, Triumph
Genußmensch: Epikureer, Gourmand, Hedonist, Lukullus, Sybarit
genußreich: delektabel, lukullisch
Genußstreben: Hedonismus
Genußsucht: Sybaritismus
genußsüchtig: sybaritisch
Gepäck: Bagage, Pakotille
gepflegt: kultiviert, soigniert
Gepflogenheit: 1. Tradition. 2. Usance
geplant: in petto
Geplauder: Konversation, Small talk
Gepolter: ¹Spektakel
gerade: 1. akkurat. 2. just, justament
geradezu: direkt
Geradflügler: Orthoptere
geradlinig: linear, straight
Gerät: Apparat, Instrument, Utensil
Gerätelager: Arsenal
Geräteschuppen: Remise
geräumig: spatiös
Gerberfett: Degras
Gerbsäure: Tannin
gerecht: fair
Gerechtigkeit: Justitia, Nemesis
Gerede: Galimathias, Geseire, Litanei, Palaver, Schmonzes, Schmus
gereinigt: raffiniert
gereizt: pikiert
Gereiztheit: Dysphorie, Erethismus
Gericht: Kadi
-gerichtet: ...trop
gerichtlich: ab executione, forensisch
Gerichtsbarkeit: Jurisdiktion
Gerichtshof: Tribunal
Gerichtskosten: Expensen
Gerichtsvollzieher: Exekutor
gerillt: profiliert
gering: inferior

Geringfügigkeit

Geringfügigkeit: Bagatelle, Petitesse
geringschätzen: despektieren, minimalisieren
geringschätzig: de haut en bas, despektierlich
Geringschätzung: Despektion
Gerinnbarkeit: Koagulabilität
gerinnen: koagulieren
Gerinnung: Koagulation
Gerinnungshemmer: Antikoagulans
Gerinnungsmittel: Antifibrinolytikum
Gerippe: ¹Skelett
gerissen: clever, raffiniert, smart
Gerissenheit: Cleverneß, Raffiniertheit
gern: de bonne grâce
Geröllwüste: Reg
Gerstenkorn: Hordeolum
Geruch: Halitus, Odor
Geruchsempfindlichkeitsmessung: Olfaktometrie
Geruchssinn: Olfaktus
Geruchsstörung: Anosmie, Dysosmie, Hyperosmie, Hyposmie, Parosmie
Geruchstäuschung: Parosmie
Geruchsverschluß: Siphon
Gerücht: Fama, Latrinenparole, Ondit
Gerüchtverbreiter: Kolporteur
Gerüchtverbreitung: Kolportage
Gerüstbildung: Diktyogenese
Gerüstbrücke: Estakade
Gerüsteiweißstoff: Elastin
gesammelt: konzentriert
gesamt: global, komplett, total, universal
gesamt-, Gesamt-: pan..., Pan...
Gesamtaufnahme: Totale
Gesamtbestand: Totum
Gesamtbild: Summe
Gesamterbfolge: Universalsukzession
gesamteuropäisch: paneuropäisch
Gesamtgläubiger: Korrealgläubiger
Gesamtheit: Ensemble, Komplexität, Totalität, Universalität
Gesamtlänge: Trakt
Gesamtschuldner: Korrealschuldner
Gesamtwerk: Œuvre
Gesamtzahl: Summe
Gesandter: Ambassadeur, Envoyé, Legat
Gesandtschaft: Ambassade, Legation, Mission
Gesang: Cantus, ¹Chant, Kantus, Melos
gesangartig: cantabile
gesanglich: arios
gesangsmäßig: vokal
Gesangsmusik: Vokalmusik
Gesangsrolle: Partie
Gesangsverzierungen: Fioretten
Gesäß: Ischium, Natis, Podex, Posteriora
Gesäßbacke: Natis
Gesäßpolster: Cul de Paris, Turnüre
gesättigt: saturiert
Geschäft: 1. Busineß, Deal, Metier. 2. Etablissement, Firma, Shop
Geschäftemacher: Jobber, Spekulant

geschäftig: agil, aktiv
Geschäftigkeit: Aktivität
Geschäftsbedingung: Kondition
Geschäftsbereich: Departement, Dezernat, Ressort
Geschäftsbrauch: Usance
geschäftsfähig: dispositionsfähig
Geschäftsfreund: Amigo
Geschäftsinhaber: Chef, Prinzipal
geschäftskundig: pragmatisch
Geschäftsleitung: Direktion, Direktorium
Geschäftsmann: Negoziant
Geschäftsnebenstelle: Agentur
Geschäftsordnung: Reglement
Geschäftspartner: Kompagnon
Geschäftsraum: Büro, Kontor
Geschäftsstelle: Agentur, Sekretariat
Geschäftstagebuch: Journal
geschäftstüchtig: clever, smart
Geschäftstüchtigkeit: Cleverneß
Geschäftsvermittler: Agent
Geschäftsviertel: City
Geschäftswert: Goodwill
Geschäftszweig: Branche
geschehen: passieren
gescheit: vif
Geschenk: Dedikation, Präsent, Souvenir
Geschichtchen: Anekdote, Histörchen
Geschichte: Historie
geschichtlich: historisch
Geschichtlichkeit: Historizität
Geschichtsaufzeichnung: Chronik
Geschichtsbewußtsein: Historizität
Geschichtsforscher: Historiker
Geschichtsmalerei: Historienmalerei
Geschichtsschreiber: Historiograph
Geschichtsschreibung: Chronographie, Historiographie
Geschichtswissenschaft: Historie, Historik, Historiologie
Geschichtswissenschaftler: Historiker
Geschicklichkeit: 1. Akrobatik. 2. Bravour
Geschicklichkeitskünstler: Artist
Geschicklichkeitswettbewerb: Gymkhana
geschickt: clever, diplomatisch, fix, patent, praktisch, routiniert, talentiert
geschieden: disjunkt
Geschirrgestell: Etagere
Geschirrsatz: ¹Service
Geschirrschrank: Büfett
Geschlecht: 1. Sex. 2. Genus
Geschlechterfolge: Generation
Geschlechterkunde: Genealogie
geschlechtlich: sexuell
Geschlechtlichkeit: Sex, Sexualität
geschlechts-, Geschlechts-: sexual..., Sexual...
Geschlechtsdrüse: Gonade
Geschlechtsdrüsen: Germinaldrüsen
geschlechtskalt: frigid
Geschlechtskälte: Frigidität
Geschlechtskraft: Potenz

geschlechtskrank: venerisch
geschlechtslos: 1. asexual. 2. agamisch
Geschlechtsorgan: Genitale, Sexualorgan
Geschlechtsorgane: Genitalapparat
geschlechtsreif: adult, pubeszent
Geschlechtsreife: Pubertät
Geschlechtstrieb: Libido, Nisus sexualis, Sexus
Geschlechtsverkehr: Kohabitation, Koitus
Geschlechtswort: Artikel
Geschlechtszelle: Gamet
geschlossen: korporativ
Geschlossenheit: Homogenität
Geschmack: 1. Aroma, Gout. 2. Gusto
geschmacklos: insipid
Geschmacksstoff: Aroma, Aromakonzentrat
Geschmacksverbesserer: Korrigens
geschmackvoll: apart, ästhetisch, elegant
Geschmeide: Pretiosen
geschmeidig: flexibel
Geschöpf: Kreatur
Geschoß: 1. Projektil. 2. Etage
geschraubt: preziös
Geschrei: Rabatz
geschrieben: datum
Geschütz: Haubitze, Kanone
Geschützfeuer: Kanonade
geschützt: immun
Geschütztruppe: Artillerie
geschwächt: insuffizient, paretisch
Geschwätz: Bafel, Geseier, Larifari, Phrase, ²Salm, Schmus, Sermon, Radotage
Geschwätzigkeit: Loquazität, Polyphrasie
Geschwindigkeit: Karacho, Rasanz, ¹Speed, Tempo
geschwindigkeits-, Geschwindigkeits-: tacho..., Tacho...
Geschwindigkeitsbegrenzung: Tempolimit
Geschwindigkeitsmesser: Tacho, Tachometer
Geschwindigkeitssteigerung: ¹Speed, Spurt
Geschwulst: Tumor
geschwulst-, Geschwulst-: onko..., Onko...
-geschwulst: ...om
Geschwulstabsiedlung: Metastase
Geschwulstauflösung: Onkolyse
Geschwulstbildung: Onkogenese
Geschwür: Ulkus
Geschwürbildung: Exulzeration, Helkose, Ulzeration
geschwürig: ulzerös
gesellig: soziabel
Geselligkeit: 1. Soziabilität. 2. Party
Gesellschaft: 1. Hautevolee, High-Society, Sozietät. 2. Mischpoche
Gesellschafter: Kommanditist, Kompagnon, Komplementär
gesellschaftlich: sozial

gesellschafts-, Gesellschafts-: sozial..., Sozial...
Gesellschaftsanzug: Frack, Smoking
Gesellschaftskleid: Robe
Gesellschaftskleidung: Full dress, Gala, Toilette
Gesellschaftskreis: Cercle, Salon, Sphäre, Zirkel
Gesellschaftskritik: Sozialkritik
Gesellschaftslehre: Soziologie
Gesellschaftsraum: Lounge, Salon
gesellschaftsschädigend: asozial
Gesellschaftsschicht: Kaste
Gesellschaftsvertrag: Contrat social
Gesellschaftszimmer: Drawing-room, Salon
Gesetz: Lex, Nomos, Statut
Gesetzbuch: Corpus iuris
Gesetzesabschnitt: Artikel, Paragraph
Gesetzesänderung: Novelle
Gesetzesantrag: Lex
Gesetzesnachtrag: Novelle
Gesetzessammlung: Corpus iuris, Kodex, Kodifikation
gesetzestreu: loyal
Gesetzestreue: Loyalität
gesetzgebend: legislativ
gesetzgeberisch: legislatorisch
Gesetzgebung: Legislative, Legislatur
Gesetzgebungsperiode: Legislaturperiode
gesetzlich: legal, legitim
-gesetzlich: ¹...nom
-gesetzlichkeit: ¹...nomie
gesetzlos: anarchisch, anomisch, athesmisch
Gesetzlosigkeit: Anarchie, Anomie, Athesmie
Gesetzmäßigkeit: Legalität, Legitimität, Prinzip, Regularität
Gesetztheit: Solidität
gesetzwidrig: anomisch, illegal, illoyal, irregulär
Gesetzwidrigkeit: Anomie, Illegalität, Illoyalität, Irregularität
gesichert: garantiert
Gesicht: 1. Facies, Visage. 2. Vision
gesichts-, Gesichts-: prosopo..., Prosopo...
Gesichtsausdruck: 1. Physiognomie. 2. Grimasse, Visage
Gesichtsfarbe: Teint
Gesichtsfelddefekt: Skotom
Gesichtskreis: Horizont, Sphäre
Gesichtsnerv: Fazialis, Trigeminus
Gesichtspunkt: Aspekt, Faktor, ²Moment
Gesichtsschmerz: Prosopalgie
Gesichtsschutz: ¹Visier
Gesichtssinn: Visus
Gesichtsstarre: Amimie, Risus sardonicus
Gesichtsstraffung: Facelifting
Gesichtszug: Lineament
Gesimsteil: Karnies
Gesindel: Bagage, Kanaille, Krethi und Plethi, Mob, Plebs, Zores

gesittet: human, kultiviert, manierlich, zivilisiert
Gesittung: Kultur, Manier, Zivilisation
gesondert: disjunkt, separat
Gespenst: Phantom, Revenant
gespenstisch: lemurenhaft, phantasmagorisch
Gespräch: Konversation, ²Talk
Gesprächsstoff: Thema
Gesprächsteilnehmer: Kommunikant
gesprächsüblich: kolloquial
gespreizt: theatralisch
Gespreiztheit: Theatralik
gesprenkelt: meliert
Gestalt: Eidos, Figur, Konfiguration, Morphe, Positur, Statur
gestalt-, Gestalt-: morpho..., Morpho...
gestaltbildend: morphogenetisch
Gestaltbildung: Morphogenese
gestalten: formieren, komponieren, modeln, stylen
gestaltend: formativ
gestalterisch: kompositorisch
gestaltgebend: morphogen
-gestaltig: ...form, ...morph, ...oid
-gestaltigkeit: ...morphie
Gestaltlehre: Morphologie
gestaltlos: amorph
Gestaltlosigkeit: Amorphismus
Gestaltmessung: Morphometrie
Gestaltung: 1. Arrangement, Styling. 2. Organisation
Gestaltwandlung: Metamorphose
Geständnis: Konfession
-gestein: ...lith
gesteins-, Gesteins-: litho..., Litho...; petro..., Petro...
gesteinsbildend: petrogenetisch
Gesteinsbildung: Petrogenese
Gesteinskunde: Lithologie, Petrographie
Gesteinsmehl: Alphitit
Gesteinsschichtenfolge: Formation
Gesteinsumwandlung: Metamorphose, Schockmetamorphose
Gestell: Etagere, ¹Regal, Stellage
gestochen: diaglyphisch
Gesuch: Petition
gesund: mobil, normal, saluber, valid
gesundheitlich: sanitär, sanitarisch
Gesundheitslehre: Hygiene
Gesundheitspflege: Hygiene
Gesundheitsvorsorge: Prophylaxe
getragen: portato, sostenuto, tenuto
Getreide: Zerealie
Getreidegroßspeicher: Silo
getrennt: disjunkt, extra, separat
Getrenntgeschlechtigkeit: Diklinie, Gonochorismus, Heterözie
Getrennthaltung: Isolation
Getriebe: Mechanik, Mechanismus
getrübt: chylös
Getue: Affektation, Brimborium, Chichi, Farce, Theater
getuscht: au lavis
geübt: routiniert, versiert

gewagt: riskant
Gewähr: Garantie
gewährleisten: garantieren
Gewährsmann: Garant, Informant
Gewährung: Laisser-aller
Gewaltaktion: Tour de force
Gewaltanwendung: Repression, Terror, Terrorismus
Gewalthandlung: Terrorakt
Gewaltherrschaft: Despotie, Diktatur, Terror, Tyrannei, Tyrannis
Gewaltherrscher: Despot, Diktator, Tyrann
gewaltig: exorbitant, gigantisch, imposant, kolossal, monumental, pyramidal, sakrisch
Gewaltmensch: Tyrann
Gewalttritt: Parforceritt
gewaltsam: 1. brachial, forciert, radikal, tyrannisch. 2. violento
Gewaltstreich: Coup de force
gewalttätig: brutal, rabiat
Gewalttätigkeit: Brutalität
gewandt: agil, fix, routiniert, versatil, versiert, vigilant
Gewandtheit: Agilität, Eleganz, Pli, Routine, Versatilität, Vigilanz
gewässer-, Gewässer-: hydro..., Hydro...
Gewässerkunde: Hydrographie
Gewässernamen: Hydronymie
Gewebe: 1. Textur. 2. Tela
gewebe-, Gewebe-: histo..., Histo...
gewebeähnlich: histioid
Gewebeauflösung: Histolyse
Gewebeentstehung: Histogenese
Gewebeentwicklung: Morphogenese
Gewebeforscher: Histologe
Gewebelehre: Histologie
Gewebestrang: Funiculus
Gewebeübertragung: Transplantation
Gewebevergrößerung: Hypertrophie
Gewebeverhärtung: Induration
Gewebewassersucht: Ödem
Gewebsbrand: Gangrän
gewebsernährend: trophisch
Gewebsflüssigkeit: Lymphe
Gewebstod: Mortifikation, Nekrose
Gewebsuntersuchung: Biopsie
Gewebsverpflanzung: Deplantation, Transplantation
Gewebsverträglichkeit: Histokompatibilität
Gewebswucherung: Tumor
Gewebszerstörung: Arrosion
gewebt: textil
-gewendet: ...trop
Gewerbe: Profession
gewerbsmäßig: professioniert
Gewichtsabzug: Refakte
Gewichtsverlust: Coulage, Leckage
Gewinn: 1. Avance, Avantage, Plus, Prämie, Profit, Surplus. 2. Reibach
Gewinnanteil: Dividende
Gewinnbeteiligung: Tantieme
gewinnbringend: lukrativ, profitabel, rentabel

gewirkt: textil
gewissenhaft: akribisch
Gewissensbiß: Skrupel
gewissermaßen: quasi
Gewißheit: Evidenz
Gewitterwolke: Kumulonimbus
gewitzt: routiniert, versiert
gewöhnen, sich: akklimatisieren, sich
Gewohnheit: Habit, Routine, Tradition, Usus
Gewohnheits-: Routine...
gewohnheitsmäßig: habituell, mechanisch, notorisch, schematisch
Gewohnheitstrinker: Alkoholiker
gewöhnlich: 1. banal. 2. ordinär, vulgär
Gewöhnung: Akklimatisation, Habituation
Gewölbe: Voute
Gewölbeabschlußstein: Cul de lampe
Gewölberippe: Lierne
gewunden: turbinal
gewürfelt: kariert, tesselarisch
Gewürzständer: Menage
gewürzt: pikant
gezielt: systematisch
geziert: affektiert, etepetete, maniert, preziös
Geziertheit: Manieriertheit, Preziosität
gezupft: pizzicato
gezwungen: forciert
Giebeldreieck: Frontispiz
Giebelfeld: Tympanon
Gift: Toxikum, Venenum
gift-, Gift-: toxiko..., Toxiko...
Gifthauch: Miasma
giftig: miasmatisch, toxisch, venenös, virulent
Giftigkeit: Toxizität, Virulenz
Giftkunde: Toxikologie
giftkundig: toxikologisch
Giftmord: Veneficium
Giftstoff: Toxikum, Toxin
Ginster: Genista
Ginsterkatze: Genette
Gipfel: Akme
gipfeln: kulminieren
Gipfelpunkt: Kulminationspunkt, Zenit
Gips: Anhydrit, Kalziumsulfat
Gittergewebe: Kanevas
Gitterstab: Tralje
Gitterwand: Spalier
Gitterwerk: Tralje, Treille
Glanz: 1. Politur. 2. Brillanz, Fleur
glänzen: brillieren, exzellieren
glänzend: 1. brillant, exzellent, fulminant, furios. 2. strepitoso
Glanzgras: Phalaris
Glanzhaut: Lioderma
Glanzkölbchen: Aphelandra
Glanzleistung: Bravourstück
glanzlos: matt
Glanznummer: Attraktion, Bravourstück
glanzpressen: katieren
Glanzpressen: Katissage
Glanzpunkt: Clou, Highlight
Glanzüberzug: Lüster

glanzvoll: bravourös, glorios, illuster, splendid, triumphal
glasartig: hyalin
Glasflasche: Karaffe, Phiole
glasig: hyalin
Glaskolben: Ballon
Glasradierung: Hyalographie
Glasröhrchen: Ampulle
Glasschrank: Vitrine
Glasweizen: Durumweizen
glatt: 1. plano. 2. pur
Glätte: Politur
glätten: polieren
Glatzenbildung: Alopezie
Glaubensabtrünniger: Renegat
Glaubensbekenntnis: Confessio, Konfession, Kredo, Regula fidei, Symbol
Glaubenseifer: Zelotismus
Glaubenseiferer: Zelot
glaubenseifrig: zelotisch
Glaubensgemeinschaft: Konfession
Glaubenslehre: Dogmatik
Glaubenssatz: Artikel, Dogma
Glaubensschwärmerei: Mystizismus
Glaubensunterricht: Katechismus, Katechumenat
Glaubenswechsel: Konversion
Glaubersalz: Mirabilit
glaubhaft: plausibel
Gläubiger: Kreditor
Gläubigkeit: Religiosität
glaubwürdig: authentisch, probabel, seriös
Glaubwürdigkeit: 1. Authentizität, Probabilität. 2. ¹Kredit
gleich: äqual, ¹egal, homogen, identisch
gleich-, Gleich-: 1. äqui..., Äqui...; iso..., Iso... 2. homo..., Homo...; homöo..., Homöo...
gleichachsig: koaxial
gleichartig: 1. ¹egal, identisch. 2. analog, homogen
Gleichartigkeit: 1. Identität. 2. Homogenität
gleichbedeutend: 1. identisch. 2. äquipollent
gleichberechtigt: paritätisch
Gleichberechtigung: 1. Emanzipation. 2. Parität
gleichbleibend: 1. konstant. 2. linear
gleichermaßen: ex aequo
Gleichfarbigkeit: Homochromie
gleichförmig: monoton, schematisch, uniform
Gleichförmigkeit: Monotonie, Uniformität
gleichfüßig: äquipedisch
gleichgeschaltet: parallel
gleichgestaltig: homöomorph, isomorph
Gleichgestaltigkeit: Isomorphie
gleichgestellt: paritätisch
Gleichgewicht: Äquilibrium, Balance
Gleichgewichtskünstler: Äquilibrist
Gleichgewichtsorgan: Vestibularapparat
Gleichgewichtssicherheit: Stabilität

gleichgültig: apathisch, desinteressiert, ¹egal, indifferent, indolent, lethargisch, phlegmatisch
Gleichgültigkeit: Apathie, Desinteresse, Indifferenz, Indolenz, Lethargie, Phlegma
Gleichheit: 1. Analogie, Äquiparation, Egalität, Égalité, Identität, Parallelität. 2. Parität, Symmetrie
Gleichlauf: 1. Parallelität. 2. Synchronismus
gleichlaufend: 1. parallel. 2. synchron
gleichlautend: homolog
gleichliegend: homolog
gleichmachen: äquieren, äquiparieren, egalisieren, nivellieren
Gleichmacherei: Egalitarismus
Gleichmaß: Proportion, Rhythmus, Symmetrie
gleichmäßig: ¹egal, linear, proportioniert, rhythmisch, symmetrisch, uniform
Gleichmäßigkeit: Uniformität
Gleichmut: Ataraxie, Stoizismus, Tranquillität
gleichmütig: athaumastisch, stoisch
Gleichnis: Allegorie, Parabel
gleichnishaft: allegorisch, parabolisch
gleichrichten: demodulieren
Gleichrichter: Demodulator, Detektor
Gleichrichterröhre: Diode
Gleichrichtung: Demodulation
gleichsam: quasi
gleichsetzbar: synonym
gleichsetzen: identifizieren
Gleichsetzung: Identifikation, Parität
gleichsinnig: konsensuell
Gleichspannungswandler: Konverter, Transverter
gleichstellen: äquiparieren, emanzipieren
Gleichstellung: Äquiparation, Emanzipation, Parität
Gleichstromdrossel: Transduktor
gleichwertig: äquivalent
Gleichwertigkeit: 1. Äquivalenz. 2. Parität
Gleichwertigkeitslehre: Äquivalenztheorie
gleichwinklig: isogonal
Gleichwinkligkeit: Isogonismus
gleichzeitig: kontemporär, simultan, synchron
Gleichzeitigkeit: Simultaneität, Synchronismus
Gleitboot: Hydroplan
gleitend: glissando, lusingando
Gleitsegeln: Paragliding
Gletscherablagerung: Moräne
Gletscherkunde: Glaziologie
Glied: Membrum, Penis, Phallus
Gliederfüßer: Arthropoden
gliedern: 1. spezialisieren. 2. segmentieren
Gliederpuppe: Marionette
Gliederreißen: Arthralgie
Gliedersatz: Prothese

Grundbuch

Gliederung: Disposition, Organisation, Spezifikation, Struktur
Gliedmaßen: Extremitäten
Gliedmaßenpaare: Pleopoden
-gliedrig: ...mer
-gliedrigkeit: ...merie
Glockenblume: Campanula
Glockenrebe: Cobaea
Glockenspiel: Carillon, Lyra
Glockenturm: Kampanile, Kolokolnik
glorreich: glorios
Glotzauge: Exophthalmus
Glück: 1. Bonheur, Fortuna, Fortune, Tyche. 2. Massel
glücklich: happy
Glücksbringer: Amulett, Maskottchen, Talisman
Glückseligkeit: Eudämonie
Glücksfall: Chance, Coup de fortune
Glücksfund: Trouvaille
Glücksgefühl: Euphorie
Glücksspiel: Hasardspiel, Jeu, Lotterie
Glücksspieleinsatz: Mise
Glücksspieler: Hasardeur, Zocker
Glückwunsch: Gratulation
Gold: Aurum
gold-, Gold-: chryso..., Chryso...
Goldbarren: Ingot
Goldgehalt: Karat
Goldgräber: Digger
Goldgräberanteil: Claim
Goldhase: Aguti
Goldhaut: Chrysose
Goldklümpchen: Nugget
Goldlack: Cheiranthus
Goldmohn: Eschscholtzia
Goldpflaume: Ikakopflaume
Goldröschen: Kerrie
Goldschmied: Bijoutier, Juwelier
Golfloch: Hole
Golfplatz: Course
Golfschläger: Jigger, Putter, Wood
Golfschlägerträger: Caddie
Golfschlägerwagen: Caddie
Gondellied: ¹Barkarole
Gönner: Mäzen, Protektor
gönnerhaft: jovial
Gönnerhaftigkeit: Jovialität
Gönnerschaft: Mäzenatentum, Protektion
Gottebenbildlichkeit: Imago Dei
götter-, Götter-: theo..., Theo...
Götterentstehung: Theogonie
Götterlehre: Mythologie
Götterspeise: Ambrosia
Götterspruch: Orakel
Göttertrank: Nektar
Götterwohnsitz: Olymp
gottes-, Gottes-: theo..., Theo...
Gottesbund: Testament
gottesdienstlich: kultisch, sakral
Gottesdienstordnung: Agende, Ordinarium, Ritual
Gotteserkenntnis: Gnosis, Theognosie
Gotteserscheinung: Theophanie
Gottesfriede: Treuga Dei
Gottesfurcht: Eusebie

gottesfürchtig: religiös
Gotteshaus: ¹Kapelle, Tempel
Gottesherrschaft: Theokratie
Gotteslästerer: Blasphemist
gotteslästerlich: blasphemisch, sakrilegisch
Gotteslästerung: Blasphemie, Sakrileg
Gotteslehre: Theologie
Gottesleugner: Atheist
Gottesleugnung: Atheismus
Gottesmutter: Madonna
Gottessinnbild: Tetragrammaton
Gottesstaat: Civitas Dei
Gottesurteil: Ordal
Gottesverehrung: Latrie, Religion
Gottheit: Numen
göttlich: ambrosisch, nektarisch, numinos
Göttlichkeit: Divinität
Gottlosigkeit: Asebie, Impietät
Götzenbild: Idol
Götzendienst: Baalsdienst, Idolatrie
Grabenböschung: Eskarpe
Grabinschrift: Epitaph
Grabkammer: Cubiculum, Kolumbarium
Grabmal: Mausoleum
Grabsäule: Stele
Grabschrift: Epitaph
Grad: Niveau
Gradkreis: Limbus
Graf: Comte, Conte, Earl
Grafschaft: Komitat
Gräser: Gramineen
Gräserkunde: Agrostologie
Graslandschaft: Steppe
Grasplatz: Kamp
Grauen: Apokalypse, Horror
Grau-in-grau-Malerei: Grisaille
grausam: barbarisch, bestialisch, brutal, kannibalisch, krud, tyrannisch
Grausamkeit: Atrozität, Barbarei, Bestialität, Krudelität, Satanie
Grausen: Horror
grausig: makaber
Grauspießglanz: Antimonit
greifbar: 1. konkret, materiell, plastisch. 2. loco, palpabel
Greifbarkeit: Plastizität
Greisenalter: Senium
greisenhaft: senil
Greisenhaftigkeit: Senilität
Grenze: Limit
grenzflächenaktiv: amphiphil
Grenzlinie: 1. Demarkationslinie. 2. Limen
Grenznachbar: Adjazent
Grenzwall: Limes
Grenzwert: Limes
Griechenfreund: Philhellene
griechenfreundlich: philhellenisch
Griechentum: Hellenismus
griechisch: hellenisch
Grillrestaurant: Rotisserie
Grimmdarm: Kolon
Grimmdarmentfernung: Kolektomie
Grimmdarmuntersuchung: Koloskopie

grimmig: martialisch
Grind: Impetigo
grindig: impetiginös
Grippe: Influenza
grob: krud, massiv, rustikal
Grobheit: Krudität
grobkristallin: makrokristallin
Groll: Ranküne, Ressentiment
groß-, Groß-: makro..., Makro..., mega..., Mega...; megalo..., Megalo...
großartig: famos, formidabel, fulminant, genial, grandios, imposant, klassisch, monumental, patent, phänomenal, phantastisch, prima, triumphal
Großartigkeit: Grandeur, Grandiosität, Monumentalität, Rasanz
Großbehälter: Container
Großbuchstabe: Majuskel, Unziale, Versal
Größe: 1. Dimension, Format, Monumentalität. 2. Variable, Vektor
Größenmaß: Quantität
Größenordnung: Dimension
Größenverhältnis: Format, Proportion
Größenwahn: Megalomanie
größenwahnsinnig: megaloman
Großfamilie: Clan
Großformat: King-size
großfrüchtig: megalokarp
Großgrundbesitzer: Agrarier, Magnat
Großhandel: Engroshandel
Großhändler: Engrossist, Grossist
Großhirn: Cerebrum
Großhirnrinde: Pallium
Großklima: Makroklima
großköpfig: makrozephal
Großköpfigkeit: Makrozephalie
Großküchenleiter: Traiteur
Großmachtstreben: Imperialismus
Großmut: Generosität
großmütig: generös
Großraumgehege: Reservat
Großraumlimousine: Van
Großsteingrab: Megalithgrab
großtun: renommieren
Großwuchs: Makrosomie
großzügig: generös, kulant, ¹large, nobel, spendabel, splendid
Großzügigkeit: Generosität, Kulanz, Liberalität, Noblesse
Grübchen: Fossula
Grube: ¹Mine
grübeln: meditieren, philosophieren, reflektieren, spintisieren
Grubenschmelz: Champlevé
Gruft: Krypta
grün-, Grün-: chloro..., Chloro...
Grünalge: Chlorophyzee
Grund: 1. Antezedens, Argument, Motiv. 2. Causa
Grund-: Elementar...; Fundamental...; Kardinal...; Kausal...
Grundbau: Substruktion
Grundbegriff: Element, Kategorie
Grundbestandteil: Element
Grundbestimmung: Normative
Grundbuch: Kataster

1499

Grundeigentum

Grundeigentum: Realitäten
gründen: etablieren, fundieren, konstituieren
gründen, sich: basieren
Grundfläche: Basis
Grundform: Typ
Grundformen: Normalien
Grundgedanke: Idee, Idée fixe, Konzeption, Thema
Grundgerüst: ¹Skelett
Grundgesetz: Element, Magna Charta, Norm, Statut
Grundhaltung: ²Tenor
Grundhörigkeit: Kolonat
Grundlage: Basis, Fond, Fundament, Fundus, Substrat
grundlegend: elementar, fundamental, kardinal, konstitutiv, primär
gründlich: à fonds, intensiv, minuziös, profund, radikal
Gründlichkeit: Intensität, Profundität
Grundlinie: Basis
Grundmauer: Fundament
Grundrechnungsart: Spezies
Grundrichtung: Trend
Grundriß: Schema
Grundsatz: Axiom, Doktrin, Maxime, Prinzip
Grundsatzerklärung: Manifest, Programm
grundsätzlich: a priori, prinzipiell
Grundschlag: Beat
Grundschleppnetz: Trawl
Grundschuldsicherung: Hypothek
Grundschule: Primarstufe
Grundschulunterricht: Elementarunterricht
Grundstimmung: Tendenz
Grundstoff: Element
Grundstück: Areal, Immobilie, Parzelle, Terrain
Grundstücke: Realitäten
Grundstückshaftung: Realobligation
Grundstücksverzeichnis: Kataster
Grundstückszusammenlegung: Kommassation
Grundteil: ¹Korpus
Grundton: Tonika
Grundvorstellung: Konzeption
Grundwasserhöhenlinien: Hydrohypsen
Grundzahl: Kardinalzahl
Grünschnabel: Greenhorn
Grünschwäche: Deuteranomalie
Grünstein: Diabas
Gruppe: 1. Clique, Crew, Formation, Kollektiv, Team, Unit. 2. Komplex, Sektion
Gruppenarbeit: Teamwork
Gruppensprache: Argot
Gruselfilm: Horrorfilm
gruselig: makaber
Grützbeutel: Atherom
gültig: 1. valid. 2. perfekt
Gültigkeit: Validität
Gummilinse: Transfokator
Gummiüberschuh: Galosche

günstig: positiv, opportun
Günstling: Favorit, Protegé
Günstlingswirtschaft: Patronage
Gurgelmittel: Gargarisma
gurgeln: gargarisieren
Gurke: Kukumer
Gurkenkraut: Borretsch
gürtelförmig: zonal
Gürtelreifen: Radialreifen
Gürtelrose: Herpes zoster, Zoster
Gürteltier: Armadill
Gürtelweite: Taille
gut: okay, positiv
gut!: all right!, bravo!
Gutachten: Expertise, Votum
Gutachter: Konsultant, Referent, Surveyor
gutartig: benigne
Gutartigkeit: Benignität
Güte: Bonität, Qualität
Güterausstoß: Output
Güterwagen: Waggon
Gutgeschriebenes: Bonus
gutheißen: goutieren, sanktionieren
Gutmütigkeit: Bonhomie
Gutschein: Bon, Coupon
gutschreiben: bonifizieren, kreditieren
Gutschrift: Bonifikation, Bonus

H

Haar: Crinis, Pilus
haar-, Haar-: tricho..., Tricho...
Haarausfall: Alopezie, Defluvium, Pelade
Haarbalgentzündung: Follikulitis
Haarbalggeschwulst: Atherom
Haarbrüchigkeit: Trichoklasie
Haarentfernung: Epilation
Haarentfernungsmittel: Epilatorium
Haarergrauung: Canities, Poliosis
Haarersatz: Perücke
Haarersatzteil: Toupet
Haarfarn: Adiantum
haarfein: kapillar
Haargefäß: Kapillare
Haarlosigkeit: Alopezie, Atrichie
Haarmangel: Oligotrichie
Haarpfleger: Coiffeur, Friseur
Haarpflegerin: Coiffeuse, Friseuse
Haarpilze: Dermatophyten
Haarrupfsucht: Trichotillomanie
Haarschneider: Coiffeur, Friseur
Haarschneiderin: Coiffeuse, Friseuse
Haarschwund: Pelade
Haarspalter: Kasuist, Rabulist, Scholast

Haarspalterei: Kasuistik, Rabulistik, Scholastizismus
haarspalterisch: kasuistisch, rabulistisch, scholastisch
Haarstern: 1. Komet. 2. Krinoide
Haarteil: Postiche, Toupet
Haartracht: Coiffure, Frisur
Haarwaschmittel: Shampoo
Haarwickel: Papillote
Habenseite: ²Kredit
Habsucht: Pleonexie
Hackbrett: Zimbal
Hackfleischgericht: Haschee
Hafen: Port
Hafenarbeiter: Docker
Hafendamm: ²Mole, Molo, Pier
Hafenmauer: Kai
Haferbrei: Porridge
Haff: Lagune, Noor
Haft: Arrest
haftend: adhäsiv
Häftling: Arrestant
Haftung: Obligo
Haftungsbetrag: Garantie
Haftungsübernahme: Delkredere
Hahnentrittmusterung: Pepita
Hakenwurmkrankheit: Ankylostomiasis
halb-, Halb-: hemi..., Hemi...; mezzo..., Mezzo...; semi..., Semi...
Halbaffe: Lemur
halbamtlich: offiziös
halbdurchlässig: semipermeabel
Halbdurchlässigkeit: Semipermeabilität
halbflächig: hemiedrisch
Halbflügler: Hemipteren
Halbgefrorenes: Parfait, Sorbet
Halbgeschoß: Entresol
Halbgott: Heros
Halbinsel: Peninsula
halbinselartig: peninsular
Halbjungfrau: Demi-vierge
halblaut: mezzoforte, sotto voce
halbleise: mezzopiano
Halbmesser: Radius
halbmondförmig: lunular, semilunar
halbpart: fifty-fifty
Halbreim: Assonanz
Halbseitenkopfschmerz: Hemialgie, Hemikranie
Halbseitenlähmung: Hemiplegie
halbseitig: semilateral
Halbstiefel: Bottine
Halbton: Semitonium
halbtonlos: ahemitonisch, anhemitonisch
halbtrocken: demi-sec
Halbvers: Hemistichion
Halbwelt: Demimonde
Halbweltdame: Kokotte, Kurtisane
Halbzeit: Half-Time
Hals: Cervix, Collum
Halseisen: Garrotte
Halsentzündung: Angina
Halskette: Kollier

Hautabschürfung

Hals-Nasen-Ohren-Heilkunde: Otorhinolaryngologie
Halsschlagader: Karotis
Halstuch: Cachenez
Halt: Station, Stopp
haltbar: 1. solid. 2. konsistent
Haltbarkeit: 1. Solidität. 2. Konsistenz
Haltbarmachung: Konservierung, Sterilisation
Haltestelle: Station
Haltezeichen: Fermate
haltlos: dissolut
Haltlosigkeit: Dissolution
Haltung: ^{1}Air, Attitüde, Contenance, Habitus, Pose, Position, Positur, ^{2}Tenor
hämisch: maliziös, sardonisch
hand-, Hand-: cheiro..., Cheiro...; chiro..., Chiro...
Handanfertigung: Manufaktur
Handarbeitsbeutel: Ridikül
Handarbeitsgeschäft: Tapisserie
Handauflegung: Cheirotonie
Handbuch: Kompendium
Händedruck: Shakehands
Handel: Deal, Kommerz
handeln: agieren, operieren
Handeln: Actio, Aktion
handelnd: aktiv
Handelnder: Akteur, Aktivist
Handelsbrauch: Usance, Uso
handelsfähig: negoziabel
Handelsgegenstand: Artikel
Handelsgesellschaft: Company, Kompanie
Handelsspanne: Marge
Handelsvertreter: Agent, Repräsentant
Händeschütteln: Shakehands
Handfertigkeitsunterricht: Chiropädie
Handgicht: Chiragra
handgreiflich: ostensiv
Handgriff: Encheirese, Manipulation
handhaben: hantieren, manipulieren, regieren
Handhabung: Handling, Manipulation, Praktik
Handklapper: Kastagnette
Handköfferchen: Suitcase
Händlerschiff: Bumboot
Händlerviertel: Basar
Handlesekunst: Chiromantie
Handlinie: Lineament
Handliniendeuter: Chiromant
Handliniendeutung: Chirologie
Handlung: Akt, Aktion, Operation
Handlungsbereich: Aktionsradius
handlungsbezogen: pragmatisch
handlungsunfähig: schachmatt
Handlungsvollmacht: Prokura
Handpflege: Maniküre
Handschrift: Manuskript, Pergament
Handschriftendeuter: Graphologe
Handschriftendeutung: Chirogrammatomantie, Graphologie
Handschriftenkunde: 1. Graphologie. 2. Kodikologie, Paläographie

handschriftenkundlich: 1. graphologisch. 2. paläographisch
Handschriftenmaler: Miniator
Handschriftensammlung: Kodex
Handspiel: Hands
Handstandüberschlag: Flicflac
Handstempel: Petschaft
Handstreich: Coup de main
Handwerk: Metier
Handwerker: Professionist
Hanf: Cannabis
Hang: Inklination, Tendenz
Hängebrust: Mastoptose
Hanswurst: Bajazzo, Clown, Harlekin
Haremswächter: Eunuch
harfenähnlich: arpeggiato
harmlos: naiv
Harn: Urin
harn-, Harn-: uro..., Uro...
-harn: ...urie
Harnausscheidung: Diurese
Harnblase: Vesica, Zystis
Harnblasenentzündung: Zystitis
Harndrang: Pollakisurie, Tenesmus
harnen: urinieren
Harnentleerungsstörung: Dysurie
Harnfarbstoff: Urochrom
Harnflasche: Urinal
Harnlassen: Miktion, Urese
Harnleiter: Ureter
Harnleiterentfernung: Ureterektomie
Harnleiterentzündung: Ureteritis
Harnröhre: Urethra
Harnröhren-: urethro..., Urethro...
Harnröhrenausfluß: Urethrorrhö
Harnröhrenentzündung: Urethritis
Harnröhrenkrampf: Urethrismus
Harnröhrenschnitt: Urethrotomie
Harnröhrenuntersuchung: Urethroskopie
Harnröhrenverengung: Urethralstriktur
Harnruhr: Diabetes
Harnsäure-: uriko..., Uriko...
Harnsäureabbau: Urikolyse
Harnstein: Urolith
Harnstoff: Urea
harntreibend: diuretisch, uretisch
Harnuntersuchung: Uroskopie
harnvergiftet: urämisch
Harnvergiftung: Urämie
Harnverhaltung: Anurie, Ischurie
Harnwaage: Urometer
Harnzwang: Strangurie
hart: drakonisch, radikal, rigoros, spartanisch
hart-, Hart-: sklero..., Sklero...
Härte: Inhumanität, Rigorosität
hartherzig: inhuman
Hartlaubgewächse: Sklerophyllen
Härtling: Monadnock
hartnäckig: 1. insistent, intransigent, perennierend, persistent. 2. resistiv
Hartnäckigkeit: Insistenz, Tenazität
Harz: Resina
Harzfluß: Resinose
harzig: resinös

Hasenpest: Tularämie
Hasenscharte: Cheiloschisis
Hast: Tempo
Hauch: 1. Air, Aura, Flair, ^{1}Spiritus, Touch. 2. Halitus, Pneuma
hauchzart: ätherisch
Haudegen: Malefizkerl
Haufen: ^{1}Pulk, Troß
Haufenwolke: Kumulonimbus, Kumulus
häufig: abundant, frequent
Häufigkeit: Abundanz, Frequenz
Häufung: Kumulation
Haumesser: Machete
Haupthaar: Kapillitium
Haupt-: ^{2}Kapital..., Kardinal..., Zentral...
Hauptattraktion: Top act
Hauptbetriebszeit: Kampagne, Saison
Hauptgedanke: Quintessenz
Hauptgeschäftsstelle: Generalagentur
Hauptgeschäftszeit: Saison
Hauptgrundsatz: Maxime
Haupthaar: Kapillitium
Hauptinhalt: Extrakt, Quintessenz
Hauptpreis: Grand Prix
Hauptpunkt: Punctum puncti
Hauptreisezeit: Saison
Hauptsache: Fond, Nervus rerum
hauptsächlich: essentiell
Hauptschlagader: Aorta
Hauptschlüssel: Passepartout
Hauptsitz: Metropole
Hauptstadt: Metropole, Residenz
Hauptstraße: Highway, Magistrale
Hauptverkehrslinie: Magistrale
Hauptverkehrsstraße: Magistrale
Hauptverkehrszeit: Rush-hour
Hauptwerk: Chef d'œuvre
Hauptwort: Substantiv
hauptwörtlich: substantivisch
Hausanzug: Homedreß
Hausarrest: Konfination
hausen: kampieren
Hausen: ^{1}Beluga
Hausfreund: Cicisbeo
Haushaltsplan: Budget, Etat
Hauskleid: Homedreß
Hauslehrerin: Gouvernante
häuslich: privat
Hausrat: Mobiliar
Hausschuh: Pantoffel
Haustierzähmung: Domestikation
Haustierzüchtung: Domestikation
Hauswart: Portier
Hauswirtschaftswissenschaft: Ökotrophologie
Hauswirtschaftswissenschaftler: Ökotrophologe
Haut: Derma
haut-, Haut-: dermato..., Dermato...
Hautabdruck: Dermatogramm
Hautablösung: Décollement
Hautabschälung: 1. Apolepismus. 2. Peeling
Hautabschuppung: Apolepismus
Hautabschürfung: Erosion, Exkoriation

Hautarzt

Hautarzt: Dermatologe
Hautatmung: Perspiration
Hautausdünstung: Transpiration
Hautausschlag: Effloreszenz, Ekzem, Eruption, Exanthem
Hautbezirk: Areola
Hautbläschen: Herpes, Miliaria
Hautblase: Bulla
Hautblutung: Dermatorrhagie, Ekchymose, Hämatom, Hämhidrose, Suffusion
Hautblutungen: Petechien
Häutchen: Membran
Hautdecke: Integument
Hauteinriß: Fissur
Hautentzündung: Dermatitis, Ekzem
Hauterfrierung: Congelatio
Hauterhebung: Papel
Hauterschlaffung: Anetodermie, Chalodermie
Hautfalte: Frenulum, Ruga
Hautfarbe: Teint
Hautfarbstoff: Pigment
Hautflechte: Lichen
Hautfleck: Plaque
Hautflügler: Hymenopteren
Hautfriesel: Miliaria
Hautgeschwulst: Dermatom, Dermatomyom
Hautgeschwür: Furunkel
Hautgewebeschicht: Tunica
Hautgrieß: Milium
Hautjucken: Pruritus
Hautknötchen: Papel
Hautkrankheit: Dermatose
Hautleiste: Dermatoglyphe
Hautlichtsinn: Dermatopsie
Hautmittel: Dermatikum
Hautnervenschmerz: Dermalgie
Hautpilz: Epidermophyt, Dermatophyten
Hautpilzflechte: Dermatomykose
Hautpustel: Rupia
Hautreinigungsmittel: Lotion
Hautreizmittel: Derivans, Epispastikum
Hautriß: Fissur, Rhagade
Hautröte: Erythem
Hautrötung: Rubor
Hautsalbe: Creme
Hautschälung: Peeling
Hautschlaffheit: Dermatochalasis, Dermatolysis
Hautschmarotzer: Dermatozoon
Hautschuppe: Squama
Hautschwiele: Callositas
Hauttalg: Sebum
Hauttrockenheit: Xerodermie
Hautübertragung: Dermatoplastik
Hautverdickung: Callositas
Hautwassersucht: Anasarka
Hautwolf: Intertrigo
Hebamme: Obstetrix
Hebammenkunst: Obstetrik
Hebemuskel: Levator
heben: liften
Hebewerk: Elevator
Hebezeug: Talje

Heeresabteilung: Armee, Brigade, ¹Pulk
Heereseinheit: Armee
Heerfahne: Standarte
Heerführer: Caudillo, General
Heerwesen: Militär
Heft: Broschüre, Faszikel
heften: broschieren
heftig: 1. explosiv, flamboyant, massiv, tumultuos, vehement. 2. agitato, con fuoco, fiero, impetioso, tumultuoso, violento
Heftigkeit: Vehemenz
Heide: Paganus
Heidekraut: Erika
Heidentum: Paganismus
heidnisch: pagan
heikel: delikat, diffizil, prekär
heil: intakt
Heiland: ¹Salvator, Soter
Heilanzeige: Indikation
heilbar: kurabel, reversibel, sanabel
Heilbehandlung: Therapie
heilen: kurieren, remedieren, sanieren
heilend: kurativ
heilig: sakral, sakramental
heiligen-, Heiligen-: hagio..., Hagio...
Heiligenerzählung: Legende
Heiligenkalender: Hagiologium, Synaxarion
Heiligenschein: Aureole, Glorie, Glorienschein, Gloriole, Korona, Nimbus
Heiligenverehrung: Dulie, Hagiolatrie
Heiligenverzeichnis: ¹Kanon
heiligsprechen: kanonisieren
Heiligsprechung: Kanonisation, Sanktifikation
Heilkunde: Medizin, Therapeutik
-heilkunde: ...iatrie
Heilkundiger: Therapeut
Heilkunst: Iatrik
Heilmittel: Arznei, Medikament, Medizin, Pharmakon, Remedium, Therapeutikum
Heilquellenkunde: Balneologie
heilsam: saluber
Heilsamkeit: Salubrität
Heilsarmee: Salvation Army
Heilschlamm: Fango
Heilstätte: Sanatorium
Heiltrank: Elixier
Heilung: Sanation
Heilverfahren: Kur
Heim: Asyl, Internat
heimisch: endemisch
Heimtücke: Intriganz, Perfidie
heimtückisch: 1. intrigant, maliziös, perfid. 2. dolos, insidiös
Heimübungsgerät: Hometrainer
Heimwerker: Handyman
Heiserkeit: Aphonie, Asaphie
heiß: tropisch
Heißhunger: Hyperorexie, Lykorexie, Vorazität
heiter: 1. alkyonisch, fidel, humoresk. 2. gaîment, umoristico
Heiterkeit: ¹Humor

Held: Heroe, Heros
Heldenbrief: Heroide
Heldendarsteller: Tragöde
Heldendarstellerin: Heroine, Tragödin
Heldengedicht: Epos
heldenhaft: heroisch
Heldenhaftigkeit: Heroik
Heldenmut: Heroismus
heldenmütig: heroisch
Heldentum: Heroismus
Heldenverehrung: Heroenkult
Heldin: Heroin
heldisch: eroico
helfen: assistieren, sekundieren
helfend: auxiliar
Helfer: 1. Adjutor, Adlatus, Assistent, Mentor, Paraklet, Sekundant. 2. Kumpan
Helfershelfer: Komplize, Kumpan
hell: limpid, luzid
Helldunkelmalerei: Chiaroscuro, Clairobscur
Helle: Luzidität
hellfarbig: xanthochrom
hellhäutig: leukoderm
Helligkeit: Luzidität
Hellsehen: Clairvoyance, Luzidität
hellsehend: clairvoyant
hellseherisch: clairvoyant
Helmbusch: Panasch
Helmschmuck: ¹Zimier
Hemdbrust: Chemisette
hemmen: 1. handicapen, obstruieren, retardieren. 2. blockieren
hemmend: 1. obstruktiv, repressiv, retardierend. 2. suppressiv
Hemmstoff: Inhibitor
Hemmung: 1. Repression, Retardation. 2. Blockade, Suppression
Herablassung: Kondeszendenz
herabsetzen: 1. degradieren, diskriminieren. 2. reduzieren
Herabsetzung: 1. Degradierung, Diffamierung, Diskriminierung. 2. Reduktion
heranwachsen: adoleszieren
heranwachsend: adoleszent, pubeszent
Heranwachsender: Adoleszent
herausfinden: eruieren
herausfordern: provozieren
herausfordernd: demonstrativ, ostensiv, ostentativ, provokant, provokatorisch
Herausforderung: Provokation
herausführend: efferent
herausgeben: edieren
Herausgeber: Editor
Herausgebervermerk: Impressum
herausgehoben: distinguiert, exponiert
herausheben: distinguieren
herauslösen: eliminieren
Herauslösung: Extraktion, Isolation, Isolierung
herausstellen: exponieren
heraussuchen: selektieren
herausziehen: extrahieren
herb: dry, extra dry, sec

Hinzufügbarkeit

herbstlich: autumnal
Herbstzeitlose: Colchicum
Herkommen: Konvention, Tradition, Usus
herkömmlich: konventionalisiert, konventionell, traditionell
Herkunft: Provenienz
herleiten, sich: resultieren
Herrenschoßrock: Cutaway
Herrentier: Primat
herrisch: despotisch, tyrannisch
herrlich: majestätisch, paradiesisch, phantastisch, triumphal
Herrlichkeit: ¹Gloria, Glorie, Majestät
Herrschaft: Diktatur, Regentschaft, Regierung, Regime, Regiment, Regnum
-herrschaft: ...kratie
herrschaftlich: feudal
Herrschaftsbereich: Imperium
Herrschaftsform: Regime
Herrschaftsgebiet: Territorium
Herrschaftsgewalt: Souveränität
herrschaftslos: anarchisch
Herrschaftslosigkeit: Anarchie
herrschen: dominieren, regieren
Herrscher: Dynast, Monarch, Polykrat, Potentat, Souverän
-herrscher: ...krat
Herrschergeschlecht: Dynastie
Herrschergewalt: Souveränität
Herrscherhaus: Dynastie
Herrscherstab: Zepter
herrühren: resultieren
herstellen: konfektionieren, produzieren
Hersteller: Producer, Produzent
Herstellung: Fabrikation, Produktion
herstellungsmäßig: fabrikatorisch
Herstellungsverfahren: Technik, Technologie
herumlungern: tachinieren
herumstrolchen: vagabundieren
herumtreiben, sich: vagabundieren
Herumtreiber: Lumpazivagabundus, Vagabund
Herumtreiberei: Vagabondage
heruntergekommen: 1. down, marode. 2. abgefuckt
hervorbringen: kreieren, produzieren
hervorgerufen: evoziert
hervorheben: akzentuieren, markieren, pointieren
hervorhebend: akzentuierend
Hervorhebung: Pointierung
hervorlocken: provozieren
hervorragen: exzellieren
hervorragend: 1. brillant, eminent, exzellent, prima, prominent. 2. zombig
hervorrufen: 1. effizieren, inszenieren, provozieren. 2. evozieren
hervorstechend: markant
Herz: Cor, Kardia
herz-, Herz-: kardio..., Kardio...
Herzangst: Stenokardie
herzbeklemmend: pektanginös
Herzbeklemmung: Angina pectoris, Stenokardie

Herzbelebungsmittel: Exzitans
Herzberuhigungsmittel: Kardiosedativum
Herzbeschleunigung: Tachykardie
Herzbeutel: Perikard
Herzbeutelentzündung: Perikarditis
Herzentzündung: Karditis
Herzerkrankung: Kardiopathie
Herzinfarkt: Myokardinfarkt
Herzinnenhaut: Endokard
Herzinnenhautentzündung: Endokarditis
Herzjagen: Tachykardie
Herzklopfen: Palpitation
Herzkrampf: Angina pectoris
Herzkranzgefäß: Koronargefäß
Herzkranzgefäßverhärtung: Kardiosklerose
Herzkranzgefäßverkalkung: Koronarsklerose
Herzlähmung: Kardioplegie
Herzleiden: Kardiopathie
Herzlinie: Kardioide
herzlos: insensibel
Herzmittel: Kardiakum
Herzmuskel: Myokard
Herzmuskelentzündung: Myokarditis
Herzmuskelschwäche: Herzinsuffizienz
Herzmuskelzusammenziehung: Systole
herzschädigend: kardiotoxisch
Herzschlag: Kardioplegie, Puls
Herzschwäche: Herzinsuffizienz
Herzspezialist: Kardiologe
Herzstärkungsmittel: Kardiakum
Herzvergrößerung: Kardiomegalie
Herzwassersucht: Hydroperikard
Hetze: Agitation, Demagogie
hetzen: agitieren
hetzerisch: agitatorisch, demagogisch
Hetzjagd: Parforcejagd
Heuchelei: Cant, Hypokrisie, Komödie, Maskerade, Pharisäismus, Tartüfferie
Heuchler: Hypokrit, Pharisäer, Tartüff
heuchlerisch: hypokritisch, pharisäisch
Heufieber: Autumnalkatarrh
Heuschnupfen: Rhinallergose
heutig: modern, up to date
Hexenmeister: Magier
Hexenschuß: Lumbago
Hilfe: Assistenz, Sekundanz
hilfeleistend: auxiliar, subsidiär
Hilfs-: Servo...
Hilfsantrag: Eventualantrag
hilfsbereit: kollegial
Hilfsfahrzeug: Tender
Hilfsgeistlicher: Kaplan, Kooperator, Kurat, Vikar
Hilfsgelder: Subsidium
Hilfsgleichung: Resolvente
Hilfskoch: Aide
Hilfsleine: Buleine
Hilfsmittel: Material, Ressource, Utensil
Hilfsmotor: Servomotor

Hilfsprediger: Diakon, Prädikant, Vikar
Hilfspredigeramt: Vikariat
Hilfsquelle: Ressource
Hilfstriebwerk: Booster
Himmel: 1. Äther, Empyreum, Firmament. 2. Paradies
himmels-, Himmels-: urano..., Urano...
Himmelsbeschreibung: Uranographie
Himmelsblau: Azur
Himmelsbrot: Manna
Himmelsforscher: Astronom
Himmelsgewölbe: Firmament
Himmelshalbkugel: Hemisphäre
Himmelskugel: Sphäre
Himmelskunde: Astronomie
himmelstürmend: prometheisch
himmlisch: ambrosisch, elysisch, empyreisch, paradiesisch
hinauswerfen: schassen
hindern: obstruieren
hindernd: obstruktiv, repressiv
Hindernis: Barriere
Hindernisbahn: Parcours
Hinderniswand: Eskaladierwand
hinfällig: kachektisch
Hinfälligkeit: Kachexie
hinführend: afferent
Hingabe: Passion
hingerissen: enthusiastisch
Hingerissenheit: Enthusiasmus
hinhaltend: dilatorisch
Hinken: Klaudikation
hinlänglich: suffizient
hinlenken: orientieren
hinnehmen: akzeptieren
hinreißend: oratorisch
hinrichten: exekutieren
Hinrichtung: Exekution
hinsichtlich: in puncto, punkto
hinstellen: postieren
hintereinander: kursorisch
Hintergehung: Delusion
Hintergrund: Background, ¹Folie, Fond, Kulisse
hinterhältig: intrigant, mephistophelisch, perfid
Hinterhältigkeit: Intriganz, Perfidie
hinterher: a posteriori, post festum
Hinterkopf: Okziput
hinterlegen: deponieren
Hinterlegung: Deponierung, Deposition
Hinterlegungsstelle: Depositorium, Depot
Hinterlegungssumme: Kaution
Hinterlist: Intriganz, Machination, Perfidie
hinterlistig: intrigant, perfid
Hintern: 1. Natis. 2. Podex, Posteriora, Tokus
hintertreiben, etwas: konterkarieren
hinterwäldlerisch: provinziell
Hinweis: Indiz, Tip
hinweisen: indizieren, signalisieren
hinweisend: deiktisch, demonstrativ
Hinzufügbarkeit: Addibilität

1503

hinzufügen

hinzufügen: addieren, adjizieren
hinzufügend: additiv
Hinzufügung: Addition, Adjunktion
hinzugießen: affundieren
hinzukommend: interkurrent
hinzutretend: akzessorisch
Hinzuwahl: Kooptation
hinzuwählen: kooptieren
Hirn: Cerebrum
Hirnanhang: Hypophyse
Hirnanhangsdrüse: Hypophyse
Hirnblutung: Enzephalorrhagie
Hirnbruch: Enzephalozele
Hirnentzündung: Enzephalitis
Hirnerweichung: Enzephalomalazie
Hirngespinst: Phantom, Schimäre, Utopie
Hirnhaut: Meninx
Hirnhautentzündung: Meningitis
Hirnlähmung: Zerebralparese
Hirnrinde: Kortex
Hirtendichtung: Bukolik, Eklogendichtung
Hirtenflöte: Fistula, Panflöte, Zufolo
Hirtengedichte: Bukolika
Hirtenlied: Ekloge, Pastorelle, Vilanella
Hirtenmusik: ¹Pastorale
Hirtenpfeife: Zufolo
Hirtenstück: Bergerette
hitzebeständig: thermostabil
hitzig: echauffiert, furios, hektisch
Hitzschlag: Heliosis
hochachten: ästimieren
Hochachtung: Respekt
Hochadel: Aristokratie
hochanständig: gentlemanlike
hochbegabt: genial
Hochburg: Metropole
Hochdruckgebiet: Antizyklone
Hochdruckkrankheit: Hypertonie
Hochebene: Plateau
Hochfinanz: Hautefinanz
Hochfrequenzgleichrichter: Detektor
Hochgebirgsansicht: Alporama
Hochgefühl: Enthusiasmus, Euphorie
hochgestimmt: euphorisch
hochhellig: sakrosankt
Hochkopf: Akrozephale
hochkronig: hypsodont
Hochmut: Arroganz, Hybris
hochmütig: arrogant, blasiert, ¹hybrid
hochnäsig: blasiert
hochrot: vermeil
Hochruf: Vivat
Hochschätzung: Ästimation
Hochschulausbildung: Studium
Hochschulbesuch: Studium
Hochschule: Akademie, Universität
Hochschüler: Student
Hochschulgelände: Campus
Hochschullehrer: Dozent, Professor
Hochschulleiter: Rektor
Hochschulreife: Maturität
Hochschulverweisung: Relegation
Hochschulvorlesung: Kolleg
hochspielen: dramatisieren, theatralisieren
Hochsprache: Standardsprache
höchstens: maximal
Hochstimmung: Euphorie, Highlife, Hyperthymie, Kick
Höchstleistung: Rekord, Task
Höchstmaß: Maximum, Optimum, Rekord
Höchststufe: Superlativ
Höchstwert: Extremwert, Maximum
Hochtonlautsprecher: Tweeter
hochtrabend: bombastisch, pompös
hochwertig: sortiert
Hochwuchs: Gigantismus, Makrosomie
Hochwürden: Reverendus
Hochzahl: Exponent
Hochzeitsgedicht: Epithalamion
Hochzeitslied: Epithalamion, ²Hymen
Hocker: Taburett
Höcker: Ekphym, Tuber
höckerig: tuberös
Hoden: Didymus, Orchis, Testikel, Testis
Hodenbruch: Skrotalhernie
Hodenentzündung: Didymitis, Orchitis
Hodengeschwulst: Seminom
Hodensack: Skrotum
Hodenschmerz: Didymalgie
Hoffnung: Aspiration
hoffnungslos: defätistisch, desperat
Hoffnungslosigkeit: Defätismus, Desperation
höflich: galant
Höflichkeit: Courtoisie, ¹Politesse, Zivilität
Höflichkeitsbezeigung: Kompliment
Hoftracht: Gala
Hoheit: Eminenz, Magnifizenz, Majestät
Hoheitsgebiet: Territorium
Hoheitsgewalt: Souveränität
Hoheitsrecht: ³Regal
hoheitsvoll: majestätisch, olympisch
Hoheitszeichen: Emblem, Kokarde, Standarte
höhen-, Höhen-: hypso..., Hypso...
Höhenangst: Bathophobie, Hypsiphobie
Höhenlinie: Niveaulinie
Höhenmesser: 1. Altimeter, Hypsometer. 2. Nivellier, Nivellierinstrument
Höhenmessung: 1. Altimetrie, Hypsometrie. 2. Nivellement
Höhenschwindel: Hypsiphobie
Höhenstrahlung: Ultrastrahlung
Höhenstufe: Niveau
Höhepunkt: Clou, Highlight, Klimax, Kulminationspunkt, Zenit
Höherentwicklung: Anagenese
hohl: inan, konkav
Höhle: 1. Grotte. 2. Cavum, Kaverne
höhlenartig: lakunär
höhlenbewohnend: kavernikol
Höhlenforscher: Speläologe
Höhlenforschung: Speläologie
Höhlenkunde: Speläologie
Höhlentherapie: Speläotherapie
Höhlentiere: Troglobionten
Hohlform: Matrize
Hohlgeschwür: Kaverne
Hohlgesichtsform: Maske
Hohlnadel: Kanüle
Hohlraum: Alveole, Cavum, Kaverne, Kavität, Lakune, Lumen
hohlraumartig: lakunär
Hohlraumbildung: Kavitation
Hohlspiegel: Konkavspiegel, Reflektor
Höhlung: Kavität
höhnisch: sarkastisch, zynisch
Hölle: Inferno
höllisch: avernalisch, erebisch, infernal, infernalisch
Holz: Lignum
holz-, Holz-: xylo..., Xylo...
Holzauslader: ¹Debardeur
holzbewohnend: lignikol
Holzpantoffel: Clog, Pantine
Holzsandalen: Zoccoli
Holzschneidekunst: Xylographie
Holzschneider: Xylograph
Holzschnitt: Xylographie
Holzschuh: Pantine
Holzschuhherz: Cœur en sabot
Holzstoff: Lignin
Holztäfelung: Paneel
Holzzucker: Xylose
Honigdrüse: Nektarium
Honigsauger: Nektarinien
Hopfen: Humulus
Hörapparat: Audiphon, Otophon
Horcher: Spion
Hörer: Rezipient
Hörerschaft: Auditorium
Hörgerät: Audiphon
Horn: Corno, Cornu
Hornblende: Amphibol
Horngeschwulst: Keratom
Hornhaut: Cornea
Hornhaut-: kerato..., Kerato...
Hornhautablösung: Keratolyse
Hornhautentzündung: Keratitis
Hornhautersatz: Keratoplastik
Hornhauttrübung: Nubekula
Hornsilber: Kerargyrit
Hornstoff: Keratin
Hörprüfung: Audiometrie
Hörrohr: Otophon, Stethoskop
Hörsaal: Auditorium
Hörvermögen: Auditus
Hotelbesitzer: Hotelier
Hotelgewerbe: Hotellerie
Hotelhalle: Lobby, Lounge, Vestibül
hübsch: adrett, proper
Hubschrauber: Aerobus, Autogiro, Helikopter
Hubschrauberlandeplatz: Heliport
Hüfte: Coxa, Ischium
Hüftgelenkentzündung: Koxitis
Hüftgelenkerkrankung: Koxarthrose
Hüftgelenkschmerz: Koxalgie
Huftier: Ungulat
Hüftnerv: Ischiadikus
Hüftschmerzen: Ischias
Hügelgrab: Kurgan, Tumulus

Hühnerauge: Clavus
Hühnerhund: Pointer
Huldigung: Adoration, Hommage, Ovation
Hülle: Cover, Futteral
hülsenartig: arillarisch
Hülsenfrüchtler: Leguminose
Humusbildung: Humifikation
Hundeabrichtung: Zynegetik
Hundebandwurm: Echinokokkus
Hundertjahrfeier: Säkularfeier, Zentenarium
Hundertjähriger: Zentenar
Hundertstel: Prozent
hundertteilig: zentesimal
Hundezüchter: Kynologe
Hundezwinger: Kennel
Hundskamille: Anthemis
Hüne: Gigant
Hünengrab: Megalithgrab
Hünenstein: Menhir
Hüsteln: Tussikulation
Husten: Tussis
Hustenmittel: Expektorans, Sekretolytikum
Hutmacherin: Modistin
Hüttenkunde: Metallurgie

I

Ich: Ego, Proprium, Subjekt
ichbezogen: egozentrisch, solipsistisch, subjektivistisch
Ichbezogenheit: 1. Egomanie, Egozentrik, Narzißmus, Solipsismus, Subjektivismus. 2. Egotismus
Ichsucht: Egoismus
ichsüchtig: egoistisch
Ideenfindung: Brainstorming
Ideenfülle: Polyideismus
Ideenverbreitung: Propaganda
Imbiß: Snack
Imbißstube: ¹Bistro, Cafeteria, Rosticceria, Snackbar
immer: ²egal, toujours
impfen: inokulieren, vakzinieren
Impfstoff: Autovakzine, Serum, Vakzine
Impfung: Inokulation, Vakzination
Inangriffnahme: Initiative
inbegriffen: implizite, inklusive
Inbesitznahme: Usurpation
Indianerfrau: Squaw
Indianerzelt: Tipi, Wigwam
Informationsgespräch: Briefing
Inhalationsgerät: Inhalator
Inhalt: Substanz, ²Tenor, Thematik
inhaltlich: material

Inhaltsangabe: 1. Denotation. 2. Abstract, Extrakt, Konspekt, Rubrum. 3. Deklaration
inmitten: medial
innen: I. intus. II. endogen
innen-, Innen-: endo..., Endo...
Innenhof: Atrium
Innenohr: Labyrinth
Innenohrentzündung: Labyrinthitis, Otitis
Innenraum: Interieur
Innenschau: Introspektion
Innenstadt: City, Zentrum
Innenstürmer: Inside
inner-, Inner-: 1. ento..., Ento... 2. intra...
Innereien: Kaldaune
Inneres: Interieur
innerhalb: intern
innerlich: intern, internal
innersprachlich: intralingual
innewohnen: immanieren
innewohnend: immanent, inhärent
innig: intim
Innung: Korporation
Inschrift: Epigraph, Graffito
Inschriftenforscher: Epigraphiker
Inschriftenkunde: Epigraphik
Insektenbekämpfungsmittel: Insektizid
insektenblütig: entomogam
Insektenblütigkeit: Entomogamie
Insektenforscher: Entomologe
insektenfressend: insektivor
Insektenfresser: Insektivoren
Insektenhaus: Insektarium
Insektenkunde: Entomologie
insektenvernichtend: insektizid
inselartig: insular
Inselbewohner: Insulaner
Inselgruppe: Archipel
Insellage: Insularität
insgesamt: in corpore, in globo, in summa, in toto, pauschal, summa summarum
instand setzen: renovieren, reparieren
Instandsetzung: Renovierung, Reparatur
inwendig: intern, intus
Inzucht: Inzest
inzwischen: en attendant
irdisch: chthonisch, sublunarisch, terrestrisch
irreführen: bluffen, vexieren
irrereden: delirieren, phantasieren
Irrfahrt: Odyssee
Irrgang: Labyrinth
Irrgarten: Labyrinth
Irrkreis: Circulus vitiosus
Irrlehre: Häresie, Heterodoxie
irrtümlich: frustran

J

Jachthafen: Marina
Jagdbeute: Trophäe
Jagdbezirk: Revier
Jagdhorn: Corno da caccia
Jagdhund: Hunter
Jagdpferd: Hunter
Jagdruf: Halali
Jagdtasche: Holster
Jäger: Nimrod
jäh: abrupt, vehement
Jahrbuch: Almanach
Jahrbücher: Annalen
Jahresabzahlung: Annuität
Jahresertrag: Rendite
Jahresgeld: Apanage
Jahresringforschung: Dendrochronologie
Jahrestag: Jubiläum
Jahrfünft: Lustrum
Jahrgang: 1. Generation. 2. Semester
Jahrhundert: Säkulum
Jahrhundertfeier: Säkularfeier
jährlich: pro anno
Jahrmarkt: ¹Messe
Jahrtausend: Millenium
Jahrzehnt: Dezennium
jähzornig: cholerisch
jämmerlich: lamentabel, trist
jammern: lamentieren
Jammerrede: Jeremiade
je: à, per, pro
jeder: tout le monde
jedermann: Krethi und Plethi, tout le monde
jedesmal: konsequent
jenseitig: ultramundan
Jenseits: Transzendenz
Jetztmenschen: Neanthropinen
Jochbein: Zygoma
Johannisbeere: Ribisel
Johannisbrot: Karube
jubeln: triumphieren
juckend: pruriginös
Juckflechte: Neurodermitis
Juckreiz: Pruritus
judenfeindlich: antisemitisch
Judenfeindlichkeit: Antisemitismus
Judenfreund: Philosemit
judenfreundlich: philosemitisch
Judengegner: Antisemit
Judenkirsche: Physalis
Judenvernichtung: Holocaust, Schoah
Judosportler: Judoka
Jugendalter: Adoleszenz

Jugendirresein: Dementia praecox, Hebephrenie
jugendlich: adoleszent, juvenil
Jugendlicher: Adoleszent, ²Kid, Teenager, Youngster
Jugendlichkeit: Juvenilität
jung-, Jung-: neo..., Neo...
Jünger: 1. Apostel. 2. Adept
Jungfernhäutchen: ¹Hymen
Jungfernzeugung: Parthenogenese
Jungfrauen-: partheno..., Partheno...
Jungfrauenadler: Harpyie
Jungfrauengeburt: Parthenogenese
Jungfräulichkeit: Virginität
Jüngling: Adonis, ²Hyazinth
Jungsteinzeit: Neolithikum
Jüngstenrecht: Minorat
Jungtertiär: Neogen

K

Kabelschutzüberzug: Bougierohr
Käfer: Koleoptere
Käferkunde: Koleopterologie
Kaffeehaus: Café
Kahlköpfigkeit: Calvities
Kaiserkrone: Fritillaria
kaiserlich: cäsarisch, imperatorisch
Kaiserreich: Imperium
Kaiserschnitt: Sectio caesarea
Kalb[s]leder: Boxkalf, Calf, ¹Kid
Kalk: ²Calx
Kalkschwämme: Calcispongiae
Kalkspat: Kalzit
Kalkstaublunge: Chalikose
Kalkstein: Kalziumkarbonat
Kalksteinleiden: Lithiasis
kaltblütig: rigoros
kälte-, Kälte-: kryo..., Kryo...
Kältebehandlung: Hypothermie
Kälteempfindlichkeit: Kryästhesie
kältefreundlich: psychrophil
Kältegefühl: Psychroästhesie
kälteliebend: psychrophil
kältescheu: psychrophob
Kälteschmerz: Psychroalgie
Kältesteppe: Tundra
Kamerad: Kumpan, Kumpel
Kameradschaft: Kameraderie
Kämmerer: Camerarius, Camerlengo
kammermusikartig: alla camera
Kammerton: Normalton
Kampf: Fight
Kampfbahn: Stadion
Kampfbeil: Tomahawk
kämpfen: fighten
Kämpfer: Fighter
kämpferisch: kombattant, militant

Kampfführung: Taktik
Kampfgebiet: Front, Linie
Kampfgeist: Moral
Kampfplatz: Arena, Stadion
Kampfrede: Philippika
Kampfspiel: Turnier
kampfunfähig: knockout
Kampfunfähigkeit: Knockout
Kanne: Pinte
Kapellmeister: Dirigent
Kapitalanlage: Investition
Kapitalanleger: Investor
Kapitalertrag: Profit
Kapitalverlagerung: Capital-flow
Kartei: Kartothek
Karteikartenmarke: Tab
Kartenlegekunst: Kartomantie
Kartenspiel: Jeu
Kartoffelkäfer: Koloradokäfer
Käsepappel: Malve
Kassenzettel: Bon
kasteien: mortifizieren
kästeln: karieren
Katerstimmung: Hang-over
katzbuckeln: antichambrieren
Katzen: Feliden
Katzenbär: Panda
Käufer: Konsument
käuflich: korrupt
Käuflichkeit: Korruption
Kauflustiger: Reflektant
Kaufmann: Negoziant
kaufmännisch: alla mercantile, kommerziell, merkantil
Kaufzwang: Konsumterror
Kaugummi: Chewing-gum
Kaumuskel: Masseter
Kaumuskelkrampf: Trismus
Kegel: Konus
Kegelähnlichkeit: Konizität
kegelförmig: konisch
Kegelförmigkeit: Konizität
Kehldeckel: Epiglottis
Kehldeckelentzündung: Epiglottitis
kehlig: guttural
Kehlkopf: Larynx
Kehlkopf-: laryngo..., Laryngo...
Kehlkopfentzündung: Laryngitis
Kehlkopflaut: Glottal, Guttural, Laryngal
Kehlkopfschnitt: Laryngotomie
Kehlkopfspiegel: Laryngoskop
Kehlkopfspiegelung: Laryngoskopie
Kehlkopfverengung: Laryngostenose
Kehre: 1. Serpentine. 2. Turn
Kehrreim: Refrain
Kehrschleife: Serpentine
Kehrwert: reziproker Wert
keilförmig: kuneiform, sphenoidal
Keimblatt: Kotyledone
keimblattlos: akotyledon
Keimdrüse: Germinaldrüse, Gonade
Keimdrüsenentfernung: Kastration
keimfrei: aseptisch, auxenisch, steril
Keimfreiheit: Asepsis, Sterilität
Keimfreimachung: Desinfektion, Sterilisation, Uperisation

Keimgewebe: Blastem
Keimhaut: Blastoderm
Keimschädigung: Blastophthorie
keimtötend: antiseptisch, bakterizid
Keimtötung: Desinfektion
keimverseucht: septisch
kelchartig: calycinisch
Kellergeschoß: Soussol, Souterrain
Kellerspeicher: Stack
Kellerwohnung: Soussol, Souterrain
Kenner: Experte, ¹Koryphäe
Kenntlichmachung: Markierung
Kenntnisse: Background
Kennwort: Motto, ²Parole
Kennzahl: Index, Nummer
Kennzeichen: Attribut, Charakteristikum, Emblem, Kriterium, Markierung, Signatur, Signum, Symbol, Symptom, Token
kennzeichnen: charakterisieren, markieren, qualifizieren, signieren
kennzeichnend: charakteristisch, spezifisch, symptomatisch, typisch
Kennzeichnung: Charakteristik, Markierung, Qualifikation
Kerl: Individuum, ¹Kadett, ¹Patron, Typ
Kern: Extrakt, Quintessenz, Substanz
kern-, Kern-: karyo..., Karyo...; nukleo..., Nukleo...
kernlos: akaryot
Kernplasma: Karyoplasma
Kernpunkt: Clou, Punctum saliens, Quintessenz
Kernschleife: Chromosom
Kernspaltung: Fission
Kernspaltungsanlage: Reaktor
Kernstein: Nukleolith
Kernstrahlung: Radioaktivität
Kernstück: Croupon, Essenz
Kerntruppe: Garde
Kernzertrümmerung: Spallation
Kerzenleuchter: Kandelaber
Kesselpauke: Timpano
Kettenrad: Turas
Kettfaden: Chaine
Ketzer: Häretiker
Ketzerei: Häresie
ketzerisch: häretisch
Ketzerverbrennung: Autodafé
Keuchhusten: Pertussis
Keuschheit: Virginität
kiefer-, Kiefer-: gnatho..., Gnatho...
Kieferfühler: Chelizere
Kiefergeschwulst: Adamantinom
Kieferspalte: Gnathoschisis
Kiefersperre: Trismus
Kielraum: Bilge
Kieme: Branchie
Kiemenatmer: Branchiat
Kiemenbogen: Branchialbogen
Kieselalge: Diatomee
Kieselgur: Diatomeenerde
Kieselsäuresalz: Silikat
Kieselsinter: Geyserit
Kind: 1. Baby. 2. Greenager, ²Kid, Subteen
Kindbett: Puerperium

Knochennaht

Kindbettfieber: Puerperalfieber
kinder-, Kinder-: pädo..., Pädo...
Kinderarzt: Pädiater
Kinderengel: Putte
Kinderheilkunde: Pädiatrie
Kinderlähmung: Poliomyelitis
Kindermädchen: Bonne, Nurse
Kinderroller: Trottinett
Kinderzahnheilkunde: Pädodontie
Kindesentführer: Kidnapper
Kindesentführung: Kidnapping
Kindesmord: Infantizid
kindisch: infantil, pueril
kindlich: infantil, naiv, pueril
Kindlichkeit: Infantilität, Naivität, Puerilität
Kindspech: Mekonium
Kinn: Mentum
Kinnmuskelkrampf: Geniospasmus
Kippwagen: Dumper
Kirchenaufsicht: Ekklesiarchie
Kirchenbann: Anathem
Kirchenbuße: Carena, Pönitenz
Kirchenchor: Kantorei
Kirchenchorleiter: Kantor
Kirchendiener: Mesner, Sakristan
kirchenfeindlich: antiklerikal
Kirchenfrevel: Sakrileg
Kirchenherrschaft: Ekklesiarchie
Kirchenlied: Choral
Kirchenraub: Sakrileg
Kirchenrecht: ^{1}Jus ecclesiasticum
Kirchenspaltung: Schisma
Kirchenversammlung: Synode
Kirchenvorstand: Presbyterium
Kirchhof: Zömeterium
kirchlich: klerikal
Kirchspiel: Parochie
Kirmes: ^{1}Messe
Kitzel: Pruritus
Kitzler: Klitoris
Kitzlerentzündung: Klitoritis
Klage: Lamento
Klagelied: Elegie, Jeremiade, Threnos
klagen: lamentieren, querulieren
klagend: 1. elegisch. 2. doloroso, flebile, lacrimoso, lugubre, piangendo
kläglich: 1. trist. 2. flebile
Klammer: 1. Klipp. 2. Parenthese
Klang: Sound
-klang: ...phonie
Klangbildveränderer: Equalizer
Klangfarbe: Kolorit, Sound, Timbre
Klangkörper: ^{2}Korpus, Orchester
klanglich: akustisch
Klangreinheit: High-Fidelity
klangvoll: musikalisch, sonor
Klangwirkung: Akustik
klar: evident, limpid, logisch, luzid, präzis, transparent
Klarheit: Evidenz, Limpidität, Luzidität, Transparenz
klarmachen: klarieren
klarstellend: deklaratorisch
Klasse: Kategorie
Klassenbester: Primus
Klassenerster: Primus

Klauennagel: Onychogrypose
Klausner: Anachoret, Eremit
Klavierspieler: Pianist
Klebebild: Collage
Klebemarke: Label
klebend: adhäsiv
Kleber: Gluten
klebrig: viskos
Klee: Trifolium
Kleesäure: Oxalsäure
Kleiderablage: Garderobe
Kleiderablageraum: Garderobe
Kleiderbestand: Garderobe
Kleidung: Adjustierung, Garderobe, Konfektion, Outfit
Kleidungsherstellung: Konfektion
Kleidungsstück: Klamotte
klein-, Klein-: mikro..., ^{1}Mikro...; Mini...
Kleinbuchstabe: Minuskel
kleinbürgerlich: provinziell
Kleinbürgerlichkeit: Provinzialismus
kleingelockt: bichonniert
Kleinhirn: Cerebellum
Kleinigkeit: Bagatelle, Lappalie, Nuance, Petitesse
Kleinigkeiten: Quisquilien
Kleinigkeitskrämer: Kritikaster, Pedant
Kleinigkeitskrämerei: Pedanterie
Kleinkind: Baby, Bambino
kleinköpfig: mikrozephal
Kleinköpfigkeit: Mikrozephalie
Kleinkunstbühne: Kabarett
Kleinkunstwerk: Bibelot
Kleinlastwagen: Transporter
kleinlich: bürokratisch, pedantisch
Kleinod: Bijou, Juwel
Kleinstlebewesen: Bakterie, Bazillus, Mikroorganismus
Kleintaxi: Minicar
Kleintierwelt: Mikrofauna
Kleinwohnung: Apartment, Appartement, Flat
Kleinwuchs: Hyposomie, Mikrosomie
Klemme: 1. Bredouille, Dilemma. 2. Klipp
Klimaanlage: Airconditioner
Klimakunde: Klimatologie
Klimaverträglichkeit: Salubrität
klopfen: palpitieren, pulsieren
Klöppelspitze: Chantillyspitze, Dentelles
Kloß: Dumpling
Klößchen: Gnocchi
Kloster: Monasterium
klösterlich: monastisch
Klosterschlafsaal: Dormitorium
Klosterschreibstube: Skriptorium
Klosterspeisesaal: Refektorium
Klosterverband: Kongregation
Klosterzelle: Klause
klug: clever, intelligent
Klugheit: Cleverneß, Intelligenz
Klumpfuß: Talipes
Klumphand: Talipomanus
Klüngel: Clique, Koterie

Knabenkraut: Orchis
Knabenliebe: Päderastie
Knall: 1. Eklat. 2. Detonation, Explosion
Knallbonbon: Cracker
knallen: detonieren, explodieren
knapp: konzis, lakonisch, lapidar, prägnant
Knappheit: Brevität, Prägnanz
knauserig: schofel
knechten: tyrannisieren
knechtisch: servil, sklavisch
Knechtschaft: Sklaverei, Tyrannei
Kneifer: Pincenez
knetbar: plastisch
Knetmaschine: Mastikator
Knickungsbruch: Infraktion
Knie: Genu
knie-, Knie-: ^{1}gon..., Gon...
Kniebundhose: Breeches
Kniefall: Proskynese
Kniegeige: Gambe
Kniegelenkentzündung: Gonarthritis
Kniegelenkknorpel: Meniskus
Kniegicht: Gonagra
Kniehose: Breeches, Culotte, Knickerbocker
Kniescheibe: Patella
Knieschmerz: Gonalgie
Kniesehnenreflex: Patellarreflex
Kniff: Finesse, Machination, Manipulation, Manöver, Praktik
knifflig: diffizil
knöchellang: maxi
Knochen: ^{3}Os
knochen-, Knochen-: osteo..., Osteo...
knochenähnlich: osteoid
knochenbildend: osteogen
Knochenbildung: Ossifikation, Osteogenese
Knochenbruch: Fraktur
Knochenbrüchigkeit: Osteoporose
Knochenentzündung: Ostitis
Knochenersatz: Osteoplastik
Knochenerweichung: Halisterese, Osteomalazie
Knochenfisch: Teleostier
Knochenflöte: Tibia
Knochenfortsatz: Apophyse
Knochenfraß: Osteonekrose
Knochenfuge: Symphyse, Synarthrose
Knochengerüst: Skelett
Knochengewebe: Spongiosa
Knochengewebebrand: Gangrän
Knochengewebsgeschwulst: Osteom
Knochenhaut: Periost
Knochenhautentzündung: Periostitis
Knochenlehre: Osteologie
Knochenleiste: Linea
knochenmarkähnlich: myeloid
Knochenmarkentzündung: Osteomyelitis
Knochenmarksgeschwulst: Myelom
knochenmarksschädigend: myelotoxisch
Knochenmarkszelle: Myelozyt
Knochennaht: Sutur

Knochenriß

Knochenriß: Fissur
Knochenschmerz: Ostealgie
Knochenschwund: Anostose, Osteolyse, Usur
Knochenspalt: Hiatus
Knochenverhärtung: Osteosklerose
Knochenversteifung: Ankylose
knöchern: ossal
Knödel: Dumpling
Knolle: Bulbus, Phyma
Knollennase: Rhinophym
knollig: bulboid
Knorpel: Cartilago
knorpel-, Knorpel-: chondro..., Chondro...
Knorpelentzündung: Chondritis
Knorpelerweichung: Chondromalazie
Knorpelgeschwulst: Ekchondrom, Myxochondrom
Knorpelgewebswucherung: Ekchondrose
Knorpelhaut: Perichondrium
Knorpelhautentzündung: Perichondritis
knorpelig: kartilaginär
Knorpelleim: Chondrin
Knorpelwucherung: Ekchondrose
Knötchen: Papel
Knötchenflechte: Lichen
Knoten: Nodus, Tophus
Knüller: Scoop
Kobaltblüte: ²Erythrin
Kobold: Gnom, Puck
Kochanweisung: Rezept
Kochkunst: Gastronomie
Kochkünstler: Gastronom
Kochnische: Kitchenette
Kochsalz: Natriumchlorid
Kohledruck: Pigmentdruck
Kohleneisenstein: Blackband
Kohlenstaublunge: Anthrakose
kohlenstofffrei: affiné
Koller: Raptus
kollern: rumoren
Kölnischwasser: Eau de Cologne
König: ¹Rex
königlich: regal, royal
Königsanbetung: Basileolatrie
Königskerze: Verbaskum
königstreu: royal
Königstreue: Royalismus
Können: Bravour, Suffizienz
Kontrollbildschirm: Monitor
Kontrollpunkt: Checkpoint
Kontrollstreifen: Banderole
Kontrollturm: Tower
Konzentrationsschwäche: Aprosexie
Kopf: Caput
kopf-, Kopf-: zephalo..., Zephalo...
Kopffüßer: Zephalopode
Kopfgrind: Favus
Kopfhaar: Capillus
Kopfhautflechte: Mikrosporie
Kopfpilz: Trichophytie
Kopfschlagader: Karotis
Kopfschmerz: Zephalgie
Kopfschmuck: Diadem

Kopfstimme: Falsett, Fistelstimme, Voce di testa
kopfwärts: kranial
Koralleninsel: Atoll
Korallenschwamm: Fungit
Koranschule: Medrese
Korbball: Basketball
Korbballspiel: Basketball
Korbblütler: Komposite
Korbflasche: Ballon, Demijohn
kork-, Kork-: phello..., Phello...
Korkbaum: Phellodendron
Korkschnitzkunst: Phelloplastik
Kornährenverband: Spica
Kornblume: Zyane
kornblumenblau: ultramarin
Körnchen: Granulum
Körnerkrankheit: Trachom
körnig: granulös
Körnung: Granulation
Körper: ¹Korpus, ²Soma
Körperabwehrsystem: Immunsystem
Körperausscheidung: Egesta, Exkrement
Körperbau: Konstitution
Körperbauform: Konstitutionstyp
Körperbeschaffenheit: Habitus, Physis
Körperfarbstoff: Melanin, Melanogen, Pigment
Körperflüssigkeit: ²Humor, Liquor
Körperfülle: Embonpoint
Körpergestalt: Statur
Körpergewebelehre: Histologie
Körpergliedersatz: Prothese
körperhaft: plastisch
Körperhöhle: Kaverne
Körperhöhlenvereiterung: Empyem
körperlich: hylisch, materiell, physisch, plastisch, somatisch
Körperlichkeit: Materialität, Plastizität
körperlos: asomatisch
Körpermessung: Biometrie
Körperpflege: Kosmetik
Körperpflegemittel: Kosmetikum
Körpersaft: ²Humor
Körperschaft: Gremium, Kollegium, Korporation
körperschaftlich: korporativ
Körperschulung: Bodybuilding
Körperschwäche: Adynamie, Asthenie, Hypodynamie, Kachexie
Körpersprache: Pantomimik
Körperwärme: Temperatur
Korpsgeist: Esprit de corps
Kosakenhauptmann: Ataman
Kosakenpeitsche: Nagaika
Kosename: Hypokoristikum
kostbar: luxuriös, splendid
Kostbarkeiten: Pretiosen
kosten: degustieren, probieren
Kosten: Expensen, Spesen
Kostenermittlung: Kalkulation
kostenlos: gratis
Kostenvoranschlag: Kalkulation
köstlich: ambrosisch, delikat, deliziös
kostspielig: expensiv

Kot: Dejekt, Exkrement, Fäkalien, Fäzes
kotartig: fäkulent
Kotausscheidung: Defäkation
Kotauswurf: Dejektion
Koterbrechen: Kopremesis, Miserere
kotessend: koprophag
Kotesser: Koprophage
kotfressend: koprophag
Kotfresser: Koprophage
Kotgeschwulst: Koprom
kothaltig: sterkoral
kotig: fäkal, fäkulent, sterkoral
Kotstauung: Koprostase
Kotstein: Enterolith, Koprolith
Kotvergiftung: Koprämie
Krach: Rabatz, Rumor, ¹Spektakel
Kraft: ¹Agens, Dynamik, Dynamis, Element, Energie, Intension, Intensität, Movens, Potenz, Power, Virtualität
Kraftbrühe: Bouillon, Consommé
Kräfteverfall: Asthenie, Hyposthenie, Kachexie, Marasmus
Kraftfahrzeug: Automobil
Kraftfülle: Sthenie
kräftig: 1. athletisch, robust. 2. intensiv. 3. fermamente, rigoroso
kräftigen: tonisieren
kräftigend: ¹tonisch
Kräftigungsmittel: Roborans, Tonikum
kraftlos: adynamisch, anergisch, asthenisch
Kraftlosigkeit: Adynamie, Anergie, Asthenie
Kraftmensch: Athlet, Herkules
Kraftmessung: Dynamometrie
Kraftprotz: Rambo
kraftvoll: athletisch, energisch, lapidar, nervig, robust, sthenisch
Kraftwagen: Automobil
Kraftwagenoberbau: Karosserie
Kram: Firlefanz, Tinnef, Zinnober
Krampf: Spasmus
krampf-, Krampf-: spasmo..., Spasmo...
Krampfader: Varix
Krampfaderbildung: Varikosität
Krampfaderbruch: Varikozele
Krampfadergeflecht: Medusenhaupt
krampfaderig: varikös
Krampfaderleiden: Varikose
Krampfanfall: Konvulsion
krampfartig: konvulsivisch, spasmisch
krampferzeugend: spasmogen
krampfhaft: spasmisch, spastisch
krampflösend: antispastisch, spasmolytisch
Krampflösung: Spasmolyse
krank: malade, marod
Krankenbehandlung: Therapie
Krankenbericht: Bulletin
Krankenhaus: Hospital, Klinik, Spital
Krankenhausabteilung: Station
Krankenkost: Diät
Krankenpfleger: Sanitäter
Krankenwagen: Ambulanz
Kranker: Patient

Kurzgeschichte

krankhaft: morbid, morbös, pathologisch
Krankheit: Malum, Morbus
krankheits-, Krankheits-: noso..., Noso...; patho..., Patho...
Krankheitsanfälligkeit: Disposition
Krankheitsbeschreibung: Nosographie
Krankheitsbild: Syndrom
Krankheitsentstehung: Pathogenese
Krankheitserkennung: Diagnose
Krankheitserkennungslehre: Diagnostik
krankheitserregend: pathogen, virulent
Krankheitserreger: Bakterie, Bazillus, Virus
Krankheitsgeschichte: Anamnese
Krankheitshäufigkeit: Morbidität
Krankheitsherd: Fokus
Krankheitslehre: Nosologie, Pathologie
Krankheitsrückfall: Rekadenz, Rezidiv
Krankheitsüberträger: Konduktor
Krankheitsursache: Noxe
Krankheitsverhütung: Prophylaxe
Krankheitsverschlimmerung: Exazerbation
Krankheitsvorgeschichte: Anamnese
Krankheitszeichen: Symptom
kränklich: morbid, morbös
Kränklichkeit: Morbosität
Kränkung: Affront, Tort
Krätze: Skabies
krätzig: skabiös
Kratzwunde: Knesma
kraus: abstrus
Kräuselgewebe: Krepp
kräuseln: kreppen
Kräuter: Herba
kräuterbewohnend: herbikol
kräuterfressend: herbivor
Krebs: Karzinom
krebs-, Krebs-: karzino..., Karzino...
Krebsableger: Karzinose, Metastase
Krebsangst: Kanzerophobie, Karzinophobie
krebsartig: kanzerös
Krebsentstehung: Karzinogenese
krebserzeugend: kanzerogen
Krebsforscher: Karzinologe
Krebsforschung: Karzinologie
Krebsfurcht: Karzinophobie
Krebsgeschwulst: Karzinom, Metastase, Sarkom, Szirrhus, Tumor
krebshemmend: karzinostatisch
Krebshemmstoff: Karzinostatikum, Zytostatikum
Krebsstein: Kankrit
Krebstier: Krustazee
Krebsversteinerung: Kankrit
Kreis: Cercle, Circulus, Orbis, Zirkel
kreis-, Kreis-: zyklo..., Zyklo...
kreisähnlich: zykloid
Kreisausschnitt: Sektor
Kreisdurchmesser: Diameter
Kreisellüfter: Turboventilator
kreisen: zirkulieren

kreisförmig: orbikular, zirkular, zyklisch
Kreislauf: Periode, Zirkulation, Zyklus
Kreislaufversagen: Schock
Krempel: Tinnef, Zinnober
Krempling: Paxillus
Kreuz: Crux
Kreuzbestäubung: Xenogamie
Kreuzblütler: Kruzifere
kreuzen: hybridisieren
Kreuzgang: Deambulatorium
Kreuzkuppelgewölbe: Domikalgewölbe
Kreuzschmerz: Lumbalgie
Kreuzsprung: Entrechat
Kreuzung: Bastardierung, Hybridisierung
Kreuzungsergebnis: Bastard, Hybride
Kribbeln: Formikatio
kriechen: scharwenzeln
Kriecher: Lakai
Kriecherei: Byzantinismus, Servilismus
kriecherisch: devot, servil
Kriechtier: Reptil
Kriechtierkunde: Herpetologie
kriegerisch: aggressiv, martialisch, militärisch
kriegsbereit: mobil
Kriegsentschädigungen: Reparationen
Kriegsfall: Casus belli
Kriegsflotte: Armada, Marine
Kriegsgebiet: Front
Kriegsgefangener: Prisoner of war, Prisonnier de guerre
Kriegsgrund: Casus belli
Kriegslist: Strategem
Kristallgemisch: Eutektikum
Krittler: Kritikaster
Kronleuchter: Lüster
Krönungsmantel: Pallium, Pluviale
Kropf: Struma
kropfartig: strumös
Kropfentzündung: Strumitis
kropferzeugend: strumigen
kropfig: strumös
Krötenstein: Bufonit
krümmen: torquieren
Krummstab: ²Pastorale, Pedum
Krümmung: Kurvatur, Kurve
Krustenbildung: Inkrustation
Küchenchef: Chef de cuisine
Küchengehilfe: Aide
Küchenschabe: Kakerlak
kugel-, Kugel-: sphäro..., Sphäro...
kugelähnlich: sphäroidisch
Kugelbakterie: Kokke
Kugeldurchmesser: Diameter
Kugelgelenk: Diarthrose
Kugelzelle: Sphärozyt
Kuhäugigkeit: Boopie
kühl: cool, reserviert
kühn: 1. phaetonisch. 2. ardito
Kühnheit: Bravour
Kuhschelle: Pulsatilla
kulturliebend: hemerophil
kulturmeidend: hemerophob

Kulturpflanze: Ergasiophyt
kümmerlich: schofel, trist
Kunde: Klient
Kundenbetreuung: ²Service
Kundendienst: ²Service
Kundenwerber: Akquisiteur
Kundenwerbung: Akquisition
kundgeben: demonstrieren, manifestieren, proklamieren
Kundgebung: Demonstration, Manifest, Manifestation
Kundschaft: Klientel
Kundschafter: Emissär, Spion
Künstelei: Manier, Manieriertheit
kunstempfänglich: musisch
Kunsterzeugnis: Artefakt
Kunstfasergewebe: Synthetics, Synthetik
Kunstfertigkeit: Technik
Kunstflug: Aerobatik
Kunstflugvorführung: Aerobatik
Kunstförderer: Mäzen
Kunstfreund: Philokale
Kunstglied: Prothese
Kunstgriff: Finesse, Manipulation, Praktik, Stratagem
Kunsthandlung: Galerie
Künstlergehalt: Gage
künstlerisch: ästhetisch, musisch
Künstlertruppe: Ensemble
Künstlerwerkstatt: Atelier, Studio
künstlich: 1. artifiziell, imitiert. 2. synthetisch
Kunstspringer: Voltigierer
Kunststoff: ²Plastik
Kunststoff-: Plastik...
kunstverständig: musisch
Kunstwerk: Opus
Kupfer: Cuprum
Kupferfinnen: Rosazea
Kupferglanz: Chalkosin
Kupferkies: Chalkopyrit
Kupferspat: Malachit
Kupferstecher: Chalkograph
Kupferstich: Chalkographie
Kupfervergiftung: Kuprismus
Kurheim: Sanatorium
Kuriositätensammlung: Panoptikum
Kurpfuscher: Medikaster, Scharlatan
Kurpfuscherei: Scharlatanerie
Kurvenmesser: Kartometer
kurz: 1. epigrammatisch, lakonisch, lapidar, prägnant, summarisch. 2. konzis
kurz-, Kurz-: brachy..., Brachy...
kurzatmig: asthmatisch
Kurzatmigkeit: Asthma, Dyspnoe, Tachypnoe
Kürze: Brevität
Kürzel: Sigel
kurzerhand: a limine, brevi manu
kurzfingerig: brachydaktyl
Kurzfingerigkeit: Brachydaktylie
Kurzflügler: Staphylinide
kurzfüßig: brachypodisch
kurzgebraten: sautiert
kurzgefaßt: kompakt
Kurzgeschichte: Short story

1509

kurzgriffelig

kurzgriffelig: brachystyl
kurzköpfig: brachyzephal
Kurzköpfigkeit: Brachyzephalie
kurzlebig: brachybiotisch, ephemer
Kurzschrift: Stenographie
Kurzschriftler: Stenograph
kurzschriftlich: stenographisch
kurzsichtig: myop
Kurzsichtigkeit: Myopie
kurzsilbig: brachysyllabisch
Kurzstartflugzeug: STOL
Kurzstreckenlauf: Sprint
Kurzstreckenläufer: Sprinter
Kurzwarenhandlung: Bonneterie, Mercerie
Küstenland: Litorale
küstennah: litoral
Küster: Sakristan, Sigrist

L

Labsal: Balsam
lächerlich: grotesk, skurril
Lachgas: Stickoxydul
Lachkrampf: Gelasma
Lachse: Salmoniden
Lackschicht: Lasur
Lademaß: Normalprofil
Laden: Magazin, Shop
-laden: ...shop
Ladenbuchhändler: Sortimenter
Ladenhüter: Restant
Ladenstraße: Basar, Passage
Ladentisch: ¹Korpus, Theke
Lage: 1. Konstellation, Position, Situation. 2. Situierung
Lagebeschreibung: Topographie
Lager: 1. Depot, Magazin. 2. ¹Camp, Kolonie
lagern: deponieren, magazinieren
lagern, sich: kampieren
Lagerraum: Magazin
Lagerschein: Warrant
Lagerung: Deponierung
Lagerverwalter: Magazineur, Storekeeper
lähmen: paralysieren
Lähmung: Paralyse, Parese, Plegie
Laienbruder: Frater, ²Oblate
laienhaft: dilettantisch, inkompetent
Laienhaftigkeit: Dilettantismus
Lammwolle: Lambswool
Lampenglas: Zylinder
Lampenträger: Kandelaber
Land: Terra, Territorium
Landeanflug: Approach
Landebahn: Runway
Landenge: Isthmus

Landeshauptstadt: Residenz
Landeshoheit: Territorialhoheit
Landesteil: Provinz
Landhaus: Chalet, Cottage, Datscha
Landkarte: Mappa
Landkartenherstellung: Kartographie
Landkartensammlung: Atlas
Landkartenzeichner: Kartograph
landläufig: usuell
ländlich: idyllisch, pastoral, provinzlerisch, rustikal
Landpolizei: Gendarmerie
Landpolizist: Gendarm
landschaftlich: provinziell
Landsenke: Depression
Landstraße: Chaussee
Landstreicher: Berber, Lumpazivagabundus, Tramp, Vagabund
Landstreicherei: Vagabondage
Landstrich: Trakt
Landungsbrücke: Pier
Landvermesser: Geodät
Landvermessung: Geodäsie
Landwirt: Agrarier, Agronom
Landwirtschaft: Agrikultur
landwirtschaftlich: agrarisch
landwirtschafts-, Landwirtschafts-: agrar..., Agrar...; agro..., Agro...
Landwirtschaftserzeugnisse: Naturalien
Landwirtschaftswissenschaft: Agronomie
lang-, Lang-: dolicho..., Dolicho...
Längengleichheit: Isometrie
Längenkreis: Meridian
Längenmessung: Longimetrie
Längentreue: Isometrie
Langeweile: Ennui
Langköpfigkeit: Dolichozephalie
Langlaufbahn: Loipe
Langlaufspur: Loipe
Langlebigkeit: Longävität, Makrobiose
länglichrund: oval
längsachsig: axial
langsam: 1. ²pomadig. 2. adagio, lentamente, lentement
Langsamkeit: Inertie
längsgerichtet: longitudinal
Längsschnitt: Profil
langweilig: ennuyant, steril, trist
langwierig: chronisch
Langzeitpräparat: Depotpräparat
Lanzenreiter: Lancier, Picador, Ulan
Läppchenprobe: Epikutanprobe
Lappenzelt: ²Kote
Lärm: Remmidemmi, Rumor, Skandal, ¹Spektakel, Tumult
lärmen: randalieren, rumoren, spektakeln, tumultuieren
lärmend: 1. tumultuarisch, turbulent. 2. strepitoso, tumultuoso
lässig: lax, leger, nonchalant
Lässigkeit: Nonchalance
Lastenförderer: Elevator
lästern: blasphemieren
lästig: genant, sekkant
Lastkraftwagen: Camion, Truck

Lastzug: Truck
Lastzugfahrer: Trucker
Lattenzaun: Staket
Latwerge: Electuarium
Laube: Pergola, Salettel
Laubengang: Pergola
Laubsäge: Dekupiersäge
Laufbahn: Karriere
Laufbursche: Boy, ¹Page
Laufgang: Gangway
Laufleine: Longe
Laufrad: Draisine
Laufschuhe: Spikes
Lauftreppe: Gangway
Laune: Kaprice
launenhaft: 1. kapriziös. 2. capriccioso
launig: humorig
Läusebefall: Pedikulose, Phthiriase
laut: forte
Laut: Vox
laut-, Laut-: phono..., Phono...
Lautbildungsstörung: Dyslalie, Lalopathie
Lautenspieler: Lautenist
läutern: purgieren, purifizieren
Läuterung: Katharsis
lautgetreu: phonographisch
Lautlehre: Phonetik
lautlich: phonetisch
Lautsprecher: Megaphon
Lautstärkemesser: Phonometer
Lautumstellung: Metathese
Lebemann: Bonvivant, Playboy
leben: existieren
Leben: Existenz, Vita
lebendgebärend: vivipar
Lebendgeburt: Viviparie
lebendig: dynamisch, mobil, vif, vital
Lebendigkeit: Agilität, Drive, Vitalität
lebens-, Lebens-: bio..., Bio...
Lebensablauf: 1. Biographie. 2. Biorhythmus
Lebensangst: Existenzangst
Lebensart: ¹Fasson, Kultur, Savoir-vivre, ²Takt
lebensbejahend: optimistisch
Lebensbejahung: Optimismus
Lebensbereich: 1. Ambiente, Milieu. 2. Biochore
lebensbeschreibend: biographisch
Lebensbeschreibung: Autobiographie, Biographie, Vita
lebensecht: realistisch
Lebensentwicklung: Biogenese
Lebenserinnerungen: Memoiren
Lebensfähigkeit: Vitalität
lebensfeindlich: bionegativ
Lebensfluß: Biorheuse
Lebensfreude: Optimismus
Lebensfülle: Vitalität
Lebensgefährte: Partner
Lebensgemeinschaft: Biom, Biozönose, Symbiose, Synözie, Zönobium
Lebensgeschichte: Biographie
Lebensgrundlage: Existenz
Lebensklugheit: Savoir-vivre
Lebenskraft: Vita, Vitalität

Leutseligkeit

lebenskräftig: vital
Lebenslauf: Biographie, Curriculum vitae, Vita
Lebensmittel: Furage, Komestibilien, Naturalien
Lebensmittelbeschaffung: Catering
Lebensmitteltrocknung: Dehydratation
lebensnotwendig: essentiell
Lebensraum: Biosphäre, Biotop, Element, Milieu, Revier
Lebensraumanpassung: Naturalisation
Lebensregel: Maxime
lebensschädlich: bionegativ
Lebensschutz: Biophylaxe
Lebensspannkraft: Biotonus
Lebensstil: Fashion, Highlife, Lifestyle
Lebensunfähigkeit: Abiose
lebensunfroh: pessimistisch
Lebensunterhalt: Alimentation, Existenz
lebensvoll: pantagruelisch, vital
Lebensweisheit: Chrie
lebenswichtig: vital
Leber: Hepar
leber-, Leber-: hepato..., Hepato...
Leberblümchen: Hepatika
Leberegelkrankheit: Fasziolose
Leberentzündung: Hepatitis
Lebererkrankung: Hepatose
Leberklößchen: Hâtereau
Leberkunde: Hepatologie
Leberleiden: Hepatopathie
Leberschmerz: Hepatalgie
Leberstein: Hepatolith
Lebervergrößerung: Hepatomegalie
Leberzelle: Hepatozyt
Lebewesen: Kreatur, Organismus
Lebewohl: Ade, Adieu, Valet
lebhaft: 1. mobil, vif, vital. 2. allegro, animato, animoso, mosso, stretto, vivace
Lebhaftigkeit: 1. Temperament, Vehemenz. 2. Brio
Lebkuchen: Printe
leblos: abiotisch, devital
Leck: Leckage
lecker: delikat, gustiös
Leckerbissen: Delikatesse, Gourmandise
Lederhaut: Corium, Kutis, Sklera
leer: 1. blanko, in blanko. 2. inan, stereotyp
Leerdarm: Jejunum
Leerdarmentzündung: Jejunitis
Leerdarmuntersuchung: Jejunoskopie
Leere: Inanität, Vakuum
Leergrab: Kenotaph
Leergutpreis: Fustage
Leerseite: Vakat
Leerstelle: Blank
Legendenbuch: Legendar
legendenhaft: legendär
lehns-, Lehns-: feudal..., Feudal...
Lehnsessel: Fauteuil
Lehnsmann: Vasall

Lehnsverhältnis: Vasallität
Lehnswesen: Feudalismus
Lehramt: Professur
Lehramtsanwärter: Studienassessor
Lehrauftrag: Dozentur, Facultas docendi, Lektorat
Lehrausflug: Exkursion
Lehrbeauftragter: Dozent, Lektor
Lehrbefähigung: Fakultas
Lehrberechtigung: Venia legendi
Lehre: 1. Didaxe. 2. Exempel
-lehre: ...logie
lehren: dozieren, instruieren
Lehrer: Magister, Pädagoge
Lehrerpult: Katheder
Lehrfabel: Apolog
Lehrfahrt: Exkursion
Lehrgang: Kurs
lehrhaft: didaktisch
Lehrhaftigkeit: Didaxe
Lehrherr: Prinzipal
Lehrkörper: Kollegium
Lehrmeinung: Doktrin, Theorie
Lehrplan: Curriculum
lehrreich: informativ, instruktiv
Lehrsatz: Dogma, Doktrin, Maxime, Theorem, These
Lehrstück: Parabel
Lehrstuhl: Cathedra, Katheder, Professur
Lehrveranstaltung: Seminar
Leibeigener: Sklave
Leibeigenschaft: Sklaverei
Leibesfrucht: Embryo, Fetus
leibhaftig: in natura
Leibwache: Garde
Leibwächter: Bodyguard
leichen-, Leichen-: nekro..., Nekro...
Leichenausgrabung: Exhumierung
Leichenbegängnis: Funeralien
Leichengift: Kadaverin, Ptomain
Leichenöffnung: Autopsie, Nekropsie, Obduktion
Leichenschändung: Nekrophilie
Leichenschau: Autopsie, Nekropsie
Leichenverbrennung: Kremation, Nekrokaustie
Leichenwachs: Adipocire
Leichenzug: Kondukt
leicht: 1. leger, light. 2. facile, leggiero
Leichtbenzin: Petroläther
leichtfertig: frivol, libertin
Leichtfertigkeit: Frivolität
Leichtgläubigkeit: Naivität
Leichtkalkbeton: Ytong
Leid: Tragik
Leideform: Passiv
Leiden: Martyrium
leidend: 1. passiv. 2. appenato
Leidender: Lazarus
Leidenschaft: 1. Passion. 2. Brio
Leidenschaften: Affekte
leidenschaftlich: 1. passioniert. 2. affetuoso, appassionato, furioso, patetico, pathétique
Leidenschaftlichkeit: Furore
leidenschaftslos: cool, lethargisch

leidlich: passabel, tolerabel
Leim: Kolla
leimartig: viskös
leimen: broschieren
leimgebend: kollagen
leise: piano
Leistendrüsenentzündung: Bubo
Leistung: Power, ¹Sensation
leistungsbedingt: funktionell
Leistungsbewertung: Zensur
leistungsbezogen: funktionell
leistungsfähig: effizient, energisch, fit, potent
Leistungsfähigkeit: Effektivität, Efficiency, Energie, Euergie, Kapazität, Kondition, Potential, Potenz, Produktivität
Leistungslohn: Akkordlohn
leistungsschwach: impotent
Leistungssoll: Norm, Pensum
Leistungsstand: Level
leistungsstark: produktiv
leistungssteigernd: ergotrop
Leistungsvermögen: Kapazität, Potenz
Leitbild: Ideal, Idee
leiten: dirigieren, managen, präsidieren
Leiter: Chef, Direktor, Manager, Präsident
Leitfaden: Ariadnefaden, ¹Kanon, Vademekum
Leitfähigkeit: Konduktivität
Leitgedanke: Ideal, Motiv, Thema, Thematik
Leitsatz: Kredo, Maxime, These
Leitspruch: Devise, Motto, ²Parole
Leitton: Note sensible
Leitung: Direktion, Management, Präsidium, Regiment, Supervision
Lendenschmerz: Lumbalgie
Lendenstück: ²Filet
lenken: manövrieren, regieren
lenkend: manipulatorisch
Lenkrad: Volant
Lenkschlitten: Bob
Lerchensporn: Korydalis
Lernabschnitt: Lektion
Lerneinheit: Unit
Lernmittel: ¹Medium
Lernschritt: Frame
Lernstoff: Memorierstoff
Lesebuch: ¹Fibel
Leser: Rezipient
Lese-Rechtschreib-Schwäche: Legasthenie
Leserschaft: Publikum
Leseschwäche: Alexie
Lesestoff: Lektüre
Leseunkundiger: Analphabet
letztwillig: testamentarisch
leuchten: lumineszieren, szintillieren
leuchtend: luminös, luzid
Leuchterscheinung: Airglow, Aureole, Lumineszenz
Leumund: Renommee
leutselig: jovial
Leutseligkeit: Jovialität

licht

licht: spatiös
licht-, Licht-: foto..., Foto...; photo..., Photo...
lichtbeständig: photostabil
lichtbevorzugend: photophil
Lichtbild: Fotografie
Lichtbildner: Fotograf
Lichtbildwerfer: Diaprojektor, Epidiaskop, Projektor
Lichtblitz: Flashlight
lichtbrechend: dioptrisch
lichtdurchlässig: pelluzid
Lichtdurchlässigkeit: Pelluzidität, Transluzenz, Transparenz
lichtecht: indanthren, photostabil
lichtempfindlich: photophob
Lichtempfindlichkeit: Photophobie
Lichterscheinung: Phosphen
Lichtheilverfahren: Phototherapie
Lichtkreis: Glorie
lichtlos: aphotisch
Lichtmessung: Photometrie
Lichtpocken: Hidroa
Lichtraumbemessung: Normalprofil
Lichtregie: Lighting design
lichtreich: euphotisch
Lichtsatzmaschine: Monophoto
lichtscheu: photophob
Lichtspielhaus: Kino
Lichtstärkemesser: Photometer
Lichtstärkemessung: Photometrie
Lichtstift: Lightpen
lichtstrahlend: empyreisch
Lichtstreuung: Diffusion
lichtunbeständig: photolabil
lichtundurchlässig: opak
Lichtundurchlässigkeit: Opazität
lichtverstärkend: laseraktiv
lichtvoll: luminös
Lichtwellenbündler: Laser
Lichtwellenverstärker: Laser
Lidhauterschlaffung: Blepharochalasie
Lidkrampf: Blepharoklonus, Blepharospasmus
Lidrandentzündung: Blepharitis
Lidspalterweiterung: Kanthoplastik
liebäugeln: flirten, kokettieren
Liebe: Eros
liebedienern: antichambrieren
Liebelei: Flirt, Techtelmechtel
liebenswürdig: 1. charmant. 2. amabile
liebes-, Liebes-: eroto..., Eroto...
Liebesabenteuer: Affäre
Liebesbote: Postillon d'amour
Liebeserlebnis: Romanze
Liebesgeschichte: Love-Story
Liebeskunst: Ars amandi, Erotik
Liebesleben: Erotik
Liebeslehre: Erotologie
Liebespartner: Lover
Liebesspiel: Jeu d'amour
Liebesstündchen: Tête-à-tête
Liebesverhältnis: Liaison, Techtelmechtel
Liebesverhältnisse: Amouren
Liebeswahn: Erotomanie, Hypererosie

Liebhaber: 1. Amant, Cicisbeo, Galan, Lover. 2. Fan
Liebhaberei: Hobby, Passion
-liebhaberei: ...philie
Liebhaberstück: Rarität
liebkosen: karessieren
lieblich: 1. amön. 2. amabile, con dolcezza, dolce, doucement, doux, piacevole, suave, vezzoso
Lieblichkeit: Amönität
Liebling: Darling, Honey
Lieblingsaufenthalt: Tuskulum
Lieblosigkeit: Impietät
Liebreiz: Charme, Grazie
Liebschaft: Affäre, Liaison, Poussage, Techtelmechtel
Liebschaften: Amouren
Lied: Aria, ¹Chant, Melos, Song
Liederschreiber: Songwriter
liedhaft: melisch
liedmäßig: arioso
lieferbar: prompt
Lieferschein: Faktur
Liefertag: Termin
Lieferungsfortsetzung: Kontinuation
liegend: horizontal
Liegenschaft: Immobilie
Liegenschaften: Realitäten
Liegenschaftsverzeichnis: Kataster
Lilienschweif: Eremurus
lindern: mitigieren
lindernd: balsamisch, leniens, palliativ
Linderung: Balsam
Linderungsmittel: Balsam, Demulzens, Mitigans, Palliativ
Linie: Kontur
linienförmig: linear
Linienstecher: Guillocheur
Linienzeichnung: Guilloche
links: sinister
linksdrehend: lävogyr
Linsenfernrohr: Refraktor
linsenförmig: lentiform, lentikular
Linsenlosigkeit: Aphakie
Linsenmal: Lentigo
Linsentrübung: ²Katarakt
Lippe: Labium
lippen-, Lippen-: labio..., Labio...
Lippenblütler: Labiaten
Lippenentzündung: Cheilitis
Lippengaumenlaut: Labiovelar
Lippen-Kiefer-Gaumen-Spalte: Cheilognathopalatoschisis
Lippen-Kiefer-Spalte: Cheilognathoschisis
Lippenlaut: Labial
Lippenschmerz: Cheilalgie
Lippenschwellung: Cheilose
Lippenspalte: Cheiloschisis, Diastematochilie
Lippenzahnlaut: Labiodental
Liste: Tabelle
lobenswert: laudabel
Lobeserhebung: Eloge
Lobgedicht: Enkomion, Panegyrikos
Lobgesang: ²Gloria, Hymne, ²Sanctus
Lobhudelei: Schmus

löblich: laudabel
Loblied: Dithyrambe
lobpreisen: benedeien
Lobpreisung: Doxologie, Enkomiastik
Lobrede: Eloge, Elogium, Enkomion, Laudatio, Laudation, Panegyrikos
Lobredner: Enkomiast, Laudator, Panegyriker
Lobschrift: Enkomion
lochen: perforieren
Löcherkoralle: Madrepore
Lochkarte: Hollerithkarte
Lochkartenmaschine: Hollerithmaschine
löchrig: porös
Löchrigkeit: Porosität
Lochstreifen: Tape
lockenhaarig: bichonniert
Lockspitzel: Agent provocateur
Löffelfuchs: Otozyon
Lohn: Salär
lohnen, sich: rentieren, sich
lohnend: effektiv, rentabel
Lohnstaffel: Tarif
Lohnvereinbarung: Tarif
Lorbeerbaum: Laurus
los!: allons!, dawai!, olé!
Los: Kismet
löslich: dissolubel, solubel
Lossprechung: Absolution
Losung: ²Parole
Lösung: Solution
-lösung: ...lyse
Lösungsmittel: Dispergens, Solvens
Lösungsverfahren: Operation
lotrecht: perpendikular, vertikal
Lückenbüßer: Figurant
lückenhaft: defektiv
luft-, Luft-: aero..., Aero...; Air...
Luftansammlung: Emphysem
Luftbildmessung: Aerophotogrammetrie
Luftbrücke: Airlift
Luftdruck-: baro..., Baro...
Luftdruckmesser: Barograph, Barometer
Luftdruckmessung: Barometrie
lüften: ventilieren
Lüfter: Ventilator
Lufterneuerung: Ventilation
Luftfahrtausstellung: Aerosalon
Luftfahrtkunde: Aeronautik
Luftfahrzeug: Ballon
Luftfeuchtigkeitsmesser: Hygrometer, Psychrometer
Luftfeuchtigkeitsmessung: Hygrometrie
luftgefüllt: pneumatisch
Luftgeist: ¹Sylphe, Sylphide
luftgestützt: airborne
Lufthülle: Atmosphäre
Luftkissenzug: Aerotrain
Luftkrankheit: Kinetose
Luftleitblech: Spoiler
Luftpost: Airmail
Luftröhre: Trachea
Luftröhren-: tracheo..., Tracheo...

Luftröhrenast: Bronchie
Luftröhrenbruch: Tracheozele
Luftröhrenentzündung: Tracheitis
Luftröhrenschnitt: Tracheotomie
Luftröhrenspiegel: Tracheoskop
Luftröhrenspiegelung: Tracheoskopie
Luftröhrenverengung: Tracheostenose
Luftsack: Airbag
Luftscheu: Aerophobie
Luftschiffhalle: Hangar
Luftschiffkabine: Gondel
Luftschlucken: Aerophagie
Luftspiegelung: Fata Morgana, Mirage
Luftsportverein: Aeroklub
Luftspringer: Voltigierer
Luftsprung: Kapriole
Lüftung: Ventilation
Luftverunreinigung: Emission
Luftwechsel: Ventilation
Lüge: Finte
lügen: fabulieren
Lügensucht: Mythomanie
Lügner: Fabulant, Fabulierer
Lümmel: Lorbaß
Lump: Halunke, Kanaille, Schubiack
Lunge: Pulmo
lungen-, Lungen-: pneumo..., Pneumo...
Lungenbeatmungsgerät: Biomotor
Lungenbläschen: Alveole
Lungenentzündung: Pneumonie
Lungenfacharzt: Pneumologe, Pulmologe
Lungenheilkunde: Pneumologie, Pulmologie
Lungenkrankheit: Pneumopathie
Lungenstein: Pneumolith
Lungenvorfall: Pneumatozele
Lurch: Amphibie
Lust: 1. Libido. 2. Animo
lüstern: faunisch
Lüsternheit: Kupidität
lustig: 1. fazetiös, fidel. 2. gaîment, giocoso, umoristico
Lustspiel: Komödie

M

Machenschaft: Manipulation
Machenschaften: Intrige, Machination
Machtbereich: 1. Imperium. 2. Sphäre
Machtergreifung: Usurpation
Machthaber: Caudillo, Diktator, Potentat
mächtig: 1. potent. 2. con forza
Machwerk: Elaborat, Schmonzette
Mädchen: Girl, Marjell
Madenfraß: Myiase

Madenkrankheit: Myiase
magen-, Magen-: gastro..., Gastro...
Magenbluten: Gastrorrhagie
Magen-Darm-Entzündung: Gastroenteritis
Magendurchleuchtung: Gastrodiaphanie
Magenentfernung: Gastrektomie
Magenerschlaffung: Gastroparese
Magenerweichung: Gastromalazie
Magenerweiterung: Gastrektasie
Magengrube: Epigastrium
Magenkatarrh: Gastritis
Magenkrampf: Gastralgie, Gastrodynie, Gastrospasmus
Magenleiden: Gastropathie
Magenmund: Kardia
Magenpförtner: Pylorus
Magenpförtnerkrampf: Pylorospasmus
Magenriß: Gastrorrhexis
Magenschleimhautentzündung: Gastritis
Magenschließmuskel: Pylorus
Magenschmerzen: Gastralgie, Gastrodynie
Magensenkung: Gastroptose
Magenspiegelung: Gastroskopie
Magenstein: Bezoar
Magenübersäuerung: Superacidität
Magenvergrößerung: Gastromegalie
Magenverstimmung: Gastrizismus
Magenzerreißung: Gastrorrhexis
Magerkeit: Asarkie
Mahlzahn: Molar, Postmolar
Mahner: Prophet
Mahnmal: Monument
Mahnpredigt: Paränese
Mahnruf: Appell, Memento
Mahnung: Memento, Monitum
Mais: Kukuruz
Maisflocken: Cornflakes
Maisvergiftung: Maidismus
Makel: Odium
makellos: integer
Makellosigkeit: Integrität
Maklergebühr: Courtage
Mal: 1. Stigma. 2. Naevus
Malaiendolch: Kris
Malariamücke: Anopheles
malerisch: pittoresk
malnehmen: multiplizieren
Malnehmen: Multiplikation
Malzzucker: Maltose
Mammutbaum: Sequoia
Mandelentzündung: Angina, Tonsillitis
Mangel: Defizit, Manko, Minus
Mängelanzeige: Reklamation
mangelhaft: defektiv
Mangelhaftigkeit: Defektivität
Mannbarkeit: Virilität
männer-, Männer-: andro..., Andro...
Männerbetörerin: Circe
Männerfurcht: Androphobie
Männerhaß: Androphobie, Misandrie
Männerheilkunde: Andrologie
Männerkindbett: Couvade

Mastdarmschmerz

Männersingstimme: Bariton, Baß, Countertenor, Tenor
Manneskraft: Virilität
männlich: arrhenisch, maskulin, viril
Männlichkeitswahn: Machismo
Mannschaft: Crew, Equipe, Kollektiv, Team
Mannschaftsführer: Kapitän
Mannschaftsgeist: Teamgeist
Mannschaftsraum: Logis
mannstoll: nymphoman
Mannstollheit: Andromanie, Nymphomanie
Mannweib: Amazone, Virago
Manteltier: Tunikate
Manuskripthalter: Divisorium, Tenakel
märchenhaft: fabulös
Marienverehrung: Mariolatrie
Markenbetreuer: Brand Manager
Markenzeichen: Logo, Signet
Marktbefragung: Field-Research, Fieldwork
Marktforscher: Field-worker, Researcher
Marktforschung: Research
marktschreierisch: exklamatorisch
Marschflugkörper: Cruise-Missile
marschmäßig: alla marcia
Marschverpflegung: Proviant
Maschinenmensch: Roboter
Maschinenschreiberin: Daktylographin, Stenotypistin
Masern: Morbilli
Maskenball: Bal masqué
Maskenfest: Maskerade
Maskenmantel: ¹Domino
Maß: Quantum
Maßeinteilung: Skala
Massenangst: Panik
Massenarmut: Pauperismus
Massenbeeinflussung: Agitprop, Manipulation
Massenerkrankung: Epidemie
Massengutbehälter: Bunker, Silo
Massengutfrachter: Bulkcarrier
massenhaft: en masse, kopiös
Massenkundgebung: Demonstration
Massenmord: Massaker
maßgebend: 1. kompetent, normativ. 2. autoritativ. 3. prominent
maßgeschneidert: tailormade
maßgetreu: konform
massig: voluminös
mäßigen: moderieren, temperieren
Mäßigkeit: Solidität, Temperenz
Maßlosigkeit: Exzeß
Maßnahme: Aktion
maßregeln: disziplinieren
Maßstab: ¹Kanon, Norm
Maßstabtreue: Konformität
maßvoll: 1. solid. 2. apollinisch
Mastdarm: Rektum
Mastdarm-: prokto..., Prokto...; rekto..., Rekto...
Mastdarmblutung: Proktorrhagie
Mastdarmentzündung: Proktitis
Mastdarmschmerz: Rektalgie

Mastdarmschnitt

Mastdarmschnitt: Proktotomie
Mastdarmschrunde: Analfissur
Mastdarmuntersuchung: Rektoskopie
Mastdarmvorfall: Exanie, Proktozele, Rektozele
Masthahn: Kapaun
Masthuhn: Poulet, Poularde
matt: 1. kaputt. 2. fioco
Mauervorsprung: Lisene, Konsole
Maulesel: Ginnus, Muli, Mulus
Maultier: Muli
Meckerstimme: Ägophonie
Medikamentensucht: Toxikomanie
medikamentensüchtig: toxikoman
Meerbusen: ¹Golf
meeres-, Meeres-: ozeano..., Ozeano...; thalasso..., Thalasso...
Meeresarm: Fjord
Meeresbucht: Bai, ¹Golf, Liman
Meeresforschung: Inner-space-Forschung
Meereskunde: Inner-space-Forschung, Ozeanographie, Thalassographie
Meereskundler: Ozeanograph
meereskundlich: ozeanographisch
Meeresneunauge: Lamprete
Meerestiefenmesser: Bathometer, Echolot, Thalassometer
Meerwasseraquarium: Ozeanarium
Meerzwiebel: Szilla
mehr: più
mehr-, Mehr-: pluri..., Pluri...; poly..., Poly...
mehrdeutig: ambig, ambigu, äquivok, polysem
Mehrdeutigkeit: Ambiguität, Amphibolie, Äquivokation, Polysemie
Mehrehe: Polygamie
mehrere: divers
mehrfach-, Mehrfach-: multi..., Multi...; pluri..., Pluri...
Mehrfachgebärende: Pluripara
Mehrfachverletzung: Polytrauma
Mehrfachvorkommen: Multiplizität
Mehrflügelaltar: Polyptychon
Mehrgebot: Adjektion
Mehrheit: Majorität
mehrjährig: perennierend
mehrkanalig: stereophon
Mehrleistung: Supererogation
mehrseitig: multilateral
mehrsilbig: polysyllabisch
mehrsprachig: polyglott
mehrstimmig: polyphon
Mehrstimmigkeit: Polyphonie
mehrwertig: multivalent
Mehrwertigkeit: Multivalenz
Mehrzahl: Plural
Mehrzweck-: Kombi...
Mehrzweckmöbel: Kombimöbel
Meinungsänderung: Konversion
Meinungsaustausch: Debatte, Diskussion, Disput
Meinungsbefragung: Field-work
Meinungsbildner: Opinion-leader
Meinungsforscher: Demoskop, Field-worker, Researcher

Meinungsforschung: Demoskopie, Research
Meinungsstreit: Debatte, Diskussion, Disput, Kontroverse, Polemik
Meinungsumfrage: Demoskopie, Poll
Meinungsverschiedenheit: Differenz, Dissenz, Divergenz, Kontroverse
Meistbietender: Lizitant
Meister: Champion, Maestro, Virtuose
meisterhaft: bravourös, virtuos
Meistermannschaft: Champion
Meisterschaft: 1. Virtuosität. 2. Championat
Meisterstück: Coup d'éclat
Meisterwerk: Chef d'œuvre
Meiststufe: Superlativ
Mekkapilger: Hadschi
melden: rapportieren
Meldung: Notiz, Rapport
Meldungen: News
Melodielehre: Melodik, Melopöe
Menge: Dosis, Portion, Quantität, Quantum, Ration
mengenmäßig: quantitativ
Mensch: Homo sapiens
menschen-, Menschen-: anthropo..., Anthropo...
Menschenaffe: Anthropoide
menschenähnlich: anthropoform, anthropoid, anthropomorph
Menschenalter: Generation
menschenartig: anthropoform
Menschenfeind: Misanthrop
menschenfeindlich: misanthropisch
Menschenfresser: Kannibale
Menschenfresserei: Kannibalismus
Menschenfreund: Philanthrop
menschenfreundlich: humanitär, philanthropisch, soziabel
Menschenfreundlichkeit: Humanitarismus, Philanthropie, Soziabilität
Menschenhaß: Misanthropie
Menschenhasser: Misanthrop
Menschenkult: Anthropolatrie
Menschenliebe: Humanitas, Philanthropie
Menschenraub: Kidnapping
menschenscheu: anthropophob, exanthropisch, misanthropisch
Menschenscheu: Anthropophobie, Exanthropie, Misanthropie
menschenunwürdig: inhuman
menschenwürdig: human
menschlich: 1. human, philanthropisch. 2. anthropomorph
Menschlichkeit: Humanitas, Humanität
Menschwerdung: 1. Hominisation. 2. Inkarnation
Merkbuch: Agenda
Merkmal: Attribut, Charakteristikum, Indikator, Kriterium, ²Moment, Symptom
merkwürdig: kurios
Merkwürdigkeit: Kuriosität
Merkzettel: Memo
meßbar: mensurabel

Meßbuch: ¹Missal
Meßdiener: Mesner, Ministrant
-messer: ²...meter
Meßfühler: Sensor
-meßgerät: ¹...meter
Meßglas: Mensur
Meßlatte: Jalon
Meßopfer: Sakrifizium
Meßtisch: Mensel
Meßumformer: Transmitter
-messung: ...metrie
Meßzylinder: Mensur
Metallbearbeitungskunst: Toreutik
Metallberührungsangst: Metallophobie
Metallkunde: Metallogie
Metallmischung: Alligation, Legierung
Metallschneider: Graveur
Metallstecher: Ziseleur
Meterwaren: Manufakturwaren
meutern: revoltieren
Mieder: Korselett, Korsett
Miederhöschen: Panty
Mienenspiel: Mimik
Miesmuschel: Mytilus
mieten: chartern, leasen
Mietflugzeug: Aerotaxi, Chartermaschine
Mietfuhrwerk: Droschke, Fiaker
Miethaus: Renditenhaus
Milbe: Akarine
milch-, Milch-: galakto..., Galakto...; lakto..., Lakto...
Milchabsonderung: Galaktorrhö, Laktation
Milchdrüse: Mamma
Milcheiweiß: Laktalbumin
Milcheiweißbestandteil: Kasein
Milcheiweißstoff: Laktoglobulin
Milchlosigkeit: Alaktie
Milchnahrungsmittel: Laktizinien
Milchstauung: Galaktostase
Milchstraße: Galaxis
Milchverlust: Galaktozemie
Milchzucker: Laktose
mild: bland, leniens, mite
mildern: mitigieren, temperieren
Milderung: Mitigation
mildtätig: karitativ
Militärdienst: Barras, Kommiß
Militärkrankenhaus: Lazarett
Militärkrankenwagen: Sanka
Militärlastwagen: Fourgon
Milz: Lien, Splen
milz-, Milz-: spleno..., Spleno...
Milzbrand: Anthrax
Milzentfernung: Splenektomie
Milzentzündung: Lienitis, Splenitis
Milzvergrößerung: Splenomegalie
Minderheit: 1. Minorität. 2. Diaspora
minderjährig: minorenn
Minderjährigkeit: Minorennität
minderwertig: inferior, power
Minderwertigkeit: Inferiorität
Minderzahl: Minorität
Mindesteinkommen: Existenzminimum

muschelförmig

mindestens: minimal
Mindestmaß: Minimum
Mineralschlamm: Fango
misch-, Misch-: hybrid..., Hybrid...
Mischbecher: Shaker
mischen: melieren, mixen, shakern
mischerbig: heterozygot
Mischerbigkeit: Heterozygotie
Mischgerät: Mixer
Mischgetränk: Drink
Mischling: Bastard, Hybride
Mischmasch: Mixtum compositum, Pelemele
Mischung: 1. Alligation, Legierung, Melange, Mixtur. 2. Synkrise
miß-, Miß-: dis..., Dis...; dys..., Dys...; kako..., Kako...
Mißbildung: 1. Anomalie, Deformation, Deformität, Difformität, Monstrosität, Paraplasie. 2. Monstrum
mißbilligend: kritisch
Mißbrauch: Abusus
mißbräuchlich: abusiv
Mißempfindung: Dysästhesie
Mißerfolg: Fiasko, Flop
Mißfallensbekundung: Protest, Protestation
Mißgeburt: 1. Difformität, Monstrosität. 2. Monstrum
Mißgeschick: Desaster, Fatalität, Malheur, ¹Panne
mißgestalten: difformieren
mißgestaltet: difform, monströs
Mißgestaltung: Amorphie, Amorphismus
mißhandeln: lynchen, malträtieren, traktieren
Mißheirat: Mesalliance
Mißklang: Disharmonie, Diskordanz, Dissonanz, Kakophonie, Paraphonie
mißlich: fatal, prekär
Mißton: Disharmonie
mißtönen: dissonieren
mißtönend: dissonant, kakophonisch
mißtrauisch: skeptisch
mißvergnügt: malkontent
Mißverhältnis: Ametrie, Diskrepanz, Disproportion, Disproportionalität
mit: per
mit-, Mit-: kon..., Kon...; syn..., Syn...
Mitarbeiter: Assistent
mitberichten: korreferieren
Mitbeteiligter: Komplize
Mitbewerber: Konkurrent, Rivale
mitenthalten: implizit
Mitesser: Komedo
mitgemeint: implizit
mitgenommen: reduziert
Mitgift: Dos, Dotation
Mithilfe: Assistenz
Mitinhaber: Kompagnon, Sozietär
mitklingen: konsonieren
mitklingend: konsonant
Mitläufer: 1. Fellow-traveller. 2. Troß
Mitlaut: Konsonant
Mitlautverdoppelung: Gemination
mitreißend: furios

Mitschwingen: Resonanz
mitschwingend: konsonant
Mitspieler: Aide, Partner
Mittagsblume: Mesembrianthemum
Mittagskreis: Meridian
Mittagsruhe: Siesta
Mittäter: Komplize, Konsorte, Kumpan
mitteilbar: kommunikativ
mitteilsam: kommunikativ
Mitteilung: 1. Information. 2. Kommuniqué
Mittel: Fundus, ¹Medium
mittel-, Mittel-: 1. Zentral...; zentri..., Zentri..., 2. meso..., Meso...; mezzo..., Mezzo...
-mittel: ...ikum, ...ivum, ...osum
mittelalterlich: mediäval
mittelbar: indirekt
Mittelbauchgegend: Mesogastrium
Mittelfuß: Metatarsus
Mittelglied: ¹Medium
mittelgroß: medium
Mittelhirn: Mesencephalon
mittelmäßig: average
Mittelohrentzündung: Otitis media
Mittelohrverknöcherung: Otosklerose
Mittelpunkt: Center, ¹Pol, Zentrum
Mittelpunktsgerade: Zentrale
Mittelpunktswinkel: Zentriwinkel
mittels: per, qua
mittelstark: mezzoforte
Mittelsteinzeit: Mesolithikum
mitteltrocken: semiarid
Mittelwert: Average
Mittelwort: Partizip
mittelwörtlich: partizipial
mittig: zentrisch
Mittler: 1. Intervenient. 2. ¹Medium
Mittönen: Resonanz
Mitunterschrift: Kontrasignatur
Mitverfasser: Koautor, Konautor
mitwirkend: synergetisch
Modeerscheinung: Look
Modeneuheit: Nouveauté
Modeschöpfer: Couturier, Haute Couturier
Modeschöpfung: Kreation
möglich: potentiell, virtuell
möglicherweise: eventuell
Möglichkeit: Dynamis, Eventualität, Option, Potentialität, Virtualität
Möglichkeiten: Fazilitäten
Möglichkeits-: Eventual...
Möglichkeitsform: Konjunktiv, Potentialis
Mohrrübe: Karotte
Monatsblutung: Menses, Menstruation, Periode
Monatsletzter: Ultimo
Monatsmitte: Medio
mönchisch: monastisch
Mond: Luna
mond-, Mond-: seleno..., Seleno...
Mondfinsternis: Eklipse
Mondforscher: Selenologe
Mondforschung: Selenologie
Mondgesteinskunde: Selenologie

mondkundlich: selenologisch
mondlos: aselenisch
mondscheinlos: aselenisch
mondsüchtig: lunatisch
Mondsüchtiger: Lunatiker
Mondsüchtigkeit: Lunatismus
Mondumlauf: Lunation
Mondumlaufbahn: Lunarorbit
Moosfarn: Selaginella
Mooskunde: Bryologie
Moospflanze: Bryophyt
Moostierchen: Bryozoon
-mord: ...zid
Mordanschlag: Attentat
Mörder: Killer
Mordsucht: Phonomanie
Morgendarbietung: Matinee
Morgenempfang: Lever
Morgenland: Orient
Morgenrock: Deshabillé, Dressing-gown, Negligé
Morgenröte: Aurora, Eos
Morgenveranstaltung: Matinee
Morphinsucht: Morphinismus
Morphinsüchtiger: Morphinist
Morphinvergiftung: Morphinismus
Mörserkeule: Pistill
Moscheeturm: Minarett
Mühe: Strapaze
Mulde: Synklinale
muldenförmig: synklinal
Müll: Abprodukte
Müllabladeplatz: Deponie
Mummenschanz: Maskerade
Mund: ⁴Os
mund-, Mund-: stomato..., Stomato...
Mundart: Dialekt, Idiom
Mundartforscher: Dialektologe
Mundartforschung: Dialektgeographie, Dialektologie
mundartlich: 1. dialektal. 2. provinziell
Mundartwörterbuch: Idiotikon
Mundfäule: Stomakaze
Mundgeruch: Halitose, Kakostomie
Mundhöhlenentzündung: Herpangina
mündig: majorenn
mündlich: oral, verbal
mundlos: astomatisch
Mundöffnung: Stoma
Mundschleimhautbläschen: Aphthe
Mundschleimhautentzündung: Stomatitis
Mundtrockenheit: Xerostomie
Mundtuch: Serviette
Mundvorrat: Furage, Proviant
mundwärts: adoral
Münster: Kathedrale
munter: 1. alert, mobil, vital. 2. animoso
Munterkeit: Temperament
Münzkunde: Numismatik
Münzkundiger: Numismatiker
münzkundlich: numismatisch
Münzprüfer: Wardein
Münzrückseite: ²Revers
Münzsammler: Numismatiker
Münzvorderseite: Avers
muschelförmig: konchiform

Muschelkrebs: Ostrakode
Muschellinie: Konchoide
Muscheln: Bivalven, Lamellibranchiata
Muschelschale: Coquille
Muschelwerk: Coquillage, Rocaille
Musenberg: Parnaß
Musikaufführung: Konzert
musikbegabt: musikalisch
Musikbesessener: Melomane
Musikbesessenheit: Melomanie
Musikhochschule: Konservatorium
Musiklehrer: ²Maestro
musikliebend: musikalisch
Musikwerk: Komposition
Musikwerke: Musikalien
Musikwissenschaftler: Musikologe
muskel-, Muskel-: myo..., Myo...
Muskeldurchtrennung: Myotomie
Muskelentzündung: Myositis
Muskelerkrankung: Myopathie
Muskelerschlaffung: Atonie
Muskelfaser: Myofibrille
Muskelgefüge: Muskulatur
Muskelgewebsgeschwulst: Myom
Muskelkrampf: ¹Krampus, Myospasmus, Myotonie
Muskellähmung: Myoparalyse, Myoplegie
Muskellehre: Myologie
Muskelschmerz: Myalgie, Myodynie
Muskelschwäche: Myasthenie
Muskelschwund: Myatrophie
Muskelspannung: Hypertonie, Hypotonie, Myotonie
Muskelstarre: Rigidität
Muskelstarrkrampf: Katalepsie
Muskeltraining: Bodybuilding
Muskelzerreißung: Myorrhexis
Muskelzittern: Tremor
Muskelzucken: Tic
Müßiggänger: Flaneur
Müßiggängertum: Dolce vita, Oblomowerei
Muster: 1. Dekor, Dessin, Dessinierung, Modell, Schablone. 2. Paradigma, Pattern, ¹Schema. 3. Prototyp, Typ
Musterfall: Präzedenzfall
Musterformer: Modellierer
mustergültig: comme il faut, ideal, klassisch, par excellence
musterhaft: exemplarisch
Mustersammlung: Kollektion
Musterung: Dessinierung
Musterzeichner: Dessinateur
Mut: Bravour, Courage
mutig: couragiert
mutlos: athymisch, decouragiert, defätistisch, resigniert
Mutlosigkeit: Defätismus
mutmaßen: kombinieren, präsumieren
Mutter: Mama
Mutterherrschaft: Matriarchat
Mutterkornvergiftung: Ergotismus
Mutterkuchen: Plazenta
Muttermal: Lentigo, Naevus
Mutterrecht: Matriarchat
mutterrechtlich: matrilineal
Mutterring: Pessar
Mutterschaft: Maternität
Mutterwitz: Pli
Mützenverband: Capitium

N

Nabel: Umbilicus
Nabelentzündung: Omphalitis
Nabelschau: Omphaloskopie
Nabelschnur: Funiculus
Nabelschwein: Pekari
nach: après
nach-, Nach-: apo..., Apo...; meta..., Meta...; post..., Post...
nachahmen: imitieren, kopieren, parodieren, plagiieren, simulieren
nachahmend: 1. imitativ, imitatorisch, mimetisch, parodistisch, plagiatorisch. 2. epigonal, epigonenhaft
Nachahmer: 1. Imitator. 2. Epigone
Nachahmung: 1. Imitat, Schablone, Simili. 2. Imitation, Kopie, Mimese, Simulation. 3. Parodie
nachbilden: 1. faksimilieren, imitieren, kopieren. 2. rekonstruieren, reproduzieren
nachbildend: reproduktiv
Nachbildung: 1. Ektypus, Faksimile, Kopie, Replikat. 2. Attrappe, Imitation, Klischee, Modell. 3. Rekonstruktion, Reproduktion
-nachbildung: ...imitat
nachdenken: meditieren, reflektieren
Nachdenken: Meditation, Reflexion
nachdenkend: meditativ
Nachdruck: 1. Aplomb, Emphase, Massivität. 2. Reprint
nachdrücklich: à fonds, apophantisch, emphatisch, energisch, ultimativ
Nacheiszeit: Postglazial
nacheiszeitlich: postglazial
Nachen: Barke
nachfolgend: konsekutiv
nachforschen: baldowern, inquirieren, investigieren, recherchieren, requirieren
Nachforschung: Exploration, Investigation, Recherche, Requisition
nachgeahmt: imitiert
nachgeboren: postum
Nachgeborener: Postumus
Nachgeburt: Plazenta
nachgelassen: postum
nachgemacht: epigonal
Nachgestaltung: Kopie
Nachgiebigkeit: Kondeszendenz
nachher: après

Nachkomme: Deszendent
Nachkommenschaft: Deszendenz, Progenitur
Nachlaß: Refaktie
nachlassen: remittieren
nachlassend: lentando
nachlässig: 1. larifari, lax, leger, negligeant, nonchalant, salopp. 2. negligente
Nachlässigkeit: Laxheit, Negligenz, Nonchalance
Nachlaßverfügung: Testament
Nachlaßverzeichnis: Inventar
nachleuchten: phosphoreszieren
Nachleuchten: Phosphoreszenz
nachmittags: post meridiem
nachprüfbar: verifizierbar
Nachprüfbarkeit: Verifizierbarkeit
nachprüfen: kontrollieren, revidieren
Nachprüfung: Kontrolle, Revision
Nachricht: 1. Avis, Information. 2. Notiz
Nachrichten: News
Nachrichtenaustausch: Telekommunikation
Nachrichtenbüro: Agentur, Korrespondenzbüro
Nachrichtenentschlüsselung: Decoding
Nachrichtenfernübertragung: Telegrafie, Teleprocessing
Nachrichtensprecher: Anchorman
Nachruf: Nekrolog
Nachsatz: Apodosis
Nachschlagewerk: Enzyklopädie, Lexikon, Repertorium
Nachschrift: 1. Apograph, Diktat, Postskript, Skript. 2. Apostille
Nachschubgebiet: Etappe
Nachsicht: Generalpardon, Indulgenz, Konnivenz, Pardon
nachsichtig: human, indulgent, konnivent
Nachsilbe: Suffix
nachsinnen: meditieren
Nachsorge: Postvention
Nachspeise: Dessert
Nachspiel: 1. Epilog. 2. Postludium
nachspüren: investigieren
Nachstellung: Postposition
Nächstenliebe: Agape, Karitas
nacht-, Nacht-: nykto..., Nykto...
Nachtangst: Nyktophobie, Pavor nocturnus
Nachtbar: ²Bar, Nightclub
nachtblind: hemeralopisch
Nachtblindheit: Hemeralopie
Nachteil: Handicap, Minus
Nachtgebet: Matutin, Mette
Nachtisch: Dessert
Nachtlager: Biwak
nächtlich: nocturnus
Nachtlokal: ²Bar, Nightclub
Nachtmusik: Nocturne, Notturno
Nachtpfauenauge: Aglia
Nachtrag: Addendum, Epiphrase, Supplement

nachträglich: additional, a posteriori, post festum, postnumerando
Nachtragsgesetz: Novelle
Nachtschatten: Solanum
Nachtschmerz: Nyktalgie
Nachtsichtigkeit: Nyktalopie
Nachtwandeln: Somnambulismus
nachtwandelnd: somnambul
Nachtwandler[in]: Somnambule
nachvollziehbar: rekonstruktabel
Nachwirkung: Konsequenz
Nachwort: Epilog
Nachwuchsfilmschauspielerin: Starlet[t]
Nachzahlung: Postnumeration
Nacken: Cervix, Nucha
nackt: adamitisch
nackt-, Nackt-: gymno..., Gymno...
Nacktbadestrand: Abessinien
nacktblütig: achlamydeisch
nacktfrüchtig: gymnokarp
Nacktheit: Nudität
Nadelstichbehandlung: Akupunktur
nagel-, Nagel-: onycho..., Onycho...
Nagelablösung: Onycholyse
Nagelausfall: Onychomadese
Nagelbettentzündung: Onychie, Paronychie
Nagelbrüchigkeit: Onychorrhexis
Nagelgeschwür: Panaritium
Nagelkauen: Onychophagie
Nagelkrankheit: Onychose
Nahaufnahme: Close-up
nähern, sich: konvergieren
Näherung: Approximation
Näherungswert: Approximation
Nahkampf: Infight
Nährboden: Substrat
nährend: nutritiv
nahrhaft: nutritiv, substantiell
nährstoffarm: oligotroph
Nährstoffmangel: Oligotrophie
nährstoffreich: eutroph
Nahrungsaufnahme: Ingestion
Nahrungsmittel: Nutriment
Nahrungsverweigerung: Sitophobie
Nahtbesatz: Paspel
Name: Nomen
Namenkunde: Onomastik
namenlos: anonym
Namenlosigkeit: Anonymität
Namensstempel: Paraphe
Namenszeichen: Monogramm, Paraphe, Signatur
Namenszug: Autogramm, Paraphe, Signatur
Namenverzeichnis: Onomastikon
namhaft: renommiert
nämlich: scilicet
Narbenbildung: Ulose
Näseln: Rhinolalie
nasen-, Nasen-: rhino..., Rhino...
Nasenarzt: Rhinologe
Nasenbluten: Epistaxis, Rhinorrhagie
Nasenheilkunde: Rhinologie
Nasenkatarrh: Rhinitis, Rhinoblennorrhö

Nasenkrankheit: Rhinopathie
Nasenlaut: Nasal
Nasenloch: Naris
Nasennebenhöhlenentzündung: Sinusitis
Nasenrachenraum: Epipharynx
Nasenschleimhautentzündung: Koryza, Rhinitis
Nasenschmerz: Rhinalgie
Nasenspiegel: Rhinoskop
Nasenuntersuchung: Rhinoskopie
Nasenwucherung: Polyp
Nashorn: Rhinozeros
naß: humid
nässend: madeszent, madidant
naturbedingt: biologisch, ökologisch
naturbelassen: natur
naturfarben: natur
naturgemäß: genuin
naturgetreu: naturalistisch
Naturgewalt: Element
naturhaft: elemental, elementarisch
Naturheilkunde: Physiatrie
Naturheilkundiger: Physiater
Naturkraft: Physis
natürlich: 1. biologisch, nativ, nature, naturell, physisch. 2. naiv. 3. logisch
Natürlichkeit: Naivität
Naturnachahmung: Naturalismus
naturnah: ökologisch
Naturrecht: 'Jus naturale
Naturtrieb: Instinkt
Nebelsehen: Nephelopsie
neben-, Neben-: Filial...; para..., Para...
Nebenantrag: Eventualantrag
Nebenbericht: Korreferat
Nebenbuhler: Rivale
Nebenbuhlerschaft: Rivalität
nebeneinandergereiht: synoptisch
nebeneinandergeschaltet: parallel
Nebengebäude: Dependance
Nebenhandlung: Episode
nebenher: en passant
Nebenhoden: Epididymis
Nebenhodenentzündung: Epididymitis
Nebenniere: Epinephron
Nebennierenentfernung: Epinephrektomie
Nebennierenentzündung: Hypernephritis
nebenordnend: parataktisch
Nebenordnung: Parataxe
Nebenraum: Alkoven
Nebenrolle: 1. Charge. 2. Figurant
nebensächlich: episodisch
Nebensächliches: Staffage
Nebenschilddrüse: Parathyreoidea
necken: trakassieren, vexieren
Neigung: 1. Faible, Gusto, Interesse, Marotte, Sympathie, Tendenz. 2. Inklination
-neigung: ...pathie
Neigungslinie: Gradiente
Neigungsmesser: Klinometer
Nelke: Dianthus
nennen: titulieren

Nenner: 1. Divisor. 2. Denominator
Nennform: Infinitiv
Nennwert: Nominalwert
nerven-, Nerven-: neuro..., Neuro...
Nervenarzt: Neurologe
Nervendurchtrennung: Denervierung, Neurotomie
Nervenentzündung: Neuritis
Nervenerschütterung: Schock
Nervenfaser: Fibrille, Filum
Nervenfortsatz: Neurit
Nervengeflecht: Ganglienplexus, Plexus
Nervengift: Neurotoxin
Nervenheilkunde: Neurologie
Nervenkern: Nukleus
Nervenknoten: Ganglion
Nervenkranker: Neuropath
Nervenkrankheit: Neuropathie
Nervenleiden: Neuropathie
Nervenquetschung: Neurotripsie
Nervenreizhemmer: Ganglienblocker
Nervenschmerz: Neuralgie
nervenschwach: neurasthenisch
Nervenschwäche: Aneurie, Neurasthenie
Nervenzelle: Ganglienzelle, Neuron, Neurozyt
Nesselsucht: Urtikaria
Nesthocker: Insessor
Nestwurz: Neottia
netzartig: retikulär, retikuliert
netzförmig: retikulär
Netzhaut: Retina
Netzhautentzündung: Retinitis
Netzhauterkrankung: Retinopathie
Netzmagen: Retikulum
neu-, Neu-: neo..., Neo...
neuartig: modern
Neubekehrter: Proselyt
neubildend: 1. regenerativ. 2. anastatisch
Neubildung: Regeneration, Restitution
Neuerer: Avantgardist, Innovator
Neuerscheinung: Novität
Neuerung: 1. Innovation. 2. Neologie
Neuerungssucht: Neologismus
neuerungssüchtig: neologisch
Neugestalter: Reformator, Reformer, Reorganisator
Neugestaltung: Reformierung, Reorganisation
Neuheit: 1. Modernität, Nouveauté, Novität, Novum. 2. Dernier cri
Neuigkeit: Nouveauté
Neuigkeiten: News
Neulicht: Novilunium
Neuling: Greenhorn, Homo novus, Newcomer
Neumond: Interlunium
Neuneck: Nonagon
neuneckig: nonagonal
Neuordnung: Reform, Reorganisation, Restrukturierung
Neuprägung: Neologismus
Neureicher: Parvenü
Neuverfilmung: Remake

Neuwort

Neuwort: Neologismus
neuzeitlich: modern
nichtamtlich: inoffiziell
Nichtbefugnis: Inkompetenz
Nichtbekanntsein: Anonymität
Nichtbeteiligung: Neutralität
Nichtchrist: Paganus
Nichtdeckung: Inkongruenz
Nichteingeweihter: Exoteriker
Nichteinmischung: Neutralismus, Neutralität
nichterblich: paratypisch
Nichtfachmann: Amateur, Dilettant, Laie
Nichtgenanntsein: Anonymität
nichtig: inan
Nichtigkeit: 1. Inanität, Nullität. 2. Lappalie
Nichtigkeitserklärung: Annullierung
nichtleitend: dielektrisch
Nichtleiter: Isolator
nichts: null
Nichts: Zero
Nichtseßhafter: Berber, Nomade
nichtssagend: banal, trivial
Nichtübereinstimmung: Diskordanz, Inkongruenz, Nonkonformität
Nichtvorhandensein: ¹Inexistenz
Nichtwirklichkeit: Nonexistenz
Nichtwissen: Agnosie
nichtzielend: intransitiv
Nichtzuständigsein: Inkompetenz
nieder!: à bas!, down!
niederdrücken: deprimieren
Niedergang: Dekadenz
Niedergangsphase: Depression
niedergedrückt: pessimistisch
niedergeschlagen: depressiv, deprimiert, down
Niedergeschlagenheit: Depression
Niederlage: Debakel, Echec, Kannä, Waterloo
niederlassen: abaissieren
niederlassen, sich: etablieren, sich
Niederlassung: 1. Dependance, Etablissement, Kommandite, Kontor. 2. Settlement
niederlegen: deponieren
niedermetzeln: massakrieren
Niederschlag: 1. Kondensat, Präzipitat. 2. Knockdown, Knockout. 3. Fall-out
Niederschlagsmesser: Hyetograph, Ombrograph, Pluviograph
Niedertracht: Infamie
niederträchtig: infam, meschant, miserabel
niedrigst: minimal
niemals: ad calendas graecas
Niemand: Nobody
Niemandsland: Terra nullius
Niere: ²Ren
nieren-, Nieren-: nephro..., Nephro...
Nierenbecken-: pyelo..., Pyelo...
Nierenbeckendarstellung: Pyelographie

Nierenbeckenentzündung: Nephropyelitis, Pyelitis
Nierenbluten: Nephrorrhagie
Nierenentzündung: Nephritis
Nierengeschwulst: Nephrom
Nierenleiden: Nephropathie
Nierenschmerz: Nephralgie
Nierenschrumpfung: Nephrosklerose
Nierenschwäche: Nephratonie
Nierensenkung: Nephroptose
Nierenstein: Nephrolith
Nierenvereiterung: Pyonephrose
Nießbrauch: Ususfruktus
Nilpferd: Hippopotamus
Nippsache: Bibelot
nördlich: boreal, septentrional
Nordpolargebiet: Arktis
Nordseekrabbe: Shrimp
Nordstern: Polarstern
nörgeln: querulieren
Nörgler: Kritikaster, Querulant
nörglerisch: querulatorisch
normabweichend: atypisch
Normalblutdruck: Normotonie
Normalmaß: Etalon, ¹Standard
normalsichtig: emmetrop
Normalsichtigkeit: Emmetropie
normsetzend: präskriptiv
Notarztwagen: Klinomobil
Note: 1. Prädikat, Zensur. 2. Flair
Notenschlüssel: Clavis
Notenschrift: Notation
notfalls: faute de mieux
notgedrungen: par ordre du mufti
Nötigung: Pression
Notizbuch: Agenda
Notlage: Kalamität, Malaise, Misere
nüchtern: prosaisch
Nur-Lese-Speicher: Read-only-Speicher
Nutzen: Interesse, Plus, Profit
Nutzleistung: Effekt
Nützlichkeitsprinzip: Utilitarismus
Nutznießer: Profiteur
Nutzschwelle: Break-even-point
Nutzungsanspruch: ¹Jus ad rem

O

Obdachlosenheim: Asyl
Oberarm: Brachium
Oberarmknochen: Humerus
Oberarmmuskel: Bizeps
Oberarmschmerzen: Brachialgie
Oberaufseher: Supervisor
Oberaufsicht: Supervision
Oberbauchgegend: Epigastrium
Oberbefehlshaber: Generalissimus

Oberentscheidung: Superarbitrium
oberflächlich: 1. larifari, leger. 2. superfiziell
Obergeschoß: Etage
Obergewalt: Supremat
Oberhaut: Epidermis
Oberhoheit: Souveränität
Oberkiefer: Maxilla
Oberkieferknochen: Maxilla
Oberkieferspalte: Gnathoschisis
Oberleitungsomnibus: Trolleybus
Oberlicht: Skylight
Oberpfarrer: Pastor primarius
Oberschenkel: Femur
Oberschenkelknochen: Femur
Oberschicht: Aristokratie, Hautevolee, High-Society, Upperclass, Upper ten
Oberschule: Gymnasium, Lyzeum
Oberschüler: Gymnasiast
Oberschülerin: Gymnasiastin
Oberstimme: Cantus
Obstbaufachmann: Pomologe
Obstkunde: Pomologie
Obstsaft: Juice
Ochsenauge: Hydrophthalmus
Ochsenschwanzsuppe: Oxtailsuppe
öde: trist
oder: respektive
Ofenschirm: Paravent
offen: vakant
offenbar: evident, manifest
offenbaren: manifestieren
Offenbarung: Revelation
Offenbarwerden: Manifestation
offenblütig: chasmogam
Offenheit: Naivität
offenkundig: deklariert, eklatant, evident, flagrant, manifest, notorisch, publik
Offenkundigkeit: Evidenz, Publizität
Offenlegung: Manifestation
offensichtlich: ostensiv
öffentlich: coram publico, koram, publice, publik
Öffentlichkeit: 1. Forum, Publizität. 2. Publikum
Öffentlichkeitsarbeit: Publicity, Public Relations
Öffnung: Foramen, Hiatus
-öffnung: ...tomie
ohne: exklusive
Ohnmacht: Examination
Ohnmachtsanfall: Skotodinie, Vertigo
ohr-, Ohr-: oto..., Oto...
Ohrblutung: Otorrhagie
Ohrenarzt: Otologe
Ohrenentzündung: Otitis
Ohrenheilkunde: Otologie
Ohrensausen: Bombus
Ohrenschmalz: Zerumen
Ohrenschmerz: Otalgie
Ohrenspiegel: Otoskop
Ohrenspiegelung: Otoskopie
Ohrflüssigkeit: Perilymphe
Ohrschmuck: Klips
Ohrspeicheldrüse: Parotis

Pflegedienst

Ohrspeicheldrüsenentzündung: Parotitis
Ohrtrompete: Salpinx, Tuba
Öl: Oleum
öl-, Öl-: eläo..., Eläo...; oleo..., Oleo...
Ölbaumfrucht: Olive
Ölleitung: Oleodukt
Ölleitungsbrücke: Oleodukt
Opfer: Sakrifizium, Tribut
Opfergabe: Votiv
Opferschale: Patera, Phiale
Opferstätte: Altar
Opfertod: Martyrium
Orden: Dekoration
Ordensband: Kordon
Ordensgeistlicher: Pater
Ordenskette: Collane
Ordensstern: Stapelia
Ordensverleihung: Dekoration
Ordensversammlung: Kapitel
ordentlich: adrett, akkurat, proper, reell, reputierlich, solid
ordnen: assortieren, regulieren, rubrizieren, situieren, sortieren
Ordnung: 1. Akkuratesse, Disziplin, Klassement, Regime, System. 2. Kollokation, Nomos
ordnungsgemäß: rite
Ordnungsgewalt: Disziplinargewalt
Ordnungslosigkeit: Chaos, Tohuwabohu
Ordnungswidrigkeit: Bagatelldelikt
Ordnungszahl: Ordinalzahl
Organbeschreibung: Organographie
Organbildung: Organogenese
Organentfernung: Ektomie, Exstirpation, Resektion
Organentstehung: Organogenese
Organlage: Eutopie, Situs
Organlehre: Organologie
Organspender: Donor
Organübertragung: Organtransplantation, Transplantation
Organverhärtung: Induration
Organverpflanzung: Organtransplantation, Transplantation
Orgelbaukunde: Organologie
Orgelpfeifengruppe: Register
Orgelspieler: Organist
Orgeltaste: Clavis
Originalübertragung: Live-Sendung
örtlich: entopisch, lokal, topisch
Örtlichkeit: Lokalität
orts-, Orts-: lokal..., Lokal...; topo..., Topo...
Ortsbeschreibung: Topographie
Ortsbestimmung: Lokalisation
Ortsfall: Lokativ
ortsfest: stationär
Ortsname: Toponymikon
Ortsnamenbestand: Toponymie
Ortsnamenkunde: Toponymik
Ortsteil: Kiez
östlich: orientalisch

P

pachten: leasen
Pachtzins: Zensus
Pack: Bagage, ²Plebs
Packeis: Toroß
Paddelboot: Kajak, Kanu
Palmfarn: Zykas
Pansen: Rumen
Pantoffelblume: Kalzeolarie
Pantoffeltierchen: Paramaecium
Panzerschrank: Safe, Tresor
Papageienkrankheit: Psittakose
Papierfaltkunst: Origami
Papierschnitzel: Konfetti
Papierstaude: Papyrus
Papierwarenhandlung: Papeterie
Pappe: Karton
Pappschachtel: Karton
Pappverpackung: Kartonage
päpstlich: papal
Papsttum: Papismus
Parkzeituhr: Parkometer
Partnerschaft: Pairing
Partnerwechsel: Promiskuität, Swinging
passen: harmonieren, konvenieren
passend: adaptabel, harmonisch, kompatibel
Patentanspruch: Claim
Patronenkammer: Magazin
Pech: Malheur
Pechvogel: Schlemihl
Peddigrohr: Rotang
peinigen: malträtieren, tribulieren, tyrannisieren
Peiniger: Tyrann
peinlich: fatal, genant, penibel, prekär, shocking
Peinlichkeit: Fatalität
Peitschenwurm: Trichozephalus
pendeln: oszillieren
Pendeluhr: Regulator
Pergamenthaut: Xerodermie
perlen: moussieren
perlend: frizzante, moussierend
Perlzwiebel: Rokambole
Personalausweis: Identitätsausweis, Identitätskarte
Personenbeschreibung: Signalement
Personengruppenname: Ethnikon
Personenkraftwagen: Automobil
Personenname: Anthroponym
Personennamenkunde: Anthroponymik
persönlich: 1. individuell, personell. 2. privat, subjektiv. 3. in natura, in persona, live, personaliter, privatim
Persönlichkeit: Individualität
Persönlichkeitsbild: Image
Persönlichkeitsentwicklung: Individuation
Persönlichkeitsforschung: Charakterologie
persönlichkeitsgestört: psychopathisch
Persönlichkeitsschutz: Immunität
Pest: Pestilenz
Pfadfinder: Boy-Scout, Scout
Pfadfindertreffen: Jamboree
Pfahlwerk: Estakade
Pfarramt: Pastorat
Pfarrhelfer: Diakon
Pfarrkirche: Parochialkirche
Pfarrwohnung: Pastorat
Pfefferfresser: Tukan
Pfeffergürkchen: Cornichon
Pfeifenstrauch: Jasmin
Pfeifhase: Pika
Pfeilgift: Kurare
Pfeilhecht: Barrakuda
Pfeilwurz: Arrowroot
pferde-, Pferde-: hippo..., Hippo...
Pferdebürste: Kardätsche
Pferdedecke: Woilach
Pferdedroschke: Fiaker
Pferdeheilkunde: Hippiatrie, Hippiatrik
Pferdekunde: Hippologie
Pferderennbahn: Hippodrom, Turf
Pferdeschau: Kavalkade
Pferdesport: Turf
Pfingsten: Pentekoste
pfingstlich: pentekostal
Pfingstrose: Päonie
pflanzen-, Pflanzen-: phyto..., Phyto...
Pflanzenanatomie: Phytotomie
Pflanzenbestimmungsbuch: Flora
Pflanzenblatt: Folium
Pflanzenforscher: Botaniker
pflanzenfressend: phytophag
Pflanzenfresser: Phytophage
Pflanzengesellschaft: Formation
Pflanzengewebelehre: Phytotomie
Pflanzenheilkunde: Phytotherapie
Pflanzenkosternährung: Vegetarismus
Pflanzenkostesser: Vegetarier
Pflanzenkunde: Botanik, Phytologie
pflanzenkundlich: botanisch, phytologisch
Pflanzensamen: Semen
Pflanzensammlung: Herbarium
pflanzentötend: herbizid
Pflanzenversteinerung: Petrefakt
Pflanzenwelt: 1. Flora. 2. Vegetation
Pflanzenwuchs: Vegetation
pflanzlich: botanisch, vegetabilisch, vegetarisch, vegetativ
Pflanzung: Plantage
Pflaster: Emplastrum
Pflaumenmus: Powidel
Pflaumenschnaps: Slibowitz
Pflegedienst: Diakonat

pflegeleicht: easy-care
pflegen: konservieren, kultivieren
Pflichtabgabe: Prästandum
Pflichtbeitrag: Kontingent
Pflichtfach: Obligatorium
Pflichtgebot: Imperativ
Pflichtleistung: Obligatorium
Pflichtverteidiger: Offizialverteidiger
Pflock: Pilar
Pflugscharmesser: ¹Kolter
Pfortaderentzündung: Pylephlebitis
Pforte: Portal
Pförtner: 1. Portier. 2. Pylorus
Pförtnerraum: Loge
pfropfenförmig: emboliform
Pfropfung: Transplantation
pigmentlos: albinitisch, albinotisch
Pigmentmangel: Achromie, Albinismus
Pillendreher: Skarabäus
Pilz: Fungus, Myzet
pilz-, Pilz-: myko..., Myko...
-pilz: ...phyt
Pilzerkrankung: Mykose
Pilzfaden: Hyphe
Pilzfresser: Mikrophagen
Pilzfruchtkörper: Karposoma
Pilzgeflecht: Myzel
Pilzgift: Aflatoxin, Mykotoxin
Pilzkunde: Mykologie
pilztötend: fungizid
Pilzvergiftung: Myzetismus
pilzwachstumshemmend: fungistatisch, mykostatisch
Plage: Tortur
plagen: traktieren
Plakatträger: Sandwichman
Plan: 1. Exposé, Idee, Intention, Konzept, ¹Schema. 2. Konstruktion, Kroki, Projekt
planen: disponieren, intendieren, konzipieren, projektieren
Planetenmond: Satellit
Planetenstellung: Konfiguration
Plänkelei: Scharmützel
plänkeln: scharmützeln
planlos: amethodisch
planmäßig: methodisch, systematisch
Planung: Disposition
platt: plan
Plättchen: Lamelle
plattenförmig: plakoid
Plattenspieler: Grammophon
Plattform: Perron
Plattfüßigkeit: Platypodie
Plattfußschmerz: Tarsalgie
Plattheit: Banalität, Platitüde
Plattwurm: Planarie
Platz: 1. Piazza, Square. 2. Position
Platzangst: Agoraphobie, Topophobie
Platzanweiser: Billeteur
Platzanweiserin: Billeteurin, Billeteuse
Platzanweisung: Kollokation
platzen: explodieren, krepieren
Plauderei: Konversation, Small talk, ²Talk
plaudern: parlieren, talken

plötzlich: 1. abrupt, spontan. 2. subito
Plünderung: Rapuse
Pöbel: Mob, ²Plebs
Pocken: Variola
Pockenschutzimpfung: Vakzination
Poliermittel: Politur
Politikwissenschaft: Politologie
Polizeidienststelle: Kommissariat, Revier
Polstermaterial: Kapok
poltern: rumoren
porig: porös
Porigkeit: Porosität
Porzellanerde: Kaolin
Posse: Buffa, Burleske, Farce
possenhaft: burlesk
Possenspiel: Harlekinade
Postenkette: Kordon
Postgebühr: Porto, Posttaxe
Postkutscher: Postillion
Pottasche: Kaliumkarbonat
Prachtexemplar: Kaventsmann
prächtig: 1. famos, fulminant, pompös, prima, superb. 2. pomposo
Prachtstraße: Avenida, Avenue, Boulevard, Magistrale
Prägestock: Patrize
Prägewalze: Molette
prahlen: bramarbasieren, renommieren
prahlend: epideiktisch
Prahlhans: Bramarbas, Renommist, Scharlatan
Präriepferd: Mustang
Präriewolf: Kojote
predigend: kerygmatisch
Prediger: Homilet
Predigt: Homilie
predigtartig: prädikantisch
Predigtsammlung: Postille
Preis: 1. Prämie, Prix, Trophäe. 2. ¹Taxe
Preisabzug: Refaktie
Preisbeeinflussung: Valorisation
Preisfestsetzung: Tarif
Preisgedicht: Hymne
Preisnachlaß: Dekort, Fusti, Rabatt, Skonto
Preisrichterkollegium: Jury
Preissturz: Baisse, Deroute
Preisträger: Laureat
Preisunterbietung: Dumping
Preisverzeichnis: Tarif
Pressefeldzug: Kampagne
Pressewesen: Journalismus
prickelnd: pikant
Priesterherrschaft: Hierokratie, Klerokratie
priesterlich: sazerdotal
Priesterschaft: Klerus
Priesterstand: Klerus
Priesterweihe: Ordination
Privatmann: Privatier
Privatrecht: ¹Jus privatus
Probe: Kontrolle, Test
Probeabzug: Epreuve
probeweise: tentativ
Probezeit: 1. Stage. 2. Postulat

Prosaerzählung: Novelle
Prostataentzündung: Prostatitis, Prostatopathie
prüfen: examinieren, kontrollieren, revidieren, testen, zensieren
prüfend: exploratorisch
Prüfer: Examinator, Kontrolleur, Revisor, Tester, Zensor
Prüfling: Examinand, Kandidat
Prüfstein: Kriterium
Prüfung: Examen, Inspektion, Kontrolle, Revision, Test, Zensur
Prüfungsbehörde: Inspektion
Prüfungsurkunde: Diplom
Prügel: Kalasche
prügeln: kalaschen
Prügelstrafe: Bastonade
Prunk: Luxus, Pomp
prunken: paradieren
prunkend: epideiktisch, statiös
prunkhaft: pompös
Prunksarg: Sarkophag
prunkvoll: luxuriös
Prunkwagen: Karosse
Puderzucker: Farin
Puffmais: Popcorn
Pulsschreiber: Sphygmograph
Pulsunregelmäßigkeit: Arrhythmie
Pult: Katheder
Pumpenkolben: Piston
pünktlich: exakt, strikt
punktweise: punktuell
pupillenerweiternd: mydriatisch
Pupillenerweiterung: Korektasie, Mydriase
Pupillenlosigkeit: ²Akorie
pupillenverengend: miotisch
Pupillenverengung: Korestenose, Miosis
Pustelkrankheit: Pustulose
putzen: 1. polieren. 2. staffieren
Putzmacherin: Modistin

Q

Quacksalber: Medikaster, Scharlatan
Quacksalberei: Scharlatanerie
Quaddel: Urtika
Quaddelausschlag: Urtikaria
Qual: Tortur
quälen: kujonieren, malträtieren, massakrieren, sekkieren, torquieren, trakassieren, traktieren, tyrannisieren, vexieren
Quälerei: Sekkatur, Tortur, Trakasserie
qualvoll: avernalisch
Quartalssäufer: Dipsomane
Quaste: Pompon

Redekunst

Quecksilber: Hydrargyrum
Quecksilbervergiftung: Hydrargyrose
quellen: imbibieren
Quellung: Imbibition
Querbalken: Traverse
Querbehang: Lambrequin
Querfeldeinrennen: Cross-Country
Querflöte: Flauto traverso, Traversflöte
quergestreift: travers
querlaufend: transversal
quetschen: kontundieren
Quetschung: Kontusion

R

Rache: Revanche
Rachegöttin: Erinnye, Eumenide, Furie
Rachen: Pharynx
rachen-, Rachen-: pharyngo..., Pharyngo...
Rachenentzündung: Pharyngitis
Rachenmandel: Tonsille
Rachenmandelentfernung: Adenotomie
Rachenmandelentzündung: Angina
rächen, sich: revanchieren, sich
Rachenspiegel: Pharyngoskop
Rachenspiegelung: Pharyngoskopie
Rachsucht: Ranküne
Rädertierchen: Rotatorien
Räderwerk: Mechanik
Radfahrer: Pedaleur, Velozipedist
Radrennbahn: Velodrom
Radsportler: Pedaleur
Rahmen: Frame
Rainweide: Liguster
Rallenkranich: Kagu
Rammpfahl: Pilote
Rand: 1. Bande, Peripherie. 2. Limen. 3. Respekt
Randbeet: Rabatte
Randbemerkung: Apostille, Glosse, Marginalie, Paralipomenon
Rändelrad: Molette
Randgebiet: Peripherie
randständig: marginal
Randstreifen: ²Bankett
Rang: Charge, Grad, Level, Niveau, Titel
Rangbezeichnung: Prädikat, Titel, Titulatur
Rangfolge: 1. Hierarchie. 2. Priorität
Rangliste: Klassement
Rangmerkmal: Statussymbol
Rangordnung: Hierarchie, Klassifikation
Rangstufe: Grad
Ränke: Intrige, Machinationen

rankenförmig: arabesk
Rankenwerk: Arabeske
Ränkeschmied: Intrigant
Ränkespiel: Intrige, Kabale
ränkesüchtig: intrigant
Ranzen: Tornister
rasch: dalli, fix, prompt
Rasen: ²Lawn
rasend: 1. frenetisch, furios. 2. rasant
Rasenplatz: ²Lawn
Rasensprenger: Sprinkler
Rasentennis: Lawn-Tennis
Raserei: 1. Furor, Rage. 2. Raptus
Rassenhetze: Rassismus
Rassenmischung: Bastardierung
Rassentrennungspolitik: Apartheid
Rast: ¹Pause, Station
Rasterätzung: Autotypie
rastern: pattieren
Rat: 1. Conseil, Konsilium. 2. Tip
Ratgeber: 1. Mentor, Tutor. 2. Vademekum
ratlos: perplex
Ratlosigkeit: Perplexität
ratsam: indiziert
rätselhaft: änigmatisch, delphisch, mysteriös, orakelhaft
Rattenbißkrankheit: Sodoku
Raub: Rapuse, Spoliation
Räuber: Bandit
Raubmöwe: Skua
Räucherharz: Myrrhe
Rauchkappe: Deflektor
Raufbold: Hooligan, Rowdy
Raum: 1. Lokal, Lokalität. 2. Kosmos. 3. Spatium
raum-, Raum-: 1. Kubik...; 2. stereo..., Stereo...
Raumbild: 1. Stereobild, Stereofotografie. 2. Cyberspace, Hologramm
Raumbildbetrachter: Stereoskop
raumbildlich: 1. stereoskopisch. 2. holographisch
Raumbildtechnik: 1. Stereoskopie. 2. Holographie
Raumbildverfahren: 1. Stereofotografie. 2. Stereophotogrammetrie
räumen: evakuieren
Raumfähre: Spaceshuttle
Raumfahrer: Astronaut, Kosmonaut, Spationaut
Raumfahrt: Astronautik, Kosmonautik
Raumgestalter: Dekorateur
Raumgewicht: Volumgewicht
Rauminhalt: Tonnage, Volumen
Rauminhaltsmessung: Volumetrie
Rauminneres: Interieur
Raumlabor: Skylab, Spacelab
Raumlehre: Geometrie, Stereometrie
räumlich: plastisch
Raumtonverfahren: Quadrophonie, Stereophonie
Raupenschlepper: Caterpillar
Rausch: Ekstase
Rauschgift: Dope, Droge
Rauschgifthandel: Deal
Rauschgifthändler: Dealer, Pusher

Rauschgiftsucht: Narkomanie
Rauschgiftsüchtiger: Fixer, Junkie, Main-liner, User
rauschhaft: bacchantisch, dionysisch, ekstatisch, euphorisch
Rauschmittel: Narkotikum
Raute: Karo, Rhombus
rautenähnlich: rhomboid
Rechenaufgabe: Exempel
Rechenbrett: Abakus
Rechenergebnis: Resultat
Rechenkunst: Arithmetik
Rechenschaftspflicht: Komptabilität
rechenschaftspflichtig: komptabel
Rechenschwäche: Akalkulie
rechnerisch: arithmetisch
Rechnung: ¹Faktur, Nota
Rechnungsgenehmigung: Justifikatur
rechnungsmäßig: kalkulatorisch
Recht: ¹Jus
recht-, Recht-: ortho..., Ortho...
Rechteck: Orthogon
rechtfertigen: apologisieren, exkulpieren, justifizieren
rechtfertigend: apologetisch
Rechtfertigung: 1. Apologetik, Apologie, Exkulpation, Justifikation. 2. Alibi
rechtgläubig: orthodox
Rechtgläubigkeit: Orthodoxie
rechtlich: de jure
rechtmäßig: legitim
Rechtsanspruch: Claim
Rechtsanwalt: Advokat
Rechtsanwaltschaft: Advokatur
Rechtsausweis: Legitimation
rechtsbegründend: konstitutiv
Rechtsbeistand: Advokat, Justitiar, Prozeßagent, Syndikus
Rechtsbestimmung: Konstitution
Rechtsbindung: Vinkulation
rechtschaffen: honett
rechtschreiblich: orthographisch
Rechtschreibübung: Diktat
Rechtschreibung: Orthographie
Rechtsgrund: Causa
Rechtsgültigkeit: Validität
Rechtsgutachten: Relation
Rechtshilfeersuchen: Requisition
Rechtskundiger: Advokat, Jurist, Notar
Rechtsnachfolge: Sukzession
Rechtspflege: Justiz
Rechtsprechung: 1. Judikatur, Jurisdiktion. 2. Justiz
Rechtsstreit: Prozeß
Rechtsverhandlung: Prozeß
Rechtsvorschrift: Nomos
Rechtsweg: Instanzenweg
Rechtswesen: Justiz
Rechtswissenschaft: 1. ¹Jura, Jurisprudenz, Juristerei. 2. ¹Jus
rechtswissenschaftlich: juristisch
rechtwinklig: orthogonal
Rede: 1. Logos. 2. Speech
Redebegabung: Rhetorik
Redefluß: Suada
Redekunst: Dialektik, Rhetorik

1521

Redekünstler

Redekünstler: Rhetoriker
Redensart: Floskel, Locus communis, Lokution, [1],[2]Phrase
Redeschrift: Debatteschrift
Redeschwall: Sermon, Suada
Redeschwulst: Bombast
Redestil: Lokution
Redewendung: 1. Idiom, Lokution, [1]Phrase, Phraseologismus. 2. Floskel, Platitüde
redlich: loyal, reell
Redlichkeit: Loyalität, Reellität
Redner: 1. Orator, Rhetor, Rhetoriker. 2. Referent
Rednerbühne: Tribüne
rednerisch: oratorisch, rhetorisch
Rednerpult: Katheder, Podest, Podium
Reflexkunde: Reflexologie
Regel: 1. [1]Kanon, Norm, Normativ, Prinzip. 2. Menses, Menstruation, Periode
Regellosigkeit: Irregularität
regelmäßig: regulär
Regelmäßigkeit: Regularität
regeln: reglementieren, regulieren
Regeln: Normalien
regelnd: regulativ
regelrecht: regulär
Regelschmerzen: Dysmenorrhö
Regelung: Korrektion
Regelverstoß: Foul
regelwidrig: 1. abnorm, anomal, atypisch, irregulär. 2. foul
Regelwidrigkeit: Abnormität, Anomalie, Irregularität
Regenbogen: Iris
Regenbogenhaut: Iris
Regenbogenhautentzündung: Iritis
regenliebend: ombrophil
Regenmantel: Mackintosh, Trenchcoat
Regenmesser: Ombrometer, Pluviometer, Udometer
regenscheu: ombrophob
Regenschirm: Parapluie
Regenschreiber: Hyetograph, Ombrograph
Regenumhang: Pelerine
Regenwasserbehälter: Zisterne
Regierungsform: Regime, System
Regierungsmitglieder: Kabinett
regierungstreu: loyal
Regierungstreue: Loyalität
Regierungsvertreter: Resident
regsam: agil
Regsamkeit: Agilität
regungslos: torpid
Regungslosigkeit: Torpidität
Rehleder: Chevrotin
Reibelaut: Frikativ, Spirans
Reibung: Friktion
reichlich: abundant, kopiös, opulent
Reichweite: Aktionsradius
Reifeprüfung: Abitur, Matura
Reifezeugnis: Testimonium maturitatis
Reifrock: Cage, Krinoline
Reihe: [2]Queue, Sequenz, Serie

Reihenfolge: Klassement, Sequenz, Turnus
Reihenschaltung: Kaskadenschaltung
rein: 1. netto, pur, purum. 2. absolut, genuin
Rein-: Netto...
reinerbig: homozygot
Reinfall: Fiasko
Reingewicht: Nettogewicht
reinigen: 1. abstergieren, affinieren, purgieren, purifizieren. 2. lustrieren
reinigend: 1. abstergent, abstersiv. 2. kathartisch
Reinigung: 1. Defäkation, Purgation. 2. Katharsis, Lustration, Purifikation
Reinlichkeit: Hygiene
Reisbranntwein: Arrak
Reise: Tour, Trip
Reisebegleiter: Guide
Reisedecke: Plaid
Reiseführer: Guide
Reisehandbuch: Guide
Reisekrankheit: Kinetose
Reisender: Passagier, Tourist, Traveller
Reisepaß: Passeport
Reisescheck: Travellerscheck
Reisetrieb: Poreomanie
Reiseverkehr: Tourismus, Touristik
Reiseverpflegung: Proviant
Reiseweg: Route
Reisewohnwagen: Caravan
Reisiggeflecht: Faschine
Reißfestigkeit: Tenazität
Reiswein: Sake
Reitbahn: Hippodrom, Tattersall
Reiterangriff: [1]Attacke
Reiteraufzug: Kavalkade
Reiterei: Kavallerie
Reitermannschaft: Equipe
Reitertruppe: Kavallerie
Reithalle: Tattersall
Reitknecht: Groom
Reitkunst: Equestrik
Reiz: 1. Irritation, Stimulus. 2. Pikanterie
Reizaufnahmefähigkeit: Sensualität
reizbar: 1. apprehensiv, erethisch, exzitabel, irritabel, sensitiv. 2. erogen. 3. impressionabel
Reizbarkeit: Exzitabilität, Irritabilität
reizempfindlich: sensibel
Reizempfindlichkeit: Sensibilität
reizen: 1. affizieren. 2. irritieren
reizend: 1. apart. 2. irritativ
reizlos: bland
reizmindernd: abirritant
Reizmittel: Stimulans
Reizung: Affekt, Irritation
Religionslehrer: Katechet
Religionsunterricht: Katechese
Reliquienbehälter: Reliquiar
Reliquiengefäß: Chrismarium
Reliquienschrein: Abditorium, Sanktuar
Rennfahrersitz: Cockpit
Rennreifen: Racingreifen

Rennreiter: Jockei
Rennschlitten: Bob, Skeleton
Rennstrecke: Kurs, Piste
Rennwagen: Bolid, Spider
Rentierflechte: Kladonie
Rentierschlitten: Ackja
Rentner: Privatier, [2]Rentier
Rest: 1. Relikt, Rudiment. 2. Residuum
Restbestand: Relikt
Restbetrag: Restanz
restlich: residual
restlos: total
Retter: [1]Salvator, Soter
Rettungsschlitten: Ackja
Rettungswagen: Ambulanz, Klinomobil
Reue: Kontrition
Reuegeld: Forfeit
Richtantenne: Beamantenne
Richter: Kadi
richterlich: judiziell
richtig: korrekt, recte
richtig!: all right!
Richtigkeit: Korrektheit, Regularität
Richtschnur: Instruktion, [1]Kanon, Norm, Prinzip, [1]Standard
Richtstätte: Schafott
Richtung: 1. Tendenz. 2. Route
richtungweisend: programmatisch
Riechfläschchen: Flakon
Riechmittel: Olfaktorium
Riechnerv: Olfaktorius
Riemenpeitsche: Flagellum, Kantschu, Karbatsche
Riese: Gigant, Goliath, Koloß, Monstrum
Rieselwerk: Gradierwerk
riesen-, Riesen-: makro..., Makro...
riesenhaft: gigantisch, pyramidal, titanisch, zyklopisch
Riesenmenge: Myriade
Riesenstandbild: Koloß, Kolossalstatue
riesenstark: herkulisch
Riesentintenfisch: Krake
Riesenwuchs: Gigantismus, Hypersomie, Makromelie, Makrosomie
riesenwüchsig: gigantisch, hypersom
riesig: gigantesk, kolossal
Rinderbandwurm: Tänie
Rindfleischbrühe: Beeftea
Ring: Circulus, Zirkel
Ringelblume: Calendula
Ringelwürmer: Anneliden
Ringflügelflugzeug: Coleopter
ringförmig: armillar, zyklisch
Ringrichter: Referee
Ringstraße: Boulevard
Rinne: Rigole
Rippe: [1]Costa
Rippendurchtrennung: Kostotomie
Rippenfell: Pleura
Rippenfellentzündung: Pleuritis, Pleuropneumonie
Rippenqualle: Ktenophore
Rippenstück: Entrecote, Karree, Kotelett

Runzel

ritterlich: chevaleresk
Ritterlichkeit: Chevalerie, Courtoisie
Ritterschaft: Chevalerie
Rittertum: Chevalerie
röchelnd: stertorös
roh: 1. barbarisch, brutal, kannibalisch, krud, rabiat. 2. crudus
Roheit: Barbarei, Brutalität, Kannibalismus, Krudität
Rohling: Barbar, Rabauke
Rohrbrücke: Estakade
Röhrchen: 1. Kanüle. 2. Kapillare
röhrenförmig: tubulär
Rohrknie: Fitting
Rohrleitung: Pipeline
Rohrzucker: Saccharose
Rohstoffe: Naturalien
Rohstoffquelle: Ressource
Rohzucker: Kassonade
Rolladen: Jalousie, Rouleau
Rollbahn: Piste, Runway
Rollbild: Kakemono
Rolle: Part
rollen: volvieren
Rollerbrett: Skateboard
Rollschuh: Diskoroller, Rollerblades
Romanschriftsteller: Romancier
Röntgenbild: Röntgenogramm
Röntgenfacharzt: Radiologe
Röntgenschichtbild: Computertomogramm, Tomogramm
Röntgenschichtverfahren: Computertomographie, Tomographie
Röntgenstrahlenkunde: Radiologie, Röntgenologie
Rose: Erysipel
Rosengewächs: Rosazee
Rosenkranzgebet: Rosarium
Rosenlorbeer: Oleander
Rosenpflanzung: Rosarium
Rosinenbranntwein: Raki
rosten: oxydieren
rösten: toasten
Röstmais: Popcorn
Rostschutzfarbe: Mennige
Rotalgen: Rhodophyzeen
Rotblindheit: Anerythropsie, Protanopie
Rotblütigkeit: Polyzythämie
Roteisenstein: Hämatit
Röteln: Rubeola
Rotfärbung: Erythrismus
Rotfinnen: Rosazea
Rotgrünblindheit: Deuteranopie
Rothaarigkeit: Erythrismus, Rutilismus
Rotholz: Brasilettoholz
Rotlauf: Erysipeloid
Rotsehen: Erythropsie
Rotsichtigkeit: Deuteranomalie
Rotwelsch: Argot, Cant
Rotzkrankheit: Malleus
rück-, Rück-: re..., Re...; retro..., Retro...
Rückberufungsschreiben: Revokatorium
Rückbewegung: Regression
rückbezüglich: reflexiv
Rückbildung: 1. Degeneration, Involution, Regression. 2. retrograde Bildung
Rückblende: Flash
Rückblick: Flash, Retrospektion, Retrospektive
rückblickend: retrospektiv
rückbuchen: stornieren
Rückbuchung: Storno
rücken-, Rücken-: dorso..., Dorso...
Rückenmark: Medulla
Rückenmarks-: myelo..., Myelo...
Rückenmarksblutung: Hämatomyelie
Rückenmarksentzündung: Myelitis, Poliomyelitis
Rückenmarkserkrankung: Myelopathie
Rückenmarkserweichung: Myelomalazie
Rückenmarksschwindsucht: Tabes
Rückenmarksspaltung: Diastematomyelie
Rückenschmerz: Dorsodynie, Notalgie
Rückentwicklung: Involution
rückenwärts: dorsal
Rückfahrkarte: Retour, Retourbillett
Rückfall: Relaps, Rezidiv
Rückfallfieber: Rekurrensfieber
Rückgabe: Renumeration, Restitution, Retribution
Rückgang: 1. Rezession. 2. Regression, Remission
Rückgrat: Spina
Rückgriff: Regreß, Rekurs
Rückgriffsschuldner: Regressat
Rückhandschlag: Backhand
Rückkampf: Revanche
Rückkehr: Comeback
Rückkehrer: Remigrant
Rückkopplung: Feedback
Rücklage: Reserve
rückläufig: regressiv, retrograd
rücklings: à la renverse, à reculons
Rückmeldung: Feedback, Reafferenz
Rückschau: Retrospektion, Retrospektive
rückschauend: retrospektiv
Rückschlag: 1. Reaktion. 2. Return
Rückschritt: Reaktion
rückschrittlich: reaktionär, regressiv
Rücksendung: Remission, Renvoi, Retoure
Rücksichtnahme: Diskretion, Pietät
rücksichtslos: despotisch, inhuman, rabiat, radikal, rigoros
Rücksichtslosigkeit: Inhumanität, Radikalität, Rigorosität
rücksichtsvoll: diskret
Rücksitz: Fond
Rückspiel: Revanche
Rückstand: 1. Remanenz. 2. Residuum
rückständig: provinzlerisch
Rückstrahler: Reflektor
Rückstrahlung: Reflex
Rücktritt: Demission
Rückvergütung: Refaktie
rückversichern: reassekurieren, retrozedieren
Rückversicherung: Reassekuranz, Retrozession
rückwandern: remigrieren
Rückwanderer: Remigrant
rückwärts: à reculons
rückwärts-, Rückwärts-: retro..., Retro...
Rückwärtsneigung: Retroversion
rückwirkend: retrograd
Rückwirkung: Reaktion, Reaktivität
Rückzahlung: Renumeration
Rückzug: Regression, Retirade, Retraite
Ruderfußkrebs: Kopepode
rudern: skullen
Ruf: Bonität, Goodwill, Nimbus, Renommee, Reputation
Rüge: Memento, Monitum
rügen: monieren
Ruhegehalt: Pension
Ruhegehaltsempfänger: Pensionär
ruhelos: 1. versatil. 2. ahasverisch
Ruhelosigkeit: Jaktation, Versatilität
Ruhepause: 1. Latenzperiode. 2. Siesta
Ruhepunkt: Fermate
Ruhestand: Pension
Ruheständler: Pensionär, Pensionist, ²Rentier
Ruhestörer: Tumultuant
ruhig: 1. immobil, sedat. 2. adagio, andante, quieto, serio, tranquillo
ruhigstellen: immobilisieren
Ruhigstellung: Immobilisation
Ruhm: ¹Gloria, Glorie
Ruhmesblume: Clianthus
ruhmvoll: glorios, triumphal
Ruhr: Dysenterie
ruhrartig: dysenterisch
rührend: touchant
rührig: agil, aktiv
rührselig: larmoyant, sentimental
Rührseligkeit: Larmoyanz, Sentimentalität
Rührstück: Comédie larmoyante, Melodrama
rülpsen: eruktieren
rumpeln: rumoren
Rundaufnahme: Panorama
Rundbau: Rotunde
Rundbeet: Rondeau, Rondell
Rundbild: Medaillon, Tondo
Rundblick: Panorama, Tour d'horizon
Rundfunkgerät: Radio
Rundgemälde: Panorama
Rundgesang: ¹Kanon, Rondeau
rundherum: à la ronde
Rundmaul: Zyklostome
rundschädelig: brachyzephal
Rundschau: Tour d'horizon
Rundschreiben: Enzyklika, Zirkular
Runzel: Ruga

Sachbearbeiter

S

Sachbearbeiter: Referent
Sachbestimmung: Realdefinition
sachbezogen: pragmatisch
Sachbezogenheit: Pragmatik
Sachbuch: Non-fiction
Sache: 1. Affäre, Chose. 2. Res, Thema
Sachgebiet: Dezernat, Referat, Sektor
Sachgebietsleiter: Dezernent
Sachkenntnis: Know-how
Sachkenntnisse: Realien
Sachlage: Situation
sachlich: detachiert, konkret, objektiv, pragmatisch, real, realistisch
Sachlichkeit: Objektivität, Realismus
sachte: dusemang
sachverständig: kompetent, routiniert
Sachverständigenausschuß: Jurorenkomitee, Jury
Sachverständigengutachten: Expertise
Sachverständiger: Experte
Sachverzeichnis: Datei, Katalog, Register
Sachwalter: Defensor, Mandatar
Sachwörterbuch: Reallexikon
Sackgasse: Impasse
Sackniere: Hydronephrose
Saft: Juice, ²Jus
Säftelehre: Humoralpathologie
saftig: sukkulent
Sage: Fabula, Mythos
sagenhaft: legendär, mythisch
Saite: Corda
Salatsoße: Dressing
Salbe: Unguentum
Salbei: Salvia
Salbenumschlag: Kataplasma
Salbung: Chrisis
salbungsvoll: pastoral, pathetisch
Salpeterbildung: Nitrifikation
salz-, Salz-: halo..., Halo...
salzartig: salinisch
salzbildend: halogen
Salzbildner: Halogen
salzführend: salinisch
Salzgestein: Halit
Salzgewinnung: Halotechnik
Salzgewinnungsanlage: Saline
Salzsteppenstrauch: Saxaul
samen-, Samen-: spermato..., Spermato...
Samenbruch: Spermatozele
Samenerguß: Ejakulation
Samenfaden: Spermium

Samenfadenverminderung: Kryptospermie, Oligospermie
Samenflüssigkeit: Sperma
Samenleiterdurchtrennung: Vasotomie
Samenleiterentzündung: Deferentitis
Samenpflanze: Angiosperme, Anthophytum, Phanerogame, Spermatophyt
Samenspender: Sperminator
Samenstrangentzündung: Funikulitis
Sammelband: Konvolut
Sammelbecken: Reservoir
Sammelbezeichnung: Kollektivum
Sammelbuch: Album
Sammelmappe: Konvolut
sammeln: akkumulieren
sammeln, sich: konzentrieren, sich
Sammelstelle: Depot
Sammelwerk: Almanach, Thesaurus
Sammlung: Arsenal, Kollektion, Konzentration, Material
Samtblume: Tagetes
Sanderbse: Peluschke
sandfarben: beige
sandliebend: psammophil
Sandpflanzen: Psammophyten
Sandstein: Arkose, Grit, Molasse
sanft: 1. doucement. 2. dolce
sangbar: kantabel, melodisch
Sangbarkeit: Kantabilität
satt: saturiert
Sattelunterlage: Woilach
sättigen: saturieren
Sättigung: Saturation
Satz: 1. Enunziation. 2. Set
Satzaussage: Prädikat
Satzgegenstand: Subjekt
Satzlehre: Syntax
Satzspalte: Kolumne
Satzung: Konstitution, Reglement, Statut
satzungsgemäß: statutarisch
Satzvorlage: Manuskript, Typoskript
sauber: adrett, appetitlich, hygienisch, proper
Sauberkeit: Hygiene
sauer-, Sauer-: oxy..., Oxy...
Sauerkirsche: Amarelle
Sauerklee: Oxalis
Sauerstoff: Oxygen
Sauerstoffentziehung: Desoxydation
Sauerstoffmangel: Anoxämie, Anoxie
Sauerstoffüberträger: Autoxydator
Säufer: Potator
Säuferwahn: Delirium tremens, Methomanie
Säugetiere: Mammalia
Säugling: Baby
Säuglingssterblichkeit: Neomortalität
Saugröhrchen: Pipette
Saugwurm: Trematode
Säulenabschluß: Kapitell
Säulenbogen: Arkade
Säulendeckplatte: Abakus
Säulengang: Arkade, Deambulatorium, Kolonnade
Säulenhals: Hypotrachelion

Säulenheiliger: Stylit
Säulenkaktus: Cereus
Säulenvorbau: Portikus
Säulenvorhalle: Atrium, Propyläen
Säure: Acidum
Säurebestimmung: Acidimetrie
Säureblocker: Antazidum
Säuregehalt: Acidität
Säuregrad: Acidität
schäbig: meschant, schofel
Schabkunst: Mezzotinto
Schachtel: Box, Karton
Schachtelhalm: Equisetum
Schädel: Cranium
schädel-, Schädel-: kranio..., Kranio...; zephalo..., Zephalo...
Schädelanbohrung: Kraniotomie, Trepanation
Schädelbohrer: Trepan
Schädeldach: Calvaria, Kalotte
Schädeleröffnung: Kraniotomie, Trepanation
Schädelerweichung: Kraniotabes
Schädelkunde: Kraniologie
Schädelmessung: Kraniometrie, Zephalometrie
Schädelmißbildung: Dyskranie, Dyszephalie
Schaden: Defekt, Havarie, ¹Panne
Schadenersatzleistung: Restitution
schadenfroh: maliziös
schadhaft: defekt, ruinös
Schadstoffeinwirkung: Immission
Schäfchenwolke: Zirrokumulus
Schäferdichtung: Bukolik, Eklogendichtung
Schäfergedichte: Bukolika
Schäferspiel: ¹Pastorale
Schäferstück: Bergerette
Schäferstündchen: Tête-à-tête
schaffen: kreieren, produzieren
Schaffenskraft: Produktivität
Schaffner: Billeteur, Kondukteur
Schaffnerin: Billeteuse
Schafhaut: Amnion
Schafleder: ¹Kid
Schafspocken: Ovine
Schafwolle: Lambswool
schäkern: flirten, poussieren
schall-, Schall-: phono..., Phono...
Schallehre: Akustik
Schallplatten-: ²Disko...
Schallplattenarchiv: Diskothek, Phonothek
Schallplattenaufkleber: Label
Schallplattenautomat: Musikbox
Schallplattenfirma: Label
Schallplattenhülle: Cover
Schallplattenliebhaber: Diskophile
Schallplattensammler: Diskophile
Schallplattensammlung: Diskothek, Phonothek
Schallplattenverzeichnis: ¹Diskographie
Schallstärkemesser: Phonometer, Sonometer
Schalltrichter: Megaphon

Schildkrötenverband

Schallwellenaufzeichner: Undograph
Schallwirkung: Akustik
Schalteinrichtung: Relais
Schambeinfuge: Symphyse
schämen, sich: genieren, sich
Schamgegend: Pubes
Schamhaare: Pubes
schamlos: frivol, obszön
Schamlosigkeit: Frivolität, Obszönität
Schande: Blamage
schändlich: infam
Schändlichkeit: Infamie
Schanktisch: ²Bar, Büfett, Theke
Schanzentisch: Bakken
Schanzpfahl: Palisade
Schar: ¹Pulk, Troß
Scharbock: Skorbut
scharf: kaustisch
Scharfsinn: Ingeniosität
scharfsinnig: ingeniös
Schärpe: Echarpe
Schattenmalerei: Skiagraphie
Schattenriß: Silhouette
schattiert: ombriert
Schattierung: Nuance
schätzbar: ästimabel
schätzen: 1. ästimieren. 2. evalvieren, taxieren
schätzenswert: ästimabel
Schätzer: Taxator
Schätzung: Apotimesis, Evalvation, Taxation, ¹Taxe, Valvation
Schau: 1. Show. 2. Exposition
Schauder: Horror
schaudererregend: makaber
schauderhaft: horribel
schauerlich: makaber, stygisch
Schaufensterbummel: Windowshopping
Schaufenstergestalter: Dekorateur, Displayer
Schaugepränge: Pomp
Schaugeschäft: Showbusineß
Schaukasten: Vitrine
Schaukelreck: Trapez
schäumen: moussieren
schäumend: moussierend
Schaumgebäck: Baiser
Schaumünze: Medaille
Schaumwein: Champagner, Sekt
Schaupackung: Attrappe, Dummy
Schauplatz: Szenarium, Szene, Szenerie
schaurig: erebisch
Schauschrank: Vitrine
Schauspiel: Drama, ²Spektakel, Spektakulum
Schauspielaufführung: Theater
Schauspieler: Akteur, Komödiant, Mime
Schauspielerei: Komödie
Schauspielerin: Aktrice, Komödiantin, Mimin
schauspielerisch: komödiantisch, mimisch
schauspielern: mimen
Schauspielhaus: Theater

Schauspiellehre: Dramaturgie
Schaustück: ²Spektakel
Schausucht: Skopophilie
Scheckhaut: Vitiligo
scheckig: meliert
Scheibenenteiser: Defroster
scheibenförmig: diskoidal
Scheibenpilz: Diskomyzet
Scheide: Vagina
scheiden: affinieren
scheiden-, Scheiden-: kolpo..., Kolpo...
Scheidenbruch: Kolpozele
Scheidendammnaht: Kolpoperineorrhaphie
Scheidendammschnitt: Episiotomie
Scheidenentzündung: Elytritis, Kolpitis, Vaginitis
Scheidenkrampf: Vaginismus
Scheidenschleimhautuntersuchung: Kolposkopie
Scheidenschleimhautwucherung: Kolpohyperplasie
Scheidenspiegelgerät: Kolposkop
Scheidenspiegelung: Kolposkopie
Scheidenvorfall: Koleoptose
Scheidewand: Diaphragma, Membran, Septum
Schein: Dehors, Fiktion, Illusion, Kulisse, Staffage
Scheinangriff: Finte
Scheinarznei: Placebo
scheinbar: imaginär, quasi, speziös
Scheinbeweis: Hysteron-Proteron, Sophismus
scheinheilig: bigott, hypokritisch, pharisäisch
Scheinheiligkeit: Bigotterie, Cant, Hypokrisie, Pharisäismus
Scheinmaßnahme: Manöver
Scheinmedikament: Placebo
Scheinsieg: Pyrrhussieg
Scheintod: ¹Koma
Scheinwiderstand: Impedanz
Scheiße!: merde!
Scheitel: Vertex
Schellentrommel: Tamburin
schelmenhaft: pikaresk
schelten: abkapiteln, kapiteln
Schenkel: Crus
schenken: dedizieren
Schenksucht: Doromanie
Schenkung: Dedikation, Donation, Donum, Dotation
Scherbengericht: Ostrazismus
scherenförmig: cheliform
Scherenschnittkunst: Psaligraphie
scherentragend: cheliferisch
Scherz: Gaudium, Jokus, Jux
scherzend: 1. humoresk. 2. giocoso
scherzhaft: 1. humoristisch. 2. capriccioso
Scheu: Respekt
scheußlich: abominabel
Schichtaufnahme: Tomogramm
Schichtaufnahmeverfahren: Tomographie

schichten: sedimentieren
Schichtenkunde: Sedimentologie, Stratigraphie
schichtförmig: lamellar
Schichtgestein: Sediment
Schichtung: Stratifikation
Schichtwolke: Stratus
schicklich: dezent
Schicklichkeit: Dekorum, Dezenz, ²Takt
Schicksal: Ananke, Fatum, Heimarmene, Karma, Kismet, Moira, Tyche
schicksalhaft: tragisch
Schicksalhaftigkeit: Tragik
Schicksalsdeutung: Astrologie
Schicksalsergebenheit: Fatalismus, Resignation
schicksalsgläubig: fatalistisch
Schicksalsgläubiger: Fatalist
Schicksalsgläubigkeit: Fatalismus
Schiedsgericht: Jurorenkomitee, Jury
Schiedsrichter: Referee
Schiefköpfigkeit: Plagiozephalie
schiefwinklig: loxogonal
Schielen: Strabismus
Schielender: Strabo
Schielmeßgerät: Strabometer
Schielmessung: Strabometrie
Schieloperation: Strabotomie
Schienbein: Tibia
Schießbaumwolle: Nitrozellulose
Schiffahrtskunde: Nautik
schiffbar machen: kanalisieren
Schiffchenarbeit: Okkiarbeit
Schiffchenspitze: Okkispitze
Schiffsauslader: ¹Debardeur
Schiffsausrüster: Armateur
Schiffsbeplankung: Bordage
Schiffseigner: Partikulier
Schiffsfracht: Fret
Schiffsherr: ¹Patron
Schiffsjunge: Moses
Schiffskantine: ²Messe
Schiffskran: Davit
Schiffsladung: Kargo
Schiffsreise: Passage
Schiffsreisender: Passagier
Schiffsrumpf: ¹Kasko
Schiffstagebuch: Logbuch
Schiffsvorbau: Galion
Schiffswohnraum: Kajüte, Logis
Schildbürger: Abderit
Schilddrüse: Thyreoidea
schilddrüsen-, Schilddrüsen-: thyreo..., Thyreo...
Schilddrüsenentfernung: Thyreoidektomie
Schilddrüsenentzündung: Thyreoiditis
schilddrüsenlos: thyreopriv
Schilddrüsenüberfunktion: Hyperthyreose
Schilddrüsenunterfunktion: Hypothyreose
Schilddrüsenvergrößerung: Thyreoidismus
schildkrötenartig: chelonitisch
Schildkrötenverband: Testudo

schillern

schillern: changieren, irisieren, opaleszieren, opalisieren
schillernd: changeant
schimpfen: räsonieren
Schinderei: Tortur
Schirmherr: ¹Patron, Protektor
Schirmherrschaft: Ägide, Patronat, Protektorat
Schlachtreihe: Phalanx
schlaf-, Schlaf-: hypno..., Hypno...
Schlafanzug: Pyjama
Schlafbehandlung: Hibernation
Schlafdrang: Narkolepsie
Schläfe: ²Tempus
schlaff: 1. lax. 2. atonisch, torpid
Schlaffheit: Atonie, Torpidität
Schlafkrankheit: Hypnolepsie, Hypnopathie, Hypnosie, Trypanosomiasis
Schlaflernmethode: Hypnopädie
schlaflos: vigil
Schlaflosigkeit: Asomnie, Insomnie, Vigilia
Schlafmittel: Hypnagogum
Schlafstörung: Asomnie
Schlafsucht: Lethargie, Somnolenz
schlafsüchtig: lethargisch, somnolent
Schlafwagen: Wagon-Lit
Schlafwandeln: Somnambulismus
Schlafwandler[in]: Somnambule
schlafwandlerisch: somnambul
Schlag: 1. Kaliber, Typ. 2. Pulsion. 3. Coup
Schlagabtausch: Fight
Schlagader: Arterie
Schlagadererweiterung: Aneurysma
Schlaganfall: Apoplexie, Insult
Schlagbaum: Barriere
schlagen: palpitieren, pulsieren
schlagend: eklatant, frappant
Schlager: Evergreen, Hit
Schlagerparade: Hitparade
schlagfertig: prompt
Schlagwort: Slogan
Schlagwortbildung: Kategorisierung
Schlagzeile: Headline
Schlagzeug: ¹Drums
Schlagzeuger: Drummer
Schlamm: Morast
schlammbewohnend: limikol
schlammig: 1. morastig. 2. limos
Schlangenanbeter: ¹Ophit
Schlangengift: Ophiotoxin
Schlangenlinie: Serpentine
Schlangenmensch: Kontorsionist
Schlangensterne: Ophiuroiden
Schlangenverehrung: Ophiolatrie
Schlangenwurz: Calla
schlankwüchsig: asthenisch, leptosom
schlapp: groggy, matsch
schlau: clever, raffiniert
schlauchartig: follikular
schlauchförmig: tubulär
Schlauchhörrohr: Phonendoskop
schlauchlos: tubeless
Schlauchpilze: Askomyzeten
Schlauheit: Cleverneß, Finesse, Raffinement, Raffinesse

Schlaukopf: Filou
schlecht: kontraproduktiv, miserabel, negativ
schlechthin: katexochen, par excellence
schleichend: chronisch, insidiös, lenteszierend
schleierhaft: nebulös
Schleierwolke: Zirrostratus
schleifen: polieren
Schleifenblume: Iberis
schleim-, Schleim-: muko..., Muko...; myxo..., Myxo...
schleimähnlich: myxoid
schleimartig: myxodisch
Schleimbakterien: Myxobakterien
Schleimbeutelentfernung: Bursektomie
Schleimbeutelentzündung: Bursitis
Schleimdrüsenentzündung: Myxadenitis
Schleimdrüsengeschwulst: Myxadenom
Schleimhaut: Mukosa
Schleimhautausschlag: Enanthem
Schleimhautentzündung: Katarrh
Schleimhautfalte: Frenulum, Ruga, Valva
schleimig: mukös
Schleimlöser: Mukolytikum, Solvens
Schleimpilz: Myxomyzet
Schleimstauung: Mukostase
Schlemm: Slam
Schlemmer: Gourmand, Lukullus, Sybarit
Schlemmerei: Sybaritismus
schlendern: flanieren
Schleppdampfer: Bugsierer, Remorqueur
schleppen: bugsieren, remorquieren
schleppend: 1. dilatorisch. 2. pesante, stentando, trascinando, zoppo
Schlepper: Traktor
Schleppschaufelbagger: Dragline
Schleuder: Katapult
Schleudergerät: Zentrifuge
schleudern: katapultieren
Schleuderverband: Funda
Schleudervorrichtung: Katapult
schlicht: 1. simpel. 2. semplice
Schlichtheit: Simplizität
schließen: okkludieren
Schließmuskel: Konstriktor, Sphinkter
schlimm: 1. katastrophal. 2. perniziös
Schlingbewegung: Deglutition
Schlingensticks: Langette
Schlips: Krawatte
Schloß: Kastell, Palais
Schloßverwaltung: Kastellanei
Schloßvogt: Kastellan
Schlucht: Couloir
Schluckakt: Deglutition
Schluckauf: Singultus
Schluckstörung: Dysphagie
Schlund: Pharynx
Schlundkrampf: Pharyngismus
Schlundverengung: Lamostenose
schlüpfrig: frivol, lasziv, obszön, pikant

Schlüpfrigkeit: Frivolität, Laszivität, Obszönität, Pikanterie
Schlupfwespen: Ichneumoniden
Schluß!: basta!, Punktum!, sela!
Schlüsselbein: Clavicula
Schlüsselbeindurchtrennung: Klavikulotomie, Kleidotomie
schlußfolgern: kombinieren, konkludieren
Schlußfolgerung: Fazit, ¹Kombination, Konklusion
schlüssig: konkludent, logisch
Schlußnote: Finalis
Schlußrede: Epilog
Schlußstein: Koronis
Schlußteil: Finale
Schmähschrift: Invektive, Libell, Pamphlet, Pasquill
Schmähung: Affront, Invektive
schmälern: derogieren
Schmalgesichtigkeit: Leptoprosopie
schmalköpfig: leptozephal
Schmalköpfigkeit: Leptozephalie
schmalwüchsig: asthenisch, leptosom
schmarotzen: parasitieren
Schmarotzer: Parasit
schmarotzerartig: parasitisch
schmarotzerhaft: parasitär
Schmarotzertum: Parasitismus
Schmeichelei: Kompliment
schmeicheln: hofieren, schmusen
Schmelzarbeit: Emaillure
schmelzen: dissolvieren, liqueszieren
Schmelzschupper: Ganoiden
Schmelztuff: Ignimbrit
-schmerz: ...algie
Schmerz: 1. Dolor. 2. Algesie
Schmerzausschaltung: Anästhesie, Lokalanästhesie
Schmerzbetäubung: Anästhesie, Lokalanästhesie
schmerzempfindlich: sensibel
Schmerzempfindlichkeit: Algesie, Sensibilität
Schmerzensmutter: Mater dolorosa
schmerzerfüllt: doloros
schmerzfrei: indolent
Schmerzfreiheit: Indolenz
schmerzhaft: 1. doloros. 2. algetisch
schmerzlich: doloros
schmerzlindernd: palliativ
Schmerzlosigkeit: Analgesie, Indolenz
Schmerzmittel: Analgetikum, Antineuralgikum, Sedativum
schmerzstillend: analgetisch, sedativ
schmerzüberempfindlich: hyperalgetisch, hyperpathisch
Schmerzüberempfindlichkeit: Hyperalgesie, Hyperpathie
schmerzunempfindlich: indolent
schmerzvoll: doloroso
Schmetterball: Smash
Schmetterlinge: Lepidopteren
Schmetterlingsblütler: Papilionazeen
Schmetterlingsflechte: Erythematodes
Schmetterlingskunde: Lepidopterologie

Schutzfärbung

Schmetterschlag: Smash
Schmöker: Scharteke
Schmortopf: Kasserolle
Schmuck: 1. Dekor, Dekoration. 2. Pretiosen
schmücken: dekorieren, garnieren, ornamentieren, staffieren
schmückend: dekorativ, ornamental
Schmuckgegenstand: Bijouterie
Schmuckhändler: Bijoutier, Juwelier
Schmuckkästchen: Schatulle
Schmucknadel: Brosche
Schmucksachen: Valoren
Schmuckspange: Agraffe
Schmuckstück: Bijou, Bijouterie, Juwel
Schmuckwarenhandel: Bijouterie
schmuggeln: ¹paschen
Schmuggelware: Konterbande
Schmuggler: Pascher
Schnalle: Agraffe
Schnapsbrenner: Destillateur
Schnapsbrennerei: Destille
Schnarchkrampf: Rhenchospasmus
Schnecke: Gastropode
schneckenförmig: spiral, spiralig
Schneckenhaus: Cochlea
Schneckenkunde: Konchyliologie
Schneeblindheit: Niphablepsie
Schneebrett: Snowboard
Schneeleopard: Irbis
Schneemensch: Yeti
Schneesturm: Blizzard, Buran, Purga
Schneid: Bravour, Courage
Schneider: ¹Tailleur, Tailor
Schneiderkostüm: Tailormade
Schneidezahn: Inzisiv
schneidig: bravourös, couragiert, fesch
schnell: 1. fix, rapid, rasant. 2. allegro, celer, celere, con fuoco, presto, veloce, vite
schnell!: dalli!
schneller: più allegro
Schnellgericht: Fast food
Schnellgetränk: Instantgetränk
Schnelligkeit: Karacho, Rapidität, Rasanz, Tempo
Schnellimbiß: Fast food
Schnellzug: Expreß
Schnittmeister: Cutter
Schnittmeisterin: Cutterin
Schnittpunkt: ¹Pol
Schnittstelle: Interface
Schnitzer: Blunder, Lapsus
Schnupfen: Katarrh, Koryza, Rhinitis
Schnupfenmittel: Errhinum
Schnupftabakdose: Tabatière
Schnur: Kordel, Soutache
Schokoladenüberzug: Kuvertüre
Schöllkraut: Chelidonium
Schöllkrautvergiftung: Chelidonismus
schönfärben: romantisieren
Schöngeist: Ästhet, Belesprit
schöngeistig: ästhetisch, belletristisch
Schönheitsfarm: Beautyfarm
Schönheitsmittel: Kosmetikum
Schönheitspflästerchen: Mouche
Schönheitspflege: Kosmetik

Schönheitspflegemittel: Kosmetikum
Schönheitssalon: Beauty-Center, Kosmetiksalon
Schonkost: Diät
Schönling: Beau
Schönrednerei: Schmus
schönrednerisch: rhetorisch
Schönschreibkunst: Kalligraphie
Schöntuerei: Schmus
schöntun: schmusen
Schöpfer: Kreator
schöpferisch: genialisch, kreativ, produktiv
Schöpferkraft: Kreativität
Schöpfung: Kreation
Schöpfungsgeschichte: Genesis
Schorf: Crusta
Schornstein: Kamin
Schornsteinaufsatz: Deflektor
Schottenrock: Kilt
schräg: kursiv, transversal
schräglaufend: diagonal
Schranke: Barriere
Schraubenalge: Spirogyra
Schraubenbakterie: Leptospire, Spirille
Schraubenbaum: Pandane
schraubenförmig: spiralig
Schraubenlinie: Spirale
Schreck: Pavor
Schreckensfahrt: Horrortrip
Schreckensherrschaft: Terror, Terrorismus
Schreckensnachricht: Hiobsbotschaft, Tatarennachricht
Schreckgestalt: Popanz
Schrecklähmung: Kataplexie
schrecklich: infernalisch, medusisch, terribel
Schreckstarre: Kataplexie
-schreiber: ...graph
Schreiberling: Skribent, Skribifax
Schreibfehler: Lapsus calami
Schreibkrampf: Cheirospasmus, Graphospasmus, Mogigraphie
Schreibtafel: Agenda
Schreibung: Graphie
Schreibwarenhandlung: Papeterie
Schreibweise: 1. Graphie. 2. Stil
Schreibwut: Graphomanie
Schriftenbündel: Konvolut
Schriftführer: Korrespondent, Protokollant, Sekretär
Schriftgutablage: Registratur
Schriftsatzgestaltung: Typographie
Schriftsetzer: Typograph
Schriftsprache: Standardsprache
Schriftstelle: Passus
Schriftsteller: Literat, Literator
schriftstellerisch: literarisch
Schriftstück: Dokument, Paper, Skript
Schrifttum: Literatur
Schriftverkehr: Korrespondenz
Schriftwechsel: Korrespondenz
Schriftzeichen: Graph
Schriftzug: Duktus
schritt-, Schritt-: podo..., Podo...

Schrittmacher: 1. Pacemaker. 2. Avantgardist
Schrittmesser: Hodometer, Passometer, Pedometer, Podometer
schrittweise: graduell, methodisch, sukzessive
Schrittzähler: Hodometer, Passometer, Pedometer, Podometer
schroff: brüsk
Schröpfen: Hämospasie
Schrulle: Marotte, Spleen, Tick
schrullig: spleenig
schrumpfend: szirrhös, zirrhotisch
Schrumpfniere: Nephrosklerose
Schrumpfung: Kontraktion, Retraktion, Zirrhose
Schrunde: Rhagade
schüchtern: genant
Schuft: Halunke, Kanaille, ¹Patron
schuften: malochen, roboten
Schuld: 1. Culpa. 2. Debet
Schuldabschreibung: Amortisation
Schuldabtragung: Amortisation
Schulden: Passiva
schuldlos: extra culpam
Schuldner: Debitor, Restant
Schuldübernahme: Expromission, Interzession
Schuldumwandlung: Konversion, Novation
Schuldverschreibung: Bond, Obligation, Promesse
Schuldverschreibungen: Agiopapiere, Fonds
Schülerheim: Alumnat, Internat
Schulhausmeister: Pedell
Schulleiter: Rektor
Schulnote: Zensur
Schulsaal: Aula
Schultergelenkentzündung: Omarthritis
Schultergicht: Omagra
Schulterschmerz: Omalgie
Schulterstück: Epaulett
Schultertuch: Fichu
Schulverweisung: Relegation
Schund: Schofel, Tinnef
schuppen-, Schuppen-: lepido..., Lepido...
Schuppenflechte: Psoriasis
Schuppenkunde: Lepidologie
Schuppenwurz: Lathraea
Schürfkübelbagger: Dragline
Schurke: Bandit, Halunke, Kanaille
Schußseide: Tramette
Schüttelkrampf: Klonus, Konvulsion, Myoklonie
Schüttellähmung: Parkinsonismus
Schutz: 1. Protektion. 2. Bodyguard, Eskorte
Schutzanstrich: Firnis
Schutzanzug: ²Kombination, Overall, Skaphander
Schutzbau: Bunker
Schutzdach: Baldachin, Markise
schützen: präservieren, protegieren
Schutzfärbung: Mimikry

Schutzgebiet

Schutzgebiet: 1. Protektorat. 2. Reservat, Reservation
Schutzgeist: Genius
Schutzgeleit: Eskorte
Schutzheilige: Patrona, Patronin
Schutzheiliger: ¹Patron
Schutzherr: ¹Patron, Protektor
Schutzherrin: Patronin
Schutzherrschaft: Patronat, Protektorat
Schutzhülle: Etui, Futteral, Kassette
Schutzimpfung: Vakzination
Schützling: Protegé
Schutzmann: Gendarm, Polizist
Schutzmarke: Signet, Trademark
Schutzüberzug: Coating
Schutzverband: Bandage
Schutzzoll: Prohibitivzoll
schwach: 1. adynamisch, asthenisch, insuffizient. 2. fioco, piano
Schwäche: 1. Asthenie, Impotenz, Insuffizienz, Labilität, Parese. 2. Faible
Schwächeanfall: Kollaps
schwächen: paralysieren
schwächlich: asthenisch
Schwächlichkeit: Asthenie
Schwachsichtigkeit: Amblyopie
Schwachsinn: Debilität, Demenz, Fatuität, Idiotie, Imbezillität
schwachsinnig: debil, dement, idiotisch, imbezil, imbezill
Schwachsinniger: Idiot, Kretin
schwachstimmig: mikrophonisch
Schwamm: Spongia
schwammähnlich: fungoid
schwammartig: spongiös
Schwämme: Parazoa
Schwammgeschwulst: Fungus
schwammig: fungös, kavernös, lakunär
Schwammkunde: Spongiologie
schwanger: gravid
Schwangerschaft: Gravidität
Schwangerschaftsstörung: Gestose
Schwangerschaftsunterbrechung: Interruption
Schwangerschaftsverhütung: Antikonzeption
Schwank: Burleske, Farce
schwanken: fluktuieren
schwankend: fluktuös, labil, oszillatorisch, variabel
Schwankung: Fluktuation
Schwanz: 1. Cauda. 2. Coda. 3. Penis
Schwarm: ¹Pulk
Schwärmer: Ekstatiker, Enthusiast, Orgiast, Phantast
Schwärmerei: Enthusiasmus, Phantasterei
schwärmerisch: ekstatisch, enthusiastisch, mystizistisch, phantastisch
Schwarzerde: Tschernosem
Schwarzseher: Defätist, Pessimist
Schwarzseherei: Defätismus, Pessimismus
schwarzseherisch: defätistisch, pessimistisch

schwatzen: fabulieren, räsonieren, salbadern, schmusen, schwadronieren
Schwätzer: Fabulant, Räsoneur, Salbader, Scharlatan, Schwadroneur
schwebend: pendent
Schwefel: Sulfur
schwefel-, Schwefel-: thio..., Thio...
Schwefelfarbstoff: Thionalfarbstoff
Schwefelkies: Pyrit
Schwefelkohlenstoffvergiftung: Sulfokarbonismus
Schwefelwasserstoffvergiftung: Sulfohydrogenismus
schweflig: mefitisch
Schweifsäge: Dekupiersäge
Schweifstern: Komet
Schweigen: Silentium
Schweinerei: Cochonnerie
Schweinerotlauf: Erysipeloid
Schweiß: Sudor
schweiß-, Schweiß-: hidro..., Hidro...
Schweißabsonderung: Diaphorese, Hyperhidrose, Kakidrose, Sudation, Transpiration
Schweißausscheidung: Hidrose
Schweißbildung: Hidrose
Schweißbläschen: Miliaria
Schweißdrüsenentzündung: Hidradenitis
Schweißdrüsengeschwulst: Hidradenom
schweißtreibend: diaphoretisch, hidrotisch, sudorifer
schweizerisch: helvetisch
Schwelgas: Hydrokarbongas
Schwelger: Lukullus, Sybarit
Schwelgerei: Sybaritismus
schwelgerisch: lukullisch, sybaritisch
schwellfähig: erektil
Schwellung: Tumeszenz
schwer: grave
schwer-, Schwer-: bary..., Bary...
Schwerarbeit: Maloche
Schwerarbeiter: Kuli, Roboter
schwerbeschädigt: invalid
Schwerbeschädigter: Invalide
schwerfällig: 1. phlegmatisch. 2. pesante
Schwerfälligkeit: Phlegma
Schwerhörigkeit: Dysakusis, Hypakusie
Schwerkraft: Gravitation
Schwermut: 1. Depression, Elegie, Melancholie, Tristesse. 2. Athymie, Dyskolie
schwermütig: 1. depressiv, deprimiert, elegisch, hypochondrisch, melancholisch. 2. athymisch
Schwerpunkt: Baryzentrum
Schwerpunktbildung: Zentrierung
Schwerspat: Baryt
Schwertlilie: Iris
Schwerverbrecher: Gangster, Racketeer
schwerwiegend: fundamental, gravierend
schwesterlich: sororal

Schwesternheirat: Sororat
Schwiele: Kallus, Tylom
schwielig: kallös, tylotisch
schwierig: diffizil, kompliziert, kritisch, prekär, problematisch, spinös, subtil
Schwierigkeit: 1. Bredouille, Crux, Diffizilität, Komplikation, Problem, Problematik, Subtilität. 2. Aporem
Schwierigkeiten: Sperenzchen
Schwimmbecken: ¹Pool, Swimmingpool
Schwimmhaut: Pterygium
Schwindelanfall: Skotodinie, Vertigo
Schwindelei: Alfanzerei, Scharlatanerie
schwindeln: alfanzen, fabulieren
schwinden: atrophieren, rarefizieren
Schwindler: Fabulant, Scharlatan
schwindlig: 1. blümerant. 2. vertiginös
Schwindsucht: Phthise, Tuberkulose
schwindsüchtig: phthisisch, tuberkulös
schwingen: oszillieren, vibrieren
schwingend: oszillatorisch
Schwinglaut: Vibrant
Schwingung: Oszillation, Undulation, Vibration
Schwingungserzeuger: Oszillator, Vibrator
Schwingungsweite: Amplitude
Schwingungszahl: Frequenz
Schwitzbad: 1. Sauna. 2. Sudatorium
Schwitzbläschen: Hidroa
schwitzen: transpirieren
Schwitzen: Diaphorese, Sudation, Transpiration
Schwulst: Bombast
schwülstig: barock, bombastisch
Schwulststil: Euphuismus
Schwund: 1. Fading. 2. Atrophie, Usur
Schwung: 1. Drive, Dynamik, Elan, Impetus, Pep, Vehemenz, Verve. 2. Brio
Schwungkraft: Impetus
schwungvoll: 1. dynamisch, vehement. 2. swinging
Schwurgericht: Jury
sechs-, Sechs-: hexa..., Hexa...
Sechseck: Hexagon, Sexagon
sechseckig: hexagonal
sechsflächig: hexaedrisch
Sechsflächner: Hexaeder
Sechsfüßer: Hexapode
Sechspolröhre: Hexode
Sechsstern: Hexagramm
Sechstagerennen: Six Days
sechsteilig: hexamer
sechswinklig: hexangulär
sechszählig: hexamer, hexaploid
Seebärenfell: Seal
Seegurke: Holothurie
Seeigel: Echinus
Seekrankheit: Kinetose, Nausea
Seele: Anima, Psyche
seelenähnlich: psychoid
seelenartig: psychoid
Seelenmesse: Requiem
Seelenruhe: Ataraxie, Tranquillität
Seelenwanderung: Metempsychose
Seelilie: Krinoide

Siegesbeute

seelisch: psychisch
Seelsorge: Cura, Pastoration
seelsorgerisch: pastoral
Seemann: ¹Mariner, Matrose, Sailor
Seemannslied: Shanty
Seenkunde: Limnologie
Seepferdchen: Hippocampus
Seeräuber: Flibustier, ²Kaper, Korsar, Pirat
Seeräuberei: Piraterie
Seeräuberschiff: Korsar
Seerose: Lotos, Nymphäa
Seeschaden: Average, Havarie
Seeschadensberechnung: Dispache
Seeschlacht: Naumachie
Seestern: Asteroid
Seewalze: Holothurie
Seewesen: Marine
Seewolf: Katfisch
Segelausrüstung: Takelage
Segeljachtkapitän: Skipper
Segeltuchranzen: Tornister
Segen: Benediktion
segnen: benedeien, benedizieren
Segnung: Benediktion
Seher: Prophet
Sehergabe: Divination
Seherin: Sibylle
seherisch: divinatorisch, prophetisch
Seherkunst: Mantik
Sehkraftbestimmung: Optometrie
Sehloch: Pupille
Sehnendurchtrennung: Aponeurotomie, Tenotomie
Sehnenentzündung: Desmitis, Tendinitis
Sehnenscheidenentzündung: Tendovaginitis
Sehnenschmerz: Desmalgie, Tenalgie
Sehnerv: Optikus
Sehnervschwund: Optikusatrophie
sehnig: nervig
Sehschärfe: Visus
Sehschwäche: Asthenopie, Kopiopie
Sehstörung: Dysopsie, Parablepsie
seicht: trivial
Seichtheit: Trivialität
Seifenoper: Soap-opera
seihen: kolieren
Seiltänzer: Äquilibrist
Sein: 1. Existenz. 2. Ens, Esse, Usie
Seinslehre: Ontologie
Seite: 1. Pagina. 2. ²Page
Seitenansicht: Profil
seitenfrüchtig: pleurokarp
Seitengewehr: Bajonett
Seitenlaut: Lateral
Seitensprung: Eskapade
Seitenstechen: Pleurodynie
seitlich: kollateral, lateral
seitwärts: lateral
selbst: in persona, personaliter
selbst-, Selbst-: auto..., Auto...; idio..., Idio...
Selbstanbetung: Idiolatrie
selbständig: 1. emanzipiert, originär. 2. autark, autonom, essentiell, idiopathisch
Selbständigkeit: 1. Originalität. 2. Autarkie, Autonomie
Selbstansteckung: Autoinfektion
Selbstauflösung: Autolyse
Selbstbedienung: Selfservice
Selbstbeeinflussung: Autosuggestion
Selbstbefriedigung: Ipsation, Masturbation, Onanie
Selbstbefruchtung: Autogamie
Selbstbeobachtung: Introspektion
selbstbestäubig: kleistogam
Selbstbestäubung: Kleistogamie
Selbstbestimmung: Autotelie
Selbstbeurteilung: Autokritik
selbstbeweglich: automobil
selbstbezogen: autistisch, egozentrisch, narzißtisch, zentrovertiert
Selbstbezogenheit: Autismus, Egozentrik, Narzißmus
Selbstbildnis: Autoporträt
Selbsteinredung: Autosuggestion
selbstentzündlich: pyrophor
Selbsterkenntnis: Autognosie, Heautognomie
Selbsterniedrigung: Kanossa
selbstgefällig: prätentiös, süffisant
Selbstgefälligkeit: Süffisanz
selbstgerecht: pharisäisch
Selbstgerechtigkeit: Pharisäismus
Selbstgesetzgebung: Heautonomie
Selbstgespräch: Monolog
Selbstheilung: Autotherapie
selbstherrlich: autokratisch, cäsarisch
Selbstherrschaft: Autarchie, Autokratie
Selbstherrscher: Autarch, Autokrat
Selbstlaut: Vokal
selbstlautend: vokalisch
Selbstliebe: 1. Autoerotik, Autophilie. 2. Narzißmus
selbstlos: altruistisch, idealistisch
Selbstlosigkeit: Altruismus, Idealismus
Selbstmord: Suizid
Selbstmörder: Suizidant
Selbstmordgefahr: Suizidrisiko
Selbstmordvorbeugung: Suizidprophylaxe
Selbstreizung: Autostimulation
Selbststeuerung: 1. Automatik. 2. Automatismus
Selbstsucht: Egoismus
selbstsüchtig: egoistisch
selbsttätig: autodynamisch, autogen, automatisch
Selbsttötung: Suizid
Selbstüberhebung: Hybris
Selbstüberschätzung: Megalomanie
Selbsturteil: Autostereotyp
Selbstvergiftung: Autointoxikation
Selbstvergötterung: Autotheismus, Idiolatrie
Selbstverliebtheit: 1. Autoerotik. 2. Narzißmus
selbstverständlich: eo ipso, logisch
Selbstverwaltung: Autonomie, Selfgovernment
selbstwirkend: autodynamisch, automisch
selbstzufrieden: saturiert
seligsprechen: beatifizieren
Seligsprechung: Beatifikation
selten: rar, sporadisch
Seltenheit: Rarissimum, Rarität, Rarum, Singularität
seltsam: grotesk, komisch, kurios
Sendbote: Kurier
Sendefolge: Programm
Sendestelle: Station
Sendevorrichtung: Antenne
Sendschreiben: Epistel
Sendung: Mission
Senke: Synklinale
senken: abaissieren
Senkgrube: Kloake, Latrine
Senkkasten: Caisson
Senkniere: Nephroptose
senkrecht: perpendikular, vertikal
Senkrechte: Vertikale
Senkrechtstarter: Coleopter
Senkwaage: Volumeter
Sennhütte: Chalet
Seuche: Epidemie, Pandemie
Seuchenkunde: Epidemiologie
Sichelstock: Harpolith
sicher: 1. firm, positiv. 2. fermamente
Sicherheit: Aplomb, Garantie, Sekurität
Sicherheiten: Securities
Sicherheitsfach: Safe
Sicherheitsleistung: Garantie, Kaution
sichern: konsolidieren
Sicherung: Konsolidation
Sicht: 1. Perspektive. 2. Vista
sichtbar: apparent
sichtbar-, Sichtbar-: phanero..., Phanero...
Sichtbarwerden: 1. Manifestation. 2. Phanerose
sichten: sortieren
Sichtvermerk: Visum
Sichtwechsel: Avistawechsel, Vistawechsel
Sickerquelle: Helokrene
Sickerstrahlung: Leakage
Sickerverlust: Leckage
Siebdruck: Serigraphie, Silk-Screen
sieben-, Sieben-: hepta..., Hepta...
Siebeneck: Heptagon
siebenflächig: heptaedrisch
Siebenflächner: Heptaeder
Siebenpolröhre: Heptode
Siebentagefieber: Denguefieber
Siechtum: Morbosität
Siedler: Kolonist
Siedlung: Kolonie
Sieg: Triumph, ²Viktoria
Siegel: Petschaft, Stampiglie
Siegelabdruck: Aposphragisma
Siegelkunde: Sphragistik
Sieger: Triumphator
Siegesbeute: Trophäe

Siegesfreude

Siegesfreude: Triumph
Siegeszeichen: Trophäe
sieh da!: voilà!
Signalhorn: Clairon
Silbenverschmelzung: Haplologie, Synalöphe
Silber: Argentum
Silberbarren: Ingot
Silberfarbe: Argentine
silberfarben: argentin
Silberglanz: Akanthit, Argentit
Silberlöwe: Puma
singbar: kantabel
Singbarkeit: Kantabilität
singend: cantando
Singstimme: Voce
Singweise: Melodie
sinken: deszendieren
Sinn: Logos
Sinnbild: Allegorie, Symbol
Sinnbildgehalt: Allegorik, Symbolik
sinnbildlich: allegorisch, emblematisch, parabolisch, symbolisch
Sinnesart: Mentalität
Sinneseindruck: 1. Impression. 2. Engramm
Sinnestäuschung: 1. Fata Morgana, Halluzination, Phantasma. 2. Pareidolie
Sinneswahrnehmung: ²Sensation
Sinngedicht: Epigramm
Sinngehalt: Symbolik
sinnlich: 1. erotisch. 2. sensuell
Sinnlichkeit: Erotik
sinnlos: absurd
Sinnlosigkeit: Absurdität
Sinnspruch: Apophthegma, Gnome, Sentenz
sinnverwandt: synonym
sinnwidrig: absurd, alogisch, paradox
Sippschaft: Clique, Koterie, Mischpoche
Sitte: Konvention, Manier, ¹Mode, Moral, Usus
Sittenlehre: Ethik, Moral
Sittenrichter: Moralist
sittenstreng: moralisch, puritanisch
sittlich: ethisch, moralisch
Sittlichkeit: Moral, Moralität
Sitzbecken: Bidet
Sitzbuckel: Kyphose
Sitzstreik: Sit-in
Sitzung: Konferenz, ¹Session
Sitzungsbericht: Protokoll
Sitzungsperiode: ¹Session
Skandalgeschichte: Chronique scandaleuse
so!: sic!
Sockel: Piedestal, Plinthe, Postament
Sodbrennen: Pyrosis
sofort: 1. a tempo, prompt, stante pede. 2. subito
Sohn: Filius
Soldatenkrankenhaus: Lazarett
Söldner: Legionär
Söldnertruppe: Legion
Soll: Norm

Söller: Altan
Sollseite: Debet
Solotänzer: Ballerino
Solotänzerin: Ballerina
Sommerbühne: Arena
Sommerflieder: Buddleia
Sommerhaus: Bungalow, Datscha
Sommersprossen: Epheliden
Sommerwurz: Orobanche
sonderbar: komisch, kurios, skurril
Sonderbarkeit: Kuriosität, Skurrilität
Sonderdruck: Separatum
Sonderling: Original, Unikum
sondern: differenzieren, sortieren, spezialisieren
Sonderrecht: Privileg, Reservat
Sondersprache: Argot, Jargon
Sonderung: Differenzierung
Sondervereinbarung: Klausel
Sondervergütung: Bonus, Gratifikation
Sonderzubehör: ¹Extra
sonnen-, Sonnen-: helio..., Helio...; solar..., Solar...
Sonnendach: ¹Markise
Sonneneinstrahlung: Insolation
Sonnenfinsternis: Eklipse
Sonnenhut: Rudbeckia
Sonnenkraft: Solarenergie
Sonnenkraftanlage: Solarfarm
Sonnenlichtbehandlung: Heliotherapie
sonnenliebend: heliophil
sonnenmeidend: heliophob
Sonnenstich: Astrabolismus, Insolation
Sonnenstrahlungsmesser: Pyrheliometer, Solarimeter
Sonnenwende: Solstitium
Sonntag: Dominica
Sorge: Cura
Sorgfalt: Akkuratesse, Akribie, Exaktheit, Penibilität
sorgfältig: akkurat, akribisch, exakt, penibel, proper
sorglos: negligeant
Sorglosigkeit: Negligenz, Sekurität
sorgsam: minuziös
Sorte: 1. Kaliber. 2. Spezies
Soßengießer: Sauciere
Soßengrundlage: Coulis
Soßenkoch: Saucier
Soßenschüssel: Sauciere
sozusagen: quasi
Spähtrupp: Patrouille
Spalierbaum: Kordon
Spalt: Fissur, Hiatus
spaltbar: fissil
Spaltbarkeit: Fissilität
Spalte: Kolumne, Rubrik
Spaltpilz: Bakterie
Spaltung: 1. Desintegration, Dissektion. 2. Diszission
Spaltungsgestein: Schizolith
Spaltungsirresein: Schizophrenie
Spaltzunge: Glossoschisis
Spange: Agraffe, Brosche
spannbar: elastisch
Spanne: Marge

spannend: dramatisch
Spannkraft: Elastizität, Energie
Spannmuskel: Tensor
Spannung: 1. Dramatik. 2. Tension
Spannungsirresein: Katatonie
Spannungsmeßgerät: Elektrodynamometer, Elektrometer, Voltmeter
Spannungsstoß: Impuls
Spannungsveränderung: Transformation
Spargel: Asparagus
Spargelkohl: Brokkoli
sparsam: ökonomisch, rationell
Spaß: ¹Fez, Gaudium, Jokus, Jux, Pläsier
spaßhaft: 1. komisch. 2. giocoso
spaßig: humoristisch, komisch, kurios
Spaßmacher: Clown, Harlekin, Haselant, Humorist, Komiker
Spaßmacherei: Clownerie, Harlekinade
später: a posteriori
Spätgeborener: Postumus
Spätveranstaltung: Late-night-Show
spazierengehen: flanieren, promenieren
Spaziergang: Promenade
Spazierweg: Promenade
Speckstein: Steatit, ¹Talk
speichel-, Speichel-: sialo..., Sialo...
Speicheldrüsenentzündung: Sialadenitis
Speicher: Akkumulator, Depot, Entrepot, Magazin, Reservoir, Silo
Speicherbild: Hologramm
speichern: akkumulieren, deponieren, magazinieren
Speicherscheibe: Diskette
Speicherung: Akkumulation, Deponierung
Speicherungskrankheit: Thesaurismose
Speicherungsvermögen: Kapazität
Speisedistel: Artischocke
Speisegaststätte: Lokal, Restaurant, ²Restauration
speisen: dinieren
Speisenfolge: Menü
Speiseraum: Kantine, Kasino
Speiseröhre: Ösophagus
Speiseröhrenentzündung: Ösophagitis
Speiseröhrenschmerz: Ösophagodynie
Speiseröhrenschnitt: Ösophagotomie
Speisezutat: Fourniture
Spelt: Alaga
Spende: Almosen, Obolus
Sperre: Barriere, Barrikade, Blockade
sperren: 1. arretieren, blockieren. 2. spationieren
Sperrfrist: Karenzzeit
Sperrgürtel: Cordon sanitaire
Sperrkette: Kordon
Sperrvorrichtung: Arretierung
Spiegelbild: Eidolon
Spiegelfechterei: Sophisterei
Spiegelfernrohr: Reflektor

spiegeln: reflektieren
spiegelungsgleich: symmetrisch
Spiegelungsgleichheit: Symmetrie
Spiel: Jeu
Spielart: 1. Variante. 2. Varietät
Spielautomat: Flipper
Spielbank: Kasino
Spielebene: Level
Spieleinsatz: Bête, Mise, Poule
Spielergebnis: Score
spielerisch: leggiero, lusingando
Spielfeldbegrenzung: Bande, Linie
Spielfolge: Programm
Spielgeld: Tessera
Spielleiter: 1. Regisseur. 2. Animateur, Maître de plaisir, Showmaster
Spielleitung: Regie
Spielmarke: Chip, ¹Fiche, Jeton
Spielmünze: Jeton
Spielplan: Programm, Repertoire
Spielraum: Marge, Toleranz
Spielrunde: Partie
Spielsaal: Kasino
Spielschau: Game-Show
Spielstand: Score
Spielstein: Figur
Spielunterbrechung: Time-out
Spießbürger: Philister
spießbürgerlich: philiströs
spinnenähnlich: arachnoid
Spinnenfingrigkeit: Arachnodaktylie
Spinnenkunde: Arachnologie
Spinnentier: Arachnoide
Spinnereiabfälle: Dechet
Spiralnebel: Galaxie
spitz-, Spitz-: akro..., Akro...
spitzbogig: ogival
Spitzbube: Filou, Ganove
Spitzbuckel: Gibbus
Spitzel: Agent, Konfident, Spion
spitzen-, Spitzen-: ²top..., Top...
Spitzenkönner: ³As, Experte, Koryphäe
Spitzenkrause: Jabot
Spitzenleistung: Rekord
Spitzenmodell: Topmodell
Spitzenreiter: Leader
Spitzensportler: Champion, Crack
Spitzenstar: 1. Topstar. 2. Assoluta
spitzfindig: kasuistisch, rabulistisch, scholastisch, sophistisch
Spitzfindigkeit: Kasuistik, Rabulistik, Scholastizismus, Sophisterei, Sophistik
Spitzharfe: Arpanetta
Spitzkopf: Akrozephale
spitzköpfig: akrozephal
Spitzpfeiler: Obelisk
Spitztürmchen: Fiale
sporen-, Sporen-: sporo..., Sporo...
Sporenbehälter: Sporangium
Sporenpflanze: Kryptogame
Sporentierchen: Sporozoon
Sportkampfbahn: Stadion
Sportkleidung: Dreß
Sportlehrer: Coach
sportlich: sportiv
Sportmannschaft: Crew, Equipe, Team

Sportpaddelboot: Kajak, Kanadier
Sportrennschlitten: Bob, Skeleton
Sportruderboot: ¹Gig, Skullboot
Sportruderer: Skuller
Spott: Ironie, Sarkasmus, Zynismus
Spottbild: Karikatur
Spottgedicht: Epigramm
spöttisch: aristophanisch, ironisch, juvenalisch, kaustisch, mokant, sarkastisch, zynisch
Spottschrift: Pasquill, Satire
sprach-, Sprach-: glosso..., Glosso...
Sprache: 1. Lingua. 2. Langue, ¹Parole
Spracheigenheit: Idiotismus
Spracheigentümlichkeit: Idiom
Sprachheilkunde: Logopädie
sprachkundlich: grammatikalisch
Sprachlehre: Grammatik
Sprachlehrmittelsammlung: Linguathek
Sprachmittler: Dolmetscher
sprachrichtig: grammatisch
Sprachrohr: Megaphon
Sprachstörung: Lalopathie
Sprachverwirrtheit: Schizophasie
Sprachwissenschaft: Linguistik, Philologie
Sprachwissenschaftler: Linguist, Philologe
sprachwissenschaftlich: linguistisch, philologisch
Sprechangst: Phonophobie
Sprecheinheit: Lalem
Sprecher: Anchorman, Conférencier, Diseur, Moderator
Sprechfehler: Lapsus linguae
Sprechfunk: Telefonie
Sprechfunkgerät: Walkie-talkie
Sprechfurcht: Lalophobie
Sprechgesang: Parlando, Rap, Rezitativ
Sprechkunde: Laletik
Sprechstörung: Dysphasie
Sprechunfähigkeit: Alalie
Sprengel: Parochie
sprengend: brisant
Sprenggeschoß: Granate, Kartätsche, Schrapnell
Sprengkörper: ¹Mine
Sprengkraft: Brisanz
sprenkeln: melieren
Sprichwort: Parömie, Proverb
Sprichwortkunde: Parömiologie
sprichwörtlich: proverbial
Springkraut: Impatiens
Springquelle: Geysir
Springschwanz: Kollembole
Spritzer: Dash
spritzig: humoresk
Spritzkuchen: Echaudé
Sproßpilz: Blastomyzet
Sproßscheide: Koleoptile
Spruchband: Transparent
Sprühmittel: Spray
Sprühnebel: Aerosol
Sprungbein: Talus
Sprunggerät: Trampolin

Sprungschanze: Bakken
Spülapparat: Irrigator
Spulwurm: Askaris
Spurenelement: Bioelement
Spurenkunde: Trassologie
Spürsinn: Flair
Staatenbund: Konföderation, Union
Staatenbündnis: Allianz, Entente, Föderation
Staatenloser: Apatride
Staatenzerfall: Dismembration
staatlich: ärarisch
staats-, Staats-: national..., National...
Staatsangehörigkeit: Nationalität
Staatsarchiv: Ärar
Staatsbürger: Citoyen
Staatseinkünfte: Finanzen
Staatsgebiet: Territorium
Staatsgrundgesetz: Charta, Konstitution
Staatsgut: Domäne
Staatshaushaltsplan: Budget, Etat
Staatskasse: Fiskus
Staatskutsche: Karosse
Staatsmann: Politiker
Staatsschatz: Ärar
Staatsstreich: Coup d'État
Staatsvermögen: Ärar, Finanzen, Juliusturm
Staatsvolk: Nation
staatswirtschaftlich: kameralistisch
Staatswirtschaftslehre: Kameralien
Staatswissenschaft: Kameralien
staatswissenschaftlich: kameralistisch
Staatszuschuß: Subvention
Stab: Kommando
stabförmig: rhabdoidisch
Stabreim: Alliteration
Stabsichtigkeit: Astigmatismus
stachel-, Stachel-: echino..., Echino...
Stachelhäuter: Echinoderme
Stadtadel: Patriziat
Städtebauforschung: Urbanistik
Städtepartnerschaft: Jumelage
städtisch: urban
Stadtmitte: City, Zentrum
Stadtrundfahrt: Sightseeing-Tour
Stadtstreicher: Berber, Clochard
Stadtverwaltung: Magistrat
Stadtviertel: Quartier
Stahlblock: Ingot
Stahleinlagen: Armierung
Stahlkammer: Tresor
Stahlschrank: Tresor
Stahlseil: Trosse
Stahlstich: Gravüre
Stammbaum: Pedigree
Stammeln: Dysarthrie, Dyslalie, Psellismus, Traulismus
stammes-, Stammes-: phylo..., Phylo...
Stammesbewußtsein: Tribalismus
Stammesentwicklung: Phylogenese
Stammesgeschichte: Phylogenese
stammesgeschichtlich: anzestral, phylogenetisch
Stammgast: Habitué

stämmig

stämmig: robust
Stammwort: Etymon
Stampfer: Pistill
Stand: Niveau, Situation, Status
Standbild: Statue
standbildhaft: statuarisch
Ständchen: Serenade
Ständer: Stellage
Standesbewußtsein: Esprit de corps, Korpsgeist
Standesbezeichnung: Titel
Standeshochmut: Korpsgeist
standfest: stabil
Standfestigkeit: Stabilität
ständig: chronisch, habituell, konstant, permanent
Standort: 1. Position. 2. Habitat. 3. Kaserne
Standpunkt: Position
Standseilbahn: Cable car
Stangenweißbrot: Baguette
Stapelplatz: Entrepot
Stapelspeicher: Stack
stark: 1. herkulisch, intensiv, massiv, robust. 2. emphatisch. 3. crassus. 4. forte, vigoroso
-stark: ...intensiv
Stärke: 1. Intensität, Massivität, Power. 2. Amylum, Glykogen
stärkeähnlich: amyloid
stärken: fortifizieren, tonisieren
stärkend: analeptisch, tonisch
stärker: più forte
Stärkungsmittel: Roborans, Tonikum
starr: kataplektisch, rigid
Starre: Kataplexie, Rigidität
Starrkrampf: Katalepsie, Tetanie
starrkrampfartig: tetanisch
starrsinnig: obstinat
Start: Take-off
Startansage: Countdown
Startbahn: Runway
Startschleuder: Katapult
Statthalter: Generalgouverneur, Gouverneur, Prokonsul, Prokurator
stattlich: junonisch, repräsentabel, statiös
Staubbesen: Mop
Staubfaden: Filament
Staubkrankheit: Koniose
Staublunge: Pneumokoniose
Staublungenerkrankung: Silikatose, Silikose
stauen, sich: stagnieren
Stauung: 1. Stagnation. 2. Stase
Stechapfel: Datura
Stecher: Graveur
Stechheber: Pipette
Stechpalme: Ilex
Steckenpferd: Hobby
Stecknadel: Pin
Stegreifkünstler: Improvisator
Stegreifrede: Extempore
Stegreifschöpfung: Improvisation
Stegreifspiel: Extempore, Improvisation
Stehltrieb: Kleptomanie

steif: 1. zeremoniell, zeremoniös. 2. rigid
steigern: forcieren, intensivieren, potenzieren
steigern, sich: eskalieren
Steigerung: 1. Eskalation, Progression. 2. Gradation, Klimax
Stein: Lapis
stein-, Stein-: litho..., Litho...; petro..., Petro...
-stein: ...lith
Steinanbetung: Litholatrie
steinbildend: lithogen
Steinbrech: Saxifraga
Steinbrechgewächse: Saxifragazeen
Steindruck: Lithographie
Steindruckpapier: Chromopapier
Steinkohlenzeit: Karbon
steinliebend: petrophil
Steinsalz: Halit
Steinsarg: Sarkophag
Steinschleuder: Katapult
Steinschneidekunst: Glyptik, Lithoglyptik
Steinschneider: Graveur
Steinzeichner: Lithograph
Steinzeichnung: Lithographie
Steißbeinschmerzen: Kokzygodynie
Stelldichein: Rendezvous
Stelle: Job, Passus, Position
stellen: situieren, stationieren
Stellenwechsel: Job-hopping
Stellprobe: Arrangierprobe
Stellung: 1. Funktion, Konstellation, Position, Status. 2. Pose, Positur. 3. Situation
Stellungnahme: Kommentar, Votum
stellungsmäßig: positionell
stellvertretend: 1. kommissarisch. 2. repräsentativ
Stellvertreter: Vize
Stellvertretung: Repräsentation
Stempel: Patrize, Stampiglie
Stempelaufdruck: Stampiglie
Stempelschneider: Medailleur
Steppdecke: ²Kolter
steppenhaft: pontisch
Steppenkerze: Eremurus
Steppenmurmeltier: Bobak
Sterbeforschung: Thanatologie
Sterbehilfe: Euthanasie
sterbend: moribund
Sterblichkeit: Letalität, Mortalität
Sterblichkeitsziffer: Letalität, Mortalität
stern-, Stern-: astro..., Astro...
sternähnlich: asterisch
Sternbeschreibung: Astrographie
Sternchen: Asteriskus
Sterndeuter: Astrologe
Sterndeutung: Astrologie
Sternenbanner: Stars and Stripes
Sternfahrt: Rallye
Sternforscher: Astronom
Sternfunkeln: Szintillation
Sternkunde: Astronomie
sternkundlich: astronomisch

Sternschnuppe: Meteorit
Sternumlauf: Apokatasteris
Sternverehrung: Astrolatrie
Sternwarte: Observatorium, Planetarium
stetig: konstant, kontinuierlich
Stetigkeit: Konstanz, Kontinuität
Steuer: 1. Akzise, Tribut. 2. Volant
Steuergemeinde: Katastralgemeinde
Steuerhebel: Joystick
steuern: manipulieren
steuernd: regulatorisch
steuerpflichtig: zensual
Steuerschalter: Kontroller
Steuerzuschlag: Surtaxe
stichhaltig: plausibel
Stichprobe: Kontrolle, Sample
Stichwort: Lemma
Stichwortverzeichnis: Index, Register
Stickrahmen: Tambur, Tamburin
Stickstoff: Azote, Nitrogen
stickstoff-, Stickstoff-: azo..., Azo...
stickstoffhaltig: azotisch
Stiefmütterchen: Pensee, Viola tricolor
Stielbrille: Lorgnette, Lorgnon
Stier: Toro
Stierkampf: Corrida [de toros], Tauromachie, Tourada
Stierkämpfer: Banderillero, Capeador, Espada, Matador, Toreador, Torero
Stierkampftechnik: Tauromachie
Stift: 1. Konvikt. 2. Abtei
stiften: dotieren
Stiftsdame: Kanonisse
Stiftskirche: ¹Dom
Stiftsvorsteherin: Domina
Stiftung: Donation, Dotation, Fundation
Stil: Diktion, Manier
still: passiv
Stille: Silentium
Stilleben: Nature morte
stillen: laktieren
Stillen: Laktation
Stillstand: Stagnation
stillstehen: stagnieren
stillstehend: statisch
Stillunfähigkeit: Agalaktie
Stimmbildung: Phonation
Stimmbildungslehre: Phonetik
Stimmbruch: Mutation
Stimme: 1. Vox. 2. Votum
stimmen: 1. votieren. 2. harmonieren
Stimmenfang: Canvassing
Stimmenmehrheit: Majorität
stimmlich: vocale
Stimmlosigkeit: Aphonie
Stimmrecht: Suffragium
Stimmritze: Glottis
Stimmritzenkrampf: Laryngospasmus
Stimmritzenlaut: Glottal
Stimmschwäche: Phonasthenie
Stimmstörung: Dysphonie
Stimmton: Normalton
Stimmung: Atmosphäre, Feeling, Klima, Moral
Stimmungsgehalt: Poesie

Suppenschüssel

stimmungsvoll: lyrisch, romantisch
Stimmwechsel: Mutation
stinkend: fötid, mefitisch, pestilenzialisch
Stinknase: Ozäna
Stinktier: Skunk
Stirnbein: Frontale
Stirnreif: Diadem
Stirnseite: Fassade, Front
stocken: stagnieren
Stockung: 1. Stagnation, Stopp. 2. Engorgement, Stase
Stockwerk: Etage
Stoff: 1. Materie, Substanz. 2. Hyle, Substantia, Sujet
Stoffbär: Teddy
Stoffdach: ¹Markise
stofflich: 1. materiell, substantiell. 2. hylisch, material
Stofflichkeit: Materialität, Substantialität
Stoffwechsel: Metabolismus
Störanfälligkeit: Labilität
Storchschnabel: 1. Geranie. 2. Pantograph
stören: derangieren, genieren, irritieren
Störung: 1. Derangement, ¹Panne. 2. Interruption, Läsion
Stoß: 1. Pulsion. 2. Kick
Stoßarbeit: Kampagne
Stößel: Pistill
Stottern: Dysarthrie
Strafandrohung: Sanctio
strafbar: kriminell
Straferlaß: Amnestie, Indulgenz
straffällig: delinquent, kriminell
Straffälliger: Delinquent, Krimineller
Straffälligkeit: Delinquenz, Kriminalität
Straffreiheit: Amnestie
Strafgericht: Tribunal
Strafnachlaß: Amnestie
Strafpredigt: Epistel, Reformande, Sermon
Strafrede: Philippika
Strafsatz: Bête
Strafstoß: Penalty
Straftat: Delikt
Strafverfolgung: Prosekution
strahlen-, Strahlen-: aktino..., Aktino...; radio..., Radio...
Strahlenbehandlung: Radiotherapie
Strahlenbrechung: Refraktion
Strahlenbündel: Aigrette
strahlenförmig: aktinomorph, radial, radiär
Strahlenkunde: Radiologie
Strahlenmesser: Dosimeter, Szintillometer
Strahlenmessung: Dosimetrie
Strahlenpilz: Aktinomyzet
Strahlenpilzkrankheit: Aktinomykose
strahlig: radiär
Strahlstein: Aktinolith
Strandzone: Litoral
Strang: Trakt
Straßenbahn: Tram, Tramway
Straßenbuchhändler: Bouquinist
Straßenkrümmung: Kurve
Straßenräuber: Bandit
Straßensperre: Barrikade
Straßenüberführung: Fly-over
Straßenunterführung: Subway
Streben: Ambition
strebsam: ambitioniert
streckbar: duktil
Strecke: Distanz, Linie, Tour, Trakt
Streckmuskel: Extensor
Streckung: Extension
Streckverband: Extensionsverband
Streich: Coup, Eskapade
streichen: elidieren
Streife: Patrouille
streifenförmig: zonal
streifig: lamellar
Streit: 1. Differenz, Konflikt, Kontroverse. 2. Zoff
Streitaxt: Tomahawk
streitbar: militant, polemisch
Streiterei: Querele
Streitfrage: Aporem, Kontroverse, Quästion
Streitgegenstand: Erisapfel
Streitgespräch: Debatte, Disput, Disputation
streitig: kontrovers
Streitkräfte: Armee
Streitpunkte: Dissidien
Streitschrift: Diatribe, Libell, Pamphlet
streitsüchtig: aggressiv, querulatorisch
streng: 1. disziplinarisch, drakonisch, katonisch, rigid, rigoros, spartanisch, strikt, strikte. 2. stringent
Strenge: Punktualität, Rigorosität
strenggläubig: orthodox
Streublumenmuster: ²Millefleurs
Strich: Linie
stricheln: schraffieren
Strichelung: Schraffur
Strichpunkt: Semikolon
strittig: aporematisch, disputabel, kontrovers
Strohblume: Immortelle, Xeranthemum
strohfarben: paille
strohgelb: paille
Strohpuppe: Popanz
Strolch: Strizzi
Stromausfall: Blackout
strömen: pulsieren
Stromer: Berber, Clochard, Lumpazivagabundus, Vagabund
Stromerzeuger: Dynamo, Generator
Stromschnelle: ¹Katarakt
Stromspannung: Volt
Stromspeichergerät: Akkumulator
Stromstärke: Ampere
Stromstärkemeßgerät: Amperemeter, Elektrodynamometer
Strömung: Tendenz, Trend
Strömungsgrenze: Divergenz
Stromwender: Kommutator
Strudelwurm: Planarie, Turbellarie
Strumpfhalter: Straps

Stück: Partie, Piece
Stuckarbeit: Stukkatur
Stuckarbeiter: Stukkateur
Stücklohn: Akkordlohn
Stuckmarmor: Scagliola
Stückwerk: Torso
Studentenblume: Tagetes
Studentenverbindung: Korporation, Korps
Studentenwohnheim: Burse, Internat
Studiengenosse: Kommilitone
Studienhalbjahr: Semester
Studierzimmer: Klause
Stufe: 1. Etappe, Level, Niveau, Phase. 2. Terrasse
stufen: etagieren
Stufenfolge: Gradation, Progression
Stufenleiter: Skala
stufenlos: analog
stufenweise: 1. graduell, stadial. 2. alla diritta, alla pezza
Stuhlentleerung: Defäkation
Stuhlverstopfung: Obstipation
Stummheit: Aphrasie, Mutität
stümperhaft: dilettantisch
Stümperhaftigkeit: Dilettantismus
Stumpfheit: Anoia
stumpfsinnig: 1. stupid. 2. torpid
Stumpfsinnigkeit: 1. Stupidität. 2. Torpidität
stunden: prolongieren
Stundenbuch: Horarium
Stundengebet: Brevier
Stundenhotel: Erotel
Stundung: ¹Kredit, Moratorium, Prolongation
Sturmhut: Akonit
stürmisch: 1. frenetisch, rapid, rasant, tumultuarisch, tumultuos, turbulent, vehement. 2. appassionato, feroce, furioso, impetuoso, tumultuoso
Sturzquelle: Rheokrene
stutzen: kupieren
stützen, sich: basieren
Stutzer: Beau, Dandy
Stützpunkt: Basis
Stützverband: Bandage
Suchbild: Vexierbild
Sucht: Manie
-sucht: ...manie
-süchtig: ...man
Sud: Dekokt
südlich: antiboreal, tropisch
Südpolargebiet: Antarktis
Sumpfbiber: ¹Nutria
Sumpffieber: Helodes, Malaria
sumpfig: 1. morastig. 2. limos
Sumpfland: Morast
Sumpflilien: Helobiae
Sumpfpflanze: Helophyt
Sumpfquelle: Helokrene
Sumpfschraube: Vallisneria
Sündenbekenntnis: Confessio, Confiteor, Konfession
Sündenvergebung: Absolution
Suppenschildkröte: Chelonia
Suppenschüssel: Terrine

1533

süß

süß: con dolcezza, dolce
Süßgräser: Gramineen
Süßwarenhersteller: Konfiseur
Süßwasser-: limno..., Limno...
Süßwasserkunde: Limnologie
Süßwein: Dessertwein

T

Tadel: Kritik
tadellos: picobello
tadeln: kritisieren, monieren
Tafelgeschirr: ¹Service
Tafelland: Plateau
täfeln: kassettieren, paneelieren
Täfelung: Paneel
Tagblindheit: Nyktalopie
Tagebuch: Diarium, Journal
Tagegelder: Diäten, Spesen
Tagesbericht: Bulletin
Tagesereignisse: Aktualitäten
Tagesordnung: Programm
täglich: diurnus, pro die, quotidian
Tagundnachtgleiche: Äquinoktium
Tagung: Konferenz, Kongreß, Symposion
Takelwerk: Armament, Takelage
Taktart: Metrum
Taktlehre: Metrik
taktlos: indiskret
Taktlosigkeit: Fauxpas, Indiskretion
Taktmaß: Metrum
Taktmesser: Metronom
Taktschlag: Battuta
taktvoll: dezent, diskret
Talgdrüsenabsonderung: Sebum
Talgdrüsenentzündung: Akne
Talgdrüsengeschwulst: Atherom, Steatom
Talgfluß: Seborrhö
Tang: Phäophyzee
Tänzer: Ballerino
Tänzerin: Ballerina, Balletteuse
Tanzfest: Ball
Tanzkapelle: Band
Tanzkunst: Orchestik
Tanzschritt: Pas
Tanzveranstaltung: Ball, Dancing, Disko, Diskothek
Tanzwut: Choreomanie, Tarantismus
Tapferkeit: Bravour, Virtus
Taschenbuch: Paperback, Pocketbook, Vademekum
Taschenspieler: Eskamoteur, Manipulator
tastbar: palpabel
Tastblindheit: Astereognosie, Stereoagnosie

Tastenbrett: Klaviatur, Tastatur
Tastsinn: Tactus
Tastsinnstörung: Parapsis
Tastuntersuchung: Palpation
Tatbestand: Fait accompli
Tateinheit: Idealkonkurrenz
tatenlos: inaktiv, passiv
Täterwille: Animus auctoris
Tatform: ¹Aktiv
tätig: aktiv, aktual
Tätigkeit: Actio, Aktion, Aktivität, Funktion, Praxis
Tätigkeitsbereich: 1. Ressort. 2. Praxis, Revier
Tätigkeitsdrang: Aktionismus, Aktivismus, Aktivität
Tätigkeitsform: ¹Aktiv
Tätigkeitswort: Verb
tätig sein: agieren
Tätigwerden: Aktivität
Tatkraft: Energie
tatkräftig: energisch, resolut
Tatmehrheit: Realkonkurrenz
Tatsache: Fact, Fait accompli, Faktum
Tatsachen: Daten, Realien
Tatsachen-: Dokumentar...
tatsächlich: 1. effektiv, faktisch, positiv, praktisch, real, reell. 2. de facto, en effet, in concreto, in praxi
Tatsächlichkeit: Faktizität
Tatwaffe: Instrumenta sceleris
Tatwerkzeug: Instrumenta sceleris
Tatzuordnung: Indizienbeweis
Taubheit: Anakusis, Kophosis
Taubnessel: Lamium
Taubstummensprache: Daktylologie
Taubstummheit: Surdomutitas
Taufbecken: Baptisterium
Taufstein: Baptisterium
Taugenichts: Lorbaß
tauglich: fit, probat, qualifiziert
Taupunkt: Kondensationspunkt
Tausch: Change, Exchange
täuschen: bluffen, düpieren, mystifizieren, trompieren
täuschend: delusorisch
Tauschgeschäft: Kompensationsgeschäft
Täuschung: Bluff, Delusion, Finte, Mystifikation
Täuschungsversuch: Manöver
Tausend: Mille
Tausend-: Myrio...
Tausendblatt: Myriophyllum
tausendfach: millenar
Tausendfüßer: Myriopode
Tausendstel: Promille
Teegemisch: Spezies
Teestaub: Dust
Teestrauch: Thea
Teestube: Tea-Room
teigartig: pastos
teigig: pastös
Teil: Element, Partie, Portion, Ration
teil-, Teil-: mero..., Mero...; Partial...
Teilaufhebung: Derogation
teilbar: divisibel

-teilchen: ...tron
Teilchenbeschleuniger: Akzelerator, Bevatron, Kosmotron, Linac, Synchrotron, Zyklotron
teilen: diduzieren, dividieren, partieren
teilend: partitiv
Teilhabe: Partizipation
teilhaben: partizipieren
Teilhaber: Kompagnon, Partner, Sozius
-teilig: ...mer
-teiligkeit: ...merie
Teilkraft: Komponente
teilnahmslos: apathisch, indifferent, lethargisch, passiv
Teilnahmslosigkeit: Apathie, Indifferentismus, Lethargie, Passivität
Teilschuldverschreibung: Partialobligation
Teilstrecke: Etappe
Teilstück: Segment
Teilung: 1. Diduktion, ¹Division. 2. ¹Fission
teilweise: partiell
temperaturgleich: isotherm
Tennisschläger: ¹Racket
Tennisspielfeld: Centre Court, Court
Teppichwebekunst: Stromatik
Teufel: Antichrist, Beelzebub, Dämon, Diable, Diabolus, Luzifer, Satan, Urian
Teufelsanbetung: Dämonolatrie
Teufelsaustreiber: Exorzist
Teufelsaustreibung: Exorzismus
Teufelskreis: Circulus vitiosus
Teufelsverehrung: Dämonolatrie, Satanismus
teuflisch: bestialisch, dämonisch, diabolisch, infernalisch, luziferisch, mephistophelisch, satanisch
Textabschnitt: Kapitel, Passus
Textbuch: Libretto
Texteinschaltung: Interpolation
Textlücke: Lakune
Textstelle: Passus
Theaterleiter: Intendant
Theaterspielzeit: Saison
Theaterstück: Piece
Thronerhebung: Inthronisation
Thronfolge: Sukzession
Thronhimmel: Baldachin
tief: profund
Tief: Depression
Tiefdruckgebiet: Depression, Zyklone
Tiefe: Profundität
tiefen-, Tiefen-: batho..., Batho...; bathy..., Bathy...
Tiefenfurcht: Bathophobie
Tiefengestein: Intrusivgestein, plutonisches Gestein, Plutonit
Tiefengesteinskörper: Pluton
Tiefengesteinsmassiv: Pluton
Tiefenmesser: Bathometer, Echolot
Tiefenmessung: Bathometrie
Tiefenvulkanismus: Plutonismus
Tiefgeschoß: Basement
tiefgründig: profund

Trinkgelage

Tiefkühltruhe: Deep-freezer
Tiefseeforscher: Aquanaut
Tiefseeforschung: Bathygraphie
tiefseekundlich: bathygraphisch
Tiefseelot: Bathometer
Tiefseetauchgerät: Bathyscaphe
Tiefstwert: Extremwert
Tieftonlautsprecher: Subwoofer, Woofer
tier-, Tier-: zoo..., Zoo...
Tierabrichter: Dompteur, Dresseur
Tierabrichtung: Dressur
Tieranatomie: Zootomie
Tierart: Spezies
Tierarzt: Veterinär
tierärztlich: veterinär
Tierbändiger: Dompteur
Tierbändigerin: Dompteuse
Tierforscher: Zoologe
Tiergehege: Menagerie
tiergestaltig: 1. zoomorph. 2. theriomorph
tierhaft: animalisch
Tierheilkunde: Veterinärmedizin
tierisch: animalisch
Tierkohle: Carbo medicinalis
Tierkreis: Zodiakus
Tierkult: Zoolatrie
Tierkunde: Zoologie
tierkundlich: zoologisch
Tierpark: Zoo
Tierpräparator: Taxidermist
Tierschau: Menagerie
Tierverehrung: Animalismus
Tierverhaltensforschung: Ethologie
Tierversteinerung: Petrefakt, Zoolith
Tierwelt: Fauna
tilgbar: amortisabel
tilgen: amortisieren, elidieren, obliterieren
Tilgung: Amortisation, Obliteration
Tilgungszeichen: Deleatur
Tintenfisch: Kalmar, Krake, Polyp, Zephalopode
Tischtennis: Pingpong
Titelbild: Cover
Titelträger: Titular
toben: haselieren
tobend: frenetisch
tobsüchtig: furibund
Tochter-: Filial...
Tochtergeschwulst: Metastase
Tochterkirche: Filialkirche
Tod: Exitus
Todesangst: Thanatophobie
Todesanzeige: ²Parte
Todeskampf: Agonie
Todesstatistik: Nekrologie
Todestrieb: Thanatos
todgeweiht: moribund
tödlich: deletär, letal
Tollkirsche: Belladonna
Tollwut: Lyssa, Rabies
Tomate: Paradeiser
ton-, Ton-: phono..., Phono...
-ton: ...phon, ...phonie
Tonabnehmer: Pick-up

Tonabschwächung: Dekreszenz
Tonabstand: Intervall
Tonband: Tape
Tonbandsammlung: Phonothek
Tonfall: Akzent
Tonfolge: Figur, Melodie
Tongefäße: Fiktilien
Tonhalle: Orpheum
Tonkunst: Musica, Musik
Tonleiter: Gamme, Skala
Tonschärfe: Brillanz
Tonschöpfung: Komposition
Tonschwund: Fading
Tonsetzer: Komponist
Tonstück: Piece
Tönung: Nuance
Topf: ³Pot
Töpfererde: Argilla
Töpferwaren: Fiktilien, Keramik
Topfstein: Lavezstein
Tor: 1. Portal. 2. Goal
Torfmoos: Sphagnum
Torheit: Firlefanz
Torhüter: Goalkeeper, Keeper
töricht: mall, naiv
Torlauf: Slalom
Torschütze: Goalgetter
Torwart: Goalkeeper, Keeper
toten-, Toten-: nekro..., Nekro...
töten: killen, liquidieren, lynchen, massakrieren
Totenbeschwörer: Nekromant
Totenbeschwörung: Nekromantie
-tötend: ...zid
Totenklage: Nänie
Totenmesse: Exequien, Requiem
Totenreich: Hades, Orkus
Totenschau: Nekropsie
Totenstadt: Nekropole
Totentanz: Danse macabre
Totenverehrung: Manismus
Totenverzeichnis: Nekrologie, Nekrologium
Totschläger: Killer
Totschweigen: Tabuisierung
-tötung: ...zid
Trabrennwagen: Buggy, Sulky
tragbar: transportabel
träge: indolent, inert, lethargisch, phlegmatisch, ²pomadig
-tragend: ...phor
-träger: ...phor
Tragflächenboot: Hydrofoil
Trägheit: Indolenz, Inertie, Lethargie, Phlegma
Traghimmel: Baldachin
Trampeltier: Kamel
Tran: Blubber
tränen-, Tränen-: dakryo..., Dakryo...
Tränenblutung: Dakryohämorrhagie
Tränendrüsenentzündung: Dakryoadenitis
tränenerzeugend: lakrimogen
Tränenfluß: Dakryorrhö, Epiphora
tränenförmig: dakryodisch
tränenreizend: lakrimogen

Tränensackentzündung: Dakryozystitis
Transportunternehmen: Camionnage, Spedition
Transportunternehmer: Camionneur, Spediteur
traubenförmig: 1. razemos. 2. azinös.
Traubenzucker: Dextrose, Glucose
Trauergedicht: Epikedeion, Tristien
Trauergefolge: Kondukt
Trauerlied: Nänie
Trauermarsch: Marcia funebre
Trauerspiel: Tragödie
trauervoll: doloroso
Traumbild: Vision
Träumer: Illusionist, Phantast
Träumerei: 1. Phantasterei. 2. Reverie
Traumgebilde: Phantasie
traumhaft: phantasmagorisch, surreal, visionär
Traumland: Dorado, Eldorado, Utopia
traurig: 1. depressiv, desolat, trist. 2. funebre, funerale, lacrimoso, lamentoso, lugubre, mesto
Traurigkeit: Lugubrität, Tristesse
Treffen: Date
treffend: epigrammatisch, frappant, prägnant
Treffer: Goal
Treibriegelverschluß: Basküle
Treibschlag: Drive
Treibstoff: Benzin
treideln: bomätschen
trennbar: separabel
Trennbarkeit: Separabilität
trennen: diduzieren, differenzieren, dissoziieren, distrahieren
trennend: dissecans
trennscharf: selektiv
Trennschärfe: Selektivität
Trennschicht: Membran
Trennschleuder: Zentrifuge
Trennung: 1. Diduktion, Differenzierung, Disjunktion, Dissolution. 2. Sezession
Treppenabsatz: Podest
Treppengeländer: Treille
Treugeber: Fiduziant
Treuhänder: Custodian, Fiduziar
Treuhandgebiet: Mandat
Treuherzigkeit: Naivität
Treulosigkeit: Athesie
Trick: Finesse, Stratagem
Trickfilmzeichner: Animator
Trickkünstler: Illusionist
Trieb: Appetenz, Konation, Libido, Nisus
Triebfeder: Nervus rerum
triebhaft: animalisch, libidinös
Triebkraft: Dynamik
triebkräftig: dynamisch
triebmäßig: instinktiv
Triebverhalten: Appetenzverhalten
Triebwerk: Mechanik, Mechanismus
Triefauge: Lippitudo
Trinker: Alkoholiker, Potator
Trinkgelage: Bacchanal

Trinkgeld

Trinkgeld: Bakschisch
Trinkspruch: Toast
Tripper: Gonorrhö
Trippererreger: Gonokokkus
Tritt: Kick
trocken: 1. arid, xerotisch. 2. dry, sec
trocken-, Trocken-: xero..., Xero...
Trockenhaut: Xerodermie
Trockenheit: Aridität
Trockenmittel: Sikkativ
Trockenschmerz: Xerosalgie
Trocknung: Dehydratation
Trödel: Bric-à-brac, Firlefanz, Tinnef
Trommel: Cassa, Tambour, Tambourin
Trommelfellentfernung: Myringektomie
Trommelfellentzündung: Myringitis
Trommelfeuer: Kanonade
Trommler: Tambour
Trompetenbaum: Katalpa
Tropenhaus: Troparium
tropfenförmig: dakryodisch
Tropfflasche: Guttiole
Trostgedicht: Consolatio, Epikedeion
trostlos: desolat, trist
Trostschrift: Consolatio
Trubel: Remmidemmi, Zirkus
Trübsinn: 1. Melancholie, Tristesse. 2. Hypochondrie
trübsinnig: hypochondrisch, melancholisch
Trugbild: Eidolon, Fata Morgana, Phantasie, Phantasma, Phantom, Schimäre, Vision
Trugbilder: Potemkinsche Dörfer
Trugdolde: Pleiochasium
trügerisch: illusorisch, phantasmagorisch, schimärisch
Truggebilde: Phantasmagorie
Trugschluß: Sophismus
Trugschlüsse: Fallazien
Trugwahrnehmung: Halluzination
Trümmer: Ruine
Trümmergestein: Agglomerat
trunken: bacchantisch
Trunksucht: Alkoholismus, Dipsomanie, Potatorium
Truppe: Formation
Truppenabteilung: Bataillon
Truppenbewegung: Manöver
Truppenschau: ¹Parade
Truppenstandort: Garnison
Truppenübung: Manöver
Truppenunterkunft: Kaserne
Truppenverband: Korps
Truppenversorgung: ²Logistik
Truppenverteilung: Dislokation
Truthahn: Indian
tüchtig: kapabel, patent, vif
Tüchtigkeit: Arete, Kapabilität
tückisch: perfid
Tugend: Arete
tugendhaft: moralisch
Tugendlehre: Aretologie
Tümpelquelle: Limnokrene
tun: agieren
Tüpfelfarn: Polypodium
tüpfeln: punktieren
Turnierreiterin: Amazone
Türvorhang: Portiere

U

Übel: Malum
übelgesinnt: illoyal
Übelkeit: Malaise, Nausea
Übellaunigkeit: Dysphorie
übelriechend: fötid, putrid
Übeltäter: Delinquent
über: via
über-, Über-: 1. hyper..., Hyper...; super..., Super...; supra..., Supra... 2. trans..., Trans...
Überanstrengung: Defatigation
Überbeanspruchung: Streß
Überbehaarung: Hypertrichose
Überbein: Ganglion
Überbleibsel: Relikt, Rudiment
überbrühen: blanchieren
überdeckend: dominant
Überdruß: Ennui
überdüngt: eutroph
Übereifer: Fanatismus
übereinanderlagern: superponieren
übereinkommen: akkordieren, arrangieren, stipulieren
Übereinkommen: Akkord, Arrangement, Gentleman's Agreement
Übereinkunft: Agreement, Kompromiß, Konvention, Modus vivendi, Stipulation
übereinstimmen: harmonieren, kongruieren, konvergieren, korrespondieren
übereinstimmend: 1. adäquat, harmonisch, homolog, identisch, konform, kongruent, konkordant, konsensuell, konvergent, korresponsiv, solidarisch. 2. armonico
Übereinstimmung: Analogie, Consensus, Consensus omnium, Harmonie, Homologie, Identität, Konformität, Kongruenz, Konkordanz, Konsens, Konvergenz, Synchronismus, Unität, Validität
überempfindlich: allergisch, hyperästhetisch, idiosynkratisch, sensitiv
Überempfindlichkeit: Allergie, Anaphylaxie, Hyperästhesie, Idiosynkrasie, Sensitivität
überempfindsam: hypersensibel
Überernährung: Hyperalimentation
übererregt: hektisch
überfeinert: ästhetisch
Überfeinerung: Hyperkultur, Raffinement
Überfluß: Abondance, Opulenz, Redundanz
überflüssig: abondant, akademisch
Überflutung: Inundation
Überführung: 1. Transfer. 2. Viadukt
Überfunktion: Hyperfunktion
Übergang: Transition
Übergangsregel: Interim, Provisorium
Übergebühr: Supererogation
Übergehung: Transition
übergenau: bürokratisch, diffizil, pedantisch, penibel
Übergewicht: Superiorität
Übergriff: Inkursion
überhäufen: bombardieren
überhäuft: pleonastisch
Überhäufung: Pleonasmus
überhaupt: absolut
überheblich: arrogant, blasiert, ¹hybrid, süffisant
Überheblichkeit: Arroganz
überkleben: tektieren
Überklebung: Tektur
Überkreuzung: Chiasma
überladen: barock, pleonastisch
überlagern, sich: interferieren
überlagernd: dominant
Überlagerung: Interferenz, Superposition
überlaufen: desertieren
Überläufer: Deserteur
Überlebenstraining: Survivaltraining
überlegen: I. deliberieren, kalkulieren, ventilieren, volvieren. II. prävalent, souverän
überlegend: philosophisch
Überlegenheit: Hegemonie, Prävalenz, Souveränität, Superiorität
überlegt: methodisch
Überlegung: Deliberation, Kalkül, Reflexion
überliefern: tradieren
überliefert: historisch, tradiert, traditionell
Überlieferung: Tradition
Übermaß: Enormität, Exorbitanz
übermäßig: horrend
Übermenschlichkeit: Titanismus
Übermikroskop: Elektronenmikroskop
Übermut: Hybris
übernatürlich: dämonisch, hyperphysisch, supranatural, transzendent
Überordnung: Supremat
überprüfen: revidieren, superarbitrieren
Überprüfung: Audit, Superarbitrium, Superrevision
überqueren: passieren
überragend: dominierend
überraschen: frappieren
überraschend: frappant
überrascht: perplex
überreden: persuadieren
Überredung: Persuasion
überreichen: präsentieren

unabhängig

überreichlich: redundant
Überreichlichkeit: Redundanz
Überrest: Fragment, Relikt
überschäumend: bacchantisch
Überschlag: Flicflac, Looping, Salto
überschneiden, sich: interferieren
Überschneidung: Interferenz
überschreitbar: passierbar
überschreitend: transgredient
Überschrift: Headline, Titel
Überschuh: Galosche
Überschuß: Plus, Slack, Surplus
überschütten: bombardieren
Überseedampfer: Liner
überseeisch: 1. transatlantisch, transmarin. 2. exotisch
übersehen: ignorieren
übersenden: transmittieren
übersetzen: 1. dolmetschen. 2. assemblieren
Übersetzer: Dolmetscher
Übersetzung: Traduktion, Translation
Übersicht: Konspekt, Synopse, Tabellarium, Tabelle
Übersichtigkeit: Hypermetropie
Übersichtstafel: Tableau
übersinnlich: paranormal, spiritual, transzendent
überspannt: exaltiert, extravagant, exzentrisch, hypertroph, hysterisch, spleenig
Überspanntheit: Extravaganz, Exzentrizität, Hysterie, Phantasterei, Spleen
Überspielung: Overstatement
Überspülungsmeer: Epikontinentalmeer
überstaatlich: international, supranational
Überstaatlichkeit: Internationalität, Supranationalität
übersteigert: ¹hybrid
überstimmen: majorisieren
überstreng: hyperkritisch
übertragbar: transferabel, zessibel
übertragen: I. 1. transkribieren, transmittieren, transponieren. 2. delegieren. II. metaphorisch
Überträgerstoff: Carrier, Transmitter
Überträgersubstanz: Transmitter
Übertragung: 1. Transformation, Transkription, Translation. 2. Metapher, Paraphrase. 3. Delegation, Transfer
Übertragungsvermerk: Indosso
Übertragungsweg: Kanal
übertreiben: 1. dramatisieren. 2. aggravieren, exaggerieren
Übertreibung: 1. Exorbitanz, Extrem, Overstatement. 2. Aggravation, Exaggeration. 3. Deinosis, Hyperbel
übertrieben: 1. exorbitant, extravagant, theatralisch. 2. exaggeratorisch
überwachen: kontrollieren, observieren
Überwachung: Kontrolle, Observation
überwältigend: grandios, imposant
Überweisung: ¹Giro

überwiegen: dominieren, prädominieren, prävalieren
überwiegend: prävalent
überzeugend: evident
überzogen: hypertroph
überzuckern: kandieren
Überzug: Coating
Überzugsmasse: Kuvertüre
üblich: normal, obligat, regulär, traditionell, usuell
übrigens: apropos, de cetero, notabene
Übung: 1. Routine. 2. Exerzitium, Studie
Übungsstück: Etüde
Uferbefestigung: Kaje
Uferzone: Litoral
Uhr: Chronometer
Uhrpendel: Perpendikel
Ulk: ¹Fez, Jux
ulken: juxen
Umbesetzung: Revirement
umbördeln: bombieren
umbrechen: justieren
umbringen: killen, liquidieren, lynchen, massakrieren
Umbruch: Mettage
Umdrehung: Reversion
Umfang: Extensität, Volumen, Zirkumferenz
umfangreich: voluminös
umfangsgleich: extensional
Umfangslinie: Peripherie
umfassend: extensiv, global, komplex, perfektionistisch, universal, universell
Umfeld: Milieu
umformen: transformieren
Umformer: Transformator
Umformung: Transformation
umgänglich: konziliant, soziabel, traktabel
Umgänglichkeit: Konzilianz, Soziabilität
Umgangsformen: Etikette, Manieren
Umgangsregeln: Konvention
Umgangssprache: Slang
Umgebung: Ambiente, Milieu
umgehend: prompt
Umgehungsgefäß: Kollaterale, Bypass
Umgehungskreislauf: Kollateralkreislauf
umgekehrt: invers, invertiert, konvers, revers, vice versa
umgestalten: 1. metamorphosieren, transformieren. 2. modeln, modernisieren, reformieren
umgestaltend: 1. metamorphotisch. 2. reformatorisch
Umgestalter: Reformator, Reformer
umgestaltet: anamorphotisch
Umgestaltung: Metamorphose, Reform, Reformation, Restrukturierung, Transformation
Umhang: Cape, Pelerine, Stola
umherschlendern: flanieren
umherziehen: vagabundieren, vagieren
umherziehend: 1. ambulant. 2. vagil
umkehrbar: reversibel

Umkehrbarkeit: Reversibilität
umkehren: 1. invertieren. 2. kontern
Umkehrung: Inversion, Reversion
umklammern: clinchen
Umklammerung: Clinch
Umkleideraum: Kabine
Umkreis: Zirkumferenz
Umlauf: Turnus, Zirkulation
umlaufen: kursieren, rotieren, zirkulieren
umrändert: haloniert
umreißen: konturieren, skizzieren
Umriß: Kontur, Profil, Silhouette
Umrißlinie: Kontur
Umschlag: 1. ¹Revers. 2. Fomentation, Kataplasma, Kompresse
umschmeicheln: scharmutzieren
umschreiben: paraphrasieren, periphrasieren
umschreibend: metaphrastisch, periphrastisch
Umschreibung: Metaphrase, Paraphrase, Periphrase, Transkription
umschrieben: zirkumskript
Umschrift: Transkription, Transliteration
Umschweife: Brimborium, Sperenzchen
umsetzen: transkribieren
umsonst: gratis
Umstand: 1. Faktor, Indiz, ²Moment. 2. Kaleika
Umstände: 1. Sperenzchen. 2. Situation
umständlich: kompliziert, zeremoniell
Umstandsangabe: Adverbialbestimmung
Umstandsbestimmung: Adverbialbestimmung
Umstandsfürwort: Pronominaladverb
Umstandskrämer: Pedant
Umstandswort: Adverb
umstellbar: kommutativ
Umstellbarkeit: Kommutation
umstellen: invertieren, kommutieren, permutieren
Umstellung: Inversion, Permutation
Umstülpung: Inversion
Umsturz: Revolution
umstürzlerisch: revolutionär, subversiv
umwälzend: revolutionär
Umwälzung: Revolution
umwandeln: dissipieren, metamorphosieren, transformieren, transmutieren
Umwandlung: Metabolismus, Metamorphose, Transformation
Umwelt: 1. Ambiente, Milieu. 2. Peristase
umweltbedingt: peristatisch
Umweltforschung: Environtologie
umweltgerecht: ökologisch
Umwerbung: Avance
umwickeln: bandagieren
umzingeln: zernieren
Umzug: Korso
unabgestimmt: inkoordiniert
unabhängig: 1. autark, autonom. 2. emanzipiert. 3. neutral

1537

Unabhängigkeit

Unabhängigkeit: Autarkie, Autonomie, Autotelie, Souveränität
Unabhängigkeitsangst: Cinderellakomplex
unachtsam: negligeant
Unachtsamkeit: Negligenz
unangebracht: deplaciert, inopportun
Unangebrachtsein: Inopportunität
unangemessen: inadäquat, inkorrekt
Unangemessenheit: Inadäquatheit, Inkorrektheit
unangenehm: fatal, genant, penibel
unannehmbar: inakzeptabel
Unannehmbarkeit: Inakzeptabilität
Unannehmlichkeit: Malesche
unanständig: indezent, obszön
unantastbar: tabu
unanwendbar: impraktikabel
Unanwendbarkeit: Impraktikabilität
unaufdringlich: dezent
Unaufdringlichkeit: Dezenz
unauffällig: diskret
unaufhörlich: kontinuierlich
unaufrichtig: hypokritisch
Unaufrichtigkeit: Hypokrisie
unaufschiebbar: urgent
Unaufschiebbarkeit: Urgenz
unausführbar: impraktikabel
Unausführbarkeit: Impraktikabilität
unausgefüllt: in blanko
unausstehlich: odios
unbearbeitet: naturell
unbedacht: askeptisch, epimetheisch
unbedarft: naiv
unbedeutend: insignifikant
unbedingt: absolut, partout
unbeeinflußbar: torpid
Unbeeinflußbarkeit: Torpidität
unbefangen: naiv
Unbefangenheit: Naivität
unbefugt: inkompetent
unbegleitet: solo
unbegreiflich: inkomprehensibel
unbegrenzt: ad infinitum, illimitert
Unbegrenztheit: Infinität
Unbehagen: Malaise
unbeirrbar: konsequent
unbekannt: obskur
Unbekanntheit: Obskurität
unbekümmert: nonchalant
Unbekümmertheit: Nonchalance
unbelebt: anorganisch
unbelehrbar: obstinat
unbenannt: anonym
Unbequemlichkeit: Inkommodität
unberechnet: gratis
unberührt: intakt
Unberührtheit: Virginität
unbeschädigt: intakt
unbescholten: integer
Unbescholtenheit: Integrität
unbeschränkt: illimitiert
unbesehen: tale quale, telquel
unbesetzt: vakant
unbeständig: inkonstant, instabil, labil
Unbeständigkeit: Athesie, Inkonsistenz, Inkonstanz, Instabilität, Labilität
unbestechlich: integer
Unbestechlichkeit: Integrität
unbestimmbar: indeterminabel
Unbestimmbarkeit: Indefinibilität
unbestimmt: 1. indefinit, indeterminabel, indeterminiert, indifferent, infinit, vage. 2. indeciso
Unbestimmtheit: Indetermination, Infinität
unbeteiligt: desinteressiert
Unbeteiligtsein: Desinteresse
unbetitelt: anepigraphisch
unbeugbar: indeklinabel, inflexibel
Unbeugbarkeit: Indeklinabilität
Unbeugsamkeit: Inflexibilität
unbeweglich: akinetisch, immobil
Unbeweglichkeit: Immobilismus, Immobilität
unbeweisbar: indemonstrabel
unbiegsam: inflexibel
Unbiegsamkeit: Inflexibilität
und: plus
unduldsam: doktrinär, illiberal, intolerant
Unduldsamkeit: Illiberalität, Intoleranz
undurchbohrbar: imperforabel
undurchdringlich: 1. kompakt. 2. impermeabel
Undurchdringlichkeit: Impermeabilität
undurchlässig: impermeabel
Undurchlässigkeit: Impermeabilität
undurchschaubar: orakelhaft
undurchsichtig: 1. nebulos. 2. opak
Undurchsichtigkeit: Opazität
unecht: apokryph, imitiert, talmin
Unechtes: Talmi
unehelich: illegitim
uneigennützig: altruistisch
Uneigennützigkeit: Altruismus
uneingeschränkt: 1. absolut, total. 2. assoluto
uneinheitlich: heterogen
Uneinheitlichkeit: Heterogenität
uneinig: diskordant
Uneinigkeit: Disharmonie, Diskordanz
unempfänglich: immun
unempfindlich: 1. immun, indolent, insensibel, robust. 2. anergisch, refraktär
Unempfindlichkeit: 1. Apathie, Indolenz, Insensibilität. 2. Anergie
unendlich: kosmisch, transfinit
unentbehrlich: obligat
unentgeltlich: gratis
unentschieden: remis
unentwickelt: 1. embryonal, infantil. 2. latent
unerbittlich: rigoros
Unerfahrenheit: Apirie
unerfüllbar: utopisch
unerheblich: irrelevant
unerhört: skandalös
unerkannt: inkognito
unerkennbar: kryptomer
unerklärbar: indefinibel
Unerklärlichkeit: Indefinibilität
unerläßlich: integrierend, konstitutiv, obligat
unerlaubterweise: illicite
unerledigt: pendent
unermeßlich: 1. kosmisch. 2. immens
Unersättlichkeit: Akorie, Pleonexie
unerschütterlich: stoisch
Unerschütterlichkeit: Ataraxie, Stoizismus
unersetzbar: irreparabel
unerträglich: bestialisch, infernalisch
unfachmännisch: dilettantisch
unfähig: impotent
Unfall: Crash, Havarie, ¹Panne
Unfallmedizin: Traumatologie
unfehlbar: 1. infallibel. 2. ex cathedra
Unfehlbarkeit: Infallibilität
unfein: indelikat, ordinär, vulgär
Unflätigkeit: Cochonnerie
Unfreier: Sklave
unfruchtbar: infertil, steril
Unfruchtbarkeit: Infertilität, Sterilität
Unfruchtbarmachung: Sterilisation
Unfug: Allotria
ungebildet: barbarisch, plebejisch
ungebleicht: ekrü
ungeboren: embryonal
ungebräuchlich: obsolet
Ungebundenheit: Laisser-aller, Laisser-faire
ungeeignet: importun
ungefähr: approximativ, global, präterpropter, zirka
ungefällig: inkulant
Ungefälligkeit: Inkulanz
ungefalzt: plano
ungefärbt: naturell
ungefestigt: labil
ungegenständlich: abstrakt
ungeheuer: enorm, horrend, sakrisch
Ungeheuer: Monster, Monstrum
ungeheuerlich: monströs
Ungeheuerlichkeit: Monstrosität
ungehobelt: plebejisch
ungehörig: impertinent
Ungehörigkeit: Impertinenz
Ungehorsam: Insubordination
ungelegen: importun
ungelehrt: illiterat
ungenannt: anonym
ungenau: inakkurat, inexakt, inkorrekt
ungenügend: insuffizient
ungeordnet: 1. chaotisch, diffus. 2. turbulent
ungepaart: azygisch
Ungepaartheit: Azygie
ungerade: impair
ungereimt: absurd
ungereinigt: crudus
ungeschlechtig: asexual
ungeschlechtlich: vegetativ
ungesetzlich: illegal, illegitim, irregulär
Ungesetzlichkeit: Illegalität
ungesetzmäßig: irregulär
ungesittet: kannibalisch

Unterkühlung

ungestüm: 1. elementar, turbulent, vehement. 2. feroce, impetuoso
Ungestüm: Impetus, Rapidität, Turbulenz, Vehemenz
Ungetüm: Koloß, Monster, Monstrum
ungeweiht: profan
ungewiß: vage
ungewöhnlich: abnorm, anormal, extrem, kolossal
Ungezieferbekämpfung: Desinsektion
ungezogen: meschant
ungezwungen: 1. burschikos, familiär, leger, nonchalant, privat, salopp. 2. facile, leggiero
Ungezwungenheit: Familiarität, Laisser-aller, Laisser-faire, Nonchalance
ungiftig: atoxisch
ungläubig: 1. skeptisch. 2. areligiös, irreligiös
Ungläubigkeit: Skepsis
unglaublich: 1. legendär, phantastisch, phänomenal. 2. skandalös
ungleich: different, disproportioniert, impar, inegal, inhomogen
ungleichartig: disparat, heterogen, inhomogen
Ungleichartigkeit: Heterogenität, Heteronomie, Inhomogenität
ungleicherbig: heterozygot
Ungleicherbigkeit: Heterozygotie
Ungleichgewicht: Imbalance
Ungleichheit: Disparität
ungleichmäßig: 1. ametrisch, asymmetrisch. 2. ataktisch
Ungleichmäßigkeit: Ametrie, Asymmetrie
ungleichwertig: heteronom
Ungleichwertigkeit: Heteronomie
Unglück: Katastrophe, Malaise, Malheur, Misere, Schlamassel, Tragödie
unglücklich: sinister
Unglücksbotschaft: Hiobsbotschaft
Unglücksmensch: Schlemihl
Unglückstag: Dies ater
Ungültigkeit: Nullität
Ungültigkeitserklärung: Annihilation, Annullierung, ¹Kassation, Nullifikation
ungünstig: 1. negativ. 2. infaust
ungut: kontraproduktiv
Unheil: Apokalypse, Desaster, Katastrophe
unheilbar: inkurabel, irreparabel, perniziös
unheilig: profan
unheilkündend: apokalyptisch
unheilvoll: katastrophisch, ominös, sinister
unheimlich: dämonisch, makaber
uninteressiert: desinteressiert
unklar: diffus, konfus, nebulos
Unklarheit: Konfusion
unkörperlich: asomatisch, immateriell
Unkosten: Faux frais, Spesen
unkritisch: akritisch
Unlogik: Alogik
unlösbar: insolubel

unlöslich: insolubel
unmaßgeblich: inkompetent
Unmenge: Myriade
unmenschlich: bestialisch, inhuman
Unmenschlichkeit: Bestialität, Inhumanität
unmeßbar: immensurabel
Unmeßbarkeit: Immensurabilität
unmittelbar: akut, direkt, immediat, live, prompt, spontan
unmodern: out
Unmoral: Amoral
unmoralisch: amoralisch, immoralisch
unmündig: minorenn
Unmündigkeit: Minorennität
unnachgiebig: intransigent, rigid
Unnachgiebigkeit: Intransigenz, Rigidität
unnatürlich: forciert, manieriert, theatralisch
unordentlich: inkorrekt, malproper
Unordnung: Desordre, Desorganisation
unpaarig: azygisch, impar
Unpaarigkeit: Azygie
unparteiisch: neutral, objektiv
Unparteiischer: Referee, Umpire
unpassend: deplaciert, importun, inopportun
unpäßlich: indisponiert, malade
Unpäßlichkeit: Indisposition
Unrecht: Injurie
unrechtmäßig: illegitim
unregelmäßig: 1. anormal, arrhythmisch, atypisch, azyklisch. 2. ataktisch
Unregelmäßigkeit: Arrhythmie, Obliquität
unreif: embryonal, immatur
Unreife: Infantilität
unrein: treife
unrichtig: inkorrekt
Unrichtigkeit: Inkorrektheit
Unruhe: Adämonie, Agitatio, Rumor, Theater, Tumult, Turbulenz
Unruhestifter: Tumultuant
unruhig: agitiert, nervös, tumultuarisch
unsachlich: subjektiv
unsauber: malproper
unschicklich: indezent
unschön: dissonant
unschöpferisch: eklektisch, eklektizistisch, impotent, steril
unselbständig: subaltern
Unselbständigkeit: Subalternität
unsicher: 1. vage. 2. labil
unsichtbar: 1. invisibel. 2. latent
Unsinn: Allotria, ¹Fez, Firlefanz, Humbug, Larifari, Nonsens, Zinnober
Unsinnigkeit: Schizophrenie, Sottise
unsittlich: amoralisch, immoralisch
unsorgfältig: inakkurat
Unsterblichkeit: Athanasie, Immortalität
Unsterblichkeitslehre: Athanatismus
unstet: ahasverisch
unstimmig: dissonant
Unstimmigkeit: Differenz, Disharmonie, Dissonanz

unstofflich: immateriell
untätig: inaktiv, passiv
Untätigkeit: Inaktivität, Passivität
Untauglichkeit: Disqualifikation
Untauglichkeitserklärung: Disqualifikation
unteilbar: indivisibel
Unteilbares: Monade
unter-, Unter-: hypo..., Hypo...; sub..., Sub...
Unterarm: Antebrachium
Unterart: Subspezies
Unterbau: Basis, Fundament, Fundus, Postament, Substruktion
Unterbauch: Hypogastrium
Unterbauchbereich: Hypogastrium
unterbewußt: subkonszient
Unterboden: Illuvialhorizont
unterbrechen: 1. pausieren. 2. sistieren
Unterbrechung: 1. ¹Pause. 2. Interruption, Sistierung
unterbringen: einquartieren, plazieren
unterbrochen: diskontinuierlich
unterdessen: ad interim, en attendant
unterdrücken: reprimieren, supprimieren, tyrannisieren
unterdrücken, jmdn.: terrorisieren
unterdrückend: oppressiv, repressiv, suppressiv
Unterdrückung: Oppression, Repression, Suppression
unterentwickelt: hypoplastisch, hypotrophisch
Unterentwicklung: Dysplasie, Hypoplasie, Hypotrophie
unterernährt: hypotrophisch
Unterernährung: Dystrophie, Hypotrophie
Unterfunktion: Hypofunktion
Unterfutter: Dublüre
Untergang: Apokalypse, Ruin
untergeben: devot, subaltern
Untergebener: Subalterner
untergeordnet: inferior, sekundär, subaltern, subordinativ
Untergrundbahn: Metro, Subway
unterhalten: amüsieren
unterhalten, sich: diskurrieren, talken
unterhaltend: amüsant
Unterhalter: Entertainer, Maître de plaisir, Showmaster
unterhaltsam: amüsant
Unterhaltsbeiträge: Alimente
Unterhaltung: 1. Amüsement, Entertainment, Pläsier. 2. Diskurs, ²Talk
Unterhaltungsbeilage: Feuilleton
Unterhaltungsbranche: Showbusineß
Unterhaltungsorchester: Salonorchester
Unterhaltungssendung: Show
Unterhändler: Parlamentär
Unterhaut: Subkutis
Unterhautzellgewebe: Subkutis
unterirdisch: chthonisch, hypogäisch, subterran
Unterkiefer: Mandibula
Unterkühlung: Hypothermie

Unterkunft

Unterkunft: Logis, Quartier
Unterlage: 1. Basis, Hypostase, Material, Substrat. 2. Akte, Dokument
Unterlegenheit: Inferiorität
Unterleib: Abdomen
Unterleibsentzündung: Adnexitis
untermauern: fundieren
unternehmen: managen, tentieren
Unternehmen: Etablissement, Firma
Unternehmensberater: Braintruster
Unternehmensberatung: Consulting
Unternehmensforschung: Operations-Research
Unternehmensführung: Management
Unternehmensleitung: Management
Unternehmenspartner: Kooperateur
Unternehmensspitze: Topmanagement
Unternehmer: 1. Entrepreneur. 2. Manager
Unternehmung: Aktion, Entreprise, Operation, Projekt, Transaktion
Unternehmungsgeist: Aktivität, Initiative
unterordnen: subalternieren, subordinieren, subsumieren
unterordnend: subsumtiv
Unterordnung: 1. Subalternation, Subordination, Subsumtion. 2. Disziplin
Unterredung: Audienz, Interview
unterrichten: orientieren
unterrichten, sich: informieren, sich
unterrichten, über etwas: instruieren
unterrichtet: au fait, orientiert
Unterrichtskunde: Didaktik
Unterrichtslehre: Didaktik
Unterrichtsstunde: Lektion
Unterrichtung: Information, Orientierung
unterscheiden: differenzieren, diskriminieren, distinguieren
unterscheiden, sich: kontrastieren
unterscheidend: diakritisch, distinktiv
Unterscheidung: Differenzierung, Distinktion
Unterscheidungsmerkmal: Kriterium
Unterschenkel: Crus
Unterschied: 1. Differenz. 2. Kontrast
unterschiedlich: divergent
Unterschrift: Autogramm, Signatur, Signum
unterschwellig: subliminal
unterseeisch: submarin
untersetzt: pyknisch, ramassiert
unterstehen: ressortieren
unterstellen: fingieren, insinuieren, supponieren
Unterstellung: Hypothese, Insinuation
unterstreichen: pointieren
unterstützen: 1. alimentieren. 2. sekundieren
unterstützend: adjuvant, subsidiär
untersuchen: analysieren, examinieren, explorieren, inquirieren, investigieren, recherchieren, requirieren, sondieren, studieren
Untersuchung: Analyse, Enquete, Exploration, Konsultation, Requisition, Studie
Untersuchungsweise: Methode
untertänig: devot, subaltern
Untertänigkeit: Subalternität
unterteilt: fraktioniert
Unterteilung: Subdivision
Untertreibung: Understatement
Untervertreter: ²Substitut
Unterwanderung: Infiltration
Unterwasserforscher: Aquanaut
Unterwassergeschoß: Torpedo
Unterwasserstation: Habitat
unterwegs: en route, on the road
unterweisen: instruieren
Unterweisung: ¹Instruktion
Unterwelt: Erebos, Hades, Inferno, Orkus, ¹Tartarus
unterwürfig: devot, servil, sklavisch, subaltern
Unterwürfigkeit: Devotion, Servilismus, Servilität, Subalternität
unterzeichnen: paraphieren, signieren
unterzeichnet: signatum
Untoter: Vampir, Zombie
untreu: illoyal
untüchtig: impotent
unüberlegt: askeptisch
Unübertreffbares: Nonplusultra
Unumkehrbarkeit: Irreversibilität
unumschränkt: diktatorial, diktatorisch, souverän
unumstößlich: apodiktisch
ununterbrochen: en suite, kursorisch, permanent
Unveränderbarkeit: Indeklinabilität
unveränderlich: 1. anallaktisch, inkommutabel, invariabel, invariant, konstant, stereotyp. 2. ametabol
Unveränderliche: Konstante
Unveränderlichkeit: Inkommutabilität, Invarianz, Konstanz
unverändert: stationär
unveräußerlich: inalienabel, indisponibel
unverbindlich: inkonziliant
unverbunden: irrelativ
unverdaulich: krud
unvereinbar: disparat, inkompatibel
Unvereinbarkeit: Inkompatibilität
unverfälscht: genuin, pur
unvergleichbar: inkommensurabel, inkomparabel
Unvergleichbarkeit: Inkommensurabilität
Unvergleichliches: Nonplusultra
unverkennbar: typisch
unverletzlich: sakrosankt, tabu
unvermeidlich: obligat
unvermischt: pur
unvermittelt: 1. abrupt. 2. subito
Unvermögen: Impotenz, Inkompetenz, Insuffizienz
Unvernunft: Alogismus
unvernünftig: absurd
unverschämt: impertinent, insolent
Unverschämtheit: Chuzpe, Impertinenz, Infamie, Insolenz
unversehens: ex abrupto
unversehrt: intakt
unversöhnlich: intransigent
Unversöhnlichkeit: Intransigenz
Unverstand: Anoia
unverständlich: abstrus, delphisch
unvertauschbar: inkommutabel
Unvertauschbarkeit: Inkommutabilität
unverträglich: inkompatibel
Unverträglichkeit: Inkompatibilität
unverzerrt: anastigmatisch
unverzollt: in bond
unverzüglich: prompt, stante pede, tout de suite
unvollendet: 1. fragmentarisch, imperfektiv. 2. fruste
unvollständig: 1. defektiv, defizient, inkomplett. 2. elliptisch, subtotal
unvoreingenommen: objektiv, sine ira et studio
unwägbar: imponderabel
Unwägbarkeit: Imponderabilität
Unwägbarkeiten: Imponderabilien
unwahrscheinlich: fabulös, legendär
unwegsam: impassabel
unwesentlich: akzident[i]ell, inessentiell, insignifikant
unwichtig: insignifikant, peripher
Unwichtigkeit: Irrelevanz
unwiderleglich: apodiktisch
unwiderstehlich: magnetisch
Unwille: Indignation
unwillig: indigniert
unwillkürlich: automatisch, instinktiv, mechanisch
unwirklich: fabulös, imaginär, irreal, phantastisch, surreal, utopisch
Unwirklichkeit: Irrealität
unwirksam: 1. ineffektiv. 2. inaktiv
Unwirksamkeit: Inaktivität, Ineffizienz
unwirtschaftlich: ineffizient
Unwirtschaftlichkeit: Ineffizienz
Unwissenheit: Agnosie, Ignoranz
unwohl: malade
Unzahl: Myriaden
unzart: indelikat
unzeitgemäß: anachronistisch
Unzufriedenheit: Dyskolie
unzugänglich: hermetisch, impassabel
unzulänglich: dilettantisch, insuffizient
Unzulänglichkeit: Dilettantismus, Insuffizienz, Manko
unzurechnungsfähig: mente captus
unzureichend: insuffizient
unzusammenhängend: inkohärent, inkonsistent, rhapsodisch
unzuverlässig: proteisch
unzweckmäßig: impraktikabel, inopportun
Unzweckmäßigkeit: Impraktikabilität, Inopportunität
üppig: lukullisch, luxuriös, opulent
Üppigkeit: Aselgie, Opulenz
ur-, Ur-: archi..., Archi...; paläo..., Paläo...; proto..., Proto...

Urabdruck: ²Autotyp
Uraufführung: Premiere
urbar machen: kultivieren
Urbild: Archetyp, Original, Präfiguration, Prototyp, Typ
urbildlich: archetypisch, prototypisch
Ureinheit: Monade
Ureinwohner: Aborigines, Autochthone
Urfassung: Original
Urform: Archetyp
Urgrund: Substanz
Urheber: 1. Initiator. 2. Autor. 3. Inventor
Urheberrecht: Copyright
Urinflasche: Urinal
Urknall: Big bang
Urkunde: Charter, Diplom, Dokument
Urkunden: Archivalien
Urkundenforscher: Diplomatiker
Urkundenkenner: Diplomatiker
Urkundenlehre: Diplomatik
Urkundensammlung: Archiv, Diplomatarium
Urkundenverzeichnis: Regest
urkundlich: archivalisch, diplomatisch, dokumentarisch
Urlaub: Ferien, Holidays, Vakanz
Urlaubsreisender: Tourist
Urmund: Blastoporus
Urnenhalle: Kolumbarium
Ursache: Antezedens, Causa, Faktor, Motiv
ursächlich: ätiologisch, kausal
Ursächlichkeit: Kausalität
Ursamenzelle: Spermatogonie
Urschrift: Manuskript, Original
urschriftlich: original
Ursprung: 1. Genesis. 2. Provenienz
ursprünglich: 1. autogen, original, originär, originell, primär. 2. innocente
Ursprünglichkeit: Originalität
Urstoff: Element, Hyle, Materie
Urteil: 1. Votum. 2. Judikat, Sentenz
urteilen: dijudizieren
Urteilsaufhebung: ¹Kassation
Urteilsenthaltung: Aphasie
Urteilsüberprüfung: Revision
Urtierchen: Protozoon
Urvieh: Original
Urvogel: Archäopteryx
urwüchsig: originell
urzeitlich: fossil
Urzeugung: Abiogenese, Generatio aequivoca

V

Vater: Daddy, ¹Papa
Vaterherrschaft: Patriarchat
vaterländisch: patriotisch
Vaterlandsliebe: Patriotismus
Vaterrecht: Patriarchat
vaterrechtlich: patriarchalisch, patrilineal
Vaterschaft: Paternität
Vaterunser: ¹Paternoster
Veilchen: ¹Viola
veilchenfarben: violett
Veilchengewächse: Violazeen
Veitstanz: Chorea
Venendruckmessung: Phlebodynamometrie
Venenentzündung: Phlebitis
Venenerweiterung: Phlebektasie, Venektasie
Venenknoten: Varix
Venenstein: Phlebolith
Ventilhorn: ²Kornett
verabfolgen: applizieren
Verabredung: 1. Date, Rendezvous. 2. Stipulation
verabreichen: applizieren
verabscheuen: abhorreszieren, detestieren, perhorreszieren
Verabscheuung: Detestation
verabscheuungswürdig: detestabel
verachten: despektieren
Verachtung: Despektion
verallgemeinern: abstrahieren, generalisieren, pauschalisieren, universalisieren
Verallgemeinerung: Abstraktion, Generalisierung
veralten: antiquieren
veraltet: antiquiert, obsolet
veränderlich: 1. alterabel, instabil, kommutabel, labil, mutabel, variabel. 2. metabolisch
Veränderliche: Variable
Veränderlichkeit: 1. Alterabilität, Instabilität, Labilität, Mutabilität, Variabilität. 2. Varianz
verändern: alterieren, modifizieren, revolutionieren, variieren
verändern, sich: mutieren
Veränderung: 1. Diversifikation, Metabolismus, Modifikation, Variation. 2. Mutation. 3. Alteration
Veränderungsberatung: Outplacement
Veranlagung: 1. Naturell. 2. Diathese, Disposition
veranlassen: motivieren

veranschaulichen: demonstrieren, illustrieren, konkretisieren
veranschaulichend: illustrativ, illustrierend
Veranschaulichung: Demonstration, Illustration, Konkretisierung
veranschlagen: kalkulieren, taxieren
verantwortlich: komptabel
Verantwortlichkeit: Komptabilität
verärgert: indigniert, pikiert
Verärgerung: Indignation
Verarmung: Pauperismus
verästelt: dendritisch
verätzen: kauterisieren
veräußerlich: alienabel
veräußern: abalienieren, alienieren
Veräußerung: Abalienation, Alienation
Verband: 1. Föderation, Formation, Organisation. 2. Bandage
Verbandmull: Gaze
verbannen: 1. deportieren, expatriieren. 2. ablegieren
Verbannung: 1. Deportation, Exil, Expatriation. 2. Abannation, Ablegation
Verbannungsort: Exil
verbergen: 1. kaschieren, maskieren. 2. dissimulieren
Verbesserer: Reformer
verbessern: 1. emendieren, korrigieren. 2. reformieren. 3. ameliorieren, meliorieren
Verbesserung: 1. Emendation, Korrektion, Korrektur. 2. Reform, Reformation, Reformierung. 3. Amelioration, Melioration
Verbeugung: Kotau, Reverenz
verbinden: 1. assoziieren, koalieren, kollokieren, nektieren. 2. bandagieren
verbindend: assoziativ, kombinativ, konjunktiv
verbindlich: 1. obligatorisch. 2. konziliant
Verbindlichkeit: 1. Obligation, Obligo. 2. Konzilianz
Verbindlichkeiten: Passiva
Verbindung: 1. Connection, Kommunikation, Konnex, Nexus. 2. Allianz, Föderation, Koalition, Liaison, Nektion, Synthese, Union
verblödet: dement
Verblödung: Demenz
verblüffen: frappieren
verblüffend: frappant, sensationell
verblüfft: perplex
verborgen: intim, latent, okkult
Verborgenheit: Latenz
Verbot: Interdikt, Tabu
verboten: tabu
verbotenerweise: illicite
Verbrauch: ¹Konsum, Konsumtion
verbrauchen: konsumieren
verbrauchend: konsumierend
Verbraucher: Konsument
Verbrauchssteuer: Akzise
Verbrechen: ¹Crime, Delikt
Verbrecher: Bandit, Delinquent, Gangster, Krimineller, Mafioso, Outlaw

Verbrecherbande

Verbrecherbande: Gang
verbrecherisch: delinquent, kriminell
verbreiten: dispergieren, divulgieren, popularisieren, promulgieren, propagieren
verbreitet: disseminiert
Verbreitung: Dispersion, Dissemination, Promulgation, Propaganda
Verbreitungsgebiet: Areal
verbrüdern: fraternisieren
Verbrüderung: Fraternisation, Fraternität
verbuchen: kontieren
verbünden: alliieren
verbünden, sich: föderieren, koalieren, konföderieren
Verbündeter: Alliierter, Konföderierter
verbürgen: garantieren
verbürgen, sich: interzedieren
verbürgt: authentisch, offiziell
verdächtig: dubios, obskur, ominös, suspekt
Verdächtigung: Insinuation
Verdachtsmoment: Indiz
verdammen: anathematisieren, denunzieren
verdammt: sakrisch
verdammt!: sakra!
Verdammung: Anathem, Exsekration, Kondemnation
verdampfen: evaporieren, vaporisieren
Verdampfung: Evaporation, Vaporisierung
verdauen: digerieren
Verdauung: Digestion
verdauungsfördernd: digestiv, peptisch
Verdauungsschwäche: Dyspepsie
Verdauungsstörung: Dyspepsie, Indigestion
verdecken: kaschieren, maskieren
verderben: 1. depravieren, korrumpieren. 2. ruinieren
Verderben: 1. Depravation. 2. Ruin
verderblich: deletär, fatal
verderbt: korrumpiert
verdeutlichen: demonstrieren, konkretisieren
verdeutlichend: demonstrativ
Verdeutlichung: Konkretisierung
verdichten: densieren, komprimieren
Verdichtung: Kondensation
Verdienst: 1. Fixum, Salär. 2. Meritum
Verdienstadel: Meritokratie
verdinglichen: hypostasieren, objektivieren
Verdinglichung: Hypostase, Objektivität
verdoppeln: 1. dualisieren, duplieren, duplizieren. 2. ingeminieren
verdoppelnd: reduplikativ
Verdoppelung: 1. Duplikation, Duplikatur, Reduplikation. 2. Ingemination
verdorben: korrupt
verdrehen: pervertieren, tordieren
Verdrehung: Kontorsion, Pertvertierung, Torsion
verdreifachen: triplieren

Verdrießlichkeit: Dyskolie
verdrillen: tordieren
Verdrillung: Torsion
Verdunkelung: Kollusion
verdünnen: diluieren, rarefizieren
verdünnt: dilut
Verdünnung: Dilution
verdunstbar: evaporabel
verdunsten: evaporieren
verdunstend: volatil
Verdunstung: Evaporation
Verdunstungsmesser: Atmometer, Evaporimeter
veredeln: okulieren
Veredlung: Okulation
Verehrung: Adoration, Kult
vereinbar: assoziabel, kompatibel, kompossibel
vereinbaren: akkordieren, stipulieren
Vereinbarkeit: Kompatibilität, Kompossibilität
Vereinbarung: Agreement, Arrangement, Kontrakt, Konvention, Stipulation
vereinfachen: minimalisieren, primitivisieren, simplifizieren
Vereinfachung: Minimalisierung, Simplifizierung
vereinheitlichen: normieren, rationalisieren, standardisieren, typisieren, unifizieren, uniformieren
Vereinheitlichung: Normierung, Rationalisierung, Standardisierung, Typisierung, Unifizierung
vereinigen: summieren, unieren
vereinigen, sich: assoziieren, konfluieren, kongregieren
vereinigend: assoziativ
vereinigend, sich: konfluent
Vereinigung: 1. Adjunktion. 2. Allianz, Assoziation, Fusion, Klub, Koalition, Kongregation, Union
vereinsamt: desolat, isoliert
Vereinsamung: Isolation
Vereinswechsel: Transfer
vereinzeln: isolieren
vereinzelt: 1. isoliert, singulär, sporadisch. 2. diskret
Vereinzelung: Isolation
Verelendung: Pauperismus
verenden: krepieren
Verengung: Stenose
Vererbungslehre: Genetik
Verfahren: 1. Operation, Prozedur. 2. Manipulation, Methode
verfahrensbedingt: operational
Verfahrensordnung: Procedere
Verfahrensweise: Methodik, Modus procedendi, Praktik, Procedere
Verfall: 1. Degeneration, Dekadenz, Dekrement, Korruption, Ruin. 2. Kachexie, Marasmus
verfallen: kollabeszieren
Verfallserklärung: Kaduzierung
verfälschen: manipulieren, pervertieren
Verfälschung: Manipulation
verfassen: texten

Verfasser: Autor, Texter
Verfassung: 1. Kondition, Konstitution. 2. Magna Charta
verfassungsmäßig: konditionell, konstitutionell
Verfassungsurkunde: Charta
verfassungswidrig: antikonstitutionell, inkonstitutionell
Verfassungswidrigkeit: Inkonstitutionalität
verfeinern: kultivieren, sublimieren
verfeinert: kultiviert, sublim
Verfeinerung: Sublimität
Verfemter: Outlaw
verfertigen: fabrizieren
verfettet: adipös
Verfettung: Adipositas
Verfinsterung: Eklipse
verflachen: banalisieren, trivialisieren
Verflechtung: Konnex, Nexus
verfluchen: 1. anathematisieren, exsekrieren, kondemnieren. 2. vermaledeien
Verfluchung: Anathem, Exsekration, Kondemnation
verflüssigen: kondensieren
Verflüssigung: Kondensation, Liquefaktion
Verfolgungswahn: Paranoia, Persekutionsdelirium
verformbar: duktil
Verformbarkeit: Duktilität
verformen: deformieren, konfigurieren
Verformung: Deformation, Konfiguration
verfrachten: spedieren, transportieren
verfügbar: disponibel, liquid
Verfügbarkeit: Disponibilität, Liquidität
verfügen: administrieren, dekretieren, disponieren
verfügend: dispositiv
Verfügung: 1. Dekret, Disposition. 2. Testament
verführen: becircen
Verführer: Casanova, Don Juan
Verführerin: Circe, Sirene
vergällen: denaturieren
vergangen: passé
Vergangenheit: Präteritum
vergangenheitsbezogen: 1. nostalgisch. 2. präterital
Vergänglichkeit: Vanitas
vergären: fermentieren
Vergaserluftklappe: Choke
vergeblich: frustran, illusorisch
vergegenständlichen: hypostasieren, objektivieren
vergegenständlichend: hypostatisch
Vergegenständlichung: Hypostase, Konkretion, Objektivierung, Reifikation
Vergegenwärtigung: Repräsentation
Vergehen: 1. Delikt. 2. Sakrileg
vergeistigen: spiritualisieren, sublimieren
vergeistigt: ätherisch

Vermächtnis

vergelten: revanchieren, sich
Vergeltung: Revanche
Vergeltungsmaßnahme: Repressalie, Retorsion, Sanktion
vergesellschaften: sozialisieren
Vergesellschaftung: Sozialisierung
Vergessenheit: Lethe
Vergewaltigung: Stuprum
Vergiftung: Entoxismus, Intoxikation, Toxikose
Vergiftungserscheinung: Entoxismus
Vergleich: 1. Parallele. 2. Kollation. 3. Akkord, Rezeß. 4. Synkrise
vergleichbar: äquiparabel, kommensurabel, komparabel
Vergleichbarkeit: Kommensurabilität, Komparabilität
vergleiche!: confer!
vergleichen: 1. analogisieren, komparieren. 2. kollationieren
vergleichend: synkritisch
Vergleichspunkt: Tertium comparationis
vergleichsweise: relativ
Vergnügen: Amüsement, ¹Fez, Gaudium, Pläsier
vergnüglich: amüsant
vergnügt: fidel
Vergnügungsstätte: Etablissement
Vergnügungssucht: Eskapismus
vergnügungssüchtig: eskapistisch
Vergoldung: Auratur, Dekor
vergotten: deifizieren
vergöttlicht: apotheotisch
Vergöttlichung: Apotheose
Vergottung: Deifikation
Vergrößerungsgerät: Mikroskop
Vergünstigung: Präferenz
vergüten: bonifizieren, honorieren, remunerieren
Vergütung: Bonifikation, Bonus, Honorar, Remuneration
verhaften: arretieren, inhaftieren
verhaltenseigen: habituell
Verhaltensforscher: Ethologe
Verhaltensforschung: Ethologie
Verhaltensmuster: Pattern
Verhaltensregel: Direktive, Instruktion, Maxime
Verhältnis: Proportion, Proportionalität, Relation
verhältnisgleich: proportional
Verhältnisgleichung: Proportion
verhältnismäßig: 1. relativ. 2. pro rata [parte]
Verhältnismäßigkeit: Proportionalität, Relativität
Verhältniswahl: Proportionalwahl, Proporz
Verhältniswort: Präposition
verhandeln: diskurrieren, konferieren, parlamentieren, transigieren
Verhandlungsgegenstand: Traktandum
Verhängnis: Ananke, Fatalität, Fatum, Heimarmene
verhängnisvoll: fatal, katastrophal

verhärten, sich: indurieren
verhärtet: sklerotisch
Verhärtung: Induration, Obduration, Sklerose
verhauchend: espirando, morendo
verheeren: ruinieren
verheerend: katastrophal, ruinös
verheimlichen: dissimulieren
Verheimlichung: Dissimulation
verherrlichen: glorifizieren, heroisieren
Verherrlichung: 1. Apotheose, Glorifikation, Glorifizierung. 2. Doxologie
verhindern: prohibieren, sabotieren, torpedieren
verhindernd: prohibitiv
verhöhnen: insultieren
Verhöhnung: Insult
verholzen: lignifizieren
Verholzung: Lignifizierung
verhören: inquirieren
verhüllen: kaschieren
verhüllend: euphemistisch
verhütend: präservativ, präventiv, prophylaktisch
Verhütung: Prävention, Prophylaxe
Verhütungsmittel: 1. Kondom, Präservativ. 2. Diaphragma, Femidom, Intrauterinpessar, Pessar, Spirale. 3. Antibabypille, Antikonzeptivum, Kontrazeptivum
verinnerlichen: interiorisieren, internalisieren
verinnerlicht: internal
Verinnerlichung: Interiorisation
verkalken: kalzifizieren
Verkalkung: Kalzifikation
verkappt: larviert
Verkauf: Alienation
verkaufen: alienieren
verkäuflich: alienabel
Verkaufsförderer: Sales-promotor
Verkaufsförderung: Sales-promotion
Verkaufshäuschen: Kiosk
Verkaufsleiter: Sales-manager
Verkaufsschlager: Bestseller
Verkaufstisch: Büfett
Verkaufswagen: Caravan
Verkaufswerbung: Sales-promotion
Verkehr: Kommunikation
Verkehrsdichte: Frequenz
Verkehrssteuer: Akzise
Verkehrszeichen: Signal
verkehrt: pervers
verkieseln: silifizieren
Verkieselung: Silifikation, Silifizierung
verkitten: zementieren
verklären: idealisieren, romantisieren
Verklärung: Apotheose, Idealisierung, Romantisierung
verkleben: agglutinieren, konglutinieren
Verklebung: Adhäsion, Agglutination, Konglutination, Konkretion
verkleiden: maskieren
Verkleidung: Maskerade
verkleinern: diminuieren, miniaturisieren, minimieren

verkleinernd: diminutiv
Verkleinerung: Diminution, Miniaturisierung, Minimierung
Verkleinerungssilbe: Diminutivsuffix
Verklumpung: Agglutination
verknöchern: ossifizieren
Verknöcherung: Eburnifikation, Ossifikation
verknüpfen: assoziieren, kombinieren, nektieren
verknüpfend: assoziativ, kombinativ
Verknüpfung: Assoziation, ¹Kombination, Komplex, Konnex, Nektion, Synthese
Verknüpfungselement: Konnektor
Verknüpfungszeichen: Funktor
verkommen: demoralisiert
Verkommenheit: Demoralisation
verkörpern: personifizieren
verkörpern, sich: inkarnieren, sich
verkörpert: inkarniert
Verkörperung: Inkarnation, Materialisation, Personifikation
verkrampft: spasmisch
Verkrampfung: Spasmus
verkümmern: degenerieren
verkümmert: rudimentär
verkündigen: proklamieren
Verkündigung: 1. Proklamation. 2. Kerygma
verkürzen: abbreviieren, apokopieren
Verkürzung: Abbreviatur, Kontraktur, Retraktion
Verlag: Edition
Verlagerung: Dislokation
Verlagsabteilung: Lektorat
Verlangen: Desiderium, Konkupiszenz, Nisus
verlängern: elongieren, prolongieren, prorogieren, protrahieren
Verlängerung: Elongation, Prolongation, Prorogation, Protraktion
Verlangsamung: Retardation
Verlauf: Prozeß
verlaufend: durativ
Verlautbarung: Bulletin, Kommuniqué, Statement
verlegen: I. edieren. II. perplex
Verlegenheit: Bredouille, Kalamität, Perplexität
verlegerisch: editorisch
Verlegerzeichen: Signet
verletzen: lädieren
verletzend: zynisch
verletzlich: mimosenhaft
verletzt: pikiert
Verletzung: Blessur, Läsion, Trauma
verleugnen: desavouieren
verleumden: diffamieren
verleumderisch: diffamatorisch
Verleumdung: Diffamierung
verliebt: amourös
verloren: 1. perdu. 2. kaputt
verlöschend: espirando, estinguendo
Verlosung: Lotterie, Tombola
Verlust: Defizit, Minus, Rapuse
Vermächtnis: ²Legat, Testament

vermännlichen

vermännlichen: virilisieren
vermännlicht: android, viril
Vermännlichung: Maskulinisierung, Virilismus
Vermehrbarkeit: Addibilität
vermehren: augmentieren
Vermehrung: Propagation
vermeintlich: putativ
vermengt: promiscue
vermenschlichen: anthropomorphisieren, personifizieren
Vermenschlichung: Anthropomorphose, Personifikation
Vermerk: Notabene, Notiz
vermessen: ¹hybrid
Vermessenheit: Hybris
Vermessungsingenieur: Topograph
Vermessungswesen: Geodäsie
Vermietung: Leasing
vermindern: dezimieren, diminuieren, reduzieren, subtrahieren
Verminderung: Degression, Dekrement, Diminution, Reduzierung, Subtraktion
Vermischtes: Diversa, Miszellen, Varia
Vermischung: Anamixis, Diffusion, Synkrise
vermitteln: intervenieren, interzedieren
Vermittler: Intervenient
Vermittlung: Intervention
Vermittlungsbüro: Agentur
Vermittlungsgebühr: Provision
vermodern: humifizieren
Vermoderung: Humifikation
Vermögen: 1. Finanzen, Kapital, Substanz. 2. Kompetenz
vermögend: potent
Vermögensreserve: Fonds
Vermögensschätzung: Zensus
Vermögensverhältnisse: Finanzen
Vermögensverzeichnis: Inventar
Vermögenswerte: Aktiva
vermummen: maskieren
vermuten: 1. tippen, kombinieren. 2. präsumieren
vermutlich: präsumtiv
Vermutung: 1. ¹Kombination. 2. Präsumtion
verneinen: negieren
verneinend: 1. negativ, nihilistisch. 2. remotiv
Verneinung: Negation, Negierung
Verneinungswort: Negation
vernichten: annihilieren, killen
vernichtend: kataklystisch
Vernichtung: Annihilation, Kataklysmus
verniedlichen: bagatellisieren
Vernunft: Dianoia, Eubulie, Logos, Räson, Ratio
vernünftig: logisch, rational, rationell
vernunftlos: alogisch
Vernunftsatz: Apriori
Vernunftschluß: Logismus, Sophistikation
vernunftwidrig: alogisch, irrational

Vernunftwidrigkeit: Alogismus, Irrationalität, Paralogie
veröffentlichen: promulgieren, publizieren
Veröffentlichung: 1. Promulgation, Publizierung. 2. Publikation
verordnen: dekretieren, ordinieren
Verordnung: 1. Dekret, Edikt, Konstitution, Präskription, Regulativ. 2. Ordination
verpacken: emballieren, paketieren
Verpackung: Emballage, Tara
Verpackungsgewicht: Tara
verpestet: mefitisch
verpestet: pestilenzialisch
verpflanzen: deplantieren, transplantieren
Verpflanzung: Deplantation, Transplantation
Verpflegung: Catering, Fressalien, Furage, Menage, Proviant, Traktament
Verpflegungssatz: Ration
Verpflegungswesen: Catering
verpflichten: engagieren
verpflichtend: obligatorisch
Verpflichtung: 1. Diktat, Obligatorium. 2. Engagement, Obligation, Obligo
Verpflichtungsschein: ³Revers
Verrechnung: 1. Clearing. 2. Kompensation
Verrechnungsbetrag: Diskont
Verrechnungsverfahren: Clearing
Verreibung: Trituration
verrenken: deartikulieren, luxieren
Verrenkung: Deartikulation, Kontorsion, Luxation
verringern: diminuieren, minimieren, reduzieren
Verringerung: Diminution, Minimierung, Reduktion
verrückt: 1. idiotisch, machulle, meschugge, spleenig. 2. paranoisch
Verrücktheit: 1. Raptus, Spleen. 2. Paranoia
versachlichen: objektivieren
Versachlichung: Objektivierung
Versagen: Insuffizienz
Versager: Pallawatsch
versammeln, sich: kongregieren, reunieren
Versammlung: Assemblee, Konferenz, Meeting
Versandabteilung: Expedit, Expedition
verschärfen: eskalieren, radikalisieren
Verschärfung: Eskalation, Radikalisierung
verschicken: deportieren
Verschickung: Deportation
verschieden: 1. different, disparat, inegal. 2. heterogen
Verschiedenartigkeit: Heterogenität
Verschiedenes: Diverses, Varia
verschiedengestaltig: heteromorph, polymorph
Verschiedengestaltigkeit: Heteromorphie, Polymorphie
Verschiedenheit: Disparität

verschlechtern: depravieren
Verschlechterung: Depravation
Verschleierung: Kollusion
verschleppen: deportieren
Verschleppung: Deportation
verschließen: okkludieren, sekretieren
Verschließung: Okklusion
Verschlimmerung: Aggravation, Alteration, Exazerbation, Progredienz
verschlossen: 1. reserviert. 2. introvertiert
Verschlossenheit: Reserve
verschlucken: devorieren
Verschluß: Okklusion
verschlüsseln: chiffrieren, enkodieren, kodieren
Verschlüsselung: Enkodierung, Kodierung
Verschlüsselungslehre: Kryptologie
Verschlußlaut: Explosivlaut
verschmelzen: 1. fusionieren, unifizieren. 2. diffundieren, kopulieren. 3. kontaminieren
Verschmelzung: 1. Fusion, Unifizierung. 2. Agglutination, Kopulation. 3. Kontamination
verschneiden: kastrieren
Verschneidung: Kastration
Verschnittener: Kastrat
verschnörkelt: arabesk, barock
verschönern: idealisieren
verschorft: krustös
verschreiben: rezeptieren
verschroben: exzentrisch, skurril, spleenig
Verschrobenheit: Exzentrizität, Skurrilität, Spleen
Verschulden: Culpa
verschwenderisch: luxuriös
Verschwendung: Luxus
verschwiegen: diskret
Verschwiegenheit: Diskretion
verschwommen: diffus, vage
verschwören, sich: konspirieren
Verschwörer: Konspirant
verschwörerisch: konspirativ
Verschwörung: Komplott, Konspiration
Versehen: Lapsus
verselbständigen, sich: emanzipieren, sich
Verselbständigung: Emanzipation
versenden: expedieren, spedieren, transportieren
Versendung: Expedition, Spedition, Transport
versenken, sich: kontemplieren, meditieren
Versenkung: Kontemplation, Meditation
Verseschmied: Poetaster
versetzen: kommandieren
Versetzungszeichen: Akzidens
verseuchen: kontaminieren
Verseuchung: Kontamination
Versicherer: Assekurant
versichern: assekurieren, asserieren

Verwesung

Versicherter: Assekurat
Versicherung: Affidavit, Assekuranz, Assertion
Versicherungsbeitrag: Prämie
Versicherungsnehmer: Assekurat
Versicherungsträger: Assekurant
Versicherungsvertrag: Police
versiegeln: bullieren, petschieren
versinnbildlichen: allegorisieren, symbolisieren
Versinnbildlichung: Symbolisierung
Verslehre: Metrik
Versmaß: Metrum
versöhnlich: konziliant
Versöhnlichkeit: Konzilianz
Verspannung: Myogelose
versperren: blockieren, verbarrikadieren
verspotten: parodieren, persiflieren
verspottend: delusorisch, parodistisch
Verspottung: Delusion, Parodie, Persiflage
versprühen: sprayen
verstaatlichen: nationalisieren, säkularisieren, sozialisieren
verstädtern: urbanisieren
Verstädterung: Urbanisation
Verstand: Intellekt, Nus, Ratio
verstanden!: roger!
verstanden?: capito?
verstandesmäßig: intellektuell, rational
Verstandesmäßigkeit: Intellektualität, Rationalität
verständig: intelligent, rational
verständigen, sich: kommunizieren
Verständigung: 1. Kommunikation. 2. Modus vivendi
Verständigungsmittel: Interpretament
verständlich: explikabel, luzid, plausibel
Verständlichkeit: Luzidität, Plausibilität
Verständnis: Resonanz
verständnisvoll: tolerant
verstärken: gradieren, intensivieren
verstärkt: sforzato
Verstauchung: Distorsion
versteckt!: latent
Verstecktheit: Latenz
verstehbar: transparent
Verstehbarkeit: Transparenz
verstehen: kapieren
versteifen, sich: erigieren
Versteifung: Erektion, Konsolidation, Rigidität
Versteigerer: Auktionator
versteigern: auktionieren, lizitieren
Versteigerung: Auktion, Lizitation
versteinern: petrifizieren
Versteinerung: Apolithose, Petrefakt
Versteinerungsvorgang: Petrifikation
verstellen, sich: simulieren
Verstellung: Hypokrisie, Komödie, Simulation
versteuern: akzisieren
verstiegen: extravagant, exzentrisch

Verstiegenheit: Extravaganz, Exzentrizität
verstimmt: 1. dysphorisch. 2. pikiert
Verstimmung: Dysphorie, Dysthymie
verstofflichen: materialisieren
verstopfen: obstipieren, obstruieren
verstopfend: obstruktiv
Verstopfung: Koprostase, Obstipation, Obstruktion, Obturation
verstören: schocken
Verstoß: 1. Fauxpas. 2. Foul
Verstrahlung: Kontamination
verstreut: sporadisch
verstümmeln: mutilieren
Verstümmelung: Mutilation
Versuch: Experiment, Test
versuchen: experimentieren, probieren, testen
Versuchsbühne: Studio
Versuchsperson: Proband
versuchsweise: tentativ
vertagen: prorogieren
Vertagung: Prorogation
vertauschbar: kommutabel, kommutativ
Vertauschbarkeit: Kommutation
vertauschen: kommutieren, permutieren
Vertauschung: Permutation
verteidigen: apologisieren
verteidigend: defensiv
Verteidiger: 1. Defensor. 2. Apologet
Verteidigung: 1. Defensive. 2. Apologie
Verteidigungsbündnis: Defensivallianz
Verteidigungskrieg: Defensivkrieg
verteilen: dekonzentrieren, dispergieren, distribuieren
Verteiler: Distribuent
Verteilung: Dekonzentration, Dispersion, Distribution
Verteilungsgrad: Dispersität
vertieft: konkav
Vertrag: Kontrakt, Konvention, Pakt
verträglich: kompatibel, soziabel
Verträglichkeit: Kompatibilität, Soziabilität
Vertragsabschluß: Bargaining
Vertragsabschnitt: Artikel, Paragraph, Passus
Vertragsgegenstand: Objekt
Vertragspartner: Kontrahent
vertragstreu: loyal
Vertragstreue: Loyalität
Vertragsurkunde: Kontrakt
Vertrauensbruch: Indiskretion
Vertrauenswürdigkeit: ¹Kredit
vertraulich: diskret, entre nous, familiär, intern, privat
Vertraulichkeit: Diskretion, Familiarität, Intimität
vertraut: intim, privat
Vertraute: Intima
Vertrauter: Intimus
Vertrautheit: Intimität
vertretbar: fungibel
vertreten: repräsentieren
Vertreter: Agent, Repräsentant

Vertretung: Agentur, Repräsentanz, Repräsentation
vertretungsweise: kommissarisch
Vertriebsgestaltung: ²Franchise, Franchising, Marketing, Merchandising
Vertriebskaufmann: Sales-promotor
Vertrocknung: Desikkation
vertuschen: kaschieren
verunglimpfen: diffamieren
verunsichern: irritieren
Verunsicherung: Irritation
verunstalten: deformieren, difformieren
verunstaltet: deform
Verunstaltung: Deformation
vervielfachen: multiplizieren
Vervielfachung: Multiplikation
vervielfältigen: hektographieren
Vervielfältigung: 1. Multiplikation. 2. Hektographie, Reproduktion
Vervielfältigungszahl: Faktor
Vervielfältigungszahlwort: Multiplikativum
vervollkommnen: perfektionieren
vervollkommnungsfähig: perfektibel
vervollkommnungsunfähig: imperfektibel
vervollständigen: assortieren, komplettieren
Vervollständigung: Integration, Komplettierung
verwachsen: adhärent
Verwachsung: Adhäsion, Konkretion, Symphyse
verwahren: asservieren
Verwahrungsort: Depositorium
verwalten: administrieren
Verwalter: Administrator, Kurator
Verwaltung: Administration, Gestion
Verwaltungsbehörde: Administration
Verwaltungsgebiet: Provinz
Verwaltungskosten: Regie
Verwaltungsstelle: Instanz
verwandeln: metamorphosieren
verwandelt: anamorphotisch
Verwandlung: Metamorphose
verwandt: 1. apparentiert. 2. affin
Verwandtschaft: 1. Mischpoche. 2. Affinität
Verwandtschaftszweig: Linie
Verwechslung: Quidproquo
verwegen: 1. martialisch, phaetonisch. 2. ardito
verweiblichen: feminieren, feminisieren
Verweiblichung: Eviration, Feminisierung
verweigern: abnuieren
verweilend: statarisch
verweisen: relegieren
verweltlichen: säkularisieren
Verweltlichung: Säkularisierung
Verwendbarkeit: Fungibilität
verwerfen: 1. abjizieren. 2. rejizieren
Verwerfung: ¹Kassation, Rejektion
verwesen: putreszieren
Verwesung: Putrefaktion, Putreszenz

verwickeln

verwickeln: involvieren, komplizieren
verwickelt: kompliziert
Verwicklung: Komplikation
verwirklichen: materialisieren, praktifizieren, realisieren
verwirklicht: aktual
Verwirklichung: Konkretion, Realisation, Realisierung
verwirren: derangieren, desorientieren, irritieren
verwirrt: konfus, perplex
Verwirrtheit: Amentia, Delirium
Verwirrung: Chaos, Derangement, Desordre, Irritation, Konfusion, Perplexität
verworren: abstrus, kompliziert, konfus, nebulos
verwundbar: vulnerabel
Verwundbarkeit: Vulnerabilität
Verwundung: Blessur
verwünschen: detestieren, exsekrieren, vermaledeien
Verwünschung: Detestation, Exsekration
verwüsten: devastieren, ruinieren
Verwüstung: 1. Devastation. 2. Desertifikation
verzagt: decouragiert
verzehren: konsumieren
verzeichnen: katalogisieren, registrieren
Verzeichnis: Index, Katalog, Konspekt, Matrikel, Register
Verzeihung!: Pardon!
verzerrt: anamorphotisch
Verzicht: 1. Resignation. 2. Karenz
verzichten: resignieren
verziehen: pikieren
verzieren: 1. garnieren, ornamentieren. 2. inkrustieren
Verzierung: 1. Arabeske, Dekor, Garnitur, Koronis, Ornament. 2. Inkrustation, Melisma
verzögern: 1. retardieren. 2. protrahieren
verzögernd: dilatorisch, retardierend
verzögert: protrahiert
Verzögerung: 1. Retardation. 2. Protraktion, Retardierung
verzollen: ausklarieren
Verzollung: Ausklarierung
verzückt: ekstatisch, seraphisch
Verzückung: Ekstase
verzweifachen: dualisieren, duplieren, duplizieren
verzweifelt: desperat
Verzweiflung: Desperation
verzweigen, sich: ramifizieren
verzweigt: dendritisch
Verzweigung: Bifurkation, Ramifikation
Vetter: Cousin
Vetternwirtschaft: Nepotismus
viehisch: bestialisch
viel: 1. en masse. 2. molto
vieldeutig: hermetisch
Vieldeutigkeit: Hermetismus

Vieleck: Polygon
vieleckig: polygonal
Vielehe: Polygamie
vielfach-, Vielfach-: multi..., Multi...; poly..., Poly...
Vielfachsehen: Polyopie
Vielfachzucker: Polysaccharid
Vielfalt: Babylonismus, Diversifikation
vielfältig: multipel
vielfarbig: polychrom
Vielfarbigkeit: Polychromie
Vielfingrigkeit: Polydaktylie
Vielflächner: Polyeder
vielgestaltig: polymorph
Vielgestaltigkeit: Polymorphie
vielgliedrig: polynomisch
Vielgötterei: Polytheismus
vielleicht: eventualiter, eventuell
Vielmännerei: Polyandrie
vielschichtig: differenziert, komplex, multidimensional
Vielschichtigkeit: Komplexität, Multidimensionalität
Vielschreiber: Skribent
vielseitig: multilateral
vielsprachig: polyglott
vielteilig: polymer
Vielvölkerstaat: Nationalitätenstaat
Vielweiberei: Polygamie, Polygynie
vielwertig: multivalent
Vielzahl: Pluralität
vielzählig: polymer
Vielzeller: Histozoa
Vielzweckmeßgerät: Polymeter
vier-, Vier-: quadri..., Quadri...; tetra..., Tetra...
Vierbund: Quadrupelallianz
Viereck: Karree, Quadrangel, Quadrat, Tetragon
viereckig: quadrangulär, quadratisch, tetragonal
Vierflächner: Tetraeder
Vierfüßer: Tetrapode
Viergespann: Quadriga
vierhändig: à quatre mains
Vierheit: Tetrade
Vierpolröhre: Tetrode
vierstimmig: à quatre parties
Viertagewechselfieber: Quartana
Vierteljahr: Quartal
vierteljährlich: quartaliter
Viertelkreis: Quadrant
Viertelnote: Semiminima
viertrangig: quartär
Vierundzwanzigflächner: Hexakistetraeder
vierzählig: tetramer
Vitamin-D-Mangelkrankheit: Rachitis
Vitaminmangelkrankheit: Hypovitaminose
vogel-, Vogel-: ornitho..., Ornitho...
Vogelgesicht: Opisthognathie
Vogelhaus: Avarium
Vogelkäfig: Voliere
Vogelkunde: Ornithologie
Vogelkundler: Ornithologe
Vogelnesterkunde: Kaliologie

Vogelscheuche: Popanz
Vogelversteinerung: Ornitholith
Vogelwelt: Ornis
völker-, Völker-: ethno..., Ethno...
Völkerkunde: Ethnographie, Ethnologie
Völkerkundler: Ethnologe
völkerkundlich: ethnographisch, ethnologisch
Völkername: Ethnikon
Völkerrecht: ¹Jus gentium
volks-, Volks-: demo..., Demo...
Volksabstimmung: Plebiszit, Referendum
Volksaufwiegelung: Demagogie
Volksbefragung: Demoskopie, Plebiszit
Volksbeschluß: Plebiszit
Volksentscheid: Referendum
Volkserhebung: Insurrektion
Volksherrschaft: Demokratie
Volkskunde: Folklore
Volkskundler: Folklorist
Volksliedersingen: Hootenanny
Volksliedforschung: Folkloristik
volksliedhaft: folkloristisch
volkstümlich: demotisch, populär
Volkstümlichkeit: Popularität
Volksverführer: Demagoge
Volksverführung: Demagogie
Volksvertretung: Parlament
Volkswirtschaftslehre: Kameralien, Nationalökonomie, Sozialökonomie
Volkszählung: Zensus
Volkszugehörigkeit: Nationalität
voll: 1. massiv. 2. komplett. 3. pieno
Voll-: Plenar...
vollblütig: plethorisch
vollenden: perfektionieren
vollendet: genial, perfekt
Vollendung: Finish, Perfektion
vollflächig: holoedrisch
Vollflächigkeit: Holoedrie
völlig: holotisch, total
Vollinsekt: Imago
volljährig: majorenn
vollkommen: absolut, ideal, klassisch, perfekt
Vollkommenheit: Ideal, Perfektion
Vollmacht: Autorisation, Carte blanche, Epitrope, Kreditiv, Mandat, Prokuration
Vollmond: Plenilunium
Vollschmarotzer: Holoparasit
vollständig: exhaustiv, holotisch, in extenso, in toto, komplett, total
Vollständigkeit: Exhaustivität, Totalität
Vollständigkeitsprüfung: Kollation
vollstimmig: pieno
Vollstrecker: Exekutor
Vollstreckung: Exekution
Vollstreckungsverfahren: Konkurs
volltönend: sonor
Vollversammlung: Plenum
vollzählig: in pleno, komplett
Vollzug: Akt
vor-, Vor-: ante..., Ante...; prä..., Prä...

Vorabdruck: Preprint
vorahnend: divinatorisch
voran-, Voran-: prä..., Prä...
vorankommen: arrivieren, prosperieren
Voranschlag: Kalkulation
vorantreiben: akzelerieren, dynamisieren, forcieren
Vorarbeiter: Polier
voraus-, Voraus-: prä..., Prä...
Vorausabteilung: Avantkorps
vorausahnend: visionär
vorausbestellen: subskribieren
Vorausdruck: Preprint
Vorausgegangenes: Antezedens
Voraussage: 1. Divination, Prädiktion, Prophetie. 2. Prognose
voraussagen: 1. prophezeien. 2. prognostizieren
vorausschauend: divinatorisch, prophetisch
voraussetzen: präsumieren, supponieren
Voraussetzung: Hypothese, Prämisse, Supposition
voraussichtlich: präsumtiv
vorausweisen: präfigurieren
vorausweisend: kataphorisch
vorauswirkend: proaktiv
Vorauszahlung: Pränumeration
Vorbedeutung: Auspizium, Omen
Vorbehalt: Kautel, Klausel, Reservat
vorbei: ex, passé
Vorbeimarsch: Defilee, ¹Parade
vorbeimarschieren: defilieren, paradieren
vorbeiziehen: paradieren
Vorbemerkung: Prolegomenon
vorbereiten: inszenieren, präparieren
vorbereitend: präliminär, propädeutisch
Vorbereitung: Präliminare
Vorbereitungszeit: Stage
vorbestellen: reservieren
Vorbetrachtung: Prolegomenon
vorbeugend: präservativ, präventiv, prohibitiv, prophylaktisch
Vorbeugung: Prävention, Prophylaxe
Vorbeugungsmittel: Prophylaktikum
Vorbild: 1. Ideal. 2. Modell
vorbildlich: exemplarisch, programmatisch
Vorbote: Symptom
Vordenker: Scout
vorderer: anterior
Vordersatz: Lemma, Prämisse
Vorderseite: Fassade, Front
vordringlich: akut, primär
Vordruck: Formular
voreingenommen: parteiisch, subjektiv
Voreingenommenheit: Präokkupation, Subjektivität
Voreiszeit: Präglazial
voreiszeitlich: präglazial
Vorentscheidung: Präjudiz
Vorentwurf: Hypothese
Vorerziehung: Propädeutik
Vorfahr: Aszendent

Vorfall: 1. Affäre. 2. Prolaps
vorfühlen: sondieren
vorführen: demonstrieren
Vorführer: Demonstrator
Vorführung: 1. Demonstration. 2. Show
Vorgang: Action, Akt, Prozeß, Szene
vorgeben: fingieren, mimen, simulieren
vorgeblich: fiktiv, nominell
Vorgehen: Aktion
Vorgehensweise: Taktik, Methode
Vorgericht: Entree, Horsd'œuvre
Vorgeschichte: Prähistorie
vorgeschichtlich: prähistorisch
vorgesehen: designatus
Vorgesetzter: Boß, Chef
Vorgriff: Antizipation
vorhaben: projektieren
Vorhaben: Intention, Projekt
Vorhalle: Lobby, Vestibül
vorhanden: existent
Vorhandensein: Existentia, Existenz
Vorhandschlag: Forehand
Vorhang: Gardine, Portiere
Vorhaut: Präputium
Vorhautbändchen: Frenulum
Vorhautentzündung: Posthitis
Vorhautverengung: Phimose
Vorherbestellung: Subskription
vorherbestimmen: prädestinieren
Vorherbestimmung: Prädestination
vorhererkennen: prognostizieren
Vorherrschaft: Dominanz, Hegemonie, Prädomination, Prävalenz
vorherrschen: dominieren, prädominieren, prävalieren
vorherrschend: dominant, prävalent
vorhersagbar: prädiktabel, prädiktiv
Vorhersage: 1. Prädiktion, Prognose. 2. Prophezeiung
vorhersagen: 1. prognostizieren. 2. prophezeien
vorhersagend: prognostisch
Vorhölle: Limbus
Vorkämpfer: Avantgarde, Avantgardist, Pionier, Protagonist
vorkämpferisch: avantgardistisch
Vorkehrung: Kautel, Präkaution
Vorkommnis: Kasus
vorladbar: evokabel
vorladen: evozieren, vozieren, zitieren
Vorladung: Evokation
Vorladungsschreiben: Evokatorium
Vorlage: 1. Original, Motiv, Schablone. 2. Präsentation
vorläufig: ad interim, interimistisch, präliminär, pro tempore, provisorisch
vorlegen: präsentieren
Vorlesung: Kolleg
Vorliebe: Faible, Interesse, Passion
Vormachtstellung: Domination, Hegemonie
vormerken: notieren
Vormerkung: Nota
vormittags: ante meridiem
Vormittagsveranstaltung: Matinee
vornehm: aristokratisch, distinguiert, elegant, fashionabel, feudal, gentlemanlike, illuster, ladylike, nobel, patrizisch
Vornehmheit: Eleganz, Fashion, Noblesse
Vorplaner: Projekteur
Vorrang: Präferenz, Primat, Priorität
vorrangig: primär
Vorrangigkeit: Priorität
Vorrat: Reserve, ²Store, Substanz, Supply
vorrätig: loco
Vorratsbehälter: Reservoir
Vorratshaltung: Stockpiling
Vorratshaus: Magazin
Vorratslager: Arsenal
Vorrecht: Monopol, Priorität, Privileg
Vorrede: Prolegomenon, Prolog
vorsagen: soufflieren
Vorsager: Souffleur
Vorsagerin: Souffleuse
Vorsänger: Präzentor
Vorsatz: Dolus
vorsätzlich: dolos
Vorschlußrunde: Semifinale
Vorschrift: Formalität, Instruktion, Normativ, Präskription, Regulativ
Vorschriften: Normalien, Reglement
vorschriftsmäßig: lege artis, normal, regulär
Vorschriftsmäßigkeit: Normalität
vorsehen: designieren
Vorsehung: Fatum, Providenz
Vorsichtsmaßregeln: Kautelen
Vorsilbe: Präfix
Vorsitz: Präsidium
vorsitzen: präsidieren
Vorsitzender: 1. Chairman, Präsident, Senior. 2. Präses, Präside
Vorsorgemedizin: Präventivmedizin
Vorsorgeuntersuchung: Check-up
Vorspann: Trailer
Vorspeise: Entree, Horsd'œuvre
vorspiegeln: bluffen, mimen, mystifizieren
Vorspiegelung: Bluff, Mystifikation
Vorspiegelungen: Potemkinsche Dörfer
Vorspiel: 1. Präliminare. 2. Präludium
Vorspinnmaschine: Flyer
Vorsprung: Avance
Vorstand: 1. Direktion, Direktorium. 2. Präses
Vorsteher: 1. Direktor. 2. Regens
Vorsteherdrüse: Prostata
vorstellbar: imaginabel
vorstellen: präsentieren
vorstellen, sich: imaginieren
Vorstellung: 1. Präsentierung. 2. Theater. 3. Idee, Illusion, Phantasie, Theorie
Vorstellungskraft: Imagination, Phantasie
Vorstellungswert: Ideologem
Vortänzer: Go-go-Boy
Vortänzerin: Go-go-Girl, Primaballerina

vortäuschen: fingieren, markieren, mimen, simulieren
Vortäuschung: Maskerade, Simulation
Vorteil: 1. Avantage, Interesse, Plus, Prä, Profit. 2. Advantage
vorteilhaft: interessant, lukrativ, opportun, positiv, profitabel, rentabel
Vortrag: 1. Referat. 2. Deklamation, Rezitation
vortragen: 1. referieren. 2. deklamieren, rezitieren
Vortragender: Referent
Vortragsfolge: Programm
Vortragskunst: Deklamatorik
Vortragskünstler: Deklamator, Diseur, Rezitator
Vortragskünstlerin: Diseuse
Vortragsreihe: Kurs
vortrefflich: exzellent, luminös
vortrefflich!: à la bonne heure!, bravo!
Vortrefflichkeit: Arete
vorübergehen: passieren
vorübergehend: 1. ephemer, episodisch, kommissarisch, momentan, temporär. 2. transitorisch
Vorübergehender: Passant
Vorüberlegung: Prämeditation
Vorurteil: Stereotyp
Vorurteilslosigkeit: Liberalität
Vorvergangenheit: Plusquamperfekt
Vorverhandlung: Präliminare
Vorwand: Finte
vorwärts!: allez!, allons!, avanti!, dalli!, en avant!
vorwärtskommen: arrivieren
Vorwegnahme: Antizipation, Präokkupation
vorwegnehmen: antizipieren, präokkupieren
vorwegnehmend: antizipativ, antizipatorisch
Vorweihnachtszeit: Advent
vorweisen: präsentieren
vorwiegend: prävalent
Vorwort: Prolegomenon, Prolog
Vorwurf: 1. Reformande, Zigarre. 2. Motiv, Sujet, Thema
Vorzeichen: Auspizium, Omen, Prognostikon
vorzeigbar: präsentabel
vorzeigen: präsentieren
vorziehen: präferieren
Vorzimmer: Entree
Vorzug: Präferenz
vorzüglich: exklusiv, exquisit, exzellent, famos, optime, prima, primissima, statiös, superb
Vorzugsrecht: Priorität
Vorzugsstellung: Primat
vorzugsweise: katexochen, par préférence
Vulkanausbruch: Eruption
Vulkantrichter: ¹Krater

waagerecht: horizontal
Waagerechte: Abszisse, Horizontale
wachend: vigil
Wacholderbranntwein: Genever, Gin
Wachs: Cera
Wachsbild: Zeroplastik
Wachsbildnerei: Zeroplastik
Wachsfigurensammlung: Panoptikum
Wachsmalerei: Kerographie
Wachsstein: Kerolith
Wachstum: Vegetation
Wachstumsbeschleunigung: Akzeleration
Wachstumsdrüse: Thymus
Wachstumshormon: Somatotropin
Wachstumszeitraum: Vegetationsperiode
Wade: Sura
Wadenbein: Fibula
wadenlang: midi
Waffenausrüstung: Armierung
Waffengewalt: Armipotenz
Waffenlager: Arsenal
Waffenschmiedekunst: Armürerie
Wagemut: Courage
wagen: hasardieren, riskieren
Wagen: 1. Waggon. 2. Auto
Wagenaufbau: Karosserie
Wagenoberbau: Karosserie
Wagenschuppen: Remise
Wagnis: Experiment, Risiko, Vabanquespiel
Wahl: Elektion, Poll
Wählender: Elektor
Wähler: Elektor
Wählerauftrag: Mandat
Wahlfeldzug: Kampagne
wahlfrei: fakultativ
Wahlmöglichkeit: 1. Alternative. 2. Option
Wahlschuld: Alternativobligation
Wahlspruch: Devise, Motto, ¹Panier, ²Parole, Slogan
Wahlstimmenwerbung: Canvassing
wahlweise: alternativ
Wahn: Illusion
Wahngebilde: Phantasmagorie
Wahnsinn: Insania, Phrenesie
wahnsinnig: insan, phrenetisch
Wahnvorstellung: 1. Monomanie, Paranoia. 2. Phantom
Wahrheitsnachweis: Verifikation
wahrnehmbar: 1. perzeptibel, sensuell. 2. apparent
Wahrnehmbarkeit: Perzeptibilität

wahrnehmen: 1. apperzipieren, perzipieren. 2. registrieren
Wahrnehmung: 1. Apperzeption, Impression, Perzeption. 2. Registrierung
Wahrnehmungsfähigkeit: Perzeptibilität
Wahrsagekunst: Divination, Mantik
Wahrsager: Nigromant
Wahrsagerin: Sibylle
wahrscheinlich: präsumtiv, probabel
Wahrscheinlichkeit: Probabilität
Wahrscheinlichkeitsschluß: Enthymem
Währungsabwertung: Devalvation
Währungsaufwertung: Revalvation
Währungserhöhung: Revalorisierung
Währungsreserven: Devisenreserven
Währungssystem: Monetarsystem
Wahrzeichen: Symbol
Waldhorn: Corno da caccia
Waldrebe: Klematis
Walrat: Cetaceum
wälzen: volvieren
walzenförmig: zylindrisch
Wälzsprung: Straddle
Wandbrett: Konsole
wandelbar: alterabel, mutabel, proteisch
Wandelbarkeit: Labilität, Mutabilität, Versatilität
Wandelflugzeug: Convertiplane
Wandelgang: Deambulatorium, Foyer
Wandelhalle: Foyer, Lobby
Wandelröschen: Lantana
Wandelschuldverschreibungen: Convertible Bonds
Wandelstern: Planet
Wanderbühne: Thespiskarren
Wanderherz: Kardioptose
Wanderleber: Hepatoptose
wandern: nomadisieren
wandernd: 1. ambulant. 2. migratorisch, nomadisch, transhumant
Wanderniere: Nephroptose
Wanderprediger: Evangelist
Wanderschäferei: Transhumanz
Wandertrieb: Poriomanie
Wanderung: 1. Exkursion, Tour, Trekking. 2. Migration. 3. Ektopie
Wandmalerei: Freskomalerei, Seccomalerei, Sgraffito
Wandpfeiler: Pilaster
Wandschirm: Paravent
Wandspiegel: Trumeau
wandständig: parietal
Wandteppich: Gobelin, Kelim, Tapisserie
Wandverkleidung: Lambris, Tapete
Wange: Bucca
Wangenmuskel: Bukzinator
Wangenrot: Rouge
Wangenspalte: Meloschise
wankelmütig: versatil
Wanzen: Heteroptera
Wappenbrief: Armales
Wappenbuch: Armorial
Wappenforscher: Heraldiker

Wappenkunde: Blason, Heraldik
Wappenkundiger: Armorist, Heraldiker
Wappenschild: Blason
Ware: Artikel
Warenabsatz: Placement
Warenangebot: 1. Programm, Sortiment. 2. Offerte
Warenausfuhr: Export
Warenaustausch: Baratt
Warenballen: ¹Ballot, Kollo
Wareneinfuhr: Import
Warengestell: ¹Regal
Warenhausabteilung: ¹Rayon
Warenkennzeichnung: Etikett
Warenlager: Assortiment, Stock
Warenlotterie: Tombola
Warenposten: Partie
Warenprobe: Sample
Warenrechnung: Faktur
Warentausch: Baratt
Warenverkauf: Basar
Warenverpackung: Emballage
Warenvorrat: Stock
Warenzeichen: Trademark
warmblütig: homöotherm
Warmblütigkeit: Homöothermie
Wärme: Calor
wärme-, Wärme-: thermo..., Thermo...
wärmeabgebend: exotherm
wärmebeständig: thermostabil
wärmebindend: endotherm
Wärmebett: Couveuse
wärmedurchlässig: diatherm
wärmeerzeugend: thermogen
Wärmegrad: Temperatur
Wärmeheilverfahren: Diathermie, Thermotherapie
Wärmelehre: Kalorik
wärmeliebend: thermophil
Wärmemeßgerät: Kalorimeter
Wärmeplatte: Rechaud
Wärmespeicher: Thermophor
wärmeunbeständig: thermolabil
Warmluftballon: Montgolfiere
Warmluftbewegung: Thermik
Warmwasserbereiter: Boiler
warmzeitlich: interglazial
warnen: alarmieren, signalisieren
warnend: exemplarisch, symptomatisch
Warnung: Alarm
Warnungsruf: Kassandraruf, Menetekel
Warnungszeichen: 1. Symptom. 2. Menetekel
Warnzeichen: Alarm, Signal
Wartezeit: Karenzzeit
Warze: Verruca
warzenähnlich: verruziform
warzenartig: papillar
warzenförmig: papillar, verrukös
Warzengeschwulst: Papillom
Warzenhof: Halo
warzig: papillös, verrukös
Waschbecken: Lavabo, Lavor
Wäsche: Linge
Wäscheaufseherin: Lingère

Wäschegeschäft: Lingerie
Wäschekammer: Lingerie
Wäschetrockner: Tumbler
Waschfaß: Balge
wasser-, Wasser-: hydato..., Hydato...; hydro..., Hydro...
wasserabstoßend: hydrophob
wasseranziehend: hydrophil, hygroskopisch
wasseraufnehmend: hydrophil
Wasserbautechnik: Hydrotechnik
Wasserbecken: Bassin
wasserbindend: hygroskopisch
wasserblütig: hydrogam
Wasserbrotwurzel: Kolokasie
Wasserbruch: Hydrozele
Wasserdampf: Vapor
wasserdicht: hermetisch, waterproof
Wasserdruckpresse: hydraulische Presse
Wasserentnahmestelle: Hydrant
Wasserentzug: Dehydratation
Wasserfall: Kaskade, ¹Katarakt
Wasserfloh: Daphnia, Kladozere
Wasserflugzeug: Hydroplan
wasserfrei: anhydricus
wasserführend: aquiferisch
wassergeschützt: waterproof
Wassergeschwulst: Hygrom
Wasserglätte: Aquaplaning
Wassergraben: Aryk, Gracht, Kanal
wasserhaltig: aquiferisch
Wasserharnruhr: Diabetes insipidus
Wasserheilkunde: Hydrotherapie
Wasserheilkundiger: Hydropath
Wasserheilverfahren: Hydrotherapie
Wasserhose: Trombe
Wasserjungfer: Libelle
Wasserkopf: Hydrozephalus
Wasserlebewesen: Plankton
wasserliebend: hydrophil
wassermeidend: hydrophob
Wassermelone: Angurie
Wassermessung: Hydrometrie
Wasserorgel: Hydraulis
Wasserpfeife: Huka, Kalian, Nargileh
Wasserpflanze: Hydrophyt
Wasserprimel: Hottonia
Wasserrose: Lotos, Nymphäa
Wasserscheu: Hydrophobie
Wasserspeicher: Reservoir, Zisterne
Wasserstoff: Hydrogen
Wasserstoffbombe: Hydrogenbombe
Wasserstoffentzug: Dehydration
Wasserstoff-Sauerstoff-Gruppe: Hydroxylgruppe
Wasserstraße: Kanal
Wassersucht: Hydrops
wassersüchtig: hydropisch
Wassertierwelt: Nekton
Wasserverbindungsweg: Kanal
Wasserverdrängung: Deplacement
Wasserweihe: Hagiasmos
Wasserwissenschaft: Hydrologie
Wasserzapfstelle: Hydrant
wäßrig: aquatisch
Wattebausch: Tampon

Watvögel: Limikolen
Webmuster: Dessin
Wechsel: 1. Alternanz, Alternation, Fluktuation, Revirement, Turnus. 2. Change. 3. Akzept, Appoint, Diskonten, Kambio, Rimesse, Tratte
Wechselannahme: Accoglienza, Akzeptation
Wechselannehmer: Akzeptant
Wechselaussteller: Trassant
Wechselbeziehung: Korrelation, Korrelativität
Wechselbezogener: Akzeptant, Trassat
Wechselbürgschaft: Aval
Wechselfieber: Malaria
Wechselgesang: Antiphon, Responsorium
Wechselgeschäft: Diskontgeschäft
Wechselgläubiger: Indossat
Wechseljahre: Klimakterium
Wechselkredit: Akzeptkredit
Wechselkursschwankung: Floating
wechseln: 1. alternieren, fluktuieren, variieren. 2. transferieren. 3. changieren
wechselnd: intermittierend
Wechselnehmer: Remittent
Wechselnote: Cambiata
Wechselrede: Dialog
Wechselschmerz: Varialgie
wechselseitig: korrelativ, mutual, reziprok
Wechselseitigkeit: Dualität, Mutualität, Reziprozität
Wechselübernehmer: Indossat
Wechselüberschreiber: Girant, Indossant
Wechselübertragung: Indossament
Wechselübertragungsvermerk: Indossament, Indosso
wechselwarm: heterotherm, poikilotherm
weg: perdu
weg!: à bas!
Weg: Route
wegbeordern: abkommandieren
Wegbereiter: Avantgardist, Pionier, Protagonist, Scout
Wegbiegung: Kurve
wegbringen: transportieren
Weggang: Diszession
wegjagen: schassen
Wegmesser: Hodometer, Pedograph
wegschleudern: katapultieren
wegspülen: abluieren
Wegstrecke: Route
Wegwarte: Zichorie
wegwerfen: ausrangieren
Wegzehrung: Proviant
Wehenaufzeichnung: Tokogramm
Wehenhemmung: Tokolyse
Wehenstärkemesser: Tokodynamometer
wehmütig: elegisch
weiblich: feminin
weich: 1. doucement, soft. 2. dolce

Weichkäfer

Weichkäfer: Kantharide
Weichmacher: Plastifikator
Weichteilschrumpfung: Kontraktur
Weichteilverkürzung: Kontraktur
Weichtier: Molluske
Weichtierkunde: Malakologie
Weihe: Benediktion, Konsekration
Weihegebet: Eulogie
Weihelied: Dithyrambe, Hymne
weihen: benedizieren, konsekrieren, ordinieren
weihend: konsekratorisch
Weihgeschenk: Exvoto, Votiv
Weihnachtsstern: Poinsettie
Weihrauch: Olibanum
Weihrauchkästchen: Acerra
Weihwasser: Hagiasma
Weihwasserwedel: Aspergill
Weinbaufachmann: Önologe
Weinbaukunde: Önclogie
Weinbrand: Eau de vie, Kognak
Weinbrandverschnitt: Coupage
weinerlich: 1. larmoyant. 2. flebile
Weinerlichkeit: Larmoyanz
Weingeist: ²Spiritus
Weinkrug: ²Krater
Weinkunde: Önologie
Weinschaumcreme: Zabaglione
Weinschaumsauce: Chaudeau
Weinschenke: Bodega, Taverne
Weinstein: Cremor tartari, ²Tartarus
weise: philosophisch, salomonisch
Weise: Modalität
weiß-, Weiß-: leuko..., Leuko...
weissagen: augurieren, orakeln, prophezeien
weissagend: prophetisch
Weissager: Augur, Prophet
Weissagung: Auguration, Orakel, Prophetie, Prophezeiurg
weißblühend: albiflorisch
Weißblütigkeit: Leukämie
Weißfleckenkrankheit: Vitiligo
weißfleckig: albuginös
Weißfluß: Leukorrhö
Weißwal: ¹Beluga
Weisung: Direktive
weiterbilden, sich: qualifizieren, sich
Weiterentwicklung: Evolution
Weitergabe: Tradition
weitergeben: tradieren
weitgespannt: universell
weitherzig: tolerant
weitsichtig: hypermetropisch
Weitsichtigkeit: Hypermetropie
Wellenbewegung: Undulation
wellenförmig: undulatorisch, undulierend
Wellenreiten: Surfing
Welt: Kosmos, Mundus
welt-, Welt-: kosmo..., Kosmo...
weltabgewandt: introvertiert
Weltall: Kosmos, Makrokosmos, Mundus, Universum
Weltalter: Äon
Weltanschauung: Ideologie
Weltbrand: Ekpyrosis

Weltbürger: Kosmopolit
Weltbürgertum: Kosmopolitismus
Weltenbummler: Globetrotter
Weltenschöpfer: Demiurg
Weltentstehungslehre: Kosmogonie
Weltgeistlicher: 1. Säkularkleriker. 2. Abate, Abbé, Papas
Weltgeschichte: Historie, Universalgeschichte
Weltkugel: 1. Kosmosphäre. 2. Globus
weltlich: profan, säkular
Weltlichkeit: Profanität
Weltmacht: Imperium
Weltmachtstreben: Imperialismus
weltmännisch: urban
Weltmeer: Ozean
weltoffen: extravertiert
Weltordnung: Kosmos, Mundus
Weltraum: Kosmos
weltraum-, Weltraum-: astro..., Astro...; kosmo..., Kosmo...
Weltraumfahrer: Astronaut, Kosmonaut, Spationaut
Weltraumfahrt: Astronautik, Kosmonautik
Weltraumforschung: Kosmologie, Outer-space-Forschung
Weltraumlaboratorium: Skylab, Spacelab
Weltreich: Imperium
Weltseele: Brahman
Weltstadt: Metropole
Welttheater: Theatrum mundi
weltumfassend: kosmisch, universal
weltumspannend: global, mondial
Weltverbesserer: Utopist
Weltvernunft: Logos
Weltweisheit: Kosmosophie
weltweit: mondial, universal
weltzugewandt: extravertiert
Wemfall: Dativ
Wendejacke: ²Reversible
Wendemantel: ²Reversible
Wendepunkt: Krise, Peripetie
wendig: vital
Wenfall: Akkusativ
weniger: 1. minus. 2. meno
Werbeagentur: Advertising Agency
Werbebeigabe: Gadget
Werbefachmann: Propagandist
Werbegestalter: Visualizer
Werbekampagne: Relaunch
Werbekurzfilm: Commercial, Spot
Werbeleiter: Build-upper
werben: agitieren, promoten, propagieren
Werbeschlagwort: Slogan
Werbeschrift: Prospekt
Werbesendung: 1. Commercial, Spot. 2. Mailing
Werbetext: Spot
Werbeträger: 1. Display, Medium. 2. Sandwichman
Werbevertreter: Akquisiteur
Werbezeile: Slogan
Werbung: 1. Advertising, Reklame, ²Promotion. 2. Agitation, Propaganda

Werden: Genesis
Werfall: Nominativ
Werk: Œuvre, Opus
Werkmeister: Faktor
Werkstatt: Workshop
Werkstoff: Material
Werkzeug: 1. Instrument. 2. Kreatur, Marionette
Wermut: Absinth
Wert: 1. Bonität, Dignität, Qualität. 2. Valuta
Wertabschätzung: Taxe
Wertangabe: Deklaration
Wertbestimmung: Evaluation, Evalvation, Valvation
wertend: evaluativ
Wertermittlung: Taxation
-wertig: ¹...nom
Wertigkeit: Valenz
-wertigkeit: ¹...nomie
Wertlehre: Axiologie
Wertloses: Bric-à-brac
Wertlosigkeit: Nullität
Wertminderung: Depravation
Wertpapier: Nonvaleur, Orderpapier, Rektapapier, Valeur
Wertpapierausgabe: Emission
Wertpapierbörse: Effektenbörse
Wertpapiere: Effekten, Securities, Valoren
Wertpapierhändler: Stockbroker
Wertpapierpreis: Kurs
Wertpapiervordruck: Blankett
Wertsachen: Valoren
Wertsachverständiger: Taxator
Wertschätzung: Ästimation, Prestige
Wertstufe: Niveau
Wesen: 1. Ens, Esse, Essenz, Usie. 2. Genre
wesenhaft: substantiell
Wesensart: Charakter, Natur, Naturell, Temperament
Wesensgehalt: Usie
wesensgleich: identisch
Wesensgleichheit: Identität
Wesenskern: Quintessenz, Substanz
wesensmäßig: essentiell
wesensverwandt: affin
Wesensverwandtschaft: Affinität
Wesenszug: Element
wesentlich: elementar, essentiell, integrierend, konstitutiv, primär, substantiell
Wesentlichkeit: Essentialität, Signifikanz, Substantialität
Wesfall: Genitiv
westlich: hesperidisch, okzidental
Wettbewerb: Konkurrenz
Wettbewerbsverbot: Konkurrenzklausel
Wetteifer: Emulation
wetteifern: konkurrieren, rivalisieren
Wetteinsatz: Poule
wetten: tippen
wetterbedingt: meteorotrop
Wetterbeobachtung: Synoptik
Wetterforscher: Meteorologe

Wetterfühligkeit: Biotropie, Zyklonopathie
Wetterkunde: Meteorologie
Wetterwarte: Observatorium
Wetthinweis: Tip
Wettkampf: Agon, Fight, Konkurrenz, Match, Turnier
Wettkämpfer: Agonist, Athlet
Wettkampfkunde: Agonistik
wettkampfmäßig: agonal
Wettkampfwesen: Agonistik
wettmachen: revanchieren, sich
Wettstelle: Totalisator
Wettstreit: Konkurrenz, Rivalität
Wettvorhersage: Tip
wichtig: relevant, signifikant, substantiell
Wichtigkeit: Relevanz
Wichtigtuer: Poseur
wickeln: volvieren
Widder: Aries
wider-, Wider-: kontra..., Kontra...
widerfahren: passieren
Widerhall: 1. Echo. 2. Resonanz
widerhallen: echoen
Widerlegung: Elenchus
widerlich: abominabel
widernatürlich: pervers
Widerruf: Dementi, Revokation
widerrufen: dementieren, revozieren
Widersacher: Antagonist, Antipode, Kontrahent
Widerschein: Reflex
widersetzen, sich: opponieren, rebellieren
widersetzlich: oppositionell, rebellisch, renitent
Widersetzlichkeit: Renitenz
widersinnig: absurd, paradox
Widersinnigkeit: Absurdität, Paradoxie
widerspenstig: obstinat, renitent
widersprechen: opponieren, protestieren
widersprechend, sich: disparat, kontradiktorisch
Widerspruch: Antinomie, Kontradiktion, Opposition, Protest, Repugnanz
widersprüchlich: antinomisch, inkonsequent, inkonsistent, paradox
Widersprüchlichkeit: Diskrepanz, Inkonsequenz, Inkonsistenz, Paradoxie
Widerspruchsfreiheit: Consistency
Widerspruchsklage: Interventionsklage
Widerspruchslosigkeit: Konsistenz
Widerstand: 1. Obstruktion, Opposition, Rebellion. 2. Resistenz
Widerstandsbewegung: Résistance
widerstandsfähig: 1. robust, stabil. 2. resistent
Widerstandsfähigkeit: Resistenz, Resistivität, Tenazität, Toleranz
Widerstandskämpfer: Guerilla, Guerillero, Partisan
Widerstandskraft: 1. Euergie, Konstitution. 2. Resistenz
widerstehen: resistieren

widerstehend: resistiv
Widerstreit: Antagonismus, Kollision, Konflikt
widerstreitend: antagonistisch
widerwärtig: odios
Widerwärtigkeit: Odiosität
Widerwille: 1. Antipathie, Aversion, Degout, Horror. 2. Fastidium
widmen: dedizieren
Widmung: Dedikation
widrig: konträr
Widrigkeit: Malaise
wieder-, Wieder-: palin..., Palin...; re..., Re...
Wiederansteckung: Reinfektion
wiederauffrischen: repristinieren
wiederauffrischend: anastatisch
Wiederauffrischung: Regeneration
Wiederaufleben: Renaissance
Wiederaufnahme: Reprise
Wiederauftritt: Comeback
Wiederausfuhr: Reexport
Wiederausgrabung: Exhumierung
wiederbeleben: reanimieren
Wiederbelebung: 1. Reanimation. 2. Revival
wiederbesetzen: reokkupieren
Wiederbesetzung: Reokkupation
wiederbewaffnen: remilitarisieren
Wiederbewaffnung: Remilitarisierung
wiederblühend: remontant
Wiedereinfuhr: Reimport
wiedereingliedern: rehabilitieren, reintegrieren, resozialisieren
Wiedereingliederung: Rehabilitation, Reintegration, Resozialisierung
Wiedereinrenkung: Redressement
wiedereinrichten: 1. reorganisieren. 2. reponieren
Wiedereinrichtung: 1. ¹Restauration. 2. Reposition
wiedereinsetzen: rehabilitieren, reinstallieren
Wiedereinsetzung: Rehabilitierung, Reinstallation, Restitutio in integrum
Wiedererinnerung: Palimnese
wiedererkennen: identifizieren
Wiedererkennen: Identifikation, Identifizierung
Wiedererrichtung: Restitution
wiedererstanden: redivivus
Wiedererstattung: Retribution
Wiedererwärmung: Rekaleszenz
Wiedererwerbung: Rekomparation
Wiedergabe: 1. Interpretation. 2. Rekonstruktion. 3. Reproduktion
wiedergeben: interpretieren
Wiedergeburt: Palingenese, Renaissance
wiedergewinnen: regenerieren
wiedergewinnend: regenerativ
wiedergewonnen: regenerativ
Wiedergutmachung: Restitution
Wiedergutmachungsleistungen: Reparationen
Wiederherausgabe: Re-issue
wiederherstellbar: reparabel

wiederherstellen: 1. rekonstruieren, renovieren, reparieren, restaurieren. 2. regenerieren, repristinieren, reproduzieren. 3. rehabilitieren, restituieren
Wiederherstellung: 1. Rekonstruktion, Reparation, Reparatur, Reparierung, Restauration. 2. Regeneration, Repristination. 3. Rehabilitierung, Restitution
wiederholen: echoen, ingeminieren, iterieren, perseverieren, rekapitulieren, repetieren
wiederholend: iterativ
wiederholend, sich: repetitiv
Wiederholung: 1. Ingemination, Rekapitulation, Repetition. 2. Dakapo, Retake, Sequens. 3. Anapher, Responsion
Wiederholungsaufnahme: Retake
Wiederholungsbuch: Repetitorium
Wiederholungsimpfung: Revakzination
Wiederholungsunterricht: Repetitorium
Wiederholungszeichen: Tilde
wiederkäuen: ruminieren
Wiederkauf: Rekomparation
Wiederkehr: Periodizität, Turnus
wiederkehrend: periodisch, phasisch, stereotyp, zyklisch
Wiedertäufer: Anabaptist
Wiederverkörperung: Reinkarnation
Wiederverpflichtung: Reengagement
Wiederversöhnung: Rapprochement
Wiegendruck: Inkunabel
Wiegenlied: Berceuse
wild: 1. martialisch, rabiat, tumultuarisch. 2. feroce, fiero, furioso
wildbegeistert: dionysisch
Wildesel: Kulan
Wildgeruch: Hautgout
Wildheit: Vehemenz
Wildpark: Safaripark
Wildpferd: Mustang
Wildragout: Civet
Wildwestfilm: Western
Wille: Thelema
willenlos: 1. abulisch. 2. sklavisch
Willenloser: Zombie
Willenlosigkeit: Abulie
Willenslähmung: Abulie, Hypnose, Suggestion
Willenslehre: Thelematologie, Voluntarismus
Willensschwäche: Hypobulie
Willensschwächung: Abulie
willensstark: energisch
Willensstärke: Energie
Willensübertragung: Suggestion
Willkürherrschaft: 1. Despotie, Diktatur, Tyrannei. 2. Absolutismus
willkürlich: 1. arbiträr. 2. despotisch, tyrannisch
Wimpertierchen: Ziliaten
wind-, Wind-: anemo..., Anemo...
windbestäubt: anemogam
Windbestäubung: Anemogamie
Windbluse: Anorak

Winderhitzer: Cowper
windgeformt: anemogen
Windgeschwindigkeitsanzeiger: Anemoskop
Windharfe: Äolsharfe, Pneumatochord
Windhose: Trombe
Windmesser: Anemograph, Anemometer
Windpocke: Varizelle
Windrichtungsmesser: Anemotropometer
Windstille: Kalme
Windung: Serpentine
Wink: Tip
Winkel: Angulus
winkel-, Winkel-: gonio..., Gonio...
Winkelabstand: Deklination
winkelgetreu: isogonal, konform
Winkelhalbierende: Bisektrix
Winkelmesser: Goniometer
Winkelmeßgerät: Oktant, Sextant, Theodolit
Winkelmessung: Goniometrie
Winkeltreue: Isogonalität, Konformität
Winkelzüge: Fisimatenten, Machination, Manöver
winterlich: hibernal
winzig: mikroskopisch, minimal
Wirbelbildung: Turbulenz
Wirbelentzündung: Spondylitis
Wirbellose: Evertebraten
Wirbelsäulenschmerz: Rhachialgie
Wirbelsäulenverkrümmung: Kyphose, Lordose, Skoliose
Wirbelsäulenverkürzung: Brachyrrhachie
Wirbelschmerz: Spinalgie
Wirbelsturm: Hurrikan, Taifun, Tornado, ¹Zyklon
Wirbeltier: Vertebrat
Wir-Gruppe: Ingroup
wirken: agieren, fungieren
Wirkkraft: Effizienz
Wirkleitwert: Konduktanz
wirklich: 1. effektiv, existent, faktisch, konkret, praktisch, real, reell. 2. in effectu, in facto, in natura
Wirklichkeit: 1. Aktualität, Realität. 2. Faktizität, Materie
wirklichkeitsbezogen: existentiell
Wirklichkeitsdarstellung: Realistik
Wirklichkeitsform: Indikativ
wirklichkeitsfremd: idealistisch, theoretisch, utopisch
wirklichkeitsgetreu: naturalistisch, realistisch, veristisch
wirklichkeitsnah: naturalistisch, realistisch
Wirklichkeitssinn: Realismus
Wirklichkeitstreue: Naturalismus, Realismus, Verismus
Wirkmenge: Effektivdosis
wirksam: 1. aktiv, drastisch, funktionell, probat. 2. aktual
Wirksamkeit: Aktivität, Effektivität, Effizienz, Intensität

Wirkung: 1. Effekt, Faszination, Resonanz. 2. Fluidum
-wirkung: ...effekt
Wirkungsbereich: Aktionsradius
Wirkungsgrad: Efficiency
Wirkungshemmer: Inhibitor
Wirkungskraft: Aura
Wirkungskreis: Sphäre
Wirkungslosigkeit: Ineffizienz
Wirkungsverzögerung: Protraktion
wirkungsvoll: 1. effektiv, konkret, repräsentabel, repräsentativ. 2. effetuoso
Wirkware: Trikotage
wirr: chaotisch, konfus
Wirrwarr: Babylonismus, Chaos, Labyrinth, Rapuse, Tohuwabohu, Zores
Wirtschaft: 1. Ökonomie. 2. Lokal
Wirtschafterin: Mamsell
wirtschaftlich: effizient, finanziell, materiell, ökonomisch
Wirtschaftlichkeit: Efficiency, Ökonomie, Rentabilität
wirtschafts-, Wirtschafts-: öko..., ¹Öko...
Wirtschaftsaufschwung: Boom, Hausse, Konjunktur, Prosperität
Wirtschaftsentwicklung: Konjunktur
Wirtschaftslage: Konjunktur
Wirtschaftslenkung: Dirigismus
Wirtschaftsprüfer: Revisor
Wirtschaftsrückgang: Depression
Wirtschaftstheorie: Ökonomik
Wirtschaftswissenschaft: 1. Ökonomie. 2. Ökonomik
Wirtschaftswissenschaftler: Ökonom
Wirtschaftszweig: Branche
-wissenschaft: ...gnosie, ...logie
-wissenschaftler: ...loge
wissenschaftlich: akademisch, szientifisch
Wissenschaftslehre: Epistemologie
Wissenschaftszweig: Disziplin
Wissensgebiet: Domäne
Witterungsablauf: Klima
Witwenblume: Knautie
witzig: aristophanisch, äsopisch, epigrammatisch, fazetiös
Wochenbett: Puerperium
Wochenbettfieber: Puerperalfieber
Wochenende: Weekend
Wochenendhaus: Bungalow, Datsche
Wochenfluß: Lochien
Wöchnerin: Puerpera
wogen: undulieren
wogend: 1. fluktuös. 2. ondeggiamento
wohlan!: eh bien!
wohlauf: mobil
wohlbedacht: taktisch
Wohlbefinden: Euphorie
Wohlbeleibtheit: Embonpoint
wohlerzogen: manierlich
wohlgebaut: proportioniert
Wohlgefallen: Gout, Sympathie
wohlgenährt: korpulent
Wohlgenährtheit: 1. Korpulenz. 2. Eutrophie
Wohlgeruch: Aroma, Parfüm

Wohlgeschmack: Aroma
wohlhabend: patrizisch
Wohlklang: Euphonie, Harmonie, Melodie
wohlklingend: 1. euphonisch, harmonisch, melodisch. 2. armonico
Wohllaut: Euphonie
wohllautend: euphonisch
wohlriechend: aromatisch, balsamisch
wohlschmeckend: aromatisch, delikat
Wohlstand: ¹Flor, Prosperität
wohltätig: humanitär, karitativ, sozial
Wohltätigkeit: Karitas
Wohltätigkeitsveranstaltung: Basar, Benefiz
wohltönend: musikalisch
Wohlwollen: Jovialität
wohlwollend: jovial
wohnen: kampieren, logieren
Wohngemeinschaft: Kommune
wohnlich: komfortabel
Wohnplatz: Habitat
Wohnsiedlung: Kolonie, Lokation
Wohnsitz: Domizil
Wohnstätte: Habitat
Wohnung: 1. Logis, Losament. 2. Apartment, Appartement, Flat
Wohnungsangabe: Adresse
Wohnungseinrichtung: Meublement, Mobiliar
Wohnungsflur: Korridor
Wohnwagen: Caravan
wölben: bombieren
Wolframocker: Tungstit
Wolfsmilchgewächs: Euphorbia
Wolkenhöhenmesser: Ceilometer
Wollfett: Lanolin
Wollhaarflaum: Lanugo
Wollkraut: Verbaskum
Wollust: Libido
wollüstig: libidinös, orgastisch
Wort: 1. Logos. 2. Vokabel
wort-, Wort-: logo..., Logo...
Wortbedeutungslehre: Semasiologie
Wortbezeichnungslehre: Onomasiologie, Semantik
Wörterbuch: Diktionär, Lexikon, Thesaurus
Wörterbuchverfasser: Lexikograph
Worterguß: Tirade
Wörterverzeichnis: 1. Glossar, Vokabular. 2. Nomenklatur, Thesaurus
Wortherkunft: Etymologie
Wortklauberei: Sophisterei
wortklauberisch: rabulistisch, sophistisch
Wortkreuzung: Kontamination
Wortlaut: ²Tenor. 2. Text
wörtlich: verbal, verbaliter
Wörtlichkeit: Verbalität
Wortneubildung: Neologismus
Wortschatz: 1. Lexik, Vokabular. 2. Thesaurus
Wortschwall: Bombast, Tirade
Wortspiel: Calembour
Wortstreit: Debatte, Diskurs

Wortverdreher: Kasuist, Rabulist, Sophist
Wortverdreherei: Kasuistik, Rabulistik
Wortwechsel: 1. Diskurs, Disput. 2. Dialektik
Wortwiederholung: 1. Polyptoton, Responsion, Symploke, Traduktion. 2. Palilalie
Wortzusammenhang: Kontext
Wortzusammensetzung: Kompositum
wuchern: proliferieren
Wucherung: Fungosität, Vegetation
Wuchs: Statur
Wucht: Massivität
wuchtig: 1. lapidar, massiv. 2. con forza, pesante
Wulstnarbe: Keloid
Wundbehandlung: Aseptik
Wunde: Trauma, Vulnus
Wunder: Mirakel, Phänomen
wunderbar: paradiesisch, phantastisch, prima
Wunderdinge: Mirabilien
Wunderglaube: Mystizismus
wundergläubig: mystizistisch
Wundermittel: Arkanum, Panazee
wundersam: romantisch
Wundertäter: Thaumaturg
Wundheilung: Intention
Wundliegen: Dekubitus
Wundmal: Stigma
Wundrose: Erysipel
Wundsein: Intertrigo
Wundstarrkrampf: Tetanus
Wunsch: Desiderium
wunschbedingt: katathym
Wunschbild: Ideal
Wünschelrute: Detektor
wünschenswert: desiderabel
Wunschform: Optativ
Wunschland: Dorado, Eldorado
Wunschvorstellung: Illusion, Utopie, Utopismus
Würde: 1. Aristokratie, Dignität, Gravidität. 2. Charge, Grad
würdevoll: 1. gravitätisch. 2. maestoso
würdig: pastoral, repräsentabel, seriös
würdigen: ästimieren
Würdigkeit: Seriosität
Würfel: Hexaeder, Kubus
würfelähnlich: kuboid
würfelförmig: hexaedrisch, kubisch, kuboid
würfeln: ²paschen
Wurfholz: Bumerang
Wurfkugel: Bola
Wurfmaschine: Katapult
Wurfscheibe: Diskus
Wurfschlinge: Lasso
Wurfspeer: Harpune
Würgschraube: Garrotte
wurm-, Wurm-: helmintho..., Helmintho...
wurmförmig: vermiform, vermikular
Wurmfortsatzentzündung: Appendizitis
Wurmkrankheit: Helminthiasis
Wurmmittel: Anthelmintikum, Helminthagogum
wurmtötend: vermizid
Wurstvergiftung: Botulismus
Wurzel: Radix
wurzel-, Wurzel-: rhizo..., Rhizo...
wurzelartig: rhizoid
Wurzelfüßer: Rhizopode
Wurzelhaut: Desmodont, Periodontium
Wurzelhautentzündung: Periodontitis
wurzellos: arrhizisch
Wurzelstock: Rhizom
Wurzelwort: Etymon
Würzfleisch: Ragoût fin
Würzmittel: Aroma
Wüstenfuchs: Fennek
wüstenhaft: arid
Wüstenluchs: Karakal
Wüstenwind: Gibli, Kamsin, Leste, Samum
Wut: Furor, Rage
Wutanfall: Raptus
wüten: grassieren
wütend: 1. furios, rabiat. 2. adirato

Z

Zackensehen: Teichopsie
zähflüssig: viskos
Zähflüssigkeit: Viskosität
Zähflüssigkeitsmesser: Viskosimeter
Zähigkeit: Tenazität
Zahl: Numerus, Nummer
Zahlenlehre: Arithmetik
Zahlenlotterie: Lotto
zahlenmäßig: numerisch
Zahlenrätsel: Arithmogriph
Zahlenrechnung: Numerik
Zahlentafel: Tabelle
Zahlenzusammenstellung: Tabelle
Zähler: Dividend
Zahlungsanweisung: Assignation
Zahlungsaufschub: ¹Kredit, Moratorium
Zahlungseinstellung: Konkurs
zahlungsfähig: liquid, solvent
Zahlungsfähigkeit: Liquidität, Solvenz
zahlungskräftig: potent
Zahlungsnachlaß: Dekort
Zahlungsraum: Kasse
Zahlungstag: Termin
zahlungsunfähig: bankrott, illiquid, insolvent
Zahlungsunfähigkeit: Bankrott, Illiquidität, Insolvenz, Konkurs
Zahlwort: Numerale
Zählzwang: Arithmomanie
zähmen: domestizieren
Zahn: Dens
zahn-, Zahn-: odonto..., Odonto...
Zahnarzt: Odontologe, Stomatologe
Zahnbein: Dentin
Zahnbelag: Plaque
Zahnbeschaffenheit: Dentur
Zahnbestand: Dentur
Zahnbett: Parodontium
Zahnbettentzündung: Parodontitis
Zahnbetterkrankung: Parodontose
Zahnbettschwund: Parodontose
Zahnbildung: Dentifikation, Odontogenie
Zahndurchbruch: Dentition
Zähneknirschen: Bruxismus, Bruxomanie
Zahnen: Dentition
Zahnersatz: Prothese
Zahnfäule: Karies
Zahnfleisch: Gingiva
Zahnfleischabszeß: Parulis
Zahnfleischentzündung: Gingivitis, Ulitis
Zahnfleischgeschwulst: Epulis
Zahnfleischschwund: Parodontose
Zahnfleischwucherung: Makrulie
Zahnfüllung: Inlay, Plombe
Zahnhalteapparat: Parodontium
Zahnheilkunde: Dentologie, Odontologie
Zahnlaut: Alveolar, Dental
Zahnlücke: Diastema, Trema
Zahnmantelkrone: Jacketkrone
Zahnmark: Pulpa
Zahnmarkentzündung: Pulpitis
Zahnschmelz: Adamantin, Enamel
Zahnschmerz: Dentalgie, Odontalgie
Zähnungsschlüssel: Odontometer
Zahnwechsel: Diphyodontie
Zahnwurzelhaut: Desmodont, Periodontium
Zahnwurzelhautentzündung: Periodontitis
Zahnziehen: Extraktion
Zank: Szene, Zoff
Zankapfel: Erisapfel
Zapfenblindheit: Achromasie
Zapfstelle: Hydrant
zart: 1. ätherisch, delikat, doucement, fragil, grazil, sylphidenhaft. 2. lusingando
zartfühlend: delikat
Zartgefühl: Delikatesse
zartgliedrig: grazil
Zartgliedrigkeit: Grazilität
Zartheit: Fragilität, Grazilität
zärtlich: amabile, amoroso
Zauber: 1. Magie, Phantasmagorie. 2. Poesie
Zauberei: Magie, Nigromantie
Zauberer: Magier, ²Merlin, Nigromant
zauberhaft: magisch, phantasmagorisch
Zauberkraft: Magie
Zauberkunst: Magie
Zauberkünstler: Fakir, Illusionist, Magier, Manipulator
Zaubernuß: Hamamelis

Zauberpriester

Zauberpriester: Schamane
Zaubertrank: Elixier
Zauberwort: Abrakadabra, Simsalabim
zaudern: häsitieren
Zaudern: Häsitation
Zaun: Fenz, Staket
Zeche: Konsumation
Zeckenfieber: Tick-fever
Zehe: Digitus
Zehengänger: Digitigrada
Zehenglied: Phalanx
Zehenverkrümmung: Daktylogrypose
zehn-, Zehn-: deka..., ¹Deka...
Zehneck: Dekagon
zehneckig: dekagonal
Zehnflächner: Dekaeder
Zehnfußkrebs: Dekapode
Zehnt: Dezem
zehnteilig: dekadisch, dezimal
zehnwertig: denär
Zehrrose: Erythematodes
Zeichen: 1. Chiffre, Markierung, Signal, Signum, Stigma, Symbol. 2. Fanal
Zeichenerklärung: Legende
Zeichenfolge: Token
Zeichenschrift: Piktographie, Semeiographie
Zeichensetzung: Interpunktion
Zeichentheorie: Semiologie
zeichnen: dessinieren, skizzieren
Zeichnung: Dessin, Skizze
Zeigefinger: Index
zeigen: dokumentieren
zeigen, sich: präsentieren, sich
Zeile: Linie
Zeilendurchschuß: Reglette
zeit-, Zeit-: chrono..., Chrono...
Zeitabschnitt: 1. Ära, ¹Epoche, Periode. 2. Saison
Zeitabstand: Intervall
Zeitalter: Ära
Zeitangabe: Datum
Zeitenfolge: Consecutio temporum
Zeitgeist: Moderne
zeitgemäß: aktuell, modern, up to date
zeitgenössisch: kontemporär
Zeitgeschmack: ¹Mode
zeitgleich: synchron
Zeitgutschrift: Bonifikation
Zeitkunde: Chronologie
zeitlich: temporal
zeitlos: klassisch
Zeitmaß: Metrum, Tempo
Zeitmessung: Chronometrie
zeitnah: aktuell
Zeitpunkt: 1. ¹Moment. 2. Datum, Termin
Zeitraum: Äon, Periode
Zeitrechnung: Chronologie
Zeitschaltuhr: Timer
Zeitschrift: Illustrierte, Journal, Magazin
Zeitschriftenhandel: Trafik
Zeitschriftenladen: Trafik
Zeitspanne: 1. Intervall. 2. ¹Moment, Sekunde

Zeitung: Gazette
Zeitungsanzeige: Annonce, Inserat
Zeitungsstand: Kiosk
Zeitungswesen: Journalistik, Presse
zeitweilig: temporär
zeitwidrig: anachronistisch
Zeitwidrigkeit: Anachronismus
Zeitwort: Verb
zell-, Zell-: zyto..., Zyto...
Zellabbau: Zytolyse
Zellaufbau: Zytoarchitektur
Zellauflösung: Zytolyse
Zellbehandlung: Zellulartherapie
zellbildend: zytogen
-zelle: ...zyt
zellen-, Zellen-: zyto..., Zyto...
zellenähnlich: zellulär
zellenartig: zellulär
Zellenlehre: Zytologie
Zellfarbstoff: Zytochrom
Zellgestaltlehre: Zytomorphologie
Zellgewebsentzündung: Phlegmone
Zellgift: Zytotoxin
Zellkern: Karyon, Nukleus, Zytoblast
Zellkernauflösung: Karyolyse
Zellkernteilung: Amitose, Fragmentation, Mitose
Zellkolonie: Zönobium
Zellkörper: Zytosom
zellschädigend: zytotoxisch
Zellteilungshemmer: Zytostatikum
zellvergiftend: zytotoxisch
Zellwachstumshemmer: Zytostatikum
Zellzerfall: Heterolyse
Zelten: Camping
Zeltlager: ¹Camp
Zeltmission: Campmeeting
Zeltplatz: Campingplatz
zerbrechlich: fragil
Zerbrechlichkeit: Fragilität
zerbrochen: 1. kaputt. 2. diffrakt
Zerfall: Desintegration
zerfallen: I. dissoziieren. II. desintegriert
zerfasern: defibrieren
zerfließen: diffluieren
zergliedern: 1. analysieren, spezifizieren. 2. anatomieren
zergliedernd: analytisch
Zergliederung: Analyse
zerknallen: explodieren
zerlegbar: dekomponibel, demontabel, dissolubel, reduzibel
zerlegen: 1. analysieren, dekomponieren, dekonstruieren, demontieren. 2. anatomieren, sezieren, tranchieren
zerlegend: analytisch
Zerlegung: Analyse, Dekonstruktion, Diduktion
zermalmend: brisant
zerplatzen: 1. explodieren. 2. dekrepitieren
Zerrbild: Karikatur
zerreißend: divulsiv
Zerreißung: Divulsion, Lazeration, Rhexis, Ruptur
zerrütten: desorganisieren

Zerrüttung: Desorganisation, Ruin
zerschlagen: I. demolieren. II. down
Zerschneidung: Dissektion
zersetzen: demoralisieren
zersetzend: dekompositorisch, destruktiv
zersetzlich: dekomponibel
zersplittern: dekonzentrieren
Zersplitterung: Dekonzentration
zerspringen: explodieren, krepieren
zerstäuben: aerosolieren, pulverisieren
zerstören: demolieren, desorganisieren, destruieren, erodieren, korrodieren, ruinieren
zerstörend: 1. dekompositorisch, destruktiv, dialytisch, kataklystisch, nihilistisch, subversiv. 2. korrosiv
Zerstörung: 1. Destruktion, Kataklysmus. 2. Korrosion
Zerstörungswut: Wandalismus
zerstörungswütig: wandalisch
zerstoßen: pilieren
zerstreuen: dekonzentrieren, diffundieren, dispergieren, dissipieren, distrahieren
zerstreut: 1. diffus, dispers. 2. passim
Zerstreuung: Dekonzentration, Diffusion, Dispersion, Dissipation, Distraktion
zerteilen: diduzieren
Zerwürfnis: Konflikt
zerzaust: derangiert
Zettelkasten: Kartothek
Zeughaus: Armamentarium, Arsenal
Zeugnis: 1. Diplom, Zertifikat. 2. Testimonium
zeugungsfähig: potent
Zeugungsfähigkeit: Potenz
Zeugungskraft: Generativität, Potenz
zeugungsunfähig: impotent
Zeugungsunfähigkeit: Impotenz, Nekrospermie, Sterilität
Ziegenleder: ¹Kid
Ziegenpeter: Mumps, Parotitis
zielen: visieren
zielgerichtet: 1. intentional, teleologisch. 2. hormisch
Zielpunkt: ¹Pol
zielsetzend: programmatisch
Zielsetzung: Programmatik
Zielvorrichtung: Visier
Zielvorstellung: Programmatik
Zierde: Fleur
zierend: ornamental
Ziererei: Preziosität, Prüderie
Ziergefäß: Vase
Ziergegenstände: Nippes, Nippsachen
zierlich: grazil
Zierlichkeit: Grazilität
Zierschrift: Akzidenzschrift
Ziffer: Chiffre
Zigeunersprache: Romani
Zigeunertanz: Flamenco, Gitana
Zimmerdecke: Plafond
Zimmereinrichtung: Meublement
Zimmerflucht: Appartement, Enfilade, Suite

Zusammenbruch

Zimmerkellner: Chef d'etage
Zimmerlinde: Sparmannie
Zimmertanne: Araukarie
zimperlich: etepetete
Zimtapfel: Anona
Zimtbaum: Zinnamon
Zinkätzung: Zinkographie
Zinkblüte: Hydrozinkit
Zinkspat: Galmei
Zinnstein: Kassiterit
Zinsenverzinsung: Anatozismus
Zinsertrag: Rendite
Zinsschein: Coupon
Zipperlein: Podagra
Zirbeldrüse: Epiphyse
Zirkelschluß: Circulus vitiosus
Zirkuskuppel: Chapiteau
Zirkuszelt: Chapiteau
Zirpe: Zikade
Zischlaut: Sibilant
Zitterlaut: Vibrant
zittern: vibrieren
zitternd: 1. oszillatorisch. 2. tremolando, vibrato
Zitze: Mamma
zögern: häsitieren
Zögern: Häsitation
zögernd: lentando
Zögling: Alumne
Zoll: Douane
Zollamt: Douane
Zollbeamter: Finanzer
Zollbescheinigung: Bollette
Zollerklärung: Deklaration
Zollfreiheit: Franchise
Zornesausbruch: Raptus
Zote: Cochonnerie
Zottenhaut: Chorion
zottenreich: frondos, villös
Zubehör: Accessoire, Annex, Utensil
Zubehörteil: ^{1}Extra, Requisit
Zuchtwahl: Selektion
-zucker: ^{2}...ose
Zuckerapfel: Anona
Zuckerguß: Glasur
Zuckerharnruhr: Diabetes, Diabetes mellitus
zuckerkrank: diabetisch
Zuckerkranker: Diabetiker
Zuckerkrankheit: Diabetes, Diabetes mellitus
Zuckermasse: Fondant
Zuckerrohrbranntwein: Rum
zudringlich: indiskret, sekkant
zueignen: dedizieren
Zueignung: Appropriation, Dedikation
zuerkennen: addizieren, adjudizieren
zuerkennend: adjudikativ
Zuerkennung: Addiktion, Adjudikation
Zufall: Bonheur, Tyche
zufällig: akzidentell, kasuell, kontingent
Zufälliges: Akzidens
Zufälligkeit: Kontingenz
Zufälligkeiten: Kasualien
zufallsabhängig: aleatorisch, stochastisch
Zufallsgewinne: Windfall profits

Zufluchtsort: Asyl, Buen Retiro, Refugium
zuflüstern: soufflieren
zufrieden: happy
zufriedengestellt: saturiert
zufriedenstellen: saturieren
zuführend: afferent
Zugabe: Additament, Bonus, ^{1}Extra
Zugang: Akzession
zugänglich: akzessibel
Zugänglichkeit: Akzessorietät
zugehören: ressortieren
zugeknöpft: reserviert
zugelassen: approbiert
zügellos: athesmisch, dissolut, libertin, lizenziös, orgiastisch
Zügellosigkeit: Athesmie, Dissolution, Libertinage, Libertinismus
zugespitzt: pointiert
Zugeständnis: Konzession
zugestehen: konzedieren
Zugfestigkeit: Tenazität
zügig: 1. speditiv. 2. brioso
Zugkraft: Traktion
Zugmaschine: Traktor
Zugmittel: Exutorium
Zugpflaster: Vesikatorium
Zugriff: Access
Zugriffsmöglichkeit: Access
zugrunde richten: ruinieren
Zugstück: ^{1}Attraktion
Zuhälter: Louis, Strizzi
zuhören: hospitieren
Zuhörerschaft: Auditorium, Publikum
zukünftig: in spe
Zukunftsform: Futur
Zukunftsforschung: Futurologie
Zukunftstraum: Utopie
Zulänglichkeit: Suffizienz
zulassen: 1. approbieren. 2. tolerieren
Zulaßbarkeit: Akzessorietät
Zulassung: Akzeß, Approbation, Konzession
zumessen: dosieren, kontingentieren
Zündmittel: Detonator
Zuneigung: Sympathie
Zunge: Glossa, Lingua
zungen-, Zungen-: glosso..., Glosso...
Zungenbein: Hyoid
Zungenentzündung: Glossitis
Zungenkrampf: Glossospasmus
Zungenlähmung: Glossoplegie
Zungenlaut: Lingual
Zungenreden: Glossolalie
Zungenredner(in): Glossolale
Zungenrückenlaut: Dorsal
Zungenschmerz: Glossodynie
Zungenspitze: Apex
Zungenwürmer: Pentastomiden
Zunichtemachung: Annihilation
zuordnen: adjungieren, determinieren
Zuordnung: Adjunktion, Determination
zupackend: energisch, resolut
Zurechnungsfähigkeit: Imputabilität
zurechtfinden, sich: orientieren, sich
zurechtweisen: abkapiteln, kapiteln

Zurechtweisung: Lektion, Reformande
zurichten: adjustieren
Zurschaustellung: ^{1}Exhibition
zurück: à reculons, retour
zurück-, Zurück-: re..., Re...; retro..., Retro...
zurückbilden, sich: degenerieren
zurückbildend: regressiv
zurückbleibend: remanent, residual
zurückbringen: retournieren
zurückdrängen: supprimieren
zurückdrehen: revolvieren
zurückerstatten: restituieren
zurückfordern: kondizieren, reklamieren
zurückführen: reduzieren
Zurückführung: Reduktion
zurückgeben: renumerieren, retournieren
zurückgeblieben: 1. retardiert. 2. rudimentär
zurückgehen: regredieren, remittieren
zurückgehend: regressiv, rekursiv, remittierend
zurückgreifen, auf etwas: rekurrieren
zurückhalten: retinieren
zurückhaltend: 1. dezent, diszipliniert, reserviert. 2. con discrezione
Zurückhaltung: Dezenz, Diskretion, Reserve, Skepsis, ^{2}Takt
zurücknehmen: 1. stornieren. 2. revozieren
zurückneigen: retrovertieren
zurücksenden: remittieren, retournieren
zurücksetzen: 1. diskriminieren. 2. ^{2}reversieren
zurückstoßen: repulsieren
zurückstoßend: repulsiv
Zurückstoßung: Repulsion
Zurückstrahlbarkeit: Reflexibilität
zurückstrahlen: reflektieren
zurücktreten: demissionieren
zurücktretend: rezessiv
zurückwenden: retrovertieren
zurückzahlen: renumerieren
zurückziehen, sich: retirieren
Zuruf: Akklamation
zurufen: akklamieren
zusagen: konvenieren
zusagend: sympathisch
zusammen-, Zusammen-: kon..., Kon...; sym..., Sym...
Zusammenarbeit: 1. Kooperation, Teamwork. 2. Kollaboration
zusammenarbeiten: 1. kooperieren; liieren, sich. 2. kollaborieren
zusammenarbeitend: kooperativ
zusammenballen: agglomerieren, konglutinieren, konzentrieren
Zusammenballung: 1. Agglomeration, Konzentration. 2. Konglomerat
Zusammenbau: Montage
zusammenbauen: montieren
Zusammenbruch: Bankrott, Crash, Debakel, Desaster, Fiasko, Katastrophe, Kollaps, Ruin

zusammendrückbar

zusammendrückbar: kompressibel
Zusammendrückbarkeit: Kompressibilität
zusammendrücken: komprimieren
zusammenfallen: koinzidieren
zusammenfallend: koinzident, koinzidierend
zusammenfassen: rekapitulieren, resümieren, summieren, subsumieren
Zusammenfassung: 1. Extrakt, Komplex, Konzentrat, Rekapitulation, Resümee, Summary, Synopse. 2. Kolligation, Polysynthese, Zentralisation
zusammenfließen: konfluieren
zusammenfließend: konfluent
Zusammenfluß: Konfluenz
Zusammenfügung: Synthese
zusammengeballt: konglobiert, konzentriert
zusammengefaßt: summarisch
Zusammengehöriges: Ensemble, Garnitur, ¹Set
Zusammengehörigkeitsgefühl: Solidarität
zusammengewachsen: symphytisch
zusammenhaltend: kohäsiv
Zusammenhang: Connection, Kohärenz, Konnex, Kontext, Kontinuität, Kontinuum, Nexus, Rapport
zusammenhängen: kohärieren, kommunizieren
zusammenhängend: kohärent, komplex
zusammenhanglos: abrupt, diskontinuierlich
Zusammenklang: Akkord, Harmonie
zusammenklingen: harmonieren, konsonieren
zusammenklingend: konsonant
Zusammenkunft: 1. Meeting. 2. Kolloquium
zusammenlaufen: konvergieren
zusammenlaufend: konvergent
zusammenlegen: arrondieren
Zusammenlegung: Arrondierung
zusammenpassen: harmonieren
zusammenpassend: 1. kompatibel. 2. harmonisch
zusammenpreßbar: komprimierbar
zusammenpressen: komprimieren
Zusammenpressung: Kompression
zusammenschließen, sich: assoziieren; formieren, sich
Zusammenschluß: 1. Assoziation, Assoziierung, Fraktion. 2. Assembling, Kartell, Konzern, Sozietät
zusammensetzbar: kompossibel
Zusammensetzbarkeit: Kompossibilität
zusammensetzen: 1. konstruieren, montieren, puzzeln. 2. komponieren
zusammensetzen, sich: rekrutieren, sich
zusammensetzend: synthetisch
Zusammensetzung: 1. Komposition. 2. Kompositum. 3. Synkrise
Zusammenspiel: ¹Kombination

zusammenstellen: kombinieren, rekrutieren
Zusammenstellung: ¹Kombination, Kombinierung, Komposition
Zusammenstoß: Crash, Encounter, Karambolage, Kollision
zusammenstoßen: karambolieren, kollidieren
zusammentreffen: konkurrieren
Zusammentreffen: Koinzidenz, Konstellation
zusammentreten: konstituieren, sich
zusammenwirkend: synergetisch
zusammenzählen: addieren, aufaddieren, summieren, totalisieren
Zusammenzählung: Addition, Summation
zusammenziehbar: kontraktil
zusammenziehen: konstringieren, konzentrieren, restringieren
zusammenziehen, sich: kontrahieren
zusammenziehend: systaltisch
Zusammenziehung: Konstriktion, Kontraktion, Retraktion, Striktion
Zusatz: Addendum, Additiv, Adjuvans, Alligation
Zusatzantrag: Amendement
Zusatzentgelt: Gratifikation
Zusatzgewinn: Extraprofit, Prämie
Zusatzhaushaltplan: Eventualbudget
zusätzlich: 1. extra. 2. additional
Zusatzsteuer: Surtaxe
Zusatztriebwerk: Booster
Zusatzvergütung: Gratifikation, Prämie
Zusatzverpackung: Extratara
Zuschauer: Publikum
Zuschauerbühne: Tribüne
Zuschauerschaft: Publikum
Zusicherung: Garantie
zuspitzen: pointieren
Zuspitzung: Pointierung
zusprechen: addizieren, adjudizieren
zusprechend: adjudikativ
Zustand: Situation, Stadium, Status
zuständig: kompetent
Zuständigkeit: Kompetenz
Zustandsform: Phase
zustimmen: affirmieren, agreieren, akklamieren, akzedieren, assentieren
zustimmend: 1. positiv. 2. affirmativ
Zustimmung: Affirmation, Agrément, Akklamation, Akzedenz, Consensus, Konsens, Okay, Plazet
Zustrom: Frequenz
Zutat: Fourniture, Ingredienz
zuteilen: kontingentieren, rationieren
Zuteilung: Kontingentierung, Ration
zutragen: insinuieren
zutragen, sich: passieren
Zuträger: Insinuant, Kalfaktor
Zuträgerei: Insinuation
zuverlässig: reliabel, solid
Zuverlässigkeit: 1. Solidität. 2. Reliabilität
Zuversicht: Optimismus
zuversichtlich: optimistisch

zuvorkommen: prävenieren
Zuvorkommen: Prävention
zuvorkommend: chevaleresk
Zuwachs: Inkrement
Zuwahl: Kooptation
zuweisen: rayonnieren
zuwider: contre cœur
zuzüglich: plus
Zwang: Ananke, Pression, Terror. 2. Anankasmus
zwanglos: degagiert, leger, relaxed, salopp
Zwanglosigkeit: Degagement
Zwangslage: Dilemma
zwangsläufig: automatisch, logisch
Zwangsläufigkeit: Logik
Zwangsmaßnahme: Sanktion
Zwangsneurose: Anankasmus
Zwangsräumung: Delogierung, Exmission, Exmittierung
Zwangsverschickung: Deportation
Zwangsverwalter: ²Sequester
Zwangsverwaltung: Sequestration
Zwangsvorstellung: Anankasmus, fixe Idee, Idée fixe, Obsession, Phrenolepsie
Zwangszustand: Phrenolepsie
Zweck: 1. Motiv. 2. Telos
zweckbestimmt: intentional
Zweckbestimmtheit: Finalität
zweckbezeichnend: final
zweckgeleitet: hormisch
zweckgerichtet: teleologisch
Zweckgerichtetheit: Teleologie
zweckmäßig: akkommodabel, opportun, praktikabel, rationell
Zweckmäßigkeit: Opportunität, Praktikabilität
Zwecksatz: Finalsatz
Zweckverband: Konsortium
zwei-, Zwei-: bi..., Bi...; ¹di..., Di...
zweibauchig: digastrisch
zweiblättrig: bifolisch, diphyllisch
zweiblütig: biflorisch
zweideutig: ambiguos, amphibolisch
Zweideutigkeit: Amphibolie
zweidrähtig: bifilar
zweieiig: dizygot
Zweieiigkeit: Dizygotie
zweifach: didymisch
zweifächerig: bilokulär
zweifädig: bifilar
zweifarbig: bichrom, dichromatisch
Zweifarbigkeit: Bichromie
Zweifel: Skepsis, ¹Skrupel
zweifelhaft: aporematisch, dubios, dubitativ, hypothetisch, problematisch, suspekt
Zweifelsfall: Dubium
Zweifler: Skeptiker
zweiflerisch: skeptisch
zweiflügelig: dipterygisch
Zweifüßer: Bipede
zweifüßig: bipedisch
Zweifüßigkeit: Bipedie
zweigelenkig: biartikuliert

zweigeschlechtig: bigenerisch, hermaphroditisch, monoklin
Zweigeschlechtigkeit: Hermaphrodismus
zweigestaltig: bimorphisch, dimorph
Zweigestaltigkeit: Dimorphie
Zweiggeschäft: Filiale, Kommandite
zweigliedrig: binar, binär, binomisch, dimer
Zweigliedrigkeit: Binarität
zweigriffelig: digyn
Zweigstelle: Dependance, Expositur
zweihändig: bimanuell
zweihäusig: heterözisch
Zweihäusigkeit: Heterözie
Zweiheit: Dualismus, Dualität
zweijährig: bienn
zweijährlich: biennal
zweikammerig: biventrikulär
Zweikampf: Duell
zweikanalig: binaural
zweikeimblättrig: dikotyl
zweikeimig: bigerm
zweiköpfig: dikephalisch
zweimonatig: bimestrisch
zweipolig: bipolar
Zweipoligkeit: Bipolarität
Zweipolröhre: Diode
zweiseitig: bilateral
zweisilbig: bisyllabisch
zweispitzig: bikuspidal
zweisprachig: bilingual, binguisch
Zweisprachigkeit: Bilingualismus, Diglossie
Zweitausfertigung: Duplikat
zweiteilig: binär, dimer
Zweiteilung: Dichotomie
Zweitgebärende: Sekundipara
Zweitimpfung: Revakzination
Zweitinfektion: Sekundärinfektion
zweitrangig: sekundär
Zweitschrift: Duplikat
zweiwertig: bivalent
Zweiwertigkeit: Bivalenz
Zwerchfell: Diaphragma
Zwerchfellbruch: Diaphragmatozele, Hiatushernie
Zwerchfellentzündung: Phrenitis
Zwerchfellnerv: Phrenikus
Zwerchfellschmerz: Diaphragmatalgie, Phrenalgie
Zwerg: Gnom, Liliputaner
zwerg-, Zwerg-: 1. nano..., Nano... 2. Liliput...
Zwergbaum: ¹Bonsai
zwergköpfig: nanozephal
Zwergköpfigkeit: Nanozephalie
Zwergorange: Kumquat
Zwergstrauch: Chamäphyt
Zwergwuchs: Hyposomie, Mikrosomie, Nanismus
zwergwüchsig: hyposom, pygmäisch
Zwiebel: Zipolle
zwiebelförmig: bulboid
Zwiebelgericht: Cipollata
Zwiebelmarmor: Cipollin
Zwiegespräch: Dialog
Zwielaut: Diphthong
Zwiemilchernährung: Allaitement mixte
Zwiespalt: Konflikt
zwiespältig: dualistisch, konfliktär
Zwilling: Gemellus
zwingend: imperativ, stringent
zwischen-, Zwischen-: dia..., Dia...; entre..., Entre...; inter..., Inter...
Zwischenabfluß: Interflow
Zwischenaktmusik: Entreakt
Zwischenaufenthalt: Stop-over
Zwischeneiszeit: Interglazialzeit
zwischeneiszeitlich: interglazial
Zwischenfall: Intermezzo
Zwischengericht: Entremets
Zwischengeschoß: Entresol, Mezzanin
Zwischenhirn: Dienzephalon
Zwischenkieferknochen: Intermaxillarknochen
zwischenkirchlich: interkonfessionell
Zwischenknorpelscheibe: Diskus
Zwischenkönig: Interrex
Zwischenkonto: Interimskonto
Zwischenlandung: Stop-over
Zwischenmahlzeit: Jause, Snack, ²Vesper
Zwischenraum: 1. Interstitium, Intervall. 2. Blank, Spatium
Zwischenregierung: Interregnum
Zwischenspiel: Divertimento, Episode, Interludium, Intermezzo
zwischenstaatlich: international, interterritorial
Zwischenstück: Episode
Zwischenzeit: Interim, Interstitium, Intervall
Zwischenzinsen: Interusurium
Zwischenzustand: Interim
Zwist: Differenz, Konflikt
Zwitter: Hermaphrodit
Zwitterbildung: Androgynie
zwitterhaft: bigenerisch
zwittrig: androgyn, hermaphroditisch
Zwittrigkeit: Hermaphrodismus
zwölfeckig: dodekagonal
Zwölffingerdarm: Duodenum
Zwölffingerdarmentzündung: Duodenitis
Zwölffingerdarmgeschwür: Duodenalulkus
Zwölfflächner: Dodekaeder
Zwölftonmusik: Dodekaphonie

Notizen

Notizen

Notizen

Notizen

DER ERSTE DUDEN, DER IHRE BRIEFE SCHREIBT!

Briefe machen Leute. Ohne Frage. Und Geschäftsbriefe sind oft genug die erste und beste Visitenkarte. Allerdings hat auch jeder Brief seine berühmte Stolperschwelle. Einmal ist es die korrekte Anrede, dann die treffende Formulierung, die einem Kopfzerbrechen bereitet.

BRIEFE GUTE UND RICHTIG SCHREIBEN! Das sind zahlreiche Schreibanleitungen, Musterbriefe, Sprachtips, ein umfassender Wörterbuchteil mit mehr als 35 000 Stichwörtern, Formulierungshilfen und Angaben zu Silbentrennung, Grammatik und Stil.

DUDENVERLAG
Mannheim · Leipzig · Wien · Zürich

DIE UNIVERSELLEN SEITEN DER DEUTSCHEN SPRACHE

Deutsche Sprache, wie sie im Buche steht: Das DUDEN-Universalwörterbuch ist das Nachschlagewerk für alle, die mit der deutschen Sprache arbeiten oder an der Sprache interessiert sind. Über 120 000 Artikel, mehr als eine halbe Million Angaben zu Rechtschreibung, Aussprache, Herkunft, Grammatik und Stil. 150 000 Anwendungsbeispiele sowie eine kurze Grammatik für Wörterbuchbenutzer dokumentieren auf 1816 Seiten den Wortschatz der deutschen Gegenwartssprache in seiner ganzen Vielschichtigkeit.

Ein Universalwörterbuch im besten Sinne des Wortes.

DUDENVERLAG
Mannheim · Leipzig · Wien · Zürich

Federführend, wenn's um gutes Deutsch geht.

Spezialisten – das sind immer diejenigen, die sich in den Besonderheiten auskennen, Sachverhalte bis in die Details aufzeigen und erklären können, weil sie sich auf ihrem Gebiet spezialisiert haben. Wie der DUDEN in 12 Bänden, herausgegeben und bearbeitet vom Wissenschaftlichen Rat der DUDEN-Redaktion. Von der Rechtschreibung bis zur Grammatik, von der Aussprache bis zur Herkunft der Wörter gibt das Standardwerk der deutschen Sprache Band für Band zuverlässig und leicht verständlich Auskunft überall dort, wo es um gutes und korrektes Deutsch geht.

Der DUDEN in 12 Bänden: Rechtschreibung · Stilwörterbuch · Bildwörterbuch · Grammatik · Fremdwörterbuch · Aussprachewörterbuch · Herkunftswörterbuch · Die sinn- und sachverwandten Wörter · Richtiges und gutes Deutsch · Bedeutungswörterbuch · Redewendungen und sprichwörtliche Redensarten · Zitate und Aussprüche.

Jeder Band rund 800 Seiten – und jeder ein DUDEN.

DUDENVERLAG
Mannheim · Leipzig · Wien · Zürich